volumen **II**

DICCIONARIO
MANUEL SECO
DEL ESPAÑOL
OLIMPIA ANDRÉS
ACTUAL
GABINO RAMOS

volumen **II**

DICCIONARIO
MANUEL SECO
DEL ESPAÑOL
OLIMPIA ANDRÉS
ACTUAL
GABINO RAMOS

AGUILAR
lexicografía

© 1999, Manuel Seco Reymundo, Olimpia Andrés Puente, Gabino Ramos González.

© De esta edición: 2005, Santillana Ediciones Generales, S. L.
Torrelaguna, 60. 28043 Madrid.

Diseño de cubierta: Pep Carrió y Sonia Sánchez.

Printed in Spain
Impreso en España por
Mateu Cromo, S. A.
Ctra. Pinto a Fuenlabrada, s/n.
Pinto (Madrid).

ISBN: 84-294-6472-7. Obra completa.
ISBN: 84-294-6471-9. volumen II.
Depósito legal: M. 12.402-2005.

PRIMERA EDICIÓN: SEPTIEMBRE 1999.
TERCERA REIMPRESIÓN: MARZO 2005.

Queda prohibida, salvo excepción prevista en la ley, cualquier
forma de reproducción, distribución, comunicación pública
y transformación de esta obra sin contar con la autorización de
los titulares de la propiedad intelectual. La infracción de los derechos
mencionados puede ser constitutiva de delito contra la propiedad
intelectual (artículos 270 y siguientes del Código Penal).

G

g → GE.

G. punto ~ → PUNTO.

gaba f (raro) Monte bajo. | Benet Aire 71: Un campo de terrazas, .. alguna serna cultivada, unos olmos aquí y allá, unas gabas de carrasca y un horizonte azulado. GSerrano Macuto 105: La gaba es el clásico monte bajo en su versión norteafricana. Sobre la gaba han dormido y han muerto hombres de varias generaciones españolas .. La gaba, como los rifeños, era propensa al fuego, de puro reseca y hostil que se mostraba a veces.

gabacho -cha adj **1** (col, desp) Francés. Tb n, referido a pers. | Laiglesia Ombligos 245: Las señoritas gabachas son más ligeras de cascos que las celtíberas. A. Figueroa Abc 18.4.58, 23: La duquesa, que odia todo lo "gabacho", no se aparta de la Reina.
2 (reg) [Pers.] rústica. Tb n. | Huelva 60: En Puebla de Guzmán, las romeras, que montan a caballo sobre una silla llamada "jamuga", visten trajes de "gabachas".

gabán m Abrigo de caballero. | Laiglesia Tachado 86: Lleva .. un gabán con el cuello subido hasta la nariz.

gabanero m Mueble de recibidor para dejar los abrigos, sombreros, paraguas y bastones. | Nue 22.12.70, 25: Muebles .. Percheros. Gabaneros. Recibidor moderno. Taquillones.

gabaonita adj (hist) De Gabaón (ciudad de la antigua Palestina). Tb n, referido a pers. | Peña-Users Mesías 95: Josué continuó victorioso sus conquistas. Un día su ejército sostuvo dura batalla contra los gabaonitas. Se hacía tarde, y dijo al Sol: "Sol, detente". Y el Sol se detuvo, pudiendo así derrotar a sus enemigos.

gabarda f (reg) Rosal silvestre (Rosa canina). | FQuer Plantas med. 330: Rosal silvestre. (Rosa canina L.) Sinonimia cast[ellana], rosal montés, .. gabarda, galabardera.

gabardina f **1** Prenda de vestir larga y con mangas, hecha de tejido impermeabilizado. | CNavarro Perros 123: Andrés se quitó la gabardina y la colgó en la percha.
2 Tela de estambre, algodón o seda, que forma dibujo diagonal y se usa en la confección de gabardinas [1] y de otras prendas de vestir. | Laforet Mujer 12: Ella sentía la fuerza de su mano cuadrada pasando la tela ligera de su traje de verano, un traje de gabardina color de paja. Not 4.5.70, 13: Para combinar, un fresco pantalón, en tejido de gabardina o fibras.
3 Pasta para rebozar hecha con harina, agua y clara de huevo. Frec en la constr CON ~. | Carandell Madrid 44: Un camarero trae gambas con gabardina.
4 (jerg) Preservativo. | Campmany Abc 14.3.93, 27: Cuando yo era estudiante, al adminículo profiláctico de doña Matilde le llamábamos de varias maneras .. Algunos le llamaban "el paraguas", y otros le llamaban "la gabardina".

gabarra f Embarcación grande usada para transportes costeros y para la carga y descarga de buques. | Zunzunegui Hijo 13: Acababan de varar, escorada frente al taller, una gabarra muy navegada.

gabarraje m (Mar) Flete de gabarras. | Zunzunegui Hijo 66: –¿Qué hacen esas gabarras que tienes ahí sin trabajar? .. –Si me das los cuartos que debo puedes hacer el gabarraje con ellas.

gabarrero m **1** Patrón o cargador de una gabarra. | Zunzunegui Camino 276: He hablado con una muchacha muy guapa .. a quien persigue un gabarrero de Erandio.
2 Leñador que saca leña del monte y la transporta para venderla. | I. Álvarez Nar 6.77, 19: La producción del herrero ha cambiado mucho con el tiempo. Anteriormente se dedicaba a arreglar y hacer rejas de arados, hachas para los gabarreros de los pinares, etc. MCalero Usos 11: Un villorrio, en tiempos pasados bien importante y hoy casi despoblado, con poco más de cuatro pegujaleros, algún gabarrero, un cestero y una herrería.

gabarro m (Mineral) Nódulo de composición distinta a la de la piedra en que se halla. | Ybarra-Cabetas Ciencias 77: El granito .. Su color es generalmente blanco o blanco rosado, con manchas negras de biotita, que si son grandes se llaman gabarr[o]s o negrones. [En el texto, gabarras.]

gabarrón m (Mar) Casco de buque viejo empleado como aljibe. | Benet Otoño 85: El experto pirotécnico de aquel grupo radical .. no supo tener en cuenta el efecto cañón que había de ejercer la alcantarilla. Al mismo tiempo que la tapa del registro acariciaba la diferencial del Rolls, un viejo gabarrón .., desmantelado y amarrado desde hacía años a un bolardo del Cais do Sodré, era sacudido y partido en dos.

gabasa f (jerg) Prostituta. | FVidal Ayllón 202: Lo imagino ensoñándose a lo gran señor y convidando a whisky a las gabasas de la extranjería.

gabato -ta m y f Cría, menor de un año, de los ciervos o de las liebres. | R. Risueño DíaCu 27.10.84, 8: Defienden [los verdaderos cazadores] la caza a capa y espada, y la defienden desde el nacimiento de los gazapos, polluelos de perdiz, jabatos o gabatos hasta el momento de abatirlos con legalidad.

gabela f **1** (hist, hoy lit) Tributo o impuesto. | C. GBayón SVoz 8.11.70, 1: Verte aportando estadísticas, planos, proyectando nuevas gabelas y empréstitos. Sobrequés HEspaña 2, 310: Los géneros de comercio estaban, además, sujetos a una serie complicada y confusa de gabelas de tránsito, portazgos, barcazgos, castellerías, etc.
2 Ayuda o ventaja económica. | País 29.12.77, 6: Parece de sentido común acabar con las pagas extras, las gabelas salariales incontroladas y arbitrarias y otras historias ya pasto de los humoristas. CBaroja Inquisidor 25: Cobraba el inquisidor de esta época .. más de 50.000 [maravedíes] de ayuda de costas y otras gabelas.
3 (raro) Cosa molesta o fastidiosa. | Olaizola Escobar 97: Confiaba que con los cambios habidos en el Ministerio su expediente se resolvería de una vez. Me asombro de que un hombre con tantas luces y disposición para la vida creyese que en tan difíciles tiempos alguien se iba a ocupar de aquella gabela administrativa.

gabi – gachas

gabi *m* Planta herbácea de rizoma comestible, propia de Filipinas (*Calla gaby*). | FReguera-March *Filipinas* 144: También me gustan otras comidas indias, como .. las vainas del árbol cachimil, que parecen judías verdes; la ensalada de bejuco o de palmito; las raíces de ubi y gabi ..; la achara, que es una salsa de vinagre y bambú tierno.

gabinete I *m* **1** Sala y conjunto de objetos destinados a una actividad o estudio. | Azorín *Agenda* 1340: En el colegio –Colegio de Escolapios, en Yecla– teníamos un buen gabinete de Física y otro de Historia Natural. Laiglesia *Ombligos* 118: Juan, en el gabinete de Cifra, ponía en clave de "ti" los despachos. **b)** (*hist*) Local destinado al estudio de una ciencia y en que se guardan y exhiben los objetos de ese estudio. | LPiñero *Ciencia* 55: La producción científica [en tiempo de Fernando VII] sufrió una paralización casi total: observatorios, jardines botánicos, gabinetes de historia natural, laboratorios de química y toda suerte de instituciones desaparecieron o vegetaron de modo lamentable.
2 Oficina de un organismo encargada de atender determinados asuntos. *Con un compl especificador.* | J. Sesmero *Sur* 14.9.76, 5: Las 20 primeras historias clínicas de los archivos del Gabinete Técnico Provincial de Higiene y Seguridad en el Trabajo de nuestra ciudad datan del día 4 de abril de 1974. * El gabinete de prensa del ministerio ha confirmado la noticia. **b)** *Se usa formando parte de la denominación de determinados centros especializados. Con un compl especificador.* | GTelefónica 91 680: Gabinete de Proyectos y Decoración, S.A. Orense, 64.
3 Equipo ministerial o gobierno. | L. Contreras *Mun* 26.12.70, 11: El vicepresidente del Gobierno .. expresó a Franco, en nombre de los componentes del Gabinete, la adhesión a su persona.
4 (*hoy raro*) Habitación más pequeña que la sala, donde se recibe a las perss. de confianza. | Diosdado *Anillos* 1, 56: Están inspeccionando una de las habitaciones que les quieren alquilar: Un amplio gabinete, amueblado muy a la antigua, como el resto de la casa.
5 (*hist*) Habitación contigua a la alcoba, con la que forma un conjunto. | L. Calvo *Abc* 10.12.70, 37: Stalin yacía en el suelo, en un gabinete contiguo a su alcoba, paralizado del lado derecho y sin sentido.
II *loc adj* **6 de ~.** [Trabajo] que se realiza dentro de una oficina o despacho. *Se opone a* DE CAMPO. | *Ya* 24.5.74, 15: Se necesitan para trabajos de gabinete en Madrid Ayudantes de Obras Públicas en las siguientes especialidades. GGómez Vallvé 131: La cosa [el estudio sobre Omar ben Hafsún] empezó, tras una sólida preparación de gabinete, por una gira privada .. por los intrincados e intransitables caminos de herradura de la Serranía de Málaga.

gablete *m* (*Arquit*) Remate de dos líneas rectas que forman un ángulo agudo de gran altura sobre los arcos u ojivas, propio del estilo gótico. | Angulo *Arte* 1, 386: La forma apuntada de la portada gótica suele completarse con el gablete o moldura angular que le sirve de coronamiento .. El gablete se aplica también a otros elementos arquitectónicos, como la parte superior de los estribos, pilares decorativos, etc.

gabonés -sa *adj* De Gabón. *Tb n, referido a pers.* | *País* 6.8.76, 4: El jefe del Estado gabonés ratificó que su país reafirma su política de no alineamiento.

gabrieles *m pl* (*col*) Garbanzos. | ZVicente *Traque* 185: ¡Vivan los gabrieles! Anda, mi madre, ¿que no sabe usted qué son los gabrieles? ¡Los garbanzos, hijo de mi vida, los garbanzos! Un cocido bueno, bien espumadito, resucita un muerto.

gabro *m* (*Mineral*) Roca intrusiva con feldespato y sin cuarzo, de grano muy grueso y constituida por una plagioclasa calcárea y dialaga. | Alvarado *Geología* 51: Rocas intrusivas o plutónicas (granudas). Las más importantes son el granito, el gabro y la peridotita.

gacela *f* Antílope asiático y africano, muy ágil y esbelto, con grandes ojos negros y cuernos arqueados en forma de lira (gén. *Gazella*). *A veces con un adj o compl especificador:* ~ COMÚN (*G. dorcas*), ~ DAMA (*G. dama*), ~ THOMSON (*G. thomsoni*), *etc.* | Alfonso *España* 80: Proyecta una diapositiva del magdaleniense cántabro-astur y otra del magdaleniense francés: un bisonte o una gacela. J. Vallés *Abc* 14.5.70, 39: Bajo la organización de A.D.E.N.A., que preside el Príncipe Don Juan Carlos, se trasladarán a esta finca las especies de la fauna saharianas: la gacela dama, el g[u]epardo y otros animales que se hallan en trance de desaparición.

gacería *f* Jerga de los trilleros de Cantalejo (Segovia). | Cela *Judíos* 101: Cantalejo es famoso por sus trillos y por sus trilleros, .. que hablan, para entenderse sin ser entendidos, la extraña jerga que dicen la gacería, que tiene mucho de la lengua de Oc. Carnicer *Castilla* 438: La gacería se va perdiendo. Hasta hace poco, aún la mantenían secreta quienes la hablaban, los trilleros sobre todo.

gaceta[1] **I** *f* **1** Periódico. *Solo formando parte del n propio de algunas publicaciones.* | *GacN* 1.8.74, 1: La Gaceta del Norte .. Número 25.501. Año LXXII. **b)** (*hist*) Periódico de información general. | MGaite *Búsqueda* 61: Apenas se recibían gacetas ni libros extranjeros. [*En el s* XVII.] Fernández-Llorens *Occidente* 192: Estas ideas se extienden y comentan en salones y cafés, se escriben y publican en libros, gacetas y periódicos. **c)** (*hist*) Diario oficial del gobierno. | Ramírez *Derecho* 13: Las mismas leyes han de publicarse, para ser tales, en la llamada "Gaceta de Madrid", que es un periódico oficial.
2 (*col*) Pers. que se entera de todo y lo anda divulgando. | * Ya veo que la gaceta de tu hermana te ha puesto al corriente.
II *loc v* **3 mentir más que la ~.** (*hoy raro*) Mentir mucho. | Cossío *Confesiones* 151: Los periódicos mentían menos que en estos tiempos .. "Miente más que la *Gaceta*", se ha dicho. Pues bien: a finales del siglo XVIII la *Gaceta* se limitaba a dar noticias, estrictamente.

gaceta[2] *f* (*Cerám*) Caja refractaria en que se ponen las piezas que se han de cocer al horno para protegerlas de la acción directa del fuego. | *SInf* 4.7.70, 21: El propano está adquiriendo cada vez mayor importancia en la industria de la cerámica, merced también a la ausencia de azufre y a su llama limpia. Con el propano, los ciclos de cocción son más rápidos, y al no empl[e]ar gacetas disminuye la posibilidad de choques.

gacetero *m* (*hist*) Redactor de una gaceta[1] [1b]. | J. Landeira *Voz* 6.11.87, 3: Pellicer, otro colega gacetero, autor de *Avisos*, relata a su público cómo Marcos de Encinillas, aposentador de Palacio, mató de noche a su mujer y se huyó a sagrado, por ciclos de un enano en nómina. Es la cara surrealista de la realidad de la historia.

gacetilla *f* Noticia breve de periódico. *Tb fig.* | SSolís *Camino* 29: Carmina observaba que en las "Notas de Sociedad" (lo único que ella y su madre leían del periódico) aparecían, por ejemplo, el día del Carmen, gacetillas como estas: "Onomástica: Hoy celebran su Santa Patrona muchas distinguidas damas de nuestra alta sociedad...", y seguía una larga relación. Berlanga *Gaznápira* 64: No corre gacetilla por Monchel sin Cristóbal el Caguetas de plato principal.

gacetilleo *m* (*desp*) Actividad de gacetillero. | Umbral *Noche* 25: Tenía como una sensación dispersa y excesiva de estarme perdiendo en todo aquel gacetilleo tan madriles.

gacetillero -ra I *m y f* **1** Redactor de gacetillas. *Frec con intención desp.* | S. Sans *Des* 12.9.70, 35: El ensayo entiendo que es misión primordial del crítico, si este no quiere ser un mero gacetillero. S. Adame *Abc* 7.9.66, 8: Las atracciones numerosas .., entre las que el desconocido gacetillero destaca "La plataforma de la risa".
II *adj* **2** (*raro*) De (la) gacetilla. | Altabella *Ateneo* 105: Iba desde el editorial oral de su gran cátedra, hasta el rumor gacetillero de los pasillos.

gachamiga *f* (*reg*) Guiso a modo de tortilla hecha con harina, agua y grasa. | GPavón *Liberales* 104: A nosotros nos contaba cuentos de gitanos y de vareadores de aceituna, que comían una cosa que se llamaba "gachamiga". *Ide* 14.9.90, 2: Una receta de la cocina andaluza. Gachamiga de cortijo .. Ingredientes para 4 personas: Una cabeza de ajos, agua, sal, harina, tocino de papada y un vaso y medio de aceite de oliva.

gachas *f pl* **1** Guiso consistente en una pasta blanda hecha a base de harina cocida con agua, sal y otros condimentos. | GPavón *Hermanas* 52: Yo les hago de cuando en cuando gachas. A. Aragonés *NAl* 24.12.93, 33: Gachas de posada. Son unas gachas hechas con la misma receta que las

gachasmigas – gafancia

habituales en la Alcarria, añadiendo un trozo de hígado de cerdo machacado.
2 Engrudo. | J. Perezgil *Caudete* 21: Jugábamos tan afanosamente a los guerreros y a los moros que no teníamos tiempo de aburrirnos. Con aquellos gorros de papel de colores, comprados en casa de Perico Molina y pegados con gachas.

gachasmigas *f (reg)* Guiso hecho con harina de maíz, pimentón, cebolla, aceite y agua. | CPuche *Abc* 22.10.78, 28: Estos pueblos .. siguen teniendo la sabiduría de las viejas culturas mediterráneas que dejaron sus pinturas en El Arabí y en Alpera y el sabor de su rústica culinaria en los gazpachos mancheqos y las gachasmigas.

gachi *m (jerg)* Casa. | C. GSCecilia *SPaís* 20.11.88, 9: Aquí el único que va de kíe es mi menduna. Si no camelas el remo gordo, tírate al agua y aligúerate pa tu gachi, tío.

gachí *(pl normal, ~s o ~ses) f (pop)* Mujer, esp. joven. | Olmo *Camisa* 109: ¡Gachises con ropa interior d'esa que da repeluznos!

gacho -cha *adj* **1** Inclinado o doblado hacia abajo. | Matute *Memoria* 229: Antonia seguía inmóvil, con la cabeza gacha. Cuevas *Finca* 23: Los cerdos tosen, las orejas gachas, tambaleándose. Quiñones *Viento* 29: Los cuernos gachos, completamente caídos y cerrados hacia adentro, prestaban un aire extraño e inquietante al testuz del toro. Goytisolo *Recuento* 628: Papá .., entrando con su sombrero de alas gachas, la gabardina plegada sobre un hombro. **b)** [Ojo o mirada] que se dirige hacia abajo. | Delibes *Madera* 321: Tan pronto el cabo Ortigueira (ojos gachos, orejas despegadas, boca fruncida) apareció con la relación en la mano .., el corro entró en ebullición.
2 *(Taur)* [Res] que tiene los cuernos inclinados hacia abajo. | A. Navalón *Inf* 15.12.69, 16: Cualquiera de los dos pudo dar la cornada, pero a lo mejor resulta que salió de cualquiera de los otros tres abrochaditos y gachos.
3 *(hist)* [Sombrero] redondo de ala ancha e inclinada hacia abajo. | Aguirre *Aranda* 21: Los copleros de un Madrid que todavía huele a motines, a capas largas y a sombreros gachos, comentan con garbo su estrabismo.
4 *(reg)* Solapado o poco franco. | FReguera-March *Filipinas* 95: No; cobarde no lo es. Pero es gacho, muy gacho, muy escrupuloso.

gachó *(pop)* **I** *m* **1** Tipo o individuo. | SFerlosio *Jarama* 60: ¡Vaya un sueño que tiene el gachó! CPuche *Paralelo* 17: ¡Menudo Belén han levantado aquí los gachós del arpa!
II *interj* **2** Expresa asombro. | ZVicente *Traque* 56: Bien tempranito hay que levantarse, gachó con los suizos, qué tíos, claro que se acuestan muy temprano.

gachón¹ -na *adj (col)* Dulce e insinuante. *Dicho esp de mujeres y de su modo de mirar*. | Zunzunegui *Camino* 52: –Este fresquito suave qué ganas de vivir da... –y le miró gachona a los ojos. Lera *Clarines* 309: Aquella no sé qué me grita. Y aquella. ¡Qué gachonas! Esta noche me voy con la rubia. GPavón *Hermanas* 32: Sonreía apaciguada, con los ojos gachones. Aparicio *GacR* 31.12.70, 7: Hablaba con acento castellano, y sin ese dejes pastoso y gachón y, sin embargo, melódico, de las andaluzas del sudeste.

gachón² -na *m y f (jerg)* Persona. | Grosso-LSalinas *Río* 68: –Estos son los gachones que viven –dice el ventero–. Y no es que yo me queje, que su dinero me dejan.

gachonamente *adv (col)* De manera gachona¹. | Cela *Escenas* 321: La doña Vicenta Gerosa .. sonreía un poco escorada y muy gachonamente por debajo de los rapados cañones del bigote.

gachonería *f (col)* Cualidad de gachón¹. | DCañabate *Paseíllo* 74: La Tere se arrebujó en él con gachonería.

gachupín -na *m y f (raro)* Español establecido en Méjico. *Se emplea reproduciendo el uso (desp) mejicano*. | ZVicente *Traque* 278: También me quiso comprar los muebles de familia un indiano lagartón que había hecho dinero dándole al café en Chihuahua, que debe de estar lejísimos. El gachupín habría sido capaz de quemarlos para tostar los granitos de la sobremesa, que yo me conozco a mis paisanos.

gachupinada *f (col, desp)* Cachupinada. | Torrente *Saga* 433: Entró en la Camisería del señor Blázquez, un madrileño recastado que mantenía en secreto el culto a la República y que no participaba en las gachupinadas de los godos.

gacia *f (reg)* Planta leguminosa cultivada como forrajera (*Cytisus stenopetalus*). | P. Moreno *SInf* 13.8.75, 5: Parque Nacional de la Caldera de Taburiente .. Flora. Acebo, .. faya, gacia, marmolán.

gadejón *m (reg)* Haz de leña. | MCalero *Usos* 110: Echaban, todos juntos, la última parlada en derredor de una ardiente brazada de retamas, quejigos y algún gadejón de encina.

gadget *(ing; pronunc corriente, /gádʒet/; pl normal, ~s) m* Dispositivo mecánico más o menos útil que llama la atención por su ingenio y su novedad. | *Miss* 9.8.68, 22: En la última novela de James Bond no hay ni coches deportivos, ni rifles con "gadgets", ni muertes a sangre fría.

gádido *adj (Zool)* [Pez] teleósteo de la familia del bacalao y la merluza. *Frec como n m en pl, designando este taxón zoológico*. | Escobar *Itinerarios* 74: Haciéndose el consiguiente refrito de pimentón y ajos, hasta enrojecer la salsa que cubrirá al pez gádido [el bacalao]. *Animales marinos* 139: Familia 46. Gádidos.

gaditano -na *adj* **1** De Cádiz. *Tb n, referido a pers.* | *CoA* 18.1.64, 12: El alcalde .. habló con los redactores de Prensa y Radio sobre las próximas fiestas típicas gaditanas.
2 *(hist)* De Gades (antigua ciudad en la actual Cádiz). *Tb n, referido a pers.* | Tovar-Blázquez *Hispania* 34: Al volver a Gades, [Magón] se encontró excluido de la ciudad. Atrajo con engaño a los magistrados gaditanos y los castigó.

gadorense *adj* De Gádor (Almería). *Tb n, referido a pers.* | F. GGóngora *VAl* 17.7.76, 8: El Programa .. cubre varias finalidades, entre las más destacadas, aparte de la religiosa, la de ofrecer a los miles de gadorenses esparcidos por la ge[o]grafía española .. la alegría de la tierra.

gaélico -ca I *adj* **1** Celta de Irlanda y Escocia. *Tb n, referido a pers.* | Vega *Cocina* 178: A los [cerdos] del norte se ha creído encontrarles origen gaélico. Cunqueiro *Gente* 19: Cuando leí en lady Augusta Gregory que había la Capa de Oro, entre gaélicos relacionados con el mito de la Joya Jaspeada, yo ya estaba enterado de su existencia gracias a mi amigo Penedo de Alduxe.
II *m* **2** Dialecto céltico de Irlanda y Escocia. | Torrente *Saga* 578: Arribaron entonces .. los animales fabulosos que custodian la Isla Verde y que no se citan por sus nombres por dificultades de transcripción fonética: sabida es la aspereza del irlandés antiguo para quien no lo aprendió en la cuna. Venían a recibir, y recibieron, a Sir John Ballantyne .. Le cantaron en gaélico triunfales salutaciones olvidadas.

gafa¹ *f* **1** *En pl*: Utensilio para corregir o proteger la vista, compuesto por una armadura que se apoya en la nariz y detrás de las orejas y que sirve de soporte a dos piezas de cristal o plástico que cubren ambos ojos. *Alguna vez en sg.* | GPavón *Hermanas* 47: Se caló las gafas y empezó a ojear el cuaderno. Umbral *Noche* 107: Recordaré siempre el reflejo del sol en el cristal de su gafa, como un lanzazo de oro en una armadura. **b)** Utensilio para proteger la vista, compuesto por una armadura que se apoya en la nariz y detrás de la cabeza y que sirve de soporte a dos piezas de cristal o plástico o más frec. a una que cubre ambos ojos. | *País* 20.12.82, 21: Son especialistas en todo tipo de artículos para el deporte blanco: Tablas, ataduras, botas de esquí y apresquí, gafas, manoplas.
2 *(Constr)* Ladrillo que lleva dos agujeros cilíndricos longitudinales. *Tb* LADRILLO (DE) ~. | GTelefónica *N.* 258: Cerámica .. Cebrián Nicolás. Especialidad ladrillos cara vista huecos dobles. Sencillos. Rasilla. Macizos. Gafas –cara vista–. Tejas curvas. MSantos *Tiempo* 42: Con ladrillos de "gafa" uno a uno robados en la obra.

gafa² *f* **1** Grapa o gancho. | Berlanga *Rev* 4.68, 25: No me importaba que me saliese una musiquilla del pecho ni que me creciesen balsas de agüilla donde las abarcas se cosen con una gafa de alambre.
2 *(hist)* Instrumento para armar la ballesta. | Camón LGaldiano 186: Al pie se expone una gafa muy interesante, pues se halla fechada en 1577. Se utiliza para armar las ballestas.

gafancia *f (col)* Condición de gafe [1]. | Laiglesia *Ombligos* 273: Al fusionarnos, nuestras gafancias respecti-

gafar – gaita

vas chocarán, y es posible que queden anuladas con el choque. MReviriego *D16* 14.7.91, 80: Hubo quien unió, a la gafancia que algún enemigo le atribuye, la atribuida a su coloquiante por los colegas de ramo.

gafar *tr* (*col*) Hacer que [alguien o algo (*cd*)] sufra desgracias o tenga mala suerte. *Frec en part. Tb abs.* | *SInf* 13.3.78, 4: El gato negro no "gafó" al líder. Cela *SCamilo* 93: Esta temporada estoy gafado, ¡hay que joderse, qué temporadita llevo! I. Santana *Pro* 8.7.75, 22: Todo un rosario de despropósitos, cualquiera diría que está gafada esta zona. AMillán *Juegos* 102: La tortilla de patatas gafa. Lo sé por experiencia.

gafe (*col*) **I** *adj* **1** Que trae desgracias o mala suerte. *Frec n, referido a pers.* | FFlórez *Florestán* 677: He planchado a trece campeones de moto y me gustaría superar este número gafe. *Inf* 26.6.70, 1: Soy gafe .. Si voy allí, el Madrid perdería. GSerrano *Macuto* 763: Ellos perdieron la guerra .. porque en sus filas había un gafe muy grande, llamado el Innombrable a causa de que la sola mención de su nombre puede acarrear graves desgracias al imprudente. **2** Aguafiestas. | ZVicente *Traque* 93: ¡Que ya nos vamos, no sea gafe, acomodador! ¿No ve usted que ya estoy poniéndome la cazadora? **II** *m* **3** Capacidad de traer mala suerte. *Gralm con el v* TENER. | AMillán *Juegos* 123: Y no jueguen con la pistola, que tiene gafe. GSerrano *Macuto* 761: Napoleón consideraba la suerte –la estrella– como un factor importantísimo en la guerra, de modo que el no tener suerte, que es estar a las puertas de ser gafe o de tener el gafe, también cuenta mucho.

gafedad *f* Condición de gafo [1]. | Delibes *Príncipe* 18: Regresó con un abrigo a cuadros y una bufanda y una caperuza rojos y se los colocó al niño rápidamente, sin que la notoria gafedad de sus manos dificultase sus movimientos.

gafetí *m* Agrimonia (planta). | FQuer *Plantas med.* 326: Agrimonia. (*Agrimonia eupatoria* L.) Sinonimia cast[ellana], .. gafetí.

gaffe (*fr; pronunc corriente,* /gaf/) *f* (*raro*) Metedura de pata. | GBiedma *Retrato* 185: Encuentro sus maneras dialécticas tan afectadas que a veces me sorprendo removiéndome en mi asiento, con el mismo instintivo deseo de marcharme, o de hacerme el distraído, que siento cuando alguien comete una *gaffe* embarazosa.

gafo -fa *adj* **1** [Pers.] que tiene encorvados y faltos de movimiento los dedos de las manos o de los pies. | Delibes *Príncipe* 37: –Vaya manos .. –¿Qué se te da a ti de mis manos, eh? Di.– El otro se encogió de hombros: –Eres gafa, solo eso. **b)** [Mano o pie] que tiene los dedos encorvados y faltos de movimiento. | N. Dorado *Odi* 16.1.77, 29: Empieza el invierno a pegar fuerte y el Baudilio, el hombre, en cuanto puede prende la chisquera para calentarse las manos gafas. **2** (*hist*) Enfermo de un tipo de lepra en que se encorvan y agarrotan los dedos de las manos y a veces también los de los pies. | Cunqueiro *Un hombre* 126: Un leproso se había marchado de su casa cuando lo dio el médico del lugar por gafo.

gafoso -sa *adj* (*col*) [Pers.] que usa gafas[1] [1a]. | Payno *Curso* 129: Crecía retraído, gafoso –llevaba gafas, ¿sabes?, unas gafas horribles, quevedos–. ZVicente *Mesa* 137: Es flaca, huesosa, altota, gafosa, antipática.

gafotas *m y f* (*col, desp*) Pers. que lleva gafas[1] [1a]. | Berlanga *Pólvora* 29: Lorenzo se fumó la odiosa última clase del odioso gafotas.

gafudo -da *adj* (*col*) [Pers.] que usa gafas[1] [1a]. | Goytisolo *Verdes* 78: Un flojo macizo, torpón y tímido, gafudo, barbudo, peludo, sedentaria la complexión y escaso el paquete.

gag (*ing; pronunc corriente,* /gag/; *pl normal,* ~s) *m* (*Cine*) Efecto cómico o chiste de situación. | Marías *Gac* 30.4.66, 19 (G): Por eso suelen ser tan satisfactorias ciertas películas más bien modestas ..: los "westerns", las películas de misterio e intriga .., las cómicas llenas de *gags* "provocantes risa". Pániker *Conversaciones* 79: Algunos de los *gags* más celebrados de mis películas tienen este origen.

gagá *adj invar* (*col*) **1** Chocho o decrépito. | Laiglesia *Ombligos* 139: Los aspirantes al sillón de la Academia que ocupaba el viejecito decían por lo bajo: –Está "gagá". Delibes *Cinco horas* 159: Yo pienso que tu padre hubiera estado mil veces mejor internado .., gagá perdido, pero para encerrar. **2** Que ha perdido gran parte de sus facultades mentales. | FSantos *Catedrales* 177: Llegan [al taller] a prepararlos .., a cambiar el ventilador, a ponérselo más grande o más abajo, total para pisarle más, coger los ciento treinta .. y palmar contra un árbol o quedarse gagá como aquel otro chico que dio tres o cuatro vueltas de campana. VMontalbán *Galíndez* 287: Un ex boxeador gagá que fue ascendido a teniente poco después de los asesinatos.

gagáus *adj* De la etnia, de origen turco y religión cristiana ortodoxa, que habita en una parte de la República de Moldavia. *Tb n: m y f, referido a pers; m, designando lengua.* | *Abc* 27.10.90, 41: La decisión de someter a votación dicha norma se adoptó después de la negativa de los dirigentes gagauses a mantener negociaciones. *Ya* 29.10.90, 49: Moscú envía tropas especiales contra los gagauses de Moldavia .. Las autoridades moldavas consideran que la proclamación del territorio gagáus como república autónoma, efectuada el pasado mes de agosto, atenta contra la integridad territorial de Moldavia.

gagauso -sa *adj* Gagáus. *Tb n.* | Moreno *Lenguas* 80: El gagauso es hablado por unas 150.000 personas en las repúblicas de Ucrania y Moldavia.

gagauz *adj* Gagáus. *Tb n.* | M. Rojas *Inde* 25.8.89, 13: Existe también [en la República Soviética de Moldavia] una etnia minoritaria, los gagauces, turcos de religión cristiana, descendientes de tribus nómadas.

gagauzo -za *adj* Gagáus. *Tb n.* | *Inde* 29.10.90, 12: El Ejército soviético intenta evitar enfrentamientos entre moldavos y gagauzos .. La minoría gagauza, de origen turco y religión cristiana ortodoxa, declaró el pasado mes de julio la República Autónoma de los Gagauzos.

gaita I *n* **A** *f* **1** Instrumento popular de Escocia y el noroeste de España, compuesto de una bolsa de cuero que se llena de aire, el cual, por presión del brazo del ejecutante, sale por dos o más tubos provistos de lengüetas. | *Mad* 22.4.70, 16: Himman era un músico especializado en la gaita. Bustinza-Mascaró *Ciencias* 48: Estómago. Es un ensanchamiento del tubo digestivo en forma de fuelle de gaita gallega alargada verticalmente. Laiglesia *Tachado* 29: ¡Cuántos fuegos se han prendido con unos pesados zuecos holandeses procedentes de un viajecito de estudios, o con los palitroques de una gaita escocesa que un viajero pelmazo nos regaló! **2** Dulzaina. | Escobar *Itinerarios* 31: Cuando la Virgen quedaba en su domicilio, empezaba el baile de tamboril y gaita. A. Marazuela *Abc* 3.7.75, 25: La juventud se siente hastiada de tanto ritmo moderno y se deleita con estos añejos pentagramas de la dulzaina o gaita segoviana. **3** (*col*) Cuello. *Frec en la constr* ASOMAR LA ~. | Delibes *Emigrante* 31: Cada vez que asomo la gaita ya se sabe, a mojar la pestaña. V. Zabala *Abc* 13.10.90, 68: Entre el torillo, que se frenaba con agudeza y alargaba la gaita con mal talante, y el mal regado ruedo, embarrado y resbaladizo, hicieron pasar las de Caín al trianero Emilio Muñoz. **4** (*col*) Cosa fastidiosa o molesta. | MGaite *Ritmo* 258: ¡Ay, Luisa hija, cuántas gaitas! SSolís *Juegos* 106: No te cases, Mina, no te cases, que estás como una reina, aunque Matías tenga sus gaitas. **5** (*col*) Tontería. *Gralm en pl, se emplea para reforzar o marcar la intención desp de la frase.* | Arce *Precio* 145: Lo que debes hacer es pintar y dejarte de gaitas. Falele *Cod* 3.5.64, 7: Volvieron a vivir en paz, sin democracia, ni gaitas. Laforet *Mujer* 41: Tú y yo sabemos lo que es el verdadero amor ahora. Tú y yo... Sin más gaitas. Diosdado *Anillos* 2, 274: Cuando vuelva, no quiero seguir oyéndome de divorcios, matrimonios y gaitas de esas. CPuche *Paralelo* 55: Es muy raro. Es un tío del que no sabemos nada, ni si es soltero ni si está casado o qué gaita se trae entre las manos. **B** *m y f* **6** (*col*) Pers. muy delicada o latosa. | Aldecoa *Cuentos* 1, 134: El artista contaba con la animadversión de dos rufos de su oficio: Mencía y "Lavoz". "Lavoz" era un mal bicho .. Mencía era un gaita. **II** *loc adj* **7 de ~ gallega.** (*TLit*) [Verso endecasílabo] acentuado en las sílabas 4ª y 7ª. | Lapesa *Santillana* 193: En el arte mayor entraban, junto al dodecasílabo predominante, endecasílabos de acentuación muy varia. Los más fre-

gaitería – gala

cuentes eran el dactílico o de gaita gallega, con ictus en cuarta, séptima y décima sílabas .., y el que entre cuarta y décima no tenía sílaba fuerte.

III *loc v y fórm or* **8 templar ~s.** *(col)* Actuar con miramientos para evitar enfados o disgustos. | Cela *Pirineo* 223: El comensal de misericordias procuró .. templar gaitas y predicar moderación y mesura.

9 una ~. *(col)* Fórmula que expresa negación con desprecio a lo que se acaba de oír. | Torbado *En el día* 234: ¡Una revolución pendiente! ¡Una gaita! Querían seguir siendo ricos y poniéndose por encima de todos, aunque fuera a puñetazos.

IV *interj* **10 ~s**, *o* **qué ~s.** *(col)* Expresa enfado o protesta. | CPuche *Paralelo* 281: ¿Cuántos cogieron su coche para hacerlo volver a recoger el cadáver de la muchacha o del muchacho? Gaitas. * Que lo haga él, qué gaitas.

gaitería *f (raro)* Vestido o adorno llamativo y de colores muy vivos. | Zunzunegui *Camino* 346: Se ofrecía exagerada, ruidosa de pulseras y gaiterías, instalada en colores un tanto llamativos.

gaitero -ra I *m y f* **1** Pers. que toca la gaita [1 y 2]. | *Abc* 24.8.66, 40: Por la tarde actuaron grupos de gaiteros. Moreno *Galería* 322: Los gaiteros. Estampa de tipismo mejor lograda que la bullanga fiestera de estas villas y estos pueblos, amenizada por los acordes de los dulzaineros y tamborileros, es difícil de encontrar.

II *adj* **2** *(raro)* De (la) gaita [1 y 2]. | Moreno *Galería* 346: La jota, en filas separadas mozos y mozas, ponía el exacto contrapunto a la música gaitera. J. Á. González *DGa* 13.3.88, 35: La colección de discos paterna .. ha sido asaltada días atrás por Manu, empeñado en buscar referencias gaiteras para contextualizar melodías roquistas.

gaitilla *f (reg)* Gaita [2]. | *ByN* 31.12.66, 126: Horcajo de las Torres. Ávila .. Fiestas en honor de San Julián y Santa Basilisa. Bailes con dulzaina. Dianas con gaitilla y jotas. F. López *DÁv* 9.7.90, 13: Después, aperitivos para todos, una comida de hermandad para el barrio y, si el presupuesto lo permite, gaitilla y tamboril.

gaje¹ *m* **1** Retribución, al margen del sueldo, correspondiente a un empleo o servicio. *Gralm en pl.* | Aldecoa *Gran Sol* 144: Para eso cobras, Matao; un buen plus por hacernos la comida, más tus gajes. J. R. Alonso *Sáb* 17.5.75, 17: El puesto mejor retribuido era la Comandancia General del Campo de Gibraltar, plaza que tenía asignada una gratificación de 6.838 pesetas por año, más algunos gajes en las aduanas. Cela *Viaje andaluz* 300: Aquella madrugada, el vagabundo, cuando hubo de decir adiós a Pinete, recibió dos duros de gaje. –Esto es pa usted, de gaje... –Muchas gracias. –No hay que darlas. Un servidor no es como otros, que se quieren quedar con too. **b) ~s del oficio.** Molestias o inconvenientes propios de un empleo o una situación. *Alguna vez en sg.* | Salom *Culpables* 47: –¿Y qué tengo que ver con todo esto? –En realidad, nada. Gajes de tu oficio. Al pie del certificado de defunción de Rogelio Bengoa, está tu firma. Diego *Abc* 8.9.66, 3: Ahora, sin ir más lejos, lo soy de dos concursos poéticos. Gajes del oficio y de la ancianidad. Torrente *Filomeno* 115: La enfermedad, caso de ser como lo decía la criada, era un gaje del oficio.

2 *(hist)* Sueldo o estipendio pagado por un soberano. | Morales *Artífices* 1, 14: El 3 de agosto de 1628 solicita se expida una certificación de lo que se le debe de sus gajes "con la dicha plata".

gaje² *m (hist)* Compromiso, o hecho de tener empeñada la palabra. | Riquer *Caballeros* 101: Martín I de Aragón escribe .. a Jean de Werchin .. y le dice que ha sabido que está en gaje de batalla con su vasallo Colomat de Santa Coloma, el cual le ha rogado que les dé campo seguro para luchar, y que él, el monarca, ha accedido a que ello se efectúe en su señoría.

gajo *m* **1** *En algunos frutos, esp los cítricos:* Parte de las que, separadas entre sí por membranas, forman su interior. | Legorburu-Barrutia *Ciencias* 279: Hesperidio. Ej.: la naranja. El endocarpio está formado por vejiguitas llenas de líquido y dividido en gajos. **b)** Cosa en forma de gajo de naranja. | Fraile *Cuentos* 43: Un día encontró Nala .. un balón de gajos de colores. FSantos *Hombre* 111: Estaban allí otra vez los mismos tiovivos .., la misma horchata, los insípidos gajos de coco y la sangría. Delibes *Ratas* 54: A la noche, tan pronto sintió dormir al tío Ratero, se levantó y tomó la trocha del monte. La Fa brincaba a su lado, y, bajo el desmayado gajo de luna, la escarcha espejeaba en los linderones.

2 Grupo de uvas de los que constituyen un racimo. | Álvarez *Cór* 27.9.64, 5: La vendimia y el otoño se resuelven en la gracilidad de aquel amanecer .. Dormidos, que no muertos, descienden los gajos por la zarcera, en una gloria al revés, hasta la lagareta.

3 Rama montañosa que deriva de una cordillera principal. | GPavón *Rapto* 246: Aquel es campo raso, de llanura sin pliegues, muelas, gajos, motas y ni siquiera tetas que alzasen una cuarta el nivel del camino y sus viñas aledañas.

gajorro *m (reg)* Dulce de sartén hecho con harina, huevos y miel. | GCaballero *Cabra* 19: Allí conocí también al cronista de Cabra, que me haría saborear aquel paisaje con una dulcería de gajorros y pestiños que su esposa confitaría para que tuviera el auténtico gusto de recordarles.

gajuco -ca *adj (reg)* [Res] que pasta en terreno ajeno. *Frec n f.* | Mann *Ale* 13.8.77, 2: –Se obtiene una cantidad de dinero para dejar pastar en esa área a las vacas "gajucas". –¿Qué significa eso de "gajuca"? –No perteneciente al lugar, sino "adherida" a él de alguna forma. Por eso, cuando una vaca no pertenece a los pueblos beneficiarios de esa zona [Campoo-Cabuérniga] y pasta en sus seles, ha de pagar la cantidad que la Mancomunidad fije.

gal¹ *m (Fís) En el sistema CGS:* Unidad de aceleración equivalente a la de un centímetro por segundo. | *Unidades* 22: El gal es una unidad especial empleada en geodesia y geofísica para expresar la aceleración debida a la gravedad.

gal² *(pl invar) m* Miembro de la banda terrorista GAL (Grupos Antiterroristas de Liberación). | *País* 11.6.89, 21: El 'gal' Jean-Philippe Labade aseguró que trabajaba para la policía francesa. *Ya* 26.4.90, 18: Dos gal portugueses, en libertad.

gala I *f* **1** Cosa mejor o más valiosa [de alguien o algo]. | GNuño *Madrid* 112: La pintura de la Academia de la Historia cuenta con una cumplida colección iconográfica, pero su gala son los cuadros de Goya. Guillén *Lenguaje* 47: El Capitán General D. Juan José Navarro de Viana, .. cuyo maravilloso "Diccionario gráfico" es gala del Museo Naval.

2 *En pl:* Vestidos y adornos lujosos, propios de ocasiones especiales. *Tb (lit) fig.* | Laiglesia *Tachado* 94: Toda la aristocracia de Burlonia, encabezada por la voluminosa archiduquesa Florinda, acudió ataviada con sus mejores galas. Lapesa *HLengua* 183: Las galas cultistas resultaban postizas cuando faltaba aún preparación para vestirlas.

3 *(Mar)* Uniforme de gala [6]. | Delibes *Madera* 297: Gervasio terminó de vestirse de gala .. Dámaso Valentín .., al verle, experimentó un repentino ataque de risa .. "Pareces un mocito vestido de Primera Comunión."

4 Fiesta en que se exige ropa de gala [6]. | *ByN* 31.12.66, 90: Nueva gala en el Lido parisiense. Se festejaba el estreno de una revista.

5 Actuación artística de carácter único o excepcional, esp. de un cantante. | SSinisterra *Carmela* 233: Vamos a hacerles una gala, cosa fina, para que ustedes se lo pasen bien. *YaTo* 16.8.81, 39: Se completó el festejo con .. una gran gala artístico-musical con la actuación de los famosos José Luis Perales, Manuela y el humorista Pajares.

II *loc adj* **6 de ~.** [Ropa de vestir] de más lujo que la ordinaria. *Tb fig.* | *CoA* 17.3.64, 13: Los agentes de la autoridad municipal, con uniforme de gala, se distribuían en el vestíbulo y otros lugares. Laforet *Mujer* 289: Blanca, muy joven, en traje de gala y reproducida por un pintor mediocre, era irreconocible. *Odi* 1.9.64, 11: Almonaster se vistió con traje de gala durante el día, bajo la comba azul de su hermoso cielo.

7 de ~. [Fiesta o ceremonia] en que se exige ropa de gala [6]. | *HLM* 26.10.70, 22: Se modernizó y mejoró el Carlton .. En su reinauguración, en el gran banquete de gala se hallaba la famosa cantante de ópera Melba. *Odi* 18.8.64, 5: La señorita Delfina Bertedor Vélez .. abre el baile de gala celebrado en los Jardines "Ramón y Cajal".

III *loc v* **8 hacer ~.** Lucir[lo] o hacer ostentación [de ello]. | MCachero *AGBlanco* 118: La divagación no pertinente escasea, si bien el crítico aprovecha alguna oportunidad .. para hacer gala de bien provisto bagaje erudito. **b)** Mostrar[lo] o hacer[lo] evidente. | Marsé *Tardes* 22: Un rito amoroso .. cuya supervivencia está más allá del pa-

galabardera – galano

satiempo y exige más dedicación, más fantasía y más valor del que desde luego hacían gala los demás jóvenes en esta verbena. Act 25.1.62, 45: La prima de la reina Isabel de Inglaterra hace gala de su buen gusto en el vestir en cuantas ceremonias interviene.

9 partir [algo] **por ~ en dos.** (*lit*) Dividir en dos partes. | Cela *Judíos* 303: Tomó por todo entero cada uno de los pedazos del toro [de Guisando] que el rayo partió por gala en dos.

10 tener [algo] **a ~.** Preciarse o gloriarse [de ello]. | Lapesa *HLengua* 288: Cuando toda Europa tenía a gala seguir las modas de la corte de Versalles, era imposible frenar el auge del galicismo.

IV *loc adv* **11 de ~.** Con ropa de gala [6]. *Tb fig.* | SSuárez *Camino* 247: ¿Quieres creer que tu hermana no se viste de gala aunque la piquen?

galabardera *f* Rosal silvestre (*Rosa canina*). | FQuer *Plantas med.* 330: Rosal silvestre. (*Rosa canina* L.) Sinonimia cast[ellana], rosal montés, .. gabarda, galabardera.

galacho *m* (*reg*) Barranco. | Cela *Alcarria* 126: Gualda está .. pegada al barranco Grande, que cae a la boquilla del pantano de Entrepeñas; desde lo del trasvase Tajo-Segura no llega el agua hasta estos escarpados galachos.

galáctico -ca *adj* De (la) galaxia. | Foxá *Abc* 17.8.65, 3: Que un tremendo impulso "exterior" pueda ser capaz de conmover la rutina histórica de la Humanidad con un cataclismo conquistador o con una pavorosa aventura de imperialismo galáctico.

galactóforo *adj* (*Anat*) *En la mama:* [Conducto] que lleva la leche de la glándula al pezón. | Alvarado *Anatomía* 38: Las [glándulas] mamarias funcionan en las hembras de los mamíferos en la época de la lactancia de los pequeñuelos. La leche que segregan sale al exterior por los conductos galactóforos, que .. desembocan en los mamelones llamados pezones.

galactopoyesis *f* (*Fisiol*) Producción de leche por las glándulas mamarias. | Ybarra-Cabetas *Ciencias* 434: Explotación del animal adulto para vender los productos que elabora .. Se comprende en este punto: a) La producción de carne (Sarcopoyesis) y grasa (Steatopoyesis). b) La de la leche (Galactopoyesis).

galactosa *f* (*Quím*) Azúcar procedente de la hidrólisis de la lactosa. | Bustinza-Mascaró *Ciencias* 54: La lactasa actúa sobre la lactosa o azúcar de leche y l[a] transforma en azúcares sencillos, galactosa y glucosa.

galaico -ca *adj* **1** (*hist*) De Galicia (antigua región correspondiente pralm. a la actual Galicia y parte de Portugal). *Tb n, referido a pers.* | Lapesa *HLengua* 42: Los pueblos de[l] Norte, galaicos, astures y cántabros, recién dominados, seguían viviendo con arreglo a sus rudos hábitos seculares.

2 (*lit*) Gallego (de Galicia). | DPlaja *Literatura* 499: Galaico es también Álvaro Cunqueiro (Mondoñedo, 1910). Calvo *Lit. española* 3, 471: Rosalía supo plasmar la esencia del alma galaica en esa su peculiarísima y ancestral actitud ante la Naturaleza.

galaicoportugués -sa (*tb con la grafía* **galaico-portugués**) *adj* Gallegoportugués. *Tb n.* | MGaite *Retahílas* 197: La marea vengativa venía a incrementarse con imágenes de películas y lecturas posteriores, una procesión de heroínas pálidas con los ojos llorosos .., muchachas de los cancioneros galaico-portugueses a las que el mar aísla en una roca .., esposas engañadas del teatro clásico. Torrente *Saga* 223: Los godos, con esa su ignorancia de las cosas lusitanas y, en general, de cuanto ocurre en el área lingüística galaico-portuguesa, dijeron que sí, que bueno, que ya se vería.

galalita *f* Materia plástica fabricada con caseína y formol, usada para puños de bastones y paraguas, botones, y otros objetos, frec. de adorno. | Sampedro *Octubre* 117: Sonrisa de tía Magda en el nimbo azul de su sombrilla. La manejaba con tanta gracia como el abanico. Puño de galalita, *article de Paris*.

galamperna *f* Hongo comestible de color pardo grisáceo y pie muy alto y esbelto (*Lepiota procera*). | Perala *Setas* 55: *Lepiota procera*. Galamperna. Galipierno.

galán¹ *m* **1** Hombre que corteja [a una mujer (*compl de posesión*)]. | Cela *Judíos* 85: A mí no me dejan arrimar las mozas... Ni me quieren por galán, ni tampoco que las baile. Lera *Boda* 537: Pasó [la muchacha] casi corriendo delante de su galán y fue a sentarse al estrado.

2 (*Escén*) Actor que representa el papel de hombre joven enamorado, gralm. protagonista. | CPuche *Paralelo* 414: El resto de la campana [de la chimenea] estaba cubierto de fotos de galanes y estrellas de la pantalla. L. Pancorbo *Ya* 27.11.74, 59: El De Sica que yo conocí ya era muy diverso del joven galán hecho un fideo.

3 (*raro*) Hombre joven. | Cela *Viaje andaluz* 116: Un galán sin sentido .. pide limosna al vagabundo .. El vagabundo, viejo amigo de los .. tontos de pueblo, rebusca en su bolsillo y le da, en perras gordas, sesenta céntimos. El garzón, con su preciada carga, salió de estampía. A. D. Galicia *Sáb* 10.9.66, 11: Conocedor perfecto de varios idiomas, galán con apostura, muy pronto se convirtió en uno de los "play boys" más conocidos de Europa.

4 (*pop*) Se usa como apelativo cariñoso dirigido frec a muchachos. | CSotelo *Inocente* 123: Tú ya llevas algunos añitos viajando, galán, y estás tan limpio como si te acabase de enjabonar tu madre. CSotelo *Resentido* 249: ¿Qué hacías? ¿Solitarios? Te echo un mus, galán. [*Al párroco.*]

5 ~ de noche. Mueble de dormitorio, destinado a colgar un traje y constituido por una percha que se apoya sobre el suelo. | *País* 14.3.79, 5: Día del Padre. Papá... ¡Eres el más grande! Y para que te enteres, Mamá y yo te lo recordamos .. Con el galán de noche, para que cuelgues el traje, a ver si te lo planchan.

6 ~ de noche. Arbusto tropical cuyas flores son especialmente olorosas por la noche (*Cestrum nocturnum*). | T. Medina *SAbc* 15.6.75, 9: Las calles tienen el dorado resplandor del alamar .. Los claveles, las rosas, las gitanillas, los geráneos [*sic*] .. las flores de pato, los galanes de noche, el lirio.

galán² → GALANO.

galanamente *adv* (*lit*) De manera galana [1]. | L. Pancorbo *Ya* 1.8.74, 5: Los militares griegos han pasado la baraja, pero no se han ido del todo. Si bien hayan fracasado patentemente en la conducción del poder, podrían triunfar rápidamente en la reconquista de ese poder, galanamente cedido a Karamanlis.

galanga *f* Planta herbácea anual y aromática, originaria de China, cuyo rizoma se usa como condimento y en medicina (*Alpina officinalis* y *A. galanga*). | Millán *Fresa* 20: Mientras hervía la base de puerros y galanga dispuse la harina de maíz para el rebozado. Ubieto *Historia* 207: De ahí que los malos sabores se disimulasen a base de especias: los aranceles del siglo XIII nos hablan de la pimienta, canela .., comino, alcaravea, cilantro y galanga.

galangina *f* (*Quím*) Glucósido de la galanga. | J. Zor *TCR* 25.11.90, 30: Se debe esta acción a su contenido en ácido fenólico, ácido ferúlico, galangina y pinocembrina.

galanía *f* Galanura. | Pemán *Testigos* 242: Solo podía representarse esta acción contando con la destreza escénica .. de María Vidal .. y la galania sana e ingenua de Manuel Toscano, que introduce la pasión del valle en la aparente castidad de la montaña.

galano -na (*a veces toma la forma* GALÁN *cuando se refiere a un n m en sg*) *adj* **1** (*lit*) [Cosa] elegante o de buen gusto. | GNuño *Madrid* 8: Tras las torres moriscas que vimos, seguían en fecha dos monumentos bien galanos. Cela *Pirineo* 242: El más joven matrimonio cortaba el haro, el árbol de la ofrenda, y lo plantaba en medio de la plaza para que lo enjoyasen los casados con el barroco y galán adorno de las flores del monte. SSolís *Jardín* 141: Ella les alargaba sonriente la mano derecha, ya previamente descubierta, preparada para el homenaje, con el guante –siempre llevaba guantes– colgando, con desmayo galán, en la izquierda.

2 (*lit*) [Pers. o cosa] hermosa, o grata a la vista. | DCañabate *Andanzas* 24: Se trata de un jovenzuelo de esos que se crían canijos de niños y en plena pubertad pegan un estirón que no hay quien los conozca de tan pimpantes y tan galanos. SAbc 15.5.58, 11: Los domingos y fiestas de guar-

dar las praderas ribereñas cobran galana y galante animación.
3 [Pers.] elegante o bien vestida. *A veces en la constr* MÁS ~ QUE MINGO. | Delibes *Cazador* 146: La madre, que me anduvo cepillando, dijo que iba más galán que Mingo.
4 [Pata] coja. | Delibes *Tesoro* 69: ¿Veis ese tipo de la pata galana que salta de grupo en grupo? Es el Papo, el cojo. FReguera-March *Filipinas* 545: Magsalín .. se ha vuelto a los tiros, aunque con su pata galana el pobre.

galante *adj* **1** [Pers.] atenta y amable, esp. con las mujeres. *Normalmente referido a hombre*. | DCañabate *Paseíllo* 16: —Cuando queráis —les dice, entre imperativo y galante. MSantos *Tiempo* 225: Por favor, que fuera galante con las señoras. **b)** Propio de la pers. galante. | Ridruejo *Memorias* 37: Una fisonomía bellamente anacrónica, como de general romántico que se "pareciese" a un caballero del siglo XVII, pero no de los de empaque místico sino de los de empaque galante. * Ha sido un gesto muy galante.
2 Relativo a los galanteos o relaciones amorosas. | Torrente *Isla* 251: No parecía que de la reunión fueran a resultar consecuencias extraordinarias en el orden de lo político y de lo militar, aunque sí de lo galante. **b)** (*hoy raro*) De temas eróticos. | Pemán *Abc* 19.9.64, 3: Ha ensayado, como elemento de "diversión", novelas de ciencia-ficción y cuentos galantes. Benet *Otoño* 89: El escritor galante parece extinguido para siempre, incluso en Francia, en buena medida ahogado por el escritor procaz. Ridruejo *Memorias* 37: Solíamos encontrar allí a Jardiel Poncela, que o bien escribía o bien recortaba para unas tijeritas figuras de revistas galantes con las que hacía luego *collages*.
3 (*hoy raro*) [Vida] de prostitución. | MAlonso *Teatro 1964* 358: La otra cara de la vida galante —su hastío, su miseria, su escondido drama— ha ido repetidamente a la literatura de humor. Cossío *Confesiones* 268: Estas francesitas de la vida galante no saben una palabra de nada.
4 (*Mús*) [Estilo] ligero y refinado, propio de la segunda mitad del s. XVIII y en la música instrumental. | Casares *Música* 101: Dentro de su estilo [de Haydn] hay varios períodos; el primero, hasta sus 40 años ..; en este período está dentro del Estilo Galante o Rococó. GAmat *Conciertos* 61: Mozart empieza a alejarse del estilo galante y trata de encontrar un camino definitivo, más profundo.

galanteador *adj* [Hombre] que galantea. *Tb n*. | Laforet *Mujer* 188: Paulina .. no quería soportar las impertinencias de aquel hombre zafio y galanteador. Olaizola *Escobar* 117: Pensaba yo que la estabilización del frente de Madrid era favorable para mis planes, que eran los de galanteador de Magdalena.

galantear *tr* Cortejar [a una mujer (*cd*)] o decir[le] galanterías [2]. | CSotelo *Muchachita* 281: Imaginemos .. que fuera conveniente .. el que yo galantease un poco a la señora de Aymat. ¿No transigirías?

galantemente *adv* De manera galante [1b]. | P. Manglano *Reg* 29.10.74, 3: Esto, que Gregoria Collado .. se esforzó por conseguir, que no cristalizó en su tiempo y que hoy galantemente nos fue otorgado. CoA 22.2.64, 10: El pasado día 16, y en el amplio local de Textiles Reunidas, galantemente cedido por don Antonio Merat Verdúo, tuvo lugar la "Operación Quintos".

galanteo *m* Acción de galantear. | Jarnés *Señas* 113: Estoy incapacitado para los actuales modos de galanteo. Torrente *Off-side* 17: Del rumor de las conversaciones destacan palabras sueltas, por su fuerza o por su brillo. Aisladas, balizan, sin embargo, temas de conversación: política internacional, finanzas, alta murmuración o galanteo.

galantería *f* **1** Cualidad de galante [1]. | *Abc Extra* 12.62, 87: Enrique de Hannover traduce la galantería al juego, y se deja ganar por la hermosa María Marini Colonna. C. Carriedo *DCá* 21.2.56, 3: La concurrencia abandonó los salones llevándose un gratísimo recuerdo de aquella noche mágica, que en detalles y conjunto hizo tan agradable la cordial galantería con que los amables dueños de la casa se esmeraron en obsequiar a sus numerosos amigos.
2 Hecho o dicho galante [1b]. | * No cesaba de decir galanterías. FReguera-March *Boda* 341: Lo que les dieron por aguantar los tiros un año entero, con los tagalos que los acogotaban, fue dos reales diarios. De modo que, aunque uno se arreste a hacer una galantería, no sirve de nada.

3 (*hoy raro*) Vida galante [3]. | FReguera-March *España* 271: Esa chica es una lagartona, como todas las demás. Ha buscado el camino más fácil para ganar dinero: el de la galantería. Y es posible que lo gane, porque es realmente bonita. Y si tú no te apresuras, otro lo hará.

galantina *f* Fiambre de carnes blancas deshuesadas y rellenas que se presenta en su gelatina. | *GTelefónica N.* 408: La Madrileña. Fábrica de fiambres y embutidos. Especialidades: Salchichas de Frankfurt .. Galantina de perdiz. Galantina de solomillo. Galantina de huevo. *Prospecto* 4.93: Hipercor .. Galantina de pollo con pistachos Frial, kg, 695.

galanura *f* (*lit*) Cualidad de galano [1, 2 y 3]. | GNuño *Madrid* 9: Era mucho más modesta, con muros de ladrillería morisca, exentos de la galanura ornamental de otros templos isabelinos. Tejedor *Arte* 132: La obra [el Decamerón], en italiano, llena de gracia y galanura, es un animado cuadro de las costumbres de la época. DCañabate *Andanzas* 207: Paseos mañaneros por la calle de Alcalá y vespertinos por la Carrera de San Jerónimo, en los que admirábamos la galanura de los andares femeninos. CSotelo *Inocente* 86: Es un hombre cuya edad roza el medio siglo, sin galanura, pero con un gran atractivo humano. F. Vicent *Van* 1.7.73, 6: Castellón, en fiestas de San Pedro .. Ha intervenido como mantenedor, glosando la hermandad entre los hombres de la mar y los de tierra adentro, así como la galanura de la mujer castellonense y grauera, don Francisco Matarredona Sala.

galápago I *m* **1** Reptil quelonio de agua dulce con los dedos reunidos por membranas interdigitales y con la cabeza y las patas enteramente retráctiles dentro del caparazón (*Emys orbicularis*). *Tb* ~ EUROPEO o COMÚN. *A veces se usa para designar en gral cualquier quelonio*. | Cuevas *Finca* 193: Echaban los anzuelos en el recodo del río más espeso, pero les molestaban los galápagos. *Ya* 17.1.86, 19: El archipiélago es un refugio para una fauna inesperada en esas latitudes, como son los pingüinos, las focas, los leones marinos y las famosas tortugas gigantes (los galápagos) que dan nombre a las islas.
2 Silla de montar ligera y sin ningún resalto. *Tb* SILLA DE ~. | F. Campo *VozAl* 5.1.56, 8: Poco a poco fue sustituyendo cinchas, baticolas, riendas y galápagos por neumáticos, baterías, dinamos y patentes. CBonald *Noche* 146: Una vez reemplazada la silla vaquera por otra de galápago, don Fermín montó en la *Zulema*.
3 (*col*) Pers. disimulada y astuta. | SFerlosio *Jarama* 94: Para mí que te quieres hacer de rogar. Venga ya, galápago; no seas.
4 (*reg*) Tumor propio del ganado. | Delibes *Ratas* 131: La oveja que come centellas cría galápago en el hígado y se inutiliza.
II *loc v* **5 tener más conchas que un ~** → CONCHA.

galardón *m* Premio o recompensa por un mérito. | *Des* 12.9.70, 29: Es un nuevo motivo de orgullo que .. Josep Pla y Terenci Moix hayan sido distinguidos con este importante galardón.

galardonar *tr* Conceder un galardón [a alguien o algo (*cd*)]. | J. PIriarte *Mun* 23.5.70, 17: "Gabo", como le llaman todos en los ambientes literarios barceloneses, acaba de ser galardonado por la crítica literaria francesa por su novela "Cien años de soledad". Medio *Bibiana* 95: Van a interpretar para ustedes una de sus mejores creaciones, galardonada en el Festival de San Remo.

gálata *adj* (*hist*) De Galacia (antigua región de Asia Menor). *Tb n, referido a pers*. | Villapún *Iglesia* 27: Las Cartas de San Pablo admitidas por la Iglesia en el Canon de libros sagrados son catorce .. Las dos a los tesalonicenses, hacia finales del año 52; una a los gálatas, por el año 54.

galaxia *f* **1** Masa de estrellas y de materia cósmica que se encuentra aislada en el universo. *Tb fig*. | Ortega-Roig *País* 8: Como estas estrellas, el Sol forma parte de una galaxia, llamada Vía Láctea .., que reúne, formando como un enjambre, miles y miles de estrellas .. Más allá de la Vía Láctea .. existen otras galaxias. *Inf* 2.6.70, 3: Las colisiones [de estrellas] originan cantidades ingentes de luz y radiación. Ello podría ser una explicación de por qué .. los peculiares sistemas estelares conocidos como galaxias Seyfert son tan extremadamente brillantes. Alfonso *España* 41: Cada empresa tendría una "galaxia" menor de "colaboradores". A. Pezuela *Mun* 12.12.70, 60: De la "galaxia de la im-

galaxial – galeote

prenta", en la que vivíamos, avanzamos sin perder posiciones .. hacia una nueva galaxia que, en principio, no tiene por qué ir en contra de la anterior, sino que, por el contrario, ha de completarla y redondearla: la "galaxia de la imagen".
2 Conjunto amplio de cosas de características particulares y similares. | Montero *Reina* 67: Desenroscó el capuchón de la antigua estilográfica, a la que prefería con conservador empeño frente a toda la galaxia de novedosos útiles de escritorio.
3 Mundo (sector de la sociedad, o ambiente). | VMontalbán *España* 179: Los mitos de la España eterna sobreviven, se manifiestan por doquier, y, cómo no, en la galaxia del espectáculo brillan astros de resplandor arcano .. Uno de estos astros es Manolo Escobar. Umbral *Noche* 177: El grupo de los pintores, el mundo de los pintores era una galaxia cálida y espesa, una cosa cobijadora y olorosa, un interior lleno de colores, tierras y palabras cargadas de realidad, como objetos. Miguel *Intelectuales* 130 (G): No, definitivamente, la galaxia pensante no es un modelo de buen entendimiento y de caridad cristiana.

galaxial *adj (raro)* De (la) galaxia. | Gironella *SAbc* 28.12.69, 23: Los cosmonautas exploran, no conquistan .. Asoma por un ventanuco galaxial la primera partícula de inmortalidad.

galáxico -ca *adj (raro)* Galáctico. | F. Pérez *Tri* 17.11.73, 37: El proceso de la búsqueda de Dios, de sus fieras dentelladas a lo divino, es también a la vez el proceso de la tremenda emergencia de su yo, que se desenvuelve concéntricamente como un sistema galáxico.

galbana *f (col)* Pereza o desidia, esp. la causada por el calor. | J. M. Moreiro *SAbc* 13.9.70, 46: Músicos callejeros que van de terraza en terraza a la hora del "cafelito", arrastrando su galbana y su guitarra. Alfonso *España* 142: Lo cierto es que de la filosófica gal[b]ana nacional no se ha pasado al intensivo trabajo. [*En el texto*, galvana.]

galbanear *intr* Dejarse llevar por la galbana. | Hoyo *Caza* 34: Mientras yo estoy en casa, *Cusa* galbanea, o ladra un poco, o se hace la encontradiza con el perro negro de arriba.

galbo *m (Arquit)* Engrosamiento de una columna, gralm. hacia el centro, de modo que por efecto de la perspectiva parezca recta. | GNuño *Arte* 66: Las columnas son sin galbo y anilladas.

gálbula *f (Bot)* Infrutescencia redondeada y carnosa, propia del enebro y otras plantas similares. | Legorburu-Barrutia *Ciencias* 283: Infrutescencias: Cono o piña. Gálbula. Sorosis. Sicono.

gálbulo *m (Bot)* Gálbula. | FQuer *Plantas med.* 83: En la actualidad, los tratados de plantas medicinales vienen a reconocer al enebro y a sus nebrinas, los gálbulos maduros de color negro azulenco, las mismas o casi las mismas virtudes que en el siglo XVIII.

galdacanés -sa *adj* De Galdácano (Vizcaya). *Tb n, referido a pers.* | *CoE* 19.9.74, 33: El atletismo galdacanés se centró, principalmente, en el campo de fútbol de Santa Bárbara.

galdrufa *f (reg)* Trompo o peonza. | Alvar *Abc* 11.2.86, 3: Ahora es un polvillo de cristales minúsculos, totalmente dispersos. Habrá que ponerlos en una galdrufa para que, al girar, las líneas se marquen con rayas muy precisas.

galduriense *adj* De Jódar (Jaén). *Tb n, referido a pers.* | R. Alcalá *Jaén* 30.8.64, 9: Ni que decir tiene cuánto nos satisface que el pueblo galduriense vaya alcanzando sus metas más queridas. LAparicio *SYa* 25.2.90, 8: Varios vecinos de Jódar son claros en sus palabras .. Otro galduriense afirma que hace muy poco tiempo "quisieron 'machacar' a una chiquilla de 10 o 17 años".

galeaza *f (hist)* Galera grande de guerra de origen veneciano, con tres mástiles y fuertemente artillada por las bandas. | A. Maura *SAbc* 7.2.88, 14: La flota de los aliados se componía de 90 galeras reales, 24 naves y 50 fragatas y bergantines por parte de España; 12 galeras y 6 fragatas, por la parte Pontificia, y 106 galeras, 6 galeazas, 2 naves y 20 fragatas por Venecia.

galega *f* Ruda cabruna (planta). | FQuer *Plantas med.* 375: La principal virtud atribuida a la galega se refiere a su poder de aumentar la leche de las hembras paridas.

galeido *adj (Zool)* [Pez] selacio de la familia a la que pertenecen muchas especies de tiburones y cuyo género tipo es *Galeus. Frec como n m en pl, designando este taxón zoológico.* | *Animales marinos* 6: Familia 3. Galeidos. Musola .. Cazón.

galena *f* Mineral de plomo y azufre, de color gris y brillo metálico. | FQuintana-Velarde *Política* 128: La gran riqueza de galenas convierte a España en uno de los países principales productores de plomo en el mundo.

galénico -ca *adj* **1** De Galeno (médico y filósofo griego del s. II). | Gambra *Filosofía* 57: Las figuras del silogismo .. En la cuarta .. se presenta el término medio como predicado de la mayor y sujeto de la menor. Esta figura se llamó galénica por haber sido introducida por Galeno. **b)** De la escuela de Galeno. *Tb n, referido a pers.* | Mercader-DOrtiz *HEspaña* 4, 196: Los innovadores [científicos] habían introducido ideas nuevas aceptadas con poco discernimiento. Galénicos y escolásticos se habían defendido con virulencia pero sin habilidad y no habían sido capaces de efectuar la tarea de renovación y adaptación imprescindible para que las doctrinas tradicionales siguieran en pie.
2 [Medicina] basada en las doctrinas de Galeno. | F. J. FTascón *SYa* 26.5.74, 9: Tras la Edad Media, .. ese movimiento aristocrático que fue el ciclo del descubrimiento, el Renacimiento y la Reforma, y el mundo amplio y redondo de nuestros navegantes, y la medicina galénica.
3 [Farmacia] basada en la transformación de drogas naturales y no en productos químicos. *Tb n f.* | *BOE* 12.3.68, 3769: El número de horas semanales de clase teórica para las asignaturas del cuarto curso del vigente plan de estudios de las Facultades de Farmacia será el siguiente: Bioquímica: Cuatro horas. Farmacia galénica: Tres horas. *Ya* 13.3.75, 52: Laboratorio farmacéutico internacional precisa Jefe Galénica.
4 *(Farm)* [Preparación] que contiene uno o varios ingredientes orgánicos. | *BOE* 12.3.68, 3770: Preparaciones galénicas: Polvos, especies medicinales, pulpas, zumos y jugos.

galeno[1] *m (lit, humorist)* Médico. | Escobar *Itinerarios* 184: Antaño, el vino de Rueda y el de la Nava del Rey lo despachaban en las boticas, previa receta del galeno, para las personas débiles y las recién paridas.

galeno[2] **-na** *adj (Mar)* [Viento o brisa] suave. | Aldecoa *Gran Sol* 62: Amanecía. Viento galeno.

galeón *m (hist)* Nave grande de vela, de tres o cuatro mástiles, que alcanza su apogeo en el s. XVI, en el comercio con América. | *Sp* 19.7.70, 25: Aparece un buque .. dedicado al transporte ..: el galeón, mezcla de galera y del barco redondo ya utilizado con anterioridad. Mercader-DOrtiz *HEspaña* 4, 147: Esta medida [la prohibición de venta de sedas de Asia], posiblemente reclamada por el comercio andaluz a fin de evitar el tráfico clandestino a remolque del galeón de Manila, fue renovada en 1728.

galeopiteco *m* Prosimio nocturno del tamaño de un gato, dotado de una membrana que une sus extremidades anteriores con las posteriores y la cola y que le sirve de paracaídas (gén. *Galeopithecus*). | Á. MCascón *Béj* 28.11.70, 9: Las ardillas voladoras y algunos otros como los falangeros y el galeopiteco planean entre los árboles.

galeópside *f* Planta herbácea anual, con flores de color púrpura y amarillo, usada en medicina popular contra la tuberculosis pulmonar y la bronquitis (*Galeopsis tetrahit*). | Mayor-Díaz *Flora* 462: *Galeopsis tetrahit* L. "Galeópside". Remón *Maleza* 52: *G[aleopsis] tetrahit* L. Nombre común: Ortiga real, Galeópside. [*En los textos, sin tilde.*]

galeota *f (hist)* Galera[3] pequeña de 16 a 20 remos por banda. | M. FÁlvarez *His* 7.85, 40: El 15 de julio apareció ya ante Castelnuovo Barbarroja con toda su armada, al tiempo que acudía por tierra el gobernador turco de Bosnia; en total, un ejército de unos 50.000 soldados (de ellos, 5.000 genízaros, la temida fuerza de choque turca) y una armada de 220 naves, entre galeras, galeotas y fustas.

galeote *m (hist)* Hombre castigado a remar en las galeras[3]. *Tb (lit) fig.* | Mercader-DOrtiz *HEspaña* 4, 103: Ya no había galeotes, porque desde principios del siglo [XVIII] cesaron las galeras; los reos de graves delitos iban destinados a los presidios de África. Lapesa *Necrol. Gili Gaya* 196: Sentía, sí, el agobio de las urgencias en las tareas a plazo fijo, que le hacían llamarse –llamarnos, porque me incluía a mí– galeotes de las letras.

galera[1] *f* Carro grande con cuatro ruedas y gralm. con toldo. | Cela *Viaje andaluz* 75: Entre los carros de mulas aparece, de cuando en cuando, alguna pesada galera de cuatro ruedas.

galera[2] *f* Crustáceo similar a la cigala que se pesca en los bajos fondos litorales (*Squilla mantis*). | *Huelva* 59: Es preciso aludir a la preparación exquisita de hermosas almejas de mar y de río, .. "cangrejos", "bocas", "galeras" y otras mil variedades marinas.

galera[3] *f* (*hist*) Embarcación de remo y vela, larga y estrecha, con una o más filas de remeros. | Cunqueiro *Un hombre* 13: El mirlo, al ver el oro, se puso a silbar una marcha solemne .., como de entrada de rey o de galera. **b)** *En pl:* Condena a remar durante cierto tiempo en las galeras reales. | J. Ballester *Ver* 5.7.64, 16: Acudieron precipitadamente el dicho Báez y un portero de la prisión, para decirle que don Fernando Miñarro y los demás presos condenados a muerte o a galeras habían escapado.

galera[4] *f* (*Impr*) Plancha sobre la que se compone la galerada. | Barral *Memorias* 3, 36: Eran candidatos [*sic*] principales al Premio Formentor la novela de Mario Vargas Llosa .. –que había obtenido el Premio Biblioteca Breve del año anterior y estaba todavía inédita, en galeradas repartidas a los votantes– y la novela en lengua francesa de Jorge Semprún *Le long voyage*, creo que también en pruebas de galera.

galerada *f* (*Impr*) Prueba sin ajustar que se saca para corregirla. | Huarte *Tipografía* 35: El autor se reservará siempre la última galerada de un envío que le servirá de guía para comprobar que no hay solución de continuidad entre la serie de pruebas que devolvió leídas y la siguiente que recibe para corregir.

galería *f* **1** Pieza interior de paso, larga y cubierta, normalmente con arcadas o columnas, en la que frec. se colocan cuadros u objetos decorativos. | GNuño *Madrid* 118: Puede visitarse la sala de chaflán .. antes de pasar a otras galerías que lucen dos delicadas tablas. CAssens *Novela* 1, 126 (G): Perico me empujó hacia la galería de los retratos y me hizo pasar bajo el salón de actos, que rebosaba de socios. **2** Pasillo abierto al exterior, o con columnas o vidrieras. | PCarmona *Burgos* 153: El primer artista del claustro de Silos fue el que labró los capiteles de las galerías E. y N. **b)** Balcón o mirador corrido a lo largo de la fachada. | Delibes *Cartas* 59: Mi difunta hermana Rafaela, durante los veranos en el pueblo, se tendía todos los días medio desnuda, a mi lado, en la galería. Era una de esas mujeres heliófagas, devoradoras de sol; nunca se saciaba. *VozC Extra* 1.1.55, 6: Imponiéndose como medida general la de que los huecos practicados en fachada sean obligatoriamente balcones, proscribiendo en absoluto las galerías voladas o miradores de cualquier naturaleza. **3** *En una cárcel:* Pasillo abierto a un patio central, que da acceso a las celdas. | Tomás *Orilla* 239: Toda la gente empezó a tirarlo todo desde las celdas a la galería. **4** Camino o pasaje subterráneo. | Legorburu-Barrutia *Ciencias* 345: Descienden rápidamente por el pozo [de la mina], viendo las bocas de muchas galerías a distintas alturas. Legorburu-Barrutia *Ciencias* 226: El erizo .. Se refugia entre la maleza y en galerías que excava bajo tierra. *Ver* 6.1.56, 4: El sacrificio de estos agricultores haciendo pozos y galerías en busca de agua para regadío ha tenido desastrosa compensación. **b)** Camino o pasaje debajo de una superficie que no es la terrestre. | Ybarra-Cabetas *Ciencias* 356: Es [el arador de la sarna] un ácaro microscópico que vive debajo de la epidermis del hombre, en unas galerías que él mismo construye. **5** Local destinado a la exposición y venta de objetos de arte, esp. pintura y escultura. *Frec* ~ DE ARTE. | Arce *Precio* 154: Fue una lástima que perdiera tanto tiempo en ver museos y galerías de arte. **6** Conjunto de tiendas situadas a ambos lados de un pasaje, o alrededor de un amplio pasillo situado normalmente en la planta baja de un edificio. *Frec* ~ COMERCIAL. | *Pue* 20.1.67, 12: Galería Alimentación Argüelles. Totalmente terminada. Inmediata inauguración. *Pue* 20.1.67, 25: Pisos. Embajadores, 35 .. Galería Comercial. **b)** *En pl:* Grandes almacenes. *Formando parte de la denominación de alguno de estos establecimientos.* | *Pue* 20.1.67, 5: Drásticas rebajas en nuestra gran venta posbalance .. Galerías Preciados. "El Anexo." Galerías de Arapiles. Galerías de Lista 56.

7 (*lit*) Conjunto o colección [de perss. o cosas selectas]. | Torres *Ceguera* 229: Ella ingresaría por la puerta grande en la galería de sublimes narradores de nuestra época. *Med* 1.7.59, 2: En la galería espléndida de los mártires, que dieron su vida por Dios y por España en la Cruzada del 36, la Hermandad de Sacerdotes Operarios Diocesanos tiene treinta nobles figuras. Marsé *Dicen* 111: Llevaba siempre consigo el cuadernito de la Galería Dramática Salesiana y aprovechaba ratos para repasar su papel en la función.

8 Gente común o masa. *Frec en constrs como* PARA LA ~ *o* DE CARA A LA ~. | *Sp* 19.7.70, 53: El problema del pluriempleo .. viene dado .. por el hábito que las figuras de relumbrón han tomado de preferir .. las actuaciones como director invitado, más interesantes económicamente y de cara a la galería. J. Salas *Abc* 11.8.64, 33: Todo ello cuenta mucho en un mundo cada vez más zafio y más lleno de concesiones a la galería. C. Rojas *Inf* 13.10.70, 24: Se lidiaron seis novillos .. Tobalo Vargas, dudando mucho y abusando del encimismo y los pases para la galería, sin entender al clarísimo quinto (Vuelta y silencio).

9 Armazón de madera o metal para colgar cortinas. | GPavón *Hermanas* 45: Galerías talladas, con cortinas de damasco.

10 (*Bot*) Conjunto vegetal que forma una faja longitudinal. | *MOPU* 7/8.85, 110: En las márgenes de los ríos crecen las frondosas –álamos, chopos, y todo un conjunto de especies arbustivas que componen el bosque de galería–, y localmente se encuentra enebro, roble, sabina albar, madroño y tejo.

11 (*Prehist*) Construcción primitiva formada por una serie de grandes piedras verticales cubierta por otras horizontales. *Frec* ~ DOLMÉNICA. | Arenaza-Gastaminza *Historia* 10: En su evolución el dolmen ha dado origen a las galerías dolménicas o dólmenes alargados.

galerín *m* (*Impr*) Plancha larga y estrecha donde el cajista coloca las líneas compuestas hasta formar una galerada. | Huarte *Tipografía* 57: Pasadas las cuatro o seis líneas de que es capaz el componedor, .. se llevan al galerín y se continúa componiendo.

galerista *m y f* Pers. que posee o regenta una galería de arte. | *D16* 26.4.78, 27: A la inauguración asistió variopinta gente del arte: galeristas, artistas, críticos, coleccionistas y demás.

galerístico -ca *adj* De (las) galerías de arte. | *SLan* 14.2.92, 7: Arco pasa por ser la feria internacional más visitada del mundo y la más preocupada por seleccionar solo las propuestas más innovadoras del mercado galerístico.

galerna *f* Viento huracanado entre oeste y noroeste que sopla en la costa cantábrica. *Tb fig.* | Ortega-Roig *País* 62: Las tempestades .., a veces, en la costa cantábrica, producen olas de gran altura. Son las galernas. J. Montini *SVozC* 31.12.70, 6: En "Los ojos del huracán" ella es el huracán. Un vendaval. Una pasión que estalla como la galerna en la historia de amor que José María Forqué realiza.

galernazo *m* Galerna muy fuerte. *Tb fig.* | Cossío *Montaña* 336: El tributo rendido al mar fue pavoroso. Ciento siete ahogados de los cabildos montañeses .. Guipúzcoa, a cuyo mar debió llegar el galernazo más atenuado, tan solo dio cinco víctimas al tenebroso censo. Aldecoa *Gran Sol* 20: Es buena persona .., solo que si bebe un poco más de lo que debe le da el galernazo.

galero *m* (*reg*) Sombrero de ala ancha. | Cancio *Bronces* 56: No os sorprenda su vitola de infelices .., que bajo el ancho galero de cada uno de ellos hay, por lo menos, un cuévano de picardías.

galeruca *f* Insecto coleóptero de pequeño tamaño que ataca las hojas de determinados árboles (gén. *Galeruca*). | *Ide* 17.8.86, 9: El ochenta por ciento de los árboles de la Alhambra padecen la plaga de la galeruca.

gales *m* Príncipe de Gales (tejido y traje) (→ PRÍNCIPE[1]). | *Abc* 10.5.58, 36: Moda masculina. Trajes de gran elegancia .. Cuadros "gales", pata de gallo, "fil a fil" y en otros finos dibujos. *Inf* 21.10.69, 11: La moda europea .. Para señoras. Cuadros, pata de gallo, espigas gigantes y "Gales" para los abrigos y conjuntos. Benet *Nunca* 28: Se mezcla el marido, vestido con afectación de un gales gris y juegos granates de corbatas.

galés -sa I *adj* **1** Del principado de Gales (Gran Bretaña). *Tb n, referido a pers*. | J. Balansó *SAbc* 13.12.70, 54: Estaba casado con una mujer galesa.

II *m* **2** Idioma, de origen céltico, de Gales. | Villar *Lenguas* 140: El galés. Conocido a partir del siglo VIII gracias a una glosa, desarrolla una considerable literatura en la Edad Media; resulta decisiva la traducción de la Biblia en el siglo XVI para su fijación definitiva como lengua literaria.

galfarro *m* (*reg*) Ave de rapiña. | GGarrido *Año* 104: Sobre las lomas lucían las flores rosadas de las urces .., se veía muy lejos el vuelo de los galfarros, demasiado lejos para distinguir al azor del milano o al halcón del águila perdiguera.

galga *f* **1** Palo grueso y largo que va atado a la caja del carro y le sirve de freno al aplicarlo contra la rueda. | S. Araúz *Abc* 2.5.72, 17: El comerciante mueve su mercancía en carro de varas, que chilla si, en la cuesta abajo, el carretero aprieta la galga.

2 (*Mec*) Instrumento que sirve para medir calibres o comprobar la forma o dimensión de una pieza. | *GTelefónica N.* 534: Chaves .. Herramientas finas de medición (Metrología), pies de rey, calibres, galgas, roscas, relojes micrométricos, etc.

galgado -da *adj* (*reg*) Paralelo. | Ruibal *Van* 16.5.74, 11: La autopista –que creo llaman del Mediterráneo–, ideada para discurrir galgada a la estrada y el ferrocarril, se construye en la otra banda de la montaña.

galgo -ga I *m y f* **1** Perro muy ligero, de cabeza pequeña, cuerpo delgado y cuello, cola y patas largas. *Tb adj*. | Delibes *Ratas* 52: Si el Furtivo salía con .. la galga, el Nini se ocultaba, camino del perdedero, y cuando la perra llegaba jadeante .., él, desde su escondrijo, la amedrentaba con una vara. Faner *Flor* 77: Diodor se sentó en un banco del jardín. Un perro galgo se frotaba con sus piernas, meneando la cola. **b)** Pers. de piernas largas y delgadas, o que corre mucho. *Frec con intención humorist*. | L. LSancho *Abc* 15.10.70, 26: La faldita concluye al arranque de unos muslos finos, de galguita, asexuados casi, que terminan apaciblemente en unas rodillas de niña. F. Lázaro *Act* 7.7.66, 33: Pirri, la tenacidad. Del Sol, el pulmón .. Peiró, el "galgo goleador".

2 (*reg*) Piedra que rueda monte abajo. | GGarrido *Año* 48: Los cantos saltaban por el desnivel sin reparar en obstáculos .., galgos les llamaban a esas piedras imposibles de controlar, saltaban como galgos y lo más prudente era protegerse en el ángulo muerto más próximo.

II *loc v y fórm or* **3 echar un ~** [a alguien o algo]. (*col*) Tratar de alcanzar[lo] o localizar[lo] físicamente, o de comprender[lo]. *Gralm en la constr* ÉCHALE UN ~ *o* QUE LE ECHEN UN ~. *Tb fig*. | FReguera-March *Boda* 303: Yo me voy a Zaragoza. De Zaragoza saldré para Cataluña. ¡Que me echen un galgo! Grandes *Lulú* 65: Es un viejo, Lulú, un viejo que te ha tomado el pelo. Échale un galgo, ahora. ZVicente *Traque* 282: Un hermano mío que se fue a América, Manolo, no, no era Manolo, era Federico, bueno, qué más da, se fue y nada más, y cualquiera le echa un galgo ahora. Delibes *Emigrante* 55: El páter, por no perder la costumbre, habló en italiano. ¡Que le echen un galgo! ZVicente *Traque* 146: –Además, que es usted muy joven todavía... –Ah, la juventud... Todavía, dice usted... Dónde estará, échele un galgo.

4 que no se la salta un ~ → SALTAR.

galguear *intr* (*raro*) Correr como un galgo [1a]. | Peraile *Arr* 2.2.75, 19: Todos los días el sol galguea, cruza la llanura de los vientos, zarcea entre las nubes y viene a tenderse fiel al lado de su ama: mi enfermedad.

galgueño -ña *adj* **1** De(l) galgo o como de(l) galgo [1a]. | Fraile *Cuentos compl*. 331: Se removió en el lecho, abrió y cerró los ojos con pereza, alargó un brazo galgueño salpicado de pecas.

2 (*Taur*) [Res] de patas largas y poca barriga. | J. Vidal *País* 13.5.77, 48: Los cárdenos de Hernández Pla, este año justos de trapío, pero serios, son también galgueños, finos de cabos.

galgueo *m* (*reg*) Limpieza de un cauce o una reguera. | MCalero *Usos* 105: Era este arroyuelo de buena caída, así que en su construcción no hubieron de hacerle la zaya demasiado larga, pues con buen nivel pronto cogió gran altura, y también para tener buen álveo su galg[u]eo era de menor gasto. [*En el texto*, galgeo.]

galguero -ra I *adj* **1** De (los) galgos [1a] o de las carreras de galgos. | *Mar* 23.11.70, 27: Ha fallecido la esposa de don Pedro Sanz, presidente de la Federación Española Galguera, al que desde este espacio le hacemos patente nuestra condolencia y el pesar que esta noticia ha supuesto en toda la afición galguera.

II *m* **2** Cazador con galgo [1a]. | Delibes *Pegar* 54: He aquí un cuadro realista por los cuatro costados .., en el que, aparte de los cazadores de escopeta, figuran dos campesinos charlando y tres galgueros (dos a caballo y uno a pie) y tres galgos persiguiendo a una liebre a la carrera.

galiana *f* Cañada de ganado. | Ridruejo *Memorias* 24: Hace pocos años, un amigo mío le mostraba mi fotografía a su abuelo, labrador en la Alcarria. Y el viejo le comentó: "De estos, los he visto yo bajar así –y apiñaba los dedos– por las galianas de Soria, con los rebaños". Cela *Alcarria* 256: Las galianas, o sea las cañadas, tenían noventa varas de ancho, pero se les fue perdiendo el respeto poco a poco, y ahora casi han desaparecido.

galianos *m pl* Comida propia de pastores manchegos, hecha básicamente con torta cocida a las brasas y guisada después con caldo. | GPavón *Hermanas* 52: Yo les hago de cuando en cuando gachas, galianos, migas con uvas.

gálibo *m* **1** *En un vehículo:* Perímetro máximo de su sección transversal. | Ramos-LSerrano *Circulación* 42: Su accionamiento [de los faros] debe ser simultáneo en ambos proyectores con el de todas las luces traseras y con las especiales destinadas a señalar el gálibo.

2 Arco de hierro u otro dispositivo que marca el gálibo [1] máximo permitido para el paso por un túnel o puente. | Aldecoa *Cuentos* 1, 127: Miguel llegó al otro extremo del andén, donde comenzaba el tinglado de las mercancías y se recortaba, monstruoso, el depósito de agua para las locomotoras, y el gálibo ponía un dintel a la puerta invisible de la oscuridad.

3 (*Mar y Constr*) Plantilla que se utiliza para trazar y comprobar un perfil. | Zunzunegui *Hijo* 58: Se dedicaba a hacer planos y dibujar los gálibos de embarcaciones de cabotaje. *BOE* 1.12.75, 25024: Soldadores. Son los operarios capacitados en todas las operaciones y cometidos siguientes: .. conocer y emplear debidamente los dispositivos usuales de fijación de elementos que se han de soldar y las disposiciones de gálibos corrientes para los trabajos en serie.

galicanismo *m* (*hist*) Doctrina político-religiosa francesa, condenada a fines del s. XVII, que postulaba una disminución del poder papal en favor del episcopado, y la subordinación de la Iglesia al Estado. | Villapún *Iglesia* 152: Este último título de "vencedor del galicanismo" se l[o] otorgaron al Obispo de Cuenca porque no faltaron Obispos franceses que se oponían a la definición de la infalibilidad del Papa.

galicanista *adj* De(l) galicanismo. | * La doctrina galicanista fue condenada por Alejandro VIII en 1690. **b)** Adepto al galicanismo. *Tb n*. | Vicens *Polis* 416: Después de los ataques que habíanle asestado [a la Iglesia] galicanistas, regalistas y jansenistas .., tuvo que sufrir los de deístas, libertinos y enciclopedistas.

galicano -na *adj* (*lit*) Francés. *Gralm referido a la Iglesia o a su liturgia*. | VParga *Santiago* 18: Carlomagno aparece como reconstructor del camino de Santiago, según la versión galicana. MSantos *Tiempo* 67: Solo la pedantería chovinista podía hacer creer a los retrasados mentales de los liceos galicanos .. que estuvieran haciendo gran novela todavía. *SDLe* 3.11.91, 20: El día que sea posible fijar científicamente las melodías contenidas en el Antifonario de León, entonces podremos saber también cómo se cantaban las de la liturgia galicana.

galiciano -na *adj* (*lit, raro*) Gallego. | A. LPrado *Abc* 24.8.66, 45: El agosto coruñés es un mes de suave calor galiciano con vientecillos del Nordeste.

galicismo *m* Palabra o rasgo idiomático propios de la lengua francesa o procedentes de ella. | Laforet *Mujer* 164: Amalia sentía debilidad por la gente "chic", como decía ella con un galicismo algo anticuado. Amorós-Mayoral *Lengua* 98: "Motor a gasolina." Las construcciones de este tipo con "a" suelen ser galicismos. Pemán *Andalucía* 16: Al Parque de María Luisa: jardines afrancesados que Forestier construyó y que tomaron su denominación de una infanta que seguramente estrujaba, con fonético galicismo, las erres. **b)** Tendencia al uso de galicismos. | Lapesa *HLengua* 152: Sea por latinismo, por conservación arcaizante o por galicismo, el participio activo tiene bastante uso en algunos textos.

galicista *adj* Que copia o imita lo francés. | GCaballero *Abc* 16.4.75, 27: La Academia, para mí, significa dos valoraciones: una, la menos interesante, aquella tradicional de sus orígenes galicistas en 1714, ilustrada, tertuliana y erudita.

gálico -ca *adj* (*lit, raro*) Francés. | Areilza *Abc* 11.11.70, 3: Era hombre de conversación incesante, de humor agudo, "buen tenedor", para decirlo en términos gálicos. **b)** [Morbo] ~ → MORBO.

galicoso -sa *adj* (*raro*) [Pers.] sifilítica. *Tb n.* | CAssens *Novela* 2, 91: –Pero ¿es posible? –exclama desconcertado el editor–. Sería notable..., haber venido de París a coger aquí la avariosis .– Y un día desaparece inopinadamente, y Machado nos cuenta que se ha vuelto a París .. El único que ha sacado tajada es Astranilla, cuyo libro dejó ya tirado en la imprenta el galicoso editor.

galileo -a *adj* De Galilea (región de la antigua Palestina). *Tb n, referido a pers.* | A. Pelayo 29.6.75, 21: Pedro era un hombre pobre .. Hay que saber descubrir en el corazón del sencillo galileo el vértigo incontenible de su experiencia religiosa.

galillo *m* (*col*) Garganta (parte del cuerpo). | Aparicio *César* 9: Se le hacía imposible que fusilaran a su marido, así como así; así, de una descarga, con balas, con armas, hombres como él, con ojos, .. con lengua, con galillo. I. Valverde *NotC* 25.2.71, 5: Las procesiones de la Semana Santa cartagenera subsistirán .. mientras a ti y a mí nos queden fuerzas en el galillo para esfarriarnos en defensa de las procesiones.

galimatías *m* **1** Cosa incomprensible, esp. por el modo confuso en que se expresa. | Laforet *Mujer* 284: Me escribe una serie de galimatías .. explicándome que el amor a Cristo es sacrificio y entrega total.
2 Enredo o confusión. | R. Frühbeck *SAbc* 20.9.70, 13: La idea de albergar en el mismo teatro la ópera y los conciertos daría lugar a un verdadero galimatías de fechas, y a un tremendo barullo en materia de preparación y ensayo.

galimático -ca *adj* (*raro*) De(l) galimatías o que lo implica. | Ava 7.12.68, 3: Esta galimática situación, en la que se mezclan las peras con las manzanas, es un producto provocado y mantenido por los que pretenden enturbiar y retrasar la necesaria reforma universitaria. J. Cueto *País* 17.3.89, 88: El nuevo truco comercial es la fascinación por lo inexplicable, el morbo de lo galimático, el atractivo de lo abstruso.

galio¹ *m Se da este n a varias plantas del gén Galium, esp G. verum y G. aparine.* | FQuer *Plantas med.* 749: Galio. (*Galium verum* L.) .. Este galio es una planta vivaz, con tallos subterráneos o rizomas muy ramificados .., de color castaño claro, nudosos y con raíces que arrancan de los nudos. Remón *Maleza* 53: *Galium aparine* L. Nombre común: Amor de hortelano, Cuajaleches, Galio .. La plántula del *Galium* es inconfundible por la forma de sus cotiledones .. Una característica que hace inconfundibles a estas plantas es la pegajosidad de la planta entera.

galio² *m* (*Quím*) Metal, de número atómico 31, de la familia del aluminio, muy fusible y que suele encontrarse en los minerales de cinc. | Aleixandre *Química* 15: En el elemento 31, galio, el nuevo electrón se fija ahora en la capa N. Ybarra-Cabetas *Ciencias* 60: Está impurificada frecuentemente [la blenda] con hierro (blenda ferrífera) y otras veces con galio, indio, etc.

galipierno *m* **1** Galamperna (hongo). | Perala *Setas* 55: *Lepiota procera*. Galamperna. Galipierno. Seta culebra.
2 ~ **falso**. Hongo muy venenoso, de color pardo y frec. con motas blancas (*Amanita pantherina*). | Perala *Setas* 52: *Amanita pantherina*. Pantera. Falso galipierno.

galipodio *m* Trementina solidificada en los pinos y abetos por evaporación del aceite esencial. | FQuer *Plantas med.* 92: La recolección [de la trementina] dura desde principios de primavera hasta el otoño, y como las heridas quedan abiertas, fluye todavía por ellas cierta cantidad de oleorresina, que, solidificándose al aire, constituye el galipodio.

galipote *m* (*Mar*) Mezcla de alquitrán, resina y otras sustancias que se emplea para calafatear. | Berlanga *Acá* 82: El primer festón de algas empujando vasos de plástico, frascos de plástico, bolsas de plástico, pla[s]tas del galipote pulposo y negro de calafatear barcas.

galisteño -ña *adj* De Galisteo (Cáceres). *Tb n, referido a pers.* | F. J. Valverde *Hoy* 10.8.76, 20: Tomó la palabra el alcalde .. y aprovechó los micrófonos .. para dar la bienvenida a todos los galisteños.

galla *adj* De un pueblo camita habitante pralm. en Etiopía y Kenia. *Tb n, referido a pers.* | G. González *SYa* 31.3.74, 5: Etiopía es un variopinto retablo de razas, integrado por tres grandes grupos étnicos: abisinios o semitas .., camitas (gallas, somalíes y danakils) y niloticos.

galladura *f* Pequeña mancha como de sangre, que se encuentra en la yema del huevo de gallina fecundado. | Delibes *Voto* 122: Solo con ver un huevo ya sabía a ciencia cierta si lo que había dentro era pollo o polla .. –Y, ¿cómo se las arreglaba? .. –Eso no me lo pregunte, él los miraba al trasluz y lo sabía. Había quien decía que era por la sombra de la galladura.

gállara *f* Excrecencia redonda que se forma en el roble y otros árboles o arbustos por la picadura de ciertos insectos al depositar sus huevos. | Moreno *CSo* 27.11.75, 4: Juegos de chicos fueron .. la "tanga" .. La "pita o pítola", juegos con gállaras y gallarones.

gallarda¹ → GALLARDO.

gallarda² *f* (*jerg*) Masturbación. | Umbral *Gente* 141: Lo sublime es la gayola, la gallarda, la dulce pera matinal y vaga, la manuela, o sea meneársela.

gallardamente *adv* De manera gallarda¹. | Sopeña *Abc* 2.2.65, 58: Una obra de virtuosismo orquestal como esta .. solo brilla bien cuando la dificultad no se orilla .., sino cuando la oímos gallardamente vencida.

gallardear *intr* (*lit*) Mostrarse gallardo. *Tb fig.* | Sampedro *Sonrisa* 152: El viejo gallardea camino del ascensor. GNuño *Madrid* 88: Villanueva emplea dos órdenes: el corintio para la columnata del pórtico, y el jónico en el templete que gallardea en lo alto.

gallardete *m* Bandera larga y estrecha que acaba en punta y que se emplea como insignia o adorno, y en marina también para señales. | Cuevas *Finca* 194: En el cañaveral, la hoja parece pegada arriba sobre la caña, .. como un adorno, como un gallardete.

gallardía *f* (*lit*) Cualidad de gallardo. | Delibes *Mundos* 141: El puente de Galcerán es uno de los más céntricos y hermosos de la capital y salva el barranco con una gallardía indiscutible. P. Llamas *Ver* 22.9.72, 6: Tampoco anduvo mal Guillermo Ciscar "Chavalo", quien, como sus compañeros, toreó con gallardía y precisión.

gallardo -da *I adj* (*lit*) **1** Elegante y airoso. | Delibes *Parábola* 163: Intenta por todos los medios adoptar una actitud gallarda .. para caer, pero no lo consigue. GNuño *Escultura* 25: Aquí se pierde el instinto vital de la escultura hispana para no volver a manifestarse hasta los relieves visigodos, ecos extremadamente débiles y depauperados de la gallarda robustez primera.
2 Valiente o valeroso. | LTena *Abc* 11.12.70, 20: Ni Guipúzcoa ni el País Vasco han de dejarse cegar por el hecho de que en el país de la honesta gallardía hasta los deshonestos y los delincuentes sean gallardos.
II *f* **3** (*hist*) Danza cortesana española, de carácter vivo y compás ternario, propia del s. XVI. *Tb su música.* | DPlaja *Sociedad* 54: Hay bailes suaves y ordenados, los bailes de Corte, como la gallarda.

gallareta – gallero

gallareta *f* Focha (ave, *Fulica atra* y *F. cristata*). | Berenguer *Mundo* 33: Perdía mucho el tiempo en juegos que nada daban, como poner cepos a los gandanos y melones y arrimarme a la laguna con un tirabalas de goma para pegarle un cantazo a las gallaretas.

gallarín *m* (*raro*) Cuenta que se hace doblando siempre el número en progresión geométrica. *A veces en la constr* AL ~. | FReguera-March *Boda* 73: –Acuérdese de otros tiempos, Lacoma. No le regateé mi ayuda. –Pero se lo ha cobrado usted con creces. ¿Cómo hace usted los favores?, ¿al gallarín doblado?

gallarón *m* (*reg*) Gállara grande. | Moreno *CSo* 27.11.75, 4: Juegos de chicos fueron .. la "tanga" .. La "pita o pítola", juegos con gállaras y gallarones.

gallear A *intr* **1** Presumir de hombría. | Medio *Andrés* 197: Para que aprenda a meterse con los muchachos, el matón ese... Se le ha acabado ya el gallear y el asustar a los niños. DCañabate *Paseíllo* 29: Galleaba con las mocitas fáciles a los halagos de su labia.
2 (*lit*) Sobresalir o destacar. | T. Peraza *Abc* 29.4.58, sn: Parapetado tras una isllila enderezábase un faro en el cantil; coronando un ribazo galleaba un fuerte que, por tan imprudentemente blanqueado, ofrecía el más certero "blanco".
3 Emitir [ciertas aves] la voz que les es propia. | Delibes *Cartas* 22: Cuando me quedo traspuesto en la hamaca, siento gallear insolentemente a la picaza en la copa. Grosso *Capirote* 68: La pajarada galleaba sobre el cielo agrupándose para descansar sobre los pichones de alambre de espino de las cercas.
4 Copular [el gallo] con las gallinas. | Delibes *Castilla* 103: Al gallo se le capa para que no gallee, porque hay personas que gustan de oírle cantar pero no quieren pollos, y le tienen en casa como quien tiene un canario.
5 Andar [un hombre] con mujeres. | Lera *Trampa* 1094: –Si el señorito Álvaro .. se tirara ocho horas todos los días en un andamio o en un taller, yo te aseguro que no le quedarían ganas de gallear tanto. –Huy, albañiles los hay también muy sinvergüenzas.
B *tr* **6** Cubrir [el gallo a la gallina]. | Torrente *Sombras* 163: Ábrase por el vientre una gallina galleada, y se descubrirá un buen número de gérmenes .. que cuando han alcanzado la madurez .. la gallina los pone, y ya está el huevo en la calle.

gallego -ga I *adj* **1** De Galicia. *Tb n, referido a pers*. | CBaroja *Inquisidor* 21: Está del prelado gallego, alabado por Feijoo, es una carrera excepcional. Bustinza-Mascaró *Ciencias* 205: Son [las ubres], sobre todo en las vacas de razas especializadas (holandesa, .. gallega), muy voluminosas. **b)** [Pino] ~ –> PINO¹.
2 Escrito en gallego [5]. | Amorós-Mayoral *Lengua* 6: La literatura gallega fue muy importante en la Edad Media, .. y volvió a resurgir a fines del siglo pasado.
3 (*col*) [Pers.] reservada y que no manifiesta francamente lo que piensa. | MGaite *Cuarto* 156: –Pero venga ya, no sea tan gallega .. –¿Cómo sabe que soy gallega? –No lo sabía, lo he dicho así, a la buena de Dios, no se lo tome como un insulto, es que en Puerto Real se lo decimos siempre a la gente que anda con rodeos.
4 (*raro*) [Pers.] nacida en España o de ascendencia española que vive en Argentina o Uruguay. *Frec n. Se emplea reproduciendo el uso americano*, | HLM 27.11.78, 11: Cuatro mil "gallegos" cenaron con don Juan Carlos y doña Sofía en el Centro Lucense .. El programa de actividades de los Reyes .. concluyó por la noche en el Centro Lucense .., donde fueron agasajados por la colectividad española en una cena que congregó a 4.000 personas.
II *m* **5** Idioma, de origen romance, hablado en Galicia. | Amorós-Mayoral *Lengua* 6: El gallego .. dio origen a la lengua que hoy se habla en Portugal .. El gallego se sigue hablando hoy en Galicia.
6 (*reg, col*) Mozo de cuerda. | Cela *Pirineo* 132: Por aquí llaman murcianos a los peones de la construcción, en el mismo sentido traslaticio que el que usan los sevillanos al llamar gallego al mozo de cordel o montañés al tabernero.
7 (*reg*) Cacho (pez). | A. Ruiz *Ya* 10.9.86, 40: El gusano blanco o teñido funciona ya para la minitalla, el gallego, el barbo y la panzona, acompañada de la lombriz anillada y de la sanguijuela.

gallegohablante *adj* [Pers., grupo humano o territorio] que tiene el gallego [5] como lengua propia. *Tb n, referido a pers*. | Jardón *Normalización* 49: El gallego –manifestaba [Antón Santamarina]– se encuentra en una importante decadencia. Los datos científicos sobre el número de gallegohablantes son fatales.

gallegoparlante *adj* Gallegohablante. *Tb n.* | Jardón *Normalización* 53: Había una decidida voluntad de la población gallegoparlante de "normalizarse" en castellano.

gallegoportugués -sa (*tb con la grafía* **gallego-portugués**) **I** *adj* **1** De Galicia y Portugal. | * La frontera gallegoportuguesa.
2 Del gallego y el portugués. | * El área lingüística gallegoportuguesa.
3 (*hist*) De(l) gallegoportugués [4]. | Lapesa *HLengua* 129: En todo el territorio gallego-portugués y en casi todo el leonés, las sordas *p*, *k*, *f*, fundidas con la *l*, produjeron los sonidos *ch* o *š*. **b)** Que utiliza el gallegoportugués. | Correa-Lázaro *Literatura* 96: Los poetas gallego-portugueses son: Pero Meogo, Martín Codax .., el rey don Dionís, etc. DPlaja *Literatura* 69: Otras pueden interpretarse como derivaciones de las *cantigas de amor* y de *amigo* de la literatura gallegoportuguesa.
II *m* **4** (*hist*) *En la alta Edad Media:* Lengua de los actuales territorios de Galicia y Norte de Portugal, que en su evolución posterior da lugar al gallego y al portugués. | Correa-Lázaro *Literatura* 94: En la Península Ibérica surgieron las siguientes lenguas: gallego-portugués, leonés, castellano, navarro-aragonés y catalán.

galleguismo *m* **1** Palabra o rasgo idiomático propios del idioma gallego o procedentes de él. | Van 5.6.75, 53: A lo que, a partir del siglo XVIII, cabrá añadir la abundancia de vasquismos, riojanismos, catalanismos y galleguismos aportados por emigrantes de estas procedencias.
2 Condición de galleguista. | Torrente *SInf* 27.6.74, 16: Visito al profesor Carballo Calero, mi antiguo compañero de estudios y de galleguismo político.

galleguista *adj* Partidario o defensor de la causa gallega. *Tb n, referido a pers. Esp en política*. | MMariño *SVoz* 8.11.70, 4: Se siente .. galleguamente conquistador y enamorado de su tierra en el recuerdo y la saudade, pero muy poco galleguista en cuanto adolece de la falta de un sentido de protección y ayuda a la tierra. **b)** Propio de la pers. galleguista. | Ferreiro *Abc* 8.6.78, 40: El escritor vigués es un trabajador infatigable, que con frecuencia nos entrega el producto de sus desvelos galleguistas, empeñados, actualmente, en una loable tarea de divulgación de temas relacionados con la cultura y, en este caso concreto, de la cultura imbricada en la política.

galleguizar *tr* Dar carácter gallego [1a] [a alguien o algo]. | P. C. Muruais *Tri* 1.1.72, 32: El hecho existe, la pintura gallega, galleguizada o no, está ahí. F. Orgambides *País* 15.9.91, 15: Fraga ha intentado galleguizar tanto este viaje a Cuba que se las ha visto y deseado para encontrar un sacerdote que el domingo 29 oficie una misa en gallego en la catedral de La Habana.

galleo¹ *m* (*Taur*) Quiebro que hace el torero ante el toro, ayudándose con la capa. | DCañabate *Paseíllo* 37: Lo intentó todo: las verónicas, .. las tijerillas, el galleo, y nada le salía a derechas.

galleo² *m* Voz propia de algunas aves. | Delibes *Parábola* 115: Oye el zureo de una tórtola .. o el galleo de una pega. Delibes *Emigrante* 27: Me petaba oír por última vez .. el galleo de las picazas entre la fronda.

gallero -ra A *m y f* **1** Criador de gallos, esp. de pelea. | Lan 8.1.89, 3: Los criadores, los galleros, tienen una opinión muy distinta de lo que significan su mundo y su afición. Delibes *Castilla* 124: Los galleros de Boñar no se dedican a la cría de gallos de pelea, sino a la cría de gallos de río, de pluma fina.
B *f* **2** Lugar destinado a la cría o a la confrontación de gallos de pelea. | *Sol* 21.3.75, 18: Con un total de 38 gallos .. se celebró la última reunión en el reñidero de clasificación número 7 de Algeciras, participando ejemplares de las galleras malagueñas y del Campo de Gibraltar.

C *m* **3** Gallera [2]. | S. Rivas *Lan* 8.1.89, 3: Los propietarios de los galleros apuestan dinero de entrada.

galleta I *f* **1** Comestible de pequeño tamaño y forma variada, hecho a base de una pasta de harina sin levadura y gralm. dulce, cocida al horno. | Á. Oso *Mad* 9.2.68, 27: Si el niño toma galletas en cantidad incontrolada, fuera de las horas de comidas, ello le restará apetito para otros alimentos. *Cocina* 611: Galletas saladas.
2 (*col*) Cachete o bofetada. | * Como sigas dando la lata te doy una galleta. **b)** Golpe. *Frec con los vs* DARSE *o* PEGARSE. | J. Carabias *Ya* 18.5.77, 8: El conductor volvió la cabeza para mira[r]me .. y se quedó tan fijo que a poco nos damos "la galleta" contra una hormigonera.
3 Antracita en trozos cuyo tamaño no sobrepasa los 5 cm. | *Economía* 80: La antracita es el carbón que produce más calor .. Para las calderas de calefacción se utiliza la modalidad llamada galleta.
4 (*Mar*) Pan sin levadura y cocido dos veces para que dure mucho tiempo. | FSantos *Cabrera* 95: Nos embarcaron .. La galleta era poca y pasada, el agua amarga y el fuego escaso.
5 (*Mar*) Taco de madera, grueso y circular, que remata los palos y astas de bandera. | Aldecoa *Gran Sol* 85: En la galleta del palo de proa descansaba un pájaro arrendote.
II *loc adv* **6 a toda ~.** (*col*) A toda velocidad. | Umbral *Tierno* 79: Gualberta conducía a toda galleta por la carretera de La Coruña.

galletazo *m* (*col*) Golpe grande. *Frec fig. Frec con los vs* DARSE *o* PEGARSE. | E. Haro *País* 16.11.93, 57: El exceso de velocidad conduce al galletazo. *Abc* 15.11.93, 7: Nicolás Redondo afirmó ayer que "España está condenada a darse el gran galletazo" de continuar el Gobierno con su política económica. Burgos *ElM* 16.11.93, 5: Ojalá los chicos de Clemente no se peguen también el galletazo frente a Dinamarca.

gallete. a(l) ~. *loc adv* A chorro de un botijo, bota o porrón. *Con el v* BEBER. | Carnicer *Cabrera* 103: Llega el rapaz con el agua, y mientras bebo al gallete .., la vieja .. repite una y otra vez lo del oro.

galletería *f* Fábrica de galletas [1]. | ZVicente *Traque* 72: Menos mal que Lorencito, el hijo de don Lorenzo, el encargado de la administración de la galletería .., pues que va y nos los hace, los papeles.

galletero -ra I *adj* **1** De (las) galletas [1]. | M. Muñoz *Mad* 9.2.68, 27: Las frías cifras del Plan de Desarrollo nos habían obligado a pensar en Palencia por el índice de producción galletera.
2 (*Constr*) [Máquina] de moldear o cortar ladrillos. *Frec n f.* | *Hoy* 15.12.74, 23: Tejera. Interesa máquina galletera segunda mano de hacer ladrillos con preferencia marca Keller de unos 125 H.P. *Abc* 9.5.58, 6: Maquinaria. Para entrega inmediata. Cerámica: Batidoras, laminadoras y mezcladoras de barros. Galleteras, etc.
II *n* A *m* **3** Recipiente para conservar y servir galletas [1]. | Torrente *Pascua* 356: María puso tres copas en un plato de cristal, y las galletas en un galletero colorado, ya sin tapa y con el níquel del asa oxidado.
B *f* **4** Galletero [3]. | *Ya* 15.1.75, 7: Rebajas de enero .. Cajas metálicas, bomboneras y galleteras: 49 Ptas.

galletón *m* (*col*) Bofetón. | MRecuerda *Salvajes* 47: ¡Quia, esta no está loca! Se le va la loca porque no quiere decirnos nada. ¡Que le pego un galletón!

galliforme *adj* (*Zool*) [Ave] de cuerpo macizo, alas cortas, patas robustas adaptadas para escarbar y pico fuerte y ligeramente curvado, del orden al que pertenecen la gallina y el faisán. *Frec como n f en pl, designando este taxón zoológico.* | Lama *Aves* 152: El Orden Galliformes se caracteriza por tener unas patas fuertes que normalmente le sirven y emplea en arañar la tierra; el pico, corto y también fuerte, y las alas, cortas y redondeadas.

gallina → GALLO.

gallináceo -a *adj* **1** De (la) gallina (→ GALLO [1]). | Buero *Sueño* 187: El cacareo gana intensidad, y Goya mira al sofá, advirtiendo que el ruido gallináceo parece salir de los labios de Leocadia. *Van* 15.5.75, 51: La realidad más envuelve y pesa tanto que apenas si nos deja un recorte de tiempo .. para breves vuelos, gallináceos.
2 (*Zool*) Galliforme. *Tb n f.* | Legorburu-Barrutia *Ciencias* 207: Las gallináceas .. Además de la gallina se pueden citar: El pavo de Indias, apreciado por su carne; el pavo real, por su plumaje; la perdiz, codorniz, faisán... *MHi* 8.60, 45: El cóndor de los Andes .. nos dice el doctor Rodríguez de la Fuente que es una gallinácea en la que se ha operado un fenómeno de adaptación.

gallinaza *f* Excremento de la gallina o de otras aves de corral. *Frec en sg con sent colectivo.* | Carnicer *Cabrera* 133: Encima de la mesa, unas cuantas gallinas picotean restos de comida y simultáneamente defecan, según su costumbre. En seguida aparece una vieja ..: espanta las aves y pasa un trapo por las tablas, lo cual activa el olor de la gallinaza. Delibes *Santos* 11: Con la primera luz .. abría el portón y soltaba a los pavos en el encinar .. y, luego, rascaba la gallinaza de los aseladeros.

gallinazo *m* Aura (ave). | *Abc* 17.6.75, 89: Un piloto sobrevivió catorce días en una selva peruana que no figura en los mapas .. Los gallinazos (especie de buitres de regular tamaño) le seguían.

gallinejas *f pl* Tripas fritas de gallina, o a veces de otras aves o de cordero o cabrito, típicas de ciertos barrios de Madrid. *A veces en sg con sent colectivo.* | Cela *SCamilo* 46: Paca los días de corrida se gana un jornalito atizando el fuego y lavando platos en algún puesto de gallinejas de las Ventas. Carandell *Madrid* 94: Las llamadas gallinejas se venden en tiendas especiales .. Son tripas de cordero fritas. Cela *Escenas* 84: –¿Me permite usted que le invite a seis reales de gallineja? –Gracias, prefiero gambas.

gallinejera *f* (*hoy raro*) Vendedora de gallinejas. | DCañabate *Andanzas* 89: Aseguraba que había llegado a los ochenta sin un mal dolor de cabeza porque comió infinitas gallinejas fritas por la gallinejera de la calle de Santa Ana, que tenía una mano especial para tales fritangas.

gallinero I *m* **1** Lugar destinado a la cría de gallinas (→ GALLO [1]). | Laiglesia *Tachado* 90: Recuerdo estos gallineros, cuyas tapias saltaba para arrancar plumas a las colas de los gallos.
2 (*col*) *En un teatro o un cine:* Conjunto de las localidades más altas y baratas. | Umbral *País* 23.2.77, 23: El martes de carnaval, los señoritos de mi pueblo se subían al gallinero del teatro para, desde allí, orinar al personal.
3 (*col*) Lugar en que hay mucho alboroto o griterío. | * La clase era un gallinero; no había quien se enterase de nada.
II *loc v* **4 alborotar el ~.** (*col*) Hacer que se alborote la gente de un lugar, frec. por causar inquietud o malestar. | VMontalbán *Rosa* 110: Está usted alborotando el gallinero. No se puede ir de casa de putas en casa de putas con el nombre de don Luis en la boca. En dos horas ha soliviantado usted al personal. **b) alborotarse el ~.** Alborotarse la gente de un lugar, frec. por sentir inquietud o malestar. | * En cuanto se toca el tema de las vacaciones en la oficina, se alborota el gallinero.

gallineta *f* **1** Se da este *n* a la focha o gallareta (*Fulica atra*) y a la chocha (*Scolopax rusticola*). | Berenguer *Mundo* 88: A él le gusta tirarle a todo: a las palomas, las tórtolas, las agachonas, las gallinetas.
2 Pez marino, de unos 30 cm, color rojizo con manchas blancas y carne fina (*Helicolenus dactylopterus*). | Jo. Cortés *Ide* 9.10.75, 14: Los precios que rigieron fueron del siguiente orden: En la pescadería: Aguja, de 240 a 260 pesetas kilo; .. gallinetas, de 40 a 60.

gallipato *m* Anfibio de la familia de la salamandra, de color gris verdoso y dos filas de dientes en el paladar (*Pleurodeles waltl* o *waltlii*). | Rodríguez *Monfragüe* 128: El gallipato mide aproximadamente 20 centímetros en caso de ejemplares adultos.

gallipavo -va *m y f* Pavo (ave). | *Abc* 4.2.58, 35: Entre los nacimientos últimamente registrados .. figuran .. dos gallipavos albinos y un oso del Tíbet.

gallipuente *m* Puente sin barandas para cruzar pequeñas corrientes de agua y hecho gralm. de cañas cubiertas de césped. | Romano-Sanz *Alcudia* 60: Luego cruza un riachuelo por un gallipuente cubierto de tierra y sube el repecho final hacia la casa.

gallismo *m* Cualidad o actitud de gallo [4]. *Tb, humoríst, referido a mujeres.* | GSerrano *Macuto* 533: Cierta

gallístico – gallo

iracundia en el lenguaje es achaque tristemente común a todos los españoles –del mismo modo que un elemental y malhumorado gallismo es culpa colectiva que se denuncia cada día en la actitud de los más bondadosos compatriotas en cuando toman un volante en sus manos–. Acquaroni *Abc* 4.10.70, 13: Las muchachitas .. fuman por puro engreimiento social. Y, además, con una ostentación y un gallismo que resulta un tanto molesto y chocante para el hombre.

gallístico -ca *adj* De (las) peleas de gallos. | *Sol* 21.3.75, 18: Temporada gallística .. Con un total de 38 gallos entrados en taquillas .., se celebró la última reunión en el reñidero de clasificación número 7 de Algeciras. **b)** De los aficionados a las peleas de gallos. | S. Rivas *Lan* 8.1.89, 3: Organizado por la Agrupación Gallística Veleña, se ha celebrado .. un certamen de tientas de gallos.

gallo, -llina I *n* A *m y f* **1** Ave de corral de mediano tamaño y corto vuelo, con cresta roja, más grande y erguida en el macho, el cual posee también espolones, y que se cría por su carne y sus huevos (*Gallus gallus*). *A veces el f designa la especie.* | Bustinza-Mascaró *Ciencias* 192: La gallina. El macho adulto es el gallo. Berenguer *Mundo* 295: Les pagaban dos pesetas por huevo y les metían al calor para sacar los pollos o se los echaban a las gallinas americanas para que los sacaran. Kurtz *Lado* 167: Si me hubiera pillado más joven, Elsa y yo combatiríamos como dos gallos de pelea.
B *m* **2** *En pl:* Peleas de gallos [1]. | Mann *DMo* 4.8.91, 6: Aquí [en Santander] se prohibieron las peleas [de gallos] .. En Canarias siguen los gallos y prohíben los toros.
3 (*col*) Hombre que destaca o lleva la voz cantante en un lugar. *Frec en la forma* GALLITO. *Tb fig.* | Mendoza *Ciudad* 131: Este muchacho dará que hablar, se decía; apenas lleva un año con nosotros y ya se ha convertido en el gallo de su corral. *Mun* 23.5.70, 61: Este Sevilla, proveniente de Segunda División .., hubiera cumplido eludiendo un nuevo descenso. Pero no. Hizo más. Convirtióse en uno de los gallitos de la Liga y acabó en un meritísimo tercer puesto. RGarcía *Pue* 22.3.80, 24: En ella [la carrera de caballos] aspiran al triunfo Number One y Serial, de la Rosales y Asturias, respectivamente, que pueden ser "gallitos" de la generación clásica.
4 (*col*) Hombre arrogante y bravucón. *Tb adj. Frec en la forma* GALLITO *y en la constr* PONERSE GALLITO. | Cela *Rosa* 42: En esto de las peleas nunca se sabe quién va a ganar, y a veces un hombre que no sea muy corpulento, pero que tenga algo de decisión, desploma a golpes al gallo de turno. Olmo *Golfos* 51: –¡Devuelve eso, Juan! –Quién lo manda, ¿tú?– Y con una sonrisa de gallito echó el Mollas hacia adelante. Goytisolo *Recuento* 540: Al principio, siempre dicen que no saben nada o, los más gallitos, que no dirán nada. Pe[ro] esto es solo el plumaje. Al final acaban hablando. Delibes *Cinco horas* 63: Si tú, entonces, te pones a buenas y te llevas con un poquito de mano izquierda, nada más que eso, sabe Dios dónde hubieras podido llegar. Pero ¿por qué ponerte gallito?
5 (*col*) Sonido agudo e involuntario que se produce en la garganta al cantar, al hablar o al toser. | *ElM* 9.12.92, 72: La noche en que Pavarotti soltó dos "gallos". Laforet *Mujer* 208: Nunca había tartamudeado hasta hoy, y la voz le salía con falsetes y gallos. Mascaró *Médico* 34: Tos ferina. Tres semanas después del comienzo de los accesos de tos típica o "de gallo".
6 Pez marino comestible de cuerpo negro, con ambos ojos al lado izquierdo del cuerpo y piel clara (*Lepidorhombus boscii* y *L. whiff-jagonis*). | *Abc* 21.4.70, 43: En el Mercado Central de Pescados destacaron .. las alzas de las cotizaciones de angulas, besugo .., bajando el bacalao, la caballa, los carabineros, los gallos y el mero.
7 ~ azul. (*reg*) Calamón (ave acuática). | C. Otero *Abc* 7.11.82, 73: En el Brazo de la Torre vimos un calamón o gallo azul.
8 ~ carbonero. (*reg*) Cárabo común o gamarús (ave). | Goytisolo *Recuento* 600: Desde el jardín se presentía el quedo paso de las zorras y el [h]ocicueo de los jabalíes y de los astutos tejones, y, como un fantasma, sonaba ilocalizable el gamarús o gallo carbonero.
9 ~ tapado. (*reg*) Pers. reservada. | LTena *Alfonso XII* 160: El Capitán General es un gallo tapado.
C *f* **10 gallina** (*o* **gallinita**) **ciega.** Juego en el que un jugador, con los ojos vendados, debe atrapar y reconocer a uno de los otros, que será el que se quede. | Pemán *Abc* 5.12.70, 3: Tain dio unas cuantas vueltas con cierto aire del que "se queda" en la gallina ciega, sino que con los ojos sin vendar. *YaTo* 21.7.81, 51: Además de los bailes, se han desarrollado fuegos artificiales, concursos de la gallinita ciega, carreras de sacos.
11 gallina de agua. Gallareta o focha común. | Bustinza-Mascaró *Ciencias* 196: Animales parecidos a la cigüeña. Son: la becada, .. flamenco, gallina de agua, etc. **b)** Polla de agua. | Noval *Fauna* 131: La más conocida es la Gallina de agua (*Gallinula chloropus*), que posee un plumaje muy oscuro, casi negro, pico corto amarillo, con escudo frontal rojo muy característico y patas verdes.
12 gallina de Guinea. Ave gallinácea algo mayor que la gallina [1], de plumaje negro con manchas blancas y cresta ósea (*Numida meleagris*). | *Coc* 12.66, 18: Las manzanas concuerdan perfectamente con el sabor delicado de las gallinas de Guinea (pintadas).
13 gallina de mar. Rata de mar (pez). *Tb simplemente* GALLINA. *Tb designa otras especies.* | *Ya* 22.12.73, 21: Pescados: .. Gallina: 22 Ptas./Kg. Vega *Cocina* 142: Se han de poner dos kilos de pescados variados: rape, cabras, gallinas de mar.
14 la gallina de los huevos de oro. Aquello que reporta grandes ganancias. | Delibes *Mundos* 164: El turismo es una plaga que mixtifica, que uniforma cuanto toca, pero que trae en sus maletas la gallina de los huevos de oro.
II *adj* **15** (*Dep, esp Boxeo*) [Peso] cuyo límite superior es de 53,5 kg. *Tb referido al deportista de ese peso; en este caso, frec como n m en pl.* | *NotB* 18.4.73, 27: El púgil inglés Johnny Clark ha conquistado el título europeo de los pesos gallos. Villuendas *Ya* 13.4.77, 38: Los dos primeros clasificados de cada peso fueron: Minimosca: Navarro (Balear) y Blanco (Castellana) .. Gallo: Montasell (Catalana) y Guerrero (Granadina). [*En taekwondo.*] F. Yagüe *Inf* 17.6.71, 27: Por la noche [veremos] las dobles semifinales d[e] minimoscas, gallos, ligeros, welters, medios y pesados. [*En boxeo.*]
16 gallina. (*col*) Cobarde. *Más frec referido a hombre. Tb n.* | DCañabate *Paseíllo* 43: ¡Cobarde! ¡Con una mujer te atreverás! ¡Gallina! SSolís *Juegos* 139: –¿Cuál será tu habitación? .. –¡Y yo qué sé todavía! .. Preguntas por la habitación de la señorita Llames .. –Bueno, bueno..., de acuerdo; pero... –¿Tienes miedo, gallina? ¿Te rajas? Olmo *Golfos* 59: ¡Eres un miserable y un gallina!
17 [Cresta] **de ~,** [ojo] **de ~,** [pata] **de ~,** [pie] **de ~ →** CRESTA, OJO, PATA[1], PIE.
18 [Carne] **de gallina,** [leche] **de gallina,** [pata] **de gallina,** [pie] **de gallina,** [piel] **de gallina →** CARNE, LECHE, PATA[1], PIE, PIEL.
19 del ~. (*Rel crist*) [Misa] que se celebra la noche del 24 de diciembre. | *Ya* 26.12.75, 25: Más de cinco mil personas .. asistieron a la misa del gallo en Nuestra Señora de París.
III *loc v y fórm o* **20 alzar** (*o* **levantar**) **el ~.** Hablar con arrogancia. | Delibes *Cazador* 203: La tía candaja todavía voceaba como si llevara razón .. ¡No te giba la guarra de ella alzando el gallo todavía! Mañas *Tarantos* 372: Con una gente que si hubiera vergüenza la hubieran echado a patadas de aquí, y no que andan por ahí levantando el gallo.
21 cantar la gallina. Huir o cacarear el gallo de pelea cuando se siente vencido. | S. Rivas *Lan* 8.1.89, 3: Si dos gallos quedan en pie, se designarán tablas. Si uno de ellos se echa, ha perdido, y si huye del adversario está "cantando la gallina". **b)** (*Taur*) Mostrarse cobarde. | A. Navalón *Inf* 16.4.70, 23: Salieron a la plaza seis toros serios, cuajados y astifinos .. Y El Cordobés cantó la gallina desde que se abrió de capa hasta que la última almohadilla le pasó rozando la cabeza, cuando abandonaba derrotado la Maestranza. J. Vidal *Inf* 14.4.75, 21: Los novillos, muy bien presentados todos ellos, .. habían "cantado la gallina" sin excepciones en las varas, de las que huían. **c)** (*col*) Decir o confesar [alguien] algo cuando se ve obligado a ello. | Delibes *Cazador* 110: Yo iba con segundas, a ver si cantaba la gallina, pero el mandria ni chistó. J. GPastor *Ya* 19.8.77, 22: Damián Rabal ha "cantado la gallina", como vulgarmente se suele decir, al referirse a su ruptura profesional con Nadiuska .. Implícitamente, Rabal ha reconocido que el "boom" de su ex pupila se debió a su generosa exhibición epidérmica en sus películas.
22 matar la gallina de los huevos de oro. Agotar o perder por abuso una fuente de riqueza. | Palomino *Torre-*

molinos 211: He visto la factura un poco por encima. Creo que no hay errores, pero lo encuentro todo carísimo. No sé dónde van ustedes a parar. Están matando la gallina de los huevos de oro.
23 otro ~ le (*o* **me, te,** *etc*) **cantara** (*o* **cantaría**). Otra sería su (o mi, tu, etc.) suerte. *Siguiendo a una prop condicional.* | ZVicente *Traque* 120: La Dosinda no lo sabía, porque, si lo hubiese sabido, otro gallo le cantara.
IV *loc adv* **24 como el ~ de Morón (cacareando y sin plumas).** (*col*) En situación de derrota total. | FReguera-March *Cuba* 385: Aquí saldremos como el gallo de Morón .. Nos harán trizas a todos.
25 como gallina en corral ajeno. (*col*) Cohibido entre gente desconocida o en un ambiente extraño. | Cela *Viaje andaluz* 109: Al vagabundo, en Linares, lo trataron bien .., pero, a pesar de todo, el vagabundo, en Linares, se encontró como gallina en corral ajeno.
26 con las gallinas. (*col*) Muy temprano. *Normalmente con el v* ACOSTARSE. | Berlanga *Acá* 29: El Chota se acuesta con las gallinas. SSolís *Camino* 251: Vendré pronto a cenar, hermanita, que ya supongo que en el convento cenaréis con las gallinas.
27 cuando meen las gallinas. (*vulg*) Nunca. | ZVicente *Examen* 55: Tú cierra el pico. Aquí los niños no meten baza. Los niños hablarán cuando meen las gallinas.
28 en menos que canta un ~. (*col*) Rápida o inmediatamente. | Laforet *Mujer* 92: Si no nos aceptan las fusilarían a las dos en menos que canta un gallo.

gallocresta *f* Planta herbácea vivaz de flores pequeñas azules o violáceas, usada en medicina como vulneraria y para aclarar la vista (*Salvia verbenaca*). *Tb designa otras especies, como la Salvia horminum o la Bellardia trixago.* | FQuer *Plantas med.* 683: Gallocresta. (*Salvia verbenaca* L.) .. En nuestro país esta salvia no suele crecer más de 1 a 2 palmos. Mayor-Díaz *Flora* 464: *Salvia verbenaca* L. "Verbenaca", "Gallocresta". Mayor-Díaz *Flora* 192: *Bellardia trixago* (L.) All. "Gallocresta." (Sin. *Bartsia trixago* L.; *Trixago apula* Ster.)

gallofear *intr* (*lit*) Vivir como bohemio o vagabundo. | Aldecoa *Cuentos* 1, 133: Era retórico para gallofear y para peinarse de caracoles, con lo que levantaba sospechas y duendes por donde pasaba.

gallofería *f* (*lit*) Conjunto de vagabundos o bohemios. | *ViM* 15.10.86, 2: La realidad nos muestra un Madrid enormemente degradado, y no solo por la seguridad ciudadana, que no lo es, en su totalidad, competencia municipal, sino por la "gallofería" que se ha adueñado de nuestras calles.

gallofero -ra *adj* (*lit*) Gallofo [1]. *Tb n.* | L. LSancho *Abc* 24.5.86, 18: Cuidar las calles de la Villa no es de competencia municipal. Por eso están llenándose de baches, bolsas de basura y galloferos. **b)** Propio de los gallofos. | *Abc* 21.11.86, 19: Las estampas madrileñas .. constituyen, al mismo tiempo, el alegato que más debe avergonzar a una prolongada gestión municipal socialista y la más indiscutible demostración de cómo y por qué la delincuencia y las artes galloferas de la ilegalidad se han adueñado de nobles zonas céntricas de la capital de España.

gallofo -fa I *adj* **1** (*lit*) Vagabundo o bohemio. *Tb n.* | Isidro *Abc* 30.5.58, 51: Nada de cigarrillos incombustibles. Nada de nicotina. ¿Para qué? Si lo que la gente gallofa les pide es un poquito de paraíso artificial de tercera clase... Torbado *Peregrino* 131: Habían descubierto entre los verdaderos peregrinos a una multitud de gallofos o bordoneros, es decir, de gente que llevaba un bordón como señal de romería pero que lo que pretendía en verdad era vivir a cuenta de los buenos cristianos.
II *f* **2** (*lit*) Conjunto de los vagabundos o bohemios. | Umbral *Nue* 2.1.76, 6: A Dicenta le viene de familia la raíz literaria y humana que se hunde en el teatro, la literatura y la bohemia de esa época, y él ha sabido encontrar entre aquella gallofa, entre la infame y adorable turba, perfiles como el de Bonafoux, un gran periodista hoy olvidado.
3 (*reg*) Donativo que recogen los mozos y muchachos ciertos días de fiesta. | Moreno *Galería* 333: La "gallofa" consistía en recorrer todas las casas de la vecindad .. y pedir y recoger todo género de donativos.
4 (*reg*) Cierto tipo de pan. | *Ale* 16.8.77, 3: Esta subida indirecta del pan .. ha afectado a todos los tipos de piezas. Así, en la especialidad llamada "de gallofa", la de doscientos cincuenta gramos siguió vendiéndose a 9,50, pero con solo ciento setenta y cinco gramos.

gallón *m* (*Arte*) Adorno curvo de perfil de un cuarto de huevo, usado en la decoración de cúpulas y molduras y de piezas de orfebrería. | GNuño *Arte* 54: Tan árabe en sus detalles, con arcos de herradura muy cerrados, gallones, alfiz y toda especie de elementos califales, es la minúscula y preciosa iglesia de Celanova. Tejedor *Arte* 93: El magnífico mihrab .., con cúpula de gallones en forma de concha.

gallonado¹ -da *adj* (*Arte*) Que tiene decoración de gallones. | Angulo *Arte* 1, 285: No solo continúan [los mozárabes] usando el arco de herradura .., sino que le dan las características califales. De origen árabe es también el empleo de bóvedas de nervios no cruzados en el centro y de bóvedas gallonadas.

gallonado² *m* (*Arte*) Adorno de gallones. | GNuño *Arte* 54: La primera [iglesia] se erigió de 931 a 937 y es abovedada, con cañón en los tramos de nave y dependencias, y con gallonados en el ábside, crucero y un segundo ábside.

galludo *m* Pequeño tiburón que tiene un aguijón robusto delante de las aletas dorsales (*Squalus blainvillei* y *S. acanthias*). | GLarrañeta *Flora* 197: Los galludos tienen un robusto aguijón delante de cada aleta dorsal .. Los hay por todos los mares, y en el Cantábrico les llaman mielgas.

gallurano -na *adj* De Gallur (Zaragoza). *Tb n, referido a pers.* | *Not* 12.4.74, 15: Como broche final, la actuación de la gran rondalla y cuadro de jotas gallurano.

galo -la *adj* **1** (*lit*) Francés. *Tb n, referido a pers.* | *HLM* 26.10.70, 30: El magnífico piloto galo Jean-Paul Nicolas se anotó, con toda justicia, la mayoría de las pruebas cronometradas a lo largo de las dos etapas. V. Gállego *ByN* 31.12.66, 43: Las condiciones en que podrían volver al territorio galo las tropas de la O.T.A.N.
2 (*hist*) De la Galia (antigua región de Europa correspondiente aproximadamente a la actual Francia). *Tb n, referido a pers.* | Arenaza-Gastaminza *Historia* 63: En los primeros tiempos de la república romana fue atacada Roma por los galos, mandados por su jefe Breno. **b)** De (los) galos. | GNuño *Escultura* 12: Los franceses han exaltado el arte galo, como los italianos el etrusco.

galocha *f* Calzado de madera, que se usa para andar por la nieve, el agua o el lodo. | Carnicer *Cabrera* 96: La tienda está llena de gente, y en ella hay de todo: zapatos, botas y trajes usados ..; arroz y pimentón ensacados .., y un cajón de sal gorda, tabaco, sellos, galochas, piezas de ferretería. L. Calvo *Abc* 3.2.65, 31: ¡Qué abigarrada y bulliciosa debió de ser esta ciudad de Bucarest, .. con sus artesanos de bombachos de cuero y galochas de madera!

galofilia *f* (*raro*) Francofilia. | Mercader-DOrtiz *HEspaña* 4, 188: Si la galofilia parece triunfar en ciertas modas y usos .., comparte su influencia profunda con la de otros países europeos.

galófilo -la *adj* (*raro*) Francófilo. *Tb n.* | Ma. Gómez *Ya* 5.3.91, 6: El Ritz mantiene un claro protagonismo al concitar la presencia de la *crème de la crème*, que diría un esteta galófilo.

galón¹ *m* Cinta estrecha de tejido fuerte que se utiliza en ribetes o como adorno. | *Lab* 9.70, 8: Material necesario: .. un ganchillo número 3; galón al bies, 1,30 m. Torrente *Off-side* 27: Debajo de los grabados aparece un trozo de damasco con galones. Penélope *Ya* 15.4.64, 10: Un pantalón adornado con galones dorados a ambos lados. **b)** *Esp*: Galón que, colocado en la manga o bocamanga de los uniformes militares, sirve para distinguir los grados, normalmente hasta el de brigada. | Laiglesia *Tachado* 261: Caballeros sin caballos y oficiales sin galones.

galón² *m* Medida de capacidad que en Gran Bretaña equivale a 4,55 l y en Estados Unidos a 3,79 l. | *Abc Extra* 12.62, 72: Más de 50 kms. por galón prueba la economía del magnífico motor V-4.

galonado -da *adj* Galoneado. | Pemán *Gac* 21.3.76, 3: El mecánico que se ocupa de engrasar el motor no tiene uniforme, ni leguis, ni gorra galonada, como nos luce el conductor.

galoneado -da *adj* Que lleva galón¹ o galones. | Torrente *Off-side* 316: Dos porteros de uniforme galoneado

galonería – galvano

fuman. Lera *Olvidados* 167: No llevaban uniforme ni gorras galoneadas. FReguera-March *Caída* 29: Vivían en una lujosa mansión de la calle de Velázquez, en el elegante barrio de Salamanca, con portero galoneado.

galonería *f* Galones[1] o conjunto de galones. | GTelefónica *N.* 164: Banderas .. Antigua Casa Celada. Galonería. Cordonería. Espadería. Bastones de mando. Condecoraciones. Bordados, etc.

galonista *m* Alumno distinguido de un colegio o academia militar, a quien se le concede el uso de galones[1] [1b] de cabo o sargento, en señal de autoridad sobre sus compañeros. | *Abc* 19.9.64, 48: Se procedió después a la entrega de diplomas de sargentos y cabos galonistas. Olaizola *Escobar* 8: Estudió en la [Academia] de Infantería de Toledo, donde destacó como jinete y esgrimidor, llegando a ser sargento galonista.

galop (*pl normal*, ~s) *m* (*hist*) Danza de salón por parejas, muy rápida y de dos tiempos, propia del s. XIX. *Tb su música*. | Casares *Música* 126: Esta crítica pasó desapercibida a sus contemporáneos, que simplemente se reían y lo pasaban bien con los *galops* y *cancans* que se danzaban en aquellas operetas.

galopada *f* Carrera a galope. *Tb fig*. | Alvarado *Anatomía* 139: Si .. se hace circular sangre más cargada de CO_2, provocaremos polipnea, es decir, grandes y rápidos movimientos respiratorios, con el animal hubiera dado una larga galopada. Camón *Abc* 8.12.70, 3: Aun en las polonesas, sus crescendos de galopadas y horizontes cada vez más dilatados levantan un poco más los arrebatos sentimentales, pero allí quedan en el ámbito del intimismo.

galopante *adj* **1** Que galopa. | J. Santos *Faro* 2.8.75, 35: La efigie galopante de Santiago matamoros.
2 Que se desarrolla o avanza con extraordinaria rapidez. *Dicho frec de enfermedades. A veces con intención ponderativa*. | Benet *Nunca* 82: Unos pocos meses más tarde mi madre le seguía a la tumba, arrastrada por una enfermedad galopante. Llamazares *Río* 119: El puente de los Verdugos (o del Ahorcado) está ya en estado galopante de ruina. Pániker *Van* 16.10.70, 11: Ni los keynesianos ni los monetaristas supieron contener la inflación galopante del mundo occidental.

galopar A *intr* **1** Ir a galope [una caballería]. *Tb fig*. | *Faro* 31.10.70, 2: La pradera por donde galopan un caballo y una yegua en libertad. Matute *Memoria* 125: Por mi confusa imaginación galopaban ideas extrañas.
2 Montar [alguien (*suj*)] sobre una caballería que va a galope. | * Me encanta galopar sobre la hierba.
3 Latir muy rápido [el corazón]. | SSolís *Camino* 312: Un odio duro, impasible, la sacudía toda. Le galopaba el corazón y le ardían las mejillas.
B *tr* **4** Galopar [1 y 2] [a través de un lugar o a lo largo de una distancia (*cd*)]. | Cuevas *Finca* 49: Montaba a caballo desde el amanecer, galopando el término .. a la busca del agua.

galope I *m* **1** Marcha que es la más rápida de una caballería, saltando sobre las patas traseras. *Frec en la constr* A(L) ~. | Laforet *Mujer* 321: Me siento aguijoneada como un caballo al que se incita al galope. **b)** ~ **tendido** → TENDIDO.
2 Avance extraordinariamente rápido [de algo]. | *Van* 11.7.74, 47: El precio de los fascículos se ha mantenido –alarde de seriedad, pese al galope de los costos– desde el primer número.
II *loc adj* **3 de** ~. (*Mar*) [Estay que se sujeta en el tope de un mastelerillo o palo. | Aldecoa *Gran Sol* 82: Las puntas de la red, engarfiadas a un cable empoleado en el mastelerillo del estay de galope, patinaron por la regala hasta el comienzo de la obra muerta.
III *loc adv* **4 a(l)** (*o, raro,* **de**) ~. Con suma rapidez o velocidad. | Delibes *Guerras* 280: Visto lo visto, agarré otra vez por el callejón y a galope, oiga, que ni debían vérseme las piernas, de la velocidad, digo, menuda. GNuño *Madrid* 152: La desnuda maja es el mejor estudio que con carnes limpias trató Goya, y nos figuramos al tremendo don Francisco ahuyentando su imaginación de galope para lograr la maravilla.

galopín *m* (*col*) Granuja o pícaro. *Tb adj*. | Isidro *Abc* 24.8.66, 10: Ya me cansa verme entre rejas como un galopín cualquiera. Moreno *Galería* 224: Quede todo en los tonos y en los términos de lo que ahora se llama "homologación" de las cosas: aquí, propiamente, homologación o semejanza o parecido o parigual, del zorro rapaz y cazador, astuto y galopín, .. con el "homo sapiens".

galopinada *f* (*raro*) Acción propia de un galopín. | Espinosa *Escuela* 570: ¿Cómo andarán sueltos estos feroces lunáticos? Y todavía aseguran que mandan en la Ciudad y ordenan el Imperio con sus galopinadas.

galorrománico -ca (*hist*) **I** *adj* **1** De(l) galorrománico [2]. | Lapesa *Estudios* 131: Aun aceptando que el diptongo /ei/ fuese aquí vestigio galorrománico, igual podría venir del fr[ancés] ant[iguo] *dreit* que del occ[itano] *dreit*, *dreich*.
II *m* **2** Lengua románica que es la forma del latín tardío hablada en la Galia. | GYebra *Traducción* 124: El galorrománico triunfó sobre la lengua de los francos, y el latín hispánico sobre la de los godos, porque en las Galias y en Hispania la cultura latina aventajaba mucho a la de los invasores bárbaros.

galorromano -na *adj* (*hist*) De la Galia romana. | Laín *Gac* 25.4.76, 49: En la cuba donde se forma el vino llamado "Francia", .. nada exterior entra desde que los invasores francos se hunden con los invadidos galorromanos.

galpón *m* Cobertizo. | CBonald *Casa* 239: Por aquella parte quedaba la vivienda del casero .. y el galpón donde habían instalado provisionalmente unas pesebreras. Torbado *Peregrino* 189: Separado de la iglesia por un terreno baldío quedaba ruinoso un galpón de adobe, sin techo, que por cierto tiempo había sido utilizado como pocilga.

galvánico -ca *adj* (*Fís y Med*) De (la) galvanización o del galvanismo. | *SInf* 21.10.70, 10: Desde las cadenas de chapistería, y no sin antes haber pasado por las correspondientes secciones de pintura y tratamientos galvánicos, las carrocerías, la "piel" del coche, se incluyen ya en las cadenas de montaje. A. Cuadrado *NotM* 12.2.86, 24: Pueden también emplearse corrientes galvánicas, pero de débil intensidad, 2-3 miliamperios si la sonda está colocada en la uretra.

galvanismo *m* (*Fís y Med*) Corriente eléctrica directa, esp. producida por medios químicos. *Tb su uso en medicina*. | Ybarra-Cabetas *Ciencias* 40: Termoelectricidad .. Si ponemos en contacto dos cuerpos buenos conductores y los calentamos por su punto de unión, se produce una diferencia de potencial que se traducirá, al unir por un conductor los extremos libres, en una corriente eléctrica que irá de un metal (polo positivo) al otro (polo negativo). Esta propiedad, denominada termo-electricidad o galvanismo, la poseen bastantes cristales.

galvanización *f* (*Metal*) Acción de galvanizar [1]. | *Abc* 12.11.70, sn: Malla anudada especial para cierres .. Galvanización reforzada s/DIN 1548 (225 grs./m²).

galvanizado *m* (*Metal*) Acción de galvanizar [1]. | GTelefónica *N.* 42: Ruiz-Clavijo, M. Estirado y galvanizado de alambres.

galvanizar *tr* **1** (*Metal*) Recubrir [un metal] mediante electrólisis con una ligera capa de otro que le preserva de la oxidación. | Bustinza-Mascaró *Ciencias* 325: Se utiliza [el cinc] para cubrir edificios, .. galvanizar al hierro. *Not* 4.5.70, 12: Barcelonesa de Metales, S.A. Chapa galvanizada nacional y de importación.
2 Animar vivamente o electrizar [a alguien o algo]. | Areilza *Artículos* 292: El general había encontrado, de nuevo, el camino de galvanizar a sus paisanos con el arma preferida de las grandes ocasiones: el choque psicológico. Aranguren *Juventud* 83: El catolicismo de la guerra civil y el de la postguerra .. galvanizó el viejo espíritu reaccionario, intolerante y antimoderno. **b)** *pr* Animarse vivamente o electrizarse. | Salvador *Haragán* 39: Resplandecían sus ojos y su enteca figura se galvanizaba. J. L. Torres *Inf* 2.12.70, 7: El Papa .. aparece rejuvenecido y anhelante, galvanizado, como un predicador de esos que iban por los pueblos predicando en las misiones de la cuaresma.

galvano *m* (*Impr*) Cliché en relieve obtenido por galvanoplastia. | Chamorro *Sin raíces* 177: Agustín estaba malvendiendo las existencias del comercio porque precisaba pagar el importe de la primera tirada así como el de los galvanos y tipos.

galvanométrico -ca *adj* (*Electr*) De(l) galvanómetro. | *BOE* 1.12.75, 25024: Instrumentistas. Son los operarios que realizan el mantenimiento programado de todo tipo de instrumentos de medidas eléctricas, electrónicas, galvanométricas, electrodinámicas y ópticas.

galvanómetro *m* (*Electr*) Instrumento para detectar y medir pequeñas corrientes eléctricas por medio de sus acciones electromagnéticas. | *Ya* 22.10.64, sn: Carboxímetros. Galvanómetros. Termopilas.

galvanoplastia *f* (*Metal*) Procedimiento que permite recubrir un objeto con una capa metálica mediante electrólisis y también obtener así su molde. | Aleixandre *Química* 50: Si este [el cátodo en la electrólisis] es Cu, latón, etc., se platea (galvanostegia); si es un molde, la plata adopta su forma, y ello permite reproducir objetos (galvanoplastia). Marcos-Martínez *Física* 279: Por su buena conductibilidad eléctrica se usa [el grafito] para electrodos y para los moldes catódicos de la galvanoplastia.

galvanostegia *f* (*Metal*) Galvanoplastia en que el cuerpo que se recubre es de metal. | Aleixandre *Química* 50: Si este [el cátodo en la electrólisis] es Cu, latón, etc., se platea (galvanostegia).

galvanotaxia *f* (*Biol*) Movimiento de los organismos motivado por electricidad galvánica. | Ybarra-Cabetas *Ciencias* 188: Según la clase del excitante que intervenga, pueden clasificarse [los movimientos celulares] de la siguiente manera: fototaxias, quimiotaxias, geotaxias, termotaxias, galvanotaxias, etc.

galvanotecnia *f* (*Metal*) Técnica galvánica. | *Van* 20.12.70, 91: Se valorará sustancialmente el conocimiento del ramo de Galvanotecnia, preparaciones previas al pintado y acabado del aluminio.

galveño -ña *adj* De Gálvez (Toledo). *Tb n, referido a pers.* | Á. Villamor *YaTo* 5.12.81, 54: Esperemos que .. demuestren los galveños su alto sentido de responsabilidad.

gama¹ *f* **1** Escala o gradación de color. | Tejedor *Arte* 176: Allí fueron surgiendo las que serían notas características de su pintura: la gama fría –platas y grises– de su personalísima paleta, su ascetismo y su fervor religioso.
2 Variedad o surtido [de algo]. | *Inf* 7.9.70, 11: Se expone toda la gama de maquinaria agrícola y productos farmacológicos fabricados en Alemania. *Inf* 7.9.70, 11: Se prevén unos 200 pabellones, que ofrecerán las últimas novedades en utillaje para la fabricación de toda la variada gama textil. *ElM* 18.1.91, 12: Los aliados hicieron uso de toda su gama de aviones. *Abc* 13.9.70, 14: La varia gama de problemas sobre los que se prevé la colaboración entre ambos países.

gama² → GAMO¹.

gamada *adj* [Cruz] que tiene los brazos acodados en forma de gamma mayúscula. | L. LSancho *Abc* 5.12.70, 30: Era fácil encontrar tristes reliquias del imperio hitleriano: esvásticas, .. alas con la cruz gamada en el centro.

gamarra *f* Correa que parte de la cincha y se asegura en el petral, usada para dominar los movimientos de cabeza de la caballería. | C. Rojas *SInf* 3.8.70, 9: Con el hierro de A. P., tiene otro caballo castaño, que lleva gamarra y se arrodilla; también es un buen caballo.

gamarús *m* (*reg*) **1** Cárabo común (ave). | Goytisolo *Recuento* 600: Desde el jardín se presentía el quedo paso de las zorras y el [h]ocique of los jabalíes y de los astutos tejones, y, como un fantasma, sonaba ilocalizable el gamarús o gallo carbonero.
2 (*desp*) Pers. tonta o boba. | Marsé *Dicen* 106: –¿De dónde quieres sacar la información, ignorante? ¿Dónde crees que van las palomitas de los fabricantes, a misa, gamarús?

gamarza *f* Alharma (planta). | FQuer *Plantas med.* 423: Alharma. (*Peganum harmala* L.) Sinonimia cast[ellana], .. gamarza.

gamba¹ *f* Crustáceo comestible semejante al langostino, pero de menor tamaño (*Parapenaeus longirostris*). | Laiglesia *Tachado* 81: –¿Y qué hace? –Se sienta en las terrazas de los cafés. –¿Y qué pide? –Cerveza con gambas.

gamba².de ~. *loc adj* (*Mús*) [Viola] de gamba (→ DA GAMBA). | Perales *Música* 37: Unos [instrumentos] se tañían en posición vertical, apoyándolos o sujetándolos entre las piernas, según su tamaño, y fueron denominados, por ello, "violas de gamba" o de "pierna".

gamba³ (*jerg*) **I** *f* **1** Pierna. | I. Camacho *SD16* 3.9.89, 1: Parejas haciéndose pressing a ritmo tropical, metiéndose la gamba a fondo, agarrándose de verdad.
2 Billete o moneda de 100 pesetas. | D. Calzada *Abc* 16.11.80, 13: El cheli .. Su caudal se crece en metáforas cachondas, sandungueras, rutilantes; verbigracia: pirañas (empresarios), .. la gamba (cien pesetas).
II *adj* **3** [Pers.] boba o patosa. *Tb n.* | Oliver *Relatos* 82: Nos llevó a un pab bronca .. Allí tuvimos la primera: no nos querían dejar pasar por ir solo tíos, y nosotros de coña, aunque un poco mosqueados, contando nuestra vida, pero el gamba del portero gilipollas aquel, de duro. Oliver *Relatos* 88: Nos pidió a todos unos cócteles con nombres raros antes de que pudiéramos abrir la boca. Hasta el Manuel se cortó .. ¡Joder, parecíamos unos gambas de pueblo!
III *loc v* **4 hacer la ~.** Detener o apresar. | Tomás *Orilla* 51: Como me hagan la gamba otra vez, me buscan la ruina para toda la vida.
5 meter la ~. Meter la pata (→ PATA). | C. Boyero *D16* 10.9.88, 35: Algunos críticos anhelan secretamente que el jurado meta la gamba al conceder sus premios.

gambera *f* Arte de pesca utilizado para la gamba¹ y especies afines. | *Animales marinos* 219: Quisquilla .. Procedimiento de pesca: Ganguil, gambera, truel y nasa camaronera.

gamberrada *f* (*col*) Acción propia de un gamberro [1a]. | *DEs* 6.1.71, 5: Fatal gamberrada. Le ataron a un árbol y murió congelado.

gamberrear *intr* (*col*) Comportarse como un gamberro [1a]. | Grosso *Zanja* 146: Solo se echaba de tarde en tarde una peonada agrícola, y el resto del tiempo se malgastaba en gamberrear, en ir y venir sin ton ni son. Ravalu *Reg* 24.11.70, 4: Ya conocen los ciudadanos cómo se "gamberrea" a ciertas horas por nuestra ciudad.

gamberril *adj* (*raro*) De(l) gamberro o de (los) gamberros [1a]. | *DLér* 2.1.69, 5: Que nuestra juventud tenga un hogar colectivo, donde poder emplear positivamente las horas libres, y de esta forma se les libre de la tentación gamberril. *Abc* 23.4.72, 47: Mal se avendrían esas preciosas plantas con el sucio, descuidado, roto monumento al valiente soldado, decapitado en efigie de un peñazo gamberril.

gamberrismo *m* Actitud o comportamiento propios de un gamberro [1a]. | Barral *Memorias* 1, 279: Los carpetovetónicos .. practicábamos un discreto gamberrismo. Descubrimos, por ejemplo, que ciertas máquinas callejeras que ofertaban sandwiches al paseante nocturno tenían programados sus cajoncitos de cristal en serie. La moneda que abría uno de ellos abría todos los demás si los botones eran pulsados simultáneamente. Y con un poco de aplicación en el ejercicio obteníamos cenas abundantes por el precio de un *hot dog*. Laforet *Mujer* 66: Para Paulina, la iglesia llegó a ser la excusa de .. todos los gamberrismos de los hombres.

gamberro -rra I *adj* **1** (*col*) [Pers.] incívica y grosera. *Frec n. A veces dicho con intención afectiva.* | Aranguren *Juventud* 49: La energía no utilizada y ni siquiera encauzable estalla entonces tumultuosamente: son los *teddy boys* ingleses, son .. los *blousons noirs* franceses .. y son los "gamberros" celtibéricos de nuestro país. Olmo *Camisa* 36: (Agustinillo sale de nuevo al solar y ve a Nacho y a Lolita "haciendo manitas". Pícaro, les dice:) –Aprovechar. ¡La vida es corta! .. –¡No seas gamberro! Payno *Curso* 85: En grandes letras de tiza estaba escrito "Pepe". Al entrar la monja no reparó en ello de momento .. Preguntó por la autora, volvió a gritar... Las acusó de ineducadas, gamberras, faltas de moral. **b)** Propio de la pers. gamberra. | PLozano *Ya* 17.6.73, 14: Oremos ... Porque nadie muera, ni resulte herido, ni se pronuncien gritos gamberros. *Ya* 12.5.79, 21: Alguna mano gamberra, incívica, ha segado la cabeza de esta popular estatua.
II *n* **A** *f* **2** (*col, hoy raro*) Prostituta. | MRecuerda *Salvajes* 45: –¡Pero me lo he bailado toda la noche y me ha emborrachado! –¡Levántate del suelo, gamberra!
B *m* **3** (*reg*) Desatascador (utensilio). | F. Campo *VozAl* 9.1.56, 6: Luego viene el cortejo de las cosas que no son precisamente drogas: el desatascador –el gamberro para los

gambetear – gamín

fontaneros–, las esponjas –naturales y artificiales–, los atrapamoscas, la crema para el calzado, las gamuzas.

gambetear *intr* (*Fút*) Regatear. | *SYa* 20.11.73, 8: Los canarios gambetean y se pasan bien el balón, pero no se deciden a tirar. Les falta remate.

gambeteo *m* **1** (*Danza*) Movimiento que consiste en cruzar las piernas en el aire. | An. Miguel *Abc* 8.6.58, 45: Aunque haya muchos puntos de semejanza entre un Parlamento y un baile –hay en ambos danzantes, pantomimas, gambeteos, cabriolas, carrerillas y fandangos–, no se trata de buscar su paralelo.
2 (*Fút*) Regateo. | Soler *Caminos* 418: A las cuatro de la madrugada .. ya estábamos metiendo goles .. Si no llegué a los malabarismos y al gambeteo que acreditan una clase .., sí hubo que concederme que me sobraban intención, ímpetu y coraje. VMontalbán *País* 1.3.93, 60: De algunos jugadores dotados para el regateo futbolístico hemos heredado el italo-argentinismo *gambeteo*, oportunísimo para ponerle nombre a la habilidad principal de nuestro jefe de Gobierno.

gambeto *m* (*hist, reg*) Capote hasta media pierna, usado actualmente en ciertos bailes y ceremonias de carácter tradicional. | *Barcelona* 131: Traje de ceremonia: Negro de pana y el típico "gambeto". Se completa con el sombrero de copa. *Gerona* 11: Además de la sardana, se conservan en las comarcas gerundenses muchos otros bailes típicos .., el del "gambeto", de Ridaura.

gambiano -na *adj* De Gambia. *Tb n, referido a pers.* | *Ya* 28.1.88, 12: Un intento de golpe de Estado para derrocar al Presidente de Gambia, Dawda Kairaba Diawara, fracasó la semana pasada gracias a los servicios de seguridad gambianos. *Ide* 7.7.90, 46: Arrojan cócteles molotov contra la vivienda de un gambiano.

gambito *m* (*Ajedrez*) Jugada consistente en sacrificar al principio de la partida algún peón o pieza para lograr una posición favorable. *Tb fig.* | Van 3.2.74, 37: Ajedrez .. La séptima partida se inició con un gambito de dama, en el que Portisch adoptó la defensa ortodoxa. S. Ríos *Pro* 20.8.75, 5: Seguro que sobre este canal correrá mucha tinta, pues quien lo ha proyectado debe considerarlo a su vez vital, como no sea un hábil gambito para obtener quién sabe qué otro tipo de ventaja, a cambio de "ceder" en este tema.

gamboa *f* Membrillo (árbol y fruto). | P. Amate *SIde* 27.9.92, XVI: Nueces de Güéjar-Sierra. Castañas del Hotel del Duque, maoletas, gamboas.

gambón *m* Se da este n a varios crustáceos semejantes a la gamba, esp *Hymenopenaeus muelleri* (~ ARGENTINO), *Metapenaeus ensis* (~ DE AUSTRALIA) e *Hymenopenaeus triarthrus* (~ DE MOZAMBIQUE). | *Ale* 19.8.83, 28: Hoy y todos los días. El Vivero. Puerto Pesquero. Centollo y masera. Langostas, Bogavantes, Angulas .., bocas de Masera, Salmón ahumado, Gambón y Merluza. S. Alonso *SLín* 15.8.75, 5: Los mariscos no podían faltar, y poniendo al frente los pequeños, pero sabrosísimos, langostinos del mar Menor, les siguen los "carabineros" (especie de gambón con largos bigotes y de color rojizo).

gambucero *m* (*Mar*) En un buque mercante: Encargado de la despensa. | Cancio *Bronces* 36: De motil a timonel, pasando por gambucero, no quedó plaza a bordo que no desempeñase durante los largos y accidentados periplos .. de sus años mozos.

gambusia *f* Pececillo de agua dulce originario de América, utilizado para el exterminio de las larvas de anofeles y otros mosquitos (gén. *Gambusia*). | Bustinza-Mascaró *Ciencias* 158: Peces que devoran larvas de mosquitos, como la Gambusia.

gambusino *m* Gamusino. | Campmany *Abc* 1.3.89, 13: Lo mismo hubiese podido oír entera la Sinfonía que quedó Incompleta, o haber numerado gambusinos en vez de galápagos en el Coto de Doñana.

gambux *m* (*raro*) Antifaz. | Faner *Flor* 165: Antes de que don Andreu pudiera evitarlo, un mozalbete se abalanzó sobre la bella y le arrancó el gambux.

game (*ing*; *pronunc corriente*, /géim/; *pl normal*, ~s) *m* (*Tenis*) Juego. | GCandau *SYa* 12.12.72, 23: En el cuarto "game" Gimeno rompió el servicio a su adversario. *As* 2.7.75, 29: La Goolagong se adelantó 4-3, pero al entrar para ganar sobre su servicio perdió este por una doble falta y dos formidables "passing shots" de Virginia, igualando a cuatro "games".

gamela *f* Pequeña embarcación de remos usada en la pesca de bajura en las costas del norte y noroeste de España. | Torrente *Señor* 170: Miró a la mar. Bailaba, sobre las olas, una gamela. Dentro, un rapaz la achicaba, chorro a chorro, con un bote de conservas.

gamelán *m* Orquesta indonesia constituida principalmente por instrumentos de percusión. | *SYa* 17.8.80, 24: En todo espectáculo balinés toca una orquesta "gamelán", con sus estupendos xilófonos. [*En el texto, sin tilde.*]

gamelang *m* Gamelán. | Valls *Música* 30: Ello no nos autoriza a negligir .. hechos tan radicalmente definidores de determinada mentalidad como son el sistema musical chino, las sutilidades sonoras que trascienden del *gamelang* javanés.

gamella *f* Recipiente de forma semicilíndrica o de artesa, utilizado normalmente para dar de comer y beber a los animales. | S. Araúz *Inf* 16.11.74, 17: Ese tocino blanco provenía de unos cerdos vitorianos, chatos, que a fuerza de gamones, patatas gorrineras y un puñado de salvado, cocidos sobre las trébedes y revueltos en la gamella, arromaneaban hasta quince arrobas. Moreno *Galería* 135: Se guardaba allí, junto a la artesa para amasar, las sartenes de las migas y las gamellas de picar la cebolla para las morcillas de la matanza.

gamellón *m* Gamella grande. | Moreno *Galería* 217: La matanza .. Tenían su interés muy calificado los preparativos: traer aliagas y leña en abundancia, .. bajar el gamellón de la cámara o traerlo de una casona deshabitada. Berlanga *Barrunto* 38: Lo que nos sobró de retejar la casilla lo dejé en el gamellón del zaguán.

gametangio *m* (*Bot*) Órgano en que se originan los gametos. | Alvarado *Botánica* 7: En las plantas inferiores (algas y hongos) se forman [las oosferas] en gametangios unicelulares, llamados oogonios.

gamético -ca *adj* (*Biol*) De(l) gameto. | MSantos *Tiempo* 29: Una transmisión virásica que tomó apariencia hereditaria solo porque las células gaméticas .. saltan al vacío entre las generaciones.

gameto *m* (*Biol*) *En los seres de reproducción sexual:* Célula sexual. *Frec con el adj* MASCULINO *o* FEMENINO. | Bustinza-Mascaró *Ciencias* 286: Si una espora [del helecho macho] cae al suelo y las condiciones son favorables, germina produciendo como una hojita pequeña .., de color verde, que se denomina prótalo .., en el cual se producen gametos masculinos y femeninos. Navarro *Biología* 206: Las gónadas masculinas o testículos originan los espermatozoides o gametos masculinos. Las gónadas femeninas u ovarios están destinadas a crear los óvulos.

gametocida *adj* (*Biol*) Que destruye los gametos. *Tb n m, referido a agente o producto.* | MNiclos *Toxicología* 64: En el caso de presentarse metahemoglobinemia .., según es frecuente con los gametocidas, utilizaremos oxígeno.

gametocito *m* (*Biol*) Célula que se divide para producir gametos. | *SAbc* 8.10.93, 53: Gametocito (forma masculina). Gametocito (forma femenina).

gametofito (*tb* **gametófito**) *m* (*Bot*) *En los vegetales con alternancia de generaciones:* Planta en la fase productora de gametos. | Ybarra-Cabetas *Ciencias* 268: Todas las células del gametofito son de estructura haploide.

gametogénesis *f* (*Biol*) Formación de los gametos. | Navarro *Biología* 67: La reducción cromosómica de los animales se realiza cuando se originan los gametos (gametogénesis).

gamezno *m* Cría de gamo[1]. | CBonald *Ágata* 291: Aquella misma noche .. salió Pedro de su habitación como el gamezno que acude a la magnética convocatoria de los ojos del gato cerval.

gamín *m* Niño que vive en la calle mendigando o robando. *Referido a Colombia.* | *Ya* 14.1.90, 70: La historia y el drama de los gamines, los miles de niños que pueblan las calles de las grandes ciudades de Colombia, víctimas de la descomposición política y social del país y de la guerra con-

tra el narcotráfico, será tratada hoy en el programa "En Portada", de Televisión Española.
gamma I f **1** Letra del alfabeto griego que representa el sonido [g]. (V. PRELIM.) | Estébanez *Pragma* 43: Alfabeto griego ..: alfa, beta, gamma, delta.
2 Unidad de medida, equivalente a una millonésima de gramo. | *Tri* 11.4.70, 39: Caja con cinco ampollas, conteniendo mil gammas por ampolla.
II *adj invar* **3** [Radiación] emitida por ciertas sustancias radiactivas, como el radio, parecida a los rayos X, pero de menor longitud de onda. | MSantos *Tiempo* 237: La bomba no mata con el ruido, sino con la radiación alfa, que es (en sí) silenciosa, o con los rayos de deutones, o con los rayos gamma. G. Lorente *Abc* 29.7.67, 13: El dispositivo elimina las radiaciones alfa y gamma emitidas por la muestra.
gammacámara f (*Med*) Cámara que detecta los rayos gamma [3] emitidos por un cuerpo al que se le ha administrado previamente una sustancia radiactiva, para obtener imágenes de un órgano. | *Ya* 10.8.90, 49: Las "gammacámaras" utilizadas en medicina para obtener imágenes nucleares son grandes instalaciones fijas que identifican un tipo de isótopos predeterminado. [*En el texto*, gamma cámaras.] *País* 3.3.91, 19 (A): Equipos de resonancia magnética y gammacámaras.
gammaglobulina (*tb con la grafía* **gamma globulina**) f Fracción del plasma sanguíneo portadora de la mayoría de los anticuerpos. | Nolla *Salud* 224: Forman parte de la seroprofilaxis las inyecciones de gamma globulina humana, pues se ha podido comprobar que los anticuerpos están contenidos en esta fracción del plasma.
gammagrafía f (*Med*) Estudio radiológico mediante rayos gamma [3]. *Tb la imagen así obtenida*. | J. D. Mellado *TMé* 7.1.83, 16: La gammagrafía isotópica es de interés en el diagnóstico de los pseudotumores.
gamo[1] **-ma A** m **1** Rumiante de la familia del ciervo, de pelaje rojizo con pequeñas manchas blancas y cuernos en forma de pala (*Dama dama*). *Tb designa solo el macho de esta especie*. | Noval *Fauna* 49: El Gamo (*Dama dama*), que es un mamífero de la familia de los cérvidos, ha sido introducido en Asturias como especie cinegética. **b)** Piel de gamo. | *País* 24.5.89, 96: Portaba [Isabel Preysler] en sus diminutos pies orientales algunos de estos adminículos: gamo salvaje de las Alpujarras, vicuña, seda natural, seda aún más natural, macramé, cocodrilo, cobra o víbora.
B f **2** Hembra del gamo [1a]. | *HLS* 3.8.70, 8: Se reitera la prohibición de matar en todo tiempo a las hembras de ganado cervuno y a sus similares, como corzas y gamas.
gamo[2] m (*Mar*) Gancho unido a un cabo que se sujeta a la muñeca, usado para enganchar peces. | Aldecoa *Gran Sol* 90: Simón Orozco odiaba a las cailas .. Ordenó: –Echadle un gamo a la grande, a esa que está pegada a estribor. No la saquéis. Procurad rajarla.
gamocarpelar *adj* (*Bot*) Que tiene los carpelos unidos en mayor o menor grado, formando un solo ovario. | Alvarado *Botánica* 41: Los [gineceos] policarpelares, a su vez, pueden ser dialicarpelares, cuando los distintos carpelos que forman el gineceo son independientes unos de otros .., o gamocarpelares, cuando por lo menos los distintos ovarios de los mismos se sueldan en un ovario único.
gamón m Planta liliácea de hojas basales semicilíndricas, flores en espiga sobre un escapo floral de hasta un metro de altura y raíz tuberculosa (gén. *Asphodelus*, esp. *A. fistulosus*, *A. albus* y *A. microcarpus*). | S. Araúz *Inf* 16.11.74, 17: Ese tocino blanco provenía de unos cerdos vitorianos, chatos, que a fuerza de gamones, patatas gorrineras y un puñado de salvado, .. arromaneaban hasta quince arrobas.
gamonal m (*raro*) Cacique rural. *Tb adj. Normalmente referido a América*. | SMedrano *Lit. hispanoam*. 171: La novela del hacendado Manuel Pantoja, ex colaborador de aquel dictador y enriquecido a su sombra, que es ejemplar típico del gamonal explotador, figura recurrente en todas las novelas indigenistas. *Sp* 19.4.70, 32: Por muy "gamonal" que se fuese, resultaba desalentador que los campesinos .. no quisieran saber nada de las elecciones.

gamonino -na *adj* De Gamonal (Toledo). *Tb n*, *referido a pers*. | *YaTo* 25.9.81, 53: Los gamoninos apoyan unánimemente los actos culturales.
gamonita f Gamón (planta, *Asphodelus fistulosus*). | Lorenzo *Rev* 12.70, 19: Todo es en el mundo de Alonso rueda que vuela. No dirá el molinete de gamonita y papel de seda que, a la noche, a la mesa, hoy mismo se pondrá a hacer.
gamonito m Gamonita. | Romano-Sanz *Alcudia* 33: Los sembrados se espacian dando paso a zonas de terreno de posío o pastizal, donde abundan gamonitos, ceborrinchas, magarzas y flores de pradera.
gamopétalo -la *adj* (*Bot*) [Flor] que tiene los pétalos unidos entre sí. *Tb referido a planta. En este caso, tb como n f en pl, designando este taxón botánico*. | Bustinza-Mascaró *Ciencias* 258: Cuando están separados [los pétalos] se llama la flor dialipétala; cuando están unidos, gamopétala. Alvarado *Botánica* 73: Las dividiremos [las dicotiledóneas] en tres subclases: Apétalas, Dialipétalas y Gamopétalas.
gamosépalo -la *adj* (*Bot*) Que tiene los sépalos unidos entre sí. | Bustinza-Mascaró *Ciencias* 258: Cuando los sépalos están más o menos unidos por sus bordes, la flor se dice gamosépala; si no están unidos, dialisépala.
gamusino m Animal imaginario del que se habla humorísticamente. | Landero *Juegos* 348: Quien va a matar dragones, o gamusinos, y viene de vacío, podrá después contarlo. Berlanga *Gaznápira* 117: Las crías de gamusino tampoco prosperan este año. ¿A que tu amiga no se ha zampado nunca un guiso de gamusinos? (te preguntó buscándote de cómplice).
gamuza I f **1** Rebeco (mamífero). | Bustinza-Mascaró *Ciencias* 207: También tienen los cuernos huecos el antílope, de África y Asia, .. la gacela y la gamuza, de Europa.
2 Piel de gamuza [1] u otro animal, que, adobada, queda muy suave y flexible, de aspecto aterciopelado y color amarillo pálido. | R. Calderón *SD16* 31.5.87, 51: Domina el ante, la gamuza y la napa. Marsé *Dicen* 308: Chalecos azul celeste y zapatos de gamuza y gemelos de oro. **b)** (*Taur*) Guarnición del estoque hecha de gamuza. | A. Navarro *Rue* 17.11.70, 10: Se volcó sobre el morrillo enterrando el estoque hasta la gamuza.
3 Tejido de lana o algodón, de tacto y aspecto semejantes a los de la gamuza [2]. | *Economía* 43: Una vez se haya asentado el polvo del barrido, se pasará el paño de gamuza por los muebles.
4 Bayeta de gamuza [2 y esp. 3]. | Laforet *Mujer* 306: Paulina recordaba que en su infancia la muñeca preferida fue una piedra de río, envuelta en una gamuza de limpiar el polvo.
5 Hongo comestible de color amarillo pálido (*Hydnum repandum*). | Perala *Setas* 85: *Hydnum repandum*. Gamuza.
II *adj invar* **6** [Color] amarillo pálido propio de la gamuza [2]. *Tb n m*. | *Abc* 26.6.58, 41: Guantes señora ..; colores: blanco, negro, gamuza, rojo, azul. Villarta *SYa* 20.4.75, 37: Han de huir de los tonos indeterminados, como son los diversos apagados del marrón, el gris tórtola y el gamuza, que anula completamente a la mujer morena por demasiado frío.
gana I f **1** Deseo [de algo]. *A veces se omite el compl, por consabido. Frec en pl con intención enfática*. | Olmo *Golfos* 148: Se sintió eufórico, y ganas le vinieron de subirse a un árbol. * –¿Vienes al cine? –Gracias, no tengo gana. **b)** Necesidad [de un acto fisiológico]. | Delibes *Príncipe* 96: Quico se hallaba tan transportado, tan absorto, que no notó las ganas hasta que sintió el calor y la humedad, de forma que cuando echó a correr y levantó la tapa de la taza rosa ya se había repasado. **c)** *Sin compl:* Gana de comer. | Medio *Andrés* 8: –Y tú, a ver si comes .. –No tengo ganas. **d)** Interés o entusiasmo. *Frec en frases negs*. | Arce *Precio* 133: –¿Cómo funciona el negocio?– .. Dijo que bien, sin mayor gana.
2 mala ~ → MALAGANA.
II *loc v y fórm* **or 3 buena ~**. *Fórmula con que se comenta ponderativamente algo que no merece la pena hacerse. Frec con un compl* DE. | MGaite *Ritmo* 189: Hay ya tantos niños hechos y mal atendidos, que buena gana de molestarme en fabricar uno propio.
4 darle [a uno] **la** (**real**, *o* **realísima**) **~** [algo (*suj*) o de algo]. Querer[lo (*infin*, o QUE + *subj*)]. | Medio *Bibiana* 51:

ganadería – ganapierde

Vas a quitarme el placer de invitaros, ¿eh?... Pues me da la gana. ZVicente *Traque* 200: Oiga, yo cuento como me da la real gana, vamos, hombre. Delibes *Cinco horas* 110: Después hacéis lo que os da la realísima gana. MGaite *Visillos* 19: ¿Por qué te crees tú que reñimos Antonio y yo? Pues por eso, nada más que porque no me daba la gana de hacer lo que él quería.

5 las ~s. *Fórmula con que se comenta que lo dicho por el interlocutor no es realidad sino simple deseo suyo.* | VMontalbán *Rosa* 97: –Te digo yo que desde que ganó el PSOE se les ve menos. –Venga ya, hombre. Las ganas. Que se te ve el plumero.

6 ni ~s. *Fórmula con que se comenta que algo que no se puede hacer tampoco suscita el deseo de hacerlo.* | Millán *Fresa* 53: Para centrarme en una vía de acontecimientos necesarios y saludables a los que no podía renunciar –ni ganas–.

7 quedarse con las ~s [de algo]. (*col*) No conseguir[lo]. | * Quería ir al cine, pero se quedó con las ganas.

8 tenerle ~s [a alguien]. (*col*) Abrigar [respecto a él] un sentimiento de antipatía o rencor. | Palomino *Torremolinos* 138: Sabe las ganas que el jefe le tiene a Ramón.

9 venir en ~ [algo a alguien]. Antojár[sele]. | Halcón *Manuela* 73: Puedes hacer y decir cuanto te venga en gana.

III *loc adv* **10 de buena** (*o* **mala**) **~.** Con (o sin) gusto. | Lorén *Cod* 23.3.75, 16: Por eso, cuando el hijo .. le pidió cuarenta duros, .. se los dio de buena gana.

ganadería *f* **1** Cría de ganado [1]. | Zubía *España* 133: Su riqueza [de Galicia] se basa, esencialmente, en la pesca, agricultura y ganadería.

2 Raza especial de ganado [1], propio de un ganadero o de una región. | SAbc 16.2.69, 32: Por "manipulación fraudulenta en las defensas de las reses de lidia", la Dirección General de Seguridad multó en 1968 a veinticuatro ganaderías.

3 Ganado [1]. | Ortega-Roig *País* 52: Procura diferenciar fauna (lobos, jabalíes, perdices) de animales domésticos y ganadería (perros, gallinas, ovejas).

ganaderil *adj* (*raro*) Ganadero [1]. | Pemán *Andalucía* 234: El hallazgo de la gruta se debió .. a un animal –no sé si cabra, oveja o vaca– que, perdiendo su rebaño, condujo al pastor que lo buscaba a aquel maravilloso subterráneo .. Las reses ganaderiles andaluzas suelen tener espléndidos instintos turísticos y arqueológicos. S. Cayol *Ya* 6.3.75, 42: De esa primera conducta, necesaria y generosa, se pasó, por el mal uso que de ella hicieron los mercaderes del espectáculo para su exclusivo provecho, a la catástrofe ganaderil, a la caída en vertical del ganado bravo.

ganadero -ra I *adj* **1** De (la) ganadería o del ganado [1]. | Zubía *España* 78: Lérida. En el Pirineo tiene tres comarcas importantes: el Valle de Arán, la Cerdaña y el Pallarés. Tienen gran riqueza forestal y ganadera.

2 Que se dedica a la ganadería [1]. | Ortega-Roig *País* 144: Hay también comarcas ganaderas, donde el hombre es, desde tiempos muy antiguos, pastor.

3 [Animal] utilizado en el cuidado del ganado [1]. | CSo 18.11.75, 9: Vendo perra loba ganadera.

4 De (los) ganaderos [5]. | Romano-Sanz *Alcudia* 35: Klein ha analizado concienzudamente la historia de dicha organización ganadera [la Mesta].

II *m y f* **5** Pers. que se dedica a la ganadería [1] y es dueña de su ganado. | Laforet *Mujer* 62: Los curas que hablaban como de la peste de los ganaderos Nives.

ganado *m* **1** Conjunto de animales cuadrúpedos criados y explotados por el hombre. | Arce *Testamento* 22: Después comprobé que nos hallábamos frente a una cabaña; una cabaña de monte, para ganado. Zubía *España* 257: El ganado lanar ha sido el más abundante en España. **b) ~ mayor**, **~ menor** → MAYOR, MENOR.

2 (*col, desp*) Conjunto de perss. | Cela *Viaje andaluz* 308: Si las cosas le salieron bien fue porque, además de buscárselas, jamás se guió de dichos, que son oriente de rufianes y demás ganado sin substancia. ZVicente *Traque* 118: Vimos a la Paloma, la mujer del Leoncio, en una contrabarrera, muy amartelada con don Luisillo, su vecino, picador jubilado y chepa. Cosas del ganado femenino, que tiene cegueras, qué se le va a hacer.

ganador -ra *adj* Que gana, *esp* [1b y c, 2a, 4 y 5]. *Tb n, referido a pers.* | *Sp* 21.6.70, 56: En esta línea punzante, aguda y realista está toda la novela ganadora del Ateneo Jovellanos 1969 de novela corta. L. I. Parada *Mun* 14.11.70, 31: Como en todo juego de azar, hay ganadores y perdedores. Goytisolo *Recuento* 381: Un hombre de los que se han hecho a sí mismo [*sic*], despierto, dinámico, perspicaz, ganador nato y, no obstante, apenas integrado en el medio social que le era propio.

ganancia I *f* **1** Acción de ganar [1 y esp. 2]. *Más frec su efecto. En este caso, frec en pl.* | O. Aparicio *Pue* 6.11.70, 17: Ya en los lactantes, la ganancia de peso coincide con la elevación de humedad del aire. Sánchez *Pról. Quijote* 32: La tercera [parte] .. contiene la mayor parte de las aventuras del caballero: las de los yangüeses, los rebaños, .. la ganancia del yelmo de Mambrino. Cunqueiro *Crónicas* 121: No es muy de mi gusto esta visita, pero los pobres andan toda la vida a la ganancia. Álvarez *Abc* 9.4.67, sn: Dije que la ganancia crematística no era el elemento decisivo por el cual se podía juzgar a un competidor. Piqué *Abogado* 220: Las ganancias obtenidas por cualquiera de los cónyuges, en el juego, lotería u otras causas semejantes, pertenecerán a la sociedad de gananciales.

2 (*Telec*) Coeficiente de aumento entre el valor de una magnitud a la salida y a la entrada. | *ASeg* 23.10.62, 5: Pantalla negra .. Control de definición. Controles automáticos de ganancia, frecuencia horizontal, altura, anchura y luminosidad.

II *loc v* **3 no arrendar** [a una pers.] **la(s) ~(s)** [en un asunto]. (*col*) Creer que [esa pers.] no saldrá bien librada [de él]. | Lera *Clarines* 323: –¿Y crees que peleará bien? –Que si peleará... No le arriendo las ganancias al Filigranas ese, no. FReguera-March *España* 265: ¡No les arriendo la ganancia a los que tuvieran que gobernar un Estado que comprendiera Marsella y Barcelona!

ganancial *adj* **1** (*raro*) De la ganancia. | HSBarba *HEspaña* 4, 318: Había que valuar la participación de cada minero y distribuir equitativamente entre los socios el capital y los márgenes gananciales.

2 *En pl:* [Bienes] adquiridos durante el matrimonio y que pertenecen a los dos cónyuges por igual. *Frec como n m.* | Piqué *Abogado* 219: Son bienes gananciales: Los adquiridos a título oneroso .. durante el matrimonio a costa del caudal común; los obtenidos por la industria, sueldo, trabajo, etc., de los cónyuges o de cualquiera de ellos. MGaite *Retahílas* 200: Se largó a Venezuela con un dinero que parece no le pertenecía porque era de gananciales.

ganancioso -sa *adj* **1** Que recibe ganancia [1]. *Tb n, referido a pers.* | Torrente *Señor* 167: Era tan grande su malhumor que perdió veinte duros al tresillo. Don Lino, gananciosos, se creyó en el deber de acompañarle hasta casa. Crémer *Hora* 18.12.76, 12: Los que no se manifiestan nunca son los especuladores, los gananciosos en la carrera de los precios.

2 Que produce ganancia [1]. | J. MArtajo *Hoy* 15.11.70, 3: La hacienda agrícola está llena de filtraciones desconocidas que tragan muchas veces el fruto de los pocos cultivos gananciosos.

ganapán[1] *m* **1** (*desp*) Individuo que realiza un trabajo duro y de escasa consideración. | Alvar *Abc* 2.2.85, 3: Difícil que rectifiquen los honrados ganapanes de la didascalia, pero deben rectificar.

2 (*hist*) Mozo que hace recados o lleva bultos de un punto a otro. | DPlaja *Sociedad* 35: En esta calle, donde todos se conocen por su uniforme –el médico, el estudiante, el profesor, el ganapán (mozo)– .. el único que va como quiere es el soldado.

ganapán[2] *m* Trabajo para ganarse la vida. | Aguilar *Experiencia* 431: Mi tarea de traductor, a la que me obligué compartiéndola con las correcciones de pruebas, como un "ganapán" de añadidura, me hizo deletrear .. las páginas de los modernos escritores. [*En el texto,* gana pan.]

ganapia *m y f* (*reg*) Pers. adolescente o adulta que hace cosas propias de niño. | Goytisolo *Recuento* 78: –¿Sois todos del mismo curso? –Federico no; él estudia Exactas. –Y yo soy el ganapia de la clase, dijo Adolfo Cuadras.

ganapierde *m* (*Juegos*) Modo de jugar en que se acuerda dar por ganador al que pierde. | *Lan* 12.8.64, 3: Feria y Fiestas .. A las 18. Divertidísima carrera de burros al ganapierde, otorgándose valiosos premios.

ganar A *tr* ➤ **a** *normal* **1** Pasar a tener, esp. de manera adicional. | A. P. Foriscot *Van* 27.12.70, 13: Los guisos cocinados sobre carbón de encina ganan calidad. J. Carabias *Ya* 7.6.72, 8: Nunca te ha importado ganar kilos con tal de comer bien. *Puericultura* 18: El niño durante el primer semestre debe ganar cada mes 600 gramos. **b)** Pasar a tener [algo (*cd*)] como consecuencia de haber resultado vencedor en una lucha o competición. *Tb fig.* | *DBu* 19.9.70, 10: Justifican para ello la causa de que Fernando I repoblara las poblaciones ganadas en sus avances, con judíos de culto tradicional. *Abc* 16.3.75, 90: La India ha ganado por primera vez la Copa del Mundo de hockey al vencer en la final del Torneo a Pakistán por 2-1. *CoZ* 3.5.64, 6: El 30, el Sol habrá ganado a la noche muchos minutos. **c)** Pasar a tener [algo] tras un esfuerzo o tras el cumplimiento de unos requisitos. *Frec con compl de interés.* | RMorales *Present. Santiago* VParga 7: Vete a ganar el Jubileo. M. F. Cisneros *SDAv* 6.7.90, 4: San Pedro Bautista, que por sus muchos méritos, pasando por los tormentos del martirio, veintiséis veces sufridos, se ganó la gloria. J. L. Cebrián *Inf* 11.4.75, 20: Se comporta públicamente como si tuviera que ganarse los votos en la calle. **d)** Obtener [un espacio o un tiempo] con el que en principio, o teóricamente, no se contaba. | *Lab* 1.72, 45: Comprobemos el tiempo que se gana. **e)** ~ (**el**) **terreno**, ~ **tiempo** → TERRENO, TIEMPO.
2 Resultar favorecido, esp. económicamente, [en algo (*cd*)]. *Tb abs, frec en la constr* SALIR GANANDO. | *Economía* 339: El interés estriba en la cantidad de dinero que se puede perder o ganar. J. M. Lara *Abc* 24.10.75, 96: En la vida se gana y se pierde. **b) llevar las de** ~ → LLEVAR.
3 Percibir [algo] como retribución por un trabajo. | Benet *Nunca* 21: –Ahora debes ganar mucho. –Un disparate. Un verdadero disparate. Algunas veces pienso si no será inmoral ganar esas cantidades. –¿Cuánto ganas? **b) no** ~ **para** + *sust.* (*col*) *Loc con que se pondera la excesiva frecuencia con que se produce el hecho designado o aludido en el sust.* | Medio *Bibiana* 71: Una no gana para sustos con estos hijos.
4 Resultar vencedor [en una lucha, competición o disputa (*cd*)]. *Frec abs.* | Gironella *Millón* 632: Me he pasado porque creo que si Franco gana la guerra por lo menos mantendrá el orden. R. Santidrián *HLM* 17.3.75, 47: Ganó el Barcelona, que dominó más. M. Serdán *Mar* 19.7.59, 2: El público de París sabía de antemano que el Tour lo ganaría un extranjero para ellos.
5 Vencer [a alguien en algo]. *Tb fig. Referido a juegos, frec con un compl* A. *Tb con compl* A + *adj.* | *Abc* 16.3.75, 93: Tenis .. Carmen Perea ganó a María Victoria Baldovinos en el Club Boadilla. A. P. Foriscot *Van* 27.12.70, 13: Aunque podría yo alcanzar mi "Quijote" con solo levantarme de la silla ... me dejo ganar por la pereza y confío en mi memoria. Escobar *Itinerarios* 59: Las sopas de ajo, con sus tropezanes y sus huevos escalfados, ganan en poderío al café con leche y al chocolate. * Le gané a las cartas. Delibes *Cinco horas* 109: A Josechu, a bueno, no le gana nadie. **b)** ~ **por la mano** → MANO.
6 Conquistar la voluntad [de una pers. (*cd*)]. *Con compl de interés, cuando el suj designa pers.* | Cuevas *Finca* 260: Te pasa como a papá. Te ha ganado "San Rafael". Buero *Música* 128: La oferta de tu padre te ha ganado en seguida, pero yo debo reflexionar. J. R. Pardo *ByN* 22.11.78, 44: Es un empleado que se gana a la gente por su simpatía, su don de gentes.
7 (*lit*) Llegar [alguien (*suj*) al lugar al que se dirigía (*cd*)]. | Cuevas *Finca* 192: Bajó despacio, sereno, escalón tras escalón, como si no fuera nada con él, y ganó la puerta. Cossío *Confesiones* 192: Cuando ganamos el correo de Andalucía con destino a Málaga, me acordé que apenas había dormido.
➤ **b** *pr* **8** Obtener [alguien un castigo, un golpe o una reprimenda] por su comportamiento. *Frec el cd es el pron* LA, *con valor indefinido.* | ASantos *Estanquera* 43: ¿Ves cómo se está ganando un par de hostias? G. Bartolomé *Ya* 27.3.89, 6: Tanto riau-riau paletísimo y tanto sopazas que suelta palabras como flatos del inglés, se está ganando una llamada al orden. * Te la estás ganando.
B *intr* **9** Mejorar. *Frec con un compl* EN. | Cela *Alcarria* 169: –Todo bien cocido hasta que merma a un medio, y después recalentado. –¿Gana con el recalentón? –Sí; todos los guisos ganan, es la regla general. Pinillos *Mente* 22: Al no tener que utilizar las manos para la marcha e independizarlas funcionalmente de los pies, muchas funciones prensiles que antes estaban vinculadas a las fauces ganaron en precisión y eficacia. S. Araúz *Inf* 20.4.74, 17: El ganadero andaluz .. esquilaba a sus rebaños en un bache bien emporcado, de agua, chirle y lodos, para que la lana "tomase cabeza" y ganase en peso.

gancha *f* (*reg*) Racimo pequeño de uvas. | GPavón *Hermanas* 21: Bandadas de rebuscadores pasaban minuciosos entre los hilos, husmeando la gancha que se dejó la vendimiadora.

ganchero *m* (*reg*) Hombre que guía las maderas por el río, sirviéndose de un palo largo terminado en un hierro de punta y gancho. | Sampedro *Río* 27: Para salvar un desnivel del rocoso cauce, los gancheros habían construido un castillete de troncos en rampa.

ganchete *loc adv* (*col*) **1 a** (*o* **de**) **medio** ~. A medias, o sin terminar perfectamente. | Ballesteros *Hermano* 65: En casa se andaba siempre de prisa y se dejaban a menudo las cosas de medio ganchete para arreglarlas en su día.
2 de(**l**) ~. Del brazo. | Torrente *Off-side* 413: María Dolores le coge del brazo, y Landrove siente que le baja por la espalda un escalofrío. –Venga. Por verdadera casualidad tengo el coche muy cerca. –¿Y no le da vergüenza llevarme del ganchete?

ganchillero -ra *m y f* Pers. que hace labor de ganchillo. *Esp. referido al profesional.* | C. Santamaría *País* 25.1.81, 22: Las mujeres [artesanas] pertenecen, sobre todo, al sector textil: ganchilleras, bolilleras, modistas, bordadoras.

ganchillo *m* **1** Varilla terminada en un gancho [1b], que se emplea esp. para labores de encaje. | *Lab* 2.70, 32: Materiales: .. un ganchillo del núm. 5.
2 Labor o trabajo manual hechos con ganchillo [1]. *Frec en las constrs* A (*o* DE) ~, *o* HACER ~. | *Lab* 1.80, 81: Una moderna colcha .. Responde a un gusto joven que se apoya en el más primoroso arte del ganchillo. *Lab* 12.70, 12: Como remate, una puntilla a ganchillo. A. Aragonés *NAl* 24.12.93, 33: A la derecha [de la cocina] ocupaba un lugar preferente la cantarera cubierta por artístico paño de ganchillo ornado de flores y pájaros.

ganchito *m* **1** Alimento ligero y crujiente, de pequeño tamaño y formas diversas, tomado gralm. como aperitivo. | Umbral *Tierno* 15: –¿Comemos un poco? –Bueno, algo hay por ahí. –¿Tomates y ganchitos? –Y un huevo que quedó de anoche.
2 (*Caza*) Gancho [6]. | Delibes *Cazador* 85: Dimos tres ganchitos de salida y caímos dos liebres, dos perdices y una torcaz.

gancho *m* **1** Instrumento curvo y gralm. puntiagudo en uno o en ambos extremos, que sirve para prender o colgar algo. | J. GCubillo *Abc* 18.5.75, 36: En las cámaras de las carnicerías no deben meterse estos corderos sin desollar .. ni deben desollarse en los ganchos de la carnicería a la vista del público. **b)** Parte curva y más o menos puntiaguda [de algo]. | Bustinza-Mascaró *Ciencias* 122: El escólex [de la tenia] posee cuatro ventosas redondeadas y alrededor una corona de ganchitos o garfios en número de 25-50. **c)** Saliente que queda en un árbol o en una parte de él cuando se rompe una rama. | Romano-Sanz *Alcudia* 214: –Ya veis cómo tenemos que aprovechar los ganchos y espichones de las ramas para colgar las cosas –señala los cazos, las prendas de ropa y el carburo que cuelgan de los salientes de las estacas.
2 (*col*) Compinche de un vendedor callejero, encargado de atraer clientes fingiéndose uno de estos. | ZVicente *Examen* 41: "¡Todo por tan solo quince pesetas!..." Y siempre brotaban tres, cuatro brazos en alto de entre el gentío boquiabierto, decían en casa que eran los ganchos, gente que estaba de acuerdo con el sacamuelas. **b)** Pers. utilizada para hacer caer a otro en una trampa o engaño. | CPuche *Paralelo* 420: Usted seguramente está de parte de esa mocosa del carrito .. La muchacha esa no es más que un gancho. VMontalbán *Pianista* 125: El librero de Atarazanas me iba tomando confianza. Luego me ha dicho que, primero, siempre pone a los clientes en cuarentena, no vayan a ser ganchos de la policía. **c)** Pers. utilizada para atraer a la gente. | *Río* 22.8.91, 7: José Coronado y Silvia Marsó, "ganchos" de la tragedia de Eurípides que abre esta tarde la programación del Bretón.
3 (*col*) Atractivo, o capacidad de atraer hacia sí a la gente. *Frec dicho de mujeres.* | SSolís *Camino* 130: No tiene pi-

ganchoso – ganglio

cardía ni coquetería, y yo no se la voy a enseñar, claro, no es cosa de una madre, eso es cosa personal, pero, no sé..., esta hija... no va a tener gancho. *Inf* 18.8.70, 24: Los directivos del Banco .., convencidos del enorme "gancho" que Pelé tiene entre los brasileños, le han nombrado director de relaciones públicas. Berlanga *Recuentos* 79: Le digo a Carlos Mora que se ha forrado publicando cada año un mamotreto con las opiniones de unos cuantos famosos: basta un tema con gancho. **b)** Cosa que tiene atractivo. | SSolís *Camino* 130: Está ya muy formada y casi con tanto busto como yo..., que no es mal gancho, no, qué va, porque los hombres todos son iguales. **4** (*Boxeo*) Golpe de abajo arriba con el brazo arqueado. | *As* 9.12.70, 24: Clay empieza a bailar en torno a Bonavena, este lo prende con fuerte gancho de izquierda a la cara, y Clay sale rebotado hacia atrás. **5** (*Baloncesto*) Tiro a canasta que se realiza arqueando el brazo sobre la cabeza. | * Encestó de un gancho perfecto. **6** (*Caza*) Batida u ojeo cortos que cubren poco terreno. | M. GMora *Abc* 2.12.64, 37: Sin ojeos o ganchos, sin otro concurso que el de su fiel can, ha hecho una proeza en tierra realenga. *Hoy* 19.9.92, 52: El jabalí es abundante .., su presencia en el campo es continua y salvará muchas de las monterías o ganchos organizados.

ganchoso -sa *adj* Ganchudo. | Nolla *Salud* 98: En el carpo encontramos ocho pequeños huesecillos: escafoides, semilunar, piramidal, pisiforme, trapecio, trapezoide, hueso grande y hueso ganchoso.

ganchudo -da *adj* **1** Que tiene forma de gancho [1]. | Laforet *Mujer* 153: Ahora estaba Martín manejando el soplete: moreno .., la nariz ganchuda. Bustinza-Mascaró *Ciencias* 145: Otras mariposas tienen sus antenas de otras formas (ganchudas, plumosas, etc.). **b)** (*Anat*) [Hueso] en figura de gancho, que forma parte del carpo. *Tb n m*. | Alvarado *Anatomía* 47: Esqueleto de la mano izquierda de un hombre adulto: .. Hueso ganchudo. [*En una fotografía.*] Navarro *Biología* 85: Cúbito. Semilunar .. Ganchudo. Metacarpiano. [*En un gráfico del esqueleto de la mano.*] **2** Que tiene ganchos [1b]. | Vega *Cocina* 114: Están versados en la ganchuda y difícil caligrafía mahometana.

gándara *f* Tierra baja e inculta. | CBonald *Ágata* 125: Sentaron sus reales en las inmediaciones de Malcorta, por detrás de las gándaras lindantes con los mimbrales. Romano-Sanz *Alcudia* 13: El autobús asciende trabajosamente las estribaciones de la sierra norte de Alcudia. A la derecha, hay una extensa gándara repoblada de pinos por el Patrimonio Forestal del Estado.

gandaya *f* (*reg*) Comida o sustento. | GMacías *Relatos* 45: Le gustaba ganarse bien las habichuelas, la "ganda[y]a", como expresan en Cáceres, en todo momento, cuando se habla de trabajo remunerado. [*En el texto*, gandalla.]

gandesano -na *adj* De Gandesa (Tarragona). *Tb n, referido a pers*. | *Van* 28.3.74, 37: El Ayuntamiento, en combinación con la Obra Cultural Gandesana, ha plantado 2.400 cipreses.

gandiense *adj* De Gandía (Valencia). *Tb n, referido a pers*. | *Abc* 24.8.66, 39: En fecha breve se procederá a la prolongación de la escollera norte del puerto gandiense.

gandinga *f* (*reg*) Despojos de reses del matadero. | Quiñones *Viento* 276: A la casa llegaba .. siempre con media pieza de pan y un papelito de gandinga o de asadura blanca.

gandir *tr* (*raro*) Comer. | GMacías *Hoy Extra* 12.75, 23: Tratándose del gandir de la Alta Extremadura, hay que señalar que no pocos de los platos citados son fuertes.

gandul -la I *adj* **1** Holgazán. *Frec se emplea como insulto*. *Tb n*. | Salvador *Haragán* 30: Tú le has representado muy bien. ¡Ah, gandul, no desmientas la raza! L. Falcón *Tri* 24.4.71, 25: Todos los representantes del sexo masculino acusan a la mujer de frívola, gandula, inconstante, llorona. **II** *f* **2** (*reg*) Tumbona (silla). | Goytisolo *Recuento* 46: Fue ella quien hizo pintar de blanco las sillas del jardín, los hierros de los veladores, y compró gandulas de lona a rayas y cojines de tonos vivos.

3 la gandula. (*jerg*) La Ley de Vagos y Maleantes o Ley de Peligrosidad y Rehabilitación Social. | *Abc* 21.11.86, 64: Hace un año desaparecen esos dos Juzgados, pero no la ley de Peligrosidad y Rehabilitación Social, conocida en el argot policial como la "gandula".

gandulear *intr* Holgazanear. | Goytisolo *Afueras* 70: Se está tan bien al sol, ganduleando por ahí todo el día.

gandulería *f* Condición de gandul [1]. | Buero *Soñador* 219: Catorce horas de trabajo al día me parecen pocas para compensar la gandulería de esos inútiles.

gandulitis *f* (*col, humoríst*) Gandulería. | SFerlosio *Jarama* 34: Vaya una gandulitis que nos traemos todos esta mañana.

gandumbas *adj* (*col*) Gandul [1]. *Tb n*. | ZVicente *SYa* 10.6.73, 31: Si yo hubiese sido menos gandumbas, o, por lo menos, hubiese insistido en la tarea. Pero, qué va, ¿yo corregir lo escrito? Ande, hombre, ande ya. Escobar *Itinerarios* 252: También era de los de descanso permanente, un gandumbas de siete suelas.

gang (*ing; pronunc corriente*, /gang/; *pl normal*, ~s) *m* **1** Banda organizada de malhechores. | *Abc* 26.6.58, 32: Es como si, en esta semana, los altos jefes de la Policía de los Estados Unidos descubrieran que, en el "gang" de Chicago o en el "gang" de Nueva York, hay algunas pruebas de criminalidad. R. Pi *ElM* 11.8.90, 2: En los países en los que están instalados los "gangs" de este tipo de delitos hay jueces, fiscales, policías y abogados comprados. VMontalbán *Pájaros* 221: Madame La Fleur seguía disfrazada de jefa de gang asiático. **2** Pandilla o grupo. | GHortelano *Momento* 378: Un gang de gamberros ocupaba el local .. A cada sorbo de cerveza, el reloj se arrastraba por un tiempo de serrín, chillonas conversaciones, carcajadas estentóreas.

ganga¹ *f* (*col*) Cosa conveniente, que se consigue con poco o ningún esfuerzo. *A veces con intención irónica*. | Laforet *Mujer* 165: El quinto piso estaba vacío .. Esto era una ganga que no había que desaprovechar. * Vaya ganga que me ha caído contigo. **b)** Cosa que se consigue a menos precio que el que le corresponde. *A veces con intención irónica*. | CBonald *Dos días* 259: –El precio es lo que me tiene mosca. –Tampoco es una ganga. –No es que sea una ganga, pero .. a eso se le podía sacar más jugo. –Le hará falta el dinero.

ganga² *f* (*Min*) Materia inservible que acompaña a los minerales al extraerlos de la mina. *Tb fig*. | Bustinza-Mascaró *Ciencias* 320: Las menas no se presentan nunca puras, sino que van acompañadas de materiales estériles, llamados gangas. Albalá *Periodismo* 122: Es forzoso reconocer cómo algunos sociólogos eminentes han logrado separar el metal del metaloide, la opinión pública de la ganga de las ideologías. Benet *Otoño* 68: La sociedad –repito– no tiene en muchos campos criterio ni medida para distinguir y separar la ganga de la mena.

ganga³ *f* Ave semejante a la paloma, con el vientre y parte inferior de las alas de color blanco y alas y cola puntiagudas (*Pterocles alchata*). *Con un adj o compl especificador, designa otras especies*: ~ DEL DESIERTO o DE PALLAS (*Syrrhaptes paradoxus*), ~ MORUNA (*Pterocles exustus*), ~ MOTEADA (*Pterocles senegallus*). | Delibes *Cazador* 149: Una ganga nos pasó tan próxima que le vi perfectamente el collarón y las timoneras.

ganga⁴ *f* (*reg*) Arado tirado por una sola caballería. | R. Vílchez *Ide* 19.8.92, 8: Destacan la final de dominó .. y el concurso de besana con ganga en reconocimiento del buen hacer agrícola del pueblo.

gangarrera *f* (*reg*) Cosa pesada o molesta. | JMartos *Ya* 30.7.87, 14: En seguida sonaron unos rumores gangosos, metálicos, ininteligibles. Era el robot .. La mecánica urdida con ese fin tiene demasiados límites. Qué gangarrera.

gangético -ca *adj* Del Ganges (río de la India). | *Van* 9.6.71, 19: Endémica [la enfermedad] en Oriente –India gangética, Indochina y Filipinas–, se torna extremadamente peligrosa cuando adquiere carácter epidémico.

ganglio *m* (*Anat*) Engrosamiento, de forma, tamaño y estructura variable, de un vaso linfático o de un nervio. *Tb* ~ LINFÁTICO o NERVIOSO, *respectivamente*. | Bustinza-Mascaró *Ciencias* 63: En su recorrido los vasos linfáticos presentan ensanchamientos llamados ganglios. Legorburu-Barrutia *Ciencias* 98: El sistema nervioso simpático está formado por dos cordones nerviosos con numerosos ganglios en forma de rosario. Nolla *Salud* 222: También son hechos reaccionales [a las infecciones] los aumentos de tamaño del bazo, tan fre-

ganglionar *adj* (*Anat*) De (los) ganglios. | Bustinza-Mascaró *Ciencias* 129: El sistema nervioso [del mejillón] es ganglionar.

gangliopléjico -ca *adj* (*Med*) Que bloquea la transmisión nerviosa ganglionar. | MNiclos *Toxicología* 111: A dosis mayores [la nicotina] .. es inhibidora y de marcada acción gangliopléjica.

gangosamente *adv* De manera gangosa. | Laforet *Mujer* 138: Se veía a sí misma .. cantando gangosamente: "Creo en Dios".

gangosear *intr* Ganguear. | CAssens *Novela* 2, 209: ¡Es mucha nariz esa nariz! .. Es, además, causa de que hable gangoseando, como un acatarrado eterno.

gangosidad *f* Cualidad de gangoso. | FCid *SAbc* 13.12.70, 59: Todo ello, como los recitados, llega hasta la enorme audiencia "sin mezcla de mal alguno": quiero decir sin micrófonos, altavoces, sonorizaciones, fidelidades... infieles, gangosidades electromecánicas.

gangoso -sa *adj* [Pers.] que habla con resonancia nasal. *Tb n*. | * Abundan los chistes de gangosos. **b)** Propio de la pers. gangosa. | JGregorio *YaTo* 3.11.81, 61: Cuando me sintió llegar levantó los cargados ojos y con voz gangosa por el fuerte catarro me dijo. Medio *Bibiana* 95: La canción de la vocalista .. se levanta monótona y gangosa.

gangrena *f* Muerte y descomposición de tejidos animales a causa de traumatismos, falta de riego sanguíneo o infección. *Frec* (*Med*) *con un adj especificador*. *Tb fig.* | Bustinza-Mascaró *Ciencias* 100: Enfermedades producidas por bacterias. Son las más numerosas, y entre ellas están: la tuberculosis, .. el tétanos y la gangrena gaseosa. Pau *Salud* 290: Se habla de absceso pulmonar cuando hay supuración y necrosis en un área localizada del parénquima pulmonar, la cual está rodeada por una reacción inflamatoria del tejido celular. Si no existe tal reacción, usamos el término de gangrena pulmonar. Cañadell *Salud* 375: La irrigación insuficiente de las piernas y la mayor susceptibilidad a las infecciones son las causas de la gangrena diabética. A. Barra *Abc* 13.9.70, 13: Se une conflicto [entre Israel y los Estados árabes] sigue cociéndose a fuego lento ante la pasividad de algunos y el deseo de otros de consolidar conquistas anteriores, no parece muy aventurado pronosticar que la gangrena se irá extendiendo a toda la sociedad internacional.

gangrenarse *intr pr* Pasar a sufrir gangrena. *Tb fig.* | Sampedro *Río* 11: Si se le gangrena [el pie], lo que tiene seguro es el cementerio. Ridruejo *Marsé* 53: Acentúa su foco en el doloroso mundo donde la corrupción viciosa, subyacente en la burguesía respetable, se anuda con el apicaramiento cínico emergente de la pobreza desesperada, en el punto donde lo de arriba y lo de abajo se gangrenan por fricción.

gangrenoso -sa *adj* **1** De (la) gangrena. | *SYa* 14.9.75, 19: De 180.000 lesionados sujetos a este tratamiento, las complicaciones gangrenosas en las extremidades únicamente se dieron en unos 300 casos.

2 Que presenta o padece gangrena. *Tb n, referido a pers*. | Canellada *Penal* 136: Tiene el cuerpo lleno de heridas, y una gangrenosa ya muy grande, en el vientre. Canellada *Penal* 95: Unos cuantos gangrenosos que no se evacuaron porque parece que se van a morir muy pronto.

gángster (*pronunc corriente,* /gánster/; *tb con la grafía inglesa* **gangster**; *pl normal,* ~s) *m* Miembro de una banda de malhechores. *Gralm referido a Estados Unidos.* | CPuche *Paralelo* 38: Lo mismo que en las películas de gangsters. Torrente *Off-side* 29: Lo imagina vestido, sucesivamente, de ministro, de banquero, de obispo, de marqués, de *gangster*, de académico. *Mad* 23.4.70, 20: Gángsters franceses implicados en el hundimiento de un yate.

gangsteril (*pronunc corriente,* /gansteríl/) *adj* De (los) gángsters. | *D16* 18.12.76, 4: Estos trueques .. tienen todo el aire de los cambalaches habituales entre bandas gangsteriles rivales. Lázaro *Gac* 16.11.75, 36: Es, justo, en su admirable construcción como pieza gangsteril .. donde resplandece el poderoso genio dramático de Brecht.

gangsterismo (*pronunc corriente,* /gansterísmo/) *m* Actividad o comportamiento de gángster. | Umbral *Hijo* 96: En cuanto a su estrategia fáctica [de José Antonio], ya se vio en seguida que era un gangsterismo de señoritos enardecidos por la evidencia de sentirse minoría en peligro. GSerrano *Macuto* 272: El modismo ["paseo"] nació en Chicago, allá por los felices veinte, entre los cabileños italoamericanos del "gangsterismo" que por entonces reñían la batalla interior de "la Ley Seca".

gangueante *adj* Que ganguea. | CBaroja *Baroja* 102: Recuerdo su voz, rezando con tono monjil y gangueante el rosario.

ganguear *intr* Hablar con resonancia nasal. | Aldecoa *Cuentos* 2, 376: —El torrente de agua y la maldita capota del coche —dijo gangueando el caballero, mientras se enjugaba, desvalido y femenino, la nariz.

gangueo *m* Acción de ganguear. *Tb su efecto.* | CBaroja *Baroja* 169: Hablaba el castellano bueno de su tierra, pero con algo de nasalización o gangueo como de "vejete" de comedia antigua.

ganguero -ra *adj* [Pers.] que busca gangas[1]. *Tb n*. | DCañabate *Andanzas* 29: Señora, las he conocido gangueras, pero usted es que pretende llevarse el mundo con todos sus habitantes por siete cincuenta.

gánguil (*tb* **ganguil**) *m* **1** Arte de arrastre de malla muy estrecha. | Mercader-DOrtiz *HEspaña* 4, 137: Los pescadores catalanes, que a fines del siglo XVI habían aprendido de los provenzales el sistema de los ganguiles o pesca de arrastre, la perfeccionaron lentamente hasta alcanzar el método de la pareja o bous.

2 Barco utilizado en las obras de los puertos y esp. para verter en alta mar materiales de desecho. | *Inf* 4.8.70, 13: 3.000 millones invertidos en los puertos .. Sevilla, construcción de tres gánguiles. Pinilla *Hormigas* 60: Es la gran oportunidad de los que vivimos por estos alrededores, de los que recogemos los restos del desmenuzado y desvirtuado carbón que los Altos Hornos arrojan con su ganguil al mar, frente a La Galea.

ganguino *m* (*reg*) Animal fabuloso, mezcla de lobo, cabra, barbo de río y gallina, del que se dice que desgracia a los niños que mira, y que da fortuna para toda la vida al que lo caza. | Cela *Judíos* 35: —Parece que el garzón anda doliente .. —¡Ay, buen hombre, que me lo miró el ganguino, allá por las aguarraditas de abril!

ganguista *adj* Ganguero. *Tb n*. | *Abc* 10.5.58, 34: El comprador ganguista y regatonero trata de llevarse las compras por menos de su valor.

gánigo *m* (*reg*) Vasija de cerámica de forma semiesférica. | F. RBatllori *Abc* 23.4.58, 23: Los alfareros [canarios] .. obtienen utensilios de formas varias: .. gánigos, ánforas. *Día* 1.6.76, 24: Muchas de las piezas expuestas —gánigos, tostadores y demás utensilios de corte tradicional dentro de nuestra cerámica, así como otros de variada factura— tenían la indicación de "vendido".

ganja *f* (*jerg*) Hachís o marihuana. | *Inf* 15.6.75, 4: Tiene [el cáñamo índico] diferentes derivados, denominados hachís (en la India), marihuana (en América), kif (en África del Norte), charas, ganja.

ganoideo *adj* (*Zool, hist*) [Pez] de la categoría correspondiente al esturión, caracterizado por un tipo de escamas formadas por una lámina ósea recubierta por otra capa de brillo nacarado. *Frec como n m en pl, designando este taxón zoológico*. | Ybarra-Cabetas *Ciencias* 366: Se clasifican [los peces] en: Ciclóstomos (Lamprea), Selacios (Pintarroja), Ganoideos (Esturión), Teleósteos (Pagel).

ganoso -sa *adj* (*lit*) Deseoso. | P. Urbano *ElM* 1.5.91, 12: Benegas, como todos los que trepan, ganosos de poder, tenía un "oyente". *Ciu* 8.74, 13: Estimo que sabrá comprender las razones que me impulsan a ello, no solo personales ni ganosas de reclamar responsabilidades gratuitas, sino también pensando en otros posibles asegurados.

gansada *f* (*col*) Hecho o dicho propios de un ganso [2]. | DCañabate *Abc* 6.7.75, sn: ¿Bonita una mancha? ¿Te crees que eso es una gracia y que estás en el café con tu tertulia de imbéciles que te ríen las gansadas? Delibes *Cazador* 140: Vi otra vez "Mi mula Francis". Cada vez que el animal

ganso – garabatear

abría la boca ya me decía yo por dentro la gansada que iba a decir.

ganso -sa I *n* A *m* **1** *Se da este n a varias aves palmípedas del gén Anser y otros afines, esp A. anser y A. cinereus (~ DOMÉSTICO), criado en cautividad por su carne, su hígado y sus plumas. Otras especies se distinguen por medio de un adj o compl especificador:* ~ BRAVO *(A. arvensis),* ~ CARETO *(A. albifrons),* ~ DEL NILO *o* DE EGIPTO *(Alopochen aegyptiacus), etc.* | Noval *Fauna* 128: Entre los gansos o ánsares, del Ánsar común *(Anser anser)* se ve algún ejemplar solitario. *Gac* 30.8.70, 50: Los gansos y sus afines mudan todas las plumas de las alas a la vez.

B *m y f* **2** *(col)* Pers. que hace o dice payasadas. *A veces desp, denotando que no tiene gracia. Tb adj. Frec en la constr* HACER EL ~. | Goytisolo *Afueras* 94: No me hago el cínico. En realidad es mi manera de decir las cosas. ¡Huy, qué ganso!, decía mi abuelita. Yo soy eso, un ganso. Diego *Abc* 25.2.68, 17: Yo no creo que pueda haber nada tan divertido como verse uno en una escena y además con careta o antifaz, como un maldito de principios del "Tenorio", haciendo el ganso y alborotando juvenilmente.

3 *(raro)* Pers. torpe o patosa. | FReguera-March *Caída* 129: Mi hermano se daría de narices sobre la alfombra al primer paso ..; ¡no hay ganso más grande para el baile que él!

II *adj* **4** *(jerg)* Grande o importante. | Tomás *Orilla* 56: –Si no sueltas la pasta por delante, no hay nada de nada. –Tranquilo, Ladillas, que estoy montado. Además, me ha llegado una partida muy gansa de mescalina. **b)** [Pasta] **gansa** → PASTA.

5 de ~. [Paso] de la oca. | Delibes *Mundos* 72: Ver desfilar a sus soldados a paso de ganso, con marcialidad insuperable, constituye un soberbio espectáculo.

6 [Pie] **de** ~ → PIE.

gánster *m* Gángster. | Umbral *ElM* 9.11.89, 53: En *Asesino implacable* es un gánster londinense que va a otra ciudad inglesa para vengar la muerte de su hermano. [*En el texto, sin tilde.*]

gansteril *adj* Gangsteril. | VMontalbán *Kennedy* 178: Nunca el lenguaje gansteril ha llegado a tal economía expresiva como en el lenguaje de los niños que juegan a *gangsters* y policías.

gantés -sa *adj* De Gante (Bélgica). *Tb n, referido a pers.* | *Ya* 8.3.89, 46: De Wilde, irresistible, venció en la segunda etapa y conquistó la cabeza .. El gantés conquistó igualmente el jersey blanco.

ganza *f* *(reg)* Caldera para calentar agua. | Torbado *Peregrino* 483: Hervían huevos en grandes y humeantes ganzas de azófar.

ganzo *m* *(reg)* Rama seca usada para alumbrar. | *SYa* 21.5.72, 5: Antiguamente, cuando no teníamos luz eléctrica, pasábamos las horas muertas en una de las "pallozas", junto al "ganzo", que era nuestro sistema de iluminación noche y día.

ganzúa *f* Alambre doblado por un extremo, que se emplea para abrir cerraduras sin llave. | *SAbc* 20.4.69, 31: Los "quinquis" .., rabadanes de la bellaquería y el latrocinio; catedráticos de la ganzúa y el alicate.

gañafón *m* **1** *(Taur)* Derrote brusco y violento. | DCañabate *Abc* 21.5.58, 39: A su segundo, nada más empezar la faena, se le notaron incontenibles deseos de tirar "gañafones".

2 *(reg)* Golpe que se da a alguien o algo. *Frec fig.* | Halcón *Ir* 99: –Me figuro que se trata de arrancar las matas que sobran. –Exacto, dejar las dos mejores y de paso dar un gañafón a la hierba que molesta.

gañán *m* **1** Criado de labranza. | J. M. Rollán *SAbc* 1.12.68, 26: Han venido a mi mente las manos callosas y torpes de los gañanes.

2 Hombre tosco o rudo. | * Es un gañán, no esperes un detalle de él.

gañanía *f* **1** Conjunto de (los) gañanes [1]. | CBonald *Ágata* 198: Mandó salir de la cámara mortuoria a la más digna y abundante representación de las gañanías del cortijo.

2 Lugar en que habitan los gañanes. | Romano-Sanz *Alcudia* 270: Varias mujeres, vestidas en su mayoría de negro, salen de las gañanías y se reúnen en grupo.

gañido *m* **1** Quejido de un animal, esp. del perro. | F. PMarqués *Hoy Extra* 12.69, 42: Resuenan .. el gañido de los perros y el canto agudo, perforante, metálico, de los gallos retadores. Montero *Reina* 84: Era un barullo de pequeños golpes, de risas sofocadas, de gañidos .. Era un gato, un gato enorme y negro que arrastraba tras de sí su rabo incendiado.

2 Graznido. | MCalero *Usos* 19: Había gansos de graznidos chillones, patos asustadizos y ocas con gañidos constantes.

gañín -na *adj (reg)* Hipócrita. *Tb n.* | Aparicio *Año* 49: Algo diré de ese gañín de Honorato. El buen truhán merece su elogio.

gañir *(conjug* 53*) intr* **1** Quejarse [un animal, esp. el perro]. *Tb fig, referido a pers.* | Delibes *Ratas* 54: Al poco rato sintió gañir; era un quejido agudo como el de un conejo, pero más prolongado y lastimero .. Al cabo .. se recortó en la boca de la madriguera el rechoncho contorno de un zorrito de dos semanas. Lera *Olvidados* 220: El animal [una cerda] .. se pasaba la lengua por los filos de la boca y tornaba a su manso gañir. Kurtz *Lado* 138: Presta atención, que aún no he terminado. "¡Quiero casarme contigo! ¡Quiero casarme contigo! –gañía la viuda Alberó–. Me has comprometido. Todos creen que somos amantes."

2 Resollar [una pers.]. *Normalmente en frases negs.* | * En cuanto hace el más mínimo esfuerzo, se queda que no puede ni gañir.

3 Graznar [algunas aves]. | Aldecoa *Gran Sol* 85: Los arrendotes gañían en la disputa del banquete.

gañote I *m* **1** *(col)* Cuello o garganta. | Cela *Judíos* 214: El vagabundo .. pensó que el vino le había sabido a vinagre; para comprobarlo, el vagabundo volvió a atizarse otro latigazo al gañote. Antolín *Gata* 79: Papá silenció al abuelo con la mano, y el abuelo se quedó parado, con el gañote templequeando de impaciencia y la boca abierta, dispuesto a seguir su letanía. FReguera-March *Boda* 104: Pudimos rebañarle el gañote de un navajazo.

2 *(reg)* Cierto dulce de sartén. | GLuengo *Extremadura* 106: Dulces tales como pestiños, gañotes, bollos, perrunillas.

3 *(reg)* Pers. que vive o se divierte a costa ajena. *Tb adj.* | Burgos *D16* 23.8.92, 4: Le está bien empleado. Por gañote y por gorrón.

II *loc v* **4 dar** ~. *(jerg)* Ahogar [a alguien]. | FReguera-March *Boda* 232: Yo lo que tendría que hacer es darle gañote a la futura suegra.

III *loc adv* **5 de** ~. *(col)* Gratis o a costa ajena. | CBonald *Dos días* 43: Quien quiera un saco de uvas de gañote que lo diga. Sueiro *Verdugos* 665: Fuimos a los toros con ellos .., de gañote, nos pusieron allí en el pasillo, en la barrera, y estupendamente.

gaonera *f (Taur)* Lance de capa que se realiza de frente con el capote cogido por detrás. | *GacR* 27.10.70, 3: Los zapateros de Lumbrales se fueron a capear unos becerros, destacando por sus buenas maneras Francisco Manzanas, que, al decir del corresponsal, dio buenos faroles y no menos excelentes gaoneras.

gap *(ing; pronunc corriente,* /gap/; *pl normal,* ~s) *m* Brecha de separación entre dos realidades. | Pániker *Conversaciones* 9: Existe un *gap* entre realidad y desiderátum. L. Molla *Mun* 26.12.70, 52: La descolonización prácticamente ha terminado, pero el "gap" que separa al mundo desarrollado del subdesarrollado se ha hecho cada vez más grande. C. RGodoy *Cam* 5.3.84, 146: Lo que da que los niños desprecien a sus mayores con creciente intensidad. El llamado gap generacional, con la introducción de la "muñeca-repollo", ha dado un paso de gigante en este país.

gáraba *f (reg)* Árgoma (planta). | Cancio *Bronces* 55: Sinda, su mujer .., pica unas gárabas.

garabatear A *tr* **1** Escribir o dibujar [algo] con garabatos [1]. *Tb fig.* | Grosso *Capirote* 163: Tomó el bolígrafo que le ofrecía Trinidad. Garabateó la rúbrica tras el nombre y sus dos apellidos. Delibes *Cartas* 78: Mientras garabateo estos renglones, tengo la impresión placentera de que camino a tu lado. Romano-Sanz *Alcudia* 152: Fernando garaba-

tea una casa con una enorme chimenea, dos árboles y un extraño individuo de patas y brazos de alambre.
2 Hacer garabatos [1] [sobre algo (*cd*)]. *Tb fig.* | Benet *Nunca* 19: Las torturadas y garabateadas páginas de aquellos cuentos infantiles deshojados por los rincones. Aldecoa *Cuentos* 1, 111: El camino terminaba en el aeródromo, ramificándose en sendas que sorteaban los juncales y que, más allá, en las lomas, garabateaban las laderas, arrugándolas.
B *intr* **3** Hacer garabatos [1]. *Frec con un compl de lugar en donde. Tb fig.* | VMontalbán *Galíndez* 104: Mientras hablaba garabateó sobre lo escrito, hizo una bola con el papel. Torrente *Fragmentos* 192: Había garabateado de nuevo en el papel, y lo ofreció a las miradas anhelantes de los discípulos. Lorenzo *Extremadura* 346: Ya en el campanario garabatean las cigüeñas; en sosegados, anchos círculos, serenas, rayando el azul.

garabateo *m* Acción de garabatear. *Tb su efecto. Tb fig.* | Borrás *Abc* 3.12.57, sn: El garabateo de sus partituras de opereta o revista es parejo del de cualquier compositor cascabeleante. MMolina *Jinete* 68: Se santiguó con un rápido garabateo piadoso.

garabatillo. de ~. *loc adj* (*col*) **1** [Purgaciones] rebeldes al tratamiento médico. | Cela *SCamilo* 53: La Rómula .. está .. en el hospital de San Juan de Dios rascándose unas purgaciones de garabatillo. Palomino *Torremolinos* 201: ¿Yo qué sé cómo le llaman a eso en su tierra? Aquí es fácil; con decir me las han metido de garabatillo todo el mundo te entiende.
2 Impresionante o extraordinario. *Con intención ponderativa.* | GSerrano *Macuto* 178: El éxito de Cavero fue de los de garabatillo. *Tri* 18.10.69, 12: Los demás, los vivos, incluido, sin duda, el señor Ulbricht, pasamos tarde o temprano por unas crisis de garabatillo.
3 (*reg*) Torcido o retorcido. | Alvar *Islas* 47: Garafía, muy arriba de la isla de La Palma y con unos caminos de garabatillo.

garabato *m* **1** Trazo torpe o ininteligible. *Frec en pl. Tb fig.* | MAbril *Ya* 8.12.70, 7: Se nos dice, como en garabato de rúbrica desesperada: "Esto no tiene remedio". Aldecoa *Gran Sol* 164: Los pájaros de la mar rozaban casi las amuras en los garabatos de sus vuelos.
2 Instrumento, gralm. de hierro, con la punta vuelta en semicírculo, que sirve para colgar o coger algo. | Landero *Juegos* 136: De ella [la casa] había sobrevivido un limonero .., un zaguán de bóveda con garabatos choriceros, aspidistras en altos maceteros de forja y zócalos de líneas mixtas.
3 (*reg*) Garbo o gracia. *Frec referido a mujeres.* | L. Armiñán *Abc* 11.5.58, 57: Cuando Sánchez Neira hacía crítica taurina, la dificultad del escritor debía ser grande al tener que tratar siempre de los mismos diestros, claro que se hacía de otra manera: toro por toro y un resumen con gracia y garabato.

garabatona *adj* (*Agric*) [Variedad de uva] de grano pequeño y negro. *Tb n f.* | Cela *Viaje andaluz* 293: Dime, garabatona amatista, dulce y rosa corazón de cabrito, ¿en qué viña se esconde la doncella cristiana?

garabo *m* (*raro*) Garabato [1]. | GPavón *Liberales* 66: Quedó mirando en éxtasis los garabos que hacía Lillo al beber del chorro.

garaje (*tb con la grafía semiculta* **garage**) *m* Local destinado a guardar coches. | L. Calvo *Abc* 20.11.70, 31: Lleva en Moscú vida ostentosa, gran piso. "Dacha" con piscina, sauna, parque y garaje para tres coches. Álvarez *Cór* 13.9.64, 5: La mecanización del campo ha transformado la vieja fragua en garage de reparaciones.

garajista (*tb con la grafía semiculta* **garagista**) *m y f* Pers. que posee o atiende un garaje. | *Ya* 23.1.59, 11: Garajistas. Magnífico local-garaje a dos calles y dos plantas con 2.000 m², próximo Palacio de los Deportes. GHortelano *Momento* 121: Se levantó, en el estilo de menegilda acosada por garagista.

garamante *adj* (*hist*) De un antiguo pueblo nómada de la Libia interior. *Tb n, referido a pers.* | Sampedro *Sirena* 190: El futuro es de los bárbaros: los britanos, los germanos, los godos y, quizás más tarde, porque aún no tienen armas, de los númidas, los garamantes.

garambaina *f* (*desp*) Tontería, o cosa sin importancia. *Gralm en pl.* | Cela *Judíos* 171: ¡Sí, señor! ¡Lo demás son pejigueras y garambainas! ZVicente *Traque* 126: ¿Ve qué tío? No lleva turbante ni ninguna garambaina de esas que se ponen los fakires de las verbenas.

garante *adj* Que garantiza. *Tb n, referido a pers.* | *Ya* 20.2.76, 61: Copasa construye en Alcalá de Henares pisos de doble comunicación interior .. Entidad garante: Nuevo Banco, S.A. *Abc* 27.12.70, 16: Retenidos por la E.T.A. como "garantes" hasta la liberación de Beihl .. Las declaraciones de los dos "garantes" se califican aquí de burda cortina de humo.

garantía I *f* **1** Obligación que se contrae de asegurar a alguien el disfrute de un derecho o de protegerle de un riesgo. | Sampedro *Sonrisa* 211: ¿Y tú eres el rebelde? ¡Con la garantía de papá, claro! *Sp* 19.7.70, 29: El comité ejecutivo había acordado concederle un préstamo de 282 millones de pesetas, con garantía hipotecaria sobre los terrenos. **b)** *Esp:* Obligación que contrae el fabricante o vendedor de un objeto de asegurar su buen funcionamiento durante cierto tiempo. *Tb el promontorio en que consta.* | *Pue* 22.10.70, 11: TV de 3.000 a 8.000 pts. precio total. Primeras marcas. Un año garantía. *Abc* 3.6.58, 39: Arreglamos, teñimos y reformamos bolsillos, maletas y toda clase de artículos de piel. Entregamos garantía escrita de nuestros trabajos. **c)** Derecho de los que la Constitución de un Estado reconoce a todos los ciudadanos. *Normalmente* ~s CONSTITUCIONALES. | *Inf* 6.2.75, 1: Las autoridades de Lima decretaron ayer el estado de excepción, que suspende las garantías constitucionales, y establecieron la queda. *Abc* 21.8.66, 49: El Movimiento Democrático Brasileño, partido de la oposición, ha decidido promover la obstrucción total de los trabajos parlamentarios, como recurso para forzar al Gobierno a ampliar las garantías democráticas.
2 Seguridad que se da o recibe de que algo es o sucederá de un modo determinado. | E. Montes *Abc* 20.1.74, 21: El presidente Leone .. ofrece plena garantía de que en sus manos la balanza de la Justicia estará en el fiel.
3 Cosa o pers. que sirve de garantía [1 y 2]. | *BOE* 12.3.68, 3813: Se tramitan autos .. en reclamación de un crédito hipotecario dado en garantía de las siguientes fincas. Laiglesia *Ombligos* 240: Su neutralidad era una garantía de juicio imparcial. * Un jugador como él es garantía de éxito.
II *loc adj* **4 de ~.** Fiable. | * Son personas de garantía. * Es una marca de garantía.

garantir *tr* (*raro*) Garantizar. *Normalmente en part.* | Grosso *Capirote* 40: Por Rafael y por su señora podía poner la mano derecha, no por nada, sino porque están garantíos en lo que a mí respecta y se les conoce, de maneras que siempre puede uno saber lo que pueden dar de sí.

garantizadamente *adv* Con garantía. | *Abc* 26.2.58, 50: ¡Propietarios constructores! Garantizadamente nos encargamos de vender sus casas por pisos.

garantizador -ra *adj* Que garantiza. *Tb n, referido a pers.* | L. Contreras *Sáb* 15.3.75, 15: La literatura oficial en la que se razona la necesidad de dicho Decreto ha invocado las exigencias del artículo 17 del Fuero de los Españoles, garantizador de la seguridad jurídica. *Abc* 30.4.85, 14: ¿Y quién será el garantizador que garantice el cumplimiento de la "garantía" del señor Almunia?

garantizar *tr* **1** Dar [alguien] garantías [1a y b 2] [de alguien o algo (*cd*)]. | Paso *Cosas* 261: ¿No he sido yo el primero en garantizarte tus créditos y las letras y esas garambainas para que trabajes? P. Orive *Pue* 22.10.70, 7: ¿Quién garantiza entonces la competencia de ese profesorado?
2 Ser [una cosa o pers.] garantía [3] [de otra (*cd*)]. | FCid *Ópera* 41: Lo que nos seduce es el valor melódico, tanto como la oportunidad de oír bellas voces en misiones que garantizan su lucimiento. *Ya* 9.3.78, 8: 15 años de experiencia en España nos garantizan. *Alc* 1.1.55, 3: Una red de corresponsales informativos en todas las regiones .. garantizan nuestra información nacional.

garanza *f* Granza o rubia (planta). | FQuer *Plantas med.* 750: Rubia. (*Rubia tinctorum* L.) Sinonimia cast[ellana], .. garanza, granza.

garañón *m* Burro o caballo semental. *Tb fig, referido a otros animales o al hombre.* | Ybarra-Cabetas *Ciencias* 400: El asno .. El macho reproductor se llama Garañón y el joven Buche. *SYa* 10.8.86, 6: Pelea de garañones durante el "curro de Capelada", una de las fiestas más bellas y singulares de Galicia. MSantos *Tiempo* 55: Cuando el celo de la ratona se había conseguido, el Muecas la extraía cuidadosamente de la bolsita de plástico .. y la depositaba en la jaula talámica donde el potente garañón era conducido también siempre apto para la cópula. Cela *SCamilo* 135: Mosca de bragueta, cadenciosa mosca de culo de garañón, cauta mosca de enfermo.

garapiña *f* Líquido que se solidifica formando grumos. | A. Figueroa *Abc* 20.4.58, 10: La dueña de la casa ofrece a sus amigas .. garapiña de leche, de almendras, jaleas, agua de nieve con paneles.

garapiñar *tr* Garrapiñar. *Gralm en part.* | *Cocina* 768: Almendras acarameladas .. Almendras garapiñadas. Cela *Mazurca* 214: Tenía un obrador de almendras garapiñadas. –¿Y también de avellanas y piñones y demás cascaruja? –Sí, también; el Albiol no se paraba en barras y garapiñaba todo lo que le echasen.

garapullo *m* (*Taur*) Banderilla. | DCañabate *Paseíllo* 130: No utilizaban únicamente el cuarteo para plantar los garapullos, sino que se servían de las otras suertes banderilleras.

garata *f* (*col, hoy raro*) **1** Alboroto o bullicio. | DCañabate *Andanzas* 129: "¡Alfonsa, baja, que se ha armao la garata de la apertura de los comestibles!" Y como si este aviso hubiera resonado en toda la calle y sus inmediaciones, a los pocos minutos la aglomeración en el festejo era considerable.
2 Riña o pelea. | Grosso *Zanja* 84: Toto tiene ganas de gresca amistosa, de banderillazos bajo cuerda, de solapada garata.

garbancero -ra *adj* **1** De(l) garbanzo o de (los) garbanzos [1]. | *VozC* 10.7.55, 4: Se está empezando a recoger la cosecha garbancera, y el peso de las gavillas permite esperar resultados compensadores. Cela *Judíos* 95: El Fuentesaúco garbancero es el zamorano, el pueblo de las tres alamedas.
2 (*col, desp*) Vulgar u ordinario. | JLozano *Inf* 12.9.77, 17: El "misterio" representado y revivido en "La cacatúa atmosférica", libre de toda connotación dramática e intencionalidad literaria y vertido en un lenguaje casi "garbancero", nos resulta aún más temible. Falete *Cod* 1.9.74, 20: ¡El "Vamos"! Ese es el órgano del carcamalismo centralizado, del ditirambo garbancero, de la égloga periclitada.

garbancillo[1] *m* Se da este n a las plantas leguminosas *Colutea arborescens, Ononis speciosa, O. tridentata* y *Astragalus lusitanicus*, y a la quenopodiácea *Kalidium foliatum*. | FQuer *Plantas med.* 375: Espantalobos. (*Colutea arborescens* L.) Sinonimia cast[ellana], .. garbancillo. F. Campos *Hoy* 12.3.78, 13: Varias cabras han resultado muertas por envenenamiento .. Al parecer las reses caprinas .. ingirieron la planta llamada garbancillo, nombre vulgar con que por estas tierras se denominada la quenopodiácea *Kalidium foliatum*.

garbancillo[2] *m* (*Constr*) Grava cuyo grosor oscila entre los 7 y los 25 mm. | *NEsH* 5.7.72, 2: Bacheos. El betún o asfalto es el maquillaje de las calles junto con el garbancillo.

garbanzada *f* Guiso abundante de garbanzos [1]. | FVidal *Duero* 175: Sus piernas le obligan a abandonar por exceso de adiposidades .., por regímenes de lenteja, judía pinta con arroz y garbanzada.

garbanzal *m* Terreno sembrado de garbanzos [1]. | *VozC* 10.7.55, 4: En la provincia de Cuenca, el aspecto de los garbanzales es muy prometedor.

garbanzar *m* Garbanzal. | GLuengo *Extremadura* 202: Las parras sombrean asimismo los tibios patios. Granados, perales, ciruelos, o, a ras de tierra, en distintas épocas, melonares o garbanzares.

garbanzo *m* **1** Planta leguminosa, con hojas compuestas, flores pequeñas y fruto en vaina con una o dos semillas amarillentas, redondeadas y comestibles (*Cicer arietinum*). *Frec su semilla.* | Alvarado *Botánica* 76: Se cultivan por sus semillas el garbanzo, el haba. Ortega-Roig *País* 86: Los españoles consumen gran cantidad de judías, garbanzos y lentejas.
2 ~(s) del cura. Cardo estrellado (planta). | FQuer *Plantas med.* 850: Calcítrapa. (*Centaurea calcitrapa* L.) Sinonimia cast[ellana], cardo estrellado, .. garbanzo del cura.
3 ~ de pega. (*hoy raro*) Bolita explosiva usada por los muchachos. | ZVicente *Hojas* 123: Si le daré algo o lo guardaré todo para la vieja del puesto: vacilaciones ante el chichingú .., el palo luz, los garbanzos de pega.
4 ~ negro. (*col*) Pers. que [en una colectividad o grupo (*compl de posesión*)] destaca negativamente. | Carandell *Madrid* 23: Sosteniendo con dignidad a los garbanzos negros que a cada generación aparecían en el cuerpo exhausto de las familias, la grandeza española .. consiguió llegar al siglo XX.
II *adj invar* **5** [Color] amarillo claro, propio de los garbanzos [1]. | MGaite *Cuento* 59: Un bloc de anillas cuadriculado, con las tapas color garbanzo.
III *loc adv* **6 en toda tierra de ~s** → TIERRA.

garbanzuelo *m* Garbanzo del cura, o cardo estrellado (planta). | FQuer *Plantas med.* 850: Calcítrapa. (*Centaurea calcitrapa* L.) Sinonimia cast[ellana], cardo estrellado, .. garbanzuelo, garbanzo del cura.

garbear[1] *intr* (*col*) Pasear. *Tb pr.* | J. Cruz *SJaén* 5.8.90, V: La gata de Espeluy volvió .. a garbear de nuevo por los andenes de la Estación de Espeluy. Olmo *Camisa* 47: Estoy cerca de los cuarenta, y ella... ¡con canas! Cuando nos garbeamos juntos y pasa por nuestro lao algún guayabo de los de hoy, se me empieza a ir la vista.

garbear[2] *tr* (*hoy raro*) Robar. | Ángel *Cod* 23.3.75, 18: Esperaba, decía, un giro de las Indias, pero aún no se había inventado el giro postal, y todo lo afanaban y garbeaban los ingleses.

garbeo *m* (*col*) Acción de garbear[1]. *Gralm en la constr* DAR(SE) UN ~. | Couselo *Faro* 2.8.85, 17: El garbeo del presidente Felipe González por aguas del Océano Atlántico a bordo del "Azor" resulta que le más preocupación que los parados. M. CDiego *Cór* 2.7.64, 5: Como es de noche, decide dejar su paseo por el pueblo para la mañana siguiente. Solo se da un garbeo por la plaza. DCañabate *Andanzas* 21: Recomiendo a los chavales casaderos que peguen unos garbeos por la glorieta de Bilbao, por las calles de Sagasta y de Génova.

garbera *f* (*reg*) Montón de gavillas de mies. | Cuevas *Finca* 67: Se convierten las carretas en enormes garberas que andan.

garbero *m* Pañuelo grande de colores que se lleva al cuello o se ata al pecho sujetando la chaqueta corta, propio del traje típico del hombre andaluz. | J. C. Luna *Abc* 26.6.58, 8: Al buen gazpacho, de corto y con garbero, en cuanto Febo achucha lo emperifollan con crinolina y a empujones lo meten en la vanguardia de menús.

garbí *m* (*reg*) Garbino. | *Van* 9.5.74, 13: Información meteorológica .. Cariz marítimo. Garbí dominante con mar rizada y pocas áreas de marejadilla.

garbillo *m* Utensilio a modo de criba de esparto para limpiar el grano y los minerales. | Soler *Caminos* 169: Ya sabía que pretender encarrilar a un fanático era tan inútil como cribar agua con un garbillo. *Ver* 10.9.75, 8: Aparecen incorporados los siguientes bienes, de maquinaria e instalaciones, .. que a continuación se relacionan: 2 carretillas basculantes .. 2 gar[b]illos mecánicos, motor 1 HP. de Alcantud. [*En el texto*, garvillos.]

garbino *adj* [Viento] del sudoeste. *Gralm n m.* | Vicent *País* 5.5.91, 48: He amado aquel viento garbino que convertía las velas en parte esencial del pensamiento.

garbo *m* **1** Gracia y desenvoltura de movimientos, esp. en la manera de andar. | *SYa* 26.4.75, 6: Con guapas y airosas mocitas que han dejado el taller filigranero o la fábrica monorrítmica para pasear su garbo y palmito por la "calle de Alcalá". *Rue* 22.12.70, 14: El banderillero salió con garbo para ejecutar una de las suertes más graciosas de la lidia. **b)** *En gral:* Gracia o soltura. | *Fam* 15.11.70, 3: No hay que ser astutos, lo que sí hay que hacer es guardar con garbo ciertas distancias mientras no se hayan adquirido determinadas seguridades. Aizpurúa *VozE* 1.1.65, 11: También actuará un acordeonista. En suma, si se organiza bien y con un presentador con garbo, un festival que dejará huella.

2 Brío o energía. | Escrivá *Conversaciones* 156: No bastan los recursos materiales para que algo vaya adelante con garbo.

garbón *m* Macho de perdiz. | FVidal *Ayllón* 254: Hasta un vuelo de garbones se dispara como un tiro al cielo.

garbosamente *adv* De manera garbosa. | DCañabate *SAbc* 16.2.69, 36: Crear arte en desafío con un riesgo. Domeñar garbosamente una contingencia. En este juego del arte con el albur es donde se halla el ser y naturaleza de la fiesta de los toros.

garboso -sa *adj* Que tiene garbo. | Guillermo *Mar* 15.9.58, 15: Emilio Redondo .. también ha cuajado manoletinas garbosas. García *Abc* 17.6.58, 17: Saben hacer mucho más .. que matar frívolamente las horas y beber "whisky" en la garbosa calle de Serrano.

garceta *f* **1** Ave zancuda de plumaje blanco, cabeza con penacho corto, del cual salen dos plumas largas, pico negro y recto y buche adornado con plumas rectas y prolongadas (*Egretta garzetta*). *Otras especies se distinguen por medio de adjs*: ~ GRANDE (*E. alba*), ~ NEGRA (*E. gularis*), ~ NÍVEA (*E. thula*), ~ SAGRADA (*E. sacra*), *etc*. | CBonald *Ágata* 57: Seguía arrastrando hasta el rellano de la casucha los varetones caídos en las venenosas trampas y las garcetas aún agonizantes atrapadas con orzuelos. S*Inde* 24.12.89, 12: Garceta pardilla (*Marmaronetta angustirostris*) .. Distribución: Andalucía. Extinguida en Levante. No hay observaciones recientes en La Mancha.

2 Pelo de la sien que cae a la mejilla y allí se corta o se trenza. | L. Calvo *SAbc* 12.4.70, 10: Las chicas llevan minitonelete y garcetas, como las de los judíos ortodoxos de Jerusalén.

3 Punta inferior de las astas del ciervo. | Lorenzo *Extremadura* 85: Chocan los cuernos, se cruzan las garcetas, cargan todo el poder de la vara con su corona de candiles, forcejean macho y macho, la boca abierta, jadeantes.

garcía *m o f* (*reg*) Zorro (animal). | MCalero *Usos* 74: No se permitía, en época de nidos y cría, que los perros anduvieran sueltos por el campo .. y se perseguía a los asilvestrados y a los raposos, que también les decían garcía.

garcieño -ña *adj* De Garciaz (Cáceres). *Tb n, referido a pers*. | J. Cuadrado *Hoy* 7.8.77, 15: Ha sido nombrado rector del Seminario Mayor de Cáceres nuestro paisano don Juan Manuel Cuadrado Ceballos. Otro garcieño más que escala puestos por méritos propios.

garcilasismo *m* (*TLit*) Tendencia de la poesía española en los años cuarenta, caracterizada por la inspiración en la poesía clásica de cancionero y tradicional, el tema amoroso y religioso, y las formas métricas clásicas, especialmente el soneto. | Miró *Lit. española* 4, 349: El "garcilasismo", mal llamado "neo-clasicista", va a ofrecer una marcada predilección por los metros y las formas clásicos, por el soneto muy especialmente. SVillanueva *Lit. actual* 339: La revista ["Garcilaso"] se convierte .. en la manifestación de toda una corriente poética, un "garcilasismo" que el mismo de la Concha ha resumido en estos rasgos generales: reviviscencia del Cancionero y tendencia neopopularista; tema amoroso ..; preferencia por el paisaje de Castilla.

garcilasista *adj* (*TLit*) De(l) garcilasismo. *Tb n, referido a pers*. | Miró *Lit. española* 4, 350: Para un poeta joven, Félix Grande .., en el movimiento "garcilasista" había "palabras". Faltaba el tiempo, faltaba la poesía. Barrero *Lit. contemporánea* 43: Cuando Luis Antonio de Villena .. hace ver que una buena parte del primer libro de este [García Baena] .. tiene cariz garcilasista, es obvio que está aludiendo no a la pertenencia a un grupo o corriente, sino a la proximidad a un modo de expresión común a la mayoría de los poetas de la época. Martínez *Poesía* 25: Garcilasismo y garcilasistas. La revista de poesía *Garcilaso* nace en 1943 con apoyo oficial y fundada por un grupo de poetas que se autoapellidaban "juventud creadora".

garcilla *f* Se da este *n* a dos aves de pequeño tamaño semejantes a la cigüeña: *la Ardeola ibis* (~ BUEYERA) *y la A. ralloides* (~ CANGREJERA). | *País* 15.3.78, 48: Valoración cinegética de piezas de caza (en pesetas) .. Caza menor .. Garzas: 1.000. Garcillas o somormujos: 300. J. C. Duque *Hoy* 24.11.74, 11: En principio y para realización inmediata, pueden abordarse las negociaciones para la creación de la Estación Ornitológica del embalse del Zújar, que estaría destinada a la protección de la garcilla bueyera. C. Edo *Ya* 11.12.89, 20: Entre las [especies] que se encuentran en peligro más o menos grave abundan, sobre todo, las aves –el avetoro, la garcilla cangrejera–.

garçon (*fr; pronunc corriente*, /garsón/). **a lo ~**. *loc adv* (*hoy raro*) Al estilo de los muchachos. *Referido esp al corte de pelo en las mujeres. Tb adj*. | Cela *Mazurca* 118: Lleva el pelo a lo garçon y fuma delante de los hombres.

garçonne (*fr; pronunc corriente*, /garsón/). **a lo** (*o* **a la**) ~. *loc adv* (*hoy raro*) A lo garçon. *Tb adj*. | *SAbc* 17.8.75, 33: Peinados y ropas a lo "garçonne". FReguera-March *Caída* 129: Llevaba las cejas depiladas a lo Greta Garbo, vestida de amarillo, con el pelo cortado a la garçonne.

garçonnière (*fr; pronunc corriente*, /garsoniér/) *f* Piso de soltero, gralm. destinado a citas amorosas. | Torrente *Off-side* 340: Ciertos personajes andan hurgando en tu vida privada, a la caza de tus particularidades eróticas .. Me han ofrecido dinero por las señas de tu *garçonnière*.

gardenia *f* Arbusto de unos 2 m de alto, con hojas grandes, ovaladas y brillantes y flores terminales, solitarias, blancas y olorosas (gén. *Gardenia*). *Frec su flor*. | Laiglesia *Tachado* 94: Acudió vestido de frac sin más adorno que una gardenia fresca en la solapa.

gardingo *m* (*hist*) Miembro de la comitiva germánica de los reyes hispanovisigodos, unidos al monarca por un vínculo especial de fidelidad personal. | Molinero *Lecturas* 18: Fueron viniendo visigodos en número de 80 a 100.000 almas, .. ocupando los visigodos los puestos rectores de la milicia y la política, con sus duques, condes y gardingos, que constituían la nobleza feudal.

garduño -ña **I** *n* **A** *f* Mamífero carnicero semejante a la marta, de pelaje oscuro con una mancha blanca en el cuello, que ataca por las noches los gallineros (*Martes foina*). | Cela *Judíos* 223: El revolar del gavilán y el agrio arrufarse de la garduña. Noval *Fauna* 31: La Garduña (*Martes foina*), que conocemos en gran parte de Asturias con el nombre de *Fuina*, es un mustélido que todavía abunda en nuestra región.

B *m* **2** Garduña [1]. | Delibes *Castilla* 174: Por una piel de raposo te dan hoy tres billetes .. Y también tiene usted las de garduño, gato montés, tasugo, gineta y nutria.

II *adj* **3** (*lit, raro*) Ladrón. *Tb n, referido a pers*. | F. A. González *Ya* 28.11.73, 56: Si mi mujer llamaba "el abrigo bueno" al que a la pobre le robaron, ¿cómo habrá que llamar al que el otro día se llevó la mano garduña de una peletería de León, un abrigo valorado en seiscientas mil pesetas? Gala *Hotelito* 50: Ahora lo que se dice es que fuiste una garduña.

4 [Gato] ~ → GATO.

garepa *f* (*reg*) Hoja seca de la platanera. | Alvar *España* 174: El tráfico se va desviando de estas viejas calles, y nos asomamos a patios lujuriosos, con hojas carnosas de ñame y desgarradas garepas de platanera.

garete I *loc v* **1 irse** (*o* **marcharse**) [algo] **al ~**. Estropearse o malograrse. | ZVicente *Mesa* 146: Todo se irá al garete alguna vez. Arce *Testamento* 101: ¡Al diablo! ¡Por un rato creí que te había matado y que todo se marcharía al garete!

II *loc adv* **2 al ~**. (*Mar*) A merced del viento, las olas o la corriente. | *Act* 22.10.70, 66: Los dos tripulantes del "Atthis" fueron arrebatados de cubierta por un golpe de mar, quedando el barco al garete y varando por sí solo en la playa. *Abc* 6.11.74, 47: Tras casi una hora de navegar al garete, ambos amigos decidieron ganar la costa a nado.

garfa *f* (*raro*) Garra (de animal). *Tb fig*. | Faner *Flor* 10: –A ese ya no le echas la garfa.– Pero volvieron a tropezarse. Se abrazaron entre acometidas feroces, escondidos en matorrales, como amantes salvajes.

garfio *m* Instrumento de hierro a modo de gancho puntiagudo, que sirve para prender o colgar algo. | Laiglesia *Ombligos* 104: Colgaba los cuerpos por una pierna en unos garfios de metal. **b)** Parte curva y más o menos puntiaguda (de algo). | Bustinza-Mascaró *Ciencias* 122: El escólex [de la tenia] posee cuatro ventosas redondeadas y alrededor una corona de ganchitos o garfios en número de 25-50.

gargajear *intr* (*vulg*) Escupir gargajos. | Aldecoa *Cuentos* 1, 60: Bautista salió al puente y estuvo tosiendo y gargajeando largo tiempo.

gargajeo *m* (*vulg*) Acción de gargajear. | J. M. Javierre *Ya* 17.7.77, 6: Aquí todo el mundo considera normal el gargajeo.

gargajiento -ta *adj* Que gargajea con frecuencia. | * Un anciano gargajiento. **b)** Propio de la pers. gargajienta. | Lera *Perdimos* 155: La voz del Pelines, viscosa, gargajienta, aumentó aún más la incertidumbre y el desasosiego de los reclusos cuando dijo.

gargajo *m* (*vulg*) Esputo o flema. | Medio *Bibiana* 288: Marcelo Prats .. carraspea, arrancándose una flema de la garganta, y se dirige al retrete para escupir. Con el gargajo escupe parte de la bilis.

gargajoso -sa *adj* (*vulg*) Que gargajea con frecuencia. | Zunzunegui *Camino* 170: La sala se atestaba de enfermos tosedores y gargajosos.

garganchón *m* (*col*) Garganta [1b]. | Ferres-LSalinas *Hurdes* 33: El hombre .. palpa de nuevo la bota. El vino le canta al pasar por el garganchón. Aldecoa *Gran Sol* 155: Se desengancha el anzuelillo del garganchón del pájaro.

garganta *f* **1** Parte anterior del cuello. | Arce *Testamento* 27: Parecía como si aún la sintiera caer duramente sobre los tendones de mi garganta. **b)** Conducto interior comprendido entre el velo del paladar y el esófago y la laringe. | Arce *Testamento* 23: La garganta me dolía al pasar la saliva. Medio *Bibiana* 19: Marcelo carraspea para aclararse la garganta.
2 Voz, o capacidad para el canto. *Tb la pers que la posee.* | * Tiene una garganta prodigiosa. C. Murillo *SAbc* 14.12.69, 35: ¿Por qué los tratados no mencionan a dos gargantas cuyo recuerdo continúa, perenne, en la memoria de los profesionales: "El Gloria" –y sus pregones– y "El Carbonerillo" –y sus fandangos–?
3 Valle estrecho y profundo, de paredes casi verticales, excavado por un río. | *Ya* 10.10.70, 3: Cuenta también la población con un bello puente romano sobre la pintoresca garganta del Sella.
4 Ranura o canal. | Marcos-Martínez *Física* 45: La polea es un disco de madera o metal, que puede girar alrededor de su eje, el cual está fijo a una armadura; sobre su contorno lleva una garganta o canal, por la que pasa una cuerda. Ramos-LSerrano *Circulación* 210: Para conseguir el cierre hermético entre el cilindro y el pistón, existen dos o tres segmentos, que consisten en unos aros metálicos elásticos y abiertos, que van alojados en las gargantas abiertas en la parte superior del pistón.
5 Parte superior del pie por donde se une a la pierna. | *HLP* 6.10.75, 20: Lucha canaria .. Burra girada. Tiene las mismas características de ataque que la "burra para atrás" .. Se traba la garganta del pie derecho en la del contrario, tirando con los brazos y volviendo la cintura hacia la derecha.
6 Parte más estrecha [de una cosa]. | M. Bautista *Alc* 9.11.70, 5: El bolillo, que tiene una longitud de ocho a diez centímetros, consta de un mango para manejarlo, una garganta que sirve de carrete para devanar el hilo, y una cabeza que sujeta el hilo.

gargantear *tr* Emitir [un sonido] haciendo quiebros con la garganta. | Aldecoa *Gran Sol* 99: Macario Martín gargantéo un carcajeo siniestro.

garganteño -ña *adj* De La Garganta o de Garganta la Olla (Cáceres). *Tb n, referido a pers.* | I. Montejano *Hoy* 4.8.76, 8: De La Garganta no pueden desaparecer las antiguas costumbres, llenas de tradición y de gallardía. ¿Lo van a consentir los garganteños? T. Cepeda *Reg* 24.9.74, 4: Entre las cosas interesantes de nuestra tierra .. está la titulada Casa-Museo de Garganta la Olla. Su mantenedor y propietario .. es don Antonio Gómez Mateo, un culto garganteño.

garganteo *m* Acción de gargantear. *Tb su efecto.* | CBaroja *Temas* 124: De estas [mascaradas] a las gitanerías de nuestra época, al "cante grande" y "chico", a los polos y martinetes, al garganteo y al "jondo", hay un abismo. Landero *Juegos* 150: Llegó a un paseo de arcadas. Se detuvo junto a vendedores de estilográficas y mecheros, de ciegos nacionales y expendedores de tabaco, todos ellos trabados en un garganteo monótono y febril.

gargantilla *f* Collar corto ajustado al cuello. | Laiglesia *Tachado* 54: Su triple papada, entre cuyos pliegues desaparecían collares y gargantillas de regular tamaño.

gargantillo -lla *adj* (*Taur*) [Res] de cuello oscuro con una mancha clara en forma de collar. | A. Navalón *Inf* 13.10.70, 23: El segundo era berrendo en colorao, gargantillo, ojo perdiz y "estrellao" en capirote.

gargantúa (*a veces con mayúscula en acep 2*) *m* (*lit*)
1 Gigante. | *GacNS* 6.8.70, 6: Fiestas de Bilbao .. No pueden faltar los festejos populares, las verbenas por los barrios, las comparsas de cabezudos y gargantúas, etc.
2 Pers. voraz. *Tb adj.* | An. Miguel *Abc* 10.10.57, 3: Hay dos gastos que el turista puede realizar en un país. Uno, absolutamente inelástico, el de la comida, con límites irrebasables, por muy Gargantúas o Heliogábalos que sean .., y otros, con elasticidad ilimitada a cargo de servicios, objetos, atuendos y chucherías.

gárgara I *f* **1** Acción de mantener un líquido en la garganta, sin tragarlo y haciendo que se mueva con la expulsión del aliento. *Normalmente en pl. Tb el ruido que produce. Tb fig.* | Olmo *Golfos* 188: Nuevamente debajo de la espita, le saluda con unas jocundas gárgaras. Delibes *Príncipe* 74: Papá trató de reír, pero se le salió de la boca un ruido raro, como una gárgara.
II *loc v y fórm or* **2 irse a hacer ~s, mandar a hacer ~s** → IR, MANDAR. **b) a hacer ~s.** (*euf*) Fórmula que expresa rechazo. | ZVicente *Traque* 207: Tarde o temprano... Hala, a hacer..., bueno, gárgaras.

gargarear *intr* (*raro*) Hacer gárgaras [1]. *Tb fig.* | Soto *SYa* 1.6.75, 23: El café con leche .. le gargareaba en los chillidos chorreándole por los lados de la boca.

gargareo *m* (*raro*) Acción de gargarear. *Frec su efecto. Tb fig.* | Carnicer *Cabrera* 54: Llevaba un transistor en bandolera, y mientras conversábamos salía del artilugio un incesante gargareo de anuncios, noticias y música de baile.

gargarismo *m* Gárgara [1]. *Normalmente en pl. Tb fig.* | Cela *Inf* 27.5.77, 23: Siempre fui partidario de la medicina por tablas –emplastos, gargarismos, lavativas...–. Delibes *Historias* 25: Los abejarucos emiten un gargarismo cadencioso. Delibes *Mundos* 97: El alemán, cuya existencia denuncian los gargarismos de sus rótulos comerciales, hace lo mismo a la agricultura que a la industria y al comercio.

gargavero *m* (*reg*) Garguero o garganta. | Lázaro *JZorra* 48: Colocada un barreño bajo el gargavero de la res, para recoger la cascada roja que brotó de la herida.

gárgol *m* Ranura, esp. aquella en que se hace encajar el canto de una pieza. | Delibes *Voto* 93: Acosadas por el humo, las abejas que aún yacían en el trapo comenzaron a desplazarse apresuradamente hacia el gárgol .. Al cabo de unos minutos, el montón de abejas había desaparecido por la hendidura.

gárgola[1] *f* Caño adornado por donde se vierte el agua de los tejados o de las fuentes. | Laforet *Mujer* 297: Apareció la cara del vecino, fea como una gárgola de catedral. MCalero *Usos* 13: Una fuente de cinco gárgolas soltaba abundante agua.

gárgola[2] *f* (*reg*) Paja o desecho de las leguminosas. | *SCór* 1.8.92, 18: La candela .. se hace con paja de los cereales y gárgolas de las leguminosas que se recolectaron.

gargolismo *m* (*Med*) Enfermedad hereditaria caracterizada por alteraciones nerviosas, deficiencia mental, visión defectuosa y un aspecto característico de la cara. | R. ASantaella *SYa* 27.11.83, 41: Gargolismo. Es una enfermedad hereditaria que se caracteriza por una serie de alteraciones nerviosas y deficiencia mental que se exteriorizan por un aspecto de la cara extremadamente alterada.

garguero *m* (*col*) Garganta (parte interior del cuello). | DCañabate *Abc* 20.7.79, 13: El aguardiente, al principio de beberlo, aclara y aviva el garguero.

garia *f* (*reg*) Horca de hierro, usada esp. para cargar y descargar basura o paja. | J. L. Aragón *DBu* 19.8.90, 14: El viajero no puede por menos de retener algunas [palabras]: .. garia, trojes.

gariada *f (reg)* Porción de paja que se coge con el gario. | Torbado *Tierra* 84: Nos levantamos del suelo tapizado de paja y tamo. El hombre levanta las gariadas sobre la máquina.

garibaldina *f (hist)* Blusa roja típica de Garibaldi (general italiano, † 1882) y sus seguidores. | M. Orozco *Ide* 14.9.90, 15: Ya no están el Chato de los Mártires, el Garibaldi, el hijo de la Carbonera, .. que usaba una garibaldina roja.

garieta *f (reg)* Variedad de bieldo de seis dientes. | MCalero *Usos* 36: En un rincón, bien ordenados y esperando su uso en la próxima trilla, había sogueos y clavijas, garios planos y redondos, rastras de metro, garietas, horcas y apurrideras con ástil de fresno.

garimpeiro *m* Buscador de oro o piedras preciosas, esp. en el Brasil. | A. Míguez *Mad* 25.11.70, 19: Los "garimpeiros", buscadores de diamantes .., y toda laya de aventureros, ladrones y delincuentes se lanzan a la selva en pos de un "El Dorado" inencontrable. Barral *Memorias* 3, 232: Canaima había cambiado mucho desde que llegué por primera vez allí .. Y ya no había garimpeiros en tránsito con tubos de aspirina llenos de esmeraldas. *SPaís* 9.4.89, 8: Apenas 18.000 yanomamis sobreviven en la selva amazónica, bajo la amenaza constante de los *garimpeiros*, los buscadores de oro.

garimpo *m (raro)* Explotación minera de oro o piedras preciosas, esp. en el Brasil. | Cé. Díaz *SPaís* 9.4.89, 8: Muchos de los que llegan en oleadas a Roraima, en el norte de la Amazonia brasileña, proceden del famoso *garimpo* de Serra Pelada.

gario *m (reg)* Bieldo (instrumento de labranza). | Torbado *Tierra* 84: Apoyadas en las paredes del cono están horcas de madera, los garios, los collerines de las mulas, los rastros y las mallas. G. GHontoria *Nar* 7.76, 26: Gario para la paja y "podón" o "rozamatas" con mango largo de Salas de Bureba. MCalero *Usos* 36: En un rincón, bien ordenados y esperando su uso en la próxima trilla, había sogueos y clavijas, garios planos y redondos.

garipola *f (reg)* Juego del trompo. | J. Isla *Día* 25.5.76, 5: Me preguntó si sabía yo lo que era la palabra "garipola".

garita *f* **1** Pequeña construcción destinada al abrigo y defensa de un centinela o un vigilante. | Delibes *Historias* 103: No podía dormir ni con la tila de Fuentetoba, que .. era tan eficaz contra el insomnio como al Gasparín, cuando anduvo en la mili, le tuvieron una semana en el calabozo sólo porque tomó media taza de aquella tila y se quedó dormido en la garita, cuando hacía de centinela. Hoyo *Pequeñuelo* 62: Y ahí está la garita de guardia.
2 *En un portal:* Recinto pequeño, cerrado y acristalado, destinado al portero. | Carandell *Madrid* 137: Se quedará sentado todo el día en la garita [el portero], como una estatua.

garitero -ra *m* **1** Dueño o encargado de un garito. | L. Calvo *SAbc* 26.4.70, 18: Asesinados en el tiroteo histórico .. del "O.K. Corral" .. entre el clan Earp-Clandon –policías, gariteros y pistoleros– y el clan de los "cow-boys".
2 Individuo que frecuenta los garitos. | Cela *Mazurca* 224: Dicen que San Ramón Nonato es el patrono de gariteros y barateros.

garito *m* **1** Casa de juego. | Alfonso *España* 51: La cultura de los tragaperras .. ¿Hay algo que limite la proliferación de los garitos electrónicos?
2 Local de diversión. *Frec con intención desp.* | CPuche *Paralelo* 129: En cuanto se firmó el tratado con los americanos, él fue el primero que les puso, en Torrejón y otros sitios claves de la capital, cuatro o cinco garitos al estilo americano, con buenos pick-ups, saloncitos a media luz, hamburguesas con mucha mostaza, pinchitos de la tierra y muchachillas baratas. *D16* 26.10.93, 16 (A): "Jimmy" ha tenido que echar mano de su gran colección de discos y dedicarse de lleno al trabajo de *disc-jockey* en uno de los garitos más rockanrolleros de la noche madrileña.
3 *(jerg)* Tasca o taberna. | C. Manrique *SDBu* 11.8.91, v: Su tasca .. está toda decorada con carteles de feria taurina .. Preguntado por el futuro de su "garito", nos dice "que mientras yo viva, se mantendrá".

garitón *m* Torreta de un edificio. | Ridruejo *Castilla* 1, 68: Las grandes "portaladas" que se abren en las "corralas" o cintas del muro en que se encierran las propiedades –casa, patio, jardín y huerto–, así como los garitones o torretas que con frecuencia se elevan en sus esquinales ostentando las armas de la familia. Vera *Lecturas* 145: Así, enhiesta, bien proporcionada, os saludará desde lejos esta torre de los Arias-Dávila .. Todo en ella, hasta el antiestético garitón que sobre el adarve la corona, se hace atrayente.

garlar *intr (jerg, raro)* Hablar. | Palacios *Juicio* 64: "Hay algunos que no les excusa el ser latinos de ser asnos" .. Estas ironías de Cervantes no podrían repetirse a costa de quienes aspiran hoy a garlar en una lengua extranjera.

garlear *intr (jerg, raro)* Garlar. | Alvar *Abc* 11.2.86, 3: Lo bueno para que cada garganta garlee infatigable es que no se entiendan .. Tras tanto garlear, se acallaría el sevillano más diserto, que aquí no sería otra cosa que candidato a la cartuja.

garlito. caer en el ~. *loc v (col)* Caer en la trampa. | J. Salas *Abc* 30.12.65, 71: Es preciso recordar unas cuantas cosas para no tropezar y caer en el permanente garlito que son estas gentes que llevan a Florencia en su corazón.

garlo *m (reg)* Chorro. | JGregorio *YaTo* 16.10.81, 53: Tenían fama los botijos de Belvís de hacer agua muy fría, agua que se bebía a garlo, para lo que se necesita cierta habilidad.

garlochí *m (jerg)* **1** Corazón. | *Sp* 1.3.65, 11: Lo único que tiene ese joven de toreo son un buen número de trucos, la histeria cultivada de los papanatas y la leyenda bien "administrada" dirigida al "garlochí" de los sencillos e ignorantes.
2 Pesar, o cargo de conciencia. | Sastre *Taberna* 102: A mí se me ha caído la cara de garlochí como padrino que soy del Carburito, de ver lo que se ha visto en este barrio.

garlopa *f* Cepillo de carpintero, largo y con puño, que se emplea para afinar la madera ya cepillada. | ZVicente *Traque* 42: Ya sabe usted, cómo vamos a ir allí nosotros, que mi marido no para de darle golpes a la garlopa.

garma *f (reg)* Pendiente muy acusada. | MMariño *Abc* 26.3.72, 15: Hace unos días, al pasear por los aledaños de mi pueblo –sobre unas garmas donde los servicios municipales arrojan la basura–, he visto toda una sombría bandada de cuervos. Cossío *Montaña* 106: Sejos es un complejo de picos y hondonadas, navas y tajos, brañas y garmas.

garnacha[1] *adj (Agric)* [Variedad de uva] de grano grueso y muy dulce, de la que se hace un vino especial. *Tb n f. A veces se aplica tb al vino fabricado con ella.* | Cela *Judíos* 45: En San Esteban de Gormaz el campo es verde y primoroso, con huerta en la llanada, con uva en la ladera –uva verdeja, uva quiebratinajas, uva garnacha, uva arandeña–. PComa *SInf* 2.12.70, 16: El Reglamento .. establece las variedades de uva con que exclusivamente podrán ser elaborados los vinos de Rioja. Estas variedades serán el tempranillo, la garnacha, el graciano y la mazuel[a] para los vinos tintos, y la malvasía, la garnacha blanca y la viura, para los blancos. L. Calvo *SAbc* 12.4.70, 10: En mi cuarto .. me esperaban dos escriños con lazos rojos y gualdas, y dentro de ellos, dátiles, .. galletas y una botellita de pulque mejicano. Podía haber sido de vinillo garnacha de California. M. Leguineche *Sur* 8.8.89, 20: He llegado a Esquipulas después de la obligada parada y fonda para recuperar fuerzas con la garnacha y la horchata.

garnacha[2] *(hist)* **A** *f* **1** Vestidura talar propia de magistrados y abogados, con mangas y un sobrecuello grande que cae sobre los hombros y la espalda. | DPlaja *Sociedad* 68: Los magistrados usan Togas de paño y vueltas de veludillo, llamada[s] Garnachas. Guillén *Lenguaje* 29: Análoga curiosidad despertó a otro sesudo varón de garnacha, D. Juan Avelló Valdés.
B *m* o *f* **2** Individuo que viste la garnacha [1]. | Mercader-DOrtiz *HEspaña* 4, 220: En el siglo XVIII los garnachos o togados, aunque defendieron ásperamente sus posiciones, fueron superados por los corbatas o militares.

garnacho *m (Agric)* Garnacha (uva). *A veces en aposición.* | *Abc* 25.5.75, sn: Llegará Octubre y llegarán las vendimias. Entonces, las uvas "tempranillo", "garnacho" y "mazuelo"... se acarrean a las Bodegas Berberana. C. Somalo

garojo – garrapiñar

Río 1.9.88, 19: El Campo .. Se observa una limpia muy mala en garnacho, con mucho corrimiento. La viura y el tempranillo han limpiado mejor.

garojo *m* (*reg*) Panoja de maíz despojada de grano. | FRoces *Hucha* 1, 37: Una mujer se acerca al llar, llevando garojos en la falda.

garra *f* **1** *En los animales:* Mano o pie provistos de uñas curvas, fuertes y agudas. | Legorburu-Barrutia *Ciencias* 208: Tienen [las aves rapaces] el pico y las garras muy fuertes, curvas, aceradas, para coger y desgarrar sus presas. Landero *Juegos* 198: A un lado se alzaba un aparador oscuro, con una como jineta disecada de garras sobre el subiente de un tronco. J. Atienza *MHi* 6.60, 4: Traen por armas: En campo de azur (azul), una garra de plata.
2 *En el hombre:* Mano. *Gralm en pl y en constrs como* CAER EN LAS ~S [de alguien], *o* SACAR, *o* LIBRAR, DE LAS ~S [de alguien]. *Tb* (*lit*) *referido a cosa*. | * Dios nos libre de caer en las garras de tipos como él. Mendoza *Ciudad* 355: En trance de muerte .. el financiero pudo rescatar su alma de las garras del maligno. MGaite *Usos* 52: A la mujer no se la había recluido, sino que se la había rescatado de las garras del capitalismo industrialista, que intentó alejarla de sus labores.
3 (*col*) Atractivo, o capacidad de atraer hacia sí a la gente. *Normalmente dicho de cosa*. | Carrero *Pue* 22.12.70, 6: Esta meta .. es sobradamente seductora y tiene la suficiente garra para ilusionar a todos. Sopeña *Inf* 16.1.78, 14: El "Tancredo" .. tiene todas las virtudes y todos los defectos de la postura neoclásica .. Historicismo sin garra, escurrajas de lo mitológico, virtuosismo hasta la fatiga, drama decorativo. **b)** Cosa que tiene atractivo. | A. Salinas *Ya* 26.1.90, 42: Se presentó ayer el Kelme en Madrid .. y, cómo no, con sus dos "garras" principales. Atletismo y ciclismo son los dos deportes en los que esta firma ilicitana sigue invirtiendo a conciencia.
4 Fuerza o empuje. *En sent fig*. | Umbral *Trilogía* 33: Escribí poco, aquella temporada, por miedo de haber perdido garra, como se decía entonces, estilo, fuerza. Aranguren *Juventud* 199: Quienes en las encrucijadas o en los estrechamientos pasan primero son siempre los conductores más "dotados" y con mayor "garra" automovilista.
5 (*reg*) Pierna. | Berlanga *Gaznápira* 9: Todavía a sus años –nació con el siglo– le responden las garras para coronar el repecho final de la cuesta.
6 *En pl:* Piel correspondiente a las patas del cordero caracul. *Frec* ~S DE ASTRACÁN. | * Lleva un abrigo de garras muy bonito.

garrabera *f Se da este n a varias plantas del gén Rosa, esp R. canina o rosal silvestre*. | FQuer *Plantas med.* 330: Rosal silvestre. (*Rosa canina* L.) Sinonimia cast[ellana], .. garrabera.

garrafa I *f* **1** Vasija de vidrio, ancha, redondeada y terminada en un cuello largo y estrecho, que gralm. va revestida de mimbres, esparto o plástico. | E. Iparraguirre *SAbc* 1.6.69, 24: Sobre un cajón, la tapa del piano sobre cuya superficie reposan varias partituras y una pequeña garrafa de "whisky".
II *loc adj* **2 de ~.** (*col*) [Licor] a granel y de baja calidad. | Oliver *Relatos* 129: El prive lo ponían de garrafa de la mala.

garrafal *adj* **1** Muy grande. *Referido normalmente a cosas no materiales, esp errores o defectos*. | *Sáb* 10.9.66, 24: Estaba escrito .. con un solo y garrafal defecto: no era "televisivo". Moreno *Galería* 335: El "Entierro de la sardina" consistía en organizar un .. funeral funerario en el que el muerto era la sardina; una sardina comprada entre muchas más por la mocedad aldeana, que con ellas celebrarían también su garrafal merienda.
2 [Variedad de cereza o guinda] más grande que la común. *Tb referido al árbol que la produce. Tb n m o f*. | GCaballero *Cabra* 16: Yo le veo a don Juan, allá en su natío, quitándose la máscara, la cimera de los torneos, los lentes de académico y senador para dejar que sus labios y las pulpas de sus dedos saborearan cerezas garrafales, peras de Priego, melones de Montalbán. MCalero *Usos* 23: A la parte del saliente había una losa de buenas cepas del albillo, almendros, cermeños y garrafales.

garrafalmente *adv* De manera garrafal [1]. | Ansial *Các* 23.9.74, 8: Santano quiso despejar, pero falló garrafalmente, lo que permitió al extremo Ortega apoderarse del balón y lanzarlo por alto al fondo de la red.

garrafina *f* (*Juegos*) Variedad del dominó entre cuatro jugadores y en que hay limitación de pérdidas. | A. Basso *DEs* 6.1.71, 14: Le venía al recuerdo la partida de garrafina .. Era su único juego, su única distracción.

garrafiñar *tr* (*raro*) Robar. | Soler *Caminos* 57: Y luego a nidos, a chapotear en el río, a garrafiñar fruta.

garrafón I *m* **1** Garrafa grande. | *Ya* 17.11.63, sn: Garrafón con asa, plástico flexible, 5 litros. Quiñones *Viento* 249: Ahora con el coche voy a traerme conmigo para toda la temporada .. De pan de campo, la última vez nos trajimos qué sé yo .. Y un garrafón de aceite del verdecito, del molino mismo.
2 (*col*) Bebida de garrafón [3]. | *Inde* 10.8.89, 6: El consumo de alcohol es nocivo, pero si además taberneros o cabareteros desaprensivos meten garrafón en los cubatas o en los whiskies, no hay que ser Poe para ver cucarachas o para experimentar un "delirium tremens".
II *loc adj* **3 de ~.** (*col*) De garrafa [2]. | Aldecoa *Cuentos* 2, 325: –Te advierto que aquí la ginebra es de garrafón. Yo que tú tomaría ron con hielo. –¿O no te gusta? –Supongo que también es de garrafón, y me da igual. –No, el ron es de esa barrica. Es barato y sabe muy bien.

garrama *f* (*raro*) Contribución (pago). | Vizcaíno *SSe* 9.5.93, 116: Buena parte de la carestía de los servicios y los productos en esta España que nos toca vivir se debe a la infinidad de gravámenes, tasas, cánones, garramas, cargas y tributos que los ciudadanos tenemos que soportar.

garramincha. a ~s. *loc adv* (*reg*) A horcajadas. | Berlanga *Rev* 11.70, 28: Me sentaba enfrente, a garraminchas en una vara de aquel carro con toldo.

garrancha *f* (*raro*) Cierta especie de espada. | Faner *Flor* 12: Llevaba una antorcha en una mano y un espadón en la otra .. Emilia tuvo tiempo de traspasar a uno con la garrancha y quemar al otro las barbas con el hachón.

garrancho *m* (*reg*) Ola que se estrella contra una embarcación que va de bolina. | Cancio *Bronces* 22: Las motas de sal que los garranchos de espuma habían ido depositando en los surcos sin cuento de sus arrugas.

garrapata *f Se da este n a varios arácnidos ácaros que viven parásitos en los mamíferos y en las aves, alimentándose de su sangre, esp Ixodes ricinus* (~ COMÚN *o* DEL PERRO). | M. Aguilar *SAbc* 9.3.69, 54: Los huevos del equinoco pueden quedar adheridos externamente a las pulgas y garrapatas de los perros. **b)** (*col*) A veces se usa como insulto referido a pers. | Gala *Hotelito* 16: –Yo abajo tengo entrada independiente .. –De servicio. –Pero de servicio independiente, garrapata.

garrapatear *tr* Garabatear. *Tb intr*. | Grosso *Capirote* 75: Finalmente, [el juez] garrapateó la firma, sin dejar de mirarle. CPuche *Paralelo* 434: Genaro se sentó en un velador y garrapateó un mensaje para Tomás. Berlanga *Barrunto* 43: Me garrapateó [el notario] por detrás la partida de nacimiento del chico. Delibes *Hoja* 27: La pluma garrapateaba sobre el papel.

garrapateo *m* Garabateo. | Clarasó *Van* 15.5.75, 90: Leo un informe sobre garrapateos que lleva este título: "Dime cómo garrapateas y te diré cuál es tu problema".

garrapatillo *m Se da este n a dos insectos hemípteros: Aelia rostrata, que ataca al trigo, y A. acuminata, que ataca a la cebada*. | MHerrero *Ya* 4.8.76, 6: Al recoger la cosecha, cuando existe un 4 o un 5 por 100 picado por el garrapatillo, ese trigo tiene una depreciación definitiva, pues prácticamente no vale más que para pienso.

garrapato *m* Garabato (trazo torpe o ininteligible). *Frec en pl*. | Hoyo *Señas* 7: Pronto haría un año que la tía Apolonia no recibía carta de Madrid; cartas de sus hijos con los garrapatos de sus nietos. ZVicente *Mesa* 204: Añadirá su firma, un garrapato retorcido.

garrapiñar *tr* Bañar [almendras u otro fruto seco] en almíbar que forma grumos. *Gralm en part, a veces sustantivado*. | Nebot *Golosinas* 25: Almendras garrapiñadas de Alcalá. ZVicente *Traque* 46: Les podré traer algo, o mañana les haré un regalito, unas garrapiñadas, o unas pastillitas chiquirritinas de Heno de Pravia.

garrar[1] *intr (Mar)* Garrear. | Guillén *Lenguaje* 31: Hay voces que no tolera el buen hablar marinero ..; *sondar* y no sondear, aunque existe la tendencia en admitir esa e, para mí antimarinera, como sucede con *garrar* –que es rastrar por el fondo el ancla defectuosamente fondeada–, que ya frecuentemente dicen *garrear*.

garrar[2] *tr (reg)* Agarrar. *Tb pr e intr.* | J. Isla *Día* 3.6.76, 5: No hago sino llegar a casa y me garro yo también al libro gordo, y leo: "Machucho: prudente, juicioso".

garrear *intr (Mar)* Ir hacia atrás [un barco] arrastrando el ancla, por no haberse sujetado esta al fondo o por haberse desprendido. | Torrente *Sombras* 55: La dorna, que estaba al cabo del muelle, creíamos que bien sujeta, garreaba.

garreo *m (Mar)* Acción de garrear. | Cancio *Bronces* 94: Sol y vaga tenemos y de las de garreo de ancla seguramente, Joselín.

garrido -da *adj (lit)* [Pers.] fuerte y hermosa. | Cela *SCamilo* 70: La señora Lupe .. aún sigue jacarandosa y garrida. M. Aznar *SAbc* 16.6.68, 11: Un matrimonio de mujer blanca con garrido mozo negro sigue siendo "una noticia". **b)** Propio de la pers. garrida. | Torrente *Saga* 532: La Obispada, cuyos ojos verdes, cuyo talle garrido no podré olvidar jamás, se había convertido en un verdadero estafermo.

garriga *f (Bot)* Formación vegetal en que abunda el matorral y la coscoja, debida a la degradación del encinar mediterráneo. | Ortega-Roig *País* 191: El paisaje vegetal es .. muy distinto: bosques .. en el Norte de Barcelona y Gerona; matorral y garriga en las tierras del Sur de Tarragona, donde llueve mucho menos. Zubía *Geografía* 61: Si abunda mucho el matorral y escasean los árboles se llama garriga.

garrihueco -ca *adj (reg)* Que tiene las piernas separadas. | Berlanga *Rev* 3.69, 28: Deme andaba garrihueco como su madre la Martina, que era algo falta, ya de nación, y bebía cerveza en bota.

garrobal *m (reg)* Lugar poblado de algarrobos. | JLozano *Mudejarillo* 33: Le preguntaban los muchachos de Arévalo que cómo era su pueblo del niño: Fontiveros. –Pues un pueblo –decía el niño. Pero que estaba lleno de cosas y tenía la torre y la iglesia, las campanas y la cigüeña .., los trigales, los cebadales, los centenos, los garrobales, los barbechos, los guisantales.

garrocha *f* **1** Vara larga terminada en una punta de acero, que se emplea esp. para picar a los toros y en faenas de apartado y conducción de ganado vacuno. | Cela *Viaje andaluz* 177: Vio venir a un jinete jacarandoso y confiado –sombrero cordobés con barboquejo, la garrocha al hombro, la jaca con la cola corta–. MCalero *Usos* 65: Antes de llegar la navidad, y después de dar el arico de los santos a lo temprano, se hacía el apartadero de los becerros .. Desde la mañana se preparaban las jacas que montaban a la vaquerosa .. Con garrochas en su diestro llegaban al cercado, donde estaban las vacas paridas.
2 Vara larga o pértiga. | Vega *Cocina* 65: No sé dónde les proporcionarían las garrochas, pero saltaron tapias y a su paso lo devoraron todo.

garrochar *tr* Pinchar con la garrocha [1]. | *MHi* 8.66, 30: Cuatro a caballo que lo garrochan [al toro], y diez mil personas que, dentro y fuera de la corraleja, ayudan con sus gritos a confundir a la bestia.

garrochazo *m* Pinchazo dado con la garrocha [1]. | C. Castañares *Ya* 25.5.67, 14: Salió suelto de la primera vara .. y hubo de colocarle cuatro garrochazos para ponerle a medio tono.

garrochero *m (Taur)* Picador de toros. | Fraile *Cuentos* 30: Vivía .. donde vivió la amante aristócrata de un garrochero.

garrochista A *m y f* **1** Jinete que lleva garrocha. | S. Miranda *Abc* 4.11.70, 20: Quiero que me prometas hacer una estatuilla de mi hija Cristina, de garrochista, en traje campero.
B *m* **2** Individuo que usa garrocha [1] en su trabajo con el ganado vacuno en el campo. | J. C. Arévalo *Tri* 15.7.72, 30: El varilarguero, aunque todavía se contrata aparte y no acate aún la disciplina de las cuadrillas, representa al garrochista, al conocedor, más que al antiguo caballero.
3 *(hist)* Guerrillero que pelea a caballo y que utiliza la garrocha como arma. | Pemán *Abc* 28.8.66, 3: Muchos trataban de convertir la victoria de Bailén en una especie de "tercio de varas" cuyos protagonistas fueron los garrochistas.

garrofa *f (reg)* Algarroba. | J. A. Queral *DEs* 25.9.71, 17: Una corriente de agua que todo lo arrastraba a su paso y que se llevó gran parte de la cosecha de garrofas. *VozC* 6.10.68, 6: Se han reafirmado los precios en garrofa por haber alguna disposición compradora estos días para troceados.

garrofón *m (reg)* Semilla de la algarroba, muy delgada y ancha. | J. Vidal *Abc* 28.3.89, 68: Los ingredientes imprescindibles de una paella valenciana son pollo, conejo, judías verdes, tomate, garrofón, pimentón, caracoles, azafrán, sal, agua, aceite, huevos y chorizo.

garrón *m* Extremo de la pata de algunos animales, del cual se cuelgan después de muertos. | GPavón *NHPlinio* 130: Yo tengo muy malas impresiones de los hombres que tienen tan recios los huesos de los nudillos .. Me imagino que en el cerebro les debe pasar igual, que tienen en él un hueso gordo como cabeza de garrón, apretándoles los sesos y las pasiones.

garrota *f* Garrote [1]. | Berenguer *Mundo* 306: Dos años después yo vi la cachava donde el juez .. Era una garrota blanca.

garrotal *m (reg)* Plantío de olivar, hecho con estacas de olivos. | Grosso *Capirote* 57: El camino se abría entre los surcos. En la noche cerrada el olivar impreciso se desarticulaba en verdes y cortos garrotales para dar paso al trigal.

garrotazo I *m* **1** Golpe dado con el garrote o la garrota. *Tb fig.* | DCañabate *Paseíllo* 58: Al que estaba junto a nosotros le arrearon desde arriba del tablao un garrotazo que le partió la montera. M. Fontcuberta *Mun* 23.5.70, 58: Acostumbra [la clase media] a aceptarlo todo con tal de quedar en eso, en el medio. Y es en el medio donde acostumbran a recibirse todos los garrotazos. Los de abajo y los de arriba.
b) Golpe dado con un palo. | *ASeg* 12.12.62, 5: Un hombre mata a otro de un garrotazo .. Los ánimos se excitaron y ambos se insultaron. Norberto adoptó una actitud provocadora y su adversario se hizo con un palo muy grueso, con el que le dio un terrible golpe en la cabeza. Fuentamosca *Ya* 5.5.87, 56: Pudo ver .. el partido que determinaba el campeonato del mundo de hockey sobre hielo .. ¡Cómo se atizaban! ¡Qué garrotazos con los palos!
II *fórm* o **2 ~ y tente tieso.** *(col) Fórmula con que se indica el modo de proceder con la máxima dureza ante cualquier oposición.* | Marlasca *Abc* 24.8.66, 47: En nuestro país "lo que tiene que hacerse o cumplirse" no se hace ni se cumple si no va acompañado de la que también ha de ser indeclinable acción gubernativa. La de "garrotazo y tente tieso".

garrote I *m* **1** Palo o bastón curvo por la parte superior. | Cero *Cod* 3.5.64, 2: Inaugurar una fábrica de garrotes de madera de chopo endurecido al fuego. CPuche *Paralelo* 13: Un día me quedaré aquí más tieso que un garrote.
2 Instrumento de ejecución consistente en un aro de hierro con que se sujeta a un pie derecho la garganta del condenado, oprimiéndola mediante un tornillo hasta la estrangulación. *Tb ~ VIL.* | Hoyo *Caza* 17: Era el verdugo de Burgos .. Volvía de matar a algún preso con garrote. *Inf* 2.3.74, 1: El procedimiento para la ejecución ha sido el garrote vil.
3 *(Med)* Torniquete que consiste en una ligadura que se oprime haciendo girar un palo. | E. Rey *SYa* 27.6.74, 32: El remedio adecuado, al principio, consiste en colocar una atadura fuerte en el arranque del miembro herido por la parte superior a donde brota la sangre. El "garrote" es una solución de emergencia.
4 *(reg)* Cesto hecho con tiras de madera tejidas. | Mann *DMo* 16.8.89, 4: Muchos de los recipientes usados en los siglos anteriores en nuestra región han llegado a nosotros, y algunos constituyen objeto de museo. Los más comúnmente usados en Cantabria era[n]: para el grano y la fruta, cestos, garrotes y baños; para almacenar y transportar los líquidos, toneles, cubas, tinas, barriles, carrales, cántaras, herradas y pipas.
II *loc v* **5 dar ~.** Ajusticiar con garrote [2]. *Tb fig.* | Ver 26.7.64, 22: Esta [la audiencia] tuvo ocasión de castigar a un

garrotear – gas

peligroso criminal condenándole a muerte y mandando darle garrote, en el año 1887. CPuche *Paralelo* 214: –No me dirás que no tienes ilusión por nada. Ahora mismo estás llegando a tu pueblo. ¿No te alegra ver tu pueblo? –¿Qué quieres que te diga? A mí el pueblo nunca me ha dado suerte. Al pueblo que le den garrote.
III *loc adv* **6 a ~.** Con viga o prensa. *Referido a la fabricación del vino.* | Escobar *Itinerarios* 190: Todavía en muchos lugares fabrican el vino a garrote, con viga o prensa.

garrotear *intr* (*raro*) Dar golpes con un garrote [1]. | GPavón *Nacionales* 254: El Ciego paseaba junto a él, nervioso, garroteando y monologando impaciencias.

garrotillo *m* (*pop, hoy raro*) Difteria. | Cela *SCamilo* 101: En la glorieta de Bilbao agoniza un niño con garrotillo.

garrotín *m* Cierto baile, relacionado con el flamenco, muy popular a fines del s. XIX. *Tb su música y la letra que la acompaña.* | Ero *Van* 4.7.74, 30: He deambulado por los callejones del Canyeret, en cuyos figones renegridos se tañían guitarras y en ocasiones un viejo gitano bailaba el garrotín. Carandell *Inf* 27.5.71, 2: Entonces venía el tío Pablo, o sea, el hermano del difunto padre de Marisol, y se la llevaba en coche a Italia. Marisol le obsequiaba durante el viaje con un garrotín, que, como se sabe, era una canción que cantan todas las niñas españolas a su tío Pablo. Manfredi *Cante* 120: La farruca y el garrotín quizás sean cantes no andaluces metidos en ritmos flamencos, por aquello de que Cádiz es sala de espera y de bienvenida para todo el que se va o llega de las Américas del mundo. ÁCaballero *Cante* 206: Fue creadora [Merced la Serneta] de cantes como las bambas y las lorqueñas, que prácticamente nacieron y murieron en ella. O el garrotín, que tomó del folklore asturiano para transformarlo en un cante festero para tangos.

garrovillano -na *adj* De Garrovillas (Cáceres). *Tb n, referido a pers.* | Romero *Hoy* 5.12.74, 14: Garrovillas es la localidad de la provincia que figura inscrita con el mayor número de donantes .. Todos los garrovillanos extendieron generosamente su brazo.

garrucha¹ *f* Polea. | Romano-Sanz *Alcudia* 159: En el andén hay varias acacias y casi al final un pozo con puerta de hierro y garrucha. CPuche *Paralelo* 237: Siempre había alguna garrucha funcionando, subiendo o bajando muebles. F. Campo *VozAl* 2.1.56, 6: Ha entrado una mujer solicitando un par de garruchas para el tendido de la ropa. **b)** (*hist*) Tormento consistente en colgar al reo de una cuerda que pasa por una garrucha, para que se tuerza con su propio peso. *Tb* TORMENTO DE ~. | GMarín *Tri* 20.11.71, 18: Los inquisidores, como Torquemada, Morillo o San Martín, son instrumentos de la Corona por mucho que latinicen sus hogueras, sambenitos y garruchas.

garrucha² *f* Cierto baile popular típico de la provincia de León. | R. M. FFuentes *Nar* 10.76, 31: La garrucha es un baile en que se colocaban los mozos y las mozas en dos filas. Se bailaba al son de la pandereta.

garruchero -ra *adj* De Garrucha (Almería). *Tb n, referido a pers.* | *Abc* 13.8.89, 90: Los pescadores garrucheros tendrán un monumento.

garrudo -da *adj* Que tiene garras, o manos como garras. | SRobles *Van* 30.3.74, 17: Don Francisco Chinchilla .. era seco y asarmentado de cuerpo, .. largo de brazos, garrudo de manos, zambo de piernas.

garrufo -fa *adj* (*reg*) [Pers.] de modales rudos. | Cela *Viaje andaluz* 100: Por Venta Nueva, en la carretera otra vez, nacen al nuevo día los campesinos garrufos y poco madrugadores.

garrulería *f* (*lit*) Cualidad de gárrulo. | Torrente *Saga* 565: No puedo aguantar más tanta vulgaridad y tanta garrulería. Un año, otro, toda la vida oyéndola, tas, tas, tas, tas, a la comida, a la cena, entre horas. GLuengo *Extremadura* 83: Temo parecerme a esos escritores que acumulan adjetivos para quedar bien con todos y que, finalmente, solo demuestran confusión y garrulería. Lapesa *HLengua* 282: Clasicismo y vigor se encierran en períodos amplios sin garrulería, armoniosos sin afectación.

garrulidad *f* (*lit*) Cualidad de gárrulo. | *RegO* 23.7.64, 9: Garrulidad .. No hay cosa que me moleste y aturda más que el que no da tregua a la lengua.

garrulo -la *adj* (*jerg*) [Pers.] tonta o palurda. | Tomás *Orilla* 22: Rafael apareció en el umbral. Tenía el rostro fatigado y los ojos enrojecidos. –¿De dónde sale el garrulo este? –preguntó Blanca, indicando con un gesto al recién llegado. –Sobando –respondió el aludido.

gárrulo -la *adj* (*lit*) **1** [Pers.] habladora o charlatana. | CPuche *Paralelo* 147: La mujer de la lotería ciertamente en aquel momento tenía la pinta de una clásica celestina, afligida y devota, calculadora y desvergonzada, adulona y gárrula.
2 Palabrero. | MCachero *AGBlanco* 107: Buena diferencia .. con el trabajo de años antes, tan voluminoso como gárrulo.
3 Que hace mucho ruido. *Esp referido a aves.* | MSantos *Tiempo* 44: ¡Qué conmovedor espectáculo .. componía el vallizuelo totalmente cubierto de una proliferante materia gárrula de vida!

garsón. a lo ~. *loc adv* (*raro*) A lo garçon. *Tb adj.* | ZVicente *Traque* 188: Ahora tengo el pelo blanco, pero fui la primera en mi barrio que lo llevó a lo garsón.

garulla *f* Conjunto de nueces, avellanas y otros frutos secos. | ZVicente *Examen* 67: Los grandes panderos de la Nochebuena callejera, atizados de lo lindo por los grupos que correteaban por el barrio, dispuestos a esperar la media noche gritando, cantando, bebiendo anís y comiendo garulla.

garvín *m* (*hist*) Cofia de red usada por las mujeres como adorno. | F. PMarqués *Hoy* 28.7.74, 16: Ábrense las portezuelas; asoman chapines y escarpines de terciopelo, y ricos, lucientes garvines sobre rubias cabelleras.

garza *f* Se da este n a diversas aves zancudas de cabeza pequeña, pico largo y recto y cuello en forma de ese, pertenecientes en su mayor parte al gén Ardea, esp a la A. purpurea y a la A. cinerea, llamadas tb ~ IMPERIAL y ~ REAL, respectivamente. | Castiella *MHi* 11.63, 59: El Orinoco .., abriéndose en su delta, como lo vio Colón, en mil caños y esteros poblados de garzas y de manglares verdes. J. L. Aguado *SInf* 31.3.76, 6: Las aves que Basanta y Pereira sometieron a estudio fueron las siguientes: zampullín chico, .. garza real, garza imperial, cigüeña común.

garzo -za *adj* (*lit*) Azulado. *Esp referido a ojo.* | Morales *Isabel* 9: Isabel .. tenía los ojos garzos, las cejas altas, .. las pestañas grandes. Marsé *Tardes* 283: Sospechando .. el turbio poder de rescate que pretendía ejercer la mirada garza de la Jeringa. **b)** [Pers.] que tiene ojos garzos. | Rosales *MHi* 3.61, 28: Tal vez ya no recuerdes si era burlona o inconversada, rubia o morena, adormecida o despierta de mirar, garza o melada.

garzón *m* (*lit*) **1** Muchacho o mozo. | Cela *Judíos* 31: Los siete infantes de Lara, .. garzones diestros en el arte de tirar la barra. Cela *Viaje andaluz* 295: La moza y el garzón –las cabras ramoneando y los puercos hozando– se perdieron, montarral abajo, en busca del áspero y saludable nido de hacer las cochinadas.
2 Niño. | Cunqueiro *Crónicas* 52: Lo primero que vio fue a mi hermana Ana Eloísa dándole el pecho al garzonillo que había parido de él.

garzonería *f* (*reg*) Celo de los animales. *Tb* (*lit*), *referido a pers.* | CBonald *Ágata* 195: Vio acercarse a Araceli .. con ciertos vehementes indicios de identificación con el uso marital de la alcoba, irrisorios en principio pero más ostensibles desde el momento en que se quedó parada junto a la cama como ofreciéndose con una garzonería que, amén de insólita, resultaba de lo menos incitante.

garzota *f* Garceta (ave, *Egretta garzetta* y *E. alba*). | Cuevas *Finca* 239: Pensaba .. en la luna de miel de las garzotas de la Luisiana.

gas I *m* **1** Cuerpo cuyas moléculas, a la presión y temperatura normales, tienden a una expansión indefinida. | Bustinza-Mascaró *Ciencias* 6: Los gases no poseen forma ni volumen propios. **b)** Cuerpo en estado gaseoso. | Marcos-Martínez *Física* 112: Vaporización. Es el paso de un líquido a gas por la acción del calor. Bustinza-Mascaró *Ciencias* 7: Si tomamos un poco de azufre y lo quemamos, se produce un

gasa – gasificador

gas de olor sofocante llamado anhídrido sulfuroso. **c)** *En pl*: Residuos gaseosos de la digestión acumulados en la cavidad gastrointestinal. | Alcalde *Salud* 320: El paciente nota ganas imperiosas de evacuar y lo hace expulsando gran cantidad de gases. **d) ~ mostaza.** Iperita. | I. PSantos *Ya* 22.1.87, 22: Inspectores enviados por las Naciones Unidas visitaron el frente de la guerra y confirmaron que se había empleado el gas mostaza y un agente nervioso moderno denominado tabún contra los combatientes iraníes.
2 Mezcla de hidrocarburos gaseosos que se emplea como combustible, esp. en usos domésticos e industriales. *Distintas mezclas se diferencian por medio de adjs o compls*: BUTANO, PROPANO, DEL ALUMBRADO, *etc* (→ BUTANO, PROPANO, *etc*). | Medio *Bibiana* 11: Bibiana .. recorre toda la casa recogiendo cosas, .. asegurando la llave de paso del gas. CNavarro *Perros* 27: El gas hacía guiños en los faroles. **b) ~ ciudad.** Gas del alumbrado (→ ALUMBRADO). | Cabezas *Abc* 4.10.70, 48: Hoy el gas-ciudad ya no ilumina las calles.
3 Mezcla de carburante y aire que alimenta un motor de explosión. | Lera *Trampa* 1198: El coche se había parado junto a la acera, y Germán corrió enérgicamente la palanca del freno de mano y cortó el gas.
4 Fuerza o potencia. *Frec en constrs como* A MEDIO ~ *o* A TODO ~. *Tb fig.* | A. Salinas *Ya* 13.2.86, 46: La gran decepción para el público fue ver cómo, paulatinamente, José Manuel Abascal, bronce en Los Ángeles, perdía gas y puestos, hasta que a falta de ocho vueltas optó por retirarse. Barquerito *D16* 22.8.90, 36: Algo indolente y fatigado físicamente con el primero de la tarde, que se venció y tuvo poco gas, Emilio se lució en algunos magníficos muletazos embraguetados. Berlanga *Acá* 25: Ahora está casi fija, y, si la empresa no pierde gas, hasta ahorrará. MGaite *Nubosidad* 120: Me estaba quedando bastante bonito, pero de pronto se me ha acabado el gas, no le veo sentido. *Inf* 4.7.70, 19: Merckx, batido por un español .. González Linares hizo una salida a medio gas, aumentó el tren, pero sin marcar a tope. *MOPU* 7/8.85, 106: Donde quedan pocas gentes, donde la vida transcurre a medio gas, el patrimonio histórico-artístico adquiere mayor relevancia si cabe como parte importante del medio ambiente. GPavón *Reinado* 151: Conducía a todo gas el "seiscientos". Castellanos *Animales* 109: El metabolismo trabaja a todo gas, ya que la formación de plumas nuevas le exige al cuerpo muchos minerales.
II *loc adj* **5** [Cámara] **de ~**, [polvos] **de ~** → CÁMARA, POLVO.
III *loc v* **6 dar**, *o* **meter**, **~**. (*col*) Pisar el acelerador. *A veces* DARLE AL ~. | FSantos *Hombre* 101: ¿Cómo traidoras? ¡Peores que los cerdos! Te están mirando, dan dos pasos y vuelta a mirar. Parece que van a quitarse y, en cuanto metes gas, se te cruzan. FSantos *Catedrales* 177: Cuando llegan los rallys allí están los de siempre a que les quiten los bollos de los coches. Vuelven a los tres o cuatro días, miran al coche, le dan un pelo al gas y hasta luego, a destrozarlos otra vez.
IV *loc adv* **7 a punta de ~** → PUNTA.

gasa *f* **1** Tejido de seda muy fino y vaporoso. | MGaite *Fragmentos* 15: Colgaba de ella [la percha] un traje de gasa negro. **b)** Velo o pañuelo de gasa. | * Una gasa violácea le cubría el rostro.
2 Tejido de algodón de hilos muy separados que se emplea en medicina para apósitos y vendajes. | Mascaró *Médico* 41: En las hemorragias abundantes se puede recurrir al taponamiento anterior con tiras de gasa estrecha impregnadas con agua oxigenada sin diluir. **b)** Trozo de gasa. | *Economía* 265: Otra parte del apósito lo constituye el algodón. Este se coloca sobre la gasa y nunca directamente sobre la herida.

gascón -na I *adj* **1** De Gascuña (antigua provincia de Francia). *Tb n, referido a pers.* | F. VLersundi *SAbc* 13.4.69, 17: Versan en su mayor parte sobre el primero de los Almirantes Colón, famoso corsario gascón, al servicio de Francia.
2 Del gascón [3]. | Michelena *Lengua* 79: Probablemente se pueden generar formas gasconas aplicando ciertas reglas a formas occitanas centrales. **b)** Escrito en gascón. | Lapesa *Estudios* 48: Del Fuero de Estella, otorgado en 1164, se conserva una versión gascona.
II *m* **3** Dialecto románico de Gascuña. | Lapesa *HLengua* 70: Caso más problemático es el de las reducciones *mb* > *m*, que se da en catalán, aragonés, castellano y gascón; *nd* > *n*, general en catalán.

gaseado *m* Acción de gasear. | *Pue* 9.5.74, 32: Aguas potables de manantial .. Pueden tratarse físicamente (decantación filtrante, etc., gaseado de bióxido de carbono y radiación ultravioleta).

gaseamiento *m* Acción de gasear. | *Jaén* 8.4.64, 12: Baer ha muerto quizá por negar su participación en los gaseamientos. Los propios nazis fusilaron al comandante de Buchenwald por su crueldad.

gasear *tr* **1** Incorporar gas carbónico [a un líquido (*cd*)]. | F. Martino *Ya* 9.10.70, 43: Es posible el tránsito del gas del estómago al intestino y viceversa, máxime si se ingieren aguas carbónicas (todas las bebidas gaseadas). Delgado *Vino* 53: Un vino gaseado artificialmente .. produce una fuerte explosión al ser descorchado.
2 Matar [a alguien] en la cámara de gas. | *Jaén* 9.4.64, 16: El comandante Hoess afirmó en Nuremberg, y lo niega en su "Diario", haber gaseado a 2 millones y medio de judíos. P. Tornay *Sur* 7.8.89, 7: El animalario dispone de perros y ratas para las experiencias que se realizan. En el caso de los canes, el centro tiene un convenio con el Ayuntamiento, que facilita al hospital aquellos perros que van a ser gaseados.

gaseoducto *m* (*semiculto*) Gasoducto. | *Mad* 14.9.70, 11: Los trabajos de construcción del gaseoducto Santa Cruz-Yacuiba, con dirección a la Argentina, serán reanudados.

gaseosero -ra *m y f* Pers. que vende gaseosas [5]. | Llamazares *Río* 39: Mientras el viajero continúa con sus notas, entra en el bar Manolo, el gaseosero de La Vecilla, que viene haciendo el reparto de gaseosas y refrescos. Torbado *Tierra* 253: El que recorre con más frecuencia este camino es sin duda el gaseosero, que vende sus botellas de líquido amarillento a setenta y cinco céntimos unidad.

gaseoso -sa I *adj* **1** [Estado] propio del gas [1a]. | Bustinza-Mascaró *Ciencias* 6: La materia puede presentarse en tres formas o estados, que se denominan: Sólido, líquido y gaseoso. **b)** [Cuerpo] que está en estado gaseoso. | Bustinza-Mascaró *Ciencias* 7: El aire, el oxígeno, el hidrógeno y el cloro son ejemplos de cuerpos gaseosos.
2 De (los) gases [1]. | F. J. Álvarez *Abc* 22.12.70, 27: Exteriormente a la fotosfera (zona luminosa y más interior de la envoltura gaseosa del Sol), se extienden los gases calientes. **b)** (*Med*) [Gangrena] difusa del tejido celular subcutáneo, con producción de gases, y que es debida a varios microbios. | Bustinza-Mascaró *Ciencias* 100: Enfermedades producidas por bacterias. Son las más numerosas, y entre ellas están: la tuberculosis, .. el tétanos y la gangrena gaseosa.
3 [Líquido] que contiene gas [1]. | Escobar *Itinerarios* 72: Cuando el vendedor de bebidas gaseosas oyó el ensalzamiento y las hipérboles que dedicábamos al bacalao con patatas de la posada de Coca, dio su adecuada respuesta.
4 (*lit*) Vago o indeterminado. | Torrente *Cuadernos* 199: No son, claro está, escritores de los nuestros más leídos. ¿Quién pierde el tiempo con Swift y con Rabelais? ¿A quién le importan Sterne o Stephen? (A quién .. de los que emiten juicios gaseosos.)
II *f* **5** Bebida refrescante a base de agua gaseosa [3] azucarada. | CNavarro *Perros* 46: Me ha hinchado la gaseosa. Olmo *Golfos* 69: Sacó las tres bolas. Dos eran de barro y la otra de cristal, de aquellas que tenían las gaseosas. DCañabate *Abc* 30.12.73, 39: Nos servía el vino "espurreao" (vino con gaseosa de limón) un viejo camarero que hablaba más que siete.

gasífero -ra *adj* (*E*) Que contiene gas [1a y 2]. | *Ya* 12.12.79, 3: Gran yacimiento de gas en Sabiñánigo .. El campo gasífero de la zona de Sabiñánigo podría ser de gran riqueza.

gasificación *f* Acción de gasificar. | J. M. Bárcena *ByN* 10.4.76, 80: La gasificación a bocamina de nuestras hullas pobres puede ser el recurso más rentable para una serie de soluciones conjuntas. *Her* 3.7.82, 19: Las obras de gasificación de Huesca han sido declaradas de interés preferente por el Ministerio de Industria y Energía.

gasificador -ra *adj* Que gasifica. *Tb n m, referido a aparato*. | M. Á. Velasco *Hoy* 12.4.74, 8: Ha sido experi-

gasificante – gastar

mentado [el cloruro de vinilo] sobre animales, especialmente topos, mediante un aparato gasificador, y se ha descubierto que el mal progresaba en relación al tiempo de exposición de los animales a los efectos del gas.

gasificante *adj* Que gasifica [1]. *Tb n m, referido a producto*. | *Cór* 22.8.90, 48: Algunos de esos componentes considerados perjudiciales son el acidulante E 330, los conservantes E 202 y E 211 .., además de otras esencias naturales, colorantes, emulgentes y gasificantes. *Maj* 6.86, 19: En función de su acción, existen los siguientes grupos de aditivos alimentarios: Colorantes .. Endurecedores. Gasificantes.

gasificar *tr* **1** Hacer que [un cuerpo (*cd*)] pase a estado gaseoso. | J. M. Bárcena *ByN* 10.4.76, 80: España, con más de 8.000 millones de toneladas de carbones útiles para gasificar y por lo menos 1.000 millones de Tm. de piritas, posee una riqueza potencial más que capaz para en un momento dado oponer al poderoso petro-dólar nuestra modesta pero eficiente sulfato-peseta. **b)** *pr* Pasar [un cuerpo] a estado gaseoso. | Marcos-Martínez *Física* 242: Todo cuerpo al disolverse goza de las mismas propiedades que al gasificarse.
2 Gasear [1] [un líquido]. | *Abc* 9.8.72, 43: El "Boletín Oficial del Estado" publica una orden del Ministerio de Agricultura por la que se reglamentan la elaboración, producción y comercialización de los vinos espumosos naturales y de los vinos gasificados .. El vino gasificado "es el vino al que se ha incorporado la totalidad o parte del gas carbónico que contiene".
3 Instalar gas [2] [en un lugar (*cd*)]. | * Están gasificando el barrio.

gasista *adj* De(l) gas [2]. | *SInf* 7.11.70, 4: Los numerosos proyectos en ejecución ofrecerán a las compañías gasistas un amplio marco de posibilidades de suministro. *País* 29.6.90, 57: Los esfuerzos de Carlos Solchaga .. y la puesta en marcha del protocolo del gas reanudaron la normalidad en el sector gasista. M. Á. Noceda *País* 14.2.91, 50: La integración de ambas empresas –mediante la absorción de Gas Madrid por Catalana– evitará realizar una costosa oferta pública de adquisición de acciones (OPA) sobre la sociedad barcelonesa, obstáculo que ha bloqueado la constitución de un holding gasista.

gasístico -ca *adj* De(l) gas [2]. | *SolM* 14.2.91, 29: El grupo gasístico nacerá en 15 días. *Van* 14.4.83, 27: El conseller de Industria abordó la cuestión energética y, especialmente, la gasística, calificándola de decisión estratégica.

gasoducto *m* Sistema de tuberías, de gran calibre y longitud, para la conducción del gas [2] desde el lugar de producción a los centros de utilización o distribución. | *SInf* 25.3.70, 6: Sigue siendo urgente la solución y ejecución del proyectado gasoducto para el área de Castellón. *País* 14.2.91, 50: El Gobierno trata de asegurar el gasoducto del Magreb para no variar el nuevo Plan Energético.

gasógeno *m* **1** Aparato para obtener gases [1a]. | Marcos-Martínez *Física* 139: Entre ellas [las sustancias carburantes] están .. el benceno .. y el óxido de carbono, que se obtiene en los gasógenos a partir del carbón. Aleixandre *Química* 170: La industria lo prepara [el ácido fórmico] haciendo pasar gas de gasógeno (muy rico en CO) mezclado con vapor de agua sobre cal viva.
2 Aparato destinado a producir carburo de hidrógeno, empleado como carburante en algunos vehículos, en sustitución de la gasolina o el gasoil. | J. Rubio *SAbc* 6.12.70, 18: Es la hora difícil de la falta de papel, de la Censura, de los gasógenos.

gasohol *m* (*E*) Carburante constituido por gasolina y alcohol. | *Inf* 6.9.79, 13: En extensas zonas de Brasil se venden desde hace tiempo mezclas de gasolina y alcohol, en sustancia conocida en el país como "petróleo verde", y como "gasohol" en el resto de las naciones que promueven el consumo de esta mezcla.

gasoil (*frec con la grafía* **gas-oil**) *m* Gasóleo. | Legorburu-Barrutia *Ciencias* 362: El petróleo .. De él se saca, por destilación, la bencina, la gasolina ordinaria, el gasoil, fuel-oil, etc. Cuevas *Finca* 241: Depósitos de gasolina y de gas-oil.

gasóleo *m* Mezcla líquida de hidrocarburos derivada del petróleo, que se emplea esp. como carburante en los motores Diesel. | *Abc* 28.3.74, 25: La subida del gasóleo ocasionará importantes pérdidas a los agricultores de Las Palmas.

gasolina I *f* **1** Mezcla líquida de hidrocarburos, incolora, muy volátil e inflamable, que procede de la destilación del petróleo y que se emplea esp. como combustible en motores de combustión interna. | Laiglesia *Tachado* 53: ¿Se detuvieron allí las divisiones *panzer* por falta de gasolina, o por exceso de pudor?
II *loc v* **2 echar ~**. (*col*) Echar un trago. | Sampedro *Octubre* 427: Ya habíamos sacado el paso, el martillo marcó una *plantá*, posaron los costaleros el mundo en tierra, cuando lleguen a la Campana aprovecharán para salir a "echar gasolina", beber un trago en cualquier bar.

gasolinero -ra A *m y f* **1** Propietario o encargado de una gasolinera [2]. | F. Mora *SInf* 12.12.70, 3: El agricultor puede revender gas-oil sobrante al propietario de la estación de servicio .. El "gasolinero" lo vende al propietario de un camión. *ElM* 3.5.90, 64: Los gasolineros, dispuestos al diálogo si Hacienda les sube las comisiones.
B *f* **2** Instalación destinada al suministro de gasolina para vehículos. | Miguel *Mad* 22.12.69, 13: El automóvil permite que vivan gasolineras, mecánicos.
3 Lancha con motor de gasolina. | Zunzunegui *Camino* 334: Pasó a gran velocidad una gasolinera de lujo levantada de proa casi mostrando el pantoque.

gasómetro *m* (*E*) Depósito de grandes dimensiones para almacenar a presión prácticamente constante. | Marcos-Martínez *Física* 299: Destilación de la hulla .. Queda entonces el gas del alumbrado, el cual pasa al gasómetro dispuesto para ser utilizado en el suministro a la ciudad. Gironella *Millón* 157: La columna avanzaba sin apenas resistencia, y su avance había sido precedido de leves incursiones aéreas sobre Zaragoza, en una de las cuales pareció que se había alcanzado el gasómetro.

gastador -ra I *adj* **1** Que gasta. | *VozC* 6.10.68, 6: La intemperie, la gran gastadora del campesino. *Ya* 15.10.67, sn: Esta es la forma más derrochadora y gastadora de potencia de producir electricidad de un sitio a otro. **b)** *Esp*: Que gasta mucho dinero. | *Sur* 25.8.89, 30: La madre de Dionisio .. niega algunas de las cosas que se han publicado sobre él, como que era "gastador y mujeriego".
2 Relativo a la acción de gastar [1]. | *D16* 23.11.91, 3: El Impuesto sobre Actividades Económicas o cualquier otro impuesto que vendrá cuando el IAE ya no sea suficiente tienen un mismo origen y una misma causa: la incontinencia gastadora.
II *m* **3** Soldado de los que constituyen la escuadra destinada a abrir la marcha en un desfile. | *Ide* 1.4.83, 14: Llegará a Granada una Compañía de Honores de la Legión. Vendrán los catorce guiones de las distintas banderas legionarias, la escuadra de gastadores, la de batidores. J. Baró *Abc* 9.12.70, 34: Había una escuadra de gastadores frente al ara del Santo Sacrificio.

gastar *tr* **1** Hacer uso [de una cosa (*cd*)] que con ello disminuye o se agota]. | Benet *Nunca* 11: Última pólvora que gastaba en honor a una oportunidad que se resistía a dar por perdida. Torres *País* 16.12.87, 72: Poco a poco, a pesar del estado catatónico que caracteriza a todo durmiente que haya gastado su jornada trabajando .., pude distinguir con claridad una frase. **b)** *Esp*: Hacer uso [de dinero (*cd*)]. *Frec abs. Frec con un compl de interés*. | *Economía* 178: Huir del reclamo de los saldos, que lleva a gastar inútilmente el dinero. Medio *Bibiana* 13: Él, a lo suyo... Y todo por no gastarse unas pesetas tontamente. Medio *Bibiana* 9: Si la economía de las casas no anda bien es porque se gasta más de la cuenta. **c)** *pr* Disminuir o agotarse [una cosa] por el uso. | JMartos *Ya* 30.7.87, 14: Algunos sueñan con un paraíso del ocio donde las pilas no se gastan jamás. **d) ~ saliva**
→ SALIVA.
2 Consumir o emplear [algo (*cd*) una pers. o cosa (*suj*)] para su mantenimiento o funcionamiento. | Marcos-Martínez *Aritmética* 92: Una lámpara gasta 7 kilowatios y 1/3 por hora. ¿Cuál sería el gasto después de dos días de estar encendida, a 2 pesetas y 1/5 el kilowatio? F. Martino *Ya* 25.9.71, 40: A nivel del mar, estando quieta, una persona adulta consume un cuarto de litro de oxígeno por minuto: 50 centímetros cúbicos gasta el cerebro, casi 30 el corazón.
3 Desgastar [algo] como consecuencia del uso. *Gralm en part. Tb fig, referido a pers*. | MHerrera *Abc* 6.6.67, 43: Hay

conceptos pasados, actitudes lejanas que, repetidos hoy, provocarían también la risa, pues que "a poco son" se revelarían eminentemente absurdos y gastados en este duro ambiente vital de nuestros días. Matute *Memoria* 149: ¿Cómo es posible sentir tanto dolor a los catorce años? Era un dolor sin gastar. MMolina *Jinete* 292: Entre los oficiales su único defensor era el teniente Mestalla: joven .. adicto a la gimnasia, a las marchas, a los ejercicios de tiro, a las duchas de agua helada. El tedio de aquella guarnición de tercer orden, la frustración y el alcohol no habían tenido tiempo de gastarlo. **b)** *pr* Desgastarse [algo] como consecuencia del uso. *Tb fig, referido a pers.* | C. Planchuelo *SD16* 26.11.87, VII: Carece de la zapata tradicional de goma que siempre pega por gastarse bajo el efecto de la presión continua que produce cerrar el grifo. J. Txori-Erri *Hie* 19.9.70, 4: Este concurso que tradicionalmente vienen organizando los burceñeses había entrado en un "bache", bache de organización, porque exige mucho trabajo y la gente se "gasta". Berenguer *Mundo* 188: Yo no soy un chiquillo y estoy muy gastado.
4 Usar o utilizar. *Tb abs.* | Cunqueiro *Un hombre* 22: Cuando un forastero entraba a registrarse, Eusebio miraba si gastaba espuela. Halcón *Manuela* 14: Contestó con una voz solemne que gastaba en ciertos momentos. ZVicente *Balcón* 71: –¡Qué rico chocolate! .. –¡De la Colonial! ¡Cacao puro! Doña Piedad, hija, no lo gasta menos. Sampedro *Sonrisa* 181: ¿A la iglesia yo? No gasto de eso. Delibes *Voto* 83: Ofreció al hombre un cigarrillo: –Gracias, no gasto. **b)** Tener [algo], esp. como habitual. *Gralm con un compl de interés.* | Cela *Mazurca* 9: Lázaro Codesal .. gastaba el pelo colorado y el mirar azul. Buero *Hoy* 93: ¡Vaya cuajo que se gasta usted! Delibes *Príncipe* 113: Anda, que cuando quieres, buen pico te gastas. **c)** ~las. (*col*) Comportarse habitualmente [de una determinada manera (*compl adv*)]. *Frec con un compl de interés.* | Delibes *Guerras* 140: –Va y me dice [la Candi]: así hemos de volver a vivir, Pacifico, como Adán y Eva en el paraíso, ¡desnúdate! –¡Qué fogosidad! ¿Sin más preámbulos? –Nada, oiga. Y con todo el imperio, ¿entiende?, que ella las gastaba así. Torbado *En el día* 259: Todo el mundo iba a saber cómo se las gasta el POUM. SFerlosio *Jarama* 51: Acudieron los otros, y en seguida la lucha se deshizo. Ahora Tito y Fernando se miraban agotados .. –¡Joroba! –les dijo Santos–. ¡Os las gastáis de aúpa!
5 Hacer [una broma a alguien]. *Tb sin ci.* | GPavón *Hermanas* 21: Don Lotario dio unos cuantos paseos locos por la plaza ..; le gastó una broma a Pepito Ortega, el hijo del médico.

gasterópodo *adj* (*Zool*) [Molusco] de cuerpo asimétrico, gralm. protegido por una concha dorsal que suele arrollarse en espiral, con cabeza diferenciada y provista de tentáculos, y un pie muscular con el que se desliza. *Frec como n m en pl, designando este taxón zoológico.* | Ybarra-Cabetas *Ciencias* 328: Caracteres de los Gasterópodos. Estos moluscos tienen la cabeza bastante bien diferenciada y provista de tentáculos.

gastizo -za *adj* (*reg*) Gastador [1b] o derrochador. | SSolís *Camino* 127: ¡Como si yo fuera una gastiza, o mala administradora!

gasto I *m* **1** Acción de gastar. *Tb su efecto.* | *Economía* 178: Anotar cuidadosamente y todos los días cuantos gastos efectúe. Aldecoa *Gran Sol* 16: Las mujeres y los hijos de los tripulantes hacían gasto de *oranges* y gaseosas. F. Martino *Ya* 25.9.71, 40: Una persona adulta consume un cuarto de litro de oxígeno por minuto: 50 centímetros cúbicos gasta el cerebro, casi 30 el corazón y los restantes 160 los consumen el hígado y los riñones. Los dos primeros gastos son urgentemente vitales. **b)** ~ **cardíaco.** (*Med*) Cantidad de sangre impulsada por el corazón en un minuto. | J. F. Marcos *TMé* 28.1.83, 37: El incremento de la VO2 máxima se acompaña de la elevación en la ventilación pulmonar y en el gasto cardíaco.
2 (*Fís*) Cantidad de fluido que sale en un segundo de un recipiente. | Mingarro *Física* 74: Esta fórmula nos permite calcular el gasto, es decir, la cantidad de líquido que sale por un orificio .. El caudal o gasto por segundo se obtiene haciendo *t* = 1.
II *loc v* **3 hacer el ~.** Ser [una pers.] la que atrae la atención o el interés en una reunión. *Tb fig.* | CAssens *Novela* 1, 374: Pepe Francés es aquí ahora el hombre del día, el que da la pauta a la conversación, el que hace el gasto.

gasterópodo – gastroenterología

Sopeña *Defensa* 31: Faltaba en aquellos años de "introducción", la introducción fundamental a la Teología viva, evangélica .. Entonces, no se olvide esto, se encaminaba nuestra ilusión teológica, de manera autodidacta, a través de los libros piadosos ..: libros como el Dom Columba Marmion hacían el gasto.

gastón -na *adj* (*col*) Gastador [1]. | J. A. Artero *SYa* 24.11.74, 58: El país no está en este momento para coches "gastones". Berlanga *Gaznápira* 19: Si la fragua se come lo que gana, si no le llega para herraduras nuevas, si la Herrera es una gastona...

gastoreño -ña *adj* De El Gastor (Cádiz). *Tb n, referido a pers.* | V. Sierra *Sur* 17.8.76, 12: Toda una zona .. que hace lustros lleva a Sevilla y Jerez sus productos por esta puerta gastoreña.

gastoso -sa *adj* (*raro*) Gastador [1]. | Escobar *Itinerarios* 150: En lo interno alentaba un adinerado y soberbio varón, de empreñada cartera y muy gastoso, que quiso airear sus dineros en los esponsales de su única descendiente. Ayala *Recuerdos* 186: El tío Pepe tuvo que vender su botica. Era muy gastoso y, de seguro, mal administrador. El dinero entraba y salía de la caja a la buena de Dios, y él lo daba sin medida.

gastralgia *f* (*Med*) Dolor de estómago. | J. Taboada *RegO* 12.7.64, 16: Una charca en que por casualidad se descubren sus propiedades terapéuticas: virtud para curar las gastralgias .. y las enfermedades de la vejiga.

gastrectomía *f* (*Med*) Extirpación total o parcial del estómago. | *Abc* 8.11.75, 80: En algún momento se pensó que podría realizarse esta vez una doble intervención. Por un lado, la gastrectomía indicada y, por el otro, la eliminación del trombo situado en la femoral.

gástrico -ca *adj* De(l) estómago. | Alvarado *Anatomía* 109: Las paredes del estómago están tapizadas por dentro por la mucosa gástrica. Bustinza-Mascaró *Ciencias* 26: Se agrupan [las células] para formar las glándulas u órganos encargados de elaborar jugos, tales como la saliva, jugo gástrico o el jugo intestinal.

gastrina *f* (*Biol*) Hormona de la mucosa gástrica, que estimula la secreción del jugo gástrico. | R. ASantaella *SYa* 27.11.83, 41: La gastrina es una hormona segregada por la mucosa del estómago y del duodeno que estimula la secreción de ácido clorhídrico.

gastritis *f* (*Med*) Inflamación de la mucosa del estómago. | M. Santaella *Ya* 14.4.64, 8: Basta una insuficiencia hepática o una miserable gastritis para transformar a un hombre alegre en un basilisco. Alcalde *Salud* 310: Como casos especiales, debemos recordar las gastritis corrosivas, por ingestión de sustancias cáusticas, así como las gastritis alérgicas, de origen alimentario, bacteriano o químico.

gastrocele *m* (*Biol*) Primitiva cavidad digestiva del embrión. | Navarro *Biología* 211: Más tarde la blástula sufre una invaginación tomando aspecto de saco de dobles paredes (gástrula). La nueva cavidad que aparece será el primitivo intestino o gastrocele.

gastrocnémico *adj* (*Anat*) [Músculo] gemelo. *Tb n m.* | Alvarado *Anatomía* 60: En las pantorrillas existen: los dos gemelos o gastrocnémicos, que contribuyen a formar el saliente posterior de ellas, y cuyos cabos inferiores confluyen en el resistente talón de Aquiles. Navarro *Biología* 92: Se utiliza para ello [para el miograma] el músculo gastrocnémico de la rana.

gastroduodenal *adj* (*Anat*) Del estómago y el duodeno. | *Abc* 21.5.67, 89: Doctor Gutiérrez Arrese: "Consideraciones sobre la patogenia y el tratamiento de los ulcerosos gastroduodenales".

gastroenteritis *f* (*Med*) Inflamación simultánea de las mucosas del estómago y de los intestinos. | *SVozC* 31.12.70, 7: La oleada de calor causa la muerte de más de mil personas por cólera, gastroenteritis, etc., en la India.

gastroenterología *f* (*Med*) Especialidad médica relativa al aparato digestivo, esp. al estómago y los intestinos. | M. Zuasti *SYa* 2.8.70, 10: En este mes de julio la Organización Mundial de Gastroenterología .. celebra su Congreso Mundial.

gastroenterológico – gatillazo

gastroenterológico -ca *adj* (*Med*) De (la) gastroenterología. | *Ya* 9.1.92, 25: Con el título general de "Enfermedad inflamatoria intestinal" se abre el próximo 29 de enero un ciclo de sesiones gastroenterológicas.

gastroenterólogo -ga *m y f* (*Med*) Especialista en gastroenterología. | O. Aparicio *MHi* 7.68, 27: Un equipo de cirujanos completado por inmunólogos, cardiólogos, gastroenterólogos, hematólogos.

gastroenterostomía *f* (*Med*) Creación quirúrgica de una comunicación entre el estómago y una porción de intestino. | Moraza *Ya* 15.1.75, 30: En el cáncer gástrico sigue teniendo el papel principal la cirugía, que, [en] unos casos, puede conseguir la extirpación del tumor, y en que sea inoperable, la gastroenterostomía o las anastomosis intestinales, que, logrando un cortocircuito, eviten las obstrucciones y pongan en reposo la tumoración.

gastroepiploico -ca *adj* (*Anat*) Del estómago y el epiplón. | *Abc* 4.11.75, 1: En la intervención se objetivó la existencia de una úlcera gástrica aguda localizada en la parte anterior del estómago, próxima a la curvatura mayor en la región inicial del fundus, que, al interesar la arteria gastroepiploica izquierda, era responsable del cuadro hemorrágico actual.

gastroesofágico -ca *adj* (*Anat*) Del estómago y el esófago. | C. Navalón *Ya* 18.5.90, 61: El doctor Puigvert presentaba hemorragias gastroesofágicas masivas.

gastrohepático -ca *adj* (*Anat*) Del estómago y el hígado. | *Sur* 28.8.89, 45: El herido .. presenta igualmente gran hematoma en el ligamento gastrohepático.

gastrointestinal *adj* (*Anat*) Del estómago y los intestinos. | Zeda *Ya* 15.10.67, sn: No tratamos de atribuirle [al preparado farmacéutico] virtud de panacea, sino destacar su eficacia gastrointestinal.

gastronomía *f* Arte de la comida o de la buena mesa. | Ortega *Americanos* 62: Había propuesto el que viniese Pepín a dar un curso sobre Gastronomía Ibérica.

gastronómicamente *adv* En el aspecto gastronómico. | Delibes *Perdiz* 127: Para el Cazador, carece de gracia abatir un animal cinegética y gastronómicamente inútil.

gastronómico -ca *adj* De (la) gastronomía. | Savarin *SAbc* 23.11.69, 45: Su original e ingeniosa obra gastronómica ha contribuido a hacer de Savarin el arquetipo del buen gastrónomo. *Nue* 22.12.70, 3: Los periódicos exhiben un raudal de publicidad gastronómica.

gastrónomo -ma *m y f* Pers. experta en gastronomía. | L. Calvo *SAbc* 16.3.69, 17: Comiendo en los restaurantes con blasones de la City, a los que era, como buen gastrónomo, aficionado.

gastropatía *f* (*Med*) Enfermedad del estómago. | *Her* 14.8.84, 8: Balneario Baños de Serón-Jaraba .. Asimismo produce efectos beneficiosos en ciertas gastropatías.

gastroptosis *f* (*Med*) Caída o descenso del estómago. | Alcalde *Salud* 309: Gastroptosis (estómago caído, estómago alargado o descenso del estómago).

gastrorragia *f* (*Med*) Hemorragia gástrica. | B. Beltrán *SSe* 28.10.90, 69: Si esta úlcera continúa creciendo, .. llegará a afectar a las redes vasculares .., produciendo la hemorragia gástrica conocida con el nombre de gastrorragia.

gastroscopia *f* (*Med*) Endoscopia gástrica. | R. ASantaella *SYa* 4.12.83, 39: Gastroscopia. La visión directa del estómago mediante los actuales endoscopios .. ha supuesto un espectacular avance en el conocimiento de las enfermedades del estómago.

gastroscopio *m* (*Med*) Endoscopio gástrico. | *TMé* 19.11.82, 42: Vendo gastroscopio Olympus.

gastrovascular *adj* (*Anat*) En los celentéreos: [Cavidad] en que se efectúa la digestión. | Bustinza-Mascaró *Ciencias* 113: Su cuerpo [de pólipos, medusas, corales y madréporas], con simetría radiada, posee una cavidad llamada gastrovascular, que comunica al exterior por un solo orificio.

gastrozoide *m* (*Zool*) *En algunos celentéreos:* Individuo especializado en las funciones de nutrición. | Navarro *Biología* 272: Existen numerosos ejemplos como *Bougainvillia* y *Obelia*, hidrozoos que poseen dos clases de individuos: los gastrozoides o pólipos comedores .. y los gonozoides o pólipos reproductores.

gástrula *f* (*Biol*) Estadio del desarrollo del huevo fecundado en que este presenta el aspecto de un saco de dobles paredes. | Navarro *Biología* 211: Más tarde la blástula sufre una invaginación, tomando aspecto de saco de dobles paredes (gástrula).

gata → GATO[1].

gatada *f* (*col*) Acción innoble con intriga o engaño. | CSotelo *Muchachita* 274: –Si yo .. alguna vez..., en alguna ocasión..., me permito alguna libertad, será porque me lo exija la carrera. –Mira..., no empieces ya a prepararme una gatada, que te conozco muy bien. Ovidio *Abc* 10.11.83, 13: Eso, querido profesor, no es filosofar. Eso es hacer gatadas con la filosofía.

gateado -da *adj* **1** *part* → GATEAR.
2 Que parece propio del gato[1] [1] en algún aspecto. | Marsé *Muchacha* 239: Mao [el perro] se le acercó con su peculiar ritmo nocturno, un paso blando, gateado.

gatear *intr* **1** Andar a gatas. | Tomás *Orilla* 345: La niña se acercó, gateando, hasta Antonio. Le tiró de la pernera de los pantalones.
2 Trepar valiéndose de los brazos y de las piernas. | DCañabate *Paseíllo* 51: ¿Veis por aquí qué desgastaos están los ladrillos? Pues apoyándote de ellos gateas, llegas a la ventana. Delibes *Tesoro* 69: Comenzaron a escalar el castro a campo través, gateando por los riscos como alimañas.

gatera A *f* **1** Agujero hecho en una puerta para permitir la entrada del gato[1] [1]. | CPuche *Sabor* 183: Yo estaba avergonzado y tenía miedo de ir oliendo por la calle, y hasta los perros echarían a correr y los gatos se meterían por las gateras. **b)** Hueco o agujero. *Tb fig.* | Campmany *Abc* 9.10.83, 21: A estos chicos se les hacen los sesos agua pensando .. en las gateras que deje el Tribunal Constitucional para poder hacer desde el Gobierno lo que les venga en gana.
2 (*reg*) Abertura en la parte trasera de los pantalones de los niños, para que puedan hacer sus necesidades sin bajarse los pantalones. | GSerrano *Macuto* 496: Iribarren supone que Zumalacárregui, en su afán por aligerar desde la impedimenta al uniforme de sus soldados, pudo ensayar en el tercero de Navarra el uso de lo que en Navarra se llama la gatera.
B *m y f* **3** (*col, hoy raro*) Ratero o ladrón. | *Ya* 3.3.63, 32: Esperanza Verdesoto está conceptuada por la Policía como aguardientera, gatera, bolsillera y mechera. **b)** Pillo. | ZVicente *Traque* 286: Nos hemos quedado solteras. Si mi alma lo sabe, a buenas horas cuelgo yo al gatera aquel de Correos, que se quería casar a toda prisa, y no por el piso qué va, que eso son infundios de mis hermanas.

gateway (*ing; pronunc corriente,* /géitwei/; *pl normal*, ~s) *m* (*Informát*) Dispositivo utilizado para conectar dos redes diferentes. | *NLu* 6.11.89, 8: A este proyecto Telefónica ha aportado su tecnología (a través de su división de I+D) realizando un *gateway* entre la red Lyon y la Red Digital de Servicios integrados.

gatillazo I *m* **1** Golpe del gatillo de un arma de fuego, esp. cuando no sale el tiro. | Alcántara *Ya* 12.2.87, 4: Tienen muy reciente el ejemplo del Telesuicida .. Una dimisión fulminante, que supone el segundo gatillazo televisado en directo de la historia de la pequeña pantalla, ya que el primero fue el de Ru[b]y cuando mató a Oswald.
2 (*col*) Impotencia transitoria del hombre en la cópula sexual. | MReverte *Demasiado* 80: Esto es lo que se llama un buen gatillazo .. Esto nos pasa a todos alguna vez. Puede haber sido el alcohol, quizá es que no estuviera suficientemente descansado.
II *loc v* **3 dar** (o **pegar**) **~.** (*col*) Fracasar [el hombre] por impotencia transitoria, en su intento de cópula sexual. | Cela *SCamilo* 94: Dulce .. está acostada con N. I. .. N. I. .. da gatillazo por vez primera en su vida .. –No seas bobo, nene, le pasa al más pintado .., duerme un poco, ya te vendrá cuanto te despiertes. Umbral *Gente* 148: Ignoran [las mujeres] toda

la teoría psicológica .., toda[s] las poleas y roldanas psíquicas que hacen falta para levantar el miembro. –O sea que pegas muchos gatillazos. –Como todo el mundo. **b) dar (un) ~.** Tener una eyaculación precoz. | Oliver *Relatos* 134: Se le escapó un gemidito a mi colega, y, al mirarle, vi .. que tenía la cara colorada y los ojos cerrados mientras su chorva le daba muertos en el cuello. Pensé que el tío era muy rápido y había dado un gatillazo.
4 dar (el) ~. *(col)* Fracasar [alguien] o no conseguir lo que se proponía. | Burgos *ElM* 16.11.93, 5: Iban a dar el pelotazo, se pegaron el galletazo y ahora comprobamos que con su política económica han dado el gatillazo.

gatillo *m* **1** *En un arma de fuego:* Pieza sobre la que actúa el dedo para disparar. | R. Góngora *Abc* 22.12.70, 7: El esbirro apuntaba desde la ventana de un edificio al fácil blanco y apretaba ya el gatillo. **b) ~ nuclear.** *(Mil)* Detonador de una bomba nuclear. | *Ya* 30.3.90, 39: Bagdad niega su implicación en la exportación ilegal de "40 gatillos nucleares"
2 Tenaza de dentista. | Cela *Judíos* 89: El descarnador y el pulicán, el gatillo y la gatilla, la dentuza, el botador y los alicates –quizás un hierro por cada uno de los siete pecados capitales– enfriaron el frío aire del camino.

gatismo *m* *(Med)* Incontinencia patológica de orina y heces. | FCruz *Salud* 215: Puede existir además [en el síndrome apopléptico] pérdida de la tonicidad de los esfínteres, con eliminación de heces y orina (gatismo).

gato[1] **-ta I** *n A m* **1** Mamífero carnicero doméstico, de la familia de los félidos, de unos 50 cm de largo, pelo suave, cabeza pequeña y redondeada y ojos brillantes, que se dedica esp. a la caza de ratones *(Felis catus)*. *Tb designa solamente el macho de esta especie. Diversas variedades se distinguen por medio de compls o adjs:* DE ANGORA, SIAMÉS, *etc*. *Tb su piel*. | Olmo *Golfos* 13: El gato de la cocina y el niño unas veces se quieren y otras no. Paso *MHi* 7.69, 36: ¿No tendría usted un libro que tratase de cómo conservar limpio el pelo de un gato de Angora de siete años de edad? J. GCano *Gac* 11.5.69, 79: Corín debería de tener cien años, lo menos, y debería de vivir con un gato siamés. Moreno *Galería* 178: La bolsa de gato, o de piel de gato, tenía una solidez, generalmente, entre los aldeanos, que ya quisieran para sí muchas de las grandes empresas del Mercado Común.
2 *Seguido de un compl o adj especificador, se da este n a otros félidos, esp pertenecientes al gén Felis:* ~ MONTÉS *(F. silvestris)*, ~ CERVAL *(F. serval)*, ~ DE ALGALIA *(Civettictis civetta), etc. Tb su piel*. | Cuevas *Finca* 49: Los pastores contaban que bajaban .. los gatos monteses. CBonald *Ágata* 33: Ya en el chamizo, el normando le colgó del cuello, ensartada a un hilo de pita, la piedra de lincurio –la petrificada orina de gato cerval–. Mora *Sem* 2.11.74, 96: El gato montés natural ofrece la audacia de sus manchas y la sedosidad de su tacto. Nue 8.11.70, 7: La libre elegancia de la Piel .. Originales combinaciones a base de Zorro, Nutria, Gato Salvaje, Conejo Rasado, Cordero Novak. **b) ~ garduño.** Garduña (animal). *Tb fig.* | Hoyo *Bigotillo* 24: Seguramente pensaron que un pequeño bocado, un triste ratón, no compensaba la saña de un gato garduño. Bonano *Invitados* 116: Vista de gato garduño y corazón de jabalí. Cela *Pirineo* 99: Aydí queda por encima de la carretera, todavía muy alto y agazapado como un gato garduño en su áspero escondrijo.
3 *Se da este n a varios peces marinos, esp Scyliorhinus stellaris (alitán). Tb ~ MARINO.* | *Ya* 17.11.63, 28: Precios en los mercados centrales .. Pescados .. Gato, 7 y 14; japuta, 20 y 24. Bustinza-Mascaró *Ciencias* 174: Animales parecidos a los tiburones. La pintarroja, el alitán o gato marino y el pez martillo.
4 *En pl:* Dragón (planta). | FQuer *Plantas med.* 607: Dragón. *(Antirrhinum majus* L.) Sinonimia cast[ellana], .. gatos.
5 *(col, raro)* Bolsa del dinero. *Tb el mismo dinero.* | *Caso* 12.12.70, 16: El granuja [un falso lampista] iba con el hilo a las habitaciones contiguas y registraba rápidamente los muebles. Al no hallar "el gato", recurrió a otra petición: –Ya está. Pero ahora, por favor, ¿no tendría usted un bolígrafo o un lápiz?
6 ~ de siete (*o* **nueve**) **colas.** *(Mar, hist)* Látigo. *Tb simplemente ~.* | Torrente *Isla* 187: El comodoro navegó con muchos griegos y su mando se cita todavía como modelo de humanidad y de eficacia: nada de gato de siete colas, nada

de encadenar a la barra. Torrente *Isla* 110: Van alzándose las túnicas y dejando las espaldas al aire: ¡espaldas espantables, verdugones y cardenales como en las de un marinero inglés visitadas del gato!
7 cuatro ~s *(o, raro,* **tres ~s**). *(col)* Muy poca gente. | Delibes *Mundos* 161: Resulta palpable que en Tenerife se vive con mayor facilidad que en la Península y que el acceso a las cosas superfluas no es patrimonio de cuatro gatos con plataneras en La Orotava. FSantos *Catedrales* 177: "¿Qué?, ¿esta noche, a gastarte las perras?" .. ¿Y qué? Somos tres gatos, no pagamos casa, ni luz; mi ropa me la pago yo, y sus copas mi padre.
8 hasta el ~ *(o* **los ~s**). *(col)* Todo el mundo. | Lera *Bochorno* 138: Todo el mundo hace igual, según dicen. Y lo mejor del asunto es que esto lo sabe hasta el gato, y nunca pasa nada. DCañabate *Andanzas* 239: Algo en baja parec[e] que están [los aguinaldos] en relación con tiempos pasados, que los pedía hasta el gato.
B *f* **9** Hembra del gato [1 y 2]. *Tb fig.* | Vizcaíno *Posguerra* 334: El acontecimiento que removió el quehacer cotidiano, la gran noticia, la sorpresa, el interés máximo, se centró en un animalito, en un felino; más exactamente, en una gata. Cela *SCamilo* 401: Juana de Arco fue gata garduña de ombligo bravo, a lo mejor era más bien machorra. **b)** *(col)* Normalmente en la forma GATITA, *se usa como apelativo cariñoso dirigido a una mujer.* | Forges *Diez* 29.8.81, 103: Es nuestra última oportunidad esta temporada, gatita mía; esta tarde a las 5 estaré solo en el apartamento.
10 gata rabiosa. *Se da este n a las plantas ranunculáceas Clematis flammula y Ranunculus arvensis.* | FQuer *Plantas med.* 228: Clemátide flámula. *(Clematis flammula* L.) Sinonimia cast[ellana], .. gata rabiosa. Mayor-Díaz *Flora* 434: *Ranunculus arvensis* L. "Gata rabiosa" .. Flores de color amarillo limón en racimos flojos .. Mala hierba de cultivos, márgenes de caminos.
11 *(reg) Se da este n a varios peces marinos, esp Scyliorhinus canicula (pintarroja) y S. stellaris (alitán).* | Alvar *Islas* 57: El hombre estaba medio ciego; no, no, no me canso, hablar de la mar me gusta mucho. Distingo el bocaduz, de la tintorera, de la gata y del hanequín.
12 *(Mar, hist)* Cofa del palo mayor de la galera. | MHidalgo *HyV* 10.71, 80: Al tope del palo mayor iba la media jaula o ga[v]ia del serviola, conocida también con el nombre de gata.
C *m y f* **13** *(col)* Pers. madrileña. *Tb adj.* | LTena *Alfonso XII* 142: –No es que lo parezca [andaluza], es que lo soy: sevillana, hijo mío. –¡Eso no es verdad! Tú eres gata. Madrileñita.
II *loc adj* **14 de ~.** [Lavado] superficial y sin usar apenas agua. | J. G. Manrique *Ya* 24.10.74, 6: Sobre la colina del Gianicolo baja la niebla casi translúcida para hacer un lavado de gato a las copas rechonchas de los pinos-paraguas.
15 de ~. *(Mar)* [Escala] formada por tiras de cuerda y peldaños de madera. | CBonald *Noche* 261: Daba gusto verlo subir por la escala de gato, ágil y airoso como un gaviero de Wight.
16 [Hierba] **de los ~s,** [lengua] **de ~,** [menta] **de ~,** [ojo] **de ~,** [oreja] **de ~,** [pie] **de ~,** [pies] **de ~** → HIERBA, LENGUA, *etc.*
III *loc v y fórm or* **17 buscar(le) tres** (*o* **cinco**) **pies al ~** → PIE.
18 dar ~ por liebre. *(col)* Engañar, esp. haciendo pasar una cosa por otra de mejor calidad. | Torrente *Off-side* 74: Autenticidad y rareza; estas son las condiciones mínimas que exijo para que algo ingrese en mi colección. Nadie me da gato por liebre.
19 haber [en algo] **~ encerrado,** *o* **tener** [algo] **~ encerrado.** *(col)* Haber [en ello] algún misterio. | Mihura *Maribel* 46: Siempre que en una casa hay una puerta que no se abre, es que en esa casa hay gato encerrado. SSolís *Juegos* 67: Observé, en los días siguientes, que Amparo y Deli acogieron a Monique con reserva y frialdad .. Me dije: "Atención, aquí hay gato encerrado". Pensé, naturalmente, que aquello era un lío de Ramiro.
20 haberle comido [a alguien] **la lengua el ~** → LENGUA.
21 llevarse el ~ al agua. *(col)* Ser, entre varios, el que consigue lo que está en liza. | Aldecoa *Cuentos* 1, 97: Anda, dinos lo que te ha dicho la chica. A ver si vas a ser tú quien se lleve el gato al agua. Tendría su gracia, hombre .. Tendría

gato – gaullista

gracia que este .. se llevase a la chica. Mendoza *Ciudad* 70: Le informaron de las reclamaciones de los albañiles, del proyecto de huelga, de las desavenencias. Esta vez nos llevaremos el gato al agua.

22 para el ~. (*col*) *Fórmula con que se expresa desprecio y renuncia hacia lo que se acaba de mencionar.* | CPuche *Paralelo* 91: La albañilería para el gato. Al menos de momento. Él ya había dejado los andamios para una temporada.

23 poner el cascabel al ~ → CASCABEL.

24 tener (o **llevar**) **~s en la barriga.** (*col*) Tener mala o segunda intención. | Grosso *Zanja* 13: Que no te fíes de Antonio el de Cristóbal, que ayer hablando con el contratista .. se dejó caer con que te pasas las horas prendiendo y dejas los faroles sin cuidar .. Ahí como lo ves, Antonio el de Cristóbal tiene siete gatos en la barriga. Torrente *Saga* 51: Esto no quiere decir que su redacción hubiera sido fácil .. La frase debía de llevar gatos en la barriga, porque únicamente después de seis viajes de ida y vuelta que el artículo hizo, a lo largo de aquella noche febril, pudimos entre todos lograr el texto en su forma definitiva y, por supuesto, sin gatos.

25 tener siete vidas como un ~ (o **como los ~s**), o **tener más vidas que un ~** → VIDA.

IV *loc adv* **26 a gatas.** Apoyando en el suelo las manos y las rodillas o los pies. | CNavarro *Perros* 151: La paralítica avanzaba a gatas, y el ruido de sus carnes sobre la alfombra producía una sensación desagradable.

27 a lo ~, o **como los ~s.** De manera muy superficial y sin usar apenas agua. *Normalmente con el v* LAVAR. *Tb adj.* | * Lavado a lo gato. * Se lava a lo gato.

28 como el perro y el ~ → PERRO.

29 como ~ panza arriba. (*col*) Con todas su fuerzas o desesperadamente. *Con vs como* DEFENDERSE *o* RESISTIR. | Cela *Viaje andaluz* 218: Por la calle de las Lumbreras .. se defendieron hasta hace pocos años como en una heroica Numancia artesana –y también como gato panza arriba– los últimos judíos que curaban la enfermedad con hierbas mágicas. MAbril *Ya* 8.12.70, 7: Los que creemos en la humanidad .. nos resistimos como gatos panza arriba a darlo todo por perdido.

30 como ~ por brasas (o **ascuas**). (*col*) Con toda rapidez, como quien huye de un daño. *Frec con vs como* CORRER, IR *o* PASAR. | MGaite *Cuento* 232: Nos encontramos a diario con personas ansiosas de experiencias postizas por las que atraviesan como gato por brasas, sin molestarse en probar si están cortadas a su medida o no.

gato² *m* Aparato que sirve para levantar grandes pesos a poca altura. | Laforet *Mujer* 39: Pudo .. secarse la cabeza .. con la vieja y sucia gamuza guardada junto con la lata de gasolina y los "gatos". *VozC* 2.8.55, 4: Véndese "gato" hidráulico. *DBu* 19.9.70, 5: Garajes .. Puentes de lavado y secado automáticos, .. cargadores de baterías, autotest, gatos carretillas.

gatuno -na I *adj* **1** De(l) gato¹ [1]. | Aldecoa *Gran Sol* 82: Se vertía la red con los escuálos de gatunos ojos. Escobar *Itinerarios* 241: Se atusó los bigotes gatunos.

II *f* **2** Gatuña (planta). | FQuer *Plantas med.* 363: Gatuña. (*Ononis spinosa* L.) Sinonimia cast[ellana], gatuna.

gatuña *f* Planta vivaz, a veces ramosa, de olor fétido, con espinas solitarias y flores rosadas o blancas (*Ononis spinosa*). *Tb se da este n a otras especies del gén Ononis.* | Delibes *Santos* 26: Salió y, a paso rápido, sin sentir los guijos ni las gatuñas en las plantas de los pies, franqueó el encinar. Hoyo *Bigotillo* 16: En los claros del bosque arranqué raíces de gatuña .. Con gatuña se limpia bien la sangre.

gatuperio *m* **1** Embrollo o chanchullo. | Torrente *DJuan* 289: Mi ama había escuchado al fraile con atención quieta. A veces, sonreía. Otras, miraba a la paloma donde yo me había encerrado, y no porque sospechase el gatuperio, sino porque era el único objeto de la celda donde la vista podía reposar. L. Calvo *Abc* 9.9.66, 25: Hubo gente más experimentada en el gatuperio psicológico de los vietnamitas que me dijo: "Ahora es cuando Ky gana la partida".

2 Lío o jaleo. | SFerlosio *Jarama* 276: El domingo que viene nos venimos otra vez y armamos aquí un gatuperio de esos que hacen época.

gauche divine (*fr; pronunc corriente*, /góʃ-dibín/) *f* Grupo de jóvenes intelectuales barceloneses de izquierda, formado a finales de los años sesenta. | Sempronio *Des* 12.12.70, 11: De Barcelona .. surgió el término "gauche divine". Pániker *Memoria* 109: Había, en Barcelona, una incipiente vitalidad, una gauche divine en gestación. En comparación, Madrid resultaba entonces pueblerino y tosco, por la mediocridad franquista. J. M. Montoya *Ya* 19.3.90, 14: Moribundo el fatigoso discurso de la *gauche divine* a causa del "viento del Este", sus tediosos mensajeros cierran filas.

gauchesco -ca *adj* De(l) gaucho. | SMedrano *Lit. hispanoam.* 104: Entre los escritos de alcance sociológico destaca sin duda *El payador* (1916), atento análisis del fenómeno gauchesco.

gauchismo¹ (*pronunc corriente,* /goĉísmo/ o /gauĉísmo/) *m* (*Pol, raro*) Izquierdismo. *Gralm designa la tendencia izquierdista de determinados ambientes intelectuales.* | L. Calvo *Abc* 7.11.70, 47: El "gauchismo" de París es pueril. Barral *Memorias* 3, 43: Vestía con un aire ligeramente paramilitar que pasó sin transición de un estilo de guardabosques austriaco al gauchismo revolucionario.

gauchismo² *m* (*raro*) Condición de gaucho. | Torrente *Vuelta* 34: Los músicos vestían de gauchos convencionales, y en la cara exterior del bombo habían pintado el título criollo de la agrupación .. Su gauchismo era solo una apariencia: vivían en el pueblo de enfrente.

gauchista (*pronunc corriente,* /goĉísta/ o /gauĉísta/) *adj* (*Pol, raro*) Izquierdista. *Tb n. Gralm referido a determinados ambientes intelectuales.* | L. Calvo *Abc* 7.11.70, 47: Los "gauchistas" la emprendieron con los profesores, y a coces y bofetadas maltrataron al decano de Derecho. Umbral *Noche* 79: Sus películas "Cielo negro" y "Un hombre va por el camino", que conmocionaron a la tierna intelectualidad gauchista de los años cuarenta. Barral *Memorias* 3, 40: No me costaba nada aparecer en las fiestas .. claramente impuesto en mi papel de clandestino. Eso era relativamente compatible con una informalidad de tradición existencialista y gauchista, ya del sesenta y ocho.

gaucho -cha *adj* (*hist*) [Individuo] de las pampas del Río de la Plata en Argentina, Uruguay y Río Grande do Sul, gralm. ganadero y de vida errante. *Tb n.* | GLópez *Literatura* 269: La atención dirigida hacia los aspectos más típicos de la vida nacional motivó el célebre poema del argentino José Hernández *Martín Fierro*, donde en versos octosílabos de tono popular se narra la vida de un gaucho.

gaucineño -ña *adj* De Gaucín (Málaga). *Tb n, referido a pers.* | J. L. Corbacho *Sur* 5.9.76, 20: Los gaucineños, personas alegres y simpáticas, .. somos felices.

gaudeamus *m* (*lit, raro*) Fiesta o regocijo. | Escobar *Itinerarios* 25: Llegando hasta nuestros días la madrileña fama culinaria en toda la amplitud de su gaudeamus, aspirando, con manifiesta vanidad, a presumir hasta del cochinillo asado.

gauleiter (*al; pronunc corriente,* /gauláiter/) (*hist, raro*) *En la Alemania hitleriana:* Jefe de distrito. | Torrente *Off-side* 139: El *gauleiter* Schroeder acaba de cogerla por los hombros.

gaullismo (*pronunc corriente,* /golísmo/) *m* (*Pol*) **1** Tendencia política francesa basada en las ideas del general Charles de Gaulle († 1970). | *Cór* 6.1.56, 5: La nueva cámara francesa será, al parecer, más ingobernable que la anterior. Entre los cadáveres de estas elecciones figura en primer término el gaullismo.

2 Condición de gaullista. | *Cam* 2.12.74, 48: A los gaullistas puros, tipo Michel Debré, no les parece suficiente prueba de gaullismo el ir a depositar coronas en la tumba del general en Colombey-les-deux-Eglises.

gaullista (*pronunc corriente,* /golísta/) *adj* (*Pol*) Del general De Gaulle († 1970) o del gaullismo. | J. Salas *Abc* 30.12.65, 71: Habrá que recordar la poca vida que La Pira le echa a la actual combinación gubernamental, y la antipatía que muestra por su[s] gerifaltes más distinguidos, y los elogios a un Fanfani de posible estilo gaullista. Aranguren *Ética y polít.* 183: El régimen actual de Francia es aún democrático en la medida en que no es completamente "gaullista". **b)** Partidario del general De Gaulle o del gaullismo. *Tb n.* | *Cam* 2.12.74, 48: A los gaullistas puros, tipo Michel Debré, no les parece suficiente prueba de gaullismo el ir a depositar coronas en la tumba del general.

gauss (pl invar) m (Fís) En el sistema CGS: Unidad de inducción magnética equivalente a una diezmilésima de tesla. | Mingarro Física 137: Un circuito rectangular de 15 cm x 10 cm está situado en un campo cuya inducción es 10^4 gauss. Unidades 23: Unidades CGS con nombres especiales: .. ergio, .. dina, .. gauss.

gavanés -sa adj De Gavá (Barcelona). Tb n, referido a pers. | DBa 9.10.75, 10: Ha sido esta la segunda ocasión que se ha recabado la opinión de los gavaneses en torno a la problemática local.

gavanzo m Escaramujo, o rosal silvestre. Tb su fruto. | Torbado En el día 83: Charlaba mientras los clientes, cada vez más escasos, iban comprando sus raciones de manzanilla, de espliego, ajedreas contra la impotencia y la frigidez, gavanzos para el riñón. FQuer Plantas med. 330: Rosal silvestre. (Rosa canina L.) Sinonimia cast[ellana], .. gavanzo.

gaveta f **1** Cajón de un escritorio. Tb fig. | Torbado En el día 230: De promesas debía de tener don Inda llenas las gavetas de su mesa, pero el dinero y los alimentos seguían escaseando. GPavón Reinado 91: Las más empinadas familias tomellosenses se criaron junto al sarmiento y la rastrojera. Nadie podía sacar pergaminos de la gaveta. Guillén Lenguaje 43: No se rebuscaba en la gaveta de los cultismos. **b)** (reg) Cajón de un mueble. | Día 26.9.75, 8: Todos los armarios tienen dotación interior. Otros artículos: Cama con gavetas. Escritorio grande (Moabi). **2** Artesa de albañil. | Grosso Capirote 87: De nuevo otro corredor en penumbra. Después el patio de cocina. Unos hombres desnudos medio cuerpo limpiaban bajo los grifos las gavetas con arena y estropajo. **3** (raro) Recipiente hondo en forma de artesa o cajón. | Ama casa 1972 407: Sorbete de albaricoques .. Poner la mezcla directamente en sorbetera eléctrica o en gavetas de la refrigeradora. Prospecto 2.93: Pryca .. Gaveta, 175. **4** (Mar) Recipiente, gralm. de madera, en que se sirve la comida a la marinería. | MHidalgo HyV 10.71, 80: A los remeros se les distribuía la comida en gavetas. Delibes Madera 341: Fermín Linaje .. era un muchacho aprensivo .., para quien la avitaminosis continuaba siendo el principal azote de la gente de mar. –Lo que no da la gaveta, lo suple el sol –decía .. Se tendía .. sobre las balsas del espardek y allí se pasaba las horas muertas, soleándose.

gavia[1] f (Mar) **1** Vela de un mastelero, esp. del mastelero mayor. | CBonald Noche 234: No se veía a nadie en cubierta, y ese aparente y anómalo abandono se hizo más lóbrego o más inexplicable una vez localizada aquella única vela a medio envergar, una gavia colgando a jirones, un harapo flotando bajo las intermitentes rachas de levante. **2** Cofa. | MHidalgo HyV 10.71, 80: Al tope del palo mayor iba la media jaula o ga[v]ia del serviola, conocida también con el nombre de gata. [En el texto, gabia.]

gavia[2] f (reg) Muro de piedra que separa los límites de una finca. | Halcón Abc 11.5.58, 6: Dejó que pasaran tres días antes de aparecer en el cortijo con su "jeep" descubierto .., moviéndose en él con aire deportivo, como sobre un caballo bien domado que lo mismo lo sube por una rampa, salta una gavia, atraviesa una laguna, moldea el hombro de una linde, que anda mejor por el arado que por la calle.

gavial m Reptil semejante al cocodrilo, de hocico largo y puntiagudo terminado en una protuberancia esponjosa (Gavialis gangeticus). Tb ~ DEL GANGES. | Bustinza-Mascaró Ciencias 187: La piel de cocodrilos, gaviales, aligatores, etc., es muy apreciada y está considerada como una piel de lujo. Bustinza-Mascaró Ciencias 187: El gavial del Ganges tiene un hocico extraordinariamente prolongado.

gaviero m (Mar) Marinero destinado a dirigir las maniobras en las cofas y en lo alto de los palos. | CBonald Noche 261: Daba gusto verlo subir por la escala de gato, ágil y airoso como un gaviero de Wight.

gavilán m **1** Ave rapaz de pequeño tamaño, con la parte superior de color gris azulado y la inferior listada, de blanco y rojizo en el macho y de blanco y gris en la hembra (Accipiter nisus). Con un adj o compl especificador, designa otras especies: ~ GRIEGO (A. brevipes), ~ DE LAS PALOMAS (A. gentilis). | HLS 3.8.70, 8: Queda prohibida en todo el territorio nacional la caza de .. águilas, milanos, halcones, .. gavilanes. **2** Hierro cortante de la aguijada para limpiar el arado. | G. GHontoria Nar 6.77, 32: Nos ha sido donad[a] por el párroco de Pozorrubio (Cuenca) la "ijá" para poner junto al arado. Ayuda a hacer mejor el surco y tiene "gavilán" de hierro y "astil" de madera. MCalero Usos 17: En buen orden había clavijas, .. timón o viga, orejeras, cuñas, asentadera y cama, vilorta y hasta algún gavilán con aguijada, por si fuera necesario reponerle. **3** Hierro de los dos que salen de la guarnición de la espada y forman la cruz. | Camón LGaldiano 190: Española y de comienzos del siglo XVII, con escudo en el recazo y damasquinado en los arriaces y gavilanes, es la [espada] siguiente. **4** Flor del cardo. | Cela Mazurca 129: A las dos [niñas] se les habían roto las gafas y las dos traían el delantal sucio de moras y las trenzas llenas de gavilanes de cardo.

gavilana. lechuza ~ → LECHUZA.

gavilla f **1** Manojo grande de los que constituyen un haz. | Cuevas Finca 154: Vinieron las Duruy [segadoras], con la gavilla prendida por el hilo sisal. **b)** Haz pequeño. | Goytisolo Recuento 51: Aventaban en la era, envueltos en un revuelo de briznas ásperas y soleadas .. Raúl y Emilio acompañaron a los que iban al campo, a cargar gavillas. **2** Conjunto bastante numeroso (de perss., animales o cosas]. Referido a pers, frec con intención desp. | GPavón Rapto 51: Según convinieron, hacia la una de la tarde estaba toda aquella gavilla de sujetos en la huerta de la Rocío. Torrente Sombras 66: Se había organizado una gavilla de ladrones que operaba en los contornos de El Ferrol. MMolina Jinete 56: Túneles frecuentados por gavillas de ratas tan saludables y veloces como conejos. Chamorro Sin raíces 134: Iba incrementándose la gavilla de sus conocimientos.

gavillador -ra adj Que hace gavillas [1]. Frec n f, referido a máquina. | Moreno Galería 141: Hoces, zoquetas, dediles .. fueron desplazados por máquinas de segar, gavilladoras y atadoras más tarde.

gavillar m Terreno en que hay gavillas de siega. | Soler Caminos 239: Sol de Salamanca cociendo sus gavillares; sol de Córdoba y de Sevilla con incendio de azoteas.

gavillera f (reg) Lugar en que se amontonan las gavillas [1] de sarmientos para su uso doméstico. | GPavón Cuentos rep. 58: Haciendo escala de la gavillera, subimos al tejado de la finca.

gavilucho m (reg) Gavilán (ave). | Mateo Babia 44: Las bravas escarpaduras de Ventana, por esas inmediaciones en las que avizoran los pastores el vuelo de los gaviluchos.

gavina f (reg) Gaviota. | Faner Flor 103: Percibió un jadeo. Silencio, y el acre graznido de una gaviota. Otra vez la calma. Trepó por las tejas del desagüe. Pero no era una gavina.

gavión[1] m Armazón rellena de piedras o tierra, que se emplea en obras hidráulicas. | VozC 15.1.55, 5: Por la Hermandad de Lerma se interesó de la Confederación Hidrográfica del Duero el continuar la defensa, por medio de gaviones, de fincas colindantes con el río Arlanza. M. Cayón Abc 18.9.70, 39: Dentro del cauce [del río] se situarán 54 espigones de gavión metálico de 18 metros de longitud cada uno, con los necesarios desmontes y dragados.

gavión[2] m Gaviota de gran tamaño, con dorso y alas negros (Larus marinus). | Noval Fauna 97: El Gavión (Larus marinus) tampoco cría en Asturias y es una gaviota prácticamente desconocida para la mayoría.

gaviota f Se da este n a varias aves, pralm. del gén Larus, de pico robusto y curvado, alas largas y puntiagudas, plumaje blanco en el dorso y alas en las alas, que habitan sobre todo en las costas en grupos numerosos, emiten chillidos estridentes y se alimentan de peces. Diferentes especies se distinguen por medio de adjs: ~ ARGÉNTEA (L. argentatus), ~ CABECINEGRA (L. melanocephalus), ~ CANA (L. canus), ~ ENANA (L. minutus), ~ HIPERBÓREA (L. hyperboreus), ~ PICOFINA (L. genei), ~ POLAR (L. glaucoides), ~ REIDORA (L. ridibundus), ~ SOMBRÍA (L. fuscus), etc. | Cendrero Cantabria 78: Aves .. Larus argentatus: Gaviota argéntea. Delibes Guerras 97: El otro .. rastrearía los cuatro ríos .., a más de la charca del Páramo, donde las gaviotas reidoras. MOPU 7/8.85, 27: En la desembocadura del río Guadalhorce, numerosas especies como la gaviota sombría y la reidora, la gaviota picofina y la menuda, charranes, cariblancos. Noval *Fauna* 98: Muy escasa es la Gaviota cana (*Larus canus*), diferenciándose de la argéntea por su menor tamaño .. A partir de octubre no es raro observar .. una gaviota muy pequeña, casi siempre solitaria, la Gaviota enana (*Larus minutus*) .. También se ve ocasionalmente la Gaviota tridáctila (*Rissa tridactyla*) .. Aunque lejos de la costa, no es extraña la presencia de la Gaviota de Sabine (*Xema sabini*). *SInde* 24.12.89, 18: Otras especies, dentro de las aves, que están consideradas como vulnerables de extinción son: Paíño común del Mediterráneo .. Gaviota de Audouin (*Larus audouinii*).

gavota *f* (*hist*) Danza cortesana propia del s. XVIII, cuya música es de compás binario. *Hoy frec su música, que habitualmente forma parte de la suite clásica.* | Iparaguirre-Dávila *Tapices* 35: Se danzaba la zarabanda, el villano y los fandangos que más tarde serían sustituidos por el minué, el rigodón, la gavota y la polca. Casares *Música* 83: El músico francés busca y ofrece una música deleitable, con repeticiones de danzas como el minué, la gavota, la bourrée, con las que se pretende complacer a esa aristocracia frívola. Buero *Lázaro* 86: Toca para mí esa gavota de Bach tan bonita.

gay (*ing; pronunc corriente*, /gai/; *pl normal*, ~s) (*euf*) **I** *m* **1** Hombre homosexual. | *País* 18.12.76, 6: Con el mismo derecho que estos señores de la Unión Homosexual Española escriben sus siglas en las paredes, podrían, digo, existir –y de hecho no dudo que tarden, porque los mismos derechos que a los "gays" les asisten– la Unión de Sádicos Españoles, la Unión de Masoquistas Españoles.
II *adj* **2** De los gays [1]. | *DLi* 3.3.78, 2: El periodista explotó un buen día, hace tres meses, en una discoteca "gay".

gaya[1] *f* (*raro*) Prostituta. | Cela *Izas* 77: Petrita es la zorra política de Aristóteles, la zorrezna hecha para vivir en sociedad. Petrita es maturranga peripatética, gaya que adiestra paseando.

gaya[2] → GAYO.

gayadura *f* Adorno de un vestido u otra prenda hecho con listas de otro color. | GGarrido *Año* 187: En el fondo del arca las telas florecían con bordados, arre[q]uives, gayaduras, volantes, farandolas y encajes.

gayamente *adv* (*lit, raro*) Alegremente. | SCantón *Escultura s. XVIII* 257: Los grandes relieves, sobre fondo blanco, desarrollan escenas variadas y graciosas, modeladas con raro primor y coloridas gayamente. S. Araúz *SYa* 12.1.75, 3: El rey Felipe .. ha inaugurado una nueva España. No mediterránea y de ágoras. Ni siquiera, como ocurre en Versalles, gayamente ficticia, falsamente pastoril.

gayán *m* (*reg*) Pez marino de unos 25 cm de largo, de color azulado en el dorso y rojo en el vientre (*Labrus ossifagus*). | Noval *Fauna* 419: Una extensa gama de especies menores, como .. el colorista Gayán (*Labrus ossifagus*).

gayata *f* (*reg*) Cayado (bastón). | Berlanga *Gaznápira* 117: Teodoro el Francés siguió mirando a Gabriela como si nada; casirrecostado [*sic*] en su gayata tiesa. G. GHontoria *Nar* 6.77, 32: "Garrotes", "gayatas" o "cayatas", "bengalas", "cachas" de los bastoneros de Segorbe (Castellón).

gayo -ya *adj* (*lit, raro*) Alegre. *Frec referido a color.* | J. Santonja *Alcoy* 37: Tal era el bando moro, cuyos componentes lucían pintorescos trajes .. y turbantes con airosas plumas, que lanzaban sus gayos colores a los destellos de aquel amanecer abrileño cuajado de optimismo y alegría. S. Araúz *Ya* 11.12.73, 35: Vendría a ocurrir, pues, que la época de los Austrias no fue oscura y lastimera, sino gaya, igual y optimista.

gayola[1] **I** *f* (*raro*) **1** Jaula (para animales). | Castroviejo *Paisajes* 106: Yo pretendía armar una "gayola" en un prado bordeado de olmos y petirrojos, para capturar a unos mirlos músicos.
2 Cárcel. | Faner *Flor* 60: En la bodega no veían la luz del día .. Ya solo en la inmunda gayola Diodor pasó muchos días restregando sus ataduras contra una cuaderna.
II *loc adv* **3 a porta ~** → PORTAGAYOLA.

gayola[2] *f* (*jerg*) Masturbación. | Umbral *Gente* 141: Lo sublime es la gayola, la gallarda, la dulce pera matinal y vaga, la manuela, o sea meneársela.

gayomba *f* Retama de olor (planta). | Sueiro *Cua* 21.5.77, 82: La retina parece negarse a registrar la evidencia de .. las laderas de los cercanos montes, y en las que estalla por doquier .. el vivísimo amarillo de las gayombas en flor. Soler *Muertos* 10: Aquí el pinar se ensambla con los cantorrales de la ribera, y en la otra orilla, entre chapatales y ramblazos, se suceden los juncos y los zarzales, la gayomba, el légamo y las ranas.

gay power (*ing; pronunc corriente*, /gái-páwer/) *m* Movimiento gay. | *ByN* 13.9.75, 11: Con motivo del estreno en un teatro madrileño de una comedia cuyos personajes son nueve sarasas, el "Gay Power" español se ha desmelenado. VMontalbán *Transición* 65: La moda afeminadora, Carolina o la Thatcher, son puntos de referencia para evitar la desorientación y no excluyen que el gay power sea la tendencia dominante en el rock.

gayuba *f* Mata ramosa, de hojas siempre verdes, lustrosas, flores en racimos terminales y fruto en baya roja (*Arctostaphylos uva-ursi*). *Tb su fruto.* | *SHora* 14.5.77, J: Las plantas que sirven más frecuentemente de cobijo a los insectos son: gayubas .. y carquexas. Berlanga *Gaznápira* 44: El cerquillo para cazar tordos, los días de niebla y de nieve, en lo más alto de las sabinas, a donde los pájaros acudían a comer gayubas ásperas y dulzonas.

gayumbo *m* (*Taur*) Toro manso y feo. | DCañabate *Paseíllo* 49: Nada de gayumbos más toreaos que Lagartijo y de arrobas exagerás en los lomos.

gayumbos *m pl* (*col*) Calzoncillos. | *D16* 2.10.82, 10: Los gayumbos (antes calzones) tienden a la baja.

gaza *f* (*Mar*) Lazo o círculo que se forma en el extremo de un cabo o cable para enganchar o sujetar algo. | CBonald *Noche* 105: No tardó en descubrir un oblicuo escorzo de mástil emergiendo de las aguas aceitosas, las dos estachas colgando de los norays, una de ellas con las filásticas partidas a la altura de la gaza.

gazapear *intr* **1** Andar de modo lento y tranquilo [las liebres o los conejos]. *Tb referido a otros animales.* | Delibes *Año* 132: Vi varias liebres gazapeando fuera de tiro. Delibes *Cazador* 186: También vi un zorro manco gazapeando a un kilómetro, en una pimpollada. Delibes *Parábola* 67: Los muchachos seguían sus evoluciones [del perro], .. le veían ir y venir, .. gazapear, .. rascarse tenazmente el lomo.
2 (*Taur*) Embestir [el toro] andando sin cesar, de modo incierto y con poco brío. | Hache *Cod* 9.2.64, 5: Con un animal que gazapea, que se vence de un lado, .. es un toreo impracticable.
3 (*reg*) Andar a gatas o arrastrándose. | Lera *Trampa* 1021: Los otros chiquillos, más pequeños, correteaban de un lado a otro o gazapeaban por debajo de la cama.

gazapeo *m* Acción de gazapear. | A. Navalón *SInf* 27.5.70, 1: Diego Puerta salvó las dificultades del gazapeo en su primero, al que no pudo torear con la izquierda.

gazapera *f* Madriguera de conejo. | Berenguer *Mundo* 60: Los espárragos me ayudaban mucho porque buscándolos veía gazaperas, hechíos de conejo, nidos.

gazapina *f* Conjunto de gazapos[1]. | Álvarez *Cór* 27.9.64, 5: La vendimia y el otoño se resuelven en la gracilidad de aquel amanecer .. Del estremecimiento medroso de la gazapina debajo de las hojas que hacen dibujos en el suelo.

gazapo[1] *m* Conejo joven. | Alfonso *España* 186: Se "asesinan" a mansalva pollos de las otras especies aún vedadas, especialmente de perdiz, aparte de gazapos y cuanto sale.

gazapo[2] *m* (*col*) Error o equivocación de tipo lingüístico. | Marlasca *Abc* 30.8.66, 49: Ahí estaban, escondidos en la nave de linotipia, mis queridos duendes dispuestos a soltar tres gazapos, tres.

gazapón -na *adj* (*Taur*) [Res] que gazapea [2]. | J. Vidal *Inf* 16.5.74, 29: Sale [el toro] distraído y huye de los capotes. Tardea desesperantemente en varas .. Llega al último tercio gazapón.

gazmiar (*conjug* **1a**) *tr* (*raro*) Gulusmear. | Espinosa *Escuela* 438: El hijo de Felícitas no quiere glotonear mereciendo, gazmiar futuridades, ingerir virtudes ni comer ortodoxias, sino pan.

gazmoñería *f (desp)* **1** Cualidad de gazmoño. | *ByN* 13.12.75, 16: El pertenecer a la vida universitaria debe comprometer –me creo yo– a un determinado estilo que honre y ensalce a la Universidad .. Si esto se considera en la vida moderna gazmoñería, ¡bendita sea!
2 Acción o actitud gazmoña. | Ynduráin *SAbc* 6.7.85, III: El acontecer novelesco denuncia ñoñeces y gazmoñerías, mojigaterías incluso, pero una educación sometida a convenciones formulares bajo el decoroso velo de religiosidad.

gazmoño -ña *adj (desp)* [Pers.] que se muestra excesivamente escrupulosa en cuestiones de moral. | Gala *Sáb* 7.7.76, 5: El personal, sin distinción de edades ni de sexos, danzaba despendoladamente. Un personal de hoy, nada gazmoño en el vestir, ni en el agarrarse, ni en el besuquearse lo preciso y aún más. **b)** Propio de la pers. gazmoña. | GGual *Novela* 151: El carácter un tanto gazmoño de Quinto .. le lleva a una estilización de la escena. An. Miguel *Abc* 6.1.68, 3: Si la austeridad es falsa y gazmoña, llega a convertirse en odiosa.

gaznápiro -ra *adj* [Pers.] boba o alelada. *Tb n. Frec dicho como insulto.* | DCañabate *Paseíllo* 82: Estas con pa nuestros gastos, los tuyos con los míos, no pa alimentar el hambre de unos gaznápiros que no saben ni coger el capote. ZVicente *Mesa* 203: Voy a comprar una postal aquí, en este tenducho, y se la mandaré a ese gaznápiro homenajeado. Berlanga *Gaznápira* 22: ¡Quién sabe si no serás, de veras, una gaznápira!

gaznate *m (col)* Garganta (parte del cuerpo). | Cela *Molino* 256: El tío Hermógenes, el de los fideos, se echó al gaznate tres cuartillos de agua. Ortega *Americanos* 111: Capaz de preparar los más extraños mejunjes con el fin de satisfacer a los más hastiados gaznates.

gazón *m (reg)* Césped o hierba. | F. Ros *Abc* 6.6.67, 51: Media ciudad queda, pues, entre sombras y gazón muy cuidado. Muy cuidado, a la fuerza. Se descuida uno, y tapia las ventanas.

gazpachada *f* Comida a base de abundante gazpacho. | S. GCatalán *VozAl* 17.12.80, 6: Los hermanos Castillo, José y Sebastián, junto al señor Braulio, han sido los artífices de esta gran gazpachada. Uno de ellos nos dice la receta culinaria: carne cocida, champiñón, cebolla refrita y tomate.

gazpachear *intr (reg)* Hacer el gazpacho. | J. M. Ocaña *Cór* 9.8.89, 2: Gazpachear es hacer el gazpacho.

gazpachero -ra *(reg)* **A** *m y f* **1** Pers. que prepara el gazpacho. | Burgos *ElM* 16.11.93, 5: Lo he visto clarísimo en el cuento de la gazpachera con que se ilusionó un empresario de mi pueblo .. "De cara al 92" fundó la empresa "Andaluza de Gazpachos".
B *m* **2** Hombre encargado de preparar la comida a los gañanes de un cortijo. | Cuevas *Finca* 22: Los gañanes .., alrededor del perol humeante que ha traído el gazpachero, comen.
C *f* **3** Vasija especial para el gazpacho. | *Hoy* 23.7.75, 9: –¿Y qué era lo que más llamaba la atención? –Aparte de verme trabajar con el torno, las piezas tradicionales: gazpacheras, botijos, jarras, ánforas.

gazpacho *m* **1** Plato frío andaluz a base de aceite, vinagre, ajo, pan, tomate y pimiento, al que suelen añadirse otros ingredientes. | Laforet *Mujer* 225: La mujer preparaba un gazpacho con hielo. García *CoA* 5.1.64, 19: Estos señores .. organizaron el primer gazpacho manchego andaluz, con carácter benéfico también, que tantísimo éxito tuvo.
2 Guiso típico de la Mancha y Murcia, hecho básicamente con sopas de torta de pan ácimo a las que se añade conejo, liebre u otra carne y frec. otros ingredientes. *Frec ~s.* | VMontalbán *Rosa* 100: Cuando están cocidas [las tortas] se guardan en un tortero, y a partir de ese momento se pueden utilizar para convertir en gazpacho manchego guisos de caracoles y collejas, de cualquier bestia cazada pero preferible el conejo de monte y la liebre, de lomos y chorizos, de orugas, de patata, o el de los pastores típico de El Bonillo con patatas, jamón, ajos tiernos, espárragos trigueros, tomates y pimiento, gazpachos de setas, viudos como el reputado gazpacho viudo de trilladores. MPadilla *ASeg* 26.5.86, 2: Cuentan [los platos conquenses] con el ajo como uno de sus ingredientes: ajo arriero, salmorejo, .. gachas serranas, gazpacho, migas ruleras. S. GCatalán *VozAl* 17.12.80, 6: Uno de ellos nos dice la receta culinaria: carne cocida, champiñón, cebolla refrita y tomate y posteriormente la torta de gazpacho. *D16* 4.3.89, 46: No hay que olvidar tampoco los gazpachos [de Yecla], compuestos por sopa, cuya pasta es torta de pan ácimo cortada en trozos pequeños. Lleva también carnes de caza y corral, caracoles serranos, champiñones, atún fresco, romero, pimientos; es decir, de todo.

gazpachuelo *m (reg)* **1** Gazpacho [1] caliente con huevos escalfados. | *Ide* 23.8.90, 2: Una receta de la cocina andaluza. Huevos en gazpachuelo .. Ingredientes: Un huevo por comensal, 1/2 litro de agua por comensal, aceite y pan.
2 Plato compuesto por una especie de mayonesa diluida en agua y con patatas cocidas. | Montecelos *Ya* 22.7.88, 13: En Málaga se hacía en los tiempos del hambre –la posguerra, entre otros– un plato llamado gazpachuelo, que consistía en una especie de mayonesa diluida en agua con unas patatas viudas flotando en el caldo. **b)** *A veces designa otros guisos con patatas.* | Ma. Pineda *ByN* 10.10.93, 106: Gazpachuelo de mariscos .. Hervir las patatas peladas y cortadas con la cebolla en rodajas, los ajos, el laurel y el perejil. Cuando las patatas estén blandas, echar el marisco, el rape y las almejas bien lavados, dar un hervor de dos minutos y apartar.

gazuza *f (col)* Hambre. | Olmo *Camisa* 47: ¡Chaval! ¡A ver esas cortezas de gorrino, que hay gazuza! ZVicente *Mesa* 143: –Usted, doña Luisa, no ha abierto el pico en toda la comida... –Tenía gazucilla, de veras.

ge *f* Letra del alfabeto (*g*, *G*), que en español corresponde al fonema /χ/ cuando está escrita ante *e* o *i*, y al fonema /g/ en los demás casos. (V. PRELIM.) *A veces se llama así cualquiera de los 2 fonemas representados por esta letra.* | Academia *Esbozo* 133: Alfabeto español .. a .., be .., ce .., che .., de .., e .., efe .., ge. Rabanal *Hablas* 31: Del alternativo tira y afloja de la dirección positiva y la dirección negativa de la "geada" en el "castrapo" de los "geantes", sale la ciertamente pintoresca y casi jergal mezcla de "ges" y "jotas" indebidas que ponía en la picota la coplilla.

gea *f (CNat)* Conjunto del reino inorgánico de una región. | Alvarado *Abc* 8.5.84, 3: La gea, la flora y la fauna americanas no eran le de las costas asiáticas.

geada *f (Fon)* Fenómeno fonético que consiste en pronunciar el sonido /g/ como /χ/. | Cunqueiro *Sáb* 23.7.75, 23: En un Congreso de Estudios Sefardíes, hará unos diez o doce años, se habló de que los judíos de origen español de Salónica tenían en su lengua la llamada geada, es decir, que decían Lujo por Lugo.

gedeonada *f* Tontería o necedad. | *Jaén* 7: No se trata de una verdad de perogrullo. Ni de una gedeonada. Ni ensayamos la "boutade".

Geiger. contador (de) ~ → CONTADOR.

géiser *(tb con la grafía* **géyser**) *m* Fuente termal intermitente en forma de surtidor de agua caliente o vapor. | Bustinza-Mascaró *Ciencias* 368: Los géiseres son surtidores intermitentes de agua hirviente. L. Pancorbo *SYa* 13.8.78, 25: El hombre ya le ha perdido el respeto a los volcanes .. ¿O es que los italianos no han domesticado los gases subterráneos de Larderello, y los islandeses a sus géyseres?

geiserita *f (Mineral)* Variedad de ópalo, de color blanco o grisáceo, que se encuentra alrededor del cráter de los géiseres. | Bustinza-Mascaró *Ciencias* 368: Alrededor del orificio de salida del cráter [del géiser] se deposita geiserita, que es una variedad de ópalo.

geisha *(jap; pronunc corriente, /géisa/ o /χéisa/) f* Joven japonesa entrenada para entretener a los hombres con su conversación, su música y su danza. | Sánchez *Gac* 12.1.63, 60: Ya la "geisha" habla inglés y solo se ven "samurais" en las películas de Akira Kurosawa.

gel[1] *m* **1** Jabón u otra sustancia cosmética o medicinal en estado de gel [2]. | *Fam* 15.11.70, 52: La loción de Bustaid 70 prolonga la acción del gel para el baño o la ducha.
2 *(Quím)* Coloide concentrado. | Navarro *Biología* 12: Los soles son coloides diluidos, y los geles, coloides concentrados. Sampedro *Octubre* 291: La creación del ágata bajo tierra resulta una aventura fabulosa .. La ígnea lava interior acumu-

gel – gemelar

la burbujas de gases .. Más tarde se infiltra agua con silicatos alcalinos y se coagula dentro un gel de sílice.

gel² -la *m y f (jerg)* **1** Burro (animal). | Sastre *Taberna* 116: Que yo había ido a vender un gel con el Madruga y que queríamos comprar un gras para carne y una choró para vida.
2 Burro (pers. torpe o ignorante). | Lera *Olvidados* 241: Si a mí me dejasen, acababa bien pronto con estos geles. Un pico o una pala a cada uno y, hala, a aplanar cerros.

gelamonita *f* Mezcla explosiva a base de nitrato amónico en estado de gel¹ [2]. | *País* 20.12.89, 18: Los artefactos, compuestos por cinco kilos de gelamonita de origen portugués .., destruyeron una torreta instalada en la parroquia de Xuances.

gelatina *f* **1** Sustancia albuminoidea sólida, incolora, inodora, insípida y de gran cohesión, que se obtiene mediante cocción de huesos y otros tejidos animales y vegetales. | Calera *Postres* 8: 35 gramos de colas de pescado (gelatina) y 3 cucharadas de agua. Bustinza-Mascaró *Ciencias* 35: Por la acción del agua hirviente se transforma la oseína en gelatina, de aquí su empleo para la preparación de colas. Moratinos *DBu* 18.6.64, 6: Son tratadas [las algas] hasta proporcionar una gelatina empleada para clarificar.
2 (*Coc*) Gelatina [1] preparada con caldo de carne, verduras o frutas, usada esp. para adornar determinados platos. | *Cocina* 540: Gelatina. Ingredientes y cantidades. Caldo de pechugas: 3/4 litro. Cola de pescado: 50 gramos. Claras de huevo: 3. Tomate: 1. Jerez: 1 copa. Estragón: Unas hojas. Sal. *Cocina* 523: Las gelatinas para adorno de platos montados de carne o pescado se hacen muchas veces utilizando como primer ingrediente caldo de la cocción de algunas verduras. **b)** Dulce preparado con gelatina [1]. | *Cocina* 770: Gelatina de crema .. Gelatina de frutas .. Gelatina de yemas.
3 ~ explosiva. Mezcla gelatinosa y explosiva de nitrocelulosa o nitroglicerina. | *Inf* 2.3.77, 36: La "Goma-2" es una gelatina explosiva que necesita un cebo especial o detonador para rendir sus efectos.

gelatinizar *tr* Transformar [algo] en gelatina. | *Inf* 2.3.77, 36: Las gelatinas explosivas han sido llamadas dinamitas-gomas, estando en general constituidas por nitroglicerina gelatinizada mediante la adición de nitrocelulosa.

gelatinobromuro *m* (*Fotogr*) Suspensión de bromuro de plata en gelatina [1]. | Marcos-Martínez *Física* 171: Se dispone sobre el cliché negativo un papel fotográfico, que es un papel recubierto de gelatinobromuro de plata.

gelatinoso -sa *adj* **1** De (la) gelatina. | * La jalea tiene aspecto gelatinoso.
2 Que tiene el aspecto o las propiedades de la gelatina [1]. | Alvarado *Botánica* 67: Los arquegonios encierran .. unas células del canal alojadas en el cuello y destinadas a convertirse en un líquido gelatinoso que rezuma al exterior. *Inf* 4.6.70, 7: Suponen un notable adelanto los nuevos lentes blandos de caucho-silicona, distintos de los gelatinosos que ya venimos adaptando.
3 Que tiene gelatina [1 y 2]. | M. J. GAntuñano *PaísE* 11.3.90, 47: Las carnes más duras o gelatinosas necesitan estofarse o guisarse durante mucho tiempo para que se ablanden. Bernard *Salsas* 26: Se le pone .. el caldo gelatinoso, .. el tomate y un poco de perejil picado.

gelidense *adj* De Gelida (Barcelona). *Tb n, referido a pers*. | E. Carafí *CCa* 26.10.75, 10: Ante la admiración de la comunidad gelidense .., las nuevas escuelas avanzan con mucha rapidez.

gélido -da *adj* (*lit*) Muy frío. *Tb fig*. | *Mad* 13.12.69, 2: Mientras en las tradicionalmente gélidas Helsinki y Estocolmo las heladas no pasan de uno o tres grados bajo cero, aquí tenemos hasta 6 grados negativos. GHortelano *Cuentos* 339: Dejé de besar las duras venas de su cuello, separé los dedos de sus pequeñas nalgas gélidas. DPlaja *Abc* 6.6.67, 3: Con el terrible y gélido instrumento de la ley en la mano, la Hacienda española ha amenazado con no considerar horario de servicio todo aquel que no se produzca en el puro y explícito servicio de la docencia.

gelificación *f* (*Quím*) Acción de gelificar(se). | Navarro *Biología* 150: Ácido clorhídrico .. Provoca el hinchamiento y gelificación de la sustancia colágena que forma la trama conjuntiva de los tejidos.

gelificante *adj* (*Quím*) Que gelifica. | F. GMarquina *SAbc* 1.3.70, 11: El "agar" es un coloide desecado .. Su poder gelificante es ocho veces mayor que el de la gelatina.

gelificar *tr* (*Quím*) Transformar en gel¹. | Ybarra-Cabetas *Ciencias* 234: Ambos filamentos .. emiten una prolongación lateral hasta que se ponen en contacto y, gelificando su pared, forman un conducto en cuya mitad vendrán a encontrarse los dos núcleos que se habían transformado en gametos, constituyéndose así el huevo. **b)** *pr* Transformarse en gel¹. | Ybarra-Cabetas *Ciencias* 230: Estos núcleos se transforman después en zoosporas, provistos de un cilio que sale al exterior al gelificarse el extremo del cuello anteriormente citado.

gelignita *f* Variedad de dinamita gelatinizada, consistente en una mezcla de nitroglicerina, nitrocelulosa, nitrato potásico y pulpa de madera. | Miquelarena *Abc* 16.11.57, 41: El cargamento consistía en trescientas cincuenta ametralladoras .., con un valor en conjunto de veinte mil libras esterlinas (cinco mil libras menos de lo que esta madrugada se llevaban los atracadores "a la gelignita" de un Banco suburbano).

gelinita *f* Gelignita. | *Abc* 6.1.68, 43: "Los Tupamaros" .. dicen que la gelinita la utilizarán contra los poderosos.

gema I *f* **1** Piedra preciosa. *Tb* (*lit*) *fig*. | J. Balansó *SAbc* 16.3.69, 36: Tras el motín de Aranjuez, las gemas fueron entregadas a Fernando VII. M. Aba *SAbc* 16.2.69, 18: Fue un despliegue de ingenio, gemas de sabiduría construidas alrededor de "lo que dijo mi tío el ucraniano" o "como le sucedió a mi tía en Florencia".
2 (*Carpint*) Parte de un madero escuadrado que conserva la corteza. | Santamaría *Paisajes* 58: Es de lamentar que .. un elevado número de fustes salga en rollo hacia aserraderos de Valladolid, de Madrid y hasta de Cataluña, a pesar de lo antieconómico que resulta transportar a grandes distancias troncos recién cortados con un alto porcentaje de humedad .. y de los que habrá que eliminar cortezas, costeros, gemas y todas las partes deterioradas.
3 (*reg*) Huella que queda en el tronco del alcornoque debida a un corte anterior. *Normalmente en pl*. | Lorenzo *SAbc* 8.9.74, 10: Hacha en mano, el sacador tantea el tronco. Siguiendo las gemas, la huella del anterior corte, hace en los macheros a la altura de la cruz una incisión.
II *adj* **4** [Sal común] procedente de mina. | Legorburu-Barrutia *Ciencias* 355: La sal común: .. A veces forma grandes rocas, como en Cardona, y se le llama sal gema.

gemación *f* (*Biol*) Forma de reproducción celular en que se expulsa una pequeña porción de la célula para formar otra nueva. | Bustinza-Mascaró *Ciencias* 24: Algunas células pueden reproducirse por gemación, o sea formándose en una parte de la[s] células un pequeño brote que luego se separa. **b)** Reproducción asexual mediante separación del organismo de una pequeña porción que se desarrolla hasta formar un nuevo individuo. | Ybarra-Cabetas *Ciencias* 315: Se reproduce [la hidra] sexualmente o por gemación. Alvarado *Botánica* 68: Cuando estas [las esporas] caen a tierra y encuentran humedad suficiente, germinan, originando un insignificante cuerpo vegetativo indiferenciado llamado protonema .., del que nacerán por gemación un cierto número de muscíneas sexuadas.

gemebundo -da *adj* (*lit*) [Pers.] que gime. | SSolís *Camino* 287: –Ya ves, Carmina, sobrina, los tus primos marcháronse –salmodiaba Anselmo, gemebundo– .. ¡Aquí non quedamos más que los vieyos! **b)** Propio de la pers. gemebunda. | Lera *Bochorno* 118: Gimió casi al decir: –Me roban.– No podía esperarse una voz así de gemebunda en unos labios y en una boca poco antes agresivos.

gemecar *intr* (*reg*) Gimotear. | ZVicente *Examen* 108: Un retirado héroe de Cavite, cruz pensionada, siempre gemecando por las enfermedades que se trajo del trópico.

gemelamente *adv* (*raro*) De manera gemela [2]. | Paso *Pobrecitos* 191: El lateral izquierda se quiebra también hacia su mitad que, gemelamente al chaflán opuesto, enlaza con el foro.

gemelar *adj* De (los) gemelos [1]. | *Hoy* 4.5.74, 16: Mediante la aplicación de estas técnicas se han conseguido los siguientes objetivos: provocar la ovulación en el momento más favorable para la fecundación, parto y venta de corderos; aumentar el número de crías por oveja, partos gemelares. J. Botella *Ya* 6.8.87, 10: Teóricamente esto supondría un embarazo gemelar, pero en la práctica, aunque la proporción de gemelos es elevada, en estos experimentos esto no ocurre.

gemelo -la I *adj* **1** [Pers.] nacida del mismo parto que otra. *Tb n. Más raramente, se dice tb de algunos animales.* | GPavón *Hermanas* 38: ¿Y recuerdan también a sus dos hijas gemelas? *Ya* 12.11.70, 6: Ha tenido dos veces cuatrillizos, una vez trillizos y otra gemelos. **b)** [Pers.] nacida del mismo parto que otras. | *Mad* 7.8.70, 24: Muere otro sextillizo de Roma .. Otro de los seis gemelos nacidos en la noche del pasado martes ha muerto ayer tarde.
2 [Cosa] idéntica a otra con la que gralm. forma pareja. *Tb fig, referido a pers.* | Burgos *SAbc* 13.4.69, 47: Escuchar, y beber, y oír cantar, hasta que las claras del día aparecen por detrás de las torres gemelas con que Aníbal González encerró la arquitectura de la Plaza de España. Matute *Memoria* 54: Teníamos medallas gemelas, de oro, redondas y con la fecha del día de nuestro nacimiento. *Día* 29.8.72, 10: Neumáticos anteriores gemelos o ruedas semi-macizas. Ridruejo *Memorias* 32: Todo le interesaba, todo le divertía. Tenía –en esto éramos gemelos– la decidida inclinación positivadora de ver, como si dijéramos, la flor en el estercolero y el marfil en la carroña. Atxaga *Obabakoak* 278: También él está dispuesto a hacer lo que sea con tal de poder contar su historia. Es tu alma gemela.
3 [Músculo] de los dos que concurren al movimiento de la pierna. *Tb n m.* | Bustinza-Mascaró *Ciencias* 43: En la parte más abultada de las pantorrillas están los gemelos, provistos de un fuerte tendón –el tendón de Aquiles–.
4 *En carreras de caballos:* [Apuesta] en que hay que acertar el ganador y el que llega en segundo lugar. *Más frec n f.* | *DíaCu* 26.8.84, 3: Jornada de hípica .. Las apuestas se pagaron de la siguiente forma: La serie rosa se pagó a 125 pesetas la simple, y la gemela, [a] 2.100.
II *m* **5** Instrumento, compuesto por dos piezas a manera de botones, que sirve para sujetar el puño de la camisa. | Laiglesia *Ombligos* 123: Vencida la resistencia de las superficies a[l]midonadas a dejarse sujetar por gemelos y tirantes, Juan salió al fin de su casa cubierto con una enorme chistera.
6 *pl* Instrumento óptico formado por dos tubos, cada uno de ellos con un juego de dos o más lentes, y que sirve para mirar a lo lejos con ambos ojos. | Cela *Judíos* 281: Es como el palacio real de Madrid visto con unos gemelos puestos al revés.
7 *(jerg) En pl:* Pareja de guardias o de policías. | J. C. Iglesias *SPaís* 19.12.82, 103: Estaba a la manca del grajo cuando los gemelos llegaron con el kaffi.

gemido *m* Acción de gemir. *Esp su efecto. Tb fig.* | Borrás *Madrid* 158: La mujer, en llanto de súplica, pedía un poco de cariño, de calor .., había golpes, gemidos, gritos de: "¡So macarrón! ¡Canalla!". Villarta *Rutas* 149: Los habitantes de los caseríos oyeron, entre los gemidos del viento, gritos extraños.

geminación *f (Ling)* Hecho de geminarse. | Alarcos *Fonología* 74: Un tercer grado de modo de articulación con valor fonológico es la geminación, que en las lenguas en que no es más que la combinación de dos fonemas iguales, forma la correlación de geminación.

geminado -da *adj (E)* Constituido por dos elementos gemelos [2]. *Tb n.* | Bustinza-Mascaró *Ciencias* 268: Las flores [del almendro] son casi sentadas, solitarias o geminadas. D. Gavilán *SCoZ* 1.7.90, v: En los ángulos de la Torre del Caracol se alzan garitones con ventanas geminadas. Alarcos *Fonología* 74: Muchas veces las geminadas no serán más que grupos de dos fonemas iguales en el decurso, y, por tanto, no tendrán puesto en el sistema.

geminarse *intr pr (Ling)* Hacerse geminada [una consonante]. | Alarcos *Fonología* 280: La vocal, aunque se abre, no se alarga, y además la consonante siguiente se modifica y se gemina.

géminis *(frec escrito con inicial mayúscula) adj* [Pers.] nacida bajo el signo de Géminis. *Tb n.* | *ByN* 30.12.90, 39: Si usted es Géminis, como Pastora Vega, Saturno le inducirá en el año venidero a tomar pesadas responsabilidades. Sampedro *Octubre* 332: ¡Qué delicado lóbulo de la oreja para el mordisco! Rasgo de Géminis o Virgo.

gemiquear *intr (reg)* Gimotear. | Faner *Flor* 111: Doña Catalina mordía los ojos, los pezones del amante .. Gemiqueaba de satisfacción, chillaba.

gemir *(conjug* **62)** *intr* **1** Emitir [una pers.] sonidos que expresan pena o dolor, o a veces placer sexual. *Tb fig.* | Salom *Casa* 325: –¿Qué mal habré hecho yo en la vida para recibir este castigo? ¡Mi casa! (Gime.) –¡Cállese! ¡Deje de compadecerse a sí mismo! ¡Que se calle! (El Padre deja de gemir.) Laforet *Mujer* 129: El respirar y el gemir le es natural a un recién nacido. Anson *SAbc* 18.5.69, 5: Los países independientes del África negra gimen hoy bajo regímenes de carácter dictatorial o totalitario.
2 *(lit)* Producir [una cosa] un sonido parecido al emitido por la pers. que gime. | Matute *Memoria* 29: Borja saltó a su camastro, que empezó a gemir como alarmado de aquel peso. Cuevas *Finca* 79: Golpea el rostro a los dos hermanos con una vara de olivo. La vara gime en el aire y deja sobre la piel verdugones.

gémmula → GÉMULA.

gemología *f* Parte de la mineralogía que estudia las gemas o piedras preciosas. | J. M. Bosch *Van* 19.5.74, 50: Por tradición corresponde a Inglaterra ocupar un lugar destacado en la Gemología, ya que fue el primer país en el que se programaron los estudios gemológicos conducentes a la obtención de un Diploma.

gemológico -ca *adj* De (la) gemología. | M. D. Muñoz *Van* 19.5.74, 49: Se acaba de celebrar en el castillo medieval de La Bisbal, monumento nacional, la Semana de Estudios Gemológicos.

gemólogo -ga *m y f* Especialista en gemología. | J. M. Bosch *Van* 19.5.74, 49: El gemólogo no establece el precio de una gema. Su misión es determinar la identidad de una piedra que por su aspecto morfológico, color, etcétera, puede ser confundida con otra especie gemológica. *SAbc* 14.10.84, 15: Cuenta la gemóloga Pilar Guillén .. que la primera referencia a una gema en la Biblia aparece en el capítulo 2 del Génesis.

gemonías *f pl (lit, raro)* Castigo o pena infamante. *Tb fig.* | A. Prades *Med* 14.4.60, 3: Aquello fue el asalto de todas las inmundicias reunidas de todos los tiempos; las gemonías del pasado, del presente y del futuro se fundieron y se concentraron en una especie de esencia corrosiva, y le inundaron.

gémula *(tb con la grafía* **gémmula***) f (Bot)* Yema del embrión. | Ybarra-Cabetas *Ciencias* 276: El embrión, una vez formado, consta: 1º, de la radícula o nueva raicilla; 2º, del tallito con su yema terminal o gémula; 3º, del cotiledón o cotiledones. Alvarado *Botánica* 47: Una vez constituido, el embrión es una planta en miniatura, compuesta de los siguientes órganos ..: 1º, el rejo o raicilla ..; 2º, la plúmula o tallito ..; 3º, la gémmula o yemecilla .., y 4º, el cotiledón o los cotiledones.

gen *m (Biol)* Partícula cromosómica portadora de caracteres hereditarios del individuo. | *SInf* 16.12.70, 4: Cada uno de los millares de genes que el individuo transmite a su descendencia produce la mayor parte de las veces una respuesta exacta de sí mismo cada vez que se forma una nueva célula. N. Retana *Inf* 3.1.70, 19: Científicos norteamericanos consiguieron aislar .. un gen hereditario.

gena *(tb con la grafía* **jena***) f* Cierto tinte del cabello, usado a veces para adulterar el hachís. | Berlanga *Recuentos* 73: Aquel hombrecillo congestionado no se avergonzaba .. de ver a María en cualquier visión, o de sentir como la primera noche su olor de gena y descuido. D. Calzada *Abc* 16.11.80, 13: La fauna marginal .. le da al cubata de garrafón o bogartiza hábilmente el refinado canuto artesanal de afgano, más bien infumable chocolate malmetido de gena por los utilitarios espárragos de cualquier camello insolvente. Montero *SPaís* 5.3.78, 13: Como en todo mercado negro, los materiales están adulterados. No es solo que el hash sea mezclado con jena, un tinte de cabello marroquí, o que se le extraiga el aceite, o que a la cocaína se le añada bicarbonato. El caballo está a veces adulterado hasta en un 90% o 95% con lactosa, barbitúricos o quinina.

genciana – generacionismo

genciana f Se da este n a distintas plantas herbáceas perennes del gén Gentiana, esp a la G. lutea, de hojas grandes y flores amarillas, cuya raíz, de olor agradable y sabor amargo, se emplea en medicina y en la fabricación de licores. | Cela Pirineo 158: En las praderas que enmarcan la borda del Ticolet se pintan, entre la verde yerba, la anémona violeta y blanca, la azul campánula, la genciana de color de oro y el níveo y aromático narciso. Carnicer Cabrera 131: Por allá, por el pico aquel de la nieve, y tirando por los montes hasta el lago, entre yo y otros de la Baña cogimos el año pasado .. seis mil quilos de genciana.

gencianácea adj (Bot) [Planta] gralm. herbácea y lampiña, de hojas opuestas y corola regular de una sola pieza, de la familia cuyo género tipo es Gentiana. Frec como n f en pl, designando este taxón botánico. | FQuer Plantas med. 726: Las gencianáceas habitan principalmente en los países templados; el género Gentiana, que le da nombre, abarca hasta 500 especies y es el más numeroso de la familia.

gendarme m **1** Agente de policía. Referido a algunos países extranjeros, esp Francia. Tb fig. | E. Laborde Arr 11.11.70, 1: Frente a las verjas de "La Boisserie", la misma calma del pasado. Unos gendarmes pasean, arriba y abajo, las manos a la espalda, su centinela de siempre. CoA 30.1.64, 3: Tropas paracaidistas reprimieron una manifestación antigubernamental en la ciudad de Stanleyville, desarmaron a dos compañías de policía local y encarcelaron a los gendarmes. M. F. Ruiz SPue 24.10.70, 2: A Paola la echaron atrás los gendarmes del Vaticano, a las puertas de San Pedro, por considerar indecoroso su traje. Olmo Golfos 148: Los relojes, esos gendarmes del espíritu, iban a dar las diez.
2 (col) Pers. de carácter autoritario. Esp referido a mujer. | Mihura Modas 24: Yo no sé si ustedes recordarán que, en París, era Ninette la que mandaba .. Siempre supuse que me iba a casar con un gendarme y que me iba a tener en un puño.

gendarmería f **1** Cuerpo de gendarmes [1]. | Alfonso España 177: Esto asombraría a Scotland Yard o a la Gendarmería francesa. Inf 18.8.70, 6: La gendarmería argentina había realizado también en puntos fronterizos detenciones de sospechosos.
2 Puesto o cuartel de gendarmes [1]. | * Tuvo que ir a declarar a la gendarmería.

gene m (Biol) Gen. | Navarro Biología 225: En un matrimonio es muy raro que los dos cónyuges sean portadores del mismo gene anormal o patológico.

genealogía f **1** Conjunto de los antepasados [de una pers.]. Tb el documento en que consta. A veces referido a animales o cosas. | MHi 7.69, 21: Con genealogía teatral, hija y esposa de actores, María Luisa Merlo es hoy una grácil dama joven del nuevo teatro español. J. CCavanillas Abc 13.12.70, 10: De la genealogía de Pisa mucho podría escribirse dentro de los cauces de la Historia.
2 Estudio de las genealogías [1]. | J. L. Aguado Inf 1.3.72, 20: Genealogía y heráldica son unas extrañas ciencias, poco difundidas, en las que también hay expertos.

genealógicamente adv **1** En el aspecto genealógico. | Abc 29.10.72, 36: Ávila. Se crea una asociación nacional de criadores de vacas. Unas seis mil reses "avileñas" serán registradas genealógicamente en una primera fase.
2 De manera genealógica. | Rabanal SYa 24.11.74, 3: Estaban los curtidos sepultureros .. abriendo dos tumbas: una, nueva, virgen, no estrenada, en el césped sedoso del agro bendito; otra, vieja, practicada ya con reiteración, genealógicamente.

genealógico -ca adj De (la) genealogía. | CBaroja Inquisidor 40: Frey Alonso Becerra .. presentó sus informaciones genealógicas el año de 1600, y parece era cacereño. Losada CBranco XIX: Sabía muy poco de su familia .. Años más tarde se dedicó a una investigación genealógica más profunda.

genealogista I m y f **1** Especialista en genealogía [2]. | J. Atienza MHi 8.66, 81: De las montañas de Santander son oriundos los Herrera, que, según algunos genealogistas, se derivan de la Casa de Lara.
II adj **2** (raro) De(l) genealogista [1] o de la genealogía [2]. | Lázaro Crónica 47: El fervor genealogista conducía a bizarrías que no se pueden arrostrar.

generable adj Que se puede generar [2]. | GÁlvarez Filosofía 1, 331: Con el tercer septenario progresa en el conocimiento de los cuerpos naturales y celestes; sabe que los primeros son generables y corruptibles y que los segundos no son objeto de generación ni corrupción.

generación I f **1** Acción de generar, esp [2]. | Gambra Filosofía 143: El traducianismo está hoy comúnmente desechado, pues no se comprende cómo un ser espiritual finito puede, por generación o germen, hacer brotar otro ser espiritual. **b) ~ espontánea.** (Biol) Nacimiento de organismos a expensas de la materia no viva. Tb la teoría correspondiente. Tb ~ EQUÍVOCA o ~ AUTOMÁTICA. | Ramírez Derecho 41: La Ley .. sabe que todo nacimiento humano presupone el yacimiento de un hombre con una mujer; hoy por hoy, no admite el nacimiento por generación espontánea. MPuelles Filosofía 2, 115: El tema de la generación espontánea .. La teoría que la admite no niega al ente vivo la capacidad, empíricamente atestiguada, de engendrar otros semejantes a él; pero también concede a la simple materia inanimada la posibilidad de producir la vida. Esta segunda parte, que es la específica de la teoría en cuestión, se conoce también con los nombres de "generación automática", "heterogénesis", "abiogénesis" y "generación equívoca".
2 Conjunto de seres que descienden de un individuo o de una pareja, en los distintos grados de filiación. | Ybarra-Cabetas Ciencias 218: Supongamos que la primera generación nace de un padre que posee los caracteres AB y una madre que tiene los ab. Los productos de la primera generación poseerán, pues, todos los caracteres A, B, a y b. VozC 10.8.55, 5: La "arañuela roja" inverna en forma de huevo, y tiene de cinco a seis generaciones por año. **b)** Conjunto de máquinas u otros objetos que derivan de otros precedentes y que suponen respecto a ellos un avance notable. | G. Lorente Abc 9.4.67, 18: La tercera generación de dispositivos de electrónica toma el relevo de la segunda, antes de que esta llegara a su madurez.
3 Conjunto de los individuos que tienen aproximadamente la misma edad. Frec se aplica a los grupos de edad separados por un margen de unos 15 años. | Pemán Abc 17.6.59, 3: En el grupo juvenil nació eso que acaba siempre floreciendo en toda nueva generación o clase: un dialecto. GArnau SAbc 15.3.70, 42: Son los "beatniks" los justos herederos de las literaturas naturistas de Whitman, de la "generación perdida" y del surrealismo europeo. Lorenzo Abc 22.11.88, 3: Dado que un hombre de longevidad media convive a la vez con cuatro o cinco generaciones, nada ha de extrañar que nuestros medios de expresión no sintonicen. **b)** Conjunto de perss. de edad parecida que, en un determinado momento y en una misma actividad, muestran una actitud similar. | Gaos Antología 7: La generación de 1927. El conjunto de poetas que se escalonan de Salinas .. a Altolaguirre .. ha recibido varios nombres. El más desafortunado de ellos es el de "Generación de la Dictadura".
II loc adv **4 de ~ en ~.** A lo largo de muchos años, pasando de padres a hijos. Tb adj. | Alfonso España 77: La canción "moderna", por ejemplo, apasiona mucho pero pasa pronto. La popular auténtica perdura de generación en generación.

generacional adj De (la) generación [3]. | R. MHerrero Abc 11.12.70, 10: Se refería con aquellas palabras a las generaciones .. consideradas más bien que otra cosa como sujeto activo de una peripecia de actualidad, a saber, el llamado conflicto generacional. Rev 7/8.70, 24: El autor se sorprende al ver un conjunto de poetas con notabilísimas diferencias que al mismo tiempo manifiestan una cierta conciencia generacional.

generacionalmente adv En el aspecto generacional. | Márco SInf 1.4.71, 10: La rama catalana de esta promoción fue menos dispersa que la madrileña, pero también es cierto que tenía menos cohesión interna, generacionalmente hablando. A. Elorza Tri 20.3.71, 17: Generacionalmente, sus portavoces serán hombres nacidos en torno a 1745-1750.

generacionismo m (Filos) Doctrina según la cual el alma de un individuo procede de la de sus padres. | Gambra Filosofía 143: El generacionismo enseña que el alma espiritual procede, no ciertamente de la materia, pero sí de otras almas espirituales, por generación.

generacionista *adj* (*Filos*) De(l) generacionismo. | MPuelles *Filosofía* 2, 123: La concepción "generacionista" del alma –también denominada "traducianismo"– fue sustentada, entre otros, por Tertuliano y, en alguna ocasión, por San Agustín. Gambra *Filosofía* 141: Teorías evolucionistas, emanatistas y generacionistas.

generador -ra (*tb f* GENERATRIZ, *esp en acep* 2) *adj* **1** Que genera, *esp* [1]. *Tb n f, referido a máquina.* | E. Angulo *Ya* 15.4.64, 4: Una décima parte de la capacidad generadora de energía industrial y doméstica de la Gran Bretaña será de origen nuclear. F. Casares *HLM* 26.10.70, 13: Evitar la participación de los propios coches y sus conductores en las causas generadoras de la contaminación. Romeu *EE* nº 9.63, 12: Inconfundible en su naturaleza esencial, en su idea generatriz y en su concepción dramática. Gironza *Matemáticas* 66: La fracción generatriz de una periódica pura. *Inf* 30.4.74, 13: Unas 900.000 hectáreas de cultivo manchego estarán protegidas de los riesgos del pedrisco durante todo el año, gracias a una red de defensa que funcionará con generadoras de solución acetónica de yoduro de plata. **2** (*Geom*) [Línea o superficie] que con su movimiento genera [1] un cuerpo o una superficie, respectivamente. *Frec n f.* | Marcos-Martínez *Aritmética* 2º 209: Cono de revolución es el sólido engendrado por la revolución completa de un triángulo rectángulo alrededor de uno de sus catetos, llamado eje o altura. En la figura 221, VO es el eje o altura, VOA es el triángulo generador. Marcos-Martínez *Aritmética* 2º 206: El área lateral de un cilindro de revolución es igual al producto de la longitud de la circunferencia de la base por la generatriz o altura. **3** (*Fís*) [Aparato] que genera fuerza o energía. *Frec n m.* | S. Robles *Jaén* 14.10.64, 12: Los grupos generadores son de eje vertical con alternadores de 126.000 KVA, directamente acoplados a las turbinas. Marcos-Martínez *Física* 192: Generadores eléctricos. Son los aparatos que producen una diferencia de tensión permanente.

general -la (*la forma* GENERALA *solo en las aceps* 11 *y* 13) **I** *adj* **1** De todo un conjunto, o de la mayor parte. *Se opone a* PARTICULAR. | Carnicer *Van* 3.4.75, 49: Es ley general en la evolución del castellano la fusión de dos vocales contiguas e iguales en una sola. J. SEgea *Abc* 9.4.67, 80: Las lluvias, casi generales, solo habían alcanzado valores me[n]-surables en el Cantábrico y cabecera del Ebro. *Abc* 26.1.75, 5: Se ha celebrado la Junta general de la Compañía Telefónica. J. Salas *Abc* 11.8.64, 33: El sentimiento por las condiciones de Antonio Segni es general. Abella *Imperio* 285: Una consigna hábilmente explotada como de procedencia sindical, y posiblemente con la secreta anuencia de algunas jerarquías, convocó para la huelga general. **b)** Común o usual. | Lapesa *HLengua* 116: Era general la vacilación respecto a las vocales protónica y postónica. Ybarra-Cabetas *Ciencias* 272: En los ovarios uniloculares, lo general es que se insertan los óvulos en los bordes carpelares, y entonces la placentación es parietal. **c)** Que afecta o se refiere a todo el cuerpo. | *Anticonceptivo* 59: Se lleva a cabo [la operación] con anestesia general. O. Aparicio *Cór* 10.2.56, 8: Durante la hemorragia es necesario vigilar el estado general del enfermo. Lorén *Salud* 678: Tenemos una primera clasificación entre malestar general y malestar especial. El general se revela casi siempre en forma de astenia. **d)** [Ensayo] ~ → ENSAYO. **2** Que abarca el conjunto de un servicio o de una organización. | FQuintana-Velarde *Política* 167: Según las últimas informaciones facilitadas por la Secretaría General Técnica del Ministerio de Obras Públicas, los sistemas empleados se dividen .. de la siguiente forma. S. Verd *Abc* 29.5.74, 48: El plan que se desea consiste en la creación de tres Diputaciones, una para cada una de las islas, mancomunadas en una teórica cuarta Diputación general que las englobaría a todas. **b)** *Siguiendo a un n que designa pers que ejerce un cargo:* Que es [lo expresado por el *n*.] en el grado más alto. | *SPaís* 29.1.78, IV: El 10 de octubre de 1970, Francisco [Ansón] enviaba una carta al entonces director general de RTVE, Adolfo Suárez. *VozC* 29.6.69, 2: El subdirector general de Prensa .. ostentaba la representación del ministro de Información. E. Miguel *Odi* 18.2.77, 7: Don Manuel Murillo, secretario general del PSOE (histórico), hace unas declaraciones al "Abc". **c)** [Capitán] ~, [oficial] ~, [teniente] ~, [vicario] ~ → CAPITÁN, OFICIAL, TENIENTE, VICARIO.

3 Que se refiere a un conjunto de cosas o aspectos, sin profundizar especialmente en ninguno. *Se opone a* ESPECIAL *o* ESPECIALIZADO. | Gambra *Filosofía* 200: Los escolásticos distinguían entre la conciencia y un hábito de entendimiento práctico para conocer los primeros y más generales principios de la vida moral .. A este hábito llamaron sindéresis. *GTelefónica N.* 4: Academia-Instituto "Minerva". Taquigrafía. Mecanografía. Cultura general. Oposiciones. *GTelefónica N.* 278: Médico Quirúrgica. Servicio urgencia permanente. Cirugía y medicina general. Practicante. **b)** [Médico] de medicina general. | *TMé* 7.1.83, 21: Más de cien médicos han seguido unas sesiones sobre actualización de conocimientos cardiológicos, .. dirigidas a médicos generales, internistas y cardiólogos de centros secundarios.

4 [Carretera] importante a la que van a desembocar otras secundarias. | Gironella *Mad* 10.9.70, 4: Proseguimos la marcha, reintegrándonos a la carretera general.

5 (*Cine y TV*) [Plano] que recoge un grupo de perss. y parte del escenario en que se encuentran. | RGualda *Cine* 311: Plano general: Se capta todo el decorado y los personajes alejados de la cámara.

II *n* **A** *m y f* **6** Oficial general (→ OFICIAL). | L. Molla *Mun* 26.12.70, 56: Fuerzas de extrema derecha atentan contra el general Schneider. *CoA* 23.4.76, 1: El Ejército francés cuenta desde ayer con su primer general de sexo femenino. **b)** ~ **de brigada.** Oficial general del ejército, de grado más bajo, inmediatamente superior al coronel e inferior al general de división. | *Ya* 28.2.74, 13: En 1945 causó baja en el Arma de Infantería e ingresa en el cuerpo de la Guardia Civil .. Como general de brigada ha mandado la sexta y cuarta zona. **c)** ~ **de división.** Oficial general del ejército, de categoría inmediatamente superior a la de general de brigada e inferior a la de teniente general. | Fusi *Franco* 47: A Franco, en concreto, se le ascendió a general de división, ya en marzo de 1934.

B *m* **7** *En una orden religiosa:* Prelado superior. | S. Lorenzana *Pap* 1.57, 37: Le hicieron luego General "ad honorem" [de la orden benedictina]. Escudero *Capítulo* 140: Debe insistirse en la necesidad de preparar los administradores, especialmente los generales y provinciales, que han de dirigir la economía del Instituto y de las Provincias.

8 (*lit*) Jefe o capitán de un ejército. | Arenaza-Gastaminza *Historia* 57: El mismo Augusto en persona vino a vigilar la campaña contra los cántabros-astures, pero tanto el emperador como su yerno Agripa y otros generales sufrieron serias derrotas.

9 el ~. La generalidad [2]. *Con un compl* DE. | Torres *País* 25.11.87, 72: Superenterada de que, en estos tiempos y para el general de los mortales, dos tetas ya no tiran más que dos carretas, ha basado su negocio en acoquinar a los políticos.

C *f* **10** *En un local de espectáculos:* Conjunto de las localidades más altas y baratas. | Gironella *Millón* 140: Los detenidos instalados en platea y palcos dormían a gusto en los butacones, en tanto que los relegados a general protestaban.

11 (*col*) Mujer del general [6]. | ZVicente *Ya* 27.12.70, sn: Subíamos a ver a la generala. **b)** (*raro*) Hija del general [6]. | Cuevas *Finca* 101: Le hablaban aún dos amigas de su madre .., hijas de un general retirado .. Cuando llegaron, las generalas estaban sentadas en la mesa.

III *loc adj* **12 en** ~. Considerado en conjunto o indiferenciadamente. *Referido a público u otra colectividad semejante.* | *Ide* 27.3.83, 19: Imágenes y tronos de grandes artistas recorrerán, acompañadas por cofrades, camareras y el pueblo en general, las calles angostas y tradicionales de Granada.

IV *loc adv* **13 a generala.** (*Mil*) A alarma máxima. *Con el v* TOCAR. | Grosso *Capirote* 45: –¡No hay novedad! –les había dicho Venancio [a los guardias civiles], rogándoles que esperaran–. No es necesario armar alboroto, ni despertar a ninguno .. Sé la litera que duerme, y no hay por tanto que tocar a generala ni a zafarrancho de combate.

14 en ~. De manera general [1a y 3]. | X. M. ABoo *TMé* 14.1.83, 17: En general, ha sido un simposio de importancia decisiva para la medicina gallega.

15 en ~, *o* **por lo** ~. Común o normalmente. | Tamames *Economía* 204: En el caso de la hulla, base de toda la carboquímica, nuestra producción es insuficiente en cantidad y, en general, de calidades deficientes. Escobar *Itinerarios* 127:

generalato – generativista

Por lo general, el castellano desdeña el postre en sus comidas diarias.

generalato *m* **1** Empleo o cargo de general [6 y 7]. | M. GAróstegui *SAbc* 2.2.69, 32: Se ha recordado entre estos a los hermanos Hermosa, Añino, .. Alarcón de la Lastra, etc., algunos de los cuales llegaron a alcanzar después el generalato. Carnicer *Castilla* 67: Nació aquí [el jesuita Diego Laínez] y se unió a Ignacio de Loyola, a quien sucedería en el generalato de la orden.
2 Conjunto de los generales [6]. | FSalgado *Conversaciones* 480: Contesto a Franco que mis manifestaciones no debe atribuirlas a todo el generalato, sino a unos cuantos que son los que me han hablado.

generalicio -cia *adj (raro)* De los generales [6 y 7]. | *Inf* 22.8.74, 28: Los ponentes de este congreso serán: padres James Walsh .., Horacio de la Costa, de la curia generalicia de Roma.

generalidad *f* **1** Cualidad de general [1a]. | DVillegas *MHi* 12.57, 20: La mitad de la humanidad entra en la guerra. De aquí la primera observación: la generalidad del conflicto. Gambra *Filosofía* 51: A estas dos clases de razonamiento que tienen un desarrollo inverso en orden a la generalidad de sus términos añaden los lógicos el llamado razonamiento de analogía.
2 Mayoría o casi totalidad de los componentes [de un conjunto]. *Tb sin compl, por consabido.* | CBaroja *Inquisidor* 10: Aquellas biografías resultaban entretenidas para la generalidad del público. *DCu* 14.8.64, 3: La Concentración Parcelaria .. La renuncia de todo sentimentalismo "por la finca del padre o del abuelo" es un acto generoso en beneficio de la generalidad y de sí mismo.
3 Cosa general [3]. *Gralm en pl.* | Torrente *Isla* 194: El discurso, breve de sólito, se alarga en una transición hecha de vagos manoteos y de generalidades. **b)** *En pl:* Nociones elementales [de una ciencia o arte]. | Gironza *Matemáticas* 7: Lección 12: Generalidades sobre la radicación y sobre la raíz cuadrada. **c)** *En pl:* Temas generales [1a]. | Huarte *Biblioteca* 118: Las diez divisiones primarias [de la clasificación decimal universal] son: 0. Generalidades. 1. Filosofía. 2. Religión .. 7. Arte .. 8. Lingüística .. 9. Geografía.
4 Gobierno regional autónomo de Cataluña o de Valencia. | Gironella *Millón* 39: En Barcelona, por un precio módico, lograron que la Generalidad les abriese las puertas del consulado de Chile.

generalísimo -ma *m y f* Jefe que tiene mando sobre todos los generales del ejército. *Tb fig. Por antonomasia designa al general Franco.* | *Faro* 31.10.70, 2: El Jefe del Estado, Generalísimo Franco, llegó al aeropuerto de Rota. Cierva *Triángulo* 103: Mi tío Carlos .. nombró generalísima de sus tropas a la Virgen de los Dolores. Abella *Imperio* 45: En aquellos momentos de culto a lo personal, el acto se definía como una apelación a la intervención del Generalísimo, a quien se calificaba como "la espada más limpia de Europa".

generalista *adj* De carácter general [3]. *Tb n, referido a pers.* | Berlanga *Gaznápira* 177: Conocimientos generalistas, del fútbol al cine pasando por la enseñanza. J. J. Baigorri *PapD* 2.88, 142: A la luz del modelo de Educación Técnica Profesional es necesario un profesor generalista y otro especialista. P. Aparicio *Sur* 7.2.88, 3: Esta discusión se centra sobre la figura del titulado generalista, que, a posteriori y según las necesidades de la sociedad y cualidades personales, se especializará en una disciplina concreta; mientras que, por otra parte, se defiende la figura del especialista a priori, sin ningún tipo de formación integral o generalista. J. Sámano *País* 10.11.91, 56: Son los resultados de dos estilos antagónicos de hacer televisión: Antena 3, la cadena "generalista"; Tele 5, la cadena "entretenimiento". **b)** [Médico] general [3b]. *Frec n.* | *Ya* 12.2.92, 26: El 14 de marzo se celebrará en Alicante el Curso de Obstetricia y Ginecología dirigido a Médicos Generalistas. *DMé* 1.2.93, 1: Los generalistas se quejan de que Sanidad no les oye.

generalizable *adj* Que se puede generalizar. | Aranguren *Ética y polít.* 22: Cabe .., si situación y respuesta son generalizables, una nueva norma que venga a aumentar el acervo de la cultura moral. Tierno *Humanismo* 157: Un hecho que Marx denuncia respecto de la burguesía, pero que es generalizable hoy a todo el mundo occidental, la única adhesión excluyente es el interés económico.

generalización *f* Acción de generalizar(se). | G. Ortí *Ya* 28.2.88, 14: El recrudecimiento y generalización de las novatadas en los cuarteles está llegando en los últimos días a adquirir tintes trágicos. G. Sierra *Abc* 18.11.75, sn: La paz, el trabajo, la generalización del bienestar .. nos han hecho menos manipulables. GÁlvarez *Filosofía* 2, 314: Las ciencias de la naturaleza son nomotéticas, enunciadoras de leyes, y proceden por generalizaciones sucesivas.

generalizado -da *adj* **1** *part* → GENERALIZAR.
2 General [1a, b y c]. | RIza *Luc* 30.7.64, 5: La opinión más generalizada se inclina por la última fórmula apuntada. S. Plou *Her* 12.9.92, 20: Nuestros políticos saben que el mejor antídoto contra la ansiedad autonomista es la ignorancia, la devolución del manso a los corrales, el toreo de salón y el aburrimiento generalizado.

generalizador -ra *adj* Que generaliza. | DPlaja *Abc* 8.9.66, 12: Las interpretaciones pecan de generalizadoras y, sobre todo, de solemnes.

generalizante *adj* Que generaliza. | A. ÁSolís *Ide* 26.8.92, 11: Al sur de Despeñaperros sufre un Tercer Mundo al que se le apaga la voz mediante retóricas y cálculos estadísticos generalizantes. Pa. Lobo *Cór* 1.8.93, 4: Las aseveraciones de Pradera respecto a las manipulaciones doctrinales de Guerra ratifican el aserto generalizante de sus palabras entrecomilladas.

generalizar *tr* **1** Hacer que [algo (cd)] sea general [1a, b y c]. | A. Vázquez *Abc* 22.7.81, 72: Han generalizado la práctica del "windsurfing", que lleva camino de convertirse en el próximo deporte olímpico. **b)** *pr* Pasar [algo] a ser general [1a, b y c]. *Frec en part.* | Valcarce *Moral* 193: En el siglo XV ya se generalizó la costumbre de hacer una comida hacia las doce. D. Giralt *Des* 12.9.70, 31: Por su generalización del fenómeno todos hemos tenido la oportunidad de tomar contacto con esta subversión de los valores urbanísticos.
2 Considerar general [1a] o aplicable a la generalidad [2] [algo particular (cd)]. *Gralm abs.* | *VozC* 6.2.55, 4: Escuchad a Jaén, y generalizad su reflexión a toda Andalucía. *SPaís* 19.2.78, 10: –Ha hablado usted de policías "profesionales auténticos". ¿Quiere decir con esto que el Cuerpo está ideológicamente dividido, como se rumorea? –Es que no se puede generalizar, porque se trata de posiciones individuales.

generalmente *adv* De manera general [1b]. | *Abc* 27.2.58, 34: Así se explica que para los prohombres de nuestro continente fuera generalmente más fácil entenderse con los demócratas que con los republicanos.

generar *tr (lit)* **1** Producir o causar. | FQuintana-Velarde *Política* 18: El hombre persigue, indudablemente, una pluralidad de fines; estos fines generan deseos y necesidades que el hombre ordena según su importancia. D. Giralt *Des* 12.9.70, 31: La amplia vastedad del fenómeno turístico ha generado una degradación subdesarrollada del diseño urbano.
2 *(raro)* Engendrar o procrear. | J. M. Llanos *Ya* 8.12.70, sn: De aquí arranca lo que alguien llamó humanismo cristiano; .. Jesús generado, pues, concebido, desarrollado fetalmente como todos.

generation gap *(ing; pronunc corriente, /yeneréi∫on-gáp/) m* Abismo generacional. | Lorenzo *Abc* 22.11.88, 3: Se habla mucho del *generation gap* o abismo generacional, mas dado que un hombre de longevidad media convive a la vez con cuatro y cinco generaciones, nada ha de extrañar que nuestros medios de expresión no sintonicen.

generativismo *m (Ling)* Tendencia generativa [2b]. | Alcina-Blecua *Gramática* 194: Las primeras noticias sobre el generativismo en Hispanoamérica aparecen en las mismas fechas que en la Península.

generativista *adj (Ling)* De(l) generativismo. | Alcina-Blecua *Gramática* 193: En el siglo XX hispanoamericano se han ido sucediendo, como en la Península, idealismo y estructuralismo, y apuntan los primeros brotes de tipo generativista. **b)** Partidario del generativismo. *Tb n.* | NLadeveze *SNue* 21.9.75, 3: El texto de Chomsky podría servir de modelo para adentrarse en las principales ideas del lingüista generativista americano.

generativo -va *adj* **1** De (la) generación [1]. | Valcarce *Moral* 131: La castidad propiamente tal puede ser perfecta, si excluye totalmente el uso de la función generativa y todo deleite sensual.
2 (*Ling*) [Gramática] que trata de formular una serie de reglas capaces de generar o producir todas las oraciones posibles y aceptables de un idioma. | Alarcos *Estudios* 10: Aunque admiramos la rigurosa construcción mental de la llamada "gramática generativa y transformativa" .., se ha de decir con toda sinceridad que tales exposiciones son solo útiles cuando se trata de cebar una máquina electrónica de traducir. **b)** De la gramática generativa. | Alcina-Blecua *Gramática* 164: El gran problema teórico que tiene planteado la lingüística de tipo generativo es la disputa entre los partidarios de la teoría estándar .. y un grupo de discípulos de Chomsky que creen que es necesario partir de una semántica generativa y no únicamente interpretativa. MGaite *Cuento* 206: Era tan copiosa la bibliografía que le quedaba por consultar para llegar a convertirse en un lingüista generativo digno de ser tenido en consideración que ni tenía tiempo de charlar con los amigos.

generatriz → GENERADOR.

genéricamente *adv* **1** De manera genérica [1]. | C. GCampo *SAbc* 27.4.69, 35: Cuatro moléculas orgánicas de carácter ácido que genéricamente se denominan nucleótidos. FQuintana-Velarde *Política* 65: Como los tres conceptos pueden hacerse equivalentes, con los ajustes expuestos, la suma hallada puede denominarse, genéricamente, renta nacional.
2 (*Gram*) En el aspecto del género [6]. | Academia *Esbozo* 191: Son genéricamente invariables los adjetivos que terminan en -a en singular.

genericidad *f* (*lit, raro*) Condición de genérico. | Torrente *SInf* 27.3.75, 8: ¿Quién pudiera decir que a esta distancia el gran Rey nos ofrezca un perfil grotesco? No en el drama, por supuesto, que se mueve entre lo risible y lo temible, entre lo cómico y lo trágico de su genericidad. SFerlosio *Ensayos* 2, 206: ¿Qué diferencia encuentra usted, en cuanto a la conceptualidad de las imágenes, en cuanto a la genericidad de las nociones, entre "la noche fría" .. y "los ríos que van a dar en la mar"?

genérico -ca I *adj* **1** De(l) género [1, 2 y 6]. | Alvarado *Biología* 2: El origen de los nombres genéricos y específicos es muy variable. Amorós-Mayoral *Lengua* 114: Es muy frecuente la aposición especificativa de un nombre común y uno propio; es decir, de uno genérico (el común) y otro específico (el propio). Por ejemplo: "Mi tía Dolores". SRobles *Pról. Teatro 1964* 14: Todas las obras de López Rubio tienen temas de seductora atracción sentimental. Y los plantea, desarrolla y resuelve con maestría genérica insuperable. Lapesa *HLengua* 260: Este sistema, satisfactorio para la distinción de los casos, no lo era tanto para la de géneros, indiferenciados en el dativo .. No es de extrañar que desde el Cantar de Mio Cid haya ejemplos reveladores de un nuevo criterio, que menoscaba la distinción casual para reforzar la genérica.
2 De género [7]. | SCabarga *Abc* 28.8.66, 76: Moisseiev ha vuelto hacia la tradición en busca de lo que hay de sugestivo, apasionado, poético y trepidante en las danzas típicas, y siempre parece flotar, aun en los momentos más rutilantes de algunos cuadros genéricos, .. la melancolía característica de los pueblos eslavos.
3 General [1a y b y 3]. | *DíaCu* 8.9.84, 16: Los medicamentos genéricos: ¿son la ganga que dicen ser? R. Sánchez *As* 14.12.70, 5: Se está haciendo genérico el que consigamos marcar y luego no nos concedan los tantos. A. Gaitero *DLe* 14.10.91, 4: El Partido del Bierzo, obcecado en las afirmaciones genéricas sobre el bien de y para Ponferrada (papel del salvador), tampoco quiere encontrarse con la débil posición en que le dejaron las elecciones municipales.
4 (*Escén*) [Actor] secundario. *Tb n*. | *Inde* 10.8.89, 25: Garisa se especializó en el papel de gracioso que servía para todo y malogró su talento por la facilidad para elaborar sus manidos personajes. Fue un genérico incansable y eficaz que lo hacía todo.
II *m* **5** (*Cine y TV*) Parte de una película en que se indican los nombres de las personas que han trabajado en ella. | M. Rubio *Nue* 31.12.69, 18: Unas leyes sobrepasadas por la realidad de un sindicato inmovilista impiden que su nombre aparezca en el genérico como autor de una de las fotografías más vanguardistas.

género I *m* **1** Conjunto [de perss. o cosas] establecido por sus caracteres comunes. | Marcos-Martínez *Física* 43: Hay tres géneros de palanca: Primer género: El punto de apoyo está entre la potencia y la resistencia .. Segundo género: La resistencia está entre la potencia y el punto de apoyo .. Tercer género: La potencia está entre la resistencia y el punto de apoyo. **b)** (*CNat*) Conjunto de especies que tienen cierto número de caracteres comunes. | Alvarado *Biología* 2: Hay géneros que comprenden muchas especies; otros, pocas; algunos, una sola. **c) el ~ humano.** La humanidad. | Ybarra-Cabetas *Ciencias* 165: La Biblia no determina la fecha precisa de la aparición del género humano ni da medida del tiempo transcurrido desde la Creación hasta el Diluvio.
2 Grupo o clase a que pertenece una obra literaria o artística, con arreglo a criterios de forma y contenido establecidos por la tradición. | CBaroja *Inquisidor* 9: La biografía es un género literario. GNuño *Arte* 356: Su arte [de Velázquez] engloba todos los géneros, y es como si en su personalidad se fundieran muchas maneras, aspectos y maestrías que aisladamente valdrían con holgura para hacer famoso un nombre. Tejedor *Arte* 204: Más amplitud nacional, más ambiente, tuvo en el siglo la zarzuela, un género nacido en el XVII. **b) ~ chico.** Modalidad de zarzuela en un acto, propia de fines del s. XIX, de ambiente y tipos populares, esp. madrileños. | Nieva *GChico* 13: Ahora no es de extrañar que, como primitivo vanguardista que ya soy, vaya a ocuparme de nuestro género chico.
3 Clase o estilo [de perss. o cosas]. | L. Calvo *Abc* 30.12.70, 21: Asoma a los periódicos todo un pliego de preguntas de ese género. *Almería* 104: Se ha incrementado considerablemente el número de establecimientos mercantiles de todo género, especialmente en el ramo textil, calzado, bares, aparatos electrodomésticos. Cossío *Montaña* 108: Se la hacía oscilar [la peña] empujándola con la mano .. A este género de piedras oscilantes pertenecería esta de Sejos. **b) ningún ~** [de algo]. *Se usa para ponderar la inexistencia de lo designado*. | *Ya* 7.5.90, 8: La reconocieron "sin ningún género de dudas".
4 Tela o tejido. *Gralm con un compl especificador*. | Fraile *Cuentos* 5: ¿Os gusta el género de este traje? MMolina *Jinete* 22: Es la tienda de género y confección más grande de Mágina.
5 (*Com*) Mercancía. | Mercader-DOrtiz *HEspaña* 4, 159: Entre la metrópoli y las colonias las corrientes de tráfico comprendieron, a la ida, las materias tradicionales (vino y aceite, mercurio y productos manufacturados extranjeros), más los géneros que fue suministrando la actividad española, especialmente estampados y muselinas catalanas. * El sábado casi se quedan sin género en las tiendas, especialmente en las carnicerías. **b)** (*col, humoríst*) Material, o conjunto de perss., animales o cosas con que se ha de trabajar o actuar. | *GacR* 27.10.70, 6: Muñoz se tropezó con el manso más manso de todo el festival. Un novillo ilidiable .. Paco Núñez no tuvo "género" a propósito para lucirse.
6 (*Gram*) Categoría del sustantivo con arreglo a la cual, cuando este, en un enunciado, va acompañado de algún adjetivo susceptible de dos terminaciones (-o/-a), el adjetivo ha de tomar precisamente una de ellas. | Academia *Esbozo* 172: Por el género, los nombres sustantivos se dividen en español en femeninos y masculinos. **b)** Forma que toman el adjetivo o el adjunto, o condición que se les atribuye, según el género del sustantivo al que se refieren. | Academia *Esbozo* 191: Son también invariables en cuanto al género los adjetivos en -i. **c)** (*hoy raro*) Característica por la que se agrupa a los nombres que tienen determinadas particularidades en cuanto a su género gramatical. | Blecua *Lengua* 74: Cuando esto sucede en los nombres de animales, se dice que esos sustantivos tienen un género epiceno, como en *hormiga, elefante, pez*. **d)** (*hoy raro*) Grupo constituido por nombres, masculinos o femeninos, que tienen alguna particularidad en cuanto a su género gramatical. | Alcina-Blecua *Gramática* 526: Un cortísimo número de nombres de persona .. y la mayor parte de los nombres de animales que la Gram. Acad. distinguía innecesariamente como constituyendo el género epiceno.
II *loc adj* **7 de ~.** (*Arte*) [Pintura o escultura] que representa escenas de costumbres. | GNuño *Arte* 413: La etapa madrileña de Fortuny marca una afición a los cuadros de gé-

generosamente – genial

nero, ambientados en el siglo XVIII. **b)** [Autor] de obras de género. | GNuño *Arte* 413: Mucho del gusto dieciochesco y delicado de Fortuny se advierte en otros pintores de género coetáneos, como Vicente Palmaroli, Eduardo Zamacois y Jiménez Aranda.
8 del ~ tonto. (*col*) [Dicho o hecho] que demuestra tontería. *Normalmente con el v* SER. | Escobar *Itinerarios* 208: Sería del género tonto ir a hacer el caldo gordo al tabernero y beber vino de batalla teniendo yo en mis cubas muchas cántaras de vino superior.

generosamente *adv* De manera generosa. | *Abc Extra* 12.62, 47: Se portaban así tan generosamente por temor a que aquellos fuesen los últimos regalos. *Inf* 7.8.75, 13: Rossana Yanni, ejemplo vivo de la importancia de los atributos físicos en el cine, posa generosamente en el último "Indiscreto semanal" para convencernos meridianamente del contexto de sus declaraciones.

generosidad *f* Cualidad de generoso [1 y 2]. | DPlaja *El español* 121: Algunas veces el refranero español parece dar un mentís a la teoría de la generosidad innata del español. Castellanos *Animales* 134: Una comida a base de estas larvas es justamente el mejor trato que puede dárseles a los peces, si bien una excesiva generosidad puede resultar contraproducente.

generoso -sa *adj* **1** [Pers.] desinteresada o que da gustosamente de lo que tiene. *Tb fig, esp referido a cosa.* | Cabezas *Abc* 23.5.76, 24: La citada Asociación de Vecinos de Hortaleza agradece el apoyo prestado a sus fiestas por el comercio y la industria de la zona, muy especialmente al señor Banús, que este año se mostró especialmente generoso. Cuevas *Finca* 185: "San Rafael" podía volver a ser la tierra entregada, fiel y generosa todos los años. **b)** [Pers.] magnánima y capaz de sacrificarse por los demás. | * La madre Teresa es el prototipo de la persona generosa. **c)** Propio de la pers. generosa [1a y b]. | FQuintana-Velarde *Política* 15: ¿Querrás, si las primeras [razones] te han convencido –y tu generoso corazón nos hace sospecharlo así–, seguir adelante? RMorales *Present. Santiago* VParga 5: Todos aquellos peregrinos aparecían unidos por el lazo de la Cáritas, ese impulso supremo y generoso. *Abc* 18.4.76, 6: Un laudo generoso .. La decisión arbitral obligatoria puede considerarse como generosa y favorable a los trabajadores .. Establece unas mejoras económicas superiores a las ofrecidas por la empresa.
2 [Cosa] grande o abundante. | Matute *Memoria* 68: Vestía hábitos de tela gruesa, que descendían en pliegues generosos. Laforet *Mujer* 47: Víctor .. vivía cómodamente agregado a aquel generoso cocido familiar. GPavón *Reinado* 40: Las tinajas de barro, con las panzas bien generosas, se alineaban a uno y otro lado de la nave.
3 [Vino] producido por uvas selectas, con una graduación de 14° a 23°, propio para aperitivos y postres. | Delgado *Vino* 41: La zona de Málaga elabora, con solo 2.500 hectáreas .., sus afamados vinos "lágrima", "moscatel" y "Pedro Ximénez". Son caldos generosos, que ya alcanzaron fama en la época romana.

genesíaco -ca (*tb* **genesiaco**) *adj* (*lit*) **1** Del Génesis (libro de la Biblia en que se narra la creación del mundo). | Alvar *Islas* 24: Lanzarote es como un inicio de vida .. Ríos de lava que hablan de días genesíacos y colores –rojo, amarillo, negro– elementales y primitivos.
2 Genesíco [1]. | Lera *Olvidados* 147: –¡Ni para macho me vales ya!– .. Una ráfaga de luna dio de lleno en el rostro crispado de la Mellada, que .. parecía el espectro aterrador de una furia paleolítica, tremante de deseos genesíacos. Sampedro *Sonrisa* 68: Los jabalíes delimitan sus territorios .. sembrando efluvios genesíacos en piedras o jarales.

genésico -ca *adj* **1** De (la) generación o procreación. *Esp con referencia al instinto sexual.* | Laín *Marañón* 173: Desaparición del mito de la violación y mayor naturalidad en las relaciones sexuales, en lo tocante al instinto genésico. MSantos *Tiempo* 13: En las hjas del Muecas hay una tal dulzura ayuntada, una tal amamantadora perspicacia, una tan genesíaca propiedad que sus efluvios emanados bastan para garantizar el reencendido del ardor genésico.
2 Genesíaco [1]. | Umbral *Mortal* 26: El acto mítico, bíblico y genésico de la creación manual y alfarera de la vida por Dios, se repite continuamente.

génesis *f* Origen o formación [de algo]. | PAyala *Abc* 1.6.58, 3: Los seres y cosas, puesto que existen, existen por algo y a causa de algo. Luego, todo lo que existe obedece a génesis previa, que es su "raison d'être". **b)** Conjunto de hechos que da origen [a algo (*compl de posesión*)]. | LIbor SAbc 17.11.68, 8: Se conocen detalles importantes de la génesis de un tema que tanto ha dado que hablar y que hacer.

genéticamente *adv* **1** De manera genética. | FRamírez *Lengua* 28: El hecho de que en español antepongamos la preposición *a* a los complementos de persona y no a los de cosas .. podría explicarse genéticamente apelando al elevado concepto que de la dignidad humana poseen .. los españoles.
2 En el aspecto genético. | C. GCampo SAbc 27.4.69, 35: A partir de un insignificante pellizco en la piel, se podrán derivar cien personas genéticamente idénticas a su progenitor.

geneticista *m y f* Genetista. | Vega *Corazón* 76: Otro Premio Nobel de Medicina y gran geneticista de la Universidad de Stanford. J. Botella *Ya* 6.8.87, 10: Toda esta historia es hoy día perfectamente conocida por los ginecólogos y los geneticistas.

genético -ca **I** *adj* **1** De (la) génesis. | Albalá *Periodismo* 88: "La opinión" es una .. consecuencia del poder genético de la información. Gambra *Filosofía* 66: El segundo grupo de definiciones lo forman las definiciones reales, que se refieren, no a la palabra, sino a la cosa. Pueden ser .. genéticas, si manifiestan la forma en que el objeto en cuestión se engendra o produce.
2 De (la) genética [4] o de su objeto. | *ByN* 31.12.66, 15: Las simples experiencias atómicas causan trastornos genéticos graves. J. Zor *TCR* 2.12.90, 30: No es imposible que asistamos a la aparición de esta "raza", pues con las actuales tecnologías de manipulación genética sería posible crearla.
II *n* **A** *m y f* **3** (*raro*) Genetista. | M. Calvo *Ya* 9.12.72, 9: La experiencia ha sido preparada por 25 científicos que cultivan distintas disciplinas –físicos, biólogos, biofísicos, genéticos y médicos– y que pertenecen a once institutos europeos de investigación.
B *f* **4** Parte de la biología que estudia los problemas de la herencia. | Aranguren *Marxismo* 66: Teilhard de Chardin y la bioquímica, con la genética, en torno al problema de la "síntesis orgánica", muestran esfuerzos paralelos .. para comprender esta autotransformación del mundo. **b)** Conjunto de fenómenos que son objeto de la genética. | M. C. Parada *Voz* 1.3.86, 33: En el Departamento de Zonas Húmedas se llevan a cabo estudios sobre genética forestal, introducción de especies, restauración con especies frondosas del monte gallego.

genetista *m y f* Especialista en genética [4]. | Umbral *Españolas* 180: A las madres solteras .. se les está subiendo el niño a la cabeza, y lo llevan muy alto durante el embarazo, porque los modernos genetistas dicen que eso es bueno. C. Villar *Opi* 16.10.76, 62: Los genetistas intentaron fabricar en la probeta machos estériles que luego se dejaban en libertad para que compitiesen con los sanos.

genial I *adj* **1** [Cosa] propia de(l) genio [4 y 5]. *Frec con intención ponderativa, y a veces irónica.* | DPlaja *Abc* 8.9.66, 12: De estos estudios se derivan dos conclusiones generales: la de la importancia indiscutible del teatro de Jardiel, .. y la permanencia de los dos modos geniales y generales de entender la materia humorística. GMartínez *Ver* 16.6.76, 3: Agua para Sangonera .. El Ayuntamiento capitalino puso en marcha uno de sus geniales inventos .. Consiste la cosa en unos depósitos, que hay que llenar a base de cubas. **b)** (*col*) [Pers.] que es un genio [4b y 5b]. *Frec con intención ponderativa, y a veces irónica.* | Umbral *Trilogía* 175: Así estaba todo Madrid, pasadito de pintores geniales y hambrientos. VMontalbán *Delantero* 57: Camps lanzó una carcajada inadecuada y la repitió. Tan inadecuada que hasta a Carvalho le pareció una falta de respeto .. –Comisario, es usted genial.– Tampoco le gustó aquel comentario a Carvalho.
2 (*col*) Sumamente bueno. *Con intención ponderativa.* | S. Cámara *Tri* 16.8.75, 13: Un viaje por Extremadura con mi amiguete será genial. GHortelano *Amistades* 207: –Hace una noche genial, eh. –Yo no siento nada de fresco.

genialidad – genitivo

II *m* **3** (*hoy raro*) Genio [1]. | DCañabate *Paseíllo* 111: No modificó la adolescencia su genial: pazguato él, alocadilla ella.
III *adv* **4** (*col*) Sumamente bien. *Con intención ponderativa*. | MGaite *Retahílas* 50: Es que disfrutaban, yo por lo menos pensaba eso, juzgaba por Marga y por mí que lo pasábamos genial. Umbral *Trilogía* 175: Eduardo Roldán pintaba y pinta genial.

genialidad *f* **1** Cualidad de genial [1]. | Torrente *Off-side* 34: Mi genialidad me impide ser normal. Pinillos *Mente* 122: La psicología actual no se reduce .. a medir los cocientes intelectuales de las personas para darles su correspondiente certificado de genialidad o tontería.
2 Cosa genial [1]. *Frec con intención desp, ponderando la originalidad o extravagancia*. | *Inf* 9.2.78, 26: Eliminar al Athletic de Bilbao en San Mamés. Una genialidad del Atlético. Cobos *Machado* 65: Burla de los errores en que Carral incurría, de las genialidades de Cáceres, de los versos malos de cualquiera. R. Pozo *DCu* 26.7.64, 4: Termino copiando lo de aquel esquizofrénico que de vez en cuando decía genialidades.

genialmente *adv* De manera genial. | Diego *Abc* 15.12.70, 7: En ella se suman dos aciertos genialmente inventados, encontrados y desarrollados. Castiella *MHi* 11.63, 59: Anticipándose genialmente a organizaciones y empresas políticas que hoy nos parecen de primera y urgente necesidad.

genialoide *adj* (*raro*) Que tira a genial [1]. | E. Alcalá *SAbc* 28.4.74, 34: Todo el ramalazo genialoide .. pudo ahogarse, pero no morirse, claro está, entre los despistes románticos de "Doctor Zhivago". GPavón *Teatro 1963* 30: Ella supo sacar todo el partido posible a su dificilísimo papel de provinciana genialoide, despistada a veces, orgullosa, tierna, iluminada otras, casi loca.

génico -ca *adj* (*Biol*) De (los) genes. | MSantos *Tiempo* 10: Cepa conseguida tras alta reflexión .. y determinación de mapas génicos. *Abc* 15.2.92, 62: EE.UU. autoriza la primera terapia génica contra el VIH.

genio *m* **1** Carácter (conjunto de cualidades psíquicas y afectivas que condicionan la conducta [de alguien]). *Tb referido a animales*. | Lagos *Vida* 35: Eso de descansar no iba con su genio. Pinillos *Mente* 146: Por temperamento o genio se entiende normalmente en psicología el conjunto de disposiciones afectivas que predominan y tiñen las reacciones habituales de un sujeto y, muy especialmente, sus relaciones interpersonales. **b)** Conjunto de caracteres que constituyen la esencia [de algo]. | Huarte *Diccionarios* 54: Recoge además [el Diccionario Manual] .. extranjerismos para los que cabe esperar sustituto más conforme al genio de la lengua.
2 Disposición habitual u ocasional del ánimo, que lleva a mostrarse alegre o triste, amable o antipático, pacífico o agresivo. *Gralm con los adjs* BUENO, MALO *o equivalentes. Tb referido a animales*. | Laforet *Mujer* 301: No se atrevió a comulgar sin confesar su mal genio. Laforet *Mujer* 61: La madre de Paulina: una mujer flaca, tosedora, con el genio avinagrado. Laforet *Mujer* 49: Le daba vergüenza decirle a Víctor que su padre blasfemaba con un carretero, que tenía un genio del demonio, que .. era grosero con su madre. Yebes *Abc* 10.10.65, sn: No tiene desperdicio este apasionante libro que .. nos describe .. la importancia del color de los ojos en relación con el mejor o peor genio y carácter del animal. **b)** (*col*) Mal genio. | Kurtz *Lado* 17: Esta tuvo un arranque de genio y, con el látigo que verás a la entrada y que es de verga de toro, la atizó. Delibes *Cinco horas* 170: Sacabas el genio por una futesa y, luego, .. cedías la vez en las tiendas. Egin *Luc* 1.10.64, 6: El animalito [el toro] sacó genio y al final mostró peores ideas que las de un cobrador de pagos morosos. **c)** (*Taur*) Tendencia a embestir de manera incierta y peligrosa. | DCañabate *Abc* 14.5.67, 89: Al iniciar un pase con la derecha, el genio del toro le empala por un muslo.
3 Carácter o condición [de una cosa]. *Con un adj o compl especificador*. | J. Montarroso *TMé* 14.1.83, 28: Se pueden distinguir ambas entidades clínicas por el exantema que aparece posteriormente a la lesión dérmica principal, .. por la menor cuantía y "genio patógeno" del edema.
4 Inteligencia y originalidad extraordinarias. | RIza *CoA* 14.2.64, 11: Epilepsia y genio parecen haber vivido siempre en buena armonía. Torrente *Off-side* 34: El maestro alimenta mi anormalidad, que es como alimentar mi genio. **b)** Pers. de inteligencia y originalidad extraordinarias. | CBaroja *Inquisidor* 47: No en balde era uno un genio y el otro un erudito de prosa burocrática.
5 Capacidad o habilidad extraordinarias [para algo (*adj o compl especificador*)]. | F. ÁPeratoner *DBu* 18.7.64, 5: La batalla del Ebro, en la que tomaron parte 1.500 cañones nacionales y el genio militar del Generalísimo. **b)** Pers. de capacidad o habilidad extraordinarias [para algo (*adj o compl especificador*)]. *A veces se omite el compl, por consabido. Frec con intención ponderativa*. | Arenaza-Gastaminza *Historia* 152: Las tropas españolas las mandaba Gonzalo Fernández de Córdoba, un gran genio militar formado en la guerra de Granada. MLombraña *DÁv* 7.12.76, 3: Ante esta situación, Fernández de Córdoba, apoyado por otros dos genios de la estrategia italiana: Próspero Colo[n]na y Bartolomeo d'Alviano, organiz[a] la nueva infantería española. * Chico, eres un genio; hace dos horas que estoy intentando hacerlo.
6 (*Mitol*) Deidad creadora y cuidadora de la naturaleza. | GGual *Novela* 107: Nadie olvidaba cuán grande era el poder de este geniecillo [Eros], "tirano de los dioses y de los hombres" (como dice ya Eurípides). **b)** Ser sobrenatural dotado de poder mágico. | Vernet *Noches* XXXI: Se nos presenta a un Harún al-Rasid distinto del real, mezclado con genios sometidos a talismanes. Sánchez *Pról. Quijote* 25: Los nombres de Arcaláus el Encantador, genio maléfico, y Urganda la Desconocida, maga benefactora, procedentes del renombrado Amadís, acaban por hacerse familiares a los lectores del Quijote. *Lab* 9.70, 10: ¡Y la tercera naranja? ¡Probablemente vino un geniecillo y se la comió! **c)** (*Arte*) Figura que se coloca al lado de una divinidad o que representa una alegoría. | CBaroja *Inquisidor* 27: En los ángulos de la urna, dos angelillos o geniecillos llorosos sostienen unas cartelas.

geniogloso *adj* (*Anat*) [Músculo] que se inserta en el maxilar inferior y al contraerse proyecta la lengua hacia fuera. *Tb n m.* | Alvarado *Anatomía* 77: La lengua es un órgano constituido por músculos que le aseguran sus variados movimientos. Los más importantes son: el lingual superior .., el lingual inferior .., el geniogloso .. y los hioglosos y estiloglosos.

genista *f* (*reg*) Retama (planta). | Santamaría *Paisajes* 32: Estos bosques, sometidos a fuertes talas, encuentran enormes dificultades para recuperarse debido a la aridez, por lo que es frecuente que se encuentren en estado arbustivo con .. diversas lavandas, genistas, cantuesos y tomillos. Rodríguez *Monfragüe* 40: En otros [parajes], sin embargo, aparecen [estos componentes] perfectamente conservados, normalmente entremezclados con otras especies asimismo representativas del ecosistema en cuestión, tales como brezos, madroños, acebuches, genistas.

genital I *adj* **1** De (la) generación o reproducción. | Bustinza-Mascaró *Ciencias* 181: Posee [el lagarto] un aparato digestivo bien desarrollado, y el intestino a su terminación se ensancha, denominándose cloaca a este ensanchamiento, en donde desembocan los conductos urinarios y genitales. Carnicer *Castilla* 62: El mono está roto por la parte de la bragueta, y por la rotura, formando bolsa con el calzoncillo, le salen los apéndices genitales.
II *m* **2** *En pl:* Parte externa del aparato genital [1]. | An. Castro *Abc* 18.4.76, 34: Existen múltiples posibilidades imaginables [de alopecia]. Caída del cabello .. Afectación inclusive en resto de vello secundario (axilas, pecho y genitales).

genitalidad *f* (*raro*) Sexualidad. | Lázaro *Gac* 14.12.75, 47: El autor de *Equus* .. ha arrojado a su adolescente, Alan Strang, a enamorarse de un caballo .. Alan Strang, de seis años, montó a caballo, y allí, según lo que se nos cuenta, tuvo el primer barrunto de su genitalidad. Umbral *Mortal* 20: Un antropoide vive y se despereza cada mañana en mi genitalidad. El antropoide, al despertar, se las promete muy felices, supone, sin duda, que le espera una jornada de selva y fornicaciones.

genitivo *adj* (*Gram*) [Caso] que corresponde a la función de complemento de posesión o pertenencia. *Frec como n m; entonces puede designar tb el sust que va en dicho caso*. | Lapesa *HLengua* 53: La desinencia *-um* de *hominum* añadía a la idea de "hombre", representada por el tema *homin-*, las notas de genitivo y plural. Zunzunegui *Hijo* 83: Quedó colgado del genitivo sajón. No pasó de allí.

genitor – gentil

genitor -ra *adj* (*lit*) Que engendra. *Tb n. Tb fig.* | L. Muñoz *Sur* 28.2.56, 9: El amplio campo español .. revela el temp[e]ramento de la raza genitora e ideal que diera vida a tantos pueblos. Torrente *Sombras* 12: Si ahora ya no se recuerda, al desinterés de los jóvenes por el pasado y por sus lejanos genitores obedece. PAyala *Abc* 25.5.58, 3: Como genitor y procreante que fue de las ciencias naturales y de la biología, Aristóteles considera al hombre naturalísticamente, como un animal, pero un animal político y racional.

genitourinario -ria *adj* (*Anat*) [Aparato] genital y urinario. | *GTelefónica* 14: Fraga Iribarne, J. Urólogo diplomado. Diagnóstico y tratamiento de tumores del Aparato Genitourinario. **b)** De(l) aparato genitourinario. | *Ya* 30.5.64, 42: Clínica Fuencarral. Especializada en enfermedades genitourinarias.

genitura *f* (*lit*) Generación o procreación. | Mateo *Babia* 46: Decidían [los vecinos en el concejo] .. el reconocimiento de los machos para seleccionar a los padres y privar a los demás de la genitura.

genízaro → JENÍZARO.

genocida *adj* [Pers.] que comete genocidio. *Más frec n.* | *MHi* 2.55, 19: Este último, un genocida sanguinario e implacable, que propuso a las autoridades de ocupación una masacre de filipinos con objeto de reducir la resistencia.

genocidio *m* Matanza sistemática de un grupo étnico, nacional o religioso. *Tb fig.* | *Nue* 11.1.70, 3: "Panteras Negras" acusan a U.S.A. de genocidio. J. Sobrequés *Des* 12.9.70, 30: El edicto es un ejemplo de mala fe política y fue un poderoso instrumento del genocidio nacional que poco a poco Francia iría perpetrando en el Rosellón. Laín *País* 5.5.83, 11: Quede para otros países la práctica del genocidio idiomático.

genodermatosis *f* (*Med*) Dermatosis hereditaria con trastornos metabólicos. | *TMé* 15.6.84, 23: Las ictiosiformes son las genodermatosis más frecuentes.

genol *m* (*Mar*) Pieza que se une de costado a la varenga para formar la cuaderna. | Zunzunegui *Hijo* 63: Una vez puesta la quilla e insertadas la roda y el codaste, se abrió a los lados, como las hojas de una gigantesca alcachofa, la varenga de mayor ángulo, la varenga maestra y los primeros genoles del plan o de fondo.

genoma *m* (*Biol*) Conjunto de los genes de una célula o de un organismo. | FGaliano *Biología* 2, 15: Las dos células hijas deben funcionar de igual manera, lo que significa que ambas deben de tener un idéntico genoma. *Abc* 9.9.75, 88: El programa comprende las sesiones plenarias que agrupan a todos los participantes y tratarán sobre: análisis de los cromosomas virales, virus con genomas divididos.

genómico -ca *adj* (*Biol*) De(l) genoma. | M. Sánchez *SPaís* 22.1.89, 26: El equipo de Ricardo Amils está estudiando la organización genómica de microorganismos extremófilos.

genotípicamente *adv* (*Biol*) En el aspecto genotípico. | Navarro *Biología* 217: Cuando se cruzan dos variedades homocigóticas .. de la misma especie .., la generación resultante .. es uniforme, tanto fenotípica como genotípicamente.

genotípico -ca *adj* (*Biol*) De(l) genotipo. *Tb* (*lit*) *fig.* | Pinillos *Mente* 52: Resulta muy difícil determinar en concreto cuáles son las características fenotípicas, y sobre todo genotípicas, que son exclusivas de un grupo racial.

genotipo *m* (*Biol*) Conjunto de genes o caracteres hereditarios de un individuo. *Se opone a* FENOTIPO. | Navarro *Biología* 217: De las dieciséis combinaciones, varias son del mismo fenotipo .. Los genotipos diferentes son nueve.

génova *m* (*Mar*) Cierto tipo de foque grande usado en los yates de regatas. | F. Castañeira *Abc* 24.11.90, 91: Dos hombres para la maniobra y el denominado proa, que junto a los dos anteriores se ocupan de todas las maniobras con los génovas y "spinnakers".

genovés -sa *adj* De Génova (Italia). *Tb n, referido a pers.* | J. Balansó *SAbc* 22.11.70, 22: Consta que el genovés Lancelotto Malocelli arribó a las costas de la isla de Lanzarote.

genovisco -ca *adj* (*raro*) Genovés. *Tb n.* | Cunqueiro *Un hombre* 183: Filón tuvo de un mercader genovisco noticias de que había pasado el músico.

gens (*lat; pronunc,* /gens/ *o* /χens/; *pl normal, invar*) *f* (*hist*) En la antigua Roma: Conjunto de familias que se consideraban descendientes de un antepasado común. | Tejedor *Arte* 46: Los patricios .. se agrupaban en varias "gens", cada una integrada por todas aquellas familias que tenían un antepasado común.

gentamicina *f* (*Med*) Antibiótico obtenido de la bacteria *Micromonospora purpurea*, usado esp. en afecciones urinarias. | *Antibióticos* 29: Antibióticos más importantes: .. Gentamicina. Fosfonomicina.

gente I *f* **1** Personas o conjunto de (las) personas. *A veces en pl con intención expresiva. Frec con un adj o compl especificador.* | GPavón *Hermanas* 30: La gente, mirando hacia atrás e incorporada en los asientos, reía o jaleaba al maricón. CNavarro *Perros* 12: Su aire era el peculiar de la gente que abandona el campo. Berlanga *Gaznápira* 115: En la capital siempre hay gente pa todo, a cualquier hora. CBaroja *Inquisidor* 9: En la época en que era adolescente, entre la gente de letras de Madrid corrían rumores. GPavón *Reinado* 223: Aunque muy bestias, son buena gente. **b)** ~ **bien, ~ gorda, ~ guapa, ~ de bien, ~ de medio pelo, ~ de paz, ~ de pro,** *etc* → BIEN[1], GORDO, GUAPO, BIEN[2], PELO, PAZ, PRO, *etc.* **c)** Conjunto de las personas que están, viven o trabajan [en un lugar (*compl* DE)]. | Ferrer-LSalinas *Hurdes* 122: El hablao y el trato de la gente de aquí es distinto que el de los pueblos que han pasao. * Ahora sale la gente de la fábrica. * Al ruido de la explosión se asomó la gente del bar. **d)** (*col*) Familia [de alguien]. | Quiñones *Viento* 66: Ella se iba al campo con su gente, en agosto, no sabía hasta cuándo. **e)** Conjunto de personas, que siguen ideológicamente [a otra (*compl de posesión*)] o trabajan [para ella (*compl de posesión*)]. | * Un poco después llegó Aznar con su gente.

2 ~ **menuda.** Niños. | Berlanga *Gaznápira* 25: Aunque está a punto de entrar en quintas, el Capador y su chiquero y se lleva bien con la gente menuda. **b)** (*hoy raro*) Personas de clase popular. | Berlanga *Barrunto* 13: Y más que vienen. Gente menuda también.

3 buena ~. (*col*) Buena persona. | Marsé *Montse* 213: Está casada con un pastor, un bestia que la mata a palos, ella es buena gente, la pobre.

4 (*Rel catól, lit*) *En pl*: Gentiles[2]. *En la constr* APÓSTOL DE LAS ~S, *designando a San Pablo.* | Villapún *Iglesia* 23: A San Pablo se le llama el "Apóstol de las Gentes".

II *loc adj* **5 de ~s.** [Derecho] internacional. | U. Buezas *Reg* 29.12.70, 6: Es ya muy persistente y reincidente su vesánica furia pretendiendo mostrarnos "urbi et orbe" [*sic*] como un pueblo primitivo .. sin respeto alguno por el derecho de gentes y normas de la legislación internacional.

6 [Don] **de ~s** → DON[2].

III *loc v* **7 ser ~.** Ser alguien de cierta importancia. | FVidal *Ayllón* 97: Acuden al pueblo a ver a sus ancianos y hermanillos durante la vacación anual, a bordo de un "600" o de un "4-L" de tercera mano, para demostrar a los convecinos que se es gente y que permanecer en el pueblo es propio de primos. **b)** Ser una persona. | CAssens *Novela* 2, 149: Yo .. me desvivo por reconciliar a los enemigos, .. yo doy bombos en *El Heraldo* a todo el mundo..., ahora que yo no dejo tampoco que me pisen..., soy pequeñito, pero soy gente.

gentil[1] I *adj* **1** (*lit*) Agraciado o hermoso. | *MHi* 7.69, 21: Su vocación y su oficio se han ido cuajando hasta darnos a una de las más gentiles y seguras actrices jóvenes con que cuenta hoy España. Cela *Viaje andaluz* 183: La torre de San Juan es un gracioso giraldillo de azulejos morunos y fulgidores. Hay quien cree que es la más gentil de todas las torres de la ciudad.

2 (*lit*) Amable o cortés. | RMorales *Present. Santiago* VParga 6: Desde el parteluz, Santiago .. acoge a las muchedumbres con gentil sonrisa.

3 (*Arte*) [Estilo gótico] de la época de apogeo. | Tejedor *Arte* 120: La evolución [del gótico] ha precisado en el desarrollo del estilo tres sucesivos períodos ..: el ya reseñado de transición –siglos XII y XIII– también conocido por gótico robusto ..; el de apogeo o gentil –siglos XIII-XIV–, el de las grandes catedrales, que añade los arbotantes, aumenta las ner-

vaduras de las bóvedas, .. y el florido o flamígero –siglos XV y XVI–.
    II *loc adv* **4 a cuerpo ~** → CUERPO.
  gentil² *adj* (*hist*) [Pers.] idólatra o pagana. *Frec n*. | *HyV* 12.70, 95: Israel contemplaba entonces el mundo, discriminado por la barrera de su raza: a un lado, los judíos, y al otro, los gentiles.
  gentileza I *f* **1** Cualidad de gentil¹ [1 y 2]. | Olmo *Golfos* 157: Mi padre .. besa la mano con una gentileza extraordinaria.
    2 Detalle gentil¹ [2]. | *DLér* 22.7.69, 9: El Hotel Condes de Pallars prepara una verbena extraordinaria .. Ha tenido la gentileza de invitar a los delegados de los equipos.
    II *loc adv* **3 por ~** [de una pers. o empresa]. Siendo [esa pers. o empresa] quien paga o patrocina. *Referido a programas de radio o televisión*. | *Her* 4.4.71, 18: Vea en el intermedio y al final del partido de esta tarde la repetición de las jugadas más interesantes ofrecidas por gentileza de Filomatic.
  gentilhombre (*pl normal*, GENTILESHOMBRES *o, más raro,* ~S) *m* (*hist*) Caballero al servicio del rey. *A veces con un compl especificador*. | Cossío *Confesiones* 330: Federico Santander, amigo de don Alfonso, quien le había nombrado gentilhombre. Mendoza *Ciudad* 116: Detrás [del Rey] estaban el presidente del Consejo de Ministros, don Práxedes Mateo Sagasta, y los señores ministros de la Guerra, Fomento y Marina, los gentileshombres de SS.MM., los Grandes de España. **b)** (*lit*) Caballero. *Con intención ponderativa*. | J. Salas *Abc* 11.8.64, 33: El sentimiento por las condiciones de Antonio Segni es general. Y a ello contribuye su gran personalidad de gentilhombre de la vieja escuela, su fina expresión de caballero.
  gentilicio -cia *adj* **1** [Adjetivo o nombre] que expresa la nacionalidad o el lugar de origen. *Tb n m*. | Huarte *Diccionarios* 47: Sustantivos comunes o adjetivos derivados de nombres de persona o de lugar (adjetivos posesivos y gentilicios). Academia *Esbozo* 191: Son genéricamente invariables los adjetivos que terminan en -*a* en singular. Se trata casi siempre de nombres que además de funcionar como adjetivos .. actúan también como sustantivos comunes .., especialmente nombres gentilicios: *azteca, celta, croata, escita*. Lapesa *HLengua* 25: Los topónimos y gentilicios *-enus, -ena* se dan también en etrusco.
    2 De gentes o pueblos. | F. LFuentes *Hoy* 18.9.76, 7: Fregenal lleva dentro la sustancia de lo sublime y sabe manifestarse muy bien con sus expresiones populares, gentilicias, folklóricas.
    3 De(l) linaje o familia. | Pericot-Maluquer *Humanidad* 163: Esos contactos .. también contribuían a la aglutinación de los diversos grupos y a robustecer una organización gentilicia que agrupaba grandes familias.
  gentílico -ca *adj* De (los) gentiles². | CBaroja *Judíos* 1, 34: Del odio del judío contra el cristiano y viceversa, surgido ya en época gentílica, se alimentan los escritos de rabinos y sacerdotes cristianos. *Abc* 19.12.82, 107: Varios fueron los concilios que rechazaron el uso de los aguinaldos por considerarlos de origen gentílico.
  gentilidad¹ *f* (*hist*) Conjunto de los gentiles². *Tb su religión*. | Villapún *Iglesia* 28: Andaban los ánimos muy agitados sobre si los convertidos al cristianismo procedentes de la gentilidad debían observar las leyes de Moisés.
  gentilidad² *f* (*hist*) *En la España primitiva*: Grupo, intermedio entre la tribu y la familia, de los que en algunos pueblos ibéricos integraban la comunidad política. | Tarradell *HEspaña* 1, 103: En la base de las lenguas indoeuropeas occidentales de la Península existe un componente no céltico. Tal componente se une a otros aspectos en lo que respecta a la organización social que tampoco reflejan celtismo, como en el caso de las gentilidades.
  gentilismo *m* (*raro*) Gentilidad¹. | J. M. Llanos *SYa* 23.12.73, 3: Nada más ajeno al cristianismo que la religiosidad cíclica del gentilismo.
  gentilmente *adv* De manera gentil¹ [2]. | MDescalzo *Abc* 16.12.70, 30: El consejero de Prensa de la Embajada de Filipinas responde a una de mis crónicas sobre su país, carta que ABC recoge gentilmente en su número del 9 de diciembre.

gentío *m* Cantidad importante de gente [1a]. | GPavón *Hermanas* 26: En torno a ellos había un gran gentío de viajeros y despidientes.
  gentleman (*ing; pronunc corriente,* /yéntelman/; *pl normal,* GENTLEMEN) *m* **1** Caballero inglés. *Frec fig, con intención ponderativa, aludiendo a educación exquisita*. | Mihura *Carlota* 335: Su comportamiento, sargento Harris, es el de un perfecto gentleman. Torrente *Señor* 444: Yo tenía que creer que habías pegado a Rosario, porque era evidente, pero lo encontraba absurdo. Y entonces me hice un razonamiento: O no es un verdadero *gentleman*, o sufre una peligrosa duplicidad personal. CAssens *Novela* 2, 16: Don Manuel .. tiene en la sierra un coto de caza, en unión de otros *gentlemen*, socios del Casino y la Peña.
    2 (*Híp*) Jinete no profesional. | *Mar* 24.1.68, 2: El alcalde de Sevilla .. acaba de ver la actuación de su hijo en el Premio Club Hípico Español. En su rostro no puede ocultar la satisfacción, porque el joven gentleman ha realizado una magnífica carrera.
  gentualla *f* (*lit, desp*) Gentuza. | Faner *Flor* 158: Acudieron a la taberna .. Engulló media jarra de una asentada. –*Encore* –gritaba la gentualla, con ojos chispeantes y faz congestionada. J. M. Navarro *Alcoy* 93: Quedaron como gentualla, unos aburridos, descreídos.
  gentuza *f* (*desp*) Gente despreciable. | Buero *Hoy* 79: ¡Pues ya están todas en la acera muy resentadas a su alrededor! ¡Gentuza! ¡Aquí deberían estar, defendiendo la azotea, y no abajo!
  genuflectar *intr* (*Rel catól*) Hacer genuflexión. | Vesga-Fernández *Jesucristo* 162: Da luego la vuelta por la derecha, genuflecta en el suelo y va a arrodillarse en la grada inferior, en el lado del Evangelio.
  genuflexión *f* Hecho de doblar una o ambas rodillas hacia el suelo, gralm. en señal de reverencia. | Vesga-Fernández *Jesucristo* 160: Hecha la genuflexión al par que el Celebrante, subirá directamente al altar a colocar el misal en el atril. *Rue* 22.12.70, 13: Solamente sirven [los 500 kilos] para gravitar sobre las débiles patas y hurtar –entre genuflexiones– toda la majeza.
  genuflexo -xa *adj* (*lit*) Que tiene una o ambas rodillas dobladas sobre el suelo. *Tb fig*. | CBonald *Ágata* 34: Se quedó luego al borde de la oquedad, genuflexo y estupefacto. Anson *Abc* 3.12.70, 3: El latigazo del desarrollo restalló de pronto sobre las viejas espaldas de Madrid. El Ayuntamiento, genuflexo ante el rebenque, quedóse vacilante, casi impotente.
  genuinamente *adv* De manera genuina. | Alfonso *España* 78: En las fiestas genuinamente populares que aún se conservan, lo que ocurre es lo contrario: desde el anciano al adolescente, todo el mundo participa.
  genuinidad *f* (*raro*) Cualidad de genuino. | V. Marrero *MHi* 5.64, 14: Ofrece una peculiarísima genuinidad [la región canaria] que no puede ni debe soslayarse.
  genuino -na *adj* Puro o auténtico. | CBaroja *Inquisidor* 17: Esta manera de pensar y proceder .. desentona con lo más genuino y propio de nuestra época. J. M. Gironés *Mun* 23.5.70, 14: Enric Barbat, 27 años, aparejador de profesión, es uno de los más genuinos representantes de lo que fue un día la "nova cançó".
  genulí (*tb* **génuli**) *m* (*lit, raro*) Color amarillo. | Alvar *Islas* 51: Vaya a Artenara. Hay un balcón desde donde se ve una naturaleza inolvidable. ¿Cuántos planos desde el rojo hasta el violeta? ¿Desde el génuli hasta el cárdeno?
  genupectoral *adj* (*Med*) [Posición del cuerpo] en que el apoyo se realiza sobre las rodillas y el pecho. | MSantos *Tiempo* 208: Yacía en posición genupectoral, con una bayeta de color gris en sus manos y a su lado un cubo.
  GEO (*sigla; tb con la grafía* geo; *pl normal,* ~S) *m* **1** Grupo especial de operaciones de la policía nacional. | *Hoy* 9.3.79, 1: SS.MM. los Reyes de España, don Juan Carlos y doña Sofía, entregaron los diplomas fin de curso a los miembros de la primera promoción del GEO en el acuartelamiento base de la provincia de Guadalajara.
    2 Miembro del GEO [1]. | *Hoy* 9.3.79, 1: Los Reyes, con los GEO. *Abc* 29.6.79, 1: Los geos en estado de alerta. *Ya* 16.1.91, 17: Varios geos custodian las embajadas en el Golfo.

geo- – geofísico

geo- *r pref* De la Tierra. | *Por ej: SYa* 24.10.90, II: Empresa Nacional Adaro de Investigaciones Mineras, S.A. Geología .. Geotécnica y Geomecánica. Geomatemática. *Van* 17.7.75, 18: El Everest, la montaña más alta del mundo, estaba bajo la superficie del mar hace unos veinte o treinta millones de años, afirma Joyo Kosaka, profesor de geomineralogía del Instituto Tecnológico de Tokio. *Ya* 20.10.89, 25: Los riesgos geológicos naturales corresponden, según fuentes del Instituto Tecnológico Geominero de España, "a movimientos del terreno por inestabilidad gravitatoria". E. Novoa *HLM* 26.10.70, 14: Se aprecia cómo las provincias de Alicante y Málaga, las dos más turísticas de España, se asientan sobre zona geosísmica bien agitada y activa.

geobotánico -ca **I** *adj* **1** De (la) geobotánica [3] o de su objeto. | *BOE* 12.3.68, 3772: Temario de Botánica ecológica .. Explicación del mapa geobotánico universal y su correlación con el de España.
II *n* **A** *m y f* **2** Especialista en geobotánica [3]. | T. Artedo *Ide* 24.8.86, 40: Hay algo que le fue achacado siempre al hombre del campo español por los geobotánicos: el no haber sabido amar sus preciosas arboledas.
B *f* **3** Estudio de la relación entre la vida vegetal y el medio terrestre. | J. Senetjosa *Tri* 1.7.72, 47: Sus estudios de botánica son fundamentales para el conocimiento de la flora del Nuevo y del Viejo Mundo; en este campo fue fundador de la geobotánica.

geocéntrico -ca *adj* (*Astron*) **1** Que tiene la Tierra como centro. | LMiranda *Ateneo* 114: El Universo era geocéntrico, fijo a la tierra por cuatro columnas salomónicas.
2 Del geocentrismo. | Fernández-Llorens *Occidente* 62: Los astrónomos helenísticos siguieron aferrados a una concepción geocéntrica del Universo.
3 [Medida o lugar] que tiene como punto de referencia el centro de la Tierra. | *Anuario Observatorio 1967* 284: *d* expresa la diferencia entre las latitudes geográfica y geocéntrica, que debe restarse de la primera para obtener la segunda.

geocentrismo *m* (*Astron*) Doctrina que sostiene que la Tierra es el centro del universo. | Fernández-Llorens *Occidente* 156: Frente a la concepción medieval de que la Tierra estaba fija y los astros giraban en torno a ella (geocentrismo), Copérnico formuló el principio del heliocentrismo.

geocorona *f* (*Astron*) Cola gaseosa, orientada en dirección opuesta a la del Sol, que acompaña a la Tierra en su movimiento de traslación. | *Inf* 15.4.71, 7: El estudio de la distribución del hidrógeno en las primeras capas de la geocorona de los rayos solares a gran altura y de la temperatura, densidad electrónica y turbulencia en la parte superior de la cromosfera solar son los principales temas de estudio que hará [el ingenio espacial].

geocoronio *m* (*Quím*) Supuesto elemento existente en la ionosfera cuyo espectro es parecido al del coronio. | Ybarra-Cabetas *Ciencias* 89: En estos dominios [ionosfera] el análisis espectral marcó la existencia de un gas al parecer desconocido y al que se llamó geocoronio, por ser su espectro parecido al del coronio del Sol. Hoy se cree que tanto el coronio como el geocoronio no son elementos nuevos, sino alguno de los conocidos que se encuentr[a] en especiales condiciones de excitabilidad.

geocronología *f* (*Geol*) Estudio de la ordenación o la datación de los hecho geológicos. | Pericot *Polis* 16: La geocronología nos da hoy, gracias a modernos métodos, no solo la sucesión de climas y ambientes en los que se movió el hombre durante el Cuaternario, sino también su datación en años.

geocronológico -ca *adj* (*Geol*) De (la) geocronología. | Pericot-Maluquer *Humanidad* 41: De medio millón a un millón de años han debido transcurrir entre el punto de partida y el de llegada, si los actuales sistemas geocronológicos no fallan.

geocronologista *m y f* (*Geol*) Especialista en geocronología. | *MHi* 2.55, 55: Ante cada período de glaciación se ha observado un período de sequía .. El anterior tuvo lugar entre los doscientos mil años y los ciento ochenta mil años antes del último período glacial, según los más recientes cálculos de los geocronologistas.

geoda *f* (*Mineral*) Hueco de una roca tapizado con una sustancia gralm. cristalizada. | Bustinza-Mascaró *Ciencias* 331: También abundan las agrupaciones de cuarzo formando drusas y geodas.

geodesia *f* Ciencia que estudia la forma y dimensiones de la Tierra. | *Ya* 20.10.70, 15: La exposición .. encierra la historia, evolución y actualidad de la astronomía, geodesia, nivelaciones de precisión topográfica, mapa nacional.

geodésico -ca *adj* De (la) geodesia. | Torrente *Saga* 83: Poco después, *El Eco de Villasanta* dio la noticia de que un equipo de ingenieros topógrafos, que se ocupaba en la triangulación geodésica, había buscado en vano el emplazamiento de Castroforte.

geodesta *m y f* Especialista en geodesia. | Laín *Ciencia* 116: Ibáñez de Ibero, Márquez y Galbis se han distinguido como geodestas y astrónomos.

geodinámico -ca **I** *adj* **1** De (la) geodinámica [2]. | * Estudio geodinámico.
II *f* **2** Parte de la geología que estudia las fuerzas que actúan sobre la corteza terrestre. | Ybarra-Cabetas *Ciencias* 75: Se originan [las rocas metamórficas] por la transformación de otras rocas, merced a fenómenos que se estudian en Geodinámica.

geoeconomía *f* (*Econ*) Estudio de la influencia de los factores geográficos en las condiciones económicas. Tb misma influencia. | R. RSastre *Mun* 28.11.70, 44: Se habla de economía regional, .. de ecotecnología, .. geoeconomía. *Ya* 24.5.70, 7: España y Portugal constituyen un ámbito privilegiado de la geoeconomía.

geoeconómico -ca *adj* (*Econ*) De (la) geoeconomía. | Pemán *MHi* 11.63, 9: Salió de sus manos un mapa geoeconómico un poco equivocado.

geoestacionario -ria *adj* (*E*) [Satélite] que, situado en la vertical del ecuador, se desplaza a la misma velocidad que el movimiento de rotación de la Tierra, por lo que aparentemente se mantiene en un lugar fijo. | *Prospecto* 6.87: Algunos de estos [satélites] son geoestacionarios, es decir que están ubicados en un punto fijo con respecto a la Tierra. **b)** De(l) satélite geoestacionario. | F. Merayo *Ya* 26.9.74, 58: Un año después, en 1976, otro cohete de 180 kilos será colocado en órbita geoestacionaria.

geoestrategia *f* (*Pol*) Estrategia aplicada a problemas geopolíticos. | *ElM* 9.11.89, 23 (A): Tampoco es necesario recordar la omnipresencia militar norteamericana en suelo turco. La Geoestrategia obliga.

geoestratégico -ca *adj* (*Pol*) De (la) geoestrategia. | *Ya* 23.9.70, 7: Lo es también por su decisiva importancia geoestratégica.

geofagia *f* (*Med*) Hábito morboso de comer tierra. | R. Battestini *Min* 5.87, 20: Marañón intuye que la geofagia puede responder, en algunos casos, a satisfacer la necesidad de compensar determinadas carencias nutritivas.

geófago -ga *adj* (*Med*) Que come tierra. Tb *n*, referido a pers. Tb *fig*. | R. Battestini *Min* 5.87, 20: Para comprobarlo se ha emprendido un estudio de las tierras que atraen a los geófagos. Izquierdo *Alpujarra* 279 (G): El cronista adivina, bajo el espaldar, una acequia geófaga y antigua.

geófilo -la *adj* (*Bot*) [Planta perenne] que para protegerse del frío desarrolla parte de sus brotes bajo tierra. | Ybarra-Cabetas *Ciencias* 416: Otra curiosa adaptación al frío invernal de algunas plantas perennes es el desarrollo debajo de la tierra de algunos brotes, que, así protegidos, se desarrollan en la buena estación. Estas plantas se denominan geófilas.

geofísico -ca **I** *adj* **1** De (la) geofísica [3]. | *Ya* 20.10.70, 15: Los planes que [el Instituto Geográfico] tiene .. son: renovación de la red geodésica, establecimiento de nuevos observatorios geofísicos.
II *n* **A** *m y f* **2** Especialista en geofísica [3]. | M. D. Masana *Van* 5.6.75, 27: La memoria de Lepère constituyó la base de casi todos los trabajos posteriores –error incluido–, lo cual fue motivo de serias polémicas con tan ilustres sabios de la época como el geofísico Laplace y el matemático Fourier.

B f **3** Estudio físico de la Tierra. | *Unidades* 22: El gal es una unidad especial empleada en geodesia y geofísica para expresar la aceleración debida a la gravedad.

geófono *m* (*Geol* y *Miner*) Aparato detector, amplificador y transmisor de las ondas sonoras que se propagan por el suelo. | *SInf* 27.1.71, 4: Los astronautas montan los seis instrumentos del "paquete": un colector de polvo lunar, un detector de sacudidas lunares .. y geófonos que detecten y midan esas sacudidas ..; se crearán ondas sísmicas, cuyas vibraciones serán captadas por los geófonos y transmitidas por radio a la Tierra para su análisis.

geogenia *f* (*Geol*) Estudio del origen y formación de la Tierra. | * La geogenia es una rama de la geología.

geogénico -ca *adj* (*Geol*) De (la) geogenia o de su objeto. | GCaballero *Abc* 12.4.75, 15: Ya sabéis que, desde los más remotos cultos, la Cueva, fenómeno geogénico, perforada por un río, fue adorada como matriz de la Tierra.

geognosia *f* (*Geol*) Estudio de los materiales que forman la corteza terrestre. | Ybarra-Cabetas *Ciencias* 5: El estudio de los materiales que la forman [la corteza terrestre] es una rama de la Geología denominada Geognosia, subdividida en Mineralogía y Litología o Petrografía.

geografía *f* **1** Ciencia que trata de la descripción de la Tierra. *Los distintos aspectos de tal descripción se especifican por medio de adjs*: FÍSICA, POLÍTICA, HUMANA, *etc*. | Ortega-Roig *País* 8: Geografía es la ciencia que estudia y describe la tierra. Zubía *Geografía* 7: La tierra puede ser estudiada desde distintos puntos de vista, por lo que la Geografía suele dividirse en: Geografía Astronómica .. Geografía Física .. Geografía Humana .. Geografía Económica .. Geografía Política.
2 Conjunto de accidentes o fenómenos geográficos [de un lugar]. *Tb fig*. | Escobar *Itinerarios* 180: España muestra su geografía llena de viñedos. J. Massot *Gar* 6.10.62, 19: Y todo el paisaje, cambiada su geografía, fue coloreándose de negro. MMolina *Jinete* 29: No una ciudad .., sino una geografía de luces que tiemblan en la distancia como mariposas de aceite. Laforet *Mujer* 287: Sentía [Eulogio] la geografía de los músculos de su pecho en unos extraños hilos de dolor.
3 Distribución geográfica [de algo]. | Vega *Cocina* 102: La geografía del tostón y el lechazo la fijé en colaboración con el excelente novelista Julio Escobar.

geográficamente *adv* En el aspecto geográfico. | Ortega-Roig *País* 128: España se halla dividida geográficamente en regiones naturales.

geográfico -ca *adj* De (la) geografía [1] o de su objeto. | Zubía *España* 25: Cuestiones geográficas sobre la ciudad y la comarca. Pemán *MHi* 11.63, 8: La idea de Don Felipe tuvo unos perfiles defensivos que se convertían en límites geográficos.

geógrafo -fa *m* y *f* Especialista en geografía [1]. | Ortega-Roig *País* 19: Un geógrafo de la época romana dijo que la Península parece una piel de toro extendida.

geoide *m* (*Geogr*) Sólido que representa la forma teórica de la Tierra. | Zubía *Geografía* 20: Es [la Tierra] algo achatada en los polos y no tiene forma geométrica determinada, por lo que se le llama geoide.

geología *f* **1** Ciencia que estudia la historia de la Tierra y la estructura, composición y evolución de los materiales que la forman. | Ybarra-Cabetas *Ciencias* 5: Muy diversos son los puntos de vista desde los que se puede enfocar este estudio, lo que justifica la división de la Geología en diversas ramas.
2 Conjunto de fenómenos geológicos [de un lugar]. | VMontalbán *Tri* 11.4.70, 31: Uno se olvida o, incluso, no sabe centenares de nombres de españoles perdidos por toda la geología del mundo. Cela *Pirineo* 78: La farga catalana, en la Vall Ferrera, acabó antes con la leña que con el hierro y dejó a la tierra áspera y pelada en los puros y oxidados cueros de la geología.

geológicamente *adv* En el aspecto geológico. | S. RSanterbás *Tri* 11.4.70, 20: Es probable que, en muchos casos, las tierras de estas dehesas sean realmente –geológicamente– improductivas.

geológico -ca *adj* De (la) geología [1] o de su objeto. | Ybarra-Cabetas *Ciencias* 165: Los estudios geológicos

geófono – geométrico

muestran sin ningún género de duda la existencia de la especie humana en los primeros tiempos de la Era cuaternaria. Bustinza-Mascaró *Ciencias* 380: No es comparable la duración de los sucesos geológicos con la de cualquier hecho relacionado con la Humanidad.

geólogo -ga *m* y *f* Especialista en geología [1]. | Bustinza-Mascaró *Ciencias* 378: De la naturaleza y disposición de los estratos el geólogo deduce interesantes consecuencias.

geomagnético -ca *adj* (*Fís*) De(l) geomagnetismo. | *Abc* 12.3.75, 28: La red geodésica española .. contará con 19.573 vértices .. Para completar el conjunto: la red de mareógrafos, la gravimétrica .. y, por último, la geomagnética con 33 señales.

geomagnetismo *m* (*Fís*) Magnetismo terrestre. *Frec su estudio*. | *Ya* 20.10.70, 15: La exposición .. encierra la historia, evolución y actualidad de la astronomía, geodesia .., geomagnetismo y gravimetría.

geomancia (*tb* **geomancía**) *f* Arte de adivinación por medio de los cuerpos terrestres o con puntos o figuras hechos en tierra. | *Abc* 19.4.58, 37: Todas las maneras de adivinación .. han tomado nombres específicos: "quiromancia" .., "geomancia" –o adivinación "por medio de la tierra"–. Valcarce *Moral* 80: Así ocurre en la astrología, que se funda en la posición y aspecto de los astros; .. la geomancía, los accidentes geológicos puramente eventuales.

geomántico -ca **I** *adj* **1** De (la) geomancia. | * Le he visto realizar ritos geománticos.
II *m* y *f* **2** Pers. que practica la geomancia. | CBonald *Ágata* 171: Se sentó [la sobrina] a la usanza mora sobre el mojado légamo y empezó a escarbar .. entre unas pellas de guano, no posiblemente con pretensiones de geomántica sino como si quisiera verificar los porcentajes acuosos del terreno.

geomecánico -ca (*Fís*) **I** *adj* **1** De (la) geomecánica [2] o de su objeto. | I. Francia *País* 9.6.91, 22: El edificio histórico de la Universidad de Salamanca, que presenta importantes problemas geomecánicos y estructurales, va a ser restaurado por el Ministerio de Educación y Ciencia.
II *f* **2** Estudio de la mecánica de las rocas y del suelo. | *SYa* 24.10.90, II: Empresa Nacional Adaro de Investigaciones Mineras, S.A. Geología. Geofísica. Geoquímica. Hidrogeología y Geotermia. Teledetección. Sondeos. Geotécnica y Geomecánica.

geómetra *m* y *f* Especialista en geometría [1]. | R. Faraldo *Ya* 24.5.70, sn: El geómetra es inherente al poeta.

geometría *f* **1** Parte de las matemáticas que trata de las propiedades, medidas y relaciones de puntos, líneas, superficies y sólidos. *Distintos aspectos se especifican por medio de adjs*: ANALÍTICA, DESCRIPTIVA, DEL ESPACIO, *etc*. | Marcos-Martínez *Álgebra* [VII]: Desde las primeras páginas podrá notar el lector el carácter marcadamente práctico que se ha dado a estas lecciones de Álgebra y Geometría. Marcos-Martínez *Aritmética* $2^º$ 8: En este curso se comienza a estudiar razonadamente la Geometría plana. Marcos-Martínez *Matemáticas* 92: Geometría del espacio es la que estudia las figuras que no están en un plano.
2 Forma geométrica [1]. | Goytisolo *Recuento* 498: Seguir el sol en su recorrido por el suelo de la celda, seguir el curso de sus mutaciones desde que entra como una rendija y se ensancha y va tomando formas geométricas .., geometrías resultantes de la proyección de la reja sobre el suelo. Atxaga *Obabakoak* 341: Ese cielo donde las gaviotas y otras aves de mediano peso van dibujando la geometría de su satisfacción voladora.

geométricamente *adv* **1** De manera geométrica [1]. | Torrente *Saga* 447: Yo me encontré ante un dibujo que, aparentemente, no tenía nada de extraño, pues se trataba de un conjunto de cuarenta y nueve círculos geométricamente ordenados en filas de a siete.
2 En el aspecto geométrico [1]. | Palomino *Torremolinos* 37: Paco Rémil [acepta] un copioso chorro dorado que hace bailar los cubitos de hielo; un hielo cristalino, duro, geométricamente perfecto.

geométrico -ca *adj* **1** De (la) geometría [1]. | Marcos-Martínez *Aritmética* 151: Los cuerpos geométricos pueden dividirse en poliedros .. y cuerpos redondos. **b)** De

geometrismo – geotécnico

formas geométricas. | GNuño *Arte* 25: Los restos decorativos de Algezares son de la mayor timidez, limitados los canceles del presbiterio a un ornato geométrico. *Abc Extra* 12.62, 56: Matemáticas. Dibujo Lineal y Geométrico. **c)** [Lugar] ~ → LUGAR.
2 (*Mat*) [Media] que se obtiene extrayendo la raíz *n* del producto de *n* números. | Gironza *Matemáticas* 105: Si los dos números son iguales, tanto la media aritmética como la media geométrica tienen el mismo valor que dichos números.
3 (*E*) [Progresión] en que cada dos términos consecutivos dan un mismo cociente. | Gambra *Filosofía* 108: La sensación crece en progresión aritmética al paso que el estímulo lo hace en progresión geométrica. **b)** Que tiene progresión geométrica. | Zunzunegui *Hijo* 86: La subida geométrica de los fletes le fue consolando de tanta ruindad.
4 (*Mat*) [Razón] de dos cantidades, una de las cuales ha de dividirse por la otra. | * Hallar la razón geométrica de los números siguientes.

geometrismo *m* Condición de geométrico [1]. | GNuño *Madrid* 5: En el fondo de sus cabañas quedaban las muelas de granito y la cerámica incisa con cenefas de un geometrismo elemental.

geometrización *f* (*Arte o lit*) Acción de geometrizar. | Lafuente *Abc* 16.11.57, 13: Ucelay recibió, sin duda, del cubismo, este gusto por la geometrización que acusa.

geometrizante *adj* (*Arte o lit*) Que geometriza o tiende a la geometrización. | A. M. Campoy *Abc* 19.11.64, sn: Este Rafael Ballester que miramos ahora .. se nos figura menos geometrizante y más colorista que hace años, pintor de bodegones.

geometrizar *tr* **1** (*Arte o lit*) Dar [a algo (*cd*)] forma geométrica [1]. | Fernández-Llorens *Occidente* 296: Algunos objetos [del bodegón de Juan Gris], una botella, un vaso, un periódico, se distinguen sin dificultad, aunque geometrizados. | Ridruejo *Castilla* 1, 73: En el año 1852 se comienzan a construir los muelles de Maliaño, la primera de las grandes obras que geometrizarán la ribera robando terreno al mar. **b)** *pr* Pasar [algo] a tener forma geométrica. | Camón L*Galdiano* 202: En Oriente abundan [en las telas] los temas de figuras (cacerías, luchas, amores, juegos), mientras que en Occidente los motivos se geometrizan y se repiten con la más esquemática estilización.
2 (*lit*) Dar [a algo (*cd*)] rigor geométrico. | CBaroja *Inquisidor* 11: Hubo biógrafos .. que intentaron sistematizar, incluso geometrizar, el género.

geomorfología *f* Estudio de la forma de la superficie terrestre. | F. Sigler *DCá* 3.1.88, 17: Comprende [el catálogo] edificios de interés arquitectónico .., espacios y sitios sobresalientes por su geomorfología.

geomorfológico -ca *adj* De (la) geomorfología o de su objeto. | M. GVelarde *Tri* 5.1.74, 18: Las crestas oceánicas tienen una configuración geomorfológica claramente distinta de las demás figuras tectónicas de los fondos marinos.

geopolíticamente *adv* En el aspecto geopolítico. | *Abc* 28.3.76, 3: Los comunistas de Portugal y España, aun con objetivos formalmente distintos, resuelven su acción en una unidad final de propósitos: convertir la Península Ibérica en una parcela geopolíticamente sovietizada.

geopolítico -ca I *adj* **1** De (la) geopolítica [3]. | *Fam* 15.11.70, 30: Razones .. geopolíticas (históricas, étnicas, lingüísticas, folklóricas...) .. hacen de Asturias una auténtica región natural.
II *n* **A** *m y f* **2** Especialista en geopolítica [3]. | G. MVivaldi *Ya* 25.5.78, 6: Mucho nos agradaría .. que los geopolíticos imperantes y actuantes nos explicaran por qué para referirnos a los habitantes de la Tierra del Fuego o de Suráfrica tengamos que decir que residen o habitan "en el cono sur".
B *f* **3** Política basada en los factores geográficos. *Tb su estudio*. | Cándido *Pue* 24.12.69, 2: Desde el punto de vista de la felicidad, la geopolítica es una cuestión secundaria.

geoquímico -ca I *adj* **1** De (la) geoquímica [2] o de su objeto. | *Voz* 26.11.88, 22: La diferencia más significativa del mapa geoquímico de Galicia .. es que en este el investigador tiene a su disposición una mayor cantidad de datos para desarrollar su actividad.
II *f* **2** Estudio de la composición química del globo terráqueo y de las reacciones químicas que tienen o han tenido lugar en él. | *SInf* 5.3.75, 6: La geología estructural está íntimamente ligada a otras ciencias geológicas, como la estratigrafía, .. geofísica, geoquímica, etc.

georgette (*fr; pronunc corriente,* /ʒorʒét/) *m* (*Moda*) Crepé muy fino y casi transparente. *Tb* CRÊPE ~. | FReguera-March *Caída* 123: Su tía Mercedes le había confeccionado un vestido de *georgette* de lana, de un lila pálido, que no desmerecía de los elegantes atuendos de Elena. P. Berbén *Tri* 5.8.72, 22: Una cronista ha asegurado que Pedro Rodríguez piensa presentar la moda del 38, con gasas y "georgettes": mujer evanescente, difuminada.

georgiano[1] -na I *adj* **1** De Georgia (república del Cáucaso perteneciente a la antigua URSS). *Tb n, referido a pers*. | Gironella *SAbc* 9.2.69, 22: Actualmente, y desde 1962, ostenta el título la georgiana Nona Gaprindashvili, de categoría excepcional.
II *m* **2** Idioma de Georgia. | *País* 31.12.76, 8: Dos idiomas tienen alfabetos propios, originales: el georgiano y el armenio.

georgiano[2] -na *adj* Del estado de Georgia (Estados Unidos). *Tb n, referido a pers*. | *Abc* 5.7.77, sn: Un hombre blanco .. lanzó su coche contra una manifestación de miembros del Ku-Klux-Klan que se celebraba en la ciudad georgiana de Plaino, donde nació el presidente Carter.

geórgico -ca I *adj* **1** (*lit*) Rural o agrícola. *Gralm con matiz idealizador*. | Areilza *País* 14.4.83, 11: Ramón de Basterra .. marchó a reponerse a un lugar cercano a Plencia, y allí compuso uno de sus más emocionales libros poéticos, *La sencillez de los seres*, cantando la geórgica belleza de los frutos del campo que le rodeaba. CAssens *Novela* 1, 244: El silencio y la paz son absolutos. Pero nosotros somos unos fracasados de la vida geórgica y estamos ansiosos por perdernos en el bullicio de la ciudad. Aparicio *HLM* 11.10.76, 6: El cordobés don Juan Díaz .. nos ha narrado las cíclicas revueltas de una Andalucía geórgica y ácrata.
II *f* **2** (*lit, raro*) Obra literaria de tema rural o agrícola idealizado. | P. J. Cabello *EOn* 10.64, 21: Juan Ruiz ha vertido sus experiencias, sorbidas en plena tierra de vinos, a las que su arte imaginero y su genio literario supieron dar el color y el volumen vivos de una geórgica de nuestro trescientos.

geosfera *f* (*Geol*) Capa terrestre. | Bustinza-Mascaró *Ciencias* 299: La tierra está formada por diferentes capas o zonas concéntricas, que se denominan geosferas. Estas zonas son: la litosfera, sólida; la hidrosfera, de agua, y la atmósfera, de aire.

geosinclinal *m* (*Geol*) Hundimiento extenso y pronunciado de la corteza terrestre, donde se acumulan espesas capas de sedimentos. | Benet *Volverás* 40: Los esfuerzos hercinianos del momento westfaliense han tomado forma (al parecer) en la región astur-leonesa a lo largo de un geosinclinal cuyo eje debía pasar por algún punto de Galicia.

geostrategia *f* (*Pol*) Geoestrategia. | *Ya* 24.5.70, 7: España y Portugal constituyen un ámbito privilegiado de la geoeconomía y de la geostrategia.

geotaxia *f* (*Biol*) Geotropismo. | Navarro *Biología* 59: Según la índole del estímulo, reciben [los movimientos de las células] diferentes nombres: fototaxias, si son provocados por la luz; geotaxias, por la gravedad.

geotecnia *f* (*Geol*) Estudio de las cuestiones técnicas relativas al suelo o al subsuelo. | *Ya* 24.5.74, 15: Se necesitan para trabajos de gabinete en Madrid Ayudantes de Obras Públicas de las siguientes especialidades: a) Con experiencia en Geotecnia, mínimo tres años. b) Con experiencia en Hidrología, mínimo tres años.

geotécnico -ca (*Geol*) **I** *adj* **1** De (la) geotécnica [2]. *Tb n f, referido a empresa*. | *GTelefónica* 7: Geotécnica Stump, S.A. Estudios geotécnicos. Control de trabajos y materiales. Laboratorio.
II *f* **2** Geotecnia. | *BOE* 20.1.69, 944: División de Materiales: Tendrá a su cargo lo relacionado con los trabajos de geotécnica y prospecciones, inventarios de yacimientos.

geotecnología *f* (*Geol*) Tecnología aplicada a la utilización de los recursos naturales de la Tierra. | A. Gómez *Ya* 11.1.90, 17: En opinión de Ángel García Yagüe, responsable del área de geotecnología del Servicio Geológico Nacional, con las últimas precipitaciones caídas sobre la zona "tan solo se ha acelerado un proceso natural lento pero inexorable".

geotectónica *f* (*Geol*) Estudio de la morfología y mecanismos de la estratificación. | Alvarado *Geología* 108: La geotectónica es la parte de la Geología que se ocupa de la morfología y mecanismo de los trastornos de la estratificación.

geotermia *f* (*Geol*) Calor interno de la Tierra. | Alvarado *Geología* 114: El agua de muchos de estos manantiales se supone formada sintéticamente en zonas muy profundas de la corteza terrestre .., pero en otros casos se trata simplemente de aguas meteóricas de infiltración .. calentadas en virtud de la geotermia.

geotérmico -ca *adj* (*Geol*) De (la) geotermia o producido por ella. | A. Calderón *Hoy* 5.12.74, 3: Ahí están, esperando que se les saque todo el jugo posible, la energía geotérmica, la solar y la nuclear. **b)** De (la) energía geotérmica. | *SolM* 8.1.91, 20: Miembros de la Cruz Roja evacúan a una de las 21 personas que perdieron la vida en Zunil .. como consecuencia de una explosión de gas que se produjo el sábado en una planta geotérmica. **c)** [Grado] que aumenta la temperatura al profundizar en la corteza terrestre 33 m aproximadamente. | Alvarado *Geología* 119: Por lo menos en los primeros kilómetros de profundidad, la temperatura terrestre aumenta a razón de un grado por cada 30 ó 33 metros. A esta relación se la llama grado geotérmico.

geotrópicamente *adv* (*Biol*) En el aspecto geotrópico. | Alvarado *Botánica* 35: El tallo principal es geotrópicamente negativo y fototrópicamente positivo.

geotrópico -ca *adj* (*Biol*) De(l) geotropismo. | F. J. FTascón *SYa* 14.11.82, 40: Pensamos en la depresión como en un síndrome o agrupación característica de síntomas y signos, .. produciéndose entonces: Pérdida de la capacidad de gozar o anhedonia .. La típica facies de rasgos verticales y postura geotrópica abatida.

geotropismo *m* (*Biol*) Tropismo debido a la influencia de la fuerza de gravedad. | M. Calvo *SYa* 4.6.72, 4: Otros estudios se orientan hacia la sensibilidad de las plantas a la gravedad, su geotropismo, indispensable para su existencia.

geoturísticamente *adv* Desde el punto de vista geoturístico. | *Ya* 23.5.73, 63: La Manga ocupa un privilegiado lugar en el vértice del triángulo que forma el sureste de la Península Ibérica, en la provincia de Murcia, al norte del cabo de Palos, en el centro de lo que geoturísticamente se conoce con el nombre de Costa Blanca.

geoturístico -ca *adj* Relativo a la explotación turística de un país o región. | A. Souvirón *Abc* 13.9.66, 46: La Costa del Sol, como entidad administrativa, no existe más que en un registro de denominaciones geoturísticas.

gépido -da *adj* (*hist*) De un antiguo pueblo germánico que se unió a los hunos bajo el mandato de Atila. *Tb n, referido a pers.* | Villar *Lenguas* 192: Con esta enumeración no se pone fin a la serie de los pueblos germánicos .. También relacionados con el grupo están los gépidos, los rugios y los hérulos, que se mueven en distintos momentos por las regiones del Vístula.

geráneo → GERANIO.

geraniácea *adj* (*Bot*) [Planta] de tallo velloso, hojas palminervias, flores solitarias o en umbela y fruto seco compuesto de cinco partes y terminado en pico, de la familia entre cuyos géneros más representativos está el *Geranium*. *Frec como n f en pl, designando este taxón botánico.* | Alvarado *Botánica* 50: Los [esquizocarpios] más interesantes [s]on el diaquenio de las Umbelíferas ..; el tetraquenio de las Borragináceas .., y el poliaquenio de las Geraniáceas.

geranio (*tb*, *semiculto*, **geráneo**) **I** *m* **1** Se da este n a distintas plantas herbáceas de los géns *Geranium* y *Pelargonium*, de tallo carnoso, hojas olorosas y flores de colores muy vivos y variados, que se cultivan como adorno. Diversas especies o variedades se distinguen por medio de adjs o compls: ~ BLANDO (*Geranium molle*), ~ CORTADO (*G. dissectum*), ~ DE HIERRO (*Pelargonium zonale*), ~ DE OLOR (*P. capitatum*), etc. | Laforet *Mujer* 213: La luz de la lámpara iluminaba la serie de tiestos de geranios de la ventana. ZVicente *Ya* 5.7.67, 5: La criadita de enfrente, que regaba los geráneos todas las mañanas. Loriente *Plantas* 47: *Pelargonium peltatum* (L.) L'Her., "Geranio". Tanto esta especie como otras e híbridos, que proceden del Cabo de Buena Esperanza, son profusamente cultivadas, como ornamentales, por toda la región [Cantabria]. *Tb n, referido a pers.* | Mayor-Díaz *Flora* 448: *Geranium molle* L. "Geranio blando" .. *Geranium dissectum* L. "Geranio cortado". Cendrero *Cantabria* 54: Flora .. Estrato herbáceo .. *Geranium robertianum* L.: Geranio silvestre.

II *loc adv* **2 como un ~.** (*col*) Muy bien de salud. *Con tención ponderativa.* | Delibes *Emigrante* 31: La chavala como un geranio. Veremos a ver qué dura.

geraseo -a *adj* (*hist*) De un antiguo pueblo palestino cuya capital era Gerasa. *Tb n, referido a pers.* | *Huelva* 24: Tras la victoria de Josué y la consiguiente pérdida de la tierra de Canaán, los fenicios, ger[a]seos y jebuseos huyen de los africanos y saltan el Estrecho. [*En el texto,* gereseos.]

gerba *f* (*reg*) Serba (fruto). | Santamaría *Paisajes* 29: *Sorbus aucuparia*, gerbal .. Tiene hojas imparipinnadas .. y da un pequeño fruto, la gerba, de bello color rojo coralino y fuerte sabor amargo.

gerbal *m* (*reg*) Serbal (árbol). | Santamaría *Paisajes* 27: Puede [sic] citarse, como más abundantes, Fraxinus angustifolia y Ulmus campestris, acompañados de ejemplares aislados de Malus sylvestris .., Sorbus aucuparia –gerbal o serbal de cazadores–.

gerbera *f* Planta herbácea ornamental, con hojas basales grandes y lanceoladas e inflorescencia semejante a una margarita rojiza (*Gerbera jamesonii*). *Tb su flor.* | Sánchez *Inf* 25.7.74, 14: No podemos colocarnos una gerbera en el ojal de la solapa, porque la flor es grandecita.

gerbo → JERBO.

gerencia *f* **1** Cargo o actividad de gerente. *Tb la pers que los desempeña.* | *Nue* 15.2.70, 24: A partir de marzo próximo la gerencia de Televisión Española acometerá una sensible disminución del tiempo de publicidad. **2** Oficina del gerente. | J. Baró *Abc* 9.4.67, sn: Señores que se llaman críticos y pasan a los camarines y a las gerencias con aires paternales.

gerencial *adj* De (la) gerencia [1]. | *Ya* 20.12.74, 18: Trabajadores marginados de los convenios colectivos. Son los llamados "cuellos blancos", primer escalón jerárquico de los productores que no participan de la condición gerencial. *Sp* 19.7.70, 35: El obrerismo y su señorío parecieron siempre la preocupación fundamental del estadista Muñoz Grandes .. que, consecuentemente, no simpatizó nunca gran cosa con soluciones gerenciales y técnicas para "racionalizar la política".

gerenciar (*conjug* 1a) *tr* Gestionar como gerente. | Cacho *Asalto* 97: Antibióticos es un grupo que está bien gerenciado. R. González *Ya* 9.9.90, 8: En 45 casetas se exponen los trabajos y productos de artesanía de las empresas gerenciadas por mujeres. *Ya* 1.3.89, 27: Tras la fusión Pamesa-Torras Hostench, Torras Papel gerenciará todos los activos del Grupo.

gerenense *adj* De Gerena (Sevilla). *Tb n, referido a pers.* | *Abc* 16.12.71, 47: La tarde fue completa para el novillero gerenense, porque además del automóvil se llevó las dos orejas y el rabo de la res.

gerente -ta (*la forma f* GERENTA *es rara*) *m y f* Pers. que administra y gestiona los negocios de una sociedad o empresa. | J. M. Moreiro *SAbc* 9.2.69, 45: Eliminar esta [la emigración] –nos decía el gerente del Patronato de Promoción Industrial ..– es uno de los objetivos. *Abc* 19.6.88, 26: Organización inmobiliaria de calificado prestigio busca gerente/a Inspector operativo.

gergaleño -ña *adj* De Gérgal (Almería). *Tb n, referido a pers.* | J. A. Soria *IdeAl* 30.11.84, 19: El [castillo] de Gérgal .. está espiando cada día y cada noche los movimientos y vida de los gergaleños.

geriatra *m y f* Especialista en geriatría. | J. MArtajo *Ya* 6.12.70, 7: Los servicios apetecibles son también fáciles de enunciar: .. los sanitarios serán confiados a expertos geriatras.

geriatría *f* Parte de la medicina que estudia la vejez y sus enfermedades. | G. Monti *SAbc* 20.10.68, 27: La gerontología y la geriatría mejorarán seguramente nuestra vida en sus años más difíciles.

geriátrico -ca *adj* De (la) geriatría. *Tb n m, referido a hospital o a centro que combina la residencia y la atención médica.* | *Ya* 23.4.70, 14: Sanatorio geriátrico "Ave María". Vejez: Tratamientos preventivos y curativos. *Abc* 6.1.90, 76: Cuatro ancianos permanecen graves por el incendio del geriátrico de Barcelona. *Ya* 26.9.90, 5: Geriátricos de la CAM: 7.000 ancianos en lista de espera .. Los populares tienen previsto la creación de un autobús geriátrico destinado a recorrer las zonas rurales.

gerifalte *m* **1** Variedad de halcón, muy apreciada en cetrería (*Falco rusticolus*). *Tb* HALCÓN ~. | Cunqueiro *Un hombre* 223: No se le había olvidado el recibimiento que le había hecho Celedonio .. mostrándole en una bandeja de plata las entrañas de una liebre cazada por el gerifalte del rey.
2 (*desp*) Individuo poderoso o influyente. | CBonald *Casa* 245: La víctima había estado días antes en un hotel vecino, acompañada de un gerifalte forastero cuyo historial lo eximía de toda sospecha. N. Carrasco *MHi* 7.69, 23: Llegados a este punto, el "jefe de medios" –nombre actual y apocopado de los gerifaltes publicitarios– elige .. una figura, unos ojos, o unas piernas.

germandrina *f* Camedrio (planta). | FQuer *Plantas med.* 644: Camedrio. (*Teucrium chamaedrys* L.) Sinonimia cast[ellana], .. germandrina.

germanesco -ca *adj* De (la) germanía [1a y 2]. | AHernández *Maleantes* 15: Para estos dos últimos grupos [ladrones y valientes] podemos afirmar que la inmensa mayoría de los términos son germanescos. AHernández *Maleantes* 12: Son muchos los casos en que el pícaro o el mendigo, por ejemplo, individuos no germanescos, entran en contacto con la germanía, de la que su actuación no suele estar muy alejada.

germanía *f* **1** Jerga de maleantes. | Lapesa *HLengua* 233: En *La hora de todos*, la descripción de la asamblea olímpica está llena de voces plebeyas o de germanía. **b)** (*lit*) *En gral:* Jerga (lenguaje informal que usan entre sí los individuos de una profesión o actividad). | Torrente *SInf* 29.9.77, 12: Hay una frase en la germanía de los seguros y los servicios, que usted ha oído como yo, y que entiende como yo: "período de carencia". Marías *Corazón* 64: Aun admitiendo que entre sí se comprendan los asamblearios en su germanía salvaje, es del todo cierto que los intérpretes pueden variar a su antojo el contenido de las alocuciones sin que haya posibilidad de control verdadero.
2 (*hist*) Hampa (conjunto de la gente maleante). | AHernández *Maleantes* 15: Los límites sociológicos de la germanía vienen marcados por la conducta delictiva en mayor o menor grado de los diferentes grupos sociales que la componen.
3 (*hist*) Hermandad creada por los gremios valencianos a principios del s. XVI. | Arenaza-Gastaminza *Historia* 177: Los gremios de las clases trabajadoras se organizaron en Germanías (Hermandades) y se levantaron contra el poder de los nobles.

germánico -ca **I** *adj* **1** (*lit*) De Alemania o de los alemanes. | Laiglesia *Tachado* 53: Los pesados tanques germánicos empezaron a pasearse por toda Europa.
2 (*hist*) De la Germania o de los germanos [2]. | Castillo *Polis* 150: En estas circunstancias de senectud de Roma y de empuje de los pueblos germánicos, apareció un elemento nuevo en Europa: el pueblo huno. Lapesa *HLengua* 79: Desde el siglo III las agresiones germánicas se hicieron cada vez más fuertes.
3 [Lengua] derivada del antiguo germánico [4]. | Amorós-Mayoral *Lengua* 5: En el mundo .. hay varias familias de lenguas .. La de las lenguas románicas .. La de las lenguas germánicas (a la que pertenecen el alemán y el inglés). **b)** De (las) lenguas germánicas. | Lapesa *Lorenzo* 92: En 1958 obtuvo en brillante oposición, por voto unánime del tribunal, la cátedra de Lingüística germánica (especialmente inglesa y alemana). Lapesa *HLengua* 80: En la época de las invasio-
nes fueron muchas las palabras germánicas que entraron en el latín vulgar.
II *m* **4** (*hist*) Lengua o grupo de lenguas indoeuropeas habladas por los antiguos germanos [2]. | Villar *Lenguas* 192: *Teutones* es, probablemente, en germánico .. "reyes". Villar *Lenguas* 108: El germánico oriental. La única lengua bien conocida representante de este grupo es el gótico.

germanina *f* (*Med*) Complejo químico muy eficaz para combatir la enfermedad del sueño. | Bustinza-Mascaró *Ciencias* 109: La destrucción de tales moscas será el mejor método para luchar contra esta enfermedad [del sueño], que se combate con un medicamento denominado germanina.

germanio *m* (*Quím*) Metal raro, de número atómico 32, análogo al silicio y que se encuentra en los minerales de cinc. | M. Calvo *MHi* 12.70, 14: Este es el caso del titanio, el germanio, el silicio y un gran número de aleaciones metálicas ultrasensibles.

germanismo *m* **1** Palabra o rasgo idiomático propios del alemán o del germánico [4], o procedentes de ellos. | Lapesa *HLengua* 83: La historia detallada de los germanismos en las lenguas romances es sumamente compleja.
2 Cultura germánica [2]. | Tejedor *Arte* 75: El mundo occidental o antiguo Imperio Romano de Occidente, resultado de la fusión de los elementos supervivientes del Imperio Romano y de los que aportan sus invasores germánicos –romanismo, germanismo y cristianismo–.
3 Predominio alemán. | Vicens *Universo* 276: El litoral del mar del Norte .. fue el punto de partida del germanismo marítimo (anglos, sajones).
4 Carácter germánico o influido por lo germánico [1]. | Ridruejo *Memorias* 54: Es curioso cómo los hombres son a ratos inconsecuentes. Las protestas de antirromanticismo son frecuentes en los textos de José Antonio, por donde sale la influencia d'orsiana. Pero el contrapeso del germanismo de Ortega venció aquella noche.

germanista *m y f* Especialista en la lengua y la cultura germánicas [1 y 3]. | Barral *Memorias* 3, 31: Entre los críticos universales –hispanistas, germanistas, eslavistas e incluso orientalistas–, se incrustaban, a título de intelectuales independientes, personas con otras dependencias editoriales.

germanístico -ca I *adj* **1** De (los) germanistas. | Albalá *SInf* 25.3.71, 5: Esta técnica, de indudable raigambre germanística, es aplicada por José Luis Gutiérrez García a los 135 documentos del magisterio pontificio.
II *f* **2** Filología germánica [3b]. | Lorenzo *Español* 196: Esta predilección favorece la difusión .. de los esdrújulos de carácter abstracto: .. Romanística, Anglística, Germanística.

germanización *f* Acción de germanizar(se). *Tb su efecto.* | GLuengo *Extremadura* 87: Por aquí pasaba el camino de la Plata, que estructuró, durante varios siglos, casi toda la historia de España, con la romanización y germanización, de sur a norte y de norte a sur, respectivamente.

germanizador -ra *adj* Que germaniza. | Vicens *Universo* 276: El Báltico fue el asiento de la Orden Teutónica, germanizadora del eslavismo.

germanizante *adj* Que tiende a germánico [1 y 2]. | Ridruejo *Memorias* 54: Por mucho que nos impresionen intelectualmente las reliquias del mundo grecolatino, no nos dicen nada al sentimiento y nos resultan muertas y ajenas, mientras aquellas formas germanizantes nos conmueven y exaltan y nos resultan aún pasado propio, cosa propia.

germanizar *tr* Dar carácter germano [a alguien o algo (cd)]. | * Se trata de germanizar el derecho. **b)** *pr* (**-se**) Pasar [alguien o algo] a tener carácter germano. | Gironella *Millón* 412: Los periódicos valencianos escribían *von Franko*, indicando con ello que el general rebelde se había "germanizado". Arenaza-Gastaminza *Historia* 67: A estas invasiones violentas había precedido, en los siglos anteriores, una infiltración germana en calidad de colonos, esclavos o de tropas auxiliares del ejército. Así se había germanizado la zona fronteriza del Imperio.

germano -na *adj* **1** (*lit*) Alemán. *Tb n, referido a pers.* | FReguera-March *España* 96: El general conde de Schlieffen, que hasta 1906 había sido jefe del Estado Mayor alemán, fue el que elaboró el plan de operaciones germano

Sp 19.7.70, 53: Del lado francés se toleraba mal a un germano como director de la orquesta parisina.
2 (*hist*) De la antigua Germania (territorio comprendido entre el Rin, el Vístula, el Danubio y el mar Báltico). *Tb n, referido a pers.* | J. Cardús *SHer* 4.4.71, 1: San Bonifacio .. fue monje benedictino que convirtió muchos pueblos germanos. Lapesa *HLengua* 80: Desde el siglo I los germanos comenzaron a alistarse en las legiones. **b)** De (los) germanos. | Castillo *Polis* 150: A este primer grupo germano siguió una gran masa de visigodos, los cuales cayeron sobre la actual Bulgaria.

germano- *r pref* Alemán. | *Por ej: DBu* 4.1.55, 6: Incidente germanobritánico provocado por la esposa del representante alemán en Londres. *DBu* 6.1.55, 1: Una antigua disputa territorial germano-danesa puede complicar ahora el rearme de Alemania. L. Calvo *Abc* 1.12.70, 29: El ministro de Asuntos Exteriores de la Alemania occidental no cesa de repetirlo: no habrá Pacto germano-soviético.

germanofederal (*tb con la grafía* **germano-federal**) *adj* De la antigua República Federal de Alemania. *Tb n, referido a pers.* | J. Honig *SolM* 26.7.90, 18: Está en contacto telefónico permanente con el canciller germanofederal. *Ide* 18.6.90, 21: Germano-federales y orientales conmemoran juntos el 'día de la unidad alemana'.

germanofilia *f* Simpatía por Alemania, lo alemán o los alemanes. | Fusi *Franco* 110: Serrano había salido del Gobierno por cuestiones de política interior .., por más que luego interesara al régimen echar sobre sus espaldas la responsabilidad exclusiva de la indudable germanofilia del franquismo en los años 1939-1942. A. ÁVillar *Abc* 14.9.68, 15: Curiosamente surge, a finales del siglo XIX y en un reducidísimo sector de nuestra "élite" intelectual, un férvido interés por el mundo germánico. Es el fenómeno de la "germanofilia española".

germanófilo -la *adj* Que simpatiza con Alemania, lo alemán o los alemanes. *Tb n, referido a pers.* | GTabanera *SYa* 10.4.77, 29: En 1939 desempeñará interinamente su cátedra el profesor germanófilo Julio Martínez Santa Olalla. DCañabate *Andanzas* 167: El hojalatero es conocido como un germanófilo que dejaba chiquito al Káiser. **b)** Propio de la pers. germanófila. | Pla *Des* 12.9.70, 24: La guerra civil entre Michailovitch, general de carrera afecto a la casa real con alguna veleidad germanófila, .. y Tito .. se resolvió a favor de Tito.

germanohablante *adj* [Pers., grupo humano o país] que tiene el alemán como lengua propia. *Tb n, referido a pers.* | Lorenzo *Abc* 30.1.88, 26: No hay duda de que las quinientas mil, ochocientas mil o más palabras en que se cifran algunos lexicógrafos anglohablantes o germanohablantes sus recursos .. tienen .. correspondencia en español.

germanooccidental (*tb con la grafía* **germano-occidental**) *adj* De la antigua Alemania Occidental o República Federal de Alemania. *Tb n, referido a pers.* | L. MDomínguez *Inf* 15.4.71, 2: "Soldados con talento" quieren los altos jefes del Bundeswehr, Ejército germanooccidental. *Ide* 18.6.90, 21: El canciller germanooccidental, Helmut Kohl, y el primer ministro de la RDA, Lothar de Maiziere, se reunieron ayer en Berlín Oriental.

germanooriental (*tb con la grafía* **germano-oriental**) *adj* De la antigua Alemania Oriental o República Democrática Alemana. *Tb n, referido a pers.* | *Abc* 20.8.66, 57: El Congreso aceptó por unanimidad una propuesta germano-oriental y rusa. *Sur* 15.8.89, 26: El éxodo de germanoorientales a través de Hungría pone a Budapest en una delicada situación.

germen *m* **1** Principio rudimentario de un ser vivo. | Halcón *Abc* 13.5.58, 15: Lo suyo es no pedir ni predicar nada, sino dejar en él aire sus sonidos, como el pez el germen en el agua, para que todas reciban su llamada. **b)** (*Biol*) Conjunto de las células reproductoras de un ser vivo. | Ybarra-Cabetas *Ciencias* 216: Las teorías actuales sobre la herencia localizan las funciones hereditarias en las células reproductoras, designándolas globalmente con el nombre de germen. Ybarra-Cabetas *Ciencias* 216: Solo se transmitirán por herencia aquellos caracteres que residan en el germen. **c)** (*Bot*) Parte de la semilla que, al desarrollarse, da lugar a la planta. | Nuria *SYa* 10.10.76, 27: Si se consumiese el grano entero [de arroz] sería un alimento completo, pero al ser sometido al proceso de descascarillado se le priva del germen y de las capas exteriores, y con ello pierde gran cantidad de proteínas y de vitaminas. *Abc* 28.6.58, 11: Adelgace fortificándose con Superlevure Gayelord Hauser .. En comprimidos (potencializados con germen de trigo).
2 (*lit*) Principio u origen [de algo, esp. no material]. | MGaite *Búsqueda* 17: En nuestras evocaciones solitarias existe un primer esbozo narrativo donde se contiene ya el germen esencial y común a toda invención literaria. Cela *Pirineo* 323: Será evidente y cierto que en el corazón de Pont de Suert vivía el huevo de la ciudad, su germen originario y profundo.
3 Microorganismo, esp. patógeno. | Laforet *Mujer* 312: El mes de junio se había presentado con .. una espantosa sequedad en el aire, un polvo sucio y lleno de gérmenes.

germicida *adj* Que destruye gérmenes [3]. *Tb n m, referido a agente o producto.* | *Faro* 30.7.75, 8: En cada lugar se emplea el desinfectante, germicida o bactericida más adecuado.

germinación *f* Acción de germinar. | F. Ángel *Abc* 18.9.70, sn: La germinación es rápida y uniforme, y las plantas nacen vigorosas. Pemán *MHi* 7.69, 11: Delante del caballo de Bolívar él pretendía oír ese borbotón de aguas en regadío que es la germinación del Derecho.

germinador -ra *adj* Que hace germinar. *Tb n m, referido a aparato.* | Legorburu-Barrutia *Ciencias* 281: La germinación en el terreno y en germinadores para el estudio del fenómeno.

germinal I *adj* **1** De(l) germen [1 y 2]. | Rábade-Benavente *Filosofía* 29: Las modificaciones heredables son, precisamente, las que afectan a las células germinales. Romeu *EE* nº 9.63, 52: El teatro y el arte de nuestros días se asoman como nunca a aquel período germinal. Tovar *Gac* 11.5.69, 26: El acercamiento de los núcleos germinales de la burguesía fabril barcelonesa a la reina María Cristina de Borbón es un episodio sumamente significativo.
II *m* **2** (*hist*) Séptimo mes del calendario revolucionario francés, que va del 21 de marzo al 19 de abril. | Arenaza-Gastaminza *Historia* 268: Los nombres de los meses era[n] Vendimiario, Brumario y Frimario (Otoño); .. Germinal, Pradial, Floreal (Primavera).

germinalmente *adv* (*lit*) De manera germinal o inicial. | Miret *Tri* 4.12.71, 47: Mi confianza está .. en ese cristianismo modesto, pero purificado, que tendrá el único orgullo de haber participado en algo de lo que es más positivo y humano en la civilización y que nació germinalmente con el fundador del cristianismo: la libertad, la cooperación, el apoyo mutuo, el progreso y la igualdad.

germinante *adj* Germinador. | Ridruejo *Tri* 22.5.71, 54: Adivinaba, en función de esto, que el tal desierto había de ser, por necesidad, un suelo germinante. E. Nava *DBu* 21.7.81, 19: Da origen a la existencia de una inquietud viva y germinante que hacen idóneo y necesario el desarrollo de las charlas indicadas en este municipio.

germinar *intr* **1** Transformarse [una semilla, una espora o un grano de polen] para producir una nueva planta. | Legorburu-Barrutia *Ciencias* 283: No es creíble que hayan germinado granos de trigo del tiempo de los Faraones, como se ha pretendido. Ybarra-Cabetas *Ciencias* 252: Al germinar el huevo se forma, en el mismo arquegonio, un esporogonio, dentro del cual .. se forman esporas, las cuales, al germinar, originan no una nueva planta, sino un cuerpo vegetativo rudimentario llamado protonema .., del que nacerá por gemación la nueva planta. Legorburu-Barrutia *Ciencias* 270: El grano de polen germina en el estigma y origina un largo tubo, el tubo polínico. **b)** Echar tallos [una planta o determinados tubérculos]. | MNiclos *Toxicología* 116: Cuando las patatas están germinadas o averiadas, pueden contener solanina.
2 (*lit*) Comenzar a desarrollarse [algo, esp. no material]. | LIbor *SAbc* 17.11.68, 6: Y es tanto su vigor y su energía [de la animalidad] que, a su luz, germina la idea del superhombre.

germinativo -va *adj* **1** De (la) germinación. | Alvarado *Botánica* 53: Las semillas amiláceas .. conservan durante años y años el poder germinativo. FQuintana-Velarde *Política* 44: La erosión de los suelos puede convertir

germinicida – gestante

en desérticas zonas antes fértiles. Cultivos constantes y esquilmadores agotan la capacidad germinativa.

2 De(l) germen [1 y 2]. | Bustinza-Mascaró *Ciencias* 193: La yema [del huevo de gallina] está recubierta por una membrana llamada vitelina. En una zona de su superficie se encuentra una mancha blanquecina discoidal, denominada disco germinativo. MGalván *Tri* 5.12.70, 40: La condición germinativa y la condición levemente putrefacta de las cosas se amalgaman.

germinicida *adj (Agric)* Que destruye la capacidad germinativa de las semillas. *Tb n m, referido a agente o producto.* | T. MRomero *VozAl* 14.1.56, 4: De todos es conocido el papel que desempeñan las radiaciones ultravioletas de la luz solar, principalmente su papel germinicida.

gerontocracia *f (Pol)* **1** Forma de gobierno en que la soberanía pertenece a los ancianos. | E. Aguinaga *Ya* 13.11.91, 13: Son los patriarcas gitanos, "ancianos de respeto", del "cinturón moreno" de Madrid, que se identifica con la mayor parte del chabolismo y ahora nos hace pensar por su singular ejemplo de gerontocracia.

2 Grupo de ancianos que ostenta la soberanía. | M. BTobío *Atl* 1.90, 54: Una nueva generación de políticos .. comenzó a rejuvenecer la gerontocracia soviética que había vivido la decadencia y ruina física de los Breznev, Andropov y Chernienko.

3 Estado o pueblo cuya forma de gobierno es la gerontocracia [1]. | A. ÁVillar *SYa* 17.3.74, 3: No hablamos de esas gerontocracias que eran los pueblos iroqueses, los espartanos, los australianos y otros.

gerontócrata *m y f (Pol)* Pers. anciana que ostenta algún poder político. | J. M. Martí *País* 20.3.90, 4: Más de 100.000 personas se congregan en Leipzig. Los gerontócratas del Politburó están reunidos.

gerontocrático -ca *adj (Pol)* De (la) gerontocracia. | SFerlosio *Ensayos* 1, 551: La provisión de los cargos del Estado por cooptación gerontocrática .. es una burla sangrienta de la noción misma de elección.

gerontología *f (Med)* Estudio científico de los fenómenos relativos al envejecimiento humano y de los problemas derivados de él. | M. María *Arr* 22.10.70, 24: La Gerontología, ciencia que trata de la problemática de los ancianos, tiene soluciones para el caso.

gerontológico -ca *adj (Med)* De (la) gerontología. | *Hoy* 15.11.70, 2: Refiriéndose el ministro al plan gerontológico de la Seguridad Social, puso el acento en los hogares del jubilado.

gerontólogo -ga *m y f (Med)* Especialista en gerontología. | Caldas *SAbc* 3.8.75, 38: Existen algunos estudios sobre centenarios y la salud de los mismos, hechos por gerontólogos americanos y rusos.

gerundense *adj* De Gerona. *Tb n, referido a pers.* | *Abc* 13.10.70, 1: Uno de los puentes gerundenses sobre el Oñar. *Sit* 30.1.64, 10: Los periodistas gerundenses honraron a su Patrón, San Francisco de Sales.

gerundiada *f (lit, raro)* Expresión afectada y grandilocuente. | Espinosa *Escuela* 176: Cuida de no irritarnos con gerundiadas para patanes o mera gente del pueblo.

gerundiano -na *adj (lit, desp)* Afectado y grandilocuente. | CBaroja *Inquisidor* 19: Los estudios eran más ocasión para organizar murgas y pandorgadas y para certámenes barrocos y gerundianos que para formar buenos y honrados profesionales. Carnicer *Castilla* 248: En este momento predica el cura .. Lo hace con unos símiles y unos términos tan vulgares e intencionadamente audaces, que hace buenos los clisés gerundianos de los curas preconciliares.

gerundio[1] **I** *m* **1** *(Gram)* Forma no personal del verbo, que en español termina en *-ando* o *-iendo*, que expresa la acción verbal sin indicación de tiempo, número ni persona, y que sintácticamente tiene función adverbial. | Amorós-Mayoral *Lengua* 147: No forman oraciones el infinitivo, gerundio o participio.

II *fórm or* **2** *v en ger* **+ que es ~.** *(col) Se usa para exhortar a hacer lo expresado por el v en ger. A veces (humoríst) el v en ger se sustituye por otra expresión.* | DCañabate *Abc* 6.12.70, 11: En el campo hay que variar de panorama. Andando, que es gerundio. Cela *Molino* 222: ¡Arreando, Fabián,

que es gerundio! *SSur* 12.8.84, 7: Paseos por Málaga. Callejeando, que es gerundio. *Cod* 2.2.64, 5: Lo que acabas de llamarle a ese peatón con el que te has cruzado es lo mismo que te llamaría él de estar en tu puesto... Y viceversa, que es gerundio.

gerundio[2] *m (raro)* Individuo afectado y grandilocuente. | Campmany *Abc* 18.10.86, 17: Que vengan Gabilondo, Hermida, Muñoz, Sotillos, a regar en tus exequias el agua del hisopillo; que salga el más elocuente de todos tus gerundillos, que al púlpito ponga paño y diga tu panegírico.

gerundivo *m (Gram) En latín:* Participio de futuro pasivo. | *Bachillerato 1967* 176: Gerundio y gerundivo: sus construcciones.

gerusía *f (hist) En la antigua Esparta:* Consejo de ancianos. *Tb (lit) fig, referido a época moderna.* | Arenaza-Gastaminza *Historia* 35: La aristocracia guerrera espartana estaba organizada en una Diarquía (gobierno de dos reyes), cuyo poder estaba limitado por la Gerusía o senado de ancianos. SFerlosio *Ensayos* 1, 552: La todopoderosa e inelecta gerusía, invitando a los ciudadanos a atreverse a no dar su aprobación a unos hechos consumados, perpetraba el supremo escarnio de orquestar la ficción de una ciudadanía soviética.

gesneriácea *adj (Bot)* [Planta] dicotiledónea, herbácea o leñosa, a veces arbórea, propia de países tropicales o subtropicales, de la familia que incluye entre sus géneros más importantes el *Gesneria*. *Frec como n f en pl, designando este taxón botánico.* | FQuer *Plantas med.* 631: Desde el punto de vista farmacológico, apenas se sabe nada de las gesneriáceas. A. Valle *SYa* 21.9.75, 41: Violeta africana. Esta planta tiene su origen en África tropical, y su nombre científico es Saintpaulia. Pertenece a la familia de las gesneriáceas.

gesta *f (lit)* Hazaña o hecho memorable. *A veces en sg con sent colectivo.* | Arce *Precio* 109: Está contando cómo el coronel le felicitó por una de sus gestas. VParga *Santiago* 13: Los relieves y pinturas que rememoraban en ella a los héroes de la gesta carolingia. **b) cantar de ~** –> CANTAR[2].

gestación *f* Acción de gestar(se). | B. Andía *Ya* 15.10.67, sn: Hacia el quinto mes de gestación el marido la deja irse a casa de sus padres. L. Calvo *SAbc* 16.3.69, 17: Fue allí, en Londres, donde maduró Camba este libro, cuya gestación empezó en el Madrid acalorado de los primeros meses republicanos.

gestacional *adj (Med)* De (la) gestación. | A. Cabello *Abc* 2.5.76, 34: Isoinmunización gestacional. La gestación, en la que durante nueve meses conviven madre e hijo .., ofrece una oportunidad de isoinmunización materno-fetal.

gestágeno *m (Fisiol)* Esteroide que prepara el útero para la gestación. | J. Botella *SAbc* 4.1.70, 32: Las propiedades antiovulatorias de los gestágenos se conocen desde Haberlandt en 1927.

gestalt *(al; pronunc corriente, /gestált/; pl normal, ~EN) f (Psicol)* Conjunto estructurado en una unidad natural, que es el dato primero de la percepción. *Frec en constrs como* PSICOLOGÍA, TEORÍA, O ESCUELA, DE LA ~. | Pinillos *Mente* 95: Esos atributos radicales de nuestra percepción, esto es, la figura y el fondo, posee[n] diversas propiedades que han sido investigadas muy a fondo por la escuela de la *Gestalt*, o escuela de la forma. MSantos *Tiempo* 238: Racionalismo mórbido, qué me importan a mí los ritmos, las figuras y las gestalten si me están capando vivo.

gestáltico -ca *(pronunc corriente, /gestáltiko/) adj (Psicol)* De (la) gestalt. | MSantos *Tiempo* 238: Se puede formar un ritmo, es cuestión de darle una forma, una estructura gestáltica.

gestante *adj* **1** Que gesta, *esp* [1]. | M. Aguilar *SAbc* 23.11.69, 54: Esto mismo perjudica enormemente a las madres gestantes.

2 De (la) gestación. | Halcón *Ir* 259: Le enseñó el análisis .. en el que constaba su estado gestante. Moreno *Galería* 89: Mujer, u otra hembra –quiero decir ahora de las especies animales que en la hacienda doméstica se dedican a la crianza–, había terminado el ciclo gestante y ya estaba el nuevo ser –o la cría– en fase de lactancia.

gestar *tr* **1** Llevar en las entrañas [una hembra vivípara a su hijo] desde el momento de la concepción hasta el parto. *Tb abs.* | M. Calvo *SYa* 27.4.75, 43: El desarrollo será limitado mientras la mujer siga siendo en los países atrasados un ciudadano de segunda clase, sin apenas instrucción, .. casada ya cuando apenas ha salido de la infancia y gestando, en consecuencia, un hijo tras otro. MHerrero *Ya* 15.10.67, 3: Supone, descontando los días en que la vaca gesta, 9.000 litros al año.
2 Preparar o desarrollar [algo]. | J. Barriga *SVozC* 31.12.70, 1: Dos leyes de la máxima trascendencia institucional se han gestado en las Cortes. **b)** *pr* Prepararse o desarrollarse [algo]. | * Se está gestando una nueva crisis. RGarcía *TCR* 2.12.90, 31: Aun en su tormento y suplicio físico, el rayo del arrepentimiento puede gestarse dentro de lo "aparentemente" vegetativo, la comunicación del alma es libre y consciente.

gestatorio -ria *adj* [Silla] para ser llevada en brazos, que utiliza el Papa en las grandes solemnidades. | M. Á. Alonso *Rev* 10.57, 9: A las cinco y media hacía su aparición en la plaza el Vicario de Jesucristo. Saliendo del portón de bronce, atravesó por medio de la plaza llevado en la silla gestatoria y seguido de un pequeño cortejo.

gestear *intr* Hacer gestos [1]. *Tb (lit) fig.* | Fraile *Descubridor* 302: Cuando volvió a Kibble Palace, pasadas las diez y media, aún estaban esperando a la puerta los dos hombres. Le dijeron frases y le hicieron gestos .. que venían a expresar: "¡Nada! ¡Aquí seguimos!". Nikos se extrañó de la pasividad y paciencia de estos súbditos .. Se quedaron un rato sin saber qué hacer, gesteando y mirándose los tres. Carnicer *Castilla* 218: Reanudada la marcha, se ve en seguida Medina de Pomar gesteando con su gran castillo desde una suave colina.

gestero -ra *adj* Que hace muchos gestos [1]. | Berlanga *Gaznápira* 146: ¿A qué mujer no le va a gustar una sonrisa así; .. un mocetón de treintaisiete años todavía más gestero que un mocoso?

gesticulación *f* Acción de gesticular. *Tb su efecto.* | FCid *Abc* 6.12.70, 74: Efrem Kurtz .. divierte y capta la simpatía de muchos con su forma de dirigir, sin "podium", sin batuta, con paseos, patadas, gesticulaciones.

gesticulador -ra *adj* Que gesticula. *Tb (lit) fig.* | Cela *Viaje andaluz* 206: La Rinconada está sobre el arroyo Almonaza y en los dos caminos, y en ella se nota ya la marea, el flujo y reflujo de Sevilla, que queda, misteriosa y solemne, viva y gesticuladora, al alcance ya de la mano.

gesticulante *adj* **1** Que gesticula, esp. en exceso. *Tb (lit) fig.* | VMontalbán *Transición* 145: Tuvo en el gesticulante esqueleto embigotado de Videla la plasmación misma de lo que secretamente une política y deporte. F. Garfias *Abc* 27.8.75, sn: Hay evidentes diferencias de matices en estos dos latidos de fe o de falta de fe. Unamuno es "gesticulante" .. Machado es silencioso. **b)** Propio de la pers. gesticulante. | *SD16* 28.9.92, v: Árbitro: Gómez Barril .. Dirigió el partido de forma estrafalaria y gesticulante.
2 *(lit)* Falto de sobriedad y moderación en la expresión. | CBaroja *Inquisidor* 16: Los ultramontanos respondieron a los ataques entonces con apologías .. impregnadas de romanticismo declamatorio y gesticulante. Tejedor *Arte* 169: Los neoclásicos del XVIII, divulgadores del término [Barroco], lo usaron con un claro sentido despectivo para designar el mal gusto de una centuria .. creadora de un estilo artístico recargado y arbitrario, gesticulante y extremado.

gesticular *intr* Hacer gestos [1]. | Laforet *Mujer* 184: Se veía a muchos hombres y a muchas mujeres gesticulando solos, hablando solos.

gesticulero -ra *adj* Que gesticula mucho. | C. Boyero *ElM* 18.1.91, 49: En la televisión estatal, un histriónico y gesticulero Hermida .. y un sonriente Antonio Benítez .. narran con energía y naturalidad los datos y las estadísticas. S. Arnaiz *Alc* 24.10.70, 28: Su rostro, siempre gesticulero, había estrenado una mueca nueva: la estupefacción.

gestión *f* **1** Acción que se realiza para la consecución o resolución de algo. | Laforet *Mujer* 33: Todas sus gestiones de los últimos años habían sido para lograr que lo mandasen a estos lugares.
2 Hecho de ocuparse de la administración u organización [de algo]. | *Mun* 23.5.70, 4: La configuración del municipio, naturalmente concebido como la agrupación de todos sus habitantes .., demanda que sean esos propios ciudadanos los que decidan a quiénes han de confiar la gestión de sus intereses.
3 Hecho de desempeñar [alguien (*compl de posesión*)] un cargo directivo o de responsabilidad. | Forges *Forges* 195: Puedo asegurar que, si salgo elegido, mi gestión será todo lo avanzada que las circunstancias permitan.

gestionar A *tr* **1** Hacer gestiones [1] [para algo (*cd*)]. | Berlanga *Gaznápira* 187: Si volvéis al año que viene, ya habrá agua en las casas, con baño y taza y de todo: lo están gestionando los alemanes que se han quedado con el coto. *Sáb* 10.9.66, 39: La actriz gestionaba la separación de Bob Wagner.
2 Ocuparse de la administración u organización [de algo (*cd*)]. *Tb fig, referido a cosa.* | *NAl* 20.7.84, 26: Cara a las fiestas .. No se ha visto mucho entusiasmo en la participación para elegir "mayorales" y gestionar otras actividades. *SD16* 7.6.89, III: El sistema operativo IBM OS/2 hace posible la multitarea y rentabiliza su tiempo. Admite las aplicaciones más avanzadas, pues gestiona una memoria 25 veces mayor que la de los ordenadores personales actuales.
B *intr* **3** (raro) Hacer gestiones [1] [para algo]. | A. Baranda *DPa* 7.9.75, 3: El [arroyo] que nace en Garón ha cruzado esta villa hasta el año 1951 de forma descubierta, pero a partir de esa fecha gestionó la autoridad para que [el] mentado arroyo se encauzase y tapase.

gesto I *m* **1** Movimiento del cuerpo, esp. del rostro o las manos, que refleja un estado de ánimo o la intención de hacer o expresar algo. | ZVicente *Traque* 127: No me levanto, solamente inicio el gesto, ¿ve? Arce *Testamento* 18: –¿Se lo decimos? –preguntó a su compañero. Y El Bayona rió. –Díselo tú; a mí me da vergüenza.– E hizo un gesto y lanzó una carcajada. Olmo *Golfos* 120: –A las tres de la madrugada damos el golpe –replicó con un gesto de suficiencia. Arce *Testamento* 101: –¡Al diablo! ¡Por un rato creí que te había matado y que todo se marcharía al garete!– Pero lo dijo con gesto divertido. **b)** Movimiento involuntario o espasmódico, esp. del rostro. | GPavón *Hermanas* 52: Se mueven igualico y hacen los mismos gestos.
2 Expresión habitual del rostro. | GPavón *Hermanas* 34: Solo se fijaba en las personas mayores para buscarles en el gesto, pelo, ademanes y renuncios, similitudes con su otoño propio.
3 Hecho o acción que tiene un significado. | Laforet *Mujer* 57: Él le tocó los pómulos en la oscuridad. Paulina no lloraba. Sonrió a este gesto. DPlaja *El español* 120: Al español .. le hace gracia que este embajador español en Rusia arrojase su vajilla de oro al Moscova después de una comida, gesto que en otros países produciría sensación de locura.
II *loc v* **4 torcer el ~.** (col) Poner expresión de enfado o de disgusto. | Laforet *Mujer* 114: Antonio torció el gesto al pensarlo. Bostezó. –Extraño gusto...

gestor -ra I *adj* **1** Que gestiona. *Tb n: m y f, referido a pers; f, referido a comisión, asociación o empresa.* | *GTelefónica N.* 508: Jiménez Salcedo, F. Oficina gestora fundada en 1929. Tramitación asuntos Hacienda, Ayuntamiento y otras dependencias. J. Puiggròs *CCa* 22.12.76, 7: La toma de conciencia de los vecinos de Esplugues por la problemática local cristaliza en la cada vez mayor actividad de las asociaciones de vecinos o la positiva evolución de las comisiones gestoras que alumbran un día una nueva asociación. CBonald *Ágata* 117: Dijo por bueno todo cuanto dispuso quien se había instituido unilateralmente en depositario y gestor de los bienes familiares. A. Herrera *DLP* 22.9.75, 4: Intervinieron en el coloquio don Fulgencio González, .. don Juan del Pino, presidente de la gestora de la Asociación de Vecinos de Schamann. *SIde* 26.7.90, I: Una gestora, al margen de los partidos políticos, es la que se está encargando de llevar a cabo los trámites legales. *Voz* 28.2.86, 9: Las gestoras proamnistía de esta provincia aseguraron que dos de los siete detenidos .. fueron trasladados a las 7 de la mañana a Madrid.
II *n* **A** *m y f* **2** Pers. que profesionalmente se ocupa de gestionar [1] determinados asuntos por encargo de los interesados. *Tb* ~ ADMINISTRATIVO. | *GTelefónica N.* 10: Gestores administrativos .. Gestor colegiado Juan Puerto Hernández.

gestoría – gibón

B *m* **3** (*Informát*) Programa destinado a gestionar [2] la memoria o determinados trabajos. | PAyala *Macintosh* 238: Al ser el gestor la aplicación activa, el accesorio lo utiliza como apoyo.

gestoría *f* Oficina que se ocupa de gestionar [1] determinados asuntos por encargo de los interesados. *Tb* ~ ADMINISTRATIVA. | GTelefónica *N.* 11: Auto-Gestoría Toledo. Gestoría oficial del automóvil. *Abc* 4.10.70, sn: Gestorías Administrativas: Pons, Avenida José Antonio, 30 bis.

gestual *adj* **1** De(l) gesto, *esp* [1]. | Delibes *Castilla* 94: Entre los monjes sigue en vigor el valor del silencio, aunque la norma ha cambiado un poco. Recuerdo que cuando yo llegué aquí, hace veintidós años, se usaban todavía las señas, el lenguaje gestual. Torres *País* 16.2.83, 29: El grupo El Tricicle presenta hoy, en la Sala Cadarso, hasta el 13 de marzo, el espectáculo gestual *Manicòmic*, varios números de mimo y máscaras a través de tres personajes que son al mismo tiempo payasos, mimos y actores. *Mad* 23.12.70, 1: En el silencioso concierto de esta fotografía, a David Richardson se le "escucha" una música gestual.
2 (*Pint*) [Pintura] no figurativa surgida en los años 50, cuyo significado se basa en el gesto personal con que el artista produce su obra. | Areán *Raz* 5/6.89, 316: Se había iniciado [Mampaso] en Madrid, dentro de un relativo geometrismo que dio a conocer en 1951 en la primera bienal hispanoamericana y realizó luego una obra gestual de trazos anchos y largos con textura rica y colores predominantemente rojos y sumamente expresivos. **b)** De (la) pintura gestual. | Areán *Raz* 5/6.89, 316: Fuera de Dau-al-Set y de El Paso destacaron otros varios pintores de encomiable calidad. Entre los gestuales, Manuel Mampaso (La Coruña, 1924) se había iniciado en Madrid.

gestualidad *f* (*lit*) **1** Conjunto de gestos [1 y 3]. | Marsé *Amante* 42: Sonriente y refinado, con una gestualidad elegante y todavía llena de precisión, Fu-Ching mueve los largos dedos con endiablada rapidez .., ofreciendo a mi consideración diversos números de ilusionismo y prestidigitación. VMontalbán *Delantero* 98: Él la había seguido cogido de su mano en aquel camino de autodestrucción, y le quedó la costumbre de protegerla, la gestualidad de la protección sin que fuera realmente protección. Pániker *Testamento* 56: La capacidad innovadora va del lado de la gestualidad. La escritura es torpe, y tanto más trivial cuanto más subjetiva.
2 Carácter gestual. | J. M. Bonet *ByN* 10.3.91, 48: En su más reciente *Tumulto* (1990), uno de los más brillantes de su producción reciente, reintroduce una gestualidad franca: parece tentarle en el espacio mismo del cuadro.

gestualismo *m* **1** Gestualidad. | Porcel *Abc* 8.3.89, 30: Mussolini, pese al gestualismo germanófilo, guiaba una política extranjera cercana a Gran Bretaña, a Francia.
2 (*Pint*) Tendencia gestual [2b]. | Areán *Raz* 5/6.89, 306: En España, la abstracción geométrica existía desde 1934, pero el expresionismo abstracto, en el que se incluyen el informalismo .. y el gestualismo en el que el artista sigue el ritmo de la propia acción de pintar de una manera casi fisiológica, no comenzaron a tener una relativa audiencia hasta mediados del decenio de los cincuenta.

gestualmente *adv* De manera gestual. | A. Hera *Ya* 3.12.92, 55: La actriz va desgranando de forma verbalmente incomprensible y gestualmente admirable el relato del inicio de la creación. Pániker *Testamento* 136: Lo menos que podemos hacer los unos por los otros es no regatear los efluvios del sistema vegetativo, abrirnos gestualmente al prójimo. Areán *Raz* 5/6.89, 317: En Barcelona, Román Vallés (Barcelona, 1923), con sinuosas manchas de colores diversos, pintaba gestualmente unas obras de gran euritmia y muy expresivas.

gestudo -da *adj* Que tiene gesto de enfado o de disgusto. | FVidal *Ayllón* 233: Se planta ante mí, gestudo y mal mirado, y pregunta: -¿Qué le sucede?

geta *adj* (*hist*) De un pueblo antiguo habitante de parte de las actuales Rumanía y Bulgaria. *Tb n, referido a pers*. | GGual *Novela* 74: Robaron al mago sus libros y útiles de magia, y huyeron, perseguidos por él, hacia los tracios y los getas.

getafense *adj* Getafeño. *Tb n*. | *Ya* 12.5.79, 21: "La Cibelina" de Getafe, esa moderna estatua .. que en muy poco tiempo se había ganado las simpatías de los getafenses, ha amanecido decapitada.

getafeño -ña *adj* De Getafe (Madrid). *Tb n, referido a pers*. | *Inf* 30.8.77, 13: Los getafeños proponen un debate público.

gétulo -la (*tb* getulo) *adj* (*hist*) De Getulia (antigua región al noroeste de África). *Tb n, referido a pers*. | Sampedro *Sirena* 591: Apenas puede rechazar con apuros a los godos, los alanos, los escitas, los marcomanos en el norte y los númidas o los getulos en África.

géyser → GEISER.

ghaneano -na *adj* Ghanés. *Tb n*. | *Ya* 19.11.63, 30: Allotey atacó al árbitro filipino, Jaime Valencia, que mediado el undécimo asalto descalificó al púgil ghaneano por repetidos cabezazos y juego sucio.

ghanés -sa *adj* De Ghana. *Tb n, referido a pers*. | *HLM* 19.7.76, 20: El peso gallo español Juan Francisco Rodríguez superó la primera fase, pues su rival, el ghanés Abachens, no hizo acto de presencia.

ghetto (*it; pronunc corriente*, /géto/; *pl normal*, ~s) *m* Gueto. *Tb fig*. | CBaroja *Judíos* 1, 31: Desde épocas remotas, pues, los linajes judíos han vivido dispersos por la superficie de la tierra, mas agrupados en una morada especial: el *ghetto*, la judería. J. CAlberich *Mun* 23.5.70, 32: El pasado verano pasó [en América] con calma relativa en los ghettos negros. *Sp* 19.7.70, 51: La postura .. ha sido mantenida por muy pocos, encerrados desde el principio en un "ghetto" del que era casi imposible salir.

giba *f* Joroba. *Referido a pers, humoríst*. | Bustinza-Mascaró *Ciencias* 206: El camello, con dos gibas dorsales, .. y el dromedario, con una giba .., carecen de cuernos. Laiglesia *Ombligos* 8: Hace desfilar la vergonzosa giba de su tía Rafaela, el muñón de la pierna.

gibado -da *adj* **1** *part* → GIBAR.
2 (*euf, col*) Jorobado o fastidioso. | Aristófanes *Sáb* 1.2.75, 19: Como daba la [g]ibada casualidad que hace años, por un desliz que cualquiera comete en la vida, se había embaulado la obra de Kafka, pues nada, que tenía bases para juzgar. [*En el texto*, jibada.]

gibar (*euf, col*) **I** *v* **A** *tr* **1** Fastidiar o molestar. *Tb abs*. | Delibes *Emigrante* 46: Me giba echarle sentimentalismos al asunto. ● **¿no te giba?**, *o* **nos ha gibado.** Fórmula con que se expresa rechazo o asombro ante algo. *Frec con entonación exclamativa*. | Sastre *Taberna* 93: -¿Te pongo [vino] o no te pongo? .. -¡Eso se le pregunta a los muertos, no te giba! -¡Como dices que te vas! Delibes *Emigrante* 90: Le pregunté su nombre y salió con que Lautaro, y le dije, entonces, si eso era un alias o nombre cristiano. El mandria se reía las muelas y porfió que en Chile todos se llaman así. ¡No te giba!
2 Estropear o echar a perder [algo]. | Delibes *Cazador* 62: Me han gibado la excursión de mañana.
B *intr pr* **3** Fastidiarse o aguantarse. | Forges *Forges n.º 2* 91: -Deja de largar chorradas y aflójate la mosca extraordinaria. -Te [g]ibas, porque aún no la han pagado. [*En el texto*, jibas.] **b) hay que ~se.** Fórmula con que se manifiesta asombro ante algo, a veces ponderando la imposibilidad de reaccionar ante ello. | Aristófanes *Sáb* 17.3.76, 53: Hay que [g]ibarse lo de moda que están los cantantes, por cuestiones extramusicales. [*En el texto*, jibarse.]
II *interj* **4** Expresa protesta o asombro. | Lera *Boda* 637: -¡Gibar, a mí también me hormiguean las piernas!- .. Fernando y el Bomba se levantaron también, no sin lanzar sus interjecciones. -¡Gibar!- **¡Órdigas!**

gibelino -na *adj* (*hist*) *En la Edad Media italiana*: Defensor de los emperadores alemanes en contra de los papas. *Tb n*. | *Abc* 4.2.58, 27: Messer Aligigi .. pronto vio la posibilidad creciente de los "blancos" y "gibelinos". **b)** De los gibelinos. | Castillo *Polis* 220: Los papas lograron formar un fuerte partido pontificio, que se conoce con el nombre de Güelfo .. Frente al partido güelfo se organizó el Gibelino. *Abc* 8.3.58, 17: Dante, con el verbo y las armas, defendió las ideas gibelinas.

gibón *m* Se da este *n* a distintas especies de monos antropomorfos del gén Hylobates, caracterizados por tener los brazos muy largos, callosidades isquiáticas muy pequeñas y carecer de cola. | Bustinza-Mascaró *Ciencias* 215: Hay monos desprovistos de cola, como el chimpancé. Tales son el gorila, el orangután y el gibón.

giboso -sa *adj* Que tiene giba. | Cela *SCamilo* 28: Paca .. es algo gibosilla (vamos, la verdad es que es chepa del todo). Ybarra-Cabetas *Ciencias* 395: En la India y en África existe un buey [g]iboso, considerado como una variedad del buey doméstico, denominado cebú. [*En el texto*, jiboso.] VMontalbán *Rosa* 140: Más allá de un recodo, la aparición repentina de un acantilado [g]iboso del que brotaba, como abriéndose paso, la cuchilla del agua del que sería río Mundo unos kilómetros más abajo. [*En el texto*, jiboso.]

gibraltareño -ña *adj* De Gibraltar. *Tb n, referido a pers.* | *Sp* 19.7.70, 28: Se recortan .. los depósitos de la refinería de petróleo en la que encuentran trabajo un buen puñado de gibraltareños.

gicleur (*fr; pronunc corriente*, /ĉiclér/; *pl normal*, ~s) *m* (*Mec*) Chicler (surtidor del carburador). | S. Magán *Ya* 10.5.75, 57: Surtidor o gicleur. Pieza del carburador por donde sale la gasolina debido al efecto de succión que produce el aire.

giennense *adj* Jiennense. *Tb n.* | *Jaén* 4.9.74, 1: Emilio de la Casa. Una firma comercial giennense con 30 años de experiencia.

giga *f* (*hist*) **1** Danza de compás de seis por ocho y ritmo acelerado, propia del s. XVIII y que suele formar parte de la suite clásica. | Subirá-Casanovas *Música* 42: Ya de antes [de la sonata] se venía cultivando otra forma instrumental con la denominación italiana de *partita*, o de [*sic*] la francesa de *suite*, que agrupaba una sucesión de danzas donde se alternaban los tiempos lentos y los rápidos y predominaba la alemanda, la courante, la zarabanda y la giga.
2 Instrumento músico medieval semejante al rabel. | Galache *Biografía* 25: Sonaban arpas y rabeles, gigas y albogues, gaitas y añafiles.

giga- *r pref* (*E*) Mil millones. *Antepuesta a ns de unidades de medida, forma compuestos que designan unidades mil millones de veces mayores.* | *Por ej: Unidades* 37: Factor por el que se multiplica la unidad: .. 10^9. Prefijo: giga. Símbolo: G. *SPaís* 7.4.91, 3: El disco magneto-óptico Tahití .. Capacidad: 1 Gigabyte. *Cono* 5.91, 88 (A): Utilizando el supersincrotón con protones (SPS), un anillo de siete kilómetros capaz de acelerar protones de 400 GeV (gigaelectronvoltios), Rubbia y Simón Van der Meer obtuvieron las partículas W y Z.

gigante -ta (*la forma f, solo en las aceps 2 a 5*) **I** *adj* **1** De tamaño o magnitud muy superior al normal. | *Anson Abc* 9.4.67, 69: No sería [*sic*] de extrañar algunas concentraciones gigantes de guardias rojos. C. Castán *MDi* 28.2.75, 22: En el reinado final de la época medieval (Enrique IV) se acuñan piezas gigantes de cincuenta doblas y divisores de las mismas. *Ya* 19.12.74, 17: Liquidación gigante en mueble rústico. **b)** [Tamaño] muy superior al normal. | *Pue* 30.9.70, 9: Son elementos claves en la Nueva Moda .. los bolsos en tamaño gigante. **c)** (*Esquí*) [Eslalon] que se disputa sobre una distancia muy superior a la normal. *Tb n m.* | *Mar* 23.12.91, 28: El eslalon gigante femenino que debería haberse disputado ayer en la estación invernal de Serre Chevalier (Alpes Franceses) .. fue anulado debido al mal tiempo. *País* 26.3.77, 32: El sueco Ingemar Stenmark venció ayer en el slalom gigante de la última prueba valedera para la Copa del Mundo de Esquí. *País* 25.3.77, 37: Esquí .. La primera prueba en Sierra Nevada, la gigante femenino, deparó algunas sorpresas.
II *n A m y f* **2** Pers. imaginaria de estatura enorme. | DPlaja *Literatura* 223: Sancho Panza .. ve la realidad tal como es. Ve los molinos donde Don Quijote quiere ver gigantes. MHidalgo *HyV* 10.71, 81: En esta [la media popa], sobre el codaste y en medio del dragante, va la máscara de una giganta y tres culebras grandes a cada banda.
3 Pers. de estatura muy superior a la normal. | Cela *Izas* 70: A Margot, vulpeja tachuela, le puede caber tanta amargura (y también tanto odio) en el corazón como a una giganta. L. Calvo *Abc* 7.9.66, 29: Los gigantes rubios y negros de América se han esfumado de las calles.
4 Figura de cartón que representa una pers. de gran tamaño y que interviene en los festejos populares. | *SVozC* 25.7.70, 9: Dianas, pasacalles, desfile de gigantes y cabezudos. Alós *Hogueras* 30: Los zancos escondidos debajo de la giganta del Corpus.
5 Pers. excepcional o sobresaliente en algún aspecto. *Frec con un compl especificador.* | VMontalbán *Pájaros* 55: –¿Ha visto usted cómo se cargaron al enano?– El enano era el dirigente que había iniciado la desmaoización de China. –Pero los otros tampoco valoran lo que hizo el gran gigante. Son unos pigmeos. L. Molla *Mun* 26.12.70, 54: Noticias importantes .. fueron la muerte de dos viejos gigantes ..: Oliveira Salazar y Charles de Gaulle.
B *m* **6** (*Mitol clás*) Hijo de Gea y Urano, de la estirpe, de estatura desmesurada, que luchó contra los dioses del Olimpo y fue exterminada por estos. | Gascó *Mitología* 272: Llegó [Heracles] hasta el gigante Atlas, condenado a sostener la bóveda del cielo sobre los hombros.

gigantea *f* (*reg*) Girasol (planta). | Delibes *Castilla* 39: Un nuevo cultivo, el girasol, pone en los áridos campos castellanos una nota de frescor, una acentuada nota verde .. Atraído por la novedad, el cronista visita el pueblo de Santa María del Campo, donde el verde de la gigantea se manifiesta con especial amplitud. Delibes *Emigrante* 96: Ciertamente la comida aquí no es como para correr por ella, con tanto choclo y ese aceite de gigantea que se gastan.

gigantescamente *adv* De manera gigantesca. | A. GPintado *MHi* 11.63, 33: El interés por este instrumento se ha desarrollado gigantescamente.

gigantesco -ca *adj* Sumamente grande. *Frec con intención ponderativa. Tb fig.* | Alós *Hogueras* 102: Veía a Sibila con un hombre negroide, gigantesco, al que llamaban Rosso. Ybarra-Cabetas *Ciencias* 148: En las costas se producen maremotos que originan olas gigantescas. FReguera *Bienaventurados* 250: Otro, un mozarrón de estatura gigantesca, lo zarandeaba como un conejo. Areilza *País* 22.5.77, 7: No debo entrar en la gigantesca operación que se prepara para legitimar parlamentariamente el franquismo. M. Barros *VozC* 30.1.55, 3: Las dos figuras más gigantescas y universalmente conocidas de la Historia de Burgos son aludidas por épocas: la del Cid y la del Padre Flórez.

gigantillo -lla A *m y f* **1** Cabezudo (figura de los festejos populares). | *VozC* 22.1.55, 1: Así pasa una y otra vez la "gigantilla" .. La "gigantilla" será de madera, cartón y telas, pero es la gracia hecha estampa y tradición.
B *f* **2** Juego infantil en que los niños luchan a horcajadas sobre los hombros de otros. *Tb en pl con sent sg.* | *Abc Extra* 12.62, 45: Otro juego de las solaneras del invierno es la piola, o el burro, o el salto del carnero, con todas sus variantes: el espolique, el quitipón .. Otra variedad puede ser la gigantilla, donde los niños luchan montados sobre los hombros de otros.

gigantismo *m* **1** Condición de gigantesco. | Camón LGaldiano 14: A los lados del trono hay dos ángeles. Por su tamaño menor simbolizan el gigantismo de la Virgen. *Inf* 27.7.70, 8: Todas las impresiones de gigantismo y monumentalidad .. han quedado barridas por la contemplación del "C-5". GAmat *Conciertos* 170: Eso es lo que sentía el autor, pero no debemos interpretarlo como una desmesura sonora, pues aquí el orden es cuidadoso y estricto. Las dimensiones y el gigantismo interpretativo no nos arrollan, porque están sometidos a una sabia dosificación.
2 (*Med*) Desarrollo excesivo y anormal de alguien en relación con los de su raza o edad. | Navarro *Biología* 204: La hiperfunción o inyección de esta hormona [del crecimiento] hace aparecer en el joven gigantismo.

gigantón -na *m y f* **1** Gigante [4]. | Mercader-DOrtiz *HEspaña* 4, 224: En la misma línea se encuentran: la prohibición de las mayas y altares de mayo (1769); .. de las danzas y gigantones que acostumbraban sacarse en el Corpus y otras solemnidades (1780). *YaTo* 16.8.81, 37: Cuatro hermanos sacarán los gigantones en la feria. *VozC* 29.6.69, 5: Partió del Ayuntamiento la comitiva, en la que figuraban los gigantones y danzantes de Burgos.
2 (*col*) Gigante [3]. *Tb adj.* | Faner *Flor* 158: Engulló media jarra de una asentada .. Un gigantón sujetó con su manaza la base del pichel, impidiendo que lo bajara. * Si no fuera tan gigantona, es guapa.

gigantostráceo *adj* (*Zool*) [Artrópodo] acuático propio del período paleozoico, que se caracteriza por tener el cuerpo largo y estrecho, con diez pares de patas y uno de

gigoló – gimnasia

quelíceros. *Frec como n m en pl, designando este taxón zoológico*. | Bustinza-Mascaró *Ciencias* 380: No todos los fósiles tienen el mismo valor; serán más valiosos aquellos que existieron y se extinguieron más tarde .. Así, por ejemplo, los trilobites, los gigantostráceos, los ammonites.

gigoló (*pronunc corriente*, /yigoló/; *tb, hoy raro, con la grafía fr* **gigolo**) *m* Joven amante de una mujer, normalmente de más edad que él, la cual sufraga sus gastos. *A veces referido a homosexuales*. | CNavarro *Perros* 161: El local se hallaba repleto de americanos, con y sin uniforme; *gigolos*, invertidos, rameras. Goytisolo *Recuento* 439: La alocada muchacha se hallaba al borde de la prestación carnal, de la prostitución episódica, quién sabe si impulsada por su silencioso acompañante, su novio, su gigoló, seguramente. RMéndez *Flor* 140: Vestido con pantalón, faja y camisa de "smoking", sin gafas, parece un gigoló maricuela. Puértolas *Noche* 42: Uno de esos millonarios aburridos que buscan emociones .. Ishwar debe de ser su gigoló.

gijonense *adj* Gijonés. *Tb n*. | Gironella *Millón* 551: Decidió que las franjas rojas podían pintarse con sangre de huérfanos de gijonenses asesinados.

gijonés -sa *adj* De Gijón (Asturias). *Tb n, referido a pers*. | *Abc* 20.11.70, 41: Vecinos gijoneses demandan mejoras urbanísticas.

gil *adj* (*jerg*) Tonto o idiota. *Tb n. Frec se emplea como insulto*. | Oliver *Relatos* 156: Lo que le tenía bien jodido es haber estado con un tío .. Yo le contesté que no fuera gil y que yo no me sentía un jula, porque al estar con ella no sabía que fuese un tío. *SPaís* 4.9.88, 60: Algo hay más trágico que carecer de honra: ser un gil.

gilé *m* (*Naipes*) Giley. | Cela *Alcarria* 33: –¿Y a usted se le da bien [el guiñote]? –Hombre, sí; .. lo que pasa es que me gustan más otros: el cané, por ejemplo, que tiene más emoción, el gilé, el monte..

giley *m* (*Naipes*) **1** Juego individual de envite que se juega gralm. entre cuatro jugadores, con baraja española a la que se han quitado los cuatros, cincos y seises, y que tiene por objeto sumar el mayor número de puntos con cartas de un mismo palo. | *HLB* 4.8.75, 10: El mus, sin duda alguna, es el juego de mesa más extendido en España. Le siguen, según provincias, el tute, el chinchón, este y giley.
2 *En el giley* [1]: Lance que consiste en reunir las cuatro cartas del mismo palo. | *Naipes españoles* 49: Las puntuaciones posibles, de mayor a menor, serán: Con las cuatro cartas del mismo palo (giley): As y otras tres del grupo de 10 puntos: 41 puntos (máxima).

gilí *adj* (*col*) Tonto o idiota. *Tb n. Frec se emplea como insulto*. | Olmo *Camisa* 34: ¡No seas gilí! Delibes *Emigrante* 28: Se lo conté a la chavala a la hora de comer, y lo que es la ignorancia, la gilí, como unas pascuas.

giliflautas *adj* (*col*) *euf por* GILIPOLLAS. *Tb n*. | Campmany *Abc* 27.5.89, 17: Obreros, sí, pero giliflautas, no, macho. Cela *Rosa* 103: El memo de Gustavo Adolfo decía auto, que era muy de iniciados .. El sandio de Gustavo Adolfo decía departamento .., en vez de provincia, como todo el mundo .. El giliflautas del Gustavito Adolfo exclamaba: –¡No azorademe, niñas, sed clementes conmigo!

gilipollada *f* (*vulg*) Cosa tonta o idiota. *Con intención desp*. | Campmany *Abc* 29.3.93, 22: Es evidente que están desconcertados, se han puesto nerviosos y andan por ahí diciendo tonterías, mentecateces y gilipolladas.

gilipollas *adj* (*vulg*) [Pers.] tonta o idiota. *Frec n. Frec se emplea como insulto*. | Olmo *Golfos* 18: ¡Luisito es gilipollas! GPavón *Rapto* 202: Como el hombre es así, un poquillo gilipollas, pues que se está dando postín. Marsé *Tardes* 34: Cállate. Tú qué sabes, eres un [g]ilipollas, no sé cómo pude ser amigo tuyo. [*En el texto*, jilipollas.] **b)** Propio de la pers. gilipollas. | Oliver *Relatos* 61: La otra noche es que fue ya la hostia. Fíjate que nos caen las dos de la mañana y el rosco se desvanece de la manera más gilipollas, oye. Umbral *Gente* 261: Los alemanes del Este, después de ver los escaparates luminosos y gilipollas del Oeste, están decidiendo volverse en masa a un socialismo más democrático.

gilipollear *intr* (*vulg*) Comportarse como un tonto o un idiota. | GPavón *Rapto* 142: Pensaba en la vida, en lo que es esta extraña zarabanda, este inesperado convite, este gilipollear sobre tantas cuerdas, ante tantos vientos y sobre tan numerosas y variables olas.

gilipollez *f* (*vulg*) Cosa tonta o idiota. *Con intención desp*. | GPavón *Rapto* 155: Eso de los pálpitos –se decía– a veces pueden ser gilipolleces. Payno *Curso* 46: ¡Y dale con lo limpio y lo sucio, y el sacar y el meter! ¡Tú! ¡Tú, que estás viendo las gilipolleces que hacen esos ahí! ASantos *Bajarse* 54: El otro día me lo encuentro por la escalera y empieza a decir gilipolleces.

gilipuertas *adj* (*col*) *euf por* GILIPOLLAS. *Tb n*. | Salom *Casa* 313: Casi me rompe la nuez y luego me pide perdón. ¡Será gilipuertas! Forges *Historiciclos* 31: Posteriormente Franco .. promulga la creación del Frente de Juventudes, órgano-criadero de falangistas, que en frase popular eran "unos niños vestidos de [g]ilipuertas, mandados por unos [g]ilipuertas vestidos de niños". [*En el texto*, jilipuertas.]

gilipuertez *f* (*col*) *euf por* GILIPOLLEZ. | Paso *Sirvientes* 85: Ahora, hay el putiferio de los veinte duros, que es una gilipuertez.

gilitonto -ta *adj* (*col*) *euf por* GILIPOLLAS. *Tb n, referido a pers*. | GHortelano *Momento* 215: ¿Os habéis vuelto gilitontos? .. Si entra alguien, ¿qué se hubiese dicho por la Casa? Salvador *Atracadores* 22: El Compare volvió a agarrarse las narices. Al hablar así le salía una voz gangosa, una voz gilitonta.

gill[1] (*ing; pronunc corriente*, /yil/; *pl normal*, ~s) *m* (*Tex*) Peine pequeño en forma de barra con agujas de acero muy finas. | *Act* 25.1.62, 52: Luwa Española fabrica también instalaciones especiales destinadas a desborraje y limpieza neumática de manuares y gills.

gill[2] (*ing; pronunc corriente*, /yil/; *pl normal*, ~s) *m* Medida de capacidad que en Inglaterra equivale a 0,142 litros y en Estados Unidos a 0,118. | A. Barra *Abc* 5.12.70, 47: Muchos lores se fueron a la cafetería del Parlamento para beber una taza de té con una capacidad de un "gill" antiguo, o 0,12 litros modernos.

gillette (*n comercial registrado; ing; pronunc corriente*, /yilét/ *o* /yilé/) *f* Hoja para maquinilla de afeitar. | Pombo *Héroe* 66: ¿Tanto daño hace de verdad el prepucio dichoso? Si yo fuera hombre y anduviera como tú ya con tu edad, me lo cortaba yo misma .., ¿no tienes una gillette a mano en casa?

gilyak *adj* Gilyako. *Tb n*. | RAdrados *Lingüística* 783: Es bien sabido que alternancias vocálicas del inglés y del alemán (*Umlaut*) usadas con función morfológica .. son de origen fonético .. Lo mismo .. la conversión de oclusivas en constrictivas en comienzo de palabra en gilyak (marca de transitivo).

gilyako -ka I *adj* **1** De un pueblo habitante de la parte norte de la isla de Sajalin y otras zonas limítrofes de Siberia. *Tb n, referido a pers*. | E. Vicente *Abc* 10.11.73, 21: Los "ainos" en la isla japonesa de Yeso, o los "gilyakos", en Siberia –adoradores del oso, cuyo cráneo ocupa el lugar de honor en sus chozas–.
II *m* **2** Lengua de los gilyakos [1]. | * El gilyako tiene unos 4.000 hablantes.

gimiente *adj* Que gime. | Pinilla *Hormigas* 255: Llegó junto a la gimiente Nerea y la rebasó. CBonal *Noche* 96: Oía .. el chirrido de las ruedas de un carro, los gimientes muelles de la cama arañando el tabique.

gimlet (*ing; pronunc corriente*, /yímlet/; *pl normal*, ~s) *m* Combinado compuesto por ginebra y vodka y jugo de lima a partes iguales. | VMontalbán *Pájaros* 60: Estaba con nosotros en el Ideal tomando una kaipiriña o un gimlet.

gimnasia I *f* **1** Práctica destinada a desarrollar, fortalecer y dar flexibilidad al cuerpo mediante los ejercicios físicos adecuados. *Tb los mismos ejercicios*. | Laiglesia *Tachado* 20: Desde el suelo de la ciudad, subirá hasta mis oídos .. el ritmo de una lección de gimnasia transmitida por la radio. *Economía* 313: Esto se consigue única y exclusivamente practicando el deporte y la gimnasia. Cela *Rosa* 211: A Manuel Cajaravilla, una mañana, haciendo sus gimnasias, se le rompió la cadena del pozo y se dio un morrón considerable.
2 Conjunto de ejercicios que potencian el desarrollo mental o de una facultad intelectual. *Frec con un especificador*. |

* Con estos problemas se realiza una verdadera gimnasia mental.
II *loc v* **3 confundir la ~ con la magnesia.** Identificar erróneamente cosas muy dispares entre sí. | J. L. Gutiérrez *D16* 29.10.89, 6: Durante siete años se ha confundido la democracia con la aritmética, la gimnasia con la magnesia y el culo con las témporas.

gimnasio *m* **1** Local destinado a la práctica de ejercicios gimnásticos. | *Abc* 1.12.70, 48: Saunas. Gimnasio. Masajes mecánicos y manuales.
2 Centro oficial de segunda enseñanza. *Referido a algunos países europeos.* | Torrente *Filomeno* 187: Ethel y yo anhelábamos el momento de salir para el gimnasio; allí, a pesar de la disciplina, nos sentíamos libres y temíamos el momento de regresar. [*En Alemania.*]

gimnasta *m y f* Pers. que practica la gimnasia [1]. | DCañabate *Abc* 23.8.66, 54: Levanta al caballo como un gimnasta una pesa. *HLM* 26.10.70, 33: Los reglamentos exigen un mínimo de cinco gimnastas para integrar un equipo.

gimnástico -ca I *adj* **1** De (la) gimnasia. | Laforet *Mujer* 94: Hacía exhibiciones gimnásticas con su cuerpo de atleta.
II *f* **2** Gimnasia. | Bustinza-Mascaró *Ciencias* 222: Han de emplearse animales bien conformados y fuertes, y a veces someterlos, cuando tienen edad adecuada, a un entrenamiento o gimnástica funcional que desarrolle coordinadamente sus sistemas muscular, esquelético, respiratorio.

gimnete *adj* (*hist*) De un antiguo pueblo íbero habitante de la zona costera de la actual provincia de Alicante. *Tb n, referido a pers.* | GNuño *Escultura* 32: Iberos: .. Oretanos (Alto Guadalquivir). Gimnetes (Alicante).

gimnosofista *m* (*hist*) Miembro de una secta hindú caracterizada por el ascetismo y por no usar vestidos. | GGual *Novela* 291: Se habla de Egipto gobernado por los sátrapas del Gran Rey del Imperio Persa, .. de un prestigioso Delfos, y de gimnosofistas de aire brahmánico.

gimnospermo -ma *adj* (*Bot*) [Planta] fanerógama que tiene las semillas al descubierto. *Frec como n f en pl, designando este taxón botánico.* | Bustinza-Mascaró *Ciencias* 228: Las plantas fanerógamas se dividen en: Gimnospermas con las semillas desnudas y Angiospermas con las semillas encerradas dentro de un fruto.

gimnoto *m* Pez de cuerpo alargado, cilíndrico y sin escamas, que está dotado de un potente órgano eléctrico que le sirve como medio de defensa y ataque (*Gymnotus electricus*). | Legorburu-Barrutia *Ciencias* 187: Hay peces que producen fuertes descargas eléctricas. Entre ellos están el pez torpedo y el gimnoto.

gimoteante *adj* (*desp*) Que gimotea. *Tb fig.* | Montero *Reina* 221: Se abrió la puerta y entró Antonia. Venía descompuesta y gimoteante .. –Ay, ayyyyy, Bella, Bella, me quiero morir. *Abc Extra* 12.62, 15: Todavía las ruedas macizas y gimoteantes de las aldeas del románico no tienen aro.

gimotear *intr* (*desp*) Gemir de pena o dolor, de manera débil y reiterada. | Salom *Casa* 325: –Mi casa, mi pobrecilla casa... ¡Destrozada! –No gimotee más, padre.

gimoteo *m* (*desp*) Acción de gimotear. | Laiglesia *Ombligos* 43: Lo único que consiguió fue hacerla [la voz] más ridícula y chillona, aguzando la tesitura de su gimoteo temblón.

gim-jazz → GYM-JAZZ.

gin[1] (*ing; pronunc corriente,* /yin/; *pl normal,* ~s) *m* Ginebra. | P. Maisterra *Van* 11.4.71, 39: No es cosa de ceder el campo a las turistas rubias del safari que en los clubs de madrugada beben gin con los hombres kikuyus. Ortega *Americanos* 111: Cualquier hombre con buena memoria para retener marcas de *scotchs, bourbons, gins* y vodkas.

gin[2] (*ing; pronunc corriente,* /yin/; *pl normal,* ~s) *m* (*Naipes*) En el *gin-rummy:* Jugada que consiste en exponer las 10 cartas combinadas. | *Naipes extranjeros* 91: Hacer "gin" es la mejor jugada, y consiste en exponer las 10 cartas todas combinadas.

gincana *f* Carrera, esp. de automóviles, motocicletas o bicicletas, en que hay que superar determinadas pruebas o dificultades divertidas. | *NAl* 4.9.82, 9: Se entra en pleno bullicio de las [fiestas] profanas con baile de disfraces, campeonatos de mus y fútbol, gincanas, verbenas, etc. *SPaís* 6.6.92, 4: 110 coches 'toman' el centro en una gincana organizada por nueve bares.

gindama → JINDAMA.

ginebra *f* Aguardiente de semillas de cereales aromatizado con bayas de enebro y otras sustancias. | CNavarro *Perros* 139: Podía preguntárseles .. si la estrella del club de fútbol X prefería emborracharse con ron o con ginebra.

ginebrino -na *adj* De Ginebra (Suiza). *Tb n, referido a pers.* | GEspina *HLM* 26.10.70, 40: Los comediantes ginebrinos fueron acogidos nada más que con aplausos corteses.

ginebro → JINEBRO.

gineceo *m* **1** (*Bot*) Conjunto de los órganos femeninos de la flor. | Ybarra-Cabetas *Ciencias* 273: Si falta el androceo o el gineceo, la flor se llama unisexual.
2 (*hist*) Entre los griegos y los romanos: Parte de la casa destinada a habitación de las mujeres. *Tb* (*lit*) *fig.* | FVidal *Duero* 148: El caminante observa con admiración la parte del foro ya aflorad[a] a la superficie .., con sus viviendas y, dentro de cada una de ellas, sus pórticos y criptas, sus gineceos y sus patios. L. Calvo *Abc* 24.8.66, 25: Solo en sus cuarteles galantes, pared por medio del gineceo, y tan libre de cuidados y ufano de sí que .. vive hoy más persuadido que nunca de su buena fortuna.

ginecocracia *f* (*lit, raro*) Gobierno de las mujeres. | Torrente *Saga* 88: Me apresuro a declarar .. el convencimiento de que la participación de las mujeres .. fue mucho mayor de lo que se sospecha, hasta el punto de hacerme creer en una verdadera ginecocracia.

ginecología *f* Parte de la medicina que trata de las enfermedades propias de la mujer. | Vega *Salud* 547: Enfermedades de la mujer. Los grandes síntomas de la ginecología.

ginecológico -ca *adj* De (la) ginecología. | *Ya* 15.4.64, 12: Sociedad Ginecológica. Academia de Madrid.

ginecólogo -ga *m y f* Especialista en ginecología. | *Alc* 31.10.62, 7: La duquesa de Kent ha sido sometida a una ligera operación abdomi[n]al por el ginecólogo sir John Peel.

ginecomastia *f* (*Med*) Desarrollo excesivo de las mamas en el hombre. | *Cam* 24.12.84, 133: A veces los hombres sufren un aumento de tamaño de los pechos, llamado ginecomastia, que puede ser debido a múltiples causas médicas.

ginecopatía *f* (*Med*) Enfermedad de los órganos genitales femeninos. | J. ÁSierra *Abc* 12.4.58, 9: Doña Ana Balboa y Gómez funda en los Cuatro Caminos el Hospital de San José y Santa Adela para ginecopatías tumorales.

ginesta *f* (*reg*) Retama (planta). | Marsé *Tardes* 25: En su falda escalonada como un anfiteatro crece la hierba de un verde amargo, salpicada aquí y allá por las alegres manchas amarillas de la ginesta. Cunqueiro *Sáb* 1.10.75, 27: Por la mañana había escuchado cantar la perdiz en la tierra cereal. Salvo que fuese el Meiro [ventrílocuo], escondido tras la alta ginesta en flor, obstinado en hacer ejercicios.

ginestal *m* (*reg*) Terreno poblado de ginesta. | Cunqueiro *Gente* 23: A una parte y otra de los caminos, brezales, ginestales, tojales espesos y abedules inclinados por el vendaval.

gineta → JINETA.

ginetero -ra *adj* De La Gineta (Albacete). *Tb n, referido a pers.* | *VozAl* 20.2.81, 13: Todos estos acontecimientos .. traerán como consecuencia .. unas graves sanciones sobre el club ginetero.

gin-fizz (*ing; pronunc corriente,* /yín-fis/ o /yin-fís/; *tb con la grafía* **ginfizz**; *pl normal, invar o* ~ES) *m* Bebida preparada con ginebra, azúcar, limón y soda. | Torrente *Off-side* 191: Manolita Pocateta palica en un rincón con un señor maduro que acaba de convidarla a un "gin-fizz". *Abc* 11.4.58, 10: Fockink Dry Gin. Siempre le satisfará. Bébala sola, con soda, en combinaciones, gin-fizzes y Martinis. Payno *Curso* 105: Y como son incapaces de tener simple afecto o

ginger-ale – girar

camaradería cuando no hay amor, su ir y venir se cotiza en entradas de cine, cubaslibres o ginfizzes.

ginger-ale *(ing; pronunc corriente, /yínyer-éil/; pl normal, ~s) m* Bebida efervescente, no alcohólica, con sabor a jengibre. | *Coc* 12.66, 28: 1 litro de "ginger-ale" helado. 1 bo tella grande de moscatel.

gingival *adj (Anat)* De la encía. | MNiclos *Toxicología* 79: El típico ribete gingival de color verdoso, de Clapton, es más frecuente en las intoxicaciones crónicas.

gingivitis *f (Med)* Inflamación de la encía. | C. RAvelló *Abc* 4.3.58, 27: En días sucesivos aparecerán los vómitos, las deposiciones biliosas, el insomnio y delirio, las molestas gingivitis.

ginkgo *m* Árbol dioico de gran altura, con hojas características en forma de abanico, originario de China y cultivado como ornamental *(Ginkgo biloba)*. | *Abc* 16.5.73, 57: Se han plantado por el Departamento de Parques y Jardines 1.138 coníferas (cipreses, cedros, ginkgo, pinos, etcétera).

gin rummy *(ing; pronunc corriente, /yín-r̃úmi/) m (Naipes)* Variedad de rummy que consiste en agrupar lo antes posible las diez cartas que se tienen en la mano, en combinaciones mínimas de tres. | *Naipes extranjeros* 89: El gin rummy .. Es un juego de origen español que últimamente ha llegado a ser uno de los juegos favoritos en los Estados Unidos.

ginseng *(pronunc corriente, /yínsen/ o /yinsén/) m* Planta herbácea de la China o del Japón, con flores amarillas y raíz tuberosa a la que se atribuyen numerosas propiedades terapéuticas *(Panax ginseng)*. *Tb su raíz y la sustancia extraída de ella.* | L. Calvo *Abc* 26.8.72, 19: Dicen que gracias a ese mágico "ginseng" puede atender Mao todavía los asuntos que su naturaleza suspicaz no confía a Chou ni a Chu. *Rio* 2.10.88, 11: A tu compatriota jamaicano Lindford Christie le han perdonado el cuello pese a haber dado positivo. Claro, en su "pis" solo había "ginseng chino".

gin-tonic *(ing; pronunc corriente, /yintónik/; tb con la grafía* **gintonic***; pl normal, ~s) m* Bebida a base de ginebra y agua tónica. | GHortelano *Tormenta* 53: –¿Otro scotch para ti? –Pues no, ya ves. Abandono. ¡Camarero, un gin-tonic! Carandell *Madrid* 89: Tomar copas quiere decir tomar whisky o tomar cubaslibres o tomar gintonic.

giñar → JIÑAR.

gipsófila *f* Planta herbácea del gén. *Gypsophila*, algunas de cuyas especies se cultivan como ornamentales. | *Ama casa* 1972 308a: En este mes florecen: Principalmente los rosales. Las plantas que florecieron en el mes anterior, más las campánulas, .. las gipsófilas, las pasionarias.

gira I *f* **1** Viaje o excursión por distintos lugares. | Arce *Precio* 29: Dijo luego que yo acababa de llegar; que no conocía los lugares de diversión y que bien podíamos hacer una gira. **b)** Serie de actuaciones sucesivas [de un artista o grupo] por distintos lugares. | *Sp* 19.7.70, 50: La [g]ira americana de Raimon se ha desarrollado de forma muy diferente a la de otros artistas españoles por aquellas tierras. [*En el texto*, jira.] *DBu* 23.8.91, 4: Continúa con éxito la gira del Orfeón por tierras francesas.

II *loc adv* **2 a la ~.** *(Mar)* Referido a una embarcación: De modo que pueda girar libremente en torno al ancla. *Normalmente con el v* FONDEAR. | J. A. Padrón *Día* 23.9.75, 13: El destino del veterano "Monteleón" estaba sellado. Fondeado a la gira, negro y calcinado, .. aquí, en aguas de Santa Cruz de Tenerife, permaneció hasta que, en la estela del "Ciudad Rodrigo", zarpó rumbo a Cádiz.

girada *f (reg)* Acción de girar [1 y 3]. | Pla *Des* 12.9.70, 24: La producción de esta girada en redondo teniendo enfrente la figura de Stalin acrecienta en alto grado el gesto del señor Tito.

giradiscos *m* **1** *En un tocadiscos:* Pieza que soporta el disco y lo hace girar. *A veces en aposición.* | C. Montoro *SPaís* 25.9.88, 101: Los aficionados con una colección de elepés son muchos en todo el mundo; por tanto, a los pequeños fabricantes de giradiscos, brazos y cápsulas (y a los no tan pequeños) les será rentable seguir con estos elementos. *Caudete* 56: Su mejor hora musical con tocadiscos Kolster .. Para su cómodo transporte e instalación, va integrado en dos maletas, una de ellas formada por el amplificador y la plataforma giradiscos y la otra por los altavoces.

2 Tocadiscos. | GAmat *Conciertos* 49: Durante muchos años .., la gente permanecía mirando al receptor o al giradiscos con cara de atención, como si de allí fuera a salir el pajarito.

girador -ra *adj* Que gira [1]. | Hoyo *Caza* 73: Como quien está en un tubo girador, casi perdía el equilibrio.

giralda *f* **1** Veleta de torre, con figura humana o de animal. | Cela *Viaje andaluz* 228: La giralda que remata la torre sevillana representa la Fe, mide cerca de cinco varas de alta .. y la fundió en bronce .. el artista Bartolomé Morel.

2 *(reg)* Torre de campanario. | *Cór* 8.1.56, 6: Palma del Río nos muestra, ya casi sevillana, esta giralda saeta clavada en el cielo que es la torre de la parroquia arciprestal de Nuestra Señora de la Asunción. Marías *Andalucía* 25: Los grandes, finos, elegantes pueblos andaluces, tan campesinos y tan urbanos a la vez, donde no hay, desde el punto de vista arquitectónico, "nada de particular". Tal vez una buena iglesia barroca, un modesto palacio con columnas salomónicas y algún mármol discreto, una giraldilla con más gracia que gravedad.

3 Planta herbácea anual de flores amarillas, que nace como mala hierba en los cultivos *(Coleostephus myconis)*. | Mayor-Díaz *Flora* 474: *Coleostephus myconis* (L.) Reichenb. (Sin. *Chrysanthemum myconis* L.) "Giralda".

giraldilla *f* **1** *dim* → GIRALDA.

2 *(Taur)* Pase por alto de perfil, que se ejecuta con los pies juntos y la muleta cogida con la mano derecha y una punta con la izquierda, y en que, tras pasar el toro por completo, gira el torero sobre sí mismo para ligar varios seguidos. | C. Castañares *Ya* 28.5.67, 14: Consiguió meterle tres tandas sobre la derecha, terminadas con unas airosas giraldillas y unos bonitos molinetes.

giraldillo *m* Giralda [1]. | Grosso *Capirote* 131: La Giralda, iluminada al fondo del caserío ciudadano, clavaba el bronce de su giraldillo a la izquierda de Venus.

girándula *f* **1** *En fuegos artificiales:* Rueda llena de cohetes que gira al encenderse estos. | Campmany *Abc* 26.12.85, 17: La pequeña estatura del juez Lerga soporta las tres girándulas más espectaculares del "cambio": Pianelli, Palazón y Ruiz-Mateos. Tanta traca y tanto cohete le han debido de poner algo tarumba.

2 *(lit)* Rueda [del tiempo]. | DPlaja *Abc* 24.9.83, 39: La girándula de los años iza sus gallardetes policromos en los mástiles, todavía enhiestos, de nuestro ya largo vivir.

girante *adj (lit)* Que gira [1]. | SFerlosio *Jarama* 13: Un remolino que bailó un momento, como un embudo girante, en el marco de la puerta, y se abatió allí mismo, dejando dibujada en el polvo su espiral.

girar **A** *intr* **1** Realizar [alguien o algo] un movimiento circular. *Frec con un compl* SOBRE, ALREDEDOR DE, *o* EN TORNO A *o* DE. | Arce *Testamento* 99: Hizo girar la llave, lanzó una mirada en torno y dijo: –¡Vamos! Zubía *Geografía* 22: La Tierra tiene dos movimientos: de rotación: al girar sobre su eje .. De traslación: alrededor del Sol. Arce *Testamento* 40: Todo se había puesto a girar en torno. *RegO* 26.7.64, 19: Entrenzado. Agrupación de 6 ó 16 que giran en torno de una vara alta rematada con un ramo de flores.

2 Tener [algo *(suj)*] como eje o punto fundamental [a alguien o algo *(compl* SOBRE, ALREDEDOR DE, *o* EN TORNO A *o* DE*)*]. | C. Morcillo *Abc* 30.12.65, 84: Ha querido también el Papa que, para mejor significar e imprimir el sentido del Concilio, el Jubileo gire en torno al Pastor de la diócesis. *TMé* 14.1.83, 12: "Tratamiento y prevención" fue el tema sobre el que giró la última mesa redonda de esta reunión internacional. Vi. Fernández *IdeAl* 30.11.84, 4: Es, por tanto, un centro de mirada obligatoria para bibliotecarios y documentalistas que ya ejercen como tales o los que inician sus estudios para integrarse profesionalmente en este amplio y complejo mundo que gira alrededor del libro y la documentación.

3 Tomar [alguien o algo *(suj)*] una dirección distinta a la que llevaba. *Gralm con un compl* A *o* HACIA *que expresa la nueva dirección.* | Delibes *Madera* 348: Al día siguiente el viento giró de repente a levante.

B *tr* **4** Hacer que [algo *(cd)*] gire [1 y 3]. | Anson *Abc* 20.10.84, 3: Cloto sostiene la rueca, Láquesis gira el huso,

Átropos corta el hilo de la vida. Pombo *Héroe* 174: Llegar hasta la puerta, llamar a la puerta, esperar un instante, oír su voz .., girar el picaporte. Arce *Testamento* 63: Giré disimuladamente mi cabeza hacia los lados para comprobar si mi pescuezo seguía resentido por los golpes de la mañana.
5 (*Com*) Expedir [una letra de cambio o una orden de pago]. *Frec con ci o con un compl* CONTRA *o* A CARGO DE. | Ramírez *Derecho* 136: La letra puede girarse a plazo por uno de estos términos: .. a día fijo o determinado ..; a una feria. Armenteras *Epistolario* 185: Pueden girar a nuestro cargo a 30 d. f.
6 Enviar [dinero] a través de una oficina postal o telegráfica. | * Su padre le gira mensualmente 90.000 pesetas.
7 Hacer [una visita]. *Gralm en lenguaje admin y frec en la constr* ~ VISITA. | *Inf* 13.6.70, 2: El ministro de Asuntos Exteriores ha girado una visita a Mauritania. Pinilla *Hormigas* 157: Los caminos están tan embarrados que he tenido que ponerme los zuecos de madera encima de los zapatos para ir a casa de mis cuñados y girarles la visita que debe tener lugar entre familiares después de lo que ha pasado. FHornero *Cór* 28.1.56, 6: Ha girado visita pastoral a Monturque al prelado de la diócesis.

girasol *m* Planta anual de tallo alto y herbáceo que termina en una gran flor, semejante a una margarita, la cual gira para estar de cara al Sol y que contiene multitud de semillas, que son oleaginosas y comestibles (*Helianthus annuus*). *Tb la flor*. | Loriente *Plantas* 70: *Helianthus annuus* L., "Girasol". Como forrajera, cada año que pasa se va incrementando su plantación. También se la puede ver plantada, de una manera aislada, como ornamental. CPuche *Paralelo* 87: Aquello no era una celda ni jaula ni nada parecido, sino el trampolín de un inmenso circo, un circo repleto de caras, que miraban hacia arriba como una interminable feria de botijos, caras de girasoles con ojos y bocas abiertas.

girasolero -ra *adj* **1** De(l) girasol. | *Tie* 14.8.76, 29: En el sector girasolero se vive una gran expectación por el tema precio.
2 Que se dedica al cultivo del girasol. | *Abc* 20.7.75, 24: Actualmente pasan de treinta las provincias peninsulares girasoleras.

giratorio -ria *adj* Que puede girar [1]. *Tb n m, referido a mueble o dispositivo*. | Cunqueiro *Un hombre* 19: Se sentó ante su mesa, en el sillón giratorio. *Bal* 6.8.70, 24: Panadería moderna, con dos hornos giratorios. E. Carro *SYa* 28.11.73, 19: Algunas casas están siendo aderezadas para exposiciones. En una ventana, desde dentro de la casa, el giratorio de la pequeña empresa con cuatro postales y pare de contar. Buero *Soñador* 242: El giratorio se desliza y presenta el ángulo de las dos puertas, oculto ahora por los tapices donde se representan escenas venatorias. La escena se sume en total oscuridad.

girencéfalo -la *adj* (*Anat*) Que tiene el cerebro marcado con circunvoluciones. *Tb n m*. | Alvarado *Zoología* 101: El encéfalo alcanza en los mamíferos su máximo desarrollo .. En los mamíferos inferiores (Roedores, etcétera), los hemisferios cerebrales tienen la superficie lisa como los de los otros vertebrados (lisencéfalos) .. En los mamíferos superiores la superficie de los hemisferios aumenta considerablemente, en relación con la inteligencia, y se pliega más o menos para acomodarse en el interior de la cavidad craneana (girencéfalos).

girl (*ing; pronunc corriente,* /gerl/; *pl normal,* ~s) *f* Muchacha que forma parte de un conjunto coreográfico en una revista o un espectáculo musical. | C. Murillo *Abc* 27.4.74, 98: Aparece el consabido número de presentación con "girls" muy guapas y muy decentes y "boys" de frac.

giro[1] *m* **1** Acción de girar [1, 3, 4 y 5]. *Tb su efecto*. | DCañabate *Paseíllo* 48: Cuando veas que la emprendo con unas vueltas para darte, entre giro y giro, unos pases con cierto aire de los pechos, tú quieta. Jal *Abc* 9.10.76, 51: Pepe .. jugaba su baza en la esquina, en el juego −excelente− de piernas y en los giros del torso para eludir los "mazazos" del argentino. SIzquierdo *CoE* 12.3.77, 10: Se ha iniciado igualmente la construcción de una nueva vía de entrada a Bilbao .. a fin de permitir, mediante semáforo, el correspondiente giro a la izquierda. *Inf* 6.6.74, 18: Escaldados quedan ya quienes esperaban de las conversaciones entre el "número uno" y el "número tres" .. un giro hacia la regresi-

mo político. Albalá *Periodismo* 106: Lord Thomson, ante el giro copernicano que se viene produciendo en la organización del periódico, ha subrayado cómo las nuevas técnicas de transmisión material de la información y la incorporación a estas de la electrónica permitirán reducir los equipos de redacción. *Abc* 16.12.70, 30: Los Bancos que descuentan letras han adoptado la modalidad, para su cobro, de avisar al librado mediante fotocopia del giro. **b)** Hecho de girar [6] dinero. *Frec* ~ POSTAL *o* TELEGRÁFICO. *Tb la cantidad enviada*. | Torrente *DJuan* 135: Los giros mensuales que un magnate del acero le hacía desde Suecia le permitían vacar a las aventuras sublimes sin cuidarse de otra cosa. *BOE* 27.12.67, 17858: Cuando el pago le efectúen por giro postal, al dorso del taloncillo que el Servicio de Correos remite a la oficina receptora del giro, y en el lugar destinado a "texto", se hará constar con letra bien legible su nombre y dos apellidos.
2 Dirección u orientación que toma algo, esp. lo que ocurre o lo que se dice. | Ortega *Americanos* 129: Ya estaba yo dispuesto a cambiar el giro de las cosas dando una enhorabuena, cuando él me cortó en seco. * El giro que toma el viento puede ser favorable.
3 Forma de expresión peculiar de una lengua o de un estilo. *Tb fig*. | Lapesa *HLengua* 286: Los espíritus más conservadores del siglo XVIII recomendaban que en cada caso se buscara pacienzudamente el término o giro usado por los clásicos. GAmat *Conciertos* 174: De esa época son la *Sinfonía del Nuevo Mundo*, el *Cuarteto Negro*, en el que también se encuentran giros de la música popular norteamericana.

giro[2] (*it; pronunc corriente,* /yíro/) *m* Vuelta ciclista a Italia. | *Abc* 21.5.67, 104: El Giro d'Italia. Triunfo del italiano Zancanaro en la primera etapa .. El "Giro" ha tenido un comienzo prometedor.

giro[3] *adj* (*reg*) [Gallo de pelea] de color oscuro, con las plumas del cuello y de las alas amarillas o plateadas. | *Sol* 21.3.75, 18: Temporada gallística .. Nuevo empate. "Mosquita", colorado, de 3,6 onzas y 15 mm de puya, .. l[o] realiza frente "Fatigón", giro, del mismo peso y puya.

girocompás (*tb con la grafía* **giro-compás**) *m* (*Mar y Aer*) Aparato de navegación que indica constantemente el norte geográfico. | Pla *América* 20: ¡Hay tantas cosas que ver en un barco! Del tajamar al codaste de popa, es un mundo de maravillas. El radar; el giro-compás, que es el timonel mecánico del barco; el radiogoniómetro, para fijar la posición en caso de niebla.

girola[1] *f* (*Arquit*) Pasillo que rodea la parte trasera del presbiterio, propio esp. de la arquitectura gótica. | VParga *Santiago* 21: La capilla mayor está rodeada por una girola, o pasillo, en la que se abren también capillas en forma radial. Tejedor *Arte* 119: Elementos del estilo [gótico] son también: la planta de cruz latina de sus templos ..; el pilar fasciculado ..; la girola o deambulatorio, pasillo en el trasaltar que comunica las naves laterales .., y las torres o campanarios.

girola[2] *f* (*reg*) Cabrilla (seta). | Perala *Setas* 83: *Cantharellus cibarius*. Girola. Cabrilla. Seta amarilla.

girondino -na *adj* **1** De la Gironda (región de Francia). *Tb n, referido a pers*. | *Pue* 9.12.70, 18: De ella depende el Consulado germano en la capital girondina [Burdeos]. J. Pol *Inf* 27.12.69, 14: El invierno anterior fue templado en toda Francia, salvo en las zonas girondina y bretona.
2 (*hist*) En la Revolución Francesa: [Individuo] perteneciente a la fracción moderada de la Asamblea. *Tb n*. | Vicens *Polis* 424: En la Asamblea Legislativa [1791] predominaron los diputados girondinos (de La Gironda, departamento de Burdeos), en su mayoría demócratas, aunque opuestos a los radicales de París y a la hegemonía de los jacobinos. **b)** De los girondinos. | Fernández-Llorens *Occidente* 219: La Constitución girondina (1791) niega derechos políticos a los llamados ciudadanos pasivos, que no poseen un determinado nivel de riqueza o de cultura.

giropiloto *m* (*Mar y Aer*) Aparato para mantener automáticamente un rumbo prefijado. | J. A. Padrón *Día* 23.9.75, 13: Por lo que respecta a su dotación de equipo para la ayuda a la navegación, el "Monteleón" cuenta con giroscópica, giropiloto, radar y demás elementos que hoy se consideran indispensables en la mar.

giroscópico -ca (*Fís*) **I** *adj* **1** De(l) giroscopio. | *SAbc* 25.10.70, 27: Gran globo terráqueo .. 95 cms. de circun-

giroscopio – glacé

ferencia y 30,5 de diámetro .. Sistema "gyro-Matic", de acción giroscópica doble. **b)** [Efecto] de oposición de un cuerpo giratorio a toda fuerza que tienda a modificar la orientación de su eje de rotación. | *BOE* 23.8.68, 12496: Definición de efecto giroscópico. Efecto giroscópico de un giróscopo simétrico con movimiento de precesión uniforme.
II *f* **2** Sistema giroscópico [1]. | VMontalbán *Rosa* 83: Los hombres comprobaban el recorrido de la cadena, cerraban las escotillas de carga, conectaban la giroscópica. *Sáb* 11.1.75, 39: Yo aprendí la técnica de la giroscópica aplicada al radar en mil novecientos setenta y dos en buques extranjeros.

giroscopio *m* (*Fís*) Disco montado en una doble suspensión y que, puesto en movimiento de rotación, conserva su eje en la misma dirección aunque varíe la de su soporte. | G. Lorente *Abc* 31.10.70, 19: No está jugando el respetable caballero, sino examinando las características de un ingenio científico de incalculable alcance denominado giroscopio. *Abc* 13.12.91, 77: El "Hubble" [telescopio espacial] ha sufrido una serie de averías en su instrumental, entre las que destacan el fallo de sus giroscopios y la aberración esférica que afecta a uno de sus espejos principales.

giróscopo *m* (*Fís*) Giroscopio. | *BOE* 23.8.68, 12496: Tema 7. Movimiento según Poinso: Giróscopos. Pinillos *Mente* 80: Las páginas anteriores reflejan algo la inmensa complejidad de las integraciones con que el sistema nervioso central interviene, para autorregular la vida, interponiéndose entre las estimulaciones del medio y las respuestas a este, como si se tratara de un giróscopo psicológico.

girostático -ca *adj* (*Fís*) De(l) giróstato. | *Abc Extra* 12.62, 11: La mecánica girostática del trompo que danza con las muletas de las leyes centrifuga y de la gravedad ha preocupado siempre a los matemáticos.

giróstato *m* (*Fís*) Sólido en estado de rápida rotación sobre sí mismo, esp. cuando es simétrico respecto a su eje de rotación. | * Los trompos y los giroscopios son giróstatos.

girovagante *adj* (*lit*) Giróvago. Tb *fig*. | SRobles *Pról. Teatro* 1969 XIX: Ella es una muchacha preciosa y "girovagante", de mentalidad indescriptible.

giróvago -ga *adj* (*lit*) Vagabundo o errante. Tb *fig*. | Millás *Visión* 59: Mientras tu amigo Jorge trafaguee errático y giróvago por estos barrios. Torrente *Saga* 461: Pedí limosna y una yacija por caridad en la primera aldea; quizás allí mismo haya empezado el sueño del que no he despertado aún, el sueño que me llevó entonces a Toledo; a París más tarde, a Roma un día y, finalmente, a Castroforte del Baralla, donde me llegó la muerte, que no fue tampoco el despertar; como monje giróvago curioso de la ciencia, como obispo después. | *VAl* 28.10.75, 12: Al principio pudieron los astros y sus movimientos giróvagos, más tarde las entrañas de las aves.

gitanada *f* Conjunto de gitanos [1a]. | Moreno *Galería* 84: De algo tenía que comer la gitanada, bajo los sauces o en la majada.

gitanamente *adv* De manera gitana. | E. Iparraguirre *SAbc* 7.6.70, 43: Va [la Chunga] gitanamente andando a visitar a su "parroquia".

gitanear *intr* Actuar o comportarse como un gitano [1, 2 y 3]. | Berenguer *Mundo* 74: Felipe gitaneó por vagancia y por miedo, pero, como nunca fue malo y entendió que yo tenía razón en lo que decía, se echó la ropa mientras yo le ensillaba el caballo. Lera *Trampa* 1042: Él sonreía, por lo que la muchacha se besó los dedos en cruz y añadió, gitaneando: –Por estas que yo sola soy capaz de dejarte para vender lotería.

gitaneo *m* Acción de gitanear. | Berenguer *Mundo* 213: Allí hubo un gitaneo entre todos porque talmente parecía que don Celestino era un miserable y todos los demás muy rumbosos.

gitanería *f* **1** Carácter o condición de gitano. | * Su baile derrocha gracia y gitanería a raudales.
2 Hecho o dicho propio de gitano [1a]. | J. Salas *Abc* 26.4.58, 27: He tenido que echar de menos toda esa baratija española de los farolillos y las cadenetas, .. el tiovivo y el mostrador de las gitanerías con vino y trato caballar.
3 Conjunto de los gitanos [1a]. | Carnicer *Castilla* 205: Junto a unas casas dispuestas para el derribo y momentáneamente ocupadas por los gitanos, un grupo de estos se calienta en torno a una fogata .. Salen de otra casa dos hombres. Moviendo la cabeza, me acompañan en la contemplación de la gitanería. F. Ónega *Hora* 16.5.76, 2: La iniciativa surgió de la ilegalidad, que en este caso está representada por la gitanería de toda Extremadura.

gitanesco -ca *adj* De (los) gitanos [1a y 3]. | Aparicio *NEs* 24.11.74, 7: Tales detalles elogiosos, .. además del auténtico natalicio en Guadix .. del fundador de Buenos Aires, don Pedro de Mendoza, nos satisface[n], aunque no nos gusten los cuantiosísimos infundios gitanescos propalados en estas páginas.

gitanil *adj* (*raro*) Gitanesco. | CBaroja *Temas* 128: La conexión de la ciencia gitanil, femenina, con la de la Celestina es evidente. Gitanas y celestinas sirven de consejeras e intérpretes en negocios de amor.

gitanilla *f* Variedad de geranio de tallos colgantes y flores gralm. rosadas. | Gala *Sáb* 13.8.77, 5: En Mazcuerras .. veo geranios de un matiz indecible. En las ventanas, innumerables, por dondequiera, más gitanillas que en Andalucía. Marlasca *Abc* 15.3.68, 87: Aparte de escenarios típicamente sevillanos, .. colecciones de palmeras, naranjos, geranios, rosas, "gitanillas" .. En total, doscientos cincuenta ejemplares de flores y plantas típicas.

gitanismo *m* **1** Carácter o condición de gitano [1]. | GCaballero *Genio* 111: España tiene en Estébanez Calderón –el gran amigo liberal de Mérimée– el descriptor magistral de tales "escenas andaluzas", en las que el gitanismo cobra luminosa relevancia.
2 Palabra o giro propios del lenguaje gitano [1b] o procedentes de él. | *SInf* 16.5.74, 2: Diccionario de expresiones malsonantes del español .. Tomadas exclusivamente de fuentes orales, se incluyen las expresiones groseras, obscenas e indelicadas; .. ciertos gitanismos y vocablos que denotan incivismo o mala educación.

gitano -na I *adj* **1** [Individuo] de un pueblo, habitualmente errante, extendido esp. por Europa y que se dedica gralm. a la compraventa de ganado, a la cestería o a la quincallería. Tb *n*. | T. Medina *MHi* 8.60, 21: Yo he conocido al Gallo torero .., gitanísimo de los pies a la cabeza. J. M. Rollán *SAbc* 1.12.68, 26: He pensado en las manos, y me he acordado de las gitanas renegridas de pañuelo y "buenaventura". **b)** De (los) gitanos. | *Sáb* 10.9.66, 7: A su "party" –comida gitana y comida europea con flamenco al final– pertenece este reportaje gráfico.
2 (*col*) [Pers.] que tiene gracia y atractivo para ganar voluntades. Tb *n*. | * ¡Qué gitano eres, madre! **b)** Propio de la pers. gitana. | FReguera-March *Boda* 259: Tú tienes unos ojos muy pillos, unos ojos muy gitanos.
3 (*col*) [Pers.] que engaña, esp. con zalamerías. Tb *n*. | * Menudo gitano es ese; como te fíes, vas dado.
4 (*col*) [Pers.] descuidada en su arreglo personal. Tb *n*. | * Vas hecho un gitano.
II *fórm or* **5 que no se lo salta un ~** → SALTAR.

gitanólogo -ga *m y f* Especialista en el estudio de la lengua y la cultura gitanas [1b]. | E. Toda *Abc* 23.6.74, 13: Quizá su originalidad radicaba en que el investigador de selecta erudición .. era a su vez catalogable entre los escasos "gitanólogos", del brazo de Walter Starkie.

glabrescente *adj* (*Bot*) Casi lampiño. | Mayor-Díaz *Flora* 282: Hojas en principio pelosas, después glabrescentes, triangulares.

glabro -bra *adj* (*Bot*) Lampiño. | Santamaría *Paisajes* 26: *Quercus pyrenaica*, roble negral o rebollo .. Su tronco es tortuoso y agrietado y sus hojas muy polimórficas: .. son siempre tomentosas por el envés, y por el haz solo vellosas cuando son jóvenes, tornándose al madurar bastante glabras y de un color verde oscuro.

glacé (*fr; pronunc corriente,* /glasé/) **I** *adj* **1** Cubierto de una capa de azúcar transparente. | GMundo sn: Sporting .. Gran surtido de pastelería y repostería. Tartas heladas y biscuits glacés.
II *m* **2** Glasé. | *Abc* 21.2.56, 17: Bellos retales de tapicerías, cretonas, telas para visillos, panas, rasos, glacés.

glaciación *f* (*Geol*) Período de frío intenso en que los hielos cubren gran parte de la superficie de la Tierra. *Tb el fenómeno correspondiente.* | Legorburu-Barrutia *Ciencias* 397: La Era Cuaternaria .. Geológicamente, lo más notable son las glaciaciones o períodos de frío intenso, en los que gran parte de Europa, Asia y América quedaron cubiertas por grandes masas de hielo. Hubo cuatro glaciaciones, con tres períodos interglaciares de clima cálido. Artero *Inerte* 186: Cada vez que una glaciación congelaba gran cantidad de agua, el mar se retiraba de las costas.

glacial *adj* **1** [Clima] extremadamente frío. | Zubía *Geografía* 172: El clima [de Rusia] es muy variado dada su extensión: glacial y frío en el norte, continental y extremado en el centro. **b)** [Zona] de clima muy frío, comprendida entre el polo y el círculo polar. | Zubía *Geografía* 58: Zonas glaciales: ártica (hasta el Polo Norte) y antártica (hasta el Polo Sur). El clima es frío. **c)** De la zona glacial. | Zubía *Geografía* 43: Los océanos son: Océano Pacífico .. Océano Índico .. Océano Atlántico .. Además, el Océano Glacial Ártico .. y el Océano Glacial Antártico. **d)** (*Geol*) [Período] glacial [1b]. | Delibes *Historias* 101: La vez que le pregunté al profesor Bedate por el fenómeno de las Piedras Negras, se puso a hablarme de la época glacial, del ternario y del cuaternario.
2 Helador. *Frec con intención ponderativa. Tb fig.* | Sampedro *Sonrisa* 204: El cielo no puede estar más gris, y el viento glacial le obliga a sujetarse el sombrero. * Hace un frío glacial. J. Balansó *SAbc* 16.6.68, 26: La Corona había sido ofrecida a un hijo del Rey de Italia, Amadeo de Saboya, que una fría mañana de enero de 1871 entró en Madrid ante la indiferencia glacial de la población. **b)** Totalmente frío o indiferente. | Salom *Culpables* 42: –(Ahora fría, impersonal.) ¿Necesita algo más de mí la señora? –(También glacial.) No. Diosdado *Anillos* 2, 227: Antonio se la queda mirando, sin poder evitar cierta emoción. Ella, en cambio, no demuestra más que una voluntaria actitud de glacial cortesía. LTena *Luz* 58: (Con sequedad glacial.) El saber que odio no me hace sufrir. Estás en un error.
3 (*Quím*) [Cuerpo, esp. ácido acético] cuyos cristales son semejantes a los del hielo. | Aleixandre *Química* 171: Es [el ácido etanoico o acético] un líquido que huele fuertemente a vinagre; a 16,6° se solidifica en cristales incoloros de aspecto de hielo, conocidos con el nombre de acético glacial.

glacialidad *f* Cualidad de glacial [2b]. | Aguilar *Experiencia* 240: Mis diecisiete años .. me aconsejaron responder, con glacialidad y deletreando casi las palabras.

glaciar I *adj* **1** De (los) glaciares [2]. | Bustinza-Mascaró *Ciencias* 308: Muchos son los orígenes de los lagos. Los más importantes son: a) Tectónicos .. c) De erosión glaciar. **b)** (*Geol*) [Período] de frío intenso en que los hielos cubren gran parte de la superficie de la Tierra. | Ybarra-Cabetas *Ciencias* 164: Se admite que existieron [en la Era Cuaternaria] cuatro períodos glaciares separados por tres interglaciares. Cendrero *Cantabria* 36: Las zonas altas en las que la acción de lenguas de hielo durante las pasadas épocas glaciares ha sido tan intensa que ha dejado su huella en el modelado del paisaje.
II *m* **2** Gran acumulación de nieve y hielo, localizada gralm. en las altas montañas, y en continuo movimiento de descenso. | Ybarra-Cabetas *Ciencias* 127: El movimiento del glaciar es muy lento, a lo más uno o dos centímetros por hora. Legorburu-Barrutia *Ciencias* 376: Hay tres tipos principales de glaciares: Glaciares de tipo alpino. Glaciares de tipo pirenaico. Glaciares polares.

glaciarismo *m* (*Geol*) Conjunto de fenómenos relativos a los glaciares. | Pericot-Maluquer *Humanidad* 19: Cuando apareció la hipótesis de que las variaciones climáticas que conducen a la formación del glaciarismo dependían de las variaciones en la irradiación solar, pudo trazarse .. la curva de irradiación solar durante el último millón de años. Bustinza-Mascaró *Ciencias* 359: El glaciarismo extinguido. En muchos sitios determinadas formaciones sedimentarias han sido originadas por glaciares hoy desaparecidos.

glaciología *f* (*Geol*) Estudio del hielo en la naturaleza, esp. de los glaciares [2]. | M. Calvo *Ya* 15.6.74, 11: Se celebró en Roma un coloquio internacional sobre fluctuaciones climáticas, que son sumamente complejas, y en las que intervienen gran número de disciplinas: meteorología, .. geología y glaciología, fitoecología, historia de la vegetación, etc.

glaciólogo -ga *m y f* (*Geol*) Especialista en glaciología. | GTabanera *SYa* 10.4.77, 29: Muy pronto se prestigiaría científicamente, al ser publicada en España .. su gran obra "El hombre fósil", y en la que venía trabajando desde años atrás, a la vera de los glaciólogos Penck y Bruckner.

glacis *m* **1** (*Geol*) Superficie de erosión en pendiente moderada. | *NHi* 8.77, 94: La comarca de Baza. Estudio geográfico .. La sola enumeración ya sería prolija: diversidad de estructuras, relieves diferenciales metamórficos, fenómenos cársticos, piedemontes encostrados, glacis de erosión escalonados en varios pisos.
2 (*Pol*) Zona de protección entre dos países enemigos en potencia. | J. CAlberich *Mun* 23.5.70, 27: Hasta el momento, la zona controlada por el Gobierno real de Laos, que corre a lo largo de la frontera tailandesa, constituye un glacis que separa Tailandia de la región comunista del vecino país.
3 (*Mil*) Talud de una fortificación. | Solís *Siglo* 59: Don Sebastián había accedido a que uno de sus deudores le abonara una cierta cuenta atrasada con una partida de pieles que se secaban en los glacis de la muralla.

gladiador *m* (*hist*) En la antigua Roma: Hombre, frec. esclavo o cautivo, entrenado para luchar en el circo, con espada u otra arma y gralm. en combate a muerte, contra otro hombre o contra una fiera. *Tb (lit) fig.* | Tovar-Blázquez *Hispania* 310: Como los teatros, la mayoría de los anfiteatros documentados en Hispania, donde se celebraban los combates de gladiadores, pertenecen a la Bética. Llamazares *Río* 24: Recuerda todavía [el viajero] la imponente fortaleza de aquellos gigantescos gladiadores. [*Se refiere a la lucha leonesa.*] A. Assía *Van* 4.11.62, 15: Los alemanes no contemplaron durante tres días solo un combate entre gigantescos gladiadores, sino, y sobre todo, entre dos sistemas y dos interpretaciones de la vida.

gladiatorio -ria *adj* De (los) gladiadores. | Tovar-Blázquez *Hispania* 311: Faustus .. posiblemente se educó en la famosa familia gladiatoria llamada Caesarea Alejandrina, de Egipto, pasando después a la neroniana.

gladiolo (*tb, raro,* **gladíolo**) *m* Planta ornamental con hojas largas como espadas, tallos largos y flores en espiga, muy hermosas y de diversos colores (gén. *Gladiolus*). *Tb su flor.* | J. Cruset *Van* 26.3.70, 11: Flores a escala gigante, impresionantes en la composición: calas, gladiolos, dalias, crisantemos. Cela *Pirineo* 102: El campanario de la iglesia de Escaló, airoso como un gladiolo olvidado, termina en una aguja de pizarra que se mira en el río.

glagolítico -ca *adj* (*Ling*) [Alfabeto o escritura] de los primeros monumentos de la literatura eslava (s. IX). | Villar *Lenguas* 130: El antiguo eslavo se presenta escrito en dos tipos de alfabeto: el glagolítico y el cirílico, de los cuales termina por imponerse el cirílico, derivado del griego.

glamoroso -sa *adj* Glamuroso. | C. Dávila *D16* 21.8.89, 8: El bueno, el cariacontecido pero glamoroso González se destacó el viernes en la Zarzuela. L. Álvarez *SSe* 14.1.90, 33: En Gran Bretaña nadie se libra de la lluvia. La princesa Michael (que prefiere un tono rosa mucho más glamoroso y favorecedor), el vizconde Althorpe .. o los pequeños príncipes William y Henry.

glamour (*ing; pronunc corriente,* /glamúr/) *m* Encanto o atractivo, esp. de carácter espiritual, [de una pers. o cosa]. *Esp con referencia al mundo del espectáculo y de la moda.* | Aranguren *Ética y polít.* 227: Hay otro concepto, muy estudiado en la actualidad, en el *glamour*, próximo al de prestigio, pero menos dinámico y más psicoanalítico que este, sobre todo, porque a través de los *mass media* facilita la personalización del poder. *Abc* 27.2.87, 115: A la izquierda, uno de los modelos de Victorio-Luchino .. A la derecha, diseños de Estrella G., que, como todos los suyos, están impregnados de "glamour". K. Castellano *País* 12.5.89, 43: Desde que se ha inaugurado el festival, se ha abierto la veda. Cualquiera puede pasear por la misma playa que Sally Field, o tomarse una copa al lado de Jack Nicholson. El *glamour* está al alcance de todos.

glamuroso -sa (*pronunc corriente,* /glamuróso/) *adj* Glamuroso. | Anteno *Mad* 14.9.70, 17: La "glamourosa" murciana ha vuelto a Madrid con un "caniche" blanco, .. un

glamuroso – gleba

Rolls con chófer y sin Cugat. Umbral *Españolas* 200: La rubia glamourosa está bien para los momentos de aprieto sentimental.

glamuroso -sa *adj* Que tiene glamour. | P. Almodóvar *País* 29.3.93, 35: Recuerdo que eso fue lo que le dije a mi hermano cuando íbamos, estragados y deprimidos, en la limusina oficial que nos conducía al Shrine Palladium, el año 89, después de soportar meses de *glamurosa* tortura.

glande *m* **1** (*Anat*) Extremo o cabeza del miembro viril. | Cañadell *Salud* 179: Este conducto [la uretra] comienza en la vejiga urinaria y termina en la extremidad del glande, en la punta del miembro viril. GBiedma *Retrato* 181: Después de un largo período de castidad, y por más que uno se lave, el glande se impregna de un olor acre y fuerte.
2 (*Bot*) Aquenio protegido por una cúpula leñosa. | Legorburu-Barrutia *Ciencias* 274: Entre los frutos secos están: Aquenios .. Cariópside .. Glande. Aquenio protegido por una cúpula leñosa: bellota.

glándula *f* (*Anat*) Órgano cuya función es sintetizar y segregar determinadas sustancias que el organismo debe utilizar o eliminar. *Frec con un adj o compl especificador*. | Navarro *Biología* 141: El tubo digestivo recibe varios jugos o líquidos que segregan diferentes glándulas .. Son las glándulas salivales, glándulas gástricas, glándulas intestinales, el hígado y el páncreas. **b)** (*Bot*) Célula o conjunto de células capaces de acumular o expeler una secreción. | Alvarado *Botánica* 5: A él [sistema excretor del vegetal] pertenecen .. las glándulas o drusas, que son células epidérmicas (a veces prolongadas en forma de pelo) que segregan esencias .., a las que se deben los gratos olores de tantas plantas.

glandular *adj* (*Anat*) De (las) glándulas. | Bustinza-Mascaró *Ciencias* 26: Epitelio secretorio o glandular. Puede estar formado por células aisladas .., o bien por células glandulares, que se agrupan para formar las glándulas u órganos encargados de elaborar esto.

glanduloso -sa *adj* (*Anat*) Que tiene naturaleza de glándula, o está compuesto de glándulas. | Alvarado *Anatomía* 108: Esta es una cavidad en cuyas paredes existen dos órganos glandulosos llamados amígdalas, cuya inflamación origina las anginas.

glas *adj* (*Coc*) [Azúcar] molido usado normalmente en repostería. | Calera *Postres* 8: 1/2 litro de leche, 250 gramos de crema de leche, 200 grs. de azúcar glas.

glasa *f* (*Coc*) Pasta de azúcar con que se recubren algunos dulces. | *Cocina* 616: Glasa blanca. Ingredientes y cantidades. Azúcar: 125 gramos. Agua: 1 decilitro. Clara: 1/2 cucharada. *Cocina* 659: Glasa real. Ingredientes y cantidades. Azúcar glas: 150 gramos. Claras de huevo: 1. Esencia o zumo de limón: 1/2 cucharadita. *SSe* 11.2.90, 55: Pastel de San Valentín. Ingredientes para 6-8 personas .. Ingredientes para la glasa: 50 grs de mantequilla. Ralladura de la piel de una naranja. Zumo de media naranja. 200 grs de azúcar glas.

glasé *m* Tafetán de mucho brillo, hecho normalmente de seda o rayón. | Villarta *Rutas* 172: Entre las vestiduras, un terno blanco de glasé de plata, bordado en oro a realce, compuesto de casulla, dos dalmáticas, siete capas. *Abc Extra* 12.62, 43: Corsé, polisón, sombrilla, guantes de glasé.

glaseado *m* **1** Acción de glasear. *Tb su efecto*. | Aparicio *César* 100: Distintas bandejas y pinturas presentaban, en bodegón delicado, los glaseados glaucos de las cebollitas francesas, los ocres luminosos de las peras primavera. Areán *Raz* 5/6.89, 313: Eusebio Sempere .. construía sus geometrías con leves rectas o sinuosas paralelas de notable flexibilidad y gran vibración lumínica, etapa que alternó en un momento posterior con sus relieves luminosos móviles y en otro con sus rejillas superpuestas, de espectaculares glaseados y efectos móviles.
2 Pasta para glasear dulces. | *Coc* 12.66, 21: Prepare un glaseado con el chocolate, que debe cocer un poco con la mantequilla y la cáscara de naranja.

glasear *tr* Dar brillo a la superficie [de determinadas cosas, esp. papel, telas, pieles o ciertos alimentos (*cd*)]. | Vega *Cocina* 21: Colocar los trozos de perdiz y glasearlos. **b)** (*Coc*) Recubrir [dulces] con glasa, chocolate fundido, azúcar glas o a veces otras sustancias. | *Med* 3.4.60, 2: Calabazate glaseado.

glasnost (*ruso; pronunc corriente,* /glásnost/) *f* (*Pol*) Transparencia informativa promovida en la URSS por Gorbachov a partir de 1985, dentro del marco de la perestroika. *Frec fig, fuera del ámbito político ruso*. | *Ya* 15.12.87, 12: "Pravda" apoya la "glasnost". El órgano central del Partido Comunista de la URSS, el diario *Pravda,* publicó ayer un artículo a cuatro columnas, firmado por su director, Victor Afanasiev, en el que da apoyo absoluto a la *glasnost* o transparencia que se inició hace un año en la Unión Soviética. *Ya* 2.11.89, 16: Los principales partidos deberían hacer en Mataró una campaña electoral especial, intensiva y con regalos concretos; a ver si así había algo de "glasnost" en lo de la mayoría absoluta. *Ya* 17.1.90, 15: El PSOE continúa decidido a que no haya "glasnost" en el Parlamento.

glasofanar *tr* (*Encuad*) Recubrir con una película de plástico. *Frec en part*. | *Pre* 5.74, 11: Buffaloe, N. D. y Throneberry, J. B.: Fundamentos de Biología .. 19,5 x 23 cm. Rústica glasofanada. *Impreso* 6.83: Editorial Gregori .. Test de preparación para los exámenes M.I.R. .. Estampado en offset, con páginas en blanco para sus notas de estudio y encuadernado con sobrecubierta glasofanada de cartoné a todo color.

glauberita *f* (*Mineral*) Mineral constituido por sulfato de sodio y calcio, incoloro o amarillento, que forma cristales prismáticos y es común en depósitos salinos. | L. Moreno *YaTo* 30.9.81, 47: La única mina en activo existente actualmente en la provincia es la de sulfato sódico a partir de la thenardita y la glauberita.

glaucio *m* Planta herbácea de flores amarillas semejantes a la amapola (*Glaucium flavum*). *Tb designa a veces la especie G. corniculatum*. | FQuer *Plantas med.* 244: El glaucio es una hierba bienal, de gruesa raíz, ramificada, y de corteza resquebrajada y oscura.

glauco -ca *adj* (*lit*) Verde claro o verdoso. | Chamorro *Sin raíces* 13: Los pies descalzos y encallecidos. Ojos glaucos. *Mun* 23.5.70, 63: La emoción de capturar, en el glauco azul del mar, un pez récord.

glaucofana *f* (*Mineral*) Mineral constituido por silicato de aluminio, magnesio y sodio, que pertenece al grupo de los anfíboles y presenta color azul, grisáceo o verdoso. | Ybarra-Cabetas *Ciencias* 55: De los anfíboles, los únicos de interés son los monoclínicos, y de ellos citaremos: .. c) Anfíboles de sodio, entre los que citaremos la glaucofana, que contiene también aluminio.

glaucoma *m* (*Med*) Enfermedad del ojo caracterizada por exceso de tensión dentro del globo ocular, que causa disminución progresiva de la visión e incluso ceguera. | Dolcet *Salud* 480: Su alteración [del humor acuoso del ojo] por diversas causas representa estar afecto de glaucoma, enfermedad grave e importante en cuanto que comporta la probable pérdida visual, a veces irreparable médica y quirúrgicamente.

glaucomatoso -sa *adj* (*Med*) De(l) glaucoma. | Dolcet *Salud* 480: El aumento de la tensión del ojo .. puede ser motivado por alguna enfermedad general y, desde luego, por posibles tumores oculares que determinan estados glaucomatosos.

glayo *m* (*reg*) Arrendajo (ave). | Noval *Fauna* 353: *Glayu* es el nombre asturiano más común del Arrendajo (*Garrulus glandarius*).

gleba I *f* **1** Terrón que se levanta al arar o cavar la tierra. | S. Cousteau *Nar* 4.76, 13: En el Pirineo Oriental, las cabañas pastoriles de las "majadas" o "pletes" de montaña, presentan planta circular y están construidas de recia pared seca, con techumbre abovedada y recubierta de glebas o tierra.
2 Tierra, esp. de cultivo. | Lapesa *HLengua* 50: Aumentaban los latifundios, aparecía la adscripción del hombre a la gleba y se iniciaban formas de relación social que habían de conducir a la servidumbre. L. Calvo *Abc* 22.12.70, 47: En Cambridge se estudiaba hace años que la primera colonización europea fue de los vascos en una anchurosa gleba, de montes y vergeles, pasto de conejos, que luego se llamaría España. CPuche *Paralelo* 193: Un hombre con cara de campesino recién salido de la gleba se acercó a preguntarles.
3 Conjunto de perss. de baja categoría o condición. | Lázaro *Abc* 29.6.85, 3: No mira al común y, menos, a la gle-

ba, que envejecen, como vivieron, sin gloria. Grosso *Capirote* 117: A la lista de diana, tras la formación, sucedió la revista de policía. El sol estaba ya alto cuando los hombres bajaron al patio. Los destinos se incorporaron a su trabajo, y la gleba inició su holganza en los corredores. CPuche *Paralelo* 90: Nos mandan todo este ínfimo material humano de exportación, ínfima gleba entre las glebas.
II *loc adj* **4 de la ~.** *(hist)* En el régimen feudal: [Siervo] afecto a una heredad, de la que no se desliga aunque esta cambie de dueño. *Tb (lit) fig.* | Arenaza-Gastaminza *Historia* 94: Los siervos de la gleba; eran inseparables del feudo y se vendían y compraban con la tierra. *HLM* 18.4.77, 4: El marxismo trata de aprovechar la actual coyuntura agraria para convertir a los campesinos en siervos de la gleba.

gledisia *f* Árbol leguminoso del gén. *Gleditschia*, algunas de cuyas especies se cultivan como ornamentales, esp. *G. triacanthos*. | Santamaría *TSeg* 1.11.79, 24: Hay en él más de tres mil árboles de veinte especies diferentes: unos mil cipreses de Arizona, .. olmos pumila, gledisias, cipreses de Lawson, almeces, nogales.

glenoidea *adj (Anat)* [Cavidad] articular superficial en la que encaja un cóndilo. | Navarro *Biología* 81: Las depresiones o entrantes de los huesos son muy variadas: si son hemisféricas y profundas se llaman cavidades cotiloideas; si son más superficiales, cavidades glenoideas.

gliadina *f (Quím)* Proteína soluble en alcohol, que es el principal componente del gluten de trigo. | Aleixandre *Química* 199: Proteínas propiamente dichas: Albúminas. Globulinas. Gliadinas. *País* 11.8.89, 22: Cada unidad de pan eucarístico contiene de dos a cinco miligramos de gliadina.

glicerina *f* Líquido incoloro, espeso y dulce, que entra en la composición de todos los cuerpos grasos y que se emplea esp. en farmacia, perfumería y para la fabricación de la nitroglicerina. | Bustinza-Mascaró *Ciencias* 54: La lipasa actúa sobre las grasas desdoblándolas en sus dos componentes: los llamados ácidos grasos y la glicerina.

glicerinado -da *adj (Quím)* Que contiene glicerina. | Bustinza-Mascaró *Ciencias* 165: Con agua glicerinada se puede observar [el arador de la sarna] al microscopio con poco aumento.

glicina[1] *f* Planta arbustiva, voluble y ornamental, con flores azul-violáceas o blancas en grandes racimos colgantes (*Wistaria sinensis* y *W. frutescens*). *Tb su flor*. | Alós *Hogueras* 209: El jardín de la Torre tiene rosas amarillas y unas glicinas colgantes y llenas de perfume.

glicina[2] *f (Quím)* Aminoácido dulce y cristalino, presente en la mayor parte de las proteínas, y que actúa como neurotransmisor. | *TMé* 2.12.88, 22: La glicina es un neurotransmisor muy abundante en la médula.

glicinia *f* Glicina[1]. | Serna *Abc* 14.5.67, 77: La frescura de las lilas de la Casa de Campo, que fueron precedidas por las azules glicinias de abril y van a ser sucedidas por las verbeneras albahacas de junio.

glicocola *f (Quím)* Glicina[2]. | Navarro *Biología* 22: Se conocen unos 40 aminoácidos .. Los más sencillos son la glicocola y la alanina.

glicocólico *adj (Quím)* [Ácido] de la glicocola, presente en la bilis. | Navarro *Biología* 152: Las sales biliares son sales sódicas de dos ácidos, el ácido glicocólico y el ácido taurocólico.

glicógeno *m (Quím)* Glucógeno. | Bustinza-Mascaró *Ciencias* 281: En algunas vacuolas [de las células de las levaduras] hay glicógeno, que es una especie de almidón.

glicol *m (Quím)* Cuerpo que posee dos veces la función alcohol. | *Van* 20.12.70, 56: Se obtienen, por procedimiento petroquímico, entre otros productos, el octanol, .. así como los glicoles, que constituyen la materia prima para fibras textiles, líquidos de frenos y anticongelantes.

glicoproteido *m* Glucoproteido. | Aleixandre *Química* 201: En el grupo de los glicoproteidos se estudia la mucina de la saliva. [*En el texto*, glicoproteídos.]

glioma *m (Med)* Tumor compuesto de células de la neuroglia. | J. Fereres *TMé* 10.2.84, 4: De entre la patología tumoral destacan los gliomas.

gliosis *f (Med)* Proliferación patológica de la neuroglia. | *Abc* 24.9.91, 56: El estudio anatomopatológico de la zona quirúrgica extirpada confirma en la mayoría de los casos una alteración histopatológica, generalmente gliosis, hamartomas, malformaciones arteriovenosas, etcétera.

gliptal (*n comercial registrado*) *m (Quím)* Resina sintética fabricada normalmente con glicerina y anhídrido o ácido ftálico. | Aleixandre *Química* 206: Los productos resultantes de la condensación de la glicerina con ácido maleico o anhídrido ftálico se llaman gliptales.

glíptica *f (Arte)* **1** Arte de grabar en piedras duras o en piedras preciosas. | A. Vega *Día* 29.8.72, 19: La glíptica, la epigrafía, la cerámica .. son artes en que tienen aplicación diversos procedimientos de grabado.
2 Conjunto de piezas de glíptica [1]. | Pericot-Maluquer *Humanidad* 124: En los núcleos urbanos de Amri, Mohenjo Daro, .. nos hallamos ante un gran desarrollo del urbanismo, con enormes construcciones de ladrillos, ricas esculturas, glíptica, cerámica.

gliptogénesis *f (Geol)* Modelado del relieve terrestre por los agentes erosivos externos. | Ybarra-Cabetas *Ciencias* 103: La demolición del relieve por los agentes geológicos externos y el transporte de los materiales a otros lugares constituye un fenómeno denominado gliptogénesis.

gliptoteca *f (Arte)* Museo de piedras grabadas o trabajadas. *A veces designa, en sent amplio, museo de escultura*. | Tejedor *Arte* 192: La arquitectura levantó en Italia y Alemania numerosos edificios públicos, entre los que destacan la Gliptoteca de Munich y la puerta de Brandeburgo de Berlín. Blanco *His* 6.81, 124: Sus aportaciones y asesoramientos a la Gliptoteca Ny Carlsberg de Copenhague .. fueron de tanta cuantía que toda una sección de este magnífico museo .. ostenta hasta el día de hoy el nombre de museo Helbig.

global *adj* **1** De(l) conjunto. | Pániker *Conversaciones* 107: Los que se presentan ante la vida española con repugnancias y descalificaciones globales hacia el Régimen en su conjunto están pidiendo a gritos que no se les considere. *Reforma* 152: La evaluación del alumno será global, pero también específica y diferenciada por áreas de conocimiento o de habilidades. *DíaCu* 12.8.84, 9: Negocian un acuerdo global de financiación agraria. **b)** Total. | Pániker *Conversaciones* 133: El celibato no supone, únicamente, no acostarse con una mujer, sino no acostarse con nadie ni con nada. Es el único celibato que tiene sentido. El celibato global.
2 Mundial, o de todos los países de la Tierra. | M. Calvo *Ya* 3.11.74, 14: La comunidad mundial ha empezado a afrontar los graves problemas de nuestro tiempo con visión de conjunto y estilo planetario. El primer ensayo general de una estrategia global fue la Conferencia de Estocolmo sobre el Medio Ambiente. *ElM* 18.1.91, 49: La cadena CNN consiguió transmitir continuadamente hasta las 17.00 h. .. Gracias a ella, en la que nadie creía, se ha convertido en realidad la teoría del comunicólogo McLuhan sobre la humanidad convertida en una gigantesca "aldea global".
3 Del globo terrestre. | *Ide* 8.7.90, 26: El 'recalentamiento global', debido a los 'gases invernadero', preocupa a todos menos a Bush.

globalidad *f* **1** Cualidad de global [1 y 2]. | P. SVicuña *PapD* 2.88, 164: La Educación Infantil debe respetar la globalidad del niño o niña, que no está compartimentada, como tampoco debe estarlo la actividad educativa.
2 Conjunto o totalidad. | Pániker *Conversaciones* 280: La ciencia es incapaz de explicar el mundo como globalidad. Nieva *GChico* 26: Aún me toca hablar de su música, que, separada del contexto, de la globalidad totalizadora del género como puro teatro, también pierde entidad.

globalismo *m (Pol)* Mundialismo (tendencia a la colaboración entre todos los países del mundo y a la creación de un gobierno mundial). | L. MDomínguez *Inf* 20.4.74, 17: Globalismo contra regionalismo: dentro de Europa y entre Europa y Estados Unidos o a la inversa. E. Beladiez *Raz* 5/6.89, 375: Los objetivos primarios de esta entidad serían, según el autor, dos: promoción del globalismo y apoyo al comunismo. Para lo primero propugnan la creación de un gobierno universal, el refuerzo de las naciones Unidas y la renuncia de las atribuciones de los Estados en beneficio de una autoridad central universal.

globalización – glóbulo

globalización *f* Acción de globalizar. | *Pue* 17.12.70, 6: Elaborar un anteproyecto de otro decreto-ley para reformarlo, .. para evitar la injusticia que comporta la globalización de este concepto tributario. *Ya* 24.5.70, 7: ¿Por qué iban a estar cruzados de brazos los Gobiernos de Madrid y Lisboa sin desplegar todas las posibilidades que a ese ámbito se les abren en la globalización creciente de los problemas del mundo libre?

globalizado -da *adj* **1** *part* → GLOBALIZAR.
2 Global [1a]. | F. RArias *Hoy* 15.11.70, 3: Han solicitado que la reducción de sus cultivos se haga de manera globalizada.

globalizador -ra *adj* Que globaliza. | T. Martín *Reg* 14.1.75, 2: Un entramado más orgánico y sociológico .. habría originado, quizás, un mayor acercamiento a lo que todos tendemos a hacer: una historia total y globalizadora en la línea del gran maestro Lucien Febvre.

globalizante *adj* Que globaliza. | *Sev* 1.11.75, 9: Este curso .. tiene como objetivo dar un enfoque unitario globalizante a la enseñanza de las Matemáticas en el 5º nivel y 2ª etapa de la EGB.

globalizar *tr* Dar [a algo (*cd*)] carácter global, *esp* [1a]. | *Abc* 20.7.67, 72: El primero de julio de 1968 los contingentes arancelarios nacionales de los seis países miembros deberán ser globalizados en un solo contingente arancelario de la Comunidad.

globalmente *adv* De manera global, *esp* [1a]. | L. Contreras *Inf* 16.4.70, 7: No se trata ya de examinar solo a los profesores a través de una inspección que ha venido mostrándose injusta, sino también a los centros globalmente considerados, con sus profesores, medios e instalaciones.

globero -ra *m y f* Pers. que vende globos [5]. | Cela *Escenas* 190: La chacha Nila, por razón de oficio, sueña con globeros, soldados, cobradores del autobús y otros asequibles paladines.

globe-trotter (*ing; pronunc corriente*, /glob-tróter/; *pl normal*, ~s) *m y f* Trotamundos. | Abella *Vida* 2, 176: Los obreros británicos Sam Masters y Nat Cohen estaban recorriendo Europa en bicicleta y al tener noticia de los acontecimientos españoles dejaron su condición de *globe-trotters* y vinieron pedaleando para alistarse.

globigerina *f* (*Zool*) Protozoo foraminífero marino cuyo caparazón forma depósitos calcáreos (gén. *Globigerina*). | Bustinza-Mascaró *Ciencias* 342: La creta es una roca blanca o grisácea formada de caparazones de globigerinas (foraminíferos), fragmentos pequeños de espongiarios y equinodermos.

globina *f* (*Biol*) Albúmina que entra en la composición de la hemoglobina. | Alvarado *Anatomía* 11: Su grupo proteico [de la hemoglobina] es una albúmina llamada globina.

globo I *m* **1** Cuerpo esférico. | Zubía *Geografía* 30: Esferas terrestres. Son globos de cartón, madera, cristal o plástico en los que se dibujan los continentes, los mares y demás detalles geográficos. Bustinza-Mascaró *Ciencias* 81: Partes análogas a esta pueden señalarse en el ojo. Una cámara oscura, que es el globo ocular, negra interiormente por la coroides. Seseña *Barros* 18: También se hace el trabajo por partes cuando se trata de cántaros, torneando en primer lugar el globo o cuerpo y luego añadiendo el asa. L. F. Peñalosa *SASeg* 20.6.86, 11: Con extraordinaria maestría los "recibidores", vestidos de blanco, recogían el vellón recién cortado y rápidamente formaban de cada uno un globo. **b)** ~ **terráqueo**, *o* **terrestre**. Esfera en que se representa la superficie de la Tierra. *Tb simplemente* ~. | Cela *Rosa* 194: El despacho del tío Fernando parecía el despacho de un armador, con su mesa de caoba oscura, su silla giratoria, un sofá de cuero, su lámpara de sube y baja, su globo terráqueo. Zubía *Geografía* 28: Usando un globo terrestre, busca el eje de la Tierra, los polos .. y las distintas zonas climáticas. Ortega-Roig *País* 14: La mejor manera de representar la Tierra es por medio de globos. Los globos son cuerpos esféricos, de la misma forma que la Tierra, donde se indican todas las tierras y mares que existen en ella. **c)** ~ **celeste**. Esfera en que se representan las constelaciones en su situación relativa. | * En el despacho de al lado hay un globo celeste.

2 Tierra (planeta). | Laiglesia *Tachado* 80: Después llegaban unos agentes secretos procedentes de distintos puntos del globo. *Sp* 19.7.70, 17: En los últimos cinco años, la población del globo ha aumentado en 300 millones.

3 Pieza de cristal, esférica o semiesférica, que cubre un punto de luz. | Goytisolo *Recuento* 26: El día era gris y los globos del techo estaban encendidos.

4 Aparato aeronáutico compuesto por una gran bolsa, gralm. redonda, de la que pende una barquilla para la carga, el cual se eleva en la atmósfera al hinchar la bolsa con un gas menos pesado que el aire. *Tb* ~ AEROSTÁTICO. *Frec con un adj o compl que especifica la modalidad o el uso:* DIRIGIBLE, CAUTIVO, SONDA, *etc*. | *Inf* 4.5.78, 7: Van a participar globos aerostáticos procedentes de diversos países en un Circo Aéreo. Laiglesia *Ombligos* 77: Empezaron a ver en el cielo, a la altura del avión, globos cautivos publicitarios. **b)** ~ **sonda**. Noticia que se difunde con el fin de obtener información o de ver la reacción que produce. | Llovet *Tartufo II* 27: La verdad es que no sé si es un globo sonda o una casualidad. Pero cuando me hablaron de ese proyecto de boda dije que era una estupidez.

5 Objeto de materia flexible y formas diversas que, relleno de aire u otro gas menos pesado, se eleva en la atmósfera y sirve como juguete o como elemento decorativo en fiestas. | Ortega *Americanos* 27: Una reunión monstruo con *majorettes* frenéticas, con confetti, serpentinas, globos.

6 *En cómics, fotonovelas o chistes:* Bocadillo. | GHortelano *Momento* 428: Demor[ó] en mirarme el tiempo que tardó, ayudándose con el índice, en leer el globo, que la ocupaba, del foto-romance.

7 (*Dep*) Trayectoria semicircular descrita por un balón o una pelota que van muy altos. | G. MVivaldi *Ya* 17.5.75, 8: El "lob", según el diccionari[o], es un voleo alto de la pelota; o, si se quiere, una volea; o también lo que en fútbol solía decirse un "globo". *Lan* 5.2.89, 21: Copa Davis .. El campeón de España, Emilio Sánchez, ganó el último punto al colocar un globo de revés.

8 (*jerg*) Pecho de mujer. *Gralm en pl*. | * Siempre que hablaba de chicas se refería a sus globos.

9 (*jerg*) Estado producido por la bebida o la droga. | Oliver *Relatos* 103: El Manuel, que estaba con un globo de la hostia, dijo al verla que aquella tía se lo hacía todavía con todos si queríamos.

10 (*jerg*) Enfado. *Frec con el v* COGER. | Á. Río *Ya* 9.6.86, 15: Un conocido mío anda malhumorado .. Se ha enterado que el Ayuntamiento no está dispuesto a gastarse mucho en ágapes oficiales y se ha cogido un globo de mucho cuidado.

II *loc adv* **11 en** ~. (*col*) En peligro o en dificultad. *Gralm con el v* VER. | * Por lo que me cuentas, veo el asunto de la boda en globo.

globoide *adj* (*E*) De forma semejante a la del globo [1a]. | *BOE* 3.12.75, 25185: Son tanques a sobrepresión los de tipo esferoide o globoide.

globoso -sa *adj* De forma de globo [1a]. | Bustinza-Mascaró *Ciencias* 133: El erizo de mar tiene el cuerpo globoso, más aplanado por uno de los polos.

globular *adj* De (los) glóbulos. | * Forma globular. * Recuento globular de la sangre. **b)** De forma de glóbulo o de globo [1a]. | GNuño *Madrid* 97: Puñales de mango doble globular. *Van* 4.11.62, 14: Los doctores británicos .. Perutz y .. Kendrack, Nobel 1962 de Química, por sus estudios acerca de las proteínas globulares.

globulina *f* (*Quím*) Proteína animal o vegetal, soluble en soluciones alcalinas pero insoluble en agua, que se coagula con el calor. | A. Blasco *Ya* 15.10.67, 1: Un factor nuevo .. es el desarrollo de la globulina antilipoidea, que podría añadirse en los preparados farmacéuticos "standard" para controlar las reacciones inmunológicas.

glóbulo *m* Cuerpo esférico pequeño. *Esp designa los componentes de la sangre y de otros líquidos orgánicos. Frec con un adj especificador:* BLANCO, ROJO. | Bustinza-Mascaró *Ciencias* 56: En la sangre hay un líquido, el plasma sanguíneo, en el cual flotan los glóbulos rojos y blancos. Bustinza-Mascaró *Ciencias* 56: En la linfa existe también un líquido llamado plasma linfático, en el cual flotan glóbulos blancos. GNuño *Escultura* 107: En nuestra Dama, ese manto o mantilla está ceñido a la frente por una diadema .., decorada frontalmente por tres hileras de glóbulos, quedando la duda de si sería de tejido o de laminilla de metal rico.

globuloso -sa *adj* De forma de glóbulo, o formado por glóbulos. I A. P. Foriscot *Van* 19.3.72, 9: He conseguido enterarme de la biología del cilantro .. Planta anual, de sesenta a setenta centímetros de altura. Muy decorativa, casi jardinera. Fruto globuloso de dos semillas acopladas, semiesféricas.

glogló (*tb con la grafía* **glo-glo**) *interj* (*col*) Gluglú. *Frec se sustantiva como n m.* I Borrás *Abc* 23.3.58, 13: Pronto el tamborileo, luego el chorrillo que cae de la teja y el glo-glo de los arroyuelos, los ruidos del llover que tanto gusta oír desde la cama.

gloguear *intr* (*col, raro*) Hacer glogló [el agua]. I Aldecoa *Cuentos* 1, 39: Glogueaban los remolinos, y en las tollas, donde se fijaba la espuma, el quebrado son del roce de los palos y las ramas arrastradas era vencido por el veloz rumor de la corriente. **b)** Hacer [alguien], al tragar, un sonido semejante al glogló. I SFerlosio *Jarama* 180: Empinó el vidrio, hasta que el culo de la botella quedó mirando al cielo, y gloguéo largamente.

glomerular *adj* (*Anat*) De (los) glomérulos. I *Abc* 29.10.75, 7: En ocasiones se presenta una marcada reducción del riego sanguíneo renal .. Se produce también el problema de la filtración glomerular, y disminuye casi instantáneamente la eliminación de sal y de agua.

glomérulo *m* (*Anat*) Apelotonamiento pequeño de vasos o glándulas. I M. Aguilar *SAbc* 9.2.69, 54: Las partes que hemos denominado "fábricas" (unas aglomeraciones capilares llamadas "glomérulos") filtran al día unos ciento setenta litros de líquido [en los riñones]. Navarro *Biología* 192: Cada tubo urinífero es una glándula de unos 3 cm de longitud que se inicia en la zona cortical por una ampolla deprimida o cápsula de Bowmann, que rodea a una red capilar apelotonada o glomérulo de Malpigio. Navarro *Biología* 74: Glándulas sudoríparas .. Se hunden profundamente en la piel apelotonándose en su extremo, formando así un glomérulo.

glomerulonefritis *f* (*Med*) Nefritis en la que el proceso inflamatorio se localiza en los glomérulos de Malpigio. I Mascaró *Médico* 65: Son atribuibles también a la alergia algunos síndromes cardiovasculares .., renales (glomerulonefritis agudas, cólicos nefríticos).

glomus *m* (*Anat*) Apelotonamiento de vasos. *Frec con un adj especificador:* CAROTÍDEO, CUTÁNEO, *etc.* I Cela *Mazurca* 254: La carótida está desgarrada en 1,5 cm. de longitud con un hematoma en la capa media y con lesiones que recuerdan al Signo de Amusant muy cerca de la zona del glomus.

gloria **I** *n* **A** *f* **1** Honra o fama destacada. I J. Carabias *Ya* 14.2.78, 6: Tales rasgos de modestia, como el de que el hombre que más gloria científica había dado a España ofreciera quedarse sin un duro por seguir sirviendo a la ciencia, solamente parecerían increíbles a los que no le conocieron. **b)** Pers. o cosa que constituye un motivo de gloria o de orgullo [para otra (*adj especificador o compl de posesión o* PARA)]. I *VozC* 30.1.55, 3: Burgos burgalesas. Burgos está en deuda con el P. Flórez y hay que saldarla. GSerrano *Gloria* 113: Una docena escasa de entrevistas en las que se solicitaba la opinión del "comerciante Juan Domínguez, vieja gloria del fútbol nacional" sobre una porción de temas. *DAv* 1.7.90, 4: Exposición itinerante de coches antiguos en la IV Concentración de Ávila .. Siempre es una atracción contemplar estas viejas glorias del automovilismo. Escobar *Itinerarios* 226: ¡Qué risas, qué gritos, qué gozos, cuando se supo lo de la borrachera del animal! Nunca nadie vio cosa semejante. ¡Qué gloria para el pueblo!
2 Esplendor o magnificencia. I Vesga-Fernández *Jesucristo* 64: Ni Salomón en medio de toda su gloria se vistió con tanto primor como uno de estos lirios.
3 Alabanza o ensalzamiento. I SLuis *Doctrina* 57: Dios quiere que el juicio final sirva .. para exaltación y gloria de Cristo.
4 (*Rel crist*) Premio de los bienaventurados que consiste en gozar, después de la muerte, de la presencia de Dios. I SLuis *Doctrina* 63: Dos son los recursos con que contamos para conseguir la gloria: La propia voluntad y la gracia de Dios. **b)** Lugar en que los bienaventurados gozan de la presencia de Dios. I A. Senillosa *País* 29.10.78, 9: El número de españoles que, gracias a él, entraban en la gloria eterna había aumentado en un 60%. **c)** (*Arte*) Representación de la gloria [1b] por medio de un cielo luminoso que se abre entre nubes con ángeles y santos. I GNuño *Arte* 295: En el proyecto de catafalco de la reina María Luisa de Orleans, las columnas se pueblan de hojarasca, los capiteles y cornisas no tienen apenas otra significación que la ornamental, y las glorias reverberantes, los ángeles y las volutas, más una descomedida fauna y flora, tienden a borrar toda prestancia de línea.
5 (*col*) Gusto o placer. *Gralm en la constr* DAR ~. I Lagos *Vida* 23: Da gloria ver su balcón, señora Juliana. Torrente *Saga* 252: El *glorioso movimiento*, a una cachonda grandota que es una gloria mirar cómo camina.
6 (*col*) Pers. o cosa muy buena o muy grata. I Berlanga *Gaznápira* 154: Han dado con lo que buscaban: los tres zurullos de Gabriela .., frescos, duros, negroveteados; ni por asomo el puré verdusco que se temían. ¡Una gloria!
7 Pastel relleno normalmente de yema. *Tb* PASTEL DE ~. I Landero *Juegos* 42: Al hablar se me derriten en la boca tocinillos de cielo, glorias, huesos de santo y otras delicias celestiales. *Cocina* 616: Glorias .. Pasta. Aguardiente .. A[c]eite frito .. Harina .. Relleno. Boniatos .. Azúcar .. Almendras molidas.
8 Bebida preparada básicamente con mosto y aguardiente, propia de Extremadura. I F. Jiménez *Hoy* 6.11.76, 2: Castañas asadas, manzanas y nueces con buenos tragos de vino nuevo y la exquisita "gloria" fabricada en cada casa eran los elementos obligados que se consumían en torno a una hoguera en cerros y altiplanicies.
9 Sistema de calefacción propio de Castilla la Vieja y León, consistente en una conducción abierta bajo el suelo, en cuyo interior se quema paja o leña. *Tb la habitación en que está instalada.* I MCalero *Usos* 28: Del frío y los cierzos del invierno, se defendían con buena gloria, también construida de adobe, con varios ramales, que calentaban la sala principal y templaban las alcobas. Escobar *Itinerarios* 36: Gracias a la "gloria", una habitación en el hogar que es caldeada bajo el piso con lumbre de paja y matujos, van tirando hasta que el cuco canta pregonando el buen tiempo. [*En la provincia de Burgos*.] Carnicer *Castilla* 197: La temperatura en el comedor es deliciosa. Debo de estar en la "gloria" de la casa, porque en una de las paredes sobresale la manija del tiro.
B *m* **10** (*Rel catól*) *En la misa:* Rezo o cántico que comienza con las palabras "Gloria in excelsis Deo". *Tb la música con que se canta y la parte correspondiente de la misa.* I Vesga-Fernández *Jesucristo* 153: El coro responde a los cantos del sacerdote y canta además el "Gloria", "Credo", "Sanctus", "Benedictus", "Agnus Dei". Subirá-Casanovas *Música* 27: Desde tiempos, partes cantadas de la misa [s]on el Kyrie, Gloria, Credo, Sanctus, Benedictus y Agnus Dei .. El Gloria ya se entonaba en la liturgia griega, de la cual pasó a la mozárabe. P. Darnell *VNu* 13.7.74, 27: Nos dejó [Vivaldi] bellísimas muestras de música religiosa. Kyrie, Gloria, salmos, motetes, etc.
11 Versículo que comienza con las palabras "Gloria al Padre", y que se reza normalmente después del padrenuestro y el avemaría. I Ribera *SSanta* 69: Indulgencia de quince años cada vez, rezando cinco Padrenuestros, Avemarías y Gloria.
II *loc adj* **12 de ~.** [Sábado] santo. I Moreno *Galería* 231: Desde el mismo momento en que se cantaba el "Gloria" el día de Jueves Santo .. hasta que el sábado llamado "de Gloria" .. se volvía a repetir la orquesta broncínea, no debían sonar los distintos registros del órgano parroquial.
13 [Timbre] **de ~.** → TIMBRE².
III *loc v y form or* **14 cubrirse de ~.** Conseguir honra o fama [con un hecho]. *Gralm con intención irónica.* I L. AVillalobos *VozC* 13.2.55, 5: El "señor Manuel" de Campos .. se ha cubierto de gloria en sus predicciones meteorológicas para el año .. Enero ha sido un fiel trasunto de la imagen que el señor Manuel nos trazara. * Anda, que te has cubierto de gloria con semejante hazaña.
15 que (santa) ~ haya, que en (santa) ~ esté, *o* **que Dios tenga en su ~.** (*pop*) *Fórmulas que siguen a la mención de una pers muerta.* I Delibes *Emigrante* 93: Tentado estuve de decirle que a mí no me levantó la voz ni mi padre, que gloria haya. Torrente *Pascua* 152: ¡Cómo le hubiera gustado oírla a la difunta señora, que en gloria esté!
16 y aquí paz y después ~. → PAZ.

gloria Patri – glosador

IV *loc adv* **17 a ~ (bendita).** (*col*) Muy bien. *Con vs como* SABER *u* OLER. | GMacías *Relatos* 14: Si evocamos los productos, huevos, leche, carne, etc., todo lo que salía de aquella tierra cacerense, tenemos que afirmar que ¡sabían a gloria! J. A. Río *Río* 13.8.93, 7: El bocadillo de jamón sabía a gloria bendita. Moreno *Galería* 219: Ya estaban oliendo a gloria, puestos sobre la mesa de la cocina, los torreznos de entrealma, frescos y crujientes.

18 en la ~ (*o* **en sus ~s**). (*col*) Muy a gusto. *Normalmente con los vs* ESTAR *o* ENCONTRARSE. | FReguera-March *Caída* 401: Roser parecía feliz; iba del comedor a la cocina constantemente, sin dejar apenas meter baza en el trabajo al resto de las mujeres. "¡Está en sus glorias!", decía de vez en cuando Esteban Pedrell. * Cuando se fueron las visitas me quedé en la gloria.

19 por la ~ [de alguien]. *Se usa como refuerzo de un juramento o de una petición. A veces como interj.* | ZVicente *Traque* 232: Te juro por la gloria de mi madre que yo, mujer, no me casaba con un sabio de estos ni a la de tres.

20 sin pena ni ~ → PENA.

gloria Patri (*tb con la grafía* **gloriapatri**) *m* Gloria [11]. | Cela *Viaje andaluz* 184: Así ya todo preparado, debe dejarse cocer durante el tiempo de rezar en voz alta .. el Credo, el Yo pecador y el Señor mío Jesucristo; si la cocinera, a fuer de devota, tiene propensión a rezar al trote, deberá sumar a lo ya dicho un padrenuestro, un avemaría y un gloriapatri.

gloriarse (*conjug* **1c**) *intr pr* Presumir o jactarse [de algo]. | Em. Serrano *Sáb* 30.11.74, 86: Esta Casa es la más importante de Aragón después de la Casa Real, y ya en el siglo XIII se gloriaba de ser tronco de ocho casas coronadas. Berenguer *Mundo* 26: Conmigo se gloriaba de llevarme de estorbo.

glorieta *f* **1** Plaza en la que desembocan varias calles, esp. con árboles. *Normalmente formando parte de la denominación establecida de algunas plazas.* | Alfonso *España* 161: Hay incluso calles a base de pequeñas glorietas, paseos, bancos y plantas. Medio *Bibiana* 169: Llega a la glorieta de Sorolla y se detiene ante el cine Chamberí. **b)** *En un jardín:* Plazoleta. | Goytisolo *Recuento* 600: La casa, recogida en el jardín como en un claustro .. Tío Gregorio dijo que aquella noche habría lluvia de estrellas, y después de la cena salieron todos a la glorieta.

2 (*reg*) Habitación con gloria [9]. | *DBu* 3.4.56, 2: En Basconcillos del Tozo vendo casa nueva planta, 6 dormitorios, 2 cocina[s], despensa, glorieta, bodega, cuadra, pajar, amplio local industrial, todo independiente.

glorificación *f* Acción de glorificar. | Delibes *Madera* 305: La difícil complexión de Antero Arias, su torva inquina, le confortaba, de la misma manera que la mediocridad de Eduardo Custodio le compensaba de la glorificación de Tato Delgado. GNuño *Madrid* 45: Un relieve representando la glorificación de San Bernardo y San Benito.

glorificador -ra *adj* Que glorifica. | FCid *Ópera* 78: Es el mejor pasaporte para ganar plaza en la historia del arte que ha podido presentar Bizet, músico francés glorificador, a su manera, de un tema de España. De Ferrán *SLib* 26.3.75, 3: Su función de glorificador de[l] Padre cristalizó en su obra redentora.

glorificante *adj* (*lit*) Que glorifica. | S. RSanterbás *Tri* 11.4.70, 23: Su lenguaje es glorificante y ditirámbico.

glorificar *tr* Dar gloria [1, 2 y esp. 3] [a alguien o algo (*cd*)]. | MGaite *Cuento* 170: Lo realmente importante es la elaboración solitaria de esa versión ficticia y la credibilidad que él mismo consigue prestarle. Solo imbuido de tal creencia logrará imponer a los demás la existencia de un personaje engalanado con atributos que le glorifican y acuñarlo como evidente. E. Romero *País* 16.7.78, 7: Ningún magnicidio perpetrado en nuestro país ha glorificado a ningún ministro de la Gobernación, sino que los ha defenestrado. GNuño *Madrid* 106: Algunas [medallas] de Cellini, glorificando a Clemente VIII. J. C. Villacorta *CoZ* 2.8.90, 6: Maestro Mateo en la Edad Media construyó el Pórtico de la Gloria en Santiago de Compostela y esculpió diversos músicos glorificando al Señor.

gloriosamente *adv* De manera gloriosa [1 y 2]. | A. Mercé *Des* 12.9.70, 46: El nadador que se va gloriosamente, a pesar de su juventud, el ex recordman.

glorioso -sa *adj* **1** Que tiene gloria [1, 2 y 3]. | *Ya* 6.6.73, 22: El periódico publica un telegrama del director general de la Guardia Civil, que dice: "Mi más cordial enhorabuena a toda la gloriosa Policía, por el gran éxito al detener a «el Lute»". Marsé *Tardes* 325: Correría otra vez, ahora en dirección al cuarto de baño .., para reaparecer casi en el acto, de pie en el umbral, triunfante y gloriosa como él al término de una de sus carreras en motocicleta. SLuis *Doctrina* 37: Para nosotros, esa Resurrección Gloriosa es: raíz de nuestra fe y fundamento de nuestra esperanza.

2 Digno de gloria [1 y 3]. | GNuño *Madrid* 166: Lo glorioso de Barend Van Orley es esa indescriptible armonía de sus vírgenes. E. La Orden *MHi* 7.69, 32: Los conventos monjiles de las capuchinas, .. de Santa Clara, con su claustro glorioso; el carmelita de Santa Teresa.

3 De (la) gloria [1, 2 y 3]. | M. Barros *VozC* 30.1.55, 3: Un día glorioso, para España, del año 1742, acometió, al fin, la colosal empresa de escribir la "Historia de la España Sagrada". Ribera *Misal* 1532: El lunes y jueves, los misterios gozosos; el martes y viernes, los dolorosos; el miércoles, sábado y domingo, los gloriosos.

4 Magnífico o excelente. *Con intención ponderativa o a veces irónica.* | Torrente *Cuadernos* 227: Hace un día glorioso, y el aire está dorado. Eduardo *Río* 4.8.91, 7: Marmitako sin cebolla .. Nos vemos obligados a repetir la receta que utilizamos el año pasado y que todos aseguraron que salió gloriosa. Umbral *Noche* 218: Tenía la cara de gato, los ojos claros, la sonrisa grande, la risa fácil, la nariz inexistente, los senos pequeños, los muslos gloriosos. Aldecoa *Cuentos* 2, 150: La taberna era gloriosa, según calificación de un sacristán .. Había dos mesas diminutas junto a una ventana de cristales azules, que entenebrecían el interior, rodeadas de unos cuantos taburetes .. Un mostradorcillo ..; unas cubas de roble americano vacías .. Todo lo que no se vislumbraba eran catacumbas.

5 (*raro*) Presumido o alabancioso. | Cela *Mazurca* 16: Los de Cazurraque son muy gloriosos, por eso las mujeres nos llevamos bien con ellos.

6 (*Rel crist*) Bienaventurado, o que ha alcanzado la gloria [4a]. | Ribera *Misal* 1541: ¡Oh, glorioso San José, modelo de todos los que se consagran al trabajo! **b)** [Cuerpo] de los bienaventurados después de la resurrección. | Villapún *Dogma* 241: Entre los cuerpos de los escogidos por Dios y el de los condenados habrá grandes diferencias. Las cualidades que adornarán a los cuerpos gloriosos de los escogidos son cuatro: 1ª Impasibilidad .. 2ª La claridad .. 3ª La agilidad .. 4ª La sutileza.

glosa *f* **1** Anotación entre líneas o al margen de un texto, para explicar una palabra o un pasaje difíciles de entender. | Lapesa *HLengua* 114: La lengua vulgar aparece usada con plena conciencia en las *Glosas Emilianenses* .. y en las *Glosas Silenses* .. Las Emilianenses contienen dos glosas en vasco.

2 Explicación o comentario. | Areilza *Abc* 24.12.74, 21: En un precioso ensayo de Azorín titulado "Un discurso de La Cierva" .. se hace, además del elogio y glosa de una memorable oración del político maurista en el Congreso, una fina y penetrante disección del pensamiento conservador. J. Acinas *SVozC* 25.7.70, 3: En este turismo del que venimos haciendo su glosa hay que añadir otro no menos importante y aún más entrañable.

3 (*TLit*) Composición poética, propia de los ss. XV a XVII, consistente en una breve estrofa inicial, seguida de otras estrofas que la desarrollan o comentan y de las que cada una, sucesivamente, termina con un verso de la misma estrofa inicial. | Palomo *Lit. española* 2, 591: Los poetas barrocos .. son los grandes captadores de una poesía tradicional, que les llega por las vías culta y popular. De una parte la glosa de los Cancioneros del XV, que frecuentemente mantiene la estrofa original, y de otra, la primitiva lírica castellana (el villancico .., la letrilla o la seguidilla).

glosador -ra **I** *m y f* **1** Pers. que glosa. | Ramírez *Derecho* 10: Rousseau habló de "contrato social", y los comentaristas o glosadores .. se han solazado a lo largo del tiempo preguntando dónde, cuándo y cómo se extendió dicho contrato. PFerrero *MHi* 12.70, 51: Si antes hemos nombrado a "Azorín" como indagador de la personalidad y el arte zuloaguescos, de añadir alguno más de sus glosadores habrá de ser Pérez de Ayala.

II *adj* **2** Relativo a la acción de glosar. I GRuano *Abc* 16.4.58, 15: No es fácil la tarea glosadora de la comprensión del grande hombre si no se comprende bien su origen intelectual y modesto.

glosar *tr* Hacer una glosa [1 y esp. 2] [sobre algo (*cd*)]. I Cossío *Confesiones* 336: Por este artículo recibí tarjetas y telegramas de todas las comandancias de España. En el mismo Parlamento se glosaron frases de este artículo. F. Vicent *Van* 1.7.73, 6: Ha intervenido como mantenedor, glosando la hermandad entre los hombres de la mar y los de tierra adentro, .. don Francisco Matarredona Sala.

glosario *m* **1** Catálogo breve de palabras definidas o comentadas, pertenecientes a un texto o autor o a un ámbito determinado. I Aparicio *DCu* 14.8.64, 3: Cuando los historiadores y los filólogos futuros descubran el riquísimo filón que hay dentro del meollo de "Diccionario para un macuto" y de otros glosarios inéditos.
2 Conjunto de glosas o comentarios. I Amorós *Ya* 3.7.75, 43: Cuando estudié a D'Ors como crítico literario me encontré, al reunir el material, con que el glosario se prolonga en el diario "Arriba" desde 1946 hasta septiembre de 1954. *CoA* 11.2.64, 2: Sintético glosario a una Asamblea Regional .. Hace unos días se ha celebrado en Sevilla la III Asamblea Regional de la Pequeña y Mediana Industria.

glosina *f* (*Zool*) Mosca del gén. *Glossina*. I Ybarra-Cabetas *Ciencias* 313: Se adquiere esta enfermedad por medio de la mosca tse-tse, o glosina, que al picar transmite los parásitos de los individuos enfermos a los sanos.

glositis *f* (*Med*) Inflamación de la lengua. I R. ASantaella *SYa* 11.12.83, 41: Hablamos de glositis cuando se produce una inflamación de la lengua.

glosofaríngeo -a *adj* (*Anat*) De la lengua y la faringe. I Bustinza-Mascaró *Ciencias* 92: Las cuales [las células gustativas] recogen las impresiones gustativas y las transmiten al cerebro por intermedio del nervio glosofaríngeo.

glosolalia *f* (*Rel*) Don de lenguas. I J. A. Sobrino *SYa* 21.11.73, 6: Casi la mitad de los miembros del grupo original posee este don de la glosolalia.

glosopalatino -na *adj* (*Anat*) De la lengua y el paladar. *Tb n m, referido a músculo*. I Navarro *Biología* 136: Lateralmente, descienden los pilares del velo del paladar, dos a cada lado, el glosopalatino y el faringopalatino.

glosopeda *f* (*Vet*) Enfermedad contagiosa, típica de los rumiantes y de los cerdos, que se caracteriza por fiebre y por erupción de pequeñas vesículas en la boca y entre las pezuñas. I Bustinza-Mascaró *Ciencias* 223: Hay enfermedades (peste aviar, .. glosopeda de los distintos animales, lengua azul de los ovinos, etc.) que pueden diezmar la cabaña nacional si no se atajan aislando a los enfermos, administrando sueros y vacunas.

glotal *adj* (*Fon*) De (la) glotis. I Academia *Esbozo* 17: No existen en español ataque glotal, como en alemán, ni articulaciones glotalizadas, como en japonés. RAdrados *Lingüística* 92: Las [articulaciones] laringales o glotales .. funcionan en algunas lenguas como sonantes, pudiendo ocupar el centro de la sílaba.

glotalizado -da *adj* (*Fon*) [Sonido] cuya articulación supone un golpe de glotis. I Academia *Esbozo* 17: No existen en español .. articulaciones glotalizadas, como en japonés.

glótico -ca *adj* (*Anat*) De (la) glotis. I MNiclos *Toxicología* 34: Se trata de respuestas alérgicas o idiosincrásicas consistentes en erupciones, fiebre, edemas y hasta edema glótico.

glotis *f* (*Anat*) Orificio superior de la laringe, entre las cuerdas vocales. I Bustinza-Mascaró *Ciencias* 217: Nada [la ballena] con la boca abierta y los animalillos quedan adheridos a las barbas, tragándolos después la ballena, que posee una glotis muy estrecha.

glotocronología *f* (*Ling*) Método estadístico para determinar el grado de relación entre dos o más lenguas emparentadas y la cronología de su separación respecto de una fuente común. I *Prospecto* 7.90: Ateneo de Madrid .. Conferencia: "Nuevo proceso evolutivo de la Glotocronología y paradigmas de sus aplicaciones concretas" .., por Gabriel Carretie González.

glotón -na I *adj* **1** Que come mucho y con ansia. *Tb fig. Tb n, referido a pers.* I Laiglesia *Tachado* 31: La maldita archiduquesa, glotona y golosa, le había volcado encima una taza de chocolate al hacer un movimiento brusco para arrebatarle el último pastel que quedaba en la fuente. **b)** Propio de la pers. glotona. I GPavón *Cuentos rep.* 94: A mí me dio un beso glotón y húmedo. *Nue* 22.12.70, 3: El tenedor ejercita sus derechos, enrolándose en la marcialidad glotona y estimulante de las publicidades gastronómicas.
II *m* **2** Mamífero mustélido de hasta 1 m de longitud y pelaje pardo oscuro con dos bandas laterales claras, propio de los bosques fríos de Escandinavia, Asia y América del Norte (*Gulo gulo*). I GNuño *Arte* 7: En la [cueva] de Saelices, en la provincia de Guadalajara, un gran ciervo, caballos y liebres, un glotón, peces, toda una variadísima fauna, rodea a lo que no se había intentado efigiar en Altamira: al hombre.

glotonamente *adv* De manera glotona [1b]. I CSotelo *Poder* 214: Trincha un pollo con los dedos y come glotonamente.

glotonear *intr* Comer con glotonería. I Cunqueiro *Laberinto* 188: Los raposos hacen túneles en la nieve y llegan, deslizándose por ellos, hasta el vientre de los potros, donde muerden y glotonean, enloquecidos por el hambre.

glotonería *f* Cualidad de glotón [1]. I Trévis *Extremeña* 8: Carlos V de Alemania y I de España era hombre que rendía culto a la mesa, con una glotonería completamente imperial. Álvarez *Cór* 27.9.64, 5: Del silencio de los pájaros callados por el gozo de su glotonería; de los hollejos que cuelgan de la comisura de los labios; del suave rodar del carro por la arena.

glub *interj* (*col*) Imita el sonido que se hace al tragar saliva, para manifestar apuro o sorpresa. *A veces se sustantiva como n m.* I PGarcía *Sáb* 27.4.74, 51: ¡Esos son complejos, y no los que descubría Freud! ("¡Glub!" ¡Está puestísima! ¡Me encanta!) Siga, siga, for please.

glucagón *m* (*Biol*) Hormona segregada por el páncreas como defensa contra la hipoglucemia. I Cañadell *Salud* 369: El páncreas es una glándula mixta .. secretora de insulina y de otra hormona, el glucagón, que también interviene en la regulación del metabolismo de los glúcidos.

glucemia *f* (*Fisiol*) Porcentaje de glucosa en la sangre. I Mascaró *Médico* 165: El resultado positivo debe complementarse siempre con una determinación de la cifra de la glucosa en la sangre (glucemia).

glucémico -ca *adj* (*Fisiol*) De (la) glucemia. I J. F. Casanova *SPaís* 4.2.87, 5: El páncreas artificial .. aún no es capaz de conseguir correctamente la normalidad glucémica tras la ingesta alimentaria. **b)** [Función] de transformación de glucógeno en glucosa. I Navarro *Biología* 157: Por la función glucémica el hígado transforma el glucógeno en glucosa.

glucídico -ca *adj* (*Quím*) De (los) glúcidos. I *BOE* 12.3.68, 3770: Temario de Bioquímica general .. Tema 20. Esquemas generales de biosíntesis, glucídica y lipídica.

glúcido *m* (*Quím*) Hidrato de carbono. I Bustinza-Mascaró *Ciencias* 21: Los glúcidos. Son sustancias compuestas de C, H y O y se les llama hidratos de carbono.

glucinio *m* (*Quím*) Berilio (metal). I Ybarra-Cabetas *Ciencias* 57: Esmeralda o berilo. Es un metasilicato con cloro, glucinio y aluminio.

glucocorticoide *m* (*Biol*) Corticoide que controla los hidratos de carbono, las proteínas y el metabolismo de las grasas y tiene acción antiinflamatoria. *Tb adj.* I Cañadell *Salud* 370: Los glucocorticoides de la corteza suprarrenal tienden a producir hiperglucemia. MNiclos *Toxicología* 38: Las hormonas glucocorticoides, si bien pueden retardar la cicatrización, coadyuvan notablemente al éxito del cateterismo.

glucogénico -ca *adj* (*Fisiol*) De(l) glucógeno. I J. D. Mellado *TMé* 7.1.83, 16: Existen diversos parámetros anatomopatológicos de valor pronóstico, tanto macroscópicos .. como microscópicos (patrón microscópico de crecimiento, .. contenido glucogénico). **b)** [Función] de transformación de glucosa en glucógeno. I Navarro *Biología* 157: Por la función glucogénica el hígado, al recibir la glucosa absorbida en el intestino, la polimeriza almacenándola en forma de glucógeno.

glucógeno *m (Fisiol)* Sustancia de reserva que se almacena esp. en el hígado y que procede de la transformación de la glucosa, en la que vuelve a transformarse cuando las necesidades del organismo lo requieren. I Bustinza-Mascaró *Ciencias* 45: El músculo recibe los alimentos por intermedio de la sangre y de la linfa, y en las fibras musculares hay almacenadas reservas de alimentos energéticos, .. tales como el llamado glucógeno o almidón animal.

glucogenólisis *(tb glucogenolisis) f (Biol)* Descomposición del glucógeno. I RPGuerrero *Inde* 26.1.90, 8: Tras agotarse las reservas de glucógeno hepático y mantenerse nulo el aporte exógeno de alimentos, se produce .. glucogenolisis de las reservas musculares para mantener el propio funcionamiento.

glucólisis *(tb glucolisis) f (Biol)* Descomposición de la glucosa en el organismo por la acción de las enzimas y con liberación de energía. I J. RVillanueva *TMé* 11.2.83, 10: La hormona aumenta la velocidad de síntesis de glucógeno, de los ácidos grasos y de las proteínas, estimulando también la glucólisis.

gluconeogénesis *f (Biol)* Formación de glucosa en el cuerpo a partir de proteínas o grasas. I RPGuerrero *Inde* 26.1.90, 8: Tras agotarse las reservas de glucógeno hepático y mantenerse nulo el aporte exógeno de alimentos, se produce .. un aumento rápido de la proteolisis para proporcionar aminoácidos, que en el hígado participarán en la gluconeogénesis a partir fundamentalmente de la alanina.

glucoproteido *m (Quím)* Compuesto formado por una proteína y un glúcido. I Navarro *Biología* 24: Heteroproteínas o proteidos. Son prótidos complicados en los que siempre interviene una proteína de carácter básico y un compuesto no proteico de carácter ácido (grupo prostético). Son los glucoproteidos, fosfoproteidos, cromoproteidos y nucleoproteidos.

glucosa *f (Quím)* Variedad de azúcar cristalizable, muy soluble en agua y poco en alcohol, que se encuentra en muchas frutas maduras y en el plasma sanguíneo. I Bustinza-Mascaró *Ciencias* 21: Entre los glúcidos que se encuentran en los seres vivos, están: la glucosa, presente en la sangre, en las uvas, y en otras frutas; la lactosa .. y el almidón.

glucosado -da *adj (Quím)* Que contiene glucosa. I Mascaró *Médico* 80: La conducta a seguir es la del calentamiento suave y progresivo del paciente administrando suero glucosado caliente, inhalaciones de oxígeno.

glucosalino -na *adj (Quím)* Que contiene glucosa y sal. I MNiclos *Toxicología* 36: Se mantendrá el goteo con suero bicarbonatado .. Puede luego continuarse la infusión con glucosalino.

glucosamina *f (Quím)* Amina derivada de la glucosa y que es el componente principal de la quitina. I F. J. FTascón *SYa* 17.4.77, 26: Entre los datos de laboratorio, los que testimonian la presencia de una inflamación reumática aguda, como la anemia, .. la proteína C reactiva y la glucosamina.

glucosato *m (Quím)* Combinación de glucosa con una base. I Ybarra-Cabetas *Ciencias* 355: El remedio más eficaz contra su picadura [del escorpión] consiste en inyectar glucosato cálcico lo antes posible por vía intravenosa e intramuscular.

glucósido *m (Quím)* Compuesto orgánico vegetal que da glucosa entre otros elementos de descomposición. I MNiclos *Toxicología* 21: Es muy útil [el antídoto universal] en casi todos los envenenamientos por ser absorbente, precipitar los metales pesados, neutralizar los glucósidos y alcaloides, etc.

glucosuria *f (Med)* Presencia de glucosa en la orina. I *Sáb* 28.7.76, 83: Diagnosticó .. bronquitis diseminada, insuficiencia cardíaca, detectando además, por el simplísimo medio del papel reactivo, una discreta glucosuria.

gluglú *(tb con la grafía glu-glu) interj (col)* **1** Imita el ruido que produce el agua u otro líquido al correr, esp cuando deja escapar el aire. Frec se sustantiva como n m. I Gironella *Millón* 164: ¿Por qué en la charca de sangre se oía glu-glu? Porque las acciones generosas brincaban como las ranas. Arce *Testamento* 23: También se escuchaba un gluglú monótono y apagado semejante al nacimiento de un manantial.
2 Imita la voz propia del pavo. Frec se sustantiva como n m. I Álvarez *Cór* 12.7.64, 5: Cántaro de dos asas, el tercero, embeo[d]ado de llevar el mosto, en la parca vendimia, llegar al corralillo, con zaga de moscas, silbo de tordos y gluglúes de alocados pavos.

gluglutear *intr* Emitir [el pavo] la voz que le es propia. I Cela *Molino* 257: El gallo cacarea, el pavo gluglutea, el palomo zurea, los fabricantes de fideos, a veces, le pegan con un hierro a su señora.

glugluteo *m* Acción de gluglutear. *Tb su efecto.* I MCalero *Usos* 19: Pavos de moco colgante y de corales hinchantes con sus ruedas en la cola y su constante glug[l]uteo. [*En el texto,* gluguteo.]

gluma *f (Bot)* Bráctea que cubre exteriormente la espiguilla de las gramíneas, antes de la abertura de la flor. I Bustinza-Mascaró *Ciencias* 265: Una espiguilla es un eje corto que lleva de tres a cinco flores –generalmente tres– y está envuelta por dos brácteas llamadas glumas: superior e inferior. **b)** *En pl:* Conjunto formado por glumas, glumillas y glumélulas. I Legorburu-Barrutia *Ciencias* 293: El trigo .. Cada flor está protegida por unas hojitas llamadas glumas (gluma, glumillas y glumélulas).

glumélula *f (Bot)* Bráctea más pequeña que la glumilla, casi incolora y transparente, que se halla situada debajo de la glumilla y entre esta y la flor de las gramíneas. I Bustinza-Mascaró *Ciencias* 265: En la base de cada flor [del trigo] hay dos escamitas verdosas: las glumélulas.

glumilla *f (Bot)* Bráctea más pequeña que la gluma, que cubre cada una de las flores de las espiguillas de las gramíneas. I Bustinza-Mascaró *Ciencias* 265: Cada flor está envuelta a su vez por dos pequeñas brácteas verdosas: las glumillas, las cuales a veces se prolongan en aristas o barbas.

glutamato *m (Quím)* Sal del ácido glutámico. I M. Callaved *SYa* 2.6.74, 35: Se han descubierto fraudes .. en las conservas, que durante mucho tiempo llevaron el aditamento del glutamato monosódico.

glutámico *adj (Quím)* [Ácido] presente en las proteínas y utilizado como reconstituyente y tonificante del sistema nervioso. I *Abc* 17.4.58, 60: Fosglutén contiene ácido glutámico, reconstituyente mental específico.

glutelina *f (Quím)* Proteína no soluble en agua, presente en los cereales como parte integrante del gluten. I Aleixandre *Química* 199: Proteínas propiamente dichas: Albúminas. Globulinas. Gliadinas .. Glutelinas.

gluten *m* Sustancia proteica que se encuentra en las semillas de las gramíneas y que da consistencia elástica a la masa preparada con la harina de estas. I Bustinza-Mascaró *Ciencias* 266: Gran parte del grano [del trigo] está ocupado las células del albumen, donde se acumulan materiales de reserva, principalmente: almidón y gluten.

glúteo -a *adj (Anat)* [Músculo] de los que constituyen la nalga. *Frec n m.* I Bustinza-Mascaró *Ciencias* 43: Músculos de las extremidades abdominales. En la región de la pelvis se hallan: los glúteos mayor, mediano y pequeño, que forman las nalgas. Delibes *Parábola* 120: Le aprisionó el glúteo derecho entre los dientes. **b)** De (los) glúteos. I *Economía* 274: La persona que la realiza [la respiración artificial] se coloca sobre la región glútea del accidentado.

glutinoso -sa *adj* Que tiene la propiedad de pegar o unir. I Angulo *Arte* 1, 17: La pintura al temple es aquella donde el color, para que se adhiera al soporte –muro, tabla o lienzo–, se disuelve en un líquido glutinoso formado por una templa de cola, yema de huevo o jugo vegetal. X. Domingo *Cam* 11.10.76, 79: Hongos y setas proliferaban, e hicimos una importante cosecha en la que abundaron los gónfidos glutinosos.

gneis *(pl invar) m (Mineral)* Roca de estructura pizarrosa, compuesta de cuarzo, feldespato y mica. I SFerlosio *Jarama* 7: Describiré .. estos ríos, empezando por Jarama: sus primeras fuentes se encuentran en el gneis de la vertiente Sur de Somosierra. Ybarra-Cabetas *Ciencias* 86:

ca usted? –A don Felipe ..– El hombre con aires de gobiernista movió las orejas.

gobierno *(gralm con mayúscula en acep 2)* **I** *m* **1** Acción de gobernar. | Gambra *Filosofía* 251: Son formas justas de gobierno la monarquía (gobierno de uno solo), la aristocracia (gobierno de los mejores) y la democracia (gobierno de todo el pueblo). Arenaza-Gastaminza *Historia* 156: Sus reformas [de los Reyes Católicos] tuvieron que extenderse a todos los organismos del gobierno de la nación. MMariño *Abc* 22.6.58, 5: La hermana .. llevaba el gobierno de la hacienda. J. MNicolás *SYa* 13.7.75, 9: Frente al cuartel de la Guardia Civil, a la entrada del pueblo, hay unos extraños restos de un molino. No hay tapial ni acaba en el fraile con su palo de gobierno, como los que se ven en Criptana. MHidalgo *Van* 26.1.77, 30: Un "cuer" y un "devanter" manejaban con audacia y maestría las "remeras" o espaldillas de gobierno de estos transportes de troncos que por el Ebro llegaban a la costa y en no pocas ocasiones se convertían en barcos. *Voz* 21.4.90, 37: El Ministerio de Transportes, Turismo y Comunicaciones ha convocado exámenes para la obtención de las titulaciones exigidas para el gobierno de embarcaciones de recreo. **b)** Poder de gobernar [1a y b]. | Arenaza-Gastaminza *Historia* 233: El gobierno pasó a manos de un triunvirato formado por tres cónsules. **c)** Forma de gobernar [1a y b]. | Mercader-DOrtiz *HEspaña* 4, 3: La población española aumentó de modo notable a lo largo del siglo XVIII, gracias a la relativa paz de que disfrutó España bajo el gobierno paternalista de los primeros Borbones.
2 Conjunto del presidente y los ministros que gobiernan [1a] un estado o un territorio. | *Prog* 8.1.56, 1: Caótica situación en Jordania. El Gobierno de Ibrahim Hachen ha dimitido. E. Romero *Ya* 21.12.86, 11: Una figura actual y relevante de este nacionalismo fue la de Carlos Garaicoechea, que fue elevado a presidente del Gobierno vasco o *lehendakari*. Romero *Tres días* 80: Cuando el 6 de octubre de 1934 el Gobierno de la Generalidad de Cataluña se salió de la legalidad, el cumplió con su deber.
3 Cargo o dignidad de gobernador [3]. *Tb el mismo gobernador*. | *NAl* 14.8.70, 1: Don Manuel Corella Marrufo desempeña interinamente el Gobierno Civil de la provincia. *Inf* 2.3.78, 7: Esta concentración había sido declarada ilegal por el Gobierno Civil. **b)** Edificio u oficina del gobernador [3]. | Romero *Tres días* 78: El general se niega a acudir al Gobierno Civil pretextando que está muy ocupado.
4 *(hist)* Gobernación [3]. | Tejedor *Arte* 186: Los Gobiernos eran [en la América colonial] divisiones menores, correspondientes a lugares de más secundario interés dentro del Virreinato.
II *loc v* **5 mirar** [alguien] **contra el ~**. *(col, humoríst)* Ser bizco. | ZVicente *Traque* 156: No está mal la chica, es muy agradable. Le huele el aliento y mira un poco contra el gobierno.
III *loc adv* **6 para ~** [de alguien]**.** Para que [esa pers.] ajuste su conducta o actuación a aquello que se le advierte. | * Para tu gobierno te comunico que mañana no abren los comercios.

gobio *m* Pez de agua dulce semejante al barbo y de carne apreciada *(Gobio gobio)*. | Bustinza-Mascaró *Ciencias* 172: En las aguas dulces viven, entre otros, los llamados peces de colores, el barbo, .. el gobio y la trucha.

goce *m* Acción de gozar. | DPlaja *El español* 134: El amor está constreñido por la moralidad y la religiosidad pública y privada. El acto sexual trae consigo un castigo, el de la muerte violenta de Calixto y Melibea, o simplemente el desengaño que sigue al goce. Ramírez *Derecho* 120: El deudor no puede recuperar el goce de su inmueble sin haber pagado antes enteramente lo que deba a su acreedor.

gochada *f* *(reg)* Cochinada o marranada. | *Ya* 19.8.87, 31: "Una gochada" es la sucinta definición que Juan, estudiante de Filología en Oviedo, da de la medida [de dedicar la Biblioteca Nacional exclusivamente a investigación].

gocho -cha *m y f* *(reg)* Cerdo (animal). | Salvador *Haragán* 41: Salí corriendo para casa, berreando como un gocho. Delibes *Castilla* 102: El capador a escondidas, modesto y franciscano, llamó siempre gochos a los cochinos. Torbado *Peregrino* 73: Los gochos habían sido robados por campesinos hambrientos y desesperados.

goclénico *adj (Filos)* [Sorites] inverso, en que el sujeto de cada premisa es el predicado de la siguiente, hasta dar en una conclusión constituida por el sujeto de la última y el predicado de la primera. | Gambra *Filosofía* 59: Existe asimismo un sorites inverso o regresivo, llamado goclénico, por haber sido ideado por Goclenio, lógico renacentista.

godello *adj (Agric)* [Uva o vid] de una variedad de grano blanco y muy dulce, propia de la comarca de Valdeorras (Orense). *Tb n m*. | *Nor* 12.12.89, 17: Los vinos del Bierzo amparados por la denominación de origen se elaboran, en el caso de los tintos, a partir de la variedad autóctona "Mencía", mientras que para los blancos destacan como principales las variedades de u[v]a "Doña Blanca" y "Godello". Delgado *Vino* 47: Cultivadas en características terrazas, las cepas de la variedad "godello", de excelente uva blanca, o la tinta "mencía", dan origen .. a unos caldos de gran calidad. **b)** [Vino] elaborado con uva godello. *Tb n m*. | *Voz* 25.4.86, 31: El vino godello es una variedad [sic] de uva autóctona de Valdeorras. *Voz* 25.4.86, 31: El pasado día 11 de abril, y durante las III Xornadas do Viño de A Rúa de Valdeorras, obtuvo el primer premio de la cata concurso de vinos blancos un godello presentado por Clemente Sierra Brasa.

godet *(fr; pronunc corriente, /*godé/*; pl normal, ~s) m (Moda)* Falso pliegue, hueco y redondeado, formado con nesgas. *Normalmente en pl*. | *Abc* 5.5.74, 49: La gran manifestación de la moda .. Tablas y godets. Villarta *Ya* 27.11.74, 39: Los "trench" .. se feminizan y alargan. Los más nuevos, amplios y largos, acompañan faldas a "godets".

godo -da *adj* **1** *(hist)* [Individuo] de un antiguo pueblo germánico que antes de la era cristiana habitaba en las costas del mar Báltico y después se extendió por Europa, creando reinos en Italia y España. *Tb n*. | Arenaza-Gastaminza *Historia* 66: Se dividían [los germanos] en dos familias: la Teutona y la Gótica. A los teutones pertenecen los francos, .. vándalos y alanos, y a los godos, los visigodos (W), los ostrogodos (E) y hérulos. **b)** De (los) godos. | Tejedor *Arte* 79: La superioridad cultural de estos [los hispanorromanos] se impuso a los visigodos, que empezaron por abandonar su lengua goda.
2 *(reg, desp)* Español peninsular. *Se usa por oposición a los naturales de Canarias*. | J. Fernández *Día* 28.9.75, 46: Resulta que por aquellos días llegó un godo con unos aires de superioridad que tumbaban. **b)** De (los) godos. | M. Ostos *País* 25.6.78, 6: La organización separatista canaria ha expresado, por otra parte, que sus próximos blancos serán la industria turística, las guarniciones militares y "todos los intereses godos".
3 *(raro)* [Pers.] de nobleza muy antigua. *Tb n*. | Torrente *DJuan* 202: "¿Y es tan rico?" "¡El más rico de Sevilla!" "¿Noble?" "¡Un godo, como yo!"

goés -sa *adj* De Goa (antigua colonia portuguesa, hoy distrito de la India). *Tb n, referido a pers*. | *HLM* 30.12.74, 8: Unos cuatro mil goeses viven actualmente en Portugal.

goético -ca *adj (lit, raro)* Mágico. | C. Arnanz *ASeg* 10.5.78, 9: El Argot, además de un lenguaje cabalístico .., es también un arte goético o mágico.

gofio *m* Harina de cereales tostados, solos o mezclados, que se toma amasada con agua, caldo, leche o miel, típica de Canarias. | Nácher *Guanche* 25: Estaban comiendo con la miserable frugalidad acostumbrada en la casa. Gofio con papas y pan duro.

gofrado *m (E)* Acción de gofrar. | Escolar *Libro* 278: Utilizaban [en la encuadernación] la técnica del estezado, en la que la piel es humedecida antes de la estampación para que recoja mejor la marca, y la del gofrado, en la que la impresión, llamada en seco, se hace con el hierro caliente.

gofrar *tr (E)* Estampar o imprimir en hueco o relieve [papel, tejidos u otras materias]. | *Van* 21.3.71, 2: Lámpara para salón modelo reforzado, fabricada en hierro forjado y dorado, con aplique de hojas forjadas y doradas, pantalla semi-pergamino gofrado, con galón oro. M. D. PCamarero *Rev* 11.70, 22: Los tejidos dulces, los terciopelos de lana, la pana gofrada estilo tapicería. **b)** Estampar o imprimir en hueco o relieve [composiciones o dibujos]. | MSousa *Libro* 83: En Italia, el gusto renacentista se manifestó [en la encuaderna-

gofre - golf

ción] con composiciones gofradas arquitectónicas o figurativas.

gofre *m* Dulce hecho básicamente con harina, huevos, azúcar y leche, que tiene forma de enrejado y que gralm. se toma con nata, chocolate o mermelada. | *Envase* 1.89: Luka. Gofres flash. Producto belga.

gogó[1] (*tb con la grafía* **go-go**) *f* Gogo-girl. *Tb* CHICA ~. | FSantos *Catedrales* 179: Las cuatro gogós que se adelantan y agachan la cabeza y mueven la melena; ese pelo tan rubio que es el final del mundo, con sus piernas iguales que se abren, que se juntan, que son el fin del mundo también. Marquerie *Pue* 2.11.70, 11: Alegran también el espectáculo las bellas chicas go-go que en la pista y en el escenario ondulan serpentinamente con arreglo a los ritmos ye-yes al principio y en el epílogo de la pieza.

gogó[2] (*tb con la grafía* **go-go**). **a ~**. *loc adv* A discreción. | Grosso *Invitados* 196: *Parties*, "encuentros", recepciones y alguna que otra rara cita galante a escondidas .., pero, muy especialmente, alcohol a gogó e "intimidades compartidas". Moix *Peso* 43: Los bienpensantes imaginaban que mis noches romanas estaban hechas de disipación, libertinaje y sexo a gogó. **b)** En abundancia. | *Ya* 10.6.78, 14: Drogas "a go-go" .. Además de las armas, se encontraron grandes cantidades de drogas de todas clases.

gogo-girl (*ing; pronunc corriente*, /gogó-gérl/; *tb con las grafías* **go-go girl** *y* **gogo girl**; *pl normal*, ~s) *f* Muchacha que en una discoteca o club nocturno baila, en lugar bien visible, sirviendo de acompañamiento a la música de ritmo movido. | E. Rosillo *Sol* 24.5.70, 16: Dos morenas y una rubia .. Estas tres mozas .. son gogo-girls, algo así como bailonas profesionales pero con luces de martirio chino. VMontalbán *España* 199: Un chorro de luz delimita la presencia de la go-go girl. FSantos *Catedrales* 191: Empezaron a tocar, y salieron también las cuatro gogo girls.

goitibera *f* (*reg*) Carrito de tres ruedas que se guía con los pies y que utilizan los muchachos para resbalar por las cuestas. | *CoE* 6.8.78, 3: Ayer tuvo lugar el día dedicado a los menores, con gigantes y cabezudos .., carreras de goitiberas y juegos infantiles.

gol I *m* **1** En deportes, esp fútbol: Hecho de meter el balón o la pelota en la portería. | M. GArostegui *SAbc* 20.10.68, 30: Esa alergia al gol que el fútbol de estos días nos ofrece en todos sus estamentos. G. García *As* 14.12.70, 3: Miguel Pérez .. lanzaba el balón directamente a las redes. Una lástima, porque habría sido un golazo. *Abc* 16.12.73, 8: Balonmano .. La selección austriaca, que superó a la española por un gol en Viena, venía imbatida, pletórica de moral. *Día* 29.8.72, 13: Les anularon nada menos que cinco goles, buscando el tropiezo hispano por todos los medios. [*En hockey*.]

II *loc v* **2 meter un ~** [a alguien]. (*col*) Engañar[le] o hacer algo contra su voluntad aprovechando hábilmente algún descuido. | Berlanga *Recuentos* 63: Me desazona pensar que el coronel se destapó los sesos convencido de que fui yo quien le metió el gol.

3 meter (*o* **marcar**) **un ~** [a alguien]. (*col*) *En una discusión:* Dejar[le] sin respuesta. | Diosdado *Ochenta* 88: –¡David bailaba delante del tabernáculo! –No era el Tabernáculo. –(Sorprendido.) ¿Que no? –No. Era el Arca de la Alianza. –(Encantado.) ¡Qué corte, macho, el primero que te marca a ti un gol!

gola *f* **1** (*hist*) Adorno del cuello, de tela almidonada y rizada. | *Navarra* 100: A usanza de los antiguos caballeros, llevan los hombres chupa de paño negro .. Sobre el traje, para actos de solemnidad, anguarina de paño negro con ribetes encarnados y valona –especie de gola de lienzo fino, blanca–.

2 (*raro*) Cuello alto [de un jersey]. | Marsé *Dicen* 118: Se veía a Juan Centella conduciendo una potente motocicleta con su jersey blanco de gola.

3 (*Geogr*) Canal de entrada de un puerto, un río o una albufera. | C. Senti *Abc* 4.6.72, 35: Todo es llano [en la Albufera], con una pequeña elevación entre las aguas dulces del lago y las saladas del mar, que se comunican por medio de unas bocas, unos canales, llamados "golas", cuyas compuertas permiten regular la altura lacustre.

4 (*Arquit*) Moldura en forma de S. | Angulo *Arte* 1, 15: Las molduras concavoconvexas se forman por la unión del caveto y del cuarto bocel. Cuando la parte más prominente es el caveto se denomina gola .. –de *gula,* garganta–, gorja o papo de paloma.

golaveraje (*tb con las grafías* **golaverage** *o* **gol-average**) *m* (*Dep, esp Fút*) Promedio de goles o tantos metidos y encajados por un equipo. | *Ya* 14.4.64, 29: Las Palmas se ha situado magníficamente para el ascenso al vencer al Mallorca, que pasa incluso al tercer lugar. Pero no han conseguido los tres goles precisos para ir adelante en golaveraje. [*En el texto,* gol averaje.] Gilera *Abc* 9.4.67, 105: Si el Madrid gana, y el Barcelona también .., entonces decidiría el "golaverage" general, que hoy es favorable al Madrid. M. Olías *Nue* 22.12.70, 30: Hubo enconado duelo entre Pizarro y Gracia Danfoss, quienes siguen en los últimos lugares, pasando el Atlético al segundo por mejor gol-average con el Barcelona.

golayo *m* (*reg*) Pez marino comestible de la familia de los escualos (*Pristiurus melastomus*). | Vega *Cocina* 66: Otros platos montañeses .. son toda la gama piscícola, desde la langosta al golayo.

golden (*pl invar*) *adj* [Manzana] de color amarillo y carne jugosa, muy apreciada. *Tb n f.* | *Ya* 30.10.74, 52: Manzana golden. Se han realizado las primeras transacciones de partidas almacenadas en cámaras frigoríficas.

golden boy (*ing; pronunc corriente*, /gólden-bói/; *pl normal*, ~s) *m* Joven de carrera brillante, esp. en el mundo de los negocios. | J. Cueto *País* 9.12.88, 56: Mucho antes de estrenar los ochenta ya estaba todo dicho sobre los protagonistas vitaminados de la futura década: los *yuppies*, los *dinks*, los *brokers*, los *golden boys* y demás héroes del lucro y del espíritu de lujo. A. Dueñas *Ya* 3.11.91, 39: Ahora los depositantes solo pueden ser epígonos de los "golden boy" de Wall Street.

gold point (*ing; pronunc corriente*, /góld-póint/; *pl normal*, ~s) *m* (*Econ*) Tipo de cambio límite de una moneda, por debajo del cual resulta ventajoso importar oro y por encima del cual es preferible exportarlo. *Frec en pl.* | Prados *Sistema* 260: Quizá se permitieran algunas variaciones en torno a la paridad –a modo de "gold points" ampliados– pero sin grandes márgenes.

goleada (*Dep, esp Fút*) **I** *f* **1** Hecho de meter gran cantidad de goles. | Fielpeña *Ya* 15.4.64, 27: Han conseguido dos resultados sensacionales, con las goleadas al Benfica y al Dukla. *HLM* 26.10.70, 31: La goleada de la jornada corrió a cargo del Betis.

II *loc adv* **2 por ~**. Por gran cantidad de goles o tantos. *Gralm con el v* GANAR. *Tb fig, fuera del ámbito deportivo.* | *Ya* 5.7.88, 31: Baloncesto: Preolímpico de Holanda .. En enviados especiales, ganamos por goleada. Berlanga *Recuentos* 89: España funciona ..; el test del 92 va a ser duro, pero lo pasaremos por goleada.

goleador -ra *adj* (*Dep, esp Fút*) **1** Que golea. *Gralm n.* | *HLM* 26.10.70, 30: Garmendia y Alcorta fueron los goleadores, y el vallisoletano Nozal fue la gran figura del encuentro.

2 Relativo a la acción de golear. | Gilera *Abc* 1.12.70, 63: La acción de los guardametas tiene una notoria y especial responsabilidad porque es la última de las intervenciones individuales del equipo en su tarea de oposición al intento goleador del grupo contrario.

golear *tr* (*Dep, esp Fút*) Meter goles [a un equipo (*cd*)], esp. en gran cantidad. *Tb abs.* | P. P. Buylla *VozA* 8.10.70, 20: A nosotros en la defensa es muy difícil marcarnos e imposible de todo punto el golearnos. J. M. Almela *SAbc* 17.11.68, 31: El "barrillo" de San Mamés es la "tumba" de muchos equipos que han sido amplísimamente goleados por los "cachorros". CPuche *Paralelo* 55: En la barra se hablaba del último partido de fútbol. España tenía cien veces mejores jugadores que Francia .. Los franceses no sabían golear.

goleta *f* Embarcación a vela con dos o tres palos y bordas poco elevadas. | Aldecoa *Gran Sol* 152: Gato Rojo en las máquinas tallaba una goleta de corcho .. Una goleta de navegación a cordel por las mareas bajas de la rampa del puerto.

golf *m* **1** Deporte que consiste en introducir una pequeña pelota en hoyos hechos en el suelo, gralm. de césped, golpeándola con unos bastones especiales. | *Sol* 24.5.70, 13: Hace unos días se ha celebrado en el Club "Río Real", del

Hotel Los Monteros una competición de golf, perteneciente a la serie de encuentros "Copa Semanal". **2** Campo destinado a la práctica del golf [1]. | LTena *Abc* 11.12.70, 19: Crearon un circuito para carreras de automóviles, un golf y un hipódromo.

golfada *f (col)* Acción propia de un golfo[2] [3]. | J. M. García *Int* 24.8.83, 104: Aquí, en el escrito de este arquitecto, queda descubierta .. la segunda parte del pastel. Oído al parche, porque la golfada es de órdago a la mayor. *Ya* 22.2.90, 19: Caso .. minimizó las actividades del hermano del vicepresidente del Gobierno calificándolas de "cuatro pequeñas golfadas".

golfán. ~ blanco. *m* Nenúfar blanco (planta). | FQuer *Plantas med.* 236: Nenúfar blanco. (*Nymphaea alba* L.) Sinonimia cast[ellana], nenúfar, simplemente .., golfán blanco.

golfante -ta *adj (col)* Golfo[2] [1, 2 y 3]. *Gralm n.* | DCañabate *Paseíllo* 23: En el merendero entraron unos golfantes provistos de capotes y muletas. CPuche *Paralelo* 317: El público, en general, más bien era plebeyo, algunos hasta golfantes, ni siquiera del mundo proletario. SSolís *Camino* 150: Ese pollo, si no me equivoco, es un golfante, y un balarrasa, que ni estudia ni da golpe. CSotelo *Muchachita* 293: Sé muy bien lo que me digo. Esa golfanta, que me la quieres meter por las narices, con más horas de vuelo que la Pompadour.

golfaray *adj (jerg)* Golfo[2] [2 y 3]. *Tb n.* | Sastre *Taberna* 110: –¿Qué hay, golfo? –(Cordial.) Más golfaray eres tú, golferas.

golfear *intr (col)* Comportarse como un golfo[2] [1, 2 y 3] o como una golfa [6]. | Cela *SCamilo* 92: Las tísicas los domingos golfean por libre, las tísicas son muy independientes y no quieren atarse a nadie.

golfemia *f (hoy raro)* **1** Condición o comportamiento de golfo[2] [1c]. | CAssens *Novela* 2, 325: Prieto Romero .. ha caído en la horrible bohemia de los hampones .. Comentando el caso de Prieto Romero, su caída en la golfemia, Cubero, ese otro golfo, nos explica la tragedia del hombre que, por lo que fuere, se encuentra tres días solamente sin hogar –esa tragedia que es la suya–. **2** Conjunto de los golfos[2] [1c]. | GSerrano *Madrid* 218: Ya está aquí Su Majestad el Solar, Rey de los Madriles .., Preboste Máximo de la Golfemia.

golferancia *f (hoy raro)* Golfería. | GSerrano *Macuto* 323: El turuta de mi bandera fue siempre un olímpico de la golferancia. DCañabate *Paseíllo* 15: La madrileña vida de la golferancia estaba llena de embeleso.

golferas *adj (col)* Golfo[2] [2 y 3]. *Tb n.* | Umbral *Ninfas* 193: Había tenido una juventud triunfante entre los señoritos golferas de la acera de las casas blancas. Berlanga *Pólvora* 19: ¡Aprende, aprende, y no tú que acabarás siendo un golferas, so gandumbas! *Ya* 24.9.89, 53: Ese golferas de Guerra ha repartido emisoras entre adictos al PSOE.

golfería *f (col)* **1** Cualidad de golfo[2] [1, 2 y 3]. | MGaite *Retahílas* 147: Yo le dije .. que no se metiera a redentora con un ser como Germán y le exageré sus rasgos de agresividad y de golfería. CPuche *Paralelo* 82: La muchacha había cerrado los ojos. Le temblaba un poco la barbilla. Comenzó a moverse procazmente. Cuanto más alarde hacía de golfería, más dolor parecía embargarlo todo. **2** Conjunto de (los) golfos[2] [1, 2 y 3]. | Torrente *DJuan* 239: Al mismo tiempo me alargaba un montón de dinero. Hicimos el trueque. Mi oro destacaba por su fulgor entre la sucia chatarra de la banca. Don Gonzalo lo puso aparte, como niños rubios y delicados a los que se separa de la golfería. CPuche *Paralelo* 7: Proliferaban las cafeterías alegres y los bares tirados, donde la golfería del barrio de Tetuán se las ingeniaba para sacar los dólares –de mil maneras– a los americanos.

golfillo → GOLFO[2].

golfín *m (hist)* Ladrón o salteador de caminos, que gralm. actúa con otros en cuadrilla. | JGregorio *Jara* 61: Los golfines que en la Edad Media tiranizaron la comarca y que fueron aniquilados por la Santa Hermandad. JGregorio *Jara* 22: Tuvieron que unirse sus vecinos en Hermandad contra los golfines o salteadores de caminos, que actuaban en bandas armadas.

golfista *m y f* Jugador de golf. | *Abc* 26.8.66, 43: El concurso se está desarrollando con participación de muy destacados golfistas, .. pues el golf es uno de los deportes de mayor tono. *Sol* 24.5.70, 13: Trofeo de golf en "Río Real" .. En la foto, la señora Portch, conocida golfista inglesa, en el momento de recibir el trofeo de la competición.

golfístico -ca *adj* De(l) golf. | *Abc* 2.12.70, 27: Un grupo de jugadores de golf .. viaja de noche, y tras infinitas vueltas y desviaciones de carretera, motivadas por la ausencia de indicadores relacionados con el carácter golfístico del establecimiento a que se dirige, llega, por fin, a su destino.

golfo[1] *m* Porción de mar que se interna en la tierra. | Zubia *Geografía* 77: Accidentes del litoral .. Golfos: Son entrantes pronunciados del mar en la costa.

golfo[2] **-fa I** *adj (col)* **1** [Muchacho] que vaga por las calles, al margen de las normas sociales de comportamiento. *Frec n. Frec en la forma* GOLFILLO. *A veces con intención afectiva.* | Olmo *Golfos* 15: Igual que asi un duende amigo .. crease un surtidor despidiendo hacia arriba perros con latas sujetas al rabo, tranvías con golfos en el tope. SSolís *Camino* 151: Era Agustín, el pequeño de don Claudio, un pillastre callejero, terror del parque de San Lorenzo. Sin duda, se había colado saltando las rejas .. –¡Largo de aquí, mequetrefe! –le lanzó Alberto con desprecio. –¡Ay, si te ve tu padre...! –empezó Carmina. –¿Y si te ve el tuyo cortejando en lo oscuro?– .. ¡Lo hubiera matado, a aquel golfillo! DCañabate *Paseíllo* 15: Paseantes ociosos se congregaban atraídos por lo gratuito del entretenimiento. No faltaban golfillos de ambos sexos. Los golfillos han pasado a la historia .. Los golfillos, que eran los desharrapados de la fortuna, ya ganan su buen jornal. **b)** [Muchacho] descarado y desvergonzado. | CPuche *Sabor* 67: Yo fui alejado del parque los sábados y los domingos, y ni podía montar en los caballitos ni en las barcas, porque en esos sitios había niños muy golfos. **c)** (*hoy raro*) [Pers.] que vive vagabundeando en una ciudad. *Frec n.* | CAssens *Novela* 2, 325: Comentando el caso de Prieto Romero, su caída en la golfemia, Cubero, ese otro golfo, nos explica la tragedia del hombre que, por lo que fuere, se encuentra tres días solamente sin hogar –esa tragedia que es la suya–.
2 [Pers.] viciosa o de mal vivir. *Frec n. Frec usado como insulto y a veces con intención afectiva.* | Lera *Bochorno* 31: Nosotros necesitamos una querida; cuanto más golfa, mejor.
3 [Pers.] sinvergüenza, o que actúa sin escrúpulos morales. *Frec n. Frec usado como insulto y a veces con intención afectiva.* | Laforet *Mujer* 81: –Ha habido tiroteo y pelea del demonio. Han venido a dar un mitin .. –Para tu tranquilidad, vieja clueca, aquí tengo esto... Y si piensas que se atreven conmigo, vas aviada, solo de mirarles de frente se ensucian en los calzones esa manada de golfos.
4 Propio del golfo [1, 2 y 3]. | Umbral *Ninfas* 211: Un día entero puede consumirlo uno en la calle, pero la primera noche golfa rompe ya esa cadena que viene desde la infancia. MMolina *Jinete* 414: Los bebedores tienen caras rojas y golfas. Benet *Otoño* 126: Había dos clases de locales para bailar: los golfos y los no golfos, marcados ambos por la profesión de su público femenino. **b)** [Cosa] desvergonzada o indecente. | Fraile *Cuentos* 59: Todo había sido una golfa complicidad para arrumbarles de nuevo al jornal de la tierra. Palomino *Torremolinos* 171: –¿Tratado de Torremolinos? –Estamos en Torremolinos. ¿Qué otro nombre podíamos poner? –Parece un nombre más bien golfo para un tratado.
II *n* **A** *m* **5** (*Naipes*) Juego de envite que se juega con baraja española sin ases ni figuras y que consiste en sumar el mayor número de puntos posible con cuatro cartas del mismo palo. | *Naipes españoles* 45: Con las nociones dadas hasta ahora basta para jugar mal. Y decimos esto porque el golfo es un juego difícil, o que requiere al menos mucha retentiva.
B *f* **6** (*col*) Prostituta. | Cela *SCamilo* 46: Desde aquella blenorragia memorable no volvió a ir de golfas sin condón.

goliardesco -ca *adj (hist)* De(l) goliardo o de los goliardos. | Torrente *Saga* 463: Pedro Abelardo daba sus cursos en las inmediaciones de Saint Germain, en una que llamaban la Taberna de Flora, que tenía las ventanas al revés .. y donde las consumiciones se hacían con carácter

goliárdico – golosina

retrospectivo, todo lo cual confería a las reuniones un tono de jovialidad goliardesca bastante esperanzador.

goliárdico -ca *adj* (*hist*) Goliardesco. | Girón *JRuiz* 22: Los *Carmina Burana* constituyen la recopilación más conocida de la poesía goliárdica.

goliardo *m* (*hist*) Clérigo o estudiante vagabundo de los que, surgidos en los ss. XII y XIII en Alemania, Francia e Inglaterra, fueron famosos por su vida irregular y por sus versos latinos de carácter satírico e irreverente. | Girón *JRuiz* 22: La poesía de los goliardos influyó en Juan Ruiz, aunque la diferencia entre este y aquellos es notable.

golilla (*hist*) **A** *f* **1** Adorno almidonado y liso de color blanco que circunda el cuello, usado esp. por jueces y curiales. | DPlaja *Sociedad* 67: La valona, cuello grande y plano que caía sobre los hombros, fue a su vez suplantada por la golilla, que era rígida y daba a la cabeza cierto aire de decapitada en un plato, pues miraba para arriba. Mercader-DOrtiz *HEspaña* 4, 241: Sustituyó la artificiosa gorguera por la lisa golilla.
B *m* **2** Ministro togado que usa golilla [1]. | Mercader-DOrtiz *HEspaña* 4, 220: Esta clase militar, aunque hiciera frente común contra los garnachas o golillas, estaba dividida interiormente en clases profesionales.

golillero -ra *m* y *f* (*hist*) Pers. que hace golillas [1]. | Espinosa *Escuela* 525: Leyó: "A la buena hora: Los golilleros, jaboneros, botoneros, .. monumentum hoc dedicaverunt".

gollería *f* **1** Manjar exquisito y delicado. | Umbral *SPaís* 29.5.77, 21: Los otros dos señores pedían melón con jamón, que es lo que piden en los almuerzos políticos de cinco tenedores, pero eso ya pareció gollería.
2 Cosa excesivamente exquisita o delicada. | E. Angulo *Ya* 15.4.64, 4: No será gollería el transformar en fértiles vergeles toda la tierra seca cercana al mar.

golletazo *m* **1** Final brusco y violento que se da a algo. Frec con el *v* DAR. | CAssens *Novela* 1, 293: Como se aturrullaba y no acababa nunca, sus compañeros empezaron a tirarle huesos de cereza, y tuvo que dar remate a su brindis de un golletazo y sentarse.
2 (*Taur*) Estocada o rejonazo que se da en el cuello de la res o en sus proximidades. | S. Cayol *Ya* 14.10.70, 43: Mató de un golletazo.

gollete I *m* **1** Parte superior del cuello [de una botella u otra vasija similar]. | CBonald *Dos días* 51: El Cuba empezó a beber directamente de la botella, pasando primero la palma de la mano por el gollete. Lera *Boda* 579: —No digas eso, Teresa –replicóle Ricarda, sacudiendo el cántaro para vaciarle el gollete. CPuche *Sabor* 61: Habría agua para todos, y los vecinos se iban con los cacharros llenos hasta el gollete. Lera *Clarines* 374: Unas cuantas botas pasaron de mano en mano hasta llegar a la de los músicos. Bebieron con ansia, sobre todo el del bajo, que desenroscó el gollete para beber a caño libre.
2 (*col*) Garganta (parte del cuerpo de una pers. o animal). | VMontalbán *Rosa* 99: Mantuvo el entusiasmo de su viejo rostro para recibir el primer medio vaso de vino, que retuvo en la boca mientras el cerebro le daba el visto bueno para echarlo gollete abajo. Campmany *Abc* 27.5.89, 17: Yo no sé qué habrán pensado los de San Blas, el santo le conserve el gollete al Guerra y le proteja de los catarros y de las faringitis.
II *loc adv* **3 a ~**. Directamente del gollete [1] de la vasija. Con el *v* BEBER. | Delibes *Parábola* 116: Bebe de la botella a gollete.

gollizo *m* Garganta o desfiladero. | Cela *Pirineo* 29: El Collegats es gollizo misterioso, profundo tajo por el que se vierten las aguas capaces de hender, al alimón con el tiempo, la misma costra del mundo.

golondrina I *f* **1** Pájaro de color negro azulado por encima y blanco por debajo, de alas puntiagudas y cola ahorquillada, que, en España, anida en los aleros de los tejados durante la primavera y el verano, emigrando después a zonas más cálidas (*Hirundo rustica*). *Con un adj o compl especificador, designa otras especies*: ~ DE RIBERA, DE RÍO, o DE SAN MARTÍN (*Riparia riparia*), ~ DE LAS ROCAS o SILVESTRE (*Hirundo rupestris*), etc. | Cunqueiro *Un hombre* 9: Las golondrinas salían de sus nidos.
2 Embarcación dedicada al transporte de pasajeros por el interior del puerto. *Gralm referido a Barcelona*. | FReguera-March *España* 207: Las "golondrinas" iban y venían del puerto a la Escollera, de la Escollera al puerto, cargadas de gente sudorosa y humilde. [*En Barcelona*.] Arazo *Pro* 17.8.82, 17: Decoran uno de los muros varias fotografías de las 13 golondrinas que han construido con destino a Palma de Mallorca, Benidorm, Ibiza y Valencia.
3 (*Agric*) Reja con dos alas laterales para arar los bajos de las fincas. | *ASeg* 24.10.89, 15: Rodamientos Ferber, suministros industriales y agrícolas, rejas, cavadoras, golondrinas.
4 ~ de mar. Se da este n a varias especies de aves marinas del gén *Sterna* y otros, esp *S. hirundo*. | *NEs* 7.6.87, 51: Se ve Folgueras, la carretera de Grandas de Salime, la ría al pie del edificio, las gaviotas y las golondrinas de mar que vienen a comer y lo hacen incluso en pleno vuelo.
5 ~ de mar. Pez marino de lomo rojo y vientre blanquecino, con alas torácicas muy desarrolladas que le sirven para volar fuera del agua (*Trigla hirundo*). *Tb designa otras especies*. | R. PBustamante *DMo* 14.8.87, 41: Otro documento anterior nos ilustra cómo las pinazas y lanchas de los pescadores laredanos se proveían en las diversas playas y caladeros próximos de golondrinas, escarlos, cabras.
II *loc adj* **6** [Nido] **de ~** → NIDO.

golondrinera *f* Celidonia (planta). | FQuer *Plantas med.* 245: Celidonia. (*Chelidonium majus* L.) Sinonimia cast[ellana], celidonia mayor, .. golondrinera.

golondrino *m* **1** Pollo de la golondrina [1]. | * En el nido había dos golondrinos.
2 Inflamación de las glándulas sudoríparas de la axila. | Laiglesia *Ombligos* 61: Tampoco a los médicos les gusta sajar golondrinos.

golondro *m* (*raro*) **1** Ilusión vana o idea alocada. | Delibes *Castilla* 63: Que luego vinieran los forasteros metiendo el golondro en la cabeza, que vaya suerte, que Dios nos había venido a ver .. Contra lo que puedan decir las malas lenguas, el vecindario no dejó de acudir a sus labores.
2 Deseo [de algo]. | FVidal *Ayllón* 116: De improviso, siento el golondro de ver, por última ocasión, el rostro alegre y alertado de Blanquita.

golorito *m* (*reg*) Jilguero (pájaro). | Cela *Judíos* 120: Por el camino .. viene un afilador .. silbando en su caramillo unos aires silvestres que prenden rojas candelas y luminosas chiribitas en el blando corazón de los goloritos del cielo.

golosamente *adv* De manera golosa [3]. | Laforet *Mujer* 175: El conde siguió saboreando golosamente sus macarrones. Delibes *Príncipe* 73: Golpeó el pitillo tres veces contra la superficie de la mesita enana, lo encendió y recostó la nuca sobre el respaldo del sillón succionando golosamente. Cuevas *Finca* 163: Rosita se apretó contra él, y le besó también, despacio, golosamente.

golosear A *intr* **1** Complacerse o disfrutar con golosinas [1 y, más raro, 2]. | S. Araúz *Inf* 6.3.75, 19: No se ven atajos goloseando en los ricios y aprovechando las mínimas cañadas.
B *tr* **2** Complacerse o disfrutar [con golosinas [1 y, más raro, 2]]. | Antolín *Gata* 111: Andabais los niños brujuleando alrededor del pez, gozando de antemano el olor a villancicos que impregnaría todo una vez que mamá lo metiera en el horno, goloseando las bolitas translúcidas de los ojos y el relámpago cálido de los sesos disolviéndose en el paladar. Moreno *Galería* 148: Evitar que el ganado durante la trilla .. fuera mordiendo las mieses, destrozando los haces o goloseando el grano y la paja en la parva trillada.

goloseo *m* Acción de golosear. | Zunzunegui *Hijo* 59: Fumaba con un lento goloseo. GSerrano *Madrid* 168: A otras [chicas] les lanza su admiración con un fruncimiento de hocico, con un dulce goloseo ocular al que acompaña un chasquido galante a cargo de la lengua.

golosina I *f* **1** Cosa de comer (o, más raro, beber), apetitosa, delicada y gralm. dulce, que se toma más por gusto que por alimento. | N. Luján *HyV* 1.75, 58: El postre español navideño por excelencia es el turrón, que disputa al "Christmas pudding" inglés su carácter de golosina navideña nacional. Laforet *Mujer* 146: Vivir pendiente de Dios .. le parecía un refinamiento de su gozo, una golosina que le brindaban. Nácher *Guanche* 165: Restañaba la lengua con-

tra el paladar gustando la golosina, y cuando terminó la copa sintió un poco de vergüenza al ver cómo le miraba el del mostrador.
2 Cosa grata que suscita deseo o apetencia. | Alós *Hogueras* 139: Ese Daniel, cómo ha cogido la golosina del volante.
3 Cualidad de goloso [1 y 2]. | * Se lo toma por golosina, pero no por necesidad.
II *loc adj* **4** [Espíritu] **de la ~** → ESPÍRITU.

golosinear *tr e intr* Golosear. | * Le encanta golosinear y no come nada de fundamento. * ¿Qué andas golosineando?

golosinería *f* (*reg*) Condición de goloso [1 y 2]. | X. Domingo *Cam* 6.12.82, 119: La degustación, en los stands franceses del SIAL, de una pastelería de bajas calorías y, al mismo tiempo, absolutamente deliciosa y perfecta gastronómicamente hablando, es todo un descubrimiento. Incluso, se puede decir que es toda una revolución. La alianza de la golosinería con la salud parece como una especie de utopía.

goloso -sa *adj* **1** Aficionado a tomar golosinas, esp. dulces. *Tb n, referido a pers.* | Laiglesia *Tachado* 31: La maldita archiduquesa, glotona y golosa, le había volcado encima una taza de chocolate al hacer un movimiento brusco para arrebatarle el último pastel que quedaba en la fuente. Álvarez *Cór* 27.9.64, 5: La vendimia .. La suave andadura por los linios mollares hace más denso el silencio para solo percibir la impaciente diana de los pájaros golosos. **b)** Aficionado a tomar [un determinado alimento (*compl especificador*)]. *Tb n.* | Torrente *Isla* 12: Pido perdón, sobre todo a los golosos del ajo, a quienes aseguro que nada más lejos de mi intención que referirme a su halitosis.
2 Que tiene deseo o apetencia [de algo o de alguien (*compl especificador*)]. *Tb sin compl, por consabido.* | Sopeña *Defensa* 78: Los alumnos del Colegio Español, siempre golosos de novedades, eran la "masa" boquiabierta y aplaudidora en las conferencias. Torrente *Off-side* 20: Una joven debutante de reputación perversa .. suscita un círculo de golosos que aspiran a verla. Arce *Testamento* 86: Varias moscas de alas metálicas y tripa verdosa merodeaban golosas sobre el excremento del día anterior.
3 Propio del goloso [1 y 2]. | Escobar *Itinerarios* 221: La tabernera empreña la faltriquera y regala miradas golosas y sonrisas en leche.
4 [Cosa] apetecible o atractiva. | Castroviejo *Caza* 42: Estas [cercetas] del fondo de la ría .. son particularmente golosas, por el fino sabor que le otorgan ciertas algas que constituyen la base de su alimento. Delibes *Año* 16: Esta meticulosidad de la guardia .. debería aplicarse con el mismo rigor a presas más golosas y amenazadas [que los cangrejos]. Delibes *Inf* 2.6.76, 18: Para mí, los tramos más golosos del coto se hallan en las inmediaciones de ambos puentes. FReguera-March *Boda* 42: –No calculó que .. sus rivales .. se agarrarían también al clavo ardiendo de la campaña antirreligiosa agravando todavía más la situación por sus tristes apetencias de poderío temporal. –Ese poderío es muy goloso. **b)** (*col*) Muy bueno o agradable. *Con intención irónica.* | * Llevamos un día goloso, dos multas. * Anda que esto está quedando goloso.

golpazo *m* Golpe [1a, b y c, 2a y 3a] grande. | Aldecoa *Gran Sol* 18: Pedrito en cuanto bebía se iba por la borda, era su manía. Tenía como golpazos de mala sangre y no se le podía sujetar.

golpe I *m* **1** Hecho de tocarse o entrar en contacto físico, más o menos violentamente, una pers. o cosa con otra. *Tb el efecto y el ruido que produce.* | Cunqueiro *Un hombre* 13: El mirlo, al ver el oro, se puso a silbar una marcha solemne .. que marcaba los graves pasos o el golpe unísono de los remos. *Economía* 268: Si el traumatismo produjo una fractura, lo que se sospecha por la forma del golpe recibido y el dolor intenso, hay que dejar en inmovilidad completa el miembro traumatizado. *Ciu* 2.75, 15: Hacía ruido el ventilador y además tenía una golpe en un lado, una rayadura en el otro y daba la sensación de haber sido usado anteriormente. Olmo *Golfos* 111: Oímos un golpe tremendo que, cogiéndonos de improviso, nos puso de pie. **b)** Latido [del corazón]. | Laforet *Mujer* 11: No sentía más que los golpes, pesados también, de su corazón. **c)** *Esp*: Acción de hacer chocar algo contra una pers. o cosa para causarle daño. *Tb el daño producido.* | Arce *Testamento* 92: "¿Y si le doy un golpe en la cabeza?", me dije. Y sopesé el candil. Parecía de hierro maci-

zo. Cela *Judíos* 109: Doña Urraca y su marido se liaron a golpes por esta ciudad. **d) ~ bajo** → BAJO². **e) ~ de pecho.** Acción de darse con el puño en el pecho, en señal de arrepentimiento. | Vesga-Fernández *Jesucristo* 160: Se santiguará y se dará golpes de pecho al par que el Celebrante.
2 Hecho u otra cosa no material que causa daño. *Tb el mismo daño.* | M. Torres *Abc* 27.6.71, 19: Para la estrategia occidental, el triunfo de Don Mintoff supone un duro golpe que añadir al cierre de las bases norteamericanas y británicas en Libia. *Luc* 1.7.57, 1: El discurso de Mao Tse Tung, un duro golpe para Rusia. *Inf* 1.7.70, 5: Los neoyorquinos .. aprobaron un párrafo que representa un duro golpe para los doctores, hospitales y autoridades sanitarias. Onieva *Prado* 44: De niña la llevaba siempre su padre vestida de niño .. Falleció a los treinta años, cuando aquel pasaba de los sesenta, recibiendo con ello durísimo golpe. MGaite *Visillos* 112: Tú déjala que se desengañe ella sola como nos ha pasado a todas, los golpes se los pega una sola. Cuanta más ilusión conserve, pues mejor. **b) ~ de gracia.** Acción que consuma la destrucción de alguien o algo. *Gralm en la constr* DAR [a alguien o algo] EL ~ DE GRACIA. | E. La Orden *MHi* 7.69, 29: El terremoto de Santa Marta, exactamente del día 29 de junio de 1773, no fue el primero ni el último que sufrió la histórica capital de Guatemala, pero fue el que le dio el golpe de gracia. FQuintana-Velarde *Política* 120: El incremento de la roturación ha dado el golpe de gracia a la caza mayor. **c) ~ de castigo.** (*Rugby*) Castigo a una falta que da opción a tirar a palos. | Rivadulla *Mar* 22.3.71, 22: Rugby .. Faltando diez minutos para el final, el capitán del Pancevo, Novakov, pasa un golpe de castigo desde cuarenta metros, que significa el empate a tres puntos. **d) ~ franco.** (*Fút*) Castigo que consiste en un disparo directo a puerta con interposición de una barrera de jugadores. | *IdG* 10.8.75, 27: Los tres goles del Cruzeiro fueron marcados por Nelinho, dos de penalti y uno en golpe franco.
3 Hecho de presentarse o producirse [algo (*compl de posesión*)] de manera repentina o violenta. | Prandi *Salud* 616: Después de coger aire, se desencadenan varios golpes de tos. **b)** Manifestación brusca, repentina o violenta [de un fenómeno atmosférico]. | E. Pablo *DBu* 9.7.64, 4: [Las tormentas] han causado estragos en algunas comarcas .. por efecto de pedriscos, a cuyos daños hay que añadir los derivados de los fuertes golpes de agua. **c) ~ de calor.** (*Med*) Alteración grave que se presenta por sobrecalentamiento del cuerpo, debida a exceso de calor externo, frec. por exposición al sol. *Tb* (*Bot*) *referido a plantas*. | Mascaró *Médico* 83: El golpe de calor es favorecido por la humedad atmosférica, por llevar vestidos impropios. Sales *Salud* 401: Pueden asimilarse a este grupo los síndromes meníngeos físicos que se producen en la insolación (golpe de calor). **d) ~ de sol.** (*Med*) Golpe de calor debido a excesiva exposición a los rayos solares. *Tb* (*Bot*) *referido a plantas*. | *CoZ* 23.5.64, 5: La "Rabia" o "Socarrina" del garbanzo se atribuye muchas veces a la acción de las lluvias, rocíos, heladas, golpes de sol, etc. **e) ~ de mar.** Ola fuerte que rompe contra las embarcaciones, islas, rocas o costas. | *Abc* 16.12.75, 65: Arribó al puerto de La Coruña con heridos a bordo el buque mercante "Golar Fruit", de bandera liberiana, al intentar estos abrir una válvula de lastrado y ser derribados por un golpe de mar.
4 Acción repentina y sorprendente. *Con un compl especificador.* | Salom *Baúl* 99: El corazón me latía con fuerza y miraba a mi alrededor como un atracador a punto de dar un golpe de audacia. **b) ~ de efecto.** Acción que causa gran sorpresa o impresión. | LMiranda *Ateneo* 125: La Junta, deseando ahogar con un golpe de efecto el monstruoso atentado, debió recordar que María Antonieta sucumbió entre redoble de timbales. **c) ~ de fortuna** (*o* **de suerte**). Suceso favorable o adverso que cambia repentinamente la situación de alguien o algo. | Cossío *Abc* 26.8.66, 9: Los que se encumbraron inopinadamente, .. por un golpe de fortuna. **d) ~ de Estado.** Usurpación violenta del gobierno de un país o de alguno de los poderes del mismo, esp. por uno de estos. *Tb simplemente ~.* | Vicens *Polis* 488: Un antiguo socialista, Benito Mussolini, .. recogió a los descontentos .. y les unió en un nuevo partido, el fascista .. En octubre de 1922 dio un golpe de Estado, concentrando sus fuerzas y haciéndolas marchar sobre Roma. Víctor Manuel III nombró a Mussolini presidente del Consejo de ministros. Pániker *Testamento* 90: Se identificaba democracia con burguesía, y de ahí la tendencia al golpe salvador, procediera de la derecha o de la iz-

golpeable – golpear

quierda. **e) ~ de mano.** (*Mil*) Ataque por sorpresa. *Frec fig, fuera del ámbito técn.* | *País* 12.3.78, 1: Al menos treinta personas resultaron muertas y sesenta heridas ayer en un confuso golpe de mano de comandos palestinos en la autopista que une Haifa con Tel-Aviv. RIriarte *Paraguas* 111: Para conquistar al hombre de nuestros sueños siempre tenemos que dar un golpe de mano. Si no, estamos perdidas.

5 Hecho o dicho sorprendente o gracioso. *Tb* ~ DE GRACIA *o* DE INGENIO. | Carandell *Tri* 15.5.71, 44: Un señor falangista se lamentó de las desgracias que le ocurrían por querer aplicar en toda su pureza el ideario de la Falange. El profesor Prados Arrarte tuvo un golpe que fue muy aplaudido. Dijo: "Si eso les pasa a ustedes falangistas, imagínese lo que nos pasará a los que no lo somos". Lagos *Vida* 110: Entre copa y copa, reía, cantaba y animaba la juerga. A borbotones le salían los golpes de gracia.

6 (*col*) Característica capaz de producir impacto o de llamar la atención. *Con un compl especificador.* | Delibes *Cinco horas* 75: A la hora de la verdad, con todo vuestro golpe de intelectuales, lo que buscáis es una mujer de su casa.

7 Atraco o robo. *Frec con el v* DAR. | Arce *Testamento* 52: Podemos ir en avión... Si queremos, podemos ir en avión. Damos un par de "golpes" y a mejor vida.

8 Acción correspondiente al empleo [de una cosa]. | GPavón *Reinado* 180: Se dio luego un golpe de peine en el lujoso cuarto de baño. *D16* 16.7.88, 48: Mottet, el fracaso de un favorito .. No supo coger el golpe de pedal y realizó un registro superior en diez minutos al de Delgado. **b) ~ de vista.** Ojeada. | LMiranda *Ateneo* 115: Solo él, en rápido golpe de vista, había llegado a descifrar los caracteres sabeos. **c) ~ de vista.** Capacidad para ver o apreciar algo con rapidez. | APaz *Circulación* 188: Los que ya no están preparados para lo mismo [marchar de prisa] son .. los conductores inconscientes o de escasas aptitudes (golpe de vista, rapidez y decisión en las reacciones, destreza y atención siempre despierta). **d) ~ de vista.** Apariencia o aspecto que presenta [algo (*compl de posesión*)] a primera vista. | C. Carriedo *DCá* 21.2.56, 3: A esas horas los palcos del Principal ofrecían un bellísimo golpe de vista.

9 Cierta señal que se hace en la oreja al ganado. | Cela *Viaje andaluz* 177: Los toros de doña Enriqueta de la Cova llevan dos golpes largos en la oreja derecha y una horqueta en la izquierda; los de don Félix Moreno enseñan una higuera en la una y un golpe arriba en la otra.

10 (*Agric*) Hoyo en que se siembran semillas o plantas. *Tb las plantas que se siembran en el mismo hoyo.* | B. Ramos *Hoy* 16.2.75, 23: Al sembrar en enero se colocarán de 3-4 almendras por golp[e] para así evitar posibles marras de nascencia. [*En el texto,* golpes.] Berlanga *Rev* 3.69, 28: Las patatas recién excavadas de un golpe del huerto, en la cerrada de Los Charcos, soltaban agua a cualquier toqueteo.

11 (*hoy raro*) Conjunto [de cosas] que se hacen, ponen o utilizan de una vez. | Á. Allué *Nor* 5.12.89, 2: El cacharrero que tenía encerado su trabajo se disponía a encañar pasando la noche echando al horno golpes de burrajo para que la coc[c]ión de aquella cacharrería fuera perfecta.

12 (*hoy raro*) Adorno, frec. de pasamanería, sobrepuesto en una prenda de vestir. | DCañabate *Abc* 27.3.75, 35: Hay algo más. Mucho más. El recorrer las estaciones estrenando un traje de oro negro con golpes y volantes de terciopelo.

13 (*jerg*) Trago [de bebida]. *Tb sin compl.* | Aldecoa *Gran Sol* 50: Voy a pegarme un golpe de vino .. Tengo la boca con sabor a gasoil. Sastre *Taberna* 63: (Da con la copa vacía en el mostrador.) Anda, dame otro golpe y déjate de rollos.

14 (*col, raro*) Cosa mínima. *Con intención ponderativa. Normalmente en la constr* NI ~. | ZVicente *Traque* 263: Usted mismo alguna vez sueña, ¿no? Y no pasa nada. Lo más seguro es que no recuerde luego ni golpe. O todo lo más algún detalle.

II *loc v* **15 dar el ~.** (*col*) Causar sorpresa o admiración. | Villarta *SYa* 9.2.75, 25: En el pasado, el mecanismo que actuaba sobre el modo de vestir de fémina obedecía a impulsos personales: ganar la baza a una amiga, dar el golpe en una fiesta.

16 dar (*o* **pegar**) **~.** (*col*) Trabajar. *Normalmente en constr neg y frec en la forma* NO DAR (*o* PEGAR) NI ~. | DCañabate *Paseíllo* 50: En las capeas cada uno va a lo suyo. Unos, a torear; .. otros, como yo, desengañados de todo, a ir viviendo como se pueda, porque se nos pasó la edad de dar golpe en otra cosa. Arce *Precio* 35: En realidad ahora no doy golpe. Bajo al despacho, pero es un hermano de mi padre quien lo lleva todo. GHortelano *Momento* 218: Que no tienen nada que hacer, eso es lo que les pasa .. Como no dan puñetero golpe, se dedican a inventarse cuestionarios. Cela *Escenas* 80: Ahora vive en Miami como un rey, rodeado de palmeras y sin pegar ni golpe.

17 errar (*o* **fallar**, *o* **marrar**) **el ~.** (*col*) No conseguir el efecto pretendido. | * No suele errar el golpe.

18 parar el ~. (*col*) Evitar una acción perjudicial o dañina que amenaza. | * Menos mal que estaba el delegado para parar el golpe.

III *loc adv* **19 a ~** [de algo]. A base [de ello]. | *SVozC* 25.7.70, 8: Pronto es capital del Condado castellano, que ensancha Fernán González a golpe de lanza. Delibes *Mundos* 125: Más tarde, cuando el barco, a golpe de sirena, va pidiendo sitio en el muelle y las costas desnudas se aproximan al viajero, empiezan a aclararse ciertas cosas. Ver 11.8.64, 12: Hernán de Villena .. construyó, a golpe de martillo, yunque y fragua, las corazas, los cascos y los petos de tres reyes de España. **b) a ~ de alpargata** (*o* **de calcetín**). (*col*) Andando. | F. Fidalgo *Ya* 28.5.74, 6: El señor Giscard d'Estaing .. inició la marcha a golpe de calcetín. Ver 30.7.64, 10: Yo tenía que ir a por las barras de hielo a la playa de Lo Pagán .. Lo traíamos a golpe de "alpargate" ayudados por un viejo carretón, en la madrugada.

20 a ~. (*Agric*) Mediante golpes [10]. *Tb adj.* | Bustinza-Mascaró *Ciencias* 263: La siembra a golpe consiste en colocar una o dos semillas en pequeños hoyos abiertos con la azada.

21 a ~s. De manera intermitente. | Escobar *Itinerarios* 43: El matachín hunde el cuchillo en el cuello del cerdo con habilidad certera, y la sangre va a parar a golpes al barreño vidriado. *Ya* 14.4.87, 56: Continúa siendo la saeta expresión cumbre de las emociones religiosas características de Semana Santa .. Antoñita estuvo encantadora, comunicadora y a golpes genial.

22 de ~. De repente. *Tb* (*col*), *con intención enfática,* DE ~ Y PORRAZO. | Arce *Testamento* 14: El Bayona dejó de reír de golpe. ZVicente *Navarro* 429: La noble dama atiborrada de perlas, que se enamora de golpe y porrazo del capitán pirata.

23 de un ~ (*o, más raro,* **de ~**). De una vez. | Bermejo *Estudios* 115: Terminó por cobrar, de un golpe, los atrasos de doce años de largos servicios. DCañabate *Abc* 29.6.75, sn: "Venga la copita, y que Dios se la pague .." Se la trinca de golpe y pidió más. Delibes *Voto* 20: Infló los carrillos enjutos y expulsó el aire de golpe, como si con ello se liberara de su contrariedad.

golpeable *adj* Que se puede golpear [1]. | *SDía* 27.6.76, 2: Los [martillos] de cabeza dura son de hierro forjado, y únicamente cabe emplearlos en lugares en que el material golpeable resulta más duro. J. M. Alfaro *Abc* 19.11.72, 3: El profeta, como casi siempre, lanza su desafío. Ahora lo hace contra algo cercano, concreto, golpeable, erguido, cual es el ordenamiento político-social norteamericano.

golpeador -ra *adj* Que golpea [1]. *Tb n, referido a pers.* | L. LSancho *Abc* 30.11.88, 26: Incluso nosotros, los peatones del vivir, los golpeadores de teclados .., andamos micebrinados por los despachos y las salas de los cines de sesión continua.

golpeadura *f* (*raro*) Acción de golpear. | FVidal *Ayllón* 56: Dios podría holgar tranquilo, sin temor a que le infiriésemos golpeaduras deshonestas.

golpear A *tr* **➤ a** *normal* **1** Dar uno o más golpes [1 y 2a, esp. 1c] [a alguien o algo (*cd*)]. *Tb fig.* | Medio *Bibiana* 11: Marcelo Prats se golpeaba el pecho con los dos puños. Laforet *Mujer* 28: Una ráfaga de viento golpeó las puertas. *Ide* 16.6.90, 52: La policía 'golpea' los circuitos de distribución de droga en el centro de Madrid. SFerlosio *Jarama* 278: –¡Si no es necesario saber [bailar]! .. –Que te digo que no, que hoy estoy ya muy golpeado, vida mía. **b)** *pr* Sufrir [alguien o algo] uno o más golpes [1a]. | *Ya* 13.2.86, 46: El corazón en un puño nos lo puso el pertiguista Jorge Corella, quien al intentar sobrepasar los 4,60 metros resbaló en la colchoneta y se golpeó con el suelo. Benet *Penumbra* 181: Al caer giró y se golpeó con el hombro y la nuca en la pared.

2 (*lit*) Impresionar, o causar impresión. | Torrente *Isla* 278: Me había golpeado, sobre todo, la vulgaridad de la pa-

reja. G. RDosal *OrA* 19.8.78, 11: La imagen que del pueblo de La Borbolla llegaba golpeaba y violentaba mis retinas.
➤ **b** *pr* **3** Sufrir [alguien] uno o más golpes [1a] [en una parte del cuerpo (*cd*)]. | * Al caer se golpeó la cabeza.
B *intr* **4** Dar uno o más golpes [1 y 2a, esp. 1c] [a alguien o algo (*compl adv*)]. *Tb sin compl. Tb fig.* | Aldecoa *Gran Sol* 37: Las botellas de vino colgaban de las literas, atadas con cuerdas. Con los balances del barco golpeaban contra los tubos de hierro. Vega *Cocina* 62: Se oía de sol a sol el golpear de los martillos sobre los flejes de los toneles. *DBu* 19.8.90, 14: Beba aupando sin miedo, que el vino golpee en los dientes. Ramos-LSerrano *Circulación* 244: Para eliminar la detonación, basta normalmente disminuir el avance al encendido, operación que se realiza con el selector de octano, ensayando hasta obtener la posición de máximo avance y que el motor en marcha normal no golpee. * Su risa golpeaba en mis oídos.

golpeo *m* Acción de golpear(se) [1 y 3]. *Tb su efecto.* | Marcos-Martínez *Física* 61: Los instrumentos de cuerda llevan cuerdas de alambre o de tripa; pueden hacerse vibrar por pulsación, como en la guitarra, por golpeo, como en el piano. Nácher *Guanche* 173: Los pasos se oían, y puede que el golpeo coincidiera con el ritmo de la sangre dentro de la cabeza. APaz *Circulación* 133: Lo malo para estos [los pasajeros], al producirse la casi instantánea inmovilización del coche, es que sus cuerpos han seguido lanzados a la velocidad que traían, para estrellarse .. contra parabrisas .., asientos, etc. Es un golpeo brutal.

golpetazo (col) **I** *m* **1** Golpazo. | CPuche *Paralelo* 343: Pasaron los meses de matrimonio, y la dulce esperanza no se cumplía. Y así fue cómo comenzaron los primeros choques, el hastío de dar golpetazos en el vacío, de cavar sobre el légamo de un río que la corriente se lleva.
II *loc adv* **2 de ~.** De golpe o de repente. | GPavón *Cuentos rep.* 89: Cayó muerto de golpetazo.

golpetear A *tr* **1** Golpear [1] repetidamente [algo]. | J. L. AViñegla *SJaén* 26.1.92, VII: Pueden sacarse la cera de los oídos, golpeteares repetidamente los ídem.
B *intr* **2** Golpear [4] repetidamente [en algo (*compl adv*)]. *Tb sin compl.* | A. Ruiz *VozT* 28.9.83, 23: De pronto, llegó hasta ella un leve rumor, semejante al pico ávido de un ave golpeteando sobre el tejado.

golpeteo *m* Acción de golpetear. *Tb su efecto. Tb fig.* | Arce *Testamento* 69: El Bayona seguía roncando plácidamente; pero a mí me asustaba aquel golpeteo incesante del corazón. Romano-Sanz *Alcudia* 149: Pasa un labriego montado en un burro gris, seguido de un perrillo .. Cuando se apaga el nervioso golpeteo de los cascos sobre la tierra, Fernando vuelve al tema del lagarto. Lera *Bochorno* 86: Miguel cerró los ojos, pero no podía sustraerse a la presión física ni al golpeteo de las conversaciones.

golpetón (col) **I** *m* **1** Golpazo. | FVidal *Ayllón* 45: Enfilamos la carretera .. enlazados del brazo, arrumacados, dándome ella, a posta, estoy seguro, de vez en vez, nalgadas y golpetones de cadera en mi muslo derecho.
II *loc adv* **2 de ~.** De golpe o de repente. | GHortelano *Cuentos* 362: Madre, qué asco .. Pero de golpetón me pongo contenta, porque me he acordado que, en llegando, me cambio de traje .. y al cabaret, a beber, a golfear.

golpismo *m* (*Pol*) Tendencia o actitud favorable al golpe de Estado. | Goytisolo *Recuento* 284: Gentes poco amigas del compromiso y del diálogo y, mucho menos, de la crítica, gentes propensas al golpismo, a la solución maximalista.

golpista *adj* (*Pol*) De(l) golpe de Estado. | *Sáb* 9.1.74, 18: Italia: crisis política y temores golpistas. **b)** [Pers.] que participa en un golpe de Estado. *Tb n.* | Clarasó *Van* 3.4.75, 78: El ideal de todos los golpistas es el mismo: liberar un país de un Gobierno que liberó al mismo país de otro Gobierno anterior. **c)** Que apoya un golpe de Estado. *Tb n, referido a pers.* | *Rio* 17.8.93, 34: El jueves se cumplen dos años desde el intento de golpe de Estado en Rusia. Prohíben marcha "golpista" en Moscú. Cierva *Ya* 17.9.83, 8: El presidente Tarradellas no me parece un golpista, y pidió ese indulto que ahora aconseja el capitán general.

golpiza (*pronunc corriente*, /golpísa/) *f* (*col, humorist*) Paliza. | GHortelano *Momento* 503: Las sombras vivientes andarían por el cuarto asesinato y la segunda golpiza. *Sáb* 22.2.75, 45: Pero no incordiemos más al Ministerio de Educación y Ciencia, que al pobre le toman (tomamos) últimamente los plumíferos cual punching-ball, y al fin y a la postre, y pese a sus yerros, ya da un no sé qué y un reparo tanta golpiza dialéctica.

goma[1] *f* **1** Sustancia viscosa exudada de ciertos árboles, insoluble en alcohol y soluble en agua, muy usada en farmacia y en la industria, esp. para fabricar colas y barnices. *A veces con un adj especificador:* ~ ADRAGANTE, ~ ARÁBIGA, *etc.* | Bustinza-Mascaró *Ciencias* 18: Si repetimos la experiencia colocando en un vaso disolución de goma arábiga o de albúmina, .. veremos que la difusión es lentísima. **b) ~ laca.** Laca (materia resinosa exudada de ciertos árboles). | *Her* 12.8.84, 7: –Trabaja usted con las manos, desde luego. –Oh, claro. Con la muñeca, que, como ve, es un trapo de lana donde se unta la goma laca.
2 Caucho. *Tb* ~ ELÁSTICA. | *Abc* 17.10.71, 14: ¿Cómo responde Cinturato Pirelli a los frenazos de emergencia? .. Es de destacar también su larga vida o duración (kilometraje) que le confieren la nueva tecnología y nueva mezcla de goma. *Prospecto* 8.85, 13: El Corte Inglés .. Bota sport de media caña en piel grabada; piso de goma. **b)** *Se usa frec en constrs de sent comparativo para ponderar la elasticidad.* | R. Pozo *DCu* 13.8.64, 3: El viejo .. tocaba como un muñeco de guiñol, como si tuviera las piernas de goma. * Los niños son de goma. **c) ~ espuma** → GOMAESPUMA.
3 *Designa distintos objetos fabricados con goma* [2] *u otra sustancia elástica similar.* **a)** Anillo de goma. | VMontalbán *Rosa* 144: Sacó el animero la cartera del bolsillo trasero de su pantalón, le quitó la goma que reforzaba su cerrazón y de sus pliegues sacó la foto de un niño. **b)** Tubo de goma. | J. Ruiz *Ide* 22.8.90, 6: Muchas fincas continúan extrayendo el agua mediante gomas, por el método de 'sifón', y sin permiso alguno. **c)** Trozo de goma preparado esp. para borrar lo escrito con lápiz o tinta. *Tb* ~ DE BORRAR. | E. PMontes *IdG* 5.10.75, 6: Nuevas subidas en gomas de borrar, compases. A. Soto *Ya* 26.5.88, 37: El niño se come las gomas, que cuestan un montón (diez pesetas), pero no se come los donuts, ni los danones. **d)** Cinta más o menos ancha de goma recubierta de hilo, que se emplea esp. en labores. | Grandes *Lulú* 106: Me soltó un momento para romperme las bragas, estirando la goma con las manos. **e)** Neumático o cubierta de goma [de una rueda]. | Quiñones *Viento* 53: –¿Qué tal el viaje? –Este, malo. Se nos pinchó una goma por La Mancha. Delibes *Emigrante* 27: Melecio pinchó y anduvimos reparando la goma [de la bicicleta] a la luz de la luna. **f)** (*col*) Preservativo. | Marsé *Dicen* 59: Estaba en la cocina, lavando bajo el grifo un condón usado .. Pero hacía más de un año que no se veía un gato ni para muestra. Aquello resultaba aún más extraño que ver allí una goma usada. FReguera *Bienaventurados* 266: Tabucos en que vendían "gomas", suspensorios y cánulas para lavajes. **g)** Variedad de caramelo masticable. *Tb* PASTILLA DE ~. | *Cór* 22.8.90, 48: Entre los productos presentes en el mercado español, el análisis de *Integral* cita las "nubes o gomas" como una de las golosinas más perjudiciales. DCañabate *Abc* 16.2.75, 43: Se preocupaba el hombre de su negocio de las pastillas de goma. Llevaba siempre consigo buena provisión de ellas, unas sueltas y otras contenidas en unos paquetitos que reservaba para sus nocturnas francachelas. **h) ~ de mascar.** Chicle. | *Ciu* 8.74, 53: Acá, en nuestro país, la legislación sobre caramelos, gomas de mascar, cocas y bebidas refrescantes se muestra perezosa para obligar a señalar en los envases la composición cualitativa ni cuantitativa.
4 (*Juegos*) Juego de niñas que consiste en saltar haciendo distintas figuras con los pies en una cinta larga de goma [3d] que sujetan con las piernas otras dos niñas. | Ca. Llorca *SPaís* 31.5.81, 52: La goma es un juego de gran habilidad. Se comienza con las piernas abiertas sujetando la goma entre los tobillos a primeras.
5 Dinamita de consistencia de goma [1], insensible al fuego y a los golpes. *Tb* DINAMITA (DE) ~ *y gralm* ~-DOS. | *País* 5.2.77, 40: Los técnicos que se ocuparon de investigar los medios usados por los terroristas comprobaron que se había utilizado una carga aproximada de ochenta kilogramos de dinamita goma dos especial .. La dinamita goma, formada con un porcentaje de nitroglicerina de 60 al 92% de la mezcla total, pertenece a la clase más potente de las fabricadas actualmente. *Ide* 12.11.78, 8: Cinco kilos de "goma-2" han sido desactivados por el equipo de artific[i]eros de la 522 Comandancia de la Guardia Civil.

6 (*jerg*) Hachís de muy buena calidad. | Oliver *Relatos* 128: Aunque a mí fumar no me coloca ni un pelo, había pillado dos talegos por la tarde, porque nunca va mal con las periquitas cuando se sale de safari .. Y era pura goma, del mejor que hayáis podido ver. Tomás *Orilla* 15: –¿Cómo estás de costo? –le preguntó Antonio. –Medio y medio –le respondió el Nano, mostrando dos tabletas prensadas de hachís, de un color pardo oscuro–. Solo os puedo hacer un kilo. Está bien pesado. Tócalo, Califa, es goma.
7 (*Bot*) Enfermedad de determinados árboles, caracterizada por ulceraciones que exudan un líquido viscoso. | *Med* 2.9.67, 5: ¡¡¡Citricultor: Per-Sintol contra psoriasis, lepra, goma o corteza escamosa!!!

goma[2] *m* (*o f*) (*Med*) Tumor esférico, frec. de origen sifilítico, que se desarrolla en las capas profundas de la piel o en ciertos órganos, como el hígado o el cerebro. | Corbella *Salud* 450: Enfermedades de la piel .. Cuando la condensación del tejido no es superficial, sino profunda, se habla de tubérculo y, sobre todo, de goma. Los más característicos son los que acompañan a las formas muy evolucionadas de la sífilis. Corbella *Salud* 453: Tubérculos y gomas: la lepra. Si una lesión .. no es propiamente epidérmica, sino que su situación es algo más profunda, en la dermis, recibe el nombre de tubérculo, y si todavía es más profunda, en la hipodermis, el de goma.

goma[3] *adj* (*hoy raro*) Gomoso[2]. Tb *n m*. | DCañabate *Abc* 7.4.79, sn: A estos tipos se les ha llamado de diversas maneras, litris, gomas y otros nombres así de incongruentes.

gomaespuma (*tb con las grafías* **goma espuma** *y* **goma-espuma**) *f* Caucho ligero de estructura alveolar, que se emplea esp. para colchones y rellenos de tapicería. | *SYa* 10.11.63, 7: Sofá-cama, muy práctico. Poliéster. Gomaespuma. Cela *Escenas* 51: Trabajo alegremente, sin miedo a la fatiga, porque inmediatamente descansaré en un colchón de goma espuma. J. Martín *Pue* 16.12.70, 36: Dicho disolvente era utilizado para pegar los cojines de goma-espuma que los inquilinos del piso confeccionaban.

gomarrero *m* (*jerg, raro*) Ladrón de gallinas. | Cela *Viaje andaluz* 201: Por el campo de Jaén llaman algarín al reclamo de perdiz que, a fuer de viejo, ya no chifla; por Córdoba, se lo dicen al gomarrero o randa de gallinas.

gomenol *m* (*Med*) Líquido oleoso obtenido por destilación de las hojas de la planta *Melaleuca viridiflora,* usado esp. como analgésico y antiséptico. | *Ama casa* 1972 75: El niño debe permanecer en cama .. Se le lavarán cuidadosamente los ojos, la garganta, la boca y las manos con alguna solución antiséptica. Para los ojos y los oídos, aceite de gomenol.

gomero[1] **-ra** *adj* De la isla de Gomera. Tb *n*, *referido a pers*. | L. Ramos *Abc* 16.12.70, 56: El pescador gomero está a la cabeza de los productores españoles.

gomero[2] *m* **1** (*raro*) Árbol que produce goma[1] [1 y 2a]. Tb *su madera*. | Mercader-DOrtiz *HEspaña* 4, 159: Al regreso [de América], los buques cargaban variedad de productos. Entre las maderas y productos tintóreos: el palo campeche, el brasil, los gomeros, el índigo, la cochinilla y la quina.
2 (*reg*) Tirachinas o tiragomas. | MRecuerda *Teatrito* 118: Uno de ellos [los niños] se detiene un momento en la puerta de la buhardilla, saca un gomero y le tira un plomo a Hilario.

gomina *f* Fijador del cabello. | Cela *Inf* 13.8.76, 14: En mis tiempos, los jóvenes nos peinábamos con gomina argentina.

gominola *f* Variedad de caramelo masticable, frec. en forma de pequeñas bolitas u otras figuras cubiertas con granitos de azúcar. | *ByN* 5.12.93, 94: Tartas de gominolas y caramelos, 2.550 pesetas, y piruletas, 400 pesetas, en Mallorca, Embassy, Vips, La Continental, Agua de limón, Situvens, Ochavito.

gomita *f* (*jerg*) Hachís de muy buena calidad. | Grosso *Invitados* 172: ¿Crees que esta gomita se encuentra en cualquier sitio, pasota?

gomorresina *f* (*Quím*) Líquido exudado por diversas plantas, que se solidifica en contacto con el aire y que está constituido por goma[1] [1a], resina y frec. algún aceite esencial. | Sampedro *Sirena* 91: El año pasado, cuando se llevaban las pelucas muy rígidas, con gomorresina. Ahora el pelo va muy suelto. *Odi* 23.9.64, 7: Nuestro querido cura párroco .. hizo que en el mes de agosto ingresara en el pueblo una cifra superior a las doscientas mil pesetas por la obtención de la gomorresina extraída de la jara.

gomoso[1] **-sa** *adj* De (la) goma[1] [1a] o que la contiene. | *Economía* 98: Las blondas se pasan por agua con una ligerísima disolución gomosa.

gomoso[2] *adj* (*hoy raro*) [Hombre] muy presumido y acicalado que anda en busca de galanteos. *Frec n*. | DCañabate *Paseíllo* 118: –Duquesa, a sus pies –dice un pollo muy gomoso que se le acerca. FAlmagro *Abc* 18.8.64, 3: La perilla denunciaba al militar. El bigotito del gomoso le definía. Aldecoa *Cuentos* 1, 157: Las paredes estaban cubiertas de fotografías que daban un espejeo de charol. Eusebio se contempló en ellas .. Vestido de frac y con capa y espada, y de campesino con chaleco y faja, y de gomoso con monóculo, y de mayordomo.

gónada *f* (*Biol*) Glándula sexual, masculina o femenina, encargada de producir células sexuales y hormonas. | Navarro *Biología* 206: Las gónadas masculinas o testículos originan los espermatozoides o gametos masculinos. Las gónadas femeninas u ovarios están destinadas a crear los óvulos.

gonadal *adj* (*Biol*) De (las) gónadas. | *SYa* 17.4.77, 27: Neoplasia .. Tumores gonadales y de células germinales.

gonadotrófico -ca *adj* (*Biol*) Gonadotrópico. | Cañadell *Salud* 352: Hay dos hormonas gonadotróficas. Cañadell *Salud* 352: La actividad gonadotrófica precoz podrá causar una pubertad prematura.

gonadotrofina *f* (*Biol*) Gonadotropina. | Cañadell *Salud* 185: Los cambios morfológicos que tienen lugar en la niña se inician al final de la primera década. En esta época, debido al efecto activador de las gonadotrofinas hipofisarias, se inicia la maduración de algunos folículos ováricos y comienza la secreción de estrógenos.

gonadotrópico -ca *adj* (*Biol*) Que estimula la actividad de las gónadas. | *ByN* 11.11.67, 92: Llegaron casi al mismo tiempo y en investigaciones paralelas a aislar la hormona gonadotrópica de la hipófisis humana.

gonadotropina *f* (*Biol*) Hormona que estimula la actividad de las gónadas. | *ByN* 11.11.67, 92: La gonadotropina es lo contrario del anticonceptivo.

gonante *m* (*Zool*) En una colonia de hidrozoos: Individuo especializado en la función reproductora. | Bustinza-Mascaró *Ciencias* 119: Otros individuos [de la colonia de *Obelia*] se han especializado en la función reproductora y se llaman gonantes.

góndola I *f* **1** Embarcación veneciana pequeña, larga, plana y de popa y proa altas, que se maneja con un solo remo desde popa. | Zubía *Geografía* 193: Venecia, la ciudad donde las calles son canales y donde los coches son góndolas.
2 Mueble que sirve para exponer mercancías en un autoservicio. | *GTelefónica N*. 427: Todo "a mano" con la más completa gama de estanterías comercio-industria-hogar. Mecalux, S.A. .. Mecalux clasificadora, almacén. Mecalux mural con pie, góndola. Mecalux hogar, combi. *Van* 9.10.75, 31: Stylsaf. El mobiliario comercial que ayuda a vender. Mostradores. Vitrinas. Góndolas. Expositores. Estanterías. *DMo* 21.8.92, 61: Los murales y las góndolas dobles constituyen los elementos empleados por las grandes superficies de venta de productos alimenticios debido a las garantías de conservación y congelación de los productos que ofrecen.
3 (*Aer*) Barquilla o cabina suspendida de una aeronave o de un globo. | *Alc* 24.4.59, 3: El científico, que cuenta treinta y cuatro años de edad, ascendió hasta una altitud de 13 kilómetros a bordo de una góndola herméticamente cerrada, que iba remontada por 94 globos llenos de hidrógeno.
4 (*E*) Semirremolque de plataforma sin paredes laterales, destinado al transporte de cargas pesadas. | *DNa* 12.7.66, 21: 10 tracto-camiones, 3 ejes ..; 5 góndolas de 25 hasta 60 toneladas. *Ya* 25.1.90, 9: Se vende empresa S.A. de transportes especiales, maquinaria y calderería, góndolas de hasta 100 Tm., tractoras dos diferenciales.
II *loc adj* **5 de ~**. [Teléfono] largo y estrecho, cuya forma recuerda vagamente la de la góndola [1]. | Buero *Música* 56:

gondolero – gordilla

Un breve sofá y mesita con teléfono de góndola apenas dibujan el impersonal ambiente.

gondolero *m* Hombre que dirige una góndola [1]. I *Cod* 17.5.64, 2: Están anunciadas las siguientes huelgas. 1ª De gondoleros venecianos que piden la sustitución de la mandolina por un aparato de transistores. 2ª De obreros que hacen los agujeros a los macarrones.

gondomareño -ña *adj* De Gondomar (Pontevedra). *Tb n, referido a pers.* I G. Sanmartín *Voz* 29.1.87, 20: En cuanto al presupuesto general, documento que marca las bases de actuación de la futura política gondomareña, no mereció más atención ni tratamiento que cuatro minutos.

gonfalón *m (hist)* Estandarte o pendón. I Romero *Tres días* 527: Varios hombres están dedicados afanosamente a formar altos montones de elementos combustibles .. Junto a las modestas sillas de madera y enea han arrojado .. casullas, sobrepellices, damascos, gonfalones, roquetes, estolas. Torrente *Isla* 221: Cubrían la ría, y la excedían, cientos y cientos de mástiles y vergas engalanadas, banderines al viento, gonfalones, las severas banderas de combate que habían bordado las esposas y las hijas de los comodoros.

gonfalonero *m (hist)* Gonfaloniero. I Romero *Van* 28.4.72, 11: Gonfalonero de la Iglesia, tras la muerte de Alejandro VI fue [César Borgia] perseguido de obra y de palabra por su sucesor en el solio pontificio y enemigo natural.

gonfaloniero *m (hist)* Hombre que lleva el gonfalón. I Carnicer *Castilla* 246: El papa lo nombra [a César Borgia] capitán general y gonfaloniero de la Iglesia. Cunqueiro *Crónicas* 135: El escribano, que se había puesto unas plumas en un casco de granadero, pues iba a hacer el papel de gonfaloniero, colocaba en rueda en el tablado a algunas gentes de Comfront.

gonflé *(fr; pronunc corriente, /gonflé/) adj (raro)* [Peinado] ahuecado. I Marsé *Tardes* 192: Eran dos muchachas en tecnicolor .., con altos peinados gonflés, rígidos, que despedían destellos. E. Cruz *Pue* 23.10.70, 2: Su foto circuló por todas partes, mostrándola con un peinado "africano" redondo y "gonflé", que enmarcaba una cara inteligente de narices finas y pómulos atractivos y una frente tras de la que se oculta un cerebro privilegiado.

gong *m* Instrumento de percusión de origen oriental, formado por un disco de bronce o cobre que vibra al ser golpeado por una maza. I *DÁv* 20.6.64, 4: Museo de Oriente .. Vitrina I. Parte superior: 1º Bordados en seda (Japón, Viet-Nam, China) .. 4º Gong. 5º Campana china.

gongorino -na *adj* **1** Del poeta Luis de Góngora († 1627). I DPlaja *Literatura* 250: Características del culteranismo gongorino.
2 De(l) gongorismo o que lo imita. *Tb n, referido a pers.* I Laforet *Mujer* 48: Era poeta de versos muy alambicados y gongorinos.

gongorismo *m (TLit)* Estilo literario iniciado por Luis de Góngora († 1627). I Valverde *Literatura* 43: El lenguaje .. latinizante .. viene a ser como una primera y vaga aproximación al gongorismo.

gongorista *m y f* Especialista en la vida y obra del poeta Luis de Góngora († 1627). I GRuano *MHi* 6.60, 5: Ya entonces era uno de los primeros gongoristas.

gonia *f (Biol)* Célula sexual inmadura. I Navarro *Biología* 208: En las gónadas jóvenes existe un epitelio en el que se encuentran las células germinales primitivas o gonias (espermatogonias y oogonias).

gonidio *m (Bot)* Alga que forma parte de un liquen. I Bustinza-Mascaró *Ciencias* 284: Dicha asociación [de un alga y un hongo] se aprecia examinando un corte de liquen al microscopio, pues se verán granitos verdes (gonidios) del alga entre filamentos del hongo.

gonio *m (argot, Mar)* Radiogoniómetro. I Pemán *Abc* 16.6.74, 3: Era el tiempo en que Foster Dulles arremetía contra los figurines pasados y confesaba cómo, "patrón" enamorado de la navegación a vela, prefería el "radar" y el sextante al "gonio".

goniométrico -ca *adj (Mat)* De (la) medida de los ángulos. I Marcos-Martínez *Álgebra* 224: El seno, coseno y tangente se llaman razones goniométricas o trigonométricas.

goniómetro *m (Mat)* Instrumento que sirve para medir ángulos. I Ybarra-Cabetas *Ciencias* 19: La comprobación experimental de esta ley [de la constancia de los diedros] puede hacerse con los goniómetros.

gonococia *f (Med)* Gonorrea o infección con gonococos. I Mascaró *Médico* 33: Señalamos la duración de dicho período [de incubación] en las enfermedades infecciosas más corrientes. Cólera: 1 hora a 3 días .. Gonococia (purgaciones): 2 a 6 días.

gonocócico -ca *adj (Med)* De (la) gonococia o de (los) gonococos. I Torrente *Off-side* 150: Tengo una infección .. Una infección gonocócica, cariño, pero no te alarmes.

gonococo *m (Med)* Bacteria de forma oval que es el agente causante de la gonorrea (*Neisseria gonorrhoeae*). I Bustinza-Mascaró *Ciencias* 99: Después de pacientísimas investigaciones consiguió demostrar que el moho de su placa elaboraba una sustancia que impedía el crecimiento del estafilococo y de otros muchos gérmenes patógenos: neumococos, gonococos.

gonorrea *f (Med)* Enfermedad venérea causada por gonococos y caracterizada por flujo purulento de la uretra o la vagina. I N. Retana *Inf* 3.4.79, 27: En Inglaterra, si bien parece haberse contenido el desarrollo de la sífil[i]s, se ha experimentado un enorme incremento de los casos de gonorrea.

gonosoma *m (Biol)* Cromosoma sexual. I Cañadell *Salud* 183: Hay 44 [cromosomas] que son iguales en ambos sexos y se llaman autosomas, y dos, que son los gonosomas o cromosomas sexuales, que son diferentes en el varón y en la hembra.

gonoteca *f (Zool)* Ensanchamiento del perisarco que protege los gonantes. I Bustinza-Mascaró *Ciencias* 119: Otros individuos se han especializado en la función reproductora y se llaman gonantes, estando envueltos también por un ensanchamiento del perisarco que forma la gonoteca.

gonozoide *m (Zool) En algunos celentéreos:* Individuo especializado en las funciones de reproducción. I Navarro *Biología* 272: Existen numerosos ejemplos como *Bougainvillia* y *Obelia*, hidrozoos que poseen dos clases de individuos: los gastrozoides o pólipos comedores .. y los gonozoides o pólipos reproductores.

gopura *f (Arquit)* Torre piramidal que da entrada a ciertos templos de la India. I Fernández-Llorens *Occidente* 266: En el Sur de la India los drávidas elevan en gradas torres complicadas .., que con frecuencia rematan en cúpulas monolíticas, cuya colocación exige largos planos inclinados, y engrandece[n] el recinto con enormes portales ("gopuras").

goral *m* Mamífero rumiante semejante a la cabra, propio del Himalaya (*Naemorhedus goral*). I A. Manresa *País* 8.7.93, 28: Coetáneos del *ferreret* en estas y otras islas mediterráneas fueron otros animales singulares extinguidos como el goral (cabra-antílope *myotragus*), elefantes .. y águilas de gran envergadura.

gordal *adj* [Aceituna] de una variedad más grande que la común y que suele consumirse aliñada. *Tb referido al olivo que la produce.* I Halcón *Monólogo* 228: A los cinco años, ese árbol hoy salvaje dará aceitunas gordales hermosas. Bustinza-Mascaró *Ciencias* 277: Se cultiva [el olivo] en secano y en regadío. Algunas variedades, como gordal y manzanillo, se cultivan para recoger sus frutos verdes y aderezarlos convenientemente para comerlos.

gordezuelo -la *adj* Ligeramente gordo [1]. *Con intención afectiva.* I Lera *Bochorno* 44: Rieron los tres. Brillaron así los dientes preciosos de la muchacha entre los labios gordezuelos. L. LSancho *Abc* 22.11.88, 22: La llana con la que la mano blanca y gordezuela de la oronda y redonda reina Isabel II acarició furtivamente un día del siglo pasado la argamasa sobre la primera piedra del Palacio del Congreso ha desaparecido.

gordiano. nudo ~ → NUDO[1].

gordilla *f (reg)* Tripa de cordero o conejo enrollada en un palo o hueso y guisada. I Ed. Gómez *SSe* 18.9.88, 21: En las cocinas riojanas se dedica una especial atención a los

gordinflas – gordo

despojos y vísceras de los corderos y cabritos, puesto que con ellos se consigue una serie de guisos que personalizan de una manera acusada a nuestra cocina. Así, los embuchados ..; las gordillas que preparan en tierras de Cervera y Arnedo.

gordinflas *adj (col, humoríst)* Gordinflón. Tb n. | ZVicente *Examen* 44: El gobernador, un señor de uniforme con muchísimas medallas en el pecho y en la barriga, que salía un día sí y otro también en los periódicos .. Era más gordinflas al natural. Laiglesia *Fulana* 142: El gordinflas se resistió un poco.

gordinflón -na *adj (col, humoríst)* [Pers.] desproporcionadamente gorda [1]. *A veces con intención afectiva. Tb n. Alguna vez referido a animales.* | DPlaja *El español* 101: El niño era rubio, gordinflón. A. Navalón *SInf* 27.5.71, 1: Seis toros de Pérez Angoso, gordinflones, jóvenes, bastos y mansos.

gordo -da I *adj* **1** Que tiene mucha carne. *Tb n, referido a pers.* | Olmo *Golfos* 149: Es una mujer gorda, simpática y de buen ver. GPavón *Reinado* 127: Al lado de la puerta, un angelote de marmolina con una cruz entre sus manos gordetas. GMacías *Relatos* 11: A estos arroyanos les gustaba mucho ver el culo a los mulos para irse dando cuenta de lo gordo que lo tenían, con vistas a venderlos bien. **b)** [Vacas] **gordas** → VACA.

2 [Carne de consumo] que tiene sebo o grasa. | * Esa carne es demasiado gorda para este guiso.

3 Que tiene un grosor superior al normal o al que tienen otros seres que forman serie con el nombrado. | *PaísE* 11.3.90, 46: El morcillo con hueso, cortado en rodajas gordas, es el *ossobuco*. Berenguer *Mundo* 398: Allí había mucho papelote, unos libros muy feísimos, gordos, y un cazo con zurrapa de café. Umbral *País* 7.10.77, 24: Le hice unas fotos entre los viejos del pueblo, contra el árbol más gordo de la plaza. Moreno *Galería* 28: Sacaba una panderada de huevos frescos y gordos. **b)** [Dedo] pulgar. | GPavón *Hermanas* 52: La señorita Alicia tiene muy fea la uña del dedo gordo de la mano derecha. **c)** [Sal] que se presenta en granos gruesos. | Moreno *Galería* 21: Se llevaba la sal en su talego. Sal gorda, por supuesto. **d) de brocha gorda** → BROCHA.

4 *(col)* Grande en tamaño. | Laiglesia *Ombligos* 34: Permiten a los periódicos salir de su habitual sosería y emplear esas letras tan gordas que usan también los ópticos para graduar la vista. **b)** [Perra] **gorda** → PERRO.

5 *(col)* Importante en calidad, cantidad o intensidad. | Torrente *Off-side* 177: Ella andaba metida en un lío muy gordo con su hija, que es una psicópata incurable. Delibes *Príncipe* 21: –¿Es pecado, Vito? –dijo. –¿Pecado? ¡Y de los gordos! Pániker *Conversaciones* 170: Encontrar un botón es un gran problema en la sociedad socialista. Hay que ir a Viena para encontrar un botón. Lo cual es una forma de alienación bastante gorda. Ver 26.7.64, 5: La propina más gorda que me dieron fue de cincuenta duros. Herrero *Balada* 97: –¿Qué pasa? .. –Estamos perdidos. Ahora sí que va a pasar algo muy gordo. Berenguer *Mundo* 215: La cosa fue gorda, pues el Quemado dio un soplo y los del contrabando le quemaron la choza dos veces seguidas. **b)** [Premio] mayor [de la lotería]. *Frec n m.* | *Ya* 17.10.85, 9: Sobre la lotería primitiva .. Junto a las normas del juego se debería informar de las posibilidades reales para alcanzar el premio gordo y evitar engañar a la gente. L. Monje *Abc* 23.12.70, 30: Treinta y seis años hacía que no había caído el "gordo" en Guadalajara. **c)** *(col) Se usa como elemento enfático siguiendo a* MENTIRA. | Marsé *Dicen* 281: ¿Eso dicen que prometió Java .., y que esa catequista nos oyó secundarle en el juramento?, pues mentira y gorda.

6 *(col)* [Gente] importante o rica. | GPavón *Reinado* 125: Van a empezar a meterse aquí gentes muy gordas. Esta mañana me llamó el Gobernador. Medio *Bibiana* 11: Nos hemos contagiado de la gente gorda, que no piensa más que en juergas. **b)** [Pez] ~ → PEZ¹.

7 [Cosa] grosera o basta. | Matute *Memoria* 108: Se oyó la risa gorda de Guiem. **b)** [Palabra] malsonante. | ZVicente *Traque* 182: Por lo general el farolero se ponía furioso .. y soltaba una palabra gorda, y entonces la señora de la casa clamaba contra la mala educación de esta gentuza. **c)** [Sal] **gorda** → SAL.

8 [Agua] que tiene en disolución gran cantidad de sales, esp. yeso. | GLuengo *Extremadura* 121: Todavía se llama Aldeavieja al sitio donde estuvo asentado el pueblo, que conserva albercas donde abrevan las bestias, y manantiales de agua gorda, pero sana, que manan de continuo. Alvarado *Anatomía* 177: Las aguas con un exceso de sales cálcicas y magnésicas se llaman duras o gordas (en oposición a las blandas o finas), y se reconocen por cortar el jabón y cocer mal las legumbres.

9 [Vino] que tiene mucho cuerpo. | * El vino de Aragón es gordo.

10 [Saliva] espesa y pegajosa. *Tb referido a la lengua que la tiene.* | * Se me pone la saliva gorda y me dan ganas de vomitar.

11 [Lengua] torpe o pastosa. | Torrente *Vuelta* 486: Tendió el vaso a Carlos. –Déme un poco más.– .. Empezaba a hablar con lengua gorda. Carlos le sirvió más vino.

12 *(reg)* [Domingo] de carnaval. | ZVicente *Examen* 77: Febrerillo el loco traía el Carnaval .. Las fiestas callejeras eran los domingos, el gordo y el de piñata, y el martes. GMacías *Hoy Extra* 12.75, 21: En Valencia de Alcántara y en realidad en todos los pueblos de la parcela cacereña, durante el "Domingo Gordo", de Carnaval, se come el clásico menú a base de arroz, coles y buche de cerdo.

II *n* **A** *m* **13** Sebo o grasa. | Chamorro *Sin raíces* 15: Agustín no podía por menos que estar satisfecho de la matanza. Los cebones no habían dado mucho gordo.

14 *En la escritura:* Trazo grueso. | Cela *Escenas* 154: Don Casto tiene muy buena letra, con gordos y finos y muy floreados y airosos ringorrangos.

15 *(col, hoy raro)* Gorda [17]. | LTena *Luz* 39: –¿Y... de dónde sacamos el dinero para carbón los demás días? –También tiene usted la cabeza a pájaros. ¿Me ha dado alguna vez un gordo? ¡Pues entonces! Zunzunegui *Camino* 396: Lejos de aquí estoy segura de que no nos enviaría ni un gordo.

B *f* **16** *(col)* Discusión o alboroto muy grande. *Frec con el v* ARMAR. | Medio *Bibiana* 67: Si se arma la gorda, no se salva nadie. L. Calvo *Abc* 23.10.70, 25: El procesado Alain Geismar estaba ahora seguro: se armaría la gorda. * Se va a armar una muy gorda.

17 *(col, hoy raro)* Moneda de diez céntimos. *Gralm en constrs de intención ponderativa como* ESTAR SIN (UNA) GORDA, NO TENER NI (UNA) GORDA, QUEDARSE SIN (UNA) GORDA, *aludiendo a dinero en gral.* | Cela *Judíos* 79: El vagabundo se guardó dos duros y a Paquito, por su ayuda, le dio el pico de las catorce gordas. CPuche *Paralelo* 116: Me jugué el último sueldo porque ya estaba loco. Si llego a perder, me hubiera quedado sin una gorda. Laiglesia *Ombligos* 229: Vacaciones sin gorda.

18 *(col)* Cosa mínima. *Con intención ponderativa. Normalmente en la constr* NI GORDA. | Marsé *Tardes* 116: Hijo, no te entiendo ni una gorda. * No sabe una gorda de español.

III *loc v y fórm or* **19 caer** (o **tocar**) [a alguien] **el ~** [con alguien o algo]. *(col)* Ser [esa pers. o cosa] lo mejor que podía caerle en suerte. *Con intención irónica. Tb sin el 2º compl, por consabido.* | SFerlosio *Jarama* 24: Como se líen a la rana, sí que nos ha caído el gordo. DCañabate *Andanzas* 163: Un San Isidro en mi casa nos cayó el gordo. Un tío nuestro, de segundo o tercer grado, casado con una mujerona de aquellas rollizas hermosotas.

20 caer ~ [alguien o algo a una pers.]. *(col)* Resultar[le] antipático. | Mihura *Ninette* 53: Decidí que en cuanto llegase mi amigo Armando le diría que a mí aquella señora me había caído gorda. GSerrano *Macuto* 476: Un caricato bastante bueno definió la boina de esta manera: "Es una cosa que se levanta y debajo hay un cateto" .. Como yo uso boina, ya se nota que la definición del humorista me ha caído gorda.

21 esta sí que es gorda. *(col) Fórmula con que se comenta lo asombroso de algo.* | * Ahora resulta que el culpable soy yo; esta sí que es gorda.

22 hacer el caldo ~, **hacer la vista gorda**, **no haberlas visto más gordas**, **para ti la perra gorda**, **repicar ~**, **sudar la gota gorda** → CALDO, VISTA, VER, PERRO, REPICAR¹, GOTA.

IV *adv* **23** *(col)* Con fuerza o intensidad. | * Ahora sí que llueve gordo.

24 en ~. *(col)* De manera importante o en gran cantidad. | Delibes *Mundos* 158: Este gran comercio –comprar en gordo a este y vender en gordo al otro– es el que rinde pingües beneficios. Aldecoa *Gran Sol* 76: Nos tendrán que indemnizar en gordo .. Para eso hay leyes.

gordolobo *m* Se da este *n* a varias plantas herbáceas del gén Verbascum, esp *V. thapsus* o ~ COMÚN. | *SPaís* 28.1.79, 5: Hierbas contra el dolor .. Bronquios: Amapola. Gordolobo. Romero. Tusílago. FQuer *Plantas med.* 605: Gordolobo. (*Verbascum thapsus* L.) .. En las tierras pingües, el gordolobo puede rebasar la altura de un hombre. Mayor-Díaz *Flora* 466: *Verbascum virgatum* Stokes. "Gordolobo", "Chapezu" (nombre dado a todas las especies del género).

gordura *f* Cualidad de gordo [1]. | Nácher *Guanche* 182: Apenas le permitía la gordura llevar las manos hasta las rodillas. SFerlosio *Jarama* 46: Una carne bien buena; una cabrita de dos años, en todas sus gorduras.

goreño -ña *adj* De Gor (Granada). *Tb n, referido a pers.* | B. Gallego *Ide* 9.8.92, 8: A las seis de la mañana, los goreños ya se agolpan en una pequeña plaza de toros-castillo.

gorfe *m* (*raro*) Remanso de un río en que hay hoyas donde las aguas forman remolinos. | FVidal *Ayllón* 202: Mejor será dejar el camino y cruzar los barbechos hacia el gorfe del río .. e intentar .. pescar alguna trucha.

gorgojo *m* **1** Se da este *n* a diversos insectos coleópteros de cuerpo ovalado, rostro prolongado y pequeño tamaño, que atacan semillas, frutos, cortezas y tallos de las plantas, y son muy perjudiciales para la agricultura. *Tb fig.* | Bustinza-Mascaró *Ciencias* 148: Animales parecidos al escarabajo de la patata. Mencionaremos el escarabajo pelotero, el ciervo volante, los gorgojos. Fegube *Inde* 13.8.90, 47: El gorgojo del arroz tiene su desarrollo óptimo a 28 grados con 70 por ciento de humedad relativa. Fegube *Inde* 13.8.90, 47: El gorgojo de cereales tiene su mejor desarrollo a 25 grados centígrados con 70 por ciento de humedad relativa. Cela *Judíos* 65: Aquí en el castillo de Roa .. estuvo preso don Pedro Manrique, a quien a veces sacaban a caza porque el gorgojo del disfavor real no le comiese el alma.

2 (*col, humoríst*) Pers. muy pequeña. | Berlanga *Gaznápira* 86: La Abuela no lo llamaba por su nombre: decía el cascarra, el tragaldabas, el zampabollos o el gorgojillo.

gorgona *f* (*Mitol clás*) Monstruo femenino terrible, de los tres caracterizados por tener la cabellera de serpientes. *Tb* (*lit*) *fig.* | CBonald *Ágata* 103: Vio a la madre levantarse con la ferocidad de una gorgona, lentamente, sucia y altanera, y el largo pelo tapándole la cara a mechones grasientos.

gorgonia *f* (*Zool*) Celentéreo colonial de los fondos marinos (gén. *Gorgonia*). | L. Pancorbo *SYa* 17.8.80, 24: Sobre Bali se pueden escribir muchas cosas .. Qué bonitas son las gorgonias del fondo del mar.

gorgorita *f* (*raro*) Gorgorito. | GPavón *Reinado* 202: Soltándose las manos se sumergió haciendo gorgoritas.

gorgoritar *intr* (*raro*) Gorgoritear. | Berlanga *Acá* 76: La casa olía a panteón en obras ..; gorgoritaban las cañerías.

gorgoritear *intr* Hacer gorgoritos, esp [1]. | Salvador *Haragán* 34: Al final, ya no gorgoriteaba; roncaba como los gatos.

gorgorito *m* **1** Quiebro que se hace con la voz, esp. al cantar. | L. Calvo *Abc* 9.9.66, 26: Un séquito danzante de hombres y mujeres recalcaban a brincos y gorgoritos de carmañola y titiritaina de ópera china la jovialidad de la atmósfera electoral. Salvador *Haragán* 34: Pedro rasgó un papel y extendió otro papel. Todo ello entre extraños gorgoritos y no menos extraños saltos que me enajenaban el sentido.

2 Burbuja. *Tb el ruido que hace al romperse.* | * Mira qué gorgoritos hace el agua.

górgoro *m* (*raro*) Gorgorito [2]. | Arce *Testamento* 43: El agua brotaba de entre ella y ascendía hasta la superficie haciendo górgoros.

gorgorotada *f* Trago, o cantidad de líquido que se bebe de una vez. | Cela *Pirineo* 208: El viajero, para mejor bajar tal cúmulo de derecho administrativo, tentó la bota y trasegó una lenta gorgorotada de muy higiénicos y barredores efectos.

gordolobo – gorita

gorgoteante *adj* Que gorgotea. | Ru. Valle *CoZ* 8.7.75, 3: No le estorbaría .. una fontanica gorgoteante... Pero gorgoteante sin pausas.

gorgotear *intr* Producir ruido [un líquido o un gas] al moverse en una cavidad o al entrar o salir de ella. *A veces referido a la propia cavidad.* | Torbado *En el día* 244: Juanjo alzó la botella y dejó que el líquido gorgoteara ruidosamente en su garganta. Mendoza *Misterio* 96: A lo lejos gorgoteaba un río.

gorgoteo *m* **1** Acción de gorgotear. *Frec su efecto.* | Lera *Clarines* 328: Cogió la botella y llenó los vasos de los mozos. Se oyó el gorgoteo del vino. CBonald *Ágata* 224: Bajó la voz para aclarar que iba a ver si daba con ella .., sin que Pedro Lambert respondiera de otra forma que con un regüeldo que sonó a la vez –o igual– que el gorgoteo de un desagüe. CBonald *Noche* 302: Oyó lo que probablemente había estado oyendo con mayor o menor asiduidad durante toda su vida y que no era otra cosa que un agudo gorgoteo intestinal.

2 Ruido semejante al gorgoteo [1], producido en la garganta al tragar, al respirar o al hablar. | CBonald *Noche* 102: El trasiego gutural que se oía, esa especie de incompetente gorgoteo que emiten los que beben poco y mal aunque con ansia. Halcón *Ir* 200: Le gustaba un poco escucharse. Disfrutaba con el gorgoteo de sus palabras. Montero *Reina* 71: Ahora su hermana respiraba pesadamente; tenía la boca abierta y de su garganta salía un gorgoteo apagado al exhalar el aire.

gorguera *f* **1** (*hist*) Adorno del cuello, consistente en una tira ancha de tela blanca plegada y almidonada. | Mercader-DOrtiz *HEspaña* 4, 241: En parte era [el traje nacional] de inspiración austríaca y en parte producto de una evolución autóctona hacia lo grave, austero y tétrico, que substituyó en el atuendo masculino .. la artificiosa gorguera por la lisa golilla. DPlaja *Sociedad* 66: Ha habido una gran revolución en el traje .. Se trata de hacer desaparecer la gorguera escarolada.

2 (*Zool*) Conjunto de plumas de la garganta de determinadas aves. | Rodríguez *Monfragüe* 62: Buitre negro .. Sus rasgos principales se concretan en el plumaje pardo –casi siempre negro en los individuos inmaduros–, y en la gorguera o collareta abundante, capaz de ocultar enteramente el pelado cuello de color rosa violáceo.

gori *m* (*jerg*) Bronca o alboroto. | GHortelano *Momento* 85: Cuidado, Encarna, que vas a tener un percance, que un día le vas a llamar de tú .., y ella va a estar delante y te va a armar el gori.

gorigori *m* (*col, humoríst*) Canto propio de entierros y funerales. | Torrente *Saga* 396: De lo que tenía verdaderas ganas era de ponerse a cantar y dejarse de funerales, que eran una lata, con tantas genuflexiones y tantos gorigoris. MSantos *Tiempo* 130: Te llevaremos a la tumba cantando un gorigori que parecerá casi como triste. CPuche *Sabor* 190: Aquella misma mañana había muerto Andresico .., pero los albañiles, que lo tomaban todo a broma, comenzaron a entonar un gorigori y a decirse chanzas macabras unos a otros.

gorila *m* **1** Mono antropomorfo de cuerpo robusto de hasta más de 2 m de altura, cubierto de pelo denso y negro, brazos largos y musculosos y patas más cortas, que posee una fuerza extraordinaria y habita en África ecuatorial (*Gorilla gorilla*). | Bustinza-Mascaró *Ciencias* 215: Hay monos desprovistos de cola, como el chimpancé. Tales son el gorila, el orangután y el gibón, llamados también, por su parecido al hombre, antropomorfos.

2 (*col*) Guardaespaldas. | Torrente *Off-side* 276: Los tres príncipes laosianos .. penetran en la sala de conferencias de Ginebra, seguidos de sus Estados Mayores, de sus expertos, de sus gorilas.

3 (*col*) Guardián, o individuo encargado del servicio de orden. | Marsé *Montse* 50: Queda un amplio pasillo entre los presos y las visitas, un pasillo por el que se pasea el "gorila" arriba y abajo. Puértolas *Noche* 42: Os vi salir [de la discoteca] .. Me fui por la puerta de atrás. Vi al gorila discutiendo con ese tipo, Ishwar.

gorita *adj* (*reg*) [Gallina] clueca. | Mann *DMo* 18.8.89, 4: ¿La [gallina] pinta, que está pa ponerse gorita de un momento pa otro?

gorja – gorrión

gorja *f* **1** (*raro*) Garganta (parte del cuerpo). | Torrente *Isla* 314: "Ciudadanos de La Gorgona, el general Della Porta espera que cada uno cumpla con su deber." Le respondió un ¡Hurra! proferido por varios miles de gorjas. A. Navalón *Inf* 9.2.71, 21: El día que mataron los cuatro lobos se tiraron cinco tiros. El tercero fue para un ternero que cayó con la gorja atravesada.
2 (*raro*) Garganta [de un río]. | FVidal *Duero* 165: Hermosa estará ahora la gorja del río.
3 (*Arquit*) Gola (moldura en forma de S). | Angulo *Arte* 1, 15: Las molduras concavoconvexas se forman por la unión del caveto con el cuarto bocel. Cuando la parte más prominente es el caveto se denomina gola .. –de *gula*, garganta–, gorja o papo de paloma.

gorjear *intr* **1** Cantar [los pájaros]. | Buñuel *MHi* 8.60, 60: Los gorriones de los largos aleros empezaron a gorjear.
2 Emitir [un niño] sonidos inarticulados. | * El chiquitín gorjeaba en su cuna.
3 Emitir [una pers.] voces o sonidos alegres. | Torres *Él* 83: Dos muchachas, rubias y muy jóvenes, aparecieron gorjeando.

gorjeo *m* Acción de gorjear. *Frec su efecto*. | *SLín* 15.8.75, 14: En agosto, el mes de los frutos maduros y los graciosos gorjeos de golondrinas. L. Riesgo *SYa* 5.5.74, 7: Hacia los dos meses, la imagen de la madre se hace más precisa y surgen los primeros intercambios afectivos: el pequeño responde con una sonrisa a la sonrisa de ella, con gorjeos a sus caricias. GHortelano *Cuentos* 341: Escuché el floreado gorjeo, que en su juventud debió de adoptar como la más elegante manifestación de júbilo y que sonaba a maullido. [*Se refiere a una mujer.*]

goro *m* (*reg*) Corral, u otro lugar destinado a guardar animales. | Alvar *Islas* 52: Un dialectólogo que preguntaba, que grababa, .. que retrataba el goro de la baifa, que siempre estaba dale que le das. J. Isla *Día* 3.6.76, 5: Dice él: "¡Abre, que vengo cargado!". Y dice ella: "¡Ah! ¿Sí?, pues ¡vete a dormirla al goro!".

gorona *f* (*reg*) Pared circular o semicircular de piedra, que sirve de protección o abrigo a perss. o a frutales. | D. Padilla *Día* 28.9.75, 8: Al borde del camino .. había una "gorona", nombre que reciben en esta isla unos círculos de piedra seca, con entrada vuelta al mar, que servían de descansadero.

gorra I *f* **1** Prenda redondeada, gralm. con visera, que cubre la parte superior de la cabeza. | Laforet *Mujer* 42: Estaba llena [la oficina] de sacos de patatas que lo invadían todo, dejando un pequeño espacio .. para el flaco empleado con gorra galoneada. Moreno *Galería* solapa 2: Con la gorra soriana se cubren los aldeanos el cráneo y las ideas. Cunqueiro *Un hombre* 10: Se quitó la gorra para que se las viesen [las orejas] a sabor. Ma. Gómez *Ya* 21.2.91, 6: Al acabar el siglo y comenzar el nuestro, los chulos madrileños consagran el pantalón, la capa y la gorrilla. **b) ~ de plato**, ~ **(de) visera** → PLATO, VISERA.
II *loc v* **2 pasar la ~**. (*col*) Pedir un donativo. | *Abc* 8.10.75, 1: El primer ministro sueco Olof Palme, pasando la gorra en un "domund" singular.
3 pegar la ~ [a alguien o en un sitio]. (*col*) Comer o vivir a sus expensas. *Frec sin compl.* | Cela *SCamilo* 226: Este Paquito es un zángano y un vivalavirgen que lo que quiere es pegar la gorra a las personas decentes. Cela *Judíos* 305: Puede [el vagabundo] pegar la gorra en el café de Cartujo, beber de balde en el bar. Delibes *Emigrante* 84: El tío, ni palabra. Parece como si yo hubiera venido aquí a pegar la gorra.
III *loc adv* **4 con la ~**. (*col*) Con suma facilidad. | Delibes *Santos* 56: Los pájaros que le están entrando a ese marica los baja uno con la gorra.
5 de ~. (*col*) A costa ajena. *Gralm con el v* COMER. | Cela *Viaje andaluz* 282: Esto de comer de gorra con los ojos bellidos es un placer de dioses que a muy pocos placeres puede compararse.

gorrazo I *m* **1** Golpe dado con una gorra o un gorro. | F. A. González *Ya* 29.6.73, 60: A las moscas se las mata a gorrazos.
II *loc v* **2 correr a ~s** → CORRER.

gorrería *f* Establecimiento en que se hacen o venden gorras o gorros. | F. Campo *VozAl* 12.1.56, 6: La gorra hace tiempo que entró en barrena .. El público –nos dicen en la gorrería– prefiere las boinas chatas y pequeñas, que se ajustan bien al casco para que no entre el aire, y que tengan figura de seta. Azorín *Recuadros* 1359: Hay, al lado de la casa que viven el escudero y Lázaro, un taller de bonetería. Bonete es gorra. Bonetería es gorrería.

gorriato *m* (*reg*) Gurriato (pájaro). | Marlasca *Abc* 7.11.71, 43: Las cuadrillas de la contrata se hallan ocupadas en la tarea de desnudarlos [los árboles] de ramas para revitalizar así las frondas de los ejemplares que cuentan en el censo arbóreo, ornatos de la Villa, refugios de gorriatos y demás componentes de las especies urbanas clasificadas en esa parte de la Zoología denominada Ornitología.

gorrín -na *m y f* (*reg*) Cerdo pequeño. | *DNa* 24.8.74, 19: Se venden gorrines de dos meses.

gorrinada *f* (*col*) Cochinada o guarrada. | Aldecoa *Cuentos* 1, 80: En .. la taberna de Salvador .., café y copa, conversación mezquina, .. leve gorrinada de satisfacción hecha pública y repetición de copas.

gorrinería *f* (*col*) **1** Cualidad de gorrino [3 y 4]. | *Ya* 15.10.90, 10: Las películas y programas gorrinos .. deben desaparecer ¡ya! absoluta y radicalmente .. Creo que es el momento de cortar la escalada de la gorrinería.
2 Cosa gorrina [4]. | Berlanga *Gaznápira* 52: ¡Una gorrinería, eso es lo que es! ¡Qué ocurrencia, Señor, Señor!

gorrinero -ra I *adj* **1** De(l) gorrino [1]. | S. Araúz *Inf* 16.11.74, 17: Ese tocino blanco provenía de unos cerdos vitorianos, chatos, que a fuerza de gamones, patatas gorrineras y un puñado de salvado, .. arromaneaban hasta quince arrobas.
II *f* **2** Pocilga o cochiquera. | *BOE* 10.1.75, 573: La casa .. consta de una cocina, dos habitaciones, .. una gorrinera, corral.

gorringo *m* (*reg*) Oronja (seta, *Amanita caesarea*). | Perala *Setas* 53: *Amanita caesarea*. Oronja .. Gorringo. Boleto rojo.

gorrino -na I *m y f* **1** Cerdo (animal). *A veces designa al de edad inferior a cuatro meses.* | Ferres-LSalinas *Hurdes* 68: El vendedor echa mano a un palo y la emprende a estacazos con los cerdos .. Los gorrinos gruñen, chillan. I. RQuintano *SAbc* 17.1.82, 40: En la porqueriza del lado ocho lechones nacidos esa misma noche se arremolinan alrededor de la gorrina. Delibes *Año* 102: A medias con mi hermano Manolo, hemos matado un gorrinete de 120 kilos, en Villanueva de Duero. Siempre tuve ilusión por matar un cerdo, pero por fas o por nefas hasta este año no se me logró. El día ha sido propicio, con una escarcha imponente y temperaturas de 7 grados bajo cero.
2 Jabalí. | A. FHita *DíaCu* 4.10.84, 9: Caza mayor que queda reducida al mítico y totémico jabalí, al que llaman gorrino o cochino.
3 (*col*) Pers. sucia. *Esp en sent físico*. *Tb adj. Frec usado como insulto.* | GHortelano *Gente* 180: Nunca he tenido una compañera más pendón y más gorrina .. Entrases a la hora que entrases en la habitación, te encontrabas cuando menos las colchas arrugadas. No he conocido mujer que le gustase tanto el aquel de tumbarse. Una gorrina. GHortelano *Amistades* 130: El muy gorrino inclusero te ha cogido las tres mil.
II *adj* **4** (*col*) [Cosa] sucia. *En sent físico o moral.* | *Ya* 15.10.90, 10: Las películas y programas gorrinos .. deben desaparecer ¡ya! absoluta y radicalmente.

gorrión -na I *n A m* **1** Pájaro pequeño y cosmopolita, de plumaje pardo con manchas y pico pequeño y cónico (*Passer domesticus*). *Tb designa únicamente el macho de esta especie. Con un adj especificador, designa otras especies:* ~ ALPINO (*Montifringilla nivalis*), ~ CHILLÓN (*Petronia petronia*), ~ MOLINERO (*Passer montanus*), ~ MORUNO (*Passer hispaniolensis*), *etc.* | Laiglesia *Tachado* 88: Un gorrión se posó en el alféizar. Noval *Fauna* 345: En la campiña asturiana viven dos especies: el Gorrión común (*Passer domesticus*) y el Gorrión molinero (*Passer montanus*). Cendrero *Cantabria* 106: Aves .. *Montifringilla nivalis*: Gorrión alpino. Noval *Fauna* 251: El Gorrión de montaña o Gorrión chillón (*Petronia petronia*) es poco conocido en Asturias.

2 (*reg*) Individuo ladino o astuto. *Tb* ~ DE CANALERA. | Lera *Boda* 676: –Y el tío Trucha, mírale. –Menudo gorrión esta hecho el tío Trucha.
B f **3** Hembra del gorrión [1]. | Cándido *Pue* 17.12.70, 2: Ella tenía los ojos gris gorrión. Esto no tiene nada de particular, porque era una gorriona.
II *loc adj* [Pico] **de** ~ → PICO[1].

gorro I m **1** Prenda, gralm. de tela o lana, que cubre la cabeza ajustándose a su contorno y sin alas ni visera. | *Pue* 30.9.70, 9: Son elementos claves en la Nueva Moda .. las pamelas de alas anchas y los gorros tipo "verdugo" o casquete. CPuche *Paralelo* 36: La señora, tocada con un gran gorro de piel, .. había permanecido hasta este instante acurrucada en el taxi. Medio *Andrés* 251: Meri reparte entre sus amigos unos gorros de papel verdes. Gironella *Millón* 331: Llevaba siempre consigo [Millán Astray], además de su gorro ladeado, un librito de meditación. **b)** ~ **frigio** → FRIGIO. **c)** (*col*) Sombrero. *Frec con intención humorist.* | Laforet *Mujer* 274: No tenía puesto ningún velo, sino un sombrerillo impermeable que hacía juego con su gabardina .. Se había quitado el gorro mojado, al entrar, y buscaba un sitio entre aquellas apreturas.
2 ~ **verde**. Hongo comestible con sombrerillo de color verdoso (*Russula virescens*). | Perala *Setas* 61: *Russula virescens*. Palometa .. Gorro verde. Seta de cura.
II *loc v* **3 estar hasta el** ~ [de una pers. o cosa]. (*col*) Estar completamente harto o cansado [de ella]. | Aldecoa *Cuentos* 1, 51: Un día, desde luego, me pone don Mariano .. en la puerta de la calle. Don Mariano está de mí hasta el gorro. Marsé *Amante* 110: Empiezo a estar hasta el gorro del normativismo badulaque en que ha caído el idioma catalán.
4 llenar [a alguien] **el** ~. (*col, raro*) Hartar[le] o hacer[le] perder la paciencia. | SSolís *Camino* 128: Antes era ella sola, y le molesta que haya más servidumbre. Pero como me llene el gorro, se va a la calle. ¡A ver dónde encuentra otra casa como esta!
5 poner [alguien] **el** ~ [a su pareja]. (*col*) Ser[le] infiel. | Faner *Flor* 82: Allí estaba el pequeño, en brazos de su madre. Dios, cómo semejaba a Diodor. El capitán le miró compungido y le golpeó blandamente la espalda. Era como decirle cornudo. La palabra fatal resonó en sus oídos. Así que le había puesto el gorro. Le había hecho cabrón.

gorrón -na *adj* (*col*) [Pers.] que come o vive a costa ajena. *Tb* n. *Tb* fig. | Torbado *SPaís* 14.11.76, 3: Ni Samaniego ni La Fontaine, que chuparon incansables el ingenio del padre Esopo, metieron en sus fábulas animales tan faltos de elegancia, tan torpes, hinchados, gorrones y feos como esos insectos de rabo inmóvil o anopluros, llamados piojos. Espinosa *Escuela* 231: Alimenta multitud de gorrones.

gorronear (*col*) **A** *intr* **1** Comer o vivir a costa ajena. | * Es muy amigo de gorronear.
B *tr* **2** Conseguir [algo] gratis o de gorra. | R. W. González *Ya* 5.7.88, 31: Entre los primeros nos contamos los periodistas acreditados; entre los segundos están los entrenadores, que siguen gorroneando las entradas, pese a que todo el torneo costaba nueve mil pesetas.

gorronería f (*col*) Cualidad de gorrón. | GHortelano *Amistades* 88: Él ha tenido siempre una decidida tendencia a la gorronería.

goshenita f (*Mineral*) Variedad incolora o blanca de berilo. | *SAbc* 14.10.84, 15: El berilo verde hierba es esmeralda ..; si es incoloro, goshenita.

gospel (*ing; pronunc corriente,* /góspel/) *m* Cierto tipo de música religiosa propio de los negros de Estados Unidos. *Tb cada pieza de esa música. Tb adj.* | *Inde* 13.8.89, 43: La gran Mahalia Jackson tenía más estilo: cantaba el gospel o el espiritual, y punto. J. R. Pardo *Ya* 19.12.91, 58: El jurado en un juicio da su veredicto cantando un *gospel*. *DiaCu* 25.7.84, 8: Somos un grupo de cantantes muy enraizados con el "jazz" y las canciones espirituales y gospe[l]. [*En el texto*, gospell.]

gospel-song (*ing; pronunc corriente,* /góspel-song/) *m* Canción gospel. | F. Valiño *Tri* 24.8.74, 53: The Stars of Faith of Black Nativity, grupo de "gospel-song", compuesto por cinco voces femeninas, con el respaldo del pianista Charles McCloud, obtuvieron un gran éxito el primer día. *Van* 17.7.75, 79: En la foto vemos a Marion Williams, máximo exponente del "gospel song".

gota[1] **I** f **1** Pequeña porción de forma redondeada [de un líquido]. | Cunqueiro *Un hombre* 21: En la frente del rey habían aparecido unas gotas de sudor. Zubía *Geografía* 53: La lluvia. Es la caída de las gotas de agua que se forman en las nubes. **b)** *En pl:* Pequeña cantidad [de un líquido]. | *Cocina* 518: Se revuelven un poco las yemas y se les agregan unas gotas de limón o vinagre. **c)** *En pl:* Pequeña cantidad de licor que se añade al café o a otra bebida. *Normalmente en la constr* CON ~S. | Mihura *Dorotea* 46: Si vienen a veranear y una chica enseña una pierna y pide en un café un vermut con gotas, esa chica es una tunanta. **d)** *En pl:* Medicamento líquido que ha de administrarse en un número determinado de gotas [1a]. | Aldecoa *Cuentos* 1, 172: –¿Tomaste la gragea? –Sí, Julia .. –¿Las gotas? –Hoy, no. Tengo revuelto el estómago.
2 (*hoy raro*) Caramelo redondo muy pequeño. | * Acuérdate de comprarme una bolsita de gotas de limón.
3 (*col*) Mínima cantidad [de algo]. *Normalmente en frases negativas y frec en la forma* NI ~. | * No tiene ni gota de dignidad. * Ponme una gota de azúcar en el café. **b)** *En pl:* Pequeña cantidad [de algo]. | *Pue* 16.12.70, 30: Tendrás amor y comprensión y hasta unas gotas de pesadumbre por el dolor de alguien a quien amas. D. Fernández *SPaís* 9.4.89, 15: Reúne [la novela] buena parte de los últimos aderezos que al género erótico hispano le quedaban por utilizar: paidofilia, unas gotas de sadomaso y una protagonista que alucina con los homosexuales.
4 cuatro (*o* **dos**) **~s**. (*col*) Lluvia breve y escasa. | Berlanga *Gaznápira* 47: Sigue tan remirado y ahorrador; cogiendo caracoles por los ribazos, en cuanto caen cuatro gotas, para solventar un guiso. Halcón *Ir* 100: En cuanto caen dos gotas no hay quien pase por aquí. Solo las bestias acostumbradas al fango y con poca carga. Esta arcilla se rehúnde.
5 ~ **de leche**. (*hoy raro*) Dispensario que proporciona leche esterilizada para la lactancia artificial. | *Puericultura* 70: Gotas de leche. Tienen por misión facilitar leche esterilizada.
6 ~ **fría**. (*Meteor*) Borrasca de pequeñas dimensiones en las zonas altas de la atmósfera, que da lugar a grandes precipitaciones. | *Ya* 28.8.83, 10: La "gota fría" produce auténticas catástrofes meteorológicas.
II *loc n m* **7 ~ a ~**. Método para administrar gota a gota [12] y por vía intravenosa suero u otro líquido. *Tb el aparato correspondiente.* | Mendicutti *Palomo* 158: Hasta tuvieron que ponerle el gota [a] gota cuando se murió su padre, porque se quedó sin vitaminas. [*En el texto*, gotagota.]
III *loc v* **8 parecerse** (*o* **ser**) [dos perss.] **como dos ~s de agua** (*o* **parecerse como una ~ de agua a otra**). Ser iguales o muy semejantes. *Con intención ponderativa.* | Marsé *Montse* 69: También me gustaba .. Kay Francis, pero solo porque se parecía a Conchi como una gota de agua a otra.
9 ser [algo] **de** (*o* **para**) **mear y no echar ~**. (*vulg*) Ser para quedarse atónito. *Con intención ponderativa.* | GPavón *Reinado* 24: Cada vez que piensa uno en los berrinches y follones, en las pasiones y arrebatos que nos aprietan día sí y día no, para luego acabar en leños y harineta, es para mear y no echar gota. A. Otaño *D16* 17.6.92, 68: Aquello era de mear y no echar gota.
10 ser [algo] **la ~ que colma** (*o* **hace rebosar**) **el vaso**. (*col*) Ser lo que hace que alguien deje de contenerse y reaccione con palabras o con hechos. | VMontalbán *Prado* 130: Les pillaron fumando, él era un camello, pasó tres días en comisaría. Fue la gota que colmó el vaso. [*Y el padre la echó de casa.*] Torres *Ceguera* 231: Aquello fue la gota que hizo rebosar el vaso. –Ah, no –dijo Diana–. Eso sí que no.
11 sudar la ~ gorda. (*col*) Pasar mucho calor. | Escobar *Itinerarios* 211: Qué, ¿tomando la fresca? ¡Vaya un día de bochorno! He sudado la gota gorda. **b)** **sudar la ~ gorda** [para algo]. Esforzarse mucho o pasar grandes dificultades [para ello]. | Laiglesia *Tachado* 178: Mil problemas se le plantearon al Primer Ministro, que sudó la gota gorda para resolverlos.
IV *loc adv* **12 ~ a ~**. En forma de gotas [1a]. *Tb fig, con intención ponderativa.* | Aleixandre *Química* 64: Seguidamente se vierte el ácido gota a gota por medio de la bureta. *BOE* 20.3.62, 18: Las enfermerías de primera y segunda categoría tendrán: cuatro bisturíes .. Un aparato para infusión gota a gota de sueros. Cuevas *Finca* 49: Solo el arroyo

gota – gótico

del pie del cortijo corría aún gota a gota. **b)** De manera lenta pero constante. | ZVicente *SYa* 27.4.75, 19: Sé que regresa del cementerio andando, arrastrando los pies, dejando que anochezca gota a gota, oyendo su transistor bajito.
13 (**una**) **~**, *o* **ni** (**una**) **~**. Nada. | SSolís *Juegos* 50: No, realmente no era guapa, ni resultaba una gota femenina en gestos o ademanes. * –¿Sabes bailar? –Ni gota.

gota[2] *f* **1** Enfermedad que se caracteriza por hinchazón y dolor de algunas articulaciones pequeñas y exceso de ácido úrico en la sangre. | Cañadell *Salud* 381: La gota es una enfermedad hereditaria, casi exclusiva del varón adulto, debida a una anomalía del metabolismo proteico, que produce un aumento del ácido úrico de la sangre.
2 ~ serena. Amaurosis. | Mendoza *Ciudad* 22: Había barrios enteros aquejados de tifus, viruela .. Encontró casos de clorosis, cianosis, gota serena, necrosis.

goteante *adj* Que gotea [1 y 2]. | Montero *Reina* 47: Verterle la leche por encima, embadurnar su cara de mono con la derretida y goteante pasta de galletas, atizarle con la cucharilla en los nudillos. Umbral *Mortal* 100: Grifos goteantes, paredes enfermas, cocinas vacías. CBonald *Noche* 91: El muchacho seguía allí sin moverse, la goteante navaja todavía en la mano.

gotear *intr* ➤ **a** *normal* **1** Caer [un líquido] gota a gota[1] [12]. | Laforet *Mujer* 91: Notaba algo tibio y rojo que le goteaba sobre el ojo derecho.
2 Dejar caer gotas[1] [1a] [algo]. | Escobar *Itinerarios* 46: Gotean las morcillas puestas a secar en los varales que penden del techo de la cocina. Salom *Casa* 298: ¡Es el grifo, que gotea!
3 *(Econ) En bolsa:* Bajar [un valor o cotización] de manera lenta pero constante. | F. Mañueco *D16* 23.11.91, 55: Los mercados de valores hispanos se limitaron nuevamente, y por enésima vez, a vegetar, a demostrar su facilidad para gotear a la baja.
➤ **b** *impers* **4** Llover en forma de gotas espaciadas. | * Está empezando a gotear.

gotelé *m* Pintura de pared con relieve en forma de pequeñas gotas[1] [1a]. | *Impreso* 11.86: Vivienda cuatro dormitorios .. Memoria de calidades: Cerramiento de ladrillo "cara vista" .. Techos de escayola, cocina y baño pintados en Gotelé y carpintería interior en madera. *Rio* 10.9.89, 36: Se hacen reformas de pisos, gotelé, fontanería.

goteo *m* **1** Acción de gotear. | *GTelefónica N.* 946: Compañía de Riegos por Aspersión, S.A. Coriasa. Riegos por aspersión. Riegos por goteo. J. Aguado *Pue* 3.12.70, 16: Una humedad exagerada, un goteo nasal, nos indicará algún proceso respiratorio. J. Iriondo *Mad* 10.9.70, 12: Oferta suave pero persistente en Bancos, salvo el citado y alguno más. Goteos en eléctricas con bastante buena digestión del papel en varias. Gironella *Abc* 3.3.79, 3: Llueve mansamente en el campo .. Abierta la ventana, el goteo es ahora un concierto y penetran en mi estudio todos los olores de la vida vegetal y la jubilosa respiración de la tierra.
2 Hecho de producirse algo en pequeña cantidad y de manera espaciada. | C. Sentís *Van* 4.11.62, 5: No nos referimos solamente a los asesinatos de europeos que como un goteo sangriento van produciéndose esporádicamente todavía. **b)** Pérdida poco importante pero continuada [de algo]. | *Pro* 5.8.82, 1: Uno de los temas abordados en el último ejecutivo de la UCD fue el del "goteo" de militantes UCD al CDS.
3 Gota a gota[1] [7]. | G. Ubillos *Ya* 30.1.80, 4: Me auscultó detenidamente el corazón y me puso un goteo en el brazo izquierdo. *SPaís* 22.1.89, 41: Hasta en el centro de urgencias carecemos de instrumental preciso .. Oxígeno, goteo, sondas... ¿es pedir demasiado?

gotera I *f* **1** Filtración de agua a través de un techo o pared. *Tb la mancha que deja y el lugar por el que se produce.* | Laiglesia *Ombligos* 107: Había también un sótano lleno de criados y una buhardilla llena de goteras. *Abc* 12.11.70, 45: Goteras. Comunidades de propietarios. Impermeabilización terrazas, garantizadas 10 años.
2 Achaque de salud, esp. en la vejez. *Normalmente en pl. Tb fig.* | Cela *SCamilo* 163: Tú eres un hombre vulgar, con más miedo que valor, con más goteras que salud. Cela *SCamilo* 116: La política .. es .. el arte de serenar los nervios de todos .. para que la vida siga discurriendo sin mayores agobios ni más goteras de las precisas.

II *loc adj* **3 de ~.** *(hist)* [Hidalgo] que solo goza de sus derechos en un lugar, perdiéndolos si cambia de residencia. | Mercader-DOrtiz *HEspaña* 4, 103: Además de la tradicional sopa de los conventos, donde se reunían el inválido, el hampón, la viuda pobre y el hidalgo de gotera, muchos prelados distribuían sumas verdaderamente enormes.

gotero *m* Gota a gota (aparato para administrar suero u otro líquido por vía intravenosa). | Marsé *Tardes* 188: Dina se disponía a inyectarle un suero a la enferma .. Este [el chico] .. se colocó en silencio junto a Teresa y apoyó distraídamente la mano en el pie del gotero, que estaba junto a la cabecera del lecho.

goterón *m* Gota[1] [1a] grande, esp. de agua de lluvia. | Ferres-LSalinas *Hurdes* 129: El cielo se torna plomizo y caen gruesos goterones. Berlanga *Pólvora* 19: Plof, plof, se estrellaron unos goterones de la que en el piso de arriba regaba las macetas. Torbado *En el día* 325: Le caían de las sienes largos goterones de sudor. Torrente *Pascua* 240: Germaine se había apoderado del sobre, lo apretaba contra el pecho, sus dedos acariciaban los goterones de lacre rojo, aplastados.

goteroso -sa *adj* Que tiene goteras [1]. | Lera *Hombre* 66: Las escuelas .. tienen rotos la mitad de los cristales .., desconchadas las paredes y agrietados y goterosos los techos.

gotha (*n comercial registrado; pronunc.* /góta/) *m* (*lit*) **1** Catálogo de la nobleza. *Frec fig.* | *Abc* 15.5.58, 39: Quizás, en ese cóctel, han hecho a Maurois varias invitaciones a las antiguas casas, con antepasados en el "Infierno", que es el "Gotha" de los linajes florentinos. *Act* 25.1.62, 46: En este cotizado "gotha" de la distinción y la elegancia, en el que nuestra compatriota la condesa de Quintanilla ha merecido una mención especial, figuran: 1ª Jacqueline Kennedy. 2ª Loel Ginnes.
2 Conjunto de personajes notables dignos de figurar en el gotha [1]. *Tb fig.* | Borrás *Madrid* 139: El maestro acogía al catecúmeno con su señorial indiferencia afable. En su cama .., el gotha de hampones y los principiantes se arrodillaban al aceptar el poeta lo que otros .. dejaban a sus pies.

goticismo *m* **1** Tendencia gótica [1b y 5]. | Tejedor *Arte* 219: En arquitectura .. se realizan .. la iglesia madrileña de San Fermín de los Navarros, en el nacional mudéjar, y la Almudena de Madrid, en construcción, dentro del goticismo. VParga *Santiago* 9: Consigue afianzar en Oviedo la capital de su reino .. con ambiciosas aspiraciones de restaurar en él el goticismo toledano.
2 (*Ling*) Palabra o giro propios del gótico [7] o procedentes de él. | Lapesa *HLengua* 86: De los goticismos hispanos, unos estaban incorporados al latín vulgar; los más datan del tiempo en que los ostrogodos dominaban Italia y los visigodos el Sur de Francia.

goticista *adj* De tendencia gótica [1b]. | Ridruejo *Castilla* 1, 601: Una panda del claustro es goticista, del siglo xv. E. La Orden *SYa* 30.3.75, 4: Lo mejor de León Viejo era, sin duda, el Cristo de Pedrarias, esa soberbia escultura goticista que hoy se guarda en la catedral del nuevo León. Tejedor *Arte* 219: El arquitecto por excelencia de este romanticismo goticista es el francés Viol[l]et le Duc.

gótico -ca I *adj* **1** [Arte] desarrollado en Europa occidental del s. xii al Renacimiento y que en arquitectura se caracteriza por el empleo del arco apuntado, la bóveda de crucería y los arbotantes. *Frec n m.* | GNuño *Arte* 137: El arte gótico fue tan fiel expresión de la vida que gracias a sus obras nos es dable imaginarnos la de aquel tiempo. Tejedor *Arte* 124: Arquitectura civil. Tuvo en el gótico gran desarrollo, porque ya dijimos cómo este estilo fue en verdad el arte de las ciudades. **b)** De(l) arte gótico. | Angulo *Arte* 1, 428: La literatura mística es .. fuente inspiradora de primer orden, y de influencia decisiva en el desarrollo de la escultura y de la pintura góticas. **c)** Cultivador del arte gótico. | Tejedor *Arte* 138: Tras los pintores góticos trecentistas .. los cuatrocentistas o primitivos españoles recogen las influencias italianas y flamencas.
2 [Letra] de forma rectilínea y angulosa. | Delibes *Parábola* 17: La caligrafía de Jacinto es minuciosa, lo mismo la inglesa que la redondilla, .. la gótica o la carolina. **b)** Escrito o impreso con letra gótica. | MSousa *Libro* 33: Las liturgias, tratados de los ritos, ceremonias y rezos de la Iglesia;

estas pueden ser góticas y romanas, según los caracteres en que estén escritas.

3 (*TLit*) [Novela], propia esp. de finales del s. XVIII y principios del XIX, de tema terrorífico y misterioso, con espectros y encantamientos, y cuya acción se desarrolla gralm. en castillos medievales. *Tb el género correspondiente.* | Torrente *Fragmentos* 237: Podías haber descrito la escena, que encuentro muy atractiva, como de novela gótica. **b)** Propio de la novela gótica. | MMolina *Beltenebros* 85: Cada semana publicaba una novela de intrigas góticas y amores fulminantes.

4 (*col, hoy raro*) [Muchacho] presuntuoso e insustancial. *Siguiendo a* NIÑO. *Con intención desp.* | F. Mirón *Reg* 11.8.70, 6: ¿Pero ahora me vas a enseñar tú, niño gótico? SSolís *Jardín* 217: Cuando ya me alejaba, me avisó: –Lola, dentro de un rato trabajamos, ¿eh? .– ¡Qué raro! Estando allí Florencia, lo natural es que se dedicara a charlar .. Pero yo, encantada de posar, y que se fastidiara la niña gótica.

5 (*hist*) De (los) godos. | Arenaza-Gastaminza *Historia* 66: Se dividían [los germanos] en dos familias: la Teutona y la Gótica.

6 (*hist*) De(l) gótico [7]. | Lapesa *HLengua* 86: El elemento visigodo no parece haber influido en la fonética española: las palabras góticas adaptaron sus sonidos a los más próximos del latín vulgar. **b)** Escrito en gótico. | Villar *Lenguas* 108: De la *Skeireins* solo conservamos un breve fragmento, y no sabríamos asegurar si se trata de una obra originalmente gótica o la traducción de un comentario griego.

II *m* **7** (*hist*) Idioma de los godos. | GYebra *Traducción* 44: Algunos años antes que San Jerónimo, tradujo el obispo Ulfilas o Wulfila (h. 311-383) del griego al gótico toda la Biblia, excepto los dos libros de los Reyes.

gotiera *f* (*Med*) Férula. | BOE 20.3.62, 3809: Las [enfermerías] de tercera categoría tendrán: Una bombona de 40 por 25 .. Dos gotieras para miembros inferiores, una gotiera para miembro superior.

gotizante *adj* (*Arte*) Que tira a gótico [1]. | Fuster *País Valenc.* 341: La reminiscencia aristocrática de esas edificaciones, gotizante o renacentista, desemboca en una tibia plazuela inmediata. Ridruejo *Castilla* 1, 180: Hay que renunciar a la descripción de los capiteles: iconográficamente riquísimos .. Algunas notas gotizantes del tratamiento escultórico hacen pensar en realizaciones tardías.

gotoso -sa *adj* Que padece gota^2. *Tb n, referido a pers.* | Mascaró *Médico* 149: Dietética del reumático y gotoso. F. J. FTascón *SYa* 18.9.77, 15: Hay todos en las orejas, en los dedos de las manos, en los codos, y sobre todo, riñón gotoso y cálculos que dan cólicos renales.

gouache (*fr; pronunc corriente*, /guáʃ/, /guás/ o /guáçe/) *m* Preparación pictórica en que las materias colorantes están diluidas en agua mezclada con goma. *Tb la pintura realizada con ella.* | Torrente *Off-side* 103: Litografías, acuarelas, "gouaches", aguatintas, aguafuertes .. exponen la historia de las perversiones sexuales.

goulash (*ing; pronunc corriente*, /gulás/ o /guláʃ/) *m* Gulasch. | Savarin *SAbc* 1.11.70, 53: Mi invitada toma el "goulash". Es una especie de ragú de vaca con "páprika" y cebolla.

gourde (*fr; pronunc corriente*, /gurd/) *m* Unidad monetaria de Haití. | *EOn* 10.64, 59: Principales unidades monetarias en el mundo .. Haití: .. Gourde.

gourmet (*fr; pronunc corriente*, /gurmé/; *pl normal*, ~s) *m y f* Pers. que aprecia el refinamiento en lo relativo a comer y beber. *Tb adj.* | FReguera-March *Semana* 102: Vilalta, el dueño, había ordenado que no se le cobrase nada al escritor. Peius, exquisito gourmet y bebedor copioso, había honrado cumplidamente el rumboso privilegio. Savarin *SAbc* 25.1.70, 27: La Reina Victoria era muy aficionada a la buena mesa y, además, muy "gourmet".

goyesco -ca *adj* **1** Del pintor Francisco de Goya († 1828). *Frec aludiendo al carácter popular o racial.* | Tejedor *Arte* 210: Los grabados .. Obra imaginativa y ejemplo de su fuerza creadora, muestran con la mayor sinceridad la originalidad goyesca. CBaroja *Inquisidor* 47: La faz de Llorente es tan "goyesca" que incluso se nos muestra como un individuo de la misma raza "celtibérica", navarro-aragonesa-riojana, del pintor. GNuño *Madrid* 152: Cuando [Goya] la viste [a la maja] con el traje de medio paso de las chisperas, es más maliciosa, más seductora, más goyesca.

2 [Corrida de toros] en que los toreros van vestidos a la usanza de la época de Goya. *Tb n f.* | *País* 19.12.78, 50: Paco Camino toreó el domingo en la corrida goyesca de Querétaro (México). *País* 19.12.78, 50: Camino toreó la goyesca de Querétaro.

gozada *f* (*col*) Cosa que produce gozo [1] intenso. *Con intención ponderativa.* | A. Olano *HLM* 22.4.74, 15: Sus "news" del "turismo británico" son una verdadera gozada. Umbral *Trilogía* 211: Una habitación encalada, .. una máquina de escribir, un mazo de folios, qué hermosura, qué gozada. **b)** Cosa muy buena o muy bonita. *Con intención ponderativa.* | Umbral *País* 4.11.76, 20: ¿Y qué dicen en Radio España Independiente de la tercera vía? Les tiene que parecer una gozada, claro. Vizcaíno *Hijos* 42: Había salido antes con un chaleco de punto amarillo que era una gozada.

gozador -ra *adj* **1** [Pers.] que goza, *esp* [1, 3 y 4]. *Tb n.* | Lázaro *Gac* 9.11.75, 30: Maud, octogenaria .., amiga de la libertad y del canto, gozadora del presente. Laforet *Mujer* 202: Algo blando y cínico .. había en esta cara del gran gozador de la vida. Sampedro *Sonrisa* 72: Resulta ofensivo que le exhiban esa estampa senil al veterano gozador, deseado y abrazado por tantas hembras.

2 Relativo a la acción de gozar. | Delibes *Madera* 257: La imagen de la niña llorando su muerte .. le deparaba placer, un tortuoso placer masoquista .. Dominado por este deliquio gozador, a veces se acompañaba de un espejo.

gozamiento *m* (*raro*) Goce. | FVidal *Duero* 76: No es cosa .. de afincar en lugar así que se presente primero, sino de recorrerlos todos, cada vez en busca de mayor deleite y gozamiento.

gozante *adj* (*raro*) Gozador [1]. *Tb n.* | Espinosa *Escuela* 383: Establecida la miseria en el mundo, como resulta probado, algunos espíritus reservaron para los gozantes el reino de la Tierra, y ofrecieron a los sufrientes el Reino de los Cielos.

gozar **A** *tr* **1** Experimentar gozo [1] [a causa de algo (*cd*)]. | GMorell *Lit. española* 2, 247: Solo después de muertos los condes de Gelves el divino poeta sevillano se decide a publicar algunos de sus versos .. Ya entonces la veneración y la pasión no han sido solo platónicas: Fernando de Herrera y su musa han gozado las delicias del amor. Umbral *Noche* 136: Lo que se escribe sólo se goza mientras se escribe .. y luego ya era una vida, un aburrimiento. **b)** Obtener el máximo placer [de algo (*cd*)]. | * Hay que gozar el presente. **c) -la.** (*col*) Disfrutar o pasarlo bien. | SFerlosio *Jarama* 52: Siempre te gusta meter cizaña; parece que la gozas. DCañabate *Paseíllo* 117: Estamos a tres kilómetros de la plaza y ya la estamos gozando, porque los toros empiezan aquí, en este jaleo de coches.

2 Tener o poseer [algo bueno o grato]. | RMoñino *Poesía* 108: Quizá si López de Úbeda hubiera puesto en el libro los nombres de los poetas, el *Vergel* gozase popularidad parigual al *Cancionero* de Castillo. Lapesa *HLengua* 68: Sertorio había nacido en la Sabina, tierra de dialecto sabélico-osco .. Hasta la guerra social .., tanto el osco como el úmbrico gozaban plenitud de vida. FQuintana-Velarde *Política* 30: Los servicios prestados por un maestro benefician al individuo que los recibe. Hay una utilidad personal gozada por cada sujeto.

3 (*lit*) Poseer sexualmente [a una mujer]. | DPlaja *El español* 146: Tanto si ella era cómplice y le esperaba, como si no lo era y se sorprendía, el resultado era el mismo. El hombre la gozaba. Sampedro *Sirena* 59: Al acercarnos al oasis y saber qué grupo erais, yo había prometido a mis hombres mujeres para todos. Me olvidé de gozarte en el acto.

B *intr* **4** Experimentar gozo [1] [a causa de alguien o algo (*compl adv*)]. *Tb sin compl. Tb* (*lit*) *con un compl de interés.* | *Ide* 7.8.69, 13: Abundancia de veraneantes .. Vienen de lejanas tierras a su patria chica para recordar y convivir con familiares y amigos, gozando de la paz, quietud, sol. * Goza con los niños; le gustan muchísimo. GPavón *Rapto* 59: Quiere hacerle el féretro al pecho en flor .. y al muslo joven que goza en la cuneta. Valcarce *Moral* 179: El que se goza oyéndola [la calumnia], con el afecto participa de la injusticia del difamador. MGaite *Nubosidad* 76: Me gozo en irlo llenando despacio, esmerándome en la letra. Palacios *Juicio* 271: ¿Y qué piensan las españolas? Se gozan del desquite. **b)** Obte-

gozne – grabar

ner el máximo placer [de algo]. | DPlaja *Literatura* 240: Don Juan es una figura típica del Renacimiento: representa al hombre que aspira a gozar incansablemente del mundo y del amor sin detenerse a meditar en el más allá.
5 Tener o poseer [algo bueno o grato (*compl* DE)]. | Arenaza-Gastaminza *Historia* 68: Los germanos no conocían las ciudades .. Los hombres libres llevaban larga cabellera, y la mujer gozaba de alta estima. Arce *Testamento* 92: En el interior se gozaba de una temperatura agradable. *Van* 20.1.77, 4: Hasta hace muy poco el doctor Trueta había gozado de una salud de hierro.

gozne *m* Bisagra constituida por dos piezas, de las cuales la inferior va provista de un eje que encaja en la superior. | ZVicente *Balcón* 14: Se oye .. el giro de la puerta sobre sus goznes.

gozo I *m* **1** Placer (sensación o sentimiento). *Gralm designa el de carácter espiritual.* | Laforet *Mujer* 127: De repente, sintió como una llamarada de felicidad... Mucho más que eso. Lo que sentía no cabe en la estrecha palabra felicidad: Gozo. Por primera vez en la vida, Paulina supo lo que es el gozo. Arce *Testamento* 36: Me quedaba agazapado .. y después huía con sigilo .. y llegaba al pajar de mi casa y allí entretenía mi gozo solitariamente. **b)** Alegría (estado de ánimo placentero con tendencia a la animación y a la risa). *Frec en constrs como* NO CABER EN SÍ DE ~, *o* SALTAR DE ~. | Vesga-Fernández *Jesucristo* 23: Al oír Isabel la salutación de María se sintió llena del Espíritu Santo y exclamó llena de gozo. DCañabate *Paseíllo* 17: Los tres enmonterados no caben en sí de gozo .. ¡Ah!, pero su regocijo no es duradero.
2 Cosa que produce gozo [1]. | VMontalbán *Almuerzos* 173: El empresario de butanos, metalurgias y poliésteres se mete en el mundo del vino. –¿Buscaba un toque de distinción? –Buscaba manipular algo natural e inmediato. El campo, el clima, la uva, la tradición. Un gozo. ZVicente *Traque* 173: Como el colegio de doña Terenciana, que este año, por fin, parece que trae dos licenciadas de fuera, se ve que la purrela aumenta que es un gozo.
3 *En pl:* Composición poética en loor de la Virgen o los santos. | J. M. Apezarena *SYa* 10.7.88, 61: El día de la fiesta de la Virgen de Torreciudad, en el mes de agosto, el marco de la ermita no daba abasto para acoger a los peregrinos .. Se repartía la "caridad" y se cantaban los gozos. *Med* 2.4.60, 4: Romería de San Miguel .. Al final se entonan los Gozos del Santo.
II *fórm or* **4 mi** (**tu, su,** *etc*) ~ **en un pozo.** (*col*) Fórmula con que se comenta el no cumplimiento de algo bueno que se esperaba. | Torrente *Vuelta* 292: Y ahora a cantar la palinodia a la Vieja y a pedirle que me compre la casa. Y, si no me la compra, mi gozo en un pozo, y todas mis esperanzas, a paseo.

gozosamente *adv* De manera gozosa. | R. RRaso *Rev* 12.70, 6: Cuando al año siguiente, 1925, .. Clair quiere en el viaje imaginario volver a encontrar el aire gozosamente burlón de *Entreacto*, ya no tuvo el mismo éxito.

gozoso -sa *adj* **1** Que siente o muestra gozo [1]. | GPavón *Hermanas* 51: –¡Don Lotario aquí también! –añadió gozosa.
2 Que produce gozo [1]. | J. Sampelayo *VozC* 12.1.55, 3: Fue en 1755 cuando en Belley nació .. Anselmo Brillat Savarin, .. autor de un olvidado libro sobre el duelo .. y de su famosa "Fisiología del gusto", que es la que le ha salvado del olvido y cuyas páginas son siempre gozosas y gratas de leer, por su profundidad y por el rico anecdotario que encierran.
3 De(l) gozo [1]. | Ribera *Misal* 1532: Se suelen distribuir los misterios, por los días de la semana, de esta manera: el lunes y jueves, los misterios gozosos; el martes y viernes, los dolorosos; el miércoles, sábado y domingo, los gloriosos. **b)** Que implica o expresa gozo [1]. | Escrivá *Conversaciones* 18: Una reafirmación gozosa de la fidelidad del Pueblo de Dios a la misión recibida, al Evangelio.

gozque *m* Perro pequeño. *Frec en la forma dim* GOZQUECILLO. | Mateo *Babia* 46: Decidían las veceras .. el cuidado de los mastines y la mejora de su casta extinguiendo a los gozques. DPlaja *Sociedad* 42: Complemento del atavío de una dama .. es un perrillo faldero ..; tener un gozquecillo en el regazo cumple dos funciones.

grabación *f* Acción de grabar, *esp* [2]. *Frec su efecto.* | Armenteras *Epistolario* 23: Dada la perfección lograda hoy en los trabajos litográficos, esa firma y rúbrica manuscrita puede ser grabada sin que se descubra el procedimiento mecánico empleado en la grabación. *Ya* 29.10.92, 52: África Gosálvez se ha incorporado a la grabación de "Farmacia de guardia". *Des* 12.9.70, 7: Si bien la numeración corresponde a discos de marcas extranjeras, .. en España existen ya la mayoría de grabaciones similares.

grabado *m* **1** Acción de grabar [1]. | GTelefónica *N.* 54: Manufacturas Derivadas del Aluminio. Tratamientos en serie de piezas. Grabado químico de metales. *CoA* 20.3.76, 8: Sus impresos y circulares en Copistería Argüelles .. Grabados de planchas en papel y metálicas. Perforados y taladrados. Clasificaciones.
2 Arte y técnica de grabar [1] un dibujo en una plancha y de reproducirlo después. *Tb el dibujo así reproducido.* | E. Chueca *Lan* 4.1.79, 16: El autor de estas palabras es Alfonso Sánchez Toda, técnico grabador del Banco de España, profesor de grabado de la Escuela de Artes y Oficios de Madrid. *GTelefónica* 83 1, 1014: Viuda de Redondo. Grabado Artístico e Industrial. Tejedor *Arte* 210: Los grabados .. Obra imaginativa y ejemplo de su fuerza creadora, muestran con la mayor sinceridad la originalidad goyesca.
3 Dibujo o ilustración que acompaña a un texto impreso. | Marcos-Martínez *Aritmética* 7: De ahí el gran número de grabados a dos tintas que hacen más amenas y asequibles las de por sí áridas cuestiones de Aritmética y Geometría.

grabador -ra I *adj* **1** Que graba [1 y 2]. *Tb n: m y f, referido a pers; f, referido a empresa.* | *Sáb* 10.9.66, 42: En España, pese a la desidia de su compañía grabadora –que no se ha molestado en promocionarle ni medianamente bien–, sigue subiendo, aunque con más lentitud. *Cam* 2.12.74, 58: Elisa Serna y la grabadora Edigsa intentaron presentar el último disco de la cantante. * ¿Quién fue el grabador de la pulsera?
II *n* **A** *m y f* **2** Pers. que se dedica al arte del grabado. | F. Gutiérrez *Van* 20.12.70, sn: Uno ha de recordar a Lope poeta para entender a Picasso pintor, grabador o lo que se le antoje ser.
3 (*Informát*) Pers. que introduce y graba textos o datos en un ordenador. | *País* 28.2.89, 60: Intergrupp Service, S.A. Somos: Secretarias-idiomas. Mecanógrafas .. Operadores. Grabadores. *SPaís* 10.3.91, 33: Importante empresa de informática solicita: Expertas Grabadoras o Mecanógrafas.
B *f* **4** Aparato que sirve para grabar [2], esp. sonidos. | *Ya* 22.10.64, sn: Válvulas y tubos especiales. Grabadoras de cinta magnetofónica. *Inf* 16.4.70, 20: Una grabadora magnética, madrina de los estudiantes de matemáticas.
C *m* **5** Grabadora [4]. | *Ya* 23.12.70, sn: La gama más fabulosa de radiogramolas 1970/71 jamás presentada. Equipadas con sintonizadores de altísima calidad en Hi-Fi-estéreo con decoder .. Conexiones para altavoces supletorios y para grabador.

grabar *tr* **1** Marcar o dibujar [algo] mediante incisión, presión o reacción química. | Armenteras *Epistolario* 23: Dada la perfección lograda hoy en los trabajos litográficos, esa firma y rúbrica manuscrita puede ser grabada sin que se descubra el procedimiento mecánico empleado en la grabación. Buero *Sueño* 228: Le encasqueta la coroza, transformándolo en uno de los penitenciados que él grabó y pintó tantas veces. **b)** Marcar o dibujar [algo (*compl* CON) en un objeto o materia (*cd*)] mediante incisión, presión o reacción química. *Tb sin compl* CON. | * La pulsera va grabada con su nombre. *Prospecto* 4.88: El Corte Inglés .. Zapato asandaliado señora en piel grabado de cabra: 2.450.
2 Impresionar en un disco o cinta magnética [imágenes o sonidos (*cd*) o las imágenes o sonidos de alguien o algo (*cd*)], de modo que puedan reproducirse posteriormente. *Tb abs.* | Gironella *Mad* 10.9.70, 4: Se le estropeó el magnetófono, lo que impidió grabar el estruendo fenomenal. *Med* 6.4.60, 2: Los evangelios grabados en microsurco .. Los cuatro evangelios han sido impresionados en discos microsurcos. *Abc* 30.12.65, 113: Emisión especial: 5,00, Copa Davis (partidos de dobles entre las selecciones de España y Australia, jugado el día 28 y recibido por vía aérea, grabado en cinta magnetoscópica y perteneciente al "challenge round"). **b)** Impresionar [un disco o una cinta magnética]. | *País* 5.6.76, 40: Las cintas grabadas [de Elizabeth Ray] se transcribieron

después, y el material autobiográfico fue utilizado por un negro literario para la próxima novela de la señorita Ray. **c)** Realizar [alguien, esp. un artista, actuaciones que han de ser grabadas [2a] (*cd*)]. *Tb abs.* | * Acaba de grabar un programa para la televisión. J. M. Bermejo *YaTo* 30.12.80, 44: Miguel Ángel Gutiérrez acaba de regresar de la Urss, donde ha grabado para la televisión y donde volverá a realizar una gira de conciertos. Sampedro *Sonrisa* 211: Entran en el Laboratorio de Fonología .. –Hola, Flavia. Mira, el señor Roncone, que va a grabar. **d)** Realizar [alguien, esp. un artista] las actuaciones que han de ser grabadas [2a] [en un disco o una cinta magnética (*cd*)]. *Tb abs.* | GPastor *Ya* 9.9.82, 28: Pedro Iturralde, el destacado "jazzista" español, .. ha grabado un nuevo LP.
3 Fijar [algo] en la mente. *Frec con el compl* EN LA MEMORIA. | Delibes *Príncipe* 75: Entonces tú estás en la verdad, pero llega un pazguato .. y trata de desmontar tu verdad con cuatro vulgaridades que le han grabado a fuego cuando niño. Y ahí está lo grave. * Grábate esto en la memoria. **b)** *pr* Quedar [algo] fijo en la mente. | Laforet *Mujer* 32: El pastor era un tipo sucio que se le había grabado vivamente a Eulogio.

gracejar *intr* (*raro*) Bromear. | Zunzunegui *Camino* 50: A la hora de comer gracejaba con la tripulación. –¿Cuándo me acompañan a mi casa?... Se lo digo porque si vuelvo sola me tiraré al tren.

gracejería *f* (*raro*) Dicho gracioso. | GHortelano *Momento* 121: –Lo malo del campo es que hay muchas corrientes de aire –y, como en los últimos dos años no había repetido la gracejería aquella más de diez veces, obtuve un alentador éxito.

gracejo *m* Gracia o desenvoltura para expresarse. | MMaíz *Cór* 11.1.56, 6: El párroco de Santo Domingo sirvió de intérprete entre los monarcas y la infantil concurrencia, con unas breves palabras muy atinadas y llenas del gracejo en él característico.

gracia (*con mayúscula en acep 8*) **I** *f* **1** Cualidad o conjunto de cualidades, independientes de la belleza, que hacen agradable o atractiva a una pers. o cosa. | Cela *Judíos* 33: Al vagabundo, quién sabe si de mirar a las nubes, le ha brotado una nube en un ojo, .. una tenue veladura que incluso da gracia a su mirar. Laforet *Mujer* 326: Vivo tan sola .. que había olvidado este placer de estar entre gente con educación, con cultura, con gracia suficiente. *VozC* 22.1.55, 1: La "gigantilla" será de madera, cartón y telas, pero es la gracia hecha estampa y tradición. *Arte* 4.72, 41: A la izquierda, una cómoda de tipo barco lacada en blanco y dibujada en negro con gracia. **b)** Manera desenvuelta y armoniosa de hacer algo. *Gralm con un compl especificador, que frec se omite por consabido.* | Olmo *Golfos* 55: Andaba bien porque tenía gracia. GPavón *Hermanas* 31: –¡Olé ahí tu gracia, resalao! –gritó una mujer. Con esta buena acogida, el Caracolillo se creía y miraba hacia el Faraón haciendo guiños y sacando la lengua, como si fueran figuras de su baile. **c)** Habilidad especial [para algo (*compl especificador*)]. | Peraile *Cuentos* 49: Desde las parrillas .. ascendía un atrayente olor, un aperitivo aroma dorado. El señor Ventura tocaba las parrillas como nadie: maestro concertista, inspirador y tacto del asado, arte y gracia del tueste. R. RRaso *Rev* 12.70, 6: Han resultado siempre innegables la gracia al dibujar gestos y situaciones, la sensibilidad matizadora y la gentileza de buena ley al contar, describir o insinuar.
2 Capacidad de divertir o de hacer reír. *A veces con intención irónica.* | Lagos *Vida* 110: Entre copa y copa, reía, cantaba y animaba la juerga. A borbotones le salían los golpes de gracia. SRobles *Est* 1.2.71, 15: Francisco García Pavón es un humorista *malgré lui*: escribe en serio, pero con gracia. Olmo *Golfos* 188: Cuno, risueño, se queda plantado en el umbral. Tiene gracia lo que ve. * Tiene gracia la salida; de modo que si es todo para él, sí está bien. **b)** Hecho o dicho que divierte o causa risa. *A veces con intención irónica. Frec en la forma exclam* QUÉ ~, *o* VAYA (UNA) ~. | Olmo *Golfos* 112: Algunos golfos rieron la puñetera gracia de Cabrito. M. A. Martín *Hoy* 18.10.74, 23: Las esparcieron [las tachuelas] por varios tramos de la carretera comarcal .. Como consecuencia de la "gracia" se han visto afectados un considerable número de vehículos. Laforet *Mujer* 237: ¿Qué había hecho su madre? Meterle en un taller, ¡qué gracia!

3 Cualidad de sorprendente o curioso. *A veces con intención irónica.* | Laforet *Mujer* 37: Dijo que la tormenta, encerrado en casa, le molestaba. –Date una vuelta por el jardín –apuntó Joaquín. Se le antojó que Joaquín tenía un tonillo irónico .. –¿Que me dé una vuelta por el jardín? Hombre, tiene gracia. **b)** Hecho o dicho sorprendente o curioso. *A veces con intención irónica.* | Medio *Bibiana* 30: ¡Anda, qué gracia!... Yo creía que era rubio .. Y resulta que es negro como un zapato. **c)** Acción digna de admiración [de un niño o un animal]. *Frec en pl.* | ZVicente *Balcón* 39: No nos vuelvas a contar las gracias de tu Angelita. * El pobre perro se pasó media hora haciéndonos sus gracias.
4 Don o favor gratuito. | *Economía* 134: Modelo de solicitud: .. Gracia que espero merecer de la reconocida bondad de V. E., cuya vida guarde Dios muchos años. SLuis *Doctrina* 42: Quiere darnos [Jesús], por medio de su Madre, todas las gracias. Jesús es fuente y manantial; María, canal de todas las gracias. **b)** Indulto o perdón. *Frec en la constr* PRERROGATIVA, *o* DERECHO, DE ~. | L. Apostua *Ya* 6.12.70, 19: Un movimiento muy poderoso existía, no en favor del impunismo .., sino en favor de una consideración muy atenta de las causas y una excitación hacia la gracia, que es potestad del Estado tan egregia como la justicia. Cossío *Confesiones* 224: La primera noticia de nuestra liberación nos llega en casa de Torres .. Mustafá Raisuni, tendido en un diván, ha suspendido el juego de damas para ponerse un poco triste, porque a él no le llega la gracia. Delibes *Año* 108: La sentencia de Burgos .. me ha angustiado. Todavía faltan, es cierto, el pronunciamiento del capitán general y el derecho de gracia del Jefe del Estado.
5 (*Rel crist*) Don sobrenatural y gratuito que Dios concede al hombre para hacer el bien y alcanzar la vida eterna. | SLuis *Doctrina* 120: La Gracia es indispensable para salvarse. Porque, sin gracia santificante, el cielo está cerrado para el alma .. Y sin gracias actuales no somos capaces de evitar todo pecado. **b)** Carencia de pecado mortal. *Tb* ~ DE DIOS. | SLuis *Doctrina* 136: Para comulgar dignamente se requiere: Estado de Gracia: comulgar en pecado mortal es un grave sacrilegio .. Ayuno eucarístico. SLuis *Doctrina* 145: Vivir en gracia es para el alma como tener buena salud lo es para el cuerpo: la preocupación de cada día.
6 Disposición amistosa o favorable [de alguien poderoso]. | * Disfrutó durante varios años de la gracia del Rey. J. M. Moreiro *SAbc* 13.4.69, 29: En el servicio [militar] lo trataron bastante bien. Como levantaba piedras, pues se las llevó y se ganó la gracia de todos. Y sus buenos permisos. Vesga-Fernández *Jesucristo* 22: No temas, María, porque has hallado gracia delante de Dios.
7 (*pop*) Nombre [de una pers.]. | Grosso *Capirote* 85: –¿Tu gracia? –Juan. –¿Tus apellidos? –Rodríguez. –¿Y el otro? –López. VMontalbán *Rosa* 126: –Ante todo debo presentarme, y perdone por mi desconsideración al no hacerlo de buenas a primeras. –Igual le digo, porque no le he dicho mi gracia. I. Camacho *D16* 1.9.90, 56: Cuenta "Diez Minutos" que Rocío Jurado conoció en el Rocío a su nuevo galán, el fornido individuo de la fotografía. Miguel Ocón es su gracia.
8 (*Mitol clás*) Divinidad de las tres que representaban la amabilidad, la alegría y la belleza. *Normalmente en pl.* | Gascó *Mitología* 234: Las Horas, como las Gracias, solo eran al principio tres.
9 la ~ de Dios. (*col, hoy raro*) El sol y el aire puro. | * Abre, que entre la gracia de Dios.
II *loc adj* **10 de ~.** [Tiro] que se da a una pers. o animal gravemente heridos, para rematarlos. *Tb fig.* | Olaizola *Escobar* 180: Asistió a la ejecución un médico militar que, después de las descargas, se acercó al cuerpo del general, que seguía con vida. Le señaló al teniente que mandaba el pelotón la sien del general, para que le aplicase el tiro de gracia. *Gar* 6.10.62, 39: Con varias heridas de bala, el can quedó enganchado en la alambrada, donde recibió un tiro de gracia de los agentes occidentales, para evitarle sufrimientos. *Voz* 15.8.75, 44: El Partido Socialista portugués ha decidido hoy asestar el tiro de gracia al ya vacilante Gobierno del general Vasco Gon[ç]alves organizando por primera vez tres manifestaciones simultáneas en Lisboa, Oporto y Portimão. **b)** [Golpe] **de ~** → GOLPE.
11 de ~. (*lit*) [Año] de la era cristiana. | RMorales *Present. Santiago* VParga 4: El Año Santo romano se establecía

graciable – gracilidad

definitivamente más de un siglo después, el año de Gracia de 1300.

12 de ~. [Estado] de acierto o inspiración en lo que se hace. *Frec en deportes.* | *País* 5.9.93, 31: Sanchis, en estado de gracia. El defensa arregló los desperfectos del Madrid y propició la goleada a Osasuna. E. Teus *Ya* 4.7.75, 63: El gran campeón belga se encuentra de nuevo en estado de gracia: con autoridad, con mando, con potencia y fuerza. Además Merckx tiene prisa, mucha prisa.

13 de ~s. (*Rel crist*) [Acción] de agradecimiento. | Ribera *Misal* 142: Esta oración, llamada Poscomunión, es siempre de acción de gracias por los Sacramentos recibidos.

III *loc v y fórm or* **14 caer en ~.** Resultar agradable o simpático. | SFerlosio *Jarama* 53: Hija, luego tienes ese don, que le caes en gracia a la gente.

15 dar (las) ~s. Expresar agradecimiento, esp. con palabras. | Torrente *Saga* 311: ¡Amigos míos, estoy verdaderamente conmovido, y me falta la voz para daros las gracias!

16 hacer ~ [alguien o algo]. Resultar gracioso o con gracia [2]. *A veces con intención irónica.* | CNavarro *Perros* 46: Te hacen gracia mis cosas; ¿a que sí? **b)** Resultar agradable o gustar. *Normalmente en constrs de sent neg.* | Emilio *DNa* 14.5.77, 23: No hace [el encierro] ni pizca de gracia a las gentes de coleta. R. Ossorio *DÁv* 4.12.76, 6: La bomba no era otra cosa que dos sartenes llenas de arena .. En cambio, otras sí fueron bombas de las de verdad que no hicieron ninguna gracia. **c)** Divertir o hacer reír. | F. A. González *Ya* 25.5.73, 60: A un mono se le tiene enjaulado por sus monerías, para que haga gracia. **d) hacer maldita la ~.** (*col*) No hacer ninguna gracia [16a y b]. *A veces en la forma* MALDITA LA ~ QUE HACE. | Halcón *Manuela* 40: A don Ramón le hizo maldita la gracia que a la misma linde de su finca surgiese una choza como un hongo. Benet *Nunca* 12: Maldita la gracia que le puede hacer a un hombre tenerla [la frase] encima cada noche.

17 hacer ~ [algo a una pers. o cosa]. Favorecer[la] o dar[le] gracia [1a]. | Cunqueiro *Un hombre* 195: La moza, que era bonita, .. ladeaba un poco los ojos, lo que le hacía mucha gracia.

18 hacer [a alguien] **~** [de algo]. (*lit*) Dispensar[le de ello]. | * Si puedes, haznos gracia de los detalles.

19 reír las ~s [a alguien]. Aplaudir todas sus ocurrencias, aunque sean censurables. | Payno *Curso* 88: Dejaban entrar a todos los muchachos que quisieran y les reían las gracias –si no, no iban las alumnas a la rifa–.

20 ser [algo] **una triste ~**, *o* **tener triste** (*o* **maldita la**) **~.** (*col*) Ser desagradable o causar disgusto. | * Es una triste gracia tener que salir ahora. * Eso no tiene maldita la gracia.

21 y ~s, *o* **y da (las) ~s.** *Fórmula que expresa que hay que contentarse con lo conseguido, pues es lo máximo a que se puede aspirar.* | Laiglesia *Tachado* 159: Ni siquiera tenía categoría de principado: era archiducado, y gracias. Marsé *Dicen* 129: –¿Cuántos sois? –Tres. Sendra, el Fusam y yo. –¿Nada más? –Y gracias. Aldecoa *Gran Sol* 177: Aquí no mejora la mar más que por casualidad, tres veces al año y da las gracias.

IV *loc adv* **22 de ~.** Gratis o de balde. | Torbado *Peregrino* 439: La esperanza de beber aún más, y siempre de gracia, mantenía despiertos a todos. Mendoza *Ciudad* 115: Consiguió cenar de gracia, por su bella cara, en varias fondas y cafés. **b)** Sin aportar ningún mérito o esfuerzo. | Cossío *Confesiones* 120: Don Santiago Alba hizo que me nombrasen director del Museo Provincial de Valladolid. Bien puedo decir que es el único nombramiento que he obtenido de gracia. Delibes *Hoja* 13: Echándole en cara que él entró en la corporación de gracia, en tanto ellos, los jóvenes, hubieron de someterse a las inciertas peripecias de una oposición.

23 en paz y en ~ de Dios → PAZ.

24 por la ~ de Dios. *Acompaña a la mención de títulos como rey, emperador o caudillo. Normalmente en inscripciones de monedas.* | P. Lucas *País* 5.12.76, 7: En la Monarquía de don Alfonso XIII, "por la gracia de Dios y la Constitución Rey de España", no existieron votaciones referendarias. Abella *Franco* 208: Esta dualidad de capitán en la guerra y en la paz lo convirtió en Caudillo de España por la Gracia de Dios, tal y como se acuñó en las monedas.

V *loc prep* **25 ~s a.** Debido a. *Referido a hechos favorables. A veces con intención irónica.* | Lapesa *HLengua* 115: El español primitivo de los Estados cristianos nos es conocido gracias a documentos notariales.

26 en ~ a. (*lit*) En consideración a. | Umbral *Ninfas* 63: Tolerados por la aristocracia que tenía pianos, en gracia, sin duda, a nuestras cabelleras rubias, nuestra gentileza unánime y nuestra adolescencia par. J. Varona *VozC* 23.1.55, 4: En gracia a que es usted lector o suscriptor de este periódico, según me dice, voy a dedicarle .. unas líneas sobre el tema.

VI *interj* **27 ~s,** *o* **muchas ~s.** *Expresa agradecimiento.* *Tb* UN MILLÓN DE ~S *o* (*lit*) MIL ~S *o* ~S MIL. | Cuevas *Finca* 122: –Bueno, don José, si usted no manda más... –Nada más, Jeromo. Muchas gracias. Hoyo *Bigotillo* 22: Señor gato, gracias mil, ya he terminado.

28 ~s a Dios (*o* **a Dios ~s**). *Expresa satisfacción porque ha sucedido algo que se deseaba.* | * –Ya ha llegado. –Gracias a Dios. **b)** *Acompaña a la mención de un hecho o una circunstancia dichosos.* | DCañabate *Abc* 19.5.74, 49: Gracias a Dios, de las piernas y del fuelle andamos talcualejamente. Delibes *Cinco horas* 262: A Dios gracias ninguno tenemos una enfermedad contagiosa.

graciable *adj* [Cosa] que se puede otorgar de manera graciosa y no por derecho. | J. MÁlvarez *CoA* 31.10.75, 27: Las concesiones del título de ciudad, frente a los de villa, se prodigarán en el siglo XIX. Son tratamientos honoríficos, pero no puramente graciables. Los estadistas del pasado siglo exigían, para otorgar el título de ciudad, cierta prueba de nobleza; un brillante pasado histórico. J. Menéndez *Abc* 21.8.66, sn: Los iniciales impulsos se han caracterizado por gran prudencia y por un clima humilde, como si estuviesen solicitando algo graciable, algo para lo que no se consideraban portadores de un indiscutible derecho. **b)** Propio de la cosa graciable. | *Ade* 22.10.74, 7: Prestaciones .. Con carácter graciable, según situación económica y circunstancias, se podrán conceder: fisioterapia, rad[i]umterapia y riñón artificial.

gracianesco -ca *adj* **1** Del escritor Baltasar Gracián († 1658). | Pedraza-Rodríguez *Literatura* 3, 296: La clave del estilo gracianesco es "no ser vulgar".

2 (*lit*) Conceptista. | J. Castedo *SMad* 22.11.69, 7: El pintor lía continuamente pitillos de picadura y suministra una parla gracianesca, muy irónica y jugosa.

graciano *m* (*Agric*) Variedad de uva temprana de la que se obtienen vinos famosos de la Rioja. | PComa *SInf* 2.12.70, 16: El Reglamento .. establece las variedades de uva con que exclusivamente podrán ser elaborados los vinos de Rioja. Estas variedades serán el tempranillo, la garnacha, el graciano y la mazuel[a] para los vinos tintos, y la malvasía, la garnacha blanca y la viura, para los blancos. Delgado *Vino* 63: Graciano. Cepa de uva tinta, que da origen a vinos de color intenso y acidez elevada. Es una variedad muy fina, extendida por La Rioja y Navarra.

graciar (*conjug* **1a**) *tr* (*Der*) Conceder gracia [4b] [a alguien (*cd*)]. | M. Madridejos *Faro* 2.8.75, 30: El Tribunal Supremo adoptó la sorprendente decisión de "graciar" a 104 colaboradores notorios de la dictadura. *Abc* 29.7.76, 18: En estos dos años han sido condenadas a muerte seis personas; una ha sido ejecutada y la otra graciada, mientras quedan cuatro a la espera.

graciense *adj* De Gracia (Barcelona). *Tb n, referido a pers.* | *Van* 3.2.74, 25: Cooperativa Graciense de Viviendas. Venta de 10 Locales Comerciales en subasta pública.

gracieta *f* (*raro*) Gracia (hecho o dicho que divierte o causa risa). | Ayala *Recuerdos* 1, 58: Mi propósito era aparecer al cabo de un rato haciendo alguna gracieta.

grácil *adj* (*lit*) Delicado y gracioso. *En sent físico.* | Torbado *En el día* 291: Ocuparon una pequeña mesa para dos personas en cuyo centro brillaba un edelweis de papel con el tallo metido en un vasito de vidrio. La blanca y grácil flor de las nieves se bamboleaba al compás de los traqueteos del tren. DPlaja *El español* 132: El torero –brillante, ceñido, grácil en sus movimientos– era la mujer.

gracilidad *f* (*lit*) Cualidad de grácil. | GNuño *Arte* 294: Quiñones fue también autor del patio, abrumadora masa de piedra donde desaparece totalmente la geométrica gracilidad usual en los claustros del Renacimiento. Delibes *Madera* 133: En ausencia de la muchacha, tío Jairo ensalzaba su figura, su gracilidad, su porte.

grácilis *adj* (*Anat*) [Músculo] recto interno del muslo. Tb n m. | *País* 14.8.87, 23: Algo tan complicado como conseguir un pene, cuya creación, según informaciones médicas, puede lograrse utilizando el músculo grácilis de la pierna.

grácilmente *adv* (*lit*) De manera grácil. | A. Nadal *Van* 4.4.73, 59: Se balanceaban las barcas, hinchadas las velas, dulce y grácilmente impelidas por la mansa brisa.

graciosamente *adv* De manera graciosa [1 y 2]. | *Sp* 19.7.70, 28: La carretera .. ofrece al visitante la bella panorámica del pueblo, empinado graciosamente sobre una colina. Gambra *Filosofía* 208: Como infusas, estas virtudes proceden de la gracia divina, y graciosamente se otorgan. Mercader-DOrtiz *HEspaña* 4, 76: Los invasores estimulaban a las monjas a abandonar su clausura, y les hacían la vida tan difícil que se vieron obligadas a ganarse el sustento en ocupaciones externas muy duras .. o a pedir graciosamente limosna.

graciosidad *f* (*lit, raro*) Gracia (hecho o dicho que divierte o causa risa). *A veces con intención irónica*. | Lázaro *Ya* 28.10.82, 5: Navarro Villoslada, ya en 1851, decía esta graciosidad: "El sobrino se coaliga con la sobrina". Torrón *DEs* 7.1.71, 6: El dibujo fue realizado en plena Rambla y el caballero que ven ustedes con paraguas no es que se resguarde de la lluvia sino de las "graciosidades" de los estorninos.

gracioso -sa I *adj* **1** Que tiene gracia [1, 2 y 3]. *A veces con intención irónica*. | Ortega *Americanos* 115: Valían la pena: Muy monas las dos. Rubitas, graciosillas, pizpiretas. Matute *Memoria* 140: Vuelve .. a tus lecciones de gracioso andar, bajo el bastoncillo de bambú. Ero *Van* 26.1.77, 6: Dejó [López Aguado] en la capital unas obras de cierta estimación, como la Puerta de Toledo, de tosca monumentalidad, la Academia Española y el gracioso Teatro Real. Arce *Testamento* 60: El Bayona pareció recordar algo muy gracioso porque agachó un poco la cabeza y sus ojos rieron con cuquería. Laforet *Mujer* 164: Lo gracioso es que los chismes escandalosos de las señoras los sabía Amalia por las "sucedáneas". CBonald *Dos días* 184: Bajó un niño con un palo y lo golpeó contra los barrotes de un cierro. Se oyó un tableteo de matraca. Una mujer asomó las greñas por el ventanuco del quicio. –¿Por qué no te das en la cabeza, gracioso? **2** De (la) gracia [4]. | CBonald *Ágata* 145: Había creído plausible proponer a su benefactor .. traerse a la esposa ya parida con él, no naturalmente a título gracioso, sino para ocuparla en algún quehacer doméstico. Mercader-DOrtiz *HEspaña* 4, 38: La Iglesia .. debía contribuir a la defensa del Reino con un donativo gracioso de 7 millones de reales. PAyala *Abc* 5.6.58, 3: Para los cristianos, la bondad por excelencia es la caridad: amor gracioso y no debido, bondad activa, generosidad, dadivosidad.

II *m* **3** (*TLit*) *En el teatro clásico*: Personaje secundario encargado de hacer reír. *Tb el actor que lo encarna*. | GLópez *Lit. española* 304: En cuanto a los personajes [de la comedia], hay que destacar la figura del "gracioso", encarnada generalmente en la de algún criado y presente en la mayoría de las obras.

grada[1] *f* **1** Peldaño o escalón. *Normalmente referido al trono o al altar*. | Vesga-Fernández *Jesucristo* 160: El ayudante estará de rodillas durante la misa .. en la primera grada .. Permanecerá de rodillas *in plano*, en el suelo, durante toda la misa, si el altar tuviera solo una grada. **b)** *En pl*: Escalinata. | * Esta foto está tomada en las gradas de la catedral. *CoA* 24.3.64, 4: Seguidamente fue la procesión de palmas por gradas bajas exteriores del Templo, iniciada por la cruz catedralicia, a la que siguieron beneficiados, cantores y el Cabildo.
2 *En una plaza de toros, estadio o construcción similar*: Escalón corrido que sirve de asiento. | DCañabate *Abc* 23.8.66, 54: Estábamos en una grada de sol y sombra. **b)** Público que ocupa la grada. | Delibes *Año* 52: Para mí el interés de los toros se limita a la grada.
3 Plano inclinado construido a orillas del mar o de un río, en el que se construyen o reparan barcos. | Torrente *Señor* 138: Soy un hombre de negocios. Lo que me interesa es impulsar la industria, añadir cada año una nueva grada al astillero y meter cincuenta obreros nuevos al trabajo. Zunzunegui *Hijo* 83: Manolo en persona fue en el remolcador que lo remolcó [al barco] hasta el taller de Olaveaga, donde reparó. No salía de la grada, pendiente de todo.

grada[2] *f* (*Agric*) Utensilio de labranza que consiste en una reja o parrilla con que se allana y desterrona la tierra después de arada, para sembrarla. *A veces con un compl especificador*: DE DIENTES, DE DISCO. | Halcón *Monólogo* 227: Ahora mismo la tierra está, para mí, en su momento más hermoso del año. Desnuda. La reja la alzó, la grada la pulverizó. Ni una mata verde. Cuevas *Finca* 175: En los barbechos de maíz y de garbanzos, podía sembrarse, tan solo con pasarles una grada por encima. Delibes *Castilla* 42: Trigo especial, de marca, de ciclo largo. Después de cosechar el girasol, allá para el mes de octubre, se pasa una grada de disco, sin voltear el terreno, y la tierra queda hueca, muy bien preparada, ya que los tallos y raíces del girasol le proporcionan materia orgánica.

gradación *f* **1** Serie o sucesión de distintos grados[1] [1a]. | *Lab* 12.70, 12: La acumulación de menudísimas puntadas produce un acusado relieve, y una gradación irisada por la sombra de las hojas. Gambra *Filosofía* 141: Se observa también en esta serie una gradación de funciones, y, en particular, una gradación de las facultades cognoscitivas, cuyo más alto grado es el del hombre. **b)** (*TLit*) Figura que consiste en colocar varias palabras o expresiones según una progresión en sentido creciente o decreciente. | GLópez-Pleyán *Teoría* 41: Gradación. Llamada también clímax, despierta extraordinariamente el interés del lector, porque pone las ideas en serie progresiva de significación, bien ascendente, bien descendente.
2 (*semiculto*) Grado[1] [1a]. | Laforet *Mujer* 24: Se oyó un trueno terrible. Un trueno con distintas gradaciones. F. Martino *Ya* 23.9.70, 5: Existe, por tanto, toda una serie de gradaciones en la intensidad del proceso.

gradar *tr* (*Agric*) Allanar y desterronar [la tierra] con la grada[2]. *Tb abs*. | *Inf* 4.2.71, 22: Ofrécese licencia explotación patentes: .. "Dispositivo trabajar superficie tierra, especialmente gradar tierra". Lázaro *JZorra* 36: Entre el alzar, binar, terciar y cuartar .., se llegaron los días de noviembre al trote largo, y después de gradar, alomar y rematar las cabeceras, vino la siembra, y a poco, la navidad.

gradear *tr* (*reg*) Gradar. | Halcón *Abc* 11.5.58, 6: El ingeniero volvió al ataque: –Eso le pasó a la tierra por no haberla gradeado a tiempo, pero como había terrones...

gradén *m* Conjunto de cajones unidos de un armario. | *GTelefónica* 91 402: Bricolage Brico-Todo. Gradenes. Tableros. Maderas. Molduras.

gradense *adj* De Graus (Huesca). *Tb n, referido a pers*. | J. A. Riofrío *Nar* 11.77, 3: Con destino al Museo nos regaló una efigie de Joaquín Costa, reproducción en cuero repujado de una fotografía del ilustre gradense.

gradeo *m* (*Agric*) Acción de gradar o gradear. | *RegO* 21.7.64, 13: Con el tractor Hanomag Barreiros y un pequeño equipo de aperos, el labrador en nuestra comarca lo puede hacer todo: roturaciones, aradas, gradeos, siegas.

gradería *f* Conjunto de gradas[1] [2], esp. de un teatro clásico. *A veces en pl con sent sg*. | Tejedor *Arte* 54: Los teatros .. se dedicaban a las representaciones dramáticas. Constaban de la *cavea* o gradería semicircular para el público, la *orquestra* [sic] .. y la *scaena*. *SVozC* 25.7.70, 6: Un viejo camino vecinal, convertido en carretera, circunda las graderías del mismo [del teatro]. G. Pablos *CoZ* 23.5.64, 8: Doce graderías casi intactas, que ofrecían asiento [en el estadio de Delfos] a siete mil espectadores, rodean un espacio rectangular de unos doscientos metros de largo.

graderío *m* Conjunto de gradas[1] [2], esp. de un campo de deportes o de una plaza de toros. *Frec en pl con sent sg*. | Tejedor *Arte* 54: Los anfiteatros .. presentaban planta elíptica, el graderío en torno y, en el centro, la arena o lugar del espectáculo. J. M. Almela *SAbc* 17.11.68, 31: Entre 40.000 y 50.000 espectadores está cifrada la capacidad de los graderíos de San Mamés. **b)** Público que ocupa el graderío. | Escartín *Act* 25.1.62, 52: Cierto que los chilenos avanzaron mucho dentro del fútbol moderno; .. tendrán el apoyo incondicional de los graderíos. Guillermo *Mar* 15.9.58, 15: Las chicuelinas le salen a pedir de boca. Entusiasmó al gentío. Y al realizar dos faenas con la misma característica de valor, vuelve a entusiasmar a los graderíos.

gradiente – grado

gradiente *m* (*E*) Aumento o disminución [de una magnitud física] en función de la distancia. *Tb el índice correspondiente. Tb fig, fuera del ámbito técn.* | P. Nadal *SPaís* 5.5.93, 2: Aprovechando el gradiente geotérmico –la temperatura de un acuífero aumenta tres grados por cada 100 metros de profundidad– .., se podrían usar como bombas de calor. Miguel *España* 286: No se trata, claro está, de un salto brusco, sino de un gradiente paulatino por el que nos vamos acercando, paso a paso, escalón a escalón, hacia las ansiadas metas de la modernización política. Pinillos *Mente* 53: La distribución geográfica de las razas indica la existencia de un gradiente que va de Norte a Sur .., debido probablemente a que la melanina o pigmento oscurecedor de la piel tiene un valor de supervivencia en las zonas de mayor insolación.

gradilla *f* **1** Escalerilla portátil. | Buero *Sueño* 158: Junto a la pared del fondo, una gradilla, que el pintor usa para trabajar sobre los muros.
2 Soporte para tubos de ensayo en un laboratorio. | Marcos-Martínez *Física* 220: La mayor parte de las reacciones químicas suelen realizarse en tubos de ensayo. Estos se colocan en una gradilla de madera o metal.

gradina *f* (*Escult*) Cincel dentado usado esp. para labrar mármol. | R. Bardají *SHer* 4.2.90, 3: Un cantero que lleva ya 28 años en el oficio se afana con el cincel .. y la gradina para preparar las piedras que serán colocadas en diversas zonas de este cenobio del siglo XII.

gradinata *f* (*Arte, raro*) Escalinata. | Angulo *Arte* 1, 100: El fuerte claroscuro de la fachada, con su gradinata, sus intercolumnios y las molduras de su entablamento, pide un decorado de carácter escultórico.

grado[1] **I** *m* **1** Posición o estado entre los posibles en una serie ordenada de manera creciente o decreciente. | SLuis *Doctrina* 151: En el Sacramento del Orden se dan distintos grados antes de llegar a la ordenación sacerdotal: Tonsura .. Órdenes menores .. Órdenes mayores. Legorburu-Barrutia *Ciencias* 19: Conviene estudiar los distintos grados de dispersión, si se quiere comprender, sobre todo, el funcionamiento de los seres vivos. *Ya* 1.2.78, 39: El primer ciclo [del bachillerato] durará tres años y en él se fundirán las materias tecnológicas de la formación profesional de primer grado. **b)** Lugar en la escala de la jerarquía militar. *Tb fig, referido a la jerarquía en gral.* | Laiglesia *Tachado* 76: Había ingresado como cadete en la Academia de Infantería de Tilsit, pero la abandonó al alcanzar el grado de capitán. Peraile *Cuentos* 79: –Una de vosotras hará de cabo de las tres .. –Pues Sofi, que es la más veterana. ¡Aquí nadie habla de edad! La veteranía es un grado, ¿no? **c)** *Precedido de los adjs* PRIMER, SEGUNDO *y* TERCER*, se usa en distintos ámbitos para expresar el grado* [1a] *de gravedad o de dureza.* | Mascaró *Médico* 76: En la quemadura de primer grado se observa solo un enrojecimiento e hinchazón dolorosa y pruriginosa (que pica) de la región afecta. Benet *Aire* 151: Estaba jubilado desde hacía años, desde un diagnóstico de neumoconiosis en tercer grado. Romano-Sanz *Alcudia* 107: –Ese tiene ya el primer grado –explica el silicoso. *Lan* 28.2.89, 12: Múgica dice desconocer si presos de ETA pasarán a régimen abierto .. Entre 50 y 60 presos de ETA podrían obtener la libertad condicional o pasar a un régimen carcelario de "tercer grado". * Se le acusa de homicidio en primer grado. **d)** **tercer ~.** Interrogatorio policial en que se somete al interrogado a torturas físicas o mentales. *A veces* INTERROGATORIO DE TERCER *~. Frec fig, fuera del ámbito policial.* | Sastre *GTell* 53: –Lo torturaron horriblemente en la cárcel. –Trataron de que diera los nombres de los jefes de la Resistencia. Le aplicaron el tercer grado. No consiguieron nada. M. Daranas *Abc* 1.3.58, 17: Métodos de violencia internacionalmente conocidos por las expresiones de "passage à tabac", "interrogatorio de tercer grado", "picana eléctrica".
2 Proximidad relativa de parentesco. *Normalmente con un adj numeral ordinal.* | Ramírez *Derecho* 95: ¿Generación? Ya es sabido: un hijo respecto a su padre. ¿Grado? Equivalente a una generación. Por tanto, entre padre e hijo, un grado. *Nar* 10.76, 35: Estarán obligatoriamente incluidos en este régimen especial de la Seguridad Social .. el cónyuge y los parientes por consanguinidad o afinidad hasta el tercer grado, inclusive, de los trabajadores.
3 Unidad de medida de temperatura. *Con un adj o compl especificador:* CENTÍGRADO *o* DE CELSIUS, FAHRENHEIT, KELVIN. | Marcos-Martínez *Física* 101: Llamando C los grados centígrados de temperatura .. y F los de Fahrenheit, se ve fácilmente que se verifica la relación siguiente. MSantos *Tiempo* 44: La temperatura en enero es varios grados Fahrenheit más alta. L. G. Cruz *SD16* 3.5.89, IV: Si la temperatura central del sol es realmente de 15 millones de grados Kelvin, como supone el modelo teórico, los científicos deberían detectar tres veces más neutrinos de los que efectivamente encuentran. **b)** *Sin especificador:* Grado centígrado. | Legorburu-Barrutia *Ciencias* 120: A más de 80 grados [las bacterias] mueren; resisten mejor las bajas temperaturas. **c)** **~ geotérmico** → GEOTÉRMICO.
4 Unidad de medida de la proporción alcohólica de un líquido, equivalente a un centímetro cúbico de alcohol puro en cien centímetros cúbicos de líquido. | Escobar *Itinerarios* 181: Indagaría el viajero de dónde era aquel vino de color rubí, con un par de años cumplidos y una fuerza de los catorce a los dieciséis grados que acababan de servirle. *Economía* 283: Conviene tener en casa un botiquín consistente en: 1 Termómetro. Alcohol de 90°. Agua oxigenada.
5 (*Fís y Quím*) Unidad de medida para determinadas propiedades. *Con un compl especificador.* | J. Vega *DBu* 25.7.64, 3: Tanto el pino resinero como el insigne encuentran en la mayor parte de las cuatro provincias suelo propicio para su desarrollo. Permeabilidad, grado importante de acidez y ausencia de cal. J. J. GMillás *YaTo* 12.9.81, 51: El consumo diario de agua en el pueblo está entre los 300.000 y los 400.000 litros diarios, de un agua que bordea la prohibición de potabilidad con 40 grados franceses de dureza.
6 (*Geom*) Parte de las 360 en que se considera dividida la circunferencia, que se utiliza como unidad de medida de ángulos y de longitud y latitud geográficas. *Tb* ~ SEXAGESIMAL (→ SEXAGESIMAL). | Marcos-Martínez *Aritmética* 170: Para medir ángulos se toma como unidad el ángulo recto .. También se emplea el grado, que es 1/90 de ángulo recto, o sea, 1/360 de ángulo completo. Zubía *Geografía* 33: Longitud es la distancia en grados hasta el meridiano cero o de Greenwich (Londres). **b)** **~ centesimal** → CENTESIMAL.
7 (*Enseñ*) Título que se alcanza al superar determinados niveles de estudio. *Frec con un adj o compl especificador, que a veces se omite, por consabido.* | *Pro* 16.1.77, 21: Centro Internacional de Psicodiagnóstico y Psicoterapia .. Tesis de grado. *DBu* 9.5.56, 4: Cuestionarios para los exámenes de Grado elemental y superior de Bachillerato. **b)** (*hoy raro*) Bachillerato. | Delibes *Guerras* 128: –¿A qué edad se ausentó entonces? –Pues mire usted, ella marchó del pueblo para empezar el grado, de forma que a los diez.
8 (*Gram*) Forma con la que se expresa la intensidad relativa del contenido [de un adjetivo o un adverbio]. | Academia *Esbozo* 199: Carecen de grado positivo otras formas de gradación heredadas que presentan el morfema *-ior* de comparativo y morfemas de superlativo diferentes. Amorós-Mayoral *Lengua* 71: Cuando el adjetivo indica que el objeto posee la cualidad en el más alto grado dentro de un grupo se dice que está en grado superlativo relativo.
9 (*Mat*) *En un monomio:* Exponente de una letra, o suma de los exponentes de cada una de sus letras. | Marcos-Martínez *Álgebra* 50: Grado de un monomio respecto a una letra es el exponente de esa letra en el monomio .. Grado de un monomio es la suma de los grados de cada una de sus letras. **b)** *En un polinomio, una ecuación o una función:* Exponente máximo de los que tiene una letra, o, si tiene varias, suma de todos los exponentes de aquel término en que dicha suma sea mayor. | Marcos-Martínez *Álgebra* 55: Grado de un polinomio reducido respecto a una letra (o a varias letras) es el de su término de mayor grado respecto a esta letra (o a estas letras). Marcos-Martínez *Álgebra* 105: Grado de una ecuación entera respecto al conjunto de sus incógnitas es el grado del término de mayor grado. Marcos-Martínez *Matemáticas* 68: Ecuación bicuadrada. Se llama así a una ecuación de cuarto grado que carece de los términos de grado impar.
10 (*Mús*) Nota de la escala diatónica, con relación a las otras notas de la misma. | Valls *Música* 18: Terpandro fijó ya las relaciones entre los múltiples grados (las notas actuales) que se originan por la diversa altura de los sonidos.
11 (*raro*) Peldaño o escalón. | Cunqueiro *Hombre* 75: Después de la visita de armería, el rey subía los cuarenta y ocho grados de la escalera de caracol de la torre vieja.

grado – graduar

II *loc adj* **12 de ~s.** *En una universidad:* [Salón] en que se celebra la colación del grado [7a] de doctor. | J. M. Valle *TMé* 14.1.83, 19: Los actos de inauguración y clausura, celebrados en el salón de Grados de la Facultad de Medicina, estuvieron presididos por el decano de dicho centro universitario.

III *loc adv* **13 en ~ sumo (en alto ~,** *o* **en ~ superlativo).** Mucho. *Con intención ponderativa.* | R. Cristóbal *SPaís* 23.7.78, 20: El detenido se ofendió en grado sumo cuando fue acusado de haber cometido uno o varios crímenes. *CoZ* 23.5.64, 5: Lucha contra la "rabia" del garbanzo .. Produce verdaderos estragos, especialmente en Andalucía (Sevilla y Cádiz en grado superlativo). **b) en mayor o menor ~.** Con mayor o menor intensidad. | *Pue* 29.10.70, 16: La estación otoñal, época de transición hacia el invierno, deja sentir sus efectos, en mayor o menor grado, en nuestras aguas.

grado² *loc adv* (*lit*) **1 de buen (o mal) ~.** Voluntariamente o con gusto (o no). | MGaite *Usos* 208: Y [la novia] toleraba de mejor o peor grado que él siguiera saliendo con los amigos, yendo al café de noche y sabe Dios si teniendo alguna aventura con la que consolarse de tanto estancamiento. GNuño *Arte* 126: El cantero hispano se plegó de mal grado a las nuevas maneras que cortaban sus barrocas alas.
2 de ~. (*raro*) Voluntariamente o con gusto. | Torrente *DJuan* 159: ¿Has venido de grado?
3 de ~ o por fuerza. Por las buenas o por las malas. | Rábade-Benavente *Filosofía* 8: De un modo u otro, aceptando del todo o a medias estas explicaciones, renunciando al grado o por fuerza a pensar más a fondo los problemas, el hombre se encuentra con ellos.

graduable *adj* Que se puede graduar, *esp* [1]. | *GTelefónica N.* 50: Fábrica de persianas y persianas graduables tipo americano. A. Rodríguez *Ya* 1.7.78, 53: La silla que más partes graduables tiene es la de secretaria, ya que, aparte de la altura de asiento, se gradúa el respaldo para conseguir una correcta posición al escribir a máquina. *DNa* 15.8.64, 16: Consiste en un magnetófono especial que permite .. escuchar con un retraso graduable a voluntad lo que se dicte al micrófono.

graduación *f* **1** Acción de graduar(se). *Tb su efecto.* | *DBu* 19.9.70, 13: Graduación gafas. Técnicas modernas. Óptica Izamil. FAlmagro *Abc* 30.12.65, sn: Aventaja este apunte de novela a los demás relatos en intensidad de asunto y en la graduación del interés. A. Míguez *SMad* 14.11.70, 2: La falta de escolarización se produce en las provincias más pobres. La tasa de graduación de Bachillerato es muy baja, y también lo es la participación femenina. *SPaís* 11.9.88, 31: Requerimientos: Graduación en grafismo (edición, diagramación), con conocimiento general de las técnicas de impresión.
2 Número de grados¹ [4 y 6] [de algo]. | Trévis *Navarra* 38: Un vaso de vino blanco de graduación fuerte. Marcos-Martínez *Aritmética* 204: Hallar la graduación del arco cuya longitud es igual al radio.
3 Grado¹ [1a] de corrección [de un cristal óptico o de unas gafas]. *A veces referido a la pers que lo precisa.* | * Lleva unas gafas de mucha graduación. *Ya* 25.4.74, 3: Gracias a estas nuevas lentes blandas, los miopes con grandes graduaciones logran ahora una visión perfecta.
4 Grado¹ [de un militar]. | Laforet *Mujer* 84: Su pariente, un militar de alta graduación, .. se había casado con una viuda muy rica, hacía poco tiempo.

graduadamente *adv* De manera graduada o por grados¹ [1a]. | MPuelles *Filosofía* 2, 265: Las [perfecciones] que definen las esencias respectivas de los entes no pueden ser graduadamente poseídas: o se las tiene del todo, o en absoluto se carece de ellas.

graduado -da I *adj* **1** *part* → GRADUAR.
2 [Vino u otra bebida alcohólica] que tiene muchos o pocos grados¹ [4]. *Con un adv cuantitativo.* | A. Balasch *DEs* 11.8.71, 14: Queremos referirnos, concretamente, a los mostos altamente graduados de la comarca prioratina.
3 [Escuela] que imparte todos los grados de enseñanza primaria. *Frec n f.* | LUgart *Cór* 4.7.64, 6: Este comedor, que acoge trece unidades escolares y que radica en la escuela graduada "Ramón y Cajal", ha llevado a cabo, con el mayor fruto, el programa de comedores escolares. A. M. Roca *Ver* 26.2.77, 12: Los alumnos de octavo de E.G.B. de la graduada mixta "Ntra. Sra. de la Fuensanta" ofrecerán la ópera rock "Blue Wind".

II *m y f* **4** Pers. que tiene el título oficial correspondiente a unos estudios. *Con un compl especificador.* | *Nue* 22.12.70, 8: Un decreto .. dispone la creación de los Colegios Oficiales de Graduados en Artes Aplicadas y Oficios Artísticos. C. Zumárraga *CoA* 26.1.64, 22: La hoja de servicios a la Iglesia de este octogenario bondadoso, inteligente y lúcido es larga y apretada. Casi sesenta años de vida sacerdotal ..; graduado en Filosofía, Teología y Derecho Canónico. *Her* 1.8.84, 5: Ayer se celebró en el cementerio de Torrero el entierro de don Luis Ascaso Bitriá, graduado social y vicepresidente segundo del colegio oficial. **b) ~ escolar.** Pers. que tiene el título oficial correspondiente a los estudios primarios. | *Hora* 18.12.76, 8: Es una buena ocasión para que los que quieran obtener el título de Graduado Escolar o el Certificado de Estudios Primarios puedan conseguirlo. **c)** *Sin compl:* Graduado universitario. | Alfonso *España* 25: A nivel popular y familiar, [la cultura es] un medio para situarse y ganar dinero (aunque el paro de graduados va en aumento de manera alarmante).

graduador *m* Instrumento que sirve para graduar, *esp* [1]. | *Van* 17.4.73, 10: Todo lo mejor y más nuevo en artículos de jardinería: aspersores de riego .. Máquina cortacésped Cortty, motor gasolina de 3 HP, 4 tiempos, recogedor y graduador de corte a las cuatro ruedas con palanca manual. *ASeg* 20.11.62, 7: Alfa. La máquina de coser española de mayor exportación .. Graduador de tensión de hilo de fácil manejo.

gradual I *adj* **1** Que va o se produce por grados¹ [1a]. | Laiglesia *Tachado* 7: Todos los sabios son escépticos, porque la sabiduría se alcanza trepando a una montaña formada en un gradual plegamiento geológico de decepciones.
II *m* **2** (*Rel catól*) Lectura de algunos fragmentos de salmos que sigue a la epístola en ciertas misas. | Ribera *Misal* 121: En Tiempo Pascual, omitidos el Gradual y Tracto, siguen los Aleluyas.

gradualidad *f* Cualidad de gradual [1]. | *Abc* 21.3.88, 44: Gradualidad. Se debe realizar la reforma de forma más gradual en el tiempo. *Ya* 24.11.90, 12: El abuso del catastro .. Lo lógico hubiera sido actuar con gradualidad.

gradualismo *m* (*raro*) Cualidad de gradual [1]. | *País* 2.4.78, 8: Si se aborda el tema de la pena de muerte aislándolo del resto de las reformas del Código Penal resultará mal precedente un gradualismo en su abolición.

gradualista *adj* Que tiende al gradualismo. *Tb n*, *referido a pers.* | M. BTobío *Abc* 22.10.75, sn: La guerra revolucionaria se había convertido en una guerra reformista, y los viejos líderes, en cautelosos gradualistas. VMontalbán *Almuerzos* 167: Hay que tener una concepción gradualista de la lucha política y una gran paciencia histórica.

gradualmente *adv* De manera gradual [1]. | T. Yuste *Sit* 15.1.64, 10: Descubrió que el hombre podría inmunizarse contra ciertos venenos, aumentando gradualmente la dosis.

graduando -da *m y f* (*Enseñ*) Pers. que va a recibir un grado universitario. | Torrente *SD16* 9.7.88, VI: Uno por lo menos de los c[l]australes de esta Universidad, en este momento ausente, comparecía también como graduando en aquella ocasión.

graduar (*conjug* **1d**) **A** *tr* **1** Dar [a algo (*cd*)] el grado¹ [1a] conveniente o deseado. | A. Rodríguez *Ya* 1.7.78, 53: La silla que más partes graduables tiene es la de secretaria, ya que, aparte de la altura de asiento, se gradúa el respaldo para conseguir una correcta posición al escribir a máquina. APaz *Circulación* 242: Para graduar la cantidad de mezcla que se quiere mandar, según la potencia que se necesite obtener del motor, se intercala la válvula de mariposa M, chapa plana giratoria, que se abre más o menos según que el chófer oprima más o menos el pedal acelerador. **b)** Dotar [a un cristal óptico o a unas gafas (*cd*)] de la corrección necesaria. *Frec en part.* | *País* 30.9.81, 2: General Óptica. Graduamos bien sus gafas. *Cam* 21.7.75, 54: Su óptico sabe que las gafas graduadas Indocromic oscurecen y aclaran solas.
2 Disponer [algo] por grados¹ [1a]. | * Hay que graduar el interés. Palacios *Juicio* 244: Aristóteles, puesto a matricular y graduar las diferentes formas de anagnórisis, hizo lugar

gradulux – gráfico

preferente a la mudanza que experimentó Edipo, en la tragedia de Sófocles, al saberse matador de su padre.
3 Medir el grado o los grados[1] [1a, 4 y 5] [de algo (*cd*)]. | *Van* 29.10.89, 74: Un técnico Audioprotesista de Starkey le graduará exactamente su pérdida auditiva. Laiglesia *Ombligos* 34: Permiten a los periódicos salir de su habitual sosería y emplear esas letras tan gordas que usan también los ópticos para graduar la vista.
4 Marcar [un objeto de medida] con los grados[1] [3, 4, 5 y 6] u otros elementos en que se divide. *Frec en part*. | Marcos-Martínez *Álgebra* 168: Se desea adquirir un termómetro bien graduado. Gironza *Matemáticas* 163: Usamos el círculo graduado para medir ángulos. Mingarro *Física* 132: Basta graduarlo [el galvanómetro] experimentalmente en amperios o sus divisores. Marcos-Martínez *Aritmética* 157: Para trazar segmentos rectilíneos se usa la regla, y, si está graduada, se utiliza también para medirlos. Marcos-Martínez *Física* 50: La cruz [de la balanza] lleva también solidaria una aguja, llamada fiel, que marca en un limbo graduado la inclinación mayor o menor de los brazos.
B *intr pr* **5** Obtener determinados títulos de enseñanza, esp. de bachiller, licenciado o doctor. | O. Aparicio *MHi* 7.68, 27: A los 22 años se gradúa en la Universidad de Cape Town en 1945. Sopeña *Defensa* 65: Mi adiós a Salamanca, después de cantar misa y de graduarme en Teología "cum laude" .., daba muy a gusto el adiós a la Universidad.
6 Obtener [el grado militar que se expresa (*compl* DE)]. | * Se graduó de sargento.

gradulux (*n comercial registrado; pl invar*) *m* Persiana veneciana. *A veces en aposición con* PERSIANA. | *Economía* 36: Las persianas modernas tipo gradulux se lavarán semanalmente con una esponja y agua jabonosa.

grafema *m* (*Ling*) Unidad mínima, indivisible y distintiva de un sistema gráfico. | Salvador *Letra Q* 16: Precaria situación, por consiguiente, la de la letra *q*, limitada en sus posibles usos, constreñida a valerse siempre de una *u*, silenciosa pero insoslayable, lo que la convierte propiamente en un dígrafo, en un grafema indisociable, según el parecer de Emilio Alarcos.

grafemático -ca *adj* (*Ling*) De(l) grafema o de (los) grafemas. | Salvador *Letra Q* 16: Precaria situación, por consiguiente, la de la letra *q*, limitada en sus posibles usos, constreñida a valerse siempre de una *u* .., lo que la convierte propiamente .. en un conjunto grafemático, de acuerdo con la denominación de Lidia Contreras.

graffiti (*it; pronunc corriente,* /grafíti/) *m pl* **1** Inscripciones o dibujos hechos en las paredes. | MSantos *Tiempo* 171: Todas ellas [paredes de la celda] están blanqueadas recientemente. Solo algunos graffiti realizados apresuradamente en las últimas semanas pueden significar restos de la producción artística de los anteriores ocupantes. Bueno *Tri* 26.12.70, 10: "Marco" es tanto el escenario de un teatro como los retretes de una Universidad (en cuanto sus paredes se cubren de graffiti). **b)** (*semiculto*) *En sg:* Inscripción o dibujo hecho en la pared. | I. Montero *Inf* 23.2.78, 19: "Considera, godo, el daño que haces a Canarias." El graffiti enriquece tres azulejos de un *men's room* en la terminal de nacionales de Barajas. *Tiem* 14.1.91, 130 (A): El protagonista es avaro de paredes para hacer *graffitis*.
2 (*Arqueol*) Grafitos[2] [2]. | R. Griñó *HyV* 1.75, 77: Con tan pobres restos, más la ayuda de sesenta y ocho estelas halladas entre los escombros y otros treinta textos, mayormente *graffiti* (inscripciones en las paredes) se pudo averiguar la finalidad de las nuevas catacumbas.

grafía *f* Representación [de un sonido o palabra] por medio de la escritura. *Tb sin compl.* | Lapesa *HLengua* 115: La grafía de las consonantes demuestra que existía un sistema en el cual la *g* .. o la *i* servían para indicar el carácter palatal. J. PAlija *Inf* 7.8.75, 13: Evitaríamos .. grafías tales como "Jruschov", híbrido imposible, en donde en la primera parte se respeta la grafía rusa y en la última se atiende a la pronunciación. Lapesa *HLengua* 116: No era inusitado escribir en romance, pero faltaba mucho para estabilizar la grafía.

grafiar (*conjug* **1c**) *tr* **1** Representar [algo] en un gráfico. | *Inf* 26.9.74, 7: Es deseo de los suscritos que por el Ayuntamiento se tomen las medidas pertinentes a fin de que dicho señor abra nuevamente el camino público que, pasando junto a su casa, se halla grafiado en el catastro de la riqueza pública y que ha existido desde tiempo inmemorial. S. Araúz *SYa* 28.5.72, 11: El que un maquinista pueda cumplir su horario, ser fiel a la marcha grafiada, está en función de que quien le precede haga a su vez con éxito su itinerario.
2 Dar forma gráfica [a algo (*cd*)]. | E. Tijeras *SInf* 11.10.73, 3: Los escritos del Almirante grafían con rigor la fabulosa aventura, desde el peregrinaje por las Cortes europeas en demanda de ayuda .. hasta la arribada a unas esplendorosas islas calientes y verdes.

gráficamente *adv* De manera gráfica [2, 3 y 4]. | Amorós-Mayoral *Lengua* 55: Para representar gráficamente una pausa usamos el punto, la coma o el punto y coma. Marín *Enseñanza* 300: Elaborar, estadísticamente, los resultados y representar, gráficamente, los mismos. A. Salgado *SVan* 18.12.88, 13: Al desaparecer el componente gravitatorio se produce un aumento del flujo sanguíneo a la cabeza y cara que los astronautas comentan muy gráficamente como "sensación de cabeza hinchada". L. Marañón *Abc* 13.12.70, 15: La primera plana recoge gráficamente los cañonazos que vuelven a atronar en Indochina.

gráfico -ca **I** *adj* **1** De (la) grafía. | Lapesa *HLengua* 276: El sistema gráfico venía arrastrando anomalías producidas por tendencias eruditas. **b)** [Acento] ~ → ACENTO.
2 Que se hace o representa por medio de signos o figuras. | Marcos-Martínez *Álgebra* 149: Hallar la representación gráfica de la función que da la longitud de la circunferencia, conocido el radio. Mingarro *Física* 159: ¿Por qué es preferible el cálculo simbólico al cálculo gráfico?
3 Que expresa con total claridad la idea que representa, como si hiciera visible su imagen. | Ramírez *Derecho* 135: Por no reunir tales requisitos [las letras de cambio], se encuentran luego sus titulares con "papeles mojados", dicho sea utilizando una expresión popular harto gráfica.
4 Relativo a las imágenes o ilustraciones de una publicación. | Marcos-Martínez *Álgebra* [VIII]: Pretendemos que las difíciles cuestiones matemáticas les entren a los alumnos "por los ojos", siempre que se[a] posible. Por eso hemos dedicado especial cuidado a la parte gráfica. J. GPastor *Ya* 6.8.86, 48: Quien se lleva la palma es Isabel Preysler .. "Semana" le dedica el mayor espacio gráfico, con una foto de Isabel y tres de sus retoños al llegar a Marbella. **b)** Que contiene imágenes o se basa fundamentalmente en imágenes. | *Sáb* 10.9.66, 7: Lola Flores ha sido la más espléndida de las anfitrionas .. A su "party" .. pertenece este reportaje gráfico. CPuche *Paralelo* 353: Todo se quedaría en unos cuantos primeros números de las revistas gráficas del mundo. **c)** (*Per*) [Periodismo o periodista] de (la) imagen. *Tb n, referido a pers.* | *País* 12.5.91, 5: Cursos intensivos. Sonido. Vídeo/TV. Reportero gráfico. Postproducción. Locución. Doblaje. GPavón *Reinado* 123: El "gráfico" hacía fotos a todos. F. Acedo *Voz* 17.1.90, 68: La agresión de Víctor Rubio concluyó con la rotura de la cámara e insultos al gráfico.
5 [Artes] relativas a la producción de libros u otro material impreso. *Alguna vez en sg. Frec en denominaciones de empresas; en este caso frec como n f en pl.* | Huarte *Tipografía* 8: Don Francisco de la Parra, de "Gráficas Aragón", .. y don José A. Verdera, de "Artes Gráficas MAG". *GTelefónica N*. 565: Torreangulo. Offset. Tipografía. Estudio de Arte Gráfico. **b)** De (las) artes gráficas. | *GTelefónica N*. 567: Graficolor Hartmann Hnos, S.A. Tinta de calidad para todos los procedimientos gráficos.
II *n* **A** *m* **6** Representación gráfica [2]. | Marcos-Martínez *Álgebra* 161: Diagrama de sectores. Es un gráfico de forma circular subdividido en sectores. El área de cada sector indica la proporción de cada componente respecto al todo. An. Miguel *HLM* 26.10.70, 20: En vez de leer en las rayas de la palma de la mano, .. lo hacen escudriñando y analizando otras "rayas" que se dibujan en gráficos y curvas.
B *f* **7** Gráfico [6]. | *HLM* 26.10.70, 19: Presentó gráficas demostrativas de cómo la mortalidad infantil ha disminuido en España en los últimos años. *Anuario Observatorio 1967* 67: De estos cambios da clara idea la gráfica adjunta [un cuadro con datos]. **b)** (*Mat*) Representación de dos o más datos numéricos por medio de una o varias líneas que marcan la relación entre ellos. | Marcos-Martínez *Álgebra* 148: La línea que resulta uniendo esos puntos se llama gráfica de la función. Mingarro *Física* 215: Con estos números puede construirse una gráfica.

8 Técnica de representación mediante dibujos, imágenes o gráficos [6]. | I. Montejano *Abc* 21.11.82, 45: Habrá que empezar poco a poco .., reuniendo un fondo de grabados que se irá agrandando paulatinamente, comprando un tórculo .., creando un interés por el arte de la gráfica en la misma población.

C *m y f* **9** Empleado de artes gráficas [5]. | *Cam* 21.7.75, 43: Los "gráficos" –empleados de imprenta– .. se negaron desde el primer día a aceptar una ley que para ellos había quedado "sobrepasada" por los acontecimientos.

grafila (*tb* **gráfila**) *f* (*Numism*) Orla de puntos o líneas de una moneda. | C. Bellver *SInf* 14.4.76, 4: Para que en el momento de la acuñación .. el disco no alcance, convertido ya en moneda, un diámetro superior al pedido, se realza, tras su corte, su canto, lo que en términos especializados se denomina rebordeado o "torculado". Este proceso .. es lo que formará posteriormente la moldura de la moneda, que recibe el nombre de grafila. Vicenti *Peseta* 20: 5 centavos de peso .. En carácter de gran tamaño 5, horizontalmente y debajo, centavos; encima y en semicírculo cubriendo la gráfila Isla de Puerto Rico.

grafiol *m* Dulce a modo de melindre en forma de S, hecho con masa de bizcocho y mantequilla. *Gralm. en pl.* | Cela *Alcarria* 149: Grafioles .., que son como unos melindres de mantequilla.

grafiosis *f* (*Bot*) Enfermedad del olmo producida por el hongo *Graphium ulmi*. | J. PGuerra *SInf* 7.11.70, 8: Existen hongos que amenazan con extinguir los castañares ..; la "grafiosis" de los olmos.

grafismo *m* **1** Carácter o conjunto de caracteres propios de un sistema de escritura. | Gambra *Filosofía* 33: Un inglés y un español tienen un mismo concepto "triángulo", por ejemplo; pero ambos expresan esta idea con voces o grafismos diferentes. **b)** Modo peculiar de escribir a mano [de una pers.]. | M. Mancebo *Inf* 16.11.70, 14: El funcionalismo es la personalidad del autor reflejada en su grafismo, porque así como los gestos revelan a la persona, también la revela su grafismo, y, a través de él, puede determinarse un amplio conjunto de particularidades.
2 Modo de expresión gráfica [2]. | GNuño *Escultura* 63: Los hallazgos de Oliva y Liria, ambas localidades valencianas, juntamente con otras estaciones menores .., componen esta nueva escuela de grafismo .. La intención narrativa y anecdótica de sus pintores rara vez se separa del movimiento ornamental que domina en cada vaso.
3 Letra, frase, dibujo u otra representación gráfica [2]. | Goytisolo *Recuento* 150: Pasadizos que huelen a orines, llenos de inscripciones y grafismos. Moreno *Galería* 145: En un polvorín .. había dedicatorias y referencias de muy singular maestría a Jesús Nazareno de Almazán y grafismos relacionados con aquella villa.
4 Diseño gráfico [5b]. | *SPaís* 11.9.88, 31: Requerimientos: Graduación en grafismo (edición, diagramación), con conocimiento general de las técnicas de impresión.
5 Condición de gráfico [3]. | E. Corral *Abc* 6.12.70, 72: Estas imágenes que se alzan con la fuerza irrebatible de su grafismo, de su elocuencia triste, espantosa.

grafista *m y f* Especialista en grafismo [4]. | F. Izquierdo *SYa* 9.11.73, 8: Hoy, a pesar de que el libro cuenta con creador a partir del original para composición, el grafista o individuo del "lay-out", que infaliblemente figura en las manchetas editoriales, la obra impresa es un producto industrial frío e impersonal. *Abc* 1.9.66, 64: Dibujante Grafista. Precisamos un Grafista con capacidad para hacerse cargo de un Estudio de agencia de publicidad.

grafito[1] *m* Variedad de carbono cristalizado, casi puro, que se emplea en la industria y para la fabricación de lapiceros. | Bustinza-Mascaró *Ciencias* 330: Grafito. Es carbono cristalizado como el diamante, pero con algunas impurezas.

grafito[2] *m* **1** Inscripción o dibujo hecho en las paredes. | Torrente *SInf* 17.11.79, 8: Nunca se recomendará bastante la atención más diligente a las inscripciones en las paredes, grafitos o pintadas. L. F. Peñalosa *SASeg* 20.6.86, 11: En las paredes de los ranchos quedaron pintados con almazarrón los ingenuos "grafitos" de los pastores: los nombres cuyo recuerdo solo queda allí, las cifras con el peso de las pilas de lana. T. Castilla *SPaís* 6.9.90, 6: Desde la letrina, además de ver tu imagen reflejada, te puedes entretener leyendo grafitos como: "No mates a una zorra para vestir a otra"; "Machín *forever*", firmado por el dibujo de una mano sosteniendo una maraca.
2 (*Arqueol*) Inscripción o dibujo, hechos gralm. en una pared o monumento. | M. Mancebo *Inf* 25.4.70, 19: En la parte posterior de estas piezas de fina cerámica se descubren también curiosas marcas conocidas en arqueología con el nombre de grafitos.

grafo *m* (*Matem*) Conjunto de puntos unidos por líneas, que permite representar ciertas relaciones funcionales y resolver gráficamente numerosos problemas. | SValverde *EOn* 10.64, 15: Este equipo de matemáticos tomó como punto de partida la teoría de grafos, que es un apéndice de la teoría general de conjuntos, base de la moderna matemática económica y estadística.

grafo- *r pref* De (la) escritura. | *Por ej: VNu* 5.5.73, 20: Después de estos temas de iniciación, trato de la Grafonomía y Grafotecnia, que son las dos ramas más importantes en que se divide la Grafología. Castañeda *Grafopsicología* 10: Es necesario comenzar por el análisis grafonómico, es decir, conocer los distintos tipos y caracteres de escritura. Castañeda *Grafopsicología* 1: Iniciación a la grafopsicología infantil. Castañeda *Grafopsicología* 10: Es necesario .. pasar a continuación al análisis grafotécnico o grafopsicológico.

grafología *f* **1** Estudio de las particularidades de un tipo de escritura, para determinar los caracteres psicológicos o fisiológicos que revela de su autor o para establecer la identidad de este. | VMontalbán *Galíndez* 117: Colocó los folios uno tras otro y estudió la letra de la firma, recuperando casi olvidadas enseñanzas sobre grafología.
2 Letra o modo peculiar de escribir [de una pers.]. | *Rof Rev* 7/8.70, 12: Solo algunas de las grafologías de hombres insignes alcanzan el grado número 1 de la escala de Klages.

grafológicamente *adv* Desde el punto de vista grafológico. | Clara *Sáb* 10.9.66, 46: Grafológicamente, le atribuyo carácter serio, reflexivo y razonable.

grafológico -ca *adj* De (la) grafología o de su objeto. | *ByN* 31.12.66, 127: Consultorio grafológico. Conócete a ti mismo y conoce a los que te rodean. *Abc* 22.9.70, 25: Su captura ha sido posible por los rasgos grafológicos de la firma que falsificó.

grafólogo -ga *m y f* Especialista en grafología [1]. | J. M. Rollán *SAbc* 1.12.68, 27: Ella sabe leer en las manos como el grafólogo en el trazado.

grafomanía *f* Manía de escribir. | Cela *Inf* 18.4.77, 18: En una sociedad bien organizada estarían previstos grandes lienzos de pared para que la gente diera rienda suelta a su grafomanía.

grafómano -na *adj* Que tiene grafomanía. *Tb n.* | L. LSancho *Abc* 3.8.75, 38: Verle durante la hora y media que dura el filme es un placer que se mezcla con graves consideraciones .. Uganda con rascacielos e hipopótamos .. Con un presidente grafómano que escribe cartas paternales a todos los jefes de Estado del mundo.

grafopatología *f* (*Med*) Estudio de la escritura como indicación del estado mental o físico de una pers. | *Ya* 19.2.74, 39: La Escuela de Ciencias del Grafismo .. ha inaugurado el curso 1974 con arreglo al programa de tres años de estudios, impartiendo las enseñanzas de .. grafopatología, paleografía. *TMé* 12.11.82, 51: "Tao." Técnicas Académicas Orientales .. Bromatología. Grafopatología.

grafopatológico -ca *adj* (*Med*) De (la) grafopatología. | A. Yébenes *Sáb* 26.2.72, 18: Máxime si se tienen en cuenta los resultados del estudio (grafopatológico, grafológico, morfológico, topográfico y grafométrico).

gragea *f* Pequeña porción de medicamento, gralm. de forma redondeada, recubierta de una capa de sustancia agradable al paladar. | Aldecoa *Cuentos* 1, 172: –¿Tomaste la gragea? –Sí, Julia .. –¿Las gotas? –Hoy, no. Tengo revuelto el estómago.

graja *f* Grajo (ave semejante al cuervo). *Tb designa otras especies similares, excluido el cuervo.* | *Abc Extra* 12.62, 49: El río pasaba con la corriente negra por el alperchín, y las bandadas de grajas revolaban el pueblo.

grajero -ra *adj* [Lugar] en que anidan los grajos [1]. | Grau *Lecturas* 48: En el momento en que su cuerpo iba a ser precipitado al abismo de las "Peñas grajeras", Esther creyó llegada la ocasión propicia para descubrir su fe cristiana.

grajilla *f* Ave semejante al cuervo, pero de menor tamaño, con plumaje negro y cogote y zona auricular de color gris (*Corvus monedula*). | F. Ferrer *Van* 1.7.73, 3: La grajilla –*Corvus monedula*– parece un cuervo reducido de tamaño y es ave gregaria y común en toda España.

grajo *m* **1** Ave semejante al cuervo, pero más pequeña, con plumaje negro azulado y cara blanca (*Corvus frugilegus*). *Tb designa otras especies similares, incluido el cuervo*. | Delibes *Ratas* 9: La perra .. ladró dos veces, y, entonces, el bando de cuervos se alzó perezosamente del suelo .. Únicamente un grajo permaneció inmóvil sobre los pardos terrones.
2 (*jerg*) Cura o sacerdote. | J. C. Iglesias *SPaís* 19.12.82, 103: El juláí era el otro, o sea, colega, el niñato chungo que estaba a la manca del grajo.

gralla *f* Instrumento músico de viento de la familia de la chirimía, propio de Cataluña y regiones cercanas. | C. Sentís *DBu* 30.7.75, 13: Desde hace tiempo, la sardana, musical y artísticamente, está más o menos estacionada. Han pasado bastantes años sin que a los pentagramas que persiguen los originales y raros sones de la tenora, de la gralla y del flaviol, llegara el aporte de un gran músico. C. Nonell *Abc* 17.7.66, 49: Al son de la música estridente de la gralla, hermana o hija de la chirimía, y bajo el contrapunto del tamboril, los ocho danzantes se precipitan en rápidas vueltas por las calles en cuesta. [*En Anguiano, Logroño*.]

grama *f Se da este n a varias plantas gramíneas, esp* Cynodon dactylon (~ COMÚN), Agropyrum repens *o* A. junceiforme (~ DEL NORTE), Poa pratensis (~ DE PRADOS) *y* Anthoxanthum odoratum (~ DE OLOR). | Grosso *Capirote* 68: Una mujer lavaba a orillas del canal. Sobre una cesta de mimbre, en el ribazo de grama, dormía junto a ella un niño de pecho. Halcón *Monólogo* 212: Esta es la época de operarle a la tierra de labor su cáncer, que es la grama. ZVicente *Hojas* 63: Quita esas hierbecillas de ahí abajo, es grama. Bustinza-Mascaró *Ciencias* 274: Para alimentar al ganado se utilizan .. ciertas plantas tales como el trébol, .. fleos, poas, grama de olor. Cendrero *Cantabria* 103: Estrato herbáceo .. *Anthoxanthum odoratum* L.: Grama de olor. FQuer *Plantas med*. 938: Grama de las boticas. (*Agropyrum repens* Palissot de Beauvais.) Sinonimia cast[ellana], grama del Norte. Cendrero *Cantabria* 78: Flora. Dunas. *Agropyrum junceiforme* (A & D. Löve): Grama del Norte. Cendrero *Cantabria* 58: Flora herbácea .. *Poa pratensis* L.: Grama de prados.

gramaje *m* (*E*) Peso en gramos. | L. Calabia *NEsH* 4.7.72, 3: El lunes pasado, a última hora, los huevos del gramaje primera subieron dos pesetas en docena. J. Mauricio *Día* 21.9.75, 7: Puede empaquetarse en cajas de cartón de menor gramaje.

gramalla *f* (*hist*) Vestidura talar a manera de bata. | GNuño *Madrid* 134: Se ha instalado una exposición de indumentaria que comprende gramallas de heraldo del siglo XVI, coletos y gregüescos. Barral *Memorias* 3, 77: Allá fuera [del convento], en los callejones y junto a las tapias .., la Gestapo o una guardia nacional bananera .. Adentro, una multitud, no de hambrientos sino de preocupados por el rito de comer, siguiendo como un rebaño a un fraile que portaba un huevo en cada mano y que parecía bendecir el último alimento. Todo marrón rojizo de cogulla, de gramalla, y de luz de candela.

gramallera *f* (*reg*) Llar (cadena que pende de la chimenea). | Aparicio *Año* 208: El grajo se posaría en el seno del columpio del primo Belarmo. Y así, en la distancia parecería solo un despojo, apenas un trozo de trapo negro que se pone a secar pendiente de la gramallera.

gramar *tr* (*reg*) Amasar por segunda vez [una masa]. | Torrente *Saga* 10: Las empanadas las hace ella, que le viene de familia la buena mano para gramar la masa y sacarla delgadita y crujiente.

gramática → GRAMÁTICO.

gramatical *adj* **1** De (la) gramática [2 y 3]. | Alonso *Lengua* 24: Número es el accidente gramatical que indica si el objeto nombrado es uno o más de uno. *Ya* 12.5.78, 6: Publicó ese mismo diario una carta .. en la cual se denunciaban algunos dislates gramaticales que figuraban en el texto del primer proyecto de Constitución.
2 Que se ajusta a las reglas o normas gramaticales [1]. | Lázaro *Curso* 24: *La naranja sonrió* (obsérvese que esta oración es "gramatical", está bien construida sintácticamente).

gramaticalidad *f* Cualidad de gramatical [2]. | Armenteras *Epistolario* 50: Se deberá emplear para encabezarlas la frase que dicte el corazón, que les salga del alma, sin razonar acerca de su academicismo, ni tan siquiera de su gramaticalidad.

gramaticalización *f* (*Ling*) Proceso por el cual una palabra se vacía de significado y toma carácter de puro elemento gramatical. | Lapesa *Problemas* 205: El proceso de gramaticalización de los verbos auxiliares va acompañado por la progresiva pérdida de su originario valor semántico privativo.

gramaticalmente *adv* **1** De manera gramatical. | Academia *Esbozo* 351: Las oraciones que se formulan gramaticalmente estableciendo una relación entre sujeto y predicado se llaman bimembres.
2 En el aspecto gramatical. | Academia *Esbozo* 312: *Agride* y *engríe* serían formas gramaticalmente gemelas si las dos proceden de una raíz común, lo que no es seguro.

gramático -ca A *m y f* **1** Especialista en gramática [2]. | L. Calvo *Abc* 10.11.70, 29: Se me ha ocurrido examinar la lista de académicos franceses. Señores, ¡qué guisado! No encuentro filólogos ni gramáticos.
B *f* **2** Ciencia que estudia la estructura [de un idioma]. *Frec sin compl*. | Alonso *Lengua* 11: La Gramática enseña a hablar y escribir correctamente un idioma .. La Gramática debe estudiar las oraciones, las palabras y los sonidos. **b)** Tratado de gramática. | Academia *Esbozo* 354: Oraciones enunciativas .. Las gramáticas las llaman también declarativas o aseverativas. **c)** (*hist*) Gramática latina. | Castillo *Polis* 251: El siglo XII es una segunda etapa del Renacimiento medieval, más profunda y duradera que la carolingia, caracterizada por el culto a la Antigüedad, el estudio de la gramática, las letras y la elocuencia.
3 Sistema o conjunto de normas [de un idioma]. *Tb sin compl*. | J. M. Poveda *Abc* 6.11.75, sn: La gramática de las lenguas cultas muestra con exquisita precisión la hondura del fenómeno: los tiempos verbales de la duración son los imperfectos e indefinidos .., mientras que los calificados como perfectos remiten a operaciones conclusas o acabables aun cuando se sitúen en el futuro. **b)** Uso de un idioma de manera ajustada a las normas. | * Este artículo no tiene ni gramática ni ortografía.
4 (*lit*) Teoría y técnica [de un arte]. | FCid *Ópera* 64: La obra maestra es el "Boris" .. El éxito es tan grande que, cosa infrecuente, se ofrecen veinte representaciones sucesivas, pese a que la crítica habla de la ignorancia de la gramática musical, de la falta de gusto, de la grosería. GNuño *Escultura* 161: Fue entonces cuando comenzara a hacerse gramática consciente la vieja propensión del hispano para con el realismo más expresivo y expresionista. *Lab* 2.70, 40: La gramática del punto.
5 gramática histórica. Estudio de la evolución histórica de los sonidos, la morfología y la sintaxis [de una lengua]. *Tb sin compl*. | Cano *Español* 7: No es esta una obra de investigación ni pretende llenar el hueco que todavía tiene la Gramática Histórica desde que en 1940 don Ramón Menéndez Pidal diera la última versión a su *Manual*.
6 gramática parda. (*col*) Habilidad o astucia en el trato con los demás, que frec. permite salir airoso de las dificultades. *Frec con intención peyorativa*. | Cabezas *Abc* 30.12.65, 63: Mezcló .. una cantidad de experiencia con otra no menor de "gramática parda".

gramatiquería *f* (*desp*) Cuestión gramatical [1] nimia. *Gralm en G*. | * Dejate de gramatiquerías.

gramicidina *f* (*Med*) Antibiótico extraído de las esporas del *Bacillus brevis*, que ataca enérgicamente los microbios grampositivos. | *Antibióticos* 19: Aún continuó su trabajo, consiguiendo, en 1939, dos sub-productos de la tirotricina, a los que llamó gramicidina y triocidina.

gramil *m* (*E*) Instrumento que sirve para trazar líneas paralelas a uno de los bordes de una pieza. | Zunzunegui *Hijo* 29: Le licenciaron y volvió al taller a poner embones y a manejar el gramil. C. Padilla *Nar* 3.77, 22: También se utiliza otra especi[e] de gramil para realizar un surco que contornea la guitarra, y donde se introduce un filete de sicómoro, aportando un nuevo elemento decorativo.

graminácea *adj* Gramínea. *Tb n.* | GCabezón *Orotava* 46: Lágrimas de Job, *Coix Lacryma-Jobi*, Linn., Graminácea, Asia tropical.

gramínea *adj* [Planta] monocotiledónea, frec. herbácea y de tallo cilíndrico y nudoso, flores que se reúnen en inflorescencias compuestas y fruto gralm. en cariópside. *Frec como n f en pl, designando este taxón botánico.* | Bustinza-Mascaró *Ciencias* 220: Entre las muchas plantas forrajeras pueden citarse: las papilionáceas (alfalfa, trébol ..), las gramíneas (centeno, avena, maíz ..), coles y nabos forrajeros, etc.

gramnegativo -va (*tb con la grafía* **gram-negativo**) *adj* (*Biol*) [Germen] que, teñido con determinados colorantes, pierde la coloración al ser tratado con alcohol. | *Abc* 18.8.73, 37: Estreptomicina .. Tiene actividad terapéutica contra microorganismos gramnegativos, es decir, bacterias que pierden su coloración por el método de Gram, al tratarlos por alcohol. *NotM* 12.6.85, 25: La adición del radical flúor en la posición seis fortifica la actividad frente a bacilos Gram-negativos.

gramo *m* **1** *En el sistema métrico decimal:* Unidad de peso equivalente al de un centímetro cúbico de agua pura a la temperatura de 4 °C. *Tb la pesa correspondiente.* | *Inf* 9.6.70, 34: Consiguió una trucha que pasó de los 500 gramos de peso. **b) ~ peso.** (*Fís*) Pondio. | Marcos-Martínez *Física* 16: A veces se emplea también la unidad 1000 veces menor, llamada pondio (p) o gramo-peso.
2 (*col*) Mínima cantidad [de algo]. | Aparicio *César* 69: Ni siquiera el alivio que contuvo los hipos descoyuntadores del moribundo .. aligeró en un gramo la gravidez de aquella atención.

gramofónico -ca *adj* De(l) gramófono. | Laiglesia *Ombligos* 142: El ombligo es para el hombre lo que el agujerito central para los discos gramofónicos.

gramófono (*n comercial registrado,* Gramophone) *m* Aparato que reproduce el sonido grabado en un disco. | *Alc* 10.1.55, 20: ¡Qué lejos aquellos viejos gramófonos, con su gran bocina y su diafragma chirriante, a los que había que alimentar continuamente dándoles cuerda con la manivela!

gramola (*n comercial registrado*) *f* Gramófono. | Buero *Música* 88: Era el padre el que compró la gramola. **b)** Gramófono que funciona con monedas, propio de determinados establecimientos públicos. | CNavarro *Perros* 45: Hurgaba en su bolsillo tratando de encontrar una rubia para meterla en la ranura de la gramola. ZVicente *Balcón* 6: Ráfagas de una gramola alta cada vez que se abre la puerta del gran bar "La Estrella".

grampín *m* (*Mar*) **1** Instrumento a modo de ancla pequeña que se pone en el extremo de un cabo y sirve para engancharlo. | Aldecoa *Gran Sol* 119: Llevaban los muertos a su tierra o los tiraban a la mar envueltos en un trozo de vela amarilla o colorada, atados a un grampín.
2 (*reg*) Aparejo de pesca formado por cuatro anzuelos atados. | Mann *Ale* 31.7.81, 2: Muchos pescadores aficionados que ejercen su deporte caña en mano .. utilizan el grampín.

grampositivo -va (*tb con la grafía* **gram-positivo**) *adj* (*Biol*) [Germen] que, teñido con determinados colorantes, no pierde la coloración al ser tratado con alcohol. | MNiclos *Toxicología* 87: Cocos grampositivos y negativos. *Antibióticos* 19: La acción de esos antibióticos contra los microorganismos gram-positivos y negativos es inmensa.

gran → GRANDE.

grana[1] **I** *f* **1** Color rojo oscuro, extraído de la cochinilla *Coccus cacti*. | *Ya* 10.12.78, 7: Colores: negro, grana, rojo, blanco y azul. N. Florensa *His* 3.82, 40: En 1692, un maestro tintorero catalán, llamado José Bito, fue a la Corte para enseñar a teñir de color escarlata y escarlatina cualquier tejido de lana. Después pasó a Segovia a mostrarlo, lo que prueba, según Larruga, que no era tan excelsa la calidad de las granas segovianas. **b)** *Se usa en constrs de sent comparativo para ponderar la rojez o el rubor.* | Berlanga *Recuentos* 44: Solamente de pensarlo me puse como la grana, muerto de vergüenza.
2 (*hist*) Cierto paño fino. | M. Sorá *Abc* 4.12.70, 21: Chaleco de seda negra, de grana o de seda rameada de origen valenciano.
II *adj invar* **3** Que tiene color grana [1]. | Chamorro *Sin raíces* 56: Y su gusto .. fue contemplar la vacada pacer en los campos, .. tomar uvas granas del parral que daba sombra a su mesa de trabajo.
4 (*hist*) [Película] calificada como muy peligrosa desde el punto de vista moral. | Pombo *Héroe* 72: Miss Hart no quería llevarme porque decía que era grana la película, solo porque se besen un poco, ya ves tú.
5 de ~ y oro. (*reg*) Borracho. *Con vs como* ESTAR *o* PONERSE. | Mendicutti *Palomo* 84: A lo mejor hasta era verdad que se había puesto de grana y oro con la manzanilla.

grana[2] *f* **1** Acción de granar [1]. *Tb el tiempo en que se produce.* | F. León *DíaCu* 24.7.84, 6: El calor sofocante que apretó de una vez arrebató un tanto la grana del cereal.
2 Semilla [de algunos vegetales]. | Bernard *Verduras* 43: Se cortan a pedazos [los tomates] y se les quita la grana. F. Costa *Sáb* 21.12.74, 67: Los frutos en montanera de los pinares son las piñas y, dentro de ellas, los piñones, con los que se reproducen los pinos, aunque algunas especies también lo hacen por una grana que tiene un ala, gracias a lo cual es llevada por el viento a grandes distancias.

granada *f* **1** Fruta redondeada de unos 10 cm de diámetro, con corteza rojiza, dura y correosa que cubre multitud de granos encarnados, jugosos y dulces o agridulces, cada uno de los cuales contiene una pequeña pepita blanca. | *Ya* 22.12.73, 21: Frutas y hortalizas: .. Granadas: 33 Ptas./Kg.
2 Proyectil hueco y redondeado cargado de explosivo o de gas y que se lanza a mano, con fusil o con una pieza de artillería. *Frec con un compl especificador.* | *Inf* 17.6.70, 3: Un helicóptero israelí .. arrojó 30 granadas de mortero contra un campamento militar. *Inf* 30.7.70, 5: El Pentágono se deshace de dos mil granadas del gas más venenoso. *Voz* 28.2.86, 9: Las mismas fuentes les imputan, además, el lanzamiento de granadas anticarro contra cuarteles de la Guardia Civil en Álava.

granadero -ra (*hist*) **I** *m* **1** Soldado de infantería armado con granadas [2]. | R. Pieltáin *Abc* 18.4.58, 15: Se hallaba Castaños defendiendo con sus granaderos uno de los reductos en el histórico monte de San Marcial, cuando una bala de fusil le atravesó la parte inferior de la cabeza de oreja a oreja. **b)** Soldado perteneciente a determinadas unidades de guardia. | GAmat *Conciertos* 65: Quien llegase a la puerta [del palacio] en aquellos tiempos .. se encontraba con ciento cincuenta granaderos cubiertos con gorros de piel de oso, que hacían un efecto impresionante.
II *adj* **2** De (los) granaderos [1]. | Mercader-DOrtiz *HEspaña* 4, 212: De Prusia tomó España las nuevas Ordenanzas militares, poco adaptadas a su genio, y una marcha g[r]anadera que luego se convirtió en el Himno Nacional. [*En el texto,* ganadera.]

granadí *adj* (*lit*) Granadino [1]. *Tb n.* | Serna *Abc* 11.2.66, 3: Yo no sé si desde que se extinguieron las voces de los últimos poetas granadíes del siglo XV .. ha vuelto a sonar entre nosotros, en España, la voz de algún poeta árabe que haya vivido en esta tierra. Diego *Abc* 11.11.84, 31: Regino está tocando músicas granadíes de Isaac Albéniz.

granadilla *f* Pasionaria (planta). | CBonald *Noche* 180: Se deslizó entre los arriates de granadilla que tapizaban el muro lateral. GCabezón *Orotava* 14: Granadilla o pasiflora, *Passiflora maliformis*, Linn., Pasiflorácea, Antillas y Suramérica. Planta trepadora con frutos comestibles.

granadillo *m* Se da este *n* a los árboles americanos *Caesalpina melanocarpa, Brya ebenus* y *B. buxifolia*, de madera dura y compacta, de color oscuro, muy apreciada en ebanistería. *Frec su madera.* | FReguera-March *Cuba* 75: Penetraban en terrenos baldíos, invadidos por la áspera vegetación de la manigua: palmas canas, de yarey, arbustos erizados de espinas, como el maribú, que se extendía en grandes manchas de espeso matorral, o el granadillo, de preciosa madera negra. Canilleros *Cáceres* 152: Los muros y las

granadina – grande

bóvedas, decorados fina y profusamente con oro y colores; el zócalo de jaspe gris y la cajonería de nogal y granadillo, componen un conjunto suntuoso.

granadina[1] *f* **1** Zumo de granada [1]. | Cela *Viaje andaluz* 174: En Palma del Río se fabrica el jarabe de limón y de menta, de granadina y de zarzaparrilla.
2 Jarabe o refresco de granadina [1]. | Carandell *Madrid* 59: La gran exposición de frutas, albaricoques, guindas .. no como en los puestos de la calle, sino recortadas en copas cachondas, rezumantes de almíbar, de grosella, de granadina.

granadina[2] → GRANADINO.

granadinismo *m* (*lit*) Condición de granadino [1]. | GMorell *Abc* 21.8.66, 4: Buena falta le hacía al festival que se celebra en la Alhambra destaparse de su granadinismo estrecho y lanzarse a una propaganda a escala mundial.

granadino -na I *adj* **1** De Granada. *Tb n, referido a pers.* | Arenaza-Gastaminza *Historia* 138: El reino granadino. El señor de Arjona, Aben Alhamar, .. negó su obediencia al rey de Murcia, apoderándose de las ciudades de Granada y Málaga y fundando el reino de Granada. *Ide* 30.3.83, 15: Doscientos universitarios granadinos participan en el Univ-83.
2 De Granada (Colombia) o de Granada (Nicaragua). *Tb n, referido a pers.* | E. La Orden *SYa* 30.3.75, 5: "Granada ya no es Granada", dicen los granadinos nicaragüenses cuando añoran el esplendor de su ciudad.
3 De la isla de Granada. *Tb n, referido a pers.* | G. Valverde *Ya* 27.10.83, 10: Un rumor no confirmado que circulaba anoche en Naciones Unidas aseguraba que seis mil granadinos –de los 110.000 que habitan la isla– se han dispersado en las montañas y junglas de este pequeño país.
II *f* **4** Granaína. | Manfredi *Cante* 120: La granadina es un fandango grande, con aires de malagueña, puro arabesco y filigrana. Manfredi *Cante* 128: La media granadina no tiene siempre buena prensa entre los cabales flamencos: hay quien le niega la sal y el agua, y la tiene por una hija bastarda que no conviene enseñar demasiado; yo creo que ni lo uno ni lo otro, que es un cante bueno, fandango amoriscado de la vieja Granada.
5 (*reg*) Escalope de ternera aderezado con jamón, habas y una salsa de cebolla y vino fino. | Zenón *SYa* 7.6.87, 65: Resulta difícil hallar en las mesas lujosas de Granada una cazuela de fideos, arroz, almejas y hierbabuena .. Las granadinas de ternera son una de las especialidades.

granado[1] *m* Árbol de 5 a 6 m de altura, de tronco liso y tortuoso, hojas oblongas y lustrosas y flores rojas, cuyo fruto es la granada [1] (*Punica granatum*). | Cuevas *Finca* 196: Los oían sobre los granados de la huerta. Bustinza-Mascaró *Ciencias* 123: La tenia se puede expulsar con ciertos medicamentos: extracto de rizoma de helecho, corteza de granado.

granado[2] **-da** *adj* **1** *part* → GRANAR.
2 Notable o destacado. | GNuño *Madrid* 172: En la sala XLIV está lo más granado de la pintura alemana del Renacimiento.
3 [Pers.] madura. | *Ya* 10.6.73, 23: –Yo le quisiera pedir la mano de Frasquita. –Hombre –le dije yo–, que usted ya es un caballero "granao", y mi chiquilla...

granaína *f* Variedad de fandango propia esp. de Granada. | Manfredi *Cante* 163: Los tipos de cantes flamencos existentes son .. fandangos, fandanguillos, granaínas, jaberas, livianas, malagueñas, marianas, martinetes, medias granaínas. ACaballero *Cante* 153: Inventó prácticamente [Antonio Chacón] la granaína y la media granaína, que hasta él eran simples fandangos.

granalla *f* (*Metal*) Granos o pequeñas porciones [de un metal]. | Gambra *Filosofía* 108: Ponemos 100 gramos de granalla de plomo sobre la mano. Marcos-Martínez *Física* 248: Se coloca granalla de cinc y se recubre de agua.

granallado *m* (*Metal*) Tratamiento de superficies metálicas mediante proyección de granalla a gran velocidad, para limpiarlas o aumentar su resistencia. | *GTelefónica N.* 173: Equipos para pintar por pulverización con o sin aire .. Equipos fijos y portátiles de granallado y chorro de arena. M. RGabarrús *Van* 23.4.77, 51: Una moderna y totalmente automática instalación para el granallado y pintado de chapas y perfiles se ha instalado enfrente del taller.

granalladora *f* (*Metal*) Máquina para efectuar el granallado. | *País* 2.12.86, 51: Interesa Granalladora en buen estado.

granar *intr* **1** Producir y desarrollar el grano [una planta (*suj*) o la parte de ella destinada a esta función]. | Cuevas *Finca* 227: La cebada ha granado como ningún año. Cuevas *Finca* 14: A estas tierras les viene mejor echarles el grano temprano, .. granan mejor las espigas.
2 Llegar [alguien o algo] a su pleno desarrollo o madurez. *Tb fig. Alguna vez pr.* | MDescalzo *Inf* 31.12.69, 25: Pude contar con un grupo de compañeros estupendos, varios de los cuales han granado ya en figuras muy importantes para el catolicismo español. MGaite *Retahílas* 189: Me parecen absurdos mis proyectos cambiantes, mis inquietudes políticas, mis múltiples estudios comenzados y tantas amistades sin granar. Berenguer *Mundo* 39: El cochino estaba ya casi granado porque tenía defensas. Berenguer *Mundo* 255: Ese venado llegó a granarse en la Zarza, y muchas veces lo tuve luego en los puntos de la escopeta.

granate I *m* **1** Piedra fina y muy dura, compuesta de silicato doble de aluminio y de hierro u otros óxidos metálicos, algunas de cuyas variedades, esp. la de color rojo, son muy apreciadas en joyería. *Diversas variedades se distinguen por medio de adjs:* ALMANDINO, NOBLE, ORIENTAL, *etc.* | Bustinza-Mascaró *Ciencias* 335: Además puede llevar [el granito] diversos minerales accesorios, tales como la moscovita o mica blanca, la hornblenda, granates.
II *adj* **2** [Color] rojo oscuro. *Tb n m.* | Delgado *Vino* 47: Zona de vinos tintos .. Son caldos de intenso color granate. *Ya* 10.10.70, 2: Elegantes pantalones de pana, estampados en modernos colores, marrón, marino y granate. **b)** Que tiene color granate. | *CoA* 29.3.64, 4: Este año estrena un banderín de terciopelo granate con vara y remate de plata repujada. CNavarro *Perros* 154: Llevaban .. las bocas perfiladas con tres lápices, como mínimo: primero el fuerte, luego el pálido, para contrarrestar, y por último el granate.

granatilla *f* (*reg*) Granate almandino (→ ALMANDINO). | J. A. Granda *VAl* 3.9.75, 5: El Campo [de Níjar] es en virtud del ser de las formaciones triásicas: es el abarquillado fondo perforado por la caldera volcánica de las granatillas, sobre el que descansa la baraja de estratos miocénicos, de estratos cuaternarios, y las formaciones recientes.

granazón *f* Acción de granar [1]. | Cuevas *Finca* 30: Del campo en granazón llega un ramalazo de vida.

Gran Bretaña. hijo de la ~ → HIJO.

grancanario -ria *adj* De la isla de Gran Canaria. *Tb n, referido a pers.* | *Abc* 5.6.70, 41: Se ha inaugurado en la localidad grancanaria de Tara una iglesia, fiel muestra del estilo arquitectónico de la isla al final de la conquista castellana.

grancero -ra (*Agric*) I *adj* **1** De (las) granzas[2] [2]. | Moreno *Galería* 142: Comenzaba la faena del cribado o acribado. El primero, con las cribas anchas, las granceras, de grandes orificios.
II *m* **2** Lugar en que se recogen las granzas[2] [2]. | MCalero *Usos* 108: En el molino había tramoyas para recibir el grano .. Tamiz y cedazos para separar la harina del moyuelo. Grancero y desperdicios.

grancilla *f* Carbón mineral en trozos que oscilan entre 12 y 15 mm. | *Economía* 80: Para las cocinas "Choubesky" y salamandras conviene utilizar la grancilla, que son pedazos más pequeños [de antracita].

grande I *adj* (*salvo casos aislados, toma la forma* GRAN *cuando precede inmediatamente a un n m o f en sg; pero esta apócope no se produce si al adj le precede el adv* MÁS *o* MENOS) **1** Que ocupa más espacio o superficie de lo normal o de lo corriente en seres que forman serie con el nombrado. | Noval *Fauna* 164: Es también [el águila real] la más grande de las águilas españolas. *Van* 27.12.70, 36: El paraguas telescópico Knirps. Tan grande como cualquiera, más pequeño que ninguno. Cela *Judíos* 59: Aranda es pueblo importante y grandón. **b)** *(Pers)* corpulenta, esp. alta. *Normalmente después del n.* | Torrente *Saga* 493: Unos soldados grandes y fuertes como tilos. Zunzunegui *Camino* 444: A los pocos días se vio con Amparo .. Grande, tetuda, con el pelo teñido y tirante sobre una frente espléndida. Torrente *Saga* 252: Hay que ver la gracia que los nativos tienen para los motes:

grandemente – grandilocuencia

Picha-de-oro, al padre de siete hijas preciosas; *El glorioso movimiento,* a una cachonda grandota que es una gloria mirar cómo camina, que aquello parece la armonía sideral. **c)** Excesivo en tamaño [para la pers. o cosa a que está destinada]. *Frec con vs como* SER, ESTAR, QUEDAR *o* VENIR. | Cela *Inf* 11.2.77, 24: Mi primo Teótimo cogió la dentadura, le sopló un poco y probó a encajársela. –Me viene un poco grande. **d)** *(col)* Excesivo para la capacidad o el mérito propios. *Normalmente en la constr* VENIR[LE] ~ [algo a alguien]. | * El título de condesa le viene grande. **e)** *Se usa como especificador de algunas especies zoológicas:* GARCETA ~, PÁGALO ~, ZARCERO ~, *etc* (→ GARCETA, PÁGALO, ZARCERO, *etc*).

2 [Pers.] adulta. *Tb n, frec contrapuesto a* CHICO *o* PEQUEÑO. | * Tú ya eres grande y no necesitas que te acompañen. Delibes *Historias* 30: Los hombres de la ciudad dijeron que había que repoblar, que si en Castilla no llovía era por falta de árboles .., y todos, chicos y grandes, se pusieron a la tarea.

3 Importante cualitativamente. | CBaroja *Inquisidor* 44: Pero cuando actúan en los grandes momentos, la cosa se presenta distinta. X. Domingo *Tri* 19.12.70, 33: La mayor parte de la gente .. se contenta con las fotomatón y, en las grandes ocasiones .., con la hermosa foto del maestro fotógrafo de la esquina, que retoca para embellecer. DPlaja *Literatura* 165: Vamos a estudiar los dos grandes siglos de la literatura española. DPlaja *Literatura* 140: La gran figura de la poesía catalana del siglo XV es la del caballero valenciano Ausiás March. **b) gran maestre, gran** (*o* ~) **Oriente, gran simpático** → MAESTRE, ORIENTE, SIMPÁTICO. **c)** [Día o semana] de la fiesta [de una población]. *Después del n.* | RMencía *SVozC* 29.6.69, 12: Rendimos hoy homenaje en nuestras páginas .. a una de esas perlas de más solera de la ciudad, entidades formadas por burgaleses o representaciones de otras provincias, que son "alma máter" de nuestra semana grande. Quiñones *CoA* 31.3.64, 15: El Domingo de Resurrección, como es tradicional, fue el día grande de Coria del Río. **d)** Excelente. *Delante del n.* | FSantos *Catedrales* 157: Viajar en este [barco] es como volver a ver a los viejos amigos, como ir con la familia. Una gran persona el capitán. Sus chicos se examinan con los míos. DPlaja *Literatura* 183: Tenía [Juan de Valdés] prestigio de gran humanista. **e)** [Hombre] ilustre. *Delante del n.* | SAbc 29.6.75, 31: Prácticamente todos los grandes autores del momento –Benavente, los Quintero, Guimerá, Linares Rivas...– le prometían nuevas obras. **f)** Notable o curioso. *Con intención irónica, para poner de relieve lo absurdo del caso que se comenta. Frec en la constr* LO ~ (DEL CASO) ES... | L. Caparrós *SVoz* 8.11.70, 1: Lo grande del caso es que, durante siglos, los que ya están hartos y andan de vuelta de los apetitos elementales, maniobran la historia .. para conseguir eso de lo que ya se muestran tan aburridos. * Esto sí que es grande. **g)** *(col)* Precedido a un insulto, sirve para intensificarlo. | Gala *Ulises* 698: Qué pupila tienes, grandísima pécora. **h)** [Hijo] **de la grandísima** → HIJO. **i)** Sustantivado con *art, en pl y frec precedido de adj numeral:* Los personajes de mayor importancia [de determinado campo]. *Tb fig, referido a países o empresas.* Cuando no va seguido de compl especificador, suele designar a *Jefes de Estado*. *Alguna vez referido a n en sg.* | Umbral *Ninfas* 64: No temíamos demasiado despertar la indignación de los grandes del barrio, que por otra parte estaban ya ausentes casi todos, en sus fincas con olmos, encinas y chopos. CoA 25.3.64, 7: Cuatro grandes de la pantalla en un explosivo y excitante film del Oeste. Vizcaíno *Posguerra* 191: El 2 de agosto, reunidos en Potsdam los "tres grandes", proclaman la condena al régimen español. An. Miguel *HLM* 28.6.76, 17: Sudáfrica es, en verdad, y sigue siendo, uno de los "grandes" de la economía y de la política africana. J. Sampelayo *VozC* 12.1.55, 3: Los centenarios de 1955 .. Centenario de la revelación de Chueca en el Conservatorio, que un día será grande de la música.

4 Importante por su cuantía o por su intensidad. | Olmo *Golfos* 51: No era de gran precio la pluma estilográfica. CNavarro *Perros* 14: Susi conducía a gran velocidad.

II *n* **A** *m y f* **5 ~ de España.** Pers. de la más alta nobleza, que antiguamente tenía la prerrogativa de poder cubrirse en presencia del rey, si era caballero, o de sentarse en presencia de la reina, si era dama. | *GMundo* 304: Alburquerque (XVIII Duque de) .. Tres veces Grande de España. DPlaja *El español* 28: Esta fórmula de saludo [el tuteo] estaba en épocas pasadas limitada a los nobles de prosapia, los Grandes de España.

B *f* **6** *(Juegos)* En el mus: Jugada que consiste en tener las cartas de más valor. | Corral *Cartas* 35: Consta [el mus] de las siguientes jugadas: 1ª Grande. 2ª Chica. 3ª Pares. CSotelo *Resentido* 249: –Grande llevo. –Yo también. Envido.

III *loc v* **7 repicar ~** → REPICAR[1].

IV *loc adv* **8 a lo ~,** *o* **en ~.** *(col)* Por todo lo alto. *Tb adj. Tb fig.* | *Tri* 12.12.70, 18: Elija su Mini para ir de un sitio a otro. A lo grande. Delibes *Cinco horas* 100: Pero tú eres así, hijo, ya se sabe, para algunas cosas, a lo grande. PRivera *Discursos* 20: La celebración, que tenemos que hacerla en grande, de la proclamación de Santa Teresa como Doctora de la Iglesia Universal.

9 en ~. *(col)* Magníficamente. *Frec en la constr* PASÁR(SE)LO EN ~. | Delibes *Cazador* 96: Lo he pasado en grande. GHortelano *Tormenta* 59: –Ernestina dice que lo pasasteis en grande. ¿En qué consistió? –Ernestina se lo pasa en grande siempre que logra estar fuera de casa.

grandemente *adv (lit)* Mucho. | CNavarro *Perros* 192: Los años habían caído sobre ella de una manera casi imprevista, y sus gestos y sus ademanes contrastaban grandemente con las arrugas y las canas.

grandeur *(fr; pronunc corriente, /*grandör/) *f* Grandeza o importancia política. *Referido a Francia. Tb fig, referido a otras realidades.* | L. Dávila *Tri* 27.2.71, 47: La "grandeur" atómica y liquidada de De Gaulle hubiera sido poca cosa sin el complemento de Jazy como recordman mundial mediofondista y de Kiki Caron como ondina providencial para la "grandeur" náutica. *País* 9.6.91, 48: No me inspira la grandeur de Mitterrand. J. M. Llanos *Cua* 1.72, 115: La disminución de esta sonoridad cristiana, que tantas veces parecía *grandeur,* marca otro signo de lo que entiendo por cristianismo opcional. L. Calvo *Abc* 17.11.74, 20: Si Karamanlís alcanza una mayoría arrolladora, es muy posible que intente presidir una República de timbre degaullista, con un Ejecutivo fuerte, aunque sin "grandeur" ni alharacas retóricas. *Cam* 21.7.75, 24: Los años de Porcioles fueron los de la "grandeur". Se construyeron los primeros rascacielos, se proyectaron los cinturones de ronda y se crearon las grandes inmobiliarias.

grandeza *f* **1** Cualidad de grande, *esp* [3]. | Payno *Curso* 233: Algún pueblo de antigua grandeza moría en penumbra. DPlaja *Literatura* 165: Vamos a estudiar los grandes siglos de la literatura española, e intentar comprender su grandeza y su complejidad. M. ÁChirveches *Abc* 30.12.65, 29: Debiera ser restituida [la capa] al tesoro de la catedral para que constituyese el más rotundo exponente de la grandeza de alma de este hombre universal. **b)** Importancia de una pers. en el aspecto social o económico. *En constrs como* AIRES, MANÍA *o* DELIRIOS DE ~. | Torres *Ceguera* 211: Vienes para decirme que mis sospechas fueron acertadas, que te están colando un "marrón", y todavía cultivas tus delirios de grandeza. Luc 4.1.79, 7: En los pueblos suele existir algún pequeño personaje con aires de grandeza.

2 Dignidad de grande de España. *Tb ~ DE ESPAÑA.* | J. Atienza *MHi* 10.60, 3: Muerto este señor sin descendencia, pasó el título a su sobrino don Alejandro Mora Riera, el que alcanzó la Grandeza de España vitalicia en 1913. **b)** Conjunto de los grandes de España. *Tb ~ DE ESPAÑA.* | Tamames *Economía* 45: Las tierras de señorío que aún las pertenecientes a la Grandeza de España eran expropiadas sin indemnización. **c)** Alta nobleza. | DCañabate *Paseíllo* 115: Que las llantas de las ruedas fueran de goma, no por nada, sino porque así las llevaban los coches de la grandeza.

3 *(lit)* Hecho o cualidad notable o importante [de alguien o algo]. *Gralm en pl.* | E. Aguirre *DLe* 14.10.91, 3: De niño, no recuerdo que los profesores de historia hiciesen especia[l] hincapié en las grandezas de Colón. M. F. Cisneros *SDAv* 6.7.90, 4: Hoy quiero dedicar el resto de este escrito .. al nacimiento y celebración de ese acto en el que con tanto fervor proclamamos las grandezas del Santo.

grandifloro -ra *adj (Bot)* De flores grandes. | Sempronio *TEx* 28.6.71, 22: Las begonias de Gante son las tuberosas, que hacen una flor muy grande, y cuyos bulbos germinan eternamente. Begonias tuberosas grandifloras, o de flor doble, en ocho colores.

grandilocuencia *f* Cualidad de grandilocuente. | JLosantos *Azaña* 2, 9: Trueca felizmente la grandilocuencia

grandilocuente – granítico

en el debate por una especie de sadismo lógico que desmonta implacablemente la posición del adversario.

grandilocuente *adj* [Pers.] que se expresa de manera altisonante y enfática. | C. GBayón *SVoz* 8.11.70, 1: Federico es un amigo grandilocuente, optimista, espectacular. **b)** Propio de la pers. grandilocuente. | DPlaja *El español* 34: La frase grandilocuente es como una bandera bajo la cual gusta de refugiarse el español.

grandilocuentemente *adv* De manera grandilocuente. | FMora *Abc* 6.12.75, sn: Hoy las Cortes, que trabajan en comisiones, son el lugar de contraste y compatibilización de los diferentes intereses del pueblo, mientras que antes eran el lugar donde grandilocuentemente los oligarcas ventilaban sus apetencias.

grandiosamente *adv* De manera grandiosa. | A. Escohotado *País* 30.5.85, 11: El emperador Shih Huang Ti fue un hombre con ideas grandiosamente simples. Levantó la Gran Muralla para defender del enemigo externo, y quemó la escritura para defender del enemigo interno.

grandiosidad *f* Cualidad de grandioso. | G. Pablos *CoZ* 23.5.64, 8: El sagrado recinto de Delfos volvía a surgir a la Historia .. Todavía guardaba indemne su grandiosidad, sus misterios y su belleza.

grandiosla *interj* (*reg*) Expresa admiración o sorpresa. | Berlanga *Gaznápira* 15: ¡Grandiosla, qué desacarreo es la muerte!

grandioso -sa *adj* [Cosa] que causa admiración por su magnitud o importancia. *Raro, referido a pers. Gralm usado con intención enfática.* | Tejedor *Arte* 149: Veinte años después .. pintó [Miguel Ángel] en el muro del fondo de la misma Capilla la grandiosa escena del Juicio Final. M. Calvo *Ya* 12.3.75, 37: Este año cumple sus bodas de oro la mecánica cuántica, uno de los más grandiosos hallazgos de la mente humana. *NAl* 5.7.75, 2: Ha muerto monseñor Escrivá de Balaguer .. España ha perdido un gran hombre, pero su figura, cada vez más grandiosa, nos dará gloria siempre.

grandor *m* (*raro*) Cualidad de grande [1]. | Medio *Andrés* 178: –Es muy grande. Tiene mucha fuerza. –Pues tú vas a tener más... Nada tiene que ver la fuerza con el grandor.

grand slam (*ing; pronunc corriente,* /grán-eslám/) *m* (*Golf y Tenis*) Torneo que se celebra entre los que han obtenido las mejores clasificaciones en las principales competiciones de la temporada. | *País* 13.8.92, 26: Será [Olazábal] el único español en una cita del Grand Slam de golf. *Ya* 8.12.92, 37: Hoy comienza en Munich la Copa del Grand Slam, competición en la que participan los dieciséis jugadores [de tenis] que han conseguido los mejores resultados en los cuatro grandes torneos del año: Australia, Roland Garros, Wimbledon y Flushing Meadow.

granducal *adj* De(l) gran duque o de(l) gran ducado. | E. Montes *Alc* 22.10.70, 10: Florencia, en suntuoso desfile, presentó la moda de primavera-verano. Cuarenta y dos colecciones desfilaron por las salas granducales del palacio Pitti. *Hola* 30.9.86, 153: En pocos años, los salones del palacio granducal se han llenado de niños.

grandullón -na *adj* (*col*) [Muchacho] demasiado grande [1b] para su edad, o demasiado mayor respecto a aquellos con quienes trata. *Tb n. Frec con matiz desp. A veces tb dicho de adultos o de animales.* | A. M. Campoy *Abc* 1.12.70, 3: Los vecinos grandullones, en cuanto la ven, corren hacia ella y se ponen a jugar locamente, como si de repente se hubiese proclamado una fiesta alegrísima. Medio *Bibiana* 286: Es un grandullón. Tiene mucha fuerza. J. A. Moral *Ide* 7.8.93, 41: Se desató el vendaval al saltar el segundo [toro], grandullón, mansote y brusquísimo, y Ponce tuvo que buscarlo a los medios donde quedó emplazado.

graneado[1] **-da** *adj* **1** *part* → GRANEAR.
2 (*Mil*) [Fuego] hecho por todos los soldados, cada uno individualmente y lo más deprisa posible. *Tb fig.* | Aparicio *Retratos* 187: Chacho igual caminaba por el pretil de un puente, a cincuenta metros del suelo, que se levantaba ante el fuego graneado de los fusiles y el estallido de las bombas de mano. *GacR* 31.12.70, 12: Terminada la exposición .. que el señor Fernández Nieto termina de hacernos, iniciamos por nuestra parte el fuego graneado de preguntas al señor alcalde.

graneado[2] *m* (*lit o E*) Acción de granear. | *GTelefónica N.* 472: Fotomecánica Offset Rubel. Jaime Beato. Fotocromos. Fotolitos. Cartelería. Litografías. Pasado y graneado de planchas.

granear *tr* (*lit o E*) Dar aspecto granuloso [a algo]. | Aldecoa *Gran Sol* 33: La mar, graneada del chubasco, rompía los reflejos de las luces de a bordo.

granel I *loc adv* **1 a ~.** Sin envasar. *Tb adj.* | Medio *Bibiana* 331: Aprovecha las botellas que compran los chicos y echa en ellas coñac, málaga o manzanilla, comprado todo a granel. Santiago *Señas* 45: Su fama de fulana dejaba un rastro de colonia a granel que lo frivolizaba. *GTelefónica N.* 9: Almacenista de aceitunas a granel y [en] botellitas de plástico.
2 a ~. En abundancia. *Tb adj.* | OMuñoz *DLP* 1.1.64, 5: De sus manos emergía a granel, cual manantial inextinguible, la prodigiosa virtud celeste, portadora de la salud y de la vida. *MHi* 2.55, 20: Fueron acumulándose testimonios de viva voz, documentos, pruebas a granel, que certificaban la conducta noble y heroica del ex Presidente.
II *m* **3** Producto o material a granel [1]. | L. Montes *Alc* 15.10.70, 4: En cuanto a la circulación de productos y venta de graneles o envasados, salió a relucir el precio del vino y los márgenes comerciales. Grosso *Zanja* 14: La dinamita del granel de "Machaco" [anís] aprieta sobre la vejiga y le produce ganas de orinar.

granelero *adj* [Barco] para el transporte de cargas a granel [1]. *Tb n m.* | *Ya* 19.5.90, 28: Renovar los graneleros costará 16.000 millones.

granero *m* **1** Lugar en que se guarda el grano [1]. | Cuevas *Finca* 248: Los graneros nuevos se construyeron al lado de los antiguos. Ortega-Roig *País* 76: En Galicia y Asturias existe un tipo de granero llamado hórreo.
2 Territorio que produce muchos cereales y provee de ellos [a otro (*compl de posesión*)]. | Ortega-Roig *País* 144: La mayoría de las comarcas son cerealistas: La Meseta Septentrional es el granero más importante de España.

granguiñolesco *adj* (*Escén y TLit*) Terrorífico o truculento. *Frec con intención desp.* | *Ya* 17.2.90, 63: Las diabólicas .. Todo un clásico [d]el cine "fantástico-granguiñolesco". J. Ruiz *Gar* 18.8.62, 12: Buñuel ha dado a su obra una atmósfera que en algunos instantes podría calificarse de granguiñolesca: la realidad y su elaboración "surreal", el idealismo y sus trazos de fantasía se encadenan en una sucesión de páginas que hacen de "Un lugar para vivir" una de las más originales obras de la novelística española en los últimos tiempos.

granífugo -ga *adj* (*Meteor*) [Medio o aparato] que sirve para evitar las granizadas. | Agreste *Abc* 13.4.75, 49: Los riesgos que supone actuar "a cuerpo limpio" entre lo que es un infierno de lluvia torrencial .. y de descargas eléctricas mientras en sus puestos de tiradores disparan los proyectiles granífugos en tanto la tormenta esté rugiente en las cercanías o sobre sus cabezas.

granigrueso -sa *adj* (*Mineral*) De grano [4b] grueso. *Normalmente referido al granito.* | Galache *Biografía* 20: La piedra es de granito berroqueño, granigrueso.

granilla *f* (*reg*) Semilla [de la uva, el tomate u otros frutos]. | *Ya* 1.9.74, 20: El precio de venta al público de los aceites de oliva virgen a granel ..: De hasta un grado, 62 pesetas litro; de más de un grado hasta 1,5, 61,50; aceite de cártamo, algodón y granilla de uva, 41.

granitero -ra *adj* Que se dedica a la industria o comercio del granito[1]. *Tb n, referido a pers.* | Man. Rodríguez *SVoz* 11.11.90, 3: Vigo es el primer puerto granitero de España. Man. Rodríguez *SVoz* 11.11.90, 3: La nueva fábrica no entrará en colisión con los intereses de marmolistas y graniteros que trabajan a pequeña escala.

granítico -ca *adj* **1** De(l) granito[1]. | GNuño *Madrid* 86: Dos muy estrechas naves laterales quedan separadas de la central por soberbias columnatas con fustes de monolitos graníticos. Ortega-Roig *País* 205: Su suelo granítico es muy antiguo, y sus montañas .. son numerosas, pero bajas y de formas redondeadas.

2 (*Mineral*) [Estructura] granuda. | Bustinza-Mascaró *Ciencias* 337: Se llama estructura holocristalina cuando los minerales tienen un desarrollo aproximadamente igual, y las rocas así formadas tienen estructura en granos, es decir, estructura granuda o granítica.

granito[1] *m* Roca ígnea muy dura, compuesta de cuarzo, feldespato y mica, susceptible de hermoso pulimento y que se emplea frec. en construcción. | GNuño *Madrid* 50: El Puente de Toledo, recio y sólido, como de granito del Guadarrama.

granito[2] *m* (*Tex*) Tejido cuya superficie presenta pequeños puntos de relieve. | *Van* 11.4.71, 2: Almacenes Capitol .. Traje recto en Tergal granito y meltón Poliester, pantalón largo, desde 1.078 p. *País* 3.10.82, 22: Suéter cisne y cuello caja en granito y 1 x 1.

granívoro -ra *adj* (*Zool*) [Animal] que se alimenta de granos [1]. | Bustinza-Mascaró *Ciencias* 191: Se alimenta [la paloma] de productos vegetales, siendo principalmente comedora de granos (granívora).

granizada *f* **1** Hecho de granizar. *Tb su efecto*. | *IdG* 31.10.70, 14: A veces se confunden con síntomas parecidos, ocasionados por enfermedades de origen patológico, o provocados por los agentes atmosféricos: heladas, granizadas.
2 Hecho de caer o producirse gran cantidad [de cosas] de manera continuada. | *Abc* 12.4.75, 36: La brecha en el dispositivo de defensa se produjo tras una granizada de proyectiles de artillería y cohetes. S. Arnaiz *Alc* 24.10.70, 28: En el quinto asalto [Cassius Clay] acorraló a Cooper. De la granizada de golpes resultó la ceja abierta del inglés. C. Laredo *Abc* 20.8.72, 15: El doctor Benhima trató de abreviar aquella granizada de preguntas que le llovía de la curiosidad periodística insatisfecha durante cuarenta y ocho horas.

granizado -da *adj* **1** *part* → GRANIZAR.
2 [Refresco] semihelado que presenta un aspecto granuloso. *Frec n m*. | *Castalla* 128: Especialidad en horchata alicantina líquida y granizada. Olaizola *Escobar* 19: Se había quedado [la noche] calma, sin brisa, un poco calurosa, y las gentes llenaban las terrazas y cafés, como víspera de fiesta, bebiendo cerveza, horchata y granizados.

granizar *intr impers* Caer granizo. | E. Torrico *SYa* 28.9.75, 42: El mal tiempo se ha enseñoreado de la zona, y nieva y graniza intermitentemente.

granizo *m* Agua helada que cae de las nubes en forma de granos más o menos duros y gruesos. | E. JRey *Reg* 25.8.70, 1: La catástrofe ocasionada en la Vera por la tormenta de granizo .. pesa de modo duro.

granja *f* **1** Finca destinada a la explotación agrícola o ganadera, en la que hay construcciones para vivienda, establo, almacenes y otros usos. | Cuevas *Finca* 238: Mauca, en cambio, gozaba cuando lo veía [el campo] concreto, estructurado, lleno de pequeños rectángulos con una palabra en latín, como los rosales que venían de las granjas hortícolas. Cela *Viaje andaluz* 282: El vagabundo, en Castilleja del Campo, almorzó de oque porque echó una mano a tiempo en una granja de pollos. **b)** ~**-escuela** → ESCUELA. **c)** ~ **marina**. Instalación en el mar para la cría y explotación de peces y otros animales marinos. | *Inf* 11.12.70, 24: Más importante todavía es el hecho de que desde hace algún tiempo se habla de "maricultura", o lo que es lo mismo, la explotación científica y racional del mar por medio de "granjas marinas".
2 ~ **de viento.** Conjunto grande de generadores movidos por el viento para producir electricidad. | *Ade* 2.7.86, 32: Las mayores granjas de viento se encuentran en tres de los lugares más ventosos de California. C. Puerto *Abc* 8.4.86, 51: Las turbinas de eje vertical, cuya agrupación en granjas o parques eólicos permite alcanzar potencias mayores, pueden conectarse a la red de energía eléctrica.
3 (hoy raro) Cafetería. *Normalmente formando parte del nombre de algunos establecimientos de este tipo*. | Goytisolo *Recuento* 604: La granja o dulcería, donde compraba polos, ahora cerrada, con visillos en los escaparates, la puerta todavía pintada del mismo azul, pero sin el rótulo sobre el dintel.

granjear *tr* Atraer o captar [algo para alguien]. *Frec el ci es refl*. | Acquaroni *Abc* 29.7.67, 7: Pensando que el descubrimiento de las vetas auríferas .. ha de gran[j]earle una mayor consideración entre sus superiores. [*En el texto*, grangearle.] CNavarro *Perros* 105: Necesitaba fustigar a Susi, e intentaba granjearse la opinión de la madre.

granjería I *f* **1** Ganancia o beneficio económico. | HSBarba *HEspaña* 4, 312: En cuanto a la plata, a pesar del pie igualitario establecido entre la española y la americana, a mediados del siglo XVIII la labrada en la metrópoli y llevada a América obtenía una granjería del 20 por 100, regulándose cuatro pesetas por un peso fuerte, cuando en España valía solamente 16 reales de vellón. FReguera *Bienaventurados* 69: La prudencia y el peligro de exclusividad le aconsejaron nuevas conquistas y escarceos que, al par que mantenían en alto su prestigio y pabellón de castigador y las granjerías que de ello derivaban, contribuían a cortarle las alas y el prurito a la Tere.
2 Tráfico o comercio. | Villarta *Rutas* 90: Ocúpanse de ello [vender cántaros y pucheros] las mujeres, y es granjería de mucho trabajo y de poco provecho. Crémer *Abc* 2.1.66, 18: El templo, de casa de oración lo habían convertido los mercaderes en lonja de granjería.
II *loc v* **3 hacer ~** [de algo]. Utilizar[lo] para obtener un beneficio. | Laín *Gac* 22.2.70, 8: Solo al servicio de una mínima seguridad personal, pudo hacer granjería de su inmenso prestigio artístico.

granjero -ra *m y f* Pers. que cuida una granja [1]. | J. Balansó *SAbc* 12.4.70, 37: Solo dos granjeros franceses se muestran, al fin, acordes con la idea. *Inf* 4.7.70, 24: La modelo es una granjera de la zona.

grano I *m* **1** Fruto y semilla de los cereales. *Frec en sg con sent colectivo*. | Bustinza-Mascaró *Ciencias* 266: El fruto del trigo, llamado grano, es seco e indehiscente, y en él no se aprecia semilla porque las paredes del ovario se han soldado con las de la semilla. Moreno *Galería* 192: El grano cribado, medido y ensacado venía de inmediato a los graneros.
2 Semilla, gralm. pequeña y redondeada, [de una planta]. | Vega *Cocina* 146: Las habas y los guisantes se tienen desgranados y están libres de la piel que tienen los granos. Vesga-Fernández *Jesucristo* 75: Parábola del grano de mostaza.
3 Fruto, gralm. pequeño y redondeado, de los que constituyen un agregado. | FReguera-March *Caída* 396: Sobre la mesa de mármol estaban .. en una gran bandeja los granos de uva primorosamente envueltos en papeles de colores. Matute *Memoria* 156: Ha mandado colgar de los árboles más hombres que granos tiene un racimo. Vega *Cocina* 78: Se habrán puesto seis puerros, dos cebollas pequeñas, ocho escaluñas, seis granos de ajo sin mondar.
4 Porción pequeña y redondeada [de algo]. | Bustinza-Mascaró *Ciencias* 12: Agreguemos a cada líquido unos granitos de zinc; veremos cómo se desprenden burbujas de un gas, que es el hidrógeno. Ybarra-Cabetas *Ciencias* 67: Platino. Se presenta asociado a los metales de las tierras raras .. en laminillas, granos o pequeñas masas. Ybarra-Cabetas *Ciencias* 107: Las arenas están formadas por granos de diferentes tamaños. **b)** Concreción pequeña y redondeada que se percibe en la superficie o en la masa [de algo]. *Tb en sg con sent colectivo.* | Ybarra-Cabetas *Ciencias* 78: Gabros. De grano muy grueso, se caracteriza por ser uno de sus componentes un mineral verde-negruzco denominado dialaga. Bustinza-Mascaró *Ciencias* 317: Entre los diversos tipos de estructura están: la laminar ..; la fibrosa ..; la granuda, cuando los minerales están formados por granos gruesos o finos. *Hacerlo* 31: Para finalizar el trabajo se utilizará un papel de grano muy fino.
5 Pequeño bulto, a veces con pus, que se forma en la piel. | Laforet *Mujer* 163: Le molestaban de cuando en cuando los dichosos granos propios de su edad. **b)** (col) Pers. o cosa que es motivo de grave preocupación o incomodo. | * En la oficina tenemos un grano: Felisín.
6 Parte sustancial o importante [de algo no material]. *Normalmente en las constrs* (IR) AL ~ *o* APARTAR (*o* SEPARAR) EL ~ DE LA PAJA. | Cuevas *Finca* 61: Buscó el grano de la cuestión, a base de emplear las palabras justas. Torrente *Off-side* 42: –¿Por qué no va al grano? –Por razones estéticas. Soy partidario del *tempo lento*. Y antes de ir al grano, como usted dice, tengo que hablarle de Anglada. R. Frühbeck *SAbc* 20.9.70, 11: La persona o las personas que a estos menesteres se entreguen .. tienen que .. poseer un gusto ar-

granollerense – granular

tístico que les permita elegir bien, separando en todo momento la paja del grano y lo falso de lo auténtico.

7 (*Tex y Lab*) Pequeños puntos de relieve perceptibles en la superficie de un tejido o de una labor de punto. *A veces con un compl especificador. Tb el mismo tejido.* | *Inf* 21.10.69, 11: La moda europea .. Dibujos menudos para los trajes: las serretas, el casimir, el grano de arroz y el cuadrillé.

8 (*Fotogr*) Manchita negra o gris, constituida por acumulación de partículas de plata, de las que unidas forman la imagen fotográfica. | E. Corral *Abc* 25.2.68, 99: Es una fotografía como pasada de luz o de revelado, como aumentada de grano.

9 (*hist*) Medida de peso equivalente a 49 mg aproximadamente. | Cunqueiro *Crónicas* 53: Galván, el curandero, me dio por una libra de oro cuatro granos del veneno que denominan "tanatos umbrae".

10 ~ de anís. Cosa sin importancia. *Normalmente en la constr* NO SER ~ DE ANÍS. | R. Navarro *HLM* 26.10.70, 33: Era cuestión de prestigio, de amor propio y, por qué no decirlo, de ponerse en el zurrón, de paso, cerca de medio millón de pesetas, que no es grano de anís. J. M. Moreiro *SAbc* 25.1.70, 43: Solamente durante 1969 ha producido más de ¡cien mil kilos!, que no es grano de anís. MGaite *Nubosidad* 354: El armario de luna de tres cuerpos, por ejemplo, ha desaparecido como por arte de magia, no sé cómo se las arreglarían para desarmarlo, porque no era ningún grano de anís.

11 ~ (*o frec* **granito**) **de arena.** Pequeña contribución o colaboración. | A. Aricha *Caso* 14.11.70, 3: Loli, que es como llaman a la joven familiarmente, aporta su grano de arena a la familia mediante su trabajo. J. Díez *Ya* 6.9.83, 31: El inefable Bernd Schuster aportó su granito de arena a la polémica.

12 ~s de amor. Mijo del sol (planta). | Remón *Maleza* 66: *Lithospermum arvense* (L.) (*L. officinale* L.). Nombre común: Mijo del sol, Granos de amor, Cornicabra .. Aunque no está considerada como maleza, llega a constituir un estorbo para los cultivos .. Como toda borraginácea, es planta muy pilosa.

II *loc v* **13 salirle** [a alguien] **un ~** (*o* cosa]. (*col*) Convertirse [esa pers. o cosa] en motivo de grave preocupación o incomodo [para él]. | Delibes *Mundos* 160: Al comerciante del país le ha salido un grano con los indios; la competencia con ellos, en cualquier terreno, se hace sumamente erizada y difícil. C. Rojas *Inf* 22.5.74, 28: La realidad es que con Capea les ha salido un grano a quienes ocupan, u ocupaban, la cabecera del escalafón.

III *loc adv* **14 con un** (*o* **su**) **~ de sal.** (*lit*) Con prudencia o con reserva. | A. Assía *Ya* 15.5.75, 18: Los que le conocemos bien tomamos con un grano de sal expresiones como la de que "no tengo una peseta", "estoy en la miseria".

granollerense *adj* De Granollers (Barcelona). *Tb n, referido a pers.* | Salamero *Van* 10.1.74, 34: En el curso de unas obras efectuadas en Granollers han sido puestas al descubierto siete sepulturas católicas de la época romana que se suponen del siglo V. Su disposición por tejas llanas y redondas han confirmado sus características, según afirman los arqueólogos granollerenses señores Estrada y Ramón.

granoso -sa *adj* Que presenta granos [4] en su estructura o en su superficie. | Hacerlo 21: El esmeril (o tela esmeril) es papel o tela recubiertos de corindón granoso reducido a polvo.

granudo -da *adj* **1** (*Mineral*) Que presenta granos [4]. | Ybarra-Cabetas *Ciencias* 68: Fluorita .. Es fluoruro cálcico. Se presenta generalmente en agrupaciones de cristales cúbicos transparentes y otras veces en masas compactas o granudas. **b)** [Estructura] propia del mineral granudo. | Bustinza-Mascaró *Ciencias* 317: Entre los diversos tipos de estructura están: la laminar ..; la granuda, cuando los minerales están formados por granos gruesos o finos. Ybarra-Cabetas *Ciencias* 126: La nieve se transforma de esta manera en una masa compacta de estructura granuda.

2 (*raro*) Que tiene granos [5a]. | B. Cortázar *SAbc* 1.8.87, 82: Madres pesadísimas empeñadas en bailar con su granudo quinceañero.

granuja[1] *adj* [Pers]. de pocos escrúpulos o que engaña con habilidad y picardía. *Frec n. Frec como insulto. A veces con intención afectiva, esp referido a niños.* | Zunzunegui *Hijo* 69: ¡Granuja, que eres capaz de vender a tu madre por un puñado de perras! Salvador *Haragán* 132: Sois unos granujas que estáis engañando a vuestra madre. Zunzunegui *Hijo* 143: Así pasó al servicio de su cuñado Manuel el granujón de Andrés.

granuja[2] *f* Conjunto de simientes [de la uva]. | J. Molina *Ya* 27.1.86, 5: En la jardinera de la ventana .. voy a sembrar la granuja de las uvas de Nochevieja.

granujada *f* Acción propia de un granuja[1]. | Soler *Caminos* 65: Únicamente entonces medimos en sus exactas dimensiones la granujada que habíamos cometido.

granujería *f* Cualidad de granuja[1]. | ZVicente *Mesa* 103: Nadie le echa a este la zancadilla en materia de granujería previsora.

granujiento -ta *adj* [Pers. o, más raro, cosa] que tiene muchos granos [4 y 5a]. *Tb n, referido a pers.* | Rasele *Voz* 19.3.83, 29: Aunque son comestibles [los frutos del madroño], su consistencia es granujienta y su sabor soso. Hoyo *Caza* 58: Con la humedad, con el frío del cuarto, esta carne suya se puso granujienta, de piel de gallina. Cela *Pirineo* 126: El valle de Aneu es tierra pródiga en yerbas de herbolario: .. la dulcamara o yerba mora de los reumáticos y los granujientos; la centaura febrífuga; la parietaria.

granulación I *f* **1** Acción de granular(se). *Tb su efecto.* | E. Novoa *Abc* 11.4.58, sn: Los estudios sobre hielos milenarios, considerando la particular granulación que se acusa en el proceso alternativo de fusión y nueva congelación. Vega *Cocina* 161: Se machacan los ajos en un mortero hasta convertirlos en una masa completamente lisa y sin granulaciones.

2 (*Biol*) Gránulo [del protoplasma celular]. | Bustinza-Mascaró *Ciencias* 23: La ameba es un protozoo; un animal microscópico formado por una sola célula, y, si la examinamos al microscopio, distinguiremos el protoplasma con granulaciones.

3 (*Astron*) Conjunto formado por innumerables manchas brillantes de la fotosfera solar. | L. Ramos *Abc* 30.6.73, 50: Un grupo de científicos del Instituto Fraunhofer, de Alemania, estudiará fotométricamente la granulación solar.

II *loc adj* **4 de ~.** (*Med*) [Tejido conjuntivo] muy vascularizado que se forma en el proceso de curación de una herida. | * El granuloma está constituido por tejido de granulación.

granulado -da *adj* **1** *part* → GRANULAR[1].

2 Que se presenta en forma de gránulos o granos [4]. *Tb n m, referido a producto.* | *Lan* 5.8.64, 14: La Urea-R granulada... es .. de muy fácil empleo. *Ya* 30.5.64, 32: Es un granulado. En envase de plástico .. Sidol Waterlimp. C. Otero *Abc* 21.6.79, 48: Las otras especies, carpas y tencas, necesitan esta alimentación al principio de su vida, y solo hasta que comienzan a comer pienso compuesto, en forma de harinas al principio, y granulado más tarde. *LevS* 6.5.89, 56: Filca-Piscinas .. Cloro sólido Delsa. Polvo, granulados y tabletas de la máxima concetración y pureza.

3 Que tiene gránulos o granos [4]. | Clara *Sáb* 14.9.74, 58: Vuelva a escribir en un papel liso y sin rayas de ninguna clase. El que utilizó ahora es granulado y cuadriculado.

granulador -ra *adj* Que granula[1] [1a]. *Tb n, m y f, referido a aparato o máquina.* | Romano-Sanz *Alcudia* 127: El mayoral forma el coágulo de leche con el granulador. *Abc* 28.9.75, 8: Interesa granuladora piensos buen estado, 1.000 a 2.000 kilos hora de producción.

granular[1] *tr* **1** Reducir [algo] a gránulos o granos [4a]. | *Van* 24.10.74, 17: Molinos para triturar, pulverizar, granular, calibrar y tamizar toda clase de productos. **b)** *pr* Reducirse [algo] a gránulos o granos [4a]. | * Al pasar por este tamiz la masa se granula.

2 Llenar de granos [4 y 5a] [algo o alguien]. | GHortelano *Momento* 83: En vez de la aparición por el pasillo, que todavía me granulaba la piel, crepitó el teléfono. **b)** *pr* Llenarse de granos [4 y 5a] [algo o alguien]. | * La piel se granula al contacto con las ortigas.

granular[2] *adj* **1** De(l) grano [4 y 5a] o de(l) gránulo. | M. Aguilar *SAbc* 13.12.70, 102: Al final de la primera semana se empiezan a formar los típicos granos en la conjuntiva tarsal superior y en su fondo de saco, que toman ya las características propias en el segundo período o hipertrófico o granular, pues durante el mismo, al invertir el párpado su-

perior se perciben .. unos granos grandes y duros. **b)** (*Biol*) [Teoría] según la cual el núcleo y el protoplasma celular están constituidos por numerosos gránulos independientes. | Navarro *Biología* 42: Han sido varias las teorías que se han enunciado sobre la subestructura de la materia celular, como las teorías alveolar, fibrilar, granular, etc.
2 Que tiene aspecto o estructura granular [1a]. | Ybarra-Cabetas *Ciencias* 69: Calizas en masa o estratificadas. En este grupo se incluyen .. las calizas granulares, como la sacaroidea.

granulento -ta *adj* (*raro*) Que presenta gránulos o granos [4]. | GMacías *Relatos* 12: Si la persona que elabora el riquísimo producto de las ovejas tiene la mano fría, el queso resulta granulento. GHortelano *Tormenta* 30: La arena del sendero estaba húmeda, granulenta.

granulia *f* (*Med*) Tuberculosis miliar. | *HLM* 28.13.70, 27: Su muerte, episodio final de una historia clínica de tuberculosis, fue una granulia con neumonitis.

gránulo *m* (*E*) Grano [4] pequeño. | Bustinza-Mascaró *Ciencias* 22: Dispers[a] por él [por el jugo nuclear] existe una red finísima de una sustancia llamada linina, sobre la cual se disponen gránulos de otra sustancia llamada cromatina. Camón *LGaldiano* 191: Hay una rica colección de pomos .. El primero es de final del siglo XV .. El de gránulos y otros de temas florales son del siglo XVI. J. Hernando *SDLe* 6.10.91, 7: Villa relata las calidades del mismo papel, de gránulo muy denso.

granulocito *m* (*Biol*) Célula, esp. leucocito, que contiene gránulos. | Bustinza-Mascaró *Ciencias* 57: Los hay [glóbulos blancos] de diferentes tipos: linfocitos, monocitos y granulocitos, y su misión principal está relacionada con la defensa del organismo.

granuloma *m* (*Med*) Tumor formado por tejido de granulación. | *Anticonceptivo* 69: La inocuidad [de la vasectomía] es prácticamente total .. En alguna ocasión se forma un granuloma inflamatorio en las seis a ocho semanas siguientes a la operación. C. INavarro *SYa* 27.3.77, 14: Las enfermedades de transmisión sexual, que hoy incluyen .. el granuloma inguinal y el linfogranuloma venéreo.

granulomatosis *f* (*Med*) Formación de granulomas múltiples. | R. Cornudella *TMé* 18.2.83, 5: Entre ellas [las etiologías] pueden diferenciarse tres grandes grupos: 1. Granulomatosis diseminada .. 2. Exudados pulm[o]nares crónicos .. 3. Polvos inorgánicos fibrogenéticos.

granulomatoso -sa *adj* (*Med*) De(l) granuloma o que tiene caracteres de granuloma. | Rascón *TMé* 8.6.84, 4: Las úlceras crónicas de las enfermedades granulomatosas solo causan ligero dolor. J. D. Mellado *TMé* 7.1.83, 16: Existen diversos parámetros anatomopatológicos de valor pronóstico, tanto macroscópicos .. como microscópicos (patrón microscópico de crecimiento, grado citológico, infiltrado linfoide y reacción granulomatosa).

granulometría *f* (*E*) Medición de la proporción de granos o partículas de diferentes tamaños de una mezcla. *Tb la misma proporción.* | *Van* 10.1.74, 10: El polvo, naturalmente, aumentó con las ventoleras del centro del día, polvo de mucha granulometría.

granulométrico -ca *adj* (*E*) De (la) granulometría. | *SInf* 5.3.75, 6: Este servicio dispone de laboratorios de concentración gravimétrica, flotación por espumas, separación magnética .., auxiliados por secciones de desenlodado, machaqueo, trituración, molienda, clasificación granulométrica.

granuloso -sa *adj* Que tiene gránulos o que se caracteriza por la presencia de gránulos. | Alvarado *Anatomía* 34: Bajo el nombre de "glóbulos blancos" se engloban elementos bastante heterogéneos .. Se distinguen dos series: la agranulosa .. y la granulosa, cuyo citoplasma lleva abundantes gránulos más o menos gruesos. Bustinza-Mascaró *Ciencias* 71: Cortando longitudinalmente un riñón, en él se distinguen: la capa cortical granulosa, la capa medular estriada. M. Aguilar *SAbc* 13.12.70, 102: Además de como tracoma, se le conoce como conjuntivitis granulosa, oftalmía egipcia y también oftalmía militar o bélica. Torbado *Tierra* 65: Un gran escupitajo de barro, o cosa así, caído del cielo .., o la gran boñiga de vaca con sus altibajos granulosos ..; cual-

quier cosa, en fin, que se eleve apenas del suelo .., así es este pueblo aplastado a la orilla derecha de la carretera.

granvás (*tb* **granvas**) *m* Vino espumoso natural cuya segunda fermentación se hace en grandes tanques herméticos. *A veces en aposición con* MÉTODO. | J. Uribe *Tiem* 11.11.85, 74: En estos países, esencialmente en Alemania e Italia, se sigue el método Charmat .. El método Charmat, o granvás, se basa en la fermentación de vinos espumosos en grandes envases. Delgado *Vino* 49: Dentro del término genérico de "vinos espumosos" cabe .. distinguir tres grandes tipos, según su elaboración: cava, fermentación en botella y granvas.

granza[1] *f* Rubia (planta). | Mercader-DOrtiz *HEspaña* 4, 133: El incipiente desarrollo de la industria dio lugar al auge de la granza, planta tintórea de la que se extraía la rubia. FQuer *Plantas med.* 750: Rubia. (*Rubia tinctorum* L.) Sinonimia cast[ellana], .. garanza, granza.

granza[2] *f* **1** Impureza o residuo que queda al cribar o limpiar determinadas materias. | *Gac* 11.5.69, 90: Isplen es la granza de polipropileno con calidad controlada que garantiza la larga vida de todos los artículos de juguetería y menaje con ella fabricados. *GTelefónica N.* 893: Plexi, S.A. Fabricación de metacrilato de metilo .. Plexiglás planchas planas y onduladas, plexigum, granza, tubos y barras.
2 (*Agric*) *En pl*: Residuos de pajas largas, espigas y granos sin descascarillar que quedan de los cereales cuando se criban. | *DNa* 16.7.64, 4: En este robo de trigo se internaban las llamadas "granzas" u otras cosas ajenas al propio trigo.

granzón *m* (*Min*) Trozo grande de mineral, que no pasa por la criba. *Tb fig.* | S. Araúz *Inf* 9.2.77, 16: En la criba que dé paso al tiempo futuro los intereses quedarán retenidos como granzón, y se abrirá paso el afán de servicio.

grao *m* (*reg*) Playa o porción de litoral que se utiliza como desembarcadero. *A veces se usa como n propio de determinados puertos.* | Delibes *Madera* 383: El crucero, al abrigo de la isla, aproaba al minúsculo grao. Zubía *España* 104: Puerto de El Grao, junto a Valencia.

grapa[1] *f* Pieza metálica con los extremos doblados en ángulo recto, que se clavan para unir o sujetar dos cosas, esp. papeles. | Huarte *Tipografía* 10: Las hojas irán sueltas dentro de una caja o carpeta, o, todo lo más, unidas con alguna grapa o clip fácil de quitar. Moreno *Galería* 64: De todas estas arpaduras vinieron "las arpas" o lañas, que eran una especie de grapas de fragua o abrazaderas de alambre u otro metal con las que se componían rajaduras o grietas padecidas por las vasijas. *Hacerlo* 47: En todas las casas ocurre que un día se hace necesario añadir un enchufe o cambiarlo de sitio .. Es conveniente utilizar hilo de plástico, el cual se sujeta mediante unas grapillas. Delibes *Cazador* 50: Le acompañé a la Casa de Socorro y le pusieron dos grapas. El menguado chillaba como una mujer cuando le cosieron. **b)** (*Constr*) Pieza metálica, de formas diversas, usada para unir o sujetar dos o más piezas de madera u otro material. | GNuño *Escultura* 60: Es un aparejo de piedra de sillería acoplada sin grapas ni argamasa.

grapa[2] *f* (*raro*) Aguardiente de orujo. | V. Mora *Baz* 3.78, 98: ¿Otra grapa, Mozarela? Otra grapa, Gorgonzola. Vamos a coger una bufa de demasiado.

grapadora *adj* [Máquina] que sirve para grapar. *Gralm n f.* | *GTelefónica N.* 661: Luis Díaz. Maquinaria y herramientas de trabajar la madera. Gran surtido en compresores, grúas y gatos. Máquinas grapadoras y chapas. *Abc* 23.9.70, 21: 5000 grapas con una sola carga, pone la grapadora americana Bates.

grapar *tr* Unir o sujetar con grapas[1]. | Umbral *País* 8.1.78, 17: El periódico no está grapado, por lo menos, el que me venden a mí. Fernández-Llorens *Occidente* 201: Los barcos transoceánicos se forran y grapan con láminas de hierro o acero.

grapo *m y f* Miembro de la banda terrorista GRAPO (Grupos Revolucionarios Antifascistas Primero de Octubre). | *GacR* 21.7.79, 15: Según el conocido policía, "los grapos están locos". *CoZ* 5.7.90, 19: El tribunal de Cáceres dictamina que un 'grapo' no debe ser alimentado forzosamente. *Ya* 2.3.90, 22: Una grapo abandonó la huelga de hambre.

grappa – gratinador

grappa (*it; pronunc corriente,* /grápa/) *f* Aguardiente italiano de orujo. | N. Luján *Sáb* 22.6.74, 40: La cocina italiana ha tendido a la unificación más esquemática .. El mejor aguardiente es la grappa –que es nuestro orujo, cuando es añejo–. Torbado *En el día* 69: Allí estaba el ministro de Asuntos Exteriores italiano, sonriendo detrás de la botella mediada de grappa.

graptolites *m* (*Zool*) Pólipo fósil de la Era Primaria, esp. del período silúrico. | Bustinza-Mascaró *Ciencias* 382: Graptolites, a la izquierda. Trilobites, a la derecha. Era primaria.

grara *f En el Sáhara:* Zona baja que conserva más tiempo la humedad y se usa para pastos y cultivos. | Aparicio *Año* 69: Estaban en una grara, una especie de vaguada, llamada grara del camello, una grara de una humedad insólita.

gras *m* (*jerg*) Caballo (animal). | Sastre *Taberna* 116: Queríamos comprar un gras para carne y una choró para vida.

grasa → GRASO.

grasera *f* Vasija para la grasa (→ GRASO [4a y b]). | Van 15.11.73, 4: 2 graseras aluminio, para carne o pescado, en aluminio de buena calidad. 9 cms. **b)** Utensilio de cocina para recibir la grasa de las piezas que se asan. | *Ama casa* 1972 196: Embadurnar la carne con mantequilla .. Terminar de asar lentamente, sin dejar de rociar con su grasa. Al final, añadir un poco de agua hirviendo en la grasera para despegar el jugo.

grasiento -ta *adj* **1** Que tiene grasa (→ GRASO [4]). | Trévis *Navarra* 51: Rehogad y dad vueltas a todo, sin que falte manteca, aunque no echándola con exceso, no vayáis a caer en el riesgo de volver el plato demasiado grasiento. Laiglesia *Tachado* 69: Ya veía en su imaginación las praderas del principado cubiertas de papeles grasientos, latas vacías.
2 De naturaleza o aspecto de grasa (→ GRASO [4a]). | Bustinza-Mascaró *Ciencias* 81: En el espesor de los párpados hay músculos destinados a abrirlos y cerrarlos y unas glándulas que segregan una materia grasienta.

grasilla *f Se da este n a varias plantas herbáceas carnívoras del gén* Pinguicula, *esp P.* grandiflora *y P.* vulgaris. | FQuer *Plantas med.* 628: Grasilla. (*Pinguicula grandiflora* Lamarck) .. La grasilla es una hierbecilla vivaz que desaparece en invierno. Mayor-Díaz *Flora* 492: *Pinguicula grandiflora* Lamk. "Tirigaña", "Grasilla".

graso -sa I *adj* **1** De (la) grasa [4a]. | Navarro *Biología* 17: Se originan [las grasas] por la acción de una molécula de glicerina o propanotriol .. con tres moléculas de un ácido graso. **b)** De naturaleza grasa. | Bustinza-Mascaró *Ciencias* 81: El líquido graso producido por estas glándulas, denominadas de Meibomius, origina, cuando se produce en cantidad excesiva, las legañas al secarse.
2 Que tiene grasa [4]. | *NRi* 8.5.64, 10: El médico aconseja a las madres: Con leche demasiado grasa, acortar la mamada. *Economía* 331: En los casos de piel pobre en grasa se pueden utilizar pomadas grasas. **b)** Que tiene más grasa de lo habitual. | *Fam* 15.11.70, 9: Indique en primer lugar su problema capilar ..: caída, caspa, cabellos grasos o demasiado secos, etc. MVictoria *Ya* 23.6.74, 34: Se pueden utilizar frutas, como naranjas, fresas, tomates, según sea el cutis graso o seco.
3 (*Bot*) [Planta u órgano] suculento. | P. Comas *Van* 28.3.74, 36: Las esparragueras tienen un tallo subterráneo, con una gran cabellera de raíces blancas, gruesas y grasas, del que brotan cada primavera los turiones.
II *f* **4** Sustancia, de origen animal o vegetal, untuosa, insoluble en agua y más ligera que ella, y que deja en el papel que la absorbe una mancha traslúcida. | Bustinza-Mascaró *Ciencias* 21: Las grasas. Son sustancias insolubles en el agua, compuestas de C, H y O y se encuentran en forma de gotitas en muchas células. Legorburu-Barrutia *Ciencias* 58: Fíjate en qué alimentos abundan las proteínas, las grasas y los hidratos de carbono. **b)** Grasa animal. | Laiglesia *Tachado* 54: Aunque todos los Gotenborg tuvieron siempre tendencia a la obesidad, Florinda llegó a superar todas las marcas familiares de grasas superfluas. **c)** Suciedad de grasa. | *Economía* 201: Se entiende por lavado el procedimiento que se emplea para quitar a la ropa sucia las impurezas que la manchan y que consisten, ya en sustancias que proceden de nuestro cuerpo, como sudor, grasa, etcétera, ya en otras adquiridas por contacto. **d)** Mezcla líquida de hidrocarburos empleada como lubricante. *Tb* ~ MINERAL. | Payno *Curso* 24: La máquina emitía un runrún de fuerza. Los topes estaban totalmente untados de grasa. * Necesito grasa mineral para este engranaje. **e)** ~ **consistente.** Mezcla pastosa de hidrocarburos usada como lubricante. | * La grasa consistente está en el garaje.
5 (*jerg*) Golpes. *Frec en la constr* DAR ~ [a alguien]. | Ayerra *D16* 21.7.85, 47: En cuanto a la violencia [en televisión], es saludable expansión .. la de contemplar cómo el personal se sacude estopa fina, unas manitas de grasa, igual que si la nuca o la mandíbula fueran de plexiglás.

grasoso -sa *adj* Grasiento [1]. | *Cocina* 35: Lo característico de estos purés es que la carne esté cocida y sea muy grasosa. Cela *Judíos* 232: Un tío de muchas arrobas y dentadura de oro, .. ademanes de zarracatín de todo lo que salga y fauces grasosas de epulón repleto, se está zampando un cabrito asado.

gratamente *adv* De manera grata. | *Sáb* 10.9.66, 8: Durante su estancia en la Costa del Sol –de la que quedó gratamente sorprendido– se le vio con Kit.

gratén. al ~. *loc adj* (*Coc*) Al gratín. | Palomino *Torremolinos* 143: Luis lee por curiosidad: Sopa buyabesa [*sic*], Espaguetis, Merluza romana .., Huevos al gratén de la casa.

gratificación *f* **1** Acción de gratificar. *Tb su efecto*. | Castilla *Humanismo* 32: Una mayor libertad en la gratificación erótica no tiene por qué llevar consigo una espontaneidad mayor, un encuentro más rico y posibilitador entre persona y persona.
2 Cantidad con que se gratifica [1]. | *DBu* 2.1.55, 7: Se concedió una gratificación al personal que realiza los trabajos de poda de árboles durante la campaña actual. **b)** Remuneración fija, independiente del sueldo, que se percibe por el desempeño de un servicio o cargo. | Medio *Bibiana* 303: Uno se mata trabajando, y nada .. Pero los funcionarios... Sus gratificaciones, su veraneo.

gratificador -ra *adj* Que gratifica [2]. | Tierno *País* 1.6.79, 11: Para el ciudadano común la esperanza de mayor libertad es siempre más gratificadora que el uso de la libertad que se tiene.

gratificante *adj* Que gratifica [2]. | A. Moncada *Ya* 16.10.75, 5: Ellos interpretan como pereza y vicio innatos lo que es, sobre todo, un desencanto, con el trabajo industrial y manual rutinario, extenuador y poco gratificante que masivamente corresponde a esas minorías étnicas.

gratificar *tr* **1** Recompensar económicamente [a alguien] por un servicio o favor. | *CoA* 26.3.64, 11: El matrimonio norteamericano ha hecho grandes elogios de los que hallaron el dinero y la cartera, a quienes quisieron gratificar, así como a la Guardia Civil. *Hora* 31.12.76, 8: Extravío de una agenda sacerdotal .. Se gratificará a quien pudiera presentarla. **b)** Recompensar económicamente [un servicio o favor]. | Ussía *Abc* 6.1.88, 16: Luis Yáñez hace bastantes bobadas como secretario de Estado de Cooperación, que es el cargo que le han dado para gratificar sus añejos calores de taxi. *VozC* 2.1.55, 4: Perdida pulsera con tres medallitas, fechadas y nombre cada una. Gratificaré entrega en Vitoria, 16, quinto derecha.
2 Agradar o complacer. | Torres *Él* 113: La mayor emoción de ese paseo, aparte de ir de compras, que a Diana solía gratificarla más que cualquier otra cosa en el mundo, había sido contemplar desde cerca las famosas estrellas dedicadas a los artistas. Gala *Séneca* 111: ¿No crees que eso gratificaría a las provincias?

gratín. al ~. *loc adj* (*Coc*) Gratinado. | *Cocina* 115: Comida. Macarrones al gratín. Cebolla rellena.

gratinado -da I *adj* **1** *part* → GRATINAR.
II *m* **2** Guiso gratinado. | N. Luján *Gac* 19.10.75, 45: Las especialidades de Reno están .. dentro de la normativa clásica ..: el gratinado de langostinos .., el pollo al estragón.

gratinador -ra *adj* Que gratina. *Frec n, m y f, referido a aparato.* | *Abc* 30.12.65, 18: Disponen [las cocinas] de importantes innovaciones en el horno, gratinador y tostador. GTelefónica *N.* 282: S.A.M. Mas-Bagá .. Fabricación de equipos industriales de cocinas. Cocinas. Freidoras. Marmitas. Paelleras basculantes. Gratinadoras.

gratinar *tr* Recubrir [un guiso] con una capa de besamel, queso o pan rallado y mantequilla e introducirlo en el horno hasta que forme una costra dorada. | L. LSancho *Abc* 28.12.78, 3: También está muy apetitosa [la lombarda] gratinada con manzanas reinetas, bechamel y queso rallado. **b)** *pr* Pasar a tener una costra dorada [un guiso recubierto con una capa de queso o pan rallado y mantequilla e introducido en el horno]. | *Cocina* 115: Se pone otro tanto de macarrones, cubriéndolo con queso y pan, rociando con mantequilla o tocino la superficie, y se meten en el horno, que debe estar fuerte, para que se gratinen.

gratis **I** *adv* **1** Sin pago o compensación a cambio. *Tb* (*pop*) DE ~. | CNavarro *Perros* 12: Incluidos los trabajos extras, me ajusto gratis. CPuche *Paralelo* 95: Si los hijos de los americanos quieren caramelos, clávales. Que lo paguen. Que para eso están aquí de gratis.
II *adj* **2** Gratuito [1]. | Ramírez *Lit. Canarias* 1, 144: Permanecí estudiando con los jesuitas durante dos cursos completos. Estudié en la parte de abajo, la parte gratis, San Estanislao, la de los pobres.

gratis et amore (*lat*; *pronunc*, /grátis-et-amóre/) *loc adv* (*lit*) Gratis. | J. L. Bugallal *Abc* 24.8.66, 44: Imagínense ustedes la larga y extendida playa atestada de gentes de entrambas Mariñas disfrutando del sabroso y exquisito convite que la Comisión de Fiestas ofrece "gratis et amore" –mucho "amore"– a cuantas personas allí acuden.

gratitud *f* **1** Sentimiento propio de la pers. a quien se ha hecho un favor o un servicio y lo acepta como tal, deseando corresponder a él. | Delibes *Pegar* 202: Sepan de mi satisfacción por esta investidura, de mi gratitud a esta Universidad .., a la Facultad de Letras que patrocinó mi nombramiento.
2 (*lit*) Expresión de gratitud [1]. *Gralm en pl.* | *Día* 20.5.76, 3: Por encima de las arepas, de la sopilla que quitaba el sentido, del vino de Tacoronte .., quedó [sic] en el ambiente estas gratitudes que dije. J. Hermida *Ya* 8.6.90, 88: Llegó el presidente del Gobierno y dijo su discurso de victoria y gratitudes. Que fue, el discurso, algo más breve y más andante vivace de lo que parecía propio para tan señalada ocasión.

grato -ta *adj* (*lit*) Agradable. | Laforet *Mujer* 321: Veía su vida cómoda y grata, el cariño de su hijo, que sentía intensamente, como nunca. Onieva *Prado* 171: Tiene la figura un suave desvanecido de luces y sombras en rostro, manos y ropajes, que la hace gratísima a los ojos.

gratuidad *f* Cualidad de gratuito. | *Tri* 11.4.70, 39: Ciertas voces se oponen a la Ley de Educación en lo que respecta a la total igualdad y gratuidad de la enseñanza básica. A. MAlonso *Arr* 11.11.70, 2: Teilhard, al despreciar la gratuidad de la gracia, nos introduce en una especie de gnosticismo. *Mun* 23.5.70, 44: La gratuidad de tales asertos ha quedado palmariamente demostrada.

gratuitamente *adv* De manera gratuita. | Cossío *Confesiones* 151: De los periodistas que nos reuníamos en torno de aquella mesa, el que más ganaba eran veinte duros, y el sueldo corriente seis. Y aún había meritorios que trabajaban en la redacción gratuitamente. Arce *Precio* 92: Es un ser gratuitamente alegre y vital.

gratuito -ta *adj* **1** Que se da o se recibe gratis [1]. | R. Rubio *Abc* 6.12.70, 15: La puesta de sol en la Albufera de Valencia .. es espectáculo grandioso y gratuito para los que tienen la suerte de poderlo contemplar. SLuis *Doctrina* 119: La Gracia es un don sobrenatural gratuito que Dios nos concede para alcanzar la vida eterna.
2 Arbitrario o sin fundamento. | M. D. Asís *Rev* 7/8.70, 5: Sus obras se centran en la intriga, se ayudan de unas tramas inverosímiles y se resuelven en finales gratuitos. Torrente *DJuan* 78: La Creación no es un Cosmos, sino un Capricho. El Otro la ha inventado porque le dio la gana, y está llena de seres gratuitos. **b)** Innecesario u ocioso. | Pániker *Conversaciones* 159: Pausado, controlado, didáctico y preciso, el economista Ángel Rojo .. no dice una sola palabra gratuita.

gratulatorio -ria *adj* (*lit*) **1** Que sirve para manifestar felicitación o congratulación. | Laín *Descargo* 367: La comida de homenaje a Ors, en la sala alta del restaurante "El Púlpito", con aquel memorable, memorativo y gratulatorio discurso final.
2 De (la) felicitación o congratulación. | *Van* 18.4.74, 51: Doble ocasión gratulatoria. Hay fiestas del espíritu que .. para los más pasan sencillamente desapercibidas. *Van* 15.1.76, 43: Comenzó dicho año gratulatorio al otro día de Santa Bárbara, aquel en que la santidad de Clemente VIII Aldobrandini decidió incluir en el catálogo de los santos .. al beato vilafranqués.

grauero -ra *adj* De El Grao (puerto de Valencia o puerto de Castellón). *Tb n, referido a pers.* | F. Vicent *Van* 1.7.73, 6: Ha intervenido como mantenedor, glosando la hermandad entre los hombres de la mar y los de tierra adentro, así como la galanura de la mujer castellonense y grauera, don Francisco Matarredona Sala.

grausino -na *adj* De Graus (Huesca). *Tb n, referido a pers.* | *NEsH* 20.7.72, 3: Graus, escenario del V Descenso Internacional del río Ésera .. Los grausinos pueden sentirse satisfechos y orgullosos de que esta prueba tuviera a su ciudad como escenario.

grauvaca *f* (*Mineral*) Roca detrítica, arenosa, de color blanco grisáceo, formada por la consolidación de los minerales resultantes de la descomposición del granito o de otras rocas poco alteradas. | Bustinza-Mascaró *Ciencias* 341: Las areniscas piroclásticas (grauvacas de los autores alemanes) son areniscas silíceas en las que se encuentran elementos de origen volcánico.

grava *f* **1** (*Mineral*) Conjunto de piedras sueltas, de un tamaño aproximado de 20 mm, procedentes de la fragmentación y disgregación de ciertas rocas. | Ybarra-Cabetas *Ciencias* 80: Los gneis y esquistos .. constituyen los materiales denominados cantos rodados, gravas, gravillas y arenas, siendo las gravas las más gruesas, y las arenas las finas.
2 (*Constr*) Piedra machacada con que se cubre y allana el suelo de un camino. | Cela *Judíos* 119: Marcha a Cuéllar y a Valladolid a seguir buscándose el pan entre la grava del camino.

gravable *adj* Que se puede gravar. | Tamames *Economía* 429: Consta de una "cuota fija" sobre el líquido imponible catastral por la mera posesión de bienes gravables.

gravaleño -ña *adj* De Grávalos (Rioja). *Tb n, referido a pers.* | M. T. PGonzález *Rio* 23.3.84, 9: Grávalos celebró San José .. Hace siglos, unos gravaleños muy devotos trajeron a la parroquia una maravillosa imagen que se venera y conserva con mucho cariño.

gravamen *m* **1** Impuesto o tributo. | FQuintana-Velarde *Política* 247: Los índices externos para conocer si un sistema fiscal es o no progresivo residen en ver cómo trata a las rentas elevadas. En comprobar si a medida que aumenta la renta de cada sujeto aumenta el tanto por ciento de gravamen, lo que se llama tipo tributario o tipo de imposición.
2 Carga que afecta a un bien inmueble o mueble, en beneficio de un tercero. | *Alc* 31.10.62, 28: Que los títulos de propiedad suplidos por certificación del Registro estarán de manifiesto en la Secretaría, debiendo conformarse con ellos, y no tendrán derecho a exigir ningunos otros, y que las cargas o gravámenes anteriores y los preferentes .. continuarán subsistentes.

gravar *tr* **1** Imponer un gravamen [a alguien o algo (*cd*)]. | FQuintana-Velarde *Política* 247: Se dice que un sistema fiscal es regresivo cuando recae sobre las rentas reducidas, gravando más a los que menos tienen. DPlaja *El español* 118: El Estado busca la mayor parte de sus ingresos en impuestos indirectos, gravando espectáculos y restaurantes.
2 Someter a gravamen [2] [algo, o a alguien en sus bienes]. | *Compil. Cataluña* 682: La mujer tendrá el dominio, disfrute y libre administración de los bienes parafernales, pudiendo adquirirlos, enajenarlos, gravarlos, defenderlos en juicio y aceptar y repudiar herencias .. sin licencia de su marido. *Compil. Cataluña* 764: Sin el consentimiento de la persona gravada .. no podrá el legatario tomar posesión por su propia autoridad de la cosa o derecho legados.
3 Afectar [un gravamen a alguien o algo]. | *País* 28.11.79, 16: El proyecto establece que dicho impuesto es un tributo de naturaleza directa, que gravará las transmisiones patrimoniales onerosas, las operaciones soci[e]tarias y los

grave – gravilla

actos jurídicos documentados. Tamames *Economía* 429: La contribución territorial urbana grava el suelo urbano o urbanizable y todas las edificaciones de carácter no agrícola.

grave I *adj* **1** Importante o trascendente. | *Inf* 13.3.76, 1: Argentina: se esperan graves decisiones. SLuis *Doctrina* 93: Esos pecados son siempre graves (pecado mortal), si hay advertencia plena y consentimiento completo. **b)** [Cosa, frec. enfermedad], preocupante o que encierra peligro. | Legorburu-Barrutia *Ciencias* 125: El sarampión .. No es, generalmente, grave, y conviene que lo pasen todos los niños. DPlaja *El español* 89: Lo grave no es que algo sea malo, sino que así lo considere el vecino. **c)** Que padece una enfermedad o lesión grave. | Peraile *Cuentos* 68: Uno se pone enfermo de repente, grave. Se aporrea la puerta y viene el oficial. El enfermo, cada vez peor. Hay que llevarlo a la enfermería. *Ya* 26.10.83, 1: Una persona resultó muerta y otras tres heridas, una de ellas grave, al caer la pluma de una grúa sobre un autobús en la avenida Galicia, de Oviedo.
2 Serio o solemne. | Laforet *Mujer* 82: Fue un mes de junio como Paulina no había recordado otro. Con el esplendor más florido, con la más grave belleza. Cunqueiro *Un hombre* 13: El mirlo, al ver el oro, se puso a silbar una marcha solemne .. que marcaba los graves pasos o el golpe unísono de los remos. Casares *Música* 59: En su pleno apogeo Corelli ordena sus movimientos [de la sonata] así: 1º Grave. 2º Allegro en estilo fugado. 3º Moderado. 4º Vivo en estilo fugado u homofónico.
3 [Sonido] cuya frecuencia de vibración es pequeña. *Tb n m.* | Amorós-Mayoral *Lengua* 50: Cuando tocáis las cuerdas de una guitarra oís que cada una de ellas emite un sonido distinto, unos más agudos y otros más graves: son sonidos con distinto tono. Valls *Música* 16: A medida que se aumenta la frecuencia el sonido es más agudo, y, a la inversa, .. la disminución de la frecuencia produce sones graves. Torrente *DJuan* 338: En el silencio, el violoncello, tras los decorados, tremolaba por los graves más patéticos. **b)** [Voz, instrumento o parte de este] de sonido grave. | FCid *Ópera* 64: Nos asombra el tratamiento de las voces graves y el empleo de los conjuntos corales. Perales *Música* 41: Los "xilófonos", instrumentos de placas de madera; "carillones", de placas de metal, al igual que el "glockenspiel", el "yunque" de "herrero" y el "yunque" de "platero", que podríamos considerar grave aquel y agudo este. Cunqueiro *Un hombre* 121: El músico hizo decir a su laúd una música soñadora, hecha de susurros en las cuerdas graves y de brincos alegres en la prima.
4 (*Fon*) [Palabra] cuyo acento fonético recae en la penúltima sílaba. | Academia *Esbozo* 81: Casi todos los helenismos .. se han acomodado en español, como ya hemos dicho, a la prosodia latina. He aquí algunos ejemplos españoles, primero de voces esdrújulas y después de graves. **b)** Propio de la palabra grave. | Academia *Esbozo* 84: El cultismo *medula* .. conserva también su acentuación grave hasta mucho más tarde.
5 (*Ortogr*) [Acento gráfico] que se traza de izquierda a derecha. | LFanego *Francés* 33: Estos verbos llevan un acento grave en la e que precede a una sílaba con e muda, modificándose la ortografía y la pronunciación.
II *m* **6** Cuerpo que pesa. | Gambra *Filosofía* 177: Los seres de la Naturaleza no viviente tienden de un modo ciego, inconsciente, en virtud de tendencias naturales impresas en su ser (así la caída de los graves o las afinidades químicas de los cuerpos, etc.).

gravear *intr* (*raro*) Gravitar o pesar [sobre algo]. | Zunzunegui *Camino* 190: La mano del hombre graveaba sobre el pecho de Sole oprimiéndola agobiosa.

gravedad *f* **1** Cualidad de grave [1 y 2]. | Villapún *Moral* 61: Gravedad de los pecados capitales. Muchas veces son pecados mortales y otras veniales; la gravedad depende de las circunstancias que rodeen al acto que se hace. *Economía* 269: Las quemaduras tienen tanta más gravedad cuanto mayor es la extensión de la superficie quemada. *DBu* 23.7.64, 7: Prosigue sin variación alguna el estado de gravedad del futbolista español Martínez, quien continúa en estado inconsciente. DPlaja *Sociedad* 66: Todo el mundo sabe que los anteojos son muestra de sabiduría y gravedad. Laforet *Mujer* 275: La cara de Paulina tenía una gravedad especial.
2 (*Fís*) Fuerza de atracción que la Tierra ejerce sobre los cuerpos. | Marcos-Martínez *Física* 27: La fuerza de la gravedad, tan grande, es también la que mantiene la atmósfera gaseosa que rodea a la Tierra, e impide que se pierda. *Abc Extra* 12.62, 47: Los chiquillos se visten como cosmonautas vencedores de la ley de la gravedad.

gravemente *adv* De manera grave [1 y 2]. | DPlaja *El español* 131: Lavar platos comprometería gravemente su nombre. SLuis *Doctrina* 89: Es gravemente culpable [el escándalo] cuando pone en peligro próximo de pecado grave y no hay nada que justifique el hecho que provoca el escándalo. DPlaja *El español* 87: No sale una vez en la pantalla la Torre Eiffel sin que en la sala se oiga a seis o siete señores decir gravemente a su esposa: –París.

gravera *f* Lugar del que se extrae grava. | Martinillos *DBu* 19.9.70, 5: El público supone que una de las medidas primarias a adoptar será la de eliminar las graveras, pues una playa artificial no se concibe con ellas.

gravetiense *adj* (*Prehist*) [Cultura o período] del Paleolítico superior, cuyos principales vestigios corresponden a La Gravette (Francia). *Tb n m.* | Fernández-Llorens *Occidente* 11: Paleolítico Superior, abarca en Europa Occidental una serie de culturas que citamos de más antigua a más moderna: Perigordiense, Auriñaciense, Gravetiense, Solutrense y Magdaleniense. **b)** De (la) cultura o de(l) período gravetienses. | Fernández-Llorens *Occidente* 10: El mayor de estos instrumentos –el hacha achelense– mide unos 20 cm de largo, y el menor –la punta gravetiense– unos 6 cm de longitud.

graveza *f* (*lit, raro*) Gravedad o seriedad. | Mendoza *Laberinto* 185: De entre cuyas insípidas facciones solo merecía la pena destacar la presencia de un bigote de trazo tan rectilíneo que al pronto me hizo pensar que se le había subido una oruga a la cara, noción que en seguida rechacé de plano por estimarla incompatible con la graveza de un financiero de pro.

gravidez *f* (*lit*) Condición de grávido. | E. Montes *Abc* 23.2.75, 22: El Tribunal añade que el peligro para la mujer gestante debe ser comprobado médicamente, a través de indagaciones serias que permitan determinar si se dan o no se dan las condiciones para justificar la interrupción de la gravidez, del embarazo. Delibes *Mundos* 84: Hoy puedo afirmar que choclo-choclo, el choclo tostado, sigue sin agradarme; su falta de gravidez en la boca, su insulsez coruscante, su inconsistencia me revientan. FReguera *Bienaventurados* 53: Sentía el brazo de la Tere pesando en el suyo con una gravidez tibia.

gravídico -ca *adj* (*Med*) De (la) gravidez o embarazo. | Mascaró *Médico* 148: No hablamos de los casos patológicos en los cuales, sea por los vómitos del primer trimestre o por la aparición de síntomas de intoxicación gravídica .., debe recurrirse al médico y seguir las prescripciones dietéticas que este aconseje. Carnicer *Cabrera* 157: Algunas de aquellas atribuciones, apoyadas en la aparición de bocios gravídicos y climatéricos, las funda la gente en la realidad de que el bocio afecta más a las mujeres.

grávido -da *adj* (*lit*) **1** [Hembra] preñada. *Esp referido a mujer*. | Onieva *Prado* 92: Dotada [Calisto] de gran hermosura, excitó la codicia de Júpiter, quien la amó y dejó grávida.
2 [Cosa] cargada o preñada [de algo]. | GNuño *Madrid* 88: Obra de modesta arquitectura, pero grávida de historia. Aranguren *Moral* 151: Surgió la división –tan grávida de consecuencias para el futuro– entre anarquistas y socialistas.
3 [Pers. o cosa] pesada. *Frec aludiendo a la falta de agilidad*. | Aparicio *Retratos* 251: Se alzaba Tonchi , y se arrojaba, grávido y lento, al agua del estanque rematando una imaginaria pelota con la rodilla. Fraile *Cuentos* 19: Desperezaba al andar sus piernas con grávido garbo, con elasticidad segura.

gravífico -ca *adj* (*Fís*) De (la) gravedad [2]. | A. Dué *Cór* 27.9.64, 5: Unas veces [las cápsulas astronáuticas] son arrebatadas por gigantescos torbellinos magnéticos o impulsadas a lo largo de complicadas rutas; otras son solicitadas por la atracción gravífica en órbitas asimismo complejas y desde luego imposibles de calcular desde aquí.

gravilla *f* (*Mineral y Constr*) Grava menuda. | Ybarra-Cabetas *Ciencias* 80: Los gneis y esquistos .. constituyen

gravilladora – grecochipriota

los materiales denominados cantos rodados, gravas, gravillas y arenas, siendo las gravas las más gruesas, y las arenas las finas. B. Amo *Gar* 6.10.62, 57: Por la tarde oyó crujir la gravilla bajo las ruedas de la bicicleta de Tonín.

gravilladora *f* (*Constr*) Máquina para cribar y clasificar la grava. | *EOn* 10.64, 57: Trituradoras de piedra, gravilladoras, trituradoras de rebote.

gravimetría *f* (*Fís*) Medición de la gravedad [2] y de sus variaciones en distintos lugares. | E. Novoa *HLM* 26.10.70, 14: Aparecen elementos históricos de cartografía, juntamente con trabajos modernos en topografía, .. gravimetría y otras actividades afines.

gravimétrico -ca *adj* (*Fís*) De (la) gravimetría. | *Ver* 14.7.64, 16: En la investigación petrolífera en el sureste, se usará el método gravimétrico.

gravímetro *m* (*Fís*) Instrumento para medir la gravedad [2]. | *Ver* 14.7.64, 16: Esquema del gravímetro de Worden. *Ide* 6.8.92, 48: Los valores exactos de la fuerza de gravedad en España quedarán registrados desde ayer gracias a un complejo experimento de medición realizado por investigadores del Instituto de Astronomía y Geodesia, que han trabajado con uno de los seis gravímetros absolutos que existen en el mundo.

gravitación *f* **1** Acción de gravitar. | *Abc* 19.12.70, 41: Está la economía nacional polaca .. limitada por la rigidez de los esquemas socialistas y por la gravitación, tan tremenda, del presupuesto militar.
2 (*Fís*) Fenómeno por el cual todos los cuerpos se atraen entre sí con una fuerza que es proporcional al producto de su masa e inversamente proporcional al cuadrado de su distancia. | Marcos-Martínez *Física* 28: Fue Newton quien descubrió la ley de la gravitación universal.

gravitacional *adj* (*Fís*) De (la) gravitación. | *Abc* 27.4.58, 83: Fuera de estos límites pueden darse espacios verticales indefinidos, tanto en el infra-mundo gravitacional del átomo .. como en el supra-mundo gravitacional de las estrellas.

gravitante *adj* (*raro*) Que gravita. | A. Mallofré *Van* 18.7.85, 23: La aparatosa teatralidad de los supergrupos empezó a adueñarse de los grandes escenarios, adornándose con rayos, focos de colores, gases y humaredas gravitantes.

gravitar *tr* **1** Ejercer [una cosa] su peso [sobre otra]. *Frec fig.* | *Rue* 22.12.70, 13: Si es verdad que los pesa [500 kilos], estos solamente sirven para gravitar sobre las débiles patas. Laiglesia *Tachado* 84: Las preocupaciones que gravitaban sobre él seguían siendo de gran magnitud. Alfonso *España* 93: En los despachos, en los hogares, en la calle... gravita sobre la atención un orden jerárquico.
2 (*Fís*) Moverse [un cuerpo en torno a otro] según la ley de la gravitación [2]. | J. Balansó *SAbc* 1.2.70, 25: En cinco años de existencia, cuatro satélites han sido puestos en órbita y se encuentran gravitando actualmente en torno a la Tierra. **b)** (*lit*) Moverse o girar [en torno a algo]. | FMora *Pensamiento 1963* 175: Toda la obra gravita en torno a lo que es su meta y desembocadura: el estudio de la estrofa y del poema.

gravitatorio -ria *adj* De (la) gravitación. *Tb fig.* | *Ver* 14.7.64, 16: El método gravimétrico .. está basado en la medida de las variaciones de la componente vertical del campo gravitatorio terrestre. J. M. Terrón *SAbc* 9.2.69, 35: En el grabado, las estaciones del año simbolizan cuatro núcleos gravitatorios de la Palabra cósmica.

gravosamente *adv* De manera gravosa. | J. F. Herrera *SArr* 27.12.70, 26: Las disponibilidades monetarias siguen siendo, no obstante, bastante deficientes, con claras repercusiones sobre las ventas de algunos productos que comienzan a almacenarse gravosamente en las factorías del país.

gravoso -sa *adj* Que supone una carga o un gasto. | Bermejo *Derecho* 190: Se acude a los juristas para probar lo mal que anda el reino, sin justicia ni remedios para los pobres y cuitados, con multitud de oficios públicos, inútiles y gravosos. CNavarro *Perros* 135: Ella pedía invariablemente un [*sic*] coca-cola o un café, para no ser demasiado gravosa.

gray (*pl,* ~s) *m* (*Fís*) En el sistema internacional: Unidad de dosis de radiación ionizante absorbida, equivalente a 100 rads. | *Unidades* 14: Unidades SI derivadas que tienen nombres especiales. Magnitud: radiaciones ionizantes .. Nombre: gray .. Expresión en otras unidades SI: J/kg.

grazalemeño -ña *adj* De Grazalema (Cádiz). *Tb n, referido a pers.* | *DCá* 8.1.88, 13: Al acto asistieron el alcalde, Antonio Mateos, en representación del municipio grazalemeño, y, por parte de Telefónica, su director provincial.

graznador -ra *adj* Que grazna. | Cela *Judíos* 151: Un bando de chovas negras y graznadoras pasa sobre la cabeza del vagabundo.

graznar *intr* Emitir [ciertas aves, esp. el cuervo y el ganso] la voz que les es propia. *Tb* (*desp o humoríst*) *referido a pers o a aparato.* | M. Fuente *TSeg* 1.11.79, 20: Comienza una llovizna fría, con revoloteo de palomas y cuervos graznando. N. Dorado *Hora* 31.12.76, 15: El único entretenimiento que nos queda es .. escuchar el aterido graznar de los grajos. DCañabate *Abc* 29.6.75, sn: "Buena está la mañanita, de las que el biruji es lo que afeita en seco. ¿No ha graznao aún la señora Alifonsa?...". Por la calle de las Hileras chilla una voz: "¡La churrera!...". "Si antes lo digo." L. Calvo *Abc* 24.3.66, 61: Los helicópteros, en permanente atalaya, graznaban en el aire espeso, con su morro de saurios.

graznido *m* Acción de graznar. *Esp su efecto.* | Arce *Precio* 41: Sobre los muelles flotaban .. las gaviotas, pero sus graznidos .. parecían ser cabalgados de la brisa. Cuevas *Finca* 211: Los abejarucos, que recuerdan el graznido de las grullas.

greba *f* (*hist*) Pieza de la armadura que cubre la pierna, desde la rodilla al tobillo. | A. Maciá *VozC* 6.1.55, 4: Ir de punta en blanco .. era llevar alpargatas, cota de malla, canilleras, gre[b]as, musequíes. [*En el texto,* grevas.] Fernández-Llorens *Occidente* 54: Los únicos guerreros bien armados (casco, coraza, escudo, grebas o polainas de metal, lanza, espada y carro de guerra) eran los ricos propietarios. [*En Grecia.*]

greca *f* Adorno consistente en una banda en la que se repite un mismo motivo, esp. a base de líneas en ángulos rectos. | *Lab* 12.70, 11: El juego de servilletas, en amarillo, lleva un borde bordado sobre el dobladillo, al pasado, dibujando una greca de puntadas verticales.

grecismo *m* Palabra, giro o rasgo idiomático propios de la lengua griega, o procedentes de ella. | Lapesa *HLengua* 45: La lengua popular se llenó también de grecismos. Rabanal *Grecia* 16: Sin intermediario latino; más bien de manos árabes, recibimos una nueva oleada de grecismos, entre los que, por citar algunos, citaríamos *arroz, zumo, guitarra* o *albéitar*.

grecizante *adj* (*lit, raro*) Que da carácter o forma griegos a palabras de otro idioma. | Huarte *Biblioteca* 140: No se haría referencia de la forma española de nombre de pila a la forma inglesa .. Sí, en cambio, de la forma españolizada del título a la forma grecizante, de uso más universal.

greco -ca *adj* (*lit*) Griego. *Tb n, referido a pers.* | S. LTorre *Abc* 1.1.66, 69: Los asirios, kurdos de raza, pero cristianos, y todas las modalidades del cristianismo: caldeos, armenios del rito gregoriano, sirios jacobitas y católicos; católicos y grecos ortodoxos, algunos protestantes del rito anglicano.

greco- *r pref* Griego. | *Por ej:* SYa 18.3.90, 14: La nueva iglesia en la URSS .. Grecocatólicos y ortodoxos se han lanzado a una particular "guerra de parroquias" para apropiarse de los templos ucranianos. DPlaja *Literatura* 30: La figura más importante de la literatura greco-cristiana es San Juan Crisóstomo. Estébanez *Pragma* 25: A la muerte de Filipo su hijo Alejandro, al frente de las tropas grecomacedonias .., se dirigió contra el imperio persa.

grecochipriota (*tb con la grafía* **greco-chipriota**) *adj* De la comunidad griega de Chipre. *Tb n, referido a pers.* | L. Molla *Mun* 26.12.70, 54: En aquella isla, el Gobierno se encuentra con un 80 por ciento de población grecochipriota, .. enfrentada al otro 20 por ciento de los habitantes turcochipriotas. *CoA* 24.3.64, 3: El rey Constantino reafirma el apoyo de Grecia a los greco-chipriotas.

grecolatino -na *adj* De la antigüedad clásica, o de Grecia y Roma antiguas. | Valverde *Literatura* 43: En el vocabulario, pululante de alusiones a la cultura grecolatina.

grecorromanista *m* (*Dep*) Atleta especializado en lucha grecorromana [2]. | *As* 2.9.70, 14: Se logra mejor el grecorromanista [de] élite si este ha pasado por el tamiz de la libre olímpica.

grecorromano -na *adj* **1** Grecolatino. | M. Lizcano *MHi* 3.61, 6: En la coyuntura de largo ciclo que se inicia en el Continente europeo, al extinguirse la sociedad grecorromana se configura una sociedad occidental.
2 (*Dep*) [Lucha] en que solo se permiten las presas de la cabeza a la cintura y no se permite usar las piernas para inutilizar al adversario. *Tb n f.* | S. Adame *Abc* 7.9.66, 8: Había, además, el parque de la Ciudad Lineal .. En su frontón, alzó cuadrilátero para campeonato mundial de lucha grecorromana. Laiglesia *Tachado* 47: El Secretario de Orden Público se llamaba Jan Zulú y había sido luchador de grecorromana.

greda *f* Arcilla arenosa, de color variable, frec. blanco azulado, que se emplea esp. para absorber la grasa y para fabricar tejas y ladrillos. | Delibes *Castilla* 120: El barnizado no encierra dificultad. Ve ahí tiene los ingredientes: minio y blanco para envolverlo, es decir, greda de Salamanca. Proporción, una de minio por cuatro de greda. CPuche *Sabor* 201: Detrás de la casita venga a meter ruido, la gran barrena, los picos y los martillazos, todo el día pon, pon, pon, y los capazos para arriba y para abajo, y de vez en cuando los viejos calderos que sacaban greda chorreante, a veces parecía mierda, con perdón.

gredal *m* Terreno abundante en greda. | Torbado *Peregrino* 265: Entre los ralos bosques se tendían gredales, calveros y laderas con vegetación muy escasa.

gredoso -sa *adj* **1** Que contiene greda. | S. Castillo *YaTo* 18.8.81, 42: El suelo de esta zona es gredoso, con cambio constante de volumen por el calor y el frío.
2 Que tiene alguna de las cualidades de la greda. | Zunzunegui *Hijo* 21: Manolo notó una picante comezón. Empezó a llevar y traer la lengua, pero la notaba gredosa.

green (*ing; pronunc corriente,* /grin/; *pl normal,* ~s) *m* **1** (*raro*) Césped. | *SAbc* 27.4.69, 52: En casa del bailarín Antonio .. Jardín con piscina y cuidado "green". Estatuas de mármol y cómodas tumbonas.
2 (*Golf*) Zona de césped bajo y cuidado alrededor de cada hoyo. | L. Diego *Arr* 30.9.70, 17: Manejan catorce palos. Palos de madera .., palos de hierro .., y un martillito para cercanías, para enviar a golpes de pura discreción, prudenciales y hábiles, las jugadas a chica del chiquito tapete del "green". *Cór* 25.8.90, 34: Unos desconocidos destrozaron la madrugada del vierne[s] cinco "greens" del campo de golf marbellí de Las Brisas. Gilera *Abc* 25.11.73, 73: Más espectadores cada día, sin que se pueda precisar la cifra: cinco mil, seis mil, distribuidos por las tribunas, los "tee" de salida, los caminos o "fairways" y los círculos alrededor de los "green" para ver la precisión de los golpes finales, los llamados "putt". L. Melgar *Con* 3.85, 5: Con un especial cuidado hacia los greenes, el resto no necesitaría mayor dedicación.

green keeper (*ing; pronunc corriente,* /grinkíper/; *pl normal,* ~s) *m* (*Golf*) Cuidador del césped de un campo de golf. | *BOM* 12.5.79, 2: Convenio colectivo para la empresa "Real Automóvil Club de España", complejo deportivo .. Tabla salarial .. Jefe administrativo .. Green Keeper.

grefier *m* (*hist*) *En la monarquía de los Austrias:* Oficial de la casa real que actúa como secretario del contralor. | Onieva *Prado* 64: Sus restos descansaron en la parroquia de San Juan Bautista, cripta de su amigo D. Gaspar de Fuensalida, grefier del Rey.

gregal *m* (*reg*) Viento del nordeste. | *DMa* 29.3.70, 32: Predominará el "gregal", bonancible y a ratos fresquito. Marejadilla con algún área de marejada.

gregario -ria **I** *adj* **1** [Animal] que vive en rebaño o manada. | Ybarra-Cabetas *Ciencias* 383: Las gallinas domésticas descienden de la gallina silvestre de la India, ave gregaria de los bosques. **b)** (*desp*) [Pers.] que vive dentro de un grupo y actúa sin iniciativa personal, ajustándose a lo que hacen los demás. *Tb n.* | CAssens *Novela* 2, 364: Cavia había inventado personajes representativos, como el Vicente de la Rea, el hombre gregario que va adonde va la gente. Marías *Sociedad* 34: No puede sorprender que el liberalismo sea frecuentemente odiado .. Lo desdeñan los que prefieren seguir un pensamiento inercial, una fórmula o receta prefabricada ..; los gregarios. **c)** Propio de la pers. o animal gregarios. | Legorburu-Barrutia *Ciencias* 229: Los animales de tendencias gregarias son más fáciles de domesticar. Porcel *Des* 12.9.70, 14: El hombre es más complicado que las hormigas o las abejas, equilibradas entre lo gregario y lo individual. Albalá *Periodismo* 32: El riesgo del hombre, en esta gregaria y negativamente solidaria opacidad humana que llamamos sociedad de masas, no es otro que el de su constante despersonalización.
II *m* **2** (*Cicl*) Corredor de categoría secundaria cuya misión es ayudar a su jefe de equipo. | E. Teus *Ya* 4.4.75, 60: Antes de la escalada, los equipos grandes, que tenían sus bazas que jugar en pistas, no dejaron que los costaleros o gregarios se movieran en busca del triunfo. M. Á. Velasco *Ya* 1.6.75, 41: Hace tiempo comenté que este Bertoglio de "gregario" tiene muy poquito .. Hoy lo ha demostrado en una de las etapas más bonitas de este Giro de Italia.

gregarismo *m* Condición de gregario [1a y esp. b]. | Delibes *Año* 64: El gregarismo, la autocracia, el endiosamiento de la técnica .. están aquí y allá. CBaroja *Baroja* 209: Soñar antes que pensar, pensar antes que observar. Tal parece haber sido el lema seguido por muchos ensayistas. Y eso dentro de un gregarismo muy acusado .. Porque el gregarismo en los escritores, en los intelectuales, se da tanto o más que en nadie.

gregarizarse *intr pr* Tomar carácter gregario [1c]. | J. Taboada *RegO* 12.7.64, 16: Las costumbres se han gregarizado; los pueblos pierden su singularidad expresiva, pero el balneario pervive como un fósil, resistente a los avatares del tiempo. Aranguren *Tri* 26.1.74, 41: Es una tarea .. Hay quienes, embarcados en ella, retroceden en seguida y se gregarizan, se hacen fascistas.

gregorianista *m y f* Especialista en canto gregoriano. | *Van* 28.3.74, 23: Ha fallecido en la Residencia de los Padres Benedictinos de Madrid el célebre gregorianista Padre Germán Prado Peralta.

gregoriano -na **I** *adj* **1** [Canto] ~ → CANTO[1]. **b)** Propio del canto gregoriano. | Valls *Música* 26: La melodía gregoriana (monodia) sirve para alabar al Señor. Carandell *Madrid* 33: ¿Quién no aspira a contar una trivialidad con la voz aspirada, casi gregoriana, con que ellos la cuentan?
2 Creado o reformado por el papa Gregorio XIII († 1585). *Frec referido al calendario.* | Villapún *Iglesia* 126: Transformó por completo el Colegio Romano, que en su honor se llamó Universidad Gregoriana. *Anuario Observatorio 1967* 27: La correspondencia entre el Calendario gregoriano y el juliano es fácil de establecer, porque queda reducida a restar 13 días a las fechas del primero para obtener las julianas, y a sumarlos para la deducción inversa. **b)** De(l) calendario gregoriano. | *Anuario Observatorio 1967* 28: Las principales fiestas de la religión ortodoxa, según el Calendario juliano, se celebran en las siguientes fechas gregorianas.
3 (*Rel catól*) [Misa] de las treinta consecutivas que se dicen en sufragio de un difunto. *Normalmente en pl.* | *HLM* 26.10.70, 20: Las misas gregorianas darán comienzo en dicha parroquia el día 1 de noviembre.
II *m* **4** Canto gregoriano [1]. | Subirá-Casanovas *Música* 15: Es también característica fundamental del gregoriano el ser un arte eminentemente vocal, dado su origen y su finalidad litúrgic[o]s.

greguería *f* **1** (*lit, raro*) Griterío. | Umbral *HLo* 10.4.76, 3: Los alcotanes oficiosos de palacio ya lo anuncian con algarada y greguería. O sea que vamos a tener un mayo rojo.
2 (*TLit*) Composición muy breve en prosa, constituida por una observación sobre algún aspecto de la realidad y caracterizada por el humor, el ingenio y la expresión metafórica, cuyo creador y principal cultivador fue Ramón Gómez de la Serna († 1963). | DPlaja *Literatura* 499: Su estilo [de Gómez de la Serna] se afirmó, dentro de una visión humorística del mundo, en la captación de pequeñas observaciones a las que dio el nombre de greguerías. Halcón *Ir* 302: Una greguería de Bruno para paliar su timidez fue: "Cuando tantos disparos se hacen sobre una misma persona esta llega a desear que, por lo menos de una cámara, salga un cohete".

gregüescos (*tb* **greguescos**) *m pl* (*hist*) Calzones muy anchos típicos de los ss. XVI y XVII. | GNuño *Madrid* 134: Se ha instalado una exposición de indumentaria que comprende gramallas de heraldo, .. coletos y gregüescos.

grelo *m* Hoja tierna del nabo, que se come como hortaliza. *Normalmente en pl.* | Vega *Cocina* 72: ¡Y qué carnes las que sirven en los restaurantes compostelanos! Tostones, lacones con grelos, jamón de Sarria.

gremial *adj* De(l) gremio, *esp* [2]. | Cela *Judíos* 120: A los afiladores no les gusta que nadie hable su jerga gremial. FQuintana-Velarde *Política* 252: Para administrar el régimen especial de los trabajadores de la naranja actúa el Sindicato de Frutos y Productos Hortícolas, ya que para hacerlo con el régimen de los del cáñamo actúa la Junta Gremial del Cáñamo. Mercader-DOrtiz *HEspaña* 4, 95: Basta abrir cualquier historia de los gremios o estudiar sus ordenanzas para comprobar que, si los orígenes del movimiento gremial se remontan a la Baja Edad Media, su apogeo corresponde a los siglos XVI y XVII. Umbral *Ninfas* 42: Esta vaga angustia literaria venía a hacerse plástica .. con la visión de los frecuentes grabados gutenbergianos y su niño esforzado, nocturno y gremial.

gremialismo *m* Sistema u organización gremial. | Mercader-DOrtiz *HEspaña* 4, 95: En el XVIII, aunque todavía se crean algunos [gremios], el gremialismo aparece fosilizado, presto a la desintegración. FQuintana-Velarde *Política* 258: Esta política defensora de la burguesía desemboca en el régimen de expediente y gremialismo que [la] propia burguesía había destrozado al surgir a la vida con plena fuerza, allá a principios del siglo XIX.

gremialista *adj* **1** De(l) gremialismo. | Mercader-DOrtiz *HEspaña* 4, 91: En Cataluña, el arrojo para la especulación y la empresa de gran alcance .. cuajó al promediar el siglo XVIII en una benemérita corporación, la Junta particular de Comercio, que, superando el tradicionalismo gremialista, coordinó las actividades de los negociantes al por mayor. *País* 11.3.79, 8: La mentalidad gremialista y el espíritu de cuerpo, con su tendencia a forzar el *numerus clausus* en las profesiones, es un vivero de malos ejemplos.
2 Partidario del gremialismo. *Tb n, referido a pers.* | J. Sampelayo *Ya* 22.10.74, 23: Este libro fue reconocido por los gremialistas británicos como la exposición más completa y sistemática de su doctrina.

gremializar *tr* Dar carácter o estructura gremial [a algo (*cd*)]. | *Ya* 25.4.86, 8: Según Roca, la mayoría de estos puestos de trabajo han sido ocupados por militantes socialistas. "Esto no es modernizar –añadió–; esto no es gremializar políticamente la función pública española." Tierno *Cabos* 186: Esta palabra ["extrañeza" o "distancia"] no es importuna para definir la convivencia en la ciudad de Salamanca. Una ciudad gremializada en la que cada cual está en su sitio, en la que hay calles viejas donde estaban los antiguos gremios.

gremio *m* **1** Conjunto de perss. que tienen una misma profesión. *Frec con un compl especificador.* | J. M. Rollán *SAbc* 1.12.68, 27: Es necesario un control de este gremio [de las manicuras] hasta ahora dejado de la mano de Dios. **b)** (*col, humoríst*) Conjunto de perss. que tienen una misma actividad o condición. *Frec sin compl especificador y referido* gralm a la delincuencia, la prostitución o la homosexualidad. | CPuche *Paralelo* 358: Conforme fue pasando el tiempo, los vecinos con aire de respetables se fueron yendo, y comenzaron a entrar, como burras desgarbadas y raspajosas, fulanas del gremio .. Entraban las zangoneras y desgalichadas fulanas chillando y pidiendo una copita de lo que fuera. Lera *Trampa* 1180: Mi tío Alberto padece ese vicio [la homosexualidad] desde hace muchos años .. Él, como todos los de su cuerda, recibe una gran alegría cuando descubre que algún conocido ingresa en el gremio.
2 (*hist*) Asociación, surgida en la Edad Media, que agrupa a todos los artesanos del mismo oficio. | Tejedor *Arte* 113: Cada oficio tenía un gremio y cada gremio su Santo Patrón.

grencha *f* (*reg*) Mechón de pelo. *Tb fig.* | A. MPeña *Abc* 31.3.74, 39: Ahora es el momento de contemplar en el Valle del Jerte la eclosión de la máxima belleza, .. entre los picachos nevados, como ese que dicen de los Galayos, y el huerto jugoso, nacido de las grenchas de los arroyos trucheros.

greña **I** *f* **1** Mechón de pelo enredado o despeinado. *Gralm en pl.* | Delibes *Emigrante* 34: La Modes, greñas aparte, tiene así un pronto que es tal y como ver a la madre.
II *loc v* **2 andar a la ~**. (*col*) Reñir o pelearse. | M. Landi *Caso* 21.11.70, 7: Siempre anda a la greña con todo el mundo. *Gac* 11.5.69, 27: "Si los sudvietnamitas andan a la greña esperando que nosotros les saquemos las castañas del fuego", ha dicho un desolado diplomático, "hay que preguntarse para qué estamos nosotros aquí".

greñoso -sa *adj* (*raro*) Greñudo. | GHortelano *Momento* 181: Me dejaron paso hasta la barra, donde el dueño hacía caja, auxiliado por un ejemplar ovárico, reseco y greñoso, que me sirvió un cuba-libre.

greñudo -da *adj* Que tiene greñas. | ZVicente *Balcón* 57: Las criadas están en la puerta, esmirriadas, greñudas, guiñolescas. Ferres-LSalinas *Hurdes* 94: Uno de los chiquillos, moreno, greñudo, de ojos enormes, separados, que no tendrá más allá de seis años, se abraza a su madre. **b)** Propio de la pers. greñuda. | Hoyo *Bigotillo* 58: Dado el aspecto deseaseado y greñudo de aquellas ratonas, eran artículos de los que seguramente carecían allí.

greñuela *f* (*reg*) Sarmiento que se entierra y que forma una nueva planta. | Anson *Abc* 7.9.80, sn: Las viñas están ya forcateadas, .. se cercharon los zarcillos y greñuelas.

greñura *f* (*raro*) Espesura (lugar muy poblado de árboles y matorrales). | Delibes *Voto* 86: A mano izquierda, en la greñura, se sentía correr el agua.

gres *m* Pasta de arcilla y arena de cuarzo que, sometida a elevadas temperaturas, resulta resistente, impermeable y refractaria, y que se emplea para la fabricación de cerámica. *Tb la cerámica fabricada con ella.* | *DLér* 2.8.69, 13: Mosaicos Llevat. Gres porcelánico. A. M. Campoy *Abc* 19.11.64, 24: Estos gres de Llorens Artigas poseen una vitrificación y unos tonos que se dirían plutónicos.

gresca *f* (*col*) Riña o pelea. | Palomino *Torremolinos* 11: Puri sabe que está obligada a hacerlo [abrir el bolso en el control], y lo hace siempre, pero hoy el cuerpo le pide gresca. S. RSanterbás *Tri* 11.4.70, 24: Las grescas taurinas son un desagüe contra la miseria.

gresite (*n comercial registrado*) *m* Material cerámico en forma de pequeñas teselas. | Delibes *Año* 51: Valladolid ha enajenado el poco valor que tenía. Ha sido inmolado al funcionalismo, la verticalidad y el gresite. *Ya* 17.5.64, 9: Muebles para terraza y jardín .. Mesas de hierro con tapas de mármol, cristal o gresite. *NotB* 18.4.73, 32: Para poder utilizar el gresite en la realización del mosaico, hay que independizar las teselas del papel.

greuge *m* (*hist, reg*) Queja presentada en las Cortes de Aragón del agravio hecho a las leyes o fueros. | M. Marqués *Mad Extra* 12.70, 6: El propio Jaime I, contestando a los *greuges* que le formulan los aragoneses, manifiesta públicamente que "Valencia se ganó con el concurso de aragoneses, catalanes y extranjeros".

grévol *m* Ave del tamaño de la perdiz, de color pardo con franjas y cola en abanico con ancha franja negra (*Tetrastes bonasia*). | C. Edo *Ya* 11.12.89, 20: Entre las [especies] que se encuentran en peligro más o menos grave abundan, sobre todo, las aves –el avetoro, la garcilla cangrejera, .. el grévol, la focha cornuda–.

grey *f* (*lit*) **1** Rebaño. *Normalmente referido al conjunto de los cristianos dirigidos por sus sacerdotes y obispos.* | RMorales *Present. Santiago* VParga 6: A Santiago fueron como romeros, santos y pecadores, .. toda la grey cristiana. *Van* 4.11.62, 5: El Papa .. desea estar en contacto directo con su grey.
2 Conjunto de perss. que tienen algún carácter común. *Con un adj o compl especificador.* | R. Frühbeck *SAbc* 20.9.70, 11: Se debe proceder con el necesario denuedo, .. sin cuidarse de la reacción de los que se creen equivocadamente objeto de protección. Entre estos se recluta la grey de los resentidos, que acaban siendo tan malignos como la peste. Á. Marja *Cór* 25.1.56, 6: Se distribuyeron setenta mantas y al mismo tiempo gran número de juguetes entre la grey infantil que asistió con asiduidad a la catequesis.

grial (*gralm con mayúscula*) *m* Copa o vaso que se supone usó Cristo en la última cena. *Gralm* SANTO ~. | Onieva

griego – grillado

Prado 169: La Última Cena .. Cristo, con una mano al pecho, alza en la otra la Sagrada Forma. Delante, el Santo Grial de la catedral valenciana. Aparicio *César* 79: Hay cientos de santos griales en el mundo.

griego -ga I *adj* **1** De Grecia. *Tb n, referido a pers.* | *Inf* 1.7.70, 36: El primer ministro griego sigue ostentando las carteras de Defensa Nacional y Educación. Delibes *Emigrante* 52: En la litera de debajo del alemán hay un griego de gafas. DPlaja *Literatura* 31: Roma es la heredera de la cultura griega.
2 Del griego [6]. | Amorós-Mayoral *Lengua* 15: Ha adoptado [el judeo-español] muchas expresiones turcas, griegas, rumanas, árabes.
3 [Cruz] que tiene el palo y el travesaño iguales y cruzados en su punto medio. | Angulo *Arte* 2, 19: Vignola .. es el verdadero creador del primer tipo de iglesia renacentista verdaderamente original. En la de Jesús, de Roma (1568), labrada para la recién fundada Compañía, en vez de colocar la cúpula sobre un templo de cruz griega lo hace sobre uno de cruz latina.
4 [Pez] traslúcida e inflamable, empleada en farmacia y para frotar las cerdas de los arcos de algunos instrumentos músicos. | Cela *Judíos* 157: El pueblo .. guarda las industrias de la pez griega y del incienso.
5 [Acusativo] ~, [fuego] ~, [perdiz] **griega** → ACUSATIVO, FUEGO, PERDIZ.
II *m* **6** Idioma de los griegos [1]. | Lapesa *HLengua* 46: Los grecismos más recientes muestran los cambios fonéticos propios del griego moderno. **b)** *(col)* Lenguaje incomprensible o ininteligible. *Gralm en la constr* HABLAR EN ~. | * A mí, como si me hablaras en griego; no entiendo nada.
7 *(jerg)* Cópula anal. | VMontalbán *Pájaros* 87: –¿Cambia el precio para los griegos y los franceses? –Son nombres de masajes, es decir, de cochineo. El francés es el francés y el griego pues es *El último tango en París*, para entendernos. *País* 4.10.83, 41: Carolina, joven, fogosa, hace griego.

grieta *f* Abertura alargada que se produce en la piel o en la superficie de un cuerpo sólido. *Tb fig.* | CNavarro *Perros* 141: El vientre apareció lleno de grietas. Ybarra-Cabetas *Ciencias* 127: También la lengua del glaciar presenta grietas. Cuevas *Finca* 249: Hacía calor. Un calor pegado sobre la tierra caliente, seca, ya con las grietas del verano. *Her* 1.2.90, 25: El Ejército muestra sus grietas. P. J. Irazábal *Mun* 23.5.70, 29: Los sondeos presentan algunas grietas, y existen entre 20 y 40 escaños que pueden ser dudosos y aun decidir las elecciones.

grifa[1] *f* Hachís o marihuana, esp. marroquí. | *Caso* 5.12.70, 16: Ha dictado sentencia en el juicio habido por tráfico de drogas, especialmente "grifa".

grifa[2] *adj (Mec)* [Llave] semejante a la inglesa, usada en fontanería. *Tb n f.* | *Ya* 16.9.87, 15: En el último número de la revista "Trenes" (editada por Renfe) aparecen en la portada dos señoritas con las domingas al aire, y en el interior, un tren recorriendo un límpido cuerpo femenino, y una pose de otra señorita con una enorme llave grifa en la mano y sus pechos tan ricamente al aire. M. GSantos *Abc* 1.5.70, sn: En la vida de Joaquín Camín es decisiva la influencia de su ciudad .. Ha abandonado los pinceles desde 1961 por el soplete, la soldadura eléctrica, los martillos, las grifas y la sierra.

grifa[3] *adj (Impr)* [Letra] cursiva. | MSousa *Libro* 81: Introdujo [Aldo Manuzio] innovaciones importantes, como la letra cursiva, desde entonces llamada también aldina .., itálica .., cancilleresca .., bastardilla .. y grifa o agrifada.

grifado -da *adj* Intoxicado con grifa[1]. | Goytisolo *Recuento* 89: Volvieron a los sitios de siempre. Les ofrecieron petardos a duro, y había una puta que iba y venía a lo largo de la barra, más grifada que borracha.

grifarse *intr pr (reg)* **1** Engreírse. *Frec en part.* | ZVicente *Examen* 74: Pasaban .., llamativas corvetas cascabeleras, las jacas nerviosas de los caleseros, esas que devuelven a casa a las presidentas de las corridas, mozas algo grifadas y enrojecidas, envueltas en piropos y sudor. ZVicente *SYa* 6.7.75, 23: ¿Cómo quería que nos considerasen por ahí afuera...? Como unas fieras greñudas, grifadas de virtudes mentirosas, a ver qué vida. Eso sí, muy autárquicas, que era la consigna.

2 Erizarse o encresparse. *Frec en part.* | ZVicente *Examen* 44: La gente que, de tanto en tanto, vomita el horno atroz, sale jadeante, desorbitada; las mujeres, grifadas por el terror, se desmayan, los hombres procuran disimular el espanto.

grifería *f* Conjunto de grifos[1] [1]. | *Alc* 31.10.62, 29: Pilas y lavaderos en porcelana. Griferías. *Mad* 30.12.69, 6: Magníficos pisos .. Dos baños señores y aseo de servicio con extraordinaria grifería.

grifo[1] I *m* **1** Llave que se coloca en la boca de una cañería o en un depósito para regular la salida de líquido. | Laforet *Mujer* 134: Empezó a soltar los grifos de la casa, solo por oír el rumor del agua.
II *loc v* **2 cerrar el ~** [a alguien]. *(col)* Dejar de proporcionar[le] dinero, crédito o ayuda económica. *Frec sin ci.* | AMillán *Juegos* 131: Es decir, que si papá cierra el grifo, igual te toca ponerte a trabajar, ¿no? Armiñán *Juncal* 72: –Seiscientas cuarenta .. –Bueno, pues me lo apuntas. –No puede ser, doña Emilia le ha cerrado el grifo. *Pue* 27.10.77, 18: Advertencia árabe a Europa. Puede cerrarse el "grifo" económico.
3 soltar el ~. *(col)* Empezar a llorar. | * En cuanto le vio aparecer en la pantalla, soltó el grifo.

grifo[2] *m* Animal fantástico que tiene la parte superior del cuerpo de águila y la inferior de león. | Goytisolo *Recuento* 211: San Jorge, émulo de Perseo y de Sigfrido, salvador de princesas cautivas, destructor de quimeras, del mítico grifo que una vez muerto se convierte en rosal o doncella desencantada.

grifón -na *m y f* Tipo de perro de pelo áspero y largo, del que existen varias razas de caza y de compañía. *Tb adj.* | *Van* 20.12.70, 75: Cachorros Pastor Alemán, Bassets, grifón, vendeano. Delibes *Santos* 99: Sonreía abiertamente, .. muy orondo, lo mismo que cuando mostraba la repetidora americana o la Guita, la cachorra grifona.

grifota *m y f (jerg)* Adicto a la grifa[1]. | Tomás *Orilla* 350: Había pasado la noche con unos colegas, grifotas de los primeros tiempos, en Alboraya.

grijera *f (reg)* Guijarral. | *OrA* 2.9.78, 8: Tenemos entendido que nuestra inmejorable cantera-grijera de Las Retuertas ha sido subastada y adjudicada a partir del primero de mes por nuestro Ayuntamiento.

grijo *m (reg)* Grava o gravilla. | Pinilla *Hormigas* 132: Introduce las manos entre los resquicios de las peñas, tanteando con sus dedos el grijo o arena o verdín del fondo de las aberturas. Pombo *Héroe* 10: La gran fachada azul y blanca, la escalinata, el jardín húmedo en torno al edificio, con sus paseos de grijo, iba[n] cobrando muy deprisa el aire introspectivo de los huéspedes fijos.

grill (ing; pronunc corriente, /gril/; pl normal, ~s) *m* **1** Parrilla (restaurante). | Pemán *Almuerzos* 98: Al día siguiente el que se presentó en la hora convenida en el Palace no fue Cambó sino Gabriel Maura .. Mano a mano, en una mesita del Grill, Gabriel dedicó unos minutos a elaborar, como un experto, el menú. *Sol* 24.5.70, 15: Guía de Restaurantes. "Marbella Club Hotel." Su Grill, su Champagne Room con discoteca, su piano bar, su restaurante en la piscina climatizada del Beach Club.
2 Utensilio de cocina, de formas diversas, para asar carne como a la parrilla. | *País* 23.3.80, 40: Gratinado de pastas, carnes, pescados y gran número de postres, pueden hacerse al horno de maravilla con ayuda de una rustidera Gur Magefesa (en la que nada se pega) colocada entre las dos placas del grill. *Prospecto* 12.85, 101: El Corte Inglés .. Parrilla grill mod. 36 Magefesa. P.V.P. 7.975 pts. *Prospecto* 4.91: Continente .. Grill Avantage. Placas desmontables: 5.695.

grilla. salir ~ [una pers.]. *loc v (col)* Resultar de mala condición o de comportamiento inadecuado. | Cela *Alcarria* 226: Fabio Serrano, Serranito, peluquero de señoras y ex fraile, se arranca con el dúo de tenor y tiple de Doña Francisquita, haciendo las dos voces. –¿Y este? –Nada; este salió algo grilla, pero es buen muchacho.

grillado -da *adj (col)* Loco o falto de juicio. | Berlanga *Rev* 3.69, 28: Cuentan que cuando compró un muleto en la feria le dijo al chalán que, de últimas y para cerrar el trato, pagaba noventa duros, ni un real más, pero que ni grillao le daría las cuatrocientas pesetas que le pedía.

grillarse *intr pr* (*Agric*) Echar tallos [una semilla, un bulbo o un tubérculo]. | A. Montes *Luc* 29.10.76, 5: El que se haya grillado un alto porcentaje de trigo y cebada en las eras es igualmente lamentable.

grillera *f* **1** Jaula para grillos [1]. *Tb fig.* | Berlanga *Gaznápira* 44: Cuando no necesitaba dinero, los inventos del Moisés no hacían mal a nadie. Cualquier mocoso le podía pedir una grillera, unas tenacillas, un aro con guía y freno: era cosa hecha. Seseña *Barros* 107: Se siguen haciendo bebederos de palomas y de gallinas. Dos piezas tradicionales y muy curiosas son las caracolas y las grilleras. Medio *Bibiana* 133: Es lo que tienen estas casas modernas. Son como grilleras... Ni la familia puede acomodarse en ellas.
2 (*col*) Lugar donde nadie se entiende, por gritar todos al mismo tiempo. *Tb el bullicio correspondiente.* | Berenguer *Mundo* 354: A las dos de la tarde dijeron que ya podíamos hablar, y allí solo se escuchaba una grillera.

grillería *f* Conjunto de grillos [1]. | Halcón *Ir* 127: Transida la noche por la incansable grillería.

grillerío *m* Conjunto de grillos [1]. | GPavón *Reinado* 34: Por todos sitios cantaba el grillerío.

grillete[1] *m* **1** Pieza de hierro, gralm. de forma semicircular, que sirve para asegurar una cadena a alguien o algo, esp. a los pies de un preso. *Frec en pl.* | Kurtz *Lado* 216: Diariamente se les hacía pasear –como escarmiento– por las calles de La Habana, esposados y con grilletes. A. M. Campoy *Abc* 26.12.70, 21: Cuando vi .. el despacho de Honoré de Balzac, su pequeño escritorio y su enorme sillón frailuno, se me antojó que el sillón tenía grilletes, pues solo como un forzado pudo escribir Balzac todo lo que escribió. *SAbc* 20.4.69, 31: Los "quinquis" .. son carne de reja y grillete.
2 (*Mar*) Trozo, de unos 25 m de largo, de los varios que componen la cadena del ancla. | J. Santamaría *Ya* 18.3.75, 8: Necesita el barco arboladura joven, casco recio y ancla con muchos grilletes para largar hondo y a fondo seguro.

grillete[2] *m* (*reg*) Cencerro pequeño, de sonido agudo. | Berlanga *Barrunto* 41: Los fui sonando. A cada lengüetazo del badajo de enebro, los cencerros hablaban, ladraban, balaban: el grillete chiquitajo .., el chingarro de la oveja modorra, el campano –ancho y ronco–, el truco con su boca estrecha.

grillo I *m* **1** Insecto ortóptero de unos 3 cm de largo, color negro rojizo y cabeza redondeada, cuyo macho produce con los élitros un sonido penetrante y monótono (*Gryllus campestris*). *Tb ~* COMÚN *o* CAMPESTRE. *Otras especies similares se distinguen con un adj especificador:* ~ DOMÉSTICO (*Gryllus domesticus o Acheta domestica*), ~ DE BOSQUE *o* FORESTAL (*Nemobius sylvestris*), ~ ESCAMOSO (*Mogoplistes squamiger*). | CNavarro *Perros* 41: No muy lejos se oía el runrún de un grillo.
2 ~ **real**, **topo** *o* **cebollero**. Alacrán cebollero. | F. Ángel *Abc* 16.2.68, 23: Con "Fertisalus" se combaten eficazmente las Típulas de los prados; .. Gryllotalpa, Grillotopo, Calluezo o Grillo real, pues por todos estos nombres es conocido en nuestro país, según la región en que se desarrolla. Bustinza-Mascaró *Ciencias* 156: Aparte de otras langostas o saltamontes, mencionaremos: el grillo común, el grillo topo o alacrán cebollero .. y las cucarachas. Delibes *Siestas* 18: De súbito, entre las pajas del borde del camino empezó a cantar un grillo cebollero.
3 jaula (*u* **olla**) **de ~s**. (*col*) Lugar en que hay gran desorden y confusión. | Delibes *Emigrante* 47: Arriba entregamos los pasajes, y era aquello una olla de grillos.
II *loc adv* **4 como una jaula** (*u* **olla**) **de ~s**. (*col*) Completamente loco. | * Estás como una jaula de grillos.

grillos *m pl* Conjunto de dos grilletes[1] [1] unidos por un perno común. | DPlaja *El español* 61: A la prisión con él. Mazmorra, grillos, a pan y agua.

grillotalpa *m* Alacrán cebollero. | Marcos-Martínez *Física* 262: Por su mal olor se le usa para destruir al alacrán cebollero o grillotalpa.

grillotopo *m* Grillo topo o alacrán cebollero. | F. Ángel *Abc* 16.2.68, 23: Con "Fertisalus" se combaten eficazmente las Típulas de los prados; .. Gryllotalpa, Grillotopo, Calluezo o Grillo real, pues por todos estos nombres es conocido en nuestro país, según la región en que se desarrolla.

grilo *m* (*reg*) Bolsillo. | J. Mendoza *SD16* 8.11.93, 6: Candelas "guindaba" (robaba) a la gente para su propio "grilo" (bolsillo).

grima *f* Desazón o desasosiego. *Normalmente en la constr* DAR ~. | Marsé *Dicen* 239: Lloraba como si me sonriera y se le escurría la pintura de los ojos, daba grima verla así. Delibes *Siestas* 47: Eran sus ojos, de un tono gris desvaído, casi blancos y con una blandura dentro que daba grima. Cela *Molino* 260: Al señor Asterio, el veterinario, alias Muermo, le daba cierta grima pensar que pudiera ser padrastro del feto Nicéforo.

grimorio *m* (*hist*) Libro de magia con fórmulas de hechicería. | A. Yáñez *SAbc* 16.3.86, 17: Generalmente se valen [los hechiceros] de claves de antiguos grimorios.

grimoso -sa *adj* Que da grima. | ARíos *Inde* 21.8.89, 32: Resulta más desasosegante, grimoso casi, el intento de cruzadas morales.

grimpeur (*fr; pronunc corriente,* /grimpér/; *pl normal,* ~s) *m* (*Cicl*) Ciclista especializado en ascenso de montañas. | Valencia *SYa* 29.4.75, 31: Los ciclistas españoles del tiempo –Trueba, Cardona– comenzaron a brillar con luz propia de "grimpeurs" en la prueba francesa.

grímpola *f* Gallardete. *Tb fig.* | Cela *Judíos* 193: Las esquinas del cielo .. lucen los múltiples gallardetes que las bautizan: aquella es la blanca grímpola de la prudencia; aquel, el verde banderín de la soberbia. Castroviejo *Van* 20.5.73, 13: El vicario Rorlund propone ante cierta multitud un encadenamiento viva al cónsul y a los que combaten a su lado .. El que la reacción del homenajeado se vuelque luego hacia la verdad elevará como una grímpola el "pathos" del drama.

gringada *f* (*desp, raro*) Conjunto de gringos. | GSerrano *Madrid* 68: Un barrio [Argüelles] lleno de cafeterías y de luminosos .., con pescadoras de flores y bañistas y guantes de pelota base y muchachos que discuten de la media verónica, el toque de Di Stéfano y la influencia de la gringada.

gringo -ga (*col, desp*) **I** *adj* **1** De Estados Unidos. *Tb n, referido a pers. En este caso, a veces designa a cualquier extranjero de habla inglesa.* | CPuche *Paralelo* 327: –Yo .. elegiré otro camino. –No irás a adquirir la ciudadanía gringa –comentó el cubano Maqueda .. –No te habrás pasado al enemigo –dijo Rafa. CPuche *Paralelo* 73: Genaro gozaba dando buenos pelotazos en el cogote a los gringos altos y fuertes. Corría entre el griterío de aquellas lenguas extrañas, sin comprender nada, tirando bolas bien apretadas. ZVicente *Traque* 105: Las ciudades, digo yo, hay que patearlas. Si no, se convierte uno en un gringo de esos que no carburan ni se enteran de nada más que de lo barato que cuesta todo aquí.
II *m* **2** (*raro*) Lengua de los gringos [1]. | Grosso-LSalinas *Río* 19: –¿Te la llevaste por el muelle? –¡Digo! ¿Por dónde, si no? Allí anduve buscándola el bullarengue .. –¿Y de qué hablabais? Porque tú, de gringo, na. –De na, ella sol[o] sabía el inglés.

griñón[1] *m* Variedad de melocotón de piel lisa y lampiña y carne adherida al hueso. | FVidal *Duero* 164: Echa mano al morral, lo abre, saca de sus profundidades un óstugo de pan y un griñón amoratado de tanto madurar entre calores.

griñón[2] *m* (*reg*) Garañón (caballo semental). | Cela *Mazurca* 80: El griñón destronado no tiene defensa, tampoco tiene fuerzas para defenderse, y lo derrotan los lobos, primero lo derrotan y después se lo comen.

griot (*fr; pronunc corriente,* /griót/; *pl normal,* ~s) *m* Negro del África occidental perteneciente a una casta de poetas músicos responsables de mantener la tradición oral de la historia de la tribu. | M. GMartínez *Ya* 26.4.89, 50: Dicen las leyendas que Sundiata Keita fundó el imperio mandinga. Su extensión ocupaba el territorio de los actuales Mali, Senegal y Guinea. Al objeto de guardar para la posteridad sus hazañas guerreras, Sundiata Keita creó un cuerpo de bardos, los *griots*, estableciendo que su oficio pasaría de generación en generación. Valls *Música* 39: No existe compositor en el sentido en que nosotros entendemos esta figura, la cual está suplantada por la de un depositario del saber musical de cada comunidad: el *griot*, especie de mago o brujo tribal que tiene a su cargo la crianza oficial de la música en cada poblado, cargo que se transmite de generación en generación entre los miembros de una familia.

gripaje *m* (*Mec*) Agarrotamiento de las piezas de un mecanismo. | Ramos-LSerrano *Circulación* 219: Todas las piezas móviles sometidas a rozamientos precisan ser engrasadas con lubricantes adecuados, pues sin él [*sic*] se desgastaría rápidamente el material, calentándose excesivamente la pieza, llegando incluso al agarrotamiento (gripaje).

gripal *adj* De (la) gripe. | Cabezas *Abc* 9.12.70, 23: Una partícula de virus gripal.

griparse *intr pr* (*Mec*) Agarrotarse [un mecanismo]. | S. Medialdea *Ya* 23.6.88, 26: En más de una ocasión, Maravall ha definido al profesorado como "el motor" de su reforma. A la vista de los acontecimientos de los últimos meses, un buen mecánico solo podría decir que al ministro de Educación se le ha gripado el motor.

gripazo *m* (*col*) Gripe fuerte. | *DBu* 8.5.56, 3: El "gripazo" de Loui[s]on Bobet ha pasado.

gripe *f* Enfermedad epidémica que se manifiesta por fiebre, dolores generalizados y otros síntomas diversos, esp. catarrales, causada por el virus *Influenza*, y que ataca al hombre y a algunos animales. | Nolla *Salud* 236: Existe una gripe epidémica, responsable de los casos que se observan en las estaciones frías .., y una gripe pandémica, que causa epidemias que invaden todo el mundo. *BOE* 4.2.77, 2690: Gripe del cerdo. La presencia de esta enfermedad determinará que la canal pueda destinarse al consumo humano, previo tratamiento por el calor.

griposo -sa *adj* **1** Que padece gripe. *Tb n*. | Arce *Precio* 242: En el hotel lo sabían por el médico; había un cliente griposo. Quiñones *Viento* 92: Han venido tres chavales y dos mujeres para sustituir a los griposos.
2 [Enfermedad] de síntomas similares a los de la gripe. | S. Morillo *Cór* 11.1.56, 6: De cada familia hay por lo menos tres afectados por el griposo catarro.

grippage (fr; pronunc corriente, /gripáχe/) *m* (*Mec*) Gripaje. | APaz *Circulación* 158: Como tampoco habría circulación de aceite (que también refrigera), se recalientan los cilindros, pistones y válvulas con riesgo de agarrotamiento (grippage).

gris[1] *I adj* **1** [Color] intermedio entre blanco y negro. *Frec n m. A veces con un adj especificador:* MARENGO, PERLA, PLOMIZO, *etc*. | Ybarra-Cabetas *Ciencias* 65: Su color [del mercurio nativo] es blanco de estaño o gris acerado. Ybarra-Cabetas *Ciencias* 64: Es [la galena] de color gris plomizo. GNuño *Arte* 425: Ramón Casas, gran dibujante, máximo colorista, maestro de los grises, es el impresionista más cercano a los maestros franceses. Lama *Aves* 180: Colirrojo Real (*Phoenicurus phoenicurus*) .. Presenta el píleo, la nuca y la parte alta de su cuerpo de un gris ceniciento. **b)** Que tiene color gris. | Torrente *Off-side* 37: Noriega viste pantalones gris marengo. Medio *Bibiana* 76: Tiene puesto su abrigo gris--ratón.
2 Que no destaca o que carece de interés especial. | Goytisolo *Recuento* 106: Y si destacas por rácano o por Jaimito, estás jodido .. Hay que ser lo más gris posible, tú. Laín *Universidad* 116: Las circunstancias personales decidirán si el insolidario elige el camino brillante de la gallardía o el camino gris de la presencia. *Van* 4.11.62, 5: Las representaciones tunecinas y marroquíes en las fiestas de la independencia han sido inesperadamente grises y modestas. F. Borciqui *Fam* 15.11.70, 16: Eran todos de Liverpool, una de las ciudades más grises de Inglaterra.
3 [Cielo o día] nublado. *Frec con connotación de tristeza*. | E. Laborde *Arr* 11.11.70, 1: El cielo, gris, dibuja el promontorio donde se alza el retiro del general. **b)** [Día] triste o desanimado. | * Estáte tranquila; todos tenemos días grises.
4 (*Metal*) [Fundición de hierro] que contiene carbono en estado libre y se emplea esp. para fabricar piezas moldeadas. | Aleixandre *Química* 128: La fundición puede ser gris o blanca .. La fundición gris está constituida por granos cristalinos de hierro puro, llamado ferrita, y laminillas de grafito. La fundición gris es muy fluida, y por eso se la destina a la fabricación de objetos de hierro colado.
5 [Ámbar] ~, [eminencia] ~, [heno] ~, [materia] ~, [papamoscas] ~ → ÁMBAR, EMINENCIA, HENO, MATERIA, PAPAMOSCAS.

II *m* **6** (*col*) Miembro de la Policía Armada. | GPavón *Hermanas* 43: Liando estaban los cigarros cuando un "gris" les avisó que ya tenían el coche. Miguel *Mad* 22.12.69, 14: Ahora se matriculan los policías de paisano y se instalan los grises en el campus.

gris[2] *m* (*col*) Corriente muy fría de aire. *Frec con el v* CORRER. | ZVicente *Traque* 164: Podrá descansar en casa en invierno, que, anda, con el gris que corre en la esquina de la Costanilla, ¿eh? DCañabate *Andanzas* 118: Corre un gris que te afeita sin jabón y sin navaja.

grisáceo -a *adj* Que tira a gris[1] [2, 3 y esp. 1]. *Tb n m, referido a color*. | Umbral *Ninfas* 48: Un traje ligero y grisáceo al que el paso del tiempo había dado aún más levedad, más ligereza, más frescor, dejándolo casi transparente. Pemán *Almuerzos* 289: Había una política de Costa del Sol: Solís, Girón, Fraga. Y una política de tierra adentro a cargo de la técnica, voluntariamente grisácea por prudencia y por humildad, de López Rodó. Aguilar *Experiencia* 368: El grisáceo y neblinoso Liverpool se convirtió para mí en ciudad risueña. Noval *Fauna* 338: La presencia en Asturias de otra especie, el Pardillo sizerín (*Acanthis flammea*), es ocasional en otoño e invierno. Su tamaño es algo menor que el Pardillo común y el plumaje muy rayado de pardo y grisáceo.

grisalla *f* **1** (*Pint*) Modalidad de pintura en tonos grises que imita el relieve de la escultura, propia esp. de los ss. XV y XVI. *Tb el cuadro así pintado*. | Camón *LGaldiano* 100: Las puertas, en grisalla, representan la Anunciación. GNuño *Madrid* 63: En la sala de Goya .., la rara grisalla de Santa Isabel de Hungría.
2 (*lit*) Conjunto de perss. o cosas grises[1] [2]. | Umbral *Trilogía* 211: Allí estábamos todos .. Los muertos, los fusilados, los entremuertos, los condecorados y los de la grisalla que no había interesado a nadie en la guerra. VMatas *Relato* 225: Alejarse del barrio, de su familia .., del tedio de las mañanas en el museo y, en definitiva, de la insoportable grisalla que se reflejaba en todos los pasos de su amarga vida.

grisear *intr* Presentar [una cosa] color gris. | Torrente *Vuelta* 477: Dejó el plato y el cubierto en el fregadero y caminó despacio hasta el hogar .. Las brasas se habían apagado, y griseaban las cenizas. Cossío *Confesiones* 308: Alto, esbelto, con el cabello que empezaba a grisear por las sienes.

gríseo -a *adj* (*lit*) De color gris. | J. L. VDodero *Abc* 12.5.74, 11: La corta estatura, la aceptada tosquedad, el contraste entre la grísea masa, casi blanca, del basamento, con el negror de lo que trepa y de las alas que se extienden como símbolo de esperanza, invitan a la meditación.

griseta[1] *f* (*lit, raro*) Modistilla parisina. | Torrente *Saga* 463: Yo [en París] buscaba el café de Picasso, y lo que me encontré fueron filósofos barbudos, estudiantes harapientos, músicos de acera, golfos, buhoneros y clochards; pero nada de grisetas putiformes.

griseta[2] *f* (*reg*) Cierto hongo comestible (*Clitocybe nebularis*). | Perala *Setas* 72: *Clitocybe nebularis*. Grisetas. Pardillas.

grisiento -ta *adj* (*lit*) Grisáceo. | Delibes *Voto* 73: Más arriba, una ancha franja de robles parecía sostener la masa de farallones grisientos que remataba la perspectiva por ese lado.

grisón -na *adj* Del cantón de los Grisones (Suiza). *Tb n, referido a pers*. | Cela *Pirineo* 20: Palea, en latín, significó, antes de paja larga, cascabillo y paja trillada; el primer sentido lo conserva el rético y vive, todavía, entre grisones.

grisú *m* Gas, consistente en metano casi puro, que se desprende esp. en las minas de carbón y que al mezclarse con el aire origina fuertes explosiones. | Bustinza-Mascaró *Ciencias* 323: La aireación perfecta es, desde luego, en las de carbón, el mejor medio de proteger al minero contra el grisú, que es una mezcla de hidrocarburos en la que domina el denominado metano.

grisura *f* (*lit*) Cualidad de gris[1] [1, 2 y 3]. | Cela *Pirineo* 78: La luz de la Vall Ferrera no alumbra el mundo con alegría sino con muy cautelosa grisura. FCid *Abc* 15.11.70, 74: El concierto no pasó de un nivel medio de grisura. Millán *Fresa* 55: La llovizna y la grisura de la tarde me sorprenden a través de la ventanilla.

gritado -da *adj* (*Heráld*) [Animal] apresado entre redes. | F. Ángel *Abc* 16.3.68, 11: Las armas .. traen escudo cuartelado: 1º y 4º, en campo de gules, una banda de oro engolada en bocas de dragones, del mismo metal, perfilados y gritados de sinople.

gritador -ra *adj* **1** Que grita. *Tb n, referido a pers.* | Cela *Pirineo* 65: Les acompañan unas inverosímiles mujeres, morcillonas, aparatosas y gritadoras.
2 *(lit, raro)* Llamativo. | GNuño *Arte* 435: Lo que se exige a este arte popular, dirigido al pueblo, es color y expresividad gritadora.

gritar A *intr* **1** Dar uno o más gritos [1]. | Zunzunegui *Camino* 15: De entre unos matorrales .. surgió un hombretón que la tomó por la fuerza. La tapó la boca..., pero ella gritó pidiendo socorro. Rodríguez *Monfragüe* 103: Gineta .. Cuando se siente molestada gruñe y grita.
2 Hablar a gritos [2]. | Cunqueiro *Un hombre* 13: Los niños gritábamos en la plaza, escondiéndonos detrás de las columnas. **b)** Reprender o amonestar [a alguien (*ci*)] a gritos [2]. | Nácher *Guanche* 183: Un día el amo quiso gritarle por un pellizco que le dio al aflojar la trencilla de una bota, y tuvo que dormir con la otra puesta.
B *tr* **3** Decir [algo] a gritos [2]. *Tb fig.* | Olmo *Golfos* 149: Ya no podemos .. gritarle a alguien que rectifique y que deje de ser un desgraciado. MSantos *Tiempo* 63: Lo que Cervantes está gritando a voces es que su loco no estaba realmente loco.

gritería *m* Griterío. | L. Calvo *Abc* 7.11.70, 47: La Policía verdadera no se salió de los límites del campo y de la Universidad ni hizo mayor caso de la gritería.

griterío *m* Mezcla confusa de gritos [1 y 2]. | Laforet *Mujer* 139: Paulina se asomó a la ventana, recibiendo el griterío de los chicos. Laforet *Mujer* 71: Al chico le pareció algo nunca visto, una mujer más extraordinaria que las otras, .. entre el griterío de las demás presas y sus visitas.

grito I *m* **1** Sonido agudo y fuerte emitido por una pers. | Olmo *Golfos* 142: Entre la algarabía, surgen, perfilándose dramáticamente, algunos gritos de dolor. **b)** Sonido emitido por un animal. *Gralm dicho de las aves u otros animales cuya voz no tiene un n específico.* | Aldecoa *Gran Sol* 13: Las gaviotas daban sus gritos estremecidos revoleando el puerto, garreando las olas. **c)** *(lit)* Sonido agudo y fuerte producido por algo. | Cuevas *Finca* 184: Oía, ahora, .. el grito del viento.
2 Palabra o expresión pronunciadas en voz muy alta. *Frec en la loc A ~s. Tb fig.* | Arce *Testamento* 93: Le vi marcharse muy tieso, y cuando hubo desaparecido, mi madre comenzó a llamarme a gritos. SLuis *Doctrina* 22: Luzbel .. se rebeló contra Dios: "No serviré" fue su grito de rebeldía. San Miguel, al grito de "¿Quién como Dios?", y los demás ángeles buenos, arrojaron de la Gloria a los soberbios. *Hora* 18.12.76, 10: Es [la obra de teatro "La orgía"] un grito sarcástico contra la sociedad de los prejuicios, los tabúes, las estrecheces.
3 último **~**. Última novedad. *A veces en aposición.* | *VozC* 28.1.55, 1: Ya se sabe que todo lo que termine en "ina" forzosamente ha de pertenecer al último grito de la farmacopea. Salom *Cita* 256: Vea, gasa mezclada con nylon, peinado a la parisina, pendientes italianos último grito. *Abc* 21.5.67, 11: Todos los países de potente industria avanzada concurren a la gran "première" con sus modelos último grito.
II *loc v* **4 estar** [alguien] **en un ~**. *(col)* Quejarse continuamente a causa de un dolor muy fuerte y prolongado. | * Lleva dos días que está en un grito. **b) tener** [a alguien] **en un ~**. Hacer que esté en un grito. Delibes *Año* 147: Ayala cree que en unos días .. se arreglarán estas punzadas dolorosas del talón de Aquiles que me tienen en un grito.
5 pedir [una cosa algo] **a ~**. Necesitar[lo] mucho y de manera evidente. | *Cua* 6/7.68, 4: El país está pidiendo a gritos .. una apertura.
6 poner [alguien] **el ~ en el cielo.** *(col)* Protestar o quejarse vehementemente. | Salom *Baúl* 133: –Voy a casarme contigo. –¿De veras? –Lo he decidido. Al fin y al cabo soy viudo. Mi hija pondrá el grito en el cielo, lo sé, pero no me importa.
III *loc adv* **7 a ~ pelado** *(col)*, o **a ~ herido** *(lit)*. En voz muy alta. *Tb adj.* | Delibes *Mundos* 109: Desde cualquier chinchel de fachada desconchada, un gramófono desgrana una cueca a grito pelado. Marsé *Montse* 254: Los camiones empezaban a descargar cajas de fruta y verduras en medio de luces oscilantes, carretillas metálicas, motores gimiendo y órdenes a grito pelado. Gala *Días* 366: Hortensia: .. (A grito herido.) Bueno, ¿y cómo por aquí?

8 a voz en ~ → VOZ.

gritón -na *adj* **1** Que grita mucho. *Tb n, referido a pers.* | Matute *Memoria* 60: Desde su gabinete, las casitas de los colonos con sus luces amarillas, con sus mujeres cocinando y sus niños gritones, eran como un teatro diminuto. MSantos *Tiempo* 65: Su pico gritón ha comenzado a cantar.
2 *(lit, raro)* Llamativo. | S. Jiménez *SArr* 27.12.70, 57: Ha coexistido, el "pop" falsificado, el "op" de los muestrarios de óptica y similares, el tachismo trasnochado y casi vergonzante, el expresionismo gritón y calculado.

groenlandés -sa *adj* De la isla de Groenlandia (Dinamarca). *Tb n, referido a pers.* | *MHi* 2.55, 55: La población .. debe, no obstante, dedicarse a la pesca, especialmente de los crustáceos, recién llegados a las aguas groenlandesas. Gironella *Millón* 360: Vestid con un bonito uniforme a los italianos idealistas e irán a combatir para asegurar el suministro de bacalao a los groenlandeses.

grog *(ing; pronunc corriente,* /grog/; *pl normal,* ~s) *m* Bebida caliente a base de agua azucarada y coñac, ron, aguardiente u otro licor. | *Cocina* 750: Grogs. Ingredientes y cantidades. Agua hirviendo: 3/4 litro. Coñac: 1/4 [litro]. Limón: 1. Azúcar: 100 gramos. *SVoz* 8.11.70, 3: Whisky-Grog. La misma fórmula que para el grog español, sustituyendo el coñac por whisky.

groggy *(ing; pronunc corriente,* /grógi/) *adj (Boxeo)* Grogui. *Tb fig, fuera del ámbito del boxeo.* | *As* 9.12.70, 24: El argentino se levanta groggy, y Clay se lanza sobre él, lanzándolo por tercera vez a la lona. G. Pérez *SYa* 17.12.90, XIII: El marcaje de Bonet, un jugador de 1,90, a Berry pudo convertirse en un suicidio para el Barça, que pudo quedar groggy en los inicios del partido.

grogui *adj* **1** *(Boxeo)* Aturdido por los golpes. | Laiglesia *Ombligos* 57: –¿Puede darnos una información moderna del matrimonio? –Es un *match* de boxeo interminable, en el cual hay que seguir peleando aunque los dos contendientes estén groguis.
2 *(col)* Aturdido o atontado por cualquier causa, esp. un golpe, una impresión, el cansancio o el alcohol. | ASantos *Estanquera* 31: Se levanta en medio de la confusión y medio grogui el policía, y habla con voz de andar por los cerros de Úbeda. MGaite *Nubosidad* 84: A eso de la una salía a la terraza, huyendo de Daniela, que ya estaba grogui. Me había referido con toda clase de pormenores las faenas que le había aguantado a su ex marido.
3 *(col)* Dormido. | Torres *Él* 42: Al zumbido se había añadido un intermitente, sublime ronquido en do menor. El cantante se había quedado grogui.

grosella I *f* **1** Baya globosa de color rojo y sabor agridulce. | Cela *Pirineo* 283: En el valle de Biciberri se pintan la fresa silvestre y la frambuesa montaraz, la zarzamora y la grosella. Calera *Postres* 8: 5 huevos, 500 gramos de grosellas, guindas y fresas.
II *adj (normalmente invar)* **2** [Color] rojo propio de la grosella [1]. *Tb n m.* | * Tengo un traje color grosella. **b)** Que tiene color grosella. | Burgos *Tri* 5.12.70, 10: Hay aire de fiesta .. en las rebecas grosella. GPavón *Cuentos rep.* 67: Todo era de tintes rojizos, cárdenos, grosellas.

grosellero *m* Arbusto de hojas lobuladas y dentadas y flores en racimos colgantes, cuyo fruto es la grosella (*Ribes rubrum*). *Tb* ~ ROJO. *Otras especies se distinguen por medio de adjs o compls:* ~ COMÚN (*R. uva-crispa*), ~ DE LAS ROCAS (*R. petraeum*), ~ DE LOS ALPES (*R. alpinum*), etc. | Cela *Rosa* 99: Había .. una hilera de groselleros; con las grosellas verdes, la cocinera Joaquina preparaba una salsa para el pescado. Mayor-Díaz *Flora* 540: *Ribes rubrum* L. "Grosellero rojo". (Sin. *R. vulgaris* Lamk.; *R. sylvestre* (Lamk.) Mertz. & Kock.) .. *Ribes petraeum* Wulfen. "Grosellero de las rocas" .. *Ribes uva-crispa* L. "Grosellero común" .. *Ribes alpinum* L. "Grosellero de los Alpes".

groseramente *adv* De manera grosera [1b]. | Laiglesia *Tachado* 31: La situación alimenticia no era tan grave como para que la archiduquesa defendiera tan groseramente unas cuantas golosinas.

grosería *f* **1** Cualidad de grosero [1]. | * Es un tipo de una grosería increíble.
2 Hecho o dicho grosero [1b]. | Olmo *Golfos* 167: Creí que iba a disculparse por su grosería. Mendoza *Misterio* 93:

grosero – grueso

–¿Qué se debe? –preguntó la maestra. –Ya sabes que puedes pagarme con tu boquita de fresa, cielo.– .. Sin inmutarse ante tamaña grosería, Mercedes sacó del bolso un billetero de lona.

grosero -ra *adj* **1** [Pers.] descortés o falta de educación. *Tb n.* | Laforet *Mujer* 25: Ha sido tan grosero con Rita... No sé cómo Blanca se lo consiente. Payno *Curso* 214: Tú, lo que pasa es que eres un maleducado. Sí, un grosero. **b)** Propio de la pers. grosera. | Laforet *Mujer* 65: Paulina no quería parecerse a aquel hombre de gustos groseros que era su padre. Le desesperaba su hipocresía y su vanidad. *SInf* 16.5.74, 2: Tomadas exclusivamente de fuentes orales, se incluyen [en el diccionario] las expresiones groseras, obscenas e indelicadas.
2 Ordinario o sin arte. | Huarte *Tipografía* 25: El libro grosero y defectuoso hace de lastre, como un ruido inútil que interfiere la conversación.
3 Poco preciso o poco exacto. | Mingarro *Física* 14: Tornillos micrométricos. El límite de apreciación de estos aparatos es demasiado grosero en la mayor parte de los casos en que se presenta el problema de determinar longitudes.
4 (*Quím*) [Dispersión] cuyas partículas alcanzan un tamaño superior a una décima de micra. | Navarro *Biología* 11: Si las partículas de la dispersión grosera son líquidos no miscibles con el medio dispersante se llaman emulsiones.

grosísimo → GRUESO.

grosor *m* **1** *En un cuerpo de tres dimensiones:* Dimensión más pequeña. *Tb su medida.* | Bustinza-Mascaró *Ciencias* 110: La pared del cuerpo puede tener grosor variable.
2 *En un cuerpo de estructura cilíndrica o tubular:* Medida del corte transversal. | S. Reverter *D16* 5.1.92, 13: El proyecto pretende presentar modelos del corazón en tres dimensiones y apoyar esta visualización con una medida exacta del grosor de las arterias, el nivel de perfusión miocardial y otros parámetros médicos.
3 *En un cuerpo de forma más o menos esférica:* Volumen. | * El grosor del granizo es muy variable.

grosso modo (*lat; pronunc corriente,* /gróso módo/) *loc adv* (*lit*) En líneas generales o de un modo aproximado. *A veces en la forma semiculta* A GROSSO MODO. | A. Garrigues *Abc* 9.11.75, sn: La frontera del comunismo coincide "grosso modo" con la vanguardia de los ejércitos aliados en la última gran guerra. *Tri* 11.4.70, 39: Considero, a "grosso modo", que las líneas maestras del futuro Concordato deben ser las siguientes.

grotescamente *adv* De manera grotesca. | Olmo *Golfos* 21: Luisito Ramírez, dueño de sí, cruzó el solar arqueando grotescamente las piernas.

grotesco -ca *adj* Que causa risa por su ridiculez o su extravagancia. | Olmo *Golfos* 175: La boca vencida, rota, se le arquea en una grotesca curva. A. Cuadrado *NotM* 12.2.86, 24: Entre los bastantes recuerdos grotescos que uno conserva de la mili .. figura el de un infeliz guripa que se meaba por la pata abajo todas las noches en el petate.

grotesquería *f* (*raro*) Cualidad de grotesco. | GBiedma *Retrato* 22: Me reí a carcajadas; hacía tiempo que no me reía tanto .. Aquello tenía la grotesquería solemne de alguna escena de corte en Saint Simon.

grotesquez *f* (*raro*) Cualidad de grotesco. | CAssens *Novela* 2, 175: Aparece el terrible Eliodoro Puche seguido de su camarada Prieto Romero, borracho como él pero más dueño de sí mismo, y con la lucidez suficiente para apreciar y burlarse de la grotesquez del amigo.

groupie (*ing; pronunc corriente,* /grúpi/) *m y f* Fan, esp. muchacha, que acompaña a un cantante o grupo pop en sus giras y les hace algunos servicios. | *Épo* 15.4.91, 64 (A): Los Héroes del Silencio, grupo de rock español, lamentan que en España no existan las "groupies". Montero *SPaís* 22.8.82, 14: Yo estoy sentada en la playa, mirando y admirando, que es la obligación de toda *group*[*ie*] que se precie (para entendernos: una chica con vocación melómana e itinerante que se pega a un conjunto musical, mayormente rockero, y les acompaña durante una gira, desempeñando pequeños servicios útiles e inútiles y ligando eventualmente con algún componente de la banda). [*En el texto,* groupy.]

grúa I *f* **1** Máquina compuesta normalmente por un brazo montado sobre un eje vertical giratorio y con una o varias poleas, que sirve para levantar grandes pesos y transportarlos de un lugar a otro, dentro del ángulo de giro del brazo o de la movilidad de la máquina. | Zunzunegui *Hijo* 27: Se hallaban en la terminación del muelle de Las Arenas, donde se inicia el paseo que lleva a la grúa grande de Algorta.
2 Vehículo automóvil provisto de grúa [1] para remolcar a otro. | *GTelefónica N.* 523: Grúas ANDA. Ayuda nacional del automovilista. **b)** Vehículo municipal encargado de retirar los mal aparcados, que pueden recuperarse tan solo tras el pago de una multa. | *Ya* 9.3.75, 5: A la hora de iniciarse el partido se observó la natural retención de circulación, pero sin que alcanzara cotas excesivas. Por su parte, la grúa no tuvo tampoco que prodigarse. ASantos *Bajarse* 96: Venga ya, que estamos en doble fila y va a venir la grúa.
3 (*Cine y TV*) Soporte móvil con una plataforma sobre la que van instalados la cámara y el asiento del operador. | RGualda *Cine* 268: Gruista .., el maquinista encargado de llevar la grúa durante el rodaje.
II *loc adv* **4** (*col*) **ni con ~.** De ninguna manera. *Con el v* MOVER *u otro equivalente.* | * No la mueves del sofá ni con grúa.

gruesamente *adv* **1** De manera gruesa [4a]. | Laín *Gac* 12.1.63, 23: En este plano externo de la pieza, la apariencia escénica es cruda, directa, gruesamente grotesca.
2 En trozos gruesos [1]. | *Van* 23.4.77, 52: Terrina de mollejas de ternera con pistachos del restaurante "La Hacienda" de Marbella .. Ingredientes para 6-8 personas: 750 gramos de mollejas de ternera, previamente blanqueadas y peladas, troceadas gruesamente; 250 gramos de falda de ternera de Ávila; 15 pistachos pelados.

grueso -sa (*superl* GROSÍSIMO) **I** *adj* **1** Que tiene un grosor superior al normal o al que tienen otros seres que forman serie con el nombrado. | Cunqueiro *Un hombre* 11: Se levantó apoyándose en el grueso bastón. Navarro *Biología* 140: La túnica muscular del intestino grueso es semejante a la del delgado. Plans *Geog. universal* 66: La masa de nubes se enfría y cae la lluvia, en forma de gruesas gotas. Alvarado *Botánica* 47: En otras [semillas] falta el albumen a causa de que el embrión lo ha digerido para acumular substancia de reserva en los cotiledones, los cuales, naturalmente, se hacen grosísimos.
2 Gordo (que tiene mucha carne). *Normalmente referido a pers o a alguna parte de su cuerpo.* | Salvador *Haragán* 56: Mi padre era .. alto, grueso, apacible.
3 Que tiene más importancia de lo normal. | *Ya* 26.4.70, 24: Llamaron por teléfono exigiéndola la entrega del mayor de ellos, de ocho años, prometiéndola una gruesa suma si accedía. Olaizola *Escobar* 77: Al día siguiente tendría lugar lo más grueso del ataque enemigo.
4 (*lit*) [Cosa] grosera o tosca. | MCachero *AGBlanco* 117: Reprocha a Blasco .. la gruesa demagogia, tan antiartística además, de *La catedral.* **b)** [Palabra] grosera o malsonante. | CSotelo *Inocente* 87: –¿Juras en vano? | Delibes *Madera* 306: El grueso vocabulario de Antero Arias no era excepción a bordo. **c)** [Sal] **gruesa** → SAL.
5 [Vino] que tiene mucho cuerpo. | Moreno *Galería* 346: Sobre ellos [los manteles], blanco pan candeal, grueso vino tinto de Aragón.
6 (*Mar*) [Mar] encrespada con olas de 2,50 a 4 m de altura. | Céspedes *HEspaña* 2, 453: La habitual incomodidad del buque, que la mar gruesa balancearía fuertemente, llegaba a su apogeo en las jornadas terribles de temporal. **b) muy gruesa.** [Mar] encrespada con olas de 4 a 6 m de altura. | J. L. Ron *País* 3.7.88, 38: Esa borrasca dará temporal duro del Norte en todo el oeste del Reino Unido, .. temporal del Noroeste con mar muy gruesa en las zonas marítimas de Gran Sol, Vizcaya, Cantábrico y norte de Finisterre.
II *n* **A** *m* **7** Grosor. | Salvador *Haragán* 114: Los sicómoros, hace veinte años, tenían el grueso de un muslo. Chamorro *Sin raíces* 12: Agustín se detuvo ante la cantarera: dos especies de hornacinas hechas en el grueso de la pared. **b)** (*Impr*) Anchura [de un tipo]. | Huarte *Tipografía* 53: La letra o tipo .. es un molde de plomo, antimonio y estaño, en forma de paralelepípedo, .. la longitud de la base se llama cuerpo, y la anchura, espesor o grueso.

8 Parte más nutrida o numerosa [de una cosa colectiva]. | Valls *Música* 38: Esta importante sección [tambores] .. forma el grueso de la instrumentación de la música de los pueblos negros africanos. J. Camarero *Pue* 24.12.69, 18: Una imagen de oposición como la que viene proyectando el señor Ruiz-Giménez conferiría al decanato y, en definitiva, al grueso de la profesión una mayor contundencia negociadora.
9 (E) Trazo más ancho de la letra. *Se opone a* PERFIL. | M. Ras *Abc* 21.1.68, 19: Esta escritura es simplificada, rítmica, de presión cilíndrica, sin gruesos ni perfiles, como burilada, que resalta vigorosamente sobre el papel.
B *f* **10** Cantidad equivalente a doce docenas. | Cela *Rosa* 193: Lo sabía todo: el precio de la gruesa de puntas de París ..; los tornillos buenos para una cosa o para otra.

gruir (*conjug* **48**) *intr* Emitir la voz que le es propia [la grulla¹ u otra ave similar]. | Delibes *Ratas* 68: Ahora las avefrías sobrevolaban el Pezón, y el Nini, el chiquillo, bajó al pueblo a informar al Centenario. –No las veo, pero las siento gruir –dijo el viejo–. Eso quiere decir nieve.

gruista *m y f* Pers. que maneja una grúa. | *GacN* 1.8.69, 12: Gruista .. precisa Bilbaína de Montajes Metálicos. RGualda *Cine* 268: Gruista ..., el maquinista encargado de llevar la grúa durante el rodaje.

grulla¹ I *f* **1** Ave zancuda, de paso en España, de unos 12 dm de altura, pico y cuello largos, plumaje gris en el cuerpo, negro y rojo con dos estrías blancas en la cabeza y cola en penacho (*Grus grus*). *Con un adj especificador, designa otras especies similares del gén Grus:* ~ AMERICANA (*G. americana*), ~ CANADIENSE (*G. canadensis*), ~ SIBERIANA BLANCA (*G. leucogeranus*). | Cuevas *Finca* 211: Los abejarrucos, que recuerdan al graznido de las grullas. Noval *Fauna* 136: En el mes de octubre pasan por Asturias algunos pequeños bandos de Grulla común (*Grus grus*). **b) ~ damisela.** Ave más pequeña que la grulla común y con dos penachos de plumas blancas a ambos lados de la cabeza (*Anthropoides virgo*). | S. MMorán *Ya* 3.1.87, 34: Existe un proyecto por parte de la Junta de Extremadura para introducir la grulla damisela.
II *loc adj* **2** [Pico] **de ~** → PICO¹.

grulla² → GRULLO.

grullera -ra *adj* De (las) grullas¹. | J. C. Duque *Hoy* 24.11.74, 11: Precisamente, entre nueve de los términos municipales que forman parte de la Mancomunidad de Lagos, obtienen la máxima densidad grullera de la provincia.

grullo -lla *adj* (*col, desp*) Paleto o palurdo. *Tb n.* | ZVicente *Traque* 100: Es que aquí aprende unas cosas que para qué te voy a contar, a ver, todo el santo día en la calle, con estos niños tan grullos... DCañabate *Paseíllo* 64: Tú venga a cojear, y, los grullos se tragarán la tostada y santas pascuas. ZVicente *Mesa* 190: He dicho exactamente lo mismo que .. cuando la boda de su hija, la grulla esa que no logró aprobar el cuarto de bachiller.

grumete *m* Muchacho que aprende el oficio de marinero como ayudante de la tripulación. | Aldecoa *Gran Sol* 191: El marinero gallego se sabe el oficio desde grumete.

grumo *m* **1** Concreción que se forma en una masa más o menos líquida. | *Cocina* 99: Salsa besamel .. Se mueve sin cesar con espátula para que no se formen grumos y se deja cocer unos minutos.
2 Conjunto apiñado de partículas o elementos pequeños. | Cuevas *Finca* 239: La hoja verde estaba llena de pequeños grumos de clorofila.
3 (*reg*) Yema o cogollo [de una planta]. | Arce *Testamento* 67: Paladeamos grumos, mayetas y arándanos.
4 (*reg*) Repollo. | Berlanga *Gaznápira* 121: Huertos sembrados de patatas y otros tantos algo más curiosos, como el del Royo .., con ajos, lechugas, grumos y calabazas.

grumoso -sa *adj* Que tiene grumos [1 y 2]. | Castellanos *Animales* 98: Otras recetas para insectívoros: 250 g. de huevo cocido y pulverizado .. Bizcocho y zanahoria ralladas, con requesón grumoso, mezclado todo ello con insectos secos y crustáceos molidos.

grunge (*ing; pronunc corriente*, /grančl/) *m* Moda de vestir de una manera desaliñada y voluntariamente descuidada. | *Abc* 24.10.93, 134: El "grunge", que se bate en retirada ante la vuelta de los "punkies", no ha pasado de balde por los armarios. En el campo de batalla de la moda han quedado las etiquetas ilustres sobre prendas que parecen recién salidas de un mercadillo callejero: jerseys hechos a mano dos o tres tallas más grandes, mangas y cuellos desbocados, "minipulls" con aspecto envejecido, "cardigans" dados de sí...

gruñido *m* **1** Voz del cerdo y de otros animales semejantes. | Escobar *Itinerarios* 141: De la pocilga salían a veces los gruñidos de los marranos.
2 Sonido ronco con que algunos animales expresan amenaza o disgusto. | Rodríguez *Monfragüe* 102: Tejón .. Voz: Aullidos y gruñidos.
3 Sonido inarticulado o palabras dichas en voz baja o entre dientes para expresar [un sentimiento o una actitud (*compl especificador*)]. *Sin compl, gralm expresa enfado.* | Arce *Testamento* 31: El Bayona lanzó una especie de gruñido. No le miró siquiera. Medio *Bibiana* 20: Marcelo no dice nada. Ni siquiera un gruñido de aprobación. I. Río *Gar* 4.8.62, 56: Rogelio le contaba a Magda cosas de su vida, archisabidas ya por la muchacha. Ella le escuchaba embobada, dejando escapar, de cuando en cuando, gruñiditos de sincera admiración.

gruñidor -ra *adj* Que gruñe. | Cela *Viaje andaluz* 74: Por el despoblado de Ocañuela hoza el puerco gruñidor.

gruñir (*conjug* **53**) **A** *intr* **1** Emitir gruñidos [1 y 2]. | Arce *Testamento* 74: El chon gruñía, y yo siempre me distanciaba un poco y me tapaba los oídos cuando el puntillero .. le hacía chillar escandalosamente. Rodríguez *Monfragüe* 103: Gineta .. Voz: Cuando se siente molestada gruñe y grita.
2 Protestar o manifestar disgusto [una pers.], esp. hablando en voz baja o entre dientes. | P. Berbén *Tri* 8.8.70, 16: Todos los jugadores de cartas conocen la detestable figura del mirón .. Gruñe, empalidece, sufre, goza, comenta, se remueve, critica. ZVicente *Hojas* 54: Gruñía siempre contra el genio de tu tía, es una mandona, no hay que hacerla caso, que la zurzan.
3 Chirriar [una cosa]. | L. B. Lluch *Pro* 11.1.72, 11: La llave giró con facilidad, gruñó la puerta ya desvencijada, entramos en la casa del ermitaño.
B *tr* **4** Decir [algo] en voz baja o entre dientes, esp. para manifestar enfado o disgusto. | MSantos *Tiempo* 150: Doña Luisa, sin levantarse, alzó la tapa y gruñó su aprobación. Aparicio *César* 145: Quería decirle algo a mi hijo. Y gruñía palabras envueltas en saliva.

gruñón -na *adj* Que gruñe mucho. *Dicho esp de pers. Tb n.* | Laforet *Mujer* 225: Pero, mujer, no seas gruñona. *Hoy* 14.8.74, 28: Murió el "gruñón del gaullismo". Con Fouchet desaparece el más intransigente heredero de De Gaulle.

grupa I *f* **1** Parte trasera del lomo de una caballería. *A veces en pl con sent sg. A veces referido a otros cuadrúpedos.* | MCalero *Usos* 85: Algunas jacas llevaban a la grupa alguna de las mozas de la alquería. Arce *Testamento* 104: A la falda del monte las lomas eran acastañadas y el ralo césped que crecía en ellas, brillante al sol, las hacía parecerse a las grupas relucientes de las yeguas recién sudadas. Torrente *Isla* 127: Me quedó la imagen de los ciervos alzando la cabeza, muy estirado el cuello y los cuernos echados hacia atrás, que casi le rozaban la grupa. GNuño *Escultura* 118: La Bicha de Balazote, .. esculpida en la acostumbrada caliza ibérica, .. el rabo curvado sobre la grupa, como si acabase de ventearse las moscas. **b)** *Tb fig, referido a moto o bicicleta.* | Goytisolo *Recuento* 92: Las avenidas de acceso se convertían en un caos de automóviles cargados con trastos de playa, motoristas con la mujer en la grupa, sidecars familiares con bultos, paellas, cañas de pescar.
2 (*col*) Caderas y nalgas [de una pers., normalmente de una mujer]. | Umbral *Mortal* 154: La muchacha nunca sabrá que la clave de su belleza está en ese quiebro de la luz que hunde su espalda y levanta su grupa. Cela *Rosa* 220: Don Camilo Reigosa, médico de Castrofeito, solía decir que Paulita era la dueña de la más bella, proporcionada y cumplida grupa de occidente. SFerlosio *Jarama* 63: A Mely había siempre alguno que le decía "¡Hop!" y levantaba la grupa en el momento del salto, para hacerla caer. [*En el juego de pídola.*]
II *loc v* **3 volver ~s** (*o, más raro,* **la ~**). Dar la vuelta [una caballería o la pers. que la monta]. *A veces referido a otros cuadrúpedos. Tb fig.* | Torrente *Sombras* 261: Volvió grupas [el caballo] y se acercó a la casa, pero, sin esperarlo él mismo, salvó de un salto la cerca y a través de los campos

grupaje – guacamayo

galopó hacia el prado. Delibes *Madera* 212: Los asaltantes .. volvieron grupas y huyeron hacia la Plaza del Haro. SFerlosio *País* 13.12.87, 11: Anonadado ante tal recibimiento y abrumado de insoportable pesadumbre, volvió el lobo la grupa y, desandando el camino que con tan largo esfuerzo había traído, se reintegró a la tierra. **b)** (*lit*) Dar la espalda [a alguien o algo]. *En sent fig*. | Cela *Pirineo* 178: La reja de San Andrés se forjó con las espadas y lanzas y otros hierros que abandonó el conde de Saint-Girons en el campo de batalla cuando prudentemente puso pies en polvorosa y, volviendo grupas al honor, salió de naja y como alma que lleva el diablo. *VozC* 30.1.55, 4: Nos confirman hoy las impresiones optimistas reflejadas hace ocho días, en el sentido de que la especie lanar ha vuelto radicalmente su grupa a los piensos, y aun el ganado mayor ramonea ya en los jugosos herbazales.

III *loc adv* **4 a la ~.** (*Taur*) Clavando el rejón a la altura de la grupa [1a] del caballo. | A. Navalón *SInf* 16.5.70, 3: Lupi, a quien he visto lo más perfecto del toreo a caballo, no clava al estribo como el año pasado. Clava pasado y a la grupa.

grupaje *m* (*E*) Agrupamiento, para su transporte, de paquetes de diversas procedencias o destinatarios. | GTelefónica *N*. 1075: Praderio Fratelli. Transportes Internacionales. España-Italia-España. Grupajes y cargas completas en régimen T.I.R.

grupal *adj* De(l) grupo [1]. | L. Apostua *Gac* 15.8.76, 20: El Gobierno hizo, en su declaración de intenciones, alguna alusión al perfeccionamiento de las leyes que aún restringen derechos naturales de la persona humana y de sus características grupales. Umbral *Tierno* 60: Vivíamos, pues, en el Bosque, la gran fiesta del reconocimiento, que generalmente era grupal.

grupeto *m* (*Mús*) Adorno constituido por tres, cuatro o cinco notas alrededor de una nota principal. | S. RSanterbás *Tri* 19.6.71, 43: El niño se ve forzado a asimilar una adusta teoría de "intervalos", "inversiones", .. "mordentes", "grupetos", etcétera, que produce en él una aversión al fenómeno musical.

grupo *m* **1** Cierto número de perss. o cosas consideradas en conjunto, por estar en un mismo lugar o por tener alguna característica común. | Torbado *En el día* 117: En la Puerta del Sol había un grupo de hombres y mujeres que tomaba el fresco y charlaba en silletas de juncia. Cisneros *Geografía* 51: Aplicad la tasa de masculinidad (Rm) de la población total y por grupos de edades. *BOE* 13.8.57, 742: El Director será ayudado en su función de gobierno por los demás directivos .. y por el Consejo de Dirección, por los Delegados de curso o grupo. Pinillos *Mente* 173: De las reglas de esos juegos interpersonales en que consiste la vida social –los juegos del dinero, del amor y del delito–, los sociólogos y psicólogos que se ocupan de la llamada dinámica de grupo descubren cada día nuevos aspectos o leyes. A. Tulla *País* 11.12.77, 33: Monopolios –por Telefónica–, alimentación y bancos han sido los grupos con mayores desmerecimientos. Legorburu-Barrutia *Ciencias* 24: Con las sustancias orgánicas se hacen tres grupos: .. Glúcidos .. Lípidos .. Prótidos.

2 (*Arte*) Conjunto de figuras que forman una unidad en una obra. | J. Trenas *Van* 26.3.70, 6: A aquella "muestra" concurrió algún grupo escultórico que, poco después, se incorporaba a los desfiles procesionales madrileños.

3 (*E*) Conjunto de aparatos que constituyen una unidad. *Con un adj o compl especificador del servicio al que está destinado*. | GTelefónica *N*. 26: Grupos depuradores de agua para toda clase de piscinas. *Faro* 1.12.92, 20: La Cotop pone en marcha el grupo semafórico del cruce de La Hermida, en Marcón. L. Ramos *Abc* 3.9.68, 46: Se está tramitando .. el envío de un grupo electrógeno de 60 KVA.

4 (*Quím*) Átomo o grupo de átomos que confieren a una molécula un comportamiento químico característico. *Frec* ~ FUNCIONAL. | Aleixandre *Química* 133: Las propiedades características de cada función dependen de la presencia en la molécula de todos los cuerpos que a ella pertenecen de ciertos átomos o grupos atómicos que reciben el nombre de grupo funcional.

5 (*Biol*) Taxón o grupo [1] taxonómico. | Alvarado *Zoología* 95: Hagamos notar el extraordinario parecido de organización entre las aves y los reptiles. Con frecuencia se reúnen ambas Clases en un Grupo especial llamado Saurópsidos (animales de aspecto reptiliano).

6 ~ escolar. Edificio o conjunto de edificios que constituyen una escuela pública con clases y grados diversos. | A. Iniesta *Abc* 18.4.58, 19: La propia Reina indicó la conveniencia de construir diez grupos escolares, uno por cada distrito.

7 ~ sanguíneo. Tipo de los cuatro que se establecen en la sangre humana, según su capacidad de mezcla con los otros tres. | Navarro *Biología* 115: Los grupos sanguíneos son hereditarios e inmutables.

8 ~ de presión, ~ fónico, ~ tónico → PRESIÓN, FÓNICO, TÓNICO.

grupuscular *adj* (*Pol, desp*) De(l) grupúsculo. | *País* 19.7.77, 6: ¿Qué posibilidades tienen las centrales de imponer sus criterios frente a la demagogia aventurera de un agitador grupuscular? VMontalbán *Transición* 21: Nuestros maoístas aún no habían bajado entonces de su sierra Maestra mental, y grupusculares preeurocomunistas contemplaban a Carrillo por encima del hombro.

grupúsculo *m* (*Pol, desp*) Grupo [1] muy reducido. *Tb, raro, fuera del ámbito político*. | Bueno *Tri* 26.12.70, 11: En aquellos panfletos de grupúsculos (que a nadie representan) se parte de supuestos en la línea del "Proletkult". GMarín *Tri* 5.10.68, 24: La Nobleza, un estamento sin función histórica, se disuelve en los grupúsculos provinciales de una agricultura medieval.

gruta *f* Cavidad, gralm. grande y natural, producida en la roca. | Ybarra-Cabetas *Ciencias* 118: Las grietas se agrandan más y más, pudiendo originar galerías subterráneas, que en algunos casos alcanzan longitudes enormes. Por ejemplo: en la gruta del Mamut .. las hay de 50 kilómetros.

grutesco *m* (*Arte*) Motivo decorativo a base de animales, seres fantásticos y follaje, enlazados formando un todo. | Camón *Abc* 25.9.70, 3: A la fantasía de nuestro plateresco, a esa desbordada vitalidad de los grutescos que como hiedra reptan por las fachadas, sucede un apetito de sobriedad, de ascetismo constructivo. *Abc* 7.5.58, 45: Se trata del llamado Estoque de Tendilla .. Es un espadón de ceremonia, de vaina y puño labrados, y aquella, calada y adornada por los más bellos grutescos renacentistas.

gruyère (*fr; pronunc corriente*, /gruyér/; *pl normal*, ~s) *m* Queso suizo fabricado con una pasta cocida y prensada de leche parcialmente descremada y cuajo triturado, que presenta unos agujeros característicos. *Tb* QUESO DE ~. | Palomino *Torremolinos* 10: Manolo, bodeguero, corre como un loco del cestón del pan al armario frío de los vinos, al estante de la fruta, al de los quesos. –A este gruyère hay que hacerle la cara; se pierde más que lo que se comen.

gua[1] *m* Juego infantil que consiste en introducir una canica en un hoyito, impulsándola con el dedo pulgar. *Tb el hoyito*. | Cela *SCamilo* 272: La calle de Alcántara es muy tranquila, con .. sus niños que juegan al gua. ZVicente *Hojas* 120: Ven a jugar a las bolas, tenemos un gua libre.

gua[2] *interj* (*reg*) Expresa sorpresa o asombro. | J. Isla *Día* 25.5.76, 5: Se me llevaron los demonios. "Gua, contra –le dije–, y si no lo sabe, ¿para qué me viene con estas?"

guaca (*tb* **huaca**) *f* Sepulcro antiguo de los indios sudamericanos. | A. Hurtado *SYa* 10.10.76, 4: Una de las más emocionantes aventuras en el país [Colombia] es el topar con un guaquero, viejos expertos en entierros indígenas (guacas) y que saben el emplazamiento y desentierran cerámicas y objetos de oro.

guacal (*tb* **huacal**) *m* (*reg*) Envase de madera para transportar racimos de plátanos. | H. Masandi *Día* 15.6.76, 5: Abajo, en la playa abrigada, .. los vapores de negros penachos de humo iban embarcando los huacales de plátanos en sus hondas calas.

guacamayo *m* **1** Ave americana semejante al papagayo, con plumaje rojo, azul, verde y amarillo y cola muy larga (gén. *Ara*). | Sampedro *Octubre* 63: El zoo de Vincennes. El guacamayo rojo y verde echándose sobre mí con aleteo furioso.

2 (*hist*) Miembro de un cuerpo de voluntarios formado en Cádiz durante la Guerra de la Independencia (1808-1814). | Burgos *Abc* 8.1.87, 13: Cádiz será hoy más virreinal que nunca, .. y el pendón morado, al viento de las Puertas de Tierra, no marcará el final del viejo mundo soñado de la Ítaca andaluza, sino que sus colores doceañistas de guacamayos y lechuguinos, de derechos del hombre y españoles justos y benéficos, ondearán sobre los que fueron puertos del Rey de España y de las Indias.

guacamole *m* Ensalada que se prepara con aguacate, chile, cebolla y tomate, típica de Méjico, América Central y Cuba. | *Abc* 17.1.87, 4: En el restaurante Ritz. Bollería surtida, Guacamole, Jamón de Virginia. *SPaís* 19.5.91, 3: Disfrute el contraste de los mejores sabores de la cocina de México. Guacamole. Chiles rellenos de queso.

guacharo *m* (*reg*) Cría de ave. Tb *fig*. | GPavón *Rapto* 59: Quiere hacerle el féretro al pecho en flor, al gozquecillo rabicorto, al mirlo guacharo. GPavón *Liberales* 132: Sin ropa, solo con la camisa, parecía un guacharillo sin plumas. GPavón *Rapto* 178: Yo tuve un tío abuelo que pasó algunos años en el seminario de Ciudad Real .. Sus compañeros, los guacharos de cura, le llamaban Plinio por no sé qué cosas del latín.

guácharo *m* Pájaro nocturno de las regiones septentrionales de América del Sur, de plumaje rojizo con manchas blanquecinas y pico corto y encorvado armado de dientes dobles (*Steatornis caripensis*). | *Act* 22.3.73, 74: Un equipo de TVE, capitaneado por el doctor Rodríguez de la Fuente, filmará diez programas en Venezuela .. Luego, algunas filmaciones específicas: La cueva del guácharo, donde viven millones de estas aves nocturnas. A. Hurtado *SYa* 10.10.76, 4: Han descubierto más de mil especies de fauna y flora .. En la fauna, desde los diminutos colibríes .. hasta el cóndor .., pasando por los guácharos, extrañas aves nocturnas que viven en cierta gruta y que los investigadores quieren reconocer como el ave sagrada que adoraron civilizaciones que existieron hace miles de años.

guacharro *m* (*reg*) Guacharo. | GPavón *Cuentos rep*. 83: El "Curilla loco", a su lado, venía a ser un guacharrillo de cuervo.

guache *m* Gouache. | *ByN* 31.12.66, 25: "Las tres holandesas." Guache .. Fue pintado en Shoorl en el verano de 1905. SSolís *Jardín* 97: Habíamos llegado a la sala de exposiciones tan absorta en mis recuerdos que apenas me había dado cuenta de que nos hallábamos en un salón de cuyas paredes colgaban cuadritos pequeños, acuarelas y guaches.

guachinche *m* (*reg*) Tasca o taberna. | J. Isla *Día* 3.6.76, 5: Él aquella tarde no había estado en el guachinche de siempre, sino en casa de un amigo.

guachindango -ga *adj* (*desp, raro*) Hispanoamericano. *Gralm n, referido a pers.* | CAssens *Novela* 2, 269: La escritora hace un paréntesis en su charla para saludarnos y luego prosigue sus diatribas contra los guachindangos, contra el público y la prensa de Buenos Aires.

guachipilín *m* Árbol de madera apreciada propio de América Central y Méjico (*Diphysa robinioides* y *D. minutifolia*). | E. La Orden *SYa* 12.1.75, 11: Ocho pilares u horcones de madera de guachipilín sostienen un modesto artesonado.

guacho *m* (*reg*) Cría de gorrión. | Cela *Viaje andaluz* 281: El padrusco empujó hacia el blando nido a los torpones guachos de la pollada.

guaco[1] (*tb* **huaco**) *m* Objeto de cerámica de los sepulcros indios. | Barral *Memorias* 3, 145: Vivía rodeado de libros .. y de hermosos huacos, auténticos y menos auténticos. Parece que había tenido larga relación con huaqueros y ladrones de tumbas en su Perú natal.

guaco[2] *m* Se da este *n* a varias plantas de la América tropical, esp *Mikania guaco* y *Aristolochia anguicida*, *con propiedades medicinales, y empleadas comúnmente como antídoto contra la mordedura de animales ponzoñosos*. | J. ÁSierra *Abc* 19.11.57, sn: Mutis pondera las virtudes curativas de muchas plantas por él estudiadas: ipecacuana, .. guaco, canela.

guadalajarear *intr* (*col, humoríst, hoy raro*) Practicar [un funcionario] el sistema de desplazarse diariamente desde Madrid a Guadalajara. *A veces referido a otras poblaciones.* | J. MNicolás *Ya* 30.9.71, 7: No cabe duda que los pueblos donde se "guadalajarea" o donde la cultura les llega cada mañana en tranvía tienen que acabar considerándose a sí mismos como unos extraños seres que viven donde la gente "que sabe" no quiere vivir.

guacamole – guadaña

guadalajareño -ña *adj* De Guadalajara. *Tb n, referido a pers.* | Cela *Judíos* 32: La comunidad de Ayllón agrupa treinta y seis pueblos, de los que cinco son guadalajareños.

guadalajarismo *m* (*col, humoríst, hoy raro*) Condición del funcionario que guadalajarea. | L. Monje *Abc* 6.6.67, 92: El "guadalajarismo" de los funcionarios más relevantes, que vienen y van diariamente desde Madrid, contribuye a esta limitación de las manifestaciones intelectuales alcarreñas.

guadalajarista *adj* (*col, humoríst, hoy raro*) [Funcionario] que guadalajarea. *Tb n.* | F. P. RMartín *ASeg* 6.11.79, 9: "Por muy rápido que fuera, desde Madrid tenía [Adolfo Suárez] 40 minutos de carretera [para llegar a Segovia]" .. Para rematar la descripción de un funcionario guadalajarista y atolondrado, .. añade más abajo: "para él, la pesadilla .. había terminado".

guadalcanalense *adj* De Guadalcanal (Sevilla). *Tb n, referido a pers.* | J. M. Osuna *Abc* 16.12.70, 57: Los hijos de numerosos cazalleros, guadalcanalenses, pedroseños empezaron ya a nacer catalanes.

guadalupano -na *adj* **1** De Guadalupe (Cáceres) o de alguna de las otras poblaciones de este nombre. *Tb n, referido a pers.* | J. D. Cerezo *Ver* 16.10.75, 8: Guadalupe .. Se está buscando el apoyo de determinados guadalupanos con dedicaciones en tal sentido. [*Guadalupe, Murcia*.]
2 De la Virgen de Guadalupe. | GLuengo *Extremadura* 140: La advocación de la Virgen de Guadalupe se desparrama, en efecto, por toda América; y así tenemos la parroquia de Santa Fe, en la Argentina ..; en Colombia ..; en Venezuela; en Uruguay... Y no digamos en Méjico, ya que es conocidísima la devoción guadalupana del gran país. *Reg* 22.10.74, 3: Se extendió a su favor un pergamino con el nombramiento de Socio de Honor de los Caballeros guadalupanos.

guadalupense *adj* Guadalupano. *Tb n.* | *Reg* 22.10.74, 3: Se entregaron solemnemente los premios del certamen poético, cuyo primero correspondió otra vez al guadalupense Sánchez Prieto. [*Cáceres.*] N. SMorales *Reg* 15.10.74, 6: Caballero del Pilar y Guadalupe soy al mismo tiempo, pero de cara a Iberoamérica me toco con la veste guadalupense. *VozT* 20.9.78, 18: Hace historia de la rápida difusión de la fe y devoción guadalupenses a partir del hallazgo de la imagen.

guadalupeño -ña *adj* De alguna de las poblaciones denominadas Guadalupe, o de la isla de Guadalupe. *Tb n, referido a pers.* | X. Domingo *Cam* 26.7.76, 47: La salsa criolla de la Martinica, la salsa de guindillas de la Trinidad, la salsa Ti-Malice de Haití, la salsa picante de Santo Domingo, el sofrito o la salsa guadalupeña son totalmente distintas entre sí a pesar de que en todas ellas la base sean los diabólicos pimientos.

guadamacilería *f* Tienda o taller del guadamacilero. | Umbral *César* 29: Le gusta internarse por los viejos barrios de mercados y guadamacilerías.

guadamacilero *m* Fabricante de guadamecíes. *Tb (lit) fig.* | Umbral *Gente* 191: La reina, en fin, no cree en Salieri, en nosotros, en los mediocres, en los trabajadores de la inteligencia, en los guadamacileros de la poesía o la música.

guadamecí *m* Cuero adobado y adornado con dibujos de pintura o relieve. | F. SMatas *SYa* 23.5.74, 27: Los "guadamecíes" eran, en concreto, trabajos en cuero y tenían muchas aplicaciones.

guadamecil *m* Guadamecí. | Ubieto *Historia* 109: Se desarrollaron los sistemas textiles .., la fabricación de tapices y cueros (cordobanes y guadameciles).

guadamecilero *m* Fabricante de guadamecíes. | *Lab* 1.80, 91: En varias ciudades españolas había guadamecileros que trabajaban con técnicas parecidas.

guadaña *f* Instrumento para segar a ras de tierra, constituido por una cuchilla en forma de triángulo curvilíneo que se une por su parte más ancha a un mango largo que forma con ella un ángulo prácticamente recto. *Frec (lit) se emplea como símbolo de la muerte, real o fig.* | Gironella *Millón* 346: El frío en la guerra debía de cortar como diez guadañas. J. M. Amado *SAbc* 20.4.69, 51: Aparece por doquier la sombra permanente de la muerte, tan antiestética, con su

guadañador – guaje

guadaña y su calavera. P. Muñoz *Mad* 23.12.70, 1: Entre las personalidades amenazadas por la guadaña se encuentra el jefe del Gobierno .., a quien en círculos diplomáticos de Varsovia se le considera más o menos excluido de altas funciones políticas.

guadañador -ra *adj* Que guadaña. *Tb n f, referido a máquina*. | Ybarra-Cabetas *Ciencias* 300: La máquina guadañadora corta el forraje dejándolo esparcido en líneas en el campo. *SLib* 26.3.75, 38: F. Urbon, S.A. Fundiciones y construcción de maquinaria agrícola .. Barras guadañadoras. Distribuidoras de abono. *DCu* 18.7.64, 7: Comal, S.A. .. Fabrica además: Fresadoras, Azadas Motorizadas, Guadañadoras.

guadañar *tr* Segar con la guadaña o como con la guadaña. *Tb abs. Tb* (*lit*) *fig*. | A. P. Foriscot *Van* 14.7.74, 9: Era la dueña de la casa de labor, la propietaria del ribazo, del olivo que lo sombreaba a medias y del campo de alfalfa recién guadañado. Carnicer *Cabrera* 77: Al llegar a ella [a la cantina] me entero de que Laureano anda guadañando con un jornalero. MMariño *Abc* 22.6.58, 6: Se pasó más de media vida cazando, y de caza andaba cuando vino a guadañarlo a él la muerte.

guadañeta *f* (*reg*) Utensilio para pescar pulpos y calamares, consistente en una tablilla con varios anzuelos sujetos perpendicularmente a ella. | Cancio *Bronces* 105: ¿Habéis desempachao el palangre y repasao los trolles y las guadañetas? No, padre. *DMo* 23.8.85, 24: Ahora con la guadañeta habrá como 25 barcos en Santander.

guadarnés *m* Lugar en que se guardan las sillas y guarniciones de las caballerías. | Ma. Vidal *Opi* 16.10.76, 60: Los caballos, ensillados con monturas tomadas del guadarnés cercano, hacían presumir en los terroristas grandes condiciones ecuestres. J. A. PMateos *Abc* 5.8.70, 81: Las puertas [de la plaza de toros] llevan estos títulos: guadarnés, enfermería de caballos, caballerizas, la pajera y el museo.

guadarrameño -ña *adj* De Guadarrama (Madrid), o de la sierra o el río de Guadarrama. *Tb n, referido a pers*. | Ade 27.10.70, 3: Caía la lluvia suave, reposada y dulcemente en la primavera de claras luces guadarrameñas. DCañabate *Abc* 29.10.70, 15: Corren los años y Domingo adquiere otra tierra de toros, junto a los riscos de la Pedriza guadarrameña.

guadasuarense *adj* De Guadasuar (Valencia). *Tb n, referido a pers*. | *Pro* 13.8.75, 19: Guadasuar cuenta con una veterana, potente y digna Cooperativa Agrícola y Caja Rural, orgullo de todos los guadasuarenses.

guadiana (*alguna vez con mayúscula*) *adj* [Pers. o cosa] que desaparece y reaparece, como el río Guadiana. *Tb n m*. | Pemán *Cádiz* 7: Cádiz es una ciudad guadiana. Luego se hunde, se pierde, mete la cabeza debajo del ala. VMontalbán *Kennedy* 15: El paradero vital de Walter P. Reagan es un perpetuo guadiana. *Abc Extra* 12.62, 69: El diávolo .. es otro juego un poco Guadiana.

guadianés -sa *adj* Del río Guadiana. | Delibes *Castilla* 159: De la fusión de las cuatro razas iniciales [de cerdos] surgió el pelirrojo Torbiscal, mientras conservaban en pureza una de ellas, la Puebla, marranos negros, lampiños, el famoso "pelón guadianés", prácticamente desaparecido.

guadianesco -ca *adj* Que desaparece y reaparece, como el río Guadiana. | *Ya* 6.7.87, 53: Hoy se despide de la programación el espacio "Vivir cada día", uno de los más antiguos programas en antena, que ha tenido a lo largo del tiempo un recorrido guadianesco e irregular de cambio de horarios, día de emisión y hasta de cadena. Diógenes *Ya* 27.11.91, 1: Burgos se encontró con una situación desazonada y persistente que ahora desdichadamente sirv[e] de antecedente para ese estrafalario y guadi[a]nesco "caso de la construcción". [*En el texto*, guadinesco.]

guadiánico -ca *adj* Que desaparece y reaparece, como el río Guadiana. | Laín *Descargo* 142: Con qué dolorosa claridad iba a hacerse patente en la vida de mi madre este secreto, guadiánico drama de nuestra vida nacional. Umbral *Noche* 165: A lo mejor conecta [el escritor] con otras disciplinas remotas, porque la literatura es guadiánica y de pronto da, a mediados del siglo XX, un hijo un poco tardío del Siglo de Oro.

guadianización *f* Acción de guadianizarse. *Tb su efecto*. | Cuenca *Ya* 19.11.89, 22: Después de un largo período de "guadianización", se asiste desde las esferas del poder a un evidente "revival" de la exaltación de lo español.

guadianizarse *intr pr* Tomar carácter de guadiana. | F. J. FCigoña *Raz* 2/3.84, 381: La "circunstancia" política española hizo que a partir de 1833 y por bastantes años el pensamiento político tradicional se "guadianizara".

guadijeño -ña *adj* De Guadix (Granada). *Tb n, referido a pers*. | Cela *Inf* 18.8.75, 14: ¡Y uno que creía que el guadijeño don Pedro Antonio [de Alarcón] había venido al mundo en 1833!

guáflex *m* Cierto tipo de material plástico que imita el cuero, usado en encuadernación. | *VNu* 28.12.74, 24: Diccionario enciclopédico de teología moral .. Encuadernado en guáflex: 700 pesetas. Encuadernado en guáflex, tapa dura: 850 ptas. [*En el texto, sin tilde*.]

guagua[1]. de ~. *loc adv* Gratis o de balde. *Tb fig*. | Delibes *Cazador* 145: Esta tarde vi que se colaba [en el cine] el hermano de Fermín. Me fui donde el cabo y le pregunté si es que podemos meter de guagua a los nuestros. ZVicente *Mesa* 72: Qué gentuza, no acaban de llenarse la andorga en jamás de los jamases y, mientras, uno va cargando con el mochuelo, como si aquí me las dieran todas de guagua. FReguera-March *Boda* 300: Puede decir que le ha tocado la lotería. ¡Ande!, que se los va a llevar de guagua. Déme siete perras grandes y no hablemos más. **b)** Sin esfuerzo o sin trabajar. | Delibes *Hoja* 85: En premio a haber vivido toda su vida de guagua le dan un banquete y una medalla y una pensión vitalicia.

guagua[2] *f* (*reg*) Autobús. *Tb fig*. | *Día* 29.8.72, 21: Ninguna "guagua" urbana circuló ayer por Santa Cruz. J. Viera *Abc* 7.9.66, 24: Dejemos a un lado nuestro característico "aplatanamiento" y no perdamos por segunda vez la "guagua".

guaica *adj* De un pueblo indígena venezolano habitante de la región del Alto Orinoco. *Tb n, referido a pers*. | S. Peláez *Act* 22.3.73, 74: El equipo regresará después a Caracas, para volar seguidamente hacia las cabeceras del Orinoco .. En aquel lugar habitan los indios guaicas. *Abc* 15.6.74, 12: Viajes en avión reactor de línea regular .. Incas y guaicas. Salidas desde Madrid y Barcelona .. Itinerario: Lima, Cuzco, Machu-Pichu, Puno, La Paz, Caracas.

guaicurú[1] *m Se da este n a distintas plantas medicinales americanas pertenecientes a los géns Galianthe, Plegorrhiza y Statice*. | Palomino *Torremolinos* 33: Andan por allí haciéndose el amor verbal a base de decirse burradas y de perderse entre los arbustos caros de nombre indio –chayo, tuya, cantú, guaicurú, yuca–.

guaicurú[2] *adj* De un pueblo indígena americano compuesto por numerosas tribus, que habita en la margen derecha del río Paraguay. *Tb n, referido a pers*. | Tovar *Mataco* 2: Indios no agresivos, en contraste con sus vecinos orientales, los tobas y demás miembros de la familia lingüística guaicurú, se mantuvieron aparte de los blancos.

guaiquerí *adj* De un pueblo indígena venezolano habitante de la isla Margarita. *Tb n, referido a pers*. | Acquaroni *Abc* 29.7.67, 6: Hijo de la hermosa india Isabel, cacique de los "guaiqueríes", y del español Diego Fajardo, .. Francisco Fajardo fue el primer mestizo con mando en la aventura colonizadora.

guaita *f* (*hist*) Guardia o vigilancia. | DPlaja *Abc* 14.9.74, 3: Peinan el mar los remos de los cautivos cristianos, empujando las naves turcas y berberiscas. Las "torres de guaita" avizoran el horizonte.

guaja[1] *adj* (*col*) Pillo o granuja. *Tb n*. | RMéndez *Flor* 126: –De la policía secreta, señora. (Y el muy guaja hace una reverencia.) Escobar *Itinerarios* 239: Déjale que la duerma. Menudo guaja está hecho.

guaja[2] → GUAJE.

guájara *f* Espesura o fragosidad de una sierra. | Jo. Cruz *SJaén* 26.1.92, x: Cae herido, pero consigue huir perdiéndose por las umbrías y guájaras serranas.

guaje -ja (*reg*) **I** *adj* **1** Pillo o granuja. *Tb n*. | Delibes *Cazador* 32: El de Francés se cargó dieciocho de veintidós.

¡Buen guaje! ZVicente *Mesa* 82: Cómo serán, porque el andoba es un guaje de mucho cuidado...
II *m y f* **2** Niño o muchacho. | A. Crovetto *HLO* 7.8.78, 3: Por un lado se inventan las píldoras para que las mujeres que pueden tener hijos no los tengan, y por otro lado un par de sabios inventan a su vez el "guaje" probeta para que puedan tener hijos aquellas mujeres que no están en condiciones para ello. Llamazares *Río* 177: Hasta dos metros de nieve, fíjese usted lo que le digo, vi yo aquí, en Villaverde, de guaje.

guajiro¹ -ra A *m y f* **1** Campesino cubano. *A veces dicho como insulto.* | Torrente *Pascua* 239: –El tabaco es habano: me lo envía un hermano que es allí propietario de un ingenio ..– En un retrato colgado en la pared aparecía un sujeto de buena planta, a caballo, con un guajiro que le llevaba de las riendas. Salvador *Haragán* 59: A ti, abuelo, no te gustan las guajiras. Son desgarradas, procaces. Salvador *Haragán* 60: A ti te han llamado guajiro, despectivamente, muchas veces, los mambises y los criollos.
B *f* **2** Canción popular propia de los campesinos cubanos. | C. Murillo *SAbc* 14.12.69, 31: Solamente tres excepciones: la seguidilla .., la "seguiriya" .. y la décima, que inventó Vicente Espinel, y según cuyo modelo .. se entonan las milongas, las vidalitas y sobre todo la guajira.

guajiro² -ra *adj* De la Guajira (departamento de Colombia). *Tb n, referido a pers.* | J. C. Abreu *Alc* 13.11.70, 12: Llegamos con los sacos de maíz y manteca que el Programa Mundial de Alimentos .. entrega a los vecinos de la aldea como compensación parcial por su participación en la obra de rehabilitar la estepa guajira. R. Nieto *MHi* 3.61, 26: Remota Montiel inicia .. la redención del indio guajiro.

gualda *adj invar* (*semiculto*) Gualdo [1]. | Umbral *Ninfas* 142: Siempre con mis guantes amarillos en la mano, como un lirio gualda de frivolidad.

gualdo -da I *adj* **1** (*lit*) Amarillo. *Normalmente referido a la bandera nacional.* | *SInf* 17.4.78, 1: La bandera de España es de tres franjas horizontales, roja, gualda y roja, siendo la gualda de doble anchura que las rojas. FVidal *SYa* 3.7.88, 15: El primer anuncio de la noche hace presencia en los troncos del arbolado, .. y en los tonos gualdos de las matricarias. CBonald *Dos días* 94: Salían unas llamitas gualdas de entre el carbón de la hornilla.
II *f* **2** Planta herbácea de flores amarillas en espiga, usada para extraer tinte amarillo (*Reseda luteola*). | Cela *Alcarria* 126: Gualda es el nombre de la yerba silvestre que da unas florecillas de color gualdo, muy vistosas y misteriosas. Mayor-Díaz *Flora* 443: *Reseda luteola* L. "Gualda" .. La "gualda" servía antiguamente para teñir de amarillo los tejidos.

gualdrapa *f* Cobertura larga que adorna las ancas de una caballería. | D. I. Salas *MHi* 7.69, 41: Allí pueden admirarse brillantes armaduras recubriendo a arrogantes guerreros; alazanes con sus gualdrapas de sedas multicolores y corazas refulgentes.

gualdrapazo *m* (*Mar*) Golpe que dan las velas contra los palos y jarcias, sin viento pero con oleaje. | Cancio *Bronces* 23: Por aquellos desiertos de agua y de cielo, onde ni Cristo dio las tres voces tan siquiera, con gualdrapazos y desencuadernaduras a rochel.

gualdrapear *intr* (*Mar*) Golpear [las velas (*suj*)] contra los palos y jarcias, sin viento pero con oleaje. | Guillén *Lenguaje* 45: En toda suerte de faenas y maniobras, en puerto como en la mar, era y es preciso disponer de un modo de expresión .. tan agudo y penetrante que sea capaz de sobreponerse a los ruidos de toda suerte, .. bufido y silbar del viento, gualdrapear de las velas.

gualtrapa *m y f* (*jerg*) Pers. despreciable. *Usado como insulto. Tb adj.* | C. GSCecilia *SPaís* 20.11.88, 9: ¿Dónde está vuestra fe, tíos? ¡Panda de gualtrapas!

guanábana *f* Fruta americana semejante a la chirimoya (*Annona muricata*). | VMontalbán *Galíndez* 237: José Israel Cuello te sorprende ante el helado de guanábana y un vaso de bourbon alargado por el hielo y el agua.

guanacaste *m* Árbol centroamericano de la familia de las leguminosas, apreciado por su madera (*Enterolobium cyclocarpum*). | A. Cerrato *DBu* 30.7.75, 3: La situación que viven los campesinos hondureños es dramática y desalentadora. Se están alimentando con semillas de guanacaste doradas al calor de las brasas.

guanacasteco -ca *adj* De Guanacaste (provincia de Costa Rica). *Tb n, referido a pers.* | *País* 16.1.83, 72: Macarrón .. estaba casado con una guapa guanacasteca que se enamoró de un guerrillero y se fugó con él.

guanaco (*tb* **huanaco**) *m* Camélido de pelo denso y suave, amarillo rojizo en el dorso y claro en las partes inferiores, que vive en los Andes (*Lama guanicoe*). | Pericot-Maluquer *Humanidad* 128: Otros dos anquénidos, el guanaco y la vicuña, se cazaban. Delibes *Mundos* 89: Sin necesidad de referirnos a las monterías cordilleranas o de la Tierra del Fuego, donde la caza de pumas, llamas, huanacos y carpinchos resulta relativamente fácil, Sudamérica ofrece unas perspectivas a los deportes naturales no comparables a las que pueda ofrecer el Viejo Continente.

guanarteme *m* (*hist*) Rey de Gran Canaria. | *DLP* 4.1.64, 12: Gáldar .. Distinguidas familias de Las Palmas, Guía de Gran Canaria y de la ciudad de los guanartemes, donde ambos contrayentes son muy apreciados, se dieron cita.

guanche I *adj* **1** (*hist*) [Individuo] del pueblo habitante de las islas Canarias en el momento de su conquista. *Tb n.* | Arenaza-Gastaminza *Historia* 153: Los Reyes Católicos consolidan el dominio del archipiélago sometiendo la Gran Canaria, Tenerife y Palma. La fusión entre españoles y sus habitantes, los guanches, se operó rápidamente. **b)** De (los) guanches. | Nácher *Guanche* 36: Candelaria se estaba oyendo este vigoroso latir. Algo guanche y rebelde que se albergaba en ella.
2 (*lit*) Canario (de las islas Canarias). | *Inf* 14.6.77, 48: Dicha empresa ".. monopoliza la pesca en las aguas territoriales guanches".
3 (*hist*) De(l) guanche [4]. | Delibes *Mundos* 132: De ordinario, la nomenclatura de Tenerife responde a la época de la conquista, siquiera pervivan aún nombres .. de la más pura raíz guanche.
II *m* **4** (*hist*) Idioma de los guanches [1]. | I. Montero *Inf* 23.2.78, 19: "Deberían haberlo escrito .. en guanche" .. ¿Y por qué no en árabe?

guanchero -ra *adj* De La Guancha (Tenerife). *Tb n, referido a pers.* | *Día* 15.6.76, 16: Los falangistas de La Guancha han sido y son nuestros hermanos, llevan nuestra sangre, son tan guancheros como los de otras ideologías y han trabajado y amado a su pueblo.

guanero -ra *adj* De(l) guano. | Foxá *Abc* 25.5.58, 14: Se besaron, apasionados, bajo la gran luna del Pacífico; entre gritos estridentes de los alcatraces y pelícanos, las aves guaneras.

guanina *f* (*Biol*) Base de las que componen los ácidos nucleicos. | A. M. Yagüe *Ya* 28.9.88, 19: Es necesario precisar el cometido de cada uno de los 3.000 millones de pares de moléculas base (adenina, guanina, citosina y ti[m]ina) que componen la cadena del ADN con que se escribe la información genética y que cada célula reproduce en su núcleo.

guano I *m* **1** Excremento de aves marinas, que se utiliza como abono y cuyos depósitos más abundantes se encuentran en la costa sudamericana del Pacífico. | Delibes *Mundos* 109: Abajo, .. el mar, un mar obsesivo, cabrilleante, poblado de gaviotas, alcatraces y pelícanos (poco más arriba están los depósitos de guano más importantes del mundo). Aleixandre *Química* 97: Se encuentra [el amoniaco] en la Naturaleza formado por la fermentación de las materias orgánicas nitrogenadas, a lo cual se debe su presencia en el guano del Perú y en la orina en descomposición.
II *loc v* **2** irse al ~, mandar al ~ → IR, MANDAR.

guantada *f* (*col*) Bofetada. *Tb fig.* | Halcón *Manuela* 75: Porque me asomé una mañana en camisón, me dieron unas guantadas y me armaron un escándalo. A. Barra *Abc* 15.10.70, 32: Moscú no soportó con resignación esa auténtica guantada de la C.I.A.

guantazo *m* (*col*) Bofetón. | Lera *Clarines* 467: Le tendré que dar un par de guantazos cuando se ajume, porque me dirá que fui un cobarde.

guante I *m* **1** Prenda que cubre la mano amoldándose a su forma y gralm. enfundando por separado cada uno de

guantelete – guapo

los dedos, usada normalmente como abrigo o protección. | Laiglesia *Tachado* 33: Sergio Forlé suspiró mientras se ponía la chaqueta, el abrigo, los botines, el sombrero y los guantes. *AbcS* 1.4.75, 34: ¿Celulitis? Elimínela con Guante, Gel, Jabón flugina y Nuevo Delga-crem. **b)** Cubierta que protege la mano del boxeador enfundando unidos todos los dedos excepto el pulgar. | Valencia *NHi* 5.78, 14: Johnson cayó fuera de combate en el vigésimo sexto [asalto] .. En la fotografía del K.O. aparece en el suelo tapándose los ojos con el guante para evitar el sol.

2 (*Taur, hoy raro*) Cantidad que recoge como pago a su labor un torero en una capea. | DCañabate *Paseíllo* 42: Voy de fijo en la cuadrilla del Merluzo y habemos toreao en dos pueblos. ¡Chico, qué dos guantes! Doce laureanos me he traído pa mí solo.

II *loc adj* **3 de ~.** [Muñeco de guiñol] que se maneja metiendo la mano en su interior. | Cabezas *Abc* 25.5.58, 61: Cuando llegamos al teatro, está en pleno desarrollo una de esas farsas de títeres que escribe Natalio para representar con pequeños fantoches "de guante", que también construye él mismo.

4 de ~ blanco. [Ladrón] de aspecto distinguido que actúa con limpieza y sin violencia. *Tb referido al robo*. | M. D. Asís *Rev* 7/8.70, 6: Arsenio Lupin es un ladrón de guante blanco. **b)** [Acción] que se realiza con aparente limpieza o elegancia y sin violencia. | Pemán *Abc* 19.12.70, 3: Las operaciones sociales o políticas de "guante blanco" son las más temibles.

5 de los ~s. (*lit*) [Deporte] del boxeo. | *Abc* 16.1.71, 62: Clay .. decidió dedicarse al deporte de los guantes.

III *loc v* **6 arrojar el ~** [a alguien]. Desafiar[le]. | * Con esas declaraciones puede decir que ha arrojado el guante al presidente. **b) recoger el ~** [alguien]. Aceptar el desafío. | * El presidente recoge el guante; veremos en qué para esto.

7 colgar los ~s → COLGAR.

8 echar el ~ [a alguien]. (*col*) Coger[lo] o capturar[lo]. | Delibes *Hoja* 45: A Rovachol le echaron el guante porque siempre andaba enredando y tramando perrerías, y cuando le atraparon le juzgaron y le condenaron a muerte. **b) echar el ~** [a algo]. Coger[lo] o apoderarse [de ello (*cd*)]. *Tb fig*. | Lagos *Pap* 11.70, 164: Tampoco al viejo le habrán venido mal [las naranjas]. Lo peor es si se echó le guante la monja. Delibes *Parábola* 136: Si muevo la otra [ficha] doña Palmira me la va a echar el guante. **c) echar el ~.** (*Taur, hoy raro*) Recorrer la plaza [el torero de una capea] para recoger dinero como pago a su labor. | DCañabate *Paseíllo* 50: En las capeas cada uno va a lo suyo. Unos, a torear; otros, a hacer que torean y a no arrimarse más que a la hora de echar el guante.

9 hacer ~s. (*Boxeo*) Entrenarse. | Yebes *Abc* 12.11.74, sn: Johnson .. se alojó en el Palace, me hice amigo de él y con frecuencia subía a su habitación a "hacer guantes".

10 volver como un ~ → VOLVER.

IV *loc adv* **11 como un ~** (o **más suave que un ~**). (*col*) En actitud o disposición muy afable. *Gralm con los vs* ESTAR *o* PONER. | * Lleva unos días que está como un guante.

12 como un ~. Perfectamente. *Con vs como* QUEDAR, ESTAR *o* IR *y normalmente con ci.* | * Ese abrigo te queda como un guante.

guantelete *m* (*hist*) En la armadura: Pieza que cubre la mano. | Camón *LGaldiano* 176: Al pie de esta vitrina hay dos hermosos brazales, cincelados y dorados en algunos trozos, .. del siglo XVI. Y en el centro, un guantelete de arte alemán, de este mismo siglo.

guantera → GUANTERO.

guantería *f* **1** Guantes o conjunto de guantes [1]. | J. PGuerra *SInf* 12.12.70, 3: La industria del curtido .. hoy puede soportar la demanda de millares de fábricas de calzado, bolsos, guantería. *GTelefónica N*. 867: Curtidos Funes. Pieles para confeccionar guantería, calzado, etc.

2 Tienda o taller de guantes [1]. | Cossío *Montaña* 287: Fue esta calle predilecta de Pereda. En ella se encontraba la guantería de Juan Alonso, lugar de tertulia a la que el novelista montañés asistía diariamente.

guantero -ra A *m y f* **1** Pers. que fabrica o vende guantes [1]. | Sobrequés *HEspaña* 2, 263: Los sastres o alfayates figuran entre las corporaciones más nutridas, tanto en Castilla como en la Corona de Aragón; pero a su lado existían los jubonéros, calceteros, guanteros, cinteros, bolseros.

F. Bejarano *Abc* 23.8.66, 45: Habían hablado y tratado con él, conviniendo lo siguiente: que las diez casas para tiendas .. se reduzcan a seis, que podrá alquilar para barberos, .. guanteros y zahoneros.

B *f* **2** *En un automóvil:* Parte del salpicadero, gralm. cerrada, en que se guardan pequeños objetos. | *Ava* 7.12.68, 18: Una decoración y un diseño del interior totalmente nuevos: en asientos, paneles, guanteras.

3 Bolso de señora que tiene, entre las paredes exteriores y las del cierre central, dos departamentos abiertos para colocar los guantes. | * Me he comprado un bolso tipo guantera.

C *m* **4** (*raro*) Guantera [2]. | Halcón *Ir* 296: Fernanda vino y sacó del guantero el estuche de la guillet.

guaña *f* (*reg*) Rozón (herramienta). | C. GCasarrubios *Nar* 7.76, 11: Otra herramienta es el rozón o guaña, como se denomina en esta zona [Granada]. Se trata de una especie de hoz, no utilizada para segar cereales, sino para rozar o podar arbustos, hierbas o árboles.

guapamente *adv* **1** Con guapeza. *Frec en tauromaquia*. | A. Navalón *Inf* 9.9.70, 30: La segunda estocada fue igualmente formidable, entrando con gran estilo y vaciando la suerte guapamente.

2 (*pop o juv*) Bien. | Lázaro *JZorra* 28: ¡Pues sí que me la ha dao bien! ¡Lo contaba tan guapamente el jodío..! D. Calzada *Abc* 16.11.80, 13: Es la jerga, el argot, la jerigonza, el calorro. Las hablas contraculturales, o los "dialectos sociales", como les dicen más guapamente los entendidos de la cosa.

guapear *intr* (*raro*) Comportarse como un guapo [3b]. | L. Calvo *SAbc* 26.4.70, 18: Johnny Ringo guapeaba por las calles de Tombstone y abría chirlos ("notches") de navaja y ojales de revólver a quien le miraba a la cara.

guaperas (*col*) **I** *adj* **1** [Hombre] guapo [1a]. *Frec n. Frec con intención desp, denotando presunción.* | Marsé *Amante* 11: Cuando empecé a sospechar que Norma me engañaba, pensé en Eudald Ribas o en cualquier otro señorito guaperas de su selecto círculo de amistades. VMontalbán *Prado* 173: Fue la señora Sturges quien le puso en las manos .. de Ferrán el Maco, gigoló y guaperas de oficio y beneficio. Barril *PaísBa* 17.5.89, 26: En la película estaba encarnado por ese guaperas con pretensiones de presidente de Estados Unidos llamado Warren Beatty.

II *fórm or* **2 ¿quién es el ~?** ¿Quién es el guapo [8]? | Tomás *Orilla* 189: Esos fuman y le dan también al polvo. Pero se lo montan que no veas. ¿Y quién es el guaperas que les mete mano? Nadie.

guapetón -na *adj* (*col*) [Pers.] de belleza llamativa y airosa. *Tb n*. ZVicente *Traque* 222: La Matilde es una chica bárbara, es guapetona, bien puesta, menuda estampa tiene la niña. DCañabate *Andanzas* 225: Indudablemente tienen que existir bastantes guapetonas, esto es, mujeres de belleza un tanto estrepitosa, mujeres quizá no realmente bellas, pero sí llamativas, atractivas para ciertos ojos y desdeñables para otros.

guapeza *f* Valentía arrogante. *Frec en tauromaquia*. | Selipe *Ya* 27.6.75, 80: Márquez se creció, lo que no le va mal, y consiguió una faena vibrante, con notable eficacia y pletórico logro; la coronó con media en lo alto cobrada con guapeza. *Mar* 17.7.66, 11: En pleno fragor de batalla sobrevino su descalificación, en el tercer asalto, decisión .. que tuvo que aceptar podríamos decir casi como mal menor, pese a que derrochó guapeza y valentía.

guapinol *m* Árbol americano, corpulento y de madera dura, cuyo fruto es una vaina de semillas planas (*Hymenaea stigonocarpa*). *Tb designa otras especies similares. Tb su fruto.* | MPérez *Comunidad* 33: Preguntando por los nombres de las verduras y de las frutas ..: aguacates de jade, zapotes, mameyes, .. guapinoles.

guapo -pa **I** *adj* **1** [Pers.] cuyo físico, y esp. la cara, responde a ciertos cánones de belleza. *Tb n. A veces referido a animales.* | Torrente *Off-side* 315: –Hay un hombre que parece estar enamorado de mí, pero no me gusta. –¿Uno solo? Porque es usted muy guapa. J. Montini *SVozC* 31.12.70, 6: Jean Sorel es uno de los "guapos" del cine europeo. Berenguer *Leña* 170: Juan Antonio no caía quién era Rosa. –¡Sí, hombre! .. Una tetona muy guapota. **b)** *Se emplea frec como vocativo cariñoso, esp en lenguaje femenino*. | Delibes *Cinco horas* 98: Ay, no, guapina, un hermano es un herma-

no. **c)** *En vocativo, se emplea frec con intención irónica.* | Delibes *Cinco horas* 112: Eso de que llegaste al matrimonio tan virgen como yo, mira, guapín, eso se lo cuentas a un guardia.
 2 Bien vestido y arreglado. | *–¿Dónde vas tan guapa? –Me voy al cine.
 3 *(col)* [Hombre] valiente y enérgico. *Tb n m.* | Delibes *Cazador* 123: A Tochano le va haciendo falta un guapo que le baje los humos. **b)** Chulo o bravucón. *Tb n m.* | Delibes *Cazador* 57: El de Francés se puso guapo, aunque no llevaba razón.
 4 *(col)* [Gente] de alto nivel social y económico, que frecuenta los lugares de moda y aparece con frecuencia en las revistas. | *D16* 14.9.85, 5: Nadie sabe por qué misteriosos mandatos magnéticos, súbitamente, las ciudades trasladan sus centros de reunión sofisticados y frecuentados por "gente guapa" .. de una esquina a otra. VMontalbán *Prado* 27: La *beautiful people* es la gente guapa socialista, los *yuppies* socialistas: el Boyer, el Rubio, el Solchaga, el Solana telefonista. **b)** De (la) gente guapa. | L. C. Buraya *Ya* 10.5.87, 26: El distribuidor de cocaína puede ser un personaje famoso, un médico respetable, un abogado, un actor o un ejecutivo de multinacional..., gente que alterna con su clientela porque vive en el mismo ambiente guapo que ella.
 5 [Animal] de buen aspecto físico. | Mañas *Tarantos* 330: Qué punta de potras más guapas.
 6 *(pop o juv)* [Cosa] bonita (agradable de ver u oír). | Burgense *DBu* 17.7.76, 2: La Catedral tiene que seguir en su sitio, terne y guapa, hasta el final de los tiempos. Quiñones *Viento* 135: Esto es lo de Eustaquio Coronado .. Las viñas más guapas de por aquí. **b)** Bonito (grande en tamaño, en cantidad o en intensidad). | Oliver *Relatos* 101: Ella se enrollaba cosa mala, con un cuelgue que tenía de lo más guapo. VMontalbán *Prado* 80: La Chelo y él se pegaban folladas muy guapas. **c)** Bueno o de calidad. | Umbral *País* 22.2.83, 25: Ha escrito un artículo muy guapo Lázaro Carreter. *Gar* 23.5.83, 18: La verdad es que yo paso del rollo periodístico, aunque vosotros os lo estáis montando muy guapo. E. Acebal *Mar* 15.9.58, 15: Un toreo estupendo .. Las series de naturales las ha rematado con los de pecho, arrogantes y "guapos". **d)** [Tiempo] bueno o bonito. | GPavón *Reinado* 25: La tarde se ha puesto guapa, menos mal.
 II *m* **7 el ~ subido** → SUBIDO.
 III *fórm or* **8 ¿quién es el ~ que** + *v en pres de ind*? *(col)* = ¿QUIÉN SE ATREVE A + *infin*? | ZVicente *Traque* 221: Yo, por los amigos, hombre, que no se diga. Un amigo como tú, además. Yo hago lo que tú necesites. A ver quién es el guapo que lo pone en duda. **b)** *Frec se emplea con intención retórica para ponderar lo dificultoso o lo poco apetecible que resulta algo.* | SFerlosio *Jarama* 70: ¿Quién es el guapo que se mueve ahora? ¡No es nada!, ¿sabes? Y tener que vestirnos y toda la pesca.

guapura *f (col)* Cualidad de guapo [1a]. | Pemán *Halcón* 42: Esta de Halcón es la novela de una mujer que "se siente guapa". Y todo lo que le pasa, le pasa en función de su guapura subjetiva. Villarta *Ya* 30.5.64, sn: Ni Sócrates ni Eurípides tuvieron, en cuanto a guapura, que agradecer nada a la Providencia.

guaquero -ra *(tb* **huaquero***) m y f* Pers. experta en la excavación de guacas. | A. Hurtado *SYa* 10.10.76, 4: Una de las más emocionantes aventuras en el país [Colombia] es el topar con un guaquero, viejos expertos en entierros indígenas (guacas) y que saben el emplazamiento y desentierran cerámicas y objetos de oro. Barral *Memorias* 3, 145: Parece que había tenido larga relación con huaqueros y ladrones de tumbas en su Perú natal.

guaracha *f* Cierto baile popular de Cuba y Puerto Rico. *Tb su música.* | P. GBlanco *Abc* 25.5.58, 11: Oí los danzones del matancero Miguelito Failde .., el bolero y la guaracha.

guaraná *(tb* **guarana***) f* Pasta preparada con las semillas del arbusto brasileño *Paullinia cupana* y otros similares, usada para preparar una bebida semejante al café. *Tb la planta y el alcaloide correspondiente.* | M. Aldea *SJaén* 5.8.90, xx: Cafeína y guarana presentes en el gel .. actúan sobre el tejido conjuntivo.

guaraní I *adj* **1** [Individuo] de una raza india que se extendía desde el Orinoco al Río de la Plata y que en la actualidad pervive en Paraguay u otras zonas. *Tb n.* | Buesa- Enguita *Léx. América* 122: Acerca del primitivo significado de *tupí* 'enemigo', que aplicaron los guaraníes del Paraguay a sus hermanos de raza de la costa atlántica del Brasil, vid. M. A. Morínigo (1935). **b)** De (los) guaraníes. | Tovar *Español* 515: De las misiones del Paraguay se conservan actas de cabildos indígenas en lengua guaraní.
 2 De(l) guaraní [3]. *Tb n m, referido a término.* | Lapesa *HLengua* 347: Es crecidísimo el número de palabras indígenas familiares en América y desconocidas en España: así .. el guaraní *ombú* 'árbol de la Pampa'.
 II *m* **3** Idioma de los guaraníes [1a]. | Buesa *Americanismos* 330: El guaraní, hablado por los pobladores de las cuencas del Paraguay y del Paraná, emparentado con el tupí del Brasil.
 4 Unidad monetaria del Paraguay. | R. Patiño *SVoz* 8.11.70, 6: No vemos más edificio importante que el del nuevo hotel, .. que aparece .. en los billetes de cinco guaraníes.

guaranismo *m* Palabra, giro o rasgo idiomático propios de la lengua guaraní, o procedentes de ella. | Laín *Gac* 5.10.75, 19: En nuestro diccionario .. hay ya como quinientos quechuismos, bastantes menos guaranismos.

guaranítico -ca *adj* Guaraní [1b]. | Areilza *Memorias* 57: Aproveché los días previos al acontecimiento para visitar la ciudad y marchar al interior en búsqueda de los escasos pero impresionantes restos de las célebres misiones guaraníticas. [*En Paraguay.*] ZVicente *Dialectología* 399: Una segunda zona [argentina] sería la auténticamente guaranítica (Corrientes, Formosa, Misiones).

guarao *m* Lengua de los indios guaraúnos. | *Ya* 7.1.86, 12: Fue enviado como misionero al vicariato de Tucupita .. Este vicariato apostólico se encuentra en el sur de Venezuela, la población indígena habla el guarao y el núcleo más importante de población es la ciudad de Guayo.

guarapero -ra *adj* De(l) guarapo. | Casanova *Lit. Canarias* 1, 53: Aún tardaron en recalar en la ensenada próxima al pueblo de Vallehermoso, con su lejanía de palmas guaraperas recortando sus airosos penachos en el cielo.

guarapo *m* Jugo de la caña de azúcar y de la palmera *Phoenix canariensis*. | CBonald *Casa* 212: La rumorosa hilera de negros transportando la caña hasta el trapiche, esa emanación del guarapo que ponía pringosas las sábanas. FReguera-March *Cuba* 168: ¡Rico!, ¡que eres más dulce que el guarapo!

guaraúno -na *adj* De un pueblo indígena venezolano de las regiones pantanosas del delta del Orinoco. *Tb n, referido a pers.* | *Abc* 28.1.58, 25: En Venezuela había otros indígenas, los guara[ú]nos, que vivían .. subidos a los árboles. [*En el texto,* guarauanos.]

guarda -desa *(la forma f* GUARDESA, *solo en acep 5)* **I** *n* **A** *m y f* **1** Pers. encargada de guardar [1] algo. | Olmo *Golfos* 121: Con una pistola en la mano, hizo su aparición el guarda. **b)** *En pl:* Matrimonio encargado del cuidado de una finca o una casa. | Laforet *Mujer* 26: La empleaban [la casa] como refugio para caza mayor .. Ahora tenía allí a su chico, al cuidado de los guardas y de su amigo José Vados. **c) ~ jurado** → JURADO.
 B *f* **2** Acción de guardar, *esp* [1]. | Llamazares *Lluvia* 47: Luego, pasaría por casa de Besíos para ajustar la guarda del rebaño aquella primavera. F. Ayala *Abc* 31.5.58, 27: La mula .. dobló las rodillas y cayó muerta, dejando para Daroca el inapreciable tesoro y el singular favor de la guarda de la Preciosísima Sangre de Cristo. G*Telefónica N.* 995: Poster Plastictank, S.A. Tanques y depósitos. Para guarda y transportes. Industrias de bebidas y conservas lácteas.
 3 *En un libro:* Hoja, gralm. en blanco, que va inmediatamente unida a la cubierta. | Huarte *Tipografía* 66: Cuando el libro .. se va a vender encuadernado en cartón, tela o piel, puede llevar impresas las guardas, que son unas hojas que cubren la parte interior de las tapas (pegadas totalmente a ellas) y la primera y última página del libro.
 4 *En una cerradura:* Tope que impide girar la llave si esta no está provista de una muesca que coincide con él. *Tb la muesca de la llave.* | Berlanga *Acá* 40: Dos puertas macizas .., con cinco puntos de anclaje, mirilla telescópica y panorámica .., cerradura de 12 guardas con combinación de caja fuerte. *Prospecto* 12.84: Fichet .. Cajas Fuertes Serie DS .. La cerradura: Es de alta seguridad, de bomba tipo "Monopole"

(pat. Fichet), accionada por una llave anónima de 8 guardas longitudinales.
5 Mujer del guarda [1]. | Mihura *Maribel* 66: –La guardesa es la cocinera, y él es el criado y jardinero y todas esas cosas. –¿Y dónde están los guardeses?
II *loc adj* **6 de la ~.** (*Rel catól*) [Ángel] que protege a cada persona. | SLuis *Doctrina* 23: Cada hombre tiene un ángel que le protege en su andar por la vida y le guía al cielo. Es el Ángel Custodio o Ángel de la Guarda.

guardaagujas → GUARDAGUJAS.

guardaalmacén → GUARDALMACÉN.

guardabarrera (*tb* **guardabarreras**) *m y f* Pers. que vigila un paso a nivel. | Bustinza-Mascaró *Ciencias* 83: Ciertos oficios (guardabarrera, marino, etc.) no son asequibles a los que pa[d]ecen daltonismo. Cossío *Confesiones* 193: La guardabarrera nos sonríe con la bandera roja en el brazo y una flor en el pelo. S. Araúz *SYa* 28.5.72, 11: Hay, por supuesto, el maquinista .. Y el inspector, y el guardafreno, y el guardabarreras.

guardabarros *m En un vehículo:* Pieza que va sobre la rueda para proteger de las salpicaduras. | CNavarro *Perros* 69: Algunos iban en bicicleta y la luz del guardabarros se distinguía como una mancha roja.

guardabosque (*tb* **guardabosques**) *m* Guarda [1] de bosques. | *Act* 14.6.73, 101: Cuatro albañiles fueron también los que, con un guardabosques y un restaurador, llevaron el ataúd desde el castillo hasta el sepulcro.

guardabrazo *m* (*hist*) *En la armadura:* Pieza que cubre el brazo. | Riquer *Caballeros* 65: Rompió su lanza en el escudo del conde de Foix, pero este le desarmó el guardabrazo.

guardabrisa (*tb* **guardabrisas**) *m* Pieza de cristal que protege una vela para que no se apague con el aire. | *CoA* 25.3.64, 3: El canasto es lo suficientemente ancho para que haya tenido que salir del templo sin respiraderos e incluso rompiéndose un guardabrisas al rozar en los clavos de la puerta los de ambos lados.

guardacalor *m* (*Mar*) Forro metálico que se pone a la chimenea de un barco para impedir irradiaciones de calor. | Aldecoa *Gran Sol* 13: Blancos los puentes, ocres los guardacalores, negros y rojos los cascos.

guardacantón *m* (*hoy raro*) Poste de piedra o hierro destinado a evitar que los carruajes se salgan del camino o rocen las esquinas de los edificios. | Hoyo *Glorieta* 18: Nosotros .. parábamos .. en una gran piedra que servía de guardacantón al puente volado sobre la trinchera del ferrocarril. CBonald *Noche* 226: Se desviaron hacia la parte del caserío, por una calleja con unas viejas espingardas en las esquinas a manera de guardacantones.

guardacoches *m y* (*raro*) *f* Pers. que se dedica a vigilar coches estacionados. | CPuche *Paralelo* 297: De todos los personajes del bloque, los que menos le gustaban a Genaro eran los guardacoches.

guardacostas *m* Barco pequeño o lancha rápida destinados a la defensa del litoral o a la persecución del contrabando. | J. M. Massip *Abc* 3.12.70, 36: Pueden predecirse sanciones ejecutivas serias contra altos funcionarios del Departamento de Estado y con los mandos del Servicio de Guardacostas. Guillén *Lenguaje* 23: Las galeras, ya reducidas al exclusivo uso guerrero y de guardacostas, .. fueron como depósito enquistado de voces y maneras de ascendencia puramente clásica.

guardadamas *m* (*hist*) Empleado de la casa real, cuya principal función es ir al estribo del coche de las damas. | E. Montes *Abc* 22.6.58, 99: Fijaos en la puerta, por donde, sobre el mayordomo, el guardadamas y las tocas monjiles, de un brinco irrumpe un personaje. [*En "Las Meninas".*]

guardador -ra I *adj* **1** Que guarda, *esp* [3 y 4]. *Tb n, referido a pers.* | CPuche *Paralelo* 127: Llegó el marido. Era guardador de ganado de los corrales vecinos. SRobles *Pról. Teatro 1963* 16: En el fondo un infeliz, .. guardador temeroso de una inmensa ternura. Torrente *SInf* 15.8.74, 8: Otra vez Nixon. ¡Qué horrible, qué patético discurso! Los guardadores de las buenas tradiciones anglosajonas se habrán asqueado de tanto sentimentalismo y tanta lágrima. Cela *Viaje andaluz* 50: Lo que yo le digo es que, si usted tuvo alguna vez un duro de plata, no le duró encima más que una piedra en el aire. Usted sabrá perdonarme, pero a mí se me hace que no tiene usted cara de guardador.
II *m y f* **2** Tutor (pers. que tiene la tutela de otra). | Torrente *Pascua* 251: Una cosa es mi punto de vista particular y otra el papel de guardador a que me obliga el testamento. Personalmente, lo repito, lo que deseo es verme libre cuanto antes.

guardaespaldas *m* Individuo que acompaña a una persona con la misión de protegerla de una posible agresión. | S. García *Ya* 22.10.64, 27: Dispone ahora de un servicio de guardaespaldas que le acompañan a cualquier lugar donde va.

guardafangos *m* (*reg*) Guardabarros. | Arozarena *Lit. Canarias* 1, 38: Era curioso el vehículo aquel, con las aletas del capó abiertas, apoyadas en los guardafangos.

guardafrenos (*tb* **guardafreno**) *m En el ferrocarril:* Empleado que tiene a su cuidado un freno y que trabaja a las órdenes del conductor. | M. Pedrero *Ya* 13.4.83, 32: El asalto se produjo cuando tres individuos jóvenes armados y con las caras cubiertas se introdujeron en el vagón del jefe de tren, donde se hallaban las sacas. Obligaron a este y al guardafrenos a tumbarse en el suelo. Cela *Rosa* 219: El brake del abuelo tenía tres personas a su servicio: un guardafrenos vestido de azul y dos doncellas con uniforme negro y cofia blanca. El guardafrenos cuidaba de limpiar el brake por fuera, de engrasar los ejes, de vigilar los tornillos y las tuercas de las ruedas, de llenar de agua el depósito y de echar el freno al llegar a las estaciones. S. Araúz *SYa* 28.5.72, 11: Hay, por supuesto, el maquinista .. Y el inspector, y el guardafreno, y el guardabarreras.

guardafronteras I *m* **1** Guardia de frontera. | *Ya* 14.12.91, 5: Hacen referencia [los cargos de acusación] a haber dado la orden a los guardafronteras de disparar contra los ciudadanos que pretendían escapar a Occidente. *País* 8.11.93, 5: Otros 37 militares afganos se habían entregado a los guardafronteras en la misma región [Tayikistán].
II *adj* **2** De (los) guardias de frontera. | *Abc* 3.7.93, 37: Los tres ciudadanos cubanos murieron al intentar salir ilegalmente del país, tras ser interceptados por tropas guardafronteras.

guardagujas (*tb* **guardaagujas**) *m y f* Empleado del ferrocarril encargado del manejo de las agujas. | Torrente *Saga* 191: Un sencillo movimiento del guardagujas le meterá otra vez en la parte recta de la vía, y el tren llegará sin incidentes al punto de partida. Grosso-LSalinas *Río* 145: –El camino más fijo es la vía, toda seguía a la derecha –dice el guardagujas.

guardainfante *m* (*hist*) Prenda de vestir femenina consistente en una armazón destinada a ahuecar la falda. | Zunzunegui *Hijo* 146: Sonó una campanilla de plata, que era una dama con un guardainfante pomposo. DPlaja *Sociedad* 69: Lo que más caracteriza a una dama es la prenda guardainfante.

guardajoyas *m* (*hist*) **1** Lugar destinado a guardar las joyas reales. | J. Balansó *SAbc* 16.3.69, 37: Al marchar este Rey hacia la encerrona de Bayona en 1808, las piedras preciosas quedaron en su totalidad en el guardajoyas.
2 Hombre encargado del cuidado y custodia de las joyas reales. | GNuño *Madrid* 135: El guardajoyas Hernando de Espejo catalogó, en 1614, 366 cuadros.

guardajurado *m* Guarda [1] jurado (→ JURADO). | GHortelano *Tormenta* 164: –¿Qué decía el guardajurado? –Que sí, que la arrearon para dejarla sin conocimiento.

guardalmacén (*tb* **guardaalmacén**) *m* Individuo encargado de la custodia de un almacén. | J. Mata *VAl* 4.7.75, 7: Su guarnición estaba compuesta por 24 soldados, .. dos cabos, un tambor y un guardaalmacén.

guardalobo *m* Se da este n a las plantas *Osyris alba* y *Verbascum thapsus*. | Mayor-Díaz *Flora* 533: *Osyris alba* L. "Guardalobo". FQuer *Plantas med.* 605: Gordolobo. (*Verbascum thapsus* L.) Sinonimia cast[ellana], guardalobo.

guardamangier *m* (*hist*) Empleado de palacio encargado de las provisiones. | GSerna *Viajeros* 40: Seguían al rey ..: dignatarios y oficiales, 22 ..; panetería, cava y pota[j]ería, 16; .. cerería, dos; guardamangier, seis.

guardamano (*tb* **guardamanos**) *m* **1** *En una espada u otra arma similar:* Defensa que se pone junto al puño. | *Abc* 7.5.58, 45: Son curiosas, y de la mayor importancia artística e histórica, las dagas de guardamano, llamadas también de "mano izquierda", ya que se blandían al mismo tiempo que la espada. Camón *LGaldiano* 192: La espada de cazoleta, con guardamanos en forma de concha, es obra toledana del siglo XVI.
2 *En una escopeta u otra arma similar:* Pieza que se fija en el cañón y que sirve para proteger la mano del tirador de la elevada temperatura que adquiere el cañón al hacer fuego. | Delibes *Perdiz* 151: El Juan Gualberto .. se descuelga la escopeta y la toma del guardamanos.

guardameta *m y f* (*Dep, esp Fút*) Portero. | *Bal* 21.3.70, 27: El guardameta Pazos fue transferido por el Elche al Celta. *VozE* 13.1.65, 13: Hockey .. Es necesario jugar con un guardameta, sea o no el titular.

guardamonte[1] (*tb* **guardamontes**) *m* Guardabosque. | Cunqueiro *Un hombre* 185: Era guardamontes en la paz, y bajé a la ciudad solamente una vez.

guardamonte[2] *m* Pieza de cuero que cuelga de la parte delantera de la montura para proteger de la maleza las piernas del jinete, propia de Argentina y Bolivia. | *Ya* 9.6.90, 64: Destacan creaciones argentinas como guardamontes en cuero, rebenques y cinturones, estribos de la Pampa y ponchos de lana.

guardamuebles *m* Local destinado a guardar muebles. | *Abc* 16.12.70, 47: Cinco italianos murieron carbonizados por las llamas al prenderse fuego dos casas y un almacén dedicado a guardamuebles.

guardapelo (*tb, raro,* **guardapelos**) *m* Joya en forma de cajita plana, en la que se guarda pelo, un retrato u otro recuerdo personal. | Laiglesia *Ombligos* 71: Viene a ser lo mismo que cortar un mechón a la mujer amada para conservarlo en un guardapelo. Sampedro *Octubre* 305: Contemplé el objeto: redondo estuche de plata con tapa de malaquita .. Y aún faltaba lo mejor, aparecido bajo la tapa, al abrirla. Un retrato, como en un guardapelos.

guardapesca *m* Embarcación destinada a vigilar el cumplimiento de las leyes de pesca marítima. | *Abc* 16.12.70, 54: Las 11 embarcaciones pesqueras barbateñas .. fueron sorprendidas por lanchas del servicio de guardapescas marroquí.

guardapolvo (*tb* **guardapolvos**) *m* **1** Prenda, gralm. de tela ligera y color sufrido, que se pone sobre los vestidos para preservarlos del polvo y las manchas. | Laforet *Mujer* 155: Llevaba un guardapolvo abierto por delante y lucía la corbata. Berlanga *Pólvora* 23: Los hombres del guardapolvos gris y el paso cansino empujaban la escalerita rodante.
2 Tejadillo voladizo construido sobre un balcón o una ventana para protegerlos de la lluvia. | GLuengo *Extremadura* 59: La piedra de granito es dura y compacta; se utiliza poco en construcción, pero sí en motivos ornamentales, piedras armeras, guardapolvos de ventanas, etc.
3 (*Arquit*) Pieza, gralm. decorada, que enmarca un retablo por arriba y por los lados. | GNuño *Arte* 246: Naturalmente, el esqueleto del retablo sigue siendo gótico en su guardapolvo, doseletes y compartimientos rematados en pináculos.
4 (*Bibl*) Camisa o sobrecubierta [de un libro]. | Huarte *Exlibris* 30: Apartadas de su lugar normal, se pueden conservar las sobrecubiertas de los libros –camisas, guardapolvos, carátulas, les llaman– que en su sitio duran poco tiempo limpias y enteras.

guardar I *v* A *tr* ▶ a *normal* **1** Cuidar y custodiar [a alguien o algo]. | Hoyo *ROc* 8/9.76, 91: Los hombres segaban juncos y espadañas; .. los perros guardaban el campamento. **b)** Proteger o preservar [de alguien o algo]. *Tb sin compl.* | ZVicente *Balcón* 70: –¡Dios guarde a las señoras! ¡Con su permiso de ustedes!– Casta, detrás de ella, mordiéndose, admirada, el labio inferior: –¡Qué finolis viene la chica! * Que Dios nos guarde de las enfermedades.
2 Poner [algo en un lugar] para que esté protegido u oculto. | *Economía* 189: Las prendas de uso más corriente en la casa se guardan en los estantes más a mano. **b)** Encerrar o tener dentro de sí [algo]. | CSotelo *Pról. Epist. Armenteras* 5: El ulterior desenvolvimiento de las cosas lleva siempre guardado [*sic*], dentro de sí, graves sorpresas.
3 Conservar o mantener [algo]. *A veces con compl de interés.* | Chueca *País* 11.5.76, 8: Es posible que los menos comedidos sean los más privilegiados, los que por guardar estos privilegios, muchas veces usurpados, pierden todo comedimiento. C. Mora *Van* 20.12.70, 55: El Código especifica que hay que guardar una distancia reglamentaria entre coche y coche. J. M. Moreiro *Ya* 1.9.74, 10: Kurdo fue uno de los hombres más feroces de que la historia guarda noticia: Saladino. *Ya* 21.2.78, 17: Numerosos españoles se guardan las actuales monedas en circulación esperando que obtengan un valor numismático considerable. **b)** Tener [una actitud o relación] de manera más o menos estable o prolongada. | Arce *Testamento* 22: No debes guardar rencor a El Bayona. *Economía* 323: Se puede ser muy alegre y muy divertida, pero guardando una compostura perfecta en todo momento. Arce *Testamento* 49: Guardamos un profundo silencio. Delibes *Siestas* 32: Si yo abandono mi negocio para ayudarte, justo es que me guardes una atención, hijo. Matute *Memoria* 101: Cuando volvió, ya estaba enterrado el pobre viejo, y él no le guardó luto. Gimferrer *Des* 12.9.70, 29: Su excelencia [del libro] guarda proporción directa con su falta de novedad literaria. **c)** ~ **las apariencias**, ~ **cama**, ~ **las distancias**, ~ **las formas** → APARIENCIA, CAMA[1], DISTANCIA, FORMA.
4 Reservar [algo para alguien o algo]. | Medio *Bibiana* 14: Marcelo Prats .. guardó para sí la preocupación. **b)** Ahorrar. *Tb abs.* | Cela *Izas* 101: Andrea la Garbanzona no supo guardar .. y ahora se ve como se ve: en clases pasivas y trotando, trotando siempre en espera del triste gurriato que la encame y le pague un café y una copeja de anís.
5 Cumplir u observar [una ley, un precepto o una obligación]. | Vesga-Fernández *Jesucristo* 103: Si quieres entrar en la vida eterna, guarda los mandamientos. **b)** No trabajar [en un día de fiesta (*cd*)]. | SFerlosio *Jarama* 36: –Menudo calor. –Sí que lo hace, sí. No parece sino que espera los domingos para apretar más todavía. –Ya; ese no guarda fiestas.
▶ **b** *pr* **6** ~**sela** [a alguien]. (*col*) No olvidar una ofensa o un daño y esperar el momento oportuno para su venganza. | Tomás *Orilla* 108: En el talego le tuve que partir la cara. Y por lo que se ve, me la guarda. ¡Lo va a tener claro conmigo!
B *intr pr* **7** ~**se** [de alguien o algo]. Procurar evitar[lo]. *Frec en fórmulas de amenaza.* | CNavarro *Perros* 82: Conmigo puedes hacer lo que te plazca. Pero guárdate de meterte con Mario.
II *loc adj* **8 de ~**. (*Rel catól*) [Fiesta] en que hay obligación de oír misa y no se puede trabajar. | SLuis *Doctrina* 77: Dios nos manda descansar los domingos y fiestas de guardar.

guardarraíl *m* Valla de protección en una carretera. | *Abc* 11.5.75, sn: El piloto .. se aleja corriendo de su vehículo, un Penske-Ford, después de chocar contra el guardarraíl al finalizar los últimos entrenamientos. J. Lacosta *D16* 2.10.91, 19: La motocicleta en que viajaban derrapó y colisionó contra un guardarraíl. *Abc* 15.6.91, 45: Los peatones que transitan por los arcenes de la carretera de Canillas .. corren a diario peligro de ser atropellados por los vehículos que circulan por esta vía, ya que el Ayuntamiento ha retirado, sin ningún motivo aparente, el guarda-raíl protector que existía.

guardarraya *f* (*reg*) Linde [de una finca]. | CBonald *Ágata* 108: El normando había vuelto a las breñas por su propio pie y voluntad, con el presumible intento de ganar las últimas guardarrayas del coto del señorío.

guardarríos *m* (*reg*) Guarda [1] de ríos. | Cunqueiro *Gente* 14: Pasaba hacia la calle de San Marcos el guardarríos de Crescente, quien hacía un par de semanas le había puesto una multa. *DMo* 12.8.92, 5: Uno de los concejales .. criticó con dureza "la falta de interés que ha mostrado el servicio de guardarríos de la Diputación Regional".

guardarropa (*tb* **guardarropas** *en aceps 1 y 2*) **A** ~ **m 1** *En un local público:* Sitio destinado para dejar las prendas de abrigo, paraguas, carteras y objetos similares. | Fraile *Cuentos* 46: Sabía más que de sobra que Damayanti trabajaba en el guardarropas de un club. Berlanga *Gaznápira* 109: Alfonso sujetándote discretamente por el codo para retirarte del guardarropas antes de que pases del tuteo a darle dos besos a la señora. [*En un restaurante*.]

2 Conjunto de vestidos [de una pers.]. | Torrente *Sombras* 210: ¡Con todo preparado para la *season*! ¡Un guardarropa precioso, aunque carísimo, que no sé cómo podré pagarlo! Diosdado *Olvida* 20: Tiene un piso estupendo, dos criadas, un coche para su uso particular, un guardarropas para matar de envidia a todas sus amigas, un perro de lanas.
3 (*raro*) Armario o cuarto ropero. | Laforet *Mujer* 326: Estaban en el guardarropa de Concha. Los invitados se habían ido .. Concha se empeñó en que Paulina tomase un chal.
4 Abrótano hembra (planta). | FQuer *Plantas med.* 799: Abrótano hembra. (*Santolina chamaecyparissus* L.) Sinonimia cast[ellana], .. guardarropa.
B *f* **5** (*hist*) *En un palacio u otro lugar similar:* Lugar destinado a guardar la ropa. | Morales *Artífices* 1, 21: Al año siguiente se le designa mozo de oficio de la Real Guardarropa, sin sueldo, con destino en el Cuarto de la infanta doña María Amalia.

guardarropía I *n* **A** *f* **1** (*Escén*) Conjunto de trajes y complementos de vestuario empleados para la representación escénica. *Tb el lugar en que se guarda.* | M. F. Ruiz *Pue* 7.11.70, 8: La brillante recepción .. ha hecho tabla rasa de las guardarropías teatrales, por aquello de que la invitación ponía como condición el "frac". * Ve a guardarropía y que te den otro sombrero.
B *m* **2** (*raro*) Guardarropa [1]. | VMontalbán *Pianista* 135: Magda era la encargada de guardarropía del Rigat, pero solo por una temporada. Torres *Él* 184: Una jovencita cubierta con una bata escolar rayada les sonrió: –¿Algo para el guardarropía? Ver 18.3.56, 2: Este soberbio edificio [escolar], modelo entre los de su clase, constará de cinco grados de cada sexo con todas las dependencias complementarias, como sala de profesores, biblioteca, sala de trabajos manuales, guardarropía y sala de aseo.
II *loc adj* **3 de ~.** Aparente o falso. | ASáez *Abc* 18.12.70, 20: A la copla minera le acechó .. oscura amenaza de muerte. Derrotada por la falsa canción amañada y teatralera, por el oropel de un flamenquismo de guardarropía.

guardasellos *m* (*hist*) Funcionario encargado de custodiar el sello oficial. | SRobles *HLM* 26.3.79, 13: El concejo sumaría doce regidores –los concejales de hoy–, los llamados oficios –delegados de hoy–, el alférez mayor o guía del concejo, .. procurador y guardasellos.

guardavía *m En el ferrocarril:* Empleado que tiene a su cargo la vigilancia de un tramo de vía. | PValle *Hucha* 1, 164: –¿Qué, Matorro, a ganar el jubileo, como cada día? –dijo uno de los ferroviarios, con su eterno tono de zumba. –¡Matorro...! –dijo el estudiante, con un acento que a veces resultaba como de una molesta complicidad en algo oculto e ignorado por el guardavía.

guardaviñas *m* Guarda [1] de viñas. | Álvarez *Cór* 27.9.64, 5: "Borrachera del mosto" que en la misma inocuidad saca la lengua de las heces fuera de la boca de la cuba como si hiciera burla al viejo guardaviñas.

guardavivos *m* (*Carpint*) Moldura que protege una arista o esquina. | F. Páramo *SYa* 4.9.83, 32: Igualmente pueden servirnos los cortineros de escayola, las molduras tapajuntas de las ventanas y los guardavivos.

guardense *adj* De Guardo (Palencia). *Tb n, referido a pers.* | *DPa* 5.10.75, 3: El tercer premio ha sido para la joven guardense Araceli Pascual.

guardería *f* **1** Establecimiento en que se cuida y atiende durante el día a niños en edad preescolar. *Tb ~ INFANTIL.* | Miguel *Mad* 22.12.69, 13: Si el ama de casa trabaja y tiene niños pequeños, está difícil lo de las guarderías. *GTelefónica* 83 1, 1045: Guardería infantil Los 7 Enanitos. Cuidado de niños de 3 meses a 4 años.
2 Oficio u ocupación de guarda [1]. | Halcón *Manuela* 98: Ayer he puesto una denuncia a alguien que no pisaba el terreno de mi guardería, por un hecho que no afecta a la finca. Aparicio *GacR* 31.12.70, 7: Abandonaban [las mujeres] los riscos y eriales y los hatos de cabras y ovejas de su guardería y las faenas monótonas. **b)** Guarda (acción de guardar). | Moreno *Galería* 190: Guardar la era. Pudiera oler a contrasentido tratar ahora ya el tema de las eras aldeanas y su guardería, cuando en verdad en muchos de estos pueblos .. ha desaparecido su finalidad y su razón de ser. Grosso *Capirote* 114: Estaba acostumbrado al sueño breve, ligero de las guarderías nocturnas, de la campiña y de la montanera: viña, olivar, pastizal, rastrojera, ganado.
3 Conjunto de guardas [1]. | Delibes *Perdiz* 148: El que mate una perdiz en veda, fuera la escopeta y fuera la licencia .. ¿Cree usted que si la guardería empezase a retirar licencias estas cosas se iban a repetir?
4 Casa del guarda [1]. | Grosso *Invitados* 177: Cargan ya los legionarios el pequeño frigorífico que sacaron del comedor de la guardería. Pemán *Andalucía* 234: La casa que .. sirve de taquilla y guardería de Las Maravillas, [grutas] a las que se entra .. por una sencilla cancela.

guarderón *m* (*reg*) Larguero de una cama. | Grosso *Zanja* 24: La cama guarda el aroma tibio del cuerpo de Araceli. Restriega [Lisi] la cara por la almohada .. Se incorpora y se deja caer sobre uno de los guarderones.

guardés -sa *adj* De La Guardia (Pontevedra). *Tb n, referido a pers.* | *Voz* 17.3.87, 28: La zona guardesa ya ha sido escenario de varios rodajes. *HLVi* 4.8.75, 12: El equipo grande de La Guardia efectuó su presentación en el Estadio del Tecla .. Después de evolucionar sobre el terreno de juego, se encaminaron todos al monte de Santa Tecla para ofrendar sus triunfos, que deseamos sean todo lo amplios que los guardeses desean.

guardesa → GUARDA.

guardeses *m pl* Matrimonio encargado del cuidado de una finca o de una casa. | Mihura *Maribel* 66: –La guardesa es la cocinera, el hijo es el criado y jardinero y todas esas cosas. –¿Y dónde están los guardeses? *Ya* 6.9.74, 9: Precísase matrimonio guardeses, jardinero y cocinera, internos, para finca en Somosaguas.

guardia (*normalmente con mayúscula en aceps 5 y 8b y c*) **I** *n* **A** *f* **1** Acción de guardar [1]. | G. Valverde *Ya* 9.6.68, 1: Ralph Abernathy, .. sucesor de Martin Luther King, quien hacía guardia ante el cadáver. Bustinza-Mascaró *Ciencias* 139: En la segunda etapa (diez-veinte días) [las obreras] se dedican activamente a construir panales con la cera que segregan y, al final, hacen guardias en la piquera, o puerta de la colmena.
2 Servicio de guardia [1] que, por turno obligatorio, prestan los miembros de una unidad militar. | CPuche *Paralelo* 118: Eso es estupendo. Sin hacer la instrucción, sin uniforme, sin comer rancho, sin hacer guardias. Berenguer *Mundo* 99: Solo los de guardia y yo nos quedábamos sin salir. [*En el cuartel.*]
3 Servicio que, por turno obligatorio, prestan determinados profesionales y establecimientos, esp. médicos y farmacias, fuera del horario habitual. | Ver 16.9.78, 18: Las guardias médicas, hoy, en Magistratura. *Nue* 23.1.70, 14: Farmacias de guardia. Zona norte. Turno 5-B. J. AGago *CoZ* 10.5.64, 3: Hemos dicho que Zamora entera estaba en la romería, cuando esa no es la realidad. Ahí están para demostrarlo los estancos de guardia, los bares, cafeterías, los servicios sanitarios.
4 (*Boxeo*) Posición de los brazos para protegerse de los golpes. *Gralm con los adjs* ALTA *o* BAJA. *Frec fig.* | J. Valdivieso *Ya* 18.5.77, 39: Alfredo Evangelista se preparó concienzudamente y demostró ser capaz de realizar quince asaltos frente a un Clay que agota a sus rivales al dejarse golpear cerrado en una cerradísima guardia y con su baile en constante huida sobre las puntas de los pies. VMontalbán *España* 119: El estómago popular estaba ya muy castigado por la acción continuada de la cinematografía americana; el pueblo tenía la guardia baja. ¿Cómo es posible mantener la guardia alta ante el "chico" americano? **b)** (*Esgrima*) Posición de defensa. *Frec en la constr* EN *~*. *Tb fig.* | PReverte *Maestro* 272: Ella retiró de inmediato el arma, por miedo a que el maestro la agarrase para arrebatársela, y Jaime Astarloa contempló un instante sus propios dedos ensangrentados, antes de ponerse en guardia para frenar otro ataque. PReverte *Maestro* 39: Estuvieron así, tirando y parando, hasta que Paquito Cazorla cometió un error que le hizo bajar en exceso la guardia tras una infructuosa estocada. Laiglesia *Ombligos* 52: Las frases que se cruzan en un salón pueden ser estocadas mortales si no se dispone de una "guardia" para desviarlas a tiempo.
5 Conjunto de soldados o de hombres armados encargado de la guardia [1] de alguien o algo. *Normalmente con un adj o compl especificador:* CIVIL, MUNICIPAL, PRETORIANA, DE ASALTO, DE CORPS, *etc* (→ CIVIL, MUNICIPAL, *etc*). | Arce *Testamen-*

guardiacivil – guariche

to 34: Cada vez que ocurría una cosa así, la Guardia Civil se echaba al monte, pero ellos desaparecían. GPavón *Hermanas* 9: Manuel González, alias Plinio, Jefe de la G.M.T. –o sea: La Guardia Municipal de Tomelloso (C. Real)– según costumbre, se tiró de la cama a las ocho en punto de la mañana. *Sáb* 6.8.75, 13: El poder militar de o contra los "strelitzs", especie de fanática guardia pretoriana.
6 Conjunto de perss. que hacen guardia [1 y 2]. | Aldecoa *Gran Sol* 46: A mediodía siete hombres se acomodaron en el espardel en torno de la gran marmita .. Paulino Castro preguntó: –¿Se ha separado para la guardia?– De guardia al timón estaba Juan Ugalde; en máquinas, Arenas. *Hoy* 23.3.75, 21: Los soldados de la guardia se reparten los vestidos de los ajusticiados y sortean con sus dados la túnica inconsútil de Jesús.
7 joven ~. Conjunto de miembros más jóvenes [de una colectividad]. *Frec sin compl, por consabido.* | *País* 7.5.89, 14 (A): Aconsejado por la joven guardia de su partido y con la eficaz colaboración de Miguel Herrero de Miñón como portavoz parlamentario, el líder conservador jugó sus piezas con una finura que casa mal con el retrato bronco que suele hacerse de la derecha clásica.
8 vieja ~. Conjunto de los miembros más antiguos y frec. más ortodoxos [de una colectividad]. *Frec sin compl, por consabido.* | *Cam* 19.3.90, 30 (A): Tendrá que hacer auténticos equilibrios para contentar a la vieja guardia y a los renovadores de su partido. C. Rigalt *ElM* 9.12.91, 40: Encarna, una periodista de la vieja guardia, rebosante de populismo y verbena. **b)** (*hist*) Conjunto de los miembros más antiguos de Falange Española. | * Fernández Cuesta era falangista de la Vieja Guardia. **c)** (*hist*) Guardia [5] imperial francesa creada por Napoleón en 1804. | Torrente *Sombras* 263: Al escuadrón de policía .. lo habían disfrazado con uniformes de la Vieja Guardia, pompones en el morrión y enormes espadones.
B *m y f* **9** Miembro de una guardia [5]. *Normalmente con un adj o compl especificador*: CIVIL, URBANO, DE LA PORRA, *etc* (→ CIVIL, URBANO, PORRA, *etc*). | GPavón *Hermanas* 37: Tuvieron que .. pasar por varios controles entre guardias y conserjes, hasta que posaron en un pequeño antedespacho. *Ya* 12.10.88, 1: El primer desfile de las mujeres guardias civiles. CNavarro *Perros* 102: Alguien dijo algo referente al No-Do .., mientras .. los pitidos de los guardias urbanos componían una música de fondo. Montero *Reina* 105: Ahora las mujeres .. eran médicas, y abogadas, y hasta guardias de la porra.
10 ~ joven. Pers. que se prepara para ser guardia civil, en la institución denominada "colegio de Guardias Jóvenes". | Sampedro *Octubre* 291: En el tren, los Guardias Jóvenes. Se apearon en Valdemoro.
11 ~ marina. Alumno de uno de los dos últimos años de la Escuela Naval Militar. | *Ya* 20.5.64, 25: Guardias marinas españoles en Portsmouth. M. Heredia *Abc* 8.3.58, 13: La nave .. trae sonrisas rubias cuajadas de sueños y sorpresas de los setenta y un jóvenes alumnos, caballeros guardias-marinas.
II *loc v y fórm or* **12 bajar la ~.** Cesar en la actitud de defensa o de vigilancia. | GSerrano *Macuto* 532: La terca actividad [propagandística] del enemigo –y aún más de los compañeros de viaje– demuestra a la vez la fortaleza de nuestras posiciones y la inoportunidad de bajar la guardia, como sugieren algunos cocodrilos sentimentales que piden que "ya es hora de dejarnos de eso". Sampedro *Octubre* 88: Así se revela la secreta inseguridad de estos triunfadores, por eso no bajan la guardia, a nosotros solamente nos toleran. S. Chanzá *SAbc* 16.3.69, 47: Cuando las más bellas hogueras del mundo se hayan apagado y el bombero baje la guardia, allá en la orilla izquierda del Turia.
13 cuéntaselo a un ~, *o* **se lo cuentas a un ~.** (*col*) Fórmula con que se expresa incredulidad burlona ante algo dicho por otro. | Delibes *Cinco horas* 112: Eso de que llegaste al matrimonio tan virgen como yo, mira, guapín, eso se lo cuentas a un guardia.
14 montar ~. (*Mil*) Estar de guardia [1]. *Tb fig, fuera del ámbito militar.* | Goytisolo *Recuento* 132: Era incluso agradable montar guardia. MMolina *Jinete* 211: Una mujer .. en una silla de ruedas que empujaba un hombre de cara redonda, bigote y traje negro, y junto a la que avanzaba como montando guardia un militar.

III *loc adv* **15 en ~.** En actitud vigilante. | * Debemos estar en guardia ante cualquier eventualidad.

guardiacivil *m y f* (*raro*) Guardia civil (→ GUARDIA [9]). | GSerrano *Macuto* 75: Fue por los alrededores de Villavieja, en Somosierra, donde guardiaciviles rojos nos arreaban desde la torre de la iglesia. Berlanga *Gaznápira* 63: Rueda, cuna de obispos, bachilleres, regidores y guardiaciviles, es villa de nombradía y muy principal.

guardiamarina *m* Guardia marina (→ GUARDIA [11]). | Solís *Siglo* 25: Había entrado como guardiamarina hacía más de un año.

guardián -na A *m y f* **1** Pers. encargada de guardar [1] algo o a alguien. *A veces en aposición, referido a perro.* | Carandell *Tri* 8.8.70, 14: Deseoso de comprobar lo visto, entablé conversación con uno de los guardianes del Museo. CBonald *Ágata* 105: Quedó Manuela de guardiana del botín. Gironella *Millón* 140: Por lo común, los detenidos en los buques habían sido encerrados en las bodegas o en el sollado, mientras los guardianes se habían instalado arriba, en los camarotes de lujo.
B *m* **2** En un convento franciscano: Prelado ordinario. | Cela *Viaje andaluz* 301: En Palos, en el convento de franciscanos de la Rábida, fue guardián fray Juan Pérez de Marchena, abogado de Colón.

guardianía *f* Oficio o condición de guardián. | F. Mugueta *Abc* 18.10.73, 21: Juan .. se llega hasta el almacén de chatarra donde "Leal", hermoso perro mastín, ejerce su guardianía.

guardilla *f* Buhardilla. | DCañabate *Andanzas* 123: Esta mujer .. habitaba en una guardilla de un gran caserón de la calle del Pez. J. Sampelayo *SYa* 16.3.75, 7: En las estanterías de las hemerotecas, .. en los altillos de las guardillas, .. están los tomos de las revistas de otros días.

guardín *m* (*Mar*) Cabo o cadena que sirve para girar el timón. | VMontalbán *Rosa* 83: Solo le quedó a Ginés materia en el reconocimiento de los guardines, servomotor y hélices, porque, cuando llegó a la sala de máquinas, Martín le hizo el gesto de haberse apoderado de la situación.

guardiolo -la *adj* De La Guardia (Toledo). *Tb n, referido a pers.* | P. J. Ramírez *ElM* 5.1.92, 3: Mis comunicantes [de la Cofradía del Santo Niño de La Guardia] añadían que, aun en el caso de que llevara razón, no tenía derecho a poner en la picota las convicciones de "todos los guardiolos".

guardoso -sa *adj* (*raro*) Guardador o ahorrador. *Frec con intención desp.* | Zunzunegui *Hucha* 1, 80: Tía Adela .. se hizo tacaña. ¡Con los años se tornó muy guardosa! Le parecía que no le iba a alcanzar con las rentas que tenía.

guarecer (*conjug* 11) *tr* Cobijar o proteger. *Normalmente el cd es refl.* | CNavarro *Perros* 83: Intentaba guarecerse de la lluvia caminando pegado a la pared. GHortelano *Gente* 158: Guarecida por uno de los grupos, se alejó de Matilde .. y de la italiana.

guarentigio -gia *adj* (*Der*) [Pacto, escritura o cláusula] que lleva aparejada la ejecución inmediata de la obligación a que se refiere. | Bermejo *Estudios* 23: Los instrumentos que llevan aparejada ejecución responden a varias categorías, que pueden señalarse en forma casuística: Escritura pública ante escribano de número, con o sin cláusula guarentigia (con el tiempo no se exigirá la guarentigia) .. Primer traslado de escritura pública, convenientemente signado por escribano.

guareñense *adj* De Guareña (Badajoz). *Tb n, referido a pers.* | *Hoy* 29.8.75, 16: Este abulense enjuto y discreto, emprendedor y eficaz, lleva diez años al frente de la Corporación guareñense.

guarguero (*tb* **guargüero**) *m* (*reg*) Garguero o garganta. | J. Isla *Día* 17.6.76, 5: Desde la misma madre, que los médicos, no sé por qué, la llaman la boca del estómago, a la parte de abajo del guargüero, me duele todo el arca.

guariche *m* (*reg*) Cuchitril. | J. Bolea *Her* 12.8.84, 7: Aunque hoy ya está jubilado, y por lo tanto no trabaja, accedió a abrir el "guariche", como él lo llama, para .. atendernos amablemente.

guarida - guarrada

guarida *f* **1** Cueva o lugar protegido en que se guarece un animal salvaje. | Lueje *Picos* 35: Por las breñas de Pelajierro se puede encontrar el oso pardo asturiano, el Ursus arctos, que llega corrido de sus guaridas matrices de Quirós.
2 Refugio o escondite [de un maleante]. *Tb fig* (*humoríst*). | Arce *Testamento* 26: Indudablemente la guarida era agradable. [*De unos secuestradores*.]

guarín *m* (*raro*) Hijo pequeño. | ZVicente *Examen* 124: También ha entrado de matute una garrafa de cinco litros de mistela, a ver, ya he sabido yo echarle entrada la toquillona, salí muy deprisa, y el guarín ha metido bajo su abrigo otra de arrope. Izquierdo *Alpujarra* 77 (G): A los treinta tuvo el guarín.

guarismo *m* Cifra o conjunto de cifras arábigas que expresan una cantidad. | MGaite *Cuarto* 191: Me empecé a preguntar por la esencia absurda del dinero delante de aquel escaparate y de aquellos tres guarismos escritos en rojo. Delibes *Año* 64: Este guarismo de los 50 acaba con esa sensación [de ser joven todavía], que ciertamente no era desagradable.

guarnecedor -ra *adj* Que guarnece [1a y 3]. *Frec n, referido a pers*. | GTelefónica *N*. 50: Artículos en general para tapicería y guarnecedores de coches. *Ya* 30.5.64, 43: Empresa necesita aprendices guarnecedor, pintor y mecánico. DCañabate *Andanzas* 142: Se despojaba de su blusa de artesano, de aprendiz de guarnecedor, y con ella lanceaba a los embolados.

guarnecer (*conjug* **11**) *tr* **1** Dotar [a algo (*cd*) de adornos o complementos (*compl* DE o CON)]. *Tb sin compl*. | GPavón *Hermanas* 9: Mirando con fijeza el costurero guarnecido de conchas y caracolas, que posaba sobre el mármol de la cómoda desde toda la vida de Dios. **b)** Servir [un plato de carne o pescado] acompañado [de hortalizas o legumbres (*compl* DE o CON)]. | *Jaén* 15.3.64, 16: Colocar el ave en una fuente redonda .. Rociar con manteca hirviendo y guarnecer con patatas cocidas o con champiñon.
2 (*Mil*) Dotar [a un lugar (*cd*) de tropas que lo defiendan (*compl* DE o CON)]. *Tb sin compl*. | * Guarnecieron la plaza con 10.000 soldados. **b)** Estar [un soldado o una tropa en un lugar (*cd*)] para su defensa. *Tb fig*. | F. Oliván *Abc* 30.12.65, 23: Las familias de los soldados rusos que guarnecían la Alemania de Ulbricht serían evacuadas. FSalgado *Conversaciones* 226: Nuestros mandos han seguido siendo muy aficionados a los puestos aislados guarnecidos por pequeñas fuerzas. M. GAróstegui *SAbc* 27.4.69, 31: Molowny volvió loco al que siempre fue gran defensa Riera, que formaba línea con hombres como Tinte y Aparicio, guarneciendo una portería defendida por el francés Marcel Domingo.
3 (*Constr*) Revocar o enlucir. | * Las paredes están aún sin guarnecer.

guarnecido *m* Acción de guarnecer [1 y 3]. *Tb su efecto*. | *Ava* 7.12.68, 18: Una decoración y un diseño del interior totalmente nuevos: en asientos, paneles, guanteras, guarnecido, portadocumentos. GTelefónica *N*. 44: Nieto Camacho, Cándido. Especialidad en tendidos y guarnecidos de yeso.

guarnición *f* **1** Cosa o conjunto de cosas con que se guarnece [1a] algo. | *ASeg* 13.5.78, 9: La guarnición de los huecos, en un "rococó" Luis XV, da a esta parte del palacio un carácter acentuadamente francés. Onieva *Prado* 107: No menos bella es la [figura] del paje con vestido y calzas cortas de enjoyada guarnición. Camón *LGaldiano* 170: Las dos guarniciones en plata, del siglo XVIII, con Cristo crucificado y la Resurrección, pertenecen seguramente a alguna encuadernación. **b)** Acompañamiento de hortalizas o legumbres con que se sirve un plato de carne o pescado. | Bernard *Verduras* 29: Sirven [los champiñones] de guarnición a carne, pollo.
2 Tropa que guarnece [2b] un lugar. | *D16* 19.5.88, 19: Las guarniciones que protegen la ciudad afgana de Jalalabad caen en manos de los rebeldes.
3 Acción de guarnecer [2b]. *Normalmente en las constrs* DE ~, *o* CON ~, [en un lugar]. | *Abc* 13.12.70, 20: Soldados de las banderas de paracaidistas del Ejército francés con guarnición en Bayona patrullan por las carreteras del País Vasco.
4 *En una espada u otra arma similar*: Conjunto de elementos que no son la hoja. | Riquer *Amadís* 95: El conjunto de elementos que servían para llevar la espada y sin duda para embellecerla reciben en el *Amadís* los nombres de guarnición y guarnimiento, que tiene un sentido más vago y general.
5 *En pl*: Conjunto de correajes y utensilios que se ponen a las caballerías para montarlas, cargarlas o hacer que tiren de un carruaje. | DCañabate *Paseíllo* 39: La guarnicionería se encontraba muy a mano de los necesitados de las diversas piezas de las guarniciones caballares. HSBarba *HEspaña* 4, 324: Hay que tener en cuenta los gastos especiales, derivados del lujo de la vida, tales como los carruajes –un cupé, con guarniciones y mulas, costaba 1500 pesos–.
6 (*Mec*) Dispositivo que asegura la estanquidad de un aparato a presión para el paso de una pieza móvil. | D. García *Mun* 12.12.70, 65: Esta humedad y este óxido pueden también depositarse en las guarniciones, con lo que se producirían agarrotamientos al entrar en acción.

guarnicionar *tr* Guarnecer [2]. | Areilza *Artículos* 466: Los regimientos y escuadrones fueron destinados entonces a guarnicionar Dinamarca.

guarnicionería *f* **1** Tienda o taller del guarnicionero. | JGregorio *Jara* 62: Se mantiene la guarnicionería y fábrica de calzado artesano en Belvís. Moreno *Galería* 288: No bastaba el rótulo sobre la puerta de la tienda que dijera "Guarnicionería", sino que .. se colgaban en el exterior en la fachada de la tienda: cabezadas, cinchas de cuero, tirantes, enterrollos y otras piezas usuales para el ganado de tiro y trabajo. GTelefónica 83 1, 1046: González Vicente. Guarnicionería. Especialidad tubos. Correajes militares. Carteras colegial. Artículos viaje. Fundas maleta. Bolsos. Petacas. Cinturones.
2 Guarniciones o conjunto de guarniciones [5]. | CBonald *Dos días* 118: Miguel se dejó caer pesadamente en el sofá .. Llegaba de debajo del asiento un desapacible y enervante olor a guarnicionería y a relleno de crin. J. PGuerra *SInf* 12.12.70, 3: La industria del curtido .. suministró a las fábricas .. 1.013 [toneladas] de cueros para guarnicionería.
3 Oficio de guarnicionero. | *IdG* 10.8.75, 5: Los trabajos que se exponen en la Feria corresponden a los siguientes oficios: alfarería, .. guarnicionería, herrería.

guarnicionero -ra *m y f* Pers. que fabrica o vende objetos de cuero. | GTelefónica 83 1, 1046: Guarnicionero Mas. Especialista en Artículos de Cuero y Marroquinería .. Juan de Miguel Lozano. Guarnicionero. Fabricación de correajes para el Ejército y demás artículos para el mismo. Artículos de viaje y sport. **b)** Pers. que fabrica o vende guarniciones de caballería. | DCañabate *Paseíllo* 40: La guarnicionería se encontraba muy a mano de los necesitados de las diversas piezas de las guarniciones caballares .. A trancas y barrancas consiguió el señor Marcos que su retoño aprendiera el oficio de guarnicionero. Sobrequés *HEspaña* 2, 263: Otras manufacturas de notorio desarrollo fueron las relacionadas con el armamento y la caballería ..: silleros, arneseros, guarnicioneros, correeros.

guarnimiento *m* (*raro*) Guarnición [1a y 4]. | Fuster *País Valenc*. 346: Esta fortaleza no tendrá muchas cosas dignas de admiración, por lo que hace a su arquitectura o a su guarnimiento. Riquer *Amadís* 95: El conjunto de elementos que servían para llevar la espada y sin duda para embellecerla reciben en el *Amadís* los nombres de guarnición y guarnimiento, que tiene un sentido más vago y general.

guarnir *tr* (*Mar*) Guarnecer [1a] [algo] o dotar[lo] de todo lo necesario para su uso. *Tb fig. Frec en part*. | Cancio *Bronces* 34: Una lancha tan ágil como bien guarnida de tajamar a aguja de timón. Cancio *Bronces* 25: –Y ¿de qué cuadrante soplaba el temporal? –¡Orza! Del noroeste, como tos los bien guarníos de por acá, señor.

guarra → GUARRO.

guarrada *f* (*col*) **1** Cosa que produce repugnancia. | Cela *Escenas* 113: Esto de que el nitrógeno pase de la atmósfera a los seres vivos .. y de los seres vivos a la atmósfera (en forma de urea, albuminoides, aminoácidos y otras guarradas) es algo que debe creerse bajo juramento.
2 Cosa guarra [6]. | Pombo *Héroe* 171: Que no lo hiciera solo por desagraviar a Kus-Kus y hacerle olvidar el penoso

espectáculo de sus guarradas con el chico de la tienda. Diosdado *Cuplé* 38: A los catorce años ya me decían guarradas los albañiles. ASantos *Bajarse* 87: ¿Y las guarradas esas de las revistas, con todas esas marranas poniendo el culo como para que les pongan una inyección?
3 Faena o mala pasada. | SFerlosio *Jarama* 83: –Y la tartera del Dani, ¿qué hacemos con ella?, ¿la bajamos por fin? –Naturalmente. ¿Cómo querías que le hiciésemos una guarrada semejante?

guarrapiña *f (reg)* Grajilla (ave). | Chamorro *Sin raíces* 43: Pasó del campanario al tejado de la pequeña cúpula, para coger crías de guarrapiñas o huevos calientes.

guarrazo *m (col)* Golpazo o porrazo. | SFerlosio *Jarama* 28: También fue de los que hacen época el guarrazo que se pegó Fernando el día que fuimos a Navacerrada. Tomás *Orilla* 48: El otro día, hará una semana, casi me doy un guarrazo.

guarrear *(col)* **A** *tr* **1** Ensuciar o llenar de porquería. *Tb fig.* | Á. Río *Ya* 26.11.86, 18: Por mucho que niegues con la mano, muevas la cabeza y digas que no a voces, el chaval limpiaparabrisas, inasequible al desaliento, se abalanza para guarrearte el cristal. Palomino *Torremolinos* 117: Su literatura inconformista era muy sencilla: hacía versiones libres de los textos escolares de Virgilio y Horacio .. Guarreaba a su aire los versos clásicos introduciendo, de paso, violencia y sexo.
B *intr* **2** Hacer guarrerías [2]. | * ¡Cuánto guarrea ese niño con la sopa!
3 Gruñir [el jabalí]. *A veces referido tb a otros animales.* | * En el monte se oía guarrear al jabalí.

guarreña *f (reg)* Embutido hecho con vísceras. | Cela *Rosa* 107: En mi alimentación de entonces estaban desterrados por decreto los gozos y los gustos del chorizo y de la salchicha, del salchichón y del morcón, de la guarreña y de la butifarra.

guarreo *m (col)* Acción de guarrear. *Tb su efecto.* | *Ya* 31.7.91, 31: Hubo mucho guarreo, si hubiera sido una cosa como es debido no vence ese Guitaker. [*En un combate de boxeo.*] Rodríguez *Monfragüe* 98: Jabalí .. Voz: Un potente chillido de alarma y un cadencioso guarreo mientras camina con la prole rebuscando alimentos entre la vegetación.

guarreras *adj (col)* [Pers.] guarra [2]. *Tb n.* | Sastre *Taberna* 129: ¡A todos vosotros .., mala ralea de cabrones! ¡Alguno tenía que defender a esa pobre mujer, y aquí está este ciego, so guarreras!

guarrería *f (col)* **1** Porquería o suciedad. | * Lleva el coche tanta guarrería encima que no se sabe de qué color es.
2 Cosa guarra [6]. | ZVicente *SYa* 27.4.75, 23: Eso de los polvos sobre el lloriqueo es una guarrería. ASantos *Bajarse* 86: Empezó a decir guarrerías que había hecho con otro tío. ¡Qué vergüenza! A mí esas cosas me dan mucho asco. Torbado *En el día* 106: Cuando se sintió solo y tuvo dinero, aceptó las presiones de sus camaradas para visitar un burdel especialmente dedicado a los trabajadores extranjeros, con muchachas que incluso sabían decir "te quiero" y guarrerías estupendas.
3 Cosa que produce repugnancia. *Tb en sg con sent colectivo.* | Antolín *Gata* 100: Acaban de regalarnos diez mil kilos de aceite de hígado de bacalao. Así que aquella guarrería venía de América, qué graciosos los americanos.
4 Porquería (alimento o bebida de baja calidad, indigestos o poco nutritivos). *Tb en sg con sent colectivo.* | * Este niño se pasa el día comiendo guarrerías.

guarrero -ra *m y f* Pers. que guarda cerdos. | Vega *Cocina* 178: En Extremadura dejan la piara en libertad, vigilada por un guarrero.

guarrido *m* Gruñido [del jabalí]. | Zunzunegui *Camino* 112: Se dio a sollozar con un ruido avasallador, crujiente, como los guarridos de un jabalí.

guarrilla *f (reg)* Grajilla (ave). | *Reg* 26.6.79, 6: Siguen las "guarrillas" reproduciéndose tan masivamente, que es una lástima que no se truequen en perdices, pues Plasencia iba a tener un incentivo más en esto de la cinegética.

guarro -rra I n **A** *m y f* **1** Cerdo (animal). | Cela *Viaje andaluz* 108: Las piaras de guarros de Guarromán, siempre con su porquerillo en pos, cruzan por el camino. **b)** Jabalí. | J. H. Ponos *YaTo* 6.11.81, 58: Se celebró una montería a "guarros" .. Estuvo certera la armada de Cantos Blancos, que terminó con tres de los ocho jabalíes abatidos.
2 *(col)* Pers. sucia. *En sent físico o moral. Tb adj. Frec se usa como insulto, más o menos vacío de significado.* | Delibes *Cinco horas* 103: Es lo mismo que con la belleza de las italianas .., es lo que enseñan ellas, Mario, que son unas guarras. Salom *Casa* 303: –Tú eres distinta. Podemos sacar mucho dinero. A cambio de unos billetes, la mentira, el fingimiento .. –Eres un guarro. Aquí tienes lo tuyo. Vete. Gala *Samarkanda* 55: –Luego fui conductor de una maldita vieja que me tiró los tejos. –¿Y te dio? –En un ojo. La muy guarra me denunció porque le robé un collar chiquitín.
B *f* **3** *(jerg)* Bofetada. | Delibes *Emigrante* 30: Le dije al señor Moro que la hiciera callar la boca [a su mujer] si no quería que la cosiese los hocicos de media guarra.
4 *(jerg)* Prostituta. | R. Pozo *Inde* 5.10.91, 64: Se levantan a una guarra, se van al jergón y se quedan fritos.
C *m* **5** *(reg)* Cuervo (ave). | GMacías *Relatos* 58: El guarro sigue al buitre, porque con su pico no puede hacer lo que este, que despedaza las caballerías.
II *adj* **6** *(col)* [Cosa] sucia. *En sent físico o moral.* | Marsé *Dicen* 172: Mirando la caja de cerillas en las guarras manos de Amén. Berlanga *Gaznápira* 67: Un oficio tan guarro, todo el día tiznado, y con ese mono. Marías *Corazón* 181: Yo nunca he respondido a las escenificaciones guarras con otras del mismo género. *Ya* 1.12.88, 5: Según Gerardo Iglesias, "es una jugada guarra. Hay una maniobra coordinada entre PSOE y Minoría Catalana".
7 *(jerg)* [Mujer] fácil en el aspecto sexual. *Tb n. Frec usado como insulto.* | Benet *Aire* 205: Y esos, ¿qué hacen? ¿Es que se van a tirar a esa tía guarra?

guasa *f* **1** Burla o broma. | Olmo *Golfos* 95: Cabrito, encarándose con Berto, le preguntó: –¿Te han nombrado alcalde?– A lo que Berto repuso: –¿También tú con guasa?
2 *(reg)* Gracia. *Con intención irónica.* | Grosso-LSalinas *Río* 119: –Dame ahí tres billetes .. Tengo que seguir la partida .. Te los devuelvo esta tarde, es por no ir hasta casa .. –Guasa que tiene la cosa por ser uno el corresponsal del banco .. Guasa eso de tener siempre abierta la caja. CBonal *Dos días* 194: –Pues lo que es hoy me está dando la noche. Lo mando al cuerno ahora mismo. –No sé, desde luego es una guasa, él sabrá lo que tiene. CBonal *Dos días* 95: Total, que no hay trabajo, ¿te parece poco? Y de cantar, ya me explicarás tú, con esta voz y con esta guasa del estómago.
3 *(Taur)* Carácter del toro irregular y peligroso. *Gralm en la constr* TENER ~. | F. Bermejo *Ya* 10.6.89, 44: Espartaco .. templó la desconcertante embestida del burel y luego recurrió a los desplantes. El toro tenía "guasa", y de ahí la entidad del trasteo del sevillano.

guasca *f (reg)* Bofetada. | GPavón *Hermanas* 27: Le voy a dar una guasca al cupletisto este, que va a acordarse de su fecha de nacimiento.

guasear *intr* Burlarse [de una pers. o cosa] o bromear [con ella *(compl* DE)]. *Normalmente pr. Tb sin compl.* | * No te guasees de mí, por favor. Delibes *Cinco horas* 178: Lo diría en broma, por guasearse. Aldecoa *Cuentos* 1, 22: Las muchachas intervienen: –Pero se nos va a hacer tarde.– El pollo que lleva la voz cantante guasea y decide a todos: –¡Que se nos haga, que hoy tenemos que celebrarlo! FFlórez *VozC Extra* 1.1.55, 2: En aquel momento entraron algunos rezagados y difundieron la noticia de que un chófer que pasaba hacia el pueblo había visto aterrizar un "platillo" detrás de una colina próxima. Los recibieron con cuchufletas. –Será el Año Nuevo, que viajará ahora así –guasearon.

guásima *f* Árbol antillano de madera ligera y resistente *(Guazuma guazuma)*. *Tb designa otras especies.* | FReguera-March *Cuba* 82: Yo diría que ha sido obra de los nuestros, porque [los ahorcados] no están enguasimados .. Ellos nos cuelgan de un árbol que se llama guásima.

guaso -sa *(tb* **huaso** *) m y f* Campesino chileno, esp. pobre e inculto. | Delibes *Mundos* 143: La afinidad entre chileno y tinerfeño se hace patente en tipos y costumbres, tipos como el mago –campesino isleño envuelto en su manta canaria–, de gran analogía con el huaso –campesino criollo–, o el menesteroso de Santa Cruz, semejante en su dejadez, en su zumbona sorna, al roto chileno.

guasón – guayete

guasón -na *adj* Burlón o bromista. *Tb n, referido a pers.* | LTena *Alfonso XII* 163: –Apéeme el tratamiento, por favor. –(Con risa de conejo.) ¡Je, qué guasón...! F. J. Flores *Abc* 20.8.66, 18: Algunos guasones se entretenían en pegar sábanas. J. C. Luna *VozC* 12.7.55, 5: Serios y tiesos, a pie firme en mitad del templo, desentendíanse los gitanos de miradas curiosas y risitas guasonas.

guata *f* Algodón en rama dispuesto en forma de manta, que se emplea en acolchados y para relleno. | MSantos *Tiempo* 55: Esta jaula copulativa estaba tapizada de arpillera aderezada con guata y miraguano. *Lab* 2.70, 11: Materiales: .. guata para rellenar.

guatar *tr* Guatear. *Frec en part.* | *Abc* 30.5.58, 57: Colchas guatadas raso, matrimonio: de 600 pts. a 450 pts. *País* 28.11.78, 5: Cazadora nylon guatada, cuello pelo desmontable.

guateador -ra *adj* Que guatea. *Tb n, referido a pers.* | I. Mendoza *SPaís* 29.4.79, 13: Los edredones que Curra Márquez .. confecciona proporcionan este placer digno de dioses. Curra corta miles de pequeños trapos y los prende con alfileres. La incrustadora, la costurera, la guateadora y la bordadora entran luego en acción.

guatear *tr* Forrar o rellenar con guata. *Frec en part.* | Penélope *Ya* 15.4.64, 10: Alemania presenta faldas guateadas, con blusas blancas. Ortega *Americanos* 139: Un ataúd guateado, mullido, confortable. I. Barreiros *Abc* 27.2.87, 115: El ante lo guatea y lo convierte en grandes cazadoras, sastres, o lo plisa para hacer con él fantásticas faldas toblilleras.

guatemalteco -ca *adj* De Guatemala. *Tb n, referido a pers.* | LPiñero *Ciencia* 52: Figuras paralelas a Salvá fueron varios médicos americanos coetáneos suyos, entre los que sobresalen el guatemalteco José Felipe Flores y el peruano Hipólito Unanue.

guatemalteguismo *m* Palabra, giro o rasgo idiomático propios del español de Guatemala o procedentes de él. | MPérez *Comunidad* 28: Al igual que en España, donde el español de Andalucía no es exactamente igual al de Aragón, ni en léxico, ni en entonación, ni en deje, ni en sintaxis, exactamente igual ocurre en los distintos países de la América española .. La cantidad de guatemaltequismos, argentinismos, chilenismos, etc., etc., es realmente impresionante.

guateque *m* (*hoy raro*) Reunión casera de gente joven, con baile y bebidas y gralm. cosas de comer. | Medio *Bibiana* 10: No son juergas, Marcelo... Son guateques... Los chicos dicen así. Delibes *Cinco horas* 256: Dime tú a ver qué universitario hace hoy las delicias de un guateque.

guatiné *m* **1** Boatiné (tejido guateado o acolchado). | *SYa* 25.8.90, 5: Estas últimas resuelven su indumentaria con la bata de guatiné y las babuchas.
2 Boatiné (bata de tejido guateado o acolchado). | M. Quintero *D16* 27.5.87, 12: Unos balcones semivacíos en donde, de cuando en cuando, aparecían algunas señoras mayores en guatiné y enagua.

guau I *interj* **1** *Imita la voz del perro. Frec se enuncia repetida.* | Laiglesia *Ombligos* 25: Hasta los perros más absurdos, creados a fuerza de monstruosos cruzamientos, dicen "¡guau!". Olmo *English* 56: (Imitando un ladrido.) ¡Guau!, ¡guau!
2 (*col*) Expresa alegría o entusiasmo. | AMillán *Damas* 60: ¡Guau...! ¡Me siento bien! ¡Estoy animadísima!... ¡Ay, que me encuentro divina!
II *adj invar* **3** (*col*) Estupendo o muy bueno. | AMillán *Damas* 87: (Esnifa ..) ¡Oye!... ¡Esto está guuuuau...! Vicent *Ángeles* 156 (G): Muchachas guau con la camisa anudada en un flanco de las cachas.

guay I *interj* **1** (*lit*) Ay. | MSantos *Tiempo* 207: ¡Guay de quien desprecie la menguada apariencia de alguno de estos fabulosos constructores! Humberto *Sáb* 29.3.75, 45: Tanto hablar de si "El País" aparece ..; pues bien, ya ha salido el anuncio oficial de su registro .. Un nuevo quebradero de cabeza para los otros diarios de ámbito nacional y hasta puede, guay, que para el Gobierno.
II *adj* (*frec invar*) **2** (*juv*) Estupendo o muy bueno. *Tb ~ DEL PARAGUAY.* | Á. Río *Ya* 14.7.86, 10: ¡Anda con el tío! Pero si no se ha "enterao de lo que va la vaina". Que este chocolate que te vendo no es de cacao "colgao", que es del "guay" para colocarse. MGaite *Nubosidad* 370: ¡Qué vibraciones tan guay! Mendoza *Gurb* 52: Cubata bar de moda .. Mucha chica suelta. Ambiente guay. Música en vivo.
3 (*juv*) [Gente] guapa. | AMillán *Damas* 88: –En Los Ángeles [el "éxtasis"] está haciendo furor. –Y aquí es lo último entre la gente guay. L. C. Buraya *Ya* 10.5.87, 27: Cocaína, polvo de ángel, anfetaminas, crack y éxtasis. Estas son las drogas de los años ochenta, las [d]e la gente guay, esa gente que jamás utilizó la heroína y que no quiere problemas, solo marcha, *speed*, algo que da vida y se consigue con dinero.
III *adv* **4** (*juv*) Estupendamente o muy bien. *Tb ~ DEL PARAGUAY.* | * Lo pasamos guay del Paraguay.

guayaba *f* **1** Fruto del guayabo[2], de forma aovada, color gralm. amarillo verdoso y carne llena de pequeñas semillas. | VMontalbán *Pájaros* 155: En el comedor le esperaba un buffet con .. frutas tropicales, piñas, bananas, .. tamarindos, papayas, guayabas.
2 Guayabo[2] (*Psidium guajava*). | GCabezón *Orotava* 15: Guayaba, *Psidium Guajava*, Linn., Mirtácea, América tropical. Árbol pequeño productor de la fruta de su mismo nombre.

guayabera *f* Prenda de vestir masculina, en forma de camisa suelta y ligera, que se lleva por fuera del pantalón. | Torbado *En el día* 158: Incluso el general Muñoz Grandes, sentado en primera fila, había acudido con una guayabera de color añil y unos anchos pantalones de color beige. Cossío *Confesiones* 193: Cerca de esa casa blanca y cuadrada, con mesas bajo el emparrado, a cuya sombra unos hombres con guayaberas blancas y sombreros anchos hablan pausadamente ante unas copas doradas.

guayabo[1] *m* (*col*) **1** Muchacha joven y agraciada. | Delibes *Cinco horas* 67: Ahora, ahora sois los verdaderos guayabitos; el verano pasado erais unas crías. Berlanga *Acá* 56: Cincuentón, sí, pero rejuvenecido, ya ves el guayabo de alumna que le ha casado.
2 Pers. joven. Frec con intención humoríst, referido a una *pers madura.* | SFerlosio *Jarama* 297: –Pues esa es la libertad del matrimonio, ¿si no, cuál? –le dijo el otro–. Ni más ni menos. Mira, tú llevas pocos años todavía, sois un par de guayabos, como el otro que dice, pero ya lo sabrás, ya llegarás a ello, no te apures.

guayabo[2] *m* **1** Árbol de hoja perenne, de hasta 8 m de altura, hojas coriáceas y oblongas y fruto en baya (*Psidium guajava*). *Tb designa otras especies y variedades.* | FReguera-March *Filipinas* 105: La inagotable variedad de la flora filipina desplegaba sus verdes banderas .. Tamarindos, mabolos, guayabos y papayas.
2 ~ del Brasil. Árbol propio de América tropical, Brasil y norte de Argentina, de hasta 5 m de altura, cultivado por sus flores o por sus frutos, de color marrón (*Feijoa sellowiana*). | Loriente *Plantas* 57: *Feijoa sellowiana* Berg., "Feijoa"; "Guayabo del Brasil". Arbusto ornamental, no raro pero tampoco frecuente.

guayaco *m* Árbol de América tropical, de madera negruzca, muy dura y fragante, de la que se extrae por cocción una resina usada en medicina (gén. *Guaiacum*, esp. *G. officinale*). *Tb su resina o extracto.* | GCabezón *Orotava* 15: Guayaco, *Guaiacum arboreum*, D. G., Zigofilácea, América tropical. Árbol muy valioso por su madera, dura y pesada, y por su resina usada en medicina. Montero *Reina* 42: –Probador uno –y aspiró el papel con inhalaciones cortas y ansiosas–: Una nota de guayaco, otra de pachulí, .. bergamota y jacinto blanco.

guayanés -sa *adj* De Guayana (región del nordeste de América del Sur). *Tb n, referido a pers.* | Cela *Oficio* 41: Una era afgana como los perros, otra era boliviana como las vicuñas y otra era guayanesa como los loros.

guayaquileño -ña *adj* De Guayaquil (Ecuador). *Tb n, referido a pers.* | MPérez *Comunidad* 28: Un oído experto y preparado puede distinguir, por ejemplo, a un quiteño de un guayaquileño.

guayete *m* (*reg*) Chico o muchacho. | Berlanga *Barrunto* 63: Los guayetes, en un terraplén, saltan al burro. [*En Marruecos.*] L. Blanco *Ya* 26.9.74, 8: Un guayete, de diez o doce años, pelado, según el rito de la tribu –un penacho en la cumbre y un flequillo sobre la frente–, se aferraba a las faldas de la madre. [*En el Sáhara.*]

guayule *m* Arbusto gris que crece en terrenos calizos y elevados de Méjico y del sudoeste de los Estados Unidos y que produce un látex con que se elabora caucho y hule (*Parthenium argentatum*). | Bosque *Universo* 180: En Méjico, el guayule, y en la Unión Soviética, el koksaghiz, proporcionan pequeñas cantidades de caucho.

gubernamental *adj* Del Gobierno de un estado. | Arenaza-Gastaminza *Historia* 231: Después de la Asamblea Legislativa, los poderes gubernamentales fueron conferidos a una nueva Asamblea. Lorén *Pue* 24.12.69, 3: Me atrevería a aconsejar a nuestros jóvenes gubernamentales unas buenas gafas de sol para su primer deslumbramiento de poder. **b)** Partidario del Gobierno. *Tb n, referido a pers*. | Pemán *Gac* 11.5.69, 21: Va apareciendo sobre la mesa .. la vaciedad de las etiquetas expeditivas –rebeldes, facciosos, leales, gubernamentales, anti-España, "cruzada"– para cubrir un hecho humano más complejo. E. Romero *Pue* 19.10.70, 3: Únicamente aparecía férvidamente locuaz, y gubernamental, en las Cortes, a propósito de la Ley de Educación.

gubernamentalismo *m* Actitud política de apoyo al Gobierno. | Campmany *Abc* 12.3.85, 17: Se conoce que, antes aún de darnos la televisión privada, nos van a dar la televisión íntima. O que van a dar la televisión informativa a don Jesús Polanco, para que nos instruya de gubernamentalismo en los telediarios. Cela *Oficio* 130: Decepcionada, se refugió en el puritanismo, el conservadurismo, el gubernamentalismo, las cuestaciones benéficas y la caridad.

gubernamentalista *adj* Partidario del Gobierno. | Umbral *Gente* 51: No sabían adónde iban, ni él ni Polanco .. Iban, sencillamente, para gubernamentalistas, otánicos y lo que hiciese falta.

gubernamentalización *f* Acción de gubernamentalizar. | *País* 16.2.83, 1: En los últimos días se ha agudizado el distanciamiento entre CC OO y UGT .. La primera acusa de gubernamentalización a la central socialista.

gubernamentalizar *tr* Dar [a algo (*cd*)] carácter gubernamental. | *Ya* 29.5.87, 8: Mientras que para la oposición el proyecto de ley del Gobierno es inconstitucional, intervencionista, reglamentista y excesivamente gubernamentalizado, el ministro Solana y el portavoz Martín Toval consideran que se trata del texto más vanguardista, plural y abierto de todos cuantos rigen en Europa.

gubernamentalmente *adv* **1** De manera gubernamental [1a]. | FReguera-March *Caída* 421: Exigían al gobierno Aznar que no hubiera alcaldes designados gubernamentalmente, sino por elección popular.
2 En el aspecto gubernamental [1a]. | *País* 14.8.77, 6: Gubernamentalmente, el sector [turístico] fue en todo momento dejado a su libre albedrío, permitiendo incluso que, en medio de una total anarquía, cada promotor procediese en base a sus intereses.

gubernativamente *adv* **1** De manera gubernativa. | *País* 2.4.78, 12: La mayoría de ellos [detenidos] serán sancionados gubernativamente por su participación en los hechos.
2 En el aspecto gubernativo. | Gamallo *MHi* 12.70, 20: Las dos orillas del castellano permanecieron gubernativamente anudadas.

gubernativo -va *adj* Del Gobierno de un estado. | *Caso* 14.11.70, 24: Fue requerida la ayuda de la Policía gubernativa para que efectuase las averiguaciones conducentes al conocimiento de la identidad del muerto.

gubia *f* Herramienta constituida por un mango y una pieza cortante en forma de media caña, usada para labrar superficies curvas. | J. IGalán *Abc* 29.1.75, 33: La imagen de Jesús de la Pasión puede fecharse hacia 1618-1619, cuando ya había salido de las gubias del Montañés el grandioso conjunto retablista y escultórico de San Isidoro del Campo.

gudari *m Durante la Guerra Civil de 1936-1939*: Soldado del ejército de Euskadi. | Gironella *Millón* 236: Preferían combatir con los "gudaris" a ponerse de parte de don Anselmo Ichaso. GSerrano *Macuto* 240: La verdad es que los gudaris eran hombres de pelo en pecho y que se batían bien.

guechotarra *adj* De Guecho (Vizcaya). *Tb n, referido a pers*. | *Abc* 1.5.73, 28: Un hurto continuado de cantidades de dinero cuyo total asciende a un millón de pesetas se ha venido registrando en un establecimiento del barrio guechotarra de Las Arenas.

guedeja *f* Mechón de pelo largo. *Más frec en pl*. | DCañabate *Andanzas* 27: Los que no se lo acicalan con mimo [el pelo] y toleran que las guedejas se explayen a su albedrío, cuando la pelambrera se le[s] agolpa en el rostro se libran de su agobio con un movimiento de cabeza .., como hacen las chavalas.

guelfo -fa *m y f* (*reg*) Cría de camello o de dromedario. | Alvar *Islas* 34: Allí supo de cosas nunca oídas de los camellos –majalulos y g[u]elfos–, de su ferocidad cuando mascan y de la dureza de su esternón. [*En el texto*, güelfos.]

güelfo -fa *adj* (*hist*) *En la Edad Media italiana*: Defensor de los papas frente a los emperadores alemanes. *Tb n*. | Blecua *Literatura* 1, 95: Intervino [Dante] en las luchas políticas de su ciudad natal, afiliándose al partido de los güelfos blancos, con los que ejerció altos cargos en la República. **b)** De los güelfos. | Castillo *Polis* 220: Los papas lograron formar un fuerte partido pontificio, que se conoce con el nombre de Güelfo .. Frente al partido güelfo se organizó el Gibelino. *Abc* 4.2.58, 27: La señoría estaba en manos de la parte "güelfa" o, más exactamente, de los "negros".

guembri *m* Instrumento músico marroquí, compuesto de una caja sonora en forma de pera y un mango con dos cuerdas, sin divisiones ni trastes. | AAlcalde *Unos* 81 (G): Su idea, tal como él la había concebido, era montar una barraca a base de tapices, divanes corridos, bandejas y música de guembris, como en los cafetines que él conocía en Tánger.

güeña *f* (*reg*) Embutido semejante al chorizo, hecho con la carne gorda y los desperdicios del cerdo. | Torres *Hucha* 1, 140: Mi padre y mi madre ya se habían levantado y creo que ni siquiera habían pegado ojo, preparando la cebolla, las tripas, el limón y todas las especias para hacer los chorizos, las morcillas y la güeña. Berlanga *Gaznápira* 27: El tío Jotero da cuenta de un cantero de pan y de una bienoliente tajada de güeña. Moreno *Galería* 47: El techo de la recocina era una gloria de adornos: jamones, cuartos delanteros ..; chorizos, longanizas y güeñas.

guepardo *m* Mamífero carnívoro semejante al leopardo, pero más esbelto y de patas más largas (*Acinonyx jubatus*). *Tb su piel*. | *Van* 20.12.70, 7: Siete días efectivos de caza obteniendo trofeos por caza de búfalos, leones, leopardos, guepardos, antílopes. Soraya *SPue* 7.11.70, 4: Comenzaron la exhibición panteras, guepardos, ocelotes y demás pieles manchadas.

guerniqués -sa *adj* De Guernica y Luno (Vizcaya). *Tb n, referido a pers*. | C. Maguna *Hie* 19.9.70, 9: Esta noche en la cancha guerniquesa, cuya sesión comienza a las diez en punto, se celebrarán tres partidos interesantes.

guerra (*con mayúscula en acep 8*) **I** *f* **1** Lucha armada entre dos o más grupos o estados. *Alguna vez ~* CALIENTE, *por oposición a ~* FRÍA (→ acep. 2c). | Arenaza-Gastaminza *Historia* 47: Durante las guerras púnicas los romanos conquistaron parte de la Península Ibérica. C. Rivas *CoZ* 8.5.64, 2: Cuando todo cruje en el Sur asiático y la lucha de razas es una realidad interior, no se pueden debilitar otros frentes de la "guerra fría" acercándose con ello a la guerra caliente.
2 Lucha entre perss., grupos o estados, que no llega al enfrentamiento armado, aunque puede dar lugar a actos violentos. *Frec con un adj o compl especificador que expresa el modo de lucha, o con un compl* DE *que expresa la causa de la lucha*. | GSerrano *Macuto* 549: Ignoro si el sebastianismo que siguió en nuestro lado a las noticias .. de la muerte de José Antonio fue un hecho deliberadamente preparado, provocado al menos, por nuestra propaganda o por nuestros elementales laboratorios de la guerra sicológica. CBaroja *Inquisidor* 10: En esta especie de guerra sorda .. hay algo que nos indica la flaqueza básica del género histórico. *Her* 4.8.84, 24: Vuelve la "guerra de las ikurriñas". *Abc* 21.1.71, 13: Hoy, jornada cumbre en la "guerra de las lechugas". Los campesinos del sur de Francia declaran una huelga gigante para protestar contra la política importadora de su Gobierno. **b) ~ de nervios.** Tensión a que se somete al adversa-

guerreador - guerrilla

rio a fin de minar su resistencia moral. | *D16* 2.6.78, 13: Les tocó el turno a los brasileños. Guerra de nervios en el grupo de España. **c) ~ fría.** Situación de franca hostilidad entre dos naciones o grupos de naciones, pero sin llegar al uso de las armas. | V. Gállego *ByN* 31.12.66, 43: Las tensiones de la guerra fría desaparecían, como demostraban las reiteradas peticiones del presidente Johnson en favor de la "construcción de puentes" entre Occidente y Oriente. **d) ~ sucia.** Lucha que se hace con procedimientos ilegales. *Tb fig.* | VMontalbán *Almuerzos* 177: –Los obispos no están muy de acuerdo con la guerra sucia. –Los obispos que se callen.

3 (*col*) Alboroto grande. *Frec en constrs como* ARMARSE LA ~ *o* SER LA ~. | Delibes *Emigrante* 20: Echando hacia arriba, en un piornal, agarramos un bando de lo menos cien [perdices]. Se armó la guerra, y Tochano .. bajó cuatro en menos que se tarda en decirlo.

II *loc adj* **4 de ~.** [Barco, marina o marino] militar. | Delibes *Madera* 351: Aquel ocioso letargo, más propio de un balneario que de un barco de guerra, se interrumpió una mañana con la aparición de aviones enemigos. Á. Viñas *His* 5.76, 49: Desde la óptica de la Marina de Guerra alemana, los acontecimientos .. pueden seguirse casi al minuto.

5 de ~. [Nombre] distinto del propio, que utiliza una pers. solo para el desempeño de una actividad. | *País* 16.10.77, 1: Federico Sánchez fue el nombre de guerra de Jorge Semprún durante su militancia en el Partido Comunista de España.

6 [Consejo] **de ~,** [estado] **de ~** → CONSEJO, ESTADO.

7 de la ~. (*hist*) [Ministro o ministerio] encargado de la defensa nacional. | *Ya* 20.11.75, 3: Gil Robles había entrado a formar parte del Gobierno como ministro de la Guerra. Gironella *Millón* 270: El primer objetivo que se propusieron fue el de reproducir en fotocopia la cartografía existente en el Ministerio de la Guerra. Jover *Historia* 864: La continuada presencia de Juan de la Cierva en el ministerio de la Guerra dejó importante huella.

8 [Niño] **de la ~** → NIÑO.

9 de la misma (*o* **de otra**) **~.** (*col*) Del mismo (o de otro) mundo o ambiente. | Umbral *Tierno* 44: A lo que más se parecía siempre la casa de una chica rebelde, progre, emancipada, libre, realizada, .. era a la de otra chica de la misma generación y la misma guerra. Landero *Juegos* 176: Enseguida [el maestro] entró en materia y comenzó a enlabiar un discurso sutil. Gregorio .. muy pronto perdió el hilo y esparció los ojos por la sala: había allí gentes de otra guerra, que leían el periódico o escribían por su cuenta, o dormitaban.

10 más + *n* + **que en la ~.** (*col, humoríst*) Muchos. | ASantos *Estanquera* 65: –Puestos a robar, hay que saber robar, y a quién se roba. –En los chalés los ricos no hay quien entre, ¡qué se cree! Y si te acercas a un Banco, peor: más policías que en la guerra.

III *loc v* **11 dar ~.** (*col*) Causar problemas o molestias. *A veces en la forma expresiva* DAR MÁS ~ QUE UN HIJO TONTO. | Escartín *Act* 25.1.62, 51: Méjico hizo enormes progresos y dará guerra. Delibes *Cinco horas* 227: Alcornoque, que das más guerra que un hijo tonto, ¿a qué viene ese trepe? **b)** (*humoríst*) Vivir. *A veces con un ci de pers, indicando que el hecho de vivir implica molestias para esa pers.* | Nácher *Guanche* 194: Es el ron lo que me mantiene tieso. Mientras quede a ese de ahí abajo, no tengan cuidao, que habré de darles guerra.

12 declarar la ~ [un grupo o estado a otro]. Dar[le] a conocer su decisión de considerar[lo] enemigo, y comenzar la guerra [1] contra él. | Arenaza-Gastaminza *Historia* 290: Francia e Inglaterra declaraban la guerra a Alemania. **b) tener[le] la ~ declarada** (a una pers. o cosa), *o* **haber[le] declarado la ~.** Actuar con hostilidad manifiesta [hacia ella]. | Lera *Bochorno* 38: Les tengo declarada la guerra a esos tipos, pero a veces pueden más que yo.

13 hacer [alguien o algo] **la ~ por su cuenta.** Actuar a su antojo y sin contar con nadie. | Pinillos *Mente* 78: El hombre no puede controlar voluntariamente su ansiedad .. La afectividad hace un poco la guerra por su cuenta.

14 pedir (*o* **querer,** *o, más raro,* **dar**) **~** [una mujer]. (*col*) Comportarse de modo provocativo en el aspecto sexual. *Frec* IR, *o* ESTAR, PIDIENDO ~. | Palomino *Torremolinos* 126: Pues está como un tren la niña judía. Y qué manera de pedir guerra, amigo: anoche había ser de piedra para no bramar. Palomino *Torremolinos* 29: Con las mujeres .. no tiene tan buen toque. Ahora, después de apuntarse el tanto de la sonrisa de Sara Lithwood, se siente inseguro. Mira al conserje de medio lado y enrojece. –Esa nena quiere guerra. Berenguer *Leña* 50: Se lió la cosa. Figúrate, la Encarna allí en la casa y yo viendo a la Rosa dándome guerra. VMontalbán *Delantero* 191: Guapa de comisaría. Guapa discreta pero pidiendo guerra.

IV *loc adv* **15 en pie de ~** → PIE.

guerreador -ra *adj* Que guerrea o es inclinado a guerrear. *Tb n, referido a pers.* | Cossío *Montaña* 364: Aquel es el solar de una de las estirpes más guerreadoras y calificadas de la Montaña.

guerrear *intr* Hacer la guerra [1] [contra alguien (*compl* CONTRA *o* CON)]. *Tb sin compl.* | Canilleros *Abc* 9.4.67, sn: Se dedicaron a guerrear en propio beneficio contra cristianos y moros. FSalgado *Conversaciones* 226: Nuestros mandos han seguido siendo muy aficionados a los puestos aislados guarnecidos por pequeñas fuerzas .. Esto fue lo que se hizo con frecuencia al guerrear para la implantación del protectorado.

guerrero -ra I *adj* **1** De (la) guerra [1]. | A. Nadal *Van* 28.4.72, 55: Los amigos del infante don Pedro le odiaban también como él odiaba al infante, contra el que planeaba arriesgada operación guerrera, tan arriesgada que le costó la vida. Riquer *Caballeros* 127: Era persona muy asequible a aceptar la presidencia y judicatura de lances caballerescos en el guerrero ambiente de la ciudad africana que gobernaba.

2 Que hace la guerra [1]. | C. Calvo *Sáb* 10.9.66, 3: El gobierno de las mujeres –matriarcado guerrero aparte– ya lo analizaron cabezas firmes. **b)** Inclinado a la guerra [1]. *Tb n, referido a pers.* | GNuño *Escultura* 29: La total iberización de España no pudo tener lugar sino después de un larguísimo proceso, en el que no dejaría de pesar el carácter guerrero de los iberos. Tejedor *Arte* 16: Los asirios reflejaron en ellas [las divinidades] su espíritu guerrero. Arenaza-Gastaminza *Historia* 46: Vencieron [los romanos] a los samnitas, pueblo de guerreros que vivía en los Apeninos.

3 De (los) guerreros [6]. | Arenaza-Gastaminza *Historia* 35: La aristocracia guerrera espartana estaba organizada en una Diarquía. Ridruejo *Memorias* 43: Tenía de la política una idea muy guerrera y creía en la lucha de calle ante todo y sobre todo. "Aquí –decía– hace falta un bigote cuadrado." Y se refería a la mano dura.

4 (*col*) Que da guerra [11]. *Gralm referido a niños.* | * ¡Qué niño tan guerrero!

5 (*col*) Que pide guerra [14]. | VMontalbán *Delantero* 191: Guapa de comisaría. Guapa discreta pero pidiendo guerra, porque los policías en el fondo son muy marchosos y les gustan las mujeres guerreras. Tomás *Orilla* 28: Después vendría la segunda parte, ya en privado, él y ella. Le echaría en cara su impotencia sexual. Ella no estaba enganchada. Le daba bien a la priba, pero a menudo se le ponía el cuerpo guerrero. Siempre estaba dispuesta.

II *n* **A** *m* **6** (*hist o lit*) Militar o soldado. | GNuño *Escultura* 134: Si se trataba de guerreros, estos no abandonaban en ningún caso su lanza y su escudo terciado. Olaizola *Escobar* 54: Nos llevábamos muy bien [Azaña y yo], y como yo no era un político sino un guerrero .., cuando hablábamos se distendía y le gustaba embromarme.

B *f* **7** Chaqueta de uniforme militar, abrochada desde el cuello. | CNavarro *Perros* 113: Los guardias se habían desabrochado las guerreras, pareciendo como si las porras los apuntalaran a las sillas.

guerrilla I *f* **1** Fuerza armada irregular, frec. poco numerosa, que lucha por motivos políticos contra un ejército o contra el orden establecido. | Arenaza-Gastaminza *Historia* 241: Los guerrilleros eran jefes de partidas sueltas o guerrillas, que continuamente hostigaban a las tropas francesas. J. M. Massip *Abc* 31.1.68, 33: En Natrang, donde la población celebraba con cohetes y pirotécnica la entrada del Nuevo Año lunar, no se sabía si las explosiones eran de los inocentes petardos del pueblo o los disparos de las guerrillas desparramadas por las calles de la población en fiesta. Llovet *Tartufo II* 81: No sé si el chamulle ha sido sobre que es usted el mismísimo buzón correo de la guerrilla urbana.

2 *En el ejército:* Grupo poco numeroso dedicado a hostilizar al enemigo. | FReguera-March *Cuba* 221: Tú fíjate en la guerrilla. Esos van siempre en vanguardia, de descubierta.

guerrillear – guía

Son unos tíos muy bragados y que conocen su oficio. Ellos darán la voz de alarma. **3** Grupo poco numeroso [de perss. o cosas]. | Delibes *Historias* 89: En la gran planicie .. hay una guerrilla de chopos y olmos enanos. Cela *Judíos* 32: De cuando en cuando, una guerrilla de sabinas.
II *loc adv* **4 en ~.** De manera dispersa o desplegada. *Referido normalmente a perss que avanzan.* | FReguera-March *Caída* 350: Cien hombres quedan en retaguardia para avanzar desplegados en guerrilla por la izquierda. Cuevas *Finca* 217: Debieron venir abiertos, en guerrilla, porque Jeromo no los vio. * Cuatro pelos en guerrilla.

guerrillear *intr* Luchar en guerrillas [1 y 2]. | Gironella *Millón* 693: Cuando fue necesario guerrillear, supo hacerlo. Cuando el terreno fue montañoso, acopló los medios. Ahora se trata de una guerra elástica y domina la situación más que nunca.

guerrillerismo *m* Movimiento guerrillero [1]. | *Inf* 11.11.71, 2: ¿Debe, pues, tirarse ya a un rincón la añeja polémica entre el guerrillerismo y la estrategia de los comunistas clásicos? La antigua guerrilla latinoamericana ciertamente en la actualidad se encuentra prácticamente paralizada. E. Romero *Ya* 9.7.86, 9: Santiago Carrillo fue el gran líder carismático .. Tuvo una parte muy activa en el guerrillerismo tras la segunda guerra mundial.

guerrillero -ra I *adj* **1** De (la) guerrilla [1]. | *Act* 30.10.69, 13: La misma dinámica guerrillera lleva a las fuerzas palestinianas hacia posturas muy radicales. *Inf* 13.5.70, 1: La retirada judía .. ha ido acompañada de amenazas de nueva invasión si se reiniciaran los golpes de mano guerrilleros a las ciudades israelíes. MMolina *Jinete* 256: Fui comandante guerrillero en la sierra de Mágina, donde dirigía con éxito un atentado contra el general Franco.
II *m y f* **2** Pers. que forma parte de una guerrilla [2 y esp. 1]. | Arenaza-Gastaminza *Historia* 241: Espoz y Mina, jefe de guerrilleros en el valle del Ebro. *Inf* 17.6.70, 3: Nasser ha tratado de persuadir a los guerrilleros palestinos. A. Bourgon *DMo* 23.8.87, 6: Una Compañía de Operaciones Especiales .. desarrolla durante estos días la fase de instrucción en agua, en la costa y playa de la Virgen del Mar. Los guerrilleros aprenden a desenvolverse en el mar, como medio de infiltración en las posiciones enemigas. **b)** Jefe de una guerrilla [1]. | Arenaza-Gastaminza *Historia* 56: Fue [Viriato] el primer guerrillero hispano. Su táctica de avances rápidos y retrocesos simulados, de continuo movimiento, desconcertó a los romanos.

gueto *m* **1** Judería. | * Los judíos han vivido durante siglos agrupados en guetos. P. Crespo *Abc* 25.2.78, 45: Woody .. nació en el gueto judío de Nueva York. **2** Barrio o zona en que vive aislada una minoría nacional o racial. | M. Salvatierra *Abc* 20.12.91, 39: En el camino de esta Conferencia multipartidaria, al igual que en el buen clima de diálogo abierto entre De Klerk y Mandela, se ha interpuesto de forma amenazadora e inquietante el estallido de la violencia en los guetos o "townships" negros. SFerlosio *Ensayos* 1, 185: La administración gibraltareña le ha destinado [a los marroquíes] por gueto y residencia un viejo cuartel del siglo XVIII.
3 Lugar en que vive segregada y aislada una minoría. *Tb fig.* | *Sur* 16.5.90, 5 (A): Por ese camino tendríamos que actuar aislando a estos niños y creando guetos de sidosos. * Nuestro departamento se ha convertido en un gueto dentro de la empresa. Marsé *Amante* 31: Apenas le dedicó una mirada .., sin sospechar que ese pobre artista callejero .. hundido en el fango de la vida, en el gueto del olvido, era su ex marido.

guevarismo *m* Conjunto de ideas políticas y métodos de lucha del guerrillero comunista Ernesto (Che) Guevara (1928-1967) y de sus seguidores. | *Inf* 11.11.71, 2: El castrismo-guevarismo en América latina parece obvio que ya no es una fórmula con porvenir.

guevarista *adj* Partidario del guevarismo. *Tb n.* | Areilza *Artículos* 325: Más a la izquierda .. los contestatarios de todo signo aparecen: trotskistas, maoístas, guevaristas.

guía I *n* **A** *m y f* **1** Pers. que guía [1 y 2]. | Romano-Sanz *Alcudia* 20: Una vez me llevaron unos señores de guía por esos montes de la Solana del Pino. Me templaron a fotografías. F. Peregil *País* 8.8.91, 40: Van allí [los musulmanes] para escuchar al primer imam (guía espiritual) de España 500 años después de la Reconquista. Pinilla *Hormigas* 243: Convirtiéndose [la madre] .. en guía y protectora de toda la familia, la prole. Castellanos *Animales* 33: No se precisan conocimientos previos para guiar y adiestrar a un perro de utilidad. En más de una ocasión se ha dado el caso de que personas no experimentadas en el adiestramiento de este tipo de perros se han adaptado muy rápidamente a esta nueva tarea, convirtiéndose en breve tiempo en muy buenos guías. **b)** Pers. que se dedica a enseñar a los visitantes las cosas más notables de un lugar. | R. Patiño *SVoz* 8.11.70, 6: En nuestra no pequeña serie de visitas de ciudades, nunca .. un guía ha cautivado de tal modo nuestra atención. FVidal *Duero* 140: Viajero y guía femenino van penetrando por las distintas dependencias y salas del palacio, entre las que destaca el gran salón ducal, con su balconcillo celado para orquesta.

B *m* **2** Manillar [de la bicicleta]. | *Abc* 11.5.75, sn: Después de un largo invierno su moto o su bicicleta no están en condiciones de rodar... Desde los cables del freno hasta el guía o la cadena, todo está oxidado.

C *f* **3** Cosa que sirve para guiar [1 y 2]. | Romano-Sanz *Alcudia* 80: A mediados de octubre, los trashumantes inician su marcha hacia extremos .. Al emprender la partida, el mansero se coloca delante con uno de los mansos encencerrados, cuyo esquilón sirve de guía al rebaño. V. Salaner *Inf* 26.4.73, 3: Si las pasadas escaramuzas con el Congreso pueden servir de guía y de experiencia, la política exterior del Presidente .. puede proseguir sin excesivo contratiempo. **b)** Libro en que se dan normas o datos que sirvan de guía u orientación. *Frec con un adj o compl especificador.* | Mascaró *Médico* 12: Pretender que con una guía en la mano pueden solventarse todas las contingencias médicas es una utopía. *SVozC* 25.7.70, 1: Para ilustrar mejor a los peregrinos, surgió la primera guía de viaje que produjo la Edad Media. J. L. Cuesta *NAl* 8.6.84, 8: Se está preparando .. una magnífica Guía Turística del Señorío Molinés. Cela *SCamilo* 22: En la guía *Madrid de noche* de don Antonio Aullón Gallego a las casas de lenocinio se les llama casas discretas autorizadas y a las casas de citas maisons meublées. **c) ~ telefónica**, o **de teléfonos**. Libro en que figuran por orden alfabético de abonados, de calles o de actividades los números de teléfono de toda una población o una provincia. *Tb simplemente* ~. | MGaite *Fragmentos* 100: Debajo del teléfono había un mueblecito laqueado en blanco con estantes transversales donde estaba[n] las guías, buscó la que decía "Calles". GTelefónica III: Guía Telefónica .. Sección profesional, mercantil e industrial. **d)** *En un diccionario:* Palabra de las dos que indican, a la cabecera de una página, la primera y la última palabra que son tratadas en dicha página. *Frec en pl.* | Huarte *Diccionarios* 24: A la izquierda de la página figura como guía la primera de las palabras que están tratadas en la plana; a la derecha, la última. **e) ~ comercial.** (*hoy raro*) *En una emisión de radio:* Espacio destinado a anuncios. | Grosso-LSalinas *Río* 124: El mecánico maneja los mandos del aparato de radio. Se oye una musiquilla y, luego, la guía comercial.

4 Rienda (de una caballería). | Nácher *Guanche* 62: Felipillo arreaba a la mula de don Miguel dándoselas de hombre .. Su madre lo subió al cabriolé .., y sin decir palabra empezaron a andar .. –Trae la guía.– María Candelaria lo contrarió al hacerse con las bridas para contener a la mula cuando cruzasen el camión.

5 Pieza que sirve para obligar a otra a seguir en su movimiento un camino determinado. | Ramos-LSerrano *Circulación* 213: La válvula .. tiene forma de seta, siendo su cabeza la parte que cubre el orificio de admisión o de escape al ajustar en los asientos, y su cola se desliza a lo largo de una guía unida al bloque. *Hacerlo* 68: Hace unos años, para colgar cortinas se utilizaba .. una simple barra metálica .. Actualmente, sobre todo en las casas modernas, se utilizan cada día más las guías metálicas.

6 Varilla exterior del abanico. | Camón *LGaldiano* 226: Lleva [el abanico] magnífico varillaje de nácar y miniaturas adornadas con brillantes en las guías.

7 Tallo de una planta, esp. el principal, que dirige su crecimiento. | Castellanos *Animales* 125: Estas plantas pueden vivir por años, reproduciéndose normalmente al formar nuevas guías desde la base de sus raíces. SSolís *Camino* 280:

guiadera – guijuelense

Deambulaba entre los macizos y se paraba de vez en cuando a contemplar un arbusto, a enderezar una guía de rosal. Llamazares *Río* 86: Un chopo tan erguido y gigantesco que, desde su guía, seguramente puede verse todo el valle.
8 Extremo puntiagudo del bigote. | DCañabate *Andanzas* 137: Se comprende que los coquetos de otra época .. se sacrificaran colocándose antes de acostarse la bigotera y durmieran pendientes de no moverse para que las guías se pegaran bien a las mejillas. CSotelo *Resentido* 195: Luce un bigote sin guías, pero frondoso. Nácher *Guanche* 123: "¡Ah, viejo!", pensó Candelaria con alegre deseo de dar un tironcito a la incitante guía del bigote.
9 Documento oficial necesario para poder transportar determinados animales o géneros. | Bustinza-Mascaró *Ciencias* 223: El Estado vigila atentamente la salud del ganado y exige, en caso preciso, la vacunación obligatoria, la guía sanitaria para el traslado de los animales. M. Rodríguez *Rue* 17.11.70, 14: En el artículo 71 existe una omisión, ya que, al citar el embarque de los toros en la ganadería, no menciona la función del veterinario titular, que tiene que reconocer los toros para extender la preceptiva guía de origen y sanidad. Mercader-DOrtiz *HEspaña* 4, 133: Desde las grandes hambres de comienzos del siglo XVI, una serie de minuciosas disposiciones acantonaban los cereales en las comarcas productoras, sujetándolos a tasas, guías y monopolios.
10 Documento oficial que acredita la pertenencia de un arma. | *Inf* 14.3.74, 32: Sacó una pistola, para la que carecía de licencia y guía, y disparó cuatro veces.
11 (*Mil*) Sargento o cabo que, en las distintas evoluciones, se coloca en el lugar adecuado para la mejor alineación de la tropa. | *Día* 27.4.76, 16: Llegábamos al fin de curso orgullosos en nuestro desfile final en que "no se movía ni la borla del gorrillo": ¡De frente en columna de honor, guías a la derecha! ¡Marrr!
12 (*Mar*) Cabo que sirve para dirigir o sujetar algo. | FReguera-March *Cuba* 491: No fue posible tender hasta tierra una guía que sirviese de punto de apoyo y de salvación.
II *loc adj* **13 de ~**. [Cruz] que encabeza una procesión. | CoA 10.3.64, 12: La Exposición de estrenos de Semana Santa .. Hermandad de Santa Genoveva: Cruz de Guía y juego de doce varales.
III *loc adv* **14 en las ~s**. (*reg*) En estado de extrema delgadez o debilidad. *Con vs como* ESTAR, ANDAR *o* QUEDARSE. | Berenguer *Mundo* 18: Voy a ver esos venados, que este año andan en las guías.

guiadera *f* Guía [5]. *Tb fig*. | *BOE* 2.8.76, 14910: Las partes esenciales del aparato son: el dispositivo de percusión .., el yunque, la columna, las guiaderas. Soler *Muertos* 27: Los oye aún [los disparos]; le parece que seguirá oyéndolos cuando la vida recobre sus guiaderas y la paz descienda sobre los hombres.

guiado *m* Acción de guiar [1b y 3]. | *BOE* 2.8.76, 14910: Cada martinete irá provisto de dos ranuras de guiado que lo mantiene[n] entre las guiaderas durante su desplazamiento. M. Mancebo *Inf* 28.10.77, 27: Se ha dispuesto un sistema para el guiado y parada de aeronaves en las proximidades de la terminal internacional. *Ya* 22.1.91, 27: Misil de crucero Tomahawk. Ojiva y sistema de guiado electrónico. Alerones. Turbopropulsión.

guiador -ra *adj* Que guía. *Tb n, referido a pers*. | Crémer *SHora* 14.5.77, H: No está el campo español, no está el campo leonés que divisamos, para dejar que los bueyes se laman a su gusto, a la espera de la mano guiadora de los ángeles. F. A. González *Ya* 10.6.72, 60: Sin piloto, solo, estuvo volando un avión inglés hasta que quemó su combustible .. En cierto modo, al avión inglés le ha sucedido lo que a nosotros. También nos creemos capaces de todo, cuando no somos sino un rebrillo. Y nada cuando, como a él, nos falta la mano guiadora.

guiaje *m* (*hist*) Salvoconducto. | Riquer *Caballeros* 154: En esta fecha se le extendió un guiaje válido por seis meses.

guiaondas *m* (*Radio*) Tubo por cuyo interior se propagan las ondas de alta frecuencia con menos pérdida de energía que por cable. | *GTelefónica N*. 1006: Standard Eléctrica, S.A. Primera industria española de telecomunicación. Centrales telefónicas públicas .. Estaciones repetidoras y terminales. Guiaondas. Equipos para comunicación por satélite.

guiar (*conjug* **1c**) **A** *tr* **1** Mostrar [a alguien (*cd*)] el camino [a un lugar (*compl adv*)]. *Tb sin compl adv. Tb fig*. | Vesga-Fernández *Jesucristo* 30: Impulsados por aquel aviso del Cielo, se pusieron en marcha para adorar al Gran Rey de Israel, y guiados por la estrella llegaron a Jerusalén. *BOE* 28.2.77, 4769: La misión principal del Profesor tutor es la de coordinar la labor educativa del profesorado del grupo y guiar a los alumnos hacia los objetivos propuestos en los distintos aspectos de la educación. **b)** Conducir o llevar [algo a un lugar]. | Ramos-LSerrano *Circulación* 250: El pistón tiene un resalto llamado deflector, y su objeto es guiar a la mezcla gasolina-aire hacia la parte superior del cilindro.
2 Dirigir u orientar [a alguien] en su actuación o comportamiento. | *País* 12.12.76, 8: Ni siquiera hay congruencia entre los propósitos que presumiblemente guían al Gobierno y los medios elegidos para instrumentarlos. Castellanos *Animales* 33: No se precisan conocimientos previos para guiar y adiestrar a un perro de utilidad. **b)** Dirigir la marcha o desarrollo [de algo (*cd*)]. | *Abc* 30.12.65, 91: Formular fervientes votos por la salud y la felicidad del Caudillo y por que Dios conserve muchos años su vida para que siga guiando los destinos de España.
3 (*hoy raro*) Conducir [un vehículo]. *Tb abs*. | *Abc* 19.12.70, 48: El turismo B-568154, guiado por Eulogio Fernández .., alcanzó al ciclomotor. APaz *Circulación* 13: Los conductores deben saber guiar, pero todos saber caminar.
B *intr pr* **4** Tener por guía [3] [a algo (*compl* POR)]. | M. Xandró *SYa* 9.7.72, 35: Sabe captar lo invisible, guiándose por el menudo hilo de la lógica.

guignol (*fr; pronunc corriente,* /giñól/) *m* (*hoy raro*) Guiñol. | *RegO* 3.7.64, 5: El teatro de "guignol" .. tiene un aire moderno.

guija *f* **1** Guijarro. | CBonald *Dos días* 17: Las llantas trituraban las guijas, enterrándolas en el cuarteado y reseco piso de la vereda. Ridruejo *Memorias* 23: Las calles, con guijas y losetas, eran pinas e irregulares. Torrente *Fragmentos* 126: Nos íbamos cambiando, hasta perder la estrecha conciencia de humanos y sentirnos en comunicación con las inmensas aguas .., con las rocas y las guijas del fondo.
2 Almorta (planta y semilla). | Berlanga *Acá* 104: Se extendió en explicaciones sobre lo sacrificado que resultaba arrancar garbanzos, lentejas, guijas y demás vainas. Abella *Imperio* 125: La presencia de un alimento básico y común en la alimentación de todos los enfermos ..: las guijas, muelas, almortas o titos.

güija *f* (*Rel*) Tablero con las letras del alfabeto, en torno del cual se reúnen varias perss. para comunicarse con los espíritus, quienes señalan sus respuestas en el tablero por medio de un vaso boca abajo o de algún otro objeto. | Torrente *Saga* 311: "¡Ahí está!", susurró el Espiritista al escuchar los tres golpes de la mesa con que se anunciaba Robespierre .. "Si eres Robespierre, responde con un golpe; si no lo eres, responde con dos y dinos tu nombre por medio de la güija."

guijarral *m* Terreno en que abundan los guijarros. | Sampedro *Río* 26: Se metieron entre las matas .. Llegaron a un guijarral donde aguardaba el chico.

guijarro *m* Piedra pequeña y redondeada que se encuentra pralm. en las orillas y cauces de los ríos. | Cunqueiro *Un hombre* 11: Y antes de llegar al puentecillo de madera, con el pie derecho impulsó un guijarro a las aguas verdosas. Fernández-Llorens *Occidente* 10: Los instrumentos de piedra tallada más antiguos, toscos y primitivos, constituyen la llamada cultura de guijarros.

guijarroso -sa *adj* Abundante en guijarros. | Fuster *País Valenc*. 402: Villajoyosa .. nos espera al lado de su río enjuto y guijarroso.

guijo *m* Guijarro. | Delibes *Voto* 99: En los silencios intermitentes de las chovas, se sentía [e]l arrullo del agua corriendo en un estruendo lejano de la cascada sobre el camino. Laforet *Mujer* 11: Entre el polvo y los guijos de la calle .. se estaba levantando como un deseo de humedad.

guijuelense *adj* De Guijuelo (Salamanca). *Tb n, referido a pers*. | F. V. Vargas *Ade* 6.2.75, 5: Hemos recortado también lo que nos ofreció sobre Fuentes de Béjar, uno de los pueblos incorporados al municipio guijuelense.

guijuelo *m* Jamón de Guijuelo (Salamanca). | *País* 9.12.89, 18: En las próximas fiestas, el mejor regalo, un jamón. Mayorista y minorista. Especialidad: Jabugo. Guijuelo. Bellota. Recebo.

güil *m* (*jerg*) Dinero. | Tomás *Orilla* 28: La tía se ha creído que me va a ligar la mercancía por la cara; me deja sin güil y sin polvos.

guilalo *m* Embarcación filipina de cabotaje, con velas gralm. de estera y con batangas. | FReguera-March *Filipinas* 107: Entre ellos [los navíos] se movían multitud de bancas, damalas, guilalos, pontines, lorchas, falcados..., pequeñas embarcaciones construidas con un solo tronco y que se equilibraban con balancines o batangas.

guilda *f* (*hist*) En Europa en la Edad Media: Asociación de mercaderes o artesanos con el fin de socorrerse mutuamente y de defender sus intereses. *Tb* (*lit*) *fig*. | Fernández-Llorens *Occidente* 127: Para mantener su independencia económica respecto del señor feudal las ciudades procuraron crear un sistema de gobierno autónomo .. Cada ciudad estructuró un gobierno corporativo con representación de las guildas de comerciantes o los gremios de artesanos. *Mad* 6.12.69, 6: Adorno, atacado por la ortodoxia marxista y por el rebaño de los que forman la guilda de filósofos.

guileña *f* Aguileña (planta). | FQuer *Plantas med.* 210: Aguileña. (*Aquilegia vulgaris* L.) Sinonimia cast[ellana], guileña.

guilindujes *m pl* (*reg*) Perendengues o perifollos. | Cela *Inf* 26.11.76, 20: Mi burro se llama "Cleofás" .. Al llegar le suelto el ronzal –el único arnés que lleva, que a los burros no les van jaeces ni guilindujes más que en los días de precepto–.

guillado -da *adj* (*col*) Loco o falto de juicio. *Frec n.* | CBonald *Ágata* 145: Pudo encontrar una entereza que no era suya para decir que ya estaba bien con un guillado en la familia. Buero *Fundación* 159: ¿Otro guillado como Tomás?

guilladura *f* (*col*) Pérdida de juicio. | A. Barra *Abc* 23.5.74, 41: El delincuente debió de sufrir un proceso acelerado de guilladura, promovido por los motores de los Jumbo.

guillarse. ~las. *tr pr* (*jerg*) Irse o marcharse. | DCañabate *Paseíllo* 82: El miércoles me las guillo.

guilloma *f* Guillomo (arbusto). | C. Asencio *VSi* 7.89, 40: El bosque de frondosas .. presenta una riqueza florística singular, con especies de gran valor ecológico, como tilo, .. temblón, guilloma, serbal.

guillomera *f* Guillomo (arbusto). | FQuer *Plantas med.* 341: Guillomo. (*Amelanchier ovalis* Medikus [sic].) Sinonimia cast[ellana], guillomero o guillomera.

guillomero *m* Guillomo (arbusto). | Mayor-Díaz *Flora* 546: *Amelanchier ovalis* Medicus "Guillomero". (Sin. *A. vulgaris* Moench.) Arbusto de 1-3 m. .. Los frutos son dulces y comestibles.

guillomo *m* Arbusto de tallos flexibles, hojas dentadas y redondeadas, flores blancas en ramillete y fruto dulce y negruzco de tamaño de un guisante, propio de lugares pedregosos (*Amelanchier ovalis*). | FQuer *Plantas med.* 341: Guillomo. (*Amelanchier ovalis* Medikus [sic].) Sinonimia cast[ellana], guillomero o guillomera .. El guillomo es un arbusto que alcanza fácilmente más de 2 m. de altura.

guillotina I *f* **1** Máquina consistente en una cuchilla ancha y pesada que cae deslizándose entre dos altas guías y empleada para decapitar a los condenados a muerte. *Tb fig*. | Umbral *Tierno* 28: Estaban allí como haciendo punto, como los tricotadoras de la Revolución francesa en torno a la guillotina. L. Calvo *Abc* 30.12.70, 22: En seguida recuerda .. las torturas y ejecuciones, incluso con guillotina, del sangriento episodio argelino. *As* 9.12.70, 15: Una nueva víctima ha caído bajo la "guillotina" del fútbol. Como recordarán, la temporada anterior César se hizo cargo de la dirección técnica del Hércules ..; el domingo .. la directiva del club alicantino decidió rescindir el contrato de César como entrenador.

2 Máquina de cortar papel. | Chamorro *Sin raíces* 176: Ya veía a cada uno de sus hijos en un trabajo concreto. Luis a la prensa, Ramón a la guillotina, Sixto en la encuadernación.

II *loc adj* **3 de ~.** [Ventana o persiana] que resbala verticalmente a lo largo de las ranuras del marco. | *GTelefónica* N. 249: Carpintería de Aluminio Stanley. Ventanas y puertas correderas. Ventanas de guillotina, de celosía. Benet *Otoño* 31: La habitación .. tenía un gran ventanal, con persiana de guillotina, a la esquina del Botánico.

guillotinar *tr* **1** Ejecutar [a alguien] con la guillotina [1]. *Tb fig*. | Arenaza-Gastaminza *Historia* 231: Luis XVI fue acusado de connivencia con los invasores extranjeros, procesado, condenado a muerte y, al fin, guillotinado el 21 de enero de 1793. Vega *Cocina* 14: Del pescado, bien limpio y guillotinado, o sea desprovisto de cabeza, se corta en trozos regulares.

2 Cortar [algo] con la guillotina [2]. | Cela *Alcarria* 241: ¿Qué habrá sido de aquellos franciscanos que hacían prácticas de encuadernación guillotinando incunables? J. MArtajo *Ya* 28.5.67, sn: Pronto se sentirán troceados, triturados y reducidos a espesa y blanca pulpa que, laminada y guillotinada, se convertirá en infinitas resmas y bobinas de finísimo papel.

3 (*lit*) Cortar o interrumpir [algo] bruscamente. | ZVicente *Balcón* 60: Los ruidos de la plaza quedan, de súbito, guillotinados, en escalofriante hiato de silencio. Lera *Clarines* 459: –¡Basta, don Pedro! Todo esto es hablar por hablar.– Aquellas palabras de Román guillotinaron la discusión entre el médico y el secretario.

guillotinero -ra *m y f* Pers. que maneja una guillotina [2]. | *Ya* 30.5.64, 43: Para encuadernación falta guillotinero segunda.

güimarero -ra *adj* De Güímar (Tenerife). *Tb n, referido a pers*. | G. Armas *HLT* 22.9.75, 5: ¿Se celebran muy a menudo este tipo de fiestas? .. ¿Qué papel desempeña la juventud güimarera en el mismo?

guimbarda *f* Birimbao (instrumento musical). | Valls *Música* 58: El innumerable repertorio de instrumentos de signo popular (zambombas, carracas, castañuelas, dulzainas, gaita, guimbarda, matraca, acordeón, armónica, etc.).

guinaldés -sa *adj* De Fuenteguinaldo (Salamanca). *Tb n, referido a pers*. | A. Navalón *Inf* 9.2.71, 20: Son los famosos loberos de Fuenteguinaldo .. Los guinaldeses son maestros en organizar batidas.

güinche *m* (*raro*) Grúa. | Marlasca *Abc* 4.10.70, 45: La Casa de la Villa cree que el sostenimiento de una flota de güinches para estos menesteres descabala su presupuesto.

guinda[1] **I** *f* **1** Fruto del guindo, muy semejante a la cereza, pero más pequeña y ácida y de color rojo vivo. | Cela *Judíos* 90: Se llamaba don Fabián Remondo y Larangas, natural de Valdepinillos, aldehuela de guinda y nuez dependiente del ayuntamiento de la Huerce.

2 (*col*) Remate o final. | Carandell *Celtiberia* 18: Faltaba todavía un pequeño detalle .. Era la guinda, como suele decirse, en la fiesta brillante y feliz. Millán *Fresa* 75: No hay límite para el dolor, y contaré la guinda. Miré a la mesa: el fragmento favorecido, comienzo involuntario de todo, estaba distraído. Delibes *Señora* 63: Fue el remate; la guinda a la tarta.

II *adj* **3** [Color] rojo propio de la guinda [1]. *Tb n m*. | * Este año se lleva mucho el color guinda. **b)** Que tiene color guinda. | GGual *Novela* 361: El portero viste de verde con un cinturón guinda.

III *fórm* o **4 échale ~s.** (*col*) Fórmula con que se pondera la dificultad o la importancia de algo o de alguien. | Medio *Andrés* 233: Braulio no es nombre para un torero... En eso tiene razón Regino.– El nombre es también algo que tiene importancia... Échale guindas... Hay que pensar en el nombre, porque te lo ponen... así, cuando empiezas, y después ya no te lo cambian. DCañabate *Andanzas* 38: Es la torre más bonita de Madrid. Dicen que la dibujó don Pedro Ribera, que como arquitecto madrileño échale usted guindas.

guinda[2] *f* (*Mar*) Altura, esp. de la arboladura. | *Ya* 10.1.87, 8: El buque-escuela "Juan Sebastián Elcano" ha dado ya cinco vueltas al mundo .. Apareja veinte velas, con una superficie total de 3.153 metros cuadrados .. Puntal: 6,613. Guinda: 48,700. Lastres: 769,88 Tm.

guindada *f* (*raro*) Bebida hecha con guindas[1] [1]. | FQuer *Plantas med.* 345: Las cerezas y las guindas se sue-

guindal – guiñador

len tomar recién cogidas y sin sazonarlas ni añadirles azúcar. Pero con ellas se preparan mermeladas y guindadas, la ratafía y el aguardiente de guindas.

guindal *m* Guindo [1]. | Peraile *Ínsula* 89: Jesusa lo abraza [al niño], Jesusa lo admira, Jesusa se aparta para contemplarlo cuanto le dan de sí los lentes que fueron de su padre y la luz lunera tapada con tres velos: el del guindal, el del madroño, el del membrillo. Mayor-Díaz *Flora* 547: *Prunus cerasus* L. "Guindo común", "Guindal". (Sin. *Cerasus vulgaris* Mill.)

guindalera *f* **1** Sitio abundante en guindos [1]. | A. RPlaza *DBu* 5.8.90, 39: Vallegera de solano a regañón mide media legua .. Cultivos de viñas y secano, salvo algún huertecillo y guindaleras. Monte bajo de chaparral.
2 (*reg*) Guindo [1]. | Torbado *Ya* 12.2.75, 5: En mi pueblo han cortado de cuajo unas cuantas hermosas guindaleras que no molestaban a nadie y daban, además, maravillosos frutos a quienes quisieran ir a recogerlos. Cela *Judíos* 285: El ruiseñor, aquella noche, había cantado sus romanticismos en el copudo y casi maternal regoldo, en el agraz membrillo, en la guindalera de fruto de color de sangre.

guindaleta *f* **1** Cuerda del grosor aproximado de un dedo. | Galache *Biografía* 161: Todo ha ocurrido como en las antiguas leyendas orientales de peregrinos y lotos. Un monje, un hábito pardo de estameña, un cíngulo de reinal y guindaleta.
2 (*reg*) Caballería que va la primera en un tiro o en una reata. | Romano-Sanz *Alcudia* 283: –¿Es verdad que saben ustedes la hora mirando el cielo? .. Deben conocer muchas estrellas. –Están el Carro Grande y el Carro Chico, que lleva hasta su guindaleta –dice el pastor.

guindaleza *f* (*Mar*) Cabo grueso y muy largo, de tres o cuatro cordones. | Cancio *Bronces* 79: Los cuatro se pasaban la vida marisqueando de roca en arenal, o correteando por entre las guindalezas en descanso y los barcos en carena.

guindar[1] *tr* (*Mar*) Subir, o poner en alto. *Tb* (*lit*) *fig*. | *Abc Extra* 12.62, 26: Reproducen poleas y estaquillas .. para balandrear en las regatas, guindando o calando el mastelero. Zunzunegui *Hijo* 145: Él desliza la mirada del pelo de ella a los tobillos finísimos y la vuelve a guindar hasta la frente, con demoras sabrosas.

guindar[2] *tr* (*jerg*) Robar. | A. Pavón *Inde* 28.8.89, 32: Los gitanos eran gente a la intemperie que para sobrevivir vendían burros, hacían cestas o guindaban Niños Jesús de la Bola que luego pasaban a los anticuarios o a los marqueses. Sastre *Taberna* 90: –¿No llevas nada? –Lo justo para pagarte la semana, que son 27,50 según creo. –28,50 si no te importa .. –¿Me guindas una cala, Luis? Mira que yo llevo las cuentas de lo que me tomo. **b)** Estafar o timar. | Tomás *Orilla* 55: Se lo pasó a Maica. Esta lo abrió comprobando el contenido y palpando con el pulgar y el índice la consistencia de la heroína. –Está muy cortado, tío –afirmó. –Te juro por mis muertos que no –respondió el gitano–. Te lo paso como lo he ligado yo. Yo no le guindo al Califa.– Maica pagó.

guindaste *m* (*Mar*) Armazón en forma de horca, para manejar ciertos cabos o para colgar alguna cosa. | Torrente *Isla* 70: Tampoco fue casual que arribaran al puerto barcos despachados desde Londres en los que se desembarcaban mercancías de extraño peso y gran volumen, que hacían retemblar los guindastes.

guinde *m* (*jerg*) Acción de guindar[2]. | Sastre *Taberna* 114: A nosotros ni nos daba de comer –aunque claro está que nosotros comíamos del guinde–.

guindilla A *f* **1** Variedad de pimiento pequeño, alargado y gralm. picante, que se emplea esp. como condimento. *Tb la planta que lo produce*. | Bernard *Pescados* 21: Al hacerles la salsa se le machacan unos ajos, la guindilla picante que se quiera poner y pimienta. *GTelefónica N.* 9: Aceitunas de todas clases. Pepinillos en vinagre. Pimientos. Guindillas. Loriente *Plantas* 65: *Capsicum annuum* L. "Guindilla"; "Pimiento". Hortaliza muy frecuente.
B *m* **2** (*hist o jerg*) Policía municipal. | Criticón *Ya* 23.12.70, 21: Si nos pasamos a los rótulos de las calles, observamos igual falta, y ya puede usted dar una "vuelta a la manzana", como los guindillas verbeneros, para averiguar el nombre de la calle. A. Pavón *Inde* 30.1.90, 48: Por donde pasan los guindillas, que Matanzo despliega como el Comando Sur, no vuelve a crecer la hierba. **b)** (*hist*) Agente de policía. | ZVicente *Traque* 114: Lo de la gripe fue otra cosa, bien que la recuerdo, que se me murió media familia y el perro Lenin, un danés que mordía a todos los guindillas .. ¿Que qué era un guindilla? .. Pues un guardia de seguridad. Como un gris de ahora, solo que con otra pinta .. ¿Que por qué guindillas? A mí qué me cuenta. Llevaban un pantalón colorado, sería por eso.

guindo I *m* **1** Árbol de la familia del cerezo, pero más pequeño y abierto (*Prunus cerasus*). *Tb su madera*. | ZVicente *Balcón* 75: Siempre había guindos en flor en el parque la mañana del desfile. Loriente *Plantas* 40: *Prunus cerasus* L., "Guindo". Árbol menos corriente que el cerezo. MLuna *ASeg* 20.5.92, 6: Gabriel .. trabaja el enebro, haya, encina, peral, guindo.. o cualquier otra madera que caiga en sus manos.
II *loc v* **2 caerse de un ~**. (*col*) Caerse del nido (→ NIDO). | Laiglesia *Tachado* 306: ¿De qué sirve ser el fruto de un viejo árbol genealógico, si hoy gobierna cualquier audaz caído de un guindo?

guindola *f* **1** (*Mar*) Andamio volante usado para hacer trabajos en alto. | Delibes *Madera* 335: El crucero quedó prisionero en el dique seco, varado en las anguilas, bajo los focos, entre una frenética actividad de poleas, guindolas, soletes, cabrias y cabrestantes.
2 Aro o herradura de material flotante usado como salvavidas. | A. Bourgon *DMo* 6.8.87, 9: La normativa vigente exige que estas instalaciones [de salvamento] estén dotadas con un local apropiado provisto del necesario material de primeros auxilios, como botiquín, pipetas de respiración artificial, aros de salvamento o "guindolas".

guindón -na *adj* (*jerg*) Ladrón (que roba). *Tb n*. | *DLi* 8.4.78, 9 (C): Ex alcalde guindón.

guinea *f* Antigua moneda de oro inglesa, equivalente a 21 chelines, usada hoy a veces como unidad de cuenta. | Prados *Sistema* 214*d*: Garantías por aval .. Reino Unido. Cauciones: 10/6 d. 2 guineas.

guineano -na *adj* De la República de Guinea (Guinea Conakry), de Guinea Bissau o de Guinea Ecuatorial. *Tb n, referido a pers*. | *Abc* 24.11.70, 19: El presidente guineano, Seku Turé, dirigió un mensaje al país. *Ya* 28.2.91, 4: Detenido un guineano que abastecía de heroína a "camellos" del Centro .. Armando T. G., de 34 años, ciudadano de Guinea Bissau, fue detenido por funcionarios del Grupo de Investigación de la comisaría de Centro acusado de tráfico de estupefacientes. A. Orejas *SYa* 9.7.89, 36: Prácticamente toda la población guineana es "castiza" –utiliza el castellano–, aunque entre ellos hablen también en "pichinglish".

guineo[1] **-a** *adj* Guineano. *Referido esp a una variedad de plátano*. | Carnicer *Castilla* 78: Él [fray Tomás de Berlanga] fue quien introdujo en América el plátano africano o guineo, llamado un tiempo "dominico", por la orden a que pertenecía.

guineo[2] *m* (*reg*) Murga o matraca. | J. Márquez *DLP* 2.1.64, 13: ¡Allí lo tiene, mano Pepe! Tanto quinteo que si esto, que si lo otro; que si hombres ranas, que si viento del sur, que si patatín, que si patatán, y ya lo vei..., ¡lo atracaron como a una chalana!

guiñada *f* **1** (*Mar*) Desvío de la proa, a uno u otro lado, respecto al rumbo que debe seguir. *Tb fig, fuera del ámbito marinero*. | Aldecoa *Gran Sol* 34: Celso Quiroga hizo girar la rueda del timón; comentó: –Vamos dando guiñadas como borrachos. Landero *Juegos* 325: Caminaba aprisa .., dando aquí y allá guiñadas de borracho.
2 (*raro*) Guiño. | Faner *Flor* 36: El capellán levantó los ojos al cielo. A través de la ojiva vio un sol radiante asomado a la capilla. En medio había un triangulito de plata, con un ojo gigantesco, provisto de párpado bruñido. En aquel preciso instante hizo una guiñada, y el sacerdote miró al relapso. Delibes *Madera* 439: A babor destellaba el faro de Cala Figuera y, a cada guiñada, iluminaba un triángulo de mar.

guiñador -ra *adj* Que guiña [1 y 2] el ojo o los ojos. | Laiglesia *Ombligos* 152: La compasión que inspiraba el guiñador llegó a tal punto que una de las muchachas a la que intentó atraer con aquella mueca se le acercó para decirle: –¿Le soplo en el ojo?

guiñapo *m* **1** Andrajo (prenda de vestir vieja y rota). I Marañón *Abc* 2.7.58, 13: No usó .. más que un solo sombrero, blando, con tantas manchas y desperfectos que al verle sobre una mesa .. parecía un guiñapo olvidado por cualquier obrero de categoría ínfima.
2 Pers. decaída moral o físicamente. *Gralm en la constr* ESTAR HECHO UN ~. I * Llevo unos días que no puedo con mi alma; estoy hecha un guiñapo.
3 Pers. despreciable o sin valor alguno. I Torrente *Off-side* 33: No soportaré más tiempo que el maestro siga sirviéndose de ti como amante y como conejo de Indias. Acabará por arruinarte como artista y hará de ti un guiñapo.

guiñaposo -sa *adj* Lleno de guiñapos [1]. I CPuche *Paralelo* 94: Ellos iban y venían del muladar a la flor y nata de la capital .., tan campantes, canturreando, sin importarles un rábano de nada .., ni siquiera de la harapienta y guiñaposa facha que se les exigía.

guiñar A *tr* **1** Cerrar [un ojo] por un instante manteniendo abierto el otro, gralm. como seña. I Arce *Testamento* 14: –¡Diablos, me hubiera gustado ser maestro de escuela como tú! –guiñó un ojo a su compañero–. Los maestros de escuela saben mandar de lo lindo. Medio *Bibiana* 51: –Los chicos tienen de todo.– Massó guiña un ojo a los muchachos. –¿De todo, eh? Los chicos nunca tienen de todo.
2 Cerrar ligeramente [los ojos], esp. para protegerlos del efecto de la luz. I Olmo *Golfos* 185: Primero asoma la cara y, al llenársele de sol, guiña sus ojos. GPavón *Rapto* 213: Aquella dentadura, hecha para la risa sin fatiga, aquel lunar en el labio y, sobre todo, aquel guiñar de ojos cuando miraba, debía [*sic*] ser un pecado vivo para sus padres preconciliares. **b)** *pr* Cerrarse ligeramente [los ojos], esp. por efecto de la luz. I Olmo *Golfos* 27: Sus ojillos se guiñan ante la gente.
3 Echar hacia atrás [las orejas (*cd*) un animal (*suj*)] en señal de acometida o ataque. I Gerardo *NAl* 6.10.89, 15: La mohína no es de fiar, a veces parece falsa y guiña las orejas.
B *intr* ➤ **a** *normal* **4** Guiñar [1 y 2] un ojo o los ojos. I GHortelano *Amistades* 74: Isabel sonrió a su engreimiento y él le guiñó amistosamente a Isabel. Olmo *Golfos* 175: Mira guiñando, como si tuviera el sol delante.
5 (*lit*) Emitir [una luz] destellos intermitentes. I Aldecoa *Gran Sol* 108: En la oscuridad, al fondo de la noche, guiñaban las escasas luces de Bantry.
➤ **b** *pr* **6** (*jerg*) Irse o marcharse. I Sueiro *Verdugos* 651: Al ver aquello, pues salieron a la calle, y el compañero suyo, que se guiñó, se metió detrás de un coche.

guiño *m* **1** Acción de guiñar, *esp* [1]. I DPlaja *El español* 150: Cualquier tropezón verbal de un extranjero .. produce grandes carcajadas y guiños entre los presentes. *Abc* 26.6.58, 23: Don Álvaro Domecq estoqueando a caballo en persecución. Véase la encorvadura del caballo, el curioso guiño de orejas y la actitud de meterse hacia adentro. MAbril *Ya* 4.7.65, 3: ¿Aceptaremos de buen grado los puntuales guiños de los semáforos y las indicaciones de esos directores de orquesta que son los agentes de tráfico urbano? **b)** Visaje hecho con los ojos. I C. SMartín *MHi* 3.61, 59: Su idioma no era más que un farfulleo lleno de carcajadas cortas y sin convicción, de guiños de los ojos saltones y de muecas que encogían o estiraban su morro peludo.
2 Mensaje de complicidad que se envía implícitamente al lector, espectador u oyente. I C. SFontenla *Sáb* 8.3.75, 76: Gil [en la película "Los novios de la muerte"] lo ha confiado todo al guiño al espectador, al halago, al patriotismo vivacartagenero.
3 (*lit*) Alusión o evocación. I *Abc* 4.10.87, 18: Aires deportivos, guiños ciclistas. [*Pie de foto de un modelo femenino que recuerda el atuendo de ciclista*.]

guiñol I *m* **1** Teatro de títeres que se mueven introduciendo la mano en su interior. *Tb fig.* I J. Martínez *D16* 21.7.78, 16: A los veintiún años, los mismos que lleva rodando por los escenarios, teniendo como compañeros de juegos a los muñecos de guiñol, al ser hijo de conocidos marionetistas, el pasado sábado .., nació un nuevo "showman". *Abc* 11.12.70, 18: Transmutado [el Consejo de Guerra de Burgos], en momentos claves, en gran "traca" propagandística de la subversión. En trágico guiñol, podio de exaltación de las más violentas pasiones.
2 (*raro*) Teatro de marionetas. *Tb fig.* I M. D. Gant *Rev* 12.70, 12: Nadie .. movió con tal destreza y pugnacidad tantos hilos del guiñol internacional.
II *loc adj* **3 de gran ~.** (*Escén y TLit*) Granguiñolesco. I SRobles *Pról. Teatro 1959* XXII: La mejor por muchas razones: .. por su tacto insuperable al mezclar en las debidas proporciones lo patético y lo burlesco, .. lo que pide énfasis de gran guiñol con lo que exige naturalidad de vida apenas teatralizada. Sánchez *Cine* 2, 76: *La semilla del diablo* es la película más rigurosa de Polanski. No se ha permitido ninguno de los fáciles recursos que moviliza en *Repulsión*. Guarda fidelidad a la novela, pero en su afán de eludir cualquier asomo de gran guiñol no muestra al niño, que en el libro e incluso en una frase del diálogo del filme se describe como un ser monstruoso.

guiñolesco -ca *adj* De(l) guiñol. I MGaite *Visillos* 216: Estaba la dueña asomada a la calle, en alto, sobre unos escalones, con un gato, debajo de una bombilla .. Al fondo había una cortinilla para separar la tienda de la casa. Todo tenía un aire muy guiñolesco.

guiñón -na *adj* (*raro*) Que hace guiños [1]. I Acquaroni *SAbc* 17.3.74, 52: Otros se mantenían tras las troneras de la intransigencia asomando solo un ojo, y un ojo guiñón: "¡Cuidado, que este nuestro pueblo tiene históricamente acreditada su incapacidad para cuanto no sea despotismo o revuelta jacobina!".

guiñote *m* (*Naipes*) Variedad de tute en que se dan seis cartas y se canta con reyes y sotas, propio esp. de Aragón. I *Her* 18.7.82, 19: A las 15,30 comenzará el campeonato de guiñote. F. J. Torres *Jaén* 10.8.90, 15: Para hoy viernes, por la mañana habrá diversos juegos infantiles, concurso de guiñote por la tarde.

guiñotista *m y f* (*Naipes*) Jugador de guiñote. I *NEsH* 30.7.72, 6: Final del I Torneo de Guiñote .. La pareja triunfadora había sido instruida por el famoso guiñotista Antonio Ferrer, de Canfranc.

guión *m* **1** Estandarte o pendón que se lleva delante en un desfile o procesión. *Tb fig.* I L. Moreno *Abc* 5.6.58, 17: Siguen los rancios pendones de las Cofradías Sacramentales, .. el guión de Mendo[z]a que enarboló el cardenal conquistador a la entrada en Granada. CSotelo *Resentido* 180: Sus actores, agrupados bajo el altísimo guión de la compañía Lope de Vega, hacen honor a su fama personal. **b)** Banderín. I D. I. Salas *SAbc* 15.2.70, 36: Estas tropas siempre tuvieron su característico uniforme, sus guiones, sus himnos y canciones, todo creado por los mismos legionarios. *Prog* 8.1.56, 5: Al frente, un flecha portaba el guión de la Centuria.
2 Esquema escrito que sirve de guía en un discurso o exposición. I Delibes *Año* 32: En mis clases (y llevo ya 25 años dándolas) tampoco puedo prescindir del guión.
3 Texto en que se detalla de forma pormenorizada el argumento de una obra cinematográfica o el desarrollo de un programa de radio o de televisión, con indicaciones técnicas para su realización. *Tb fig.* I Sancho *Inf* 27.6.70, 31: La primera cadena ofrece un programa interesante. Comienza con el guión de José López Rubio. MGaite *Nubosidad* 367: Si acabo de conocerlo ahora [al gato] .. Se me ha aparecido, que lo diga él, en mitad de otra escena, como la Virgen de Lourdes. No venía en el guión. Mi. Leguineche *Lan* 6.1.89, 14: Ni siquiera la señora Thatcher ha apoyado esta vez la iniciativa norteamericana que repetiría el guión del ataque de 1986. VMontalbán *Galíndez* 187: Él sabía apreciar los hoteles caros, porque no siempre la Agencia le alquilaba por su cuenta hoteles de aquel precio. Solo si lo exigía el guión.
4 Signo ortográfico en forma de raya horizontal corta, que se usa para escribir determinadas palabras compuestas y para partir una palabra en final de línea. I Academia *Esbozo* 152: Cuando no hay fusión, sino oposición o contraste entre los elementos componentes, se unirán estos con guión: *franco-prusiano, germano-soviético*. **b)** Raya (signo ortográfico). I Amorós-Mayoral *Lengua* 56: Hoy es frecuente sustituir el paréntesis o los guiones por estos guiones.
5 (*Mar*) Parte del remo comprendida entre el puño y la zona que se afirma en el tolete. I MHidalgo *HyV* 10.71, 78: Dos tercios del remo quedaban al exterior y se equilibraban sobre la postiza aplicando el plomo conveniente al tercio interior, entre el guión y la galaberna, o pieza de roce, sobre la escalamera de la postiza.

6 ~ de codornices. Ave zancuda de unos 27 cm, plumaje amarillento, grisáceo en la cabeza y pecho y castaño en las alas (*Crex crex*). | Noval *Fauna* 135: El Guión de codornices (*Crex crex*) es un curioso pájaro que antes era abundante y conocido.

guionista *m y f* Autor de un guión [3]. | Amorós-Mayoral *Lengua* 196: Igual que la obra de teatro, una película supone la unión de muchas personas: actores, decoradores, guionistas, fotógrafos, músicos, etc.

guionizar *tr* (*Cine y RTV*) Convertir [algo] en guión [3] o dar[le (*cd*)] forma de guión [3]. | *SD16* 18.7.82, 5: La que veremos esta noche es una versión realizada expresamente para la pequeña pantalla, producida por Ely A. Landau y guionizada por Barbara Bray y el propio Losey.

guipar *tr* (*jerg*) **1** Ver. Tb abs. | Olmo *Camisa* 58: Don Santi le hace una seña .. El Gento la guipa. Marsé *Tardes* 161: El camarero .., al pasar junto a Manolo, tropezó y volcó la taza de café sobre su traje nuevo .. –¡Animal! ¿Es que no guipas?
2 Calar [a alguien] o descubrir su índole o sus intenciones. | FReguera-March *Filipinas* 41: A Mudo le guipó en seguida. "Ese lleva algo escondido en el escapulario que trae al cuello."

güipil → HUIPIL.

guipur *m* Encaje de malla ancha, cuyos motivos están separados por grandes huecos. Tb ENCAJE DE ~. | *Van* 7.3.71, 2: Vestido Velours con adornos guipur.

guipure (*fr; pronunc corriente,* /gipúr/) *m* Guipur. | CSotelo *Muchachita* 278: ¿Quién era la del traje de organza "beige" con un tres cuartos de "guipure"? *Lab* 1.72, 54: Como remate, encaje de "guipure".

guipuzcoano -na I *adj* **1** De Guipúzcoa. Tb *n*, *referido a pers.* | CBaroja *Inquisidor* 37: Esteban de Garibay, el historiador guipuzcoano ya citado, cronista de Felipe II, da muy cabal idea en sus Memorias del mundo de letrados y clérigos.
II *m* **2** Dialecto vascuence hablado en Guipúzcoa. | Echenique *HVasco-románica* 101: La lengua literaria muestra, durante el siglo XVIII y primera parte del XIX, la impronta labortana del siglo anterior, principalmente en guipuzcoano y vizcaíno.

güira *f* Totumo (árbol). | GCabezón *Orotava* 9: Totumo o güira, *Crescentia Cujete*, Linn., Bignoniácea, América tropical.

guiri *m y f* (*jerg*) Extranjero, esp. turista. | L. Cantero *Int* 25.8.82, 94: Don José .. se acercará hasta el puerto para abordar a los guiris –turistas–. Tomás *Orilla* 233: Hay un ambientazo. Se está llenando esto de guiris, de un barco americano que ha llegado al puerto. Tienen pasta fresca y se la dejan de puta madre. *SInde* 12.8.90, 5: Ellas tienen fama de ser las guiris más feas de la costa.

guirigay *m* Alboroto confuso producido por varias perss. que hablan o gritan a un tiempo. Tb *fig*. | Laforet *Mujer* 310: Se escuchaba un guirigay endemoniado que se sobreponía a los mil ruidos de la estación. A. Assía *Van* 4.11.62, 15: Ahora verán ustedes cómo, en la hora suprema, el país se desmorona en mil discrepancias y en el guirigay de las opiniones.

guirindola *f* (*raro*) Chorrera de la camisa. Tb *fig*. | GSerrano *Macuto* 518: Nadie se expone por un puñado de monedas a llevar guirindolas de sangre sobre la camisa verde.

guirlache *m* Dulce en forma de tableta o barrita, hecho con almendras enteras tostadas y unidas con caramelo. | *Ext* 24.11.70, 8: El menor precio del turrón afectará asimismo a los guirlaches, mazapanes, almendras garrapiñadas y blancas. Villarta *Ya* 23.12.70, 8: El consumo de turrones de Alicante, Agramunt, guirlache, Cádiz y diversos mazapanes subirá en Barcelona a más de mil toneladas.

guirnalda *f* Adorno consistente en una tira, tejida con ramas y flores, o a veces con papel decorativo, que se coloca gralm. en forma de ondas o de coronas. | *País* 11.6.91, 12: Un policía revisa una guirnalda de flores en busca de explosivos antes del comienzo de un mitin electoral. Laforet *Mujer* 288: La cena en el castillo fue un éxito. Todo el mundo reconoció que este éxito se debía a Mariana. Ella preparó las guirnaldas, el árbol y hasta el nacimiento. Medio *Bibiana* 137: Otro año voy a traer esas guirnaldas de plata con que se adorna el árbol de Noel. **b)** (*Arte*) Motivo ornamental de hojas, flores y frutos, que forma una línea continua y gralm. va dispuesto en ondas. | GNuño *Madrid* 21: La casa de la Panadería .. fue decorada .. por Claudio Coello con mitologías y guirnaldas decorativas. J. M. Lepe *Hoy* 13.8.75, 23: Culmina la cúpula en una guirnalda rotonda también con motivos frutales en yeso.

güiro *m* Instrumento músico popular de las Antillas, hecho con una corteza de calabaza cilíndrica y alargada. | Valls *Música* 58: Los rascadores (reco-reco), marimbas, maracas y güiros antillanos o sudamericanos .., todos nos muestran cómo la poderosa imaginación .. ha ideado las más insospechadas formas y maneras de producir sonido.

guirre *m* (*reg*) Alimoche (ave rapaz). | Alvar *Mis islas* 33: Eso es lo que hacían por su Fuerteventura o por su Lanzarote: marcar los chivos, soltar a las cabras y un año después recogerlas con cabritos y todo, si es que los guirres no les sacaban antes los ojos y daban al traste con la ganancia.

guirrio *m* (*reg*) Mozo disfrazado en las fiestas de carnaval. | *DLe* 2.3.92, 11: Velilla de la Reina continúa empeñada en rescatar del pasado los antruejos populares. A los tradicionales "toros" y "guirrios", se le han sumado este año otros personajes ancestrales. J. A. Riofrío *Nar* 6.78, 19: El atuendo descrito guarda evidentes semejanzas con el de "zamarrones" y "guirrios" asturianos, así como con otras mascaradas gallegas y castellanas.

guisa (*lit*) **I** *f* **1** Modo o manera. *Normalmente en las constrs* A ~ DE, *o* DE ESTA (ESA, *etc*) ~. | DPlaja *El español* 101: Iba muy serio a caballo con sombrero ancho, chaquetilla y zajones, siguiendo a su padre, ataviado de la misma guisa. *Lab* 9.70, 8: Coser el galón al bies en el borde del vestido, sobre el revés, a guisa de falso dobladillo. S. Embid *NAl* 26.12.70, 15: Esto de la moda no lo entiendo. Pienso que hace falta mucho valor para salir a la calle de esta "guisa".
II *loc adv* **2 a mi** (*o* **tu,** *etc*) **~.** A mi (o tu, etc.) gusto. | CBaroja *Baroja* 135: Aquellas noches de verano en que el adolescente o el joven podía palpar a su guisa a la compañera que le había tocado en suerte.

guisado[1] *m* Guiso de carne o pescado, gralm. en trozos, cocidos en salsa después de rehogados. | Savarin *SAbc* 8.2.70, 48: La blanqueta de ternera es un guisado con la carne cortada en trozos con yemas de huevo, crema y cebollas cocidas conjuntamente.

guisado[2] *m* Acción de guisar. | R. Subero *Rio* 10.8.93, 14: Había programado para este día una degustación de novillo estofado que fue guisado por la peña de Logroño "La Logroñesa", que, con su presidente al frente .. y familia, realizaron el guisado y condimentación de las 1.600 raciones de novillo.

guisandero -ra *m y f* Pers. que guisa [1]. | Chamorro *Sin raíces* 14: Las guisanderas apilaban las carnes salándolas, aderezándolas. Sampedro *Sonrisa* 279: Pues estaban desollando un cabrito para la calderada .. Me fui al guisandero y me dejó clavarla [la navaja] entre el tendón y el hueso largo de la pata por donde se le cuelga para despellejarlo.

guisantal *m* Terreno sembrado de guisantes. | JLozano *Mudejarillo* 33: Estaba [el pueblo] lleno de cosas y tenía la torre y la iglesia, las campanas y la cigüeña .., los trigales, los cebadales, los centenos, los garrobales, los barbechos, los guisantales.

guisante *m* **1** Planta herbácea leguminosa, con fruto casi cilíndrico y semillas pequeñas y globosas que se consumen normalmente verdes (*Pisum sativum*). Tb su fruto y su semilla. | Ybarra-Cabetas *Ciencias* 289: La flor del guisante es hermafrodita. Bernard *Verduras* 45: Se desgranan los guisantes, se pelan y cortan a rajas los champiñones.
2 ~ de olor. Planta herbácea trepadora de grandes flores rojizas, blancas o violetas, perfumadas, que se cultiva en los jardines (*Lathyrus odoratus*). | *Ama casa 1972* 272a: Se siguen sembrando las plantas anuales que sembramos en abril; los alhelíes de marzo, .. los guisantes de olor, las capuchinas.

guisar I *tr* **1** Preparar [un alimento] sometiéndo[lo] a la acción del fuego. *Frec abs.* | *Cocina* 10: Se lava perfectamente la lengua y se despoja de la parte de arriba .. Una vez limpia, se guisa según receta. Salom *Playa* 420: Voy a guisarte una gran cena. Medio *Bibiana* 63: Un plato de comida bien condimentada, eso sí, porque Bibiana sabe guisar.
2 Cocer en salsa [un alimento] después de rehogarlo. | *Cocina* 7: La mano de ternera sirve para confeccionar gelatinas, aunque también se guisa. *Cocina* 8: La pierna de cabrito asada es muy buena. El resto se emplea para "ragouts" o guisado.
3 (*col*) Tramar o preparar [algo]. | GPavón *Reinado* 173: Sin ser vistos, quiero oler algo de lo que aquí se guisa. SSolís *Camino* 110: Sacándolo del rutinario cumplimiento de su deber, y de problemas de armamentos y batallas .., no estaba mayormente enterado de lo que se guisaba.
II *fórm or* **4 yo me lo guiso y yo me lo como** (*o* **tú te lo guisas**, etc). Fórmula con que se comenta la total autonomía con que actúa la pers de la que se habla. | Hache *Cod* 3.5.64, 8: Ellos se lo guisan y ellos se lo comen.

guiscar *tr* (*reg*) Guizcar. | GPavón *Abc* 27.6.71, 10: –Esto es vida, te lo digo yo –repitió con avisos de confidencia. –Es verdad, que tú siempre te ibas al campo los fines de semana –le guisqué para que siguiera su relación. GPavón *Liberales* 156: Era muy peliagudo el ponerse a guiscar quién era hijo de madre decente, por casadísima que estuviese, y quién de desliz o pasatiempo.

guiso *m* **1** Comida guisada. | Vega *Cocina* 70: Todas las cocineras y amas de casa son maestras en la preparación de este guiso.
2 Acción de guisar. | *Cocina* 8: El cordero lechal es, como la ternera, una carne muy fina .. Su mejor guiso es asado; de esta forma resulta un plato suculento.

guisote *m* (*col*) Guiso [1] ordinario o mal hecho. *Con intención desp o a veces apreciativa.* | A. Olano *Sáb* 10.9.66, 6: La gracia de Lola en España, sus poderes flamencos, los guisotes caseros, .. la colocaron en la cabeza de los festejos más originales jamás celebrados. *Cod* 3.5.64, 3: Paladear ricos guisotes y mudarse de pelele diariamente.

guisotear *tr* (*col, humoríst*) Guisar [1]. *A veces con intención desp.* | GPavón *Rapto* 58: Ya sabe usted que yo tengo gracia para guisotear. GHortelano *Momento* 75: –Necesito ayuda en la cocina.– Consiguió cuatro hombres .. y una ristra de seis o siete mujeres, que incluía a Tub con sus zapatos de tacón y tiras rosas, tan apropiados para guisotear.

guisoteo *m* (*col, humoríst*) Acción de guisotear. *A veces con intención desp.* | GPavón *Rapto* 71: Cuando llegaron al huerto los recibió la Rocío muy sofocada por el guisoteo de la carne.

guisque *m* (*reg*) Guizque. | Campmany *Abc* 2.10.83, 21: A Guerra lo pinta [Peridis] con cabeza menor que la de un chorlito y el guisque de avispa.

güisquear, güisquería, güisqui → WHISKEAR, WHISKERÍA, WHISKY.

güisquil → HUISQUIL.

guita[1] *f* Cuerda delgada de cáñamo. | Torrente *Isla* 102: Empezó a inventar bromas con las que perturbar el orgasmo de Ascanio .. Dejaba apercibidos unos cuantos objetos en montón, que caían al mero tirón de una guita que Flaviarosa manejaba, en el momento oportuno. Romano-Sanz *Alcudia* 45: Viste un jersey verde remendado, pantalón de pana atado a los tobillos con una guita y calza abarcas.

guita[2] *f* (*col*) Dinero. | *Voz* 10.11.70, 4: Arrebatándome el monedero de las manos, le dijo a uno de ellos: "Oye, Cheli, vete a la luz de ahí enfrente y cuenta la «guita» que hay". Oliver *Relatos* 156: Además, les habíamos sacado una buena pasta. Él me dijo que a él la guita y el loro le daban casi lo mismo, que si se lo había llevado era más que nada por joderlas.

guitarra A *f* **1** Instrumento músico compuesto por una caja ovalada de madera, que se estrecha en el centro y tiene un agujero en la parte central superior, y un mástil en que se sujetan las cuerdas, normalmente seis, que se pulsan con los dedos. | Manfredi *Cante* 48: Cuando la guitarra está en manos de un maestro y el cante en la voz de otro maestro, no hay en el mundo pareja que se les iguale en grandeza. **b)** ~ **eléctrica** → ELÉCTRICO.
2 Pez marino semejante a la raya (*Rhinobatus rhinobatus*). *Tb* PEZ ~. | Torrente *Sombras* 37: Pude reconocer, por su figura, al pez martillo .. y al pez guitarra.
B *m* **3** Guitarrista. | FSantos *Catedrales* 191: "¿Quiénes son esos otros?" Y lo decía por otros dos, el uno batería y el otro guitarra.

guitarrada *f* Ronda con guitarras [1]. | Cunqueiro *Merlín* 141: Hubo guitarradas bajo los balcones de la tiple, meriendas en los jardines del vizconde y otras muchas finezas y obsequios.

guitarrazo *m* Golpe dado con una guitarra [1]. | R. Cantalapiedra *SPaís* 16.11.93, 19: Sin mediar palabra, incrusta la guitarra en la cabeza del ídolo de los niños y escapa como alma que lleva el diablo .. Martínez Lázaro ordenó repetir dos veces el guitarrazo.

guitarrear *intr* (*raro*) Tocar la guitarra [1]. *A veces con intención desp.* | Landero *Juegos* 314: Quizá leyese sus poesías o guitarrease en plazas y caminos.

guitarreo *m* Toque de guitarra [1]. *A veces con intención desp.* | DCañabate *Abc* 17.5.58, 51: Un nutrido cuadro flamenco lanza al aire, enrarecido por el humo del tabaco, jipíos, guitarreo y taconeos.

guitarrero -ra I *m y f* **1** Pers. que fabrica o vende guitarras [1]. | Cabezas *Abc* 7.9.66, 45: Ese fue el taller del famoso guitarrero Santos Hernández, que construyó en Madrid las mejores guitarras conocidas.
2 Pers. que toca la guitarra [1]. | Grosso *Zanja* 38: Es cosa que me gustaría correr con usted, Teniente, una fiestecita a modo al estilo de la tierra, con un par de buenos cantaores, un guitarrero y alguna damisela de las cuatro letras. GHortelano *Momento* 476: Busqué unas gotas de whisky que me ayudasen a digerir la soledad, en pie la concurrencia y los violinistas relevados por los inevitables guitarreros eléctricos.
II *adj* **3** (*raro*) De (la) guitarra [1]. | Torres *Ceguera* 24: De arriba llegan, más fuertes que nunca, los acordes guitarreros. L. C. Buraya *Ya* 5.7.90, 60: Ambos aportan sus perfectas cadencias a las filigranas guitarreras de aquella vieja estrella solitaria que fue John Miles .. o de ese otro gran guitarrista que es Bob Ralston.

guitarrico *m* Guitarrillo. | Valls *Música* 144: Se acompaña [la jota] por un conjunto instrumental –la rondalla– compuesto por guitarras, guitarricos, bandurrias, castañuelas y mandolinas españolas (caja de resonancia plana).

guitarrillo *m* Guitarra pequeña de sonido agudo. | Faner *Flor* 37: Algunos nobles se achisparon con el vino y bailaban con las damas, habiéndose quitado las negras levitas, al son de guitarras, guitarrillos y panderetas.

guitarrista *m y f* Músico que toca la guitarra [1]. | J. Palau *Des* 12.9.70, 36: Encontramos en este disco .. "Soñando caminos", de Eduardo Sainz de la Maza .., hermano del guitarrista. *Mad* 27.5.70, 1: El prestigioso guitarrista español Andrés Segovia, que ya tiene un hijo de cuarenta y ocho años de su primer matrimonio, "reestrena" la ilusionada circunstancia de la paternidad.

guitarrístico -ca *adj* De (la) guitarra o de su arte. | Rey *Guitarra* 21: Habría que hablar también de la inclusión en el mundo guitarrístico, directamente o a través de transcripciones, de compositores más relacionados con otros mundos. FCid *MHi* 8.66, 71: Ofreció [Andrés Segovia] un programa en olor de multitud, confeccionado con sabiduría: entre dos *suites* de estreno firmadas por Tansman y Castelnuovo Tedesco, ambas muy guitarrísticas y delicadas, fragmentos de Bach, Haendel y Purcell.

guitarrón *m* **1** Guitarra grande de sonido bajo, usada en algunos países hispanoamericanos. | VMontalbán *Tri* 28.9.74, 70: Esa síntesis [entre la tradición musical española y la precolombina] se manifiesta en una riqueza instrumental en la que elementos de origen europeo modificados, como el guitarrón, se combinan con la "quena" .., la "zampoña", el "pinquillo".
2 (*col, raro*) Hombre agudo y malicioso. *Tb adj.* | I. LMuñoz *País* 22.3.87, 12: Un lector guitarrón .. provoca .. al defensor de los lectores con un interesante tema: el del fraude de la publicidad.

guito -ta *adj (reg)* [Caballería] falsa o que cocea mucho. *Tb fig, referido a pers.* | Berlanga *Gaznápira* 135: ¡Qué coño va a ser dulce Sarah!; la tía es una, una... ¿cómo dice el tío Jotero?... ¡eso: una guita!, más falsa que Solís.

güito *m (col)* **1** Sombrero. | Chistera *Cod* 25.8.74, 4: Hay que ser muy japonés o muy norteamericano para circular con un güito de gondolero tranquilamente. GHortelano *Momento* 442: Caray, cualquiera te conoce con ese güito emplumado.
2 Cabeza. | Sastre *Taberna* 122: A ver si le parten el güito de una vez. Es cosa mala.
3 Hueso de una fruta o fruto, esp. de albaricoque, que emplean los chicos para jugar. | Olmo *Golfos* 69: Te doy catorce güitos. Paso *Sirvientes* 29: (Enriqueta ha salido con unas aceitunas y una botella de vino. Pone un vaso delante de Jacinto.) Los güitos, en el plato. **b)** *(hoy raro) En pl:* Juego que se hace con huesos de albaricoque. | ZVicente *Mesa* 135: Jugaba a las chapas y a los güitos.

güitoma *m* Diversión de feria consistente en un círculo giratorio del que penden unos asientos sujetos con cadenas. | GSerrano *Madrid* 14: Madrid está en ese punto, y así lo he visto yo, dándole vueltas con alegría, siempre arriba y abajo, en el aire, como en un tiovivo, como en el "güitoma". ZVicente *Traque* 78: ¿Autos, montañas rusas, tiros al blanco, güitomas y todas esas cosas de que habla Fermín? ¡Bah!

guitón *m* Pieza de metal a modo de moneda, que sirve esp. como ficha de juego o elemento de cuenta. | Vicenti *Peseta* 127: Tenemos conocimiento de la existencia de la pieza de 25 céntimos, con reverso anepígrafo, y de otra pieza similar de 50 céntimos. Todo ello nos hace creer que se trata de unas piezas bien anteriores o posteriores a la acuñación de las monedas, debiendo considerarlas como simples guitones.

guitonear *intr (raro)* Vagabundear (vivir como vagabundo). | Marlasca *Abc* 9.1.72, 39: Me estoy refiriendo a esos puestos de chucherías y baratijas .. Es cierto que esos mercachifles (hombres o mujeres que han preferido estos tranquilos y rentables "situados" a guitonear, andando a la briba sin aplicación a ningún trabajo) exceden con mucho los horarios hábiles de comercio.

guixolense *adj* De San Feliu de Guíxols (Gerona). *Tb n, referido a pers.* | SDEs 1.8.71, 30: Con justeza y brillantez fueron interpretadas las sardanas de concierto "Ampurias", de Toldrá, y la "Suite Ampurdanesa", del compositor guixolense Julio Garreta.

guizcar *tr (reg)* **1** Pinchar o provocar [a alguien]. | * Es un trasto; no deja de guizcar a su hermano.
2 Husmear (curiosear o indagar). | GPavón *Reinado* 177: El mozo durmiente, que debía tenerle muchas ganas y estaba allí guizcando, le puso la zancadilla.

guizque *m (reg)* Aguijón. | Berlanga *Gaznápira* 29: Una [avispa] le ronda el dedo de señalar, que don Salustio enderaza impasible aguardando que la avispa se eche a volar .. A la muy pánfila no solamente le gusta pasar de la uña a la yema, sino que de repente quiere probar y clava su guizque.

gujarati *adj* Gujerati. *Tb n.* | *Prospecto* 9.78: ¿Quiere aprender idiomas? .. Quechua. Gujarati. Catalán.

gujerati I *adj* **1** Del estado indio de Gujerat o Gujarat. *Tb n, referido a pers.* | *Ya* 17.3.81, 24: La Biblia en lengua gujerati .. En cuanto a su impresión .., han logrado una magnífica presentación material, realzada por grabados de un artista gujerati.
II *m* **2** Lengua indoirania del estado de Gujerat. | Marías *India* 20: Si se pregunta, y aunque la persona interrogada no sepa inglés, se tiene respuesta. En hindi acaso .., o en gujerati, o en tamil .., quién sabe.

gula *f* Vicio que consiste en el deseo exagerado de comer y beber por placer. *Tb fig, referido a otro tipo de placeres.* | Alfonso *España* 140: Entremedias se repasan la avaricia y la gula. Montero *Reina* 153: Antonia estaba un poco asustada de su gula visual. Porque había decidido que también se podía cometer pecado de gula con los ojos. *Economía* 338: Se tenía en tan alto concepto a la mujer que no se le permitía que tuviese una gula como la del pitillo.

gulag *m* Campo de trabajos forzados en la antigua Unión Soviética. *Tb fig.* | A. Sotillo *Abc* 11.12.93, 30: Yura es un buen amigo de la directora del museo de Vorkutá, en el que se intenta reconstruir la memoria del "gulag". BQuirós *Ya* 30.7.87, 14: Los tanques no han abandonado Afganistán, y el gulag pervive. Y Gorbachov no ha dicho que vaya a cambiar esta situación.

gulasch *(al; pronunc corriente, /gulás/ o /guláʃ/) m* Estofado de carne típico de Hungría. | *Inde* 13.8.89, 13: Negocios al estilo húngaro: "Gulasch" y capitalismo. M. S. Salcedo *SCór* 1.8.93, xx: Hoy voy a referirme al "gulasch", plato internacional muy extendido que no es otra cosa que un ragú originario de Hungría.

gulden *m* Unidad monetaria de los Países Bajos. | *EOn* 10.64, 59: Principales unidades monetarias en el mundo .. Holanda: .. Gulden.

gules *m pl (Heráld)* Color rojo. | *Fam* 15.11.70, 36: Sus armas son: En campo de gules, una banda de oro engolada en dragantes de sinople y acompañada de dos estrellas del mismo metal, una a cada lado.

guloso -sa *adj (raro)* De (la) gula. | AAzpiri *Abc* 29.6.58, 14: El gentío se desparrama por toda la campa, dispuesto a satisfacer sus afanes gulosos o degustadores.

gulusmear A *intr* **1** Tomar golosinas. | Escobar *Itinerarios* 128: En general, son poco golosos los castellanos. Eso del gulusmear se queda para los meridionales, los béticos, y para los levantinos.
2 Husmear u olfatear. | Berlanga *Gaznápira* 16: El gato, cuando se acerca gulusmeando a la comida, se lleva algún samugazo que otro.
B *tr* **3** Tomar [una golosina]. | J. Vidal *SPaís* 16.11.93, 20: Viejecitas gulusmeando chocolate espeso, allá penas diabetes.
4 Husmear u olfatear [algo]. | Cela *Judíos* 192: Un perrillo rufo gulusmea unas piedras del camino.

guluzmear *tr e intr (raro)* Gulusmear. | DCañabate *Abc* 31.5.58, 59: Paladeábamos unos lances, unos pases, que nos comunicaban el perfume torero como si en el tendido siguiéramos guluzmeando fresas.

guma *f (jerg)* Gallina (ave). | R. Pozo *DCu* 5.8.64, 8: Un día estábamos achicharrando unas "gumas" y se presentaron "los iguales".

gumarrero -ra *m y f (jerg)* Ladrón de gallinas. | *Voz* 10.2.87, 25: Ocho gallinas y un gallo fueron robad[o]s por algún "gumarrero" –término por el que se distingue en el argot a los ladrones de especies volátiles– de una caseta de madera dedicada a la cría de gallinas.

gúmena *f (Mar)* Cabo de esparto usado esp. para sujetar el ancla. | MHidalgo *HyV* 10.71, 80: Para fondear (anclar) llevaban cuatro hierros o rezones con sus respectivas gúmenas o cabos de fondeo.

gumía *f* Arma blanca árabe, en forma de daga un poco encorvada. | DVillegas *MHi* 12.57, 19: Los árabes .. convierten la guerra en correrías, que llaman "algaras" .. Su puñal se curva y surge la "gumía". Torrente *SInf* 7.2.74, 16: De Marruecos .. contaba .. aventuras donde salían a relucir gumías y otras armas blancas tan temerosas y mitificadas como el alfanje.

gunitado *m (Constr)* Acción de proyectar sobre una superficie cemento u hormigón muy fluido y mezclado con aire a presión. | *Bal* 21.3.70, 15: Piscinas de hormigón. Construidas utilizando la nueva técnica de hormigón proyectado (gunitado).

gurapas *f pl (hist, jerg)* Galeras. | Guillén *Lenguaje* 24: Cervantes .. usa un vocabulario que al marino de hoy le resulta extraño .., como decir banda diestra y siniestra, en lugar de babor y estribor, que jamás se pronunciaron en nuestras gurapas.

gurbizo *m (reg)* Brezo (planta). | Mateo *Babia* 66: Largo y estrecho, el [valle] de La Majúa se cierra bajo la prieta mirada de Moro Negro, y lo resguardan extensas laderas donde crecen los robles, las árgumas, los gurbizos y los fleitos.

guri *m (jerg)* Guripa [2]. | VMontalbán *Delantero* 33: Estos son mafiosos que llegan aquí bien trajeados y bien conectados y llevan de coronilla hasta a la policía. El otro día me lo comentaba un guri muy simpático.

guriezano -na *adj* De Guriezo (Cantabria). *Tb n, referido a pers.* | Mann *DMo* 21.8.92, 4: El citado proyecto es obra del joven ingeniero guriezano Ángel Cano.

guripa *m (col, desp)* **1** Soldado que está haciendo el servicio militar. | A. Cuadrado *NotM* 12.2.86, 24: Entre los bastantes recuerdos grotescos que uno conserva de la mili .. figura el de un infeliz guripa que se meaba por la pata abajo todas las noches en el petate.
2 Policía uniformado, esp. municipal. | DCañabate *Paseíllo* 58: El toro, como un matón que ha achicao a un guripa, se emplazó. VMontalbán *Mares* 9: No te metas por el centro de San Andrés, que está lleno de guripas .. Que no te vayas hacia el centro, leche. Que está lleno de patrullas.
3 *(jerg)* Tipo o individuo. | Tomás *Orilla* 153: –Oye, Rafa, ¿quiénes son esos dos guripas que han salido de ahí? –Dos mendas que van de chulos.
4 *(jerg)* Individuo tonto. *Tb adj.* | Marsé *Montse* 148: –Salva está de excursión. Por eso hemos perdido. –No seas guripa .. Ella no tiene la culpa.
5 *(hoy raro)* Golfo o pillo. | DCañabate *Andanzas* 123: El guripa conocía a todos los personajes y no los confundía con los personajillos. Lo más acusado de su personalidad radicaba en su viveza .. Y una rareza aún más acentuada, la de sentirse un aristócrata de la golferancia.

gurka *(tb con la grafía* **gurkha***) adj* **1** De un pueblo hindú que constituye la principal comunidad de Nepal. *Tb n, referido a pers.* | *Inde* 13.8.89, 19 (A): Por aquel entonces comenzaron las deportaciones de gurkas en la provincia de Meghalaya.
2 [Individuo] gurka [1] que sirve en un regimiento especial del ejército británico. *Frec n.* | *Abc* 20.7.67, 34: Hong-Kong .. Quince personas han sido detenidas y numerosas armas incautadas en tres acciones de la Policía, apoyadas por soldados "gurkhas". *ASeg* 10.12.62, 6: Inglaterra ha enviado dos compañías de gurkas a Borneo. **b)** De soldados gurkas. | *ASeg* 10.12.62, 6: Rebelión antibritánica en Brunei .. Refuerzos de fuerzas "Gurkas" han llegado a la ciudad de Miri.

gurriato[1] **-ta A** *m* **1** Cría de gorrión. *A veces designa tb el gorrión adulto.* | Delibes *Parábola* 161: Josefita brinca como un gurriato sobre las puntitas de los pies. Salvador *Haragán* 113: Si el pájaro es un periquito, se dice uno que la vida es de colores; y si es un gurriato, que la señora esa es dulce por inexperta.
2 *(desp, raro)* Hombre ingenuo e inocente. | Cela *Izas* 101: Andrea la Garbanzona no supo guardar .. y ahora se ve como se ve: en clases pasivas y trotando, trotando siempre en espera del triste gurriato que le pague un café y una copeja de anís. Nieva *Señora* 31: –Ya de pequeño decía que, de no ser primer ministro, quería ser un inadaptado. –¡Eso es! Y ahora, cuando se larga al desierto, por causa de una rabieta, y pide agua a la Providencia, siempre hay un intendente mío disfrazado de beduino que se le ofrece como si fuera una limosna. No le falta nada en su renuncia a ese pobre gurriato.
B *m y f* **3** *(reg)* Muchacho joven o niño. *A veces usado como apelativo cariñoso.* | GSerrano *Macuto* 322: Los turutas son de todas las edades, pero por regla general abundan los pícaros gurriatillos. GSerrano *Macuto* 324: Uno sentía ante él [el corneta] .. la misma o parecida sensación que debió experimentar la buena Jacinta cuando recogió aquel gurriato callejero .., e incitándola maternalmente a que soltase una gracia le oyó decir: "Leche". * Ven aquí, gurriata.

gurriato[2] **-ta** *adj (col)* Del Real Sitio de San Lorenzo de El Escorial (Madrid). *Tb n, referido a pers.* | Ridruejo *Memorias* 30: Era un bebedor de fuerza, cosa que en El Escorial no constituía verdadera excepción .. y ninguno de los tres podía considerarse borracho al lado de ciertos tipos gurriatos de entonces. I. Montejano *Abc* 20.11.88, 54: A los "caciques", como cariñosa y popularmente se llama a los ciudadanos de la Villa, se les ha ocurrido que a lo mejor el Monasterio, La Herrería, la silla de Felipe II y todo El Campillo es de ellos. Los "gurriatos" se han quedado atónitos.

gurripato *m (reg)* Gurriato[1] (cría de gorrión). | Quiñones *Viento* 294: Las menudas gaviotas de cabeza negra, los bastos gurripatos, los salineros archibebes, chorlitejos, garzas, esperando hasta donde alcanza la vista.

gurripina *f (Taur)* Pase ejecutado sin atenerse a las reglas del toreo. | A. Navalón *SInf* 20.5.71, 3: Del toro de cuajo al animal sin trapío. Del toreo caro, o al menos serio, a las gurripinas, las carreras, los desarmes y la ineptitud.

gurrumino -na *adj (reg)* Ruin o desmedrado. | Brocense *HLM* 6.11.78, 19: Un personaje algo gurrumino (es decir, que no ha crecido) lanzó el otro día desde el Senado, sin puntos ni comas, esta lección de derecho político.

gurruño *m* Pelota arrugada y apretada [de algo, esp. papel o tela]. | Delibes *Voto* 70: Hizo un gurruño con la servilleta de papel. GHortelano *Gente* 75: El vestido permanecía encima de una silla, en la que también, hechas unos gurruños, estaban sus medias y sus ligas. Torrente *Saga* 486: A través del cristal verdoso aparecía una extraña alga marina o acaso un pájaro avergonzado que se hubiera hecho un gurruño y escondiese la cabeza entre el plumaje gris.

gurú *m* **1** Maestro o jefe espiritual hindú. *A veces referido a otras religiones orientales. Tb fig.* | F. Borciqui *Fam* 15.11.70, 18: Van a las orillas del Ganges para hablar con el santón indio Maharashi Yogi .. "Gracias al «gurú» hemos encontrado la manera de superar la angustia que atenaza a los demás pobres hombres". L. LSancho *Abc* 26.2.75, 16: Hay en no pocos países orientales santones o "gurúes" que asombran al pueblo por su virtud. Pániker *Memoria* 95: Por un tiempo, Rafael Termes fue mi gurú .. Rafael Termes me recibía una vez a la semana en su despacho del Banco Popular. Allí, haciendo un paréntesis en su trabajo profesional, me hablaba él de las cosas del espíritu.
2 Hombre respetado e influyente [en un ámbito determinado *(compl especificador)*]. *Frec con intención desp. Tb sin compl, por consabido.* | Montero *SPaís* 5.3.78, 12: El último *gurú* literario es Carlos Castaneda, que publicó a partir del 68 su fascinante tetralogía sobre Don Juan, un brujo yaqui mexicano que le tomó de aprendiz y le dio el conocimiento con ayuda del peyote, del *humito* (hongos alucinógenos), de la hierba del Diablo. G. Matías *SPaís* 17.1.88, 7: Nadie esperaba que la economía española creciera el año pasado entre el 4,5% y el 5%. Hoy los analistas de la coyuntura, todos nuestros *gurús*, lo aceptan.

gurullo *m (reg)* Bolita hecha con una pasta de harina, agua y aceite. *Normalmente en pl.* | *Almería* 66: Es típica la olla de nabos con espinazo y morcilla, los gurullos con liebre.

gurumelo *m* Cierto hongo comestible de color pardo que se cría en los jarales. | J. Conde *Odi* 6.2.77, 18: Es esta la época del gurumelo, seta comestible muy apreciada por las gentes de la Sierra y por las que no son de aquí. S. Torres *SHoy* 28.8.77, 125: Como platos típicos de la zona, nos complacemos en recomendarle la caldereta y el gazpacho .. Y en su época, amigo visitante, le recomendamos la adquisición de guisantes y gurumelos, productos ambos de extraordinaria calidad.

gusa *f (col)* Hambre. | Forges *Historiciclos* 25: ¡San Cosme, santo patrón contra la gusa horrible!

gusana *f* **1** Lombriz de mar que se cría en la arena y se emplea como cebo de pesca (gén. *Nereis*). *Tb ~ DE MAR. A veces en sg con sent colectivo.* | Alvarado *Zoología* 21: Quedan como auténticos gusanos las lombrices de tierra e intestinales, la sanguijuela y las gusanas que tanto abundan en las costas. Legorburu-Barrutia *Ciencias* 142: La lombriz de tierra y la sanguijuela, las gusanas de mar, etc., pertenecen a un grupo de gusanos llamado Anélidos. Pinilla *Hormigas* 285: Vamos a por gusana para pescar. Cendrero *Cantabria* 85: Fauna .. Invertebrados .. *Nereis diversicolor*: Gusana.
2 Lombriz de tierra. *Tb ~ DE TIERRA.* | Lama *Aves* 88: Los caracoles y las gusanas de tierra no son de su preferencia [del zorzal alirrojo], pues en el campo muestra predilección, entre otras cosas, por el gusano blanco del maíz.

gusanear *intr* Hormiguear (bullir o moverse). *Tb fig.* | C. Sentís *Abc* 31.5.58, 32: Los socialistas .. caracolean, culebrean o gusanean –cada hora que pasa en menor grado– dentro de su campo de cultivo, resistiéndose a abrir la ventana a la luz y realidad exteriores.

gusaneo *m* Acción de gusanear. | Zunzunegui *Camino* 152: Su habitación daba a la Puerta del Sol, y se distraía Soledad contemplando el vocinglero y abigarrado gusaneo de la Puerta famosa.

gusanera – gustillo

gusanera *f* **1** Lugar en que hay muchos gusanos [1 y 2]. | Cela *SCamilo* 154: Cada tumba es una gusanera con mucho ritmo misterioso pero no se ven los gusanos. **b)** *(jerg)* Tumba. | Buero *Sueño* 214: Las gentes ríen, gesticulan, me hablan... Yo las veo muertas. Y me pregunto si no soy yo el muerto, asi[s]tiendo al correr de los bichos en la gusanera. **c)** Conjunto numeroso de gusanos [1 y 2]. | MMolina *Jinete* 354: Un enredo de cuerpos que se movían en la oscuridad al ritmo de la música como una de aquellas gusaneras que aparecían en la huerta entre los grumos de estiércol. MMolina *Jinete* 252: Con los vientres abiertos y gusaneras en las vísceras.

2 Lugar en que hay gran acumulación de perss. | CPuche *Paralelo* 236: Madrid, el Madrid nuevo que surgía por esta parte, seguía naciendo bien repartido y acotado: Por una parte el lindo palacete, por otra la sórdida gusanera. **b)** Conjunto de pers. que se acumulan en un lugar. | Laforet *Mujer* 165: El ático se podía decir que estaba sobrecargado, con aquella gusanera de chiquillos que tenía la familia de un empleado.

gusanería *f* Conjunto de gusanos [1 y 2]. | E. Toda *MHi* 2.64, 31: Parece, .. de noche, una gusanería de luciérnagas alucinadas.

gusanillo I *m* **1** dim → GUSANO.
2 *(col)* Sentimiento que intranquiliza o inquieta. *Frec referido a afición.* | DCañabate *Paseíllo* 45: El toro lo dejaban a los novatos, a los acuciados por el gusanillo de la torería. *DBu* 21.8.91, 20: Llegada su juventud, sintió el gusanillo de las manualidades. M. Ors *Pue* 11.9.65, 19: La petanca .. tiene su gusanillo, apasiona. | Lan 8.1.89, 3: El gallo y el toro van unidos. Hay grandes aficionados taurinos que matan el gusanillo del toro con el gallo.
3 Alambre arrollado en espiral que se usa para colgar visillos. | * Necesito gusanillo para la cortina del baño.
II *loc v* **4 matar el ~.** *(col)* Desayunar con una copa de aguardiente. | Sampedro *Octubre* 147: Del Bar Melgárez sale un viejo obrero limpiándose los labios con el dorso de la mano: de matar el gusanillo con aguardiente, seguro. Cunqueiro *Gente* 27: Dejó la bestia en la cuadra de una posada; sin pararse a matar el gusanillo fue a ver a Pepe Benito. **b)** Calmar el hambre con un tentempié. | * Dame algo para picar, que necesito matar el gusanillo.

gusano *m* **1** *Se da este n a distintos animales invertebrados de cuerpo blando y alargado, con patas inarticuladas pequeñas, o sin ellas, que caminan arrastrándose. Frec en pl, designando este taxón zoológico.* | Ybarra-Cabetas *Ciencias* 325: La triquina .. Vive este gusano en el intestino delgado de algunos mamíferos. Legorburu-Barrutia *Ciencias* 144: Los Gusanos forman un grupo muy heterogéneo de animales con algunos caracteres comunes.
2 *En gral se da este n a cualquier animal de cuerpo alargado y blando, esp a las larvas de los insectos.* | Legorburu-Barrutia *Ciencias* 159: Antes de que salga la mariposa hay que ahogar los gusanos de los capullos con vapor de agua o aire caliente. Después se desenvuelve el hilo que proporciona la seda natural. **b) ~ de luz.** Luciérnaga. | Legorburu-Barrutia *Ciencias* 173: Coleópteros: .. escarabajos, gusanos de luz.
3 *(desp)* Pers. insignificante o despreciable. | * Soy un vil gusano.
4 *(jerg)* Pene. *A veces en la forma* GUSANILLO. | Montero *Reina* 153: El gusanillo, sobre todo. Era una protuberancia extraña y sorprendente que, entre otras cualidades, poseía la de internarse en el misterio de sus entrañas de mujer: qué no vería allí, qué no sabría ese gusano retozón.

gusanoso -sa *adj* Que tiene gusanos [1 y 2]. | J. M. Llanos *Ya* 10.6.71, 20: Nuestra carne .. se corrompe tumefacta y gusanosa.

gusarapa *f* Larva de moscas u otros insectos, que se emplea como cebo para la pesca con caña. | *Inf* 19.6.70, 34: Cebos ..: la cangrejilla, la gusarapa y el gusano verde.

gusarapo *m* Animal en forma de gusano, que se cría en el agua o en otro líquido. | Berenguer *Leña* 11: El puente, el mazo de chumberas a lado y lado de la colada, antes de empezar la cuesta, la fuente de la Virgen, olor a guspiarpo y a bosta de borrico. L. Alberdi *VozC* 6.10.68, 3: Como si solo fuera apropiada [el agua] para gusarapos y camellos.

gustado -da *adj* **1** *part* → GUSTAR.

2 [Artista u obra] que gusta [1a]. | Tejedor *Arte* 223: Hokusai, el pintor japonés más gustado y conocido universalmente. Tejedor *Arte* 201: Son producciones suyas [de Haydn] .. las Sinfonías conocidas por la de *Oxford*, *la Reina* .. y *la Sorpresa*, una de las más hermosas y gustadas.

gustador -ra *adj* Que gusta [2, 3 y 4]. *Tb n, referido a pers.* | Payno *Curso* 26: Tenía papada, estómago y vientre de gustador de la mesa. PFerrero *MHi* 12.70, 51: Conocía los secretos de la pintura antigua y moderna, y era gustador de excepción.

gustar A *intr* ➤ **a** *normal* **1** Causar agrado o placer [a alguien *(ci)*]. *Tb sin ci.* | Arce *Testamento* 14: ¡Diablos, me hubiera gustado ser maestro de escuela como tú! MGaite *Nubosidad* 77: Lo barato no gusta nada, está desprestigiado por principio, ya se sabe. Nerva *Teatro 1959* 317: López Rubio prefiere gustar a ser aplaudido, intelectualizar a popularizar. **b)** Atraer sexualmente [a alguien *(ci)*]. *A veces el ci es recíproco. Tb sin ci.* | Cela *Alcarria* 8: Podría jurarle que Oteliña me gusta más que el pan frito. *DLi* 3.3.78, 2: Escándalo homosexual en el Ministerio de Cultura .. El tercer personaje de la historia, un periodista madrileño, dicen que dijo sobre este encuentro: "Creo que los dos se gustaron". **c) ~le** [a alguien] **la marcha** → MARCHA.
2 *(lit)* Sentir agrado o placer [en algo *(compl* DE*)*]. | Bustinza-Mascaró *Ciencias* 211: Generalmente viven varios individuos [jabalíes] reunidos; sin embargo, los viejos gustan de la soledad. Cuevas *Finca* 25: Doña Gertrudis también gusta, entonces, de levantarse al alba.
➤ **b** *pr* **3** *(Taur)* Sentirse cómodo [el torero en su faena o en alguna parte de ella]. | A. Navalón *Inf* 16.4.70, 23: Con el capote y con la muleta estuvo dentro de una escuela de buen tono y buen gusto, acompañando muy bien con la capa y gustándose en los muletazos.
B *tr* **4** *(lit)* Probar o tomar [un alimento o bebida que agrada]. | Vega *Cocina* 181: La aguja pala .. puede gustarse en todas las ciudades. GCastillo *NAl* 1.8.70, 15: Un yantar sencillo y nutritivo puede gustarse en Pastrana.
5 *(lit)* Probar o experimentar [algo que agrada]. | A. Iniesta *Abc* 29.6.58, 6: Gustó escasamente Carlos la vida tranquila familiar.
6 Querer o desear. *En fórmulas de cortesía como* PARA LO QUE GUSTE (MANDAR), *o* CUANDO GUSTE, *o* COMO GUSTE, *usados como abs.* | Ferres-LSalinas *Hurdes* 70: Ya saben, me llamo Emiliano Jimeno pa todo lo que gusten. A lo mejor nos vemos por esos caminos. Aparicio *Retratos* 202: Él mismo abrió la puerta de la garita para cederles el paso. –Cuando gusten –les dijo, invitándoles a salir. **b) ¿(usted) gusta?,** *o* **¿si gusta?** *(pop)* Fórmula de cortesía con que una pers que come o bebe, o va a comer o beber, invita a otra presente. | MSantos *Tiempo* 90: –Su gaseosa .. –¿Ustedes gustan? –preguntó Doña Luisa.

gustativo -va *adj* De(l) gusto [1 y 2]. | Bustinza-Mascaró *Ciencias* 79: Los receptores sensoriales están localizados en diferentes partes de nuestro cuerpo .., en la piel, tejido conjuntivo, papilas gustativas de la lengua. *Abc* 24.8.72, 30: Las buenas condiciones de conservación han permitido conservar tanto la calidad bacteriológica como las cualidades gustativas del alimento friorizado.

gustatorio -ria *adj (Anat)* Que sirve para percibir el gusto [2] de los alimentos. | Navarro *Biología* 145: La excitación gustativa determina la secreción de una saliva viscosa denominada saliva gustatoria o deglutoria. Alvarado *Anatomía* 78: Los "sabores" de las diferentes frutas, exceptuando el dulce y el de la cebolla, son olores gustatorios, como puede comprobarse masticando estos alimentos teniendo las narices tapadas.

gustazo *m (col)* Gusto o placer intenso producido por algo que se deseaba vivamente. *Frec en la constr* DARSE EL ~. | Lera *Boda* 579: Esta tarde se casará. ¡Menudo gustazo! Y nosotras, que si quieres... Un restregón y a la cama. J. M. Fontana *Pue* 28.12.70, 3: Esgrimir un prefabricado muñeco, inexistente en la realidad, para darse el gustazo académico y bizantino de destruirlo.

gustillo *m* Sabor secundario o ligeramente perceptible en una cosa. *Frec fig.* | * Esta fruta tiene un gustillo amargo. *Gac* 11.5.69, 27: Tribunales militares han impuesto condenas extremadamente duras por actividades que tengan el más ligero gustillo de simpatía hacia el Vietcong.

gustirrinín *m* (*col*) Gusto o placer. *Frec con el v* DAR. | ZVicente *Mesa* 174: Yo me reía, me reía... Las cosquillas... Pero me daba un gustirrinín. Montero *País* 30.7.83, 40: Los servicios policiales búlgaros .. tienen censados todos los polvos nacionales, con los coeficientes de satisfacción y los porcentajes de gustirrinín que se han logrado en el empeño. HSMartín *Sem* 12.4.80, 14: Siempre hay quienes se frotan las manos de gustirrinín cuando una presentadora tira a degüello contra otra.

gusto I *m* **1** Sentido corporal por el cual se perciben los sabores. | Alvarado *Anatomía* 78: Correspondiendo la propiedad de apreciar los sabores a los botones gustativos, es evidente que el órgano del gusto es la lengua, y no el paladar, como se afirma vulgarmente.
2 Sabor [de una cosa, esp. de un alimento]. | Alvarado *Anatomía* 78: Paladeamos .. cuando queremos percibir mejor un gusto débil. Medio *Bibiana* 324: –¿Cómo es esa copa? –Helado tres gustos, nata y frutas en almíbar.
3 Agrado o placer. *Frec en la fórmula de cortesía* TENER EL ~ DE + *infin y en las constrs* DAR ~ [algo] *o* DARSE EL ~ [de algo]. | CBaroja *Inquisidor* 57: Fernando VII, que restauró el tribunal con gusto al volver de Francia, no se atrevió a hacer lo mismo en 1823. Lagos *Vida* 28: Da gusto pisar esta arena tan esponjada y brillante. J. Carabias *Ya* 4.12.74, 6: Yo me voy a dar el gusto de "pisar" la noticia. Marsé *Dicen* 85: No me veréis llorar, jolines, no os daré ese gusto.
4 Voluntad o deseo. | Torbado *Peregrino* 157: Por su gusto, se hubiera quedado en Pamplona. **b)** Cosa que se desea. | C. L. Álvarez *HLM* 8.5.78, 2: Don Emilio Attard .. sintió que le miraba la Historia, así, con mayúscula, y pronunció lo que antes se llamaba una oración. Bien, tampoco había que privarle de ese gusto.
5 Afición o inclinación [por algo]. | Valdeavellano *Burguesía* 25: El "espíritu burgués", caracterizado especialmente por .. el gusto por el orden y el ahorro.
6 Manera personal de apreciar las cosas. | *Gac* 22.10.78, 12: ¿Martini cocktail... o Martini Seco? Todo es cuestión de gustos. Aldecoa *Gran Sol* 121: Bueno, cada uno tenía sus gustos, además los jóvenes... Joaquín Sas decía que las mujeres de Bantry desde la línea de flotación iban acorazadas. Delibes *Cinco horas* 17: La poitrine ha sido mi gran defecto. Siempre tuve un poco de más, para mi gusto. **b)** Manera de sentir la belleza. *Normalmente con un compl especificador.* | Tejedor *Arte* 190: Las tendencias clásicas y el gusto académico .. se extinguieron a la muerte del Rey Sol. GPavón *Hermanas* 44: Todo él [el piso] puesto al gusto del último tercio del siglo pasado. **c) buen** (*o* **mal**, *u otro adj equivalente*) ~. Facultad de apreciar (o no) algo [6c]. *Tb en sent moral. Cuando el adj no es* BUEN *o* MAL, *frec va pospuesto*. | *Gac* 22.10.78, 41: El que no coincidamos con ella cuando alardea de buen gusto, etc., es harina de otro costal. **d)** *Sin adj:* Buen gusto. | Laforet *Mujer* 20: La madre de Eulogio .. se vestía con gusto.
II *loc adj* **7 de buen** (*o* **mal**, *u otro adj equivalente*) ~. [Cosa] que denota buen (o mal) gusto [6c]. *Cuando el adj no es* BUEN *o* MAL, *frec va pospuesto*. | Ó. GGarcía *Pro* 13.8.75, 19: El nombramiento de una reina .. fue un acierto de indudable buen gusto. J. Tarín *Abc* 21.3.76, 12: Hace muchos, muchísimos años, en la barcelonesa calle de Fernando, cuando todavía se ubicaba en ella toda la crema de la ciudad, existía una sombre[re]ría de exquisito gusto.
8 de ~. Que causa gusto [3]. | * Salir con este calor no es cosa de gusto. **b)** [Plato] **de** ~ → PLATO.
III *loc v y fórm or* **9 alabar el ~** [a alguien]. Estar de acuerdo o conforme con su elección o decisión. | * Mira, en eso te alabo el gusto.
10 coger, *o* **tomar**, (**el**) ~ [a algo]. Aficionarse [a ello]. | DCañabate *SAbc* 15.5.58, 17: Al principio [el cóctel] sabe un poco fuerte, pero a medida que se bebe se le va tomando el gusto, y terminará usted por pedir otro. *País* 12.5.91, 14: Heredia se enganchó hace un año con 500.000 pesetas de heroína que se compró la primera semana. "Le cogí gusto", asegura. MGaite *Usos* 48: Le tomaría [la mujer] gusto a algo así, según la doctrina oficial, estaba reñido con su propia condición y la estragaba: a la independencia.
11 con mucho ~. *Fórmula de asentimiento cortés a una petición o invitación. A veces* CON ~. | * ¿Puedes correrte un poco? –Con mucho gusto. Cela *Viaje andaluz* 299: El vagabundo .. dijo que sí, que aceptaba [el vaso] con mucho gusto.
12 dar ~ [a alguien]. Hacer lo que desea, o complacer[le]. *Tb* (*reg*) DAR POR EL ~ [a alguien]. | *SYa* 8.2.76, 38: Hay que dar gusto también a otros lectores que piden manualidades y otros juegos. MGaite *Ritmo* 144: A lo mejor todavía llegas a cambiar de idea en eso de Marcos y le das por el gusto a tu madre. **b) dar ~** [a una parte del cuerpo]. (*col*) Hacer [con ella] la acción que le es propia o que se presenta como tal. | Delibes *Año* 65: Omitieron mi varapalo a la prórroga de la temporada [de caza] .. La disposición .. solo se explicaba por el hecho de que algunos prohombres madrileños se hubieran quedado con ganas de dar gusto al dedo. Arce *Testamento* 86: Yo se lo pediré de tal forma que terminará dando gusto al labio... Me lo contará todo. ASantos *Estanquera* 19: Enciende el Leandro un habano de aquí te espero y le da gusto al pulmón mientras estudia un plan estratégico de retirada.
13 ir a ~ en el machito → MACHITO.
14 mucho (*o* **tanto**) ~. *Fórmula de cortesía con que se responde como saludo en una presentación*. | FReguera-March *Boda* 114: –Mucho gusto en conocerle –dijo Félix Martínez estrechando la mano de Morral. Lagos *Vida* 30: –Les voy a presentar: mi hermana... mi marido... –Tanto gusto. **b) el ~ es mío.** *Fórmula con que se contesta a la de* MUCHO (*o* TANTO) ~ *en una presentación*. | Diosdado *Olvida* 35: El gusto es mío, señorita, cantidades industriales de gusto... ¿Cómo está usted?
IV *loc adv* **15 a ~.** Cómodamente. | Delibes *Hoja* 95: Se iba encontrando a gusto así, junto al viejo, oyéndole parlar incesantemente. Delibes *Año* 27: La codorniz está más a gusto aquí .. por el cobijo que le prestan aliagas, pimpolladas y helechos. **b)** A placer. | Berenguer *Mundo* 25: Se quedaba en pelota de cintura para arriba y se lavoteaba a gusto. Laforet *Mujer* 25: Eulogio suspiró a gusto. **c)** Con placer. | ZVicente *Traque* 97: Déjale que coma lo que quiera, pobrecillo, si revienta habrá sido a gusto. **d)** (*jerg*) Bajo el efecto de las drogas. *Con vs como* ESTAR *o* PONERSE. | Tomás *Orilla* 255: Se pasaba con el caballo y, cuando estaba a gusto, se le calentaba el morro.
16 a ~. Con gusto [4]. | CBaroja *Baroja* 300: Si en aquel momento hubiera estado en mis manos hacer algo malo al piadoso tafallica, lo hubiera hecho a gusto. Olmo *Golfos* 113: Cabrito, no muy a gusto, se la dio [la novela]. **b) a ~** [de alguien]. Según [su] gusto [4]. | *SAbc* 8.3.70, 15: Potencia de salida, 8 vatios (4 por canal). Dos altavoces, situables y orientables a gusto del oyente. *ByN* 9.12.90, 131: Con su especial sistema de ecualización podré modular el sonido a mi gusto. Delibes *Príncipe* 157: Domi, no trabuque las cosas a su gusto, yo no la he despedido, la he regañado, que es distinto. **c) a ~ según el ~) del consumidor** → CONSUMIDOR. **d) a(l) ~.** Según el gusto [4] de cada cual. *Referido esp al modo de preparar alimentos o bebidas*. | *Tri* 17.12.66, 74: St Raphaël puro con gin o wodka y doble corteza de limón, servirlo siempre muy frío on the rocks ..; long drink: seltz a gusto. * –¿Cómo son los espárragos? –Al gusto.
17 mal a ~. (*reg*) A disgusto. | * Me sentía desplazado y mal a gusto.
18 por ~. Por placer. | *VozT* 5.7.78, 35: Outils Wolf. "Jardinear por gusto." **b)** (*col*) Por capricho o porque sí. | Delibes *Guerras* 63: –¿Por qué razón lo mirabas? –Ande, por mirar. ¡Qué cosas!, o sea, por gusto. No se vaya a pensar que llevaba segundas en eso.
19 que es un ~, *o* **que da ~.** (*col*) Mucho. *Con intención ponderativa. Pospuesto a un v.* | FVidal *Ayllón* 32: El sol pega que es un gusto. SFerlosio *Jarama* 34: –Tiene ese humor, ya lo conoces. Tan pronto es el que mete más escándalo, como igual se te queda de un aire. –Pues se ha puesto a soplar que da gusto. –Déjalo que se anime. **b)** Muy bien. *Con intención ponderativa. Pospuesto a un v.* | SFerlosio *Jarama* 179: –El vino en cambio te entra que es un gusto. –Ni el vino siquiera.

gustosamente *adv* De manera gustosa, esp [2]. | M. FAreal *Mun* 19.12.70, 4: El trabajo de clasificación de votos y escrutinio es una carga extra que muy gustosamente hacemos.

gustoso -sa *adj* **1** Que tiene gusto [2] intenso y agradable. | Cela *Viaje andaluz* 87: En Valdepeñas se cría muy buen vino, de gustoso y recio paladar, que se sube pronto a la cabeza pero que no despierta las malas inclinaciones. Zunzunegui *Camino* 181: Le brincaba en los ojos una alegría bullidora y le vibraban los labios sápidos de mil gustosas delicias.

gutación - gymkhana

2 Que siente gusto [3]. | Umbral *MHi* 2.64, 18: ¿Una última foto a la puerta de casa? Accede gustoso. **b)** Que siente agrado o placer [en algo (*compl* DE)]. | J. J. Cisneros *Ale* 25.8.87, 8: Las gentes de la zona .. son amables y gustosas de la tranquilidad.
3 Agradable o que produce gusto [3]. | Lázaro *JZorra* 17: Cuando él ve por primera vez las eras, parecen estas recién pintadas de verde, un verde intenso y blando, gustoso de aplastar con los pies desnudos. Alonso *Abc* 24.10.78, 37: El trato con mis compañeros de generación (1927) fue muy frecuente, gustoso, divertido y sincero.

gutación *f* (*Bot*) Fenómeno por el que las plantas expelen el exceso de agua en forma de gotas. | Legorburu-Barrutia *Ciencias* 254: Cuando el ambiente es muy húmedo, el agua puede salir en forma de gotas, y el fenómeno se llama gutación.

gutapercha *f* Goma semejante al caucho, que se emplea como aislante eléctrico y esp. para impermeabilizar telas de tapicería. *Frec la tela así impermeabilizada.* | CBonald *Ágata* 114: Perico Montaña se reclinó en el sofá, apoyando la espalda en uno de los brazos de gutapercha y estirando los pies a lo largo del asiento.

gutífera *adj* (*Bot*) [Planta] dicotiledónea, frec. leñosa, que posee recipientes en que se acumulan aceites o resinas. *Frec como n f en pl, designando este taxón botánico.* | GCabezón *Orotava* 11: Mamey de Santo Domingo, *Mammea americana*, Linn., Gutífera, Antillas y Norte de Suramérica. FQuer *Plantas med.* 291: Gutíferas. Las plantas reunidas en esta familia, en número de más de 800 especies, son predominantemente leñosas.

gutural *adj* **1** De (la) garganta. | Villar *Lenguas* 253: Dentro de los fonemas articulados en la región gutural pueden darse dos variantes.
2 Producido en la garganta. | Medio *Bibiana* 308: Marcelo Prats se despereza, lanzando un grito gutural. *Sp* 19.7.70, 52: Al parecer en sus guturales y excelentes aullidos había algo que no estaba del todo bien.
3 (*Fon*) [Sonido] velar. *Tb n f, referido a consonante.* | Villar *Lenguas* 258: Postula .. para el indoeuropeo la existencia de una serie de guturales con explosión silbante.
4 Que presenta un predominio de sonidos guturales [2 y 3]. | Romano-Sanz *Alcudia* 44: De improviso llega a sus oídos una canción. Es como un extraño canto primitivo, gutural, sin letra, purificado en la solitaria inmensidad del campo. CBonald *Ágata* 24: Una ininteligible jerga, marinera y gutural como el griterío de las grullas.

guturalmente *adv* De manera gutural [2 y 4]. | Marathon *Abc* 23.8.66, 57: Después de haber exteriorizado guturalmente su reprobación a un jugador coruñés.

guzla *f* Instrumento músico semejante al violín, con una sola cuerda de crin, propio de la región de Iliria. | L. B. Lluch *Pro* 19.8.75, 2: Fue encerrado en el castillo de Ayud (Calatayud) y allí .. cantaba y tañía una guzla.

guzmania *f* Planta epifita de hojas en roseta y flores en espiga (gén. *Guzmania*). | V. Mundina *Ya* 28.11.86, 37: Como el resto de las bromeliáceas, la guzmania debe regarse con bastante frecuencia.

guzrati *adj* Gujerati. *Tb n.* | Villar *Lenguas* 88: De gran importancia son el guzrati, con más de diez millones, y el maratha, con veinte.

gym-jazz (*pronunc corriente*, /yím-yás/; *tb con la grafía* **gim-jazz**) *m* Gimnasia que se realiza bailando con música moderna, esp. de jazz. | *Prospecto* 12.85: Centro Muladhara. Piscina. Gimnasio .. Gim-jazz. Aerobic. *ByN* 4.2.90, 30: "Aerobic", "gym-jazz", masajes, piscinas, rayos UVA, saunas y baños térmicos, hidro-masaje y limpieza de cutis cubren su repertorio.

gymkhana (*hindi; pronunc corriente*, /χinkána/ o /yinkána/) *f* Gincana. | *MHi* 3.61, 8: Vespa. Hará deporte, participará en carreras, en rallys, en gymkhanas. Nájera *VozE* 2.1.65, 11: Esta tarde, a las tres y media, se celebrará en la Plaza de Toros de nuestra villa .. una gran "gymkhana automovilística".

H

h → HACHE.

haba I *f* **1** Planta herbácea de huerta, de fruto en legumbre, cuyas semillas, grandes, oblongas y aplastadas, son comestibles (*Vicia faba*). *Frec su fruto y su semilla*. | Alós *Hogueras* 249: Era primavera. Las habas estaban altas. Bernard *Verduras* 47: Las habas se desgranan y cuecen en agua.
2 Con un adj especificador, designa otras plantas y sus semillas que presentan alguna semejanza con el haba [1]: ~ DEL CALABAR (*Physostigma venenosum*), ~ DE LOS JESUITAS O DE SAN IGNACIO (*Strychnos ignatii*), ~ DE EGIPTO (*Nelumbium speciosum*), *etc*. | FVidal *Duero* 142: Sustancias de nombres tan sugestivos como esperma de ballena, cuerno de ciervo, ojos de cangrejo para molestias estomacales, habas de San Ignacio.
3 Semilla [de determinados frutos, esp. el cacao, el café o la soja]. | Cunqueiro *Sáb* 9.7.75, 25: En una exposición o feria de muestras en Lagos (Nigeria) han sido presentados vino, whisky, ron y cognac elaborados a partir de las habas de cacao. J. Montesinos *Pro* 24.7.77, 5: España es el cuarto importador mundial de haba de soja.
4 Bola u otro cuerpo de forma redondeada. | Cunqueiro *Merlín* 44: Escupía yo muy bien los huesos [de cereza], casi como un tirabalas las habas de estopa.
5 ~s verdes. Cierto baile tradicional de Castilla la Vieja. | Cruz *Burgos* 33: Conserva con celo sus tradiciones, su afición a los toros, sus canciones y sus bailes, como las marzas de Boada y las habas verdes de San Martín de Rubiales.
II *loc adj* **6** [Tonto] **del ~** → TONTO.
III *loc v y fórm or* **7 en todas partes cuecen ~s.** *Fórmula con que se comenta que las cosas negativas no son privativas de ningún lugar*. | Delibes *Emigrante* 102: La verdad es que en todas partes cuecen habas y uno no ve lo suyo a modo más que cuando lo deja.
8 ser [algo] **~s contadas.** Ser un número exacto y escaso. | J. Cebrián *Int* 21.7.77, 57: Desde la Mata-Hari, que tanto evidenció los riesgos de la profesión, y el general De Gaulle, que los jubiló y les subió las pensiones, los espías franceses son habas contadas. *País* 19.7.77, 6: Los datos de la situación y las medidas a tomar para remediarla son –como se dice– habas contadas. **b)** No haber más opciones. | MGaite *Fragmentos* 110: O acepta hacer una escena de cama o no. Son habas contadas.

habal *m* (*reg*) Habar. | F. Lebrato *Hoy* 16.4.74, 32: Con estas lluvias de abril los campos se reaniman y las sementeras de todas clases siguen mejorando de día en día, viendo unos habales cargados de flores, que, de no presentárseles el parásito del "jopo", la cosecha será bastante buena.

habalero (*tb con la grafía* **jabalero**) *m* (*reg*) Guarda de un habar. | *Abc Extra* 12.62, 49: La parte iluminada por la luna verde son las habas y el jabalero-niño las vigila.

habanero -ra I *adj* **1** De La Habana. *Tb n, referido a pers*. | *Van* 4.11.62, 11: El rotativo habanero añade que Mikoyan desea "ser un soldado más de la revolución cubana". F. LIzquierdo *MHi* 5.64, 69: Cuando en el Morro de La Habana ondeaba la bandera española se celebraban corridas de toros ante el entusiasmo de los habaneros.
II *f* **2** Canción de origen cubano, de tiempo moderado y compás binario. *Tb su baile*. | Salvador *Haragán* 57: Cantaban, ¿recuerdas?, habaneras. Ellos fueron, ayudados por otros repatriados, los que impusieron la moda de las habaneras en Barcelona.

habano -na *adj* [Tabaco] cubano. *Frec n m, referido a cigarro puro*. | Torrente *Pascua* 239: Sacó un cigarrillo y ofreció otro al fraile .. –Están liados ya, y el tabaco es habano. Laiglesia *Ombligos* 52: En otro bolsillín más chico, guardó la tijera indispensable para despuntar los recios habanos que se fumaban entonces.

habar *m* Terreno sembrado de habas [1]. | Halcón *Abc* 11.5.58, 7: La liebre tiró ahora hacia las habas .. Dentro del habar, los perros se despistaron.

habeas corpus (*lat; pronunc,* /ábeas-kórpus/) *m* (*Der*) Derecho de una pers. detenida a ser llevada inmediatamente ante el juez para que resuelva sobre la legalidad de su arresto. | *Ya* 28.5.67, 4: El consulado de Bolivia en Chile informó que la justicia militar juzgará al ciudadano francés Regis Debray, y señala que fue rechazada la demanda de "habeas corpus" por estimarse improcedente. *SPaís* 27.5.90, 4: Se acogió al derecho de *habeas corpus,* que le fue denegado por la autoridad judicial.

habemus (*lat; pronunc,* /abémus/) *tr* (*col, humoríst*) Tenemos. *Normalmente pospuesto al cd*. | Humberto *Sáb* 17.5.75, 66: Selectividad habemus. El "Boletín" del 8 de mayo publica una Resolución del Ministerio de Educación y Ciencia, por la cual se convocan para los días 16 de julio y 15 de septiembre el comienzo de las pruebas de aptitud para el ingreso en las Facultades Universitarias, Escuelas Técnicas Superiores y Colegios Universitarios. Se trata, en definitiva, de la selectividad. **b)** *Con un infin:* Tenemos que + *el mismo infin*. | Aparicio *César* 90: –Morir habemus –dijo el Salvador.

haber[1] (*conjug* **15**; *en las aceps imperss 3 y 7, el pres de ind toma la forma* HAY). I *v* **A** *aux* ➤ **a** *personal* **1** Se usa para formar los tiempos compuestos de todos los vs, indicando siempre la acción es anterior a la expresada con el tiempo simple correspondiente. *El v ~, en cualquiera de sus formas, va seguido del part (invariablemente en la forma -O) del v auxiliado*. | Cunqueiro *Un hombre* 14: Con el susto se les había olvidado la palabra que abría la puerta. Cunqueiro *Un hombre* 19: Se sorprendió a sí mismo de haber hablado en voz alta.
2 ~ de + *infin* = TENER QUE + *infin*. | *SInf* 16.12.70, 4: Si estas dos barreras son superadas habrá de vencer otra. **b)** *~ (en pres o pasado)* + DE + *infin* = *el v del infin en futuro o pospretérito* (ha de resultar = resultará; había de resultar = resultaría). | MGaite *Búsqueda* 66: Se iba produciendo la desintegración de España, que había de culminar en el desastre de 1898.
➤ **b** *impers* **3 ~ que** + *infin* = DEBERSE O SER NECESARIO + *infin*. | *Inf* 14.11.73, 16: Todo lo que había que decir sobre el tema estaba ya escrito a raíz de las pasadas elecciones de 1970.

haber – habilidad

B *tr* ➤ **a** *personal* **4** (*lit, raro*) Tener. | Sanz *Consecuencias* 11: Aun la misma verdad sustantiva ha necesidad .. de alguna circunstancia imperativa que restablezca la justicia y el orden. RMoñino *Poesía* 41: Del *Cancionero* de Juan del Encina se podía haber a la mano hasta cinco tiradas. F. Escribano *VozR* 19.7.75, 35: ¡La dialéctica del regadío y del secano!, pero no hayáis miedo. **b) habida cuenta de que** → CUENTA.

5 (*lit*) Obtener como resultado o fruto. *Normalmente en constr pasiva.* | Ramírez *Derecho* 38: Con buena o mala fe los contrayentes, los hijos habidos serán legítimos. S. Lorenzana *Pap* 1.57, 48: Le irrita hasta la desesperación el abandono de tanta riqueza como puede ser habida en su tierra mediante una racional explotación.

6 (*admin*) Aprehender. *Normalmente en constr pasiva.* | Cierva *Triángulo* 57: Este pronunciamiento tenía un foco muy peligroso en Madrid, dirigido aparentemente por el librero Antonio de Miyar, y de verdad por Salustiano Olózaga, que fue habido y encerrado en las prisiones de San Francisco. *Abc* 24.3.74, sn: Solana García, Juan .., llamado por requisitoria .. por presunto delito de Deserción y Fraude .. Se publica para anulación de la requisitoria mencionada, por haber sido habido.

➤ **b** *impers* **7** ~ + n cd sin art def = el mismo n, como suj + EXISTIR o ENCONTRARSE. *A veces* (*pop o reg*) *usado como personal.* | DPlaja *Abc* 18.8.64, 14: Hay cuadros del ochocientos y de primeros del novecientos. Halcón *Ir* 377: –Ese dinero, ¿lo hay o no lo hay? –Haylo. Medio *Bibiana* 10: Aquí no habrá juergas. Goytisolo *Afueras* 172: También habían allí espejos deformantes. A. Gómez *Sev* 1.11.75, 13: Afortunadamente, no hubieron heridos graves, pero sí jugadores magullados. **b)** ~ + n cd que expresa un hecho, sin art definido = el mismo n, como suj + OCURRIR o TENER LUGAR. | CBonald *Ágata* 44: Tampoco tardó mucho para que ella .. se decidiese a verificar una masturbación que también la satisfizo en cierta mimética y accesoria manera. Y nada más hubo. *Inf* 13.5.70, 1: Las tropas .. lucharon junto a los guerrilleros .., lo cual no había ocurrido .. desde los enfrentamientos habidos hace unos meses. **c) habrá** + n calificador. *Se usa exclamativamente para ponderar lo expresado por el n.* | Berenguer *Mundo* 349: –¿Cuándo vais a volver ustedes? .. –A ti qué te importa, el año que viene volvemos. ¡Habrá tío! **d) no ~ más que pedir.** *Se usa para ponderar la calidad de alguien o algo.* | DCañabate *Paseíllo* 32: Alguna vez que otra, mataba un toro que no había más que pedir, pero por lo general los tumbaba a pellizcos. **e) no ~ para tanto.** No ser para tanto, o no haber motivo suficiente. | Torres *Él* 106: –Qué barbaridad –se solidarizó Diana. –No hay para tanto .. Hacen bien su trabajo. **f) no ~ por dónde coger** [a alguien o algo]. *Se usa para ponderar su alto grado de suciedad, su baja calidad o el pésimo concepto en que se le tiene.* | * El niño venía que no había por dónde cogerlo. L. Calvo *Abc* 29.12.70, 21: Defendiendo a España, pone a la Justicia de Francia, pone a los gobernantes de Francia, pone a los magistrados de Francia que no hay por dónde cogerlos. **g) no hay de qué.** *Se usa esp como fórmula de cortesía para contestar a las palabras* GRACIAS, PERDÓN *o equivalentes.* | * Usted perdone. –No hay de qué. **h) ¿que hay?** (*col*) *Fórmula de saludo.* | Buero *Tragaluz* 85: –¡Hola, Mario! –¿Qué hay? (Se palmean familiares.) **i) si los hay, o donde los haya.** *Siguiendo a la expresión de una cualidad, presenta esta en un grado extremado.* | Cossío *Confesiones* 77: Don José Jackson Veyán, poeta ripioso si los hay, y en aquel tiempo los había. Torrente *Pascua* 268: Con el señor Mariño, con la mujer de Carreira, cristera donde las haya, y con dos o tres más, formaba el comité de las derechas.

8 (*lit*) Con un n cd que significa tiempo: Hacer. | J. CCavanillas *Abc* 13.12.70, 10: A Venecia las altas mareas le comenzaron a corroer, tiempo ha, las entrañas.

➤ **c** *pr* **9 ~selas** [con una pers. o cosa]. Enfrentarse o tratar [con ella]. | Aranguren *Comunicación* 171: Cuando, en lugar de habérselas con una organización estatal estancada .., se adueña del Poder un grupo revolucionario .., la Escuela se ve convertida en órgano de adoctrinamiento.

II *loc adj* **10 de lo que no hay.** (*col*) Tremendo. *Usado como predicat.* | SFerlosio *Jarama* 53: Eres, hija mía, de lo que no hay. En cuanto se te antoja eres capaz de poner en movimiento a media humanidad. ASantos *Bajarse* 83: Menudo disgusto tiene la pobre. Es que sois de lo que no hay.

11 habido y por ~. Imaginable. *Con intención enfática, gralm precedido de* TODO *y frec sustantivado con* LO. | F. Yagüe *Inf* 9.1.75, 24: De todas formas, con todos los antecedentes habidos y por haber, ahí quedan cinco mil personas dejando el dinero en la taquilla del Palacio de Deportes bilbaíno. J. P. Vera *Reg* 31.12.74, 8: Recorremos .. el viejo Badajoz, haciendo compras y hablando de todo lo habido y por haber.

haber[2] *m* **1** Hacienda o caudal. *Tb fig.* | Fraile *Pról. Vida Lagos* IX: Esta escritora tenía su haber bien repleto.

2 *En una cuenta corriente:* Columna en que se anotan las cantidades positivas. *Tb la suma de esas cantidades. Se opone a* DEBE. *Tb fig.* | Van 9.5.74, 5: El nuevo Ayuntamiento .., como cualquier interesado en cuestiones económicas .., ha tenido que hacer balance de algo tan elemental como es el debe y el haber. *Fam* 15.11.70, 31: En esos conceptos principalmente están su debe y haber, sus problemas y sus soluciones.

3 (*admin*) *En pl:* Retribución. | CNavarro *Perros* 202: Los despedía sin pagarles los haberes correspondientes a Navidad, vacaciones y 18 de Julio. ZVicente *Traque* 143: ¿De cuándo ha dicho ella haberes? Eso se llama el jornal en toda tierra de garbanzos.

habichuela *f* Judía (planta, fruto y semilla). | Alvarado *Botánica* 76: Se cultivan por sus semillas el garbanzo, el haba; la alubia, habichuela, judía o fríjol; la lenteja y el cacahuete. Bernard *Verduras* 48: Una vez cocidas las habichuelas en agua .., se escurren bien.

habichuelo *m* (*reg*) Habichuela. | *Hoy Extra* 12.75, 9: Tengo unos cachos de tierra, allá arriba, donde planto habichuelos, patatas, y cosas así. Ferres-LSalinas *Hurdes* 67: La María está en el campo. Ha ido a por los habichuelos.

hábil *adj* **1** [Pers.] apta o capacitada. *Normalmente con un compl especificador. Alguna vez referido a animales.* | R. M. Aller *Odi* 3.2.77, 12: Los hombres que destacaban hasta 1936, habilísimos en el mezquino arte de obtener votos o adulterar elecciones, dieron poco de sí al aplicarse a tareas creadoras de enjundia. DCañabate *Paseíllo* 146: Presumía de ser el más ferviente amante de Madrid, el más hábil musista. A. HCasado *NAl* 12.7.75, 6: De la lidia a caballo bajomedieval tenemos un ejemplo .. Consiste en ciertas maneras de toreo con capa, habiendo de los jacos elegantes y hábiles. **b)** Sagaz y hábil para conseguir su propósito. *Gralm sin compl.* | J. M. Rodríguez *His* 9.77, 108: Existía una irreductible oposición de fondo entre los caracteres respectivos del intransigente Sabbah y el hábil cortesano Nizam. **c)** Propio de la pers. hábil [1a y b]. | Bellón *CoA* 2.1.64, 7: Los progresos de la cirugía y la medicina, las hábiles manos de los cirujanos en enfermería y sanatorio, han traído para los toreros remedio rápido a percances graves que antes suponían la muerte. Laforet *Mujer* 41: Le parecía que había sido un engaño hábil, con mucha escenografía. Palomino *Torremolinos* 99: Requieren un trato muy hábil, una prudente aceptación de su confianza, porque pasan de las buenas maneras a las malas con sorprendente facilidad.

2 (*admin*) [Día] en que funcionan las oficinas públicas y los tribunales. | *Abc* 30.12.65, sn: El proyecto y pliego de condiciones de la subasta podrán examinarse .. durante los días hábiles y horas de oficina. **b)** [Hora] en que funciona una oficina o un establecimiento público. | *BOE* 10.1.75, 581: Los pliegos de condiciones se hallarán de manifiesto en la Secretaría General de la Corporación, todos los días laborables anteriores al de apertura de pliegos, en horas hábiles de oficina. *Jaén* 14.10.64, 6: Pueden presentarse a cualquier hora hábil en nuestro Museo. Marlasca *Abc* 9.1.72, 39: Es cierto que esos mercachifles .. exceden con mucho los horarios hábiles de comercio.

habilidad *f* **1** Cualidad de hábil [1]. | DPlaja *Literatura* 423: La humilde Marisalada –a la que llaman la Gaviota por su habilidad en imitar el canto de los pájaros–, casa con un médico alemán. F. Rivera *Prog* 10.1.56, 27: Este animalejo capitanea una numerosa manada de lobas, lobos y lobeznos .. A su habilidad en comerse ganado y perros, une la astucia de saber escapar siempre. DCañabate *Paseíllo* 111: Era necesario actuar con energía y habilidad.

2 Cosa que denota o implica habilidad [1]. *Frec en pl.* | Arenaza-Gastaminza *Historia* 27: Eran [los cretenses] aficionados a realizar habilidades taurinas. Gambra *Filosofía* 119: El andar, las habilidades manuales, las profesiones u oficios, son producto del hábito. **b)** Cosa para la que [alguien (*compl de posesión*)] es hábil [1]. *Frec en pl.* | *Alc* 22.10.77, 23: Celos entre ellos motivados no por el amor de una mujer, sino por la explotación de su cuerpo y de sus habilidades como reclamo para la realización de determinados hechos delictivos.

habilidosamente *adv* De manera habilidosa. | Candel *Catalanes* 9: Uno daba cierta coba a Cataluña, pero habilidosamente y dorando la píldora.

habilidoso -sa *adj* [Pers.] que tiene habilidad, esp. para trabajos manuales. | Laforet *Mujer* 225: El chico se ve que va entrando en orden y es habilidoso. *DEs* 14.8.71, 17: Se juegan partidos .. Se bordan bastantes buenas jugadas, y ya se adivina, facilonamente, quiénes son los habilidosos y los temperamentales. **b)** Propio de la pers. habilidosa. | MOtamendi *MHi* 5.64, 23: Habilidosa libertad.

habilitación *f* **1** Acción de habilitar. | Ramírez *Derecho* 55: La tutela se extingue por llegar el menor a la edad de veintiún años, por la habilitación de edad y por la adopción. GSerrano *Macuto* 469: El distintivo de la habilitación era semejante al parche de los provisionales y también se llevaba al pecho.
2 Cargo de habilitado. | *Sp* 21.6.70, 7: Así ya lo tenía establecido para el pago a sus funcionarios, con la supresión de 65 habilitaciones. **b)** Oficina del habilitado. | *YaTo* 29.9.81, 67: El adjudicatario deberá depositar en la habilitación del servicio provincial de ICONA la fianza definitiva del 4 por 100 del importe de la adjudicación.

habilitado -da I *adj* **1** *part* → HABILITAR.
II *m y f* **2** Pers. encargada de cobrar los haberes de otras y de distribuírselos después. | *GTelefónica* 11: Habilitados de clases pasivas.
3 (*Der*) *En la secretaría de los tribunales:* Auxiliar que puede reemplazar al secretario, aun sin vacante o interinidad. | *BOE* 14.2.58, 1477: Orden de 31 de enero de 1958 por la que se declara a don Tomás Rivera Marugán en situación de excedencia voluntaria en el Cuerpo de Oficiales Habilitados de la Justicia Municipal.

habilitador -ra *adj* Que habilita. *Tb n, referido a pers.* | GSerrano *Macuto* 469: Un frescales con muchos latines –era maestro rebotado de cura– decía que si la ola habilitadora continuaba, bien podría él verse habilitado de capellán a causa de sus estudios.

habilitante *adj* (*Der o admin*) Que habilita. | *Leg. contencioso-adm.* 67: No podía prescindir [la ley] de ciertos presupuestos mínimos e insoslayables, que son habilitantes, so pena de incurrir en extremismos perturbadores. *Prospecto* 12.92: Tendrán la consideración de investigadores a los efectos de esta Orden .. los bibliotecarios, documentalistas, archiveros y museólogos de dichos países, en posesión de título habilitante oficialmente reconocido para el ejercicio de dichas profesiones.

habilitar *tr* **1** (*admin*) Hacer [a alguien] hábil o capaz [para algo]. *Tb sin compl* PARA. | *Unidades* 40: La XII Conferencia General de Pesas y Medidas .. habilita al Comité Internacional de Pesas y Medidas para designar los patrones atómicos o moleculares de frecuencia a emplear temporalmente. **b)** Hacer hábil [2] [un día u hora]. | * Los jueces y tribunales podrán habilitar los días y horas inhábiles a instancia de parte.
2 Hacer que [una pers. o cosa] sirva [para algo para lo que inicialmente no servía o no estaba destinada]. *Tb sin compl* PARA. | Aranguren *Marxismo* 61: La moral que ambos comportan y, en especial, la lucha por la justicia, habilita un terreno común de parcial entendimiento. **b)** Acondicionar [algo, esp. un local, para determinado fin]. *Frec sin compl* PARA. | *Faro* 3.8.85, 43: Comenzaré con el edificio del Colegio de Artes y Oficios .. Es posible que se arregle el mismo y se habilite para un fin educativo, que para eso fue donado. Luc 1.7.57, 5: Durante la primera guerra civil, se habilitó de nuevo el castillo, reparándose algunos muros y construyéndose recios fortines. **c)** (*Mil, hist*) Conceder [a un jefe u oficial (*cd*) el empleo (*compl* DE) inmediatamente superior al suyo] sin antigüedad ni sueldo. *Frec en part, a veces sustantivado.* | GSerrano *Macuto* 469: Un frescales con muchos latines –era maestro rebotado de cura– decía que si la ola habilitadora continuaba, bien podría él verse habilitado de capellán a causa de sus estudios. GSerrano *Macuto* 469: Los habilitados tenían de su empleo superior todos los honores, obligaciones, responsabilidades, prerrogativas y derechos, menos el del sueldo, que se acomodaba a su grado real.
3 (*admin*) Disponer [un crédito]. | *VozT* 20.9.78, 17: La única vía de solución para mantener los precios al agricultor es que el Ministerio de Agricultura habilite un crédito del orden de los 200 a 300 millones de pesetas como mínimo.

hábilmente *adv* De manera hábil [1c]. | A. Travesí *Abc* 18.5.58, 43: Deshace una red de infundios hábilmente tendida a su alrededor.

habitabilidad *f* Cualidad de habitable. | M. A. Iglesias *Inf* 15.5.70, 16: El Madrid de los años 20 no ofrecía un panorama realmente angustioso para su habitabilidad. Pemán *Andalucía* 436: Del patio puede ir pasándose a las salas que lo circundan .., que por sus excelentes condiciones de habitabilidad fueron ocupadas por los Reyes Católicos.

habitable *adj* Que puede habitarse [2 y 3]. | MSantos *Tiempo* 172: Este ventanillo .. permite una perfecta inspección de cuanto contiene el espacio habitable de la celda. J. Galajares *DBu* 5.8.90, 13: Estaremos haciendo un mundo mejor, más limpio, más habitable, más humano y más divino.

habitación *f* **1** Acción de habitar. | Pericot *Polis* 12: La caza de cabezas, la esclavitud, la habitación en palafitos .. se han atribuido a estas sociedades.
2 Lugar en que se habita [1 y 2]. | Fernández-Llorens *Occidente* 14: El hombre [durante el neolítico] se hace agricultor y pastor y se establece en habitaciones fijas formando pueblos y ciudades. Delibes *Mundos* 35: Otro problema grave es el de la vivienda. El absentismo .., la atracción de la capital sobre los campesinos .., la inmigración. Todo esto se traduce en un formidable déficit de habitaciones.
3 *En una vivienda u otro edificio:* Parte separada del resto mediante tabiques y que no está destinada a servir de paso. | *Economía* 15: La casa debe tener un mínimo de habitaciones de las que no se puede prescindir; estas son: la cocina, los servicios higiénicos, una habitación para los padres, otra para los hijos varones, otra para las hembras, otra para comedor .. y una última para el servicio, si lo hay. **b)** *Esp:* Dormitorio u otra habitación no dedicada a servicios. | Medio *Bibiana* 11: Marcelo Prats se dirige a la habitación y empieza a desnudarse. DPlaja *El español* 91: Las habitaciones del hogar son a menudo tristes. **c)** *En un hotel o establecimiento similar:* Dormitorio. | *Bal* 6.8.70, 26: Hotel de lujo necesita mozo de habitación.

habitacional *adj* De (la) habitación [2]. | Pániker *Conversaciones* 135: Expliqué la asignatura, hablando del aire, del sol, del agua y de la importancia del control del medio para la creación de la forma habitacional. *TCR* 4.11.90, 25: El derruido castillo se alza sobre un pelado cerro .. En su interior no queda ninguna estructura habitacional primitiva.

habitáculo *m* **1** Habitación [2], esp. elemental o rudimentaria. | Ridruejo *Castilla* 2, 26: Vimos en Hontoria del Pinar el tipo de casa frecuente en los pinares y en el valle alto del Duero, una casa que recuerda lo que sabemos del habitáculo celtíbero, aunque desarrollada con mayor holgura. Matute *Memoria* 59: Más allá de los árboles, se adivinaba el resplandor de los habitáculos de los colonos. Mendoza *Gurb* 133: La portera me conduce a su habitáculo. Torres *Ceguera* 71: El mes anterior había visto un reportaje en la revista *Class* sobre habitáculos para ejecutivos.
2 *En un vehículo:* Parte destinada a las perss. | M. Otermín *Ale* 17.8.77, 24: Una de las cosas que los constructores de automóviles tratan de conseguir es aumentar el espacio interior de los vehículos. El habitáculo está siendo tema de atención preferente a fin de darle mayor confortabilidad. Armiñán *Juncal* 64: La llevó a dar una vuelta en el coche de Curro Moreno. Allí pasó lo que pasó, e incluso José Álvarez, desafiando la incomodidad del habitáculo, repitió la suerte.

habitador -ra *adj* (*lit*) Que habita. *Tb n.* | Crémer *SDLe* 13.10.91, XX: En vano los más discretos de entre el vecindario intentaban imponer la realidad de la situación, el buen sentido que debiera derivarse del efecto sentimental producido por la desaparición de las bellas, por la ocupación de la casona por aquel único habitador, hirsuto y receloso. B. M. Hernando *Inf* 2.11.78, 1: Tú .. eras de nuestra familia, nuestra pobre, gloriosa, dulce y amarga familia periodística.

habitante - habitual

Habitador del hueco menos brillante del periodismo: la retaguardia de servicios.

habitante *adj* Que habita [1 y 2] [en un lugar (*compl de posesión*)]. *Tb sin compl. Gralm n, referido a pers o animal*. | *Pap* 1.57, 104: La nación es la imagen ideal, éticamente plasmada del hombre, ser habitante y "operante" dentro de ella. Bustinza-Mascaró *Ciencias* 121: La lombriz de tierra es habitante normal de las tierras húmedas. J. ÁHernández *VSi* 7.89, 51: *Saxif[r]aga pedemontana var. demnatensis,* vicariante marroquí de la especie habitante en los roquedos de los Alpes marítimos. Zubía *España* 229: España tenía, en 1955, cerca de 30 millones de habitantes. M. Quadra *DNa* 21.8.66, 8: A la tarde de aquel día llegaron todos los demás habitantes de la choza.

habitar A *intr* **1** Desarrollar [un ser vivo] su vida [en un lugar, esp. un país o territorio]. *Tb fig*. | Bustinza-Mascaró *Ciencias* 108: Los Foraminíferos .. Habitan casi todos en los mares. J. M. Moreno *Jaén* 12.4.64, 8: Deposita en sí una Santa Imagen llamada de la Cabeza, que tomó el nombre de la peña donde habita.

2 Tener [un edificio o cosa semejante (*compl* EN)] como lugar de cobijo y de vida íntima. *Tb fig*. | *Abc Extra* 12.62, 81: En el Palacio imperial había habitado hasta unas horas antes la emperatriz Lung Ya.

B *tr* **3** Desarrollar [un ser vivo] su vida [en un lugar, esp. un país o territorio (*cd*)]. *Tb fig*. | Estébanez *Pragma* 15: Los que habitan la montaña son gentes de escaso nivel económico. Bustinza-Mascaró *Ciencias* 211: El jabalí y el cerdo .. Habitan bosques, espesos y apartados, y comen tanto productos vegetales .. como animales. J. ÁHernández *VSi* 7.89, 51: Plantas de alta montaña con afinidades filogenéticas con especies, subespecies o razas que habitan las zonas más bajas. MGaite *Búsqueda* 96: Esas mujeres liberadas del matrimonio .. no siempre han aplicado a fondo su inteligencia y su buena fe para habitar y transformar una situación a la que en muchos casos quisieron acceder simplemente porque la sentían prestigiosa.

4 Tener [un edificio o cosa semejante] como lugar de cobijo y de vida íntima. *Tb fig*. | Tejedor *Arte* 30: Entre todos los dioses destacaban doce de superior categoría, los doce dioses olímpicos, que, según los griegos, habitaban un palacio en la cima del Olimpo. Umbral *Mortal* 101: Hasta las ideas se les corporeízan [a los pintores] y les habitan como molduras. **b)** (*raro*) Ocupar [algo (*suj*) un edificio] o tener su sede [en él (*cd*)]. | P. M. Rupérez *Ya* 21.4.88, 24: La Consejería de Cultura y las dependencias de la portavocía del Gobierno regional .. habitan actualmente edificios en la plaza de Trías Bertrán, el Paseo de la Castellana y la calle Castelló.

hábitat (*pl normal,* ~s *o invar*) *m* **1** (*Biol*) Conjunto de condiciones ambientales en las que se desarrolla la vida [de una especie animal o vegetal]. | Alfonso *España* 101: El marco de nuestra convivencia exige precauciones muy serias y estrictas que le hagan soportable como *hábitat* humano. [*En el texto, sin tilde.*] S. RSanterbás *Tri* 11.4.70, 20: Requiere muy escasa mano de obra, al tratarse de animales que viven en un hábitat semisalvaje. Delibes *Año* 73: Durante treinta años ha convivido con animales en sus "hábitats" respectivos. [*En el texto, sin tilde.*] Navarro *Biología* 293: Los seres vivos pueden tener dos ambientes o *hábitat* bien diferentes: el aéreo y el acuático. [*En el texto, sin tilde.*]

2 (*lit*) Habitación [2]. | Aranguren *Marxismo* 82: La *Ville* (París) y la *Cour* (Versalles) constituyen, en el siglo XVIII, el *hábitat* respectivo .. de la burguesía y de la aristocracia en Francia. [*En el texto, sin tilde.*] Chamorro *Sin raíces* 228: Descubre grutas que en tiempo fueron hábitats prehistóricos. [*En el texto, sin tilde.*]

hábito I *m* **1** Tendencia individual a obrar de un modo determinado, adquirida por la reiteración de un acto. | Gambra *Filosofía* 119: Efectos del hábito son una mayor seguridad, facilidad y rapidez en la ejecución del acto, así como una menor consciencia del mismo. **b)** Necesidad morbosa. | *Economía* 338: El tabaco envicia; esto quiere decir que el fumador ha adquirido un hábito que no puede abandonar. * El café crea hábito.

2 Traje propio de los religiosos o clérigos. *A veces se usa como símbolo de la orden religiosa correspondiente*. | Cela *Judíos* 177: Yo no me aparto de estas piedras hasta que lo vea salir con el hábito de San Francisco. Umbral *Ninfas* 25: Pasaban curas o monjas repartiendo noche con el vuelo de sus hábitos. Mercader-DOrtiz *HEspaña* 4, 197: Tuvo también [Feijoo] defensores entusiastas; los más ilustres, su colaborador y compañero de hábito fray Martín Sarmiento y el doctor Martín Martínez.

3 Traje, de tela y color determinados, que alguien se obliga a llevar por devoción o sacrificio. | Laforet *Mujer* 61: Isabel .. solía vestir de hábitos negros o morados. **b)** ~ **penitencial.** (*hist*) Traje impuesto por la autoridad eclesiástica como penitencia por algún pecado público. | CBaroja *Inquisidor* 43: Lo grave es estar habituado a aplicar leyes y penas (y penas tales como la del hábito penitencial).

4 (*Mineral*) Forma característica de los cristales de un mineral. | *Van* 19.5.74, 49: Cuarzo (Cristal de roca). Conjunto de varios cristales bien conformados, ofreciendo su hábito típico de formas del sistema romboédrico.

II *loc v* **5 ahorcar,** *o* **colgar, los ~s.** (*col*) Abandonar [un clérigo o religioso] la vida eclesiástica. *Tb fig*. | Grosso *Germinal* 11: La gente decía de él que si había estudiado para cura y había ahorcado los hábitos. *SPaís* 7.10.79, 34: La progresiva aparición de curas casados en los últimos años, junto a la riada de clérigos que cuelgan los hábitos y se secularizan, no ha conmocionado al país. SSolís *Camino* 274: Que la invite Carmina cuando se decida a ahorcar los hábitos y casarse, que es lo que debiera hacer.

6 tomar el ~, *o* **los ~s.** Ingresar solemnemente en una orden religiosa. | *Ext* 24.11.70, 6: María del Pilar Oriol Muñoz .. ha tomado hoy los hábitos de novicia en el convento de la Encarnación de esta capital.

habituación *f* Acción de habituar(se). *Tb su efecto.* | Alfonso *España* 89: La convivencia precisa, como todo, del aprendizaje, la habituación y el oficio que solo se logran empezando desde abajo. Gambra *Filosofía* 200: Este carácter psicológico e individual de la conciencia determina en ella una diversidad de estados o situaciones posibles en su relación con la verdad, en su claridad interior y en su habituación.

habitual *adj* **1** De (los) hábitos [1]. | Gambra *Filosofía* 118: En la escala de los movimientos del animal tiene gran importancia el hábito o movimiento habitual.

2 Que tiene carácter de hábito [a] por su frecuencia o su constancia. | *Santander* 79: En las aldeanas era habitual el uso del pañuelo de vivos colores airosamente prendido en la cabeza. J. Parra *Ya* 28.11.85, 29: Isabel confesó recientemente, con su habitual paciencia asiática, que está pero que muy harta del acoso de que es objeto. Gambra *Filosofía* 112: Es frecuente entre los vascos que aprendieron en esa lengua sus primeras palabras, pero las olvidaron después por falta de uso, que en la hora de su muerte recen en vasco las oraciones habituales. **b)** (*Rel catól*) [Gracia o pecado] que tiene carácter de hábito permanente. *Se opone a* ACTUAL. | SLuis *Doctrina* 119: La Gracia puede ser: santificante o habitual y actual. Villapún *Moral* 53: Pecado actual es toda acción, u omisión, contraria a la ley de Dios. Pecado habitual es la mancha o estado en que queda el alma después de cometer el pecado actual.

3 Que existe o se produce de manera constante o muy frecuente. | Noval *Fauna* 108: La Pagaza pinturroja (*Hydroprogne tschegrava*) es poco habitual en nuestras costas. Olmo *Golfos* 163: Este hecho revolucionario no le liberó de su horizonte habitual. *Prog* 31.7.76, 2: Las patatas mantienen su precio anterior, 13 pesetas el kilo. Nos referimos a los puestos habituales. Los vendedores de ocasión, en principio, trataron de superar quizá esta marca. **b)** (*Gram*) Que expresa una acción que se produce con regularidad. *Se opone a* ACTUAL. | Amorós-Mayoral *Lengua* 81: "El agua hierve a 100 grados." A este presente se le llama habitual para distinguirlo del anterior, llamado actual.

4 [Pers.] que realiza de manera frecuente [la acción expresada por el n. al que acompaña]. | *YaTo* 21.2.81, 22: Los detenidos son Dionisio Carmona Chico, .. José María Vallejo Ibáñez, de diecinueve años, ambos con antecedentes penales y deli[n]cuentes habituales. *VozC* 23.1.55, 4: Se nota en el mercado la ausencia de los compradores habituales. **b)** [Pers.] que acude con mucha frecuencia [a un lugar (*compl de posesión*)]. *Tb sin compl. Tb n*. | A. Olano *Sáb* 10.9.66, 6: También lo haremos de los lugares de moda, de las personalidades que aquí son habituales. Diosdado *Anillos* 1, 64: La clientela [del café] suele ser siempre la misma .. Los habituales son gente que en su mayoría no rebasa los cuarenta años. *Gar* 29.9.62, 52: Los habituales de la célebre estación suiza afirman que incluso exteriormente se parecerá mucho al chalet de su abuelo. **c)** [Pers.] que aparece con frecuencia [en un medio de comunicación]. *Tb n.* | Ju. Echevarría *Ya* 15.1.91, 45: No hablo de Felipe González y Ruiz Mateos, sino de Alfonso Guerra y Ramón Mendoza; ambos, habituales del *couché.*

habitualidad *f* Cualidad de habitual. | GHortelano *Amistades* 68: Siempre le había gustado atesorar las ciudades o los rostros en sus primeras presencias, faltos de habitualidad. FVidal *Duero* 70: El caminante se adormila, mientras observa, a través de los marajes, el vuelo majestuoso de las águilas, bañándose en el azul del cielo, cosa que, según otro poeta, hace Dios con habitualidad y divertimento.

habitualizarse *intr pr (raro)* Hacerse habitual [2 y 3] [algo]. | MGaite *Cuento* 310: Los cuentos repetidos .. pueden, como al amor habitualizado, causar placer.

habitualmente *adv* De manera habitual [2 y 3]. | DPlaja *El español* 113: Los casos de hombres habitualmente poco valerosos que asombran por su serenidad en el momento de afrontar el pelotón de fusilamiento se han repetido.

habituar *(conjug 1d) tr* **1** Acostumbrar [a alguien *(cd)* a algo]. | *Puericultura* 32: Los huevos no deben administrarse hasta los diez meses, dando solamente la yema y comenzando por habituar al niño a este nuevo alimento de una manera gradual. **b)** *pr* Acostumbrarse [alguien a algo]. *Frec en part, a veces sustantivado.* | Ybarra-Cabetas *Ciencias* 398: Los llamados caballos salvajes de América son descendientes de caballos domésticos que se escaparon en la época de la colonización y se habituaron a la vida libre de las praderas y las pampas. CBaroja *Inquisidor* 42: Lo grave es estar habituado a aplicar leyes y penas.

2 Hacer que [alguien] adquiera hábito [1b] [de algo *(compl* A)]. | CBonald *Ágata* 154: Habían sido recetados y amorosamente preparados [los narcóticos] por Alejandra, a partir de unas infusiones de raíz de beleño con orujo que acabarían habituando a la consumidora a los más activos remedios del láudano. **b)** *pr* Adquirir [alguien] hábito [1b] [de algo *(compl* A)]. *Frec en part, a veces sustantivado. Tb sin compl, por consabido.* | *Abc* 28.6.70, 51: Hizo un estudio de los síntomas digestivos y neurósicos que experimenta el habituado al uso del tabaco cuando intenta dejar de fumar. Cela *Judíos* 21: Castilla es un poco como una droga de amargos y duros primeros sorbos que no hace efecto alguno al castellano, que ya es un drogado, un habituado, pero que sobresalta y espanta al forastero.

habitud *f (lit, raro)* Hábito [1]. | *Abc* 24.3.66, 89: El hombre .. está vertido a los demás desde el punto de vista genético, y esta versión se imprime en su inteligir. La afección que recibe e infiere a los demás es una "hexis" o "habitud" que tiene su expresión en el lenguaje. L. Calvo *Abc* 20.9.72, 31: Han querido luego llevar su ira más lejos de lo que es admisible en las frías habitudes de aliado a aliado.

habitué *(fr; pronunc corriente,* /abitüé/*) m (lit)* Habitual [4b]. | FVidal *Duero* 169: Se acerca a la barra con la naturalidad de un habitué antiguo. Umbral *Gente* 215: Aguirre nos cambió a los habitués de Liria.

habiz *adj (hist) En la Edad Media:* [Bien] inmueble donado a una mezquita o a una institución religiosa musulmana. *Frec n m.* | Vernet *Toponimia* 563: Los cartularios, los libros de bienes habices, los repartimientos y todos los documentos medievales tienen una importancia de primer orden. F. RMonteoliva *Ide* 12.8.90, 11: Las haciendas de los moriscos se repartieron en 88 suertes: 73 suertes para los 73 vecinos ..; 11 suertes para ventajas y 4 para reponer lo que, de las suertes repartidas, pudiera resultar ser de la Iglesia o de los habices.

habla I *f* **1** Facultad de hablar [1a]. *Frec en constrs como* DEJAR SIN ~ *o* QUEDARSE SIN ~, *para ponderar sorpresa, susto o admiración.* | Argote *Ya* 26.4.75, 62: Nada puedo decirle, amigo, de esas peliculitas, porque solo he visto una... Y me dejó sin habla.

2 Acción de hablar [1, 2a y b y 3a]. *Tb su efecto.* | Amorós-Mayoral *Lengua* 25: Al escribir, necesariamente dividimos nuestra habla en palabras; al hablar, unas veces lo hacemos y otras no.

3 Idioma o lenguaje. | Lapesa *HLengua* 133: Los caracteres más distintivos del habla castellana no empiezan a re-

gistrarse con alguna normalidad hasta mediados del siglo XI. MCampos *Abc* 18.4.58, 3: El Congreso de "habla inglesa" que se reunió en la capital de Gran Bretaña ofreció un banquete al nuevo jefe de las fuerzas militares del O.T.A.N.

4 *(Ling)* Utilización que cada hablante hace de la lengua. | Lázaro-Tusón *Lengua* 23: Frente a la lengua, que es inmaterial (se aloja en la memoria), el habla es material (puede oírse o leerse).

II *loc adv* **5 al ~.** En comunicación o en trato [con alguien]. *Frec con vs como* ESTAR *o* PONER. | Lera *Bochorno* 194: —El objeto de esta pequeña reunión, querido compañero, es ponerte al habla con don Leandro Soriano —e indicó a Soriano con un gesto.

hablado¹ -da *adj* **1** *part* → HABLAR.

2 Que se realiza hablando [1]. | *País* 27.1.77, 25: España a las ocho, primer diario hablado. MGaite *Búsqueda* 20: Si el interlocutor adecuado no aparece en el momento adecuado, la narración hablada no se da. Academia *Esbozo* 338: El nominativo *vosotros, vosotras* es sustituido por *ustedes* en Andalucía occidental, especialmente en el uso hablado.

3 bien ~, mal ~ → BIENHABLADO, MALHABLADO.

hablado² *m (pop)* Manera de hablar. | Ferres-LSalinas *Hurdes* 122: El hablao y el trato de la gente de aquí es distinto que el de los pueblos que han pasao.

hablador -ra *adj* **1** Que habla [1]. | Castellanos *Animales* 112: Puede también ocurrir que algún ejemplar no se decida jamás a hablar, incluso en el caso de los papagayos grises, que pasan por ser los más habladores. **b)** Que habla de manera excesiva o inoportuna. *Tb n, referido a pers.* | DCañabate *Abc* 18.10.77, sn: A Marcela la conocía toda la calle de las Veneras por la "Cotorrilla", porque era una habladora sempiterna.

2 De(l) habla [2]. | *Ya* 8.12.72, 3: ¡Los muñecos más simpáticos! .. Tienen caras muy expresivas, cuerpo de algodón y pelo de hilo grueso. Mecanismo hablador.

habladuría *f* Comentario sobre alguien ausente, criticándole. *Más frec en pl.* | Laforet *Mujer* 112: José .. se pasaba las horas muertas en casa de esta mujer, indiferente a cualquier clase de habladurías. **b)** Rumor, o noticia poco segura o sin fundamento. | S. RSanterbás *Tri* 11.4.70, 19: Según las habladurías, perdió su fortuna en el intento de obtener una estirpe de toros con los ojos verdes. *Odi* 19.8.64, 3: La posibilidad de que el hombre viaje al sistema solar, pura habladuría.

hablanchín -na *adj (reg)* Parlanchín (que habla mucho, esp. de manera indiscreta o inoportuna). *Tb n.* | Mendicutti *Palomo* 219: Después, desatada, y con lo hablanchina que siempre fue, se puso a protestar como una locomotora. Landero *Juegos* 332: ¿Qué dice la alcahueta, la ateaza, la vieja verde, la bujarrona de las pieles, la bachillera clueca, la hablanchina, la parloterilla, .. la comadre nefanda?

hablante *adj* [Pers.] que habla [1, 2 y 8]. *Frec n.* | Aranguren *Marxismo* 21: Lo único que de verdad se propone el hablante es lanzar una palabra como sucedáneo de una piedra o de una bofetada. Tovar *Lucha* 37: Se calculan en cinco millones los hablantes del catalán y sus dialectos.

hablar I *v* **A** *intr* **1** Emitir sonidos del lenguaje. | Delibes *Guerras* 27: ¿Quieres decir que, antes de aprender a hablar, el Bisa ya te contaba esas historias? Olmo *Golfos* 181: Desde entonces [el loro] no habla. F. Montero *Odi* 4.7.68, 4: Si las aguas del río Odiel .. hablaran, ellas nos dirían quiénes fueron los que, en su día, moraron en aquella zona de la alta serranía de Huelva. **b) estar hablando** [una pers.]. *(col)* Estar muy fielmente representada en un retrato. | * Vi su retrato, y realmente está hablando. **c) solo le falta ~.** *(col)* Fórmula con que se pondera la perfección de un animal o cosa o de una representación humana o animal. | * A este perro solo le falta hablar. * La Venus de Milo es perfecta; solo le falta hablar.

2 Hablar [1a] para decir algo [a alguien *(ci o compl* CON)]. *Tb sin compl.* | Medio *Bibiana* 9: Ella le habla en voz baja. MSantos *Tiempo* 211: Dígame cuando sean los ejercicios para que yo hable con el Tribunal. C. Sentís *Inf* 26.9.74, 17: El Papa habló largo rato y en varios idiomas. Llovet *Tartufo II* 35: —¡Qué bien hablas! —Es que tengo las vértebras en su sitio. **b)** Expresarse o decir algo sin hablar [1]. | Pemán *Abc* 10.9.75, sn: Los españoles .. se han acostumbrado a hablar; o todavía más difícil: "entender" por señas. FQuintana-Velar-

hablilla – hacendado

de *Política* 116: El cuadro de distribución de la propiedad .. habla por sí mismo. **c) ~ de tú, ~ de usted** → TÚ, USTED. **d)** (*Naipes*) Expresar [un jugador] la jugada que decide hacer. | *Naipes extranjeros* 17: No está permitido "hablar" o tirar las cartas fuera de turno. [*En el póker.*] **e)** (**eso son**) **ganas de ~.** *Fórmula con que se pondera la falta de fundamento o de oportunidad de lo que se dice.* | * No le hagas caso; solo son ganas de hablar. **f) ~ por ~, o ~ por no callar.** Hablar [2a] sin fundamento o sin venir al caso. *Frec en la constr* ESO ES ~ POR ~ (O POR NO CALLAR). | Delibes *Cinco horas* 44: No me vayáis a negar que inteligente lo es un rato largo, que no es hablar por hablar. * Lo mío es hablar por no callar, pero no me hagas caso. **g)** (**mira**) **quién habla**, o (**mira**) **quién fue a ~.** (*col*) *Se usa para comentar que la pers que habla incurre en aquello mismo que critica en otro.* | Torres *Él* 120: ¡Mira quién habla!, se escandalizó Diana Dial. * –Llega tarde casi todos los días. –Mira quién fue a hablar. ¿A qué hora llegas tú? * ¡Quién fue a hablar! **h) no me hagas ~.** *Fórmula con que se hace callar al interlocutor amenazándole con decir algo inconveniente o molesto para él.* | * No me hagas hablar, que puedes lamentarlo.

3 Hablar [1a] [con alguien] intercambiando ideas, noticias u opiniones, a veces implicando actitud amistosa. *Tb sin compl, con suj pl. Tb pr, con sent recípr.* | J. L. VDodero *Abc* 27.3.58, 3: Zaqueo se sintió movido a contemplar a aquel famoso profeta que hacía milagros y hablaba con los pecadores. Matute *Memoria* 97: Toni y su primo no se llevaban bien. Nunca les vi hablarse. **b)** (*pop*) Estar en noviazgo. *Con compl* CON, *o con suj en pl. Tb pr.* | Delibes *Guerras* 118: Ahí tiene al Emigdio, el veterinario de Quintana, que empezaba a hablar con la Corina, o sea, mi hermana. Montero *Reina* 60: Me encontré en el tren con Isabel .., aquella rubiona que se habló con mi hermano cuando eran chicos. **c) no ~ a** (o **no ~se con**) [una pers.]. No tener trato o estar enemistado [con ella]. *Tb* NO ~SE, *sin compl, con sent recípr.* | *Catecismo 4* 103: Un niño se ha peleado con otro. Llevan varios días sin hablarse. Explica qué piensan estos niños.

4 Hablar [2a y b] para decir cosas [sobre alguien o algo (*compl* DE, SOBRE o ACERCA DE)]. | Medio *Bibiana* 11: He dicho que no y que no... Y no volvamos a hablar más de esto. Marsé *Dicen* 187: Hablando del madriles se calentaron otra vez los ánimos. Torrente *SInf* 19.12.74, 28: Casi enfrente se mantiene aún .. la casa, o más bien palacio, de las señoritas de Tejerina, de quienes hablé aquí hace un año. **b)** Tratar [algo (*suj*) de una cosa] o tener[la (*compl* DE)] como tema. | M. M. Vías *Ya* 24.12.75, 31: El romancillo popular que habla de la sed del Niño y el "naranjel" que la alivió se recuerda en la huida. **c)** Suscitar [algo (*suj*)] el recuerdo [de una pers. o cosa (*compl* DE)]. | GNuño *Madrid* 30: Volviendo al vestíbulo, hallamos las salas dedicadas al Madrid dieciochesco y borbónico. En las primeras todo habla de Carlos III. **d)** Usar [la denominación que se expresa (*compl* DE)] al hablar [2a y b] de algo. | Ramírez *Derecho* 26: En este caso se habla de violación. Y, naturalmente, se castiga al macho incontinente. **e) ~** [algo] **bien**, o **mucho**, o **muy alto** (*u otro adv equivalente*) [de una pers. o cosa]. Poner[la] de manifiesto o realzar[la]. | A. Nadal *Van* 12.9.74, 65: De su cerámica habla bien alto la fuente de la plaza Santa Ana. *Ade* 3.3.87, 36: Esto habla muy bien del aspecto personalizado de toda jaqueca. **f) ~ y no acabar** [de una pers. o cosa]. Ponderar[la] extraordinariamente. | N. Dorado *Odi* 27.1.77, 14: El Baudilio, el hombre, que fue furtivo de toda la vida, habla y no acaba de la caza de conejos con hurón. **g) ni ~.** (*col*) *Fórmula con que se rechaza decididamente lo que se acaba de oír o decir. A veces* NI ~ DE ESO, o NI ~ DEL ASUNTO, o NI ~ DEL PELUQUÍN. | Delibes *Cinco horas* 43: No es que yo diga que Elviro fuese un ideal de hombre, ni hablar. Mihura *Maribel* 22: No vayan a creer que copio de esos figurines de las revistas. Ni hablar del asunto. Se me ocurren a mí, así de pronto, y voy a la modista y se lo explico. Bochorno 64: –¡Cuenta, cuenta! – –¡Ni hablar de eso! Es solo para hombres. Gironella *Millón* 571: –Creo que la actual epidemia de fanatismo político durará poco .. –Ni hablar del peluquín. * Ni hablar de vender la casa. **h) no se hable más** (**del asunto**). *Fórmula con que se da por terminada una conversación o discusión.* | * Si tú quieres que sea así, no se hable más.

5 Murmurar o comentar. *Frec en la constr* DAR QUE ~. | * La gente empieza a hablar de su amistad con él. Cela *Judíos* 303: El número de los toros que fueron también dio lo suyo que hablar y que escribir.

B *tr* **6** Tratar [un asunto]. | Delibes *Guerras* 134: Eso es para hablarlo despacio, ¿no le parece?

7 Decir. | Delibes *Príncipe* 72: Son muchos los que dicen cosas inconvenientes. Luego nos extrañamos de que los niños hablen lo que no deben. Lera *Olvidados* 289: Hubiera deseado entonces que ella siguiera hablando lo que fuese, que gritara incluso. **b) no hay más que ~.** *Fórmula con que se da por terminada una conversación o discusión.* | SFerlosio *Jarama* 246: –Si ellos están conformes, que se cojan su asiento .. –¡Hale, hale! .. –No hay más que hablar.

8 Ser capaz de expresarse [en un determinado idioma (*cd*)]. | Cossío *Confesiones* 235: De doce idiomas que hablo .., el que hablo peor es el castellano. **b) ~** [dos o más perss.] **idiomas** (*u otro término equivalente*) **diferentes.** Ser incapaces de comunicarse o de entenderse. | *SByN* 8.11.78, 5: Padres e hijos hablan idiomas diferentes; no se comunican.

II *m* **9** (*raro*) Habla o lengua. | Buesa-Enguita *Léx. América* 22: No se justifica utilizar *español de América* en la designación misma de estos hablares, como si se tratara de una lengua o de una forma de lenguaje unitaria y diferente de la que se usa en España.

III *loc adv* **10 hablando mal y pronto.** (*col*) *Se usa para justificar el modo crudo con que se dice algo.* | * Eso, hablando mal y pronto, es una cochinada.

hablilla *f* Habladuría. | Vera *Lecturas* 149: Judía en su origen, a creer las hablillas de la leyenda, la piedad de uno de sus dueños la dio un nombre que, grabado en sus sillares, pronto fue popular: "Casa de los Picos". Delibes *Tesoro* 106: A mis oídos había llegado la hablilla de que el tal don Lino había bajado a Covillas jurando por sus muertos que la mina no pertenecía a Gamones sino a Pobladura.

hablista *m y f* Pers. que se distingue por la pureza y perfección de su lenguaje. | MSantos *Tiempo* 133: Reverenciado en las universidades alemanas de provincia, oráculo, periodista, .. hablista.

habón *m* **1** Bulto en forma de haba que se forma en la piel de una pers. o animal, esp. a causa de una picadura. | Berenguer *Mundo* 234: Empezó vomitando y luego le salieron habones en la boca.

2 Haba (fruto o semilla) grande. | *VozC* 6.10.68, 6: En habas apenas se presentan ofertas en lonjas, con buena demanda para ellas en espera de algunas importaciones de habones.

habsburgués -sa *adj* (*hist*) De la dinastía germánica de Habsburgo, que reinó en Austria de 1279 a 1918 y en España de 1516 a 1700, y que ocupó el Sacro Imperio Romano de 1440 a 1806. | Reglá *HEspaña* 3, 173: Las abdicaciones del emperador separaron la herencia habsburguesa, que pasó a su hermano Fernando, y la hispánica, a cuyo frente fue colocado su hijo Felipe II. J. Balansó *SAbc* 5.1.75, 12: Con el reinado de Francisco II, nieto de María Teresa, .. se perfila y concreta la nueva Monarquía habsburguesa.

hacanea *f* Jaca grande, pero menor que el caballo, y muy apreciada. | Onieva *Prado* 115: Monta [la reina] una hacanea castaña y blanca de rica gualdrapa labrada.

hacedero -ra *adj* Que se puede hacer, o que es fácil de hacer. | DCañabate *Paseíllo* 64: La combina del Merluzo parecía muy hacedera, pero ¿sabría realizarla al pie de la letra como era menester? GNuño *Escultura* 172: Hasta hace pocos años era hacedero adquirir, por unos pocos reales, exvotos, silbatos, botijillos.

hacedor -ra *m y f* Pers. que hace [algo (*compl de posesión*)]. *Gralm sin compl y con mayúscula, referido a Dios, y frec en constrs como* SUMO o SUPREMO ~. | Pericot-Maluquer *Humanidad* 35: Leakey y Tobias han creado, con los restos del *Pre-Djinianthropus*, el llamado *Homo habilis*. Este sería el primer hacedor de útiles en el mundo. *Sáb* 17.5.75, 34: La multa de diez millones a "Agua de Solares". "Ha sido una sanción al Sumo Hacedor", dice su consejero delegado. Miret *Tri* 19.12.70, 20: Los "mansos" .. son .. los "verdaderos hacedores de paz".

hacendado -da *adj* [Pers.] que tiene mucha hacienda en bienes raíces. *Frec n.* | Halcón *Manuela* 34: Más señorita que las hijas de todos los hacendados del contorno.

hacendera *f* **1** *En los pueblos pequeños:* Prestación personal a que está obligado todo el vecindario, en un trabajo comunal. | Moreno *Galería* 50: A las hacenderas acostumbraba a seguir una reunión vecinal en la Casa de Concejo. Mateo *Babia* 97: Hablaba yo con don Nicanor de aquellas nevadas de antes, de cuando había que salir de hacendera para abrir camino.
2 (*reg*) Trabajo cotidiano del hogar. *Frec en sg, con sent colectivo.* | Ó. Pinar *DíaCu* 9.9.84, 13: Sus mujeres son como hormigas, ya que, además de las hacenderas de la casa y el campo, "a veces también animales", ayudan a sus maridos a hacer sus casas en los fines de semana.

hacendismo *m* Conjunto de conocimientos relativos a la hacienda pública. | An. Miguel *Abc* 2.5.58, 3: Me refiero a las vocaciones sublimes que solo se dan en los verdaderos genios del hacendismo –y por eso figuras como Necker perduran con brillo propio–.

hacendista *m y f* Especialista en hacendismo. | Tamames *Economía* 40: La obra desamortizadora, en la que los economistas y hacendistas habían puesto todas sus ilusiones, no constituyó la esperada panacea para nuestra agricultura.

hacendístico -ca *adj* De (la) hacienda pública. | E. Borrás *HLM* 14.12.70, 17: Curioso el acontecer financiero de la subsistencia de los dos sistemas loteros .. por el hecho de producirse tan fuerte concurrencia jugadora imprevista, que de haber ganado hubiera sido la quiebra hacendística.

hacendosamente *adv* De manera hacendosa. | Cela *Judíos* 53: Las .. aguas del cielo .., a veces, se derraman trayendo una paz inefable al corazón de los vagabundos. Que no van por leña hacendosamente, cierto es, pero que tampoco mueren.

hacendoso -sa *adj* [Pers.] diligente en las faenas domésticas. *Normalmente dicho de mujeres.* | Clara *Sáb* 10.9.66, 46: Es desenvuelta, simpática y hacendosa. **b)** Propio de la pers. hacendosa. | * Su comportamiento hacendoso cautivó a la abuela.

hacer (*conjug* 25) **I** *v* **A** *tr* ➤ **a** *normal* **1** Es el *v* fundamental para la expresión de las nociones generales de 'acción' y 'causa'. | Cunqueiro *Un hombre* 11: Por la brecha que hacía el cubo derruido se veía parte de los jardines del Estudio Mayor. Carandell *Madrid* 63: Cuesta mucho trabajo hacerse un bufete. Cunqueiro *Un hombre* 12: Y un pequeño mercado se hacía bajo los soportales de la plaza. Torrente *Saga* 582: Un gato que enarcaba el lomo y hacía fu. Aldecoa *Gran Sol* 26: Comenzaban a llegar [al bar] tripulantes del bonitero. Se les hacía sitio en la barra. ASantos *Bajarse* 71: Oye..., que le vas a hacer daño a la chica. **b)** ~ + *infin* [a alguien o algo], o ~ *que* [alguien o algo] + *subj* = OBLIGAR [a alguien o algo] A + *infin*, o MOTIVAR QUE [alguien o algo] + *subj*. | Cunqueiro *Un hombre* 121: El músico hizo decir a su laúd una música soñadora. A. Osorio *Abc* 8.6.74, 3: Guerras religiosas implacables, .. intransigencias políticas que hacían que .. el ejercicio del Gobierno terminase en el exilio, la prisión o la muerte. **c)** *En part:* Concluido o resuelto. (→ acep. 32.) | Torrente *Vuelta* 377: Les tendió la mano. El presidente, al estrechársela, señaló los muebles del alpendre. –No tiene por qué cargarlo usted. Con que nos avise, venimos dos o tres y, en un momento, hecho.
2 Lleva como *cd* un *pron* de *sent neutro* (LO, ESTO, ALGO, MÁS, QUÉ, *etc*) *que representa una acción enunciada antes, o consabida, o no determinada.* | Arce *Testamento* 18: El Bayona me daba un empujoncito. No hacía más. Medio *Bibiana* 12: La cabeza de Marcelo .. despierta en Bibiana .. un deseo de acariciarla, de besarla .., pero no lo hace. Salvador *Haragán* 7: Dime, José, ¿qué estabas haciendo?
3 Formar [a alguien] intelectual, moral o profesionalmente. | Torrente *SD16* 9.7.88, VI: Los tres vinimos al mismo tiempo desde el mismo lugar, y pertenecemos a esta casa, que nos hizo intelectualmente y pienso que también nos confirió carácter. **b)** **-se a sí mismo.** Crearse una situación por su propio esfuerzo, sin ayuda de los demás. | Torrente *Off-side* 16: Yo no he tenido tiempo. Lo he consumido en hacerme a mí mismo.
4 (*pop*) Engendrar [un hijo en una mujer (*ci o compl* EN)]. | Cela *Judíos* 35: No me lo bese, es moro y no lo he de cristianar hasta que vuelva el padre que me lo hizo. Cunqueiro *Crónicas* 176: Eran hijas naturales del conde sordo de Laval, que las hizo en la confitera que iba a su huerta a comprar higos para poner en almíbar.
5 Expeler [excrementos]. *Frec como pr, denotando que la acción es involuntaria. Tb abs. Frec en la constr* ~SELO ENCIMA (→ ENCIMA). | A. Ramos *Ya* 9.6.73, 42: Próspera, la abuela, se siente con derecho a decir maldiciones cada vez que reprende a un nieto que hace caca junto a la puerta de su casa. Delibes *Cinco horas* 239: Las horas muertas que te has pasado en este despacho, dala que te pego, es que ni a hacer pis. Arce *Testamento* 42: ¿Es que me va a seguir cada vez que tenga que hacer una necesidad? Delibes *Parábola* 39: Se hacía todo en la casa. Berenguer *Mundo* 307: Yo estaba como un muerto, .. haciéndomelo todo encima. Berlanga *Acá* 105: A Gabriela se le olvidó comprar algún tomate o medio de ciruelas claudias o algo que la aligerase; porque desde que había llegado estaba sin hacer y se notaba como bloqueada. Cela *Escenas* 150: –¿Habrá por aquí algún café? –¿Algún café? –Sí, Ildefonso..., es que ya no puedo más. –¡Vaya! ¡Mira que te tengo advertido que salgas hecha de casa! Bueno, ¡pues como si oyeras llover! .. –¡No digas llover, Ildefonso, por favor te lo pido!
6 Constituir o totalizar [una cantidad]. | Pinilla *Hormigas* 223: Traigo setenta y cinco kilogramos como este, que hacen siete pesetas con cincuenta céntimos. **b)** Pesar. *El cd expresa la cantidad de peso.* | Aldecoa *Gran Sol* 50: Cogiéndolo [al pez] por la cola Manuel Espina lo sopesó. –Hará siete quilos. **c)** Admitir [un recipiente (*suj*) una determinada cantidad (*cd*) de contenido]. | * Esta botella hace un litro. * Este saco hace unos veinte kilos. **d)** Cumplir [determinada edad]. | Llamazares *Río* 14: –¿Cuántos años tienes? –Doce. Y hago trece en septiembre.
7 Recorrer [un espacio o lugar determinados]. | Cela *Viaje andaluz* 14: Entrar en Ávila por la puerta salmantina de Béjar; seguir por Segovia a buscar el camino de la Alcarria; hacerse Madrid y la Mancha de Toledo, de Cuenca, de Albacete y de Ciudad Real. Marsé *Dicen* 279: Yo voy al cine a ver si le han dado entradas a mi madre y de paso me hago las tabernas por si vende alguna postalita.
8 Convertir [a una pers. o cosa (*cd*)] en [algo (*predicat*)]. *Frec con compl refl. Tb fig.* | MGaite *Retahílas* 46: Lo que nos hacía más cómplices era sentir rondando aquel castigo suyo. CBonald *Dos días* 211: A mí me gustaba más hacerme médico, pero Perico me lo quitó de la cabeza. FCid *SAbc* 24.11.68, 35: Los músicos pueden hacer compatible, y lo hacen siempre, la lectura de los papeles pautados que tienen frente a sí y la observación, con el rabillo del ojo, de forma instintiva, del maestro. **b)** *pr* Convertirse [en algo (*predicat*)]. | HLM 22.7.74, 3: Normalmente circula por la sangre una sustancia llamada fibrina, que tiene la propiedad de hacerse sólida en determinadas circunstancias.
9 ~ **el** + *adj o n calificador* = PORTARSE COMO + *el mismo adj o n calificador*. | MGaite *Visillos* 111: –Pero ¿todavía le escribes? –la riñó su hermana–. Pues, hija, también son ganas de hacer el tonto. Diosdado *Olvida* 32: Tengo la desagradable sensación de haberme pasado la vida haciendo el primo. **b)** Fingir. *El cd es una prop introducida por* QUE, COMO QUE *o* COMO SI. | Hoyo *Glorieta* 33: Algunos que pasan hacen como que se van a sentar junto a él. **c)** *Con compl refl:* Fingirse [algo (*predicat con art def*)]. | Ferres-LSalinas *Hurdes* 88: Quizá por hacerse los valientes, se tumban de nuevo. Matute *Memoria* 232: ¡No te hagas ahora la inocente!
10 Resultar. *Seguido del adj* BUENO (*u otro equivalente*) + *un n que designa pers de determinada condición o características.* | MSantos *Tiempo* 211: Tiene buenas manos .. Puede usted hacer un discreto cirujano. Mihura *Maribel* 69: Cuidado que eres ordenadita, hay que ver ... Desde luego vas a hacer una esposa modelo. GArnau *Inf* 12.1.78, 17: Harías un excelente Director general de Política Exterior.
11 Ocupar [un determinado lugar (*cd*) en una serie]. | *Inf* 1.2.75, 14: Hace el número 16 de una familia de 19 hijos.
12 Suponer [a alguien (*cd*) dotado de la cualidad que se expresa, o en la situación o lugar que se expresan (*compl adv o predicat*)]. | Lera *Bochorno* 12: –Yo os hacía empollando ... –Esa especie sería por estos, que tiran para sabios. Delibes *Príncipe* 77: –¿Verdad que al Moro le han llevado los demonios al infierno? .. –¡Jesús, qué cosas se le ocurren a esta criatura! ¿Tan malo le hacías al Moro?
13 Adaptar o habituar [a una pers. o cosa (*cd*) a algo]. | Arce *Testamento* 69: Poco a poco fui haciendo mis ojos a la

hacer - hacer

penumbra y comprobé que El Bayona se había sentado junto a la puerta. **b)** *pr* Adaptarse o habituarse [a algo]. *Tb sin compl.* | Gala *Hotelito* 40: Yo a esto no me hago. A mí me gusta restregar mis dorados, enjalbegar bien mis paredes. Olmo *Golfos* 16: Su cuerpo lo cubría con .. un pantalón sucio, raído, hecho a bajar cuestas. Delibes *Guerras* 60: Que disparase la escopeta orilla la cuna para que me fuera haciendo.

14 Disponer o arreglar [una cosa] para su utilización normal. | Cela *SCamilo* 42: Para hacer las camas tampoco voy a contratar al general Prim. Cela *Rosa* 119: La abuela me dispuso una honda maleta de piel clarita con las cantoneras más oscuras, y mis tías la hicieron, muy ordenadamente, con mis camisas y mis pañuelos, mis trajes, mis calcetines, mis jerseys y mis zapatos. *ProP* 17.9.75, 8: Ellos se hacen los cuartos, ellos limpian, ellos friegan la loza. **b)** Arreglar o embellecer [una parte del cuerpo]. | Umbral *País* 14.1.77, 20: Como la que se hace los pies en el pedicuro. Goytisolo *Recuento* 433: Como si en lugar de proceder a dilatar el cuello de la matriz le estuviera haciendo las uñas. **c)** (*reg*) Limpiar. | Marsé *Dicen* 279: Y mi madre viuda y fregando suelos .. Los lunes y los viernes se hace el cine Rovira. VMontalbán *Pájaros* 46: Sorprende a Biscuter "haciendo cristales", "porque están hechos una roña, jefe".

15 Preparar [un alimento o una comida]. | *Cocina* 350: Los soufflés se hacen y se sirven en el mismo recipiente. **b)** *pr* Llegar [un alimento o un guiso] al punto de cocción o de fritura adecuados. | Bernard *Verduras* 29: Cuando los champiñones se han bebido el agua, ya están hechos.

16 Resolver [un problema (*cd*), o las operaciones que una cosa (*cd*) demanda o lleva consigo]. | * Hacer un crucigrama. * Hacer los problemas. Grosso *Capirote* 125: Hemos hecho la aceituna en el Aljarafe .., Palomares del Río, Valencina, Salteras. Después, el verdeo en la sierra. I. Cicero *Ale* 30.6.85, 28: "Hacer el verano" es muy distinto a veranear.

17 Procurar el desarrollo o la agilidad [de los músculos o de los órganos del cuerpo] mediante los ejercicios adecuados. *El cd no lleva art.* | LRubio *Diana* 377: –¿Qué dices? –Nada. Largaba a la secretaria, para hacer dedos.

18 Conseguir o ganar. | Arce *Testamento* 34: Otras decían que no; que acaso hiciese fortuna; que otros habían ido y habían vuelto ricos.

19 (*Caza*) Matar o conseguir [una pieza]. | Delibes *Cazador* 98: Hemos hecho nueve perdices y un conejo en lo de Ubierna.

20 (*reg*) Presentar u ofrecer [determinado aspecto (*compl* DE)]. | Romeu *EE* nº 9.63, 69: Las Marías hacen actitud de quedar deslumbradas. Goytisolo *Recuento* 539: Si creyera[s] en Dios, no haces caso de creer, debieras darle gracias de que te hayamos detenido a tiempo.

21 (*reg*) Exhibir [un espectáculo]. | VMontalbán *Pájaros* 78: –Te invito al cine .. –¿Qué hacen en el Catalunya? RIriarte *Paraguas* 150: Fue una noche, en el teatro .. Hacían un drama estupendo. *SPaís* 26.12.76, 27: –¿Cómo? ¿Ya no hacen el Sandokan? –No, la serie ha terminado.

22 (*reg*) Producir o causar [una sensación o un sentimiento]. | Delibes *Guerras* 27: –Pues, decía, verá usted, decía: ¿quieres que te lo cuente otra vez? –¿Y qué respondías tú, Pacífico? –Pues la verdad, ya ve. O sea, así que aprendí a hablar, que no, que me hacía miedo.

▶ b *en loc v y fórm or* **23 a lo hecho, pecho.** *Fórmula con que se insta a afrontar las consecuencias de una acción equivocada.* | Cela *Viaje andaluz* 34: Fue un mal paso, se lo juro, pero, en fin, ya a lo hecho, pecho!

24 eso está hecho. *Fórmula con que se pondera la facilidad y rapidez de algo.* | Carandell *Madrid* 43: Cuando uno está en contacto con esta gente, tiene la impresión de que todo va a resolverse. –Eso está hecho.

25 ~ [algo] **a mal** ~. Hacer[lo] [1] con mala intención. | * Perdona; no lo hice a mal hacer.

26 ~ **de menos** [a alguien]. Menospreciar[le]. | SFerlosio *Jarama* 125: –Vaya, muy bien, está eso muy bonito ..; hacernos aquí de menos a las demás. –Eh, bueno, eso sí; mejorando lo presente, chatina.

27 ~la. (*col*) Cometer una fechoría, o un error que trae consecuencias. *Frec se intensifica por medio de un adj calificador* (BUENA, BONITA, MENUDA, *etc*). | Matute *Memoria* 242: Buena la habéis hecho, buena. ¡Le llevarán a un reformatorio! Medio *Andrés* 47: –Entre tanto que el dueño del dinero lo reclame, el dinero es suyo y está en su derecho a tener miedo de que se lo roben. (–¡Entonces, sí que la hacíamos buena!)

28 ~**lo**, *o* ~**selo**. (*jerg*) Copular, o realizar el acto sexual, [con alguien]. *Tb sin compl* CON. | Tomás *Orilla* 110: Es que el menda va de listo y quería hacerlo conmigo por el morro. Y de eso, nada. Oliver *Relatos* 142: La chorva tenía pinta de ser de las que se lo hacen con dos y con cuarenta. Tomás *Orilla* 171: Cuando salga, nos lo haremos de puta madre, tía.

29 ~ [alguien] **que hace**. (*col*) Fingir que trabaja. | Torrente *DJuan* 75: Vamos a hacer que hacemos durante unos minutos. Berlanga *Gaznápira* 112: La abuela anda zarceando por la casa, de un lado para otro haciendo que hace.

30 ~ **suyo** [a alguien]. Poseer[lo] sexualmente. | Torres Ceguera 120: Cuando el muchacho reapareció luciendo una sonrisa "close up", .. Diana .. determinó que había llegado el momento de hacerlo suyo.

31 ~ **una de las** + *el posesivo correspondiente al suj.* (*col*) Cometer [alguien] una fechoría habitual en él. *Cuando el compl es pl, se omite* UNA. | Delibes *Cinco horas* 215: No se sabe si lo mataron aquí, o cuando la guerra mundial, o si sigue vivo y coleando haciendo de las suyas por su tierra. Arce *Testamento* 63: También estos hicieron de las suyas. * ¡No habrás hecho alguna de las tuyas!

32 hecho. De acuerdo. *Usado como pregunta y como respuesta.* | Cela *Viaje andaluz* 280: –Sí, señor, juro .. –En este caso, cuando termine el espectáculo, recibirá usted, en concepto de comisión, el diez por ciento de los ingresos. ¿Hecho? .. –Sí, señor, hecho. **b) trato hecho** → TRATO.

33 no haber nada que ~. Ser inútil todo esfuerzo. *El v* HABER *siempre va en forma impers.* | Umbral *Van* 30.1.75, 10: Había un procedimiento, en Rumania, para acabar con el reuma .. Ahora ha ido un grupo de médicos españoles, ha investigado bien la cosa y ha vuelto diciendo que no hay nada que hacer, que no se puede comprobar nada y que seguramente la curación es falsa.

34 no ~ **sino** (*o* **más que**) + *infin*. *Presenta enfáticamente el carácter único, la intensidad o la reiteración de la acción expresada por el infin.* | Carandell *Inf* 12.11.74, 25: Me dijo que en Madrid no hacían más que darle largas. V. Salaner *Inf* 13.6.74, 1: Los documentos citados no hacen sino corroborar las dudas existentes sobre el origen de la operación de espionaje electrónico.

35 ¿qué hace? ¿A qué se dedica?, *o* ¿qué oficio tiene? | Aldecoa *Gran Sol* 17: –Tu chico ya pronto soldado .. ¿Qué hace? –Mecánico. Mendoza *Ciudad* 180: –¿Qué hace ahora? –preguntó Onofre Bouvila –Aquellos señores de Bassora .. le dieron un trabajo para que se fuera ganando la vida.

36 qué ~. (*reg*) Naturalmente. *Usado como respuesta.* | Delibes *Siestas* 38: –¿Es que te marchas? –inquirió anhelante. –¡Qué hacer! Mi negocio está allá abajo, hijo, no lo olvides.

37 ¿qué se le va a ~? (*o* **¿qué le vamos, vas, voy**..., **íbamos**, *etc*, **a** ~?). (*col*) *Fórmula con que se expresa la necesidad de resignarse.* | Delibes *Mundos* 165: ¿Que con unos hoteles en condiciones las Canarias serán iguales a las Baleares en un próximo futuro? ¡Qué le vamos a hacer! Primero vivir y luego filosofar.

38 *Forma además otras muchas locs:* ~ **boca,** ~ **bueno,** ~ **la calle,** ~ **cara,** ~ **los cargos,** ~ **carrera,** ~ **la carrera,** ~ **frente,** ~ **horas,** ~ **ilusión,** ~ **juego,** ~ **un mundo,** ~ **presente,** ~ **saber,** ~ **sangre,** ~ **tiempo,** ~ **vida,** *etc* → BOCA, BUENO, CALLE, CARA, CARGO, CARRERA, FRENTE[2], HORA, ILUSIÓN, JUEGO, MUNDO, PRESENTE, SABER[1], SANGRE, TIEMPO, VIDA, *etc*.

▶ c *pr* **39** Conseguir [algo]. | * Lucha por hacerse un nombre.

40 (*jerg*) Robar [algo]. | Tomás *Orilla* 48: Yo no hago los bancos. Hay quien levanta los talegos del banco por la pasta, claro. Yo me hago las farmacias porque lo necesito, ¿entiendes?

41 (*jerg*) Copular [con alguien (*cd*)]. | Tomás *Orilla* 206: El tío se ha querido vengar porque esta mañana lo han violado. Paco el Basura y dos más. En las duchas. El Basura parece que estaba loco por hacerse al chaval.

42 ~**selo**. (*jerg*) Actuar [en la forma que se expresa (*compl adv*)]. | Tomás *Orilla* 244: Yo tengo un contacto en Madrid que me sirve todo el género que puedo tirar. Un polvo superior. Ese se lo hace bien. Viaja a Thailandia y no le conoce nadie. Está blanco. C. GSCecilia *SPaís* 20.11.88, 9:

–¡Qué kíe! ¡Qué colega más uai! Manda que la pañí se calme y se calma... ¡Que el viento cese, y cesa! –¡Cómo se lo hace! ¡Vaya un nota!

43 *Forma además numerosas locs:* ~**se cargo**, ~**se cruces**, ~**se cuenta**, ~**se idea**, ~**se ilusiones**, **saber** [alguien] **lo que se hace**, *etc* → CARGO, CRUZ, CUENTA, IDEA, ILUSIÓN, SABER[1], *etc*.

▶ **d** *impers* **44** Existir o presentarse [una determinada circunstancia meteorológica (*cd*)]. | *Abc* 8.6.74, 6: En julio y agosto hace demasiado calor. Torrente *Vuelta* 18: Hacía una tarde desnevada, de viento frío y nubes negras. Matute *Memoria* 30: –Hace calma –repetía Borja, mirándome.

45 Haber transcurrido [cierto tiempo (*cd*)]. *El conjunto* ~ + *cd funciona frec como compl adv* (vino hace tres días). | GMorell *Abc* 1.6.58, 31: Hace más de treinta años que el granadino Américo Castro .. había escrito estas palabras. Cunqueiro *Un hombre* 14: Si hace unos veinte años hubiese llegado a la ciudad un hombre como tú .., habría que cortar el miedo con un cuchillo.

B *intr* ▶ **a** *normal* **46** Actuar. | Arce *Testamento* 87: Yo le veía hacer tranquilamente. Arce *Testamento* 15: Fue entonces cuando comprendí que hice mal respondiendo a la pregunta. **b)** Comportarse [una pers. como otra (*compl* DE)]. | Torrente *Isla* 306: Toda vez que la escuadra inglesa había zarpado para el Oriente en seguimiento del general Napoleón, que andaba haciendo de Alejandro por aquellas lejanías, las fragatas vendrían a apoderarse de los barcos. **c)** Desempeñar el papel [de algo]. | F. Aguado *SAbc* 10.8.75, 11: De correo hacía su novia. R. Serna *Abc* 2.3.58, 12: Donde la elegancia de Alegría se volvía petulante era al hacer de papúa .. Lanzaba el bumerang desde un extremo del escenario y lo recibía desde el otro con limpio esguince. *Lab* 9.70, 10: Coser las dos piezas que hacen de fondo de bolsillo.

47 Servir [para algo (*compl* A)]. *En constrs como* ~ A TODO, ~ LO MISMO A UNA COSA QUE A OTRA. | Delibes *Mundos* 97: El alemán .. hace lo mismo a la agricultura que a la industria y al comercio. Delibes *Cartas* 52: Aquel hombre hacía a todo, atendía a partos, remendaba cabezas descalabradas, aplicaba sanguijuelas... *Abc* 25.5.58, 81: En algunos juegos populares del naipe italiano, se llama al "Siete de Oros" "il Sette Bello", y es el "Comodín", "la Matta" o "la Loca", que hace a todo, como convenga. **b)** Estar dispuesto a aceptar o hacer [1] [algo (*compl* A)]. | * En el tema de las vacaciones, yo hago a todo.

48 Procurar [algo (*compl* POR + *infin* o POR QUE + *subj*)]. | ZVicente *Balcón* 49: ¡Que haga por venir! ¡Que la esperarán todo lo que puedan! * Haga usted por que no termine la fiesta demasiado tarde. **b)** Actuar en beneficio [de alguien, esp. de uno mismo (*compl* POR)]. | Delibes *Guerras* 50: Que visto cómo se ponían las cosas, cada cual a hacer por él. MFVelasco *Peña* 102: Las personas mayores que allí había hicieron por nosotros y nos sujetaron. **c)** (*Taur*) Tratar de alcanzar [el toro (*suj*)] a alguien o algo (*compl* POR)]. | Lera *Clarines* 404: Tiraba la muleta y la espada y salía corriendo como un desesperado aunque el toro no hiciera por él. PLuis *HLM* 4.9.78, 37: Derribó al torero, hizo por él, le levantó del suelo prendido de un pitón.

49 Resultar. *Con un adv o adj calificador.* | Cela *Pirineo* 65: Se miran en el espejo antes de salir, a ver qué tal hacen con su deportivo atuendo. Olmo *Golfos* 67: Una pernera le estaba más alta. Y no le hacía mal. Matute *Memoria* 213: Me hacía muy raro no ver sus desnudas piernas pegadas.

50 Convertir [a una pers. o cosa (*compl* DE) en algo (*predicat*)]. | Gironella *Millón* 157: Sabía por experiencia que cada soldado estaba sujeto a atracciones y repulsiones que podían hacer de él un hombre útil o una nulidad. A. Osorio *Abc* 8.6.74, 3: Ya no pueden los políticos católicos hacer bandera de la ortodoxia o heterodoxia religiosa.

51 (*col*) Apetecer o convenir. *Gralm con un ci de pers.* | Cela *Judíos* 19: ¿Hace un pez? CBonald *Dos días* 38: –¿Usted es de aquí? –¿Yo? Como si lo fuera... ¿Por qué? –No, nada, era por si le hacía lo de la vendimia. Cela *Escenas* 70: Se admite el pago, o parte del pago, en especie .. –Usted perdone, ¿le hace este jersey? No quisiera ofenderla –No es ofensa, señora, es caridad. ¡Ya lo creo que me hace, señora!

52 Atañer [a alguien o algo]. *Normalmente en la constr* POR LO QUE HACE A. | *Abc* 2.5.58, 3: Por lo que hace a los propagandistas del "amor universal", suelen ser .. farsantes humanitarios y ternuristas.

53 Ser obstáculo o importar. *Normalmente en las constrs* NO HACE PARA QUE *o* (*col*) NO LE HACE. | GPavón *Hermanas* 26: Había venido a la muerte de su padre. Ello no hacía para que fuese con un traje corto andaluz. Cela *Judíos* 24: –¡Como lleva barba! –Eso no le hace, mujer.

54 (*reg*) Crecer o desarrollarse [un ser vivo]. | Cuevas *Finca* 76: Son dos pesetas seguras de ganancia en arroba .. Están haciendo todavía [los cerdos].

55 (*reg*) Valer o costar [a un precio determinado]. | *CoE* 3.8.74, 7: En el mercado último de julio, en Villafranca de Ordizia, famoso como Guernica, la patata hizo a ocho pesetas. En Guernica ha hecho a 6,50 pesetas y 7.

▶ **b** *en loc v y fórm or* **56 hace.** (*col*) De acuerdo. *Usado como pregunta y como respuesta.* | Tomás *Orilla* 55: –Este costo es de lo mejor –dijo–. Doble cero. –Hace. ¿Cuánto canta? Cela *Pirineo* 227: –Mañana .. te llevo a Barbazan, a casa de Monsieur Bergé, le roi de la truite .. ¿Hace? .. –¡Que si hace!

57 ~ **de(l) cuerpo**, ~ **de(l) vientre**, ~ **por la vida** → CUERPO, VIENTRE, VIDA.

58 ~ **por** ~. (*col*) Actuar sin finalidad o utilidad. *Normalmente solo se usa en infin.* | PRivera *Discursos* 13: Hacer por hacer, sin impulso ideológico, no trasciende al alma y pierde, por tanto, valor de eternidad.

59 ~ **y acontecer.** (*lit*) Hacer grandes cosas. *Se usa siempre con intención irónica para referirse a promesas o amenazas ajenas, de cuyo cumplimiento se duda mucho.* | ZVicente *Traque* 179: Sí, sí, ustedes los jóvenes, siempre están hablando y hablando, y van a hacer y acontecer, y luego... Boquilla, nada más que boquilla. Carnicer *Cabrera* 22: Dio en decir que se la habían llevado los de Llamas, que eran unos ladrones y que les iba a hacer y acontecer.

60 ~ **y deshacer.** Actuar [en un asunto] con absoluta libertad de acción, sin contar con opiniones ajenas. | Torrente *Vuelta* 388: ¡A nadie se le entregó una fortuna con más libertad, amigo mío! Puede usted hacer y deshacer durante cinco años sin que nadie tenga derecho a exigirle cuentas.

▶ **c** *pr* **61** Desarrollarse [un ser vivo], o llegar a su plenitud. | *Mar* 24.1.68, 14: Su segunda jornada ha servido para constatar el buen espíritu que anima a todos los participantes; aunque .. aún no estén sobrados de clase. Se están "haciendo", precisamente, en competiciones como esta. Olmo *Golfos* 77: También estaba Enzo .. Lo encontramos más hecho, más hombre.

62 Producirse [algo]. | GPavón *Reinado* 103: Sobre una repisa, tres jaulas con codornices, que cuando se hacía silencio se solazaban con su "palpala", "palpala".

63 (*col*) Parecer [algo a alguien]. | Delibes *Perdiz* 125: Se me hace que voy a devolver. Delibes *Historias* 12: El hecho de ser de pueblo se me hacía una desgracia. Delibes *Cazador* 151: El reclamo no se me hace trigo limpio.

64 Apoderarse [de alguien o algo (*compl* CON *o, raro,* DE)]. | Hoyo *Pequeñuelo* 64: Con el último [bandolero] acabamos en mil novecientos cincuenta .. Hasta el cincuenta no pudimos hacernos con él. Arce *Testamento* 28: Si Bayona se hizo del pañuelo que sobresalía un poco del bolsillo alto de mi chaqueta. –Usas buenos pañuelos. **b)** Conseguir [algo (*compl* CON)]. | CNavarro *Perros* 47: ¿Te has hecho con el coche o no? Delibes *Parábola* 159: Usted tiene oportunidad de hacerse con un pellizco respetable a condición de renunciar al camposanto por un lado y a la cabeza de su marido de usted, por otro.

65 Retirarse o apartarse [a una parte o a un lado]. | Romero *Tres días* 91: Sube el general a la cabina con una pequeña maleta .. Los demás, agrupados, se hacen a un lado. **b)** (*raro*) Trasladarse o dirigirse *Con un compl que expresa lugar adonde.* | L. Calvo *SAbc* 12.4.70, 13: Un día vio a lejos una roca extraña y se hizo para ella. Arrancó un trozo y vio que era plata cubierta de mineral.

66 ¿qué se hizo + *sust*? (*lit*) = ¿QUÉ OCURRIÓ CON + *el mismo sust*? | Cela *Izas* 69: ¿Qué se hicieron tus carnes rebosadas, tu andar marchoso, tus ojos hondos, tu pelambrera suelta?

67 *Forma además numerosas locs:* ~**se a la idea**, ~**se a la mar**, ~**se de día**, ~**se de noche**, ~**se de nuevas**, ~**se de rogar**, *etc* → IDEA, MAR[1], DÍA, NOCHE, NUEVO, ROGAR, *etc*.

▶ **d** *impers* **68 ¿qué se hizo de** + *sust*? (*lit*) = ¿QUÉ OCURRIÓ CON + *el mismo sust*? | MGaite *Ritmo* 86: ¿Y qué se hizo de aquel proyecto tuyo de buscar un empleo? M. Aznar

hacha – hacia

S*Abc* 16.6.68, 6: No sé qué se hizo de un folletillo o "separata" que tuve en mis manos hace muchos años.

II *m* (*lit*) **69** Actividad. | Castilla *Natur. saber* 48: Sería una frivolidad por mi parte .. recabar de ustedes y de mí mismo una instancia al hacer científico tan solo por mero hedonismo.

hacha[1] **I** *f* **1** Herramienta cortante constituida por una cuchilla maciza de filo algo curvo y provista de un ojo en que se aplica el mango, usada esp. para cortar árboles o madera. | Arce *Testamento* 44: En invierno se hiela [el agua] y hay que partirla con un hacha. **b)** (*Prehist*) Herramienta cortante constituida por una piedra con talla bifacial. | Arenaza-Gastaminza *Historia* 10 bis: Objetos del período neolítico: 1, hacha; 2, hacha enmangada.

2 (*hist*) Cierto baile antiguo español. | Franco *Música* 92: En el libro de Sanz la presencia de nuestra música popular y cortesana es notable .. Folías, zarabandas, hachas, chaconas, .. etc., nos dan .. testimonio vivo de unos gustos y un ambiente.

II *loc adj* **3 de ~**. [Patillas largas] que se ensanchan en la parte de la mejilla. | R. Soto S*Abc* 30.11.69, 28: El recordado maestro no tenía que vestir de forma estrafalaria, dejarse unas patillas de hacha.

III *loc v* **4 ser** [alguien] **un ~**. (*col*) Tener mucha destreza o habilidad. *Con intención ponderativa.* | * Es un hacha corriendo. * ¡Qué bien te ha quedado! Desde luego eres un hacha.

hacha[2] **I** *f* **1** Vela grande de cera. | Chamorro *Sin raíces* 70: En el zaguán se iban amontonando las hachas que enviaban parientes y vecinos. Del zaguán iban siendo trasladadas a la iglesia.

2 Mecha de esparto y alquitrán, que no se apaga con el viento. *Tb ~ DE VIENTO.* | Torbado *Peregrino* 100: Los ataron a un madero y los lardearon con hachas encendidas. V. Vidal *Pro* 6.10.74, 36: Tras la sección montada de la Guardia Municipal, que despejaba la carrera, buen número de peones camineros con hachas de viento alumbraban el paso.

II *loc v* **3 arder el ~**. (*col, raro*) Armarse una discusión o alboroto grandes. | Gala *Hotelito* 44: Aquí va a arder el hacha: como si solo vosotras tuvieseis recuerdos.

hachazo *m* **1** Golpe dado con el hacha[1] [1]. | *Ya* 5.5.74, 22: Un matrimonio muerto a hachazos en Barcelona.

2 Golpe duro y seco. *Frec fig*. | Calín *Cod* 2.2.64, 8: Con un seco hachazo con el canto de la mano, que le hace crujir los huesos de la muñeca, le desarmo. A. Barra *Abc* 6.1.68, 37: El pasatiempo favorito del país es pronosticar qué rama de la Administración va a sufrir más directamente el hachazo fiscal que propinará Mr. Wilson.

3 (*Taur*) Golpe seco que tira el toro con los cuernos levantando la cabeza. | S*Inf* 16.5.70, 2; Cada vez que daba un pase, pensaba que al siguiente el toro iba a cambiar, que iba a entrar mejor, pero... ¡quia! Volvía tirando "hachazos", quedándose a medio camino.

hache I *f* **1** Letra del alfabeto (*h, H*), que en español general no representa actualmente ningún fonema, pero que en algunas zonas (como fue general hasta el s. XVII) representa el fonema /h/. (V. PRELIM.) | Cela *Pirineo* 306: Tahull es pueblo encaramado en un duro repecho .. algunos .. lo escriben sin hache y con dos puntitos sobre la u: Taüll.

II *adj* **2** [Bomba] de hidrógeno. *Tb fig*. | *Cór* 20.1.56, 5: Una bomba H sobre Londres o Moscú borraría totalmente del mapa dichas ciudades. Buero *Hoy* 70: —Cogemos un ladrillo grande... ¡y se lo echamos a un churrero en la sartén! —(Encantado). ¡Hala!... ¡Todos los churros por el aire¡ —¡Y el aceite! .. –¡La bomba hache!

3 (*hoy raro*) Sumamente grande o importante. *Siguiendo a un n con art def*. | Aldecoa *Cuentos* 2, 114: En el Casino Militar y Mercantil se había dado el escándalo hache al ser abofeteado uno de sus brillantes actores.

4 [La hora] **~** → HORA.

III *fórm or* **5 llámale** (*o* **llámalo**) **~**. (*col*) El nombre o los detalles poco importan. | SFerlosio *Jarama* 87: —Eso no era café ni era nada .. —Llámalo hache. El caso es que lo hacían con cáscaras de estas y en la tienda lo llamaban café.

IV *loc adv* **6 por ~ o por be**. (*col*) Por uno u otro motivo. | MGaite *Búsqueda* 44: Si quisiera uno enterarse con detalle de la historia de cada uno de los españoles perseguidos por hache o por be, no acabaríamos nunca. CBonald *Dos días* 187: —Yo me encargo de venir por él, no te preocupes. –No estaría de más, a ver si por hache o por be...

hachemí (*a veces con la pronunc* /χaϲemí/) *adj* Hachemita. | C. Valero *País* 10.3.91, 20: La malnutrición ha aumentado de forma dramática en Jordania .. El embargo económico decretado por Naciones Unidas contra Irak el pasado mes de agosto supuso para el reino hachemí un duro golpe a su economía.

hachemita (*a veces con la pronunc* /χaϲemíta/) *adj* De los Hachemitas (familia árabe cuya dinastía ha reinado en diversos países árabes, entre ellos Irak y Jordania). | *Abc* 17.6.58, 33: Se quiere hacer una seria advertencia a la Federación hachemita, formada por Iraq y Jordania. *Inf* 13.6.70, 2: Israel ha hecho saber su intención de intervenir inmediatamente en Jordania .. El reino hachemita sigue así pagando las consecuencias de la guerra de los seis días.

hachero[1] *m* Hombre que trabaja con el hacha[1] [1a]. | Sampedro *Río* 35: —Era yo muy mocete pa entrar de hachero, como mi padre. –¿De qué? –De leñador, pero de los que tumban el pino, no de los que cortan menudo pa vender o carbonear.

hachero[2] *m* Candelero para colocar las hachas[2]. | CBonald *Ágata* 247: Llegaba hasta allí suficiente luz de los hacheros que fulgían en los porches. Moreno *Galería* 234: Entre el sacro utillaje .., y como soportes más concretos de aquellos elementos de iluminación que eran las velas hechas de distintos diámetros .., se contaban candeleros, ciriales, hacheros y este "tenebrario".

hachís (*a veces con la pronunc* /χaϲís/; *tb con grafías semicultas como* **haschish**, **haxix**, *etc*) *m* Preparación narcótica a base de las espigas floridas y secas del cáñamo indio. *Tb el mismo cáñamo indio*. | *Mad* 7.8.70, 24: Un diplomático congoleño será obligado a salir de Australia por haberle sido incautados 22 kilos de hachís. MNiclos *Toxicología* 75: Cáñamo indio. También conocido por los nombres de Marihuana, Grifa, Haschich, Haxix, .. ya que esta toxicomanía se extiende deplorablemente por el mundo entero. A. Blanco S*Abc* 8.3.70, 39: Me ofreció griffa, marihuana y haschish.

hacho[1] *m* Hacha[1] [1a] pequeña. | * Cortaba alfalfa con el hacho.

hacho[2] *m* Elevación de terreno cercana a la costa. | Delibes *Madera* 427: Minadores y destructores arropaban a los cargueros, y un heliógrafo parpadeaba desde un hacho, instándolos al desembarco.

hachón[1] *m* Hacha[1] [1a] grande. | J. Teira *Faro* 1.8.85, 33: Se arman de pico y hachón, y andando hasta la zona donde talaban pinos, .. con estas herramientas arrancaban la raíz del pino.

hachón[2] *m* Hacha[2] [1] grande. | Delibes *Historias* 20: Padre siempre se enfadaba con Madre, menos el día que murió y la vio tendida en el suelo entre cuatro hachones.

hachote *m* (*Mar, hist*) Vela gruesa de cera que se enciende en un farol de señales. | Guillén *Lenguaje* 31: A las claraboyas decimos lumbreras, y a las velas para alumbrar, [h]achotes. [*En el texto*, achotes.]

hachuelo *m* (*reg*) Hacha[1] [1a] pequeña. | Berlanga *Gaznápira* 65: La parte delantera [del escudo] .. se iba alisando con las dallas, hoces, hachuelos y cuchillos que afilaban el Caguetas y su padre.

hacia (*con pronunc átona*) *prep* **1** Denota dirección o tendencia a una meta real o figurada. | Medio *Bibiana* 14: Marcelo dobla la almohada hacia adelante, de modo que le permita sostener la cabeza en alto. Matute *Memoria* 209: Vas hacia los quince años. ¡Parece increíble, Matia, cómo te presentas! * Vamos hacia una producción de 15.000 toneladas anuales.

2 Denota aproximación en el lugar o en el tiempo. | GValcárcel *HLM* 26.10.70, 16: Se han tenido en cuenta los informes internacionales que consideran asegurado el futuro del automóvil, pero con los cambios previstos hacia mil novecientos setenta y cinco. Berlanga *Gaznápira* 12: Todo se arreglaría si hicieran un camposanto nuevo más grande y sin paredes, por hacia el Riscal.

hacienda f **1** Finca agrícola. | Salvador *Haragán* 10: Tenía una extensa hacienda en un valle de la sierra Baracoa.
2 Conjunto de bienes que posee [una pers. (*compl de posesión*)]. | R. M. FFuentes *Nar* 10.76, 33: Toda la hacienda de la Virgen fue arruinada por un casero. Poco después llegó la desamortización de bienes de la Iglesia, y se vieron obligados a vender todas las fincas del santuario. * Dilapidó su hacienda en dos días. **b)** ~ **pública.** Conjunto de bienes y rentas del Estado. *Tb simplemente* ~. | *SPaís* 25.11.77, VI: Las cuestiones relacionadas con la Hacienda Pública serán reguladas por una ley Orgánica de Administración y Contabilidad. **c)** Ministerio de Hacienda. | *Abc* 18.4.58, 47: Repertorio alfabetizado de la Contribución, por Sáenz de Santa María, Inspector de Hacienda.
3 (*raro*) Labor o faena, esp. casera. *Frec en pl.* | GPavón *ByN* 27.9.75, 32: La señora española un poco acomodada .. puede .. marchar a la peluquería, al masajista, a la gimnasia .., mientras la empleada del hogar le cumple cómodamente las haciendas. * Llevo dos días que no hago hacienda.

hacina f **1** Conjunto de haces colocados ordenadamente unos sobre otros. | Lera *Clarines* 509: A su izquierda, las eras, con los montones de sombras espesas de sus hacinas.
2 Montón o rimero. | Delibes *Voto* 10: El vestíbulo, alto de techo, decorado con banderas, pósters y emblemas del Partido y gigantescas hacinas de impresos adosados a las paredes, estaba en plena ebullición.

hacinación f Hacinamiento. | Quiñones *Viento* 83: Tras los últimos desmontes y las finales hacinaciones de nuevas barriadas se veía el campo verdeando.

hacinado -da adj **1** *part* → HACINAR.
2 [Lugar] en que la gente se encuentra hacinada. | Alfonso *España* 62: No forjemos un mundo frívolo, ruidoso, sucio, monótono y hacinado, que haga fracasar el paso de los tiempos.

hacinamiento m **1** Acción de hacinar(se), *esp* [2]. | Corbella *Salud* 460: Es una forma de parasitación muy contagiosa cuyo desarrollo se asocia a épocas de privaciones sociales (guerras, hacinamiento).
2 Cualidad de hacinado [2]. | Alfonso *España* 20: Nos llevamos la palma en especulación, en hacinamiento de las ciudades y hasta en ruido y humo.

hacinar tr **1** Colocar [los haces] formando una hacina [1]. *Tb abs.* | Moreno *Galería* 191: En ellas [las eras] se descargaban las mieses recogidas en las fincas del término. Unas, en haces que luego se "hacinaban" con horcas y horcones en aquellas construcciones piramidales.
2 Amontonar o poner apretadamente [perss. o cosas (*cd*) en un lugar]. *Frec en part.* | Torbado *Peregrino* 500: Todos los habitantes de Sahagún se hacinaron dentro de la iglesia o permanecían gritando y lamentándose ante sus puertas. Laforet *Mujer* 126: Veía ella las ciudades donde los seres humanos sufren, hacinados.

hacker (*ing; pronunc corriente,* /χáker/; *pl normal,* ~s) m y f (*Informát*) Pers. que se introduce ilegalmente en sistemas ajenos. | *Ya* 30.11.88, 21: La última epidemia informática amenaza al mundo. Un "hacker" inutilizó 6.000 ordenadores conectados con el Pentágono.

hada I f **1** Ser fantástico representado por una mujer con poder mágico. | CNavarro *Perros* 92: Aquí, las hadas se han convertido en bailadoras de flamenco y los gnomos en futbolistas.
II *loc adj* **2 de ~s.** [Cuento] maravilloso (→ MARAVILLOSO). | MGaite *Cuento* 167: Al releer recientemente .. los cuentos de hadas franceses, he venido a entender tardíamente por qué, cuando era niña, de entre todos los personajes de Perrault sentía una clara predilección por el Gato con Botas.

hadado -da adj (*raro*) Mágico o prodigioso. | Delibes *Cartas* 129: Tampoco es infrecuente soñar con alguien que hace años no ves y tropezártel[o] a la mañana siguiente al salir del portal. Son situaciones hadadas sobre las que la mente no se pronuncia.

Hades m (*Mitol clás*) Reino de los muertos. | RElvira *Mitología* 238: Hércules libera a Teseo, pero al intentar hacer lo mismo con Pirítoo se produce un temblor de tierra y Hércules renuncia a su propósito, por lo que Pirítoo permanece para siempre en el Hades.

hadiz (*pronunc corriente,* /χadíθ/) m (*Rel musulm*) Tradición relativa a los dichos y hechos de Mahoma. *Gralm en pl.* | Vernet *Mahoma* 9: Admitir que todos los hadices que integran la tradición biográfica musulmana .. son falsos es una pura exageración.

hadj (*ár; pronunc corriente,* /χaĉ/) m (*Rel musulm*) Peregrinación a La Meca, que constituye uno de los preceptos del Islam. | *País* 12.7.91, 25: El "hadj" del siglo. Multitudinaria peregrinación del mundo islámico a La Meca, después de la guerra del Golfo.

hado m (*Mitol clás*) Divinidad o fuerza desconocida que dispone lo que ha de suceder. *Frec en pl. Tb* (*lit*), *referido a la época actual.* | CNavarro *Perros* 203: Los hados os protejan, hermanos.

hadrosaurio m (*Zool*) Dinosaurio bípedo con pico de pato, propio del cretácico superior. | J. M. Nieves *ByN* 3.10.93, 82: Los hadrosaurios de pico de pato fueron muy numerosos durante el Cretácico superior.

hafnio m (*Quím*) Metal raro, de número atómico 72, que se encuentra en los minerales de circonio. | Aleixandre *Química* [cubierta 3]: Tabla de pesos atómicos: .. Hafnio .. Núm. atómico: 72. Peso atómico: 178,6.

hagiografía f **1** Historia de los santos. *Tb el género literario correspondiente.* | Mendoza *Ciudad* 11: Esta santa .. figura en las hagiografías como santa Leocricia. Sopeña *Defensa* 74: El talante era de "positivismo" documental. Esto no era malo en sí, todo lo contrario: fichar bien los archivos de Roma, preparar todo un equipo que más tarde impusiera un mínimo orden en los archivos eclesiásticos, llenar de base documental la verdadera Hagiografía. *Ya* 11.10.70, 49: Más de tres cuartos de siglo hacía que no se editaba en castellano esta obra de Moreto ["El lego del Carmen"], mezcla de hagiografía y comedia de enredo.
2 Historia o crónica excesivamente elogiosa. | VMontalbán *País* 26.5.86, 64: Cela cumple setenta años y el mundo sigue andando. Por ambos motivos una importante editorial le ha rendido un homenaje mediante la edición de el [*sic*] Pascual Duarte con las interpretaciones plásticas de Saura y hagiografías escritas de Zamora Vicente, García Sabell, Pedro Laín y Francisco Calvo Serraller.

hagiográfico -ca adj De (la) hagiografía. | VParga *Santiago* 9: Estos martirologios .. gozaron de gran prestigio hagiográfico y tuvieron mucha difusión en las iglesias del Occidente cristiano.

hagiógrafo -fa m y f **1** Escritor de vidas de santos. | Carandell *Tri* 21.11.70, 37: El hecho de que el padre de la novia sea hagiógrafo tiene .. repercusiones en la ceremonia.
2 Historiador o cronista excesivamente elogioso. | *País* 28.11.76, 6: Para los propagandistas y hagiógrafos del sistema, toda la edad contemporánea del país se resumió en la fórmula "siglos de incuria y abandono".

haiga m (*col, humoríst; hoy raro*) Coche americano de lujo. | *Pue* 28.7.66, 10: Un "haiga": nuevo taxi para Madrid .. Sí, sí, no se extrañe cuando vea un nuevo y reluciente Dodge Dart con las franjas rojas. Goytisolo *Recuento* 259: –Es un hombre que, vamos, ha triunfado .. –Uno de tantos que chupan del bote. Así ya se pueden tener haigas y criados y estar siempre de la ceca a la meca.

hai-kai (*jap; pronunc corriente,* /χaikái/; *tb con la grafía* **haikai**) m Hai-ku. | CAssens *Novela* 2, 393: Pareces una japonesita, una *musmé*... Yo te haría un poema en hai-kais. Conde *MHi* 6.60, 51: Quédese para los viejos troncos de las razas el aforismo, el condensado "haikai", el lamento breve y pobladísimo de historia del "cante jondo" español.

hai-ku (*jap; pronunc corriente,* /χaikú/) m Pequeño poema japonés que consta de diecisiete sílabas, en tres versos de cinco, siete y cinco sílabas. | Aranguren *SInf* 20.3.75, 3: Según dijo el autor al comentar, con gran belleza emotiva, el hai-ku de los kimonos, la representación presta figura a los sentimientos y, en definitiva, mucho más ampliamente, configura la realidad entera.

haique (*pronunc corriente,* /χáike/) m Jaique. | Pemán *Andalucía* 165: Aquí, en este Patio cuyas galerías late-

haitiano – halda

rales están hoy cerradas en la parte Norte para ciertas dependencias del Cabildo, hemos de contemplar apiñadas las mujeres musulmanas con sus haiques blancos y el perfume penetrante y agudo tan de su gusto.

haitiano -na *adj* De Haití. *Tb n, referido a pers.* | Torrente *Saga* 158: Me di a la lectura de cuanto pude hallar o procurarme, y comprendí que no buscaba en vano al tropezarme con el cuento jíbaro de la oropéndola que tenía un solo ojo encima de la nariz, y que quería dos, y la leyenda haitiana del tiburón que andaba en pos del segundo ojo.

haka (*maorí; pronunc corriente, /χáka/*) *m* Danza ceremonial maorí, acompañada de canto. | A. Salinas *Ya* 8.11.88, 32: Los maoríes volverán a danzar el haka, danza guerrera, en España .. Vuelve a Madrid la selección de los indígenas de Nueva Zelanda.

hala *interj* (*col*) **1** *Se emplea para exhortar o apremiar a alguien a hacer algo.* | FSantos *Hombre* 24: El dueño fue el primero en volver al comedor. –¡Hala!, id recogiendo esto. Olmo *Golfos* 116: ¡Hala! ¡Fuera de aquí! **b)** *Se emplea para animar.* | Olmo *Golfos* 89: ¿Ves qué fácil? .. ¡Pues hala!, al próximo lo haces tú. **c)** *Se emplea para iniciar una despedida.* | Diosdado *Olvida* 33: Mamá, guapa, nos hablamos mañana, ¿quieres? Mañana te llamo yo y te cuento lo que sea. Hala, hasta mañana.

2 *Acompaña a una amenaza que se presenta como represalia por algo que causa enfado o fastidio.* | * Pues si tú no vienes yo tampoco voy, hala.

3 *Expresa admiración.* | Kurtz *Lado* 202: Ahora sí, me doy cuenta de que río o hablo a solas. Al salir de mi cuarto de trabajo mi mujer afirma: –¡Hala! ¡Qué bien lo pasas! **b)** *Expresa la impresión de exageración que alguien o algo produce.* | * –¿Cuántos vienen por fin? –Cuarenta y dos. –Hala.

4 *Expresa el carácter inmediato, precipitado o insistente de un hecho.* | ZVicente *Ya* 27.12.70, sn: ¡Anda Dios, ahora se desayuna este señor con eso de que el teléfono no era así, de estos de marcar y hala! Medio *Bibiana* 16: Si el chico quería venir con nosotros, el abuelo, ¡hala, para allá! MSantos *Tiempo* 34: En cuanto han hecho la cosa [la investigación] .., ponen lo que tenga que salir aunque no lo hayan visto .., y hala, hala, a ganar dinero.

halagador -ra *adj* Que halaga. | CPuche *Paralelo* 329: Todos rodeaban a Genaro diciendo chanzas, pero en un tono que quería más bien ser halagador para él.

halagadoramente *adv* De manera halagadora. | G. Estal *Ya* 24.6.75, 7: ¿Estamos preparados cívicamente para tan responsable tarea? Con sinceridad rotunda debemos responder que no. Mentiríamos contestando halagadoramente sí.

halagar *tr* **1** Hacer o decir algo para agradar [a una pers. o sus sentimientos (*cd*)], frec. interesadamente. | GGual *Novela* 134: Filóstrato quiso halagar al emperador Caracalla, émulo de Aquiles, al glorificar a este. * Trata de halagar mi vanidad ofreciéndome ese cargo.

2 Causar [un hecho o dicho (*suj*)] agrado o satisfacción [a una pers. o sus sentimientos (*cd*)]. | Laforet *Mujer* 68: Le halagaba que ella apreciase alguna vez su eficacia. Medio *Andrés* 250: –Qué grande eres, chica. –Tú, siempre la misma. –Una tía estupenda.– Meri sonríe, halagada: –Una quiere a los amigos.

halago *m* Acción de halagar. *Tb su efecto.* | GLópez *Lit. española* 240: La producción de un Quevedo o de un Góngora es un incesante vaivén entre severas sentencias y cínicas bufonadas, entre agrias reflexiones y complicados halagos sensoriales.

halagüeñamente *adv* De manera halagüeña. | Goytisolo *Recuento* 520: Como aquel que en posesión de su horóscopo –que considera no ya halagüeñamente acertado, sino incluso de benéficos efectos estimulantes– pone lo posible de su parte, de ahí en adelante, para que se cumplan los designios de los astros así .., así .. todo militante tiende a esforzarse en que la imagen .. de la realidad del país .. coincida en lo posible con los supuestos teóricos.

halagüeño -ña *adj* [Cosa] halagadora o grata. | FHornero *Cór* 8.1.56, 6: Las perspectivas halagüeñas de este Servicio y su perfecto sistema administrativo aseguran al pequeño propietario un medio económico. GNuño *Escultura* 30: España se recomendaba por sus halagüeñas condiciones climáticas. Ridruejo *Castilla* 2, 27: Soria es tierra de grandes paisajes, raramente halagüeños, frecuentemente duros, dilatados e impresionantes.

halaguero -ra *adj* (*raro*) Halagador. | Zunzunegui *Camino* 356: –Lo que desde niña más me gustaba de la cucaña era su triste lección.– Doña Elisa, halaguera: –Dímela.

halar A *tr* **1** Atraer [alguien o algo (*suj*) una cosa (*cd*)] hacia sí, tirando de ella. *Esp en marina.* | Aldecoa *Gran Sol* 82: Principiaron a halar la red. Alfonso *España* 33: Nunca se nos nuble la buena apreciativa y confundamos la tracción con lo traído, lo que debe halar y lo que debe ser halado.

B *intr* **2** Tirar [una pers. o cosa (*suj*) de algo] hacia sí o hacia un lugar. *Tb sin compl. Esp en marina.* | Quiñones *Viento* 32: Despegó las punteras del suelo unos centímetros, como si el recuerdo de la mujer del Metro halase de él hacia el techo. Aldecoa *Gran Sol* 155: Un arrendote había picado en el anzuelo de la línea de Sas, que comenzó a halar.

halcón I *m* **1** *Se da este n a distintas aves rapaces diurnas del gén Falco, de dimensiones diversas, con cabeza redondeada, pico corto, robusto y uncinado, cuerpo elegante y musculatura potente, todas óptimas voladoras. Frec las diversas especies se distinguen por medio de adjs:* ~ BORNÍ (*F. biarmicus*), ~ COMÚN o PEREGRINO (*F. peregrinus*), ~ DE ELEONOR (*F. eleonorae*), ~ GERIFALTE (*F. rusticolus*), ~ SACRE (*F. cherrug*), ~ TAGAROTE (*F. peregrinus pelegrinoides*). | Noval *Fauna* 187: El Halcón común (*Falco peregrinus*) es un pájaro de mediano tamaño, el mayor de nuestros halcones, de vuelo inconfundible por su rapidez. *MHi* 8.60, 45: El doctor Rodríguez de la Fuente cita otros curiosos casos de esta naturaleza, como lo ocurrido en Escocia con el halcón peregrino. Lama *Aves* 181: Halcón de Eleonor (*Falco eleonorae*). De unos 36 centímetros de longitud. Algo menor que el Halcón común y sobre todo más esbelto y grácil. *SInde* 24.12.89, 13: Aves .. Halcón tagarote (*Falco pelegrinoides*). Carácter: Autóctona. Residente. Distribución: Islas Canarias. **b)** ~ **abejero.** Ave semejante a los halcones, que se caracteriza por alimentarse de larvas de avispas y abejas (*Pernis apivorus*). | Noval *Fauna* 176: Un ave de presa que prácticamente era desconocida en Asturias, el Halcón abejero (*Pernis apivorus*), está ahora aumentando sensiblemente.

2 (*Pol*) Pers. o país partidario de una actitud dura e intransigente. *Se opone a* PALOMA. *Frec en aposición.* | *Abc* 5.8.70, 19: La retirada de los seis ministros "halcones" del Gahal, capitaneados por el implacable Menahem Begin .., hace pensar por primera vez que la idea de una evacuación de territorios ocupados empieza a echar anclas en el ánimo de los hombres realistas.

II *loc adj* **3** [Ojo] **de** ~ –> OJO.

halconería *f* Caza con halcón [1a]. | *Luc* 16.9.64, 3: Restauración de la halconería. Una escuela de cetrería en la República Federal de Alemania.

halconero -ra I *adj* **1** (*raro*) De(l) halconero [2]. | J. Segur *Nor* 22.6.74, 11: Quizá los condes de Benavente .. gustasen de cazar perdiz y codorniz por estos campos .. Una mano halconera atrapa el ave.

II *m* **2** Hombre que caza con halcón [1a]. | *MHi* 8.60, 45: Parece que este tipo de caza no se practicaba en España desde el año 1865. Ahora los doctores Rodríguez de la Fuente y Vital Aza .. están formando una nueva generación de halconeros. **b)** Hombre encargado de cuidar halcones de cetrería. | Beltrán *HCLE* 1/1, 342: No tenemos más que consultar otra *Crónica de Juan II*, la escrita por su Halconero, Pero Carrillo de Huete, para encontrarnos con más de doscientos de estos documentos.

halda *f* **1** Regazo (hueco que forma entre la cintura y las rodillas la falda de una mujer sentada). *Tb la parte del cuerpo correspondiente.* | Zunzunegui *Hijo* 79: Al alzarse se le cayó el bolso que tenía en el halda mientras leía. GHortelano *Amistades* 71: En la Puerta de Alcalá les detuvo el semáforo. Observó de soslayo a Isabel. Con el rostro crispado y las manos enlazadas sobre el halda, cerraba los ojos. Lera *Boda* 582: Una vieja se sentó en una de una puerta, se bajó sobre los ojos el negro pañolón y se quedó encogida, con las manos sobre el halda. GPavón *Cuentos rep.* 16: La hermana Eustaquia .. no dejaba de darle vueltas al rosario que tenía sobre el halda.

2 Hueco que forma la falda recogida hacia arriba para llevar algo. | Moreno *Galería* 84: Un poco después, con el de-

haldada – hallazgo

lantal mugriento y el halda recogida, la gitana vieja salía de la casa con pan, patatas, tocino magro.
3 (*raro*) Falda. | Cela *Viaje andaluz* 25: Las mejores cometas, las que vuelan más alto y con más dignidad, son las hechas con tela de saya de bruja sin lavar, con tela de halda de bruja con olor a bruja. Torrente *Fragmentos* 217: Cierta mañana, en Londres, estuvo a punto de atropellarme un coche. Días después, en París, fue una vulgar motocicleta la que me arrancó las haldas del abrigo.
4 (*raro*) Saco o arpillera para llevar o envolver paja o algo similar. | Soler *Muertos* 28: Veinte disparos .. que Miguel Serraclara se repite como si los viera acribillando los muros del pajar, las haldas de perfolla, los aperos que cuelgan de las alcayatas.

haldada *f* Cantidad que cabe en el halda [2]. *Tb fig.*
| M. Revuelta *DMo* 3.8.89, 26: Su afición a las comidas con amigos no era por comer .., sino por las largas sobremesas en las que regalaba a haldadas calor, compañía, amistad.

haldar *m* Pliegue de la falda, que muestra una ancha faja del envés de esta en la parte de la cintura, en el vestido femenino del Valle del Roncal (Navarra). | *Navarra* 100: El vestido femenino se compone de justillo cerrado con cordones y peto brocatel; faldas negras la casada o mujer de edad, y las solteras, la superpuesta de merino azul brillante, recogida la encimera hasta la cintura, mostrando la ancha faja de rojo vivo del envés, llamada [h]aldar. [*En el texto,* aldar.]

haldear *intr* Mover las faldas al andar. | Lera *Bochorno* 154: Estos eclesiásticos andaban a zancadas, haldeando con energía.

haldeta *f* (*raro*) *En algunas prendas de vestir:* Pieza que cuelga hasta un poco más abajo de la cintura. | Aparicio *Año* 195: Gaspar Loredo .. vestía un pantalón y una camisa cremas, con fruncidos y haldeta esta última.

haldiblanco -ca *adj* [Animal vacuno] rojizo por encima y blanco por debajo. | A. Navalón *Inf* 13.10.70, 23: El segundo era berrendo .. El tercero, negro [j]irón, lucero, [h]aldiblanco y calcetero. [*En el texto,* aldiblanco.]

haldudo -da *adj* (*raro*) De grandes haldas [3]. | GPavón *Rapto* 217: Vecinas haldudas que ya tenían televisión y remolque. Hoyo *Bigotillo* 93: A don Sabas, el cura, [le reconoció] por su haldudo sotana.

hale *interj* (*col*) Hala. | Laforet *Mujer* 308: ¡Hale, hale!... ¿Qué haces ahí parada? Delibes *Cinco horas* 224: Un buen día te daba rumbosa y al café, hale, como los paletos. ASantos *Estanquera* 60: –¿De verdá era hoy tu santo? –Sí, de verdá. –Pues felicidades, hombre. Hale, y hasta mañana, si estáis aquí cuando nos levantemos. Berlanga *Gaznápira* 25: Al salir de la fragua recoge los artes, ensilla la burra y deja la fiesta, "hale, hale, adiós".

hale-hop, hale-jop → ALE-HOP, ALE-JOP.

halibut *m* Pez comestible de gran tamaño y cuerpo aplanado, que habita en aguas frías (*Hippoglossus hippoglossus*). | *VozC* 1.5.63, 7: Las principales clases de peces que ahora están siendo criados así son las bremas de mar, los pulpos, los calamares, el halibut y el mújol.

haliéutico -ca *adj* (*E*) De (la) pesca. | GSalomé *Ya* 14.3.73, 6: Será muy útil esa decisión tomada por los profesionales de Marruecos de crear sociedades de pesca .. que .. fomentará[n] la formación de una flota en cada uno de esos puertos, encargada de la explotación de los recursos haliéuticos desde la costa a las setenta millas.

hálito *m* (*lit*) Aliento. *Tb fig.* | Delibes *Hoja* 46: Por las mañanas, al despertar, en el inmenso lecho, le atenazaba el hálito helado de su hermana Elena. ZVicente *Mesa* 112: Pasión que viene de lejos, nutricia, de allá, del primer hálito del mundo. L. Calvo *Abc* 10.12.70, 37: Al médico le temblaban las carnes. Un hálito de vida, y Stalin mandaría torturarlo y ejecutarlo. R. Alcalá *Jaén* 28.4.64, 7: La sierra le saludaba con hálitos de romero y tomillo.

halitosis *f* (*Med o lit*) Mal olor del aliento de una pers. | Goytisolo *Recuento* 512: Tomó de nuevo a Raúl, sometiéndole de nuevo a su penetrante halitosis. Olmo *Cuerpo* 30: –Me vuelve loca pensar que en algún momento puede olerme el aliento. –Di [h]alitosis, que es más fino. [*En el texto,* alitosis.]

halitoso -sa *adj* (*raro*) Húmedo o cargado de vapores. | Aparicio *Mono* 183: ¡Dall, mi poney querido y bronce, de grupa redonda y brillante, de crines airosas, fulgentes, de aliento halitoso y caliente como el hogar!

hall (*ing; pronunc corriente,* /xol/; *pl normal,* ~s) *m* Entrada o vestíbulo. | Cela *Compañías* 16: El timbre suena discreta, elegantemente. La criada abre la puerta .. En el *hall* hay un retrato de un viejo coronel, marcial, bigotudo, feroz.

hallable *adj* (*lit*) Que puede ser hallado (→ HALLAR [1]). | MGaite *Búsqueda* 20: El amigo que quiera escuchar .. la historia que nosotros quisiéramos contar es tan difícilmente hallable como el que .. acertara a contarnos la que necesitáramos oír.

halladizo -za *adj* (*reg*) [Lugar] donde uno se encuentra cómodo o bien. | Cabezas *Madrid* 155: El teatro lo construyó el arquitecto don Carlos Velasco. Es pequeño, pero tan elegante y halladizo, que tuvo un gran éxito entonces y para siempre.

hallado -da *adj* **1** *part* → HALLAR.
2 (*raro*) [Pers.] que está cómoda o a gusto. | Pombo *Héroe* 53: Iba a encontrarse muchísimo mejor y más hallada y muchísimo menos expuesta que ahora a cualquier cosa, una mujer sola sin servicio, expuesta a cualquier cosa.

hallador -ra *adj* (*lit*) Que halla [1]. *Tb n, referido a pers.* | *BOE* 12.3.68, 3823: El mentado arte de pesca se encuentra a disposición de la persona o Entidad que acredite ser su propietario, .. previo pago del premio a que hubiere lugar a los halladores.

hallar (*lit*) **A** *tr* **1** Encontrar [a una pers. o cosa], por casualidad o habiéndola buscado. | M. E. Juliá *TEx* 21.2.75, 4: El ábaco .. recoge el peso de los arcos trilobulados y a veces bilobulados, de los que no hallamos ninguno en Gerona. M. E. Juliá *TEx* 21.2.75, 4: Los mercaderes que hallamos a fines del XIV y principios del XV en pleno auge debieran hacer intercambios de mercancías. Marcos-Martínez *Física* 246: Hallar el peso molecular del alcohol ordinario.
2 Llegar [a una pers. o cosa (*cd*)] viendo que está [de una determinada manera (*predicat o compl adv*)]. | Arce *Testamento* 15: Era molesto .. no poder hacer otra cosa que pasarse la mano por los cabellos, bajo la chaqueta, y hallarlos abrasados. **b) bien hallado.** Fórmula de cortesía que sirve de respuesta al saludo BIEN VENIDO. | * –Bien venido. –Bien hallado.
3 Encontrar o considerar. *Con predicat o compl adv.* | CBaroja *Inquisidor* 15: No hay que ser protestante o judío para hallar injustificados o peligrosos procedimientos tales como el del secreto en las denuncias o las penas trascendentes.
B *intr pr* **4** Encontrarse [en un determinado lugar, real o figurado]. | Arce *Testamento* 33: Me parecía aún mentira encontrarme donde me hallaba. Machín *Luc* 6.10.64, 4: En dicha finca se hallaba una fuentecilla. L. C. Buraya *Ya* 10.5.87, 26: Dentro del abanico de las drogas veloces, se hallan el *popper* y el nitrito de amilo.
5 Encontrarse [de una determinada manera (*predicat o compl adv*)]. | Arce *Testamento* 13: Se hallaba sentado sobre una piedra. **b)** Sentirse cómoda o bien [una pers. en determinadas circunstancias]. *Normalmente en frases negativas.* | Mann *DMo* 6.8.87, 4: Jesús Ceballos, sin sus festejos, supongo que no se hallará.

hallazgo *m* **1** Acción de hallar [1]. | Vesga-Fernández *Jesucristo* 75: También es semejante el reino de los cielos a un tesoro escondido en el campo, que, si lo halla un hombre, lo oculta y, gozoso del hallazgo, va y vende cuanto tiene y compra aquel campo.
2 Pers. o cosa hallada. | GPavón *Hermanas* 48: Halló en el envés de una de aquellas baldosas de mármol antiguo .. esta escritura: "Justo Martínez Lo..." .. Obsesionado por el hallazgo, durante meses indagó en el pueblo. **b)** Pers. o cosa que, después de conocida, se descubre como de calidad extraordinaria. | Torrente *Off-side* 39: Los pliegues de los cortinajes son .. un excelente hallazgo. L. Apostua *Ya* 29.1.88, 6: La vida les ha regalado la sentencia del juez de Pamplona señor Ruiz Polanco sobre mi paisana la abogada doña Cristina Almeida .. Como pieza de la literatura satírica, un hallazgo definitivo.

hallstáttico – hamamelis

hallstáttico -ca *adj (Prehist)* [Período] primero de la Edad del Hierro, cuyo primer yacimiento se descubrió en Hallstatt (Austria). | Tejedor *Arte* 9: El arte de la 1ª Edad del Hierro o Hallstáttica también tiene su principal manifestación en la orfebrería o en algún típico elemento como las "urnas de rostro". **b)** Del período hallstáttico. | *Not* 4.12.70, 9: Deben anotarse: una lápida romana de Gelsa, .. materiales ibéricos de Mediana y Alcañiz; otros hallstátticos de Caspe.

hallullo *m (reg)* Torta de aceite con sal. | GMorell *Ide* 27.9.92, 19: Montaban sus tableros con tortas de aceite o rellenas de cabello de ángel, saladillas, hallullos y bollos con ajonjolí o almendras.

halo *m* **1** Cerco de luz difusa que rodea a veces un cuerpo luminoso, esp. el Sol o la Luna. | * El Sol aparecía rodeado por un halo rojizo.
2 Representación pictórica, gralm. por medio de color dorado, o escultórica, gralm. por medio de metal dorado, de un halo [1] que rodea una figura santa o un objeto sagrado cristianos. | Seseña *Barros* 75: Sobre una peana circular, se levanta la custodia que remata en un halo de perfil muy abigarrado, interpretación de los rayos con que el orfebre remata el ostensorio.
3 Zona circular de aspecto diferenciado que rodea algo. | Corbella *Salud* 456: Consiste [el vitíligo] en la presencia de amplias zonas despigmentadas, rodeadas a veces de un halo de pigmento.
4 Atmósfera espiritual que emana de alguien o algo y lo circunda. | Torrente *Saga* 99: Sus acentos son tan patéticos y apremiantes que bien podemos pensar que el Vate estaba harto de su condición de J. B. y del halo de elegido que le rodeaba. Aranguren *Marxismo* 24: Los regímenes anticomunistas .. organizan su mecanismo de defensa .. mediante un sistema de fortificaciones concéntricas: .. como halo puramente emocional, el círculo de lo que se ha llamado *Angstkoeffizient*, el coeficiente de terror.

halobacteria *f (Biol)* Bacteria que se desarrolla en soluciones saturadas de sal. | *Sur* 5.8.89, 47: Algunas, como las "halobacterias", crecen en soluciones saturadas de sal, y poseen métodos sencillos y eficaces para convertir la energía luminosa en celular: fotosíntesis. M. J. Barrero *Ya* 25.10.89, 21: En la Universidad de Alicante se está estudiando la producción de PHB por otros microorganismos que podrían ser de más sencilla manipulación y cultivo. Se trata de halobacterias.

halófilo -la *adj (Bot)* [Planta] que vive solo en medios salinos. | I. F. Almarza *SYa* 9.9.84, 22: Se trata de una vegetación halófila, perfectamente adaptada a las características del suelo salino.

halófita *adj (Bot)* [Planta] que vive en terrenos salinos. *Frec como n f en pl.* | Ybarra-Cabetas *Ciencias* 414: En los terrenos salinos viven las plantas llamadas halófitas.

halogenación *f (Quím)* Introducción de halógenos [1] en una molécula. | Aleixandre *Química* 151: Los hidrocarburos bencénicos poseen un conjunto de propiedades que los diferencian profundamente de los hidrocarburos acíclicos .. : 1ª Oxidación. 2ª Halogenación. 3ª Nitración, y 4ª Sulfonación.

halogenado -da *adj (Quím)* Que contiene algún halógeno [1]. | Aleixandre *Química* 138: Los hidrocarburos saturados .. reaccionan con los halógenos (excepto el yodo), con formación de derivados halogenados y del hidrácido correspondiente. *Ciu* 2.75, 5: En el [vino] de la firma "Segura Viudas" existía un conservador halogenado.

halógeno -na *adj (Quím)* **1** [Elemento] del grupo constituido por el cloro, el flúor, el bromo, el yodo y el ástato. *Frec n m.* | Marcos-Martínez *Física* 254: Existen tres elementos: el flúor, el bromo y el iodo, cuyas propiedades químicas son muy parecidas a las del cloro .. Se les denomina halógenos, que significa "engendradores de sales". Marcos-Martínez *Física* 251: El cloro y los halógenos.
2 Haloideo. | *Abc* 18.6.58, 50: En los prostáticos operados, se indican las Grageas de Magnogene (Sales halógenas de Magnesio).
3 Que funciona o se produce con un halógeno [1]. | *País* 18.11.76, 40: En las lámparas halógenas los vapores de tungsteno se mezclan con el gas halógeno que contienen (concretamente, el iodo) produciéndose un verdadero ciclo regenerativo. *País* 18.11.76, 40: La luz halógena duplica la intensidad luminosa de los faros de su automóvil.

haloideo -a *adj (Quím)* [Sal] formada por la combinación de un metal y un halógeno [1]. | Marcos-Martínez *Física* 255: Todos ellos [los halógenos] son monovalentes al reaccionar con el hidrógeno y con los metales. Con el primero forman los hidrácidos; con los segundos, las sales haloideas.

halón (*n comercial registrado*) *m (Quím)* Compuesto derivado por halogenación de hidrocarburos, usado esp. en extintores de fuego. | J. L. Aguilar *Ya* 15.3.89, 21: Los industriales del sector consideran que los plazos dados por el Protocolo de Montreal resultan insuficientes para desarrollar sustitutos de los freones y halones.

haltera (*Dep*) **A** *f* **1** Instrumento de gimnasia constituido por dos pesas unidas por una barra. *Frec en pl.* | ASantos *Pirueta* 51: Al que intente ponerse en medio le aplastaré la cabeza como a un gusano con estas. (Levanta las halteras amenazante.)
B *m y f* **2** Halterófilo. | *Lev* 22.2.75, 37: Halterofilia en Carcagente. Se han clasificado para los campeonatos de España "junior" de halterofilia .. los halteras carcagentinos Salvador Martínez Izquierdo, peso mosca, y Juan Durá, peso medio.

halterofilia *f* Deporte olímpico de levantamiento de peso. | *Lan* 15.10.64, 6: Juegos Olímpicos .. Final de halterofilia (pesos medios).

halterófilo -la *m y f (Dep)* Pers. que practica la halterofilia. | *Lan* 13.10.64, 7: El halterófilo polaco Waldemar Baszanowski ha establecido un nuevo récord mundial para la categoría de los ligeros.

haluro *m (Quím)* Combinación de un halógeno [1] con otro elemento. | Aleixandre *Química* 152: Los derivados halogenados en el núcleo se preparan por reacción entre el halógeno y el hidrocarburo, en frío y en presencia de un agente catalítico (iodo, hierro, aluminio o sus haluros).

hamaca *f* **1** Utensilio formado por una red o lona cuyos extremos van recogidos en un lazo que permite colgarla para tenderse sobre ella. | X. Moro *SAbc* 2.6.74, 29: Debajo de los cobertizos, los yanomani cuelgan sus hamacas, originalmente de bejuco.
2 Tumbona (silla). | Cuevas *Finca* 114: –Quiere que usted le dé permiso para sentarse a leer en el jardín. –Bueno .. Claro que sí. Y que coja mi hamaca.

hamada *f (Geogr)* Llanura rocosa propia de la región sahariana. | Bustinza-Mascaró *Ciencias* 349: Quedando al cabo del tiempo el terreno cubierto solamente de piedras o guijarros. Así se han originado los desiertos de piedras o hamadas en la región sahariana.

hamadríada *f (Mitol clás)* Hamadríade. | Gascó *Mitología* 260: Las Hamadríadas, otra categoría de ninfas campestres, se distinguían de las Dríadas en que el destino de aquellas dependía de ciertos árboles con los que nacían y morían.

hamadríade *f (Mitol clás)* Ninfa de un árbol, que nace y muere con él. | A. Manzanares *Reg* 29.10.74, 6: La encina o encino es el árbol típico de Extremadura .. Cuéntase, asimismo, que las ninfas "hamadríades" habitaban en el interior de su tronco.

hámago (*tb con la grafía* **ámago**) *m (lit)* Fastidio o repulsión. | L. Luis *SInf* 25.3.71, 16: Defender a la Reina, verdaderamente, no era empeño fácil, que hasta a un realista como González Bravo le producía[n] hámago las "libidinosas veleidades". Millás *Visión* 212: Después, saboreando el hámago producido por esta última consideración, retira las sábanas .. y se arroja sobre el cuerpo de Julia violentamente.

hamamelis *m* Arbusto de flores amarillas cuyas hojas se emplean en medicina y en cosmética (*Hamamelis virginiana*). *Tb designa otras plantas del mismo gén.* | *SD16* 9.8.87, 37: Lo que la naturaleza ofrece para cuidar la piel. De las montañas, camomila, hamamelis, salvia o hierbabuena salvaje. M. Aguilar *SAbc* 1.11.70, 54: Se puede dar un astringente como el agua de hamamelis.

hamaquear *tr* (*raro*) Mecer o columpiar. | *Abc Extra* 12.62, 21: Son tan antiguas como ellas, pero con una música que pudiéramos considerar descriptiva, con el ritmo, con el vaivén de la cuerda que se hamaquea.

hamartoma *m* (*Med*) Tumor causado por el crecimiento o desarrollo defectuoso de un tejido. | *Abc* 24.9.91, 56: El estudio anatomopatológico de la zona quirúrgica extirpada confirma en la mayoría de los casos una alteración histopatológica, generalmente gliosis, hamartomas, malformaciones arteriovenosas, etcétera.

hambre I *f* **1** Deseo y necesidad de comer. | Medio *Bibiana* 252: Y mi Manuel, muerto de hambre... Con lo hambrón que es el chico. **b) ~ canina** → CANINO.
2 Deseo y necesidad [de algo]. | SLuis *Doctrina* 64: Bienaventurados .. los que tienen hambre y sed de justicia, de perfección, porque serán hartos. Marsé *Dicen* 351: Tengo hambre de chavala. GPavón *Reinado* 154: Nos quedamos dormidos los dos, pero después... del trajín... Quiero decir de los trajines, porque tenía mucha hambre atrasá la pobrecica mía. Pinillos *Mente* 128: La curiosidad, la necesidad de ver y explorar la realidad, tan acusada en los niños, no es sino una expresión, que debe cultivarse, de una profunda hambre de estímulos que consustancialmente padece nuestro sistema nervioso.
3 Escasez de alimentos. *A veces en pl, con intención enfática.* | Laforet *Mujer* 46: La pobre vieja murió .. en aquellas grandes hambres de la posguerra. **b)** Escasez de medios. *Frec en la constr* MORIRSE DE ~. | * Igual te piensas que nos morimos de hambre; pues no, puedes guardarte tu cochino dinero.
II *loc adj* **4** [Huelga] **de ~**, [muerto] **de ~** → HUELGA, MUERTO.
5 más listo que el ~ → LISTO.
III *loc v* **6 juntarse el ~ con las ganas de comer.** (*col*) Coincidir dos perss. o cosas de índole igual. | *País* 15.8.81, 9: Ernesto [Giménez Caballero] se convirtió al fascismo en la acera, como un turista al ver pasar la procesión, y en su noble pecho se juntaron el hambre con las ganas de comer.

hambrear A *tr* **1** Hacer padecer hambre [1 y 3] [a alguien (*cd*)]. *Frec en part.* | J. Domingo *Íns* 10/11.69, 24: Este Madrid en las lindes del desarrollo –ya no el Madrid hambreado de la posguerra que nos presentó Cela en "La colmena"–. J. M. Massip *SAbc* 27.4.69, 19: Cortó el puente aéreo de ayuda a Biafra entre Santa Isabel de Fernando Poo y los ibos hambreados.
2 Sentir hambre [2] [de algo (*cd*)]. | Sopeña *Defensa* 31: Para mí fue causa de tremendo desengaño .. la clase que más hambreaba: la "Introducción a la Sagrada Escritura". *DNa* 9.8.64, 8: El Banco nace, como nace todo, indefenso y casi imperceptible en este gran mundo del dinero, pero cargado de vitalidad y hambreando todas las superaciones.
B *intr* **3** Padecer hambre [1 y 3]. | Torrente *Cuadernos* 176: Buena parte de ellos hambrearon de lo lindo, sin la menor audiencia, sin ninguna asistencia (¿vamos a citar a Dvorak, a Joyce, a Whitman o a Machado?). **b)** Mostrar hambre [1 y 3]. | Torrente *Sombras* 79: Tantos trabajadores sin tajo que hambreaban por los muelles.

hambriento -ta *adj* **1** Que tiene mucha hambre. *Tb n, referido a pers.* | Laiglesia *Tachado* 124: Fibras artificiales que sustituyan la lana de las ovejas desaparecidas entre los dientes de la hambrienta población civil. *País* 22.2.77, 8: El boxeo profesional no ha pasado de ser una huida económica hacia delante, una tabla de esperanza para los muchachos de los orfanatos, los egresados de los reformatorios y, en definitiva, los hambrientos.
2 Que implica hambre. | Buero *Diálogo* 110: –Gaspar y yo nos vamos a los buenos tiempos. Porque fueron buenos a pesar de todo, ¿verdad, Gaspar? –Hambrientos, pero buenos. GHortelano *Tormenta* 163: La parte de sus pechos que no tapaba el sostén de s[u] dos piezas tenía una frágil redondez de muchacha .. Javier, cielo, qué mirada más hambrienta.

hambrón -na *adj* (*col*) **1** Que se muestra siempre ansioso por comer. *Tb n, referido a pers.* | Medio *Bibiana* 252: Y mi Manuel, muerto de hambre... Con lo hambrón que es el chico. Delibes *Castilla* 75: Cuando está roto roído, quedan unos pies de hierba alta que solo come la yegua, que es muy hambrona, come lo bueno y lo malo.
2 Desgraciado, o muerto de hambre. *Frec n.* | CPuche *Paralelo* 109: Hambrones como yo .. Elementos que venden su alma por un plato de lentejas. Y si aún fuera por un plato de lentejas; pero los americanos lo único que darán es chicle para que uno mastique y tenga paciencia.

hambruna *f* Hambre grande, *esp* [3a]. | A. Barrio *Abc* 2.12.70, 8: En el momento culminante de la sequía .. el Gobierno tuvo que actuar lo más rápidamente posible para terminar con la hambruna. Landero *Juegos* 61: En aquella academia nocturna .. había siempre una gran hambruna de sueño.

hamburgués -sa I *adj* **1** De Hamburgo (Alemania). *Tb n, referido a pers.* | *Gar* 6.10.62, 46: El ingeniero hamburgués ha tenido la idea de crear una casa en la que se pueda vivir a salvo de los peligros provocados por las radiaciones. GAmat *Conciertos* 145: Bruch, evidentemente, no pudo alcanzar nunca la profunda genialidad del hamburgués [Brahms].
II *f* **2** Filete redondo de carne picada, que gralm. se toma, acompañado de lechuga, cebolla, queso y otros ingredientes, dentro de un pan especial. | Ortega *Americanos* 91: En cuanto a las hamburguesas, no estaban mal del todo .. Se comió tres.

hamburguesería *f* Establecimiento en que se preparan, venden o sirven hamburguesas [2]. | *País* 7.8.81, 15: Otras nueve hamburgueserías se instalarán en Madrid en las próximas semanas o meses.

hamita *adj* Camita. *Tb n.* | Ju. Fernández *Hoy* 30.7.74, 32: Sobre el siglo XI llegan los tutsi, que representan el 10 por 100 de la población actual. Eran pastores hamitas. C. Sáez *Nar* 4.76, 17: Se da la costumbre de mantener el hogar siempre encendido, que e[s] una característica etnográfica hamita y una costumbre de raíz aria.

hamítico -ca *adj* De (los) hamitas. | *Abc* 28.8.75, 11: Etiopía .. Sobre un territorio de 1.220.000 kilómetros cuadrados habitan veinticinco millones de personas de diversas razas (hamíticos, semíticos y somalíes) y religiones (cristianos, mahometanos y animistas).

hammada (*ár; pronunc corriente,* /χamáda/) *f* (*Geogr*) Hamada. | RMorales *Abc* 23.8.64, sn: A la izquierda, la hosquedad del secarral, como en las tremendas "hammadas" del Sahara.

hammán (*pronunc corriente,* /χamán/) *m* Establecimiento de baños turcos. | *Gac* 22.9.62, 42: Ha hecho instalar un baño turco en una habitación inmediata a su despacho: en los vapores de su "hammán" particular, dicta por las mañanas sus primeras cartas. L. A. Villena *SElM* 29.8.93, 21: Lo que seduce en Marruecos es, sencillamente (aún, todavía), la verdad .. La hospitalidad es cierta. Y el cuerpo pide cuerpo de un modo natural, como cuando entras en el "hammán", y juegas con el agua y el vapor, entre esguinces y refilones de otros cuerpos desnudos. [*En los textos, sin tilde.*]

hammudí → HAMUDÍ.

hampa *f* Conjunto de la gente maleante. | *Inf* 18.8.70, 6: Ha vuelto a actuar el "Escuadrón de la muerte" .. ejecutando a dos individuos que se cree eran gentes del hampa.

hampón *adj* [Hombre] perteneciente al hampa. *Frec n. A veces dicho como insulto.* | *ByN* 31.12.66, 48: Jack Ruby, el sujeto hampón y tipo destacado de la industria del cabaret, el chantaje, el juego y la mala vida. E. Bayo *Des* 12.9.70, 23: Gentes de toda calaña, aventureros y hampones acuden como una plaga al olor del dinero.

hamponería *f* (*raro*) **1** Conjunto de hampones. | Zunzunegui *Hijo* 101: La hamponería y pordiosería de la Corte tenía por entonces en los ministerios sus mejores ramificaciones.
2 Hecho propio de un hampón. | *País* 4.1.79, 6: ETA es hoy una banda de pistoleros .. en los que algún efecto menos revolucionario que sus proclamas ha tenido que hacer el verse administradores de decenas y decenas de millones de pesetas, fruto de sus atracos y hamponerías.
3 Cualidad de hampón. | CAssens *Novela* 2, 30: Ese delicado poeta cometió actos de verdadera hamponería.

hamster (*al; pronunc corriente,* /χámster/; *tb con la grafía* **hámster**; *pl normal,* ~s) *m* Roedor semejante al ratón, usado como animal de compañía y de laboratorio (*Cricetus cricetus*). | G. Monti *SAbc* 20.10.68, 26: En el pollo, la rata, el *hamster* y el cobaya, el embrión no sobrepasa las 15 divisiones. Umbral *Noche* 219: Iba a los cursos de verano de la Universidad de Santander, criaba hamsters en su apartamento, leía la Enciclopedia Británica.

hamudí (*pronunc corriente*, /χamudí/; *tb con la grafía* **hammudí**) *adj* (*hist*) De la familia de Alí ben Hammud, cuyos miembros reinaron en el s. XI en Málaga y Algeciras y consiguieron ocupar por breve tiempo Córdoba. *Tb n, referido a pers.* | L. SFernández *Raz* 2/3.84, 376: Al sucumbir los Omeyas españoles, son dinastías africanas –hammudíes de Málaga, almorávides, almohades– quienes ejecutan al dominio de la zona meridional de la Península.

handicap (*ing; pronunc corriente,* /χándikap/; *tb con la grafía* **hándicap**; *pl normal,* ~s) **I** *m* **1** (*Híp*) Carrera de caballos en que se imponen ciertas desventajas a algunos competidores para igualar las posibilidades de vencer. | Merlín *HLM* 26.10.70, 34: El premio Infanta Isabel era el primer handicap sobresaliente de la actual temporada, y a esta carrera se presentaron quince caballos en el poste de salida.
2 Desventaja u obstáculo. | *Pue* 12.4.66, 17: –¿La necesidad vital de ganar puede ser un handicap considerable? –Más bien una ayuda.
II *adj invar* **3** (*Golf*) [Modalidad] que se realiza con handicap [2]. *Tb n m.* | *DLP* 8.10.90, 60: En hándicap, primero fue Óscar Sánchez, 68 puntos. **b)** De la modalidad handicap. | *DLP* 8.10.90, 60: El grancanario y campeón del Mundo Infantil, Óscar Sánchez, se proclamó vencedor absoluto "scratch" y "hándicap" del trofeo "Foulquié Echevarría".

handicapado -da (*pronunc corriente,* /χandikapádo/) *adj* **1** *part* → HANDICAPAR.
2 Minusválido. *Tb n.* | *Hola* 4.6.83, 102: Vacaciones Salud en Andorra en el Centro Termal .. Abierto todo el año. Handicapados desaconsejado.

handicapar (*pronunc corriente,* /χandikapár/) *tr* Perjudicar [a una pers. o cosa] o ser un handicap [2] [para ella (*cd*)]. | Sanz *Consecuencias* 5: El objetivo principal de mi colaboración no se verá en modo alguno handicapado por el hecho de que yo no esté presente. Humberto *Sáb* 11.1.75, 27: Este año .. verá la reforma del Código Civil y del Código de Comercio en orden a la supresión de algunas de las limitaciones legales que hoy handicapan a las féminas.

handicapper (*ing; pronunc corriente,* /χandikáper/) *m* (*Híp*) Encargado de determinar el peso que han de llevar los caballos en un handicap [1]. | Sánchez *Inf* 5.3.79, 23: Tarde de primavera en el hipódromo .. Manuel Campillo, antiguo "handicapper", me confió que ha estado una temporada con depresión nerviosa.

handling (*ing; pronunc corriente,* /χándlin/) *m* (*Aer*) Asistencia en tierra. | R. Casamayor *SPaís* 17.3.91, 5: Por las tasas de aterrizaje se ha recaudado el 30%, y el resto corresponde a los denominados ingresos patrimoniales: *handling*, tiendas, *parking*. A. Laso *Abc* 5.8.91, 49: Iberia puede perder el monopolio del servicio de "handling", asistencia a aeronaves y pasajeros en los aeropuertos.

hanegada *f* (*reg*) Fanegada. | *Pro* 7.4.74, 23: Conoce la Administración lo que cuesta la aludida transformación de una hanegada de secano en naranjales.

hanequín *m* (*reg*) Se da este *n* a numerosos escualos, esp *Mustelus mustelus, Prionace glauca, Carcharodon carcharias y otros*. | Alvar *Islas* 57: Distingo el bocaduz de la tintorera, de la gata y del hanequín.

hangar *m* Construcción destinada a guardar aviones y a veces también trenes o mercancías. | *Gac* 11.5.69, 74: En solo 51 metros se detuvo el avión .. Del hangar llegaban dos personas. Laforet *Mujer* 309: Rosita iba delante, la fila de los niños detrás y, por fin, Lola. Así esperaron a bajar las escaleras que llevan al hangar de la Estación del Príncipe Pío. VMontalbán *Pájaros* 25: Echaría de menos .. el deambular por aquel desorden de hangares y espacios libres para la naturaleza heroica, aquella belleza de estación abandonada que conservaban los más viejos almacenes de Pueblo Nuevo.

hansa (*pronunc corriente,* /χánsa/) *f* (*hist*) En la Edad Media: Confederación mercantil, esp. la surgida entre varias ciudades del norte de Alemania para protección y control de su comercio. | Tejedor *Arte* 114: También los comerciantes, como los artesanos, se agruparon en asociaciones, las Ligas o Hansas, para la mejor defensa de sus intereses .. Algunas desbordaron incluso los límites de la ciudad y llegaron a agrupar en ellas un conjunto de ciudades. Tal fue el caso de la Liga Hanseática o Hansa Germánica, integrada por la mayor parte de las ciudades septentrionales alemanas.

hanseático -ca (*pronunc corriente,* /χanseátiko/) *adj* (*hist*) De (las) hansas. | Tejedor *Arte* 114: Algunas [Hansas] desbordaron incluso los límites de la ciudad y llegaron a agrupar en ellas un conjunto de ciudades. Tal fue el caso de la Liga Hanseática o Hansa Germánica, integrada por la mayor parte de las ciudades septentrionales alemanas que hacían el comercio por el Báltico y el mar del Norte. **b)** De las ciudades hanseáticas. *Tb n, referido a pers.* | Laín *Gac* 14.12.75, 48: ¿Cómo no ver .. la diferencia entre Boston y Nueva Orleans, o entre el bávaro y el hanseático, o entre el siciliano y el lombardo? J. L. GTello *SArr* 27.12.70, 15: Esta es la gran jugada que ha hecho el hanseático Willy Brandt.

Hansen. enfermedad de ~ → ENFERMEDAD.

hapálido *adj* (*Zool*) [Primate] primitivo de pequeño tamaño, cola larga y no prensil, cabeza redondeada y pelo fino y sedoso, propio de América central y meridional, de la familia del tití. *Frec como n m en pl, designando este taxón zoológico*. | Pinillos *Mente* 23: De estas cinco familias de antropoides (cébidos o monos arañosos sudamericanos; hapálidos: titíes; cerbopitecos .., símidos .. y homínidos), solamente la última, la de los homínidos, experimentó una evolución superior.

hapax legomenon (*gr; pronunc corriente,* /χápaks-legómenon/ *o* /ápaks-legómenon/; *pl invar*) *m* (*Ling*) Palabra o sintagma de los que solamente se conoce un ejemplo. *Frec simplemente* HAPAX *o* HÁPAX. | Alvar *Estudios léx.* 74: Tenemos, pues, que considerar el texto de Berceo como un "hapax legomenon" en la tradición española: solo en él y una sola vez encontramos *coral* en la acepción de 'corporal'.

haploclamídeo -a *adj* (*Bot*) De perianto simple. | Alvarado *Botánica* 39: El perianto tiene un desarrollo muy variable, distinguiéndose por lo que a él respecta los siguientes tipos de flores: 1º, aclamídeas o desnudas ..; 2º, haploclamídeas ..; 3º, diploclamídeas.

haplofase *f* (*Bot*) Fase haploide. | Alvarado *Botánica* 68: Las Briofitas son organismos diplohaplontes. El gametofito, equivalente al protalo de los helechos, es la haplofase.

haploide *adj* (*Biol*) [Número] simple de cromosomas. | Navarro *Biología* 67: La meiosis es un proceso reduccional por el que, mediante dos divisiones sucesivas, el número diploide (2 *n*) de la célula madre queda reducido a número haploide (*n*) en las células hijas. **b)** Que contiene un número haploide de cromosomas. | Alvarado *Botánica* 69: El esporofito .. procede del zigoto y es la diplofase. Las esporas que en él se forman son haploides.

haplología *f* (*Fon*) Supresión de una sílaba por ser semejante a otra contigua de la misma palabra. | RAdrados *Lingüística* 708: Se trata en todos estos casos de la dificultad psicológica de pronunciar dos veces el mismo sonido a corta distancia. Se logra introducir una mayor distintividad alterando uno de los dos, en cuestión, pero también simplemente haciéndolo desaparecer. Esto ocurre no solo con fonemas, sino también con sílabas. Es el fenómeno de la haplología, por el cual se suprime una de dos sílabas consecutivas iguales o semejantes.

happening (*ing; pronunc corriente,* /χápenin/; *pl normal,* ~s) *m* **1** Espectáculo teatral improvisado o espontáneo, al que se asocian los espectadores. *Tb fig*. | F. P. Velázquez *Rev* 12.70, 23: El *Orlando* es, antes que nada, espectáculo, dinamismo escénico, teatro para los ojos. No es *happening* ni teatro de agresión. Pániker *Conversaciones* 11: –¿A dónde cree que nos va a llevar ese reparto de papeles? –En esta especie de gran *happening* que es la política española, sucede que los falangistas pretenden ir .. hacia una democracia material.
2 Fiesta improvisada en todos sus aspectos. | Umbral *Memorias* 133: Las generaciones siguientes se han educado en el party, el happening y otras cosas así. MGaite *Nubosi-*

dad 374: La gente se ha ido dando el pire. En cuanto tú te fuiste a echar, se acabó el happening, se aburrían.

happy end (*ing; pronunc corriente,* /χápi-énd/; *pl normal, ~s*) *m* Final feliz [de una película, comedia o novela]. *Tb fig.* | J. Domingo *Ins* 10/11.69, 24: El propio Landrove es quien hace posible esa serie de "happy ends" en que desemboca la novela. Goytisolo *Recuento* 375: Todo ello unido al carácter, más que meramente voluntario, deseado, de los tratos que normalmente se conciertan en las notarías, así como al habitual happy end de los desenlaces.

happy few (*ing; pronunc corriente,* /χápi-fiú/) *m pl* Conjunto restringido de privilegiados. | *SPaís* 13.12.86, 1: La República Federal de Alemania está viendo el nacimiento de una nueva casta, la de los *happy few* .. Los *happy few* cultivan un auténtico fetichismo de marca.

haptonomía *f* (*Med*) Método de comunicación con el feto, por el tacto a través del vientre de la madre. | *Ya* 1.3.88, 15: Una técnica táctil para fomentar la afectividad. Haptonomía: Comunicación de la embarazada con su hijo.

haptotropismo *m* (*Bot*) Tropismo ocasionado por el contacto. | Alvarado *Botánica* 35: Por el agente estimular, se distinguen las siguientes clases de tropismos: geotropismo o barotropismo ..; fototropismo ..; haptotropism[o] o tigmotropismo, ocasionado por los contactos. [*En el texto,* haptotropismos.]

haragán -na *adj* [Pers.] perezosa y holgazana. *Frec n.* | Salvador *Haragán* 9: ¡Haragán! Levántate y ven conmigo. **b)** Propio de la pers. haragana. | MMolina *Jinete* 42: Ya lo aburría aquella vida desordenada y haragana de Madrid. T. MMartín *GacCo* 6.93, 17: Iniciaron toda una serie de donaires y chascarrillos, así como haraganas actitudes.

haraganear *intr* Comportarse como un haragán. | Cela *RMoñino* 144: El español .. hace poco, realiza poco –vamos, quiere decirse que haraganea mucho–.

haraganeo *m* Acción de haraganear. | Umbral *Trilogía* 172: Bien podía permitirse uno aquellas vacaciones de puente y río, .. aquel haraganeo solitario y doliente.

haraganería *f* Cualidad de haragán. | L. Pereña *Ya* 9.6.68, 3: Los barrios bajos son una realidad, como lo son la haraganería y la pobreza.

harakiri (*pronunc corriente,* /arakíri/ *o, más raro,* /χarakíri/; *tb, raro, con la grafía* **haraquiri**) *m* Suicidio ritual japonés que consiste en abrirse el vientre de un tajo. *Frec fig. Gralm en la constr* HACERSE EL *~*. | GSanchiz *Ya* 15.4.64, 6: Al harakiri, con que voluntariamente, y no por desesperación, se acaba con la vida. *Abc* 4.4.87, 65: Un súbdito marroquí que se encontraba en situación ilegal en Tenerife puso fin a su vida al hacerse el haraquiri con un machete después de agredir con el arma a su compañera. C. Sentís *Abc* 8.3.58, 19: No llegan a cincuenta los diputados dispuestos a hacerse el "harakiri" para dar paso a una República presidencialista.

haram (*ár; pronunc corriente,* /χarám/) *m* (*Rel musulm*) *En una mezquita:* Gran sala de oración. | Fernández-Llorens *Occidente* 106: Los elementos fundamentales de una mezquita son el patio porticado .. y la gran sala de las oraciones (haram). | En la mezquita de Omar .. el haram está cubierto con una cúpula bizantina.

haramago → JARAMAGO.

harapiento -ta *adj* Lleno de harapos. | Cunqueiro *Un hombre* 14: Preguntó el extranjero .. como si .. solamente lo hiciese por cortesía hacia aquel mendigo peludo, sucio y harapiento. Delibes *Madera* 347: En la popa, la bandera desgarrada se azotaba a sí misma, mas aquella enseña que tantas emociones despertara en él en otro tiempo, desflecada y harapienta, se le antojaba ahora un remedo de su persona. **b)** Propio de la pers. o cosa harapienta. | CPuche *Paralelo* 94: Ellos iban y venían del muladar a la flor y nata de la capital .. sin importarles un rábano de nada .., ni siquiera de la harapienta y guiñaposa facha que se les exigía .. Ellos eran basureros. Delibes *Parábola* 125: Se abren las flores amarillas, de vida efímera, ya que a la fragancia altiva de unas se opone el desmadejamiento de otras y la muerte harapienta de las menos.

harapo *m* Andrajo (pedazo de tela desgarrado o prenda de vestir rota y vieja). *Tb fig.* | Cunqueiro *Un hombre* 24: ¿A quién vas a matar? ¿A aquellos dos viejos locos, escondidos en su cámara secreta, vestidos de harapos? Laiglesia *Ombligos* 104: La paz me sorprendió hecha un harapo humano.

haraposo -sa *adj* (*raro*) Harapiento. | R. Saladrigas *Van* 21.3.71, 53: Descubrí a un viejo de piel tiznada, haraposo y retorcido, que vendía yerbas.

haraquiri → HARAKIRI.

harca (*ár; pronunc corriente,* /χárka/; *tb con la grafía* **harka**) *f* Agrupación irregular armada marroquí, puesta a veces bajo las órdenes de un jefe europeo. *Tb fig.* | *SAbc* 20.7.75, 24: El 23 de julio la harca sublevada atacó a Darbrius, obligando a los españoles a irse retirando a Batel primero, después a Monte Arruit. GSerrano *Macuto* 6: La lealtad de los harkeños dependía mucho de las condiciones verdaderamente excepcionales que reuniese su jefe, y quizá por eso todas las harkas han llevado apellido: la harka Muñoz Grandes, la harka Varela, etc. GHortelano *Tormenta* 119: –¿Quieres que te ayude a arrear a toda esa harka? –Gracias, Amadeo. Ya me entiendo con ellos. [*Grupo de niños.*]

hard (*ing; pronunc corriente,* /χard/) *adj* Duro o fuerte. *En sent fig.* | Miguel *Mad* 2.1.71, 3: El pacifismo significa acabar con la idea del Estado nacional, con la sublimación de la energía, la autoridad, la organización (es decir, lo *hard*). J. Antón *SPaís* 18.11.90, 4: Los partidarios de la ciencia-ficción *hard* le reprochan su falta de rigor en este sentido.

hard bop (*ing; pronunc corriente,* /χárd-bóp/) *m* (*Mús*) Variedad de jazz surgida a finales de los años cincuenta y caracterizada por un ritmo más simple que el del bop. | A. Mallofré *Van* 18.7.85, 23: El "hard rock", expresión que en principio derivaba conceptualmente del antiguo "hard bop" y que luego derivaría en el "heavy metal". X. Rekalde *Cam* 16.5.88, 175: La novedad es la participación del grupo OTB (*Out of the Blue*) en la primera velada, una joven formación de *hard bop*.

hardcore (*ing; pronunc corriente,* /χárdkor/; *tb con la grafía* **hard-core**) *adj* **1** [Pornografía] muy realista u obscena. *Tb n m.* | G. L. DPlaja *Tri* 26.8.72, 15: El jubileo de potenciales clientes se va con las manos vacías tras la contemplación de pornografía más o menos "hard-core". *ElM* 13.1.91, 62 (A): Resulta difícil establecer la relación completa de sus trabajos como director y productor, que van desde el melodrama realista y moralista al porno en la frontera del "hardcore".
2 (*Mús*) [Música rock] caracterizada por su presentación agresiva. *Tb n m.* | A. M. Picot *Abc* 13.2.88, 106: Lo último en música es lo de Carlos Berlanga, y lo último suyo es la música disco: "Sí, disco *hardcore*". J. RFernández *Ya* 17.9.90, 49: Ese anuncio .. nos señala el camino emprendido por los Pixies: turbios manejos guitarrísticos, en la más pura línea del *hardcore*, y melodías sofisticadas.

hard rock (*ing; pronunc corriente,* /χárd-rŏk/) *m* (*Mús*) Rock duro. | A. Mallofré *Van* 18.7.85, 23: Deep Purple rememora su "hard rock" de los primeros años 70. *Ya* 8.4.91, 55: Nuestras enseñanzas son muy variadas y van desde el rock sinfónico al *hard rock* o al *funk*.

hardware (*ing; pronunc corriente,* /χárwer/) *m* (*Informát*) Maquinaria o conjunto de los elementos materiales constitutivos de un ordenador. *Se opone a* SOFTWARE. | Miguel *Mad* 2.1.71, 3: *Software* resume las ideas incorporadas a los lenguajes y los programas para los ordenadores, mientras que *hardware* alude a los componentes mecánicos, eléctricos o electrónicos materializados en las máquinas computadoras. *Abc* 5.6.77, 96: Empresa privada dedicada a la fabricación de equipos electrónicos profesionales precisa directores de ingeniería digital software y hardware.

Hare Krishna (*scr-ing; pronunc corriente,* /χáre-krísna/; *tb, raro, con la grafía hisp* **Hare Krisna**; *a veces con minúsculas; pl invar*) *m y f* (*Rel*) Miembro de una secta religiosa devota del dios hindú Krishna. | *DMa* 17.5.89, 18: Imaginaros a un mormón, Hare Krishna, testigo de Jehová, católico, protestante, etc., que te parase por la calle. Cela *Alcarria* 95: En la carretera de Armuña .. se adivina, sobre poco más o menos, el sitio donde está la finca Santa Clara, que fue del Instituto Farmacológico Llorente y es hoy de los hare krisna.

harem – hartá

harem m (raro) Harén. | Sampedro *Octubre* 121: Taché esas frases, sí, pero quedó la historia en el harem de Solimán.

harén m **1** Departamento de la casa musulmana en el que viven las mujeres. | B. Andía *Ya* 15.10.67, sn: El harén, situado en un patio redondo entre muros espesos, dentro de unas cavidades, está polvoriento.
2 Conjunto de todas las mujeres que pertenecen a un musulmán. | Ubieto *Historia* 94: Los cristianos mozárabes habían adoptado las formas de vida de los musulmanes: muchos tenían harén, servían en el ejército musulmán o ejercían algún cargo en la administración del Estado. **b)** (*col, humoríst*) Conjunto de amantes que un hombre tiene simultáneamente. | Paso *Pobrecitos* 231: Ese deshizo a su esposa la salud a fuerza de disgustos y de un harén que se seleccionó entre lo más florido del varieté de la época.

harense adj De Haro (Rioja). *Tb n, referido a pers.* | *NRi* 27.5.64, 10: La Corporación Municipal tomó conocimiento de una carta de la Sociedad Benéfica de la Provincia de Logroño, en Santiago de Chile, anunciando su deseo de visitar las bodegas harenses.

harija f Polvillo que se levanta al moler el grano o cerner la harina. | FVidal *Ayllón* 35: Observo el caserío de tejavana rojiza y compruebo que todo él está enfundado en una leve harija, vibrátil y luminosa, un polvillo feliz que habla del término del abaleo de la mies.

harina I f **1** Sustancia de consistencia de polvo, que resulta de moler cereales. | Legorburu-Barrutia *Ciencias* 297: El maíz. Se cultiva en climas templados, sobre todo en Norteamérica. Con la harina de sus frutos se hace un pan de baja calidad (borona). **b)** *Esp:* Harina de trigo cernida. | *Cocina* 30: Cuando se añade harina y mantequilla, se amasan ambas cosas primero, se añaden unas cucharadas de salsa, caldo o agua y se agrega al conjunto.
2 Sustancia semejante a la harina [1], a que se reduce una materia sólida. *Con un compl especificador.* | Ortega-Roig *País* 221: Desde hace siglos los canarios pescan en la costa africana y obtienen grandes beneficios con las conservas, el pescado congelado y la harina de pescado. *País* 5.2.77, 40: La dinamita puede contener también nitrocelulosa .., así como materias combustibles, tales como harina de madera, polvo de aluminio.
3 (*jerg*) Droga, esp. hachís de baja calidad. | ASantos *Bajarse* 72: Si quieres pincharte, te pinchas y ya está. Te chutas bien y tranquilo .. Anda, Elena, síguelas haciendo un strip-tease aquí a los amigos mientras yo les traigo la harina.
II *loc v* **4 meterse en ~.** (*col*) Ponerse a trabajar o entregarse a algo con interés. *Frec en la forma* ESTAR METIDO EN ~. | Acquaroni *Abc* 22.10.67, 45: Pensaba .. que una vez metido en harina sería la propia guerra la que justificara sus causas.
5 ser [alguien o algo] **~ de otro costal.** (*col*) Ser totalmente diferente a la pers. o cosa con quien se compara. | Lagos *Vida* 79: Rosi era harina de otro costal. **b) ser** [algo] **~ de otro costal.** Ser otra cuestión. | Delibes *Parábola* 138: Otra cosa es la condición humana, Jacinto, esa es harina de otro costal, menuda.

harinado m (*reg*) Panecillo que se cuece en el horno con un trozo de chorizo o lomo, algo de harina sin amasar y aceite en su interior. | Moreno *Galería* 26: Los harinados, los hornazos... todo salía de aquella fábrica sin demasiados mecanismos que era el horno de pan cocer.

harinar tr (*Coc*) Rebozar con harina [1b]. | *SYa* 14.9.84, VII: Harinar el pescado a filetes, freír dos minutos por ambos lados, añadir el marisco y freír el mismo tiempo.

harinero -ra I adj **1** De (la) harina [1]. *Tb n f, referido a fábrica.* | CBonald *Dos días* 211: El tío Felipe me aconsejó que me pusiera a trabajar con él, ayudándolo en el asunto de los molinos harineros. GLuengo *Extremadura* 103: En Don Benito había ya fábricas harineras, arroceras, de conservas vegetales. Enrique *DLér* 2.8.69, 5: En cuanto a industrias tampoco andamos mal .. Una fábrica de harinas, "Harinera del Segriá", con una producción diaria muy elevada.
II *m y f* **2** Pers. que fabrica o vende harinas [1]. | *Ya* 16.10.75, 26: Dicen los harineros que la industria panadera está desbordada por los precios.

harinilla f (*reg*) Salvado muy fino. | Escobar *Itinerarios* 42: Son cerdos bien cebados, con centeno y harinilla.

harinoso -sa adj **1** Que contiene mucha harina [1]. | Buñuel *MHi* 8.60, 59: En la tierra roja se cosechaban las patatas más suculentas, el trigo más harinoso. A. M. Merino *CoZ* 7.5.64, 6: Con qué nostalgia recordaban los campos secos de Castilla y los mendrugos de pan blanco y harinoso del pueblo.
2 De naturaleza, textura o aspecto semejantes a los de la harina [1]. | Bernard *Verduras* 15: 400 gramos de patatas harinosas. A. P. Foriscot *Van* 20.5.73, 9: Las mejores, las más mantecosas, las más harinosas judías son las que se crían en la fachada litoral cantábrica, sobre todo en Zarauz y en San Sebastián. Delibes *Madera* 14: La tez blanca, harinosa, de augusto de circo, de tía Cruz se encendía levemente.
3 Propio de la harina [1]. | Lotina *Setas* sn: *Tricholoma terreum* .. Carne: .. sin olor ni sabor por regla general, o con un débil olor harinoso.

harka, **harkeño** → HARCA, HARQUEÑO.

harmatán m Viento del nordeste que sopla en el oeste de África en la estación seca. | Delibes *Mundos* 127: Sobre unas y otras [zonas], causa estragos el terrible harmatán, o viento del Sáhara, que reseca la tierra y abrasa las plantas.

harmonía, **harmonioso**, **harmonizar** → ARMONÍA, ARMONIOSO, ARMONIZAR.

harnero m Criba fina que permite pasar los pequeños residuos, quedando en la parte superior el grano bueno. | Peraile *Ínsula* 103: Allí estaba sentado encima del arca, al lado del harnero en el que padre cribó hasta el último pienso. **b)** *Se usa en constrs de sent comparativo para ponderar la gran cantidad de heridas.* | Delibes *Guerras* 161: Me soltó dos moquetes y me puso la cara de arañones que no vea. Hecho un harnero me dejó.

harneruelo m (*Arquit*) Plano formado por una serie de nudillos. | Angulo *Arte* 1, 9: Para evitar el pandeo o inflexión de los pares en su parte central, se dispone a esa altura, entre cada pareja de pares o tijera, una viga pequeña horizontal o nudillo, dando lugar a la armadura de par y nudillo .. El plano creado por la repetición de los nudillos es el harneruelo.

harón -na (*tb con la grafía* **jarón** *en zonas de aspiración*) adj Perezoso u holgazán. | Castroviejo *Paisajes* 75: Recuerdo las frases de "harón, súcubo, nefandario y hampudo", lanzadas por el académico al incontinente. Mendicutti *Palomo* 202: Sacó también un atril .., parecía una batea para llevar la comida a la cama cuando estás malo o harón.

haronear (*tb con la grafía* **jaronear** *en zonas de aspiración*) intr Holgazanear. | Mendicutti *Palomo* 236: Eso era lo que yo pensaba aquella mañana, en la cama, jaroneando un poco.

haronía f Pereza u holgazanería. | F. PMarqués *Hoy Extra* 12.69, 42: A la antigua haronía le va sucediendo, aun cuando sea con mayor lentitud de lo que fuere de desear, una comenzón [sic] de actividad.

harpado → ARPADO.

harpía → ARPÍA.

harpillera → ARPILLERA.

harqueño (*pronunc corriente,* /χarkéño/; *tb con la grafía* **harkeño**) m Hombre que forma parte de una harca. | Hispanus *Abc* 1.6.58, 69: En el Gobierno local de Salan hay argelinos .. Nativos son los 50.000 "harqueños" armados. GSerrano *Macuto* 6: La lealtad de los harkeños dependía mucho de las condiciones verdaderamente excepcionales que reuniese su jefe.

harrepas f pl Cocimiento de harina de maíz y leche. | Cossío *Montaña* 75: "También hacen cucharones para revolver las harrepas", que es nombre que también reciben las pulientas, cocimiento de leche y harina de maíz.

hartá (*tb con la grafía* **jartá** *en zonas de aspiración*) f (*pop*) Hecho de hartar(se). *Frec con el v* DAR. | Ferres-LSalinas *Hurdes* 111: Llevábamos faroles y lo menos cogimos medio ciento de pajarillos, nos dimos una hartá. GPavón *Reinado* 203: Qué *jartá* te has *dao* de morapio. MSantos *Tiempo*

48: Yo pensando en la hartá de tetas que me iba a dar la Florita .. De vez en vez me doy una hartá.

hartadura *f* (*raro*) Hartazgo. | Cela *Viaje andaluz* 310: Hay personas –lo más probable es que tengan el estómago tan hecho a las hartaduras como el paladar horro de las fuentecicas del gusto– que comen el jamón en lonchitas muy finas y casi transparentes. E. Amezúa *Sáb* 1.2.75, 37: Es el final: la hartadura del burdel.

hartamente *adv* (*raro*) Harto o mucho. | CNavarro *Perros* 239: El mismo desprecio hartamente reiterado hacia sus padres era una prueba. JCorella *Ya* 26.2.75, 6: Es justo también que los de generaciones nuevas frenen un poco sus apetencias y conozcan problemas restrictivos como los conocieron hartamente los de cincuenta años para arriba.

hartar *tr* **1** Hacer que [alguien (*cd*)] satisfaga totalmente su hambre. *Frec el cd es refl.* | * Dale de comer hasta hartarlo. Cela *Viaje andaluz* 282: El vagabundo, en Castilleja del Campo, almorzó de oque ..; el vagabundo, como no fue reprendido por abusar (señal de que no abusaba), aprovechó para hartarse y se puso la barriga a modo. **b)** Hacer que [alguien (*cd*)] satisfaga su deseo [de algo]. *Frec el cd es refl.* | Medio *Bibiana* 63: ¿Es que se puede hartar una de carne al precio que está ahora? * ¿Es posible hartar de cuentos a un niño?

2 (*col*) Dar o proporcionar [a alguien (*cd*)] gran cantidad [de algo (*compl* DE)]. | * Le hartaron de golpes. **b)** *pr* Recibir [algo (*compl* DE)] en gran cantidad. | Romano-Sanz *Alcudia* 148: Un enorme lagarto se harta de sol sobre la rama de una encina.

3 (*col*) Cansar excesivamente [a alguien (*cd*) una pers. o cosa (*suj*)], haciendo que pierda el interés o la paciencia. | Payno *Curso* 223: Se dio cuenta de que aquel guateque le había hartado. Se había divertido. Lo había pasado bien. Pero tenía la sensación de haber perdido el tiempo. **b)** *pr* Cansarse excesivamente [de alguien o algo]. *Tb sin compl.* | *Abc* 14.11.71, 18: ¿No están haciendo oposiciones los mineros a que el país se harte, se cierren las minas, se compre el carbón fuera y se envíe a los mineros a trabajar en otros empleos ganando la mitad? * Se hartó de estar allí y pidió el traslado.

4 (*col*) Hacer que [alguien (*cd*)] realice [una acción (*compl* DE)] hasta cansarse. *Frec con intención ponderativa.* | * Nos están hartando de hacer cuentas. **b)** *pr* Realizar [alguien (*suj*)] una acción (*compl* DE)] hasta cansarse. *Frec con intención ponderativa.* | Berenguer *Mundo* 16: Me llamaron ladrón cuando se hartaron de llamarme furtivo.

hartazgo *m* Acción de hartar(se). *Tb su efecto.* | MGaite *Retahílas* 80: Ese día, mitad por rabieta y mitad por hartazgo, volví a tomar una vieja decisión, la de romper con lazos familiares para *in eternum* [*sic*].

hartazón *f* Hartazgo. | Cela *Alcarria* 86: ¿Usted qué cree que puede tener peores consecuencias, la hartazón del cuerpo o la alferecía del alma? Izquierdo *Alpujarra* 245 (G): El cronista ya conoce por hartazón todas estas polémicas.

hartible (*tb con la grafía* **jartible** *en zonas de aspiración*) *adj* Pesado o que harta [3]. *Tb n.* | Mendicutti *Palomo* 27: La Mary decía que las palomas eran unas jartibles porque lo ensuciaban todo una barbaridad.

harto -ta *adj* **1** Que ha satisfecho totalmente su hambre. | L. MLorenzo *His* 2.78, 30: Vamos a comer algo, si morimos que sea hartos. **b)** Que ha satisfecho totalmente su deseo o necesidad [de algo]. | L. Caparrós *SVoz* 8.11.70, 1: Los que ya están hartos y andan de vuelta de los apetitos elementales maniobran la historia .. para conseguir eso de lo que ya se muestran tan aburridos. Cuevas *Finca* 11: Esto es mucha agua. La tierra está ya harta.

2 Cansado excesivamente [de alguien o algo]. | Olmo *Golfos* 158: Luisita Ordóñez, harta de verse fea, creyó todo lo que Tomás García le dijo.

3 (*lit*) Mucho. *Más frec adv.* | GNuño *Madrid* 18: No queda citada sino una mínima parte, bien que principalísima, de la harta belleza visible en esta incomparable mansión de las Descalzas. Ferres-LSalinas *Hurdes* 64: Calza abarcas de goma y se cubre con un sombrero negro harto mugriento.

hartón (*tb con la grafía* **jartón** *en zonas de aspiración*) *m* (*pop*) Hartazgo. *Con intención ponderativa. Frec con el v* DAR. | Gala *Hotelito* 76: Desde mañana tendremos para nosotras todo el día: para arreglarnos y acicalarnos y aprendernos de memoria nuestras facciones –qué hartón–.

hartura *f* Hartazgo. | ZVicente *Mesa* 209: El último licor le rebosa en los eructos con la hartura. Laforet *Mujer* 38: Después de haber llegado hasta a una hartura de este sentimiento .., Paulina .. desaparecía.

has (*pronunc corriente,* /χas/) *m* (*jerg*) Hachís. | Umbral *Tierno* 35: En uno de aquellos cafés nuevos que empezaban a imitar lo viejo, Licaria fumaba su has, yo bebía mi chivas.

hasch (*pronunc corriente,* /χas/) *m* (*jerg*) Hachís. | J. P. Quiñonero *Inf* 23.3.78, 10: En Nanterre se celebraron ayer ininterrumpidamente conciertos de "rock" y "blue-grass", en un ambiente de festiva indisciplina. "Hasch", "rock", violencia verbal.

haschish → HACHÍS.

hash (*ing; pronunc corriente,* /χas/) *m* (*jerg*) Hachís. | J. Romaguera *Inf* 27.2.78, 23: Se "ordeñan" el tallo, las hojas y lo que pudiera quedar de las inflorescencias, para obtener una especie de resina que, una vez prensada y picada, se mezcla con dos tercios de tabaco normal, consiguiéndose el "kiffi", quizá el producto más generalizado, dado que su precio es infinitamente inferior al del "hash" puro.

hasta (*con pronunc átona*) **I** *prep* **1** *Precede a un sust (n, pron o prop) denotando límite de un proceso en el espacio (real o fig), en el tiempo o en la cantidad.* | Cunqueiro *Un hombre* 9: Las jóvenes llevaban el cabello suelto, que les caía por la espalda hasta la cintura. Medio *Bibiana* 10: –¡He dicho que no, y que no! Vamos... Hasta aquí íbamos a llegar en nuestras concesiones. Matute *Memoria* 62: ¿Dónde estuvieron ustedes hasta tan tarde? J. Peláez *Sol* 24.5.70, 13: Año tras año ha ido superándose hasta escalar un primerísimo lugar en el conjunto nacional. Torres *Él* 76: Con la mano libre empezó a machacarle el cuerpo, hasta que el astrólogo cayó al suelo. **b)** *En or negativas y precediendo a un infin o a una prop con* QUE, *suele ir seguido de un adv* NO *expletivo.* | Cuevas *Finca* 47: Nadie puede adivinar, hasta no verlos, la fuerza que puede tener un potro de cuatro meses. Diosdado *Anillos* 1, 281: Yo, hasta que no pasa la hora del café, es que no soy nadie. **c)** *Usado en fórmulas de despedida, precede al adv o n que designa el momento previsto para el próximo encuentro.* | LRubio *Manos* 17: Hasta mañana. Mejor dicho, ya, hasta luego.

2 Incluso (con inclusión de). | Laforet *Mujer* 15: Hasta él, que no acostumbraba a bucear en estas cosas, podía notarle la tristeza en los ojos.

II *adv* **3** Incluso (incluyendo también). *Frec indica que lo expresado en la palabra o sintagma a que se refiere supone un grado alto o superior a lo dicho anteriormente.* | Lera *Trampa* 1030: Mario era el trasunto varonil de Elena .. Hasta en la estatura eran pariguales. Cela *Judíos* 309: Son felices porque, a lo mejor, un día salen hasta en los papeles.

III *loc conj* **4 ~ tanto (que)** → TANTO.

hastiado -da *adj* **1** *part* → HASTIAR.

2 Propio de la pers. que siente hastío. | *Pap* 1.57, 4: Se marca un siete –desde ahora– donde antes se escribía un seis: en el mismo lugar; con idéntico mínimo esfuerzo; con igual hastiada y amarga resignación.

hastial (*tb con la grafía* **jastial** *en acep 4, en zonas de aspiración*) *m* **1** (*Arquit*) Parte superior triangular de la fachada, comprendida entre las dos vertientes del tejado. *Tb la fachada entera.* | Moreno *Galería* 97: Narros está ahora aquí, en mis estampas, porque se acoge a la maravilla y multitud de las piedras armeras de sus fachadas; empotradas entre buenos hastiales de sillares. **b)** *En una iglesia:* Fachada correspondiente a los pies o a uno de los laterales del crucero. | GNuño *Arte* 143: Las torres .. no cargan sobre el comienzo de las naves laterales, sino en los flancos de estas, y en todo el exterior, contrafuertes y arbotantes pregonan su cometido con precisa justeza; los hastiales tienen rosetones calados entre pináculos.

2 (*Min*) Cara lateral de una excavación. | Benet *Aire* 154: He visto en los hastiales de la mina la entrega del general Pinto.

3 (*reg*) Porche o soportal. | Zunzunegui *Camino* 156: Se apoyó en el hastial de una casa, porque se caía de pena.

4 (*col*) Hombre alto y fuerte. | Cancio *Bronces* 56: Este Joseón, este hastial de la jampuda tribu de los Porriegos, es un pasiego con retranca. Grosso *Capirote* 123: Yo le tenía su

hastiar – haz

miaja de aprecio, .. siendo como era un zagal espabilado, y un jastial tan alto como el tronco de un pino.

hastiar (*conjug* **1c**) *tr* Producir hastío [a alguien (*cd*)]. *Tb abs.* ∣ J. M. Llanos *Ya* 12.10.77, 20: Buena definición del hombre o del ser que ansía –y trabaja– por llegar a la fiesta, la cual termina por hastiarle. Umbral *Ninfas* 51: Un modelo incita, mejora, ennoblece, despierta el sentido emulativo. Pero un doble hastía, desmoraliza y desconcierta. **b)** *pr* Pasar a sentir hastío [de alguien o algo]. *Tb sin compl.* ∣ Laforet *Mujer* 32: Parecían aburridos y como temerosos de aquella naturaleza que les rodeaba. Se debieron hastiar de los interminables bosques. Torrente *Isla* 152: El cuerpo es una cosa que goza, que se ensucia y que se hastía.

hastío *m* Disgusto causado por algo que ha dejado de ser grato y produce cansancio. ∣ Umbral *Ninfas* 19: La exaltación anterior a la masturbación .. se desvanece después, y queda el hastío de la propia carne. **b)** Desgana o aburrimiento. ∣ Alfonso *España* 62: No resultaría fácil morirse de hastío.

hataca *f* (*hist*) Palo cilíndrico usado para extender la masa. ∣ C. Aganzo *SYa* 16.4.89, 12: Como cuenta Luis Monreal en su "Apología del chocolate", la pasta se trabajaba sobre la "silleta" o "metate" .. La mezcla se extendía valiéndose de un palo llamado "hataca".

hatajero -ra (*tb con la grafía* **atajero**) *m y f* Pers. que posee o pastorea un hatajo. ∣ Calero *Usos* 50: En años de abundantes lluvias sobraban pastos de primavera, así que eran cedidos a ganaderos del rayano término, que habremos de decir todos eran atajeros y de pocas cabezas en cada atajo. Romano-Sanz *Alcudia* 84: El zagal ha encendido el fuego y preparado el guiso .. Comen juntos los hatajeros y el mayoral.

hatajo (*tb con la grafía* **atajo**) *m* **1** Grupo pequeño de ganado, esp. separado del rebaño. ∣ Romano-Sanz *Alcudia* 83: El mayoral divide el rebaño en hatajos, entregando a cada pastor trescientas ovejas. Berlanga *Rev* 4.68, 25: Cuando yo me iba a la paridera a soltar el hatajo, entre dos luces, dejaba a mi Luci y a su "hija" con las demás pequeñas en casa del Saturnino. S. Araúz *Inf* 6.3.75, 19: No se ven atajos goloseando en los ricios y aprovechando las mínimas cañadas.
2 (*col, desp*) Grupo [de perss. despreciables (*compl* DE + *n insultante*)]. ∣ CPuche *Paralelo* 286: ¡Hatajo de majaderos! ¿Sabrá ninguno de ellos por dónde van los tiros? ZVicente *SYa* 27.4.75, 23: Si no han logrado olvidar hasta el olvido mismo, es que son un hatajo de... Bueno, de eso, déjelos. **b)** Montón o cúmulo [de cosas despreciables]. ∣ * Me contó un hatajo de mentiras.

hatero -ra (*tb con la grafía* **atero**) *adj* [Caballería, esp. burro] que se utiliza para llevar la ropa de los pastores en el viaje de trashumancia y para llevar la comida o los recados. ∣ Romano-Sanz *Alcudia* 79: Hoy ya es difícil encontrar por los caminos la estampa secular de los rebaños en marcha con su acompañamiento de pastores, perros y recuas de yeguas o burros hateros. *Her* 23.11.87, 43: Vendo burra atera y dos pollinos.

hathórico *adj* (*Arte*) [Capitel] que reproduce la cabeza de la diosa egipcia Hathor. ∣ Angulo *Arte* 1, 33: Además de estos capiteles, que son los más corrientes, existen otros, como el palmiforme .. y el hathórico .., que debe su nombre a la cabeza de la diosa Hathor con que se decora su cimacio o pieza que descansa sobre él.

hato (*tb con las grafías* **ato** *y* **jato**, *esta en zonas de aspiración*) *m* **1** Envoltorio con la ropa y los utensilios personales más necesarios. ∣ Delibes *Historias* 18: Tomé el camino de Pozal de la Culebra, con el hato al hombro.
2 Provisión de víveres que se lleva al trabajo en el campo. ∣ S. Araúz *Abc* 2.5.75, sn: Juan Aguilera está jubilado .. A pesar de lo cual, cada mañana toma el hacha, mete un poco de hato en el zurrón y cabalga en borrico hasta el cortijo. **b)** Conjunto formado por la ropa y provisiones que se llevan al trabajo en el campo. *Tb fig.* ∣ Gerardo *NAl* 6.10.89, 15: Al llegar al pedazo, a hacer el hato: al lado de un mojón, alforjas, mantas, pellica, talego, cantimplora, tartera y merienda. Allí, guardando el hato, se quedará el perro. Y a enganchar: vertedera o arado. SFerlosio *Jarama* 70: Ya todos se encaminaron hacia el hato donde estaba Daniel. **c)** Lugar fuera de poblado en que los pastores y otros trabajadores del campo se instalan temporalmente para comer y dormir. ∣ MCalero *Usos* 44: Se hacía la siega a mano, y los segadores dormían con mucha frecuencia al raso y en las gavillas de mies. Allí comían y se les asistía, y a este lugar se le decía el hato. MCalero *Usos* 85: Al llegar al mercado tenían su lugar de costumbre .. Allí hacían el rodeo, y sobre cañamazos preparaban el ato, y pidiendo sus avíos. J. Vidal *SPaís* 8.7.90, 10: Los hubo que desayunaron un trago largo de vino, chasquearon lenguas y quedaron harto satisfechos. Esto es en el hato. Junto a una vereda en la sierra, allá donde corre un arroyuelo, estaba montado el jato.
3 Grupo de ganado que se pastorea. ∣ Cela *Judíos* 53: Por el camino viene un pastor arreando un hato de cabras. Llamazares *Río* 22: Hatos de vacas pastan entre las sebes.
4 Hatajo [2]. ∣ Kurtz *Lado* 53: Mauricio nada abandonaba salvo un hato de viejos estúpidos y charlatanes con los que nunca hizo migas.
5 Hacienda de campo, en Hispanoamérica, destinada a la cría de ganado. ∣ Céspedes *HEspaña* 3, 347: Las grandes propiedades .. tienen su origen más bien en explotaciones ganaderas. Además de caballerías, de tierras de labor, los cabildos otorgaron, más lejos del casco urbano, hatos y estancias para criar ganado mayor y menor; caballos, vacas, cerdos, ovejas, etc., de Castilla prosperaron allí de modo impresionante.

hausa (*pronunc corriente,* /χáusa/) **I** *adj* **1** De un pueblo de raza negra que habita pralm. en Nigeria y Níger. *Tb n, referido a pers.* ∣ *Abc* 20.8.66, 30: El conflicto entre los ibos y hausas crea problemas en Nigeria.
II *m* **2** Lengua de los hausas [1], utilizada como lengua de comercio en grandes zonas del África occidental al sur del Sáhara. ∣ RAdrados *Lingüística* 773: Este fenómeno ha creado los prefijos o desinencias personales de una serie de lenguas, tales como el egipcio, el hausa, las lenguas altaicas, el vasco.

hawaiano -na (*pronunc corriente,* /χawayáno/; *tb con la grafía* **hawayano**) **I** *adj* **1** De las islas Hawaii (Estados Unidos). *Tb n, referido a pers.* ∣ Laiglesia *Ombligos* 306: Vivía en Honolulú disfrazado de bailarina hawaiana. **b)** (*Geol*) [Tipo de volcán] que se caracteriza por la extraordinaria fluidez de la lava y por la ausencia de nubes ardientes y productos sólidos. ∣ Bustinza-Mascaró *Ciencias* 367: Los geólogos distinguen varios tipos [de volcanes]. Los fundamentales son: hawaiano, estromboliano, vulcaniano y peleano.
II *m* **2** Idioma de las islas Hawaii. ∣ RAdrados *Lingüística* 123: El número de localizaciones [de articulación] oscila entre dos (hawayano ..) y cinco (kota).

haxix → HACHÍS.

haya *f* Árbol de tronco grueso, liso y grisáceo, copa redonda, hojas sencillas y enteras o ligeramente dentadas y madera blanca con visos rojizos, ligera y resistente (*Fagus sylvatica*). *Tb su madera.* ∣ Ortega-Roig *País* 50: En Galicia y el Norte de la Península abundan los bosques de hayas y de robles, árboles de hoja caduca. Loriente *Plantas* 23: *Fagus sylvatica* L., "Haya" .. Dentro de sus diversas variedades ornamentales, conocemos en Cantabria dos bellísimas. La variedad *purpurea* Aiton ("Haya purpúrea"), no frecuente, y la variedad *pendula* Loudon ("Haya llorona"), muy rara. MLuna *ASeg* 20.5.92, 6: Gabriel .. trabaja el enebro, haya, encina, peral, guindo... O cualquier otra madera que caiga en sus manos.

hayal *m* Terreno poblado de hayas. ∣ *Ama casa 1972* 98: Por hectárea de hayal, la evaporación varía de 3.500 a 5.000 toneladas de agua en verano.

hayedo *m* Lugar poblado de hayas. ∣ Cela *Judíos* 32: A la comunidad de Ayllón la sombrean los robledales y los hayedos.

hayuco *m* Fruto del haya. ∣ Foxá-Huerta *Caza* 27: El oso se alimenta de bellotas, castañas, hayucos, miel silvestre y arándanos.

haz[1] *m* **1** Conjunto homogéneo [de cosas alargadas unidas, frec. por el centro]. *Frec referido a mieses o leña.* ∣ Moreno *Galería* 191: Lo que no se traía en haces se traía en "bálago", y ello se descargaba –cebada y avenas, generalmente– en el centro mismo de la era. CSotelo *Proceso* 408: Plegue al cielo que sea vuestra merced el primero en llevar el haz de leña a mi hoguera. Cunqueiro *Un hombre* 225: La tienda era pequeña, y del techo colgaban los haces de velas. **b)** Conjunto [de cosas abstractas reunidas]. | M. Lizcano *MHi* 3.61, 6: Un segundo momento de despliegue y realización, siempre en conflicto con el haz de tensiones internas y externas que buscan su frustración. **c)** (*Anat*) Conjunto [de fibras, vasos o nervios que tienen un mismo origen y una misma terminación]. | Legorburu-Barrutia *Ciencias* 34: Tejido muscular .. Sus fibras forman haces recubiertos de una vaina conjuntiva. Legorburu-Barrutia *Ciencias* 248: En el envés sobresalen las nerviaciones, que son los haces de tubos libero-leñosos por donde circula la savia. **d)** (*Arquit*) Conjunto de columnas agrupadas, con una sola basa y un solo capitel. | GNuño *Madrid* 12: La imposta ya es renacentista, y los haces que actúan de pilares adosados, finísimos, siguen la contextura isabelina de Toledo y Ávila.

2 Conjunto [de rayos luminosos que emanan de un mismo punto]. | Laforet *Mujer* 116: La lámpara de sobre la mesita proyectaba su haz de luz.

haz² *f* **1** *En una cosa plana o laminar:* Cara habitualmente más visible, o destinada a ser vista. *Tb fig*. | Legorburu-Barrutia *Ciencias* 248: Limbo: Es la parte plana; su cara superior se llama haz y la inferior envés. Delibes *Madera* 112: Rechaza, por otro lado, la ambigüedad del acto heroico, según se le mire por el haz o por el envés. Laín *Marañón* 197: Una cuestión que con apariencia contradictoria rueda por la haz de sus escritos.

2 (*lit, raro*) Faz [de la Tierra]. | JGregorio *YaTo* 21.11.81, 60: Le dedico [a Augustóbriga] este recuerdo por su trágico destino, el de quedar ahogada por las aguas del embalse y así borrada de la haz de la tierra.

haza *f* Porción de tierra labrantía. | Cuevas *Finca* 21: Cambió, al fin, el tiempo, y pudo sembrarse el haza que quedaba. Delibes *Castilla* 25: A izquierda y derecha, minúsculas hazas de cereal, huertas, canteros.

hazana *f* (*raro*) Faena casera. | JLozano *Mudejarillo* 77: Mandó recado a su madre, Catalina, y a su hermano Francisco, y a su cuñada Ana, que vinieran a cenar una mano en el conventillo para guisar y hacer las [h]azanas de la casa. [*En el texto*, azana.]

hazaña *f* Acción destacada o heroica. *A veces con intención irónica.* | DPlaja *Literatura* 49: El juglar recita .. asuntos de carácter heroico y colectivo que pudieran interesar a todos sus oyentes. Las hazañas de los guerreros habían de seducir principalmente a su inculto auditorio. Olmo *Golfos* 106: El tranvía .. pertenece a los golfos. A esos niños que lo escogen para dejar en el mundo su primera hazaña.

hazañoso -sa *adj* (*lit*) [Pers.] que realiza hazañas. | Castroviejo *Abc* 14.11.74, 25: Los maizales que cantó desde la verde tierra el grande y hazañoso don Ramón María del Valle-Inclán.

hazmerreír *m* Pers. que por su aspecto o por su comportamiento es objeto de diversión o de burla. *Frec en la constr* SER EL ~ DE. | CNavarro *Perros* 106: Mañana .. seré el hazmerreír de la ciudad entera.

he (*v defectivo: solo se usa en pres, en la forma* ~, *con valor de 3ª pers sg*) *tr impers* (*lit*) Se usa para presentar, ante los ojos o ante la consideración del oyente, la existencia de una pers o cosa en un lugar. *Normalmente seguido de* AQUÍ *o* AHÍ. *El cd puede ser un n, un pron o una prop con* QUE. *Frec con un ci de interés, pron pers enclítico.* | Vesga-Fernández *Jesucristo* 146: La tercera [palabra] la dirigió [Jesús] a su Madre refiriéndose a Juan: Mujer, he ahí a tu Hijo. *ByN* 31.12.66, 78: Y hete aquí que un día la idea de Jacqueline se manifiesta bajo la forma de un bello estudiante italiano. Payno *Curso* 132: Por esas ondas se puede saber que se mueve y cómo hace el moverse; gracias a ella se mueve; al moverse ha fabricado pasado; y hele apoyado en algo que fabricó, que le sirvió. R. Utrilla *Cam* 11.5.81, 21: Éramos pocos y volvió el GRAPO .. Hétenos aquí, de nuevo, en plena democracia grapada.

head-hunter (*ing; pronunc corriente,* /xéd-xánter/; *pl normal,* ~s) *m y f* Cazatalentos. | *Ya* 6.4.89, 12: No va a cometer la ordinariez de amargar a doña Pilar García su alegría de haber encontrado un puesto en la vida, diciendo que –seguro– no lo ha obtenido por oposición, ni en reñida lid con otros concurrentes a una prueba de selección; ni siquiera que ha sido fichada por un *head-hunter*. [*En el texto, sin guión.*]

hearing (*ing; pronunc corriente,* /xiérin/; *pl normal,* ~s) *m* Sesión de una comisión de investigación en un órgano legislativo. *Referido a Estados Unidos.* | J. M. Carrascal *Pue* 2.2.67, 5: El Comité de Relaciones Exteriores del Senado .. se ha puesto a investigar un tema lleno de sugestivas resonancias: "Posibilidades de los Estados Unidos como gran potencia". Uno compara estos "hearing", estos diálogos públicos que dirige el senador Fulbright, como los ejercicios espirituales de una nación consciente de los peligros de su propia fortaleza. *Abc* 9.5.87, 15: El presidente Reagan hace frente a los *hearings* del Congreso sobre el asunto "Irán-contra" en unos interrogatorios retransmitidos a la nación entera por televisión.

heavy (*ing; pronunc corriente,* /xébi/; *pl normal,* ~s *o* HEAVIES) **I** *adj* **1** [Música] de rock duro o heavy metal. | *SYa* 25.4.85, VII: ¿Quién dice que somos blandos? No es cierto, se trata simplemente de que hacemos una música muy elaborada y que desde luego no es heavy.

2 De (la) música heavy [1]. | *SYa* 25.4.85, VII: A los quince ya andábamos metidos en la música (curiosamente, en un grupo heavy). N. STejada *País* 20.9.88, 34: Un instante de silencio en un recital *heavy* es algo tan fuera de lugar como una tos en el Teatro Real. **b)** Aficionado a la música heavy y que gralm. participe del movimiento juvenil surgido en torno a ella. *Tb n.* | *Ya* 11.1.85, 6: Preguntando por curiosidad a cien muchachos de catorce-dieciséis y dieciocho años, resultó que el 70 por 100 son "heavy". A. Vila *Ya* 10.9.84, 33: Pese a todo lo que se dice de los "heavies", temidos y criticados por muchos por su indumentaria algo extravagante, las diez mil personas que se dieron cita en el recinto de las afueras de Alcorcón dieron una auténtica lección de saber estar. L. C. Buraya *Ya* 14.5.86, 21: Uno de ellos cogió un micrófono y dijo: "¡Hey, heavys, vamos a limpiar esto de basura!", y la manta de bofetadas se generalizó al instante. **c)** Propio de la pers. heavy. | L. C. Buraya *Ya* 31.5.87, 37: El *new look* heavy se impone rápidamente en todo el mundo. N. STejada *País* 20.9.88, 34: La comunidad *heavy* se moviliza.

3 (*juv*) Duro. *En sent fig.* | T. GBallesteros *Ya* 25.11.91, 8: Debió ser a la salida de una bacanal –intelectual y pedagógica, que también las hay–, cuando el ex ministro Barrionuevo dijo aquello tan original de limitar el número de mandatos del presidente del Gobierno. *Heavy* la cosa.

II *m* **4** Heavy metal. | A. Vila *Ya* 10.9.84, 33: Y no pasó nada, porque era la gran fiesta del "heavy".

heavy metal (*ing; pronunc corriente,* /xébi-métal/) *m* Rock duro. | J. PAlbéniz *País* 29.8.89, 38: Los numerosísimos aficionados al *heavy metal* deben conformarse con los retales que, muy de cuando en cuando, aparecen en los espacios dedicados al *pop-rock*.

hebdomadariamente *adv* (*lit*) Semanalmente. | Umbral *Memorias* 136: A nosotros no se nos imponía la presencia austera del padre o de la madre, sino que estos segregaban hebdomadariamente unas monedas .. y nos dejaban volar libres.

hebdomadario -ria *adj* (*lit*) Semanal. *Frec n m, referido a publicación.* | A. GPalacios *DAv* 4.12.76, 6: En uno de estos viajes, a veces hebdomadarios, en enero, .. "pasé a las inclementes injurias del aire y la nieve". L. Calvo *Abc* 18.12.70, 28: Aquí hay un periódico que se llama "La Tribuna Socialista", hebdomadario, órgano del P.S.U.

hebefrénico -ca *adj* (*Med*) [Trastorno mental] de la pubertad. | Vilaltella *Salud* 432: En primer lugar está la esquizofrenia hebefrénica, de comienzo insidioso y progresivo, sobre todo en los adolescentes.

hebijón *m* Varilla móvil de la hebilla. | *BOE* 2.9.77, 19711: Cuando el sistema de cierre de la faja sea mediante hebijones sobre agujeros, aquellos no tendrán una sección menor que la correspondiente a un diámetro de cinco milímetros.

hebilla *f* Pieza constituida por una estructura dura provista de un pasador al que gralm. va unida una varilla móvil, y que, sujeta a un extremo de una cinta o correa, sirve para sujetar el otro extremo, metiéndolo por el pasador. | Laiglesia *Ombligos* 26: Solo nos parecemos en ese agujerito que tenemos bajo la hebilla del cinturón.

hebillaje – hechizamiento

hebillaje *m* Hebillas, o conjunto de hebillas. | *GTelefónica N.* 347: Márquez Vicente. Curtidos. Charoles. Hebillajes. Hilos. Remaches. Herramientas.

hebillar *tr* Sujetar con hebillas. | Landero *Juegos* 75: Lo fue golpeando con sus botas sin hebillar.

hebra I *f* **1** Porción de hilo o fibra textil que, introducida por el ojo de la aguja, se emplea para coser. | *Lab* 12.70, 6: Recortar los motivos en tela verde y blanca, y aplicarlos a punto de incrustación, realizado con una o dos hebras de algodón Laso Áncora.
2 Filamento (cuerpo en forma de hilo). | Delibes *Príncipe* 133: –Que coma espárragos, puerros, pero enteros... –¿Las hebras también? *Cocina* 429: Judías verdes .. Cuando las judías son muy finas y no tienen hebras, bastará con quitarles las puntas. **b)** Pelo. | Laforet *Mujer* 52: Antonio no era .. ninguna preciosidad. Largo, lleno de granos, con las primeras hebras del bigote sobre los labios. CNavarro *Perros* 16: El viento jugaba con los cabellos de su hermana, y las mejillas se llenaban de hebras. **c)** Partícula de tabaco picado en filamentos. | CNavarro *Perros* 238: Con el pulgar apretaba las hebras de tabaco que escapaban del papel. **d)** Fibra de la carne. | Cunqueiro *Un hombre* 41: Se le había metido una hebra de cecina entre dos muelas.
3 Hilo que forman las materias viscosas con cierto grado de concentración. | *Cocina* 659: Cuando ha adquirido el almíbar punto de hebra, se echa poco a poco, y sin dejar de batir, sobre las yemas.
4 Estigma de la flor del azafrán. | Bernard *Salsas* 11: Se añade un clavo de especia (después de picar), unas hebras de azafrán, y todo esto se deslíe con caldo.
5 (col) Hilo del discurso. *Gralm con los vs* COGER *o* PERDER. | CBonald *Dos días* 247: Al Cobeña se le ofuscaban las entendederas más de lo normal hablando con el Cuba. Nunca sabía si le estaba tomando el pelo o si es que no llegaba a coger la hebra de lo que decía.
II *loc adj* **6 de ~.** [Tabaco] picado en filamentos. | Pemán *Testigos* 271: Entré en el estanco a comprar tabaco de hebra para mi pipa.
III *loc v* **7 echar (la) ~.** (*Lab*) Poner el hilo por delante de la aguja. | *Lab* 2.70, 40: Entre un punto y otro echar hebra que se trabajará en la vuelta siguiente.
8 pegar la ~. (col) Trabar conversación. | Cela *SCamilo* 106: Piensa llegarse hasta La Tropical a ver si encuentra algún amigo con quien pegar la hebra.

hebraico -ca *adj* De (los) hebreos [1a]. | FGaliano *Helenismos* 55: De los textos bíblicos proceden la forma originariamente hebrea *sábado* o *sábbado* .. y las distintas variantes de una palabra griega, pero aplicada a usos hebraicos: *sinoga*, *sinagoga*, etc.

hebraicoespañol -la *adj* (*hist*) Hispanohebreo. | DMas *Sefardíes* 17: Si se nombra la literatura o la cultura hebraicoespañola o hispanohebrea, ello implica que nos referimos a una cultura desarrollada en hebreo por judíos españoles.

hebraísmo *m* **1** Palabra o rasgo idiomático propios de la lengua hebrea [1b], o procedentes de ella. | GYebra *Traducción* 42: La [traducción de los Setenta .. carece de mérito literario y está plagada de hebraísmos. Lapesa *HLengua* 338: Ya en la Edad Media el lenguaje de los judíos españoles tenía particularidades debidas a influencia religiosa y a la tradición hebrea .. De uso especial suyo eran .. hebraísmos como *oinar* 'endechar' y *mazal* 'destino'.
2 Carácter hebreo. | Alcina-Blecua *Gramática* 70: También Túbal servirá para demostrar que fue el hebreo la lengua primitiva ..; en esta tesis del hebraísmo existen factores muy diversos.

hebraísta *m y f* Especialista en la lengua y cultura hebreas [1b]. | CBaroja *Judíos* 1, 50: Los hebraístas señalan .. que los reinados de Alfonso VI y de Alfonso VII el Emperador son de gran importancia en la historia del judaísmo peninsular.

hebraizante *adj* Que tiende a hebreo. | FVidal *Duero* 177: Dejada atrás Sepúlveda con su sabor hebraizante, el viajero .. se santiguaba tres veces y entona por los bajines un íntimo *réquiem* en sufragio de todos los judíos.

hebraizar (conjug **1f**) *tr* Dar [a algo (*cd*)] carácter hebreo. | *HLB* 9.12.74, 10: "L'Espresso" publica los nombres de Álvarez Puga .., José María Pemán y Ruiz Jiménez, a quien, no se sabe si el señor García o el periodista Scialoja ha variado el nombre hebraizando la palabra Joaquín, que pasa a ser Hachim.

hebreo -a I *adj* **1** [Individuo] del pueblo semita descendiente de Abraham. *Tb n.* | Pericot *Polis* 48: Moisés es el jefe de los hebreos en la salida de Egipto, o éxodo. **b)** De (los) hebreos. | Arenaza-Gastaminza *Historia* 29: La religión hebrea supone un elevado sentido moral, reflejado en el Decálogo. *Sáb* 10.9.66, 39: Arthur Loew, vástago de una de las familias de sangre hebrea más influyentes en la Meca del cine, era lo que podríamos llamar un buen partido.
2 De(l) hebreo [3]. | DPlaja *Literatura* 68: ¿A qué eran debidos estos vocablos castellanos en un texto hebreo?
II *m* **3** Lengua de los hebreos [1], una vez en su estado actual es la lengua oficial de la República de Israel. | RAdrados *Lingüística* 596: Cuando hay una terminología de inspiración occidental, lleva a confusiones: en hebreo, el llamado "futuro" señala el pasado en las narraciones. *Abc* 19.3.58, 12: Está traducido [el Quijote] a los idiomas y dialectos siguientes: alemán, .. griego, hebreo.

hebroso -sa *adj* Que tiene muchas hebras [2, esp. 2a y d]. | Delibes *Abc* 19.6.83, 3: La leche de la merina, además, tira a agria, es casi hebrosa y el lechazo que la toma cría músculo.

hecatombe *f* **1** (*lit*) Desastre con muchas víctimas. | Laforet *Mujer* 184: Amalia le pareció a la mujer más agradable y optimista que había encontrado después de la hecatombe de la guerra. **b)** Catástrofe, o desgracia grave. | CSotelo *Poder* 246: Oswaldo llevará el reino a una hecatombe. Mendoza *Año* 137: Una serie de huelgas de personal sanitario había sumido el centro en la hecatombe.
2 (*Rel grecolat*) Sacrificio de cien bueyes u otras reses. | GGual *Novela* 306: Heliodoro .. ha aprovechado, sin duda, el eco que tienen los etíopes como pueblo piadoso, de notada generosidad en hecatombes hacia los dioses.

hecha. de esta (aquella, *etc*) **~.** *loc adv* Esta (aquella, etc.) vez. | Cela *Alcarria* 95: En la carretera de Armuña –por donde el viajero no ha de pasar de esta hecha– se adivina, sobre poco más o menos, el sitio donde está la finca Santa Clara. Cela *Pirineo* 291: El viajero, de aquella hecha, tuvo suerte y le ganó al can de La Farga por la mano.

hechicería *f* **1** Arte de hechizar [1]. | CBaroja *Brujas* 225: Los brujos y brujas de Zugarramurdi realizaban otras acciones que entran dentro de un orden más universal en la historia de la Magia y Hechicería.
2 Acción propia de un hechicero [2]. | CBaroja *Brujas* 80: Estos edictos condenan de modo específico toda clase de hechicerías, tales como el levantamiento de figura, la invocación de los diablos y el uso de los filtros amorosos.

hechiceril *adj* De (los) hechiceros [2]. | CBaroja *Brujas* 61: La creencia en los maleficios hechiceriles está documentada incluso en las inscripciones funerarias.

hechicero -ra I *adj* **1** Que hechiza, *esp* [2]. | * Las artes hechiceras. SSolís *Jardín* 47: Resultaba un hechicero conversador .., y charlando se transformaba, por milagro de la elocuencia, en un hombre fascinante. J. Rivas *Sol* 19.8.76, 19: De reina fue elegida Conchi Martín Recio, de ojos hechiceros.
II *n* **A** *m y f* **2** Pers. que practica la hechicería [1]. | CBaroja *Inquisidor* 13: Otros magos, hechiceros y hechiceras .. se reconocieron en la imagen *standard* que se les ofrecía de sí mismos.
B *m* **3** *En las tribus primitivas:* Hombre experto en artes mágicas que realiza la doble función de sacerdote y curandero. | Forges *Forges* nº 2 31: –Buenas tardes; soy el hechicero del seguro. –A buenas horas, mangas verdes. [*Escena entre dos hombres prehistóricos.*]

hechío *m* (*reg*) Escarbadero o revolcadero de ciertos animales de caza. | Berenguer *Mundo* 60: Los espárragos me ayudaban mucho porque buscándolos veía gazaperas, hechíos de conejo, nidos.

hechizamiento *m* (*raro*) Acción de hechizar. *Tb su efecto.* | GGual *Novela* 95: Allí encontraremos: 1) Curaciones maravillosas .. 3) Hechizamientos amorosos, por medio de una estatuilla de barro. *ElM* 9.12.91, 13: Hay como un hechizamiento desde la caída del muro de Berlín.

hechizante *adj* Que hechiza. | DCañabate *Abc* 29.10.70, 15: Las siluetas de los toros se iluminan con resplandor hechizante.

hechizar *tr* **1** Ejercer [sobre alguien o algo (*cd*)] una acción mágica dañina. | Villarta *Rutas* 68: Las viudas reales tenían especial predilección por retirarse al palacio del duque del Infantado, y también lo hizo doña Ana de Neuburg al enviudar de Carlos II el Hechizado. CBaroja *Brujas* 68: Habiendo comido su padre del queso hechizado, en su propia casa, le entró un sueño tan profundo que nadie podía despertarle.
2 Ejercer [alguien o algo] una atracción irresistible [sobre una pers. (*cd*)]. | Umbral *Memorias* 27: En mitad de la zona nacional, un paco en un tejado .. era un hombre solo con una pistola, y esto nos hechizaba a los niños de la guerra.

hechizo[1] *m* **1** Acción de hechizar. *Tb su efecto.* | J. GSánchez *SInf* 17.10.74, 3: Tampoco se dio en mayor medida el gusto por los hechizos, la magia, el ocultismo, la mitología.
2 Cosa con que se hechiza [1]. | CBaroja *Brujas* 62: Ciertas mujeres (no por fuerza viejas siempre) .. eran expertas en la fabricación de hechizos para hacerse amar o para hacer aborrecer a una persona.
3 Atractivo irresistible [de una pers. o cosa]. | DCañabate *Abc* 29.10.70, 15: El hechizo de los toros bravos se pierde.

hechizo[2] **-za** *adj* (*lit, raro*) [Cosa] falsa o no auténtica. | CBaroja *Judíos* 1, 65: Don Cándido María Trigueros falseó una colección de estas [inscripciones] relativas a Carmona; el objeto de tales antigüedades hechizas es, por lo general, el de honrar a una ciudad.

hecho -cha I *adj* **1** *part* → HACER.
2 bien (o **mal**) **~**. Bien (o mal) formado. *Dicho de pers o animal, de su cuerpo o de alguna parte de este.* | Llovet *Tartufo II* 30: Sin llegar a ser lo que llaman en Europa un "play-boy", Tartufo no está mal hecho.
3 Que ha alcanzado la forma o aspecto propios de la madurez o plenitud. | * A los doce años un hombre no está hecho. * El estudio está ya muy hecho. **b) ~ y derecho.** [Pers.] adulta. *Tb fig.* | DCañabate *Paseíllo* 22: Los toreros son chavales como nosotros y aun hombres hechos y derechos.
4 [Ropa] que se vende confeccionada con unas medidas dadas, establecidas según tallas. | Torrente *Vuelta* 383: –Podrías, al menos, hacerte un traje. Da pena verte con esa chaqueta y esos pantalones.– .. Le convenció. Fueron a una tienda de ropas hechas.
5 [Frase] de forma fija y sentido figurado, de uso muy común. | Matute *Memoria* 12: Nunca esperé nada de mi abuela: soporté su trato helado, sus frases hechas .. y alguna caricia indiferente.
6 ~ + un + *n* = SEMEJANTE A + *el mismo n*. Se usa para atribuir enfáticamente a la pers o cosa de que se habla, la cualidad característica de lo designado por el *n*. | SFerlosio *Jarama* 218: Ay, ay, señor Lucio, de veras que se me ha hecho a mí que está hecho usted un intelectual. VMontalbán *Mares* 201: Tiene este dedo roto y está hecho un mapa. R. Río *Ciu* 1.8.75, 36: Si un ciudadano se compra unos pantalones y en la primera lavada se le quedan hechos "un trapo", .. ¿qué puede hacer?
7 de ~. (*Filos*) [Juicio] que enuncia un hecho [8]. | Castilla *Natur. saber* 13: Se le confiere, pues, al juicio de valor .. el rango de un juicio de hecho.
II *m* **8** Cosa que se produce o llega a ser realidad. | F. J. Carrillo *Cua* 6/7.68, 20: Una sucesión en cadena de hechos significativos de protesta se ha enraizado en Berlín-Oeste, Italia, Bélgica. B. Peláez *DBu* 18.7.64, 5: Julio de la Torre Galán debe a un hecho fortuito .. el que sea en las gloriosas efemérides del 36 el primer sublevado. M. Barros *VozC* 30.1.55, 3: En abril de 1757 [el P. Flórez] inicia la recopilación, estudio y compulsa personal de los datos y hechos históricos de nuestra provincia. | *DNa* 16.8.66, 10: Se titulaba [el artículo] "El Hecho Foral a la luz del Derecho y la Economía".
c) Realidad, o existencia verdadera y efectiva [de algo]. | J. Nagore *DNa* 16.8.66, 10: De ahí que la ley de 25 de octubre de 1839 .. comience su articulado reconociendo el hecho de nuestros Fueros.
9 Circunstancia (hecho [8] o situación que acompaña a la pers., cosa o momento de que se habla). *Frec en la constr* EL ~ DE + *infin o* QUE + *subj.* | FCid *Abc* 4.10.70, 71: El calor sofocante y el hecho de ir, todavía, vestido con arreglo a tradiciones que imperaban como normas de convivencia social. *Registro Mercantil* 651: Se considerará cumplido lo preceptuado .. por el hecho de que quede en el protocolo notarial del Consulado constancia de la enajenación del buque. J. Nagore *DNa* 16.8.66, 10: Los fueros de los navarros .. no serán entonces, como no lo son ahora, un hecho "diferencial".
10 Acto o acción. *Normalmente con un adj especificador.* | E. Zomeño *DCu* 16.8.64, 6: El sargento Caprani casi no escuchaba aquella exposición que se sabía de memoria, y que servía de averiguación de los hechos que se le imputaban. *Abc* 6.12.70, 21: Ciento dieciséis hechos delictivos graves cometidos por activistas de la E.T.A. Pericot *Polis* 98: Cada año salen los ciudadanos romanos a campaña y realizan multitud de hechos heroicos. C. D. Vega *CoZ* 16.5.64, 6: Aquel gran soldado que se llamó Rodrigo Díaz de Vivar, .. a quien por sus hechos de armas se le designó con el sobrenombre glorioso de El Cid Campeador. **b) ~ consumado.** Acción que se ha llevado a cabo adelantándose a un posible impedimento u obstáculo. | Verdurín *Pro* 22.8.75, 16: La valencianización de Europa, a estas alturas, es un hecho consumado.
III *fórm or* **11 el ~ es que.** La realidad es que. | Goytisolo *Recuento* 342: El hecho es que, por lo menos en la cama, vacilamos como cocodrilos.
IV *loc adv* **12 a ~.** (*raro*) Seguidamente o sin interrupción. | N. Dorado *Odi* 16.1.77, 29: Ahora es cuando ocurren esas cosas raras con las perdices, eso de verlas parar ahí, ir a hecho y no encontrar ni rastro de ellas, tal si las hubiera tragado la tierra.
13 de ~. En realidad. | LMuñoz *Tri* 26.12.70, 6: Así, de hecho, después de más de setenta años de infructuosos esfuerzos, los grupos de poder dentro del capitalismo español habrían de reconocer sus limitaciones. **b)** En la práctica, independientemente de lo oficial o nominal. *Frec se opone a* DE DERECHO. *Tb adj.* | J. M. Fontana *Pue* 28.12.70, 3: Dan el triste balance de seudoadúlteros, separados de hecho o de Derecho. Castillo *Polis* 174: El gran visir era el primer ministro, delegado del califa en el gobierno, y mandaba de hecho cuando el soberano descuidaba los negocios del Estado. *Van* 19.5.74, 13: Cuando la separación de hecho no se convierte .. en abandono malicioso, es decir, es aceptada por la parte que no tomó la iniciativa, o se llega a ella por convención de ambas partes, se evitan frecuentemente quebraderos de cabeza y gastos.

hechura *f* **1** Confección [de una prenda de vestir]. | * Te cuesta más la hechura que la tela del vestido.
2 Manera de estar hecha una cosa. | GPavón *Hermanas* 25: Su hija le compró .. camisas de hechura muy moderna. GNuño *Arte* 225: Hijo de Simón fue Francisco, mencionado en anterior capítulo como debiéndosele el retablo, aún en hechura gótica, de la iglesia de San Nicolás de Burgos. **b)** *En pl:* Configuración corporal [de una pers. o animal]. | Torrente *Off-side* 10: La señora viuda de Peláez inicia un paseo, en bikini y con sombrilla, por las rubias, por las cálidas arenas de la playa. Largos, ávidos dedos abisales surgen de la rompiente y acarician sus hechuras. A. Vidal *Ade* 3.3.87, 10: El segundo del lote fue tan bueno o mejor que el primero .. Le corresponde a otro salmantino con hechuras de torero: Mingo. * El toro tiene buenas hechuras.
3 (*raro*) Hecho u obra. | GPavón *Hermanas* 14: Si el hombre es un error de la naturaleza, todas sus hechuras, palabras y accidentes, naturalmente serán crías de ese error paterno. **b)** Pers. que debe [a otra (*compl de posesión*)] su empleo o su fortuna. | CBaroja *Inquisidor* 51: A poco de ser nombrado gran inquisidor, se dio a conocer la célebre poesía de Meléndez Valdés en que, hablando del Santo Oficio, decía el poeta al ministro favorito, del que Arce era hechura .. y favorito a su vez: "No lo sufráis, señor".

hectárea *f* Unidad de medida agraria equivalente a cien áreas, o 10.000 metros cuadrados. | CNavarro *Perros* 96: Un día .. todo será inútil .. Inútil el seguro de enfermedad, los impuestos de lujo, las hectáreas de secano.

héctico -ca *adj* (*Med*) Hético. | J. Balansó *SAbc* 24.11.85, 12: Los frecuentes accesos de tos y flujos hécticos no dejaban lugar a dudas respecto a su lamentable estado de salud.

hecto- r pref Cien. *Antepuesta a ns de unidades de medida, forma compuestos que designan unidades cien veces mayores.* | *Por ej: Unidades* 37: Factor por el que se multiplica la unidad: $100 = 10^2$. Prefijo: hecto. Símbolo: h.

hectogrado m (E) Grado de alcohol por hectolitro. | *Ya* 23.9.70, 25: El precio base de garantía a la producción para vinos de características normales será de 35 pesetas hectogrado.

hectogramo m Unidad de peso equivalente a cien gramos. | Gironza *Matemáticas* 12: Las unidades secundarias [de peso] son decagramo, hectogramo, kilogramo.

hectolitro m Unidad de capacidad equivalente a cien litros. | Ortega-Roig *País* 83: Anualmente se obtienen unos 32 millones de hectolitros de vino.

hectométrico -ca adj De(l) hectómetro. | APaz *Circulación* 211: Conviene, pues, ejercitarse en apreciar las distancias de 100, 200 y 300 metros, para lo cual sirven los pequeños hitos hectométricos que se ven bien en los tramos despejados de carretera recta.

hectómetro m **1** Unidad de longitud equivalente a cien metros. | A. Mercé *Des* 12.9.70, 46: En los cuatro hectómetros .. el pódium de Montjuic ofreció una síntesis de todo lo que el público catalán podía esperar de la natación europea.
2 ~ cuadrado. Unidad de superficie equivalente a la de un cuadrado cuyo lado mide un hectómetro [1]. | Marcos-Martínez *Aritmética* 120: Unidades de superficie .. Múltiplos: El decámetro cuadrado (Dm²). El hectómetro cuadrado (Hm²). El kilómetro cuadrado (Km²).
3 ~ cúbico. Unidad de volumen equivalente al de un cubo cuya arista mide un hectómetro [1]. | Gironza *Matemáticas* 11: Las unidades secundarias [de volumen] se llaman decámetro cúbico, hectómetro cúbico, kilómetro cúbico y miriámetro cúbico, para los múltiplos.

hectopascal m (Fís) Unidad de presión equivalente a cien pascales. | Medina *Meteorología* 5: Echando las necesarias cuentas, resulta que un milibar equivale a 100 Pa [= pascales], o sea, a un hectopascal; por eso a los milibares se les llama también hectopascales.

hedentina f Hedor penetrante. | CBonald *Ágata* 80: Era un hedor afilado de putrefacción .. Aligeraron el paso en dirección al cobertizo del talud y bordearon el declive hasta situarse a barlovento de la casucha, por donde se aliviaba la hedentina.

hedentino -na adj (raro) Hediondo. | FVidal *Ayllón* 165: Cruzo el vado que penetra en el río Cambrones, en cuyo cauce fimoso y hedentino el pie se hunde hasta el tobillo.

heder (conjug **14**) (tb con la grafía **jeder** en zonas de aspiración) intr (lit o reg) **1** Oler mal [alguien o algo]. | Vesga-Fernández *Jesucristo* 107: Marta hizo a su vez esta observación: –Señor, mirad que ya hiede, pues hace cuatro días que está sepultado. ZVicente *Mesa* 139: No queda ni el albañal que jedía por enmedio de la calle.
2 (lit) Enfadar o cansar [un asunto] por su excesiva duración o reiteración. | GTabanera *Abc* 8.9.66, 9: No vengo a terciar ahora en una polémica que ya hiede, sino simplemente como etnólogo a sacar a colación la figura del padre Las Casas.

hediente adj (raro) Que hiede. | Aldecoa *Gran Sol* 83: Pintarrojas, mielgas, tolles, rayas... y una caila hediente.

hediondamente adv De manera hedionda. | Cela *SCamilo* 229: Magdalena olía hediondamente a muerto, a sebo y a seroformo.

hediondez f Mal olor. | Mendoza *Misterio* 128: Cuando hube vaciado el vagón, comprobé con desmayo que la hediondez persistía y que ya mis ropas y todo mi ser daban de ello constancia. Lera *Bochorno* 260: Las palabras de Merche .. habían provocado en él un gesto de repulsión, como el de quien se ve obligado a aspirar una hediondez.

hediondo -da (tb con la grafía **jediondo** en zonas de aspiración) **I** adj **1** Que hiede. | SFerlosio *Jarama* 48: El hombre de los zapatos blancos estaba otra vez mirando hacia los buitres. Las ruedas descendían del cielo limpio a sumergirse en aquel bajo estrato de aire polvoriento, hacia algo hediondo que freía en la tierra. Cela *Viaje andaluz* 130: Por su término corre el arroyo que llaman Salado de Martos, que viene de más allá de los Baños –y sus aguas jediondas– y que se vacía en el Saladillo. **b)** *Frec se usa como especificador de distintas especies de plantas:* LIRIO ~, MANZANILLA HEDIONDA, MARRUBIO ~, *etc* (→ LIRIO, MANZANILLA, *etc*).
II n **A** m **2** Arbusto de la familia de las papilionáceas, con hojas divididas en tres foliolos, flores amarillas en racimo y frutos en legumbre, que despide un olor desagradable (*Anagyris foetida*). | FQuer *Plantas med.* 353: Hediondo. (*Anagyris foetida* L.) Sinonimia cast[ellana], leño hediondo, altramuz hediondo. FQuer *Plantas med.* 354: Posiblemente, el cultivo del hediondo tenía su razón de ser en la toxicidad de esta especie.
B f **3** Estramonio (planta). | Mayor-Díaz *Flora* 466: *Datura stramonium* L. "Estramonio", "Hedionda", "Berenjena del diablo" .. Mala hierba de cultivos. Se emplea contra la tos espasmódica y el asma.

hedónico -ca adj (Filos o lit) De(l) placer o que lo implica. | Rábade-Benavente *Filosofía* 93: La consecución de motivos lleva aparejada una vivencia hedónica, de placer o agrado. F. J. FTascón *SAbc* 7.6.70, 21: En el último decenio se ha recrudecido la marcha hedónica y han surgido caminos nuevos para encuadrarlos (los toxicómanos].

hedonismo m **1** (Filos) Doctrina que considera el placer como fin supremo de la vida. | Gambra *Filosofía* 186: Las principales concepciones históricas del bien supremo son: el hedonismo, el humanitarismo o sociologismo, la doctrina de la autonomía moral y el eudemonismo religioso.
2 (lit) Actitud de búsqueda exclusiva del placer. | Castilla *Natur. saber* 48: Sería una frivolidad por mi parte .. recabar de ustedes y de mí mismo una instancia al hacer científico tan solo por mero hedonismo.

hedonista adj **1** (Filos) De(l) hedonismo [1]. | Gambra *Filosofía* 187: La escuela hedonista más conocida de la antigüedad griega y romana fue el epicureísmo .., y en la época moderna tuvo también carácter hedonista el utilitarismo moral. **b)** Partidario del hedonismo [1]. *Tb* n. | H. Saña *Índ* 1.11.74, 33: Aristipo es el primer hedonista consecuente, precursor, por tanto, no solo del pensamiento de Epicuro, sino también del hedonismo moderno de un Jeremías Bentham e incluso de un Max Stirner.
2 (lit) Que solo busca el placer. *Tb* n, *referido a pers*. | Goytisolo *Recuento* 444: Unos modos y un talante que, hoy día, por lo generalizados, parecen desmentir de plano las lamentaciones alarmistas y agoreras de cuantos achacan a la juventud actual un comportamiento hedonista y disoluto.

hedonístico -ca adj (Filos o lit) De(l) placer o que lo implica. | *Abc* 9.12.70, 42: El aborto se considera pecaminoso porque rebaja la dignidad del marido y de la esposa, haciendo sus relaciones conyugales idénticas a una complacencia hedonística.

hedor (tb con la grafía **jedor** en zonas de aspiración) m (lit o reg) Mal olor. | Lera *Bochorno* 59: Por los balcones abiertos entraba el latido de la tarde declinante: sol cansado y ardiente, hedores de ciudad y un vago rumor de mar ciudadano.

hegemonía f Supremacía, esp. política. | Arenaza-Gastaminza *Historia* 37: Estas victorias determinan la hegemonía de Atenas sobre todas las demás ciudades griegas, y preparan el siglo de oro de Grecia, llamado también el siglo de Pericles.

hegemónicamente adv De manera hegemónica. | *Tri* 8.3.75, 32: Antes de la guerra civil puede afirmarse que las clases tradicionalmente dominantes en nuestro país aparecen claramente fragmentadas, sin ningún sector que se imponga hegemónicamente sobre los demás.

hegemónico -ca adj De (la) hegemonía o que la implica. | J. CAlberich *Mun* 12.12.70, 34: Estas condiciones .. definen claramente la esencia del neutralismo; esto es, en definitiva, la no adscripción a ninguno de los dos bloques creados por las dos superpotencias, la URSS y los EE.UU., con ánimo de formar una fuerza intermedia que equilibre las tendencias hegemónicas de ambas.

hegemonismo m Tendencia a la hegemonía. | *Inf* 16.12.78, 32: Será necesario que se lleve a la práctica uno de los principios enunciados ayer por los señores Hua y Carter: el no hegemonismo.

hegemonizar *tr* Ejercer hegemonía [sobre algo (*cd*)]. | Rubio *Revistas* 325 (G): Hacia 1950 comenzará, sin embargo, Sevilla a hegemonizar –con Cádiz– el mapa literario andaluz. Fusi *Abc* 9.2.85, 3: Irrita que una tradición en la que ha militado lo mejor del pensamiento de nuestro tiempo .. –o que, en la propia España, hegemonizó la vida intelectual hasta 1936– tenga ahora, en nuestro país, un ascendiente tan escaso y una presencia tan débil.

hégira (*tb con la grafía* **héjira**) *f* Era mahometana, que se cuenta desde el año 622, en que Mahoma huyó de La Meca a Medina. | Vernet *Mahoma* 19: No es fácil saber cómo los historiadores que escribieron sobre temas cronológicos después de la instauración de la hégira pudieron llegar a determinar las fechas de acontecimientos anteriores a esta. *Ama casa* 1972 358: 16 de julio de 622: Comienza la era de la "Héjira" para los mahometanos, fecha en que Mahoma huyó de La Meca.

heidelbergués -sa *adj* De Heidelberg (Alemania). *Tb n, referido a pers.* | Laín *Inf* 27.7.78, 15: Asistieron a ella [la conferencia] .. los herederos –pocos ya– de la tradición heidelberguesa.

héjira → HÉGIRA.

helada I *f* 1 Acción de helar [4]. *Tb su efecto.* | Ortega-Roig *País* 49: El clima oceánico .. se caracteriza por .. temperaturas suaves .. Son poco frecuentes las heladas y nevadas.

II *loc v* 2 **caer** (**una**) ~. Helar [4]. | * Esta noche ha caído una helada espantosa.

heladería *f* Establecimiento donde se hacen y venden helados [4]. | Medio *Andrés* 40: Sospecha que los guantes debían costar más de lo que él gana durante un mes, recorriendo la sala del cine .. colocando a los espectadores sus chocolatinas, sus toffes [sic] y sus bombones helados, en cuya ganancia, naturalmente, solo se lucra la heladería.

heladero -ra I *adj* 1 Abundante en heladas. | L. GPedraza *HLM* 26.10.70, 17: El mes de enero, en vez de claro y heladero, fue nuboso y llovedor.

2 De (la) fabricación de helados [4]. | *País* 14.7.91, 36: La sociedad heladera Motta decidió patrocinar sus productos en las etapas de Argentan y Alençon.

II *n* A *m y f* 3 Pers. que fabrica o vende helados [4]. | Grau *ASeg* 21.11.62, 7: Surge en la escena de mi memoria otra figura que, hasta entonces inédita, hizo su aparición poco después en las calles de la ciudad: el heladero.

B *f* 4 Heladora [3]. | N. Luján *Gac* 24.8.75, 17: Sé de amigos que, con las antiguas y adorables heladeras de manubrio, continúan elaborando los exquisitos helados.

heládico -ca *adj* (*lit o Prehist*) De la Hélade (Grecia). *Gralm referido a la cultura de la Edad del Bronce desarrollada en ella.* | Pericot-Maluquer *Humanidad* 156: En el continente griego, la Edad del Bronce corresponde al desarrollo de la cultura Heládica, cuyo carácter aqueo, es decir, propiamente griego, se acusará muy pronto.

helado -da I *adj* 1 *part* → HELAR.

2 Muy frío. *Frec con intención ponderativa. Tb fig.* | F. Rivera *Prog* 10.1.56, 2: Con una temperatura muy baja y un fuerte viento helado, los cazadores ocuparon sus respectivos puestos. Arce *Testamento* 85: Notaba la frente helada. Matute *Memoria* 12: Nunca esperé nada de mi abuela: soporté su trato helado .. y alguna caricia indiferente.

3 (*col*) Sobrecogido o atónito. *Normalmente con los vs* DEJAR *o* QUEDAR. | Delibes *Cinco horas* 72: "Figúrate qué espanto." Y todas se quedaban heladas. **b)** Frío o indiferente. *Normalmente con los vs* DEJAR *o* QUEDAR. | DCañabate *Paseíllo* 91: A mí el Pulguita me deja completamente helá, pero el que me la hace me la paga.

II *m* 4 Dulce que se toma en cierto grado de congelación. | *Cocina* 698: Helado sorpresa .. Se desmolda el helado bien consistente y se coloca en el centro del bizcocho. Se pone el merengue en una manga con boquilla rizada y se cubre por completo el helado.

helador -ra I *adj* 1 Que hiela. *Frec con intención ponderativa.* | Cela *Judíos* 141: En la calle hace frío. Un vientecillo helador sube, ligero, la cuesta de los Desamparados.

2 Que sobrecoge o deja helado [3]. | CPuche *Paralelo* 160: Genaro los miró con su sonrisa más heladora. Puértolas *Noche* 233: Respondió con un brevísimo asentimiento y una mirada heladora, una mirada que literalmente decía: esfúmate, lárgate, no seas inoportuna.

II *f* 3 Aparato destinado a la fabricación de helados [4]. | Apicio *Sáb* 23.6.76, 34: Queda en nuestra retina el recuerdo entrañable de la heladora y de aquellos helados de antaño, hechos "como mandan los cánones".

helanca (*n comercial registrado*) *f* (*Tex*) Fibra textil de nylon texturizado de patente suiza. | *Ya* 28.5.67, sn: Traje baño señora, tejido, Helanca, rizo estampado y liso. *BOE* 14.8.68, 12021: Orden por la que se concede a la firma "Gama, Sociedad Anónima" el régimen de reposición con franquicia arancelaria para la importación de hilados de espuma de nylon, helanca, por exportaciones previamente realizadas de medias de señora de espuma helanca.

helar (*conjug* 6) **A** *tr* 1 Cuajar o solidificar [un líquido (*cd*) el frío (*suj*), o alguien (*suj*) por medio del frío]. | * El frío de la noche ha helado los charcos. *Cocina* 702: Ya frío [el almíbar], se añade la copa de jerez y el zumo de limón, se echa en la sorbetera y se hiela. **b)** *pr* Cuajarse o solidificarse [un líquido] por la acción del frío. | Bustinza-Mascaró *Ciencias* 16: Al helarse el agua aumenta de volumen. **c)** ~ **la sangre** → SANGRE.

2 Hacer que [alguien o algo (*cd*)] pase a estar a la temperatura del hielo. *Tb fig. Frec con intención ponderativa. Tb abs.* | MMolina *Jinete* 529: Hace un frío denso, .. un frío que hiela las baldosas. J. Segur *Nor* 22.6.74, 13: El mercado era en la calle. Pero aquí los inviernos hielan y los veranos queman. Se inventó el refugio del "Soportal". **b)** *pr* Pasar [alguien o algo] a estar a la temperatura del hielo. *Tb fig. Frec con intención ponderativa.* | * Cierra, que me hielo.

3 Producir la muerte [de alguien o algo (*cd*), esp. de una planta] o la necrosis [de una parte del cuerpo (*cd*)] la acción del frío (*suj*)]. | * El frío hiela las plantas. **b)** *pr* Sufrir muerte o necrosis [alguien o algo] a causa del frío. | P. Páez *SPaís* 18.6.78, 37: El geranio .. puede helarse en invierno, pero casi con seguridad brotará en primavera para florecer otra vez. Ybarra-Cabetas *Ciencias* 383: No es propia [la gallina] de los climas fríos, porque se hiela la cresta con bastante facilidad.

B *intr* ➤ **a** *impers* 4 Hacer una temperatura que produce hielo. | Salvador *Haragán* 93: Ha llovido, hizo calor y frío, nevó, heló.

➤ **b** *pr* 5 ~**sele** [a alguien algo] (**en los labios**). Quedar detenido en su formulación o formulación a causa de la impresión. | Tomás *Orilla* 59: –¿Nos persigue alguien? –le preguntó .. Serafín, que curioseaba la guantera del vehículo, levantó la vista al notar que perdían velocidad. La pregunta se le heló en los labios. Al final de la calle había una patrulla de la policía. ZVicente *Balcón* 15: Echándose hacia atrás para contemplarla mejor, añade, helándosele la sonrisa: –¡Pase usted..., doña Angustias!

heléboro → ELÉBORO.

helechal *m* Lugar poblado de helechos. | Laín *España* 16: A uno y otro lado de la raya divisoria, paisaje de helechales, prados de un verde intenso.

helecho *m* Se da este *n* a distintas plantas criptógamas con hojas pecioladas, lanceoladas y divididas en segmentos. Diversas especies se distinguen por medio de adjs: ~ COMÚN (*Polypodium vulgare, P. australe o Pteridium aquilinum*), ~ HEMBRA (*Athyrium filix-femina*), ~ MACHO (*Dryopteris filix-mas*), ~ MARINO (*Asplenium marinum*), ~ REAL (*Osmunda regalis*), etc. | Ortega-Roig *País* 50: En Galicia y el Norte .. abundan los bosques de hayas y de robles, árboles de hoja caduca, al pie de los cuales crecen helechos y musgos. Mayor-Díaz *Flora* 276: *Polypodium australe* Fée. "Polipodio", "Helecho común". Mayor-Díaz *Flora* 521: *Athyrium filix-femina* (L.) Roth. "Helecho hembra". Mayor-Díaz *Flora* 522: *Dryopteris filix-mas* (L.) Schott. "Helecho macho". Mayor-Díaz *Flora* 202: *Asplenium marinum* L. "Helecho marino". GCabezón *Orotava* 55: Helecho real, *Osmunda regalis*, Linn., Osmundácea, Europa y el Hemisferio Norte. Es un helecho gigante que alcanza 2 y 3 metros de altura en terrenos pantanosos, húmedos y clima cálido y soleado.

helénico -ca *adj* 1 De la antigua Grecia. *Tb* (*lit*) *referido a la Grecia moderna.* | J. M. Llompart *Pap* 1.57, 92: Una salvadora esperanza que simboliza en la evocación del

helenio – helicotrema

mundo helénico y sus eternos ideales de humanidad, bondad y belleza.

2 De (los) helenos (pobladores de la antigua Grecia). | Tejedor *Arte* 29: La Grecia helénica y su significación para la cultura humana.

helenio *m* Planta herbácea vivaz de gran altura, hojas basales de gran tamaño y flores en cabezuela amarilla, cuya raíz se usa en medicina esp. por sus propiedades antisépticas (*Inula helenium*). | FQuer *Plantas med.* 785: El helenio es una hierba vivaz poco menos que gigantesca, porque cuando se da en tierras pingües y en años favorables produce un robusto troncho que alcanza más de 1,5 m. de altura.

helenismo *m* **1** Período de la cultura griega que va desde la muerte de Alejandro Magno hasta Augusto. | Tejedor *Arte* 41: El helenismo tuvo manifestaciones en los más variados órdenes de lo humano y en todos ellos determinó importantes transformaciones.

2 Estudio de la lengua y cultura griegas. | Andrés *Helenistas* 7: La amplitud y la complejidad de la materia nos ha impedido hacer una investigación de tipo biográfico bien documentada sobre cada una de las figuras que hemos encontrado como representantes del helenismo en este siglo [XVII].

3 Palabra o rasgo idiomático propios de la lengua griega, o procedentes de ella. | FGaliano *Helenismos* 51: El primer estrato histórico de helenismos del español es escasísimo.

4 Condición de griego o heleno. | *Abc* 15.2.92, 32: Grecia reivindica el helenismo de Macedonia en Salónica.

5 Condición de influido por lo griego o de semejante a lo griego. | GNuño *Escultura* 110: Nadie procurará rebatir el evidente helenismo de la Dama de Elche.

helenista *m y f* Especialista en la lengua y cultura griegas. | Andrés *Helenistas* 35: En 1598 no quedaban más que dos colegiales en el Trilingüe, uno de los cuales era nuestro helenista [Gonzalo Correas]. DCañabate *Abc* 29.6.58, 73: Su esposa, María Luisa, helenista tan distinguida como su encantadora sencillez.

helenístico -ca *adj* De(l) helenismo [1]. | Tejedor *Arte* 41: Esta fase de la historia griega, conocida como época helenística o alejandrina, se extiende a lo largo de tres siglos, los tres últimos a. de C., desde la muerte de Alejandro hasta los días de Augusto. Estébanez *Pragma* 25: El fuerte centralismo de las monarquías helenísticas acabó con la vida política de las ciudades. Fernández-Llorens *Occidente* 310: Importancia de la esclavitud en los estados helenísticos. RAdrados *Lingüística* 788: En griego helenístico los diptongos finales ... son imposibles.

helenización *f* Acción de helenizar(se). *Tb su efecto*. | GNuño *Escultura* 45: Pese a la limitada cuantía de establecimientos griegos en España, su labor de intercambio y de helenización fue enorme. Lapesa *HLengua* 46: Cuando se intensificó la helenización de la sociedad elevada, los hombres cultos intentaron reproducir con más fidelidad la pronunciación griega.

helenizante *adj* **1** Que heleniza. | Anson *Oriente* 140: Sometió a cautividad al pueblo de Israel, hasta la persecución helenizante de los seléucidas el año 168 a. de J.C.

2 Que tiene rasgos griegos. | SVozC 25.7.70, 7: Entre los bronces, destaquemos una estatuilla muy helenizante de una figura infantil.

helenizar *tr* Dar carácter heleno o griego [a alguien o algo *cd*)]. | Fernández-Llorens *Occidente* 55: Gentes del Peloponeso se instalaron en Calabria .. Esta intensa colonización helenizó profundamente el sur de Italia. **b)** *pr* Tomar [alguien o algo] carácter heleno o griego. | Estébanez *Pragma* 14: Los habitantes de estas zonas, aunque mezclados con población iliria, estaban helenizados.

heleno -na *adj* Griego. *Tb n, referido a pers. Normalmente referido a la Grecia antigua; referido a la moderna, es lit.* | Tejedor *Arte* 41: El clásico concepto heleno de la ciudad-estado y de la devoción a la pequeña patria era sustituido por la consideración del hombre como ciudadano del mundo. Tejedor *Arte* 29: Todos estos pobladores, en conjunto, recibieron el nombre de helenos; luego, desde los días romanos, se les aplicó el de griegos. J. CCavanillas *Abc* 19.9.64, 33: Ya estaban unidos por la vida entera Constantino .., Rey de los helenos y sexto de la actual dinastía, y la princesa Ana María.

helero *m* Lugar de las altas montañas donde se acumula el hielo. *Tb el hielo allí acumulado*. | FVidal *Ayllón* 203: Se desparrama [la vista] por el paisaje agreste de la vertiente sur de la sierra de Ayllón, presidida por los farallones de Las Buitreras .. y del Lobo, cota máxima de la cordillera .., donde el helero es perpetuo de octubre a julio.

helguero *m* (*reg*) Terreno sin cultivar, lleno de zarzas, helechos y otras plantas inútiles como pasto. | Cancio *Bronces* 51: El latido del mar es ese trémulo y acongojado preludio de la "cordonada de San Francisco", cuando pía la miruella en los helgueros con un dejo sutil de íntima amargura.

heliantemo *m* Planta común en prados y bosques, cultivada también como ornamental, con flores amarillas o blancas de cuatro o cinco pétalos y fruto en cápsula (gén. *Helianthemum*). | *Ama casa* 1972 342a: A la sombra se pueden sembrar los malvavicos, los heliantemos, las campánulas, los digitales, los acantos.

heliasta *m* (*hist*) Miembro de un tribunal popular ateniense formado por ciudadanos elegidos por sorteo y que actuaba en una plaza pública vecina al Ágora. | Pericot *Polis* 80: Los organismos fundamentales de la democracia eran la Asamblea .. y el consejo .. Al Areópago y al tribunal de los heliastas les estaba reservada la alta justicia.

hélice *f* **1** Aparato constituido por dos o tres palas unidas a un eje y que al girar funciona como elemento de propulsión o tracción. | Marcos-Martínez *Física* 139: Se aplican las turbinas de vapor a los barcos, para accionar las hélices. Aldecoa *Gran Sol* 29: El *Aril* se apartó con suavidad del muelle. Se oyó el ruido de la hélice girando.

2 (*Anat*) *En el ser humano:* Parte externa y periférica del pabellón de la oreja. | Legorburu-Barrutia *Ciencias* 117: Los salientes del pabellón de la oreja se denominan: hélice, antihélice, trago, antitrago, lóbulo o pulpejo.

3 (*Geom*) Curva que resulta al arrollar una línea sobre la superficie de un cilindro, de modo que corte a todas las generatrices formando ángulos iguales. | Alvarado *Botánica* 33: Tanto los tallos como las raíces se alargan describiendo con sus vértices vegetativos una hélice. Mingarro *Física* 121: En muchas ocasiones no interesa conocer el valor de esta resistencia y entonces el hilo no se gradúa; es corriente arrollarlo en hélice sobre un cilindro aislante.

helicicultura *f* (*E*) Cría de caracoles. | Bustinza-Mascaró *Ciencias* 127: La cría de caracoles (Helicicultura) se practica con frecuencia, y bien dirigida es lucrativa.

helicoidal *adj* (*Geom*) De (la) hélice [3]. | *Abc* 9.4.67, sn: Constará de un acuario muy completo con un circo marino para exhibiciones de delfines amaestrados, destacando en este su original techo de forma helicoidal. **b)** Que tiene figura de hélice [3]. | GNuño *Arte* 154: La lonja de Palma, alzada de 1409 a 1451, asimila bien los esquematismos del arte religioso en sus tres naves de crucería sencilla, sostenida por columnas helicoidales, sin capiteles.

helicoidalmente *adv* (*Geom*) De manera helicoidal. | Alvarado *Botánica* 21: Son [los zarcillos], pues, órganos filamentosos que se arrollan helicoidalmente a las plantas próximas para trepar.

helicoide *m* (*Geom*) Superficie formada por el movimiento helicoidal de una recta alrededor de un eje. | J. Fernández *Luc* 1.8.64, 6: Median[t]e unos helicoides de una sola pie[z]a, soldados alrededor de un tambor de acero de gran diámetro, el estiércol va pasando desde el transportador hasta los tambores batidores.

helicoideo -a *adj* (*Bot*) De forma de hélice [3]. | Ybarra-Cabetas *Ciencias* 274: Pueden ser [las cimas]: uníparas (escorpioideas o helicoideas), en la[s] que cada pedúnculo, terminado por una flor, engendra otro con su flor por el mismo lado, formando una especie de cola de escorpión; y bíparas.

helicóptero *m* Aparato de navegación aérea que dispone de una gran hélice de eje vertical colocada encima, que permite el aterrizaje y despegue verticales. | *Inf* 17.6.70, 3: Un helicóptero israelí .. se infiltró anoche en una zona situada al nordeste de Damasco.

helicotrema *m* (*Anat*) Abertura redondeada de la cúpula del caracol del oído interno. | Bustinza-Mascaró

helio – helminto

Ciencias 86: Las rampas vestibular y timpánica están llenas de perilinfa, y se comunican entre sí por el vértice del caracol por una comunicación llamada helicotrema.

helio *m* Cuerpo simple, de número atómico 2, gaseoso y muy ligero, que forma parte del grupo de gases nobles de la atmósfera. | Alfonso *España* 58: Verdadero placer de dioses esto de que pueda saberse lo que ocurre en el interior del Sol, con esas transformaciones del hidrógeno en helio.

helio- *r pref* Del Sol. | *Por ej*: Delibes *Cartas* 59: Era una de esas mujeres heliófagas, devoradoras de sol. *Van* 26.9.74, 8: El tema de la ponencia fue "Planta heliohidroeléctrica del Mar Rojo". J. A. Rodríguez *VAl* 7.6.75, 10: El ingeniero director del Instituto Tecnológico Central y del Laboratorio de Experiencias Heliotérmicas y Horno Solar explicó .. en qué va a consistir este laboratorio.

heliocéntrico -ca *adj* (*Astron*) **1** De(l) heliocentrismo. | Fernández-Llorens *Occidente* 62: Los astrónomos helenísticos siguieron aferrados a una concepción geocéntrica del Universo; solo uno de ellos –Aristarco de Samos– lanzó la teoría heliocéntrica. **b)** (*raro*) [Pers.] que considera el Sol como centro del universo. | A. Parra *Sur* 7.2.88, 60: Los pueblos heliocéntricos o heliólatras siempre fueron pueblos de acción. **2** [Medida o lugar] que tiene como punto de referencia el centro del Sol. | *Anuario Observatorio 1967* 222: Aspecto del cielo en España .. Enero 1967. Día .. 24 ..: Mercurio en su máxima latitud heliocéntrica Sur.

heliocentrismo *m* (*Astron*) Doctrina que sostiene que el Sol es el centro del universo. | Estébanez *Pragma* 31: Copérnico (s. XVI), al cimentar la teoría del heliocentrismo, sabía que estaba resucitando la hipótesis de Aristarco.

heliodoro *m* (*Mineral*) Variedad de berilo de color amarillo. | *SAbc* 14.10.84, 15: El berilo verde hierba es esmeralda ..; si es rosa, morganita, y si es amarillo dorado, heliodoro.

heliofilia *f* (*Bot o lit*) Condición de heliófilo. | Cabezas *Abc* 5.9.71, 48: Las minifaldas o minipantalones (añoranza del traje de baño) les permiten lucir en la calle, la oficina o las terrazas de la Gran Vía amplias parcelas de su morena anatomía, fruto de esa casi ritual heliofilia veraniega.

heliófilo -la *adj* (*Bot o lit*) Amante del sol. | Umbral *Españolas* 18: La mujer es heliófila y tiene mayor capacidad que el hombre para gozar del sol. Bustinza-Mascaró *Ciencias* 294: Los vegetales terrestres pueden tener adaptaciones distintas a la luz: unos son heliófilos, buscan el sol y viven mejor bajo una iluminación intensa; otros son umbrófilos.

heliogábalo (*a veces con mayúscula*) *m* (*lit*) Pers. voraz. | An. Miguel *Abc* 10.10.57, 3: Hay dos gastos que el turista puede realizar en un país. Uno, absolutamente inelástico, el de la comida, con límites irrebasables, por muy Gargantúas o Heliogábalos que sean .., y otros con elasticidad ilimitada.

heliograbado *m* (*Impr*) Procedimiento para obtener grabados en hueco mediante la acción de la luz solar sobre las planchas previamente preparadas. *Tb el grabado así obtenido*. | *Ya* 8.12.86, 44: El facsímil del códice está hecho por Díaz Casariego con el costoso procedimiento de heliograbado, el más adecuado para destacar la perfección y el colorido de las miniaturas. Cossío *Confesiones* 253: Terminado el trabajo de la obra del conde de Güell, que yo había dirigido, antes de decidirme a la tirada y después de haberle mandado las capillas a Juan Antonio, y la reproducción de los heliograbados, recibí una carta de este.

heliografía *f* (*Impr*) Procedimiento de reproducción con clichés obtenidos sin grabado ni mordiente. | Umbral *SVoz* 8.11.70, 16: Hay conjuntos electrónicos para el tratamiento de la información y toda clase de métodos de reproducción de documentos: heliografía, xerigrafía, microfilms.

heliográfico -ca *adj* (*Impr*) **1** De (la) heliografía. | *GTelefónica N*. 676: Bruning. Copiadoras electrostáticas y heliográficas. *Abc* 20.8.66, sn: Papeles Heliográficos, para comercialización nueva producción, desea jefe ventas. **2** (*Astron*) Relativo a la descripción del Sol. | *Anuario Observatorio 1967* 84: Los tres datos contenidos en los cuadros de las páginas 85 y 86 son: P, ángulo de posición del extremo norte del eje del Sol ..; D, latitud heliográfica del centro del disco solar; L, longitud heliográfica del mismo centro.

heliógrafo *m* (*Telec*) Aparato telegráfico óptico que utiliza los rayos del Sol. | *SAbc* 14.9.75, 33: No había emisora para suplir la incomunicación alámbrica. Solo quedaba el recurso del heliógrafo. Delibes *Madera* 384: Parpadeó el heliógrafo del *Canarias* sin obtener respuesta.

heliólatra *adj* (*Rel*) Que practica la heliolatría. *Tb n, referido a pers*. | A. Parra *Sur* 7.2.88, 60: Los pueblos heliocéntricos o heliólatras siempre fueron pueblos de acción.

heliolatría *f* (*Rel*) Culto al Sol. | GNuño *Escultura* 36: Creemos que todos ellos [los dioses] contaban poco ante otras devociones más firmes y extensas, como la heliolatría o culto al sol.

heliosismología *f* (*Astron*) Estudio científico de las vibraciones solares. | *SD16* 3.5.89, v: La heliosismología –disciplina reciente– intenta aclarar muchas preguntas referidas a la estrella sobre la base de una interpretación del modo en que vibra la superficie.

helióstato (*tb* **heliostato**) *m* (*Fís*) Aparato provisto de un espejo que se mueve mediante un mecanismo de relojería y que sirve para reflejar la luz solar en una dirección fija. | *Ya* 9.12.87, 22: Helióstatos españoles en Rejovot.

helioterapia *f* (*Med*) Tratamiento por la exposición del cuerpo o de una parte de él a la acción de los rayos solares. | Laiglesia *Ombligos* 242: Los aficionados a la helioterapia corrieron a la playa.

heliotropismo *m* (*Biol*) Tropismo debido a la luz del Sol. | Bustinza-Mascaró *Ciencias* 294: Los vegetales con clorofila, en general, buscan la luz para mejor realizar la fotosíntesis, con sus órganos verdes, huyendo de la luz las raíces (heliotropismo positivo y negativo, respectivamente).

heliotropo (*tb, raro,* **heliótropo**) *m* **1** Planta de tallo leñoso, hojas alternas y persistentes y flores en espiga, azuladas y muy olorosas (*Heliotropium peruvianum*). *Tb designa otras especies del mismo gén*. | Lagos *Vida* 73: En un largo arriate, alternaban heliotropos, peonías. Loriente *Plantas* 64: *Heliotropium corymbosum* Ruiz y Pavón, *Heliotropium peruvianum* L. Los dos "Heliotropos" .. suelen verse cultivados. **2** (*Mineral*) Variedad de jaspe o de calcedonia verde con manchas rojas. | *SAbc* 14.10.84, 15: Cuarzos son las ágatas .., el heliótropo o jaspe, el crisoprasa. Bustinza-Mascaró *Ciencias* 332: Las más importantes [variedades de calcedonia] son: Cornalina, roja o rojo amarillenta; .. plasma, verde brillante; heliotropo, como el anterior, pero moteado de rojo.

helipuerto *m* Aeropuerto para helicópteros. | *Arr* 23.10.62, 19: El inmueble tendrá mil habitaciones y contará con helipuerto en su torre central. *Abc* 9.8.66, 16: Aparatos como los que hacen la guerra de Vietnam llegan mañana al nuevo helipuerto militar de Colmenar Viejo.

helitransportar *tr* Transportar por helicóptero. *Frec en part*. | A. Manzano *Ya* 14.7.92, 20: La creación de estas unidades, helitransportadas, a las que se han asignado cuatro helicópteros cedidos por el Ejército de la Federación Rusa, es una de las principales novedades de la campaña 1992.

hellinense *adj* De Hellín (Albacete). *Tb n, referido a pers*. | MGaite *Búsqueda* 55: [El estudioso] no puede por menos de verlos [los acontecimientos] tan accesorios y fantasmales como los proyectos que bullían .. en la cabeza del viejo y desquiciado ministro hellinense cuyo tricentenario se ha celebrado este año.

hellinero -ra *adj* Hellinense. *Tb n*. | *VozAl* 21.3.81, 7: Vuelve de nuevo el "Baúl" en fechas que para Hellín siempre fueron algo, y, para los hellineros ausentes, siempre añoranzas y recuerdos gratos.

helmántico -ca *adj* (*lit*) Salmantino. *Tb n*. | J. C. Villacorta *CoZ* 2.8.90, 6: [El congreso] tendrá lugar en la ciudad helmántica.

helminto *m* (*Zool y Med*) Gusano parásito del hombre y de los animales. | Cela *Inf* 5.9.75, 16: Tuvo un novio .. que la dejó colgada para casarse con su prima Trifonia (que casi tiene nombre de helminto intestinal).

helor *m* Frío intenso. | CPuche *Conocerás* 205: Me metí suavemente en la corriente, hasta notar su helor piernas arriba. R. Rubio *Abc* 12.11.70, 11: Se presentía el frío, la escarcha, el helor de la amanecida, a través de los empañados cristales de la ventana.

helvético -ca *adj* (*lit*) Suizo. *Tb n, referido a pers.* | *Inf* 7.9.70, 3: El Frente Popular de Liberación de Palestina ha dado a las autoridades helvéticas un plazo de setenta y dos horas.

hemangioma *m* (*Med*) Tumor benigno constituido por vasos sanguíneos, frec. en la piel. | *ASM* nº 1.88, 8: Las manchas en la piel conocidas como "antojos" (hemangiomas) pueden eliminarse por cirugía plástica. *D16* 1.7.91, 12: Diez horas de trabajo en un quirófano y en una sala de partos terminaron con bocios tiroideos, labio-paladar hendidos, hemangiomas gigantes y lipomas gigantes.

hemartrosis *f* (*Med*) Derrame de sangre dentro de una articulación. | Mascaró *Médico* 92: Generalmente, el esguince va acompañado de un hematoma o colección de sangre, bien fuera de la articulación, en el tejido celular subcutáneo, bien dentro de la misma articulación (hemartrosis).

hemat- → HEMATO-.

hematemesis *f* (*Med*) Vómito de sangre procedente del tubo digestivo. | Mascaró *Médico* 43: La hemorragia por la boca o hematemesis se diferencia de la hemorragia de origen pulmonar o hemoptisis en que: 1º, la sangre se expulsa por vómito y no con un ataque de tos.

hemático -ca *adj* (*Med*) De (la) sangre. | Moraza *SYa* 16.6.74, 55: La pérdida hemática puede ser cuantiosa. Pau *Salud* 447: Los cuadros clínicos a que la alergia medicamentosa puede dar lugar son sumamente variados y polimorfos, y .. podríamos agruparlos así: Shock d[e] tipo anafiláctico .. Fiebre medicamentosa .. Alteraciones hemáticas celulares.

hematidrosis *f* (*Med*) Sudor de sangre, o de un líquido teñido en sangre. | L. G. Cruz *SD16* 7.5.87, II: La hematidrosis (sudor de sangre) está bien documentada.

hematíe *m* (*Anat*) Glóbulo rojo de la sangre. *Frec en pl.* | Bustinza-Mascaró *Ciencias* 56: La sangre está constituida por un líquido, el plasma sanguíneo, en el cual flotan los hematíes o glóbulos rojos, los leucocitos o glóbulos blancos.

hematita *f* (*Mineral*) Hematites. | M. GVelarde *Tri* 5.1.74, 18: Las rocas volcánicas .. son materiales ricos en óxidos de hierro, tales como magnetita (óxido férrico), hematita (óxido ferroso) y titanomagnetita.

hematites *f* (*Mineral*) **1** Variedad compacta del oligisto. *Frec* ~ ROJA. | Ybarra-Cabetas *Ciencias* 59: Oligisto .. Tiene dos variedades principales, que son: oligisto propiamente dicho o hierro brillante, .. y la hematites o hierro rojo .. La hematites es a veces ferrosa (ocre rojo). Bustinza-Mascaró *Ciencias* 328: A veces se presenta [el oligisto] en masas concrecionadas mates y de color rojo, hematites roja.

2 ~ parda. Variedad compacta de la limonita. | Tamames *Economía* 185: En el Noroeste, León se sitúa como segunda provincia de España por volumen de extracción de mineral, debido a la explotación de los cotos Wagner y Vivaldi de hematites pardas con ley de hasta un 55 por 100.

hemato- *r pref* De (la) sangre. *Toma la forma* HEMAT- *cuando el segundo elemento comienza por vocal.* | *Por ej:* A. Culebras *Abc* 1.4.87, 59: Un bloqueador de los canales del calcio .. que atraviesa con facilidad la barrera hematoencefálica y que protege a las células del cerebro contra los efectos nocivos de la disminución de riego sanguíneo.

hematocrito *m* (*Med*) Proporción de células y de plasma en la sangre. | P. GSola *SYa* 27.6.74, 17: Me explican que con el pinchazo pretenden observar la hemoglobina y hematocrito.

hematófago -ga *adj* (*Biol*) Que se alimenta de sangre. | Navarro *Biología* 263: La malaria o paludismo se transmite por intermedio de mosquitos del género Anopheles, cuyas hembras son hematófagas.

hematógeno -na *adj* (*Med*) Producido en la sangre o derivado de ella. | *SYa* 3.4.77, 19: Complicaciones posvacunales .. Vacunación BCG: Reacciones locales, .. diseminación hematógena.

hematolísico -ca *adj* (*Fisiol*) De (la) hematólisis. | Alvarado *Anatomía* 36: Los más importantes órganos hematolísicos son el hígado .. y el bazo.

hematólisis (*tb* **hematolisis**) *f* (*Med*) Hemólisis. | Alvarado *Anatomía* 36: En el organismo tiene lugar constantemente una hematolisis o destrucción de glóbulos sanguíneos.

hematología *f* (*Med*) Estudio fisiológico y patológico de la sangre. | *BOE* 20.3.62, 3810: El citado jefe podrá concertar el servicio, si lo estima conveniente, con los Institutos de Hematología y Hemoterapia.

hematológico -ca *adj* (*Med*) De (la) hematología o de su objeto. | J. L. Serna *Ya* 10.8.90, 49: Se han realizado experimentos para .. combatir enfermedades hematológicas hereditarias. E. RVelasco *TMé* 28.1.83, 26: Hay también sistemas defensivos reaccionales de las respuestas hematológicas del organismo.

hematólogo -ga *m y f* (*Med*) Especialista en hematología. | O. Aparicio *MHi* 7.68, 27: Un equipo de cirujanos completado por inmunólogos, cardiólogos, gastroenterólogos, hematólogos, nefrólogos.

hematoma *m* (*Med*) Acumulación de sangre extravasada en un tejido, esp. en el cutáneo. | J. M. Ruiz *HLM* 26.10.70, 27: Admitamos .. que los golpes, los hematomas, las inflamaciones musculares duran más de cuatro días.

hematopatología *f* (*Med*) Estudio de las enfermedades de la sangre. | *Voz* 16.12.80, 26: Tendrán lugar una serie de conferencias .. a cargo del profesor doctor A. Rosas Uribe y del doctor Forteza Vilas; el primero, jefe de sección de hematopatología del Hospital Central de las Fuerzas Armadas.

hematopoyesis *f* (*Fisiol*) Formación de las células sanguíneas. | Alvarado *Anatomía* 36: En el organismo tiene lugar constantemente una hematolisis, o destrucción de glóbulos sanguíneos, y una hematopoyesis, o formación de ellos.

hematopoyético -ca *adj* (*Fisiol*) De (la) hematopoyesis. | Navarro *Biología* 81: La sección longitudinal de un hueso largo muestra que las epífisis están formadas por un tejido óseo esponjoso con numerosas cavidades rellenas de un tejido hematopoyético (formador de sangre) denominado médula roja.

hematosis *f* (*Fisiol*) Conversión de la sangre venosa en arterial por oxigenación en los pulmones. | Alvarado *Anatomía* 104: En contacto con los alvéolos, el anhídrido carbónico se desprende, y el oxígeno del aire pasa a la sangre y realiza la nueva hematosis.

hematoxilina *f* (*E*) Materia colorante del palo campeche, usada en estudios microscópicos. | Alvarado *Anatomía* 16: La cromatina, así llamada por la facilidad con que se colorea por numerosos colorantes, como las anilinas básicas, el carmín y la hematoxilina, es una substancia en cuya composición entran los albuminoides complejos.

hematozoario *adj* (*Zool*) [Animal] que vive parásito en la sangre de otros. *Tb n.* | *BOE* 14.2.58, 1495: Temas para el tercer ejercicio, práctico: 1º Identificación de protozoos. 2º Identificación de hematozoarios.

hematuria *f* (*Med*) Presencia de sangre en la orina. | Mascaró *Médico* 45: La hemorragia urinaria, o emisión de orina teñida más o menos intensamente de sangre, recibe el nombre de hematuria.

hembra *f* **1** Animal del sexo femenino. *Frec en aposición.* | Navarro *Biología* 263: La malaria o paludismo se transmite por medio de mosquitos del género Anopheles, cuyas hembras son hematófagas.

2 Pers. del sexo femenino. | Torrente *Señor* 154: No solo los varones de las familias Churruchaos, sino también las hembras, podían sentarse a la mesa o en un banco del presbiterio. **b)** (col) Mujer. | Zunzunegui *Hijo* 131: No me crió mi madre para hembra venal, y nada se ha inventado mejor para la mujer que el matrimonio. **c) real ~.** Mujer alta, fuerte y de buena presencia. | Arce *Testamento* 15: Tienes una mujer que es una real hembra.

3 *En las plantas unisexuales:* Planta que produce fruto. *Normalmente en aposición.* | C. Soriano *Abc* 20.8.69, 27: El "palmerer" .. realiza la operación de "machear" a la palmera hembra, cuando se abre también su panocha, con el polen de la palmera macho. **b)** [Helecho] ~, [verónica] ~ → HELECHO, VERÓNICA.
4 *En ciertos objetos formados por dos piezas que encajan entre sí:* Pieza que tiene un hueco en el que se introduce la otra. *Tb el mismo hueco. Frec en la forma* HEMBRILLA. | CBonald *Dos días* 118: Miguel se levantó y corrió el pestillo niquelado de la puerta, que no calzaba bien y había que forzarlo hacia arriba para que encajara en la hembra.

hembraje *m* (*raro*) Conjunto de (las) mujeres. | Cela *Mazurca* 145: Chelo Domínguez .. es la envidia del hembraje del país.

hembrilla → HEMBRA.

hembrismo *m* (*desp, raro*) Feminismo. | *Ya* 17.3.78, 24: La victoria final de las mujeres o "el hembrismo". Por F. García Pavón.

hembrista *adj* (*desp, raro*) Feminista. *Tb n, referido a pers.* | R. Buenaventura *SElM* 12.11.89, 6: Tendría que haberse hablado antes .. de "literatura del cipote"; pero nadie lo hizo. Ni siquiera Kate Millett, la más "ata[c]amachos" de las hembristas.

hembro *m* (*col, raro*) Hombre homosexual. | Goytisolo *Recuento* 343: Tú no eres un hombre, sino un hembro.

hembruno -na *adj* (*raro*) De hembra. | GHortelano *Momento* 266: Saboreando cigarrillos, infinitamente encamado y rociado de aromas hembrunos, me sentía acogido a tan protector ambiente –que no era otro que el de la dorada infancia–. Berenguer *Mundo* 165: En el otoño, cuando se juntaban los rebaños, era todo tan parejo, tan chico, tan hembruno, que nada valía nada.

hemeralopía (*tb* **hemeralopia**) *f* (*Med*) Disminución patológica de la visión cuando la iluminación es débil. | Nicolau *Salud* 671: El déficit de vitamina A da lugar a la llamada hemeralopía o ceguera nocturna. Navarro *Biología* 225: Caracteres recesivos. Entre ellos están: Albinismo, sobre pigmentación normal .. Ceguera nocturna (hemeralopia), sobre visión normal.

hemerográfico -ca *adj* (*E*) De (las) publicaciones periódicas. | C. Carrasco *SYa* 17.1.74, 19: Es [Bravo Murillo] un escritor por ser un gran trabajador .. En fuentes hemerográficas hay que buscar su perfil, su silueta, su hacer laborioso. Altabella *Abc* 23.8.79, 14: Se ha convertido [la Hemeroteca] en un enorme caudal de miles de fondos hemerográficos.

hemeroteca *f* Biblioteca pública destinada exclusivamente a publicaciones periódicas. | Laiglesia *Ombligos* 9: Cuando el escritor "realista" no dispone de una familia suficientemente pintoresca .., bucea en las hemerotecas en busca de un puñado de infelices que le sirvan de hilván para coser su relato.

hemiatrofia *f* (*Med*) Atrofia de un lado del cuerpo o de la mitad de un órgano. | *Abc* 24.9.91, 56: En las hemiatrofias cerebrales y en el síndrome de Gastautt Lennox, está indicada .. una intervención denominada callosotomía.

hemicelulosa *f* (*Quím*) Hidrato de carbono semejante a la celulosa, pero más soluble, que se encuentra en el guisante y otras semillas. | *SDíaTo* 14.5.89, 2: Las más recientes investigaciones llevadas a cabo en el campo de la nutrición han revelado que la celulosa, la lignina, las hemicelulosas, las sustancias pécticas, gomas y mucílagos que contiene la fibra alimenticia de origen vegetal resultan imprescindibles para el buen funcionamiento del organismo.

hemiciclo *m* Sala semicircular con graderío. *Gralm referido al Congreso.* | P. Moreno *Inf* 27.9.77, 3: El orden del día inicial [en el Congreso] estaba formado por el estudio del reglamento ..; la colocación de los grupos parlamentarios en el hemiciclo, y el estudio de los últimos proyectos de ley.

hemicránea *f* (*Med*) Jaqueca. | Ridruejo *Memorias* 218: Siempre había uno con la copa en la mano para ofrecer un brindis al primero que le mirara, y, brindis tras brindis, se corría el peligro de cosechar una hemicránea para tres días.

hembraje – hemisférico

hemicriptofito -ta (*tb* **hemicriptófito**) *adj* (*Bot*) [Planta] cuya parte aérea muere durante el invierno, quedando algunas yemas o brotes a nivel del suelo. *Frec como n en pl, designando este taxón botánico.* | J. ÁHernández *VSi* 7.89, 50: Dentro de este horizonte hay una ausencia total de vegetación leñosa o sufruticosa, siendo el biotipo dominante los hemicriptófitos (herbáceas).

hemiedría *f* (*Mineral*) Simetría que solo afecta a la mitad de los elementos de una forma cristalina. | Ybarra-Cabetas *Ciencias* 31: Tales formas de simetría inferior reciben el nombre de formas meroédricas o meriédricas .. Si los elementos modificados son la mitad, el fenómeno se llama hemiedría.

hemiédrico -ca *adj* (*Mineral*) Que presenta hemiedría. | Ybarra-Cabetas *Ciencias* 60: Es un sulfuro de cobre y hierro, que cuando cristaliza lo hace en formas hemiédricas del sistema tetragonal.

hemiedro *m* (*Mineral*) Forma hemiédrica. | Alvarado *Geología* 7: En estos [los meroedros] hay que distinguir los hemiedros y los tetartoedros.

hemimórfico -ca *adj* (*Mineral*) Que tiene forma diferente en cada extremo de un único eje principal de simetría. | Ybarra-Cabetas *Ciencias* 57: Todas las turmalinas son hexagonales hemimórficas, piezoeléctricas y piroeléctricas.

hemimorfita *f* (*Mineral*) Mineral constituido por silicato de cinc hidratado. | Aleixandre *Química* 114: A este tipo corresponde el disilicato de cinc llamado hemimorfita.

hemina *f* **1** Cierta medida agraria y de capacidad usada en León y otras zonas, de valor distinto según estas. | MCalero *Usos* 78: Al decir una almuerza, era tan poco que podía ser lo que comiera una pita. Y una hemina es casi nada, pues no era más de un solar.
2 (*hist*) Cierta medida usada en la cobranza de tributos. | Galache *Biografía* 72: En el arrabal de Santa Coloma [Segovia] se celebra, coincidiendo con la Nochebuena, el último jueves del año de mercado franco, concedido por privilegio real, y en el que toda mercancía que se venda no paga alcabala, portazgo, heminas, alguacilazgos ni tributo alguno.

hemiparásito -ta *adj* (*Bot*) [Planta] que realiza la fotosíntesis y que además vive parasitariamente. | Ybarra-Cabetas *Ciencias* 247: Plantas hemiparásitas. Hay algunas plantas que, por poseer hojas verdes, indican claramente que son capaces de asimilar el anhídrido carbónico de la atmósfera, a pesar de lo cual forman unos órganos chupadores para tomar las sustancias orgánicas nitrogenadas de otras plantas.

hemiplejía (*tb* **hemiplejia**) *f* Parálisis de un lado del cuerpo. | FCruz *Salud* 243: La destrucción del tejido cerebral conduce a la pérdida de una función neurológica, y .. los trastornos residuales más frecuentes son las hemiplejías. VMontalbán *Mares* 81: Utilizando influencias conseguí meterla en una residencia para viejos. Tuvo una hemiplejia.

hemipléjico -ca *adj* **1** De (la) hemiplejía. | E. Rey *Ya* 20.3.75, 36: Cuando este obstáculo se asienta en un órgano tan vital como el cerebro o el corazón, puede ocasionar la muerte repentina o dejar secuelas hemipléjicas.
2 Que padece hemiplejía. *Tb n.* | Torrente *Saga* 542: Un coro inmenso de voces levantadas, que comprendía a todos los truhanes, .. a todos los indecisos, a todos los viejos hemipléjicos.

hemíptero *adj* (*Zool*) [Insecto] de boca chupadora, gralm. con dos pares de alas, el primero de los cuales puede estar endurecido, y con metamorfosis sencilla. *Frec como n m en pl, designando este taxón zoológico.* | Ybarra-Cabetas *Ciencias* 352: La abeja y la hormiga son himenópteros; la cigarra, hemíptero. Legorburu-Barrutia *Ciencias* 173: Hemípteros (la mitad de las alas endurecidas, chupadores): chinches, pulgones, filoxera, cigarra.

hemisférico -ca *adj* De(l) hemisferio. | Mingarro *Física* 191: Un filamento de volframio se pone incandescente por la corriente eléctrica; el cátodo, de forma hemisférica, rodea a dicho filamento. *Abc* 24.9.91, 56: La epilepsia puede controlarse médicamente .. Previamente a este tipo de intervención es imprescindible hacer el test de WADA para comprobar la dominancia hemisférica. **b)** Que tiene forma de

hemisferio – hemograma

hemisferio [1]. | GNuño *Arte* 102: El monasterio sanjuanista de San Juan de Duero adosó a una iglesia anterior templetes con cúpulas de barro, hemisférica y cónica, ni más ni menos que las vistas en Mesopotamia.

hemisferio *m* **1** Mitad de una esfera. *Frec referido a la Tierra.* | Gironza *Matemáticas* 203: En el caso de que, en lugar de ser un paralelo cualquiera, se trate del ecuador, resultan dos casquetes iguales, o mitades de la superficie esférica, que se llaman hemisferios. Ortega-Roig *País* 12: Imaginaos que, perpendicularmente al eje terrestre y en su mitad, cortamos la Tierra .. Nos quedarán dos partes iguales, que llamaremos hemisferios.
2 (*Anat*) Mitad lateral [del cerebro o del cerebelo]. | Bustinza-Mascaró *Ciencias* 191: En el cerebro [de la paloma] se distinguen bien los hemisferios cerebrales. Navarro *Biología* 126: Cerebelo .. Consta de dos masas o hemisferios cerebelosos y de un cuerpo central o vermis.

hemispeos *m* (*Arqueol*) Templo parcialmente excavado en la roca. | Angulo *Arte* 1, 38: Tipo intermedio es el hemispeos de Deir-el-Bahari, próximo a Tebas, donde al verdadero templo excavado en la roca preceden cuatro patios peristilos labrados a cielo abierto. [*En el texto*, hemi-speos.] Angulo *Arte* 1, 39: Hemispeos de Gerf Hussein. [*Grabado*.]

hemistiquio *m* (*TLit*) Mitad de un verso, determinada por la cesura. | DPlaja *Literatura* 52: La obra pertenece al "mester de juglaría"; su versificación es, pues, irregular e inhábil. Largas tiradas de versos asonantados, cuya medida más frecuente es la de catorce sílabas divididas en hemistiquios (7 + 7).

hemitórax (*pl invar*) *m* (*Anat*) Mitad, derecha o izquierda, del tórax. *Seguido del adj* DERECHO O IZQUIERDO. | A. Pujol *Caso* 21.11.70, 11: El procesado, con propósito de privarle de la vida, clavó al otro el arma en el hemitórax izquierdo.

hemo *m* (*Quím*) Grupo prostético derivado de la porfirina, presente en la hemoglobina y en la hemocianina y que se caracteriza por llevar un átomo de hierro en la primera y de cobre en la segunda. | Navarro *Biología* 24: Cromoproteidos. La proteína es una albúmina (globina), y el grupo prostético es un derivado de la porfirina .., denominado grupo hemo .. A este grupo pertenece la hemoglobina.

hemoaglutinación *f* (*Med*) Aglutinación de las células sanguíneas por la acción de anticuerpos, virus o ciertas sustancias. | *Abc* 11.5.74, 68: Se han analizado .. anticuerpos .. mediante las técnicas de fijación de complemento, inhibición de hemoaglutinación e inhibición enzimática.

hemocianina *f* (*Fisiol*) Sustancia proteica que contiene cobre y que actúa como pigmento respiratorio de la sangre de algunos moluscos, crustáceos y arácnidos. | Navarro *Biología* 25: El grupo hemo de la hemoglobina lleva Fe, y el de la hemocianina Cu.

hemoconcentración *f* (*Med*) Aumento relativo del número de células sanguíneas por milímetro cúbico. | Mascaró *Médico* 76: En toda quemadura de segundo o tercer grado se produce rápidamente .. una pérdida de plasma .. que puede producir trastornos tales como hemoconcentración (aumento proporcional del número de glóbulos sanguíneos respecto al plasma, o sea espesamiento de la sangre).

hemocromatosis *f* (*Med*) Trastorno metabólico caracterizado por la acumulación de hierro, pigmentación bronceada de la piel y diabetes. | E. Sanz *ByN* 14.1.90, 87: En la hemocromatosis el hierro está extraordinariamente aumentado y el peso total puede llegar a alcanzar los 80 gramos.

hemocultivo *m* (*Med*) Cultivo de sangre de un enfermo para determinar los gérmenes patógenos que contiene. | R. ASantaella *SYa* 17.4.83, 41: El diagnóstico lo hace el médico encontrando en la sangre –hemocultivo– el germen patógeno o bien los elementos de defensa del organismo.

hemoderivado -da *adj* (*Med*) Derivado de la sangre. *Frec n m.* | *Ya* 3.11.92, 23: El producto hemoderivado del que se habla, el factor 8 antihemofílico exportado por el Ins[t]ituto Mérieux de Francia, jamás ha estado autorizado ni registrado en España. M. J. González *TMé* 25.2.83, 27: La hepatitis postransfusional, principal complicación tardía que puede aparecer tras la administración de sangre o hemoderivados, sigue constituyendo un problema de enorme interés.

hemodiálisis *f* (*Med*) Purificación de la sangre mediante diálisis o riñón artificial. | *Abc* 9.11.75, 5: El parte primero .. hablaba de la implantación en el antebrazo derecho de un cortocircuito arteriovenoso por si fuera precisa la realización de una hemodiálisis, de un riñón artificial en definitiva.

hemodializador *m* (*Med*) Riñón artificial. | F. Martino *Ya* 20.11.75, 17: Puede hacerse con la sangre que circula por el hemodializador.

hemodinámicamente *adv* (*Med*) En el aspecto hemodinámico [1]. | *Ya* 9.6.90, 8: Su pronóstico [del torero] es grave, aunque está fuera de peligro y se estabiliza hemodinámicamente.

hemodinámico -ca (*Med*) **I** *adj* **1** De (la) hemodinámica [2]. | *Ya* 1.11.74, 58: El conjunto de estas circunstancias conducen a alteraciones hemodinámicas, que se producen como consecuencia de la entrada en la circulación de enterobacterias.
II *f* **2** Condiciones mecánicas de la circulación de la sangre. *Tb su estudio.* | L. Monje *TMé* 14.1.83, 21: En el coloquio, el doctor Conde manifestó que los venodilatadores I.V. han de ser administrados en hospital y con determinadas hemodinámicas.

hemodonación *f* (*Med*) Donación de sangre. | J. Ibáñez *Ya* 28.5.87, 18: En el Gómez Ulla está en marcha un plan de hemodonación "autóloga", es decir, que las personas que van a ser operadas donan su sangre antes de la operación. *Can* 4.10.91, 1: María Luisa Pita, presidenta del Instituto Canario de Hemodonación.

hemofilia *f* (*Med*) Enfermedad hereditaria de la sangre que consiste en la dificultad de coagulación. | Bustinza-Mascaró *Ciencias* 58: Las personas que padecen hemofilia (enfermedad hereditaria) tienen una sangre que no se coagula o lo hace con extraordinaria lentitud, por lo cual están expuestas a sufrir hemorragias aun con heridas pequeñas.

hemofílico -ca *adj* (*Med*) **1** De (la) hemofilia. | Nolla *Salud* 280: Alicia, esposa de Nicolás II, el último zar de Rusia, era nieta de la reina Victoria de Inglaterra. Llevaba también el gen hemofílico.
2 Que padece hemofilia. *Tb n.* | Navarro *Biología* 226: No existen mujeres hemofílicas porque no es viable el embrión en ellas. **b)** De (los) hemofílicos. | X. M. ABoo *TMé* 14.1.83, 17: Una disposición del Ministerio de Trabajo .. establece para los socios de las organizaciones hemofílicas la posibilidad de asistencia hospitalaria gratuita.

hemoglobina *f* (*Fisiol*) Sustancia proteica que contiene hierro y que funciona como pigmento respiratorio de la sangre de los vertebrados, a la que da su típico color rojo. | Bustinza-Mascaró *Ciencias* 56: Glóbulos rojos. Llamados también eritrocitos o hematíes, son células .. en forma de discos bicóncavos y deben su color a la hemoglobina, que es un pigmento que contiene hierro.

hemoglobínico -ca *adj* (*Fisiol*) De (la) hemoglobina. | J. Herrero *TMé* 11.12.82, 24: El láser de argon .. puede ser selectivamente absorbido por el pigmento hemoglobínico a 1.5-2.5 W de potencia.

hemoglobinuria *f* **1** (*Med*) Presencia de hemoglobina en la orina. | Mascaró *Médico* 46: Puede igualmente conferir un color sanguíneo a la orina la presencia de hemoglobina .. Este último caso se da .. como consecuencia de reacciones alérgicas especiales desencadenadas por el frío (hemoglobinuria paroxística).
2 (*Vet*) Piroplasmosis. | F. Ángel *Abc* 16.4.58, 17: Las Garrapatas inoculan [al ganado] un parásito protozoario que produce una gravísima enfermedad, la Piroplasmosis o Hemoglobinuria.

hemograma *m* (*Med*) Fórmula o cuadro en que se expresan el número, proporción o variaciones de las células sanguíneas. | MNiclos *Toxicología* 128: El hemograma suele ofrecer leucocitosis neutrófila. *BOE* 14.2.58, 1495: Hemograma en los animales domésticos.

hemoleucocito *m* (*Anat*) Glóbulo blanco de la sangre. | Alvarado *Anatomía* 34: Bajo el nombre de "glóbulos blancos" se engloban elementos bastante heterogéneos en aspecto y significación .. Se distinguen dos series: la agranulosa .. y la granulosa .. Estos últimos son exclusivos de la sangre, por lo que se llaman hemoleucocitos.

hemolinfa *f* (*Anat*) Fluido circulatorio de algunos invertebrados, comparable a la sangre o la linfa. | Espinosa *Escuela* 416: Puedo ofreceros tráqueas de miriápodos, hemolinfa de hexápodos, antenas de trilobites.

hemolinfático -ca *adj* (*Anat*) De (la) hemolinfa. | Ybarra-Cabetas *Ciencias* 333: El aparato circulatorio [del erizo] está mal delimitado .. Aparte de las lagunas, solo posee un vaso marginal que comunica con un anillo hemolinfático provisto de cinco vesículas.

hemólisis (*tb* **hemolisis**) *f* (*Med*) Desintegración de los corpúsculos sanguíneos, esp. de los glóbulos rojos, con la consiguiente liberación de hemoglobina. | Mascaró *Médico* 118: Pronto aparecen tres síntomas característicos: palidez, ictericia y orina de color rojo, como el vino de Oporto, debido a la destrucción masiva de glóbulos rojos de la sangre o hemólisis. *TMé* 23.2.68, 10: En cuanto a su etiología [de las hepatitis], señaló que no está todavía totalmente aclarada, a pesar de que en principio se consideró que podrían ser debidas a un proceso de hemolisis.

hemolítico -ca *adj* (*Med*) **1** De (la) hemólisis. | Mascaró *Médico* 46: Puede igualmente conferir un color sanguíneo a la orina la presencia de hemoglobina .. Este último caso se da en ciertas intoxicaciones .. y otros procesos de tipo hemolítico (o sea que producen grandes destrucciones de glóbulos rojos).
2 Que produce hemólisis. *Tb n m, referido a agente*. | MNiclos *Toxicología* 56: Su ponzoña [de la víbora] .. es más bien hemolítica y proteolítica.

hemolizar *tr* (*Med*) Causar hemólisis [a un corpúsculo sanguíneo, esp. a un glóbulo rojo (*cd*)]. | *Abc* 9.11.75, 5: En ocasiones las reacciones hemolíticas aparecen por la infusión de hematíes hemolizados, desintegrados, o por otras causas no suficientemente detectables de antemano.

hemopatía *f* (*Med*) Enfermedad de la sangre. | *Ya* 21.7.87, 43: José Carreras mejora de su hemopatía aguda.

hemoperitoneo *m* (*Med*) Presencia de sangre extravasada en el peritoneo. | J. M. Esteban *Ya* 4.2.82, 8: El paciente sufre diversas lesiones en la región lumbar, así como perforación intestinal e importante hemoperitoneo.

hemoptisis *f* (*Med*) Expectoración de sangre procedente del aparato respiratorio. | GBiedma *Retrato* 199: Me cuenta su vida, su hemoptisis, las hemoptisis de su padre y de su madre –los dos también tuberculosos–.

hemoptoico -ca *adj* (*Med*) De (la) hemoptisis. | MNiclos *Toxicología* 37: La sintomatología corresponde .. a sus efectos irritantes sobre las vías respiratorias (tos, disnea, esputos hemoptoicos y hasta edema pulmonar).

hemorragia *f* **1** Salida de sangre de los vasos sanguíneos. | Navarro *Biología* 231: A veces, heridas insignificantes .. pueden originar hemorragias graves.
2 Pérdida continuada e importante [de algo]. | Aguilar *Experiencia* 584: El Gobierno [argentino] había cerrado la Caja de Conversión para impedir la hemorragia del oro, cobertura de la moneda de papel. A. Barra *Abc* 9.12.70, 39: Los ingleses están condenados a la oscuridad y observan impotentes la hemorragia económica del país.

hemorrágico -ca *adj* De (la) hemorragia, o que la implica. | *TMé* 14.1.83, 14: Cromatonbic "5000" Ferro .. Recuperación rápida en los estados hemorrágicos. Nolla *Salud* 278: En las diátesis hemorrágicas, las hemorragias aparecen espontáneamente o como consecuencia de traumatismos. **b)** [Viruela] **hemorrágica** → VIRUELA.

hemorragíparo -ra *adj* (*Med*) Que produce hemorragia [1]. | MNiclos *Toxicología* 17: Un síndrome hemorragíparo se presenta en las intoxicaciones por el benzol y los dicumarínicos.

hemorroidal *adj* De (las) hemorroides. | *Abc* 4.3.58, 16: Químicos suizos han logrado una preparación notable contra las hemorroides internas y externas .. Poco a poco los nódulos hemorroidales desaparecen generalmente al cabo de algunas semanas.

hemorroide *f* Almorrana. *Frec en pl*. | Delibes *Inf* 16.2.77, 19: –Pues aquí donde me ve, estoy operado de estómago e intestino. –¡Coño, quién lo diría! Tiene usted un aspecto muy saludable. –Y para agosto, si Dios no lo remedia, de ano. Hemorroides, ¿sabe usted?

hemorroísa (*tb* **hemorroisa**) *f* Mujer que padece flujo de sangre. *Normalmente designa a un personaje evangélico*. | B. M. Hernando *Inf* 22.12.70, 2: Cristo .. se dejó tocar por la hemorroísa.

hemostasia *f* (*Med*) Contención, espontánea o artificial, de una hemorragia. | Moraza *SYa* 16.6.74, 55: Hacen [los cirujanos] una hemostasia menos cuidadosa para que la operación sea más rápida.

hemostasis *f* (*Med*) Hemostasia. | Gironella *Millón* 302: Fueron repartidos una gran cantidad de bolsas, de botiquines de campaña, que contenían tubos de goma para hemostasis.

hemostático -ca *adj* (*Med*) Que contiene la hemorragia. *Tb n m, referido a medicamento o agente*. | Mascaró *Médico* 18: Entre dicho material, citaremos: .. dos o tres tiras de goma de medio metro de largo, o pedazos de tubo de goma de la misma longitud, para poder improvisar un torniquete hemostático.

hemoterapia *f* (*Med*) Empleo de la sangre como medio terapéutico. | *BOE* 20.3.62, 3810: El citado jefe podrá concertar el servicio, si lo estima conveniente, con los Institutos de Hematología y Hemoterapia.

hemoterápico -ca *adj* (*Med*) De (la) hemoterapia. | *Abc* 3.12.70, 52: Setecientos veintitrés litros de sangre .., lo cual ha significado cubrir algo más del 80 por 100 de las necesidades hemoterápicas de este gran hospital.

hemotórax *m* (*Med*) Entrada o acumulación de sangre en la cavidad torácica, esp. en la pleura. | I. Sagastume *SYa* 13.4.92, VIII: Presenta .. derrame pleural, de escasa entidad, compatible con hemotórax que no afecta a la mecánica respiratoria.

hemotóxico -ca *adj* (*Med*) Tóxico para la sangre. *Tb n m, referido a agente*. | *Ya* 23.5.86, 24: Gases tóxicos para la guerra .. Agentes mortales: Sofocantes .. Hemotóxicos (Ácido cianhídrico y cloruro de cianuro). C. Aguirre *SYa* 31.8.88, 7: Por sus efectos, parecía tratarse de un hemotóxico, es decir, veneno para la sangre.

henar *m* **1** Campo de heno. | Cunqueiro *Gente* 23: Ya he contado más de una vez de la fraga de Eirís, y de aquellos empinados caminos que llevan a lo alto, a los campos de Miranda, a los henares, a las abiertas brañas que dicen del rey.
2 Henil (lugar donde se guarda el heno). | Arce *Testamento* 93: Aquel día don Juan llegó con su caballo frente a nuestra casa. Yo le había visto y corrí a ocultarme en el henar.

henchimiento *m* Acción de henchir(se). *Tb su efecto*. | Marías *Cataluña* 79: Cada vez que pongo los ojos larga, morosamente en un trozo del mundo, como cuando logro ver, por fuera y por dentro, a una persona individual, siento un enriquecimiento, un henchimiento, una agradecida felicidad.

henchir (*conjug* **62**) *tr* (*lit*) Llenar (hacer que alguien o algo (*cd*) pase a estar lleno). *A veces con un compl* DE. *Tb fig*. | Payno *Curso* 222: Aspiró una bocanada de aire, todavía caliente. Al henchir el pecho rozó de nuevo los senos de Blanca. L. Riber *DBu* 28.3.56, 6: La crítica actual fruncirá el entrecejo ante las adorables puerilidades que hinchen los gruesos flancos de sus libros. GNuño *Madrid* 196: Del gran reusense [Fortuny] es el lienzo colorido y henchido de historia. **b)** *pr* Llenarse (pasar a estar lleno). *Tb fig*. | Diego *Abc* 22.10.67, 3: Masó es uno de esos poetas que no escribe sino cuando está henchido de idea y de emoción interior. Umbral *Ninfas* 44: El forzoso estatismo de la cama y la enfermedad .. Días quietos que se henchían como globos.

hendayés -sa *adj* De Hendaya (Francia). *Tb n, referido a pers*. | P. Urbano *Abc* 4.3.84, 27: Tan asesinato es la muerte del ex comisario Pedro Ortiz de Urbina como el asesinato del ferroviario hendayés Jean Pierre Leiba.

hendedor – heparinización

hendedor -ra *adj* Que hiende. *Tb n f, referido a máquina*. | *Alcoy* sn: Félix Pico, S.A. Alcoy. Al servicio del embalaje: Slotters, impresoras, .. hendedoras rotativas.

hendedura *f* Hendidura. | CBonald *Ágata* 64: Oía como un jadeo acrecentado por la tiniebla de dentro de los párpados, .. una circunvalación de roces y zumbidos dentro de la más precaria hendedura del ahogo.

hender (*conjug* **14**) (*lit*) **A** *tr* **1** Abrir o cortar [un cuerpo sólido] sin dividirlo del todo. *Tb fig.* | Lera *Bochorno* 8: Son ligaduras que hienden su carne y su espíritu. **b)** *pr* Abrirse [un cuerpo sólido] sin dividirse del todo. | Ybarra-Cabetas *Ciencias* 190: Los cromosomas se hienden longitudinalmente en dos mitades iguales. Después se separan siguiendo direcciones opuestas.
2 Excavar [un cañón o un desfiladero]. | FVidal *Duero* 184: El caminante se dirige a paso largo hacia las cañonadas que las aguas del Duratón han ido hendiendo sobre la superficie de la tierra sepulvedana. Payno *Curso* 134: El Huécar ha hendido en vueltas y revueltas un desfiladero.
3 Atravesar o cortar [un fluido]. | Delibes *Madera* 353: Veía las balas trazadoras por encima del antepecho, hendiendo el cielo como cohetes. Torrente *Filomeno* 163: Me dejó en su coche .. Conforme adelantaba, hendiendo la niebla, se me imponía la convicción de que mister Thompson estaba un poco chiflado. **b)** Romper o cortar [algo]. *Gralm fig.* | Torrente *Off-side* 528: De pronto, una sirena hiende el silencio de la noche. Torrente *Sombras* 237: El dedo que había ordenado movimientos de escuadrones, el que había apuntado en el destierro velas que hendían el horizonte.
B *intr* **4** Producir una hendidura [en alguien o algo]. *Frec fig.* | Payno *Curso* 200: Terminó la función .. Darío luchó por salir. Y utilizó su último recurso: de costado, hendiendo en el tumulto con el codo doblado, apalancando con el hueso más saliente. I. Arteaga *CoZ* 8.5.64, 2: John Lewis solo pudo alcanzar el triunfo cuando estuvo en condiciones de retraer para las minas de carbón la parte sustanciosa de beneficios que se deslizaba a la industria siderúrgica. Cuando, en definitiva, abandonó los instrumentos primitivos de lucha y hendió en el problema fundamental de la estructura.

hendíadis (*tb, raro, con la grafía* **endíadis**) *f* (*TLit*) Coordinación de dos términos que lógicamente deberían ir unidos por una relación de subordinación. | Torrente *Latín 3º* 238: La coordinación de dos elementos, uno de los cuales lógicamente debe depender del otro, se denomina hendíadis.

hendido¹ -da *adj* **1** *part* → HENDER.
2 Que tiene hendiduras. | Bustinza-Mascaró *Ciencias* 240: Las hojas simples tienen el limbo formado por una sola pieza, pudiendo ser su contorno entero, .. festoneado, hendido. **b)** (*Bot*) [Hoja] cuyas divisiones llegan a lo sumo a la mitad de la distancia entre el borde y el nervio medio. | Legorburu-Barrutia *Ciencias* 248: Las hojas simples pueden ser .. Por el borde del limbo: enteras, dentadas, hendidas, partidas...

hendido² *m* Hendidura. | MCalero *Usos* 67: El mayoral .. hacía, con buena navaja, la señal en orejas, que muesca y hendido tenían por ello en esta casa.

hendidura *f* Corte o abertura en un cuerpo, sin dividirlo del todo. | Bustinza-Mascaró *Ciencias* 256: Entre los diferentes tipos de injerto están el de hendidura y el de escudete. Carandell *Inf* 19.11.74, 27: Se ha construido una pasarela adosada a la pared del desfiladero y se puede hacer todo el trayecto a pie hasta salir al otro lado del túnel, contemplando así toda la grandiosidad de la estrecha hendidura que rompe en dos la montaña de roca.

hendija *f* (*raro*) Hendidura pequeña. | GPavón *Hermanas* 10: El humo entraba y regresaba por los caños de la nariz y la hendija de la boca.

hendir (*conjug* **43**) *tr e intr* (*lit*) Hender. | Torrente *Sombras* 274: Li sin Piu lo comparó a la cabriola de un delfín en la mar de la China, y el coronel Dubonet, al de una bella campeona de natación cuyo cuerpo, antes de hendir el agua, se demora en una curva tranquila. *MHi* 2.55, 14: De nuevo los pináculos imperiales .. hendirán el claro aire de este formidable espolón madrileño.

heneador -ra *adj* Que deseca el heno. *Tb n m, referido a aparato*. | *SVozC* 29.6.69, 24: ¡¡Agricultor!! Mecanice su trabajo .. Heneador (acondicionador de forraje).

henequén *m* Planta de origen americano de la que se extrae una fibra textil (*Agave fourcroydes*). *Tb designa otras especies similares. Tb su fibra.* | GSosa *GCanaria* 153: Sus más inmediatas metas [de Fuerteventura] están localizadas en ciertos cultivos especializados (tomate, henequén) y en el turismo. Grosso-LSalinas *Río* 37: A la salida del pueblo se acaban las chumbas y los henequenes. Plans *Geog. universal* 201: En la Península del Yucatán el cultivo más importante es el henequén o sisal, llamado "oro del Yucatán". Su fibra es exportada al mundo entero en grandes fardos.

henificación *f* Acción de henificar. | Agreste *Abc* 1.6.75, 37: Las provincias de la cornisa cantábrica empezarán a dar el primer corte, para henificación, de un momento a otro.

henificado *m* Acción de henificar. | Ybarra-Cabetas *Ciencias* 300: Conservación. Pueden seguirse dos métodos: el henificado y el ensilaje.

henificador -ra *adj* Que henifica. *Tb n, m y f, referido a máquina o aparato*. | *DNa* 14.5.77, 30: Henificador hilerador rotativo que realiza perfectamente todas las operaciones de acondicionamiento del forraje.

henificar *tr* Convertir en heno [1] [una planta forrajera]. | V. Bleye *DBu* 9.7.64, 4: Henificando todos estos forrajes, se tiene suficientes reservas para alimentar, de manera económica, al ganado ovino. *GTelefónica N.* 45: Alfalfa henificada. Pulpa de remolacha. Cereales. Legumbres.

henil *m* Lugar en que se guarda el heno. | Sampedro *Octubre* 76: Aquella alquería .. donde nos vendieron pan y unos cuencos de leche, dejándonos dormir en el henil.

heno I *m* **1** Hierba segada y desecada que se utiliza como alimento del ganado. | Arce *Testamento* 60: Registramos toda la casa al mismo tiempo, y yo me lo encontré entre el heno. *Ya* 26.10.74, 27: Se muestra muy retraída la demanda de cebada, avena, arroz, maíz y heno de alfalfa.
2 *Se da este n, frec con un adj especificador, a varias plantas gramíneas de los géns* Aira, Holcus *y* Agrostis, *esp* Holcus mollis *y* H. lanatus (~ BLANCO), Aira caryophylea (~ COMÚN), Agrostis nebulosa *y* A. stolonifera (~ GRIS). | Cendrero *Cantabria* 92: Estrato herbáceo .. *Holcus mollis* L.: Heno blanco. Mayor-Díaz *Flora* 226: *Agrostis stolonifera* L. var. *salina* J. & W. "Heno gris".
II *loc adj* **3** [Fiebre] **del ~** → FIEBRE.

henrio *m* (*Electr*) *En el sistema internacional:* Unidad de inductancia eléctrica, equivalente a la de un circuito cerrado en el que se produce una fuerza electromotriz de un voltio cuando la corriente eléctrica que recorre el circuito varía uniformemente a razón de un amperio por segundo. | Mingarro *Física* 130: Conseguir que los resultados numéricos se expresen en unidades prácticas (culombio, amperio, voltio, ohmio, julio, vatio, faradio y henrio).

henry (*ing; pronunc corriente,* /χénřì/) *m* (*Electr*) Henrio. | Mingarro *Física* 148: La mayor o menor reactancia inductiva dependerá en proporción directa: 1º De la propia autoinducción del circuito, que se mide en henrys L. 2º De la frecuencia de la corriente alterna que lo recorre.

heñidor -ra *adj* Que hiñe. *Tb n f, referido a máquina*. | *EOn* 10.64, 70: Construcción de maquinarias, hornos y accesorios para la Industria de Panificación y Pastelería. Molinos trituradores .. Heñidoras-Torneadoras.

heñir (*conjug* **58**) *tr* Sobar [la masa, esp. del pan] con los puños para darle cohesión. *A veces el suj es una máquina que realiza una acción similar*. | Escobar *Itinerarios* 142: Luego echaba harina en la artesa, haciendo en el centro un pequeño hueco para el agua. Arrojaba la sal gorda, añadía la correspondiente levadura, y a heñir con primor, fuerza y destreza aquel amasijo.

heparina *f* (*Med*) Anticoagulante que se extrae esp. del hígado. | O. Aparicio *MHi* 7.68, 28: Tan pronto como se certificó la muerte de Denise se le inyectaron dos miligramos de heparina intravenosa.

heparinización *f* (*Med*) Tratamiento con heparina. | *Abc* 19.11.75, 96: La eficacia del riñón artificial –aun

con heparinización regional, que consigue la neutralización del anticoagulante– podía quedar menoscabada.
hepat- → HEPATO-.
hepatectomía *f* (*Med*) Extirpación total o parcial del hígado. | F. Martino *Ya* 28.3.75, 34: Otra comunicación importante se ha referido a las hepatectomías de urgencia, que se efectúan, por ejemplo, en los cada vez más frecuentes casos de roturas del hígado por accidentes de la circulación.
hepático -ca I *adj* **1** Del hígado. | Bustinza-Mascaró *Ciencias* 50: Del hígado sale la bilis por el conducto hepático, el cual se divide en dos ramas.
2 [Color verde] amarillento. | D. Vecino *AbcS* 16.2.68, 25: La torre de mando, los hangares, los muros, están ahora pintados de grises sucios y verdes hepáticos. Barral *Memorias* 3, 211: De nuevo las ventanas abiertas sobre las colinas de color hepático y el barrio agazapado.
II *f* **3** Planta briofita, verde o rojiza, propia de lugares húmedos y umbríos, que vive adherida al suelo o a la corteza de los árboles (gén. *Hepatica* y otros). *Frec como n f en pl, designando este taxón botánico. A veces con un adj especificador*: ~ BLANCA (*Parnassia palustris*), ~ ESTRELLADA (*Asperula odorata*), ~ TERRESTRE (*Peltigera canina*), *etc*. | Alvarado *Botánica* 66: Briofitas o Muscíneas .. Las especies inferiores (Hepáticas) tienen un aparato vegetativo enteramente taliforme. Bustinza-Mascaró *Ciencias* 284: Briofitas. Son criptógamas celulares con clorofila. Su aparato vegetativo se reduce a una laminita verde en el caso de las hepáticas. Cendrero *Cantabria* 54: Estrato herbáceo .. *Hepatica nobilis* Miller: Hepática. Mayor-Díaz *Flora* 489: *Parnassia palustris* L. "Hierba del Parnaso", "Hepática blanca". FQuer *Plantas med*. 746: Aspérula olorosa. (*Asperula odorata* L.) Sinonimia cast[ellana], asperilla, .. hepática estrellada.
hepatitis *f* Afección inflamatoria del hígado. *Frec con un adj o compl especificador*. | *Sem* 10.5.75, 81: La alternativa es malaria o no, .. hepatitis, sífilis, disentería o no. Cabezas *Abc* 9.12.70, 27: El doctor Mateos estudia el virus de la hepatitis. M. J. González *TMé* 25.2.83, 27: La hepatitis viral, sobre todo la hepatitis B, constituye en la actualidad el riesgo infeccioso más importante.
hepato- (*Anat o Med*) Del hígado. *Toma la forma* HEPAT- *cuando el segundo elemento comienza por vocal*. | *Por ej*: *Impreso* 2.88: I^{as} Jornadas Nacionales de Fitoterapia .. Fitoterapia y Digestivo: Estomatitis. Gingivitis .. Insuficiencia hepato-biliar. MNiclos *Toxicología* 62: La participación hepato-renal es frecuente, con ictericia y albuminuria con oliguria.
hepatocito *m* (*Anat*) Célula del hígado. | E. Rey *Ya* 26.6.74, 41: Las minúsculas células ya citadas, los hepatocitos, están organizadas de tal forma que tratan la sangre que circula por el hígado y segregan la bilis.
hepatología *f* (*Med*) Parte de la medicina que estudia el hígado. | *Ya* 21.9.88, 16: Una técnica basada en la biología molecular .. fue presentada ayer por el doctor Vicente Carreño, del laboratorio de Hepatología de la Fundación Jiménez Díaz.
hepatológico -ca *adj* (*Med*) De (la) hepatología. | *SNotM* 13.3.85, II: Nuestras líneas de investigación son, por un lado, la de motilidad gastrointestinal .. Por otro, la línea de investigación hepatológica.
hepatomegalia *f* (*Med*) Aumento de volumen del hígado. | *Ya* 18.1.86, 17: Se mantiene hepatomegalia objetivada en anteriores exploraciones.
hepatopáncreas *m* (*Anat*) *En los moluscos y otros invertebrados*: Órgano digestivo, que realiza además una serie de fenómenos de absorción. | Bustinza-Mascaró *Ciencias* 160: Una gruesa glándula [del cangrejo de río], llamada hepatopáncreas, produce un jugo digestivo complejo.
hepatopatía *f* (*Med*) Afección del hígado. | *VAl* 2.7.75, 4: La hepatitis alcohólica es una lesión fundamental de la hepatopatía.
heptadecasílabo -ba *adj* (*TLit*) De 17 sílabas. *Tb n m, referido a verso*. | Quilis *Métrica* 68: Versos de más de catorce sílabas .. Pentadecasílabo .. Heptadecasílabo.
heptaedro (*tb, semiculto, con la grafía* **eptaedro**) *adj* (*Geom*) [Poliedro] de siete caras. *Gralm n m*. | Marcos-Martínez *Matemáticas* 138: Por el número de sus caras, los poliedros se llaman, respectivamente: tetraedro, pentaedro, exaedro, eptaedro, octaedro, dodecaedro, icosaedro.
heptagonal *adj* (*Geom*) Que tiene forma de heptágono. | *Ya* 25.6.86, 18: Ambas caras están enmarcadas dentro de una moldura heptagonal inscrita en la circunferencia exterior de la moneda.
heptágono *m* (*Geom*) Polígono de siete lados. | Marcos-Martínez *Aritmética* 185: He aquí los nombres de varios polígonos: .. pentágono, hexágono, heptágono.
heptano (*tb, semiculto, con la grafía* **eptano**) *m* (*Quím*) Hidrocarburo saturado cuya molécula contiene siete átomos de carbono. | Aleixandre *Química* 145: Las bencinas se componen principalmente de hidrocarburos inferiores al nonano, sobre todo hexano, heptano y octano. Marcos-Martínez *Física* 298: Están constituidos [los aceites ligeros] por pentano, exano, eptano y octano.
heptarquía *f* (*hist*) Conjunto de los siete reinos en que se supone estuvo dividida la Inglaterra anglosajona entre los ss. VII y IX. | Tejedor *Arte* 77: Los cuatro [reinos] sajones de Kent, Sussex, Wessex y Essex y los tres anglos de Northumberland, Estanglia y Mercia .. constituyeron la Heptarquía anglo-sajona hasta que, en 827, el rey Egberto de Wessex impuso su única autoridad y la Heptarquía se convirtió en monarquía.
heptasílabo -ba (*tb, semiculto, con la grafía* **eptasílabo**) *adj* (*TLit*) De siete sílabas. *Tb n m, referido a verso*. | Diego *Abc* 15.12.70, 7: Los versos finales de cada cuatro son eptasílabos y los demás endecasílabos. Guarner *Pról. Trobes* 35: En otra ocasión [Fenollar] construye el verso en cuartetos de arte menor, libres, intercalando romances eptasílabos agudos. Quilis *Métrica* 52: La anacreóntica de Gutierre de Cetina .. marca el resurgimiento del heptasílabo.
heptatleta *m y f* (*Dep*) Deportista que participa en una prueba de heptatlón. | A. Salinas *Ya* 19.3.92, 49: Jackie Joyner, reina olímpica, la heptatleta más perfecta.
heptatlón *m* (*Dep*) Prueba, esp. femenina, de atletismo compuesta de siete ejercicios. | *SPaís* 25.9.88, 3: Jackie Joyner, la reina del heptatlón. *SPaís* 18.2.91, 17: Antonio Peñalver, en heptatlón, y Susana Cruz, en pentatlón, superaron los récords de España en la última jornada de los Campeonatos de España de pista cubierta en Sevilla.
heptavalente *adj* (*Quím*) Que tiene valencia 7. | Aleixandre *Química* 12: La valencia, con respecto al oxígeno, crece de una manera regular; para el litio tiene un valor 1 .., hasta llegar al cloro, que actúa en algunas combinaciones, como el Cl_2O_7, como heptavalente.
heraclitéismo *m* (*Filos*) Doctrina de Heráclito (ss. VI-V a.C.). | GÁlvarez *Filosofía* 1, 54: Eleatismo y heraclitéismo permanecerán para siempre como dos constantes extremas de la historia de la metafísica.
heraclíteo -a *adj* (*Filos*) Del filósofo griego Heráclito (ss. VI-V a.C.). | Campmany *Abc* 20.6.93, 25: Garzón acaba con la oscuridad heraclítea y el hermetismo dorsiano.
heráldicamente *adv* En el aspecto heráldico. | Gala *Sáb* 6.8.75, 5: El escudo que el Emperador Carlos le concedió a Elcano .. estaba lleno de clavos de especia, palos de canela y nueces moscadas: cosas que no parecen, heráldicamente hablando, completamente serias.
heráldico -ca I *adj* **1** De (la) heráldica [2 y 3]. | GNuño *Arte* 163: Los lados del crucero se adornan con magníficos escudos de los Reyes, y jamás ha logrado el tema heráldico tanta eficiencia decorativa.
II *f* **2** Arte de explicar y describir los escudos de armas. | *Fam* 15.11.70, 36: En Heráldica, "gules" significa de color rojo.
3 Conjunto de figuras o símbolos que componen un escudo. | Cabezas *Abc* 14.5.67, 77: La Villa tiene símbolos zoológicos y vegetales en la heráldica de su escudo.
heraldista *m y f* Especialista en heráldica [2]. | D. Plata *Abc* 12.6.58, 51: En el gran escudo hacen de tenantes dos osos peludos. Ossorio, según el heraldista, viene de oso.
heraldo *m* **1** (*lit*) Mensajero o anunciador. *En sent fig*. | Cela *Pirineo* 299: A lo lejos, sobre el cielo de Andorra, voló el heraldo de la noche, vestido de gavilán. Halcón *Mo-*

herbáceo – herciano

nólogo 57: Mira estas matas; se dan donde hay agua, es su heraldo. **b)** *En la cabalgata de Reyes:* Individuo de los que abren el cortejo anunciando la llegada de los Reyes. | *CoA* 9.1.64, 10: Formaban la banda de cornetas de Villanueva .., así como también una preciosa y lujosa carroza con la Estrella de Oriente y heraldos a caball[o].
2 (*hist*) *En las cortes de la Edad Media:* Caballero que tiene el cargo de transmitir mensajes de importancia, ordenar las grandes ceremonias y llevar los registros de la nobleza. | Riquer *Caballeros* 20: Lalaing atravesó los Pirineos acompañado por un lucido cortejo en el que figuraban .. el heraldo Luxembourg y el persevante Léal.

herbáceo -a *adj* **1** De (la) hierba. | Artero *Plantas* 121: Modernamente se establecen tres grupos denominados lignosa, herbosa y deserta, que atienden a su naturaleza leñosa o arbórea, herbácea o arbustiva y de mínima talla o inexistente.
2 [Planta] de la naturaleza de la hierba. *Tb n f*. | Bustinza-Mascaró *Ciencias* 156: Las hojas de los árboles, las plantas herbáceas, toda la vegetación, en una palabra, puede ser destruida por este terrible animal [la langosta marroquí]. | *MOPU* 7/8.85, 18: Madroños, jaras y lentiscos pueblan las sierras y serranías cordobesas .. In *la Campiña* .. los eternos latifundios, entre la obra del hombre, en una palabra, infinidad de herbáceas y matorrales leñosos.

herbada *f* Saponaria (planta). | FQuer *Plantas med.* 173: Saponaria. (*Saponaria officinalis* L.) Sinonimia cast[ellana], .. herbada.

herbajar A *tr* **1** Apacentar [el ganado]. | Cela *Judíos* 50: Miño de San Esteban guarda el despoblado de Castril, donde se herbaja el ganado de lo que fue comunidad de San Esteban de Gormaz.
B *intr* **2** Pacer [el ganado]. | Caba *Ruta* 66: Las tribulaciones del borrico se disipan ante la visión del apetitoso pasto de un pradal. Herbaja a placer y, una vez saciado, retorna a la carretera.

herbaje *m* **1** Hierbas que se crían [en un lugar (*compl de posesión*)]. *Tb sin compl*. | Hoyo *Bigotillo* 61: El praderío de Allá tampoco era verde esmeraldado sino de un verde grisáceo .., y su herbaje, ralo y raquítico. Moreno *Galería* 186: Todas las caballerías del lugar tenían derecho a herbajes y rastrojos.
2 (*hist*) Tela de lana gruesa usada esp. por la gente de mar. | MHidalgo *HyV* 10.71, 80: El armazón de la carroza [en la galera] también se cubría con un tendal o toldo de herbaje (lana basta), algodón y hasta de seda para las solemnidades.

herbajear *intr* Pacer [el ganado]. | P. GMartín *His* 5.85, 35: El Duque de Béjar contabilizaba 22.992 merinas que pasaban el verano herbajeando en León y Oviedo.

herbal *m* (*reg*) Herbazal. | Cunqueiro *Crónicas* 112: La posada donde iban a hacer noche estaba en un altillo .., perdida en medio de los herbales de Moedac.

herbario *m* **1** Colección de plantas secas. | L. Serređ *País* 8.4.77, 12: Todo el mundo conoce la importancia científica de este Botánico, así como de su biblioteca, láminas y herbarios. Bustinza-Mascaró *Ciencias* 270: Deberá dibujarlas, y en el herbario de hojas cada una de ellas llevará una etiqueta indicando la clase y también el nombre de la planta de donde procede.
2 Tratado de plantas medicinales. | Perucho *SAbc* 23.7.88, xv: En la labor exhumatoria de textos antiguos, John Gili nos dio el año 1977, desde su retiro de Oxford, un lapidario, o sea, un tratado de piedras preciosas, del siglo xv, que, como los herbarios y los bestiarios de la época, constituían, a veces, repertorios de magia.
3 (*Anat*) *En los rumiantes:* Panza. | Alvarado *Zoología* 113: El estómago [de los bóvidos] .. se divide en cuatro cavidades, a saber: la panza o herbario .., el bonete o redecilla .., el libro .. y el cuajar.

herbazal *m* Sitio poblado de hierbas. | Cunqueiro *Sáb* 26.8.76, 20. En los altos herbazales .. anida la liebre y florece en julio la amapola.

herbicida *adj* [Producto químico] que combate el desarrollo de las plantas herbáceas. *Frec n m*. | F. Ángel *Abc* 26.2.58, 17: "Primma-P" .. Es de aplicación a las "malas hierbas" anuales de hoja ancha, que retengan fácilmente el líquido herbicida. Remón *Maleza* 158: Es recomendable no utilizar los herbicidas a base de colorantes nitrados.

herbicultura *f* (*Agric*) Cultivo de plantas herbáceas. | Bustinza-Mascaró *Ciencias* 272: La Fitotecnia especial la dividiremos en: Herbicultura o cultivo de las especies herbáceas, y Arboricultura.

herbívoro -ra *adj* [Animal] que se alimenta de vegetales, esp. de hierba. *Tb n m*. | Legorburu-Barrutia *Ciencias* 216: El grupo más importante de los mamíferos herbívoros lo constituyen los Rumiantes. **b)** Propio de los animales herbívoros. | Ybarra-Cabetas *Ciencias* 327: Su alimentación [del caracol] es herbívora.

herbolario -ria I *adj* **1** (*raro*) De (las) hierbas y otras plantas. | Moreno *Galería* 303: Ya se ve que la botica no estaba solo en cestos y alacenas, de los camarotes, con la interminable serie de remedios herbolarios.
II *n* **A** *m y f* **2** Pers. que recoge plantas medicinales para venderlas. | Cela *Judíos* 166: Por una esquina .. dobla un herbolario ambulante y vociglero .. –¡A ver quién se lleva la yerba luisa y la yerba piojera! Lorén *Aragón* 497: En Huesca, en Zaragoza, incluso en otras ciudades españolas, los herbolarios chesos constituían una imagen pintoresca, además de unos deseados proveedores de la terapéutica botánica de la época. **b)** Pers. que vende plantas medicinales. | GPavón *Hermanas* 50: Se liaron a llamar a los teléfonos que venían en el cuadernillo .. Continuaron un buen rato con las llamadas hasta sacar una lista de gentes entre las que estaban una modista, un herbolario, el practicante, la lechería y gentes por el estilo.
B *m* **2** Tienda en que se venden plantas medicinales. | ZVicente *Traque* 203: La aleta de un Hispanosuiza me sacó de la acera y me dio un buen revolcón. En la esquina de la Plaza del Rey, donde había un herbolario. Malparió la dueña, que vio el accidente y se asustó mucho.

herborista *m y f* Herbolario [2]. | D. Manfredi *Hoy* 16.4.74, 3: Los grandes almacenes comerciales .. acabarán por ser algún día lo que en otro tiempo fueron .. la tienda de sombreros, el herborista.

herboristería *f* **1** Tienda en que se venden hierbas y plantas medicinales. | Mendoza *Savolta* 337: –Te traeré tus hierbas.– Fui a una herboristería, pregunté a la dueña por una infusión eficaz contra el catarro, y me dio un cucurucho de hojitas trituradas y resecas que olían bien.
2 Técnica de la recogida, conservación y utilización de las plantas medicinales. | A. Escohotado *País* 30.5.85, 11: Por mandato suyo fueron destruidos los anales de Gobiernos previos y, en general, cualesquiera textos, excepto unos pocos de herboristería y adivinación.

herboristero -ra *m y f* Herborista o herbolario. | Lorén *Aragón* 497: Todavía las viejas gentes de las grandes ciudades españolas recurrían a los herboristeros ansotanos. Arazo *Rincón* 58: –Si tengo las hierbicas se las doy, y si no, me marcho al monte a buscarlas. –¿Mucho tiempo de herboristera? –Diecisiete años.

herborizar *intr* Recoger hierbas y plantas para estudiarlas. | A. Serna *País* 28.10.76, 7: El "Real Colegio de Farmacia" de Madrid proponía para su dirección nada menos que a Carlos de Linneo, aquel sueco inteligentísimo que andaba herborizando en los bosques lejanos de Upsala.

herboso -sa I *adj* **1** Poblado de hierba. | T. Peraza *Abc* 29.4.58, sn: Durante media hora pasamos revista a las chatas colinas de las orillas, los herbosos prados de escasa arboleda y las veloces motoras enlazando con sus estelas ambas riberas.
II *f* **2** (*Bot*) Conjunto de las plantas de naturaleza herbácea o arbustiva. | Artero *Plantas* 121: Las divisiones clásicas agrupan a los vegetales en tres categorías: bosque, matorral y pradera .. Modernamente se establecen tres grupos denominados lignosa, herbosa y deserta, que atienden a su naturaleza leñosa o arbórea, herbácea o arbustiva y de mínima talla o inexistente, por: las condiciones extremas de temperaturas o humedad ..: la herbosa, con las varias subdivisiones de praderas, por coincidir todas en la existencia de hierbas que casi son gramíneas.

herciano -na *adj* (*Fís*) [Onda] electromagnética de longitud comprendida entre 1 mm y 10 km. | * La comunicación por ondas hercianas. **b)** De ondas hercianas. | * Sala de enlaces hercianos.

herciniano -na *adj* (*Geol*) [Movimiento orogénico] ocurrido en Europa en los períodos carbonífero y pérmico. | Ybarra-Cabetas *Ciencias* 158: Entre los períodos Carbonífer[o] y Pérmico se formó la tercera cordillera, llamada Herciniana (de Harz = Germania), de la que se encuentran restos en las cordilleras españolas Cantábrica y Pirenaica y en las dos mesetas castellanas. **b)** De(l) movimiento herciniano. | Bustinza-Mascaró *Ciencias* 376: Fase herciniana. Los plegamientos tuvieron lugar en la Era primaria.

hercio *m* (*Fís*) Unidad de frecuencia, equivalente a una vibración por segundo. | P. Hernanz *Ya* 19.12.82, 22: En las recepciones de FM se pueden atenuar las frecuencias superiores a 15.000 hercios.

hercúleo -a *adj* **1** Digno de Hércules (semidiós de la mitología clásica). | PAyala *Abc* 22.6.58, 3: En la portada de esa obra y a modo de hazaña hercúlea consta el número de novelas que el autor hubo de deglu[t]ir.
2 [Pers.] muy fuerte y musculosa. | Cierva *Triángulo* 192: Destacaban el gigante rubio y delgadísimo, que parecía quebrarse, Washington Irving .. y el hercúleo embajador de la reina Victoria, sir Henry Bulwer Lytton, más ancho que alto. **b)** Propio de la pers. hercúlea. | Onieva *Prado* 145: Todos los *San Sebastián* que pintó se parecen .., y se reducen a una joven de cabeza de mujer y formas hercúleas.

hércules *m* Hombre muy fuerte y musculoso. | S. Adame *Abc* 7.9.66, 8: Alzó cuadrilátero para campeonato mundial de lucha grecorromana, con figuras como Pettersen .. y otros rollizos hércules.

herculino -na *adj* **1** De Hércules (semidiós de la mitología clásica). | *Coruña* 15: Alfonso X, continuando la política de sus predecesores en favor de la ciudad herculina, ordena que sea en su puerto, y no en otro, donde pueda desembarcarse y vender libremente la sal.
2 (*lit*) De La Coruña. *Tb n, referido a pers.* | A. Amado *Abc* 12.9.68, 47: El Ayuntamiento herculino tiene la palabra. *Coruña* 19: Este mismo año de 1854 fue trágico en la historia de la provincia por la epidemia del cólera, que se propagó durísimamente por la ciudad de La Coruña. De entonces data la veneración de los herculinos por la imagen de Nuestra Señora de los Dolores.

heredable *adj* Que se puede heredar. | LRubio *Nunca* 219: Una tía rica, heredable, aunque no haya que pensar en eso por ahora, decide muchos matrimonios vacilantes. Navarro *Biología* 214: Los caracteres nuevos heredables son los que han aparecido espontáneamente en un determinado individuo y se transmiten a su descendencia.

heredad *f* Propiedad rústica. | Salvador *Haragán* 15: Nunca se podía estar seguro de las preferencias del abuelo Remigio, amito indiscutible y tirano familiar de esta heredad por él creada. *Faro* 6.8.75, 10: "Los trabajadores de Alemtejo estamos dispuestos a alzarnos en armas si fuera necesario", se afirmó hoy en Beja, ciudad situada al Sur de Lisboa, durante una conferencia que reunió a los trabajadores rurales de las heredades ocupadas a los latifundistas.

heredamiento *m* **1** (*Der*) Capitulación o pacto en que se promete la herencia o se dispone la sucesión. | Ramírez *Derecho* 169: Se llama heredamiento a la institución contractual de heredero, la que solo puede otorgarse en capítulos matrimoniales y a favor de los contrayentes .., de sus hijos o descendientes.
2 (*raro*) Heredad. | *BOE* 12.3.68, 3813: Se tramitan autos .. en reclamación de un crédito hipotecario dado en garantía de las siguientes fincas: En término municipal de Villarrobledo: 1ª Pina[r] en el sitio de Las Rochas .. 3ª Tierra en el heredamiento de Casa Grande, conocida por haza de Sandoval, de diez fanegas, siete celemines y dos cuartillos.

heredante *adj* (*Der*) [Pers.] que dispone un heredamiento [1]. *Gralm n.* | Ramírez *Derecho* 169: El [testamento] hecho a favor de un contrayente le confiere, con carácter irrevocable, la cualidad de heredero contractual del heredante. *Compil. Cataluña* 667: Son nulas ..: a) Las retrodonaciones hechas por el heredero o donatario a favor de los heredantes o donantes.

heredar *tr* **1** Pasar a poseer [algo (*cd*)] a la muerte [de su dueño (*compl* DE)]. *Tb abs.* | *Compil. Vizcaya* 643: Los padres y ascendientes legítimos heredarán los bienes que no sean troncales por mitad entre ambas líneas. SLuis *Doctrina* 53: El mismo Jesús prometió instituir una Cabeza visible para regir a su Iglesia; y la instituyó de hecho en la Persona de San Pedro. Y los Papas heredan de San Pedro ese poder. *Compil. Navarra* 108: También será eficaz el testamento aunque el instituido sea incapaz de heredar o no acepte la herencia. **b)** Pasar a poseer [algo (*cd*) que ha pertenecido a otro], gralm. por cesión de este. | Torres *El* 83: –Con un par de entradas para el recital se quedan tan contentas. –Este las hereda –dijo Álvaro–. Y luego ni siquiera me las pasa.
2 Pasar a poseer los bienes [de una pers. (*cd*)] a su muerte. | *Compil. Navarra* 148: La sucesión en bienes troncales tendrá lugar cuando el causante que no haya dispuesto de tales bienes fallezca sin descendientes que le hereden.
3 Recibir [un ser vivo (*suj*) caracteres biológicos (*cd*) transmitidos genéticamente por los padres]. *Tb fig, referido a cualidades morales. A veces con un compl* DE. | *SInf* 9.12.70, 12: Los individuos serán negroides, caucásicos o mongoloides, porque habrán heredado de sus padres una serie de genes que les conformarán físicamente de un modo determinado. J. Zor *TCR* 2.12.90, 30: ¿De quiénes o de dónde heredaron [los niños prodigio] aquellas cualidades de tan superior inteligencia sobre el resto de sus congéneres? Benet *Nunca* 14: Intento aclararme qué es lo que realmente logré .. con aquel triunfo que parecía colmar todas las ambiciones heredadas.
4 Recibir [determinadas circunstancias o condiciones (*cd*) de alguien o algo precedente]. | * Están hablando continuamente de las situaciones heredadas del franquismo.
5 Dar [a alguien (*cd*)] posesiones o bienes. | Em. Serrano *Sáb* 31.8.74, 63: Cózar. Linaje muy antiguo de las montañas de Santander, desde donde pasó a Castilla durante la Reconquista, y más adelante a Andalucía, donde tuvo casa solar, de gran lustre al heredarle en Córdoba el Rey don Alfonso X el Sabio. F. Ángel *Abc* 16.8.73, 4: Caballeros de esta ilustre casa sirvieron al Rey Don Fernando III, el Santo, en la Reconquista de Andalucía, tomando parte muy activa en la toma de Baeza, donde quedaron heredados. Torrente *DJuan* 233: La ha dejado usted, como quien dice, heredada. La virtud, con dinero, le resultará más llevadera. Cunqueiro *Crónicas* 163: El título de Condesa lo traía, por parte de madre, de un desconocido .. que embarazaba con mucha facilidad en Lorena porque prometía dejar instituidos los frutos y heredados en Pondichery a noventa días vista.

heredero -ra *adj* Que hereda o ha de heredar [algo o a alguien (*compl de posesión*)]. *Tb sin compl. Frec n.* | *VozC* 15.1.55, 5: En el subsuelo de la casa propiedad de los herederos de don Rogelio Moratinos se ha producido un serio hundimiento. DPlaja *Literatura* 16: Toda nuestra cultura y nuestra educación estética surgen de Grecia y de Roma, su heredera inmediata. *Compil. Vizcaya* 642: A falta de estos herederos forzosos, todos los bienes, troncales o no, serán de libre disposición.

hereditariamente *adv* De manera hereditaria. | G. Monti *SAbc* 20.10.68, 27: Nada indica que se haya prolongado médicamente una existencia más allá de su término hereditariamente programado.

hereditario -ria *adj* **1** De (la) herencia. | Ybarra-Cabetas *Ciencias* 215: Los fenómenos hereditarios han ocupado, desde hace tiempo, la atención de los naturalistas más eminentes.
2 Transmisible por herencia. | Navarro *Biología* 228: El daltonismo es una enfermedad hereditaria ligada al sexo.

hereford (*ing; pronunc corriente,* /xérefor/) *adj* [Animal o ganado] de una raza roja y blanca oriunda de la región inglesa de Hereford. *Tb n.* | *Hoy Extra* 12.69, 20: Compró doscientas reses de vacuno retinto y cuatrocientas de lanar, este en su mayoría precoz, aparte de algunos ejemplares selectos de hereford y de charolés criados en la provincia.

hereje (*a veces, col, se usa la forma* HEREJA *para el f*) *m y f* **1** Cristiano que sostiene doctrinas contrarias a los dogmas de la Iglesia católica. *Tb adj.* | CBaroja *Inquisidor* 25: Nos imaginamos a los viejos inquisidores medievales como a monjes de ardorosa fe, dispuestos a exterminar herejes.
2 (*col*) Pers. irreverente o descreída. *Tb adj.* | Escobar *Itinerarios* 254: Al menos, que confiese y comulgue, no sea que el día menos pensado dé las boqueadas y se vaya al otro mundo como un hereje. Delibes *Madera* 23: Tía Cruz, a

herejía – hermanadamente

quien los desplantes de su hermano acobardaban desde niña, le daba golpecitos complacientes en el antebrazo, llamándole herejote. GPavón *Nacionales* 257: La hermana Petranca .. echó de la iglesia a la Crescencia, alias la Cresce, dándole un patalón [sic] en las nalguillas y llamándola hereja.

herejía *f* **1** Condición de hereje [1]. | Villapún *Moral* 75: Clases de herejía: Formal .. Material .. Oculta .. Notoria .. La herejía material no es pecado, aunque no se excusará de pecado el que por ignorancia culpable niega una verdad de fe.
2 Doctrina contraria a los dogmas de la Iglesia católica. | Villapún *Dogma* 53: Todas estas Iglesias [cismáticas] no tienen unidad de fe ..; es verdad que admiten los siete Sacramentos, como la Iglesia Romana, pero tienen algunas herejías. **b)** (*col*) Afirmación contraria a los principios comúnmente aceptados de una ciencia o arte. | * Soltó una sarta de herejías sobre dietética con tal seguridad que nadie replicó.
3 Acción dañina o disparatada. | * Hacía verdaderas herejías al pobre animal. Escobar *Itinerarios* 25: Matar al animal después de cumplir el año o es un sacrificio bíblico o una herejía culinaria.

herencia *f* **1** Acción de heredar. | *Compil. Navarra* 147: En la herencia de los adoptados con adopción plena tan solo sucederán los padres adoptantes. Ybarra-Cabetas *Ciencias* 215: Corresponde al sabio agustino austríaco Padre Gregorio Mendel haber descubierto las leyes por las que la herencia parece regirse de acuerdo con la estructura de la célula.
2 Conjunto de cosas que se heredan. | Vesga-Fernández *Jesucristo* 98: Padre, dame la parte de herencia que me corresponde.

herenciano -na *adj* De Herencia (Ciudad Real). *Tb n, referido a pers.* | *Lan* 24.8.83, 7: Los herencianos echaron toda la carne en el asador.

heresiarca *m* Autor de una herejía [2a]. | Tovar-Blázquez *Hispania* 191: El Concilio celebrado en Zaragoza se dirige contra Prisciliano y sus seguidores, y es una prueba de que para los obispos allí reunidos el supuesto primer heresiarca hispano solo era censurable por disciplina.

heretical *adj* (*raro*) [Cosa] herética. | CBaroja *Inquisidor* 20: Un jurista italiano, Zanardo, había sostenido que los inquisidores deben ser más teólogos que juristas, puesto que han de juzgar proposiciones hereticales.

herético -ca *adj* **1** De (los) herejes o de (la) herejía. | CBaroja *Inquisidor* 27: Todo da sensación de placidez en torno a la imagen de este campeón contra la herética pravedad. MGaite *Búsqueda* 23: La confesión de que uno escribe porque le divierte ha venido a tenerse por herética.
2 Que tiene condición de hereje [1]. | Vega *Cocina* 49: Los habían inventado los frailes heréticos de Durango.

hereu *m* (*Der, reg*) Hombre instituido como heredero. | Torres *Cam* 18.11.85, 149: La mamá siempre decía que una señorita que se precie tiene que vestirse de mujer en el Liceo y encontrar novio entre los *hereus* de uno de los palcos.

herida I *f* **1** Efecto de herir [1 y 2]. | *Faro* 6.8.75, 4: La herida que sufre el señor Martínez Sánchez en la pierna derecha, producida por una bala del nueve corto, es limpia y no ofrece peligro alguno. Navarro *Biología* 107: Estos líquidos, igual que el látex, pueden contribuir a la rápida cicatrización de las heridas que puedan acaecerle al vegetal. Benet *Nunca* 122: –Te he dicho que te calles. –Es que me acuerdo de la Rosa. –Me estás abriendo la herida. Mejor es que te calles, te lo advierto.
II *loc v* **2 respirar por la ~.** Descubrir [alguien] un sentimiento que tiene de antiguo, o un resentimiento. | DPlaja *El español* 106: Me acuerdo de un colono catalán que vivía en Arenys de Munt; .. al referirse a España respiraba siempre por la herida. "Desengáñese usted –me dijo un día–, en Madrid hay un plan para hundir a Cataluña en cinco años."

heridor -ra *adj* (*lit*) Que hiere. | Cela *Pirineo* 32: La Argentería no es una cascada de cola de caballo .. sino una mansa cortina de agua plateada, caprichosa y lánguida. Por el invierno, cuando se hiela, refulge al sol con brillos heridores.

heril *adj* (*Der*) De(l) amo. | Valcarce *Moral* 102: En sentido lato comprende tres órdenes: a) la sociedad conyugal, entre marido y mujer, b) la sociedad paterno-filial, entre padres e hijos, c) la sociedad heril, que introduce en las anteriores un nuevo elemento, los criados. Millás *Lit. hebraicoesp.* 13: Las medidas dictadas por el tercer concilio toledano se encaminaban principalmente a impedir las relaciones familiares y heriles entre cristianos y judíos.

herir (*conjug* **60**) **A** *tr* **1** Causar [a un ser vivo (*cd*) o a una parte (*cd*) de él] un daño físico en que hay rotura de tejidos. *Frec en part, frec sustantivado.* | *Faro* 27.7.75, 3: Incidentes en Tarragona. Resultó herido un manifestante. Navarro *Biología* 244: Cuando un objeto cortante hiere la piel, una aguja, por ejemplo, y penetran microbios multiplicándose debajo de ella, se producen necrosis celulares. Sopicón *DNa* 16.8.64, 8: En visita a la zona de olivar y viña apreciamos que la uva "herida" en reciente pedregada posee varios granos y racimos secos. *Economía* 277: En muchos casos los heridos mueren solamente por desangrarse.
2 Causar un daño moral [a una pers. (*cd*) o a un sentimiento suyo (*cd*)]. | Zunzunegui *Camino* 507: Apenas si pasaba a ver a su amiga algunos días antes de cenar .. Y se hablaban muy poco por temor a herirse. L. Calvo *Abc* 30.12.70, 21: ¿Fue prudente herir el orgullo de nuestros vecinos?
3 Impresionar [algo (*suj*) el sentido de la vista o el del oído (*cd*)], esp. de manera desagradable o dolorosa. | Aldecoa *Gran Sol* 163: La luz hería los ojos y borraba en gris los colores y los agitados relieves de la mar.
4 (*lit*) Golpear [algo o a alguien]. | Villapún *Iglesia* 67: Tomó el Santo su báculo, e, hiriendo con él la tierra, se abrió esta y salió de ella un volcán. Gironella *Millón* 414: Uno limará la cabeza de los punzones percutores para que no hieran el fulminante, otro desviará el punto de mira. Vesga-Fernández *Jesucristo* 63: Si alguno te hiere en la mejilla derecha, preséntale también la otra.
5 (*Juegos*) Tocar o rozar [una piedra o bola a otra]. *Normalmente en part.* | LPacheco *Central* 128: Lanzó una piedra [uno de los niños] con la intención de que quedara a menos de un palmo de la piedra que acababa de lanzar un compañero suyo .. –¡Herida! –dijo el que acababa de lanzar la piedra, corriendo hacia el lugar donde había caído. –No le ha tocado, no le ha tocado –dijo el otro. ZVicente *Hojas* 120: Ven a jugar a las bolas, tenemos un gua libre .. Bolas de colores, de barro y de piedra, algunas de cristal .., frialdad redonda el estallido de su pequeño golpe al jugar, y no es herida, y mátala.
6 (*Fon y TLit*) Afectar [el acento (*suj*) a una sílaba determinada (*cd*)]. | Lázaro *Inf* 4.12.75, 18: En inglés, la voz ha sido recibida con su tilde (*élite*) o sin ella (*elite*); la pronunciación difiere, pero no afecta al acento fónico, que hiere siempre la sílaba *lit*(e).
B *intr* **7** Golpear [en algo]. | Cunqueiro *Crónicas* 62: Descubrí el secreto de una gran caja de hierro .. Y fue entonces cuando entraron los señores condes de Maintenon espada en mano. Yo tenía en la mía un pico, con el que iba a herir en la caja.

herma *m* (*Arte*) Busto colocado sobre una pilastra, usado en la antigüedad como señal en los caminos. | Espinosa *Escuela* 374: Te donaré para siempre: cien estatuillas de ébano, .. estípites con sus hermas.

hermafrodita *adj* Que tiene los dos sexos. *Tb n, referido a pers.* | Bustinza-Mascaró *Ciencias* 259: Las flores que tienen androceo y gineceo, u órganos masculinos y femeninos, se llaman hermafroditas. FCruz *Salud* 224: Los hermafroditas verdaderos son muy raros. Se trata de personas que poseen ovarios y testículos. Goytisolo *Recuento* 346: En torno al pétreo monumento .. se daban cita .. los representantes activos de toda clase de vicios y desviaciones, crápulas, afeminados, toxicómanos, sadomasoquistas, alcohólicos, coprófagos, viragos, hermafroditas.

hermafroditismo *m* Condición de hermafrodita. | Alvarado *Botánica* 45: Son pocas las flores que se autopolinizan, pues el hermafroditismo floral generalmente es celo morfológico. Chamorro *Sin raíces* 120: Sender dice que en el principio de la vida fuimos bisexuales y participamos del hermafroditismo.

hermanadamente *adv* Fraternalmente. | *Faro* 11.7.73, 22: Debían de fusionarse [los dos Mondariz] en uno

hermanador – hermano

solo, .. trabajando hermanadamente para formar con ambas villas una sol[a] pujante, que redundaría en beneficio de todos.

hermanador -ra *adj* Que hermana. | GPavón *Rapto* 106: Las máquinas han sido más justas y hermanadoras que los propios hombres. R. Roig *Ya* 23.12.70, 7: La imaginación de Lope montó una escena y brotó instantáneamente el diálogo cálido y hermanador.

hermanamiento *m* Acción de hermanar(se). *Tb su efecto.* | J. Unciti *Abc* 14.11.71, 15: De ese conocimiento cabal [de las provincias] nacerá la comprensión mutua y el hermanamiento real de quienes hemos de compartir el orgullo de nuestro origen y cooperar a la edificación de una comunidad aliviada de las visiones cazurras. *YaTo* 11.9.81, 41: Noticiario toledano. Concluidos los actos de hermanamiento con Safad. Ed. Gómez *SSe* 18.9.88, 20: No sería justo olvidar un plato que es posiblemente el más conocido fuera de nuestras fronteras, las patatas con chorizo, que basa su éxito en el hermanamiento de unas buenas patatas de los campos riojanos y un buen chorizo camerano.

hermanar *tr* Unir como hermanos [a dos perss. o colectividades, o a una con otra]. *Frec el cd es refl, a veces con sent recípr. Tb abs.* | MGaite *Búsqueda* 29: La Universidad representaba entonces, en mayor o menor medida, un refugio sagrado, y estábamos dentro de ella armoniosamente recogidos, como en un cenáculo que nos hermanaba. *YaTo* 8.9.91, 46: Servirá para que la Mancomunidad sea más conocida y a través de la fiesta popular sus pueblos se hermanen cada día más. Grosso *Invitados* 204: El peligro acaba por hermanar. Cuando se comparte la suerte, se aúnan las voluntades para luchar desde una misma trinchera. **b)** Unir [dos localidades, o una con otra] con especiales vínculos de amistad para propiciar los intercambios entre ellas. *Gralm el cd es refl, frec con sent recípr.* | *YaTo* 6.9.81, 47: Toledo se va a hermanar con una nueva ciudad. **c)** Unir o armonizar [dos cosas, o una con otra]. | *DEs* 19.8.71, 15: Será insustituible .. en el recuerdo imborrable de su atractivo personal, de una suprema elegancia que supo hermanar con la sencillez y afabilidad. *Sp* 19.7.70, 25: La turbina se constituye como base motriz de la navegación, hermanada con los combustibles líquidos.

hermanastro -tra *m y f* Pers. que tiene el mismo padre o la misma madre [que otra *(compl de posesión)*]. *A veces sin compl, frec en pl designando a las perss relacionadas por este parentesco.* | CBonald *Ágata* 179: Ya había supuesto Pedro Lambert que no tardaría en hacer su aparición aquel hermanastro un día fugitivo y poco a poco olvidado.

hermanazgo *m (raro)* Hermandad [1]. | L. Calabia *SLib* 26.3.75, 7: Sabemos la procedencia del Ecce Homo, oriundo de las monjas del Sacramento, que no tuvieron asiento cabal, trasladadas a San Quirce, pero también a Sancti-Spiritus, de donde algunos asocian el hermanazgo escultórico del Cristo muerto.

hermandad *(con mayúscula en acep 4b)* **I** *f* **1** Condición de hermano [1, 2, 3 y 4]. *Frec fig.* | DPlaja *El español* 28: Los Grandes de España .., al tutearse, subrayaban una hermandad a la que no tenían acceso los extraños. Laforet *Mujer* 144: Paulina sintió el corazón rebosante. No sabía explicarse tal corriente de simpatía y hermandad.
2 Agrupación de perss. de una misma profesión o condición para la defensa de intereses comunes. | Imozas *CoZ* 8.5.64, 6: Se personaron .. don Manuel Malmierca García, como presidente, jefe de la Hermandad Sindical de Labradores y Ganaderos de Toro; don Antonio Roldán Sevillano, como vicepresidente. *DBu* 16.8.90, 5: La Hermandad Sacerdotal Española viajará a Montilla. *Abc* 30.12.70, 23: Hizo uso de la palabra, en primer lugar, un excombatiente, en representación de la Hermandad. *Odi* 27.1.77, 16: Poco a poco la Hermandad de Donantes de Sangre va incorporando a su benéfico quehacer a los pueblos de la provincia.
3 Cofradía (asociación piadosa). | M. MBurgos *CoA* 1.1.64, 13: Hermandad del Santísimo Cristo de la Salud. La Junta de Gobierno de esta Hermandad repartió en la Nochebuena entre los pobres de su feligresía más de 150 bolsas de comidas. J. M. Marín *YaTo* 5.9.81, 42: El día 8, a las nueve, misa de imposición de escapularios a los nuevos cofrades, y a las doce, solemne misa concelebrada seguida del refresco de la Hermandad.
4 *(hist) En la Edad Media:* Federación de municipios para fines de interés general, esp. para el mantenimiento del orden y para la defensa frente a los abusos del poder nobiliario o público. | GHerrero *Segovia* 355: En el área de cada provincia persistían las antiguas y abigarradas subdivisiones: merindades, adelantamientos, corregimientos, hermandades, comunidades, partidos. **b) Santa ~.** Organismo creado por los Reyes Católicos para el mantenimiento del orden público y represión de los delitos, esp. los cometidos fuera de poblado. | Arenaza-Gastaminza *Historia* 151: Si bandas de facinerosos pululaban por campos y caminos sembrando la inquietud y el terror, los Reyes Católicos crearon la Santa Hermandad con la misión de perseguir y capturar a los delincuentes.
II *loc adj* **5 de ~.** *(Der, hist o reg)* [Testamento] por el que dos o más perss., esp. un matrimonio, testan en un mismo instrumento. | Ramírez *Derecho* 173: Existe el llamado testamento de hermandad, o sea el mancomunado, por el que dos o más personas, cónyuges o no, pueden testar en un solo acto.

hermano -na I *m y f* **1** Pers. que tiene los mismos padres [que otra *(compl de posesión)*]. *Tb fig, designando al que hace las veces de hermano o tiene un comportamiento propio de tal. Tb sin compl, frec en pl designando a las perss relacionadas por este parentesco. A veces ~* CARNAL, *por contraposición a ~* DE PADRE, *~* DE MADRE, *o* MEDIO *~.* | CNavarro *Perros* 21: Se volvió para mirar en silencio a su hermana. GPavón *Hermanas* 46: Les señaló fotografías en las que aparecían las hermanas Peláez .. con sus sonrisas de medio lado. SLuis *Doctrina* 38: Cristo es el Redentor, el Salvador de los hombres, y tú tienes que ayudarle a salvar a tus hermanos. Moreno *Galería* 57: No había nacido del mismo vientre, por lo que no serían hermanos carnales. **b) ~ de leche.** Pers. que ha sido amamantada por la misma mujer [que otra *(compl de posesión)*] que no es hermana suya]. | Gala *Séneca* 145: Cientos de muertes, en efecto, han seguido: su tía Domicia ..; Tusco, su hermano de leche. VMontalbán *Pájaros* 244: Archit y yo somos hermanos de leche .; mi madre murió al nacer yo, y me crió la madre de Archit. **c) ~ de madre** *(o, raro,* **uterino**). Pers. que tiene la misma madre [que otra *(compl de posesión)*]. *Tb, simplemente, ~.* | * Son hermanos de madre. *Méd* 20.5.88, 120: Cada confederación tiene un jefe noble, que se perpetúa hereditariamente o bien se nombra por elección. Cuando se hereda, lo hace el hermano uterino o, en su defecto, el hijo de la hermana mayor. **d) ~ de padre.** Pers. que tiene el mismo padre [que otra *(compl de posesión)*]. *Tb, simplemente, ~.* | * Son solo hermanos de padre. **e) ~** *(político* ~ POLÍTICO. **f) medio ~.** Hermanastro. *Tb ~* DE UN COSTADO, *o simplemente ~.* | Ramírez *Derecho* 96: Si no existen más que hermanos de doble vínculo o solo medio hermanos, los mismos heredan por partes iguales. Moreno *Galería* 57: No habían nacido del mismo vientre, por lo que no serían hermanos carnales; ni eran hijos del padre o la madre, casados luego, y serían hermanos de un costado. **g) primo ~** ~ PRIMO.
2 *En los seres sexuados:* Ser que tiene los mismos padres [que otro *(compl de posesión)*]. *A veces sin compl.* | Bellón *SYa* 21.4.74, 55: Galán obtuvo un resonante éxito al lidiar este toro .. Y es lo curioso que Galán, en otra plaza, también toreó a un hermano de este extraordinario animal y el público también le perdonó la vida.
3 *En gral:* Cosa que tiene el mismo origen [que otra *(compl de posesión)*]. *A veces sin compl.* | Amorós-Mayoral *Lengua* 6: El gallego y el catalán son lenguas de la misma categoría que el español. Las tres son hermanas porque descienden del mismo padre: el latín. Navarro *Biología* 63: Esto va seguido de un desplazamiento de cada cromosoma hijo a los respectivos polos, con lo cual se han distribuido los cromosomas en dos lotes hermanos. **b)** Cosa que pertenece a la misma especie [que otra *(compl de posesión)*]. *Tb fig, referido a su semejanza. A veces sin compl.* | *Abc* 20.4.76, 59: Queda Liga, sin embargo. Más que en Primera, pero no solo porque deben disputarse más jornadas, sino porque hay menos claridad en esta categoría que en su "hermana mayor". B. Santamaría *VozC* 2.1.55, 1: El humilde papel celofán nunca se ve tan solicitado como en la Navidad .. La cartulina, su hermana, es, en cambio, maravillosa para fundar ciudades de ensueño. F. Martino *Ya* 11.4.75, 42: El abuso cárnico determina un incremento en el organismo de los componentes

de la carne; particularmente, de una proteína llamada mioglobina, que es hermana de la hemoglobina.
4 Población que se declara unida [a otra (*compl de posesión*)] con especiales vínculos de amistad y relación. *Frec en aposición*. | *NAl* 28.11.86, 5: Participa como ponente en la conferencia sobre Hermanamientos en la Europa del Sur .. Estos encuentros fueron organizados bajo los auspicios de la Federación Mundial de Ciudades Hermanas.
5 Miembro de determinadas órdenes religiosas. *Frec como tratamiento, solo o antepuesto al n propio. A veces en la forma* HERMANITA. | Abella *Vida* 1, 219: El hospital eran las sábanas limpias, el lecho blando, la comida caliente .., la atención de las hermanas, entre las que había de todo: las bondadosas .. y las adustas. Villapún *Iglesia* 128: San Juan Bautista de la Salle funda, en 1680, los Hermanos de las Escuelas Cristianas. *PenA* 11.2.64, 2: El coro de estudiantes vascos entrega 35.000 pesetas a las Hermanitas de los Pobres de Vitoria. Torrente *Isla* 312: ¿Y yo, que era monja de Santa Clara? ¡Ay, tú, hermanita, o madrecita, o lo que seas, te quitas en seguida las tocas, te pones el gorro frigio, y bajas al tercer puente con toda la comunidad! Ramírez *Lit. Canarias* 1, 144: Me gustaba estudiar .., me resultaba bonito aprender, responder correcto a las preguntas del hermano Coronado. **b)** Miembro de determinadas órdenes militares. | *Abc* 27.11.84, 87: La Diputación de la Asamblea Española de la Soberana Orden Militar y Hospitalaria de San Juan de Jerusalén, de Rodas y de Malta .. comunica .. que el próximo jueves .. se celebrará una misa en sufragio de nuestros hermanos difuntos.
6 Miembro de una cofradía. *Frec usado como tratamiento*. | *Abc* 14.4.76, sn: Los hermanos del Cristo de la Caridad llevaron en andas, bajo la pertinaz lluvia, el venerado paso hasta la catedral. M. RGamero *Odi* 5.7.68, 5: El Hermano Mayor saliente .. hizo entrega al entrante, don Bartolomé Martín Márquez, de las insignias que son atributo de mandato.
7 (*col*) *En vocativo, se usa como tratamiento afectuoso y de camaradería*. | SFerlosio *Jarama* 180: –Échame el vino para acá. –Tómalo, hermano, a ver si te pones peor. MGaite *Fragmentos* 187: Ya estás pirada .., piradísima. ¡Cómo te ha pegado, hermana!
8 (*reg*) *Normalmente con art, se usa como tratamiento de las perss de edad que no tienen el de don o señor*. | GPavón *Cuentos rep*. 13: La hermana Eustaquia... –allí a las mujeres las llaman hermanas y a los hombres hermanos–, que fue ama de cría de mamá, me llevaba al novenario de las Ánimas del Purgatorio. GPavón *Rapto* 227: Tampoco debía de estar bien de ojos la pobre vieja, porque miraba inexpresiva .. –Hermana, ¿no me ve?
II *loc v* **9 ser** [alguien] **una hermana** (*o* **hermanita**) **de la caridad**. Ser muy bondadoso. *Frec en constr neg*. | Halcón *Ir* 139: El arrendatario no es una hermana de la Caridad precisamente. L. Pancorbo *SYa* 2.6.74, 17: Las milicias de Tito tampoco fueron hermanitas de la caridad con los adversarios.

hermeneuta *m y f* Pers. que se dedica a la hermenéutica. | Laín *Tovar* 58: Tanto como investigador y hermeneuta, Antonio Tovar ha sido constantemente profesor y maestro.

hermenéuticamente *adv* De manera hermenéutica [1]. | *Leg. contencioso-adm.* 112: Este precepto, hermenéuticamente examinado, tiene un carácter genérico y no de tipicidad exhaustiva.

hermenéutico -ca I *adj* **1** De (la) hermenéutica [2]. | Torrente *Saga* 269: Dante y toda la Escolástica habían insistido en los cuatro modos de leer un texto. ¿Por qué no aceptar que un episodio anecdótico admitía también las cuatro vías hermenéuticas?
II *f* **2** Interpretación de textos. | Laín *Abc* 3.5.74, 36: O no es capaz de entender lo que los textos rezan, o les aplica una hermenéutica mucho más atribuible a un Torres Villarroel que a un Ranke. Torrente *Cuadernos* 207: El lector o auditor, si quiere enterarse un poco de la verdad, habrá de acostumbrarse a la hermenéutica doméstica y, si ignora los métodos, inventarlos.

herméticamente *adv* De manera hermética. *Tb fig*. | Seseña *Barros* 28: Cuando las piezas están cocidas se cierra herméticamente todo el horno. DPlaja *El español* 92: En la casa había un salón para visitas herméticamente cerrado para la familia.

hermeticidad *f* Cualidad de hermético [1]. | *BOE* 1.12.75, 25024: Comprueba la hermeticidad de las uniones de las tuberías inyectando aire a presión.

hermético -ca *adj* **1** [Cosa, esp. cierre] que no permite ni el paso de gases. | *CoZ* 23.5.64, 5: Consiste [la tolva] en un tambor giratorio, provisto de una abertura con cierre hermético. Ramos-LSerrano *Circulación* 210: Para conseguir el cierre hermético entre el cilindro y el pistón existen dos o tres segmentos. Benet *Volverás* 44: De pronto una barranca –en la que se pone de manifiesto la naturaleza hermética e impermeable de la terraza, formada de esquistos, pizarras y cuarcitas–. **b)** [Cosa, esp. recipiente] que tiene cierre hermético. | *ByN* 31.12.66, 118: Hermético: está blindado. El blindaje del [reloj] Rolex Oyster le garantiza una impermeabilidad de submarino. *Impreso* 12.83: Ayuntamiento de Madrid .. Estos contenedores herméticos disponen de tapas adecuadas y se vacían automáticamente en un camión de recogida especial por mediación de una boca también hermética. **c)** Que se realiza o produce en recipientes herméticos. | *Impreso* 12.83: Ayuntamiento de Madrid .. Con un afán de racionalización, su Municipio ha decidido realizar la recogida de basuras domésticas según el sistema de recogida hermética y mecanizada. *Mad* 20.11.70, 31: Todos los incineradores son del tipo de llamas herméticas, y la combustión se realiza en tres fases.
2 Que no deja que algo exterior penetre o influya. | Pericot-Maluquer *Humanidad* 187: El éxito o fracaso de una colonización no dependió exclusivamente del número y potencia de los fundadores, sino en mucha mayor escala de la receptividad de la población indígena de las áreas colonizadas. Mientras unas eran fácilmente permeables, otras se mantenían herméticas.
3 Impenetrable o sumamente reservado. | FReguera *Bienaventurados* 131: Se convirtió en un ser callado, hermético. Umbral *Ninfas* 203: María Antonieta era cada vez más hermética conmigo respecto de Tati, quizá como si adivinase que yo conocía el secreto de ambas. Cela *Judíos* 27: Han comido y han bebido bien y van contentos y jaraneros, a perseguirse y amarse entre los robles solemnes y las herméticas y acogedoras piedras milenarias y fecundas. **b)** Inaccesible o poco accesible a la comprensión. *Normalmente referido a la expresión artística, esp literaria*. | Lázaro *Aguirre* 81: Hay otros que, pluma en mano, tiemblan. Temen ser triviales o remontados, difusos o herméticos, arrogantes o encogidos. J. M. Llompart *Pap* 1.57, 89: La expresión se hace hermética, ceñida, como correspondía a un poeta cuya lírica abstracta que ensaya el poeta. Torres *Ceguera* 33: Plumbo era el autor del libreto, que sobrecogió a Diana por su poesía hermética. Sánchez *Cine* 1, 161: Fellini explora la mente de una mujer, pero da la impresión de hacerlo en un solo sentido .. Cuando se encuentra ante el misterio deja el tema en lo hermético y se entrega a la variación.
4 De(l) hermetismo [2]. | Torrente *Saga* 183: "Todavía hay algo más que quisiera decirle." "¿De la Ciencia Hermética?" "No, aunque algo tenga que ver con ella. Porque, como usted quizá sepa, una de las artes derivadas del Hermetismo es la Mántica, o adivinación por señales." VMontalbán *Pájaros* 256: Llevaban una luz de petróleo como señalización y parecían mariposas funerarias de un hermético culto a la muerte en el agua.

hermetismo *m* **1** Condición de hermético, *esp* [2 y 3]. | P. Álvarez *SVozC* 29.6.69, 22: Inhiben y cierran [bares y cafeterías], con el hermetismo de la puerta magnética, la imaginación y la poesía. Delibes *Año* 201: La familia está hoy amenazada en un doble frente: la disolución pura y simple y el hermetismo .. Cientos de familias burguesas se muestran orgullosas de su unidad indestructible, pero no se percatan de que esta pretendida unidad sin proyección social no es virtud, sino exaltación del egoísmo de clan. Cano *Lírica* 14: La [poesía] de los nuevos poetas españoles se aleja totalmente de todo hermetismo, de toda intención minoritaria. **b)** Actitud hermética [2]. | Umbral *Ninfas* 54: La relación de los frailes con las grandes familias de la burguesía .. estaba llena de distingos, sutilezas, halagos mutuos, .. intereses y hermetismos.
2 Ocultismo (conjunto de ciencias ocultas). | Torrente *Saga* 183: "Todavía hay algo más que quisiera decirle." "¿De

la Ciencia Hermética?" "No, aunque algo tenga que ver con ella. Porque, como usted quizá sepa, una de las artes derivadas del Hermetismo es la Mántica, o adivinación por señales."

hermetización f Acción de hermetizar. | *Prospecto* 2.93: Burlet-Flex consigue la total hermetización de puertas y ventanas.

hermetizar tr Hacer hermético, esp [1]. | *Prospecto* 12.84: Orbasil es el producto ideal para obturar, rellenar o tapar juntas, ranuras, huecos, etc., quedando hermetizados e impidiendo el paso del agua y del aire.

hermosamente adv (lit) De manera hermosa. | *Van* 8.11.73, 76: El Museo de la ciudad de Munich encargó un catálogo hermosamente presentado.

hermoseador -ra adj Que hermosea. | N. Luján *Sáb* 11.9.76, 3: Sufrir calor en verano bajo los rayos solares es, desde hace medio siglo, algo deseable, pretendidamente higiénico, decididamente hermoseador.

hermoseamiento m Acción de hermosear. | Delibes *Año* 82: En tanto exista una familia sin techo, un niño sin escuela o un barrio sin agua, los gastos de hermoseamiento son gastos suntuarios.

hermosear tr Hacer que [alguien o algo (cd)] esté hermoso, esp [1a y b]. | Tovar-Blázquez *Hispania* 241: Suetonio .. ha conservado una noticia interesante sobre la política seguida por César, según la cual el dictador hermoseó las ciudades de Hispania con edificios públicos. GPavón *Reinado* 197: Ponlo en estante alto .. y verás cómo anima y hermosea tu casa nueva. MGaite *Cuento* 277: Cabría la posibilidad de que .. llegase a convencerlo de la insinceridad de aquella versión egocéntrica que le inclinaba a hermosear su cuita.

hermoso -sa adj **1** Bello (que produce placer a la vista o al oído). | CBaroja *Inquisidor* 27: En la capilla de San Antonio .. existe una de las esculturas sepulcrales más hermosas que hay en España. J. C. Villacorta *HLM* 26.10.70, 15: Música extraña y hermosa de motetes no religiosos. **b)** [Pers.] cuyo físico, y esp. la cara, responde a ciertos cánones de belleza. *Frec dicho de mujeres. Referido esp a mujeres y a niños, frec como vocativo. Tb n.* | Cela *España* 157: Hay señoritas inverosímiles –¡Dios la bendiga, hermosa!– con el bamboleante y erguido mostrador forrado de seda de colores. Matute *Memoria* 68: El párroco era alto y muy hermoso. Tendría unos cincuenta años, el pelo blanco y grandes ojos pardos. VMontalbán *Rosa* 104: –¿Una chica? –No iba a ser un camionero, hermoso. Cunqueiro *Crónicas* 45: La señora le daba hebras de jamón y el pájaro comía gustoso en los dedos de la hermosa. **c)** [Tiempo] bueno. | Zunzunegui *Camino* 524: –Qué día más hermoso .. –Es la primavera. **2** [Cosa] intelectual o moralmente agradable. | J. Cañaveras *Ya* 7.6.75, 35: Hoy, el Ayuntamiento está empeñado en la hermosa labor de convertir al pueblo en un importante núcleo turístico. *SPaís* 2.7.78, 12: Con los amigos, si tú quieres apasionadamente, puedes llegar a esa cosa hermosa que es el respeto total. **3** (col) Grande de tamaño. | Delibes *Año* 193: Asistimos a la fase regional del Concurso de Pesca de Truchas .. A las dos nos fuimos .., pero había un logroñés que llevaba ya en la cesta casi una docena de ejemplares hermosos. CPuche *Paralelo* 173: Los de la [Policía] Armada que hacen el servicio de día ya no están para muchos trotes. El uno siempre tiene granos reventados en el cuello y luce una hermosa cicatriz en la mejilla. El otro es grueso, pero cascado y con todo el pelo blanco. **b)** (col) Robusto y saludable. *Frec referido a niños.* | OrA 19.8.78, 2: Con toda felicidad ha dado a luz un hermoso niño, primero de sus hijos, la joven señora doña Otilia Echevarría. * ¡Qué hermosos están los corderos!

hermosura f **1** Cualidad de hermoso. | A. Barra *SAbc* 2.2.69, 11: El dibujo es de una extraordinaria hermosura. *VozC* 15.1.55, 5: Por eso, también, hay en "Cielo lejano" los dos mejores argumentos literarios: la facultad de recrearnos en la hermosura de las palabras y, siempre, en cada línea, la invitación al pensar, al meditar. Onieva *Prado* 92: Calisto, nombre griego de mujer, fue hija de Lición .. Dotada de gran hermosura, excitó la codicia de Júpiter. **2** Pers. o cosa hermosa. | GPavón *Rapto* 50: Hay viejos que son una hermosura. FSantos *Catedrales* 96: Tiene tres escalones en la puerta principal, con barandillas que lle-

gan hasta el jardín, un jardín que, cuidado, sería una hermosura.

hermunio adj (hist) [Infanzón] de nacimiento. | Bagué *HEspaña* 1, 452: Desde el siglo XII dejaron [los infanzones] de constituir en Aragón y Navarra una clase social cerrada ..; los soberanos aragoneses fueron concediendo a otras personas la condición de infanzonía .., hasta el punto de distinguirse en esta época de [los] hermunios o infanzones de nacimiento los de carta, elevados por documento de concesión regia.

hernandiácea adj (Bot) [Planta] dicotiledónea, arbórea o arbustiva, de flores actinomorfas, propia de países templados y cálidos. *Frec como n f en pl, designando este taxón botánico.* | GCabezón *Orotava* 53: Arbol sonajero, *Hernandia sonora*, Linn., Hernandiácea (antes Laurácea), Antillas .. El nombre científico del género Hernandia procede del médico español Francisco Hernández, que viajó por las Antillas y Méjico de 1593 a 1600.

hernaniarra adj De Hernani (Guipúzcoa). *Tb n, referido a pers.* | J. Ganzaráin *VozE* 12.1.65, 11: Noticia esta que nos ha entristecido a todos los hernaniarras.

hernia f Protrusión o salida de una víscera u otra parte blanda fuera de la cavidad que la contiene. *Frec con un compl especificador.* | Romano-Sanz *Alcudia* 202: Cuando el médico lo vio, dijo que si se retrasan uno o dos días no hubiera tenido remedio. El pequeñuelo padecía una hernia umbilical. *SPaís* 16.11.93, 18: Grupo Clínicas Loirat. Hemorroides. Fisura anal .. Hernia inguinal. Hernia umbilical. Hernia crural. **b)** *Sin compl:* Hernia inguinal. | A. Rodrigo *HyV* 3.77, 38: La primera intervención quirúrgica la practicó Trueta al lado de su padre. Fue una hernia que le extirpó a "Canuto", un carretero muy famoso de Castelltersol.

herniaria f (reg) Milengrana (planta). | FQuer *Plantas med.* 169: La herniaria vive dos o más años.

herniario -ria adj De (la) hernia. | *Hie* 19.9.70, 2: Aparatos ortopédicos y herniarios. Piernas y brazos artificiales.

herniarse (conjug **1a**) intr pr Pasar a padecer hernia. *Frec en part, gralm sustantivado. Frec humoríst aludiendo a un gran esfuerzo. Tb irónicamente.* | FSantos *Catedrales* 179: A veces se oyen risas de chavalas que pasan. Eso sí que despierta; o el ruido de los turistas que van en grupos a herniarse por ahí anda que te andarás, mirando bobadas. *Van* 20.12.70, 13: La solución la hallará si utiliza nuestros aparatos herniarios (bragueros) de contención eficaz y garantizados. Más de cincuenta años al servicio del herniado. CPuche *Paralelo* 180: Tomás no acababa de comprender que Genaro tuviera que vivir llevando paq[ue]tes. No era un trabajo para herniarse, pero Genaro podía hacer algo más digno de su inteligencia. GSerrano *Macuto* 275: El Gobierno, siempre sin herniarse, metía la cabeza debajo del ala.

hérnico -ca adj (hist) De un pueblo itálico establecido en la región del Lacio. *Tb n, referido a pers.* | Pericot *Polis* 98: Sus vecinos [de Roma] son peligrosos. Son los etruscos .., los sabinos .., los equos, hérnicos y volscos.

Herodes. de ~ a Pilatos. loc adv De un lado a otro. *Gralm con los vs* IR o LLEVAR. | Aristófanes *Sáb* 4.1.75, 40: Ahora resulta que ha venido la suspensión de pagos, y el pobrecito inversor a ir de Herodes a Pilatos, de la Ceca a la Meca, a reclamar al maestro y a pasar la mano por la pared.

herodiano -na adj (hist) Del partido judío formado en torno a Herodes Antipas, tetrarca de Galilea y Perea († 39), y caracterizado por su escepticismo religioso en oposición a los fariseos y los celotes. *Tb n, referido a pers.* | G. Estal *Abc* 17.7.75, sn: En todas las edades y en todos los pueblos ha existido siempre división ciudadana en zelotes y herodianos.

héroe, heroína A m y f **1** Pers. que se distingue por un valor y coraje extraordinarios. | Laforet *Mujer* 315: Los cristianos debemos de ser héroes. Alonso *Lapesa* 7: Estos héroes de la inteligencia .. los hay de muy diferentes clases. Se da a veces el hombre entregado con tal voracidad a su trabajo propio que para él lo demás no existe. Pero hay otros héroes cuyo trabajo, acuciado hacia una meta obsesionante, no les hace olvidar que viven en un mundo .. Este es el tipo de héroes a que pertenece Rafael Lapesa.

heroicamente - herradero

2 (*lit*) Protagonista. ı R. Capilla *Alc* 31.10.62, 28: La enfermiza mente de la heroína la conducirá, en emocionante sucesión de trágicas situaciones, al crimen. Medio *Bibiana* 94: Bibiana Prats es completamente feliz en este momento. Feliz, porque se siente heroína de algo.
B *m* **3** (*Mitol clás*) Semidiós (ser nacido de un dios y un mortal). ı Tejedor *Arte* 30: Los héroes .. Los más celebrados fueron cuatro: Orfeo, de Tracia ..; Teseo, el héroe de Atenas ..; Edipo, el héroe de Tebas .. y, sobre todos, Heracles (Hércules), el héroe de Esparta.

heroicamente *adv* De manera heroica [1]. ı Alfonso *España* 106: Morir tontamente es todo lo contrario de morir heroicamente.

heroicidad *f* **1** Cualidad de heroico [1 y 2]. ı CPuche *Paralelo* 53: En la esquina cogió un taxi, nada menos, sugestionado ya por su misma heroicidad.
2 Acción propia de la pers. heroica [2]. ı *Sp* 19.7.70, 49: Asistir a los cines de barrio .. era toda una heroicidad. R. Pozo *DCu* 31.7.64, 8: El pueblo ya vive un día de toros .. La Fiesta hoy tendrá notario; las heroicidades, trovador, y el regusto maligno de las gradas, acusador.

heroico -ca *adj* **1** De (los) héroes [1 y 3, esp. 1]. ı Arenaza-Gastaminza *Historia* 239: Las ciudades de Zaragoza y Gerona resistieron con heroico denuedo. **b)** [Remedio o recurso] que solo se emplea en casos extremos a causa del grave riesgo que comporta. ı FCid *Abc* 18.2.68, 33: También buscó remedio a sus males en la "claque". Y también se arbitraron recursos heroicos, sorprendentes recursos que resultaron de una eficacia máxima. **c)** (*lit*) [Tiempos] primeros, lejanos y difíciles [de una cosa]. ı * Los tiempos heroicos de este trabajo serán inolvidables.
2 [Pers.] que tiene carácter de héroe [1]. *A veces referido a colectividades*. ı DPlaja *Literatura* 53: El Cid es un personaje característico de la Castilla medieval, heroico y generoso, que siente la lucha como una parte de su vida. Arenaza-Gastaminza *Historia* 57: Un obelisco en medio de las ruinas calcinadas recuerda hoy los nombres de los caudillos de la heroica ciudad celtíbera [Numancia].
3 Que canta las hazañas de los héroes [1]. ı GLópez *Lit. española* 26: Caracteres generales de la épica castellana .. Los temas. Son todos ellos de tipo heroico. El juglar evoca el recuerdo de personajes gratos a su auditorio castellano; por ello, la mayor parte de los asuntos pertenecen a la tradición o a la leyenda de Castilla.
4 (*TLit*) [Romance] de versos endecasílabos. ı Amorós-Mayoral *Lengua* 4º 58: Existen otras variedades [de romance] (llamadas romancillo, romance heroico, etc.) en las que se aplica esta estructura a versos de distinta medida.
5 (*TLit*) [Endecasílabo] acentuado en la segunda y sexta sílabas. ı Quilis *Métrica* 62: Cuatro son los tipos endecasilábicos que se utilizan en esta época [siglo XVI] y posteriormente: 1, el endecasílabo enfático, con acentos obligatorios en primera y sexta sílabas ..; 2, el endecasílabo heroico, con acentos en segunda y sexta sílabas ..; 3, el endecasílabo melódico ..; 4, el endecasílabo sáfico.

heroína¹ *f* Droga derivada de la morfina, más tóxica que esta y con propiedades analgésicas, sedantes e hipnóticas. ı *Inf* 9.11.70, 1: Murió por comer un caramelo de heroína.

heroína² → HÉROE.

heroinomanía *f* Adicción a la heroína¹. ı Tomás Orilla 97: El hábito de la drogadicción, concretamente la heroinomanía, es una enfermedad.

heroinómano -na *adj* Adicto a la heroína¹. *Tb n*. ı *Inf* 17.4.70, 19: Los drogadictos del "lamp proletariat" [sic] mísero y desesperado y heroinómano. Montero *SPaís* 5.3.78, 13: Los heroinómanos son marginales dentro de los marginados, es la última soledad. *DBu* 12.8.91, 14: La población heroinómana española está estancada.

heroísmo *m* **1** Condición de héroe [1]. ı Laforet *Mujer* 132: Paulina .. escribió dos líneas a Blanca, contándole que, súbitamente, había creído en Dios, que entendía la felicidad y el heroísmo de los suyos.
2 Acción propia de un héroe [1]. ı Rábade-Benavente *Filosofía* 46: El hombre es capaz de los mayores heroísmos.

heroizar (*conjug* **1f**) *tr* Dar carácter heroico [1] [a alguien o algo (*cd*)]. ı M. AGorbea *His* 5.85, 128: El culto al emperador, elemento de gran trascendencia ideológica para la romanización de la sociedad, dada la tradición indígena de heroizar o divinizar a sus grandes caudillos.

herpes (*tb, más raro,* **herpe**) *m* (*o, raro, f*) Afección inflamatoria de la piel, caracterizada por la aparición de pequeñas vesículas transparentes reunidas en grupos rodeados de una aureola roja. ı FCruz *Salud* 298: Entre las demás afecciones vesiculosas, la más importante, sobre todo desde un punto de vista popular, es el herpes. *Arr* 27.4.78, 35: Vicente Aleixandre experimenta una progresiva, aunque lenta, mejoría de su enfermedad (herpes en la cabeza). FReguera-March *Filipinas* 375: Hambre, fiebre y enfermedad. La húmeda lima de las herpes, las llagas, las úlceras.
b) ~ **zóster.** Afección inflamatoria aguda de uno o varios ganglios, producida por un virus, caracterizada por la erupción de vesículas reunidas en grupos a lo largo de un nervio y asociada gralm. con dolor intenso. ı Mascaró *Médico* 33: Señalamos la duración de dicho período [de incubación] en las enfermedades infecciosas más corrientes. Cólera: 1 hora a 3 días .. Herpe zóster: 3 a 14 días.

herpestino *adj* (*Zool*) [Mamífero] de la familia de los vivérridos perteneciente al grupo en que figura la mangosta. *Tb como n m en pl, designando este taxón zoológico*. ı *Ya* 17.5.84, 2: Son [los suricatas] oriundos de África del Sur, de la familia de los vivérridos y de las mangostas, y pertenecen al grupo de los herpestinos.

herpético -ca *adj* (*Med*) De(l) herpes. ı *Inf* 18.9.75, 19: Durante la tarde se desarrollaron doce mesas redondas, .. dedicadas a las nuevas técnicas para el estudio de los ácidos nucleicos y de la estructura del genoma herpético y su replicación.

herpetismo *m* (*Med*) Estado patológico constitucional caracterizado por la predisposición al herpes y otras enfermedades de la piel. ı Cunqueiro *Pontevedra* 145: Las aguas salen a sesenta y dos grados, y limpian el cuerpo del reumatismo y del herpetismo.

herpeto- *r pref* (*Zool*) De (los) reptiles. ı *Por ej: Abc* 14.7.76, 51: La Península es muy rica en herpetofauna.

herpetología *f* (*Zool*) Estudio de los reptiles. ı *Abc* 14.4.76, 51: Según el presidente de la recién creada Asociación Ibérica de Herpetología, el veneno de las víboras puede servir para salvar vidas humanas.

herpetológico -ca *adj* (*Zool*) De (la) herpetología o de su objeto. ı Rodríguez *Monfragüe* 118: En Monfragüe, además de las especies tratadas en las páginas precedentes, habitan otras que vienen a redondear el espectro herpetológico de la comarca. Ed. Diego *DLe* 3.3.92, 15: El colectivo faunístico más afectado es el de los mamíferos, con 56 especies, seguido por la comunidad herpetológica, con 34 especies.

herpetólogo -ga *m y f* (*Zool*) Especialista en herpetología. ı *Abc* 14.4.76, 51: El doctor Alnaça .. es el primer herpetólogo de Portugal.

herpil *m* Saco de red de esparto, con mallas anchas, destinado esp. al transporte de paja. ı M. E. SSanz *Nar* 7.76, 9: Se sigue un orden riguroso en su utilización [de las eras], que es gratuita, regalándose tan solo, como una atención para con el dueño, un herpil de paja.

herrada *f* Cubo de madera reforzado con aros de metal y más ancho en la base que en la boca. ı Delibes *Ratas* 20: Él había demostrado ante los más escépticos lugareños que la vaca a quien se le habla tiernamente mientras se la ordeña daba media herrada más de leche que la que era ordeñada en silencio. MCalero *Usos* 110: Por todos lados buenos bebederos y la[v]ajos y algún pozo de buen brocal con su cigoñal y herrada para servicio.

herradero *m* **1** Acción de herrar [2]. ı M. Lozano *Agromán* 17: Las reses que nazcan serán marcadas con el "9" el día del herradero.
2 Lugar en que se hierra [1 y 2] el ganado. ı Moreno *Galería* 32: Siempre, en el herradero, había una comparsa de chicos a los que no dejaba de asombrar el hecho de que el animal .. aguantara la operación del calzado en hierro.
3 (*Taur*) Desorden producido en una corrida. ı H. Parodi *Rue* 17.11.70, 10: En s[u] segundo buey, un viejo de La Viña,

cuya lidia transcurrió en medio de un intenso herradero, se jugó el tipo muchas veces.

herrado *m* Acción de herrar [1]. | A. Petit *SGacN* 25.8.74, 3: Tres piensos diarios .. recibirá el potro .. Entre el año y medio y los dos años se realiza el herrado, se castra a los machos que no se destinarán a reproductores y se separan los machos y las hembras.

herradón *m* Herrada grande. | Delibes *Castilla* 120: Esa tinaja del rincón; un encargo para un chalé de Navacerrada. ¡Puro capricho, ya ve usted! O los herradones que ha encargado una clienta para poner flores, aunque la verdad es que estos chismes se siguen vendiendo para ordeñar. **b)** (*reg*) Cierta vasija de barro para ordeñar, semejante a la herrada. | Seseña *Barros* 42: En Tudela de Duero, todavía en 1967, se fabricaban cántaros, botijos, herradones para ordeñar y medidas de vino.

herrador *m* Hombre que tiene por oficio herrar [1]. | Berenguer *Mundo* 14: Hay herrador que bestia que calza, bestia que deja coja, y hay herrador que calza la coja y la pone buena.

herradura I *f* **1** Hierro en forma de semicírculo que tiende a cerrarse en sus extremos y que como protección se clava en los cascos a las caballerías. | GPavón *Hermanas* 18: De aquella gloria .. solo quedaba un yunque oxidado y media docena de herraduras colgadas como en museo.
II *loc adj* **2 de ~.** [Camino] por el que solo pueden transitar caballerías. | Cela *Pirineo* 126: El viajero .. se mete, monte arriba, por el camino de Escalarre, a veces carretero, a trechos de herradura, y siempre rústico, gracioso y montañés.
3 de ~. Que tiene forma de herradura [1]. *A veces* (*Moda*), *simplemente* ~. | GNuño *Madrid* 97: Vemos ejemplares de los puñales "de herradura". *Van* 10.4.75, 14: Camiseta. Manga corta, colores lisos, cuello herradura, 100% acrílico. **b)** (*Arte*) [Arco] que tiene más de media circunferencia. | Angulo *Arte* 1, 302: Son .. puertas adinteladas relativamente bajas .., de ancho dintel adovelado incluido en un gran arco de herradura. **c)** [Murciélago] **de ~ →** MURCIÉLAGO.

herraj → ERRAJ.

herraje *m* **1** Conjunto de piezas de hierro u otro metal con que se guarnece un objeto. | GPavón *Hermanas* 45: En los trozos libres de pared, títulos, diplomas y una vitrina con medallas y cruces efímeras, color herraje de ataúd exhumado. **b)** Conjunto de herraduras y clavos con que se hierra a una caballería. | R. MTorres *Día* 23.9.75, 8: La única herrería del pueblo estaba situada al final de la calle del Chorro, y sus operarios trabajaban buena parte del día colocando herrajes a las caballerías en plena vía pública. **c)** *En gral:* Conjunto de piezas de hierro u otro metal. | *Reg* 22.11.66, 5: La Ferretera Extremeña .. Especialidad en herraje para obras, puntas.
2 Acción de herrar [1]. | Chamorro *Sin raíces* 86: Otros irían al arroyo de Barboncillo .. Otros ayudando a sus padres en el herraje de caballerías o en los oficios de carniceros.

herramental I *adj* **1** De (la) herramienta. | *Abc* 17.11.74, 48: Se responsabilizará, ante el director del proyecto, de la determinación de los procesos útiles y herramentales relacionados con la deformación de chapa.
II *m* **2** Conjunto de herramientas [1a]. | *GTelefónica* N. 688: Juan García Mozo. Asesoramiento y mantenimiento de equipo móvil a la industria en general. Fabricación de maquinaria y herramental especial.

herramienta *f* **1** Instrumento, esp. de hierro o acero, que se emplea para realizar un trabajo manual. *A veces en sg con sent colectivo.* | *Hacerlo* 13: Las herramientas que sirven para trabajar la madera son distintas a las que se utilizan para componer objetos eléctricos. *Abc* 11.7.81, 68: Ahora tengo cincuenta y cinco años y llevo afilando desde los catorce .. Menos mal que yo tengo una clientela más o menos fija, que me guarda la herramienta, y no me puedo quejar. **b)** *En gral:* Instrumento de trabajo. | R. PEscolar *Abc* 13.11.84, 3: Los partidos y sus líderes han de acostumbrarse a ver en estas estructuras de intermediación la herramienta más idónea para orientar su acción política conforme a las verdaderas demandas de la sociedad. *País* 12.11.77, 11: La publicación de las listas de contribuyentes facilitará una herramienta de primera mano a los terroristas que vienen exigiendo en el País Vasco el llamado impuesto revolucionario. *Abc* 28.10.87, 49: En cada caso, Apple Computer pone en tus manos las herramientas más avanzadas para trabajar, comunicar y analizar. **c)** [Máquina] **~ →** MÁQUINA.
2 (*jerg*) Arma, esp. blanca. *A veces en sg con sent colectivo.* | Grosso *Capirote* 86: –¿Algo que declarar? ¿Alguna her[r]amienta? –¿Cómo? –¿Alguna chaira? –Nada. No, señor. –Viniendo de Comandancia, es natural que no traigas nada encima. Si la lograste pasar es mejor que lo digas ahora. M. Montalvo *Gra* 4.11.89, 18: Al ver su animal derribado en el suelo, ni corto ni perezoso, echó uñas de una herramienta que tenía en la casa y le disparó un tiro al pecho. Lera *Banderas* 118: –¡Soltar la herramienta! .. ¡Que dejéis las armas he dicho!– .. Los hombres de Pancho Villa obedecieron .., y pronto quedó formado un montón con sus fusiles, sus pistolas, sus cartucheras y sus bombas de mano.
3 (*jerg*) Pene. | Tomás *Orilla* 49: Las mujeres no tenéis herramienta.
4 (*raro*) Dentadura [de una pers. o animal]. | GPavón *Liberales* 196: Lillo empezó a reír con tales ganas que tenía que amordazarse con las manos para que no se le saliese la dentadura postiza, que él llamaba "herramienta".

herrar (*conjug* 6) *tr* **1** Colocar herraduras [a una caballería (*cd*)]. | Cuevas *Finca* 11: Los animales resbalaban con el barrillo; sobre todo, la "Beata", acabada de herrar.
2 Marcar con un hierro candente [a alguien o algo, esp. al ganado]. | J. Calvo *SurO* 18.8.76, 18: La inhibición nerviosa emocional señalada como causa del derrumbamiento de los toros de lidia tiene su razón de ser en la observación de la inmovilidad que en los terneros llega a producirse en el acto de separarlos, herrarlos y vacunarlos.
3 Guarnecer de hierro u otro metal [algo]. *Frec en part.* | Cunqueiro *Un hombre* 31: El hombre del jubón azul se acercó al fuego, lo tocó con la punta herrada de su bastón de caña, y las llamas ascendieron. Lera *Boda* 648: Se dirigió hacia el cofre herrado y cogió uno de los frascos de perfume.

herrén *m* Forraje de avena, cebada, trigo, centeno u otras semillas, que se da al ganado. | MCalero *Usos* 67: Era el herrenal un cercado más bien chico .. Lo habían sembrado .. una parte de él con buen tranquillón y producía buen herrén fresco y que gustaba a los becerros. Escobar *Itinerarios* 227: Topamos con un paisaje segoviano de valles y piedras, cercas y cuadros de herrenes, muy jugoso y florecido.

herrenal *m* Terreno en que se siembra herrén. | MCalero *Usos* 67: Se abría el portón del corralillo .. y salían [los becerros] a un herrenal cercano, en que estarían hasta que se les quitara la querencia de la madre.

herreño -ña *adj* De la isla del Hierro. *Tb n, referido a pers.* | L. Ramos *Abc* 30.11.69, 37: Los propios herreños no lo valoran.

herrera → HERRERO.

herrerense *adj* De Herrera de Pisuerga (Palencia). *Tb n, referido a pers.* | *DPa* 3.9.75, 11: Los alcaldes que integran la comarca herrerense recibirán, o tal vez hayan ya recibido, una carta del Ilmo. Sr. Alcalde de Herrera relacionada con esta importante efemérides comarcal.

herrereño -ña *adj* De Herrera de Alcántara (Cáceres). *Tb n, referido a pers.* | F. Cotrina *Hoy* 16.12.78, 10: Dentro de muy poco tiempo el dialecto herrereño habrá desaparecido, pues la juventud no lo usa ya.

herrería *f* **1** Taller del herrero [2]. | Berenguer *Mundo* 31: El Pepe, ya digo, quería ir al pueblo, a lo que saliera, aunque tuviéramos que dormir en el patio de la herrería. R. MTorres *Día* 23.9.75, 8: La única herrería del pueblo estaba situada al final de la calle del Chorro, y sus operarios trabajaban buena parte del día colocando herrajes a las caballerías.
2 Oficio de herrero [2]. | *IdG* 10.8.75, 5: Los trabajos que se exponen en la Feria corresponden a los siguientes oficios: alfarería, .. guarnicionería, herrería.

herreriano -na *adj* (*Arte*) [Estilo] propio del arquitecto Juan de Herrera († 1597). | Tejedor *Arte* 154: El estilo herreriano .. se caracteriza por su rígida y solemne severidad, por el empleo de las grandes masas, el dominio de las superficies y la ausencia de toda decoración. **b)** De estilo herreriano. | *ByN* 31.12.66, 126: Iglesia de Nuestra Señora de la Asunción, .. con una grandiosa puerta herreriana atri-

herrerillo – hervir

buida a Vázquez y Covarrubias, del siglo XVII. **c)** De la escuela de Herrera. *Tb n, referido a pers.* | GNuño *Madrid* 28: Había dirigido las obras Juan Gómez de Mora, el genial arquitecto herreriano.

herrerillo *m* Pequeño pájaro insectívoro de cabeza y lomo azulados (*Parus caeruleus*). *Tb* ~ COMÚN. *Tb* designa otras especies similares: ~ CAPUCHINO (*P. cristatus*) y ~ CIÁNEO (*P. cyanus*). | Delibes *Año* 186: Los pájaros insectívoros (especialmente los herrerillos) anidan en ellas el primer año en un 20%, y la progresión va aumentando gradualmente en los sucesivos. Lama *Aves* 127: El Herrerillo común (Parus caeruleus) .. es otro muy bello y gracioso pájaro, de rapidísimos movimientos, que mide solamente 12 centímetros de longitud. Noval *Fauna* 232: El *Veranín de moñu* o Herrerillo capuchino (*Parus cristatus*) es un pájaro inconfundible por la especie de cresta puntiaguda, de color blanco con rayas negras, que tiene en la cabeza.

herrero -ra **I** *adj* **1** (*raro*) De hierro. | Berlanga *Rev* 3.69, 27: Se cargaba [la escopeta] por la boca, y cuando el pedernal prendía daba tiempo a mirar por el canuto, ver subir el tiro revuelto de humo y los clavos herreros y volver a apuntar antes de que el disparo se ensanchara escandaloso. **II** *n* **A** *m* **2** Hombre que tiene por oficio labrar el hierro. | ZVicente *Traque* 9: Perseguía al gato del herrero y se cayó sobre el emparrado del jardín. **B** *f* **3** Mujer del herrero [2]. | Matute *Memoria* 96: Su madre, la herrera, con el delantal lleno de tomates. **4** Pez de cuerpo alargado, rostro agudo y color blanco plateado con franjas transversales oscuras (*Lithognathus mormyrus*). | Huerta *Pesca* 126: Desde tierra es posible que, con la excepción de las lisas (mújiles) y de las herreras (mabres), pocas sean las especies que puedan ser motivo determinante de una específica jornada de pesca.

herrete *m* Remate metálico que se pone en los extremos de cintas y cordones. | ZVicente *Traque* 219: ¿No has visto mis botas? Son nuevas .. No te vayas a creer, son de artesanía, ¿eh? Estos herretes de los cordones los voy a cambiar, son algo llamativos.

herrón *m* Cierto juego popular que consiste en meter unos discos de hierro en un clavo hincado en el suelo. *Tb el disco.* | DÁv 7.7.90, 10: A las 16,00 horas, campeonato de frontenis por parejas; a la vez, otro campeonato de calva; y por si fuera poco, otros de rana y herrones, que completarán el panel de juegos autóctonos.

herrumbrarse *intr pr* Cubrirse de herrumbre [1]. *Frec en part.* | Benet *Volverás* 196: En el centro de un macizo de espinos surge de pronto la cabeza herrumbrada de una lanza. Umbral *Tierno* 42: Ruedas herrumbradas y hermosas de Alberto Sánchez, como planetas detenidos.

herrumbre *f* **1** Óxido rojizo que se forma sobre la superficie del hierro por acción de la humedad. | SFerlosio *Jarama* 124: Allí, en el sol, contra el color de herrumbre de las aguas, estaba una señora en combinación. **2** Roya (hongo de los vegetales). | F. Ángel *Abc* 25.3.58, 11: Fungirol combate con éxito el Mildeo, Mancha, Atabacado, Moho, Lepra, Herrumbre, etc., de la patata, tomate, judía y calabaza.

herrumbroso -sa *adj* Que tiene herrumbre [1]. | Delibes *Mundos* 125: Tenerife, desde el mar, .. ofrece al viajero un perfil hosco y abrupto, una perspectiva desolada, algo así como un montón ingente de hierros herrumbrosos sin el menor indicio vegetal.

hertz (*pl invar*) *m* (*Fís*) Hercio. | Catalá *Física* 36: Siendo su unidad de la frecuencia) el ciclo (u oscilación) por segundo que se denomina hertz; también se usan los múltiplos Kilo y Megahertz, equivalentes al Kilociclo o Megaciclo por segundo, respectivamente.

hertziano -na *adj* (*Fís*) Herciano. | Van 4.11.62, 14: El proyectil tierra-aire .. está dirigido por ondas hertzianas de radio. *Unidades* 51: La mayor parte de las señales horarias difundidas por medios hertzianos están dadas en una escala de tiempo llamado Tiempo Universal Coordinado.

hertzio *m* (*Fís*) Hercio. | Van 29.3.74, 3: La frecuencia refleja el número de veces que la corriente cambia de sentido, o vibra, por segundo. Se mide en her[t]zios (Hz), o vibraciones por segundo o períodos por segundo. [*En el texto*, herzios.]

hérulo -la *adj* (*hist*) [Individuo] del pueblo germano habitante a orillas del mar Negro y que en el s. V invadió Italia, acabando con el Imperio Romano de Occidente. *Tb n.* | Arenaza-Gastaminza *Historia* 68: Los últimos emperadores eran meros instrumentos de los jefes bárbaros que mandaban las tropas. Con esta situación anormal terminó Odoacro, jefe de los hérulos, que había invadido Italia. **b)** De (los) hérulos. | Tejedor *Arte* 76: Los nuevos reinos germánicos. Se constituyeron varios de muy desigual duración. Los principales fueron: .. los tres sucesivos de Italia: el hérulo (476-493), el ostrogodo (493-552) y el lombardo (568-774).

hervasense *adj* De Hervás (Cáceres). *Tb n, referido a pers.* | N. SMorales *Reg* 11.8.70, 4: Seguí el embeleso de esta villa que volcaba por las puertas de sus típicas casas una riada de simpáticos hervasenses.

hervidero *m* **1** *En la máquina de vapor:* Lugar destinado a hervir el agua. | Marcos-Martínez *Física* 138: La caldera [de la máquina de vapor] tenía primitivamente un solo cilindro, C, donde se colocaba el agua. Modernamente se le añaden otros dos cilindros laterales, H, llamados hervideros, con el fin de que el calor del hogar A se le comunique mejor. **2** Manantial en que el agua surge con desprendimiento de burbujas. | GCaballero *Cabra* 34: Estuvimos un rato mudos, contemplándonos en el agua transparente y fluida de los hervideros o manaderos bajo la gruta. **3** Lugar en que hay gran agitación o movimiento. *Frec con un compl especificador.* | L. Calvo *SAbc* 16.3.69, 17: Julio Camba llegó al hervidero del Círculo de Bellas Artes madrileño a los pocos días de declararse la República. Torbado *En el día* 102: Las calles inmediatas a la plaza de la Ópera eran un hervidero de gente. *DBu* 5.8.93, 33: Un hervidero de noticias.

hervido[1] **-da I** *adj* **1** *part* → HERVIR. **II** *m* **2** (*reg*) Guiso de judías verdes y patatas hervidas [5]. *Frec en la forma* HERVIDO. | R. Marí *Pro* 2.5.90, 26: En vez de comer angulas prefieren un buen hervidito.

hervido[2] *m* Acción de hervir. | A. Merlo *SYa* 27.1.74, 25: En Estados Unidos, prácticamente el único sistema empleado es el hervido. En Canadá, casi todos emplean soluciones conservadoras, hirviendo sus lentes dos o tres veces al mes.

hervidor *m* **1** Recipiente destinado a hervir [4] líquidos. | *Cocina* 7: Utensilios de cocina imprescindibles en una casa: .. 1 hervidor de leche (3 litros). 2 sartenes. *BOE* 20.3.62, 3809: Las enfermerías de primera y segunda categoría deberán estar dotadas de: Un autoclave .. Un hervidor de gas, alcohol o electricidad, de 60 por 30. **2** (*raro*) Calentador de agua. | *Alc* 31.10.62, 29: Cocinas. Termos y hervidores.

hervir (*conjug* 60) **A** *intr* **1** Producir burbujas [un líquido] por elevación de su temperatura o por fermentación. | Bustinza-Mascaró *Ciencias* 16: Si calentamos mucho el agua llega un momento en que entra en ebullición, es decir, hierve, y entonces las burbujas de vapor de agua rompen la superficie del líquido. GPavón *Hermanas* 18: Allí hervían los mostos en octubre y se curaban bestias todo el año. **2** (*lit*) Agitarse [algo] como un líquido que hierve [1]. *Frec fig, referido a cosas inmateriales.* | Aldecoa *Gran Sol* 44: Nordeste claro, nordeste quirriquirri. Hervía la mar; rojeaba, empañado, el sol. Cuevas *Finca* 249: El sembrado de trigo era una selva diminuta y dulce. Se la oía crepitar, hervir. Cuevas *Finca* 70: Las huelgas que hierven por doquier, la agitación anarquista. **3** (*lit*) Estar [un lugar] lleno [de perss., animales o cosas que se muevan]. | Torres *Él* 60: El pequeño recinto hervía de mujeres rubias enjoyadas hasta las cejas. Goytisolo *Afueras* 22: Las higueras hervían de pájaros. Paso *Isabel* 255: La calle hirviendo de tráfico. **B** *tr* **4** Hacer que [un líquido (*cd*)] hierva [1], mediante el aumento de su temperatura. | Cunqueiro *Un hombre* 20: La hermana de Eustaquio quemaba papeles de olor y hervía vino con miel. **5** Someter [algo (*cd*)] a la acción de un líquido que hierve [1]. | *Economía* 257: Hay que hervir la jeringuilla y la aguja completamente desmontada.

hervor I *m* **1** Acción de hervir [1, 2 y 3]. | Aldecoa *Gran Sol* 44: Por popa, en la estela blanca, cruzaba la selguera aumentando el hervor de las aguas. Laforet *Mujer* 232: Martín de seguro tenía pensamientos y deseos tan ávidos como los suyos .. El hervor de la vida. Delibes *Madera* 334: Fue acogida [la noticia] con tal júbilo que, en contados minutos, cedió la actividad a bordo y la dotación .. se convirtió en un hervor de blancos pañuelos agitándose.
2 (*lit*) Fogosidad o ardor. | Chamorro *Sin raíces* 60: Solo dos personas se asomaron a su hervor sentimental y contemplaron, debajo de la máscara fría y distante, el alma apasionada del poeta.
II *loc v* **3 dar un(os) ~(es).** Hervir [1] brevemente. | Bernard *Verduras* 50: Cuando ha dado unos hervores, se agrega una copita de vino tinto.
4 levantar el ~. Comenzar a hervir [1]. | Torrente *Fragmentos* 119: Pablo había echado ya el té en la tetera y apagado el infiernillo. "No habrá dejado que el agua hirviese mucho rato, ¿verdad?" "No, la eché en cuanto levantó el hervor."

hervoroso -sa *adj* (*lit*) **1** Que hierve [1, 2 y 3]. | Grau *Lecturas* 84: Cuando el líquido comenzó a hervir en el caldero, don Mayr sacó la sagrada Hostia y .. la dejó caer sobre la hervorosa superficie del aceite. MMariño *Abc* 12.6.58, 15: Este bullente hontanar de Las Burgas de Orense –este hervoroso chorro que le nace a la ciudad en el medio y medio del corazón– es de lo más digno de admirar. Marquerie *Abc* 25.6.58, 15: Han sido algo así como las precursoras de esta otra organización que quiere acercar el teatro al pueblo, que sale al encuentro de él, en plena vía pública, en el ágora hervorosa, junto a tenderetes y barracas más o menos verbeneros.
2 Fogoso o ardoroso. | CAssens *Novela* 2, 406: Me lleva al café del Prado, ese café habitualmente tan tranquilo y que esta tarde rebosa de un público hervoroso como de mitin.

Hespérides *f pl* (*Mitol clás*) Ninfas de occidente, que guardan el árbol de las manzanas de oro. | Torres *País* 16.12.87, 72: Pronto llegaron los coros formados por terroríficas Hespérides .. y aborrecibles Erinias.

hesperidio *m* (*Bot*) Fruto carnoso de corteza gruesa, dividido en gajos por telillas membranosas. | Bustinza-Mascaró *Ciencias* 261: También son frutos carnosos diferentes de la drupa y del pomo el fruto en baya del dátil .. y el fruto llamado en hesperidio del naranjo y del limonero.

hespérido -da *adj* (*lit*) De(l) occidente. | Cunqueiro *Un hombre* 221: Decía que era de una familia de tejedores hespéridos.

hetaira *f* **1** (*lit*) Prostituta. | Torrente *Off-side* 522: La perspectiva de unas copas de aguardiente me reanima, hasta el punto de renunciar a las vistosas hetairas de los cafés de los ricos. Mendoza *Ciudad* 81: Otros [parroquianos] bailaban con hetairas escuálidas, de ojos vidriosos.
2 (*hist*) *En la antigua Grecia:* Cortesana de alta condición. | H. Saña *Índ* 1.11.74, 37: El representante más conocido de la escuela de Megara después del fundador es Stilpón .. Era casado, pero tuvo relaciones con la hetaira Nicarete.

heteo -a *adj* (*hist*) Hitita. *Tb n, referido a pers.* | Villar *Lenguas* 168: Es en los siglos siguientes, y hasta el 700 a.C., cuando se sitúan los llamados "reinos hetitas" .. A ellos se refier[e] concretamente la Biblia al mencionar a los heteos.

hetera *f* (*lit o hist*) Hetaira. | GGual *Novela* 56: Es dudoso que las mujeres pudieran asistir a los espectáculos públicos en el teatro, y estaban excluidas de la política. Las heteras jónicas gozaban de mayores libertades.

heterocerca *adj* (*Zool*) *En los peces:* [Aleta caudal] formada por dos lóbulos desiguales. | Ybarra-Cabetas *Ciencias* 363: La pintarroja .. Las aletas impares están repartidas de la siguiente manera: dos aletas dorsales colocadas muy posteriormente ..; una aleta caudal heterocerca y, por último, la aleta anal.

heterócero *adj* (*Zool*) [Lepidóptero] cuyas antenas no terminan en un artejo dilatado y que en reposo mantiene las alas anteriores sobre las posteriores. *Frec como n m en pl, designando este taxón zoológico.* | *Libro agrario* 69: Mariposas de la Península Ibérica, IV. Heteróceros, II.

heterocíclico -ca *adj* (*Quím*) [Cuerpo o serie cíclicos] en cuya cadena no todos los átomos son de carbono. | *BOE* 12.3.68, 3770: Temario de Química orgánica .. Serie heterocíclica .. Compuestos heterocíclicos.

heterociclo *m* (*Quím*) Cadena cerrada de un compuesto cíclico en que no todos los átomos son de carbono. | *BOE* 12.3.68, 3770: Temario de Química orgánica .. Heterociclos pentagonales y sus derivados.

heterocigótico → HETEROZIGÓTICO.

heterocisto *m* (*Bot*) *En las algas cianofíceas:* Célula de gran tamaño que aparece de vez en cuando en el filamento celular. | Ybarra-Cabetas *Ciencias* 236: En el talo de algunas especies [de algas cianofíceas] aparecen células incapaces de reproducirse, que se llaman heterocistos.

heteroclamídeo -a *adj* (*Bot*) [Flor] en que los verticilos del perianto se diferencian en cáliz y corola. *Tb referido a la planta que la posee.* | Alvarado *Botánica* 39: En este caso [flores diploclamídeas], se llaman heteroclamídeas si la envuelta exterior es un cáliz y la interior una corola (ejemplo: clavel, rosa).

heteróclito -ta *adj* (*lit*) Heterogéneo. | CBonald *Ágata* 201: Abandonaron al día siguiente el funeral cortijo de vuelta a la casona, ya con Blanquita constituida en miembro a perpetuidad de la encumbrada y heteróclita familia de Pedro Lambert. Villarta *Rutas* 51: Venden a voz en grito .. las cosas más heteróclitas.

heterocromosoma *m* (*Biol*) Cromosoma del que depende la determinación del sexo. | Navarro *Biología* 222: El sexo en los animales y en los vegetales depende de unos cromosomas que se denominan cromosomas sexuales o heterocromosomas.

heterodoxia *f* **1** Condición de heterodoxo. | CSotelo *Proceso* 360: Si algún espíritu pacato, interpretando mal sus palabras, prescindió de sus devociones habituales, cárguese en la cuenta de su beatería y no en la heterodoxia del acusado. Mercader-DOrtiz *HEspaña* 4, 201: Su *Carta* .., escrita al parecer en 1741 y editada sin duda clandestinamente, es la crítica más libre y la única que apunta signos de heterodoxia en esta época.
2 Pensamiento o postura heterodoxos. | Aranguren *Marxismo* 30: El marxismo .. al ser convertido en doctrina oficial ha dado lugar a una .. ortodoxia y, de rechazo, a heterodoxias, revisionismos y desviacionismos.

heterodoxo -xa *adj* Disconforme con la doctrina establecida como verdadera. *Frec referido a religión. Tb n, referido a pers. Tb fig.* | Benet *Otoño* 117: Abandonó las filas de la tradición ortodoxa para formar parte de la heterodoxa. Carandell *Tri* 8.8.70, 14: No podía por menos de pensar la otra mañana cuando entré en el Prado que mi visita tenía un carácter heterodoxo.

heterogamético -ca *adj* (*Biol*) Que tiene dos clases de gametos. | Navarro *Biología* 223: En otros animales, como son las aves y mariposas .., el sexo femenino es heterogamético, es decir, que origina gametos diferentes debido a que su fórmula es XY.

heterogameto *m* (*Biol*) Gameto destinado a unirse en el proceso de la fecundación con otro de diferente tamaño, forma u organización. | Ybarra-Cabetas *Ciencias* 207: La reproducción por heterogametos es heterogámica.

heterogámico -ca *adj* (*Biol*) [Reproducción] en que los gametos son diferentes. | Ybarra-Cabetas *Ciencias* 207: La reproducción por heterogametos es heterogámica.

heterogéneamente *adv* De manera heterogénea. | L. Calvo *Abc* 24.8.66, 25: Su volumen ha seguido hinchándose en la clandestinidad, a la espera de un nuevo renacer del nacionalismo de Sukarno, que se llama el P.N.I. e incorpora heterogéneamente a los hombres de izquierda.

heterogeneidad *f* Cualidad de heterogéneo. | FQuintana-Velarde *Política* 44: La tercera característica de la tierra como factor de producción es su heterogeneidad. La situación y características de la tierra son enormemente diferentes. DPlaja *Abc* 8.9.66, 12: A simple vista se percibe la heterogeneidad de los valores puestos en juego.

heterogéneo -a *adj* **1** [Cosa] formada por elementos de distinta naturaleza. | A. Olano *Sáb* 10.9.66, 5: Son

heterogénesis – heteroxeno

las agencias de viajes las que llenan estos lugares de un turismo heterogéneo, que se mezcla en playas y piscinas.
2 [Cosa] de distinta naturaleza [que otra (*compl* DE o CON)]. *Frec sin compl, en pl.* | Gambra *Filosofía* 137: El cuerpo es para él [Descartes] una realidad totalmente heterogénea, diversa, del alma.
3 (*Fís*) [Reactor nuclear] que no tiene el combustible mezclado uniformemente con el moderador. | Aleixandre *Química* 27: Atendiendo a la disposición del combustible y el moderador, los reactores atómicos se clasifican en heterogéneos y homogéneos.

heterogénesis *f* (*Biol*) Generación espontánea (nacimiento de organismos a expensas de la materia no viva). | MPuelles *Filosofía* 2, 115: También concede [la teoría de la generación espontánea] a la simple materia inanimada la posibilidad de producir la vida. Esta segunda parte, que es la específica de la teoría en cuestión, se conoce también con los nombres de "generación automática", "heterogénesis", "abiogénesis" y "generación equívoca".

heteroinjerto *m* (*Med*) Injerto procedente de un individuo de distinta especie. | Ó. Caballero *SInf* 3.2.71, 2: Los heteroinjertos son rechazados por el organismo.

heterólogo -ga *adj* (*Med*) Procedente de un individuo de distinta especie. *Dicho esp de trasplante*. | *Abc* 15.3.68, 91: Expuso, a continuación, las diversas clases de trasplantes, según pertenezca el órgano o porción trasplantada al mismo organismo que lo recibe, a un donante de la misma especie o a otro de distinta (autólogos, homólogos y heterólogos). Pau *Salud* 447: La enfermedad sérica es una reacción alérgica que corrientemente aparece a los 8-12 días después de haber sido administrado un suero heterólogo.

heteronimia *f* **1** (*Ling*) Fenómeno por el cual nombres de parejas naturales de seres u objetos tienen etimología diferente. | Pemán *Almuerzos* 233: Apenas había un corto número de animales domésticos en los que el sexo interesara, y a los que atendía la lengua por un procedimiento de heteronimia, empleando palabra distinta para el masculino o el femenino: así el caballo y la yegua, el toro y la vaca.
2 (*TLit*) Uso de heterónimo [2]. | SRobles *Abc* 1.3.89, 3: El miedo del español a afrontar su intimidad debía incitarle a hacerlo a través de heterónimos. Pero resulta que tampoco nuestra literatura abunda en ellos .. La heteronimia es, radicalmente, un acto de valentía.

heterónimo *m* **1** (*Ling*) Nombre que tiene relación de heteronimia [1] [con otro (*compl de posesión*)]. *Tb sin compl, en pl*. | * Toro y vaca son heterónimos, lo mismo que jinete y amazona.
2 (*TLit*) Escritor o personaje inventado por un autor para ocultar, bajo el nombre de aquel, su propia personalidad. | Torrente *BFM* 9.81, 30: Hay una diferencia .. entre los heterónimos de Pessoa y los Abel Martín o Antonio [sic] Mairena de Machado.

heteronomía *f* (*Filos o lit*) Dependencia respecto a un poder o una ley externos. | Rábade-Benavente *Filosofía* 281: Al someternos a Dios, nos sentimos vinculados a Él, es decir, nos sentimos en heteronomía, en dependencia.

heteronómico -ca *adj* (*Filos o lit*) De (la) heteronomía o que la implica. *Se opone a* AUTONÓMICA. | Pániker *Testamento* 98: Junto a algunos destellos y escasísimos hallazgos, el *ritornello* de una moral basada en el "camino de perfección", la obsesión de la pureza, el orden sin parásitos, la gravitación enorme de una teología pueril, la pedagogía jesuítica heteronómica. F. Ysart *SMad* 14.11.70, 5: Mientras la regulación estatal ha sido siempre y continúa siéndolo heteronómica, la regulación de los convenios y pactos en el seno de las empresas se ha caracterizado por un grado de autonomía mucho mayor.

heterónomo -ma *adj* (*Filos o lit*) Dependiente de un poder o de una ley externos. | GÁlvarez *Filosofía* 2, 196: Los sistemas en ética hasta Kant inferían las normas morales de un fin. Eran morales heterónomas.

heteropolar *adj* (*Quím*) [Enlace] de átomos de distinta polaridad. | Aleixandre *Química* 30: En la unión o enlace de los átomos pueden presentarse los siguientes casos: 1º Enlace iónico o heteropolar. 2º Enlace covalente u homopolar. 3º Enlace metálico. **b)** [Sustancia] cuyas moléculas están formadas por átomos de distinta polaridad. | Aleixandre *Química* 32: Se ha visto en el enlace heteropolar que en el cristal existe una red iónica en cuyos diversos nudos están alternativamente colocados los aniones y cationes de la sustancia heteropolar.

heteroproteína *f* (*Quím*) Proteido, o prótido compuesto. | Navarro *Biología* 23: Los diferentes prótidos se agrupan en prótidos sencillos (Holoproteínas) y prótidos complicados (Heteroproteínas o Proteidos).

heteróptero *adj* (*Zool*) [Insecto hemíptero] que tiene cuatro alas, las posteriores membranosas y las anteriores coriáceas en su base, o es áptero. *Frec como n m en pl, designando este taxón zoológico*. | *SYa* 9.7.72, 33: La mayoría de los insectos del orden de los heterópteros tienen la particularidad, como sistema defensivo, de desprender líquidos malolientes al ser atacados por sus depredadores.

heterosexual *adj* [Pers. o animal] que siente atracción sexual hacia los individuos del sexo contrario. *Tb n, referido a pers*. | Gala *Cementerio* 66: Dios para usted, por lo visto, es un hombre joven, blanco, alto, guapo, católico y heterosexual. **b)** Propio de la pers. o el animal heterosexuales. | Torrente *Off-side* 253: Hay el nivel de la sociedad, y el del amor heterosexual, y el del erotismo. Ma. Rodríguez *Int* 31.8.83, 34: Lo primero que hace el terapeuta es comprobar el grado de orientación homo y heterosexual del individuo. Aranguren *Juventud* 32: Tampoco a la amistad se le pide hoy demasiado. Y por otra parte tiende a hacerse cada vez más heterosexual.

heterósido *m* (*Quím*) Hidrato de carbono que por hidrólisis origina compuestos que no son todos osas. | Aleixandre *Química* 181: Heterósidos: Hidratos de carbono que por hidrólisis originan compuestos que no son todos osas. [*En el texto,* heterosidos.]

heterosilábico -ca *adj* (*Fon*) Perteneciente a distinta sílaba. | Academia *Esbozo* 14: Si [los sonidos] pertenecen a sílabas contiguas .., decimos que son disilábicos o heterosilábicos o que se hallan en grupo o en posición disilábica o heterosilábica.

heterospóreo -a *adj* (*Bot*) Que posee varias clases de esporas. | Alvarado *Botánica* 70: Al lado de los helechos terrestres .. se colocan, en la clase Filicales, los helechos acuáticos (de las aguas dulces), que tienen la interesante particularidad de ser heterospóreos, esto es, producir dos clases de esporas: microsporas .. y macrosporas.

heterosporia *f* (*Bot*) Presencia de esporas de distinto tipo en una misma planta. | Alvarado *Botánica* 71: En los casos de heterosporia, se distinguen dos clases de esporofilas.

heterotípica *adj* (*Biol*) [Mitosis] en que el número de cromosomas se reduce a la mitad. | Ybarra-Cabetas *Ciencias* 209: Cada una de las gonias inicia su transformación en elementos reproductores mediante una mitosis especial denominada heterotípica, por lo cual el número de cromosomas específico queda reducido a la mitad.

heterotópico -ca *adj* (*Med*) Desplazado anormalmente de su lugar natural. | *TMé* 6.1.84, 14: El trasplante del riñón en situación heterotópica es la técnica de rutina utilizada por todos los equipos a pesar de las complicaciones.

heterotrasplante *m* (*Med*) Trasplante de órganos procedentes de un individuo de otra especie. | M. Calvo *Ya* 18.4.75, 40: Cuando la córnea donante es de un sujeto de distinta especie se denomina heterotrasplante.

heterotrofia *f* (*Biol*) Alimentación heterótrofa. | Ybarra-Cabetas *Ciencias* 247: La heterotrofia no es siempre completa, y con frecuencia solo comprende una de las dos síntesis principales del cambio de materia.

heterótrofo -fa *adj* (*Biol*) [Ser vivo] que no es capaz de elaborar su propio alimento a partir de sustancias inorgánicas, y necesita tomarlo de otros seres. | Navarro *Biología* 236: La mayoría de las bacterias son heterótrofas. **b)** Propio de los seres heterótrofos. | Alvarado *Botánica* 27: Los [vegetales] desprovistos de clorofila .. necesitan ingerir por lo menos el carbono en forma orgánica .. Este género de nutrición, fundamentalmente idéntico al de los animales, recibe el nombre de nutrición heterótrofa.

heteroxeno -na *adj* (*Biol*) [Parásito] que vive en huéspedes distintos a través de su ciclo biológico. | Navarro

heterozigótico – hexosa

Biología 278: Hay parásitos que su [sic] ciclo vital se desarrolla entre dos o más huéspedes viviendo sucesivamente sobre ellos; se los denomina heteroxenos.

heterozigótico -ca (*tb con la grafía* **heterocigótico**) *adj* (*Biol*) [Híbrido] formado por el cruzamiento de gametos desiguales. | Navarro *Biología* 215: Decir homocigótico es sinónimo de "raza pura" respecto a un determinado carácter, y heterocigótico, "raza mestiza" en relación con ese carácter.

hético -ca (*tb, raro, con la grafía* **ético**) *adj* (*lit*) **1** Tísico. *Tb n, referido a pers.* | CBonald *Ágata* 174: Vino a emplear en tales menesteres su tiempo entero y su entera energía, solamente distraídos .. por un único viaje a Alcaduz con ocasión del crítico estado de su hética madre, la cual se iba ya para el otro mundo. **2** Extremadamente delgado. | MSantos *Tiempo* 69: El pintor .. era alto y delgado –hético– y gozaba de una barba rubia en puntita. Torrente *Saga* 107: El entusiasmo [del amor] duró semanas, al cabo de las cuales Barrantes andaba escuchimizado y casi ético, como que don Torcuato y los demás .. llegaron a alarmarse.

hetita *adj* (*hist*) Hitita. *Tb n*. | Villar *Lenguas* 163: La entrada de los hetitas en Asia Menor suele situarse en los primeros momentos del segundo milenio antes de Cristo (hacia el 1900). Tejedor *Arte* 18: Dentro del general mesopotámico, Asiria llegó a crear un arte nacional que, si influido en sus orígenes por el hetita, alcanzó vigorosa originalidad. GYebra *Traducción* 25: La epopeya de *Gilgamesh* se difundió por todo el Próximo Oriente traducida a varias lenguas, como el hetita y el hurrita.

heurístico -ca *adj* (*Filos*) [Método] de (la) investigación. | Gambra *Filosofía* 69: Dos son así los métodos generales ..: el método heurístico .. o de investigación, y el didáctico o de enseñanza. Rábade-Benavente *Filosofía* 182: La parte del método [científico] que se dedica a descubrir verdades nuevas es la denominada heurística o de investigación.

hevea (*tb* **heveas**) *m o f* Árbol que es el principal productor del caucho (*Hevea brasiliensis*). | VMontalbán *Pájaros* 270: El nuevo día diluía la noche sobre los fondos lejanos de la selva de heveas y palmeras. Bosque *Universo* 178: El heveas, prácticamente la única planta cauchutera cultivada, precisa un calor constante que no sea inferior a 18°. Navarro *Biología* 107: El caucho es el látex coagulado que produce la planta Hevea.

hexacampeón -na (*tb, semiculto, con la grafía* **exacampeón**) *m y f* (*Dep*) Pers. o equipo que es seis veces campeón. | A. Blanco *DVa* 11.2.89, 50: El hexacampeón olímpico torna a ser ratificando que no es un hombre indoor. N. Pina *Mad* 12.9.70, 18: Los técnicos madridistas del momento tuvieron tanta fe en él que .. lograron hacerle .. exacampeón de Europa, doce veces campeón de Liga y dos de Copa.

hexaclorofeno *m* (*Quím*) Derivado del fenol, usado como antiséptico, esp. en cosméticos. | *Abc* 9.1.72, 43: Se confirma la peligrosidad del hexaclorofeno .. Un germicida denominado hexaclorofeno, usado en cosméticos y desodorantes, está siendo analizado.

hexadecasílabo -ba *adj* (*TLit*) De 16 sílabas. *Tb n m, referido a verso.* | Quilis *Métrica* 68: Versos de más de catorce sílabas .. Pentadecasílabo .. Hexadecasílabo.

hexadecimal *adj* (*Informát*) Que tiene como base el número 16. | *País* 31.12.88, 20: Así son las impresoras C.ITOH: Velocidad de hasta 450 caracteres por segundo .. Volcado Hexadecimal.

hexaedro (*tb, semiculto, con la grafía* **exaedro**) (*Geom*) **I** *adj* **1** [Poliedro] de seis caras. *Gralm n m.* | Marcos-Martínez *Matemáticas* 120: Por el número de sus caras, los ángulos poliedros se llaman: ángulo triedro, tetraedro, pentaedro, exaedro, etcétera. Marcos-Martínez *Matemáticas* 138: Por el número de sus caras, los poliedros se llaman, respectivamente: tetraedro, pentaedro, exaedro, eptaedro, octaedro, dodecaedro, icosaedro.
II *m* **2** Cubo. *Tb ~ REGULAR.* | Ybarra-Cabetas *Ciencias* 25: Cubo o hexaedro. Seis caras iguales.

hexafluoruro *m* (*Quím*) Fluoruro con una molécula contiene 6 átomos de flúor. *Gralm en la constr ~ DE URANIO, que designa el compuesto utilizado en la industria atómica para separar los isótopos de uranio.* | *Ya* 14.9.84, 15: Hombres-rana belgas recuperaron del "Mont-Louis" el primer contenedor de hexafluoruro de uranio.

hexagonal (*tb, semiculto, con la grafía* **exagonal**) *adj* **1** De(l) hexágono. | G. MVivaldi *Ya* 25.5.78, 6: Los franceses, tan cartesianos ellos, hablan reiteradamente de la forma hexagonal de Francia. **b)** Que tiene forma de hexágono. | Bustinza-Mascaró *Ciencias* 138: Las células hexagonales son, a igualdad de superficie, las de perímetro más reducido. Gironza *Matemáticas* 212: Si el prisma es exagonal regular y cada arista mide 1 m, ¿cuál es el área lateral? **2** (*Mineral*) [Sistema] que tiene un eje principal senario y 6 ejes binarios. | Ybarra-Cabetas *Ciencias* 24: Sistemas cristalinos .. Eje principal senario. Sistema Hexagonal. **b)** De(l) sistema hexagonal. | Ybarra-Cabetas *Ciencias* 26: Tanto por lo que se refiere a los prismas, como por lo que respecta a las pirámides hexagonales, hay dos especies que, si son iguales aparentemente, no lo son cristalográficamente.

hexágono (*tb, semiculto, con la grafía* **exágono**) *m* Polígono de seis lados. | Marín *Enseñanza* 334: El maestro dibuja un hexágono y traza en él: apotema, radio y diagonal. Gironza *Matemáticas* 174: El ángulo en el centro del exágono vale 60°.

hexagrama *m En el arte adivinatorio chino:* Conjunto de seis líneas que se pueden combinar en 64 formas diferentes y cuyo sentido se busca en el *I Ching* o *Libro de Cambios. Tb cada una de esas formas.* | M. J. Ragué *Van* 5.9.71, 52: Una vez obtenido el hexagrama se busca su significado en el Libro de Cambios, poniendo especial interés en el significado de las líneas obtenidas como resultado de un 6 o un 9 por ser estas las indicantes de una situación cambiable.

hexámetro *m* (*TLit*) Verso de seis pies. *Tb adj.* | Torrente *Saga* 204: Mis colegas de Castroforte no consideraron, al parecer, suficientemente líricas las pinzas de turmalina como para dedicarles nada menos que una elegía (en pentámetros y hexámetros rigurosos). GLópez *Literatura* 291: Rubén Darío inventa, resucita o incorpora al castellano las más diversas combinaciones estróficas o rítmicas: el endecasílabo de gaita gallega .., el alejandrino, o magníficas adaptaciones de la versificación grecolatina, como en los hexámetros de la "Salutación del optimista".

hexano (*tb, semiculto, con la grafía* **exano**) *m* (*Quím*) Hidrocarburo saturado cuya molécula contiene seis átomos de carbono. | Aleixandre *Química* 145: Las bencinas se componen principalmente de hidrocarburos inferiores al nonano, sobre todo hexano, heptano y octano. Marcos-Martínez *Física* 298: Están constituidos [los aceites ligeros] por pentano, exano, eptano y octano.

hexápodo *adj* (*Zool*) [Animal] que tiene seis patas. *Tb n m.* | Bustinza-Mascaró *Ciencias* 157: Poseen [los insectos] tres pares de patas, por lo que también se les denomina hexápodos.

hexaquisoctaedro *m* (*Geom*) Sólido de 48 caras triangulares. | Ybarra-Cabetas *Ciencias* 26: Hexaquisoctaedro. Es un octaedro con una pirámide hexagonal en cada una de sus caras.

hexasílabo -ba *adj* (*TLit*) De seis sílabas. *Tb n m, referido a verso.* | López-Pedrosa *Lengua* 38: Varias coplas seguidas, con el mismo asonante y versos hexasílabos, reciben el nombre de endechas. Quilis *Métrica* 51: Hexasílabo .. Es muy frecuente en los romancillos.

hexástilo -la *adj* (*Arquit*) [Edificio, esp. templo clásico] que tiene una fila de seis columnas en la fachada. | Tejedor *Arte* 36: El templo podía ser también tetrástilo, hexástilo u octástilo, según que las columnas de su fachada principal fueran respectivamente cuatro, seis u ocho.

hexavalente *adj* (*Quím*) Que tiene valencia 6. | P. Morata *Tri* 8.3.75, 17: El proceso de contaminación se desarrolló a partir de la introducción en la composición química del agua del cromo hexavalente y del zinc anteriormente citados.

hexosa *f* (*Quím*) Glúcido que contiene en su molécula seis átomos de carbono. | Alvarado *Anatomía* 5: Los [monosacáridos] más importantes son las hexosas.

hez – hibridar

hez I *f* **1** Sedimento de impurezas de una sustancia líquida, esp. el vino. *Más frec en pl.* | DPlaja *Literatura* 23: Los cantores rústicos se caracterizan groseramente pintándose el rostro con las heces del vino y cubriéndose con pieles de macho cabrío.
2 Desperdicio o desecho. *Frec fig.* | CBonald *Ágata* 175: Nunca pudo aceptar su púdica cónyuge aquella babilonia casera principalmente abastecida de una anómala y condenable profusión de parejas .., auténtica hez de parásitos y herejes. Falete *Cod* 1.9.74, 20: ¡El "Vamos"! Ese es el órgano del carcamalismo centralizado .. Y no digamos las firmas... Mira: Fuensanto de los Arcos, Balandrán, Sintesio... ¡La hez del intelectualismo de a real la tira!
3 (*lit*) *En pl*: Residuos de la digestión arrojados por el ano. *Tb* HECES FECALES. | Cañadell *Salud* 162: Su eliminación [del fósforo] tiene lugar con la orina y las heces. Legorburu-Barrutia *Ciencias* 143: La tenia o solitaria es hermafrodita y vive de adulta en el intestino humano. Sus huevos salen con las heces fecales del hombre.
II *loc adv* **4 hasta las heces.** Por completo. *Con el v* BEBER *u otro equivalente. Tb fig.* | Escobar *Itinerarios* 212: Arrebatando a Bruno la cuartilla, aplicó el cinc a sus labios resecos, y allá que te va, hasta las heces. * Apuró el cáliz hasta las heces.

hialino -na *adj* (*E*) Transparente como el vidrio. *Tb* (*lit*) *fig.* | Navarro *Biología* 78: Hay tres variedades de tejido cartilaginoso: hialina, fibrosa y elástica. GNieto *Cuaderno* 9: Querer ofrecer mucho en un poema es a veces cargar la mano, enrarecer el aire, colmar, apretar lo que debe ser hialino.
b) cuarzo ~ → CUARZO.

hialografía *f* (*Arte*) Arte de grabar o pintar en vidrio. | A. Vega *Día* 29.8.72, 19: La glíptica, la epigrafía, la cerámica, la hialografía .. son artes en que tienen aplicación diversos procedimientos de grabado.

hialoplasma *m* (*Biol*) Parte indiferenciada, fluida y transparente del citoplasma celular. | Ybarra-Cabetas *Ciencias* 181: Algunos autores alemanes .. sostuvieron la tesis de que el citoplasma lo forman dos sustancias, una perfectamente diferenciada .. –espongioplasma–, y otra, no diferenciada, clara, transparente e inerte, que ocupa las mallas del retículo –hialoplasma o jugo celular–.

hiatal *adj* (*Med*) [Hernia] de hiato [4]. | F. Valladares *TMé* 8.6.84, 13: La última parte del tiempo en que se discutió la problemática del reflujo gastroesofágico estuvo dedicada a la recidiva de la hernia hiatal.

hiato I *m* **1** (*Fon y TLit*) Secuencia de dos vocales pertenecientes a sílabas distintas. | Amorós-Mayoral *Lengua* 35: Cuando dos vocales van una a continuación de otra y no se pronuncian juntas sino que forman dos sílabas, se dice que están en hiato.
2 (*lit*) Interrupción, o separación temporal. | ZVicente *Balcón* 60: Los ruidos de la plaza quedan, de súbito, guillotinados, en escalofriante hiato de silencio. ZVicente *Navarro* 420: Por debajo del enorme hiato que existe entre la recolección de los materiales .. y su publicación, se remansa un enorme lago de sangre y desencanto. **b)** Separación espacial o distancia. *Tb fig.* | ZVicente *Voz* 22: Inútilmente se agazapa el escritor en su soledad, en su más cerrada guarida. Hasta su escondite llegan libros, papeles, revistas .. La marea vital acosa, y no se pueden pretextar ignorancia o hiatos insalvables. Aranguren *Ética y polít.* 114: Hay, en especial, un hiato entre el precepto ético-religioso y la decisión política.
3 (*Anat*) Abertura o hendidura. *A veces con un adj o compl especificador.* | Mascaró *Médico* 94: Si la rotura es total o considerable, la retracción inmediata de los cabos musculares produce una hendidura o hiato entre los mismos que se llena inmediatamente de sangre (hematoma). MSantos *Tiempo* 25: Dotados [los animales], como nuestros semejantes, de hígado, páncreas, cápsulas suprarrenales y de Hiato de Winslow.
II *loc adj* **4 de ~.** (*Med*) [Hernia] producida por protrusión de parte del estómago desde la cavidad abdominal al tórax a través del diafragma. | Fe. García *TMé* 9.3.84, 12: En cuanto al tratamiento de la achalasia, afirmó que se debía realizar con intervención quirúrgica, sobre todo en niños, achalasias vigorosas, avanzadas o complicadas con hernias de hiato o divertículos.

hibernación *f* (*Zool*) Estado de sopor con disminución de la temperatura corporal y de las funciones metabólicas, propio de ciertos animales durante el invierno. *Tb fig, fuera del ámbito técn.* | F. Martino *Ya* 20.11.75, 17: La observación había demostrado que, durante la hibernación profunda .., el número de latidos cardíacos del animal se reducía a tres-diez por minuto, mientras que su metabolismo se reducía a un tercio o menos del basal del animal en reposo. Acevedo *Cartas* 149: Si reflexionamos que la "opinión pública" .. no tiene "opinión", nada puede extrañar que, cuando la propaganda oral y escrita desaparece, la masa queda aletargada, mentalmente dormida. En estado de "hibernación". Acevedo *Cartas* 206: Durante los años 1947 a 1967 el país quedó en estado de "reposo cerebral", de "hibernación mental". **b)** (*Med*) Estado similar a la hibernación animal producido artificialmente en el hombre con fines médicos. *Tb fig.* | O. Aparicio *MHi* 7.68, 28: Inmediatamente se colocó al cuerpo en hibernación y se conectó el corazón con el oxigenador.

hibernáculo *m* (*Zool*) Lugar en que hiberna [1] un animal. | *Abc* 6.4.75, 53: En primavera, las larvas reemprenden su actividad con las temperaturas suaves. Salen de sus hibernáculos, segregan un hilo de seda.

hibernal *adj* (*lit*) Invernal. | Goytisolo *Recuento* 486: La serpiente penetra lenta en su agujero hibernal.

hibernar A *intr* **1** Sufrir hibernación [un animal]. *Tb fig.* | I. Lerín *SPaís* 31.10.76, 26: El hamster es una mascota muy apropiada para un piso pequeño .. En libertad, este roedor hiberna durante la estación fría. VMontalbán *Rosa* 124: Aparecían poblaciones .. en torno a un cortijo noble ocre y blanco rodeado de la monotonía de tierras hibernadas, la vida agazapada bajo los terrones, en las márgenes verdigrises afeitadas por la cuchilla del invierno.
B *tr* **2** Someter a hibernación [a alguien]. | E. Daudet *SAbc* 8.3.70, 30: Tutankamón del siglo XX, dispuesto a ser hibernado o conservado antigravitacionalmente por los siglos de los siglos.

hibernizo -za *adj* (*lit*) De(l) invierno. | Delibes *Ratas* 138: Una luz difusa, hiberniza y fría se adentró por los cristales empañados.

hibisco *m* Planta de la familia de las malváceas, herbácea, arbustiva o arbórea, propia de climas cálidos y cultivada como ornamental o para extraer fibras textiles (gén. *Hibiscus*). | SSolís *Jardín* 9: Entre el hacinamiento de máquinas y escombros, ¿dónde se ocultaban el hibisco, las adelfas, la frágil ramita de bambú que yo tanto había contemplado? B. Mostaza *SYa* 24.6.73, 11: Esos microclimas .. permiten convivir la tunera y el pino, .. el hibisco y la amapola. Loriente *Plantas* 53: *Hibiscus syriacus* L. "Altea"; "Hibisco"; "Rosa de Siria". Arbusto o arbolito, bastante común en parterres ajardinados de los parques y jardines.

hibiscus *m* Hibisco. | VMontalbán *Pájaros* 195: En la otra orilla del Kachin crecía la selva sin vallas .. Palmeras, plataneras, hibiscus gigantes.

hibridación *f* (*E*) Producción de un nuevo individuo animal o vegetal mediante el cruce de dos individuos pertenecientes a distinta raza o especie. *Tb* (*lit*) *fig, fuera del ámbito técn.* | Alvarado *Botánica* 88: Las plantas se prestan mucho más que los animales a practicar en ellas el método de la hibridación, es decir, el cruzamiento entre dos razas diferentes de la misma especie e incluso de dos especies diferentes, aunque próximas. Ybarra-Cabetas *Ciencias* 435: Hibridación .. Caso típico es el de la mula, nacida de la unión del asno con la yegua, y el del burdégano, resultante de la unión del caballo con la burra. Laín *Descargo* 208: Salamanca. Altos del Palacio Episcopal-Cuartel General; bien significativa hibridación la de este pasajero destino bélico del edificio. Pániker *Memoria* 25: No había descubierto todavía .. que no hay actividades más nobles que otras, y que la gracia reside, precisamente, en la hibridación de elementos heterogéneos.

hibridar *tr* (*E o lit*) Practicar la hibridación [con individuos de distinta raza o especie (*cd*)]. *Tb abs. Tb fig.* | Halcón *Monólogo* 228: Cuando cien reformas agrarias hayan modificado la situación legal de estos campos, quedará en pie el hombre que injerta, que hibrida o que de alguna manera modifica la fuerza de la tierra. L. LSancho *Abc* 28.2.87,

18: No me negará nadie que el español es un híbrido de avestruz y de cebra .. Ni Linneo ni Cuvier llegaron [a] descubrimiento tan irrebatible como este. Quizá en su tiempo el llamado progreso no había hibridado tan agudamente a los españoles.

hibridez *f* (*lit*) **1** Hibridismo. | GNuño *Escultura* 43: Las más ilustres producciones de signo fenicio .. son una clara repercusión de modelos griegos ..; la esfinge-madre de Galera .. es obra presa de la hibridez anunciada. R. Saladrigas *Abc* 15.10.70, 47: El resto es un amasijo de hibridez plomiza y conformismo rutinario.
2 Cosa híbrida. | GNuño *Arte* 158: En la primera de las ciudades dichas .. se logran [en la catedral] efectos de una armonía nada común en este tardío y decadente goticismo, a fuerza de aunar motivos vetustos y novísimos, decorando un ábside con hibridices góticas y prebarrocas.

hibridismo *m* (*E o lit*) Condición de híbrido. | Anson *Abc* 20.3.58, 15: Si el Derecho público cristiano coloca en la cúspide de la civilización los Derechos de Dios, Maritain antepone los Derechos del hombre. En el hibridismo, en el maridaje imposible entre la Iglesia y la Revolución, es esta última la que se impone.

hibridista *m y f* (*E*) Biólogo que trabaja en hibridaciones. | *Abc* 18.5.58, 4: La zinia "New Century" es la más reciente creación de los famosos hibridistas americanos Ferry-Morse.

hibridizar *tr* (*E o lit*) Hibridar. | Cunqueiro *Descanso* 59 (G): Después han venido todas las rosas que han logrado, hibridizando, todos los floricultores del mundo. Cela *Secreto* 1, 13: El pueblo, en cierto sentido, adivina el lenguaje, los nombres de las cosas, pero también lo adultera o hibridiza.

híbrido -da *adj* **1** (*E*) [Animal o vegetal] procreado por dos individuos de distinta raza o especie. *Tb n m*. | Cuevas *Finca* 249: También el maíz híbrido, cuya semilla había que renovar cada año, de Madrid, subía verde y hermoso. Ybarra-Cabetas *Ciencias* 217: Tenemos el polen de una flor de guisante amarillo que fecunda los óvulos de otra de guisante verde; los híbridos que nacen poseerán en su cromatina las factores amarillo y verde. **b)** Propio de los híbridos. | S*Inf* 16.12.70, 4: Esto provoca cruzamientos entre distintas razas y la fijación de los caracteres híbridos.
2 (*lit*) [Cosa] que es producto de elementos de distinta naturaleza. *Tb n m*. | L. Alberdi *DBu* 27.12.70, 3: La primera ópera, Dafne, era .. una fórmula híbrida de espectáculo musical, mezcla de trovadores, oratorio y máscaras. Tamames *Economía* 476: Tampoco parece haberse preocupado la Comisaría de ese extraño híbrido de las empresas mixtas de capital privado y público.

hibridoma *m* (*Biol*) Híbrido celular formado por la fusión de un linfocito productor de anticuerpos con una célula tumoral, para cultivar un anticuerpo específico. | J. RVillanueva *TMé* 20.1.84, 27: Las consecuencias de descubrimientos tan sobresalientes como el DNA recombinante y los hibridomas no se han hecho esperar.

hic et nunc (*lat; pronunc*, /ík-et-núnk/) *loc adv* Aquí y ahora. | Torrente *Isla* 11: Si a mí me complace la travesura, servirá asimismo de solaz a los que entienden la vida y el arte como yo los entiendo: afirmación *hic et nunc* de nuestra real gana.

hicso -sa *adj* (*hist*) [Individuo] del pueblo que invadió Egipto en el s. XVIII a.C. y lo dominó hasta el s. XVI a.C. *Tb n*. | Pericot-Maluquer *Humanidad* 178: No se trata de un simple episodio, como el que en su día había representado la invasión de los hicsos en el Bajo Egipto. **b)** De (los) hicsos. | Fernández-Llorens *Occidente* 28: La invasión de los pueblos hicsos que acabaron con el Imperio Medio [en Egipto].

hidalgamente *adv* (*lit*) De manera hidalga [1]. | *MHi* 11.63, 53: Los actos han sido solemnes, y Tarragona ha recibido hidalgamente a tan ilustres huéspedes.

hidalgo -ga I *adj* **1** (*lit*) Noble y generoso. *Tb n, referido a pers*. | L. LSancho *Abc* 3.7.77, 5: Cosa distinta es el incidente que testifica, incidente justificado, camorra momentánea propia de gentes hidalgas como esos hidalgos mozos de Villarcayo, indignados con motivo. Imozas *CoZ* 22.5.64, 6: La rosquilla, el panecillo y la limonada hecha con el afamado tintorro de la tierra, es obsequio constante de santa hermandad, de esplendidez hidalga.
2 De(l) hidalgo o de (los) hidalgos [3]. | Carnicer *Castilla* 147: La vía más recomendable era la de entroncar por matrimonio con las familias hidalgas impecunes.
II *m y f* **3** (*hist*) *En la baja Edad Media y principios de la Moderna*: Pers. noble por linaje, esp. perteneciente a la baja nobleza. | CBaroja *Inquisidor* 18: Se le veía pasear, departir con canónigos y letrados, con caballeros e hidalgos. **b) ~ de gotera** → GOTERA.

hidalguesco -ca *adj* (*raro*) Hidalgo [2]. | Ridruejo *Castilla* 1, 13: Esa Castilla .. fue también –historia social– la habitación en un estrato de pueblo que fecundaba sus tierras e imponía a la hidalguesca pasión expansiva un contrapunto de urbana o campesina laboriosidad. Carnicer *Castilla* 147: Lo curioso es que todavía subsistan, en el siglo XX, los reparos hidalguescos.

hidalguía *f* Condición de hidalgo [1 y 3]. | J. Baró *Abc* 3.12.70, 27: La clásica hidalguía española, cuya expresión más honda y milenaria es la hospitalidad, sintió en su carne una infinita consternación. Cela *Judíos* 71: Sí verá usted cartas de hidalguía dadas en provecho y beneficio de mendigos.

hidantoína *f* (*Quím*) Compuesto cristalino incoloro e inodoro, presente en la melaza de remolacha y usado en farmacia. | *Abc* 1.12.70, 55: Extrajo conclusiones sobre la terapéutica hormonal con hidantoínas en el hipertiroidismo.

hidatídico *adj* (*Med*) [Quiste] que se forma en el hígado, en el pulmón o en otro órgano, por el desarrollo de la larva de la tenia del perro (*Taenia echinococcus*). | Bustinza-Mascaró *Ciencias* 124: Una tenia muy pequeña es la productora del quiste hidatídico, terrible enfermedad que puede padecer el hombre.

hidatidosis *f* (*Med*) Quiste hidatídico. | C. M. Franco *Pue* 17.12.70, 16: Muchas han sido las consultas que nos han formulado sobre el peligro de transmisión de la hidatidosis por los perros.

hideputa *m y f* (*lit, raro*) Hijo de puta. | Aparicio *Retratos* 258: En esta ciudad hay mucho hideputa vestido de lagarterana.

hidra *f* **1** Pólipo tubular de agua dulce, cerrado por un extremo y con tentáculos en el otro (gén. *Hydra*). | Bustinza-Mascaró *Ciencias* 114: La Hidra de agua dulce .. Su cuerpo alcanza 2 ó 3 mm. de longitud y, generalmente, es de color verde.
2 Serpiente de agua. | CBonald *Ágata* 249: El más imperceptible sonido .. se difunde a través de interminables multiplicaciones acústicas hasta más allá del fondo de los médanos, ya en la nunca hollada tierra donde se abren las guaridas de las hidras y el cerco de los espejismos.
3 (*lit*) Peligro o dificultad que nunca terminan de vencerse. | Torrente *Pascua* 342: En el seno del Partido Socialista, que es por definición parlamentario, se alimenta la hidra de la autocracia, y ahora, con espanto de los verdaderos republicanos, se alzan las siete cabezas de la tiranía. Buero *Sueño* 159: Las ejecuciones sumarias y los destierros han dejado sin cabeza a la hidra liberal.

hidrácida (*tb* **hidracida**) *f* (*Med*) Medicamento antituberculoso formado por combinación de un ácido orgánico con una amina. | *DBu* 9.7.64, 10: Hace años ya se creía vencida [la tuberculosis], por haber empleado los tres grandes: E[s]treptomicina, Hidrácidas y Pa[s]. M. Aguilar *SAbc* 16.11.69, 54: Entre las numerosas medicinas descubiertas, siguen siendo las mejores las hidracidas y estreptomicinas.

hidrácido *m* (*Quím*) Ácido compuesto por hidrógeno y un metaloide. | Marcos-Martínez *Física* 255: Todos ellos [los halógenos] son monovalentes al reaccionar con el hidrógeno y con los metales. Con el primero forman los hidrácidos.

hidracina *f* (*Quím*) Líquido básico incoloro, compuesto de hidrógeno y nitrógeno, que es un agente fuertemente reductor y que se usa pralm. como combustible de cohetes. | *BOE* 2.8.76, 14905: No se deberán envasar en común con los cloratos, permanganatos, soluciones de peróxidos de hidrógeno, percloratos, peróxido e hidracina.

hidractivo -va *adj* (*Mec*) [Sistema de suspensión para automóviles] que combina la hidráulica y la electrónica. | *ByN* 28.7.91, 4: El Citroën XM V6 24v se distingue por un comportamiento en carretera sin precedentes. El ímpetu de sus 200 CV y 6 cilindros inyección se beneficia de una suspensión hidractiva inteligente.

hidrante[1] *m* Toma de una conducción de agua, esp. para riegos o incendios. | *Hoy* 16.3.75, 24: El otro procedimiento [de riego por aspersión] es similar, si bien va enterrado; lo único que aflora a tierra son los hidrantes, en los que se acoplan los aspersores. Benet *Otoño* 107: Un montón de carbón .. del que pronto saldría .. el polaco .., que rápidamente era trasladado a la boca de un hidrante donde se le aplicaba una primera ducha.

hidrante[2] *m* (*Zool*) *En una colonia de hidrozoos:* Individuo especializado en capturar y digerir alimentos. | Bustinza-Mascaró *Ciencias* 119: En estas colonias hay individuos que tienen una constitución semejante a la de la hidra, con una boca rodeada de una corona de tentáculos bien dotados de células urticantes. Se llaman hidrantes, y su principal misión es la de capturar y digerir alimentos.

hidrargírico -ca *adj* (*E*) De(l) mercurio. | Tamames *Economía* 189: Nuestros principales yacimientos de cinabrio (bisulfuro hidrargí[ri]co y principal mena del mercurio) son los de Almadén, en Ciudad Real. [*En el texto,* hidrárgico.] **b)** Producido por el mercurio. | Mercader-DOrtiz *HEspaña* 4, 103: Los trabajadores libres en el interior [de las minas de Almadén] estaban expuestos a contraer las terribles dolencias hidrargíricas propias de estas explotaciones.

hidrargirio *m* (*lit, raro*) Mercurio (metal). | Sampedro *Sirena* 262: Me hizo mirarme en el espejo grande, el que me ha traído, resulta que detrás tiene un metal nuevo, hidrargirio, ¡un metal líquido, qué cosa más extraña!

hidrargirismo *m* (*Med*) Intoxicación causada por el mercurio. | FQuintana-Velarde *Política* 129: Algunas de tales dolencias –silicosis, .. hidrargirismo, anquilostomiasis, diversas enfermedades oculares– constituyen una verdadera plaga para estos trabajadores.

hidratación *f* Acción de hidratar(se). *Tb su efecto.* | Bustinza-Mascaró *Ciencias* 365: Se alteran químicamente [las rocas] por hidratación de unos minerales, hidrólisis de otros, etc.

hidratado -da *adj* **1** *part* → HIDRATAR.
2 (*Quím*) [Cuerpo] que contiene agua en su estructura molecular. | Ybarra-Cabetas *Ciencias* 72: Yeso. Sulfato cálcico hidratado.

hidratante *adj* Que hidrata [2a]. *Frec referido a crema.* | *ByN* 11.11.67, 28: La crema Absolue rodea su rostro de los cuidados más completos .. Absolutamente hidratante, estabiliza el agua a nivel de la epidermis.

hidratar *tr* **1** Proporcionar agua [a un cuerpo (*cd*)]. | *Abc* 25.8.68, 50: Hidro Masaje .. Limpia la piel de granitos y puntos negros, la hidrata y evita la formación de arrugas. **b)** *pr* Tomar agua [un cuerpo]. | * Con este tratamiento los tejidos se hidratan rápidamente, recobrando así su elasticidad habitual.
2 (*Quím*) Combinar [un cuerpo] con agua. | * Los alimentos deshidratados deben ser hidratados de nuevo antes de consumirlos. **b)** *pr* Combinarse [un cuerpo] con agua. | Aleixandre *Química* 196: Si se calientan con anhídrido fosfórico u otros agentes deshidratantes, se convierten en nitrilos. Por el contrario, tratados por disoluciones alcohólicas de sosa o potasa, se hidratan.

hidrato *m* (*Quím*) **1** Cuerpo en cuya composición entra el agua. | Bustinza-Mascaró *Ciencias* 13: Con el agua los óxidos engendran unos cuerpos nuevos, a los que se les llama hidratos o hidróxidos.
2 ~ de carbono. Compuesto orgánico de carbono, hidrógeno y oxígeno en que estos últimos entran en la misma proporción que en el agua. | Legorburu-Barrutia *Ciencias* 59: Con los alimentos orgánicos pueden hacerse tres grupos: 1º Alimentos azucarados y feculentos, ricos en hidratos de carbono, como el azúcar, los dulces .. 2º Grasas .. 3º Alimentos proteínicos.

hidráulicamente *adv* De manera hidráulica [2]. | *Agreste Abc* 29.6.75, 37: El depósito tiene una capacidad de tres toneladas y está dotado de un mecanismo de descarga, controlado hidráulicamente, que lo vacía en treinta o cuarenta segundos.

hidraulicidad *f* (*E*) Relación entre el caudal medio de agua de un año y el caudal medio de numerosos años. | *País* 30.5.79, 46: El ahorro que produce en fuel un año de alta hidraulicidad .. es sumamente importante. *Inf* 21.9.82, 7: Las reservas de los embalses se encuentran a solo un 37,2 por cien de su nivel .., y el índice de hidraulicidad de septiembre se encuentra por el momento al 38 por cien.

hidráulico -ca I *adj* **1** De(l) agua embalsada, o transportada por tuberías y canales. | *Van* 4.11.62, 8: Situación de los embalses. Durante la última semana, nuestras reservas hidráulicas han disminuido en 120.000.000 de metros cúbicos. *YaTo* 30.8.81, 41: El PSOE acusa a la Diputación de error en la política hidráulica.
2 Que se produce o funciona merced a la energía del agua u otro líquido. | Ortega-Roig *País* 98: Ha aumentado la producción española [de electricidad] ..; la hidráulica es superior a la térmica. Catalá *Física* 163: En los frenos hidráulicos, tan empleados en toda clase de vehículos, la presión ejercida por el conductor sobre la palanca de pie se transmite por medio de aceite y acciona las cintas que actúan sobre los tambores de las ruedas. Marcos-Martínez *Física* 66: La prensa hidráulica se emplea para los molinos de aceite (almazaras) .., para elevar grandes pesos (gatos hidráulicos).
3 De (la) hidráulica [5]. | * Tiene grandes conocimientos hidráulicos. * Es ingeniero hidráulico.
4 (*Constr*) [Cal o cemento] que se endurece en contacto con el agua. *Tb referido a lo construido con estos materiales.* | Marcos-Martínez *Física* 291: Si la proporción de arcilla es de un 10 por 100 a un 20 por 100, se obtienen las cales hidráulicas, que se endurecen en presencia del agua. MSantos *Tiempo* 42: Adobes en que la frágil paja hace al barro lo que las barras de hierro al cemento hidráulico. GTelefónica *N*. 833: Archel, S.A. Cheliz y Arrechea. Terrazo continuo. Baldosas. Hidráulico. **b)** (*Mineral*) [Caliza] que proporciona cal hidráulica. | Ybarra-Cabetas *Ciencias* 69: En este grupo [calizas estratificadas] se incluyen .. las calizas hidráulicas, tan interesantes para la fabricación del cemento.
II *f* **5** Parte de la mecánica que estudia los líquidos. | *Abc* 16.1.72, 44: La conferencia inaugural –"Hidrología, Hidráulica e Hidricidad"– fue pronunciada por el doctor don José Torán Peláez.

hidria *f* (*hist*) Vasija grecorromana para agua o vino, normalmente con dos asas horizontales y una vertical. | Pericot-Maluquer *Humanidad* 78: La clave del éxito comercial fue el vino, y el mayor volumen de las manufacturas exportadas correspondía a las vajillas para su necesaria distribución (ánforas, cráteras, hidrias, copas y vasos de todas clases). Torbado *Peregrino* 486: Condujo a don Alfonso y a sus próximos a la sacristía para enseñarles una hidria, de las seis que hubo en las bodas de Caná de Galilea.

hídrico -ca *adj* (*E*) De(l) agua. | Navarro *Biología* 144: El hombre adulto en reposo necesita más de dos litros diarios de agua. Gran parte de sus necesidades hídricas se cubren con el agua que poseen los alimentos. Fuyma *DBu* 16.8.90, 9: Demasiados pueblos .. ven angustiosamente cómo sus fuentes y manantiales quedan resecos y cómo las reservas hídricas de sus depósitos descienden a niveles preocupantes. **b)** Causado por agua. | Nolla *Salud* 239: Fiebre tifoidea. Es una típica infección hídrica: el agua constituye su medio de transmisión fundamental.

hidro *m* (*hoy raro*) Hidroavión. | DCañabate *SAbc* 3.8.75, 23: Como Franco había elegido el hidroavión antes de ser designado Durán como participante en el raid, era forzoso que dejara el hidro en Cabo Verde. GArnau *Inf* 11.1.78, 18: Un día vemos partir a mi hermano y a Jaime de Foxá en un hidro y volvemos al monótono vivir.

hidro- *r pref* (*E*) De(l) agua. | *Por ej:* Palomino *Torremolinos* 211: Rugen los trescientos caballos de los compresores de refrigeración; petardea el del sistema de hidrocompresión que realiza el milagro de hacer salir el agua con la misma fuerza en el subsuelo y en la décima planta. *Libro agrario* 82: Estudio hidrogeológico e hidroeconómico de la Cuenca del Río Huerva. *Abc* 15.11.68, 92: Primero y único [edificio] en Madrid con: Lavadora automática. Lavavajillas. Horno elevado. Hidromezclador (temperatura constante). Van 20.12.70, 88: Importante complejo industrial precisa perito industrial .. Se requiere: Conocimientos de fabricación, montaje e instalación de equipos y materiales de calefacción e hidrosanitarios.

hidroaéreo -a *adj* (*Med*) [Ruido] producido por agua y aire, o por un líquido y un gas. | MSantos *Tiempo* 124: Pensaba si era mejor besar aquella mano descarnada o simplemente insinuar con la boca el simulacro procurando no hacer ruido hidroaéreo alguno.

hidroala *m* Embarcación dotada de unos dispositivos sustentadores a manera de patines o aletas, que al avanzar levantan el casco sobre la superficie del agua, lo que le permite alcanzar gran velocidad. | *Ya* 6.4.66, 1: Primer "hidroala" español. El "hidroala", nave entre buque y avión, una de las grandes innovaciones de la navegación actual, ha sido adquirido por una compañía marítima española. *Abc* 24.8.72, 25: El hidroala de bandera soviética "Kometa" ha permanecido anclado en nuestras aguas por espacio de algunas horas.

hidroalcohólico -ca *adj* (*Quím*) Compuesto de agua y alcohol. | M. T. Vázquez *Far* 12.87, 7: Las formulaciones más frecuentes para los pediculicidas son: lociones tensioactivas, lociones hidroalcohólicas, aerosoles y polvos.

hidroavión *m* Avión que puede realizar sobre el agua las operaciones de aterrizaje y despegue. | E. Marco *MHi* 3.61, 57: Realizaba los preparativos para pilotar un hidroavión.

hidrobiología *f* (*Biol*) Estudio de la vida de los seres que habitan en un medio acuático. | *Abc* 22.1.71, 24: Según los análisis efectuados por la estación central de hidrobiología y zoología, una micosis que roe la intersección de las aletas es la nueva enfermedad de los salmones asturianos.

hidrobiológico -ca *adj* (*Biol*) De (la) hidrobiología o de su objeto. | A. Montejo *Abc* 9.9.66, 7: A la trucha común o nativa, ahora abundante en virtud de las nuevas condiciones hidrobiológicas creadas por la constante salida de las aguas del pantano de Santa Teresa, se une una repoblación de 20.000 ejemplares de la especie "arco iris".

hidrocarbonado -da *adj* (*Quím*) Que contiene hidrógeno y carbono. | Aleixandre *Química* 150: Sustituyendo un átomo de hidrógeno por cadenas hidrocarbonadas se forman los hidrocarburos bencénicos de cadena lateral. **b)** [Sustancia] constituida por hidratos de carbono. | Alvarado *Anatomía* 122: A los cerdos se los ceba alimentándolos con productos hidrocarbonados (patatas, bellotas, castañas). Navarro *Biología* 58: La resistencia a la asfixia de ciertas células de las frutas, semillas y raíces de vegetales, cuando viven cierto tiempo en condiciones precarias o en ausencia total de oxígeno, se debe a que pueden efectuar por poco tiempo la respiración anaerobia a expensas de sus reservas hidrocarbonadas.

hidrocarbonato *m* (*Quím y Mineral*) Carbonato hidratado. | Ybarra-Cabetas *Ciencias* 61: Los hidrocarbonatos de cobre, malaquita, verde, y azurita, azul, cristalizan en el sistema monoclínico.

hidrocarburo *m* (*Quím*) Compuesto químico formado por combinación de carbono e hidrógeno. | Bustinza-Mascaró *Ciencias* 323: Es [el grisú] una mezcla de hidrocarburos en la que domina el denominado metano.

hidrocefalia *f* (*Med*) Dilatación anormal de las cavidades del encéfalo por acumulación de líquido cefalorraquídeo. | *Abc* 21.4.74, 26: Padeció una gravísima hidrocefalia aguda de la que curó súbitamente.

hidrocefálico -ca *adj* (*Med*) **1** De (la) hidrocefalia. | Vilaltella *Salud* 423: Existen formas especiales de oligofrenia ..: las microcefálicas, las microcefálicas. **2** Hidrocéfalo. *Tb n*. | M. Gordon *Ya* 11.12.83, 4: Mató a su sobrino, hidrocefálico de dieciocho años.

hidrocéfalo -la *adj* (*Med*) Que padece hidrocefalia. *Tb n*. | J. Tomeo *Abc* 30.10.93, 18: Se refiere, por fin, al niño hidrocéfalo momificado que todavía hoy puede verse en el British Museum de Londres.

hidrocele *m* (*Med*) Acumulación de líquido seroso en la túnica del testículo o en el cordón espermático. | Cela *Inf* 5.9.75, 16: Padece de aparatoso hidrocele con el que las madres de la localidad asustan a los niños inapetentes o que no quieren irse a la cama.

hidrocelulosa *f* (*Quím*) Sustancia derivada de la celulosa por hidrólisis parcial. | Ybarra-Cabetas *Ciencias* 266: Es la membrana la que interviene en el fenómeno, dando lugar a movimientos llamados higroscópicos, porque se deben a sustancias higroscópicas de la membrana, tal como la hidrocelulosa y las materias pécticas.

hidrociclón *m* (*E*) Ciclón usado para separar suspensiones líquidas. | *SInf* 8.10.74, 16: Para esta clasificación selectiva se aprovecha la circunstancia de que la fracción más rica del fosfato está comprendida entre los tamaños de 0,1 a 0,3 milímetros. Las máquinas empleadas son cribas e hidrociclones.

hidroclórico -ca *adj* (*Quím*) Clorhídrico. | G. Monti *SAbc* 20.10.68, 26: Esta solución de procaína hidroclórica .. tiene una impresionante gama de acciones.

hidrocortisona *f* (*Biol*) Hormona de la corteza suprarrenal cuya forma sintética se usa esp. como antiinflamatorio. | *Tri* 11.4.70, 39: Existen en el mercado nacional una gran cantidad de preparados idénticos, sobre todo de ciertos productos modernos, como vitamina B-12, hidrocortisona, carnitina, etc.

hidrocución *f* (*Med*) Síncope producido por inmersión en agua fría y que ocasiona la muerte súbita. | GHortelano *Momento* 149: Nadé unas brazadas, desdeñosas, aunque la anunciada posibilidad de una hidrocución me volvió a las supersticiones de la infancia, y en consecuencia abrevié el numerito. *Abc* 3.8.75, 51: En la playa de Ajo el súbdito francés Michael Sylvin .. murió por hidrocución.

hidrocultura *f* (*Bot*) Cultivo de plantas mediante inmersión de sus raíces en agua. | J. B. Filgueira *SYa* 23.5.74, 16: El señor Veranes .. anda por aquí tratando de introducir en España la hidrocultura .. Un sistema a base de jardineras en cuyo interior lleva depositado un granulado de cemento y ciertas sustancias químicas que evitarán la tierra (con su suciedad) y el tener que regar las plantas a menudo.

hidrodinámico -ca (*Mec*) **I** *adj* **1** De (la) hidrodinámica [3]. | *SSe* 8.9.91, 45: Volamos sobre el agua, pero estamos en un barco. Un barco, eso sí, distinto, donde se conjugan los conocimientos hidrodinámicos con la más avanzada tecnología. **2** Apropiado para reducir la resistencia del agua. | *Ya* 6.4.66, 10: El hidroala .. es un buque de perfiles hidrodinámicos, provisto de aletas sustentadoras. **II** *f* **3** Parte de la mecánica que estudia el movimiento de los fluidos, esp. de los líquidos. | Mingarro *Física* 69: Estudia la Hidrodinámica el movimiento de líquidos.

hidroelectricidad *f* (*Electr*) Electricidad producida por transformación de la energía hidráulica. | L. MDomínguez *Inf* 30.11.70, 2: La producción de combustible nuclear, de hidroelectricidad y de carbón ofrecen una estampa de frustración: no alcanzan los objetivos ambicionados. El petróleo manda.

hidroeléctrico -ca *adj* (*Electr*) De (la) hidroelectricidad. *Tb n f, referido a empresa*. | *BOE* 9.7.82, 18769: La energía hidráulica en España. Desarrollo histórico de los recursos hidroeléctricos nacionales. *VozC* 16.1.55, 4: Por la Jefatura de Obras Públicas se autoriza a "Hidroeléctrica de Castilla" el tendido de una línea eléctrica de alta tensión. Umbral *ElM* 9.12.91, 13: Las hidroeléctricas se sienten estafadas porque un lumpem [*sic*] o un argelino les roban un puñado de luz.

hidroextractor *m* Aparato centrifugador que elimina de un cuerpo el líquido que lo empapa. | *Alc* 13.11.70, 29: La [planta] baja .. contiene: Dos calderas .. Un quemador de fuel .. Un hidroextractor marca Ferrer y Capdevila.

hidrofílico -ca *adj* Hidrófilo [1]. | *Ya* 26.1.74, 2: En lentes blandos no es un plástico especial. Son siete tipos diferentes de materiales hidrofílicos.

hidrófilo -la **I** *adj* **1** Que absorbe el agua u otro líquido con facilidad. *Frec referido a algodón*. | *Fam* 15.11.70,

hidrófito – hidrolítico

52: Para atenuar el olor de la cocción de la coliflor bastará mojar un puñado de algodón hidrófilo o un trapo doblado en cuatro con vinagre y ponerlo encima de la tapadera de la olla. Navarro *Biología* 13: Los coloides hidrófilos o emulsoides poseen una gran afinidad con el agua.

II *m* **2** Coleóptero acuático de color negro que vive en las aguas estancadas (*Hydrophilus piceus*). | Navarro *Biología* 300: Los insectos acuáticos, como los zapateros, patinan por las aguas o viven en ellas (ditiscos, nepas e hidrófilos).

hidrófito -ta *adj* (*Bot*) [Planta] acuática. | Navarro *Biología* 271: Las plantas acuáticas o hidrófitas tienen las hojas acintadas, sin cutícula y sin estomas. **b)** De (las) plantas hidrófitas. | Bustinza-Mascaró *Ciencias* 292: Comunidad hidrófita. Es una agrupación de plantas hidrófitas, es decir, de plantas que crecen en el agua o en sitios muy húmedos.

hidrofobia *f* **1** Horror al agua. | Alvarado *Anatomía* 172: Los perros rabiosos huyen del agua (hidrofobia quiere decir horror al agua).
2 Rabia (enfermedad). | Nolla *Salud* 229: La rabia o hidrofobia, producida por un virus, es transmitida por la mordedura de los animales enfermos de dicha infección.

hidrófobo -ba *adj* **1** Que padece hidrofobia [2]. | Alvarado *Anatomía* 173: Se aplica en todo el mundo este tratamiento .. a miles de personas mordidas por perros hidrófobos.
2 (*E*) Que rechaza el agua. | Bustinza-Mascaró *Ciencias* 226: La pared celulósica puede también transformarse en cutina (cutinización), en suberina (suberinización), ambas de naturaleza grasa e hidrófobas que impermeabilizan a las células.

hidrofoil (*pl normal*, ~s) *m* (*raro*) Hidroala. | *Mad* 25.4.66, 5: Un servicio de hidrofoils, embarcaciones rapidísimas destinadas a navegar casi sin rozar el agua.

hidrofonía *f* (*E*) Técnica de captación de sonidos dentro del agua. | *MMé* 15.6.87, 13: El grupo de Querleu y Verbort, utilizando técnicas de grabación intrauterina, mediante hidrofonía y microfonía sin tensión de polarización, ha medido, en her[t]zios y decibelios, diferentes tipos de ruidos captados dentro del habitáculo uterino.

hidróforo -ra *adj* (*Zool*) En los equinodermos: [Conducto] que comunica con el agua dulce a través de una placa calcárea porosa. | Alvarado *Zoología* 35: El agua ingresa del exterior por un conducto llamado canal hidróforo .., que va del canal anular a una placa especial denominada placa madrepórica. [*En la estrella de mar.*]

hidrófugo -ga *adj* (*E*) Que evita o repele la humedad. | D. García *Mun* 5.12.70, 66: El sistema de encendido del coche causa muchos quebraderos de cabeza cuando delco y bobina han sido alcanzados por el agua de la lluvia .. Basta rociar bien las partes afectadas con otro "spray" de líquido hidrófugo.

hidrogel *m* (*Quím*) Gel cuyo medio líquido consiste en agua. | Navarro *Biología* 12: Según el medio dispersante, [los soles y los geles] se denominan hidrosoles o hidrogeles, cuando es agua; alcohosoles y alcohogeles, si es alcohol.

hidrogenación *f* (*Quím*) Acción de hidrogenar. *Frec referido al endurecimiento artificial de aceites.* | *Inf* 26.6.70, 17: Se obtiene [el ciclohexano] por hidrogenación catalítica del benceno. Aleixandre *Química* 223: ¿En qué consiste la hidrogenación de los aceites?

hidrogenante *adj* (*Quím*) Que hidrogena. | *Inf* 16.4.70, 31: Ofrécese licencia explotación patentes: .. "Procedimiento craqueo hidrogenante aceite hidrocarbonado".

hidrogenar *tr* (*Quím*) Combinar con hidrógeno [una sustancia, frec. aceite líquido]. | Marcos-Martínez *Física* 248 bis: Se emplean grandes cantidades de hidrógeno para la obtención del amoníaco. También para hidrogenar las grasas líquidas, convirtiéndolas en sólidas.

hidrogenasa *f* (*Biol*) Enzima que cataliza la adición de hidrógeno. | MNiclos *Toxicología* 101: Se han descrito púrpuras y crisis de hemolisis, estas últimas en sujetos con déficit de glucosa-6-fosfato de hidrogenasa.

hidrogenión *m* (*Quím*) Átomo de hidrógeno con una carga eléctrica positiva. | Navarro *Biología* 9: Se denomina pH .. a la concentración de hidrogeniones de una disolución.

hidrógeno *m* **1** Gas incoloro, inodoro, muy inflamable, de número atómico 1 y catorce veces más ligero que el aire, que, combinado con el oxígeno, forma el agua. | Alfonso *España* 58: Verdadero placer de dioses esto de que pueda saberse lo que ocurre en el interior del Sol, con esas transformaciones del hidrógeno en helio.
2 ~ pesado. (*Quím*) Deuterio. | Legorburu-Barrutia *Ciencias* 17: El núcleo de los átomos del hidrógeno pesado, llamado deuterio –y mejor, del tritio–, tiene la propiedad de unirse con otro, si tiene la suficiente temperatura.

hidrogeología *f* (*Geol*) Parte de la geología que estudia las aguas superficiales y esp. las subterráneas. | *Nue* 24.1.70, 14: Ha sido inaugurado el IV Curso de Hidrogeología para Posgraduados.

hidrogeológicamente *adv* (*Geol*) En el aspecto hidrogeológico. | *ASeg* 10.12.79, 6: Hidrogeológicamente parece ser que existe una conexión hidráulica con los materiales subyacentes del cretácico.

hidrogeológico -ca *adj* (*Geol*) De (la) hidrogeología. | *Inf* 10.11.70, 2: ¿En qué estado se encuentran los estudios hidrogeológicos de la isla de Mallorca tendentes a saber sus reservas acuíferas?

hidrogeólogo -ga *m y f* (*Geol*) Especialista en hidrogeología. | *Nue* 24.1.70, 14: Resaltó el interés de la formación de hidrogeólogos, cuya demanda es cada vez mayor en todos los países.

hidrografía *f* (*Geogr*) **1** Parte de la geografía que estudia las aguas marinas y continentales. | Ortega-Roig *País* 54: La hidrografía es una parte de la Geografía que estudia los ríos y los lagos de un país, región o comarca.
2 Conjunto de aguas [de un país o una región]. | Zubía *España* 193: La hidrografía de la Península Ibérica.

hidrográficamente *adv* (*Geogr*) En el aspecto hidrográfico. | *CoA* 31.10.75, 24: Estepa .. Hidrográficamente el término es pobre, pues solo cuenta con el modesto caudal del río Salado.

hidrográfico -ca *adj* (*Geogr*) De (la) hidrografía. | *Her* 4.4.71, 24: Don Juan Carlos clausura los actos del aniversario del Centro de Estudios Hidrográficos. Ortega-Roig *País* 56: Las vertientes hidrográficas españolas son: la cantábrica-gallega, la atlántica y la mediterránea. *ASeg* 22.11.62, 1: Este es el más moderno de los buques hidrográficos de la Armada .. La hidrografía es la ciencia de la investigación de los mares, lagos y ríos, e incluye la preparación de mapas hidrográficos.

hidrógrafo -fa *m y f* (*Geogr*) Especialista en hidrografía [1]. | *Agromán* 44: Un estudio sobre el lugar, realizado por un hidrógrafo, hace creer que se hundió la tierra a causa de un terremoto, y por eso el mar pudo pasar por las dunas de la costa.

hidroideo *adj* (*Zool*) [Hidrozoo], frec. colonial, en el que predomina la fase pólipo. *Frec como n m en pl, designando este taxón zoológico.* | Navarro *Biología* 272: Las diferencias morfológicas y funcionales en las colonias heteromorfas pueden llegar a casos como el de *Podocoryne carnea*, que es un hidroideo colonial que, además de poseer individuos gastrozoides y gonozoides, posee macozoides o individuos defensores con aspecto de filamento o acantozoides o individuos protectores transformados en espinas.

hidrolasa *f* (*Biol*) Enzima que escinde una sustancia orgánica mediante hidrólisis. | Navarro *Biología* 27: Diferentes tipos de enzimas .. Hidrolasas. Son las que escinden las sustancias orgánicas en otras, por fijación de agua.

hidrólisis *f* (*Quím*) Descomposición de una sustancia por reacción con el agua. | Bustinza-Mascaró *Ciencias* 365: Se alteran químicamente [las rocas] por hidratación de unos minerales, hidrólisis de otros, etc.

hidrolíticamente *adv* (*Quím*) De manera hidrolítica. | Alvarado *Anatomía* 121: Una parte de los procesos de desasimilación se realizan hidrolíticamente, es decir, por medio del agua.

hidrolítico -ca *adj* (*Quím*) De (la) hidrólisis. | Navarro *Biología* 156: Las transformaciones catabólicas son de dos tipos, unas hidrolíticas y otras oxidativas. **b)** Que produce hidrólisis. | Alvarado *Anatomía* 6: Los organismos poseen enzimas hidrolíticos especiales para cada polisacárido.

hidrolizable *adj* (*Quím*) Que se puede hidrolizar. | Navarro *Biología* 20: Disacáridos. Igual que los monosacáridos, son solubles en agua .. Se diferencian de ellos por ser hidrolizables y no ser reductores.

hidrolizado *m* (*Quím*) Producto derivado de hidrólisis. | *Prospecto* 3.88: Findus. Lasaña al horno .. Ingredientes: Leche desnatada, .. potenciador de aroma (H-5805), hidrolizado de proteínas, especias, ajo.

hidrolizar *tr* (*Quím*) Producir hidrólisis [en un compuesto (*cd*)]. | Navarro *Biología* 28: Disacarasas. Hidrolizan a los disacáricos en monosacáridos .. Lipasas (Esterasas). Hidrolizan a los ésteres, como son las grasas, desdoblándolos en sus constituyentes. **b)** *pr* Sufrir hidrólisis [un compuesto]. | Ybarra-Cabetas *Ciencias* 200: Cuando las grasas se ponen en presencia de las bases, como la potasa o la sosa, o en la de ciertos fermentos, recuperan el agua que perdieron, es decir, se hidrolizan desdoblándose en sus dos componentes, glicerina y ácido graso.

hidrología *f* (*E*) **1** Ciencia que trata de las propiedades, movimientos y transformaciones de las aguas de la Tierra. | *Abc* 19.1.75, 16: En el Centro de Estudios Hidrográficos se celebró la apertura del X Curso Internacional de Hidrología General y Aplicada. **b)** ~ **médica.** (*Med*) Estudio de las aguas desde el punto de vista terapéutico. | *TMé* 7.1.83, 28: El día 12 de enero se inicia un curso monográfico de Doctorado de la Facultad de Medicina de Sevilla sobre "Hidrología Médica y Termalismo".
2 Conjunto de aguas [de un país o región]. | GLuengo *Extremadura* 54: Dentro de la hidrología provincial son características las charcas, casi siempre artificiales, utilizadas para abrevadero de los caballos.

hidrológico -ca *adj* **1** De (la) hidrología [1] o de su objeto. | L. Rojo *VSi* 7.89, 34: El diseño de esquemas de corrección eficaces es fundamenta en la correcta interpretación de los procesos hidrológicos y geológicos que tienen lugar en el torrente. *Her* 14.7.82, 11: En la presentación de la planificación hidrológica nacional. El ministro de Obras Públicas se pronunció a favor de los trasvases.
2 De (las) aguas. | L. GPedraza *HLM* 26.10.70, 17: La sequía crece gradualmente, casi "misteriosamente", sin que apenas nos demos cuenta de sus consecuencias hasta que se hace patente el déficit hidrológico.

hidrólogo -ga *m y f* (*E*) Especialista en hidrología [1]. | S. Postel *SCór* 1.8.93, XIV: Los hidrólogos sitúan ese límite entre 1.000 y 2.000 metros cúbicos por habitante y año. E. RVelasco *TMé* 28.1.83, 26: La prudencia en la utilización del termalismo, siempre dirigida por un médico hidrólogo en la estación termal, hace que no haya por qué temer reacción alguna, sino solamente mejoría del estado general.

hidromancia (*tb* **hidromancía**) *f* Adivinación basada en la observación del agua. | Alcina *Ovidio* XV: Se ha atribuido [el exilio] a relaciones de Ovidio con perversos pitagóricos que eran brujos y astrólogos y a haber asistido a cierta ceremonia neopitagórica de hidromancia.

hidromasaje (*tb con la grafía* **hidro-masaje**) *m* Masaje terapéutico o relajante por medio de chorros de agua. *Tb la instalación correspondiente.* | *LevS* 6.5.89, 56: Filca-Piscinas .. Saunas Vinsa. Baños vapor. Bañeras hidromasaje. *Nor* 24.11.90, 30: Piscina cubierta y climatizada, con elementos de Hidromasaje, Conserjería, Restaurante.

hidromecánico -ca *adj* (*Mec*) Que funciona teniendo el agua u otro líquido como fuerza motriz. | A. Méndez *Abc* 25.3.73, 40: Va a ser realizado un estudio sobre las posibilidades de empleo del sistema de extracción hidromecánico en las minas asturianas.

hidrometalurgia *f* (*Metal*) Técnica metalúrgica mediante disolución del metal o de la ganga en un medio acuoso. | *SInf* 5.3.75, 6: Este servicio dispone de laboratorios de concentración gravimétrica, flotación por espumas, separación magnética, separación electrostática e hidrometalurgia.

hidrometalúrgico -ca *adj* (*Metal*) De (la) hidrometalurgia. | *Abc* 17.8.73, 25: El beneficio de esta mena .. requiere estudios hidrometalúrgicos especiales.

hidrometeoro *m* (*Meteor*) Meteoro que consiste en agua, caída o en suspensión, en estado líquido, sólido o gaseoso. | J. SEgea *Abc* 7.9.75, 32: En el Cantábrico los hidrometeoros ascendieron por término medio a 14 litros.

hidrometría *f* (*Fís*) Estudio de las mediciones relativas a los líquidos en movimiento. | * La hidrometría forma parte de la hidrodinámica.

hidrométrico -ca *adj* (*Fís*) De (la) hidrometría. | Aleixandre *Química* 216: La dureza de un agua se mide en grados hidrométricos.

hidrómetro *m* (*Fís*) Instrumento para medir el caudal, la velocidad o la fuerza de los líquidos en movimiento. | *GTelefónica N.* 219: Comercial de Industria y Minería, S.L. Hidrómetros. Manómetros. Termómetros.

hidromiel *m* Agua mezclada con miel. | Torbado *Peregrino* 292: Vertió el licor en las copas .. Era hidromiel perfumado con yerbabuena.

hidromineral *adj* De (las) aguas minerales. | *Cod* 9.2.64, 6: ¿Ha sido usted sometido a regímenes alimenticios o curas climatológicas o hidrominerales?

hidronefrosis *f* (*Med*) Distensión de la pelvis y de los cálices renales por acumulación de la orina, gralm. por obstrucción de los uréteres. | J. Fereres *TMé* 10.2.84, 4: Los quistes renales, la hidronefrosis, las lesiones benignas y malignas de riñón .. pueden esclarecerse mediante esta completa e inocua exploración.

hidroneumático -ca *adj* (*Mec*) [Dispositivo o aparato] en cuyo funcionamiento intervienen a la vez un líquido y un gas comprimido. | *SYa* 10.6.73, 47: Otro punto a resaltar es la suspensión [del Citroën GS]. El sistema es derivado de la famosa suspensión hidroneumática de los Tiburones.

hidronimia *f* (*Ling*) Estudio de los hidrónimos. *Tb el objeto de ese estudio.* | Rabanal *Hablas* 108: Hidronimia compostelana: "Sar" y "Sarela". El capítulo (IV, 6) de los ríos buenos y malos .., del "Codex Calixtinus", se cierra con la muy explícita mención y la buena nota del Sar y del Sarela.

hidronímico -ca *adj* (*Ling*) De (la) hidronimia. | Rabanal *Hablas* 107: Con una raíz indoeuropea *arg-*, 'brillante, blanquecino' .., se relacionan muchos actuales topónimos hispánicos de origen hidronímico: *Arganda, Argandoña, Argance...*

hidrónimo *m* (*Ling*) Nombre propio de una corriente o acumulación de agua continental. | Rabanal *Hablas* 108: Particularmente interesante dentro de los topónimos célticos de Galicia es el nombre del famoso río Limia y de su cuenca. Se trata de un hidrónimo muy correspondido .. en toda la Europa de base céltica.

hidronio *m* (*Quím*) Hidroxonio. | RGómez *Física* 252: En realidad el ion H+ en disolución acuosa se asocia con una molécula de agua formando el ion hidrógeno hidratado .., llamado ordinariamente hidronio.

hidropesía *f* (*Med*) Acumulación anormal de líquido seroso en una cavidad o en el tejido celular. | Nolla *Salud* 464: Además de las hidropesías debidas a enfermedades del corazón, de la circulación periférica, del hígado .., existen las debidas a enfermedades de los riñones.

hidrópico -ca *adj* **1** (*Med*) Afectado de hidropesía. | Nolla *Salud* 464: Investigando .. la presencia de albuminuria en los enfermos hidrópicos .., llega a la conclusión de que .. existen las [hidropesías] debidas a enfermedades de los riñones. CBonald *Dos días* 64: Las mujer de Ayuso estaba sentada junto a los anaqueles .. Le caían los pechos sobre la barriga hidrópica, modelando unas bolsas deformes y movedizas.
2 (*lit*) Sediento en exceso. *Tb fig.* | JGregorio *Jara* 16: También es tierra cereal, porque es un suelo fácil, suelto, muy hidrópico.
3 (*lit*) Insaciable. | Laín *Marañón* 101: El afán de lucro no debe ser .. el motivo primario de la actividad médica. Penoso resulta reconocer que esta norma es hoy frecuentísi-

hidroplano – hiel

mamente incumplida .., entre los consagrados, por la sed hidrópica de "ganar más".

hidroplano m **1** Hidroavión. | *Abc Extra* 12.62, 15: Cantó las deliciosas bodas del velocípedo con la rosa, para parir hidroplanos de aluminio.
2 Hidroala. | * Sobre el mar se deslizaba un hidroplano a gran velocidad.

hidroponía f (*Bot*) Cultivo hidropónico. | *Libro agrario* 34: Hidroponía. Cómo cultivar la tierra.

hidropónico -ca adj (*Bot*) **1** [Sistema de cultivo de plantas] que se realiza añadiendo al agua los elementos nutritivos, sin emplear tierra. | Legorburu-Barrutia *Ciencias* 257: En la actualidad se cultivan plantas sin tierra (cultivo hidropónico).
2 De(l) cultivo hidropónico. | LAparicio *SYa* 7.1.90, 4: Ha montado varias plantas hidropónicas en la URSS por varios cientos de millones de pesetas.

hidroquinona f (*Quím*) Cuerpo que se obtiene por la acción de los agentes reductores sobre la quinona y que se emplea como antipirético, antiséptico y como revelador en fotografía. | Aleixandre *Química* 164: Existen tres difenoles: el orto o pirocatequina, el meta o resorcina y el para o hidroquinona.

hidrosere f (*Bot*) Sere que se origina en un entorno húmedo. | *BOE* 12.3.68, 3771: Estudio de la hidrosere. Etapas submersa, flotante, "cañaveral" y "juncal".

hidrosfera f Conjunto de las partes líquidas del globo terrestre. | Bustinza-Mascaró *Ciencias* 299: La capa de agua que cubre a la litosfera en los océanos y mares, la que forma los ríos y los lagos y la que empapa a las rocas permeables o fisuras forma la hidrosfera.

hidrosol m (*Quím*) Sol^2 cuyo medio líquido consiste en agua. | Navarro *Biología* 12: Según el medio dispersante, [los soles y los geles] se denominan hidrosoles o hidrogeles, cuando es agua; alcoholsoles y alcohogeles, si es alcohol.

hidrosoluble adj (*Quím*) Soluble en agua. | Bustinza-Mascaró *Ciencias* 51: Unas vitaminas son solubles en el agua (hidrosolubles) y otras se disuelven en las grasas (liposolubles).

hidrostático -ca (*Mec*) **I** adj **1** De (la) hidrostática [3] o de su objeto. | Marcos-Martínez *Física* 115: Llega un momento en que esa tensión supera a la presión atmosférica incrementada en la hidrostática que gravita sobre la burbuja. S. Postel *SCór* 1.8.93, XV: En Beijing el nivel hidrostático desciende entre uno y dos metros al año, por lo que un tercio de los pozos ya se han secado.
2 Que se realiza o funciona por medios hidrostáticos [1]. | *Abc* 11.5.75, sn: Hablando de Excavadoras, con decir Caterpillar basta .. Propulsión hidrostática con motores independientes en cada cadena.
II f **3** Parte de la mecánica que estudia el equilibrio de los fluidos. | Catalá *Física* 163: Esta es la ecuación fundamental de la hidrostática: entre dos puntos de un fluido incompresible, separados por una distancia vertical z, existe una diferencia de presión igual al peso de una columna de fluido, de base unidad y altura igual a la distancia vertical entre ambos puntos.

hidroteca f (*Zool*) Ensanchamiento del perisarco, en forma de campana, que protege a los hidrantes^2. | Bustinza-Mascaró *Ciencias* 119: Están protegidos [los hidrantes] por un ensanchamiento del perisarco, en forma de campana, que constituye la denominada hidroteca.

hidroterapia f (*Med*) Empleo del agua en el tratamiento de enfermedades, esp. en forma de abluciones, baños y duchas. | Buero *Sueño* 172: A la fuente de San Isidro, a hincharse de un agua milagrosa que nunca hizo milagros. Tan campantes. Es su hidroterapia. *Caso* 14.11.70, 21: He aquí un aparato de hidroterapia, seguro, inofensivo y de una eficacia absolutamente extraordinaria.

hidroterápico -ca adj (*Med*) De (la) hidroterapia. | *Ale* 15.8.79, 36: Balneario de Puente Viesgo .. Único tratamiento hidroterápico en España, con agua termal y minero-medicinal.

hidrotermal adj (*Geol*) De (las) aguas termales. | Ybarra-Cabetas *Ciencias* 68: Lo verdaderamente notable de sus yacimientos es que, por ser de origen hidrotermal, está muy difundida [la baritina] como ganga de los filones de los sulfuros de cobre, plata, cobalto, níquel.

hidrotimetría f (*Quím*) Determinación de la dureza del agua. | Aleixandre *Química* 176: Lo dicho anteriormente encuentra aplicación en la hidrotimetría, operación que tiene por objeto determinar la dureza del agua.

hidrotropismo m (*Biol*) Tropismo en dirección al agua o en sentido opuesto. | Legorburu-Barrutia *Ciencias* 264: La raíz crece hacia donde hay agua, es decir, tiene hidrotropismo positivo.

hidroxi- r pref (*Quím*) Que contiene uno o más grupos hidroxilos. | *Por ej: SYa* 25.7.92, VI: Las sustancias que provocan esta espectacular regeneración celular son los hidroxiácidos. *BOE* 12.3.68, 3770: Temario de Química orgánica .. 8. Hidroxialdehídos e hidroxicetonas .. 11. Hidroxiácidos.

hidroxiapatita f (*Quím*) Fosfato complejo de calcio que es el componente principal de los huesos y del esmalte de los dientes. | *SYa* 17.1.90, 7: El éxito de esta nueva sustancia, la hidroxiapatita, radica, en opinión de los especialistas, "en que forma un maridaje perfecto con el hueso, que la reconoce como congénere y se fusiona y crece con ella".

hidróxido m (*Quím*) Combinación del agua con un óxido metálico. | Ybarra-Cabetas *Ciencias* 62: La bauxita es un hidróxido de aluminio.

hidroxilión m (*Quím*) Grupo OH-. | Navarro *Biología* 10: Se dice que la reacción es neutra cuando la concentración de hidrogeniones es igual a la de hidroxiliones.

hidroxilo m (*Quím*) Radical formado por un átomo de hidrógeno y otro de oxígeno. | A. GMercado *SInf* 25.11.70, 11: En los años siguientes .. se halló la primera molécula en el espacio, el radical hidroxilo.

hidroxonio m (*Quím*) Ion hidrógeno hidratado. *Tb* ION ~. | Aleixandre *Química* 61: Modernamente se admite que no es el ión H+ el que existe en las disoluciones acuosas de los ácidos, sino el ión hidroxonio .., resultante de la unión del H+ con una molécula de agua .. Así pues, las disoluciones acuosas de los ácidos son verdaderas sales de hidroxonio.

hidrozoo adj (*Zool*) [Celentéreo] que presenta alternancia de generaciones entre la forma pólipo y medusa. *Frec como n m en pl, designando este taxón zoológico.* | Navarro *Biología* 272: Las colonias homomorfas son las que [sic] todos los individuos que las constituyen son completamente iguales; por ejemplo, las de hidrozoos (corales y madréporas).

hidruro m (*Quím*) Combinación de hidrógeno con otro cuerpo. | Aleixandre *Química* 31: Esta clase de enlace químico .. se encuentra .. en las combinaciones binarias que estos elementos forman entre sí, tales como los hidruros gaseosos.

hiedra (*tb con la grafía* **yedra**) f **1** Planta trepadora de hojas lustrosas, siempre verdes, tronco y ramas sarmentosas de las que brotan raíces adventicias, flores en umbela y fruto en bayas negruzcas (*Hedera helix*). *Tb* (*lit*) *fig.* | Laforet *Mujer* 94: Paulina recortaba la hiedra polvorienta que rodeaba su ventana. Grosso *Capirote* 190: Encendió un cigarrillo de espadaú al cancel. Las volutas azules de humo subieron –al cruzar el patio– hacia el cenador entre la yedra que trepaba por las columnas de mármol. Anson *Oriente* 94: El Vietnam se esfuerza por detener la yedra roja. El país está partido en dos y los chinos han recuperado el control del Norte.
2 ~ terrestre. Planta herbácea vivaz de tallos rastreros y flores de color violáceo, usada en medicina como tónica, diurética y anticatarral (*Glechoma hederacea*). | FQuer *Plantas med.* 666: En la actualidad, el empleo de la hiedra terrestre ha quedado relegado a la Medicina casera.

hiel I f **1** Bilis (líquido segregado por el hígado). | Legorburu-Barrutia *Ciencias* 62: El hígado: .. Produce la bilis, que se almacena en la vejiga de la hiel y después entra en el intestino por la ampolla de Vater.
2 Resentimiento o mala intención. | Delibes *Emigrante* 43: Que diga que yo soy así un tipo sin hiel, si no, de qué le vuelvo a mirar a la cara.

3 (*lit*) Amargura o dolor. *Frec en pl.* | J. Montini *Sáb* 10.9.66, 25: A la vejez llegan la desilusión, las amarguras, la hiel del olvido. Torres *Ceguera* 61: Ya de niña aprendí a saborear las hieles de una falta de atractivos.
4 ~ de la tierra. Centaura menor (planta). | Halcón *Campo* 19: Las [plantas] que se resisten al líquido [herbicida] .. son: el jaramago de cuello negro y flor amarilla, el jaramago verde .., la hiel de la tierra de flor morada, el quebrantahierro de flor azul. Mayor-Díaz *Flora* 190: *Centaurium erythraea* Rafn. "Centaura menor", "Hiel de la tierra". (Sin. *Erythraea centaurium* auct., non (L.) Pers.)
II *loc adj* **5** [Paloma] **sin ~** → PALOMA.

hielo I *m* **1** Agua solidificada por efecto del frío. | Laforet *Mujer* 207: Arturo [tenía] otro vaso, en el que flotaba hielo y limón. **b)** Trozo pequeño de hielo. | * Pon unos hielos, por favor. **c) ~ seco.** Nieve carbónica. | Aleixandre *Química* 110: La nieve carbónica, llamada también hielo seco, se emplea mucho como refrigerante, especialmente en la industria de los helados.
2 Helada. | Escobar *Itinerarios* 44: Las llamas .. pintan tonalidades cobrizas en los rostros que ya de por sí sonllamaron [sic] y oscurecieron los soles y los hielos.
II *loc adj* **3 de ~.** (*col*) Helado o pasmado. *Con los vs* DEJAR *o* QUEDAR. | * Me quedé de hielo al oírle decir aquellas cosas.
III *loc v* **4 romper el ~.** Poner fin a una situación tensa o embarazosa, o a una actitud de frialdad o de recelo. | B. Peláez *DBu* 18.7.64, 5: El silencio se adueñó de la clase .. –¡Yo me iré con usted!, tronó la voz de un gigante moreno que a grandes zancadas se acercó hasta mí. Se había roto el hielo. Luego fueron tres más, siete, quince… ¡Todos! Tomás Orilla 323: –Hacía años que no te veía –rompió el hielo el comisario–. ¿Qué ha sido de tu vida? Cela *Rosa* 164: Probablemente no nos caíamos en gracia el uno al otro. Después fuimos amigos, incluso muy buenos amigos, pero al principio nos costó cierto trabajillo romper el hielo.

hiemal *adj* (*lit o* E) Invernal. | Benet *Viaje* 145: Una desconfianza tan extensa acaso echaba sus raíces en la mudanza de las estaciones, en las amargas sorpresas hiemales que el año deparaba a los escasos habitantes de aquella parte alta del valle.

hiena *f* **1** Mamífero carnicero del tamaño de un perro grande, de pelaje áspero y gris con rayas o manchas oscuras, que tiene hábitos nocturnos y se alimenta fundamentalmente de carroña (*Hyaena hyaena, H. brunnea, Crocuta crocuta*). *Tb* ~ RAYADA, ~ PARDA *y* ~ MANCHADA, *respectivamente*.) | Legorburu-Barrutia *Ciencias* 214: Son carnívoros también los osos y la hiena.
2 Pers. cruel e inhumana. | Landero *Juegos* 145: –¿No me dijiste que en el fondo eres un tipo duro? –Si hace falta, una hiena. Buero *Diálogo* 42: –Grosero. –Hiena.

hierático -ca *adj* **1** Que tiene o afecta una extremada solemnidad. | Umbral *Ninfas* 65: María Antonieta, .. hermosa como las estrellas de cine, hierática como ellas, fascinante. Arce *Precio* 12: ¿Qué recuerdos conservaba de la abuela? .. Acaso aquella altivez, casi hierática e impenetrable, en torno a cuyas órdenes mi madre y mis tíos organizaban sus vidas.
2 (*hist*) [Tipo de escritura egipcia] consistente en una estilización de la jeroglífica. | Tejedor *Arte* 11: Los egipcios tuvieron tres clases de escritura: la jeroglífica o sagrada, la hierática o estilización de la anterior y la demótica o popular.

hieratismo *m* Cualidad de hierático [1]. | Tejedor *Arte* 87: Se caracterizan [los mosaicos bizantinos] .. por el hieratismo, la simetría y la solemne rigidez de sus figuras.

hierba (*tb con la grafía* **yerba**) **I** *f* **1** Planta pequeña de tallo tierno. | FSantos *Hombre* 117: Le vio dudar un rato, pero después, apenas le llamó la chica, se alejaba trotando, azotando las hierbas con el rabo. Torrente *Señor* 85: Aldán ponderó la fuerza del aguardiente y la hermosa color con que las yerbas le teñían. **b)** Diversas especies se distinguen por medio de adjs o compls: ~ BELIDA (*Ranunculus acris*), ~ CANA (*Senecio vulgaris*), ~ CENTELLA (*Caltha palustris*), ~ DE LOS GATOS (*Valeriana officinalis*), ~ DEL PORDIOSERO (*Clematis vitalba*), ~ DE SAN ANTONIO (*Epilobium hirsutum*), ~ DE SAN JUAN (*Hypericum perforatum*), ~ DONCELLA (*Vinca major* y *V. minor*), ~ LECHERA (*Polygala vulgaris*), ~ MORA (*Solanum nigrum*), ~ PIOJERA (*Santolina chamaecyparissus, Delphinium staphisagria*), ~ VELLUDA (*Ranunculus bulbosus*), etc. | Cela *Mazurca* 35: Mi prima Georgina .. mató a su primer marido con un cocimiento de la flor de San Diego o yerba belida. Remón *Maleza* 102: S[enecio] *vulgaris* L. Nombre común: Hierba cana, Senecio común .. Es una mala hierba cosmopolita, crece en todos los terrenos removidos, muy común y florece casi todo el año. Cendrero *Cantabria* 92: Estrato epifítico (lianas). *Clematis vitalba* L.: Hierba del pordiosero. Cendrero *Cantabria* 71: Flora .. *Epilobium hirsutum*: Hierba de San Antonio. Cela *Pirineo* 126: El valle de Aneu es tierra pródiga en yerbas de herbolario: la fárfara amarilla, .. la artemisia o yerba de San Juan, condimento, medicina y amuleto. Loriente *Plantas* 62: *Vinca major* L., *Vinca minor* L., "Hierbas doncellas"; "No me olvides". Las dos se pueden ver con cierta frecuencia como ornamentales. Cela *Pirineo* 126: El valle de Aneu es tierra pródiga en yerbas de herbolario: .. la dulcamara o yerba mora de los reumáticos y los granujientos. Cendrero *Cantabria* 103: Estrato herbáceo . *Ranunculus bulbosus* L. subsp. *castellanus*: Hierba velluda. **c) ~ buena**, **~ loca**, **~ lombricera**, **~ lombriguera**, **~ luisa**, **~ pastel**, **~ pejiguera**, **~ pulguera** → HIERBABUENA, HIERBALOCA, LOMBRICERA, LOMBRIGUERA, HIERBALUISA, PASTEL[2], PEJIGUERA, PULGUERA. **d) mala ~.** Hierba [1a] perniciosa para los cultivos. | Remón *Maleza* 102: S[enecio] *vulgaris* L. Nombre común: Hierba cana, Senecio común .. Es una mala hierba cosmopolita.
2 Conjunto de hierbas [1] que nacen en un terreno. | Medio *Andrés* 200: –Mala está este año la hierba… –Quita allá, hombre, peor la tuvimos hace dos años. **b)** *En pl*: Pastos. | RPeña *Hospitales* 110: Además de las casas contaba con buenas dehesas en el término de Trujillo, .. a más de abundantes yerbas en Palazuelo y otros lugares.
3 *Referido a la edad de los animales que pastan:* Año. | Berenguer *Mundo* 120: Las terneras se hacen vacas con tres yerbas. A. Navalón *Inf* 27.11.70, 31: Al año que viene debe implantarse el toro de las cinco hierbas.
4 Bebida preparada con hierbas [1] medicinales. *Frec en pl.* | Diosdado *Anillos* 1, 81: –Me estaba preparando un poquito de hierba, ¿le apetece? –¿Yerba? –¿Le gusta? –Me encanta .. (En el gabinete de la anciana, Doña Trini y Rosa toman sendas tazas de infusión.) **b)** Bebida tóxica preparada con hierbas [1]. *Frec en pl.* | * Le dieron a beber unas hierbas que le dejaron inconsciente.
5 (*jerg*) Droga, esp. marihuana. | J. Romaguera *Inf* 27.2.78, 23: En el mango de las raquetas de tenis o en el interior de grandes quesos, previamente vaciados, ha pasado la "hierba", y lo sigue haciendo, de un país a otro. Torrente *Isla* 60: Yo nunca fumé yerba, y describir sus efectos es cosa para quien tropieza con un muro encalado. *DLi* 6.3.78, 2 (C): Se fuma marihuana, grifa o cualquier otra hierba.
6 y otras ~s. (*col, humoríst*) Fórmula con que se cierra vagamente una enumeración. | *ByN* 23.8.78, 43: Olvidándose por unos días de periodistas, "reventadores" de mítines y otras hierbas que le traen de cabeza, el señor Fraga se ha refugiado en el chalé que posee en Perbes, provincia de La Coruña.
II *adj* **7** [Verde] fuerte y brillante. | *SAbc* 14.10.84, 15: El berilo verde hierba es esmeralda.
8 de ~s. (*hoy raro*) [Pañuelo] grande de tela basta y con dibujos estampados. | Zunzunegui *Hijo* 16: Lo que conseguía quitar a la madre del jornal lo guardaba en un pañuelo de hierbas, cerrando las cuatro puntas con tres nudos.
III *loc v* **9 segarle** [a alguien] **la ~ bajo los pies**, *o* **segar la ~ bajo los pies** [de alguien]. Trabajar solapadamente para desbaratarle los planes. | *Abc* 4.8.72, 17: Y ello por no dar oportunidad y gusto a Hanoi de que se utilice la plataforma de la Conferencia para intentar segarle propagandísticamente a Nixon la hierba debajo de los pies durante la campaña electoral. *País* 12.12.93, 5: Rossel siega la hierba bajo los pies del presidente en la patria chica de este.
10 ver (*o* **sentir**) **crecer la ~.** Ser muy perspicaz. | Delibes *Guerras* 229: Don Santiago veía crecer la hierba, menudo era.

hierbabuena (*tb con las grafías* **hierba**, *o* **yerba**, **buena** y **yerbabuena**) *f* Se da este n a distintas plantas herbáceas de olor agradable, esp a la Mentha sativa y otras especies del gén Mentha. | Torrente *Saga* 482: Para reparar las extremidades del Santo Cuerpo me eran necesarios aguja y torzal de seda, aceite de oliva y yerbabuena, cuchillos

hierbajo – higa

bien afilados y goma arábiga. Cela *Judíos* 166: Por una esquina .. dobla un herbolario ambulante y vocinglero .. –¡Llevo la raíz del traidor! ¡Llevo la cara de hombre y la yerba buena! Delibes *Ratas* 34: La pegajosa fragancia de la hierbabuena loca y la florecilla apretada de las barreras, taponando las sendas, imposibilitaban a la perra todo intento de persecución. *SD16* 9.8.87, 37: Lo que la naturaleza ofrece para cuidar la piel. De las montañas, camomila, hamamelis, salvia o hierbabuena salvaje.

hierbajo (*tb con la grafía* **yerbajo**) *m* (*desp*) Hierba [1a]. | Laiglesia *Ombligos* 6: Sus áridas llanuras no perderán ni uno solo de sus míseros hierbajos. ZVicente *Balcón* 52: ¡Valiente sabiduría! ¡Entender de peces y yerbajos! **b)** Mala hierba [1d]. | Remón *Maleza* 10: El hierbajo o mala hierba es, por tanto, aquella planta espontánea que puede competir con algún éxito frente a las cultivadas por el agricultor.

hierbal *m* (*raro*) Lugar en que crece mucha hierba [1a]. | FVidal *Duero* 131: La vacada comparte mesa y manteles con un rocín desperluciado y con un par de potrillos rubicanes que .. se dedican, simplemente, a saciar sus ansias de hierbales.

hierbaloca (*tb con la grafía* **hierba loca**) *f* Beleño (planta). | Hoyo *Bigotillo* 16: Otra [mañana], también por los senderos y caminos, recogía solo hojas de hierbaloca, a la que otros llaman beleño.

hierbaluisa (*tb con las grafías* **hierba**, *o* **yerba**, **luisa** *y* **yerbaluisa**) *f* Pequeño arbusto con hojas lanceoladas y puntiagudas que segregan una esencia de perfume de limón, y con flores muy pequeñas y blancas en espigas (*Lippia citriodora* o *L. triphylla*). | M. R. GVegas *Abc* 22.10.78, 21: En cuanto a las meriendas, las personas mayores o con problemas de línea pueden sustituirla por una infusión de té, manzanilla, menta o hierbaluisa. T. GYebra *Ya* 9.3.90, 70: Entre las distintas variedades de plantas medicinales que cultiva el Jardín Botánico se encuentran el orégano (tónico digestivo), .. hierba luisa (tónico estomacal y antiespasmódico). Cela *Judíos* 166: Por una esquina .. dobla un herbolario ambulante y vocinglero .. –¡A ver quién se lleva la yerba luisa y la yerba piojera! ZVicente *Mesa* 109: Cómo remontaba la calleja el pregón de la yerbaluisa, del hinojo, de la ruda. Loriente *Plantas* 64: *Lippia triphylla* (L'Hér.) O. Kuntze, "Hierba Luisa". Se utiliza como arbusto ornamental. No es corriente.

hierbasana (*tb con la grafía* **yerbasana**) *f* Hierbabuena. | Cela *Judíos* 22: En el ventanillo crece, prisionera en su lata de dulce de membrillo .., una verde matita de yerbasana.

hieródulo -la *m y f* (*hist*) En la antigua Grecia: Esclavo dedicado al servicio de una divinidad. *Tb* (*lit*) *fig*. | Sampedro *Sirena* 147: Aunque Ahram aún no había conocido mujer, sí había oído hablar de las hieródulas o prostitutas sagradas, en los templos de algunas divinidades. CBaroja *País* 29.10.77, 29: Otros [profesores] andaban con gran pompa de acólitos y hieródulos.

hierofanía *f* (*Rel*) Manifestación de lo sagrado a través de una realidad profana. | Pániker *País* 22.1.86, 9: Rudolf Otto (apertura a lo numinoso) y Mircea Eliade (relación simbólica con lo trascendente a través de sus hierofanías) ya se aproximaron más al meollo de lo religioso. **b)** Cosa a través de la cual se manifiesta lo sagrado. | Pániker *Conversaciones* 22: Siempre lo sagrado aparece manifestado a través de "algo"; cualquier cosa pudo convertirse en hierofanía.

hierofante *m* (*lit*) Maestro iniciador en conocimientos ocultos. *Tb fig*. | CBonald *Ágata* 194: A tal extremo llegó el celo del catequizado que mandó quemar cuanto utensilio o texto de inspiración herética había en su cubículo, rompiendo además los últimos nudos contractuales que aún pudiesen ligarlo al hierofante Ojodejibia. Lera *Olvidados* 175: Cuando sus ojos, prendidos de la mano del mecánico, trataban de seguir sus manipulaciones en las entrañas del motor .., el oficial, como un hierofante, se erguía, cortando el rito, para decirle: –Tráeme la llave grande, anda.

hierrillos *m pl* Triángulo (instrumento músico). | GMacías *Relatos* 112: El ángel comunica a estos pastorcillos el nacimiento del Mesías en Belén, en un acto llamado "la embajada", y después penetran en el templo a hacer la ofrenda. Todo, con la música de los instrumentos navideños: tamboril, flauta, pandereta, hierrillos, etc.

hierro I *m* **1** Metal, de número atómico 26, dúctil, maleable y muy resistente, de color gris azulado y susceptible de pulimento, que se emplea esp. en la industria. | Olmo *Golfos* 49: En una de las puntas de nuestra calle estaba la fuente. Era de hierro.

2 Instrumento de hierro [1] con que se marca al ganado. *Tb la marca hecha en el ganado con este hierro candente*. | Ridruejo *Memorias* 23: Era [la solana o sobrado] un espacio abierto, con depósitos para el grano, donde abundaban aperos y atalajes y se guardaban los hierros de marcar las ovejas y los rediles plegados. Torrente *Señor* 299: La ternera lleva el hierro de la casa, y aunque ande suelta, tiene amo.

3 Objeto o pieza de hierro [1] o de otro metal semejante. | CPuche *Paralelo* 13: Se lo imaginaban con el hierro en la mano pero retardando aposta el campanazo. CNavarro *Perros* 11: El conductor tuvo que frenar, con gran estrépito de hierros y de voces. **b)** Parte metálica [de un arma blanca o una herramienta]. | * Este cuchillo tiene el hierro estropeado. **c)** (*lit*) Arma blanca. | Cunqueiro *Un hombre* 88: Al caer, dio media vuelta y me ofreció su espalda, y mi hierro entró fácil hacia el corazón. **d)** (*jerg*) Arma, blanca o de fuego. | Montero *Reina* 173: Cuando se volvió de nuevo hacia Bella tenía en la mano una navaja abierta .. El enlutado se guardó el hierro con renuencia. Campmany *Abc* 25.2.93, 23: A los "gorilas" de Kennedy, los chorizos de Nápoles les birlaron el "hierro" de la sobaquera. **e)** (*Mar*) Ancla. | MHidalgo *HyV* 10.71, 77: Entre el yugo de proa y el arranque del espolón se encuentra la plataforma triangular denominada "tamboreta", espacio empleado en la maniobra del car del trinquete, en dar fondo los hierros (los rezones o anclas de cuatro uñas) y, en combate al abordaje, como puente de asalto a la galera contraria. **f)** (*Golf*) Palo con punta de hierro [1]. | *Ya* 25.11.73, 40: En el hoyo siguiente, de segundo golpe, con un hierro tres, quiso enmendar su fallo.

4 *En pl:* Grillos o esposas. | Berenguer *Mundo* 392: El mismo cabo me puso los hierros en las muñecas, como si fuera un criminal.

II *loc adj* **5 de ~.** Muy duro o muy resistente. *Con intención ponderativa*. | Van 20.1.77, 4: Hasta hace muy poco el doctor Trueta había gozado de una salud de hierro. Mercader-DOrtiz *HEspaña* 4, 141: La manufactura pesó como lastre sobre el erario público, mientras que sus obreros protestaban contra la escasez de sueldo y el régimen de hierro a que estaban sometidos. **b)** [Mano] **de ~** → MANO. **c)** [Pers.] de carácter muy enérgico. | *DíaCu* 31.8.84, 10: Los sindicatos británicos están acostumbrados a la "dama de hierro".

6 del ~. [Edad] prehistórica caracterizada por el descubrimiento y uso del hierro [1]. | Tejedor *Arte* 2: Edad de los Metales: Edad del Bronce. Edad del Hierro.

III *loc v* **7 machacar en ~ frío.** Esforzarse inútilmente por educar a una pers. que no muestra ninguna predisposición para ello. | *Sáb* 3.12.66, 46: Como no me gusta "machacar en hierro frío", no he de esforzarme lo más mínimo para "meterle en la cabeza" ninguno de los fundamentos serios en que se basa esta ciencia.

8 quitar ~ [a algo]. Quitar[le] importancia. | Delibes *Cinco horas* 55: Yo me las hubiera agenciado para quitar hierro a todo aquel asunto del acta.

9 tocar ~. Tocar madera (→ MADERA). | Lera *Clarines* 367: –Toca hierro, niño –dijo entonces el Aceituno–. ¡Mira lo que hay allí! –y señalaba el cementerio.

hifa *f* (*Bot*) *En los hongos:* Elemento filamentoso que forma parte del micelio. | Ybarra-Cabetas *Ciencias* 241: Su aparato vegetativo es el talo, llamado también micelio en los hongos, que forma largos filamentos o hifas, que ordinariamente son filas de células indiferenciadas.

hi-fi (*ing; pronunc corriente,* /ífi/) *m* Alta fidelidad. *Gralm en aposición*. | *País* 9.12.77, 26: Equipo hi-fi 34.700. *Abc* 20.8.66, 17: El popular e internacional grupo de "Escala en "Hi-Fi" han debutado [*sic*] como intérpretes de música moderna.

higa I *f* **1** Gesto obsceno de desprecio, realizado con el puño cerrado y sacando el dedo pulgar por entre el índice y el medio. *Frec con el v* HACER. | Aldecoa *Gran Sol* 28: –Ya irás [al teatro] por tu cuenta, pejina, sin necesidad de que te lleve.– Petra Ortiz le hizo una higa. –Con lo que tú me has

dejado. CBonald *Noche* 175: –Una bicha –dijo Lorenzo, y apuntó con la pistola a unos matorrales. Don Fermín hizo una higa, manoteando el cuero de la montura, pero no añadió nada. Sentía una aversión atávica y supersticiosa por la culebra.
2 Amuleto contra el mal de ojo, en forma de puño cerrado. I Mercader-DOrtiz *HEspaña* 4, 120: Félix Ponce de León enumera así los abalorios de un niño de buena familia: un chupador de cristal con cerco de plata; una uña de la gran bestia .. para ahuyentar a las brujas; una esquila de plata; una higa de azabache y coral con la medalla de San Benito.
II *loc v* **3 dársele** (*o* **importarle**) [a alguien] **una ~**. (*lit*) No importarle en absoluto. I MSantos *Tiempo* 228: La boca de Dorita todavía sabía a nuez de coco, y ella, orgullosa, respiraba dándosele una higa del coco. Benet *Otoño* 115: A Luis le importaban una higa las cosas de San Sebastián.

higadillo *m* Hígado de los animales pequeños, esp. de las aves. I *Cocina* 497: Pollo a la molinera. Ingredientes y cantidades. Pollo grande y bien cebado: 1. Higadillos: 125 gramos .. Sal y pimienta.

hígado I *m* **1** *En los vertebrados:* Víscera de gran tamaño, situada en la cavidad abdominal, en la que se realizan procesos fundamentales para la vida del organismo. I Bustinza-Mascaró *Ciencias* 50: El hígado es la glándula más voluminosa de nuestro cuerpo.
2 (*col*) *En pl:* Arrestos o valor. I Lera *Boda* 608: Las cosas se harán como tienen que hacerse. Ya puede apostar, ya, que va a ser sonada. No tiene el Negro hígados para mí.
3 malos ~s. (*col*) Mala intención. I Aldecoa *Gran Sol* 16: Llevará, si ha dicho que malo, ochocientas o mil cajas de pescado blanco. Sabe mucho; buen pescador, pero malos hígados.
4 ~ de buey. Hongo comestible de color pardo vinoso, que nace sobre robles y castaños (*Fistulina hepatica*). I Lotina *Setas* sn: *Fistulina hepatica* .. Lengua de buey, Hígado de buey.
II *loc adj* **5 del ~.** (*col, humorist*) [Revista] del corazón. I R. Villacastín *Ya* 1.7.89, 56: ¡Isabel Preysler ha salido de casa en chándal! Lo dicen las revistas del hígado, como si en vez de llevar puesta la prenda deportiva anteriormente dicha Isabel se hubiera vestido de extraterrestre.
III *loc v* **6 echar el ~**, *o* **los ~s.** (*col*) Trabajar o esforzarse mucho. I *Ya* 26.1.92, 60: El flamenco es echar el hígado, que le decimos nosotros. Sacarlo todo de dentro y quedarte bien, vaya.

highlander (*ing; pronunc corriente*, /χailánder/; *pl normal*, ~s) *m* Soldado de un regimiento escocés. I *Abc* 10.5.58, 35: Hace poco, los escoceses anduvieron muy irritados con la supresión del "kilt" o faldita en los regimientos de "highlanders". *ASeg* 10.12.62, 1: El brigadier J. B. A. Glenie, comandante de las fuerzas británicas en el sultanato de Brunei, dijo que sus hombres habían sido reforzados por más "highlanders".

high life (*ing; pronunc corriente*, /χái-láif/) *f* Clase social rica que vive con ostentación. I *Sol* 24.5.70, 16: La Llave. Un club íntimo en el que se reúnie toda la "high life" de la Costa. AMillán *Damas* 26: Si [yo] no fuera una tumba, hacía tiempo que no existía la high life, ni la beautiful people, ni la jet set, ni la madre que me parió. **b)** (*hoy raro*) Alta sociedad. I SSolís *Camino* 16: Mère Sagrario disponía, además, de unos seráficos ademanes y unos sustos y melindres de novicia ingenua que a la Reverenda Madre Superiora .. le parecían de perlas para educar a las señoritas de la *high life* fontanesme.

high society (*ing; pronunc corriente*, /χái-sosáiti/) *f* Alta sociedad. I A. M. Carbonaro *SArr* 27.12.70, 63: El verano vaciló entre las minifaldas .. y unas maxifaldas hechas a toda prisa con un volante horrendo que hacía parecer destrozonas a las chicas de la "high-society". *Ya* 1.7.86, 56: Asistirán destacadas figuras de nuestra "high society", entre ellas los Franco y Martínez-Bordiú.

high tech (*ing; pronunc corriente*, /χái-ték/) *f* (*o m*) Alta tecnología. I *Tb en aposición*. I S. Milla *SSe* 15.4.90, 20: El *high tech* es cosa del pasado. Ese cromo brillante y resplandeciente, el aluminio frío, el duro granito: lo *cool* está pasado de moda. [*En el texto*, hightech.] C. Duerto *Ya* 8.11.91, 33: Con el tiempo hay quienes opinan que lo contrario, de la que estamos todos tan contentos, porque la hemos creado con mucho diseño, "high tech", prisas y productividad, nos engullirá. *Abc* 9.10.93, 109 (A): Juegos completos de cuchillos de cocina "high tech", que lo mismo sirven para cortar un pepino con precisión digital que para machetear unas Adidas.

higiene *f* **1** Conjunto de principios y prácticas tendentes a preservar y mejorar la salud. *Tb fig*. I Alvarado *Anatomía* 147: En los tiempos actuales la Higiene no es un arte, sino una Ciencia: la Ciencia que investiga el modo de conservar la salud .. La Higiene se divide en privada o individual, y pública o social, según que sus preceptos afecten a los individuos o a las colectividades humanas. Legorburu-Barrutia *Ciencias* 97: Higiene del sistema nervioso. Conviene observar las siguientes reglas: Evitar un exceso de trabajo intelectual .. Evitar las emociones violentas.
2 Limpieza o aseo. I *Puericultura* 10: Además de las reglas de alimentación .. requieren los recién nacidos otros cuidados en virtud de su frágil constitución. Uno de ellos es la higiene de la piel.

higiénicamente *adv* De manera higiénica. I *BOE* 4.2.77, 2687: La sangre destinada al consumo humano ha de ser recogida y manipulada higiénicamente, inmediatamente después del sangrado.

higiénico -ca *adj* **1** De (la) higiene. I Laforet *Mujer* 179: Lo mismo en comidas que en horarios vivían contra todas las normas higiénicas. *Economía* 15: Conviene que tengan ventilación directa todas las habitaciones, o por lo menos los dormitorios, la cocina .. y los servicios higiénicos. **b)** [Papel] de retrete. I I. LMuñoz *SPaís* 6.11.77, 12: En ocasiones hasta falta papel higiénico en los establecimientos. **c)** (*hoy raro*) [Paño] pequeño de tejido absorbente que utilizan las mujeres durante la menstruación. I Medio *Bibiana* 107: Me quitó de la mano los paños higiénicos, los guardó en su armario y sanseacabó. **d)** [Compresa] **higiénica** → COMPRESA.
2 Acorde con las reglas de la higiene. *Tb fig*. I J. M. Lozano *DBu* 9.7.64, 4: El que un tanto por ciento de los animales jóvenes relativamente alto se encuentren enfermos debido quizás a causas: a) Genéticas .. d) Condiciones poco higiénicas que reúnen los establos. Pemán *Abc* 26.12.70, 3: A fuerza de humanismo sobrenaturalizado, se llega a pensar, como escribía el padre Escrivá, .. que las "broncas" matrimoniales son incluso higiénicas para la mejor salud del matrimonio.

higienista *m y f* Especialista en cuestiones de higiene [1]. I *Abc* 14.5.67, 42: Especialistas en estética e higienistas hablan actualmente de "Slumber".

higienización *f* Acción de higienizar. *Tb fig*. I *Hoy* 28.7.74, 6: Se fijan los precios máximos de venta de las leches higienizada y concentrada, homogeneizada o no, sobre muelle de central lechera y centro de higienización convalidado. *Trib* 24.6.91, 9 (A): Otra cosa hubiera sido, si con su autoridad moral el secretario general del PSOE hubiera adoptado desde el principio una pública higienización sobre la enrevesada financiación de su propio partido.

higienizador -ra *adj* Que higieniza. I Cabezas *Abc* 9.6.66, 98: Se obligó a los vaqueros urbanos a llevar la leche a las industrias higienizadoras.

higienizar *tr* Dotar [a una cosa (*cd*)] de condiciones higiénicas. I *Huelva* 42: El Patronato de Mejora de la Vivienda Rural lleva a cabo su labor facilitando los medios para acondicionar, higienizando, consolidando y funcionalizando las viviendas rústicas modestas. **b)** Someter [algo] a tratamiento higiénico. I *SInf* 5.12.70, 7: Centrales Lecheras Españolas, S.A., de Madrid, ha sido autorizada para ampliar las instalaciones de sus centrales, a base de instalar máquinas para envasado de leche higienizada en bolsas de plástico.

higo I *m* **1** Segundo fruto de la higuera, de color variable, blando, dulce y lleno de diminutas semillas. I Olmo *Golfos* 67: Cabrito se quedó sin los albaricoques que le daba, y sin los higos. **b)** (*col*) *Se usa en constrs de sent comparativo para ponderar lo arrugado que está algo*. I * Traes el abrigo hecho un higo.
2 ~ chumbo. Fruto del nopal. *Tb* (*reg*) ~ PICO *o* PICÓN. I CBonald *Dos días* 136: De la parte contraria venía un burro con un serón rebosante de higos chumbos. Armiñán *Juncal*

higrófilo – hijo

39: Le gustaban mucho los higos picos, y yo me desollaba las manos cogiéndoselos.

3 (*jerg*) Órgano sexual femenino. | *País* 24.6.79, 34: Usaba el cinturón de castidad para proteger el "higo", y "fallaba" con todos menos con su marido.

II *loc pr* **4 un ~.** (*col*) Nada. *Con intención ponderativa. Tb adv. Gralm con el v* IMPORTAR. | Vega *Cocina* 81: A mí me importa un higo seco que me digan que soy maqueto (forastero).

III *loc adv* **5 de ~s a brevas.** (*col*) De tarde en tarde. | CBonald *Dos días* 224: ¿Cuántas veces se atrinca una buena reunión, lo que se dice una fiesta a modo? Pues de higos a brevas, ¿no?

higrófilo -la *adj* (*Bot*) [Planta] propia de medios muy húmedos. | Alvarado *Botánica* 82: Las plantas que viven en parajes de gran humedad atmosférica, como el banano, poseen grandes hojas de delicada cutícula, a propósito para favorecer la transpiración .. Estas plantas se llaman higrófitas o plantas higrófilas. **b)** Propio de las plantas higrófilas. | Navarro *Biología* 271: Presentan [las plantas tropófilas] aspecto higrófilo en la estación húmeda y xerófilo en la seca, puesto que pierden entonces el follaje.

higrófito -ta *adj* (*Bot*) Higrófilo. *Tb n f, referido a planta*. | Bustinza-Mascaró *Ciencias* 295: Las plantas terrestres pueden ser: higrófitas .., xerófitas .., tropófitas .. y mesófitas.

higróforo *m Se da este n a numerosos hongos comestibles del gén Hygrophorus*. | X. Domingo *Cam* 17.5.76, 91: Comenzamos a recorrer praderas y claros de bosque en busca de los primeros hongos comestibles del año .. Los higróforos, y entre ellos las setas de marzo o seta de ardilla, los tricolomas. [*En el texto, sin tilde.*]

higroma *m* (*Med*) Inflamación de una bolsa sinovial. | Nolla *Salud* 345: En las inflamaciones de las bolsas sinoviales, llamadas bursitis o higromas, aumenta el contenido líquido de las mismas .. Si el líquido del higroma se infecta .., obliga a realizar un desbridamiento quirúrgico.

higrométrico -ca *adj* (*Fís*) De (la) humedad atmosférica. | *Act* 5.11.70, 90: Resulta [el clima de esta costa] muy beneficioso para la conservación de esta materia prima tan higroscópica, cuya permanencia en ambiente de un adecuado grado higrométrico enriquece sus posteriores cualidades degustativas.

higrómetro *m* (*Fís*) Instrumento para medir la humedad atmosférica. | Benet *Volverás* 48: Tampoco hay higrómetros, pero es tal la sequedad de la atmósfera .. que los perros que mueren en esas semanas ardientes .. se momifican en un par de noches.

higroscópico -ca *adj* (*Fís*) Que absorbe la humedad del aire. | Marcos-Martínez *Física* 251: En el fondo de los estanques se deposita una sal impurificada con cloruro magnésico que la hace muy higroscópica.

higroscopio *m* (*Fís*) Higrómetro. | Legorburu-Barrutia *Ciencias* 338: ¿Acaso sabías que .. La cantidad de vapor de agua que hay en la atmósfera se aprecia con un aparato llamado higroscopio?

higuera I f 1 Árbol de tronco retorcido y hojas grandes y lobuladas, que da como frutos la breva y el higo (*Ficus carica*). | Ortega-Roig *País* 189: En algunas tierras de regadío se cultiva el naranjo, y en las laderas de las montañas, la higuera y el algarrobo. **b)** *Con un adj o compl especificador, designa otras especies*: ~ CHUMBA (*Opuntia ficus-indica*), ~ DEL DIABLO, DEL INFIERNO, *o* INFERNAL (*Ricinus communis*), ~ LOCA (*Datura stramonium*), ~ LOCA *o* FALSA (*Ficus sycomorus*), *etc*. | *Abc* 29.10.70, 41: El insecto llamado cochinilla, parásito de la higuera chumba o nopal, abunda, sobre todo, en las Canarias. *Inf* 26.4.73, 32: Treinta niños han resultado intoxicados en la localidad de Benagalbón por ingerir bayas de la llamada "higuera del diablo", planta productora del aceite de ricino. Salvador *Haragán* 101: El camino se retuerce y desciende, atraviesa el grupo de sicómoros o falsas higueras.

II *loc adv* **2 en la ~.** (*col*) Sin enterarse de aquello de que se trata. *Frec con los vs* ESTAR *o* SEGUIR. | CPuche *Paralelo* 366: No presumían poco la madre y la hija, sobre todo la madre, desde dentro del "haiga" de Tomás. Sí. Y Pascualete en la higuera. ZVicente *Ya* 27.12.70, sn: Se me hace que usted está en la higuera. Delibes *Cazador* 167: Melecio sigue como en la higuera.

higueral *m* Sitio poblado de higueras. | Cela *Judíos* 269: Candeleda muestra fresnedas y robledales, higuerales y piornales.

higuereño -ña *adj* De Higuera la Real (Badajoz) o de alguna de la poblaciones denominadas Higuera. | J. A. López *Hoy* 22.9.74, 39: Hubo más atracciones que en años anteriores, y fueron más "higuereños de fuera" los que estuvieron con nosotros.

higuerero *m* (*reg*) Cierto pájaro pequeño que se alimenta de higos. | Cela *Viaje andaluz* 315: El vagabundo se fue a almorzar .. de los higos que la Divina Providencia colocó a sus alcances .. Un hombre jinete en un burrillo rucio pasó camino de Cartaya. –¡Muy grande me parece usted para higuerero, amigo!– El vagabundo disimuló como pudo. –No se fíe usted de tamaños, patrón; ahora andan las cosas muy revueltas.

higuereta *f* Ricino (planta). | FQuer *Plantas med.* 187: Ricino. (*Ricinus communis* L.) Sinonimia cast[ellana], .. higuereta.

higuerón *m* Árbol americano cuyo jugo lechoso se emplea en medicina (*Ficus laurifolia*). | Alcalde *Salud* 332: Hasta hace poco el tratamiento más eficaz para eliminar estos parásitos [tricocéfalos] era el látex de la higuera, conocido con el [n]ombre de "leche de higuerón".

higueruela *f* Planta herbácea perenne, de hojas partidas y flores en cabezuela violácea (*Psoralea bituminosa*). *Tb designa las especies P. dentata y P. hispanica*. | FQuer *Plantas med.* 373: Higueruela. (*Psoralea bituminosa* L.) .. Hierba de cepa perenne, con tallos hasta de 1 m. de altura .. Se cría en los ribazos y terrenos incultos de casi toda la Península.

hijastro -tra *m y f* Hijo de anterior unión del marido o de la mujer [de una pers. (*compl de posesión*)]. | Halcón *Manuela* 95: Manuela se esponjó, más con las palabras del hijastro que con las otras.

hijo -ja I *n* **A** *m y f* **1** Pers. engendrada [por otra (*compl de posesión*)]. *A veces sin compl. Tb fig, designando al que hace las veces de hijo o tiene un comportamiento propio de tal*. | Medio *Bibiana* 11: Nos hemos contagiado de la gente gorda, que no piensa más que en juergas y en tonterías. Eso es... ¡Tonterías!... Y mis hijos, no y no. Olmo *Golfos* 20: Don Luis Ramírez. Diputado a Cortes, hijo de padres económicamente fáciles. SLuis *Doctrina* 26: Le infundió también su propia vida divina: la Gracia Santificante, que hace al hombre hijo de Dios. * Luis ha sido un hijo para ella. **b)** ~ **de papá** (*o*, *más raro*, **de familia**). (*desp*) Pers. que vive a costa de la acomodada situación paterna. | CBaroja *Baroja* 205: Durante los años de la República se observó la tendencia repetida a crear esta "élite" juvenil adicta al régimen .. Se habló con ironía .. de una generación de "hijos de papá". MGaite *Ritmo* 89: Luego me avergoncé de decirle que era mi padre quien estaba revolviendo Roma con Santiago para hacer triunfar lo que, de esta forma, venía a convertirse en un capricho de hijo de familia. **c)** ~ **político** → POLÍTICO. **d)** ~ **pródigo.** Pers. que regresa a un lugar o a un grupo después de haberlos abandonado. | * Tras largos años de ausencia vuelve el hijo pródigo.

2 *En los seres sexuados:* Ser engendrado [por otro de su especie (*compl de posesión*)]. *A veces sin compl*. | Ybarra-Cabetas *Ciencias* 215: Otras veces, aparece en los hijos un carácter que no poseían, al parecer, los ascendientes, o desaparece uno que tenían aquellos. Ejemplo: algunas variedades de guisantes aparecen con flores blancas, color que no existía en sus antecesores.

3 Cosa que procede [de otra (*compl de posesión*)]. *A veces sin compl. Frec en aposición*. | GNuño *Madrid* 86: Es admirable la magnificencia de este templete, hija de la suntuosidad de su estructura. Navarro *Biología* 61: División directa. El núcleo se alarga estrangulándose por su parte media igual que le ocurre al citoplasma. Así se originan dos células hijas, más pequeñas, que crecen hasta alcanzar el tamaño normal.

4 (*lit o Der*) *En pl:* Descendientes. | *Inf* 2.6.76, 2: Debemos concentrar nuestras energías .. en la búsqueda de fórmulas de colaboración con nuestros hermanos de América .. para lograr construir esa sociedad mejor que todos desea-

mos para nuestros hijos. *Compil. Cataluña* 711: Si el testador llamare a sus herederos .. sin designación de nombre y mediante la expresión "hijos", se entenderán incluidos en esta denominación los de legítimo matrimonio .. y los ulteriores nietos y descendientes también de legítimo matrimonio .., cuyos padres respectivos hayan fallecido antes de la delación.
 5 (*lit*) Pers. natural [de un lugar (*compl de posesión*)]. | Matute *Memoria* 68: No era hijo de la isla, y caminaba con lentitud y cierto abandono. **b) ~ adoptivo** [de una localidad]. Pers. no nacida [en ella] a quien se concede el título honorífico de "hijo adoptivo". *Tb el mismo título*. | G. Fernández *DCá* 1.1.56, 14: Completa estos apu[n]tes sintéticos de lo que hubo digno de mención el acuerdo unánime de la Corporación Municipal, concediendo el título de Hijo Adoptivo y la Medalla de Oro de la Ciudad al almirante y Ministro de Marina, don Salvador Moreno Fernández. **c) ~ predilecto** [de una localidad]. Pers. nacida [en ella] a quien se le concede el título honorífico de "hijo predilecto". *Tb el mismo título*. | *Ade* 4.7.86, 10: Valladolid nombra a Miguel Delibes hijo predilecto de la ciudad. **d) ~ de la Gran Bretaña.** (*desp*) Inglés. *Frec usado como euf por ~* DE PUTA (→ acep. 9). | Lera *Banderas* 367: –En cuanto a nuestros enemigos del extranjero .., para mí el principal ha sido Inglaterra, por encima de Alemania e Italia. El Gobierno inglés es el que nos puso el pie en el cuello desde el primer día .. –¡Hijos de la Gran Bretaña! Campmany *Abc* 3.7.93, 21: Le dice a Arzalluz que ni se no siente español es que se siente gilipollas o hijo de la Gran Bretaña.
 6 (*lit*) Pers. que ha recibido la herencia espiritual [de alguien o algo (*compl de posesión*)]. | CBaroja *Inquisidor* 16: Cada cual es hijo de su época. **b)** Religioso [respecto al fundador de su orden (*compl de posesión*)]. | J. A. Corte *Odi* 3.7.68, 4: Posteriormente llegan al convento los hijos del humilde de Asís, los padres franciscanos. J. L. Esteban *DCu* 10.7.64, 3: Los hijos de San Alfonso y esta ciudad han querido rendir homenaje de gratitud y recuerdo a aquellos pioneros redentoristas y a los antepasados optenses que, con la característica hospitalidad de la ciudad, los recibieran.
 7 *Se usa como tratamiento de un superior religioso a los sometidos a su autoridad.* | Escrivá *Conversaciones* 23: Yo suelo por eso decir a mis hijos sacerdotes que, si alguno de ellos llegase a notar un día que le sobraba tiempo, ese día podría estar completamente seguro de que no había vivido bien su sacerdocio.
 8 (*col*) *Se emplea como vocativo afectivo, esp dirigido a un niño o a una pers más joven que la que habla.* | Delibes *Príncipe* 155: Quico dijo: –¿Es un bicho muy grande, muy grande?, di, Vito. –¿Cuál, hijo? Aldecoa *Gran Sol* 181: –¿Qué haces, hijo? –Las botas, patrón. **b)** (*col*) *Se emplea en fórmulas de reproche o protesta. Gralm en boca de mujeres.* | MGaite *Visillos* 111: –Pero ¿todavía le escribes? –la riñó su hermana–. Pues, hija, también son ganas de hacer el tonto. Delibes *Príncipe* 114: Llégate a la cocina y mira a ver qué hacen la Vito y el Femio. –Hijaaa –dijo Juan. –Anda, majo. [*Hablan la criada y un niño.*]
 9 (*vulg*) **~ de puta, ~ de la gran puta;** (*col, euf*) **~ de perra, ~ de su madre, ~ de mala madre, ~ de Satanás, ~ de tal, ~ de la grandísima;** (*raro*) **~ de la (gran) chingada.** Pers. de mala intención. *Frec se usan como simple insulto o expresión de desprecio. Tb adj.* | Grosso *Capirote* 22: Dos buenos hijos de puta estáis hechos tú y él .. Tan hijo de puta el uno como el otro. Gala *Hotelito* 22: ¿En mi huerta, llena de cebollas y de tomates y de vida, un refugio? Qué hija de la gran puta. Medio *Andrés* 196: Cómo te ha puesto ese hijo de perra... Habrá que denunciarle a la justicia, para que le castigue. DCañabate *Paseíllo* 56: Empezó a hacerme señas de que saliera a torear. ¡La hija de su madre! Goytisolo *Afueras* 103: –Hijos de mala madre. –¿Quiénes? –Estos. GSerrano *Macuto* 48: Sus banqueros [el Komintern, de los corresponsales extranjeros] no eran parvos .., lo cual también explica la vocación roja de algunos caballeros y el entusiasmo con que nos atacaban [*sic*] la Prensa liberal, libre y democrática del ancho mundo. ¡Qué hijos de Satanás!, con perdón. Goytisolo *Recuento* 272: Empezó a engolfarse y acabó como tenía que acabar, hecho un gángster, haciendo un desfalco y fugándose a Sudamérica con aquella mala puta. Lo que ha llegado a hacerme sufrir este hijo de la grandísima. ZVicente *Mesa* 199: He debido causar impresión a esos hijos de la chingada. Zunzunegui *Camino* 396: ¡Hijos de la gran chingada! **b) ~ de la gran puta.** (*reg*) *Se usa con intención afectiva o admirativa.* | Quiñones *Viento* 206: A mí .. me dio una noche un revolcón en La Parra' la Bomba .. Porque qué arte. Cómo cantó el hijolagranputa.
 B *m* **10** (*Rel catól*) Segunda pers. de la Santísima Trinidad. | SLuis *Doctrina* 18: En Dios hay tres Personas: Padre, Hijo y Espíritu Santo.
 11 ~ del Hombre. (*Rel catól*) Jesucristo. | Vesga-Fernández *Jesucristo* 133: Amigo, ¿a qué has venido? ¿Con un beso entregas al Hijo del Hombre?
 C *f* **12 hija de María.** (*Rel catól*) Mujer perteneciente a la congregación de las Hijas de María, dedicada al culto de la Virgen. | Cela *Rosa* 97: Fanchisca era, amén de católica, de las hijas de María.
 II *loc pr* **13 el ~ de mi madre** (*o* **de mi padre**). (*col*) Yo. *Con v en 3ª pers.* | Lagos *Pap* 11.70, 163: ¿Te figuras que el hijo de mi madre se lo iba a tragar? SSolís *Jardín* 132: Pues como me toque más las narices, la hija de mi madre los planta antes de las fiestas y se joden, ¿pues qué se cree la señora esta de la mierda? DPlaja *El español* 35: Yo puedo llegar tarde alguna vez, ¡pero el hijo de mi padre no aguanta que duden de él o le vigilen!
 14 cada (*o* **cualquier**) **~ de vecino.** (*col*) Cualquiera. | Cela *Judíos* 305: A veces, el vagabundo, como cada hijo de vecino, salva por tablas de los más embrollados y calenturientos .. laberintos. Tono *Sem* 20.12.69, 17: La Hacienda Pública les reclama los impuestos pertinentes a sus beneficios como a cualquier hijo de vecino.

 hijodalgo, hijadalgo (*pl normal,* HIJOSDALGO, HIJASDALGO; *tb pl m* HIJOSDALGOS; *raro, f* HIJODALGA *y pl* HIJODALGOS, HIJODALGAS) *m y f* (*lit*) Hidalgo. | *Abc* 21.5.67, 49: Existían en Móstoles dos alcaldes: uno por los pecheros –Andrés Torrejón– y otro por los hijosdalgos –Simón Hernández–. HSBarba *HEspaña* 4, 292: El elemento humano que nutría estas expediciones fue, esencialmente, popular y, junto a él, partes pertenecientes a la nobleza baja y media, segundones hijosdalgos.

 hijoputa, hijaputa **A** *m y f* (*vulg*) **1** Hijo de puta (→ HIJO [9]). *Tb adj. A veces fig, referido a animales o cosas.* | Cela *SCamilo* 357: El hijoputa del médico no ha querido salir. Gala *Hotelito* 31: –¡Viva Bruselas! –Hijaputa. Gala *Samarkanda* 93: Hay negros hijoputas también. Hay negros que son tan malos como si fuesen blancos. Umbral *Trilogía* 271: Umbrales, ¿me dejas más pesetas rubias para esta máquina hijaputa?
 B *m* **2** Juego de naipes en que cada jugador gana su apuesta si con alguna de sus cuatro cartas mata la que destapa el que reparte. | M. E. Costa *Ciu* 1.8.75, 13: Predominan los juegos de tipo popular, pero siempre con billetes de por medio: el golfo .., el cinquillo, el hijo-puta o el tradicional burro.

 hijoputada *f* (*vulg*) Hecho o dicho propio de un hijoputa [1]. | Lera *Banderas* 78: Empezó a decirme que no fuera tonto, que la guerra estaba perdida, que hay que salvarse como sea .. Y qué sé yo cuántas más hijoputadas me dijo.

 hijoputesco -ca *adj* (*vulg*) Propio de un hijoputa [1]. | Marsé *Montse* 166: No es tampoco la tonta mansedumbre ni la hijoputesca astucia que caracteriza nuestro subdesarrollo lo que a ratos le hace caer en lo contrario, en la adulación maravillada.

 hijoputez *f* (*vulg*) Hijoputada. | Marsé *Tardes* 227: Había desaparecido [la moto] juntamente con el chaval de la camisa a cuadros. Decididamente, hoy también se había levantado con el pie izquierdo. ¿Será posible tanta hijoputez? Lera *Perdimos* 205: –No podemos comprender que nuestros compañeros, en vez de solidarizarse con nosotros, nos repudien. Es una cobardía .. –¡Una hijoputez!

 hijuela I *f* **1** Parte de las que se hacen en una herencia. *Tb el documento en que se reseñan los bienes correspondientes a esa parte.* | Halcón *Monólogo* 103: Ese crédito pasó en testamentaría a la hijuela de mi tía y, a su muerte, a Tina. * Debes presentar la hijuela para que te hagan la liquidación de derechos reales.
 2 Cosa derivada [de otra principal (*compl de posesión*)]. | GNuño *Arte* 102: El claustro de San Pedro es una hijuela del entusiasmo que debió despertar el prodigio de Silos. Fuster

hijuelo – hilaza

Inf 14.11.74, 19: Todo el romanticismo fue una hijuela de Rousseau.

3 Canal pequeño o reguero que conduce el agua desde una acequia al campo que se ha de regar. | CBonald *Ágata* 49: Él siguió a pocos pasos el lánguido andar de Manuela .., hasta que salieron a una hijuela orillada de nopales, ya a trasmano de las últimas casuchas.

4 Camino que parte de otro principal. | CBonald *Noche* 38: Ambrosio desvió la tartana por una angosta hijuela de terrizo.

5 (*Rel catól*) Lienzo con que se cubre el cáliz y la patena. | Peña-Useros *Mesías* 186: Accesorios de los vasos sagrados .. La palia o hijuela. Con la cual se cubre la patena y el cáliz. Es de forma redonda o cuadrada. **b)** *Esp:* Lienzo, gralm. cuadrado, con que se cubre el cáliz desde el ofertorio hasta la comunión. | Ribera *Misal* 34: Hijuela es la pieza, generalmente cuadrada, con que se cubre el Cáliz durante la Misa, desde el Ofertorio hasta la Comunión.

II *loc v* **6 empeñar** (o **dejarse**) **la ~.** (*col*) Gastar hasta el último céntimo. | Miguel *Mad* 22.12.69, 12: El español .. empeña su hijuela para abonar la "entrada" de un piso. Laiglesia *Tachado* 49: Wolf era también "gancho" de los casinos, y con exquisita diplomacia combinaba partidas de póquer y "bacarrá" en la[s] que todos los "puntos" se dejaban la hijuela.

hijuelo *m* Retoño [de una planta]. *Tb fig.* | J. MArtajo *SYa* 5.12.73, 17: Corpulentos troncos de encinas yacen sobre el suelo .. Los tractores, a empujones o a tirón limpio, las arrancan de cuajo, sin dejar un hijuelo tras de sí. GTolsá *HEspaña* 1, 235: Hijuelo de este arte [mozárabe] fue el cristiano del norte de los siglos VIII al XI.

hila *f* (*hoy raro*) Hebra sacada de una tela de hilo usada, empleada para curar heridas. *Normalmente en pl.* | Moreno *Galería* 296: Con hilas blancas empapadas de anís o agua de espliego se pretendía calmar el dolor de muelas. Halcón *Ir* 147: Bruno, al tocarse las vendas, empezó a sentir el escozor de la herida. Se palpó el cráneo. No lo sintió, bajo el casco de hilas y algodón.

hilacha *f* (*desp*) **1** Trozo de hilo [1a] que se desprende de una tela. *Más frec en pl. Tb fig.* | * Corta esas hilachas del borde del pantalón. Goytisolo *Afueras* 163: Salió un poco de humo, cuatro hilachas blancas que no tardaron en desvanecerse.

2 Trozo de hilo [1a y b]. | CBonald *Ágata* 22: Arropadas en mantillo y recosidas con hilachas de agave, aquellas venerandas semillas .. germinaron muy luego en la extensión baldía y provisionalmente hurtada a la mordedura del nitro.

3 Resto o vestigio. | Zunzunegui *Camino* 254: Ya de nuestro mutuo amor no quedan ni las hilachas ni las escurrimbres. CBonald *Casa* 206: –Ya me voy .. –dijo ávidamente el proveedor después de escupir unas últimas hilachas de bilis.

hilacho *m* (*desp*) Hilacha [1]. | * Corta esos hilachos a la falda.

hilada *f* **1** Hilera [1]. | SVozC 25.7.70, 7: Se trata de un edificio de tres naves separadas por dos hiladas de columnas paralelas. MMolina *Jinete* 106: Mirando hacia adelante, hacia la hilada de árboles grises que los hombres golpean con sus varas de brezo. [*Están vareando olivos.*]

2 (*Constr*) Serie horizontal [de ladrillos o piedras]. | GNuño *Arte* 131: Por entonces se andaba poniendo hiladas de sillería en los muros catedralicios de Sigüenza, Tarragona y Lérida.

hiladillo *m* Cinta estrecha, gralm. de algodón, que se usa frec. para atar las alpargatas y para rematar dobladillos. | * No le gusta atarse los hiladillos de las alpargatas.

hilado[1] **-da I** *adj* **1** *part* → HILAR. **b)** [Huevo] ~ → HUEVO.

II *m* **2** Fibra textil hilada [1a]. *Frec en pl.* | *Abc* 1.12.70, 58: Marruecos, a su vez, importa hilados y tejidos (119,5 millones de pesetas en 1969).

hilado[2] *m* Acción de hilar [1a]. | Pericot-Maluquer *Humanidad* 140: La práctica del hilado de lana, lino, cáñamo y esparto se documenta desde épocas muy tempranas.

hilador -ra *adj* Que hila [1a]. | *Tb n: m y f, referido a pers; f, referido a máquina.* | Aleixandre *Química* 189: La seda brillante se obtiene disolviendo simultáneamente celulosa e hidróxido de cobre que contenga pequeñas cantidades de carbonato en solución concentrada de amoniaco. Se filtra la solución e hila en máquinas hiladoras. *Ya* 30.5.64, 17: Técnicos especializados, industriales hiladores, tejedores, acabadores y confeccionistas. Cuevas *Finca* 132: Las malinas que se hacían con 600 bolillos y la hiladora metida en una cueva húmeda para que el hilo conservara su blancura. A. Vilarrasa *SCCa* 26.10.75, 10: Ramón Farguell .. ideó un nuevo sistema de hiladora que permitía a una sola trabajadora manejar 130 husos en lugar de 40 como hasta entonces era habitual.

hilandería *f* Oficio o técnica de hilar [1a]. | Cabezas *SAbc* 8.6.69, 48: En el departamento de hilandería y devanado podría pintar don Diego de Velázquez su cuadro "Las hilanderas" sin cambiar más que los vestidos de los artesanos y el sistema de alumbrado.

hilandero -ra A *m y f* **1** Pers. que tiene por oficio hilar [1a]. | MGaite *Retahílas* 156: Mamá contaba los cuentos como nadie, .. y faltando ella, acordarse de un lobo que iba por un camino o de tres viejecitas hilanderas era pura ñoñez.

B *m* **2** (*reg*) Arañuelo (insecto). | F. Ángel *Abc* 4.3.58, 7: Otro tanto ocurre con los tratamientos contra las Orugas de la tercera generación del Hilandero o Arañuelo de la vid.

hilani *m* (*Arte*) Templete asirio con columnas. | Angulo *Arte* 1, 54: El [palacio mesopotámico] mejor conocido, y que puede servir de ejemplo, es el de Jorsabad .. Sobre la meseta, pero separado ya del edificio del palacio mismo, se levanta el *hilani*, o pequeño templete con columnas, de influencia hitita.

hilar *tr* **1** Transformar en hilo [una fibra textil]. *Tb abs.* | Iparaguirre-Dávila *Tapices* 93: La lana no recibe ese trato cariñoso que se le proporcionaba cuando se hilaba a mano. Aleixandre *Química* 189: La seda brillante se obtiene disolviendo simultáneamente celulosa e hidróxido de cobre que contenga pequeñas cantidades de carbonato en solución concentrada de amoniaco. Se filtra la solución e hila en máquinas hiladoras. Vesga-Fernández *Jesucristo* 64: Contemplad los lirios del campo, cómo crecen y florecen; ellos no trabajan ni hilan. Sin embargo, yo os digo que ni Salomón, en medio de toda su gloria, se vistió con tanto primor como uno de estos lirios. **b)** (*raro*) Transformar en hilo la fibra textil con que se confecciona [una prenda (*cd*)]. | Laforet *Mujer* 102: Hilan [las monjas] sus propios trajes. **c)** ~ **fino**, o **delgado.** Ser meticuloso o exigente. | Delibes *Vida* 31: Yo no tengo por codiciosas a ninguna de las dos familias, pero se conoce que entonces se hilaba más fino y otos rasgos de desprendimiento eran inimaginables. SRobles *Pról. Teatro 1969* XIV: Buero Vallejo aún hila más delgado en esta ambiciosa obra: pretende hacer el moroso e implacable análisis de una conciencia.

2 Formar [el gusano de seda o la araña (*suj*)] el capullo o la tela (*cd*)]. | * La araña hiló su tela en la boca de la cueva.

3 Hilvanar o enlazar [algo no material]. | Payno *Curso* 32: Le agradó el aire de aquella muchachilla, pero le molestaba que no hablara ni le mirara. Tras algún intento vano de hilar unas frases, calló. *Sp* 21.6.70, 5: Necesito ver una manera de hilar las cuestiones que siguen, para ver de poder justificar mi posición o cambiar de opinión.

hilarante *adj* (*lit*) Que provoca risa. | N. GRuiz *Ya* 3.3.63, sn: La comedia de las equivocaciones y la de los hermanos gemelos siguen produciendo las mismas hilarantes consecuencias que el primer día.

hilaridad *f* (*lit*) Risa o regocijo. | J. M. Caparrós *Mun* 26.12.70, 78: Consigue provocar la hilaridad del espectador.

hilatura *f* **1** Acción de hilar [1a]. | *Act* 22.10.70, 14: La fibra vinílica .. se emplea con éxito, sea con 100 por 100 o en mezcla, bajo todos los sistemas de hilatura.

2 Hilado[1] [2]. | Plans *Geog. universal* 228: Las ciudades de Karachi .. y Lahore tienen fábricas de hilaturas y tejidos de al[go]dón.

3 Industria de hilados[1] [2]. | I. AVillalobos *HLM* 26.10.70, 20: Solo dos distribuyeron dividendo: Hilaturas de Fabra y Coats .. y la España Industrial.

hilaza *f* Fibra del cáñamo o del lino antes de ser hilada. | Ybarra-Cabetas *Ciencias* 226: Su tamaño [de las células vegetales] varía entre 1 y 2 micras .. hasta 4 ó 5 centímetros, tamaño de algunas células gigantes, como las que constituyen la hilaza del lino y del cáñamo. *Economía* 84: El [lino] vivaz .. da una hilaza ordinaria, pero muy abundante.

hilemórfico -ca *adj* (*Filos*) De(l) hilemorfismo o que se ajusta a él. | Palacios *Juicio* 136: Insistiré, por mi cuenta, en la estructura hilemórfica de la Historia. GÁlvarez *Filosofía* 1, 405: El hombre está también compuesto de materia y forma, de cuerpo y alma. No es ni cuerpo solo, ni sola alma, sino un compuesto sustancial, hilemórfico, de dos cosustancias.

hilemorfismo *m* (*Filos*) Teoría aristotélica según la cual todos los seres se hallan compuestos por dos principios esenciales, materia y forma. | Gambra *Filosofía* 310: Lección X. El hilemorfismo.

hilemorfista *adj* (*Filos*) De(l) hilemorfismo. | Gambra *Filosofía* 91: Los seres de la naturaleza –las sustancias– están compuestos, según la doctrina hilemorfista, de esos principios: la materia prima y la forma sustancial.

hilera *f* **1** Serie [de perss. o cosas] colocadas una detrás de otra. | Delibes *Año* 174: Los cofrades, amortajados y en hileras disciplinadas, acompañan a la imagen hierática del Cristo en la tarde del Viernes Santo. J. Peñafiel *Lan* 16.10.64, 3: Vestía [Diana] de una manera muy sencilla. Una gabardina blanca de tipo de caballero con dos hileras de botones de cuero y un vestido crema.
2 (*Zool*) En las arañas: Apéndice, situado cerca del ano, que contiene las glándulas productoras del hilo. *Gralm en pl.* | Bustinza-Mascaró *Ciencias* 163: La araña de jardín .. En la extremidad del abdomen hay seis mamelones o hileras, con orificios, por donde sale el líquido productor de la tela.
3 (E) Instrumento para transformar en hilo metales o materias plásticas. | GTelefónica *N.* 696: Distribuidora del Metal, S.A. D.U.R.S.A. Fabricación de matricería. Hileras. *DNa* 16.8.64, 10: Talleres "Virginia" .. Fabricación en serie de piecerío a troquel .. Lengüetas de ajuste. Hileras. Utillajes.

hilerador -ra *adj* (*Agric*) Que hilera. *Frec n, m y f, referido a máquina o aparato.* | *DBu* 19.9.70, 4: Participan en este Concurso más de 20 máquinas trabajando sobre 40 hectáreas de patata: arrancadoras, hileradoras, cosechadoras, ensacadoras. *DNa* 14.5.77, 30: Henificador hilerador rotativo que realiza perfectamente todas las operaciones de acondicionado del forraje.

hilerar *tr* (*Agric*) Colocar en hilera [plantas arrancadas o cortadas]. | Delibes *Tesoro* 35: Junto a un pequeño molino .. reposaba una máquina esquemática, roja y amarilla, para hilerar alfalfa.

hilero *m* Señal que forman las corrientes en las aguas del mar o de los ríos. | Delibes *Castilla* 34: El Arlanza baja regateando entre un soto de álamos y negrillos desde la sierra de la Demanda .., forma unos hileros imperceptibles ante el puente de Escuderos y, frente al molino, se explaya.

hilezoísmo *m* (*Filos*) Hilozoísmo. | MPuelles *Hombre* 23: Los evolucionistas .. hacen resurgir, dándoles en apariencia un aire nuevo, las míticas concepciones del pampsiquismo y del hilezoísmo, sin lograr despojarlas de su esencial tosquedad.

hiliar *adj* (*Anat*) De(l) hilio. | Navarro *Biología* 181: En cada pulmón penetra un bronquio por la fosa hiliar, que tiene forma triangular. Umbral *Memorias* 94: En casi todas las casas había un tísico, .. una víctima con infiltración hiliar .. y otras cosas estremecedoras.

hílico -ca *adj* (*Filos*) Material o de (la) materia. | GÁlvarez *Filosofía* 1, 203: De Achamoth dimanan los tres elementos primarios del mundo visible: el pneumático o espiritual fluye de su esencia; el psíquico o animal, de su miedo, y el hílico o material, de su tribulación.

hilio *m* (*Anat*) Depresión formada en un órgano en el punto de inserción de los vasos y los conductos excretores. | Navarro *Biología* 192: De la concavidad del borde interno del riñón, denominada hilio, salen tres tubos: la arteria renal, la vena renal y el uréter.

hilo I *m* **1** Cuerpo de estructura lineal resultante de la elaboración de una fibra textil. *A veces con un adj o compl especificador.* | Bustinza-Mascaró *Ciencias* 275: De las plantas textiles se aprovechan sus fibras, con las que se fabrican hilos y tejidos. Cuevas *Finca* 154: Vinieron las Duruy [segadoras], con la gavilla prendida por el hilo sisal. **b)** *Esp:* Hilo que se emplea para coser. | Medio *Bibiana* 64: La tal bobina de hilo está en el cajón de la mesa. **c)** Trozo de hilo. | * Tienes un hilo en la falda.
2 Lino (fibra y tejido). | *Economía* 89: Unas veces se emplea una sola clase de fibras para un mismo tejido, o bien se combinan dos fibras distintas, por ejemplo: lana sola, lana con tergal, hilo solo, hilo con algodón. *Economía* 83: Cuando nos vestimos de hilo o de una tela delgada de algodón, tenemos una sensación de frescura.
3 *En un tejido:* Pasada de la urdimbre o de la trama. | *Lab* 2.70, 36: Se da una puntada diagonal .. dejando entre medio unos cuatro hilos. **b)** Sentido de la urdimbre. *Tb* RECTO ~. *Frec en la constr* AL ~. | *Lab* 2.70, 17: Procúrese seguir el recto hilo de la batista y de la tela rizo. * El cuello va al hilo.
4 Filamento (cuerpo en forma de hilo [1a]). | Marcos-Martínez *Física* 194: La resistencia [eléctrica] es tanto mayor cuanto más fino sea el hilo. Legorburu-Barrutia *Ciencias* 181: Observar una tela de araña de jardín. Comprobar la utilización de las dos clases de hilo. Legorburu-Barrutia *Ciencias* 159: Antes de que salga la mariposa hay que ahogar los gusanos de los capullos .. Después se desenvuelve el hilo, que proporciona la seda natural. Calera *Potajes* 40: Se preparan las patatas a cuadritos .. Con el apio .. ya no lo tiene y .. las zanahorias, se hará otro tanto. S. Araúz *Inf* 14.8.76, 14: Los hombres de edad [en La Alberca] van atildados con traje de pana de paño negro .., unas polainas blancas .., y el cuello de la camisa abotonado por una especie de gemelos de oro de artesanía charra, es decir, con florituras de hilo de oro. **b)** Conductor eléctrico hecho de hilo [4a] metálico rodeado de una cubierta aislante. | Arce *Testamento* 94: Una noche cortaron los hilos del teléfono. **c)** (*Min*) Cable delgado que sirve para cortar la piedra. | *Abc* 14.5.70, 72: A cielo abierto y pie de monte, con estupendos caminos para arrastre material, contrato destajo a personal con equipo (preferible hilo de corte) para iniciar extracción bloques en uno o varios lisos de mármol marfil y rosa. **d)** ~ **de oro.** Técnica de cirugía estética que consiste en reafirmar los tejidos entretejiendo en su interior hilo [4a] de oro. | *Abc* 12.5.93, 88: Lipoescultura. Cirugía estética. Hilo de oro. Centro Médico. Lipoestética. **e)** ~ **musical.** Instalación, por medio de cable, que transmite continuamente música. | Clarasó *Tel* 15.11.70, 17: Todo acompañado de música por lo bajo, gracias a una frecuencia modulada o a un hilo musical.
5 Hilera (serie de cosas colocadas una detrás de otra). | GPavón *Rapto* 247: El "Ochocientos", a más velocidad de la que podía esperarse, caminaba entre dos hilos de cepas, rompiendo pámpanos, sarmientos y todo el follaje vínico.
6 Sarta (conjunto [de cosas, gralm. de la misma clase] atravesadas una tras otra en un hilo o algo similar). | * Le regaló un hilo de perlas.
7 Pequeña cantidad [de algo] que presenta forma lineal. | Cuevas *Finca* 26: Un hilillo de humo en el cañón de la escopeta. Cuevas *Finca* 209: Las maderas cerradas filtraban hilos de luz. **b)** Corriente muy delgada [de un líquido]. | Ferres-LSalinas *Hurdes* 59: Para cargar la cantimplora van a la fuente que hay bajo los castaños. Es la única fuente del pueblo por donde chorrea un hilillo de agua.
8 Volumen sumamente débil o apagado [de voz]. | Medio *Bibiana* 92: –¿Cómo se llama usted, señora?– Bibiana dice con un hilo de voz: –Bibiana Prats.
9 Secuencia o desarrollo [del discurso, del pensamiento o de la acción]. *Frec se omite el compl por consabido. Frec con vs como* COGER, PERDER *o* RECUPERAR. | L. GOlazábal *Nar* 6.77, 2: Su coherencia y claridad mental nos asombra de igual manera, nunca pierde el hilo de la conversación. R. Capilla *Alc* 31.10.62, 28: Situaciones hilarantes que se suceden sobre un hilo argumental muy tenue. Carnicer *Castilla* 64: El viejo, que se había arrimado cuanto le dio de Cas[s]ius Clay, no coge el hilo y se va. GPavón *Hermanas* 38: En seguida recuperaba el hilo .. y volvía a su son. MMolina *Jinete* 248: Les pasaba en la realidad igual que viendo las películas, que se les iba el hilo, que no reconocían los cambios de los personajes. **b)** Secuencia temporal [de la vida]. | Gambra *Filosofía* 76: La sensibilidad interior .. se ordena temporalmente: un recuerdo que poseo, por ejemplo, no se halla

hilota – himno

debajo o detrás de una idea o imagen, sino antes o después, en el hilo de mi vida interior.

10 Resorte o influencia. *Gralm en pl y con el v* MOVER *u otro equivalente.* | L. Climent *Pue* 9.10.70, 3: Norteamérica, que tantos hilos ha movido al sur del río Grande, daría pruebas de realismo político si tomase en consideración a estas nuevas fuerzas que se están dibujando en Iberoamérica.

11 (*raro*) Filo. *Tb fig.* | GPavón *Reinado* 20: Empezó a picar al hilo de los bordes de la lápida para ver el modo de sacarla entera. *Abc* 2.1.76, 63: También se sabe que han adquirido en tres millones de pesetas unos 15.000 metros al hilo mismo del lugar que ellos llaman sagrado.

12 (*Bot*) Punto o núcleo alrededor del cual se forman las capas que constituyen un grano de almidón. | Navarro *Biología* 21: El almidón se presenta en forma de granos formados por capas envolventes a partir de un núcleo de formación o hilo.

II *loc adj* **13 de ~.** (*Impr*) [Papel] de gran calidad fabricado con trapos. | Guarner *Pról. Trobes* 39: El libro está impreso en papel de hilo de bastante cuerpo.

III *loc v* **14 hacer ~.** (*Taur*) Perseguir [el toro al hombre (*ci o compl* CON)] sin hacer caso del engaño. | J. Vidal *País* 4.6.76, 32: El toro .. se apercibió de la presencia de Ruiz Miguel, que corría muy cerca, le "hizo hilo", es decir, le persiguió. C. Rojas *SInf* 16.5.70, 3: Las puyas le hicieron sangrar .. Se permitió el lujo de hacer hilo con los banderilleros y parecer toro responsable de su raza, cosa de la que estuvo huérfano toda la tarde.

15 pasar ~s. (*Lab*) Marcar un patrón [en las dos partes iguales de una prenda o pieza (*ci*)] mediante un hilván amplio que después se corta. *Tb sin compl.* | * Suelo ayudar a pasar hilos y a hilvanar. * Pasa hilos a las mangas.

16 pender (*o* **colgar**) **de un ~.** (*col*) Estar en grave riesgo. | * Nuestra vida pende de un hilo.

IV *loc adv* **17 a(l) ~.** En línea recta [respecto a algo que se toma como referencia (*compl* DE)]. *Tb sin compl.* | Cela *Alcarria* 57: Detrás de la picota y de la fuente, unos caballeros de buena presencia juegan a los bolos; los bolos son seis y delgados y largos, de más de una vara, y se ponen en dos calles de a tres y al hilo de los jugadores. Halcón *Ir* 101: Me han asignado a la mula "Peregrina" seguramente por ser la más bronca y a la que hay que ir llamando constantemente para que vaya a hilo y no pise las matas.

18 con la vida en un ~ (*o* **pendiente de un ~**) → VIDA.

19 ~ a ~. De manera continuada o ininterrumpida. *Frec con vs como* CAER *o* CORRER *y referido a líquido.* | * Le caía la moquita hilo a hilo.

V *loc prep* **20 al ~ de.** En conexión o relación con. | Delibes *Mundos* 36: Se trata de problemas surgidos al hilo de un fulminante desarrollo de la capital. Marías *Gac* 11.5.69, 24: Los europeos han sido durante dos siglos petrarquistas en amor porque Petrarca interpretó de cierta manera lo que sentía por Laura, y otros hombres tras él dijeron en prosa y verso lo que al hilo de esa interpretación les acontecía.

hilota → ILOTA.

hilozoísmo *m* (*Filos*) Doctrina según la cual la vida es una de las propiedades de la materia. | GÁlvarez *Filosofía* 1, 36: También pensaba Tales que la tierra era un disco flotando sobre el agua. Además, el mundo estaba lleno de espíritus (hilozoísmo).

hilozoísta *adj* (*Filos*) De(l) hilozoísmo. | Alfonso *Abc* 17.10.70, 23: La muerte es la destrucción de la forma; las plantas son un revestimiento solidario del planeta, que tienen la suerte bastante envidiable de no sentir lo que les ocurre (lo que sigue siendo cierto, pese a las teorías hilozoístas del psiquismo universal).

hilván *m* **1** Costura provisional de puntadas largas con que se une lo que se ha de coser. | * Da un hilván a esta costura y te la coso a máquina.

2 Hilo con que se hace un hilván [1]. *Tb fig.* | VVigo *Hucha* 2, 87: Se ató a la cintura el delantal de labor y sacudió el vestido preparado para que cayeran los restos de hilvanes. Laiglesia *Ombligos* 9: El escritor "realista" .. bucea en las hemerotecas en busca de un puñado de infelices que le sirvan de hilván para coser su relato.

2480

hilvanado *m* Acción de hilvanar. | Marín *Enseñanza* 247: La costura española: primera fase. Sacar un hilo para no torcerse. Hilvanado, pasadilla.

hilvanador -ra *adj* Que hilvana. | R. Bellveser *Pro* 16.11.75, 51: Súmense a todo esto los 20 temas que componen la obra ..; la sonorización .. y un show visual que solo cuando lo ve[a]n en escena se darán cuenta de su inteligente función hilvanadora entre sorpresa y sorpresa.

hilvanar *tr* **1** Unir [dos telas] o preparar [una costura o una prenda] mediante un hilván. *Tb abs.* | *Lab* 2.70, 36: Para unir dos telas, se preparan hilvanándolas como si se fuera a realizar una costura abierta. * Tengo hilvanado el vestido, solo falta coserlo. *BOM* 19.6.76, 10: Una máquina de hilvanar, eléctrica, marca "Alfa", en perfecto estado.

2 Preparar [algo] de manera somera o esquemática. | DPlaja *Literatura* 233: La rapidez con que hilvana sus comedias y su arte literario hace que las obras de Lope sean siempre sencillas y llenas de dinamismo.

3 Enlazar o coordinar [algo, esp. ideas o frases]. | J. Vigón *Abc* 22.10.75, sn: Es prudente, cuando .. no se conoce a fondo la nueva matemática, .. ab[s]tenerse de seguir hilvanando conceptos y términos que puedan padecer con el manoseo poco respetuoso. * No era capaz de hilvanar una frase de tan nerviosa como estaba.

himaláyico -ca *adj* (*raro*) Himalayo. | C. PTudela *SYa* 27.11.73, 39: Sigue la tempestad himaláyica que puede durar días o semanas, o meses .. Pero ¿qué le importa al mundo la vida del Nepal?

himalayo -ya *adj* De la cordillera del Himalaya (Asia). | I. Lerín *SPaís* 20.2.77, 20: Los gatos himalayos tienen el pelo largo. A. Pavón *Inde* 27.12.89, 48: Sus baños de mármol himalayo entre una nube de sales.

himatión *m* (*hist*) Manto griego, de hombre o de mujer, que va sobre el resto de la indumentaria. | R. Villanueva *Abc* 22.1.71, 13: Se conocía esta túnica con el nombre de "quitón", y encima de ella se colocaban el "peplo" o "himatión" (largo manto).

himen *m* (*Anat*) Repliegue membranoso de la vagina, que, en las vírgenes, cierra parcialmente la entrada de esta. | Cañadell *Salud* 182: Normalmente, el himen se desgarra durante la primera cópula o desfloración; en algunas mujeres es tan elástico que permite el coito sin su ruptura, por lo que su integridad se viene a ser sinónimo de virginidad.

himeneo *m* (*lit*) Boda o casamiento. | Halcón *Monólogo* 151: Todavía huele a incienso cuando el himeneo abre sus puertas a la mujer que va al matrimonio con más amor a la vida que a su marido, y casi que a sí misma.

himenial *adj* (*Bot*) De(l) himenio. | Bustinza-Mascaró *Ciencias* 283: Finalmente, el sombrerillo, que se expansiona, y cuando ya madura se aprecian en su parte inferior láminas de color rosa, llamadas láminas himeniales, distribuidas radialmente alrededor del pie.

himenio *m* (*Bot*) *En los hongos:* Membrana en que se encuentran los elementos fértiles productores de esporas. | Alvarado *Botánica* 63: En la parte inferior del sombrerillo [de la seta] hay unas láminas radiales revestidas por una capa de basidios llamada himenio.

himenóptero *adj* (*Zool*) [Insecto] con cuatro alas membranosas, boca masticadora y metamorfosis completa. *Frec como n m en pl*, designando este taxón zoológico. | Ybarra-Cabetas *Ciencias* 352: La abeja y la hormiga son himenópteros.

himnario *m* Colección de himnos. | Pinell *Horas* 204: El códice es del s. XIII, pero las dos hojas de guarda están copiadas en letra visigótica del siglo XI. La primera pertenece a un himnario.

hímnico -ca *adj* De(l) himno. | Pinell *Horas* 225: La himnodia, además del himno propiamente dicho y su *versus*, se compone a menudo de otro canto hímnico. Barral *Memorias* 1, 23: La gimnasia consistía en la repetición muy de cuando en cuando de una tabla elemental de ejercicios respiratorios y flexiones .. que, no sé por qué, en mi memoria se confunde con la solemnidad hímnica bajo las banderas.

himno *m* **1** Composición poética solemne y de exaltación, destinada gralm. a ser cantada. *Tb su música.* | Laiglesia *Tachado* 9: Todas las mañanas, haga frío o calor,

himnodia – hinchar

abro de par en par el ventanal de mi estudio y entono a pleno pulmón un himno a la vida. Alsina *Píndaro* XIV: Podemos contabilizar una serie importante de fragmentos .., especialmente poemas de carácter religioso (peanes, trenos, himnos, ditirambos, hiporquemas).

2 Composición musical instituida como emblema [de una nación u otra colectividad]. | *País* 27.3.77, 11: Tras escuchar el himno nacional .. don Juan Carlos saludó a los miembros del Gobierno. Cela *Inf* 29.4.77, 16: Desfilar detrás de la banda municipal, .. y poner una corona de laurel en la estatua de Rosalía de Castro, después de haber cantado el himno gallego .., serían ya motivo suficiente para no faltar.

himnodia *f* (*Rel*) Canto propio de los himnos litúrgicos. | Pinell *Horas* 225: La himnodia, además del himno propiamente dicho y su *versus*, se compone a menudo de otro canto hímnico.

himnódico -ca *adj* (*Rel*) De (la) himnodia. | Pinell *Horas* 228: La parte himnódica se compone del himno y su *versus*.

himnólogo -ga *m y f* (*raro*) Especialista en la composición de himnos. | S. Cámara *Tri* 5.1.74, 11: Por si acaso he consultado con Juan León Cisneros Hinojosa y Andrade-Tusaus, himnólogo de profesión. Me ha dicho que lo importante para construir la letra de un buen himno es tener la idea central muy clara.

hinayaniano -na (*pronunc corriente,* /χinayaniáno/) *adj* (*Rel*) [Budista] caracterizado por su fidelidad al budismo primitivo. *Tb n.* | Anson *Abc* 20.11.64, 3: Se puede llegar más fácilmente a la alianza entre cristianos, .. budistas hinayanianos y, tal vez, judíos.

hinca *f* (*raro*) Acción de hincar. | M. Elegido *Inf* 7.8.75, 12: Los cazadores tienen la gran virtud de simultanear la hinca del diente con el arrime del hombro.

hincado *m* Acción de hincar. | M. L. Nachón *Inf* 18.6.75, 21: Son varios los sistemas que se emplean: a cielo abierto, en túnel, entibado con tablestacas .. y el hincado de tubos por medio de seis "gatos" de 300 toneladas cada uno, que, dirigidos por un rayo láser, hincan dos y medio al día. Vicenti *Peseta* 57: Se ordena que las monedas de oro y plata han de llevar el busto del nuevo rey .., disponiendo así mismo el hincado y preparación de troqueles para la moneda de oro de 20 pesetas.

hincapié. hacer ~ [en una cosa]. *loc v* Insistir [en ella]. | CBaroja *Inquisidor* 23: Es curioso advertir que en varios tratados se hace particular hincapié en la honestidad.

hincar **A** *tr* **1** Clavar o introducir [algo en un sitio]. *Tb fig.* | Cuevas *Finca* 245: Medinilla era de madera de acebuche, una madera donde no se pueden hincar clavos. DPlaja *El español* 127: Los humoristas españoles han hincado la pluma con sarcasmo en este apartado [de los piropos]. **b) ~ el diente, ~ el pico, ~ los codos** → DIENTE, PICO[1], CODO.

2 Apoyar [la rodilla] en el suelo. | Ribera *SSanta* 87: Los fieles se acercan procesionalmente, hincan una rodilla. **b) ~ la rodilla** → RODILLA[1].

3 ~la. (*col*) Trabajar. | Lera *Olvidados* 63: Todo el mundo vive del cuento. ¿Y sabes quién la hinca? .. Los gilís.

4 ~la. (*col*) Morir. | Sampedro *Octubre* 289: Oye, el día que [Franco] la hinque..., ¿qué va a pasar aquí?

5 ~la. (*col*) Ceder o rendirse. | Delibes *Cazador* 181: ¡Veinte días sin saber de Anita! A terca no hay quien la gane. De sobra sabe el número del Centro, pero no. He de ser yo quien la hinque.

B *intr pr* **6 ~se de rodillas** (o, *lit*, **de hinojos**). Ponerse de rodillas. *Tb simplemente* ~SE. | J. Carabias *Ya* 22.6.74, 8: El muchacho quería "dar el mitin" en el último toro que le quedaba. Lo esperó hincado de rodillas. Grosso *Capirote* 164: –Híncate. Es la Divina Majestad –dijo Pepe de pronto colocando los dos codos en tierra.

hincha[1] *f* (*col*) Antipatía o manía. *Gralm con los vs* COGER *o* TENER. | Olmo *Golfos* 17: Siempre decía cosas Luisito Ramírez. Cabrito le cogió hincha.

hincha[2] *m y f* (*col*) Partidario entusiasta [de alguien o algo, esp. de un equipo deportivo]. | Salvador *Atracadores* 235: Siempre se llenaba la camioneta: jugadores, familiares, hinchas, curiosos. MDescalzo *Inf* 31.12.69, 24: Alcancé los diecisiete años de edad siendo un "hincha" de la super-España que me habían inyectado. GSerrano *Macuto* 221: El Parte rojo no era tomado demasiado en serio ni por sus propios hinchas.

hinchable *adj* Que puede ser hinchado, *esp* [1]. | S. Balaguer *Van* 21.3.74, 33: El Barcelona Centro de Diseño .. comenzará a funcionar cualquier día de esta primavera, en un pabellón hinchable de 800 metros cuadrados. *DBu* 25.8.92, 21: Castillos hinchables les sirvieron de diversión.

hinchada *f* (*col*) Conjunto de hinchas[2]. | *CoA* 22.10.75, 11: Júbilo en la hinchada bética. *VozT* 4.10.78, 18: Nace el Velo-Club Ciclista "Ciudad de la Cerámica" .. En un principio pienso que al no haber "hinchada" no nos interesa mucho programar carreras en carretera.

hinchado[1] **-da** *adj* **1** *part* → HINCHAR.

2 Vanidoso o engreído. | Onieva *Prado* 140: Una Corte radiante e hinchada, pletórica de vanidad y suficiencia y segura de sus destinos.

3 Afectado o grandilocuente. | * Tiene un estilo tremendamente hinchado.

hinchado[2] *m* Acción de hinchar [1]. *Tb su efecto.* | *Pue* 1.12.70, 27: Con la acusada caída negativa de estos coches, y una presión de hinchado oscilante entre 2,5 y 2,7 atmósferas, un neumático normal apenas apoya más que por su filo.

hinchador *m* Aparato para hinchar [1]. | *Prospecto* 5.89: Barca 2 m. con hinchador y remos: 4.995.

hinchamiento *m* Acción de hinchar(se), *esp* [1]. | Navarro *Biología* 7: Se denomina .. turgescencia al hinchamiento producido por la endósmosis.

hinchar *tr* **1** Hacer que [algo (*cd*)] aumente de volumen llenándolo [con un fluido, esp. un gas]. *Si el fluido es aire, normalmente sin compl.* | Payno *Curso* 234: En Sabiñánigo hincharon las ruedas del seiscientos a la vista de la planta de fabricación de agua pesada. **b)** *pr* Aumentar [algo (*suj*)] de volumen. | Bernard *Salsas* 77: Antes de servir la sopa se deja que se hinche bien.

2 Hacer que [alguien o una parte de su cuerpo (*cd*)] aumente de volumen, esp. de modo anormal o patológico. | GPavón *Reinado* 247: Con un júbilo que le hinchaba la cara, tomó asiento. **b)** *pr* Aumentar de volumen [alguien o una parte de su cuerpo (*suj*)], esp. por causas patológicas. | Arce *Testamento* 22: Tenía la seguridad de que estaba considerablemente hinchado [el cuello] a causa de los golpes. Delibes *Príncipe* 99: –Ven acá, Quico –dijo. A Quico se le hinchó la vena de la frente: –¡Mierda, cagao, culo! –voceó. RIza *DBu* 7.6.64, 13: Hemos conseguido tras muchos esfuerzos traer hasta la orilla al presunto ahogado .. Frente a nosotros tenemos un ser hinchado, ligeramente amoratado, que casi no cabe en el bañador.

3 Hacer [algo] más grande o voluminoso de lo normal o debido. | * Han hinchado la nómina de la empresa este último año. **b)** (*argot, Per*) Alargar [una información excesivamente breve]. | Delibes *Cartas* 36: Los redactores, aparte la información local, se dedicaban a hinchar los escuetos telegramas que se recibían de Madrid, noticias políticas, principalmente.

4 Exagerar [algo, esp. un dato o una noticia]. | Lera *Bochorno* 146: Valoraciones caprichosas, participaciones ficticias en negocios y sociedades... Todo está hinchado, falseado...

5 Envanecer o ensoberbecer [a alguien]. | * Los éxitos le están hinchando. **b)** *pr* Envanecerse o ensoberbecerse. | Delibes *Madera* 386: A Gervasio le iba ganando la fiebre de la literatura. Gustaba de hincharse, como un pavo real, trasudar sus emociones.

6 (*col*) Hartar [a alguien de algo (*compl* DE *o* A)]. | Tomás *Orilla* 239: Cargan como si estuvieran en la guerra. Nos hincharon a botes de humo y de gas. **b)** *pr* (*col*) Hartarse [de algo (*compl* DE *o* A)]. *A veces se omite el compl por consabido, esp referido a dinero o comida.* | Cela *Viaje andaluz* 222: El vagabundo no cena, pero se hincha de tapas por todos los lugares –que tampoco fueron muchos– donde las encontró. Berenguer *Mundo* 369: Se hinchó de decir eso, el muy animal, para comprometerse. GCandau *SYa* 12.12.72, 23: Taroczy, en el segundo "set", empezó a cruzar su inteligente y potente "drive". DCañabate *Paseíllo* 55: Toréale hasta hincharte, pero de pie y bien de pie. Lera *Bochorno* 19: Si

hinchazón – hiogloso

yo ideara algo bueno, no te lo iba a decir a ti para que te hinchases.

hinchazón *f* **1** Acción de hinchar(se) [1 y 2, esp. 2b]. *Tb su efecto.* | Van 27.6.74, 3: Colocan, mediante una máquina especial, planchas de poliestireno expandido bajo el balastro de la vía. De esta manera se evita que ascienda la humedad del subsuelo, que puede producir hinchazón y rotura de la superficie. Benet *Nunca* 11: La cara aguda, pero las mejillas coloradas, .. una especie de hinchazón facial que le nacía por la mañana para despertar con una apariencia aún más infantil. MMolina *Jinete* 164: Él nunca la tocaba, incluso había dejado de mirarla, apartaba los ojos para no ver la hinchazón de su cuerpo. [*Se refiere a una mujer embarazada.*]
2 Afectación o grandilocuencia. | *Abc* 31.1.58, 47: Hinchazón y palabrería eran las consecuencias naturales de un romanticismo ya vacío de contenido y de una oratoria procedente de las tribunas políticas.

hinchonazo *m* (*reg*) Pinchazo. *Tb fig.* | Berenguer *Mundo* 280: En la camioneta verde de la Zarza los metió a hinchonazos, y se los llevó una tarde para lo de Jerez, para que el favor se lo debieran a él.

hinco *m* Poste o palo que se hinca en tierra. | Berenguer *Mundo* 190: En la linde de la Avispa con la Casa del Fraile pusieron hincos y alambres de espino.

hincón *m* (*reg*) Mojón. | S. Araúz *Inf* 14.8.76, 14: En todas estas ciudades .., atenazadas por la esmeralda con el hincón de grandes encinas y las líneas de rompecabezas de las cercas de ganado, hay un caserío llano, modesto.

hindi (*tb* **hindí**) *m* **1** Lengua literaria basada en el hindustaní, con abundante vocabulario sánscrito y escrita con alfabeto indio, y que es una de las lenguas oficiales de la India. | Villar *Lenguas* 88: Como reacción contra el urdu se ha creado otra lengua literaria, el hindi, escrita con alfabeto indio y con abundancia de préstamos sánscritos. RAdrados *Lingüística* 38: El inglés oye como unidad lo que en hindí son dos fonemas y en árabe otros dos diferentes.
2 Lengua vulgar hablada en la zona central del norte de la India. | Villar *Lenguas* 88: Uno de los dialectos del hindi occidental, el hindustaní, se ha convertido en una especie de lengua común utilizada en diversas zonas de la India.

hindostaní (*tb con la grafía* **indostaní**) *adj* Hindustaní. *Tb n.* | Villar *Lenguas* 88: Uno de los dialectos del hindi occidental, el hindustaní, se ha convertido en una especie de lengua común utilizada en diversas zonas de la India.

hindú *adj* **1** Hinduista. *Tb n, referido a pers.* | Marías *Abc* 1.12.59, 8: Mirad con los relieves de los templos, donde está la vida entera .. De los pequeños templos hindúes de las calles modestas a la catedral católica de Santa Filomena. Cabo-DOrtiz *Geografía* 217: Entre hindúes y mahometanos existía una antipatía mutua considerable por la presencia de los británicos.
2 De la India, esp. del Indostán. *Tb n, referido a pers.* | Diosodado *Olvida* 8: En el tocadiscos está girando un disco suave de música hindú. Laiglesia *Tachado* 56: ¿Es algún "aga" hindú? Carnicer *Cabrera* 58: La escena trae a la memoria .. las fotografías de purulentos himnos entregados a la celeste farmacología del Ganges. **b)** Propio de los hindúes. | *VozA* 8.10.70, 2: Un hombre con acento hindú telefoneó ayer al Tribunal de Old Bailey para anunciar que la esposa del juez sería secuestrada.

hinduismo *m* Sistema religioso y social predominante en la India, derivado del brahmanismo y caracterizado por el sistema de castas y la creencia en la reencarnación. | Zubía *Geografía* 211: India .. Es un país superpoblado: 448 millones de habitantes .. Su religión es el hinduismo e islamismo.

hinduista *adj* De(l) hinduismo. | Fernández-Llorens *Occidente* 41: La religión hinduista, elaborada por los brahmanes, rinde culto a una divinidad única: Brahma. **b)** Adepto al hinduismo. *Tb n.* | Plans *Geog. universal* 228: Hoy día existen en la India cinco estados ..: a) un estado hinduista: la Unión India, que es el más extenso .. b) un estado musulmán: el Pakistán .. c) un estado budista: Ceilán. d) dos estados en montañas difícilmente accesibles: el Nepal y Bután. L. Rojas *Abc* 19.11.64, sn: Con sus trescientos diez millones de hinduistas y el resto de su población repartida entre budistas, mahometanos.

hindustaní I *adj* **1** Del Indostán o Unión India. *Tb n, referido a pers.* | Bosque *Universo* 167: En el actual reparto del territorio indio, Bharat o la Unión India .. cosecha el 40 por 100 del total [del yute], en tanto que Pakistán .. controla un 55 por 100. Sin embargo, la acumulación en la parte hindustaní de casi todas las manufacturas .. ha planteado a ambos países un grave problema.
II *m* **2** Lengua basada en el hindi occidental, con elementos árabes, persas y otros, utilizada como lengua común en gran parte del norte de la India y el Pakistán. | RAdrados *Lingüística* 111: Un sonido difonémico es, por ej., la ē en hindustaní.

hiniesta *f* Retama (planta). | Romano-Sanz *Alcudia* 190: Para fabricarlas [las camas] se cortan unas estacas y se clavan en el suelo .. Encima se echan juncos, rastrojo, helechos, [h]iniesta y, sobre ellos, colchonetas de paja, cobijas y demás ropa. [*En el texto,* iniesta.]

hinojal *m* Lugar poblado de hinojos[1]. | CPuche *Conocerás* 181: Al llegar desde el hinojal disperso, el esparto afilado y la hosca torrentera .. a lo umbroso donde el agua recorre todos los caminos.

hinojarse *intr pr* (*raro*) Arrodillarse. | Zunzunegui *Camino* 538: ¿Qué mujercita no se enternece viendo a un hombre rosario en mano hinojado en los santos lugares... jesuseando devotamente?

hinojero -ra *adj* De Hinojos (Huelva). *Tb n, referido a pers.* | Cela *Viaje andaluz* 283: Hinojos es pueblo de pinar, caserío de graciosa estampa. El vagabundo .. cruzó Hinojos mientras los hinojeros –quizá con el sombrero calado– aún dormían.

hinojo[1] *m* Planta herbácea, aromática, de hojas muy divididas y flores amarillas en umbela, que se emplea en medicina y como condimento (*Foeniculum vulgare*). | J. L. Aguado *SInf* 3.12.75, 3: Los trastornos circulatorios se trataban con la sabina, la ruda, .. el ajenjo, el hinojo y el aguacate. Mayte *Sáb* 3.12.66, 44: Almuerzo: Arroz con costillas de cerdo. Salmonetes al horno con hinojo. **b)** *Con un adj especificador, designa otras especies:* ~ MARINO (*Crithmum maritimum*), ~ URSINO (*Meum athamanticum*), *etc.* | CBonald *Noche* 305: Dicen que apareció por aquí con un canasto de hinojo marino cuando Octavio tuvo el escorbuto. Mayor-Díaz *Flora* 354: *Meum athamanticum* Jacq. "Meo", "Hinojo ursino".

hinojo[2] *m* (*lit*) Rodilla. *Normalmente en la constr* DE ~S. | R. Serna *Abc* 2.3.58, 13: ¿Se concibe a un Chateaubriand, a un Renan, cayendo ante él [el santuario] de hinojos como cayeron ante la Acrópolis, clara, divina y terrible?

hinojoseño -ña *adj* De Hinojosa del Duque (Córdoba), o de Hinojosas de Calatrava (Ciudad Real). *Tb n, referido a pers.* | A. Montenegro *Cór* 15.8.89, 14: Hinojosa del Duque .. Daniel Sovalbarro, veterinario de la localidad hinojoseña, ya había pronosticado con anterioridad que se trataba de este fenómeno. *Lan* 17.8.83, 5: Hinojosas entera se despierta muy de mañana al sonar de las dianas musicales, y los hinojoseños todos .. se visten con sus mejores galas.

hinque *m* Juego infantil que consiste en hincar en la tierra un palo puntiagudo u otro objeto similar. | Moreno *CSo* 27.11.75, 4: Otros [juegos] de esta misma índole, los "hoyos", el "hinque".

hinterland (*al; pronunc corriente,* /xínterland/; *pl normal,* ~S) *m* (*Geogr*) Traspaís (territorio interior inmediato a un punto de la costa). | Tovar *Testimonios* 13: La geografía de las inscripciones, situadas precisamente en el *hinterland* de las colonizaciones, parece denunciar que ese silabario existía ya en España .. y que el desarrollo de la escritura es plenamente indígena. Vega *Cocina* 143: Podrían fijársele límites al arroz a banda .., a este excelente plato de la culinaria nacional, extendiéndolos desde el cabo de Gata, por los litorales murcianos y alicantinos, con sus hinterlands correspondientes.

hiogloso -sa *adj* (*Anat*) [Músculo] que se inserta en el hioides y retrae la lengua. | Alvarado *Anatomía* 77: La lengua es un órgano constituido por músculos que le aseguran sus variados movimientos. Los más importantes son: el lingual superior .., el lingual inferior .. y los hioglosos y estiloglosos.

hioideo -a *adj* (*Anat*) De(l) hioides. | Alvarado *Anatomía* 55: El hioides forma por sí solo una región esquelética especial, a causa de ser un resto atrófico de la región hioidea o visceral del esqueleto de los vertebrados inferiores, singularmente de los peces.

hioides *adj* (*Anat*) [Hueso] situado encima de la laringe y bajo la raíz de la lengua. *Tb n m*. | Navarro *Biología* 178: Del hueso hioides, situado debajo de la lengua, parten ligamentos que suspenden a la laringe. *SInf* 25.11.70, 2: La unión del cartílago traqueal a la epiglotis o al hioides ha sido fácil.

hipálage *f* (*TLit*) Figura retórica que consiste en atribuir a una palabra un adjetivo o complemento que debería referirse lógicamente a otra palabra de la misma frase. | RAdrados *Lingüística* 648: La hipálage, en que el adjetivo aplicado a un nombre nos parece más adecuado para otro próximo. J. R. Jiménez: *el débil trino amarillo / del canario*.

hipar *intr* **1** Tener hipo [1]. | CBonald *Dos días* 40: Cogió directamente el vaso de manos del niño de la cabeza rapada y volvió a beber casi de un golpe, descansando un momento para hipar.
2 Llorar con hipos [2]. | Medio *Andrés* 29: Cuando el niño reacciona, empieza a llorar. Primero, mansamente, de susto, de sorpresa... Después, hipando, quejándose en voz alta de su pequeña tragedia.

hipema *m* (*Med*) Hemorragia en la cámara anterior del ojo. | *Ya* 8.4.83, 14: Realmente lo que trajimos a casa era medio perro: falta de visión en el ojo izquierdo producida por un hipema, heridas en lengua, cara, labio.

hiper- *r pref* Excesivo o superior a lo normal. | *Por ej*: E. Rey *Ya* 20.3.75, 36: Otro segundo factor es la mayor facilidad de ciertos sujetos para la coagulación, como ocurre con los estados de hipercoagulabilidad. E. Novoa *Abc* 18.6.58, 9: El retroceso en la escala de los tiempos nos lleva al momento en que toda la materia se hallaba acumulada en un superátomo, extraordinariamente hiperdenso. FMora *Raz* 2/3.84, 328: Como glosa el rechazo italiano de la Sociedad de Naciones, no deduce un hipernacionalismo en el gobierno romano, sino todo lo contrario. P. HMontesdeoca *NEsH* 4.7.72, 3: En el caso de los delitos contra las personas y la honestidad el delincuente tiende a disminuir su importancia .. en tanto la aumenta en el supuesto de delitos contra la propiedad (hipervaloración de la personalidad).

híper (*pl normal, ~s o invar*) *m* (*col*) Hipermercado. | Umbral *País* 13.11.77, 16: El día de la Almudena estaba el híper de Majadahonda como un camarote de los Hermanos Marx, o sea, a tope. *D26* 22.5.78, 21: Lucha por el control del comercio .. Los hípers presentan batalla. *Ya* 19.8.79, 20: Los comerciantes temen a los híper. [*En los textos, sin tilde.*]

hiperactividad *f* Actividad exagerada. *Esp en psicología*. | Ro. García *PapD* 2.88, 115: Aquí se abordan las deficiencias más conocidas, así como las anomalías de desarrollo con las que pueden encontrarse en su vida profesional, tales como dislalias, en[u]resis, hiperactividad. *Cam* 11.3.91, 24 (A): Despliega [Semprún] en vísperas de la remodelación la hiperactividad propia de quien quiere seguir sentado en el Consejo de Ministros.

hiperactivo -va *adj* Que presenta hiperactividad. | M. Carreras *Min* 5.87, 12: Estas referencias empíricas apuntan, al parecer, a una personalidad hipercrítica e hiperactiva.

hiperagudo -da *adj* (*Med*) Sumamente agudo. | F. Merayo *Ya* 5.6.65, 5: Los principales trastornos orgánicos que puede encontrar un astronauta en la arriesgada salida del vehículo protector son tres: la "ebullición" de los líquidos orgánicos, la llamada hipoxia o falta de oxígeno hiperaguda, y el "aeroembolismo".

hiperbárico -ca *adj* (*Fís y Med*) Que tiene presión superior a la atmosférica. | *Ya* 22.6.74, 33: Los cuadros médicos de afección circulatoria arterial, arterioesclerosis, gangrenas, infecciones, tratamiento de grandes quemaduras, intoxicaciones, etc., podrán ser tratados con la utilización de una gran cámara hiperbárica.

hioideo – hiperbóreo

hiperbaro -ra *adj* (*Fís y Med*) Hiperbárico. | *Ide* 28.8.69, 24: La lepra, vencida. Un equipo médico argentino utiliza una cámara de oxígeno hiperbaro.

hiperbático -ca *adj* (*TLit y Gram*) De(l) hipérbaton. | Alvar-Mariner *Latinismos* 20: La literatura jurídica .. permite atestiguar con frecuencia construcciones fuertemente hiperbáticas.

hipérbato *m* (*TLit y Gram, raro*) Hipérbaton. | GYebra *Traducción* 77: Las traducciones del latín caen en el amaneramiento de calcar el hipérbato latino y acumulan neologismos innecesarios y retumbantes para enriquecer el vocabulario.

hipérbaton (*pl normal,* HIPÉRBATOS; *tb, más raro,* HIPERBATONES) *m* (*TLit y Gram*) Alteración forzada del orden normal de las palabras en la frase. | Lapesa *HLengua* 180: Resultado de tanta admiración fue el intento de trasplantar al romance usos sintácticos latinos .. Se pretende, por ejemplo, remedar el hipérbaton. GLópez *Lit. española* 243: Dislocada la frase por forzados hipérbatos, o acelerado su ritmo con atrevidas elipsis, el lenguaje pierde la pausada elegancia y sereno reposo del siglo anterior.

hipérbola *f* (*Geom*) Curva cónica simétrica respecto de dos ejes perpendiculares entre sí, compuesta de dos porciones abiertas con dos focos diferentes, dirigidas en sentido opuesto, y en la que la diferencia de las distancias de cada uno de sus puntos a los focos es constante. | Marcos-Martínez *Matemáticas* 221: Si el plano es paralelo al eje del cono, la sección estará parte en una hoja y parte en la otra, resultando así una curva con dos ramas llamada hipérbola.

hipérbole *f* **1** (*TLit*) Figura retórica consistente en aumentar o disminuir exageradamente aquello de que se trata. | Arbó *Van* 4.11.62, 9: Hay que conocer a Cervantes para saber el valor que debe atribuirse a aquel turbión de hipérboles.
2 (*lit*) Exageración. | *Sp* 19.7.70, 26: Se puede decir, sin hipérbole de ninguna clase, que Astilleros Españoles se mueve en un muy amplio campo de posibilidades.

hiperbólicamente *adv* De manera hiperbólica[1]. | MCachero *AGBlanco* 62: La decepción adviene enseguida y el desengaño se exagera hiperbólicamente.

hiperbólico[1] -ca *adj* (*TLit o lit*) **1** De (la) hipérbole o que la implica. | GLópez *Lit. española* 242: Todo adquiere [en el barroco] un carácter desorbitado, hiperbólico; las dimensiones colosales de algunos edificios barrocos, el frenético dinamismo de la pintura de Rubens .. son ejemplos harto elocuentes. L. Calvo *Abc* 30.12.70, 21: ¿No tendrán la culpa las hiperbólicas manifestaciones que hubo en Francia, pero no en los países anglosajones ni en Alemania, en los primeros días de diciembre?
2 Dado al uso de la hipérbole. | F. Morales *Ide* 28.9.87, 3: Habría que vivir de otra manera; lo advirtió aquel ciego, andaluz hiperbólico, emulador viajero de Dante, aquel Max Estrella.

hiperbólico[2] -ca *adj* (*Geom*) De (la) hipérbola. | J. PGuerra *Inf* 17.8.70, 8: De los 87 nuevos faros proyectados, 30 se situarán en la costa del Sahara ..; de las tres cadenas de sistema hiperbólico radioeléctricas, una cubrirá la zona norte del Sahara.

hiperbolizante *adj* (*lit, raro*) Que hiperboliza. | MPidal *Las Casas* 58: Dada la manía hiperbolizante que Las Casas padecía, podemos pensar que todo lo que refiere en relación con el mal trato de los indios .. está inevitablemente .. abultado.

hiperbolizar *tr* (*lit*) Exagerar. | GNuño *Arte* 293: En cuanto a las puertas, son de cuerpos superpuestos, proporcionando el esquema que los Churriguera se encargarán de hiperbolizar.

hiperbóreo -a *adj* **1** (*lit*) [Región] próxima al Polo Norte. | CBaroja *Brujas* 74: El mundo germánico, desde las tierras hiperbóreas hasta las vecinas al Mediterráneo pobladas por visigodos, ostrogodos y lombardos, desde las estepas del este de Europa a las islas del Atlántico, vive dominado por la creencia en hechicerías. **b)** De la región hiperbórea. *Tb n, referido a pers*. | N. Luján *Gac* 19.10.75, 45: El restaurante Reno –con el rumiante hiperbóreo en el sello– data de 1954. Sampedro *Sirena* 157: A Ahram no le interesa Roma ..

hipercalcemia – hipermercado

No está por Roma .. Lo suyo es el mundo: Grecia y los bárbaros, hasta los hiperbóreos. **c)** [Gaviota] **hiperbórea** → GAVIOTA.
2 (*Mitol clás*) De(l) pueblo habitante de la tierra del Sol, más allá del viento norte, y adorador de Apolo. | GGual *Novela* 95: Allí encontraremos: 1) Curaciones maravillosas .. 3) Hechizamientos amorosos, por medio de una estatuilla de barro, con evocación de familiares muertos y ascensión de Hécate, la diosa infernal, y descenso de la Luna, a cargo de un sacerdote hiperbóreo.

hipercalcemia *f* (*Med*) Presencia elevada de calcio en la sangre. | Cañadell *Salud* 359: La movilización del calcio óseo origina hipercalcemia y una desmineralización progresiva del esqueleto.

hipercalciuria *f* (*Med*) Presencia excesiva de calcio en la orina. | Cañadell *Salud* 359: La hipercalcemia causa un aumento de la eliminación urinaria de calcio, y esta hipercalciuria puede originar litiasis renal.

hipercinesia *f* (*Med*) Actividad muscular exagerada e involuntaria. | Sales *Salud* 400: Como consecuencia de las hipercinesias, el enfermo hace visajes y muecas.

hiperclorhidria *f* (*Med*) Exceso de ácido clorhídrico en el jugo gástrico, o secreción excesiva de ácido clorhídrico por las glándulas gástricas. | Palomino *Torremolinos* 44: El director sale del ascensor expuesto al sinsabor de una queja o al de un amistoso whisky que no le apetece lo que se dice nada, pero que le ayudará a mantener a banderas desplegadas su imagen de hombre acogedor, mundano, amable. Y a mantener activa su hiperclorhidria.

hiperclorhídrico -ca *adj* (*Med*) Que padece hiperclorhidria. | LIbor *Pról. Antología* XVII: Usted también puede volverse enfermo de la mente, como hiperclorhídrico o calculoso.

hipercolesterolemia *f* (*Med*) Presencia excesiva de colesterol en la sangre. | *TMé* 27.1.89, 12: Estudiar la prevalencia de hipercolesterolemia y otros factores de riesgo cardiovascular en la población hipertensa es el propósito del trabajo "Cardioalerta 2000".

hipercorrección *f* (*Ling*) Ultracorrección. | Villar *Lenguas* 242: Hipercorrecciones, que consisten en que la forma antigua se introduzca en palabras en las que etimológicamente nunca se había encontrado.

hipercorrecto -ta *adj* (*Ling*) Ultracorrecto. | Villar *Lenguas* 242: No es infrecuente que ciertos individuos empleen en español formas hipercorrectas como "bacalado".

hipercrítico -ca I *adj* **1** Que juzga o analiza a las perss. o cosas con excesiva severidad. *Tb n, referido a pers*. | M. Carreras *Min* 5.87, 12: Estas referencias empíricas apuntan, al parecer, a una personalidad hipercrítica e hiperactiva, de constante autoexigencia por el logro de resultados impecables de su actividad. Cierva *País* 27.8.78, 7: Más de un hipercrítico debería repasar a fondo las opiniones del profesor Marías sobre este designio del Rey.
II *f* **2** Actitud de la pers. hipercrítica [1]. | M. Pinta *Abc* 2.3.58, 49: Son notoria[s] y evidentes algunas de las valoraciones de Macías Picavea, mientras desbordan otras hacia la hipercrítica.

hiperdulía *f* (*Rel catól*) Culto que se da a la Virgen. | Valcarce *Moral* 71: Se llama hiperdulía el homenaje con que se honra a la Virgen María.

hiperemia *f* (*Med*) Acumulación de sangre en una parte del cuerpo. | *BOE* 4.2.77, 2690: La res que presente hiperemias y congestiones, artritis, .. sufrirá decomiso total.

hiperestesia *f* (*Med*) Sensibilidad excesiva y patológica. *Tb* (*lit*) *fuera del ámbito técn*. | Delibes *Madera* 279: Nada de desfiles, nada de manifestaciones, nada de mítines incendiarios, nada de actos donde la música constituyese un ingrediente esencial. No fomentar, en suma, sin hiperestesia. Lázaro *Gac* 9.11.75, 30: Atenta con él, modelo de altruismo, sensible hasta la hiperestesia.

hiperestesiarse (*conjug* **1a**) *intr pr* (*Med*) Hacerse [la sensibilidad] excesiva y patológica. *Tb* (*lit*) *fuera del ámbito técn*. | Pániker *Conversaciones* 323: El Régimen tiene hiperestesiada la sensibilidad en todo lo que concierne a la libre expresión de las ideas.

hiperestésico -ca *adj* (*Med*) Que padece hiperestesia. | Delibes *Madera* 305: Hiperestésico y supersticioso, Antero no reconocía sus deficiencias físicas, sino que achacaba su postergación a la malquerencia del instructor de marinería. **b)** Propio de la pers. hiperestésica. | Ayala *Recuerdos* 412: En situaciones normales –es decir, cuando no se trataba de médicos– la sensibilidad del poeta se mostraba hiperestésica. CBonald *Casa* 157: Le diagnosticaron desde un principio una satiriasis hiperestésica provocada por las muchas privaciones padecidas en el frente.

hiperexcitabilidad *f* (*Med*) Tendencia a reaccionar de modo exagerado ante los estímulos. | Mascaró *Médico* 52: Durante todo el curso de la infancia los estados convulsivos son más frecuentes que en el adulto y pueden aparecer .. como consecuencia de un estado de hiperexcitabilidad muscular, llamado tetania.

hiperfrecuencia *f* (*Fís*) Frecuencia superior a 1.000 megahercios. | *Pue* 10.11.70, 20: Terminal para el envío y recepción masiva de datos entre distintas localidades, usando líneas telefónicas .., enlaces radiotelefónicos de hiperfrecuencia y ultrafrecuencia y satélites de comunicaciones.

hiperfunción *f* (*Med*) Aumento de la actividad normal de un órgano. | Navarro *Biología* 204: La extirpación del lóbulo anterior de la hipófisis determina el enanismo hipofisario o infantilismo. Por el contrario, la hiperfunción o inyección de esta hormona hace aparecer en el joven gigantismo.

hiperglucemia *f* (*Med*) Aumento de la concentración de glucosa en la sangre, por encima de la tasa máxima. | Cañadell *Salud* 156: El valor de la glucosa sanguínea se denomina glucemia y normalmente en ayunas oscila entre 80 y 110 miligramos en 100 cc de sangre. Valores más altos (hiperglucemia) pueden indicar la presencia de una diabetes.

hiperglucémico -ca *adj* (*Med*) De (la) hiperglucemia. | Navarro *Biología* 204: Las hormonas hiperglucémicas o diabetógenas, como indica su nombre, hacen que se eleve el porcentaje normal de glucosa en la sangre.

hipérico *m Se da este n a diversas plantas, unas herbáceas y otras arbustivas, pertenecientes al gén Hypericum, esp a la herbácea H. perforatum*, tb llamada HIERBA DE SAN JUAN, *de propiedades medicinales*. | Mayor-Díaz *Flora* 558: *Hypericum perforatum* L. "Hipérico", "Hierba de S. Juan" .. Es vulneraria y calmante. C. Farré *ByN* 27.1.91, 92: El hipérico "Hidcote" es un arbusto de porte erecto que suele alcanzar un metro y medio de altura o incluso más, de follaje denso, con hojas verde oscuro en el haz y verde claro en el envés.

hiperinflación *f* (*Econ*) Inflación acelerada. | FQuintana-Velarde *Política* 187: Las variaciones de los precios están asociadas con las modificaciones que experimenta la cantidad de dinero .. Los hechos parecen revalidar la validez de esta teoría en los procesos históricos en que se han producido alzas grandes en los precios, que los economistas conocen como situaciones de hiperinflación.

hiperlipidemia *f* (*Med*) Exceso de lípidos en la sangre. | *Ya* 20.7.90, 54: El lovastatín se incorpora a la farmacología de las hiperlipidemias.

hipermedia *m* (*Informát*) Método para estructurar y presentar información de distintos medios de comunicación interrelacionándolos entre sí. | *Abc* 17.8.91, 40: Los sistemas hipertexto e hipermedia todavía no existen en bibliotecas españolas, aunque sí en algunos centros educativos.

hipermenorrea *f* (*Med*) Menstruación excesiva. | Vega *Salud* 549: En toda regla excesiva se debe consultar al ginecólogo para descartar una hemorragia de otra causa .., que simula una regla en forma de hipermenorrea cuando en realidad se trata de una verdadera hemorragia.

hipermercado *m* Supermercado de grandes dimensiones, que ofrece una gama extensa de productos y otros servicios para el cliente, y gralm. situado en las afueras de las poblaciones. | Umbral *Van* 4.2.77, 11: Las cosas de comer están cada vez más caras. En algunos hipermercados te dan la carne podrida.

hipermétrope *adj* (*Med*) Que padece hipermetropía. *Tb n, referido a pers.* | Dolcet *Salud* 487: El recién nacido y los niños de corta edad tienen los ojos hipermétropes. Bustinza-Mascaró *Ciencias* 82: El hipermétrope percibe claros los objetos lejanos, pero no los próximos, que se pintan detrás de la retina.

hipermetropía *f* (*Med*) Defecto óptico por el que se perciben confusamente los objetos próximos, debido a que la imagen se forma más allá de la retina. | Bustinza-Mascaró *Ciencias* 82: La hipermetropía es debida a un cristalino poco convergente o un globo ocular con el diámetro anteroposterior muy corto.

hipermetrópico -ca *adj* (*Med*) [Astigmatismo] unido a hipermetropía. | Dolcet *Salud* 486: En los astigmatismos simples: hipermetrópico y miópico, el ojo es emétrope en uno de los meridianos.

hipermnesia *f* (*Psicol*) Aumento anormal de la capacidad de evocar los recuerdos. | Gambra *Filosofía* 112: Entre las anomalías de la evocación hay que contar: las amnesias .. y las hipermnesias.

hipernefroma *m* (*Med*) Tumor derivado del tejido suprarrenal. | B. Beltrán *Ya* 2.10.91, 21: El llamado cáncer renal, de células claras, también conocido como cáncer del parénquima renal o "hipernefroma", es el que ofrece más dificultades en su tratamiento.

hiperónimo *m* (*Ling*) Palabra cuyo significado incluye el de otras. | Castillo *BRAE* 92, 495: En el mismo apartado se estudiarán .. aquellas definiciones perifrásticas en las que el hiperónimo o incluyente es complejo.

hiperparatiroidismo *m* (*Med*) Exceso en la secreción de las glándulas paratiroides. | Cañadell *Salud* 359: Se atribuyen también al hiperparatiroidismo úlceras de estómago, pancreatitis y calcificaciones arteriales.

hiperpigmentación *f* (*Med*) Pigmentación excesiva. | O. Aparicio *VozC* 6.10.68, 6: En todas las personas que desarrollan su trabajo al aire libre se observa una hiperpigmentación, más o menos difusa, de las partes expuestas a la intemperie.

hiperpirexia *f* (*Med*) Fiebre elevada, esp. la que supera los 40°. | MNiclos *Toxicología* 52: Las formas graves son más frecuentes en niños que han ingerido por error una dosis fuerte. Náuseas, vómitos, diarreas, convulsiones con hiperpirexia.

hiperpituitarismo *m* (*Med*) Secreción excesiva de la hipófisis o glándula pituitaria. | Alvarado *Anatomía* 137: Si el hiperpituitarismo sobreviene en la edad adulta, ocasiona la acromegalia.

hiperplasia *f* (*Med*) Aumento excesivo del número de células normales de un órgano o tejido. | Cañadell *Salud* 361: La disminución de cortisol induce a un aumento de la secreción de corticotrofina, la cual aumenta la actividad de la corteza y causa su hiperplasia.

hiperpnea *f* (*Med*) Hiperventilación. | MNiclos *Toxicología* 16: Los trastornos de la respiración son comunes a casi todas las intoxicaciones, al menos las graves. Sin embargo, también pueden servirnos de orientación la hiperpnea primaria de los salicilatos, conducente a la alcalosis ..; la bradipnea.

hiperpotasemia *f* (*Med*) Exceso de sales de potasio en la sangre. | MNiclos *Toxicología* 17: Ciertos datos serán orientadores: por ejemplo, una marcada hipocalcemia nos hará pensar en el ácido oxálico ..; la hiperpotasemia, en las fuertes dosis de potasio.

hiperquinesia *f* (*Med*) Hipercinesia. | * Los visajes y las muecas suelen deberse a hiperquinesia.

hiperquinésico -ca *adj* (*Med*) Hiperquinético. | M. J. Barrero *SYa* 20.12.89, 5: En la actualidad se están desarrollando cuatro líneas de investigación distintas: enfermos con Alzheimer, o demencia senil, niños disléxicos e hiperquinésicos –excesivamente activos–, y problemas de lateralización de funciones –personas zurdas o diestras–.

hiperquinético -ca *adj* (*Med*) **1** De (la) hiperquinesia. | Vega *Corazón* 46: Los sujetos que padecen determinadas e importantes cardiopatías arterioscleróticas, sobre todo las coronarias y cerebrales, o los síndromes hiperquinéticos de corazón irritable con intenso fondo neural. **2** Que padece hiperquinesia. | Vega *Corazón* 45: Sucedería en ellos lo contrario de lo que sucede en los casos de "neurosis cardíaca" con corazón irritable o hiperquinético.

hiperreactividad *f* (*Med*) Reactividad exagerada a los estímulos. | Nolla *Salud* 265: Los individuos hipertensos presentan una hiperreactividad a los estímulos.

hiperrealismo *m* (*Arte*) Tendencia surgida en Estados Unidos alrededor de 1970, caracterizada por la reproducción minuciosa de la realidad partiendo, en pintura, de grandes ampliaciones fotográficas, y en escultura, de moldes tomados directamente de seres vivos. | A. M. Campoy *Abc* 27.4.75, 29: El llamado hiperrealismo es, en última instancia, una crónica dibujada, crónica que a veces se sitúa en la realidad inmediata y literal, y otras veces elucubra situaciones posibles. Umbral *Gente* 216: En su casa tienen la *Gran Vía* de Antoñito López, obra maestra del hiperrealismo mundial.

hiperrealista *adj* (*Arte*) De(l) hiperrealismo. | Barrero *Cuento* 22: Un cuadro hiperrealista resulta, a nuestros ojos, tan exageradamente real que preferimos una realidad más matizada, más rica en sugerencias. **b)** Adepto al hiperrealismo. *Tb n.* | Areán *Raz* 5/6.89, 309: Era entonces [Eduardo Naranjo] un pintor realista un tanto testimonial, pero pronto se convirtió en un hiperrealista ortodoxo.

hiperreflexia *f* (*Med*) Exageración de los reflejos. | MNiclos *Toxicología* 90: Las formas muy leves [de intoxicación] pueden limitarse a hiperreflexia, hiperexcitabilidad.

hipersecreción *f* (*Med*) Secreción muy abundante o excesiva. | *Ama casa* 1972 110: El zumo de uvas es llamado la "leche vegetal" .. Su acción se manifiesta por una evacuación intestinal; una disminución de acidez en la orina, una acción diurética y una acción de hipersecreción biliar.

hipersensibilidad *f* Sensibilidad exagerada. | Delibes *Perdiz* 124: La caza origina en el Cazador una segunda naturaleza. Esa hipersensibilidad que muchos seres sentimos ante la agonía de una bestia se esfuma en el monte. Pániker *Conversaciones* 87: El lugar más sensible donde estas tensiones se reflejan es la prensa. Entonces se produce una hipersensibilidad política frente a la libre expresión de la prensa. Alvarado *Anatomía* 158: Este estado de hipersensibilidad para los cuerpos extraños adquirido por los animales después de una primera inyección de los mismos fue designado por su descubridor, Richet, con el nombre de anafilaxia.

hipersensible *adj* Que tiene o muestra una sensibilidad exagerada. | J. R. Alfaro *HLM* 26.10.70, 18: Se trata de un pintor sincero e hipersensible.

hipertensión *f* (*Med*) Tensión arterial excesivamente alta. *Frec* ~ ARTERIAL. | *ByN* 31.12.66, 116: ¿Cuáles son las repercusiones más frecuentes de los estados de espíritu y de las emociones en el cuerpo? Son casi infinitas: del asma y la hipertensión a la úlcera de estómago. Nolla *Salud* 263: La hipertensión arterial es un hallazgo frecuente en la clínica.

hipertensivo -va *adj* (*Med*) De (la) hipertensión. | Vega *Corazón* 39: Ese plomo del aire quizá tenga acciones patológicas sobre el sistema cardiovascular (adrenérgicas, del tipo de espasmos vasculares; tendencia hipertensiva).

hipertenso -sa *adj* (*Med*) Que padece hipertensión. *Tb n.* | Nolla *Salud* 265: Los individuos hipertensos presentan una hiperreactividad a los estímulos. Mascaró *Médico* 148: Dietética del hipertenso.

hipertermia *f* (*Med*) Elevación patológica de la temperatura del cuerpo. | Navarro *Biología* 202: Las manifestaciones del hipertiroidismo son de tipo contrario al mixedema: aumento del metabolismo basal ..; aumento constante de la temperatura (hipertermia), gran nerviosismo.

hipertexto *m* (*Informát*) Sistema de software y hardware que permite almacenar caracteres, imágenes y sonidos y relacionar los distintos elementos con facilidad. | *Abc* 17.8.91, 40: Los sistemas hipertexto e hipermedia todavía no existen en bibliotecas españolas, aunque sí en algunos centros educativos.

hipertiroideo -a *adj* (*Med*) Que padece hipertiroidismo. *Tb n.* | Alvarado *Anatomía* 136: Las personas hipertiroideas son exaltadas y tienen los ojos con las pupilas dilatadas y como si fueran a salirse de las órbitas. Navarro *Biología* 202: El hipertiroideo es un tipo delgado, violento, dinámico, impresionable y emotivo.

hipertiroidismo *m* (*Med*) Estado morboso debido a un exceso de producción de hormonas tiroideas. | Navarro *Biología* 202: Hipertiroidismo. La hipertrofia del tiroides determina la enfermedad denominada bocio exoftálmico .. Las manifestaciones del hipertiroidismo son de tipo contrario al mixedema.

hipertonía *f* (*Med*) Tono o tensión exagerados, esp. musculares. | R. GTapia *SAbc* 2.2.69, 18: La mayor parte de las manifestaciones cardíacas, circulatorias y digestivas descritas parecen ser consecuencia de una hiperreflexividad y de una hipertonía del sistema nervioso simpático.

hipertónico -ca *adj* (*Quím*) [Solución] con mayor presión osmótica que aquella con la que se compara. | Bustinza-Mascaró *Ciencias* 19: De dos líquidos con desigual presión osmótica se llama hipertónico al de mayor presión osmótica e hipotónico al de menor presión osmótica.

hipertricosis *f* (*Med*) Desarrollo exagerado del pelo. | M. Aguilar *SAbc* 24.11.68, 54: Una mujer padece hipertricosis (aumento de vello normal) cuando tiene la misma distribución normal, pero con aumento de cantidad y de robustez del vello. E. Briones *Ya* 27.4.75, 61: Hipertricosis es el nombre científico que se ha dado al desarrollo superfluo del vello.

hipertrofia *f* (*Biol*) Desarrollo superior a lo normal [de un órgano o de sus elementos anatómicos]. | Navarro *Biología* 202: La hipertrofia del tiroides determina la enfermedad denominada bocio exoftálmico. **b)** (*lit*) Desarrollo excesivo [de algo]. | MCachero *AGBlanco* 131: El horizonte se entenebrece más cuando advertimos la anárquica hipertrofia reinante en el cultivo y consumo de las producciones novelescas.

hipertrofiar (*conjug* **1a**) *tr* (*Biol y lit*) Producir hipertrofia [en algo (*cd*)]. | GNuño *Madrid* 51: En estas estructuras, Ribera no había hecho sino hipertrofiar la decorativa prestancia de un tipo palacial anterior. **b)** *pr* Pasar [algo] a sufrir hipertrofia. | Alvarado *Botánica* 28: Se encuentra [la bacteria] espontánea en el suelo e infecciona las raíces de las plantas, determinando la formación de unas nudosidades características .. formadas por células hipertrofiadas en cuyo protoplasma se encuentran miles de bacterias. A. P. Foriscot *Van* 1.7.73, 11: Capturados y enjaulados los hortolanos, se les ceba, durante un mes, con grano nutritivo. Engordan mucho y el hígado se les hipertrofia, se satura de grasa. MGaite *Cuento* 357: Es una tendencia [el mentir] que se hipertrofia en los adultos que no se saciaron con los juegos infantiles.

hipertrófico -ca *adj* (*Biol y lit*) De (la) hipertrofia. | M. Aguilar *SAbc* 13.12.70, 102: Al final de la primera semana se empiezan a formar los típicos granos en la conjuntiva tarsal superior y en su fondo de saco, que toman ya las características propias en el segundo período o hipertrófico o granular, pues durante el mismo, al invertir el párpado superior, se perciben .. unos granos grandes y duros. **b)** Que tiene hipertrofia. | Lera *Boda* 610: Lo más sobresaliente de su rostro era la nariz hipertrófica, rojiza y granulosa; una nariz como un pimiento morrón.

hiperuricemia *f* (*Med*) Exceso de ácido úrico en la sangre. | F. Valladares *SYa* 3.1.90, 1: No todas las situaciones de exceso de ácido úrico (hiperuricemia) conducen necesariamente a la gota.

hiperventilación *f* (*Med*) Respiración exageradamente profunda y prolongada. | J. L. Martí *Ide* 8.8.86, 32: Existen falsos positivos [de angina de pecho], siendo sus causas principales: anemia, desaturación arterial, hipertrofia ventricular izquierda, hiperventilación.

hipervitaminosis *f* (*Med*) Estado morboso provocado por la administración de dosis excesivas de vitaminas. | *Alc* 22.10.77, 24: Cuando lo llevaron al hospital con fiebre alta y dolor de huesos, se advirtió que el niño tenía una hipervitaminosis A, que era 10 veces superior al índice tolerable en el organismo humano.

hipetro -tra *adj* (*Arquit*) Que carece de techo. | Angulo *Arte* 1, 36: No es raro en los que llegan a ser grandes santuarios que las salas hipetras e hipóstilas se multipliquen.

hip-hop (*ing; pronunc corriente*, /χíp-χóp/) *m* Música asociada a un movimiento de cultura juvenil surgido en Estados Unidos en los años 80, que incluye el rap, los graffiti y el break-dance. | *SD16* 12.3.89, 31: El "hip hop" fue un invento de los DJ, disc-jockey o pincha-discos, mezclando trozos de canciones diferentes. J. C. Lozano *Ya* 28.11.89, 53: El "hip-hop" es así una mezcla de "break-dance", "rap" (o "parloteo", acompañado de una caja de ritmos) y una buena pintada en alguna pared estratégica.

hipiatría *f* (*Vet*) Especialidad que se ocupa de los caballos. | LPiñero *Ciencia* 21: Con destino a estos prácticos [los albéitares] se redactó una serie de tratados de hipiatría de considerable altura, el más antiguo de los cuales fue un *Libro de los caballos* anónimo, seguramente procedente de la corte de Alfonso X.

hípico -ca I *adj* **1** De(l) caballo. | Cunqueiro *Un hombre* 242: Viajó a Tracia por .. escribir una tesis doctoral sobre si el centauro tiene el ombligo en la parte humana o en la hípica.
2 De (la) hípica [3]. | Laiglesia *Ombligos* 50: Americana deportiva para el concurso hípico a primera hora de la tarde.
II *f* **3** Deporte hípico [1], esp. carreras y concursos de salto. | Delibes *Mundo* 67: La hípica y la ruleta han dejado de ser aquí cotos de un grave y solemne aburrimiento aristocrático.

hipido *m* Acción de hipar [2]. *Tb su efecto.* | Torrente Señor 132: Levantó hacia Carlos los ojos llorosos .. Le dio un hipido involuntario. –¡No es vida; no, no es vida!– Carlos no sabía qué hacer. Lucía, convulsa del llanto, había apoyado los brazos en la mesa y escondía el rostro.

hipismo *m* Hípica [3]. | *MHi* 2.55, 43: El campeonato mundial de saltos de longitud, conseguido en Barcelona por el comandante López del Hierro, no es un triunfo esporádico y casual del hipismo español.

hipnagógico -ca *adj* (*Psicol*) Que precede inmediatamente al sueño. | Rábade-Benavente *Filosofía* 71: Nuestra imaginación no siempre procede de modo voluntario. Tenemos, así, imágenes hipnagógicas –que preceden al sueño– (por ejemplo, "oír" voces), y también imágenes oníricas.

hipnopedia *f* (*E*) Aprendizaje de lecciones oídas durante el sueño. | *País* 16.1.79, 7: Aprenda mientras duerme .. El Sistema Tiroson fue presentado en el 1er Congreso de Hipnopedia celebrado en París. J. L. Aguado *Ya* 9.6.88, 33: El pragmatismo de la ciencia actual ha convertido la hipnopedia en una práctica de enseñanza, impartida durante el sueño, a través del suave murmullo de grabaciones educativas.

hipnosis *f* Sueño producido por hipnotismo. | Valcarce *Moral* 83: Este sueño se llama hipnosis y puede ser de dos clases, el vulgar, producido por medios naturales, y el superior. *TCR* 16.11.90, 5: Se llevarán a cabo experiencias prácticas, entre las que destacan las psicofonías en el cerro de Alarcos, ejercicios de regreso al pasado e hipnosis de grupo.

hipnótico -ca *adj* **1** De (la) hipnosis o de(l) hipnotismo. | J. MArtajo *Ya* 17.11.63, sn: La novicia va derecha, como quien cumple un hipnótico mandato, hacia la caja de cartón. Carnicer *Castilla* 202: La cena, diferida hasta el final de una película de tiros de la televisión, contemplada por los futuros cenantes con una atención hipnótica.
2 Que produce sueño. *Más frec n m, referido a medicamento.* | Palomino *Torremolinos* 9: Otros tienen hábitos más complicados: dormir en cueros –que es bastante incómodo si no se está habituado–, hacer gimnasia hipnótica, rezar de rodillas, beberse un vaso de leche o mirar debajo de la cama a ver si hay un ladrón. M. Riberi *Rev* 12.70, 20: Aumenta cada día el número de aquellos que, al no conseguir dormirse, recurren a los hipnóticos, productos de efectos hasta ahora no del todo conocidos.

hipnotismo *m* Procedimiento para provocar sueño artificial mediante sugestión y a veces también con determinadas acciones físicas o mecánicas. | ZVicente *Traque* 268:

No hago como en las películas americanas, que pasan la mano así, en el aire, .. y en seguida se quedan dormidos y contestan lo que quiere la poli .. Eso de los americanos es hipnotizar .., o sea hipnotismo.

hipnotizador -ra *adj* Que hipnotiza. *Tb n, referido a pers.* | Valcarce *Moral* 82: Guarda manifiesta afinidad con la superstición el hipnotismo en cuanto supone la entrega y rendimiento de la persona hipnotizada al hipnotizador.

hipnotizante *adj* Hipnotizador. *Tb n.* | Lera *Bochorno* 210: Llevaban el compás con sus cuerpos y sus instrumentos, simultáneamente, y daban la sensación de ser los oficiantes cansados de un rito hipnotizante. Villapún *Moral* 109: Durante el sueño, la persona hipnotizada siente lo que el hipnotizante quiere que sienta.

hipnotizar *tr* Producir hipnosis [en alguien (*cd*)]. *Tb fig.* | ZVicente *Traque* 268: No hago como en las películas americanas, que pasan la mano así, en el aire, .. y en seguida se quedan dormidos y contestan lo que quiere la poli .. Eso de los americanos es hipnotizar .., o sea hipnotismo. Laforet *Mujer* 319: Don Jacinto miraba hacia aquella máquina que avanzaba .. La miraba como hipnotizado. MMolina *Jinete* 222: Pega el oído al altavoz porque dice que el bajo lo hipnotiza.

hipo I *m* **1** Movimiento convulsivo del diafragma, que produce una respiración interrumpida y violenta acompañada de un ruido gutural. *Normalmente en sg con sent pl.* | Medio *Bibiana* 331: Siempre le da el hipo cuando bebe y se atraganta. CPuche *Paralelo* 41: Buen tísico dentro de un año o dos el improvisado albañil, que ahora mismo estaría respirando para dentro, replegándose los hipos para que la bruta de la Cecilia no le soltara un sopapo.
2 Convulsión similar al hipo [1], producida por el llanto. | Laforet *Mujer* 189: Don Ernesto murió .. de indigestión, gracias a una apuesta..., según había explicado Amalia .. entre hipos.
II *loc v* **3 quitar** [alguien o algo] **el ~.** (*col*) Sorprender por sus buenas cualidades. *Con intención ponderativa.* | DCañabate *Paseíllo* 122: Se comían unas judías a la bretona que quitaban el hipo por lo sabrosas.

hipo- *pref* (*E*) **1** Por debajo de lo normal. | *Por ej:* Tri 17.11.73, 39: Los médicos nazis utilizaron prisioneros para la realización de experiencias .. La víctima respira a través de una mascarilla en la cámara de hipopresión. P. Salvá *Pue* 9.5.74, 30: En la hipertensión o tensión elevada se le recom[i]enda al enfermo que beba aguas débilmente mineralizadas, por su bajo contenido en sodio, por lo que vemos que, junto a una dieta hiposódica, debe beberse un agua hiposódica.
2 (*Quím*) Menos oxigenado de lo normal. | *Por ej:* Bustinza-Mascaró *Ciencias* 331: Se utiliza [la sal común] para fabricar ácido clorhídrico, cloro, sosa e hipocloritos. Marcos-Martínez *Física* 233: El cloro .. forma los anhídridos siguientes: .. Anhídrido hipocloroso .. Anhídrido cloroso .. Anhídrido clórico .. Anhídrido perclórico. F. Aparicio *Abc* 12.5.74, 56: También han ocupado lugares destacados en nuestro comercio exportador del aceite de oliva, .. los telares y máquinas para tejer, fosfitos, hipofosfitos y fosfatos.

hipoacusia *f* (*Med*) Disminución de la sensibilidad auditiva. | *Abc* 5.5.74, 41: El hombre tiene tal poder de adaptación que ya está acostumbrándose a los ruidos. Un gran número de las hipoacusias .. no han sido causadas por agresiones acústicas.

hipoacústico -ca *adj* (*Med*) **1** De (la) hipoacusia. | *SYa* 19.12.73, 27: Existen sorderas congénitas, adquiridas, hipoacústicas, etcétera.
2 Que padece hipoacusia. *Tb n.* | *Abc* 3.12.70, 49: En cuanto a los grupos de subnormalidad, los ciegos son los mejor atendidos, y después, los hipoacústicos.

hipoalergénico -ca *adj* (*E*) Hipoalérgico. | *ByN* 15.8.93, 80 (A): Una crema hipoalergénica y sin nada de perfume.

hipoalérgico -ca *adj* (*E*) De escasa posibilidad de producir alergia. *Esp referido a cosméticos.* | B. Peña *SPaís* 1.9.91, 66: Las cremas deben ser específicas, y sus formulaciones, hipoalérgicas.

hipoalimentación *f* (*Med*) Alimentación insuficiente. | F. Martino *Ya* 15.10.76, 11: Las [condiciones de vida] del hombre de 1918 (inmerso, por si fuera poco, en una feroz guerra de desgaste con sus cargas de hipoalimentación, disminución de la higiene, promiscuidad, etc.).

hipocalcemia *f* (*Med*) Reducción de la tasa de calcio en la sangre. | Mascaró *Médico* 52: Los estados convulsivos .. pueden aparecer .. como consecuencia de un estado de hiperexcitabilidad muscular, llamado tetania, ocasionado por una disminución de las reservas de calcio del organismo (hipocalcemia).

hipocalórico -ca *adj* (*Med*) [Dieta o régimen] pobre en calorías. | *Ya* 22.3.90, 52: Dieta hipocalórica y productos "light": comer sin engordar.

hipocampo *m* **1** (*Zool*) Caballito de mar. | Bustinza-Mascaró *Ciencias* 172: Otros peces hay que tienen formas raras y curiosas, que se apartan de la general. Así, el pez cofre, .. el caballito de mar o hipocampo.
2 (*Anat*) Eminencia alargada de los ventrículos laterales del cerebro. | Rábade-Benavente *Filosofía* 44: No se trata [en el sistema límbico] de un "órgano" más o menos definido, sino, precisamente, de un sistema o conjunto de estructuras, constituido por partes del hipotálamo, la hipófisis, y también por el área septal, la amígdala, el hipocampo, etc.

hipocausto *m* (*hist*) *En la antigua Roma:* Subterráneo situado debajo del pavimento de baños o habitaciones, con un sistema de calefacción por medio de hornos. | Viñayo *Asturias* 17: Termas de Gijón. Detalle del hipocausto.

hipocentral *adj* (*Geol*) De(l) hipocentro. | Ybarra-Cabetas *Ciencias* 146: El movimiento que parte de la zona hipocentral es vibratorio.

hipocentro *m* (*Geol*) Punto subterráneo en que se origina un movimiento sísmico. | Ybarra-Cabetas *Ciencias* 146: A partir del hipocentro, el movimiento sísmico se propaga en esferas o elipses concéntricas.

hipocloremia *f* (*Med*) Disminución anormal de cloruros en la sangre. | Gambra *Filosofía* 118: Baja la temperatura (hipotermia), disminuye la cantidad de cloro en la sangre (hipocloremia).

hipocondría (*tb, raro,* **hipocondria**) *f* (*Med*) Afección nerviosa caracterizada por tristeza habitual y preocupación exagerada por la salud. | FSantos *Cabrera* 111: La mayoría .. dejaban pasar su tiempo a solas, mirando el mar, enfermos del peor de los males, la temida y tenaz hipocondría. Vilaltella *Salud* 424: Aparece [la fatiga] sobre todo en las neurosis de componente depresivo, en las neurastenias y en las hipocondrias.

hipocondríaco -ca (*tb* **hipocondriaco**) *adj* (*Med*) Que padece hipocondría. *Tb n.* | *ByN* 31.12.66, 116: Los médicos modernos toman en serio a ese personaje del que Molière se burló genialmente y al que se ha llamado, con desprecio, durante siglos hipocondríaco. **b)** Propio de la pers. hipocondríaca. | L. M. Iruela *TMé* 4.3.83, 31: Es frecuente, entonces, la aparición de una actitud hipocondríaca y de síntomas neuróticos.

hipocóndrico -ca *adj* **1** (*Anat*) Del hipocondrio. | * Tenía una herida en la región hipocóndrica.
2 (*Med*) De (la) hipocondría. | *ByN* 22.8.79, 30: Análisis, chequeos, exploraciones clínicas..., médicos chinos con sabiduría oriental cuidaron las manías hipocóndricas del dictador.

hipocondrio *m* (*Anat*) Parte lateral del epigastrio, situada debajo de las costillas falsas. | *HLM* 14.12.70, 11: Presentaba diversas heridas producidas por arma blanca en la cara, .. otra puñalada en el hipocondrio izquierdo, perforante, y otras en la región glútea.

hipocorístico -ca *adj* (*Ling*) [Nombre] abreviado o deformado con intención afectiva. *Frec n m.* | Rabanal *Lenguaje* 201: Se ha hecho notar cien veces, y en cien distintos lugares, lo frecuentemente que las voces hipocorísticas se basan en una reduplicación o reiteración de una misma o parecida sílaba. Alcina-Blecua *Gramática* 504: Otros casos modifican la forma primitiva, como en Dolores = Lola; María = Maruja; Francisco = Paco, Pancho, Cisco; María Teresa = Maite. Todos estos hipocorísticos están expresivamente relacionados con nivel social, área geográfica, lenguas próximas. **b)** Propio del nombre hipocorístico. | Rabanal *Lenguaje* 202: Los casos de "ch" hipocorística fonéticamente más

hipocotíleo – hipogeo

justificados son aquellos en que la "ch" infantiliza una "c" (de "ce", "ci") de nombres en pronunciación adulta ["Merche", "Chon", "Nacho"].

hipocotíleo -a *adj* (*Bot*) Situado debajo de los cotiledones. *Tb n m, referido a tallo o eje*. | Ybarra-Cabetas *Ciencias* 282: El tallito del embrión se alarga en sentido opuesto, llevando en su extremidad la gémula, los cotiledones, el albumen y los tegumentos que le rodean. Este tallo se llama eje hipocotíleo, porque está debajo de los cotiledones. [*En el texto, sin tilde.*] Alvarado *Botánica* 52: En otras plantas es el hipocotíleo el que se alarga considerablemente elevado sobre el nivel del suelo.

hipocrás *m* Bebida preparada con vino, azúcar y especias. | A. Figueroa *Abc* 20.4.58, 10: La dueña de la casa ofrece a sus amigas .. un licor muy apreciado: el Hipocrás, muy eficaz para aliviar los vaguidos. Landero *Juegos* 249: Hace ya algún tiempo la conté [la historia] al sobreprecio de un salchichón y una botella de hipocrás.

Hipócrates. de ~. *loc adj* Hipocrático [2]. | A. Lorenzo *TMé* 25.2.83, 39: Motivaciones morales, filosóficas o religiosas condujeron al juramento de Hipócrates, a la admonición de Asaph, a la caridad cristiana.

hipocrático -ca *adj* **1** Del médico Hipócrates († c377 a.C.). *Tb fig* (*lit*), *referido al médico en general*. | Cela *Viaje andaluz* 258: El vagabundo, que sabe bien sabidas las normas de conservar la salud, recuerda, de cuando en cuando, aquel pensamiento hipocrático, digno del bronce: mea claro, pee fuerte y cágate en la muerte. F. ACandela *SAbc* 25.1.70, 21: Como todos nuestros compañeros de la especialidad, trabajamos siempre bajo un aspecto hipocrático sirviendo a la Medicina, sin discriminación. **b)** De la escuela de Hipócrates. *Tb n, referido a pers.* | Rabanal *Ya* 3.12.70, sn: Gracias a Alcmeón y los hipocráticos pasó a ser "nosología" lo que naciera siendo "nosogonía", esto es, entendimiento mítico del morbo.

2 [Juramento], enunciado por Hipócrates, que resume los principios éticos de la medicina y que en épocas pasadas se le exigía al que tomaba esta profesión. | Lorén *Salud* 26: El juramento hipocrático, adaptado a nuestro tiempo por la Organización Mundial de la Salud, sigue siendo todavía el mejor código ético que los médicos poseemos.

3 (*Med*) [Facies] característica del enfermo próximo a la agonía. | FCruz *Salud* 216: Pronto aparece la extraordinaria postración muscular del enfermo, junto con una palidez general del rostro, a la que acompaña un sudor frío y untuoso, signos que dan a las facies una fisonomía propia que ha sido designada con el nombre de facies hipocrática.

hipocresía *f* Cualidad de hipócrita. | Laforet *Mujer* 65: La desesperaba su hipocresía y su vanidad.

hipócrita *adj* [Pers.] que finge tener unas cualidades, virtudes o sentimientos que en realidad no tiene. *Tb n*. | Vesga-Fernández *Jesucristo* 18: Solo se preocupaban [los fariseos] de las apariencias externas. Eran consumados hipócritas. **b)** Propio de la pers. hipócrita. | Mercader-DOrtiz *HEspaña* 4, 256: La manifestación de esta tendencia fue la prohibición en 1765 de la representación de autos sacramentales, y en 1788 de comedias de santos, basándose en ambos casos en el hipócrita pretexto de la reverencia debida a las cosas sagradas.

hipócritamente *adv* De manera hipócrita. | CSotelo *Inocente* 110: –Le diré que la han despedido porque don Gregorio se ha enterado de lo de usted y don Jaime. –(Hipócritamente.) ¿De qué? *SPaís* 1.9.91, 6: Resulta paradójico que la apología de las prestaciones de los automóviles incluya la de las velocidades que superan con creces los límites de circulación vigentes, y la Administración lo consienta, un tanto hipócritamente.

hipodámico -ca *adj* (*Arquit*) Cuadriculado. *Referido normalmente a la traza de las ciudades antiguas*. | Tarradell *HEspaña* 1, 67: Su urbanismo [de Emporion] responde al tipo corriente de los tiempos helenísticos, o sea que muestra la tendencia regular, más o menos hipodámica.

hipoderma *m* (*Zool*) Insecto díptero cuyas larvas se establecen en el tejido subcutáneo del lomo y grupa de los bovinos, causándoles irritaciones, supuraciones y tumores (*Hypoderma bovis*). | *BOE* 14.2.58, 1495: Temas para el segundo ejercicio, escrito, y cuarto ejercicio, oral: 1º Parasitología .. 39. Hipoderma. Clasificación. Estudio y caracteres.

hipodérmico -ca *adj* (*Med*) De debajo de la piel. | * Inyección hipodérmica. **b)** [Aguja] destinada a inyecciones hipodérmicas. | Grosso *Capirote* 164: –Para tres años hace que cada quince días me pegan un pinchazo.– .. Los puntos rojos de la aguja hipodérmica se sucedían en las venas, a todo lo largo del brazo izquierdo.

hipodermis *f* (*Anat*) Tejido situado debajo de la dermis. | *SYa* 23.11.75, 23: Debajo de la dermis se halla la hipodermis, que cuenta con tejido adiposo.

hipodermosis *f* (*Vet*) Enfermedad causada por el hipoderma. | *Jaén* 2.4.64, 7: Durante los meses de marzo y abril tiene lugar una campaña de saneamiento ganadero encaminada a combatir la hipodermosis del ganado vacuno.

hipodrómico -ca *adj* De(l) hipódromo. | *Abc* 10.6.75, sn: La otra cara del hipódromo .. El duque de Alburquerque y su hijo, el marqués de Cuéllar, asistieron a la fiesta hipodrómica. En el programa del domingo figuraba también "Ulises", un debutante que logró el triunfo para los colores ducales.

hipódromo *m* Lugar destinado para carreras de caballos. | LTena *Abc* 11.12.70, 19: Crearon un circuito para carreras de automóviles, un golf y un hipódromo.

hipofagia *f* Costumbre de comer carne de caballo. | J. C. Luna *Sur* 1.2.56, 8: De hipofagia .. El español que haya comido caballo o borrico, habrá sido sin saberlo.

hipofaringe *f* (*Anat*) Parte inferior de la faringe. | J. Boix *País* 11.3.93, 17: La portavoz precisó ayer que se trataba de un tumor de hipofaringe y de boca de esófago.

hipofisario -ria *adj* (*Anat*) De (la) hipófisis. | Alvarado *Anatomía* 137: La mayor parte de los enanos y gigantes son de origen hipofisario. **b)** Producido por la hipófisis. | Navarro *Biología* 33: Algunas [hormonas] son proteínas inestables (como las hormonas hipofisarias). Cañadell *Salud* 379: Obesidad hipofisaria.

hipófisis *f* (*Anat*) Glándula endocrina muy pequeña situada en la base del encéfalo. | Navarro *Biología* 204: La extirpación del lóbulo anterior de la hipófisis determina el enanismo hipofisario o infantilismo.

hipofunción *f* (*Med*) Disminución de la actividad normal de un órgano. | Navarro *Biología* 201: En todos los casos de insuficiencia tiroidea se manifiesta la hipofunción por la enfermedad conocida con el nombre de mixedema.

hipogástrico -ca *adj* (*Anat*) De(l) hipogastrio. | Vilaltella *Salud* 438: Existen muchas enfermedades ginecológicas psicosomáticas: amenorreas, dismenorreas, dolores hipogástricos, espasmos .., tienen un fondo psicosomático y responden positivamente a los tratamientos psicológicos.

hipogastrio *m* (*Anat*) Región media anterior e inferior del abdomen. | J. Duva *Ya* 6.12.84, 36: El cabo Andrés Rajera González fue intervenido quirúrgicamente durante la madrugada de ayer a consecuencia de una "herida producida por disparo, con entrada en el glúteo derecho, que produjo seis perforaciones intestinales, y salida por hipogastrio".

hipogénico -ca *adj* (*Geol*) Formado en el interior de la Tierra. | *Huelva* 32: Dentro de los límites de la provincia de Huelva encontramos desde sedimentos actuales .. hasta materiales silúricos, .. no faltando tampoco gran variedad de formaciones hipogénicas, comprendiendo granitos, dioritas y hasta ofitas y basaltos.

hipogeo -a I *adj* **1** (*E*) Subterráneo o que está bajo tierra. | Pericot-Maluquer *Humanidad* 158: En Hal Saflieni, un gran desarrollo hipogeo presenta múltiples cámaras, pasadizos, nichos y hornacinas con puertas adinteladas figuradas. **b)** (*Zool*) Que vive bajo tierra. | Navarro *Biología* 270: Los animales que viven en lugares donde no llega la luz son generalmente ciegos; como, por ejemplo, los que viven bajo tierra (hipogeos), en las cuevas (cavernícolas), o en el fondo del mar (abisales). **c)** (*Bot*) Que se desarrolla bajo tierra. | Legorburu-Barrutia *Ciencias* 283: Según la manera de germinar hay dos tipos de semillas ..: epigeas, es decir, que salen fuera de la tierra arrastradas por el embrión al crecer ..; hipogeas, las que no salen de tierra. [*En el texto, hipógeas.*]

II *m* **2** (*hist*) Bóveda subterránea utilizada como tumba por algunos pueblos antiguos. | Tejedor *Arte* 53: Las construcciones funerarias romanas fueron .. de diversos tipos. Figuran entre los principales: el *conditorium* o hipogeo, fosa abovedada a la que se descendía por escalones; las *pyramis* .. y los cenotafios. **b)** (*lit*) Bóveda subterránea. | Goytisolo *Recuento* 29: Las miraban correr y chillar y perseguirse y esconderse tras las columnas del inmenso hipogeo porticado que servía de acceso a la gruta de las estalactitas, bajo las bóvedas donde todo sonaba como en un cuarto vacío.

hipogino -na *adj* (*Bot*) [Periantio o androceo] que se inserta por debajo del gineceo. *Tb dicho de la flor.* | Ybarra-Cabetas *Ciencias* 273: Atendiendo a la disposición del gineceo en la flor, esta puede ser: 1º Hipogina .. 2º Perigina .. 3º Epigina.

hipogloso *adj* (*Anat*) [Nervio] que está debajo de la lengua. *Tb n m.* | Navarro *Biología* 129: Los [nervios] motores son: tres nervios oculomotores ..; el espinal, que termina en la laringe y el cuello, y el hipogloso, que mueve la lengua. Campmajó *Salud* 495: Asa del hipogloso mayor. [*En un grabado.*]

hipoglucemia *f* (*Med*) Disminución de la concentración de glucosa en la sangre, por debajo de la tasa mínima. | Mascaró *Médico* 52: Durante todo el curso de la infancia, los estados convulsivos son más frecuentes que en el adulto y pueden aparecer por las causas aparentemente más triviales .., o realmente más importantes, como la hipoglucemia (disminución del nivel de azúcar de la sangre).

hipoglucémico -ca *adj* (*Med*) De (la) hipoglucemia. | Cañadell *Salud* 374: La hipoglucemia suele comenzar con sensación de ansiedad .. Un grado más, y puede presentarse confusión mental, estupor y un estado de pérdida de la conciencia, que recibe el nombre de coma insulínico o hipoglucémico.

hipogonadismo *m* (*Med*) Estado de menor desarrollo o actividad genital, por insuficiencia de secreción de las glándulas correspondientes. | Cañadell *Salud* 362: Si el hipogonadismo aparece después de la pubertad, se produce cierta regresión de los caracteres sexuales masculinos. Cañadell *Salud* 364: El hipogonadismo femenino afecta al proceso ovulatorio y a la secreción hormonal.

hipogrifo *m* (*Mitol*) Animal fabuloso, mitad caballo y mitad grifo. | Camón *LGaldiano* 278: Hay un grupo de medallas con famosos personajes del Renacimiento .. La del Cardenal veneciano Pietro Bembo lleva en el reverso un hipogrifo.

hipomanía *f* (*Med*) Manía de tipo moderado. | *Inf* 26.10.72, 3: La persona enferma de hipomanía duerme poco y está en actividad psíquica incesantemente. Habla casi sin parar e interrumpe sus planes de tal forma que rara vez llega a completarlos.

hipomenorrea *f* (*Med*) Menstruación escasa en cantidad o en duración. | Vega *Salud* 548: Las menstruaciones escasas en cantidad y en duración se denominan oligomenorrea e hipomenorrea.

hipoparatiroidismo *m* (*Med*) Insuficiencia de la secreción de las glándulas paratiroides. | Cañadell *Salud* 359: La insuficiencia paratiroidea o hipoparatiroidismo casi siempre es consecuencia de la extirpación accidental de las glándulas paratiroideas.

hipopión *m* (*Med*) Acumulación de pus en la cámara anterior del ojo. | Dolcet *Salud* 483: En ocasiones el foco infeccioso de la coroides llega hasta la pupila y cámara anterior, donde se puede apreciar una masa blanquecino-amarillenta, purulenta, que se denomina hipopión.

hipopituitarismo *m* (*Med*) Secreción deficiente de la hipófisis o glándula pituitaria. | Cañadell *Salud* 353: El hipopituitarismo infantil a veces se debe al desarrollo de un quiste o de un tumor benigno en la hipófisis o en las estructuras vecinas.

hipoplasia *f* (*Med*) Desarrollo incompleto o defectuoso. | Pinillos *Mente* 158: Desde el punto de vista de la masa corporal cabe distinguir, además, otro factor de tamaño somático general, la hiper o hipoplasia, que, cruzado con el bipolar de verticalidad-horizontalidad, da origen a los tipos secundarios, como el atlético o el asténico.

hipopótamo *m* Paquidermo de gran tamaño, piel negruzca y lampiña, cuerpo voluminoso, patas cortas y cabeza grande con prominente nariz, que vive en los grandes ríos de África (*Hippopotamus amphibius*). | Legorburu-Barrutia *Ciencias* 219: Los paquidermos (piel gruesa) son omnívoros, con predominio vegetariano .. Los más conocidos son: el cerdo, jabalí e hipopótamo.

hipoprotrombinemia *f* (*Med*) Deficiencia de protrombina en la sangre. | MNiclos *Toxicología* 35: Quedará bloqueada la síntesis de la protrombina, con la consiguiente hipoprotrombinemia y posibilidad de hemorragias.

hiporquema *m* (*hist*) En la antigua Grecia: Pantomima en honor de Apolo, con acompañamiento de danza, música y canto. | Alsina *Píndaro* XIV: Podemos contabilizar una serie importante de fragmentos .., especialmente poemas de carácter religioso (peanes, trenos, himnos, ditirambos, hiporquemas).

hiposmia *f* (*Med*) Disminución del sentido del olfato. | Campmajó *Salud* 505: Todo obstáculo a su paso [del aire] puede determinar la disminución de la capacidad olfatoria (hiposmia) o producir su anulación total (anosmia).

hiposo -sa *adj* Que tiene hipo. *Tb fig.* | Lera *Hombre* 48: Tranvías con los vidrios empañados, desteñidos, trepidantes; taxis valetudinarios e hiposos.

hipospadias *m* (*Med*) Malformación de la uretra, con un orificio anormal. | Cañadell *Salud* 366: La anomalía más frecuente [en el seudohermafroditismo] es el hipospadias vulviforme, con un pene muy reducido, amplia hendidura escrotal y criptorquidia.

hipostasiar (*conjug* **1c**) *tr* **1** (*lit*) Personificar o encarnar. | R. Lezcano *País* 13.3.79, 9: Los entresijos del poder, sobre todo cuando este se hipostasía, como pasa en las dictaduras, se hunden muy profundamente en el subsuelo burocrático. G. L. DPlaja *Tri* 20.2.71, 34: Es, en definitiva, problema del rol que se atribuye al psiquiatra, en quien muchos han hipostasiado el papel del sacerdote, del abogado o... del consejero sentimental.

2 (*Filos*) Considerar o representar [algo abstracto o irreal] como real. *Tb* (*lit*) *fuera del ámbito técn*. | Aranguren *País* 5.8.83, 7: Para nosotros las cosas son, pues, su vivencia o uso, y su representación o concepto. Este concepto puede hipostasiarse, y entonces la representación se aleja de la cosa a veces hasta perderla de vista. Goytisolo *Recuento* 282: Lenta reducción de un ideal .., puro residuo formal en este caso, fábula o arrebato hipostasiados.

hipóstasis *f* **1** (*lit*) Personificación o encarnación. | Torrente *Saga* 50: Querían aparecer ante mí [mis interlocutores] como hipóstasis del mismo ser, generalmente autónomas, pero capaces, así se terciaba, de reintegrarse a la unidad originaria, aunque con el propósito de que yo viera que se trataba de una multiplicidad.

2 (*Rel crist*) Persona de la Santísima Trinidad. | *Catecismo catól.* 64: La Iglesia utiliza .. el término "persona" o "hipóstasis" para designar al Padre, al Hijo y al Espíritu Santo en su distinción real entre sí.

3 (*Filos*) Consideración o representación de algo abstracto o irreal como real. | RAdrados *Lingüística* 55: El contenido del signo .. es en el fondo una suma, de la que se toma una primera conciencia poco clara y variable de individuo a individuo. El referente, de otra parte, puede ser una entidad (en el nombre propio) o una suma de entidades o una hipóstasis, es decir, una ficción tomada como realidad.

hipostáticamente *adv* (*lit, Rel crist o Filos*) De manera hipostática. | Valcarce *Moral* 72: Este culto [de latría] es absoluto respecto a) de las tres Personas de la Santísima Trinidad, b) Jesucristo, c) su Santa Humanidad hipostáticamente unida a la naturaleza divina. Benet *Volverás* 115: Había hinchado el pecho y alzado la barbilla hasta el punto de dar a la fotografía una sensación de convexidad que había de transubstanciar hipostáticamente a la persona representada.

hipostático -ca *adj* (*lit, Rel crist o Filos*) De (la) hipóstasis. | * El carácter hipostático de aquel ser. **b)** (*Rel crist*) [Unión] de las naturalezas divina y humana en la persona de Jesucristo. | Villapún *Dogma* 106: La unión hipostática es la unión de ambas naturalezas, divina y humana, en la única persona de Jesucristo.

hipóstilo -la (*Arquit*) **I** *adj* **1** De techo sostenido por columnas. | Tejedor *Arte* 14: En el interior [del templo egipcio], por fin, se suceden un patio porticado, la sala hipóstila o de columnas y el santuario.
II *m* **2** (*raro*) Construcción cuyo techo está sostenido por columnas. | Angulo *Arte* 1, 34: A continuación [del peristilo] se encuentra el hipóstilo, o sala de columnas. [*En el texto, sin tilde.*]

hipotáctico -ca *adj* (*Gram*) De (la) hipotaxis. | Academia *Esbozo* 502: La Lingüística ha demostrado en firme que la unión asindética, la paratáctica y la hipotáctica son fases distintas de un mismo proceso histórico.

hipotalámico -ca *adj* (*Anat*) De(l) hipotálamo. | Cañadell *Salud* 355: La diabetes insípida suele ser producida por las enfermedades hipofisarias que afectan al mismo tiempo a la región hipotalámica.

hipotálamo *m* (*Anat*) Región del encéfalo que forma la parte inferior del tálamo y que es el centro de control del sistema nervioso simpático y parasimpático. | Navarro *Biología* 130: Las intensidades de estos impulsos están a su vez reguladas por un centro superior de la vida vegetativa, que está en el hipotálamo.

hipotaxis *f* (*Gram*) Subordinación. | Academia *Esbozo* 502: La coordinación, o parataxis, y la subordinación, o hipotaxis, se distinguen entre sí según la naturaleza y función de estos nexos formales.

hipoteca *f* Derecho que grava un inmueble haciéndole responder del pago de una deuda. *Tb fig.* | *Compil. Navarra* 217: Tanto en la prenda como en la hipoteca se puede pactar la anticresis o compensación del uso de la cosa o de sus frutos con los intereses devengados por la deuda. C. Castañares *Ya* 19.5.64, 16: Ángel Peralta .. sufrió las máximas consecuencias al despachar con hipoteca de su pellejo al primero de la tarde.

hipotecar *tr* Gravar [un bien inmueble] con hipoteca. *Frec fig.* | *Lan* 2.11.64, 7: El precio por el que salen a subasta las fincas hipotecadas será el pactado para cada una de ellas en la escritura de constitución de hipoteca. Laiglesia *Tachado* 44: Comprima el texto todo lo posible, para que no tengamos que hipotecar el porvenir de la monarquía cuando Telégrafos pase la factura. Marías *Sociedad* 39: No se puede hipotecar el futuro.

hipotecario -ria *adj* De (la) hipoteca. | Halcón *Monólogo* 25: Pedregal me traía de vez en cuando un asunto hipotecario. Ya se ha cansado. *Lan* 2.11.64, 7: Los autos y la certificación del Registro a que se refiere la regla 4ª del artículo 131 de la Ley Hipotecaria estarán de manifiesto en Secretaría.

hipotenar *adj* (*Anat*) De la eminencia muscular de la palma de la mano en la parte del dedo meñique. | Cela *Mazurca* 252: En mano izquierda existen grandes destrozos por mordedura a nivel del borde interno y zona hipotenar.

hipotensión *f* (*Med*) Tensión arterial más baja de lo normal. | Cañadell *Salud* 354: Los órganos sexuales se atrofian; la piel se torna reseca y pálida; hay hipotermia, hipotensión y bradicardia.

hipotenso -sa *adj* (*Med*) Que tiene hipotensión. *Tb n, referido a pers.* | Delibes *Cartas* 18: Aunque de constitución pícnica, soy hipotenso, y las temperaturas extremas me afectan mucho. M. Á. Cruz *Ya* 27.5.87, 28: Los hipotensos no reciben tratamiento y se tendrán en depósito los medicamentos que determinados individuos de la familia toman, por prescripción facultativa, al sobrevenir determinados síntomas (hipotensores, antigastrálgicos, dilatadores de las coronarias).

hipotensor -ra *adj* (*Med*) Que disminuye la tensión de la sangre. *Tb m, referido a medicamento o agente.* | J. Ibáñez *Épo* 2.10.89, 119: El ajo, ese desconocido .. A estas propiedades hay que unir una más de gran importancia: su acción hipotensora y anticoagulante. Mascaró *Médico* 19: En un estante o rincón aparte se tendrán en depósito los medicamentos que determinados individuos de la familia toman, por prescripción facultativa, al sobrevenir determinados síntomas (hipotensores, antigastrálgicos, dilatadores de las coronarias).

hipotenusa *f* (*Geom*) *En un triángulo rectángulo:* Lado opuesto al ángulo recto. | Marcos-Martínez *Aritmética* 2ᵉ 175: El cuadrado de la hipotenusa de un triángulo rectángulo es igual a la suma de los cuadrados de los catetos.

hipotermia *f* (*Med*) Temperatura del cuerpo inferior a la normal, esp. de carácter patológico. | Cañadell *Salud* 354: Los órganos sexuales se atrofian; la piel se torna reseca y pálida; hay hipotermia, hipotensión y bradicardia. O. Aparicio *MHi* 7.68, 27: La introducción de la técnica de las bajas temperaturas (hipotermia) y de la circulación extracorpórea con bomba oxigenadora.

hipotérmico -ca *adj* (*Med*) De (la) hipotermia. | *Abc* 18.11.75, 48: Las observaciones que se han hecho, sin refrendo médico ninguno, sobre la situación hipotérmica de Franco.

hipótesis *f* Suposición que se toma como punto de partida para un razonamiento. | Alcina-Blecua *Gramática* 72: La teoría del origen vasco [del castellano] tuvo una gran audiencia hasta el siglo XVIII .. Esta hipótesis está ligada también con el tema de Túbal. **b) ~ de trabajo** → TRABAJO.

hipotéticamente *adv* De manera hipotética [1]. | *País* 27.2.79, 27: Había que suponer que la muerte se produjo por una crisis cardíaca del herido, propiciada por su debilidad física, hipotéticamente motivada por el consumo de drogas.

hipotético -ca *adj* **1** De (la) hipótesis o que la implica. | Gambra *Filosofía* 44: Las [proposiciones] hipotéticas afirman o niegan, pero haciéndolo depender del cumplimiento de una circunstancia o condición. **b)** (*col*) Dudoso o poco probable. | CNavarro *Perros* 103: Miraba a los suyos, y le sorprendía que pudieran permanecer aguardando con la vaga e hipotética esperanza de que alguien telefoneara.
2 (*Filos*) [Imperativo] condicionado a un fin determinado. | MPuelles *Hombre* 87: Esas exigencias naturales, en las que consisten mis deberes, me vienen dadas sin habérmelas yo propuesto para lograr algún fin que libremente me imponga. No son .. simples imperativos hipotéticos, sino imperativos categóricos.

hipotetizar *tr* Dar [algo] como hipótesis. | Velasco *Ya* 20.10.76, 20: A raíz del setenta y nueve cumpleaños de Pablo VI, y ante las normas de que los cardenales a los ochenta años no pueden participar en el cónclave, una vez más se ha vuelto a hipotetizar una posible renuncia del Papa Montini.

hipotiposis *f* (*TLit*) Descripción viva y llamativa. | CAssens *Novela* 2, 41: "El dolo arcabucea la retina." Eso es una hipotiposis.

hipotiroideo -a *adj* (*Med*) Que padece hipotiroidismo. *Tb n.* | Navarro *Biología* 202: El hipotiroideo es obeso, indolente, indiferente y de carácter infantil.

hipotiroidismo *m* (*Med*) Estado morboso debido a insuficiencia de hormonas tiroideas. | Navarro *Biología* 201: El hipotiroidismo natural se presenta cuando se atrofia o degenera [el tiroides], o cuando se nace sin esta glándula.

hipotonía *f* (*Med*) Tono o tensión disminuidos, esp. musculares. | *Inf* 5.3.75, 8: Su estado se complicó con una bronconeumonía con tendencia a la hipotonía, lo que provocó que el paciente entrara en estado de coma.

hipotónico -ca *adj* (*Quím*) [Solución] con menor presión osmótica que aquella con la que se compara. | Bustinza-Mascaró *Ciencias* 19: De dos líquidos con desigual presión osmótica se llama hipertónico al de mayor presión osmótica e hipotónico al de menor presión osmótica.

hipotrofia *f* (*Biol*) Desarrollo inferior a lo normal [de un órgano o de sus elementos anatómicos]. | Alvarado *Zoología* 129: En los félidos (gatos), [hay] hipertrofia de los caninos y de la muela carnicera, e hipotrofia o atrofia de las demás piezas dentarias.

hipovitaminosis *f* (*Med*) Estado de carencia relativa de una o varias vitaminas. | Cañadell *Salud* 382: En los países más afortunados, las carencias vitamínicas se presentan en forma larvada y poco aparentes; son las hipovitaminosis .. Por lo general, las hipovitaminosis son mixtas.

hipovolemia *f* (*Med*) Disminución del volumen total de sangre en el organismo. | Mascaró *Médico* 76: En toda quemadura de segundo o tercer grado se produce rápidamente .. una pérdida de plasma .. que puede producir trastornos tales como hemoconcentración .., hipovolemia (disminución del volumen total de sangre circulante).

hipoxia f (Med) Oxigenación insuficiente. | Tri 22.12.73, 59: Todos ellos .. son capaces, por su efecto depresor sobre el recién nacido, de ocasionar un déficit respiratorio, el cual origina hipoxia.

hipóxico -ca adj (Med) De (la) hipoxia. | Vega Corazón 41: Los efectos de la polución atmosférica son debidos directamente a las sustancias extrañas .., y no .. a una reducción del oxígeno, razón por la cual no se observan fenómenos hipóxicos en la clínica.

hippie → HIPPY.

hippismo (pronunc corriente, /χipísmo/; tb con la grafía **hippysmo**) m Actitud vital o género de vida de los hippies. | M. C. Aragón Hoy 18.1.77, 2: Don José Antonio Ibáñez Martín .. disertó sobre el tema del "Hippismo". Dalí SAbc 1.3.70, 44: Yo he sido el precursor del "hippysmo".

hippy (ing; pronunc corriente, /χípi/; tb con la grafía **hippie**; pl normal, HIPPIES) **I** m y f **1** En los años 60: Pers. de costumbres anticonvencionales, en rebeldía contra la sociedad organizada, esp. la capitalista, y amiga de la naturaleza, de la libertad sexual, de la vida errante y de las drogas. Tb adj. | Mad 17.1.68, 24: Ellos están "in". Anteayer fueron "ye-yes". Ayer, "hippies". Hoy, "Bonnie and Clyde". Pániker Conversaciones 14: En las últimas elecciones a la Presidencia, los hippies llegaron a saludar con simpatía a Wallace.
II adj **2** De (los) hippies. | Inf 14.8.70, 32: Santander: escándalo "hippy" en el centro de la ciudad. E. Sopena Inf 4.4.70, 7: El ensayo galardonado versa sobre la comunidad "hippy" de la isla de Formentera. MMolina Jinete 224: Quieren .. vestir vaqueros gastados con inscripciones hippies y fumar marihuana y hachís.

hippysmo → HIPPISMO.

hipsométrico -ca adj (Geogr) Que une todos los puntos situados a la misma altitud. | Catál. Aguilar 1979 49: Mapas rurales. Impresos en hueco-offset sobre papel de fabricación especial, a siete tintas, con colores hipsométricos, distintivos para cada altitud.

hipsómetro m (Geogr) Instrumento para medir la altitud, basado en la observación del punto de ebullición del agua. | LPiñero Ciencia 60: En 1801, en el curso de una expedición al Ecuador, observó [Caldas] la variación de la temperatura de ebullición del agua con la altitud, lo que le permitió inventar el hipsómetro.

hipúrico adj (Quím) [Ácido] que se encuentra en la orina de los mamíferos, esp. herbívoros. | Navarro Biología 196: Si se compara la composición del plasma sanguíneo con la de la orina, se puede deducir que todos los componentes de la orina, excepto el ácido hipúrico, se encuentran presentes en la sangre.

hiriente adj Que hiere. Esp con referencia a los sentidos o a los sentimientos. | Repollés Deportes 107: En la actualidad no hay Olimpíada en que no esté incluida la esgrima a florete y a sable, este último dotado de filo hiriente. Olmo Golfos 96: Oímos un silbido hiriente, agudo. Olmo Golfos 144: Su mirada .. cobra de pronto un aspecto hiriente.

hirientemente adv De manera hiriente. | Hola 12.2.83, 18: No se conformaba con juzgar hirientemente a un mundo adulto que la marginaba.

hirsutismo m (Med) Aparición de vello en la mujer, con distribución e intensidad propias del varón. | Cañadell Salud 361: En las niñas, aumentan las manifestaciones de virilización, aparece hirsutismo, al llegar a la pubertad no se desarrollan las mamas ni el útero.

hirsuto -ta adj **1** (lit) [Pelo] tieso y duro. | S. RSanterbás Tri 11.4.70, 18: Perdió [el toro] la hirsuta pelambre. CBonald Dos días 131: Encarnita había cogido una mazorca y le iba arrancando distraídamente las hirsutas hebras del cogollo. **b)** Que tiene el pelo hirsuto o está cubierto de púas o espinas. | * Apareció con su barba hirsuta. **c)** [Veza] **hirsuta** → VEZA.
2 Áspero o duro. En sent fig. | CPuche Sabor 142: Aunque Dios hubiera dejado el agua, después del salto gozoso de la creación, en manos de tipos hirsutos y codiciosos como don Jerónimo. Delibes Madera 271: La reacción del vecindario era cada vez menos hirsuta, más mansa, como si al fin hubiera aceptado que era aquel un riesgo normal. L. Calvo Abc 30.12.65, 69: ¡Qué lejanos los días anteriores a la Navidad, en que todo era hirsuto, virulento, aciago, encapotado!

hirudina f (Med) Anticoagulante de las glándulas bucales de la sanguijuela, usado en medicina. | Bustinza-Mascaró Ciencias 122: Se fija el animal [la sanguijuela medicinal] con la ventosa bucal, rompe la piel con los dientecitos y chupa la sangre, segregando una sustancia (hirudina) que impide su coagulación.

hirudínido adj (Zool) [Anélido] de cuerpo cilíndrico y con dos ventosas terminales, una cefálica y otra caudal. Frec como n m en pl, designando este taxón zoológico. | Artero Invertebrados 110: Tipo Gusanos .. A) Gusanos libres. Clase Anélidos .. Orden Hirudínidos: sin sedas, hermafroditas, parásitos: sanguijuela.

hirundinaria f Vencetósigo (planta). | Mayor-Díaz Flora 304: Vincetoxicum hirundinaria Medicus. "Vencetósigo", "Hirundinaria".

hirviente adj Que hierve. Tb fig. | Bustinza-Mascaró Ciencias 250: Se sumerge la hoja en agua hirviente para matar las células. VNu 18.12.71, 5: Al llegar la Navidad, nuestro editorial abandona los temas urgentes, las cuestiones hirvientes, los asuntos polémicos, para bajar a la simple tarea de reafirmarse en la esperanza.

hiscal m Cuerda de esparto de tres ramales. Tb fig. | J. M. Moreno Jaén 12.4.64, 8: Allí, iliturgitanos y almerienses en apretado hiscal fraterno van a acudir movidos tan solo por su piedad mariana.

hiso m (reg) Hito o mojón. | Cancio Bronces 58: Toño y Joseón llevan un prado en renta cada uno .., dos fincas colindantes, a las que sirve de frontera una pequeña loma henificada, una cuestecilla que .. siegan por mitad y de alto en bajo los dos renteros. Toño aprovecha la parte inferior, mas he aquí que casi todos los años se le va la mano ..; y en el de gracia que nos ocupa debe haber olvidado los hisos.

hisopar tr Esparcir agua [sobre alguien o algo (cd)] con el hisopo [1]. Tb fig. | J. V. Colchero SSe 6.6.93, 29: Tras hisopar el templo con agua bendita se procederá al canto de las letanías. Aldecoa Gran Sol 101: La dificultad de la marcha [del barco] estrepaba la malleta, hispiendo el aforro de fibra vegetal, hisopando los rostros de los pescadores.

hisopazo m Rociada de agua esparcida con el hisopo [1]. | Berlanga Barrunto 32: El tío "Capagrillos" liaba el pito .. con la parsimonia de don Ventura para dar los tres hisopazos al santo, por las fiestas.

hisopear tr Hisopar. | Torbado Peregrino 235: Era el que había estado hisopeando las tapias ..: un vicario del Papa.

hisopillo m **1** (raro) Lío o bolita de trapo que, mojados en un líquido, sirven para humedecer la boca de los enfermos. | J. Hermida Ya 18.2.92, 56: A las gentes que se subían al pináculo de las importancias humanas –papas, emperadores, burgomaestres y demás jerarquías– el pueblo llano, al momento de sus investiduras, les ponía un hisopillo de hiel en los labios.
2 Ajedrea (planta). | FQuer Plantas med. 686: Ajedrea. (Satureja montana L.) Sinonimia cast[ellana], .. hisopillo.

hisopo m **1** Utensilio litúrgico empleado para rociar agua bendita y que gralm. está constituido por un mango en cuyo extremo va una bola hueca con agujeros. | Delibes Ratas 127: A media tarde, llegó don Ciro, el Cura, con el Mamertito, roció el cadáver con el hisopo y se postró a sus pies.
2 Planta muy olorosa con tallos leñosos, hojas lanceoladas y flores azules o blanquecinas en espiga terminal (Hyssopus officinalis). | Ribera SSanta 80: Los soldados, pues, empapando en vinagre una esponja, y envolviéndola a una caña de hisopo, aplicáronsela a la boca.

hispalense adj (lit) Sevillano. Tb n, referido a pers. | CoA 27.3.64, 4: El ministro de Educación Nacional .. visitó también el viejo edificio de la Universidad hispalense.

hispánicamente adv De manera hispánica. | Carandell Tri 5.6.71, 52: Para la mente hispánicamente psicopática del director de la revista, lo más importante no es

hispánico – hispanoamericano

la denuncia de la situación africana que la fotografía expresa, sino la preocupación por la decencia. J. M. Lacalle *MHi* 10.60, 32: Jerusalén, a la que Yehuda Levi llamaba, hispánicamente, "el gran Toledo".

hispánico -ca *adj* **1** (*lit*) De España. | D. Mejía *SGacN* 20.4.75, 14: Personajes españoles de gran relieve internacional, la flora múltiple y singular de todas sus regiones, la riquísima fauna hispánica, .. integran la historia y cultura de España en sellos de correo. GNuño *Arte* 149: En vano buscaríamos, al tratar de la Seo de Barcelona, un preciosismo decorativo hispánico superpuesto a las formas góticas.
2 De lengua y cultura españolas. | *Ya* 12.10.76, 5: España .. "es el centro originario" de la comunidad de naciones que forman el ámbito que, para entendernos, solemos llamar mundo hispánico. **b)** De (los) pueblos hispánicos. | *Abc* 14.10.72, 71: En 1966 se fundó el Instituto de Cultura Hispánica de Houston .., cuyos objetivos primordiales son el estudio y la difusión de la cultura hispánica y la promoción de intercambios culturales. DPlaja *Literatura* 482: Rubén Darío es el poeta más importante de la poesía hispánica del siglo XX.
3 Hispano [2]. | GGual *Novela* 20: El emperador Adriano, el "graeculus", que pondrá de moda tantos usos griegos entre los círculos intelectuales, y algo después Marco Aurelio, que escribirá sus meditaciones "Para mí mismo" en griego, procedían de familias hispánicas. GNuño *Escultura* 15: El sustitutivo de la denominación ibérica –referida a una raza de límites bien conocidos y establecidos– por la de hispánica –de contenido más amplio y decidor de la gente habitando en tiempo prerromano nuestros actuales confines– ya ha sido criticado.

hispanidad (*frec con mayúscula en acep* 1) *f* **1** Conjunto de los pueblos hispánicos [2]. | P. GCasado *Ya* 12.10.76, 15: Salamanca se ha convertido en capital de la Hispanidad.
2 Cualidad de hispánico. | Lapesa *Estudios* 46: "Pelagio Franzés", gentilicio que, dada la hispanidad del nombre propio, debe de indicar oriundez.

hispanismo *m* **1** Palabra o rasgo idiomático propios de la lengua española o procedentes de ella. | Lapesa *HLengua* 93: El romance que se hablaba en España al terminar la época visigoda se hallaba en un estado de formación incipiente .. Como hispanismos específicos pueden señalarse la diptongación de ŏ y ĕ en sílaba trabada .. y la geminación o palatalización de *l* inicial. Lapesa *HLengua* 197: Resultado de esta influencia en todos los órdenes de la vida fue la introducción de numerosos hispanismos en otras lenguas, sobre todo en italiano y francés. **b)** Palabra o rasgo idiomático propios del latín hispano [2] o procedentes de él. | Lapesa *HLengua* 71: Poseemos noticias concretas acerca de unas cuantas palabras características del latín hablado en nuestro suelo. Plinio cita el hispanismo *formacĕus* 'pared', que [h]a dejado por única descendencia románica el español *hormazo* 'pared hecha de tierra'.
2 Estudio de la lengua y cultura hispánicas [1 y 2b]. | Umbral *MHi* 2.64, 17: Habla de la *Britain Hispanic* y de otras revistas de hispanismo.
3 Condición de hispano [1]. | J. Sampelayo *Abc* 27.12.70, 11: De vinos hubo más equilibrio, ya que frente al hispanismo, representado por González Byass y el marqués del Riscal, están los Burdeos.
4 Condición de hispanista. | Á. Dotor *Jaén* 16.9.64, 5: Jean Descola es un ilustre hispanista francés .. No data de ahora su consciente y lúcido hispanismo, pues ya hace años que publicó "Los conquistadores del Imperio Español" y "Los libertadores".

hispanista *m y f* Pers. que estudia la lengua y la cultura hispánicas [1 y 2b]. *Normalmente referido a extranjeros*. | DPlaja *El español* 104: La Soberbia cultural encuentra lógico que haya hispanistas en Suecia, en el Japón, en Rusia, pero no le parece raro que haya tan pocos especialistas de literatura francesa o inglesa en España.

hispanística *f* Hispanismo [2]. | Laín *Gac* 24.8.75, 10: En el exilio .. ideó Américo Castro una nueva y fecunda visión de la historia de España, además de dar un vigoroso impulso original a la hispanística norteamericana.

hispanización *f* Acción de hispanizar(se). | Carande *Pról. Valdeavellano* 17: De ello, de la hispanización, tampoco se libraron los sarracenos.

hispanizar *tr* Dar carácter hispano, *esp* [1], [a alguien o algo (*cd*)]. | Grosso *Invitados* 167: Soltero, misógino, .. hispanizado por la fuerza de su entorno a pesar de no haber querido cambiar de nacionalidad. * Ha hispanizado el vocablo. **b)** *pr* Tomar carácter hispano, *esp* [1]. | * Los árabes, en contacto con los conquistados, se hispanizaron.

hispano -na *adj* **1** (*lit*) Español. | CBaroja *Inquisidor* 21: He aquí un asunto fundamental al procurar entender el espíritu del Santo Oficio hispano.
2 (*hist*) De Hispania (Península Ibérica). *Tb n, referido a pers*. | GNuño *Arte* 20: Bustos de emperadores y emperatrices .. componen el abundante acervo plástico de la época, y más personal que todo ello son los retratos de hispanos, repartidos profusamente por la Península. GNuño *Arte* 12: El corazón de Celtiberia fue Numancia, el burgo humilde que sostuvo una lucha épica con Roma, encarnando el sentir hispano ante el imperialismo uniformista del mundo antiguo.
3 Hispanoamericano. *Esp referido a pers que reside en Estados Unidos. Tb n, referido a pers*. | *Ya* 3.12.90, 13: El nuevo "zar" antidroga de los Estados Unidos, el hispano y ex gobernador de Florida Bob Martínez, comenzó su mandato en este último cargo cerrando centros de desintoxicación de drogadictos.

hispano- *r pref* Español. | *Por ej*: Umbral *País* 3.2.83, 28: Verstrynge ha tomado .. la figura de candidato a la alcaldía, de oponente hispanobelga y jovenzano a Tierno Galván. *VozC* 25.2.55, 3: Creciente cordialidad en las relaciones hispano-británicas. *País* 28.10.83, 3: Washington no ha informado oficialmente de la mediación hispano-colombiana. R. SOcaña *SInf* 21.10.70, 15: Interinfluencias hispanoeuropeas e hispanoamericanas, con particular análisis del momento científico y del tesoro instrumental de la época de Felipe II. Criado *MHi* 11.63, 22: Los primitivos hispano-flamencos: una anónima y refinadísima pintura que muestra la viva presencia de Flandes en España a lo largo del siglo XV. J. Calle *DíaCu* 13.9.84, 7: Este proyecto, que es colaboración hispano-holandesa, se realiza a través de la Universidad Complutense de Madrid. ILaguna *Ateneo* 86: Con motivo de las bodas reales de 1906, publican una serie de "Vistas paralelas" hispanoinglesas. *Ide* 3.4.83, 7: Shimon Peres tratará de abrir cauces para las relaciones hispano-israelíes. *CoA* 13.3.64, 4: Firma de un acuerdo hispano-marroquí. *Lan* 23.10.64, 5: Prórroga, por tres años, del convenio taurino hispano-mejicano. *MHi* 11.63, 8: Podía pasar inadvertida la importancia de las negociaciones que han venido a culminar en la prórroga y ampliación de los acuerdos hispanonorteamericanos suscritos inicialmente en 1953. *Abc* 2.2.65, 43: Del mencionado domicilio hispano-yanqui se llevó unas preciosas alhajas.

hispanoamericanismo *m* (*Pol*) Doctrina que preconiza la unión de los pueblos hispanoamericanos. | Pemán *MHi* 5.64, 8: Debe llevarnos a modificar un dispositivo demasiado literario de lo que se ha llamado "hispanoamericanismo".

hispanoamericano -na (*tb, raro, con la grafía* **hispano-americano**) *adj* **1** De Hispanoamérica. *Tb n, referido a pers*. | DPlaja *Literatura* 481: El modernismo es un fenómeno literario de carácter hispanoamericano. Arenaza-Gastaminza *Historia* 243: La guerra de la independencia hispano-americana tiene dos períodos: uno, desde 1808 a 1815 ..; otro, de 1815 a 1826. JGregorio *YaTo* 16.10.81, 49: No solo los italianos y franceses, sino, lo que es más sorprendente, los hispanoamericanos y los propios españoles, abandonan sin lucha el término Hispanoamérica por el de Latinoamérica.
2 (*raro*) Español y americano. | *Abc* 18.4.58, 33: Se espera que aterrice en la base hispanoamericana de Torrejón de Ardoz. *Lan* 31.10.64, 1: Intercambio cultural hispano-americano .. Un acuerdo básico en las relaciones entre España y las Naciones de América ha sido firmado esta mañana en el salón de embajadores del Instituto de Cultura Hispánica .. Por la Organización de Estados Americanos lo hizo don Jaime Posada, subsecretario para Asuntos Culturales de la entidad que en Washington agrupa a todos los países de aquel continente.

hispanoárabe (tb con la grafía **hispano-árabe**) adj **1** Español y árabe. | * La cooperación hispano-árabe progresa.
2 (hist) De la España musulmana. Tb n, referido a pers. | Cór 29.1.56, 10: La Exposición hispanoárabe de Córdoba y el milenario del Califato. Castiella MHi 11.63, 60: España devolvió, en pago a esa aportación humana y cultural, la gloria de nombres ilustres de hispano-árabes como Averroes, Ibn-Házam.

hispanofilia f Simpatía por España, lo español o los españoles. | L. Sagrera SAbc 2.8.70, 47: La personalidad de Barrenechea es bien conocida en España. Su hispanofilia es grande.

hispanófilo -la adj Que simpatiza con España, lo español o los españoles. Tb n, referido a pers. | A. Barra SAbc 2.2.69, 11: A mediados del siglo pasado, el gran hispanófilo Richard Ford hizo una visita al propietario de Rokeby Hall.

hispanófobo -ba adj Que tiene o muestra aversión hacia España, lo español o los españoles. Tb n, referido a pers. | L. LSancho Abc 20.6.75, 6: Un golpe de suerte más, y todas las prevenciones hispanófobas se derrumban.

hispanófono -na adj Hispanohablante. Tb n. | Lázaro Lengua 2, 11: La consideración de que goza el español en el mundo es grande, como consecuencia de la creciente importancia cultural y económica de los pueblos hispanófonos.

hispanogodo -da adj (hist) [Pueblo] resultante de la fusión de hispanorromanos y visigodos. | FRius HEspaña 1, 326: Al final de la monarquía visigoda se había operado ya la fusión étnica de los elementos hispanorromano y visigodo, dando lugar a un verdadero pueblo hispanogodo. **b)** De(l) pueblo hispanogodo. Tb n, referido a pers. | FRius HEspaña 1, 328: Tanto como a los hispanogodos independientes desde el primer momento, o tal vez más todavía, debe a la población mozárabe la sociedad castellanoleonesa la formación de su estructura característica.

hispanohablante (tb con la grafía **hispano-hablante**) adj [Pers., grupo humano o país] que tiene el español como lengua propia. Tb n, referido a pers. | CSotelo Muchachita 286: (Con orgullo de hispanohablante.) Que lengua más expresiva la nuestra, ¿verdad, Ángel? Ya 14.4.64, 32: Iniciativas prácticas para ayudar a los judíos hispano-hablantes, pide Ménendez Pidal.

hispanohebreo -a adj (hist) De los judíos españoles. Esp referido a la literatura o la cultura desarrolladas en hebreo. | DMas Sefardíes 17: Si se nombra la literatura o la cultura hebraicoespañola o hispanohebrea, ello implica que nos referimos a una cultura desarrollada en hebreo por judíos españoles.

hispanojudío -a adj (hist) Judío español de la Edad Media. Tb n, referido a pers. | Vicens Polis 350: En Padua, cerca de Venecia, se origina una corriente muy importante en la Modernidad: el materialismo de Pomponazzo, que se inspira en el filósofo hispanojudío Averroes.

hispanomusulmán (tb con la grafía **hispano-musulmán**) adj (hist) De la España musulmana. | GNuño Arte 40: Abderrahman, constructor también de la Alcazaba de Mérida, primera gran fortificación hispanomusulmana, no trajo mayores novedades. Huelva 8: Se estará en condiciones de apreciar la importancia de aquel olvidado artífice hispano-musulmán que tuvo la idea de fundir el primer cañón del mundo. Ubieto Historia 59: La cultura musulmana española medieval fue tan importante que la europea hasta el Renacimiento tuvo casi siempre como base la obra de un hispanomusulmán.

hispanoparlante (tb con la grafía **hispano-parlante**) adj Hispanohablante. Tb n, referido a pers. | E. RGarcía MHi 10.60, 10: Fueron un gran número de hombres fundidos, criollos e hispanoparlantes en todo el cabal sentido de la frase, los que motivaron gran parte de unos acontecimientos que poseían .. casi un carácter de guerra civil. Ras Abc 1.12.70, 56: Este Congreso tiene un buen temario manejado por Comisiones: lengua, habla y literatura, con metodología de la enseñanza para hispano-parlantes, en primaria, secundaria.

hispanorromano -na adj (hist) De la Hispania romana. | Castiella MHi 11.63, 60: Los peninsulares regresaron a África en 1415, cuando Ceuta, la antigua Septa hispanorromana, fue recuperada.

hispanovisigodo -da adj (hist) Hispanogodo. Tb n. | FRius HEspaña 1, 325: Los grupos humanos habitantes de las regiones montañosas del norte, desde Galicia a Vascongadas, que se libraron de la ocupación musulmana, representaban la permanencia de la anterior población hispanovisigoda de aquella zona. GNuño Arte 28: Las basas y ábacos .. denotan preocupación decorativa, más rica en modelos y en realización que cualquier otra obra hispanovisigoda.

híspido -da adj (lit) Hirsuto. Tb fig. | Salvador Haragán 158: Tenía cabellos adheridos. Unos cabellos negros, híspidos, sucios. Mayor-Díaz Flora 459: Echium vulgare L. "Viborera común" .. Hojas híspidas, oblongo-lanceoladas. ZVicente Mesa 68: Mi madre, tan simpático que parecía usted y luego, hay que ver qué híspido. Antipático, antipático y antipático. Más que antipático. Laín Gac 16.11.75, 41: Lo cual ha hecho de la Academia Española un lugar de convivencia .., que acaso sea un oasis único sobre la desde 1934 tan poco convivencial, tan híspida tierra de Iberia.

hispir tr (raro) Esponjar o ahuecar. | Aldecoa Gran Sol 101: La dificultad de la marcha [del barco] estrepaba la malleta, hispiendo el aforro de fibra vegetal.

histamina f (Fisiol) Compuesto orgánico que produce dilatación de los vasos sanguíneos y contracción muscular y que está presente en numerosas reacciones alérgicas. | Navarro Biología 250: Parece ser que en las reacciones alérgicas se produce en los tejidos histamina, que origina inflamaciones en la piel y en diferentes tejidos.

histerectomía f (Med) Extirpación total o parcial del útero. | R. Domínguez Abc 13.6.87, 45: La paciente tenía roto el fondo del saco vaginal, por lo que hubo de practicársele una histerectomía; es decir, la extirpación del útero.

histéresis f (Fís) Desfase entre el efecto y su causa. Tb fig, fuera del ámbito técn. | Miguel Intelectuales 199 (G): Es [el artículo de Pemán] una latente contestación –con una histéresis de cuarenta años– a la vieja tesis orteguiana de que el catalanismo es algo que hay que "conllevar" con resignación y paciencia.

histeria f Histerismo. | Vilaltella Salud 425: Los síntomas multiformes de la histeria podrían clasificarse en paroxismos .., en síndromes funcionales .. y en trastornos viscerales o tisulares. Vitinowsky Cod 9.2.64, 7: Archivisto y pasado el desquiciamiento y la histeria del quinteto de "rock".

histéricamente adv De manera histérica. | Lera Bochorno 254: Se arremolinó la gente en torno a los luchadores. La dama gritaba histéricamente.

histérico -ca I adj **1** De (la) histeria o de(l) histerismo. | Vilaltella Salud 425: Los síntomas multiformes de la histeria podrían clasificarse en paroxismos (los grandes ataques histéricos y sus formas menores), en síndromes funcionales .. y en trastornos viscerales o tisulares.
2 Afectado de histerismo. Frec dicho con intención desp. Tb n. | Gambra Filosofía 109: Cuando la imaginación actúa intensamente bajo la acción de emociones o de pasiones, son frecuentes estas percepciones alucinatorias, que son asimismo constantes en las personas histéricas. Laforet Mujer 38: Se encontró histérico, .. con ganas de morderse los puños. Delibes Cinco horas 12: Se había comportado como una histérica. **b)** Propio de la pers. histérica. | * Su comportamiento fue totalmente histérico.
II m **3** (col) Histerismo [2]. | Lera Trampa 1092: Si tuvieran que trabajar, no se preocuparían tanto de bobadas, ni les daría el histérico con tanta facilidad. Salom Casa 281: Vamos, padre, no vaya a darle el histérico.

histerismo m **1** Enfermedad nerviosa, más frecuente en la mujer, caracterizada fundamentalmente por alteraciones funcionales y a veces por convulsiones y alucinaciones. | Día 14.1.64, 5: Las crisis de histerismo dependen de la deficiencia de calcio.
2 Estado pasajero de paroxismo nervioso. | F. Borciqui Fam 15.11.70, 18: Dieron comienzo las tournées por todo el mundo. En 1965 fueron a América y explotó un histerismo

histidina - historia

colectivo. *YaTo* 12.12.80, 25: "La juventud baila", en Toledo. Escenas de histerismo e intervención de la Policía.

histidina *f* (*Quím*) Aminoácido presente en la mayoría de las proteínas y del que deriva la histamina. | *SFaro* 3.8.85, I: A ellos [los aminoácidos esenciales] se unen tal vez la arginina e histidina en algunos momentos de la vida (infancia, embarazo).

histiocito *m* (*Biol*) Célula emigrante del tejido conjuntivo capaz de fagocitar partículas de gran tamaño. | Navarro *Biología* 77: Las células emigrantes o histiocitos son leucocitos sanguíneos.

histo- *r pref* (*Biol y Med*) De los tejidos. | *Por ej: VAl* 28.1.90, 57: Para producir movimientos dentarios hay que contar con las peculiaridades histofisiológicas del hueso alveolar. *MMé* 15.6.87, 13: El desarrollo embriológico del oído es de los más precoces en la histogénesis de las áreas sensoriales.

histocompatibilidad *f* (*Med*) Compatibilidad entre los tejidos del donante y el receptor de un injerto o trasplante. | *TMé* 14.1.83, 43: Una orden .. del Ministerio de Sanidad y Consumo autoriza y acredita a la Ciudad Sanitaria de la Seguridad Social La Fe, de Valencia, como Laboratorio de Referencia de Histocompatibilidad Inmunológica.

histograma *m* (*Estad*) Representación de una tabla de frecuencias mediante rectángulos. | Marcos-Martínez *Álgebra* 164: De ordinario una tabla de frecuencias se representa mediante rectángulos. Esta representación gráfica se denomina histograma.

histología *f* (*Biol*) Estudio de los tejidos orgánicos. | Laiglesia *Tachado* 127: Me aprendí al dedillo la Histología y Embriología.

histológicamente *adv* (*Biol*) En el aspecto histológico. | *Ya* 21.2.87, 23: Estudiábamos histológicamente el tejido cerebral.

histológico -ca *adj* (*Biol*) De (la) histología o de su objeto. | *Ya* 9.10.70, 42: Técnica histológica .. Sus secciones darán idea del contenido: componentes químicos de los tejidos, material histológico, estudio de preparaciones frescas. Navarro *Biología* 72: La piel consta de dos capas de diferente origen y constitución histológica: la epidermis y la dermis.

histólogo -ga *m y f* (*Biol*) Especialista en histología. | Bustinza-Mascaró *Ciencias* 25: Según la definición del insigne histólogo español don Santiago Ramón y Cajal, los tejidos son masas orgánicas formadas por la asociación en un orden constante de células.

histona *f* (*Biol*) Proteína básica simple del núcleo de la célula. | Aleixandre *Química* 199: Proteínas propiamente dichas: Albúminas. Globulinas. Gliadinas. Histonas.

histopatología *f* (*Med*) Estudio de la patología de los tejidos. | *GTelefónica* 16: Histopatología. Liñán Olmos, C.

histopatológico -ca *adj* (*Med*) De (la) histopatología o de su objeto. | *TMé* 6.1.84, 16: Estudio histopatológico de la pieza operatoria. *Abc* 24.9.91, 56: El estudio anatomopatológico de la zona quirúrgica extirpada confirma en la mayoría de los casos una alteración histopatológica.

histopatólogo -ga *m y f* (*Med*) Especialista en histopatología. | *Hoy* 15.11.70, 10: Actualmente jefe clínico por oposición del Servicio de Anestesiología-reanimación de la Residencia Sanitaria. Histopatólogo del Hospital provincial.

histoquímica *f* (*Biol*) Estudio químico de los tejidos. | *Ya* 9.10.70, 42: Sus secciones darán idea del contenido: componentes químicos de los tejidos .. Histoquímica, microscopia de fluorescencia.

historia (*frec con mayúscula en aceps 1, 2 y 3*) **I** *f* **1** Sucesión de los acontecimientos pasados de la humanidad. | Arenaza-Gastaminza *Historia* 2: El nacimiento de Cristo es el hecho fundamental de la Historia y sirve de referencia para localizar en el tiempo los hechos históricos. **a)** Evolución o sucesión de los acontecimientos pasados [de alguien o algo]. | Pericot *HEspaña* 1, 49: Después de tantos años de tratar de los fenicios en Andalucía sin conocer ningún resto de las primeras fases de su historia, comenzamos a tener ante los ojos las necrópolis de los establecimientos costeros en Almuñécar. Subirá-Casanovas *Música* 83: Los nocturnos, scherzos, polonesas, estudios y valses [de Chopin] .. son creaciones únicas en la historia de la Música. A. RPlaza *DBu* 5.8.90, 39: Así fue como la Casa de Lara, la más grande que hubo en Castilla, terminó su historia, teniendo por testigo nuestro pueblo. **c)** Cosas notables o curiosas del pasado dignas de ser contadas. | Delibes *Mundos* 26: Los porteños se duelen de que la suya sea una ciudad sin historia; efectivamente es así, pero, en cambio, no le faltan vejeces. **d)** Antigüedad o existencia. *En constrs como* DE + *expr de tiempo* + DE ~, *o* TENER + *expr de tiempo* + DE ~. | I. F. Almarza *SYa* 12.10.86, 19: Del material reunido destaca una prensa de 1676 ..; la pequeña noria de 1890; la prensa de laboratorio de 1791; la maceradora y mesa de un siglo de historia. **e) pequeña ~.** Conjunto de sucesos de la vida cotidiana. | Abella *Franco* 12: A la hora de historiar un período, los hechos consuetudinarios son realidades indesmentibles que no pueden ser objeto de sustracción. Ellos constituyen el entramado de nuestro vivir, de nuestra pequeña historia.

2 Ciencia que estudia y relata la evolución o la sucesión de los acontecimientos pasados, esp. desde la aparición de la escritura. *A veces con un adj o compl especificador.* | Arenaza-Gastaminza *Historia* 2: Todas las Ciencias pueden auxiliar a la Historia. Pero las dos más importantes son: La Geografía y la Cronología. DPlaja *Literatura* 9: El concepto de historia va unido al de documento escrito y, por tanto, al de literatura. *TMé* 7.1.83, 23: Se han nombrado profesores adjuntos de Universidad en la disciplina de Historia de la medicina de la Facultad de Medicina a los aprobados en el concurso-oposición. **b)** Período de la vida de la humanidad posterior a la aparición de la escritura. *Se opone a* PREHISTORIA. | DPlaja *Literatura* 9: Se ha dicho .. que "la historia empieza en Sumer". Efectivamente, a esta primera civilización .. debemos los más antiguos escritos de la Humanidad.

3 Narración ordenada de los acontecimientos pasados de la humanidad. | DPlaja *Literatura* 40: La historia alcanzó esplendor, bien a la manera directa, periodística, de Julio César .., bien a la manera reflexiva de Tito Livio .. o filosófica de Tácito. **b)** Narración ordenada de la evolución o de los acontecimientos [de alguien o algo]. | DPlaja *Literatura* 84: El pasado del hombre se estudia en las obras históricas: la *Crónica General* (historia de España hasta Fernando III el Santo) y la *General e Grande Estoria* (intento de historia universal). J. M. Alfaro *Inf* 10.7.75, 18: Esta es la primera de las deducciones que uno saca tras recorrer las dos mil páginas que ha escrito José María García Escudero para instrumentar, macizamente, los cuatro tomos de su "Historia de las dos Españas". Valls *Música* 12: Unos supuestos .. generalmente marginados en las historias del arte del sonido. **c) ~ clínica.** Relación de los datos médicos de la enfermedad o enfermedades [de una pers.] y de su tratamiento y evolución. | B. Cía *TMé* 4.3.83, 20: La utilización de una historia clínica en la asistencia primaria es un punto característico del plan de reordenación llevado a cabo en Cataluña. **d) ~ sagrada** → SAGRADO.

4 Narración o relato, real o de ficción. | ZVicente *Hojas* 54: Me contaba largas historias de diligencias y ladrones, de viajes a América, de los mambises de Cuba. *Sp* 19.7.70, 50: En cada plano, son lecciones de cine; lecciones de cómo se debe narrar una historia. *Mun* 8.3.69, 10: *Adivina quién viene esta noche*, de Stanley Kramer, ha abordado el tema de la integración racial a nivel de historia sentimental protagonizada por la burguesía liberal. **b)** (*col*) Noticia pequeña y de autenticidad insegura. | * No me vengas con historias de vecinos.

5 Suceso verídico. *Se opone a* LEYENDA *o* INVENCIÓN. | * No distingue la historia de la leyenda. **b)** Suceso pasado. | Laforet *Mujer* 135: Recordó, como si se tratase de una lejana historia, la angustia que había sufrido meses atrás. **c)** Pers. o cosa que pertenece al pasado. | Olaizola *Escobar* 56: Añadió [Azaña] ..: —Mejor dicho, me temo que ya soy solo historia.

6 (*col, desp*) Asunto o cuestión. | Diosdado *Anillos* 2, 176: Le he recordado una gracia que teníamos que pagar de Hacienda. Una historia atrasada que se saca ahora de la manga. ZVicente *Traque* 243: Con esta historia del pie mal hecho, usted ya me entiende, con el mote me bastaba, cojitranco para aquí, cojitranco para allá. Sampedro *Octubre* 135: Después, de colegial, la ducha como deber de limpieza. La ducha como placer no la descubrió hasta su historia con

Vera. **b)** *(col)* Cuestión de valor o importancia secundarios. *Gralm en pl.* | Arce *Precio* 32: Vosotros sois los que tenéis que dejaros de historias. **c)** *(col) En pl y vacía de significado, se emplea para reforzar o marcar la intención desp de la frase. En constrs como* NI + *n* + NI ~S, *o* QUÉ ~S. | MGaite *Retahílas* 200: Se largó a Venezuela con un dinero que parece que no le pertenecía porque era de gananciales o nuestro o no sé qué historias.
7 ~ natural. Ciencia que estudia los seres de la naturaleza, tanto los vivientes como los inertes. | Bustinza-Mascaró *Ciencias* 5: La rama de la Historia Natural que estudia los seres inertes se llama Geología, y la rama que estudia los seres vivientes se llama Biología.
II *loc adj* **8 de** (*o* **con**) **~.** [Pers.] de quien se cuentan sucesos notables o curiosos o gralm. poco honrosos. | CSotelo *Muchachita* 286: –¿Qué pasa? Alejandra... ¿es mujer de historia? –De historia, así, en singular, no creo; ahora, de historias, sí.
III *loc v y fórm or* **9 así se escribe la ~.** *Fórmula con que se comenta reprobatoriamente una deformación de la verdad de los hechos.* | Cela *Compañías* 93: Pero, ¡así se escribe la historia!, usted y yo, señorita, tendremos que rezar por nuestra paloma llamándola Werther. P. Barranco *Sur* 14.3.56, 5: "Así se escribe la historia", dice la gente cuando oye una mentira muy gorda.
10 la ~ se repite. *Fórmula con que se comenta la repetición actual de un hecho pasado negativo.* | *Odi* 19.8.64, 8: La historia se repite en el Trofeo Costa del Sol. Ya el año pasado en la final entre el Madrid y el Málaga hubo incidentes que empañaron la disputa del tercer Trofeo.
11 pasar a la ~. Ser objeto de recuerdo para la posteridad. | CSotelo *Poder* 248: Nunca se sabe con qué nombre pasan los magnicidas a la Historia. Olaizola *Escobar* 56: –Por su bien le deseo que no pase a la historia. –Y luego, amargamente, añadió [Azaña]–: Yo sí pasaré a la historia. **b)** Dejar de tener vigencia o actualidad. | Pinillos *Mente* 65: El puro mentalismo, esto es, el reducir la psicología a la introspección de una conciencia desencarnada, ha pasado para siempre a la historia. Atxaga *Obabakoak* 65: También iba al cine, pero no a ver películas mudas; lo de las películas mudas ya había pasado a la historia.
12 picar [algo (*suj*)] **en ~.** (*lit*) Empezar a pasar de lo normal o tolerable. | * Esto de los retrasos ya pica en historia.
13 ser [algo] **otra ~.** Ser otra cosa, o ser diferente. | I. RQuintano *Abc* 16.5.87, 100: Madrid es otra historia, y sus camareras, muy decentes. **b) esa** (*o* **esta**) **es otra ~.** *Fórmula con que se deja de lado un asunto que no viene a cuento en el momento en que se habla.* | Atxaga *Obabakoak* 40: Mis padres se habían unido libremente, sin pasar por la iglesia; algo que, en aquella época y en aquel lugar, resultaba inadmisible. Pero esta es otra historia, y no tiene cabida en este cuaderno.

historiable *adj* Que se puede historiar. | *Alcoy* 24: La segunda etapa de existencia, la que hoy está viviendo, es tan corta y, sobre todo, tan reciente, que apenas hay materia historiable.

historiado -da *adj* **1** *part* → HISTORIAR.
2 Recargado de ornamentación. | SFerlosio *Jarama* 20: Tenía unas gafas azules, historiadas, que levantaban dos puntas hacia los lados. Laiglesia *Tachado* 67: Fijándose mejor, se advertía que era el penacho blanco de su historiado y suntuoso bicornio. **b)** [Escritura] que tiene rasgos de adorno. | Laforet *Mujer* 86: Le daba aprensión tocar aquellos sobres en los que aparecía su nombre .. con la historiada letra del hombre.
3 (*Arte*) Decorado con escenas o representaciones relativas a un hecho dado. | Tejedor *Arte* 35: El friso se distingue por la alternada sucesión en él de dos elementos: los triglifos .. y las metopas, cuadrados historiados por lo general con relieves mitológicos.

historiador -ra *m y f* Pers. que se dedica a la historia [2a]. | CBaroja *Inquisidor* 17: El personaje más destacado en el mismo tribunal no aparece casi en las obras de apologistas, detractores, historiadores, críticos. **b)** Pers. que relata o escribe la historia [1b] [de algo]. | Camón *LGaldiano* 200: Lleva [el estoque de Tendilla] inscripción conmemorativa en la hoja, y su simbólico papel en la instauración del Renacimiento en España ha sido exaltado por los historiadores de nuestro arte.

historial I *adj* **1** De (la) historia [3]. | Alvar *Abc* 8.8.87, 20: No es este el momento de decir qué significaba poseer esos libros historiales. Pedraza-Rodríguez *Literatura* 1, 570: Otra etapa es la de los romanceros historiales, que versifican con escaso éxito las crónicas de España.
II *m* **2** Relación escrita circunstanciada de la carrera o de los servicios [de una pers.]. *Tb fig, referido a cosa.* | *Sol* 24.5.70, 15: Se necesita para artículos de decoración de fácil venta", un promotor .. Escriban con historial a "Agentes de Ventas". Apartado 279. Málaga. **b)** Conjunto de los méritos y actuaciones profesionales [de una pers.]. | GPavón *Hermanas* 23: Es una oportunidad para tu historial.
3 Historia [3]. | *Ya* 20.10.70, 15: La exposición .. representa un historial de la cartografía, desde Tolomeo hasta el mapa topográfico nacional, y en ella se exhiben los "vasos apolinares", el mapa de San Isid[o]ro .. y "los portulanos". Valls *Música* 15: Los aspectos fundamentales que la música nos ofrece a través de su dilatado y misterioso historial. *NotM* 1.5.85, 20: La proposición no de ley establece que las donaciones de plasma "estarán sometidas a rigurosos controles médicos que garanticen la calidad del plasma extraído, haciéndose constar en su historial clínico".

historiar (*conjug* **1a**) *tr* Contar o escribir la historia [1b] [de algo (*cd*)]. | RMoñino *Poesía* 18: Todo intento de historiar con seriedad nuestra poesía antigua está condenado a la provisionalidad o al fracaso. Bermejo *Estudios* 58: Hay algunas figuras de procuradores que a lo largo de la centuria historiada adquieren consistencia institucional.

históricamente *adv* **1** De manera histórica [1]. | Albalá *Periodismo* 51: No basta con recoger históricamente esa experiencia. Es necesario acudir analíticamente a ella para ordenar nuestro conocimiento. J. R. Alfaro *HLM* 26.10.70, 22: Históricamente se sabe que Julio César fue epiléptico.
2 En el aspecto histórico [1]. | Ortega-Roig *País* 209: A orillas del Cantábrico .. se extienden unas tierras con caracteres físicos muy semejantes, aunque divididas históricamente en dos regiones diferentes.

historicidad *f* Cualidad de histórico [1 a 5]. | Torrente *SD16* 9.7.88, VI: Todo lo que pasa en el universo mundo es historia, grande o pequeña, visible o escondida, y ese sentido de la historicidad de todos los hechos fue aquí .. donde y como lo aprendí. *Mad* 14.9.70, 18: Siendo mérito del contenido de datos estadísticos, fotografías y cualesquiera otros que destaquen la importancia e historicidad de las ferias de Lugo.

historicismo *m* Tendencia a considerar la realidad reducida a su relación con las circunstancias históricas. | Rábade-Benavente *Filosofía* 232: Creemos que ello [la exposición histórica de los sistemas morales], más que hacer pensar en la existencia de un "relativismo" o "historicismo" moral, puede servir para tomar conciencia de la enorme importancia que tiene y ha tenido la moral. Aranguren *Marxismo* 47: La "sociología" marxista en realidad es una *Weltanschauung*, una visión total y totalizante de la realidad *sub specie* historicista. (Más adelante, cuando tratemos de la actual versión estructuralista del marxismo, habrá que discutir este punto del historicismo.)

historicista *adj* De(l) historicismo. | Castilla *Natur. saber* 23: Aquí se contiene también una nota historicista que me importa advertir. Mientras no sea verificable, ese saber es tan solo hipotético. Aranguren *Marxismo* 47: La "sociología" marxista en realidad es una *Weltanschauung*, una visión total y totalizante de la realidad *sub specie* historicista. **b)** Partidario o cultivador del historicismo. *Tb n.* | S. AFueyo *Abc* 13.10.74, 49: Con Gentile .. y Croce adquirió originalidad y fuerza el idealismo italiano, si bien Gentile es un subjetivista o actualista y Croce un historicista absoluto.

histórico -ca *adj* **1** De (la) historia [1, 2 y 3]. | PRivera *Discursos* 10: Tenemos que buscar .. lo que tenían de circunstancial, interpretado por el hombre en que nacieron. V. Sevillano *CoZ* 9.5.64, 8: Ahora va mi atrevida opinión de aficionado a los estudios históricos. Tejedor *Arte* 10: El Oriente crea las primeras culturas históricas. M. Barros *VozC* 30.1.55, 3: En abril de 1757 [el P. Flórez] inicia la recopilación, estudio y compulsa personal de los datos y hechos

historieta – histrión

históricos de nuestra provincia. **b)** Que tiene base o explicación en la historia [3a y b]. | DPlaja *Literatura* 401: Ventura de la Vega .. intentó el drama histórico de tema clásico, como en *La muerte de César*, o medieval, como en *Don Fernando de Antequera*. Ortega-Roig *País* 158: El valle del Ebro .. comprende varias regiones históricas y administrativas. **c)** (*Ling*) Que tiene un enfoque histórico [1a] o cronológico. | Lapesa *Diccionarios* 31: Hace ya mucho tiempo que la Real Academia Española hizo suya la empresa de componer un Diccionario Histórico de la Lengua Española. **d)** [Gramática] **histórica** → GRAMÁTICO.

2 [Hecho] que ocupa un lugar destacado en la historia [3a]. | Arenaza-Gastaminza *Historia* 1: Estudia [la Historia] los hechos históricos, es decir, los sucesos humanos realizados por los diversos pueblos o agrupaciones étnicas y que han dejado una huella perenne en su vida e instituciones, como son, por ejemplo, la Reconquista española, el descubrimiento de América, la invención de la imprenta, etc. **b)** [Cosa] digna, por su importancia, de ser recordada por la posteridad. *Frec con intención ponderativa*. | *YaTo* 10.2.81, 24: Encuentro "histórico" de Juan Pablo II con el rabino de Roma. *Odi* 11.2.77, 1: Histórica visita de los Reyes al Vaticano. *NAl* 10.7.65, 7: La Central Nuclear de Zorita marca un hito histórico en el desarrollo de nuestra nación. **c)** Trascendental. | Delibes *Cartas* 110: Estas son las últimas líneas que te dirijo antes de conocernos .. Esta carta, por el momento en que está escrita, que no por otra cosa, es, pues, una carta histórica.

3 Que tiene historia [1b] notable. | J. Aldebarán *Tri* 7.2.70, 5: Lord Russell, heredero de una familia histórica, radical y puritana. GMacías *Abc* 29.7.65, 45: Se ha inaugurado en la histórica localidad de Alcántara un curso para ferrallistas.

4 [Pers. o cosa] cuya existencia en el pasado se conoce con certeza. | Torrente *Fragmentos* 337: Se pensaba en retirar la efigie del gigante .., por haberse demostrado que no era un santo histórico y bien documentado, sino un mito pagano. **b)** [Relato de hechos pasados] que se ajusta a la verdad. | GLópez *Lit. española* 224: Pérez de Hita, que había presenciado los hechos como soldado, nos ofrece una narración rigurosamente histórica, pero desprovista del valor novelesco y literario de la primera parte de la obra.

5 Antiguo, o que data de tiempo atrás. | *DBu* 8.8.90, 11: La conservación de su histórico y monumental edificio, siete veces secular, con su claustro medieval, así como un nuevo florecer vocacional, constituyen urgencias prioritarias en todos los tiempos. Carandell *Madrid* 92: En la mayor parte de las tascas, las tapas tienen un aspecto reseco e histórico que las hace poco apetecibles. **b)** Antiguo o primitivo. *Esp en política. Tb n, referido a pers.* | E. Miguel *Odi* 18.2.77, 7: El socialismo histórico. Don Manuel Murillo, secretario general del PSOE (histórico), hace unas declaraciones al "Abc" de hoy. Llovet *Tartufo II* 61: Razona usted como lo que es..., un militante histórico. **c)** [Materialismo] ~ → MATERIALISMO. **d)** De(l) pasado. | Umbral *Ninfas* 60: Ni él ni yo sabíamos que el surrealismo era ya, también y desde hacía muchos años, una cosa histórica.

6 (*Gram*) [Tiempo presente] que se usa para enunciar un hecho pasado. | Amorós-Mayoral *Lengua* 82: "Salgo ayer a la calle. Me encuentro con fulano y de banco a primeras me pide mil pesetas" .. A este uso se le llama presente histórico.

7 (*Gram*) En latín: [Infinitivo] independiente que equivale al pretérito imperfecto de indicativo. | Zulueta *Latín 3* 185: ¿En qué caso aparece el sujeto del infinitivo histórico?

historieta *f* **1** Relato breve de un suceso divertido o curioso, gralm. imaginario. | DPlaja *Literatura* 443: Como cuento .. debe considerarse la divertidísima narración de *El sombrero de tres picos* .. El nudo de la historieta está ya en Boccaccio. DPlaja *El español* 95: Una historieta .. ilustra la importancia del "qué dirán" entre los españoles.

2 Cuento breve en forma de viñetas, normalmente cómico y destinado a los niños. | BVillasante *Lit. infantil* 274: En la actualidad se publican muchísimos semanarios infantiles de parecido estilo y papel, es decir, mediocres. Predomina lo gráfico, la historieta animada que suplanta a la literatura. Buero *Irene* 14: –(Hojea y compara las historietas de colores que traía.) Esta de "El pirata amarillo" es una sandez, pero es la más barata .. Es mejor esta, mira. "El misterio del rayo electrónico." Es la más cara, pero yo no me pierdo las aventuras de Max.

historietista *m y f* Autor de historietas [2]. | Á. Vivas *ElM* 3.7.90, 31: Otro historietista importante, Gerard Lauzier, participará mañana en el curso.

historificar *tr* Historizar. | VMontalbán *Galíndez* 87: Los profesores desdeñan en el fondo de la política, prefieren historificarla y utilizarla como materia de inventario o reflexión o investigación.

historiografía *f* **1** Actividad de escribir obras de historia [3a y b], esp. mediante el estudio y crítica de las fuentes. | Laín *Marañón* 142: Quiere evitar que los profesionales de la Historiografía y los posibles críticos malevolentes le salgan al paso.

2 Conjunto de (las) obras de tema histórico [1a]. | Alcina-Blecua *Gramática* 37: La tradición de la historiografía lingüística suele plantearse la división de los estudios gramaticales en cuatro modelos básicos. Alsina *Plutarco* XIX: La consideración psicológica no es ajena a la mejor historiografía griega.

historiográficamente *adv* En el aspecto historiográfico. | Laín *Gac* 4.12.77, 45: Resucitar historiográficamente consiste en ofrecer una imagen del pasado que .. permita a quien lectivamente la contemple comprender .. el fragmento de vida humana a que dicha imagen se refiere.

historiográfico -ca *adj* De (la) historiografía. | Alsina *Plutarco* XX: A lo largo del siglo XIX –la gran época del positivismo historiográfico– no pocos estudiosos atacaron la obra plutarquiana. FMora *Pensamiento 1964* 212: Manuel García Blanco es el investigador devoto y fiel que todo escritor querría encontrar para que le sirviera de mayeuta historiográfico.

historiógrafo -fa *m y f* Pers. que se dedica a la historiografía [1]. | MPidal *Las Casas* 54: La idea única de Las Casas no colorea los objetos de un modo razonable o normal, sino sometid[o] a una regla absoluta, que el historiógrafo-vidente ha adivinado.

historiología *f* Estudio teórico de la historia [2a]. | Laín *Marañón* 128: Marañón no fue y no quiso ser historiólogo .. Ello no obstante, es posible, apurando la atención, descubrir algunos fragmentos de su historiología implícita.

historiológico -ca *adj* De (la) historiología. | FMora *Abc* 20.7.67, sn: La única monografía que con claridad y orden saca a nuestro pensador de las penumbras y del caos es la de E. Rojo "La Ciencia de la Cultura. Teoría historiológica de Eugenio d'Ors" (1963). Amorós *Ya* 3.7.75, 43: Más que sus complejos sistemas filosófico o historiológico .., me interesa a mí su labor sencilla de glosador.

historiólogo -ga *m y f* Especialista en historiología. | Laín *Marañón* 128: Marañón no fue y no quiso ser historiólogo, hombre explícitamente consagrado a decir de manera filosófica lo que la Historia es.

historización *f* (*raro*) Acción de historizar(se). | Marías *Abc* 23.3.58, 3: Esta historización del concepto "nivel de vida humano" permite despojarlo de todo utopismo, no vincularlo a la riqueza y, en cambio, ligarlo a la justicia.

historizar *tr* Dar carácter histórico [1a] [a algo (*cd*)]. | J. L. Santaló *Arb* 2.66, 91: Sigue en pie lo que la comedia tiene de ambiente estudiantil, siquiera las alusiones a sucesos del momento queden desplazadas y conserven solo un leve matiz que las historiza, sobre todo para quienes vivieron entonces. **b)** *pr* Tomar [algo] carácter histórico [1a]. | Aranguren *Marxismo* 29: El marxismo, al durar, se ha historizado.

histoterapia *f* (*Med*) Tratamiento de ciertas enfermedades mediante la utilización de tejidos animales. | *SPaís* 1.9.91, 15: Psoriasis. Alopecia .. Afortunadamente, ya existe otra solución. Centro dermatológico de histoterapia placentaria.

histrión -nisa *m y f* (*lit*) Actor teatral. *Frec fig, con intención desp, aludiendo a gesticulación enfática o fingimiento*. | E. Haro *País* 15.4.80, 64: El primer actor, Doroteo Martí, de la línea de los grandes histriones populares .. vive hoy retirado. DCañabate *SAbc* 29.9.68, 53: Al suprimir esa peligrosidad la fiesta queda convertida en parodia, el torero en histrión, el espectáculo en un festival de danza. CAssens *Novela* 1, 473 (G): Traduzco un drama de Nordau ..

y, venciendo mi timidez, se lo llevo a Díaz de Mendoza. El caballero histrión me recibe con su proverbial finura.

histriónico -ca *adj* (*lit*) De(l) histrión. | HSBarba *HEspaña* 4, 427: Cuando el teatro se estabilizó en los Coliseos de las ciudades, adquirió una gran difusión .. El espectáculo histriónico fue el mayor placer colectivo de las distintas mentalidades sociales. Delibes *Parábola* 60: A trompicones pronunció un discurso patético, de mímica histriónica.

histrionisa → HISTRIÓN.

histrionismo *m* (*lit*) **1** Oficio de histrión. | *Van* 19.6.75, 54: El autor describe la evolución de la comedia y el histrionismo en España desde sus primeras manifestaciones.
2 (*desp*) Actitud o comportamiento de histrión. | Ayala *Recuerdos* 119: No solo me resultaba atractiva la personalidad de Ovejero, sino también, pese a su histrionismo, intelectualmente estimulante. L. Calvo *Abc* 24.11.70, 25: Kruschef tenía de todo: astucia e histrionismo. Con la verdad y el engaño jugaba a las bolas.

hístrix *adj* (*Med*) [Ictiosis] en que las escamas son duras y córneas. | Navarro *Biología* 228: En el pequeño cromosoma Y del hombre reside un gene, exclusivo de él, que determina una afección de la piel denominada ictiosis hístrix, por la que la capa córnea de la piel se diferencia en escamas espinosas. [*En el texto, sin tilde*.]

hit (*ing; pronunc corriente,* /χit/; *pl normal,* ~s) *m* Gran éxito. *Tb aquello que lo obtiene. Esp en música ligera.* | VMontalbán *España* 40: ¿Cómo es posible que fuera un *hit*, para hablar en términos actuales, una canción surrealista como *No te mires en el río*? Pániker *Memoria* 162: Suenan los hits en Carnaby Street. A. Mercé *Des* 12.9.70, 46: Se han mejorado ya siete récords de Europa, un récord mundial, seis españoles y el de los 400 metros .. con una marca que debe catalogarse entre los "hit" de la natación mundial.

hitita (*hist*) **I** *adj* **1** [Individuo] de un antiguo pueblo que invadió Anatolia en el segundo milenio a.C. y formó un gran imperio en Asia Menor y Siria. *Tb n.* | Pericot-Maluquer *Humanidad* 137: Los aqueos conocieron el carro por sus relaciones con los hititas y los egipcios. **b)** De los hititas. | Pericot *Polis* 47: El imperio hitita es también un estado feudal en el que una asamblea de nobles acepta al monarca y controla sus acciones.
II *m* **2** Lengua de los hititas [1]. | Tovar *Lucha* 91: El lusitano .. se presenta .. como una lengua diferente del celtíbero ..; podría tratarse de un resto del "proto-europeo" o "antiguo europeo" que H. Krahe supuso que se mantuvo, cuando ya el griego, el hitita, el antiguo indio se habían separado de la lengua común.

hitleriano -na *adj* (*hist*) De(l) dictador alemán Adolfo Hitler († 1945) o de su ideología. | Arenaza-Gastaminza *Historia* 288: La Alemania hitleriana .. La ruina económica y la ocupación francesa de la cuenca del Ruhr favorecieron la agitación nacionalista dirigida por Adolfo Hitler. **b)** Propio de Adolfo Hitler o de su ideología. | *Voz* 13.6.90, 25: Escurís calificó el modo de actuar de Durán Casáis de "puramente hitleriano".

hitlerismo *m* (*hist*) Nazismo, o sistema político de Adolfo Hitler († 1945). | Aparicio *Mono* 70: Al fin habían encontrado el eslabón perdido, ese capaz de articular sus dotes especulativas con sus ansias de acción, que no otra cosa ha sido en definitiva el hitlerismo, amigo mío.

hito I *m* **1** Piedra que se clava en el suelo para indicar los límites de un terreno, o la dirección o las distancias en un camino. *Frec fig.* | Ferres-LSalinas *Hurdes* 24: Cerca de donde el arroyo confluye con el río Ladrillar, cerca ya del hito que señala el principio de la provincia de Cáceres, los viajeros se tropiezan con un hombre que les adelanta montado en burro. APaz *Circulación* 211: Conviene, pues, ejercitarse en apreciar las distancias de 100, 200 y 300 metros, para lo cual sirven los pequeños hitos hectométricos que se ven bien en los tramos despejados de carretera recta. Halcón *Monólogo* 162: Tengo que fijar los hitos de mi vida afectiva, y el tejido de esta vida está hecho de hilos vulgares. Yo soy una espléndida mujer normal.
2 (*lit*) Punto culminante o destacado. *Frec con el v* MARCAR. | *NAl* 10.7.65, 7: La Central Nuclear de Zorita marca un hito histórico en el desarrollo de nuestra nación. J. M. Caparrós *Mun* 23.5.70, 56: Gene Kelly [director de cine] fue el gran instaurador del "estilo Metro", que marcó hito en una época y que hoy ya está superado.
II *loc adv* **3 de ~ en ~.** Fijamente. *Normalmente con el v* MIRAR. *Tb (raro) adj.* | CSotelo *Muchachita* 291: Patricio se queda mirando a Mercedes de hito en hito. MSantos *Tiempo* 229: El buen pueblo .. sacaba fuerzas de flaqueza para hacer como si se divirtiera [*sic*] y para olvidar los ojos de hito en hito de las comadres vigilando las evoluciones de sus hijas.

hit parade (*ing; pronunc corriente,* /χít-paréid/; *tb con la grafía* **hit-parade**; *pl normal,* ~s) *m* Lista, renovada permanentemente, en que se clasifican las piezas de música ligera de mayor éxito. *Tb el programa de radio o televisión en que son presentadas. Tb fig, fuera del ámbito musical.* | VMontalbán *Tri* 11.4.70, 31: Dicen unos versos de Antonio Machado, hoy reactualizados por Serrat y competitivos en el "hit parade". VMontalbán *Transición* 129: Si la palabra consenso aún va a ser hegemónica a lo largo de 1978, el hit parade de palabras ya indica que *desencanto* le disputa el primer puesto. *Cam* 19.2.90, 14 (A): Se establece un hit-parade inédito, el de los especuladores y reflotadores que dan el golpe de gracia a empresas en crisis, en provecho propio.

hobby (*ing; pronunc corriente,* /χóbi/; *pl normal,* HOBBIES *o* ~s) *m* Actividad que se realiza como mero entretenimiento. | Torrente *Off-side* 509: ¡De modo que hasta eso tengo, Agathy querida, un "hobby" para matar el tiempo! GPavón *Rapto* 51: En sus ademanes se apreciaban algunos vigores de hombría. Pero tampoco esto significaba que tuviese *hobbies* extraviados. VMontalbán *Tatuaje* 18: La casita con jardín en las afueras, a ser posible incluso con su rincón para las lechugas, las patatas y las tomateras, fascinantes "hobbys" de fin de semana.

hocero -ra *m y f* Pers. que fabrica o vende hoces. | *IdG* 10.8.75, 5: Los trabajos que se exponen en la Feria corresponden a los siguientes oficios: alfarería, afilador, .. herrería, hocero, hojalatería.

hocicada *f* Golpe dado con el hocico, o de hocicos. | I. RQuintano *SAbc* 17.1.82, 42: Cuando el animal se entretiene dando hocicadas al muerto, el matarife se acerca por detrás y le vuelve a lanzar el gancho a la papada.

hocicar *intr* **1** Hozar (mover y levantar [un animal] la tierra con el hocico). | PLozano *Ya* 21.12.74, 7: A uno le suena como un trallazo de ironía. ¿Buen tiempo, y la tierra reseca, y las sementeras hechas en secano, y el ganado hocicando como puede?
2 Golpear [un animal] con el hocico [en algo]. *Tb sin compl. Tb (humoríst) referido a pers.* | J. Vidal *País* 24.8.88, 17: Enemigo que no embiste ni a estacazos, trastabilla, pierde pata, hocica o amorra, rueda por la arena, no es enemigo ni es nada. Alvar *Islas* 32: Otro se acuerda de cuando era muy chico y se cayó de bruces contra el santo suelo. Lloriqueaba y hocicaba en el polvo. Don Miguel lo puso a dos pies, que es postura de cristianos.
3 (*col*) Dar de hocicos [con o contra algo]. | * Volvemos a hocicar con las leyes laborales.
4 (*col*) Claudicar. | CSotelo *Muchachita* 299: Los alemanes que si les imponen la uva que no cuenten con ellos para nada, .. y al fin, los alemanes que hocican y se tragan los quinientos mil barriles sin pestañear.

hocicazo *m* Golpe dado con el hocico. | Lera *Clarines* 434: El novillo corveteaba y se daba hocicazos a uno y otro lado para desprenderse las banderillas.

hocico I *m* **1** *En algunos animales:* Parte prolongada de la cabeza en que están la boca y las fosas nasales. *A veces en pl con sent sg.* | Cuevas *Finca* 53: Las mulas estaban amarradas a los pesebres, con un medio largo de cebada delante de los hocicos. Bustinza-Mascaró *Ciencias* 174: Tiene [el esturión] un morro u hocico prolongado y la boca en posición ventral. **b)** (*col, humoríst*) *En el hombre:* Parte de la cara correspondiente a la nariz y la boca. *A veces en pl con sent sg.* | Berlanga *Recuentos* 33: Píter olía el frasco con el mismo hociquito que puso luego al husmear sus nuevas vestimentas. ZVicente *Traque* 91: Como hay Dios que si no te callas te rompo los hocicos.
II *loc v* **2 dar** (*o* **caer**) **de ~s** [contra alguien o algo]. (*col*) Chocar de cara [contra ellos]. | Cunqueiro *Crónicas* 96: Me metió el sable entre las piernas, y me hizo dar de hocicos contra el clérigo.

hocicudo – hoja

hocicudo -da *adj* Que tiene el hocico muy saliente. | C. PSantos *SYa* 15.6.75, 53: Las peligrosas son: la víbora común europea o péliade .. y la víbora hocicuda (Vipera latastei). Delibes *Emigrante* 20: A mí me tocó donde una vieja hocicuda que no hacía más que toser y escupir.

hocín *m* (*reg*) Instrumento a modo de hoz pequeña. | Torbado *Peregrino* 400: Tomó un hocín colgado detrás de la cancela, agarró al ave por la cabeza y .. le segó el cuello de un tajo.

hocina *f* (*reg*) Hocino². | Aldecoa *Cuentos* 1, 28: Se pone en pie, consulta su sombra, levanta su hato y se lo carga a la espalda. –Bueno, andando. Para las cinco podemos estar en la hocina. Para las seis, en el teso del pueblo.

hocino¹ *m* (*reg*) Instrumento a modo de hoz pequeña. | Cuevas *Finca* 151: Trabajaba metido en el arroyo, cortando la enea, que es una especie de caña tierna y verde, con un hocino muy afilado. MCalero *Usos* 44: Segaban con hoces, que también les decían hocinos.

hocino² *m* Lugar estrecho entre montañas, por donde discurre una corriente de agua. | Caba *Ruta* 199: Gira hacia el este, hacia el hocino por el que discurre el riachuelo.

hociquear A *tr* **1** Olfatear [algo] rozándolo con el hocico. *Tb abs. Tb fig.* | CBonald *Ágata* 52: En el inesperado momento en que la nutria, aturdida quizá por algún extravío del olfato, le hociqueó los muslos, se levantó Manuela fortalecida por un miedo que el asco acrecentaba. Delibes *Mundos* 102: Los perros hociquean por todas partes.
2 (*desp*) Besar. | Torrente *Off-side* 119: Se abre una puerta y entra Regina .. –¡María Dolores! ¡Estás guapísima!– Se abrazan, se hociquean.
B *intr* **3** Hozar u hocicar. | Romano-Sanz *Alcudia* 40: Numerosas gallinas y cerdos picotean y hociquean por los alrededores.

hociqueo *m* Acción de hociquear. | CBonald *Ágata* 64: Se imaginó que algo la tocaba, no una mano ni ninguna otra parte de un invisible cuerpo, sino una especie de soplo que se hubiese solidificado en su espalda, un aliento de animal que la olfatease en lo oscuro, un hociqueo de comadreja o de rata.

hockey (*ing*; *pronunc corriente*, /χókei/) *m* Deporte de pelota, de reglamento similar al del fútbol, en el que la pelota es disputada mediante un bastón especial con la parte inferior curva y aplastada. *Frec con un compl especificador*: SOBRE HIERBA, SOBRE PATINES O SOBRE HIELO. | Sempronio *Des* 12.12.70, 10: En el café Zurich nació el hockey español .. En las mesas del Zurich se esbozaron reglamentos, se concertaron partidos, se organizaron torneos. Repollés *Deportes* 76: Hockey .. Es un deporte muy parecido al fútbol .. Sus principales modalidades son: hockey sobre hierba, sobre patines y sobre hielo.

hodierno -na *adj* (*lit*) Actual o de hoy día. | Cunqueiro *Sáb* 16.6.76, 33: Ellos, los bebedores, llegaban a la taberna fatigados del trabajo matinal .., preocupados por tanta urgencia como la vida cotidiana hodierna echa sobre el pobre ser humano. Alarcos *Fonología* 254: Nos interesa ver ahora las modificaciones que, originadas en la zona cantábrica, se extienden, por motivos políticos y culturales, a todo el dominio castellano hodierno.

hogal *m* (*reg*) Hogar [3a] de la cocina. | Moreno *Galería* 212: La familia estaba reunida, cenando en el hogal de la cocina. Moreno *Galería* 26: Una vez cocidos los panes, se sacaban con la rejadilla al mismísimo suelo del hogar u hogal.

hogaño *adv* (*lit*) **1** En este tiempo. | Escobar *Itinerarios* 196: Allí solo quedan hogaño los riquejos con sus máquinas agrícolas, algún artesano, los viejos, los impedidos, los perros y las moscas. *Abc* 2.12.70, 33: Antaño, Moscú no quiso tropezar con la herejía liberalizante de Dubcek; hogaño, tampoco quiere empantanarse en la inoportuna ortodoxia doctrinal de Ulbricht. **b)** *Precedido de prep, o como suj de una o cualitativa, se sustantiva*: Este tiempo. | * La juventud de hogaño no es como la de antaño.
2 En este año. | Lera *Clarines* 323: Lo que es hogaño no pasa lo del año pasado. **b)** *Precedido de prep, o como suj de una o cualitativa, se sustantiva*: Este año. | A. GRamos *HLM* 26.10.70, 37: Salvo algunos años que fue declarado desierto, los ganadores han sido, hasta hogaño, los siguientes matadores: Luis Procuna, Antonio Bienvenida.

hogar *m* **1** Vivienda de la familia. | *Economía* 75: Para que un hogar sea confortable es necesario que la estancia en él proporcione una sensación de bienestar y comodidad. **b)** Ambiente o vida de familia. | SLuis *Doctrina* 154: Fines del matrimonio .. El apoyo mutuo de los esposos, para garantizar a los hijos los beneficios de un hogar acogedor y una educación .. integral. **c)** Familia. *Normalmente con vs como* FORMAR O DESTRUIR. | Mihura *Maribel* 25: Mi hijo ha venido a Madrid dispuesto a encontrar una novia para casarse y formar un hogar. **d)** Actividades de ama de casa. | *Lab* 2.70, 36: Lecciones de hogar. Curso de Labores y costura. MMolina *Jinete* 222: La distingo .. entre la hilera de las chicas que corren siguiendo el ritmo que marca el silbato de la profesora de gimnasia y de hogar.
2 Local destinado a la vida social de perss. de actividad o procedencia común. | S. GCatalán *VozAl* 17.12.80, 6: A la pregunta de cuándo será realidad el Hogar del Pensionista, respondió. E. Carro *SYa* 28.11.73, 19: En El Grove hay hogar marinero. **b)** ~ **cuna**. (*hoy raro; frec con la grafía* **~-cuna**) Casa cuna. | J. Arroyo *Ya* 15.4.64, 13: La princesa Sofía visitó el hogar-cuna Carmen Franco.
3 *En una cocina de leña, una chimenea o algo similar*: Lugar en que se hace la lumbre. *Tb la misma lumbre*. | *VozC* 2.1.55, 5: Cada hogar o chimenea tendrá una salida de humos independiente. Moreno *Galería* 277: Eran [los somarros] unos recortes de magro fresco .. y se ponían a asar sobre las brasas mismas del hogar, en la cocina campesina. Álvarez *Cór* 13.9.64, 5: Ya en la fragua, el fuelle .. daba con su presencia al trabajo de la forja cierta prevención que iba como infundiéndose en el hierro con aquellos volcanes del hogar. **b)** *En un horno, una caldera u otro aparato o instalación similar*: Lugar en que arde el combustible. | Marcos-Martínez *Física* 138: La caldera tenía primitivamente un solo cilindro .. Modernamente se le añaden otros dos cilindros laterales, H, llamados hervideros, con el fin de que el calor del hogar A se le comunique mejor. J. Pernía *CoA* 22.1.64, 13: Se conserva [en el molino] el hogar o fogón y algunos útiles de molinería, candiles, etc.

hogareño -ña *adj* De hogar [1]. | Laiglesia *Ombligos* 79: Prefirió buscar un ambiente más hogareño. Escobar *Itinerarios* 45: Ha de ser la morcilla hogareña .., no aquellas que venden en charcuterías. **b)** [Pers.] amante de la vida de hogar [1]. | * Es un hombre muy hogareño; no le gusta salir.

hogaril *m* (*reg*) Hogar [3a]. | Romano-Sanz *Alcudia* 190: La única ventilación del chozo es la puerta .. En el centro se pone el empedrado que sirve de hogaril. Borrás *Abc* 23.3.58, 14: La chica se apartaba del hogaril; por la chimenea entró un turbión que vorazmente se derramaba por la cocina.

hogaza *f* Pan redondo de un kilo o más. | Delibes *Ratas* 11: Se merendaba un par de ratas fritas rociadas de vinagre, con dos vasos de clarete y media hogaza.

hoguera *f* Fuego que levanta mucha llama y que se prepara en un lugar normalmente no destinado para ello, esp. al aire libre. *Tb fig*. | Olmo *Golfos* 76: Allí no se sentía tanto el frío, y menos si encendíamos la hoguera. CBaroja *Inquisidor* 22: Con frecuencia, la relajación al brazo secular, es decir, la muerte por hoguera. F. V. Sevillano *DÁv* 2.6.64, 5: Tus hijos leales .. se postran ante ti con el corazón encendido, con el alma hecha hoguera.

hoja I *f* **1** *En los vegetales*: Parte, gralm. de forma laminar y de color verde, que nace del tallo o a veces de la raíz. *A veces en sg con sent colectivo*. | Legorburu-Barrutia *Ciencias* 251: Las hojas de las plantas no duran indefinidamente. La mayoría de las plantas son de hoja caduca. **b)** Pétalo. | Ybarra-Cabetas *Ciencias* 270: Corola. Es el segundo verticilo floral y está compuesto por hojas, generalmente coloreadas ..; estas piezas se denominan pétalos. **c)** *Con un adj o compl especificador designa diversas plantas herbáceas*: ~ DE ALUBIA (*Chenopodium bonus-Henricus*), ~ DE LIMÓN (*Melissa officinalis*), ~ ROMANA O DE SANTA MARÍA (*Tanacetum balsamita*), etc. | FQuer *Plantas med.* 154: Zurrón. (*Chenopodium bonus-Henricus* L.) Sinonimia cast[ellana], serrón, .. hoja de alubia. FQuer *Plantas med.* 685: Toronjil. (*Melissa officinalis* L.) Sinonimia cast[ellana], toronjina, .. hoja de limón. FQuer *Plantas med.* 814: Hierba de Santa María. (*Tanacetum balsamita* L.) Sinonimia cast[ellana],

balsamita, hojas de Santa María, .. hoja romana. Moreno *Galería* 296: Con hilas blancas empapadas de anís o agua de espliego, se pretendía calmar el dolor de muelas; .. las grietas, aplicándoles hojas de hierbabuena, hoja romana y sándalo.
2 Lámina delgada [de una materia]. | Huarte *Tipografía* 64: La máquina de imprimir hace pasar sobre la forma unos rodillos que la entintan. Luego transporta la forma adonde un cilindro oprime contra ella una hoja de papel. Ramos-LSerrano *Circulación* 288: Las ballestas están constituidas por una serie de láminas de acero. La primera de ellas se llama maestra .. Las demás hojas van unidas a la maestra por medio de un tornillo. **b)** ~ **de lata.** Hojalata. | Laforet *Mujer* 98: El coche .. tardó unos minutos en arrancar con .. un temblor de hoja de lata. **c)** ~ **de tocino.** Mitad de la canal del cerdo partida a lo largo. | Escobar *Itinerarios* 202: Veréis que en algunas bodegas cuelgan perniles y hojas de tocino. **d)** ~ **de bacalao.** (*reg*) Bacalao salado entero. | Cela *Mazurca* 154: Cuatro gallinas, seis docenas de huevos y cuatro hojas de bacalao. *Voz* 21.12.89, 13: Ofertas del 21 al 23 de diciembre .. Hoja de Bacalao Extra Gaytán, 600/900 Grs. Kg.: 875.
3 Hoja [2] de papel, esp. la que forma parte de un libro o cuaderno. | Huarte *Tipografía* 64: Cuando se han impreso todas las hojas por una de las caras .., se imprime la otra cara. PAvelló *Hucha* 2, 62: ¿Me da una hoja de los periódicos de la sala? J. LDepetre *Abc* 22.10.70, 22: En un dictado fácil, de una hoja tamaño holandesa, ha hecho 34 faltas de ortografía. **b)** Impreso que consta de una sola hoja o que no supera las cuatro páginas. | M. Asensio *SHer* 21.8.90, 2: Mediante la colocación de hojas informativas por las calles de Calatorao se solicitó la colaboración de todas aquellas personas que pudieran aportar bien sus informaciones directas, bien objetos o documentos que proporcionaran datos de interés. * Han repartido unas hojas de propaganda. **c)** *Se da este n a determinadas publicaciones periódicas.* | *Igl* 8.1.78, 1: *Iglesia en Madrid.* Hoja semanal de la Diócesis de Madrid-Alcalá. *HLM* 8.9.75, 13: Algunas asociaciones de la Prensa han expresado por acuerdos y telegramas su identificación con el planteamiento de *Hoja del Lunes* de Madrid. **d)** ~ **de ruta.** *En transportes terrestres:* Documento en que constan el itinerario del vehículo, la mercancía, el destinatario y otros datos. | *BOE* 20.1.69, 943: Corresponde a la Jefaturas Regionales de Transportes Terrestres .. las siguientes funciones: Estudio y previsión de las necesidades regionales .. Inspección de toda clase de instalaciones, agencias, despachos, horarios, hojas de ruta, adscripciones de vehículos. **e)** ~ **de servicios.** Documento en que consta todo el historial profesional de un funcionario. *Tb fig.* | L. Armiñán *Abc* 19.9.64, 23: Retirado el teniente coronel, con una hoja de servicios limpia y brillante, fue soldado. ZVicente *Mesa* 76: Todos los que andan diciendo por ahí que si hice o dejé de hacer y acontecer expresan el fracaso íntimo de no tener ellos una hoja de servicios parecida. FCid *SAbc* 23.3.69, 35: Tendríamos que recordar a un buen grupo de violinistas .., pasando por Abelardo Corvino, dulce y musical, heredado en el quehacer por su hijo Jesús, uno de los más dotados entre la generación de la treintena, con brillante hoja de servicio[s] profesional.
4 *En una puerta, ventana o cosa similar:* Parte que se abre y se cierra. | GNuño *Madrid* 14: Las hojas de la puerta, con tallas en que se reproducen escenas del Antiguo Testamento, son una maravilla plateresca. Matute *Memoria* 25: Las hojas del balcón estaban abiertas y se veía un pedazo de cielo gris. APaz *Circulación* 196: Si la ventanilla tiene hojita movible, oriéntese de modo que el aire de la marcha incida hacia el parabrisas por dentro.
5 *En un arma o una herramienta cortante:* Cuchilla. | Cunqueiro *Un hombre* 21: Egisto recobró la espada de ancha hoja que había dejado en un cojín. *Hacerlo* 25: La sierra de punta tiene una hoja mucho menor que el serrucho. **b)** ~ **de afeitar.** Lámina de acero muy delgada que constituye la pieza cortante de la maquinilla de afeitar. | *ByN* 11.11.67, 19: Esta nueva hoja Super Palmera Inoxidable ha resuelto el afeitado del hombre más exigente.
6 (*Agric*) Porción que resulta al dividir un terreno en partes para su aprovechamiento alternado. | Ortega-Roig *País* 81: Este campesino tiene tierras mediocres y apenas usa abonos. Los cultivos desgastan la tierra de la que toman su alimento. ¿Qué hac[e] para poder tener cosecha todos los años? Dividirla en hojas .. y cultivar solo unas mientras las otras descansan. Fíjate bien cómo la hoja que descansa (barbecho) es cada año distinta. Carnicer *Castilla* 167: Ahora labramos las dos hojas. ¿Sabe usted lo que es una hoja? Pues la mitad de la finca. Antes labrábamos solo una mitad, una hoja, y la otra mitad quedaba en barbecho.
7 Año. *En la loc adj* DE DOS (TRES, *etc*) ~s, *referida al vino.* | Cela *Judíos* 51: El vagabundo, con su duro, se metió en la posada y se comió media docena de truchas grandecitas, empujadas con un cuartillo de vino cubierto y de tres hojas, que le dejaron el hígado agradecido.
II *loc v* **8 poner** [a alguien] **como** (*o* **de**) ~ **de perejil.** (*col*) Insultar[le] o criticar[le] duramente. | Torrente *Sombras* 184: Lady Adelina, que ponía en aquel momento como hoja de perejil a la propietaria del castillo. ZVicente *Traque* 158: Lo peor es que esa Clarita, por lo visto, en los ratos de lucidez .., se dedica a insultarnos, a ponernos de hoja perejil.

hojado -da *adj* (*Bot y Herálď*) Que tiene hojas [1a]. | Mayor-Díaz *Flora* 498: *Lycopodium clavatum* L. "Licopodio". Pl[anta] .. densamente hojada. *Abc* 8.3.80, 70: Entado en punta, de plata y una granada al natural, rajada de gules, tallada y hojada de dos hojas de sinople, que es de Granada.

hojalata *f* **1** Lámina de hierro o acero cubierta de estaño por las dos caras. | Arce *Testamento* 104: El río no era más que una franja de hojalata al sol, brilladora e intermitente en el paisaje.
2 Cosa hecha de hojalata. | Nebot *Golosinas* 17: Se colocan en una hojalata que se tendrá ligeramente untada de manteca.

hojalatería *f* **1** Tienda o taller del hojalatero [2]. | Umbral *Ninfas* 192: Viveros, palacios huecos, juzgados municipales, talleres de marmolistas y santeros, fruterías, hojalaterías.
2 Oficio de hojalatero [2]. | J. M. Moreiro *Ya* 6.6.73, 22: Vivían de la hojalatería, trabajando el somier y el estaño, un día aquí y mañana allí, sin domicilio ni rumbo determinado.

hojalatero -ra **I** *adj* **1** De (la) hojalata. | *Abc* 3.5.74, 49: Los conserveros murcianos, alarmados ante la crisis hojalatera.
II *m y f* **2** Pers. que hace o vende objetos de hojalata [1]. | Zunzunegui *Camino* 273: Cuando todo estaba ya a punto, después de una lucha enconada con pintores, hojalateros, acuchilladores .. y mueblistas, Soledad creyó descansar.

hojaldrado -da *adj* De hojaldre o como de hojaldre [1]. *Tb n m, referido a dulce.* | Calera *Postres* 18: Galletas hojaldradas, 2 huevos enteros, 1 bolsita de coco rallado.

hojaldre *m* **1** Masa de harina y manteca o mantequilla que, cocida al horno, forma muchas hojas [2] delgadas y superpuestas. | Calera *Postres* 32: Bastará con comprar en una pastelería 12 pastelillos de hojaldre.
2 Dulce de hojaldre [1]. | E. Ramírez *Rio* 13.8.93, 46: La comida que candidatos y jurado degustaron en la bodega "La Reja Dorada" a base de espárragos, .. chuletas a la brasa, hojaldre caliente, café y licores.

hojaldrista *m y f* Pers. que hace hojaldres. | Cela *Judíos* 287: Rodó, rebozado en cabello de ángel y clavándose el piñonate en las carnes, el hojaldrista Martín.

hojarasca *f* **1** Conjunto de hojas [1a] caídas de los árboles. | *Últ* 18.8.70, 3: En esta época .. el sol agosta la hojarasca que alfombra los bosques. Romano-Sanz *Alcudia* 196: La techumbre bauzada del chozo y el espeso manto de hojarasca y retama que cubre las ramas aparecen ennegrecidos por el humo.
2 Conjunto de hojas, esp. excesivas e inútiles, [de una planta]. | Escobar *Itinerarios* 116: Cuando las viñas ocultan ruborosas, bajo el encaje de su hojarasca, los henchidos y prietos racimos de albillo. E. Garrigues *Abc* 18.2.68, 11: Amagado como estaba, detrás del seto –apenas si asomaba su coronilla y calvicie incipiente sobre la hojarasca, como el cocorote de un emperador romano sobre la corona de laurel– .., incitaba a los gorriones a posarse en sus hombros.
3 *En el discurso:* Conjunto de palabras que no tienen o no aportan ningún sentido. | Lapesa *HLengua* 279: El afán de musicalidad conduce a los poetas a abusar de adjetivos vacuos y hojarasca palabrera.

hojeadero – holgar

4 (*Arquit*) Adorno de hojas [1a]. | GNuño *Arte* 131: La catedral de Sigüenza .. es románica por la planta y por el primer alzado de pilares, que al llegar al comedio de su altura total desarrollan un encapitelamiento de hojarasca bien jugosa.

hojeadero *m* (*reg*) Lugar en que el ganado lanar y cabrío entra a comer la hoja de las viñas ya vendimiadas. | Pastor *Abc* 20.5.76, sn: Como labrado a fuego, en mi imaginación aparece el primer día que salí a ser pastor, a los once años, en noviembre de 1897, dando el careo a las ovejas artuñas, en el hojeadero del viñerío del camino de Huerta.

hojear *tr* Pasar rápidamente las hojas [de un libro, un cuaderno o algo similar (*cd*)]. | GPavón *Reinado* 82: Asensio salió en seguida con una libretilla entre las manos. La hojeó, arrimándose a la única bombilla que iluminaba el patio. Laforet *Mujer* 315: En el bolsillo le crujía el periódico que apenas había podido hojear por la mañana.

hojiblanco -ca *adj* (*reg*) [Variedad de olivo] de hoja blanquecina. *Tb n m*. | *Ya* 27.11.74, 43: El tercer lugar en importancia por la utilización de esta técnica de reconversión varietal lo ocupa la zona del hojiblanco, donde según la comarca olivarera de que se trate existe tendencia a variedades de mesa o aceite. **b)** [Aceituna] propia del olivo hojiblanco. | P. Ruiz *Cór* 5.8.91, 8: La dificultad que presenta la aceituna "hojiblanca" fresca para su molturación.

hojoso -sa *adj* **1** De (la) hoja [2]. | Bustinza-Mascaró *Ciencias* 341: Por endurecimiento, las arcillas se transforman en pizarras arcillosas de estructura laminar, hojosa, de colores variados.
2 De estructura hojosa [1]. | Ybarra-Cabetas *Ciencias* 86: Gneis. Son rocas pizarreñas u hojosas, similares en composición al granito.

hojuela *f* Dulce de sartén, muy extendido y delgado. | Oliver *Relatos* 17: Estaba amasando rosquillas, o tal vez hojuelas.

hola *interj* **1** (*col*) Se emplea como saludo al encontrar a una pers, esp si esta es conocida. | Payno *Curso* 229: Antonio echó a andar, seguro de sí mismo, balanceando la botella de cerveza en el extremo de la mano. Darío le siguió con indolencia. –¡Hola!
2 (*lit*) Expresa extrañeza. | RIriarte *Carrusell* 289: –¡Señor comisario! Tengo que hacer una declaración... –¡Hola! ¿Una declaración?

holanda I *f* **1** Tejido de lino o algodón muy fino, empleado esp. en lencería. | Grosso *Capirote* 190: Sonrió con la misma ironía utilizada cuando .., apoyada la cabeza sobre la almohada de holanda, abría los labios para dejarse besar somnolienta y apesadumbrado por Patricia Merry-James. Umbral *Ninfas* 132: Como cuando en casa se sacaban las viejas sábanas de holanda y las ponían en uso. **b)** (*raro*) Sábana de holanda. | Torrente *Fragmentos* 165: Camas ricas de canónigo, abundantes en delicadas holandas. Cela *Escenas* 94: La fuerza del sino, que nos transporta en volandas de finísimas holandas.
2 Aguardiente obtenido por destilación directa de vinos sanos. *Frec en pl*. | *Ya* 8.10.70, 12: Holanda y aguardiente de vino: El obtenido por destilación de vinos sanos, o con sus lías .. La graduación alcohólica de las holandas no será superior a 70 grados.
II *loc adj* **3** (**de**) ~. (*Impr*) [Papel] verjurado, firme y resistente, hecho de hilo puro. | *Alc* 13.10.70, 14: Los principales personajes que intervinieron en la política extranjera recibirán su libro dedicado impreso en papel especial "madagascar" u "holanda".

holandés -sa I *adj* **1** De Holanda. *Tb n, referido a pers*. | Zubía *Geografía* 147: Holanda .. Vive de la ganadería (las vacas holandesas) y de los cultivos de cereales, patata y flores. DPlaja *El español* 54: ¿Cómo va a tratar Dios con el mismo rasero a un holandés que a un español, a alguien de la tierra de la Virgen del Pilar? **b)** (*Coc*) [Salsa] preparada básicamente con mantequilla y yemas de huevo. | *Cocina* 382: Si se sirve caliente [la lubina], con salsa holandesa, muselina, blanca, etc. **c)** (*Encuad*) [Encuadernación] en que el lomo es de piel y las tapas de papel o tela. *Tb n f*. *Tb* A LA HOLANDESA. | Huarte *Biblioteca* 75: Piel en el lomo y tela o papel en las tapas dan la holandesa (holandesa con puntas, si los cuatro ángulos de las tapas llevan un triángulo de piel).

II *n* **A** *m* **2** Idioma hablado en Holanda. | Villar *Lenguas* 112: En la actualidad el holandés es el principal representante del bajo alemán.
B *f* **3** Hoja de papel de 28 por 22 cm. *Frec en aposición con* TAMAÑO. | Torrente *Decano* 35: El Decano le tendió un puñado de holandesas. –No es que estén mal .. Pero le ruego que relea la última página. Huarte *Tipografía* 9: El original .. debe presentarse en papel de buena calidad, de tamaño cuartilla, holandesa o folio.

holandilla *f* Holanda [1] menos fina que la normal, usada esp. para forros. | Mercader-DOrtiz *HEspaña* 4, 155: Los principales productos importados eran el pescado salado o ahumado y manufacturas (paños finos, holandillas, lienzos, tejidos, cintería, sombreros, abanicos, bisutería...).

holco *m* Planta gramínea, con flores en panoja, que se cultiva en prados artificiales para alimento del ganado (*Holcus lanatus*). *Tb* ~ LANUDO. | Bustinza-Mascaró *Ciencias* 266: Otras gramíneas de interés. Son: la caña de azúcar, de la que se beneficia la sacarosa, .. las poas, holcos, .. grama de olor, etc. Mayor-Díaz *Flora* 390: *Holcus lanatus* L. "Holco lanudo". Pl[anta] .. suavemente vellosa.

holding (*ing*; *pronunc corriente*, /χóldin/; *pl normal*, ~s) *m* (*Econ*) Grupo financiero o bancario que controla la mayor parte de las acciones de varias empresas. | R. RSastre *Mun* 5.12.70, 47: Señalemos .. las principales y más típicas exoneraciones fiscales de nuestro sistema: .. rendimientos de cooperativas, seguros, bancos, factorings, holdings. *País* 7.11.85, 10: De nuevo Rumasa .. Se halla todavía pendiente la sentencia del Tribunal Constitucional para resolver la cuestión de inconstitucionalidad promovida por un juez de Madrid sobre la ley de expropiación del holding.

holgadamente *adv* De manera holgada [4]. | Delibes *Siestas* 55: Empezamos a hacer cálculos, y, en teoría, el presupuesto alcanzaba holgadamente. CBonald *Casa* 221: Debido al tiempo transcurrido, ya tenían que haber prescrito holgadamente las reclamaciones legales en torno a ese crimen (o a ese error judicial).

holgado -da *adj* **1** *part* → HOLGAR.
2 [Cosa] grande respecto a lo que ha de contener. Dicho normalmente de prendas de vestir. | CNavarro *Perros* 176: Según dijo, [los pantalones] eran de su marido y le quedaban demasiado holgados. Olmo *Golfos* 16: Su cuerpo lo cubría con una holgada camisa y un pantalón sucio. **b)** Cómodamente grande o espacioso. | Suárez *País* 12.6.77, 19: El Rey .. prometía un lugar holgado para todos los españoles en nuestras instituciones. FCid *Abc* 9.4.67, sn: Los teatros modernos son más funcionales, .. resultan más holgados, cómodos. **c)** Superior en cantidad a lo necesario. | Payno *Curso* 15: Le quedaban cincuenta y cinco minutos hasta la próxima clase. Había, por tanto, tiempo holgado.
3 Que dispone [en un lugar] de más espacio que el estrictamente necesario. | * En el coche cuatro van holgados. **b)** Que dispone [de algo (*compl* DE)] en cantidad superior a la necesaria. | GNuño *Arte* 148: Al concluir el siglo XIII, Cataluña, holgada de medios materiales, .. podía pensar sosegadamente en alzar catedrales que substituyeran a las viejas románicas. *Rue* 22.12.70, 15: Sin dar tregua al matador, que, si no está holgado de aliento, acaba desarmado. **c)** Que carece de problemas económicos. *Se usa como predicat con vs como* VIVIR o ANDAR. | * La familia vive muy holgada; son cuatro sueldos los que juntan.
4 Propio de la pers. o cosa holgada [2]. | F. Ros *Abc* 6.6.67, sn: El aroma y el color de las gigantescas frutas del trópico, el espabilar de las flores, la holgada, pimpineante, distribución de puestos, reflejarán helgigne. *País* 3.3.79, 6: Los resultados electorales le dan, en definitiva, a Unión de Centro una situación holgada.

holganza *f* (*lit*) **1** Ociosidad. | GNuño *Arte* 124: Era San Bernardo, el abad de Claraval, que desde 1113 truena contra la corrupción, la inanidad y la holganza de los monjes de San Benito.
2 Placer o diversión. | E. Corral *Abc* 14.5.67, 97: El trabajo [de la Academia] –y hasta la breve holganza anual del almuerzo con que el director agasaja a sus compañeros– fue recogido en unas secuencias elocuentes.

holgar (*conjug* **4**) *intr* (*lit*) **1** Sobrar o estar de más [una cosa]. | * Huelga decir que él no irá. Torrente *SInf* 19.5.77, 12: Hace poco se publicó un libro acerca de Alejan-

holgazán – holoceno

dro Sawa. No creo que holgase otro sobre Prudencio Iglesias Hermida.
2 Entretenerse o divertirse. | Chamorro *Sin raíces* 50: No eran distribuidos por saberes sino por edades. Los mayores podían holgar atrás jugando a los alfileres, a los pipos, alejados de la vara de tío Cano.
3 Estar ocioso. | Cela *Pirineo* 205: ¿Te gustaría ser veraneante, Llir, y pasarte el día holgando y bebiendo vermú?
4 (*raro*) Hacer huelga. | FReguera-March *España* 328: Toda España estaba prácticamente paralizada .. Solo en Vizcaya, holgaban más de cien mil obreros. E. Montes *Abc* 31.3.73, 36: Hay dos Italias: la que trabaja y la que huelga. Una trabaja más y mejor que nadie. Otra hace más huelgas que ningún otro país.

holgazán -na *adj* [Pers.] perezosa para el trabajo. *Frec se emplea como insulto. Tb n. Tb fig, referido a animales.* | Laforet *Mujer* 225: ¿Por qué no te desprendes del chico ese? Es un verdadero holgazán. N. Dorado *Odi* 16.1.77, 29: El joven perro de carlanca se acercaba al calorcillo de la fogata .. –Anda afuera con las ovejas, ¡holgazán!

holgazanear *intr* Comportarse como un holgazán. | Laiglesia *Tachado* 123: El investigador, que durante los descansos pacíficos holgazanea en los laboratorios.

holgazanería *f* Condición de holgazán. | GLópez *Lit. española* 240: Trátase de un vasto sector social, encanallado por el hambre, la holgazanería y el vicio, y para el que solo existen rastreros móviles y brutales instintos.

holgón -na *adj* (*reg*) **1** Muy ancho u holgado. | Berenguer *Leña* 89: Don Juan Nepomuceno saliendo al patio en mangas de camisa, ventrudo, los tirantes holgones sujetando el pantalón.
2 Que no trabaja. *Tb n, referido a pers. Frec fig, referido a cosa.* | GPavón *Rapto* 100: Holgona, que eres una holgona. Berenguer *Mundo* 180: Un día se le puso el molinillo holgón y le pidió a su cuñada el suyo. Cuevas *Finca* 139: El alpiste canario, en el barbecho holgón del río, [salió] a 10.

holgorio *m* (*lit*) Jolgorio. | Cabezas *Abc* 14.5.67, 77: Es como una periódica fraternidad entre la Villa y el campo, que se unen para lo devoto allá en la fuente milagrosa de la ermita y para lo profano, para el holgorio popular, en la ribera bucólica del Manzanares.

holgura *f* **1** Condición de holgado. | *Puericultura* 14: Las demás prendas (faldón, abrigo, zapatitos, etc.) se hacen a gusto personal o según las costumbres, teniendo siempre presente la holgura. Onieva *Prado* 120: A Coello no le asustaban las grandes composiciones, en las que se movía con holgura, como esta en la que entre figuras carnales y simbólicas entran catorce. Delibes *Perdiz* 131: En principio el ojeo requería para sus practicantes una holgura económica que hoy no es necesaria.
2 Espacio vacío que queda entre dos cosas que van encajadas la una en la otra. | M. GArostegui *Abc* 25.2.68, sn: Las botas deben ser de buena calidad y de la medida adecuada, para que con un par de calcetines finos y otros gruesos quede bien ajustada, sin holguras y sin excesiva presión en el pie.
3 (*raro*) Alegría o regocijo. | Aldecoa *Gran Sol* 47: El Matao sentía una holgura interior por el elogio.

holístico -ca *adj* (*Med*) Que trata a la persona en su conjunto, y no los síntomas aislados. | Laín *Universidad* 65: ¿Acaso no hay sociologías marxistas y personalistas, neurofisiologías reflexológicas y holísticas? *País* 13.9.90, 20: Formación de terapia holística.

hollar (*conjug* **4**) *tr* (*lit*) Pisar (poner el pie [sobre algo (*cd*)]). *Tb fig.* | MSantos *Tiempo* 174: La misma almohada se convierte en pequeña colina árida que huella Gulliver, al fin, en un mundo a la medida humana. F. Montero *Odi* 4.7.68, 4: Sin duda alguna nuestras plantas hollaron, y de esto hace solo varios días, vestigios de una remota civilización esfumada a través de los siglos.

hollejo *m* Piel de la uva o de algunas legumbres. | Matute *Memoria* 151: Las uvas maduraron a mediados de septiembre .. La abuela cogió una entre dos dedos .. La probó y al quitarle el hollejo.

hollín *m* Sustancia negra y grasa que el humo deja pegada en los tubos y chimeneas. *Frec se emplea como término comparativo para ponderar la negrura.* | F. Torroba *Abc* 22.12.70, 11: Aparece .. el Deshollinador, con su cuerda, sus grandes cepillos, el gorro y el chaquetón de cuero ennegrecidos por el hollín. * Es más negro que el hollín. **b)** (*E*) Negro de humo (–> NEGRO). | Marcos-Martínez *Física* 280: El negro de humo u hollín se obtiene cuando una substancia rica en carbono arde en un espacio limitado de aire y, por tanto, incompletamente.

hollinarse *intr pr* Cubrirse de hollín. | M. Otermín *Hie* 2.8.78, 11: Las bujías que funcionan a temperaturas más elevadas no se hollinan fácilmente. J. Hermida *Ya* 21.7.90, 64: Las complejidades de la macroeconomía vial y las consideraciones de la geopolítica se pierden y se hollinan cuando vas detrás de un camión.

hollinoso -sa *adj* Que tiene hollín. | VMontalbán *Tatuaje* 21: Utilizó dos sofás para tumbarse casi horizontal, con .. la vista perdida en las huidas impotentes de las llamas hacia el pozo hollinoso y siniestro de la campana.

hollywoodense (*pronunc corriente*, /χoliwudénse/) *adj* De Hollywood (centro de la industria cinematográfica estadounidense). *Frec con intención desp, aludiendo a lo espectacular.* | GHortelano *Momento* 452: Al abrir la puerta de su dormitorio, lloraba sobre la cama en el mejor estilo hollywoodense. P. Cebollada *SYa* 11.5.74, 9: Hace solo unas semanas se ha rendido un homenaje a James Cagney, colocado ya en las proximidades de la mitología hollywoodense.

hollywoodiano -na (*pronunc corriente*, /χoliwudiáno/) *adj* Hollywoodense. | JLozano *País* 6.3.79, 9: *Holocausto*, la serie hollywoodiana para la televisión sobre la "solución final" del problema judío propuesta y llevada a cabo por los nazis, está conmoviendo a Europa.

hollywoodiense (*pronunc corriente*, /χoliwudiénse/) *adj* Hollywoodense. | *País* 3.10.92, 49 (A): De lo que se trata es de colocar a unos cuantos individuos a merced de un espectacular incendio forestal. Puro escapismo hollywoodiense, producción eficiente, y amenizando, la guitarra de Duane Eddy.

holmio *m* (*Quím*) Metal, de número atómico 67, perteneciente al grupo de las tierras raras. | RGómez *Física* 274: Relación alfabética de los elementos y sus símbolos .. H: Hidrógeno. Fe: Hierro. Ho: Holmio. In: Indio. I: Iodo.

holoártico -ca *adj* (*Geogr*) [Región] constituida por la Neoártica y la Paleártica. | Navarro *Biología* 307: Región Neoártica .. Presenta muchas afinidades con la Región Paleártica, haciéndose con ambas a veces una sola región denominada Holoártica.

holoblástico -ca *adj* (*Biol*) [Huevo] que se segmenta totalmente. *Tb referido a la misma segmentación.* | Ybarra-Cabetas *Ciencias* 213: Cuando el huevo es alecito, se segmenta totalmente .. La segmentación total recibe el nombre de holoblástica.

holocausto *m* **1** (*lit*) Gran matanza de perss. | *ElM* 10.8.90, 24: Kurosawa rueda una película antinuclear, "Rhapsody in August", en torno a los holocaustos de Hiroshima y Nagasaki. Goytisolo *Recuento* 570: Rumores sin confirmar aseguran que unidades de la Sexta Flota se dirigen a toda máquina hacia Barcelona. ¿Y después? Un holocausto, posiblemente. Pero también el inicio de una guerra no ya civil sino insurreccional. **b)** Genocidio (exterminio sistemático de un grupo social por razones de raza, religión o política). | *País* 30.6.79, 24: No solo son obras de nazis los holocaustos, sino también de otros regímenes.
2 (*Rel, hist*) Sacrificio en que es quemada toda la víctima. | H. Saña *Ind* 1.11.74, 36: Combatió [Diógenes] como su maestro los ritos religiosos de los helenos, la mántica, los holocaustos y sacrificios de personas y animales, los misterios y el culto a la inmortalidad del alma. **b)** (*lit*) *En gral:* Sacrificio o inmolación. *Tb fig.* | A. GVega *DAv* 14.12.76, 3: Nadie .. puede –honradamente– negar que su holocausto al servicio de la Patria muy amada fue constante. Albalá *Periodismo* 76: Nos encontramos con que el actor es voz, palabra y, al mismo tiempo, imagen, puesto que "está" en "representación" de una "persona" o, con mayor propiedad, de un "personaje", esto es, en lugar de un símbolo, para, mediante el holocausto de su propio yo, asumir el yo del espectador.

holoceno -na *adj* (*Geol*) [Período] segundo y actual de la Era Cuaternaria. *Tb n m.* | Pericot-Maluquer *Humanidad* 32: Todas estas condiciones hostiles empiezan a trans-

holocristalino – hombre

formarse definitivamente cuando el Cuaternario va acercándose al clima y ambiente actuales, el llamado Holoceno.

holocristalino -na *adj* (*Mineral*) [Roca endógena] que, por haberse enfriado con lentitud, está completamente cristalizada. | * El granito es una roca holocristalina. **b)** Propio de la roca holocristalina. | Bustinza-Mascaró *Ciencias* 337: Estructura de las rocas magmáticas. Se llama estructura holocristalina cuando los minerales tienen un desarrollo aproximadamente igual, y las rocas así formadas tienen estructura en granos.

holoedría *f* (*Mineral*) Simetría completa de todos los elementos de un cristal. | Ybarra-Cabetas *Ciencias* 31: Las formas derivadas en las que se cumple la ley de simetría se llaman holoédricas, y al fenómeno, holoedría.

holoédrico -ca *adj* (*Mineral*) Que presenta holoedría. | Ybarra-Cabetas *Ciencias* 31: Las formas derivadas en las que se cumple la ley de simetría se llaman holoédricas.

holoedro *m* (*Mineral*) Forma holoédrica. | Alvarado *Geología* 7: La clase de máxima simetría de cada sistema recibe el nombre de Clase holoédrica, y las formas correspondientes se llaman holoedros.

holografía *f* (*Fotogr*) Procedimiento que, mediante combinaciones de rayos láser, proyecta imágenes en color y en tres dimensiones. *Tb la imagen así obtenida*. | M. Calvo *HLM* 8.11.71, 15: La holografía ha conseguido captar los movimientos ondulantes de la luz sobre una placa fotográfica utilizando un haz monocromático de láser. J. Gállego *SAbc* 18.12.92, 27: Si la Torre de Londres suplantara las coronas reales de su "Tesoro" por holografías, nadie se percataría de ello.

holográfico -ca *adj* (*Fotogr*) De (la) holografía. | *HLM* 8.11.71, 15: Al recrearse la imagen holográfica, esta constituye una síntesis verdadera y completa de las características ópticas del objeto. J. Coma *Abc* 10.8.91, 34: "Fiat Lux", o ¡Hágase la luz!, es el título de la exposición holográfica que presenta la Caja de Ahorros de Asturias.

hológrafo → OLÓGRAFO.

holograma *m* (*Fotogr*) Fotografía o imagen obtenida por holografía. | M. Calvo *HLM* 8.11.71, 15: Desde hace mucho tiempo, al hombre le ha interesado la cuestión de cómo obtener una fotografía en volumen sin alterar el mundo material representado .. En este sentido, el holograma constituye la mayor aproximación a la realidad.

holósido *m* (*Quím*) Hidrato de carbono que por hidrólisis origina dos o más osas. | Aleixandre *Química* 181: Holósidos. Todos los compuestos resultantes de su hidrólisis son osas.

holoproteína *f* (*Quím*) Prótido sencillo. | Navarro *Biología* 23: Los diferentes prótidos se agrupan en prótidos sencillos (Holoproteínas) y prótidos complicados (Heteroproteínas o Proteidos).

holoturia *adj* (*Zool*) *Se da este n a cualquiera de los equinodernos holotúridos del gén Holothuria, esp H. tubulosa*. | Ybarra-Cabetas *Ciencias* 335: Las Holoturias tienen más bien aspecto de gusanos, pues sus cinco bandas de pies ambulacrales indican que son equinodermos. Alvarado *Zoología* 36: El más conocido [holoturioideo] es la holoturia, llamada vulgarmente cohombro de mar, en atención a su forma de pepino.

holotúrido *adj* (*Zool*) [Equinodermo] holoturioideo de la familia de la holoturia. *Frec como n m en pl, designando este taxón zoológico*. | Legorburu-Barrutia *Ciencias* 153: Cuatro clases de Equinodermos. Estrella (asteroideos). Ofiura (ofiúridos). Erizo (equínidos). Holoturia (holotúridos).

holoturioideo *adj* (*Zool*) [Animal] equinodermo marino, de cuerpo alargado y cilíndrico, con abertura bucal y anal en extremos opuestos del cuerpo y una corona de tentáculos que circunda la boca. *Frec como n m en pl, designando este taxón zoológico*. | Alvarado *Zoología* 36: Holoturioideos. Se pueden considerar como erizos de mar prolongados en el sentido del eje oral-aboral y desprovistos de caparazón .. Por este motivo se parecen algo a los gusanos.

holter (*ing*; *pronunc corriente, /*χólter/) *m* (*Med*) Electrocardiógrafo portátil que lleva puesto el paciente durante cierto tiempo. *Tb el electrocardiograma correspondiente*. | *Ext* 17.6.91, 24: Pruebas de esfuerzo y holter.

hombracho *m* (*raro*) Hombre corpulento. *Frec en la forma* HOMBRACHÓN. | Faner *Flor* 140: Cuando la silueta del jinete se recortó sobre la luna de plata, tres gañanes se abalanzaron sobre él. Tres hombrachos a quienes la vida no importaba un pitoche.

hombrada *f* Proeza digna de un hombre [2c]. | García *Abc* 7.6.58, 3: Se trata de esa propensión maligna, de esa incivil costumbre, de "meterse con alguien" arbitrariamente, por afán de detonar, de hacer una hombrada. Torrente *Vuelta* 293: –Ya me contaron lo del muelle. No debió hacerlo. –Fue una hombrada, ¿sabes? Como en nuestra familia no hay hombres, las hombradas tenemos que hacerlas las mujeres.

hombral *m* Parte superior del hombro humano. | Cancio *Bronces* 52: Mozas y mozos, con el garrote a la cabeza o al hombral, iban y venían de la linde a la heredad.

hombre I *m* ➤ **a** *como simple n* **1** Ser animado racional. | Correa *Introd*. Gracián XLVIII: El hombre nace perfecto e inocente, y el mundo le corrompe con sus múltiples tentaciones. Fuster *Inf* 17.12.75, 16: Alguien ha observado que entre tantas y tan variadas "utopías" como los intelectuales y los políticos se han sacado del magín, no hay ni una sola cuyas perspectivas impliquen hacer "inteligentes" a todos los hombres.
2 Ser animado racional del sexo masculino, esp. adulto. | Medio *Bibiana* 9: ¿Qué sabrá él de esto? Un hombre que no tiene casa ni brasa. Berlanga *Gaznápira* 35: La barbería se fue llenando de hombres y mozos que querían repulicirarse para tan señalado acontecimiento. **b)** (*col*) *Precedido de* EL, *se emplea con matiz afectivo para referirse a un hombre citado o consabido*. | Medio *Bibiana* 9: No es necesario que el señor Massó se entere de lo que se trata. (No por nada, claro está. El hombre es buena persona.) **c)** Hombre dotado de cualidades que tradicionalmente se suponen específicas de su sexo, esp. la fortaleza, el valor, la rectitud o la capacidad sexual. *Tb adj, frec con un adv de intensidad*. | Grosso *Capirote* 26: ¡Hijo de Quino tenías que ser para que fueras malo! Un hombre con todas las letras es tu padre, un amigo en el mejor sentido de la palabra. Olmo *Ayer* 72: Seremos buenos, mamá. ¡Palabra de hombre! Olmo *Golfos* 77: Lo encontramos más hecho, más hombre. GPavón *Reinado* 212: Desde los Reyes pacá, que yo soy hombre a ninguna hora. MSantos *Tiempo* 18: Él, que era muy hombre y que no podía retenerse, tuvo que ver con una tagala. **d)** El hombre que se precisa. *Gralm con un posesivo*. | Palomino *Torremolinos* 165: Cuando le vi a usted ayer, me dije: ¡este es mi hombre! *Tri* 8.3.75, 76: ¿Usted es nuestro hombre? .. Solo necesitamos que tenga un mínimo de bachiller elemental. Presencia impecable .. Si no es usted el hombre que buscamos no nos haga perder tiempo. **e)** Hombre que forma parte, como subordinado, de una colectividad, esp. un ejército. | Jover *Historia* 522: En 1808, las fuerzas en activo comprenden: 87.200 hombres de infantería, 16.600 de caballería, 7.000 artilleros, 1.200 ingenieros.
3 (*pop*) Marido. *Tb designa al hombre [2a] que es pareja habitual de una mujer*. | Hoyo *Glorieta* 13: En los cuartos de las casas, sastras, camiseras .., bolleras. Sus hombres eran ferroviarios, bomberos, carpinteros. CBonald *Ágata* 112: El proyecto soliviantó hasta el mediano escándalo a la ninfa dimisionaria de Zapalejos, que llegó a amenazar a su hombre con el inmediato abandono si volvía a proponerle semejantes desvergüenzas. Oliver *Relatos* 69: Otra chavala, muy legal, del curre, que es vecina suya, que lo oye y que se acerca y dice que se apuntaba con su hombre, porque ella sí que conocía el antro, y que si no nos importaba.
4 (*Naipes*) *En el tresillo*: Jugador que entra y juega contra los demás. | *Abc Extra* 12.62, 89: El tresillo consiste en hacer el mayor número de bazas de un palo escogido. "El hombre" repasa sus cartas y decide "entrar". El "contrahombre" va a oponérsele en su camino. **b)** (*hist*) Juego de cartas entre varias pers. con elección del palo de triunfo, antecedente del tresillo. *Frec* JUEGO DEL ~. | * El juego del hombre se cita con frecuencia en los textos del siglo XVII.
➤ **b** *en loc n* **5** (**abominable**) **~ de las nieves.** Yeti (animal no identificado que se supone habita en el Himalaya). | Á. MCascón *Béj* 28.11.70, 9: Mucho se ha hablado y

hombrear – hombrearse

escrito sobre el misterioso yeti, mal llamado por muchos "Abominable hombre de las nieves".
6 buen ~. (*hoy raro*) Se usa para dirigirse con intención de cordialidad a un hombre [2a] desconocido de clase social inferior. | * Oiga, buen hombre, ¿podría decirme si vive aquí el médico?
7 el ~ de la calle. Hombre [1] indiferenciado y anónimo. *Normalmente en contextos de tema social o político.* | Zar 27.1.69, 22: Las respuestas a estas preguntas que se hace el hombre de la calle son difíciles.
8 ~-anuncio. (*tb con la grafía* **~ anuncio**; *pl normal*, ~S-ANUNCIO) Hombre [2a] que camina por la calle con dos grandes carteles de anuncios pendientes de los hombros, uno sobre el pecho y otro sobre la espalda. | Marías *Abc* 25.8.83, 3: Con toda seguridad, el hombre-anuncio está mal pagado. J. Sesmero *SSur* 7.2.88, 20: Fue hombre anuncio de las hojas de afeitar La rosa.
9 ~-araña. (*pl normal*, ~S-ARAÑA) Hombre [2a] de gran habilidad para escalar fachadas o paredes de gran altura. | L. Bernabeu *Ya* 22.1.87, 44: Detenido un "hombre-araña" por numerosos robos. *Ya* 11.10.91, 25: Este pequeño gran hombre-araña, émulo de Spiderman, solo ha utilizado para su hazaña [ascensión a los edificios más altos de Madrid] unos "pies de gato".
10 ~ azul. Tuareg. *Gralm en pl.* | J. MSalud *Sáb* 30.11.74, 54: El pueblo saharaui ha vivido siglos de postración .. En 1912, el Heiba .. cae sobre Marraquech y él y sus tropas de hombres azules son acogidos con entusiasmo.
11 ~ bueno. (*Der*) Mediador en un acto de conciliación. | Aguilar *Experiencia* 52: Le requerían por su ecuanimidad para ejercer la misión de hombre bueno en las desavenencias de los convecinos. MFVelasco *Peña* 131: Llevé a Orestes de hombre bueno. En el mismo papel traían ellos a un procurador –que de bueno no tiene nada, pues vive de enciscar–.
12 ~ de bien, ~ del día → BIEN², DÍA.
13 ~ del saco. Hombre [2a] imaginario con que se asusta a los niños, amenazándoles con que se los llevará en un saco si no se portan bien. | MGaite *Ataduras* 131: No has comido nada. Eres mala; viene el hombre del saco y te lleva.
14 ~ de paja. (*col*) Hombre [2a] que figura como responsable, siendo en realidad otros los que disponen, en un asunto más o menos honrado. | Acre *Precio* 83: Mi padre está también metido en esto .. Pero el capital mayoritario pertenece a la Orden. Presiento que Arturito será el hombre de paja.
15 ~ fuerte → FUERTE.
16 ~-lobo. (*tb con la grafía* **~ lobo**; *pl normal*, ~S-LOBO) Hombre [2a] que, según creencia popular, adquiere eventualmente rasgos y comportamiento de lobo. | *Inf* 7.4.72, 26: El supuesto "hombre lobo" de Alicante. Los científicos deben decidir si se trata de un subnormal. R. Enríquez *Ya* 17.8.85, 28: Los "vampiros" y los "hombres-lobo" podrían ser en realidad pacientes afectos de una enfermedad genética denominada porfiria.
17 ~-masa. (*pl normal*, ~S-MASA) Hombre [1] como elemento de la sociedad masificada. | Goytisolo *Recuento* 81: –Yo me refería a su propia descomposición interna [de Occidente] .. –Ya. Al triunfo del hombre masa .. –Exactamente.
18 ~-objeto. (*pl normal*, ~S-OBJETO) (*humoríst*) Hombre [2a] considerado solo como objeto de placer sexual. | Diosdado *Anillos* 1, 191: Por primera vez en mi vida, me siento "hombre-objeto".
19 ~-orquesta. (*pl normal*, ~S-ORQUESTA) Músico que, a manera de espectáculo, toca varios instrumentos a la vez. | C. Rivero *HLM* 26.10.70, 13: A menudo no es siquiera el drama del hombre-orquesta, que al fin y a la postre consigue un resultado relativamente armónico.
20 ~-rana. (*pl normal*, ~S-RANA *u* ~S-RANAS) Hombre [2a] que, provisto de una escafandra autónoma, realiza trabajos bajo el agua. | *Ya* 11.1.59, 3: Los hombres-rana de Madrid marchan al lago de Sanabria. GSerrano *Madrid* 296: La Marina, la Infantería de Marina, los hombres ranas del Tercio de Baleares, la Aviación, los paracaidistas de Aviación .. Hacen tiempo antes de la revista que pasará el Capitán General.
21 ~-sandwich. (*pl normal*, ~S-SANDWICH) Hombre--anuncio (→ acep. 8). | *VozE* 5.1.65, 13: Un personaje muy londinense es el del hombre-sandwich. *VozE* 5.1.65, 13: Los ingleses aceptan estos hombres-sandwiches.
22 pobre ~. Hombre [2a] adulto de poca valía o disposición. *Con intención compasiva o despectiva.* (→ POBRE.) | Medio *Bibiana* 201: Todo cambia, menos la estupidez de este pobre hombre. Y su conversación, tan sinsustancia.
II *loc adj* **23 del ~.** (*Rel catól*) [Acto] que no ha sido realizado con conocimiento, voluntad o libertad. | Villapún *Moral* 10: Los actos que hace el hombre sin conocimiento o sin voluntad no le son imputables ..; estos actos se llaman del hombre, no humanos.
III *loc v* **24 hacer un ~** [a alguien una pers. o cosa (*suj*)]. (*col*) Proporcionar[le] un gran beneficio. | * Este decreto le hace un hombre.
25 ser ~ [para algo]**.** Tener [un hombre] la valentía suficiente [para ello]. *Tb sin compl. A veces, humoríst, referido a mujer.* | DPlaja *El español* 109: El director del periódico, Álvaro de Laiglesia, recibió docenas de cartas indignadas de esta ciudad [Murcia], y para remate un telegrama que decía: "Si eres hombre, ven a Murcia".
26 ser ~ [con una mujer]**.** (*euf, pop*) Realizar el acto sexual [con ella]. | Sampedro *Sirena* 427: Hace dos años .. Odenato estaba alarmado por un posible ataque de Shapur .., y no pudo ser hombre conmigo durante varias noches.
27 ser [alguien] **~ al agua.** Estar completamente perdido. | Torrente *Off-side* 42: Sin los cuadros, la figura de Anglada quedaría incompleta; pero, sin su secretario, sería hombre al agua.
IV *loc adv* **28 como un solo ~.** Actuando [varias perss. o colectividades] con completa uniformidad, gralm. sin previo acuerdo. | M. Á. Aguilar *Cam* 9.2.76, 6: La Junta y la Plataforma, el Partido Comunista y el PSOE, la Democracia Cristiana y la Asamblea de Cataluña .. han reaccionado como un solo hombre frente a la versión Arias del programa reformista gubernamental.
29 de ~ a ~. [Hablando dos hombres] con toda franqueza y sin intermediarios. *A veces, humoríst, referido a mujeres.* | Grosso *Germinal* 125: De tío a tío. De hombre a hombre, porque entendido tengo que los dos lo somos. ¿Tú crees que se es pesao cuando se pregunta si puede ir uno tranquilo por la calle, con la frente pa arriba, sin que le pese?
V *interj* (*col*; *dirigida normalmente a hombres y a veces a mujeres*) **30** Expresa afecto o intención persuasiva. | Olmo *Camisa* 93: Pues hala, pa dentro. (Lo empuja.) ¡Y no te me derrumbes, hombre! Población *Sesión* 323: –Como es injusto, pues me irrita. –(Conciliadora.) No era eso, Miryam, ¡hombre!
31 Expresa sorpresa o asombro. | Diosdado *Olvida* 17: ¡Jolín con la puerta! (Abre y se encuentra con Lorenzo.) ¡Hombre! ¡El rey de Roma! SFerlosio *Jarama* 196: –Pues va usted a permitir que le convide a una copa. Y a sus compañeros también. –Hombre, eso sí.
32 Expresa protesta o reproche. *Dirigida a hombre, a veces* ~ DE DIOS. | SFerlosio *Jarama* 196: Atiende al juego, hombre, atiende a la partida, que luego perdéis, y te envenenas contra el pobre Carmelo. ZVicente *Traque* 213: ¿Tú no tienes discos de inglés? Pues, hija... ¿Tu madre tampoco? Sois unas raras, hombre, tú dirás. Palomino *Torremolinos* 27: –Pero, hombre de Dios, si a mí me dan seiscientas mil y mi hija se lleva veinte mil duros, y lo de los Galanes... –No se lo tome a mal, señor Celestino: hable usted con el banco.
33 Expresa duda o reserva. | Delibes *Guerras* 117: –Y el Teotista te la guardó, ¿no es así? –Hombre, mire usted, renegado sí estaba, pero por la cuenta que le tenía calló la boca. Cela *Viaje andaluz* 52: –A lo mejor podíamos llegar a un acuerdo, vamos, digo yo .. –Pues hombre..., todo sería cuestión de que nos entendiésemos.

hombrear *intr* Imitar [un muchacho] el comportamiento de los hombres adultos. | Jarnés *Señas* 113: Doce años tenía yo .. Éramos ariscos, rudos, desvergonzados, insolentes, retadores... Con la pedrada, la jactancia y la palabrota pretendíamos hombrear. Delibes *Madera* 380: –¿Quieres hacerme un favor? –añadió–. No le vayas a mis amigos con el cuento. Sería el hazmerreír del puesto. –Descuida. Lo que ocurre aquí arriba es secreto profesional –el tono de voz de la *Cubana* [prostituta] era aburrido, complaciente. Alentado por su promesa, Gervasio hombreó, bebió, cantó y bailó.

hombrearse *intr pr* Competir o igualarse [una pers. o cosa con otra]. | Torrente *Panorama* 387: La promoción de la República .. Algunos nombres de esta promoción, poetas líricos y ensayistas singularmente, pueden hombrearse ya, por la calidad y hondura de su obra, con sus an-

hombrecillo – hombruno

tecesores. Vega *Cocina* 145: El vino de dieciocho grados de Yecla, que se hombrea con el de dieciocho grados, también de Jumilla, ¿es apto para servirlo en una comida en la que se nos anticipa que nos comeremos el mantel?

hombrecillo *m* (*col*, *desp*) Hombre [2a] pequeño y de poca importancia. | FFlórez *VozC Extra* 1.1.55, 2: Favorecido por su escasa estatura, pudo deslizarse el tal individuo entre los que habían llegado antes que él .. –Alegrémonos ahora –dijo uno–. ¿Quién puede saber lo que nos trae el año que va a comenzar? –Yo lo sé –declaró el hombrecillo.

hombredad *f* (*lit*) Condición de hombre [2a y c]. | Aguilar *Experiencia* 129: Me acercaba yo a la hombredad .., y no lo advertían mis progenitores. Laín *Marañón* 207: Einstein .. quiso ser hombre como físico; mas también quiso serlo .. según modos radicales de la hombredad no exteriorizados bajo forma de obra visible o acción factual.

hombrera *f* **1** Tira o cordón que se coloca frec. como adorno en el hombro de una prenda de vestir, esp. en un uniforme. | *Inf* 26.10.71, 5: Los Departamentos especializados de El Corte Inglés presentan toda la moda en prendas de agua .. Gran variedad de modelos exclusivos con detalles guateados .., vistosas hombreras, cremalleras, cinturones.
2 Almohadilla que se coloca en la parte interior del hombro de algunas prendas de vestir para ensanchar la espalda y moldear la manga. | * Vuelven a llevarse hombreras en los trajes de chaqueta. J. Romaguera *Inf* 27.2.78, 23: Los tradicionales sistemas de pasar la grifa en tacones huecos de zapatos o en las hombreras de los trajes, aunque todavía hoy siguen poniéndose en juego, día a día caen más en desuso.
3 Tira mediante la cual se suspende de los hombros una prenda de vestir. | Delgado *Hucha* 1, 92: María la Loca se ha mirado al espejo sin prisa, se ha colocado el escote tirando de las hombreras del vestido y ha esparcido colorete, rojo, rojo, sobre sus ojeras.
4 (*Dep*) Pieza que protege el hombro. | Ortega *Americanos* 64: Los jugadores [de fútbol americano] se vestían como marcianos: Con cascos, con hombreras enormes, con verdaderas armaduras.

hombrerío *m* (*humoríst*) Conjunto de (los) hombres [2a]. | Gala *Cementerio* 34: Jesús, cómo está de cauteloso el hombrerío.

hombretón *m* (*col*) Hombre [2a] corpulento. | Halcón *Manuela* 89: Un hombretón raro, sí, pero bueno para ella y para su hijo, un hombretón con la mano muy larga para tundir a un cabrero.

hombría *f* **1** Condición de hombre [2a y c]. | Olmo *Golfos* 106: El tranvía .. pertenece a los golfos .., que lo escogen para dejar en el mundo su primera hazaña. Esa irrenunciable manera de dar el primer paso hacia la hombría. GPavón *Rapto* 51: La Rocío, siempre que podía, hacía juerga con tíos .. Al hablar era muy mental, y en sus ademanes se apreciaban algunos vigores de hombría. Lera *Olvidados* 66: Ahora se sentía valiente y necesitaba un auditorio para desahogar una rabia largamente reprimida, para vindicar una hombría que no tuvo nunca. SSolís *Juegos* 31: Se había ablandado y decaído hasta un punto de impotencia y flojera que lo traía por la calle de la amargura, temiendo haber perdido para siempre su hombría, vistas sus reiteradamente fallidas tentativas maritales. **b) ~ de bien.** Cualidad de hombre de bien (→ BIEN²). | CBaroja *Inquisidor* 37: Dentro de España actuaban en plena conciencia no solo de su hombría de bien, sino de su perfección.
2 (*euf*) Órgano sexual masculino. | MSantos *Tiempo* 105: Cartucho .. paseaba con una mano tocándose la navaja cabritera y con la otra la hombría que se le enfriaba. Sampedro *Sonrisa* 78: Esas fundas de plástico, algodón y gasa ya preparadas, que ponen en Milán a los niños. Todo hermético y muy ceñido. "¡Con eso la hombría no puede crecerles bien!"

hombrillos *m pl* (*Taur*) Agujas. | FVidal *Duero* 131: Pasta una vacada buena de ver y numerosa, con ejemplares de esponjosos hombrillos y capas de distintos tonos.

hombrín *m* (*col*, *desp*) Hombre [2a] pequeño. | Laiglesia *Ombligos* 108: Le chocó que aquel hombrín tan bajo pudiese ocupar un puesto tan alto.

hombro I *m* **1** *En el ser humano:* Parte superior y lateral del tronco, de la que parte el brazo. | Cunqueiro *Un hombre* 20: Aunque le gusta subir hasta el palacio con la mano derecha apoyada en tu hombro, ya con tus medras no va cómodo. Cela *Judíos* 26: Unos gitanos caldereros, .. que iban a Plasencia sin demasiadas prisas, con todo su bagaje y toda su sabiduría al hombro. **b)** Parte [de una prenda de vestir] destinada a cubrir el hombro. | *Lab* 9.70, 4: A los 17 cm. de largo de sisa, cerrar para formar el hombro.
2 *En algunos animales:* Parte de donde sale el brazo o el ala. | *Ya* 28.10.82, 18: Cuando una cría presenta sobre los hombros, lomo y encuentros lana que añezca .., la lana tendrá medro. Rodríguez *Monfragüe* 64: Águila imperial .. Los individuos adultos muestran tonos el plumaje pardo muy oscuro, casi negro, salvo la nuca y los hombros, que son blancos.
3 (*Arquit*) Parte inferior [del arco]. | Angulo *Arte* 1, 10: Las partes inferiores son los hombros del arco, y las partes inmediatamente superiores, los riñones. Benet *Penumbra* 179: A la altura de los hombros del arco sendos faroles iluminaban la entrada.
4 (*Impr*) Distancia entre el ojo de una letra y el prisma que le sirve de base. | Huarte *Tipografía* 54: La diferencia entre la superficie del ojo y el cuerpo y grueso del tipo se llama hombro.

II *loc v* **5 arrimar** (*o* **poner**, *o* **meter**) **el ~.** Ayudar o colaborar, esp. trabajando o esforzándose. | Cela *Judíos* 39: –¿A dónde van? –A San Esteban de Gormaz, a embarcar la madera. ¿Quiere subir?– El vagabundo tuvo un mal momento. –Bueno, en San Esteban ya arrimaré el hombro. FReguera-March *Semana* 15: Habrá que hacer muchos sacrificios y arrimar el hombro de firme. Ni en los negocios ni en nada es fácil el éxito. Delibes *Emigrante* 113: Me preguntó si es cierto que los americanos andan ahora poniendo el hombro [en España], y le respondí lealmente que eso decían, pero que yo no había visto que a mi señora la regalaran los solomillos en la plaza.
6 encoger (*o* **alzar**, *o* **levantar**) [alguien] **los ~s**, *o* **encogerse** (*o* **alzarse**) **de ~s.** Mostrar indiferencia o desinterés, gralm. realizando el acto físico de alzar los hombros [1a]. | Arce *Testamento* 13: –¿Qué te parece el lugar?– .. Alcé los hombros. Arce *Testamento* 59: Le preguntó que por qué, y él levantó los hombros un par de veces. Paso *Alc* 24.10.70, 32: La señora, clínicamente, espera un bebé. El médico se encoge de hombros. Medio *Bibiana* 20: José se alzó de hombros, fastidiado.
7 escurrir el ~. Excusar el trabajo o la cooperación. | Gala *Sáb* 9.7.75, 5: Si no queremos que, cuando llegue el día del estreno, la representación parezca de malos aficionados y la silben, bueno será ensayarla bien ahora; que cada cual aprenda su papel y haga de apuntador de su vecino; que nadie escurra el hombro.

III *loc adv* **8 en**, *o* **a**, **~s.** Sobre los hombros [1]. | *Frec con los vs* SALIR *o* SACAR, *en señal de triunfo. Fuera de este caso se prefiere* EN ~S. | *Ya* 6.5.58, 9: Los tres espadas salieron en hombros. Guillermo *Mar* 15.9.58, 15: Los tres diestros y el rejoneador son paseados por el ruedo a hombros y sacados así hasta la calle. M. D. Masana *Van* 5.6.75, 27: Los obreros que reciben de salario un franco diario por transportar los capazos de tierra en hombros son tratados como esclavos. Matute *Memoria* 47: Se había manchado de sangre los costados de la camisa, como si le hubiera querido cargar a hombros.
9 ~ con ~. En colaboración estrecha. | *Ya* 23.9.70, 7: Que árabes y judíos se reconozcan mutuamente y se pongan a trabajar, hombro con hombro.
10 manga por ~ → MANGA¹.
11 por encima del ~. Con desdén. *Gralm con el v* MIRAR. | Aparicio *Mono* 106: Braulio no concedió tiempo suficiente a sus condiscípulos para mirarle por encima del hombro.
12 sobre los ~s [de alguien]. Como responsabilidad [suya]. *Frec con vs como* LLEVAR, CAER *o* RECAER. | *VozAl* 17.12.80, 9: Fernández-Galiano por lo derecho. Sobre sus hombros, cinco provincias para comunidad autónoma.

hombrón *m* (*col*) Hombre [2a] corpulento. | Laforet *Mujer* 60: El padre de Paulina era un hombrón grande, feo.

hombruno -na *adj* **1** [Mujer] que se semeja al hombre [2a] en algún aspecto. | Á. Dotor *ASeg* 8.5.78, 2: Narra *La pícara Justina* las aventuras de una mujer hombruna, de áspera condición y atrevida lengua, que remeda gozosamente la vida de los pícaros, con todas sus fanfarronadas y bellaquerías.

2 [Cosa] propia de hombre [2a]. | Lera *Boda* 672: El cortejo de la novia pasaba entonces a la altura del grupo de hombres congregados alrededor del nogal. Luciano .. sonrió complacidamente al oír la voz hombruna que gritó: –¡Viva la novia! L. Ramos *Abc* 19.12.70, 47: La señora Alexander era mujer de recia constitución, de complexión más bien hombruna, dominante.

homeless (*ing; pronunc corriente,* /xómles/; *pl invar*) *m* Pers. sin hogar. | *SPaís* 14.5.89, 8 (A): El equipaje de mantas, cartones y ropa sucia queda amontonado durante el día bajo la escalera, marcando el espacio, mientras los homeless madrileños rastrean las calles.

homenaje *m* **1** Demostración de respeto o admiración. | *As* 7.12.70, 25: La afición de Vallecas, representada por el Rayo Vallecano, rendirá un popular y sentido homenaje al público femenino. **b)** Acto que se realiza como homenaje. | GAlfaro *MHi* 12.57, 42: Prensa Española ofreció un homenaje a Benavente con motivo del éxito de su obra. Hubo discursos, brindis, felicitaciones.
2 (*hist*) *En el régimen feudal:* Juramento de fidelidad hecho a un rey o señor. *Tb* PLEITO ~. *Tb* (*lit*) *fig*. | Vicens *HEspaña* 1, 261: La ceremonia del homenaje, reiterada como un rito a través de muchas generaciones y de la cual los miniaturistas medievales nos han legado tantas escenas gráficas, implicaba un reconocimiento de amistad y otro de fidelidad. Vicens *HEspaña* 1, 273: Era previsible el rápido auge de la multiplicidad de homenajes y que se dieran casos como el de un caballero alemán del siglo XIII que se reconocía feudatario de cuarenta y tres señores distintos. Ma. Gómez *Ya* 7.1.91, 2: La situación se concretó en el otorgamiento de un poder por el cual el Concejo de Madrid hacía pleito homenaje al rey de Armenia. Mi. Sánchez *VAl* 16.9.75, 9: Los Apóstoles entonaron un himno; y emocionados, con tembloroso ademán, le ofrecieron en pleito homenaje una corona. **b)** Torre principal de un castillo, empleada frec. para el juramento de fidelidad. *Frec* TORRE DEL ~. | M. LGarcía *DíaCu* 15.9.84, 16: El castillo de Rochafría .. Su recio homenaje, pentagonal, de clara factura árabe, se apoya en unos muros, sucesivamente reformados, hoy semiderruidos. Em. Serrano *Sáb* 11.1.75, 63: Sus armas. Traen: en campo de gules, un castillo de oro, y en su homenaje, un hombre armado de medio cuerpo con espada y rodela. Laforet *Mujer* 36: La masa de la torre del homenaje había sido aprovechada .. para construir una simpática casa de campo.
3 (*raro*) Regalo o atención. | Benet *Aire* 186: En pocos días se le fue media paga en homenajes a la Chiqui y alguna que otra atención hacia la Tacón.
4 (*jerg*) Festín o atracón. | *Ya* 14.12.89, 27: De vez en cuando se gasta el dinero del paro en algún "homenaje" de heroína.

homenajeador -ra *adj* Que homenajea. *Frec n*, *referido a pers*. | *Nor* 29.5.80, 3: Un homenaje sin homenajeadores. *Ya* 5.5.92, 4: El homenajeador homenajeado.

homenajear *tr* Rendir homenaje [1] [a alguien o, raro, a algo (*cd*)]. *Frec en part, a veces sustantivado*. | Cela *Viaje andaluz* 46: No encuentra de sobrenatural [en la plaza] otra cosa que una niñera garrida y de prieto palpar a la que, para homenajearla, dice unos versos al oído. S. Llopis *Cam* 11.3.91, 95: *El Padrino* es una de las películas más famosas y homenajeadas de la historia del cine. Carandell *Madrid* 48: Le dan al homenajeado .. una coba impresionante.

homeomería *f* (*Filos*) *En la doctrina del filósofo griego Anaxágoras* (*s v a.C.*): Partícula de las que componen todas las cosas. | GÁlvarez *Filosofía* 1, 59: Para Anaxágoras no hay verdadera generación ni corrupción .. Las partículas más pequeñas de que se componen las cosas se llaman homeomerías. Estas son una especie de átomos cualitativos, infinitamente pequeños e infinitamente numerosos.

homeópata *adj* **1** (*Med*) [Médico] que profesa la homeopatía. *Tb n. Se opone a* ALÓPATA. | Pi. Moreno *SAbc* 12.11.78, 31: El número de homeópatas que hay en España es de unos veinte.
2 De (la) homeopatía. | *Ya* 22.4.89, 12: La medicina, ejercida con uno u otro criterio –alópata, homeópata, naturista, etc.– y utilizando cualquier tipo de recursos, es un ejercicio profesional exclusivo de los médicos.

homeopatía *f* (*Med*) Terapéutica que administra, en dosis mínimas, drogas que, en mayor cantidad, producirían en el hombre sano síntomas iguales a los que trata de combatir. *Se opone a* ALOPATÍA. | Pi. Moreno *SAbc* 12.11.78, 30: Vamos a referirnos a una de las ramas de las ciencias médicas: la homeopatía.

homeopáticamente *adv* De manera homeopática. | Sopeña *Defensa* 65: Había sufrido también una diabetes que me curó Marañón casi homeopáticamente.

homeopático -ca *adj* **1** (*Med*) De (la) homeopatía. *Se opone a* ALOPÁTICO. | *GTelefónica* 16: Médicos .. Homeopatía. Centro Homeopático Madrid.
2 (*lit*) Muy pequeño. | Delibes *Mundos* 127: Otras zonas .. donde las lluvias no menudean, pese a tratarse de un territorio homeopático, ofrecen una acongojada perspectiva desértica, no por ello desprovista de grandeza.

homeostasis (*tb* **homeóstasis**) *f* (*Biol*) Tendencia al equilibrio o estabilidad de las distintas constantes fisiológicas en un ser vivo. *Tb* (*lit*) *fig, fuera del ámbito técn*. | Rof *Abc* 14.5.67, 81: Deben distinguirse en la actividad del médico .. tres niveles: el biológico, que trata de restablecer la homeostasis, el equilibrio biofisiológico, .. el psicológico. Pániker *Testamento* 48: Los chicos siempre esperaban algo de mí, alguna salida, alguna gracia, algún desplante, y yo consentía gustosamente en ello. Era como actuar en el teatro con un público entregado y una claque fiel. La homeostasis del grupo funcionaba, y todos contentos.

homeostático -ca *adj* (*Biol*) De (la) homeostasis. | Pinillos *Mente* 127: Las motivaciones de los organismos infrahumanos son .. fundamentalmente homeostáticas; es decir, mueven constantemente al organismo a buscar la reequilibración de un medio interior, de cuya constancia depende .. la vida misma.

homeotermo -ma *adj* (*Biol*) [Animal] de sangre caliente o temperatura constante con independencia del medio ambiente. | Bustinza-Mascaró *Ciencias* 70: En los animales de sangre caliente u homeotermos (aves y mamíferos) la temperatura interior es sensiblemente constante.

homéricamente *adv* De manera homérica [1b]. | C. SFontenla *SInf* 7.8.75, 5: Si no hay que defenderle [a Amin] es por lo que realmente es importante, y no por lo anecdótico, como .. sus "boutades" –de las que él mismo ríe homéricamente–.

homérico -ca *adj* Del poeta griego Homero (s. VIII a.C.). | Laiglesia *Ombligos* 6: La Grecia homérica no habrá perdido ni uno solo de sus versos y se conservará tan fresca como una lechuga. **b)** (*lit*) Digno de los poemas de Homero. *Frec con intención de ponderar la grandiosidad*. | Tejedor *Arte* 76: El rasgo más relevante de estos germanos era la belicosidad .. El mismo goce en este paraíso se repartía entre enconadísimos combates y homéricos festines, estos servidos por las bellas Walkyrias. P. Narvión *Pue* 2.10.70, 11: El grito de la multitud tiene algo de homérico. **c)** (*lit*) [Risa] ruidosa y con grandes carcajadas. | CAssens *Novela* 1, 293 (G): Al agacharse, el pantalón, que le estaba estrecho ..., se le rompió por el trasero... Sin respeto a su hermano, Zaratustra prorrumpió en una risa homérica.

homero *m* (*reg*) Aliso (árbol). | T. Artedo *Ide* 23.8.86, 32: Algunos ejemplares de los árboles maderables, según los tratadistas, serían los árboles de ribera (álamos, sauces, salgueiros y mimbreras, alisos u homeros –en Asturias– y abedules).

homicida *adj* **1** [Pers.] que comete homicidio [1]. *Frec n*. | Villapún *Iglesia* 111: Trabajó por mejorar la vida de los humildes, dictando leyes contra los usureros, homicidas, incendiarios, etc.
2 [Cosa] que ocasiona la muerte de alguien. | C. GValdés *Sáb* 1.10.75, 17: La España romana y el Fuero Juzgo (siglo VII) aplicaban la pena de muerte a delitos tales como el parricidio, homicidio de parientes, aborto homicida, traición e incendio. DPlaja *SAbc* 13.12.70, 27: Hay demasiada turbiedad en el aire; demasiadas tempestades de pólvora. Demasiado crujir de hierros homicidas.
3 Propio del homicida [1] o del homicidio [1]. | Cela *Pirineo* 122: El viajero, probablemente, también tenía el mirar fríamente homicida. Vilaltella *Salud* 428: Otra manifestación antisocial de la psicopatía está constituida por las

homicidio – homogeneización

reacciones homicidas. Se trata de reacciones agresivas que pueden llegar al homicidio.

homicidio *m* **1** Acción de matar a una pers. | Vilaltella *Salud* 428: Se trata de reacciones agresivas que pueden llegar al homicidio.
2 (*hist*) Pena pecuniaria pagada por un homicidio [1]. | Ubieto *Historia* 136: No pagará la ciudad la pena de homicidio si algún ladrón fuese muerto cuando estaba robando, bien en la población o en su término.

homilético -ca *adj* (*Rel*) De (la) homilía. | C. Morcillo *Abc* 30.12.65, 84: Además de oír de vuestro arzobispo la instrucción homilética adecuada, podréis ganar la primera indulgencia plenaria del Jubileo si os confesareis válidamente.

homilía *f* Discurso que el sacerdote dirige a los fieles sobre materia religiosa, esp. en la misa. | *Not* 4.5.70, 13: Los feligreses de San Pedro Apóstol esperaban oír la voz piadosa del párroco con la homilía y el panegírico de esta fiesta.

homínida *adj* (*Zool, raro*) Homínido. | Vicens *Aproximación* 25: Quinientos mil años antes de nosotros .. unos grupos de pitecantropienses dieron su plácemе a la Península hispánica y se establecieron en ella. No eran los primeros homínidas que divagaban por el planeta.

homínido *adj* (*Zool*) [Mamífero] perteneciente a la familia de primates cuyo tipo es el hombre. *Frec como n m en pl, designando este taxón zoológico*. | Pericot *Polis* 16: De algunos de ellos [restos humanos] no se sabe con certeza si han de incluirse entre los homínidos o entre los simios superiores. VMontalbán *Rosa* 62: Gladys le besó en la mejilla y le forzó con las dos manos a que su cara se enfrentara a la suya. El comportamiento de los homínidos femeninos respondía a pautas universales. Después del acto amoroso fallido, el homínido femenino caucasiano suele coger la cara de su insuficiente pareja .. y ofrecerle la generosidad de la comprensión.

hominización *f* (*Zool*) Hecho de hominizarse. *Tb su efecto*. | Pinillos *Mente* 20: Se sabe que el *Pithecanthropus erectus* .. vivió unos cuantos cientos de miles de años después que los australopitecos y el *homo habilis* .. y que representa un paso ya más definido en el proceso de hominización.

hominizante *adj* (*Zool*) De (la) hominización. | Rábade-Benavente *Filosofía* 32: Estos hitos del proceso hominizante .. suponen .. un gran problema de base: ¿por qué mecanismo apareció la inteligencia? .. Las explicaciones de carácter lamarckista no bastan para aclarar la evolución y .. tampoco el proceso hominizante.

hominizarse *intr pr* (*Zool*) Evolucionar [los primates] a hombres [1]. | C. Castro *Ya* 21.2.75, 18: Tengo el montón de los anquilosados .. Montón de los apenas hominizados, que ante la mujer solo tienen una reacción instintiva sexual.

hominoide *adj* (*Zool*) [Animal] semejante al hombre [1]. *Tb n*. | Pericot-Maluquer *Humanidad* 26: El *Parapithecus*, por su dentición, se ha supuesto antepasado de todos los hominoides.

hominoideo *adj* (*Zool*) [Primate] carente de cola, de abazones y de callosidades isquiáticas, con uñas planas y caja torácica ancha, de la superfamilia que comprende los monos antropoides y el hombre. *Frec como n m en pl, designando este taxón zoológico*. | Alvarado *Zoología* 128: Hominoideos. Se reúnen en esta superfamilia los grandes monos antes mencionados (gorila, chimpancé y orangután), que constituyen la familia Póngidos, y el hombre, que constituye la familia Homínidos.

homo *adj invar* (*col*) Homosexual. | A. Castilla *SPaís* 5.11.89, 7: Aparecen los jóvenes de los noventa reivindicando la virilidad .. Unos alegan que su vuelta responde a una demanda de las mujeres, y otros, que se trata de una respuesta al crecimiento de las tendencias homo.

homocerca *adj* (*Zool*) *En los peces*: [Aleta caudal] formada por dos lóbulos iguales. | Ybarra-Cabetas *Ciencias* 365: La aleta caudal está dividida en dos lóbulos; si estos son iguales, la cola se llamará homocerca.

homocigótico → HOMOZIGÓTICO.

homocinético -ca *adj* (*Mec*) [Junta] que permite que dos árboles giren a la misma velocidad instantánea. | *Not* 4.12.70, 12: Se está realizando en estos días una operación de exportación de 3.000 berlinas del tipo 2-S; es decir, la moderna versión del inmortal 2 CV, con juntas dobles homocinéticas.

homoclamídeo -a *adj* (*Bot*) [Flor] en que los verticilos del perianto son semejantes. *Tb referido a la planta que la posee*. | Alvarado *Botánica* 39: Se llaman heteroclamídeas [las flores de envuelta floral doble] si la envuelta exterior es un cáliz y la interior una corola (ejemplo: clavel, rosa), y homoclamídeas si ambas son iguales (ejemplo: lirio).

homocromía *f* (*Zool*) Propiedad de algunos animales de presentar la misma coloración del medio en que viven. | Ybarra-Cabetas *Ciencias* 412: La homocromía es un medio de defensa pasiva de los animales.

homo faber (*lat; pronunc corriente, /ómo-fáber/*) *m* (*lit*) Hombre [1] considerado en su capacidad de fabricar herramientas. | FAlmagro *Abc* 13.4.58, 9: La existencia de una agrupación intermedia –los "hominoides"– se atestigua con restos fósiles y una serie inmensa de piedras talladas con intención utilitaria .., hech[o] que sugiere la idea de calificar a su autor con el nombre de "homo faber".

homofilia *f* (*lit*) Aceptación de la homosexualidad. | *País* 15.4.79, 6: Las nuevas restricciones y sanciones sobre los anticonceptivos; la aplicación de sanciones sobre la homofilia y las comunas por la nunca abolida ley de Peligrosidad, atañen más a un contexto de sociedad que, dentro de lo posible, empezaba a saldar situaciones de hecho y a buscar un cierto reposo dentro de una legislación que ha sido seca y dura durante muchos años.

homofobia *f* (*lit*) Aversión a la homosexualidad. | C. Paniagua *Méd* 15.1.88, 89: La inaceptabilidad social de la homosexualidad, o, en otras palabras, el grado de homofobia, varía con las culturas.

homofonía *f* **1** (*Ling*) Condición de homófono. | GYebra *En torno* 72: La homofonía no es asunto de la teoría de la traducción.
2 (*Mús*) Emisión de una misma nota por dos o más voces o instrumentos simultáneamente. | C. Caballero *SDLe* 3.11.91, 11: Aparece un lenguaje vocal virtuosístico en las partes solistas y una escritura con predominio de la homofonía en el tratamiento de los coros.

homofónico -ca *adj* (*Ling y Mús*) De (la) homofonía. | Casares *Música* 59: En su pleno apogeo, Corelli ordena sus movimientos así: 1º Grave. 2º Allegro en estilo fugado. 3º Moderato. 4º Vivo en estilo fugado u homofónico.

homófono -na *adj* (*Ling*) [Palabra] que tiene el mismo sonido [que otra (*compl de posesión*)]. *Tb sin compl, en pl. Tb n m*. | RAdrados *Lingüística* 531: En los estadios más elevados de la diferenciación sintáctica, hablamos de dos palabras homófonas (ingl. *candy* 'azúcar' y *candy* 'azucarar'). Cantera *Fil* 6.78, 400: En un diccionario reducido se da: a) Información etimológica .. g) Numerosas observaciones (ortográficas, extranjerismos, propiedad o impropiedad de un término, homófonos, parónimos, etc.).

homogamético -ca *adj* (*Biol*) Que tiene una sola clase de gametos. | Navarro *Biología* 223: En otros animales, como son las aves y mariposas .., el macho es homogamético (fórmula XX).

homogéneamente *adv* De manera homogénea. | Bustinza-Mascaró *Ciencias* 294: En general, los animales habituados a vivir en sitios oscuros son de colores claros y homogéneamente distribuidos.

homogeneidad *f* Cualidad de homogéneo. | G. Medina *Inf* 2.12.70, 2: A esa mayor solidez tendrá que contribuir una mayor homogeneidad entre los miembros de la O.T.A.N.

homogeneizable *adj* Que se puede homogeneizar. | Pániker *Testamento* 89: La mezcla de republicanos, socialistas, comunistas y anarquistas era poco homogeneizable.

homogeneización *f* Acción de homogeneizar. | *Abc Extra* 12.62, 80: Homogeneizadores Alfa-Laval para la homogeneización de mezclas de componentes no solubles. P. Arrieta *SDAv* 14.7.90, 16: El sistema pensante es capaz, así mismo, de recoger una mezcla representativa de tantas partes como proporcionalmente corresponda hasta llegar a una homogeneización de la leche. Gambra *Filosofía* 267: Esta federación se realizaba a veces a favor de la política matrimonial de las casas reinantes; otras, a causa del proceso de homogeneización y convivencia que entre los pueblos se operaba.

homogeneizador -ra *adj* **1** Que homogeneíza. *Tb n m, referido a aparato.* | *Abc Extra* 12.62, 80: Homogeneizadores Alfa-Laval para la homogeneización de mezclas de componentes no solubles.
2 De (la) homogeneización. | Marías *Cataluña* 110: Es bien sabido el papel que tuvo el espíritu romántico en la resurrección de las formas tradicionales, en el gusto por el color local, en el afán de salvar las peculiaridades, frente a la tendencia homogeneizadora del siglo XVIII.

homogeneizante *adj* Homogeneizador. | Copérnico *Pue* 11.11.70, 3: En medio de la camaradería homogeneizante de la guerra. *Abc* 7.11.88, 40: Identidad hispano-británica en el rechazo a toda cultura homogeneizante.

homogeneizar (*conjug* **1f**) *tr* Hacer homogéneo [1 y 2] [algo]. *Tb fig.* | Tamames *Economía* 312: Por cada uno de estos datos se estableció un total nacional de 100.000, y para cada área comercial se determinó la correspondiente cuota con respecto a ese total. Homogeneizados de esta forma los datos de base, ya resultó posible construir su media aritmética. JLozano *VNu* 2.9.72, 35: Allí donde hay hombres, por muy "homogeneizados" que estén, siempre cabe la sorpresa de una personalidad y una cabeza independientes, realmente humanas.

homogéneo -a *adj* **1** [Cosa] formada por elementos de la misma naturaleza. | Ybarra-Cabetas *Ciencias* 151: La Astenosfera, de densidad 5, parece ser bastante homogénea y su composición parecida al sima. **b)** [Compuesto] cuyos elementos se hallan íntimamente mezclados o uniformemente repartidos. | Marcos-Martínez *Física* 29: Se llama cuerpo homogéneo a aquel cuya masa está uniformemente repartida, es decir, cuyo peso específico es el mismo en todas sus porciones.
2 [Cosa] de la misma naturaleza [que otra (*compl* DE o CON)]. *Frec sin compl, en pl.* | Gironza *Matemáticas* 109: Razón de dos cantidades homogéneas (es decir, de la misma magnitud) es el número abstracto por el que se ha de multiplicar la segunda para obtener la primera.
3 (*Fís*) [Reactor nuclear] que tiene el combustible mezclado uniformemente con el moderador. | Aleixandre *Química* 27: Atendiendo a la disposición del combustible y el moderador, los reactores atómicos se clasifican en heterógeneos y homogéneos.

homógrafo -fa *adj* (*Ling*) [Palabra] que tiene la misma grafía [que otra (*compl de posesión*)]. *Tb sin compl, en pl. Tb n m.* | GYebra *En torno* 72: Al traductor, que opera sobre textos escritos, no le causan problema las palabras homófonas pero no homógrafas. Cantera *Enseñanza* 53: Terminemos con unas consideraciones acerca del diccionario y de los homónimos y homógrafos, tan abundantes en francés.

homo hispanicus (*lat; pronunc corriente,* /ómo-ispánikus/) *m* (*lit, humoríst*) Español, u hombre hispano. | Ríos *SLe* 2.90, 8: Rey Pastor va más lejos: bastaron veinticinco años de labor ejemplar para desvirtuar el anatema que parecía existir sobre la capacidad del *homo hispanicus* para hacer matemáticas.

homoinjerto *m* (*Med*) Injerto procedente de un individuo de la misma especie. | M. GSantos *SAbc* 25.1.70, 21: Lo auténticamente activo y de gran porvenir, a juicio del doctor Antolí-Candela, son las reconstrucciones que se consiguen con homoinjertos.

homologable *adj* Que se puede homologar. | Pániker *Testamento* 127: Palabras de Fidel Castro (citadas por Jorge Semprún) perfectamente homologables con el caso que nos ocupa. V. Ventura *Inf* 19.6.75, 18: Hace falta saber si .. el "cambio" será suficiente como para que en la C.E.E. consideren el resultado homologable con lo que en su ámbito se entiende por democracia.

homologación *f* Acción de homologar. | A. MAlonso *Arr* 11.11.70, 2: Un estudio atento de las pretensiones teilhardianas nos descubre que cualquier homologación de su pensamiento con el de la Escuela agustiniana y franciscana .. resultaría improcedente. Areilza *Memorias* 182: La izquierda europea .. empezó a levantar serias objeciones al intento, apoyándose en los textos del Tratado de Roma y en el hecho evidente de la homologación democrática de los regímenes políticos en la gran mayoría de los países de Occidente.

homologar *tr* **1** Hacer o considerar homólogas [1] [dos cosas, o una con otra]. | *País* 5.3.77, 6: La prohibición del partido que dirige Santiago Carrillo arrastraría hacia la inhibición electoral a otros grupos de la Oposición, y haría naufragar los vivos deseos de homologarse con Europa del sistema. Academia *Esbozo* 58: Los casos de delimitación silábica no asegurada por el acento se reducen a la diferencia entre el diptongo creciente tipo /iá/ y el hiato creciente tipo /i.á/ .. Puede[n] homologarse con ellos, como hemos visto, /uí/ y /u.í/. Torrente *Saga* 228: Fijó las constantes que se repetían en los raptos históricos o míticos más conocidos, como el de Helena por Paris, el de Europa por Júpiter .., el de la Princesa por el Dragón y, después de homologarlo, el de las Cien Doncellas por los sultanes de Córdoba.
2 Reconocer oficialmente que [algo (*cd*)] se ajusta a unas determinadas normas o características establecidas. *Frec en part.* | *Abc* 20.7.67, 33: Camisas para sport, de Terlenka homologada, en colores lisos, manga corta. *Odi* 9.2.77, 20: Preocupación en Cortegana ante la posible transformación del Centro Homologado de Bachillerato.
3 (*Dep*) Reconocer y registrar oficialmente [el resultado de una prueba]. | P. Escamilla *Mar* 10.2.56, 10: Faltan por homologar oficialmente algunas plusmarcas, que aquí damos como oficiales.

homología *f* Condición de homólogo. | Ybarra-Cabetas *Ciencias* 253: Las hojitas de los musgos tampoco tienen una homología estructural con las de las plantas superiores. Areilza *Artículos* 169: La homología de España con la Europa política es, a lo que parece, imposible. Marías *Cataluña* 111: ¿No sería sugestivo hacer una teoría de las "homologías" de España? Preguntarse, por ejemplo, qué ha representado Gerona en Cataluña, cuál ha sido su "homóloga" en Castilla .. Homología no quiere decir semejanza; es semejanza de "lugar" o "función" vital, que muchas veces excluye el parecido .. Para buscar las homologías habría que bucear en la intimidad de las formas de vida.

homólogo -ga *adj* **1** Correspondiente o análogo. *Tb n.* | Torrente *Saga* 228: Siempre había habido de quién echar mano en cualquier nueva circunstancia homóloga, o sea, que en cada nueva ocasión existía un hombre dispuesto a servir la función del rapto si no fuese la muerte del anterior le preocupase. Laín *España* 17: Si los platos de este [el País Vasco] ceden a veces en finura ante sus homólogos franceses –a veces, no siempre–, ¿no es cierto que no pocas más les superan en fuerza y calidad? Marías *Cataluña* 111: Preguntarse, por ejemplo, qué ha representado Gerona en Cataluña, cuál ha sido su "homóloga" en Castilla.
2 (*Geom*) [Elemento] que ocupa la misma posición [que otro (*compl de posesión*) de una figura semejante]. *Tb sin compl, en pl.* | Marcos-Martínez *Aritmética* 161: Vértices homólogos son los de ángulos homólogos. Lados homólogos son los que unen vértices homólogos .. Alturas homólogas son las que parten de vértices homólogos.
3 (*Med*) Procedente de un individuo de la misma especie. *Dicho esp de trasplante.* | *Abc* 15.3.68, 91: Expuso, a continuación, las diversas clases de trasplantes, según pertenezca el órgano o porción trasplantada al mismo organismo que lo recibe, a un donante de la misma especie o a otro de distinta (autólogos, homólogos y heterólogos).

homonimia *f* Condición de homónimo. *Esp en lingüística.* | *Ide* 1.8.83, 7: Los problemas de las homonimias. Se hacen cargos indebidos en cuentas corrientes. Alcina-Blecua *Gramática* 68: La segunda parte de la *Minerva* (libro IV) está dedicada fundamentalmente a la Elipsis; a partir del cap. XIV estudia problemas de tipo semántico, como la homonimia.

homonímico -ca *adj* (*Ling*) De (la) homonimia. | Tovar *Mataco* 7: Una coincidencia de tipo homonímico me parece que es la responsable de la identificación.

homónimo -ma *adj* **1** [Pers. o cosa] que tiene el mismo nombre [que otra (*compl de posesión*)]. *Tb sin compl,*

homopolar – hondo

en pl. Tb n. | V. A. Pineda *Des* 12.9.70, 18: Athos Magnani arranca la fotografía de su homónimo padre, raspa la inscripción de la lápida. M. Martín *Odi* 27.1.77, 15: Nos viene a la imaginación la historia de una tragedia .. acaecida hace muchos años en una pequeña villa de la isla de Mallorca llamada Valldemosa, homónima –salvando las diferencias toponímicas– con Valdelamusa. *YaTo* 30.9.81, 47: En el mismo [boletín] se recogen noticias y reportajes sobre el cincuentenario del hermanamiento de nuestra ciudad con su homónima de Ohio.

2 (*Ling*) [Palabra] que tiene el mismo sonido y gralm. la misma grafía [que otra (*compl de posesión*)], pero distinto significado u origen. *Tb sin compl, en pl. Tb n m.* | RAdrados *Lingüística* 311: Las palabras cuya forma no ayuda a clasificarlas y las homónimas son clasificadas luego por tener función idéntica a las otras. Academia *Esbozo* 179: Sin contar los homónimos, es decir, dos o más nombres de una misma forma pero de etimología diferente, .. son muchos los nombres de cosa, denominados ambiguos, que con una misma forma adoptan los dos géneros. Guillén *Lenguaje* 23: No faltan .. los verdaderos homónimos, como sucede con *besugo*, que da nombre a especies del Cantábrico y de Cataluña que poco tienen de común.

homopolar *adj* (*Quím*) [Enlace] de átomos de la misma polaridad. | Aleixandre *Química* 30: En la unión o enlace de los átomos pueden presentarse los siguientes casos: 1º Enlace iónico o heteropolar. 2º Enlace covalente u homopolar. 3º Enlace metálico. **b)** [Sustancia] cuyas moléculas están formadas por átomos de la misma polaridad. | Aleixandre *Química* 32: ¿Cuál será la constitución cristalina de una sustancia homopolar?

homorgánico -ca *adj* (*Fon*) [Fonema] que tiene el mismo punto de articulación [que otro (*compl de posesión*)]. *Tb sin compl, en pl.* | Academia *Esbozo* 36: Quedan aislados los fonemas obstruyentes /s/ y /ĉ/. El primero, que posee como /θ/ alófonos sonoros, podría considerarse homorgánico de /t/ y /d/ (posee alófonos dentales).

homosexual *adj* [Pers. o animal] que siente atracción sexual hacia individuos de su mismo sexo. *Tb n, referido a pers.* | DPlaja *El español* 128: El homosexual español atipla más la voz y exagera más el gesto que su colega francés. VNágera *SAbc* 22.2.70, 39: También aquí se manifiesta esa tendencia general entre los animales .. a ensañarse con el vencido, y el animal homosexual suele serlo. **b)** Propio de la pers. o el animal homosexual. | Umbral *Mortal* 122: En una de esas glorietas de tiempo quieto, aparece a veces el escritor .. Viene de su fondo de erudiciones húmedas y amores homosexuales. Población *Sesión* 313: Termina marchándose de casa pensando en dedicarse a la prostitución homosexual.

homosexualidad *f* **1** Tendencia o comportamiento homosexual. | Umbral *Voz* 11.11.70, 12: El boxeo, el "strip-tease" y la homosexualidad, que son tres actividades ruidosas y vistosas de los países mediterráneos, en Inglaterra se desarrollan a base de clubs privados.

2 Condición de homosexual. | VNágera *SAbc* 22.2.70, 39: Probablemente su homosexualidad [del toro] es un signo de que ocupa el escalón más bajo dentro de la organización social del grupo.

homosexualismo *m* Homosexualidad. | Torrente *Off-side* 17: Un hombre como yo puede ser acusado de cualquier cosa menos de homosexualismo, menos de pederastia, menos de corrupción de menores.

homosista *adj* (*Geol*) [Línea] que en un mapa une todos los puntos de la superficie terrestre en que se percibe a la vez un sismo. *Tb n f.* | Ybarra-Cabetas *Ciencias* 146: Las esferas o elipses formad[a]s alrededor del epicentro pueden representarse por curvas que responden, en los lugares donde el sismo se produce con la misma intensidad –curvas isosistas–, o las zonas en que se percibió a la vez la primera sacudida, curvas homosistas.

homotecia *f* (*Geom*) Correspondencia de dos figuras semejantes, colocadas de modo que los puntos correspondientes se alinean en un punto fijo. | Gironza *Matemáticas* 153: El punto A de la primera y el punto P en las otras se llama centro de homotecia en su respectiva figura.

homotermo -ma *adj* (*E*) De temperatura uniforme. | Ybarra-Cabetas *Ciencias* 413: Hay algunos animales que no resisten diferencias grandes de temperatura .. Se les llama estenotermos, y su expansión es, por tanto, muy reducida, a no ser que el medio sea extensamente uniforme, homotermo.

homotético -ca *adj* (*Geom*) [Figura] que tiene homotecia [con otra (*compl de posesión*)]. *Frec sin compl, en pl.* | Gironza *Matemáticas* 153: Dos polígonos semejantes, que además tienen sus lados homólogos paralelos y las rectas que unen los vértices homólogos concurrentes en un punto, se dicen polígonos homotéticos.

homotrasplante *m* (*Med*) Trasplante de órganos procedentes de un individuo de la misma especie. | *Van* 20.3.75, 30: En torno al "primer homotrasplante de cabello".

homozigótico -ca (*tb con la grafía* **homocigótico**) *adj* (*Biol*) [Híbrido] formado por el cruzamiento de gametos iguales. | F. Villarejo *Abc* 30.3.86, 37: Esta unión siempre tiene lugar entre gemelos univitelinos u homozigóticos, es decir, de un solo óvulo fecundado. Navarro *Biología* 215: Decir homocigótico es sinónimo de "raza pura" respecto a un determinado carácter, y heterocigótico "raza mestiza" en relación con ese carácter.

homúnculo *m* (*lit*) **1** Hombre pequeño e insignificante. | CAssens *Novela* 2, 395: Buscarini es un homúnculo literario que quiere vivir en la redoma de la literatura .. La figurilla de Buscarini vendiendo sus opúsculos .. es popular en Fornos, en Regina, en El Colonial, en todos los cafés céntricos de Madrid. *Abc Extra* 12.62, 51: Nuestros pueblos son como pequeños homúnculos con los ojos abiertos a todas las verdades feroces de la vida.

2 (*hist*) Pequeño ser vivo de forma humana fabricado artificialmente por los alquimistas. | Torrente *Isla* 143: El que se acueste con la doctora Baker corre el riesgo de que le salgan de debajo de la cama miríadas de homúnculos como gnomos, de esos que ella produce en serie.

honda *f* Instrumento formado por una tira de cuero o una cuerda, con un ensanchamiento en su parte central, y que se emplea para lanzar piedras. | Vicent *País* 12.4.83, 60: En nuestro paisaje infantil la técnica se reducía a la honda del pastor, al gasógeno alimentado con astillas de chopo, a la habilidad para esconder 50 litros de aceite bajo el asiento del tren borreguero.

hondamente *adv* Profundamente. | Téllez *Teatro 1958* 130: Tan recta y vivamente entró en la concurrencia .. que tanto el tema como las incidencias de *Esta noche es la víspera* calaron hondamente. *Odi* 9.1.77, 27: Hondamente emocionado, agradeció a todos los gestos y atenciones que tuvieron con él. Umbral *Ninfas* 151: Los había hecho sonar [los violines] mágicamente, hondamente.

hondero *m* **1** (*Taur*) Hombre encargado de atar al toro por las astas para ser arrastrado por las mulillas. | *Abc* 5.8.70, 79: La otra cara de la fiesta. No torean, pero trabajan. En las Ventas: .. 9 Areneros. 13 Carpinteros. 2 Honderos. 2 Clarineros. 1 Timbalero.

2 (*hist*) *En los ejércitos antiguos:* Soldado que utiliza la honda como arma. | Tovar-Blázquez *Hispania* 75: Completó el cerco Escipión con catapultas sobre las torres, y flecheros y honderos en las murallas.

hondo -da I *adj* **1** Profundo. *Tb fig.* | Cela *Judíos* 176: Su voz, hablando para arriba, sonaba como si saliera de una honda cárcava. Umbral *Ninfas* 227: Cruzamos pinares hondos y rezumantes, legiones de chopos como enmarañados de estrellas. Laforet *Mujer* 31: Se le formaban arrugas hondas en la cara curtida. Laforet *Mujer* 45: Hacía años que Paulina, en lo más hondo de su ser, había repudiado a sus padres. Diego *Abc* 22.10.67, 3: Es uno de nuestros mejores y más hondos poetas. Umbral *Ninfas* 115: Con los ojos penetrantes (no hondos) y la boca cruel y pequeña. Marías *Gac* 11.5.69, 24: Lo más hondo de esta película es que Martha acaba por sentirse culpable. Laforet *Mujer* 238: Unas voces de niños hacían más hondo el silencio. **b)** [Plato] sopero, de bordes elevados. | *Her* 11.9.88, 23: Menaje .. Lote de 6 platos hondos o llanos Arcopal, nuevo modelo Fresco: 765.

2 [Cante] jondo. | MSantos *Tiempo* 78: Un aparato automático de tocar discos empezaba una y otra vez la misma canción andaluza hecha de cante hondo degenerado.

3 (*Taur*) [Res] que tiene más distancia de la normal entre las líneas del espinazo y la barriga. | J. Vidal *País* 13.5.77, 48: Lo que hogaño hay en el Batán tiene más trapío, más cuajo, que en pasadas ediciones de la feria .. Digamos también que son corrientes los que tienen seriedad en la cara, los enmorrillados, los hondos y badanudos.

II m **4** Lugar más bajo que el terreno o zona circundante. I E. Pardo *SAbc* 7.7.74, 50: Las pertinaces sequías han sido sustituidas por torrenciales lluvias que inundan hondos y llanuras. Nácher *Guanche* 18: El instinto la guiaba. Con el crío en brazos saltaba, sin verlos, los hondos del piso.

III adv **5** De manera honda [1]. I M. Aguilar *SAbc* 2.11.69, 54: Permanezca así unos minutos respirando hondo. J. Santamaría *Ya* 18.3.75, 8: Necesita el barco arboladura joven, casco recio y ancla con muchos grilletes para largar hondo y a fondo seguro. I. Arteaga *CoZ* 8.5.64, 2: El asunto de la mina no es fácil. Cuando se quiere entrar hondo en sus problemas, surgen al paso multitud de caminos laterales.

hondón m **1** Hondonada. I Lagos *Vida* 55: San Serenín de Arriba estaba, naturalmente, en el monte. San Serenín de Abajo, en el hondón del valle.
2 Fondo, o parte más baja de algo. *Tb (lit) fig.* I GMacías *Relatos* 24: No montéis en mi barca, que os vais a ir a pique, al hondón, y después... Umbral *Ninfas* 191: Inflamado de ese espíritu inquisitorial y sagrado que se levanta de pronto del hondón de España. MGaite *Búsqueda* 25: Hasta los hombres más lúcidos y más conscientes del hondón de ruina y olvido a que está destinado su pretendido descubrimiento de hoy no pueden resistir a la tentación .. de echar su cuarto a espadas en el juego más consolador que se haya inventado nunca.

hondonada f Parte de terreno más honda (→ HONDO [1]) que lo que la rodea. I Arce *Testamento* 20: En la otra vertiente había una hondonada con hierba muy verde.

hondura I f **1** Profundidad. I Laforet *Mujer* 138: Había recitado aquellas cosas llenas de hondura .. sin darle ningún alcance. Lorenzo *SAbc* 22.9.74, 10: De sol a sol, en la hondura del monte se ha oído y no se ha visto el son del hacha leñadora. C. GBayón *Faro* 1.8.85, 30: Las honduras marinas de Riveira .. producen una gama alucinante de productos.

II loc v **2 meterse en ~s.** (col) Profundizar demasiado o meterse en complicaciones innecesarias. I DCañabate *Pasellô* 121: No les impulsa el ir a ellos la afición, sino un deseo de divertirse con lo que sea sin meterse en honduras.

hondureño -ña adj De Honduras. *Tb n, referido a pers.* I Laiglesia *Tachado* 80: Hacía pasar al representante hondureño, que era un señor muy correcto y muy indio, nacido en Tegucigalpa.

honestamente adv De manera honesta. I Medio *Bibiana* 124: Una va vestida honestamente. *SYa* 12.3.89, 41: Vd. será científica y honestamente informada y no se le aconsejará ningún tratamiento si no se le puede asegurar un buen resultado.

honestidad f Cualidad de honesto. I CBaroja *Inquisidor* 23: En varios tratados se hace particular hincapié en la honestidad y probidad con que deben vivir y actuar. Torrente *Saga* 394: Si alguno de ustedes llegase alguna vez a convencerse de que Dios no existe, la honestidad les obligaría a la renuncia de la fe.

honesto -ta adj **1** [Pers.] de buen comportamiento en lo relativo a la moral sexual. *Frec referido a mujeres.* I GGual *Novela* 105: El tema folletinesco del amor de la joven pobre y honesta por el señorito calavera, el vizconde decimonónico o el millonario americano, no tiene paralelos en la novela griega.
2 [Pers.] recta y honrada. I Salom *Delfines* 402: Fue un hombre honesto, pero cometió la debilidad de sentirse tentado por nuevas formas de administración, sistemas extranjeros que no sirven para nuestro país. Ortega *Americanos* 9: Me pregunto .. si he jugado limpio, si realmente he sido honesto.
3 Propio de la pers. honesta [1 y 2]. I Cela *Viaje andaluz* 313: Los negros de Gibraleón (¿doscientos?) son de espigada facha y natural muy honesto y sosegado. *Faro* 2.8.85, 33: En cuanto a la reanudación de su trabajo como jefe clínico del Psiquiátrico, manifestó que siempre había tratado de realizar su tarea de la forma más honesta posible.

hongarina f (reg) Anguarina (prenda rústica semejante al gabán). I *Nar* 11.77, 23: Ansó y sus trajes .. Boda .. Hombre: elástico blanco con trencilla; chaleco negro; .. hongarina.

hongkonés -sa (pronunc corriente, /χonkonés/; *tb con la grafía* **honkonés**) adj De Hong Kong. *Tb n, referido a pers.* I Anson *Abc* 9.4.67, 69: Según una información exclusiva del periódico hongkonés "The Star", el jefe de Estado se ha negado a aceptar las condiciones. J. C. Clemente *SCCa* 26.10.75, 5: La mayoría de los chinos honkoneses viven bien.

hongo I m **1** Se da este n a cualquiera de las plantas talofitas sin clorofila que viven parásitas o sobre materias orgánicas en descomposición. *Frec en pl, designando este taxón botánico.* I Ybarra-Cabetas *Ciencias* 247: Los Líquenes son asociaciones de algas y hongos. *Ciu* 8.74, 5: Cuando usted, ciudadano, regrese a su casa, al término de unas vacaciones, con una rojiza granulación en la entrepierna o con hongos en los dedos de los pies, no echará la culpa al alto grado de contaminación de la arena de la playa, sino a los Idus de agosto. **b)** *Esp:* Seta. I Bernard *Verduras* 50: Hongos a la bordelesa. X. Domingo *Cam* 11.10.76, 79: Existen diversas variedades de boleto u hongo .. Todos ellos son comestibles, con excepción del hongo Satán o Matapariente. **c)** ~ **atómico.** Figura semejante a la de un hongo [1b] gigantesco que se produce al hacer explosión una bomba atómica. I Laiglesia *Ombligos* 241: Fue un "¡oh!" gigantesco, lanzado al espacio con la potencia de un hongo atómico.
2 Sombrero de fieltro rígido, de copa baja y redondeada y ala estrecha. *Frec* SOMBRERO ~. I Salvador *Haragán* 58: Visten por el estilo. Los hombres: trajes de algodón, .. canotier u hongo. Gironella *Millón* 160: En todas las Milicias Antifascistas era el único individuo que llevaba sombrero hongo.

II loc adv **3 como ~s.** (col) En gran abundancia. I L. Calvo *Abc* 16.7.72, 16: Han brotado allí, de repente, como hongos, las guerrillas del Vietcong.
4 como ~s, o **de ~s.** (col) Muy bien. I * Se le da de hongos no hacer nada.
5 como un ~. (col) Se emplea para ponderar la soledad o el aburrimiento. I DCañabate *Abc* 30.8.66, 53: Se distinguen los corrales, tan pulcros y bien dispuestos. Ya están vacíos. Solo en uno de ellos dos sobreros se aburren como dos hongos. Delibes *Cinco horas* 132: Venga de pasear por calles raras, sin gente, .. y como hablas tan poco, que yo no me explico cómo os podéis pasar sin hablar, yo, como un hongo.

honkonés → HONGKONÉS.

honor I m **1** Cualidad moral que lleva al recto cumplimiento del deber y que hace a quien la posee acreedor al respeto de los demás y a la propia estima. I DPlaja *Literatura* 269: El honor constituye un patrimonio del alma. Todos, rústicos y nobles, tienen el mismo derecho a ser honrados. Olaizola *Escobar* 44: La penosidad de asistir a la rendición de un militar de honor que con ello tomaba el camino del cadalso. **b)** Honestidad [de una mujer]. I * La mujer debe ser fiel guardiana de su honor.
2 Respeto que se manifiesta hacia una pers. como consecuencia de la buena fama de que goza o como reconocimiento de sus méritos y cualidades. I SLuis *Doctrina* 103: Prohíbe [el octavo mandamiento] la mentira, la calumnia, la difamación, el falso testimonio, el juicio temerario y toda ofensa contra el honor y la fama del prójimo. Villapún *Moral* 141: Fama es la buena opinión interna que tenemos de la vida y costumbre[s] de alguna persona. Honor es la manifestación externa de la estima en que tenemos a otro por sus buenas cualidades.
3 Honra [1]. I DPlaja *Literatura* 233: Hemos anotado como características del teatro lopesco: a) La fecundidad .. d) El sentimiento del honor, que consiste, no tanto en la virtud de la persona, sino en la consideración o fama que esta persona tenga en los que le [sic] rodean. DPlaja *Literatura* 275: La mujer, vengadora de su honor. Muy curiosos, dentro del teatro de Rojas Zorrilla, son los personajes femeninos que vengan el deshonor por su propia mano.
4 Manifestación de respeto o consideración hacia una pers., esp. como reconocimiento de sus méritos y cualidades. *Frec en pl. Tb fig, referido a cosa.* I Ribera *Misal* 137: Por Él (Jesucristo), con Él y en Él, sea dado todo honor y gloria a Vos, Dios Padre todopoderoso, en unidad del Espíritu Santo. *Odi* 11.8.64, 10: Habla de los honores que recibió el pintor por parte del Rey, así como del Ayuntamiento de Sevilla, que le nombra "Pintor de la Ciudad". F. Boqueras *DEs* 19.8.71, 15: Fui testigo de un simpático acto, que merecería los honores de una crónica. **b)** *En pl:* Muestras de respeto con arreglo a una etiqueta u ordenanza. *Normalmente con*

honorabilidad – honorario

los vs RENDIR *o* TRIBUTAR. | *Abc* 27.11.75, 1: Aproximadamente a esta hora habrá concluido el oficio religioso y tendrá lugar el desfile de las tropas que rendirán los honores de ordenanza a Su Majestad el Rey Don Juan Carlos I. Olaizola *Escobar* 177: De conformidad con la petición de la defensa, se le rendirían honores militares al reo en el acto del fusilamiento.

5 Cosa que enaltece a una pers. o es motivo de orgullo para ella. *Frec en pl. Frec en las fórmulas de cortesía* TENER EL ~ DE + *infin o* SER UN ~ PARA + *pron pers*. | CBaroja *Inquisidor* 29: Fue el del Santo Oficio uno de los tribunales más discutidos en cuestión de pre[e]minencias, lugares y honores. C. Biarnés *DEs* 26.8.71, 11: Tuvo lugar la solemne presentación de la "Pubilla i damisells 1971" escogidas por la juventud en votación, para que fueran sus representantes. Este honor recayó en las señoritas Carmen Monte y Ribes, como Pubilla, y las señoritas Carmen Biarnés y Biarnés y Rosa María Jordá y Sans. Ortega *Americanos* 16: Yo mismo tuve el honor de conocerle a él. Aitona *CoE* 21.8.74, 33: Me limito a hacer saber a Javier Zabaleta que será para mí un honor cruzar las armas de la dialéctica con él. **b)** *En pl:* Cargos públicos de alta dignidad. *Normalmente en la constr* CARRERA DE (LOS) ~ES. | F. González *SPaís* 5.6.77, 14: En el comportamiento de la clase política franquista hay que deducir una manifiesta actitud antidemocrática que es, además, una positiva puntuación en la carrera de honores del Nuevo Estado.

6 *En pl:* Características o condiciones [de algo superior a la realidad de la cosa de que se habla]. *Frec en la constr* CON ~ES DE. | Marco *DEs* 24.8.71, 18: Se pusieron en escena nada menos que dos obras: en primer lugar, la zarzuela en 1 acto .. "La Dolorosa", y en segundo, la representación con honores de estreno de la popularísima zarzuela de Pablo Sorozábal "La del manojo de rosas". *VozC* 12.1.55, 3: La casa que cuida Matías Tejela es un regio edificio, y la portería donde vive tiene honores de magnífico piso bajo.

II *loc adj* **7 de ~**. Honorario [1c]. | *País* 18.5.77, 26: Rodrigo Uría, catedrático de Derecho Mercantil, ha sido objeto de un homenaje con motivo de su recepción como miembro de honor del Instituto de Censores Jurados de Cuentas. Navarro *Ver* 29.7.76, 10: A.D. Hidrola, nuevo club juvenil .. Han sido invitados otros dirigentes de conjuntos juveniles de la comarca, así como el entrenador del Cartagena F.C. José Víctor Rodríguez, al que han nombrado presidente de honor.

8 de ~. Distinguido con especial consideración. | J. Correas *Lan* 10.10.64, 7: Nuestro paisano Jacinto, coronel y gobernador militar de Ávila, .. ha sido nuestro huésped de honor. **b)** *(Dep)* [División o categoría] primera. | *Tie* 5.6.76, 28: Sevilla podría tener dos equipos de hockey en la división de honor.

9 de ~ (o, más raro, **de ~es**). [Guardia o escolta] que acompaña como muestra de consideración o de respeto. | *País* 19.7.77, 9: Una guardia de honor se había situado junto al sepulcro de Franco. *Abc* 22.11.75, 35: Capilla ardiente de Franco en el Palacio Real .. A los lados, cuatro hachones se alinean a derecha e izquierda. Viene luego la guardia de honores.

10 de ~. Que se ofrece como homenaje o atención. | *VozC* 12.2.55, 5: El Ayuntamiento y la Jefatura Local tuvieron la gentileza de obsequiar a los cursillistas y a los asistentes con un vino de honor.

11 de ~. *(hist)* Hasta el s XVIII: [Capellán] que dice misa a las pers. reales en su oratorio privado. | GLópez *Lit. española* 277: Hacia el final de su vida [Góngora] se ordena sacerdote, residiendo en Madrid como capellán de honor de Felipe III, lo que le permite relacionarse con los círculos literarios de la época.

12 [Campo] **del ~**, [dama] **de ~**, [lance] **de ~**, [legión] **de ~**, [matrícula] **de ~**, [palabra] **de ~**, [punto] **de ~**, [timbre] **de ~**: → CAMPO, DAMA, *etc*.

III *loc v* **13 hacer ~** [a algo]. Comportarse con arreglo [a ello]. | *Inf* 3.3.76, 19: Don Rafael Pérez Escolar hace honor al principio de que para hacer política se requiere buena salud. *DEs* 19.8.71, 15: Supo hacer honor a la limpieza y dignidad de su ascendencia y fue siempre genuino representante de su apellido.

14 hacer los ~es [a alguien, esp. a un invitado o visitante]. Agasajar[le] o atender[le]. | Kurtz *Lado* 127: [Los amigos] nos hicieron los honores de la casa. J. A. Vara *Abc* 16.10.77, 9: En una multitudinaria recepción en el Ayuntamiento, el alcalde caparrosano hizo los honores al presidente y le ofreció una serie de obsequios en nombre de la población. **b) hacer los ~es** [a una cosa, esp. un alimento o bebida]. Actuar de modo que quede patente el aprecio [hacia ella]. | * Hizo los honores a la comida que le preparé; vaya si se los hizo.

15 tener [algo] **a ~**. *(raro)* Tener[lo] a honra. | T. GFigueras *Abc* 29.6.58, 11: Las Intervenciones .. se sintieron siempre orgullosas de la Policía Indígena y tuvieron a honor ser continuadoras de sus virtudes.

IV *loc adv* **16 en ~**. Como homenaje [a alguien o algo (*compl de posesión o, semiculto,* A)]. | SLuis *Liturgia* 12: Fiestas en honor de la Santísima Virgen. *CoA* 9.2.64, 3: El ministro de Comercio nigeriano ofreció un almuerzo en honor de Ullastres. *Ya* 1.2.59, 4: El miércoles, 4 de febrero, a las diez de la noche, tendrá lugar en el hotel Ritz una cena en honor al profesor Hipólito Durán. **b)** En atención, o por respeto, [a alguien o algo (*compl* A *o* DE)]. | Benet *Nunca* 11: Última pólvora que gastaba en honor a una oportunidad que se resistía a dar por perdida. J. M. García *Int* 19.1.78, 70: En honor a la verdad, hay que significar que es mucho más lo que dicen que hacen que lo que realmente pueden hacer. Torrente *Pascua* 462: Hay que decir, en honor de la verdad, que en semejante ocasión todo el mundo se puso de su parte.

honorabilidad *f* Cualidad de honorable. | DPlaja *El español* 35: Cualquier español resiente como ofensa grave que se dude de su honorabilidad.

honorable *adj* **1** [Pers.] honrada y digna de respeto. | Laforet *Mujer* 159: Paulina no hace más que hablarme de usted... Que si es una persona tan bondadosa, que si es una persona tan honorable. **b)** *Referido al presidente de la Generalidad de Cataluña y a personajes oficiales de algunos países, se usa como tratamiento honorífico.* | *Van* 11.1.77, 31: El presidente de la Generalitat, honorable Josep Tarradellas, no desmiente los contactos con el Gobierno Suárez. *Nue* 31.1.70, 5: La delegación norteamericana estará presidida por el honorable Philip H. Trezise. *CoA* 27.2.64, 18: Una jornada del honorable Thant. La sencillez domina en todos los actos de la vida del secretario general de la U.N.O. **c)** Propio de la pers. honorable. | *DBu* 1.4.56, 2: Casa honorable, céntrica, soleada, daría pensión.

2 [Cosa] que deja a salvo la dignidad o que no implica deshonra. | *Ide* 22.3.83, 5: La "honorable" devaluación del franco francés salva al sistema monetario europeo. SFerlosio *Ensayos* 1, 401: El ego nacional norteamericano podía sentir aquella paz concreta como una "paz honrosa" ("paz honorable", se maltradujo entonces), según el degenerado concepto del honor que lo reduce a pura soberbia de la fuerza.

honorar *tr (Econ)* Hacerse cargo del pago [de algo (*cd*)] a fin de cumplir un compromiso. | *País* 7.11.85, 10: Los tenedores de títulos de Rumasa y los depositantes sabían .. que la contrapartida de una mayor remuneración es siempre un mayor riesgo. Este punto fundamental fue olvidado por los expropiadores, quienes honoraron depósitos, letras y pagarés de Rumasa hasta el último céntimo.

honorariamente *adv* De manera honoraria [1b] o gratuita. | *HLVi* 28.7.75, 3: Los carros aldeanos se pusieron al transporte gratuito de la piedra, y los vecinos trabajaron honorariamente la cimentación y la muralla para ahorro de jornales de la mano de obra especializada.

honorario -ria *adj* [Título o cargo] que representa para la pers. que lo ostenta tan solo un honor, sin responsabilidad ni retribución alguna. | * Posee además una gran cantidad de títulos honorarios. **b)** Propio del título o cargo honorario. | * Ostentaba el cargo con carácter honorario desde 1972. **c)** *Siguiendo a un n que designa pers que ostenta un título:* Que es [lo expresado por el n.] con carácter honorario. *Tb fig.* | RMencía *VozC* 31.12.70, 10: S.E. el jefe del Estado recibe en El Pardo el título de alcalde honorario y perpetuo de Aranda de Duero. Cela *Rosa* 69: No pudo criarme [mi madre]; a mí me sacó las castañas del fuego .. un ama voluntaria y honoraria, meritísima y sanísima que me prestó sus fuerzas y que me hizo ta caridad de la vida. **d)** *Siguiendo al n* CÓNSUL *o* VICECÓNSUL: Que ejerce el cargo sin pertenecer al cuerpo consular del país al que representa. | L. Apostua *Ya* 6.12.70, 19: Para ejercer una violenta presión sobre el Gobierno español, un comando E.T.A. secuestró al cónsul honorario de la República Federal Alemana, señor Beihl. J. Oneto *Van* 15.5.75, 7: En la actualidad, el Gobierno

honorarios – honrosamente

español mantiene en Saigón un vicecónsul honorario de nacionalidad vietnamita.

honorarios *m pl* Retribución por un trabajo en una profesión liberal. | *País* 2.4.78, 8: El auditor .. se niega a aceptar la evidencia de la escasa cuantía de los honorarios percibidos por mi abogado. Umbral *Ninfas* 48: Me metía [el profesor particular] en el bolso el sobrecito azul de una nueva factura, los honorarios por su sabiduría administrativa. **b)** *En gral:* Retribución por un trabajo. | DCañabate *Paseíllo* 46: Un desenfrenado mercantilismo .. ha desorbitado el monto de los honorarios de los toreros. **c)** Sueldo o salario. | *País* 26.8.77, 6: Puesto que a la SS parece serle muy necesario nuestro 7,5%, propondría que a todos los asalariados de la misma se les dedujese también el mismo porcentaje de sus honorarios.

honoríficamente *adv* **1** De manera honorífica. | M. Foyaca *Raz* 2/3.84, 320: Al morir el líder bolchevique en enero de 1924, sus seguidores llamaron honoríficamente "leninismo" a su teoría, siguiendo el ejemplo de los discípulos de Marx, que se denominaron "marxistas".
2 Con carácter honorario [1b]. | *Abc* 24.8.72, 27: Generales coruñeses ascendidos honoríficamente .. Han sido ascendidos con carácter honorífico: a teniente general, el general de división de Artillería don Constantino Lobo Montero; a generales de división, los de brigada de Infantería, don Amador Regalado Rodríguez y don Eduardo de Madariaga Rodríguez.

honorificencia *f (raro)* Honor [4]. | *Ecc* 16.11.63, 33: El episcopado ni puede ser considerado ni conferido a modo de honorificencia o como un título de prestigio. SFerlosio *Ensayos* 1, 235: Los eruditos e investigadores españoles parecen a menudo reyes de armas en busca de honorificencias olvidadas, y su sueño dorado es descubrir un Miguel Servet, un español que ya lo dijo más de un siglo antes.

honorífico -ca *adj* Que confiere honor [4]. | *BOE* 13.8.57, 742: Corresponderá al Director .. proponer para las recompensas honoríficas a los Profesores que se hayan distinguido por trabajos académicos extraordinarios.

honoris causa *(lat; pronunc corriente,* /onóris-káusa/) *loc adj* **1** [Doctor o doctorado] honorario. | *Cod* 2.2.64, 7: Que los tontos se conviertan en listos, los mediocres en sabios y los analfabetos en "doctores honoris causa". ZVicente *Traque* 258: Por cierto, la fotografía de esta enciclopedia no está mal. Es la de la recepción de mi doctorado honoris causa en la Universidad de Aquisgrán.
2 (*Der*) [Aborto] que se realiza para ocultar la deshonra de la madre. | *País* 12.3.83, 31: En el transcurso del juicio oral el ministerio fiscal desarrolló la tesis del aborto *honoris causa* –el practicado para esconder la deshonra– recogido en el artículo 414 del Código Penal.

honoroso -sa *adj (lit, raro)* Honroso [1]. | LTena *Alfonso XII* 126: En la antecámara espera una representación honorosísima del Ejército español.

honra I *f* **1** Buena fama o reputación [de una pers.]. | DPlaja *Literatura* 119: El hombre puede conseguir acá en la tierra algo más duradero y espiritual, que puede dejar a sus descendientes: una fama, una honra, una gloria. **b)** *Referido a una mujer:* Buena fama en lo referente a la moral sexual. | DPlaja *Literatura* 269: En *El Alcalde de Zalamea* vemos cuán enérgicamente defiende un villano (Pedro Crespo) la honra de su hija contra un capitán que la ofende. **c)** *(pop) Referido a una mujer soltera:* Virginidad. | DPlaja *El español* 144: La voz deshonrar tiene un significado totalmente español, de un españolismo negro .. La honra... Cuando se pierde, es fulminante. El mismo pecado, como una piedra atada al cuello, las arrastra cada vez más hondo. Una mujer que ha estado con un hombre es ya presa fácil.
2 Manifestación de respeto y consideración hacia una pers., esp. como reconocimiento de sus méritos y cualidades. | Torrente *SD16* 9.7.88, VI: Uno por lo menos de los c[l]australes de esta Universidad, en este momento ausente, comparecía también como reconocimiento en aquella ocasión, y recibía la misma honra. GPavón *Reinado* 257: El cura .. echó una pequeña plática .. sobre el respeto y la honra que se debe a los muertos.
3 Cosa que se considera motivo de orgullo. *Frec en la constr* TENER A (MUCHA) ~. | * Tiene a honra el proceder de una familia humilde.

4 ~s fúnebres. Funeral u otro acto religioso en sufragio de un difunto. | *DBu* 27.12.70, 4: Expresan su más sincero agradecimiento a cuantas personas tuvieron a bien en [sic] asistir a las honras fúnebres y sepelio celebrados en la villa de Pradoluengo.
II *loc adj* **5** [Punto] **de ~** → PUNTO.
III *loc adv* **6 a mucha ~.** *(col)* Con orgullo. *Frec como contestación a algo insultante.* | GPavón *Hermanas* 27: Cupletisto sí y a mucha honra, que mejor es ser lo que soy .. que ser hijo, como tú, de siete machos. SSolís *Jardín* 99: O te aprendes pronto un oficio, o a servir, como está mandado, y a mucha honra, que de menos nos hizo Dios.

honradamente *adv* De manera honrada [2b y 3b]. | Laforet *Mujer* 161: Trabajando honradamente, eso sí; pero trabajando, una señora como yo.

honradez *f* Cualidad de honrado [2 y 3]. | Benet *Nunca* 16: Semejante gesto de honradez fue lo que le valió en la esquela el "muerto en acto de servicio".

honrado -da *adj* **1** *part* → HONRAR.
2 [Pers.] cuyo comportamiento se ajusta a la norma moral, esp. en lo relativo a la veracidad y al respeto a la propiedad ajena. | *Ya* 14.9.77, 35: Viajante despistado. No le robaron las joyas; las perdió en el aparcamiento. Honrados ciudadanos le devolvieron la totalidad del muestrario. **b)** Propio de la pers. honrada. | Olmo *Golfos* 157: Los ojos de mi madre en honda sorpresa y miran con una gran sinceridad. RegO 21.7.64, 13: El mejor y más honrado consejo que se le puede dar a todo labrador que quiera prosperar es que compre tractor.
3 [Pers.] cuyo comportamiento se ajusta a la ley. | CNavarro *Perros* 35: Yo era un hombre honrado, alguien que no tenía que temer nada de la policía. **b)** [Cosa] acorde con la ley. | Benet *Nunca* 18: Mi trabajo no era totalmente honrado ..; nuestra actividad estaba dominada por las tribulaciones del negocio: desde la compra de la autoridad judicial hasta la venta descarada, cuando las cosas se ponían feas, de todos los materiales impagados.
4 *(raro)* [Pers.] que tiene honra [1a y b]. | DPlaja *Literatura* 269: Todos, rústicos y nobles, tienen el mismo derecho a ser honrados.

honrador -ra *adj (raro)* Que honra. | GMarín *Tri* 20.11.71, 18: De su cuerda es también, en cierto modo, San Juan de Dios, de tanta precocidad taumatúrgica que las campanas tocaron solas a su nacimiento, malísimo soldado y no muy honrador de sus padres.

honrar A *tr* **1** Dar muestras de respeto o consideración [a alguien o algo *(cd)*]. | SLuis *Liturgia* 12: Son dos los meses consagrados a honrarla [a la Virgen]: mayo y octubre. Cela *Pirineo* 34: Por encima de las arruinadas piedras benedictinas de Santa María del Monestir todavía flota el amargo recuerdo del conde incumplidor, del conde que no supo honrar su palabra.
2 Dar [a alguien o algo *(cd)*] algo que se considera un honor *(compl* CON). *Frec en frases de cortesía.* | Armenteras *Epistolario* 245: Por delicadeza no puede aceptar el cargo con que tan inmerecidamente se le honra. Cela *Inf* 1.8.75, 16: Mi compañero de oficio don Alfonso Paso me presentó el otro día a don Vicente Polisario Armendáriz, quien desde entonces me honra con su amistad.
3 Hacer más digno de estimación [a alguien o algo]. | Cabezas *Abc* 30.12.73, 39: Esa es una iniciativa que honra al Ayuntamiento. Tenerías *PenA* 9.1.64, 7: Don Ángel Yzarduy fue uno de esos alaveses que nos honra[n].
B *intr pr* **4** Tener a honra [algo *(ger, o compl* EN, DE o CON)]. *Frec en frases de cortesía.* | Medio *Bibiana* 81: Nuestra riquísima mantequilla le agradece cordialmente su preferencia y se honra obsequiándola. *CoA* 11.2.64, 13: Tienen derecho a habitar gratis en el gran edificio "Obra nueva" .., según dispuso su propietaria, la señora condesa de Guardainfanta, .. que se honraba con ese apellido: Acosta.

honrilla *f (col)* Amor propio. *A veces en la constr* LA NEGRA ~. | *Abc* 9.5.76, 57: El Valencia pondrá en juego lo que más importa: la honrilla.

honrosamente *adv* De manera honrosa. | R. Conte *SInf* 17.10.74, 1: Todo aniversario, todo centenario, toda ceremonia de este tipo, va dirigida a sepultar honrosamente un muerto molesto e inquietante.

honroso -sa *adj* **1** [Cosa] que honra [3]. | J. Lozano *NHi* 8.77, 75: Esta piel áurea fue considerada desde entonces como el tesoro más codiciado por los héroes y príncipes, digno de todo sacrificio y honroso premio al valor y al mérito. J. R. Castro *DNa* 16.8.66, 8: Durante el tiempo que desempeñó el cargo de archivero, la Diputación confió a Yanguas honrosas misiones.
2 [Cosa] que deja a salvo la dignidad o no implica deshonra. | SFerlosio *Ensayos* 1, 401: El ego nacional norteamericano podía sentir aquella paz como una "paz honrosa" ("paz honorable", se maltradujo entonces), según el degenerado concepto del honor que lo reduce a pura soberbia de la fuerza. C. M. SMartín *Abc* 7.6.58, sn: Se negoció .. un acuerdo honroso, pues se estableció que los franceses se retirarían a una legua del pueblo y que este le[s] suministraría víveres y agua.

honrubiano -na *adj* De Honrubia (Cuenca). *Tb n, referido a pers.* | M. T. Santos *DíaCu* 18.9.84, 6: Los honrubianos hacen un alto en sus quehaceres cotidianos.

hontanar *m (lit)* Sitio en que nace una fuente o manantial. *Tb fig.* | J. Taboada *RegO* 12.7.64, 16: No cuenta la tradición de quién era el équido que apareció lustroso y rozagante por haber bebido en un salutífero hontanar que allí emergía. Lapesa *HLengua* 206: El lenguaje poético de Garcilaso sirvió de modelo a toda la poesía española del Siglo de Oro: imágenes, epítetos .. se repiten profusamente en la lírica posterior, cuyos más altos representantes .. acuden al hontanar garcilasiano. Pinillos *Mente* 139: El hontanar de que mana originariamente la actividad radical de nuestro psiquismo está, por decirlo de algún modo, sin civilizar.

hontanariego -ga *adj* De Hontanar (Toledo). *Tb n, referido a pers.* | V. Leblic *VozT* 4.10.78, 24: Hontanar celebró la fiesta del Cristo del Buen Camino .. Los hontanariegos son un pueblo amante de su tierra, de sus tradiciones.

hooligan (*ing; pronunc corriente,* /χúligan/; *pl normal,* ~s) *m* Joven antisocial y violento que ejerce el vandalismo, gralm. en grupo y esp. con ocasión de encuentros deportivos. *Normalmente designa a los hinchas del fútbol británico.* | *Abc* 16.6.88, 107: Los "hooligans" pueden provocar la exclusión de la selección inglesa de torneos continentales.

hooliganismo (*pronunc corriente,* /χuliganísmo/) *m* Actitud o comportamiento de hooligan. | C. Reixa *Ya* 10.1.90, 18: Se podría intentar, aseguran, utilizar la misma medida para combatir el *hooliganismo* de los hinchas de fútbol británicos, emanando aromas felices en las gradas de los estadios.

hop (*fr; pronunc corriente,* /χop/) *interj* Se usa para animar a saltar. | Torrente *DJuan* 117: Saltaba [Don Juan] sobre la pista, decía: "¡Hop!" y salía pitando por el foro.

hopa *f (raro)* Vestidura a modo de túnica. | J. Tassara *CoA* 9.1.64, 9: Suena su campanilla [de la Hermandad de la Santa Caridad] y se ven venir sus faroles y su Crucifijo (llevados por pobres con hopas y sombreros azules).

hopalanda *f (hist)* Vestidura de falda muy amplia, empleada esp. por los estudiantes durante la Edad Media y el Renacimiento. *Frec con intención humoríst. Normalmente en pl.* | CSotelo *Poder* 258: El Príncipe Víctor, envuelto en una hopalanda, .. está recostado en el lecho. Torrente *Isla* 195: Los doce miembros [del tribunal] vestían también de negro, hopalandas o ropones de terciopelo y brocado. Cela *Alcarria* 95: Los hare krisna visten una hopalanda de color claro. J. Chamorro *Jaén* 4.9.74, 12: Hoy llama la atención el cura que viste sus hopalandas.

hopear *intr* Menear la cola [un animal, esp. la zorra]. | Soler *Muertos* 18: Pegado a sus calcañares, le sigue un perro ovejero, que hopea, levanta el hocico y ventea el aire.

hopi (*pronunc corriente,* /χópi/; *pl normal, invar o* ~s) *I adj* **1** De un pueblo indio del nordeste de Arizona (Estados Unidos). *Tb n, referido a pers.* | Tovar *Español* 523: En estas lenguas el contacto con el español fue .. largo. La dominación española sobre los pueblos fue duradera, y sobre los hopi fue bastante estable de 1630 a 1680. J. PAlbéniz *SPaís* 17.10.93, 78: En peligro de extinción .. Hopi. Población: 10.000. Desierto de Arizona, Estados Unidos.
II *m* **2** Lengua de los hopi [1]. | Tovar *Español* 523: Podemos señalar el carácter cultural de los préstamos tomados del español [por lenguas americanas] .. En Hopi hallamos señalado 'peso' (moneda), 'acá' y 'allá', 'banda', 'chico'.

hoplita *m (hist)* Soldado griego de infantería, provisto de armas pesadas. | Caloñge *Tucídides* 21: Hacía ya mucho tiempo que Esparta representaba muy poco en la vida cultural de Grecia. Su fama procedía del perfecto y eficaz funcionamiento de su ejército de hoplitas.

hoplítico -ca *adj (hist)* De (los) hoplitas. | J. F. RNeila *His* 2.83, 66: Sobre todo si tenemos en cuenta las estrechas concomitancias existentes entre la educación comunitaria y el disciplinado combate hoplítico, en el que los espartanos eran maestros.

hopo *m* Jopo (planta). *Tb* ~ DE ZORRA. | Bustinza-Mascaró *Ciencias* 291: Existen fanerógamas desprovistas de clorofila que viven parásitas sobre otras plantas verdes. Tales son: la cuscuta, el hopo. FQuer *Plantas med.* 605: Gordolobo. (*Verbascum thapsus* L.) Sinonimia cast[ellana], .. hopo de zorra.

hopón *m (raro)* Hopa grande. | VAzpiri *Fauna* 94: El milagro del tío embutido en el hopón negro, el caldero de hojalata, la placa.

hoptense *adj (lit)* De Huete (Cuenca). *Tb n, referido a pers.* | J. Calle *DíaCu* 7.8.84, 6: Muy a menudo vemos a uno de nuestros artistas conquense[s], con su caballete y sus pinceles en ristre, merodear los rincones hoptenses. Ahora está en Huete Óscar Pinar.

hoquetus *m (Mús) En la polifonía medieval:* Melodía que se divide en frases muy cortas, separadas por pausas bruscas, y cantadas por dos o más voces que se responden mutuamente. | Subirá-Casanovas *Música* 16: Cuando al texto litúrgico se adiciona en otra voz un texto literario distinto, tenemos el motete medieval, y si se introducen pausas entrecortadas, resulta el *hoquetus*. D. VCernuda *SDLe* 3.11.91, 8: El Códice Toledano .. habría sido hasta confeccionado en Francia. El que una famosa pieza, el hoquetus "In saeculum", fuera irrefutablemente de origen español no era más que casualidad.

hora I *f* ▶ **a** *como simple n* **1** Porción de tiempo correspondiente a una de las 24 partes iguales en que se divide el día. | Arce *Testamento* 13: Llevábamos una hora caminando. **b)** Momento del día, determinado por medio de la numeración de sus horas. *Frec en la pregunta ¿QUÉ ~ ES?, o (reg) ¿QUÉ ~S SON?* | Arce *Testamento* 71: Quise saber la hora, pero no logré distinguir los números en la esfera de mi reloj. Quiñones *Viento* 257: ¿Qué horas son, pero cómo?... Dios mío. **c)** Modo de numerar las horas del día según determinado punto de referencia. | Zubía *Geografía* 23: Husos horarios: Son las 24 porciones de la superficie terrestre en cada uno de los cuales impera la misma hora. **d)** (*Rel catól*) Parte del oficio divino, destinada a ser rezada en un determinado momento del día. *Normalmente en pl. Tb* ~S CANÓNICAS. | Pinell *Horas* 198: Los monjes estaban obligados a cantar las dos grandes horas del oficio catedral. Romeu *EE* nº 9.63, 11: Comprende .. las palabras del celebrante .. no solo para la misa, sino para las horas canónicas. GNuño *Madrid* 114: Regalo de la Emperatriz Eugenia a don Guillermo de Osma es un precioso Libro de Horas. **e)** (*Cicl*) Competición que consiste en dar el mayor número de vueltas posible al velódromo durante una hora [1a]. | *HLM* 26.10.70, 33: Se ha impuesto el danés Ole Ritter, recordman mundial de la hora.
2 Momento, o punto determinado en el tiempo. *A veces en pl con sent sg; en este caso suele designar un momento tardío o desacostumbrado.* | T. Medina *Inf* 4.6.70, 21: Tenemos esta noche rueda de Prensa, justo a la hora que Camino se ata los machos en la Beneficencia. Cunqueiro *Un hombre* 14: El hombre del jubón azul bebió a su vez, a sorbos, paladeando más que el vino de aquella hora el recuerdo de vino de otros días. P. Moyano *Cór* 29.8.76, 24: Que estamos, dentro y fuera de la Iglesia, en una hora excepcional está ya sobradamente repetido. Carande *Pról. Valdeavellano* 16: No era preciso que los burgueses de primera hora .. fueran todos precisamente mercaderes y artesanos. Tarancón *Ya* 20.11.75, 14: La desaparición de nuestro Jefe de Estado nos apremia a la más clara afirmación de los lazos que deben unirnos a todos los españoles para superar, sobre todo en estas horas, cualquier causa de discrepancia. Aldecoa *Cuentos* 1, 82: A estas horas lo que está deseando uno es meterse en la cama; que

uno a estas horas no tiene ganas de nada. **b)** Momento establecido o previsto [para algo o alguien (*compl de posesión*)]. *Tb sin compl.* | *Alc* 1.1.55, 3: Madrugaron y se pusieron a trabajar a su hora. Delibes *Cartas* 134: El espacio "Grandes Relatos" se prolongó hasta más allá de las doce y, cuando quisiste darte cuenta, la hora de nuestra cita había pasado. Matute *Memoria* 18: Se trastocaban las horas, se rompían costumbres largo tiempo respetadas. **c)** Momento preciso a que se cita a una pers. para una consulta o una audiencia. | *Sur* 11.8.84, 20: Tao. Acupuntura. Naturopatía. Consulta previa petición de hora. **d)** Momento en que se señala la salida del trabajo. *Normalmente en la constr* DAR LA ~. | * El sábado nos dan la hora a las doce. **e)** Momento adecuado [para algo (*compl* DE *o* PARA)]. *Tb sin compl, por consabido, esp en las constrs* NO ES ~ *o* NO SON ~S. | *Reg* 12.11.74, 4: Es hora de que .. por fin dejen de ofrecerse cosas, de prometerse, y de buenas palabras, y se pase a los hechos. * No es hora para visitas. VMontalbán *Rosa* 160: A usted le interesaba la historia. Lo he notado. No son horas, porque el día ha sido especialmente cansado, pero otro día hablaremos. **f) ~ punta, ~ valle** → PUNTA, VALLE.
  ▶ **b** *en loc* **n 3 ~ baja.** Momento de desánimo. *Frec en pl.* | * Me ha pillado en una hora baja.
  4 ~ corta. (*col*) Parto breve. *Frec en expresiones de deseo.* | ZVicente *Examen* 99: Miren las rosas de Jericó, ayudan a bien parir, no deben faltar en las casas decentes, proporcionan una hora muy corta.
  5 ~ extraordinaria (*u* ~ **extra**, *o* (*col*) *simplemente* ~). Tiempo de trabajo remunerado que se añade a la jornada normal. *Normalmente en pl.* | Medio *Bibiana* 114: Tiene que hacer, dos o tres veces por semana, horas extraordinarias. Miguel *Mad* 22.12.69, 13: El nivel de vida no se regala. Viene porque uno se pluriemplea, trabaja sus horas extra. R. Luján *Rev* 7/8.70, 10: Una quinta parte de los obreros y empleados .. se encuentran pluriempleados; proporción que aumenta con la posición, ingresos y categoría. "Haciendo horas" que justifican unos bajos salarios por parte empresarial.
  6 ~ feliz. *En un bar o establecimiento similar:* Período del día en que se reducen los precios o se hacen ofertas especiales. | SPaís 10.10.93, 26 (A): El secreto: .. hacer rifas, inventarse bonos y abonos, horas felices a mitad de precio y todo lo que una mente pueda imaginar para vender más cosas que el vecino.
  7 ~ menguada. (*raro*) Tiempo desgraciado en que se produce un daño o no se logra lo que se desea. | Faner *Flor* 144: Moza lloró, algo que había hecho pocas veces. Aunque se conservaba galana, sintió que le había llegado la hora menguada. Pero se rebeló con rabia. No se dejaría vencer tan fácilmente.
  8 ~ santa. (*Rel catól*) Acto piadoso que se hace los jueves, de 11 a 12 de la noche, en recuerdo de la oración de Jesús en el Huerto de los Olivos. | *ASeg* 29.10.62, 2: Una solemne hora santa se celebró ayer en la S. I. Catedral.
  9 ~s de vuelo. Número de horas efectivas que ha volado un profesional de la aviación. *Frec en sent fig, designando la experiencia de una pers en cualquier actividad o en gral.* | *Ya* 12.7.75, 5: Cuatro aviones Saeta cayeron al Mar Menor. Dos comandantes, dos capitanes y un teniente murieron en el accidente .. Los cinco militares fallecidos sumaban alrededor de diecisiete mil horas de vuelo. CSotelo *Muchachita* 293: Esa golfanta, que me la quieres meter por las narices, con más horas de vuelo que la Pompadour. Palomino *Torremolinos* 222: Este cabestro me ofrece un pitillo y luego va al director y le cuenta que me ha visto fumar estando de servicio. A mí no me la pega el tío; tengo yo muchas horas de vuelo.
  10 ~ tonta. (*col*) Momento de flaqueza en que se accede a algo a lo que no se accedería normalmente. | * Me pilló en la hora tonta y le dije que sí.
  11 la ~ de la verdad. El momento decisivo. | MGaite *Usos* 194: El momento de la declaración de amor .. era el que marcaba la hora de la verdad. ZVicente *Traque* 140: Allí, arriba, la Acción intervecinal no tiene sucursales todavía, a ver, esa manía de no dejar a la gente organizarse como es debido, que tanto se habla y se habla, y a la hora de la verdad, ya ve usted: ni una sucursal más allá de la sierra. **b)** (*Taur*) Momento de matar. | Quiñones *Viento* 54: A la hora de la verdad, las reses se le deshacían a Muñoz bajo la espada como agua, como aire.

12 la ~ hache. El momento fijado para un ataque u otra operación militar. *Tb fig.* | Torrente *Fragmentos* 316: Hasta la hora hache, todo dios quieto, y nada de confiarse a voceras y matamoros espontáneos.
  13 las Cuarenta ~s. (*Rel catól*) Devoción dedicada al Sacramento de la Eucaristía en conmemoración del tiempo que Cristo estuvo en el sepulcro. | Villapún *Iglesia* 69: La solemnísima [exposición del Santísimo] se hace para las Cuarenta Horas o para la Adoración Perpetua.
  14 las ~s muertas. Mucho tiempo seguido en una sola ocupación. *Frec con el v* PASAR. | MGaite *Retahílas* 46: Juana, Germán y yo nos pasábamos las horas muertas de un verano que fue particularmente lluvioso viendo cómo [la gotera del techo] mudaba de perfil y cómo se extendía más y más. Delibes *Cinco horas* 239: Las horas muertas que te has pasado en este despacho, dale que te pego, es que ni a hacer pis.
  II *loc adj* **15 de ~s.** (*reg*) [Coche] de línea. | Nácher *Guanche* 76: De tiempo en tiempo pasaba hacia Las Palmas el coche de horas y se detenía un momento frente a la taberna para recoger pasaje.
  III *loc v y fórm or* **16 echársele** [a uno] **la ~ encima.** Hacérsele tarde o pasársele más deprisa de lo esperado el tiempo con que contaba. | * Vamos, que se nos echa la hora encima.
  17 esta es la ~ en que... (*col*) *Fórmula que señala enfáticamente cómo en el momento presente no se ha realizado aún algo que se expresa a continuación. A veces simplemente* ESTA ES LA ~. | Delibes *Cinco horas* 215: Nadie daba razón de Galli, y esta es la hora en que no se sabe si lo mataron aquí, o cuando la guerra mundial. Delibes *Cinco horas* 98: Bueno, pues esta es la hora, y ya ha llovido, que revolvieron Roma con Santiago, .. pues lo que se dice ni rastro.
  18 hacer ~(s). (*raro*) Hacer tiempo, o esperar a que llegue la hora [2b]. | MMolina *Jinete* 422: Qué hago dando vueltas .., mirando el reloj, haciendo hora.
  19 llegarle, *o* **tocarle, la ~**, *o* **llegar su ~**, [a una pers.]. Morir [esa pers.]. *Tb fig, referido a cosa.* | CPuche *Paralelo* 365: El dinero se lo debes a la tía Petra, porque ha espichado .. Qué tendrá que ver Dios con que a la tía del pueblo le haya tocado su hora y a vosotros os haya venido bien. Fraile *Pról. Vida Lagos* IX: Cuando a Ágora le llegó su hora .., Concha continuó su obra.
  20 no ver la ~ [de algo (*infin*)]. Estar impaciente [por ello]. | * No veo la hora de marcharme de aquí.
  21 tener [alguien *o* algo] **las ~s contadas.** Estar próximo su fin. | * El nuevo director tiene las horas contadas. * El programa tiene las horas contadas.
  IV *loc adv* **22 a buenas ~s**, *o* **a buena ~.** *Se usa irónicamente referido a un hecho que ocurre demasiado tarde. Tb* A BUENAS ~S, MANGAS VERDES. | Payno *Curso* 137: –Yo voy a los hocinos. –¡A buenas horas! Hemos estado esperándote toda la mañana. Forges *Forges nº 2* 31: –Buenas tardes; soy el hechicero del seguro. –A buenas horas, mangas verdes. CAssens *Novela* 1, 347 (G): –¡Ketty! –clama Colombine–. Hay que tener cuidado con esta niña..., no deje que esas cosas... –¡A buena hora! –sonríe Ketty. **b)** *Expresa irónicamente incredulidad o rechazo ante lo que se enuncia a continuación.* | SFerlosio *Jarama* 68: Di que porque trabaja en el Ayuntamiento, y con eso ya parece que tiene como algo más de representación, que si no, a buenas horas le iba a dar yo de usted normalmente a un muchacho de esa edad.
  23 a todas ~s (*o, lit,* **a toda ~**). Continua o repetidamente. | MGaite *Búsqueda* 97: Por desventura .. pocas de entre ellas [las mujeres liberadas] son las que hacen uso de esa libertad que a todas horas hablan de estar conquistando. Delibes *Cartas* 92: Te piensa a toda hora, E.S.
  24 a última ~. En el último momento. | CBonald *Dos días* 30: Seguro, Miguel cumple, habrá tenido que hacer algo a última hora. **b)** Al final de la vida. | Onieva *Prado* 106: Sebastián del Piombo .. A última hora se malquistó también con Miguel Ángel .. Sus últimos días fueron tristes.
  25 con la ~ pegada al culo. (*vulg*) Con el tiempo muy justo. *Gralm con el v* IR. | Mendoza *Ciudad* 41: A lo que respondía el ministro al día siguiente con expresiones como "ir con la hora pegada al culo" (por ir justo de tiempo), "ir de pijo sacado" (por estar abrumado de trabajo).
  26 en buen (*o* **buena**) **~.** (*lit*) *Se usa para dar por bueno un hecho que se enuncia, frec implicando alguna reserva.* | Torrente *SInf* 25.7.74, 12: ¿Y qué podemos ofrecer a los

árabes a cambio de petróleo, no barato, gratuito? Alhambras, alcázares, medinas y mezquitas. Pues que se las lleven en buena hora.

27 en ~. Marcando la hora correcta. *Dicho de reloj. Frec con vs como* ESTAR *o* PONER. | *HLM* 14.4.75, 1: ¿Ha puesto en hora su reloj? El cambio de horario supondrá un ahorro de más de mil millones de pesetas.

28 en ~ buena. → ENHORABUENA.

29 en mala ~. *Se usa para deplorar un hecho que se expresa a continuación. A veces tb se dice, irónicamente,* EN BUENA ~. | MSantos *Tiempo* 218: En malà hora... el pobrecito. Se dejó asustar.

30 entre ~s. En el tiempo que media entre dos de las comidas normales del día. *Referido al hecho de comer o beber.* | VVigo *Hucha* 2, 92: –¿Quieres tomar algo? –No, gracias. Toma tú, si te apetece. –Entre horas no me conviene. Llevo un régimen.

horadar *tr* Agujerear [una cosa] atravesándola de parte a parte. | Medio *Bibiana* 62: La patata, excesivamente horadada por el molde agresivo que Bibiana empuña, se parte en dos.

horario -ria **I** *adj* **1** De (la) hora [1]. | * Los cambios horarios tratan de ahorrar energía. **b)** [Huso] ~ → HUSO.

II *m* **2** Cuadro indicador de la hora [1b] en que debe realizarse [algo (*compl de posesión*)]. *Frec se omite el compl, por consabido.* | Laforet *Mujer* 42: ¿No ha mirado el horario, señor?... ¿Cómo quiere que haya llegado el tren de Villa de Robre, si tiene la entrada a las nueve y media? **b)** Distribución en horas [1b] de las ocupaciones [de una pers.] o del funcionamiento [de un servicio]. | Torbado *En el día* 200: Era hombre cumplidor y no se arriesgaba a que un visitante encontrase cerrada la puerta durante el horario de comercio.

horca **I** *f* **1** Instrumento constituido por uno o dos palos verticales y otro horizontal, usado para ajusticiar a un reo colgándolo del cuello. | Cunqueiro *Un hombre* 21: Lo que sería novedad para el rey, llevarle cada mañana un legajo con lazo de pompón, otro con lazo de flor y los de pena de muerte con el nudo catalino de la horca.
2 Instrumento agrícola formado por un mango largo rematado por dos o más púas y que se emplea para hacinar mieses y otras labores. | Delibes *Ratas* 15: Una vez limpios los pesebres, se encaramó ágilmente en el pajar y arrojó al suelo con la horca unas brazadas de paja.
3 Palo que termina en dos puntas. | Chamorro *Sin raíces* 43: ¿Y qué muchacho de pueblo no ha tenido su tirador, fabricado con una horca de ramas de cerezo y gruesas tiras de goma sujetas a la horca con alambres? **b)** Tronco que se bifurca en dos ramas. | Hoyo *Bigotillo* 24: Se subió ligero a la horca de un árbol boyero. **c)** Figura de horca [3a]. | J. M. Moreiro *SAbc* 25.1.70, 42: Lo que León vocea a los cuatro vientos, .. desde el centro de esa horca fluvial que labran el Torío y el Bernesga, .. es la increíble riqueza monumental que alberga.
4 Conjunto de dos ristras [de ajos o de cebollas] unidas por un extremo. | Moreno *Galería* 47: Rastras u horcas de ajos.

5 ~ y pendón. Conjunto de dos ramas principales que se dejan en el tronco de los árboles al podarlos. | MCalero *Usos* 23: Estos frutales, bien formados en poda, pues en principio partieron de horca y pendón que fueron siguiendo hasta la forma de hoy, tenían un singular sistema de riego.

II *loc adj* **6 de ~ y cuchillo.** (*hist*) [Señor] con derecho y jurisdicción hasta para condenar a la pena de muerte. | J. M. Ballester *Abc* 18.8.73, sn: Los abades de Silos .. eran señores de horca y cuchillo, levantaban sus propias mesnadas.

III *loc v* **7 pasar por las ~s caudinas** (*o, más raro,* **pasar por las ~s**). Someterse [a algo que no se quiere (*compl* DE)]. *Tb sin compl.* | Ortega *Americanos* 51: Tendría que pasar bajo las horcas caudinas de un psiquiatra. Pedí rendimiento. N. Carrasco *MHi* 7.69, 23: Por las horcas de la publicidad –horcas metafóricas, claro es– pasaron incluso "monstruos sagrados" que hoy tiranizan a los grandes del cine.

horcajadas. a ~. *loc adv* Con una pierna a cada lado de la cabalgadura. *Gralm con el v* MONTAR. *Tb adj. Tb fig.* | * Siempre monta a horcajadas. SDragó *Cam* 15.7.79, 49: Don Carlos Martínez Izquierdo .. protagonizó el primer cruce del fuego [en San Pedro Manrique] llevando a horcajadas nada menos que al señor Ledesma Rodríguez, gobernador de la provincia. M. Canseco *TMé* 25.2.83, 47: Se sentaba a horcajadas en la primera silla que tuviese a mano. N. FCuesta *Abc* 30.12.70, 3: El resumen económico de 1970, a horcajadas entre la visión retrospectiva y el avizoramiento del futuro, no es pretensión fácil.

horcajadura *f* Ángulo que forman las dos piernas en su nacimiento. | Olmo *Golfos* 29: Teodorín se entretuvo en la cintura y en las caderas, y cuando se vio en la horcajadura, pasó de largo refugiándose en las piernas y en los brazos.

horcajeño -ña *adj* De alguna de las poblaciones denominadas Horcajo. *Tb n, referido a pers.* | P. P. Horcajada *DCu* 4.9.84, 6: Los horcajeños, una vez más, se preparan con gran ilusión para pasar estas Ferias-84. [*Horcajo de Santiago, Cuenca.*] J. Sierra *País* 13.11.81, 27: Los horcajeños que se han quedado dicen vivir mejor que nunca. Todos tienen su pensión, sus gallinas y sus cuatro cabras o vacas. [*Horcajo de la Sierra, Madrid.*]

horcajo *m* **1** Instrumento formado por un palo con dos puntas y otro atravesado, que se pone a las bestias en el pescuezo para trabajar. | L. Calvo *SAbc* 12.4.70, 10: En las tiendas de la ciudad hay numeroso surtido de zanjos, mantas y felpudos de los indios navajos, yuntas, horcajos, aciales, sarapes.
2 Confluencia de dos ríos o arroyos. | JGregorio *YaTo* 3.12.81, 55: Se trata del horcajo formado por los ríos Tajo y su afluente el Alberche.
3 Punto de unión de dos montañas. | Romano-Sanz *Alcudia* 288: En lo alto de la cuesta se abre otra vez la amplia perspectiva del valle limitada por las dos cadenas montañosas. En la septentrional hay un horcajo, entre el monte Cabriles y la sierra del Manzaire, por donde penetra brevemente en el valle la línea férrea de Madrid a Badajoz.

horcate *m* Pieza en forma de herradura que se pone a las caballerías sobre la collera y a la cual se sujetan las cuerdas o correas de tiro. | Soler *Caminos* 247: Lo primero que vimos fue que no había agua. Luego, paja y más paja, .. y arneses colgados de unas escarpias; un carro sin tendales y con una sola lanza, unos yugos, unos horcates...

horchano -na *adj* De Horche (Guadalajara). *Tb n, referido a pers.* | Cela *Alcarria* 60: A los horchanos les dicen los de la barbaridad porque hicieron una torta de harina de trigo, miel y huevos que pesaba treinta arrobas.

horchata *f* Bebida refrescante hecha con agua, azúcar y chufas, almendras u otros frutos similares molidos y exprimidos. | Goytisolo *Recuento* 44: En la glorieta había bandejas de canapés, de pan con tomate y jamón, y jarras de limonada y horchata y, para los mayores, sangría. Bernard *Combinados* 16: 1 cucharada grande horchata de almendra, 1/2 naranja. DCañabate *HLM* 16.10.78, 11: Todas las contertulias tenían que tomar necesariamente horchata de arroz.

horchatería *f* Establecimiento en que se hace o vende horchata. | Gironella *Millón* 350: La noticia de la muerte de José Antonio se propagó en seguida a ambas zonas. En la zona "roja" fue dada escuetamente, sin alardes, lo cual originó que en Barcelona, en "radio Sevilla", la horchatería de la Rambla de Cataluña, corrieran versiones para todos los gustos.

horchatero -ra *m y f* Pers. que fabrica o vende horchata. | Grau *ASeg* 21.11.62, 7: En la calle silenciosa se alzó un grito que llegaba hasta mí como pregón de paradisíacas delicias: –¡El horchatero...! ¡Horchata...!

horcón *m* **1** Horca [2] grande. | Moreno *Galería* 28: Unas veces el abastecimiento de leñas –aliagas, cambrones, gavillas de chaparros–, aquellos combustibles que se trajinaban con los horcones, el corto y el largo..., también era servicio municipalizado.
2 Madero usado como soporte o columna. | MMolina *Jinete* 524: El cielo estaba sostenido por horcones semejantes a los de las chozas de los melonares. E. La Orden *SYa* 27.4.75, 9: Se trata de una iglesia pintoresquísima .. Su interior es francamente mudéjar sobre horcones y zapatas, con una nave central de artesón, de par y nudillo con tirantes,

dos naves laterales planas y una preciosa armadura morisca en el presbiterio.

horda *f* **1** Tribu nómada y bárbara. | *Alc* 31.10.62, 24: ¡Llega el terror! ¡Llegan las hordas de Gengis Khan! Tejedor *Arte* 2: Los rudos hombres de Neandertal, agrupados solo en hordas, sin jefes y con rudimentaria organización.
2 Masa de gente indisciplinada o anárquica. | Delibes *Madera* 333: ¿Cómo hacer compatible a Dios con la horda? Si la horda, con la que papá Telmo comulgaba, había quemado a Dios en cien conventos. VMontalbán *Mares* 68: No solo los comunistas. La horda marxista no se ha complicado. Hay en ella hasta obispos y bailarines de flamenco. MSantos *Tiempo* 25: ¡Oh, qué compenetrados y amigos se agitaban por entre las hordas matritenses el investigador y el mozo ajenos a toda diferencia social!

hordiate *m* Bebida que se obtiene mediante el cocimiento de cebada. | N. Luján *Gac* 24.8.75, 17: El agua de cebada .. no venía [en el Diccionario] como horchata, sino como hordiate o bien como agua de cebada simplemente.

hordio *m* (*reg*) Cebada. | A. P. Foriscot *Van* 25.12.71, 9: Sabían [los pavos] a nuez. También era costumbre añeja cebarlos con harina de [h]ordio. [*En el texto*, ordio.]

horizontal **I** *adj* **1** Paralelo al horizonte [1]. *Tb n f, referido a línea* o, *más raro, a posición*. | Marcos-Martínez *Aritmética* 177: Dos rectas son perpendiculares cuando forman entre sí ángulos rectos. Ejemplo: las rectas horizontal y vertical en el nivel de albañil. Bustinza-Mascaró *Ciencias* 243: En las hojas horizontales la epidermis inferior posee estomas llamados aeríferos. Ramos-LSerrano *Circulación* 293: Las manguetas .. forman con la horizontal un ángulo de un grado aproximadamente, hacia abajo, llamado caída.
2 [Cosa] dispuesta o desarrollada de derecha a izquierda o de izquierda a derecha. | * El dibujo es horizontal. * Escritura horizontal. Marcos-Martínez *Aritmética* 28: El signo de la sustracción es una rayita horizontal (-), que se lee *menos*.
3 [Propiedad] sobre uno o más pisos de un edificio. *Tb, más raro, referido a propietario*. | M. Quintero *Nue* 22.12.70, 19: Una zona vital de Madrid donde predomina la propiedad horizontal. *Cod* 17.5.64, 6: "Pegas" con las que choca, entre otras, el posible "propietario horizontal".
II *f* **4** (*lit*) Prostituta. | Mendoza *Ciudad* 74: Habían dilapidado su dinero en perseguir inútilmente a las cortesanas celebérrimas, aquellas grandes horizontales con quienes algunos identificaban ya París. GPavón *Rapto* 232: Quien abría ora la Macedonia, horizontal de viejos servicios portones en Tomelloso, que ahora hacía de guardesa de lechos y cobradora de casquetes.

horizontalidad *f* Cualidad de horizontal. | Marín *Enseñanza* 319: Caligrafía .. Al valorar se tendrán en cuenta la horizontalidad e igualdad de separación de los renglones y los enlaces entre las letras. Tamames *Economía* 444: Desde 1956, la Organización Sindical ha procurado transformarse en algunos aspectos: cambios de nombre .., creación de Consejos Provinciales y Nacionales de Trabajadores y Empresarios (que pretende introducir una cierta horizontalidad compatible con la verticalidad).

horizontalmente *adv* De manera horizontal [1 y 2]. | Calera *Postres* 22: Cortadas las naranjas horizontalmente por la mitad, se vacían con una cuchara.

horizonte *m* **1** Línea lejana que limita la superficie terrestre abarcada por la vista del observador y en la cual parece que se unen el cielo y la tierra. *Tb la superficie terrestre limitada por esa línea.* | Delibes *Ratas* 13: Una cadena de tesos mondos como calaveras coronados por media docena de almendros raquíticos cerraba el horizonte por este lado. VMontalbán *Galíndez* 309: La mujer ha salido del coche, se despereza, mira hacia los cuatro horizontes como si se sintiera desorientada.
2 Conjunto de posibilidades o perspectivas [de alguien o algo]. *Frec en pl*. | Olmo *Golfos* 163: Este hecho revolucionario no le liberó de su horizonte habitual. Ridruejo *Memorias* 26: Al curso siguiente mi madre decidió abrir casa en El Escorial, para redimirme del internado y tenerme cerca .. El externado ampliaba mis horizontes.
3 Límite temporal de una perspectiva. | *Abc* 6.5.90, 52 (A): Entre los estudios que actualmente se están llevando a cabo por el Departamento de Obras Públicas y Urbanismo para la elaboración del proyecto del II Plan General de Carreteras, con un horizonte del año 2000, se encuentra el estudio del corredor Madrid-País Vasco-Cantabria.
4 (*Geol*) Capa de las varias que se distinguen en el suelo por su composición, color o estructura. | Ybarra-Cabetas *Ciencias* 293: Aparecen sobre la roca madre diversas capas llamadas horizontes, cuyas diferencias de composición y estructura se aprecian a veces incluso a simple vista, por su distinto color y compacidad.

horma[1] **I** *f* **1** Molde con que se fabrica o forma algo, esp. calzado o sombreros. | J. Carnicero *Mad Extra* 12.70, 51: Otras 406 empresas, dedicadas a la fabricación de plásticos, corcho, hormas, maquinaria, etc., con una plantilla superior a las diez mil personas, tienen también como salida fundamental la industria zapatera. Seseña *Barros* 137: Primeramente hacen el cuerpo [del botijo] y al día siguiente lo colocan boca abajo en una horma de barro puesta sobre la cabeza (rueda superior) del torno para raerlo con una caña y hacerle el fondo.
2 *En el calzado:* Forma de la base. | ZVicente *Traque* 20: Subirán de precio los zapatos de horma ancha, los electrodomésticos y el alpiste para los pajaritos en cautividad. SFerlosio *Jarama* 30: Fernando quedaba en pie, junto a Tito, y este le rodeaba la alpargata con u[n] palitroque, dibujando la horma en el polvo.
3 Instrumento que se coloca en el interior de los zapatos para darlos de sí o para que mantengan su forma. | *Economía* 99: Los zapatos se deben limpiar y guardar en las hormas; duran muchísimo más.
II *loc v* **4 encontrar** (*o* **hallar**) [alguien] **la ~ de su zapato.** (*col*) Encontrar la pers. o cosa más adecuada para sí. *Frec con intención irónica*. | VMontalbán *Balneario* 166: –Molinas es un gran jefe de protocolo .. –Pues ha encontrado la horma de su zapato. Ha llegado de Madrid un futuro ministro que es más protocolario que él. Espinosa *Escuela* 542: Nos has engañado y puesto en trance de estropear la carrera. Pero a fe que hallaste la horma de tu zapato. Nos vengaremos entregándote a los mandarines.

horma[2] *f* Pared o murete de piedra. | Berlanga *Gaznápira* 179: Se sientan en la horma de la plaza, con todo el jabardillo de monchelinos haciendo corro para escuchar al pico de oro del señor Obispo.

hormazo *m* Pared de tierra o de adobes. | FVidal *Ayllón* 245: Sigo mi paseo hacia el centro del pueblo, por calles de casas semirruinosas, con hormazos de adobes sueltos, balconadas hendidas y demás miserias comunes a los pueblos de Ayllón. Lapesa *HLengua* 71: Plinio cita el hispanismo *formāceus* 'pared', que [h]a dejado por única descendencia románica el español *hormazo* 'pared hecha de tierra'.

hormiga *f* **1** Se da este n a distintos insectos himenópteros, gralm de color negro, con el cuerpo dividido en tres segmentos mediante dos estrechamientos, con antenas acodadas y largas patas, y que viven en sociedad. | Ybarra-Cabetas *Ciencias* 347: Las hormigas europeas son pequeñas y de color negro pardo; pero en otros países son grandes, de colores variadísimos y brillo metálico. Laforet *Mujer* 124: Paulina se imaginó a sí misma andando, pequeña como una hormiga. **b)** *Se usa en constrs de sent comparativo para ponderar el carácter laborioso y ahorrativo de una pers. Frec en la forma* HORMIGUITA. *A veces como adj*. | Ó. Pinar *DíaCu* 9.9.84, 13: Sus mujeres son como hormigas, ya que, además de las hacenderas de la casa y el campo .., ayudan a sus maridos a hacer sus casas en los fines de semana. Umbral *Españolas* 230: Los hombres, aquí, pensamos que la cigarra está bien para las fábulas y para los ligues, pero que en el hogar nos va mejor una hormiga que quede lo que nosotros tiramos. CBaroja *Baroja* 207: Son con frecuencia los genealogistas los que llegan a tener personalidades más absurdas. Porque también en Pamplona había otro, mucho más cuco y hormiguita que Quadra Salcedo, que ha tenido una vida rara y hasta cierto punto balzaquiana.
2 ~ blanca. Termes. | Legorburu-Barrutia *Ciencias* 162: Los termes u hormigas blancas son insectos sociales. Viven formando colonias de hasta un millón de individuos.
3 ~ león. Insecto neuróptero de color negro con manchas amarillas, abdomen largo y casi cilíndrico y alas muy nerviadas y transparentes (*Myrmeleon formicarius*). | CBonald *Ágata* 148: Aun contando con sus largas especialidades de hortelano y pastor por campiñas vecinas, nunca había sabi-

hormigo – hornachero

do de aquella variedad de bicho que era a la vez saltarén y curiana, hormiga león y libélula.

hormigo *m* Arbusto centroamericano en cuyo tronco hueco habitan las hormigas (*Triplaris tomentosa*). | F. Ros *Abc* 6.6.67, sn: La marimba es creación de Guatemala. Sus teclas, de hormigo, o "el árbol que canta".

hormigón[1] *m* Material de construcción hecho de cal o cemento, arena y agua con grava u otro material similar. *Frec con un adj especificador:* ARMADO, HIDRÁULICO, *etc* (→ ARMADO[1], HIDRÁULICO, *etc*). | Cuevas *Finca* 248: Los graneros nuevos se construyeron .. de suelo de hormigón.

hormigón[2] *adj* (*Taur*) [Toro] que tiene los cuernos dañados a consecuencia del hormiguillo [2]. | J. Vidal *País* 13.5.77, 48: "¡Trampa, trampa! –clamaba uno desde su afición y su suspicacia–. ¡Están afeitados!" Quizá no, a buen seguro que no. Acaso fueran hormigones.

hormigonado *m* (*Constr*) Acción de hormigonar. *Tb su efecto.* | *NRi* 19.5.64, 9: Se han terminado las obras de hormigonado de la travesía de la carretera. *Ya* 28.5.67, 27: Central de hormigonado 120 m³/h. de hormigón seco.

hormigonar (*Constr*) **A** *intr* **1** Fabricar hormigón[1]. | G*Telefónica* N. 43: Armaduras para hormigonar. Cerramientos metálicos.
B *tr* **2** Colocar hormigón[1] [en un lugar (*cd*)]. | J. MMartín *Hoy* 19.3.76, 16: Se pretende hormigonar el lecho del río en referida longitud, así como hormigonar las márgenes.

hormigonera *f* Máquina de hacer hormigón[1]. | *Inf* 19.5.70, 23: A consecuencia de haber quedado aprisionad[o] en una hormigonera .., falleció el obrero don Luis Sastre Díaz.

hormigos *m pl* (*reg*) Cocimiento de harina de trigo y leche. | Cossío *Montaña* 75: "Las harrepas", que es nombre que también reciben las pulientas, cocimiento de leche y harina de maíz, así como si la harina es de trigo se llaman hormigos.

hormigueante *adj* Que hormiguea. | Zunzunegui *Hijo* 81: Manu sentía correrle por la columna vertebral una hormigueante flojedad. Delibes *Parábola* 144: El lecho ofrece la porosidad hormigueante de lombrices y lumiacos característica de los bosques seculares.

hormiguear *intr* **1** Experimentar [una parte del cuerpo] una sensación comparable a la de que por ella corrieran hormigas [1]. | * Me hormiguean las piernas. **b)** Impacientar o desazonar levemente. | Zunzunegui *Hijo* 85: Con la abundancia de dinero le entró .. una gran preocupación social, y su deseo de alternar con los grandes y poderosos le hormigueaba. Halcón *Monólogo* 23: Las mujeres somos conservadoras, pero cuando nos vemos cercadas de dinero por todas partes, nos hormiguea una grata sensación de poder hacer y no hacer.
2 Bullir o moverse [gran número de perss. o animales]. | Pinilla *Hormigas* 117: No me lo dicen los hombres que hormiguean de peña en peña afanándose por el carbón, sino que sorprendo sus esporádicas frases. E. La Orden *SYa* 15.6.75, 4: Hombres, mujeres y niños .. instalan cerca del santuario una abigarrada ciudad de toldos y de enramadas, hormiguean en los grandes atrios, caminan de rodillas.

hormigueo *m* Acción de hormiguear. *Tb su efecto.* | Grosso *Capirote* 165: Al principio parece que te fueras a morir allí mismo, en el momento en que empiezan a chuparte la sangre con la jeringa. Luego, nada. Un hormigueo que te queda en las piernas y que te desaparece en cuanto sales a la calle. Matute *Memoria* 161: No puedo pasar frente a una carnicería sin sentir un hormigueo de asco. MMolina *Jinete* 303: Los sábados por la mañana .. el mercado de abastos de Mágina tenía un escándalo y un hormigueo de zoco. Dossan *SLan* 7.1.79, 4: Se trata de parásitos chupadores .. Los animales se rascan y la lana pierde su brillo, y, al levantar esta lana muerta, se observa el hormigueo de gusanos.

hormiguero **I** *m* **1** Habitáculo hecho por las hormigas. | Legorburu-Barrutia *Ciencias* 157: En cada hormiguero hay varias reinas (de 3 a 50).
2 (*col*) Lugar en que hay gran cantidad de perss. o animales en movimiento. | Fernández-Llorens *Occidente* 104: Los zocos de las ciudades musulmanas, con sus calles estrechas, fueron un hormiguero de comerciantes y artesanos. **b)** Gran cantidad de perss. o animales en movimiento. | RMorales *Present. Santiago* VParga 6: Veía partir hormigueros de peregrinos hacia Compostela.
3 Torcecuello (ave). | Lama *Aves* 147: Posee [el torcecuello, *Jynx torquilla*] una lengua larga y pegajosa de la que se vale para atrapar a los insectos y las hormigas, estas su alimentación preferida, de donde toma el nombre de hormiguero que le dan en algunos lugares.
4 Oso hormiguero [5]. | Bustinza-Mascaró *Ciencias* 212: Son animales parecidos al canguro las zarigüe[y]as de América del Sur y los hormigueros de Australia.
II *adj* **5** [Oso] → OSO.

hormiguilla *f* (*reg*) Hormiguillo [1]. | Landero *Juegos* 118: Anda, duérmete ya, que parece que tienes hormiguilla.

hormiguillo *m* **1** Inquietud o comezón. *Frec en las constrs* TENER EL ~ EN EL CUERPO, *o* PARECER QUE SE TIENE ~. | Cela *SCamilo* 199: Se pegan demasiadas voces y se cruzan amenazas .., a la gente le ha entrado el hormiguillo. Cuevas *Finca* 205: Flotaba en el aire como una inquietud, como un hormiguillo inexplicable. Umbral *Memorias* 85: –Este niño tiene el hormiguillo en el cuerpo.– Teníamos el hormiguillo en el cuerpo y no nos estábamos quietos durante la prueba, porque queríamos salir a la calle .. y no nos importaba nada aquel abrigo a medio hacer.
2 Enfermedad que carcome la punta del cuerno de los animales vacunos y los cascos de las caballerías. | J. Vidal *País* 13.5.77, 48: Acaso fueran hormigones (puntas que quedaron romas a causa del hormiguillo), ese rascarse en los árboles, en las rocas y en la tierra, que es característico en los toros aquejados de comezón en el cuerno.

hormiguita → HORMIGA.

hormogonio *m* (*Bot*) En las algas cianofíceas: Fragmento de filamento que se desprende del talo y forma una nueva planta. | Ybarra-Cabetas *Ciencias* 236: En las [algas cianofíceas] pluricelulares el talo forma una especie de filamento envuelto en una vaina; algunos trozos de filamento escapan de la vaina (hormogonios), formando la nueva planta.

hormona *f* Producto de secreción interna de animales y plantas, cuya misión es excitar, inhibir o regular determinadas actividades orgánicas. *Tb designa las sustancias sintéticas que producen los mismos efectos.* | Bustinza-Mascaró *Ciencias* 27: El páncreas segrega el jugo pancreático .. y además elabora una hormona, la insulina, que se vierte directamente a la sangre.

hormonal *adj* De (las) hormonas. | CBaroja *Inquisidor* 11: Dios libre a sus criaturas de caer en manos de uno de esos galenos, para los que todo son perlesías y podagras, cálculos, cólicos, insuficiencias hormonales.

hormonar *tr* Tratar con hormonas [a una pers. o animal]. | *SPaís* 28.8.77, 8: Desde un tiempo a esta parte, en España, hormonas se ponen muchísimos .. Veo muchas parejas por la calle de gente hormonada, y se les ve iguales a las chicas. Sur 12.8.84, 48: El consumo de animales hormonados puede provocar cáncer. A. FRubio *País* 14.8.87, 22: Comenzó a hormonarse a los once años.

hormonoterapia *f* (*Med*) Uso terapéutico de las hormonas. | *Van* 6.1.74, 51: No hay medicamento más utilizado en el mundo que la aspirina, o ácido acetilsalicílico .. En la actualidad, para evitar la intoxicación salicílea, sirve, sobre todo, como relevo después de varias semanas de tratamiento de hormonoterapia con corticoides.

hornachego -ga *adj* De Hornachos (Badajoz). *Tb n, referido a pers.* | J. M. GTorga *Hoy* 7.2.64, 2: Se presentó una temible enfermedad a los naranjos de Hornachos .. Los hornachegos lucharon denodadamente contra el mal.

hornachero -ra *adj* De Hornachos (Badajoz). *Tb n, referido a pers.* | DOrtiz *His* 8.76, 59: El episodio más curioso del éxodo morisco a Marruecos fue la implantación de una república semiindependiente en Salé, enfrente de Rabat. Allí se establecieron unos diez mil, muchos de ellos procedentes de Hornachos, un pueblo extremeño .. En 1626 los hornacheros y sus aliados repudiaron la nominal dependencia en que se hallaban respecto al sultán.

hornacho *m* Cavidad excavada en un terreno en que se extraen ciertas tierras o minerales. | F. PMarqués *Hoy* 27.8.75, 12: Se recorta allá a lo lejos .., enjalbegado con la cal extraída de los propios hornachos de su sierra, que aquí llaman calerizos, el pueblecito de Alconera.

hornacholero -ra *adj* De Hornachuelos (Córdoba). *Tb n, referido a pers.* | M. Aguayo *Cór* 21.8.90, 13: Me gusta más el llamarlos hornacholeros, término más castizo y sabroso.

hornachuela *f (reg)* Choza. | CBonald *Ágata* 21: Llegaron desde más allá de los últimos montes y levantaron una hornachuela de brezo y arcilla en la ciénaga medio desecada.

hornacina *f* Hueco en forma de arco, practicado normalmente en un muro o pared y destinado gralm. a contener una estatua o algo similar. | Camón *Abc* 25.9.70, 3: Se crea ahora [en el siglo XVI] un tipo de templo de una tal ascética sencillez como no la habíamos encontrado desde el románico. Puerta generalmente adintelada y sobre ella una hornacina con algún santo.

hornada *f* **1** Conjunto de cosas que se cuecen al mismo tiempo en el horno [1]. | Seseña *Barros* 38: En Carbellino, las hermanas Redondo Iglesias hacen una sola hornada al año, que venden en la feria de San Pedro. Berlanga *Recuentos* 17: Con la cara roja [el panadero] remató la última hornada.
2 Conjunto de perss. o cosas que concluyen su etapa de preparación o que entran en funcionamiento al mismo tiempo. | Laiglesia *Ombligos* 63: Pocos días después, los justos para que la nueva hornada de futuros embajadores completase su guardarropa e hiciera sus maletas, apareció la lista de vacantes que debía cubrir la promoción. Berlanga *Acá* 55: Aurelio Díaz, ingeniero de la hornada de los años 60. Benet *Aire* 145: Caldús tenía el coche, un Seat 1400 de la primera hornada de la fábrica.
3 Acción de hornear. | Ridruejo *Memorias* 22: Un pariente de los dueños de la casa era panadero, y yo procuraba no perderme las ceremonias del amasado –con olores agrios– y de la hornada –con olores secos–.

hornazo *m (reg)* **1** Rosca o torta guarnecida con huevos, fiambres o embutidos y cocida al horno [1]. | Vega *Cocina* 86: Aunque tiene forma de tarta, se equivocaría quien creyese que el hornazo es, también, un postre. Se hace con hojaldre, pero no encierra ninguna confitura, sino trozos de ave, jamón, huevos cocidos, chorizo. MCalero *Usos* 30: En buena artesa heñían la masa .. para el pan y las hogazas, y hasta algún día se hacían, también, buenos y suculentos hornazos. L. Moreno *YaTo* 30.8.81, 41: Por los pueblos de La Mancha se comen por estos días en el campo los "hornazos".
2 Rosca o tarta dulce. | GLuengo *Extremadura* 107: De dulces, debe añadirse .. hornazos de Trujillo, tortas de Arroyo de la Luz.

hornblenda *f (Mineral)* Mineral constituido por silicato de aluminio, calcio, hierro y magnesio, de color verdoso o negruzco. | Ybarra-Cabetas *Ciencias* 77: Diorita. Roca granuda con cristales claros de feldespatos, muy destacados, junto con otros verde oscuro de anfíbol o negros de hornblenda.

horneado *m* Acción de hornear. | R. GLucia *SAbc* 14.11.82, 42: Amasando el barro oscuro con las manos moldean vasijas que, dejando secar al sol, no necesitan de la robustez del horneado.

hornear *tr* Cocer [algo] en el horno [1]. *Tb abs.* | Quiñones *Viento* 255: En la panadería de Cristóbal, donde hornearán hoy molletes como todos los fines de semana, comenzará la briega familiar de la noche. Seseña *Barros* 38: El hombre participa en el proceso de fabricación recogiendo leña, horneando las piezas y ocupándose de su venta, y también ayuda a la mujer a extraer y transportar el barro. Calera *Postres* 57: 250 gramos de harina, 1 dedal de polvo de hornear, 1 cucharada de aceite.

hornero -ra A *m y f* **1** Pers. encargada del servicio de un horno [1]. | Moreno *Galería* 27: Este lugar de cocer el pan, por turno, previamente pedido y señalado por el alguacil, o por la hornera u hornero, el vecindario, y que, generalmente, se encontraba instalado en algún ángulo de cualquier destartalado corralón.
2 *(reg)* Panadero. | CBaroja *Baroja* 93: Allí [en los nacimientos] estaban desde los personajes de los Evangelios .. hasta la castañera, la mujer que hila con su gato al lado, el hornero, la vieja con la zambomba. Onieva *Prado* 17: Corrieron y corren anécdotas a cuenta de la famosa Fornarina, una panadera de Transtevere [sic] .. Hoy nadie cree, ni puede creer, que los retratos de las Vírgenes rafaelescas sean los de la bella hornera.
B *f* **3** *(reg)* Lugar en que está el horno [1] del pan. | Delibes *Voto* 95: Al fondo de la manzanara, se abría un cuchitril ahumado, sin cielo raso, difusamente iluminado por un ventano .. Dijo el señor Cayo, con cierta solemnidad, tal que si presentase a una persona: –La hornera. Ella y yo cocemos el pan aquí. *País* 22.3.83, 14: Casa antigua montañesa. Entre Comillas y Santillana. Con portalada, corraliega, huerto de limones, pozo, hornera, cocina de llar, etc.

hornija *f* Leña menuda con que se enciende o alimenta el horno [1] o la lumbre. | L. Moreno *Abc* 5.8.70, 31: Uno .. aún añora aquel pan blanco, incluso el moreno, con las ramitas de hornija quemadas e incrustadas en la base, garantía de una cocción a base de retama olorosa. MCalero *Usos* 28: Alimentaban la gloria con paja de la cosecha, sarmientos de los majuelos y hornijas del monte y del páramo rayano.

hornilla *f* Hornillo [1]. | *Mad* 13.12.69, 20: El Juzgado, que se personó en el interior del edificio, comprobó que estaba encendida la hornilla del gas butano. Seseña *Barros* 111: No he encontrado referencia alguna escrita a la alfarería de Los Navalucillos .. En cuanto a las piezas de fuego, fabrica hornillas (anafre), pucheros y cazuelas.

hornillera *f (reg)* Soporte en que van encajados los hornillos [3]. *Tb el conjunto de hornillos.* | Delibes *Castilla* 177: El dujo tumbado, es decir, el hornillo, es el que va empotrado en el muro de una casilla que le decimos la hornillera. Delibes *Guerras* 117: Pacífico, majo, ¿no te importa echar un vistazo a la hornillera de Punta Puntilla?

hornillo *m* **1** Infiernillo. | Torrente *Señor* 305: –Pero ¿y todo esto? –Un hornillo de gasolina, una lámpara de carburo, dos quinqués de petróleo, peroles de aluminio, botellas, café .. –Comprenderás, hijo mío, que tu plan de vivir como un asceta no me hace mucha gracia. Que al menos puedas prepararte una taza de té o beber una copa. Grosso *Capirote* 159: Volvieron a entrar en la choza. La mujer encendía el hornillo de carboncilla, aventando las llamas con un soplillo de esparto. ZVicente *Traque* 64: Fíjese, aún tiene la etiqueta de la tienda sin caerse, lo que demuestra que el calor del hornillo eléctrico que le ponemos en invierno debajo [a la camilla] no es muy intenso. **b)** *En una cocina:* Punto superficial de fuego. | Delibes *Príncipe* 41: La Vítora manipulaba en la cocina y el fogón, y había sobre un hornillo una cazuela de aluminio que humeaba, y ella colocó, sobre el hornillo grande, otra cazuela.
2 *En una pipa de fumar:* Cavidad en que se quema el tabaco. | F. Alemán *SArr* 18.10.70, 18: Tiene diecisiete años, las ropas sucias, los cabellos desmesuradamente largos, cayendo en bucles sobre los hombros, cayéndosele la pipa con el hornillo volcado.
3 *(reg)* Horno [5]. | Delibes *Castilla* 177: El hornillo lleva, de la parte de fuera, un posadero y unos agujeritos para que entre y salga la abeja.

horno I *m* **1** Obra de albañilería, o aparato metálico, en cuyo interior hay un espacio cerrado en el que se somete a elevada temperatura un objeto. *Frec con un adj o compl especificador:* ALTO, CREMATORIO, DE REVERBERO, (→ ALTO[1], CREMATORIO, *etc*). | Moreno *Galería* 25: El horno tenía su planta circular y su bóveda esférica. *Abc* 12.11.70, sn: Cocina Sears 4 fuegos .. Horno con termostato. J. A. Rodríguez *VAl* 7.6.75, 10: El ingeniero director del Instituto Tecnológico Central y del Laboratorio de Experiencias Heliotérmicas y Horno Solar explicó .. en qué va a consistir este laboratorio y el trabajo a desarrollar en el mismo.
2 *(col)* Lugar en que hace mucho calor. | Mendoza *Gurb* 133: En verano la vivienda es un horno, y en invierno, una nevera.
3 Montón de leña, piedras o ladrillos, que se somete a la acción del fuego. | Lorenzo *SAbc* 22.9.74, 11: Carbonea el extremeño las rozas, puebla de hornos la dehesa y, a las afueras del pueblo, alza los anchos conos de fuego lentísimo de la carbonera.

horoscópico – horrendo

4 (*reg*) Tahona. | *Pro* 7.4.74, 24: Durante la mañana de hoy .. servirán pan del día los siguientes hornos.
5 Concavidad en que crían las abejas fuera de las colmenas, o agujero preparado para introducir vasos en la pared del colmenar. | Moreno *Galería* 67: Catar y hacer miel y cera. Algunos vecinos tenían colmenares con fábrica de edificios suficiente, y en ella su docena o su quincena de hornos. En realidad, los hornos eran muchos más, pero habitados solía estar ese número.
II *loc adj* **6 de ~.** (*Arquit*) [Bóveda] que consta de un cuarto de esfera y cubre gralm. el espacio del ábside semicircular. | PCarmona *Burgos* 61: El hemiciclo de la cabecera se cubre con bóveda de horno.
7 [Cuento] **de ~** → CUENTO.
8 recién sacado (o **salido**) **del ~.** (*col*) Muy reciente. | Alfonso *Caso* 5.12.70, 15: Juan Miguel López Medina había cometido .. unas quinientas estafas a otros tantos matrimonios recién sacados del horno.
III *loc v* **9 no estar el ~ para bollos** (o **para tortas**). (*col*) No ser el momento adecuado. | CPuche *Paralelo* 257: –Oye, Pascualete, uno de estos días tenemos que hablar. –¿Por qué no ahora? .. –No está el horno para bollos. –¿Ocurre algo? –Mañana o pasado, mejor, yo te espero y hablamos. Grosso *Capirote* 19: Os he dicho que no doy más que un viaje, y mirar que no es una broma ni un cachondeo que me haya inventado por mi cuenta .. No está el horno para tortas, la candela para bollería..., ni tengo por qué soportar a ningún hijo de puta.

horoscópico -ca *adj* De(l) horóscopo. | *Gac* 11.5.69, 13: La Editorial Dell, que publica unas treinta revistas horoscópicas al año, vendió en 1968 ocho millones de ejemplares de sus ediciones de bolsillo.

horóscopo *m* Predicción del futuro de una pers. según la posición de los astros del sistema solar y de los signos del zodiaco en el momento de su nacimiento. *Normalmente referido a la predicción a corto plazo para los nacidos bajo un signo dado.* | Sánchez *Cine* 1, 51: Michel Poiccard piensa continuamente en la muerte, tira el periódico que compra al ver que no trae el horóscopo.

horqueta *f* **1** Palo que termina en dos puntas y que se usa esp. para sostener las ramas de los árboles. | S. Menéndez *Ya* 10.1.87, 34: Aunque con el paso del tiempo ha descendido la explotación sobre estos bosques, la implantación de los monocultivos del tomate y el plátano en este siglo volvieron [*sic*] a afectar seriamente a los montes por la consiguiente demanda de varas, horquetas y horquetones. CBonald *Ágata* 36: El niño se consumía magro y traslúcido en su cuna de cuero de venado sostenida por dos horquetas de ricino.
2 Señal que se hace en las orejas de las reses bravas y que consiste en una raja angular que parte de la punta hacia el oído. | Cela *Viaje andaluz* 177: Los toros de doña Enriqueta de la Cova llevan dos golpes largos en la oreja derecha y una horqueta en la izquierda; los de don Félix Moreno enseñan una higuera en la una y un golpe arriba en la otra.

horquetón *m* Horqueta [1] grande. | S. Menéndez *Ya* 10.1.87, 34: Aunque con el paso del tiempo ha descendido la explotación sobre estos bosques, la implantación de los monocultivos del tomate y el plátano en este siglo volvieron [*sic*] a afectar seriamente a los montes por la consiguiente demanda de varas, horquetas y horquetones.

horquilla *f* **1** Objeto, gralm. metálico, doblado en forma de U abierta o muy cerrada y que emplean las mujeres para sujetar el peinado. | Peraile *Cuentos* 94: De la honda lobreguez de los portales salían algunas mujeres envueltas en una arrugada negrura de tocas y velos .. Se detenían para remachar el luto con imperdibles y horquillas.
2 Palo que termina en dos puntas. | Delibes *Voto* 110: Le vio buscar una horquilla entre los zarzales, coger un cordel enredado en la salguera, pasarle por aquella y extraer del remanso un gran retel de tela metálica donde bullían dos docenas de cangrejos.
3 Objeto o pieza en forma de U o de Y. | Laforet *Mujer* 193: Sonó el teléfono. Paulina estaba ahora junto al aparato. Mirando hacia la horquilla negra del aparato. Marcos-Martínez *Física* 51: Para evitar el desgaste o la flexión de la parte móvil, cuando la balanza no funciona descansa los brazos sobre una pieza llamada horquilla, que los mantiene fijos.

APaz *Circulación* 263: La horquilla E de la rueda delantera [de la motocicleta] forma cuerpo con el manillar, y su conjunto se articula al cuadro mediante un gran pivote inclinado, de modo que, al girar a uno u otro lado el manillar, la horquilla orienta la rueda delantera en el sentido que el conductor desea hacer virar la moto. Arenaza-Gastaminza *Historia* 182: Soldado de los tercios de Flandes con su arcabuz, horquilla, espada y las bolsas de la pólvora y balas pendientes del hombro. [*En un dibujo.*] Delibes *Madera* 435: Imaginaba los torpedos cabalgando sobre ellas [las olas], la sensible espoleta en la horquilla, prestos a explotar. **b)** Forma de U o de Y. | F. GSegarra *DEs* 14.8.71, 9: Este esfuerzo son las docenas de brazos hercúleos tendidos y crispados hacia lo alto que lo rodean [el "castell"] de un infrangible cinturón de músculos palpitantes de acero hasta convertir a la base en una masa maciza de hombres que con manos y brazos hacen horquilla por debajo de los hombros enlazados de los que han de aguantar en los hombros el peso del "castell".
4 *En las aves:* Hueso formado por las dos clavículas. | Ybarra-Cabetas *Ciencias* 385: Las clavículas se sueldan, originando un hueso que por su forma recibe el nombre de horquilla. *Coc* 12.66, 17: Por el otro lado [del pollo] .. alargar la abertura y hacer remontar la piel hasta la altura del hueso llamado vulgarmente horquilla.
5 Margen comprendido entre dos magnitudes o valores. | M. Guindal *Sur* 14.8.88, 26: Otras fuentes, más solventes, han situado la previsión del IPC entre el 0,6 y el 0,8 por ciento. Hontañón *Abc* 4.3.75, 81: Los hubo –óptimos o casi óptimos resultados– en la "Séptima sinfonía", de Bruckner. Con un planteamiento sonoro rico en planos y en discriminaciones dinámicas de amplia horquilla.
6 (*reg*) Horca agrícola de madera con dos púas. | M. GLarrea *Luc* 27.8.64, 4: Por sendas y caminos, regresaban los labriegos con sus bieldos y horquillas sobre el hombro.
7 (*reg*) Instrumento para remover el fuego del horno. | D. Gil *Cór* 9.8.89, 20: Encañonando con un revólver al Pillao, que estaba alimentando el horno para acabar de cocer ladrillos, le ordenó que con la horquilla agrandara la boca de la caldera.

horquillado -da *adj* **1** *part* → HORQUILLAR.
2 Que tiene forma de horquilla [2 y 3]. | T. Rabanal *Hoy* 19.12.75, 13: Esclarecida ejecutoria de trabajo la de aquellos días, pues del arado improvisado (un tronco de árbol con una rama horquillada) los campesinos eméritos llegaron a alcanzar metas para su agro verdaderamente florecientes. Rodríguez *Monfragüe* 74: El Milano negro (*Milvus migrans*) tiene la cola horquillada.

horquillar *tr* (*Mil*) Encajar [algo] entre dos líneas que forman horquilla [3b]. | Benet *Lanzas* 118 (G): Sin duda, los del puerto tenían perfectamente tomada la distancia al aprisco, porque, horquillado desde los primeros disparos, fue certeramente alcanzado en las siguientes salvas. Ridruejo *Castilla* 1, 418: Las [carreteras] de Palencia y Valladolid dejan a la villa de Don Beltrán en medio, horquillada, como dirían los artilleros.

horquillero *m* (*reg*) Hombre que lleva las andas en una procesión. | E. Seijas *Ide* 28.9.87, 5: Cuando escasos minutos más tarde la Señora apareció iluminada en el dintel de la puerta a hombros de la primera tanda de horquilleros, el tronar de cohetes y repicar de campanas anunciaron que acababa de iniciarse el "Día de la Virgen" que los granadinos esperamos con verdadera ilusión durante todo el año.

horquillo *m* (*reg*) Horca agrícola de madera con dos púas. | FArdavín *SAbc* 15.5.58, 82: Nadie le aventajaba a madrugar ni a manejar la azada o la mancera, la binadera o el horquillo.

horquillón *adj* (*Caza*) [Ciervo] de dos años en el que los candiles de sus cuernas tienen forma de horquilla. *Tb n m.* | *HLS* 3.8.70, 8: Queda .. prohibida la caza de ciervos .. en sus dos primeras edades de cervato y vareto .. En la especie ciervo, queda también prohibida la caza de horquillones.

horrendamente *adv* De manera horrenda. | Gironella *Millón* 729: Don Emilio tenía los tobillos horrendamente hinchados.

horrendo -da *adj* Que causa horror. *Frec con intención ponderativa.* | CBonald *Ágata* 136: Un pájaro lucífugo de remos como muñones espiaba tras unos jarales con la horrenda mirada del necrófago. Villapún *Iglesia* 8: Pedro dirigió su primer sermón al pueblo acusando valientemente a los judíos del horrendo crimen que acababan de cometer en la persona de su Maestro. **b)** (*col*) Sumamente feo. | GPavón *Hermanas* 46: Sobre el sillón de la mesa del despacho un horrendo retrato al óleo de don Norberto.

hórreo *m* Edificio de piedra o madera, aislado, de forma rectangular y sostenido por columnas, que se emplea en el noroeste de la Península para guardar granos y otros productos agrícolas. | Ortega-Roig *País* 76: En Galicia y Asturias existe un tipo de granero llamado hórreo. Es un pequeño edificio sostenido por columnas, que aíslan la cosecha de la humedad del suelo y de los ratones.

horrible *adj* **1** Que causa horror. *Frec con intención ponderativa*. | Laforet *Mujer* 242: El crimen había sido horrible. J. CAlberich *Mun* 23.5.70, 31: Su forma de jugar al golf ha sido calificada de horrible. **b)** (*col*) Sumamente feo. | E. Boado *SPaís* 5.3.78, 26: En 1976, mes de julio, aparecen los primeros seis sellos con la imagen del rey Juan Carlos I .. Se han elegido unos colores horribles en la mayoría de los casos.
2 (*col*) Muy grande o extraordinario. | MGaite *Visillos* 225: Mercedes ha hecho el ridículo con él, le ha estado buscando todo el tiempo, se ha hecho unas ilusiones horribles.

horriblemente *adv* De manera horrible. | Gala *Strip-tease* 322: Se golpea la coronilla, que suena horriblemente a hueco.

hórrido -da *adj* (*lit*) Horroroso. | Mendoza *Ciudad* 53: Un incendio devastador arrasará Barcelona, nadie saldrá indemne de esta hórrida pira. Kurtz *Lado* 23: Cosas buenas y cosas hórridas, un desorden parcial y una limpieza dudosa.

horripilación *f* Acción de horripilar(se). *Tb su efecto*. | Delibes *Madera* 141: ¡Está horripilado! Nunca en la vida vi un caso de horripilación semejante.

horripilador *adj* (*Anat*) [Músculo] que eriza los pelos y contrae la epidermis como consecuencia del frío o del miedo. | Bustinza-Mascaró *Ciencias* 88: Cada pelo posee un pequeño músculo llamado horripilador, que al contraerse proyecta al folículo un poco al exterior y el pelo se pone eréctil.

horripilante *adj* Que horripila [1]. *Frec con intención ponderativa*. | M. LPalacios *Caso* 26.12.70, 3: La tercera de las hijas .. se hallaba prestando sus servicios como niñera en la ciudad de La Laguna, .. causa esta que la salvó de la horripilante masacre. Arce *Testamento* 65: Se me antojaba que lo estaba presenciando de igual modo que había presenciado tantas proyecciones horripilantes en los cinematógrafos de Tombstone. **b)** (*col*) Sumamente feo. | Laiglesia *Tachado* 29: ¿Qué ha sido de aquellas horripilantes babuchas morunas que nos trajo de Marruecos un amigo que desde entonces dejó de serlo?

horripilantemente *adv* De manera horripilante. | L. Pancorbo *SYa* 21.9.75, 9: Burgos tenía un cierto aire sobrio .. Han dejado ahora hacer, y han hecho, una obscena chimenea que rivaliza con las torres de la catedral, que desgarra horripilantemente la mayoría de los paisajes de Burgos.

horripilar *tr* **1** Causar horror [a alguien (*cd*)]. *Frec con intención ponderativa*. | Zunzunegui *Hijo* 82: Ver morir a quienquiera que sea me horripila. Sampedro *Octubre* 203: Me horripilaba lo de muchos hijos (jamás, ni uno!). **b)** *pr* Pasar a sentir horror. *Frec con intención ponderativa*. | SSolís *Camino* 151: Doña Pura se horripilaba progresivamente, según iba midiendo la profundidad y gravedad de aquella abominación. Kurtz *Lado* 119: Si se dio cuenta, debió de horripilarse, y por lo mismo, se agarró a Felisa Ballvé.
2 (*lit*) Erizar el pelo [a alguien (*cd*)]. | * La música militar horripilaba al muchacho. **b)** *pr* Erizársele el pelo [a alguien (*suj*)]. | Delibes *Madera* 140: Se le crispó el rostro, y brazos y piernas se revistieron de una piel granulosa con un pelito rubio coronando cada grano .. –¡Este niño está horripilado!

horrisonante *adj* (*lit, raro*) Horrísono. | DCañabate *Andanzas* 241: Ninguno [de los sonidos] salía de un instrumento que pudiéramos llamar musical, sino al contrario, valiéndose de cualquier utensilio casero capaz de levantar el más horrisonante desconcierto.

horrísono -na *adj* (*lit*) [Cosa] cuyo sonido causa horror. | GLuengo *Extremadura* 71: La torre llamada del Aprendiz o de Espantaperros; lo último, porque parece ser que el ruido de sus campanas resultaba horrísono. Delibes *Ratas* 155: Los truenos horrísonos del noroeste se confundían con las exhalaciones del sudeste y con el repiqueteo del pedrisco que rebotaba sobre la piel tirante del teso.

horro -rra *adj* **1** (*lit*) Carente [de algo]. | Cela *Judíos* 301: La reina Isabel quizás hubiera quedado en princesa de poéticas soledades –horra de tierras y de vasallos– si, de aquella hecha, el rey don Enrique no da el paso que dio. FVidal *Duero* 50: Tres arquivoltas apoyadas en capiteles horros de ornato por erosión del tiempo sobre la piedra arenisca.
2 [Oveja, u otra hembra de ganado] que no queda preñada. | *Ya* 28.10.82, 18: La oveja sencilla rara vez encuba al año siguiente, y al parir las horras de antaño la cría es miserable. [*En Soria*.] Romano-Sanz *Alcudia* 95: –En febrero, por carnaval, celebramos la fiesta de los pastores y los mayorales. –Esa noche nos entregan la mejor horra del rebaño y media arroba de vino por cabeza.
3 (*hist*) [Esclavo] libertado. *Tb* (*lit*) *fig*. | CBonald *Ágata* 112: No pasó mucho tiempo sin que las dos manumisas –la liberada del trato callejero y la horra de esclavitudes corcheras– acabaran uniéndose en unas más que encendidas alianzas.

horror I *m* **1** Repulsión intensa hacia algo que es moral o físicamente desagradable. | Laforet *Mujer* 46: La abuela se hubiese muerto de horror si hubiese sabido la libertad con que Víctor y Paulina hablaban. Laforet *Mujer* 30: Se quitó del cuello con un horror histérico un insecto duro. **b)** ~ **al vacío**. (*Arte*) Horror vacui. | GNuño *Arte* 13: La cerámica [de Numancia] .. revela una robusta personalidad; el horror al vacío (*horror vacui*) domina en esta serie.
2 (*col*) Miedo muy intenso. *Frec con intención ponderativa*. | * Este examen me causa verdadero horror.
3 Cosa que causa horror [1]. *A veces usado como interj. Frec en la constr exclam* ¡QUÉ ~! | Salvador *Haragán* 79: Los chicos nos dijeron horrores; pero la cosa se había encauzado así, y todos .. estábamos contentos. ZVicente *Traque* 180: Lo mató un obús cuando iba en un tranvía .., no quedó sano más que la cartera y los zapatos, fíjese, ¿eh?, un horror, es que le digo que tiraban a dar. C. Lafora *SYa* 2.12.73, 5: Nos dieron una "entrada" que consistía en un huevo duro y "papas" cocidas ..; luego, un caldo grasiento y deslavazado. Y después..., ¡horror!, apareció una fuente de horno inmensa y requemada, con un bicho entero dentro. MGaite *Visillos* 167: Qué horror, en un rato que no estoy cómo ha subido esto de tono.
II *loc adv* **4 un ~, u ~es**. (*col*) Muchísimo. *Pospuesto al v*. | Delibes *Cinco horas* 155: Y que es una mujer que está en todo, no me digas, hasta de álgebra entiende .., yo la quiero horrores.

horrorizado -da *adj* **1** *part →* HORRORIZAR.
2 Propio de la pers. que siente horror [1 y 2]. | *Abc* 11.12.70, 21: Disparó cuatro disparos más, hasta agotar el cargador, ante los horrorizados ojos de su hija.

horrorizar *tr* Causar horror [1 y 2] [a alguien (*cd*)]. | Laforet *Mujer* 332: No importaba que le horrorizase mucho más la idea de vivir con él en el campo que encerrada en un convento. **b)** *pr* Pasar [alguien] a sentir horror [1 y 2]. | Laforet *Mujer* 22: A la tonta de mi nuera la ha fascinado aquello. Vamos, se horrorizó... Esa es la palabra. Pero el horror tiene también como una fascinación malsana.

horrorosamente *adv* De manera horrorosa. | L. Ramos *Abc* 19.12.70, 47: Los cuerpos, horrorosamente mutilados .., fueron hallados en el suelo. GNuño *Arte s. XIX* 286: Se entra al salón principal de Ateneo de Madrid, horrorosamente decorado por don Arturo Mélida y Alinari.

horroroso -sa *adj* **1** Que causa horror [1 y 2]. *Frec con intención ponderativa*. | M. LPalacios *Caso* 26.12.70, 3: En la tarde del pasado miércoles día 16 fue escenario del horroroso crimen que comentamos. MPérez *Comunidad* 77: Si cogemos una Historia de América concebida al estilo positivista, esto es, insistiendo en hechos descriptivos, una histo-

horror vacui – hortolano

ria –empleando un galicismo horroroso, que casi me avergüenzo de escribirlo– evenemencial, nos encontramos con cosas como estas. **b)** *(col)* Sumamente feo. | Arce *Precio* 224: –Espera un poco –dijo, entrando en el baño–. Debo de estar horrorosa después de haber llorado.
2 *(col)* Muy grande o extraordinario. | Zunzunegui *Hucha* 1, 86: Gritando durante el partido animando al Madrid me ha entrado un dolor horroroso aquí en el lado izquierdo, cerca del corazón, como si me fuera a morir.

horror vacui *(lat; pronunc corriente,* /óřor-bákui/*) m (Arte)* Aversión a los espacios libres, que impulsa a cubrirlos íntegramente de elementos decorativos. | GNuño *Arte* 13: La cerámica [de Numancia] .. revela una robusta personalidad; el horror al vacío (*horror vacui*) domina en esta serie, recubriendo las superficies de los jarros y vasos con interminables representaciones de caballos, toros y peces, que alternan con los motivos ornamentales de aspas, espirales y cruces gamadas.

horst *(al; pronunc corriente,* /χorst/*; pl normal,* ~s*) m (Geol)* Zona elevada entre dos fallas. | Bustinza-Mascaró *Ciencias* 376: Cuando forman escalones [las fallas], pueden estos limitar una depresión que se denomina fosa tectónica, o una elevación que se llama pilar u horst tectónico. Cendrero *Cantabria* 180: El carácter fisiográfico de esta comarca viene determinado por la presencia de dos grandes "horst", o bloques levantados constituidos por conglomerados y areniscas triásicas, compactas y resistentes a la erosión, que dan lugar a las encajadas hoces que el río Besaya forma.

hortal *(reg)* **I** *m* **1** Huerto. | Ó. NMayo *Abc* 31.1.58, 19: Todos los años acudía a la cita de su pueblo natal .. para henchir sus pulmones con el aire llano de Castilla y alegrar sus pupilas con la visión familiar de los rastrojos amarillos, los hortales de la vega próxima. C. D. Vega *CoZ* 16.5.64, 6: Hortales lujuriantes de verdura son los que fla[n]quean el arenal.
II *adj* **2** De (la) huerta. | FVidal *Duero* 107: El río Arlanza, responsable de la fecunda vega hortal que rodea a Covarrubias.

hortaliza *f* Planta comestible que se cultiva en las huertas. *Frec en pl. A veces en sg con sent colectivo.* | Zubía *España* 102: La Huerta de Gandía, comarca de hortalizas y frutas. MMolina *Jinete* 78: Vendrían del campo trayendo de reata a un mulo cargado de aceituna, de hortaliza o de forraje.

hortelano -na I *n* **A** *m y f* **1** Pers. que cultiva una huerta. | Laforet *Mujer* 87: No había vuelto a aparecer el hortelano que cuidaba aquel trozo de terreno.
B *m* Escribano hortelano [5] (ave). | Castellanos *Animales* 115: Cruzamientos bastante más difíciles de obtener son los siguientes: Cruzamiento de canario-hembra con macho ruiseñor. Cruzamiento de canario-hembra con macho hortelano.
II *adj* **3** De (la) huerta. | *MOPU* 7/8.85, 154: Alicante, el imán de la costa .. Parecida a las otras provincias de su comunidad, es hortelana, mediterránea al cien por cien.
4 De(l) hortelano [1]. | E. Segura *Hoy Extra* 12.69, 43: Alrededor de la camilla hablamos de sus campos, de sus vacas y ovejas y de su modesto vivir hortelano.
5 [Escribano] ~, [murciélago] ~ → ESCRIBANO, MURCIÉLAGO.

hortense *adj* De (la) huerta. *Frec usado como especificador de algunas especies botánicas:* NEGUILLA ~, ROMAZA ~, *etc* (→ NEGUILLA, ROMAZA, *etc*). | FQuer *Plantas med.* 212: Ajenuz. (*Nigella sativa* L.) Sinonimia cast[ellana], neguilla hortense o, simplemente, neguilla.

hortensia *f* Arbusto de hermosas flores en corimbo, rosáceas, azules o blancas, muy usual como planta de adorno (gén. *Hydrangea*, esp. *H. hortensia* o *H. macrophylla*). *Tb su flor.* | Laforet *Mujer* 19: Entró en un patio-jardín. Grandes arriates con hortensias azules y rosáceas lo adornaban. Loriente *Plantas* 36: *Hydrangea macrophylla* DC., "Hortensia". Comunísima, en todos los parques, jardines, parterres, etc.

hortera I *adj* **1** *(col, desp)* [Pers. o cosa] de mal gusto y ordinaria. *Tb n, referido a pers.* | FSantos *Catedrales* 176: Esas chicas que casi no se mueven, que parece que no se mueven ..; esas que sudan pero no importa, que tienen que apoyarse en la pared para aguantar, para poder moverse; y también esos horteras calvos y sebosos que bailan underground como si fuera un twist. Umbral *País* 17.5.77, 24: Llevan cuarenta años remodelando Madrid y al final les ha quedado una Brasilia hortera. ASantos *Bajarse* 85: A mí no me gusta la tienda. Solo he ido por allí dos o tres veces. Es muy hortera.
II *n* **A** *m* **2** *(hoy raro)* Dependiente de una tienda. | Carandell *Madrid* 13: Los horterillas .. solo gracias a las malas compañías rompen la honrada monotonía del trabajo. DCañabate *Andanzas* 25: No solo el regatear era el encanto de ir de tiendas. Las señoras la gozaban asimismo en el despliegue que sobre el mostrador hacían los horteras, como se llamaba entonces, del género solicitado por el cliente.
B *f* **3** *(reg)* Vasija a modo de cazuela o fuente, frec. de madera o loza. | MCalero *Usos* 80: Así decían una alcancía, donde guardaban algunas monedas de ahorro .. Y una hortera, la vasija, que era de madera, para recoger el vino último que quedaba en el pozal.

horterada *f (col, desp)* Cosa hortera [1]. | Umbral *Españolas* 120: Aquí tenemos buen tiempo y las pieles son una suntuosidad, un lujo, una horterada. Cierva *Gac* 28.9.75, 17: Lo que me parece más importante .. es .. la constancia con que rechaza amablemente las insinuaciones de tuteo y otras horteradas.

horterez *f (raro)* Condición de hortera [1]. | L. C. Buraya *SYa* 30.12.84, 36: De l[a] más absoluta horterez, este país ha pasado en solo siete u ocho temporadas a un estatus realmente alto, de los primeros de Europa.

horteril *adj (desp)* **1** Hortera [1]. | A. Senillosa *País* 29.10.78, 9: Alguien, con descarado eufemismo, le ha llamado vibrante para evitar la palabra fascista; su tono desagradable iba acompañado de un visible agarrotamiento y de una gesticulación manual monótona y horteril.
2 De(l) hortera [2]. | F. M. León *Ext* 23.10.74, 3: Sin que para nada les rebajara allí en provincias su condición horteril, de cuyo aprendizaje en la Villa y Corte tan orgullosos estaban.

horterismo *m* Condición de hortera [1]. | Torrente *SInf* 8.1.76, 12: Pasaron ante mis ojos atónitos y bastante cansados figuras de esas que monopolizan la fama y el aplauso del público, y volví a preguntarme cómo es posible, sin hallar otra respuesta que esta: la extensión del horterismo, cuidadosamente cultivado para entontecimiento del respetable. Umbral *Trilogía* 195: Esto es el horterismo. Se apropian de Machado para los paradores y ahora tiran palacios para hacer conserjerías.

hortícola *adj* De (la) horticultura. *Tb n f, referido a planta.* | Cuevas *Finca* 238: Los rosales que venían de las granjas hortícolas. J. MMorales *Alc* 31.10.62, 12: Al amparo de las facilidades que puede dar para todo comercio el Mercado Central de Frutos y Productos Hortícolas y su extraordinario movimiento de gentes de la capital. M. JFumero *Día* 28.5.76, 23: Los cuidados exigidos por esta hortícola a lo largo del cultivo no son muy intensos, por ser este un vegetal de cierta rusticidad.

horticultor -ra *m y f* Pers. que se dedica a la horticultura. | *Mad* 28.4.70, 20: Un horticultor del término de Valsequillo .. ha fallecido en la residencia del Seguro de Enfermedad.

horticultura *f* Cultivo de las huertas. *Tb la técnica correspondiente.* | *Almería* 4: A la Almería de hoy hay que ir por necesidad: tanto por sus frutos, escogidísimos –agrios y uvas, almendras, y sus tempranas cosechas de horticultura–, como por sus yacimientos de plomo.

hortofrutícola *adj* De (la) hortofruticultura. | L. Romasanta *Pue* 1.10.70, 7: No existen centrales hortofrutícolas, ni una red de canalización capaz de absorber grandes excedentes. *Abc* 29.2.72, 37: "No" al paso de productos hortofrutícolas marroquíes por España.

hortofruticultura *f* Cultivo de huertas y frutales. *Tb la técnica correspondiente.* | *Van* 17.4.73, 91: Ing. Téc. Agrícola. Exp. en Hortofruticultura y jardinería. Escribir al núm. 4897, Roldós Anuncios, Vergara, 10.

hortolano *m (reg)* Hortelano (ave). | A. P. Foriscot *Van* 1.7.73, 11: Hablamos largo y tendido sobre temas culinarios. Y así salieron a escena los hortolanos. Existen, ornitológicamente clasificadas, 28 variedades de esos pájaros.

horuelo *m* (*reg*) Lugar al aire libre en que se reúnen los jóvenes para entretenerse. | LSalinas-Alfaya *País Gall.* 227: A pleno sol, en el horuelo, descalzos, dos chiquillos juegan a anegar hormigueros.

hosanna (*tb, raro, con la grafía* **hosana**) (*Rel crist y jud*) **I** *interj* **1** Expresa júbilo. *Frec sustantivado como n m.* | Vesga-Fernández *Jesucristo* 111: Los que iban delante, así como los que le seguían, gritaban diciendo: "¡Hosanna al Hijo de David! ¡Bendito el que viene en nombre del Señor!". Pemán *Abc* 1.12.74, 3: Contestan con el tumultuoso "crucifige!" del viernes a los "hosannas" del domingo. Cristo avanzaba, paso a paso, hacia la Verdad y el Amor.
II *m* **2** Canto que comienza con la palabra "hosanna", propio del Domingo de Ramos. | Mendicutti *Palomo* 85: Todo el mundo corrió a la casapuerta como si fuera domingo de ramos, solo nos faltó cantar el hosana.

hoscamente *adv* De manera hosca. | Arce *Testamento* 60: El Bayona me miraba hoscamente mientras yo negaba.

hosco -ca *adj* **1** [Pers.] de trato áspero o poco amable. *Tb fig, referido a animales.* | Candel *Catalanes* 16: Los hombres somos hoscos y huraños y nunca tenemos entre nosotros esa larga y puntualizante conversación que, cuando alguien muere, nos arrepentimos de no haber tenido. SDíaz *DíaCu* 7.8.84, 2: Los cuervos y los grajos vigilan hoscos. **b)** Propio de la pers. hosca. | Arce *Testamento* 48: El Bayona miraba a Enzo mientras este se ponía sobre la chaqueta la gruesa zamarra, y su expresión era hosca.
2 [Cosa, esp. lugar o ambiente] amenazador o poco grato. | Alfonso *España* 71: Pueden ser las juventudes inadaptadas al hosco medio en que hoy se vive.

hoscoso -sa *adj* (*raro*) [Lugar] áspero o escarpado. | Fuster *País Valenc.* 328: El terreno se quiebra continuamente, se alza en muelas peladas o corta en barrancos hoscosos.

hospar *intr* (*reg*) Marcharse. | Aldecoa *Cuentos* 1, 42: –Ya es hora de hospar de aquí. El sol está alto. –Sí, ya es hora. El agua va creciendo y habrá que tirar por el pueblo.

hospas (*tb* **hospa**) *interj* (*euf, reg*) Expresa negación o rechazo. | S. Araúz *SYa* 18.5.75, 15: A mí me quisieron llevar al seminario usando un lenguaje de nueve años, pero yo dije: ¡[H]ospas! Y aquí me tiene. [*En el texto,* ospas.]

hospedador -ra I *adj* **1** Que hospeda. *Tb n, referido a pers.* | Laín *Descargo* 258: Pasamos la noche en una casa de la calle de Covarrubias .. Como animal hambriento se lanzó nuestro fortuito hospedador sobre los víveres que llevábamos.
II *m* **2** (*Biol*) Huésped. | Navarro *Biología* 278: Cuando el comensal o inquilino vive en el interior del cuerpo del hospedador y le sustrae alimento, puede perjudicarle y convertirse en un parásito.

hospedaje *m* **1** Acción de hospedar(se). | CBonald *Ágata* 110: La propia partera .. se encargó de propiciar el deslenguamiento con impúdicas confidencias sobre abusos de hospedaje y otras mancillas peores.
2 Lugar en que alguien se hospeda [2]. | Torrente *Fragmentos* 108: Le pregunté la dirección del hospedaje; me respondió que estaba junto al muelle. Ero *Van* 27.6.74, 32: Según las noticias más fidedignas, los hospedajes, horros de clientes internacionales, soportan escaseces de tesorería.
3 Cantidad que se paga por hospedarse [2]. | * El hospedaje corre de su cuenta, pero le dan dietas.

hospedante I *adj* **1** Que hospeda [1]. *Tb n, referido a pers.* | Millán *Fresa* 9: Redacté primero una nota advirtiendo a mi involuntario hospedante sobre la identidad y condiciones del intruso.
II *m* **2** (*Biol*) Huésped (animal o vegetal a cuyas expensas vive otro). | Navarro *Biología* 278: Se denomina parasitismo cuando un animal o vegetal vive a expensas de otro ser vivo, produciéndole perjuicio. El individuo beneficiado se denomina parásito, y el perjudicado, huésped, hospedante o patrón.

hospedar A *tr* **1** Recibir o tener [a alguien (*cd*)] como huésped. | VParga *Santiago* 15: Los hospitales y casas religiosas que hospedaban peregrinos.
B *intr pr* **2** Vivir [alguien] como huésped [en un lugar]. | VParga *Santiago* 18: Unos peregrinos alemanes .. se hospedan en la casa de un hombre acomodado. *Ya* 28.10.70, 21: El suceso ocurrió cerca del hostal donde se hospeda la lesionada en la plaza de la Cruz. H. MBorro *DÁv* 5.1.77, 5: Se hospedaba entonces en San Mateo, 6. Pensión Madrid.

hospedería *f* **1** Establecimiento, esp. modesto, dedicado a hospedar [1] gente. | Cela *Pirineo* 288: Caldas de Bohí .. fue hospedería, en tiempos, y es hoy balneario de lujo. Carnicer *Castilla* 238: A las nueve voy a la fonda: el Hostal Moderno, antes hotel .. A mí me gustan estas viejas hospederías. GNuño *Arte* 69: Fuera de la Alhambra, son numerosos en Granada los edificios nazaritas. De lo más importante en arquitectura civil es el Corral del Carbón, cuya estructura de patio con estancias repartidas en tres pisos es la propia de un *fondak* u hospedería. **b)** *En una comunidad religiosa:* Lugar destinado a los huéspedes (perss. que se alojan). | R. Sierra *Abc* 8.12.70, 3: Al borde ya del suicidio, se instaló en la hospedería de un cenobio, alejado del mundanal ruido.
2 Acción de hospedar [1]. | *Odi* 29.7.64, 9: Por este Gobierno Civil han sido impuestas las siguientes sanciones: .. Por infracciones en materia de Hospedería. Multa de 500 pesetas a Nicolasa Hidalgo Conde, vecina de Huelva (reincidente).

hospedero -ra *m y f* Pers. que atiende una hospedería [1]. | Cunqueiro *Crónicas* 35: Te sentabas a la mesa de piedra y venía una de las hijas más jóvenes del hospedero. Torbado *Peregrino* 139: Fue leve y sesgado el golpe [del jarro de vino], pero noció de perfumado líquido sus cabellos canos y la barba, así como las ropas de Martín y del monje hospedero.

hósperas *interj* (*euf, reg*) Expresa admiración o asombro. | Berlanga *Gaznápira* 115: ¡Hósperas, qué garras tan lechosas y suaves tenían aquellas zurriagas!

hospiciano -na *adj* De(l) hospicio [1]. *Tb n, referido a pers. Tb fig, referido a cosa.* | M. Vigil *MHi* 12.57, 18: Tampoco nada de sordidez, de rutina y de conceptos hospicianos de la caridad. SSolís *Camino* 128: La nueva criada, Mercedes, era una joven hospiciana, desmedrada y silenciosa, pero muy trabajadora. Umbral *Des* 12.9.70, 28: Ante mí mismo me siento desgraciado como un hospiciano. **b)** Anónimo o sin nombre conocido. | Cela *Judíos* 263: El vagabundo se topó, más allá de las Tetas de Viana, por Viana y por la Puerta, con un regato sin nombre, con un riatillo hospiciano y sin papeles.

hospicio *m* **1** Establecimiento benéfico para acoger niños abandonados, huérfanos o pobres. | *Abc* 25.8.68, 36: Propuso quedarse con el paquete de billetes del muchacho, dándole algunos billetes vistosos a cambio, ya que el paquete se le quitarían en el hospicio.
2 (*hist*) Asilo para pobres y peregrinos o viajeros. | GNuño *Madrid* 126: El Hospicio madrileño .. había sido fundado por una institución hospiciana. Murciano *SYa* 5.6.88, 61: Hacia 1630, fray Luis de Castenda consigue abrir en la ciudad un hospicio o apeadero "para el debido recogimiento de los religiosos que de estas partes pasaban a las Indias y de allá venían".

hospital *m* **1** Establecimiento público, esp. gratuito, que acoge, durante el tiempo preciso para atenderlos clínicamente, enfermos, heridos o parturientas. *A veces con un adj especificador.* | Lorén *Salud* 56: Se formuló a sí mismo [Semmelweis] la pregunta de por qué todas estas influencias ejercían precisamente su acción en el primer departamento de la casa de maternidad de Viena .., en el que tantas mujeres sucumbían, y, en cambio, el mal respetaba en gran manera el segundo departamento del mismo hospital. *Abc* 6.1.68, 7: Araco S.A. Ciudad Sanatorial .. Hospital Oncología, Siquiátrico. **b)** (*Mil*) Lugar destinado a efectuar la primera cura a los heridos. *Tb* ~ DE SANGRE. | Umbral *Memorias* 22: Encarnita se ha ido al frente, a un hospital de sangre, vaya usted a saber.
2 Establecimiento sanitario para animales, similar al hospital [1a]. | GTelefónica 25: Profesor Casares. Todos los servicios para perros. Hospital. Pensionado. Consultas. Peluquería. Academia. *Ide* 25.8.92, 40: Según ha recogido la revista *Interviú*, este es el único hospital para buitres que existe en el país.

3 (*hist*) Establecimiento para acoger por tiempo limitado pobres y peregrinos. *Gralm formando parte de la denominación de algunos establecimientos históricos.* | VParga *Santiago* 15: Los hospitales y casas religiosas que hospedaban peregrinos. R. Villarreal *DBu* 4.8.93, 29: Aún hoy el pueblo conserva un profundo sabor jacobeo: la parroquia de Santiago, el Hospital de la Reina y el albergue permanente constatan tal vocación.

hospitalariamente *adv* De manera hospitalaria [1b]. | M. Pizán *Mad* 29.4.70, 14: En cuanto a los reproches personales del señor López Quintás pudiera haberme dirigido en su "carta abierta", publicada hospitalariamente en estas mismas páginas, le recordaré un viejo autor latino, Plinio.

hospitalario -ria *adj* **1** [Pers.] que acoge a sus huéspedes y visitantes con amabilidad. *Tb fig, referido a cosa.* | J. R. Yordi *Abc* 7.9.66, 37: Una gran parte de nuestra fama de hospitalarios se la debemos a los aperitivos que a base de mariscos ofrecemos a nuestros huéspedes. **b)** Propio de la pers. hospitalaria. | *SDLe* 3.11.91, 15: El marco incomparable de la Catedral de León, la belleza de esta ciudad, l[a] acogedora y hospitalaria actitud de sus gentes, proporcionan un aliciente añadido.
2 [Institución] que tiene por finalidad hospedar y atender a los peregrinos. *Esp referido a la Orden de San Juan de Jerusalén. Tb n, referido a los caballeros de esta orden.* | VParga *Santiago* 14: La protección del peregrino .. toma cuerpo en diversas instituciones hospitalarias. *Abc* 27.11.84, 87: La Diputación de la Asamblea Española de la Soberana Orden Militar y Hospitalaria de San Juan de Jerusalén, de Rodas y de Malta .. comunica .. que el próximo jueves .. se celebrará una misa en sufragio de nuestros hermanos difuntos. Villapún *Iglesia* 78: Entre las Órdenes militares que se fundaron en Jerusalén con motivo de las Cruzadas tenemos: 1ª La Orden de los Templarios. 2ª La de los Hospitalarios.
3 De(l) hospital. | *ByN* 31.12.66, 14: Las citadas personas creen que los hospitales .. son un nido de microbios y estiman conveniente la creación de un Comité de higiene en cada centro hospitalario. Antolín *Gata* 131: En un instante la habitación recobró su ser hospitalario, y ya todos hablaban susurrantes.

hospitalense *adj* De Hospitalet (Barcelona). *Tb n, referido a pers.* | J. Maciá *Van* 4.4.73, 37: Asistió la corporación en pleno, Consejo Local y la totalidad de las representaciones civiles y militares hospitalenses y de la comarca.

hospitalidad *f* Cualidad de hospitalario [1]. *Tb fig.* | *Odi* 21.7.64, 13: Demostrarían con ello su espíritu de ciudadanía y su hospitalidad y agradecimiento a los veraneantes que nos honran anualmente. V. Sevillano *CoZ* 9.5.64, 8: Deseo seguir acogiéndome a la hospitalidad de su diario, para refugiarme en él con mis largos ensayos sobre temas zamoranos.

hospitalismo *m* (*Med*) Conjunto de alteraciones psicosomáticas que se presentan en un niño como consecuencia de una hospitalización prolongada. | L. Riesgo *SYa* 5.5.74, 7: El niño tiene una necesidad inmensa de su madre .. Si falta en estos años, puede darse en el pequeño un síndrome llamado "hospitalismo", de graves consecuencias para el desarrollo afectivo, intelectual e incluso físico del niño. P. Castells *Cam* 6.12.82, 142: Se habla mucho de hospitales más humanizados, de arropar con cariño al niño hospitalizado, ojalá no se quede solo en palabras. Y desaparezca para siempre el término de "hospitalismo", acuñado en 1915, para designar la llamada "enfermedad del hospital", que afectaba a niños que "a pesar de todos los cuidados médicos se morían de hambre psíquica y como causa de muerte solo podía señalarse la falta de amor".

hospitalización *f* Acción de hospitalizar. | *ByN* 31.12.66, 14: Bernard Guitton .. y los médicos participantes en el "Coloquio Europeo sobre la Hospitalización" .. han declarado que un 80 por 100 de los colchones que se utilizan en los hospitales contienen gérmenes patógenos. *GTelefónica* 25: Clínica-Residencia veterinaria. Residencia. Pensión. Hospitalización de perros.

hospitalizar *tr* Internar [a alguien] en un hospital [1 y 2] o en un centro sanitario. | Abella *Vida* 1, 222: En cierta ocasión, unos soldados se retiraban tras de visitar a un compañero hospitalizado.

hosquedad *f* Cualidad de hosco. | Umbral *Ninfas* 70: Algunos tenderos me daban el pan o las verduras con cierta hosquedad y presteza que me hacía adivinar la deuda que había por medio. RMorales *Abc* 23.8.64, sn: Don Jacinto nos muestra .. el sector risueño donde llega el riego .., y a la izquierda, la hosquedad del secarral.

hosta *f* Planta liliácea de origen oriental cultivada por sus flores (gén. *Hosta*). | C. Farré *ByN* 28.7.91, 108: Las hostas son plantas vivaces traídas desde Asia a principios del siglo pasado. Pueden plantarse tanto en una maceta para adornar un patio como cubriendo un talud a la sombra de los árboles.

hostal *m* **1** Establecimiento público que, no teniendo que ocupar necesariamente la totalidad de un edificio o parte del mismo independizada, facilita servicio de alojamiento y comida. | *Ya* 28.10.70, 21: El suceso ocurrió cerca del hostal donde se hospeda la lesionada en la plaza de la Cruz.
2 Hotel de lujo, dependiente del Estado. | *DLi* 3.3.78, 20: En el coqueto Palacio de Deportes leonés, muy cerca del hostal de San Marcos, nuestro campeón de Europa de los máximos pesos defenderá su corona ante el británico Billy Aird.

hostalero -ra *adj* Pers. que posee o atiende un hostal. | Alvar *Islas* 34: Maestro Vicente es todo, alarife y conservador, guía de historia y hostalero.

hostelería *f* **1** Industria que se encarga de proporcionar alojamiento y comida a huéspedes y viajeros. | Palomino *Torremolinos* 48: Emilio Orgaya está tras el mostrador como un capitán. Emilio Orgaya, treinta y cuatro años, veinte trabajando en hostelería. **b)** Conjunto de establecimientos que proporcionan servicios de alojamiento, restaurante y bar o similares. | *País* 12.2.78, 33: Perspectivas de acuerdo en la huelga de hostelería de Navarra.
2 (*raro*) Hostal [1]. | *GTelefónica N.* 551: Hostelería del Mar. Gran confort en centro de la playa. Alameda Madoz 5. Zarauz.

hostelero -ra I *adj* **1** De (la) hostelería [1]. | *Abc* 19.5.76, 29: Prácticamente toda el área portuaria y hostelera de la capital libanesa ha quedado devastada. *Ya* 20.5.88, 1: Tres empresas hosteleras pugnan por los servicios del hipódromo.
II *m y f* **2** Pers. que posee un establecimiento hostelero [1] o está al frente de él. | *Ide* 2.7.90, 28: Los hosteleros de Baleares plantean la reducción de 50.000 camas para estabilizar el mercado turístico.

hostería *f* (*raro*) Mesón[1]. *Solo formando parte del nombre de algunos establecimientos de este tipo.* | Villarta *Rutas* 63: En la lista de paradores y albergues de turismo de España figura .. la Hostería del Estudiante.

hostess (*ing; pronunc corriente, /*xóstes/*; pl normal, ~ES*) *f* Azafata. | Palomino *Torremolinos* 189: En el momento preciso, Luis Recalte ha puesto a funcionar a Joe Mendizábal y sus hostesses. A las diez estaban en el aeropuerto con un refuerzo de seis azafatas contratadas.

hosti (*tb con la grafía* **osti**) *interj* (*euf, reg*) Expresa sorpresa. | Marsé *Montse* 336: Después de una breve pausa, como si hablara consigo mismo y sin que apenas se le oiga: "Hosti, hosti", murmura. VMontalbán *Rosa* 188: ¡Osti, jefe, pasaba sin saludar!

hostia I *f* **1** (*Rel catól*) Hoja redonda y delgada de pan ácimo que se consagra en el sacrificio de la misa. | Villapún *Iglesia* 36: Cruzó fuertemente los bracitos sobre su pecho, para defender la Sagrada Hostia.
2 Oblea. | * Le gusta mucho la hostia que envuelve al turrón duro.
3 (*lit*) Víctima que se ofrece en sacrificio. | MSantos *Tiempo* 183: ¿Llamaremos, pues, hostia emisaria del odio popular a ese sujeto que con un bicornio antiestético pasea por la arena con andares deliberadamente desgarbados?
4 (*vulg*) Golpe fuerte. | Sastre *Taberna* 60: Frena, frena, que nos la pegamos si no contra la tapia. Frenando, que nos damos la hostia. **b)** Bofetada o puñetazo. *Tb* ~ SIN CONSAGRAR. | Cela *SCamilo* 47: ¡El que va a hacer daño soy yo, de la hostia que voy a endiñarle si no se larga! *PFa* 6.3.78, 3 (T): Un excampeón de España y un joven que inicia su carrera a hostia limpia. ASantos *Estanquera* 26: Me están dando ganas de darle un par de hostias sin consagrar por muy anciana que sea.

5 (*vulg*) Talante o disposición. *Normalmente con un adj especificador.* | Ayerra *D16* 1.4.89, 46: Damas con las que uno ha tenido precisiones intensas .. rompen con su maromo. Esto, bien es verdad, le puede suceder a cualquiera, pero cuando concierne a Cybill Shepherd me pongo de una hostia gitana. **b) mala ~.** Mal talante o mal humor. | VMontalbán *Pianista* 27: Tú estás de mala hostia esta noche. Torres *Él* 17: Te llama Viceversa. Está de una mala hostia... **c) mala ~.** Mala intención. | VMontalbán *Prado* 29: En Prado del Rey hay muy mala hostia.
6 (*vulg*) Cosa despreciable o fastidiosa. | VMontalbán *Galíndez* 90: En una economía de mercado la sanción final la tiene el público, y el público no está para hostias. Benet *Aire* 217: Lo que tenéis que hacer es encontrar a la Chiqui y dejaros de hostias.
7 la ~. (*vulg*) El acabóse o el colmo. *Se usa, siempre en sg, gralm como predicat, con intención ponderativa.* | *País* 19.11.77, 7: Covisa tiene un grupo de quince o veinte tíos que son la hostia. Delibes *Voto* 31: Les hablé de la necesidad de una nueva política agraria, de una racionalización de cultivos, la hostia...
8 la ~. (*vulg*) *Vacío de significado, se usa como término de comparación puramente expresivo.* | *País* 19.11.77, 7: Estuve en su servicio de seguridad personal, cuyo jefe es un ex campeón de España de piragüismo. Un tío cuadrado de arriba abajo, más fuerte que la hostia y que va siempre armado con pistola.
9 (*vulg*) *En pl y vacío de significado, se emplea para reforzar o marcar la intención desp de la frase.* | Cela *SCamilo* 428: Tú no has tenido nunca espejo, ni espejo plano, ni espejo paralelepipédico, ni espejo ovoide, ni espejo ligeramente esférico, ni espejo en forma de medusa sangrienta, ni espejo hostias.
II *loc adj* **10 de la ~.** (*vulg*) Extraordinario o muy considerable. | Torres *Ceguera* 240: Provocó un cortocircuito de la hostia. Montero *Reina* 93: Han armado un cisco de la hostia.
11 de la ~. (*vulg*) Despreciable. | Oliver *Relatos* 62: No con la de la noche triste .., sino con la otra, una fea de la hostia que es su sombra.
III *loc v y fórm or* **12 cagarse en la ~ (me cago en la ~,** *etc*) → CAGAR.
13 no tener (ni) media ~. (*vulg*) No tener ni media bofetada (→ BOFETADA). | Marsé *Amante* 95: El joven rubiales no tenía ni media hostia.
14 una ~. *Fórmula con que se pondera lo inadmisible de una pretensión o afirmación que se acaba de mencionar.* | MReverte *Demasiado* 151: –En pocas palabras, no hay investigación .. No hay *affaire* Serfico ..– Casi aullé: –Una hostia.
IV *loc adv* **15 a toda ~,** *o* **echando** (*o* **cagando**) **~s.** (*vulg*) A toda velocidad. | Oliver *Relatos* 104: Al clavel se le estaban cayendo las hojas a toda hostia, y las que aún quedaban estaban arrugándose y chuchurrías. Umbral *Trilogía* 317: Cuando llegó la Platero, salimos en su coche, echando hostias. Tomás *Orilla* 290: Me he enganchado al coche como he podido y hemos salido de allí cagando hostias.
16 a toda ~. (*vulg*) A todo volumen. | Oliver *Relatos* 129: El prive lo ponían de garrafa de la mala. La música a toda hostia y sin oírse, que sonaba la aguja al raspar en los surcos más que el disco.
V *interj* **17 ~(s).** (*vulg*) *Expresa protesta o asombro. A veces intensificado:* QUÉ ~(S). | Goytisolo *Recuento* 44: Se hizo tarde. Hostia, tú, dijo Emilio. Sus padres habían venido a pasar el fin de semana y le esperaban para comer, dijo, tenía que estarse con ellos. Sampedro *Octubre* 195: Sí, sí; nos acabábamos de acostar cuando dio un grito: ¡Hostias, que me muero!
18 ~(s). (*vulg*) *Se usa como refuerzo de lo que se acaba de decir. A veces intensificado:* QUÉ ~(S). | Landero *Juegos* 261: Sí, eran hermosas las estrellas, qué hostias.

hostiar (*conjug* 1a) *tr* (*vulg*) Pegar o golpear [a alguien]. | Marsé *Dicen* 72: Llora y que se te oiga o tendré que hostiarte de verdad. ASantos *Estanquera* 35: –¿Qué hacemos, Leandro? –No salir .. Si nos cogen nos hostian.

hostiario *m* (*Rel catól*) Caja en que se guardan hostias [1] no consagradas. | Alcolea *Artes decorat.* 251: Obras que nos señalan una evidente expansión por todo el ámbito peninsular de lo producido en los talleres [de orfebrería] de Madrid .., como .. un [h]ostiario en forma de caja cilíndrica que se decora con estrías, en la catedral de Murcia. [*En el texto,* ostiario.]

hostiazo *m* (*vulg*) Golpe grande. | Umbral *Gente* 277: Rappel .. es un futurólogo que siempre te lo acierta todo, desde el amor que te espera al bingo de tu vida y el kilómetro donde te vas a dar el hostiazo para la press.

hósticas *interj* (*reg*) *euf por* HOSTIAS. | Berlanga *Gaznápira* 116: Ya te vi en la tele, ya; ¡mejor que un predicador, hósticas qué labia!

hostigador -ra *adj* Que hostiga [2]. *Tb n, referido a pers.* | L. Contreras *Sáb* 9.11.74, 14: El Presidente inició entonces su política de avanzar o intentar avanzar sin replicar a los hostigadores.

hostigamiento *m* Acción de hostigar. | CPuche *Paralelo* 224: Era difícil vanagloriarse de ser negro, aunque la sangre gritara lo contrario, porque desde que nacían todo era hostigamiento, persecución, desprecio.

hostigante *adj* Que hostiga. | J. M. Alfaro *Abc* 21.4.74, 3: El "frente interno" .. no les concedía tregua, sometiéndolos a un hostigante acorralamiento.

hostigar *tr* **1** Golpear [a un animal] con un látigo o vara para incitarle a andar. | *Abc* 5.7.75, 33: Vuelve Hita esta tarde a convertirse en escenario a campo abierto de una corrida de toros a la antigua, con una suerte ya olvidada: los azconeros, con su lanza hostigando al toro, tal como muestra este relieve del coro de la catedral de Plasencia.
2 Acosar e inquietar [a una pers.]. | Laforet *Mujer* 321: Me siento hostigada cada día por una fuerza más grande que mi voluntad. Tovar-Blázquez *Hispania* 30: La caballería de Masinisa tenía la misión de hostigar a los romanos en el oeste de la Península.

hostigo *m* **1** Viento fuerte con lluvia. | L. Echeverría *SYa* 21.4.74, 11: Las vidrieras de la catedral se encuentran en un lamentable estado, con lo que no solo entran los vientos y las lluvias, cayendo sobre el coro, cuando sopla el hostigo, sino que además campan por sus respetos las palomas.
2 (*raro*) Hostigamiento. | L. Calvo *Abc* 21.11.70, 35: Ni el tenaz hostigo de la Policía ni las quiebras en la parva economía familiar arrancan a la gente al vicio del volante.

hostil *adj* (*lit*) **1** [Pers.] que tiene una actitud de oposición o enemistad. *Tb fig, referido a cosa.* | E. Novoa *Abc* 1.11.70, 15: Aquel Pontífice .. se mostró severo y hostil contra el abuso y la crueldad. *HLM* 26.10.70, 2: En su inmensa mayoría, la sociedad italiana es, expresa o tácitamente, hostil a una ley de inspiración anticristiana. Laforet *Mujer* 305: Los muebles ya no eran tan hostiles, después de presenciar esta expansión de cariño.
2 [Cosa] que implica oposición o enemistad. | *Sp* 19.7.70, 36: Las preguntas fueron, si no hostiles, las mismas que hacen los críticos más encarnizados de la Administración. *CoA* 8.2.64, 9: Actividades hostiles a Moscú en el comunismo asiático. *Ya* 1.4.90, 20: El CDS acusa al PP de lanzar una "OPA hostil". Teixidó cree que pretenden sustraer el centro.
3 [Medio] desfavorable o agresivo. | J. M. Moreiro *Ya* 5.6.73, 39: El quinqui .. es más bien el prototipo del marginado social .., que ha tenido que agudizar el ingenio para subsistir tras su carro, en un medio habitualmente hostil, para llegar al camino de la rapacería, el robo o el atraco a mano armada.

hostilidad I *f* **1** Cualidad de hostil. | Arenaza-Gastaminza *Historia* 264: Turquía, olvidando su tradicional hostilidad frente a Austria y ante la amenaza de Rusia y Servia, se unió a los Imperios Centrales.
2 Acción hostil. | C. Carrasco *SYa* 17.1.74, 19: Personaje desdibujado, mal entendido, alabado por sus obras, encomiado, a pesar de las oposiciones y hostilidades políticas de su tiempo, [Bravo Murillo] es calificado hoy de dictador. O. Aparicio *DAv* 4.1.77, 2: Artritis reumatoide .. Últimamente, los médicos suspendieron las hostilidades contra los focos infecciosos. **b)** Lucha o enfrentamiento armado. *Frec en pl.* | *País* 14.1.79, 8: Aun admitiendo que en toda crisis internacional hay una parte de espectáculo, el conflicto del Beagle es lo suficientemente antiguo y lo suficientemente agudo como para que en algún momento se transformara en hostilidad abierta. Arenaza-Gastaminza *Historia* 93: La tregua de Dios, o cese de las hostilidades, desde la noche del miércoles hasta el lunes.

hostilización – hoy

II *loc v* **3 romper** (*o* **iniciar**, *o* **comenzar**) **las ~es.** Dar comienzo a una guerra atacando al enemigo. *Tb fig.* | Tovar-Blázquez *Hispania* 17: Inició Gneo las hostilidades contra los cartagineses incluso en el interior, y en Cissa (que parece luego se llamaría Tarragona), en el primer choque, consiguió una victoria considerable. Arenaza-Gastaminza *Historia* 152: La toma de Zahara por los moros rompió las hostilidades.

hostilización *f* Acción de hostilizar. | Umbral *Tierno* 103: Principiaba ya la hostilización de la Prensa madrileña a Tierno.

hostilizar *tr* Realizar actos hostiles [contra alguien o algo (*cd*)]. *Tb fig.* | E. Haro *Tri* 1.11.69, 6: Israel ha hostilizado repetidas veces al Líbano, a pesar de que el Líbano es un país con gobierno prooccidental, moderado en su actitud contra Israel, necesitado de una situación de paz. M. Pinta *Abc* 2.3.58, 49: En el siglo XIV se hacía eco de los avances de la mediocridad y de la rutina [e]l arcediano de Valderas. El comendador Griego y Arias Barbosa hostilizan la barbarie. *Hoy Extra* 12.69, 20: La cosecha de uva .. padeció de podredumbre y una vendimia hostilizada por el temporal.

hostilmente *adv* De manera hostil. | Arce *Testamento* 13: El Bayona me miraba hostilmente.

hostión *m* (*vulg*) Golpe grande. | FSantos *Catedrales* 181: Se largó una noche con un coche en reparación para darse una vuelta con una chavala. Se dio un hostión; la chica acabó en la Paz y él en la comisaría. Montero *Reina* 24: Cayó al suelo como un saco de patatas. –Ay va [*sic*], qué hostión se ha dado.

hot (*ing; pronunc corriente,* /χot/) *adj invar* [Jazz] que provoca excitación o entusiasmo por su marcado ritmo e inspirada improvisación. | J. M. Mantilla *SYa* 9.2.75, 30: Ben Pollack, que fue quien se dio a conocer como excelente batería en la formación New Orleans Rhythm Kings, y dentro del orden "hot", organiza, en plena fama, en el citado año, su propia orquesta.

hot dog (*ing; pronunc corriente,* /χót-dóg/; *tb con la grafía* **hot-dog**; *pl normal,* HOT DOGS) *m* Perrito caliente (→ PERRO). | E. Toda *MHi* 2.64, 35: A lo mejor le dan lo suficiente como para tomarse un *hot-dog*. Ortega *Americanos* 42: Johny .. está hecho a comer los *hot dogs* en los moto-restaurantes.

hotel *m* **1** Establecimiento público que, ocupando la totalidad de un edificio o parte del mismo completamente independizada, facilita servicio de alojamiento y comida. | Laiglesia *Ombligos* 238: El Hotel Mirapez, como su ingenioso nombre indica, estaba situado en un bonito promontorio frente al mar. **b)** Establecimiento similar al hotel, destinado a animales domésticos. *Frec con compl* DE. | GTelefónica 25: Hotel del Perro. En sus vacaciones viaje tranquilo sin perro, atendido diariamente por Veterinario.

2 (*hoy raro*) Chalé. *Frec en la forma* HOTELITO. | Cela *Judíos* 19: A la derecha le queda .. el puerto del Paular, y a la izquierda .., las cumbres de Siete Picos y de la Peñota o Tres Picos, a cuyo pie se extienden, por la parte sur, los chalets del valle de Guadarrama, los hotelitos de Cercedilla, de los Molinos, de Guadarrama, de Collado Mediano y de Villalba. Diosdado *Anillos* 2, 11: Un chalé antiguo, de los que en sus tiempos se llamaban "hotelitos", muy cercano a Madrid.

3 (*jerg*) Cárcel. *Frec en la forma* HOTELITO. | CPuche *Paralelo* 39: Había aprendido más en esta noche que en todo el tiempo que había estado subido en el andamio, desde que saliera del hotelito, como ellos le llamaban a la cárcel.

hotelería *f* Hostelería. | HLM 26.10.70, 22: Un 26 de octubre... falleció una figura destacada de la hotelería: César Ritz. Carnicer *Castilla* 14: No se ha comentado, que uno sepa, la inspiración medievalista de la hotelería nacional al poner nombre a sus establecimientos.

hotelero -ra I *adj* **1** De (la) hostelería. | Burgos *SAbc* 13.4.69, 44: Estos datos están referidos al turismo que utilizó algunas de las 4.628 plazas hoteleras de que dispone la ciudad.

II *m y f* **2** Pers. que posee un hotel u otro establecimiento hotelero [1] o está al frente de él. | Alfonso *España* 157: Es estupenda la indicación del hotelero a que nos referimos: ¿Por qué razón no se puede descansar en España hasta la una de la madrugada? *Últ* 18.8.70, 4: Agosto es el mes grande para los turistas .. y para los hoteleros.

hotentote I *adj* **1** De un pueblo indígena de África sudoccidental, que originariamente ocupó la región del Cabo de Buena Esperanza. *Tb n, referido a pers.* | J. M. Rollán *SAbc* 1.12.68, 26: Manos cuyos dedos no están mutilados por el luto como las de las mujeres charrúas y hotentotes. Torrente *Saga* 159: Narraciones pertenecientes a las culturas más distintas y distantes: de los mayas, de los comanches, .. de los neoguineanos, de los hotentotes.

II *m* **2** Lengua de los hotentotes [1]. | RAdrados *Lingüística* 211: En indo[e]uropeo .. casi todas las categorías y funciones gramaticales se realizan o expresan a base de sufijos y desinencias .. Este es un tipo muy común: ocurre algo análogo, por ejemplo, en esquimal, hotentote y turco.

hot pants (*ing; pronunc corriente,* /χót-pánts/) *m pl* (*raro*) Pantalón femenino muy corto y ajustado. | *Inf* 25.11.71, 36: Se llama Vivienne Ventura, y su originalidad consiste en que, ya preparada para el invierno, mantiene vigente el uso de los "hot pants", o "minishort", dicho en castellano.

house (*ing; pronunc corriente,* /χáus/) **I** *m* **1** Música de discoteca caracterizada por el uso de sonidos sintetizados y ritmo rápido. | J. Carvallo *SD16* 12.3.89, 31: Para Blanca Gutiérrez, líder del grupo femenino Xoxonees, las raíces del "house" hay "que buscarlas en el «rap» y el «hip hop»".

II *adj* **2** De(l) house [1]. | J. Carvallo *SD16* 12.3.89, 32: La música "house" hay que escucharla a todo volumen para cogerle el punto. *SYa* 15.7.89, 2: Ya hace algunos años, en Chicago, los "disc-jockeys" grababan en cintas el sonido que más tarde habría de sonar en una discoteca, una elaboración que preparaban en sus propias casas; de ahí el término de sonido "house".

hova *adj* [Individuo] de raza malaya, del pueblo dominante en Madagascar. *Tb n.* | Vicens *Universo* 444: Madagascar .. Está habitada por 5.100.000 hovas, de raza malaya y diferentes de los demás pobladores de África.

hove *m* (*reg*) Fruto del haya. | Hoyo *ROc* 8/9.76, 91: Era incansable en buscar y recoger toda clase de frutos silvestres: [h]oves, acigüembres, fresas. [*En el texto,* oves.]

hovercraft (*ing; pronunc corriente,* /χóberkraft/; *pl normal,* ~S) *m* Aerodeslizador. | *Abc* 28.4.87, 26: El primer "hovercraft" español podría unir Huelva y Cádiz antes de fin de año .. El aerodeslizador diseñado en España alcanza una velocidad de cincuenta y cinco nudos. D. Roibás *SSe* 8.9.91, 48: Bastaba interponer entre esta [el agua] y el casco del barco un colchón de aire. Así surgieron los aerodeslizadores, más conocidos como *hovercrafts* o ACVs.

hoy I *adv* **1** En este día. | *Alc* 1.1.55, 3: Hoy comienza la ayuda financiera al Vietnam. **b)** *Precedido de prep, o funcionando como suj de una or cualitativa, se sustantiva:* Este día. | J. Castro *SInf* 22.11.73, 11: Es quizá la más ambiciosa exhibición hasta hoy de estas gentes de nuestro arte. Cunqueiro *Un hombre* 9: Hoy es día de ofrecerles cebollas a los santos Cosme y Damián.

2 En este tiempo. *Tb, enfáticamente,* ~ DÍA *u* ~ EN DÍA. | Olmo *Golfos* 142: Los bautizos hoy llaman a mucha gente. RMorales *Present. Santiago* VParga 4: ¿Dónde, pregunto, se halla hoy día el equilibrio y dónde Europa? GBiedma *Retrato* 144: Aún hoy en día, la literatura inglesa expresamente se produce en función de un contexto social definido. **b)** *Precedido de prep, se sustantiva:* Este tiempo. | J. M. MOviedo *Inf* 15.8.75, 15: Resulta que, de un tiempo a esta parte, todos somos demócratas .. ¿Y qué decir de la práctica? De la de hoy y, sobre todo, de la de ayer, ese ayer de unos treinta años más o menos. **c) por ~.** Indica que lo que se realiza en este tiempo no por ello ha de realizarse tb posteriormente. *Tb, enfáticamente,* ~ POR ~. | DAlegría *Ejército* 78: Hoy por hoy los sistemas de seguridad constituyen el esqueleto estructural de las relaciones entre los Estados.

II *m* **3** El presente. *Precedido de art.* | Torrente *Pascua* 393: No me refiero a tiranías de antaño, .. sino a la actual; no al pasado, sino al presente; no a los muertos, sino a los vivos; no al ayer, sino al hoy mismo.

III *fórm o* **4 que es para ~.** (*col*) Se usa para meter prisa al interlocutor que se retrasa o va lento. | CBonald *Noche* 272: Venga, Dimas, que es para hoy.

hoya f **1** Hoyo [1] grande. | Bustinza-Mascaró *Ciencias* 353: En los sitios donde se forman remolinos, el agua ayudada por los materiales arrastrados, puede excavar hoyas o marmitas de gigantes, es decir, hondonadas o pozos.
2 Llanura rodeada de montañas. | Ortega-Roig *País* 60: Los ríos mediterráneos andaluces .. riegan pequeñas hoyas con abundantes cultivos de huerta.

hoyada f Hondonada. | MCampos *Abc* 6.3.58, 3: Las sierpes que reposan en posturas tan diversas, amontonadas, retorcidas, .. en el fondo de la hoyada sacratísima de los alrededores de Penang, inducen, casi siempre, a un paso atrás involuntario.

hoyanca f (*reg*) Hoyo o sepultura. | CBonald *Casa* 243: Había una sola caja para meter a los muertos .. Si uno se moría, lo llevaban en esa caja al cementerio del caserío .. Echaban el cuerpo en la hoyanca y se iban otra vez con la caja.

hoyanco -ca adj De El Hoyo de Pinares (Ávila). *Tb* n, *referido a pers.* | M. Tabasco *DAv* 2.7.90, 5: Los vecinos hoyancos respondieron a la hora de donar sangre.

hoyano -na adj De Hoyos (Cáceres). *Tb* n, *referido a pers.* | J. A. Tomé *Hoy* 16.8.74, 11: Gracias a los forasteros que nos visitan, a las autoridades y a la juventud hoyana, hacen que aumente cada año el prestigio y esplendor de las fiestas.

hoyo m **1** Concavidad formada en una superficie, esp. en el suelo. | Bustinza-Mascaró *Ciencias* 127: Pone [el caracol] los huevos en un hoyo que hace en el suelo, en sitio fresco, recubriéndolos de hierba y musgo.
2 (*col*) Sepultura. | Berenguer *Mundo* 34: El que nace con esa dificultad, con esa dificultad va al hoyo.
3 (*Golf*) Hoyo [1] de medidas determinadas en que hay que meter la pelota. *Tb el hecho mismo de meter la pelota en él.* | Gilera *Abc* 25.11.73, 73: Más que crónica de golf habría que hacer crónica de sociedad .. Jiménez Quesada, médico y escritor, gusta de versificar, y cuando una bola parece que va a entrar en un hoyo y lo bordea, como remedio un guiño, suelta su versito. *Ya* 25.11.73, 40: Golf .. Los nueve primeros hoyos logró finalizarlos Gallardo con uno bajo par.
4 Juego infantil que consiste en meter monedas, chapas o bolas en un hoyo [1] hecho en el suelo, tirándolas desde cierta distancia. | Moreno *CSo* 27.11.75, 4: Juegos de chicos fueron, de fiesta o de diario, la "tanga", "tejo", semana o calderón .. Otros de esta misma índole, los "hoyos", el "hinque".
5 (*reg*) Trozo de pan con aceite, miel u otro alimento. | MMolina *Jinete* 175: Mirando con envidia y terror a los otros niños desconocidos que jugaban, mordiendo un hoyo de pan y aceite rebosante de azúcar.
6 ~ de las agujas. (*Taur*) Parte más alta del lomo del toro. | J. Vidal *País* 6.9.88, 56: "Hemos de cornear en la ijada a quienes se proponen estoquearnos por el hoyo de las agujas".

hoyuelo m **1** Hoyo [1] pequeño que se forma en la carne de las perss., esp. en la barbilla y en las mejillas. | CNavarro *Perros* 227: La barbilla tenía un hoyuelo donde la sonrisa parecía ir a esconderse. Cuevas *Finca* 114: Era un pie moreno, .. lleno de hoyuelos, con las uñas diminutas pintadas.
2 Hoyo [4]. | *Abc Extra* 12.62, 45: De las nueces, de las bolas y el hoyuelo derivan el golf y los bolos.

hoz¹ f **1** Instrumento formado por un pequeño mango de madera y una hoja acerada, curva y con dientes muy cortantes en la parte cóncava, que se emplea esp. para segar mieses. | CPuche *Paralelo* 13: Arriba corría un aire traspasador como hoz de siega.
2 (*Anat*) Repliegue membranoso en forma de hoz [1]. | F. Villarejo *Abc* 30.3.86, 37: En este tipo de unión vertical o total en el nivel de la unión no existe piel, hueso, ni tampoco duramadre; los cerebros de ambos están unidos y deformados; la hoz del cerebro no existe.
II loc adv **3 de ~ y coz.** (*lit*) De lleno o sin reservas. | ZVicente *Mesa* 111: Están metidos de hoz y coz en la rueda de los intereses. Torrente *Saga* 349: Bastida se coló por la casi rendija y, de hoz y coz, penetró en una sombra compacta, un como bloque tenebroso.

hoz² f Paso estrecho entre montañas, esp. el formado por un río. | Zubía *España* 58: El río Tajo, a su paso por Toledo, va profundamente encajonado, formando una hoz que rodea en parte a la ciudad. Cendrero *Cantabria* 162: Los flancos de este anticlinorio están formados por los conglomerados y areniscas rojizas del Triásico, los cuales se contemplan con facilidad a lo largo de las impresionantes hoces que se encuentran entre Tudanca y la Cohílla.

hozadero m Sitio donde van a hozar cerdos o jabalíes. | Berenguer *Mundo* 125: Al rato vi dos jabatos grandes en un hozadero.

hozadura f Acción de hozar. *Frec su efecto.* | A. Navalón *Inf* 9.2.71, 22: Este ojeo va destinado a los jabalíes. Todo el Potril está lleno de huellas. Los valles están levantados de las hozaduras.

hozar A intr **1** Mover y levantar la tierra con el hocico [un animal, esp. el cerdo o el jabalí]. | Bustinza-Mascaró *Ciencias* 211: Con su jeta [el jabalí] puede hozar, o remover la tierra, para buscar alimentos. CBonald *Dos días* 269: Se acercó el perro canela husmeando con despacio, y luego hozaba con un indeciso jadeo entre la tierra húmeda.
B tr **2** Mover y levantar [la tierra o algo que está dentro de ella (*cd*) un animal, esp. el cerdo o el jabalí]. | GNuño *Escultura* 151: El jabalí representa un símbolo de oscuridad subterránea, puesto que se alimenta de raíces hozadas bajo la superficie de los campos.

huaca, huacal, huaco → GUACA, GUACAL, GUACO¹.

huanaco → GUANACO.

huapango m Canción popular mejicana de la región de Veracruz. *Tb su música y su baile.* | *Mar* 24.1.68, 11: Acapulco está cantada en todos los ritmos. En huapangos, en corridos, en boleros...

huaquero → GUAQUERO.

huaso → GUASO.

hubara f Ave de unos 60 cm, con las partes superiores de color ocre amarillento y las inferiores blancas, y con largas plumas blancas y negras que cuelgan a ambos lados del cuello (*Chlamydotis undulata*). | N. Carrasco *Ya* 2.8.78, 21: Estos singulares "Lacerta", con otra larga hilera de fauna amenazada canaria –foca monje, .. lagarto canarión, eslizón canario–, esperan la luz verde de un decreto que asegure su asentamiento pleno en aquellas tierras.

hucha f **1** Recipiente para guardar dinero, cerrado y provisto de una ranura por donde este se introduce. | Gironella *Millón* 615: Chicas de la Sección Femenina, haciendo tintinear sus huchas, les pidieron un donativo para el "Aguinaldo del soldado".
2 (*col*) Ahorros. | *SPaís* 11.11.90, 1: 137 empresas, con una hucha de unos 130.000 millones de pesetas comprometida con sus trabajadores en convenio colectivo, han preferido seguir en la situación actual; es decir, mantener los fondos con carácter interno, sin que queden reflejados en una partida de su balance. * Calla y no te quejes, que debes tener una hucha...

huebra f **1** Espacio de tierra que puede labrar una yunta en un día. | J. C. Duque *Hoy* 28.10.76, 13: Medio millón de pesetas paga en concepto de renta un campesino salmantino que tiene arrendadas de 1.200 a 1.300 güebras (unas 600 hectáreas) en el término de Mérida.
2 Yunta. | Delibes *Historias* 36: Limpiaron el páramo de cascajo .., lo sembraron [el trigo] a manta y recogieron una cosecha soberana .. Nadie podía imaginar cómo con una huebra y un arado romano corriente y moliente se consiguiera aquel prodigio. MCalero *Usos* 78: Y la obrada era lo que alzaba una huebra un día de obrar.

hueco¹ -ca I adj **1** [Cosa] que tiene el interior vacío. | Bustinza-Mascaró *Ciencias* 205: Este estuche córneo [del cuerno] se puede separar del eje óseo, quedando entonces hueco. **b)** [Mujer] a la que han extirpado matriz y ovarios. | * La operaron y la dejaron hueca. **c) ~ relieve** → RELIEVE.
2 [Cosa] amplia o que no se ajusta a lo que va en su interior. | * Este año se llevan los abrigos huecos.
3 Mullido y esponjoso. | * Una vez bien hueco el colchón, se procede a colocar la ropa. * La tierra está hueca.
4 Falto de contenido. *Referido a cosas no materiales.* | G. Estal *SYa* 12.10.75, 3: El buen pedagogo, como Sócrates, no es sofista hueco, de artificio, sino despertador real de verda-

hueco – huella

des. A. Senillosa *País* 29.10.78, 9: Basta ya, pues, de palabras huecas y protestas vanas.
5 Presumido o vanidoso. | Kurtz *Lado* 166: –¿Quién le ha dicho que soy hombre de vasta cultura?– Se le veía más bien contento, hueco, pero curioso. **b)** Afectado u ostentoso. | * El estilo hueco ya no se resiste.
6 Que tiene sonido retumbante y profundo. | * Tiene una voz hueca que asusta. Delibes *Madera* 19: Exclamación que tío Vidal acogió con gesto socarrón y una risa hueca.
II *m* **7** Espacio vacío. *Tb fig.* | Medio *Bibiana* 71: Al abrir la boca, Manuel enseña el hueco de un diente. Olmo *Golfos* 37: Se agarra a las patas de la cama y tira: tira para volcarla por el hueco de la escalera. *HLC* 2.11.70, 2: "Mundo y trasmundo de las leyendas de Bécquer" es un ensayo que viene a cubrir el hueco existente en nuestros trabajos de investigación literaria. **b)** (*col*) Puesto o plaza disponible. | Torbado *En el día* 322: –Buenas noches –dijo Franco .. Le abrieron hueco en la mesa y uno de los hombres le preguntó respetuosamente si quería cenar. J. Carabias *Ya* 25.5.75, 8: Todo el que más sepa del asunto de que se trate en cada época tiene un hueco en Politeia.
8 Espacio delimitado por paredes. | *Ya* 22.10.64, 36: Sin traspaso, alquilamos tienda un hueco.
9 Intervalo de tiempo. | Lagos *Vida* 19: Todavía le quedaba un huequecito por las tardes, de cinco a siete, para adecentar un pequeño departamento.
10 (*Arquit*) Abertura en un muro, para puerta, ventana o algo similar. | Arce *Testamento* 33: Por el hueco de la puerta entraba una luz cegadora. Ridruejo *Castilla* 2, 190: El muro occidental lleva un óculo y sostiene una espadaña sólida, de dos huecos.
III *loc adv* **11 en ~.** Sobre algo hueco [1]. | * Si pones los cristales en hueco puedes tener por seguro que se te rompen.
12 en ~. Con incisiones o rehundimientos. *Tb adj.* | Benet *Nunca* 113: Aun cuando la tumba había sido limpiada recientemente .., las inscripciones en hueco estaban rellenas de barro.

hueco² *m* (*argot, Impr*) Huecograbado. | M. Logroño *SAbc* 6.4.75, 26: La cuatricromía permite al sello obtenido por medio del "hueco" ampliar, sin límites, su capacidad informativa. Berlanga *Barrunto* 89: Embuchar más de doscientos periódicos en los cuadernillos de "fotos" –¿por qué les llamarían allí de hueco, y a lo de dentro, de tipo?– era una memez.

huecograbado *m* Procedimiento para imprimir mediante planchas o cilindros grabados en hueco. *Tb la copia así obtenida.* | *HLM* 26.10.70, 22: Se ha considerado conveniente este adelanto para lograr que esas artísticas estampillas postales ['sellos'], bellamente impresas en huecograbado y a todo color, se extiendan más ampliamente. *Alc* 1.1.55, 3: 1954 significó para *El Alcázar* .. cambiar su ropaje antiguo por este nuevo y brillante del huecograbado.

hueco-offset (*pronunc corriente*, /wéko-ófset/) *m* (*Impr*) Procedimiento que permite obtener planchas de offset con la imagen en hueco de una centésimas de milímetro. | *Catál. Aguilar 1979* 49: Mapas murales. Impresos en hueco-offset sobre papel de fabricación especial.

huelebraguetas *m* (*jerg*) Detective privado. | VMontalbán *Pájaros* 318: –Los socialistas van a necesitar policías profesionales y demócratas. –Menos guasa. Tampoco me gusta a mí perder el tiempo con un huelebraguetas. ¿Qué andaba buscando usted en el asunto del crimen de la botella de champán?

huélfago *m* (*Vet*) Enfermedad de los animales que les hace respirar con dificultad. | FVidal *Ayllón* 52: Por su mal andar, se me antoja [el viejo caballón] enfermizo de cordicia o de huélfago.

huelga I *f* **1** Cese colectivo de la actividad laboral para exigir algo o expresar una protesta. | Cela *SCamilo* 197: A mí esto de la huelga de la construcción me toca las pelotas. **b) ~ de brazos caídos** → BRAZO.
2 ~ de celo. Medio de presión o de protesta que consiste en un exceso de rigor en el cumplimiento del reglamento, lo que ocasiona lentitud extremada en el trabajo. | *Ya* 15.9.77, 1: Los controladores amenazan con una huelga de celo.
3 ~ de(l) hambre. Abstinencia voluntaria y total de alimentos para conseguir algo o manifestar una protesta. | *Ya* 27.11.77, 18: Los pilotos civiles podrían iniciar una huelga de hambre. Cela *Rosa* 77: Mi reacción al sentirme invadido por la injusticia era siempre la misma: la huelga del hambre.
II *loc adj* **4 de ~.** (*raro*) [Día] en que no se trabaja, aunque no sea festivo. | Cossío *Montaña* 96: Si algún pueblo montañés ha tenido un momento de vida brillante, lo fue sin duda San Vicente en estos días de huelga, fiesta y gala.

huelgo *m* **1** (*lit*) Aliento o respiración. *Tb en pl.* | Torrente *Saga* 583: Bastida depositó en las losas de la acera la maleta, y se arrimó a la pared, sin huelgos. **b)** Aliento o valor. *Tb en pl.* | G. ÁLimeses *Abc* 16.2.68, 24: ¿Es que era superior al suyo el pecho de varón de Hernán Cortés, aquel su compañero que redujo a los aztecas de México? ¿O resultaba más fuerte el huelgo de su ex mesnadero Francisco Pizarro para domeñar a los quechuas del Perú? Torrente *Filomeno* 421: La Flora carecía de huelgos para ordenar aquel batiburrillo.
2 (*lit*) Holgura o anchura. *Tb fig.* | Sopeña *Defensa* 87: Horas .. en las que pude –autodidacta siempre– ahondar en formación técnica y escribir con huelgo. **b)** Ensanchamiento. | Cela *Alcarria* 224: La farmacia está en un huelgo de la calle Mayor; en Tendilla, en vez de plazas hay holguras de la carretera.
3 (*Mec*) Holgura (espacio vacío entre dos piezas que han de encajar una en otra). | Ramos-LSerrano *Circulación* 215: Cuando la válvula se halla cerrada, entre el taqué y la válvula debe de existir un huelgo que es necesario para que si-ga cerrada la válvula cuando se dilate por efecto del calor, y este huelgo también es conveniente para que su apertura se realice más de repente.

huelguista *adj* **1** [Pers.] que participa en una huelga. *Frec n.* | Marsé *Dicen* 190: La vaharada plebeya de aquel Madrid republicano y ruidoso, con .. modistillas vociferantes y obreros huelguistas. *Inf* 19.6.70, 40: Choque de los huelguistas con la Policía.
2 De (los) huelguistas [1] o de (la) huelga. | *País* 21.1.79, 8: Los principales sectores huelguistas –los del transporte– reclaman alzas de salarios equivalentes a un 25%. *Van* 29.10.89, 8: La persistencia de un foco huelguista siembra la confusión en la cuenca huelguista de la URSS. *Abc* 24.12.70, 30: El ministro-comisario del Plan de Desarrollo, don Laureano López Rodó, declaró .. que el movimiento huelguista en España solamente se había visto secundado por una minoría muy reducida.

huelguístico -ca *adj* De (la) huelga. | *Abc* 30.12.65, 78: Se suceden las manifestaciones y los movimientos huelguísticos pidiendo una próxima vuelta al Gobierno constitucional después de dos años de Gobierno militar.

huella *f* **1** Señal que deja un pie al pisar, o las ruedas o el soporte de una cosa al apoyarse sobre algo. | *Abc* 26.2.78, 49: Huellas humanas de más de tres millones de años .. La antropóloga afirmó que esas huellas, de pies de seres humanos, o prehumanos, han sido excavadas bajo varias capas de tierra endurecida. N. Dorado *Hora* 31.12.76, 15: La nieve siempre es bien recibida por estos pagos .. El único entretenimiento que nos queda es mirar la huella del raposo. **b)** Señal que deja alguien o algo al pasar. *Tb fig, en sent moral.* | Benet *Nunca* 15: Contemplando a través de los cristales, centenariamente fregados por una bayeta harapienta que dejó sus huellas espirales. Goytisolo *Recuento* 92: Al día siguiente pudo ver la huella del incendio negreando una vaguada todavía humeante, como braseada. Delibes *Año* 218: Confieso que esta rebusca del tiempo, no perdido sino simplemente ido, me ha dejado una honda huella. Kurtz *Lado* 258: –¿Crees que dejarán huella esos muchachos? –Lo dudo. La mayoría morirá antes de haber alcanzado cuarenta años. **c)** Señal que deja la yema del dedo sobre un objeto, al tocarlo. *Frec ~* DIGITAL o DACTILAR. | Seseña *Barros* 118: Las tinajas de Torrejoncillo son panzudas .. Se "labran" o afinan, quitando las huellas de los dedos, con un paleta de consistencia golpeándolas con una paleta de nogal. Legorburu-Barrutia *Ciencias* 104: Huellas digitales a su tamaño y aumentadas. En estas se ven los poros. Tomás *Orilla* 150: Estampó las huellas dactilares de todos los dedos de ambas manos. La ficha dactiloscópica.
2 (*lit*) Ejemplo [de alguien o algo]. *Más frec en pl. Gralm con el v* SEGUIR. | Kurtz *Lado* 52: David siguió sus huellas con casi idéntica fortuna. DPlaja *Literatura* 239: El teatro

de Tirso de Molina sigue las huellas del teatro de Lope. FCid *Ópera* 127: Conrado del Campo .. soñó siempre con el teatro cantado de altura .. Paladín, sí, de la causa wagneriana, continuador de las huellas de Strauss, .. cabría decir que a la humanidad ancha del artista, último de los románticos, le quedaba la evasión del papel pautado.

huellado *m* (*jerg*) Acción de huellar. | *Abc* 4.5.88, 16: No hay, además, posibilidad humana de atender medianamente bien el departamento de cacheo y huellas, pues "con una media diaria de cien entradas y cien salidas, a cinco minutos por interno, se necesitarían, con dos funcionarios cacheando, cuatro horas para las entradas y otras cuatro para las salidas, sin contar el tiempo empleado en identificación y huellado".

huellar *tr* (*jerg*) Tomar las huellas dactilares [a alguien (*cd*)]. | Tomás *Orilla* 150: A continuación estampó las huellas dactilares de todos los dedos de ambas manos. La ficha dactiloscópica. Ya estaba otra vez huellado. Aunque los de la vieja escuela utilizaban otra expresión: "ya había tocado el piano".

huelmense *adj* De Huelma (Jaén). *Tb n, referido a pers*. | *Jaén* 22.8.90, 20: El Club Ciclista Sierra Mágina cuenta con tres corredores de esta categoría que pueden presagiar algo bueno para el ciclismo huelmense.

huelvano -na *adj* Huelveño. *Tb n*. | *Odi* 3.9.64, 13: Un huelvano, Antonio Castilla, que triunfa por tierras de Aragón.

huelveño -ña *adj* De Huelva. *Tb n, referido a pers*. | Cela *Viaje andaluz* 307: Según cuenta, los guardias municipales huelveños le hicieron la vida imposible.

huercalense *adj* De Huércal de Almería o de Huércal-Overa (Almería). *Tb n, referido a pers*. | *VAl* 12.6.75, 6: El Gobernador Civil, en Huércal Overa .. Hizo uso de la palabra el Alcalde .. Gracias por haber querido estar con nosotros en este día gozoso para los huercalenses.

huérfano -na *adj* **1** [Pers.] menor de edad a quien se le ha muerto el padre, la madre o ambos. *Tb n*. | CNavarro *Perros* 168: Un huérfano, por más que se empeñara, jamás podría comprender el sentido exacto de la familia.
2 (*lit*) Falto o carente [de algo necesario]. | MGaite *Cuento* 122: Huérfano [el personaje] de los favores de la fortuna en los umbrales del relato. Villapún *Iglesia* 86: La soberbia y ambición de Focio y Miguel Cerulario fueron causa de la tremenda escisión de la Iglesia, dejando huérfanas del calor mater[n]al a tantas almas. C. Rojas *SInf* 16.5.70, 3: Se permitió el lujo [el toro] de hacer hilo con los banderilleros al parecer toro responsable de su raza, cosa de la que estuvo huérfano toda la tarde.

huero -ra *adj* **1** [Huevo] que no produce cría, a pesar de haber sido incubado. | * Este huevo ha salido huero.
2 (*lit*) Vacío. *Tb fig*. | Alós *Hogueras* 164: Los trigos .. se encogieron y después se secaron. Hueros, sin nada dentro. GPavón *Rapto* 135: Las cuevas que minan Tomelloso quedaron vacías. Son ahora calabozos de tinajas hueras. Cuevas *Finca* 201: Las nubes pasan mucho más bajas y se las distingue si son hueras o van preñadas de agua. Alfonso *España* 13: Hay que preocuparse por la pérdida de esos valores peculiares en aras de un pseudo-modernismo huero y cursi. Delibes *Santos* 64: La cabeza entre las manos, la mirada huera, fija en el hogar. A. M. Campoy *Abc* 11.5.74, 71: No ha necesitado el pintor recurrir a un asunto tremebundo para expresar .. el clima espiritual de una época que solo puede satisfacer a los hueros y a los frívolos.

huerta I *f* **1** Huerto [1] grande. | Olmo *Golfos* 147: Unos poseen una barriada .. Los más: un piso; una huerta y sus repollos.
2 Tierra de regadío. *Frec con sent colectivo*. | Cunqueiro *Un hombre* 10: Saliendo de la plaza por la puerta del palomar se veía toda la huerta de la ciudad. Ortega-Roig *País* 169: En la huerta de Valencia se llega a alcanzar una densidad de población superior a los 500 h/km².
II *loc adj* **3** [Chuleta] **de ~**, [filete] **de ~** → CHULETA, FILETE.

huertano -na *adj* De (la) huerta. *Frec n, referido a pers, esp a los habitantes de las Huertas Valenciana y Murciana*. | *Lugo* 41: Río Masma, muy rico en salmón y trucha. Amplia vega huertana. A. Manzano *Ver* 20.6.76, 12: El folleto del programa está ya en la calle. Ha decepcionado bastante, pues no lleva, como en años anteriores, fotos del pueblo o de costumbrismo huertano. *CoA* 27.3.64, 9: Los huertanos también son nazarenos .. Murcia huertana: La Semana de Pasión más tradicional. Á. Rodríguez *YaTo* 10.11.81, 61: El higo .. sirve para sacar de apuros a los parceleros y huertanos de este término municipal [Pueblanueva (Toledo)].

huertaño -ña *adj* De Huerta del Rey (Burgos). *Tb n, referido a pers*. | *DBu* 27.5.56, 4: Puso de relieve elocuentemente la hermosura de María y el amor que debemos sentir por nuestra Virgen de Arandilla, Madre amantísima de todos los huertaños.

huerteño -ña *adj* De Huerta de Valdecarábanos (Toledo). *Tb n, referido a pers*. | J. Galiano *VozT* 18.10.78, 30: Como ejemplo más claro de esta preocupación de los huerteños por el ornato de su pueblo está la donación por parte de un hijo de la localidad .. de una bonita fuente.

huertero -ra *m y f* (*reg*) Pers. que cultiva una huerta. | Lorenzo *SAbc* 8.9.74, 10: Yo todavía he conocido un Yuste criadero de gusanos; seleccionaba el huertero los capullos, los ahogaba en el horno.

huerto I *m* **1** Terreno de poca extensión y gralm. cercado, en que se cultivan verduras, legumbres y frutales. | Laforet *Mujer* 79: Aún estaban en flor los manzanos del huerto.
II *loc v* (*col, humoríst*) **2 llevarse** [a alguien] **al ~**. Realizar [con él] el acto sexual. | *D16* 10.1.78, 13: Un catalán "la ganó" hoy en un concurso .. "Si me gusta, me lo llevo al huerto" –dijo Susana Estrada a D16.
3 llevarse [a alguien] **al ~**. Engañar[le]. | Tomás *Orilla* 298: Una vez me llevaron al huerto, pero dos será más difícil. ¿Cómo se llamaba aquel? .. El Parido. Hicimos el negocio en sábado. Pero el cabrón me vendió. Cuando acudí a la cita, en unos jardines, con el paquete de chocolate, el menda no apareció.
4 llevarse [a alguien] **al ~**. Convencer[le]. | Diosdado *Anillos* 1, 56: Padre, como te empiece con filosofías, te lleva al huerto, ten cuidado.

huesa *f* (*lit*) Fosa en que se entierra un cadáver. | Torrente *Señor* 11: ¡Si hasta el lugar del cementerio donde yacía doña Matilde era provisional, porque había dispuesto que su hijo eligiese la huesa definitiva!

huesanco *m* (*desp*) Hueso [1a]. | VMontalbán *Pianista* 35: Se había subido las perneras de los pantalones hasta dejar al descubierto dos huesancos largos al servicio de dos pantorrillas poco carnadas.

huesera *f* (*reg*) **1** Osario. *Tb fig*. | Berlanga *Gaznápira* 121: Disteis un rodeo para no bajar por la huesera, por no topar con la escuela y sin techo. CPuche *Sabor* 139: Me arrimé rápidamente a una ventanilla para ver bien el paisaje, un paisaje que parecía hecho de ceniza .., blancura de huesos calcinados o de ríos secos sobre la huesera de un mundo quemado.
2 Instrumento músico que consiste en un cilindro de cuerno de toro vaciado y con tabas en su interior. | S. Guijarro *ASeg* 6.5.92, 6: Actuaron los folkloristas segovianos Mª Eugenia Santos y Pablo Zamarrón acompañados de guitarra, almirez, huesera y otros instrumentos típicos.

hueso (*dim* HUESECITO, HUESECILLO, *o, lit, raro*, OSECICO, OSECILLO) I *m* **1** *En los vertebrados*: Pieza dura que forma parte del esqueleto. | Legorburu-Barrutia *Ciencias* 40: El aparato locomotor está formado por los huesos y los músculos. Cela *Pirineo* 149: El chucho .. temblaba como una vara verde: las orejas gachas .., y el espinazo en arco y con los osecicos a flor de la espantada piel. **b)** *En pl*: Restos mortales. | Olmo *Golfos* 69: Arturo echó a correr .. ¿quién sabe si con la cristiana intención de recoger sus huesos? **c) la sin ~** → SINHUESO.
2 *En algunos frutos*: Parte dura y compacta que está en su interior. | Legorburu-Barrutia *Ciencias* 274: En una cereza el exocarpio es la piel, el mesocarpio es la carne y el endocarpio es el hueso.
3 Meollo o punto fundamental [de un asunto]. | Payno *Curso* 175: Siempre hay lucha con la generación padre. (Y, lamentablemente, suele concentrarse en las verdades particulares de cada generación; no suele ir al hueso mondo).

huesoso – huesudo

4 (*col*) Cosa difícil o incómoda de resolver o de realizar. *Tb adj. A veces* ~ DE TABA, *o* ~ DURO (*o* DIFÍCIL) DE ROER, *con intención ponderativa. Tb fig, referido a pers.* | Olmo *Camisa* 43: La cuestión vivienda creo que es un hueso. GArnau *Inf* 20.1.78, 19: Actuó el 19 ..; los temas que me salen son unos "huesos". GArnau *Inf* 20.1.78, 20: Las cosas han ido de mal en peor a los Ejércitos alemanes, que se encuentran con el hueso duro de roer de Stalingrado. J. Valdivielso *Ya* 18.5.77, 39: Alfredo Evangelista se preparó concienzudamente y demostró ser capaz de realizar quince asaltos .. La "perita en dulce" que todos presumían se trocó en un hueso duro de roer. **b)** Pers. muy exigente o de trato difícil. *Tb adj. A veces* ~ DE TABA, *con intención ponderativa.* | Van 5.9.74, 27: –¿Se tarda mucho en formalizar la boda? –Mire usted, depende. –¿De qué depende? –Mujer, de lo hueso que uno sea. Si no le gusta ninguno de los que se le van presentando... Diosdado *Anillos* 1, 94: ¡No quiero ni pensar en que la viese mi vecina! ¡Es la presidenta de la Comunidad, y un hueso de taba! **c)** Profesor que suspende mucho. *Tb adj.* | Cela *SCamilo* 327: Lleva ya tres años tropezando en la entomología agrícola, y el catedrático don Miguel Benlloch es un verdadero hueso. ZVicente *Traque* 67: Usted no tiene fundamentos biológicos de la Pedagogía, a mí me dieron sobresaliente. Con un profesor hueso, ¿eh?, ande, para que vea.

5 ~ **de santo** (*o, raro,* **de difunto**). Dulce consistente en un tubito de pasta de almendra relleno de yema, chocolate o cabello de ángel, propio de la fiesta de Todos los Santos. | *Cocina* 620: Huesos de santo .. Pasta: Azúcar .. Almendras molidas .. Patatas .. Agua .. Ralladura de limón. Relleno: Yemas .. Azúcar .. Agua. Chamorro *Sin raíces* 92: –Te he hecho frutas de sartén. ¿Te gustan? –Sí, madre. –Te he hecho orejones, floretas, huesos de difuntos, rizos, buñuelos.

II *adj invar* **6** [Color] blanco amarillento. *Tb n m.* | M. P. Ramos *SInf* 24.4.70, 4: Solo se busca la comodidad y la belleza. Ropa adaptada a un momento .. Colores alegres y vivos. Rojos, rosas, verdes, azul, hueso, amarillos. **b)** Que tiene color hueso. | * Me he comprado unos zapatos hueso.

III *loc v* (*col*) **7 dar** [alguien] **con sus ~s** [en un lugar]. Ir a parar [a él]. | A. Aricha *Caso* 26.12.70, 24: La egregia dama dio con sus huesos y algo más en la provincia de Ciudad Real, donde se hospedó en el famoso hostal Las Brujas.

8 dar (*o* **pinchar**) [alguien] **en ~**. Tropezar con alguien o algo que no se presta o acomoda a sus deseos. | Istolacio *Cod* 25.8.74, 15: Vamos, como si uno fuera de esos individuos sin principios, oportunistas chaqueteros, que son capaces de vender su conciencia por unas pesetas. Lo que es conmigo ha dado en hueso el tipo ese. SSolís *Camino* 297: Querrás sacarle dinero para el convento, ¡como si lo viera! Pero te advierto que con tu tío pinchas en hueso. Alvar *Islas* 47: A la derecha quedaba un molino, pero el dialectólogo pinchó en hueso. Lo trajeron como informante a un licenciado de la guerra de Cuba.

9 estar [una pers.] (**loca**), *o* **morirse, por los ~s** [de otra]. Estar profundamente enamorada [de ella]. | * Pepe está por tus huesos, Concha.

10 moler (*o* **romper**) [a alguien] **los ~s**. Golpear[le] fuertemente. | * Me han molido los huesos.

IV *loc adv* **11 a ~**. (*Constr*) Sin argamasa ni mortero. *Tb adj.* | Angulo *Arte* 1, 7: Si los sillares se asientan directamente sin tendel intermedio, el muro está labrado a hueso. Benet *Volverás* 59: Un pueblo pequeño y apiñado en torno a la iglesia –toda la edificación es de piedra a hueso–.

12 en los (**puros**) **~s**. (*col*) Sumamente delgado. | Kurtz *Lado* 44: –Le veo muy bien. –Fatal –repuso. –¿Y pues? –¿No ve cómo me ha quedado? En los puros huesos.

13 hasta los ~s. (*col*) Hasta lo más profundo. *Gralm con los vs* CALAR *o* MOJAR. | * Venía calado hasta los huesos. Aleixandre *Hucha* 1, 133: Un estruendo del infierno nos rodeaba, y nos calaba hasta los huesos el miedo de la noche.

huesoso -sa *adj* **1** De(l) hueso [1]. | * Apariencia huesosa.

2 Huesudo. | ZVicente *Balcón* 10: Por fin aparece Casta .. Anda colgada de su propio cuello, arrastrando ...

huésped -da (*la forma f es rara; gralm se usa como m y f la forma m*) **I** *m y f* **1** Pers. que se aloja en casa [de alguien (*compl de posesión*)], por invitación o mediante pago. *Tb sin compl. Tb fig.* | GGual *Novela* 333: Arquéstrates, al enterarse que aquel extranjero, excelente en el deporte, era un náufrago, lo invita a comer en su palacio .. Entra enton-

ces la princesa, quien pregunta por el huésped. *Prog* 31.1.56, 2: Los componentes del Orfeón Infantil Mexicano son todavía huéspedes de nuestra ciudad. GPavón *Rapto* 64: –¿Qué hay, hermano Fermín? .. –Pues ya ve usted, de velorio. –Vaya huéspeda que le han traído. –Bastante averiá, por cierto.– Plinio .. tiró de la manta .. Se veía muy mal la muerta. **b)** Pers. que se aloja [en un establecimiento hotelero (*compl de posesión*)]. *Tb sin compl.* | Laiglesia *Ombligos* 240: La centralita telefónica del [hotel] Mirapez comunicó a todas las habitaciones el trascendental fenómeno que iba a producirse de un momento a otro, y los huéspedes se asomaron a las ventanas para contemplarlo.

2 (*hoy raro*) Pers. que aloja [a otra (*compl de posesión*)] en su casa. *Tb sin compl. Tb fig.* | FVidal *Duero* 183: Al andariego le agrada .. pedir asilo al primer cristiano con quien se tope, penetrar en su morada y sentarse junto al hogar .. El caminante escucha lo que su huésped quiera hablarle. *Cam* 11.8.75, 8: Por mucho que el Gobierno finlandés se sintiera orgulloso de hacer de huésped, las gentes de Helsinki se lamentaban de que hasta los tranvías fueran obligados a cambiar su itinerario. **b)** (*hoy raro*) Pers. que posee o atiende una casa de huéspedes. | FReguera *Bienaventurados* 89: Teresa se había aconsejado una noche con Catalina, la huéspeda de la pensión en que vivía.

3 (*Biol*) Animal o vegetal a cuyas expensas vive un parásito o comensal, o en que se aloja un inquilino. | Bustinza-Mascaró *Ciencias* 291: Una planta se llama parásita cuando vive a costa de otro ser –el huésped–, que puede ser vegetal o animal, causándole daños más o menos graves. Ybarra-Cabetas *Ciencias* 420: Comensalismo. Esta asociación puede tener lugar entre dos o más individuos, llamándose comensal o comensales y huésped, respectivamente. El huésped en esta clase de asociación no resulta perjudicado.

II *loc adj* **4 de ~es**. [Casa particular] que admite huéspedes [1] mediante pago. | Laforet *Mujer* 91: La dueña de la casa de huéspedes era una mujer gruesa.

III *loc v* **3 no contar con la huéspeda**. (*col*) No prever, al emprender un asunto, un contratiempo que se ha de presentar. | * Hicieron muchos planes, pero no contaban con la huéspeda.

huesque *interj* (*rur*) Se emplea para ordenar a las caballerías que tuerzan a un lado. A veces se sustantiva como *n m*. | Aparicio *César* 44: Recordó al mulero y sus gritos: "¡Huesque!", y el ancho espolón que se pasaba por su cara, su frente y su nuca. Gerardo *NAl* 6.10.89, 15: El canto del carro, la reata, el ¡so!, el ¡arre!, el ¡huesque! y el ¡ria!

hueste *f* **1** (*lit o hist*) Ejército en campaña. *Frec en pl.* | Arenaza-Gastaminza *Historia* 85: Almanzor .. Reformó el ejército y realizó con sus huestes berberiscas y eslavas mercenarias sus campañas o razzias contra los cristianos.

2 (*lit*) Conjunto de los partidarios [de una pers. o una causa]. *Frec en pl.* | R. PEscolar *Inf* 7.3.78, 18: La izquierda política .. ofrece a sus militantes referencias precisas: Estado federal, republicanismo, .. liberación en el paraíso sin clases. Mediante tales señuelos mantiene despierto el ánimo de sus huestes y las prepara para el debate de opinión y la acción social.

3 (*reg*) Procesión nocturna de almas en pena. | Castroviejo *Abc* 11.5.58, 13: En cuanto al señor Fanchuco, apareció muerto al pie del crucero del camino de Lamas. Dicen que fue arrebatado por la "Hueste" y que aún vaga, con las almas en pena, por urzales y campías.

4 (*hist*) Expedición guerrera contra el enemigo. | Tejedor *Arte* 104: Estas luchas [entre señores feudales] presentaban dos formas: la hueste o verdadera expedición guerrera y la cabalgada, de devastación de la tierra enemiga a manera de razzia.

huestía *f* (*reg*) Hueste [3]. | Muñiz *Señas* 56: Tal cual la huestía o la guaría van por los caminos anunciando la soledad del más allá tras el aviso de los gallos y las luces que preceden a las agonías. Cándido *Abc* 21.3.81, 4: He llegado a grabar los susurros fluviales de las xanas y el gregoriano de ultratumba de la huestía.

huesudo -da *adj* Que tiene muy acusados los huesos [1a]. | CNavarro *Perros* 71: Sus pies eran grandes y huesudos. Aparicio *Año* 50: Volvió a abrirse la puerta de la calle y Vigil, con un visaje de los ojos, sin siquiera mover el cuello, señaló a Enrique Andrade, alto y huesudo.

hueteño[1] **-ña** *adj* De Huete (Cuenca). *Tb n, referido a pers.* | *D16* 14.7.91, 80: Museo hueteño .. El año pasado la donó [su colección] a la ciudad de Huete, en su tierra, y allí está en un museo municipal.

hueteño[2] **-ña** *adj* De Huétor-Santillán o de Huétor-Tájar (Granada). *Tb n, referido a pers.* | M. Hita *Ide* 14.8.83, 17: Huétor-Santillán .. Resultó elegido "Hueteño del Año" Antonio López Requena.

hueva *f En algunos pescados:* Masa que forman los huevos [2a]. | Carandell *Madrid* 52: Después entramos en Mozos, que es el tipo de taberna, ya sabes. Tiene pinchos de hueva.

huevada *f* **1** Comida que consiste en abundantes huevos [2b]. | *Nav* 9.7.87, 13: Se organiza una "huevada popular" a base de huevos duros, pepinillos, cebolletas, etc. L. Mendoza *Cór* 24.8.91, 9: La huevada de San Isidro .. El día 14 de mayo se da la huevada del mencionado santo, en que se fríen huevos –de 6.000 a 7.000– sobre la marcha.

2 *(vulg)* Tontería o bobada. | *ProP* 4.10.91, 55: El prestigioso Huevo de Oro, modalidad doble yema y premio a la mejor güevada, recae hoy en el ingeniero de montes y técnico de urbanismo de Mogán, Marcelino Martín.

huevazo *m* Golpe dado con un huevo [2b] lanzado. | L. LSancho *Abc* 23.5.87, 18: García Vargas, a fuerza de huevazos en su americana de ministro, ya sabe que en la sanidad ni él ni su antecesor han hecho las "cosas bien hechas".

huevazos *m* *(vulg)* Hombre excesivamente tranquilo. | Marsé *Montse* 204: ¡Este papanatas es como su madre! ¡Un huevazos!

huevería *f* **1** Tienda donde se venden huevos [2b]. | Medio *Bibiana* 187: Bibiana compra media docena de huevos en la huevería.

2 Industria o comercio de(l) huevo [2b]. | L. Santacana *DLér* 31.7.69, 12: No en ganado lanar o vacuno, porque la región carece de pastos naturales, sino en el porcino y en la avicultura, cuyas ramas han hecho nacer otras fuentes de riqueza, como la huevería y la elaboración de piensos compuestos.

huevero -ra I *adj* **1** De(l) huevo [2b]. | *Ver* 17.7.64, 13: Alza en el mercado huevero. Cela *Viaje andaluz* 184: Al cabo de este tiempo se pone todo en un plato huevero que esté caliente y, sobre el paisaje que muestra, se cascan los huevos.

II *n* **A** *m y f* **2** Pers. que comercia en huevos [2b]. | Arce *Precio* 23: La huevera se hizo pagar la visita a precio de oro. Otro tanto ocurrió con el carbonero.

B *f* **3** Recipiente para guardar o transportar huevos [2b]. | Aldecoa *Gran Sol* 42: La huevera de Gato Rojo era un prodigio de artesanía .. –Así no se romperán. *ASeg* 5.12.62, 4: El nuevo modelo [de frigorífico] 1963, de 260 litros, llevará a su cocina las más recientes conquistas técnicas de la refrigeración: 1 Junta de cierre magnético .. 4 Hueveras portátiles.

4 Copa pequeña en forma de medio huevo en que se sirven los huevos cocidos o pasados por agua. | *Ya* 30.5.74, 3: Sears. Ofertas especiales a 88 pts. cada una. 3 Hueveras de acero .. Inoxidables. Con plato individual incorporado. De fácil limpieza.

huevo I *m* **1** *En la reproducción sexual:* Célula resultante de la unión del gameto masculino y el femenino. | Navarro *Biología* 210: Se denomina fecundación la unión de los dos gametos (espermatozoide y óvulo) para formar el huevo o cigoto.

2 Cuerpo esferoidal que contiene la célula huevo [1] y las sustancias necesarias para su nutrición durante el período de incubación. | Bustinza-Mascaró *Ciencias* 178: En primavera las hembras ponen en el agua muchos huevos envueltos en una sustancia mucilaginosa; a los cinco o seis días, de estos huevos nacen unas larvas con forma completamente distinta a la de las ranas. Bustinza-Mascaró *Ciencias* 171: Son ovíparas [las sardinas]. Generalmente las hembras ponen sus huevos en invierno y primavera, y los animalitos que de ellos nacen son traslúcidos al principio. **b)** *Esp:* Huevo de gallina, empleado en la alimentación humana. | Medio *Bibiana* 187: Bibiana compra media docena de huevos en la huevería. **c)** *(lit)* Germen. | Cela *Pirineo* 323: Será evidente y cierto que en el corazón de Pont de Suert vivía el huevo de la ciudad, su germen originario y fecundo.

3 Objeto en figura de huevo de gallina. | ZVicente *Traque* 315: Fíjate en este huevo de madera para coser calcetines, tanto que te gustaba jugar con él, pues ya ves, aún lo tengo. Morales *Artífices* 1, 19: El 21 de enero de 1761 entrega un vestido bordado de oro sobre terciopelo azul y chupa de glasé de plata, realizado con oro de pasar, .. lentejuelas de oro, huevecillos del mismo material, etc. **b)** *(col, hoy raro)* Coche utilitario muy pequeño y de forma ovoide, que se abre por delante. | MGaite *Nubosidad* 242: María Teresa se había parado junto a un dos plazas redondeado y transparente de los que llamaron aquí "huevos", que tenía un diseño como de helicóptero y se abría por delante.

4 *(vulg)* Testículo. | A. ÁSolís *NoE* 8.3.77, 10: A Hitler le habían pegado un tiro en un huevo, y de casarse, nada de nada. **b)** *Frec se emplea como sinónimo de* COJÓN *en distintas locs y constrs.* | CPuche *Paralelo* 111: Algún día se armaría la gorda. Aunque no se armara aquí, donde estaba visto que se había perdido hasta el temperamento nacional, vulgo, los huevos. Delibes *Santos* 161: A que no tienes huevos, Paco, para salir mañana con el palomo. FVidal *Ayllón* 132: Este señor busca acomodo para la noche y cena. Está aquí de turismo. Los hay con huevos, ¿eh? Berenguer *Mundo* 70: Los tíos, se necesita huevazos, mataron a la criatura que iba a ser médico como su padre. Grandes *Lulú* 169: Era solamente un crío, un crío torpe y encantador, me recordaba mucho a Ely. Le echaba unos huevos tremendos a la vida. Torres *Él* 170: Una insinuación de los Reagan es una orden para mí. ¿O por qué habríamos creído que ganamos en lo de las Malvinas? PFa 21.2.77, 8: Es lógico que estén hasta los huevos de ser carne de cañón. Umbral *Gente* 262: Un día entre los días se me hincharon los huevos y le dije a Juan Luis Cebrián que me iba de *El País*. Cela *SCamilo* 103: Hay que poner los huevos encima de la mesa. Torres *Ceguera* 125: Me encantaría provocarle un accidente fatal al personaje que interpreta Gemma Garrido porque al asesor Gemayel le sale de los huevos. Marsé *Tardes* 47: –¿Y qué hacen aquí, además de bañarse y tocarse los huevos todo el día? –Nada... Veranean.

5 el ~ de Colón *(o, raro,* **de Juanelo)**. *(col)* La solución sumamente fácil que a nadie se le había ocurrido. | G. POlaguer *Mun* 23.5.70, 55: El huevo de Colón del teatro es su necesidad de trabajo en equipo. Delibes *Cazador* 34: El domingo no vimos nada. Se conoce que los habían pateado otros. Esto de la caza es como el huevo de Juanelo.

6 ~ hilado. Mezcla de huevos [2b] y azúcar que se presenta en forma de hilos. | Cuevas *Finca* 161: Rosita, ¡tú sabes lo que es jamón en dulce con huevo hilado?

7 ~s moles. Dulce preparado con yemas de huevo [2b] batidas con azúcar. | Espinosa *Escuela* 197: Las autoridades mandaron traer estas bebidas y comidas: Vino blanco. Vino rosado .. Huevos moles. Nata de castañas.

8 *(vulg)* Cantidad muy grande [de algo]. *Frec en la constr* UN ~. | Oliver *Relatos* 91: Menos un tipo gitano que recitaba, todas las que actuaban eran tías con un huevo de tacos y llenas de michelines. Oliver *Relatos* 148: El vernos repetidos –de lado, boca arriba, del revés, de culo y de cabeza– aquel huevo de veces en los espejos era algo que a cualquiera le hubiese hecho revivir estando muerto.

II *loc v y fórm* o **9 límpiate, que estás de ~** → LIMPIAR.

10 parecerse [dos perss. o cosas] **como un ~ a otro** (~). Ser totalmente iguales. | * Se parecen como un huevo a otro huevo, nunca vi hermanos tan iguales.

11 parecerse [dos perss. o cosas] **como un ~ a una castaña.** No parecerse en absoluto. | E. Romero *Voz* 14.8.87, 9: Los nuevos socialistas se parecen ahora a Pablo Iglesias como un huevo a una castaña. J. L. Gutiérrez *D16* 30.8.90, 12: La democracia española se parece como un huevo a una castaña a las de nuestro entorno europeo.

12 poner un ~. *(vulg)* Defecar. | GSerrano *Macuto* 252: –¿Adónde vas? –le preguntaba un oficioso a su camarada. –A poner un huevo, ¿te importa?

13 que te (le, *etc*) **fríen un ~** *(o, raro,* **dos ~s)**. *(col)* Fórmula que expresa rechazo o desprecio. | Neville *Fidelidad* 128: ¿Se decía en la "gran época" eso de que les fríen un huevo, o es una ordinariez posterior? –Es una ordinariez del segundo cuarto del siglo veinte. Gala *Días* 364: ¡La vida! Que le fríen dos huevos a la vida.

14 y un ~. *(vulg)* Fórmula con que se pondera lo inadmisible de una pretensión o afirmación que se acaba de mencio-

huevón – huisquil

nar. | Marsé *Amante* 87: –No viene, Marés. –Tranquilo. La habrán entretenido. –Y un huevo.
III *loc adv* **15 a ~.** *(vulg)* Muy a tiro. *Gralm con los vs* PONER *o* ESTAR. | Cela *SCamilo* 105: Le tocaba el culo por entretenerse y también porque se le ponía a huevo y no había manera de evitarlo. Delibes *Cazador* 53: Marré dos perdices que me salieron a huevo.
16 a puro ~. *(vulg)* A la fuerza. | Torrente *Saga* 131: Desde Villasanta llegó la artillería a apoderarse del Cantón Independiente e incorporarlo al Estado Central; con ella vino don Amerio, constituido en capellán honorario .., y pronunció un sermón apocalíptico en la Plaza del Comercio, adonde la gente había sido llevada a puro güevo.
17 no por el ~, sino por el fuero. *(col)* Por el derecho y no por el provecho. | * Un asunto como este lo lleva uno hasta el final no por el huevo, sino por el fuero.
18 pisando ~s. *(col)* Con mucha parsimonia. *Gralm con los vs* IR, VENIR *o* ANDAR. | * Hijo, aviva, que vas pisando huevos.
19 un ~. *(vulg)* Mucho. *Frec con vs como* VALER *o* COSTAR. *Tb pron. A veces con variantes humoríst como* UN ~ Y MEDIO *o* UN ~ Y LA YEMA DE(L) OTRO. | Berlanga *Recuentos* 78: Pero si tú vales un huevo, Leo. Torres *Él* 84: Lavarse la ropa en el Sheraton cuesta huevo y medio. Oliver *Relatos* 121: Cuando supe todo, me alegré un huevo de que la vieja me hubiera dado puerta. Pombo *Héroe* 182: A gatas voy mirándoles las piernas a los de quinto, que son ya los mayores .., porque he aprendido un huevo de las piernas.
20 un ~. *(vulg)* Nada. *Normalmente con el v* IMPORTAR. | VMontalbán *Mares* 13: ¿Es que ya no se fugan las mujeres de casa? ¿Ni las muchachas? Sí, Biscuter. Más que nunca. Pero hoy a sus maridos y a sus padres les importa un huevo que se fuguen.

huevón -na *adj (col)* Huevudo. | Carandell *Madrid* 129: Doña Manolita asomaba sus ojos huevones por la abertura que daba a la cocina y daba instrucciones a la camarera.

huevudo -da *adj* [Ojo] en forma de huevo [2b]. | Zunzunegui *Camino* 444: A los pocos días se vio con Amparo, la dueña de la casa de "la sevillana". Grande, tetuda, con el pelo teñido y tirante sobre una frente espléndida y unos ojos hermosos algo huevudos.

hugonote *adj (hist)* Calvinista francés. *Tb n.* | Arenaza-Gastaminza *Historia* 172: El episodio más sangriento de estas guerras (ocho en total en Francia) fue la matanza de hugonotes en la Noche de San Bartolomé (1572). **b)** De (los) hugonotes. | Reglá *HEspaña* 3, 175: La amenaza extranjera, representada, sobre todo, por la presión hugonote en el ámbito pirenaico. Pemán *MHi* 7.69, 10: Felipe había conseguido ya su objetivo, que era no tener a su espalda una Francia hugonote.

hugonotismo *m (hist)* Calvinismo francés. | Vicens *Polis* 386: El ideal de esta [la monarquía de Luis XIV] fue la unidad. Unidad de la administración ..; unidad de la vida religiosa, mediante la adopción de severas medidas represivas contra los restos del hugonotismo.

huichol -la I *adj* **1** De una tribu india que habita en el estado mejicano de Jalisco. *Tb n, referido a pers.* | *Abc* 30.6.74, 28: Pascual Carrillo, indígena huichol de esta zona del centro de Méjico, será procesado en la población de Colotlán por tomarse la justicia por su mano.
II *m* **2** Idioma de los huicholes [1]. | RAdrados *Lingüística* 184: En huichol habría un morfema *pe-/-ma-*, 'tú/te'.

huida *f* Acción de huir. | Vesga-Fernández *Jesucristo* 32: Huida a Egipto. Apenas habían marchado los Magos, cuando un ángel del Señor se apareció en sueños a José diciéndole: –Levántate, toma al Niño y a su Madre y vete a Egipto.

huidero -ra *adj (raro)* Huidizo. | Zunzunegui *Camino* 386: Se oía el chirrido del agua al escapar correntona de los garfios, que afloraban con fango... y aire huidero.

huidizo -za *adj* **1** Que huye o tiende a huir, *esp* [3]. | Torbado *En el día* 304: No le era un hombre particularmente simpático. Huidizo, viscoso, egoísta y timorato, el agente del Vaticano lo había rehuido siempre. Cela *Inf* 13.6.75, 25: El bongo .. es un anfibio africano y casi mitológico, huidizo y punto menos que fantasmal, que escapa siempre a tiempo y sin dejar huellas. Laforet *Mujer* 224: Esta mujer de mirada huidiza .. no tenía nada que ver con aquella que él había querido.
2 [Cosa] inestable o pasajera. | Cela *Judíos* 34: Mientras deshoja la margarita incierta de las cábalas, el sí-no de las huidizas conjeturas.

huido -da *adj* **1** *part* → HUIR.
2 [Pers.] que huye [3 y 5] o se esconde. *Tb n.* | * Lleva una temporada que se muestra receloso, huido; no sé qué le pasa. Carnicer *Cabrera* 26: Armesto vuelve a emprenderla con sus historias, ahora más misteriosas que nunca, pues se refieren a los "huidos", los guerrilleros que a partir de 1936 anduvieron dieciocho años a la defensiva por los montes de la Cabrera. **b)** *(Taur)* [Res] que esquiva las suertes y busca la salida sin hacer caso del torero. | *SD16* 21.5.89, 1: Toros: Seis despuntados de Martínez Benavides .. Primero y tercero, muy deslucidos por huidos y por buscar una y otra vez las tablas.
3 [Frente] deprimida o echada hacia atrás. | Pericot-Maluquer *Humanidad* 44: Si queremos resumir hoy sus características principales, podemos hacerlo así: frente huida, arcos superciliares muy salientes.

huidor -ra *adj (lit, raro)* Que huye. | Cela *Viaje andaluz* 281: El vagabundo .. se entretuvo en contemplar la puesta del Sol, huidora, majestuosa y lenta como una cierva preñada. Peraile *Cuentos* 28: El "Ford Galaxia" ya aparece fantasmagórico en la cumbre de la cuesta de la iglesia, ya desapareciendo sobrenatural, dejando tras el pasmo de su visión una desbandada de polvo huidor, de polvo espantado.

huipil *(tb* **güipil***) m* Camisa de las indias mejicanas y centroamericanas, de algodón, bordada, ancha y sin mangas, que llega hasta la cintura o los muslos. | F. Ros *Abc* 6.6.67, 51: Los colores de sus huipiles (chaquetas), sus rebozos .. deslumbran aún. [*Habla de los mayas.*] Grosso *Zanja* 186: El sudor revienta de su piel cenicienta y, en riadas, le empapa el güipil.

huir *(conjug* **48***)* **A** *intr* **1** Marcharse, en gral. rápidamente, por temor [a alguien o algo *(compl* DE*)*]. *Tb sin compl.* | Cunqueiro *Un hombre* 22: En el tormento dijo llamarse Andrés y estar huido de su madrastra. Medio *Andrés* 186: Fausto ha dicho "chica". Si no se pelea, lo de chica acabará por quedarle como apodo para toda la vida .. No puede achicarse. Aunque Fausto le mate. Ya no puede huir.
2 Marcharse o salir [alguien de un lugar o de una situación *(compl* DE*)*] en que está privado de libertad] burlando la vigilancia o de manera violenta. *Tb sin compl.* | *Abc* 3.6.73, 18: En la madrugada del primero de enero, .. convenció [el Lute] a unos cuantos reclusos para que secundaran su proyecto de huir del establecimiento. J. L. GTello *Arr* 10.6.62, 13: Los he recorrido kilómetro a kilómetro, .. desde la puerta de Brandemburgo hasta la calle Bernau, con las tres cruces que marcan a los tres primeros muertos al intentar huir del sector soviético. Arce *Testamento* 18: Más tarde comprendí que acaso pude aprovechar entonces la ocasión y huir, escapar.
3 Tratar de evitar [a alguien o algo *(compl* DE*)*]. | Medio *Bibiana* 49: Nuestra Francisca bailando... La mosquita muerta, que huye de los chicos. *Ya* 4.2.76, 4: De forma responsable, huyendo de la anécdota, le reclamo mi chaqueta y les apremio a que nunca más las chaquetas de los ciudadanos sean molestadas.
4 *(lit)* Transcurrir velozmente [el tiempo]. | A. M. Campoy *Abc* 5.9.71, 15: La idea del tiempo que huye irreversible es la que más ha obsesionado a los hombres.
B *tr* **5** Tratar de evitar [a alguien o algo]. | ZVicente *Traque* 266: He tenido muy serias dificultades. En mi barrio todo el mundo me huía. Se había corrido la voz de que yo atraía las calamidades. Paso *Isabel* 277: ¿Por qué me huyes la mirada? Umbral *Mortal* 161: No huyo mi dolor, no me lo dosifico.

huisquil *(tb* **güisquil***) m* Planta herbácea perenne, de la familia de las cucurbitáceas, originaria de América Central, cuyo fruto, en forma de pera y con una única semilla, es comestible apreciado (*Sechium edule*). *Tb su fruto.* | E. RGarcía *MHi* 6.60, 8: En las faldas de los montes nacen los olores y los colores juntos de toda la tierra. La selva de la especi[e]ría, rica vainilla dulce. ¿Y qué me dicen del güisquil, del yame, jicama y camotes?

huk (*tagalo; pronunc corriente,* /χuk/; *pl normal,* ~s) *m* Miembro de la guerrilla filipina que luchó contra los japoneses en la guerra de 1939-1945, e identificada posteriormente con el comunismo. | GBiedma *Retrato* 28: Durante años [el monte Arayat] ha sido –y todavía es– la ciudadela de los *huks*. VAl 23.9.75, 17: La otra guerrilla que se levanta contra el régimen de Fernando Marcos es la de los "huks".

hula-hoop (*ing; pronunc corriente,* /χúla-χóp/; *tb con la grafía* **hula-hop**; *pl normal,* ~s) *m* Juego infantil que consiste en hacer girar alrededor del cuerpo, mediante los movimientos oportunos, un aro grande de plástico. *Tb el aro.* | Ya 29.11.59, 3: Después del "hula-hoop", el plato giratorio y demás juegos equilibrísticos .., París lanza ahora un nuevo entretenimiento. Mendoza *Laberinto* 239: ¿Qué he hecho yo para merecer este sino? ¿Usted bebe? Yo no. ¿Usted fuma? Yo no. ¿Usted ha jugado alguna vez al hula-hop? Yo nunca. ¿Por qué me tenía que tocar a mí y no a usted?

hule I *m* **1** Tela impermeable barnizada con caucho. | Cunqueiro *Un hombre* 23: Eusebio abrió el cajón de su mesa, para lo cual necesitó tres llaves diferentes, y sacó de él una libreta con tapas de hule amarillo. **b)** Mantel de hule. | Laforet *Mujer* 257: Desde que [las sardinas] aparecían encima del hule de la mesa, el hombre las miraba con un fruncimiento de ceño.
2 (*Taur*) Mesa de operaciones en la enfermería de una plaza de toros. *Tb la misma enfermería.* | J. Castedo *SMad* 22.11.69, 7: Un encierro con mucha leña en la cabeza manda al "hule" a dos matadores en una corrida carabanchelera, de bufanda y castañas.
3 (*col*) Golpes. *Frec en la constr* HABER ~. | * Sabe que si se porta mal hay hule después. **b)** (*col*) Pelea o lucha. *Tb fig.* | Torrente *Saga* 420: Ese soldado vive todavía, aunque prisionero. Está allí, junto a aquella roca, al atardecer, cuando ya el hule ha terminado .. Otros recogen a los muertos y a algún herido que existe en la tierra de nadie. J. Carabias *Ya* 18.11.77, 6: ¡Qué aglomeración y qué animación! Nunca vi todo tan lleno, ni siquiera en los días de "gran hule" durante las Constituyentes del 31.
II *loc v* **4 haber ~.** (*Taur*) Resultar cogido algún torero u otro participante en una corrida. | DCañabate *Andanzas* 177: ¿Sabe usted por qué frecuento el tendido de los sastres? Pues por ver si hay hule... No, no crea que soy un tío sanguinario que la goza con la cogida de un torero.

hulero *adj* (*reg*) [Arañón] de color pardo que habita en los muros de los edificios. *Tb n m.* | Cela *Alcarria* 184: El arañón hulero se esconde entre las grietas del muro.

hulla *f* **1** Carbón de piedra que tiene entre un 75 y un 90 por ciento de carbono. | Legorburu-Barrutia *Ciencias* 362: La hulla: Es el carbón corriente y el que más abunda .. Se usa como combustible ..; se saca de ella el gas del alumbrado y queda en carbón poroso que es el coque.
2 ~ blanca. Corriente de agua usada como fuerza motriz. | Ortega-Roig *País* 97: La mayor parte de las centrales .. son .. hidroeléctricas, es decir, aprovechan la fuerza del agua de los ríos. Es lo que se llama hulla blanca.

hullero -ra *adj* De (la) hulla. | Ortega-Roig *País* 210: El centro de Asturias constituye la cuenca hullera, así llamada por sus numerosas minas de hulla. Llamazares *Río* 133: Partía cada día el coche de Valentín ... para recoger y subir .. a los viajeros de estos pueblos que llegaban a La Vecilla en el tren hullero.

hully-gully (*ing; pronunc corriente,* /χáli-gáli/) *m* Cierto baile moderno en boga en los años sesenta. | *Ya* 14.4.64, 41: Bailes modernos, twist, madison, hully-gully.

hum *interj* (*col*) **1** Denota desagrado o protesta. | Salvador *Haragán* 35: Quizás así: "¡Oh, esta es la perla que quiero! / para adornar mi pecho de acero / o mi cabeza de aventurero...". ¡Hum, maldita sea! Son "muy largos".
2 Denota vacilación o duda. | * ¡Hum!... No sé qué te diga, no termina de gustarme.
3 Denota alegría o satisfacción. | *Abc* 2.1.66, 28: ¡¡Humm!!, son de rechupete [las golosinas].

humada *f* (*raro*) Humareda. | Landero *Juegos* 30: No tardó en surgir el eco distante y nítido de una música .. que de golpe desembocó bajo los balcones con estruendo festivo de charanga y llenó el aire de gritos de niños, enseñas de oro y humadas de cohetes.

humanal *adj* (*lit, raro*) Humano [2a y b]. | Cunqueiro *Un hombre* 109: Una mañana galopó hasta mi aldea un hermoso centauro, .. la parte humanal pilosa en trigueño.

humanamente *adv* **1** De manera humana [2b y 3b]. | Villapún *Dogma* 106: Dios y el hombre forman un solo Cristo, que obra divinamente por su naturaleza divina, y humanamente por su naturaleza humana. *Ide* 16.3.83, 3: Ética y medicina (II). El derecho a morir humanamente. * Se portó humanamente con los refugiados.
2 En el aspecto humano [2a y b]. *Gralm acompañando, con intención ponderativa, al adj* POSIBLE *u otro similar.* | CNavarro *Perros* 234: Tenía que hacer lo humanamente posible por encontrarla.

humanarse *intr pr* Hacerse hombre [el Hijo de Dios]. | * Jesucristo es el Verbo humanado.

humanense *adj* De Humanes (Guadalajara). *Tb n, referido a pers.* | F. Lozano *NAl* 15.1.88, 3: Durante muchos años elaboró en su horno de Humanes el pan y una larga variedad de bollos cuyo secreto .. ha transmitido a otra nueva generación de panaderos humanenses.

humanidad (*frec con mayúscula en acep 1*) *f* **1** Conjunto de todos los seres humanos. | Gambra *Filosofía* 189: Otros sistemas colocan el bien supremo del hombre y el fin último moral en el progreso de la Humanidad o en el servicio a los demás hombres.
2 Cualidad o condición de humano. | Rábade-Benavente *Filosofía* 32: No se desarrolla el cerebro a fuerza de pensar, sino que se piensa porque se tiene cerebro; no se adquieren dedos prensiles .. porque se quieran coger cosas de pequeño tamaño y uso delicado, sino que se pueden coger estas cosas porque se tiene una mano adecuada. Y así con los demás aspectos de lo que constituye, conductualmente considerada, la humanidad. *Cod* 3.5.64, 5: Hay humanidad y ternura en el juego de los pequeños.
3 *En pl*: Conjunto de ciencias relativas al hombre, como la filosofía, la literatura, las lenguas y la historia. | *Pue* 24.12.69, 4: El abandono de las humanidades clásicas no puede .. justificarse invocando exigencias de un progresismo futurista. *Sáb* 3.12.75, 10: El sábado 29 –dos días después de la ceremonia de exaltación–, Su Majestad la Reina doña Sofía vuelve a reintegrarse como alumna al curso de Humanidades Contemporáneas de la Universidad Autónoma de Madrid. **b)** (*hist*) *En el Renacimiento:* Lengua y literatura grecolatinas y hebreas. | Tejedor *Arte* 135: La integraban [la Universidad de Alcalá] 22 cátedras, entre las que se distinguían, junto a las de Filosofía, Retórica o Teología, las correspondientes a las Humanidades –latín, griego, hebreo–, porque, institución de su siglo, representó las nuevas corrientes renacentistas.
4 (*col*) Corpulencia. | MSantos *Tiempo* 83: Doña Luisa .., con el solo desplazamiento de su humanidad vetusta, obturaba del modo más eficaz el paso para la encrucijada clave.
5 (*col*) Aire viciado por la presencia continuada de perss. en un lugar. *Normalmente en las constrs* OLER A ~ *u* OLOR A ~. | * Había un olor a humanidad que no había quien lo aguantase.

humanismo *m* **1** Doctrina que tiene como centro la pers. humana. *Tb la actitud correspondiente.* | Tierno *Humanismo* 38: Hay humanismo siempre que se sostiene que la moral y las instituciones de los ricos son perfectamente válidas para los pobres, en cuanto pobres. En este sentido, el cristianismo es un humanismo, el humanismo más perfecto. **b)** Valoración del hombre o de lo humano. | Alfonso *España* 97: Nuestros medios, nuestro poder, nuestras grandes posibilidades, se nos han ido de la mano por caminos obtusos, sin imaginación, .. sensibilidad ni verdadero humanismo.
2 (*hist*) Movimiento cultural de los humanistas del Renacimiento. | Vicens *Polis* 302: Los círculos del humanismo italiano fueron siempre limitados. Dependían del mecenazgo de los príncipes o de las grandes ciudades.

humanista I *m y f* **1** (*hist*) *En el Renacimiento:* Pers. versada en el conocimiento de las humanidades, esp. de las lenguas y cultura grecolatinas. | Vicens *Polis* 302: Los contactos con el Imperio bizantino dieron a los humanistas italianos la posibilidad de obtener profesores de helenismo en sus escuelas y universidades.

humanístico – humano

II *adj* **2** Partidario del humanismo [1]. *Tb n.* | Tierno *Humanismo* 40: Si los actos y las cosas tienen, o se les atribuye, una función que no excede a su sentido convencional, el hombre que los maneja es un experto, y .. su actividad será siempre inferior para el humanista, que cree que la inteligencia superior se define por descubrir el sentido general o total en cada sentido concreto.
3 Propio del humanismo o de los humanistas [1 y 2]. | Tierno *Humanismo* 44: La multitud o lo multitudinario repugna al subjetivismo humanista. Castilla *Humanismo* 18: El pensamiento humanista es de todo punto una instancia desalienante y liberadora. Sobreques *HEspaña* 2, 422: La irradiación de las corrientes del humanismo italiano se intensificó notoriamente .. Personalmente, los soberanos, buenos hijos de su tiempo, favorecieron esta corriente, y ya es sabido cómo la educación de los príncipes tuvo un carácter eminentemente humanista.

humanístico -ca *adj* **1** Del humanismo, *esp* [2], o de los humanistas, *esp* [1]. | GLópez *Lit. española* 149: El renacimiento del siglo XV ha de entenderse más como desarrollo de las tendencias humanísticas y de los conocimientos sobre la antigüedad grecolatina que como total renovación de la vida y del arte. Aranguren *Marxismo* 33: Adam Smith .. funda la economía .. en la psicología .. Con Marx .. la disciplina fundante es la sociología .. Pero la raíz humanística se conserva, en contraste con las muy formalizadas –podríamos decir .. "deshumanizadas"– teorías económicas modernas. Pinillos *Mente* 129: Un psicólogo de propensión humanística, Gordon W. Allport, hizo notar .. que, si bien es cierto que los motivos superiores del hombre proceden de los inferiores, una vez constituidos se independizan de ellos. Gambra *Filosofía* 301: Filosofía .. Griega: .. Período humanístico o de esplendor (S. V-IV a. de J.C.): Sócrates. Platón. Aristóteles.
2 De las humanidades [3]. | J. Sabaté *Des* 12.9.70, 41: En las comarcas tarraconenses existe un buen número de hombres .. de reconocida valía dentro del mundo científico o humanístico. *DíaCu* 19.8.84, 10: Patronato de Estudios Profesionales y Humanísticos.

humanitariamente *adv* De manera humanitaria. | M. D. Gant *Rev* 11.70, 3: Hussein es el primero que acogió humanitaria y fraternalmente a los palestinos.

humanitario -ria *adj* **1** Que tiende al bien de la humanidad [1]. | Gambra *Filosofía* 189: Sistemas sociologistas y humanitarios. Otros sistemas colocan el bien supremo del hombre y el fin último moral en el progreso de la Humanidad o en el servicio a los demás hombres.
2 Que tiene como finalidad socorrer a los pobres y necesitados. | Jover *Historia* 719: La no aceptación del carácter fácticamente conflictivo de las relaciones entre los capitalistas y los trabajadores, en una etapa histórica en que el capitalismo muestra ostensiblemente su fuerza y su ausencia de determinantes humanitarios en sus relaciones con las clases trabajadoras, constituye una grave limitación para el sindicalismo cristiano. *Ide* 8.9.90, 1: Bush podría atacar si la ONU da la 'ayuda humanitaria' a Irak.
3 [Pers.] solidaria y generosa respecto a las necesidades del prójimo, o no cruel con las perss. o los animales. | * Es una persona muy humanitaria. **b)** Propio de la pers. humanitaria. | Alfonso *Caso* 14.11.70, 8: Sin que en modo alguno admitiera que le abonase tan humanitario servicio.

humanitarismo *m* **1** Actitud humanitaria. | *Mad* 10.9.70, 6: Las Naciones Unidas piden humanitarismo.
2 (*raro*) Doctrina que considera el bien de la humanidad como fin supremo del hombre. | Gambra *Filosofía* 186: Las principales concepciones históricas del bien supremo son: el hedonismo, el humanitarismo o sociologismo, la doctrina de la autonomía moral y el eudemonismo religioso.

humanitarista *adj* De(l) humanitarismo. | *SNue* 14.6.70, 17: La religión viene a ser como la apelación suprarracional de una ideología humanitarista y conciliatoria. **b)** Partidario del humanitarismo. *Tb n.* | Cossío *Confesiones* 54: Si los humanitaristas pueden acusarnos de crueles es porque no se dan cuenta de que el español que va a los toros no analiza los detalles cruentos, ni la sangre, ni el dolor, ni la muerte.

humanización *f* Acción de humanizar(se). *Tb su efecto.* | L. Calvo *Abc* 10.11.70, 29: Eran tímidas promesas de socialización y promesas abiertas de humanización. M. Moraza *TMé* 17.2.84, 31: La importancia de la humanización de los póngidos para ensayar la acción carcinógena de virus humanos es muy grande, ya que podríamos inyectar virus y trasplantar tumores en ellos.

humanizador -ra *adj* Que humaniza. | Ge *HLVi* 4.8.75, 8: Acción defensiva .. fuertemente respetable y atendible en la búsqueda de los justiprecios seriamente actualizados y de las soluciones humanizadoras.

humanizar *tr* **1** Dar [a alguien o algo (cd)] carácter o naturaleza humana. | Torrente *Sombras* 329: Jamás me fue dado humanizar a un dios, como no fuera en apariencia. Umbral *Mortal* 22: La cultura es un ejercicio circense en el sentido de que se obtiene .. educando a una bestia, humanizando a un mono. **b)** *pr* Tomar [alguien o algo] carácter o naturaleza humana. | Umbral *Mortal* 21: El antropoide se va humanizando, se va civilizando. Arazo *Pro* 3.11.88, 28: No sabemos si los hombres derivan a perros, o son los perros quienes se humanizan. Camón *Abc* 7.3.58, 15: Se humanizan los ángeles de Reims, y, a la vez, sus éxtasis se abren ante panoramas célicos. Todo tiene medidas humanas y tactos reales.
2 Dar [a alguien o algo (cd)] un carácter o aspecto más amable o más humano [3b]. | Torres *Ceguera* 31: Vestía con cierta severidad, de gris, aunque la corbata, pintada a mano por Mariscal, le humanizaba. DCañabate *Paseíllo* 30: ¡Hoy .. se mutilan los pitones a los toros con el pretexto de humanizar la fiesta! **b)** *pr* Tomar [alguien o algo] un carácter o un aspecto más amable o más humano. | GPavón *Reinado* 131: –Si no hay más remedio se la contaré a ustedes .. –Muy bien –dijo Plinio, animado al ver que doña Ángela se humanizaba.
3 (*Med*) Hacer que [algo, esp. un germen o virus (cd)] pase por el organismo humano. | Alvarado *Anatomía* 168: La primera vacunación fue hecha por Jenner a un muchacho, a quien le inoculó el contenido de una pústula vacunosa que presentaba en una mano una ordeñadora. Después, con las pústulas de la vacuna humanizada de ese muchacho infeccionó nada menos que a 15.000 personas.

humano -na I *adj* **1** [Ser] perteneciente a la especie hombre. *Tb n m, normalmente en pl.* | Gambra *Filosofía* 142: El emanatismo es inadmisible porque equivale a suponer que Dios puede multiplicarse y fragmentarse en las distintas almas espirituales, lo que es contrario a la simplicidad divina y otorgaría carácter y propiedades divinas a la criatura humana. GPavón *Hermanas* 14: El animal ignora lo que es y lo que va a ser. El humano lo sabe y por eso su vida es un puñado de agonías. RIza *DBu* 7.6.64, 13: Antes de emprender la aventura del veraneo es conveniente consultar al médico. No todas las latitudes van bien a los humanos. **b)** [Ser] dotado de las virtudes y defectos propios de la naturaleza del ser humano. | * Para él Jesucristo era profundamente humano en sus reacciones. * Somos humanos, y es muy fácil caer.
2 De(l) hombre (ser animado racional) o de (los) hombres. | J. G. Manrique *Ya* 5.6.73, 7: La belleza de la especie humana no es una circunstancia casual, sino causal. J. PGuerra *Inf* 17.8.70, 8: Al valor inestimable de pérdidas humanas y accidentadas hay que añadir el de los navíos. **b)** Propio del hombre (ser animado racional). | SLuis *Doctrina* 32: Tenía [Jesucristo] un alma humana, con inteligencia, voluntad y memoria humanas. Arce *Testamento* 17: Nada había de extraño mientras avanzábamos por la ribera. Lo único extraño en aquel paisaje culebreado por la brisa éramos nosotros tres; era nuestro silencio humano, pretendido. **c)** [Ciencia] que versa sobre el hombre desde el punto de vista de su actividad mental o social. *Normalmente acompañado al n en pl.* | *Pue* 24.12.69, 4: La Real Academia pide .. que la enseñanza del latín sea obligatoria para cuantos estudien el nuevo bachillerato, y la del griego lo sea también para quienes hayan de seguir estudios universitarios de ciencias humanas. **d)** [Geografía] que estudia la distribución del hombre en la superficie terrestre. | Zubía *Geografía* 7: La Geografía suele dividirse en ..: Geografía Astronómica .. Geografía Física .. Geografía Humana .. Geografía Económica .. Geografía Política. **e) respeto ~** → RESPETO.
3 [Pers.] benévola, generosa y comprensiva para con el prójimo, o no cruel con las perss. o los animales. | J. Fernández *SDía* 27.6.76, 14: Existía en el Puerto de la Cruz

un taxista bonachón, muy humano y muy popular. **b)** Propio de la pers. humana. | Gala *Sáb* 28.12.74, 5: Ahora uno podrá elegir, para su muerte lenta, un olor personal; lo cual no es poco y, desde luego, más humano que la muerte por hambre o por napalm. Laforet *Mujer* 23: Últimamente el tema del día y de la noche ha sido el de esas mujeres que están enterradas en vida, que comen mirando una calavera, el comentario de que si es humano, de que si es inhumano.

4 [Obra de arte] que presenta los personajes con autenticidad, con las virtudes y los defectos humanos [2b]. | * Es una obra profundamente humana. **b)** Propio de la obra de arte humana. | * Los personajes de la película me parecieron muy humanos.

5 (*Rel catól*) [Acto] realizado con conocimiento, voluntad y libertad. | Villapún *Moral* 10: Tres son los elementos del acto humano: 1º Conocimiento. 2º Voluntad. 3º Libertad.

II *loc v* **6 no haber modo ~** (o **manera humana**). Ser imposible [algo (DE + infin o DE QUE + subj)]. | C. Apicius *DBu* 6.8.91, 29: Me decía que [las empanadas] son algo magnífico, pero que no hay manera humana de que suelte la receta.

humanoide *adj* [Animal o cosa] cuya forma recuerda la humana. *Tb n m*. | E. RMarchante *Abc* 8.10.93, 88: Kanegon, un sapo humanoide que con traje y corbata daría el pego en cualquier informativo. *Inf* 28.2.74, 21: El profesor Johanson ha situado su hallazgo como perteneciente al "austral[o]pitecus", un humanoide al que los científicos consideran como antepasado directo del hombre. Pániker *Memoria* 383: Me pacifican el ánimo esas reuniones donde el apasionado Giménez Frontín no para de proponer cosas mientras Antonio Beneyto dibuja humanoides caligráficos.

humarada *f* Humareda. | Grosso *Capirote* 164: De los zaguanes de las casas de vecindad llegaba a la calle .. la turbia humarada marinera de las sardinas y los barbos de río que se asaban en las parrillas de las modestas cocinas alimentadas de orujo y de picón.

humareda *f* Abundancia de humo [1]. *Tb fig*. | Goytisolo *Recuento* 92: Raúl advirtió una gran humareda que cegaba la falda del Tibidabo, y al día siguiente pudo ver la huella del incendio. Laforet *Mujer* 72: Una suave humareda de niebla baja estaba enredada en los zarzales que guardan el camino.

humaza *f* Humazo. | Cunqueiro *Un hombre* 125: Del brasero de la hoguera que habían hecho en las luminarias del faro todavía salía una humaza blanca.

humazo *m* Humo [1] abundante y muy denso. | HLM 6.1.75, 12: A las siete en punto de la tarde se dispararon tres bombas de mortero, que con su humazo y su estruendo anunciaban que el cortejo se ponía en marcha.

humeante *adj* Que humea [1]. | Goytisolo *Recuento* 92: Al día siguiente pudo ver la huella del incendio negreando una vaguada todavía humeante, como braseada. Umbral *Ninfas* 109: Apareció por detrás de la montaña una locomotora presurosa y humeante. CNavarro *Perros* 101: Pensó en su madre, en los platos humeantes sobre la mesa.

humear *intr* **1** Desprender humo [1 y 2]. *Tb fig*. | Arce *Testamento* 82: El cigarrillo humeaba entre dos hierbitas. Delibes *Príncipe* 41: Había sobre un hornillo una cazuela de aluminio que humeaba. VMontalbán *Galíndez* 88: Yo me leo la obra, y pse, un rollete para que humeen las calvas de los jóvenes críticos calvos.

2 (*raro*) Fumar. | GPavón *Rapto* 70: Plinio, al cabo de un rato, ofreció tabaco. Pero el del casco dijo que él solo fumaba en pipa .. Cuando ambos humeaban, Plinio volvió al interrogatorio.

humectación *f* (*E*) Acción de humectar(se). *Tb su efecto*. | Act 15.10.70, 54: El tabaco en rama es sometido, entre otras operaciones, a una serie de tratamientos de humectación con los que adquiere un grado de flexibilidad óptimo que permite la eliminación de la vena del tabaco.

humectador -ra *adj* (*E*) Que humecta. *Tb n, m o f, referido a aparato o máquina*. | *Impreso* 12.90: En esta exposición encontrará todo tipo de aparatos para climatización, aire acondicionado, .. así como ozonizadores, humectadores, filtros depuradores de aire. *GTelefónica N.* 645: Maquinaria .. Caucho .. Extrarradio, S.A. Diluidora. Mezcladora .. Humectadora.

humectante *adj* (*E*) Que humecta. | F. Ángel *Abc* 26.2.58, 17: Su persistencia y eficacia es mayor, por los productos humectantes y adherentes que le acompañan.

humectar *tr* (*E*) Humedecer. *Tb pr.* | *Int* 5.1.78, 11: Precisamente no admitir el hidrógeno era la principal dificultad de su adaptación, ya que no se humectaba toda la superficie del Lente, quedando algunas zonas empañadas o secas.

humedad *f* **1** Condición de húmedo. | Ybarra-Cabetas *Ciencias* 305: Tendrá la suficiente humedad (tempero) y aireación, logrando esta con las labores preparatorias que ha usado para mullir el suelo, y la humedad, sembrando después de que las lluvias han puesto en sazón el suelo. Zubía *Geografía* 58: Tipos de clima .. Ecuatorial: Gran calor y humedad; lluvia todo el año .. Tropical: Muy caluroso, con lluvias en verano.

2 Agua o líquido que impregna un objeto. | Legorburu-Barrutia *Ciencias* 281: La humedad, al penetrar en la semilla, reblandece los tegumentos. *VozC* 6.2.55, 4: Por fin llegó el agua hasta la "patilla-raíz" de las cepas .. En es[e] aspecto d[e] las reservas de humedad, la situación es bastante lisonjera. **b)** Vapor de agua presente en el aire. | Legorburu-Barrutia *Ciencias* 328: Cuando el aire está saturado de humedad y se enfría, una parte del vapor de agua se condensa formando gotas pequeñísimas.

3 Mancha producida en una pared por la humedad [2]. | GPavón *Hermanas* 43: Desde el portal mal alumbrado, con desconchones y humedades, vieron que en la portería había una niña rubia leyendo un tebeo.

humedal *m* Terreno húmedo [2a]. | *Ya* 9.11.85, 44: Ecología. Deteriorado el 60 por 100 de las zonas húmedas de España. Proyecto internacional para estudiar la salvación de los humedales del planeta.

humedecedor -ra *adj* Que humedece. *Tb n, m o f, referido a aparato o máquina*. | *GTelefónica N.* 682: Engomados Sagitario. Precintos de papel engomado en bobinas. Engomados simples y reforzados con fibra. Máquinas humedecedoras. Cortadoras. *Abc* 3.12.57, sn: Use para cerrar cartas, mojar sellos, etc., el nuevo humedecedor americano "Ever-Wet".

humedecer (*conjug* **11**) *tr* Hacer que [algo (*cd*)] pase a estar húmedo [1]. | *Economía* 225: Si alguna parte se ha secado o se le hizo una arruga al planchar, se humedecerá con un paño limpio para poder plancharlo de nuevo. **b)** *pr* Pasar [algo] a estar húmedo [1]. | Laforet *Mujer* 330: Sintió humedecérsele los ojos, inesperadamente.

humedecimiento *m* Acción de humedecer(se). *Tb su efecto*. | CPuche *Ya* 17.11.63, sn: Primero viene el tamizado, mezcla de arcillas, humedecimiento y prensado.

húmedo -da I *adj* **1** Ligeramente impregnado de agua u otro líquido. | Bustinza-Mascaró *Ciencias* 232: Pongamos a germinar habichuelas entre algodón húmedo, observémoslas diariamente y procuremos que no se deseque el algodón. Arce *Testamento* 20: Imaginaba que la verían salir del agua y que le pasarían los ojos por el cuerpo perlado de agua dulce; por su cuerpo húmedo y fresco. **b)** [Aire] cargado de vapor de agua. | Ortega-Roig *País* 201: Del océano llegan con frecuencia vientos húmedos, que provocan abundantes precipitaciones.

2 [Terreno] abundante en lluvias o en agua. | Ortega-Roig *País* 201: Todas estas tierras se hallan dentro de lo que hemos llamado España húmeda. Es decir, que aquí las lluvias son abundantes. **b)** [Tiempo o clima] abundante en lluvias y con el aire cargado de vapor de agua. | Escobar *Itinerarios* 46: Lo peor sería que estuviese el tiempo húmedo y blando, de lluvia. Zubía *Geografía* 60: Sabana: Está formada por hierbas altas que crecen en la época húmeda. A. Moral *País* 17.8.84, 18: En este clima fértil y húmedo .. se desenvuelven los grandes animales de la familia de los dinosaurios.

II *f* **3 la húmeda**. (*col, humoríst*) La lengua. | Aristófanes *Sáb* 8.3.75, 71: Estas cosas las dice .. mi revista favorita, que tengo dicho, hasta dolerme la húmeda, que es la "Fuerza Nueva". J. Vidal *País* 4.4.89, 64: Solía ser implacable con quien se iba de la húmeda.

humeón *m* (*reg*) Aparato que produce humo y que se emplea para catar colmenas. | Delibes *Guerras* 114: Llegó el

humera – humilladero

tiempo de catar las colmenas y allí no aparecían las carillas ni el humeón.

humera f (reg) Humero[1] [1]. | Romano-Sanz *Alcudia* 194: El [horno] más común en el valle de Alcudia es el de forma redonda. Después de encenderlo, el carbonero tapa la chimenea y con la hurga abre varias humeras en la parte superior .., para propagar la combustión.

humeral I adj 1 (*Anat*) Del húmero. | Navarro *Biología* 166: Las subclavias de los brazos originan las arterias humerales, desdoblándose en el antebrazo en la cubital y radial.
II m 2 (*Rel catól*) Paño blanco que se pone el sacerdote sobre los hombros, y en cuyos extremos envuelve ambas manos con la custodia o el copón. | Ribera *Misal* 496: Toma el Cáliz, cubierto con el humeral, y se dirige bajo palio al altar del Monumento.

humerío m (reg) Humareda. | CBonald *Ágata* 151: Dos largos días tardó .. en dispersarse .. aquella descomunal caterva de insectos, y seis más duraron las más inmediatas faenas de limpiezas, fumigaciones .. Si en la casona solo hubo que barrer, como primera medida, los cadáveres acumulados y soportar la aceda impregnación de los humeríos, en el parque no fue habida cosa alguna sin la mácula devoradora de la plaga.

humero[1] m 1 Cañón de chimenea, por donde sale el humo. | Escobar *Itinerarios* 48: Quedó la casa hecha un revuelto [con la matanza] y no hay más que manchas de grasa por donde se mire. Hay que jalbegar las paredes, dar el humero y limpiar cazos. Romano-Sanz *Alcudia* 26: Adelita entrega a su tío las patatas y acto seguido descuelga una sartén del humero, dejándola junto a las trébedes cerca del hogaril.
2 (reg) Habitación en que se cura al humo la matanza. | Torbado *En el día* 192: El fraile .. se escondió en el humero a fin de no ser visto.

humero[2] m (reg) Aliso (árbol). | Lueje *Picos* 34: Se elevan .. árboles de las más diversas especies, desde el haya, esencialmente representativa, el roble –rebollo o carbayo–, el tilo, el tejo, el humero o aliso. Mayor-Díaz *Flora* 530: *Alnus glutinosa* (L.) Gaertner "Aliso", "Humero".

húmero m (*Anat*) Hueso que se articula por un extremo con el omóplato y por el otro con el cúbito y el radio. | Bustinza-Mascaró *Ciencias* 38: El brazo tiene un hueso, el húmero, del hombro al codo. Bustinza-Mascaró *Ciencias* 190: En el esqueleto del ala se distinguen el húmero, el cúbito y el radio, tres metacarpianos soldados en un solo hueso y huesecillos correspondientes a tres dedos.

húmico -ca adj 1 (*Geol y Agric*) De(l) humus o que lo contiene. | Alvarado *Geología* 89: Los suelos húmicos son ricos en humus y, por tanto, más o menos obscuros.
2 (*Quím*) [Ácido] orgánico complejo formado en el suelo por descomposición de materia vegetal. | *SInf* 12.2.75, 8: Han obtenido ácido húmico en laboratorio.

humidificación f Acción de humidificar. | *Abc* 23.8.66, sn: Acondicionamiento de aire .. Humidificación. Deshumidificación. *Ya* 27.4.75, 34: ¡Ahora están rebajados! los famosos frigoríficos Sears importados de Estados Unidos .. Sin escarcha .. Con compartimentos de humidificación.

humidificador -ra adj Que humidifica. *Gralm* n m, referido a aparato. | *Luc* 3.10.64, 5: Un filtro humidificador capaz de eliminar el 50 por ciento del óxido de carbono en los vehículos con motor normal .. ha sido patentado recientemente en Milán. GTelefónica *N.* 35: Suministros de material para... Calefacción: Calderas, bombas, humidificadores. *ASeg* 5.12.62, 4: El nuevo modelo [de frigorífico] 1963, de 260 litros, llevará a su cocina las más recientes conquistas técnicas de la refrigeración: 1 Junta de cierre magnético. 2 Crisper, humidificador para verduras.

humidificante adj Que humidifica. | *Van* 19.9.74, 20: Frigorífico Sears .. Posee un recipiente humidificante para alimentos frescos.

humidificar tr Humedecer. | * El acondicionador humidifica el ambiente.

humidor m Caja que conserva la humedad de los cigarros o del tabaco. | VMontalbán *Mares* 72: Carvalho buscó el humidor y sacó de él un puro filipino de La Flor de Isabela.

humífero -ra adj (*Geol y Agric*) Que contiene humus. | Navarro *Biología* 276: Las fanerógamas que presentan micorrizas son muy variadas; generalmente son árboles forestales, brezos, orquídeas, etc.; es decir, plantas que vegetan en suelos humíferos, muy ricos en sustancias orgánicas.

humificación f (*Geol y Agric*) Transformación en humus. | Ybarra-Cabetas *Ciencias* 415: Los suelos húmicos o suelos negros, es decir, los que tienen gran cantidad de humus, materia orgánica procedente de la descomposición de restos orgánicos por la acción de ciertos microorganismos, son buenos para el desarrollo de las plantas, siempre que la humificación no se origine debajo del agua.

humildad f 1 Cualidad de humilde. | SLuis *Doctrina* 122: Opuesta a la Soberbia es la Humildad. Umbral *Memorias* 83: Lo que mejor nos daba la medida de nuestra humildad era la ropa .. No hay cosa más triste que un niño pobre vestido de niño rico.
2 Actitud humilde [1b]. *Frec en pl.* | Torrente *DJuan* 34: Parecía sinceramente avergonzado y con ganas de templar mi enojo con humildades.

humilde adj 1 [Pers.] que reconoce sus propios defectos y no presume de sus cualidades. *Tb* n. | SLuis *Doctrina* 126: Dios escucha la oración del publicano humilde, pero no la del fariseo orgulloso. **b)** Propio de la pers. humilde. | L. Calvo *Abc* 9.5.71, 19: Pompidou .. se desmigaja en obsequiosidades y palabras lindas y promisorias, con una sonrisa ladeada y humilde de hermano refitolero.
2 Pobre o de una clase social baja. *Tb n, referido a pers.* | Benet *Volverás* 123: Era la rama [familiar] más humilde de un tronco provinciano en cuya copa habían florecido .. unos cuantos abogados belicosos. C. Batllés *SVAl* 20.9.75, VI: Apenas terminada la cena, y cuando pandorgas, castañuelas y villancicos ponían en la sencillez de aquella humilde morada la más regocijante nota de cristiana alegría, hacia el filo de la medianoche los bandoleros de Abén-Forax irrumpieron en el cortijo.
3 De poca categoría o importancia. *Frec antepuesto al n.* | *DBu* 8.8.90, 10: Su nombre es Caleruega. Tal vez la historia lo hubiera ignorado, como ignora tantos miles de pueblos humildes. M. Callaved *SYa* 16.12.73, 51: Si comienza la cena con verduras, ahí están la lombarda, la coliflor y el cardo como platos habituales. Tan exquisitos como caros, si se exceptúa la lombarda, que es verdura más humilde. **b)** *Antepuesto al n, se emplea frec en frases de cortesía para referirse a uno mismo o a sus cosas mostrando modestia.* | J. M. Íñigo *TeR* 7.7.75, 19: Buena la hice. Cuentan las crónicas que echó sapos y culebras contra este humilde presentador, prometiendo incluso hasta apalearme o algo así. CSotelo *Muchachita* 277: El cine, señor ministro, en mi humilde criterio, se ha hecho para los "valets". El teatro, para los mayordomos.
4 Que carece de ostentación o lujo. | *País* 21.11.76, 6: No creemos en las concentraciones de masas como expresión de la voluntad política de un pueblo. Todos los regímenes totalitarios, del signo que sean, han abusado de ellas. Preferimos el lenguaje sosegado y humilde de las urnas.

humildemente adv De manera humilde. | Gonzalo *Cod* 9.2.64, 9: Bajaba los ojos humildemente el subordinado.

humildoso -sa adj (lit) Humilde. | Cunqueiro *Merlín* 62: Don Felices gozaba sonsacándole nuevas a las cartas, y cuando cazaba una que sorprendía a doña Ginebra o a mi amo, sonreía humildoso, diciendo como para sí: –En un año, esta noticia no viene en los papeles.

humillación f Acción de humillar(se). *Tb su efecto.* | CNavarro *Perros* 105: Necesitaba fustigar a Susi, e intentaba granjearse la opinión de la madre para que la humillación fuera más dolorosa.

humilladamente adv (lit) Humildemente. | CBonald *Ágata* 188: Amos y criados genuflexos o humilladamente en pie intervenían como disciplinantes en las rogativas programadas por Araceli.

humilladero m Lugar devoto, constituido por una cruz o imagen, gralm. sobre un altar, y situado a la entrada de un pueblo o junto a un camino. | GNuño *Madrid* 77:

humillado – humorada

Cerca de la Puerta Vieja de San Vicente hubo un humilladero consagrado a la Virgen de Gracia. CBonald *Ágata* 198: Así se cumplieron las disposiciones del moribundo, .. contraviniéndose tal vez su última voluntad solo en lo concerniente a las indulgencias, que se concedieron con especial derroche a raíz de las exequias concelebradas en la totalidad de los oratorios, templos, capillas y humilladeros de la región.

humillado -da *adj* **1** *part* → HUMILLAR.
2 Que denota o implica humillación. | P. VSanjuán *Abc* 17.10.71, 41: Alucinaciones, "manías", depresiones nerviosas –exaltativas o humilladas– .. tienen repercusión lógica y aguda en su sistema nervioso.

humillante *adj* Que humilla [2 y 3]. | Alfonso *España* 135: Nada más amargo ni humillante que esta invasión del país. V. Gállego *Abc* 20.11.70, 3: Son casos de colonialismo mental, más insidioso, grave y humillante que cualquier otro colonialismo.

humillantemente *adv* De manera humillante. | *Hoy* 24.5.79, 8: Trudeau ha sido humillantemente derrotado, pues su partido liberal no controla ya ninguno de los diez gobiernos provinciales.

humillar **A** *tr* **1** Doblar o bajar [una parte del cuerpo, esp. la cabeza]. *Tb abs, referido al toro.* | Delibes *Parábola* 25: Jacinto asiente, humilla la cabeza por dos veces. Delibes *Príncipe* 153: Pablo la miró de frente, con firmeza, y Mamá humilló los ojos. *Rue* 22.12.70, 15: El matador encuentra dificultades para tirarse a matar porque el toro no humilla en el cruce, y la estocada, aun poniendo voluntad, queda defectuosa.
2 Doblegar el orgullo o altivez [de alguien (*cd*)]. *Tb fig. A veces el cd es refl.* | CBaroja *Inquisidor* 43: Hay, pues, en un caso, el de Vergara, cierto abuso de autoridad .. y desprecio deliberado a la personalidad de un hombre eminente y soberbio, al que se quiere humillar. Anson *Oriente* 110: En la conquista del Everest fracasaron los hombres más audaces del mundo .., hasta que un apicultor neozelandés y un nepalí inmutable consiguieron humillarle. Vesga-Fernández *Jesucristo* 102: Todo aquel que se ensalza será humillado, y el que se humilla será ensalzado.
3 Dañar el amor propio o la dignidad [de alguien (*cd*)]. | Delibes *Siestas* 8: Hubo un tiempo en que al niño le descorazonaba que sus amigos dijeran de su padre que tenía nombre de mujer; le humillaba que dijeran eso de su padre, tan fornido y poderoso.
B *intr pr* **4** Ponerse de rodillas. *Tb fig.* | Benet *Aire* 161: El párroco .. señaló con el índice en el suelo. –Humíllate –dijo. FReguera-March *Semana* 8: Al dinero todo se le humilla, Luisillo. Es el rey de nuestra época.

humo I *m* **1** Producto gaseoso más o menos denso y de color variable, que se desprende de los cuerpos en combustión o elevados a altas temperaturas. | Laiglesia *Tachado* 9: Mi ventanal es el único que se abre a esa hora temprana, cuando los primeros rayos de sol se enredan en el humo de las chimeneas. Arce *Testamento* 84: El pedregal relumbraba como la cal viva y hasta parecía echar humo.
2 Vapor que exhala un líquido o un cuerpo húmedo cuando su temperatura es superior a la ambiental. | * Cómo quieres que me tome el café si está echando humo. **b)** Vaho [de la respiración]. | ZVicente *Hojas* 115: Los veo marcharse, la bufanda bien subida, el humo del aliento saliendo por encima de las vueltas. Atxaga *Obabakoak* 148: Por lo menos habría doscientos [caballos], y como hacía bastante frío pues estaban todos echando humo, y de vez en cuando alguno relinchaba.
3 (*col*) *En pl:* Orgullo o altivez. | * ¡Vaya humos! No hay quien le hable. * Viene con muchos humos.
II *adj invar* **4** [Color] grisáceo. | Marsé *Amante* 32: Norma se paró y volvió la cabeza por encima del hombro simulando mirarse las pantorrillas, las medias color humo. Goytisolo *Afueras* 9: Un cuarto de baño color azul humo. **b)** De color humo. | Umbral *Hijo* 130: Chaparrita la divina iba por las mañanas –mañanas nevadas de los 40– al templo para rezar. Mantilla corta, breviario de mamá con filete de oro, rosario de la abuela con garbanzos de plata huecos, falda por encima de la rodilla, medias humo con costura.
5 de ~. (*hist*) [Manto] de seda, negro y transparente, usado por las mujeres en señal de luto. | DPlaja *Sociedad* 69: Por encima, un manto amplio y negro de humo de soplillo.
6 [Negro] **de ~** → NEGRO.

III *loc v* **7 bajarle** [a alguien] **los ~s.** (*col*) Doblegar su orgullo o su altivez. | Delibes *Cazador* 123: A Tochano le va haciendo falta un guapo que le baje los humos. **b) bajársele** [a alguien] **los ~s.** Perder su orgullo o su altivez. | SFerlosio *Jarama* 156: Orgullosos, bastante más que tú los he llegado a conocer; pero, amigo, en cuanto se llevaron un par de revolcones, escapado de los gases los bajaron los humos.
8 echar ~ [alguien], *o* **estar que echa ~.** (*col*) Estar muy irritado o enfadado. | *Ya* 4.8.84, 18: Juan de Dios echaba humo cuando entró en la sala de entrevistas. Estaba indignado por el partido perdido.
9 echar ~ [la cabeza], *o* **estar que echa ~.** (*col*) Estar agotada por un esfuerzo mental intenso y prolongado. | Torrente *Saga* 268: Si era así, la significación no se le alcanzaba .. Su cabeza echaba humo.
10 echar ~ [algo], *o* **estar que echa ~.** (*col*) Estar al rojo, o en estado de máxima tensión. | L. Romasanta *Ya* 1.12.91, 4: Las negociaciones en Hunosa echan humo, y no de carbón precisamente, ya que empresa y sindicatos dudan cabalmente de un compromiso de reindustrialización.
11 hacerse ~. (*col*) Desaparecer o desvanecerse. | M. Quintero *D16* 27.5.87, 12: Alguien ha dicho "agua", ha dado el "queo" y el camellazo se ha hecho humo.
12 subírsele [a alguien] **los ~s (a la cabeza).** (*col*) Ensoberbecerse o engreírse. | * Este niño necesita una lección. Se le han subido los humos a la cabeza.
IV *loc adv* **13 a ~ de pajas.** (*lit*) Sin razón o fundamento. | Delibes *Parábola* 19: Don Abdón no enuncia estos postulados a humo de pajas, antes bien, los razona.

humor *m* **1** Estado de ánimo. | * Es una persona de humor cambiante. * La solución depende del humor que tenga en ese momento. **b)** Buena disposición [para algo (*compl* PARA *o* DE)]. | Cunqueiro *Un hombre* 27: Algún día que otro mi madre tenía humor para enseñarme las letras. Torrente *Off-side* 248: No estoy de humor para salir con esa señorita, ni con ninguna. Cossío *Confesiones* 95: Mi tío Manuel .. había perdido el humor para pasear sus caballos y organizar partidas de caza. SFerlosio *Jarama* 110: Así es que a uno ni de casarse le queda humor. **c) buen** (*u otro adj equivalente*) **~.** Estado de alegría y optimismo. *Tb la tendencia a ese estado.* | Torrente *Off-side* 534: Sí, tomó una copa, pero no estaba borracho, sino sereno y con muy buen humor. En el tiempo que estuvo aquí, contó tres o cuatro chistes. *Cam* 23.1.78, 12: Tierno Galván describe al Rey como "sencillo, sin afectación, risueño, tranquilo y de buen humor". **d) mal** (*u otro adj equivalente*) **~.** Estado de tristeza, irritación o enfado. *Tb la tendencia a ese estado.* | Palomino *Torremolinos* 28: Disimulaba muy bien los embarazos, y ni su misma hija se los notaba. –Pero, madre, ¿otra vez? –decía Paquita de muy mal humor cuando acudía a verla a la Maternidad. Pinillos *Mente* 177: La acentuada heterogeneidad del grupo favorece .. la producción de situaciones equívocas donde la distorsión perceptiva del "otro" .. origina .. disputas y malos humores. Diosdado *Anillos* 1, 282: Don Andrés mismo, cuando no está de un humor de perros, .. tiene una conversación muy agradable.
2 Actitud o tendencia que consiste en ver el lado risueño o irónico de las cosas. *Tb* SENTIDO DEL **~.** | Olaizola *Escobar* 172: Las comunidades de monjas adoratrices interceden en muchas instancias .. Yo les mando recado de que donde conviene que intercedan por mí es ante la corte celestial. No pierdes el humor, padre, me dice Angelita. SRobles *Pról. Teatro 1959* XIII: El argumento es intensamente realista y está conmovedoramente transido por el humor y la ejemplaridad de caridad humana. Delibes *Año* 30: Cada día admiro más a los escritores con sentido del humor. Será porque escasean.
3 Humorismo [2]. | Delibes *Año* 94: Jardiel Poncela, renovador genial de nuestro teatro y de nuestro humor (hasta él, varado en el chascarrillo).
4 (*Fisiol*) Líquido orgánico del cuerpo animal. *Frec con un adj o compl especificador.* | Lera *Clarines* 466: Las gotas de sangre y humor seguían cayendo lentamente .. sobre el oscuro charquito. Las moscas .. revoloteaban sobre el cadáver. Bustinza-Mascaró *Ciencias* 80: El humor acuoso es un líquido transparente que llena la llamada cámara anterior del ojo.

humorada *f* **1** Hecho o dicho gracioso o extravagante. | S. RSanterbás *Tri* 11.4.70, 18: Poco a poco, el carácter del "uro" se fue dulcificando, lo que dio lugar a que, ya en

humorado – hundir

plena Edad Media, los habitantes de la península Ibérica, tan ingeniosos como de costumbre, tuviesen la humorada de capturarlo vivo. Arce *Testamento* 47: –A veces se echa en falta una mujer... Uno es ya demasiado hombre para entretenerse solo.– Y lanzó una carcajada. No me hizo gracia su humorada.

2 (*TLit*) Breve composición poética, creada por Ramón de Campoamor († 1901), de carácter humorístico y aspecto paremiológico, que encierra una advertencia moral o un pensamiento filosófico. | DPlaja *Literatura* 438: El Campoamor más conocido es el de los poemas menores .. El autor solía dividirlos en "humoradas", "doloras" y "pequeños poemas".

humorado -da. bien ~, mal ~ → BIENHUMORADO, MALHUMORADO.

humoral *adj* **1** (*Fisiol*) De(l) humor o de (los) humores [4]. | Navarro *Biología* 117: Además de las funciones indicadas, está la función reguladora y coordinadora de todas las actividades orgánicas a cargo del sistema humoral, en la que colabora también el sistema nervioso.

2 (*raro*) De(l) humor [1]. | M. Daranas *Abc* 3.6.58, 26: A primera vista, existe incompatibilidad rigurosa, oposición humoral y polar entre la avenencia a la derrota y la ocupación consumadas y el designio de fortalecer y garantizar por la acción de las armas los derechos de la metrópoli a su soberanía en Argelia.

humoralmente *adv* (*Fisiol*) En el aspecto humoral [1]. | J. Botella *SAbc* 4.1.70, 32: En la mujer embarazada, cuando un hematíe llega a los senos venosos placentarios, se encuentra que estos no están tapizados por células de su propio organismo, sino por células fetales; las células del sincitio, ajenas al organismo de la madre, embriológica y humoralmente.

humorismo *m* **1** Actitud o tendencia que consiste en ver el lado risueño o irónico de las cosas. *Esp su expresión*. | SRobles *Pról. Teatro 1959* XVI: En *Cosas de papá y mamá* resplandecen, sin intermitencias, todos los valores escénicos que atesora Alfonso Paso: la modernidad de su técnica, el ingenio y la gracia de sus frases, su humorismo peculiar. Bellón *SYa* 17.3.74, 43: Por broma, una vez en América actuó Larita vestido de payaso en un festejo caritativo, y Matías Lara demostró mucha gracia natural para entretener a chicos y grandes. Le obsequiaron mucho por este rasgo, y lo recordaba con humorismo cuando no tenía suerte vestido de luces.

2 Profesión o actividad de humorista [1]. | Laiglesia *Tachado* 122: Las infinitas complicaciones de nuestro sistema métrico .. han llegado a constituir un tópico del humorismo europeo.

humorista *m y f* **1** Pers. que cultiva el humorismo en sus escritos o dibujos. *En este segundo caso, frec* ~ GRÁFICO. | DPlaja *El español* 127: Los humoristas españoles han hincado la pluma con sarcasmo en este apartado [de los piropos]. J. GCastillo *Gac* 8.1.78, 53: Peridis, 36 años. Arquitecto-caricaturista-humorista .. El azar y una buena dosis de perseverancia le llevaron a ser uno de los humoristas gráficos de primera fila. **b)** Pers. que tiene por oficio actuar en público para hacer reír. | *YaTo* 16.8.81, 39: Se completó el festejo con .. una gran gala artístico-musical con la actuación de los famosos José Luis Perales, Manuela y el humorista Pajares.

2 Pers. que tiene humorismo o se expresa con humorismo. *Tb adj*. | GPavón *Hermanas* 21: Saludó al párroco don Manuel Sánchez Valdepeñas, que por cierto encontró muy desmejorado, pero decidor y humorista a pesar de ello.

humorísticamente *adv* De manera humorística. | E. Corral *Abc* 6.12.70, 72: Gala, esta vez, demostró hasta dónde puede ser perjudicial corregir a la naturaleza, y lo hizo desenvuelta, casi humorísticamente.

humorístico -ca *adj* De(l) humorismo. | DPlaja *El español* 109: Saltan a la menor alusión considerada ofensiva y no hay bula ni en lo humorístico.

humoroso -sa *adj* (*raro*) Humorístico. | MGalván *Tri* 5.12.70, 40: Le quedó algo que no proviene tanto del surrealismo cuanto de la manera española de entenderlo: un cierto virus humoroso y popular.

humoso -sa *adj* (*raro*) **1** Que desprende humo [1]. | Carnicer *Cabrera* 44: Durante la cena a la humosa luz del candil, la conversación discurre cansina. Lorenzo *SAbc* 22.9.74, 11: No ha de quedar tizo humoso, levantadero de jaquecas.

2 Que tiene humo [1]. | GHortelano *Momento* 444: La mañana humosa, caldeada, chirriante, fue la paz. Los ciudadanos habían acordado llenar precisamente aquellas aceras de la urbe.

humus *m* (*Geol y Agric*) Mantillo (capa del suelo formada por descomposición de materias orgánicas). *Tb fig.* | CBonald *Ágata* 135: Se inició algo muy parecido al traslado de una cadena montañosa hasta aquella ya alterada geología, procediéndose finalmente a que las sucesivas coberturas de tierras no áridas del todo y las cuantiosas capas de humus permitieran la aceptación por parte del subsuelo de los primeros plantones. MSantos *Tiempo* 66: Esos pequeños chisporroteos .. que .. pueden advertirse en las sienes de los maestros .. y que desde tales plataformas se introducen sin esfuerzo a través de las frentes de jóvenes ojerosos y gárrulos .. son fecundaciones .. Y no porque cada maestro .. diga a cada discípulo ..: "Esto has de hacer" .., sino porque al decir frases tales como "Es completamente imbécil" .. crean un humus colectivo.

hundido -da *adj* **1** *part* → HUNDIR.

2 Que está más hondo de lo normal. | CBonald *Ágata* 199: Ocupó toda la visión la hundida boca del abuelo, aquella grieta de arcilla verde que distendía, desencajaba las fosas de la nariz, sobre la que revoló una mosca azul.

hundimiento *m* Acción de hundir(se). *Tb su efecto*. | Romano-Sanz *Alcudia* 194: Día y noche por el horno continúa humeando mientras el carbonero lo atiende y permanece vigilante. Cuando hay un hundimiento debe "darle de comer" inmediatamente, echando troncos y leña por la brecha. *VozC Extra* 1.1.55, 6: Si después de acabada la obra se produce, por la mala ejecución del rellenado, algún hundimiento en las aceras o en el pavimento de las calles .., el propietario queda obligado a hacer la reparación a su costa. Laforet *Mujer* 54: Así volvió a ver a Antonio. Sintiéndose en pleno hundimiento, en plena decadencia. FQuintana-Velarde *Política* 121: Los barcos se ven obligados a arrojar al mar gran parte de las capturas para evitar hundimiento de precios.

hundir *tr* **1** Hacer caer [un edificio o construcción o una parte de ellos]. | Olmo *Golfos* 192: Un día el cielo me hundió la casa. **b)** *pr* Caerse [un edificio o construcción o una parte de ellos]. | Lera *Bochorno* 198: Esto de que se le hundan a uno unas casas en construcción no es ningún plato de gusto.

2 Hacer descender el nivel [de una superficie (*cd*)] o producir concavidades [en ella (*cd*)]. | * El peso acaba por hundir el pavimento. **b)** *pr* Sufrir [una superficie] descenso de nivel o formación de concavidades. | *Ver* 4.1.56, 1: Catorce heridos .. resultaron al hundirse el piso del "plató", en plena filmación de una escena de la película "Mi tío Jacinto".

3 Meter [algo (*cd*)] en el interior [de una masa o materia (*compl* EN)] o en lo hondo [de una concavidad (*compl* EN)]. | C. Lafora *SYa* 2.12.73, 5: Sus pies descalzos, hundidos en el suelo de tierra, parecían alimañas agarrando su presa. **b)** *pr* Pasar a estar en el interior [de una masa o materia (*compl* EN)] o en lo hondo [de una concavidad (*compl* EN)]. *Tb sin compl, por consabido*. | Alvarado *Botánica* 33: Las raíces se hunden en tierra como un sacacorchos. T. Varas *VozT* 12.3.75, 11: El sitio es idóneo .. para, lejos de miradas indiscretas, llegar en los coches, hundirse en los baches que generosamente ofrece el terreno, y, dentro de unos y otros, entregarse a la meditación y a la oración. Grosso-LSalinas *Río* 40: La tierra parece estar blanda, con el rejo va hundido hasta el pescuño. CPuche *Paralelo* 54: No estaba para hundirse en el ya destartalado asiento del taxi. En las posaderas se le iban clavando mimbres y pelotas del relleno.

4 Hacer que [alguien o algo (*cd*)] vaya al fondo de una masa de agua. | CBonald *Noche* 227: Parece que iba en un barco que hundieron. **b)** *pr* Irse [alguien o algo] al fondo de una masa de agua. | J. Carabias *Ya* 18.5.77, 8: Anda que si llega a ir Colón en esas carabelas... ¡se hunde nada más salir del puerto! *HLM* 30.5.77, 16: El transbordador en el que viajaban se hundió. *SVoz* 8.11.70, 11: La mancha de petróleo rociada con el detergente pierde su oleosidad y se hunde en el fondo del mar.

5 Arruinar o hacer fracasar totalmente [a alguien o algo (*cd*)]. | Torrente *Off-side* 536: Saben colocarse en el lugar ideal del crítico ideal, del que confiere reputaciones definitivas o hunde a un hombre para siempre. Buero *Fundación* 170: Tu arrebato lo ha podido hundir todo. **b)** *pr* Arruinarse o fracasar totalmente [alguien o algo]. | *Hoy* 28.5.77, 7: Si el SENPA deja de regular los piensos: La ganadería cacereña puede hundirse.
6 Causar un perjuicio grave [a alguien (*cd*)]. | Diosdado *Anillos* 1, 285: Cuando me falta usted un día, me hunde, me hunde del todo. [*A la asistenta.*]
7 Desmoronar moralmente [a alguien]. | * Ha sido un golpe muy duro para ella; no debemos permitir que le hunda. **b)** *pr* Desmoronarse moralmente. *Frec en part.* | A. Fernández *Pro* 24.7.77, 45: Nunca acabará de hundirse por completo ante ninguna adversidad. Sastre *Muerte* 119: –¿Qué tal está? –Igual. Llorando .. Ya se le irá pasando. –No sé. La veo muy... muy hundida.
8 Hacer que [alguien (*cd*)] pase a estar [en una situación no deseada]. | *SInf* 19.3.73, 5: El gol astur, que hunde a los burgaleses en la Segunda División, se logró en la segunda parte. A. Pavón *Inde* 15.12.89, 48: Son .. altas y fuertes, con los pechos macizos y mirando al cielo, como los de la camarera que el verdiales de Peñafiel nos saca en la portada del próximo dominical para hundirnos en la miseria. **b)** *pr* Pasar [alguien] a estar [en una situación no deseada]. | *SInf* 19.3.73, 5: Los burgaleses se hunden en segunda división. A. Míguez *Mad* 25.11.70, 19: Bodard describe esta masacre como un episodio más del mundo de violencias en que está hundido Brasil.
9 Hacer bajar mucho [los precios o la producción]. | * Tratan de hundir la producción. **b)** *pr* Bajar mucho [los precios o la producción]. | * Se hunden los precios.
10 Sumergir [a alguien en una actividad o en algo que la implica]. *Frec el cd es refl.* | Umbral *Ninfas* 19: El adolescente masturbador e idealista llegaba a enloquecer dentro del retrete, y lo malo era cuando, hastiado de su propia carne, tenía que seguir soportándola, sin poder salir a hundirse en un libro para ser puro, intelectual.

hungan *m* (*Rel*) Sacerdote de vudú. | J. M. Reverte *Méd* 20.11.87, 82: La forma de reclutamiento del hungan o de la mambo es semejante a la que se acepta entre los chamanes.

húngaro -ra I *adj* **1** De Hungría. *Tb n, referido a pers.* | M. Alcalá *Inf* 20.11.70, 40: Lajos Zilahy, el más popular escritor húngaro, se encuentra en Madrid.
2 De (los) húngaros [4]. | Cela *Viaje andaluz* 261: La mariana es cante húngaro, cante de los gitanos pindorós del carromato verde y colorado y de la mona sabia.
II *m* **3** Lengua de Hungría. | Gironella *Millón* 39: Un Catedrático del Instituto de Gerona .. se presentó en el puerto de Barcelona, vestido de domador, con sombrero de copa y bastón con puño dorado, saludando a todo el mundo en impecable húngaro.
4 Zíngaro titiritero. | Chamorro *Sin raíces* 215: El ciego de Perales lo cantó y lo vendió por aldeas perdidas que tenían su día de fiesta grande cuando llegaba el ciego o cuando llegaban los húngaros con sus perros y cabras.
5 Padda (pájaro). | Castellanos *Animales* 118: Pájaros exóticos. Amaranta; azulito del Senegal; .. noneta de Calcuta; padda o húngaro; pico de coral.

huno -na *adj* (*hist*) [Individuo] del pueblo de Asia Central que en los ss. IV y V invadió Europa, ocupando el territorio que se extiende desde el Volga al Danubio. *Frec n.* | Villapún *Iglesia* 62: Alrededor del año 450 tuvo lugar la invasión de los hunos al mando de Atila.

hura *f* Madriguera (hueco en que se ocultan algunos animales pequeños). | Delibes *Ratas* 33: La perra agitó el muñón y olfateó con avidez la boca de la hura. Finalmente se alebró, la pequeña cabeza ladeada, y quedó inmóvil, al acecho .. La rata cruzó rauda junto al hocico del animal. Torbado *Peregrino* 505: Más de la mitad de los monjes no estaban ya en la abadía, sino corriendo como alimañas por el campo o escondidos como serpientes en sus huras.

huracán *m* **1** Viento que gira en grandes círculos y cuya velocidad es de más de 117 kilómetros por hora (grado 12 de la escala de Beaufort). | Legorburu-Barrutia *Ciencias* 331: Cuando el viento sopla muy fuerte en forma de remolino, se produce un ciclón o huracán. Son muy frecuentes en las regiones tropicales. **b)** *En gral:* Viento muy fuerte. | Paso *MHi* 12.70, 48: Nos unió desde el primer instante ese cariño casi salvaje como una tormenta, como un huracán.
2 Pers. o cosa de empuje y velocidad imparables. | L. Calvo *Abc* 13.12.70, 21: Una buena voluntad e inclinación amistosa y un sincero deseo de atraer a España a la órbita democrática de Francia han levantado este huracán de pasiones. *País* 23.4.77, 8: La raquítica y peligrosa vía de reforma que, en colaboración con "huracán Fraga", piensa brindar al pueblo español. * Este hombre es un huracán.

huracanadamente *adv* De manera huracanada [2]. | Cándido *Pue* 16.12.70, 3: Los grupos más ignorantes e irresponsables se lanzan huracanadamente contra el Estado.

huracanado -da *adj* **1** *part* → HURACANAR.
2 De(l) huracán. | DVillegas *MHi* 12.57, 21: Bombas atómicas y de hidrógeno .. Estas armas actuarán por su "soplo" de choque huracanado y atroz, por su calor terrible y por su radioactividad.
3 (*Meteor*) [Viento] que tiene la fuerza o los caracteres propios del huracán [1]. | *Abc* 9.12.70, 43: Un fuerte temporal con vientos huracanados que ha azotado esta isla.

huracanarse *intr pr* **1** Convertirse [el viento] en huracán [1]. | Clarasó *Van* 21.3.71, 88: Un día arreciará la lluvia, se huracanará el viento.
2 (*raro*) Convertirse [alguien o algo] en huracán [2]. | Alonso *CId* 5.65, 19: Fielding era otro tipo de hombre; un arte muy distinto le se estaba huracanando en el cerebro.
3 (*col*) Enfadarse o irritarse [alguien]. | Lera *Bochorno* 114: Luego se volvió a grandes zancadas, huracanado, y se detuvo junto al sillón.

hurañamente *adv* De manera huraña. | CBonald *Ágata* 61: Solo después atendió a las escandalosas solicitudes de Diego Manuel, a quien tomó en brazos mientras Perico Chico permanecía hurañamente encogido a un lado del fogón.

huranía *f* Condición de huraño. | Delibes *Madera* 390: ¿Cuáles eran los motivos de su huranía, su amargura, su melancolía?

huraño -ña *adj* [Pers.] que rehúye el trato con los demás. | Candel *Catalanes* 16: Los hombres somos hoscos y huraños y nunca tenemos entre nosotros esa larga y puntualizante conversación que, cuando alguien muere, nos arrepentimos de no haber tenido. **b)** Propio de la pers. huraña. | FReguera *Bienaventurados* 53: De vez en cuando mascullaba entre dientes palabras ininteligibles, con la voz ronca de irritación y el rostro huraño y sombrío. MMolina *Jinete* 366: "Vete a la mierda", dijo Nadia apartándose con un gesto ofendido y huraño.

hurdano -na *adj* De las Hurdes (comarca de Cáceres). *Tb n, referido a pers.* | Ferres-LSalinas *Hurdes* 10: Hacia las Batuecas y hacia las altas lomas que se alzan sobre los valles hurdanos se abre un gran silencio.

hurga *f* (*reg*) **1** Utensilio que sirve para hurgar [1] la lumbre. | Romano-Sanz *Alcudia* 194: Después de encenderlo [el horno], el carbonero tapa la chimenea y con la hurga abre varias humeras en la parte superior .., para propagar la combustión.
2 Alambre usado por los cazadores para sacar los conejos de la madriguera. | S. Araúz *Inf* 20.1.76, 17: Al que caza a hurga .. el encuentro con la pieza es el resultado de una ecuación que él mismo goza en plantearse.

hurgador -ra *adj* Que hurga. *Tb n, referido a pers.* | Torrente *Off-side* 232: Los suspicaces, los hurgadores de secretos de taller, se llevarán una sorpresa.

hurgamandera *f* (*raro*) Prostituta. | Cela *Viaje andaluz* 250: El vagabundo se pasó cerca de tres horas sin compañía por mor de unos servicios que hubo de prestar su sacrificada, generosa y fiel hurgamandera (sépase que más con el cuerpo y para mantenerlo que con el alma).

hurgamiento *m* Acción de hurgar. | GSosa *GCanaria* 148: Las famosísimas Montañas del Fuego, así llamadas porque guardan en su interior temperaturas de hasta 400° y cuyo calor puede advertirse incluso a flor de tierra mediante un leve hurgamiento en el suelo.

hurgar – hurtar

hurgar A *tr* **1** Escarbar [una cosa]. | F. Montero *Abc* 9.4.67, sn: Llegaron los romanos, en tiempos remotos, hurgando la tierra en busca de nobles minerales.
2 Tocar insistentemente en el interior [de algo (*cd*)] removiéndolo. *Tb fig.* | L. Pancorbo *Ya* 30.11.73, 7: En los semáforos, fatídicamente, la gente se miraba, y no era difícil sorprender al casual vecino de coche que se hurgaba las narices.
3 Fisgar o curiosear. | Torrente *Pascua* 349: La mano del secretario diligente hurgaba un montón de papeles. Torrente *DJuan* 152: Empezó a hurgarlo todo, y todo le parecía excelente, y valía un dineral: los muebles, los tapices, las alfombras y hasta las losas de mármol del pavimento.
4 Hostigar o inquietar. | C. Castro *Nar* 7.76, 24: ¿No sería estupendo tener abejas obrando su miel en la Universidad? Si nadie les hurga, las abejas son pacíficas, convivibles.
B *intr* **5** Hurgar [1, 2 y 3] [una cosa (*compl de lugar*)]. *Tb sin compl.* | Delibes *Siestas* 10: El pez terminaba por hostigar su fatiga sobre el muro, y Canor y el Senderines le hurgaban cruelmente en los ojos y la boca con unos juncos hasta que le veían morir. MGaite *Nubosidad* 385: Alcanza su bolso, que ha dejado en el suelo, hurga en él con toda parsimonia. MGaite *Cuento* 383: No hurgar en nada, no relacionar, verlo todo aséptico, inoperante. Torrente *DJuan* 153: Duérmete si quieres. Yo hurgaré por ahí a ver lo que descubro. Torrente *Off-side* 477: Yo acabo de entregarte unas fotografías comprometedoras, como quien da el brazo al tiburón, para que no hurguen y acaben descubriendo...

hurí *f* (*Rel musulm*) Mujer bellísima que es prometida a los bienaventurados en el paraíso. | DPlaja *El español* 134: Esto, naturalmente, no ocurría a otros españoles, los que seguían la cómoda y comprensiva religión de Mahoma. Cuatro esposas legítimas, todas las concubinas que podían mantener y, si morían en el combate, la subida al paraíso con huríes de ojos negros atendiendo a sus deseos.

hurmiento *m* (*reg*) Fermento. | J. Alejo *Tri* 22.12.73, 43: Estas comunidades, que según la apreciación del autor fueron un día "hurmiento" (fermento) para, asociadas a las indígenas del Perú, servir a un determinado control económico y de dominación política.

hurón -na A *m* **1** Mamífero carnicero de cuerpo pequeño y alargado, con pelaje grisáceo y glándulas anales que producen un olor desagradable, y que se emplea en la caza del conejo (*Mustela furo*). *Tb designa solamente el macho de esta especie.* | Bustinza-Mascaró *Ciencias* 210: Para combatir ratas y ratones pueden utilizarse diferentes medios: cepos, otros animales (gatos, .. hurones, etcétera), virus .. y raticidas diversos.
2 (*col*) Pers. huraña. *Tb adj.* | SSolís *Juegos* 46: Decían que era un hurón y que vivía amargado por la falta de descendencia. Alós *Hogueras* 57: –Si sales, eres mundana. –Si no sales, un hurón. –La gente habla de todo. Delibes *NoE* 5.2.77, 22: Curiosamente, ahora, tras un paréntesis de treinta años, vuelvo a ser el hombre hurón e introvertido que era antes de conocerla.
3 (*raro*) Pers. que todo lo investiga o averigua. | VMontalbán *Pájaros* 247: La veis así, pero luego en los negocios es un hurón, peor que yo.
B *f* **4** Hembra del hurón [1]. | Halcón *Manuela* 15: En casa de cualquiera de estas familias agradecidas solía ocultar la escopeta y las huronas.

huronear A *intr* **1** (*col*) Fisgar o curiosear. | CSotelo *Muchachita* 280: El deber me obligaba a sonreírles, a decirles palabras amables. Y ahora, por una vez que el deber no pesa noventa kilos, ni usa impertinentes, .. he de tenerte a ti huroneando por si me excedo en cumplirlo. Zunzunegui *Camino* 265: –Cómo se está animando la ría con la guerra –le comunica Sole huroneando a través de la ventanilla.
B *tr* (*raro*) **2** Curiosear [algo]. | P. Posada *Pue* 22.3.80, 9: También huroneé bien el centro, pero sobre todo la "rive gauche".
3 Buscar [algo] como un hurón [1]. | *Ya* 2.10.91, 4: Cuarenta y nueve de cada cien españoles ven a Hacienda, efectivamente, como una zorra que huronea su dinero.

huroneo *m* (*col*) Acción de huronear. *Tb fig.* | Berenguer *Mundo* 174: Quiero contar cómo nos apañamos con los cartuchos, porque una cosa es la industria de cargarlos y otra, muy diferente, el huroneo de buscar los avíos, de este y del otro, para que alcancen los cuartos.

huronero *m* Individuo que caza con hurón [1]. | *VSi* 7.89, 17: Los huroneros disponen las redes en las diversas bocas de la madriguera antes de introducir el hurón: Huyendo del hurón que ha entrado en la madriguera, el conejo queda atrapado en la red.

huroniano -na *adj* (*Geol*) [Plegamiento] ocurrido en el período precámbrico. | Ybarra-Cabetas *Ciencias* 155: En el precámbrico .. tuvo lugar un gran plegamiento, el más antiguo conocido, que dio lugar a la cadena montañosa denominada huroniana.

hurra *interj* Expresa alegría o aplauso. *A veces se sustantiva como n m.* | CPuche *Paralelo* 448: –Otra botella de la misma marca. –Hurra –gritó Genaro–. ¿No te dije que la íbamos a armar? ZVicente *Traque* 162: ¡Qué aplausos, qué hurras, qué bravos, qué todo! .. Entusiasmaditos.

hurre (*tb* **hurré**) *interj* (*reg*) Expresa rechazo o repugnancia. | GPavón *Rapto* 101: –¡Hurré!, ahí putón, corre, ve y toca. –¡Hurré!, tú, pies de escarbaera, rompetinajas... Propincuero.

hurrita (*hist*) **I** *adj* **1** [Individuo] del pueblo asiático que, gobernado por una oligarquía guerrera de estirpe indoeuropea, fundó los reinos de Hurri y Mitanni en el segundo milenio a.C. *Tb n.* | Pericot *Polis* 42: Hacia el año 2000 se producen [en Anatolia] varias invasiones de pueblos indoeuropeos que llegan por el Cáucaso .. Uno son los hurritas, que se establecen en el país de Hurri, en la faja meridional de las montañas. **b)** De los hurritas. | *Ya* 1.5.76, 10: Una Arqueóloga de la Universidad de Lieja ha conseguido descifrar la partitura musical más antigua que se conoce: un himno en lengua hurrita, escrito sobre unas tablas de arcilla hace tres mil cuatrocientos años.
II *m* **2** Lengua de los hurritas [1a]. | GYebra *Traducción* 25: La epopeya de Gilgamesh se difundió por todo el Próximo Oriente traducida a varias lenguas, como el hetita y el hurrita.

hurtadillas. a ~. *loc adv* Oculta o disimuladamente. *A veces con un compl* DE, *que indica la pers respecto a la cual se produce el ocultamiento.* | Ferres-LSalinas *Hurdes* 53: La muchacha se ha sentado, y el telefónico joven se la come con los ojos. Ella sonríe a hurtadillas de su madre.

hurtador -ra *adj* Que hurta. *Tb n, referido a pers.* | Faner *Flor* 169: También la antigua mansión de Diodor había sido asaltada .. Los hurtadores habían escapado en los laúdes.

hurtar *tr* **1** Tomar o retener [algo ajeno] contra la voluntad de su dueño, sin violencia o intimidación. *Tb abs.* | Lute *SPaís* 1.5.77, 17: En realidad, repito, el robo, o más exactamente pequeños hurtos, solo tenían lugar en ocasiones realmente críticas, y en todos los casos se lo hurtábamos a los payos, a nuestros enemigos de clase. Villapún *Moral* 134: Materia grave en el hurto .. Absolutamente grave es aquella que, sin atender a la persona a quien se hurta, constituye siempre pecado mortal. **b)** Quitar [una cosa (*cd*) a alguien o algo]. | *Rue* 22.12.70, 13: [Los 500 kilos] solamente sirven para gravitar sobre las débiles patas y hurtar –entre genuflexiones– toda la majeza que el primer tercio de la lidia tiene.
2 Apartar [algo o a alguien] para esquivar o evitar [algo (*compl* A)]. *Frec el cd es refl.* | C. Lacalle *MHi* 10.60, 5: Sus pálidos tripulantes besan la arena de la playa riente, en la cual izan cruces y hurtan el cuerpo al impacto de la artera flecha sibilante. Mendoza *Ciudad* 58: En esas condiciones visitó Rius y Taulet las obras. Iba acompañado de numerosas personalidades; .. saltaban de tablón en tablón, salvaban zanjas, sorteaban cables y hurtaban el cuerpo a las mulas. Delibes *Madera* 265: Hurtándose a las ráfagas de ametralladora, amparada en las tinieblas, la lancha embestía de proa. **b)** Esquivar o evitar [algo, esp. una obligación]. | PGarcía *Sáb* 13.8.75, 42: Se nos avisa que vivimos en tiempos .. en los que el compromiso es total, y no podemos hurtar la colaboración de todos y cada uno de los españoles. R. Rubio *Ya* 25.3.75, 7: Portugal era un pueblo que tenía a sus hombres jóvenes vestidos de militar; unos haciendo las prácticas preliminares en la metrópoli; otros, ya en los sofocantes campos

selváticos de África, donde era preciso disparar y hurtar la guerrilla negra. **c)** ~ **el bulto** → BULTO.
3 Esconder u ocultar. *Frec el cd es refl. A veces con un compl* A. | Torrente *Isla* 165: Al marchar, salieron de lo acotado por el espejo, se hurtaron a su registro.

hurto I *m* **1** Acción de hurtar [1a]. | Valcarce *Moral* 155: Todo hurto, grave o leve, es una injusticia.
II *loc adv* **2 a ~.** (*lit*) A hurtadillas. | Castroviejo *Burla* 20: Las mujerucas se santiguaban a hurto, como si Satán fuese nombrado. FReguera-March *Boda* 119: Quería mucho a su madre. Ella le ayudó para que rehiciese su vida. Siguió ayudándole, a hurto del marido.

húsar *m* (*hist*) Soldado de caballería ligera vestido a la húngara. | Cela *SCamilo* 24: Mireya [una prostituta] es una máquina incansable y prepotente capaz de cepillarse a un regimiento de húsares de una sentada.

husillo[1] *m* **1** Tornillo grande de hierro o madera usado para mover las prensas y otras máquinas o utensilios. *Frec en la constr* DE ~. | JGregorio *Jara* 62: En el 1948 hay 73 lagares o almazaras, de ellos 38 son prensas hidráulicas, 22 de husillo, 8 de viga y 6 de otros modelos. Benet *Viaje* 368: Se agruparon en torno al piano en el pequeño salón de música, no tanto para escucharle como para no desairarle; pero no se volvió a saludarles sino que se limitó a poner en posición el taburete de husillo.
2 Eje del torno de alfarero. | Seseña *Barros* 107: Consta [el torno] de dos partes fundamentales: un eje fijo al suelo, husillo, y el rodillo, que son dos aspas o cruces paralelas sujetas entre sí por cuatro vástagos que encajan en el eje o husillo.
3 (*Constr*) Columna o eje central de la escalera de caracol. | PCarmona *Burgos* 71: Cubos de subida a la torre .. El husillo que comienza sobre el lado izquierdo de la portada del norte se halla totalmente empotrado en el muro en sus primeros metros, y solo es visible en parte el cubo cuando la pared se adelgaza más arriba de la portada.

husillo[2] *m* Conducto por donde se desaguan los lugares inmundos o que pueden padecer inundación. | *Lev* 6.4.77, 8: Denuncia "un lamentable incidente" que le ocurrió durante su reciente estancia en Sevilla, cuando tuvo "la desgracia de caer a un husillo sin tapadera y lleno de lodo".

husita (*tb, raro, con la grafía* **hussita**) *adj* (*Rel crist*) Seguidor de las doctrinas de Juan Huss (reformador religioso de Bohemia, † 1415). *Tb n*. | *ByN* 31.12.66, 61: Tras la rebelión de los husitas no quedó en Bohemia ni un solo alemán. **b)** De los husitas. | Castillo *Polis* 289: Formó la nueva dinastía [los Otokar] un importante Estado con Bohemia y Moravia, con Praga por capital. La reacción nacionalista checa se manifestará en la revolución husita. Vicens *Polis* 302: La demagogia religiosa y social .. prepara los ánimos de la muchedumbre para actitudes de hostilidad contra las jerarquías eclesiásticas y las mismas creencias. Tales son los casos que se registran en Bohemia, con la herejía hussita, y sobre todo en Italia.

husky (*ing*; *pronunc corriente*, /χáski/; *pl normal*, HUSKIES) *m* Perro de trineo, robusto y de pelo denso, propio de la región ártica. | *Her* 23.11.87, 43: Perros. Pájaros .. *Husky* siberiano, pedigrí especial.

husma *f* (*col*) Husmeo. *Normalmente en la constr* A LA ~. | Lera *Olvidados* 197: Aquella mañana primaveral fueron pocas las busconas que acudieron a la husma en el vertedero. DCañabate *Paseíllo* 45: Unos cuantos morlacos para los que se llamaban aficionados; no maletillas, como se les dice ahora a unos mangantes folklóricos que .. merodean por las ciudades en feria a la husma, no de torear .., sino de apañar unas monedas de las almas sensibles.

husmeador -ra *adj* Que husmea. *Tb n*, *referido a pers.* | Lera *Clarines* 486: En torno a los muladares de las afueras empezaban a moverse los canes husmeadores. Torrente *Señor* 99: De pronto, un experto descubrió a Lola la Cigarrera. Había en el Casino especialistas en estos descubrimientos, verdaderas águilas husmeadoras de mercados, vigilantes de salidas de talleres.

husmear *tr* **1** Olfatear [un animal, esp. perro (*suj*), algo o a alguien]. | Landero *Juegos* 327: Un perro se adelantó a husmearlo, y él torció la cara para que no le viese la expresión de criminal. Marsé *Dicen* 177: Rastreando en la cama, husmeando las sábanas, las toallas, la almohada, olfateando como un perrito el olor de sus cabellos.
2 Rastrear por el olfato [algo]. *Tb abs*. | MMolina *Jinete* 264: Andaba por el pasillo sombrío husmeando su olor a colonia Varón Dandy como un animal pusilánime que olfatea sus depredadores. Olmo *Golfos* 175: Anguilucha es un viejo chocho. Anda encorvado, como si husmease. **b)** Buscar o rebuscar. | GPavón *Hermanas* 21: De cuando en cuando, bandadas de rebuscadores pasaban minuciosos entre los hilos, husmeando la gancha que se dejó la vendimiadora manisa o deprisera.
3 (*col*) Curiosear o indagar. *Tb abs*. | VMontalbán *Pájaros* 129: –¿Sigue husmeando lo de Celia? –No. –Bien. Así me gusta, hombre. * Se pasa la vida husmeando; ¡qué cotilla!
4 (*col*) Sospechar o adivinar. | CBonald *Ágata* 268: Puede, sí señora, corroboró el aludido husmeándose que allí había algo que no encajaba bien del todo.

husmeo *m* Acción de husmear. | Torrente *Isla* 156: Así empezó la recorrida de terrazas, el husmeo en recovecos. CPuche *Conocerás* 50: Moral que se iba fraguando [en el seminario] entre el husmeo de los superiores y el baboso rastrear de los chivatos. FReguera-March *Filipinas* 373: Los periodistas .. siempre andamos al husmeo de algo.

husmo *m* **1** Olor que desprende alguien o algo, esp. la carne cuando empieza a pasarse. | CBonald *Ágata* 52: Distinguía borrosamente, a través del escozor de los ojos, el desplazamiento de la nutria, y no sabía concretar si recordaba esa escena, cuando alguna vez logró sorprender la entrada del animal en el husmo del cebo, o la presenciaba realmente. Berenguer *Mundo* 37: Cuando marcaba reses en un lado, buscaba los quemaderos del picón para untarme ceniza, como hacía padre para quitarse el husmo. CBonald *Casa* 91: Tamborileaba en la chapa casi con medio cuerpo afuera [de la ventanilla], como si venteaseel husmo del león.
2 (*lit*) Conocimiento incipiente. | Ridruejo *Memorias* 27: Con aquellas personas descubrí la vanguardia literaria, de la que solo había tenido un husmo leyendo el libro *Espadas como labios*, que me había prestado en el colegio el padre González.

huso *m* **1** Pieza, gralm. de madera, de forma alargada y redondeada, que se estrecha hacia las puntas y que se emplea para torcer y devanar el hilo en el hilado a mano. | Criado *MHi* 11.63, 21: La pobre labrandera deja caer el huso mientras un perro .. se acerca a la figurilla abandonada. **b)** *Se usa en constrs de sent comparativo para ponderar la condición de derecho o recto, gralm en la constr* MÁS DERECHO QUE UN ~. | CSotelo *Inocente* 93: En el cuartel no había batería que funcionase mejor que la segunda. Desde el sargento al último recluta, todos andaban más derechos que un huso.
2 *En la máquina de hilar:* Pieza en que va la bobina. | *Nor* 28.9.71, 4: Se venden dos máquinas tejer fino, rematadora y devanadora, cuatro husos.
3 Cosa en forma de huso [1]. *Gralm con un compl especificador*. | Navarro *Biología* 63: Las fibrillas que unen los centriolos forman el huso acromático, así llamado por su forma y por no ser coloreable. **b)** ~ **esférico**. (*Geom*) Porción de la superficie de la esfera, comprendida entre los semicírculos máximos. | Gironza *Matemáticas* 203: Huso esférico es la parte de superficie esférica limitada por dos meridianos. **c)** ~ **horario**. (*Geogr*) Huso esférico de los veinticuatro en que se considera dividida la Tierra para facilitar el cómputo horario. | Zubía *Geografía* 23: Husos horarios: Son las 24 porciones de la superficie terrestre en cada uno de los cuales [*sic*] impera la misma hora.
4 Husillo[1] [1]. | S. GCasarrubios *Nar* 1.76, 14: A continuación se recoge toda la casca, escobajos, etcétera, y son prensados en una prensa vertical con un huso y una palanca dentada.

hussita → HUSITA.

hutu *adj* Del grupo racial numéricamente más importante de la región de Ruanda y Burundi. *Tb n*, *referido a pers.* | M. Unciti *Ya* 15.6.72, 8: Los hutus han sido durante siglos una especie de esclavos de los tutsis, pese a su aplastante mayoría numérica.

huy (*tb con la grafía* **uy**) *interj* (*col; más frec en lenguaje femenino o infantil*) **1** Expresa sorpresa o asombro. |

Carandell *Madrid* 57: Uy, doña Soco, usted por aquí. MGaite *Visillos* 21: –Dice que casarse en diez días, cuando decidamos, sin darle cuenta a nadie. Ya ves tú. –Uy, por Dios, qué cosa más rara. ZVicente *Ya* 27.12.70, sn: "Hoy hace mucho frío, ¿no cree?" Y yo: "Sí, mucho, ¡huy!, ya lo creo que hace."
2 *Expresa dolor o lamentación*. | * ¡Huy, qué daño! * ¡Huy, qué pena, casi lo consigues!
3 *Expresa reparo o vergüenza*. | LTena *Alfonso XII* 143: Muy pronto estarían a sus pies un gran pueblo y un Rey joven y apues... (Dándose cuenta de pronto, se tapa la boca con una mano.) ¡Uy!

huyente *adj* (*lit, raro*) Que huye. | Aldecoa *Gran Sol* 70: Pizarra el horizonte, al norte, al este y al oeste. Al sur, azulillos livianos y huyentes.

hybris *f* (*lit, raro*) Orgullo. | CBaroja *Inquisidor* 36: Salió una vez más a actuar la "hybris" intelectual ibérica, el deseo de lucir, de argumentar.

I

i I *f* **1** Letra del alfabeto (*i*, *I*), que en español corresponde al fonema /i/. (V. PRELIM.) *A veces th se llama así el fonema representado por esta letra.* | Lagos *Vida* 9: Fue de una *o* a la otra sin más apoyatura que aquel punto en el aire de la *i*. **b)** *En unión con* PUNTO *se usa en constrs humoríst de sent comparativo, como* SON LA ~ Y EL PUNTO, PARECEN EL PUNTO Y LA ~, *para designar el conjunto formado por una pers baja y gruesa y otra alta y delgada.* | CPuche *Conocerás* 96: Se presentaron, como la i y el punto, tío Cirilo y tío Cayetano, afilado como un gitanillo señorito el primero y rechoncho como un botijo el segundo.
2 ~ **griega.** Letra del alfabeto (*y*, *Y*), que en español corresponde, cuando va en comienzo de sílaba, al fonema /y/, y en los demás casos, al fonema /i/. (V. PRELIM.) | Academia *Esbozo* 133: Alfabeto español: .. ese .., te .., u .., ve o uve .., ve doble o uve doble .., equis .., i griega .., zeda o zeta.
II *loc v* **3 poner los puntos sobre las íes** → PUNTO.

iacetano -na *adj* (*hist*) Del pueblo indígena prerromano habitante de la actual Jaca. *Tb n, referido a pers.* | Pericot *HEspaña* 1, 77: En el Pirineo aragonés estaban los iacetanos, cuya ciudad, Iaca, corresponde a Jaca.

iatrogenia, iatrogénico, iatrógeno, iatromecánica → YATROGENIA, YATROGÉNICO, YATRÓGENO, YATROMECÁNICA.

ibense *adj* De Ibi (Alicante). *Tb n, referido a pers.* | J. A. Calabuig *Lev* 22.2.75, 23: Finalicemos haciendo referencia .. a la influencia que la Feria del Juguete de Valencia (impulsada, entre otros, por los hombres de empresa ibenses) ha tenido en el "boom" industrial de esta laboriosa población de L'Alcoià.

ibérico -ca I *adj* **1** De la Península Ibérica. *A veces como especificador de algunas especies botánicas o zoológicas.* | Lapesa *HLengua* 34: Plinio .. da *cusculium* (> esp. *coscojo, coscoja*) como nombre de una especie ibérica de encina. Noval *Fauna* 457: El más pequeño es el Lagarto de Bocage (*Lacerta b. bocagei*) .., siendo realmente una subespecie de la Lagartija ibérica (*Lacerta hispanica*). **b)** (*lit*) Español. *Tb n, referido a pers.* Gralm con intención humoríst. | DPlaja *El español* 62: Ir sentado al lado de un ibérico por la carretera o calle es oír una retahíla de tremendos juicios sobre los demás conductores.
2 De la cordillera Ibérica. | Ortega-Roig *País* 90: Los rebaños de la Meseta Septentrional pasan el verano en las serranías cantábricas e ibéricas.
3 (*hist*) De los iberos [1a]. | GNuño *Madrid* 97: Una rica exposición de la arqueología ibérica y celtibérica.
4 De(l) ibérico [5]. | Lapesa *HLengua* 34: Los autores latinos citan como hispanas o ibéricas hasta unas treinta palabras.
II *m* **5** (*hist*) Lengua de los iberos [1a]. | Tovar *Testimonios* 25: Ello nos sitúa al ibérico, como ocurre con el vasco, el etrusco, las lenguas caucásicas y asiánicas, en la periferia del indoeuropeo.

iberismo *m* **1** Carácter de ibero [1 y 2]. | GNuño *Madrid* 182: Presidiendo este conjunto, admiremos la Dama de Elche, con su rostro de iberismo señorial. DPlaja *Abc* 20.8.65, 3: Fernando VII procedió con una lógica aplastante cuando, de regreso de Bayona, se entregó a los hábitos del majismo .. Era la entrega a una realidad multitudinaria, instintivamente entregada al iberismo antieuropeo.
2 Cultura ibera [1b]. | GNuño *Escultura* 61: Al final del iberismo autónomo se ha llegado a una pura belleza en la decoración de los vasos que los hace intercambiables con los prototipos helénicos.
3 Palabra o rasgo lingüístico procedente del ibero [3]. | Lapesa *HLengua* 397: Iberismos, v. Substratos e Hispanismos prerromanos.
4 (*Pol*) Tendencia que propugna el acercamiento o la unión de España y Portugal. | * El iberismo fue defendido entre otros por Sinibaldo de Mas.

iberista *adj* (*Pol*) Que propugna el acercamiento o la unión de España y Portugal. *Tb n, referido a pers.* | Espadas *SYa* 27.10.74, 15: Hay dos aspectos poco conocidos del asunto Hohenzollern: su conexión con los planes "iberistas" de unión con Portugal y su reiterada presencia en la política española y europea. *SolM* 25.10.90, 12 (A): Entre los portugueses más nobles y despiertos están los llamados iberistas, que cumplen allí la dolorosa función que aquí cumplieron los afrancesados.

iberización *f* Acción de iberizar(se). | GNuño *Escultura* 29: La total iberización de España no pudo tener lugar sino después de un larguísimo proceso, en el que no dejaría de pesar el carácter guerrero de los iberos.

iberizar *tr* Dar carácter ibérico [1 y 3] [a alguien o algo (*cd*)]. | Cabezas *Abc* 18.8.73, 35: El Escorial, .. además de la singularidad de su arquitectura, en la que Juan de Herrera iberizó las fórmulas estéticas del Renacimiento, encierra un excepcional museo de pintura y escultura. **b)** *pr* Tomar carácter ibérico [alguien o algo]. | *Gerona* 6: Tribus autóctonas que, aunque tal vez no fueron netamente ibéricas, asimilaron la civilización de los iberos y, de hecho, hay que considerarlas, cuando menos, como tribus iberizadas.

ibero -ra (*tb* **íbero**) I *adj* **1** (*hist*) [Individuo] de alguno de los pueblos establecidos en la Península Ibérica, esp. en la costa meridional y oriental, antes de las colonizaciones fenicia y griega. *Tb n.* | Ortega-Roig *País* 124: Los iberos procedían del Norte de África; eran bajos y morenos, como la mayor parte de los españoles actuales. GNuño *Madrid* 97: El gran legado estético de los íberos es la cerámica. **b)** De los iberos. | FVidal *Duero* 95: Las aguas del Duero .. en Aranda no se renuevan y son las mismas, en esencia y en acto, que aquellas en las que abrevaron las legiones romanas y las infanterías iberas.
2 (*lit*) Español. *Tb n. Frec con intención humoríst o peyorativa aludiendo a la rudeza.* | GNuño *Arte* 164: Iglesia más austera que la de Toledo, como hecha en material más duro y por un ibero, Martín de Solórzano, .. Santo Tomás de Ávila es ejemplar por su grata sencillez. Cela *Escenas* 18: –Señorita .. Tiene usted un trasero muy aparente.– .. Nicasio Alcoba siente la mirada de don Roberto de la Pila .. llamándole al orden. –No es ese el camino, Nicasio .. Has de ser más perifrástico, Nicasio, menos burdo e ibero.

ibero- – icono

II *m* **3** (*hist*) Lengua de los iberos [1a]. | Tovar *Lucha* 81: El pronombre *en* que creemos haber aislado en varios ejemplos del ibero en vascuence es, entre otras cosas, la desinencia de genitivo.

ibero- *r pref* Ibérico. | *Por ej:* A. Obregón *Abc* 25.2.68, 46: Hace ya un año que el O.T.A.N. inauguró en Lisboa su cuartel general de la zona iberoatlántica, Iberlant. MGalván *Tri* 17.12.66, 55: De ese manillar, combinado con un sillín, salió la cabeza escultórica de un toro iberocretense. Pericot *Polis* 19: Más tarde se desarrollaron industrias con predominio microlítico: el Capsiense y el Iberomauritánico. Lapesa *Estudios* 127: No introdujo deliberadamente [el escriba] rasgos de su romance galorrománico, sino que intentó ajustarse al iberorrománico hablado en la Alcarria, mozárabe castellanizado o castellano con fuerte residuo mozárabe.

iberoamericanismo *m* **1** (*raro*) Condición de iberoamericano. | J. M. Massip *SAbc* 27.4.69, 18: Se refirió al iberoamericanismo de la civilización española.
2 Mundo iberoamericano. | P. Villalar *Ya* 13.7.90, 15: El castellano –el español, si se prefiere– es la segunda lengua del mundo, descontando las orientales, y nuestro país, cabeza del iberoamericanismo, tiene la obligación de defenderla y extenderla.

iberoamericano -na *adj* **1** De Iberoamérica (conjunto de los pueblos americanos que fueron colonias de España y de Portugal). *Tb n, referido a pers.* | *Inf* 16.4.70, 18: En la Federación de Estudiantes Iberoamericanos .., conferencia-coloquio sobre el tema "La violencia en América Latina". J. L. Rubio *MHi* 10.60, 29: Los iberoamericanos seguirán teniendo un continente vacío.
2 De Iberoamérica y de las naciones ibéricas [1a]. | Burgos *SAbc* 13.4.69, 47: Las torres gemelas con que Aníbal González encerró la arquitectura de la Plaza de España para la Exposición Iberoamericana.

íbice *m* Cabra alpina semejante a la cabra montés ibérica (*Capra ibex*). | Cela *Judíos* 265: El montés, o íbice, o bucardo, sonaba en la época del celo .., se ordena en el monte como los niños en la catequesis, por sexos.

ibicenco -ca I *adj* **1** De Ibiza. *Tb n, referido a pers.* | D. Quiroga *Abc* 4.12.70, 20: Oíamos las cadenciosas notas de los cantares ibicencos, acompañados por una flauta y tamboril.
II *m* **2** Variedad del catalán hablada en Ibiza. | D. Quiroga *Abc* 4.12.70, 20: En ibicenco pidió a unas ancianas se prestaran a realizar unas composiciones.

ibiense *adj* De Ibias (Asturias). *Tb n, referido a pers.* | L. F. Fernández *NEs* 24.10.87, 16: Vive en Valvaler, un pueblo de entre tantos que conforman la geografía ibiense, situado a quince kilómetros de San Antolín.

ibis *m* Ave zancuda, de pico largo y encorvado en la punta, de plumaje blanco excepto en la cabeza, cola y extremidad de las alas, en que es negro, y que era venerada por los antiguos egipcios (*Threskiornis aethiopica* o *aethiopicus*). *Tb llamado* ~ SAGRADO. *Otras especies similares se distinguen por medio de adjs:* ~ EREMITA (*Geronticus eremita*), ~ CALVO (*Thersiticus infuscatus*), ~ ROJO *o* ESCARLATA (*Guara rubra*), *etc.* | Tejedor *Arte* 12: Estos dioses se representaban primero con figura de animales .. Nació de ello la adoración y el culto a ciertos animales –el buey Apis, el escarabajo, el cocodrilo, el ibis o el gato–. *Cod* 11.8.74, 16: Visita luego la feraz ribera del Nilo .. Los ibis sagrados y elegantes reposan sobre una pata para dar descanso a la otra.

ibo I *adj* **1** De un pueblo negro de raza guineana que habita en el sudeste de Nigeria. *Tb n, referido a pers.* | E. Haro *Tri* 26.12.70, 5: En 1970, a los diez años del gran entusiasmo de la descolonización, los ibos morían a manos de los nigerianos.
II *m* **2** Lengua de los ibos [1]. | A. Blas *SYa* 14.12.89, 4: En el Colegio también se imparten clases de lenguas tan sugerentes como el árabe, .. el urdú, el yoruba o el ibo.

iboga *f* Planta arbórea africana, cuya raíz tiene propiedades estimulantes y alucinógenas (gén. *Tabernanthe*). | A. Orejas *SYa* 9.7.89, 34: Los "bangis" –iniciados en el rito– tomarán "iboga" –una planta alucinógena–.

ibón *m* (*reg*) Lago de montaña. | Cela *Pirineo* 134: De este camino sale otro, a mano derecha, que lleva a Unarre .. y a Gabás o a Servi, según se tire por la una o la otra ribera de las aguas que caen desde la sierra Mitjana y los ibones del Ventolao y de la Coma del Forn. Lorén *Aragón* 384: Es siempre recomendable la visita a estos ibones de aguas azul-verdosas abiertas a la limpidez del cielo, entre nieves eternas. Llamazares *Lluvia* 47: El ibón de Santa Orosia estaba helado, y un viento frío .. bajaba de nos puertos del Erata.

ibreño -ña *adj* De Ibros (Jaén). *Tb n, referido a pers.* | *Jaén* 11.9.64, 9: La marcha de don Silvio será sentida por los ibreños todos.

icario *m* (*raro*) Acróbata. | S. Jiménez *Inf* 1.8.74, 13: No sé qué harán ahora sin Marquerie los payasos .., los barristas, icarios, trapecistas.

iceberg (*pl normal*, ~s) *m* Gran masa de hielo flotante en el mar. | Alvarado *Geología* 99: En los glaciares de las altas latitudes, los extremos de las lenguas suelen penetrar en el mar .. Sometidas al empuje del agua (el hielo es menos denso), se parten en gigantescos bloques y flotando en el agua van a la deriva, constituyendo verdaderas montañas de hielo, llamadas icebergs. **b) la punta del ~**. La parte visible de algo, que permite intuir la existencia de un todo mucho mayor. | VMontalbán *Transición* 209: El banquero Sindona, estafador del Vaticano ..; el general Giudice, en la cárcel como responsable de una estafa al Estado italiano .., son la punta del iceberg de la P2.

icho *m* Planta gramínea de los Andes (*Stipa ichu*). | Céspedes *HEspaña* 3, 409: La metalurgia del mercurio se realizó en hornos análogos a los antiguos de Almadén, las jabecas, bien que en Huancavélica se usara como combustible la paja del icho, por exigencias de la vegetación local.

icneumónido *adj* (*Zool*) [Insecto himenóptero] de una familia caracterizada por sus largas antenas y por ser sus larvas parásitas de otros insectos, esp. lepidópteros. *Frec como n m en pl, designando este taxón zoológico.* | Bustinza-Mascaró *Ciencias* 158: Insectos que comen a otros insectos (mantis, libélulas, vaquita de San Antón, etc.), y otros (icneumónidos) que clavan sus taladros en otros insectos para colocar sus huevos y que la larva los devore.

icnita *f* (*Geol*) Huella fósil de un animal. | *Rio* 24.3.89, 11: Se presenta la descripción y análisis de la estratigrafía del yacimiento de icnitas de dinosaurio del cretácico inferior del barranco de Los Cayos.

icodense *adj* Icodero. *Tb n.* | S. GGuzmán *Día* 28.9.75, 15: Gracias por esa preclara institución que nos legara para bien de muchas generaciones de icodenses.

icodero -ra *adj* De Icod de los Vinos (Tenerife). *Tb n, referido a pers.* | P. Fernaud *Día* 28.9.75, 15: Dentro de la isla tenemos un icodero –Santiago Key– que fue diputado en las Cortes de Cádiz de 1812.

icónico -ca *adj* **1** De(l) icono. | E. BAmor *Inf* 5.11.75, 18: Allí [en el "stand" para firmar ejemplares] estuve cuatro horas sintiéndome, sin faltar, casi protagonista de esa estampa icónica, tan popular, de Nuestra Señora del Perpetuo Socorro. Rábade-Benavente *Filosofía* 71: Toda esta imaginación .. es la imaginación icónica, o imaginación de objetos .. Tiene importancia por cuanto acompaña al pensamiento. GNuño *Arte* 132: Las carátulas, contorsiones y ciclos icónicos varios se suceden en el alero, en los capiteles de la iglesia y del claustro.
2 (*E*) Que tiene carácter de icono [2 y 3]. | Lázaro *Curso* 9: Son signos icónicos el retrato, la caricatura, los mapas, el teatro, el cine, la onomatopeya. J. L. Gutiérrez *D16* 8.4.89, 8: Don Manuel sigue siendo prisionero de sus propias desmesuras icónicas y de su itinerario político.
3 (*Arte*) *En la antigua Grecia:* [Estatua] de tamaño natural que representa a un vencedor de los juegos. | Angulo *Arte* 1, 97: Estas estatuas [los kuroi] .. no pueden ser verdaderos retratos del atleta si no alcanza tres veces la victoria, en cuyo caso se llaman estatuas icónicas.

icono (*tb, raro*, **ícono**) *m* **1** Tabla pintada con técnica bizantina, de tema devoto, propia de las Iglesias orientales. | *Abc* 21.4.70, 42: Subastas de arte .. Iconos rusos: Siglos XVI al XIX.
2 (*E*) Signo que tiene alguna semejanza con el objeto representado. | Lázaro *Curso* 9: Los signos .. [son] iconos, si ellos mismos poseen alguna semejanza con el objeto que representan. **b)** (*Informát*) Pequeño dibujo que aparece en pantalla y que representa una opción que puede ser seleccio-

nada con el cursor. | *SD16* 7.6.89, III: El sistema operativo IBM OS/2 .. emplea ventanas, menús e iconos que facilitan enormemente su utilización.
3 (*lit*) Imagen, esp. con carácter de símbolo. | C. Moya *Tri* 27.2.71, 20: Dentro de poco tiempo espero encontrarme en ciertos estudios "posters" con el icono rubio. [*Marilyn Monroe*.] Á. FSantos *SPaís* 23.11.90, 3: La pistola .. emerge de más adentro, de una discreta sobaquera, que se hace menos discreta .. cuando el arma es una metralleta o .. una escopeta de cañones recortados o retaco: iconos privativos de las películas de gánsteres. *SAbc* 20.4.69, 31: Los "quinquis" .., íconos del delito y ladrones de todo.

iconoclasia *f* (*raro*) Iconoclastia. | P. M. Lamet *SD16* 22.8.91, IV: No es tan fácil, pues, su iconoclasia [de la obra] ..; puede contribuir a desmitificar y purificar de hojarasca muchos mitos, extraños a las raíces bíblicas, asociados a la Virgen.

iconoclasta *adj* **1** [Pers.] enemiga violenta del culto a las imágenes. *Tb n*. | CBaroja *País* 4.2.83, 9: Pese a la iconolatría, hay una clase de gentes importantes en la vida de todo pueblo civilizado que son iconoclastas o iconófobos: los artistas plásticos. **b)** (*hist*) [Individuo] perteneciente al movimiento político-religioso bizantino del s. VIII que propugnaba la destrucción de las imágenes. *Tb n*. | Villapún *Iglesia* 83: Las disputas y controversias sobre ritos, que culminaron con la campaña de los iconoclastas (negaban el culto a las imágenes).
2 [Pers.] enemiga y destructora de la cultura heredada, o del prestigio y autoridad de las figuras que la representan. *Tb n*. | Diosdado *Olvida* 67: ¡Qué noche estás pasando, pobrecito mío! Empiezo a pensar que valía la pena todo, con tal de verte bailar así en la cuerda floja. Él, ¡tan brillante, tan seguro, tan iconoclasta!, asustadísimo y queriendo aguantar el tipo como sea. Alfonso *España* 65: Hoy, el medio ambiente es de extranjerización a toda costa. En pocos países les dará por ser tan iconoclastas.
3 De los iconoclastas [1 y 2]. | J. M. Moreiro *SAbc* 13.9.70, 45: Se fueron sucediendo .. las aguerridas legiones de Roma .. y el furor iconoclasta de la morisma. Angulo *Arte* 1, 244: A raíz de la terminación del movimiento iconoclasta .., [la arquitectura bizantina] disfruta .. de una segunda era de florecimiento. Benet *Otoño* 89: No quiero negar el derecho que asiste a ustedes los jóvenes a adoptar ciertas actitudes iconoclastas.

iconoclastia *f* Actitud o tendencia iconoclasta [3]. | Torrente *SInf* 15.9.77, 12: No falta quien vea (o haya visto) en esa costumbre hispana de la simplificación una manifestación de religiosidad. Delibes *Cartas* 67: Los jóvenes de hoy todo lo simplifican, propenden a la iconoclastia y al maximalismo.

iconódulo -la *adj* (*hist, raro*) *En el antiguo imperio bizantino:* Partidario del culto de las imágenes, frente a los iconoclastas. *Tb n*. | Castillo *Polis* 167: Se inició durante los reinados de León III y Constantino V la querella de las imágenes entre los adversarios (iconoclastas) y partidarios (iconódulos) de su culto.

iconofobia *f* (*raro*) Odio o aversión a las imágenes. | M. L. Brey *VNu* 21.7.73, 36: Resulta "camp" en nuestros días escribir un artículo sobre Teresa de Lisieux. Pasado el huracán de gloria que siguió a su muerte, contagiados todos de la iconofobia ambiente, qué trivial se nos antoja, qué lejos queda ya aquella santa de nuestros fervores juveniles.

iconófobo -ba *adj* Que tiene iconofobia. *Tb n*. | CBaroja *País* 4.2.83, 9: Pese a la iconolatría, hay una clase de gentes importantes en la vida de todo pueblo civilizado que son iconoclastas o iconófobos: los artistas plásticos.

iconografía *f* **1** Conjunto de imágenes o retratos [esp. de un tema o carácter determinados]. | GNuño *Arte* 30: El [sarcófago] de Écija, de figuras hieráticas y acartonadas, coincide en su iconografía (temas de Daniel en la fosa de los leones y Sacrificio de Abraham) con los capiteles de San Pedro de la Nave. Torrente *Sombras* 233: Napoleón particularmente aparecía locuaz, y no meditativo como era sólito en él, al menos según su iconografía, que cuando nos lo presenta mandando una batalla lo muestra meditando una ley. Laín *Marañón* 202: El aspecto somático de Marañón quedó perpetuado .. en la copiosísima iconografía fotográfica que de él se conserva. J. M. RLiso *TMé* 16.3.84, 18: Tras comentar la iconografía de casos referentes a este tipo de patología traumática .., se llegó fundamentalmente a dos conclusiones.
2 Arte de la imagen o del retrato. | Angulo *Arte* 1, 258: En el Nacimiento .., según la iconografía oriental, el escenario es la cueva o gruta, y la Virgen aparece en el lecho junto al pesebre con el Niño.
3 Estudio de las diversas representaciones plásticas [de alguien o algo.] | * Iconografía cristiana de la Edad Media.

iconografiar (*conjug* **1c**) *tr* Representar la imagen [de algo (*cd*)]. | Mayor-Díaz *Flora*, contracubierta: Al mismo tiempo se hace su descripción [de las especies vegetales] y se presentan iconografiadas algunas de ellas. J. Castro *SInf* 18.4.74, 11: Ezequiel: El mundo, con sus cosas, el hombre, iconografiado por su envés, arrancándole a las cosas su gravedad de figura.

iconográficamente *adv* En el aspecto iconográfico. | GNuño *Arte* 206: Muy interesantes son iconográficamente los retratos de los marqueses orantes. *TMé* 19.11.82, 47: *Manual de Patología Médica* .. Los tres primeros tomos se dedican respectivamente a los aparatos respiratorio, circulatorio y digestivo, y están bien estructurados, actualizados y oportunamente completados iconográficamente.

iconográfico -ca *adj* De (la) iconografía. | J. Naya *HLC* 2.11.70, 2: Quien esto escribe contribuyó siquiera fuese en mínima parte al enriquecimiento de nuestro acervo iconográfico. Angulo *Arte* 1, 264: Desde el punto de vista iconográfico merece compararse el retrato de Justiniano viejo con el ya citado de San Vital.

iconólatra *adj* (*Rel*) Que practica la iconolatría. *Tb n*. | CBaroja *País* 4.2.83, 9: Cada vez va a haber más gentes dominadas por la imagen, más iconólatras, sobre todo en el mundo popular.

iconolatría *f* (*Rel*) Adoración de las imágenes. | CBaroja *País* 4.2.83, 9: Pese a la iconolatría, hay una clase de gentes importantes en la vida de todo pueblo civilizado que son iconoclastas o iconófobos: los artistas plásticos.

iconología *f* **1** Estudio de las figuras alegóricas y de su simbolismo. | L. LSancho *Abc* 27.11.85, 18: La mujer desnuda representaba la verdad, luego, la virtud; y la vestida, si no el vicio, la profanidad, al contrario de lo que se había dado en creer. Descubrimientos de la Iconología.
2 Representación simbólica. | F. Huici *País* 15.3.79, 32: Las referencias a una iconología neomoderna son abundantes en el mobiliario y en la arquitectura.

iconológico -ca *adj* De (la) iconología. | L. LSancho *Abc* 27.11.85, 18: Convendría volver con el método iconológico a una lectura de las formas no separada de lo que Ortega llamaba lo consabido.

iconoscopio *m* (*TV*) Tubo catódico para la toma de imágenes, que transforma la imagen luminosa en señales eléctricas que pueden ser amplificadas o transmitidas. | A. GPérez *Ya* 30.7.86, 29: Lo más intenso o lo menos intenso, lo más claro u oscuro, se transforma en el iconoscopio de las cámaras de televisión en toda una serie de corrientes débiles o intensas.

iconostasio *m* (*Arquit*) Iconostasis. | S. LTorre *Abc* 22.10.67, 60: Los popes, entrevistos a través de las rejas del iconostasio, cumplían la ceremoniosa liturgia ortodoxa.

iconostasis *m* (*Arquit*) *En las iglesias de rito griego y en algunas hispanovisigodas o mozárabes:* Estructura adornada con pinturas e imágenes sagradas que sirve de separación entre el presbiterio y el resto de la iglesia. | GNuño *Arte* 57: Citaremos .., como piezas selectas de escultura [mozárabe], los canceles del iconostasis de San Miguel de Escalada, reproduciendo pájaros y ornatos florales.

icor *m* (*Med*) Líquido fétido de una llaga o úlcera, compuesto de suero, pus y sangre. | M. Mancebo *Inf* 16.11.70, 15: La investigación policial descubrió en un pequeño bolsillo interior de la chaqueta un trozo de papel .. Fue sometido a un complejo proceso de limpieza del "icor cadavérico" y después reconstruido minuciosamente.

icosaedro *m* (*Geom*) Sólido de veinte caras. | *BOE* 22.1.65, 1249: Construir un icosaedro regular convexo conociendo su arista.

icositetraedro – idea

icositetraedro *m* (*Geom*) Sólido de 24 caras trapezoidales. | Ybarra-Cabetas *Ciencias* 26: Trapezoedro o icositetraedro. 24 caras trapezoidales iguales.

ictericia *f* Coloración amarilla de la piel y las mucosas, debida a la presencia de pigmentos biliares en la sangre. | Zunzunegui *Hijo* 85: Tuvo un berrinche tan espantoso que le obligó a guardar cama unos días con una ictericia. Dossan *SLan* 7.1.79, 4: Es un parásito grave, puesto que .. puede inocular la piroplasmosis, que determina la aparición de ictericia y el teñido en rojo del orín del animal [la oveja].

ictérico -ca *adj* (*Med*) **1** De (la) ictericia. | FCruz *Salud* 213: Mediante el color amarillo de la piel y mucosas denuncia el síndrome ictérico.
2 Que padece ictericia. *Tb n*. | Mascaró *Médico* 46: Muchas veces la orina aparece de color rojo, sin que por ello contenga sangre: orina de los ictéricos, teñida de pigmentos biliares.

icterino. zarcero ~ -> ZARCERO.

ictícola *adj* (*Zool*) De (los) peces. | *Inf* 9.4.76, 29: Don Ángel Rojo, presidente de la Federación Provincial de Oviedo, viene realizando incansables gestiones en defensa de la conservación de la fauna ictícola del Narcea.

ictiocola *f* Cola de pescado (gelatina). | Bustinza-Mascaró *Ciencias* 174: Su vejiga natatoria [del esturión], convenientemente preparada, es la ictiocola, o auténtica cola de pescado.

ictiofauna *f* (*Zool*) Conjunto de los peces [de un país o zona]. | L. M. González *VSi* 7.89, 10: La ictiofauna es muy rica, destacando especies tales como *Torpedo, Conger*, morena.

ictiogénico -ca *adj* (*Zool*) De (la) fecundación artificial y de la incubación de huevos de peces. | *Ya* 24.3.90, 52: Pilas y bandejas de incubación en un laboratorio ictiogénico.

ictiol *m* (*Med*) Líquido medicinal que se obtiene de la destilación seca de una roca bituminosa que contiene fósiles de peces, usado en ginecología y dermatología. | M. Aguilar *SAbc* 12.10.69, 54: Tampoco se deben usar las [cremas] que tengan como ingredientes el azufre, ictiol o resorcina.

ictiología *f* Parte de la zoología que estudia los peces. | ZVicente *Balcón* 20: Me lo regaló cuando dieron a Ciriaco el premio nacional de Ictiología fluvial.

ictiológico -ca *adj* **1** De (la) ictiología. | *Ya* 1.7.89, 19: Los trabajos realizados por España .. han consistido en estudios meteorológicos, .. ictiológicos.
2 De (los) peces. | Tamames *Economía* 132: La baja productividad ictiológica reduce las posibilidades que en principio podrían derivarse de la mayor anchura de la plataforma continental.

ictiólogo -ga *m y f* Especialista en ictiología. | L. LSancho *Abc* 31.12.75, 51: Desaparece el problema íntimo de Ellen .. y el efímero adulterio de esta con el joven ictiólogo Matt Hooper.

ictiosauro *m* (*Zool*) Reptil fósil marino, de tamaño gigantesco, con hocico prolongado, cuello muy corto y cuatro aletas natatorias, perteneciente a la Era Secundaria. *Frec en pl, designando el taxón zoológico correspondiente*. | Bustinza-Mascaró *Ciencias* 188: Conviene recordar que los reptiles alcanzaron en la Era Secundaria un extraordinario desarrollo. Los hubo adaptados a la vida acuática, como lo están hoy las ballenas y las focas (Ictiosauros y Plesiosauros).

ictiosis *f* (*Med*) Afección cutánea caracterizada por la diferenciación de la epidermis en escamas. *A veces con un adj especificador:* CÓRNEA, HÍSTRIX, LAMINAR, UTERINA, *etc*. | Navarro *Biología* 228: En el pequeño cromosoma Y del hombre reside un gene, exclusivo de él, que determina una afección de la piel denominada ictiosis hístrix, por la que la capa córnea de la piel se diferencia en escamas espinosas.

ictus *m* **1** (*Med*) Ataque súbito. | F. Martino *Ya* 11.4.75, 42: Ese color rojo .. llega al cárdeno y constituye el primer paso del reventón de un vaso sanguíneo (ictus apoplético, infarto de miocardio).
2 (*TLit*) Acento rítmico del verso. | Lapesa *Santillana* 193: Los [endecasílabos] más frecuentes eran el dactílico o de gaita gallega, con ictus en cuarta, séptima y décima sílabas .., y el que entre cuarta y décima no tenía sílaba fuerte.

I+D (*sigla; pronunc corriente*, /í-mas-dé/) *m* (*Econ*) Investigación y desarrollo (investigación científica destinada al desarrollo y mejora de productos). | Maravall *PCi* 5.88, 44: Debido a la dificultad para coordinar y planificar el desarrollo científico ha sido necesario durante estos años emprender acciones previas al Plan, tomar medidas que fueran recomponiendo nuestro sistema de I+D. *Ya* 21.4.89, 8: Defensa prevé invertir 288.000 millones en I+D hasta 1994.

ida I *f* **1** Acción de ir. | CNavarro *Perros* 238: Su ida a Francia ha sido definitiva.
2 ~s y venidas. (*col*) Acción reiterada de ir y venir. *Tb fig*. | M. Carmona *SurO* 27.8.76, 7: Tal proyecto, después de innumerables gestiones, escritos, reuniones y muchas idas y venidas, se encuentra detenido. Cela *Pirineo* 222: Se peinaba .. con el pelo trenzado en un moño aparatoso y lleno de idas y venidas.
3 ~ y vuelta. Trayecto que incluye el viaje a un punto y el regreso del mismo al punto de partida. *Frec en la loc adj* DE ~ Y VUELTA, *referida a billete*. | ZVicente *Traque* 215: Ese cobrador es un impertinente, no me quiso dar ida y vuelta, es que los hay antipáticos.
II *loc adj* **4 de ~.** (*Dep*) [Encuentro] primero de los dos que han de jugarse, en un campeonato, entre los mismos participantes. *Se opone a* DE VUELTA. | *Ya* 12.4.77, 38: Baloncesto. Copa del Rey. Resultados .. Estudiantes, 118; Valladolid, 93 (102-116). Hospitalet, 82; Manresa, 71 (78-96) .. Los resultados entre paréntesis corresponden a los partidos de ida.
III *loc v* **5 no dar** (*o* **no dejar**) **la ~ por la venida.** (*col*) Insistir de manera apremiante en un propósito. | * Es que no das la ida por la venida, ¿cómo quieres que haga todo a la vez?

idea I *f* **1** Representación intelectual [de alguien o algo]. | Olmo *Golfos* 152: Era [Tinucho] un tímido que tenía una idea rara del mundo. MPuelles *Filosofía* 1, 53: La filosofía .. seguiría tan subjetiva como lo sea la más modesta idea del cosmos que pueda hacerse el hombre de la calle. P. Rocamora *Abc* 22.10.70, sn: Traducir consiste en desprender las ideas de su lenguaje vernáculo. **b)** Representación intelectual [de una clase de seres] abstraída a partir del conocimiento de seres concretos de esa clase. | Gambra *Filosofía* 31: La primera y más elemental de las formas lógicas es el concepto, llamado también, en su aspecto objetivo, universal e idea. **c)** (*Filos*) *En la doctrina platónica:* Esencia eterna y puramente inteligible de las cosas sensibles. *Frec en pl*. | Gambra *Filosofía* 284: Según Platón, el mundo sensible es solo una sombra del mundo de las Ideas eternas, cuya existencia conocemos por medio de la Dialéctica.
2 Conocimiento elemental o aproximativo. *Frec se emplea en frases negativas para ponderar la ignorancia*. | *SAbc* 21.9.75, 21: La imagen es suficientemente elocuente como para dar idea de lo ocurrido allí. *Ya* 11.4.75, 14: –¿Conoció la reunión convocada para tratar sobre la posible participación de la banca privada en la financiación de Matesa? –Tengo idea de ello, pues hubo comentarios sobre este hecho en el Banco. SFerlosio *Jarama* 155: No tienes ni idea de con quién te gastas los cuartos, hija mía.
3 Concepción puramente imaginaria y más o menos original, en el campo del conocimiento, de la acción o de la creación artística. | Sánchez *Inf* 15.10.75, 32: No importa demostrar si las ideas científicas de Galileo son ciertas o equivocadas. Medio *Bibiana* 11: Ella lanza la idea, él protesta y se marcha, enfadado, a la habitación. * Es un hombre de ideas. **b)** Propósito o intención. *Normalmente con un compl* DE + *infin, o con una prop introducida por* QUE + *v en subj*. | Peraile *Ínsula* 17: Me voy para el cuartel con la idea de que uno u otro me dé las señas de un médico apropiado. GHortelano *Momento* 596: Venga, no tened mala idea. [*En el texto*, malaidea.] **c)** Dotes intuitivas especiales [para una actividad]. *Normalmente con el v* TENER. | * Tiene mucha idea para las labores.
4 Creencia u opinión. | * Tiene la idea de que todos le mienten. **b)** *En pl:* Modo de pensar. | J. L. Simón *SYa* 15.6.75, 25: Jaurès, cuyas ideas han ido evolucionando hacia la izquierda, es elegido diputado por el Tarn. J. M. Javierre *Gac* 19.10.75, 43: En la historia de las ideas, el siglo XIX se

ideación – idealizar

caracteriza por la pelea feroz que los campeones del pensamiento moderno riñen contra la Iglesia Católica.

5 ~-fuerza. Idea [3a] capaz de impulsar a una colectividad o de influir en su evolución. | Areilza *Artículos* 183: Los totalitarios invocan con frecuencia el patriotismo. Es una idea-fuerza que les permite apoyar sobre ella la justificación moral de sus arbitrariedades y atropellos.

II *loc v* **6 estar en la ~** [de algo]. Tener intención [de ello]. *Tb sin compl por consabido*. | Delibes *Madera* 336: –Avisa a tu tío, coño .. –Mi tío ya está en la idea. –Pero, ¿sabe acaso que el *Juan de Austria* está aquí?

7 hacerse a la ~ [de algo]. Aceptar[lo] mentalmente. | Arce *Testamento* 90: Es mejor que lo creas; es mejor que te vayas haciendo a la idea.

8 hacerse (*o* **darse**) (**una**) **~** [de algo]. Imaginar[lo] con más o menos aproximación. *Frec en frases negativas con intención ponderativa*. | Arce *Precio* 11: Lo que sí encontrará es un montón de nuevos bares y "Whiskies". Esos proliferan como no se puede hacer idea.

III *loc adv* **9 a mala ~.** Con mala intención. | Palomino *Torremolinos* 47: Se incomoda hasta la ira con sus empleados y con las criadas: "¡Son enemigos metidos en casa; lo hacen a mala idea!".

ideación *f* (*lit*) Acción de idear. *Tb su efecto*. | CPuche *Ya* 17.11.63, sn: Sobre sus calientes lienzos hay siempre problemática, ideaciones y razones de original artista. Cela *Pirineo* 266: El viajero procura alejar de su cabeza las ideaciones amargas.

ideador -ra *adj* Que idea. *Tb n, referido a pers*. | *Abc* 18.9.75, 6: El fiscal .. hizo un relato de los hechos en que aparece Sánchez Bravo como ideador del plan para matar al teniente de la Guardia Civil.

ideal I *adj* **1** De la idea o de las ideas. | Rábade-Benavente *Filosofía* 235: La justicia y su polo negativo, la injusticia, son, así, valores; no es que existan en un mundo ideal –como propugnaría Platón–; sin las concretas situaciones de injusticia no existiría este valor. **b)** Perteneciente solo al mundo de las ideas. | Carreras *Filosofía* 133: He aquí .. algunas categorías de objetos inteligibles: .. Los objetos matemáticos, como los números y las figuras. Estos son objetos ideales, que en su mayoría se resisten a ser visualizados o imaginados y solo pueden ser entendidos.

2 [Pers. o cosa] perfecta en su especie. *Frec* (*col*) *con intención ponderativa, esp en lenguaje femenino*. | Meliá *SInf* 18.10.75, 12: A una radical discrepancia en torno al esquema ideal de la sociedad se une el respeto común a unas reglas y principios de convivencia y respeto a la legalidad constitucional. *SInf* 20.12.75, 1: Una abrumadora mayoría de respuestas .. considera que este plazo no debe exceder de los dos años, aunque, para la mayoría, el ideal sería de un año. Gala *Hotelito* 39: Dios nos bendiga, qué ideales somos. Delibes *Cinco horas* 160: Esos ojos. Hay que reconocer que Paco siempre los tuvo ideales, de un azul verdoso, entre de gato y agua de piscina.

II *m* **3** Suma de cualidades que constituirían la pers. o cosa perfecta en su especie. *Tb la pers o cosa en que se suponen reunidas*. | SLuis *Doctrina* 96: No puede degustar las satisfacciones íntimas del deber cumplido, el heroísmo realizado y el ideal de belleza, saber y bondad cada vez más claramente impreso y plasmado en el alma. Delibes *Cinco horas* 43: No es que yo diga que Elviro fuese un ideal de hombre, ni hablar.

4 Conjunto de valores morales, intelectuales o artísticos a los que tiende [una pers. o grupo social (*compl de posesión*)]. *Frec en pl*. | GLópez *Lit. española* 424: Ese vago aspirar hacia un mundo superior al de las realidades sensibles y que la razón no acierta a definir cristaliza a menudo en unos ideales concretos, que el romántico se impone como norte de su vida. Aranguren *Juventud* 17: Lo característico de la actual juventud es el desplome de los ideales, la desilusión y, consecuentemente, en mayor o menor grado, el escepticismo.

III *adv* **5** (*col*) Muy bien. *Con intención ponderativa, esp en lenguaje femenino*. | * –¿Lo pasaste bien? –Ideal.

idealidad *f* **1** (*lit*) Cualidad de ideal. | Rábade-Benavente *Filosofía* 235: Los valores en sí mismos gozan de una cierta idealidad, que los hace sustraerse a las condiciones del espacio y del tiempo. F. Ángel *Abc* 21.5.67, 13: Este cuadro .. parece el sueño de un poeta. La idealidad de las figuras es de una belleza vaporosa e inverosímil.

2 (*col*) Pers. o cosa ideal [2]. *Gralm en lenguaje femenino*. | * Ese traje es una idealidad.

idealismo *m* **1** Cualidad de idealista [1]. | GLópez *Lit. española* 472: Mesonero Romanos, que en algún tiempo había adoptado una actitud burlona frente a las turbulencias del Romanticismo, alude al escaso idealismo de la nueva generación. Goytisolo *Recuento* 444: Unos modos y un talante que .. parecen desmentir de plano las lamentaciones alarmistas y agoreras de cuantos achacan a la juventud actual un comportamiento hedonista y disoluto a la vez que un idealismo excesivo. **b)** (*Arte y TLit*) Tendencia a idealizar la realidad. | GLópez *Lit. española* 148: En íntima relación con este doble plano popular y culto se hallan otras dos direcciones ..: la que tiende hacia el realismo y la que desemboca en el idealismo. El Lazarillo de Tormes y el Amadís de Gaula son los dos polos de esta españolísima visión del mundo.

2 (*Filos*) Sistema que reduce las cosas a contenidos de pensamiento, o que da primacía a estos sobre aquellas. | Gambra *Filosofía* 293: La filosofía contemporánea del siglo XX intenta de nuevo establecer una síntesis de racionalismo y empirismo, de realismo e idealismo. FRamírez *Lengua* 30: La actividad del hombre lingüísticamente libre podría concebirse como concibe Schelling la actividad del artista en su sistema del Idealismo Transcendental.

idealista *adj* **1** [Pers.] que actúa sin tener suficientemente en cuenta la realidad. *Tb n*. | * No seas idealista; una democracia liberal no es posible en un momento como este. **b)** [Pers.] que actúa prescindiendo de intereses materiales. *Tb n*. | PRivera *Discursos* 13: La juventud, que es sobre todo idealista, se aparta de los regímenes que solo le ofrecen bienestar. **c)** (*Arte y TLit*) [Artista o arte] que idealiza la realidad. | V. A. Pineda *MHi* 7.68, 53: No existe idealización de los personajes, aunque a Nunes se le denomina "idealista-realista". [*En el texto*, idealistarrealista.] **d)** Propio de la pers. o el arte idealistas. | E. Zomeño *DCu* 16.8.64, 6: Tú crees que me he sacrificado por ti, pero no; mira, yo no me he sacrificado por ti, ni por mi deber idealista, no; yo me he sacrificado por mí. GLópez *Lit. española* 245: En cuanto a los productos artísticos de la tendencia idealista, ya no son consecuencia de una leve estilización generalizadora, como en el Renacimiento, sino desorbitadas creaciones en las que la realidad aparece substituida por otro mundo de superior belleza.

2 (*Filos*) Del idealismo [2]. | Gambra *Filosofía* 29: Algunos filósofos, los de la escuela idealista, han reducido el concepto de verdad al de la verdad formal. **b)** Adepto al idealismo. *Tb n*. | Gambra *Filosofía* 142: Estas teorías emanatistas fueron sostenidas en la antigüedad por los filósofos neoplatónicos .., y en la Edad Moderna, por los idealistas alemanes, discípulos de Kant, J. E. Fichte .. y Hegel.

idealizable *adj* Que se puede idealizar. | VMontalbán *Tri* 27.2.71, 27: Debray es consciente de que en gran parte del mundo la acción revolucionaria aún tiene rasgos románticos, fácilmente manipulables, idealizables por los consumidores europeos.

idealización *f* Acción de idealizar. *Tb su efecto*. | Tejedor *Arte* 43: El arte griego .. viene así a caracterizarse .. por su tendencia a la expresión de lo dramático y al cultivo del retrato, en sustitución de la anterior serenidad y de las idealizaciones o cánones de los grandes artistas de Grecia. R. Saladrigas *Abc* 4.10.70, 43: Intentar la conformación de un futuro todavía oscuro, indefinido quizá, pero ya exento de toda idealización.

idealizador -ra *adj* Que idealiza. | Á. Dotor *ASeg* 8.5.78, 2: Su básico y muy útil acopio de datos facilitóle la tarea idealizadora de la realidad española.

idealizar *tr* Dotar mentalmente [a una pers. o cosa (*cd*)] de una perfección superior a la que en realidad posee. | Laforet *Mujer* 82: Quería mucho a sus padres, pero Paulina les veía demasiado idealizados. * El recuerdo idealiza las cosas. **b)** Concebir o representar [a una pers. o cosa] privándola de rasgos realistas. | GLópez *Lit. española* 144: Esta doctrina [del amor] –producto de la fusión de las teorías de Platón con las de los neoplatónicos– dignificó, idealizándolo, el sentimiento amoroso. Camón *Abc* 9.4.75, 3: Hasta en sus dibujos, cuando quiere representar a alguna persona amada, como la marquesa de Pescara, la idealiza virilizando sus rasgos, que quedan así como paradigma del rostro humano.

idealmente - identificatorio

idealmente *adv* De manera ideal. | FQuintana-Velarde *Política* 50: El esquema 5 relata las relaciones entre las magnitudes fu[n]damentales de la vida económica; puede comprenderse mejor si hacemos coincidir, idealmente, sus dos extremos finales. Huarte *Diccionarios* 26: Hay que saber situar idealmente la voz que se quiere buscar entre las dos palabras o grupos de letras que presentan las guías. G. Marañón *Abc* 18.12.70, 3: Buscó entonces a otra mujer y la encontró en Julia Espín, a la que amó idealmente.

idear *tr* Formar la idea [3] [de algo (*cd*)]. | Gironella *SAbc* 9.2.69, 18: En lugares muy diversos, muy diversas culturas idearon más o menos simultáneamente un tablero escaqueado.

ideario *m* Conjunto o sistema de ideas [3a y 4a] [de una pers. o de una colectividad]. | Tejedor *Arte* 169: A pesar del carácter irregular de lo barroco entrañaba, tuvo también sus fórmulas definitivas y exactas, porque, alcanzada su madurez, necesitó fijar sus propias maneras y su particular ideario sobre reglas concretas y precisas. Delibes *Parábola* 98: Un ideario nacido del resentimiento difícilmente puede prosperar.

ídem (*no se usa en pl*) *pron* **1** Lo mismo. *Tb adv. Normalmente se usa con independencia sintáctica. A veces*, (col) ~ DE ~, *o* (col, humoríst) ~ DE LIENZO, *con intención enfática*. | Huarte *Tipografía* 18: Escribe "ídem" en lugar de repetir en sus términos una palabra o frase anterior. Delibes *Cinco horas* 20: Era como si abrazase a un árbol o a una roca, ídem de lienzo, que él solo decía, ya ves qué salida: "¿por qué ahora?". **b)** (*col*) *Precedido de un determinante, se sustantiva, representando un n que se acaba de citar.* | L. Apostua *Ya* 10.5.75, 14: Objetivamente ambas historias tienen su ídem. Campmany *Abc* 2.3.88, 17: Dicen que a ese menester de dar escolta a personajes políticos y parapolíticos se dedican aproximadamente mil guardias. Bueno, ese número que se lo cuenten a un ídem.
2 El mismo. *Normalmente en citas bibliográficas.* | * Ortega y Gasset, "España invertebrada"; ídem, "La rebelión de las masas".

idénticamente *adv* De manera idéntica. | Alfonso *España* 112: Si viene otro en dirección contraria..., pues "ya retrocederá". Y ese otro que viene, si lo hace, piensa idénticamente. Vernet *Mahoma* 15: Idénticamente era necesario que enumerara las ciudades y fechas en las que había estudiado con ellos.

idéntico -ca *adj* **1** El mismo. *Indica que la pers o cosa designada por el n es una sola, aunque esté vista en circunstancias diferentes.* | Ver 5.1.56, 5: Grupos de niños de edades idénticas han sido escrupulosamente examinados por los especialistas.
2 Exactamente igual. *Frec se usa con intención enfática. Con un compl* A *que frec se omite por consabido.* | CNavarro *Perros* 90: Aquellos hombres envejecerían sentados en las mismas sillas, ante las mismas mesas, ~ rodeados de idénticas estanterías.

identidad *f* **1** Cualidad de idéntico. | GNuño *Escultura* 54: Otras manifestaciones plásticas de los galos señalan, más que proximidades, identidades con el arte peninsular.
2 Hecho de ser una pers. o una cosa determinada, por rasgos y circunstancias que impiden que sea confundida con otra. | *Inf* 31.1.77, 6: Incoherencias en el último mensaje. Nuevas dudas sobre la identidad del G.R.A.P.O. J. M. Bosch *Van* 19.5.74, 49: El gemólogo no establece el precio de una gema. Su misión es determinar la identidad de una piedra que por su aspecto morfológico, color, etcétera, puede ser confundida con otra especie gemológica. **b)** Conjunto de caracteres que individualizan y diferencian a una pers. o cosa o a una colectividad. | *Sp* 19.7.70, 3: No nos referimos a su encantadora presencia ni a sus famosos uniformes rojos. Aunque ambas cosas ya son una estupenda tarjeta de identidad. *Cam* 1.1.90, 73 (A): En un país en donde durante 40 años el comunismo ha buscado destruir la conciencia nacional, la reafirmación de la identidad húngara tiene mucho éxito. **c)** Conjunto de datos que definen oficialmente a una pers. | *Ya* 30.7.90, 1: El abogado de Fernández Padín considera que la Justicia debería prestar nueva identidad a los 'arrepentidos'. *Pro* 16.1.77, 10: Estos [los barbudos] deben rapar sus barbas cuando tramiten sus documentos de identidad.
3 (*Mat*) Igualdad de dos expresiones algebraicas que se mantiene cualquiera que sea el valor atribuido a los términos que la forman. | Marcos-Martínez *Álgebra* 70: Una identidad se verifica cualesquiera que sean los valores atribuidos a sus letras.

identificable *adj* Que puede ser identificado. | Lera *Abc* 12.9.68, 15: ¿Cómo surgen esos personajes? .. En unos casos, lo hacen de pronto, fácilmente identificables, formados del todo. Marías *Gac* 24.8.75, 11: Se encuentra una espléndida silla de montar, identificable.

identificación *f* Acción de identificar(se). | DPlaja *El español* 93: Se ataviaba con capa grande y sombrero de ala ancha; ambas prendas cubrían gran parte del cuerpo, dificultando la identificación de criminales. Pinillos *Mente* 136: Un mecanismo de egodefensa es también la identificación .. A través de ella, el individuo toma como propias las buenas cualidades ajenas, se identifica con las cualidades deseables de los demás. *HLM* 8.9.75, 13: Algunas asociaciones de la Prensa han expresado por acuerdos y telegramas su identificación con el planteamiento de *Hoja del Lunes*.

identificador -ra *adj* Que identifica. *Tb n, referido a pers.* | M. Salamanca *MHi* 10.60, 44: Fue desde entonces morada de nobles caballeros, como lo atestiguan los blasones y escudos que aún pueden encontrarse como enseña identificadora en sus numerosos palacios y casas solariegas. E. Tijeras *SInf* 15.8.74, 1: Ralph Waldo Emerson, hombre de buena fe, notablemente panteísta, identificador de verdad, belleza y poesía en una sola unidad, vivió de 1803 a 1882.

identificar A *tr* **1** Considerar o presentar como idénticas [1] [dos perss. o cosas]. *Tb con cd sg y un compl* CON. | Delibes *Año* 187: Bien está recusar el materialismo que resume en la posesión de dinero y cosas el ideal de vida, pero identificar este con la holgazanería y la sexualidad me parece una forma de materialismo no menos primaria que aquella.
2 Establecer la identidad [2] [de alguien o algo (*cd*)]. *A veces con un compl* COMO *que expresa la identidad.* | *Faro* 3.7.73, 7: Sin identificar los asesinos del agregado militar israelí en Washington. J. E. Gómez *Ide* 12.8.89, 8: Los especialistas en explosivos de la Benemérita realizan las investigaciones necesarias para identificar el tipo de explosivo que contenía el paquete. *Inf* 30.11.70, 6: El viernes pasado fueron identificados por el director del F.B.I. como los dirigentes de un complejo plan de secuestros. Torrente *Decano* 60: Los inspectores no se habían movido, pero uno de ellos .. le dijo que el Juez acababa de llegar .. El Comisario le dio las gracias. –Ustedes no se muevan de ahí. Identifiquen a todo el mundo.
B *intr pr* **3** Ser idénticas [1] [dos perss. o cosas]. *Tb* ~SE ENTRE SÍ. *Tb con suj sg y un compl* CON. | Gambra *Filosofía* 186: Un grupo de teorías morales .. han supuesto que el fin último o bien supremo del hombre se identifica con el placer.
4 Acomodar o adecuar [una pers.] su mente o su conciencia [a alguien o algo (*compl* CON)]. | Pinillos *Mente* 136: Un mecanismo de egodefensa es también la identificación .. A través de ella, el individuo toma como propias las buenas cualidades ajenas, se identifica con las cualidades deseables de los demás. **b)** Estar de acuerdo [con alguien o algo]. | AEzquerra *Vox* XXXVIII: De no introducir esas palabras o esos significados, seguiríamos ignorando la lengua que se emplea a nuestro alrededor, por más que no nos identifiquemos con esas maneras de hablar.
5 Manifestar [alguien] su identidad [2]. | CNavarro *Perros* 118: El comisario se identificó, y el portero les indicó la escalera de la izquierda. Romano-Sanz *Alcudia* 140: Junto al mostrador, dos hombres charlan con el cabo de la Guardia Civil. Antes que lo pida, los cronistas se identifican. *Inf* 31.3.70, 1: El avión continuó su vuelo a Corea, donde se le tendió una trampa. El aeropuerto de Seul .. se identificó como el de Pyongyang .. y el aparato aterrizó en él.

identificativo -va *adj* Que sirve para identificar [2]. | *Ade* 27.10.70, 12: Estas tarjetas constituyen además la ficha identificativa de cada jugador.

identificatorio -ria *adj* Identificativo. | *Ya* 10.5.75, 6: Los controles y medidas identificatorias en puestos fronterizos y estaciones de ferrocarril no perturban el tráfico y tránsito normal de viajeros y turistas de uno a otro lado de la frontera.

ideografía *f* Representación ideográfica. | S. Cámara *Tri* 26.6.71, 7: Moreno Galván hubiera podido establecer las implicaciones que había entre la Mesta, los gorriones y la ideografía de Joan Miró.

ideográfico -ca *adj* De (los) ideogramas. | Buesa *Americanismos* 338: La escritura maya era ideográfica.

ideograma *m* Signo lingüístico gráfico que representa una idea o concepto o un objeto, sin representar su expresión fonológica. | A. M. Campoy *Abc* 6.6.67, 39: Los que no creen en el misterio de las grafías pueden ir explicándonos el significado de los cuarenta mil ideogramas de la escritura china. **b)** Signo o símbolo convencional. | CAssens *Novela* 2, 379: –Ahora va usted a tener las chicas así... –y junta las yemas de sus dedos en un ideograma de abundancia.

ideogramático -ca *adj* Ideográfico. | J. P. Quiñonero *SInf* 22.4.71, 5: ¿Qué vinieron a suponer los "haikais" y poemas ideogramáticos de Tablada?

ideología *f* Conjunto de ideas o doctrinas [de una pers., una colectividad o una época determinadas], frec. considerado como base de un sistema político o social. | PRivera *Discursos* 14: No es verdad que la Falange ni su ideología hayan muerto. GLópez *Lit. española* 143: Tendremos como rasgos de todo un sector de la ideología renacentista: 1º, la aparición de un orgulloso espíritu de independencia; 2º, la exaltación de las facultades humanas.

ideológicamente *adv* En el aspecto ideológico. | Moix *Des* 12.9.70, 12: El problema .. del arte en lucha con las exigencias del poder y, al mismo tiempo, con la necesidad de renovación .. encontraría en nuestra posguerra un nuevo planteamiento, que sería la necesidad de convencer ideológicamente.

ideológico -ca *adj* De (la) ideología. | PRivera *Discursos* 13: Hacer por hacer, sin impulso ideológico, no trasciende al alma y pierde, por tanto, razón de eternidad. GLópez *Lit. española* 143: Se llega a valorar en el hombre todo aquello que provenga de su condición humana .. El evidente sentido pagano de esta nueva posición ideológica se manifiesta asimismo en la jubilosa valoración de la vida terrena.

ideologismo *m* Tendencia a dar preponderancia excesiva a las ideologías o a una ideología. | J. M. Alfaro *Abc* 7.5.72, 3: Las gentes se imaginaban al mismo partido en dos, como un queso gigantesco, por obra y desgracia de un grupo de sabios encadenados al servicio de quiméricas oligarqu[ía]s, que aspiraban a imponer sus criterios y sus ideologismos redentores sobre la tierra. L. LSancho *Abc* 21.4.88, 34: La calle es el primer reflejo de ese ideologismo desconsiderado de Mala vara Maravall, que solo accede a dialogar cuando otra vara, más enérgica, empieza a romperle las farolas.

ideologización *f* Acción de ideologizar. | R. Conte *SInf* 14.1.71, 2: Dispara [Benet] una verdadera andanada contra la ideologización de la literatura. *Van* 29.10.89, 2: Un buen diario no debe caer en excesiva ideologización.

ideologizador -ra *adj* Que ideologiza. *Tb n, referido a pers.* | VMontalbán *Tri* 13.5.72, 28: La mitificación es la conclusión ideologizadora que ha de extraer el público de los símbolos valorados y en ejercicio a través de la peripecia de cada episodio. Miguel *Intelectuales* 204 (G): Sigue impertérrito el ideologizador del desarrollismo y el importador de la teoría del fin de las ideologías.

ideologizar *tr* Dotar de ideología [a alguien o algo (cd)]. | VMontalbán *Soledad* 118: Policías ideologizados en el culto al orden franquista, el único que conocieron. La FSordo *Mun* 17.10.70, 19: Mi afirmación es que no se crea opinión, y entonces, en la información de los hechos, se plantea desde una posición ideologizada, que es lo peor que se puede hacer.

ideólogo -ga *m y f* **1** Creador de una ideología. | *País* 11.5.76, 3: Ulrike Meinhof, licenciada en Filosofía y Sociología, considerada como la ideóloga del grupo.
2 Pers. que se dedica al aspecto teórico de una ideología. *A veces con intención desp, indicando falta de realismo.* |

Cierva *Gac* 4.1.76, 50: La .. circular del Servicio Nacional de Prensa [en agosto de 1939] .. demostraba .. la desviación fascista de los ideólogos y políticos de la FET.

idílico -ca *adj* **1** De(l) idilio. | Sánchez *Pról. Quijote* 26: Tampoco falta el ingrediente maravilloso en estos cuadros idílicos de una Arcadia virginal: Urganda la Desconocida .. tiene alguna similitud con la sabia Felicia .. en la *Diana* de Montemayor. GLuengo *Extremadura* 85: La institución se acoge al recuerdo de Juan Pablo Forner, ilustre emeritense, nacido en 1754, autor de poesías idílicas, satíricas, epigramáticas, filosóficas.
2 [Cosa] idealista. *Frec con intención desp.* | Aranguren *Marxismo* 77: Marx .. se desentiende del comunismo primitivo, "animal", .. y del sentido utópico, romántico, idílico de todo comunismo anterior a él.

idilio *m* **1** Relación amorosa. *Esp designa la de carácter delicado y casto.* | Aldecoa *Cuentos* 1, 141: Los siete árboles, los siete bancos, las siete farolas nunca habían cobijado, dado asiento y alumbrado un idilio. *Sáb* 10.9.66, 29: Margarita ha pasado por varios idilios que la prensa y otros medios menos oficiales le atribuían.
2 (*TLit*) Poema pastoril breve de tema amoroso. | López-Pedrosa *Lengua* 136: Principales poemas líricos: Oda .. Elegía .. Canción .. Idilio .. Égloga.

idilismo *m* Cualidad de idílico [2]. *Frec con intención desp.* | *Nor* 13.11.89, 3: Siendo tan serias las cosas, tampoco habría que haber abusado de los idilismos [en la campaña electoral] ni ocultado realidades que son tan amargas y nos van a costar tan caras.

idiocia *f* **1** (*lit*) Condición de idiota [1]. | Gala *Sáb* 24.9.75, 5: No sé .. si [el editorialista] cree que casi cuarenta años de idiocia colectiva se curan con una orden ministerial.
2 (*Med*) Forma extrema de deficiencia mental, en que la persona es incapaz de adquirir el lenguaje. | Vilaltella *Salud* 43: Existen formas especiales de oligofrenia ..: las hidrocefálicas; las microcefálicas; .. las oligofrenias dismetabólicas .., cuyos ejemplos más importantes son la idiocia amaurótica .. y la oligofrenia fenilpirúvica.

idiolecto *m* (*Ling*) Forma personal en que un hablante emplea su idioma. | RAdrados *Lingüística* 112: En realidad una lengua es una abstracción procedente de la suma de una serie de idiolectos o lenguas individuales.

idioma I *m* **1** Lengua (lenguaje utilizado por una comunidad humana). | Lapesa *HLengua* 75: La civilización occidental ha heredado el latín en dos formas distintas: como lengua hablada, madre de los idiomas románicos, y como vehículo universal y permanente de cultura. **b)** Manera de expresarse propia de determinados ámbitos o circunstancias. | Buero *Diálogo* 80: –Debo comentar unos cuadros de manera muy técnica, ¿comprendes? .. y me falta el idioma. **c)** *En gral:* Manera de expresarse. | * El orador empleó un idioma que fue fácilmente comprendido por los aldeanos.
II *loc v* **2 hablar el ~** [de alguien]. Entenderse fácilmente [con él] por tener un modo de pensar similar. *Tb* HABLAR SU MISMO ~, *o* HABLAR [dos pers.] EL MISMO ~. | CSotelo *Inocente* 133: –¡Hay que acabar con él! Seiscientas mil pesetas... Sumas así se las pasa don Dominico por debajo del sobaco y se queda tan contento. –Quizá una cuota especial, bien estudiada... –Es inútil, no habla nuestro idioma. No pisa sobre la tierra.

idiomáticamente *adv* En el aspecto idiomático. | Tarradell *HEspaña* 1, 103: Idiomáticamente, los pueblos de la mitad occidental peninsular conservaron hasta época romana una lengua derivada de una fase arcaica indoeuropea.

idiomático -ca *adj* De(l) idioma. | Fuster *País Valenc.* 209: Una diócesis aparte, la de Segorbe, cuya mitra independiente se explicaba, sin duda, por la personalidad histórica e idiomática de este territorio. **b)** Característico de un idioma. | Alvar *Español* 51: Primer testimonio [las Glosas Emilianenses] de una lengua peninsular, nacido, precisamente, en un cenobio riojano, con las peculiaridades idiomáticas .. de la región. * Expresiones idiomáticas.

idiomatismo *m* (*Ling*) Idiotismo [2]. | Losada *CBranco* XXVI: Diálogos de extraordinaria viveza, aderezados con abundancia de idiomatismos de difícil traducción.

idiopático – ídolo

idiopático -ca *adj* (*Med*) [Enfermedad] de origen desconocido o no relacionable con otra. | Cañadell *Salud* 371: Las causas de la carencia insulínica absoluta o relativa no están completamente aclaradas. Por ello se habla de diabetes idiopática. *Abc* 21.11.75, 7: Enfermedad de Parkinson .. La forma idiopática, la que no puede datarse clínicamente, aparece en las personas de edad media y avanzada.

idiosincrasia *f* **1** Manera natural y particular de ser [de una pers. o colectividad]. | SCabarga *Abc* 26.8.66, 42: Una cosa es aplicar la norma generalizada y otra su adecuación al sitio, a la idiosincrasia propia.
2 (*Med*) Sensibilidad anormal e individual a un medicamento, un alimento u otro agente. | MNiclos *Toxicología* 106: La intoxicación medicamentosa, motivada .. por .. hipersensibilidad o idiosincrasia.

idiosincrásico -ca *adj* De (la) idiosincrasia. | Portal *Abc* 12.5.74, 11: Tampoco ello me parecería censurable como actitud, sobre todo, porque parece ser una actitud hispánica idiosincrásica. MNiclos *Toxicología* 34: Se trata de respuestas alérgicas o idiosincrásicas consistentes en erupciones, fiebre .. y hasta edema glótico.

idiosincrático -ca *adj* Idiosincrásico. | Millán *Fresa* 12: No sabía cómo interpretar determinadas cosas: ¿rasgos idiosincráticos o usos comunes?

idiota *adj* **1** [Pers.] que carece de inteligencia. *Tb n. Frec se usa como insulto*. | Arce *Testamento* 32: Enzo ya parecía estar fastidiado y le dijo que se callase, y le llamó idiota.
2 (*Med*) Deficiente mental profundo, incapaz de adquirir el lenguaje. *Tb n*. | Vilaltella *Salud* 422: Los oligofrénicos más profundos (antes llamados "idiotas") no pueden aprender a hablar ni a leer ni a escribir. Tienen un cociente intelectual inferior a 40, y su edad mental no sobrepasa los 3 años de edad, incluso siendo adultos.
3 Propio de la pers. idiota [1 y 2]. | Laforet *Mujer* 180: No te diré que nos hayamos convertido. Eso es idiota, puesto que estamos bautizados desde que nacimos. Olmo *Golfos* 19: Usted que .. pasa por la vida desengañada, triste, con una sonrisa un poco idiota (perdón) en los labios.

idiotamente *adv* De manera idiota [3]. | Matute *Memoria* 92: Deseaba decir, idiotamente: "Pues, aunque a mi madre la viera poco, mi padre me enviaba juguetes".

idiotez *f* **1** Cualidad de idiota, *esp* [1]. | MMolina *Jinete* 326: Nadie sino él mismo, su padre, el autómata que lo suplantaba, habría sido cómplice y culpable de su existencia y su segura idiotez o desgracia. Navarro *Biología* 224: El mongolismo o idiotez mongólica se caracteriza por retraso mental, cara aplanada, ojos oblicuos (de ahí su nombre), piel rugosa, crecimiento retardado, etc.
2 Hecho o dicho propio de un idiota [1]. | Aldecoa *Gran Sol* 161: –¡Dios! –dijo rabiosamente Orozco–, no se les ocurren más que idioteces.
3 Tontería o cosa sin importancia. | * Se enfada por cualquier idiotez.

idiotipo *m* (*Biol*) Conjunto de los factores hereditarios de un organismo. | Navarro *Biología* 215: Con el término genotipo se designa en Genética al conjunto de genes de un organismo; es decir, a todo su patrimonio hereditario o idiotipo.

idiotismo *m* **1** Cualidad de idiota [1]. | CBonald *Ágata* 92: Terminó por afirmar que lo único que le pasaba a aquel hombre, aparte de su natural idiotismo, era que se estaba pudriendo.
2 (*Ling*) Giro o forma de expresión peculiar de una lengua. | *Abc* 25.8.68, 50: Por la riqueza del vocabulario y por la abundancia de idiotismos y fórmulas usuales del castellano.

idiotización *f* Acción de idiotizar(se). | P. Berbén *Tri* 22.12.73, 45: La debilitación de las transmisiones genéticas les arrojaría también cada vez más por debajo de su nivel... Contemplando la humanidad, parece que esta tendencia hacia la idiotización se habría producido ya. *Pue* 9.4.75, 1: Hasta hace unos meses lo único que se sabía de esa publicidad .. contribuía decisivamente a nuestra idiotización.

idiotizado -da *adj* **1** *part* → IDIOTIZAR.
2 Propio de la pers. idiotizada [1]. | Tomás *Orilla* 298: –Oye, Canuto, no me has dicho lo principal. ¿Qué hay de la guita?– Volvió a escuchar su risa idiotizada. –Sin pegas.

idiotizar *tr* Volver idiota [1] [a alguien]. | *Cór* 31.7.92, 34: García Calvo asegura que las multinacionales idiotizan a la juventud con su música absurda. **b)** *pr* Volverse idiota [1]. | GHortelano *Momento* 292: –¿Has visto a Tub? –Sí. Cuatro horas de Tub. Te aseguro que acaba con cualquiera. Se ha idiotizado. Mema por completo.

ido¹ -da *adj* **1** *part* → IR.
2 [Pers.] que ha perdido la conciencia clara de lo que le rodea. *A veces se usa como euf, indicando pérdida de juicio*. | Kurtz *Lado* 157: Mauricio Roura podía durar postrado, del todo ido, meses y meses. **b)** Propio de la pers. ida. | L. Bru *SAbc* 5.4.70, 18: Ya no volveremos a encontrar a don Julio .. en los pasillos de la Facultad, con su aire un poco ido y su entrecejo un poco fruncido.

ido² *m* Lengua internacional artificial, creada sobre la base del esperanto. | *Agromán* 125: Ni el "esperanto" .. que fue reformado y perfeccionado por el francés L. de Beaufort, con el nombre de "ido", ni la "interlingua", ni el "basic english", ni el "gala" tienen vigencia.

idólatra *adj* **1** [Pers.] que practica la idolatría [1]. *Tb n*. | Villapún *Moral* 106: Este pecado gravísimo fue terriblemente castigado por Dios, ya que, no bien hubo Moisés descendido del monte, destruyó el ídolo e hizo matar por inspiración divina a veintitrés mil idólatras. E. La Orden *MHi* 7.69, 33: Se quedó en México por miedo a los idólatras malayos.
2 (*lit*) [Pers.] que siente idolatría [2] [por alguien o algo (*compl de posesión*)]. | DCañabate *Paseíllo* 32: Se vanagloriaba de haber nacido en la calle del Bastero, .. donde también vino al mundo el gran torero Cayetano Sanz, de quien fue idólatra.

idolatrar *tr* **1** Adorar [a alguien o algo] como ídolo [1]. | * Idolatraban las fuerzas de la naturaleza.
2 (*lit*) Amar o admirar ciegamente [a alguien o algo]. | Salvador *Haragán* 35: Te amo, te quiero, te idolatro, perla antillana. Sopeña *Defensa* 38: Aquel piso .. a medio camino entre su despacho y la parroquia de San José, donde decía misa .., casa con muchos libros, muchas imágenes y muchos regalos de monjas que le idolatraban.

idolatría *f* **1** Culto a los ídolos [1]. | Céspedes *HEspaña* 3, 386: La labor ya sistemática de evangelización y las repetidas campañas contra la idolatría transforman las creencias y vida espiritual de los indígenas, que acabarán asimilando el cristianismo. Villapún *Iglesia* 102: Eran considerados pecados públicos el adulterio, la idolatría, el homicidio.
2 (*lit*) Amor o admiración ciegos. | V. RFlecha *Cua* 6/7.68, 10: Si se quiere un futuro socialista hay que aceptar el desafío de la reacción capitalista y enfrentarse a ella positivamente; abandonar toda idolatría a instituciones y tradiciones que hayan perdido su razón de ser.

idolátrico -ca *adj* De (la) idolatría. | *CoA* 23.2.64, 9: Rechazó las críticas de los que censuran a la Iglesia por el culto de los santos, que califican de idolátrico.

idolización *f* Acción de idolizar. | RAdrados *País* 22.2.78, 27: Las antiguas ciencias humanísticas han visto discutido su papel en la enseñanza. Entre terribles bandazos, se pasó de una idolización a un negarnos el pan y la sal.

idolizar *tr* Convertir en ídolo [2] [a alguien o algo]. | Umbral *Hijo* 9: Los del 98 habían idolizado España.

ídolo *m* **1** Imagen que se adora como divinidad. | Villapún *Moral* 106: Fabricaron [los israelitas] un becerro de oro y lo reconocieron como dios ..; no bien hubo Moisés descendido del monte, destruyó el ídolo. **b)** Imagen que representa a una divinidad considerada como falsa. | *Van* 8.11.73, 76: Ídolos de la edad de piedra en Hungría .. Los ídolos –pequeñas esculturas de divinidades– incluyen vasijas para fines religiosos. **c)** Imagen perteneciente a una religión considerada como falsa. | MSantos *Tiempo* 149: Tropezaron de bruces con el ídolo búdico bañado en luz.
2 Pers. o cosa que es objeto de gran admiración o veneración, esp. colectiva. | Gironella *SAbc* 9.2.69, 20: Botwinnik, el ídolo de nuestra época, se muestra más ecléctico que los anteriormente citados. [*En ajedrez.*] J. L. Heras *Abc* 13.6.76,

36: Cuando la tecnología se erige en valor absoluto hace que en el fondo de toda acción se esconda el ídolo de la eficacia.

idóneamente *adv* De manera idónea. | E. Corral *Abc* 25.2.68, 99: Barabas nos mantiene así siempre dentro del vórtice de los acontecimientos y del espíritu de sus personajes, idóneamente interpretados por Magda Vasaryova .. y Anton Mzvecka.

idoneidad *f* Cualidad de idóneo. | Valcarce *Moral* 205: Limitar la concesión de títulos a los alumnos de los Centros oficiales del Estado sería tanto como suponer que la idoneidad depende del carácter civil del Centro docente. *Ya* 11.2.86, 38: El Ministerio de Educación tendrá que convocar pruebas de idoneidad para 12 profesores no numerarios del colegio universitario de Las Palmas.

idóneo -a *adj* Apto o adecuado [para algo]. *Frec se omite el compl.* | Kurtz *Lado* 10: Ella .. decidió que este sería el lugar idóneo para reponerme. Laín *Tovar* 55: A América llevamos los españoles muchas cosas: lengua, religión, sangre, caballos, costumbres, cierto talante ético y un cauce idóneo para acceder al mundo de Occidente. B. Llompart *Abc* 13.12.70, 37: Sociólogos, educadores, economistas y personal idóneo en estas cuestiones formaron Comisiones itinerantes que han recorrido toda la geografía provincial.

idumeo -a *adj* (*hist*) De Idumea (antigua región de Asia). *Tb n, referido a pers.* | Peña-Useros *Mesías* 172: Los romanos designaron, por su parte, un gobernador [de Judea] en la persona del idumeo Antípatro.

idus *m pl* (*hist*) *Entre los antiguos romanos:* Día 15 [de marzo, mayo, julio u octubre] o día 13 [de los meses restantes]. *Tb* (*lit*) *referido a época moderna.* | Cierva *Abc* 10.3.86, 3: *Idus* designa el día 15 en los meses de marzo, mayo, julio y octubre, y el 13 en los demás meses. Torrente *Saga* 183: ¿Quiere decir con eso que en los Idus de marzo morirá don Jacinto Barallobre? CBonald *Ágata* 22: Cavando una noche de los idus de octubre en unas corredizas dunas, sintió de pronto como una insoportable calambrina.

ifugao *adj* De un pueblo filipino habitante de la zona norte de la isla de Luzón. *Tb n, referido a pers.* | T. GYebra *Ya* 22.2.90, 62: La sala de Filipinas se subdivide a su vez en tres grupos culturales .. Merecen ser mencionados .. los ifugao, cuya peculiaridad más notable lo constituye s[u] sistema de cultivo del arroz en terrazas.

igbo *adj* Ibo. *Tb n.* | *VNu* 5.6.71, 17: De los 30 sacerdotes que trabajan en la diócesis, seis son nativos del clero diocesano (bubis) y 24 religiosos Claretianos (5 nativos: 4 bubis y un igbo; 19 españoles).

iglesario *m* (*reg*) Finca rústica que pertenece al párroco por razón de su cargo. | Cunqueiro *Merlín* 48: Me mandó que fuese a coger la cierva y la pastorease de la cuerda por junto a los manzanos del iglesario, que están allí al lado.

iglesia (*en las aceps 1, 2 y 5 se escribe con mayúscula*) **I** *f* **1** Conjunto de los fieles que siguen la religión de Jesucristo. | Pericot *Polis* 135: Una vez conseguida la libertad de la Iglesia, esta creció en poder y número de adeptos con gran rapidez. **b)** Conjunto organizado de fieles que siguen una doctrina cristiana. *Con un adj especificador.* | Vicens *Polis* 330: La recuperación de la Iglesia católica había de chocar, necesariamente, con las diversas iglesias y sectas protestantes. **c)** Conjunto de los católicos. | Vicens *Polis* 469: Abrió [León XIII] .. las puertas de la Iglesia al examen de los problemas del mundo moderno y preparó una larga época de esplendor religioso y de recuperación social e intelectual del catolicismo.
2 Conjunto de las perss. que pertenecen al clero o a las órdenes religiosas. | Seco *Historia* 965: Víctima principal del frenesí sanguinario fue la Iglesia ..: los templos se vieron destruidos o arrasados, y millares de sacerdotes y profesos de ambos sexos sufrieron el martirio. **b)** Jerarquía eclesiástica. | Reglá *HEspaña* 3, 62: Hasta el concilio de Trento la Iglesia no procedió a crear seminarios destinados a la instrucción de los futuros sacerdotes.
3 Templo cristiano. | Moreno *Galería* 229: El suelo de la iglesia parroquial estaba pavimentado de baldosas rojas. Fraile *Cuentos* 3: El Banco adelantaba lo del piso, el padrino pagaba la iglesia, .. y aún quedaban en reserva parientes para pagar la cuna.

idóneamente – ignifugación

4 (*jerg*) Bar o taberna. | *SPaís* 8.9.91, 10: Le gusta visitar todas las *iglesias* (bares) y es el último en acostarse.
II *loc v* **5 casarse por detrás de la ~.** (*col*) Amancebarse. | * Se comentaba que estaban casados por detrás de la iglesia.
6 casarse por la ~. Contraer matrimonio canónico. | Cela *Inf* 28.11.75, 19: Si .. pongo los papeles en orden, ¿te casarás conmigo por la Iglesia?

iglesiero -ra *adj* [Pers.] aficionada a ir a la iglesia [3]. | GPavón *NHPlinio* 154: Era mujer callejera e iglesiera.

igloo (*ing; pronunc corriente,* /iglú/; *pl normal, ~s*) *m* Iglú. | Umbral *Tierno* 48: Le juró fidelidad a Fraga en su santuario de hielo y percebes, en su *igloo* de Apóstol Santiago de los lapones. *Prospecto* 4.91: Continente .. Tienda igloo, doble techo nylón aluminizado .. 6.995.

iglú *m* **1** Construcción esquimal de forma aproximadamente semiesférica, hecha con bloques de nieve compacta. | MSantos *Tiempo* 44: En el interior del iglú esquimal la temperatura en enero es varios grados Fahrenheit más alta que en la chabola de suburbio madrileño.
2 Tienda de campaña de forma aproximadamente semiesférica. | * Montar un iglú es facilísimo.
3 Estructura portátil de plástico, de forma semiesférica, que sirve como cubierta protectora en el transporte de mercancías. | *ByN* 11.4.79, 72: Los libros que llegarán intactos [por avión] .. Porque viajan cómodamente. Bien instalados. Bien protegidos. En contenedores, pallets e iglús que han sido homologados con los de las demás líneas aéreas.

ignacianamente *adv* De manera ignaciana. | Marsé *Montse* 229: ¡Debemos hacernos una cultureta, sí, pero sobre la roca firme de la fe! Ignacianamente hablando, principio y fundamento.

ignaciano -na *adj* **1** De San Ignacio de Loyola († 1556), fundador de la Compañía de Jesús. | *DBu* 3.6.56, 6: Velada conmemorativa del IV centenario ignaciano.
2 Jesuita (de la Compañía de Jesús). *Tb n, referido a pers.* | Barral *Memorias* 1, 15: Muchas familias .. debieron pensar que la tradicional disciplina de los educadores ignacianos volvería a la razón sus crías mal educadas. HSBarba *HEspaña* 4, 405: Un caso concreto de este aspecto lo constituye la expulsión de la Compañía de Jesús .. Dos mil seiscientos diecisiete ignacianos abandonaron los territorios hispanoamericanos.

ignaro -ra *adj* (*lit*) Ignorante [2]. *Tb n, referido a pers.* | Cela *Judíos* 55: Esto que tus ojos contemplan, ignaro caminante, es la más pura forma de unión de una iglesia de tres naves con una capilla de este tipo. FReguera-March *Cuba* 294: Coaccionado por la rutina clasificadora .. de la prensa ignara e irresponsable. DPlaja *El español* 81: Un técnico en cualquier materia no tiene más posibilidades de exponer su opinión sobre ella que el ignaro.

ignavia *f* (*lit, raro*) Pereza o desidia. | FVidal *Duero* 110: A esta catedral de Castilla se le hundieron los techos a raíz de la desamortización del señor Mendizábal y gracias a la igna[v]ia y abandono que los nuevos propietarios mostraron hacia el recinto conventual. [*En el texto,* ignaria.]

ígneo -a *adj* **1** (*lit*) De fuego. | Pericot-Maluquer *Humanidad* 27: La Tierra pasó de ser una masa ígnea desprendida de un núcleo mayor, a ser una bola girando con diversos movimientos alrededor del Sol. CBonald *Ágata* 156: Manuela casi sintió en su misma boca el aliento fétido del animal .., a la vez que veía el ígneo trazo de una uña recorriendo la vecindad de su cara.
2 (*Geol*) [Roca] formada por solidificación del magma dentro o fuera de la tierra. | Cendrero *Cantabria* 192: Estas ofitas de Esles-Llerana constituyen la mayor extensión de rocas ígneas de toda Cantabria.

ignición *f* (E) **1** Hecho de estar ardiendo o incandescente. | Bustinza-Mascaró *Ciencias* 250: Cerremos este tubo .. e introduzcamos en su interior una astilla de madera con un punto de ignición y veremos que se enciende.
2 Acción de encender. *Gralm referido a motores.* | P. Urbano *ElM* 16.6.93, 28: El ceremonial es largo ..; la ignición de la luz, el revestimiento del altar. * Tres, dos, uno, cero, ignición.

ignifugación *f* (E) Acción de ignifugar. | *Onil* 124: "Cloroflex" se utiliza en las industrias de: Transformación de plásticos y cauchos, Pinturas, Masillas, Ignifugación de plásticos y textiles.

ignifugar *tr* (E) Hacer ininflamable [una cosa]. | *Gac* 1.6.63, 69: El peligro número uno a bordo del monoplaza es el fuego. Medidas preventivas: un "mono" de tela ignifugada y las suelas que impiden la adhesión a los pedales.

ignífugo -ga *adj* Que hace ininflamables los objetos combustibles. | *BOE* 3.12.75, 25181: Podrán utilizarse otros materiales ignífugos de eficacia reconocida. *País* 19.2.92, 1: Pellón aseguró que los materiales estaban recubiertos de pintura ignífuga.

ignominia *f* **1** Deshonor o vergüenza pública. | DCañabate *Paseíllo* 135: Ahora el no saber conducir representa mucha mayor ignominia que antes el ser analfabeto.
2 Hecho vergonzoso. | * La expropiación de las tierras fue una ignominia.

ignominiosamente *adv* De manera ignominiosa. | MMolina *Jinete* 227: Yo me acuerdo de cuando mi padre me dice que me monte de un salto en la yegua y yo lo intento y me quedo colgado a la mitad, cayéndome ignominiosamente por el lomo.

ignominioso -sa *adj* Que implica o supone ignominia. | *Tri* 12.12.70, 29: He rechazado cosas porque no las veía o porque sabía que era ignominioso o humillante el hacerlas. Alfonso *España* 99: Nuestro futuro puede ser muy sombrío si no lo afrontamos con la doble mira de equilibrar desigualdades ignominiosas y de ofrecer .. un medio ambiente menos hostil.

ignorancia *f* **1** Hecho de ignorar. | *Anuario Observatorio 1967* 205: Algunos [nombres] todavía muy usados, y la mayor parte, por la ignorancia de los idiomas a que corresponden .., poco a poco relegados al olvido.
2 Cualidad de ignorante [2]. | Delibes *Emigrante* 28: Se lo conté a la chavala a la hora de comer, y, lo que es la ignorancia, la gilí, como unas pascuas. DCañabate *Paseíllo* 156: Algunas [becerras] malogran su sangre brava por culpa de la ignorancia o desmayo del torero.

ignorante *adj* **1** Que ignora [1] [algo (*compl* DE)]. | DPlaja *El español* 150: Cualquier tropezón verbal de un extranjero ignorante de esa relación produce grandes carcajadas.
2 Que no tiene cultura o instrucción. *Tb n, referido a pers*. | CBaroja *Inquisidor* 59: Cuando Jovellanos .. informó a Carlos IV de lo que él creía de la Inquisición, afirmó que los inquisidores de su época eran unos ignorantes. * La sociedad medieval se nos presenta como atrasada e ignorante. **b)** Propio de la pers. ignorante. | I. Merchante *DíaCu* 9.9.84, 2: Han hecho de la fisonomía de Alarcón haya dado un cambio radical en los últimos veinte años, aprovechando los restos de su grandeza que han sobrevivido al transcurrir de los años y a las acciones muchas veces irresponsables e ignorantes.

ignorantemente *adv* De manera ignorante [2b]. | C. León *Ide* 1.8.80, 2: Podrá presumir de una carretera que le ha traído el "progreso" .. y a la cual hoy saludan algunos muy alegremente, ignorantemente, con un ¡bien venido míster Marshall!

ignorar *tr* **1** Desconocer [algo] o no tener conocimiento [de ello (*cd*)]. | DPlaja *El español* 104: Como [el español] ignora mucho, el desprecio es cosa general para todo lo que esté fuera de su radio de acción inmediata.
2 Afectar desconocimiento [de algo (*cd*)]. | Al. MAlonso *Cam* 26.4.76, 23: Echar mano de todos los viejos argumentos del anticomunismo primario .. supone ignorar, a sabiendas, una realidad que es mucho más compleja. **b)** Comportarse como si [alguien o algo (*cd*)] no existiese o no estuviese presente. | Pinillos *Mente* 91: Los mecanismos atencionales se encargan de filtrar la información que nos llega, reforzando algunos de sus aspectos e ignorando o minimizando otros. Salom *Delfines* 352: La solera de su apellido nos abrió las puertas de una sociedad que hasta entonces nos ignoraba. Umbral *Ninfas* 67: Aquellas muchachas que venían por la noche a nuestro lado, sumisas, para cantar, por la mañana nos ignoraban, como en no sé qué cuentos infantiles.

ignoto -ta *adj* (*lit*) Desconocido. | *HLM* 26.10.70, 14: Los etruscos se lanzaban a la lucha impelidos por una voz procedente de lugar ignoto. Umbral *Van* 15.5.75, 12: El rodar de una forma de vida colosalista hacia un destino ignoto y terminal.

igorrote I *adj* **1** De un pueblo de raza malaya habitante de la isla de Luzón (Filipinas). *Tb n, referido a pers*. | FReguera-March *Filipinas* 517: En este país, además de los indios ordinarios, hay muchos que son salvajes. A saber: los negritos o aetas, los igorrotes, .. manguianes y otros muchos más.
2 (*raro*) Bárbaro o salvaje. *Tb n, referido a pers*. | JLozano *Des* 14.5.75, 33: Los que todavía la sientan en adelante [la necesidad de Dios] quizá solamente sean compadecidos como igorrotes.
II *m* **3** Lengua de los igorrotes [1]. | Alvar *Abc* 5.3.88, 33: El español .. servía para coordinar tantas lenguas, desde el bisayo, con más de dos millones de hablantes, hasta el igorrote de la gran cordillera, que no llegaba a seiscientos cincuenta usuarios.

igual I *adj* **1** [Pers. o cosa] de las mismas características externas o internas [que otra (*compl* A o QUE)], tanto en todo o en el aspecto que se considera. *Tb sin compl, frec con n en pl. A veces con intención ponderativa*. | Cunqueiro *Un hombre* 14: El oscuro vino del país, cuando hubo llenado los vasos, se coronó a sí mismo con cincuenta perlas iguales. Marcos-Martínez *Álgebra* 176: Dos figuras son semejantes si sus ángulos correspondientes son iguales y sus segmentos respectivamente proporcionales. Zubía *Geografía* 24: Cuando los rayos del Sol caen perpendicularmente sobre el Ecuador, el día y la noche son iguales. Cuevas *Finca* 53: Eran dos mulas tordas, de paso igual, acostumbradas a llevar el mismo jinete y el mismo camino. * Esta chica es igual a su madre. AMillán *Día* 126: ¡Qué gusto! Igual es este aroma que el del tabacazo negro. **b)** [Cosa] que tiene el mismo valor [que otra (*compl* A o QUE)]. *Tb sin compl, con n en pl. Esp en matemáticas*. | Marcos-Martínez *Aritmética* 26: Tres personas se reparten cierto número de pesetas. La primera recibe 512 pesetas. La segunda, 27 pesetas más que la primera. La tercera, un número igual a la suma de las dos primeras. **c)** (*invar*) Precede a una expresión que se presenta como resultado de la suma de lo antedicho. | *Inf* 25.5.74, 22: Decimotercera corrida. Figuras, mansos, remiendos: igual a fracaso. **d)** (*Geom*) [Línea o figura] que al superponerla a otra coincide [con ella (*compl* A o QUE)]. *Frec sin compl, con n en pl*. | Marcos-Martínez *Aritmética* 157: Dos segmentos, AB y CD, son iguales cuando se pueden colocar el uno sobre el otro de modo que los extremos coincidan.
2 [Superficie] lisa, o que no presenta relieves o asperezas. | * El suelo es muy igual.
3 [Cosa] uniforme, o cuyas características no varían a lo largo del espacio o del tiempo. | D. Vidal *Gac* 18.4.76, 39: Es un hombre alto, precavido, de dientes iguales y sonrisa estudiada. Bustinza-Mascaró *Ciencias* 83: Evitar las iluminaciones fuertes. Leer con iluminación igual no muy intensa. **b)** [Carácter] constante o no variable. *Tb referido a la pers que lo tiene*. | * Es una persona de carácter muy igual. Sampedro *Sonrisa* 259: Y la Rosa dando calabazas a otros, emperrada en que mía o del convento. ¡Vaya tontería, niño mío; cosas de mujeres! Yo, tan igual, cumpliendo bien firme.
4 sin ~. [Pers. o cosa] única o incomparable. | M. SPalacios *Abc* 30.12.65, 63: Conocí personalmente al ilustre comediógrafo y sin igual sainetero el año 1933. J. Teira *Faro* 1.8.85, 32: Ese pueblo, de una belleza sin igual.
II *n* **A** *m* y *f* **5** Pers. de la misma categoría o clase [que otra (*compl de posesión*)]. *Tb sin compl*. | Torrente *Señor* 369: En estos pueblos no se puede ser campechano, en seguida le toman por un igual.
B *m* **6** Signo de igualdad, equivalente a "es igual a". | Marcos-Martínez *Aritmética* 12: El signo de igualdad es el signo = (se lee igual).
7 = Categoría o clase igual [1] [a la de la pers. en cuestión (*compl de posesión*)]. | SSolís *Camino* 66: Tienes que ir buscándote amigas más adecuadas a tu condición, porque te vas haciendo mayor y tendrás que alternar con las de tu igual.
8 (*col, hoy raro*) *En pl*: Cupones de la lotería de ciegos, que suelen venderse en series de un mismo número. | Carandell *Madrid* 19: Ha habido pintores que han firmado el metro de Lavapiés, la taberna de los gitanos del Rastro, o un ciego vendiendo los iguales.
9 los ~es. (*jerg*) La pareja de la guardia civil. | R. Pozo *DCu* 5.8.64, 8: Un día estábamos achicharrando unas "gumas" y se presentaron "los iguales". Creíamos que nos mete-

iguala – igualatorio

rían al "talego", pero luego resultó que uno de los civiles había sido capa.

III *loc v* **10 ser**, *o* **dar**, **~**. Ser indiferente. | M. A. Guardia *Van* 6.1.74, 3: Es igual que algún chantre metiera mano a las partituras originales para adaptarlas al gusto de la época .., que los trajes no guarden ya ni un hilito de los primitivos y que los seises no sean seises sino cincos. Mantienen su hálito primitivo y popular y son una manifestación única en su género. CPuche *Paralelo* 13: –Parece que se retrasa el... amén [el toque de fin del trabajo].– .. Daba igual. Los obreros ya habían sacado las manos de la masa.

IV *adv* **11** De la misma manera. *Si lleva expreso el segundo término de la comparación, este va introducido por* QUE. | Delibes *Cinco horas* 35: De veras, Valen, prefiero estar sola, si no te lo diría igual, ya me conoces. CNavarro *Perros* 23: Igual puede ser cosa de minutos que de horas. Marlasca *Abc* 27.12.70, 41: Igual nos van a catalogar de pedigüeños por un jardincillo que por dos.

12 Con la misma intensidad. *Si lleva expreso el segundo término de la comparación, este va introducido por* QUE. | *Sp* 19.7.70, 49: El público acude igual .. El verano no es tabú. **b) por ~**, *o* **por un ~**. En la misma medida. | L. Monje *Abc* 30.12.73, 33: Abundan casi por igual las colmenas fijistas y las movilistas. Abella *Imperio* 191: Un artículo bajo el título "Barbarie, no", en el que se repartían por un igual los desafueros –Buchenwald, Katyn, el Duomo–.

13 (*col*) A lo mejor. | Cela *SCamilo* 33: La muchacha hace bien en tomarse sus precauciones porque si su padre se entera .. igual la mata. Aldecoa *Gran Sol* 191: El Matao, si hubiera sido formal y hubiese hecho caso, igual estaba ahora de patrón de pesca en una pareja.

14 de ~ a ~. De la manera que se trataría a otra pers. de la misma categoría. | MSantos *Tiempo* 59: Le había hablado de igual a igual.

V *loc conj* **15 ~ que**, *o* **al ~ que**. Como, o de la misma manera que. | Rodríguez *Monfragüe* 136: Al igual que la especie precedente (*Cistus ladanifer*), esta jara rosada .. salta a la vista cuando está en floración.

iguala *f* (*hoy raro*) Convenio entre una pers. y un médico u otro profesional, por el que este presta sus servicios a aquella mediante el pago de una cuota periódica. | ZVicente *Traque* 118: Si la casa era pudiente, me daban, al acabar la faena diaria, una copita de benedictino o de coñac, y si era de medio pelo, catedráticos, algún médico de iguala, gentes devotas, tenía que conformarme con un vaso de litines. Moreno *Galería* 85: Típicas son las iguales con el médico, con el boticario o con el cura. En el medio rural la serie de funcionarios o personas con las que se convenía iguala era mucho más amplia. **b)** Cuota que se paga por la iguala. | Torrente *Señor* 140: Aquí la gente paga al médico un duro al mes de iguala.

igualable *adj* Que puede ser igualado, *esp* [2]. | *Ya* 5.12.70, 19: Este hallazgo muestra unas manifestaciones artísticas .. de una maestría igualable a las que tienen las pinturas del "gran pari[e]tal", en la misma cueva.

igualación *f* Acción de igualar(se). | Ramos-LSerrano *Circulación* 266: El correcto funcionamiento del motor exige que los caudales suministrados por los diferentes elementos de la bomba de inyección a sus respectivos inyectores sean iguales. De no ser así, debe procederse a su igualación. *Cua* 6/7.68, 6: Se advierte una especie de absurda tendencia a la igualación por abajo y una casi total ausencia del criterio de calidad de la obra. *BOE* 22.1.65, 1246: Sistemas de ecuaciones lineales .. Escala de retorno. Igualación. Sustitución.

igualada *f* **1** (*Dep*) Empate. | *Pue* 2.11.70, 1: El Atlético atacó en tromba .. y consiguió la igualada. Gilera *Abc* 2.2.65, 55: En el minuto 14 de este segundo tiempo, se produjo la igualada a 71.

2 (*Taur*) Acción de igualar [3 y 6]. | V. Zabala *Abc* 13.10.90, 68: El de Triana empuñó espada y muleta, para entrar a matar a la primera igualada.

igualadino -na *adj* De Igualada (Barcelona). *Tb n, referido a pers.* | Marsé *Montse* 180: Un joven igualadino empleado de banca, de aspecto enfermizo.

igualado -da *adj* **1** *part* → IGUALAR.

2 [Pers. o cosa] que está en situación o circunstancias iguales [1] [a las de otra (*compl* CON *o* A)]. *Frec sin compl*, *con n en pl*. | *Mar* 17.7.66, 11: En el catch a cuatro fuimos testigos de una de las peleas más apasionantes .. Muy igualados continuó el forcejeo, hasta que Wiracocha, a solo dos minutos del final, doblegó a El Greco. *YaTo* 25.9.81, 55: En el Ayuntamiento de Azután las cosas están muy igualadas .. El alcalde, Francisco Navas Cruz, es del PCE, tres concejales para UCD, dos para el PSOE y uno más para el PCE.

3 [Lucha, competición o situación] en que se produce igualdad entre los participantes. | *Abc* 22.7.76, sn: Al final de los ejercicios [de gimnasia] solo cuarenta centésimas separaron a los dos grupos, lo que demuestra lo igualado de la lucha. *Sie* 9.7.91, 12: Fútbol sala. El domingo concluyó una igualada e interesante fase previa de las 24 Horas de Collado Villalba.

4 (*reg*) [Animal, esp. oveja] que ha echado los últimos dientes. | *CSo* 27.11.75, 10: Se venden 220 ovejas, 110 primal[a]s y andoscas, el resto igualadas.

igualador -ra *adj* Que iguala. | Torrente *SInf* 19.9.74, 12: Los que pueden lo conservan [el pazo] .. como una antigualla que da lustre y redime del rasero igualador de la vida moderna.

igualar A *tr* **1** Hacer iguales [1] [a dos perss. o cosas, o una a otra (*compl* A *o* CON)]. | FQuintana-Velarde *Política* 87: Por encima de la renta del telegrafista existen hoy muchas .. La consecuencia es que el igualar las rentas, al disminuir tal posible malestar, puede contribuir a acrecentar la paz social. Payno *Curso* 215: Liberaos. Igualaos. Pero por el trabajo. Por el estudio. Payno *Curso* 214: Te decía que derivaras, igualaras a cero, obtuvieras las raíces y sustituyeses en la ecuación. **b)** Hacer igual [2 y 3a] [una cosa]. | F. RMocholí *Pro* 13.8.75, 22: Pasando un rulo a continuación que iguale el terreno y facilite la recolección. **c)** Hacer que quede igual [3a] el borde [de algo (*cd*)]. | Torres *Ceguera* 211: Ordenó el montón de hojas apiladas, igualándolo sobre la mesa.

2 Ser o hacerse igual [1b] [que otra pers. o cosa (*cd*)]. | *Sp* 19.7.70, 50: Eran, absolutamente, obras maestras. Imposibles de igualar.

3 (*Taur*) Hacer que [el toro (*cd*)] esté quieto con las cuatro extremidades paralelas en vertical, en posición favorable para que entre a matar el torero. | DCañabate *Paseíllo* 58: No lo torees de muleta. Voy a ver si puedo darle unas vueltas y te lo igualo como sea.

B *intr* **4** Ser [una cosa] igual [1] [a otra (*compl* A *o* CON)]. *Tb pr.* | Berlanga *Recuento* 27: Por San Matías, cuando las noches igualan con los días, los tres paseaban carretera adelante. * Estos dos colores se igualan.

5 (*Dep*) Empatar. | *Mar* 16.11.70, 3: Victoria bilbaína .. Los de San Mamés no se conforman con igualar.

6 (*Taur*) Ponerse [el toro] con las cuatro patas paralelas en vertical, en posición favorable para que entre a matar el torero. | * Entró a matar antes que el toro igualase y pinchó en hueso.

igualarse *intr pr* (*hoy raro*) Hacer una iguala [con un médico u otro profesional]. *Tb sin compl. Frec en part, a veces sustantivado.* | Romano-Sanz *Alcudia* 202: Nosotros estamos igualados en Alamillo con don Jesús. Nos cuesta cincuenta duros al año y otros treinta el practicante. Romano-Sanz *Alcudia* 203: –¿Por qué no vais al Seguro? .. –Es el mismo médico, y si no te igualas no te hace mucho caso. Moreno *Galería* 85: Además de estas [iguales] ya expresadas, se igualaban los vecinos, en cifra igual de tributo o proporcionada al número de reses que se aportaban a "la dula", por supuesto, con el vaquero y el cabrero. RPeña *Hospitales* 47: Desde muy antiguo existió en este centro una buena botica, con numerosos igualados, que le reportaban pingües beneficios.

igualatorio[1] -ria *adj* [Cosa] que iguala o tiende a igualar [1a]. | C. Villamañán *Pue* 30.9.70, 29: Si en la Iglesia ha durado hasta ahora el "obstat sexus" .. puede decirse que no ha tenido precedentes en el tratamiento igualatorio de las escritoras en el seno de las instituciones de origen enteramente humano.

igualatorio[2] *m* (*hoy raro*) Organización sanitaria o de otros servicios que funciona por iguales. | *DBu* 19.9.70, 13: Miguel Campo. Tocoginecología. Del igualatorio médico colegial. Moreno *Galería* 87: Reunidas todas las iguales se les advertía a los funcionarios de su disposición .. De ahí vino más tarde, y con cierto ribete de oficialidad administrativa, lo que se llamó el "igualatorio", cuyo desuso es otra de las pérdidas en el sentido tradicional de estas buenas costumbres sorianas y rurales.

igualdad *f* **1** Cualidad o condición de igual [1, 2 y 3]. | Escrivá *Conversaciones* 151: Eso exige igualdad de oportunidades entre la iniciativa privada y la del Estado. *Sol* 21.3.75, 18: Temporada gallística .. "Gaviota" .. se opone a "Chico" .. Dureza, igualdad y victoria de "Chico", en 27 minutos de liza. **b)** Existencia de los mismos derechos para todos los ciudadanos. | Arenaza-Gastaminza *Historia* 228: En lo social proclama [la Revolución] los derechos del individuo: libertad, igualdad y fraternidad, y la supresión de todos los privilegios. Vicens *Polis* 423: En la noche del 4 al 5 de agosto la Asamblea abolió todos los privilegios y se estableció, de hecho, la igualdad civil.
2 (*Mat*) Expresión que representa la igualdad [1a] de dos cantidades o expresiones. | Marcos-Martínez *Aritmética* 29: Si a los dos miembros de una igualdad se resta un mismo número, resulta otra igualdad.

igualitariamente *adv* De manera igualitaria. | FQuintana-Velarde *Política* 84: La renta nacional de un país no tiene por qué repartirse igualitariamente. L. Romasanta *Ya* 6.11.91, 4: La responsabilidad se reparte, igualitariamente, entre unos y otros.

igualitario -ria *adj* Que tiende a la igualdad [1b] o que la implica. | *Abc* 18.8.64, 27: Un militante de color de los derechos civiles igualitarios ha resultado herido. FQuintana-Velarde *Política* 66: Producto nacional elevado sig[n]ifica que en su conjunto el país produce una elevada cantidad de bienes, pero no que estos se distribuyan entre los distintos sujetos que forman esa colectividad de una manera igualitaria y uniforme.

igualitarismo *m* Tendencia que propugna la igualdad [1b]. | Miguel *Mad* 22.12.69, 13: Se acabó [en los trenes] la "tercera clase" (todo un símbolo de igualitarismo y europeización).

igualitarista *adj* De(l) igualitarismo. | *Cam* 6.1.75, 12: Desde su vero inicio la Falange tuvo un ímpetu igualitarista y modernizante. **b)** Partidario del igualitarismo. *Tb n*. | * Aquí somos muy igualitaristas.

igualitarización *f* (*raro*) Acción de igualitarizar. | Miguel *Inf* 2.6.73, 15: La educación es el principal vehículo de igualitarización en una sociedad moderna.

igualitarizar *tr* (*raro*) Dar trato igualitario [a alguien]. | E. Romero *Ya* 11.1.83, 7: Pedía .. todo lo que sea igualitarizar a la gente en las consecuencias de la Historia.

igualmente *adv* **1** De manera igual. | FQuintana-Velarde *Política* 52: La fortuna no distribuye los bienes igualmente, y por estas causas la potencia productiva de los distintos países es muy diferente. Tovar *Lucha* 80: La terminación *tar* se encuentra igualmente en vasco y en ibérico para formar étnicos, y *bilbotar* "bilbaíno" en vascuence actual se puede comparar con las leyendas monetales ibéricas *S-a--i-ta-bi-e-ta-r* "Saetabenses, los de Játiva".
2 También. | CBaroja *Inquisidor* 45: Otros muchos eclesiásticos de su época, entrados igualmente en años, vinieron a descubrir los mismos vicios inquisitoriales. **b)** *Se usa como respuesta para dirigir al interlocutor el mismo cumplido o insulto que este acaba de pronunciar.* | * –Que duermas bien. –Igualmente.

igualón -na *adj* (*Caza*) [Pollo, esp. de perdiz] de tamaño y plumaje semejante ya al de sus padres. *Tb n.* | Delibes *Vida* 215: La perdiz roja presidía nuestras vidas en aquellos años. No solo las cazábamos, sino que vigilábamos de cerca su apareamiento, su cría, las divagaciones de los bandos, los pollos ya igualones. Delibes *Historias* 91: De la misma llanada que se extiende ante los árboles eran querenciosas, en el otoño, las avutardas una vez los pollos llegaban a igualones. Berenguer *Mundo* 82: Yo le he visto enredar un bando de catorce igualones con la madre, no una vez, sino cientos.

iguana *f* Reptil arborícola semejante al lagarto, de hasta 1,80 m de largo, color verdoso y una cresta espinosa de la cabeza a la cola, propio de América central y meridional (*Iguana iguana*). *Tb* designa otras especies de la misma familia. | Artero *Vertebrados* 124: En América tropical viven las iguanas, de costumbres vegetarianas y de carne muy apreciada, pero de aspecto repulsivo, por su parecido con los antiguos grandes reptiles que poblaron la Tierra hace millones de años. T. Calabuig *SAbc* 2.2.75, 27: Si hay algo verdaderamente maravilloso en las islas Galápagos .. son los animales que allí se encuentran. Animales extraños como monstruos pequeñitos: las iguanas, en sus dos variedades de terrestres (de color amarillo opaco) y la iguana marina (gris oscura).

iguanodón *m* (*Zool*) Reptil fósil de la Era Secundaria, herbívoro, de unos diez metros de longitud, con patas posteriores y cola muy robustas que le dan cierta semejanza con el canguro (gén. *Iguanodon*). | Legorburu-Barrutia *Ciencias* 396: Otros [reptiles] eran marchadores, como el Diplodocus (de 25 metros); el Iguanodón, que caminaba a saltos, etc.

iguanodonte *m* (*Zool*) Iguanodón. | *Cór* 5.8.91, 31: Descubiertas en la Rioja las mayores huellas conocidas de Iguanodonte.

iguñés -sa *adj* Del valle de Iguña (Cantabria). *Tb n, referido a pers.* | Teresuca *Ale* 18.8.84, 2: Hoy, Teresuca estará en la Virgen del Moral, Patrona de los iguñeses.

ijada *f* **1** Ijar. | Cunqueiro *Gente* 51: En un respiro que tuvo en la fiebre y en el dolor de ijada, le dijo a la mujer .. que era seguro que moría.
2 *En un pez*: Parte anterior e inferior del cuerpo. | Savarin *SAbc* 23.8.70, 53: La Carta es muy sugestiva. Contiene buena parte de los platos que honran la cocina clásica bilbaína: Purrusalda, menestra, .. marmitako, ijada de bonito.
3 (*reg*) Vara larga con un hierro en un extremo, que se pone junto al arado para separar la tierra que se pega a la reja. | G. GHontoria *Nar* 6.77, 32: Nos ha sido donad[a] por el párroco de Pozorrubio (Cuenca) la "ijá" para poner junto al arado. Ayuda a hacer mejor el surco y tiene "gavilán" de hierro y "astil" de madera.

ijar *m* Cavidad entre las costillas falsas y los huesos de la cadera. Frec en pl. | Peraile *Cuentos* 42: Cuando Rafaelito Simarro va a sacar la pistola, mi hermano Emilio le trinca el brazo y mi primo Félix le encañona el ijar del distrito del hígado. Torrente *DJuan* 344: De pronto, [don Juan] se encogió, llevó las manos a los ijares, y rompió a reír. CBonald *Ágata* 95: Arribaron a unas dunas recientes en las que se hundían las bestias hasta los ijares.

ijujú *interj* (*reg*) Expresa júbilo. *A veces se sustantiva como n m.* | L. LSancho *Abc* 26.11.86, 18: Peces donde pacían apacibles vacas y ovejas. Silencio líquido acallando los gritos del trabajo, los ijujúes de la fiesta en lo que todavía es un ancho valle.

ikastola *f* Escuela en que la enseñanza se da en vascuence. | P. Costa *Caso* 12.12.70, 6: Iciar explicó los problemas que la lengua vasca encuentra en su desarrollo y se refirió a las "ikastolas".

ikebana *m* Arte japonés de la colocación de flores, según determinados criterios estéticos y simbólicos. | *SYa* 4.11.73, 41: El ikebana es, en realidad, el arte de colocar las flores de tal manera que constituyan una obra artística y, sobre todo, ponen al hombre en comunicación con el Más Allá. *SPaís* 31.3.93, 4: Una exposición de "ikebana" celebra 20 años de arte floral en España.

ikurriña *f* Bandera oficial del País Vasco. | *Hora* 31.12.76, 18: Dijo que la tolerancia de la "ikurriña" estaba creando graves problemas. *Ya* 6.4.83, 4: Banderas rojiblancas y alguna que otra ikurriña daban testimonio de la presencia masiva de seguidores del Athletic en el Santiago Bernabeu.

ilación *f* **1** Acción de inferir o deducir. | Palacios *Abc* 22.12.70, 3: De aquí se infiere, por sorprendente ilación, que todas las rimas están .. inspiradas por ella.
2 Conexión lógica. | Laforet *Mujer* 176: Leía a toda la familia algunos párrafos complicados, sin ilación unos con otros. **b)** (*Filos*) Nexo entre las premisas y la consecuencia. | Gambra *Filosofía* 50: Una sucesión de juicios cualesquiera no constituye un razonamiento. Para que este exista es preciso un nexo lógico entre antecedentes y consiguiente, una ilación concluyente entre ambos.

ilativa *adj* (*Gram*) [Conjunción] que expresa ilación [2]. | Gambra *Filosofía* 50: Así como en la expresión típica del juicio la forma de este se expresaba por el verbo copulativo *ser* (Luis es bueno), en la expresión rigurosa del razonamiento la forma se representa por la conjunción ilativa *luego* antepuesta a la conclusión (todo hombre es mortal; Juan es hombre; luego Juan es mortal).

ilburuco (*tb con la grafía* **il-buruco**) *adj* (*Der, reg*) [Testamento] otorgado ante tres testigos por quien se encuentra en peligro de muerte y alejado de población y de la residencia del notario. | *Compil. Vizcaya* 639: Del testamento "il-buruco". Art. 14. El que se hallare en peligro de muerte, alejado de población y de la residencia del Notario público, podrá otorgar testamento ante tres testigos, bien en forma escrita o de palabra.

ilegal *adj* **1** [Cosa] contraria a la ley. | *Abc* 13.12.70, 29: El Gobierno griego ha adoptado hoy la condena de cadena perpetua para aquellos que estén implicados en el contrabando y venta ilegal de narcóticos a gran escala. *MOPU* 7/8.85, 68: Parece que han vuelto a comenzar [las extracciones de arena] de forma ilegal.
2 [Inmigrante] que ha entrado en un país de forma ilegal [1]. *Tb n.* | L. Bulté *SolM* 23.4.91, 8: Ese fue el caso de un inmigrante ilegal sometido a expediente de expulsión por el juzgado número 4 de Getafe. Torres *Ceguera* 136: Al ilegal lo vamos a devolver a Chile, país desde el que embarcó.
3 [Individuo o grupo terrorista] fichado por la policía. | *ElM* 23.1.91, 18: Habrían reconocido, además, haber suministrado información a los miembros "ilegales" (fichados) del "Comando Vizcaya", para cometer un atentado en el muelle de Uribitarte en Bilbao.

ilegalidad *f* **1** Cualidad de ilegal. | J. GRobles *Abc* 15.12.70, 23: En ningún caso una declaración de incompetencia de un Tribunal, para conocer de un determinado asunto, implica la ilegalidad del órgano jurisdiccional.
2 Acción ilegal [1]. | * Eso es una ilegalidad.

ilegalización *f* Acción de ilegalizar. | J. Salas *Abc* 19.3.75, 21: La incertidumbre al respecto se basa en la creciente marea de las conversaciones sobre posible ilegalización de algunos de esos partidos políticos.

ilegalizar *tr* Hacer o declarar ilegal [1] [algo, esp. un partido político]. | E. Esteban *Ya* 29.5.87, 3: El Gobierno debe encontrar fórmulas para ilegalizar dicha formación política. *País* 19.10.93, 1: Yeltsin suprime el estado de excepción, pero ilegaliza a los comunistas.

ilegalmente *adv* De manera ilegal [1]. | J. M. ÁRomero *MHi* 11.63, 73: Las comunidades indígenas vieron restituidas tierras ilegalmente ocupadas.

ilegibilidad *f* Cualidad de ilegible. | Armenteras *Epistolario* 32: La única [razón] que en parte disculpa la ilegibilidad de la firma es la de aclararla, debajo de ella, con la máquina de escribir.

ilegible *adj* Que no puede leerse. | *Alc* 31.10.62, 28: Madrid, veinticinco de octubre de mil novecientos sesenta y dos. El Juez de Primera Instancia (ilegible).

ilegiblemente *adv* De manera ilegible. | Fraile *Cuentos* 71: La escritura pasó de un cuarto a otro y volvió retorcida, ilegiblemente firmada.

ilegítimamente *adv* De manera ilegítima. | *Abc* 8.6.75, 3: Para que los militares españoles que los "polisarios" retienen ilegítimamente en territorio argelino sean puestos en libertad.

ilegitimar *tr* Privar de legitimidad [a alguien o algo (cd)]. | *Ya* 4.6.87, 5: Descalifican estas afirmaciones a quien las utiliza .. Gerardo Iglesias no las ha desmentido, y si no lo hace, su grupo quedará ilegitimado para el juego democrático.

ilegitimidad *f* Cualidad de ilegítimo. | Castiella *MHi* 11.63, 62: ¿Se acusa a Portugal de la ilegitimidad de su presencia en África? J. M. Fontana *Pue* 28.12.70, 3: Sin olvidar los derechos de la creciente marea de [hijos] inocentes confinados en las estrecheces crueles de la ilegitimidad.

ilegítimo -ma *adj* No legítimo. | FSalgado *Conversaciones* 437: Nosotros nos desenvolveremos dentro de nuestras leyes .., lo que nos duele [sic] es que nuestra actitud hiera los intereses ilegítimos de todos los contrabandistas. Gambra *Filosofía* 57: Modos son las variedades del silogismo que resultan de la ordenación de la materia próxima ..

La mayoría de estos modos son ilegítimos, por contravenir en la estructura que suponen a alguna de las leyes del silogismo. J. Balansó *SAbc* 16.11.69, 37: Athos .. tuvo un hijo ilegítimo de la duquesa de Chevreuse.

ileítis *f* (*Med*) Inflamación del íleon[1]. | J. M. Massip *Abc* 28.2.58, 43: Se sucedieron no una, sino dos nuevas y graves enfermedades presidenciales: el ataque de ileítis del año 1956 y el ataque cerebral de 1957.

íleo *m* (*Med*) Oclusión o bloqueo intestinal. | F. Martino *Ya* 12.6.74, 16: Miguel Ángel Asturias fue asistido de una parálisis intestinal (íleo paralítico o antiguo "cólico miserere").

ileocecal (*tb con la grafía* **íleo-cecal**) *adj* (*Anat*) De los intestinos íleon y ciego. | Alvarado *Anatomía* 111: En el intestino grueso se distinguen también tres partes .. La primera, o ciego .., es una especie de saco en el que desemboca lateralmente el íleon por un agujero en forma de ojal, obturado por la válvula ileocecal. Navarro *Biología* 140: El orificio con el íleon, situado encima del ciego, está provisto de dos labios formando la válvula íleo-cecal.

íleon[1] *m* (*Anat*) *En los mamíferos:* Tercera porción del intestino delgado. | Navarro *Biología* 139: Intestino delgado .. Consta de tres partes: duodeno, yeyuno e íleon.

íleon[2] *m* (*Anat*) Ilion. | Legorburu-Barrutia *Ciencias* 44: Cada uno [de los coxales del hombre] está formado por tres huesos: íleon, isquion y pubis. Bustinza-Mascaró *Ciencias* 201: El esqueleto de las extremidades posteriores [del gato] consta de un hueso de la cadera, a cada lado, formado por la unión de tres: íleon, isquion y pubis.

ilercavón -na *adj* (*hist*) [Individuo] de un pueblo hispánico prerromano habitante de parte de las actuales provincias de Tarragona y Castellón. *Tb n.* | Pericot *HEspaña* 1, 78: Según unos, los ilergetes llegan hasta el mar, por el Ebro; según otros, la zona litoral atribuida previamente a los ilergetes está ocupada por ilercavones. GNuño *Escultura* 32: Iberos: Turdetanos (Andalucía Oriental) .. Ilercavones (Maestrazgo).

ilerdense *adj* De Lérida. *Tb n, referido a pers.* | J. Corral *Abc* 8.2.58, 42: El segundo [lugar] lo alcanzó Bravo, también del equipo ilerdense.

ilergete *adj* (*hist*) [Individuo] de un pueblo hispánico prerromano habitante de la parte llana de las actuales provincias de Lérida, Zaragoza y Huesca. *Tb n.* | Lapesa *HLengua* 19: Los nombres de los caudillos ilergetes muertos por los romanos en el año 205 denuncian también la mezcla lingüística. Pericot *HEspaña* 1, 78: Según unos, los ilergetes llegan hasta el mar, por el Ebro; según otros, la zona litoral atribuida previamente a los ilergetes está ocupada por ilercavones.

ileso -sa *adj* Que no ha recibido lesión o daño. | Ubieto *Historia* 92: Se arrojó con unas grandes alas de pluma desde unas rocas, llegando ileso al suelo. F. SVentura *SAbc* 9.3.69, 31: Ilesa resultó [la Virgen del Pilar] durante la guerra de la Independencia, e ilesa durante la guerra de Liberación.

iletrado -da *adj* Falto de cultura. *Tb n, referido a pers.* | Lapesa *HLengua* 298: Existen usos cuyo radio de acción está hoy limitado a las gentes iletradas de las aldeas. Valencia *Mar* 23.11.70, 3: Cuando un casi iletrado decide escribir con afectada alteza de conceptos.

ileus *m* (*Med*) Íleo. | Alcalde *Salud* 327: Bloqueo intestinal (ileus) .. Este bloqueo del intestino puede ser debido a dos causas fundamentales: o bien a una parálisis general de la motilidad del intestino (ileus dinámico), o bien a una oclusión orgánica del conducto intestinal (ileus mecánico). El ileus paralítico se caracteriza por la parálisis motora de todo el intestino.

iliaco -ca (*tb* **ilíaco**) *adj* (*Anat*) **1** Del ilion. | Alvarado *Anatomía* 96: La cava inferior es un grueso tronco paralelo a la aorta, que recibe la sangre de las piernas por intermedio de las venas ilíacas. *Ya* 14.4.64, 16: Limeño [fue asistido] de herida en fosa ilíaca derecha. *Odi* 9.8.64, 13: "El Monaguillo" [es asistido] de otro puntazo en la cresta iliaca derecha.
2 [Hueso] coxal. *Tb n m.* | * El hueso coxal se llama también iliaco o innominado.

ilícitamente *adv* De manera ilícita. | Escudero *Capítulo* 65: El delegado obraría inválida e ilícitamente si excediera los límites del mandato y del Derecho.

ilicitano -na *adj* De Elche (Alicante). *Tb n, referido a pers.* | G. Cruz *VerAl* 18.11.75, 7: Un 45 por 100 de la exportación subsectorial [de la piel] .. lleva marchamo ilicitano.

ilícito -ta *adj* Prohibido por la ley o por la moral. | Bermejo *Estudios* 39: La declaración de traidor y alevoso por la comisión de un hecho ilícito grave es recogida también en otros textos forales madrileños. *Abc* 29.12.70, 15: Por un delito de tenencia ilícita de armas, diez años de prisión.

ilicitud *f* Cualidad de ilícito. | *Ya* 5.12.70, 43: En su inicio solo arrastraban [las Comisiones Obreras] como causa de ilicitud el haberse constituido sin cumplir los requisitos exigidos por la ley.

ilidiable *adj* Que no se puede lidiar. | *DBu* 30.6.64, 7: La primera corrida de la Feria. Toros ilidiables, bostezos y broncas.

ilimitadamente *adv* De manera ilimitada. | *Sp* 21.6.70, 43: Esta bipolaridad editorial dota a *SP* de un especial interés informativo y amplía casi ilimitadamente su penetración publicitaria.

ilimitado -da *adj* Que no tiene límites. | Ramírez *Derecho* 64: No creas, sin embargo, que la propiedad, como pleno dominio o señorío sobre una cosa, es ilimitada, por cuanto a veces, por no decir casi siempre, queda reducida o delimitada.

ilímite *adj (lit, raro)* Ilimitado. | E. Ritter *Alc* 10.11.70, 28: La mujer no tiene edad. Su corazón no conoce el enigma de las mutaciones y es más bien un ilímite continuar siendo.

ilion *m (Anat) En los mamíferos:* Hueso superior de los tres que forman el coxal. | Alvarado *Anatomía* 48: Cada coxal es el resultado de la soldadura de tres huesos, llamados: ilion, los que forman los salientes superiores de las caderas; isquion, los que forman los salientes de las posaderas, y pubis, los dos que se reúnen por delante en el bajo vientre.

ilipense *adj* De Zalamea de la Serena (Badajoz). *Tb n, referido a pers.* | P. Dávila *Hoy* 6.4.77, 15: El atleta ilipense Diego Sánchez Murillo .. ha obtenido un brillante triunfo en los campeonatos provinciales de atletismo.

iliplense *adj* De Niebla (Huelva). *Tb n, referido a pers.* | *Odi* 5.7.68, 5: El Excmo. Ayuntamiento invitó a una copa de vino español a las autoridades y sociedades en los salones de la Sociedad Cultural Iliplense.

ilírico -ca *adj (hist)* De Iliria o de los ilirios [1]. | Laín *País* 7.3.79, 7: La cátedra de Lingüística comparada fue creada en Tubinga en 1925, y desde entonces ha tenido tres titulares: Ernst Sittig, uno de los pioneros del cretense; Hans Krahe, investigador de la cultura ilírica, y Antonio Tovar.

ilirio -ria I *adj* **1** *(hist)* [Individuo] del pueblo indoeuropeo habitante de Iliria (antigua región del Adriático). *Tb n, referido a pers. A veces referido a los antiguos pobladores ilirios de la península Ibérica.* | Sampedro *Sirena* 449: En ella [Roma] cualquiera puede llegar a lo más alto, sin distinción de raza ni creencias. Tuvimos un emperador árabe no hace tanto tiempo, y césares ilirios, tracios o macedonios. Tovar *Lucha* 94: Tenemos bien clara la huella de indoeuropeos anteriores a los celtas. Cuestión largamente discutida es la de su nombre .. Sin embargo, algunas coincidencias precisas permiten arriesgarse algo y hablar de ilirios. **b)** De (los) ilirios. | Estébanez *Pragma* 14: Los habitantes de estas zonas, aunque mezclados con población iliria, estaban helenizados. **II** *m* **2** Lengua indoeuropea de los antiguos ilirios [1]. | Tovar *Lucha* 91: Podría tratarse de un resto del "proto-europeo" o "antiguo europeo" que H. Krahe supuso que se mantuvo .. indiferenciado todavía y en un estadio donde quizá el itálico, el germánico, el celta, el ilirio, etc., estaban juntos.

iliterato -ta *adj (raro)* Iletrado. | *SYa* 19.3.78, 3: Otro libro, una vida cualquiera de Cristo. No tendrá la frescura de la historia contada por los evangelistas iliteratos, pero será el complemento espiritual de unas evasiones demasiado humanas.

iliturgitano -na *adj* De Andújar (Jaén). *Tb n, referido a pers.* | *Jaén* 25.8.64, 9: El empresario del coso iliturgitano .. ha organizado .. los siguientes festejos.

ilixantina *f (Quím)* Principio activo y materia colorante amarilla del acebo. | Be. Blanco *Ya* 19.12.91, 22: El acebo posee un fruto de color rojo escarlata o amarillo que tiene un principio activo llamado ilixantina.

illanero -ra *adj* De Illana (Guadalajara). *Tb n, referido a pers.* | T. Alcocer *NAl* 28.8.82, 27: La rondalla "Jaraíces", de Illana, comenzó presentando un tema antiquísimo .. para seguir con otras canciones illaneras.

illescano -na *adj* De Illescas (Toledo). *Tb n, referido a pers.* | J. M. Sánchez *YaTo* 30.3.86, 50: La misión de la OMIC, además de recibir las quejas de los consumidores illescanos, será la educación e información de dichos consumidores.

illuecano -na *adj* De Illueca (Zaragoza). *Tb n, referido a pers.* | *Her* 25.8.84, 9: La ilusión, la entrega de los seguidores, directivos illuecanos, queda patente en cada jornada, respirándose un grato ambiente entre la familia del club illuecano.

ilmenita *f (Mineral)* Mineral de óxido de hierro y titanio, de color negruzco y difícilmente atacable por los ácidos. | *Voz* 10.11.70, 3: Salieron: "Ciudad de Salamanca", con general, para Santander; .. "Cándido Betolaza", con 508 toneladas de ilmenita, para Bilbao.

ilocalizable *adj* Que no se puede localizar. | Berlanga *Gaznápira* 185: Le echará una bronca por el interfono a quien ha escrito que alguien "estaba ilocalizable". Aparicio *Mono* 106: León era un punto ilocalizable en el mapa del mundo.

ilocano -na I *adj* **1** De un pueblo malayo que habita en el noroeste de la isla de Luzón (Filipinas). *Tb n, referido a pers.* | GBiedma *Retrato* 28: Un gran hangar sin más que los postes y el tejado; debajo, separados por tabiques de paja tejida, viven durante los meses de corta doscientos ilocanos con sus familias. **II** *m* **2** Lengua de los ilocanos [1]. | ZVicente *Dialectología* 449: Los agustinos predicaron en una docena de lenguas .. Las más importantes son el bisayo, el tagalo, el ilocano, el pampango y el cebuano.

iloco *m* Ilocano [2]. | Alvar *Abc* 5.3.88, 33: Aparte debemos considerar una lengua criolla de gran arraigo en Filipinas: el chabacano. Español con mil modificaciones producidas por el tagalo (en Cavite y Ternate) y por el bisayo, el iloco y el moro, en Zamboanga (Mindanao).

ilógico -ca *adj* Que no es lógico o que carece de lógica. | Pemán *Abc* 26.12.70, 3: El episodio no es demasiado ilógico. Está en la línea actual de la separación de lo religioso y lo temporal. *Med* 12.4.60, 3: No seamos ilógicos.

ilogismo *m* Cualidad de ilógico. | Pemán *Abc* 20.3.58, 3: El descoyuntado ilogismo de Ionesco o la uniformada rebeldía de ciertos grupos se medio justifican porque se iniciaron "hablando solos".

ilota (tb con la grafía **hilota**) *m y f (hist) En la antigua Esparta:* Indígena sometido, perteneciente como esclavo al estado. | Pericot *Polis* 70: Sus ciudadanos [de Esparta] gozaban de un régimen de privilegio sobre los indígenas sometidos, que en parte eran tratados como esclavos (ilotas, periecos). Estébanez *Pragma* 16: El tradicionalismo espartano impidió el desarrollo del comercio, en favor de una agricultura basada en los hilotas, especie de siervos de la gleba. **b)** *(lit)* Esclavo. *Frec fig.* | Faner *Flor* 75: Entró en Moscú a finales de julio .. Se metió en los baños públicos, pagando en buenos rublos. Una ilota le guardó la ropa y le guió a la sala de vapor, donde se conchababan nobles y burgueses encuerados.

iludente *adj (lit, raro)* Engañador. *Tb n.* | CBaroja *Inquisidor* 51: No anduvieron faltas de trabajo las inquisiciones provinciales, más con asuntos de iludentes y milagreros que con otra clase de negocios.

iludir *tr (lit, raro)* Engañar. *Tb abs.* | Alarcos *Abc* 23.8.90, 24: Don Edipo no quiso comentar al pormenor el grávido sueñecito de nuestro amigo .. Pero encontraba que le faltaba algo para estar completo: aludía, eludía, pero no iludía.

iluminable *adj* Que se puede iluminar. | VMontalbán *Pájaros* 155: Se asomó a la ventana de su habitación y no era una ventana, sino un balcón abierto y situado al mismo nivel que la piscina y una cascada iluminable.

iluminación *f* **1** Acción de iluminar(se). *Tb su efecto.* | Bustinza-Mascaró *Ciencias* 83: Higiene de la vista. Evitar las iluminaciones fuertes. Leer con iluminación igual. M. Baztán *SSe* 6.1.91, 41: Es, en consecuencia, [el clima] muy húmedo y de escasa iluminación, con frecuentes nieblas. **b)** (*Fís*) Iluminancia. | Mingarro *Física* 198: La cantidad de luz recibida por unidad de superficie caracteriza su iluminación; la producida por el flujo de 1 lumen sobre 1 metro cuadrado recibe el nombre de lux.
2 Conjunto de luces. | * La iluminación del salón está constituida por cinco grandes arañas.

iluminado -da *adj* **1** *part* → ILUMINAR.
2 [Pers.] que se cree inspirada por un ser sobrenatural para llevar a cabo una misión. *Gralm n.* | J. Aldebarán *Tri* 11.4.70, 16: El carpintero Mohammed Ahmed era un iluminado. Cela *Inf* 22.8.76, 16: El monje Rasputin, el iluminado que, por sinécdoque, legó su nombre a todos los rasputines que en el mundo han sido. **b)** [Poeta] que se siente dotado de especial inspiración. | Llorca *Ateneo* 154: Te apoderas de su razón y de sus sentidos, mago, magnetizador o poeta iluminado, y le obligas a pensar, a sentir, a desear lo que tú piensas.
3 (*Rel catól*) Alumbrado (hereje). | GLópez *Lit. española* 205: Los "iluminados" o "alumbrados" –que representaban la exageración heterodoxa del intimismo típico de la época de Carlos V–.. adoptaban una actitud de abandono en espera de que Dios iluminase su alma regenerándola con la gracia.

iluminador -ra *adj* Que ilumina. *Tb n, referido a pers.* | Pozuelo *Tri* 8.3.75, 18: El teatro mismo va perdiendo la esencia de la palabra: el autor pierde lo que gana el director, el escenógrafo, el iluminador, el actor. *VNu* 7.10.72, 13: El Dr. Setién ha cumplido durante estos últimos años una amplia y siempre comprometida labor docente e iluminadora desde su cátedra en el seminario y después Facultad Teológica de Vitoria. Ubieto *Historia* 114: En la Córdoba de entonces se contaban por millares los copistas e iluminadores de libros.

iluminancia *f* (*Fís*) Cantidad de luz recibida por unidad de superficie. | Mingarro *Física* 201: El S[istema] I[nternacional], de vigencia legal en España .., implanta las siguientes unidades de "intensidad luminosa", "flujo luminoso" e "iluminancia": la candela (cd), que es fundamental, el lumen (lm) y el lux (lx), derivadas, respectivamente.

iluminante *adj* Que ilumina. | J. Carrera *SYa* 15.6.75, 54: Los bordes exteriores de la superficie iluminante de los proyectores de carretera de los coches no deben estar situados, en ningún caso, más cerca de los bordes exteriores del vehículo que los bordes últimos. GSabell *SLe* 4.89, 7: O esas acciones, esas conductas, son susceptibles de ser cazadas entre el oficio de la razón discursiva y el menester de la intuición iluminante, o ellas mismas están destinadas a permanecer en una especie de telón de fondo nebuloso.

iluminar *tr* **1** Dar luz [a alguien o algo (*cd*)]. *Tb fig. Tb abs.* | Zubía *Geografía* 22: El Sol ilumina una mitad de la Tierra: allí es de día. A. Pascual *DEs* 2.9.71, 13: Inauguración del alumbrado público en Rojals .. Rojals ha podido ver iluminadas las diferentes casas y calles de la población. Umbral *Ninfas* 159: Vino con el violín en su funda, y me lo mostró a la luz de una vela. "Toma, cógelo, que yo ilumino." Onieva *Prado* 108: Sus barreduras amplias [de Ribera] dibujaban, coloreaban, iluminaban y modelaban a la vez. Más tarde .. comenzó a iluminar su paleta y a ganar en luz lo que perdía en misterio. **b)** *pr* Llenarse de luz. *Tb fig.* | Aldecoa *Gran Sol* 199: El contramaestre y el motorista lo vieron caminar por la pasadera. Vieron iluminarse su cabeza bermeja a la luz del ojo de buey. * Su cara se iluminó con una sonrisa.
2 Adornar [algo] con luces. | M. MHerrón *DPa* 17.9.75, 3: Estuvieron muy concurridas las verbenas, iluminadas con diversos colores lumínicos y amenizadas con una excelente orquesta.
3 Enseñar la verdad, el saber o la conducta acertada [a alguien (*cd*)]. | Laforet *Mujer* 104: Cuánto me gustaría que Dios te iluminase.
4 Dar colores [a algo (*cd*)]. | J. HPetit *Abc* 8.4.75, 21: Manuel Tovar nació en Granada en 1875. Empezó a ganarse la vida "iluminando" postales, litografías, abanicos y sombrillas.

iluminativo -va *adj* De (la) iluminación. | E. Borrás *HLM* 26.10.70, 16: La instalación del Museo Sefardí en la Sinagoga del Tránsito, con adecuación iluminativa. **b)** (*Rel*) De la iluminación del alma por Dios. *Se dice gralm de una de las vías místicas.* | GLópez *Lit. española* 202: Los tratadistas establecen tres fases –"vías"– en el camino que conduce a la Divinidad: 1ª Vía purgativa ("purgatio") .. 2ª Vía iluminativa ("illuminatio") .. 3ª Vía unitiva ("unio").

iluminismo *m* **1** Condición de iluminado. | Miret *Tri* 26.12.70, 15: En la Iglesia española germinan pequeñas comunidades de base cristiana, vitales y dinámicas, que no pretenden ningún iluminismo romántico. *Abc* 29.7.67, 19: Un ojo engordando el caballo de todas las corrupciones .. y el otro, en el éxtasis y los efluvios de las confraternidades y los iluminismos sociales.
2 (*Rel catól*) Doctrina o tendencia de los iluminados [3]. | GLópez *Lit. española* 205: La mística heterodoxa .. Los dos movimientos más importantes fueron el iluminismo, a principios del siglo XVI, y el "quietismo" en el siglo XVII. Cela *Alcarria* 250: Entre los frailes de Pastrana hubo un tímido brote de iluminismo cuyo apóstol, fray Gaspar de Bedoya, .. predicaba que había tenido una revelación del más allá en la que se le ordenaba que debía juntarse con diversas mujeres santas para engendrar profetas en ellas.

iluminotecnia *f* (*semiculto*) Luminotecnia. | GTelefónica *N.* 194: Dotrisa, S.A. Metalistería en general. Iluminotecnia. Electrolisis. J. GPastor *Ya* 10.12.87, 68: Su reaparición ha tenido lugar en Windsor Gran Vía, nueva sala de music-hall dotada de los últimos adelantos tecnológicos en cuanto a iluminotecnia y sonido.

ilusamente *adv* De manera ilusa. | CPuche *Paralelo* 179: Ellos vivían ilusamente su ideal democrático.

ilusión **I** *f* **1** Concepto o imagen formados en la mente que no corresponden a una verdadera realidad. | Marcos-Martínez *Física* 146: Esta apariencia se denomina imagen del objeto. En realidad colocando allí una pantalla, no se recoge sobre ella ninguna impresión luminosa: no es más que una ilusión del ojo. Laforet *Mujer* 13: La pared había sido solo una ilusión óptica.
2 Esperanza con poco fundamento. *Frec en la constr* HACERSE ~ES. | MGaite *Usos* 159: Las jovencitas vivíamos de ilusiones. Torrente *Pascua* 343: Mírese como se mire, y a este respecto no nos hagamos ilusiones, Cayetano Salgado es prácticamente un capitalista.
3 Interés o entusiasmo llenos de esperanza. | PRivera *Discursos* 18: Seguir incorporando .. al elemento joven .. que vienen a nosotros con la misma ilusión y la misma entrega que la generación de la guerra. **b)** Cosa que se espera con ilusión. | F. DTendero *YaTo* 25.7.81, 39: Con la ayuda recibida lograban su ilusión. **c)** Pers. o cosa apetecible o sugestiva. *Gralm en lenguaje femenino y frec en constr exclam.* | MGaite *Visillos* 11: Me enseñó una polvera que le ha regalado, pequeñita, de oro. –Fíjate qué ilusión.
II *adj invar* **4** [Tul] muy vaporoso usado para velos de novia. | F. Velasco *Ya* 29.3.87, 36: La novia, que lucía bonito vestido de seda natural .. y, en el tocado, velo de tul ilusión, entró en la iglesia del brazo de su padre.
III *loc v* **5 hacer ~** [algo a alguien]. (*col*) Ser[le] apetecible o sugestivo. | MGaite *Visillos* 23: –A esta la pondréis de largo. –No quiere .. –Uy, mujer, pues qué pena. ¿Es que no te hace ilusión? Laiglesia *Fulana* 158: El cebo de ver Mallorca hace picar a muchas .. Les hace una ilusión bárbara ver una isla rodeada de Mediterráneo por todas partes. **b)** Resultar[le] grato o agradable. | MGaite *Visillos* 171: –¿Te das cuenta? Estamos encima de las letras. –¿De qué letras? –De esas que se ven desde abajo que dicen "Gran Hotel". Hace ilusión.

ilusionadamente *adv* De manera ilusionada. | J. M. Moreiro *SAbc* 25.1.70, 44: Los mineros se muestran muy satisfechos de la gestión del señor Arroyo y esperan ilusionadamente los resultados de la Comisión interministerial.

ilusionado -da *adj* **1** *part* → ILUSIONAR.

ilusionador – ilustrar

2 Que denota o implica ilusión [3a]. | E. Beladiez *Raz* 2/3.84, 355: En esta atmósfera y sin meditarlo convenientemente, el Presidente español lanzó sobre la mesa de negociación su propuesta ilusionada de crear una especie de Benelux ibérico. GMacías *Relatos* 105: La vida que traía de entrega ilusionada y por completo a sus afanes.

ilusionador -ra *adj* Que ilusiona. | Cela *Pirineo* 310: La actitud más sabia muy bien pudiera ser la de encauzar ese progreso poniéndolo al plural servicio del hombre y evitando, de paso, que el hombre fuera atenazado por él o deslumbrado por su ilusionador espejismo. CPuche *Sabor* 170: En aquellos días, tu madre y tú hicisteis cientos de proyectos, y todos eran ilusionadores.

ilusionante *adj* Que ilusiona. | Marlasca *Abc* 21.4.70, 43: Para que no falte nada, para que la esperanzada ilusión se haga realidad ilusionante, este año tendremos espectáculo de imagen y sonido.

ilusionar *tr* Causar ilusión, *esp* [2 y 3], [a alguien (*cd*)]. | Salvador *Haragán* 133: Les ilusionaba el nacimiento de alguien que sería enteramente de "Nueva Maisí". **b)** *pr* Pasar a sentir ilusión [2 y 3]. | SSolís *Jardín* 158: A veces, me ilusionaba: ¿y si ellos se aficionaran a mí y me dejaban como empleada fija? MGaite *Usos* 185: Ilusionarse por alguien cuya mano no se había estrechado todavía era andarse por las ramas.

ilusionismo *m* Arte de conseguir efectos de ilusión [1] en los espectadores mediante juegos de prestidigitación y trucos. | *Odi* 12.8.64, 10: El "mago" local, profesor Borrallo, irá a Barcelona. Asistirá al Congreso Internacional de Ilusionismo.

ilusionista *m y f* Pers. que practica el ilusionismo. | *ByN* 31.12.66, 84: El joven ilusionista Timothy Dill Russell ha alcanzado la cumbre de su carrera profesional.

ilusivamente *adv* (*lit, raro*) De manera ilusiva. | Laín *Descargo* 245: En ella [la esperanza] nos afirmaban –ilusivamente, digo ahora– la actitud y las palabras de un hombre como Yagüe.

ilusivo -va *adj* (*lit, raro*) Falso o engañoso. | Ruibal *Van* 12.9.74, 27: La baratura ilusiva. La subida incontenible de los precios es el enemigo del bañismo.

iluso -sa *adj* Que se forja esperanzas sin fundamento. *Tb n, referido a pers*. | Sánchez *Pról. Quijote* 29: Verdaderamente complicado [don Quijote] y a ratos equívoco: heroico y grotesco, sublime y ridículo, iluso y reflexivo, ingenuo y experimentado, hombre de acción y gran retórico. ILaguna *Ateneo* 33: El Ateneo de 1820 fue tal vez más iluso que el de 1835. Laiglesia *Tachado* 112: Nadie puede lanzarse a hacer negocios en el mercado de los ilusos, sin ofrecerles la mercancía de una ilusión. **b)** Propio de la pers. ilusa. | * ¡Qué actitud tan ilusa!

ilusoriamente *adv* De manera ilusoria. | Pla *América* 34: Sobre un escenario profundo se levantan unos arcos ilusoriamente superpuestos, pero sueltos y desconectados.

ilusorio -ria *adj* Que tiene carácter de ilusión [1 y 2]. | Buero *Lázaro* 121: Se detiene, mientras la ilusoria paliza cae sobre ella. Mercader-DOrtiz *HEspaña* 4, 167: Aguirre pedía: igualdad de derechos en frutos y otros géneros; igualdad de admisión de carga en buques, e igualdad en los tratos mercantiles. De momento, era ilusorio conseguir estas elementales reivindicaciones. *Cua* 6/7.68, 5: El sindicalismo español tampoco se mueve. Hubiera sido ilusorio pensar otra cosa.

ilustración (*normalmente con mayúscula en acep 4*) *f* **1** Acción de ilustrar. *Frec su efecto*. | *Med* 8.4.60, 3: Hemos de felicitar a estos incansables jóvenes que tanto se preocupan por la ilustración y enseñanza de la infancia, en su aspecto instructivo del catecismo. *Ya* 28.7.90, 48: Ha sido distinguido con el Premio Nacional de Ilustración que concede la Asociación Nacional de Ilustradores de Madrid.

2 Dibujo o fotografía con que se ilustra [3] un texto escrito, esp. un libro. | GNuño *Arte* 57: Tal fue el libro [los Comentarios de Beato], reproducido en numerosísimas copias repletas de ilustraciones fantásticas. Allí había visiones, monstruos, bestias y ángeles, prodigios, todo lo pertinente a aquella teología. G. Marco *SYa* 9.12.72, 17: En los diarios compuestos por medio de las fotocomponedoras se sustituyen los fotograbados por positivos o negativos fotográficos de la ilustración de que se trate. **b)** (*hist*) Revista ilustrada. | CAssens *Novela* 1, 473: Nordau, cuyo rostro, divulgado por las ilustraciones, nos parece el de un antiguo amigo, es un anciano cordial y risueño.

3 Cosa que ilustra [4]. | Tamames *Economía* 44: Otra ilustración de la tendencia .. a plantear el problema de la puesta en riego en toda su complejidad y ya a escala nacional, la encontramos en el proyecto de Plan de Obras Hidráulicas de 1933.

4 (*hist*) Movimiento cultural propio del s. XVIII, caracterizado por la fe en la razón, el cultivo del saber y el fomento de la educación. *Tb la época correspondiente*. | GLópez *Lit. española* 361: Muchas de las ideas de la Ilustración se hallaban ya en las doctrinas cristianas, pero alcanzan ahora una gran difusión gracias a la novedad que supone el dotarlas de un carácter laico. *Rev* 7/8.70, 24: La época y los personajes del entorno coinciden ambos con el comienzo de un reformismo que más tarde cuajará en la ilustración.

ilustrado -da *adj* **1** *part* → ILUSTRAR.

2 [Pers.] culta o instruida. *Tb n*. | Carandell *Madrid* 150: Si acaso el ilustrado sugiere un nuevo libro, esa será la próxima lectura del muchacho de Salamanca. **b)** Propio de la pers. ilustrada. | Umbral *ElM* 16.11.91, 7: Los 40 años de silencio aplausivo que impuso Franco le han quitado a nuestra clase rectora ese don tan político que es la palabra ilustrada y asesina, discretamente canalla.

3 (*hist*) De la Ilustración [4]. *Tb n, referido a pers*. | MGaite *Búsqueda* 44: En la introducción, al pasar revista a los precursores del pensamiento ilustrado, es donde habla de Macanaz. Vicens *Polis* 415: Entonces surgió un tipo de monarquía ilustrada, cuyos principales representantes fueron Luis XV en Francia, Carlos III en España .. y José II de Austria. Vicens *Polis* 416: En sus reuniones [de la masonería] participaban ilustrados, deístas y gente partidaria de la filosofía de las Luces. **b)** [Despotismo] ~ → DESPOTISMO.

4 [Plato] que lleva determinados complementos o añadidos sobre lo normal. | Armiñán *Juncal* 51: A los postres de flan ilustrado me acerqué a la mesa. Castroviejo *Cura* 25: Cocido "ilustrado".

ilustrador -ra *adj* Que ilustra. | ZVicente *Asedio* 21: Quizá no sea inútil buscar .. algo que .. pueda ayudarnos .. a ver la concepción del esperpento .. Y creo haber encontrado algo muy sugerente e ilustrador. **b)** [Pers.] que ilustra [3] con dibujos. *Frec n*. | M. D. Asís *Rev* 7/8.70, 6: Se había concebido [a Sherlock Holmes] feo .. El escritor se dejó influir por el ilustrador y se convirtió en un tipo guapo y atlético.

ilustrar *tr* **1** Instruir o dar cultura [a alguien (*cd*)]. | R. M. Aller *DCu* 11.7.76, 11: Estudiantes a medio ilustrar, fabianos sosegados y obreros de jurado de empresa no dan de sí gran cosa.

2 Proporcionar [a alguien (*cd*)] información o conocimientos [sobre algo (*compl* DE o SOBRE)]. *Tb sin compl adv*. | GPavón *Reinado* 248: Primero quise hablar con el Faraón para que me ilustrara un poco de cómo estaba el ajo de verdad. Valls *Música* 60: El famoso *Libro del buen Amor* .. nos ilustra de una manera viva y directa sobre el uso y empleo de los instrumentos en el siglo XIV. Delibes *Hoja* 33: –Es notario en Madrid .. –¿Y eso qué es?– Él trató de ilustrarla, pero la chica desistió de comprenderle.

3 Poner [a un texto escrito (*cd*)] imágenes (*compl* CON), gralm. para completar su información. *Frec sin compl adv*. | GNuño *Arte* 435: La ilustración del libro, el cartel y el dibujo propagandístico han ganado en prestancia artística al adentrarse más y más en el pueblo la fa[cul]tad de sentir lo bello y poder gustar un cartelón pegado a un muro o el anuncio ilustrado de un diario. **b)** Acompañar [una cosa con otra que le sirve de complemento informativo o estético]. | Landero *Juegos* 364: Uno extendió un dedo e ilustró el gesto con algunas palabras. Lu. Bonet *Abc* 3.10.71, 43: Penderecki se encarga de ilustrar musicalmente los textos escritos e interpretados por Dalí, en dos soberbios "elepés".

4 Servir [una cosa] de complemento informativo o estético [de otra (*cd*)]. | DPlaja *El español* 95: Una historieta .. ilustra la importancia del "qué dirán" entre los españoles. *Inf* 27.5.70, 19: Picos, palas y tubos de uralita ilustran la acera de nuestra castiza calle de Alcalá.

ilustrativo -va *adj* Que ilustra o sirve para ilustrar. | CNavarro *Perros* 211: A él [el novelista], como a su crítico, los apasionaba en gran manera lo político. Un No-Do, para ellos, era mucho más ilustrativo que las barracas. P. GRábago *Abc* 30.12.70, 19: Presentar las más notables series [de sellos] que se pongan en curso cada año por medio de un prospecto o folleto ilustrativo. CBaroja *Inquisidor* 30: El caso más ilustrativo es el de Torquemada.

ilustre *adj* **1** [Pers. o familia] destacada o muy notable. | *Des* 12.9.70, 29: Valls i Taberner, uno de los más ilustres historiadores del Derecho Catalán. *Alc* 1.1.55, 3: Doña Carmen Polo de Franco emprendió el viaje a Madrid .. La ilustre dama fue despedida por las autoridades. DPlaja *Literatura* 391: Don Ángel de Saavedra y Ramírez de Baquedano nació en Córdoba, de familia ilustre, en 1791. **b)** De (la) pers. o (las) perss. ilustres. | * Es de origen ilustre. **c)** *Precedido de* MUY *y precediendo a* SEÑOR, *se usa como tratamiento oficial propio de la dignidad de canónigo*. | *Prog* 7.1.56, 2: En la Catedral celebró la misa solemne el ilustrísimo señor deán, .. asistido del canónigo muy ilustre señor licenciado don Celestino Saavedra Ascariz. **d)** *Se usa, a veces precedido de* MUY, *como calificación honorífica oficial de determinadas entidades o corporaciones*. | *DBa* 6.5.77, 7: Muy ilustre Colegio Oficial de Farmacéuticos. Sopicón *DNa* 16.8.64, 8: Tenemos noticia extraoficial del proyecto de los componentes de nuestro Ilustre Ayuntamiento de llevar a cabo pronto la cimentación o conversión en carretera del hoy mal camino al cementerio.
2 [Cosa] famosa o muy conocida por su calidad. | Tejedor *Arte* 108: La escultura .. tiene sus más ilustres ejemplos en los capiteles y relieves del claustro de Silos.

ilustrísimo -ma *adj Precediendo a los ns* SEÑOR *o* SEÑORA, *se usa como tratamiento oficial propio de determinados cargos.* | *MHi* 8.60, 20: El Capítulo .. cuenta .. como preboste al director del Instituto de Cultura Hispánica, ilustrísimo señor don Blas Piñar. **b)** *Se usa como calificación honorífica oficial de determinadas entidades o corporaciones.* | *Ya* 4.4.87, 12: Ilustrísimo Ayuntamiento de Alcorcón. **c) su ilustrísima.** (*hist*) *Usado como sust, designa respetuosamente a un obispo. En vocativo,* ILUSTRÍSIMA. | CSotelo *Proceso* 342: Esta es la cámara de su ilustrísima Fray Bartolomé de Carranza, Arzobispo de Toledo y Primado de las Españas. FReguera-March *Filipinas* 291: Yo, cuando oigo a su Ilustrísima el señor obispo... Me lo confieso a usted. Me quedo arrobada. ¡Qué pico de oro! CBaroja *Baroja* 198: Se arrodilló delante del pobre obispo, cogiéndole las manos: "¡Ilustrísima, ilustrísima –decía–, qué día más dichoso para mí!".

imafronte *m* (*Arquit*) Fachada opuesta a la cabecera. | E. La Orden *SYa* 8.12.74, 5: La catedral de la Inmaculada Concepción de Comayagua tiene una anchurosa fachada blanca .. Palmas y vides exornan todo el imafronte con una exuberancia tropical.

imagen I *f* **1** Figura [de una pers. o cosa] reproducida sobre una superficie por los rayos luminosos. | Alvarado *Anatomía* 86: Las imágenes retinianas, como las imágenes fotográficas, son reales, invertidas y más pequeñas que los objetos. Marcos-Martínez *Física* 151: La imagen de un objeto situado dentro de la distancia focal de un espejo es virtual. **b)** (*TV*) Parte visual de la transmisión. | CNavarro *Perros* 159: Los niños continuaban pendientes de la televisión .. La chacha se llevó a Pupi, y Marta cerró la imagen.
2 Representación exacta [de alguien o algo]. *Con intención enfática y frec en la constr* LA VIVA ~. | * Su rostro era la imagen del dolor. * Felipe es la viva imagen de su padre. *Ya* 1.6.78, 31: Sid Vicious, la perfecta imagen de un punkero.
3 Representación plástica [de una pers. o cosa]. *Frec en contraposición a la palabra impresa o hablada*. | Arenaza-Gastaminza *Historia* 78: Hubo luchas religiosas, al caer el emperador en la herejía iconoclasta, que suprimía las imágenes en el culto católico. Tejedor *Arte* 90: La escultura y la pintura no tuvieron ocasión de desarrollarse por la prohibición coránica de las representaciones de imágenes. *Van* 11.7.74, 47: La forma condigna fue emprender esta magna enciclopedia en veinte tomos, a tenor con el presente imperio de la imagen. **b)** Estatua [de alguien que es objeto de culto]. | Escrivá *Conversaciones* 159: Prometí .. a los estudiantes de Navarra una imagen de la Virgen para colocarla en medio del campus. Angulo *Arte* 1, 96: Las manifestaciones escultóricas más antiguas posteriores a la invasión dórica son las xoanas .., estatuas en madera de los primitivos tiempos, que, rodeadas de la mayor veneración, reciben todavía culto en los primeros tiempos de la Era Cristiana .. Una de estas imágenes es la famosa Polias Atenea que se llevan los atenienses cuando abandonan la ciudad huyendo de los persas.
4 Representación [de una pers. o cosa] en la mente. | Matute *Memoria* 173: Esta era la imagen de un guardián que me formé de niña. Arce *Testamento* 66: Trataba de recordar a mi tío .. y solo lograba una pálida imagen.
5 Aspecto físico con que [alguien (*compl de posesión*)] se presenta ante los demás. | Torres *Él* 25: –Hum. Peinado nuevo. –Y vida nueva– .. Se preguntó si, con el cambio de imagen, debería cambiar también de perfume.
6 Impresión general que [alguien (*compl de posesión*)] causa en la opinión de los demás. *Frec con un adj o compl calificador*. | J. Camarero *Pue* 24.12.69, 18: Una imagen de oposición como la que viene proyectando el señor Ruiz-Giménez conferiría al decanato .. una mayor contundencia negociadora. Umbral *España* 114 (G): Si usted quiere hacer carrera política, tiene que cuidar su imagen. **b)** Buena imagen. | S. Perinat *D16* 27.10.88, 13: No es serio este tejemaneje con las mujeres militares. Lleva trazas de convertirse en puro folklore. O en una más de esas instituciones, características del régimen actual, cuya única función es "dar imagen".
7 (*TLit*) Forma expresiva en la que un elemento de la realidad que se describe aparece puesto en relación con otro elemento ajeno a ella, o suplantado por él. | Pedraza-Rodríguez *Literatura* 6, 541: La parodia se encarga de desmontar las imágenes y locuciones carentes de fuerza expresiva.
II *loc v* **8 quedarse para vestir ~es.** (*col*) Quedarse para vestir santos (→ SANTO). | Faner *Flor* 87: Observaba cómo doña María, la hija, iba quedándose para vestir imágenes.
III *loc adv* **9 a ~ (y semejanza)** [de alguien o algo]. De manera semejante [a ellos]. | SLuis *Doctrina* 26: Dijo Dios: "Hagamos al hombre a nuestra imagen y semejanza". A. Maciá *VozC* 6.1.55, 4: Los jefes de Cuerpo, a imagen y semejanza de la primera autoridad, dispusieron y ordenaron que se celebraran festejos para la tropa.

imaginable *adj* Que puede ser imaginado. | *Ya* 17.11.63, 9: Ahora podrá ver, también, la mayor variedad imaginable de bellísimos artículos de la temporada.

imaginación I *f* **1** Facultad de imaginar [1a]. | Delibes *Año* 93: Ante las cuartillas vírgenes, el novelista debe tener la imaginación suficiente para recular y rehacer su vida conforme otro itinerario que anteriormente desdeñó. Gambra *Filosofía* 110: Distínguense tres funciones en la imaginación: la conservadora .., la reproductora .. y la creadora.
2 Hecho de imaginar [1a]. *Frec su efecto*. | * Eso son imaginaciones tuyas.
II *loc v* **3 pasársele** [algo a alguien] **por la ~.** Imaginar[lo] [1a] fugazmente. | DCañabate *Paseíllo* 149: No sé qué decirte. En jamás se me ha pasao por la imaginación. Déjame pensarlo.

imaginal *adj* (*raro*) De (la) imagen. | MSantos *Tiempo* 94: Al hacer este gesto de contractura [cerrar fuertemente los ojos], una imagen se enciende lúcidamente en su pantalla imaginal.

imaginante *adj* (*raro*) Que imagina. | JMartos *Ya* 30.7.87, 14: Algunos sueñan en un paraíso del ocio donde las pilas no se gastan jamás .. Solo que nosotras pilas, esto es, su fluido imaginante, también cuenta.

imaginar *tr* **1** Representar en la mente [a alguien o algo no presente, no conocido o no real]. *Frec con compl de interés*. | Torrente *DJuan* 145: Le dejé imaginar una infancia torturada y celosa, que, más que imaginada, era recuerdo de la suya. Medio *Bibiana* 14: Parece que no habrá batalla, que todo será más fácil de lo que ella se había imaginado. **b)** (*col*) *En imperat, se usa para ponderar la realidad de lo que se está diciendo. Frec con compl de interés.* | Delibes *Cinco horas* 19: Pero él ya se lo tenía bien tragado, imagina, en la vida le habíamos mandado llamar. **c)** *pr* Representarse en la mente [alguien o algo (*suj*) no presente, no conocido o no real]. | Cela *Rosa* 37: Mi padre es un hombre reservado, casi hermético, serio y misterioso. A veces, sin embargo, se vuelve locuaz y dicharachero .. Parece que mira, pero a mí se me sigue imaginando igualmente misterioso.

2 Considerar [algo] como probable. | N. Dorado *Odi* 27.1.77, 14: Tenía yo un bicho mansito .. Vi que tenía la cabeza hinchada, así es que imaginé que sería la picadura de una avispa. * Imagino que llegaré sobre las cuatro.
3 Inventar o idear. | * He imaginado un truco para que no me molesten.

imaginaria (*Mil*) **A** *f* **1** Vigilancia que por turno se hace durante la noche en una compañía o en un dormitorio del cuartel. | Goytisolo *Recuento* 136: El sargento leyó el parte y la lista de guardias e imaginarias .. Le había tocado segunda imaginaria.
B *m* **2** Soldado que hace un turno de imaginaria [1]. | FReguera-March *Caída* 372: Se dirigieron a los dormitorios de la tropa .. El imaginaria dio la novedad.

imaginariamente *adv* De manera imaginaria (→ IMAGINARIO [1a]). | Aranguren *Marxismo* 98: Se trata ahora de, en la medida de lo imaginariamente posible, ponernos en el lugar de quienes .. ejercen la violencia.

imaginario -ria *adj* **1** Que solo existe en la imaginación [1]. *Se opone a* REAL. | LIbor *SAbc* 17.11.68, 8: Del conflicto real se pasó de esta forma al conflicto imaginario. **b)** Que es [lo expresado por el n.] solo en la imaginación. | ByN 31.12.66, 116: Los médicos curan también a los enfermos imaginarios. **c)** (*Mat*) [Número o expresión] que contiene una cantidad negativa afectada de un radical. *Se opone a* REAL. | BOE 22.1.65, 1245: Números imaginarios. Origen de los números imaginarios. Representación gráfica. Mingarro *Física* 155: Se llama suma algebraica de varios complejos a otro complejo cuya parte real es la suma algebraica de las partes reales de los sumandos y cuyo coeficiente de la parte imaginaria es la suma algebraica de los coeficientes de las partes imaginarias de los sumandos.
2 De (la) imagen [3]. | *Cartel* 9.87: Voz. Taller de artes imaginarias.

imaginativamente *adv* De manera imaginativa [1 y 3]. | Torrente *Fragmentos* 253: Ahora estoy frente a la máquina y no sé de qué escribir. Tiene razón Lénutchka cuando dice que mis materiales son todavía escasos, pero me resulta difícil desarrollarlos, aun imaginativamente. * Estos problemas hay que resolverlos imaginativamente.

imaginativo -va **I** *adj* **1** De (la) imaginación [1]. | Gambra *Filosofía* 111: La reproducción imaginativa se realiza sin referencia alguna al tiempo. Sánchez *Pról. Quijote* 36: Don Quijote en la cima de su proyección imaginativa erige un pedestal a una joven aldeana de buen parecer.
2 [Pers.] que tiene mucha imaginación [1]. *Tb n.* | LTena *Abc* 11.12.70, 20: Por delante de la ciencia han ido siempre los grandes imaginativos; por delante de la técnica, los fantásticos y los inventores. Torrente *Fragmentos* 311: Los hombres de Villasanta celebrarán sus nupcias con la muñeca erótica y hallarán en la coyunda deleites insospechados, salvo los poco imaginativos, que les dará lo mismo.
3 [Cosa] que denota o implica mucha imaginación [1]. | Diego *Abc* 22.10.67, 3: El poeta Salustiano Masó lleva publicados algunos libros, y todos interesantes, jugosos, imaginativos, cálidos. *Ya* 23.6.70, 1: Copa ya en propiedad para los brasileños, cuyo juego artístico, veloz, imaginativo, consiguió superar el empate.
II *f* **4** Imaginación [1]. | I. Gomá *HyV* 12.70, 96: Los sabios de Israel de entonces, de imaginativa tan exuberante, apenas se sirven nunca del lenguaje alegórico pastoril en sus escritos.

imaginería *f* **1** Arte de hacer imágenes [3b]. | Tejedor *Arte* 171: La imaginería policromada española .. Notas típicas también de este arte .. son su realización en madera y su hermosa policromía.
2 Imágenes, o conjunto de (las) imágenes [3b y 7]. | GNuño *Arte* 132: No hay escultura ni pintura cisterciense, limitada aquella a la sencilla decoración de capiteles, sin más aditamento que la imaginería de talla exenta. Pedraza-Rodríguez *Literatura* 6, 541: La parodia se encarga de desmontar las imágenes y locuciones carentes de fuerza expresiva .. Estas burlas no impiden que el poeta vuelva a echar mano de la imaginería tradicional cuando le parece adecuada.

imaginero -ra **I** *m y f* **1** Artista que esculpe imágenes [3b]. | Goytisolo *Recuento* 242: Portones abiertos a interiores oscuros, talleres, pequeños comercios, anticuarios, artesanos, imagineros. *GTelefónica* 10: Sanz Herranz, Joaquín. Escultor profesional en piedra artificial y madera .. Imaginero.
II *adj* **2** De (las) imágenes [3b]. | Tejedor *Arte* 193: La escultura, fuera de su tradición imaginera, acudió ahora a los temas mitológicos. C. Gordillo *Inf* 29.1.75, 22: La Semana Santa de Valladolid es única .. Todas las procesiones son .. de una riqueza imaginera sin par.

imaginismo *m* (*TLit*) Movimiento poético de lengua inglesa, de principios del s. XX, que se propone el empleo de imágenes [7] precisas y cuyo principal representante es Ezra Pound. | Gaos *Antología* 25: Sostenía Marinetti que "la poesía ha de ser una sucesión ininterrumpida de imágenes". En esto estuvieron de acuerdo todas las tendencias, y una de ellas tomó el nombre de "imaginismo".

imago[1] *m* (*Zool*) Insecto que ha llegado a su completo desarrollo. | Artero *Invertebrados* 38: Dos años después .. [el Melolontha vulgaris] pasa por la fase de ninfa, en completa inmovilidad, pero con profundas transformaciones internas, de las que sale a comienzos del tercer verano convertida en imago volador.

imago[2] *f* (*Psicol*) Imagen mental inconsciente e idealizada de una pers., esp. un familiar, adquirida en la infancia y presente en la edad adulta. | Umbral *Gente* 308: Uno diría, después de estudiar mucho a Mendoza, que tiene más personalidad que persona, más imagen que imago (véase Freud), más estética que ética.

imam *m* Imán[2]. | *País* 5.6.89, 14: Desaparecido el carisma .. del desaparecido imam [Jomeini], es dudoso que su sucesor o sucesores gocen de la adhesión incondicional de la que ha sido base social del régimen. F. Peregil *País* 8.8.91, 40: Van allí [los musulmanes] para escuchar al primer imam (guía espiritual) de España 500 años después de la Reconquista.

imán[1] *m* **1** Magnetita. *Tb, frec,* ~ NATURAL *o* PIEDRA ~. | Alvarado *Geología* 36: Magnetita .. Es de color negro y enteramente opaca. Cristaliza en el sistema cúbico, generalmente en octaedros. Notable por su magnetismo (imán natural, piedra imán).
2 Cuerpo o instrumento que tiene la propiedad de atraer el hierro. | Laforet *Mujer* 232: Acababa [Julián] de limpiar polvo de plata con un imán. *GTelefónica N.* 657: Blackwood Hodge. Distribuciones de maquinaria .. Excavadoras .. Imanes. Marcos-Martínez *Física* 174: Las propiedades atractivas del imán natural, o magnetita, pueden comunicarse al hierro dulce y al acero, obteniéndose de estos cuerpos los llamados imanes artificiales. Marcos-Martínez *Física* 176: El acero queda así convertido en imán permanente. En cambio, el hierro dulce pierde las propiedades magnéticas en cuanto cesa la corriente eléctrica; es, pues, un imán temporal.
3 Pers. o cosa que atrae hacia sí. *En sent fig.* | E. GPesquera *Fam* 15.11.70, 6: Su ejemplo podrá actuar de imán para atraer también en una dirección sana a bastantes de los que marchan a la deriva.
4 Capacidad de atracción. *Gralm en sent fig.* | A. Parra *Sur* 7.2.88, 60: Todo cuanto se mueve y vive en el planeta Tierra anda sometido a sus variables e intercadencias [de la Luna], creando una serie de fuerzas magnéticas que determinan y arrastran. Es el denominado imán lunar. * Siempre está rodeado de chicas; parece que tiene imán.

imán[2] *m* **1** Jefe de una comunidad religiosa o político-religiosa musulmana. | J. Aldebarán *Tri* 11.4.70, 17: El ejército que el Imán había conseguido reunir en la isla de Aba se estima en treinta mil hombres.
2 Director de las oraciones en la mezquita. | Tejedor *Arte* 91: En la sala o templo propiamente dicho se destacan a su vez dos elementos: el *mihrab* u hornacina .. y el *mimbar* o púlpito, desde donde dice sus preces el imán o sacerdote. Ubieto *Historia* 114: La enseñanza superior era impartida por los maestros como una obligación propia de todo creyente sabio, más que como una manera de ganarse la vida. De ahí que muchos jueces, imanes, gobernadores y ministros despachasen por la mañana los asuntos oficiales, y por la tarde acudiesen a la mezquita a dar sus clases.

imanación *f* Acción de imanar. *Tb su efecto.* | M. GVelarde *Tri* 51.74, 17: Por paleomagnetismo se entiende el estudio de la imanación natural de rocas y sedimentos terrestres.

imanar *tr* Imantar [1]. *Tb pr.* | *SMad* 22.11.69, 2: El ordenador interpreta esta instrucción, imanando los lugares 0 y 1 en alguna parte de la memoria reservada para D. *SMad* 22.11.69, 2: La unidad de memoria. Es un conjunto perfectamente estructurado de pequeños gránulos o hilos muy finos, susceptibles de tomar dos estados electromagnéticos, imanado o desimanado.

imanato *m* Territorio sometido a la autoridad de un imán[2] [1]. | C. Laredo *Abc* 28.2.58, 39: Haile Selassie, a quien preocupa grandemente la adhesión del Yemen a la República Árabe Unida, teme que el triunfo de los sudaneses pro-egipcios coloque al Imperio abisinio entre dos países "nasserianos", ya que solo un estrecho brazo de mar separa a Etiopía del Imanato.

imantación *f* Acción de imantar(se). *Tb su efecto. Tb fig.* | Marcos-Martínez *Física* 176: La imantación consiste en convertir en imán una barra de hierro dulce o de acero. Marcos-Martínez *Física* 188: El electroimán pierde su imantación y deja de atraer a la armadura. Lera *Bochorno* 8: Es tal su atractivo, que confieso que he tenido que violentarme para no caer dentro de su campo de imantación.

imantar *tr* **1** Dotar [a un cuerpo (*cd*)] de magnetismo o convertir[lo] en imán[1] [2]. | Marcos-Martínez *Física* 176: Antes de imantar una barra de acero, los imanes moleculares que la constituyen están dirigidos en todas las direcciones del espacio. Ortega-Roig *País* 11: La brújula .. es una cajita que contiene una aguja imantada, la cual señala siempre el Norte. **b)** *pr* Recibir magnetismo [un cuerpo] o convertirse en imán[1] [2]. *Tb fig.* | Marcos-Martínez *Física* 188: El electroimán pierde su imantación y deja de atraer a la armadura A, que vuelve a hacer contacto con el tornillo. Al cerrarse el circuito, se imanta el electroimán y atrae de nuevo la armadura. Laforet *Mujer* 76: Todo su cuerpo se imantaba de una ligera, suave, apasionante electricidad .. Cambiaron una corriente de magnetismo tan profundo que a Paulina le parecía que algo la sacaba de ella misma, la absorbía, la anegaba. **2** Atraer con fuerza. *En sent fig. Tb abs.* | Cuevas *Finca* 255: No se habló más, ni nadie se movió. Estaban imantados por aquel cuerpo del que no hacía más que brotar .. la sangre. Delibes *Tesoro* 29: Sus ojos quedaron imantados por un torques de plata. Berlanga *Recuentos* 41: Advertí de golpe que al otro lado del pasillo la chica del hoyuelo imantaba; me resultaba una desconocida absolutamente cálida y prometedora.

imbatibilidad *f* Condición de imbatible o imbatido. *Gralm en deportes.* | *HLM* 26.10.70, 31: Sigue bajando el promedio de goles, .. aunque ayer se marcó uno más que en la jornada anterior: ¡porque "cayó" Esnaola, que perdió la imbatibilidad!

imbatible *adj* Que no es susceptible de derrota. | R. Pieltáin *Abc* 18.4.58, 15: Fue nombrado Castaños .. capitán general del Ejército que en Andalucía se formaba para salir a combatir las entonces imbatibles tropas de Napoleón. MMolina *Jinete* 37: Antes de pasar a la otra habitación, que solo un optimista tan imbatible como él podía seguir considerando su vivienda particular.

imbatido -da *adj* Que no ha sufrido ninguna derrota. *Gralm en deportes. Tb n: m y f, referido a pers; m, referido a equipo.* | Fielpeña *Ya* 22.10.64, 27: La clasificación del segundo en el grupo B, imbatido en siete encuentros, .. ha sido muy buena. *Inf* 31.10.70, 21: Baloncesto. ¿Caerá otro de los imbatidos, en Madrid? Arazo *Maestrazgo* 12 (G): Parece una fortaleza imbatida.

imbécil *adj* **1** [Pers.] falta de inteligencia. *Tb n. Frec se usa como insulto.* | Laiglesia *Tachado* 73: Para luchar con imbéciles, mi Gobierno no hubiera mandado aquí a uno de sus diplomáticos más eficaces. **2** (*Med*) Deficiente mental con capacidad para adquirir el lenguaje oral pero no el escrito. *Tb n.* | Vilaltella *Salud* 422: Los oligofrénicos menos profundos (antes llamados "imbéciles") pueden llegar a hablar, pero son incapaces de leer y escribir. Su cociente intelectual está situado entre 40 y 60, y su edad mental no sobrepasará nunca los 7 años. Ramírez *Derecho* 21: Me refiero a los menores de edad, .. a los dementes o imbéciles, a los sordomudos. **b)** ~ **moral**. [Pers.] incapaz de comprender los principios morales y de actuar de acuerdo con ellos. | Rábade-Benavente *Filosofía* 225: Esta conciencia "moral" .. actúa en todos los hombres, quitando casos extremos de depravación humana (los llamados "imbéciles morales") o de primitivismo. **3** Propio de la pers. imbécil [1 y 2]. | Torrente *DJuan* 65: Está usted entrando en la zona de las preguntas sin sentido, de las preguntas imbéciles. Pinilla *Hormigas* 39: Su imbécil impasibilidad me impone.

imbecilidad *f* **1** Condición de imbécil. | Torrente *DJuan* 145: Sentí de veras la imbecilidad de aquella mente clara. *Leg. contencioso-adm.* 56: Hay que tener en cuenta en las indicaciones del Derecho común que vamos a recoger a continuación las especialidades de las disposiciones administrativas: a) menor no emancipado ..; h) demencia, imbecilidad y sordomudez. **2** Hecho o dicho propio de un imbécil [1]. | Olmo *Golfos* 23: La gente .. los envuelve en esa maraña de imbecilidades propias del ir tirando.

imbecilización *f* Acción de imbecilizar(se). *Tb su efecto.* | Cunqueiro *Laberinto* 215: Wallace, aquel vicepresidente de Roosevelt que fundó un partido reformista que no obtuvo éxito alguno, según él por una imbecilización progresiva del elector norteamericano.

imbecilizar *tr* (*raro*) Idiotizar. *Tb pr.* | P. Berbén *Tri* 5.8.72, 20: Un 44 por 100 de las mujeres del mundo tienen unas medidas demasiado personales .. Terminan por no poder pensar en otra cosa. Se imbecilizan.

imbécilmente *adv* De manera imbécil [3]. | DCañabate *Abc* 30.6.73, 59: En estos tiempos tan imbécilmente irrespetuosos con todo lo relacionado con el ayer.

imbele *adj* (*lit, raro*) Incapaz de defenderse o de resistir. | Millás *Visión* 88: En el centro .. de un desamparo imbele curtido por el grado de aceptación o de necesidad de una realidad fija, comienza a discurrir un texto no dicho pero escrito en el aire.

imberbe *adj* Que aún no tiene barba. *Frec se usa aludiendo a la falta de madurez.* | L. Calvo *SAbc* 16.3.69, 19: Fue, en verdad, la República del Círculo de Bellas Artes y de los jovenzuelos imberbes.

imbibición *f* (*E*) Acción de embeber o absorber un líquido. | Bustinza-Mascaró *Ciencias* 247: Los Cactus .. contienen sustancias mucilaginosas que retienen por imbibición grandes cantidades de agua.

imbornal *m* **1** *En un barco:* Agujero o canal en el forro del casco para dar salida a las aguas de la cubierta. | Aldecoa *Gran Sol* 55: Atenta la mirada, viva la mirada, a la mar, a los aparejos, .. al agua que se escapaba por los imbornales y que corría por el regato de la cubierta. VMontalbán *Rosa* 156: Ginés atendió al trincaje de los botes y repasó los imbornales para que desaguaran con rapidez en el caso de que las olas cayeran sobre la cubierta. **2** (*reg*) Agujero abierto en la calle, que conduce el agua a la alcantarilla. | Mann *Ale* 4.8.77, 2: Pudo hacerse [en el acceso al aparcamiento subterráneo] .. una rejilla transversal a la entrada lo bastante ancha como para que el agua no salvara esa distancia sin caer a los imbornales.

imborrable *adj* Que no puede borrarse. | M. GAróstegui *SAbc* 20.10.68, 35: Aquellos gritos .. cuando recibió el homenaje nacional son hoy un imborrable recuerdo, una estampa viva en su mente. GMontero *Ide* 9.4.76, 15: Destacó la inteligencia y el esfuerzo decidido de Caniles, en este tesón por la justicia social, meta de los cuarenta años imborrables del caudillaje de Franco.

imbricación *f* Acción de imbricar(se). *Frec su efecto.* | Albalá *Periodismo* 131: Puede quedar claramente diferenciado ya, y separado hasta donde es posible separar tan complejas imbricaciones, lo que es de lo que no es periodismo. Areilza *Artículos* 437: Dentro de las naves excavadas en la estructura del reducto, se adivinan puertas y ojivas a las que los paramentos del castillo han apretado hasta destrozarlas. El ánimo queda perplejo ante tan violenta y mal avenida imbricación. J. R. Alfaro *SInf* 27.1.71, 11: Otra característica de la investigación bioespacial es la imbricación técnica con que se realiza. **b)** (*Arte*) Adorno que imita las escamas de los peces o su disposición. | Seseña *Barros* 66: Las formas se barroquizan por el uso del molde y los motivos se hacen menudos y rápidos: imbricaciones, festones, punto de ganchillo.

imbricado -da *adj* **1** *part* → IMBRICAR.
2 Que tiene la disposición propia de las cosas imbricadas (→ IMBRICAR). | Lueje *Picos* 14: Al elevarse [el plegamiento] en su colosal masa había producido el hundimiento de la Liébana, del Valdeón y de Sajambre, y cuyos plásticos extractos .. se superpusieron y amontonaron violentísimamente, llegando a adquirir las imbricadas y abruptas formas .. con que hoy se nos muestran.

imbricar *tr* Disponer [una serie de cosas] de modo que se superpongan parcialmente unas sobre otras. *Tb fig.* | * Las láminas de la cubierta debes imbricarlas para evitar que entre el agua. P. Urbano *ElM* 1.5.91, 12: Ni terminó con el "proyecto global" que imbricaba los intereses de Miguel Durán, Silvio Berlusconi, .. Javier de la Rosa... **b)** *pr* Superponerse parcialmente [una serie de cosas] unas sobre otras. *Frec en part, esp en ciencias naturales. Tb fig.* | Bustinza-Mascaró *Ciencias* 187: El carey, del mar Caribe, posee unas placas córneas imbricadas en el espaldar. Ybarra-Cabetas *Ciencias* 371: Su cuerpo [de la lagartija], así como sus patas, está recubierto de escamas imbricadas. Alvarado *Botánica* 14: Las yemas no son otra cosa que brotes en formación, cuyos entrenudos aún no se han alargado y cuyas hojas están imbricadas unas sobre otras. Delibes *Madera* 255: Música y pensamiento se imbricaban, y al calor de tal coyunda Gervasio iba construyendo sus proezas, engranando las cuentas de su epopeya personal.

imbuir (*conjug* **48**) *tr* **1** Hacer que [alguien o, raro, algo (*cd*)] pase a tener [algo no material, esp. una idea o un sentimiento (*compl* DE)]. | Torrente *Fragmentos* 224: Sus líderes no han necesitado imbuirles del odio hacia nosotros, porque ya lo tenían. MGaite *SLe* 4.89, 3: No lo ha ideado como protagonista de novela a quien van a sucederle cosas, sino que lo ha imbuido de las dotes del testigo. J. C. Villacorta *VozC* 12.1.55, 3: Componen una comunidad de artesanos, cuyas virtudes imbuyen la mentalidad española de un sentido de honestidad, de liturgia, de paciencia y de decoro. **b)** *pr* Pasar [alguien] a tener [algo no material, esp. una idea o un sentimiento (*compl* DE)]. | J. Castilla *VozC* 29.6.69, 4: Ir todos imbuidos de esa alegría festera que supone una manifestación de esa clase. * Se imbuyó rápidamente de las ideas revolucionarias.
2 Hacer que [alguien (*ci*)] pase a tener [algo no material, esp. una idea o un sentimiento (*cd*)]. | * Les imbuyó la nueva doctrina.

imela *f* (*Ling*) Fenómeno de algunos dialectos árabes consistente en la pronunciación, en ciertos casos, del fonema /a/ como [e] o [i]. | Cantera *Enseñanza* 25: Se da, además, [en el nombre de Isbilia] el fenómeno de imela. Lapesa *HLengua* 103: Fenómeno peculiar del árabe hispano es la imela o paso de la *a* acentuada a *é* y ulteriormente a *í*.

imipramina *f* (*Med*) Amina utilizada en el tratamiento de la depresión. | *Gac* 11.5.69, 7: Algunos médicos .. prescriben un medicamento llamado imipramina para los pacientes que no responden a la terapia oral. *Abc* 5.3.67, 57: Norteamérica no retira la imipramina del mercado.

imitable *adj* Que puede ser imitado. | A. M. Campoy *Abc* 10.9.68, sn: Ortega Muñoz –como Van Gogh, como Modigliani– es imitable, sí, pero siempre acaba siendo inconfundible.

imitación I *f* **1** Acción de imitar. | G. Palomo *VozT* 27.9.78, 26: Todo Alcabón .. ha sabido .. coronar de laureles una profesionalidad sin tacha, digna de imitación y público elogio. L. Padrón *RegO* 28.7.64, 7: Otras personas extrañas a este tipo de vida quieren cumplir sus ideales según el patrón aprendido por el cine o los periódicos. La imitación puede ser total o únicamente en sus maneras, en sus modos, en sus posturas.
2 Cosa que imita [3]. | Alfonso *España* 132: Por muy bélico que sea [el juguete], consiste solo en una simple imitación incapaz de producir muertos ni heridos.
II *loc adj* **3 de ~.** [Cosa] hecha imitando [2b] [otra (*compl de posesión*)]. *Frec sin compl por consabido.* | CPuche *SYa* 10.11.63, 15: Unos gemelos fantasía metal dorado con piedras de imitación ágata. * Piel de imitación.
III *loc prep* **4 a ~ de.** Imitando a. | DPlaja *Literatura* 37: A imitación de los *Idilios* de Teócrito, presentan diálogos entre pastores que relatan sus amores.

imitador -ra *adj* Que imita. *Tb n, referido a pers.* | GYebra *Traducción* 143: El "calco" es una construcción imitativa que reproduce el significado de la palabra o expresión extranjera con significantes de la lengua imitadora. VParga *Santiago* 11: El ejemplo de Santo Domingo de la Calzada es seguido por su discípulo e imitador Juan de Quintana Ortuño.

imitar *tr* **1** Actuar [una pers.] de modo igual o semejante [a otra (*cd*)], esp. intencionadamente. | Arce *Testamento* 15: Enzo y El Bayona se habían cubierto la cabeza con las chaquetas. Yo les imité. DPlaja *Literatura* 35: Terencio no es original. Imita a los griegos, singularmente a Menandro. * Él comenzó a reír y yo le imité sin darme cuenta.
2 Tratar [alguien] de reproducir, en lo que hace, las características [de algo (*cd*)]. | SLuis *Doctrina* 157: Escucha su voz, sigue sus consejos, imita su conducta. DPlaja *Literatura* 36: Los "poetae novi" imitan la poesía ligera y refinada de los alejandrinos. DPlaja *Literatura* 299: El artista debe someterse a una preceptiva rigurosa .., que en Francia .. se basa en el *Art poétique*, de Boileau, imitada en España por Ignacio de Luzán en su *Poética*. **b)** Reproducir voluntariamente y más o menos exactamente [algo]. | M. PRegordan *DCá* 4.1.88, 20: Dime quién podrá imitar la letra y firma del asistente de la Audiencia de Sevilla.
3 Presentar [una cosa (*suj*)] características iguales o semejantes [a otra (*cd*), normalmente de más valor]. | * El edificio imita descaradamente el monasterio del Escorial.

imitativo -va *adj* De (la) imitación. | Ybarra-Cabetas *Ciencias* 412: Estas adaptaciones pueden conducir en algunos casos al mimetismo o formas imitativas.

impaciencia *f* Cualidad de impaciente. | Umbral *Mortal* 176: El quehacer nos ha mantenido en la vida sin prisa y sin pausa, con acicate y sin impaciencia. MGaite *Fragmentos* 32: –¿Cómo que a dónde voy? A dónde vamos, dirás. ¿No hemos quedado en *Avizor* con esos? –Sí, pero yo no sé qué hacer. Estoy en un *impasse*.– Joaquín se encogió de hombros con impaciencia y le volvió la espalda. –Mira, pues ya eres mayorcito. Tú sabrás.

impacientar *tr* Poner impaciente [1] [a alguien]. | * Mi retraso la impacientó. **b)** *pr* Ponerse impaciente [1]. | CNavarro *Perros* 11: Tocó el claxon, a fin de advertir a sus familiares de que empezaba a impacientarse.

impaciente *adj* **1** [Pers.] que no tiene paciencia para esperar. *Tb n.* | Altober *Día* 15.6.76, 5: Unos son los "impacientes", los que quieren llegar enseguida, saltándose las reglas de tráfico, si es preciso; otros, son los "inmovilistas", los que no dejan pasar. **b)** Nervioso o irritado, esp. como consecuencia de una espera. | GPavón *Hermanas* 47: Jiménez, impaciente, miró el reloj. * El ministro parecía impaciente ante aquellas preguntas.
2 Que espera con afán [algo (*compl* POR)]. | * Estamos impacientes por saber el resultado.
3 Propio de la pers. impaciente [1 y 2]. | Torres *Él* 145: El tal Amancio le hizo esperar casi una hora. Moncho dirigía miradas impacientes a la chica. Laforet *Mujer* 175: Rita apartó el plato de la mesa y lloró ruidosamente ya .. Antonio lanzó unas cuantas exclamaciones, impacientes.

impacientemente *adv* De manera impaciente [3]. | J. L. Alegre *Ya* 28.3.75, 8: Son tantos los pacientes, que esperan impacientemente.

impactación *f* (*Med*) Hecho de detenerse o fijarse con fuerza en una parte del organismo proyectiles, fragmentos óseos, excrementos u otras cosas. | Rascón *TMé* 8.6.84, 4: Está motivado [el tenesmo] por la presencia en el recto de algo que el organismo trata de expulsar continuamente. Su causa más común es la impactación fecal.

impactante *adj* Que causa impacto [2]. *Frec con intención ponderativa.* | J. M. Llanos *Ya* 26.4.75, 7: Todos en el mismo puchero, tan solo separados por aquello de lo social, es decir, por algo tan sucio como equívoco, tan progresivo y cambiante como impactante y devorador. E. Romero *Ya* 3.12.83, 6: Tengo delante de mí el informe de José Antonio Segurado, uno de nuestros dirigentes empresariales más impactantes. VMontalbán *Almuerzos* 30: Su propia belleza, es decir, el físico impactante, se ha impuesto sobre la capacidad de burla.

impactar A *intr* **1** Hacer impacto [en alguien o algo (*compl* EN *o* CONTRA)]. *Tb sin compl.* | L. Riñón *Abc* 29.5.92, 90: El guardameta impactó con sus tacos en el tobillo del jugador luso. F. SVentura *SAbc* 9.3.69, 31: Mantiene el mismo perfil que dibujó la bomba al impactar contra el suelo. Aldecoa *Cuentos* 1, 406: Una vez y otra las palabras llegaban, hendían e impactaban en su corazón. *Ide* 19.8.92, 36: De cada cien mensajes publicitarios que recibimos solo el 15% impactan, mientras que el resto escapa a la atención del espectador.
B *tr* **2** Hacer impacto [en alguien o algo (*cd*)]. | G. ÁBlanco *Sáb* 21.9.74, 19: Seguramente se recordaría en aquel momento la cristiana parábola de que no se debe omitir la segunda mejilla tras haber sido impactado en la primera. *Ya* 4.4.65, 2: La esfera política está siendo de hecho modificada, impactada de continuo por ese gigantesco suceso que es la sociedad. Areilza *Memorias* 147: La larga guerra de Argelia .. había impactado visiblemente sectores importantes de nuestras Fuerzas Armadas.

impacto *m* **1** Choque [contra algo (*compl* EN *o* CONTRA)] de un proyectil u otro cuerpo que se mueve. *Tb sin compl. Frec con el v* HACER. | CNavarro *Perros* 59: Cogió una silla y la tiró a la cabeza del intruso. Mario eludió el impacto mediante un quiebro rapidísimo. **b)** Huella del impacto. | * En el coche se pueden apreciar los tres impactos.
2 Efecto causado por alguien o algo que impresiona o sorprende. *Frec con vs como* CAUSAR, HACER *o* PRODUCIR. | Areilza *Memorias* 44: También Alonso Zamora Vicente causó extraordinario impacto con sus lecciones literarias meditadas y precisas. Torrente *Off-side* 539: El mundo puede pasarse tranquilamente sin esta obra, que, solo aquí, entre nosotros, causaría cierto impacto. Medio *Bibiana* 231: Lo del ministro hace impacto en Bibiana.
3 Consecuencia o repercusión. *En sent no material. Frec con vs como* CAUSAR, HACER *o* PRODUCIR. | Pániker *Conversaciones* 199: Tiene que haber una previsión social sobre cuál va a ser el impacto de todas estas nuevas circunstancias técnicas.

impagable *adj* Que no se puede pagar. *Normalmente fig, referido a* BENEFICIO *o* FAVOR, *y con intención enfática.* | MDescalzo *Abc* 20.9.70, 31: Aquellos hechos dramáticos han hecho a la Iglesia un impagable bien. Landero *Juegos* 119: El próximo año, amigos impagables van a editar una antología lírica de mis versos.

impagado -da *adj* (*Com*) [Efecto o suma] que no se ha pagado en el plazo previsto. *Tb n m.* | Torrente *Pascua* 99: ¡A mí, al industrial más honrado y próspero de la provincia! ¡A una firma que en toda su historia no registra una letra impagada ni un compromiso sin cumplir! *Ya* 8.5.70, 17: ¿Facturas impagadas? Déjenos sus problemas de cobro. *Ade* 29.10.90, 34: Impagados Ifamer, S.A. Gestionamos su recuperación extrajudicialmente a nivel nacional.

impago *m* Hecho de no pagar una cantidad en el plazo previsto. | Ramírez *Derecho* 146: No he llegado al extremo .. de recoger como figura delictiva el impago, por ejemplo, de una letra de cambio. *Abc* 1.8.70, 15: Existe una situación de violencia desde que centenares de campesinos ocuparan más de cuarenta latifundios en protesta por el impago de salarios.

impala *m* Pequeño antílope de África del Sur, de cuernos finos en forma de lira (*Aepyceros melampus*). | Artero *Vertebrados* 38: La cabeza de un soberbio impala, el más bonito antílope de África.

impalpable *adj* **1** Que no se percibe por el tacto. | Cuevas *Finca* 123: El gañán vio muy tranquilo cómo el aire reducía en un minuto al hombretón barbudo a polvo impalpable.
2 Sutil o apenas perceptible. | Laforet *Mujer* 296: La fama de beata era una cosa desagradable, que levantaba alrededor de ella una impalpable red de antipatía.

impar *adj* **1** [Número] no divisible por dos. *Tb n.* | Marcos-Martínez *Algebra* 25: El producto será positivo si el número de factores negativos es par o nulo; y será negativo si el número de factores negativos es impar.
2 (*Anat*) [Órgano] que no corresponde simétricamente a otro igual. | Alvarado *Anatomía* 52: Los huesos impares son: el frontal, .. el etmoides, .. el esfenoides .. y el occipital .. Los pares son: 1º, los parietales ..; 2º, los temporales. Cañadell *Salud* 181: El útero o matriz es un órgano impar, situado en la parte baja del abdomen, entre la vejiga urinaria y el recto.
3 (*raro*) [Cosa] que carece del elemento con el que formaba pareja. | Delibes *Mundos* 113: El cronista ha rebañado su cerebro y se encuentra, de pronto, con un pequeño caudal de zapatos impares y con la necesidad "apremiante" de darles salida.
4 (*lit*) Único o incomparable. | Gaos *Antología* 33: Ambos libros hacen de Lorca el intérprete impar de la "Andalucía del llanto".

imparable *adj* Que no puede ser parado o detenido. | J. M. Javierre *Ya* 4.7.65, sn: Fue como si un rompehielos remontara el Nilo y .. avanzara imparable hacia los brazos silenciosos, poéticos, del Nilo azul y el Nilo blanco. R. MGandía *Mar* 24.1.68, 5: Todos los goles son imparables. S. Chanzá *SAbc* 16.3.69, 47: La sátira desatada ya fue imparable.

imparablemente *adv* De manera imparable. | *Abc* 14.9.75, 95: Fue una extraordinaria jugada de Cruyff, llevándose el balón .. para bombear la pelota y permitir a Asensi rematar imparablemente.

imparcial *adj* Que no está inclinado de antemano en favor de ninguna de las partes en conflicto, o no se deja llevar en sus juicios por sus sentimientos personales. | Aguirre *SInf* 1.4.71, 16: Coincide con los contados críticos imparciales que estudiaron .. el teatro del varón insigne que descolló en política. J. J. Esparza *Ya* 19.1.91, 53: Si Gabilondo .. quiere ir de imparcial por la vida, que llame a un iraquí de verdad. **b)** Propio de la pers. imparcial. | Laiglesia *Ombligos* 240: Su neutralidad era una garantía de juicio imparcial.

imparcialidad *f* Cualidad de imparcial. | L. Calvo *Abc* 22.12.70, 47: Los periodistas .. que procuran en estos desencadenamientos de pasiones hacer con corrección e imparcialidad nuestro trabajo.

imparcialmente *adv* De manera imparcial. | DPlaja *SPaís* 7.11.76, 2: En 1976 estamos asistiendo al principio de un fenómeno contrario .. y que consiste en reescribir la historia contemporánea española. ¿Por fin imparcialmente?

imparipinnado -da (*tb con la grafía* **imparipinado**) *adj* (*Bot*) [Hoja pinnadocompuesta] terminada en un folíolo único. | Legorburu-Barrutia *Ciencias* 249: Hojas simples y compuestas: penninervia, imparipinnada, palmado-compuesta, trifoliada. Artero *Plantas* 57: Pueden [las hojas] ser paripinadas e imparipinadas, como las de las acacias, según que el número total de folíolos sea par o impar.

impartición *f* Acción de impartir [1b]. | J. Arango *Abc* 8.4.86, 53: Nada hay que interese más a todos los sectores que un buen funcionamiento del centro y la impartición en su seno de una enseñanza de calidad.

impartir *tr* Dar [algo, esp. espiritual, a muchos]. | M. Caballero *Odi* 3.7.68, 4: Monseñor García Lahiguera .. terminó impartiendo la bendición a todos los asistentes. **b)** *Esp referido a enseñanza.* | *Inf* 27.5.70, 10: El director de la Escuela Oficial de Periodismo .. presentó por la mañana su plan de reestructuración de las enseñanzas del periodismo que pasarán a impartirse en Facultades.

impasibilidad *f* Cualidad de impasible. | CSotelo *Herencia* 272: Todos estamos nerviosísimos menos Luis .., que hace gala de una impasibilidad repugnante. SLuis *Doctrina* 58: Los cuerpos de los bienaventurados estarán .. Libres de dolor, impasibles (impasibilidad).

impasible *adj* [Pers.] que no siente o muestra ninguna emoción, o que no se muestra afectado. | Delibes *Año* 34: No cuenta el gesto conmovedor de Federico Santander .. cuando en medio de un gran abucheo entregó un ramo de flores a la reina .. La figura de Santander, impasible, con el ramo de flores en la mano entre la multitud vociferadora, .. encierra un encanto poético que conmueve e infunde respeto. **b)** (*Rel*) Que no puede padecer. | Villapún *Dogma* 102: Para reparar es necesario humillarse y padecer, y Dios es, por naturaleza, impasible. SLuis *Doctrina* 58: Los cuerpos de los bienaventurados estarán .. 1. Libres de dolor, impasibles (impasibilidad). 2. Libres de las imperfecciones de la materia. **c)** Propio de la pers. impasible. | Laforet *Mujer* 241: Le daba pena la mujer con la cara impasible.

impasiblemente *adv* De manera impasible. | L. Calvo *Abc* 24.8.66, 25: El Gobierno de Suharto sigue, mientras tanto, impasiblemente, una política interior y exterior contraria a la del presidente de la República.

impasse *(fr; pronunc corriente, /impás/) m* Callejón sin salida (situación sin solución). *Frec con intención ponderativa.* | *Alc* 31.10.62, 4: De Gaulle va a poder salir difícilmente del "impasse" en el que se ha metido políticamente. MGaite *Fragmentos* 32: Yo no sé qué hacer. Estoy en un *impasse*.

impávidamente *adv* De manera impávida. | *Abc* 20.11.71, 3: Todo era técnico e impávidamente detallista en los expertos que aparecían en la pequeña pantalla.

impavidez *f* Cualidad de impávido. | Gironella *Millón* 655: Personas como el director del Banco Arús se sorprendieron a sí mismas casi arrodilladas delante de los campesinos, los cuales hacían gala de una rara impavidez.

impávido -da *adj* [Pers.] indiferente, o que no muestra estar impresionada. | CNavarro *Perros* 124: Andrés alzó los ojos y los fijó en su hermano. Poncio resistió impávido. Cuevas *Finca* 246: —Usted ha querido la guerra y la tendrá.— Medinilla montó en su mulo, impávido. **b)** Propio de la pers. impávida. | Matute *Memoria* 60: Ella los envolvía en su mirada dura y gris, impávida.

impeachment *(ing; pronunc corriente, /impíchmen/) m* Proceso de incapacitación del presidente de los Estados Unidos. *Tb la acusación que conduce a ese proceso.* | *Inf* 19.4.74, 3: El problema de los impuestos del Presidente Nixon está siendo investigado también por el Comité Judicial de la Cámara de Representantes, encargado de estudiar la acusación de "impeachment" contra el titular del Ejecutivo. *País* 10.2.90, 4 (A): El norteamericano .. tiene un medio enérgico de actuar sobre el presidente que viola la ley, el *impeachment*.

impecabilidad *f* Cualidad de impecable. | B. Piña *Abc* 24.8.66, 3: Les hace suponer que han alcanzado con su esfuerzo un estado de impecabilidad, desconociendo que ha sido la gracia la que ha impulsado y logrado el dominio de sus pasiones. SFerlosio *Ensayos* 1, 149: La impecabilidad atribuida a los ejércitos no es una impecabilidad individual que afecte a cada militar por separado, sino una impecabilidad o infalibilidad corporativa semejante a la que la Iglesia reconoce al sínodo ecuménico.

impecable *adj* **1** Perfecto, o que no tiene ningún defecto. | MGaite *Nubosidad* 256: Aquel ajuste de cuentas con el tiempo no parecía ser la primera vez que me venía sugerido por el joven de la sonrisa impecable. Laiglesia *Tachado* 97: A pesar de hallarse embutido en un impecable frac y mezclado entre la distinguida clientela, era el jefe de un temible partido. Torres *Él* 102: Goza de una impecable protección. **b)** Perfectamente limpio. | * Esta lavadora deja la ropa impecable.
2 *(Rel)* Incapaz de pecar. | J. M. Llanos *Ya* 1.11.74, 22: Desde hace siglos la Iglesia venía dando otro culto no menos misterioso .. al "santo desconocido" .. Tampoco es el impecable, el mínimamente pecable, el "hombre maravilloso" que dejase absortos a sus contemporáneos.
3 *(lit)* Incapaz de cometer error. | * Como teólogo se considera impecable.

impecablemente *adv* De manera impecable. | Delibes *Año* 187: Por otro lado, [la película] "Locos" está vívida impecablemente y realizada a buen ritmo.

impecune *adj (lit)* Pobre, o carente de medios económicos. | Carnicer *Castilla* 147: La vía más recomendable era la de entroncar por matrimonio con las familias hidalgas impecunes.

impecunia *f (lit)* Pobreza, o carencia de medios económicos. | CBonald *Ágata* 141: Las malquerencias lo habían ido arrinconando en una impecunia no muy alejada de la mendicidad.

impedancia *f* **1** *(Electr)* Resistencia aparente de un circuito al flujo de una corriente alterna, equivalente al cociente de los valores eficaces de la tensión y la intensidad. | Mingarro *Física* 148: La impedancia .. es la suma de la resistencia óhmica .. y la reactancia ..; pero esta suma no es aritmética, sino vectorial.
2 *(Acúst)* Relación entre la amplitud de velocidad y la amplitud de presión de una vibración sonora. *Tb ~* ACÚSTICA. | *Van* 10.10.74, 4: Equipo Adagio 74 .. Potencia musical admisible 25 w. Impedancia 8 ohms.

impedanciometría *f (Med)* Técnica para medir la impedancia [2] del oído medio. | *Abc* 5.5.74, 42: La primera de ellas [conferencias], pronunciada por Herbert Rulpf, versó sobre la "Impedanciometría". *Ya* 25.5.86, 56: Expo/Óptica 86 .. Instrumentos para la audiometría. Instrumentos para la impedanciometría.

impedido -da *adj* **1** *part* → IMPEDIR.
2 [Pers.] que no puede utilizar alguno de sus miembros, esp. las piernas. *Tb n.* | *HLG* 15.9.75, 1: El dinero así recaudado .. fue destinado a la acción regional a favor del "niño impedido". *Odi* 23.8.64, 7: Viéndose el templo parroquial materialmente abarrotado por las familias con sus hijos, familiares de los que pasaron a mejor vida y de los enfermos e impedidos de la feligresía. **b)** [Pers.] que ha perdido la capacidad física [para una actividad]. | Ramos-LSerrano *Circulación* 172: El que hiriere, golpeare o maltratare de obra a otro será castigado .. 2º Con pena de prisión menor .. si pierde un ojo, algún miembro principal o queda impedido para el trabajo a que estaba dedicado. **c)** [Extremidad] que no puede moverse. | * Tiene un brazo impedido.

impediente *adj* Que impide o que supone impedimento. | *Leg. contencioso-adm.* 17: La impugnación resulta referida al contenido de una Ley, no siendo motivo impediente el que tal convalidación se operara después de iniciarse el recurso.

impedimenta *f* **1** *(Mil)* Carga o bagaje que dificulta la marcha del ejército. | Tovar-Blázquez *Hispania* 52: La caballería romana que había quedado guardando la impedimenta atacó a los vencedores y dio muerte al propio Caro y a otros 6.000 celtíberos.
2 *(lit)* Carga o bagaje. | Hoyo *Bigotillo* 90: Como ya no llevaba impedimenta, pues mi morral y su contenido se los había regalado a Rabina, pronto pude salir del territorio de Allá.

impedimento *m* Cosa que impide. | MChacón *Abc* 25.8.68, 47: Y aplicando la manivela .. puso a su vehículo en condiciones de seguir viaje sin mayores impedimentos. M. GNájera *DPa* 10.9.75, 12: Tuvieron la malvada idea de colocar .. una especie de mampara de madera que impedía la visibilidad del ruedo a los concurrentes a tal lugar, y, claro está, la reacción de estos .. no se hizo esperar y "desbarataron" el impedimento que les privaba de visión taurina. **b)** Circunstancia que hace ilícito o nulo el matrimonio. | SLuis *Doctrina* 153: Para que haya verdadero matrimonio se requiere: 1º Que los contrayentes no tengan ningún impedimento dirimente.

impedir *(conjug 62) tr* Hacer que [algo *(cd)*] no ocurra o no sea posible. *Frec con ci. A veces con intención ponderativa expresando suma dificultad.* | Ortega-Roig *País* 56: Deben salvar [los ríos] frecuentes desniveles, y eso impide que sean navegables. Medio *Bibiana* 13: Que los chicos sean una joya no debe impedirme dormir ahora. M. GNájera *DPa* 10.9.75, 12: Tuvieron la malvada idea de colocar .. una especie de mampara de madera que impedía la visibilidad del ruedo a los concurrentes a tal lugar. *SAbc* 1.2.76, 4: Sus defensas [de los jugadores de hockey] son menos pesadas que las del portero, para no impedir su movilidad en este rápido juego.

impeditivo -va *adj* Que impide o que supone impedimento. | Fanjul *Abc* 11.5.58, 74: Diferencia el Supremo esta acción de la reivindicatoria ..; dictamina sobre la prueba de los hechos impeditivos u obstativos opuestos por el demandado.

impelente *adj* Que impele. | Rábade-Benavente *Filosofía* 89: Cabe, también, una posición intermedia, que explique la conducta, en parte por estímulos externos y, en parte también, por estas estructuras impelentes interiores. **b)** [Bomba] que empuja el líquido a una presión mayor que la de aspiración. *Tb fig.* | Alvarado *Anatomía* 96: La sangre se mueve en el aparato circulatorio gracias a la actividad del corazón, que funciona como una bomba aspirante e impelente. *Abc* 21.5.67, 90: La bomba impelente del Banco de España está exhausta.

impeler *tr* **1** Empujar [a alguien o algo (*cd*)] poniéndolo en movimiento. I A. Nadal *Van* 4.4.73, 59: Se balanceaban las barcas, hinchadas las velas, dulce y grácilmente impelidas por la mansa brisa.
2 (*lit*) Impulsar o inducir [a alguien a algo]. I MGaite *Búsqueda* 14: Quién no ha ansiado arriar el personaje que la vida le impele a encarnar.

impenetrabilidad *f* Cualidad de impenetrable. I Medio *Bibiana* 185: Entran como sea y caben todos en el vagón, desmintiendo la ley de la impenetrabilidad. Delibes *Siestas* 48: La impenetrabilidad del misterio termina por aburrirte y vencerte. VMontalbán *Pájaros* 151: La impenetrabilidad atribuida a los rostros orientales no impidió que el miedo se asomara a aquellos ojos.

impenetrable *adj* [Cosa] en que, por su consistencia, no se puede penetrar. I * Una oscuridad impenetrable. * Los cuerpos son impenetrables. **b)** [Lugar] en el que no se puede penetrar. I Cossío *Confesiones* 23: La habitación más impenetrable era el despacho de mi bisabuelo. Esta estancia alcancé a verla una sola vez. **c)** [Cosa] que no se puede descifrar o cuya realidad oculta no se puede descubrir. I Criado *MHi* 11.63, 17: Quiso esconderse en el anónimo más impenetrable de nuestra historia literaria. **d)** [Pers.] cuyo verdadero pensamiento o sentimiento es imposible descubrir. I * Es un hombre impenetrable.

impenitencia *f* Condición de impenitente. I Valcarce *Moral* 138: Pérdida del temor de Dios y de la fe, y con ello abrirse a la desesperación y a la impenitencia final.

impenitente *adj* Que se obstina en el pecado, sin arrepentimiento. I CBaroja *Inquisidor* 35: Viene a insinuar que murió impenitente y hereje. **b)** *Acompañando a un n calificador o de agente:* Incorregible. I * Es un fumador impenitente. *Her* 11.9.88, 32: Camilo José Cela, andarín impenitente, ofrecerá a nuestra tierra el inapreciable regalo de su próxima obra literaria. **c)** Propio de la pers. impenitente. I Umbral *Ninfas* 187: Así lo razonaba yo, en mi afán impenitente por teorizar y hacer psicologismo. E. Cruz *Pue* 16.12.70, 25: El "chauvinismo" impenitente de nuestros vecinos del norte.

impensa *f* (*Der*) Gasto que se hace en la cosa poseída. I *Compil. Navarra* 157: El cedente podrá exigir del cesionario el reembolso de las impensas y gastos necesarios en razón de los bienes de la herencia.

impensable *adj* Que no se puede pensar. I Areilza *Artículos* 233: Lo conseguido por la subversión al servir de acicate al Gobierno para iniciar los cambios es algo que antes de los episodios hubiera parecido impensable. CBonald *Ágata* 109: Solo en peso de gemas y metales aquella fracción del tesoro valía ya una impensable fortuna.

impensadamente *adv* De manera impensada. I A. Pezuela *Mun* 12.12.70, 61: Si usted, con su libro, se distrae impensadamente, puede volver a leer la parte que le interese, sin ningún problema.

impensado -da *adj* No pensado. I GHortelano *Tormenta* 219: Hice un gesto impensado con la mano, como de desaliento o abandono. V. RRozas *Caso* 14.11.70, 14: Ha querido la casualidad proporcionarnos una impensada entrevista con un industrial establecido en la ribera del Manzanares.

impepinable *adj* (*col*) [Cosa] que no admite discusión. I ZVicente *Traque* 213: ¿Tú no te vas a colocar en la Unesco? Casi todos los tipos que trabajan allí son de carrera, y la boda, impepinable.

impepinablemente *adv* (*col*) De manera impepinable. I Torrente *Saga* 73: Mil años de historia de la ciudad quedaban, impepinablemente, fuera de toda duda. Berlanga *Barrunto* 81: Algún acontecimiento le ha trastornado, impepinablemente.

imperable *adj* (*raro*) Que se puede imperar [3]. I MPuelles *Filosofía* 2, 361: Están concretamente refiriéndose a los movimientos del apetito sensitivo, a los cuales aplican, en cuanto imperables por la voluntad, el mismo módulo que de una manera directa corresponde a los actos elícitos de ella.

imperante *adj* Que impera [1 y 2]. *Tb n, referido a pers.* I Pla *Des* 12.9.70, 24: El comunismo quedaba instituido como el régimen imperante en Yugoslavia. Laín *Gac* 7.12.75, 57: La actitud del discrepante será tácticamente reducida o inventada por los ocasionales intereses del imperante. R. VZamora *Des* 12.9.70, 27: Es preciso reconocer que .. se han llegado a liberalizar notablemente los criterios imperantes.

imperar A *intr* **1** (*lit*) Mandar [sobre alguien o algo (*compl* SOBRE *o* EN)]. *Tb fig.* I * Inglaterra imperaba en los mares. * La voluntad impera sobre nuestros deseos.
2 (*lit*) Prevalecer o predominar [una cosa en un lugar]. I S. Codina *Mun* 23.5.70, 62: Ahora la fortaleza física impera en el fútbol mundial.
B *tr* **3** (*lit o E*) Mandar u ordenar. I MPuelles *Filosofía* 2, 59: La memoria humana se deja imperar por la voluntad; y el entendimiento puede, de alguna forma, regularla y dirigirla. Gambra *Filosofía* 182: Mirar, pensar, moverse, cuando se hace bajo el imperio de la voluntad, son actos imperados. Peraile *Cuentos* 91: Puntualicemos, señores –imperó el maestro.

imperativamente *adv* De manera imperativa. I Ramírez *Derecho* 135: Solo tienen este carácter .. las [letras de cambio] que reúnen adecuadamente todos los requisitos que imperativamente exijo.

imperatividad *f* Condición de imperativo [1b]. I *Inf* 24.10.69, 9: No caben regateos sobre la imperatividad de estos textos, valiéndose de argumentos formalistas, según los cuales las penas que dicta la Administración no son verdaderas penas, ya que responden a infracciones y no a delitos.

imperativo -va I *adj* **1** Que ordena o manda. I DCañabate *Paseíllo* 16: —Cuando queráis os dice, entre imperativo y galante. **b)** (*Gram*) [Modo del verbo] que expresa orden o mandato. *Tb n m.* I Amorós-Mayoral *Lengua* 80: Los tres modos fundamentales [del verbo] son el indicativo, el subjuntivo y el imperativo. **c)** (*Der*) Que ordena hacer algo. *Se opone a* PROHIBITIVO. I *Compil. Aragón* 559: La costumbre tendrá fuerza de obligar cuando no sea contraria al Derecho natural o a las normas imperativas o prohibitivas aplicables en Aragón. Ramos-LSerrano *Circulación* 65: [Señales] preceptivas. a) Prohibitivas, que señalan una prohibición. b) Imperativas, que ordenan una obligación. **d)** (*Pol*) [Mandato] en que los electores fijan el sentido en que los elegidos han de actuar. I Carrero *Pue* 22.12.70, 6: Los procuradores adoptan posturas y posiciones con plena libertad, sin estar ligados por mandato imperativo alguno.
2 [Cosa] que lleva consigo exigencia o imposición. I Abella *Imperio* 25: Era imperativo renegar de un pasado que se personificaba en el nefasto siglo XIX, al que había que borrar de nuestra Historia. Torres *Ceguera* 246: Ya no tengo obligaciones imperativas.
II *m* **3** Mandato o exigencia impuestos [por algo (*compl de posesión*)]. I CNavarro *Perros* 108: En ellos no se daban los cambios bruscos que la personalidad auténtica sufre por imperativos de su rebeldía. **b)** (*Filos*) Norma ética que el individuo se impone a sí mismo en cuanto dictada por la razón. *Frec con los adjs* CATEGÓRICO *e* HIPOTÉTICO. I Castilla *Humanismo* 39: Decía Goethe que cada hombre debe llegar a ser el que es. La expresión, así citada, fuera de contexto, parece un tanto enigmática y romántica, tanto más cuanto que él la formulaba como un imperativo moral. MPuelles *Hombre* 87: Esas exigencias naturales, en las que consisten mis deberes, me vienen dadas sin habérmelas yo propuesto para lograr algún fin que libremente me imponga. No son .. simples imperativos hipotéticos, sino imperativos categóricos.

imperatoria *f* Planta herbácea de tallo hueco y estriado, con flores en umbela casi plana, y cuyos rizomas y raíces poseen propiedades medicinales (*Peucedanum ostruthium*). I FQuer *Plantas med.* 508: La imperatoria no fue conocida de los farmacólogos de la Antigüedad clásica.

imperceptible *adj* Que no se puede percibir o notar. I *Abc Extra* 12.62, 59: La Oca anda en esa frontera de la seriedad, tan imperceptible, de la que acabamos de escribir.

imperceptiblemente *adv* De manera imperceptible. I *HLM* 26.10.70, 14: Todos los músculos y nervios de la cara y del cuello han de permanecer inmóviles mientras el ventrílocuo habla con la boca imperceptiblemente entreabierta.

imperdible – imperio

imperdible *m* Objeto de metal que sirve normalmente para prender piezas de tela, constituido básicamente por un alambre torcido, uno de cuyos extremos acaba en punta y el otro en una pequeña concavidad en que se aloja y sujeta aquella. | Torrente *Off-side* 23: Las tiras de la fortuna le cuelgan de una solapa, sujetas por un imperdible.

imperdonable *adj* Que no se puede perdonar. | P. VSanjuán *Abc* 28.8.66, 60: Es la más sensata entre el ruido absurdo, los saltos salvajes, los enloquecidos motores y la imperdonable ausencia de toda moderación.

imperdonablemente *adv* De manera imperdonable. | M. O. Faría *Rev* 2.69, 6: Hubiera podido .. vitalizar la figura imperdonablemente convencional de Fray Lorenzo.

imperecedero -ra *adj* (*lit*) [Cosa] inmortal. | Castiella *MHi* 11.63, 66: En España existen dos semillas imperecederas: la de la Caridad que sembrara San Pablo y la del Derecho que Roma nos legó. SMedrano *Sor Juana* x: Una pasión .. que .. nadie, ni ella misma, fue capaz de sofocar y que alcanzó a tomar forma en páginas imperecederas.

imperfección *f* **1** Cualidad de imperfecto [1]. | * La imperfección del sistema trajo estas consecuencias. Ju. GSánchez *VozT* 27.12.78, 30: En el taller de Toledillo no se conocieron los corcusaños ni chafallos de la imperfección. Fue tan puro su arte como su léxico.
2 Cosa por la que una pers. o cosa no es perfecta. | *VozC* 29.6.69, 4: Limpieza de cutis, imperfecciones estéticas.

imperfectamente *adv* De manera imperfecta. | Barrera *Abc* 23.6.74, 17: Esta acusación .. puede ser una sana resistencia a arriesgar el bien común, admitiendo planteamientos imperfectamente contrastados.

imperfectivo -va *adj* (*Gram*) **1** [Verbo] cuya acción es de larga duración y no necesita llegar a su término para que se realice. *Tb referido a la misma acción verbal.* | Alcina-Blecua *Gramática* 785: Los verbos son imperfectivos o permanentes cuando por la naturaleza de lo que significan no se necesita conocer su término para que se pueda tomar como completada la acción. Esto ocurre con verbos como *oír, saber, querer,* etc.
2 [Aspecto verbal] que presenta una acción, pasada o futura, como no terminada. | Academia *Esbozo* 462: En el sistema de la conjugación, las diferentes formas del verbo conocidas con el nombre de tiempos añaden a la representación estrictamente temporal la expresión de los aspectos perfectivo e imperfectivo.

imperfecto -ta *adj* **1** Que no es perfecto, o que carece de alguna de las cualidades exigibles o imaginables. | SLuis *Doctrina* 24: Toda criatura, por el hecho de ser limitada y finita, es imperfecta. Valcarce *Moral* 15: En el [acto humano] imperfecto falta dicha plenitud, por lo menos en la advertencia intelectual.
2 (*Gram*) [Tiempo verbal] que presenta la acción, pasada o futura, como no terminada. *Normalmente siguiendo a* PRETÉRITO *o a* FUTURO. *Tb* n *m, referido al pretérito.* Tb *se refiere a la misma acción.* | Academia *Esbozo* 367: Son imperfectos todos los tiempos simples de la conjugación española, con excepción del pretérito perfecto simple. Amorós-Mayoral *Lengua* 82: Como el pretérito imperfecto indica acciones durativas, no lo podemos emplear cuando el verbo expresa una acción momentánea. Amorós-Mayoral *Lengua* 83: Futuro imperfecto ("amaré"). Expresa un hecho que tendrá lugar después del momento actual. RAdrados *Lingüística* 589: Hay imperfectos griegos que no pueden ser vertidos por el imperfecto español.
3 (*TLit*) [Rima] asonante. | Quilis *Métrica* 33: De ahí que este tipo de rima [parcial] reciba también el nombre de rima vocálica; otros términos son los de rima imperfecta y rima asonante.

imperial I *adj* **1** De(l) imperio [3, 4, 5 y 6]. | DPlaja *Literatura* 82: En la personalidad de Alfonso X se debe distinguir: a) Una vida política, marcada de un lado por sus aspiraciones fracasadas al trono imperial de Alemania; de otro, por las rebeliones de su hijo Sancho IV .. b) Una vida intelectual. *Cua* 7.70, 3: Hay que admitir, como mediana excusa, que el complejo imperial siempre ha sido bálsamo correcto para adormecer urgentes problemas nacionales.
2 De(l) emperador. | Tejedor *Arte* 96: Como inspectores de condes y marqueses estaban unos emisarios imperiales, los *missi dominici*. **b)** (*Heráld*) [Corona] de oro con muchas perlas, ocho florones, cerrada, con diademas y cruz encima. | *Abc* 8.3.80, 70: Surmontada cada una [de las columnas], respectivamente, de una corona imperial y de la Real de España.
3 [Águila] ~ → ÁGUILA (ave). **b)** (*Heráld*) [Águila] de dos cabezas y con las alas extendidas. | * En el escudo figura el águila imperial.
4 (*E*) Superior por su talla o por su calidad. *Referido esp a determinados objetos.* | *SAbc* 14.10.84, 15: El auténtico, el más apreciado, es el topacio imperial, que es de tonalidad amarilla dorada asalmonada.
II *n* **A** *m* **5** (*Naipes, hist*) Versión antigua del juego de los cientos. | *Abc Extra* 12.62, 95: Por la misma época ya se jugaba también a "los cientos", que entonces nombraban "el imperial".
B *f* (*o, reg, m*) **6** (*hist*) *En algunos carruajes antiguos:* Lugar con asientos situado sobre el techo. | FReguera-March *España* 151: El otro día, los hijos de una amiga mía que viajaban en el imperial de un tranvía por poco salen despedidos de sus asientos.

imperialismo *m* (*Pol*) Tendencia a imponer la dominación del Estado propio sobre otro u otros, en el aspecto político o económico. | CPuche *Paralelo* 330: Aquí no podemos decir que el Partido esté mal ni mucho menos, a pesar de la ofensiva universal del imperialismo yanqui. Aranguren *Marxismo* 114: La consideración del Imperialismo como la fase última del Capitalismo viene a completar el cuadro del leninismo.

imperialista *adj* De(l) imperialismo. | ZVicente *Traque* 261: En la Enciclopedia Británica se me han dedicado dos columnas .. En fin..., se trata de una publicación de claro matiz imperialista, y no es pecado engañarla un poco, a ver, los nuevos tiempos. **b)** Partidario del imperialismo. *Tb* n. | Fernández-Llorens *Occidente* 28: Protegidos por el desierto, no creyeron normalmente necesario mantener una gran fuerza militar ni para defenderse ni para atacar (Egipto fue un país escasamente imperialista).

imperialmente *adv* De manera imperial. | *Tri* 11.4.70, 43: Sus aciertos no constituyen motivo suficiente para tratar de establecer imperialmente su metodología.

impericia *f* Falta de pericia. | E. Romero *País* 23.3.80, 11: Aquí, por la impericia de los políticos y de los gobernantes .. hemos llegado a una situación mucho más avanzada .. de lo federal.

imperio I *m* **1** Hecho de imperar [1 y 2]. | Ramírez *Derecho* 61: Resumo, pues: unidad de mando, imperio sobre la mujer y los hijos, protección a los sometidos y comunidad en la herencia. Gambra *Filosofía* 182: Mirar, pensar, moverse, cuando se hace bajo el imperio de la voluntad, son actos imperados. E. Pablo *Abc* 30.3.75, 39: Se disipan paulatinamente las heladas y vuelve por su imperio la primavera. **b)** **mero ~.** (*Der*) Potestad que reside en el soberano y en ciertos magistrados para imponer penas a los delincuentes. | Mercader-DOrtiz *HEspaña* 4, 52: Tenemos, por ejemplo, el caso de la villa de Puebla de Montalbán (Toledo), cuyo señor, el duque de Uceda, usufructuaba la jurisdicción civil y criminal, alta y baja, mero y mixto imperio, con la regalía de nombrar anualmente ministros y oficiales de justicia. **c)** **mixto ~.** (*Der*) Facultad que compete a los jueces para decidir las causas civiles y llevar a efecto sus sentencias. | Mercader-DOrtiz *HEspaña* 4, 50: Usufructuaba la jurisdicción civil y criminal, alta y baja, mero y mixto imperio.
2 Firmeza o decisión para hacerse obedecer. | Delibes *Guerras* 140: –Va y me dice [la Candi]: así hemos de volver a vivir, Pacífico, como Adán y Eva en el paraíso, ¡desnudale! –¡Qué fogosidad! ¿Sin más preámbulos? –Nada, oiga. Y con todo el imperio, ¿entiende?, que ella las gastaba así.
3 Dignidad de emperador. | Castillo *Polis* 239: Terminó [Alfonso X] la sumisión de los territorios del valle del Guadalquivir .. Pero pronto esta actividad debía paralizarse, substituida por sus pretensiones al Imperio, que absorbieron su reinado. **b)** Tiempo que dura el gobierno del emperador. | * Nació bajo el imperio de Augusto.
4 Forma de Estado presidida por un emperador. | Arenaza-Gastaminza *Historia* 50: Con él [Octavio] termina la república y comienza el Imperio. **b)** Tiempo que dura el imperio. | Tejedor *Arte* 12: En los días del Imperio Nuevo, el

imperiosamente – impersonalmente

faraón Amenhotep IV intentó una reforma religiosa de carácter monoteísta.
5 Estado presidido por un emperador. | Zubía *Geografía* 209: Japón .. Es un imperio, con la capital en Tokio. **b)** Estado poderoso con grandes posesiones. | Abella *Imperio* 34: Sobre toda la España traumatizada .. empezó a sonar el gran concierto del Imperio.
6 Conjunto de países sometidos a un emperador. | RMorales *Present. Santiago VParga* 4: Reinaba en Roma el Papa Calixto II, de feliz memoria por haber terminado en Worms el largo y venenoso pleito de las investiduras con el Sacro Imperio. Tejedor *Arte* 48: A la muerte del cual [Teodosio], en 395, el Imperio se dividió entre sus dos hijos. **b)** Conjunto de países sometidos [a una pers. o a otro país (*compl de posesión, o adj especificador*)]. | Arenaza-Gastaminza *Historia* 299: Dos hechos importantes podemos señalar como consecuencia de la segunda guerra mundial: la desintegración de los imperios coloniales en Asia y África y la creación de un gran imperio comunista en Europa y Asia.
7 Empresa o grupo de empresas de gran poder y expansión. | GBiedma *Retrato* 15: Mcmicking ha hecho de Ayala y Cía. un imperio importantísimo, y hoy su mujer y él son mucho más ricos de lo que ella era. *D16* 22.5.78, 2: A partir de esta época la expansión del imperio Coca viene rodada.
8 (*Mil*) Comunidad formada por oficiales o suboficiales de una unidad en campaña, para cubrir sus gastos de manutención y a veces de alojamiento. | GSerrano *Macuto* 167: Imperio: Comunidad de oficiales en campaña para asuntos gastronómicos .. La administración de los imperios no era nada complicada y el escote mensual no subía mucho. **b)** Lugar utilizado como comedor de un imperio. | Aldecoa *Cuentos* 1, 113: Los suboficiales tendrán su zafarrancho .. en su imperio.
II *adj invar* **9** [Estilo o moda] de la época del emperador Napoleón I († 1821). | Torrente *Isla* 28: Esperábamos el regreso de Claire en su mismo despacho, entre sus cachivaches estilo imperio. *Abc Extra* 12.62, 42: Luego, las "incroyables", las del Directorio, las de la moda Imperio, de principios del XIX.
III *loc v* **10 valer un ~** [alguien o algo]. Ser muy valioso. *Frec fig.* | Berenguer *Mundo* 410: Dos cachetadas a tiempo valen un imperio.

imperiosamente *adv* De manera imperiosa [2]. | Anson *Abc* 3.12.70, 3: La unificación a esta escala .. viene imperiosamente exigida por el avance de la tecnología.

imperiosidad *f* Cualidad de imperioso. | Goytisolo *Recuento* 443: Lo ponía [el billete] sobre la mesa sancionando su valor de un manotazo, con la característica imperiosidad, impaciencia y dureza de las nuevas generaciones que vienen pegando.

imperioso -sa *adj* **1** [Pers.] que actúa con imperio [2]. | Olmo *Golfos* 107: Se metió la mano en el bolsillo interior de su chaqueta para mostrar, imperioso, el carnet que le daba derecho a viajar gratis.
2 [Cosa] que lleva consigo exigencia o imposición. | CNavarro *Perros* 144: Sentía necesidad imperiosa de destruir. *Tri* 15.8.70, 12: La lucha contra la contaminación atmosférica se hace cada vez más imperiosa. APaz *Circulación* 154: Ese que se impacienta tras el volante exige paso a imperiosos bocinazos para adelantar a otro coche.

impermeabilidad *f* Cualidad de impermeable. | *ByN* 31.12.66, 118: El blindaje del [reloj] Rolex Oyster le garantiza una impermeabilidad de submarino. L. Calvo *SAbc* 16.3.69, 18: Me lleva a reflexionar en torno a la típica insociabilidad, incomunicación e impermeabilidad de los gremios.

impermeabilización *f* Acción de impermeabilizar. | *GTelefónica N.* 40: Aislamientos e impermeabilizaciones. Distribuidor Ruca.

impermeabilizador -ra *adj* Que impermeabiliza. | A. ÁCadenas *Reg* 11.8.70, 8: Aplican a la piel grasa impermeabilizadora, que suavice la pigmentada epidermis.

impermeabilizante *adj* Que impermeabiliza. *Tb n m, referido a sustancia o producto.* | Aleixandre *Química* 205: Las resinas tipo resol se emplean como adhesivos, impermeabilizantes y para recubrir y proteger metales.

impermeabilizar *tr* Hacer impermeable [1] [una cosa]. | Bustinza-Mascaró *Ciencias* 73: Elaboran [las glándulas sebáceas] una sustancia grasa que además de lubrificar a los pelos, da brillo, lubrifica e impermeabiliza a la piel.

impermeable I *adj* **1** [Cuerpo] que no deja pasar los líquidos, esp. el agua, a través de sus poros o intersticios. *A veces con un compl* A. | Laforet *Mujer* 270: No tenía puesto ningún velo, sino un sombrerillo impermeable que hacía juego con su gabardina. Navarro *Biología* 48: Las membranas de los tallos jóvenes .. se transforman en una sustancia de tipo graso llamada cutina, sustancia que por ser impermeable al agua protege las células.
2 [Pers. o cosa] que no deja que [algo exterior (*compl* A)] penetre en ella o la influya. *Tb sin compl.* | *Cod* 2.2.64, 6: No entra en el caletre de ciertos empresarios, impermeables a las sugerencias del sentido común. A. Rivas *ElM* 3.4.92, 30: Los Colegios Médicos han permanecido .. ajenos e impermeables, no solo a los cambios producidos en la sociedad, sino .. entre los propios médicos. Laforet *Mujer* 205: Casi guiñaba un ojo, tratando de hacer entender a Arturo delicadamente, la cuestión. Pero el otro era impermeable.
II *m* **3** Prenda ligera a modo de abrigo, hecha de materia impermeable [1]. | CNavarro *Perros* 83: Andrés sacudió el impermeable, y uno de los hombres se quejó del tiempo.
4 (*jerg*) Preservativo. | Campmany *Abc* 14.3.93, 27: Algunos le llamaban "el paraguas", y otros le llamaban "la gabardina" o, más propiamente, "el impermeable".

impersonal *adj* **1** Que no tiene o no manifiesta personalidad (conjunto de cualidades por el que alguien o algo se diferencia de los demás). | R. M. Aller *Odi* 3.2.77, 12: Los ciudadanos, como tales ciudadanos, encuentran al Estado demasiado remoto, demasiado abstracto e impersonal. PLozano *Ya* 17.11.63, sn: Los zapatos, especialmente cuando salen de fábrica, son impersonales.
2 Que no se refiere o aplica a nadie personalmente. | Armenteras *Epistolario* 122: Se les da tratamiento impersonal a los Cuerpos colegisladores.
3 (*Gram*) [Oración] que carece de sujeto, tanto explícito como implícito. *Tb n f.* | Amorós-Mayoral *Lengua* 163: Muy frecuentemente, en esta oración pasiva refleja falta el complemento agente; entonces es muy fácil confundirla con las impersonales. **b)** [Verbo] de una oración impersonal. | ZVicente *Traque* 177: Dicen cosas muy sugerentes sobre los acentos, los verbos impersonales. **c)** Propio de (la) oración o de(l) verbo impersonal. | Academia *Esbozo* 383: La construcción pasiva es la tradicional ..; la impersonal activa se abre camino en el habla corriente. Academia *Esbozo* 382: Nótese la expresión impersonal *diz que* por *dicen que*. Academia *Esbozo* 383: Con las verbos que son siempre pronominales no cabe emplear el *se* impersonal ni el pasivo. Amorós-Mayoral *Lengua* 21: Existe una conjugación impersonal del verbo "haber": .. solo tiene la tercera persona del singular.

impersonalidad *f* Cualidad de impersonal. | MCachero *AGBlanco* 126: De la técnica naturalista defiende nuestro crítico la impersonalidad. Lapesa *HLengua* 258: Sentido el *se* como índice de impersonalidad y el sujeto paciente como objeto directo, toma este, cuando es persona, la *a* propia del acusativo personal.

impersonalizante *adj* Que impersonaliza. | M. D. Asís *Rev* 4.68, 13: El personaje es Nueva York, la metrópoli nerviosa, impersonalizante y resplandeciente por los anuncios luminosos.

impersonalizar *tr* Dar carácter impersonal [a alguien o algo (*cd*)]. *Tb abs.* | Onieva *Prado* 113: El ángel que muestra al Santo la Jerusalén celestial tiene muy poco de celeste .. También el Santo queda impersonalizado por la inexpresión. Bousoño *SAbc* 30.11.85, II: Impersonaliza la voz del narrador poemático, al despreciar la concreta subjetividad del poeta. V. Armesto *Inf* 9.5.74, 18: La dificultad del español para impersonalizar y objetivar .. le h[a] incapacitado tanto para la ciencia .. como para la convivencia pacífica. **b)** *pr* Tomar carácter impersonal [alguien o algo]. | Benet *Lanzas* 101 (G): Se fue impersonalizando la tragedia.

impersonalmente *adv* De manera impersonal. | Alfonso *España* 35: Debe soportar que su valía se juegue a la sola carta de unos *test* de figuritas, letritas o numeritos, impersonal y mecánicamente hechos entre la masa de profesionales de todas clases. Academia *Esbozo* 382: Todos los verbos, transitivos e intransitivos, pueden usarse impersonalmente en la voz activa.

impertérrito – implacable

impertérrito -ta *adj* [Pers.] que no se altera o intimida. *Tb fig, referido a cosa.* | Kurtz *Lado* 165: La chiquilla no dijo ni mus. Lo encajó [el golpe] y siguió mirándome impertérrita. *Abc Extra* 12.62, 71: Algo tendrá este dominó cuando sigue, impertérrito, cada vez más vivo, en primera línea.

impertinencia *f* **1** Cualidad de impertinente, *esp* [2]. | Laforet *Mujer* 116: Se portaba con la mayor impertinencia y displicencia con todos. Suñén *Manrique* 94: La dureza de ese recurso a la fugacidad del presente, la inutilidad del pasado y la impertinencia del futuro no son ajn sino elementos reforzadores de la intención primera del poema.
2 Dicho o hecho impertinente [2b]. | Cossío *Confesiones* 81: Estas bromas solían ser pesadas, y era un arte en ellas contestar con ingenio las impertinencias. MMolina *Jinete* 295: En cuanto lo vi me dije, Ramiro, a lo mejor es una impertinencia de tu parte, pero seguro que al comandante Galaz le gustará tener estos recuerdos.

impertinente I *adj* **1** [Cosa] que no hace al caso. | Laín *Marañón* 163: Acaso no sea impertinente en estas páginas una breve glosa del que más amplia y contradictoriamente ha sido comentado. *ElM* 9.5.91, 1: La Audiencia declara "impertinentes" 22 de 26 preguntas a González sobre el GAL.
2 [Pers.] que resulta molesta por sus palabras o su comportamiento, desconsiderado o poco respetuosos. | Laforet *Mujer* 115: Aquella Paulina, vieja impertinente, que parecía tener el don de congregar a todo el mundo en expectación alrededor de ella y de sus cigarrillos. **b)** [Cosa] propia de la pers. impertinente. | GPavón *Reinado* 224: El Jefe continuó con el mismo tono impertinente.
II *m pl* **3** (*hoy raro*) Anteojos provistos de un mango, usados por mujeres. | ZVicente *Balcón* 28: Entre los impertinentes, colgados del cuello con larga cadena de oro, y la condenada verruga, Carmen .. apenas puede seguir fielmente una conversation.

impertinentemente *adv* De manera impertinente. | E. Mendaro *Abc* 2.2.58, 13: Para salir de dudas, un día le hice, impertinentemente, tal pregunta.

imperturbabilidad *f* Cualidad de imperturbable. | Marías *Gac* 12.1.63, 24: La sonrisa es constante, suscitada por la tremenda seriedad del actor, que pasa por todo género de situaciones cómicas sin perder su imperturbabilidad.

imperturbable *adj* [Pers.] que no pierde la calma o no se altera. *Tb fig, referido a cosa.* | CNavarro *Perros* 28: Susi permanecía imperturbable. Sus manos apenas delataban preocupación o nerviosismo. **b)** Propio de la pers. imperturbable. | * Su sonrisa imperturbable.

imperturbablemente *adv* De manera imperturbable. | *Abc* 20.11.64, 74: El espacio ya no era .. tan solo el ente abstracto que servía de escenario a la Naturaleza, ni el tiempo fluía imperturbablemente.

imperturbado -da *adj* (*lit, raro*) No alterado o perturbado. | *Abc* 28.1.58, 25: Venecia .. gozó a veces siglos de tranquilidad imperturbada, sin un conflicto de orden público. Ridruejo *Memorias* 22: Imagino que es una estirpe que se venía sucediendo desde la caída de Numancia en aquellas sierras, de las que los pelendones .. fueron moradores imperturbados.

impétigo *m* (*Med*) Infección de la piel caracterizada por la formación de pequeñas costras amarillentas. | Corbella *Salud* 451: Al rascarse, las vesículas [del eczema] se rompen .. y fácilmente se infectan. Aparecen entonces dos fenómenos nuevos: de un lado, la piel enrojece (eritema) y se hincha ligeramente (edema); de otro, la infección secundaria da lugar a la formación de pequeñas costras, por lo común amarillas (impétigo).

impetración *f* (*lit*) Acción de impetrar. | *Abc* 22.11.75, 5: La misa de impetración divina al Espíritu Santo por los Reyes de España .. ha sido trasladada al jueves, día 27.

impetrador -ra *adj* (*lit*) Que impetra. *Tb n.* | Campmany *Abc* 4.6.85, 21: Sería mucho más seguro sacar en rogativa a don Ramón Tamames. Habría que hacerlo con prudencia y moderación, o sea, en una carrera corta y sin mucho acompañamiento de impetradores.

impetrar *tr* (*lit*) **1** Pedir [algo] con ruegos. | CBonald *Ágata* 122: Manuela hizo cuanto pudo por complacer a aquel atrabiliario solicitante, que impetraba con tan enfática oratoria tan menguados servicios.
2 Conseguir [algo que se ha pedido con ruegos]. | SLuis *Doctrina* 126: La Gracia no se merece (es un regalo gratuito); se impetra.

impetratorio -ria *adj* (*lit*) Que se hace para impetrar. | Vesga-Fernández *Jesucristo* 19: Sus fines [de la misa] son los mismos que los del sacrificio de la Cruz. 1º Tributar a Dios el Honor y la Gloria .. 4º Obtener las Gracias que necesitamos –culto impetratorio–.

ímpetu *m* **1** Fuerza o impulso con que alguien o algo se mueve. | CNavarro *Perros* 138: La pelota .. rebotaba contra la pared, produciendo un sonido seco o fofo, según el ímpetu con que llegase. R. Ruiz *País* 29.10.93, 29: Los congrios son los más agresivos .. Los que salen con más ímpetu, brincando en zona seca: los jureles.
2 Energía o resolución con que alguien actúa. | *Cam* 6.1.75, 12: Desde su vero inicio la Falange tuvo un ímpetu igualitarista y modernizante.

impetuosamente *adv* De manera impetuosa. | GCandau *Ya* 9.12.72, 37: Engert siguió sacando impetuosamente, pero a medida que avanzó el tiempo demostró que todos sus golpes necesitan un concienzudo entrenamiento.

impetuosidad *f* Cualidad de impetuoso. | Camón *Abc* 10.9.68, 3: ¿Se puede considerar a Herbert Marcuse como la conciencia de esos arrebatos juveniles en los que aflora, con una impetuosidad asoladora, el repudio a una civilización sobre la que se asientan esas mismas negociaciones?

impetuoso -sa *adj* **1** Que tiene ímpetu [1]. | L. Barrera *Cór* 12.1.56, 6: Fue grande la cantidad de aceituna que .. se llevó el líquido elemento en su discurrir por cañadas y laderas, formando impetuosas cascadas. Vesga-Fernández *Jesucristo* 157: Sobrevino de repente del cielo un ruido como de viento impetuoso.
2 [Pers.] impulsiva o apasionada. *Tb n.* | J. M. Massip *SAbc* 27.4.69, 18: Temía que, a la hora de montar las premisas constitucionales del país, vendrían los impetuosos, los demagogos y el rencor. **b)** Propio de la pers. impetuosa. | * Tiene un carácter muy impetuoso.

impíamente *adv* De manera impía. | C. L. Álvarez *Abc* 24.3.66, 105: Ambos contemplan cómo la "deshonra" se abate impíamente sobre su familia.

impiedad *f* **1** Cualidad de impío. | Peña-Useros *Mesías* 164: Con un poderoso ejército asaltó Antíoco la ciudad de Jerusalén, matando a 40.000 de sus habitantes. Con bárbara impiedad saqueó el templo, profanándolo sacrílegamente. DCañabate *SAbc* 29.9.68, 53: Aún subsiste la impiedad en la fiesta de los borregos. Su muerte. ¿Por qué matarlos?
2 Hecho o dicho propio de un impío. | *Van* 4.11.62, 16: Los furores de los paganos .., las impiedades del siglo pasado, los tumultos del presente, han venido .. a relevarse para que apenas pasase generación sin conocer la mordedura cruel de los enemigos de la Fe.

impío -a *adj* **1** Falto de religión. *Tb n, referido a pers.* | * Dios castigará a los impíos. **b)** Irrespetuoso con la religión. | Tovar *Abc* 8.9.66, 13: Nunca hizo ni dijo nada impío ni irreligioso. **c)** Propio de la pers. impía. | Criado *MHi* 11.63, 22: ¡Siempre es la misma risa impía y cínica la de esa danza que bien poco tiene de simbología cristiana!
2 (*raro*) Cruel o despiadado. | * La caza me parece un deporte impío.

implacabilidad *f* Cualidad de implacable. | Villapún *Moral* 82: Proviene [la desesperación], o del terror que nos infunde la gravedad de nuestros pecados, .. o de la implacabilidad de la justicia divina. Torrente *Saga* 390: Vamos a ver, Acisclo, cómo pones en juego el rigor de tu mente, la implacabilidad de tu raciocinio, la inexorabilidad de tus conclusiones. FCruz *Abc* 14.9.68, 3: Igual que un campesino que bajo la implacabilidad del sol o del brillo de las estrellas salta sobre los hierros de su tractor.

implacable *adj* **1** [Odio, ira, rigor o cosa similar] que no puede ser aplacado o templado. | * Muchos destruyen con furia implacable. **b)** [Pers. o cosa] de dureza o rigor extremos o que no pueden ser aplacados o templados. |

Alfonso *España* 91: Tan simpáticos, tan serviciales con los "tús", somos implacables con los "ellos". *Sáb* 5.7.75, 16: La muerte encubre por sí misma, .. manipuladora de pruebas, implacable eliminadora de todo casual y directo testimonio. Arenaza-Gastaminza *Historia* 287: La dictadura de Stalin se ejerció en forma más implacable aún que la de Lenin. FMora *Raz* 2/3.84, 363: El segundo libro .. es una implacable crítica de la democracia liberal inorgánica. **c)** [Sol] que calienta mucho. | *DEs* 8.9.71, 22: Prueba que se ha disputado esta tarde bajo un sol implacable.
 2 [Cosa] que no se puede evitar ni modificar. | E. RGarcía *MHi* 10.60, 12: La doctrina del interamericanismo es lógica, y establecida, a la vez, por el formidable acento de la geografía y por la implacable función de la economía.
 implacablemente *adv* De manera implacable. | Torres *Él* 125: La mente implacablemente deductiva de Diana Dial dedujo todo lo deducible. Burgos *SAbc* 13.4.69, 47: Cuando los caballos no solo fueron suprimidos en el Ejército, sino hasta de las arcaicas estructuras económicas del campo andaluz, paulatina pero implacablemente mecanizado, la Feria perdió su razón de ser.
 implacentario -ria *adj* (*Zool*) [Mamífero] cuyo embrión se desarrolla sin placenta. | Ybarra-Cabetas *Ciencias* 409: El canguro es un mamífero implacentario, es decir, que carece de placenta.
 implantable *adj* Que puede ser implantado. | M. Calvo *Ya* 21.5.75, 44: Un "regulador cardíaco" es un aparato implantable, cuya finalidad es generar impulsos eléctricos para estimular el corazón.
 implantación *f* Acción de implantar(se). *Tb su efecto*. | GNuño *Arte* 124: En lo referente a elementos constructivos, empleo constante del arco apuntado, tendencia al ábside cuadrado, que tropezó en su implantación con el arraigo que había logrado el semicilíndrico, y abovedamiento por crucería. Arenaza-Gastaminza *Historia* 287: La revolución bolchevique implantó la República Federal Comunista de los Soviets .. La implantación del régimen se realizó por el terror. J. T. Menchero *Inf* 7.9.70, 5: La O.U.A. no oculta su falta de simpatía hacia el Estado de Israel, al que considera una implantación racista. FGálvez *TMé* 12.11.82, 5: La rigidez segmentaria de la pared que se extiende más allá de la base aparente de implantación de la lesión en el colon. **b)** (*Fisiol*) Fijación del huevo fecundado en la mucosa uterina. | *Anticonceptivo* 54: La píldora. Es un compuesto químico de progesterona y estrógeno que inhibe la ovulación, modifica el crecimiento glandular, imposibilitando la implantación del óvulo.
 implantador -ra *adj* Que implanta. *Tb n.* | DPlaja *Abc* 27.2.72, 3: Hoy aconsejaría una cierta moderación a los arrebatados implantadores de la gramática estructuralista a niveles infantiles.
 implantar *tr* **1** Establecer [algo, esp. una norma, un uso o una costumbre], frec. con imposición. | Laiglesia *Tachado* 56: Al implantarse un riguroso racionamiento de todas las subsistencias, el diámetro de este círculo se amplió de un modo considerable. Arenaza-Gastaminza *Historia* 287: Mussolini implantó la dictadura de su partido, combatiendo toda oposición, y tomó el título de Duce. **b)** *pr* Establecerse [algo, esp. un uso o una costumbre]. | * Hay modas que se implantan con gran rapidez.
 2 Insertar o fijar. | *Van* 27.12.70, 26: Muñeca "Leila". Cabello implantado. Anda. J. R. Alfaro *HLM* 26.10.70, 23: Una vez implantados los electrodos, el enfermo puede hacer vida normal en el centro sanitario donde está internado. **b)** *pr* Insertarse o fijarse. | F. Martino *Ya* 6.6.75, 46: El mascado supone un saludable ejercicio dental, que contribuye a que los dientes se implanten sólidamente en sus alveolos.
 3 (*Med*) Colocar [a alguien (*ci*) tejidos, prótesis o sustancias (*cd*)] introduciéndoselas y fijándoselas en el cuerpo, con fines terapéuticos o estéticos. | * Le han implantado médula ósea. **b)** Colocar un implante [2] [a alguien (*cd*)]. *Frec en part.* | *Ya* 31.12.91, 20: Las personas implantadas oyen sonidos diferentes a los que escuchan en condiciones normales.
 implante *m* (*Med*) **1** Acción de implantar [3]. | *Inf* 14.8.70, 16: Todo preparado para el primer implante europeo de un corazón artificial. N. Retana *Inf* 25.4.70, 20: Sirva como ejemplo el tema de los implantes, cuyo fundamento no es otro que lograr la colocación de elementos metálicos iner-

tes dentro del hueso, a fin de servir de soporte a las dentaduras.
 2 Tejido, prótesis o sustancia que se introduce y fija en el cuerpo con fines terapéuticos o estéticos. | *Opi* 13.11.76, 52: Las inyecciones de ácido ribonucleico tienen la finalidad de evitar el rechazo del implante. Normalmente, el organismo ataca cualquier sustancia extraña que penetra en él. *Ya* 31.12.91, 20: Los elementos visibles del implante son: un transmisor, un micrófono situado detrás de la oreja y un cable que comunica con un pequeño microprocesador de la palabra.
 implantología *f* (*Med*) Técnica de implantar [3] prótesis fijas en sustitución de los dientes que faltan. | *Voz* 26.11.88, 22: Centro de implantología dental osteointegrada. Clínica Souto Boo.
 implar *tr* (*reg*) Inflar. *Tb fig. Frec pr.* | Delibes *Emigrante* 82: Al cabo, se nos acercó una tipa así como implada, de buenas carnes. Delibes *Hoja* 82: –Come más churros, guapa. –No puedo meter uno más; estoy implada. Delibes *Hoja* 123: La chica se implaba de orgullo.
 impleción *f* (*lit, raro*) Acción de llenar. | MPuelles *Filosofía* 1, 242: Si el efecto primario de la cantidad no es una fuerza de resistencia, sino la ordenación formal de las partes de un todo (de la que se sigue, cuando hay un cuerpo circunscriptivo, la impleción de un lugar), la explicación no vale.
 implementación *f* (*E*) Acción de implementar. | J. Sarramona *PapD* 2.88, 80: Si la Universidad pone alguna prueba de acceso, corresponde a ella su implementación. *Inde* 24.9.89, 30: Con respecto a las imágenes digitalizadas, tenemos como objetivo parcial para entonces el primer millón de imágenes. Por otro lado, hemos comenzado las tareas de implementación del sistema total.
 implementar *tr* (*E*) Poner en ejecución. | J. Navas *Ya* 6.9.87, 32: La media estadística de la incidencia del *packaging* en el total del coste industrial de un producto oscila en torno al 12 por 100. Más de la mitad de ese valor se destina a implementar, a nivel envase, estrategias de comunicación.
 implemento *m* **1** (*E*) Instrumento o utensilio. | *Ya* 22.10.64, 7: La actividad de la Sección Tractores e Implementos Agrícolas en general ha sido confiada .. a la prestigiosa firma comercial Sociedad Anónima Tractores Españoles. Pániker *Conversaciones* 137: La máquina es el implemento que hace posible esa función humana de hablar.
 2 (*Gram*) Complemento directo. | Alarcos *Estudios* 115: En algunas ocasiones, y por motivos originariamente semánticos, el implemento aparece señalado por un índice funcional peculiar, la llamada preposición /a/.
 implicación *f* Acción de implicar(se). *Tb su efecto*. | Tierno *Cabos* 214: Pensó y llevó a cabo durante la República la gran maniobra de implicación en la vida política de un sector de la derecha definido por la Iglesia. Rábade-Benavente *Filosofía* 133: Podemos decir, pues, que existe relación de implicación entre dos proposiciones cuando la verdad de una conlleva, de modo necesario, la verdad de otra. Alfonso *España* 123: Las implicaciones de ese peculiar enfoque son numerosas. Ante todo, revelan el verdadero y más profundo sentido del Derecho penal.
 implicador -ra *adj* Que implica. | T. Rabanal *Hoy Extra* 12.69, 62: No caben posibles mixtificaciones temáticas y sí la verdad quintaesenciada de los grandes compositores universales que forjaron escuelas implicadoras de distintos gustos y estilos.
 implicar *tr* **1** Complicar o comprometer [a alguien o algo en un asunto]. *Referido a pers, frec el cd es refl.* | Gala *Séneca* 96: ¿No ves otra [causa] para que un discípulo recompense a su mentor que la de implicarlo en un asesinato? *Odi* 27.1.77, 16: Paymogo y Santa Bárbara representan ya los nuevos hitos importantes en la marcha creciente de una obra que a todos nos incumbe y a todos, en consecuencia, debe implicarnos activamente. *Hoy* 23.11.75, 29: Se había implicado en este negocio porque un conocido suyo .. se lo había propuesto. **b)** *pr* Complicarse [algo en un asunto]. | *SInf* 5.12.70, 5: La posible reforma estructural .. va a chocar, inexorablemente, con los problemas de la reducción de mano de obra, implicándose en la problemática regional.

implícitamente - imponer

2 Llevar consigo o significar. | CNavarro *Perros* 105: Policía implica juzgado, declaraciones, escándalo. *Sol* 24.5.70, 7: Cuidar el turismo exterior .. no debe implicar descuidar el interno.
3 (*semiculto*) Impedir. | *Cam* 25.8.75, 10: Los desplazamientos del Príncipe se han hecho más restringidos, lo que no implica que algún día se bañe con sus hijos en cualquier cala o tome el aperitivo tranquilamente en el Club de Mar.

implícitamente *adv* De manera implícita. | *Nue* 11.1.70, 4: El primer ministro de Singapur .. implícitamente ha pedido hoy a los Estados Unidos que no fijen fechas para la retirada.

implícito -ta *adj* **1** [Cosa] no expresada que se entiende incluida en lo dicho o hecho. | Amorós-Mayoral *Lengua* 147: Nos interesan solo las formas personales del verbo .. porque llevan implícito el sujeto. Amorós-Mayoral *Lengua* 72: Los adjetivos que expresan una cualidad que va implícita en el sustantivo se llaman epítetos.
2 (*Mat*) [Función] en que una variable no está expresada en términos de la otra. | *BOE* 22.1.65, 1261: Matemáticas .. Teorema de existencia de funciones implícitas.

imploración *f* Acción de implorar. | Buero *Tragaluz* 163: Apenas se oye el alarido del hijo a la primera puñalada .. Sobre el ruido tremendo se escucha, al fin, más fuerte, a la tercera o cuarta puñalada, su última imploración.

implorador -ra *adj* Implorante. | FReguera *Bienaventurados* 20: Miraba a Sánchez con ojos imploradores.

implorante *adj* **1** Que implora. *Tb n*, referido a *pers*. | Torrente *Sombras* 169: '¿Puedes aconsejarme, Crosby?', termina entre implorante y sollozante. Torrente *DJuan* 313: –¡Mariana, Sierva de Dios bendita! ¡Pon tus manos en mi hijo, que se me muere!– Mariana salió del cuchitril y se acercó a la verja. Tendió los brazos a la implorante.
2 Que denota o implica súplica o imploración. | Delibes *Parábola* 46: Le conmovían las implorantes miradas de las aves tímidas que no lograron atrapar ni una miga.

implorar *tr* Suplicar en actitud de máxima humildad. *Tb abs*. | CNuño *Arte* 130: Eran momentos de aguda crisis para la cristiandad hispánica, que deseaba e imploraba la ayuda de las demás naciones susceptibles de ser agrupadas bajo el papado contra las dinastías africanas. Delibes *Siestas* 98: Yo empecé a sentir compasión por ella y por el niño, y estaba dispuesto a implorar a Robinet.

imploratorio -ria *adj* (*raro*) Que se hace para implorar. | N. LPellón *MHi* 7.69, 17: Es él quien preside la oración imploratoria de la bendición del Sol para todos los hijos del Imperio.

implosión *f* **1** (*Fís*) Acción de romperse violentamente hacia dentro un cuerpo cuya presión interior es inferior a la exterior. | F. Giles *Alc* 21.10.70, 28: La mente ha vibrado un poco .. Como una implosión atómica, hongo gigante, pantalla panorámica, en una sala enorme y vacía de cine sin sonido.
2 (*Fon*) Cierre de la salida de aire que se produce al final de la sílaba terminada en consonante. | RAdrados *Lingüística* 144: Saussure .. hizo ver que el límite silábico está allí donde se pasa de la implosión a la explosión.

implosivo -va *adj* (*Fon*) [Consonante] que se encuentra después de la vocal o núcleo silábico. | Alcina-Blecua *Gramática* 317: Solo se produce un debilitamiento de la consonante nasal implosiva ante consonante fricativa.

implume *adj* (*lit*) Que no tiene plumas. | GPavón *Rapto* 59: Quiere [el otoño] hacerle el féretro .. al gozquecillo rabicorto .., al lobezno de dientes recién estrenados, al cisne implume. **b)** [Bípedo] ~ → BÍPEDO.

impluvio *m* (*hist*) *En la Roma antigua:* Pequeño estanque rectangular, en el centro del atrio de la vivienda, destinado a recoger el agua de la lluvia. | M. GSantos *SYa* 3.2.74, 9: El punto de partida se refiere a las primeras manifestaciones de jardines en la época de Roma: el patio con su impluvio y peristilo.

impolítico -ca *adj* [Cosa] contraria a una buena política. | *Ya* 17.11.63, 5: Cualquier actitud negativa de los Estados Unidos contra Argentina en estos momentos sería impolítica y daría argumentos al castrismo. Cela *Pirineo* 303: Al viajero le duelen en el alma estos peculados legales, inmorales e impolíticos que se hacen en nombre del derecho administrativo.

impoluto -ta *adj* (*lit*) Totalmente limpio o que no tiene ni una mancha. *Tb fig*. | Kurtz *Lado* 21: Empezó a limpiar la mesa con su pañuelo .. hasta dejármela impoluta. CPuche *Paralelo* 121: Avanzaba por la Avenida metiendo el pie en la nieve todavía impoluta. A. Mercé *Des* 12.9.70, 46: Un equipo de técnicos .. ha llevado el peso y la responsabilidad del desarrollo exacto e impoluto de las competiciones.

imponderable *adj* **1** Que excede a toda ponderación. | Lozoya *Abc* 17.12.70, 10: Otros ejemplares de cuantos integran la imponderable riqueza monumental de España tienen, sin duda, un extraordinario valor histórico.
2 [Factor] imprevisible o cuya importancia no se puede prever o calcular. *Frec n m en pl*. | Gilera *Abc* 9.4.67, 107: Se superó en todo para lograr deportiva y económicamente con el Segundo Gran Premio lo que falló en el primero por los imponderables a que está sometida toda prueba al aire libre.

imponderablemente *adv* De manera imponderable. | Lueje *Picos* 28: Los ríos de los Picos de Europa, virginales, clarificados, imponderablemente hermosos en su fluir y en su correr, vienen a ser un insuperable complemento de decoración.

imponencia *f* (*lit*) Cualidad de imponente. | Camón *Abc* 25.9.70, 3: A la fantasía de nuestro platersco .. sucede un apetito de sobriedad, de ascetismo constructivo, que se deleita en las lisas paredes, en los ángulos aristados, en la imponencia del crudo material.

imponente I *adj* **1** Que impone [3]. | Laforet *Mujer* 240: No resultaba imponente el policía. **b)** Estupendo o magnífico. | Vega *Cocina* 17: En una de las meriendas, imponentes, a que nos invitaba .. me preguntó si conocía la perdiz a la leridana. Laforet *Mujer* 186: Pili .. de una vida imponente. **c)** [Pers.] muy guapa o atractiva. *Esp referido a mujer*. | Laiglesia *Ombligos* 119: Bailé .. seis "congas" con la [embajadora] de Cuba (que está imponente).
II *m y f* **2** Impositor. | *GMundo* sn: Caja de Ahorros .. Número de imponentes en 31 de diciembre de 1963: 600.500.

imponentemente *adv* De manera imponente. | Lueje *Picos* 152: El abismo que se corta desde sus alturas sobre los desventíos de Caín y del Cares es el más imponentemente valiente que puede haber.

imponer (*conjug* **21**) **A** *tr* **1** Poner [algo] como obligación o de manera obligatoria. | Valcarce *Moral* 51: La naturaleza de la ley impone al hombre una única dirección en su obrar. Olmo *Golfos* 97: Enzo .., dirigiéndose a todos, impuso: –¡Que nadie tire hasta que yo le diga! Ramírez *Derecho* 45: La patria potestad se acaba .. por sentencia de los tribunales, ya porque estos impongan la pena de privación de tal potestad, ya porque el titular de la misma sea declarado culpable en juicio de divorcio. **b)** Hacer [una cosa (*suj*)] necesaria [otra (*cd*)]. *Más frec en constr pr pasiva*. | J. M. Massip *Abc* 8.3.58, 21: Esta posibilidad, más una moratoria atómica de dos años, y la desatomización de Europa Central acabarán imponiendo una conferencia de jefes de Gobierno. L. Solana *Cam* 6.1.75, 16: En primer lugar, se impone que el Ejército se mueva sobre "ruedas españolas".
2 Poner [un nombre]. | *Abc* 30.12.65, 90: Ha dado a luz un varón, .. al que se le impondrá el nombre de Carlos.
3 Infundir [algo no material, esp. respeto o temor]. | *Ya* 12.10.76, 34: Su corpulencia y fortaleza imponían respeto. *Economía* 287: Siempre contribuyen [los objetos de adorno] a la estética y a la armonía de la casa, imponiéndole un sello personal y dándole calor de hogar.
4 Poner [sobre una pers. (*ci*) las manos, una condecoración o el símbolo de una dignidad] en una ceremonia. | Villapún *Iglesia* 41: El Obispo moja su dedo pulgar en el Santo Crisma y ungiendo la frente del confirmado le impone la mano sobre la cabeza. J. M. Moreiro *SAbc* 9.2.69, 43: Don Francisco Santolalla de Lacalle .., a quien hace bien pocos días le fueron impuestas las medallas de Oro de la ciudad y provincia de Badajoz. Villapún *Iglesia* 158: En enero de 1953 fue nombrado Cardenal –siéndole impuesto el Capelo Cardenalicio por el jefe del Estado francés, M. Auriol–.
5 Poner [dinero] a rédito o en depósito. | Gironza *Matemáticas* 126: ¿A qué tanto por ciento se ha impuesto un capi-

tal de 5000 pesetas, que en 2 años 4 meses se ha convertido en 5584 pesetas?
6 Enviar [un giro postal o telegráfico]. | * Tengo que ir a Correos a imponer un giro.
7 Enterar [a alguien (cd) de algo]. | Gironella *Millón* 195: Los tres sentenciados fueron impuestos de la noticia. **b)** *pr* Enterarse [alguien de algo]. *Tb sin compl* DE, *por consabido*. | Barral *Memorias* 1, 33: Aquellos curas tan impuestos de las razones de Trento no eran solamente las marionetas de nuestra vida diaria, sino también el martillo que amenazaba a los miserables. Torrente *DJuan* 225: –También he preparado al señor algo caliente .. Es lo que sienta mejor en estos casos. –¿Has servido alguna vez a un recién casado? –Jamás, señor. –Entonces, ¿cómo estás tan impuesto? –Lo deduzco.
8 Instruir o adiestrar [a alguien en algo]. | * Necesito que alguien me imponga en estas tareas. **b)** *pr* Instruirse o adiestrarse [en algo]. *Frec en part. Tb sin compl, por consabido*. | Carandell *Madrid* 64: Para llevar los asuntos [de un abogado] .. hace falta imponerse en ellos. Cunqueiro *Crónicas* 165: Leía a folio abierto en libros cerrados, y se impuso en la curación de las dolencias del bajo vientre.
B *intr* ➤ **a** *normal* **9** Causar respeto, temor o impresión [a alguien (ci)]. *Frec sin compl*. | Delibes *Guerras* 77: –¿Comentaste alguna vez con tu tío el espectáculo de la noche de las ánimas? –Nunca, no señor. Yo sabía que le imponía, y callaba la boca. Delibes *Cazador* 125: A la perra le imponía meterse en la barca. Nácher *Guanche* 29: La vieja empezó a andar hacia la casa. Imponía verla tan torpe con sus andrajos a cuestas. Villarta *Rutas* 121: La primera impresión es de grandiosidad. Imponen estas piedras.
➤ **b** *pr* **10** Hacer valer [alguien] su autoridad o superioridad [sobre otro (ci o compl* SOBRE)]. *Tb fig. Frec sin compl.* | J. A. Donaire *Inf* 19.4.74, 35: En categoría femenina se impusieron doña María del Carmen Criado y doña Ana María Olaya. Cuevas *Finca* 90: Al final, el espíritu de tenedor de libros se impuso. *Sol* 21.3.75, 18: Veinte minutos bastan al colorado "Ocaso" .. para imponerse a su rival, un gallo de los señores Núñez y Belmonte.
11 Hacerse normal [un uso o costumbre o una moda]. | Maribel *ASeg* 23.10.62, 5: El "sinsombrerismo" femenino había conseguido imponerse en España.

imponible *adj (Econ)* Que puede ser gravado con un impuesto. | Martín-Escribano *Decl. renta* 12: En el impuesto que estudiamos el "hecho imponible" lo constituye la obtención de renta por el sujeto pasivo. **b)** [Base] constituida por la suma de todos los rendimientos sometidos a impuesto y de la que, después de las deducciones pertinentes, se obtiene la base liquidable. **c)** [Pue 17.12.70, 6: Revisión de las bases imponibles. **c)** [Líquido] ~ → LÍQUIDO.

impopular *adj* Que no es grato a la mayoría de la gente. | Torrente *Pascua* 76: Los intelectuales somos impopulares porque, cada cual a su modo, decimos o intentamos decir la verdad. Castillo *Polis* 239: El "fecho del Imperio" fue impopular en Castilla.

impopularidad *f* Cualidad de impopular. | Tovar-Blázquez *Hispania* 54: En Roma, el partido que podríamos llamar belicista .. se esforzaba por resolver las dificultades que causaba la impopularidad de la guerra.

importación *f* Acción de importar[2], *esp* [1]. | Tamames *Economía* 456: La estabilización consistió en: 1º Una contención del crédito .. 4º La gradual liberalización de las importaciones. Tamames *Economía* 326: Recoge [la balanza por cuenta de capital] todas las importaciones o exportaciones de capital (sean privadas o públicas) a largo plazo. *Abc* 12.11.70, 41: Solicitó la importación de los funcionarios públicos a la Organización Sindical. *PCM* 6.91, 196: La mayoría de estos gestores de datos ofrecen numerosas utilidades de importación y exportación. **b)** Cosa importada. | *Economía* 143: Estas felicitaciones [de Navidad] tan bonitas y características suelen una importación inglesa, aunque ya han tomado aquí carta de naturaleza.

importador -ra *adj* Que importa[2], *esp* [1]. *Tb n, referido a pers.* | *Lan* 13.7.65, 7: Batalla financiera por la propiedad de una firma inglesa, importadora de Jerez. Villarta *Rutas* 82: La energía se exporta a otras provincias, pero también estas provincias importadoras llegarán a tener sus fuentes de producción. *Jaén* 25.9.64, 8: Importadores de maquinaria agrícola y accesorios necesitan representante.

imponible – importar

importancia **I** *f* **1** Cualidad de importante. | *Economía* 15: La aireación es una medida higiénica de importancia capital. Olmo *Golfos* 19: La madre no tenía más importancia que usted, señora.
II *loc v y fórm or* **2 dar** *(o* **quitar)** ~ [a algo]. Hacer que parezca más (o menos) importante de lo que en realidad es. | I. LMuñoz *País* 22.2.77, 2: Me decía esta frase, quitando así importancia al tema de los disidentes.
3 darse ~. Presumir o alardear de valía, o afectarla, para atraerse la admiración ajena. | C. Rojas *Inf* 16.5.74, 28: Con el toro parado llegó a darle con la cadera y el pitón para provocar la embestida, todo ello sin darse importancia.
4 no tiene ~. *Fórmula de cortesía para contestar a una disculpa ajena.* | * –Lo siento, te he arrugado el periódico. –No tiene importancia.

importante *adj* **1** [Pers. o cosa] que importa[1] [1a], o que tiene interés [para alguien]. | * ¿Es muy importante para ti esa chica? **b)** [Pers. o cosa] que influye de manera más o menos decisiva [en algo (*compl* PARA)]. | *Hacerlo* 24: Para serrar, lo importante es sostener bien la sierra.
2 [Pers. o cosa] que merece especial interés con relación a otros, por su valor, por su magnitud o por las circunstancias que lleva consigo. | GNuño *Arte* 45: Se conservan importantes obras militares, como los castillos de Tarifa, El Vacar y Gormaz. *País* 27.2.77, 1: El movimiento agrario comienza a tomar dimensiones importantes. *Van* 20.2.77, 30: Se registraron importantes precipitaciones en aquella región. *Alc* 1.1.55, 4: Es uno de los documentos políticos más importantes de estos últimos tiempos. Ortega-Roig *País* 210: Las poblaciones más importantes son puertos pesqueros y al mismo tiempo exportadores de carbón. *Ya* 10.6.73, 60: Importante grupo de empresas necesita secretaria de dirección. *Economía* 177: Lo importante es que al terminar la semana esté todo el trabajo hecho. **b)** [Pers.] que destaca por su posición social o profesional o por el cargo que desempeña. | CBaroja *Baroja* 104: La generalidad de las personas importantes suelen estar muy pendientes del mundo exterior y andan compuestas o componiéndose la personalidad de continuo.

importantemente *adv (raro)* De manera importante. | MSantos *Tiempo* 145: Una capa de tierra .. no tan gruesa que disminuya importantemente la cabida de la fosa.

importar[1] **I** *v* **A** *intr* ➤ **a** *normal* **1** Tener [una pers. o cosa *(suj)*] interés [para alguien *(ci)*] o merecer la atención o preocupación. | Medio *Bibiana* 49: A Lorenzo Massó le importa poco que Francisca baile .. La única que le importa es Natalia Prats. Laforet *Mujer* 135: Nada en el mundo le había importado en aquellos meses horribles. **b)** *(col) En forma negativa, frec va intensificado expresivamente por* NADA, *o, casi siempre omitiendo la expresión gramatical de la negación, por diversos ns como* UN BLEDO, UN CARAJO *(vulg)*, UN COMINO *(o* TRES COMINOS*)*, UN PIMIENTO, UN PITO *(o* TRES PITOS*)*, UN PITOCHE, UN RÁBANO, TRES PUÑETAS *(vulg)*. | Delibes *Ratas* 127: Ninguna cosa de este mundo le importaba nada. J. M. Massip *SAbc* 27.4.69, 19: Dependía de otras autoridades a las cuales la cuestión importaba un bledo. VAzpiri *Fauna* 194: La medicina me importa un reverendo carajo. Arce *Precio* 129: No le importa un comino lo que los demás piensen y digan. Ramírez *Derecho* 43: A la Ley le importan tres cominos los sacristanes mayores y los zapateros. Arce *Precio* 102: Mientras tenga un whisky en la mano y unos amigotes al lado, lo demás le importa todo un pito. Clarasó *Tel* 15.11.70, 16: Todo lo que se escribe de interiores y decoración va dirigido a la mujer. Como si al hombre le importara tres pitos. Zunzunegui *Camino* 224: Me importaría un pitoche morirme. Paso *Pobrecitos* 205: –Es lo único que puedo hacer mucho [beber]. En lo demás no llego ni a un poquitito. –Yo también. –Pero a usted le importa un rábano. **c)** *Sin ci*: Tener [una pers. o cosa] especial interés con relación a otras, por su valor, por su magnitud o por las circunstancias que lleva consigo. *El suj puede ser una prop de infin o con* QUE. | Legorburu-Barrutia *Ciencias* 185: Importa cambiarles el agua con frecuencia [a los peces], para que tengan oxígeno.
2 Incumbirle [una cosa a una pers.] o ser asunto suyo. *Frec en constr neg.* | Olmo *Golfos* 82: –¿Qué te pasa, Dorín? –¡No te importa!
3 Ser [algo *(suj)*] un problema, inconveniente o molestia. *Frec en fórmulas de cortesía para pedir permiso:* ¿(NO) LE IM-

importar – imposición

PORTA (*o* IMPORTARÍA) QUE + *subj*?, ¿LE IMPORTA SI + *ind*?; *o para pedir un favor:* ¿LE IMPORTA (*o* IMPORTARÍA) + *infin*? | Delibes *Cinco horas* 11: "¿Te importa que pase a verlo?" "Al contrario, mujer." CPuche *Paralelo* 353: –Pero la negra todavía está aquí .. –No importa. Pronto ahuecará el ala también.

▶ **b** *impers* **4** (*lit*) Darse [en alguien (*ci*)] interés o preocupación [por alguien o algo (*compl* DE)]. | Cossío *Confesiones* 141: Conocedor de todos los vaivenes de la pintura moderna .., él se ha mantenido en su línea, sin importarle de la crítica ni del público.

B *tr* **5** Tener [una cosa comprada o contratada (*suj*)] como precio o valor [una cantidad (*cd*)]. | Cuevas *Finca* 181: Los gastos cada quincena crecían de una manera exorbitante .. Esta quincena importa una barbaridad. Yo no sé dónde vamos a parar. * La compra importa tres mil pesetas.

6 (*raro*) Llevar consigo, o comportar. | Ribera *Misal* 1512: Te aconsejo que lo hagas, por lo menos una vez (y mejor más veces), aunque te importen alguna molestia. F. Martino *Ya* 22.11.75, 16: En caso de accidentes que importan lesiones del rostro que lo desfiguran, suponen la actuación de un cirujano estético.

II *loc adj* **7 no importa qué.** (*lit*) Cualquier. | GNuño *Conflicto* 12: Trátese de poesía, filosofía, novela, ensayo o no importa qué otro género, siempre estamos leyendo historia.

III *loc pr* **8 no importa qué.** (*lit*) Cualquier cosa. | Gac 22.2.70, 4: Mida no importa qué, en un instante, fácilmente.

9 no importa quién. (*lit*) Cualquiera. | * Esto lo puede decir no importa quién.

importar² *tr* **1** Comprar [bienes o servicios procedentes del extranjero]. *A veces referido a regiones del mismo país. Tb fig, referido a pers.* | Zubía *España* 274: Principales productos que importa España. La maquinaria, el algodón y el petróleo son los más importantes. * Levante importa electricidad de Cuenca. *Mar* 15.9.58, 8: De los 23 goles de la jornada, 15 lograron los importados. **b)** (*Econ*) Recibir inversiones [de capitales extranjeros (*cd*)]. | * España importa también capitales.

2 Introducir en un país y por vía no comercial [algo procedente del exterior]. *Tb fig.* | GNuño *Arte* 19: La escultura romana de España es relativamente cuantiosa; pero los hallazgos obligan a discreción, pues buena parte de las estatuas que engalanaban templos, palacios y villas no fueron sino productos importados. Jo. Miralles *Sáb* 9.11.74, 31: De la época del anterior Obispo Del Pino quedaba un grupo de canónigos "segovianos" importados de aquella diócesis.

3 (*Informát*) Introducir [información procedente de otro programa o sistema]. | *PCM* 6.91, 164: Esto se hace exportando los diagramas y hojas de trabajo terminados a ficheros en disco de forma que puedan importarse a documentos de procesadores de texto o de autoedición.

importe *m* Cantidad de dinero [correspondiente a algo (*compl de posesión*), esp. al precio de algo comprado o contratado]. | CNavarro *Perros* 47: Mario abonó el importe de su consumición. Laforet *Mujer* 157: Ella devolvió el importe íntegro de lo robado.

importunar *tr* Molestar [a alguien] por la falta de oportunidad o por la insistencia. | Romano-Sanz *Alcudia* 24: Reanudan la violenta manipulación, y los viajeros se despiden para no importunarlos más. CNavarro *Perros* 48: La noche, como una mujer coqueta y casquivana, volvía a importunarle.

importuno -na *adj* Que importuna. | Valcarce *Moral* 176: Las disculpas a las visitas importunas, las frases caritativas que dilatan las noticias ingratas.

imposibilidad *f* **1** Condición de imposible [1]. | SLuis *Doctrina* 101: Excusan de la restitución la imposibilidad, la condonación .. y la compensación oculta.

2 Incapacidad. *No en sent legal.* | Arce *Testamento* 29: El dolor de aquellos golpes me redujo a una imposibilidad total. DPlaja *El español* 99: Esto es debido a la imposibilidad del español de sentirse otro.

imposibilitación *f* Acción de imposibilitar. | Aranguren *Erotismo* 31: La acción de entregar la juventud al erotismo no es solamente un mal, sino también la imposibilitación de ese bien común que es el perfeccionamiento de la sociedad.

imposibilitado -da *adj* **1** *part* → IMPOSIBILITAR.

2 [Pers.] paralítica. *Tb n.* | *CoE* 9.8.74, 33: Señora o señorita para cuidar señora imposibilitada.

imposibilitar *tr* **1** Hacer imposible [1] [algo]. | *SIde* 13.8.89, VIII: Los problemas habidos en la cooperativa adjudicataria han imposibilitado que se haya podido abrir antes.

2 Incapacitar [a alguien para algo (*compl* PARA *o* DE)]. *Normalmente en part. No en sent legal.* | G. Gil *VAl* 3.10.75, 8: Su abuela .. sufrió una caída, en la cual se fracturó el hueso calcáneo de ambos pies, viéndose imposibilitada para andar un solo paso. DPlaja *El español* 154: Este [actor] figuraba un hombre casado y enamorado de una soltera, pero imposibilitado de cumplir su sueño porque su esposa se negaba a concederle el divorcio.

imposible **I** *adj* **1** Que no puede ser o suceder, o que no puede realizarse. *Frec con un compl* DE + *infin o n de acción.* | Arce *Testamento* 29: Yo quise escurrirme, pero me fue imposible. Arce *Testamento* 62: Me parecía imposible que el hombre que tenía enfrente fuese un criminal. * Es algo imposible de realizar. **b)** Sumamente difícil. *Con intención ponderativa.* | Torres *El* 73: Si han hecho algo tan imposible como recuperar la maleta, lo otro no me parece tan disparatado.

2 (*col*) Se usa con intención ponderativa para indicar que, respecto a la pers o cosa a que se refiere, es imposible [1] lo que se espera, se desea o se necesita de ella: SUCIEDAD ~ (*que no puede quitarse*), CALLE ~ (*intransitable*), PERSONA ~ (*intratable, difícil de convencer o con la que no se puede contar*), *etc. Sin compl y frec con vs como* ESTAR *o* PONERSE. | *Impreso* 11.91: La potente fórmula de Wipp Turbo elimina la suciedad más imposible. Laforet *Mujer* 300: Había llovido aquella mañana y las calles estaban imposibles. Delibes *Ratas* 11: Sus convecinos le decían Malvino porque con dos copas en el cuerpo se ponía imposible. MSantos *Tiempo* 19: Era un hombre imposible que la hubiera hecho desgraciada y la hubiera hecho caer hasta lo más bajo. CSotelo *Inocente* 444: –¿Qué vale un disparo? ¿Cuarenta duros? –Sí, sí... Y cuatrocientos cuarenta también. –Así está la vida de imposible. Delibes *Cazador* 171: Sigue el calor achicharrante. Las noches son imposibles. Laforet *Mujer* 280: Antonio sintió un deseo tan grande de besar a Paulina que le recordaba a los que había sentido de muchacho, cuando ella resultaba absolutamente imposible.

II *m* **3** Cosa imposible [1]. | DCañabate *Andanzas* 13: De lo demás se encarga la santa, que, como sabes, es especialista en imposibles. Berlanga *Acá* 33: Soñaba Atilio con un imposible: correr la maratón de mayo.

III *loc v* **4 dejar por ~** [a alguien]. Desistir de convencer[le] ante la terquedad que muestra. | * Traté de convencerle, pero tuve que dejarlo por imposible.

5 hacer la vida ~ → VIDA.

6 hacer lo ~ [por o para algo]. Procurar[lo] por todos los medios. | Landero *Juegos* 86: –No, no, utilice mejor el teléfono, siempre el teléfono. –Haré lo imposible .., pero no sé si podré siempre.

imposiblemente *adv* De manera imposible [1]. | GBiedma *Retrato* 82: Tendido yo en el gabinete del doctor Pertierra, en espera de que me reconociese el hombro, imaginaba a Orencio en la misma posición, a la misma hora, en el depósito de cadáveres, y me esforzaba imposiblemente por ponerme en su lugar.

imposición *f* **1** Acción de imponer(se) [1, 2, 4, 5, 6 y 10]. *Tb su efecto.* | Carrero *Pue* 22.12.70, 7: Somos un pueblo .. de muy dura cerviz para someterse a imposiciones externas. *Ext* 19.10.70, 4: Se procedió a la imposición de la medalla de oro de la empresa al apoderado de la misma. Gironza *Matemáticas* 123: En muchos casos la entidad deudora, caso de no ser retirados los intereses oportunamente, los agrega al capital, como si fueran nuevas entregas o imposiciones del acreedor. *Impreso* 10.73: Correos. Envío certificado núm. 3321. Recibo justificante de la imposición. **b) ~ de manos.** (*Rel catól*) Ceremonia eclesiástica de imponer [4] las manos para transmitir la gracia del Espíritu Santo a los que van a recibir ciertos sacramentos. | Villapún *Iglesia* 120: Sobre los diáconos hace la imposición de manos y les entrega el libro de los Evangelios.

2 Impuesto o tributo. | A. Franco *Hoy* 10.8.75, 24: El resto de los vecinos no incluidos en las dos situaciones anterio-

res pechaban, es decir, pagaban imposiciones ya fuesen reales o concejiles.
3 (*Impr*) Distribución de las páginas de un pliego para que, después de impreso y plegado, cada página ocupe su lugar debido. | Huarte *Tipografía* 63: Viene el momento de la imposición, que es la colocación debida en la platina de la máquina de las formas (conjunto de páginas que se han de imprimir cada vez: normalmente 16). Cela *Pirineo* 335: Los cien primeros ejemplares, numerados del I al C, se tiraron sobre papel de hilo Ingres preparado en el obrador de L. Guarro Casas, de Gelida, provincia de Barcelona, y con diferente imposición.

impositivo -va *adj* De(l) impuesto. | A. Espada *SArr* 27.12.70, 37: Cabe destacar la distinción, a efectos impositivos, entre valores admitidos o no a cotización.

impositor -ra *m y f* Pers. que impone dinero a rédito o en depósito. | *HLM* 26.10.70, 13: Esta Institución [Caja de Ahorros] adjudicará entre los impositores que lo soliciten 50 viviendas de renta limitada.

imposta *f* (*Arquit*) **1** Hilada de sillares algo saliente y a veces adornada con molduras, sobre la que se asienta un arco o una bóveda. | GNuño *Madrid* 12: La imposta ya es renacentista, y los haces que actúan de pilares adosados, finísimos, siguen la contextura isabelina de Toledo y Ávila. Angulo *Arte* 1, 10: La moldura saliente que suele existir bajo el salmer, y en la que remata la jamba, es la imposta.
2 Faja horizontal de la fachada de un edificio, a la altura de una o de todas las plantas del mismo. | *Impreso* 12.88: Empresa Municipal de la Vivienda .. Obras necesarias: .. En fachada, .. reparación de balcones, miradores, cornisas, impostas, elementos de ornato y carpinterías.

impostación *f* (*Mús*) Acción de impostar. *Tb su efecto*. | E. Haro *País* 20.3.83, 41: Los intérpretes hacen un buen ejercicio escolar de expresión corporal, de impostación de voces. Torrente *Pascua* 209: ¡Era tan gracioso ver cómo explicabas a Aldán lo perfecto de tu impostación, y cómo él fingía entenderte!

impostado -da *adj* **1** *part* → IMPOSTAR.
2 (*lit*) Artificial o ficticio. | GBiedma *Retrato* 126: Ferlosio ha transformado el habla de Madrid en una lengua literaria increíblemente alambicada y estilizada, y a la vez real. Pero los párrafos descriptivos resultan a veces impostados. Que un párrafo requiera un tono específico de lectura, y que los incisos no suenen a falso, es .. lo decisivo para escribir buena prosa. *ElM* 20.7.93, 3: Si los especuladores insisten en hacer de la peseta blanco de sus ataques es porque conocen su carácter impostado.

impostar *tr* (*Mús*) Colocar [la voz] en su tesitura natural. | *MHi* 2.55, 9: Se impostaba la voz para cantar los prestigios de santos y descubridores.

impostergable *adj* Que no se puede postergar. | Montero *Reina* 164: Se inició entonces la impostergable escaramuza.

impostor -ra *m y f* Pers. que finge ser otra. | *HLM* 26.10.70, 8: Si la anciana conocida como Anna Anderson y la gran duquesa Anastasia de Rusia no son ciertamente una sola y misma persona, es indudable que se trata del más perfecto asunto de sosias, de la mejor impostora de todos los tiempos.

impostura *f* Engaño que consiste en hacerse pasar por otro. *Tb fig, referido a cosa*. | Torrente *DJuan* 28: –Un impostor que se hace pasar por Leporello. –Y ¿por qué no por el diablo? Aceptada la impostura... P. Barceló *SYa* 9.11.75, 9: En la cocina, el aceite de oliva no admite suplencias ni sucedáneos; sí tolera, en cambio, suplantaciones, porque las imposturas saltan a la vista, al gusto y al tacto.

impotable *adj* Que no se puede beber. | GBiedma *Retrato* 121: En la cantina no se sirve alcohol. Vivimos media hora de absoluto tedio ante una taza de café impotable.

impotencia *f* Incapacidad [de hacer algo (*compl* PARA)]. *Frec el compl se omite por consabido*. | *Ide* 12.8.89, 9: No había gritos de ira contra ETA, solo incredulidad e impotencia. **b)** *En el hombre*: Incapacidad para realizar el acto sexual. *Tb* ~ SEXUAL. | *GTelefónica* 15: Clínica especializada .. Piel. Venéreo. Sífilis. Debilidad. Impotencia. R. GTapia *SAbc* 2.2.69, 18: Los pilotos de los "F.84" acusaban una fatiga general marcada y una impotencia sexual.

impositivo – impredecible

impotente *adj* Incapaz [de hacer algo (*compl* PARA)]. *Frec el compl se omite por consabido*. | * Me siento impotente para luchar. Castellano *SAbc* 1.12.68, 35: Los que seguían a don Correctísimo estaban ya en el paroxismo de la ira, pero su ira era impotente, ya que sus portezuelas, al chocar contra los automóviles aparcados, no les permitían salir y lincharnos. **b)** [Hombre] incapaz de realizar el acto sexual. *Tb n m*. | Tellado *Gac* 11.5.69, 81: Tengo novelas que me las han devuelto tres veces de censura. Por problemas sexuales. Por ejemplo, una en la que él es impotente.

impracticabilidad *f* Condición de impracticable. | J. Massot *Gar* 6.10.62, 20: Labor ardua, extremadamente difícil por la situación general, agravada también por la impracticabilidad de carreteras y líneas férreas.

impracticable *adj* **1** Que no puede practicarse. | Hache *Cod* 9.2.64, 5: Con un animal que gazapea, que se vence de un lado, .. es un toreo impracticable.
2 [Lugar o camino] por el que no se puede pasar o transitar. | R. Pieltáin *Abc* 18.4.58, 15: La evacuación .. se hacía imposible por la impracticable pendiente. *ByN* 31.12.66, 98: Si las cunetas o arcenes son impracticables, los peatones ¿deben circular por la derecha o por la izquierda?

impráctico -ca *adj* (*raro*) No práctico. | Barral *Memorias* 2, 143: Salinas se decidió a acompañarle y aprovechó la ocasión para reprender a los empleados de una compañía que dejaba en tierra cada mañana a uno de los mayores representantes de la letras inglesas contemporáneas, particularmente impráctico y distraído. Mendoza *Laberinto* 171: Añadió poniéndose unas bragas filiformes, transparentes y, a todos los efectos, imprácticas.

imprecación *f* (*lit*) Acción de imprecar. *Tb su efecto*. | Laiglesia *Ombligos* 19: El frenazo hizo perder el equilibrio a todos los pasajeros, que lanzaron sordas imprecaciones al chocar con sus vecinos. **b)** (*TLit*) Figura que consiste en maldecir a alguien deseándole algún mal. | GLópez-Pleyán *Teoría* 42: Figuras patéticas .. Imprecación. Se utiliza al desear un mal a los demás. *¡Que Dios te confunda!*

imprecador -ra *adj* (*lit*) Que impreca. | MCachero *AGBlanco* 50: Coyuntura inequívocamente romántica que no arranca descompuestas quejas, imprecadores gritos al sufriente poeta enamorado.

imprecante *adj* (*lit*) Que impreca. | Torrente *DJuan* 338: Brazos que señalaban la puerta o apuntaban a don Juan; manos tendidas al aire, imprecantes o amenazadoras.

imprecar *tr* (*lit*) Maldecir [a alguien] deseándole algún mal. | Pemán *Abc* 12.1.75, 3: Uno piensa que así debió ser la voz de Moisés cuando, descendiendo del monte, imprecaba al pueblo infiel que había recaído en la juguetería de un aniñado culto a los ídolos.

imprecatorio -ria *adj* (*lit*) De (la) imprecación o que la implica. | L. LSancho *Abc* 5.4.86, 75: El tono imprecatorio de Elisenda Ribas, magnífica actriz, queda situado muy lejos de la insidiosa actitud muy gallega de la hermana resentida.

imprecisable *adj* Que no puede precisarse. | CNavarro *Perros* 106: El diez y medio inmediato interesaba mucho más que el ciento por ciento a plazo imprecisable.

imprecisamente *adv* De manera imprecisa. | Valls *Música* 41: A lo largo del período histórico que, un tanto imprecisamente, se distingue con el nombre de Edad Media.

imprecisión *f* Cualidad de impreciso. | R. MHerrero *Abc* 11.12.70, 10: El concepto de generación adolece de modo señalado de la misma imprecisión antes indicada.

impreciso -sa *adj* Que carece de exactitud o de precisión. | N. Carrasco *MHi* 7.69, 23: El camino –impreciso y equívoco a veces como un ruido lejano– comienza normalmente en la materialidad de una carpeta.

impredecible *adj* [Cosa] que no se puede predecir. | L. Mayo *SYa* 17.4.77, 35: Están saliendo a lo largo y ancho de la Commonwealth sellos y más sellos, hojitas y más hoji-

impregnable – impresión

tas, que hacen impredecible la cantidad de sellos que finalmente aparezcan. **b)** [Pers.] cuya actuación es impredecible. | Azúa *Diario* 227: Ella es un tanto impredecible; es de las que toman decisiones.

impregnable *adj* Que puede ser impregnado. | F. Rivas *País* 15.3.79, 32: Semitransparente, completamente impregnable por el acrílico, [la entretela] parece adherirse a la pared blanca, reclamarla de manera mucho más natural que el lienzo.

impregnación *f* Acción de impregnar(se). *Tb su efecto.* | M. Aguilar *SAbc* 1.12.68, 54: Las causas que lesionan el laberinto [del oído] o producen una impregnación tóxica son numerosas. Bustinza-Mascaró *Ciencias* 325: La pirita se halla formando segregaciones o impregnaciones en rocas magmáticas.

impregnante *adj* Que impregna. | Umbral *Memorias* 77: El olor de los recién llegados, de los realquilados con derecho a cocina .., con el tiempo se iba haciendo impregnante, mareante, insoportable. Rábade-Benavente *Filosofía* 93: Constituyen [los sentimientos] estados de ánimo más difusos e impregnantes, y están cualitativamente teñidos por formas superiores de placer o dolor.

impregnar *tr* **1** Penetrar [una sustancia, esp. un fluido] por los poros o intersticios [de un cuerpo (*cd*)] en cantidad perceptible. | *DNa* 18.8.64, 11: La destilería de menta trabaja a tope desde hace una semana .. Este perfume impregna a los caracoles que por ellos [los campos] pacen. **b)** Hacer que [una sustancia (*compl* DE *o* EN)] penetre por los poros o intersticios [de un cuerpo (*cd*)] en cantidad perceptible. | *Nor* 4.1.90, 28: La Policía intervino veinte kilos de cocaína y doce kilos de prendas de vestir impregnadas de esta droga. **c)** *pr* Pasar [un cuerpo] a tener entre sus poros o intersticios [una sustancia, esp. un fluido (*compl* DE *o* EN)]. | Laforet *Mujer* 61: Isabel .. solía vestir de hábitos negros o morados, hábitos que se impregnaban de un olor a sudor y a incienso. *SPaís* 26.7.87, 44: No utilizar un mortero de madera .. que se haya impregnado demasiado de ajo y demás saborizantes.
2 Penetrar intensamente [una idea o un sentimiento (*suj*)] en alguien o algo (*cd*)]. | J. A. MDíaz *Cór* 1.8.93, 10: No es una cuestión que afecte a una disciplina o área concreta, sino que debe impregnar todo el currículum escolar en todos los niveles. **b)** Hacer que penetre intensamente [en alguien o algo (*cd*) una idea o un sentimiento (*compl* DE)]. | GNuño *Arte* 167: Quien haya quedado impregnado de la sensibilidad que exhala una catedral de la segunda edad media y estudie a continuación las esculturas contemporáneas .. advertirá lo gemelos que son el apuntamiento del arco, el dulce anhelo espirituado de las tallas. Carandell *Madrid* 39: El industrial mirará al representante del Estado con unos ojos tan impregnados de ternura .. que podrían enternecer a todo lo que no fuera un funcionario del Estado. **c)** *pr* Pasar [una pers. o cosa] a tener [una idea o sentimiento (*compl* DE) que penetra intensamente en ella]. | Mercader-DOrtiz *HEspaña* 4, 254: La línea oficial de conducta respecto al teatro seguía siendo una mera tolerancia impregnada de reservas.

impremeditación *f* Falta de premeditación o reflexión previa. | P. GAparicio *HLM* 24.6.74, 5: Como otras muchas Revoluciones, la de Portugal ofrece en estos meses dos notas distintivas: la impremeditación .. y el apresuramiento.

impremeditado -da *adj* Que denota o implica falta de premeditación o de reflexión previa. | MMolina *Jinete* 283: Habría bastado una palabra, un movimiento de la mano, uno de esos gestos impremeditados y vulgares que condenan o salvan la vida de uno. Aranguren *Marxismo* 99: Así es como ocurre la violencia: un puro gesto, un malentendido, una palabra impremeditada puede desencadenarla.

imprenta I *f* **1** Arte y técnica de imprimir [1]. | Vicens *Polis* 302: Los círculos del humanismo italiano fueron siempre limitados .. Su acción habría sido muy lenta de no haber contado con dos favorables oportunidades. Una de ellas, el descubrimiento de la imprenta.
2 Taller de imprimir [1]. | *País* 13.5.77, 24: La impresión de *Mundo Obrero* se llevaba a cabo posteriormente en una imprenta desconocida.
3 Publicación de textos impresos. | Villapún *Iglesia* 141: La libertad de imprenta defendida por el liberalismo significa que se puede publicar sin censura toda clase de escritos.
II *loc adj* **4** [Pie] **de ~** → PIE.

imprentilla *f* **1** Juego de tipos y otros instrumentos de imprimir, de uso casero. | *Ya* 6.5.70, 23: En los locales del centro se encontraron .. varias imprentillas para la confección de panfletos.
2 Estampilla. | ZVicente *Traque* 180: Parece que estoy viendo el diploma. Lo firmaba el concejal delegado de ciencia y arte del distrito, o alguien así, con imprentilla, claro, a ver, éramos muchas.

imprescindibilidad *f* Cualidad de imprescindible. | Portal *Abc* 4.4.87, 18: Hay que entrar en el circuito, y una vez en él, apechar con lo que salga, hasta llegar al nivel de la imprescindibilidad; alcanzado el estatus de imprescindible, se llega casi a la felicidad.

imprescindible *adj* [Pers. o cosa] de la que no se puede prescindir. | Laforet *Mujer* 290: Se le había hecho imprescindible esta amiga ingenua y bonachona. Laiglesia *Tachado* 16: No me será fácil encontrar este paladar artificial, imprescindible para dar resonancia a mi desamparada lengua. **b)** [Cosa] mínima necesaria. *Frec con un compl* PARA. *Frec con* LO *~.* | Payno *Curso* 183: La luz era poca y roja. Se veía lo imprescindible para no confundir los discos. * Siempre encuentra el tiempo imprescindible para ir a verla.

imprescindiblemente *adv* De manera imprescindible. | *Lan* 4.1.79, 16: –¿Qué características debe reunir un billete para que sea dificultosa su falsificación? –Imprescindiblemente tiene que llevar la mayor parte de su composición por procedimiento calcográfico.

imprescriptibilidad *f* Condición de imprescriptible. | *BOE* 28.4.76, 8306: Imprescriptibilidad. El derecho al reconocimiento de la pensión de jubilación será imprescriptible.

imprescriptible *adj* [Derecho u obligación] que no puede perder validez o efectividad. | *BOE* 28.4.76, 8306: El derecho al reconocimiento de la pensión de jubilación será imprescriptible.

imprescriptiblemente *adv* De manera imprescriptible. | *DAv* 25.2.75, 10: Los Gobiernos y sultanes marroquíes reconocieron con sus firmas el derecho español de propiedad sobre tales estratégicos lugares, que España necesita para su seguridad nacional, imprescriptiblemente.

impresentabilidad *f* Cualidad de impresentable. | L. Contreras *Abc* 22.4.86, 17: Tenía que haber procurado no parecerse a ellos en impresentabilidad.

impresentable *adj* Que no puede presentarse públicamente por su aspecto o calidad. | Laiglesia *Tachado* 180: Los restos de su cuerpo desmembrado son impresentables en una capilla ardiente. T. GBallesteros *Ya* 23.1.92, 10: El proyecto del PSOE, rechazado por el resto de los partidos, es impresentable ante la opinión pública. **b)** De aspecto o calidad inaceptables. *Frec en sent moral. Tb n, referido a pers.* | Umbral *Trilogía* 67: La novela/suceso la han hecho los Dumas, padre e hijo, Galdós (no hablo del impresentable Baroja ..), Balzac y más gente. Umbral *Noche* 179: Baudelaire era un poeta y Larra un prosista (su poesía es impresentable). **c)** [Aspecto o calidad] inaceptable. | * Llevas una pinta impresentable.

impresión I *f* **1** Acción de imprimir [1 y 2]. *Tb su efecto.* | *Abc* 16.12.70, 52: Pulsó el botón de la nueva rotativa, cuya capacidad de tirada es de 40.000 ejemplares hora, con impresión a tres colores. Delibes *Año* 196: La edición, con una portada eficaz, es más bien pobre: papel basto, mala impresión y sin guardas. Bustinza-Mascaró *Ciencias* 89: La variación en la distribución de esas papilas es la base para la identificación de las personas por medio de las impresiones o huellas dactilares.
2 Efecto causado en los sentidos o en el ánimo. *Frec con un adj calificador.* | Marcos-Martínez *Física* 169: Un ascua encendida que se hace girar rápidamente produce la impresión de una línea luminosa. *Economía* 324: De muy niñas habéis gozado de una pradera muy verde que os reveló toda su belleza, y aún no habéis olvidado aquella primera impresión inconcreta y vaga. **b)** *Sin adj*: Impresión fuerte. *Normalmente referido al ánimo.* | * La primera vez que vi un

cadáver me causó impresión. * Su rostro reflejaba aún la impresión que le había causado el agua fría.
3 Opinión basada en impresiones [2a] o intuiciones. | Laforet *Mujer* 82: Poco a poco la muchacha le iba volcando todas sus impresiones. **b)** Opinión global. | * Quiero que leas los informes y luego me des tu impresión.
4 Acción de impresionar [2]. *Tb su efecto*. | A. Pezuela *Mun* 12.12.70, 61: Esto se ha conseguido evitar con el empleo de un rayo electrónico para la impresión y la lectura de la película.
II *loc adj* **5 de ~.** (*col*) Impresionante. *Tb adv*. | J. M. Gimeno *Abc* 25.8.67, 8: "Esa mujer está langosta", "el partido fue de impresión", "¿me incineras el cilindrín?", son otras tantas fuentes potenciales de sorda, indefinible irritación. * Lo pasamos de impresión.
III *loc v* **6 cambiar ~es.** Conversar de manera breve e informal [con alguien sobre algo]. *Tb sin compls*. | GPavón *Hermanas* 157: ¿Y para qué la reunión? –Psss... para cambiar impresiones conjuntamente sobre los datos que ya tengo. Pemán *Almuerzos* 14: Charlar sin agenda prevista no es tarea que tenga volumen ni perfil. Como eso de *cambiaremos impresiones*: Las impresiones nunca se cambian; se aportan al encuentro; sazonan como mostaza del diálogo.

impresionabilidad *f* Cualidad de impresionable. | Clara *Sáb* 20.8.66, 46: No descarto la posibilidad de que padezca una enfermedad depresiva de tipo nervioso, abultada en su apreciación por la fácil impresionabilidad de su temperamento débil y susceptible.

impresionable *adj* Que puede ser impresionado. | Bustinza-Mascaró *Ciencias* 81: En la parte posterior de la cámara oscura se coloca una lámina de vidrio o de celuloide impregnada de una sustancia impresionable por la luz. **b)** Propenso a impresionarse [1b]. | R. Cantalapiedra *SPaís* 22.12.91, 2: Solo les amparan las impresionables *marujas*. Clara *Sáb* 20.8.66, 46: Temperamento nervioso, carácter impresionable y violento.

impresionante *adj* Que causa impresión [2b]. *Frec con intención ponderativa*. | DPlaja *El español* 151: La batalla se desarrolla en impresionante silencio.

impresionantemente *adv* De manera impresionante. | Delibes *Año* 36: Se casó mi hija Ángeles .. en una ceremonia impresionantemente sencilla.

impresionar *tr* **1** Causar impresión [2] [en alguien o algo (*cd*)]. | Marcos-Martínez *Física* 1: Materia. Es todo aquello que ocupa un espacio y que puede impresionar nuestros sentidos. Vivas *Cod* 9.2.64, 9: Sacó el folio de la máquina, considerando que aquella errata podría impresionar desfavorablemente al Jurado. *Sp* 19.7.70, 37: Los círculos diplomáticos de Washington se han mostrado poco impresionados por las palabras del presidente. Payno *Curso* 22: Le impresionó el aspecto de Sebastián. –¿Quiere que me quede un rato, por si necesita algo? *Abc Extra* 12.62, 47: ¿Se gasta el dinero que uno no tiene en comprar cosas que no necesita para impresionar a gentes que no nos son gratas? **b)** *pr* Sentir impresión [2, esp. 2b]. | Carandell *Madrid* 49: Hemos de aparentar no impresionarnos por sus títulos ni por sus grandezas. Laforet *Mujer* 173: Blanca se había impresionado de que una persona se arrepintiera de no haber hecho cosas malas.
2 Actuar [la luz u otra radiación o las vibraciones sonoras (*suj*) sobre una superficie sensible (*cd*)] fijando en ella imágenes o sonidos. | Marcos-Martínez *Física* 171: Se sumerge la placa [fotográfica] en una solución de hiposulfito sódico, que disuelve la sal de plata que quedó sin impresionar por la luz. Aleixandre *Química* 17: Las radiaciones radiactivas ionizan el aire .. Impresionan las placas fotográficas. **b)** Someter [una superficie sensible] a la acción de la luz u otra radiación o de las vibraciones sonoras, para fijar en ella imágenes o sonidos. | A. Pezuela *Mun* 12.12.70, 61: Su inconveniente es que el usuario no puede impresionar sus propias películas. **c)** Fijar [imágenes o sonidos en una superficie sensible (*compl* SOBRE o EN)]. | Marcos-Martínez *Física* 169: Se llama diáscopo cuando sirve para proyectar diapositivas, o sea vistas transparentes impresionadas sobre vidrio o sobre celuloide (películas). *Med* 6.4.60, 2: Los cuatro evangelios han sido impresionados en discos microsurcos. **d)** *pr* Sufrir [una superficie sensible] los efectos de la luz u otra radiación o de las vibraciones sonoras, quedando fijadas en aquella imágenes o sonidos. | Marcos-Martínez *Física* 170: Se abre el objetivo durante un tiempo muy pequeño. La placa se ha impresionado: la imagen se formó sobre ella.

impresionismo *m* **1** (*Pint*) Tendencia surgida en Francia a finales del s. XIX, que trata de expresar las impresiones producidas por los objetos y la luz. | GNuño *Arte* 414: Desde David, las corrientes parisienses eran observadas y seguidas en Madrid con un rigor de última moda. Ello ocurrió hasta el impresionismo, que pareció dislate pictórico.
2 (*TLit*) Tendencia surgida a finales del s. XIX, que se propone expresar la realidad a través de las impresiones fugitivas. | Pedraza-Rodríguez *Literatura* 8, 61: El impresionismo literario exacerbó el interés por la percepción sensorial de los fenómenos. En perfecta consonancia con el Simbolismo, yuxtapone lo visual, lo auditivo, lo olfativo, lo gustativo, lo táctil.
3 (*Mús*) Movimiento surgido en Francia a finales del s. XIX, que aspira a sugerir una atmósfera poética semejante a la del impresionismo [2] literario, por medio del juego de timbres y sonoridades. | Subirá-Casanovas *Música* 119: El impresionismo debussista será, en sus comienzos, una estilización de escenas bucólicas y simbolistas –*Preludio a la siesta de un fauno*– sobre formas equilibradas y líneas melódicas muy acusadas, y en otros casos se asentará sobre bases dramáticas, como en la ópera *Pelléas y Mélisande*.

impresionista *adj* **1** (*E*) De(l) impresionismo. | GNuño *Arte* 425: No es posible, aparte lo apuntado, dilucidar las dimensiones de una escuela impresionista en España. GLópez *Lit. española* 559: Es, pues, la suya [de Azorín] una técnica impresionista que busca la "sensación" –muy a menudo la sensación "plástica"–, pero que no se contenta con ella. Casares *Música* 145: El color impresionista surge de una combinación de colores dados por pinceladas que se sobreimponen y dan de esta manera un sentido total; el sonido impresionista surge igualmente de sonidos independientes que pierden su personalidad y al juntarse producen el efecto; esta impresión que se busca es lo que se llama disolución impresionista. **b)** Adepto al impresionismo. *Tb n*. | GNuño *Arte* 425: Ramón Casas, gran dibujante, máximo colorista, maestro de los grises, es el impresionista más cercano a los maestros franceses. Subirá-Casanovas *Música* 120: Cuando el músico impresionista llegó a tener confianza en sus sonoridades aparecieron las piezas al estilo de *Peces de oro* y *Las ondinas*.
2 Que se apoya en meras impresiones subjetivas. | F. Rivas *País* 15.3.79, 32: El abanico se reduce necesariamente en favor del primer golpe de vista, el comentario impresionista y, en mi caso, la figura del acompañante.

impresivo -va *adj* (*lit*) De (la) impresión [2]. | Laín *Descargo* 81: Tal "impresión" [de realidad] solo llega a ser por completo humana cuando mental y reflexivamente .. el sujeto da la percibe "se hace cargo" de lo que por modo impresivo e implícito ella le dice.

impreso -sa I *adj* **1** *part* → IMPRIMIR. **b) circuito ~** → CIRCUITO.
2 [Medio de comunicación] que se presenta en papel impreso. | V. Serna *SElM* 16.7.93, 8: Algunos, como los columnistas de este suplemento, dedicados justamente a comentar y criticar lo que dicen los medios impresos o electrónicos, tenemos inevitablemente asumido que quien da debe estar dispuesto a recibir.
II *m* **3** Libro, folleto o papel impresos (→ IMPRIMIR [1]). | Huarte *Tipografía* 7: Se limita [el libro] a tratar de los impresos de texto corrido: no se puede buscar en él enseñanza sobre la confección de libros o revistas con grabados o fantasías, ni sobre la preparación de impresos comerciales o de publicidad. *Abc* 15.3.68, 86: Archivadores A-Z. Legajos, etc. Planos, libros, impresos.
4 Formulario impreso (→ IMPRIMIR [1]) con espacios en blanco para llenar a mano o a máquina. | Torres *Él* 35: Cuando a Diana le llegó su turno, prácticamente se desvaneció encima de la empleada, que se limitó a encajarle un impreso entre los dientes.

impresor -ra I *adj* **1** Que imprime [1]. *Tb n: m y f, referido a pers; f (raro m) referido a máquina*. | G. Marco *SYa* 9.12.72, 17: Las prensas impresoras de los diarios son rotativas. RJiménez *Tecnologías* 89: Con la AE [=autoedición], la misma persona es redactor, maquetador .. e impresor. En la pantalla se ven las páginas tal y como van a quedar impresas. *SYa* 10.11.63, 36: Multiplicadora impresora superautomática. R. RSastre *Mun* 28.11.70, 48: Datos de infraestructura .. con ayuda de procedimientos estadísticos como cálculos de frecuencia de regresión y correlación, análisis factorial, impresor lineal para los mapas, plotter, etcétera.

II *m y f* **2** Trabajador de una imprenta. | M. Torres *Abc* 4.12.70, 34: Francisco Javier Izco De La Iglesia, de veinticinco años, impresor.

3 Pers. que posee o dirige una imprenta. | Medio *Bibiana* 237: Las dos hermanas del impresor cruzan la plaza.

imprevisibilidad *f* Cualidad de imprevisible. | Pinillos *Mente* 144: Lo que sabemos de la conducta humana se entiende mejor cuando se admite, como postulado exigido por los hechos, cierto fondo de imprevisibilidad creadora en el comportamiento humano.

imprevisible *adj* Que no se puede prever. | A. Amo *Cua* 6/7.68, 49: Elemento irracional, inclusión en el terreno de lo imprevisible.

imprevisiblemente *adv* De manera imprevisible. | CBonald *Ágata* 142: Tenía una boca .. de dientes imprevisiblemente parejos y níveos.

imprevisión *f* Falta de previsión. | Torres *Él* 63: Debería haber tomado notas, se dijo, maldiciendo la imprevisión que le había hecho llegar al concierto sin un mal cuaderno.

imprevisor -ra *adj* **1** Que no piensa en lo que puede ocurrir y no toma las medidas o precauciones adecuadas. | *Ya* 26.3.75, 7: Seríamos imprevisores, inconscientes e imprudentes si no nos fuéramos preparando para el cambio que el día de mañana se producirá.

2 Que denota o implica imprevisión. | *País* 7.10.77, 6: La enorme tensión producida en el mes de abril por la legalización del PCE en ciertos sectores de las Fuerzas Armadas se debió, en parte, a unas imprevisoras palabras pronunciadas por el señor Suárez.

imprevisoramente *adv* De manera imprevisora. | L. Monje *Abc* 23.8.64, 60: Los montes fueron descuajados, imprevisoramente, para obtener unas cuantas cosechas de trigo.

imprevistamente *adv* De manera imprevista [1]. | CPuche *Paralelo* 37: Los camareros al fin lograron sacar a la prostituta a la calle, que se encontró imprevistamente frente a la pimpante rubia del taxi.

imprevisto -ta I *adj* **1** No previsto. | *Abc Extra* 12.62, 53: Aparecen y desaparecen en fechas imprevistas, de una manera inexplicable.

II *m* **2** Acontecimiento no previsto. | *DCá* 12.7.89, 24: Después de dos jornadas agotadoras de alta montaña, en los Pirineos hispano-franceses, los corredores afrontarán hoy una de "teórico" descanso, salvo imprevistos. **b)** Gasto no previsto. | J. MTorres *DNa* 16.8.64, 5: La traída [de aguas] presupuestada en 7 millones se ha alargado hasta los 10 por los imprevistos.

imprimación *f* **1** Capa de color neutro que se aplica como fondo sobre una superficie antes de que esta sea pintada. | Angulo *Arte* 1, 18: Tanto la tabla como el lienzo necesitan, para que pueda pintarse sobre ellos, especial preparación. La tabla se cubre con fina capa de yeso, al que se da después un color neutro uniforme llamado imprimación. **b)** Pintura utilizada para la imprimación. | *Abc* 15.3.68, 96: La más completa gama para instalaciones en todas las industrias donde es imprescindible la aplicación de pinturas, imprimaciones, lacas.

2 Asfaltado. | *BOE* 7.11.61, 15875: C[arretera] C[omarcal] de Finisterre a Tuy por la costa, Sec[ción] de Muros a Corcubión. Acopio, escarificado, nueva consolidación y riego de imprimación y primera capa entre los puntos kilométricos 0,618 y 9.

imprimátur *Fórmula con que la jerarquía eclesiástica da licencia para la impresión de un texto. Frec sustantivado como n m.* | SLuis *Doctrina* 4: Copyright by Ediciones S.M. .. Nihil obstat: D. Pedro Álvarez .. Imprimátur: † José Mª, Obispo Auxiliar y Vic. Gen. [*En el texto, sin tilde.*] MSousa *Libro* 98: Con objeto de controlar los libros que se publicaban y de hacer más efectiva la censura, Pío V .. prescribe que todos los originales deben ser aprobados por el ordinario del lugar antes de ser aprobados; se instituye así el *nihil obstat* (nada impide) y el *imprimátur* (imprímase). [*En el texto, sin tilde.*]

imprimible *adj* Que puede imprimirse. | Benet *Penumbra* 67: Si hasta ahora no la he escrito [mi historia] es precisamente para que quien yo sé la pueda leer un día en unos caracteres mucho más sutiles que los que mi torpe mano puede garabatear: en la letra no imprimible de la inteligencia.

imprimir (*conjug* **49**) *tr* **1** Dejar sobre el papel u otra materia análoga, por medio de presión mecánica, la huella [de un texto (*cd*) compuesto con tipos debidamente ordenados y ajustados, o de una imagen (*cd*) grabada sobre una plancha]. *Tb designa el proceso similar realizado por medios electrónicos. Tb abs.* | Huarte *Tipografía* 7: El texto más sencillo, escrito e impreso con gusto, constituye muchas veces una obra de arte. *SD16* 19.12.90, 29: Trabaja [la impresora Laserjet III] con el lenguaje PCL 5 y es muy rápida a la hora de imprimir gráficos. Huarte *Tipografía* 64: La máquina de imprimir hace pasar sobre la forma unos rodillos que la entintan. **b)** Imprimir textos o imágenes [sobre algo (*cd*)]. | Laiglesia *Tachado* 127: Con el horizonte visual limitado a los treinta centímetros que me separaban de las páginas impresas.

2 Dejar la huella [de una cosa (*cd*) en otra] por presión o contacto. | CNavarro *Perros* 70: Los zapatos de Mario estaban manchados de barro, y sus pisadas quedaban impresas en la alfombra.

3 Fijar [una idea o un sentimiento en una pers., o en su mente o ánimo]. | Valcarce *Moral* 61: Todas las leyes de carácter natural están impresas en los corazones de los hombres.

4 Dar o transmitir [a alguien o algo (*ci*) un carácter, estado o forma]. | *Economía* 287: Les faltarán esos mil detalles .. que son los que a la larga imprimen un carácter determinado. C. Morcillo *Abc* 30.12.65, 84: Ha querido también el Papa que, para mejor significar e imprimir el sentido del Concilio, el Jubileo gire en torno al Pastor de la diócesis. *Gerona* 43: Las otras razones imprimirán a la revitalización que en estos últimos años ha venido imprimiendo el Estado a los Gobiernos civiles. E. Marco *MHi* 10.60, 50: Las pastillas de vidrio pasan a los desbastadores, que les imprimen la curvatura necesaria. **b) ~ carácter** → CARÁCTER.

improbabilidad *f* Cualidad de improbable. | *Ya* 25.11.71, 7: Teilhard .. ha subrayado su anonadamiento ante la extrañeza y la improbabilidad de que haya astros semejantes al que nos sostiene.

improbable *adj* **1** [Cosa] que tiene pocas posibilidades de ser cierta. | Mariequis *Caso* 26.12.70, 9: Aunque existen en el grafismo indicios reveladores del sentimiento amoroso contrariado, estimo que esto es improbable.

2 Que no puede probarse o demostrarse. | Torrente *Saga* 381: Los actos por los que usted me interroga fueron solitarios y absolutamente improbables .. Todo lo que hice, todo lo que me aconteció .. carece de testigos.

ímprobo -ba *adj* (*lit*) [Trabajo o esfuerzo] muy intenso. | GNuño *Arte* 130: Sería trabajo ímprobo el de describir todas las fundaciones bernardas. *HLC* 2.11.70, 2: Nos parece el mejor elogio que puede hacerse de la ímproba e inteligente labor realizada por Ricardo Horcajada.

improcedencia *f* Cualidad de improcedente. *Frec en lenguaje jurídico.* | J. CAlberich *Mun* 23.5.70, 37: Otro aspecto muy debatido de la cuestión [la invasión de Camboya] es el relativo a la pertinencia o improcedencia de la determinación adoptada por la Casa Blanca. *País* 7.2.89, 48: El Tribunal Supremo confirma la improcedencia de los despidos en Alúmina.

improcedente *adj* [Cosa] que no procede o no es conforme a razón o derecho. *Frec en lenguaje jurídico.* | CNavarro *Perros* 149: –¿No estarás tratando de justificarte? –Después de lo que hemos hecho .. sería improcedente. *Abc* 8.12.70, 21: El señor Echevarrieta afirma que esas advertencias de la Presidencia a los letrados son improcedentes.

improductividad *f* Falta de productividad. | R. Luján *Rev* 7/8.70, 10: Una quinta parte de los obreros y empleados .. se encuentran pluriempleados .. "Haciendo horas" que justifican unos bajos salarios por parte empresarial y un retraso voluntario del trabajo para "luego", para hacer horas extras, por el lado laboral, con la consiguiente improductividad.

improductivo -va *adj* Que no produce fruto o beneficio. | Salvador *Haragán* 14: Montaña Pelada, improductiva, áspera. **b)** Que no produce resultado útil. | *Pue* 16.12.70, 30: Enredarse las palabras en interminables discusiones improductivas.

improfanable *adj* Que no se puede profanar. | G. Estal *Ya* 24.3.84, 5: La justicia de los jueces es una profesión improfanable.

impromptu *m* (*Mús*) Pieza instrumental breve con cierto carácter de improvisación. | Subirá-Casanovas *Música* 83: Los nocturnos, scherzos, polonesas, estudios y valses, los impromptus y los preludios [de Chopin], son creaciones únicas en la historia de la Música.

impronta *f* **1** Huella en hueco o en relieve dejada por un sello, un cuño u otro molde. | * En el lacre estaba la impronta de su sello. **b)** (*lit*) Huella, de carácter físico o moral. | Ridruejo *Castilla* 1, 185: Más que religiosa, la operación mágica era técnica –debía serlo en el sentido más literal de la palabra, como lo demuestran las improntas de manos humanas sobre algunas figuras–. Cela *Mazurca* 253: La mano derecha tiene una sola impronta de mordedura en la zona tenar. CBaroja *Inquisidor* 28: Fue un inquisidor .. un poco anterior a la de la época tridentina, o filipina propiamente dicha, que dieron a la Inquisición española una impronta indeleble. **c)** (*Geol*) Huella fósil de un animal o una planta. | G. Catalán *SEIM* 29.8.93, 18: Es [la excavación prehistórica] como la página de un libro escrito hace mucho tiempo. En vez de letras, hay improntas. Pero todo está allí marcado para la Historia.
2 (*Biol*) Proceso de aprendizaje de algunos animales en su edad temprana, a consecuencia del cual efectúan respuestas estereotipadas frente a ciertos objetos. | * Un animal puede adquirir la impronta de otros animales u objetos.

improntar *tr* **1** Hacer o dejar [una impronta [1]]. | GNuño *Escultura* 116: Dyonisos, luchador a brazo partido con Hércules, sembrado su culto por toda la Sicilia y la Magna Grecia, improntada su imagen en las monedas de plata. Halcón *Ir* 46: Ha imaginado que en el mal puede haber cosas pendientes que le esperan, que pueden improntarle huellas profundas en la conciencia.
2 (*lit*) Dar un carácter peculiar [a algo (*cd*)]. | GNuño *Arte* 156: Licencias en la planta y alzado, nuevas interpretaciones de elementos constructivos y metamorfosis de lo ornamental .. improntaron estos edificios tardíos.

impronunciable *adj* **1** Que no puede pronunciarse por su dificultad. | MMolina *Jinete* 94: Un licor alemán cuyo nombre impronunciable sonaba como un salivazo.
2 Que no debe pronunciarse por su carácter obsceno o inconveniente. | * En mi niñez la palabra *puta* era impronunciable en público.

impronunciado -da *adj* [Palabra, o cosa expresada con palabras] que no se ha pronunciado. | Areilza *Artículos* 300: ¿Se le habría enconado el referéndum nonato, como a aquel célebre político andaluz que murió, según decían, de un discurso impronunciado? Hoyo *Pequeñuelo* 22: Al llegar al prado, dejaron de cantar y, los tres a la vez, obedeciendo a un verde e impronunciado mandato, dieron unas cuantas volteretas sobre la hierba.

improperio *m* **1** Injuria grave de palabra. | ZVicente *Balcón* 53: –¡Intolerable! –¡Eres una fresca! ¡Una ordinaria! –¡Quién te dio la vela en este entierro! ¡Habráse visto!– .. Los improperios se estrellan contra todos los cachivaches, estallan en las conteras doradas de los muebles.
2 (*Rel crist*) *En pl*: Versículos que se rezan o cantan en el oficio del Viernes Santo durante la adoración de la cruz, que contienen los reproches de Dios al pueblo judío. | Ribera *Misal* 521: Mientras tiene lugar la adoración, se rezan o cantan los improperios, que escucharán sentados cuantos hayan hecho ya la adoración.

impropiamente *adv* De manera impropia. | Valcarce *Moral* 91: ¿Cómo puede cesar la obligación de los votos? ..: a) por anulación directa ..; c) por dispensa impropiamente dicha.

impropiedad *f* **1** Cualidad de impropio. | L. Calvo *SAbc* 16.3.69, 18: Esa trastienda le separaba del Rey Alfonso XIII, a quien solía zaherir, en sus charlas de café, con tanto ingenio como impropiedad. Cantera *Fil* 6.78, 400: Numerosas observaciones (ortográficas, extranjerismos, propiedad o impropiedad de un término, homófonos, parónimos, etc.).
2 Hecho o dicho impropio. | * Decir que ha ganado por mayoría absoluta es una impropiedad.

impropio -pia *adj* **1** No propio o no adecuado. | F. ACandela *SAbc* 25.1.70, 18: En honor a todo mi equipo he de manifestar algo, que resultaría impropio si me refiriese a mí personalmente.
2 No propio o no característico. | * Esos granos son típicos de los adolescentes pero totalmente impropios de su edad.
3 Se aplica a determinados ns para indicar que no expresan su concepto esencial o normal. | Academia *Esbozo* 170: Consideramos las palabras en que entran tanto preposiciones propias: *contra-hacer, ante-cámara, sin-razón*, como impropias: *hiper-democracia*. Academia *Esbozo* 169: La composición impropia tiene carácter sintáctico. Sus formaciones son enunciados con más de una palabra, o parte de enunciados: *ganapán, amormío, porsiacaso*. **b)** (*Mat*) [Fracción o quebrado] cuyo numerador es mayor que el denominador. | Marcos-Martínez *Aritmética* 68: Las fracciones impropias son mayores que la unidad.

improrrogable *adj* Que no puede prorrogarse. *Frec referido a plazo.* | *Caso* 5.12.70, 12: El pasado sábado dispusieron que Henry Stephen saliera de España, deportado a su país, en plazo improrrogable de veinticuatro horas. *HLM* 26.10.70, 16: María Dolores Pradera .. 7 últimos e improrrogables recitales.

impróspero -ra *adj* (*lit, raro*) Desgraciado o que no tiene éxito. | GGual *Novela* 385: El errar en su forma de asno, símbolo animal de la necedad y lubricidad, es el "siniestro premio de la impróspera curiosidad" de Lucio.

improvisable *adj* Que puede improvisarse. | L. LSancho *Abc* 2.12.75, 4: La opinión pública no es improvisable.

improvisación *f* **1** Acción de improvisar. | Laforet *Mujer* 236: No se sabía lo que era mejor. Quizá habría que contar un poco con la improvisación de uno.
2 Cosa improvisada. | Laforet *Mujer* 175: Las cosas meditadas no le salían. Su fuerte eran las improvisaciones.

improvisadamente *adv* **1** Con improvisación. | Aranguren *Marxismo* 99: En el transcurrir del horror revolucionario, la praxis precede a la teoría porque hay que actuar improvisadamente.
2 De improviso. | *País* 30.12.77, 1: Los numerosos temporales de agua, nieve y viento, que desde la noche del miércoles recordaron improvisadamente a los españoles que atravesamos el invierno, han remitido.

improvisado -da *adj* **1** *part* → IMPROVISAR.
2 [Pers. o cosa] que realiza la función [expresada por el n.] sin haber sido prevista para ello. | Escudero *Capítulo* 170: No deben designarse formadoras improvisadas o impreparadas. CPuche *Paralelo* 13: Salió brincando hacia abajo por los improvisados peldaños.
3 Inesperado o no previsto. | CBonald *Ágata* 123: No se pasó mucho tiempo sin que el doncel Clemente .. requiriera de amores a la púbera Alejandra y aceptara esta sin dilación las solicitudes de aquel, consorcio que fue acogido por Manuela con una improvisada suerte de recelo y favorecido después con un más improvisado beneplácito.

improvisador -ra *adj* Que improvisa. *Frec n.* | CPuche *Paralelo* 353: Había que reconocer que el Penca no era ningún improvisador y que se movía con suma pericia.

improvisar *tr* Hacer [algo que se inventa según se va haciendo. *Tb abs.* | CNavarro *Perros* 191: Se levantó y cambió el disco .. El solista urdía su sonoridad improvisando un contrapunto mágico. **b)** Hacer [algo] sin haberlo preparado u organizado previamente. *Tb abs.* | C. Carriedo *DCá* 21.2.56, 3: Se modificó el programa, improvisándose el baile, que duró hasta las doce de la noche. **c)** Decir o exponer [algo] sin prepararlo previamente. *Tb abs.* | Pániker *Conversaciones* 99: –¿Qué más hacen con los ciento treinta mil millones? –Préstamos .. Yo diría –estoy improvisando– que la agricultura se lleva un treinta y cinco por ciento, el comercio un diez y la industria un cincuenta y cinco.

improviso. de ~. *loc adv* Sin previo aviso, o de manera imprevista. | J. CCavanillas *Abc* 16.12.70, 39: De improviso se convocó para hoy un Consejo de Ministros.

improvisto -ta *adj (raro)* Imprevisto. | CBonald *Dos días* 197: Joaquín se acercó hacia la puerta medio tambaleándose. Se volvió de pronto en un rápido e improvisto giro, dando una camballada grotesca.

imprudencia *f* **1** Cualidad de imprudente. | SLuis *Doctrina* 88: Una forma muy frecuente de asesinato: el atropello criminal. Nace de la imprudencia y del poco aprecio en que se tienen la Ley de Dios y la vida humana.
2 Hecho o dicho imprudente [1b]. | Laiglesia *Tachado* 88: Nadie debe saber ni una palabra de esta misión. Cualquier imprudencia sería catastrófica.

imprudente *adj* [Pers.] que actúa con poca sensatez, sin cuidarse de evitar peligros o daños innecesarios. *Tb n*. | Aparicio *César* 188: Algo imprudente el sobrino, ¿no cree, embajador? **b)** Propio de la pers. imprudente. | L. MDomínguez *Ya* 28.5.67, sn: Imprudente resulta formar un juicio sobre la base de un simple caso.

imprudentemente *adv* De manera imprudente. | VAl 22.7.76, 6: Cuidado con las prisas. Se está corriendo demasiado, pensando imprudentemente y presumiendo de récord de tiempo.

impúber *adj (lit)* [Pers.] que no ha llegado aún a la pubertad. *Tb n*. | Acquaroni *Abc* 4.10.70, 13: Estas muchachitas impúberes del pitillo en la mano a toda hora. Mendoza *Ciudad* 59: En los primeros tiempos del cristianismo .. los impúberes lograban más conversiones que los adultos. **b)** Propio de la pers. impúber. | Umbral *País* 1.2.83, 24: Lo que me gusta de Su Alteza es ese pelo largo, barroquizándole el cuello impúber.

impúbero -ra *adj (lit, raro)* Impúber. | C. Rigalt *D16* 14.8.87, 34: En un momento determinado, al niñito Alfonso Ungría —tez barbilampiña e impúbera— le salió la vena fascistona.

impublicable *adj* Que no puede o no debe publicarse. | CBaroja *Baroja* 110: Al parecer el joven dibujante tenía chispa para contar .. Pero aquello era impublicable. Anson *SAbc* 8.2.70, 28: Apenas he suprimido media docena de palabras impublicables en un periódico diario.

impúdicamente *adv* De manera impúdica [2]. | SHer 4.4.71, 1: San Bonifacio, mártir. Era romano; vivió impúdicamente con una mujer llamada Aglae; pero ambos se convirtieron.

impudicia *f* Cualidad de impúdico. | MSantos *Tiempo* 41: Exhibiendo de nuevo con cándida impudicia la perfección de su perfil. Torres *Él* 117: Caminó airosamente hacia la sauna, cuyos fluorescentes centelleaban con impudicia en la fachada.

impúdico -ca *adj* **1** [Pers.] que no tiene pudor. | Pericot *Polis* 116: Fue denunido [Claudio] por sus mujeres: la impúdica Mesalina y la ambiciosa y sanguinaria Agripina la Menor.
2 [Cosa] que denota falta de pudor. | Chamorro *Sin raíces* 23: Un ambiente en el que .. era impúdico sacar a la luz lo que se sentía.

impudor *m* Falta de pudor. | MGaite *Búsqueda* 104: La carcajada provocativa de aquella guapísima chica rubia que nadie había dudado en proclamar como reina del impudor y el desenfado. Cuevas *Finca* 98: Él mismo contó su historia .. con ese impudor que tienen las gentes del campo para sus problemas personales.

impudoroso -sa *adj (raro)* Impúdico. | *Ya* 19.11.89, 21: En esas condiciones es impudoroso recurrir a un Tribunal sin haber siquiera iniciado un expediente a los sospechosos de haber cometido un delito electoral.

impuesto I *m* **1** Cantidad que ha de aportarse obligatoriamente a la administración por determinados conceptos. *Frec con un adj o compl especificador*. | *Sp* 19.7.70, 40: El pueblo de Irlanda del Norte paga los mismos impuestos .. que los residentes en la Gran Bretaña. CNavarro *Perros* 96: Un día .. todo será inútil: Inútil el subsidio de paro .., los impuestos de lujo. Martín-Escribano *Decl. Renta* 11: El impuesto sobre la Renta de las Personas Físicas queda definido en la Ley como tributo de carácter directo y naturaleza personal.
2 ~ revolucionario. Pago exigido por una organización terrorista a determinadas perss. mediante chantaje. | *País* 11.2.79, 21: La vida cotidiana en el País Vasco .. "El impuesto revolucionario es una segunda Hacienda", afirman algunos empresarios.
II *loc adj* **3 antes de ~s,** *o* **antes de deducir los ~s.** (*Econ*) [Beneficio] calculado antes de deducir los impuestos [1] correspondientes. *Tb adv*. | *D16* 16.3.86, 4: *Diario 16*, que ha entrado en rentabilidad en este año, con un beneficio antes de impuestos de 51 millones de pesetas.

impugnabilidad *f* Cualidad de impugnable. | *Leg. contencioso-adm*. 104: El supuesto consentimiento del acto general no excluye la impugnabilidad subsiguiente del acto individualizador.

impugnable *adj* Que puede ser impugnado. | BOME 26.4.76, 1165: El acto de concesión de destinos será impugnable con arreglo a lo dispuesto en la Legislación vigente.

impugnación *f* Acción de impugnar. *Tb su efecto*. | *País* 6.12.78, 11: La ultraderecha impugna el referéndum .. La impugnación se apoya .. en presunto incumplimiento de preceptos legales. DCañabate *Paseíllo* 99: Para contestar a esta impugnación, .. voy a servirme de un trabajo periodístico mío.

impugnador -ra *adj* Que impugna. *Tb n, referido a pers*. | P. Corbalán *SInf* 18.4.74, 1: Su filosofía encontraría su concreción elaborada en Francisco de Vitoria, como tuvo su impugnador en Ginés de Sepúlveda.

impugnante *adj* Impugnador. *Tb n*. | *País* 6.12.78, 11: La impugnación se apoya .. sobre la prohibición de hacer propaganda de ningún tipo a partir de las cero horas del día anterior al referéndum. Según los impugnantes, esta disposición ha sido incumplida por Radio Nacional de España.

impugnar *tr* **1** Exigir la nulidad [de una disposición o de un acto] recurriendo a las leyes o reglamentos pertinentes. | *Caso* 14.11.70, 19: Confirmamos .. el resto de los pronunciamientos de la sentencia impugnada. *País* 6.12.78, 11: La ultraderecha impugna el referéndum .. La impugnación se apoya .. en presunto incumplimiento de preceptos legales.
2 Contradecir o refutar [una afirmación o una doctrina]. | J. Palau *Des* 12.9.70, 32: Que el cine, con el sonido, .. vio aumentar su potencial estético es algo difícil de impugnar.

impugnatorio -ria *adj* Que sirve para impugnar. | *Leg. contencioso-adm.* 45: Corresponde conocer a la Sala 5ª, tratándose de un expediente de expropiación forzosa, aunque los pedimentos sean varios y heterogéneos, pero dirigidos al mismo fin impugnatorio.

impulsar *tr* **1** Empujar [a alguien o algo] poniéndolo en movimiento. | Cunqueiro *Un hombre* 11: Antes de llegar al puentecillo de madera, con el pie derecho impulsó un guijarro a las aguas verdosas. *Van* 4.2.77, 24: Los sistemas frontales que partían del núcleo de la perturbación viajaban con gran rapidez de oeste a este, impulsados por fuertes vientos de poniente. Torres *Él* 129: Ignacio Clavé se levantó como impulsado por un resorte. **b)** Dar impulso [2] [a alguien o algo (*cd*)]. | MMolina *Jinete* 227: Echo a correr temblando y cuando he de impulsarme para dar la voltereta me quedo inmóvil.
2 Estimular o inducir [a alguien (*cd*) a una acción]. | Torres *Ceguera* 19: Algo .. impulsa a doña Sol a conducir a la mujer hacia el sofá.
3 Hacer que [una acción (*cd*)] pase a existir o progrese. | Quiñones *Ide* 13.8.83, 11: En cuanto a la Reforma Agraria .. estudiaron los trabajos realizados, tanto por la Administración como por la Junta, para impulsar el proyecto a partir del próximo otoño. ElM 14.12.93, 14: El resultado .. impidió poner en marcha una dinámica de borrón y cu[e]nta nueva para impulsar la regeneración política y la recuperación económica.

impulsión *f* (*E*) Impulso. | *Reg* 25.3.75, 14: 2ª fase [del proyecto de Presa de Regulación del río Jerte]: Estación de bombeos, tuberías de impulsión y depósitos de regulación. Ybarra-Cabetas *Ciencias* 125: La masa de nieve, al rodar por las pendientes, va engrosando, adquiriendo una gran fuerza de impulsión, capaz de destruir bosques, aldeas y aun pueblos. Aranguren *Ética y polít.* 181: A estas *élites* corresponde .. la impulsión y habituación a la toma de actitud política. Pániker *Conversaciones* 187: El hombre es un ser complejo en el cual funcionan, además de la razón, una serie de incentivos e impulsiones. Mingarro *Física* 40: La impulsión de una fuerza es igual a la cantidad de movimiento que produce (teorema de la cantidad de movimiento).

impulsivamente *adv* De manera impulsiva. | *Sáb* 3.12.66, 42: No hay que comportarse impulsivamente en el manejo de los intereses materiales.

impulsividad *f* Cualidad de impulsivo. | Pinillos *Mente* 149: Típicos del extravertido son el optimismo, la impulsividad, la actividad.

impulsivo -va *adj* [Pers.] que actúa siguiendo, sin reflexión ni prudencia, el impulso de su ánimo. | Laforet *Mujer* 21: Os pido de su parte que la perdonéis, pero ya sabéis cómo es de impulsiva. **b)** Propio de la pers. impulsiva. | Sesma *Tri* 17.12.66, 114: Predominio del optimismo. Esplendidez. Espontaneidad y franqueza. Voluntad más bien impulsiva. F. HCastanedo *Pue* 22.10.70, 32: Vacila al encajar la frase como un mazazo. Después, en protesta desgarrada, impulsiva y fatalmente espontánea, rechaza.

impulso I *m* **1** Acción de impulsar [1a, 2 y 3]. | *Abc* 24.4.58, 12: El cabello más rebelde .. se inclina y permanece dócil, incomparablemente sedoso .., al impulso del peine y del cepillo. Escudero *Capítulo* 37: Esta intervención de la Jerarquía .. secundando los impulsos del Espíritu Santo, en el examen, corrección y aprobación de las Constituciones, hace que deban considerarse santas, inviolables. *Ide* 12.8.83, 13: La Agrupación de Alcaldes de la Comarca de Alcalá la Real tiene la intención de que se haga una red de comunicaciones intercomarcales, con lo que se acentuaría la actuación en el avivamiento y en el impulso cultural.
2 Fuerza que mueve o pone en movimiento. *Frec fig. Frec con los vs* DAR, TOMAR *o* LLEVAR. | Seseña *Barros* 29: El alfarero se sentaba enfrente de la rueda y le daba impulso al introducir un dedo en uno de los tres agujeros que presentaba. RMorales *Present. Santiago* VParga 5: Todos aquellos peregrinos aparecían unidos por el lazo de la Cáritas, ese impulso supremo y generoso. Torres *Él* 71: Solo la pasión puede proporcionar el impulso necesario para invertir 1.800 horas en un estudio elaborando un solo álbum.
3 Idea o deseo repentinos y espontáneos que mueven a actuar sin premeditación. | Torres *Él* 111: Siguiendo un impulso, abrió el bolso, cogió el frasco de crecepelo, se lo metió al cantante en el bolsillo de la cazadora. Pániker *Conversaciones* 252: Si no hay impulso erótico no hay reproducción y termina la vida .. Y si no tiene usted agresividad se lo comerá el señor de al lado. Yo no veo cómo se pueda vivir sin estos dos impulsos.
4 (*Fís*) Cantidad de movimiento de un cuerpo, equivalente al producto de su masa por su velocidad. | A. Alférez *Abc* 26.6.75, 9: El turbomotor de doble flujo y poscombustión Pratt & Whitney F-100, que desarrolla un impulso superior a los 11.000 kilos, movía las diez toneladas de peso del YF-16 por el cielo castellano como si se tratara de una pluma.
5 (*Electr y Telec*) Emisión brevísima de corriente o de ondas. | GTelefónica *N.* 332: Comercial de Indust. y Minería, S.L. Contadores mano y máquina de Golpes, Vueltas, Impulsos eléctricos. *Abc* 24.12.70, 26: Teléfonos .. Se va implantando en España paulatinamente la tarificación por impulsos periódicos, que supone el cobro exclusivo del tiempo hablado. *Luc* 1.7.57, 2: Penetra [el sonido] en el material que se trata de inspeccionar, en una serie de impulsos de energía. Estos impulsos, que se registran en el tubo de rayos catódicos, detectan cualquier deficiencia del material.
II *loc prep* **6 a ~s de.** Por el estímulo o la incitación de. | Medio *Bibiana* 15: Se revuelve en la cama, a impulsos de su inquietud, y acaba por adoptar otra vez la misma postura.

impulsor -ra *adj* Que impulsa. *Tb n: m y f, referido a pers; m, referido a dispositivo o aparato.* | *Ya* 4.6.65, 5: El piloto McDivitt comprobó .. el combustible gastado para tratar de acercar lo más posible el "Gemini" al cohete impulsor. P. GAparicio *HLM* 26.10.70, 3: ¿Cuál ha sido el móvil impulsor del atentado contra el general Schneider? *MHi* 10.60, 42: El monumento al Infante Don Enrique el Navegante, impulsor de los descubrimientos portugueses, recuerda a los héroes y marinos lusitanos. GTelefónica *N.* 1102: Turbo Máquinas, S.A. Ventiladores centrífugos y helicoidales. Impulsores y extractores para todas las potencias.

impune *adj* Que no es castigado. | CNavarro *Perros* 144: Le irritaba pensar que alguien pudiera llegar a traicionar lo más querido de una manera tan impune y fría como Marta venía haciéndolo.

impunemente *adv* De manera impune. | *Sp* 19.7.70, 52: Los miles de transistores .. pueden seguir impunemente con sus veraniegas y purísimas canciones.

impunidad *f* Hecho de quedar impune. | JLosantos *Abc* 19.3.93, 22: Lo que se intenta es garantizar la impunidad de conductas tan deleznables como el robo, la usurpación .. y otras fechorías.

impunismo *m* Actitud propicia a dejar impunes los delitos. | L. Apostua *Ya* 6.12.70, 19: Un movimiento muy poderoso existía, no en favor del impunismo .., sino en favor de una consideración muy atenta de las causas y una excitación hacia la gracia, que es potestad del Estado tan egregia como la justicia. L. LSancho *Abc* 14.6.87, 34: El permisivismo, .. el impunismo de los atracadores, violadores, tironeros, van a hacer perder cientos de miles de turistas a los gobernantes socialistas.

impunista *adj* De(l) impunismo. | * Una actitud impunista. **b)** Partidario del impunismo. *Tb n.* | *Ya* 8.10.82, 1: No somos impunistas. Por el contrario, hemos dicho que nos tomamos muy en serio la grave amenaza del golpismo.

impuntual *adj* Que no es puntual, o que no llega o actúa en el momento debido. *Tb n, referido a pers.* | F. A. González *Ya* 7.12.72, 60: Alguien tan rigorista como Luigi, capaz de denunciar a un cadáver, no va a pecar de impuntual. GHortelano *Amistades* 71: Es posible que no hayan llegado. Son unos impuntuales.

impuntualidad *f* Cualidad de impuntual. | Delibes *Mundos* 117: Me han llamado la atención expresiones populares como la de que "el tren anda como las huifas", para resaltar su impuntualidad. *Nue* 23.7.70, 8: El martes no acudieron al trabajo en señal de protesta por la impuntualidad con que reciben sus pagas.

impuramente *adv* De manera impura [1 y 2]. | GNuño *Escultura* 43: Servían a sus clientelas piezas de gusto egipcio o de factura griega, pero claro está que .. impuramente bastardeadas.

impureza *f* **1** Cualidad de impuro [1 y 2]. | * La impureza del aire es preocupante. Laforet *Mujer* 49: Demasiada hipocresía había visto en su casa, y demasiada impureza. SLuis *Doctrina* 95: La impureza tiene muchas causas que la producen y fomentan .. La primera causa profunda es el orgullo .. Ya en el Paraíso, la primera consecuencia del pecado de Adán fue el desorden de la concupiscencia.
2 Elemento extraño que se encuentra mezclado con una sustancia. *Frec en pl.* | Arce *Testamento* 59: Quitó de la punta de su cigarro la brasa de una impureza del tabaco. Marcos-Martínez *Física* 279: Hay variedades [de diamante] completamente negras o de poco valor, debido a impurezas que contienen.

impurificación *f* Acción de impurificar. *Tb su efecto.* | *Huelva* 86: La impurificación de las aguas de las minas no haría posible la utilización de las aguas de los ríos Tinto y Odiel.

impurificar *tr* Hacer impuro [1] [algo]. | Aleixandre *Química* 73: El agua contiene frecuentemente impurezas volátiles .. que pasarían en la destilación, impurificando el agua destilada. *Economía* 15: De las cocinas, braseros, estufas, etc., se desprende anhídrido carbónico y a veces óxido de carbono, que no son impurificadores del aire, sino que son asfixiantes. *TMé* 23.2.68, 20: Hay que pensar en factores nuevos de enfermedad, la polución de las aguas potables por los residuos industriales, .. los miles de toneladas de gases con que los motores de explosión impurifican la atmósfera de las ciudades.

impuro -ra *adj* **1** Que contiene mezcla de elementos extraños o nocivos. *Tb fig.* | Bustinza-Mascaró *Ciencias* 124: La ingestión de verduras crudas, regadas con aguas fecales, o de aguas impuras son [sic] los procedimientos más frecuentes de infección. Sopeña *Abc* 20.8.66, 58: Después de

imputabilidad – inabordable

Mozart, casi todas las músicas parecen impuras, rebajadas de quilates por lo menos.

2 Que carece de limpieza moral. | CBaroja *Inquisidor* 30: Si sobre Lucero cayó pronto la reputación de hombre impuro en sus actuaciones, el juicio acerca de Torquemada de los españoles chapados a la antigua era muy distinto. **b)** (*Rel*) Deshonesto en cuanto a la moral sexual. | SLuis *Doctrina* 92: Prohíbe [el noveno Mandamiento] los pensamientos, imaginaciones, recuerdos y deseos impuros, cometidos deliberadamente.

3 (*Mat*) [Fracción] de valor superior a 1. | Gironza *Matemáticas* 48: El número mixto equivalente a una fracción impura tiene por parte entera el cociente del numerador por el denominador.

imputabilidad *f* Cualidad de imputable. | Valcarce *Moral* 19: Imputabilidad es la propiedad que tiene todo acto humano de reclamar siempre la existencia de un autor.

imputable *adj* **1** [Cosa] que puede ser imputada. | Villapún *Moral* 10: Los actos que hace el hombre sin conocimiento o sin voluntad no le son imputables. *Inf* 7.9.70, 9: Los estudios que se realizan han de servir para determinar si es necesaria una modificación del sumando "A", imputable a las empresas.

2 [Pers.] a quien puede ser imputado [1] [algo (*compl* DE)]. | Valcarce *Moral* 21: La responsabilidad .. Consiste en la obligación que todo sujeto imputable de su acto tiene de responder del mismo y de todas sus consecuencias.

imputación *f* Acción de imputar. *Tb su efecto*. | *Pue* 17.12.70, 6: La Permanente acordó rechazar categóricamente la injusta imputación que se hace a los agricultores de especular con los cupos de gas-oil.

imputador -ra *adj* Que imputa. | Josué *Abc* 12.8.84, 50: El tono, entre amenazante e imputador de culpa, .. parece inadecuado.

imputar *tr* **1** Atribuir [a alguien un acto, normalmente condenable]. | Valcarce *Moral* 19: Imputar un acto a alguien es atribuírselo a ese sujeto como autor del mismo. *Hoy* 21.11.70, 5: El Tribunal .. ha absuelto a Alfonso Vázquez Sanromán del delito de propaganda ilegal que le imputó el fiscal. **b)** Atribuir [una cosa a otra] o considerar que se debe [a ella]. | * Este resultado debe imputarse a sus indudables cualidades personales. * El éxito ha de imputarse a su buena suerte.

2 Aplicar [una cantidad a una cuenta o concepto determinados]. | *BLM* 9.74, 16: Los gastos ocasionados por la contratación del personal que realice los trabajos de investigación se imputarán a los respectivos créditos de inversiones. *Compil. Cataluña* 721: Siempre que en capitulaciones matrimoniales el heredante señale o asigne, en concepto de legítima, dote o dotación, cantidad o bienes determinados para alguno de sus hijos o descendientes legitimarios, dicha cantidad o bienes se imputarán a la respectiva legítima.

imputrescible *adj* Que no puede pudrirse. | Perala *Setas* 108: Pie reviviscente, imputrescible.

in *adj invar* (*hoy raro*) [Pers.] que está en la vanguardia de la moda, o al corriente de la moda o de la actualidad. *Se opone a* OUT. *Tb n.* | *Mad* 17.1.68, 24: Ellos están "in", y ya saben, señores, todo lo que esta palabra encierra de novedoso, de actualísimo, de estar al día, al mañana y a la llegada a Marte .. Pero .. el "in" madrileño .. sigue al resto del mundo a unos cuantos meses de retraso impermisible. Forges *Forges* 65: Aeropol: No debe faltar en ningún hogar que se precie de in. **b)** [Cosa] que está de moda. | C. SFontenla *Tri* 21.10.67, 12: Ahora todo el mundo habla de Buñuel, las revistas ilustradas le dedican una atención que nunca había merecido para ellas .. "Buñuelesco" se convierte en un término "in".

in- (*ante las letras* b o p, *toma la forma* im-, *e* i- *ante l o* r) *pref* **1** Denota negación de lo expresado por la palabra a la que se antepone. | *Por ej:* Cabezas *Abc* 18.11.75, sn: Un museo de bebestibles imbebibles. A. Assía *Voz* 23.10.70, 22: Una carretera de veinte kilómetros está impasable desde hace años. Gironella *Millón* 128: Las nubes, en correcta formación, constituían sobre la ciudad un techo imperforable. Bustinza-Mascaró *Ciencias* 134: Resulta así que el cuerpo de un erizo de mar está dividido en diez franjas: cinco más estrechas, o zonas ambulacrales .. y cinco más anchas, o zonas interambulacrales, con las placas imperforadas. Anson *Oriente* 18: Lo inmóvil puede ser a la vez impermanente. Salvador *Haragán* 180: "Nueva Maisí" estaba totalmente impreparada. Suárez *Monedas* 286: ¡Mis enemigos vendrán, y chocarán contra mí, como contra una roca fuerte, dura, inabatible! Cela *Inf* 26.3.74, 16: Trataré de exponerles .. mis inabdicables puntos de vista. MSantos *Tiempo* 146: Los frescos ataúdes .. se alinearon impúdicamente en revuelta promiscuidad inacostumbrada. MHi 5.64, 34: España seguía inalcanzada, prometedora, halando de lo más hondo de su vida. *Ya* 9.7.92, 32: La jubilación anticipada del transportista, inasumible. *CoA* 17.3.64, 17: Recibos incobrados. M. F. Prieto *SAbc* 31.5.70, 31: Alquilan la *chambre de bonne* a estudiantes y empleados modestos, por 150 o 200 francos al mes en las condiciones inconfortables con que fueron originariamente construidas. Matute *Memoria* 115: La guerra, allí en el mapa, en las zonas aún inconquistadas, lo absorbió como un pantano. S. Cayol *Ya* 21.4.88, 58: La mala educación que exhibe Paula algunas veces en el ruedo es realmente inconsentible. MSantos *Tiempo* 142: Están destinados a ser colocados de modo poco preciso en un terreno vago e indelimitado. Pinilla *Hormigas* 211: [Mis mayores] se alzaron ante mí tan unidos como las piedras de un muro inderribable. P. GAparicio *HLM* 14.12.70, 3: De neta e indesmentida filiación marxista. Torrente *Saga* 74: Su gloria, más que de sus trabajos de historiador, más que de sus venenos indetectables, le vendría del "Homenaje Tubular". Payno *Curso* 163: Darío, por ignorancia, obró como el vino en gana. Era inencasillable. Cuevas *Finca* 96: Aquella tarde no pudo estudiar. Veía la página fija, como escrita con signo inentendible. MPidal *Las Casas* 61: El prejuicio .. es aceptado como dato incontrovertible o regla inexceptuable. GÁlvarez *Filosofía* 2, 139: La razón, volcada sobre la experiencia, no podrá tener por objetivo las esencias de las cosas, siempre inexperimentadas. Lapesa *HLengua* 155: Tampoco faltan alusiones a sustantivos inexpresos cuya idea se sobrentiende en otra palabra. Meliá *País* 26.5.76, 7: La tesis de Arias .. es inmantenible. Pinilla *Hormigas* 274: Un mundo de pesadilla que duró la inmedible eternidad de ochenta horas. Tarancón *Abc* 6.5.70, 39: Sería conveniente que las autoridades vigilasen este campo tan importante, para que se respetase siempre la insuprimible exigencia del hombre a conocer la verdad. Benet *Otoño* 41: El baluarte de sus convicciones era intomable. *Asturias* 42: Fue preciso .. reparar constantemente pavimentos en caminos vecinales, antes casi intransitados. Laín *Gac* 30.8.70, 8: Es un conflicto genuinamente trágico, la lucha a muerte de un personaje contra un límite irrebasable. Umbral *Gente* 216: Querían reciclarme políticamente sin decirlo, pero uno, políticamente, es irreciclable. Benet *Volverás* 274: Al ser retirados [los tejidos] de aquel soplete horrendo que los había cortado a su antojo, habían de mostrar en sus heridas informes y en sus fragmentos irrecomponibles la naturaleza destructora de la prueba.

2 Ante determinados ns abstractos, denota falta o carencia de lo designado por el n. | *Por ej:* Anson *Oriente* 18: La enseñanza búdica de la impermanencia universal .. no excluye el inmovilismo. L. Correa *Abc* 9.12.64, 43: Desaparecida la libertad comercial en el mundo, como consecuencia de la inconvertibilidad monetaria y la ausencia de un medio común de pago, se produjo una de las más graves crisis. Alfonso *España* 47: Las comunidades de propietarios son islotes de democracia en medio de un océano de enrarecimiento social e inconvivencia. Laín *Universidad* 19: La deplorable situación a que conducen, sumándose, la masificación y la indotación. Castilla *Natur. saber* 21: A uno le asalta la duda de si en realidad el inentendimiento no mostrará una oculta incapacidad personal. Aranguren *Marxismo* 75: Tras él [Hegel] los pensadores siguientes .. subrayarán la antítesis, la irreconciliación, la contradicción.

inabarcable *adj* Que no puede abarcarse. | Torrente *Pascua* 445: Ahora dicen también que el sistema solar se mueve lentamente hacia la constelación Libra, y es posible que un sistema inabarcable, del que formamos parte, gire alrededor de otra estrella más distante.

inabordable *adj* [Pers. o cosa] a la que es imposible abordar (acercarse a ella o empezar a tratarla). | Castilla *Humanismo* 40: ¿Qué tiene de común nuestro concepto de destino con el de los antiguos griegos y romanos ..? Solo tiene de común un rasgo, el de ser algo externo al sujeto, al hombre, a la persona, mas no alguna suerte de ente inabordable.

inacabable *adj* [Cosa] que no se acaba nunca. *Frec con intención ponderativa.* | PRivera *Discursos* 16: Sobre la mujer hay teorías para todos los gustos. Desde los que la consideran solamente como objeto sexual, hasta los que con excesivo feminismo piensan que es igual al hombre .., hay una gama inacabable. Olmo *Golfos* 186: Sabe que de un momento a otro caerá sobre él el rencor, el inacabable resentimiento de su abuela.

inaccesibilidad *f* Cualidad de inaccesible. | Pla *Cataluña* 108: Es natural que una tal abrupta geografía subraye una nota de inaccesibilidad, señalada en la historia desde la Reconquista. P. Nadal *SPaís* 5.5.93, 3: Unos misterios que hasta ahora había que deducir por evidencias o datos empíricos, ante la inaccesibilidad del medio.

inaccesible *adj* **1** [Pers. o cosa] a la que no se puede acceder o llegar. *Frec con un compl* A. | A. Biarge *NEsR* 30.7.72, 3: Dio muestras de su habilidad, huyendo en solitario por algún punto inaccesible de La Peña del Morral. Alfonso *España* 173: De vez en vez, llega la noticia de hombres que mueren o pueden morir en soledad, inaccesibles a la ayuda directa.
2 [Pers.] a la que es imposible o casi imposible llegar a tratar. | * El director tiene fama de inaccesible.

inaccesiblemente *adv* De manera inaccesible. | G. MVivaldi *Ya* 4.7.75, 8: Los actuales profesores no gozan de aquella aureola reverencial que les envolvía y elevaba por encima de nuestras miradas cual oráculos de la ciencia, aupados casi inaccesiblemente en sus altas cátedras.

inacción *f* Falta de acción. *Referido gralm a pers.* | Buero *Fundación* 155: ¡Entonces hay que salir a la otra cárcel! .. ¡Y cuando estés en ella, salir a otra, y de esta, a otra! La verdad te espera en todas, no en la inacción.

inacentuación *f* (*Fon*) Falta de acentuación. | Academia *Esbozo* 75: Colocamos, junto a cada palabra, un esquema elemental, en el que los puntos bajos han de interpretarse como inacentuación y tono bajo, y los altos como acentuación y tono alto.

inacentuado -da *adj* (*Fon*) No acentuado, o que no lleva acento. | Alarcos *Fonología* 98: Las oposiciones *o/u, e/i* se neutralizan en posición inacentuada.

inaceptable *adj* Que no se puede aceptar. | Arce *Anzuelos* 10: Tales dudas obedecían, más que a una postura de inaceptable egocentrismo, a simple ingenuidad.

inactivación *f* Acción de inactivar(se). | *SInf* 21.10.70, 1: Han ganado el premio Nobel de Medicina y Fisiología 1970, trabajando independientemente sobre los transmisores humorales de las terminales nerviosas y el mecanismo para su almacenamiento, liberación e inactivación.

inactivador -ra *adj* Que inactiva. | MNiclos *Toxicología* 90: Posee una fuerte acción acetilcolínica e inactivadora de la colinesterasa.

inactivar *tr* Quitar [a algo (*cd*)] la actividad. | Mascaró *Médico* 38: Las vacunas se preparan ora con gérmenes vivos, atenuados por pasos sucesivos en diferentes medios de cultivo .., ora con gérmenes inactivados o muertos. *Jaén* 18.11.64, 6: En este aspecto estamos de lo peor que cabe imaginar, originando, en efecto, perjuicios e inactivando a la pequeña industria local. **b)** *pr* Perder la actividad. | RDelgado *Abc* 17.8.85, 3: Sin una continua entrada de estímulos sensoriales, la parte del sistema nervioso llamada "formación reticular" se inactiva, y entonces el cerebro se nos duerme y podemos entrar en coma.

inactividad *f* Falta de actividad. | Laforet *Mujer* 291: Solo le inquietaron .. las horas vacías que .. le quedaban hasta el momento de acostarse. Odiaba la inactividad. *VerA* 29.8.91, 18: Los mercados de valores españoles han caído de nuevo en la inactividad.

inactivo -va *adj* Que no es activo. | *Abc* 25.2.68, 16: Cuando las planchas están parcialmente cubiertas del duro e inactivo sulfato de plomo, la acción electroquímica no puede producirse. *Sp* 19.4.70, 21: El más alto grado de analfabetismo se dio entre la población inactiva. **b)** Que no actúa. | *Sáb* 10.9.66, 30: No, no están inactivos nuestros jóvenes "play-boys", que además son simpáticos por naturaleza.

in actu (*lat; pronunc,* /in-áktu/) *loc adv* (*Filos*) En acto o en la realidad. | Albalá *Periodismo* 81: Los acontecimientos .. están aún vigentes, "in actu".

inactual *adj* No actual o que no pertenece o se adecua al tiempo actual. | Till *Com* 8.9.76, 32: Solo quedaba [p]or alcanzar una meta: que el diccionario de la Academia, siempre regresivo, inactual y reaccionario, suprimiese de sus ediciones las voces traje, decencia, pudor, decoro, etc., etc.

inactualidad *f* Falta de actualidad. | *Inde* 3.4.90, 35 (A): Hoy casi podríamos decir que [los museos] se han puesto de moda, que se ha terminado con la inútil controversia de su inactualidad.

inadaptable *adj* No adaptable. *Tb n, referido a pers.* | P. GAparicio *HLM* 24.6.74, 5: La "democratización" ha producido una inmensa floración de grupos y grupúsculos políticos; .. entre ellos predominan los subversivos y los inadaptables.

inadaptación *f* Falta de adaptación, esp. a las circunstancias sociales. | Tierno *Cabos* 25: Del calor [de 1936] tengo malísimos recuerdos. Lo asocio a desmanes, querellas, peligros y canciones que siempre que las oigo reproducen una situación de inadaptación y molestia. Aún ahora .. me asalta la zozobra de no estar a gusto y de vivir en desacuerdo conmigo mismo. R. FMosquera *Abc* 27.11.70, 3: La comprensión no siempre resulta fácil en el núcleo de un panorama trazado sobre rebeldías, inadaptaciones, inmovilismos.

inadaptado -da *adj* Que no se adapta a las circunstancias, esp. sociales. *Tb n, referido a pers.* | PRivera *Discursos* 20: Problemas generales de vida, que atañen a la familia, a la juventud inadaptada, al trabajo. J. M. Nieves *ByN* 3.10.93, 75: Ya no son [los dinosaurios] esos pobres gigantes inadaptados, destinados a desaparecer de forma inevitable. Delibes *Cinco horas* 48: A ti, querido, te echaron a perder los de la tertulia, el Aró[s]tegui y el Moyano, ese de las barbas, que son unos inadaptados. *ByN* 31.12.66, 53: Ninguno de los 120 prisioneros .. eran detenidos políticos .. Más bien se trataba de .. algunos de los que oficialmente son definidos como "inadaptados sociales".

inadecuación *f* Falta de adecuación. | *Cua* 6/7.68, 7: Esta inadecuación entre la realidad en transformación y el carácter anacrónico de las estructuras se ha hecho especialmente patente en el sistema educativo.

inadecuadamente *adv* De manera inadecuada. | N. Preciado *SMad* 13.12.69, 1: El piso superior estaba lleno de cámaras, actores, fotógrafos, extras vestidas inadecuadamente para una mañana tan fría.

inadecuado -da *adj* No adecuado, o que no se ajusta a las necesidades o características [de alguien o algo (*compl* A *o* PARA)]. *Frec se omite el compl.* | Marta *SYa* 3.4.77, 15: Dependiendo de la temperatura exterior, debemos revisar el termostato para evitar temperaturas inadecuadas. *Con* 3.85, 25: Nuestras comidas desordenadas, desequilibradas, .. trastornan nuestro intestino que, aunque lleva mucho tiempo soportando una alimentación inadecuada, termina por cansarse y volverse perezoso.

inadmisibilidad *f* Cualidad de inadmisible. | *Abc* 11.12.70, 17: Dictaminada por el fiscal la inadmisibilidad del mismo [recurso de casación], se dio vista de este dictamen a los recurrentes.

inadmisible *adj* No admisible. | L. LSancho *Abc* 29.7.67, 3: Esa construcción bárbara .. se nos cuela traída por los inadmisibles personajes que viajan por el "túnel del tiempo".

inadmisiblemente *adv* De manera inadmisible. | J. Castro *SInf* 26.12.74, 9: Tampoco va a ser ampliado en esta información a límites inadmisiblemente fatigosos para el lector.

inadmisión *f* No admisión. | *Abc* 4.5.74, 53: Tribunales. Inadmisión de los recursos de colegios de titulares mercantiles.

inadmitir *tr* No admitir. | *Caso* 14.11.70, 19: El presente recurso se basó en dos motivos, el primero de los cuales fue inadmitido por auto del 1 de junio de 1970. Torrente *Fragmentos* 243: También las mujeres, ahora silen-

inadoptable - inane

ciosas, se sentían atraídas por aquella figura que guardaba, casi en el aire, un equilibrio inadmitido por la ciencia.

inadoptable *adj* No adoptable. | Benet *Otoño* 115: Mi madre .. lo adoptó, encantada de que yo tuviera un amigo donostiarra. Yo ya tenía un amigo donostiarra –Alberto Machimbarrena ..–, pero para una madre vasca un solo amigo donostiarra no basta, y además Alberto era inadoptable.

inadvertencia *f* Falta de advertencia o atención. | L. Pablo *SAbc* 20.4.69, 37: Ambas están descalificadas por lo que tienen de olvido o inadvertencia de las notas propias de cada lenguaje musical.

inadvertidamente *adv* De manera inadvertida. | Marín *Enseñanza* 279: Si una línea entera se repite por haber vuelto a comenzarla inadvertidamente, debe puntuarse.

inadvertido -da *adj* No advertido o notado. Frec en la constr PASAR ~. | A. Aricha *Caso* 21.11.70, 12: Con el fallo .. de haber elegido muy mal el lugar en que pretendía pasar inadvertido. FSánchez *VozT* 2.8.78, 27: ¿Qué pasó en la Asesoría de la Comisión Provincial de Urbanismo, para la que pasaron tan fácilmente inadvertidos estos importantes y numerosos defectos?

in aeternum (*lat; pronunc corriente,* /in-etérnum/) *loc adv* Para toda la eternidad o para siempre. | Gala *Señorita* 910: Usted es un sacerdote "in aeternum" con el carácter que imprime la consagración.

inaferrable *adj* (*lit*) Que no se puede aferrar o asir. | Pla *Cataluña* 451: Cataluña y el Penedés son así: variados, vastos, inaferrables. Goytisolo *Verdes* 79: Temporalmente unidos en la búsqueda de un ideal sobre el que sea posible fundamentar una relación estable, el mito inaferrable en la medida en que concreto.

inagotable *adj* Que no se puede agotar. | L. Moreno *YaTo* 30.9.81, 47: Es .. la única mina subterránea de este tipo en España .. Su yacimiento es casi inagotable. *Abc* 28.8.66, 17: –¿Qué es lo que a ti te gusta pintar? –Sencillamente, lo que me rodea. Un mundo inagotable que puede existir en una habitación.

inagotablemente *adv* De manera inagotable. | Pemán *Gac* 12.1.63, 18: Cuando el hombre empieza a pensar inagotablemente sobre sí mismo, .. la vida se acaba sin que dé tiempo de pasar adelante.

inaguantable *adj* **1** Que no puede ser aguantado o soportado. | Arce *Testamento* 28: –¿Qué es lo que pasa? –pregunté, inquieto, achicharrado, efectivamente, bajo aquel sol inaguantable. Onieva *Prado* 120: Fue el hijo menor de Francisco Herrera el Viejo, buen artista, pero de genio inaguantable, que su hijo no pudo soportar, huyendo a Italia.
2 Extraordinario o asombroso. Con intención ponderativa. | Mendicutti *Palomo* 32: Con sus casi noventa años había conservado una salud y una lucidez, según mi madre, inaguantables. Goytisolo *Verdes* 140: El agua estaba espléndida, casi inaguantable; también el sol, potenciado su fulgor por la reverberación del mar circundante.

inaguantablemente *adv* De manera inaguantable. | Chimo *Cod* 1.9.74, 11: Sus denuncias son terribles: el empresario que impone actores, la censura que corta, la actriz que se transmuta en inaguantablemente diva.

inalámbrico -ca *adj* Que funciona sin hilos conductores. Tb *n m, referido a teléfono*. | P. Boned *DíaCu* 20.7.84, 16: La conversación, escuchada ilegalmente mediante micrófonos inalámbricos de los que usan los agentes, la captamos en una habitación donde residen. Torres *Ceguera* 70: Encajó el inalámbrico en su soporte y siguió conduciendo con la izquierda. **b)** Que se realiza sin hilos conductores. | E. Novoa *Abc* 7.5.58, 27: La válvula clásica de "radio" .. ha cumplido su maravillosa misión de facilitar comunicaciones inalámbricas con los antípodas.

in albis (*lat; pronunc,* /in-álbis/) **I** *loc adj* **1** (*Rel catól*) [Domingo] primero después de Pascua. | Valcarce *Moral* 191: El tiempo Pascual dura desde el Domingo de Ramos hasta el Domingo llamado "in albis".
II *loc adv* **2** (*col*) Sin captar nada de lo que se trata. Frec con los vs ESTAR, QUEDARSE o DEJAR. | FReguera-March *Caída* 319: Explícame un poco lo que ocurre. Ya te he dicho que estoy in albis. CSotelo *Muchachita* 278: Convendría, Mercedes, que no empleases tanto tecnicismo en tus descripciones, porque nos quedamos "in albis". GPavón *Reinado* 14: Y el camposantero, in albis.

inalcanzable *adj* Que no puede alcanzarse. | L. Calvo *SAbc* 16.3.69, 19: El "humour" inglés .. le parecía un dechado temperamentalmente inalcanzable.

inalienabilidad *f* Cualidad de inalienable. | L. Sanmartín *Sáb* 11.1.75, 11: Cuando la Revolución francesa atribuyó las propiedades que constituían el dominio de la Corona a la nación, sustituyó el principio de la inalienabilidad por el de la alienabilidad.

inalienable *adj* Que no puede enajenarse. | DPlaja *El español* 23: Todos estos han vivido durante siglos de la ilusión de poseer una propiedad inalienable e indestructible. **b)** [Derecho] que no puede transferirse o quitarse. | *Inf* 27.5.70, 10: La huelga no es un delito ni un derecho inalienable.

inalterabilidad *f* Cualidad de inalterable. | Marcos-Martínez *Física* 295 bis: El aluminio se emplea cada vez más en la fabricación de objetos de cocina, debido a su inalterabilidad ante el aire y el agua. Anson *Oriente* 38: El "nirvana" es el sosiego del alma, la calma del ánimo, la inmovilidad, la ausencia de deseo, la inacción, la inalterabilidad, la indiferencia de todo.

inalterable *adj* **1** Que no puede alterarse. | PRivera *Discursos* 10: Él [José Antonio] creó todo un cuerpo de doctrina con respecto a la Patria y al hombre, que es inalterable.
2 Que no se altera. | GHortelano *Amistades* 220: Gregorio permaneció inalterable, al tiempo que Pedro sonreía. CNavarro *Perros* 151: Su cara permanecía inalterable y a sus ojos asomaba un destello de maldad.

inalterablemente *adv* De manera inalterable. | MMolina *Jinete* 143: Sus rasgos tan próximos todavía a la infancia y sin embargo tan inalterablemente destinados a trazar su cara de adulto. *Abc* 23.12.70, 30: No podían ocultar su sorpresa al advertir que los agraciados permanecían, inalterablemente, en sus puestos de trabajo.

inalterado -da *adj* Que no ha sufrido alteración. | Bustinza-Mascaró *Ciencias* 112: Luego las partes blandas [de la esponja] se pudren y el esqueleto córneo queda inalterado.

inamistoso -sa *adj* Hostil o poco amistoso. | Delibes *Tesoro* 66: Tras los visillos de las ventanas, se advertían furtivas miradas inamistosas. *Día* 23.9.75, 35: La retirada [del corresponsal de TVE en Lisboa] ha sido comunicada a la Radio Televisión Portuguesa como protesta por su inadmisible actitud inamistosa contra España.

inamovible *adj* **1** Que no se puede mover o cambiar. En sent no físico. | Sánchez *Pról. Quijote* 28: Tanto el héroe como el antihéroe carecen de libertad .. Se mueven en una esfera de valores concertados, fijos e inamovibles: en castillos, florestas y palacios, o en suburbios y sórdidos mesones o pupilajes.
2 [Pers.] que no puede ser removida de su puesto o cargo. | Torrente *Fragmentos* 143: Más de mil firmas autorizaron un escrito al rector en el que a don Crescencio se le consideraba incurso en el folklore universitario, como las togas, los birretes y las mazas de plata, y, como tal, inamovible.

inamovilidad *f* Cualidad de inamovible. | *Ya* 15.4.64, 5: La inamovilidad temporal, las sanciones legales .. garantizarían suficientemente, a nuestro juicio, esta autenticidad. S. RSanterbás *Tri* 28.2.70, 36: La gente cree a pies juntillas en la absoluta inmovilidad de las estructuras económicas.

inane *adj* (*lit*) Vano o intrascendente. | Delibes *Señora* 28: Tu madre descubría la belleza en las cosas más precarias y aparentemente inanes. Barrero *Cuento* 20: Siempre será posible, por ejemplo, considerar *El Jarama* .. como último exponente, el más perfecto quizá, del tradicional realismo, nunca más realista que cuando se limita a recoger las inanes conversaciones de un grupo de bañistas domingueros. **b)** Vacío o sin contenido. | *Valencia Mar* 23.11.70, 3: Su réplica es confusa, inane y no desmiente uno solo de mis argumentos. **c)** Que carece de interés. | Umbral *Pról. Delibes* 6: La hoja roja es historia de una familia de la burguesía

inania - inarmonía

media española, con su pasado pretencioso, su presente inane y su futuro otra vez brillante y levantado. Millán *Fresa* 67: Entabló partidas horribles, por lo inanes, y otras que duraban diez jugadas.

inania *f (raro)* Inanidad. | C. L. Álvarez *HLM* 31.7.78, 3: Hay aquí grupos políticamente agotados en la época anterior que están dispuestos a demostrar la infructuosidad de un Estado democrático, su incapacidad y su inania.

inanición *f* Debilidad extremada por falta de alimento. | Cuevas *Finca* 126: El forense le dio una vuelta, despacio. –¿Inanición? –preguntó el Alguacil, oficioso. –No. Es un colapso.

inanidad *f (lit)* Cualidad de inane. | Millás *Lit. hebraicoesp.* 53: Cantando [en sus poemas] sus victorias, el amor y el vino ..; deplorando la ausencia de los familiares y amigos, la inanidad de las cosas. Aguilar *Experiencia* 593: Esta era, precisamente, la lección que la vida no me había dado hasta entonces: la de la inanidad de las promesas verbales. GNuño *Arte* 124: Era San Bernardo, el abad de Claraval, que desde 1113 truena contra la corrupción, la inanidad y la holganza de los monjes de San Benito.

inanimado -da *adj* **1** Que no tiene vida. | Bustinza-Mascaró *Ciencias* 5: Los cuerpos que se hallan en la Naturaleza pueden ser vivientes .. y no vivientes o inanimados. Van 20.12.70, 32: El disco puede servir de ayuda –y de cierta compañía, aunque sea inanimada– para meditar los misterios del rosario.
2 (*Gram*) [Nombre] que designa ser inanimado [1]. *Tb n m*. | RAdrados *Lingüística* 313: En menomini hay una clase de nombres animados que comprende también plantas y diversos productos, y otra de nombres inanimados. RAdrados *Lingüística* 319: El complemento de inanimados no lleva *a*.
b) [Género] que corresponde a los nombres de seres inanimados [1]. | Villar *Lenguas* 310: A nivel formal, el género animado no se distingue del inanimado más que en el nominativo y acusativo de singular y plural.

inánime *adj (lit, raro)* Inanimado [1]. | Lera *Olvidados* 261: Pensaba que los árboles y las hierbas, si al herirlas pudiesen llorar, llorarían así. Que incluso todo lo inánime que se golpea y se rompe se quejaría de igual manera al tener voz.

inanimidad *f (lit, raro)* Cualidad de inánime. | Aparicio *Año* 205: Charo les miró. Pero pareció no haberles oído. Les miró sin arrugar el rostro, sin sonreír, con la inanimidad de una cosa.

inapagable *adj* Que no puede apagarse. *Tb fig*. | Borrás *Med* 1.4.60, 3: Dos siglos y medio en que España no dejó las armas de la mano, además de soportar la inapagable hoguera de revoluciones domésticas, motines, banderías. Selipe *Ya* 25.9.74, 43: La faena, principiada con ambas rodillas en tierra, estuvo en todo momento influida por una voluntad ardiente e inapagable.

inaparente *adj* No aparente. | Pericot-Maluquer *Humanidad* 37: A este inaparente escalón humano vamos a llamarlo de los Pitecantrópidos. P. López *TMé* 17.12.82, 4: El doctor Fujiwara (Japón) se refirió a la monitorización microbiológica en roedores de laboratorio, centrándose en las infecciones inaparentes.

inapeable *adj* Que no se puede apear. | GPavón *Nacionales* 293: Andaba de un lado para otro, con el cigarro en la boca y la sonrisa inapeable.

inapelabilidad *f* Cualidad de inapelable. | Benet *Otoño* 42: La sentencia pronunciada con el rigor y la inapelabilidad de todo parte de defunción.

inapelable *adj* No apelable o no susceptible de apelación. *Tb fig*. | *Sol* 24.5.70, 10: Concurso de Fotografías .. El fallo será emitido por el jurado constituido a tal fin, y será inapelable. Torrente *Off-side* 521: Me miento a mí mismo o me descubro las verdades inapelables.

inapelablemente *adv* De manera inapelable. | Laín *Universidad* 112: El Estado español ha expulsado definitiva e inapelablemente de su servicio a varios catedráticos.

inapetencia *f* Falta de apetito o de deseo de comer. | GAmérigo *Sáb* 20.8.66, 12: Un niño no quiere comer. Debe verle el puericultor e investigar a fondo la causa de su inapetencia.

inapetente *adj* Que no tiene apetito o deseo de comer. | Laiglesia *Tachado* 57: La muchacha .. no había logrado la admisión en las reuniones de la archiduquesa por ser arpista, sino por ser inapetente. Comía tan poco que su padre, administrador de tres finquitas como pañuelos que poseía Florinda, consultó .. con su administrada.

inaplazable *adj* No puede aplazarse. | Ortega *Americanos* 66: Había llegado la fecha para el inaplazable partido de campeonato.

inaplazablemente *adv* De manera inaplazable. | *Ya* 25.11.71, 41: ¿Por qué no se verifica la leva del profesorado de cada curso inaplazablemente durante el mes de septiembre, o de agosto si es preciso?

inaplicable *adj* No aplicable. | *Inf* 2.5.74, 10: El Consejo, por mayoría calificada, puede modificar, suspender o suprimir las medidas de salvaguardia, párrafo que es considerado por los observadores como inaplicable.

inaplicación *f* No aplicación. | *Caso* 14.11.70, 19: Infracción por aplicación indebida del artículo 9º,8 y correlativa inaplicación del artículo 9º,1.

inapreciable *adj* **1** Que no puede ser apreciado o medido, por su extremada pequeñez. | *Ya* 23.9.70, 6: Solo se registró una precipitación inapreciable en La Coruña y en Ávila.
2 Que no tiene precio, por su gran valor o calidad. *Con intención ponderativa*. | Torres *El* 152: Es la carta astral de Julio Iglesias, perteneciente al inapreciable archivo de estos amigos.

inapreciablemente *adv* De manera inapreciable. | *Abc* 23.5.74, 33: El adelanto de una hora ha repercutido inapreciablemente en el consumo.

inaprehensible *adj (lit)* Inaprensible. | Fraile *Cuentos* 38: Creía prestar su voz y su lengua muchas veces a inaprehensibles seres del Más Allá. Olmo *Golfos* 193: Se diría que algo inaprehensible, algo niño, ha penetrado en él.

inaprensible *adj (lit)* Que no se puede asir o coger. *Frec en sent no material*. | Valls *Música* 15: Un arte importantísimo –el de la música– cimentado en las vibraciones del aire, es decir, en este algo etéreo e inaprensible que no vemos y que denominamos "sonido". CPuche *Paralelo* 134: Él sabía muy bien que, en unos instantes inaprensibles, aquella mujer era apasionada como ninguna.

inapresable *adj* Que no se puede apresar. *Gralm en sent no material*. | MGaite *Cuento* 46: La brega, a palo seco, con los términos "inducción", "deducción" y "categoría" se convertía en una batida a fantasmas, que solo empezaron a hacerse menos inapresables en el momento en que nuestra excursión por el tema tomó derroteros más narrativos.

inapropiadamente *adv* De manera inapropiada. | E. Duarte *TCR* 6.11.90, 4: Desde que los inapropiadamente llamados socialistas están en el poder municipal, Puertollano es una ciudad en ruinas.

inapropiado -da *adj* No apropiado o no adecuado. | *Hoy Extra* 12.69, 34: El nuevo mercado de abastos, que nos permitirá el derribo del antiguo, antiestético, inadecuado y situado en lugar inapropiado.

inaprovechado -da *adj* Desaprovechado o no aprovechado. | E. Bayo *Gac* 22.2.70, 27: Mientras unas tierras andan más o menos sobradas de aguas, en otras se extiende la sequía y se mantienen inaprovechadas amplísimas extensiones de terrenos.

inaptitud *f* Falta de aptitud. | *Ama casa 1972* 58: Indigestión. Indisposición producida algunas horas después de comer, a consecuencia de haber ingerido con exceso, por la mala calidad de los alimentos o porque el estómago muestra inaptitud para digerir algunas sustancias.

inapto -ta *adj* No apto. | GBiedma *Retrato* 128: Conoce los entresijos de la vida práctica con una extrema lucidez, y al mismo tiempo es radicalmente inapto para la vida práctica.

inarmonía *f* Falta de armonía. | Delibes *Mundos* 27: La impresión general de Buenos Aires es la de una gran

inarmónico – incaico

urbe .. que adolece .. de esa inarmonía peculiar en la edad del desarrollo.

inarmónico -ca *adj* Falto de armonía. I CPuche *Abc* 28.8.66, 25: Su música contiene un mensaje mucho más profundo que el que puedan revelar .. sus balbuceos discontinuos y sus aullidos inarmónicos.

inarrugable *adj* [Fibra, tejido o prenda] que no se arruga. I *Economía* 88: Es [el nylon] ligero, más elástico que la seda y es inarrugable.

inarticulado -da *adj* No articulado. *Dicho gralm de ruido o sonido.* I Aranguren *Marxismo* 99: Es la violencia la que se apodera de los hombres .. Después .. tratará de "explicarse" lo ocurrido; pero lo que se hará es una "composición" del inarticulado estallido –truenos y relámpagos– de la tormenta.

in articulo mortis *(lat; pronunc,* /in-artíkulo mórtis/) *loc adv* En la proximidad de la muerte. *Tb adj. Gralm referido al matrimonio en que uno de los contrayentes se encuentra en esa situación.* I Torrente *Off-side* 374: Le di la alegría de casarme con ella como quien dice *in articulo mortis.*

inasequibilidad *f* Cualidad de inasequible. I Torrente *Nuevos cuad.* 113 (G): La infinitud de la verdad, su inasequibilidad total.

inasequible *adj* No asequible. I Benet *Reichenau* 199: Como si aplaudieran .. los despropósitos e insensateces de un oculto animador nocturno inasequible a los sentidos del hombre. *HLM* 26.10.70, 14: Siempre habrá cinco consonantes totalmente inasequibles para el ventrílocuo: be, efe, eme, pe y uve. Miguel *Mad* 22.12.69, 13: La tele, el coche y el teléfono .. eran prácticamente inasequibles para la gran masa. PGarcía *Cod* 9.2.64, 4: La bella Jeromina, inasequible y distante, había accedido a concederme una entrevista. *DBu* 17.8.90, 4: Estuvo a punto de instalarse un criadero industrial de ranas gigantes .. No fue así. Pero, inasequibles al desaliento, hicieron de este fracaso, de las ranas, el símbolo de un nuevo Gayangos.

inasible *adj (lit)* Que no se puede asir o coger. *Gralm en sent no material.* I Gironella *Millón* 387: El más inasible fantasma era el Servicio de espionaje enemigo. SSolís *Jardín* 236: Ahora me veía un poco despeinada, el odioso vestido arrugado, y una leve, inasible quizás para los demás, pero evidente para mí, sombra de fracaso. Gala *Séneca* 50: En esta historia, la realidad es inasible y más rica –como suele– que la imaginación.

inasimilable *adj* Que no puede ser asimilado. I Tierno *Humanismo* 44: Subjetivismo humanista significa también distancia respecto del mundo y negación de la dialéctica sujeto-objeto. Son realidades contrapuestas, adecuadas pero inasimilables. Goytisolo *Verdes* 30: Con razón decían allí que los españoles éramos peores que los judíos, indigeribles, inasimilables.

inasistencia *f* Falta de asistencia. I *DLér* 23.1.69, 8: Aumenta la inasistencia a clase y siguen las asambleas, carteles y manifestaciones. VMontalbán *Comité* 12: –No viniste a la reunión anterior y no has disculpado tu inasistencia. –Se lo dije por teléfono a Paloma. Tenía un acto.

inasistente *adj* [Pers.] que no asiste. I *Abc* 23.11.75, 39: Muchas personas .. ocuparon, sin serlo, escaños de procuradores. Esto fue posible .. por los que dejaron libres los representantes saharauis (inasistentes a los últimos tres Plenos).

inastillable *adj* [Cristal] que al romperse no se convierte en fragmentos agudos y cortantes. I APaz *Circulación* 132: A la suerte puede ayudársela con algunas precauciones, como el uso de cristales inastillables.

inatacable *adj* Que no puede ser atacado. I Ybarra-Cabetas *Ciencias* 66: Es [el oro] difícilmente fusible e inatacable por los ácidos. FCid *Abc* 9.4.67, 15: Es la obra de Verdi, por el ambiente inatacable, la que moviliza una masa mayor de aficionados.

inatajable *adj* Que no se puede atajar. I Torrente *Nuevos cuad.* 131 (G): La destrucción sistemática, ya inatajable, de nuestras ciudades.

inatención *f* Falta de atención (actitud de atender). I Clara *Sáb* 28.6.75, 57: Espíritu activo, inteligencia clara, .. destellos de descuido, de indolencia, de inatención y de timidez.

inaudible *adj* Que no se puede oír. I VMontalbán *Rosa* 160: Se lo decían en voz casi inaudible.

inauditamente *adv* De manera inaudita. I J. D. Mena *Abc* 23.8.66, 15: La Plaza tan inauditamente perdida por España.

inaudito -ta *adj* [Cosa] que causa asombro por insólita, atrevida o falta de lógica. I CNavarro *Perros* 82: Andrés enrojeció de cólera. Le parecía inaudito que un hombre como Poncio pudiera creerse con capacidad de crítica.

inaugurable *adj* Que puede ser inaugurado. I *Voz* 21.12.89, 53: La colaboración respetuosa exige mucho más esfuerzo que el ahí va eso de una obra inaugurable.

inauguración *f* Acción de inaugurar. *Tb fig.* I CNavarro *Perros* 102: El locutor daba cuenta de la inauguración de un nuevo pantano. Torres *El* 58: Estaba absorto contemplando por televisión la ceremonia de inauguración de los Juegos Olímpicos. Oliver *Relatos* 16: ¿Quién fue el beneficiario de la inauguración de la doncellita?

inaugurador -ra *adj* Que inaugura. I Cabezas *Abc* 5.6.75, 36: Se inició [la Feria del Libro] con la correspondiente mojadura, de la que no se libraron los dos ministros inauguradores.

inaugural *adj* De (la) inauguración. I GAlfarache *CoA* 26.1.64, 24: El único punto de vanidad que había sentido en su vida fue imaginar el momento de su presencia junto a los reyes y en el Gobierno, en el acto inaugural de la Exposición. S. RSanterbás *Tri* 5.12.70, 40: La obra inaugural de Galdós en el sentido estricto, una novela "histórica".

inaugurar *tr* **1** Poner [algo] en funcionamiento con cierta solemnidad. I *Ade* 27.10.70, 4: De ambos centros fue competente profesor. De la Vega, desde que se inauguró. *SYa* 10.11.63, 8: Ha sido inaugurada la exposición de los materiales hallados por los arqueólogos españoles en las excavaciones hechas en Egipto y Sudán. **b)** Celebrar públicamente y con cierta solemnidad la terminación [de una obra, esp. un monumento (*cd*)]. I Hoyo *Glorieta* 76: Los concejales .. querrán inaugurar a toda prisa el monumento.

2 Iniciar o comenzar [algo nuevo]. I F. Santiago *Ya* 14.12.75, 6: Una fiel lectura del tiempo presente sugiere que nos hallamos inaugurando una nueva etapa en el itinerario histórico de España.

inautenticidad *f* Cualidad de inauténtico. I Aranguren *Marxismo* 59: Lo peor de tal emotivismo es su inautenticidad, el hecho de que, salvo excepciones, es producto de la manipulación.

inauténtico -ca *adj* No auténtico. I Andes *Abc* 30.8.66, 3: El irenismo, así entendido, no es la verdadera paz, sino una paz inauténtica obtenida a cualquier precio. C. SBeato *Rev* 7/8.70, 18: Algunos existencialistas de nuestros días llaman inauténtica la personalidad que no se enfrenta con la muerte.

inca *(hist)* **I** *adj* **1** [Individuo] perteneciente al pueblo precolombino que, a la llegada de los españoles, habitaba en la parte oeste de Sudamérica, entre los actuales Ecuador, Chile y República Argentina. *Tb n.* I Pericot *Polis* 146: Aimará y Quechua fueron los dos grupos más brillantes. Del último salió el clan de los incas, que iban a organizar el Imperio peruano.

2 Incaico. I GLópez *Lit. española* 179: También la conquista del Imperio inca tuvo sus cronistas.

II *m* **3** Soberano de los incas [1]. I Pericot *Polis* 146: El soberano, el Inca, era hijo del Sol.

4 Varón de la estirpe de los incas [3]. I GLópez *Lit. española* 228: Hijo de un pariente del poeta Garcilaso y de una prima de Atahualpa, nació en América Garcilaso de la Vega "el Inca".

incaico -ca *adj* De (los) incas [1 y 3]. I Grau *Lecturas* 138: En un momento de la expedición, aquellos hombres vacilaron, con ánimo de abandonar la conquista del imperio incaico que se presagiaba desastrosa. Ballesteros *HEspaña* 1, 493: Chuminca .. era señor de un vasto territorio, cuya base económica era la agricultura, y su centro, precisamente,

Chuquimancu, con su fortaleza, aunque la forma de esta que hoy conocemos sea ya incaica.

incalculable *adj* Que no se puede calcular. *Frec con intención ponderativa.* | J. J. GMillás *YaTo* 27.8.81, 37: En cuanto al valor del museo, este es incalculable.

incalculablemente *adv* De manera incalculable. | PAyala *Abc* 3.7.58, 3: Los recovecos, anfractuosidades y celadas del enredijo vital son incalculablemente más implicados [sic] que el laberinto de Creta.

incalificable *adj* [Cosa] censurable o lamentable hasta el punto de que no se encuentra calificativo adecuado para ella. *Con intención ponderativa.* | S. LTorre *Abc* 13.9.70, 17: No hay habitaciones para todos los desdichados de esta aventura incalificable.

incalificado -da *adj* [Pers.] no cualificada. | Torrente *Off-side* 386: Hay albañiles .., peones incalificados.

incanato *m* Época del imperio de los incas [3]. | D. Gálvez *Rev* 12.70, 13: ¿Será la reforma agraria igual a la de la época del Incanato, cuando el imperio era el único poseedor de la tierra?

incandescencia *f* Cualidad o estado de incandescente. *Tb fig.* | Pla *América* 19: La coloración de las nubes y del mar se produjo primero a base de una incandescencia de color de mantequilla fresca, como una deslumbradora luz de aparición y de prodigio. GPavón *Hermanas* 32: Tomó unas pastillas, que Plinio supuso serían para la atenuación de aquellas incandescencias otoñales.

incandescente *adj* **1** Que emite luz propia por la acción del calor. *Tb fig.* | MMariño *Abc* 2.3.58, sn: Entraron pajes portadores de una corona de hierro incandescente. Laforet *Mujer* 293: Veía Paulina los picos de la Sierra de Guadarrama, blancos, brillando debajo de esa otra oleada de millares de mundos incandescentes.
2 (*lit*) [Cosa] apasionada o ardiente. | E. Romero *Pue* 9.2.67, 1: Inhabilitaciones que eran el producto de esa atmósfera incandescente que nos ha tocado vivir.

incansable *adj* Que no se cansa. *Frec con intención ponderativa.* | RegO 25.7.64, 14: El obrero de esta ciudad .. es abnegado, sufrido y trabajador incansable. *Rue* 22.12.70, 15: La perseguía [la muleta] incansable, sin dar tregua al matador. **b)** Propio de la pers. incansable. | GAlfarache *CoA* 26.1.64, 24: Don Pedro .. trabajó de manera incansable por la ciudad y su engrandecimiento.

incansablemente *adv* De manera incansable. | Ferres-LSalinas *Hurdes* 65: Las moscas no dejan en paz al burro, que mueve la cola incansablemente.

incapacidad *f* **1** Cualidad de incapaz [1, 2 y 3]. *Si lleva compl con prep, este va introducido por* DE *o* PARA. | LMuñoz *Tri* 26.12.70, 6: Los grupos de poder dentro del capitalismo español habrían de reconocer sus limitaciones, su debilidad interna .., su incapacidad, en definitiva, para realizar su tarea. CNavarro *Perros* 119: El hijo .. consiguió un documento donde se afirmaba la incapacidad mental de la madre. *Compil. Cataluña* 780: Tendrán incapacidad relativa total para suceder: .. Los hijos nacidos de las uniones a que se refiere el número anterior. **b)** ~ **laboral**. Situación de incapaz para el trabajo, debida a enfermedad o accidente. | *Cór* 14.8.92, 2: Desde un punto de vista ético, el traspaso a los empresarios del abono de la Incapacidad Laboral Transitoria es abominable y absurdo.
2 (*Der*) Causa que produce incapacidad [1] legal. | *Ya* 28.5.67, 8: Iban saliendo en los debates incapacidades para los cabezas de familia: las peleas conyugales, los malos tratos a los hijos.

incapacitación *f* Acción de incapacitar. *Tb su efecto.* | Y. Valladares *SInf* 25.2.76, 5: El hábito de fumar tiene otras consecuencias nefastas para una enorme masa de población, como son la afectación del feto, .. la bronquitis crónica enfisematosa, con su angustiadora e irreversible incapacitación.

incapacitado -da *adj* **1** *part* → INCAPACITAR.
2 Incapaz [2]. | Pinillos *Mente* 151: Entre los delincuentes abunda[n] estas personas que van a lo suyo sin contemplaciones .., sujetos incapacitados para asumir e interiorizar las normas morales de la sociedad. Delibes *Cinco horas* 216: Le movilizaron a la mitad de la guerra, y como era algo re-trasado mental, o meningítico o eso, le pusieron en servicios auxiliares .. Bueno, pues esta es la hora, y mira que han revuelto cielo y tierra .., pues nada. Desde luego, conforme estaba ese chico es preferible que Dios se lo llevase, que era una carga, no te puedes imaginar, incapacitado. Ramírez *Derecho* 50: La adopción del menor o incapacitado puede extinguirse o revocarse.

incapacitante *adj* Que incapacita. | M. Á. Calles *Rev* 9/10.69, 21: Una nueva versión en este tipo de armas son las llamadas "incapacitantes", porque sin destruir al enemigo lo ponen fuera de juego. A. Criado *País* 30.5.87, 30: La ausencia de menstruación, hemorragias abundantes y dolores que pueden incluso ser incapacitantes, son los trastornos más frecuentes de la menstruación.

incapacitar *tr* Hacer [a alguien (*cd*)] incapaz [2 y 3]. *Si lleva compl, este va introducido por* PARA. | E. Lozano *Abc* 28.4.74, 25: El golpe de Estado del general Spínola pone fin al proceso de descomposición que se iniciara con la enfermedad que incapacitó de manera absoluta al doctor Oliveira Salazar para ejercer las funciones de Gobierno. * Su nacimiento le incapacita para heredar. **b)** (*Der*) Declarar [a alguien (*cd*)] incapaz legalmente. | AMillán *Marta* 208: Mi padre me dejó dos casas, y el marido de mi madre quiere incapacitarme como sea.

incapaz *adj* **1** [Pers. o cosa] que no puede hacer [algo (*compl* DE)]. | Medio *Bibiana* 187: Un hombre como Marcelo es incapaz de conseguir nada. Alfonso *España* 132: Por muy bélico que sea [el juguete], consiste solo en una simple imitación incapaz de producir muertos ni heridos. **b)** [Pers.] de quien no se puede temer o esperar [algo (*compl* DE)]. | M. Tudela *Ya* 24.4.71, sn: Juan Tourón era hombre valiente y esforzado, pero incapaz de cometer tropelías incalificables. * Es incapaz de una amabilidad.
2 [Pers.] no apta o sin cualidades suficientes [para algo]. | Cierva *Triángulo* 85: Entre tantos rumores y calumnias que han corrido sobre mí .. casi todos convienen en que soy incapaz para las letras. **b)** *Sin compl:* [Pers.] que carece de capacidad intelectual. *Tb n.* | Delibes *Madera* 239: Mamá Zita confirmó que la señora Agustina tenía un hijo llamado Daniel y una hija incapaz llamada Felisa, y que la precaria economía familiar descansaba sobre los hombros del muchacho. *BOE* 22.6.89, 19352: Se tipifican como delito los malos tratos ejercidos sobre menores o incapaces.
3 (*Der*) [Pers.] que carece de capacidad legal. | * Por su edad era incapaz para hacerse cargo de la herencia.
4 (*col*) Inaceptable o impresentable. *Con intención ponderativa.* | MGaite *Visillos* 24: Me tendría que lavar la cabeza. Se me pone en seguida así incapaz. Ya se me ha quitado casi toda la permanente.

incarcerar *tr* (*Med*) Retener o aprisionar de manera anómala. | *Abc* 12.3.92, 31: Fue intervenido quirúrgicamente ayer por la tarde a causa de una "hernia inguinal izquierda incarcerada".

incardinación *f* Acción de incardinar(se). *Tb su efecto.* | Escrivá *Conversaciones* 27: Esta función ministerial se concreta .. mediante la incardinación –que adscribe el [sic] presbítero al servicio de una Iglesia local–.

incardinar *tr* **1** (*lit*) Integrar [a una pers. o cosa en algo]. | SSolís *Jardín* 108: Empezaba a darme cuenta de que vivía en continua contradicción: era demasiado esfuerzo incardinarme a la vez en tendencias tan dísímiles .. Ni estaba por completo con el pueblo ni con la burguesía. **b)** *pr* Integrarse [una pers. o cosa en algo]. | GSerna *Viajeros* 97: Es un apasionante momento histórico en que se produce, con mayor o menor intensidad, la coincidencia de los resortes del poder y de los modos de actuación de la inteligencia. La vocación de la inteligencia se incardina en el juego de la política para hacerse cargo de lo que hay que hacer con el país.
2 (*Rel crist*) Vincular de manera permanente [a alguien o algo (*cd*)] a una iglesia o a una diócesis (*compl* EN)]. | Morales *Hoy* 23.3.75, 13: Ayer, ante el atrio de la iglesia de San Juan, donde está incardinada la hermandad, se celebró la tradicional mesa de ofrendas.

incario *m* Imperio de los incas [3]. *Tb la época correspondiente.* | Alvar *ByN* 7.11.93, 10: Dámaso habla de las iglesias de la capital del Incario. Increíbles, singularísimas.

incasable *adj* Que no puede casarse. | Cossío *Confesiones* 81: El profesor de estas bromas era un señor soltero y ya incasable.

incatalogable *adj* Que no se puede catalogar. | Areán *Raz* 5/6.89, 297: En Madrid atravesó Saura antes de su ingreso en "El Paso" una etapa incatalogable. Pániker *Memoria* 317: Vivía en Santander, pero se acercaba a menudo a Barcelona, con lo cual nació entre nosotros un afecto leal e incatalogable, un afecto a plazos.

incausado -da *adj* Que carece de causa. | MPuelles *Filosofía* 2, 278: El principal reparo que cabe poner a esta teoría es que la infinitud, lejos de ser raíz de las perfecciones divinas, es algo que se deriva .. del "ser-por-sí", propio de la entidad incausada.

incautación *f* Acción de incautarse. | Seco *Historia* 965: El *slogan* "la fábrica para los obreros" se llevó a la práctica, bien mediante una pura y simple incautación de la empresa, o bien sometiéndola a un control en que participaban delegados de los obreros y representantes oficiales (intervención).

incautado -da *adj* **1** *part* → INCAUTARSE.
2 [Cosa] que ha sido objeto de incautación. | *Mad* 13.12.69, 20: La mercancía incautada está valorada en unas 17.000 pesetas.

incautador -ra *adj* Que se incauta. | GNuño *Madrid* 136: La comisión incautadora de obras de arte monásticas .. llegó a reunir 1.500 cuadros.

incautamente *adv* De manera incauta. | Castroviejo *Abc* 28.8.66, 33: Sobre ella se alzaba espantable y trémula la mano de Satanás –Satanaxoy– para arrastrar al abismo a los navíos que incautamente se acercaban.

incautarse *intr pr* Adueñarse [una autoridad (*suj*) de algo que se quita con fuerza legal a su poseedor]. | GSerrano *Macuto* 768: Cada casa, cada palacio, cada oficina, cada tienda, cada convento del que se incautaban, centinela o centinelas al canto. *Abc* 24.11.70, 33: La Policía se ha incautado de la mayor cantidad de estupefacientes apresada en Holanda.

incauto -ta *adj* Poco cauto. *Tb n, referido a pers.* | Alfonso *España* 93: ¡En qué gran medida suele ser esa jerarquía incauta e irreflexiva! **b)** Inocente o ingenuo. *Tb n.* | * Es un incauto, se cree todo lo que le dicen.

incendiar (*conjug* **1a**) *tr* **1** Prender fuego [a algo, gralm. grande, no destinado a arder (*cd*)]. | M. Aguilar *SAbc* 16.6.68, 39: Conocido es el caso de poner una lente ante el sol y un matojo seco e incendiar este. **b)** *pr* Pasar a arder [algo, gralm. grande, no destinado a ello]. | * Se ha incendiado un barco.
2 (*lit*) Iluminar intensamente [algo el sol (*suj*)]. | Llamazares *Lluvia* 81: La luz del sol volvió a incendiar las hojas muertas.

incendiario -ria *adj* **1** [Pers.] que incendia voluntariamente. *Tb n.* | Laforet *Mujer* 311: Por las escaleras descendían un grupo de mujerucas que más que presuntas viajeras parecían incendiarias en tiempos de revolución.
2 [Cosa] destinada a incendiar. | J. CCavanillas *Abc* 9.12.70, 41: El lanzamiento de muchas botellas incendiarias contra las fuerzas de Policía.
3 Que inflama los espíritus. | G. LAlba *Abc* 12.12.93, 31: Bono inauguró los debates con un discurso "incendiario" que sorprendió a los asistentes por las muchas y contundentes críticas que hizo contra la gestión realizada por el Gobierno.
4 Que despierta el deseo amoroso. | Cándido *Pue* 1.12.70, 2: Una rubia incendiaria se paseaba por una película norteamericana con dos botellas de leche apoyadas en el pecho, mientras a un señor, con solo verla, se le rompían los cristales de las gafas.

incendio *m* Hecho de incendiar(se). *Tb su efecto.* | E. Beladiez *SAbc* 9.3.69, 47: Intentaba arrancar al lienzo el secreto de aquellos rojos apagados, pero ardientes como rescoldo de incendio.

incensación *f* Acción de incensar [1]. | Vega-Fernández *Jesucristo* 21: Después de la incensación se le apareció un ángel del Señor, puesto de pie, a la derecha del altar del incienso.

incensada *f* (*raro*) Acción de incensar. | Espinosa *Escuela* 295: Se le atribuye un "Aquelarre como Sátira de las Buenas Costumbres" .. La paternidad de Donato no está clara, aunque sirve de indicio el incontable número de incensadas dirigidas al tirano.

incensador -ra *adj* Que inciensa [2]. *Tb n, referido a pers.* | Jo. Vega *Abc* 15.4.58, sn: Era hombre nada incensador de torerías. Espinosa *Escuela* 500: Mandó confeccionar una relación de escritores contemporáneos, para humillar la opinión del Oráculo, y vio que pasaban de ochocientos mil, todos incensadores.

incensar (*conjug* **6**) *tr* **1** Dirigir el humo del incienso [hacia alguien o algo (*cd*)], como rito en una ceremonia religiosa. | Villapún *Iglesia* 69: Abierto el sagrario, expone el Santísimo. El coro canta el "Pange lingua", mientras se inciensa al Santísimo. Ribera *Misal* 533: El Sacerdote pone incienso, lo bendice e inciensa tres veces el fuego.
2 Lisonjear o alabar exageradamente [a alguien]. | GLinares *Sem* 1.3.75, 7: Si la crítica inciensa a tal o cual actriz de teatro, de revista o de cine, ¿por qué no expresar los mismos sentimientos admirativos [a] quien alcanza, en su género, tan elevado nivel artístico?

incensario *m* (*Rel catól*) Instrumento litúrgico formado por un recipiente de metal con tapa, en el cual se quema incienso y que, colgado de unas cadenillas, se usa para incensar [1]. | CBonald *Ágata* 199: Miró .. a la recién llegada Blanquita, pidiéndole desde un vértigo estrellado (como cuando se desvanecía en la capilla del colegio bajo la emboscada de los incensarios) que lo sacara de allí cuanto antes. VParga *Santiago* 16: Probablemente hemos de ver en estas aglomeraciones permanentes de romeros .. el origen del colosal incensario, o "botafumeiro".

incentivación *f* Acción de incentivar. | *Reforma* 134: Constituyen campos importantes de la Educación de Adultos la formación de ciudadanos participativos y conscientes de sus derechos y deberes democráticos, la formación de consumidores y usuarios, así como la incentivación de vocaciones empresariales nuevas.

incentivador -ra *adj* Que incentiva. *Tb n.* | *Ya* 14.7.83, 10: Las necesarias adaptaciones .. deben inspirarse en criterios de extremada prudencia, .. utilizando exclusivamente medidas incentivadoras de carácter voluntario. S. Álvarez *Rio* 7.10.88, 11: Se sigue criticando .. que el Ayuntamiento no haya actuado de incentivador para provocar el interés del ciudadano.

incentivar *tr* Dar incentivo o estímulo [a alguien o algo (*cd*)]. *A veces con un compl* A. | *Abc* 6.5.79, 20: El funcionario municipal está, en general, muy bien preparado, y si dicen que no ha rendido todo lo que puede dar de sí es porque no ha estado lo suficientemente incentivado. *Pactos Moncloa* 36: Evitará todo tipo de exenciones y tratamientos de privilegio que no sean necesarios para incentivar la inversión creadora de puestos de trabajo. A. Cenzano *D16* 4.5.89, 16: Las candidiasis vaginales constituyen una de las patologías más incentivadas por las altas temperaturas. Umbral *Gente* 149: Incentivó a los pasotas de la movida a colocarse.

incentivo *m* Estímulo que mueve a obrar o a hacerlo más deprisa o mejor. | Escrivá *Conversaciones* 152: La libre contratación .. constituye un incentivo para que el catedrático no deje nunca de investigar. Pinillos *Mente* 143: Apenas hemos hablado sino de necesidades, motivaciones, incentivos y deseos. **b)** Cantidad que en concepto de prima se añade al sueldo o salario. *Frec en pl.* | *Inf* 16.6.70, 1: La parte económica ofrece 170 de salario base, con una serie de incentivos que redondean el jornal de unas 250 pesetas diarias. *País* 27.10.77, 25: Señoritas. 45.000 ptas. mes. Subvención más incentivos.

incentro *m* (*Mat*) Punto que se encuentran las bisectrices de un triángulo. | Marcos-Martínez *Álgebra* 189: Las bisectrices de los ángulos de un triángulo se cortan en un punto que equidista de los tres lados del triángulo y se llama incentro del mismo.

incepción *f* (*E*) Comienzo. | MPuelles *Filosofía* 1, 223: Ninguna parte es causa real de otra, sino que cualquier parte es, para la siguiente, algo en cuyo final esta comienza.

No hay, en suma, recepción del ser, sino tan solo incepción o comienzo de la posición.

incerteza *f (raro)* Incertidumbre. | C. Murillo *SAbc* 14.12.69, 35: El ayer del flamenco se caracteriza por su incerteza.

incertidumbre *f* Falta de certidumbre. | Benet *Nunca* 19: Emerge el pasado en un momento de incertidumbre. *Anuario Observatorio 1967* 208: Observando .. el movimiento del Sol referido al hilo horizontal de retículo, desde un cuarto de hora o algunos minutos antes del momento presunto de su culminación hasta otros tantos después, con error o incertidumbre de algún minuto, se advertirá cuándo aquel movimiento se convierte de ascendente en descendente.

incesable *adj (raro)* Incesante. | L. Calvo *SAbc* 26.4.70, 21: Se abren en las grandes ciudades museos del "gansterismo" que compiten con ese museo sanguinolento que la Central del F.B.I. de Washington enseña a la incesable grey de visitantes.

incesablemente *adv (raro)* De manera incesable. | L. Calvo *Abc* 17.8.72, 20: La artillería enemiga contiene a los survietnameses, que aguardan incesablemente una buena coyuntura a las puertas de Quang Tri.

incesante *adj* Que no cesa. | *Ya* 19.3.75, 16: La incesante lluvia que ha caído durante toda la tarde no ha impedido que se llevara a cabo la ofrenda de flores. *DBu* 3.5.56, 6: Tras cerca de dos meses de lucha incesante, los defensores de la fortaleza tuvieron que rendirse.

incesantemente *adv* De manera incesante. | J. J. Plans *Ya* 24.5.70, sn: Nunca se le olvidaría aquel poema que un poeta escribiera en su honor. Lo repetía incesantemente.

incesto *m* Relación sexual entre parientes dentro de los grados en que no está permitido el matrimonio. | Ramírez *Derecho* 26: Supongamos que el yacimiento se produce voluntariamente entre padres e hijos o entre hermanos. El hecho se llama entonces incesto.

incestuosamente *adv* De manera incestuosa. | CBonald *Ágata* 137: Manuela .. miraba incestuosamente a su hijo desde el más larvado alarido de la biología.

incestuoso -sa *adj* **1** De(l) incesto. | Tovar-Blázquez *Hispania* 96: A la siguiente noche [César] tuvo el sueño incestuoso en que la posesión de su madre fue interpretada por los adivinos como profética del dominio de la tierra. Sampedro *Octubre* 197: Si fuese como Ifigenia, ¿no hubiese acabado yo en su cama, una cama casi materna, incestuosa? **b)** [Hijo] nacido por incesto. | Ramírez *Derecho* 44: Son propiamente ilegítimos los demás nacidos fuera de matrimonio, o sea los sacrílegos (nacidos de eclesiástico o religiosa), los incestuosos (nacidos de hermanos o de padres e hijos). **c)** [Matrimonio] que implica incesto. | Gala *Séneca* 89: –Vuelve a Octavia, Nerón .. Ten un hijo con ella .. –Ese matrimonio .. se considera incestuoso e inválido en la forma.
2 [Pers.] que comete incesto. *Tb n.* | Delibes *Cartas* 52: Ni por broma debe usted considerarme un sátiro incestuoso. Con mi difunta hermana Rafaela .. conviví poco.

incidencia I *f* **1** Acción de incidir[1], *esp* [3 y 4]. | Valls *Música* 13: El objetivo de estas páginas no se cifra .. en fomentar la afición a la música, sino en despertar una superior curiosidad hacia su constante realización en las múltiples actividades de la sociedad. Tamames *Economía* 320: Finalmente, y con una fuerte incidencia, el carácter claramente regresivo del sistema fiscal español. *Abc* 15.7.70, 51: No puede afirmarse tampoco que la incidencia posible de casos de hidrofobia esté ya extinguida de forma radical.
2 Hecho o suceso de carácter secundario que se produce en el desarrollo de algo. | GLópez *Lit. española* 306: Muchas de sus comedias .. desarrollan con habilidad una acción puramente novelesca que mantiene la expectación con inesperadas incidencias. **b) las ~s.** El conjunto de hechos que se producen en el desarrollo [de algo]. | J. Gabaldón *DíaCu* 20.7.84, 12: En el campo de tierra de San Isidro los aficionados al balompié siguen las incidencias de un torneo que cuenta con grandes alicientes. **c)** Incidente [2]. | *Inf* 19.7.69, 1: El vuelo de la cosmonave continúa sin incidencia alguna. *Leg. contencioso-adm.* 355: En las incidencias o cuestiones incidentales que se promuevan en toda clase de recursos .. se devengarán 500 pesetas.
3 (*Med*) Proporción de casos nuevos de una enfermedad en un período de tiempo. | *SFaro* 3.8.85, I: Los países desarrollados presentan una mayor incidencia del cáncer colo--rectal.

II *loc adj* **4 de ~.** (*Fís*) [Ángulo] que forman el rayo incidente y la normal. | Ybarra-Cabetas *Ciencias* 19: Sobre el extremo de la cara AB hagamos llegar un rayo de luz, que se reflejará formando un ángulo de reflexión *r*, igual al de incidencia *i*.

incidental *adj* **1** Que tiene carácter de incidente [2a y b] o de incidencia [2a y c]. | J. MMorales *Alc* 31.10.62, 12: Calificó los hechos de un delito de homicidio, sin circunstancias, y de una falta incidental contra las personas, y solicitaba para el encartado catorce años de reclusión y quince días de arresto.
2 (*Gram*) Que se intercala en la oración sin alterar su estructura ni su sentido. | Amorós-Mayoral *Lengua* 56: Las frases u oraciones incidentales, es decir, que cortan o interrumpen un momento la oración, se escriben entre comas.
3 (*Mús*) [Música], gralm. instrumental, destinada a acompañar a una obra de teatro, ya en forma de interludios, ya subrayando la acción dramática. | FGil *Música* 220: El resultado [del esfuerzo de Grieg] es la creación de un auténtico "arte nacional" que, más que en su célebre concierto de piano o en su música incidental para el "Peer Gynt" de Ibsen, alcanza su culminación en deliciosas "suites".

incidentalmente *adv* De manera incidental. | CBonald *Ágata* 215: Cuando transigió Araceli en acudir a cumplimentar a Alejandra y supo incidentalmente que por allí habían estado Pedro y Blanquita, cayó en un sopitipando.

incidente I *adj* **1** Que incide[1] [2, 3 y 4]. | Torrente *SInf* 1.8.74, 12: Los ojeo [los libros], son difíciles, requieren nocturnidad y silencio, de modo que elijo otros, no tan incidentes en mis preocupaciones. Ybarra-Cabetas *Ciencias* 19: Sin variar la posición del rayo incidente, hagamos girar el diedro hasta que el rayo reflejado salga precisamente en la misma dirección. Mingarro *Física* 93: Los nodos son puntos en los cuales los sistemas de ondas incidente y reflejado se neutralizan exactamente en todos los momentos.

II *m* **2** Hecho o suceso de carácter secundario que altera o interrumpe el normal desarrollo de algo. | GLópez *Lit. española* 214: El *Libro de las Fundaciones* alude, en cambio, a su vida externa, contándonos las peripecias e incidentes ocurridos en la fundación de diversos conventos. **b)** (*Der*) Cuestión que se plantea de forma accesoria y con relación inmediata con el asunto principal objeto del pleito. | *Leg. contencioso-adm.* 173: Evacuado el traslado, se seguirá la tramitación prevista para los incidentes. *Leg. contencioso-adm.* 249: Cuando se alegare la nulidad de actuaciones .. podrá, en plazo de cinco días, promoverse el correspondiente incidente de nulidad.
3 Enfrentamiento o pelea que se produce entre dos o más perss., gralm. en el desarrollo de un acto. | *Inf* 16.7.70, 4: Varios heridos en los incidentes de Reggio Calabria. Medio *Bibiana* 129: En una de las filas anteriores hay un incidente. Dos mujeres comentan la película. Alguien sisea. No se entiende lo que dicen las mujeres que defienden su derecho a comentar, pero se oyen el siseo y el pataleo de los que protestan porque no les dejan oír.

incidir[1] *intr* **1** Incurrir o caer [en un error, falta o delito]. | Villarta *Rutas* 72: Incidamos también nosotros en el error de llamar Alcarria a todas las tierras de Guadalajara.
2 Tratar [un tema (*compl* EN)] o hacer referencia [a él (*compl* EN)]. | Lera *Bochorno* 116: –¡Me estarán aguardando ya!... –luego, como recordando, volvió a incidir en el tema que venía desenvolviendo–: Pero... a lo que íbamos: que hay mucho dinero por ahí.
3 Dejarse sentir o ejercer influencia [una cosa (*suj*) en otra (*compl* EN O SOBRE)]. | Albalá *Periodismo* 47: Hay .. informaciones cuya proyección social .. incide de tal modo en el ámbito de los estados de opinión que necesariamente han de aparecer subrayadas por y en el periódico. *Sp* 19.7.70, 23: La coyuntura internacional .. incide favorablemente en el mercado de la construcción naval española.
4 (*Fís*) Llegar [algo, esp. un rayo de luz, ondas o un proyectil, a una superficie (*compl* EN O SOBRE)]. | Marcos-Mar-

tínez *Física* 145: Reflexión de la luz es la desviación que experimentan los rayos al incidir sobre una superficie bien pulimentada, o espejo. Ramos-LSerrano *Circulación* 255: El dardo de gas-oil inyectado incide a gran presión directamente sobre el pistón produciéndose la turbulencia de la mezcla gas-oil aire.
5 Ocurrir o producirse [algo]. | L. Calvo *SAbc* 12.4.70, 11: La fiebre del oro en California incide tres décadas antes.

incidir[2] *tr* (*Med y Arte*) Hacer una incisión o incisiones [en algo (*cd*)]. | Mascaró *Médico* 100: También se aconseja incidir la herida de la mordedura. *Puericultura* 40: No se puede activar la erupción por medio de denticinas .. y menos aún en [*sic*] la práctica antigua de incidir las encías. Areán *Raz* 5/6.89, 319: Julián Ramos Martín de Vidales (Madrid, 1930) utiliza preferentemente el cuero, que .. incidió con gran precisión y sentido rítmico.

incienso *m* **1** Sustancia resinosa que se obtiene de diversos árboles asiáticos y africanos y que se quema en ceremonias religiosas. | Laforet *Mujer* 270: Olía a incienso y más pesadamente a humanidad. Las respiraciones de las muchas personas que habían llenado la iglesia habían cargado el aire. *ByN* 11.11.67, 93: Quemaban palitos de incienso, salmodiando sobre el humo de las antorchas.
2 Lisonja o alabanza exagerada. *Frec en la constr* DAR ~. | MGaite *Usos* 20: Así se iniciaban los bombos mutuos y los mutuos inciensos. Delibes *Cazador* 134: No hay duda que el marrajo sabe dar incienso, y a uno, aunque presuma de estar de vuelta, le gusta que le enjabonen.

incierto -ta *adj* **1** Impreciso o borroso. *Tb en sent no físico*. | F. RBatllori *Abc* 11.6.67, 7: Atrás quedaban, esfumados en la línea incierta del horizonte, los escépticos, los envidiosos. M. Rubio *Nue* 31.12.69, 18: El mundo incierto de su origen o su futuro, revuelto en ópticas distorsionantes .., se hace apacible, sereno.
2 (*Taur*) [Res] que mira a todos los bultos sin concentrar su atención en uno solo y amaga acometer a varios a la vez. | C. Rojas *SInf* 16.5.70, 3: Número 114. "Lampistero" .. Incierto de salida, sin querer ver a los caballos, tomó tres puyazos.
3 Falso (que no responde a la verdad). | Llamazares *Lluvia* 69: Durante unos segundos, llegué, incluso, a aceptar que yo ya estaba muerto. Pero sabía que era incierto.

incindir *tr* (*Med*) Incidir[2]. | F. Martino *Ya* 22.11.75, 16: Produce [una bomba] un chorro de líquido que se inyecta en el cuerpo a través de una incisión que se efectúa en la arteria femoral. Incindida la arteria, se colocan dos cánulas. J. Herrero *TMé* 12.11.82, 26: El rayo, al seccionar un tejido, produce el cierre de los vasos que a su paso incinde.

incinerable *adj* Que se ha de incinerar [1]. | A. Escohotado *País* 30.5.85, 12: Los descendientes nominales de quienes prendieron fuego a la Biblioteca de Alejandría .. prefieren tolerar a personas de otra opinión –antes heterodoxos incinerables– y poder reclamar así respeto para las propias creencias.

incineración *f* Acción de incinerar [1]. | *SVozC* 25.7.70, 7: Un vaso muy bello en una tumba de incineración de la necrópolis romana del siglo I en Ampurias. *HLM* 26.10.70, 8: Propano, energía cómoda y eficaz, para satisfacer a un mismo tiempo los más diversos usos: Cocina. Agua caliente. Calefacción. Incineración de basuras.

incinerador -ra *adj* Que incinera [1]. | Villar *Lenguas* 204: Hay estudiosos que .. identifican la segunda [oleada indoeuropea] con los pueblos incineradores no pertenecientes a la cultura de Villanova. **b)** [Horno o instalación] destinados a incinerar [1]. *Tb n m o f*. | *Ya* 2.12.70, 13: El Ayuntamiento .. ha procedido a anunciar la contratación .. de las obras de construcción e instalación de un horno municipal incinerador de basuras y residuos. *DMo* 21.8.87, 48: El buque incinerador "Vulcanus II" quemará 10.000 toneladas de residuos tóxicos a 120 millas de las costas de Cantabria. ZVicente *Traque* 290: Pobre don Lorenzo. Me da mucha pena saber que tendremos que meterle también en el incinerador algún día. *MOPU* 7/8.85, 127: Hay basureros en los que se eliminan los desperdicios mediante combustión a cielo abierto .. La solución parece ser la implantación de incineradoras.

incinerar *tr* **1** Reducir a cenizas [algo, esp. cadáveres o basuras]. | Alfonso *España* 174: En muchos países se exige a rajatabla un plazo de 48 a 72 horas para poder inhumar o incinerar los cadáveres. Alvarado *Anatomía* 163: Los restos orgánicos infeccionados (algodones, gasas, vendas, etc.) conviene incinerarlos, es decir, reducirlos a ceniza mediante el fuego. MReviriego *Abc* 14.12.93, 34: Corcuera .. está dispuesto a incinerarse si preciso fuera, ardiendo como la zarza mosaica para que Dios se manifieste.
2 (*juv, hoy raro*) Encender [el cigarrillo]. | J. M. Gimeno *Abc* 25.8.67, 8: "El partido fue de impresión", "¿me incineras el cilindrín?", son otras tantas fuentes potenciales de sorda, indefinible irritación.

incipiente *adj* **1** [Cosa] que comienza a tener existencia o vigencia. | D. Giménez *Mun* 23.5.70, 26: El aspecto más revelador de esta vuelta a las armas en el frente Norte de Israel es que apaga la incipiente llama de una esperanza encendida por Abba Eban.
2 [Pers.] que empieza a ser [lo expresado por el n.]. | *CoA* 2.2.64, 14: Conocemos la vocación, facilidad imaginativa y orientación moral de este incipiente escritor. RIza *DBu* 7.6.64, 13: Los tuberculosos incipientes o declarados deben adoptar sus precauciones más por el sol que por el agua.

incipientemente *adv* De manera incipiente. | Delibes *Historias* 37: Los perdigones descendían confiados, trompicando de vez en cuando en algún guijarro, piando torpemente, incipientemente.

íncipit *m* (*Bibl*) Primeras palabras de un manuscrito o de un impreso antiguo. *Se usa gralm en descripciones bibliográficas*. | Pinell *Horas* 208: Oracional Visigótico .. Contiene .. alguna fórmula del *liber horarum*, e indica el íncipit de algún responsorio que al ordo monástico tomó del catedral. MSousa *Libro* 31: El título de los códices, al modo del de los libros en forma de rollo, se colocó durante los primeros tiempos al final, pero ya al llegar el siglo V se introdujo la innovación de colocarlo al principio (*incipit*). [*En el texto, sin tilde.*]

incircunscrito -ta *adj* (*raro*) No circunscrito dentro de unos límites determinados. | Alfonso *España* 94: Esta es la consecuencia de que haya un campo incircunscrito de cosas menospreciadas, ya que ninguna debiera serlo.

incisión *f* Hendidura hecha con instrumento cortante. | Cuevas *Finca* 46: Enseñó a doña Carmen el vicio de injertar rosales. Se les abría con una navajita una incisión.

incisivamente *adv* De manera incisiva [2]. | G. POlaguer *Mun* 23.5.70, 55: "El precio" parece traernos a un Miller total, con una perfecta simbiosis entre problemática social y problemática humana, entendida esta última como proceso incisivamente analizante de las entretelas del alma.

incisivo -va *adj* **1** [Diente] situado en la parte más saliente de la mandíbula, destinado a cortar los alimentos. *Tb n m*. | Bustinza-Mascaró *Ciencias* 47: Hay tres tipos de dientes: incisivos, de corona en forma de cuña, destinados a cortar los alimentos; caninos, .. muelas.
2 Penetrante. *En sent fig. Dicho esp de pers, ingenio o dicho*. | S. Morán *DEs* 22.10.76, 6: Carlos, alumno incisivo, dando vueltas a una idea motriz originaria más profunda, siguió inquiriendo: –¿Todo hecho puede ser analizado en la Universidad? *Ya* 6.6.73, 22: Incisiva. Va [la revista] al centro de la cuestión con honradez, valiente, sin compromisos. *HLM* 26.10.70, 29: El Betis, dirigido por Rogelio, fue más incisivo. Frigols abrió el marcador en el primer tiempo. Mendoza *Ciudad* 50: A la luz incisiva de aquel amanecer de verano el cubil parecía más pequeño.

inciso -sa I *adj* **1** (*Med y Arte*) Hecho por incisión. | Marlasca *Pue* 9.12.70, 18: Tenía una herida incisa en la región costal derecha. Seseña *Barros* 9: Decoración a base de motivos incisos.
2 (*Arte*) [Cerámica, o pieza de cerámica] decorada por incisión. | GNuño *Madrid* 5: En el fondo de sus cabañas quedaron las muelas de granito y la cerámica incisa con cenefas de un geometrismo elemental. GNuño *Arte* 9: A todo esto, había surgido la cerámica, limitada originariamente a vasos de tierra negra, incisos con fajas de primarios ornatos geométricos.
II *m* **3** Frase con que momentáneamente se interrumpe el curso de una conversación o de una exposición. | Gironella *Mad* 10.9.70, 4: Aproveché el inciso –la joven sirvienta dijo: "La cena está servida"– para preguntarle a nuestro amigo por el juicio que le merecían la influencia y posibles

presiones de los navieros como Niarchos, Onassis. Torrente *Fragmentos* 324: Se pondrá a escribir la decimoctava [carta] al Señor, .. a cuyo plan previsto añadirá un inciso en que, con velos y alegorías, se aludirá a la situación en que se encuentra.

inciso-cortante *adj (Med)* [Herida] incisa causada por un objeto cortante. | A. Pujol *Caso* 21.11.70, 11: Le produjo dos heridas inciso-cortantes en el codo izquierdo.

inciso-punzante *adj (Med)* [Herida] incisa causada por un objeto punzante. | *Ya* 17.11.63, 31: La niña trató de defenderse y el individuo la apuñaló, causándole una herida grave incisopunzante en el pulmón derecho y otra herida en la mano derecha.

incitación *f* Acción de incitar. *Tb su efecto.* | DPlaja *El español* 128: Fernández Flórez .. presenta el español educado en el extranjero y, por tanto, poco hecho al piropo, al que las incitaciones de sus amigos obligan a seguir a una muchacha por la calle.

incitador -ra *adj* Que incita. *Tb n, referido a pers.* | *Música Toledo* 5: Al amparo de la universal nombradía y del significado cultural de Toledo, se celebró el año pasado la I Decena de Música. El intento obtuvo un gran éxito .. Con el incitador ensayo, la Dirección General de Bellas Artes estaba obligada y comprometida a seguir dicha política. *Abc* 3.12.70, 53: Entre los diecinueve detenidos se encuentran algunos destacados incitadores de la agitación. **b)** Incitante [1b]. | Escobar *Itinerarios* 197: Los racimos, rubios o tintos, pudorosamente trataban de esconder su presencia incitadora como senos puntiagudos bajo los encajes y tisúes de la hojarasca.

incitadoramente *adv* De manera incitadora. | *Ya* 10.4.83, 4: Se remontaban [las raíces nobiliarias] al tiempo de la conquista de la isla, tan incitadoramente descrita ante el rey de Aragón Jaime I, luego su conquistador, por el marino Carlos Martel.

incitante *adj* Que incita. | Olmo *Golfos* 64: Un humo juguetón, incitante, que se contorneaba hacia arriba. **b)** *Esp:* Que incita al deseo. | Olmo *Golfos* 164: Su cuerpo tenía un aire provocativo, incitante.

incitantemente *adv* De manera incitante. | Laín *Abc* 9.7.58, 3: Todas las virtudes en que los españoles más renqueamos quedan sobria, penetrante e incitantemente dibujadas en esta "Ética" viva y sutil.

incitar *tr* Estimular vivamente [a alguien (*cd*) a una acción (*compl* A)]. *Tb sin compl.* | L. Calvo *Abc* 9.9.66, 25: Está incitando a los budistas a la rebelión descarada. Umbral *Ninfas* 51: Un modelo incita, mejora, ennoblece, despierta el sentido emulativo. Pero un doble hastía, desmoraliza y desconcierta.

incívico -ca *adj* Falto de civismo. *Tb n, referido a pers.* | Landrú *ElM* 1.5.91, 12: Cuando el periodo de declaración de la renta coincide con elecciones, se olvida [el Gobierno] de recordar a la ciudadanía sus deberes contributivos. No sé si es que considera que el populacho es un amasijo incívico. **b)** Que denota o implica falta de civismo. | *Nor* 2.3.92, 13: Actos incívicos restan a veces eficacia al esfuerzo de los empleados municipales.

incivil *adj* **1** Falto de civismo. *Tb n, referido a pers.* | Delibes *Año* 55: En este país, en asuntos cinegéticos, los inciviles pueden más que los civiles, y si ahora les da de desaprensivos por lanzarse en masa a la laguna, ¡Dios nos coja confesados! **b)** Que denota o implica falta de civismo. | *VozC* 7.7.55, 2: Multas .. a 54 industriales y 79 vendedores .. Uno, por dar agua a un ganado enganchado, y uno, por poner cebaderas. Tres personas, por cometer actos inciviles.
2 Que no tiene educación o sentido de la convivencia. | Medio *Bibiana* 130: Dos mujeres comentan la película. Alguien sisea .. –Somos inciviles, no tenemos educación... Hay personas que no les importa fastidiar a otras.

incivilidad *f* Cualidad de incivil. | Delibes *Parábola* 33: Le dijo .. que enfadarse por una broma era prueba de incivilidad.

incivilización *f* Cualidad de incivilizado. | M. Veyrat *SNue* 11.1.70, 19: El hecho de imponer a los demás tu modo de pensar o tu manera de vestir es un síntoma de incivilización y de incultura.

incivilizado -da *adj* No civilizado, o que no se comporta de manera educada o sociable. | Ju. Castro *Ya* 6.11.91, 31: Para el mundo cristiano, eran guerreros salvajes, incivilizados, que salían de improviso de regiones ignotas, hiperbóreas, para sembrar la muerte y la destrucción. Goytisolo *Recuento* 432: –Yo no tengo nada en contra de las camas redondas. –Ni yo tampoco. Lo que pasa es que en España la gente es demasiado incivilizada para estas cosas; aquí cada uno va a lo suyo, y en este plan no puede ser. **b)** Propio de perss. incivilizadas. | F. Silva *Raz* 5/6.89, 325: Los atentados contra la vida humana .. no implican más que un retroceso, y no un progreso, hacia las fórmulas primitivas de destrucción bárbara e incivilizada del ser humano.

incivismo *m* Falta de civismo. | Alfonso *España* 136: En el metro madrileño pueden verse hacer toda clase de inconveniencias y actos de incivismo.

inclasificable *adj* Que no se puede clasificar o incluir en ningún grupo determinado. | MGaite *Búsqueda* 49: Me atraen las personas inclasificables.

inclemencia *f* **1** Rigor o dureza [del tiempo o de la estación]. *Tb fig, referido a otras circunstancias.* | *Abc* 27.12.70, 36: Las inclemencias invernales dejan sentir sus efectos en otras partes. Landero *Juegos* 90: Llamó para reafirmarse en las inclemencias de la vida.
2 (*lit*) Falta de clemencia. | Aparicio *César* 63: Teófilo Bou .. vio nacer en la mirada del niño la inclemencia que luego amenazaría en los ojos del Salvador de la Patria.

inclemente *adj* **1** Duro o riguroso. *Referido frec al tiempo o a los fenómenos naturales. Tb fig.* | *Puericultura* 13: Los niños deben salir diariamente, excepto los días inclementes. *Reg* 4.8.70, 6: Descargó en la gran extensión mencionada del Valle del Tiétar un inclemente pedrisco. Delibes *Madera* 123: La quiebra convirtió las acciones en papel mojado .. Fueron unos meses inclementes en el viejo palacio del conde de Pradoluengo. Gironella *Millón* 716: A lo largo de dos semanas fue sometido a un interrogatorio inclemente.
2 (*lit*) Falto de clemencia. | Espinosa *Escuela* 693: Si continúas insultándome, te abandonaré inclemente.

inclín *m* (*reg*) Inclinación o tendencia. | Acquaroni *Abc* 7.5.75, sn: Los hay que muestran ya desde el nacer un inclín belicoso, y los que se revelan desde el vientre materno de un natural pacífico.

inclinable *adj* Que puede ser inclinado (→ INCLINAR [1]). | *Ya* 30.5.64, 22: Ventilador Hurricane .. Inclinable en todas direcciones.

inclinación *f* **1** Acción de inclinar(se) [1, 3 y 4]. | Mariequis *Caso* 26.12.70, 9: En su caligrafía .. sobresalen las frecuentes desigualdades en la inclinación de las letras. Ybarra-Cabetas *Ciencias* 135: Si los dos flancos no presentan la misma inclinación, los pliegues son disimétricos. **b)** Acción de inclinar [1] la cabeza o el tronco en señal de respeto, acatamiento o sumisión. | Vesga-Fernández *Jesucristo* 165: Saluda a la Cruz con una inclinación profunda y al Celebrante con otra menor. **c) ~ magnética.** (*Fís*) Ángulo que forma la aguja imantada con el plano horizontal. *Tb simplemente ~.* | Marcos-Martínez *Física* 179: Inclinación magnética .. En España la inclinación es positiva, oscilando de 54º en Almería a 62º en Asturias.
2 Tendencia [de una pers. o grupo]. *Frec con un compl* A *o un adj especificador.* | Cierva *Triángulo* 69: Las supuestas partidas eran los primeros brotes de un nuevo ejército popular carlista .. a las órdenes superiores del coronel Tomás Zumalacárregui, depuesto de su comandancia militar en Ferrol por sus inclinaciones apostólicas. **b)** Tendencia habitual [de una pers. hacia un determinado tipo de cosas o perss. que le causan placer (*compl* A *o* POR)]. | CBaroja *Inquisidor* 20: El joven letrado tiene también inclinación a la Teología.
3 Afecto [hacia alguien o algo (*compl* POR)]. | * Siente una inclinación especial por su nieto mayor.

inclinado -da *adj* **1** *part* → INCLINAR.
2 Oblicuo (que se aparta de la horizontal o de la vertical). | C. Doro *DíaCu* 13.9.84, 9: Una vez preparada la pasta de algodón, se pega esta a unos depósitos auxiliares de uralita que, colocados de forma inclinada, permiten que suelte el agua sobrante. MSousa *Libro* 81: Introdujo innovaciones importantes, como la letra cursiva, desde entonces llamada

inclinar – incluso

también .. bastardilla porque imita a la bastarda (letra de mano inclinada a la derecha). **b)** *Con un adv de cantidad, o con la terminación superlativa:* Oblicuo con [mayor o menor] proximidad a la vertical. | M. GAróstegui *Abc* 25.2.68, sn: Descender sobre dos frágiles tablas a velocidades superiores a los cien kilómetros por hora por inclinadísimas pendientes. * Es una cuesta poco inclinada. **c)** [Plano] ~ → PLANO.
3 Que tiene inclinación o tendencia [a algo]. | * Es un muchacho muy inclinado a la benevolencia.

inclinar A *tr* **1** Apartar [a alguien o algo] de su posición vertical u horizontal. *A veces con un compl* HACIA. | Ybarra-Cabetas *Ciencias* 133: Si las fuerzas que los modifican [los estratos] actúan sobre todos ellos, inclinándolos o doblándolos, pero de tal manera que conserven el paralelismo de las capas, la estratificación se llama concordante. Vesga-Fernández *Jesucristo* 146: Inclinando la cabeza, entregó su espíritu. **b)** *pr* Apartarse [alguien o algo] de su posición vertical u horizontal. *A veces con un compl* HACIA. | SLuis *Doctrina* 58: El árbol cae hacia donde se va inclinando durante su vida.
2 Influir [sobre alguien (*cd*) para que escoja una opción entre varias (*compl* A)]. | J. Balansó *SAbc* 4.10.70, 27: La reina .. quiso acompañar a su marido, a pesar de habérsele ofrecido una apacible existencia en Palestina, lo cual inclina a creer al historiador que Herodías no sería tan miserable como se ha venido pretendiendo.
B *intr pr* **3** Inclinar [1] [una pers.] el tronco o la cabeza hacia delante. *A veces en señal de respeto, acatamiento o sumisión ante alguien o algo; en este caso, tb fig.* | Vesga-Fernández *Jesucristo* 164: El ayudante, sin inclinarse, toca tres veces la campanilla. Se inclina luego profundamente durante la comunión del Celebrante. S. García *Ya* 22.10.64, 27: España ha tenido que inclinarse ante Pakistán en partido semifinal del torneo de hockey.
4 Sentirse decidido o casi decidido [a una acción (A + *infin o n*) o a la elección de una pers. o cosa (*compl* POR)]. *Tb fig.* | Benet *Nunca* 10: Me inclino a creer que durante unos días .. fuimos para él una especie de aturdida visión. G. Lerma *Sáb* 17.3.76, 13: El trasvestista .. indistintamente actúa como pasivo o activo, aunque preferentemente se inclina por aparecer como del sexo opuesto. *ASeg* 13.12.62, 3: Se inclina por los trabajos de chaqueta, y sus modelos están realizados en toda clase de tejidos. J. Guerrero *CoA* 8.2.64, 11: Bonito y entretenido resultó el encuentro, poniendo ambos conjuntos el mayor empeño y entusiasmo en conseguir el triunfo que, al fin, se inclinó a favor de los locales por el abultado tanteo de 9 a 2.

ínclito -ta *adj* (*lit*) Ilustre. *A veces con intención humoríst.* | J. NParra *Abc* 2.5.58, 19: Simbolizan estos ínclitos oficiales a la España inmortal.

incluible *adj* Que puede incluirse. | GNuño *Escultura* 144: Como norma estilística en que casi todos son incluibles, no dejará de enaltecerse aquí la técnica sumaria, como de hachazos sobre la piedra.

incluir (*conjug* **48**) *tr* **1** Poner [a alguien o algo (*cd*) dentro de un conjunto (*compl* EN o DENTRO DE)]. *Tb sin compl, por consabido.* | V. Reina *Van* 19.5.74, 13: Podrían incluirse dentro del primer apartado [de las causas de separación], por ejemplo, la impotencia, los matrimonios consanguíneos sin la correspondiente dispensa. Á. Masó *Van* 29.12.76, 48: Una película de Liliana Cavani .. levantó el escándalo .. La Semana de Cine de Barcelona la incluyó en su programación hace un año. CNavarro *Perros* 12: Un chófer como yo .. es lo que le está haciendo falta. Incluidos los trabajos extras, me ajusto gratis.
2 Llevar [una cosa (*suj*)] dentro de sí [otra (*cd*)]. | *Van* 8.11.73, 76: El Museo de la ciudad de Munich encargó un catálogo hermosamente presentado que incluye siete valiosos estudios de autores húngaros y .. fotografías del material de exposición. DVillegas *MHi* 12.57, 22: El fusil repetidor, que incluía en su alza la graduación de 2.000 metros. **b)** Tener [un conjunto (*suj*)] entre los elementos que lo constituyen [a alguien o algo (*cd*)]. | M. Vigil *Ya* 10.6.73, 5: Se cuenta con un fin de semana largo, pues incluye el lunes de Pentecostés, que aquí también es fiesta. *Van* 5.6.75, 93: La amplia gama de aparatos periféricos incluye bloque de matrices y funciones cableadas, una selección de trazadores de gráficos, memoria periférica de cassette, lectores de tarjetas, cinta de papel y memoria de disco.

inclusa (*frec escrito con mayúscula*) *f* (*hoy raro*) Establecimiento donde se recoge y cría a los niños expósitos. | Palomino *Torremolinos* 28: Marcela criaba a todos sus hijos. Después los dejaba en la Inclusa con la tranquilidad de que ya no mamarían una leche dudosa que los desgraciase para siempre. Marías *Abc* 13.12.83, 3: Los niños de la inclusa .. morían a millares.

inclusero -ra *adj* **1** (*hoy raro*) [Pers.] criada en la inclusa. *Tb n.* | Delibes *Historias* 14: Empecé a darme cuenta, entonces, de que ser de pueblo era un don de Dios y que ser de ciudad era un poco como ser inclusero. **b)** *A veces se usa como insulto, como euf por* HIJO DE PUTA. | GHortelano *Amistades* 130: El muy gorrino inclusero te ha cogido las tres mil.
2 (*col*) [Cosa] que carece de nombre de autor, o de marca de fábrica. | Espina *Abc* 29.6.58, 95: Su violín, señor, .. es inclusero y no vale nada. Escobar *Itinerarios* 96: Para hacer boca, pasó de mano en mano la jarra de lo blanco, catorce grados bien servidos, de lo de la tierra, inclusero y sin bautizar, aunque de buena madre.

inclusión *f* **1** Acción de incluir. *Tb su efecto.* | Laiglesia *Ombligos* 118: Amparado en el pretexto de seleccionar los mostos con miras a su inclusión en el *clearing* de los tratados comerciales. Aguilar *Experiencia* 1075: Es preciso que la imprenta envíe pruebas –"capillas" .– de los pliegos ya dispuestos; es indispensable leer con atención tales pruebas. Pueden existir errores de numeración y de inclusión, que representan una carga onerosa inicial. **b)** (*Mat*) Relación de dos conjuntos, uno de los cuales incluye al otro. *Tb* RELACIÓN DE ~. | *BOE* 22.1.65, 1260: Matemáticas .. Conjuntos. Relación de inclusión.
2 (*Metal o Mineral*) Cuerpo extraño que se percibe en el interior de una masa. | Ybarra-Cabetas *Ciencias* 68: Estos yacimientos proceden de violentas explosiones volcánicas que han originado unas "chimeneas" rellenas de una roca peridótica y en la que como inclusiones se halla el diamante.
3 (*Biol*) Producto inerte de la actividad celular incluido en el citoplasma. | Navarro *Biología* 45: El deutoplasma. Es el conjunto de productos inertes, sólidos o líquidos, que se originan por la actividad de la célula. Se acumulan en las vacuolas, en los condriosomas y en los plastos, o aparecen diseminados en el citoplasma en forma de granos o cristales denominados inclusiones.

inclusive *adv* Incluso. | J. Milán *Ext* 19.10.70, 3: La idea ha sido muy bien recibida inclusive en su forma. Delibes *Emigrante* 88: Se arrancó a llorar de unas formas que inclusive devolvió y todo. **b)** *Se usa frec pospuesto a un sust, especificando con lo designado por este está incluido dentro de la serie expresada antes. Frec en la constr* AMBOS ~. | *Inf* 4.12.73, 13: Los cursillos durarán hasta el día 7 inclusive. *Inf* 5.12.73, 12: Los .. titulares de las acciones de la serie B números 504.888 al 584.472, ambos inclusive, .. pueden retirar .. los títulos definitivos.

inclusivo -va *adj* **1** Que incluye o puede incluir. | Rábade-Benavente *Filosofía* 145: Proposición disyuntiva inclusiva. Se define como aquella proposición de orden dos que solo es falsa si lo son las dos proposiciones que la integran .. Se denomina disyuntiva inclusiva porque expresa .. dos posibilidades o ambas a la vez.
2 (*Gram*) [Pronombre personal en plural] que designa un conjunto formado por "yo y tú" (frente a "yo y él"), o por "tú y tú" (frente a "tú y él"). *Se opone a* EXCLUSIVO. | RAdrados *Lingüística* 449: Es frecuente oponer en 1ª [persona] pl[ural] un inclusivo ('yo y tú') y un exclusivo ('yo y él, ellos').

incluso -sa (*en aceps 2 y 3, con pronunc normalmente átona; es tónico siempre que va pospuesto a la palabra o sintagma a que se refiere*) **I** *adj* **1** (*lit, raro*) Incluido. | Torrente *Saga* 233: Tomaban asiento .. las damas distinguidas de la localidad –sin discriminación entre godas y nativas– y las monjas cerradas de oído, hermanas legas inclusas.
II *adv* **2** Incluyendo también. | A. LQuintás *YaTo* 18.12.80, 24: Difícilmente podrá comprender que se califique de "progresista" un proyecto de ley en el cual se permita contratar y conceder todos los derechos académicos –incluso el de ocupar altos puestos directivos– a quienes no hayan superado prueba alguna de capacitación. **b)** *Indica que lo expresado en la palabra o sintagma a que se refiere supone un grado alto, o superior a lo dicho anteriormente.* | Arce *Testa-*

mento 34: Sabía que habían robado, e incluso asesinado, en varias ocasiones. * Viven bien, fastuosamente incluso.
III *prep* **3** Con inclusión de. | * Todos, incluso tú, estábamos conformes.

incluyente *adj* Que incluye. | *MHi* 7.68, 72: Es absurdo que persista el temor a la integración que podemos denominar incluyente, o sea, a la que cuenta con todos, grandes y pequeños, agrícolas e industriales.

incoación *f* (*admin o lit*) Acción de incoar. | *Abc* 26.8.66, 46: Se hace pública la incoación del presente expediente a instancia de su esposa. A. MAlonso *Arr* 11.11.70, 2: La Gracia no es la culminación en la evolución .., sino la incoación que transforma la evolución y realiza al hombre nuevo.

incoar *tr* (*admin*) Comenzar [un proceso, pleito, expediente u otra actuación oficial]. *Más raro* (*lit*), *referido a otras cosas*. | *Abc* 27.11.70, 23: La hermandad sacerdotal nacional no figura en el registro de la comisión episcopal ni ha incoado expediente alguno. *Abc* 1.12.70, 31: La apertura de Bonn incoa la posibilidad de una neutralización eficaz de tales tensiones.

incoativo -va *adj* (*Gram*) [Verbo o locución] que expresa el comienzo de la acción. | Academia *Esbozo* 461: Hay verbos que aparecen ante nuestra representación como actos momentáneos ..; otros son reiterativos ..; en otros resaltan sus límites temporales: su comienzo, en los incoativos .., o bien su final .., y por esto se llaman desinentes. Alcina-Blecua *Gramática* 782: Se han señalado valores de tipo temporal como el comienzo de la acción en las frases incoativas, o de continuidad en las durativas y progreso en las progresivas.

incobrable *adj* Que no se puede cobrar. | Delibes *Mundos* 63: Los créditos incobrables se compensan ventajosamente con el volumen de ventas.

incoercibilidad *f* (*lit*) Cualidad de incoercible. | Mascaró *Médico* 43: Raras veces la epistaxis o hemorragia nasal adquiere un carácter grave, pero en contadas ocasiones .. su incoercibilidad puede conducir a un estado anémico grave.

incoercible *adj* (*lit*) Que no puede ser contenido o reprimido. | Mascaró *Médico* 64: Consiste [la rinitis] en un picor brusco e interno de la nariz acompañado de lagrimeo, flujo nasal muy abundante, acuoso y límpido y crisis estornutatorias casi incoercible[s]. Delibes *Madera* 433: Su cuerpo se electrizó, se convirtió en un acumulador de cargas encontradas que erizaban su cabello y escarapelaban su piel. Era como una energía incoercible generada por su propio terror.

incoerciblemente *adv* (*lit*) De manera incoercible. | Diego *Pap* 1.57, 12: Se descubren .. ante el poeta veterano, rogándole una mirada compasiva para el primer hijo del espíritu brotado incoerciblemente de sus entrañas.

incógnito -ta I *adj* **1** (*lit*) Desconocido. | Torrente *Fragmentos* 235: Hay que admitir, al menos como hipótesis, que en tal lugar, en determinada posición y a una hora fija, actúan las fuerzas incógnitas que permiten a un hombre emigrar de un universo a otro. Aguilar *Experiencia* 346: Pensando que iba a desembarcar en un país totalmente desconocido y cuya lengua era incógnita .., sonreí con amargura.
II *n* **A** *m* **2** Situación de la pers. destacada o famosa que no se da a conocer. | Laiglesia *Ombligos* 337: No mandé ni una sola invitación a mis amistades: para que nadie me reconociese en la iglesia y conservar mi incógnito hasta el final. **b)** Situación de alguien cuya identidad se desconoce. | *D16* 14.12.76, 4: Nadie hasta ahora puede aportar la más mínima prueba sobre quién lo dirige .. y cómo consigue ser la única organización terrorista del mundo que lleva un año operando en la impunidad y el incógnito totales.
B *f* **3** (*Mat*) Cantidad desconocida que es preciso averiguar en un problema o ecuación para resolverlos. | Marcos-Martínez *Matemáticas* 73: Se hallan los dos valores de la incógnita resolviendo la ecuación cuadrática.
4 Cosa desconocida que se desea averiguar. | J. Vidal *País* 23.3.79, 35: Aún es una incógnita el resultado de esta novillada inaugural.

III *loc adv* **5 de ~**. Sin darse a conocer. *Normalmente referido a una pers destacada o famosa. Frec con vs como* IR *o* VIAJAR. *Tb adj.* | J. PIriarte *Mun* 23.5.70, 17: Pronto se producen nuevos acontecimientos: la posible visita –de incógnito, por supuesto, dicen todos– del poeta Pablo Neruda, la llegada de Carlos Fuentes...

incognoscibilidad *f* (*lit*) Cualidad de incognoscible. | Castilla *Humanismo* 17: Llamo pensamiento antihumanista a todo aquel que se refugia en la postulación falsa de la incognoscibilidad de un último *quid*.

incognoscible *adj* (*lit*) Que no se puede conocer. | Gironella *Mad* 10.9.70, 4: Los griegos, que estimaban que el "más allá" es una entidad brumosa, incognoscible, buscaban en el "acá", a menudo, con pleno éxito, lo selecto, la armonía.

incoherencia *f* **1** Cualidad de incoherente. | J. CCabanillas *Abc* 16.12.70, 39: Por esta incoherencia y por esta falta de coordinación interna del Gobierno es por lo que la palabra crisis ha vuelto a surgir anoche y con insistencia.
2 Dicho o hecho incoherente. | * Deja de decir incoherencias.

incoherente *adj* Que no es coherente. | Buero *Diálogo* 91: –¿Y qué te ha dicho? –Ya sabes lo incoherente que es... cuando no bebe. Laforet *Mujer* 324: Llegó a casa de Concha .. después de haber escrito una larga carta a Antonio, una carta incoherente. Ybarra-Cabetas *Ciencias* 80: Estos materiales se depositarán al disminuir la velocidad de las aguas, sedimentándose antes los materiales más gruesos, que tienen mayor densidad; se forman así rocas incoherentes que adquirirán compacidad al aumentar el espesor de las capas.

incoherentemente *adv* De manera incoherente. | Salvador *Haragán* 187: Hablaba incoherentemente, interrumpiéndose para hablar de tu madre, para nombrar a tu madre.

incoloro -ra *adj* **1** Que carece de color. | Ybarra-Cabetas *Ciencias* 53: Presenta [el cuarzo] muy diversas coloraciones, que distinguen sus numerosas variedades: Así se denomina: cristal de roca, si es incoloro y transparente; falso topacio, si es amarillo; jacinto de Compostela, si es rojo.
2 [Pers. o cosa] que no destaca por nada. | C. Pujol *Van* 6.12.73, 57: En un siglo cuyos grandes nombres literarios tienen biografías incoloras, su vida es un prodigioso desfile de dramas y desquiciamientos que resumen nuestra época. **b)** De escaso valor o significación. | Academia *Esbozo* 423: Se trata de un complemento, generalmente anticipado, que anuncia vagamente otro complemento más preciso. Este carácter incoloro del pronombre inacentuado llega a veces hasta la incorrección de usarlo en singular con un complemento plural. Mirador *Ya* 14.4.64, 30: Beldad y Girouette tampoco pudieron seguir el paso de Faraón, y Koshka, hundida en un sexto lugar completamente incoloro, pasó inadvertida.

incólume *adj* (*lit*) Que no ha sufrido lesión o deterioro. | Castillo *Polis* 239: Le sucedió Fernando IV .., bajo la regencia de su madre doña María de Molina, gracias a cuya entereza y tacto político pudo conservar incólume el reino. *Abc Extra* 12.62, 93: Es un sensato juego de pueblo, que se mantiene incólume, año tras año.

incolumidad *f* (*lit*) Cualidad de incólume. | *Inf* 3.11.76, 7: La sentencia subraya que la tarea de interrogar "en todo caso debió llevarse a efecto con pleno respeto a la integridad física e incolumidad moral que todo ser humano merece como tal". Ubieto *Historia* 50: A partir del Concilio VII [de Toledo], su característica fundamental estriba en que se reúnen esencialmente para avalar situaciones irregulares sobre la proclamación del nuevo rey y para mantener la incolumidad del monarca entonces reinante.

incombustibilidad *f* Cualidad de incombustible. | *SInf* 16.12.70, 10: El óxido de magnesio evita los cortocircuitos y asegura la incombustibilidad absoluta.

incombustible *adj* **1** No combustible. | *Gac* 11.5.69, 80: Puertas de vidrio .. Translúcidas y resistentes. Incombustibles e inalterables.
2 Que se mantiene activo y vigente a pesar del paso del tiempo o del cambio de circunstancias. | R. Solla *SYa* 6.8.92, 6: La final de la prueba de lanzamiento de disco se saldó con la victoria del incombustible lituano Ubartas.

incombustiblemente *adv* De manera incombustible. | *SPaís* 12.5.91, 1: Octogenario, ve publicadas ahora sus poesías completas, monumento merecido a un espíritu incombustiblemente juvenil.

incomestible *adj* No comestible. | Benet *Penumbra* 73: Comprendí que al igual que la aceituna reservada en su interior la parte dura e incomestible tan solo destinada a la germinación, el clan me había elegido para ocupar ese mismo recóndito lugar.

incomible *adj* Incomestible. | C. Soriano *Abc* 20.8.69, 27: Sus dátiles son pequeños, incomibles. **b)** (*col*) [Alimento] que no se puede comer por no hallarse en perfecto estado o por estar mal preparado. | Cela *Escenas* 151: Cree usted que van a estar incomibles, de puro saladas..., bueno, pues no, al llegar a la mesa tiene usted que echarles más sal.

incomodado -da *adj* **1** *part* → INCOMODAR.
2 Que denota o implica incomodo. | Benet *Otoño* 89: Se acercó a nuestra mesa para hacerse un sitio en la tertulia sin reparar en la mirada incomodada de Luis Martín-Santos.

incómodamente *adv* De manera incómoda. | C. GCampo *SAbc* 9.3.69, 25: En los años anteriores se había ido concentrando incómodamente en un espacio demasiado pequeño. FCobos *Hora* 31.12.76, 24: Tercer acontecimiento será el desplazamiento de la Ponferradina hasta Logroño para contender frente al Logroñés, clasificado bastante incómodamente con tres negativos.

incomodar *tr* **1** Causar incomodidad [a alguien (*cd*)]. | * Siento tener que incomodarle, pero va a ser solo un minuto.
2 Causar enfado [a alguien (*cd*)]. | * Has incomodado a tus padres por decir esa tontería. **b)** *pr* Enfadarse. | Torrente *Off-side* 51: –¿Quieres decirme qué es lo que no está bien? . –No te incomodes, hijo mío, .. no seas caprichoso.

incomodidad *f* **1** Cualidad o condición de incómodo. | MGaite *Usos* 61: Estorbaba [el uniforme]. Embarazaba. Y era como un presagio de que aquella misma sombra de incomodidad y freno habría de extenderse a las "especiales funciones creativas". Delibes *Madera* 147: Asociaba calificativos antitéticos, como *corona* y *señorito*, para referirse a Gervasio, lo que ocasionaba en este una creciente incomodidad. MGaite *Nubosidad* 18: Me miró sorprendido y con un asomo de incomodidad. Él no iba a tener tiempo de venir a buscarme.
2 Cosa que hace sentirse incómodo [3]. *Frec en pl.* | Calín *Cod* 9.2.64, 8: Las incomodidades ilógicas me sublevan y me crispan. Halcón *Manuela* 32: Percibía dentro de sí misma la incomodidad de no pasar indiferente ni a los hombres ni a las mujeres.

incomodo *m* Acción de incomodar(se). *Tb su efecto*. | *Ya* 24.12.85, 14: Los dos primeros días de exposición "real" del censo, se hizo en la hospedería de San Benito, bastante distante de la Casa Consistorial, "y luego se trasladó sin previo aviso al Ayuntamiento, con el consiguiente desconcierto y grave incomodo de los electores". Mendoza *Laberinto* 168: Nuestro hogar era una barraca de uralita y cartón que constaba de una sola pieza de dos por dos, por lo que al advenimiento inesperado de aquellos tres seres nos causó más incomodo que alegría.

incómodo -da *adj* **1** [Cosa] que no proporciona el descanso deseable o que supone algún esfuerzo, tensión o malestar. Laiglesia *Tachado* 219: Desde el punto de vista psicológico, que en estas situaciones incómodas tiene mucha importancia, el pueblo se creaba la ilusión de que nada había cambiado.
2 [Pers.] cuyo trato o relación resultan incómodos [1]. | * Es un compañero incómodo.
3 [Pers.] que se encuentra en situación incómoda [1]. | Laforet *Mujer* 181: Se sentía incómoda, como sin sitio alguno en la vida.

incomparable *adj* Que no admite comparación. *Con intención ponderativa*. | Laiglesia *Tachado* 136: Las noticias nos llegaban diáfanas y pulidas por su pluma incomparable.

incomparablemente *adv* De manera incomparable. *Con intención ponderativa*. | J. Taboada *RegO* 12.7.64, 16: La capacidad evolutiva del espíritu humano tiene un ritmo incomparablemente más lento que el de la técnica.

incomparecencia *f* Hecho de no comparecer. | *Inf* 6.7.70, 8: Fue esta la primera de una serie de incomparecencias de letrados que motivaron la suspensión, total o parcial, de la mayoría de los juicios del mes de junio. Riquer *Caballeros* 163: El caballero valenciano había sido vencido por incomparecencia y quedaba deshonrado. J. Gabaldón *DíaCu* 20.7.84, 12: Ha habido un equipo que ha sido eliminado por incomparecencia en un encuentro.

incompareciente *adj* Que no comparece. | *Inf* 14.10.70, 28: El T[ribunal] [de] O[rden] P[úblico] rebaja la sanción a dos abogados incomparecientes.

incompartible *adj* Que no se puede compartir. | S. Cano *VAl* 17.9.75, 8: "Anclado levemente en un ala de lluvia" es una incompartible experiencia lírica, una difícil descripción de los estados anímicos de un hombre.

incompatibilidad *f* Condición de incompatible. | Gambra *Filosofía* 35: Los [conceptos] diversos .. pueden ser compatibles .. o incompatibles .. La incompatibilidad, por su parte, puede ser dispar .. u opuest[a]. Tierno *Humanismo* 66: El humanismo al servicio de los ricos está intelectualmente agotado. De ahí que haya que defender la moral de la incompatibilidad. La moral del pobre es compatible con la moral del rico. Kurtz *Lado* 64: Usted, hablándole de mi salud, la convencería más fácilmente que mis hijos hablándole de mis incompatibilidades. **b)** (*admin*) Imposibilidad legal para ejercer determinadas funciones o simultanear dos o más. | *Ya* 5.5.85, 1: El Gobierno suaviza el decreto de incompatibilidades.

incompatibilizar *tr* Hacer incompatibles [dos cosas o una con otra]. | *Faro* 2.8.75, 6: Tratamos de incompatibilizar toda simultaneidad de cargos. Coloquio-informe del ministro en Televisión. **b)** (*admin*) Declarar [a alguien] incurso en incompatibilidad. *Tb abs.* | *Arr* 22.2.76, 11: Piden que se incompatibilice al Alcalde de Santander. *Pan* 16.11.92, 30 (A): Además de fijar duras sanciones disciplinarias para quienes violen su contenido, el estatuto incompatibiliza para ejercer otra actividad profesional.

incompatible *adj* **1** No compatible. | Gambra *Filosofía* 35: Los [conceptos] diversos .. pueden ser compatibles, si pueden darse en un mismo sujeto (como militar y viudo), o incompatibles, si no pueden darse en un mismo sujeto (como circular y triangular). *Inf* 19.6.70, 40: Ayer se aprobó una propuesta en el sentido de que se declarase incompatible el ejercicio activo y libre de la profesión con cargos de la Administración. **b)** (*Enseñ*) [Asignatura] cuya calificación es imposible sin la previa aprobación de otra determinada de un curso anterior. | Payno *Curso* 211: Tengo todo aprobado menos esta. Y las incompatibles, claro. Si la apruebo, el año que viene termino.
2 (*Mat*) [Sistema de ecuaciones] que no tiene solución. | Marcos-Martínez *Álgebra* 132: Los sistemas [de ecuaciones] se clasifican en determinados, indeterminados y absurdos o incompatibles, según que tengan un número de soluciones limitado, ilimitado, o no tengan solución ninguna.

incompetencia *f* Cualidad o condición de incompetente. | *Abc* 9.4.67, 60: Se nos denuncia en este sentido la manifiesta incompetencia de gran parte de los operarios designados por las empresas del mantenimiento y conservación de los ascensores. J. GRobles *Abc* 15.12.70, 23: En ningún caso una declaración de incompetencia de un Tribunal para conocer de un determinado asunto implica la ilegalidad del órgano jurisdiccional.

incompetente *adj* **1** [Pers.] que no es competente, o carece de capacidad y preparación. *Tb n.* | C. D. Vega *CoZ* 16.5.64, 6: Somos incompetentes para mantener florido y reverdecido nuestro pasado en los tesoros de arte que tenemos. *Reg* 22.11.66, 1: Se enuncian temas económicos y de tributación, sobre los que me considero en absoluto incompetente. **b)** Propio de la pers. incompetente. | * Trabaja de manera incompetente.
2 [Pers. o entidad] a la que no compete [una responsabilidad (*compl* PARA)]. *Tb sin compl.* | *Inf* 22.8.74, 5: Los colegios de arquitectos son incompetentes para regular el régimen de incompatibilidades de sus colegiados.

incomplejo *adj* (*Mat*) [Número concreto] que expresa unidades de una sola especie. | Gironza *Matemáticas* 15: El número concreto que así expresa la medida se dirá incomplejo, o número concreto referido a una sola clase u orden de unidades.

incompletamente *adv* De manera incompleta. | Bustinza-Mascaró *Ciencias* 115: La cavidad gastro-vascular de cada uno de estos individuos está incompletamente dividida por ocho tabiques radiales.

incompleto -ta *adj* No completo. | FSalgado *Conversaciones* 533: Le digo que se fije bien en el final, donde hay una clara alusión a nuestra ley de sucesión, que a mi modo de ver está incompleta. Bustinza-Mascaró *Ciencias* 114: La cavidad gastrovascular puede ser sencilla o estar dividida por ocho tabiques radiales incompletos. Ybarra-Cabetas *Ciencias* 273: Flores completas e incompletas.

incomportable *adj* (*lit*) Insoportable o intolerable. | Lapesa *HLengua* 209: El alma atraviesa páramos ilimitados de soledad, entre padecer incomportable y goce sobrenatural.

incomprendido -da *adj* No comprendido o entendido debidamente. *Frec referido a pers. En este caso, tb n*. | M. Foyaca *Raz* 2/3.84, 321: Y porque la alianza obrero-campesina iba ordenada a la dictadura del proletariado, juzgó necesario esclarecer estas cuestiones previas, ya que, sin ello, quedaba incomprendida la misma dictadura. C. Medrano *Med* 1.4.60, 4: Ellos, los que se llaman a sí mismos la juventud incomprendida, hubieran hecho igual que nosotros. Diosdado *Anillos* 2, 217: ¡Un incomprendido, Antonio, eso es lo que eres! ¡Esta gente no aprecia lo que vale un patriarca! Umbral *Españolas* 68: Las solistas, pues, fueron unas incomprendidas durante muchos años.

incomprensibilidad *f* Cualidad de incomprensible. | J. L. Herrera *Inf* 27.7.78, 14: Puede que la ignorancia de las leyes no exima de su cumplimiento, hasta que la ponencia descubra la cosa. Pero la incomprensibilidad del modo explicativo va a tener más de una detención.

incomprensible *adj* Que no se puede comprender o entender. | DPlaja *El español* 125: La presión a que tantos años se ha visto sujeto Mr. Smith es incomprensible en el caso de Juan Pérez.

incomprensiblemente *adv* De manera incomprensible. | Delibes *Mundos* 58: La misma carretera panamericana .. presenta tramos de cincuenta, cien metros que, incomprensiblemente, están sin afirmar.

incomprensión *f* Falta de comprensión o entendimiento. | PRivera *Discursos* 12: Hemos llevado treinta y tantos años de incomprensión en los que desde comunistas hasta herejes nos han llamado de todo. Delibes *Año* 182: Ha tenido que pechar con no pocas incomprensiones.

incomprensivo -va *adj* **1** No comprensivo, o incapaz de comprender. *Tb n, referido a pers.* | L. LSancho *Abc* 11.3.87, 14: Los médicos, seres incomprensivos e impacientes como todos sabemos, no están de acuerdo con la placidez y las largas listas del señor García Vargas. CAssens *Novela* 2, 74: Mi padre, en el fondo, es un gran hombre..., ha nacido para mandar... Solo que es un incomprensivo... y en cosas de arte... un perfecto ignorante.
2 Que denota o implica incomprensión. | Torrente *DJuan* 26: Se mezclaban, .. en la pesadilla, imágenes de algún actor español, recitando la escena del sofá, .. el gesto incomprensivo y enojado de mi amigo el cura, y la escenografía de Dalí para el *Tenorio* como fondo.

incompresible *adj* (*Fís*) Que no puede ser comprimido. | Mingarro *Física* 69: Podemos considerar a los gases como fluidos incompresibles desde el punto de vista dinámico.

incomunicabilidad *f* **1** Cualidad de incomunicable. | Rábade-Benavente *Filosofía* 257: Por carecer de esta incomunicabilidad existencial, no era persona su naturaleza humana de Cristo.
2 Incapacidad para comunicarse. | P. Orive *Pue* 4.12.70, 7: Hay una incomunicabilidad entre profesores y alumnos, con el consiguiente aislamiento y desconocimiento de estos. J. E. Aragonés *MHi* 12.57, 53: *Las cartas boca abajo* es el drama de la incomunicabilidad.

incomunicable *adj* Que no puede ser comunicado. | Torrente *Off-side* 500: Solo podía recibir, en aquel momento, la satisfacción secreta e incomunicable de saberse un hombre de talento.

incomunicación *f* **1** Acción de incomunicar. *Tb su efecto*. | Olaizola *Escobar* 67: Dice mi abogado que cuando la sentencia sea firme me levantarán la incomunicación. Á. Seco *RegO* 8.7.64, 15: El teléfono sufrió desperfectos en su tendido, quedando también incomunicados por este medio, incomunicación que continúa en el momento de escribir estos sucesos.
2 Falta de comunicación con otros. | L. Calvo *SAbc* 16.3.69, 18: La típica insociabilidad, incomunicación e impermeabilidad de los gremios, cuerpos, células y órganos que están inscritos dentro de la sociedad española.

incomunicado -da *adj* **1** *part* → INCOMUNICAR.
2 [Prisión o arresto] que lleva consigo aislamiento temporal. | *CoZ* 1.7.90, 20: La etarra Rubenach pasará a cumplir la prisión incomunicada.

incomunicar *tr* Privar de comunicación [a alguien o algo (*cd*)]. | *Abc* 21.5.67, 67: La situación es dramática en casi todo el nordeste brasileño, donde las poblaciones han quedado incomunicadas. *Ide* 20.3.83, 13: Un incendio en las inmediaciones de Dúrcal incomunicó telefónicamente a 62 pueblos. **b)** Aislar temporalmente [a un detenido o a un procesado] por decisión de la autoridad judicial o gubernativa. *Frec en part, a veces sustantivado*. | ByN 31.12.66, 78: El propio abogado .. les ha dicho que no podían ver a su patrocinada: está incomunicada. Campmany *Abc* 12.5.86, 13: Le meten [al coronel Meer] en la celda de los incomunicados.

inconcebible *adj* Que no se puede concebir o comprender. | Laiglesia *Tachado* 17: Encuentro inconcebible que unos señores, por el mero hecho de ir vestidos con uniforme de un color, se crean con derecho a privar de la existencia a otros señores cuyos uniformes van teñidos de colores diferentes.

inconcebiblemente *adv* De manera inconcebible. | P. GAparicio *HLM* 26.10.70, 3: Inconcebiblemente, el paro, en un país territorialmente inmenso en el que tantas cosas quedan por hacer, alcanza en Quebec un índice nada menos que del ocho por ciento de la población activa.

inconciliable *adj* Que no puede conciliarse o armonizarse. | Laín *Universidad* 111: ¿Que nuestros universitarios .. se radicalicen de nuevo hacia posiciones contrapuestas e inconciliables? MMolina *Jinete* 483: Compartíamos la mayor parte de nuestras opiniones y de nuestros gustos, pero había algo inconciliable entre nosotros.

inconclusión *f* (*lit*) Condición de inconcluso. | Torrente *Off-side* 87: En toda gran obra de arte se encierra algo patético, su inconclusión precisamente.

inconcluso -sa *adj* (*lit*) No terminado. | GNuño *Madrid* 193: El gran cuadro inconcluso de Esquivel, en que se retrata a Ventura de la Vega.

inconcreción *f* Cualidad de inconcreto. | *Abc* 20.7.67, sn : La objeción más punzante es la [de] que "era ambiguo porque le convenía serlo", "ponía un punto de inconcreción intencionada en la terminología". *Inde* 3.4.90, 4 (A): Esta inconcreción sigue siendo el motivo de controversia entre el juez Márquez y el fiscal Flores.

inconcreto -ta *adj* Que no es concreto o preciso. | J. RMarchent *HLM* 26.10.70, 15: Caminar sin rumbo tiene la misma dimensión .. que .. "dar palos de ciego" .. La ruta indeterminada y la meta inconcreta es un palo blanco a la conciencia sin destino.

inconcusamente *adv* (*lit*) De manera inconcusa. | GNuño *Escultura* 177: Había llegado a constituir un lugar común .. admitido inconcusa y públicamente.

inconcuso -sa *adj* (*lit*) Que no admite duda o discusión. | GNuño *Escultura* 144: La caracterización animal de estos firmes monstruos [los toros de Guisando] no siempre es inconcusa, justificando en buen número de casos el mote de verracos. *Ecc* 16.11.63, 31: Debe permanecer inconcuso el principio de que el obispo se nombra "ad vitam".

incondicionado -da *adj* Que no está sometido a condiciones. | Delibes *Mundos* 158: La actual política de estabilización, la nueva orientación económica, terminará por devolver a las Canarias una incondicionada libertad de comercio.

incondicional *adj* Total y sin restricciones o reservas. *Tb n, referido a amigo o partidario.* I J. M. FGaytán *Med* 1.4.60, 3: La co[r]respondía una doble misión de ofrecimiento incondicional de sus posibilidades y de recepción de los medios necesarios. *Caso* 14.11.70, 9: Lo que dio lugar a que la Audiencia Provincial de Madrid reformara el auto, acordando .. su prisión incondicional. *Abc Extra* 12.62, 71: Es un juego, pues, con mucha solera; que se ha extendido mucho y cuenta con amigos incondicionales. M. Ors *Pue* 11.9.65, 19: La petanca tiene ya en España legión de incondicionales. Arce *Precio* 43: Siempre había sentido una adoración especial por Elsa .. Manolo era su eterno defensor. Su incondicional.

incondicionalidad *f* Cualidad de incondicional. I *Abc* 29.5.74, 30: La respuesta vendrá dada por el que sea el equilibrio final entre la afirmación, el sí, que Giscard hiciera ante la obra del general, y el "pero" con que objetó toda noción de incondicionalidad. MGaite *Nubosidad* 276: Toda la estancia es una madriguera provisional, presidida por el "de momento", y conserva esa incondicionalidad que caracteriza a las almas generosas para albergar emergencias.

incondicionalismo *m* Incondicionalidad servil. I Alfonso *España* 92: Menos calor, menos incondicionalismo y menos sumisión para los "tús" de cada uno.

incondicionalmente *adv* De manera incondicional. I Villapún *Iglesia* 119: Isabel .. cambió de repente y se puso incondicionalmente al lado de la religión protestante.

inconexamente *adv* De manera inconexa. I CBonald *Ágata* 233: Gente uniformada y cariacontecida que él no había visto nunca y que relacionó inconexamente con la pecaminosa visión de la marimanta.

inconexo -xa *adj* Que no tiene conexión lógica. I CPuche *Abc* 28.8.66, 25: La canción y la danza han llegado a ser un lenguaje, no por inconexo e indescifrable para nosotros, menos eficaz.

inconfesable *adj* [Cosa] que no se puede confesar, por vergonzosa o deshonrosa. I CNavarro *Perros* 65: Le extrañaba que ellos pudieran caer en nada inconfesable. J. R. Alfaro *HLM* 26.10.70, 22: Lo que hay que descartar es la creencia, bastante generalizada, de que la epilepsia tenía su origen en alguna enfermedad inconfesable.

inconfesablemente *adv* De manera inconfesable. I R. Ferrari *Ya* 22.5.92, 9: Han aprendido a no hacer irritante ostentación de su riqueza, ni la heredada ni la precipitada e inconfesablemente acumulada.

inconfesadamente *adv* De manera inconfesada. I M. Unciti *Ya* 16.7.72, 22: No pocos creyentes se muestran actualmente pesimistas y descorazonados, tímidos en su fe e, inconfesadamente, pesimistas respecto a la eficacia de la Palabra de Dios para el mundo moderno.

inconfesado -da *adj* No confesado. I GLuengo *Jaén* 27.10.64, 5: Todos .. estaban deseando quedarse solos o con un solo amigo verdadero para volcar su corazón .. lleno de amargura o de ansias inconfesadas. Gironella *SAbc* 9.2.69, 21: El amor propio ante el tablero es total y se despedaza al adversario sin el menor remordimiento y, con frecuencia, con inconfesado sadismo.

inconfeso -sa *adj* **1** Inconfesado. I Meliá *Abc* 14.10.72, 21: El desdén solo es explicable como parte de un inconfeso complejo de inferioridad.
2 Que no ha confesado el delito. I * Inconfeso, se le declaró culpable.
3 (*Rel catól*) Que no ha hecho confesión. I Torrente *Vuelta* 304: –Doña Mariana tiene derecho a enterrarse en la iglesia .. –Si muere inconfesa, lo perderá.

inconforme *adj* **1** [Pers.] que no está conforme. *Tb n.* I * Había un grupo de inconformes que votaron en contra.
2 [Pers.] inconformista. *Tb n.* I M. GHoyos *HLS* 5.8.74, 9: No han de causar alarma las voces destempladas que pudieran desprenderse de labios juveniles, si por otra parte se conoce la realidad de su carácter y la recta formación de los inconformes.
3 Propio de la pers. inconforme [1 y 2]. I Benet *Nunca* 11: Eso mismo me llevó luego a pensar más en él: la cara aguda, pero las mejillas coloradas, .. una actitud suspensa, inconforme e inexplicable.

inconformidad *f* Cualidad o condición de inconforme. I Aldecoa *Cuentos* 1, 49: Chuchete hizo un gesto de inconformidad. Repitió: –Esa quiniela es un fracaso. Areilza *Artículos* 238: Levanta [una de las reacciones populares] bandera de inconformidad. Esa rebeldía es contra la rutina, el inmovilismo, la integración forzosa.

inconformismo *m* Actitud o tendencia inconformista [1b]. I Alfonso *España* 168: El inconformismo político no es nada nuevo en la juventud. *Alc* 31.10.62, 6: El escándalo del famoso semanario que, con su medio millón de ejemplares de tirada, se ha convertido en altavoz, cara al mundo, del inconformismo alemán, ha entrado en su etapa más llamativa.

inconformista *adj* [Pers.] que tiene una actitud de rebeldía u hostilidad frente a lo establecido en lo social o en lo político. *Tb n.* I Delibes *Madera* 393: Papá Telmo republicano, inconformista, desclasado. Alfonso *España* 62: Algunos de los inconformistas más lúcidos, como Henry Miller y Aldous Huxley, leían a Lenin y a Bakunin, a Santa Teresa y a San Juan de la Cruz. **b)** Propio de la pers. inconformista. I SMariño *Anticipación* 3: Esta literatura de vanguardia .. puede tener un contenido revolucionario, inconformista (al menos aparentemente).

inconfundible *adj* [Pers. o cosa] de características tan especiales y distintas que no puede confundirse con otra. I A. M. Campoy *Abc* 10.9.68, sn: Ortega Muñoz –como Van Gogh, como Modigliani– es imitable, sí, pero siempre acaba siendo inconfundible. Laforet *Mujer* 35: Había creído oír .. el inconfundible pitar del tren. Olmo *Golfos* 165: Don Poco tenía las inevitables características que logran dar a todos los oficinistas del mundo su aire inconfundible.

inconfundiblemente *adv* De manera inconfundible. I *Abc* 15.3.68, 91: Cada vez es más inconfundiblemente español.

incongelable *adj* Que no puede congelarse. I *Prospecto* 1.93: Lote de automóvil invierno Krafft. Compuesto por anticongelante .., esponja antivaho, lavaparabrisas incongelable: 995 .. Alcampo.

incongruencia *f* **1** Cualidad de incongruente. I FMora *Raz* 2/3.84, 329: A un hombre tan polémico como Mussolini no solo se le acusó de incongruencia con sus orígenes socialistas. *VozT* 25.10.78, 22: Magisterio o la incongruencia de un decreto ley.
2 Hecho o dicho incongruente. I DPlaja *El español* 106: Esto creo yo que explica la aparente incongruencia de que tanta soberbia individual acepte por largo tiempo una dictadura.

incongruente *adj* Que carece de concordancia o de correspondencia, esp. lógica, [con algo]. *Frec el compl se omite por consabido.* I P. Magaz *Abc* 21.5.67, 21: Fue borrado su apellido del mausoleo en una mezcla de fetichismo o brujería incongruentes. MMolina *Jinete* 381: Estábamos sentados el uno frente al otro, en una mesa pequeña de plástico rojo, y yo lo veía rudo, más bien incongruente entre los habituales de la cafetería.

incongruentemente *adv* De manera incongruente. I Matute *Memoria* 134: No supe qué más decir. Solo mirarle y quedarme .. con una mano incongruentemente extendida hacia él.

incongruo -grua *adj* (*lit*) **1** Inadecuado. I CBonald *Ágata* 172: Fue entonces cuando asomó la tortuga por detrás de un altillo salpicado de juncos. Se arrastraba y se detenía a trechos, las incongruas y estériles paletas de sus extremidades patinando por el declive de arena floja.
2 Incongruente o ilógico. I *País* 13.11.77, 6: Resulta incongruo que, precisamente, la Delegación de Hacienda provoque un despilfarro como este.

inconmensurable *adj* **1** Inmenso o sumamente grande. I CBonald *Ágata* 27: Una insinuante propuesta de comunicación parecía ponerle cerco a su inconmensurable soledad.

inconmensurablemente – inconsútil

2 (*Mat*) [Magnitud] que no tiene [con otra] una medida común, o no es divisible por una unidad común un número entero de veces. *Tb sin compl, referido a n en pl.* | Ríos-RSanjuán *Matemáticas 6º* 15: La diagonal de un cuadrado es inconmensurable con su lado.

inconmensurablemente *adv* De manera inconmensurable. | M. D. Asís *Rev* 11.70, 13: Se ha enriquecido casi inconmensurablemente lo que se llama "memoria social".

inconmovible *adj* **1** [Pers.] que no puede conmoverse o no se deja conmover. | Nieva *Abc* 20.11.88, 3: Mingote, una especie de Buda inconmovible y de Confucio madrileño que se expresa por el chiste gráfico.
2 [Cosa, esp. no material] que no puede ser conmovida o alterada. | Villapún *Iglesia* 62: De esta suerte probará una vez más su inconmovible firmeza. *RegO* 12.7.64, 5: Hay libros inconmovibles, que superan todas las modas. Y hay movimientos afectados, que han desaparecido, porque no eran verdad.

inconmovilidad *f* Cualidad de inconmovible. | Aparicio *César* 24: La mano mendicante traspasó el grupo de colegialas con la inconmovilidad de una esfinge. SFerlosio *Ensayos* 1, 446: La inconmovilidad y la bondad de el-mundo--tal-como-es han de quedar enteramente a salvo de entredichos y han de ser puestas fuera del alcance de cualquier súbita clarividencia cínica.

inconquistable *adj* Que no puede ser conquistado. | Gironella *Millón* 335: El fervor defensivo .. creaba la ilusión de que la plaza era inconquistable.

inconsciencia *f* **1** Cualidad de inconsciente. | Álvarez *Abc* 9.4.67, sn: Debemos "confesar" bien alto .. nuestra condición "diferente", "no-amateur", profesional en realidad. Todo lo demás es hipocresía o inconsciencia. **b)** Estado de inconsciente [1]. | *Abc* 20.7.67, 48: Trasladado el herido al Hospital Clínico, se apreció que su estado era grave. Debido a su inconsciencia y a la falta de documentación, su filiación se ignora.
2 Hecho o dicho propio de la pers. inconsciente [2]. | * Es una inconsciencia meterse en ese negocio.

inconsciente I *adj* **1** [Pers.] que ha perdido la consciencia (facultad de relacionarse con la realidad exterior). | J. M. Massip *Abc* 3.12.70, 36: Le molieron a palos, hasta dejarlo inconsciente y ensangrentado.
2 [Pers.] que actúa sin darse cuenta de lo que hace y de sus consecuencias. *Tb n.* | T. GPuerta *Pue* 9.11.70, 32: Hay mozas inconscientes y seductoras; esposas desencantadas, que buscan atractivos extraconyugales. * No se le puede dejar solo; es un inconsciente. **b)** Que no es consciente [de algo]. | *NRi* 3.6.64, 9: Unos niños, inconscientes de lo que hacían, se habían puesto a fumar "palillos" de cáñamo muy cerca de donde estaba depositado dicho artículo.
3 Propio de la pers. inconsciente [1 y 2]. | *DBu* 23.7.64, 7: Prosigue sin variación alguna el estado de gravedad del futbolista español Martínez, quien continúa en estado inconsciente. * Fue una decisión inconsciente. **b)** [Cosa] que existe o se produce en el ser humano fuera de su conciencia y de su voluntad. | Mascaró *Médico* 58: Todo este mecanismo es inconsciente y actúa automáticamente como un medio de defensa orgánica. Aranguren *Marxismo* 141: Se trata de algo que se ha de descifrar como Freud hizo con lo inconsciente.
II *m* **4** (*Psicol*) Parte del psiquismo que escapa enteramente a la conciencia. *Normalmente con art* EL. | Rof *Rev* 7/8.70, 12: Trazos llenos, vibrantes, contradictorios, muestran el juego activísimo de las fuerzas del inconsciente. Goytisolo *Recuento* 566: Un combate, de resultado mucho más incierto, que postula el triunfo del orden y del rigor formal, el dominio de la razón y la soberanía de la sensatez, sobre las sórdidas ruinas de un tenebroso inconsciente colectivo.

inconscientemente *adv* De manera inconsciente. | Laforet *Mujer* 315: El padre Jacinto, inconscientemente, se había vuelto un poco para mirar la hora.

inconsecuencia *f* **1** Cualidad de inconsecuente. | * La inconsecuencia de sus actos nos ha traído a esta situación.
2 Hecho o dicho inconsecuente [1b]. | García *Abc* 27.4.75, sn: Con salir luego diciendo, "muy comprensivamente", que son casos de inculpabilidad, de protesta sana, de crecimiento social, se justifican todas las atrocidades e inconsecuencias.

inconsecuente *adj* [Pers.] que en sus actos no es fiel [a sus principios o ideas (*compl* CON)]. *A veces se omite el compl por consabido. Tb n.* | F. J. FCigoña *Raz* 2/3.84, 381: Las traducciones de Ahrens .. aportaron un bagaje doctrinal que hoy es .. el del pensamiento político tradicional. Los que han sido inconsecuentes con él, pese a la autoridad de los maestros, son los herederos del krausi[s]mo y de la Institución Libre de Enseñanza. **b)** Propio de la pers. inconsecuente. | Benet *Penumbra* 104: No estoy dispuesta a ver que la culminación del proyecto que he elaborado y acariciado durante tanto tiempo se venga abajo a causa de tu inconsecuente precipitación.

inconsecuentemente *adv* De manera inconsecuente. | F. MPérez *Ver* 10.9.75, 8: Nos sentiríamos felices si consiguiéramos el retorno de nuestros emigrantes. Pero, inconsecuentemente con lo escrito, se ponen trabas.

inconsideradamente *adv* De manera inconsiderada. | M. Á. Velasco *Hoy* 28.9.75, 4: Circunstancias ajenas a esta voluntad, y un clima hostil, irracional, a niveles múltiples, ha[n] dado al traste con esta hermosa quijotada, abortada inconsideradamente, 48 horas antes de la donación.

inconsiderado -da *adj* **1** Falto de consideración o respeto. | *Sp* 19.4.70, 48: Otro elemento que contribuyó a la anormal audición de la pieza fue la reacción inconsiderada de un sector del público, que perturbó continuamente la normal audición.
2 Falto de consideración o reflexión. | D. Giralt *Des* 12.9.70, 31: El inconsiderado apoyo oficial a este tipo de promociones [urbanísticas] está acabando con los valores más primigenios de nuestro paisaje.

inconsistencia *f* Condición de inconsistente. | Rábade-Benavente *Filosofía* 159: Se trata de ensayar distintas posibilidades, hasta conseguir probar la consistencia o inconsistencia de un razonamiento.

inconsistente *adj* Que carece de consistencia (solidez o firmeza). | *Sáb* 3.12.66, 46: Con argumentación muy subjetiva, inconsistente y enfática, me "echa a la cara" su incredulidad respecto a la grafología.

inconsolable *adj* Que no tiene consuelo. | Laiglesia *Tachado* 184: Serviría de intérprete y cicerone en su país natal a la inconsolable viuda.

inconsolablemente *adv* De manera inconsolable. | J. MAlonso *MHi* 2.64, 38: Llora inconsolablemente.

inconstancia *f* Cualidad de inconstante. | Gironella *Millón* 126: Le habló de la castidad, de la evolución de la materia y de su propia inconstancia.

inconstante *adj* Que no tiene constancia (cualidad de constante). | GSerrano *Ya* 17.11.63, 3: ¿Por qué no hacerle un lavado al inconstante azar? B. Andía *Ya* 15.10.67, sn: Aunque aparentemente su carácter sea frívolo e inconstante, son, sin embargo, plenamente conscientes de su vida.

inconstitucional *adj* [Cosa] que se opone o no se ajusta a la Constitución del Estado. | *Abc* 12.11.70, 44: El Tribunal Supremo de Nueva Jersey declaró ayer que el rezo en las escuelas públicas de aquel Estado norteamericano es inconstitucional.

inconstitucionalidad *f* Cualidad de inconstitucional. | *Rio* 18.3.84, 22: El diputado del Grupo Popular José María Ruiz Gallardón presentó recurso de inconstitucionalidad contra la LODE. *Van* 4.11.62, 12: Pide la inconstitucionalidad del referéndum .. El presidente del Senado .. ha pedido hoy al Consejo Constitucional que declare ilegal el referéndum.

inconsútil *adj* (*lit*) **1** Que carece de costuras. *Frec fig.* | *Hoy* 23.3.75, 21: Los soldados de la guardia se reparten los vestidos de los ajusticiados y sortean con sus dados la túnica inconsútil de Jesús. Delibes *Año* 202: Algunos (los cultivadores del "nouveau roman") han logrado fundir fondo y forma en una pieza inconsútil.
2 (*semiculto*) Sutil. | Pla *Cataluña* 190: Un grupo de intelectuales muy importante fue francamente montañero y degustador del aire inconsútil y delgado.

incontable – inconveniente

incontable *adj* (*lit*) **1** Innumerable o muy numeroso. | *Abc* 18.12.70, 25: Las pancartas eran incontables y diversas.
2 No contable, o que no puede ser narrado. | LTena *Amigos* 203: Muchas anécdotas de la guerra podría contar yo del General, pero algunas, aunque mucho le honran, son "incontables". No resisto, sin embargo, a la tentación de referir algunas de las "contables".

incontaminable *adj* Que no puede contaminarse. | Umbral *España* 101 (G): Es el más incontaminable, el incorruptible.

incontaminación *f* Cualidad de incontaminado. | Álvarez *Abc* 9.4.67, sn: Se supondría lo contrario: a mayor refinada nobleza y elevación, mayor incontaminación de todo envilecimiento material.

incontaminado -da *adj* **1** *part* → INCONTAMINAR.
2 No contaminado. *Frec en sent no material*. | *MHi* 8.66, 41: Apenas puede oírse la voz joven de América, la América incontaminada, la América de la paz.

incontaminante *adj* (*raro*) Que no contamina. | Diógenes *Ya* 14.2.92, 1: La abadesa de las Huelgas tiene derecho a portar el báculo y está obligada por voto de castidad. Por eso, sería muy desaconsejable que tan venerable y virginal jerarquía eclesiástica se paseara desdeñosamente por "el siglo" con afán de incontaminante y no prohibida caminata.

incontaminar *tr* (*raro*) No contaminar, o librar de contaminación. | MGaite *Cuento* 383: No hurgar en nada, no relacionar, verlo todo aséptico, inoperante, bajo una luz azulada de neón que incontamina, desvirtúa y paraliza ese montón horrible y dispar de cadáveres sometidos al tratamiento uniforme de la noticia.

incontenible *adj* [Cosa] que no puede contenerse o frenarse. | Laforet *Mujer* 147: Era una risa de tipo casi infantil. Le recordaba a algunas incontenibles, que le había cogido en clase.

incontensiblemente *adv* De manera incontenible. | Ramírez *Derecho* 16: No tengo por qué ocultarte mi desagrado por la fiebre legislativa que, cada día más incontenible, invade a los países.

incontenido -da *adj* [Cosa] que no se contiene o frena. | *YaTo* 18.8.81, 40: Al hermoso entorno arquitectónico se suman, a menudo, problemas nuevos que vienen dados por el avance incontenido de nuestra civilización. A. Iniesta *Abc* 29.6.58, 7: Incontenida ternura y cierto dejo de melancolía trascienden las primeras palabras.

incontestable *adj* Indiscutible o incuestionable. | Delibes *Año* 187: La aplaudieron [la película "Dime que me amas"], cuando a mi entender (aparte puntos de contacto incontestables entre su mensaje y el de "Locos") lo que aquí se señala como original sí se me antoja artificio.

incontestado[1] -da *adj* [Cosa] que no ha tenido contestación o respuesta. | Lera *Bochorno* 52: Él fue a buscar con los [ojos] suyos únicamente los de Piluca para decirle gravemente, como si recordara de pronto la pregunta de la muchacha que quedó incontestada: –¿Qué decías tú antes, del veraneo?

incontestado[2] -da *adj* Que no es discutido o cuestionado. | Castiella *MHi* 11.63, 64: Poniendo límites a su propio poder incontestado, España, por boca de Salamanca, se señala a sí misma la frontera de la legitimidad.

incontinencia *f* **1** Incapacidad de regular voluntariamente la emisión de orina o de excrementos. *Frec con un compl especificador. Sin compl, se refiere normalmente a la de orina*. | Cela *Oficio* 57: Le da un ataque de asma y de incontinencia de orina todo junto. M. T. Vázquez *Far* 12.87, 8: En esta dolencia [espina bífida] podemos apreciar cuatro señales sintomáticas de gravedad: .. 4º Incontinencia del intestino y de la vejiga. *Gac* 11.5.69, 7: Hay otros niños que no comienzan a mojar la cama hasta el momento en que llega a la familia un nuevo hijo. Su incontinencia .. forma claramente parte de una reversión general a la infancia.
2 Falta de continencia o control. *Gralm referido a la locuacidad o al instinto sexual*. | *Ya* 25.11.91, 8: La incontinencia de Barrionuevo. Debió ser a la salida de una bacanal .., cuando el ex ministro Barrionuevo dijo aquello tan original de limitar el número de mandatos del presidente del Gobierno. Marsé *Montse* 292: Comprendí de pronto, en mi quemante condición de primo carnalísimo, que aun siendo todavía una niña había ofrecido ya en alguna penumbra propicia el abrazo de la ansiada incontinencia.

incontinente[1] *adj* **1** Que padece incontinencia [1]. *Tb n*. | M. T. Vázquez *Far* 12.87, 8: Los ponentes de las Asociaciones Nacional de Ostomizados y Nacional de Ostomizados e Incontinentes resaltaron la necesidad de la formación del personal de enfermería.
2 Que tiene o muestra incontinencia [2]. | S. RSanterbás *Tri* 11.4.70, 23: Coexisten pacíficamente el vetusto aficionado y el rebelde jovenzuelo, la virtuosa madre de familia y la incontinente meretriz.

incontinente[2] *adv* (*raro*) Incontinenti. | GPavón *Rapto* 238: –¡Habla, Sietemachos! .. –Él no tiene nada que decir –saltó la gorda, incontinente.

incontinenti *adv* (*lit, raro*) Al instante o inmediatamente. | L. Calvo *Abc* 11.6.67, 51: El cual confesaba "incontinenti" que ni podía ni quería suceder al jefe.

incontrastable *adj* Irrefutable. | L. Calvo *SAbc* 16.3.69, 18: Este libro .. es, burla burlando, una prueba alegre, pero incontrastable, del hecho más flagrante y descarado que ha conocido la España del siglo XX: el asentamiento en Madrid de una República.

incontrastablemente *adv* De manera incontrastable. | *CSo* 27.11.75, 6: Nada ni nadie será capaz de anular la marcha del mundo social, que rueda tan incontrastablemente como el mundo físico.

incontrolable *adj* Que no puede ser controlado. | Aranguren *Marxismo* 100: Esta irrupción incontrolable de lo irracional es lo más terrible .. de todas las revoluciones.

incontroladamente *adv* De manera incontrolada. | *Abc* 11.4.87, 15: Si la inflación se dispara de nuevo y nuestros precios suben incontroladamente, perdemos nuestros escasos márgenes de competitividad.

incontrolado -da *adj* Que está fuera de control. *A veces con intención ponderativa, denotando exceso o demasía*. | M. Mancebo *SInf* 21.11.70, 1: Este proyecto de diques costeros seguía adelante .. La ambición era .. salvaguardar a los labradores de las furiosas aguas incontroladas. Delibes *Santos* 35: El señorito Lucas rompió a reír y a reír con unas carcajadas rojas, incontroladas. A. Oso *Mad* 9.2.68, 27: Si el niño toma galletas en cantidad incontrolada, fuera de las horas de comidas, ello le restará apetito para otros alimentos.
b) [Pers.] que actúa violentamente por motivos ideológicos, fuera del control de las autoridades. *Frec n*. | *País* 10.4.79, 14: Un grupo de incontrolados, en el que participaba al menos un policía nacional, hirió de gravedad en la noche del sábado a Enrique Iraola. GSerrano *Macuto* 739: La acción gubernamental frente a los incontrolados se limitó a legalizar su barbarie, de modo que las checas de aquel verano sangriento .. recibieron las bendiciones de Ossorio y Gallardo .. y tomaron el nombre de Tribunales Populares.

incontrovertible *adj* Indiscutible o innegable. | *Act* 25.1.62, 6: Tras esta lluvia de datos hay una evidencia incontrovertible: que las cifras de natalidad son bajas en Europa.

inconvencible *adj* (*raro*) Que no se deja convencer. | Espinosa *Escuela* 110: Supe que la gente de estaca era impenetrable .. e inconvencible.

inconveniencia *f* **1** Cualidad de inconveniente [1 y 2]. | Torres *Él* 92: El primer consejo fundamental .. se refería a la inconveniencia de conceder sus favores sin ton ni son.
2 Hecho o dicho inconveniente [2a]. | Alfonso *España* 136: En el metro madrileño pueden [*sic*] verse hacer toda clase de inconveniencias y actos de incivismo. Diosdado *Olvida* 71: Vamos a carraspear, como cuando alguien ha dicho una inconveniencia durante un té.
3 Inconveniente [3]. | CNavarro *Perros* 214: Ella necesitaba un ser que supiera hacerle sentir la vida, con todas sus ventajas y sus inconveniencias.

inconveniente I *adj* **1** Que no conviene. | J. M. Osuna *Abc* 16.12.70, 57: Pretender detenerla [la emigración] con argumentos sensibleros nos parece tan ingenuo como inconveniente.

2 [Cosa] socialmente incorrecta, o que ofende a las buenas maneras. | V. RRozas *Caso* 5.12.70, 10: El individuo, que se conducía de manera tan inconveniente, .. producía la impresión de ser una persona de cierta cultura. **b)** [Pers.] que hace o dice algo inconveniente. *Normalmente como predicat.* | Salvador *Haragán* 116: Calla, José, que te vuelves inconveniente.

II *m* **3** Desventaja, o aspecto negativo. *Frec se contrapone a* VENTAJA. | Laforet *Mujer* 47: Un amancebamiento así a las claras tenía tantos inconvenientes como el matrimonio. CBaroja *Inquisidor* 21: El dejar en manos de hombres de leyes los negocios de fe .. tuvo sus ventajas y sus inconvenientes.

4 Dificultad u obstáculo. *Frec en pl, con vs como* PONER, OPONER, ENCONTRAR, TROPEZAR(SE) CON. | GPavón *Hermanas* 22: No creo que le pongan graves inconvenientes. **b)** *Con los vs* HABER *o* TENER *se usa en constrs interrogs como* ¿HAY (ALGÚN) ~? *o* ¿TIENES (ALGÚN) ~?, *para pedir autorización, y en constrs negats como* NO HAY (NINGÚN, *o* EL MENOR) ~, NO TENGO (NINGÚN, *o* EL MENOR) ~, *para manifestar aceptación u ofrecimiento. Frec con un compl* EN + *infin o* EN QUE + *subj.* | *Ya* 9.6.73, 42: ¿Usted tendría inconveniente en que mi hermano se casara con su hija? La niña ha dicho que se lo digamos a usted. * Si vienes, no tendría inconveniente en acompañarte yo mismo.

incoordinación *f* Falta de coordinación. | A. Fuente *SInf* 21.10.70, 3: Es necesaria una planificación actualizada, que .. se estructure en forma de evitar servicios duplicados e ineficaces, permanencia prolongada en los hospitales por incoordinación temporal entre los servicios de diagnóstico y de terapéutica. **b)** (*Med*) Falta de coordinación en los movimientos propios de una función. | MNiclos *Toxicología* 102: A poco se añaden síntomas de intoxicación nicotínica (incoordinación muscular con calambres).

incoordinado -da *adj* Falto de coordinación. | *Puericultura* 19: Durante los primeros tiempos da gritos incoordinados.

incopiable *adj* Que no puede ser copiado. | M. GMora *Lan* 8.7.65, 5: Esta estupenda correlación supo captarla y trazarla con péñola incopiable el Príncipe de los Ingenios.

in corde Jesu (*lat; pronunc,* /in-kórde-yésu/) *loc adv* En el corazón de Jesús. *Usado en fórmulas de despedida piadosa en cartas.* | *Inf* 8.4.71, 18: El cargo es tanto más honroso cuanto que se trata de una causa tan noble y tanto más humillante cuanto es constituirte en 'mendigo' (pero de Cristo). Tuyo in Corde Jesu.

incordiador -ra *adj* (*col*) Incordiante. | Juanmi Voz*A* 8.10.70, 23: Podríamos decir muchas cosas al respecto, pero no queremos ser incordiadores.

incordiante *adj* (*col*) Que incordia. *Tb n, referido a pers.* | Chamorro *Sin raíces* 208: Pasó la mano por la cabeza, .. como intentando borrar cualquier otro recuerdo incordiante que le privara centrarse en Agustín. SFerlosio *Jarama* 303: –¡Anda con el Amalio, qué manera de perorar! –Esto es un incordiante de marca mayor.

incordiar (*conjug* **1a**) *tr* (*col*) Molestar o importunar. *Frec abs.* | Kurtz *Lado* 17: El Cóndor .. incordió a Marion nadie sabe todavía por qué. Y esta tuvo un arranque de genio, y con el látigo .. le atizó. Delibes *Cinco horas* 142: Os pasáis de rosca, todo el día de Dios pinchando e incordiando.

incordio *m* (*col*) **1** Acción de incordiar. *Tb su efecto.* | Forges *Forges* 239: Pues aquí los tengo [al padre y al hijo]: en sus cotidianos y sordos minutos de generacional incordio.

2 Pers. o cosa que incordia. | ZVicente *Traque* 166: Pero esta pobre mema... A ver, no va a encontrar quien cargue con ella .. Como ves, ellos tienen mucho que considerar, no pueden apechugar con este incordio. SSolís *Juegos* 10: Los aborrezco [los pleitos], y más los de separación conyugal, que tú, como abogado, sabes muy bien que son un incordio de muerte.

3 (*hoy raro*) Bubón. | Cela *Oficio* 31: El demonio rojo .. sentía un hondo desprecio por los verdugos dubitativos, a los que castigaba con paperas y con incordios en los bordes del ano.

incordioso -sa *adj* (*col*) Incordiante. | Fuster *Van* 6.1.74, 15: La excursión, de ser "dominguera", salta a "week-end": el anglicismo representa una incordiosa rectificación de las tradiciones.

incorporable *adj* Que puede ser incorporado. | HSBarba *HEspaña* 4, 340: Todos estos derechos eran hereditarios y, desde luego, incorporables a los mayorazgos.

incorporación *f* Acción de incorporar(se). *Tb su efecto.* | DPlaja *El español* 112: La incorporación a la vida madrileña representa un nuevo nacimiento para muchos provincianos. J. E. Aragonés *Ya* 19.10.75, 46: Alberto Closas fue, en su incorporación de Ulises, el actor seguro [d]e siempre.

incorporar A *tr* **1** Unir [una pers. o cosa (*cd*) a otras o a un conjunto (*ci*)] de modo que forme con ellas un todo. *Frec sin ci.* | *DBu* 8.8.90, 10: Lo mismo sucede ante la torre de la iglesia de San Sebastián, en cuya Pila Bautismal fue incorporado a la Iglesia de Cristo el Padre y Fundador de los Frailes predicadores. *Cocina* 529: Cuando está muy caliente se incorporan las hojas de cola de pescado previamente remojadas. *SAbc* 14.9.75, 27: Su esposa, aturdida, prepara un maletín con los útiles más precisos de aseo. El marido le pide que incorpore también cuartillas y una pluma. **b)** Hacer que [una cosa (*cd*)] pase a formar parte [de otra (*ci*)] o a estar presente [en ella (*ci*)]. | E. Huertas *SYa* 17.3.74, 35: Se trata de incorporar a la puesta en escena de un género tan encasillado como la zarzuela las más modernas técnicas teatrales. FCid *Ópera* 96: Los últimos años de su vida .. los pasa en la U.R.S.S., profuso en declarar su afán de incorporar la música al contexto social del país.

2 Levantar [una pers. (*suj*) su tronco (*cd*)] de la posición de tendido o recostado, hacia la vertical. | Salvador *Haragán* 19: Aquello era sumamente interesante. Me obligaste a incorporar el espinazo y mirarte.

3 Levantar el tronco [de una pers. (*cd*)] de la posición de tendido o recostado, hacia la vertical. *Frec el cd es refl.* | Onieva *Prado* 154: José de Arimatea le sostiene [al Redentor] por las axilas, y Nicodemo le sujeta por las piernas para depositarlo en el regazo de María, que, debatida en tierra, es incorporada por San Juan y María Salomé. Medio *Bibiana* 96: Bibiana Prats se arrellana cómodamente sobre el asiento, pero de pronto se incorpora y pega la cara al cristal.

4 Levantar [a alguien (*cd*)] o poner[lo] en posición vertical. *Frec el cd es refl.* | Paso *Rebelde* 153: –Bueno, levántate. Parece que estás rezando .. (Jorge la incorpora.) Torres *Él* 115: Se levantó de golpe, indignada .. Por desgracia para Diana, al incorporarse volcó la copa con los restos del helado. [*Estaba sentada.*]

5 Representar [un actor (*suj*) un papel (*cd*)]. | *Odi* 16.1.77, 18: Se ha comenzado a grabar, en los estudios de color de Prado del Rey, un nuevo episodio, el que lleva por título "Inés de Castro", papel que incorpora la actriz Carmen de la Maza.

B *intr pr* **6** Empezar a actuar o a tomar parte en algo (*compl* A)]. | Ortega *Americanos* 64: Con ansia ferviente de incorporarme por entero a la vida del país. *BOE* 22.8.77, 18729: Su nombramiento de funcionario en prácticas se publicará en el "Boletín Oficial del Estado" .., debiendo incorporarse a sus destinos en el plazo de 5 días hábiles.

incorporeidad *f* (*lit*) Cualidad de incorpóreo. | E. Huertas *SYa* 17.3.74, 35: Se trata de incorporar a la puesta en escena de un género tan encasillado como la zarzuela las más modernas técnicas teatrales, basadas especialmente en la incorporeidad de los decorados y en el predominio de los efectos de la luz y del color.

incorpóreo -a *adj* (*lit*) Que no tiene consistencia material. | J. GSánchez *Mad* 23.12.70, 21: Ha pasado a ser el poeta del amor platónico-erótico, del amor doloroso, de mujeres incorpóreas.

incorrección *f* **1** Cualidad de incorrecto. | Valcarce *Moral* 138: El pecador se deja vencer por las apetencias del cuerpo .. De ahí la inmodestia e incorrección en el vestir.

2 Hecho o dicho incorrecto. | *As* 9.12.70, 18: Clay también cometería no pocas incorrecciones a lo largo de la pelea. Lapesa *HLengua* 114: Admitía [el latín popular leonés] formas latino-vulgares o del romance más primitivo ..; y acogía muchas otras incorrecciones.

incorrectamente – increyente

incorrectamente *adv* De manera incorrecta. | *Reg* 4.3.75, 2: Cada vez que alguno de los hermanos tenía una necesidad o se portaba incorrectamente, el pequeño mediaba como si fuera un ángel protector.

incorrecto -ta *adj* **1** No correcto o que no se ajusta a las normas. | F. Blasi *Mun* 21.11.70, 51: Pone en evidencia la motivación del documento: evitar las actuaciones incorrectas. **b)** Que no se ajusta a las normas de la buena educación. | *Pro* 16.1.77, 8: Ya en el transcurso de la vista, los cuatro procesados adoptaron actitudes incorrectas, siéndoles llamada la atención del presidente del tribunal.
2 No correcto o que no se ajusta a la realidad. | *Sit* 15.2.64, 5: La temperatura de la sonda afecta la temperatura del material móvil en el punto de contacto, y, por tanto, ofrece una lectura incorrecta.
3 No correcto o no adecuado. | *D16* 25.7.86, 1: El tratamiento médico al etarra muerto en Herrera fue "incorrecto", según informe de los forenses.

incorregibilidad *f* Cualidad de incorregible. | Escudero *Capítulo* 250: Las moniciones para que se demuestre la incorregibilidad [del apóstata] se pueden hacer por edicto.

incorregible *adj* **1** Que no puede corregirse. | * Tiene un defecto incorregible.
2 [Pers.] obstinada o que se mantiene firme en su comportamiento. *Frec siguiendo al n que especifica este comportamiento*. | Valencia *Mar* 23.11.70, 3: Escartín parece informante incorregible. * Es un fumador incorregible.

incorruptibilidad *f* Cualidad de incorruptible. | J. M. Izquierdo *Méd* 17.2.89, 116: La Sabina, durante siglos, ha sido uno de los árboles más empleados .., por su incorruptibilidad, en la construcción. CBaroja *Baroja* 53: Era un señor de estos que hacen de la incorruptibilidad política una justificación de la vida.

incorruptible **I** *adj* **1** No corruptible. *Tb n, referido a pers*. | * Madera incorruptible. *Sur* 26.8.76, 24: Pemán .., con su ética incorruptible e inalterable, es capaz de otear los más ínfimos secretos humanos. An. Miguel *Abc* 25.8.66, 3: Mao Tse-tung, el puro, el incorruptible, el imparcial, el justiciero.
II *m* **2** (*hist*) Miembro de la secta cristiana del s. VI, en Bizancio, cuya doctrina sostiene la incorruptibilidad del cuerpo de Jesucristo. | Tejedor *Arte* 84: Recordemos, de aquellas herejías .., la de los incorruptibles, de que participó Justiniano y que aceptaba el sufrimiento aparente, pero no real, de Jesús.

incorrupto -ta *adj* No corrupto o no corrompido. *Tb n, referido a pers*. | Villapún *Iglesia* 129: La muerte le sorprendió en Alba de Tormes (Salamanca) el 4 de octubre de 1582, donde se venera incorrupto su santo cuerpo. M. A. Bastenier *País* 9.2.89, 10: Ese aplauso en *off* incansable no se hallaba, sin embargo, necesariamente nutrido por un público de marxistas-leninistas incorruptos de antes del advenimiento de Mijaíl Gorbachov.

increado -da *adj* No creado. | Espinosa *Escuela* 414: Te amo con instinto increado.

incredibilidad *f* Falta de credibilidad. | Tusell *Ya* 20.5.80, 7: Empecemos por explicar las razones que abonan la incredibilidad de quienes, como es lógico, deben ser principales protagonistas del ataque contra el Gobierno: los socialistas. Grosso *Invitados* 195: El motivo invocado no fue, naturalmente, el de adulterio, sino el de incredibilidad *a priori* del sacramento.

incredulidad *f* Cualidad de incrédulo. | CNavarro *Perros* 27: Su aspecto recordaba el de esos seres que jamás terminan de creer en nada, recelando incluso de su propia incredulidad. Villapún *Iglesia* 132: Se caracteriza este siglo por su incredulidad e indiferencia religiosa.

incrédulo -la *adj* **1** Que no cree lo que se le comunica. | Arce *Testamento* 56: Le dije que no había cogido unos naipes en la vida, y él me miró incrédulo. **b)** Que presenta resistencia a creer. | Vesga-Fernández *Jesucristo* 152: Jesús .. dice a Tomás: –Mete aquí tu dedo y mira mis manos, y trae tu mano y métela en mi costado; y no seas incrédulo, sino fiel.
2 Que no tiene fe religiosa. *Tb n, referido a pers*. | Torrente *Fragmentos* 308: ¡Usted vive amancebado con una mujer incrédula! Villapún *Iglesia* 132: En Inglaterra se constituye una asociación de incrédulos, cuyos escritos tenían por fin propagar la irreligión; tales fueron Collins, Tindal, etc.
3 [Cosa] propia de la pers. incrédula [1 y 2]. | * Me molestó su actitud incrédula.

increencia *f* Falta de fe religiosa. | A. Pelayo *Ya* 5.4.75, 20: Aquella comunidad no era intransigente, respetaba incluso la libertad de la increencia, y Tomás el incrédulo pudo permanecer, al menos ocho días más, en su seno sin violencias.

increíble *adj* Que no se puede creer. | Arce *Testamento* 33: Me parecía increíble hallarme secuestrado por dos bandidos. **b)** *Frec se emplea para ponderar lo extraordinario de una pers o cosa*. | Aldecoa *Cuentos* 2, 364: –¿Hay mujerío a bordo? –pregunta el Marqués del Norte. –Increíbles –contesta el Rey. VMontalbán *España* 152: En diez o quince años, la capital conoce una transformación urbana increíble.

increíblemente *adv* De manera increíble. *Gralm con intención ponderativa*. | J. Calvillo *Abc* 20.8.69, 8: A pocos metros de este lugar céntrico .. hay un oasis de paz increíblemente dulce.

incrementador -ra *adj* Que incrementa. *Tb n m, referido a producto*. | B. Urraburu *Her* 21.7.88, 31: El "Primbolone", utilizado para ocultar la presencia de anabolizantes (incrementadores de la masa muscular y rendimiento físico) en el organismo de deportistas, es una sustancia que se puede adquirir fácilmente en Francia e Inglaterra.

incremental *adj* De(l) incremento. | *País* 15.5.77, 8: No se ha hecho un análisis serio de ciertos aspectos críticos, tales como calendario de vencimientos, períodos medios de maduración, tipos de interés medios e incrementales.

incrementar *tr* Hacer que [una cosa (*cd*)] aumente o crezca. | S. RSanterbás *Tri* 11.4.70, 20: Esta transformación redundaría .. en la factibilidad de incrementar en determinados sectores rurales los porcentajes de absorción del trabajo humano. **b)** *pr* Aumentar o crecer. | *YaTo* 11.9.81, 52: Esta proximidad geográfica es la causa de que el número de habitantes de Argés se vaya incrementando paulatinamente.

incremento *m* **1** Acción de incrementar(se). *Tb la cantidad incrementada*. | Lapesa *HLengua* 308: El incremento de las comunicaciones, el servicio militar y la escuela han ido ahogando la vida precaria del leonés y del aragonés. FQuintana-Velarde *Política* 230: El efecto que tales medidas produjeron fue claro sobre el nivel de precios .. Estos y el coste de vida se venían desarrollando a un ritmo de incremento del 10 por 100 anual. **b)** (*Mat*) Cantidad infinitamente pequeña en que aumenta o disminuye una variable. | *BOE* 22.1.65, 1246: Límite de las funciones .. Criterio de continuidad. Diferencias o incrementos. Incrementos parciales.
2 Cosa con que se incrementa. | * A veces estos términos se usan como simple incremento expresivo.

increpación *f* Acción de increpar. *Tb su efecto*. | PLozano *Ya* 26.4.74, 16: No todo es fútbol, aunque el "jugador número 12" funcionara satisfactoriamente, aparte increpaciones y silbidos, durante el feliz encuentro con los escoceses.

increpador -ra *adj* Que increpa. *Tb n, referido a pers*. | Umbral *País* 16.12.76, 25: También ella [María Casares] fue una hija del arroyo para los increpadores del sistema.

increpar *tr* Reprender o censurar severamente. | CBaroja *Baroja* 107: La Alejandra increpaba mucho a su sobrina y era defensora acérrima del orden antiguo.

in crescendo (*it; pronunc corriente,* /in-kreĉéndo/) *loc adv* En gradual aumento. | J. Sampelayo *HLM* 5.9.77, 19: Como un primer envite de la temporada cultural, que ahora tiene su iniciación y que irá poco a poco "in crescendo", Francisco Arquero Soria .. hace un estudio breve .. en torno a lo que son .. las bibliotecas universitarias.

increyente *adj* No creyente. *Tb n*. | Miret *Tri* 7.2.70, 40: Todos debemos preguntarnos –creyentes e increyentes–: ¿será esto en realidad lo que ocurra?

incriminación *f* Acción de incriminar. | *País* 10.4.77, 1: De la documentación no se desprende dato ni manifestación alguna que determine la incriminación del Partido Comunista de España en cualquiera de las formas de asociación ilícita que define y castiga el artículo 172 del Código Penal.

incriminador -ra *adj* Que incrimina. | *D16* 6.5.89, 3: La responsabilidad penal de Bush ha estado a punto de demostrarse en el juicio, al que ha llegado un documento aparentemente incriminador que el Congreso, en su anterior investigación política, no había recibido.

incriminar *tr* Imputar un delito grave [a alguien (*cd*)]. | *Cam* 6.1.75, 23: El "affaire" se cierra con un comunicado de la Comisión Permanente del Episcopado, en el que se apoya la actitud de monseñor Añoveros, y con unas vacaciones del obispo incriminado, que solamente acepta un traslado de diócesis, pero por unos días.

incruentamente *adv* De manera incruenta. | LAparicio *Ya* 24.5.72, 16: Cooperativas y particulares compiten incruentamente.

incruento -ta *adj* [Cosa] que no lleva consigo derramamiento de sangre. *Tb fig.* | Vesga-Fernández *Jesucristo* 19: En la Misa el sacrificio es incruento, y en la Cruz doloroso y cruento. Anson *SAbc* 18.5.69, 6: Una triste trayectoria hasta las actuales realidades totalitarias, a través de diversos procedimientos, incruentos algunos y cruentos los más.

incrustación **I** *f* **1** Acción de incrustar(se). | * El arte de la incrustación en madera.
2 Cosa que se incrusta. *Tb fig.* | *GacR* 27.10.70, 5: De ahí que .. haya conseguido un filme excelentemente narrado, con incrustaciones musicales y coreográficas perfectamente conseguidas. *Mar* 24.1.68, 5: El primer equipo del Plus Ultra, con tres incrustaciones juveniles que interesan a Toba.
3 (*E*) Formación de costras o depósitos minerales en la superficie de determinados cuerpos. *Tb la misma costra o depósito.* | *GTelefónica N.* 25: Instalaciones depuradoras industriales. Purificadores para piscinas. Instalaciones contra corrosión e incrustaciones.
II *loc adj* **4 de ~.** (*Lab*) [Punto] que consiste en dos filas paralelas de pespunte con puntadas alternadas, que se usa esp. en aplicaciones. | *Lab* 12.70, 6: Recortar los motivos en tela verde y blanca, y aplicarlos a punto de incrustación. *Lab* 2.70, 14: Los bodoques y punto de incrustación del dobladillo, en blanco.

incrustadora *f* (*Lab*) Costurera especializada en el punto de incrustación. | I. Mendoza *SPaís* 29.4.79, 13: Curra corta miles de pequeños trapos y los prende con alfileres. La incrustadora, la costurera, la guateadora y la bordadora entran luego en acción.

incrustante *adj* (*E*) Que se incrusta formando costras. | Bustinza-Mascaró *Ciencias* 287: Unos [líquenes] son incrustantes, otros fructiculosos, otros son foliáceos. Alvarado *Anatomía* 40: En todo hueso se distinguen dos categorías de substancias: la substancia orgánica, formada de la colágena .., y las sales minerales incrustantes, constituidas principalmente por fosfato y carbonato cálcico.

incrustar *tr* **1** Introducir [algo en una superficie sólida] haciendo que quede fijo o sujeto en ella. *Frec fig.* | J. F. Álvarez *Nar* 6.77, 29: Antes de ensamblar y unir los tablones se lleva a cabo la operación del "rayado", consistente en marcar tablón a tablón los agujeros en los que se incrustarán los "pernales". Olmo *Golfos* 59: Me parece estar viendo la cabeza de Cabrito incrustada en la barriga del Doblao. Olmo *Golfos* 166: La vista de don Poco estaba incrustada de nuevo en los documentos. Valcarce *Moral* 52: Se distinguen de las leyes divinas naturales, como de todo Derecho Natural, porque estas últimas están incrustadas en nuestra propia esencia. **b)** *pr* Introducirse [algo] en una superficie sólida quedando fijo o sujeto en ella. *Frec fig.* | Laforet *Mujer* 87: Le dolían los ojos al incrustársele en ellos aquel trozo de su casa.
2 Introducir [algo (*compl* EN *o* DE) en una superficie sólida (*cd*)] haciendo que quede fijo o sujeto en ella. *Tb fig.* | Torrente *Isla* 120: Una silla de manos de laca negra dibujada en oro e incrustada en marfil. Pemán *MHi* 12.70, 8: La política es una cosa seria, seca y aburrida, incrustada de momentos infantiles.

incubación *f* Acción de incubar(se). | Bustinza-Mascaró *Ciencias* 193: Los huevos de gallina, cuando en un ambiente húmedo se someten a una temperatura de 38 a 40 grados, dan origen a un pollito al cabo de veintiún días. Este proceso se denomina incubación. Navarro *Biología* 252: Durante el período de incubación de una enfermedad el contagio es más fácil. E. LRamos *SAbc* 29.11.70, 36: Desde los cimientos [de la reivindicación femenina], allá por los años de incubación, la mujer ocupó un lugar de honor.

incubador -ra (*tb f* **incubatriz** *en acep 1b*) **I** *adj* **1** [Animal] que incuba [1]. *Tb n m.* | Palacios *Juicio* 113: El culto del yo no existe para la honrada madre incubadora que vuelca sobre los huevos el calor del sacrificio. Castellanos *Animales* 90: A los incubadores a ras de suelo, como son las codornices y algunos papagayos, se les deben proporcionar manojos de hierba bien espesos, con raíz y con tierra adherida, manojos que se depositarán en un rincón de la pajarera. **b)** [Lugar, esp. bolsa o aparato] en que se produce la incubación de los huevos. | Ybarra-Cabetas *Ciencias* 369: La rana marsupial posee una bolsa incubatriz, donde los embriones se desarrollan por completo, hasta convertirse en ranitas semejantes a los padres, sin pasar por la fase de renacuajo acuático. Legorburu-Barrutia *Ciencias* 206: Esta operación que las aves realizan espontáneamente en sus nidos la realiza actualmente el hombre en máquinas incubadoras, cuando se trata de obtener pollos. **c)** Que incuba [2 y 3]. | GPavón *Abc* 19.1.75, 9: Después de haber estado durante tantísimos años diciendo que Francia es un país de masones, de mujeres livianas e incubadora de la nefasta revolución.
II *n* **A** *m* **2** (*Biol*) Aparato en que se mantiene una temperatura constante para el cultivo de organismos. | *Ya* 22.10.64, sn: Centrífugas. Estufas. Incubador para cultivo de tejidos.
B *f* **3** Aparato que sirve para incubar huevos artificialmente. | *GTelefónica N.* 148: Avícola Moderna. Cunicultura. Apicultura. Incubadoras, toda clase de material y alimentos para la avicultura.
4 Aparato que permite mantener a temperatura adecuada constante a los recién nacidos prematuros o débiles. | *DBu* 2.5.56, 3: La esposa de un obrero .. ha dado a luz .. cuatro niñas, que han sido instaladas en incubadoras.

incubar *tr* **1** Dar calor [un ave u otro animal ovíparo] con su cuerpo [a los huevos (*cd*)] para que salgan las crías. *Frec abs.* | Legorburu-Barrutia *Ciencias* 206: La mayoría de los animales ovíparos dejan abandonados sus huevos; .. solo las aves los incuban con el calor de su cuerpo. Bustinza-Mascaró *Ciencias* 179: La hembra [de la salamandra] incuba sus huevos, una vez fecundados, en sus vías genitales. Castellanos *Animales* 89: Los papagayos y los conúridos incuban en cuevas o en concavidades de árboles. **b)** *pr* Recibir [los huevos] calor suficiente para que salgan las crías. | Legorburu-Barrutia *Ciencias* 196: La lagartija es ovípara, es decir, que pone huevos. Los deja entre las piedras y se incuban con el calor del sol.
2 (*Med*) Desarrollar [una enfermedad infecciosa] desde el momento del contagio hasta sus primeras manifestaciones. | * Está incubando el sarampión. **b)** *pr* Desarrollarse [una enfermedad] en el organismo antes de hacerse manifiesta. | * La escarlatina se incuba durante tres o cinco días.
3 Dar lugar a que [algo (*cd*)] se desarrolle ocultamente. | *ElM* 18.1.91, 45: El excesivo optimismo puede estar incubando una crisis financiera para los próximos años. **b)** *pr* Desarrollarse [algo] ocultamente. | *Abc* 9.4.67, 61: Es en el seno de la clase media donde se incuban todos los movimientos que suponen una evolución homogénea hacia un orden social más justo.

incubatriz → INCUBADOR.

íncubo I *adj* **1** [Demonio] que, bajo la apariencia de hombre, tiene trato carnal con una mujer. *Frec n m.* | Torrente *Saga* 173: Sacaba a la luz .. su falta de imaginación y lo limitado de su caletre, que se negaba a admitir la existencia de íncubos y súcubos.
II *m* **2** (*raro*) Sueño intranquilo o angustioso. | CBonald *Ágata* 154: Cuando ya comenzaba Manuela a dormir en un angustioso íncubo (que nunca llegó a reemplazar del todo a la pesadilla de la autofagia), oyó dentro del sueño como un trasiego de telas hendidas.

incuestionable – incurablemente

incuestionable *adj* Indiscutible o no cuestionable. | *TeR* 8.12.69, 9: Bueno sería aprovechar al máximo las ventajas incuestionables de la TV y desear que los ministros .. hiciesen acto de presencia ante la pequeña pantalla.

incuestionablemente *adv* De manera incuestionable. | GNuño *Arte* 160: Burgos es, incuestionablemente, el relicario de la época.

inculcación *f* Acción de inculcar. *Tb su efecto*. | X. Arteaga *Ciu* 1.9.75, 11: El fomento de donantes no retribuidos, auténticamente altruistas, como única solución al futuro de la transfusión, y la inculcación de que se trata de un deber cívico, no puede hacerse jamás por decreto.

inculcador -ra *adj* Que inculca. *Tb n, referido a pers*. | Mann *DMo* 28.8.85, 2: La ciudad seguía sin verse; de vez en cuando, algún plano largo, en lejana panorámica, o alguno tan corto que solo veías lo que querían que vieras, con una intención inculcadora.

inculcar *tr* Infundir firmemente [una idea o un sentimiento en una pers. o en su ánimo (*ci o compl* EN)]. | Bustinza-Mascaró *Ciencias* 272: Es, pues, indispensable que inculquemos en nuestro cerebro el amor al campo, al árbol y al labrador.

inculpabilidad *f* Cualidad de inculpable. | García *Abc* 27.4.75, sn: Con salir luego diciendo, "muy comprensivamente", que son casos de inculpabilidad, de protesta sana, de crecimiento social, se justifican todas las atrocidades e inconsecuencias.

inculpable *adj* Que no es culpable. | Lázaro *Crónica* 39: Era una ofensa inculpable, pues los historiadores no estaban muy al corriente de los rigores terminológicos que habían establecido los lingüistas.

inculpablemente *adv* De manera inculpable. | J. Iribarren *Ya* 17.11.63, 6: Los otros hombres sinceros viven inculpablemente equivocados.

inculpación *f* Acción de inculpar. | *Inf* 23.5.74, 6: La Policía actúa comisionada por el juez de Instrucción al que corresponden las eventuales inculpaciones. Lera *Bochorno* 7: Es, en suma, un tipo de cobardes que optaron por el camino fácil de la falsa genialidad y de la inculpación a extraños dioses malévolos.

inculpador -ra *adj* Que inculpa. | GPavón *Reinado* 63: —Y usted, don Lotario, ¿tampoco lo ha reconocido? –dijo señalando de manera inculpadora al veterinario.

inculpar *tr* **1** Atribuir un delito [a alguien (*cd*)]. *Frec en part, a veces sustantivado*. | Aranguren *Marxismo* 21: Encolerizado ante una maniobra imprudente de un automovilista, otro le dirige unas palabras referentes al comportamiento sexual de su madre o el de su esposa y a la tolerancia del mismo por parte del inculpado. **b)** Atribuir [un delito (*cd*) a alguien (*ci*)]. | *Caso* 26.12.70, 7: Hace referencia también a posibles delitos que pueden inculparse a los militantes de la organización.

2 Culpar o echar la culpa [a alguien o algo (*cd*)]. | APaz *Circulación* 103: Se ha comprobado .. que en la inmensa mayoría de los accidentes la responsabilidad del "factor humano", aunque con frecuencia se inculpe a la máquina o a la carretera.

inculpatorio -ria *adj* Que inculpa o sirve para inculpar. | E. Romero *Ya* 23.12.83, 8: Confío en que se salven nuestras viejas relaciones afectuosas .. La filosofía de mi veteranía no es apenas inculpatoria. *D16* 1.7.91, 11: Los jueces y tribunales deben razonar los motivos por los cuales han encontrado elementos inculpatorios o prueba de cargo.

incultivable *adj* Que no puede cultivarse. | *Lev* 21.7.76, 31: Hay una gran parte de su término municipal de monte y tierra incultivable.

incultivado -da *adj* (*raro*) Inculto [2]. | *Sáb* 6.8.75, 46: Un edificio del siglo XVII y unas tierras pestilentes incultivadas e incultivables son la razón.

inculto -ta *adj* **1** Que no tiene cultura o tiene un nivel cultural bajo. *Tb n, referido a pers*. | CBaroja *Inquisidor* 12: Nadie piensa, por ejemplo, en la posibilidad .. de que un tirano, sanguinario e inculto, haya tenido sus puntas y ribetes de hombre de leyes. Carnicer *Van* 3.4.75, 49: En "vaciar" la [acentuación] dominante es "vacío"; "vacio" va quedando reducida a zonas rurales o incultas. **b)** Propio de la pers. inculta. | Torres *Él* 148: Encontró un pequeño papel escrito apresuradamente por una mano inculta.

2 [Terreno] que no tiene cultivo ni labor. | SFerlosio *Jarama* 18: Los eriales incultos repetían otra vez aquel mismo color de los rastrojos.

incultura *f* Falta de cultura (instrucción). | Descarte *Día* 19.6.76, 3: Que nos dejen con nuestra inmensa incultura, nuestros niños sin escolarizar o mal escolarizados.

inculturación *f* (E) Proceso sociológico y psicológico por el que un individuo se incorpora a la cultura y a la sociedad que le rodean. | *Ya* 17.5.88, 20: Las "reducciones", un modelo de inculturación.

incumbencia **I** *f* **1** Función u obligación que incumbe [a alguien (*compl de posesión*)]. | * Las visitas no son incumbencia mía.
II *loc adj* **2 de (la) ~** [de alguien]. Que [le] incumbe. *Frec con el v* SER. | *Sp* 19.7.70, 40: La seguridad de Irlanda del Norte es de la incumbencia del gobierno del Reino Unido.

incumbir *intr* Corresponder o tocar [una función o una obligación (*suj*) a alguien]. | Rábade-Benavente *Filosofía* 131: A la Crítica le incumbe determinar las condiciones para que nuestro conocimiento sea verdadero. Amable *Sáb* 10.9.66, 44: Si se trata de matrimonios civiles, las gestiones del párroco incumben al juez municipal.

incumplidor -ra *adj* Que incumple. *Tb n, referido a pers*. | M. Antiñolo *Jaén* 24.4.64, 10: Un embalse en construcción es la garantía de una espléndida riqueza, que solo fue creada en parte por esa sociedad, incumplidora durante largo tiempo de sus obligaciones concesionarias. Benet *Volverás* 105: El doctor, desde el umbral, le decía: "Te presento a la señora Sebastián ..", con el acento y el laconismo de quien se dirige al empleado incumplidor para presentar su mesa –no su persona– al sustituto que aguarda detrás. Ramírez *Derecho* 39: Permitir lo contrario equivaldría a poner un cheque en blanco en manos de un sinvergüenza o desaprensivo; en otras palabras: a conceder una prima o recompensa al incumplidor.

incumplimiento *m* Acción de incumplir. | Laiglesia *Ombligos* 60: Le caben además todas las artimañas dialécticas para justificar después de las elecciones el incumplimiento del programa votado por los electores.

incumplir *tr* Dejar de cumplir [un mandato, una obligación o un compromiso]. *Tb abs*. | Cela *Viaje andaluz* 167: Abderrahman muere y Sancho incumple lo pactado. A. Nieto *Sáb* 8.3.75, 9: Vistas así las cosas, lo asombroso no es que los funcionarios incumplan y la Administración tolere.

incunable *adj* **1** Impreso antes del año 1500. *Más frec n m, designando libro*. | MSousa *Libro* 67: El número de títulos de libros incunables se calcula entre treinta mil y cuarenta mil. D. I. Salas *MHi* 7.69, 41: Contienen enormes estanterías y vitrinas donde se alinean y exponen valiosísimos incunables y obras de literatura, ciencia.

2 [Imprenta] de los primeros años de su desarrollo hasta el año 1500. | Escolar *Libro* 312: El año 1500 fue elegido como fecha final de la imprenta incunable por ser el final del siglo, no porque a partir de ese año la presentación del libro hubiera experimentado un gran cambio.

3 (*lit*) Que corresponde a los inicios de una actividad. | *SPaís* 9.6.89, 3: Incunables y clásicos. La Filmoteca Española presenta una variada programación.

incurabilidad *f* Cualidad de incurable. | M. Hervás *Ya* 22.4.85, 5: El herpes no reviste el peligro mortal del SIDA .. Sin embargo, su carácter de incurabilidad .. ha determinado que muchos norteamericanos piensen en la conveniencia de retornar a los antiguos cánones sexuales.

incurable *adj* Que no puede curarse. *Tb n, referido a pers. Tb fig*. | Alvarado *Anatomía* 170: El ser la lepra incurable y el tener unas manifestaciones externas tan espantosas ha hecho necesaria la fundación de leproserías. A. MLlamas *TMé* 17.2.84, 47: Dijo mientras observaba el agónico agitarse del insecto, con una sonrisa de loco incurable: —Será por lo menos alcalde.

incurablemente *adv* De manera incurable. *Tb fig*. | VNu 22.7.72, 24: El africano es incurablemente religioso.

incuria *f (lit)* Abandono o negligencia. | Cela *Pirineo* 101: El viajero, ante las mudas piedras arruinadas, se duele una vez más de la incuria española, ese cáncer que, al alimón con la envidia, nos va dejando en los amargos y más huérfanos cueros.

incurrir *intr* **1** Caer [en un error, falta o culpa]. | Cero *Cod* 3.5.64, 2: Concediendo amnistía total aplicable para todos los delitos de carácter político .., siempre que la intención de los que incurran en ellos sea a favor del Gobierno. Armenteras *Epistolario* 184: El incumplimiento de esta obligación puede ser causa de que se incurra en responsabilidad criminal.
2 Pasar a ser objeto [de una actitud o sentimiento desfavorable (*compl* EN)]. | *Abc* 27.12.70, 17: Doña Lucía no incurrió en sospecha alguna.

incursión *f* **1** Penetración armada pasajera en territorio enemigo. *Tb fig, esp referido a deportes*. | *Abc* 30.12.65, 68: Los aviones estadounidenses hicieron ayer varias incursiones sobre las provincias nordvietnamitas de Ha Tinh y Quang Binh. *Sáb* 10.9.66, 40: No ha visto con malos ojos .. la incursión femenina en su ambiente de complicados transistores y cables.
2 Aplicación o dedicación ocasional [a una actividad (*compl* POR *o* EN)]. | *SHie* 19.9.70, 9: Sus incursiones por el folklore dieron como resultado hallazgos verdaderamente sorprendentes.

incursionar *intr* Realizar una incursión o incursiones. | Z. GMVega *Faro* 3.8.75, 1: Otro contingente incursionó en nuestro territorio deteniendo y destruyendo el vehículo de un soldado nativo. *País* 8.8.76, 20: A partir de la segunda mitad del siglo XVII, los *bandeirantes* brasileños habían comenzado a incursionar hacia el Sur.

incurso -sa *adj* Que incurre o ha incurrido [en algo]. | DCañabate *Paseíllo* 39: Vamos a echar una ojeada a las capeas, que aún subsisten, .. desprovistas de un dramatismo incurso en crueldad.

incursor -ra *adj* Que realiza una incursión [1]. *Tb n, referido a pers.* | Z. GMVega *HLVi* 4.8.75, 1: Para una unidad incursora conocedora del terreno, recorrer los sesenta kilómetros hasta Hausa, atacar amparada en la noche y replegarse a toda marcha es cuestión de dos horas. *Ya* 6.12.70, 5: Primer intento de desembarco egipcio .. En el comunicado oficial israelí se dice que uno de los incursores resultó muerto.

incurvar *tr (raro)* Curvar [algo] o dar[le (*cd*)] forma curva. | PCarmona *Burgos* 46: Es de notar la forma de la M con los dos primeros trazos incurvados hasta cerrarse. **b)** *pr* Curvarse, o tomar forma curva. | Benet *Penumbra* 143: Una de esas ficciones geométricas .. como el círculo que carece de un punto o la recta que se incurva en el infinito.

incuso -sa *adj (E)* Grabado en hueco. | Vicenti *Peseta* 13: Bajo el busto, una estrella de seis puntas (Madrid) en la que va incusa la última cifra de la fecha de acuñación.

indagación *f* Acción de indagar. | Laín *Gac* 11.5.69, 22: No me parece muy erróneo afirmar, como posible punto de partida para esa indagación, que en el teatro de Paso no existe la aristocracia.

indagador -ra *adj* Que indaga. *Tb n, referido a pers.* | Puértolas *Noche* 27: Echó una mirada indagadora por el oscuro vestíbulo, las butacas de terciopelo gastado y la alfombra desflecada. PFerrero *MHi* 12.70, 51: Hemos nombrado a "Azorín" como indagador de la personalidad y el arte zuloaguescos.

indagar *tr* Tratar de averiguar. *Frec abs*. | * Siguió indagando el paradero de su padre. GPavón *Hermanas* 48: Obsesionado por el hallazgo, durante meses indagó en el pueblo. CNavarro *Perros* 39: Si abro la cartera o nombro a alguno de mis amigos, allí están los ojos del señor Artiu indagando.

indagatorio -ria I *adj* **1** De (la) indagación. | M. FBraso *Abc* 27.4.74, 67: En la obra presentada ahora por Salamanca hay .. una síntesis de toda una etapa indagatoria. Salvador *SLe* 1.91, 2: Constituyen la plataforma imprescindible para emprender .. nuevas empresas indagatorias sobre las hablas isleñas.

II *f* **2** *(Der)* Primera declaración que, sin juramento, se toma al presunto reo. | * En la indagatoria no preguntó al acusado sobre esta cuestión.
3 *(raro)* Indagación. | GPavón *Reinado* 194: Así que ha empezado usted con las indagatorias .., pues, ¡cataplum!, encontró al que me guipó, y aquí están.

indaliano -na *adj (Pint)* De un grupo de artistas almerienses cuya cabeza es Jesús de Perceval († 1984). *Tb n, referido a pers.* | Cela *Rosa* 42: Si llego a nacer en Almería, a estas horas a lo mejor era pintor indaliano, como Jesús de Perceval. *VAl* 28.6.75, 7: Barcelona con los indalianos. El pasado día 21 de junio, coincidiendo con la clausura del Curso Indaliano celebrado en la Alcazaba, "La Vanguardia de Barcelona" .. publica un trabajo del gran escritor catalán José Cruset.

indalo *m* Figurilla que representa a Indalo, dios prehistórico almeriense del arco iris. | J. Crusel *VAl* 28.6.75, 7: Del cataclismo mineral a la estrella; del ángel al fetiche –al indalo que preside y encabeza esa manera pictórica me[d]ularmente española, nacida y arraigada en Almería–. C. Justel *Inf* 26.7.82, 24: Los Indalos realmente son mágicos.

indebidamente *adv* De manera indebida [1]. | *Cua* 6/7.68, 5: Podría sonar a desagravio para quienes fueron indebidamente perjudicados. *DLér* 15.8.69, 12: Parece deducirse que una parte de los fondos obtenidos de crédito de prefinanciación se han utilizado indebidamente.

indebido -da *adj* **1** Que no debe hacerse, por contravenir la ley o la norma. | Bermejo *Estudios* 76: Se trata de prohibir la caza, la pesca o los aprovechamientos indebidos a través del establecimiento de ciertos hitos temporales, en los cuales queda prohibida dicha caza o demás aprovechamientos. **b)** *(Der)* [Apropiación] de dinero, efectos u otra cosa mueble por quien los ha recibido con obligación de devolverlos. | *Abc* 30.10.70, 43: Justo Rogelio González Huete .. había sido condenado anteriormente por tres delitos de apropiación indebida, uno de robo y otro de imprudencia temeraria.
2 Que no es obligatorio o exigible. | Valcarce *Moral* 36: Lo que realiza el sujeto activo es, en general, algo a lo que no está obligado, algo indebido para aquel a quien favorece.

indecencia *f* **1** Cualidad de indecente. | Laforet *Mujer* 66: El sacerdote predicaba que todos los males del mundo estaban en la indecencia que tenían las mujeres para vestirse.
2 Hecho o dicho indecente. | Laforet *Mujer* 290: Había oído coplas alusivas a supuestas indecencias y orgías ocurridas en su casa.

indecente *adj* No decente, esp. en lo relativo a la moral sexual. | DPlaja *El español* 143: Las mujeres decentes e indecentes no están separadas solo por la pureza de las primeras y la impureza de las segundas, sino, además, en el sentido social. CBaroja *Inquisidor* 10: La Historia es, al cabo, una cosa seria .., y el folletín, un género casi indecente. Torres *Él* 79: Sabía que se encontraba en el sótano de una casa de vecinos de un barrio pobre .. –Qué barbaridad, qué sitio tan indecente.

indecentemente *adv* De manera indecente. | CSotelo *Muchachita* 282: Has coqueteado indecentemente con la Aymat.

indecible *adj* Imposible de expresar. *Se usa para ponderar la intensidad*. | Laforet *Mujer* 180: Paulina sudaba el alcohol ingerido .. y sentía un malestar indecible. *Caso* 26.12.70, 19: El patrón le estimaba lo indecible.

indeciblemente *adv* De manera indecible. | GNuño *Escultura* 155: Debe ser nuestro último capítulo .. el dedicado a estudiar una especialidad indeciblemente sugestiva de nuestra historia.

indecisamente *adv* De manera indecisa. | J. A. Gaciño *SIdG* 10.8.75, 7: Se enfrenta indecisamente al problema de una chica inglesa con quien mantiene relaciones sexuales y deja [*sic*] embarazada.

indecisión *f* Cualidad de indeciso. | Laforet *Mujer* 321: Aquella fuerza tremenda, cada mañana renovada al comulgar, la inquietaba, porque, por contraste, le hacía ver su tibieza y cobardía, su indecisión y desarraigo. **b)** Actitud indecisa. | Olmo *Golfos* 89: –¡Pues hala!, al próximo lo haces

indeciso – indelegable

tú.– .. Llegó el próximo. Y el otro próximo. Y nada. Cabrito se iba caldeando. Hasta que, no pudiendo aguantar más la indecisión de Tinajilla, lo insultó.

indeciso -sa *adj* **1** [Pers.] que no sabe qué decidir. | Medio *Bibiana* 248: Bibiana queda un momento, solo un momento, indecisa, sin saber qué contestar. **b)** Propio de la pers. indecisa. | Benet *Penumbra* 163: He oído sus pasos en el zaguán, tímidos e indecisos al principio, como dando tiempo a que se disipen las últimas brumas de sus dudas.
2 Incierto o dudoso. | Arenaza-Gastaminza *Historia* 266: En el mar, las flotas aliada y alemana libraron el único combate naval importante de la contienda: la batalla de Jutlandia, de resultado indeciso. Lera *Bochorno* 213: El humo de los innúmeros cigarrillos formaba en el aire, en torno a las luces, voluptuosas nubecillas de un azul indeciso.

indecisorio *adj* (*Der*) [Juramento] en el que solo se aceptan como decisivas las manifestaciones perjudiciales para el que confiesa. | *BOM* 17.9.75, 8: El ilustrísimo señor Magistrado-Juez de primera instancia .. ha acordado se cite por primera vez a los demandados .. a fin de que bajo juramento indecisorio presten confesión judicial.

indeclinable *adj* **1** Ineludible. | Castilla *Humanismo* 24: Ha perpetuado o revitalizado la ley de la selva, el *homo homini lupus* que denunciaba, como un hecho indeclinable, Tomás Hobbes.
2 Que no cede o no renuncia. | Cossío *Confesiones* 278: Uno de los grandes amigos que tuve en París fue el escultor español Mateo Hernández, una de las voluntades más fuertes e indeclinables que he visto.
3 (*Gram*) Que no tiene declinación. | Bassols *Sintaxis* 1, 222: *Quot*. Pronombre indeclinable.

indecoro *m* Falta de decoro. | R. González *Ya* 7.9.90, 9: En cualquier discusión .. es indecoro que uno de los litigantes .. le miente al otro la madre.

indecorosamente *adv* De manera indecorosa. | *ByN* 9.8.75, 15: Ese insulto llevado al Diccionario del idioma de la nación y de la Lengua Española no supone baldón alguno para los así indecorosamente motejados.

indecoroso -sa *adj* Que falta al decoro. | *DBu* 2.7.64, 6: Los muros del templo, nos dice, fueron profanados con inscripciones y frases soeces e indecorosas. Torres *Él* 116: –Él puede ser un truhán, pero también es un señor. –Un señor, por aquí.– Lucas hizo un gesto indecoroso con el dedo medio de la mano derecha. Laiglesia *Ombligos* 281: El portero .. les hizo una inclinación con la cabeza que no se sabía bien si era una reverencia respetuosa o una cabezada indecorosa.

indefectibilidad *f* Cualidad de indefectible. | Gambra *Filosofía* 144: Llamamos inmortalidad a la indefectibilidad del alma, tanto en su ser como en su obrar.

indefectible *adj* Que no puede faltar o que no puede dejar de ser. | *SInf* 21.10.70, 10: De cualquier forma, de una u otra manera, la muerte llega indefectible.

indefectiblemente *adv* De manera indefectible. | Laforet *Mujer* 227: Sus pensamientos volvían a Antonio indefectiblemente. Delibes *Mundos* 103: Generalmente, la "mapucha" se toca con un pañuelo negro con detalles chillones y divide el pelo en dos trenzas, indefectiblemente anudadas con lazos rojos.

indefendible *adj* Que no puede ser defendido. | *Abc Extra* 12.62, 31: Los mayores levantan murallones y fortalezas, a la postre indefendibles frente a la marea. Torrente *Pascua* 110: La Vieja tenía muchos prejuicios, prejuicios anticuados e indefendibles.

indefensión *f* Condición de indefenso. | A. Aricha *Caso* 14.11.70, 5: La joven estaba aterrada .. ya que su indefensión era trágicamente absoluta, pero sacó fuerzas de flaqueza. **b)** (*Der*) Situación de la pers. a la que se niegan los medios de defensa ante un tribunal o ante la administración. | *Cua* 6/7.68, 4: Esas deficiencias y lagunas .. en ocasiones sitúan en riesgo de indefensión al administrado.

indefenso -sa *adj* Que no tiene medio de defenderse o de ser defendido. | L. Calvo *Abc* 13.12.70, 22: Defienden ardorosamente porque creen que defienden a los españoles indefensos.

indeficiente *adj* (*lit, raro*) Que no puede faltar. | Laín *Descargo* 87: Los tintineantes tranvías, no rápidos, pero sí indeficientes.

indefinible *adj* Que no se puede definir. | Laforet *Mujer* 63: Aquella voz alegre a la niña la enternecía con un sentimiento indefinible.

indefiniblemente *adv* De manera indefinible. | Gironella *Millón* 227: Había en Ana María algo indefiniblemente dulce.

indefinición *f* Cualidad de indefinido. | A. Marzal *Cua* 6/7.68, 18: Este es .. el verdadero problema: la indefinición de incertidumbre, la indefinición del poder. RAdrados *Lingüística* 236: Entre estos categorizadores distinguimos .. indicadores de indefinición o falta de individuación.

indefinidamente *adv* De manera indefinida. | Gironza *Matemáticas* 64: En la segunda división, la cifra 3 se repite indefinidamente.

indefinido -da *adj* **1** Poco definido o poco preciso. | * Saludó con un gesto indefinido. * Tiene un color indefinido entre verde y amarillo.
2 Que no tiene límite determinado o previsible. | Escudero *Capítulo* 59: Puede también disponerse que solo exista la adscripción perpetua o indefinida. J. Garrido *Ya* 13.1.92, 46: El 95 por 100 de los casi 2.000 talleres de chapa y pintura que existen en Madrid iniciarán hoy una huelga indefinida.
3 (*Gram*) [Adjetivo o pronombre] que se refiere a una realidad señalándola con una idea vaga o imprecisa de identidad, calidad o cantidad. *Tb n m*. | Amorós-Mayoral *Lengua* 73: En los siguientes ejemplos tienes algunos de los principales indefinidos: "algún día", "cierta noche". **b)** [Artículo] indeterminado. | Academia *Esbozo* 230: *Un, una, unos, unas* recibe la denominación gramatical de artículo indeterminado (o indefinido).
4 (*Gram*) [Pretérito] que expresa acción pasada vista como terminada. *Tb n m*. | Amorós-Mayoral *Lengua* 82: No puedo decir, por ejemplo, "el hombre disparaba un tiro" .., porque son cosas repentinas, que se hacen de un golpe. En estos casos tengo que emplear el pretérito indefinido: "el hombre disparó un tiro". Amorós-Mayoral *Lengua* 21: Existe una conjugación impersonal del verbo "haber". El presente de indicativo es "hay" .. El indefinido, "hubo".
5 (*Bot*) [Inflorescencia] en que el eje principal no termina en una flor, sino que produce numerosos ramos laterales terminados en sendas flores. | Ybarra-Cabetas *Ciencias* 274: Son inflorescencias indefinidas de flores sentadas el amento .., la espiga.

indeformabilidad *f* Cualidad de indeformable. | *Nue* 22.12.70, 32: Un neumático con alto coeficiente de seguridad .. Debido a la indeformabilidad de la banda de rodaje .., la superficie de contacto con el suelo se mantiene constante.

indeformable *adj* Que no se deforma. | *Economía* 88: Estas fibras son algo menos resistentes que el nylon, pero son indeformables.

indehiscente *adj* (*Bot*) [Fruto] que no se abre al llegar a la maduración. | Alvarado *Botánica* 48: Según que se abran o no para liberar las semillas que encierran, [los frutos son] dehiscentes o indehiscentes.

indeleble *adj* Que no se puede borrar o hacer desaparecer. | Espina *Abc* 29.6.58, 95: El doctor .. procedía a marcar el violín con un sello infamante, indeleble .., en el que se leía: "Clase ordinaria. Sin valor especial". *Gar* 6.10.62, 5: Si el niño se rasca prematuramente, dejará una cicatriz indeleble. SLuis *Doctrina* 130: Algunos Sacramentos imprimen carácter, es decir, comunican al alma una cualidad indeleble que dura por tod[a] la eternidad.

indeleblemente *adv* De manera indeleble. | Cossío *Montaña* 59: Quien pueda, imagínese la emoción de oír repetir a una purriega los viejos versos de Montesinos .. con las mismas palabras, sin faltar tilde, con que les escriben los más viejos pliegos de romances, y como habían de quedar indeleblemente escritos en el *Quijote*.

indelegable *adj* Que no se puede delegar. | *País* 12.5.91, 13: El artículo 92 del Reglamento del Senado, en su

indeliberadamente – independientemente

apartado 3, es tajante: "El voto de los senadores es personal e indelegable".

indeliberadamente *adv* De manera indeliberada. | Laín *Recta* 16: Deliberadamente en unos casos, indeliberadamente en otros, en él [el pasado] se apoya siempre la estimación de lo que en cada momento puede uno hacer.

indeliberado -da *adj* No deliberado o no intencionado. | Marías *Sociedad* 130: Mientras unos [usos] son espontáneos y brotan de la conducta indeliberada de los individuos y los grupos sociales, otros son provocados, fomentados, inducidos.

indelicadamente *adv* De manera indelicada. | Valcarce *Moral* 172: Más doloroso aún cuando una alabanza o una palabra de aliento que animaría al afligido o al indeciso se elude indelicadamente.

indelicadeza *f* **1** Cualidad de indelicado. | Cossío *Montaña* 125: Casimiro Sainz vivía en Reinosa, ya perturbada su razón, y la indelicadeza infantil y el abandono de los mayores le hacía[n] víctima por parte de los chicos de toda clase de inciviles y hasta inhumanas burlas.
2 Hecho o dicho indelicado [1b]. | LTena *Abc* 3.10.71, 19: Hace muchísimos años que no se cometía en este país indelicadeza de un rango como esta desde un departamento oficial.

indelicado -da *adj* [Pers.] poco delicada en su comportamiento. | Torrente *Off-side* 353: –Considere su indelicadeza justificada y perdonada. –¡Ah! ¿Es que he sido indelicado? **b)** Propio de la pers. indelicada. | *SInf* 16.5.74, 2: Tomadas exclusivamente de fuentes orales, se incluyen [en el diccionario] las expresiones groseras, obscenas e indelicadas.

indemne *adj* Que no ha sufrido daño. *Frec con el v* SALIR. | S. Nadal *Act* 25.1.62, 17: Lo que caracteriza a Kruschev es esta prodigiosa cualidad de salir indemne de los diversos peligros que ha corrido.

indemnidad *f* Condición de indemne. | Isidro *Abc* 22.2.62, 55: Si los muchachos del Oviedo se hubieran cargado también a Di Stéfano, Puskas y Peris, el Real Madrid hubiera tenido un entradón de miedo. Gracias a la indemnidad de esos personajes quedó algo de gente para los cines.

indemnizable *adj* Que puede indemnizarse. | *Leg. contencioso-adm.* 244: No puede desecharse la invocada dificultad de la reparación por el hecho de que sería fácilmente indemnizable cualquier perjuicio, dada la notoria solvencia del Ayuntamiento de Barcelona.

indemnización *f* **1** Acción de indemnizar. | *Faro* 2.8.85, 33: Declaraban improcedente el despido, pero dando a la empresa la alternativa de la readmisión o el despido con indemnización.
2 Cantidad con que se indemniza. | CNavarro *Perros* 72: Pagaba sus estudios administrando lo que le habían dado como indemnización por la muerte de su esposo.

indemnizar *tr* Compensar [a alguien], normalmente con dinero, por un perjuicio. *Tb fig.* | Ramírez *Derecho* 76: Se condenará al despojante a indemnizarle de daños y perjuicios y a devolverle los frutos que hubiere percibido. MGaite *Cuento* 87: Ese gusto por compartir las aventuras, problemas y esperanzas de personajes inscritos en un tiempo ficticio .. nos indemniza de un deseo casi siempre insatisfecho ..: el de averiguar los móviles misteriosos que condicionan la conducta de aquellos otros seres aparentemente más familiares que nos encontramos andando.

indemnizatorio -ria *adj* Que sirve para indemnizar o se orienta a la indemnización. | *Sáb* 7.9.74, 45: Se han abonado las sumas indemnizatorias al 90 por 100 de los propietarios afectados.

indemorable *adj* Que no puede ser demorado. | Peraile *Ínsula* 116: El amor indemorable sigue íntimo y mañanero en el retiro campestre que le ha ofrecido la jara.

indemostrable *adj* Que no puede demostrarse. | GÁlvarez *Filosofía* 1, 108: La demostración, pues, supone que hay principios indemostrables.

indentación *f* (E) Entrante en un borde o margen. | F. Gálvez *TMé* 12.11.82, 6: La indentación de la base es tan frecuente en el carcinoma que puede considerarse como un signo radiológico fiable de malignidad.

independencia **I** *f* **1** Condición o estado de independiente [1, 2, 4 y 5]. | Arenaza-Gastaminza *Historia* 244: Argentina fue el único país que consiguió su independencia al primer intento. *Economía* 166: También [se refiere] al respeto y a las atenciones que hemos de guardar siempre para con nuestros mayores una vez conseguida nuestra independencia moral y económica. J. MCampos *Ya* 6.12.75, 7: Esta profesión solo puede ejercerse si quien la sirve se siente libre e independiente. Plena libertad y total independencia que han de defenderse no tanto de presiones externas como de incitaciones interiores del propio individuo. **b)** Cualidad de independiente [3 y 6]. | * Defiende la independencia de su criterio.
II *loc prep* **2 con ~ de.** Sin depender de o sin relación con. | *BOE* 3.12.75, 25195: Las actuaciones del personal facultativo de la Delegación Provincial se efectuarán con independencia de la actuación judicial, si la hubiere. FQuintana-Velarde *Política* 25: Son problemas que hoy se plantean con independencia del espacio. Se plantean y resuelven en Estados Unidos. Se plantean y resuelven en la Rusia soviética. Se plantean y resuelven en España.

independentismo *m* (*Pol*) Movimiento que propugna la independencia de un país o una región. | Solís *Ateneo* 24: Todavía en tiempos de la Restauración había sido posible que Rafael María de Labra se erigiese allí en defensor del independentismo cubano.

independentista *adj* (*Pol*) De(l) independentismo. | HSBarba *HEspaña* 4, 414: La coyuntura histórica en que debería producirse el movimiento independentista no había llegado todavía. **b)** Partidario del independentismo. *Tb n.* | J. T. Menchero *Inf* 7.9.70, 5: A la "lista negra" de la O.U.A. .. el líder independentista mozambiqueño añadió los territorios franceses de Djibuti y Comores. *Abc* 19.12.70, 33: Usted, que es el jefe militar de los independentistas vascos, ¿piensa lograr conquistar con las armas esa independencia?

independiente *adj* **1** [Pers. o cosa] que no depende de otra. *A veces con un compl* DE. | *Odi* 11.7.68, 1: Guinea será independiente el 12 de octubre. Arenaza-Gastaminza *Historia* 244: El Brasil se hizo independiente de Portugal en este mismo tiempo, casi sin lucha y con motivo de la invasión napoleónica de la metrópoli. GPavón *SYa* 28.9.75, 3: Los otros dos y la chica consiguieron entrar en un grupo de teatro independiente.
2 [Cosa] que no tiene conexión con otra. | Alvarado *Zoología* 124: El Orden Desdentados ha desaparecido de las Zoologías de grado superior por haberse comprobado que los animales que en él se reunían pertenecen en realidad a tres Órdenes absolutamente independientes.
3 [Pers.] que tiene su propio modo de pensar y no se deja influir por los de otros. | J. MCampos *Ya* 6.12.75, 8: Los abogados no tanto tenemos el derecho a la libertad y la independencia como el deber de actuar, siempre y en toda ocasión, libres e independientes.
4 [Pers.] que vive y actúa sin apoyarse en la ayuda, la compañía o el afecto de otros. | R. Cazorla *SCór* 1.8.93, XIII: Ha visto convertido en realidad uno de sus sueños: ser una muchacha independiente. Con el dinero que ganó en Japón, se compró una lujosa residencia.
5 (*Pol*) [Pers.] que interviene en política sin pertenecer a ningún partido. | A. MTomás *SDBa* 28.3.76, 25: La verdad es que yo era independiente y que más bien tendía hacia el grupo monárquico. *Ide* 14.8.83, 19: Rafael Moreno García, independiente dentro de la lista del Partido Comunista, es el presidente de la Comisión de Fiestas de Iznalloz. **b)** Constituido por perss. independientes. | *Ide* 12.8.83, 17: Formaba parte de una candidatura independiente. P. J. Baena *Ide* 12.8.89, 4: El PP .. se había puesto en contacto con el grupo independiente, pero no encontraron apoyo suficiente para entonces hacer prosperar la moción de censura.
6 Propio de la pers. o cosa independiente [1 a 5]. | *Hoy* 2.9.75, 24: Resultado del análisis grafológico de tu escritura: Temperamento independiente, algo rebelde. * El carácter independiente de estas empresas hace más fácil la solución.

independientemente **I** *adv* **1** De manera independiente. | *Gac* 11.5.69, 78: Con él toda su familia, o cualquiera de sus miembros independientemente, podrá viajar en cualquier momento. Bustinza-Mascaró *Ciencias* 118:

independización – indevoto

Más tarde comienzan a producirse yemas que se transforman en nuevos individuos que, en lugar de separarse para fijarse independientemente, como sucede en la hidra, quedan unidos constituyendo una colonia.

II *loc prep* **2 ~ de.** Con independencia de. | *Faro* 2.8.85, 25: Esta certificación exige, por ejemplo, que un aparato, independientemente del modelo de que se trate, esté diseñado de tal modo que, en caso de emergencia, permita la evacuación de todos los pasajeros en menos de 90 segundos.

independización *f* Acción de independizar(se). | *Pue* 2.2.67, 5: Este proceso de independización dentro del bloque oriental da a los Estados Unidos .. la posibilidad de reajustar sus relaciones con ciertos países comunistas. Cándido *Pue* 9.4.75, 3: La sensación de un enfrentamiento de ministerios .. habrá que achacarla a una tendencia a la independización de las distintas burocracias.

independizar *tr* Hacer independiente [a alguien o algo]. *Frec el cd es refl.* | B. Mostaza *Ya* 19.6.76, 7: Existen ya varios Estados negros independizados por la República Surafricana .. Parece que el propósito del Gobierno blanco de la República Surafricana es ir independizando a las distintas etnias negras. Anson *SAbc* 18.5.69, 5: Estos países adoptaron como forma de gobierno, al independizarse, la República. Rábade-Benavente *Filosofía* 217: Liberación de la mujer, que la independiza. Tejedor *Arte* 160: La constitución de las monarquías absolutas, que estimula a los soberanos a independizar sus iglesias para alzarse con sus jefaturas y aumentar su poder. Delibes *Cartas* 35: Ando metido en obras allí, independizando el desagüe del baño del de la cocina, que resultaba insuficiente.

indescifrabilidad *f* Cualidad de indescifrable. | Armenteras *Epistolario* 33: Las otras razones .. no justifican nunca la indescifrabilidad de la firma.

indescifrable *adj* Que no puede ser descifrado. | Criado *MHi* 11.63, 22: Solo un pequeño y extraño pasaje trasluce un punto, aunque sea indescifrable, de humanidad.

indescifrado -da *adj* Que no ha sido descifrado. | RMoñino *Poesía* 75: Se encabeza con las siglas indescifradas I.R.L.E. † E.D. 1557.

indescriptible *adj* Que no se puede describir por su grandeza, magnitud o intensidad. *Normalmente con intención ponderativa.* | CNavarro *Perros* 48: Pensó en su hermano Andrés, y una ternura indescriptible le atenazó la garganta.

indescriptiblemente *adv* De manera indescriptible. | Chamorro *Sin raíces* 90: En cada esquina se formaban bailes, y la chiquillería gozaba indescriptiblemente.

indeseable *adj* **1** [Pers.] cuyo trato debe evitarse por sus malas cualidades morales. *Tb n.* | *Ide* 12.8.89, 6: Francisco Lechuga, alcalde de La Peza, ha calificado de "indeseable" a Elías Huertas en una entrevista concedida a Radio Nacional. *Caso* 5.12.70, 7: La calle de las Euras es uno de los sombríos callejones situados en los aledaños de la plaza Real, punto de reunión de indeseables de toda laya. **b)** [Pers.] cuya permanencia en el país se considera peligrosa para la tranquilidad o la seguridad pública. *Tb n.* | * Fue expulsado de Francia en 1950 por indeseable.

2 [Cosa] rechazable o no deseable. | S. LTorre *Abc* 9.9.66, 29: Tendremos que seguir apelando a la suprema instancia internacional para ahuyentar del territorio la presencia de una base militar indeseable. Alfonso *España* 169: La vida se desenvuelve en medio de una serie de incomodidades y perjuicios bastante insólitos y cada vez más indeseables.

indeseado -da *adj* Que no se desea. | *MHi* 3.61, 18: Los "devotos del santo" se reúnen en sitios que solamente ellos conocen, protegidos por "tabús", que pueden llegar hasta la pena de muerte para el espectador indeseado. Torrente *Señor* 320: ¿Por qué debía rechazarla? ¿Por evitar una situación comprometida o una relación sentimental indeseada?

indesmallable *adj* [Tejido] en que no se corren los puntos que se sueltan. | *Castalla* 125: J. Sabater Tayó. Tejidos sintéticos indesmallables. **b)** De tejido indesmallable. *Gralm referido a medias.* | *Ya* 16.6.62, 4: Se terminaron las carreras en las medias .. Indesmallables. GHortelano *Gente* 77: Se pasó la mano corvas arriba para poner rectas las costuras. Después, se levantó la falda y se ajustó el slip, verde, de franja indesmallable.

indesmayable *adj* Que no desmaya. | J. L. Bellerín *Odi* 17.2.77, 18: Quiere probarnos y demostrarnos lo que puede una pertinaz ejecutoria y una voluntad férrea, inalterable, incorruptible, indesmayable. *Día* 20.6.76, 14: Rico panal, propio de la colmena, laboriosa, indesmayable, ilusionada, por los calores místicos de la ofrenda.

indestructibilidad *f* Cualidad de indestructible. | GNuño *Escultura* 58: La vivienda urbana sería de tapial, técnica a la que respecto de los iberos alude concretamente Plinio, ponderando su solidez e indestructibilidad.

indestructible *adj* Que no puede destruirse. | DPlaja *El español* 23: Han vivido durante siglos de la ilusión de poseer una propiedad inalienable e indestructible. Delibes *Año* 201: Cientos de familias burguesas se muestran orgullosas de su unidad indestructible.

indestructiblemente *adv* De manera indestructible. | J. PArco *Abc* 21.4.74, sn: Mezcló [España] indestructiblemente su propio ser específico con el de estos [los pueblos de Hispanoamérica].

indetenible *adj* Que no puede ser detenido o parado. | Pinilla *Hormigas* 89: La inercia ciega e indetenible de la masa que empieza a moverse en una dirección, sin haberla elegido. CPuche *Paralelo* 330: Los progresos del Partido son notorios e indetenibles en muchas otras partes del mundo.

indeterminable *adj* Que no puede ser determinado. | *Selectividad* 48: Los que no alcanzaban un nivel intelectual mínimo –indeterminado o indeterminable– deberían conformarse con la mera Enseñanza Primaria y un oficio.

indeterminación *f* **1** Cualidad de indeterminado. | *MHi* 3.61, 42: La tendencia .. de acentuar en los retratos la cuidada ejecución de la cabeza, dejando en mayor indeterminación el resto de la figura, aquí se acentúa con violencia. RAdrados *Lingüística* 62: Hay una cierta indeterminación en la frontera de una lengua con otra, sobre todo cuando ambas se han desarrollado in situ a partir de otra anterior.

2 Falta de determinación (acción de determinar). | L. Contreras *Inf* 16.4.70, 7: Aludió a la indeterminación, en la ley, del sistema destinado a valorar el rendimiento de los alumnos.

indeterminadamente *adv* De manera indeterminada. | M. Jiménez *Ya* 21.2.76, 15: Se sacrificaba una plaza y la zona verde del norte para acoger a una construcción que rebasaba en altura a todas las construcciones fronteras, a la que indeterminadamente se le podía dar el destino de palacio de ópera, teatro lírico, circo.

indeterminado -da *adj* **1** No determinado o no precisado. | Nimodo *Van* 21.3.74, 37: Los gastos más elevados ascienden a 22.925.314 pesetas; material y diversos, a 18.908.060 pesetas; .. clases pasivas, 361.567 pesetas, y reintegrables, indeterminados e imprevistos, 915.815 pesetas.

2 (*Gram*) [Artículo] que denota no ser conocido o consabido lo designado por el sustantivo al que precede. | Academia *Esbozo* 230: En su función adjetiva, el indefinido *un, una, unos, unas* recibe la denominación gramatical de artículo indeterminado (o indefinido).

3 (*Mat*) [Ecuación o problema] que tiene un número ilimitado de soluciones. | Marcos-Martínez *Álgebra* 112: Cualquier número x verifica entonces la ecuación, la cual, por tanto, es indeterminada, ya que tiene infinitas soluciones.

indeterminismo *m* (*Filos*) Doctrina que defiende el libre albedrío. | Gambra *Filosofía* 132: La tesis filosófica que afirma y trata de fundamentar la existencia de la libertad o albedrío se llama indeterminismo.

indeterminista *adj* (*Filos*) De(l) indeterminismo. | Gambra *Filosofía* 132: Teorías indeterministas .. La tesis filosófica que afirma y trata de fundamentar la existencia de la libertad o albedrío se llama indeterminismo.

indevoto -ta *adj* (*raro*) No devoto, o falto de devoción. | Halcón *Ir* 103: Antes de saber explicar el sentido de esta pobreza que carece de mística, indevota.

indexación *f (Econ e Informát)* Acción de indexar. | F. J. Saralegui *Abc* 7.3.75, 15: Si el índice del costo de la vida sube el 10 por 100, sus ingresos personales suben al menos otro tanto. Esto es la "indexación". *País* 30.6.76, 1: La indexación semestral (corrección de las variables económicas, salarios, precios... conforme al índice de inflación) prevista en la ley de Relaciones Laborales tiene que entrar en funcionamiento de forma inmediata. * Con este procesador de textos la indexación es automática.

indexar *tr* **1** *(Econ)* Poner en relación las variaciones [de un valor (*cd*)] con las de un índice o elemento de referencia determinado. | *País* 21.5.77, 8: ¿Acaso se pretende descalificar la importancia del dato sobre la evolución de los precios con idea de buscar otra fórmula de *indexar* los salarios? F. J. Saralegui *Abc* 7.3.75, 15: Los que cobran por porcentajes de una base, obviamente están "indexados" a perpetuidad.
2 *(Informát)* Hacer índices [de algo (*cd*)]. *Frec abs*. | *PCM* 6.91, 194: En lugar de clasificar e indexar múltiples tablas, la mayoría de los paquetes no programables simplificaban la gestión de los datos almacenándolo todo en tablas bidimensionales.

indiada *f (raro)* Conjunto o muchedumbre de indios americanos. | L. Calvo *SAbc* 12.4.70, 10: Llegaron los doscientos españoles a Zuni en un ardiente julio, y se siguió la gran batalla con la indiada, y se rindieron las fortalezas.

indianista *adj (TLit)* Que idealiza al indio americano. | SMedrano *Lit. hispanoam.* 167: La aparición en 1889 de la novela *Aves sin nido* .. significa el comienzo de una línea nueva en la presentación del indio, la que llamamos literatura indigenista para diferenciarla de la anterior, es decir, de la convencional indianista.

indiano -na I *adj* **1** De Indias, o América colonial española. | Céspedes *HEspaña* 3, 387: Para la mayoría de los indios, que ya no tenían tierras, la legislación se trazó como meta incorporarlos a la sociedad indiana como jornaleros asalariados que contratasen libremente su trabajo. MPérez *Comunidad* 119: España fomentó una relación .. entre los distintos reinos de Indias, que contribuyó .. a una solidaridad entre los distintos reinos indianos.
2 [Pers.] que emigró a América y vuelve de allí rica. *Gralm n.* | Torrente *Pascua* 343: La pregunta la había hecho un indiano recién llegado "de allá", al que los matices de la política local se le escapaban todavía.
II *f* **3** *(hist)* Tejido de algodón o de lino, o de mezcla de uno y otro, estampado por un lado. | Mercader-DOrtiz *HEspaña* 4, 32: Entre 1745 y 1760 .. se rehízo la marina de vela catalana, que se organizaron sociedades para el comercio de Ultramar y se perfilaron notoriamente las manufacturas de papel y de pintados o indianas. A. Vilarrasa *SCCa* 26.10.75, 10: La actividad industrial arraigó en el Berguedà desde muy temprano. Ya en el siglo XVIII se desarrolló una intensa actividad artesana; desperdigados por las hasta entonces casas rurales, cientos de husos y telares se dedicaban a la fabricación de indianas.

indicación *f* **1** Acción de indicar. *Tb su efecto*. | Ramírez *Derecho* 30: Una indicación que tú, posiblemente, ya estás temiendo: el matrimonio .. solo se disuelve por la muerte de uno de los cónyuges. Delibes *Año* 19: Estuve en Valladolid, en el periódico, y, como sospechaba, hubo una indicación telefónica para que se diera lo de Granada en páginas interiores y sin destacar. **b)** Nota o señal que indica. | Huarte *Tipografía* 12: El párrafo aludido se enmarcará en un cerco con la indicación: "Esto a la página anterior donde se indica".
2 *En pl*: Casos en que [un remedio (*compl de posesión*)] está indicado [2]. *Frec sin compl*. | *Ide* 21.8.69, 13: Balneario de Graena .. Indicaciones: Reumatismos. Ciática. Corea. Neuralgias.

indicado -da *adj* **1** *part* → INDICAR.
2 Adecuado o apropiado. *Frec con los vs* SER *o* ESTAR. | *DLér* 31.7.69, 9: El huevo de codorniz ha sido recomendado en dietética infantil .. Del mismo modo es indicadísimo en enfermos anémicos, distróficos, etc. *Anticonceptivo* 47: Este método está indicado especialmente para relaciones esporádicas o imprevistas. F. GSegarra *DEs* 14.8.71, 9: Él es el más indicado para explicárnoslo.

indicador -ra I *adj* **1** Que indica o sirve para indicar. *Tb n m, esp referido a dispositivo o aparato*. | Ramos-LSerrano *Circulación* 65: Informativas. a) Señales indicadoras. b) Señales de orientación. c) Señales de localización. Mingarro *Física* 141: En algunas ocasiones, pocas, las corrientes de Foucault son útiles; así sucede en los aparatos de medida, en los que se favorecen para amortiguar las oscilaciones de la parte móvil unida a la aguja indicadora. *Act* 15.10.70, 58: Reloj de caballero, .. calendario con indicador de fecha y día de la semana. *SVoz* 8.11.70, 2: El conductor del vehículo que se pretenda adelantar, una vez enterado, avisará poniendo el indicador derecho.
II *m* **2** Dato que sirve para conocer el estado o la evolución de algo. *Frec en economía*. | *Cua* 6/7.68, 6: Quizá uno de los indicadores que arrojan más luz para la comprensión de una situación es el análisis del sujeto que la vive. *Her* 11.9.88, 50: Indicadores económicos. España, entre los países comunitarios con mayor dependencia del petróleo.
3 *(Quím)* Sustancia orgánica que indica, cambiando de color, la acidez o alcalinidad del medio en que se encuentra. | Aleixandre *Química* 64: Para saber cuándo se ha neutralizado todo el ácido por la base o viceversa, se emplea un indicador, como la tintura de tornasol.

indicante *adj (raro)* Que indica. | M. J. Ragué *Van* 5.9.71, 52: Una vez obtenido el hexagrama, se busca su significado en el Libro de Cambios, poniendo especial interés en el significado de las líneas obtenidas como resultado de un 6 o un 9, por ser estas las indicantes de una situación cambiable.

indicar *tr* **1** Hacer una señal [hacia una pers. o cosa (*cd*)] para llamar la atención sobre ella. | Lera *Bochorno* 194: –El objeto de esta pequeña reunión .. es ponerte al habla con don Leandro Soriano –e indicó a Soriano con un gesto–, uno de los buenos clientes de la casa.
2 Hacer saber [algo, esp. un hecho]. | *Economía* 255: Régimen lacteovegetariano: Que, como su nombre indica, se compone de leche y vegetales. *Abc* 6.7.76, 8: Personas allegadas al señor Fraga Iribarne han manifestado a Europa Press que este no figurará en el nuevo Gobierno .. Indican que el señor Fraga ha escrito sendas cartas al Rey y al presidente del Gobierno. **b)** Proporcionar [un aparato (*suj*) un dato físico (*cd*)]. | * El barómetro indica buen tiempo. **c)** Ser [una cosa] indicio [de otra (*cd*)]. | Olmo *Golfos* 133: No es fácil ponerse a meditar. Adquirir la postura que indique que cualquiera está meditando, sí. **d)** Dar a conocer [una cosa (*suj*)] la presencia en el lugar [de otra (*cd*)]. | Zubía *Geografía* 25: Viéndola de noche [la estrella Polar], indica siempre el Norte.
3 Decir o manifestar [a alguien (*ci*) algo (*cd*) que se le aconseja, propone u ordena]. | Olmo *Golfos* 149: El camarero nos indicó: –Vaya usted al número quince. Huarte *Tipografía* 10: Si se quiere intercalar un párrafo o frase escrito[s] en una hoja distinta, se indicará en el lugar necesario: "Aquí las líneas que se señalan de la página siguiente". *País* 20.2.77, 8: Tres agentes, dos de ellos apuntando con metralletas, indicaron a los presentes que debían desalojar la mesa.

indicativo -va I *adj* **1** Que indica o sirve para indicar. *Tb n m, designando rótulo*. | Alfonso *España* 13: Este libro es una ojeada a algunos de los aspectos más inmediatos y observables de la España actual y que, sin duda, tienen un gran valor indicativo de la problemática más profunda del país. J. Herrero *TMé* 12.11.82, 24: El láser de argon .. puede ser selectivamente absorbido .. Esta característica lo hará indicativo para las lesiones vasculares. L. M. Lorente *MHi* 2.64, 50: Bajo el Título de Emisión de Deportes ha aparecido una [serie] el 12 de diciembre, con el indicativo de correo aéreo.
2 *(Gram)* [Modo del verbo] que presenta la acción como real. *Tb n m*. | Academia *Esbozo* 464: Significado y uso de los tiempos del modo indicativo. Amorós-Mayoral *Lengua* 21: El presente de indicativo es "hay".
II *m* **3** *(Telec)* Conjunto de letras o cifras que corresponden a una estación de radio o a un distrito telefónico. | *Anuario Observatorio 1967* 75: En el cuadro de las páginas 76 y 77 figuran algunas de las principales [estaciones que emiten señales horarias], con su indicativo, situación, frecuencia y horas de emisión.

indicción. ~ romana. *f (Rel catól)* Año, de un período de quince, usado para fechar las bulas pontificias. | *Anuario Observatorio 1967* 13: Calendario católico para 1967. Cómputo. Áureo número: 11. Epacta: XIX. Ciclo solar: 16. Indicción romana: V.

índice *m* **1** Dedo segundo de la mano, que suele servir para señalar. *A veces tb* DEDO ~. | GPavón *Hermanas* 53: A veces levantaba en el aire su mano deformada por el trabajo, con el índice muy derecho. Bustinza-Mascaró *Ciencias* 32: Cada mano tiene cinco dedos: Meñique, anular, medio, índice y pulgar.
2 Indicio o señal [de algo]. | Torrente *Fragmentos* 321: "¿Cómo se atreve a llamar nefando a un producto que renta el treinta por ciento?", pensará el padre Almanzora .., perplejo ante aquel índice de mollera escasa.
3 Dato indicador. | *Mun* 23.5.70, 12: Un índice de la especial dureza del trabajo minero puede darlo el número de silicóticos.
4 *En determinados instrumentos graduados:* Elemento indicador. | Marcos-Martínez *Física* 102: El termómetro de mínima tiene un índice de marfil .. El extremo del índice más alejado del depósito marca la temperatura mínima.
5 Señal pequeña, frec. número, que se pone a la derecha de una letra o una palabra para distinguirla de otra u otras iguales. | Ybarra-Cabetas *Ciencias* 22: Símbolos de los elementos de simetría. Para la expresión abreviada de los elementos de simetría, se usan los siguientes símbolos: Para los ejes, la letra E con un índice que expresa el orden. Ejemplo: E^3 = eje ternario.
6 Indicación numérica [de una relación]. *Tb la misma relación.* | LMuñoz *Tri* 26.12.70, 7: El crecimiento del producto industrial .. va a exigir unas tasas de crecimiento de las importaciones cada vez mayores, relación que ha sido puesta de manifiesto, a través de diversas mediciones e índices, en muchas ocasiones. *Mad* 13.12.69, 2: El índice de humedad ha llegado a la saturación: 100 por 100. **b)** *(Econ y Estad)* Número que expresa el valor de una variable en un período de tiempo dado. *A veces* NÚMERO ~. | *Act* 25.1.62, 6: Los índices de natalidad son casi inversamente proporcionales a los niveles de vida. FQuintana-Velarde *Política* 68: Un índice de precios, asimismo muy significativo, es el que recoge las variaciones ocurridas en todos aquellos artículos de consumo. FQuintana-Velarde *Política* 68: Esta fracción puede estimarse intentando determinar las variaciones habidas en el nivel de precios entre dos años. Estas medidas de variación se denominan números índices de precios. **c)** *(Mat)* Número que indica el grado de una raíz. | Gironza *Matemáticas* 83: Las raíces del mismo índice de números iguales son iguales.
d) ~ de refracción. *(Ópt)* Número que representa la relación constante entre los senos de los ángulos de incidencia y de refracción. | Alvarado *Geología* 22: El índice de refracción tiene un valor constante en los cristales del sistema cúbico.
7 *En un libro:* Relación ordenada de las cosas que contiene, con indicación del lugar en que figura cada una. | Alcina-Blecua *Gramática* 12: Queremos manifestarles nuestra gratitud, gratitud que debemos extender a Rosa Navarro por la perfección y cuidado en la elaboración de los índices.
8 *En una biblioteca o un archivo:* Catálogo. | * Trabajó unos meses en el índice de la biblioteca.
9 Relación de los libros cuya lectura prohíbe la Iglesia. *Frec.* ~ DE LIBROS PROHIBIDOS. | MSousa *Libro* 96: En 1559, Paulo IV promulga oficialmente el primer *Index librorum prohibitorum* (Índice de libros prohibidos) .. En 1758, Benedicto XIV modificó el índice, de forma que en vez de incluir cada libro prohibido, se prohibieran las materias en conjunto. Villapún *Iglesia* 122: Reformar las costumbres del clero y del pueblo cristiano, instituyendo seminarios y redactando un índice de libros prohibidos. **b)** *(hist)* Relación de libros cuya lectura prohíbe la autoridad civil. | MSousa *Libro* 96: En cuanto a la censura civil, puede decirse que los índices se inician con el que mandó publicar Enrique VIII de Inglaterra en 1529.

indiciariamente *adv (Der)* De manera indiciaria. | J. M. Lázaro *Ya* 11.12.85, 13: Las falsedades documentales se concretan indiciariamente en que, a principios de 1983 y por orden expresa de Ruiz-Mateos, .. se abrieron cuentas corrientes de crédito o·utilizaron las que había sin conocimiento de sus titulares.

indiciario -ria *adj (Der)* Basado en indicios o derivado de ellos. | M. Pinta *Abc* 22.6.58, 27: El expediente criminal abierto contra don Bernardo de Iriarte y su hermano .. es prueba indiciaria de la profunda crisis de nuestros intelectuales.

indicio *m* Cosa que hace creer en la existencia o realidad [de algo oculto o no sabido]. | Medio *Bibiana* 112: Día tras día esperando algún indicio, en fin, alguna cosa que le confirmara lo que temía. Marcos-Martínez *Física* 89: Si baja [el barómetro] lenta y paulatinamente es señal de mal tiempo, y si lo hace rápidamente es indicio de tempestad. *Ya* 3.9.83, 13: Los Suhkoi 15 que escoltaron y según todos los indicios abatieron al Jumbo surcoreano sobre el mar de Ojotsky son cazas provistos de un gran radar.

indición *f (rur)* Inyección. | Lera *Clarines* 332: Entre el tratante que nos había vendido el toro y él le pusieron al bicho una indición de no sé qué.

índico -ca *adj* **1** De la India. | Bustinza-Mascaró *Ciencias* 207: Los elefantes índicos, cuando adultos, pesan más de 4.000 kilogramos.
2 Del océano Índico. | *Abc* 7.9.66, 28: Toda la luminosa zona, en la que confluyen los azules índicos y atlánticos.

indiferencia *f* Actitud de indiferente [1a y esp. 2]. | E. Haro *Tri* 26.12.70, 5: Las conversaciones de limitación de armas nucleares .. han proseguido .. con la indiferencia neutral del ciudadano. A. Avizor *Med* 1.4.60, 4: Los hay –cada vez menos– que reaccionan [ante la victoria de 1939] con rencor; no faltan los que afectan indiferencia. * La indiferencia religiosa.

indiferenciadamente *adv* De manera indiferenciada. | *Abc* 9.6.66, 41: Al concurrir indiferenciadamente los libros a Recoletos, las casetas llegan a pecar de monotonía.

indiferenciado -da *adj* Que no está diferenciado respecto a un todo o respecto a una pluralidad. | R. Saladrigas *Des* 12.9.70, 28: Conocen la existencia real de tales islotes indiferenciados en la inmensidad. **b)** [Cosa unitaria] que no presenta diferencias en su seno. | Bustinza-Mascaró *Ciencias* 380: El Universo se ha formado a expensas de una materia que al principio estuvo desorganizada, indiferenciada, y que posteriormente se ha ido·diferenciando.

indiferente *adj* **1** Que no se inclina más a una pers. o cosa que a otra. | Halcón *Monólogo* 167: Si has llegado a pensar que soy ateo, descreído, indiferente, desecha esa idea. **b)** *(Fís)* [Equilibrio] en que un cuerpo desviado de su posición primitiva queda inmóvil en la nueva posición. | Marcos-Martínez *Física* 30: Equilibrio indiferente, cuando al mover un poco el cuerpo, su c[entro] d[e] g[ravedad] permanece a igual altura, de modo que al soltarlo ni se aleja ni se acerca a la posición primitiva, sino que se queda donde se le deja. Ejemplo: el cono apoyado en una de sus generatrices.
2 Que no muestra atención o interés hacia nada. | Cuevas *Finca* 234: La llegada de Jeromo, después de doce horas de tren, impávido, indiferente, como un personaje de otro mundo. Arce *Testamento* 38: –¿Qué escribo? –pregunté, indiferente. **b)** Que no muestra atención o interés [hacia una pers. o cosa (*compl* A *o* HACIA)]. | Laforet *Mujer* 112: José .. se pasaba las horas muertas en casa de esta mujer, indiferente a cualquier clase de habladurías. **c)** Propio de la pers. indiferente. | Lera *Bochorno* 12: Una muchachita morena .. dirigió hacia él sus ojos indiferentes en el momento de verter una coca-cola en el alto vaso de un señor maduro que se la comía con los ojos.
3 [Pers. o cosa] que no es objeto de preferencia ni de aversión. | * A mí esa chica me es indiferente. **b)** [Cosa] que no tiene más importancia o significación en un sentido que en el opuesto. | Valcarce *Moral* 31: Clasificación de los actos morales .. Teóricamente hay tres clases: buenos, malos o indiferentes, según que la relación advertida en cada uno de sus objetos con las reglas de moralidad sea de conformidad, disconformidad o de carácter indiferente.

indiferentemente *adv* De manera indiferente [1 y 2]. | J. G. LGuevara *Ide* 27.2.75, 3: Suponemos que entidades o centros culturales tan importantes como la Universidad, la Real Academia de Bellas Artes .., no podrían asistir indiferentemente a la desaparición (o minimización) de esta importante e insustituible reliquia lorquiana.

indiferentismo *m* Actitud de indiferente [1], esp. en materia religiosa. | *SAbc* 9.3.69, 29: El indiferentismo, de un lado, y el revisionismo, de otro, intentan devaluar la piedad mariana en el mundo. R. Castellar *Gac* 11.5.69, 19: El agnosticismo y el indiferentismo cuentan ya en la sociedad africana a medida que desaparece el culto mágico a los muertos y la confianza en el brujo.

indígena *adj* **1** [Pers.] nativa. *Frec n. Frec referido a pueblos no civilizados o poco civilizados.* | Tovar-Blázquez *Hispania* 21: La analística presenta a los Escipiones adentrados peligrosamente en tierras cartaginesas con tal de mantener a los indígenas en rebeldía. **b)** Propio de los indígenas. | Amorós-Mayoral *Lengua* 6: Con la llegada de los romanos .. Algunas gentes siguieron hablando sus propias lenguas. Pero la mayoría hablaron las dos (el latín y la lengua indígena). Tovar-Blázquez *Hispania* 83: Las campañas de Sertorio y las de los ejércitos que lo perseguían, al utilizar en el sentido de una bandería los sentimientos nacionales indígenas, los teñían para siempre de romanidad.
2 [Pers.] habitante del país o ciudad en cuestión. *Frec n. Frec humoríst.* | E. Bayo *Des* 12.9.70, 23: Un centenar de jóvenes actores poblenses dieron carne a la obra de otro joven indígena. DPlaja *El español* 105: En los restaurantes, .. al indígena le basta decir a media voz: "El señor es forastero", para que la cuenta llegue directamente a sus manos. GLuengo *Extremadura* 125: Orellana la Vieja y Orellana de la Sierra –Orellanita la llaman los indígenas–.. son otros pueblos de esta gran rinconada.
3 (*pop*) Salvaje. *Tb n.* | SFerlosio *Jarama* 40: Sebastián se halla puesto a dar brincos y hacer cabriolas .. –¿Qué hace ese loco? –dijo Carmen. –Nada; se siente indígena.

indigencia *f* (*lit*) Estado de indigente. *Tb fig.* | CNavarro *Perros* 139: Pensaba en su madre y en sus hermanos, y los veía como a sí mismo estaba viéndose, .. dudando entre el bien y el mal, .. entre la honradez, el pesimismo y la indigencia. *VozC* 25.7.70, 3: Si la Ley se cumple .., en nuestro país habrá terminado la indigencia educativa, cultural y profesional en que viven muchos miles de españoles.

indigenismo *m* **1** Doctrina o actitud que propugna reivindicaciones políticas, sociales y económicas para los hombres de raza indígena [1b]. *Esp con referencia a Iberoamérica.* | J. Córdoba *MHi* 11.63, 67: Su amor por el indio es terso, sin mixtificaciones, sin demagogia, sin indigenismo artificioso. R. Castellar *Gac* 11.5.69, 19: Los brotes, comprensibles, de indigenismo se dan en estos 42 países que tienen, en doce de ellos, el Jefe de Estado católico.
2 Palabra o rasgo idiomático propios de una lengua indígena [1b] americana o procedentes de ella. | Buesa *Americanismos* 327: El número de los indigenismos aumentó continuamente en proporción al gigantesco crecimiento del imperio español y al de los conocimientos sobre la vida y la naturaleza americanas.

indigenista *adj* Del indigenismo [1]. | HSBarba *HEspaña* 5, 465: Es preciso dar una visión del problema indigenista, por lo que tiene de actual a través de modernas teorías, surgidas en algunos países hispanoamericanos. SMedrano *Lit. hispanoam.* 172: El hacendado Manuel Pantoja .., que es ejemplar típico del gamonal explotador, figura recurrente en todas las novelas indigenistas. **b)** Partidario del indigenismo. *Tb n.* | Ballesteros *D16* 12.10.85, 2: Esto ha cobrado cuerpo en las organizaciones indígenas –y también en las indigenistas– con la acusación al mundo europeo (preferentemente al español) de etnocida o destructor de culturas autóctonas. *DÁv* 4.12.76, 5: Don Raimundo Mateos González, médico indigenista, más de quince años en las orillas del Amazonas, al volver a Cebreros, .. se siente conmovido.

indigenización *f* Adopción o intensificación del carácter indígena [1b]. | *Van* 17.10.74, 29: El Sínodo Episcopal .. La conversación se ha centrado en la llamada "indigenización" de las Iglesias del tercer mundo. *VNu* 26.10.74, 19: La indigenización del personal eclesiástico ha sido lenta debido a muchas influencias típicas de la cultura melanesia.

indigente *adj* (*lit*) [Pers.] que no tiene medios para vivir. *Tb n.* | MSantos *Tiempo* 190: Con casi inverosímil expresión de indiferencia una mujer indigente .. o un niño abretaxi clandestino vendedor el domingo por la noche de la goleada pasaban a su lado. Delibes *Ratas* 65: Un hombre que vive en una cueva y no dispone de veinte duros para casa viene a ser un vagabundo, ¿no? Tráemele, y le encierro en el Refugio de Indigentes sin más contemplaciones.

indigerible *adj* No digerible. *Tb fig.* | *MHi* 8.60, 45: La pelota es un conglomerado que las aves de presa expulsan diariamente por la boca, integrado por plumas, pelos, huesos y otros restos indigeribles de sus víctimas.

indigerido -da *adj* No digerido. | Máximo *Pue* 8.9.70, 2: Pueblos blancos y campo infinito, devorado e indigerido, consumido a mayor gloria del acelerador y la media kilométrica.

indigestarse *intr pr* **1** Pasar a padecer indigestión. *Tb fig.* | * Se indigestó el niño, y tuvieron que quedarse en casa. L. Caparrós *SVoz* 8.11.70, 15: Occidente se ha indigestado de langosta, mientras Oriente tiene hambre de arroz.
2 Causar indigestión [1] [un alimento a alguien]. | *DBu* 8.5.56, 3: A Koblet se le indigestó ayer un muslo de pollo. **b)** Hacerse cansado o desagradable [a alguien]. | Diógenes *Ya* 28.4.92, 1: Con la amenaza del agresivo dirigente ugetista, al presidente del Gobierno se le podrían indigestar los exitosos eventos de la Expo y la Olimpiada. * Esa chica se me ha indigestado.

indigestible *adj* No digestible. | MMariño *Abc* 26.3.72, 15: Ahora hay substancias y productos –como los plásticos, los residuos de la fisión nuclear y muchos derivados de la industria química– que, al parecer, son indigestibles para la tierra.

indigestión *f* **1** Trastorno causado por mala digestión. | Laforet *Mujer* 188: Don Ernesto murió increíblemente de indigestión, gracias a una apuesta.
2 Saciedad o hartura [de algo]. *Tb fig.* | * Tiene una indigestión de películas.

indigesto -ta *adj* **1** Difícil de digerir. *Tb fig, referido a pers o cosa.* | *Cod* 2.2.64, 6: La mantequilla indigesta le sentaba mal. * Es una persona indigesta; no la puedo ver. * ¡Qué novela más indigesta!
2 Que padece indigestión. | FReguera-March *Caída* 65: Iba ingiriendo distraídamente, mientras leía, las opíparas comidas de la abuela. Casi siempre regresaba indigesta a casa.

indigete *adj* (*hist*) [Individuo] de un pueblo prerromano habitante de la región este de la actual provincia de Gerona. *Tb n.* | Tovar *Lucha* 34: Nacido el catalán en las regiones más orientales de los Pirineos .., en las tierras con monedas e inscripciones ibéricas de indigetes y narbonenses .., se comprende que la influencia occitana haya sido muy fuerte.

indignación *f* Sentimiento vivo de desagrado y rechazo causado en alguien por algo que hiere su sentido de la justicia o de la moral. | M. LPalacios *Caso* 26.12.70, 3: El estupor, primero, y la indignación, después, hacían presa de cuantos escuchaban el relato del sangriento suceso.

indignado -da *adj* **1** *part* → INDIGNAR.
2 Que denota o implica indignación. | Onieva *Prado* 225: Parece que esto le molestó a Felipe II, y aun hay quien dice que una negativa indignada determinó la muerte del artista.

indignamente *adv* De manera indigna. | Payno *Curso* 113: Es indudable que mucha gente vive indignamente; que muchos millones mueren de hambre.

indignante *adj* Que indigna. | *Ciu* 2.75, 16: Lo indignante es que tengan un Departamento de Reclamaciones .. que no sirva ni para dar una explicación.

indignar *tr* Causar indignación [a alguien (*cd*)]. | * A mí me indignan estas cosas. **b)** *pr* Pasar a sentir indignación. | DCañabate *Paseíllo* 114: Los aurigas se indignaban como si les motejaran de cornudos. A. Semprún *Abc* 29.12.70, 20: Más que indignados se nos muestran dolidos.

indignidad *f* **1** Cualidad de indigno. | *Compil. Cataluña* 692: En los heredamientos a favor de los contrayentes la indignidad sucesoria solo tendrá lugar por las causas previstas en los números 2º y 3º del artículo 756 del Código Civil. *Abc* 17.9.77, 1: Una moción de indignidad del diputado socialista, Jaime Blanco, podría ser planteada en los próximos días. SFerlosio *Ensayos* 1, 171: Han sido

indigno – indiscernible

Umbral y Cueto los que en los últimos días han expresado mejor la indignidad de nuestra situación.

2 Acción indigna. I R. Llates *Des* 12.9.70, 44: A este tipo de actitudes se llama, si no tenemos pelos en la lengua, indignidad.

3 Falta de dignidad o decoro. I Delibes *Madera* 298: Cuando el coronel de Intervención .. se cruzó con ellos y observó sus zapatetas y cabriolas, la frívola indignidad con que portaban el uniforme, les llamó al orden, con duras palabras, afeándoles su indisciplina.

indigno -na *adj* **1** Que no merece [a alguien o algo (*compl* DE)]. *A veces se omite el compl por consabido. Tb n, referido a pers.* I *Compil. Cataluña* 782: En este o en cualquier otro caso de indignidad caducará la acción transcurridos cinco años desde que el indigno de suceder se hallase en posesión de los bienes en calidad de heredero o legatario. *Compil. Cataluña* 693: En todos los bienes que en virtud de este precepto pueden corresponder a los hijos del heredero indigno, este no podrá tener el usufructo. **b)** *Sin compl:* Despreciable. I DPlaja *El español* 145: Fernández Flórez describe el caso del celoso y tradicional novio que consigue obtener los favores de su futura esposa veinticuatro horas antes de la boda... para abandonarla después por indigna.

2 Que no corresponde a la dignidad o altura [de alguien o algo]. I * Recibió un trato indigno de su persona. * Esas palabras son indignas de un jefe de Estado. **b)** *Sin compl:* [Cosa] humillante o infame. I * Les dieron un trato indigno.

índigo *m* Añil. *Tb adj, referido a color.* I Mercader-DOrtiz *HEspaña* 4, 159: Al regreso, los buques cargaban variedad de productos. Entre las maderas y productos tintóreos, el palo campeche, el brasil, los gomeros, el índigo, la cochinilla y la quina. *Abc Extra* 12.62, 7: Todos los colores del arco iris metidos en el recipiente del azul índigo.

indigolita *f* (*Mineral*) Variedad de turmalina de color azul. I *SAbc* 14.10.84, 16: La turmalina es la gema que tiene más riqueza de colores ..: acroíta, incolora; .. indigolita, azul.

indino -na *adj* (*pop*) Maldito o endiablado. *A veces dicho con intención afectuosa. Tb n, referido a pers.* I Delibes *Cazador* 39: De repente apareció el zorro .. El indino estaba quedo, con unos ojos muy despiertos. Gala *Hotelito* 55: En cuanto las dejamos hablar, nos saltaron como dos muelles a los ojos, y a poco nos dejan tuertas, las indinas. DCañabate *Paseíllo* 56: Ella, en cambio, se derritió en una sonrisa. ¡La indina! Ella tenía la culpa de que no pudiera ni con el capote.

indio¹ -dia I *adj* **1** De la India. *Tb n, referido a pers.* I Vicens *Universo* 356: En torno a Bombay, con Surate y Baroda, se yergue el [grupo fabril] mayor y más antiguo, basado en la industria del algodón, el primer textil indio. **b)** Habitante de raza indoeuropea de la India. *Tb n.* I Vicens *Universo* 353: El Gobierno Británico en la India ejerció una acción moderadora entre los hindúes y los musulmanes, los drávidas y los indios, los príncipes y los vasallos.

2 [Pers.] perteneciente a alguna de las razas aborígenes de América. *Frec n.* I Laiglesia *Tachado* 80: Hacía pasar al representante hondureño, que era un señor muy correcto y muy indio. Céspedes *HEspaña* 3, 333: Más interés que las relaciones sexuales de tipo ocasional tienen entre españoles e indias los concubinatos .., muy pronto generalizados. *Inf* 16.7.70, 6: Mil millones de dólares a los indios y esquimales de Alaska. **b)** *Esp:* [Pers.] perteneciente a alguna de las razas aborígenes de Estados Unidos. *Frec n.* I Laforet *Mujer* 295: Los niños del sexto .. una vez ataron a su abuela, acercándose por detrás con paso de indios.

3 (*hoy raro*) Indígena malayo de Filipinas. I FReguera-March *Filipinas* 25: Los indios habían proclamado la República, bajo la presidencia de Aguinaldo.

4 De los indios [1, 2 y 3]. I Céspedes *HEspaña* 3, 334: Un octavo de sangre india nunca implicó dejar de ser español.

5 [Fila] de perss. o animales colocados uno detrás de otro. I APaz *Circulación* 26: No podrán [los ciclistas] marchar a más de dos en frente sobre la calzada, y deben colocarse en hilera simple (fila india) en todos los casos en que lo aconsejen las condiciones del tráfico. Merlín *HLM* 26.10.70, 34: Partieron [los caballos] en fila india.

II *m* **6** Lengua de la India, esp. la de origen indoeuropeo. I Villar *Lenguas* 79: El indio antiguo, en sus diversas modalidades, es, ante todo, tal como ha llegado hasta nosotros, una lengua literaria.

III *loc v* **7 hacer el ~.** (*col*) Hacer el tonto. I Marsé *Tardes* 293: ¡¿Quieres estarte quieto, pesado?! .. Es Alberto, que está haciendo el indio todo el rato.

indio² *m* (*Quím*) Metal, de número atómico 49, de brillo plateado y más blanco y maleable que el plomo. I Ybarra-Cabetas *Ciencias* 60: Está impurificada [la blenda] frecuentemente con hierro (blenda ferrífera) y otras veces con galio, indio, etc.

indirectamente *adv* De manera indirecta. I *Sáb* 10.9.66, 29: Desciende también indirectamente de la nobleza inglesa, en cuanto que [su] madre era hija de Margarita de Connaugh.

indirecto -ta I *adj* **1** [Cosa] que no actúa o no se produce en forma directa. I RMorales *Present. Santiago VParga* 5: Con la ayuda indirecta de los españoles, Carlos Martel .. derrota a los árabes en Poitiers. **b)** [Iluminación] que se dirige al techo o a las paredes. I *Economía* 69: En habitaciones que se usan mucho, puede instalarse luz indirecta con reflectores que la proyecten al techo y paredes y de ahí a toda la habitación. **c)** [Impuesto] que se paga en el momento de hacer la compra. I FQuintana-Velarde *Política* 62: Estos impuestos establecidos en el momento del gasto se denominan indirectos. **d)** (*Dep, esp Fút*) [Tiro] a la portería contraria como castigo a una falta, en que el jugador no puede disparar directamente, sino que ha de pasar el balón a un compañero. *Tb referido a la falta.* I * Fue castigado con un tiro indirecto, que F. transformó en gol. *Not* 7.4.74, 26: A los 29 minutos fue sancionado el Mallorca con una falta indirecta dentro del área, la sacó Espárrago y Acosta por bajo batió a Campos.

2 [Acto] cuyo objeto no se pretende como fin en sí mismo. I Villapún *Moral* 12: Para que el efecto que se sigue del acto voluntario indirecto sea imputable al que lo hace, se requieren tres condiciones.

3 (*Gram*) [Complemento verbal, u objeto] que, cuando está constituido por un pronombre personal, toma, en la lengua normal, las formas únicas *le* para el singular y *les* para el plural, y cuando está constituido por un nombre, lleva siempre la preposición *a*; y que nunca pasa a ser sujeto si se da a la oración forma pasiva. I Academia *Esbozo* 371: Se designa con el nombre de complemento u objeto indirecto el vocablo que expresa la persona, animal o cosa en que se cumple o termina la acción del verbo transitivo ejercida ya sobre el objeto directo. **b)** (*raro*) [Oración reflexiva] en que el pronombre reflexivo es complemento indirecto. I Amorós-Mayoral *Lengua* 155: Cuando el pronombre [reflexivo] es el complemento indirecto se llama la oración reflexiva indirecta.

4 (*Ling*) [Estilo o discurso] en que el narrador refiere por sí mismo lo dicho por otro, sin emplear la forma sintáctica usada por este. I Academia *Esbozo* 516: En el estilo indirecto, el narrador refiere por sí mismo lo que otro ha dicho. Girón *MCid* 15: Todo el mundo está de acuerdo en destacar la habilidad y maestría que exhibe el texto del C[antar de] M[io] C[id] en el empleo del estilo o discurso directo .. y del indirecto. **b)** ~ **libre.** [Estilo] en que el narrador refiere por sí mismo lo dicho por otro, como en el estilo indirecto, pero incorporando formas expresivas propias del estilo directo. I Academia *Esbozo* 517: Es frecuente entre los narradores incorporar al relato construcciones propias del estilo directo, conservando la viveza de este en exclamaciones, interrogaciones y demás elementos expresivos, pero sometiéndolos a los cambios de persona, tiempo, etc., necesarios en estilo indirecto .. A este procedimiento estilístico se le da el nombre de estilo indirecto libre. **c)** [Interrogación o pregunta] que se formula en estilo indirecto. I Academia *Esbozo* 225: No son diferentes de los que hemos examinado hasta aquí los pronombres interrogativos empleados en la interrogación indirecta.

II *f* **5** (*col*) Cosa dicha con intención, sin expresarla abiertamente. I VMontalbán *Galíndez* 96: –¿No lees esta noche? –No. Tengo ganas de que apagues la luz para pensar .. –Comprendida la indirecta. * A mí no me vengas con indirectas.

indiscernible *adj* Que no puede discernirse o distinguirse. I Gambra *Filosofía* 202: Es obligatorio seguir el dictamen de la conciencia recta y de la invenciblemente errónea, dado que son indiscernibles para el sujeto cuando está cierto de ellas. MMolina *Jinete* 195: Nos producían [los ascensores] una admiración indiscernible de la claustrofobia y del callado terror.

indisciplina *f* Carencia de disciplina. | Delibes *Madera* 298: Cuando .. observó sus zapatetas y cabriolas, la frívola indignidad con que portaban el uniforme, les llamó al orden, con duras palabras, afeándoles su indisciplina. R. Escamilla *Miss* 9.8.68, 29: Si falla, no creo que sea por imperfección técnica, sino por la indisciplina de los conductores.

indisciplinable *adj* Que no puede ser sometido a disciplina. | Corrochano *Abc* 14.5.58, 15: Recuerdo su afán por encauzar y disciplinar lo indisciplinable.

indisciplinadamente *adv* De manera indisciplinada. | Grosso *Capirote* 94: Subiendo indisciplinadamente las escaleras, hablando en voz baja, dándose empellones.

indisciplinado -da *adj* **1** *part* → INDISCIPLINAR. **2** Que no se somete a la disciplina. *Tb n, referido a pers.* | *Inf* 30.7.70, 1: Los líderes .. rebasados por una masa indisciplinada se disponen ahora a hacer frente a un porvenir incierto. J. M. Alfaro *Abc* 13.12.70, 3: El rebelde es un indisciplinado, un insumiso. **b)** Propio de la pers. indisciplinada. | * Lo sancionaron por su comportamiento indisciplinado.

indisciplinar *tr* Hacer que [alguien (*cd*)] rompa la disciplina. | L. Apostua *IdG* 9.8.75, 9: El mal es contagioso. El otro día vi a unos alemanes tirando colillas encendidas, cosa que no se atreverían a hacer en su casa. ¿Vamos a indisciplinar a todo el continente? **b)** *pr* Romper la disciplina. *Tb fig.* | * Dos compañías se indisciplinaron. Aparicio *Mono* 130: Entonces creyó verdaderamente que algo profundo se había indisciplinado en su cerebro.

indiscreción *f* **1** Cualidad de indiscreto. | * Es una persona que no me gusta por su indiscreción. **2** Dicho o hecho indiscreto. | J. L. Torres *Inf* 27.5.70, 3: Según indiscreciones de los pasillos de la conferencia, Schumann ha criticado duramente a los Estados Unidos.

indiscretamente *adv* De manera indiscreta. | Torrente *Off-side* 19: –Es una lástima, Nandito. –En voz indiscretamente alta–: Pero si te decides por los negocios espectaculares, acuérdate de mí.

indiscreto -ta *adj* [Pers.] que habla o se comporta sin la debida prudencia o reserva, o que se entromete impertinentemente en asuntos ajenos. *Tb fig, referido a cosa.* | M. Abizanda *Sáb* 20.8.66, 5: Las idas y venidas de Ann y Roger concitaron el asedio de los fotógrafos y reporteros indiscretos. Benet *Penumbra* 95: Un indiscreto espejo, bastante deteriorado, la enfrentó a su cara sobre una ringlera de botellas en el mismo momento del vértigo. **b)** Propio de la pers. indiscreta. | Palacios *Juicio* 31: Las enfermedades y flaquezas humanas nacen comúnmente en la boca: unas veces por lo que entra en ella .. y otras veces por lo que sale: palabras descompuestas o indiscretas.

indiscriminación *f* Falta de discriminación. | PRivera *Discursos* 20: Problemas femeninos que no son solo femeninos, sino, en la actual indiscriminación en que vivimos, problemas generales de vida.

indiscriminadamente *adv* De manera indiscriminada. | Mendoza *Ciudad* 56: Odiaba a todo ser humano y habría matado indiscriminadamente si hubiera tenido la oportunidad de hacerlo.

indiscriminado -da *adj* [Cosa] en que no se hace distinción entre unas perss. y otras. | *Mun* 23.5.70, 4: Elecciones en las que participen todos los habitantes de la ciudad de un modo indiscriminado y periódico.

indiscutible *adj* Que no puede discutirse, o que no admite discusión. | PRivera *Discursos* 14: Hemos de partir lo primero de asentar nuestras realizaciones sobre la idea política que profesamos; partiendo de la Patria como unidad indiscutible con proyección universal. *Odi* 4.7.68, 4: Huelva, en la gran epopeya descubridora. Alonso Sánchez, su indiscutible precursor.

indiscutiblemente *adv* De manera indiscutible. | Valls *Música* 23: La existencia de aquel instrumento .. nos induce a suponer la existencia de unas intuiciones musicales previas que, con el concurso de una artesanía primaria pero indiscutiblemente hábil, desembocaron en su construcción.

indiscutido -da *adj* No discutido por nadie. | *SInf* 27.11.69, 1: El hombre es el eje indiscutido de "Poemas humanos".

indisimulable *adj* Que no puede disimularse. | Zunzunegui *Camino* 496: Sienten por el millonario una indisimulable veneración.

indisimuladamente *adv* De manera indisimulada. | J. A. Moral *Ide* 7.8.93, 41: La decepción siguió en el pésimo cuarto [toro], con .. un Joselito indisimuladamente desmoralizado.

indisimulado -da *adj* No disimulado o que no se disimula. | J. L. Álvarez *Abc* 30.3.87, 3: A ello hay que añadir un deseo de influencia del Ejecutivo que se manifiesta en una indisimulada afición socialista al uso alternativo del derecho.

indisociable *adj* Que no se puede disociar. | Academia *Esbozo* 64: En los fonemas distingue el análisis una serie limitada de elementos .. que se combinan en diferente número y son indisociables en el acto del habla.

indisolubilidad *f* Cualidad de indisoluble. | Villapún *Iglesia* 102: La Iglesia, en esta época, defendió siempre la indisolubilidad del matrimonio.

indisoluble *adj* Que no se puede disolver (separar o desunir). | Laforet *Mujer* 330: Le pareció comprender .. la grandeza del matrimonio católico .. Una unión indisoluble de dos seres que quieren juntar sus vidas hasta la muerte.

indisolublemente *adv* De manera indisoluble. | M. BTobío *MHi* 2.55, 13: Va indisolublemente asociada [la idea de la integración] a las tradiciones imperiales del medievo.

indispensable *adj* [Pers. o cosa] de la que no se puede prescindir. | *Economía* 355: Ropa blanca de uso personal. Es indispensable, si bien el número de prendas varía según la duración del viaje. **b)** [Cosa] mínima necesaria. *Frec con un compl* PARA. *Frec* LO ~. | F. Segura *Med* 1.4.60, 4: En medio de su abrumadora tarea de gobierno, encontró el tiempo indispensable para informarse y documentarse.

indispensablemente *adv* De manera indispensable. | FQuintana-Velarde *Política* 58: La división del trabajo exige la especialización ..; especialización que necesita, indispensablemente, de un intercambio.

indisponer (*conjug* **21**) *tr* Enemistar. | Espinosa *Escuela* 190: Su odioso credo, fundamentado en el aborrecimiento, le manda afrentar nuestra fe, .. malquistar, enzarzar, indisponer, cizañar, encismar. **b)** *pr* Enemistarse. | * Se indispuso conmigo por una tontería.

indisponibilidad *f* Cualidad de indisponible. | *Pue* 20.1.67, 23: Aunque sea de público dominio la indisponibilidad del mismo, creo saber su situación de un tiempo a esta parte.

indisponible *adj* No disponible. | *Abc* 20.8.69, 21: El ministro anglicano debe estar indisponible por largos períodos.

indisposición *f* **1** Alteración ligera de la salud. | Altabella *Ateneo* 109: El insigne estilista se hallaba en cama, con una indisposición habitual en él. **2** Falta de disposición o de condiciones [para algo]. | *Odi* 27.1.77, 15: Si una empresa .. se queda con la mina, puede vender perfectamente la madera de los eucaliptos de la finca; con ella sacaría más de cuarenta millones de pesetas que servirían para amortizar las jubilaciones de muchos mineros en indisposición de seguir trabajando.

indispuesto -ta *adj* **1** *part* → INDISPONER. **2** [Pers.] que padece una alteración ligera de la salud. | Palomino *Torremolinos* 51: Bajó, ya lo creo que bajó, aunque la señora no; dijo que la señora estaba indispuesta. *Ya* 4.12.75, 26: Manifestó que hacía dos días su citado hijo había llegado al domicilio indispuesto y presentando heridas en la cabeza de alguna consideración. **b)** [Mujer] que está con la menstruación. | Delibes *Cinco horas* 269: Sensibilidad, Dios mío, si es una de mis peplas, tú lo sabes, cariño, pero si cuando estoy indispuesta ni mayonesa puedo hacer, toda se me corta.

indisputable - individuante

indisputable adj Indiscutible. | P. GBlanco Abc 18.4.58, sn: Un auge indisputable del "fado".

indistinción f Falta de distinción o diferenciación. | G. Estal SYa 12.10.75, 3: Al joven universitario hay que explicarle las asignaturas con totalidad del contenido y con vertebración lógica de conceptos. El fárrago, el desequilibrio en la extensión de materias, la indistinción entre esencia y hojarasca .. son vicios reprobables.

indistinguible adj Que no puede distinguirse o diferenciarse. | País 14.6.77, 6: Una palabra sobre el PCE: su programa es casi indistinguible del resto de las opciones.

indistintamente adv De manera indistinta. | Abc 4.10.70, sn: Intérpretes simultáneos (inglés-francés-español, indistintamente).

indistinto -ta adj **1** Indiferente (que no es mejor o más importante en un sentido que en otro). | * Es indistinto que lo firme uno u otro.
2 No distinto o no diferente. | PAyala Abc 4.10.59, 3: Toda esa riqueza y equilibrio de formas y matices .. ¿no nos trasladan [sic] impensadamente a una situación de ánimo semejante e indistinta de la que experimentábamos en la presencia de los lagos alpinos, vénetos, lombardos o helvéticos?
3 Que no se puede distinguir o percibir con claridad. | Camón Abc 10.10.57, 17: Lo que determina su originalidad, y hasta su acento español, es .. ese palpitar indistinto de unos brillos que hierven en ropajes, doseletes y pináculos góticos.

individuación f Hecho de individuar(se). Tb su efecto. | Torrente Cuadernos 89: Quizá también la orgía sea cosa de jóvenes, y que [sic] quienes ya no lo somos hayamos perdido esa preciosa (dicen) facultad de ser uno con los otros. ¿Será la madurez un proceso de individuación? Camón Abc 7.3.58, 15: La individuación está en razón directa de la materialización. Las cosas concretas y singulares emergen más insolidarias de la unidad sustancial, según su materia se va haciendo más recrecida y dominante.

individual adj **1** De(l) individuo [1], o particular. Se opone a COLECTIVO o a GENERAL. | Amorós-Mayoral Lengua 64: Con el artículo "lo", el adjetivo adquiere un carácter .. colectivo; con "el", un carácter individual y concreto. **a)** De un solo individuo. | Huarte Diccionarios 116: Cada vez más, la redacción de un diccionario o enciclopedia es labor propia de autor colectivo y no individual. Laforet Mujer 68: Llegó con un momentáneo gozo, anunciando a Paulina que tendría una cama individual para Madrid. **c)** De un solo elemento. | DLér 25.7.69, 5: Filete de merluza sin piel "Pescanova" .. Venta al público en la forma siguiente: Embolsado individual (un filete por bolsa), peso variable. En bolsa de plástico, de 500 gramos.
2 [Ser] que tiene carácter de individuo [1]. | Gambra Filosofía 231: Ni el puro individuo aislado ni la sociedad en sí existen realmente, sino hombres que son individuales y viven en una sociedad. **b)** [Cosa] que tiene carácter diferenciado y distinto dentro de un conjunto. | * Las fibrillas son elementos individuales.

individualidad f **1** Condición de individual [2]. | PRivera Discursos 19: Cada hombre es un ser diferente a los demás, que debemos considerar en su individualidad y nunca como masa. Ybarra-Cabetas Ciencias 181: Kupfer y Flemming .. no admiten las redes, afirmando que las fibrillas espongioplásticas conservan su individualidad, llegando a lo sumo a agruparse en paquetes.
2 Particularidad, o carácter por el que una pers. o cosa difiere de las demás. | DPlaja El español 94: La masa reaccionó por puro espíritu de indignación ante una orden general contra la individualidad del vestir típico.
3 Pers. o cosa individual [2]. | E. Acebal Mar 10.7.59, 8: Era Pepe Luis .. el que ponía campanillas de plata a los corazones de las gentes, aunque al final sus dos faenas quedaran bastante más cerca de las individualidades que de la masa, que quería más.

individualismo m **1** Tendencia a dar preponderancia a lo individual sobre lo colectivo o general. Tb la actitud correspondiente. | Castilla Humanismo 23: El capitalismo, concebido ahora a la luz no de un economista, sino ante la perspectiva antropológica, es el máximo individualismo.
2 Tendencia a actuar con independencia de los demás, sin atenerse necesariamente a normas generales. Tb la actitud correspondiente. | Rábade-Benavente Filosofía 207: Rousseau ve en la sociedad algo accidental a la naturaleza humana .. y ve también en ella la fuente de muchos males humanos; esta es la razón por la que propugna una "vuelta a la naturaleza", esto es, al libre individualismo primitivo.
3 (Filos) Doctrina que considera al individuo como base de toda agrupación o sociedad humana. | Gambra Filosofía 228: Nociones erróneas sobre el origen y naturaleza de la sociedad. El individualismo o teoría del pacto social.

individualista adj **1** De(l) individualismo. | Delibes Año 189: Reig pone el dedo en la llaga cuando pregunta: "¿Significa esta "Parábola" el fracaso de una concepción individualista de la bondad, la evidencia de la necesidad de la lucha comprometida y arriesgada?". Tri 5.12.70, 43: No es posible teatralizar sus textos [de Valle-Inclán] .. sin meterse en sus agonías, sin participar de algún modo de su rabia, incluso trascendiéndola o criticando sus limitaciones individualistas. Gambra Filosofía 228: Durante los siglos XVIII y XIX estuvo muy en boga la teoría individualista o del pacto social sobre el origen de la sociedad.
2 [Pers.] que tiene o muestra individualismo [1 y 2]. Tb n. | Aranguren Marxismo 114: El partido ha de sacar de su pasividad a los rusos, campesinos individualistas, obreros todavía insuficientemente conscientes.

individualización f Acción de individualizar(se). | Rábade-Benavente Filosofía 208: El proceso de individualización auténtico, de tomar conciencia del propio yo, no es nunca fácil ni inmediato. Marías Corazón 35: Los pequeños ruidos que yo mismo iba haciendo y nuestras propias frases cortas y discontinuas me impedían prestar atención y aguzar el oído en busca de la individualización del murmullo contiguo, que tenía prisa por descifrar.

individualizador -ra adj Que individualiza. | Gala Séneca 22: El amor y el poder están sin duda emparentados, pero no por eso dejan de exhibir diferencias bien radicales. Y es que se mueven en terrenos distintos en cuanto uno mira más allá de la acción individualizadora que a los dos hemos atribuido.

individualizante adj Individualizador. | M. Fontcuberta Mun 23.5.70, 59: Hasta ahora ha sido un hecho su infecundidad agrupativa [de la clase media], motivada .. desde luego por la gran fuerza individualizante de sus miembros.

individualizar tr **1** Dar carácter individual [a una pers. o cosa (cd)]. Frec en part. | Inf 28.2.74, 6: Para emitir la calificación final, en la que se otorgará a los alumnos declarados aptos una puntuación individualizada, los Tribunales tendrán en cuenta globalmente la aptitud del alumno en los ejercicios realizados. Prospecto 10.92: El Museo .. En la exposición se ha proporcionado a determinadas piezas una ambientación individualizada y se ha intentado seguir un criterio de ordenación cronológica. BOE 14.8.68, 12099: Mide [la tierra] en total una superficie aproximada de 26.125 metros, perfectamente individualizada por sus linderos. **b)** pr Tomar carácter individual. | Rábade-Benavente Filosofía 208: El ser humano se individualiza y a la vez se despersonaliza. Tiene clara conciencia de su "yo" ..; pero este "yo" es, simultáneamente, un "yo" impersonal, colectivo, que quiere, apetece, necesita, y en definitiva piensa, como los demás, como "la gente". CNavarro Perros 101: Los problemas se individualizaban como si el hombre no fuera componente de un todo.
2 Percibir como distinta [a una pers. o cosa] dentro de un conjunto o de una masa. | Pemán Abc 3.9.68, 3: Muchas levantaban la mano, supongo que intentando que Raphael las individualizara. Marías Corazón 35: Solo un murmullo indistinguible, susurros de palabras que no podían individualizarse pese a ser pronunciadas en mi propia lengua.

individualmente adv De manera individual [1]. | A. Grijalba VAl 28.10.75, 12: El otro procedimiento es que individualmente se trasladen [los donantes de sangre] de los pueblos a la capital.

individuante adj Individualizante. | MPuelles Filosofía 1, 103: Cabe también decir que el fundamento último o remoto lo constituyen las mismas cosas reales singula-

individuar – indocumentado

res en cuanto son "abstraíbles" de sus condiciones individuantes.

individuar (*conjug* **1b** *o* **1d**) *tr* Individualizar. *Tb abs.* | Millás *Visión* 99: El nombre tiende siempre a la identificación y por lo tanto individua también en una medida que tampoco estaba prevista en el acuerdo. Lapesa *Problemas* 203: El uso de la preposición *a* con el objeto directo verbal de persona individuada no tropezó con otras tendencias. SFerlosio *Ensayos* 1, 171: No sabe .. distinguir o individuar la procedencia ni la intencionalidad de cualquier hostigamiento dirigido contra él, de tal modo que, siempre que proceda del interior doméstico, gruñe amenazadoramente a la familia entera. **b)** *pr* Individualizarse. | Gambra *Filosofía* 91: Por la materia, los seres se individúan, se hacen esta cosa concreta, diferente, ella misma.

individuo -dua I *n* **A** *m* **1** Ser organizado, con vida propia, y que se distingue de los demás pertenecientes a su misma especie. | Bustinza-Mascaró *Ciencias* 115: Si una hidra se parte en varios trozos, cada uno de ellos regenera un nuevo individuo. J. A. Donaire *Inf* 19.6.70, 32: No se encuentra esta especie en su mejor momento de pesca, si bien se están clavando cantidades notables de individuos pequeños. *BOE* 12.3.68, 3771: El "habitat" y la comunidad vegetal. Unidades fitosociológicas fundamentales. El individuo de asociación.
2 Miembro [de determinadas corporaciones o colectividades]. | Onieva *Prado* 179: Como Goya lo presentó [el cuadro] en la Academia para lograr ser admitido como individuo de número, hizo una "academia", y, en efecto, fue admitido. Escudero *Capítulo* 109: Tienen voto consultivo los Consultores generales .. Para dispensar de la asistencia de un individuo al Capítulo general, bajo condición de la ratihabición del Capítulo general.
3 Hombre, esp. aquel cuya identidad no se conoce. | Arce *Testamento* 102: –Hasta los individuos –alargué lo más posible la palabra individuos– como tú suelen tener un poco de caballerosidad.
B *m* y *f* (*desp*) **4** Pers. que merece poco respeto. | * ¡Menuda individua!
II *adj* **5** (*lit, raro*) Individual. | Millán *Fresa* 37: Nadie podría ir por el mundo, viéndoselas cara a cara con todas y cada una de las cosas como si fueran individuas.

indivisamente *adv* De manera indivisa. *Tb fig.* | CBonald *Ágata* 218: Aquella hembra .. tomada primero por Pedro Lambert en régimen rotatorio y adquirida luego indivisamente para ser trasladada a Malcorta en calidad de favorita.

indivisibilidad *f* Cualidad de indivisible. | M. Calvo *SYa* 19.6.77, 15: El premio Nobel alemán Werner Heisenberg trató todavía de salvar la tesis de la indivisibilidad de las partículas elementales con un atrevido modelo teórico, según el cual toda partícula consta de las demás.

indivisible *adj* **1** Que no puede dividirse o partirse. | *Ley Orgánica* 71: La Soberanía nacional es una e indivisible, sin que sea susceptible de delegación ni cesión.
2 Que no puede dividirse o separarse. | Aranguren *Marxismo* 89: La transformación de la actitud y la transformación de la realidad son intencionalmente inseparables: la moral marxista .. es indivisible de la eficacia, de la utilidad, del resultado.

indivisiblemente *adv* De manera indivisible. | *Hoy* 22.7.77, 7: Soy doblemente extremeño, indivisiblemente extremeño.

indivisión *f* Condición de indiviso. | Rábade-Benavente *Filosofía* 255: La individualidad, según la tradición metafísica, significa básicamente la unidad o indivisión de cada realidad en sí misma y la distinción o separación respecto de las demás. Ramírez *Derecho* 74: La posesión, como hecho, no puede reconocerse en dos personalidades distintas, fuera de los casos de indivisión.

indiviso -sa *adj* Que no se divide en partes. *Tb n m, referido a bien.* | RAdrados *Lingüística* 328: Una oración puede entenderse como un todo indiviso. *Ya* 23.6.70, 6: El próximo día 1 de julio se subasta la tercera parte, indivisa, de la mitad de la dehesa. Goytisolo *Recuento* 260: Ninguno de nosotros tiene siquiera la posibilidad material de comprar a los demás su parte de Vallfosca, que es absurdo que sea todavía un indiviso.

indo -da *adj* (*lit*) Indio (de la India). *Tb n, referido a pers.* | Pericot *Polis* 43: Los invasores |hurritas|, de parentesco indo, introducen sus dioses, forman la aristocracia del país y dan una corta época de brillantez al Estado.

indo- *r pref* **1** Indio (de la India). | *Por ej*: Navarro *Biología* 306: Existen seis regiones geográficas .. Son: la región Paleártica, Neotrópica, Oriental o Indomalaya y la Australiana. E. Haro *Tri* 3.4.71, 7: El territorio indopakistano está hoy mucho más influido por la U.R.S.S.
2 Indio (de América). | *Por ej*: * Es de raza indoespañola.

indoamericanismo *m* (*Ling*) Palabra o rasgo idiomático propios de lenguas indoamericanas o procedentes de ellas. | Buesa *Americanismos* 328: Muchos de estos indoamericanismos han llegado a ser universalmente conocidos y usados, como *cacao, chocolate, maíz*.

indoamericano -na *adj* Indio americano. *Tb n.* | J. Senetjosa *Tri* 1.7.72, 46: Fue uno de los primeros en sugerir el origen de los indoamericanos a través de Asia. **b)** De (los) indoamericanos. | Laín *País* 7.3.79, 7: El festejado ha cultivado como original y vigoroso investigador la filología y la arqueología clásicas, .. el enorme y complejo campo de las lenguas indoamericanas.

indoblegable *adj* Que no puede ser doblegado. | *Ya* 19.1.68, 31: Eddie Constantine, este "duro" indoblegable, capaz de ablandarse solamente ante una cara bonita, fue precursor de un género.

indochino -na *adj* De la península de Indochina. *Tb n, referido a pers.* | Lera *Bochorno* 84: ¡Qué tendrá que ver que sean españoles o indochinos! Fernández-Llorens *Occidente* 236: Francia .. dispone además de grandes cantidades de arroz indochino para afrontar cualquier crisis agraria. **b)** De indochino, o de (los) indochinos. | Torrente *Fragmentos* 87: Detrás de cada vidrio habrá un rostro anhelante, blanco o negro, chino, judío, italiano, spanish, galo, finés, arábigo, indochino.

indócil *adj* [Pers. o animal] no dócil. *Tb n, referido a pers.* | Soler *Caminos* 99: Cada además suyo punitivo era como un grano de la semilla que iba arrojando al surco del alumno indócil. Umbral *Ninfas* 236: Mi primo ensayaba en el laúd una romanza nueva que se le volaba de las cuerdas, como un pájaro indócil, aún no domesticado. Espinosa *Escuela* 684: Inmediatamente interrogarán a otros y otros indóciles. **b)** Propio de la pers. o el animal indócil. | Alfonso *España* 68: Hay ocasiones en que se hace necesaria una actitud indócil.

indocilidad *f* Cualidad de indócil. | J. M. GEscudero *Ya* 25.11.75, 17: Los españoles, que a partir del siglo XIX han sido ejemplo de indocilidad cívica, no lo fueron con anterioridad.

indoctamente *adv* (*lit*) De manera indocta. | ILaguna *Ateneo* 39: Los carlistas .. se echan indoctamente al monte creyéndolo todo orégano.

indocto -ta *adj* (*lit*) Ignorante o inculto. | MSantos *Tiempo* 31: El bajo pueblo y la masa indocta.

indoctrinar *tr* (*raro*) Adoctrinar. | Gafo *Ya* 21.10.86, 5: A los que se les llenaba la boca criticando las campañas de la sexualidad/procreación .. ahora les parece bien indoctrinarnos sobre la sexualidad/disfrute o la sexualidad/no procreadora. *SD16* 1.4.90, 8: Estamos todos educados en esos valores economicistas, nos indoctrinan en el éxito.

indocumentación *f* Falta de documentación o información. | Laín *Universidad* 89: Quien por indocumentación o por ceguera no tenga en cuenta este hecho no podrá entender cabalmente la historia de España a partir de 1936.

indocumentadamente *adv* De manera indocumentada [2]. | Pemán *Abc* 9.10.75, sn: Se habla indocumentadamente de un posible idioma "babilónico".

indocumentado -da *adj* **1** [Pers.] que carece de documentos de identidad o no los lleva consigo. *Tb n.* | Halcón *Manuela* 101: Cualquier indocumentado, por bueno que sea, está a merced de quien tenga en regla los papeles, por malo que haya sido.
2 Falto de documentación o información. | Flery *Odi* 31.7.64, 11: Tal carta, incongruente, .. hubo de provocar el enojo de los vecinos de Palos .. A raíz de la indocumentada carta que ha motivado su contestación, el alcalde de Palos se

indoeuropeísta – indoor

nos presentó .. con unos manuscritos. *Tri* 15.7.72, 38: El teléfono .. ha estado a cargo de las más indocumentadas señoritas que pueda imaginarse, llegando a negar rotundamente que se pasase determinado film .. aquel día, y siendo una hora después desmentidas por el hecho fehaciente de su proyección.

3 (*col*) Ignorante o inculto. *Tb n, referido a pers.* | Paso *Sirvientes* 96: –Todos somos testigos de lo que se le ha propuesto a la chica. No va. No la sacrificamos. –Pero si para mi... –¡Cállate, indocumentada! Delibes *Cinco horas* 265: Papá, ya lo sabes, una autoridad, que en el ABC no saben dónde ponerle, que no es precisamente un indocumentado.

indoeuropeísta *m y f* Especialista en lingüística indoeuropea. | Villar *Lenguas* 263: En lo que concierne a la forma de representar las laringales hay grandes divergencias, así como en determinar su número. En la actualidad los indoeuropeístas oscilan entre una sola laringal y seis.

indoeuropeo -a (*Ling*) **I** *adj* **1** [Lengua] que tiene su origen en el indoeuropeo [4]. | FRamírez *Lengua* 26: No existe coincidencia ninguna en la extensión de este uso, ni siquiera dentro de las lenguas indoeuropeas. **b)** De (las) lenguas indoeuropeas. | Villar *Lenguas* 36: Los pronombres .. dentro de los sistemas morfológicos indoeuropeos presentan generalmente unas anomalías e irregularidades de cierta entidad.

2 [Individuo o pueblo] hablante del indoeuropeo [4] o de una lengua indoeuropea [1]. *Tb n m en pl.* | Villar *Lenguas* 15: Los pueblos indoeuropeos se extienden en una amplia zona que va desde la India hasta el oeste de Europa. Estébanez *Pragma* 40: Apenas conocemos nada de los hablantes indoeuropeos. Estébanez *Pragma* 18: De la fusión de estos indoeuropeos con las poblaciones del Egeo .. nacerían con el tiempo los griegos y su civilización. **b)** De (los) indoeuropeos. | Pericot *Polis* 43: Los hurritas forman otra de las oleadas indoeuropeas que hacia el año 2000 penetraron en el Asia anterior por el Cáucaso.

3 De(l) indoeuropeo [4]. | Estébanez *Pragma* 138: El genitivo griego engloba los usos correspondientes a los antiguos genitivo y ablativo indoeuropeos.

II *m* **4** Lengua o grupo de lenguas que se supone fue origen común de la mayoría de las lenguas europeas y de algunas del sur de Asia. | Villar *Lenguas* 38: Uhlenbeck .. considera formado el indoeuropeo a partir de dos tipos lingüísticos. RAdrados *Semántica* 380: Algunas características específicas de la fonética y morfosintaxis sánscritas eran también comunes a la gran rama postanatolia del indoeuropeo.

indogermánico -ca *adj* (*Ling*) Indoeuropeo. | HLB 20.8.79, 7: Las [lenguas] indogermánicas, que comprenden las románicas, las germanas, las eslava[s] y otras tan importantes como el griego. Pericot *Polis* 67: Otras oleadas indogermánicas penetran en Asia Menor: los tracofrigios, que destruyen la ciudad de Troya.

indogermanística *f* (*Ling*) Lingüística indogermánica. | Villar *Lenguas* 259: El descubrimiento de las sonantes indoeuropeas en función vocálica no se hizo en los primeros momentos de la indogermanística.

indogermano -na *adj* (*Ling*) Indoeuropeo. *Tb n.* | Arenaza-Gastaminza *Historia* 33: Desde el Neolítico, Grecia está poblada por los pelasgos, pueblo caucásico. Después, en oleadas sucesivas, llegan los jonios, los aqueos y, por fin, los dorios (XII a. de C.), de raza indogermana.

indoiranio -nia (*tb con la grafía* **indo-iranio**) *adj* (*Ling*) **1** [Lengua o grupo] de la rama indoeuropea [3] que comprende las lenguas de la India y del Irán. | Estébanez *Pragma* 40: Del indoeuropeo derivan, entre otros, los siguientes grupos de lenguas: 1. Indoiranio: sánscrito, antiguo persa, etc. 2. Itálico: osco-umbro, latín. **b)** De (las) lenguas indoiranias. | Villar *Lenguas* 77: Se trata de unos documentos que contienen algunos términos y nombres propios típicamente indoiranios.

2 Hablante de alguna de las lenguas indoiranias [1]. *Tb n.* | Villar *Lenguas* 77: No sabemos con exactitud a qué se debe la presencia, en esa época, de indo-iranios en Asia Menor.

indol *m* (*Quím*) Compuesto cristalino nitrogenado presente en las heces, en el alquitrán, en ciertas esencias de flores y en el extracto de añil, y usado frec. en perfumería. |

Navarro *Biología* 154: La putrefacción de los prótidos está a cargo de bacterias como el *Bacillus putrificus,* originando productos tóxicos y malolientes como el fenol, indol y escatol.

índole *f* **1** Manera natural de ser [de una pers. o animal]. | * Es una persona de muy buena índole.

2 Naturaleza [de una cosa]. | Benet *Nunca* 12: Hoy sería soportable, e incluso evocador .. Si la índole del fracaso .. se hubiera discretamente mantenido en el plano de las circunstancias normales. **b)** Clase o tipo. | Castilla *Humanismo* 23: Esta forma de humanismo capitalista ha podido verificarse merced a dos índoles de vectores que han condicionado el comportamiento. CNavarro *Perros* 97: Le destruiré sin ninguna índole de miramientos.

indolencia *f* Cualidad de indolente. | GPavón *Hermanas* 15: Las mujeres, como estáis más próximas a la condición de los irracionales, tenéis indolencia para pensar en la putrefacta. Alvarado *Anatomía* 175: Sobreviene [en la enfermedad del sueño] una indolencia absoluta y una somnolencia tan grande que los enfermos se duermen hasta cuando están comiendo.

indolente *adj* Apático o perezoso. | CNavarro *Perros* 93: –¿Por qué no me hablas de la Reconquista? –preguntó indolente. C. Otero *Abc* 14.12.80, 6: Torcaces las había .. en las cordobesas y monteras serranías de Hornachuelos, donde revolaban indolentes y confiados algunos banditos nativos. MMolina *Jinete* 279: Ella camina entonces igual que antes, con una naturalidad indolente, deteniéndose a mirar cualquier cosa y olvidándose entonces de la dirección en la que iba.

indolentemente *adv* De manera indolente. | Delibes *Santos* 24: El señorito adelantó indolentemente su hombro izquierdo. CBonald *Noche* 53: Se oía chillar a una bandada de gaviotas, que .. se fueron posando indolentemente sobre las últimas piedras del rompeolas.

indoloro -ra *adj* Que no causa dolor. | Mascaró *Médico* 77: Clínicamente, suele tratarse de lesiones indoloras.

indomable *adj* Que no puede domarse. *Frec fig, con intención enfática.* | J. M. Moreiro *SAbc* 20.4.69, 33: Su carácter [del "quinqui"] es tan indomable e independiente que carece de jefes. *Mad* 10.9.70, 13: Aquel indomable coraje, su inconformismo, su sinceridad y su rebeldía siguen todavía inspirando a la juventud de hoy.

indomeñable *adj* (*lit*) Que no puede domeñarse. | Torrente *Sombras* 299: Ante aquella invitación, sintió como si le naciera en su interior, como si se le revelara, una indomeñable vocación pedagógica.

indomesticable *adj* Que no puede domesticarse. | MSantos *Tiempo* 148: Los elegantes felinos indomesticables.

indómito -ta *adj* (*lit*) Difícil de domar. *Tb fig.* | U. Buezas *Reg* 20.10.70, 4: Pudieron vencer, y luego someter, primero a Grecia y Macedonia y más tarde a los restantes pueblos que hallaron al paso sus indómitos corceles.

indonésico -ca *adj* Indonesio [1]. *Tb n.* | Zubía *Geografía* 284: Las Guayanas no están explotadas por falta de mano de obra. Los colonos para ello han llevado a negros. Incluso después de la abolición de la esclavitud se han llevado indios e indonésicos. L. Calvo *Abc* 21.8.66, 45: Desde el monte Rhio, que domina toda la isla, la isla de Singapur, .. veis tendida la costa indonésica.

indonesio -sia I *adj* **1** De Indonesia. *Tb n, referido a pers.* | *Ecc* 16.11.63, 27: En nombre de treinta obispos indonesios.

II *m* **2** Lengua oficial de la república de Indonesia. | Palomino *Torremolinos* 276: Si [el aviso] hubiese sido dicho en indonesio, Luis continuaría durmiendo y los ciento cuarenta malayos, como un solo hombre, estarían de pie.

indoor (*ing; pronunc corriente,* /índor/) *adj invar* (*Dep*) Que se realiza o produce en pista cubierta. *Tb referido a prueba o campeonato.* | A. Salinas *Ya* 13.2.86, 46: La saltadora canaria .. establecido un nuevo récord "indoor" al sobrepasar el listón colocado en 1,86. *DVa* 12.2.89, 70: Atletismo. Los organizadores ya piensan en 1990 tras el éxito de la reunión indoor del viernes, en Anoeta. *Ya* 23.6.90,

indostaní – indulgencia

52: Trial .. El campeón catalán no pudo lograr la victoria en el Indoor de la Comunidad de Madrid.

indostaní → HINDOSTANÍ.

indostánico -ca *adj* De la península del Indostán. *Tb n, referido a pers.* | Valls *Música* 33: Las precedentes notas .. no nos dan aún el sentido último y trascendente de la música indostánica. Vicens *Universo* 353: El Gobierno Británico en la India ejerció una acción moderadora .. Pero, no pudiendo resistir por más tiempo los apremios de los indostánicos, que exigían la concesión de un régimen de autonomía o independencia, concedió esta en 1948.

indostano -na I *adj* **1** Indostánico [1]. *Tb n.* | * Los pueblos indostanos.
II *m* **2** Hindustaní (lengua). | F. Valladares *SYa* 4.3.90, 8: Sus formas más características son la leishmaniosis visceral o kala-azar ('fiebre negra', en indostano), la úlcera cutánea o botón de Oriente y, entre estos dos extremos, la forma mucocutánea.

indotado -da *adj* No dotado o que carece de capacidad [para algo]. | Laín *Universidad* 72: La consideración de la cátedra tradicional entre nosotros .. hace que esta se halle indotada para moverse satisfactoriamente en ese doble nivel didáctico. Pla *Cataluña* 192: Los esquiadores disponen hoy de los llamados telesillas .. Jamás se hubiera podido soñar que personas totalmente indotadas para subir hacia arriba llegaran a tanto.

indubitabilidad *f (lit)* Cualidad de indubitable. | GÁlvarez *Filosofía* 2, 66: Lo intuido se nos presenta con el carácter de ser absolutamente indubitable. Y siendo la indubitabilidad signo inequívoco de verdad, se sigue que toda intuición es verdadera.

indubitable *adj (lit)* Indudable. | VParga *Santiago* 10: El monje Gómez .. nos ha conservado la primera noticia de autenticidad indubitable sobre la peregrinación ultrapirenaica.

indubitablemente *adv (lit)* De manera indubitable. | Torrente *Saga* 79: Del lugar de la señal [el lunar] se colegían indubitablemente deleitables triunfos en menesteres venéreos.

indubitado -da *adj (lit)* Que no deja lugar a duda. | Ramírez *Derecho* 119: Hay que impedir su resolución [del contrato] a menos que se patentice de modo indubitado .. una voluntad deliberadamente rebelde al cumplimiento de lo pactado. Montero *País* 9.6.88, 18: En las pantallas comenzaron a aparecer, magnificadas, las firmas dubitadas (o sea, presuntamente falsas), y las firmas indubitadas o auténticas, procedentes de otros documentos.

inducción *f* **1** Acción de inducir [1, 2 y 3]. *Tb su efecto*. | Gambra *Filosofía* 63: Tras de la hipótesis debe venir la comprobación, que, si tiene éxito, convertirá a la hipótesis en resultado firme de una inducción científica.
2 *(Fís)* Producción de energía eléctrica o magnética en un cuerpo por proximidad con otro electrificado o magnetizado, sin contacto físico. *Tb fig, fuera del ámbito técn.* | Mingarro *Física* 138: La inercia del campo magnético hace que su establecimiento o desaparición, cuando se lanza la corriente por un circuito, no sean instantáneos, y, por tanto, se manifiestan fenómenos de inducción sobre el propio circuito. L. Calvo *Abc* 11.6.67, 52: Unas ventajas que mermen directamente la integridad de los países árabes y por inducción la influencia soviética en el Mediterráneo. **b)** Energía producida por inducción. | Mingarro *Física* 125: En el interior de un cuerpo ferromagnético de μ = 500, por ejemplo, el campo de 1 oersted produce una inducción B de 500 gauss.

inducido *m (Electr) En la dinamo y en otros generadores:* Parte en la que el trabajo mecánico es transformado en energía eléctrica. | Mingarro *Física* 163: Los elementos esenciales de una dinamo son, como en los alternadores, el inductor, el inducido y el colector.

inducir *(conjug* **41***) tr* **1** Llevar [a alguien] a la decisión [de realizar una acción *(compl* A*)*]. *Tb abs.* | Laforet *Mujer* 113: Soñaba con inducir a los condes a que le dejasen a Rita el título. Delibes *Año* 189: Inducir al derramamiento de sangre sería la última cosa que yo haría en este mundo.
2 Provocar o causar. | Pániker *Conversaciones* 201: Puede ser conveniente correr el riesgo de suministrarse con el producto nacional, atendiendo al proceso de demanda inducida que se genera. La empresa debe tener conciencia de todos los procesos inducidos que de sus acciones se desprenden. Salvador *Deslealtad* 177: Es una actitud no sentida ni pensada, sino evidentemente inducida. Bustinza-Mascaró *Ciencias* 69: Al elevar el operador los brazos del accidentado, se amplía la cavidad torácica, y con ello se induce la inspiración activa. F. J. FTascón *Ya* 6.11.71, 37: Ha pasado a ser un síndrome, en el que se engloba una variedad de la cirrosis nutricional, .. una enfermedad inducida por las transfusiones o la farmacología digestiva del hierro alimenticio.
3 *(Filos)* Llegar de la observación de los casos concretos [a la ley o principio general *(cd)*]. | Gambra *Filosofía* 63: Si un círculo de gente presencia una persistente reiteración de desgracias en días 13 o en martes, por ejemplo, inducirá el carácter maléfico de esas fechas. **b)** *Fuera del ámbito técn:* Llegar [a una idea *(cd)*] partiendo de otra o de un hecho. | Benet *Ya* 25.3.90, 14: Las informaciones .. en lo que a mí atañen son absolutamente falsas. Por ello induzco que todas las insinuaciones vertidas en tal artículo carecen asimismo de veracidad.
4 *(Fís)* Producir [energía eléctrica o magnética] por inducción [2]. | Mingarro *Física* 135: La fuerza electromotriz inducida en el circuito es igual a la velocidad de variación del flujo magnético cortado.

inductancia *f (Fís)* **1** Propiedad de un circuito por la que cualquier variación de la corriente que lo atraviesa induce una fuerza electromotriz en el propio circuito o en otro próximo. *Tb la magnitud correspondiente.* | * Existe inductancia propia o mutua.
2 Circuito que posee inductancia [1]. | *Ya* 22.10.64, sn: Equipo de laboratorio y de prueba industrial para condensadores, resistencias e inductancias.

inductivamente *adv* De manera inductiva. | GÁlvarez *Filosofía* 1, 90: Sócrates ascendía inductivamente a la elaboración de los conceptos.

inductivo -va *adj* De (la) inducción. *Esp en filosofía*. | Gambra *Filosofía* 50: El razonamiento se divide, ante todo, en inductivo y deductivo, según el sentido de la marcha que en él siga el pensamiento. Mingarro *Física* 144: Valor de la intensidad cuando el circuito exterior es una resistencia óhmica no inductiva.

inductor -ra *adj* **1** Que induce [1 y 2]. *Tb n: m y f, referido a pers; m, referido a elemento o agente.* | *Abc* 18.9.75, 6: Ninguna de las dos habían participado en el hecho ni como autoras materiales ni como inductoras. Torrente *Fragmentos* 185: Mis dardos más cargados de veneno no van contra la monja, que es una pobre imbécil, sino contra el inductor. Alarcos *Fonología* 235: La palatalización de /k/ y /g/ ante vocales anteriores no conlleva la desaparición del elemento inductor /e, i/, que se mantiene. *Ade* 3.3.87, 36: El alcohol es un inductor muy importante de cefaleas.
2 *(Fís)* Que produce inducción [2]. *Tb n m, referido a órgano o circuito. Tb fig, fuera del ámbito técn.* | Ramos-LSerrano *Circulación* 303: Consta [una dínamo] de un cuerpo cilíndrico fijo, llamado armadura o carcasa, y en su interior se encuentran las bobinas inductoras. Mingarro *Física* 163: Los elementos esenciales de una dinamo son, como en los alternadores, el inductor, el inducido y el colector. *Abc* 6.1.68, 7: Dos turbocompresores de 2.400.000 Frgs/h. 1.100 Inductores con regulación automática. Burgos *SAbc* 13.4.69, 46: Bajo los efectos inductores del Polo, se habían invertido en enclaves industriales otros tres mil millones de pesetas.

indudable *adj* Que no puede dudarse. | GNuño *Arte* 143: Parece indudable que Enrique fuera francés.

indudablemente *adv* De manera indudable. | CNavarro *Perros* 12: Indudablemente, aquel hombre le gustaba.

indulgencia *f* **1** Actitud indulgente. | Laforet *Mujer* 51: Le gustaba recordar aquellos años en que ella le miraba con gran indulgencia.
2 *(Rel catól)* Remisión que hace la Iglesia de las penas debidas por los pecados. | RMorales *Present*. Santiago VParga 6: La Iglesia ha concedido a Compostela la gracia especial de la Indulgencia Plenaria.
3 *(lit)* Perdón. | *País* 18.9.77, 8: En el terreno de la moral colectiva, por tanto, la comunidad no tiene más que una solución: hacer tabla rasa, optar por el olvido y la indulgencia.

indulgenciar – industrialización

Torrente *DJuan* 328: En el infierno, cuando mueras, podré amarte impunemente. Allí hay indulgencia para todos los pecados.

indulgenciar (*conjug* 1a) *tr* (*Rel catól*) Dotar [a algo (*cd*)] de indulgencias [2]. | Ribera *Misal* 1482: Van a continuación algunas jaculatorias indulgenciadas con cierto número de días o de años de perdón. M. Nicolau *Ade* 10.10.75, 5: Juan XXIII, indulgenciando con indulgencia plenaria cualquier fórmula de ofrecimiento a Dios de las obras del día, .. y el espíritu de diferentes pasajes del Vaticano II se pronunciaron asimismo en el mismo sentido.

indulgente *adj* [Pers.] que disculpa o perdona fácilmente los yerros o faltas. | Laforet *Mujer* 140: Le pareció .. que siempre había sido indulgente consigo misma. **b)** Propio de la pers. indulgente. | * Le dirigió una sonrisa indulgente.

indulgentemente *adv* De manera indulgente. | Landero *Juegos* 143: Con el retrato y el modelo creado en sus ensueños –generoso en la síntesis, e indulgentemente resignado a las imprecisiones de la memoria–, animó a Gil a que dedujese la descripción por sí mismo.

indultar *tr* Conceder indulto [a una pers. (*cd*)]. *Tb fig, referido a cosa o animal.* | *VozC* 31.12.70, 4: Uno de los activistas de la ETA indultados hoy de la pena capital por el Jefe del Estado. Sánchez *Pról. Quijote* 27: Ni podía faltar en aquella biblioteca *La Galatea* del mismo Cervantes ..; se le indulta condicionalmente en espera de la segunda parte prometida. *DCá* 30.7.89, 13: El toro "Piano" .. fue indultado en la segunda corrida concurso celebrada ayer en Ronda. **b)** Aplicar indulto [a una pena (*cd*)]. | *Van* 25.12.71, 8: Se declaran totalmente indultadas .. las siguientes penas pecuniarias.

indultario *m* (*raro*) Beneficiario de una indulgencia o privilegio eclesiásticos. | Valcarce *Moral* 197: El Sumario de Oratorios .. concede .. A todos los que estén en posesión del sumario, que puedan oír misa y cumplir con el precepto en oratorio privado debidamente erigido, aun cuando no esté presente el indultario.

indulto *m* Remisión total o parcial de una pena impuesta en virtud de sentencia firme. | *Abc* 30.12.70, 24: El Gobierno alemán ha comunicado al español que sería muy bien visto en la República Federal el indulto de las penas de muerte. **b)** Perdón concedido a un animal o cosa condenados a ser muertos o destruidos. | *DCá* 30.7.89, 13: Un toro de María Luisa Domínguez, indultado en Ronda .. Ha sido un indulto benévolo, acogido por el público con división de opiniones. *Nor* 19.12.89, 25: Piden el "indulto" para la valla publicitaria del toro de Osborne.

indumenta *f* Indumento. | Delibes *Mundos* 97: Salir de Santiago hacia el sur supone tomar contacto con la indumenta chilena, decir adiós a la americana y al gabán. *RegO* 26.7.64, 19: La vestimenta consiste en camisa blanca, corbata de color .. Los colores preferidos para esta indumenta eran rojo, azul o verde.

indumentario -ria I *adj* **1** De (la) vestimenta. | Cobos *Machado* 67: Don Antonio hacía poemas cuando los poemas le clamaban, con la misma natural sumisión que llevaba su desaliño indumentario.
II *f* **2** Vestimenta. | Alfonso *España* 62: Explica el curioso recargamiento en usos e indumentaria de la juventud.
3 Estudio, esp. histórico, de la vestimenta. | * La indumentaria es una de las ciencias auxiliares de la historia.

indumento *m* (*lit*) Vestimenta. | Laforet *Mujer* 168: Blanca sudaba. Nada menos deportivo que su indumento para venir hasta lo alto del cementerio. Vestía de negro .. y sobre la cabeza llevaba un velillo de gasa negro. GNuño *Arte* 278: Ambos acertaron al crear el retrato cortesano español, serio, grave y digno, veraz sobre todas las cosas, minucioso en rostros y en indumentos.

induración *f* (*Med*) Endurecimiento. | Mascaró *Médico* 132: La limpieza de los órganos genitales es la principal profilaxis de la difusión de las enfermedades venéreas; cualquier anormalidad (secreción, llaguitas, induraciones, ganglios, etc.) requiere la inmediata consulta al profesional.

indurar *tr* (*Med*) Endurecer. *Tb pr. Tb* (*lit*) *fuera del ámbito técn.* | PAyala *Amistades* 20 (G): Quizá hubo de contraer en edad temprana esas creencias advenedizas, y poco a poco le fueron indurando, a modo de enfadosa manifestación externa, como las excrecencias callosas en las extremidades inferiores. Corbella *Salud* 454: Entre las afecciones más importantes que cursan con tubérculos debe conocerse el eritema indurado de Bazin –que se ha vinculado a una forma de tuberculosis cutánea–.

indusio *m* (*Bot*) Lámina membranosa protectora de los soros. | Ybarra-Cabetas *Ciencias* 267: En el envés de los frondes aparecen unas manchas rojizas llamadas soros, cubiertas por unas láminas, indusios, o por los bordes de la hoja que se pliegan formando falsos indusios.

industria *f* **1** Actividad que tiene por objeto la transformación de los productos de la naturaleza para su consumo. | Vicens *Universo* 328: La Rusia zarista era fundamentalmente agrícola .. La industria, en cambio, aunque comenzó a desarrollarse en 1880, tenía un valor limitado.
b) Conjunto de industrias. *Normalmente con un compl especificador.* | Bosque *Universo* 206: La industria siderúrgica tradicional se asienta en los países donde abunda la hulla y el hierro.
2 Actividad o negocio con que uno se gana la vida. | Torrente *Off-side* 46: Mientras dura la gestión, sus gastos por nuestra cuenta y un discreto anticipo jamás reintegrable. Nos hacemos cargo de que tendría que abandonar su industria. [*A una prostituta.*] Carandell *Madrid* 117: Doña Sagrario recibe. La casa en que Doña Sagrario ejerce su industria suele tener un portal oscuro y fresco.
3 Instalación o conjunto de instalaciones destinadas a una industria [1 y 2]. | Ortega-Roig *País* 195: Recibe el nombre de Costa Brava y es uno de los centros turísticos más importantes de todo el mundo. El turismo ha superado a las viejas industrias del corcho y a la riqueza pesquera.
4 Habilidad o maña. | Berenguer *Mundo* 174: Quiero contar cómo nos apañamos con los cartuchos, porque una cosa es la industria de cargarlos y otra, muy diferente, el huroneo de buscar los avíos.

industrial I *adj* **1** De (la) industria [1, 2 y 3]. | Ortega-Roig *País* 207: La ría más meridional es la de Vigo, con la ciudad del mismo nombre .., gran puerto pesquero y comercial, centro industrial conservero. *Alc* 1.1.55, 20: Todas las actividades nacionales: industrial, agrícola, comercial, intelectual, artística, etc. **b)** [Ingeniero o perito] especializado en estudios relativos a la industria [1]. *A veces n m en pl. Tb referido a la ingeniería o peritaje.* | *SD16* 13.12.89, II: Esto fundamentalmente se da en las carreras de Telecomunicación, Industriales e Informática. *GTelefónica N.* 570: Harris Bosch Aymerich, S.A. Ingeniería civil e industrial. **c)** [Maestro] ~ → MAESTRO.
2 (*col*) [Cantidad] muy grande. | Diosdado *Olvida* 35: El gusto es mío, señorita, cantidades industriales de gusto... ¿Cómo está usted?
II *m y f* **3** Pers. que tiene una industria [2 y 3]. | *Bal* 6.8.70, 16: Los antiguos operarios de taxistas, al convertirse en industriales, se encontraron con el problema de la falta de vehículo y de medios para adquirirlo. Á. Río *Ya* 28.3.75, 29: La Verónica, representada este año por Pilar Ruiz, una joven industrial, dará vida a esta escena de la Pasión.

industrialismo *m* (*Econ*) Tendencia a dar preponderancia a la industria [1]. | *Abc* 15.12.70, 22: En tiempos modernos surge allí la chispa del industrialismo europeo que transfigura el nivel de vida de la tierra vasca.

industrialista *adj* (*Econ*) De(l) industrialismo o que lo implica. | B. Riquer *His* 8.77, 84: Se produjo así una gran ofensiva económica y política de la Lliga, que pretendió aprovechar la coyuntura para imponer sus criterios de política económica industrialista. MGaite *Usos* 52: A la mujer no se la había recluido, sino que se la había rescatado de las garras del capitalismo industrialista, que intentó alejarla de sus labores. **b)** Partidario del industrialismo. *Tb n.* | * Nosotros no somos industrialistas.

industrialización *f* Acción de industrializar(se). *Tb su efecto.* | LMuñoz *Tri* 26.12.70, 6: A esa situación límite .. se había llegado como consecuencia de la dirección emprendida por una política económica que, tras el primer brote de industrialización, .. había tenido como principal objetivo la formación de una burguesía nacional.

industrializar *tr* **1** Convertir [una cosa] en objeto de industria [1 y 2]. | Ortega-Roig *País* 91: Hoy en día la cría de estos animales [cerdo, gallina, conejo, pato] empieza a industrializarse. Cabezas *Abc* 7.9.66, 45: Él no industrializó su arte.
2 Hacer que [un país, una región u otro lugar (cd)] se desarrolle industrialmente. | Arrlo *RegO* 17.7.64, 14: No se trata de industrializar la villa para asegurar el trabajo diario a un mínimo de 50 obreros. **b)** *pr* Desarrollarse industrialmente [un país, una región u otro lugar]. *Frec en part.* | Fernández-Llorens *Occidente* 211: Rusia no se industrializa. Sigue siendo un mundo de campesinos regidos por la autoridad omnímoda del zar. Ortega-Roig *País* 170: La comarca del Vallés .. es una comarca muy industrializada.

industrialmente *adv* De manera industrial [1]. | *Ya* 3.5.74, 13: Los concesionarios de explotación podrán refinar y manipular industrialmente los hidrocarburos que obtengan en exceso.

industriosidad *f* Cualidad de industrioso. | Aranguren *Ética y polít.* 140: El egoísmo bien entendido .. constituiría .. la mejor o más bien la única virtud social, simple resultante de una serie de virtudes privadas, la laboriosidad, la buena administración, la industriosidad.

industrioso -sa *adj* (*lit*) Que se dedica con ahínco al trabajo. | Buero *Hoy* 61: Yo estaba destinado a esto. Un tío industrioso, que lo mismo arregla una máquina de afeitar que construye viseras de cartón. *Van* 28.8.70, 19: Durante los días 9 al 13 de septiembre tendrá lugar la Fiesta Mayor de la industriosa barriada de Pueblo Nuevo.

inedia *f* (*lit*) Falta de alimentación. | Palacios *Juicio* 30: Se me dirá que Rocinante solo quiso decir que el hambre aguza el ingenio, y que la inedia predispone a las agudezas metafísicas.

inédito -ta *adj* **1** No publicado. *Dicho esp de escrito o autor. Tb n m, referido a obra literaria.* | *MHi* 3.61, 60: Los trabajos, en castellano, originales e inéditos, con una extensión mínima de cincuenta versos. MAuseta *DEs* 2.9.71, 13: Concurso Fotográfico de la "Diada" .. Deben mandar un máximo de 3 fotografías .. rigurosamente inéditas, reforzadas con cartulina.
2 Desconocido o no descubierto hasta el momento. | Laforet *Mujer* 267: Era delicioso ver cuántas cosas de aquellas que el dinero proporciona eran inéditas para la mujer. Grau *ASeg* 21.11.62, 7: Traída por este recuerdo lejano, surge en la escena de mi memoria otra figura que, hasta entonces inédita, hizo su aparición poco después en las calles de la ciudad: el heladero.

ineducación *f* Cualidad de ineducado. | *Abc* 17.7.75, 3: Madrid tiene dos respiraderos: El Pardo y la Casa de Campo .. Pero sobre ellos pesa el azote de la ineducación de muchos de sus visitantes.

ineducadamente *adv* De manera ineducada. | D. Plata *Abc* 8.2.58, 31: El producto sin marca entra de rondón, por sorpresa, ineducadamente, y como tal se porta.

ineducado -da *adj* [Pers.] mal educada o sin educación. *Tb n.* | Payno *Curso* 85: Las acusó de ineducadas, gamberras. **b)** Propio de la pers. ineducada. | * Comportamiento ineducado.

inefabilidad *f* Cualidad de inefable. | Camón *Abc* 11.5.58, 3: Se despiezan en triángulos las cosas allí representadas, y cada segmento es una palpitación personal del alma del pintor. De aquí la inefabilidad del arte moderno.

inefable *adj* Que no se puede expresar con palabras. *Gralm con intención ponderativa.* | Cela *Judíos* 53: Las .. aguas del cielo .., a veces, se derraman trayendo una paz inefable al corazón de los vagabundos. **b)** *Frec con intención peyorativa, esp referido a pers.* | *Ya* 19.9.90, 48: El inefable presidente del Atlético de Madrid ha insultado al del Real Madrid, Ramón Mendoza, llamándole 'subnormal'.

inefablemente *adv* De manera inefable. | García *Abc* 11.2.58, 3: Allí sigue [Nuestra Señora de Lourdes] .. con las manos inefablemente plegadas en oración perpetua por todos los necesitados de la vida.

inefectividad *f* Cualidad de inefectivo. | J. CAlberich *Mun* 12.12.70, 38: Ante la inefectividad de la ayuda para el desarrollo proporcionada por las grandes potencias económicas, se hace necesario basarse en los recursos propios.

inefectivo -va *adj* Que no es efectivo o eficaz. | *PapD* 2.88, 124: La preparación docente de los profesores de Enseñanza Media .. es brevísima e inefectiva.

ineficacia *f* Cualidad de ineficaz. | CNavarro *Perros* 15: Se comentaba .. la ineficacia del monólogo interior. *Compil. Aragón* 601: La revocación o modificación unilateral otorgada por un cónyuge en vida del otro producirá la ineficacia total de aquellas disposiciones que .. estén recíprocamente condicionadas.

ineficaz *adj* No eficaz. | *Ya* 15.10.67, sn: Dígame cómo una chispa débil, ineficaz, procedente de una bujía quemada, sucia, puede proporcionarle el rendimiento económico y correcto que usted desea. Escudero *Capítulo* 110: Puede haber un magnífico Secretario que sea un Consejero ineficaz o perjudicial por su poca prudencia al aconsejar.

ineficazmente *adv* De manera ineficaz. | *Act* 17.12.70, 57: Aunque Escubi fue nominal e ineficazmente expulsado de la organización, él sigue utilizando el nombre de E.T.A. para sus actuaciones.

ineficiencia *f* Cualidad de ineficiente. | R. RSastre *Mun* 12.12.70, 44: Una cosa es la protección de la industria y otra la protección de la ineficiencia.

ineficiente *adj* Ineficaz o no eficiente. | Aranguren *Marxismo* 88: Es incompatible [el realismo marxista] con la salvaguardia a cualquier precio de la "buena conciencia" .. Y .. con radicalismo irrealista, brillante, utópico .. Actitudes estas dos últimas puramente estéticas .., autocomplacid[a]s de encontrarse moralmente bellas, sublimes... e ineficientes.

inejecución *f* (*Der*) Hecho de inejecutar. | *Leg. contencioso-adm.* 225: Respecto de la ejecución de sentencias, se tiende a aumentar las garantías del administrado .. limitando las causas de suspensión o inejecución.

inejecutable *adj* (*Der*) Que no puede ejecutarse. | *Leg. contencioso-adm.* 228: No podrá suspenderse ni declararse inejecutable una sentencia por causas de imposibilidad material o legal de ejecutarla.

inejecutar *tr* (*Der*) Dejar de ejecutar. | *Leg. contencioso-adm.* 225: Aun cuando se mantiene el precepto que cierra la posibilidad de suspender o inejecutar las sentencias que, habiendo examinado la cuestión de fondo, sean confirmatorias de actos de la Administración, se introduce en el mismo una importante excepción.

inelegancia *f* **1** Cualidad de inelegante. | Mendoza *Savolta* 42: Miró con más detenimiento al hombre: vestía con cierta inelegancia pueblerina y sudaba.
2 Hecho o dicho inelegante. | M. Á. Gozalo *Abc* 30.10.74, 34: El presidente da las instrucciones, el primer ministro las hace cumplir y el ministro de Economía practica la inelegancia social de no soltar una perra.

inelegante *adj* Que carece de elegancia. *Frec en sent moral.* | Torrente *Off-side* 338: Se mueve con intolerable, inelegante nerviosismo.

inelegantemente *adv* De manera inelegante. | Delibes *Cartas* 147: ¿Qué sentido tiene ensañarse ahora inelegantemente en la ruptura?

inelegibilidad *f* Cualidad de inelegible. | Herrero *Ya* 3.4.90, 17: Hay que señalar ahora otro peligro procedente del proyectado sistema de inelegibilidad. Se pretende declarar inelegible al diputado que, habiendo cambiado de militancia política durante la legislatura anterior, no dimitiese de su escaño.

inelegible *adj* Que no puede ser elegido. | *Inf* 16.3.77, 2: El Consejo de ministros aprobó las normas electorales. Serán inelegibles los ministros y altos cargos.

ineluctabilidad *f* Cualidad de ineluctable. | L. Pancorbo *SYa* 21.9.75, 9: A los pueblos, con la excusa de la ineluctabilidad del progreso, no se les puede rasgar, cuartear.

ineluctable *adj* [Cosa] que no se puede evitar o contra la que no se puede luchar. | L. Calvo *Abc* 11.6.67, 51: Se sabía que la guerra era ineluctable.

ineluctablemente – inescrutabilidad

ineluctablemente *adv* De manera ineluctable. | DAlegría *Defensa* 168: No es nada fácil salir de un período de 40 años de autocracia .. Ineluctablemente, ello marca el inicio de una crisis de cambio.

ineludible *adj* Que no se puede eludir o evitar. | PRivera *Discursos* 13: Relegar .. a segundo grado los deberes familiares más ineludibles.

ineludiblemente *adv* De manera ineludible. | MSantos *Tiempo* 171: La lista de mortíferos objetos que han de ser ineludiblemente requisados.

inembargable *adj* No embargable. | Campmany *Abc* 20.6.88, 26: Le h[e] dicho al asesor fiscal que en las casillas del "patrimonio" incluya a mi suegra, que es el bien más valioso que tengo en casa, con el ruego de que me lo consideren exento de impuestos y de naturaleza inembargable.

inenarrable *adj* [Cosa] que por su carácter extraordinario no se puede expresar con palabras. *Frec con intención ponderativa.* | *Abc* 18.4.58, 33: Hubo, a consecuencia de esto, líos inenarrables. CAssens *Novela* 2, 250: ¡Un éxito clamoroso, inenarrable! VMontalbán *Tatuaje* 148: Si quieres ser un gourmet has de hablar de otra manera .. No adjetivas correctamente. Un plato es "insuperable" o "inenarrable".

inencogible *adj* [Tejido o prenda] que no se encoge. | *Ya* 3.3.63, sn: Camisa .. inarrugable, indeformable, inencogible.

inencontrable *adj* Que no puede encontrarse. | *Mad* 25.11.70, 19: Ladrones y delincuentes se lanzan a la selva en pos de un "El Dorado" inencontrable.

inepcia *f* (*lit*) **1** Ineptitud. | Tovar *Gac* 12.1.63, 25: ¿Es que soluciones a que otras naciones iban llegando .. no hubieran podido buscarse por aquellos representantes del país, los políticos, los partidos, y también los periódicos y los ironistas que se desesperan –y nos desesperan– ante las inepcias que descubren por todas partes?
2 Necedad (hecho o dicho necio). | JLozano *Inf* 19.7.76, 16: Aquí, sobre todo si se pertenece al clan de los listos oficiales, se puede decir todo: tanto una gran verdad como una solemne inepcia.

ineptitud *f* Cualidad de inepto. | Laiglesia *Ombligos* 56: ¿No le parece monstruoso que logren mantenerse a flote tanto tiempo a pesar de su ineptitud?

inepto -ta *adj* [Pers.] que no tiene aptitud o aptitudes. *A veces con un compl* PARA. | CNavarro *Perros* 82: Jamás había sentido la necesidad de ser un poco mejor, y ello le daba un margen más que sobrado de engreimiento. Creía que sufrir era cosa de ineptos.

inequívocamente *adv* De manera inequívoca. | *Tri* 11.4.70, 9: Cuando uno se ha pronunciado tan inequívocamente, queda, creemos, casi inhabilitado para la objetividad.

inequívoco -ca *adj* Que no puede confundir o dar lugar a duda. | MSantos *Tiempo* 61: Algunas mujerzuelas de aspecto inequívoco se estacionaban en las aceras o tomaban café con leche en turbios establecimientos. CNavarro *Perros* 168: Su generosidad [del hombre], su egoísmo, su sensualidad, incluso, eran signos inequívocos de predestinación.

inercia *f* **1** Tendencia a dejarse llevar por lo que otro, o uno mismo, ha hecho o dicho. | Cuevas *Finca* 252: Hay un momento en que los niños lloran por inercia, porque no se les distrae con otra cosa. *Sp* 19.7.70, 53: No se veía con buenos ojos que el titular de la Filarmónica de Berlín –considerada, un poco de verdad y otro poco por inercia, como la mejor de Europa– se ocupase de una orquesta francesa. **b)** Desidia, o falta de iniciativa. | Aranguren *Ética y polít.* 180: Los hombres .. necesitan ser "estimulados" políticamente, necesitan ser sacados de su inercia y de la entrega a la vida privada, .. a su individualismo. GPavón *Hermanas* 36: Acaban pudriéndose [las cosas] en el basurero de la inercia, faltas de iniciativas nuevas y generosas.
2 (*Fís*) Propiedad de los cuerpos de continuar en el estado de reposo o de movimiento uniforme y rectilíneo en ausencia de una fuerza externa. | Mingarro *Física* 36: La razón de proporcionalidad entre la fuerza y la aceleración es mayor cuanto más grande es la inercia del objeto considerado.

inercial *adj* De (la) inercia, *esp* [1]. | Marías *Cataluña* 141: Se trata, ni más ni menos, de un pensamiento inercial y perezoso, que prefiere acogerse a una fórmula prefabricada e igualmente abstracta, en lugar de molestarse en ver despacio cómo son de verdad las cosas. Aranguren *D16* 18.10.76, 4: La Universidad, vaciada de todo su sentido, ha arrastrado una existencia más bien inercial.

inercialmente *adv* De manera inercial. | Marías *Cataluña* 119: Hay que huir, cuando se habla de España, de todo esquematismo, de todo espíritu de "simetría", que no hay que proyectar automática e inercialmente a todo el país lo que se ha impuesto como cierto para una porción de él.

inerme *adj* (*lit*) Que no tiene armas. *Tb fig.* | Laforet *Mujer* 298: Aquel hombre no se habría atrevido a lo que hizo de haber vivido ella con Eulogio, y esto la exasperaba más que nada. Esta cobardía de la gente, este sentirse inerme delante de la brutalidad.

inerrancia *f* (*lit*) Cualidad de inerrante. | A. Montero *Ecc* 24.11.62, 18: Admitida por todos la inspiración y la inerrancia de la Sagrada Escritura, no todos concuerdan en el modo y medida con que se han de entender.

inerrante *adj* (*lit*) Que no puede errar o equivocarse. | P. Urbano *Ya* 9.11.89, 5: No es muy de recibo que esos mismos gobernantes a quienes se les llena la boca hablando de la posmodernización, .. del software inerrante en la junta de horizontes..., etc., nos tengan ya ¡once días! con sus cuentas de la vieja.

inerte *adj* **1** Que carece de vida por naturaleza. | Bustinza-Mascaró *Ciencias* 5: La rama de la Historia Natural que estudia los seres inertes se llama Geología.
2 Que no presenta indicios de vida. | Laforet *Mujer* 177: Paulina se había tendido en la cama .. y estaba quieta, inerte.
3 Inactivo o carente de iniciativa. | Aranguren *Ética y polít.* 180: Sin fermento, la masa permanecería siempre inerte. La democracia no es primariamente .. un problema estadístico, sino el de la conversión de la masa, políticamente indiferente o conformista, en pueblo.
4 (*Quím*) Incapaz de reacción. | Mingarro *Física* 114: Antes se hacía el vacío en su interior [de la bombilla], pero modernamente se llena de nitrógeno, argón u otro gas inerte. *Ya* 22.10.64, sn: Regulador uniforme del flujo variable. Ideal para ácidos y otros líquidos y gases corrosivos, tóxicos o inertes.
5 (*Fís*) Que tiene inercia [2]. | Mingarro *Física* 36: Se necesita un mayor esfuerzo para acelerar (positiva o negativamente) en cuantía determinada el movimiento del objeto de hierro que para hacer lo mismo con el de madera; es decir, aquel es más inerte en el sentido de que es preciso ejercer mayor fuerza para obtener la misma variación de movimiento.

inervación *f* (*Anat*) Hecho de inervar. *Tb su efecto.* | Vega *Corazón* 72: Sugirió intentar modificaciones del genoma, para reemplazar el sistema de inervación simpático-autónomo por un control cortical. Rábade-Benavente *Filosofía* 39: El S[istema] N[ervioso] P[eriférico], topográficamente, consta de nervios sensoriales y motores y de inervaciones viscerales.

inervar *tr* (*Anat*) Dotar de nervios o de estimulación nerviosa [a una parte (*cd*) del cuerpo]. | Navarro *Biología* 129: El sistema nervioso neurovegetativo .. inerva los órganos de la nutrición. Pinillos *Mente* 65: El cerebro inicia los impulsos de "salida" que han de inervar los movimientos glandulares o musculares correspondientes a la acción.

inescindible *adj* No escindible. | Cela *Oficio* 112: El despotismo y la esclavitud son indivisibles, inescindibles.

inescindiblemente *adv* De manera inescindible. | FQuintana-Velarde *Política* 44: En la tierra se encuentran dos elementos unidos inescindiblemente: uno, producto del esfuerzo humano ..; otro, donativo de la naturaleza.

inescrutabilidad *f* Cualidad de inescrutable. | R. Cotarelo *D16* 21.12.91, 6: En China y Vietnam es un nombre ["comunismo"] que, con oriental inescrutabilidad, disimula una realidad capitalista.

inescrutable *adj* Que no se puede llegar a comprender o descifrar. | Torres *Ceguera* 208: No discutas los designios del Señor, que a menudo son inescrutables para los humanos.

inespacial *adj* Ajeno al espacio o independiente de él. | Rábade-Benavente *Filosofía* 235: Los valores, por consiguiente, son inespaciales e intemporales .. Los valores en sí mismos gozan de una cierta idealidad, que los hace sustraerse a las condiciones del espacio y del tiempo.

inespecífico -ca *adj* No específico. *Esp en medicina*. | Mascaró *Médico* 121: Este antídoto o contraveneno inespecífico sirve para absorber los colorantes, toxinas y alcaloides. *TMé* 2.12.88, 22: Los folatos se encuentran íntimamente relacionados con diversas patologías neuropsíquicas: alteraciones inespecíficas y SOC. SFerlosio *Ensayos* 1, 132: Expresiones evangélicas más inespecíficas, como el metafórico dicterio de "sepulcros blanqueados", han debido de ser lo que .. ha dejado despintarse las precisas facciones de nuestro personaje [el fariseo].

inesperable *adj* No esperable. | GPavón *Hermanas* 158: –¿Cómo se llama el negociado que lleva usted en el Ministerio? .. –¿Y a usted qué le importa? –contestó de pronto con telele inesperable.

inesperadamente *adv* De manera inesperada. | Laforet *Mujer* 21: Rita se sonrojó inesperadamente.

inesperado -da *adj* Que se presenta u ocurre sin ser esperado o estar previsto. | Medio *Bibiana* 77: Empieza a saborear la situación, tan divertida como inesperada.

inesquivable *adj* Que no se puede esquivar o eludir. | MGaite *Usos* 59: El verdadero poder de aquella organización se ejercía a través del famoso Servicio Social, inesquivable requisito para obtener trabajo.

inestabilidad *f* Cualidad de inestable. | *ByN* 31.12.66, 116: El acné suele ser una enfermedad ligada a la inestabilidad afectiva de los caracteres juveniles. M. Toharia *SInf* 16.12.70, 8: En primer lugar hacen falta nubes, es decir, humedad y una cierta inestabilidad.

inestabilización *f* Acción de inestabilizar(se). | J. SEgea *Abc* 21.8.66, 60: Se acusa ya la presencia de aire frío al SW de la Península, así como un surco depresionario que .. podría dar lugar a una inestabilización de la atmósfera.

inestabilizar *tr* Hacer inestable [algo]. | J. SEgea *Abc* 25.5.75, 19: Agua que nos trajo una advección de aire frío en los niveles altos de la atmósfera que inestabilizó fuertemente nuestro espacio aéreo. **b)** *pr* Hacerse inestable. | *SPaís* 14.9.90, 12: Seguimos con presiones altas, pero la atmósfera comienza a inestabilizarse.

inestable *adj* Que no es estable. *Tb n, referido a pers*. | Laforet *Mujer* 90: La llegada a Barcelona, en un avión pequeño, inestabilísimo, fue para Paulina una experiencia nueva. *Abc* 6.6.67, 9: Ha efectuado fuertes inversiones .. en equipar las fuerzas yemeníes que defienden el aún inestable gobierno republicano. Marcos-Martínez *Física* 261: Esta variedad [de azufre] es inestable, pues poco a poco se endurece, por transformarse en la variedad rómbica. Pinillos *Mente* 149: Lo característico del inestable es el humor cambiante, la sensibilidad, la inquietud, la ansiedad, la rigidez y la agresividad. **b)** (*Fís*) [Equilibrio] en que un cuerpo desviado de su posición primitiva sigue desviándose en el mismo sentido. | Marcos-Martínez *Física* 31: El equilibrio es inestable cuando el c[entro] d[e] g[ravedad] está por encima del punto de suspensión y en la misma vertical.

inestimabilidad *f* Cualidad de inestimable. | *NSa* 31.12.75, 23: Es más bien leve [la responsabilidad exigida a los médicos] en comparación con la inestimabilidad del bien de la salud y las consecuencias que su conducta puede originar.

inestimable *adj* [Cosa no material] cuya gran importancia o valor no se puede apreciar debidamente. *Con intención ponderativa*. | J. PGuerra *Inf* 17.8.70, 8: Al valor inestimable de pérdidas humanas y accidentados hay que añadir el de los navíos.

inestimado -da *adj* **1** Que no ha sido estimado o valorado. | * La mayor parte de los bienes familiares están aún inestimados.

2 (*Der*) [Dote] cuyo dominio conserva la mujer, independientemente de que los bienes se hayan valorado o no. | *Compil. Cataluña* 676: En defecto del plazo pactado, la dote inestimada deberá restituirse luego de disuelto el matrimonio.

inevitabilidad *f* Cualidad de inevitable. | Tierno *Humanismo* 111: Digamos que habíamos aprendido a amar lo inevitable y que la tragedia había retraído sus elementos a este último estrato de inevitabilidad.

inevitable *adj* **1** Que no puede evitarse. | A. Peralta *SYa* 7.12.80, 31: El tratamiento psiquiátrico de estos problemas es inevitable.

2 Que no puede faltar. *Normalmente con intención peyorativa*. | Cossío *Confesiones* 218: Íbamos los cuatro exilados acompañados por el inevitable Curro, que era quien conocía aquellos vericuetos. A. Olano *Sáb* 10.9.66, 5: Para ellos hay salas de fiestas con "typical Spain", con las inevitables palmas, jipíos y típicos pasados por sevillanas.

inevitablemente *adv* De manera inevitable. | E. Haro *Tri* 26.12.70, 5: Muchos americanos han creído que vivían en esa utopía; ahora se denuncia como una ilusión, como un "american dream" que termina inevitablemente en pesadilla.

inexactitud *f* **1** Cualidad de inexacto. | *Leg. contencioso-adm*. 35: Lo mismo sucede con la prejudicialidad, referida a la inexactitud de un asiento en el R[egistro] C[ivil] conforme al art. 4 de la L. del Registro.

2 Afirmación inexacta [1b]. | J. CCavanillas *Abc* 5.12.70, 36: Comentarios adversos, verdades a medias, inexactitudes, fantasías .. ocupan .. amplios espacios en la Prensa.

inexacto -ta *adj* Que no es exacto. | Gironza *Matemáticas* 84: La radicación se dice entonces inexacta, y tomamos como raíz cuadrada el número 6, que se llama raíz cuadrada entera por defecto. **b)** Que no se ajusta totalmente a la verdad. *Frec como euf, dando a entender falsedad*. | *DÁv* 2.7.90, 25: Zavala asegura que identificar al voto católico con la derecha es inexacto. * Se han hecho afirmaciones inexactas.

inexcusable *adj* **1** Que no puede ser excusado o disculpado. | *Van* 4.11.62, 14: El hecho de haber rehusado las Iglesias ortodoxas y en especial la griega haber enviado observadores al Concilio Vaticano constituye una falta histórica inexcusable.

2 [Cosa] de la que no es lícito o posible eximirse. | FQuintana-Velarde *Política* 231: Un conjunto de inversiones públicas que deben efectuarse por el Estado como condición ine[x]cusable para lograr el crecimiento de la economía. [*En el texto*, inescusable.]

inexcusablemente *adv* De manera inexcusable. | Laín *Universidad* 20: ¿Existe acaso el amplio equipo de docentes retribuidos .. que la enseñanza universitaria tan inexcusablemente requiere?

inexhaurible *adj* (*lit, raro*) Inagotable. | Albalá *Periodismo* 14: A veces pienso si no habrá sido mi empeño por abarcar esa inmensa, sofocante, inexhaurible bibliografía quien me ha llevado a esta extraña decisión.

inexhaustible *adj* (*lit*) Inagotable. | Aldecoa *Cuentos* 1, 383: Comía pipas de girasol y de melón .., mientras hablaba inexhaustible con el pueblo entero. Benet *Aire* 22: Era una voz de mujer de edad pero eran palabras sin edad, las mismas palabras de siempre de una remota e inexhaustible acritud doméstica, las que se oyeron en el Arca de Noé.

inexhausto -ta *adj* (*lit*) Que no se agota. | Camón *SAbc* 15.5.58, 43: Y ya esta ruta impresionista es inexhausta.

inexistencia *f* Hecho de no existir. | Ramírez *Derecho* 94: El heredero *ab intestato* o legítimo exige la inexistencia de testamento válido.

inexistente *adj* Que no existe. | DPlaja *El español* 91: Las habitaciones del hogar son a menudo tristes; y la comodidad, muchas veces, inexistente.

inexorabilidad *f* Cualidad de inexorable. | Torrente *Saga* 390: Vamos a ver, Acisclo, cómo pones en juego el rigor de tu mente, la implacabilidad de tu raciocinio, la inexorabilidad de tus conclusiones. Aguilar *Experiencia* 97:

Mi carácter me inclinaba a comprender la inexorabilidad de ciertos hechos sociales.

inexorable *adj* **1** [Pers.] que no se deja vencer por los ruegos o por la piedad. | Ribera *Misal* 1654: Nos ha de juzgar un Juez que todo lo sabe. Juez inexorable que no se ablanda con súplicas. **b)** Propio de la pers. inexorable. | FMora *Abc* 8.9.66, 15: Si tan inexorable y disciplinado era su legalismo, ¿por qué .. se negó a obedecer la orden de acudir a detener a León de Salamina?
2 [Cosa] que no se puede evitar ni modificar. | F. León *DíaCu* 29.7.84, 6: Ante la llegada inaplazable e inexorable de los vencimientos bancarios se impone la necesidad a tener en cuenta por los organismos y entidades compradoras de agilizar al máximo la venta de sus productos.

inexorablemente *adv* De manera inexorable. | CNavarro *Perros* 114: La Ley, que tantas veces le protegió, ahora le acechaba inexorablemente. Torrente *Fragmentos* 194: La historia es el paso de un paraíso a otro. Pero la vida en estos paraísos es también repetición: lo que sucedió en el paraíso anterior sucede, inexorablemente, en el siguiente.

inexperiencia *f* Falta de experiencia. | Laforet *Mujer* 187: A la pobre Amalia, unos desaprensivos le habían robado la herencia del hijo, aprovechándose de su inexperiencia.

inexperto -ta *adj* No experto. *Tb n.* | E. JRey *Reg* 25.8.70, 1: Evitar esta emigración de unos hombres especializados en unos cultivos de artesanía que no pueden ser realizados por inexpertos y mucho menos por maquinaria.

inexplicabilidad *f* Cualidad de inexplicable. | Torrente *Filomeno* 250: Si lo he contado aquí aquel acontecimiento, se debe a su rareza, a su irracionalidad, a su inexplicabilidad.

inexplicable *adj* No explicable. | *Mar* 5.4.71, 5: Encajamos goles inexplicables.

inexplicablemente *adv* De manera inexplicable. | G. Pablos *CoZ* 23.5.64, 8: El estadio sigue allí, en la última terraza de Delfos, vacío y solitario, inexplicablemente en pie, sin resignarse a la muerte.

inexplicado -da *adj* No explicado o falto de explicación. | *Cod* 3.5.64, 5: Se ofrecen, pues, momentos magníficos, .. junto a otros lentísimos, inexplicados.

inexplorado -da *adj* No explorado. | Laiglesia *Ombligos* 59: Eso fue lo que aprendió la promoción de Juan en la clase de Oratoria: el arte de decir lugares comunes que sonaran a sitios inexplorados.

inexportabilidad *f* Cualidad de inexportable. | *BOE* 14.8.68, 12020: Orden por la que se dispone .. la declaración de inexportabilidad del lienzo de El Greco "Santo Domingo de Guzmán en oración". Torrente *Cuadernos* 104: Como "rasgo" redentor (que tal debe de ser el propósito de los manifestantes [nudistas]), tiene el inconveniente de su inexportabilidad. Fuera del espacio comprendido entre los trópicos, ¿quién se atreve, y más en invierno?

inexportable *adj* Que no se puede exportar. | *Ya* 30.4.70, 42: El Estado .. declara inexportable y determina la inclusión en el Patrimonio Artístico Nacional de un hachero policromado, de estilo plateresco, que pertenece a la iglesia parroquial de El Barco de Ávila.

inexpresable *adj* Que no se puede expresar. | MGaite *Cuento* 35: Una afinidad encuentro .. entre la situación del individuo que desea con impaciente afán dormirse y la del que –acuciado por tantas cosas confusas e inexpresables– se consume por soltarlas de golpe garabateando un papel.

inexpresado -da *adj* No expresado. | Delibes *Mundos* 102: Esta ascendencia femenina brota de un acuerdo inexpresado.

inexpresión *f* Falta de expresión. | Onieva *Prado* 113: El Santo [en el cuadro] queda impersonalizado por la inexpresión.

inexpresivamente *adv* De manera inexpresiva. | Torrente *Filomeno* 334: María de Fátima, sentada, más bien caída, miraba al aire inexpresivamente.

inexpresividad *f* Cualidad de inexpresivo. | *ASeg* 27.2.76, 14: Los actores [de la película] son reducidos férreamente al silencio y a la inexpresividad casi absoluta.

inexpresivo -va *adj* No expresivo, o carente de expresividad. | Onieva *Prado* 167: Véanse los rostros; son bobos, inexpresivos, pintados con preocupación de "lo bonito". Alfonso *Abc* 3.12.70, 19: Las torres "pretensadas" –o como sean–, con o sin los famosos nueve metros de la discordia, ponen su inexpresiva disonancia a los muros vecinos y, más aún, al conjunto.

inexpugnabilidad *f* Cualidad de inexpugnable. | FReguera-March *Cuba* 194: –Los mambises han pasado con facilidad las trochas. –No, con facilidad, no; pero las han pasado siempre que se lo han propuesto, echando por tierra su presupuesta inexpugnabilidad.

inexpugnable *adj* **1** Que no se puede conquistar por la fuerza de las armas. *Tb fig.* | N. LPellón *MHi* 7.69, 17: Construyeron fortalezas inexpugnables. Aranguren *Marxismo* 117: Convertir a Rusia en el bastión inexpugnable que testimoniase la pervivencia del Estado comunista.
2 Que no se deja doblegar o convencer. | *Abc* 25.8.66, 15: Se necesitan, evidentemente, una fe, una voluntad y una conciencia realmente inexpugnables y asombrosas.

in extenso (*lat; pronunc,* /in-eksténso/) *loc adv* De manera extensa. *Tb adj.* | LTena 11.12.70, 20: De ello hablará ABC "in extenso" otro día. Barral *Memorias* 1, 52: Cuando termina la lectura de las cuartillas pregunta .. si le han entendido .. Ante el riesgo de una repetición *in extenso*, le contestan indefectiblemente que sí.

inextenso -sa *adj* (*E*) Que carece de extensión. | GÁlvarez *Filosofía* 2, 106: Los cuerpos no se reducen a extensión. Si tomo, por ejemplo, dos cuerpos, una esfera y un cubo, y los disminuyo en su extensión hasta dejarlos reducidos a un punto, el resultado final de esta operación es algo inextenso, pero con estructura diferente en cada caso.

inextinguible *adj* (*lit*) Que no puede extinguirse. | Pemán *Abc* 5.12.70, 3: Allí sigue en el Arco, velado por una lámpara de alcohol que mantiene una llama inextinguible. Castiella *MHi* 11.63, 64: La ciudad universitaria por excelencia nos da la permanente lección de su espíritu inextinguible como el de España misma.

inextinguiblemente *adv* De manera inextinguible. | S. Jiménez *Abc* 25.2.68, 7: Todo arde, inextinguiblemente, bajo el alto cielo de Panamá.

inextinto -ta *adj* Que no se ha extinguido o apagado. | C. Sentís *Abc* 9.5.58, 23: La inextinta voluntad de Napoleón acaba de actuar en Munich.

inextirpable *adj* Que no se puede extirpar. | LMiranda *Ateneo* 101: Rebasados los antiguos cuadros por la anexión a la política de lo social y lo económico, eran, en realidad, los progresistas y los "neos" de nuestras antiguas partidas nacionales de raíz inextirpable.

in extremis (*lat; pronunc,* /in-ekstrémis/) *loc adv* En el último momento. *Tb adj.* | *Ya* 16.12.93, 20: El GATT se salvó 'in extremis'. Huarte *Tipografía* 50: Corrección "in extremis". Cuando el autor a estas alturas tenga necesidad de modificar algo de su obra .. puede hacer una fe de erratas.

inextricable *adj* Que no se puede desenredar. *Tb fig.* | Delibes *Parábola* 125: El tegumento que reviste tallos y ramas se eriza de minúsculas uñitas .. que .. se abrazan entre sí en una madeja inextricable. SFerlosio *Jarama* 77: Componían una multicolor y descompuesta aglomeración de piezas humanas, brazos, piernas, cabezas, torsos, bañadores, en una inextricable y relajada anarquía.

inextricablemente *adv* De manera inextricable. | Marías *Gac* 12.1.63, 25: Buster Keaton es el protagonista del ensimismamiento; Harold Lloyd, el as de la alteración. Los dos, inextricablemente enlazados, componen la textura de la vida humana.

infalibilidad *f* Cualidad de infalible. | SLuis *Doctrina* 50: Esta infalibilidad [de la Iglesia] reside: En el Soberano Pontífice, cuando habla "ex cathedra". En el Concilio Ecuménico, aprobado por el Papa. CBonald *Ágata* 216: Aquella apremiante incógnita del acoplamiento de los sexos parecía resolverse así con la misma misteriosa infalibilidad de la semilla que fecunda y de la entraña fecundada.

infalible *adj* **1** [Pers.] que no puede equivocarse. | SLuis *Doctrina* 50: La Iglesia de Cristo es Infalible e Indefectible. **b)** [Cosa] que no puede ser errónea o equivocada. | Rábade-Benavente *Filosofía* 130: Si la ciencia fuera un saber infalible, y el hombre tuviera plena conciencia de poseer la verdad, no sería problema el conocimiento. Lera *Abc* 17.12.70, sn: No he creído nunca que las decisiones de la Academia Sueca .. fuesen infalibles.
2 Que no puede fallar. | Torres *Él* 149: Me pregunto de qué extrañas manipulaciones habrá sido víctima mi infalible loción capilar. *CoZ* 3.5.64, 6: Raticida Ibys 152. El arma infalible contra los roedores.

infaliblemente *adv* De manera infalible. | *Abc* 26.2.58, 21: El Calendar Seamaster, además de la hora exacta, le indica infaliblemente la fecha.

infalsificable *adj* Que no puede falsificarse. | *Lan* 4.1.79, 16: En el billete, el papel es sumamente importante, no solo para darle una característica de infalsificable, sino para que dure y se deteriore lo menos posible. P. Urbano *Ya* 1.11.88, 2: Emiliano, hombre de una pieza, se agarró a la única realidad tangible, verificable e infalsificable: él mismo.

infaltable *adj* Que no puede faltar. | E. Toda *MHi* 2.64, 35: Cocinas eléctricas, refrigeradores, aire acondicionado, mesas plegables, y esa infaltable serie de aparatos que va desde el abridor automático de latas hasta el automático limpiabotas.

infamador -ra *adj* Que infama. *Tb n, referido a pers.* | L. LSancho *Abc* 7.11.86, 22: Gerardín quiere madrugarle a Felipe en ir a La Habana a darle el abrazote de fraternidad al barbudo infamador de la empresa descubridora española.

infamante *adj* [Cosa] que deshonra o rebaja. | Espina *Abc* 29.6.58, 95: El doctor, previa autorización judicial, procedía a marcar el violín con un sello infamante, .. en el que se leía: "Clase ordinaria. Sin valor especial". HSBarba *HEspaña* 4, 361: Todos los esclavos estaban marcados con la señal de la esclavitud, impuesta por los oficiales reales cuando el hierro infamante estaba al blanco incandescente.

infamar *tr* Denigrar o desacreditar. | E. La Orden *SYa* 12.5.74, 19: Esa dura amonestación es inexplicable si no se interpreta como una corrección discipular al viejo maestro de rigorismo, inclinado quizá, ya ante la muerte, a algún intento de restitución moral en favor de los españoles infamados, de España entera infamada para siempre en las páginas de la terrible "Destrucción de las Indias". Mercader-DOrtiz *HEspaña* 4, 241: Los mesones, aunque muy infamados por los extranjeros .., habían mejorado respecto a los del siglo anterior.

infamatorio -ria *adj* [Cosa] que infama o sirve para infamar. | CBaroja *Inquisidor* 22: Un ermitaño que, para avivar la devoción de la Virgen del Triunfo, cayó en la ocurrencia de colocar unos libelos infamatorios junto a la imagen en la Puerta de Elvira.

infame I *adj* **1** [Pers.] sumamente malvada. | Laforet *Mujer* 160: ¡Nunca creí que Paulina fuese tan infame como para hablar del otro taller! .. ¡Seguir propalando la calumnia contra esta criatura inocente! **b)** Propio de la pers. infame. | Villapún *Iglesia* 39: Mandó a España al procónsul Daciano con el infame propósito de perseguir a los cristianos.
2 (*col*) [Pers. o cosa] muy mala en su género. | J. Vidal *País* 15.5.77, 42: A Tinín le concedió oreja .., pese a la realidad de que había matado de un bajonazo infame. Delibes *Vida* 18: La carretera estaba infame.
3 (*raro*) [Pers.] públicamente privada de honra. *Tb n.* | Mercader-DOrtiz *HEspaña* 4, 250: Entre los furiosos detractores [del teatro] era una especie de axioma que la grey teatral era *de iure* infame. CBaroja *Inquisidor* 39: Se admitían como testigos los excomulgados, criminosos, infames, cómplices, perjuros, herejes. **b)** [Cosa] vergonzosa o deshonrosa. | MMolina *Jinete* 332: Oficiales condenados a muerte y despojados de sus insignias en ceremonias infames le negaban a que les vendaran los ojos. Piqué *Abogado* 200: La separación temporal .. puede pedirse en varios casos, y en-

infalible – infantería

tre ellos .. vida criminal o infame, abandono de la manutención de la familia.
II *adv* **4** (*col*) Muy mal. | GHortelano *Momento* 223: Ramón le recordó lo mucho que había disfrutado. Guada contestó que se lo había pasado infame.

infamia *f* **1** Cualidad de infame. | CBaroja *Inquisidor* 43: Lo grave es estar habituado a aplicar leyes y penas (y penas tales como .. la vergüenza pública de la abjuración, la infamia consiguiente).
2 Hecho o dicho infame [1b y 3b]. | Fuster *Inf* 22.2.75, 15: Josep Pla puso el dedo en la llaga cuando hizo correr la voz de que echarle limón a las bestias marinas comestibles es una infamia, "sí" –el condicional es decisivo– tales animalitos son frescos.

infancia I *f* **1** Niñez (período de la vida humana comprendido entre el nacimiento y la adolescencia). *Esp designa el período que llega hasta los siete años. Tb fig, referido a cosas o a animales.* | Laforet *Mujer* 53: Antonio se casó con su amiga de la infancia. **b)** *Con los adjs* PRIMERA *y* SEGUNDA *designa, respectivamente, el período que llega hasta los siete años y desde esta edad en adelante.* | Sales *Salud* 400: Los tics son trastornos funcionales o psicogenéticos que comienzan habitualmente durante la segunda infancia. **c) segunda ~.** (*humoríst*) Período de la edad adulta o de la vejez en que se tiene un comportamiento infantil. *Frec en la constr* ESTAR EN LA SEGUNDA ~. | * El abuelo está en la segunda infancia.
2 (*lit*) Conjunto de (los) niños. | S. Adame *Abc* 7.9.66, 8: Otros alicientes .. eran los columpios para la infancia.
II *loc adj* **3** [Jardín] **de ~** –> JARDÍN.

infantado *m* (*hist*) Territorio de un infante [1]. | *Ya* 23.9.70, 39: Será lanzado el pregón del milenario [de Fernán González] en la histórica villa de Covarrubias, capital del infantado de Castilla.

infante -ta A *m y f* **1** Hijo del rey, al cual no corresponde ser heredero de la corona. | Jover *Historia* 557: Hay una primera fase durante la cual los ejércitos se organizan .. (desde el 1 de octubre de 1833, en que el infante don Carlos toma el título de Rey de España .., hasta el 23 de julio de 1835, en que muere el general Zumalacárregui). **b)** (*hist*) *Hasta el reinado de Juan I de Castilla* († *1390*): Hijo del rey. | Ubieto *Historia* 223: Continuaron las buenas relaciones de los reyes de Castilla con Francia, confirmadas con una serie de matrimonios, como .. el de la francesa Blanca (hija de san Luis IX) con el infante castellano Fernando de la Cerda, primogénito del rey castellano Alfonso X el Sabio.
2 (*lit*) Niño que aún no ha llegado a los siete años. *Fuera del uso lit, se emplea con intención humoríst.* | *Puericultura* 15: Desde que brotan los molares deben prestar especial interés el cuidado de la boca y dientes, enseñando al infante a enjuagarse con agua hervida o bicarbonatada. CBonald *Ágata* 37: Aquel brebaje .. comunicó su salutífera sustancia al infante, y este se recuperó a partir del séptimo mes.
B *m* **3** Soldado de infantería. | Tovar-Blázquez *Hispania* 52: Los arévacos habían elegido jefe a un segedense, Caro .., el cual estaba dispuesto a presentar, con 20.000 infantes y 5.000 jinetes, batalla a los romanos. Delibes *Guerras* 22: Dame 5.000 infantes, dos baterías y un escuadrón de a caballo, y el jueves que viene estaré en Bilbao. *Inf* 24.6.70, 4: La Unión Soviética tiene 10.000 infantes de marina desplazados por todo el mundo.
4 *En algunas catedrales:* Niño que forma parte del coro de voces blancas. *Tb* ~ DE CORO. | *Abc* 9.10.66, 41: El actual deán del Pilar me introdujo como "infante" en la catedral y allí formé parte del coro de voces blancas. P. Darnell *VNu* 13.7.74, 26: Tomás Luis de Victoria .. Se supone que fue infante de coro de la catedral de su ciudad natal.

infanteño -ña *adj* De Villanueva de los Infantes (Ciudad Real). *Tb n, referido a pers.* | J. I. Santos *Lan* 9.2.92, 16: Con la actuación de música jazz de[l] grupo "Síntesis" se clausuraban las IV Jornadas del Libro para Jóvenes que se han venido desarrollando en la localidad infanteña.

infantería *f* **1** Arma del ejército que lucha a pie con armamento ligero y lleva a cabo la ocupación del terreno. | *Abc* 3.5.74, 59: En la calzada formaron fuerzas de Infantería, Artillería e Ingenieros, con bandera, escuadra, banda y música. **b)** Tropa de a pie. | Tovar-Blázquez *Hispania* 56:

Los indígenas repelieron talas y saqueos, y se refugiaron en su ciudad. Luego, en batalla en campo abierto, luchando como infantería ligera, colocaron a Lúculo en una situación apurada. **c)** ~ **de marina.** Parte del ejército constituida por soldados pertenecientes a la armada y cuya principal misión son las operaciones anfibias. | *Ya* 22.11.75, 6: Al final de esta invocación sonarán los acordes del himno nacional interpretado por la banda de Infantería de Marina de la agrupación de Madrid.
2 (*col*) Conjunto de perss. que van o actúan a pie. *Gralm en la loc* DE ~. | Selipe *Ya* 27.6.75, 80: El toro que salió en puntas para el caballista don Gregorio Moreno Pidal no se mostró, ciertamente, colaboracionista .. Tan pronto como salió el primer toro destinado a la infantería, recibió Rafael de Paula un gañafón inquietante. Cela *Judíos* 275: El camino de Guisando hasta el refugio de Arenas .., aunque no pueda hacerse todo él a caballo, no es de los peores, ni mucho menos. Como el vagabundo es de infantería, deja la advertencia para quien le sirva, que a él ni le va ni le viene.
3 (*col*) Conjunto de perss. corrientes o no destacadas en un ámbito o actividad. *Gralm en la loc* DE ~. | M. Escribano *Pue* 1.12.70, 5: Algunos [obispos] estaban vestidos de "clergyman" .. Otros iban con la sotana y el pectoral; otros, con sotana, como un cura más de infantería.

infanticida *m y f* Pers. que comete un infanticidio. *Tb adj.* | Torrente *Off-side* 115: Elaboraron una larga lista de personajes históricos .., literarios .., periodísticos –Mary la envenenadora, Judith la infanticida, Cinthya la ninfómana–.

infanticidio *m* Acción de dar muerte a un niño, esp. a un recién nacido. | *DCá* 11.3.56, 2: Se celebró en la mañana de ayer la vista del proceso .. contra Carmen Jaén García, acusada del delito de infanticidio.

infantil *adj* **1** De la infancia [1a]. | Á. Oso *Mad* 9.2.68, 27: Resumiendo sus propiedades [de las galletas]: .. Su apetitosidad y fácil administración consiguiente, que representa su característica más importante en la edad infantil. Ybarra-Cabetas *Ciencias* 313: Hay varios procedimientos para combatir el paludismo, pero el más eficaz es evitar el desarrollo del mosquito Anopheles destruyéndolo en su fase infantil (larva).
2 De(l) niño o de (los) niños. | Arce *Testamento* 31: Una sonrisa casi infantil se le iba de una a otra comisura. *Faro* 3.8.85, 43: Gran fiesta infantil, que organiza la Casa de la Juventud para que participen todos los niños. **b)** [Parálisis] ~ → PARÁLISIS.
3 [Pers.] que está en la infancia [1a]. | Delibes *Año* 188: ¡Qué magistral dirección, qué intérpretes infantiles tan admirables! Virgilio *Sur* 26.8.76, 22: Tolox ha vivido .. sus fiestas al Santo Patrón San Roque .. Como reina infantil fue nombrada la simpática niña Inmaculada Gallardo Uribe. **b)** [Pers.] cuyo comportamiento es propio de un niño, esp. por su ingenuidad o falta de madurez. *A veces con intención desp.* | * ¡Mira que enfadarse por eso! ¡No seas infantil!
4 (*Dep*) [Deportista] de la categoría inmediatamente anterior a la de cadete. *Frec n.* | G. Camino *Faro* 3.8.85, 14: Los festejos se inician .. con sendos partidos de fútbol .. (jugarán primeramente los infantiles a las seis, y a las ocho lo harán los juveniles). **b)** De (los) infantiles. | *Hora* 10.10.76, 18: Ciclismo .. Se disputará hoy domingo .. el campeonato infantil y alevín.

infantilidad *f* Cualidad de infantil [2 y 3]. | Pemán *MHi* 12.70, 9: La vida está cada vez más distanciada de la infantilidad. SFerlosio *Ensayos* 2, 39: No hay una mente infantil ni una mente femenina, no hay más que una mente humana; la infantilidad es un invento de la misma ralea que el de la feminidad y estrechamente coordinado a este.

infantilismo *m* **1** (*Med*) Persistencia, en la adolescencia o en la edad adulta, de los caracteres físicos y mentales propios de la infancia. | Navarro *Biología* 204: La extirpación del lóbulo anterior de la hipófisis determina el enanismo hipofisario o infantilismo.
2 Carácter o comportamiento propios de niño. *A veces con intención desp.* | Lera *Olvidados* 222: Don Jesús les repartió [a los niños] unos caramelos, mirándolos, contagiado de infantilismo. GAdolfo *Not* 31.12.70, 46: El año en el que la Era Espacial ha seguido dando pasos de gigante, pero en el que parece que hayamos retrocedido a la misma velocidad, visto el acusado infantilismo de muchos. Pinillos *Mente* 134:

Otras veces, la frustración continuada provoca en el sujeto la regresión a conductas típicas de estadios evolutivos anteriores –infantilismo–.
3 (*desp*) Hecho o rasgo propios de niño. | APaz *Circulación* 124: El lujo y la educación parecen estar reñidos con el ruido, y echar mano de este para presumir de fuerza resulta un infantilismo. GNuño *Escultura* 63: Aparecen [las figuras] delineadas con trazo fino y nervioso, espontáneo y seguro, sin que nunca parezca que se hayan tratado de corregir los numerosos infantilismos en que se traduce el deseo de llevar a reducidas dimensiones escenas complejas y difíciles.

infantilización *f* Acción de infantilizar(se). | Tierno *Humanismo* 165: El arrepentimiento implica en muchos casos cierta infantilización para la ampliación de la línea del retorno a la conciencia "pura" infantil.

infantilizador -ra *adj* Que infantiliza. | VMontalbán *País* 24.4.89, 68: ¿Por qué se nos ha sometido a un tratamiento infantilizador, como si no estuviéramos ya maduros para descubrir, no sin cierta angustia, que los niños no vienen de París?

infantilizar *tr* Hacer infantil. | Marías *Gac* 30.8.70, 10: El cine se ha ido apoderando de Verne con desigual fortuna. A veces lo ha infantilizado demasiado. **b)** *pr* Hacerse infantil. | Gironella *Millón* 273: Javier Ichaso se infantilizaba también cuando entraba en la oficina dirigida por Mouro, el políglota portugués. MGaite *Nubosidad* 285: Desde muy pequeñita llamó la atención por su .. capacidad de iniciativa y su claridad de juicio. Por eso mismo resultaba más raro que de repente .. se hubiera infantilizado tanto especialmente en su relación afectiva conmigo. Eduardo sostenía .. que yo estaba colaborando en aquel retroceso, porque la tenía demasiado consentida.

infantillo *m* Infante [4]. *Tb* ~ DE CORO. | L. Riber *DBu* 28.3.56, 6: Fray José de Sigüenza es un autor riquísimo de unción .. Es ingenuo como un infantillo de coro.

infantilmente *adv* De manera infantil [2]. | CPuche *Paralelo* 25: Avanzaban pisoteando infantilmente, perversamente, la fría humedad del pavimento recién estrenado.

infantiloide *adj* (*desp*) Que tira a infantil. | GHortelano *Momento* 303: –Me huelo que Pablo no resistía más. –¿Qué? –inquirí. –No hacer nada –explicó Andrés, infantiloide contumaz. T. GBallesteros *Ya* 17.11.92, 14: Culpar a los demás de lo que únicamente ellos son responsables es de un victimismo infantiloide que no convence a nadie.

infantino -na *adj* (*raro*) Infantil. | Pozuelo *Tri* 30.12.72, 7: "¡Tonto, si es que están más lejos!" –dice otra voz infantina.

infanzón -na I *m y f* **1** (*hist*) *En la Edad Media*: Pers. que por linaje pertenece a la segunda categoría de nobleza. | Mas-Mateu *Literatura* 581: La nobleza se dividía en tres estratos: A. Los ricoshombres, la más alta capa social. B. Los infanzones, llamados luego hidalgos. C. Los caballeros, la capa inferior.
II *adj* **2** Del Infanzonado o tierra llana de Vizcaya. *Tb n, referido a pers.* | Ramírez *Derecho* 175: A falta de contrato sobre los bienes, si el marido es vizcaíno infanzón al tiempo de celebrarse el matrimonio, se entiende este contraído bajo el régimen de la comunicación foral de bienes.

infanzonía *f* (*hist*) Condición de infanzón [1]. | Bagué *HEspaña* 1, 452: Los soberanos aragoneses fueron concediendo a otras personas [no de linaje], y aun a grupos de gentes, la condición de infanzonía y los privilegios a ella inherentes.

infartante *adj* (*col*) De infarto [3]. | J. Mariñas *Épo* 22.6.92, 124: Un domingo de magnos contrastes. De la tarde infartante del Real Madrid al soponcio copletero de *Azabache*.

infartarse *intr pr* (*Med*) Sufrir infarto [un órgano o una pers.]. *A veces en part sustantivado, referido a pers.* | Alvarado *Anatomía* 100: Los ganglios linfáticos son muy gruesos en el cuello, notándose al exterior, cuando se infartan, por abultamientos especiales. *País* 7.8.77, 6: "Los miembros de las nuevas Cortes piden que se aumenten sus emolumentos por lo menos el doble." ¡Es para quedarse no ya de piedra, sino de sal, como la mujer de Lot, o para infartarse

infarto - infectar

del todo, sin retorno posible! *Abc* 11.11.84, 53: Un elevado número de infartados no se reincorpora plenamente a la vida laboral.

infarto I *m* (*Med*) **1** Necrosis [de un órgano o parte de él] por falta de riego sanguíneo debida a obstrucción de la arteria o vena correspondiente. | Delibes *Año* 177: Un hombre súbitamente afectado por un infarto de miocardio fue rechazado en un hospital por falta de camas y falleció al ser trasladado a otro. *Ya* 29.11.74, 25: Al parecer por infarto de miocardio, se murió una mula que tiraba de un carro. *Ya* 27.7.90, 38: Luis Puig Esteve .. está ingresado en estado muy grave en la ciudad sanitaria 'La Fe' de Valencia tras sufrir un infarto cerebral. **b)** *Sin compl:* Infarto de miocardio. *Frec* (*col*) *con intención ponderativa.* | *País* 22.4.78, 48: Chequeo médico general. Chequeo ginecológico. Chequeo coronario. Rehabilitación del infarto. Checomp. Centro médico preventivo. Baz *Lío* 14: –¡Mama mía, cómo está...! –¡Al borde del infarto, ya te lo advertí!
2 Aumento de tamaño de un órgano enfermo. | Navarro *Biología* 170: Cuando se infectan los ganglios linfáticos (infartos) aumentan considerablemente de tamaño.
II *loc adj* **3 de ~.** (*col*) Impresionante o capaz de provocar un infarto [1b]. *Con intención ponderativa.* | AMillán *Revistas* 74: Al pobre Nazario le expropian mañana. La Auditoría de la Intervención General del Estado ha sido de infarto. Berlanga *Recuentos* 89: La Administración es de infarto. Umbral *Gente* 117: Una vez me dio la alegría de infarto de llamarme para almorzar juntos y solos en El Espejo.

infatigable *adj* Incansable. | *Abc* 6.1.68, 28: Eran de la gran familia patrullera, infatigable, activa y eficaz que surca España sin descanso. Llamazares *Lluvia* 61: La infatigable actividad de los primeros días dejó paso a un cruel y progresivo abatimiento.

infatigablemente *adv* De manera infatigable. | A. M. Badell *Ya* 28.5.67, 4: Volvemos a la salita, donde dos canarios cantan infatigablemente.

infatuado -da *adj* (*lit*) **1** *part* → INFATUAR.
2 [Pers.] engreída o que se siente superior a los demás. | GHortelano *Momento* 269: Tub le resultaba considerablemente infatuada. **b)** Propio de la pers. infatuada. | Areilza *Artículos* 382: Nerón ¡mandó incendiar a Roma para que los demás hablasen de él, en un talante pasajero de estupidez infa[tu]ada, de brutalidad publicitaria y de snobismo vulgar? [*En el texto*, infatutada.] *PapD* 2.88, 205: Tras años de infatuado ordeno y mando .., el ministro ha decidido sustituir el estilo caudillista por el diálogo y la participación.

infatuar (*conjug* **1d**) *tr* (*lit, raro*) Poner fatuo o engreído [a alguien]. | Torrente *Nuevos cuad.* 136 (G): No iban a incrementar mi propia estimación hasta el punto de infatuarme. **b)** *pr* Ponerse fatuo o engreído. | * No debes infatuarte por tu éxito.

infaustamente *adv* (*lit*) De manera infausta. | MChacón *Abc* 3.9.68, 49: Sus terroríficos exámenes en los que tantas aplazadas esperanzas de junio quedarán infaustamente sepultadas hasta otro junio.

infausto -ta *adj* (*lit*) Desgraciado o infortunado. | Landero *Juegos* 118: "Desgracia, mal, catástrofe." –Somos seres infaustos. L. Calvo *Abc* 18.12.70, 28: Transfieren a la realidad de hoy los crímenes perpetrados por Francia en los años infaustos del Rey José y de Murat.

infección *f* **1** Invasión del organismo por un germen patógeno. *Tb los efectos que causa.* | Legorburu-Barrutia *Ciencias* 126: Virulencia de un microbio es su malignidad para provocar infecciones. Laforet *Mujer* 194: Paulina estaba convaleciente en casa de Mariana, después de su grave infección. Matute *Memoria* 137: Mauricia me abrió con su navajita la infección de un dedo, y me quedé tranquila y sin fiebre. B. Ramos *Hoy* 16.2.75, 23: Tradicionalmente el almendro ha sido la especie marginada de la fruticultura .. Aconsejamos como tratamiento sanitario base el de prefloración, para prevenir de posibles infecciones de abolladura, monilla, cribado, chancros, etc.
2 Acción de infectar [2, 3, 4 y 5]. *Tb su efecto.* | Nolla *Salud* 225: La fuente de infección principal de la rabia son los perros. *Ya* 30.11.88, 21: Condenado a diez años por propagar la "infección" .. Un tribunal de Fort Worth (Texas) ha declarado culpable a un americano de cuarenta años, Donald Burleson, de haber propagado un virus en un ordenador. Alarcos *Fonología* 234: Careciendo de oclusión [dj] y [gj], es natural que la infección palatal asimilase totalmente el primer elemento al segundo, resultando realizaciones geminadas [yy]. RAdrados *Lingüística* 781: Hemos llamado infección .. al proceso por el cual un elemento puramente derivativo, o bien un elemento morfológico de un valor dado, se "infecta" por efecto del significado de una unidad superior y se convierte en expresión del mismo.

infeccionar *tr* (*raro*) **1** Infectar [1 y 2] o causar infección [1] [a alguien (*cd*)]. *A veces con un compl* DE. | Alvarado *Anatomía* 158: Koch la notó [la anafilaxia] en los conejillos de Indias infeccionados de tuberculosis, y Behring en los caballos infeccionados por el microbio de la difteria. Navarro *Biología* 263: Cuando el anofeles pica a un hombre, le infecciona por inocularle los esporocitos que pasan directamente a su sangre. **b)** *pr* Infectarse [1b] o sufrir infección [1]. | Faner *Flor* 41: Pronto dos marineros se hallaron apestados .. El caballero subió a bordo y le estrechó la mano, sin temer infeccionarse.
2 Contaminar. *Frec en sent moral. A veces con un compl* DE. | CSotelo *Proceso* 371: Ya es grave cosa que me supongáis infeccionado de doctrinas luteranas. Aparicio *HLM* 6.1.75, 15: El armónico número de oro no debe degradarse en los azarosos avatares presentes, infeccionado por el deletéreo aceite de la piedra.

infeccioso -sa *adj* **1** Que causa infección [1]. | Alvarado *Anatomía* 159: Entre el momento de la invasión del agente infeccioso y el de la aparición de los primeros síntomas delatores de la enfermedad transcurre un período de incubación.
2 [Enfermedad] causada por infección [1]. | Laforet *Mujer* 245: Me reía cuando me hacías preguntas acerca del contagio [de religiosidad] de Pepe... Para mi madre es como una enfermedad infecciosa.
3 [Enfermo] que padece una enfermedad infecciosa [2]. | Legorburu-Barrutia *Ciencias* 126: ¿Qué precauciones se han de tomar contra los enfermos infecciosos?
4 De (la) infección [1]. | *TMé* 25.2.83, 27: La hepatitis viral, sobre todo la hepatitis B, constituye en la actualidad el riesgo infeccioso más importante al que están sometidos los profesionales sanitarios.

infectante *adj* Que infecta [1 y 2]. | Mascaró *Médico* 35: Inmunidad es, pues, la capacidad defensiva específica y particular que se desarrolla con el fin de combatir concretamente cada tipo de agente infectante. *Puericultura* 57: La mayor importancia del llamado "portador de gérmenes", del sujeto capaz de contaminar a otros, puede darse fundamentalmente por tres condiciones: 1ª Que el sujeto infectante desconozca esta condición suya.

infectar *tr* **1** Invadir [un germen patógeno a alguien o algo]. | Bustinza-Mascaró *Ciencias* 100: Tuberculosis. Enfermedad muy frecuente, llamada así porque los órganos infectados por la bacteria que la produce se presentan como salpicados de nódulos amarillentos. **b)** *pr* Sufrir la invasión de gérmenes patógenos. | *Economía* 268: Las heridas tienen tendencia a infectarse porque el instrumento que las produjo contiene siempre microbios y porque la piel también los contiene en su superficie.
2 Transmitir [a alguien o algo (*cd*)] gérmenes patógenos. *Tb fig.* | * Un tuberculoso puede infectar a toda la familia.
3 Contaminar o impurificar. | Moreno *Galería* 305: Siendo fiebres palúdicas, ya se sabe que la infección era producida por los insectos que sobrevolaban las lagunas y otros encharcamientos, en los que las aguas .. infectaban el ambiente. **b)** *pr* Contaminarse o impurificarse. | Moreno *Galería* 305: Lagunas y otros encharcamientos en los que las aguas se infectaban, se "corrompían".
4 (*Informát*) Invadir [un virus (*suj*) un ordenador (*cd*)]. | *Ya* 30.11.88, 21: Existen infinidad de variedades de virus, .. que pueden ralentizar y detener el funcionamiento de un sistema, borrar archivos de información enteros o inutilizar discos de memoria externa, como el que infectó a la Academia Nobel de Madrid.
5 (*Ling*) Influir [un elemento de la expresión (*suj*) sobre otro inmediato (*cd*)] produciendo alguna alteración en él. | Alarcos *Fonología* 232: Parece que este [j] comenzó a infectar la consonante precedente, conduciendo a varios resultados. **b)** *pr* Sufrir [un elemento de la expresión] el influjo de otro inmediato. | RAdrados *Lingüística* 742: Una de las for-

mas dobles se ha asociado a un tema determinado y se ha "infectado" de su sentido.

6 (*semiculto*) Infestar. | Hoyo *Pequeñuelo* 62: ¿Entonces usted prefiere que los montes estén infectados de bandoleros? Halcón *Ir* 114: El perro retozón, gracioso, ni bonito ni feo, estaba infectado de pulgas.

infectivo -va *adj* De (la) infección [1]. | Mascaró *Médico* 36: Cuando este período [de inmunidad] alcanza cifras de muchos años, puede decirse que, lógicamente, no se padece el proceso infectivo más que una vez en la vida, y se habla de inmunidad permanente.

infecto -ta *adj* (*lit*) **1** Repugnante. *En sent físico o moral. Con intención ponderativa*. | Pla *América* 78: Ha llegado quizás el momento de preguntarse si no es mejor comer a base de latas de gusto "standard" que la infecta cocina displicente de la inmensa mayoría de cocineros y cocineras. *Abc Extra* 12.62, 87: Deleito y P[i]ñuela clasifica estas casas de juego en las llamadas "casas de conversación", antecedente[s] de nuestros casinos y nuestros círculos y los tugurios más o menos infectos.

2 Infectado. | J. Albaicín *Abc* 14.1.89, 18: ¡Infectas os veáis, sucias que preferís a un sano imberbe antes que a un Bóreas enfermo, mas rampante!

infectocontagioso -sa (*tb con la grafía* **infecto-contagioso**) *adj* **1** [Enfermedad] infecciosa contagiosa. | Alvarado *Anatomía* 2: Estudiaremos la etiología y profilaxis de las enfermedades infectocontagiosas más importantes. *Ya* 22.10.64, 14: En cuanto a enfermedades infecto-contagiosas, en 1950 se atendieron 3.580 personas, y en 1962, 812.

2 Que padece una enfermedad infectocontagiosa [1]. | *País* 9.7.89, 25 (A): Los enfermos infectocontagiosos del hospital madrileño emplean material desechable.

infecundidad *f* Cualidad de infecundo. | *Ya* 17.11.63, 29: Frente a la malicia o la infecundidad dañosa, el hombre deseoso de justicia .. se ha de sumar a la iniciativa.

infecundo -da *adj* **1** Incapaz de reproducirse. | * La mula es un animal infecundo.

2 Que no produce fruto. *Frec fig*. | *Miss* 9.8.68, 7: Un acto conyugal hecho voluntariamente infecundo es intrínsecamente deshonesto. FMora *Abc* 6.12.75, sn: Los reformadores ¿nos proponen la vuelta al parlamentarismo infecundo, retórico, fragmentador y politiquero?

infelicidad *f* Cualidad de infeliz [1]. | Palacios *Abc* 30.12.65, 3: La causa de la infelicidad no es la pobreza.

infeliz *adj* **1** [Pers.] desgraciada o no feliz. *Tb n*. | J. Baró *Abc* 9.4.67, sn: Saque paletos y espías y maridos infelices. *Ide* 1.8.83, 6: Concluyó el XXXIII Congreso Internacional Psicoanalista. Cada vez hay más infelices sin motivo aparente. Laiglesia *Ombligos* 9: El escritor "realista" .. bucea en las hemerotecas en busca de un puñado de infelices que le sirvan de hilván para coser su relato.

2 [Cosa] desafortunada o desacertada. | SRobles *Pról. Teatro 1969* XIX: Es tal la hermosura y el impresionante realismo de la novela galdosiana que, aun ultrajada por una adaptación infeliz, mantiene su interés.

3 [Pers.] cándida o inocente. *Tb n. Frec en la constr* MÁS ~ QUE UN CUBO. | Diosdado *Olvida* 69: Son ganas de epatar. Pili no es capaz de una cosa así .. Pili es más infeliz que un cubo. Habla por hablar.

infelizmente *adv* (*lit*) Desgraciadamente. | *Ya* 3.12.70, 7: Agresiones a catedráticos .. Esta evolución negativa de lo que en el eufemismo de algunos se denomina "rebeldía juvenil" muestra infelizmente que un clima de anarquía y de gamberrismo se quiere abrir paso en recintos que deben ser albergue del trabajo intelectual.

inferencia *f* Acción de inferir [2]. *Tb su efecto. Esp en filosofía*. | Torrente *SInf* 26.2.76, 12: El corolario es de fácil inferencia: sin un entero y verdadero conocimiento no hay amistad ni cooperación posibles. Gambra *Filosofía* 51: Los razonamientos deductivos .. se dividen en inferencias inmediatas y mediatas. Gambra *Filosofía* 63: ¿En virtud de qué puede darse esa inferencia generalizadora hacia una ley o un juicio universal que afecte no solo a los casos observados, sino a los desconocidos? *País* 29.11.83, 10: Motivos que desbordan las muy discutibles inferencias que sirvieron a los tribunales ordinarios para endosarle a Xavier Vinader la responsabilidad culposa de dos asesinatos.

inferior I *adj* (*con sent normalmente relativo; cuando se expresa el término de referencia, este se enuncia precedido de la prep* A) **1** Que está más abajo. *Tb fig*. | Bustinza-Mascaró *Ciencias* 116: En el centro de la cara inferior de la umbrela está el manubrio, terminado inferiormente en cuatro brazos largos. **b)** [Paso] subterráneo, o que está a nivel inferior al del suelo. | *DEs* 19.8.71, 15: El Boletín Oficial del Estado .. anuncia subasta pública para la contratación de las obras de construcción de dos pasos inferiores de peatones en la calle Barcelona de Salou, línea ferrocarril Valencia a Tarragona.

2 De menor medida, volumen o intensidad. | DPlaja *El español* 137: Su horario de trabajo [es], como se sabe, muy inferior al de otros europeos. **b)** *Tb con sent no comparativo:* De medida, volumen o intensidad escasos. | * Son productos de valor alimenticio inferior.

3 De menor calidad o importancia. | Savarin *SAbc* 4.1.70, 52: Su volumen contribuye al prestigio del pavo, cuyas carnes son cien veces inferiores a una poularda. J. Carabias *Ya* 15.7.72, 8: Se trata de Valentine Tessier, una de las más ilustres actrices del teatro francés, menos conocida en España que otras inferiores a ella. **b)** *Tb con sent no comparativo:* De escasa calidad o importancia. | Salvador Haragán 79: La cruz debía ser de madera inferior y no resistió el mal trato. Torrente *Vuelta* 348: Una bonita novela, pero falsa .. La inventó la Vieja para hacerte creer que no había sido la amante de mi padre. Es natural. Mi padre era un hombre inferior, un sujeto que se enriquecía con su trabajo, no un señorito.

4 [Pers.] menos dotada intelectual o moralmente. | * Es un hombre inferior a los demás. **b)** *Tb con sent no comparativo:* [Pers.] poco dotada intelectual o moralmente. | * Es un hombre inferior. J. Zor *TCR* 2.12.90, 30: Seres para los cuales nuestra inteligencia equivale a la de un homínido inferior.

5 [Período prehistórico] que ocupa el primer lugar [en una serie de dos]. | Pericot *Polis* 16: Este grupo de los pitecantrópidos .. se sitúa en el Paleolítico inferior.

II *m* **6** Pers. que está bajo las órdenes [de otra]. | Pinilla *Hormigas* 167: Supe que era él [el teniente García] porque marchaba el último, sin que sus dos inferiores mostraran el menor escrúpulo en precederla.

inferioridad *f* Cualidad de inferior, *esp* [2, 3 y 4]. | *Sáb* 10.9.66, 42: Tendréis que reaccionar contra vuestra timidez y vuestros complejos de inferioridad. *VozT* 4.10.78, 19: Los atletas talaveranos que consiguieron triunfos en los pasados campeonatos provinciales quedaron a una altura considerable, dado que estaban en inferioridad de técnica y de tiempo.

inferiorizar *tr* Hacer inferior [a alguien o algo]. | García *Abc* 6.7.75, sn: Se cree que la caridad es una carga que se impone al que tiene algo que dar, y que por consiguiente los desheredados de la vida están exentos de tener ni de sentir caridad, y eso es inferiorizar la caridad y someterla a un concepto de minusvalía lamentable. J. Salas *Abc* 27.4.75, 1: El Partido Popular Democrático .. ha quedado algo más inferiorizado de lo que se pensaba en relación con el Partido Socialista.

inferiormente *adv* Por la parte inferior [1]. | Ybarra-Cabetas *Ciencias* 364: Su color [de la pintarroja] es amarillento, con manchas oscuras por el dorso y blanquecino inferiormente.

inferir (*conjug* **60**) *tr* **1** Causar [un daño o una ofensa]. | Laiglesia *Tachado* 219: Hasta Forlé, al observar la corrección y buen comportamiento de las tropas ocupantes, soportó con más facilidad el ultraje inferido a la independencia del principado. DCañabate *Paseíllo* 173: Muere de una cornada entera, inferida por el ansia de torear.

2 Sacar [una idea o afirmación] como consecuencia [de otra]. *Tb sin compl* DE. *Esp en filosofía*. | Gambra *Filosofía* 64: Si .. inferimos que una persona padece determinada enfermedad por cierto parecido en el color de su cara con otra que la padecía, tendremos una inferencia por analogía.

infernáculo *m* Rayuela (juego de niñas). | Ca. Llorca *SPaís* 31.5.81, 51: El juego de la rayuela (también se denomina truque, avión, muñeca o infernáculo) se relaciona con los mitos sobre el tránsito de la tierra al cielo.

infernal *adj* **1** Del infierno. | *Rio* 8.4.84, 40: Podemos destacar la cumbre de la Modorra, famosa por cocerse allí como en infernal puchero aquelarresco los humos, cenizas, rayos, truenos y centellas de las peores tormentas de granizo que azotan la región. Gascó *Mitología* 265: La primera [región de ultratumba] era el Érebo, la región infernal más próxima a la tierra. **b)** Sumamente malo o desagradable. | Salvador *Haragán* 135: Fueron dos horas infernales. C. Batllés *SVAl* 20.9.75, VI: Recorren las calles de la población originando el más infernal y ensordecedor ruido. **c)** [Calor] muy intenso. | * Hacía un calor infernal. **d)** [Higuera] ~, [máquina] ~ → HIGUERA, MÁQUINA.
2 Diabólico. *Tb fig.* | C. D. Vega *CoZ* 16.5.64, 6: Diz la Historia, que no la leyenda, cómo fue consumada una traición junto a sus muros, elaborada por la mente infernal de un mal llamado caballero, Bellido Dolfos. * Concibió una idea infernal.

infernar *(conjug* **6)** *tr* **1** Quitar la tranquilidad [a alguien *(cd)*] o irritar[le]. | Cela *Judíos* 97: Le tiró una coz un muleto castellano al que quiso infernar poniéndole una irrigación de lejía.
2 Sembrar la discordia [entre dos o más perss. *(cd)*] o en un lugar *(cd)*]. *Frec abs.* | DCañabate *Paseíllo* 163: ¡Pues sí que estábamos aviados metiendo a un torero en casa pa infernarla y pa sacarte de tus casillas!

infernillo *m* Infiernillo. | Payno *Curso* 183: Sebastián encendió un infernillo eléctrico.

ínfero -ra *adj (Bot)* [Ovario] situado en lugar inferior con respecto a los demás verticilos, abrazado totalmente por el tálamo floral en forma de copa. | Alvarado *Botánica* 41: Por su posición, el ovario puede ser súpero, ínfero y semiínfero. En el primer caso está encima de los demás verticilos ..; en el segundo está debajo .., a causa que el tálamo floral .. ha crecido en forma de copa alrededor de él, abrazándole totalmente; en el tercero ocurre lo mismo, pero la copa queda abierta.

infértil *adj* No fértil. | *País* 8.11.93, 26: Las donaciones de óvulos consiguen hasta un 50% de embarazos en mujeres infértiles. A. Cervera *Ya* 12.9.91, 48: Si los nacionalismos no son capaces de integrarse en ámbitos más amplios .., quedarán agostados en su propia minimidad, en su estéril reduccionismo, en su infértil peculiaridad. García *DCu* 2.8.64, 6: Lo que no sale de la vida es celebración infértil, acaso simulación de un pensamiento insuficiente.

infertilidad *f* Condición de infértil. | Crémer *SHora* 14.5.77, H: El campo español, el campo leonés, demanda urgentemente verdaderas legiones de hombres .. que se comprometan a sacarle de su infertilidad, de su abandono. B. Cía *TMé* 26.11.82, 22: La infertilidad afecta a un 10 o 15 por 100 de parejas.

infestación *f* Acción de infestar. | *Abc* 12.9.68, 51: Baygón detiene la infestación de insectos. Alcalde *Salud* 330: Entre las especies que infestan con más frecuencia al hombre debemos recordar la tenia *saginata* .. La infestación en el hombre se produce cuando ingiere la carne o el pescado crudos o poco cocidos.

infestante *adj* Que infesta. | F. Ángel *Abc* 26.2.58, 17: Según sean más o menos consistentes las plantas infestantes, son así más o menos vulnerables.

infestar *tr* Constituir [algo *(suj)*] una peste o plaga [en un sitio *(cd)*]. *Tb fig.* | *Inf* 3.8.70, 15: Naufragio en aguas infestadas de tiburones. J. Félix *SYa* 28.11.73, 20: Uno de los hechos que ocurren con cierta frecuencia es que nadie piensa en la existencia de esta enfermedad [el paludismo], porque la estancia en el país infestado ha sido corta. Laforet *Mujer* 220: De pronto fue como si estuviese entre ellos su primo Eulogio .. Parecía infestar la casa con su dominio. **b)** *(Med)* Fijarse [parásitos en un organismo *(cd)*]. | Alcalde *Salud* 330: Entre las especies que infestan con más frecuencia al hombre debemos recordar la tenia *saginata*.

infeudación *f* Enfeudación. | J. LOrtega *VNu* 21.10.72, 7: Recordando [el texto de los párrocos] esa anacrónica infeudación de la Iglesia en el Estado.

infibulación *f* Acción de infibular. *Tb su efecto.* | CBonald *Ágata* 31: La obstinada coraza de la virginidad .. tomaba a veces la forma de un antinatural impedimento, como si de pronto deseara ella entregarse a una desesperada cópula y se viera imposibilitada de realizarla con el sexo abrochado por el atroz anillo de la infibulación.

infibular *tr* Colocar [a alguien *(cd)*] un obstáculo en los órganos genitales para impedir el coito. | Ferrer *País* 18.3.79, 31: En la "progresista" Guinea el 84% de las mujeres son sometidas a la excisión, y en la "socialista" Somalia el 98% son infibuladas.

inficionar *tr (raro)* **1** Contaminar. *En sent material y moral.* | M. Polo *Des* 12.9.70, 39: Dejan una enorme cantidad de cajas que van a parar a los incineradores, inficionando tanto el aire de la ciudad que ahora la mitad de esos desechos de Nueva York los tiran al mar. Palomino *Torremolinos* 36: Sigue rascándose suavemente la tripa mientras busca una palabra de siete letras que signifique "inficionar con veneno". Mercader-DOrtiz *HEspaña* 4, 200: Debíamos rechazar las nuevas ciencias que venían del Norte, porque juntamente con ellas nos inficionaban los herejes con sus doctrinas.
2 Infectar o causar infección [a alguien o algo *(cd)*]. | Faner *Flor* 88: Otro ensalmador le ató a una columna con un palomo sobre la cabeza. Los humores del pobre animal habrían de curarle, mas le inficionaron las postillas y le pusieron peor.

infidelidad *f* **1** Cualidad de infiel [1 y 2]. | * Los actos de infidelidad. * La infidelidad de la memoria.
2 Acción propia de la pers. infiel [1]. | CSotelo *Muchachita* 314: Supongo que no dirás que tienen la misma importancia vuestras infidelidades que las nuestras.
3 *(Rel)* Condición de infiel [3]. | Villapún *Moral* 74: La infidelidad. Es la carencia de fe en el hombre no bautizado .. La infidelidad formal es pecado gravísimo .. La infidelidad material en sí no es pecado.

infidelísimo → INFIEL.

infidencia *f (lit)* **1** Cualidad de infidente. | Salvador *Deslealtad* 175: Los otros proclaman su infidencia y abominan de una lengua que para ellos .. no solo es instrumento de comunicación sino medio de vida.
2 Hecho propio de la pers. infidente. | GSerna *Viajeros* 160: Esos eran para el pueblo del año ocho los merecedores de desconfianza como proclives a la infidencia y la traición.

infidente *adj (lit)* Que falta a la fidelidad debida. *Frec con un compl* A. | Mercader-DOrtiz *HEspaña* 4, 26: Las fincas vinculadas debieron arrostrar durante la guerra de la Independencia confiscaciones o secuestros en muchos casos, .. por considerarse sus detentores infidentes a la patria o afrancesados.

infiel *(superl, INFIDELÍSIMO) adj* **1** Que no es fiel o que no guarda la fidelidad prometida o debida [a alguien o algo]. *Frec dicho con respecto al consorte. Tb sin compl.* | Arce *Testamento* 44: Daba en pensar que si Ángeles me era infiel, efectivamente, sucedía por culpa del ese hombre.
2 [Cosa] que engaña o que no informa con exactitud. *Esp dicho de la memoria.* | Laín *Universidad* 30: Si mi memoria no me es infiel, el desorden "político" de nuestra Universidad .. comenzó en 1954.
3 [Pers.] que no profesa la religión considerada verdadera. *Se opone a* CREYENTE. *Dicho esp desde el punto de vista de los católicos o de los musulmanes. Tb n.* | Miret *Tri* 11.4.70, 38: Se prevé incluso el caso de un gobernante infiel, el cual sería de igual categoría que el gobernante creyente. Villapún *Iglesia* 70: Manda .. La guerra santa contra los infieles, cristianos, judíos.

in fieri *(lat; pronunc corriente,* /in-fiéri/) *loc adv* En proceso de formación. *Tb adj.* | Lapesa *Poetas* 398: Los poemas suelen darnos la obra hecha, acabada, no la creación *in fieri*.

infiernillo *m* Aparato pequeño para calentar o guisar, que funciona gralm. con electricidad, gas o alcohol. | Torrente *Fragmentos* 117: Juanucha puso en la piedra del llar un infiernillo de alcohol y lo encendió. F. Campo *VozAl* 11.1.56, 6: El dueño del bazar ordena a los dependientes que vuelvan a poner en el escaparate todo lo que sacaron, procurando huecos para otras cosas de uso más corriente, tales como braseros, infernillos, juegos de botes para la sal, la harina.

infierno I *m* **1** (*Rel crist*) Lugar destinado por Dios para el castigo eterno de los que mueren en pecado mortal. *Tb en pl con sent sg*. | CNavarro *Perros* 54: A veces le nombraba el infierno y le rogaba que ahorrara mucho dinero para poder retirarse de aquella vida. **b)** (*Mitol clás*) Lugar donde habitan las almas de los muertos. *Tb en pl con sent sg*. | Pericot *Polis* 72: Apolo (dios de las artes y de las letras), Hephaistos (del fuego), Poseidón (del agua), Ares (de la guerra) y Hades (del infierno). Onieva *Prado* 213: Eurídice, esposa de Orfeo, murió a causa de la mordedura de una serpiente, y este, desconsolado, bajó a los infiernos para rescatarla. **c)** (*Rel jud*) *En pl*: Lugar en que habitan las almas de los muertos. | *Catecismo catól*. 149: El Símbolo de los Apóstoles confiesa en un mismo artículo de fe el descenso de Cristo a los infiernos y su Resurrección de los muertos al tercer día.
2 Cosa que encierra o lleva consigo mucha incomodidad o sufrimiento. *Tb el mismo sufrimiento*. | FFlórez *Florestán* 690: Se sabe que hubo disensiones en el palacio, porque entre el príncipe y su hija han surgido discrepancias graves, y la vida se convirtió allí en un infierno. J. Bautista *DEs* 31.8.71, 17: Ha quedado en perfectas condiciones de circulación una vía que era un infierno para el que se aventuraba por ella. M. Holgado *Ya* 21.5.92, 27: El infierno había comenzado mucho antes. La joven contó que su padre le pegaba frecuentemente.
3 Lugar donde hace mucho calor. *Con intención enfática*. | * ¡Qué calor hace aquí! Esto es un infierno. **b)** Cosa que produce un calor excesivo. | Lagos *Vida* 47: ¡Qué chicharrera! Y toda la mañana de Dios agarrada a este infierno de plancha.
4 el quinto ~. (*col*) Un lugar muy lejano. | * Ese local está en el quinto infierno.
II *loc adj* **5** [Higuera] **del ~** → HIGUERA.
III *loc v* **6 irse al ~, mandar al ~** → IR, MANDAR.

infijación *f* (*Ling*) Adición de infijos. | GYebra *Traducción* 112: La afijación engloba la formación de palabras nuevas por anteposición de un afijo (prefijación) al elemento básico, .. o por interposición del afijo (infijación) en las lenguas que admiten este procedimiento.

infijo *m* (*Ling*) **1** Afijo que se introduce en el interior de un radical. | * En el verbo latino *tango, -n-* es un infijo.
2 Interfijo (afijo intercalado entre la raíz y un sufijo). | RAdrados *Lingüística* 211: En esp[añol] podríamos considerar infijo a *-urre-* en *canturrear* frente a *cantar*, aunque sea originariamente un sufijo.

infiltración *f* **1** Acción de infiltrar(se). | Vega *Cocina* 177: Basta con envolverlo en una arpillera mojada y repetir durante tres días la infiltración de humedad. Ybarra-Cabetas *Ciencias* 117: Cuando las aguas de infiltración encuentran a una cierta profundidad rocas que pueden disolver, se producen cavidades interiores. J. M. Massip *Abc* 18.12.70, 38: El argumento justificante de Heath en este problema .. es la infiltración naval soviética en las rutas marítimas del mundo occidental.
2 (*Med*) Acumulación o depósito en un tejido de una sustancia extraña. *Tb la afección correspondiente*. | Chamorro *Sin raíces* 198: Quizás no sea franca tuberculosis pero, desde luego, como mínimo, hay una infiltración tuberculosa. Umbral *Memorias* 94: En casi todas las casas había un tísico, .. una víctima con infiltración hiliar .. y otras cosas estremecedoras.

infiltrado *m* (*Med*) Infiltración [2]. | Torrente *Off-side* 82: Mi hija Candidiña se hubiera criado cómodamente, no con el hambre asomado [sic] a las mejillas y un infiltrado en el pulmón.

infiltrador -ra *adj* Que infiltra. *Tb n, referido a pers*. | MPrieto *Inf* 21.12.70, 8: Vuelven a desenterrarse los epítetos de revisionistas, neocapitalistas e infiltradores de ideas peligrosas dirigidos contra los escritores.

infiltrar *tr* **1** Hacer que [un fluido (*cd*)] penetre en los poros [de un cuerpo sólido (*compl* EN)]. *Tb fig, referido a ideas o sentimientos*. | Ybarra-Cabetas *Ciencias* 126: La fusión superficial de la nieve infiltra agua que no tarda en helarse nuevamente (rehielo). * Trata de infiltrar las ideas revolucionarias. **b)** *pr* Penetrar [un fluido] en los poros [de un cuerpo sólido (*compl* EN *o* POR)]. *Tb fig*. | Bustinza-Mascaró *Ciencias* 306: Una parte [del agua caída] se evapora inmediatamente y vuelve a la atmósfera, y otra puede infiltrarse por el terreno. Mercader-DOrtiz *HEspaña* 4, 192: Proscritas de las Universidades, las novedades científicas comenzaron a infiltrarse en tertulias de particulares. Halcón *Manuela* 36: Manuela sentía que, al abrazar al niño, el amor se le infiltraba en los senos.
2 Introducir subrepticiamente [a alguien] a través de posiciones del enemigo [en territorio ocupado por este]. *Gralm el cd es refl. Frec en part sustantivado*. | Sampedro *Sonrisa* 63; El chiquillo sigue avanzando y aparece por detrás, pasando entre las piernas del viejo, cuya memoria retorna así a la guerra .. –¡Vaya golpe final! ¡Así, escabullirte como nosotros nos infiltrábamos por los bosques!
3 Introducir [a alguien en una corporación o colectividad] con propósito de espionaje, sabotaje o propaganda. *Gralm el cd es refl. Frec en part sustantivado*. | VMontalbán *Transición* 172: Tardó en darse cuenta de quiénes eran los caballos troyanos que poderosos intereses de las finanzas y el empresariado habían infiltrado en UCD. A. Ramos *Sol* 24.5.70, 7: Organizó el lío el año pasado infiltrándose en el jurado y dejando .. al Festival mal.
4 (*Med*) Inyectar [a alguien (*cd*)] un medicamento antiinflamatorio en una articulación lesionada. | *Ya* 11.4.81, 32: El propio Soria nos aseguró que su pupilo había salido con las manos lesionadas y que antes de la pelea tuvo que ser infiltrado.
5 (*Med*) Penetrar [líquido, células u otros elementos extraños (*suj*) en un tejido (*cd*)]. | F. Gálvez *TMé* 12.11.82, 6: Generalmente son tumores voluminosos, rara vez pediculados y con amplia base de implantación. La pared del colon no suele estar infiltrada más que en su transformación maligna.

ínfimamente *adv* De manera ínfima. | J. L. Torres *DVa* 15.3.75, 24: El personal que trabaja en la Santa Sede, si es religioso, está ínfimamente pagado, y, si es civil, se mantiene un poco por debajo de los salarios italianos.

ínfimo -ma *adj* Sumamente bajo en valor, calidad o importancia. | Sánchez *Pról. Quijote* 28: Tanto el héroe caballeresco sublimado como el antihéroe del hampa picaresca son figuras literarias desrealizadas, hacia lo alto o hacia lo más bajo. Del sumo idealismo al ínfimo infrarrealismo. Alfonso *España* 169: Lo que más irrita es lo que pudiéramos llamar dictadura de lo ínfimo. C. Batllés *SVAl* 20.9.75, VI: Al llegar a la altura de los olivos, dos enanitos de ínfimas proporciones descienden de sus viejos ramajes llevando sendos látigos.

infinidad *f* Cantidad infinita [2]. | Laiglesia *Ombligos* 8: He tirado a la basura infinidad de peras pochas.

infinitamente *adv* **1** De manera infinita [1]. *Frec con intención ponderativa*. | Villapún *Moral* 84: Siendo Dios infinitamente bueno, merece amor infinito. Goytisolo *Recuento* 93: Se comentaba la inesperada vocación de Felipe, su ingreso en un seminario del Opus. Se repetía infinitamente que, tratándose del primogénito, era triste para el padre, pero que si tenía vocación, etcétera.
2 Inmensa o extraordinariamente. *Con intención ponderativa. Frec en constr comparativa*. | DPlaja *El español* 156: En España .. la moralidad oficial es infinitamente más estricta que la privada.

infinitesimal *adj* **1** (*Mat*) [Cantidad] infinitamente pequeña. | Navarro *Biología* 37: Existen otros que, aunque están presentes en cantidades infinitesimales, se consideran también como elementos esenciales para la materia viva. **b)** [Cálculo]. ~ → CÁLCULO[1].
2 (*lit*) Sumamente pequeño. | MMolina *Jinete* 154: Al año siguiente nacerían otros gusanos, al principio casi invisibles, .. luego creciendo y engordando mientras devoraban las hojas verdes con sus infinitesimales dentelladas. MGaite *Cuento* 80: Quiso dejar constancia de la eternidad vislumbrada, fijando lo que vio durante una infinitesimal parcela de esa eternidad.

infinitivo *m* (*Gram*) Forma no personal del verbo que en español termina en *-ar, -er* o *-ir*, que expresa la pura acción verbal sin indicación de tiempo, número ni persona, y que sintácticamente tiene función sustantiva. | Amorós-

Mayoral *Lengua* 64: Además del adjetivo, se sustantivan con gran frecuencia los infinitivos.

infinito -ta I *adj* **1** Que no tiene fin o límite. *Frec con intención ponderativa*. | Gambra *Filosofía* 164: Dios posee estos atributos en grado infinito, precisamente porque Él es radicalmente infinito. E. Zomeño *DCu* 16.8.64, 6: La calle estaba llena de sol. Detrás de las casas, estaba el infinito desierto. P. Urbano *Abc* 3.7.77, 83: Suárez es, al fin, el hombre frío, controlado, independiente, capaz de una infinita paciencia.

2 Innumerable. *Con intención ponderativa*. | Laforet *Mujer* 84: Me ha invitado uno de mis infinitos tíos.

3 (*Mat*) [Cantidad variable] que se mantiene superior a todo límite fijado arbitrariamente. *Frec n m*. | Payno *Curso* 57: Ni eta ni épsilon de cero a ene. Es épsilon de menos infinito a más infinito.

4 (*Gram*) [Forma verbal] no personal. | Academia *Esbozo* 257: Del sistema latino de formas infinitas o no personales solo han pasado a la lengua española el infinitivo, el gerundio y el participio.

II *m* **5** Espacio infinito [1]. | * La nave se perdió en el infinito.

6 (*Fotogr*) Distancia sin límite, superior a otra predeterminada. | *Abc* 21.5.67, 20: Voigtländer .. Enfoque para distancias: desde 1 metro hasta infinito.

7 (*Geom*) Punto situado a una distancia infinita [1]. | * Estas rectas se cortan en el infinito.

III *adv* **8** Infinitamente [2]. *Se usa detrás de v*. | * Lo siento infinito.

infinitud *f* (*lit o Filos*) **1** Cualidad de infinito [1 y 2]. | Gambra *Filosofía* 164: Dice Escoto que la infinitud radical es la condición previa a cualquier otro atributo que pueda convenir a Dios, pues solamente en grado infinito puede serle atribuid[a] a Dios cualquier perfección. J. GFrías *Abc* 10.10.65, sn: No parece probable que dentro del campo puramente experimental podamos hallar una respuesta al problema de la infinitud o finitud del espacio.

2 (*raro*) Infinidad. | Olmo *Ayer* 239: Los dedos, erectos, siguen elevándose. Y de pronto, violáceas, una infinitud de uñas se proyectan rapidísimas en el vacío.

infirme *adj* (*lit*) Débil o que no tiene firmeza. | Marsé *Tardes* 106: Era alto, guapo, pero de facciones fláccidas, deshonestas, fundamentalmente políticas, carnes rosadas, el pelo rizoso y débil, la mirada luminosa pero infirme.

inflable *adj* Que puede ser inflado (→ INFLAR [1]). | Torrente *Fragmentos* 311: Serán [las muñecas] todas distintas, como lo es las inflables de que disponen los obreros.

inflación *f* **1** (*Econ*) Alza de precios acompañada de depreciación de la moneda. *A veces con un compl especificador que expresa la causa que la produce*. | R. RSastre *Mun* 12.12.70, 43: Las razones principales no eran precisamente estas, sino dos motivos clave: la inflación americana que encarecía sus productos, y la más barata mano de obra. *SInf* 1.2.75, 10: Este encarecimiento tuvo como consecuencia una creciente inflación de costes en la mayoría de las economías, acompañando a esta inflación una desaceleración general de las economías.

2 Incremento excesivo [de algo]. | *Inf* 22.10.69, 15: Esta inflación de la burocracia está relacionada con muchas de las enfermedades que padecen algunas empresas.

3 Acción de inflar [1]. *Tb su efecto*. | APaz *Circulación* 194: Repase con frecuencia .. estado e inflación correcta de los neumáticos.

inflacionar *tr* (*Econ*) Someter a los efectos de la inflación. *Frec en part*. | GRuiz *Sáb* 22.6.74, 30: El sector terciario desempeña, finalmente, un papel esencial en la vida económica andaluza: excesivamente inflacionado en relación con el limitado desarrollo del resto de los sectores productivos, tiene una especial significación en el subsector turístico. Aristófanes *Sáb* 5.7.75, 53: Que no me digan que podría estudiarse una compensación económica, porque para uno que vale la pasta gansa inflacionada es mejor un día de fiesta que ocho horas pagadas como "extras".

inflacionario -ria *adj* Inflacionista. | *DBu* 10.8.90, 43: Temor al rebrote inflacionario. **b)** Que fomenta la inflación. | *Inf* 14.8.70, 6: Nixon rechaza dos leyes por inflacionarias.

inflacionismo *m* (*Econ*) Tendencia a la inflación [1]. | Halcón *SAbc* 15.2.70, 28: ¿Posible remedio? Impedir el inflacionismo en las profesiones se dice muy pronto pero no es fácil.

inflacionista *adj* (*Econ*) De (la) inflación [1] o que la implica. | *Nue* 31.1.70, 3: Se tomarán medidas enérgicas en caso de peligro inflacionista. FQuintana-Velarde *Política* 260: Si suben los precios de forma inflacionista, el ahorro pasará a ser el antisocial ahorro forzoso.

inflado *m* Acción de inflar [1]. *Tb su efecto*. | GTelefónica *N*. 423: Mangueras "Continental" para inflado de neumáticos. *Hoy* 28.7.74, 20: Neumáticos. Estado general: presión de inflado correcta.

inflador *m* Bomba o aparato para inflar [1]. | *Ya* 7.12.88, 30: Campsa revisará todos los infladores de neumáticos de las gasolineras.

inflagaitas *m y f* (*col*) Soplagaitas (pers. imbécil). *Frec usado como insulto. Tb adj*. | Cela *Escenas* 184: Estas ideas son propias de viejos y de inflagaitas; a los viejos se les puede permitir, .. pero a los inflagaitas convendría zurrarles la badana para que escarmentasen. Cela *SCamilo* 76: Los señoritos de Renovación Española parecen medio inflagaitas pero son valientes.

inflamabilidad *f* Cualidad de inflamable. | Aleixandre *Química* 190: Debido a su gran inflamabilidad [del celuloide] es peligroso su manejo en determinados casos.

inflamable *adj* Que se inflama [1b] con facilidad. *Tb fig*. | *HLC* 2.11.70, 1: El fuego se inició en uno de los palcos del primer piso y, debido a la ligereza del material, muy inflamable, todo prendió en pocos minutos. F. Oliván *Abc* 30.12.65, 23: La furia belicista sacudía el temperamento inflamable de Nikita.

inflamación *f* **1** Acción de inflamar(se) [1]. | *Ya* 15.10.67, sn: Su coche rueda porque la gasolina mezclada con aire pasa a los cilindros, donde una chispa produce la inflamación.

2 Alteración patológica en una parte del cuerpo, caracterizada por aumento de calor, enrojecimiento, hinchazón y dolor. | *Pue* 16.12.70, 30: Cuídate del frío. Cualquier inflamación podría adquirir mañana una inusitada virulencia.

inflamado -da *adj* **1** *part* → INFLAMAR.

2 (*lit*) [Cosa] apasionada. | Fernández-Llorens *Occidente* 220: Robespierre, abogado de oratoria inflamada, líder de los jacobinos, fue llamado "el incorruptible". J. J. Perlado *SAbc* 8.3.70, 27: "Cher Anouilh" es una obra maestra completa, profunda, inflamada, sutil, poética.

inflamador -ra *adj* Que inflama. *Tb n m, referido a aparato o dispositivo*. | Borrás *Abc* 23.3.58, 17: Se entregó al sol, bebía sol por los poros y el alma, .. era placer somero, luego quemante, inflamador. *Ya* 15.10.67, sn: El inflamador de combustible se enciende en la superficie de un semiconductor eléctrico.

inflamar A *tr* **1** Hacer que empiece a arder [una cosa (*cd*)] desprendiendo llamas inmediatamente. *Tb* (*lit*) *fig, referido a sentimientos o pasiones, o a la pers que los tiene*. | Aleixandre *Química* 78: Cuando se quiera inflamar el hidrógeno producido en un aparato es necesario asegurarse de que todo el aire de este último haya sido desalojado. APaz *Circulación* 231: En el momento en que los gases se encuentran fuertemente comprimidos en la cámara de explosión, salta en la bujía B la chispa que los inflama. D. Pastor *Van* 15.10.76, 43: Partiendo de la base de que Napoleón III era un hombre muy afecto al bello sexo, lo que procedía era colocar a su lado a una beldad que inflamara su corazón por la unidad de Italia. **b)** *pr* Empezar a arder [una cosa] desprendiendo llamas inmediatamente. *Tb* (*lit*) *fig, referido a sentimientos o pasiones, o a la pers que los tiene*. | Bustinza-Mascaró *Ciencias* 13: Si queremos que se inflame el hidrógeno producido, colocaremos un corcho plano con un orificio en la superficie del agua y el trocito de sodio lo dejaremos caer en el orificio del corcho. Ribera *SSanta* 95: Concedednos que por estas fiestas pascuales nos inflamemos de tal modo en celestiales ardores que logremos llegar con almas puras a las fiestas de la eterna claridad.

B *intr pr* **2** Empezar a padecer inflamación [2] [una parte del cuerpo]. | Legorburu-Barrutia *Ciencias* 129: Cuando hay una infección se inflaman los ganglios.

inflamatorio - influir

inflamatorio -ria *adj* De (la) inflamación [2]. | *Abc* 20.7.67, 49: Padecía una fístula vésico-cólica de carácter crónico y naturaleza inflamatoria. **b)** Caracterizado por inflamación. | Cañadell *Salud* 357: El bocio inflamatorio corresponde a una tiroiditis aguda o crónica.

inflamiento *m* Acción de inflar(se), *esp* [1]. *Tb su efecto*. | Alvarado *Botánica* 37: Las causas de estos movimientos [nictinastias] son generalmente diferencias de turgencia en unos inflamientos motores existentes en la base del pecíolo.

inflar *tr* **1** Hacer que [algo (*cd*)] aumente de volumen llenándolo de aire u otro gas. | Ramos-LSerrano *Circulación* 318: Insuflar por ellas [las canalizaciones] aire fuertemente, utilizando la bomba de inflar neumáticos. Sueiro *SYa* 31.3.74, 23: A la vez que iba inflando el pequeño globo, el aire que salía de sus pulmones hacía virar al amarillo .. el elemento reactivo contenido dentro de la varilla. **b)** Hacer [el aire u otro gas (*suj*)] que [algo (*cd*)] aumente de volumen. | APaz *Circulación* 258: El aire a presión entra a inflar la cámara. Goytisolo *Afueras* 16: El aire empezaba a soplar en los oídos, a inflar las ropas. **c)** *pr* Aumentar [algo] de volumen al llenarse de aire u otro gas. | * Mira cómo se infla la ropa en el tendedero.
2 (*col*) Llenar el estómago [a alguien (*cd*)] con exceso. *Frec el cd es refl.* | J. Parra *Ya* 15.12.86, 56: Le encantaba inflarse los fines de semana de asado de buey con patatas escocesas y de una tarta de chocolate .. como postre. **b)** *pr* Tener [alguien] la sensación de estómago excesivamente lleno. | * Apenas como, pero me inflo.
3 Hacer [algo] más grande o voluminoso de lo debido. *Tb fig.* | *País* 29.1.78, 6: Su actual gigantismo [de la televisión], que va desde sus enormes presupuestos hasta su inflada nómina, marcha en paralelo con su total falta de transparencia interna.
4 Exagerar [algo, esp. un dato o una noticia]. | * La prensa ha inflado los datos.
5 Envanecer o ensoberbecer [a alguien]. | DCañabate *Paseíllo* 134: ¿Cómo te lo voy a decir, si eso son fantasías de los gilís atosigados por las camelantias femeninas, que te inflan con cuatro carantoñas y te desinflan luego a fuerza de trompazos? **b)** *pr* Envanecerse o ensoberbecerse. | * No te infles tanto, que todavía no has terminado.
6 (*col*) Hinchar o hartar [a alguien de algo (*compl* A)]. | * Nos inflaron a tortas. **b)** *pr* Hincharse o hartarse [de algo (*compl* A)]. *Frec sin compl, referido a dinero*. | AMillán *Revistas* 75: Viqui aprendió enseguida tus métodos. Mucho más modestamente, pero se infló a vender reportajes conmigo. J. M. Moreiro *SAbc* 8.3.70, 53: Yo creo que lo que le da es "temor de Hacienda". Se está "inflando".

inflexibilidad *f* Cualidad de inflexible. | Aranguren *Marxismo* 117: Robustecer los vínculos de cohesión interna .. requería una legislación y una inflexibilidad en su aplicación.

inflexible *adj* Que no cede o no se doblega. | CNavarro *Perros* 130: Sentían de una manera apasionada, siendo fieles en la amistad y duros e inflexibles en el odio.

inflexiblemente *adv* De manera inflexible. | A. Fontán *Abc* 2.3.58, 3: Igual que esta [la geología] marca inflexiblemente el curso de los ríos, el latín .. ha guiado el rumbo de la cultura occidental.

inflexión *f* **1** Curvatura, o cambio de dirección, [de una cosa recta o plana]. | Angulo *Arte* 1, 9: Para evitar el pandeo o inflexión de los pares en su parte central, se dispone a esa altura, entre cada pareja de pares o tijera, una viga pequeña horizontal o nudillo. T. GFigueras *Abc* 25.5.58, 22: El ferrocarril y la carretera, que han corrido paralelos, se encuentran cortados en su camino por una inflexión del río Lucus. **b)** (*Geom*) Cambio de dirección de una curva, que de convexa pasa a cóncava, o viceversa. *Frec en la constr* PUNTO DE ~. | Ríos-RSanjuán *Matemáticas* 6º 128: Concavidad y convexidad. Puntos de inflexión. **c)** (*lit*) Cambio de rumbo o de dirección [de algo no material]. *Frec en la constr* PUNTO DE ~. | Pániker *Conversaciones* 9: No debe extrañarnos que los grandes reformadores religiosos (o irreligiosos, como Marx) sean los que originen las grandes inflexiones morales. Marías *Vida* 1, 83: 1931 representa un punto de inflexión en mi vida.
2 Cambio de tono [de la voz]. | Laiglesia *Ombligos* 330: –Hay una barrera que nos separa todavía –explicó él, dando a su voz una inflexión dramática–: tu secreto.
3 (*Fon*) Entonación. | Alcina-Blecua *Gramática* 481: La pasión y la alegría tienden a tonos altos, a la rapidez elocutiva y a inflexiones ricas en variaciones.
4 (*Fon*) Modificación del timbre de una vocal bajo la influencia de otra vocal vecina. *Frec* ~ VOCÁLICA. | ZVicente *Dialectología* 105: Quizá el fenómeno fonético más importante (y desde luego el de mayor personalidad) del dialecto leonés es la inflexión de la vocal tónica en algunas comarcas del centro de Asturias.
5 (*Gram*) Flexión. | RAdrados *Lingüística* 900: Si una lengua tiene inflexión, tiene también derivación.

inflexionar **A** *intr* **1** Hacer inflexión o cambiar de dirección. | J. C. Llorente *ASeg* 1.3.78, 8: En las cercanías de Navas de Oro la línea de demarcación inflexionaba hacia el Norte.
B *tr* **2** (*Fon*) Someter a inflexión [4] [una vocal]. | Cano *Español* 237: En cultismos con el sufijo *-ión*, la vocal átona precedente, en especial si era /e/, podía verse inflexionada.

infligir *tr* Causar [un daño, un castigo o una ofensa]. | *As* 9.12.70, 25: El escocés Ken Buchanan, campeón mundial de los pesos ligeros, ha infligido su primera derrota al peso welter canadiense Donato Paudano. *Pue* 12.5.66, 11: Pretendidos malos tratos infligidos por la policía al estudiante.

inflorescencia *f* (*Bot*) Brote floral ramificado. | Alvarado *Botánica* 44: Cuando un brote florífero se ramifica, origina, en vez de una flor solitaria (ej., la violeta), una inflorescencia (ej., la lila).

influencia **I** *f* **1** Acción de influir. *Tb su efecto*. | Tejedor *Arte* 94: La larga convivencia en la España medieval de musulmanes y cristianos determinó recíprocas influencias de sus culturas. Laforet *Mujer* 29: Hablaba Mariana .. de la mala influencia que en un niño de diez años podía ejercer un chiflado como Pepe. Delibes *Año* 30: Hablamos también de Santo Domingo y de la influencia norteamericana. GNuño *Arte* 140: Se consideran influencias inglesas en el crucero sus brazos cubiertos con crucería sexpartita y el centro por una gran linterna.
2 Capacidad de influir en alguien o algo, esp. en las decisiones de alguien poderoso. | Arenaza-Gastaminza *Historia* 157: Sometida la nobleza y perdida su influencia política, los Reyes Católicos la transformaron de rural en cortesana. **b)** Relación de amistad, utilizable en provecho propio, con una pers. poderosa. *Frec en pl*. | GPavón *Hermanas* 37: Al [hotel] Central se va para bodas y entierros .. Para visitar al huésped de turno, .. para buscar la influencia. Laforet *Mujer* 323: Concha y Rafael le habían conseguido, con sus influencias, aquel pisito. *Lan* 28.10.64, 1: Dos marroquíes que se dedicaban al tráfico de influencias en Rabat colocando como funcionarios en diversos departamentos ministeriales a marroquíes que buscaban empleo han sido detenidos por la policía.
II *loc adj* **3 de ~.** [Zona] en que [alguien o algo (*compl de posesión*)] ejerce influencia [1]. | *Faro* 2.8.85, 33: Puede [la nube contaminante] provocar afecciones en el aparato respiratorio de las personas que viven en la zona de influencia.

influenciable *adj* Que puede ser influenciado. | Á. Merino *Ale* 6.8.74, 16: La masa de los estudiantes es más influenciable y maleable que la de los obreros.

influenciar (*conjug* **1a**) *tr* Influir [2]. | Pániker *Conversaciones* 199: Nos asomamos a un mundo en donde el poderío no va a estar influenciado por las riquezas naturales, sino por la tecnología intelectual.

influenza *f* (*raro*) Gripe. | Alvarado *Botánica* 59: Las más importantes virosis de la especie humana son las siguientes: viruela, varicela, sarampión .., gripe o influenza.

influir (*conjug* **48**) **A** *intr* **1** Tener [una pers. o cosa] algún efecto [sobre algo (*compl* EN *o* SOBRE)]. *Tb sin compl*. | *Ide* 20.8.69, 24: La actividad del Sol influye en el comportamiento humano. D. Merino *VozC* 30.6.63, 7: Influyó [Ambrosio] sin duda alguna sobre su vocación sacerdotal. Arenaza-Gastaminza *Historia* 168: Tuvo [la Reforma protestante] causas muy variadas. Las que más influyeron son las siguientes. **b)** Ejercer [una pers. o cosa] presión moral [sobre alguien (*compl* EN *o* SOBRE)]. *Tb sin compl*. | SGuarner

Mad Extra 12.70, 62: Como la poesía es siempre minoritaria, otros jóvenes protestatarios, para influir sobre la masa, se valen de la "nova cançó". J. A. Nicolás *Ver* 10.9.75, 18: –¿Quién ha influido para que te den la baja? –Sin duda el entrenador.
B *tr* **2** Tener [una pers. o cosa] algún efecto [sobre algo (*cd*)]. | Tejedor *Arte* 69: Aunque influida por la fenicia y griega de los colonizadores, [la cultura ibérica] tiene propia e inconfundible personalidad. **b)** Ejercer [una pers. o cosa] presión moral [sobre alguien (*cd*)]. | Alfonso *Inf* 14.9.74, 17: Wagner .. se declaraba profundamente influido por la doctrina de Buda. *Abc* 10.7.93, 26: Absolución a Juan Guerra y condena para el alcalde y concejales a los que influyó.

influjo *m* Acción de influir. *Tb su efecto*. | Tejedor *Arte* 110: Hubo también por su contacto con ella un gran influjo de la [cultura] árabe. *Van* 4.2.77, 24: Estos sistemas frontales únicamente afectaban el tercio norte de la Península Ibérica, dejando al resto de las regiones bajo el influjo de vientos débiles y suaves de componente oeste.

influyente *adj* **1** Que influye [1]. | Mingarro *Física* 5: El hombre intenta su reproducción [de los fenómenos físicos] .. de manera adecuada para que no se superpongan al mismo tiempo diversas causas influyentes en el desarrollo del fenómeno a estudiar. *Abc* 4.4.87, 15: Seguramente tiene otra causa menos directa, pero influyente: la falta de una ley reguladora de las huelgas.
2 [Pers.] que tiene influencia [2]. *Tb n*. | Alfonso *España* 45: ¿Quién es el guapo que impone el cumplimiento de las ordenanzas, con los tipos tan influyentes que viven por allí?

infografía *f* (*E*) Técnica de creación de imágenes mediante ordenador. | Ja. Marín *ElM* 18.11.90, 41: "Imagina", el más prestigioso certamen que sobre infografía se realiza en Europa.

infográfico -ca *adj* (*E*) De (la) infografía. | Ja. Marín *ElM* 18.11.90, 41: Se ha celebrado en la Facultad de Ciencias de la Información de Madrid una muestra infográfica.

infografista *m y f* (*E*) Especialista en infografía. | *SPaís* 10.3.91, 50: Infografista con experiencia en animación 3D.

infolio *m* Libro en folio (→ FOLIO). *A veces designa libro de gran formato, en general*. | Torrente *Fragmentos* 366: ¿Estaría escribiendo mientras picoteaban las gallinas en los antiguos infolios?

información *f* **1** Acción de informar(se)[1]. *Tb su efecto*. | *Alc* 1.1.55, 3: El Alcázar ofrece a sus lectores una información directa. **b)** (*Ling*) Transmisión, por medio de un mensaje, de algo que ignora el receptor. *Tb lo transmitido*. | Lázaro-Tusón *Lengua* 9: El anterior mensaje ["Madrid es la capital de España"] y este otro ..: *Yulen nitrosca palera*, poseen la misma cantidad de información (esto es, ninguna), aunque el primero posea significación, y el segundo no. Llamamos información a la transmisión de algo que ignora el receptor. **c)** (*Informát y Telec*) Transmisión de un sistema a otro, mediante cualquier tipo de señales, de elementos para formular un juicio o llegar a la solución de un problema. *Tb esos mismo elementos*. | *PCM* 6.91, 197: Crear una base de datos requiere la creación de un nuevo impreso, que incluya información sobre los campos. **d)** ~ **genética**. (*Biol*) Conjunto de caracteres hereditarios transmitidos por los genes. | N. Retana *Inf* 3.1.70, 19: La enfermedad cancerosa tiene su origen en un error de información genética. Información que se sustenta en los ácidos nucleicos .. y en los virus que los contienen. Es en este fallo informativo, en ese ensamblaje virus-ácidos nucleicos, donde parece radicar el meollo de la cuestión.
2 Oficina o departamento destinados a informar[1]. | *GTelefónica* 83 1, 5: Servicios de compañía: Aviso de averías .. Información provincial .. Información nacional.

informador -ra *adj* Que informa[1], *esp* [1]. *Frec n, esp referido a pers que trabaja en un medio de comunicación*. | DCañabate *Andanzas* 235: Su alteza real el Tribunal Supremo, al remate de su desfile, se congrega en lo alto de la escalera al aguardo de la voz informadora de que sus coches están listos para recogerlos. *ByN* 31.12.66, 16: Se ha celebrado una rueda de Prensa en la que el presidente del Consejo de Administración .. y el director general .. expusie-ron a los informadores el balance correspondiente al año que termina.

informal *adj* **1** [Pers.] no formal (no juiciosa, o que no cumple sus compromisos). *Tb n*. | * Este contratista es bastante informal. **b)** Propio de la pers. informal. | * Su comportamiento ha sido bastante informal.
2 [Cosa] falta de formalismo o de solemnidad. | *Sol* 24.5.70, 15: Guía de Restaurantes .. La Pérgola .. Almuerzo informal. Buffet frío y caliente todos los días. **b)** [Cosa] que no se atiene a lo convencional o considerado más correcto. | Diosdado *Anillos* 2, 69: En su cuarto de estar, juvenil, con mucho mueble alegre, informal, y mucho póster. **c)** [Pers.] cuyo atuendo no se atiene a los usos convencionales o considerados más correctos. | Torrente *Isla* 238: Pasó la decana Ramsay, toda estirada y encopetada, nada informal, como sabes. Vizcaíno *Hijos* 145: Varias docenas de muchachos espigados, de largos pelos, vestidos informalmente (lo que quiere decir, hechos un asco), se contoneaban junto a chicas cuya edad media no pasaría de los veinte años, también informales en el vestir.
3 (*Ling*) Coloquial. | Moliner *Present. Dicc.* XXIII: Se multiplican las indicaciones relativas a la amplitud de uso de las palabras, a su valoración lingüística y social y a los matices intencionales o afectivos que las acompañan, tales como .. "soez, grosero, inconveniente, popular, rural, coloquial, informal, refinado, solemne".
4 (*Pint*) Informalista. | Aguilera *Arte* 93: Las corrientes informales han caracterizado la etapa central del arte español de la postguerra. Areán *Rev* 2.71, 30: Un notable abstracto "informal" .. como Antonio Tapies.

informalidad *f* **1** Cualidad de informal [1 y 2]. | Delibes *Año* 179: Una de las cosas que más detesto es la informalidad. PReverte *Tabla* 227 (G): Julia había optado esa tarde por la informalidad: calzado sin tacón tipo mocasín, tejanos y una cazadora deportiva.
2 Acción informal [1]. | Laiglesia *Tachado* 77: La nueva Alemania .. quiso liberarse de algunos convenios internacionales que limitaban su expansión. Y el conde fue el encargado de dar cierta apariencia de formalidad a esas evidentes informalidades.

informalismo *m* (*Pint*) Tendencia que se propone la búsqueda de la capacidad expresiva de la materia, prescindiendo de las formas tradicionales y de las abstractas geométricas. | M. Conde *MHi* 10.60, 59: Mignoni y Máximo de Pablo .. han dado prueba de la gran vitalidad de la corriente expresionista que pudiera ser el gran futuro del arte español inmediatamente posterior, cuando el informalismo .. agote .. sus posibilidades de comunicación vital.

informalista *adj* (*Pint*) Del informalismo. | M. Conde *MHi* 10.60, 59: La tónica general de las exposiciones de interés ha sido abstracta, de un abstractismo informalista. Marsé *Tardes* 286: Los Bori vivían .. en un ático confortable y lujoso, pero en cierto modo caótico: de un lado, cerámicas y pintura informalista ..; de otro, una sorprendente profusión de folletos y catálogos. **b)** Partidario o cultivador del informalismo. *Tb n*. | Carandell *Madrid* 28: La presidencia de uno de estos actos puede estar compuesta del siguiente modo: .. Pintor informalista, locutor radiofónico.

informalmente *adv* De manera informal, *esp* [2]. | J. MMartínez *Inf* 8.5.75, 4: La representante vietnamita fue recibida informalmente en el Foreign Office. Vizcaíno *Hijos* 145: Varias docenas de muchachos espigados, de largos pelos, vestidos informalmente (lo que quiere decir, hechos un asco), se contoneaban junto a chicas cuya edad media no pasaría de los veinte años.

informante *adj* Que informa[1], *esp* [1]. *Tb n, referido a pers*. | Tamames *Economía* 324: El Fondo Monetario Internacional define la balanza de pagos como el "registro sistemático de todas las transacciones económicas verificadas durante un período de tiempo entre los residentes del país informante .. y los residentes de otros países". Alvar *Islas* 32: Cuando trabajé [como dialectólogo] en Fuerteventura, un informante me contó que don Miguel de Unamuno le había hablado una tarde entera.

informar[1] **A** *tr* **1** Dar a conocer [algo (*compl* DE o SOBRE) a alguien (*cd*)]. *Tb sin compls*. | Gambra *Filosofía* 86: La razón le informa de un mundo de conceptos, de ideas, de leyes, que son universales, invariables. GAmat *Conciertos*

informar – infracción

109: Julius Alf nos informa de que su primera audición fue privada. *Opi* 11.12.75, 9: Los Ministerios no informan. **b)** *Con cd refl:* Hacer [alguien] las gestiones necesarias para conocer [algo (*compl* DE o SOBRE)]. *Tb sin compl.* | *Inf* 2.12.76, 8: Infórmate y vota.
2 Dar a conocer [algo a alguien]. | Carnicer *Castilla* 20: La mujer joven y gruesa que me ha servido me informa que hay en el pueblo al pie de cien familias.
3 Poner [una autoridad en un documento (*cd*)] su opinión sobre lo solicitado en él. | *BOE* 22.1.65, 1238: Las instancias serán informadas por sus Jefes naturales.
B *intr* **4** Dictaminar [un cuerpo consultivo o un funcionario (*suj*) sobre asuntos de su competencia]. | * El Ministerio debe informar sobre la viabilidad del proyecto.
5 Hablar en juicio [un fiscal o un abogado]. | * Mientras informaba el fiscal se produjo un incidente en la sala.

informar² *tr* (*lit*) Dar forma sustancial [a alguien o algo (*cd*)]. | Valls *Música* 33: Si nos adentramos en los supuestos que informan la música china, encontramos que su principio ordenador se asienta en unas escalas pentáfonas o de cinco sonidos. Delibes *Madera* 145: En pocos meses, los principios que informaron su vida maduraron.

informáticamente *adv* De manera informática. | *SYa* 21.4.85, xi: Hemos empezado en la escuela y después lo haremos en la Universidad, para que quien se dedique a historia, por ejemplo, sea capaz de tratar informáticamente su fichero bibliográfico.

informático -ca I *adj* **1** De (la) informática [3]. | *Ya* 30.4.70, 42: Se entenderá por parque informático nacional el conjunto de los equipos de proceso de datos constituidos por ordenadores o computadores electrónicos y sus máquinas periféricas o auxiliares.
II *n* **A** *m y f* **2** Especialista en informática [3]. | L. Sastre *SMad* 22.11.69, 1: Dos investigadores, profesor de Ciencias Políticas uno .. e informático el otro .., han trabajado durante treinta y tres meses en el problema del Vietnam.
B *f* **3** Conjunto de conocimientos y técnicas que permiten recoger, almacenar, organizar, tratar y transmitir datos mediante ordenadores. | R. SOcaña *Inf* 3.1.70, 20: Una nueva ciencia, desprendida de la cibernética, que recibe el nombre de Informática .. Ese mundo .. entretejido en torno a una máquina harto complicada que, en lenguaje llano, recibe el nombre de ordenador, cerebro electrónico o computador.

informativamente *adv* En el aspecto informativo. | E. Corral *Abc* 25.2.68, 99: Noventa y tres periodistas de 24 países coincidieron en distinguir informativamente, desde Montecarlo, entre 66 programas, a "Historias de la frivolidad".

informativo -va *adj* **1** Que sirve para informar[1] [1]. *Tb n m,* designando un programa de radio o de televisión. | *Alc* 1.1.55, 3: Una red de corresponsales informativos .. garantizan nuestra información nacional. *País* 27.1.77, 25: Radio Madrid. Onda media. Informativos. 7.45: Matinal Cadena SER. 12.00: Viva la radio. 23.20: Hora 25.
2 De (la) información [1]. | *Sp* 19.7.70, 37: Catapultándose .. a los grandes del panorama informativo norteamericano, un rumor circula, estos días, por los Estados Unidos. N. Retana *Inf* 3.1.70, 19: La enfermedad cancerosa tiene su origen en un error de información genética .. Es en este fallo informativo, en ese ensamblaje virus-ácidos nucleicos, donde parece radicar el meollo de la cuestión.

informatización *f* Acción de informatizar. *Tb su efecto.* | VMontalbán *STri* 13.11.71, 11: Hoy como nunca empezamos a sentir en nuestra conciencia el cáncer de la informatización.

informatizar *tr* **1** Aplicar [a algo (*cd*)] los recursos de la informática [3]. | VMontalbán *STri* 13.11.71, 11: No solo estamos saturados de juguetes, sino que la mecánica del conocimiento informatizado moderno convierte en juego hasta nuestra propia supervivencia. *Ya* 20.1.89, 17: La Academia posee un depósito de millones de fichas y de registros lingüísticos que deberían ser informatizados.
2 Dotar [a alguien o algo (*cd*)] de medios informáticos. *Frec el cd es refl.* | *Ya* 12.4.83, 16: Informatizarse o morir.

informe¹ *m* **1** Exposición escrita u oral en que se informa[1], *esp* [3, 4 y 5]. | *Nue* 31.1.70, 5: Deberá ser elevado al Gobierno del informe-propuesta que elabora la Comisión Interministerial. *Abc* 12.11.70, 46: Más de 30 policías rodearon esta mañana una casa .. después de haber recibido un informe confidencial de que McVicar "se podría encontrar allí".
2 *En pl:* Datos que se proporcionan u obtienen acerca de una pers. o cosa. | Zunzunegui *Camino* 103: ¿Ha servido ya en alguna otra casa?..., porque me gustaría tener informes de usted.

informe² *adj* Que carece de forma precisa o concreta. | * Es un amasijo informe. Villarta *Rutas* 10: La plaza .. se hallaba compuesta de casas informes y miserables.

informulado -da *adj* No formulado o expresado. | Goytisolo *Recuento* 420: Sin llegar, tal vez, a tomar nunca conciencia de que su deseo profundo, inadmitido, informulado, era, justamente, el de que ese amor fracasara. MGaite *Cuento* 277: Cabría la posibilidad de que una refutación por el estilo, traída a colación cuando los sentimientos que se dirimían no habían roto aún las nieblas de lo informulado, dejase al atribulado amante sin argumentos.

infortunadamente *adv* (*lit*) De manera infortunada. | P. Villalar *Ya* 25.9.90, 12: Tienen el deber de mirar primero los intereses de los ciudadanos antes que los propios o los de su partido. Infortunadamente, hay quien ve las cosas de otra manera.

infortunado -da *adj* (*lit*) **1** [Pers.] que es víctima del infortunio. | RMorales *Present. Santiago* VParga 5: Aplastados por el brillo de las armas y las letras de sus enemigos, los infortunados cristianos casi desaparecen.
2 [Cosa] que implica infortunio. | J. M. Massip *Abc* 3.6.70, 21: Un ajuste limitado .. provocaría una presión indirecta sobre nuestros aliados .. Es una posición infortunada para Washington.

infortunio *m* (*lit*) **1** Fortuna adversa. | L. Calvo *SAbc* 16.3.69, 18: Este tipo singular de hombres que hacen ofrenda de su pobreza e infortunio a la voluntad de independencia.
2 Suceso desgraciado. | *Ade* 22.10.74, 7: Las prestaciones establecidas en el Seguro Escolar, en la actualidad, son: Infortunio familiar, accidente escolar, tuberculosis pulmonar.

infosura *f* (*Vet*) Enfermedad de las caballerías y otros ungulados, caracterizada por congestión de los tejidos vivos del pie, gralm. acompañada de inflamación. | CBonald *Ágata* 170: No dejó de advertir Pedro Lambert un brusco titubeo de la yegua, que babeaba por el freno y empezaba a retraer los brazos como atemorizada por algún presentimiento o atacada de infosura.

infra- *pref* (*lit* o *E*) **1** Denota, en *sent material,* el hecho de estar situado debajo o por debajo. | *Por ej:* Bustinza-Mascaró *Ciencias* 160: Sistema nervioso [del cangrejo de río]. Es ganglionar con ganglios cerebroides, un collar esofágico y una cadena infraesofágica larga que se extiende por todo el cuerpo y ocupa posición ventral. Diego *Abc* 22.10.67, 3: En la melodía del idioma no podemos profundizar y encerrar sílabas debajo, infrapuestas a otras sílabas.
2 Denota, en *sent no material,* situación o condición inferior, o por debajo de lo debido o normal. | *Por ej:* *Sp* 19.4.70, 11: Temas de instrucción infracultivados. *Tri* 15.7.72, 18: La estrecha relación entre la delincuencia y la infraescolaridad .. se pone de manifiesto en los siguientes datos. L. Molla *Mun* 14.11.70, 39: Cerca de la mitad de la población se debate en una infraexistencia aislada en los pequeños pueblos montañosos de la región. M. GManzano *Rev* 11.70, 15: Aparece el "género" de la fotonovela, integrado por títulos de renombre, que ven la luz semanalmente, y por una secuela de "sub" que quincenal o mensualmente engrosa este campo calificado de "infraliteratura". MSantos *Tiempo* 150: Encarándose con las inframujeres del fogón. Castellano *Agromán* 73: Son débiles mentales. Son infraseres que carecen de toda responsabilidad. **b)** *Denota valor inferior.* | *Por ej:* J. Zaragüeta *Abc* 23.12.70, 3: De esta unidad .. brotan una doble serie de números cardinales, en sentido de números enteros supraunitarios hacia el infinito inalcanzable, e infraunitarios o fraccionarios (quebrados y decimales) hacia el cero inalcanzable.

infracción *f* **1** Acción de infringir. | APaz *Circulación* 30: Los números en cursiva .. señalan en pesetas la cuantía de la multa que marcan el Código y el Decreto 2165

de 3 de diciembre de 1959 por infracción del precepto correspondiente.
2 (*Med*) Fractura incompleta de un hueso. | *Faro* 1.8.75, 15: Al salirse de la calzada un turismo que conducía, se ocasionó infracción costal izquierda, herida incisa en la región temporal y contusiones diversas.

infracobertora *adj* (*Zool*) [Pluma] cobertora de debajo de la cola. *Frec n. Gralm* ~ CAUDAL. | Lama *Aves* 188: Presenta [el porrón pardo] un tono general color caoba, con la parte superior de su cuerpo más oscura, mostrando las infracobertoras caudales blancas.

infracostal *adj* (*Anat*) Situado debajo de una costilla. | Alvarado *Anatomía* 60: Los [músculos] costales (intercostales, infracostales y supracostales), que mueven las costillas y actúan en la respiración.

infracto -ta *adj* (*raro*) Firme o resistente. | Domínguez *Pról. Donado-Peña* 15: De modo tan arraigado se incorpora en Getafe su peculiar talante, que este ha logrado sobreponerse infracto a la embestida del enorme aluvión demográfico operado en los últimos años.

infractor -ra *adj* Que infringe. *Tb n, referido a pers.* | *Abc* 13.9.70, 14: Deberán vigilar escrupulosamente este extremo para identificar a los establecimientos infractores. *Ya* 15.4.64, 5: Ley que puede cumplirse o conculcarse sin responsabilidad real alguna para el posible infractor.

infraestructura *f* **1** Estructura básica [de una organización o un sistema]. | Aranguren *Moral* 52: Hemos visto la necesidad previa de una infraestructura socioeconómica que sirviese de soporte al nuevo régimen liberal. **b)** Estructura económica de la sociedad. *Esp en doctrina marxista*. | Aranguren *Marxismo* 52: Engels ya habló, a propósito del Derecho, de un reinflujo de la superestructura sobre la infraestructura. **c)** Conjunto de las instalaciones y servicios que condicionan una actividad, esp. económica. | Pániker *Conversaciones* 199: Me apena esta inercia del apiñamiento .. Y temo que estemos construyendo una gruesa infraestructura que no esté de acuerdo con los elementos esenciales de previsión que podíamos ya tener estudiados. Van 4.11.62, 7: Que todo lugar que encierre factores apropiados para el fomento del turismo sea adecuadamente aprovechado, ya que necesitamos duplicar toda la infraestructura turística de aquí a 1967 para hacer frente a la competencia de otros países en este terreno.
2 Conjunto de los trabajos relativos a los cimientos de una construcción. | C. Ruiz *Cór* 22.8.90, 5: El deseo municipal de una rápida redacción del anteproyecto del puente del Arcángel con el fin de que esta nueva infraestructura pueda ejecutarse lo antes posible. **b)** Conjunto de obras necesarias para el establecimiento de la plataforma de una vía férrea o una carretera. | R. Haba *Cór* 26.8.90, 11: Nos acercamos a este pueblo contemplando las obras que junto a la carretera se están realizando para crear la infraestructura que necesitará el futuro tren de alta velocidad.
3 (*Aer*) Conjunto de instalaciones de tierra. | *Inf* 27.7.70, 9: No necesita aeropuertos con infraestructuras complicadas. *Tri* 7.2.70, 7: Sin los airones, sin las bombas, sin los pilotos y aun sin la infraestructura norteamericana –radio, radar, observaciones– tales bombardeos son imposibles.

infraestructural *adj* De (la) infraestructura, *esp* [1]. | Tamames *Economía* 335: La atracción reside a veces en factores infraestructurales (clima, especialmente número de días de sol por año; existencia de costas con playas; paisajes de gran belleza, etc.).

in fraganti (*pronunc,* /in-fragánti/) *loc adv* En el mismo momento en que se comete el delito. *Normalmente con el v* SORPRENDER *u otro equivalente*. | MKleiser *Abc* 25.2.68, 3: Los que no se atreven a quebrantar la orden se dedican a sorprender "in fraganti" a los que la infringen.

infrahumanidad *f* Condición de infrahumano. | Abella *Imperio* 191: Se repartían por un igual los desafueros –Buchenwald, Katyn, el Duomo–, hechos que estaban señalando las consecuencias de una guerra con su inevitable regresión hacia la infrahumanidad.

infrahumano -na *adj* Inferior a la condición o a la dignidad humanas. | Pla *Des* 12.9.70, 24: La hecatombe fue enorme, indescriptible, con detalles realmente infrahumanos.

inframundo *m* Mundo marginal. | E. Corral *Abc* 6.12.70, 72: Valientemente "Mirada al Mundo" expuso ante los espectadores el inframundo dolorido y doloroso de las drogas. Montero *Reina* 134: Benigno era la representación de este inframundo burocrático, era un espectro de la miseria, un mensajero del fracaso.

infrangible *adj* (*lit*) Que no puede ser roto o quebrantado. *Tb fig*. | F. GSegarra *DEs* 14.8.71, 9: Se necesita todavía un más serio esfuerzo, y este esfuerzo son las docenas de brazos .. que lo rodean de un infrangible cinturón de músculos palpitantes de acero. L. Calvo *Abc* 28.5.72, 19: Cuando se persuada todo el mundo, dentro del Vietnam, de esta verdad infrangible: que la guerra no tiene solución militar.

infranqueable *adj* Que no puede ser franqueado o atravesado. *Tb fig*. | Torres *Él* 166: Una vez allí, se encontró con un cuerpo de seguridad de lo más infranqueable. CBaroja *Inquisidor* 60: Hay diferencias infranqueables entre don Diego de Simancas .. y don José Antonio Llorente.

infraoctavo -va (*Rel catól*) **I** *adj* **1** De la infraoctava [2]. | Ribera *SSanta* sn: Son de rito doble los días infraoctavos de Navidad.
II *f* **2** Conjunto de los seis días comprendidos entre el primero y el último de la octava de una festividad litúrgica. | *SVozC* 25.7.70, 9: Domingo de la infraoctava del Corpus. Fiesta eucarística.

infraorbitario -ria *adj* (*Anat*) Situado debajo de la órbita del ojo. | Bustinza-Mascaró *Ciencias* 201: Alrededor de la boca [del gato] hay cuatro pares de glándulas salivares: dos parótidas, dos infraorbitarias, dos submaxilares y dos sublinguales.

infrarrojo -ja *adj* (*Fís*) [Radiación electromagnética] de la parte invisible del espectro luminoso, que se extiende a continuación del color rojo. *Tb n m*. | MCampos *HLM* 26.10.70, 15: Emisoras láser y rayos infrarrojos facilitan ya la información precisa para dirigir como es debido una operación de guerra. Mingarro *Física* 180: Como la radiación infrarroja se refleja igual que la luz, es posible, mediante espejos, llevar un rayo por cualquier recorrido. Mingarro *Física* 180: La célula fotoeléctrica es un verdadero ojo artificial, con la ventaja sobre el humano de que reacciona sin inercia y permite la detección de un mayor campo de radiaciones del espectro; hay células fotoeléctricas que reaccionan en la región del infrarrojo. *Her* 11.9.88, 21: Vídeo VHS "Elbe". Mando a distancia por infrarrojos. **b)** Que funciona con rayos infrarrojos. | Mora *Sem* 1.3.75, 65: Los cabellos son tratados con los dedos y secados con lámparas infrarrojas. M. Mujica *Abc* 20.8.69, 10: Con la ayuda de las sondas previas o del espect[ró]metro infrarrojo estamos lejos hoy de conquistar el mundo.

infrascrito -ta *adj* (*admin*) Que firma al fin del escrito en cuestión. *Frec n*. | *BOE* 3.12.75, 25239: Los autos y la certificación del Registro, a que se refiere la regla 4ª del artículo 131 de la Ley Hipotecaria, estarán de manifiesto en la Secretaría del infrascrito.

infrasónico -ca *adj* (*Fís*) **1** De(l) infrasonido. | L. LSancho *Abc* 27.3.75, 49: Una historia contada con gran fuerza de imágenes visuales acrecentadas por el concurso del "sens[u]rround", nuevo procedimiento de sonido que añade a los decibelios normales algunas ondas casi infrasónicas.
2 Subsónico. | *País* 12.7.77, 8: El bombardero B-1, supersónico (Mach 2) y pilotado, ha sido sacrificado por una decisión del presidente Carter, en favor del misil crucero, infrasónico y no pilotado.

infrasonido *m* (*Fís*) Vibración de la misma índole que la vibración sonora, pero que por su escasa frecuencia no puede ser percibida por el oído humano. | Valls *Música* 16: El oído humano puede captar normalmente el sonido producido entre 30 y 20.000 vibraciones por segundo, .. si el fenómeno vibratorio no alcanza los 30 ciclos, percibimos como un rumor confuso (el infrasonido).

infrautilización *f* Acción de infrautilizar. | *Abc* 21.5.67, 96: Las previsiones de aumento en la utilización de la capacidad para los próximos tres meses parecen confirmar el carácter estacional de este elevado nivel de infrautilización.

infrautilizar – infusión

infrautilizar *tr* Utilizar [algo o a alguien] por debajo de sus posibilidades. *Frec en part.* | *País* 30.3.80, 21: Piden que una clínica infrautilizada de Vallecas se convierta en hospital.

infravaloración *f* Acción de infravalorar. | I. Gomá *HyV* 12.70, 98: Una selección de textos de infravaloración del *am ha-árets* [hombre de la tierra, para los fariseos] llena veintiséis páginas.

infravalorar *tr* Valorar por debajo de lo justo. | FMora *Pensamiento 1964* 183: En relación con las grandes figuras literarias recientemente desaparecidas, infravalora a sus contemporáneos.

infravivienda *f* Vivienda de calidad muy inferior a la normal. | *Ya* 20.9.90, 3: Un grupo de gitanos extremeños y portugueses .. protagonizaron ayer algunos enfrentamientos en el transcurso del desalojo de sus infraviviendas.

infrecuencia *f* Cualidad de infrecuente. | Albalá *Periodismo* 52: Una elaborada revelación de su contenido [de la noticia], atendiendo solo al hecho en sí, o también a sus "valores" .. no en función de su infrecuencia, de su excepción, sino del interés objetivo.

infrecuente *adj* Poco frecuente. | Cela *SCamilo* 401: Esta dualidad no es infrecuente y suele darse en las mujeres muy amorosas.

infrecuentemente *adv* De manera infrecuente. | Mendoza *Savolta* 35: La taberna de Pepín Matacríos estaba en un callejón .. Infrecuentemente visitaban la taberna conspiradores y artistas.

infringir *tr* Quebrantar o desobedecer [una ley, un precepto o una orden]. | Merlín *Abc* 3.12.70, 23: Detuvo a un automóvil .. por infringir el Código de la Circulación. MKleiser *Abc* 25.2.68, 3: Los que no se atreven a quebrantar la orden se dedican a sorprender "in fraganti" a los que la infringen.

infructífero -ra *adj* Que no produce fruto. *Tb fig.* | J. Fernández *VozT* 22.11.78, 29: No trato de atacar contra [sic] los dueños como tales propietarios, sino contra el abandono de sus tierras, que pudieran producir y son infructíferas. V. Ocaña *VAl* 7.7.67, 7: La vocación y entrega del Maestro, con su recia y profunda personalidad, sería infructífera si no supiera llevar al diario quehacer de su misión la alegría del deber cumplido.

infructuosamente *adv* De manera infructuosa. | *Inf* 30.7.70, 2: El ciudadano madrileño busca infructuosamente una mala sombra que llevarse a la cabeza.

infructuosidad *f* Cualidad de infructuoso. | *Abc* 27.12.70, 18: Poniendo en evidencia la infructuosidad de casi un mes de constante y esforzada labor de la Policía y la Guardia Civil.

infructuoso -sa *adj* [Actividad o esfuerzo] que no da resultado. | LMuñoz *Tri* 26.12.70, 6: Después de más de setenta años de infructuosos esfuerzos, los grupos de poder dentro del capitalismo español habrían de reconocer sus limitaciones.

infrutescencia *f* (*Bot*) Agrupación de frutos procedente de una inflorescencia. | Ybarra-Cabetas *Ciencias* 277: Si [los frutos] son asociaciones resultantes de una inflorescencia, se llaman frutos compuestos o infrutescencias.

ínfulas *f pl* Pretensiones (hecho de querer aparentar más calidad o importancia de la real). *Tb fig, referido a cosas.* | Laiglesia *Tachado* 55: Vivía la archiduquesa en la última planta de un viejo caserón con ínfulas de palacio. **b)** Aire o tono de superioridad. | Laforet *Mujer* 220: Me decía las cosas con unas ínfulas, como si yo acabase de salir del colegio.

infumable *adj* **1** [Tabaco o droga] que no se puede fumar por su baja calidad. *Frec con intención ponderativa.* | FVidal *Duero* 150: Algunas de las labores de Tabacalera Española son, literalmente, infumables. VMontalbán *Soledad* 19: Rhomberg fue seriamente amonestado por haber dejado los habanos en el hotel. Los puros americanos son infumables. D. Calzada *Abc* 16.11.80, 13: La fauna marginal .. le da al cubata de garrafón o bogartiza hábilmente el refinado canuto artesanal de afgano, más bien infumable chocolate malmetido de gena por los utilitarios espárragos de cualquier camello insolvente.

2 (*col*) Inaceptable o impresentable. | L. Calvo *Abc* 18.12.70, 27: Muy bien, por cierto, María Casares, pero "infumable" todo lo demás. Diosdado *Cuplé* 62: La pobre Carmen, como no tenía padre, tuvo a Pepe; como su madre era infumable, tuvo a Balbina, y como no ha tenido hijos .., ha acabado teniendo a Leni.

infundadamente *adv* De manera infundada. | Burgos *SAbc* 13.4.69, 46: El Polo de Desarrollo no ha tenido sobre la economía sevillana los efectos taumatúrgicos que muchos esperaban infundadamente.

infundado -da *adj* Que carece de fundamento. *Dicho esp de pensamiento, sospecha o afirmación.* | Laiglesia *Ombligos* 319: Tus sospechas, querido Juan, no son infundadas.

infundíbulo *m* (*Anat*) Cavidad en forma parecida a la del embudo. | Bustinza-Mascaró *Ciencias* 66: Los tubitos más finos, los bronquiolos, van a terminar cada uno en una vejiguita o infundíbulo, cuyas paredes están tapizadas por numerosas celdillas.

infundio *m* **1** Noticia o afirmación falsa y tendenciosa. | Valcarce *Moral* 64: Algunos hablan del carácter negativo de la Moral Católica. Para destruir este infundio basta observar que todos los preceptos divinos se reducen a algo tan positivo como amar a Dios y amar al prójimo.

2 (*reg*) Idea o barrunto. | Berenguer *Mundo* 285: El cabo no tenía ni infundio de por qué tenía yo que presentarme todos los días tres veces.

infundir A *tr* **1** Hacer que [alguien (*ci o compl* EN)] pase a tener [una cualidad, un sentimiento o una idea (*cd*)]. | R. Hernández *Ade* 27.10.70, 3: Tenía en alto grado ese admirable arte de infundir en los otros el vigor de la fe que él poseía. *Abc* 9.4.67, 79: La Guardia Civil de Tráfico dio el alto .. a un coche .. que les infundió sospechas. **b)** (*Rel*) Dotar [Dios al hombre (*compl* EN *o ci*) de alma, vida, u otro don inmaterial (*cd*)]. | SLuis *Doctrina* 26: Es de fe que esa alma la creó Dios directamente, y la infundió en el hombre .. Le infundió también su propia vida divina: la Gracia Santificante.

2 Hacer que [una cosa (*ci o compl* EN)] pase a tener [un carácter (*cd*)]. | M. LPalacios *Caso* 26.12.70, 3: No es nada extraña esta suposición, al tener noticias del profundo sentido religioso que infundían los miembros de la familia a todos sus actos.

3 (*raro*) Echar [un líquido en algo]. | Ribera *Misal* 555: El Sacerdote infunde en el agua un poco de óleo de los catecúmenos en forma de cruz.

4 (*Med*) Hacer infusión [1] [de algo (*cd*)]. | FQuer *Plantas med.* 369: Se usa en cataplasmas emolientes infundiendo con muy poca agua partes iguales de meliloto y hojas de malva.

B *intr pr* **5** (*reg*) Ocurrírsele o pasársele por la cabeza [algo a alguien]. | Berenguer *Mundo* 347: –¿Quién piensas tú que puede ser? –Ni se me infunde.

infurción *f* (*hist*) *En la Edad Media:* Renta anual pagada al rey o al señor por habitar y cultivar una tierra. | GOña *Covarrubias* 23: Dio muestras de gran generosidad, cediendo los derechos de infurción (impuestos que le correspondían por razón de las casas y solares) de Covarrubias y Mecerreyes en favor de los beneficiados de la Colegiata.

infusibilidad *f* (*E*) Cualidad de infusible. | Bustinza-Mascaró *Ciencias* 330: Se utiliza [el grafito] para fabricar lápices, y por su infusibilidad, para fabricar crisoles.

infusible *adj* (*E*) Que no se funde. | Marcos-Martínez *Física* 281: El carbono es negro, inatacable por los ácidos y prácticamente infusible.

infusión *f* **1** Líquido que se obtiene al someter productos vegetales a la acción del agua hirviendo para extraer la parte soluble. | Delibes *Año* 42: Después de comer probamos el té silvestre que recogimos en las rocas .. La infusión es de color verde pálido y un gusto muy acentuado. Cuevas *Finca* 45: Regaba con una infusión de hoja de olivo. Bustinza-Mascaró *Ciencias* 106: El paramecio. Abunda este animal microscópico en la infusión del heno y otros productos vegetales.

infuso – ingenio

2 Acción de infundir [1]. I Villapún *Moral* 50: Dos son las maneras principales de adquirir las virtudes: 1ª Por infusión de Dios. 2ª Por repetición de actos buenos.
3 (*Rel catól*) Acción de echar [agua (*compl* DE)] sobre el que se bautiza. I Villapún *Iglesia* 6: Los ritos esenciales en la administración de los Sacramentos no han cambiado, como, por ejemplo, en el Bautismo, el rito esencial es la infusión del agua al bautizando.
4 (*Med*) Acción de introducir un líquido, esp. un suero, en una vena. I *BOE* 20.3.62, 3810: Las enfermerías de primera y segunda categoría tendrán: Cuatro bisturíes .. Un aparato para infusión gota a gota de sueros.

infuso -sa *adj* [Don] infundido [1] por Dios. I SLuis *Doctrina* 29: Como consecuencia de su pecado, Adán y Eva .. perdieron los bienes sobrenaturales. Pero lo peor de todo fue la pérdida de la Gracia Santificante y las virtudes infusas.

infusorio *m* (*Zool, hoy raro*) Protozoo ciliado. I Bustinza-Mascaró *Ciencias* 94: Los llamados infusorios tienen el cuerpo recubierto de cilios o pestañas vibrátiles.

ingencia *f* (*lit, raro*) Cualidad de ingente. I Umbral *Tierno* 58: El pueblo .., cuando se contempla completo a la luz del día, tiene asombro y luego miedo de su propia musculatura, de su propia osatura, de su ingencia.

ingenerable *adj* (*raro*) Que no puede ser generado. I GÁlvarez *Filosofía* 1, 117: Como lo generado no puede ser presupuesto de la propia generación y la base de las generaciones todas es la materia, Aristóteles debió declarar .. a la materia prima ingenerable.

in genere (*lat; pronunc corriente*, /in-χénere/) *loc adv* En general. I Laín *Gac* 12.1.63, 23: Admiré una vez más el feliz ingenio de este gran testigo menor de la vida española, y aun de la vida humana *in genere*.

ingeniar (*conjug* 1a) *tr* ➤ **a** *normal* **1** Idear [algo] con ingenio [1]. *Frec con ci refl*. I Agromán 122: Como había poca agua .., se ingeniaron mil tipos de bañeras para hacer el baño con la mínima cantidad posible de agua. PFerrero *MHi* 7.69, 69: Para escribir tenía una especie de cartapacio que él se había ingeniado con el fin de mantener sujetas las cuartillas por medio de chinches.
➤ **b** *pr* **2 ~selas** [para un fin]. Conseguir[lo] valiéndose del ingenio [1]. I Laiglesia *Tachado* 16: Ya me las ingeniaría para hallar un sitio lo más a propósito posible para que mi grito tuviera resonancia.

ingeniería *f* **1** Conjunto de conocimientos y técnicas del ingeniero [1]. *Tb la profesión correspondiente*. I *Sp* 19.7.70, 41: Se ha registrado un elevado grado de diversificación de los productos, especialmente en la ingeniería. *Hoy* 19.6.77, 4: Se comunica a todos los alumnos interesados en iniciar estudios en la Escuela Universitaria de Ingeniería Técnica de Obras Públicas que está abierto el plazo hasta el próximo día 26 para formalizar la matrícula.
2 (*E*) *Se da este n a distintos estudios y técnicas de carácter científico y tecnológico, independientes de la ingeniería* [1]. *Con un adj o compl especificador*. **a) ~ de sistemas.** (*Informát*) Diseño e instalación de sistemas informáticos. I *GTelefónica* 83 1, 1132: ENTEL .. Consultoría. Ingeniería de sistemas. **b) ~ financiera.** (*Econ*) Conjunto de métodos y técnicas para resolver problemas financieros de las empresas. I L. I. Parada *Abc* 12.11.86, 63: Vivimos el tiempo de la "ingeniería financiera". *Ya* 13.6.90, 28: Las primas únicas han sido el último gran hallazgo de la ingeniería financiera. **c) ~ genética.** (*Biol*) Conjunto de métodos y técnicas de investigación y experimentación sobre los genes. I A. Yagüe *Ya* 26.11.83, 32: La ingeniería genética ha permitido realizar la primera clonación de un gen humano. **d) ~ social.** (*Sociol*) Conjunto de métodos y técnicas para aplicar principios sociológicos a la solución de problemas sociales. I J. F. Puch *Inf* 31.12.71, 16: Algún estudioso del tema ha propuesto que la cuestión, dados sus caracteres agobiantes, pase a manos de la llamada "ingeniería social".

ingenieril *adj* De (la) ingeniería o de (los) ingenieros. I GNuño *Arte* 298: Su Puente de Toledo, por otra parte de tan recia compostura ingenieril, es un ejemplo de lo dicho. R. SOcaña *SInf* 16.12.70, 1: Muchos eran los monumentos que habrían de quedar bajo las aguas por "prescripción ingenieril".

ingeniero -ra *m y f* **1** Pers. capacitada oficialmente para la aplicación de conocimientos científicos y de técnicas a la utilización de la materia y de las fuentes de energía mediante invenciones o construcciones útiles. *Tb ~* SUPERIOR. *Frec seguido de un compl o adj que expresa su especialidad:* DE CAMINOS, (CANALES Y PUERTOS); DE MINAS, DE MONTES, DE TELECOMUNICACIÓN, AGRÓNOMO, INDUSTRIAL, GEÓGRAFO, NAVAL. I Delibes *Año* 186: Me visita Heliodoro Esteban, ingeniero jefe del Patrimonio Forestal de Burgos. Laforet *Mujer* 26: Tenía un título de ingeniero industrial. *Van* 15.11.73, 86: Ingeniero superior (empresa constructora) se precisa en importante empresa del ramo, con experiencia práctica a pie de obra. *Ya* 30.9.82, 28: La ingeniera señaló que el análisis al que fueron sometidas las muestras de cacahuetes antes de su reexportación a España reveló un contenido en ellas de 850 partes de aflotoxina por cada mil millones. **b) ~ técnico (de grado medio).** Pers. que tiene el título técnico inferior al de ingeniero. I *Van* 15.11.73, 90: Director de ventas .. Se requiere: Título de Ingeniero superior o técnico.
2 (*Mil*) Militar perteneciente al arma del ejército destinada esp. a la ejecución de construcciones. *Frec en la loc* DE ~S, *referida al arma, la unidad, el oficial o el soldado*. I *Abc* 3.5.74, 59: En la calzada formaron fuerzas de Infantería, Artillería e Ingenieros, con bandera, escuadra, banda y música. FReguera-March *Cuba* 421: Dos compañías de ingenieros; una sección de aerostación y otra de telegrafistas.
3 (*E*) Especialista en una ingeniería [2]. *Con un adj especificador*. I L. I. Parada *Abc* 12.11.86, 63: Los "ingenieros financieros" nos sorprenden cada día con una obra de arte. A. M. Yagüe *Ya* 27.5.87, 30: Unos 1.300 científicos (microbiólogos, ingenieros genéticos, especialistas en plantas, fisiólogos, morfólogos, bioquímicos, etc.), que actualmente trabajan en campos relacionados con la biotecnología. E. Diego *Ya* 7.12.88, 18: Los ingenieros sociales no emiten juicio moral sobre esta cuestión. Al. Gómez *Ya* 17.5.90, 65: Uno de los mayores avances de esta técnica lo protagoniza un equipo de ingenieros biomédicos canadienses.
4 ~ de sonido. (*Acúst*) Técnico encargado de todo lo relativo al registro sonoro. I RGualda *Cine* 16: Junto a técnicos con necesidad de titulación (Ingenieros de Sonido o Decoradores, por ejemplo), encontramos otros donde la titulación es sustituida por la larga práctica.
5 ~ de vuelo. (*Aer*) Miembro de la tripulación de una aeronave, responsable durante el vuelo del funcionamiento mecánico. I *Faro* 2.8.85, 25: En ciertos tipos de avión .. existe una supervisión técnica especial a cargo de un ingeniero de vuelo, que vigila la operación de los distintos sistemas y el comportamiento de los motores.

ingenio *m* **1** Facultad de inventar con facilidad cosas nuevas o soluciones. I J. D. GGuirao *VAl* 10.10.75, 8: El artista derrochó muchas horas y mucho ingenio en cada obra. L. Calvo *Abc* 17.10.70, 34: El ingenio se aguza para rendir poco y ganar mucho. **b)** Facultad de inventar cosas divertidas. I Laín *Gac* 12.1.63, 23: Admiré una vez más el feliz ingenio de este gran testigo menor de la vida española [Arniches]. **c)** (*lit*) Escritor. *Normalmente referido a la época clásica*. I Lázaro *Gac* 24.8.75, 13: Si solo conocía de oído a aquellos ingenios [Góngora, Alarcón, Quevedo], ¿qué pensaría de ellos sino que eran tres jaquecillos de tasca? CBaroja *Baroja* 92: Al son de *La Cirila* y marcando el paso, he ido yo por la calle de Ferraz, hacia Palacio, sirviendo de lazarillo a don Ciro Bayo. Y en la plaza veíamos la parada y el relevo de los alabarderos, según he contado en una semblanza de aquel ingenio.
2 Máquina o aparato. I *Inf* 24.6.75, 22: Constructoras, inmobiliarias, adelantén sus plazos de entrega. Secamos sus obras: paredes, suelos, escayolas. Alquilamos los ingenios. Barral *País* 8.12.87, 15: Los primeros bous que arbolaban una cangreja de apoyo por encima de las pocas docenas de caballos de fuerza de sus ingenios de petróleo. **b)** (*hist*) Máquina de guerra. I Riquer *Caballeros* 135: El almirante envió a Pedro Vázquez a Constantinopla en una pequeña nave que llevaba ingenios artilleros para la defensa de la ciudad.
3 Artefacto explosivo. I *Mad* 13.12.69, 1: En Roma también estallaron otros dos ingenios destructores, y en Milán .. se descubrió oportunamente otro.
4 Proyectil autopropulsado o teledirigido. I *Van* 4.11.62, 14: La utilización de este proyectil está destinada especial-

ingeniosamente – ingle

mente para derribar aviones o ingenios aéreos y espaciales que vuelen a grandes alturas.

5 Finca de cultivo y explotación de caña de azúcar. *Frec* ~ DE AZÚCAR o AZUCARERO. *A veces tb de otras plantas. Referido a algunos países americanos.* | Goytisolo *Afueras* 19: Fotografías de color sepia deslucido sacadas en los ingenios del abuelo, plantaciones de caña, refinerías de azafra. D. Gálvez *Rev* 12.70, 13: Países como Estados Unidos .. han sufrido un duro golpe con la expropiación de los grandes ingenios azucareros y arroceros que poseían en el norte del país. Torrente *Pascua* 239: Están liados ya [los cigarrillos], y el tabaco es habano: me lo envía un hermano que es allí propietario de un ingenio. **b)** Fábrica de azúcar de caña. | HSBarba *HEspaña* 4, 379: Los ingenios de azúcar –los extendidos trapiches– alcanzan especial incremento durante el siglo XVIII en Cuba.

6 (*raro*) Fábrica. | Cela *Judíos* 128: El ingenio o casa de moneda de que habla el vagabundo, fue mandada [sic] hacer por Felipe II. JGregorio *Jara* 60: Funcionan en la centuria decimosexta 46 molinos harineros .. Los ríos Tajo .. y Jébalo son los que mantienen más ingenios en sus riberas.

ingeniosamente *adv* De manera ingeniosa. | Delibes *Año* 216: Dommergues trae ingeniosamente a debate las más espinosas cuestiones que hoy tiene planteadas Norteamérica.

ingeniosidad *f* **1** Cualidad de ingenioso. | DPlaja *Literatura* 235: Otra de las características del teatro de Lope es la transformación del pastor-bobo .. en la figura del donaire, personaje que divierte por su ingeniosidad.

2 Dicho o hecho ingenioso [2]. *A veces con intención desp.* | L. Calvo *SAbc* 16.3.69, 19: He vuelto a leer el libro de Camba y no he podido dejar inconclusa su lectura. Tales son su garbo, su ligereza, sus ingeniosidades. Lapesa *HLengua* 231: Hasta en obras piadosas aparecían ingeniosidades que hoy tomaríamos por irreverencia. Huarte *Diccionarios* 79: Un lector corriente .. puede usarlo para su recreo, si el aspecto material del libro .. le compensa de la inevitable monotonía del desfile de ingeniosidades.

ingenioso -sa *adj* **1** [Pers.] que tiene ingenio [1]. | C. Bellver *País* 12.4.80, 20: El ingenioso Ganasa pensó que el sol madrileño de primeras horas de la tarde .. quitaría público a su espectáculo.

2 [Cosa] que denota o implica ingenio [1]. | V. Royo *Sp* 19.7.70, 19: El chiste .. era agudo e ingenioso. Seseña *Barros* 52: Dos alfareros .. mantienen viva la tradición ..: pichelas .., pucheros .. y unos platos muy ingeniosos llamados tortilleros y que sirven para volver la tortilla.

ingénitamente *adv* (*lit*) De manera connatural. | Castresana *Abc* 13.6.58, 21: El icono nos parece hoy tan ingénitamente ruso como el "samovar" o la "isba".

ingénito -ta *adj* (*lit*) **1** No engendrado. | Ribera *Misal* 1611: A Vos, Dios Padre Ingénito; a Vos, Hijo Unigénito; a Vos, Espíritu Santo Paráclito.

2 Connatural. | DCañabate *Paseíllo* 107: [La picaresca] ha impuesto a los ganaderos normas de escamotear la fiereza ingénita en el toro.

ingente *adj* (*lit*) Muy grande. *Gralm referido a trabajo o cantidad.* | Mercader-DOrtiz *HEspaña* 4, 228: A este tipo de preocupaciones responden .. los ingentes trabajos estadísticos para la confección del llamado Catastro de Ensenada. *Ide* 2.8.69, 7: Fue sacada la venerada imagen en procesión, acompañada durante todo el recorrido por ingente número de fieles devotos. Ma. Suárez *Hora* 20.3.77, 11: Se acercan horas de inefable dulzura en la geografía de nuestra tierra. Sus necesidades son ingentes.

ingenuamente *adv* De manera ingenua [1b]. | Delibes *Año* 216: Hace meses que vengo hablando de retroceso en el proceso de apertura en el país .. En tanto, la Prensa y los cada vez más reducidos círculos preocupados por estas cosas continúan hablando ingenuamente de asociacionismo político.

ingenuidad *f* **1** Cualidad de ingenuo [1]. | Laforet *Mujer* 47: La ingenuidad de mamá Bel solo existía en la imaginación de su nieta.

2 Hecho o dicho ingenuos [1b]. | * Ha sido una ingenuidad aceptar esta invitación.

ingenuil *adj* (*hist*) [Manso] concedido a un colono libre. | Vicens *HEspaña* 1, 284: Predios .. que .. integraban el territorio señorial: mansos serviles, derivados de la parcelación de los latifundios romanos, y mansos ingenuiles, en los que se englobaban tanto los hombres libres que habían sido asentados en los predios en el momento de su fragmentación como .. antiguas propiedades libres caídas poco a poco bajo las tenazas del poder señorial.

ingenuismo *m* (*Arte*) Cualidad de ingenuista. | *Not* 31.12.70, 41: Kustermann presenta en la Galería "Naharro" una serie de pinturas agrupadas bajo el denominador común de un total ingenuismo.

ingenuista *adj* (*Arte*) Naïf. | F. Gutiérrez *Van* 20.12.70, sn: Esa premeditada minuciosidad preciosista, ingenuista a veces, en la que el artista parece deleitarse, quizá sea un poco manierista. *Ide* 17.8.83, 22: –¿Con qué estilo pictórico se siente más identificado? –En mi época infantil comencé con cosas ingenuistas.

ingenuo -nua I *adj* **1** [Pers.] que actúa o habla de buena fe, ignorando la posible malicia o complejidad de la realidad. *Frec dicho con intención peyorativa.* Tb n. | RIriarte *Muchacha* 330: Los hombres de talento son muy ingenuos. GGual *Novela* 103: Las cortesanas, .. las viejas y los esclavos, los parásitos y las jóvenes ingenuas tenían también sus sentimientos, un tanto ignorados por el arte anterior. **b)** Propio de la pers. ingenua. | J. M. Osuna *Abc* 16.12.70, 57: Pretender detenerla [la emigración] con argumentos sensibleros nos parece tan ingenuo como inconveniente. Torres *Él* 175: Criaturas de belleza ingenua y deslumbrante. **c)** (*Arte y TLit*) Que carece de las complicaciones propias del arte culto. | Angulo *Arte* 2, 457: Consisten aquellas [las teorías de Rossetti] en volver al arte primitivo e ingenuo de los prerrafaelistas, según él artistas sin convencionalismos y simples imitadores de la Naturaleza.

2 (*hist*) Libre desde su nacimiento. *Se opone a* SIERVO *o a* ESCLAVO. *Frec n.* | Carande *Pról. Valdeavellano* 12: La servidumbre en la Edad Media alcanza a una parte tan solo de la personalidad de los siervos que colaboran con los ingenuos, dentro de los municipios.

II *f* **3** (*Escén*) Tipo de mujer que corresponde a la muchacha ingenua [1a]. *Tb la actriz que lo representa.* | GRuano *Abc* 20.6.58, 41: En este sentido todo ha ido de acuerdo: la alta costura en la restauración de los cuplés del veintitantos; la vuelta a la "vamp", que parecía haber sido descartada por la ingenua.

ingerible *adj* Que puede ser ingerido. | Millán *Fresa* 38: ¡No a la humanización de materias ingeribles! Don Quesito, Don Entrecot. Pinilla *Hormigas* 84: Si los alambres aparecían cortados limpiamente, y los anzuelos se convertían en ingeribles, digeribles y asimilables, no era por obra de sus dientes, vísceras o jugos, sino de ese mismo afán de libertad.

ingerir (*conjug* **60**) *tr* Introducir [algo] por la boca en el tubo digestivo. | CNavarro *Perros* 75: Ella conocía el agrio olor de la bebida; conocía igualmente el sudor frío, el castañeteo de los dientes .. de quien la ingiere sin ser capaz de asimilarla luego. Delibes *Año* 186: Millares de palomas, perdices y grajos han muerto en Zamora al ingerir semillas de cártamo.

ingesta *f* (*E*) Conjunto de alimentos y bebidas que se ingieren. | J. M. Falero *SAbc* 29.11.70, 17: El latirismo es una enfermedad que se produce cuando se lleva una dieta casi exclusiva de harina de almortas, durante varios meses, sin que intervenga[n] en la ingesta proteínas de origen animal.

ingestión *f* Acción de ingerir. | Bustinza-Mascaró *Ciencias* 101: El bacilo [de Koch] puede entrar, pues, en el organismo .. por ingestión, es decir, penetrando con los alimentos y bebidas en el tubo digestivo.

ingle *f* **1** Parte del cuerpo en la que se junta el muslo con el vientre. | CNavarro *Perros* 48: Se adhería a sus pies y trepaba cuerpo arriba para recorrer las ingles y los labios.

2 (*euf*) Sexo. | GPavón *Rapto* 231: –A mí ya sabe usted que nunca me gustaron las del oficio. –Hombre, algunas caseras no están mal. –Ni caseras ni callejeras. Nunca me tiró la ingle de pago. Umbral *País* 5.2.81, 23: Todas nuestras guerras civiles han sido guerras de religión o de ingle: en definitiva, todas de ingle, tema obsedente de los religiosos.

inglés -sa I *adj* **1** De Inglaterra o de Gran Bretaña. *Tb n, referido a pers*. I CBaroja *Inquisidor* 37: Un mundo en el que la herejía triunfaba, en el que ingleses, alemanes, holandeses y aun franceses vivían con una "libertad de conciencia" que aquí se reputaba escandalosa. **b)** De los ingleses. I Marías *India* 37: Grandes carteles de anuncios ..; rostros americanos, ingleses, italianos, franceses, indios. Marías *India* 44: Hay esplendor y esplendidez en la ciudad artificial y magnánima [Delhi]. Se piensa en la influencia inglesa, en la nostalgia británica de los parques, en el carácter abstracto de la urbe oficial.
2 Del inglés [9]. I RAdrados *Lingüística* 39: Chomsky llama universales de la lengua a lo que son rasgos de la Gramática inglesa.
3 [Estilo de mueble] de línea clásica con molduras y cornisas. I *Hacerlo* 110: En la actualidad, cuando en unos almacenes compremos muebles llamados de "estilo inglés", sepamos que poco tienen que ver con los auténticos estilos de aquel país. **b)** [Mueble] de estilo inglés. I SYa 3.10.76, 2: Presentan hoy en exclusiva la Librería modular inglesa de auténtico nogal español.
4 [Letra manuscrita y caligráfica] inclinada a la derecha, con gruesos y perfiles. I ZVicente *Mesa* 102: Tiene buena letra, inglesa comercial. Delibes *Parábola* 17: La caligrafía de Jacinto es minuciosa, lo mismo la inglesa que la redondilla.
5 [Llave] para apretar y aflojar tuercas, compuesta por dos piezas que se juntan o separan a voluntad. I *Hacerlo* 59: Se desenrosca el grifo con ayuda de la llave inglesa.
6 (*hoy raro*) [Semana laboral] en que no se trabaja el sábado por la tarde. I Aristófanes *Sáb* 5.7.75, 53: Pasarlas [las fiestas] al sábado sería foliarles [*sic*] media fiesta que ya se tiene por la semana inglesa. **b)** [Sábado] en cuya tarde no se trabaja. I Miguel *Mad* 22.12.69, 13: La España del desarrollo es, en fin, la España de .. el fin de semana, el sábado inglés, etc.
7 (*jerg*) [Práctica sexual] masoquista. *Tb n m*. I *País* 4.10.83, 41: Lady's. Selección señoritas, chicos y travestis. Disciplina inglesa.
8 a la inglesa. [Patata] frita en lonchas redondas y muy delgadas. *Tb adv*. I DCañabate *Andanzas* 57: Me acuerdo de las noches de cine en el salón del Prado. Oigo, percibo la bulla. Gritos: ¡Patatas fritas a la inglesa! ¡Avellanas tostadas y acarameladas!
II *m* **9** Idioma de Gran Bretaña, que también lo es de Estados Unidos y de otras naciones. I Palomino *Torremolinos* 12: Como tampoco habla inglés ni danés ni alemán .., lo del idioma no le preocupa.
10 (*col, hoy raro*) Acreedor (hombre que ha prestado dinero). I CPuche *Paralelo* 152: A él [Tomás] le debía todo en su situación presente, desde el dinero que tenía ahorrado .. hasta este cuarto que acababa de estrenar .. Y para todo esto no había tenido más inglés ni más aval que los manotazos de un negro llamado Tomás.

inglesado -da *adj* (*raro*) Influido por el gusto o el espíritu inglés. I C. Sentís *Inf* 19.3.75, 16: Hubo otro [alcalde] .. que descolló menos pero tuvo más vitola que nadie. El conde de Güell, tan educado como inglesado, se preocupaba mucho por las formas exteriores de la ciudad.

ingletador -ra *adj* (*Carpint*) Que sirve para hacer ingletes [1]. *Tb n, m of, referido a aparato o máquina*. I *Prospecto* 11.90: Ferretería Gran Vía .. Cortador ingletador eléctrico con disco diamante. GTelefónica *N*. 661: García Francia-De Vera. Maquinaria .. Ingletadoras. Cepilladoras. Garlopas.

inglete *m* (*Carpint*) **1** Corte de 45° dado en el extremo de una pieza. I LSalinas-Alfaya *País Gall*. 44: Aquí se corta a tamaño y se hacen los ingletes. Luego, Julián .. busca el ancho de la tabla y da el grueso debido. Y a la lijadora.
2 Caja de ingletes [1] (→ CAJA). I *Hacerlo* 25: En cuanto a la sierra de trasdós, se utiliza para serrar molduras o listones, ya que se ajusta perfectamente al cortaángulos (inglete).

ingletear *intr* (*Carpint*) Hacer ingletes [1]. I *Prospecto* 2.93: Pryca .. Sierra para ingletear, 2.980.

inglorioso -sa *adj* (*lit*) Poco glorioso. I RMoñino *Poesía* 59: Precedente inglorioso de un tipo de literatura que se verá en prosa en *La lozana andaluza*.

ingobernabilidad *f* Cualidad de ingobernable. I *Abc* 18.6.58, 33: Las consecuencias de tal sistema son la atomización de los partidos y la inestabilidad de los gobiernos, o lo que es lo mismo, la ingobernabilidad del Estado.

ingobernable *adj* Que no puede ser gobernado. I Pemán *MHi* 7.68, 10: Califica a los españoles como ingobernables. Zunzunegui *Camino* 493: Su miedo espantoso a la mujer como refitolera ingobernable y como peligrosísimo combustible no era timidez ni desconfianza de aldeano.

ingratamente *adv* De manera ingrata. I * Se ha portado ingratamente con sus padres. P. Calvo *Gac* 14.12.75, 55: El nombramiento de Fernández Miranda .. ha sorprendido ingratamente en anchos sectores.

ingratitud *f* Cualidad de ingrato [1]. I Laforet *Mujer* 200: Mariana se extrañaba de su ingratitud al no mandarle ni unas líneas.

ingrato -ta *adj* **1** Desagradecido. I Salvador *Haragán* 195: Si encontró la paz no querrá ser ingrata ante los que fueron generosos.
2 Desagradable. I Valcarce *Moral* 176: Las frases caritativas que dilatan las noticias ingratas.

ingravidez *f* Cualidad o condición de ingrávido. I M. Calvo *MHi* 12.70, 14: La observación de los efectos de la ingravidez y de otras condiciones singularísimas a que se ven sometidas las tripulaciones de las naves espaciales. *Pap* 1.57, 109: La deliciosa ingravidez .. del poema *La ola*.

ingrávido -da *adj* **1** Que no está sometido a la ley de la gravedad. *Tb fig*. I * Los astronautas flotaban ingrávidos en la nave. Torrente *Filomeno* 214: Fueron unos días de vivir ausente de la realidad, concentrado en mí mismo, y, al mismo tiempo, casi ingrávido, o al menos experimentando una sensación general como si lo fuera.
2 (*lit*) Ligero o leve. I Delibes *Historias* 42: La Toba, en contra de lo que es frecuente en la región, no es de tierra calcárea, sino de piedra, una piedra mollar e ingrávida que se divide con el serrucho como el queso.

ingrediente *m* Sustancia que entra en la composición [de algo, esp. un guiso]. *Frec fig*. I Bernard *Salsas* 45: Se chafa el queso de Rochefort [*sic*] en un plato, con un tenedor. Se le agrega el yogurt y los demás ingredientes. CBaroja *Inquisidor* 13: La fábula es ingrediente poderoso en su vida. *ByN* 31.12.66, 114: *Violencia y ternura* .. Meditación sugestiva .. acerca del equilibrio de estos dos ingredientes del hombre.

ingresar A *intr* **1** Entrar [en un lugar (*compl* EN *o, más raro*, A)]. I Navarro *Biología* 116: El plasma intersticial es un líquido circulante porque ingresa en los vasos linfáticos para formar la linfa. GNuño *Madrid* 18: Un torreón de aparejo toledano, al que se ingresa por una puerta de gótico tardío. Buero *Diálogo* 87: La figura de Braulio ingresa en la penumbra del primer término. Marsé *Dicen* 58: En su desatino, él no sabía si salía del sueño o volvía a ingresar en él. **b)** Entrar [en un hospital u otro establecimiento similar] para recibir tratamiento estable. *Tb sin compl*. I *Inf* 6.5.71, 8: Monseñor Morcillo ingresó en el hospital de San Pedro, .. aquejado de una osteopatía vertebral. **c)** Pasar a formar parte [de una corporación o institución (*compl* EN)]. I CBaroja *Gén. biográfico* 11: Frente a mi antecesor, que ingresó en esta Academia el 28 de mayo de 1967 .., me siento ahora algo cohibido. En. Delgado *RegO* 7.7.64, 14: Solamente falta el menor, de corta edad, por ingresar en la Congregación Salesiana. **d)** Pasar a formar parte del alumnado [de un centro de enseñanza (*compl* EN)], del personal [de un centro de trabajo (*compl* EN)] o de los reclusos [de una cárcel (*compl* EN)]. I Laiglesia *Tachado* 76: Había ingresado como cadete en la Academia de Infantería de Tilsit. Umbral *Memorias* 178: La juventud masculina emigrada a Madrid para abrirse camino, .. ingresar en Hacienda, ingresar en Carabanchel o darse de alta en la homosexualidad.

B *tr* **2** Meter [una cantidad de dinero en caja, en una cuenta o en un banco]. I *HLBu* 27.7.81, 3: Voy al Banco a ingresar la cantidad correspondiente para hacer un nuevo pedido. **b)** Ganar [dinero]. I Delibes *Cazador* 128: Serafín ingresa el doble que yo.

3 Meter [a alguien en un hospital u otro establecimiento similar] para que reciba tratamiento estable. *Tb sin compl* EN. | *Ya* 29.6.75, 22: Rápidamente su hermano y su cuñado le trasladaron a Málaga, ingresándole en el hospital de la Cruz Roja. *YaTo* 14.8.81, 38: Ya no hay ingresados por neumonía tóxica .. El número total de pacientes que han sido ingresados en Toledo asciende a 30.

4 (*raro*) Hacer que [alguien (*cd*)] ingrese [1d] [en un lugar]. | Onieva *Prado* 64: Velázquez .. Por sus aficiones al dibujo lo ingresó su padre en el taller de Herrera el Viejo. *Cór* 13.1.56, 3: Ha sido detenida e ingresada en la Prisión provincial Rosa Flores Romero.

ingreso *m* **1** Acción de ingresar. | *SVozC* 25.7.70, 7: En el centro del mismo se abre una gran puerta de ingreso. J. Atienza *MHi* 8.66, 81: Descendieron por la Península con la Reconquista, probando su nobleza innumerables veces, en todas las épocas, para el ingreso en las Órdenes militares. Benet *Nunca* 13: Nos encontrábamos .. estudiando la misma carrera; nos veíamos una vez al año, en el mes de junio, compareciendo al examen de ingreso. *Hie* 19.9.70, 5: Ordenó [el Juzgado] su ingreso en prisión.

2 Dinero que se ingresa [2, esp. 2b]. *Frec en pl.* | *Lagos Vida* 13: Habrá que esperar algún número al vuelo de la paga extraordinaria. Cela *Viaje andaluz* 280: Cuando termine el espectáculo, recibirá usted, en concepto de comisión, el diez por ciento de los ingresos. FQuintana-Velarde *Política* 86: La irritación de ser pobre no surge del nivel absoluto de la renta, sino de la comparación con personas de ingresos más elevados.

3 (*Arquit*) Entrada, o lugar por donde se ingresa [1a]. | Villarta *Rutas* 172: A occidente se levanta la fachada e ingreso principal, precedida de un gran atrio.

íngrimo -ma *adj* (*lit*) Solitario. | Alarcos *Abc* 1.12.87, 3: Vino .. a intervenir, junto con el llorado Antonio Tovar y el íngrimo e integérrimo Julio Caro Baroja, en un cursillo intensivo.

inguinal *adj* (*Anat*) De la ingle [1]. | Corbella *Salud* 460: Pueden [las micosis] también asentar en otras localizaciones, principalmente en el pliegue inguinal .., en el interglúteo .., en las axilas. **b)** [Conducto] para el cordón espermático. | Cañadell *Salud* 363: El recién nacido tiene ya los testículos en el escroto, pero algunas veces no descienden, permaneciendo en el conducto inguinal o en la cavidad abdominal. **c)** *En algunos mamíferos:* [Mama] situada en la parte final del abdomen. | Alvarado *Zoología* 101: Cuando el animal no pare más que una o dos crías, el número de mamas se reduce, quedando solo las anteriores (mamas pectorales), como ocurre en la especie humana, en los monos y en el elefante, o las posteriores (mamas inguinales), como en las vacas, cabras y yeguas. Alvarado *Zoología* 122: El rasgo más típico de los mamíferos –el tener mamas– tampoco falta en la ballena. Las mamas son inguinales.

ingurgitación *f* (*lit o Fisiol*) Acción de ingurgitar. *Tb su efecto.* | A. P. Foriscot *Van* 21.3.71, 9: Un buen chorizo o un buen salchichón también se manifiestan olorosos en nuestro aliento. Y el vino. Y el alcohol de los licores. Y muchas otras ingurgitaciones.

ingurgitar *tr* (*lit o Fisiol*) Tragar. *Tb abs.* | MSantos *Tiempo* 90: Comenzó a ingurgitar la espiritual bebida al compás de la oscilante nuez. Lera *Boda* 682: Ingurgitaban [los invitados] sin prisas, acompasando la respiración. Como eran expertos bebedores de porrón y bota, algunos se permitían primores y filigranas.

ingush (*pronunc corriente,* /ingúś/ o /ingúś/) **I** *adj* **1** De un pueblo del norte del Cáucaso habitante de Chechenia. *Tb n.* | *País* 12.10.90, 6 (A): Los osetios del norte declaran el estado de alerta de sus fuerzas para defenderse de las pretensiones de los ingushes. *Ya* 6.11.92, 6: Un soldado oseto salta por encima de un campesino ingush muerto en Vladikavkaz.

II *m* **2** Lengua de los ingushes [1]. | Moreno *Lenguas* 35: Lenguas caucásicas .. Septentrionales .. Nororientales: .. inguso (Ingush) (URSS: Kazajistán), 159.000 [hablantes].

inguso -sa *adj* Ingush. *Tb n.* | *País* 27.11.81, 1: Violentos incidentes entre dos grupos étnicos del Cáucaso soviético, los osetios y los checheno-ingusos, provocaron el mes pasado la intervención del Ejército. Moreno *Lenguas* 35: Lenguas caucásicas .. Septentrionales .. Nororientales: .. inguso (Ingush).

inhábil *adj* **1** Poco hábil o poco apto. | L. MDomínguez *Ya* 15.4.64, 8: Evitará a cualquier conductor inhábil precipitarse con el coche en el mar. MSantos *Tiempo* 231: Lástima que no haya tiovivos, verdad, dijo ella después que él se hubo esforzado inútilmente en dar con todas sus inhábiles fuerzas en el aparato impulsor.

2 (*Der*) [Pers.] incapacitada o incapaz. | Ramírez *Derecho* 79: Las donaciones hechas a personas inhábiles son nulas.

3 (*admin*) [Día u hora] no hábil. | *Inf* 30.9.76, 15: Por una orden del Ministerio de Justicia, que hoy publica el "Boletín Oficial del Estado", se aclara y modifica el artículo 1º de la orden de 5-IV-73 sobre días inhábiles para la práctica de protestos.

inhabilidad *f* Cualidad de inhábil. | Payno *Curso* 155: Se perdía en una maraña de cien conversaciones mal tejidas. Se cerraba en sí. Pensaba sobre esta inhabilidad suya. J. M. Llompart *Pap* 1.57, 84: El camino del "divino balbuceo" .. habría de conducir a la justificación de todo género de mediocridad, desde la inhabilidad formal o lingüística hasta la falta absoluta de contenido.

inhabilitación *f* Acción de inhabilitar. | *Ide* 31.3.83, 9: Dos miembros del Cuerpo Superior de Policía han sido condenados a dos años de inhabilitación especial. *SSe* 26.7.92, 27: La vuelta de este atleta a la competición tras dos años de inhabilitación no es aplaudida por todos. Alfonso *España* 41: Usted se ve atrapado en una clase tal de inhabilitación para obtener ingresos, que ni a los pródigos o los alienados más grandes suelen imponer los Tribunales. T. Santos *DíaCu* 5.8.84, 6: Tras diez meses cerrado .. Después de casi diez meses de inhabilitación, por fin se va a poner en funcionamiento el local que se construye en la planta baja del club de jubilados y pensionistas.

inhabilitar *tr* **1** Incapacitar [a alguien para determinadas actividades públicas]. | *Ya* 17.11.90, 12: Gil, inhabilitado ..: la UEFA le ha inhabilitado por dos años por unos intolerables comentarios.

2 Incapacitar o imposibilitar [a alguien o, raro, algo para una cosa]. | *Tri* 11.4.70, 9: Cuando uno se ha pronunciado tan inequívocamente, queda, creemos, casi inhabilitado para la objetividad. *DLér* 27.7.69, 2: Grandes destrozos por causa de una tormenta en el pueblo de Tahull .. La carretera de Bohí a Tahull ha quedado completamente inhabilitada.

inhabitable *adj* Que no puede habitarse. | FQuintana-Velarde *Política* 122: Ha tomado posesión de un peñón inhabitable en el Atlántico Norte para ser capaz de acotar una zona rica en pesca.

inhabitación *f* (*lit, raro*) Hecho de habitar [en un lugar]. *Tb fig.* | SLuis *Doctrina* 20: Tu caridad es una participación de la vida divina, por la inhabitación de la Santísima Trinidad en ti.

inhabitual *adj* No habitual. | Delibes *Cartas* 134: Precisamente por su carácter inhabitual, nunca debiste olvidar nuestra romántica cita.

inhabitualmente *adv* De manera inhabitual. | Aparicio *César* 175: Ahora, sentado inhabitualmente a la mitad de la larguísima mesa de consejos del Palacio de las Dueñas, no conseguía eliminar la sensación de crasitud que humedecía su cuero cabelludo.

inhalación *f* Acción de inhalar. | Bustinza-Mascaró *Ciencias* 68: La inhalación de oxígeno es recomendada en muchas ocasiones. **b)** (*Med*) Solución que se administra por inhalación. | Nicolau *Salud* 662: Las soluciones: .. Si se emplean para [uso] tópico se denominan lociones; si por vía rectal, enemas; si se administran por nebulización, inhalaciones.

inhalador *m* Aparato para efectuar inhalaciones. | Torrente *Pascua* 67: Ella se envolvió el cuello, sacó del bolso un inhalador, lo acercó a la boca abierta y apretó varias veces la pera de goma.

inhalante *adj* **1** Que se inhala. | Pau *Salud* 442: El polvo de casa, la caspa de animales, ciertos alimentos e incluso sustancias inhalantes empleadas en la actividad profesional pueden desencadenar este tipo de rinitis perenne.

2 (*Zool*) En las esponjas: [Poro] por donde entra el agua. I Bustinza-Mascaró *Ciencias* 110: La superficie de su cuerpo [de las esponjas] tiene orificios (poros inhalantes) por los cuales penetra el agua en el interior.

inhalar *tr* Aspirar [un gas o una sustancia pulverizada]. I MNiclos *Toxicología* 19: Se le hará inhalar oxígeno, en muchas ocasiones a presión. M. Aguilar *SAbc* 16.11.69, 54: Retornan a la atmósfera como polvo levantado por el viento y después inhalado por la respiración.

inhallable *adj* Que no puede hallarse. I Quiñones *Viento* 122: Ramón y yo no estábamos en condiciones de canjear su mito inhallable [una vieja campana] por unas pocas imágenes que nacieron ayer y morirán mañana [una película]. C. Jiménez *As* 7.12.70, 34: Sería absurdo decir que estos choques entre el Real Madrid y Estudiantes en terreno de los blancos no tienen un sabor especial, que no estén rodeados de un ambiente único, inhallable en otro sitio.

inherencia *f* Condición de inherente. I MPuelles *Filosofía* 1, 282: Desempeña [la materia primera] en todos los casos el oficio de un soporte o término de inherencia de cuanto posee la entidad en que se halla.

inherente *adj* [Cosa no material] que por naturaleza va unida inseparablemente [a alguien o algo]. I Laforet *Mujer* 99: Paulina conoció al fin las penalidades inherentes a una guerra. M. H. Carracedo *Ade* 4.7.86, 8: Santa Marta comienza a oler mal .. Es algo inherente a la llegada del verano. * El miedo es inherente al hombre.

inherir (*conjug* **60**) *intr* (*Filos*) Ser inherente [a alguien o algo (*compl* EN)]. I MPuelles *Filosofía* 1, 225: La cantidad es algo real en el sujeto que la posee. Ello no obstante, puede ser estudiada en sí misma, independientemente del sujeto en que inhiere.

inhesión *f* (*Filos*) Inherencia. I MPuelles *Filosofía* 2, 21: Tal unidad es, en definitiva, la de la cosa que dichas cualidades tienen como sujeto de inhesión.

inhibición *f* **1** Acción de inhibir(se). I M. Riberi *Rev* 12.70, 20: Es todo un arte el que hay que conocer para llegar a una inhibición cerebral y obtener el sueño. *Abc* 4.12.70, 33: Han solicitado el aplazamiento del Consejo de Guerra por estar pendiente del Supremo un recurso contra la inhibición de la Audiencia de San Sebastián en el caso.
2 (*Quím*) Moderación o interrupción de determinadas reacciones o de la acción de un agente. I M. T. Vázquez *Far* 12.87, 7: Los carbamatos .. actúan mediante inhibición enzimática competitiva reversible.
3 (*Quím*) Adición de inhibidores [2b] a un derivado del petróleo. I *BOE* 3.12.75, 25189: Los medios para la coloración e inhibición de gasolinas pueden situarse junto al vallado de las instalaciones de adición de alquilo, pero no en su interior.

inhibicionismo *m* Tendencia a inhibirse [3]. I FMora *Pensamiento 1964* 189: Las respuestas habituales son de tres tipos: las evasivas ..; las negativas .., y, finalmente, las positivas .. Unamuno se encuentra en los antípodas del inhibicionismo y, sin embargo, no encaja ni en el agnosticismo ni en la fe.

inhibicionista *adj* De(l) inhibicionismo. I J. Hermida *Act* 25.1.62, 24: ¿Quién sabe dónde está el camino de la O.N.U.? La mística oriental e inhibicionista del secretario general, U Thant.

inhibido -da *adj* **1** *part* → INHIBIR.
2 [Pers.] que muestra inhibiciones en su comportamiento. *Tb n*. I Pemán *Almuerzos* 47: Azorín, que es hoy el hombre más equilibrado e inhibido que conozco .., en su juventud llevaba siempre un paraguas rojo que se hizo famoso. GHortelano *Gente* 130: Si no fuese porque uno ya está viejo para cambiar de costumbres, me dedicaría a esos deliciosos hábitos. Muchachos, somos unos inhibidos.

inhibidor -ra **I** *adj* **1** Que inhibe. I M. Riberi *Rev* 12.70, 20: Nuestras células son sensibles a los mediadores químicos que podemos llamar activadores o inhibidores. Rábade-Benavente *Filosofía* 95: El castigo .. puede aplicarse .. porque se ha hecho algo mal, y entonces tiene un efecto inhibidor. LIbor *SAbc* 17.11.68, 11: La actual democracia .. odia a la autoridad como el neurótico. La considera inhibidora, como el complejo de castración.

II *m* **2** (*Quím*) Sustancia cuya presencia sirve para moderar o interrumpir determinadas reacciones o la acción de un agente. I *Abc* 4.8.72, 36: Un estudio de un ingeniero de Saneamiento ha considerado tres actuaciones como más urgentes: Situación de rejillas. Cloración. Utilización de inhibidores para evitar malos olores en las carreteras próximas a los vertederos. *Act* 7.7.66, 5: Albident contiene Antizyme, inhibidor enzimático de larga duración que ayuda a prevenir la caries. **b)** Sustancia que se agrega a un derivado del petróleo para reducir o eliminar alguna propiedad. I *GTelefónica N.* 491: Teconsa .. Tratamientos fuel-oil. Catalizadores. Inhibidores.

inhibir **A** *tr* **1** Refrenar o contener. I Laforet *Mujer* 280: Antonio sintió un deseo tan grande de besar a Paulina que le recordaba a los que había sentido de muchacho, cuando ella resultaba absolutamente imposible. Quizá esto le inhibió. *Van* 5.6.75, 93: Vd. no tiene tiempo de hacer sus cálculos a mano. Ni tampoco desea Vd. ceñirse a un sistema de cálculo inflexible que inhiba la evaluación de soluciones alternativas. Gambra *Filosofía* 246: Puede .. definirse al poder o autoridad política como el principio rector que gobierna a los miembros – sean individuos o grupos– de la sociedad, obligándoles a realizar o inhibir determinados actos en orden al bien común. **b)** (*Psicol*) Refrenar o reprimir [los impulsos]. *Tb abs.* I L. C. Buraya *Ya* 10.5.87, 26: Después vinieron los ochenta, y el panorama cambió radicalmente. Las drogas que inhibían, las que colgaban a su consumidor, empezaron a pasar de moda.
2 (*Fisiol*) Suspender o disminuir transitoriamente [la actividad de un órgano]. I F. J. FTascón *SYa* 26.6.77, 19: El alcohol, como el tabaco, inhiben la secreción de hormona antidiurética. **b)** Suspender o disminuir transitoriamente la actividad [de un órgano (*cd*)]. I MNiclos *Toxicología* 23: La nalorfina .. inhibe los centros respiratorios.

B *intr pr* **3** Abstenerse [una pers.] de intervenir [en un asunto (*compl* EN o DE)]. *Tb sin compl, por consabido*. I * Yo en esta cuestión prefiero inhibirme. *Abc* 22.5.92, 82: Solbes volvió a inhibirse de la Feria Ganadera de Salamanca con un plantón en la inauguración. **b)** (*Der*) Declararse [un juez o un tribunal] incompetente para el conocimiento [de una causa (*compl* EN o DE)]. I *Ya* 27.3.92, 12: El juez se inhibe en el "caso Calviá".

inhibitorio -ria **I** *adj* **1** De (la) inhibición [1]. *Esp referido a tribunales*. I L. Francisco *Pue* 4.12.70, 4: La defensa tomó la palabra para solicitar la suspensión del juicio, ya que el Tribunal Supremo no se había pronunciado sobre una cuestión inhibitoria, relacionada con la Audiencia de San Sebastián. Pániker *Conversaciones* 346: –La no-violencia de Ghandi [*sic*] fue heroica. Lo que no admito es la no--violencia pacifista, burguesa, indolente. –Inhibitoria. –Usted ha dicho la palabra.
2 Que causa inhibición [1]. I Goytisolo *Verdes* 99: Ella contesta que no basta con alentar, que alentar no es ayudar, que puede resultar hasta contraproducente, agobiante, inhibitorio.

II *f* **3** (*Der*) Escrito de requerimiento a un juez para que se inhiba [3b]. I *Ya* 20.4.85, 41: El juez de Móstoles se ha negado a requerir de inhibitoria al juez especial del "caso Urquijo".

inhiesto -ta *adj* (*raro*) Enhiesto. I FSantos *Catedrales* 12: Esta torre .. parece como un hito solitario surgiendo de la tierra, como el índice inhiesto de un puño cerrado.

inhonesto -ta *adj* (*raro*) No honesto. I Valcarce *Moral* 49: No es ley la que tenga por objeto lo imposible, lo inhonesto, lo injusto.

in honorem tanti festi (*lat; pronunc,* /in-onórem-tánti-fésti/) *loc adv* (*lit*) Con tan grato motivo. I J. A. Granda *VAl* 3.9.75, 5: "In honore[m] tanti festi" quiero dedicar de corazón este número "Diez" a todos los almerienses sin excepción. [*En el texto,* honore.]

inhospitalario -ria *adj* (*raro*) Poco hospitalario o poco acogedor. I Pericot-Maluquer *Humanidad* 190: La guerra de Troya .. fue el primer intento "histórico" para forzar la ruta del Ponto, mar brumoso e inhospitalario que la colonización transformará en mar favorable.

inhospitalidad *f* (*raro*) Cualidad de inhospitalario. I N. SMorales *Reg* 24.12.74, 25: La infraestructura .. no

inhóspito – iniciativa

solo no invita a la comunicación interprovincial, antes la entorpece y casi veda. Curvas, estrechez, inhospitalidad.

inhóspito -ta *adj* [Lugar] poco acogedor o poco grato para permanecer en él. | DPlaja *El español* 104: Un español puede ir a las más recónditas e inhóspitas regiones del Amazonas pasando experiencias increíbles. **b)** [Pers.] poco acogedora. | Cela *Pirineo* 140: La patrona de la fonda Cortina es una mujer inhóspita y tiránica .., que mira al cliente como a su natural y exterminable enemigo.

inhumación *f* (*lit*) Acción de inhumar. | *DBu* 27.12.70, 4: Las honras fúnebres y funeral se celebrarán hoy ..; acto seguido, la inhumación del cadáver en el Cementerio municipal.

inhumanamente *adv* De manera inhumana. | T. Díaz *VNu* 5.6.71, 31: Viviendo la mayoría de las personas inhumanamente.

inhumanidad *f* Cualidad de inhumano. | V. RFlecha *Cua* 6/7.68, 10: Baste recordar sus páginas sobre el tirano de la historia, representante de la inhumanidad y responsable principal del desorden establecido. Delibes *Madera* 285: Mamá Zita, ante la inhumanidad de las escenas vividas a diario en el hospital, no aspiraba más que a salvar la dignidad.

inhumano -na *adj* **1** [Pers.] cruel, o que carece de la sensibilidad propia del ser humano. | * No seas inhumano.
2 [Cosa] que denota o implica crueldad o falta de humanidad. | Laforet *Mujer* 23: El tema del día y de la noche ha sido el de esas mujeres que están enterradas en vida, que comen mirando una calavera, el comentario de que si es humano, de que si es inhumano.
3 [Cosa] no apropiada, por su excesiva dureza, para la especie humana. | SLuis *Doctrina* 83: Poner a los obreros en condiciones inhumanas de trabajo.

inhumar *tr* (*lit*) Enterrar [un cadáver]. | Alfonso *España* 174: En muchos países se exige a rajatabla un plazo de 48 a 72 horas para poder inhumar o incinerar los cadáveres.

iniciación *f* **1** Acción de iniciar(se). | *Ade* 27.10.70, 12: Los equipos .. participarán en el Trofeo Universidad, de próxima iniciación. *Ade* 27.10.70, 12: Se han trazado una idea de expansión e iniciación en los diversos deportes. Mateo *Babia* 94: –El día de Jueves Santo era costumbre ir allí, y los niños entrábamos en la fuente por arriba y salíamos por abajo sin mojarnos. Eso todos los niños del pueblo, hasta que ya al ir creciendo no podíamos pasar .. –Hombre, eso no sería nada difícil relacionarlo con alguna de esas viejas costumbres o ceremonias de iniciación.
2 Obra o curso que prepara al conocimiento o práctica [de algo (*compl* A)]. | Estébanez *Pragma* 7: El presente Cuaderno de trabajo pretende ser una iniciación a la Lengua Griega.

iniciado -da *adj* **1** *part* → INICIAR.
2 [Pers.] que está en el secreto de algo, esp. de una tendencia intelectual o artística minoritaria. *Frec n.* | Valls *Música* 20: La "significación" puede ser .. captada solamente por un reducido núcleo de iniciados. Abella *Vida* 1, 391: Otros diarios hablaron de que "ya no quedaban rojos" .. La verdad, que se hallaba solo al alcance de los iniciados .., era que se estaba librando una durísima batalla. *País* 4.9.89, 10: La ventaja informativa ha dado en llamarse delito de iniciados, y consiste en la posibilidad de tomar posiciones en títulos-valores sabiendo por anticipado que estos generarán plusvalías por diversos motivos.

iniciador -ra *adj* Que inicia. *Tb n, referido a pers.* | *Abc* 15.12.70, 22: De esta copiosa semilla nacen en gran parte los próceres libertadores, iniciadores de las otras y nuevas Españas independientes. FQuintana-Velarde *Política* 75: La primera de las estimaciones citadas corrientemente como iniciadora del cálculo de la renta nacional española no se debe a ningún estudioso nacional.

inicial **I** *adj* **1** Del principio. | *Mad* 10.9.70, 20: En la segunda parte hay dominio inicial del Feyenoord. *Voz* 28.1.87, 28: Los alumnos del ciclo inicial viajarán a Begonte.
2 [Letra] primera de una palabra o de un escrito. *Frec n f.* | P. Barceló *SYa* 9.11.75, 9: Escribiéndose antiguamente la u igual que la uve, resultaba que el aceite –*uile*– era lo mismo que vil –*vile*– .. Así le surgió esa hache inicial. P. Barceló *SYa* 23.11.75, 9: Pez, en griego *ictios*, guarda y encierra en cada una de sus letras las iniciales de las palabras que definirían al Mesías: Jesús, Cristo, hijo de Dios, Salvador. **b)** [Sonido o grupo de sonidos] que está a comienzo de palabra. | Lapesa *HLengua* 130: Con el Noroeste palatalizó la *l* de los grupos iniciales *pl, kl, fl*.
II *f* **3** Letra inicial [2a] de un nombre propio. *Normalmente en pl.* | *Economía* 200: El ama de casa debe tener todas las piezas de ropa marcadas. Las que no merecen iniciales bordadas .. tendrán .. una marca cosida. *Abc* 27.12.70, 16: Partidarios de J.E.L., iniciales del lema del fundador del partido nacionalista vasco.

inicializar *tr* (*Informát*) Poner [algo] en disposición de funcionamiento, o en su valor inicial. | PAyala *Macintosh* 144: La correspondencia entre unidades y volúmenes es asignada por el usuario .. a la hora de inicializar la unidad.

inicialmente *adv* En el principio o primeramente. | MChacón *Abc* 27.12.70, 16: Inicialmente le habían encapuchado.

iniciar (*conjug* **1a**) *tr* **1** Empezar o comenzar [algo (*cd*)]. | Arce *Testamento* 19: Yo comprendí que así iba a ser en efecto, e inicié de nuevo la marcha. F. Blázquez *SYa* 10.6.73, 11: El racionalismo era el sistema filosófico iniciado por Descartes. **b)** *pr* Empezar o comenzar [algo (*suj*)]. | Navarro *Biología* 135: El tubo digestivo es un largo tubo de 10 a 11 metros de longitud, que se inicia en la cavidad bucal y termina en el orificio anal. *DíaCu* 27.7.84, 8: El incendio se inició .. en la finca de Nicasio Guardia.
2 Enseñar [a alguien (*cd*)] los primeros conocimientos o experiencias [de algo (*compl* EN)]. | Camón *Abc* 9.4.75, 3: El influjo griego es no solo artístico, sino filosófico. Es el de ese platonismo en el que seguramente lo inició [a Miguel Ángel] Ángel Policiano. Delibes *Guerras* 157: –¿Fumaba esas yerbas con frecuencia? –Mire, ya le digo, a raíz de eso, hasta que rompimos, yo no sé si lo dejaría algún día. –¿No trató de iniciarte a ti en el vicio? **b)** *pr* Pasar a tener [una pers.] los primeros conocimientos o experiencias [de algo (*compl* EN)]. *Frec sin compl, por consabido.* | *BOE* 26.7.74, 15461: Se entenderá por aspirante administrativo el que dentro de la edad de catorce a dieciocho años trabaja en las labores propias de oficina dispuesto a iniciarse en las funciones peculiares de esta. Halcón *Monólogo* 219: Yo quisiera que tú frecuentases la religión .., y comprendo que debes iniciarte. Conozco a un sacerdote... Umbral *Ninfas* 53: Yo solo pensaba en la revista .. Los poetas del Círculo Académico se habían iniciado allí.
3 Admitir [a alguien (*cd*)] en un grupo o sociedad secretos (*compl* EN)]. *Frec en part, esp sustantivado.* | Cuevas *Finca* 71: Se trataba de una sociedad secreta rural, al estilo de las "maffi" [*sic*] italianas .. Los iniciados actuaban como sombríos, entre el miedo y el odio de las víctimas. **b)** *pr* Entrar [alguien (*suj*)] en un grupo o sociedad secretos (*compl* EN)]. | V. M. Arbeloa *His* 3.79, 44: El socialista asturiano Teodomiro Menéndez .. se inició en la masonería el 14 de diciembre de 1912.
4 (*hist*) Introducir o admitir [a alguien en los ritos secretos de una religión]. *Frec en part, esp sustantivado.* | Fernández-Llorens *Occidente* 61: En estas manifestaciones [los misterios dionisiacos o los órficos] el iniciado participaba en una serie de ceremonias que le acercaban al dios.

iniciático -ca *adj* De la iniciación en una secta o sociedad secreta. *Tb fig.* | Torrente *Off-side* 256: Perseguidos, se refugiaron en las cavernas, y crearon en ellas el ritual iniciático, que solo se transmitía en riguroso secreto. Ridruejo *Memorias* 48: A la casa de mistress Fromkes en Segovia me llevaron una buena tarde mis amigos Francisco de Cáceres y Luis Felipe Peñalosa, que ya habían pasado todos los grados del rito iniciático: el té, la comida con forasteros y la asistencia habitual.

iniciativa **I** *f* **1** Propuesta o decisión de emprender algo nuevo. *Tb lo propuesto o decidido.* | *Abc* 25.11.70, 81: Boxeo .. La iniciativa de la velada ha correspondido a la firma bodeguera jerezana de la que están adscritos publicitariamente ambos boxeadores. RMorales *Present. Santiago* VParga 7: Una de las muchas nobles iniciativas, como la tregua de Dios, arbitradas por la Santa Iglesia Romana. **b)** Capacidad de tener iniciativas. *Frec en constrs adjs como* DE ~ *o* DE MUCHA ~. | Mihura *Maribel* 25: Él es como un niño, ¿sa-

be? Vergonzoso, apocado, sin iniciativa... Delibes *Castilla* 132: El iscariense, lo mire por donde lo mire, es un hombre de arranques y de iniciativa. **c)** (*Pol*) Derecho a someter a la autoridad competente una proposición para hacerla adoptar por ella. | *País* 13.11.76, 10: La iniciativa de reforma constitucional corresponderá: a) Al Gobierno. b) Al Congreso de Diputados.
2 Conjunto de perss. o entidades con capacidad de iniciativa [1a]. | *PenA* 4.1.64, 9: La casi totalidad de despliegue, desarrollo, divulgación y aplicación de la técnica inseminadora corresponde por entero a la iniciativa estatal.
II *loc v* **3 tomar la ~.** Actuar adelantándose a otro. | *Abc* 27.4.75, 16: Moscú toma la iniciativa en Oriente Próximo.

inicio *m* (*lit*) Principio o comienzo. | *Mun* 23.5.70, 48: El inicio de una separación entre la Iglesia armenia y las Iglesias bizantina y romana se remonta al siglo v. *DEs* 28.8.71, 15: Cada mañana los alegres pasacalles pondrán la nota de colorido al inicio de la jornada festiva.

inicuamente *adv* (*lit*) De manera inicua. | M. Bastos *SYa* 11.10.70, 3: La rebelión Mau-Mau fue en el fondo un gesto de dignidad bien comprensible en los inicuamente despojados.

inicuo -cua *adj* (*lit*) **1** Injusto. | Delibes *Señora* 16: Ella comentó que ni lo creía ni lo dejaba de creer [el comportamiento incorrecto de los policías], pero era inicuo negarse a toda comprobación.
2 Contrario a la ética. | Laforet *Mujer* 261: Sabía que ser de Cristo hacía despojar el corazón de una inicua atadura humana, tan dolorosa, tan querida, la atadura de un amor con un hombre casado.

inidentificable *adj* Que no puede ser identificado. | Delibes *Año* 71: Me envía otra [fotografía] de .. una playa desierta con una especie de mástiles truncados .. ¿Qué puedo decir yo .. de esos maderos inidentificables? Torrente *Fragmentos* 182: Se me llenó aquello de gente, en un principio indentificable.

iniestense *adj* De Iniesta (Cuenca). *Tb n, referido a pers.* | *DíaCu* 15.7.84, 7: Se ha conseguido la concesión de las obras para la construcción de la carretera de Villalpardo, un anhelo perseguido desde hace tiempo por los iniestenses.

inigualable *adj* Que no puede ser igualado. *Frec con intención ponderativa.* | Laforet *Mujer* 86: Haber pensado en casarse con él era un absurdo inigualable. E. Riquelme *DíaCu* 10.8.84, 6: Ello, unido a casi el millar de personas que hacen el trayecto corriendo, da a tan tradicional hecho una belleza inigualable.

inigualablemente *adv* De manera inigualable. | *Abc* 6.6.67, 15: El punto armoniza inigualablemente lo bello y lo práctico.

inigualado -da *adj* Que no ha sido igualado nunca. | C. SFontenla *SInf* 25.3.71, 6: [Se trata] de hacer una nueva defensa del cine de fantasía y de rendir homenaje a su intérprete principal Christopher Lee, y a su único predecesor inigualado, Bela Lugosi.

in illo tempore (*lat; pronunc,* /in-ílo-témpore/) *loc adv* En época remota. | PAyala *Abc* 29.6.58, 3: Habrá que reconocer que ya no hay más evolución, si bien cabe admitir .. que la ha habido "in illo tempore".

inimaginable *adj* Que no puede ser imaginado. | Alfonso *España* 136: Al amor .. se le ha perseguido mucho de todas las maneras imaginables y de algunas inimaginables. Aranguren *Juventud* 41: La vida juvenil es inimaginable hoy sin la música de disco.

inimitable *adj* Que no puede ser imitado. *Frec con intención ponderativa.* | Villapún *Iglesia* 129: Nos cuenta, con estilo inimitable, su vida llena de trabajos y fatigas.

inimitablemente *adv* De manera inimitable. | *Abc* 18.4.58, 11: Isabel Garcés estuvo inimitablemente graciosa.

ininflamabilidad *f* Cualidad de ininflamable. | *Act* 22.10.70, 14: Las características de dicha fibra que pudiéramos denominar tradicionales por concurrir en las demás clorovinílicas por la ininflamabilidad, insensibilidad al agua.

ininflamable *adj* Que no puede inflamarse (arder con llama). | *Abc* 20.12.81, 28: Los pijamas para niños no se venden como ininflamables.

in integrum (*lat; pronunc,* /in-íntegrum/) *loc adv* Enteramente. | A. Macías *ASeg* 17.12.79, 2: A pesar de mi haronía y mi desgana, no aspiro "in integrum" a desgajarme del trabajo salvífico con el que Dios castigó a nuestros primeros padres.

ininteligencia *f* Falta de inteligencia. | Torrente *Pascua* 101: Había terminado los estudios en el Conservatorio, pero necesitaba perfeccionarse con cierto maestro famoso: porque su voz lo necesitaba –primores técnicos ante cuya mención Carlos ponía cara de absoluta ininteligencia– y porque el tal profesor tenía las llaves de la Ópera.

ininteligente *adj* No inteligente, o falto de inteligencia. | Gambra *Filosofía* 116: Cuanto más perfecta y adaptada a su fin se nos revela una conducta instintiva, tanto más autómata e ininteligente nos aparece el animal que la ejecuta.

ininteligibilidad *f* Cualidad de ininteligible. | Torrente *SInf* 29.5.75, 16: De estos [los modismos] se podría hacer una buena antología, que no dejaría de sorprender a los jóvenes por su ininteligibilidad.

ininteligible *adj* Que no se puede entender. | Torrente *Vuelta* 256: Alguna vez me ha oído quejarme de no entender a la Providencia, pero no siempre Dios es ininteligible. *Cod* 17.5.64, 7: En la fiesta de Fin de Año las parejas bailan con una débil e ininteligible música.

ininteligiblemente *adv* De manera ininteligible. | Buero *Hoy* 84: Ella va a sentarse, refunfuñando ininteligiblemente.

ininterrumpidamente *adv* De manera ininterrumpida. | Porcel *Des* 12.9.70, 14: El hombre se cansa de hacer ininterrumpidamente la misma labor, de fabricar siempre la misma pieza.

ininterrumpido -da *adj* Que no tiene interrupción. | *Abc* 29.12.70, 16: Han permanecido reunidos durante dieciocho días, en sesión ininterrumpida y secreta.

iniquidad *f* (*lit*) **1** Cualidad de inicuo. | MMariño *SVoz* 8.11.70, 4: Nada decisivo han hecho por Galicia y se han olvidado de su tierra hasta los extremos de la iniquidad.
2 Acción inicua. | FFlórez *Florestán* 689: De ese gran señor todos éramos vasallos leales y obedientes hasta que dio en cometer iniquidades y le vimos poseído por el demonio de la soberbia y por la crueldad. **b)** (*Rel*) Pecado. | C. Gutiérrez *Med* 15.4.60, 3: "Jesucristo se ha hecho por nosotros objeto de maldición" .. y cargado sobre Sí todas las iniquidades.

in itinere (*lat; pronunc,* /in-itínere/) *loc adj* [Accidente] que sufre el trabajador en el camino al lugar de trabajo o en el regreso del mismo. | J. M. Altozano *Hoy* 28.7.74, 21: El accidente "in itinere" .. es un problema que por su trascendencia humana, social y económica preocupa a todos.

injerencia *f* Acción de injerir(se). | GNuño *Arte* 140: Se consideran influencias inglesas en el crucero [de la catedral de Cuenca] sus brazos cubiertos con crucería sexpartita .., y los gruesos capiteles de vegetales son también una injerencia muy septentrional. J. Ferrando *Mad* 20.1.70, 3: El sistema vigente proporciona a la clase gobernante ocasión para todo tipo de injerencias en los órganos de la Administración. MGaite *Cuento* 26: Siempre está a punto de aparecer .. un personaje nuevo que se va a poner a contar sucedidos ajenos al texto de lo que hasta entonces estaba sucediendo, y es tan importante su in[j]erencia como portador de narración nueva que .. no cobra entidad ni relieve para el lector hasta que se pone a hablar. [*En el texto,* ingerencia.]

injerir (*conjug* **60**) **A** *tr* **1** Meter [una cosa (*cd*) entre otras (*compl* EN)]. | RMoñino *Poesía* 99: Otra circunstancia .. es la característica de publicar algunos romances pastoriles intercalando en ellos poesías de verso endecasílabo; así, en *Orillas del sacro Henares* .. se in[j]ieren dos sonetos. [*En el texto,* ingieren.]
B *intr pr* **2** Inmiscuirse [en algo, esp. en asuntos ajenos]. | MPuelles *Hombre* 270: ¿Es que acaso la Iglesia se mete donde no debe, injiriéndose en un asunto meramente político?

injerta – inmaculista

injerta *f* (*raro*) Injerto[1] (acción de injertar). | Halcón *Campo* 30: En este lienzo .. está representada la modificación que imprime el hombre a las fuerzas de la Naturaleza. Al caballo, la mano de la brida. Al árbol, la mano de la injerta. A la planta, el soplo de la hibridación.

injertación *f* Injerto[1] (acción de injertar). | *Ya* 27.11.74, 42: La elevada cantidad de mano de obra empleada en la injertación del tipo de arboleda comentado .. supone un encarecimiento progresivo de estas operaciones.

injertado *m* Injerto[1] (acción de injertar). | *Ya* 27.11.74, 42: En menor escala se ha utilizado igualmente el injertado para transformar una variedad aceitera en otra de idéntico aprovechamiento, pero que cuenta con un mayor rendimiento graso.

injertador -ra *m* y *f* Pers. que injerta [1]. | Halcón *Monólogo* 228: A los cinco años, ese árbol hoy salvaje dará aceitunas gordales hermosas. Ya las siente el injertador en el paladar, ya las ve, cinco años antes.

injertar *tr* **1** Introducir en el tronco o rama [de un árbol (*cd*)] una rama de otro en la que haya una yema, a fin de que esta brote con la savia de aquel. *Tb abs.* | Halcón *Monólogo* 227: El que injerta un árbol goza con ello, por rústico que sea, al sentir en su mano toda la fuerza de la tierra resumida en unas gotas de savia que él detiene y modifica. Halcón *Monólogo* 228: Cuando cien reformas agrarias hayan modificado la situación legal de estos campos, quedará en pie el hombre que injerta, que hibrida o que de alguna manera modifica la fuerza de la tierra.
2 Aplicar [una porción de tejido vivo o un órgano (*cd*) a una parte de su mismo cuerpo o de otro (*ci* o *compl* EN)] de manera que se produzca una unión orgánica. | Alvarado *Anatomía* 135: La importancia de las glándulas de secreción interna se pone de relieve de tres maneras: .. 2ª Injertando en el animal operado un trozo de la correspondiente glándula de un congénere. *RegO* 25.7.64, 16: Injertan a un hombre un corazón de mono.
3 Introducir [en un ámbito o una colectividad un elemento de origen extraño y esp. de carácter renovador]. | *Abc Extra* 12.62, 67: Conservaba el ajedrez un hálito misterioso y poético de "Las mil y una noches", de juego milenario y oriental injertado en la Europa de la Edad Media. M. D. Gant *Rev* 12.70, 12: Una Europa unida, los Estados Unidos de Europa, son los que pueden estar llamados a injertar nueva savia en este tronco viejo de Occidente.

injerto[1] *m* **1** Acción de injertar. *Tb su efecto.* | Bustinza-Mascaró *Ciencias* 256: Mediante el injerto se conservan variedades que si se propagasen por semilla volverían al tipo primitivo. *RegO* 25.7.64, 16: Una sensacional operación realizada en Norteamérica vuelve a plantear el problema de los injertos. MGaite *Búsqueda* 14: Las miradas ajenas sobre el propio recinto resultan peligrosas; una y mil veces hemos comprobado que introducen elementos de difícil injerto y acomodo, que añaden confusión. Laiglesia *Tachado* 42: La familia Gotenborg fue sin duda un injerto burgués en una rama poco importante de un árbol genealógico primario.
2 Rama con la que se hace un injerto [1]. | Halcón *Monólogo* 227: A este acebuche –ya está sentenciado– le amputará los brazos, así, cruelmente, se los serrará, y entre la corteza y el leño meterá las estaquillas del injerto.
3 Porción de tejido vivo u órgano injertados (→ INJERTAR [2]). | Caldas *SAbc* 1.12.68, 38: Una vez que moría el injerto [de órganos sexuales de simio] el éxito también se extinguía.

injerto[2] **-ta** *adj* Injertado (→ INJERTAR [1]). | Torrente *Isla* 119: ¿No comprendes que lo que hizo Claire, eso que llama el haya injerta en el roble, empieza a dar bellotas?

injuria *f* **1** Ofensa, normalmente de palabra. | Salvador *Haragán* 28: ¡Y yo te digo que sigas sorbiendo la sopa boba y no pienses en supuestas injurias! Villapún *Moral* 132: Podrán ser lícitas las huelgas: .. 3º Para poner término a injurias y abusos, mientras que no se apele a medios ilícitos.
2 Daño o alteración negativa causados en algo material. | Alvarado *Anatomía* 10: Protegen [los glucoproteidos] el tegumento de los animales blandos y las mucosas de los órganos respiratorios y digestivos de toda clase de injurias (de los roces, del ataque químico y de la desecación, pues retienen el agua con extraordinaria tenacidad).

injuriador -ra *adj* Que injuria. *Tb n, referido a pers.* | C. Arenal *SInf* 18.4.74, 2: Asusta pensar que un autor de reconocida solvencia investigadora no dude en caracterizarlo con términos como anticristiano, bullicioso, injuriador.

injuriante *adj* (*raro*) Que injuria. | CBonald *Ágata* 212: Mandó Manuela pregonar .. la inminencia del parto, alegando que solo pretendía con ello desmentir las injuriantes famas en torno a la virilidad del marido y la fecundidad de la mujer.

injuriar (*conjug* **1a**) *tr* Causar una injuria [1] [a alguien (*cd*)]. | A. Barra *Abc* 15.12.70, 26: Pretenden injuriar a nuestro país, entorpecer su progreso. MMolina *Jinete* 541: Yo aparto los ojos de él [el abuelo] para que al menos la piedad no lo injurie.

injuriosamente *adv* De manera injuriosa. | *D16* 2.7.83, 1: Los intentos gubernamentales por descalificar injuriosamente a *Diario 16*.

injurioso -sa *adj* [Cosa] que injuria. | Villapún *Moral* 112: Blasfemia es cualquier palabra injuriosa contra Dios, la Virgen, los Santos, o también contra las cosas santas.

injustamente *adv* De manera injusta. | *Pue* 16.12.70, 30: Es posible que, injustamente, reproches a la persona que amas ser la causa de no haber podido realizar esos viajes.

injusticia *f* **1** Ausencia de justicia. | CNavarro *Perros* 95: Lo importante era la paz, y la paz lo justificaba todo, incluso la dejadez, la apatía y la injusticia.
2 Cualidad de injusto. | * No puedo opinar sobre la injusticia de sus actos.
3 Acción injusta [2]. | Zunzunegui *Camino* 126: –Ahora mismo esa mujer se va a la calle .. –Cometerás una injusticia.

injustificable *adj* Que no puede justificarse. | M. Landi *Caso* 26.12.70, 12: Tratando de justificar lo injustificable.

injustificadamente *adv* De manera injustificada. | *Mun* 17.10.70, 7: No sé si ahora que está tan de moda la negligencia inexcusable podrían incurrir en esta figura delictiva quienes por su omisión dan lugar a la existencia de situaciones de notoria injusticia social, injustificadamente prolongada.

injustificado -da *adj* No justificado o que carece de justificación. | CBaroja *Inquisidor* 15: No hay que ser protestante o judío para hallar injustificados o peligrosos procedimientos tales como el del secreto en las denuncias o las penas trascendentes.

injusto -ta *adj* **1** Que no actúa con justicia. | * Un gobernante injusto.
2 [Cosa] que no está acorde con la justicia. | J. L. Barrionuevo *SAbc* 9.3.69, 44: Saldría a la calle con un cartel protestando de lo que considera injusto. Villapún *Moral* 31: Si la ley es una expresión de Dios, no puede ser injusta.

inmaculadamente *adv* De manera inmaculada [1]. | Puértolas *Noche* 12: Las toallas, traídas de Portugal, inmaculadamente blancas y siempre dobladas sobre los colgadores. Delibes *Parábola* 82: Jacinto es profunda, inmaculadamente tímido.

inmaculado -da *adj* **1** Que no tiene ninguna mancha. *Frec en sent moral. Frec con intención ponderativa, referido a blancura o limpieza.* | Laforet *Mujer* 76: Llevaba [Eulogio] un inmaculado traje de verano. Torrente *Off-side* 18: Una familia patriarcal; comida sólida y monótona, un lecho inmaculado, y agua bendita a todo pasto. FSalgado *Conversaciones* 85: Prefiero dejarles [a mis hijos] un nombre inmaculado a una fortuna adquirida ilegalmente.
2 (*Rel crist*) [Concepción] de la Virgen María sin pecado original. *Normalmente antepuesto al n.* | Valcarce *Moral* 133: En su grado más perfecto, no se vio [la castidad] en el mundo hasta que, realizada la inmaculada Concepción de María, apareció entre los hombres esta Celestial Señora.

inmaculista *adj* (*hist*) Favorable a la definición del dogma de la Inmaculada Concepción de la Virgen María. | E. Montes *Abc* 9.12.73, 29: Andalucía se llama la tierra de María Santísima porque, en el siglo XVII, todas las noches salían de la catedral hispalense procesiones por las enlutadas callejas sevillanas coreando: "Ave María Purísima, sin pecado concebida". Ese fervor inmaculista inspiró el arte de Murillo.

inmadurez *f* Cualidad de inmaduro. | *Inf* 16.6.71, 27: Los dos nacidos supervivientes del parto múltiple de Sydney continúan su lucha por la vida contra la gran desventaja que supone su extremada inmadurez y pequeño tamaño. *Fam* 15.11.70, 3: Un día, sin ningún motivo, me dejó .. Llegué a pensar que la causa era mi ingenuidad y mi inmadurez. *Ade* 16.6.79, 12: El gesto militar tiene el valor del testimonio congruente .. en unos tiempos en que la frivolidad de muchos políticos, su inmadurez y su ambigüedad dan pie a toda suerte de disparates y de confusiones en el pueblo llano.

inmaduro -ra *adj* Que no ha alcanzado todavía pleno desarrollo. *Referido a pers, frec en sent intelectual o moral.* | Rodríguez *Monfragüe* 62: Buitre negro .. Sus rasgos principales se concretan en el plumaje pardo –casi siempre negro en los individuos inmaduros–, y en la gorguera o collareta abundante. VMontalbán *Balneario* 10: A los españoles siempre les da miedo parecer pueriles o que les traten como a niños. A nosotros los centroeuropeos nos importa menos, tal vez porque no tenemos complejo de inmaduros. **b)** Propio de la pers. o cosa inmadura. | Mascaró *Médico* 157: Se hallan formas inmaduras de leucocitos debido a la gran velocidad con que los órganos elaboradores de los mismos los lanzan al torrente circulatorio.

inmanejable *adj* Que no puede ser manejado. | J. M. Massip *Abc* 13.9.70, 16: Añadamos a todo ello las denuncias contra Israel hechas ayer en la O.N.U., a la Prensa, por los embajadores de Jordania y Egipto, y tendremos el sombrío cuadro .. de una crisis inmanejable.

inmanencia *f* (*Filos o lit*) Cualidad de inmanente. | MPuelles *Filosofía* 2, 13: De ahí que las acciones específicas del ser vivo tengan la propiedad de la inmanencia, que de ese ser proceden y en él quedan. MGaite *Cuento* 325: Se elige como tema predilecto la catástrofe, porque nos exime de pensar, de salirnos de la inmanencia. Son cosas que manda Dios.

inmanente *adj* **1** (*Filos*) Que existe, opera o permanece en el interior [de algo (*compl* A)], sin efecto exterior. *Tb sin compl.* | Gambra *Filosofía* 97: Podemos decir que los hechos psíquicos son interiores a un ser psíquico, inmanentes a la vida. Gambra *Filosofía* 166: Los atributos operativos se dividen en dos grandes grupos, según las operaciones se terminen en Dios mismo (operaciones inmanentes o *ad intra*) o en un término exterior (operaciones trascendentes o *ad extra*). Aranguren *Juventud* 104: El proceso que abrió el humanismo renacentista concluye ahora con la formulación de un humanismo absolutamente antropocéntrico e inmanente.
2 (*lit*) Permanente o inmutable. | E. Borrás *HLM* 26.10.70, 16: Participar, en común, [en la] tarea exaltadora del Toledo inmanente.

inmanentemente *adv* (*Filos o lit*) De manera inmanente. | MPuelles *Filosofía* 2, 106: La armonía .. ha sido preestablecida por Dios desde el principio, coordinando así, de una vez por todas, las actividades inmanentes que corresponden a las mónadas corpóreas, con las que, también inmanentemente, pertenecen a la mónada anímica.

inmanentismo *m* (*Filos*) Doctrina que afirma la inmanencia de Dios a la naturaleza o al hombre. *Tb designa otras doctrinas basadas en el concepto de inmanencia.* | C. Morcillo *Abc* 1.12.70, 37: Ha hecho su reaparición el ateísmo [entre ciertos grupos intelectuales], quizá porque al entregarse inermes a la tecnología, a las ciencias experimentales, a la psicología y al marxismo de porte científico, han quedado prisioneros de un inmanentismo incapaz de levantarse a la trascendencia.

inmanentista *adj* (*Filos*) De(l) inmanentismo. | Castilla *Humanismo* 16: El saber científico sobre el hombre ha sido tildado una y otra vez de adjetivos tales como "materialista", "negador de las esencias espirituales", "progresista", "positivista", "inmanentista". **b)** Partidario del inmanentismo. *Tb n.* | * Todos los filósofos idealistas, panteístas y modernistas son inmanentistas.

inmarcesible *adj* (*lit*) Que no se puede marchitar. *Frec fig.* | Delibes *Madera* 64: Franco, Rada, Durán y Ruiz de Alda eran unos héroes inmarcesibles.

inmarchitable *adj* Que no se puede marchitar. *Frec fig.* | CPuche *Paralelo* 137: Ella conservaba siempre ante Genaro, a pesar de aquellos atormentados contactos, una sensación de pureza lejana e inmarchitable.

inmaterial *adj* Que no tiene carácter material. | Gambra *Filosofía* 138: Lo que es capaz de conocer el ser inmaterial no puede ser de naturaleza material. P. GOrtiz *País* 14.1.79, 33: La circular establece también normas .. para los gastos amortizables y los activos inmateriales.

inmaterialidad *f* Condición de inmaterial. | GÁlvarez *Filosofía* 1, 240: Claudiano Mamerto .. defiende con argumentos tomados principalmente de San Agustín la inmaterialidad del alma. F. Acitores *SDLe* 3.11.91, 17: La Música, por su inmaterialidad, necesita ser creada en el tiempo cada vez, para estar viva.

inmaterialismo *m* (*Filos*) Doctrina según la cual toda realidad corpórea se reduce a idea y por tanto solamente existe en cuanto puede ser percibida. | GÁlvarez *Filosofía* 2, 130: Para Berkeley, pues, solo existen ideas percibidas y espíritus percipientes. Así es como pasa del idealismo e inmaterialismo del mundo a su doctrina del realismo espiritual.

inmaterialmente *adv* De manera inmaterial. | MPuelles *Filosofía* 2, 51: La distinción de los sentidos externos en inferiores y superiores resulta de comparar las potencias sensitivas que menos inmaterialmente captan sus objetos con las que lo hacen de una manera más objetiva o inmaterial.

inmatriculación *f* (*Der*) Primera inscripción del dominio de una finca en el registro de la propiedad. | *NRi* 15.5.64, 4: En este juzgado se sigue expediente de dominio, .. sobre inmatriculación en el Registro de la Propiedad de Logroño de la siguiente finca.

inmaturez *f* (*lit*) Inmaturidad. | GNuño *Escultura* 20: Otros signos .. ya se ha probado que no significan dependencia servil de otros arcaísmos griegos, sino tan solo una coincidente posición de ensayo y titubeo, de inmaturez de gesto, de duda, en una palabra.

inmaturidad *f* (*lit*) Cualidad de inmaturo. | Rabanal *SYa* 6.4.75, 7: Contra esta filosofía de la historia leonesa, filosofía en la que subyacen anacrónicos ecos de venganza bíblica y de "némesis" helénica, hay que levantar otra filosofía "genética", providencialista siempre, pero basada en conceptos científicos más rigurosos, en las ideas de "transición" y de "inmaturidad".

inmaturo -ra *adj* (*lit*) Inmaduro. | Torrente *DJuan* 175: No son objeciones que te haga en nombre de los demás, sino mías particulares, de hombre experimentado a mozo inmaturo. Zunzunegui *Camino* 467: Penetraba por las cristaleras la inmatura luz de la mañana.

inmediación *f* **1** (*raro*) Inmediatez. | GHerrero *Segovia* 384: Toda reforma pública ha de cimentarse en un presupuesto ..: el conocimiento completo de lo que se quiere reformar. Ese conocimiento requiere inmediación y participación. Pániker *Conversaciones* 192: Desde una simple pizarra a distancia hasta procesos más costosos. Esto puede permitir la inmediación entre el profesor y el alumno.
2 *En pl*: Alrededores o proximidades [de un lugar]. | *Abc* 18.12.70, 25: Un inmenso público .. se aglomeraba en las inmediaciones del Palacio Real.

inmediatamente I *adv* **1** En el momento inmediato [1]. | Medio *Bibiana* 42: Bibiana sale de la habitación y regresa inmediatamente.
2 En el lugar inmediato [2]. | VMontalbán *Pájaros* 155: Inmediatamente al lado yacía la embajada española.
3 De manera inmediata [3]. | Gambra *Filosofía* 183: Una vez presente el objeto, la voluntad, libremente, puede dirigirse hacia él o desviarse de él, bien sea inmediatamente (en el voluntario elícito), bien sea por medio de las potencias ejecutivas (en el voluntario imperado).
II *loc prep* **4 - de**. Inmediatamente [1] después de. | *Cocina* 350: El soufflé hay que servirlo inmediatamente de sacarlo del horno.

inmediatez – inmersión

III *loc conj* **5 ~ que.** (*semiculto*) Inmediatamente [1] después de que. | Ramos-LSerrano *Circulación* 181: Inmediatamente que se oiga arrancar el motor, se deja de accionar sobre el mando de la puesta en marcha.

inmediatez *f* Cualidad de inmediato [1, 2 y 3]. | Albalá *Periodismo* 95: Son los valores de la noticia y no su inmediatez lo que cualifica hoy no solo al periodismo, sino al periódico.

inmediato -ta **I** *adj* **1** Que se produce o se presenta, sin intervalo, después [del momento en cuestión (*compl* A)]. *Frec sin compl, por consabido*. | E. Angulo *Ya* 15.4.64, 3: El diez y medio inmediato interesaba mucho más que el ciento por ciento a plazo imprecisable. F. Fidalgo *País* 26.12.76, 9: La manifestación convocada por el PC francés para el lunes inmediato, a las seis de la tarde, ante la embajada de España en Francia, seguía en pie.
2 Que está al lado [de algo o, más raro, de alguien (*compl* A)]. *Frec sin compl, por consabido*. | F. Angulo *Ya* 15.4.64, 3: En un amplio solar inmediato al Paraninfo de la Ciudad Universitaria. *VozC* 2.1.55, 5: Podrán construirse subidas de humos en el interior de muros de un espesor de asta y media como mínimo .. Si causan molestias a una finca inmediata de mayor altura se elevarán a una altura de dos metros como mínimo sobre el dintel de la ventana más alta inmediata. **b)** Muy cercano [a algo o a alguien]. *Frec sin compl, por consabido*. | Villapún *Iglesia* 127: Retirándose luego a una cueva en la inmediata ciudad de Manresa. Laforet *Mujer* 199: Ella tenía capacidad muy pequeña. Solo para cosas inmediatas, cercanas.
3 (*Filos o lit*) [Hecho o circunstancia] que se produce o se presenta sin depender de un elemento intermedio. | Gambra *Filosofía* 157: Los razonamientos deductivos, a su vez, se dividen en inferencias inmediatas y mediatas. Son inferencias inmediatas las que se obtienen de la mera consideración de un juicio.
4 [Principio] ~ → PRINCIPIO.
II *f* **5 la inmediata.** (*col*) La reacción inmediata [1]. *Se usa normalmente como suj de ors con* SER, *o como or independiente*. | * La inmediata fue contárselo al director.
III *loc adv* **6 de ~.** Inmediatamente [1]. | Arce *Precio* 11: No sé si lo más correcto hubiera sido telefonear de inmediato a mis tíos.

inmejorable *adj* Tan bueno que no puede concebirse otro mejor. *Frec con intención ponderativa*. | CNavarro *Perros* 128: Poncio recordó que aún tenía que entregarle el dinero de la semana, y se dijo que aquella era una ocasión inmejorable.

inmejorablemente *adv* De manera inmejorable. | *Abc* 2.2.65, 69: Pago inmejorablemente armas antiguas.

inmemorable *adj* (*lit*) Inmemorial. | Benet *Nunca* 19: Una estación del absurdo más inmemorable que su propio nombre y más angosta en el recuerdo que su desnuda sala de espera. A. MAlcantarilla *Her* 3.10.87, 9: Botorrita, fiel al mandato de los siglos, se dispone a celebrar su fiesta anual en honor de la Virgen del Rosario, patrona de la villa desde tiempos inmemorables.

inmemorial *adj* **1** [Cosa] muy antigua de cuyo origen no se guarda memoria. | Valcarce *Moral* 99: No caben en domingo los juicios, ni las ferias, ni los mercados, etc., salvo costumbres inmemoriales que pueden tolerarse mientras las circunstancias no aconsejen lo contrario. A. Biarge *NEsH* 2.7.72, 3: Santa María del Monte ha tenido inmemorial romería en el segundo día de Pascua.
2 [Tiempo] remoto e impreciso. | Á. Lema *Odi* 12.8.64, 9: Se rinde tributo de amor a Nuestra Señora de los Clarines desde tiempos inmemoriales.

inmemorialmente *adv* Desde tiempo inmemorial. | *Luc* 5.11.64, 6: Un curioso fenómeno óptico, que inmemorialmente se conoce con el nombre de "Las Estantiguas", se registra en Villanueva de la Fuente (Ciudad Real) todos los años por esta época.

in memoriam (*lat; pronunc*, /in-memóriam/) *loc adv* En recuerdo. *Con referencia a una pers muerta. Normalmente en necrologías, homenajes póstumos o epitafios, frec seguido del n de la pers*. | *Odi* 23.1.77, 28: *In memoriam*. Dolor por la pérdida de un gran amigo. *Homenaje Gili Gaya* 3: Homenaje a Samuel Gili Gaya (in memoriam).

inmensamente *adv* De manera inmensa. *Frec con intención ponderativa*. | *Mad* 10.9.70, 13: El individuo ansiaba inmensamente vivir.

inmensidad *f* **1** Cualidad de inmenso [1 y 2]. | Villapún *Dogma* 65: Inmensidad. Es la difusión ilimitada de la sustancia divina, por la cual es apta para existir en todos los lugares.
2 Extensión inmensa [2]. | R. Saladrigas *Des* 12.9.70, 28: Conocen la existencia real de tales islotes indiferenciados en la inmensidad.
3 Cantidad inmensa [2]. | GNuño *Escultura* 9: Los arqueólogos amontonan inmensidad de horas de trabajo sin otra búsqueda de recompensa que la propia satisfacción de un deber científico.

inmenso -sa *adj* **1** Que no tiene medida, por ser infinito o ilimitado. *Gralm referido a Dios*. | Villapún *Dogma* 65: Se prueba que Dios es inmenso: Por la Sagrada Escritura.
2 Que no puede medirse o contarse por su gran tamaño o número. *Frec con intención ponderativa*. | GPavón *Hermanas* 44: El piso era inmenso. *Luc* 26.8.64, 6: Dos inmensas filas de hombres y tras ellos un apiñado grupo de mujeres seguían el féretro.
3 (*col*) Fantástico o extraordinario. *Con intención ponderativa*. | Lera *Clarines* 495: Has estado inmenso. Ya tenía yo ganas de ver una faena como la tuya esta tarde. Soler *Caminos* 291: Con el Tres Cuartos te mondabas, te tronchabas .. Era inmenso. Pániker *Memoria* 115: Lo mejor de todo, indiscutiblemente, la Piazza della Signoria. Y algún atardecer inmenso.

inmensurable *adj* (*lit*) Inmenso o sumamente grande. *Con intención ponderativa*. | Torrente *Isla* 270: El vuelo bajo de las Hermanas había achicado el espacio antes inmensurable, el que abarcaba hasta allende las más remotas galaxias. Fernández-Llorens *Occidente* 142: Era evidente la existencia del océano Atlántico, mar que parecía inmensurable y plagado de peligros. Erre *Med* 9.4.60, 4: "Los casos" que originan extrañeza, cuando no manifiesta pena u, opuestamente, desbordada e inmensurable admiración.

in mente (*lat; pronunc*, /in-ménte/) *loc adv* En el pensamiento. | SSolís *Camino* 84: Carmina miraba con aprensión a su alrededor, calculando *in mente* quiénes y cuántos se condenarían entre los que salían de la iglesia. Huarte *Diccionario* 106: Se limita a hojearlo y tomar nota in mente de su presencia al frente del libro.

inmerecidamente *adv* Sin merecimiento. | J. LBono *VAl* 14.10.75, 9: Decidieron crear este quinteto y presentar obras originales e interesantes que en España, a pesar de su tradición, han caído inmerecidamente en el olvido.

inmerecido -da *adj* No merecido. | Villapún *Iglesia* 143: Describe descarnadamente la situación lamentable de los obreros, diciendo que es: Desgraciada, inmerecida, indefensa. A. GOrantos *Reg* 22.11.66, 5: He tenido el inmerecido honor de dirigir .. sendos cursillos de Monitores o entrenadores.

inmergir *tr* (*lit, raro*) Introducir [algo o a alguien] total o parcialmente [en un líquido, esp. en agua]. | SLuis *Doctrina* 131: La Forma [del bautismo] son las palabras: "Yo te bautizo ..", dichas mientras se derrama agua sobre la cabeza del neófito (o mientras se le inmerge en el agua, o se l[e] asperja, en ciertos casos).

inmersión **I** *f* **1** Acción de introducir(se) en un líquido. | Angulo *Arte* 1, 230: Con pila de grandes proporciones en el centro para verificar en ella el bautismo por inmersión, se ha visto su origen en los ninfeos o baños de los palacios romanos. *DEs* 19.8.71, 24: Inmersión de residuos radiactivos en el Atlántico. *HLM* 26.10.70, 11: Por asfixia, a consecuencia de inmersión prolongada, falleció el niño de catorce meses Francisco Javier Torres Gámez.
2 Acción de introducir(se) totalmente en una situación, en un ambiente o en una actividad. | P. HMontesdeoca *NEsH* 4.7.72, 3: Tales equipos verifican una inmersión en los condicionamientos médicos, sicológicos, morales y sociológicos del penado. CSerer *IdeAl* 30.11.84, 3: Tan solo conseguiremos la vertebración de España a través de la "inmersión en Europa". **b) ~ lingüística.** Hecho de introducir(se) en un ambiente en que solo se usa una lengua que se

trata de aprender. | *Abc* 12.12.93, 26: La inmersión lingüística de la Generalidad ha llegado a Salamanca.
3 (*Astron*) Entrada de un astro en el cono de la sombra que proyecta otro. | *Anuario Observatorio 1967* 214: Las iniciales D y R .. indican si se trata de la desaparición de la estrella tras el disco lunar, o de su reaparición, es decir, lo que en anteriores Anuarios se denominaba inmersión y emersión.
II *loc adj* **4 de ~.** *En un microscopio:* [Objetivo] en que se suprime la capa de aire entre la lente frontal y el objeto interponiendo una gota de líquido de elevado índice de refracción. | Bustinza-Mascaró *Ciencias* 288: Utilizando preparaciones previamente teñidas, mostrarles al microscopio utilizando el objetivo de inmersión: el bacilo de la tuberculosis.

inmerso -sa *adj* (*lit*) Sumergido [en un líquido, o en una situación, ambiente o actividad]. *Tb sin compl, por consabido*. | E. Tijeras *Abc* 29.11.70, 7: Llega un momento en que la persona .. se encuentra inmersa en plena cultura de masas. A. Díez *País* 12.12.93, 21: Los socialistas parecían ayer inmersos en una Semana Santa particular más que en vísperas de la Navidad.

inmigración *f* Acción de inmigrar. *Tb su efecto*. | HSBarba *HEspaña* 4, 269: Por muy grande que hubiese sido la inmigración .., no puede aceptarse este rápido crecimiento. J. AHernández *VSi* 7.89, 50: Vegetación .. Dada su posición geográfica, alejadas de sus centros de dispersión alpinos, se han reducido al mínimo las inmigraciones de origen arcto-terciario y cuaternarias (esto explica la pobreza de la flora alpina de esta cadena).

inmigrante *adj* Que inmigra. *Frec n, referido a pers.* | Solís *Ateneo* 16: Recordemos que la Camorra, que ha subsistido entre los inmigrantes italianos de Estados Unidos hasta comienzos del siglo XX, fue hasta finales del XIX una asociación secreta napolitana.

inmigrar *intr* Llegar [alguien] a un país que no es el propio, para establecerse en él. | Ortega-Roig *País* 196: En 1966, 280.000 españoles inmigraron en busca de mejor trabajo; más de la tercera parte, 103.000, fueron a Cataluña, de los cuales 86.000 a la provincia de Barcelona. **b)** Llegar [animales o plantas] a un territorio y establecerse en él. | * Son numerosas las especies animales y vegetales inmigradas en ese período.

inmigratorio -ria *adj* De (la) inmigración. | J. M. Moreiro *SAbc* 12.10.69, 47: Ha dado lugar a un movimiento inmigratorio que garantiza a las nuevas industrias la mano de obra necesaria.

inminencia *f* Cualidad de inminente. | *Abc* 3.12.70, 52: Ante la inminencia del parto .., no encontraron mejor solución que entrar en la factoría. Delibes *Año* 50: La inminencia de la escuela parecía preocupar más a los pequeños que el recuerdo del pichón muerto.

inminente *adj* [Cosa] que está a punto de suceder o presentarse. | Benet *Nunca* 13: Sabía, en los intermedios, tumbarse a la sombra de un árbol vecino y evocar las noches del verano inminente. **b)** [Peligro] que amenaza para el momento inmediato. | * Estábamos en peligro inminente de congelación.

inminentemente *adv* De manera inminente. | *Ya* 28.5.75, 46: Publicamos a continuación el tercero de los extractos auténticos de la obra de don José María García Escudero, que .. será publicada inminentemente por Editora Nacional.

inmiscible *adj* (*Quím*) No miscible o no mezclable. | *Inf* 16.4.70, 31: Ofrécese licencia explotación patentes: .. "Procedimiento separación gotitas líquido desde segundo líquido inmiscible con primero".

inmiscuir (*conjug* **48**) **A** *intr pr* **1** Entrometerse [en un asunto]. | Medio *Bibiana* 202: El señor Massó es el hombre .. empeñado en inmiscuirse en las cosas de la familia. *Sp* 19.7.70, 40: El Parlamento de Irlanda del Norte .. se ocupa normalmente de la conservación de la paz y el orden, .. sujeto a la prohibición de promulgar leyes que se inmiscuyan en la libertad de cultos.
B *tr* **2** (*raro*) Meter [algo o alguien en un asunto o en un ámbito]. | *CoA* 13.8.93, 6: Esta oficina olímpica estaría subvencionada íntegramente por el capital que aportaría la empresa privada que el alcalde pretende inmiscuir en el proyecto olímpico. GNuño *Escultura* 112: Nada gana la calidad de la *Dama* al adornarse con una fecha remota que la inmiscuiría mayormente en el terreno plástico de lo griego.

inmisericorde *adj* (*lit*) Despiadado o cruel. *Tb fig*. | SMedrano *Lit. hispanoam*. 172: La forma inmisericorde en que se produce posteriormente la eliminación del fruto de la afrenta no desvirtúa la calidad indígena. Palomino *Torremolinos* 83: Es una luz inmisericorde que descubre canas y arrugas inéditas.

inmisericordemente *adv* (*lit*) De manera inmisericorde. | GNuño *Escultura* 23: Un idioma que .. se nos antoja maravillosamente expresivo y parlero, sin duda mucho más agudo que el latín que lo descuajó y desenraizó inmisericordemente.

inmisericordia *f* (*lit*) Falta de misericordia. | Lera *Boda* 606: Por fin el árbol herido se tambaleó. En vano quiso agarrarse a sus compañeros antes de caer. Le hicieron el vacío, un vacío de tiesura y de inmisericordia. Llamazares *Río* 102: Este pueblo escondido entre montañas que el destino o la inmisericordia les dieron para vivir.

inmisión *f* (E) Hecho de introducir(se). | *Compil. Aragón* 619: Inmisión de raíces y ramas .. Si algún árbol frutal extiende sus ramas sobre la finca vecina, el propietario de esta tiene derecho a la mitad de los frutos que tales ramas produzcan. *MOPU* 7/8.85, 191: Se están desarrollando proyectos sobre la emisión e inmisión de contaminantes de las centrales de carbón.

inmobiliario -ria *adj* De (los) inmuebles. *Tb n f, designando sociedad o empresa*. | *GTelefónica* 6: Eladio. Agente colegiado de la propiedad inmobiliaria. Compraventa de fincas. Arce *Precio* 83: –¿Qué clase de negocios? –Una sociedad inmobiliaria. Carandell *Madrid* 124: Muchas inmobiliarias hacen alarde de entregar pisos llave en mano.

inmoderación *f* Falta de moderación. | J. R. Alonso *Sáb* 21.7.76, 7: La unidad desde la diversidad garantizaría en España la democracia y la continuidad del desarrollo económico. Sin esto, caeríamos en la inmoderación salvaje de las huelgas y de la lucha de clases.

inmoderadamente *adv* De manera inmoderada. | *Ya* 29.5.86, 5: El moderador dejó atónito al personal cuando, inmoderadamente, llegó a exclamar que su paciencia tenía una medida.

inmoderado -da *adj* Que carece de moderación. *Tb n, referido a pers*. | *Abc* 6.1.68, 58: El hombre ha caído, sin embargo, en el consumo moderado e innecesario de una serie de fármacos. Ju. Echevarría *Ya* 27.3.90, 52: La última gesta de la Pottecher ha sido actuar de moderadora en unas jornadas sobre erotismo y literatura. Imagínese el estupor de los presentes: una inmoderada como ella, moderando.

inmodestamente *adv* De manera inmodesta. | A. Rojas *Villena* 69: De la mayoría de ellos –tal vez un poco pedantescamente, tal vez otro tanto inmodestamente–, me erijo hoy en portavoz.

inmodestia *f* **1** Falta de modestia o humildad. | Cianófilo *Des* 12.9.70, 41: Por motivo de nuestra terminología, siguen y seguirán dos criterios opuestos: el que la defiende .. y el que la juzga como prueba de inmodestia.
2 (*hoy raro*) Falta de honestidad o recato. | J. M. Javierre *Gac* 16.12.75, 57: [Los prelados] suscribieron una pastoral colectiva contra la inmodestia de las costumbres públicas.

inmodesto -ta *adj* **1** Que no tiene modestia o humildad. | A. Román *NEs* 7.6.87, 14: No cabía comparación más alta que la de Simón, que puso la primera piedra de un imperio en la Tierra y que abre las puertas del cielo. Pues aún le pareció poco al inmodesto Morán.
2 (*hoy raro*) Que no tiene honestidad o recato. | Valcarce *Moral* 103: La Sagrada Escritura presenta como hijos buenos de Noé los que, aun habiéndole borracho e inmodesto, supieron mostrarle amor y reverencia.

inmodificable *adj* Que no se puede modificar. | Borrás *Abc* 16.11.57, 21: La Iglesia y Ejército .. son inmodificables y para siempre.

inmolación *f* (*lit*) Acción de inmolar(se). | C. Gutiérrez *Med* 15.4.60, 3: La inmolación [de Jesucristo] es por todos los delitos cometidos por todos los hombres. Laforet

inmolador – inmueble

Mujer 293: Paulina .. no comprendía bien esta cortapisa a su afán de perfección, de inmolación, de amor.

inmolador -ra *adj* Que inmola. | J. M. Alfaro *Abc* 4.5.75, 49: Luis Gasulla ha perseguido la caracterización de una truculenta exaltación del aniquilamiento .. Para cuya preparación y mayor efectividad la catarata erótica se derrama en un despeñamiento inmolador con determinantes de infernal holocausto.

inmolar A *tr* **1** Sacrificar [a alguien o algo (*cd*) a la divinidad (*ci*)]. *Tb fig. Frec sin ci.* | SLuis *Doctrina* 138: La Misa es el mismo sacrificio de la Cruz, porque se inmola la misma víctima. * Inmolaban víctimas humanas a sus dioses.
2 (*lit*) Renunciar [a algo (*cd*) a cambio o en favor de otra cosa (*ci*)]. | Delibes *Año* 51: Valladolid ha enajenado el poco valor que tenía. Ha sido inmolado al funcionalismo, la verticalidad y el gresite.
B *intr pr* (*lit*) **3** Sacrificar [alguien] su vida. | MHerrero *Ya* 24.5.70, sn: ¿Pensaban en realidad que los guerrilleros iban a inmolarse contra los tanques? Delibes *Inf* 13.8.75, 12: Un pez que a nuestro requerimiento se inmolara cándidamente y sin resistencia no nos encandilaría con la fuerza que lo hace la trucha.

inmoral *adj* Contrario a la moral o a la ética. | Benet *Nunca* 21: –Ahora debes ganar mucho. –Un disparate. Un verdadero disparate. Algunas veces pienso si no será inmoral ganar esas cantidades. Aranguren *Marxismo* 14: Los antimarxistas veían o querían ver en el marxismo la esencia misma de lo inmoral. **b)** Contrario a la moral sexual. | Valcarce *Moral* 139: Las ocasiones próximas [de pecado de lujuria], .. v. gr., las malas compañías, los bailes obscenos, los espectáculos inmorales.

inmoralidad *f* **1** Cualidad de inmoral. | Rábade-Benavente *Filosofía* 221: La valoración supone unas "normas" a las que debemos ajustarnos .. y que son las que establecen la moralidad o inmoralidad de nuestros actos. **b)** Comportamiento inmoral. | *SVozC* 31.12.70, 3: Estudió los temas de la "Inmoralidad hoy en España, la fe y la espiritualidad de nuestra sociedad". *DLér* 9.7.69, 8: Los taxistas madrileños se quejan de la inmoralidad en los usuarios, fundamentalmente por las noches.
2 Hecho inmoral. | *DLér* 9.7.69, 8: Varios compañeros suyos se quejan de las inmoralidades en el interior de los taxis por parte de algunos usuarios.

inmortal I *adj* **1** [Pers. o cosa] que está destinada a no morir. *Frec fig.* | Laiglesia *Ombligos* 5: Eso hizo inmortales las criaturas que alumbraron y los paisajes que describieron. Gambra *Filosofía* 144: Por lo que se refiere al destino del alma, hay que decir que el espíritu humano es inmortal.
II *m y f* **2** (*frec humorist*) Miembro de una Academia, esp. de la Española. | Cossío *Confesiones* 257: Tras un breve descanso .. prepararía su discurso de recepción en la Academia Española. Los "inmortales" le habían ofrecido un sillón.

inmortalidad *f* Cualidad de inmortal. *Tb fig.* | Gambra *Filosofía* 144: La inmortalidad se llama gratuita cuando es otorgada a un ser de suyo corruptible. MMolina *Jinete* 131: La [cara] suya era la única que merecía la inmortalidad de un retrato.

inmortalizar *tr* Hacer inmortal. *Normalmente fig.* | W. Mier *MHi* 11.63, 23: Anglada Camarasa .., que hasta su muerte moró en aquel Formentor cuyos pinos inmortalizó en uno de sus mejores lienzos. M. Barros *VozC* 30.1.55, 3: Recobraba [el Padre Flórez] el tesón y la fe de su maestro, San Agustín, y recibía del santo más ánimos y alientos para no desmayar en su descomunal tarea, que habría de inmortalizarle.

inmotivado -da *adj* [Cosa] que carece de motivo o causa. | Gironella *Millón* 134: El odio hacia él puede ser, ¡qué sé yo!, inmotivado, injusto.

inmóvil *adj* Que no se mueve. | Bustinza-Mascaró *Ciencias* 20: Las diferencias esenciales entre plantas y animales consisten en que las primeras son fundamentalmente inmóviles. **b)** Que no cambia o evoluciona. | Gambra *Filosofía* 86: Los sentidos .. le ponen en contacto con un mundo en que nada es igual a otra cosa .., en que nada es inmóvil, sino todo en movimiento, en constante cambio y evolución.

Torrente *Off-side* 117: –La Academia ideal sería una institución inmóvil. –Pero no inmovilizante.

inmovilidad *f* Cualidad de inmóvil. | CNavarro *Perros* 20: Asociaba la inmovilidad de la abuela con la inmovilidad de las cosas inservibles. L. Calvo *Abc* 10.11.70, 29: Se reprocha a Willy Brandt la inmovilidad, o sea, una demasiada postergación de los problemas intramuros a los extramuros.

inmovilismo *m* Tendencia a mantener sin cambios la situación establecida. *Esp en política.* | A. Assía *Van* 4.11.62, 15: Si Adenauer cae en este momento, con él habrá caído el inmovilismo. Aranguren *Moral* 184: El inmovilismo, incluso local, la permanencia de cada cual en su propio *status*, sin pretender salir del lugar y posición en que Dios le ha puesto .., eran para este "catolicismo" retrógrado el único medio de disponer de una masa.

inmovilista *adj* De(l) inmovilismo. | Pániker *Conversaciones* 307: Sabe que solo existe un lenguaje inteligible y con viabilidad para el futuro, aunque él tenga que defender, obligadamente a veces, actitudes inmovilistas. **b)** Partidario del inmovilismo. *Tb n.* | M. Rubio *Nue* 31.12.69, 18: Unas leyes sobrepasadas por la realidad de un sindicato inmovilista impiden que su nombre aparezca .. como autor de una de las fotografías más vanguardistas de nuestro cine. J. Vasallo *Bal* 21.3.70, 25: Circula por ahí ese argumento .. de que el cura ansioso de casarse no es tan avanzado como cree, sino un rotundo inmovilista.

inmovilización *f* Acción de inmovilizar(se). *Tb su efecto.* | CPuche *Paralelo* 235: Solo sabía que la frente de su madre comenzó a enfriarse y que la barbilla adquirió una rigidez extraña, mezcla de mármol y de fruta pasada, combinación horrenda de inmovilización y blandura. *Ya* 10.10.70, 4: Rentipar no señala plazo de inmovilización forzosa al dinero aportado.

inmovilizado -da *adj* **1** *part* → INMOVILIZAR.
2 [Cosa] en que no existe el movimiento. | Navarro *Biología* 14: En el mundo inorgánico el carbono está en forma de CO_2 en la atmósfera ..; también en enormes cantidades en la piedra caliza, pero de forma inmovilizada, es decir, al margen del ciclo vital.

inmovilizador -ra *adj* Que inmoviliza. | Torrente *Saga* 201: Antonio Frades y el cura Pérez parecían sumidos en sus personales laberintos, que debían de ser inmovilizadores y silenciantes. J. Amo *SYa* 27.10.74, 53: Echevarría fue, por encima de todo, pintor; es decir, inmovilizador de formas, perpetuador de presentes.

inmovilizante *adj* [Cosa] que inmoviliza. | Torrente *Off-side* 117: –La Academia ideal sería una institución inmóvil. –Pero no inmovilizante.

inmovilizar A *tr* **1** Impedir el movimiento [de alguien o algo (*cd*)]. | Bustinza-Mascaró *Ciencias* 114: Los cnidoblastos sirven de defensa y, además, para matar o inmovilizar los animales que utilizan como alimento. *Economía* 267: Cuando se quiere inmovilizar un miembro, formando una envoltura rígida, se recurre a las vendas enyesadas. **b)** Impedir la circulación [de una mercancía (*cd*)]. | *Ya* 26.1.89, 32: Los servicios municipales del área de Sanidad y Consumo han procedido a inmovilizar varios lotes .. de navajuelas chilenas gigantes marca Co-ba.
2 (*Econ*) Invertir [un capital] sin posibilidad de recuperarlo en un determinado plazo. | * Si te desgravas esa inversión, el dinero debe quedar inmovilizado durante 3 años. **b)** (*Econ*) Invertir [capital] en bienes de difícil realización. | Tamames *Economía* 141: Los particulares tenían su capital inmovilizado; la propiedad inmobiliaria era el principal modo de acumular, un capital muy difícilmente realizable.
B *intr pr* **3** Quedarse inmóvil. | Buero *Sueño* 202: Goya se adelanta y se inmoviliza ante la mesa. J. GMontero *Abc* 23.4.58, 15: Mediado el siglo XVI, las viejas aceñas de las riberas del Guadiana, el Záncara y el Cigüela se habían inmovilizado al mermarse el agua de estos ríos.

inmueble I *adj* **1** [Bien] constituido por una tierra, camino, edificio, construcción o mina. | Ramírez *Derecho* 62: Lo primero que hago es clasificar los bienes en muebles e inmuebles. Piqué *Abogado* 836: Al que con violencia o intimidación en las personas ocupare una cosa inmueble o usurpare un derecho real de ajena pertenencia se impondrá ..

una multa del 50 al 100 por 100 de la utilidad que haya reportado.
II *m* **2** Edificio. | Laforet *Mujer* 295: Don Paco lo dejó [el piso], con gran alegría de la dueña del inmueble, que subió el alquiler.

inmundicia *f (lit)* Porquería o basura. *Tb fig.* | *Sol* 24.5.70, 7: La playa de la Malagueta, al alcance de todo malagueño, es una inmundicia que, al parecer, nadie cuida ni limpia. Ribera *SSanta* 106: El Señor limpiará las inmundicias de las hijas de Sión.

inmundo -da *adj* **1** *(lit)* Sucio y asqueroso. *Tb fig.* | Ag. Cruz *Med* 14.4.60, 3: Quedarse con el alma vacía y llena de aflicción; y sus cuerpos, hacer competencia .. a las costumbres de las bestias más inmundas. *Jaén* 15.11.64, 8: Aún viven muchas familias en cuevas inmundas. Ag. Cruz *Med* 14.4.60, 3: Este mandamiento "nuevo" es la más "prodigiosa" receta del Médico divino para hacernos saltar las barreras inmundas de la carne.
2 [Espíritu] ~ → ESPÍRITU.

inmune *adj* **1** Libre o exento [de algo negativo (*compl* A)]. | Delibes *Año* 29: La Montaña es una de las regiones españolas con personalidad más fuerte, más inmune a las influencias del turismo.
2 *(Med)* Que presenta inmunidad [2]. *Frec con un compl* A. | Bustinza-Mascaró *Ciencias* 97: Cuando un organismo presenta sus defensas orgánicas desarrolladas frente a determinado germen, se dice que presenta inmunidad, que es inmune a la infección.
3 *(Med)* De (la) inmunidad [2]. | P. Rodríguez *Abc* 15.2.92, 62: Estos cultivos se reintroducirán a los enfermos con un vector retroviral para intentar estimular su sistema inmune.

inmunidad *f* **1** Cualidad de inmune [1]. | Gambra *Filosofía* 130: Se entiende por libertad la inmunidad o ausencia de determinación. **b)** *(Der)* Exención de obligaciones, penas o cargos de la que disfruta una pers. o un lugar. | Faner *Flor* 36: Se salvaguardaron los privilegios y fe católica de los insulares. Cataluña, por el contrario, perdió todas sus inmunidades cuando el 11 de setiembre de 1714 capituló frente a los filipistas. *Código Penal* 66: El que violare la inmunidad personal del Jefe de otro Estado recibido en España con carácter oficial, o el [*sic*] de un representante de otra potencia, será castigado con la pena de prisión menor. **c)** ~ **parlamentaria.** Prerrogativa de un miembro del parlamento por la que se le exime de ser detenido o procesado sin autorización de dicho organismo. *Tb simplemente* ~. | *Inf* 20.4.78, 6: La Comisión decidirá si se levanta o no la inmunidad parlamentaria de que disfruta el señor Chueca Goitia por su condición de senador. *SPaís* 25.11.77, IV: Los diputados y senadores gozan asimismo de inmunidad y solo podrán ser detenidos en caso de flagrante delito. **d)** *(hist)* En la Edad Media: Privilegio de un lugar eclesiástico, en virtud del cual el delincuente que a este se acoge no puede ser castigado. | VParga *Santiago* 14: La primera de estas dos casas hospitalarias había recibido del rey Alfonso VI privilegio de inmunidad para su coto.
2 *(Med)* Resistencia de un organismo a una enfermedad o a la acción patógena de determinados gérmenes o sustancias. *A veces con un compl* A. | Bustinza-Mascaró *Ciencias* 97: Cuando un organismo presenta sus defensas orgánicas desarrolladas frente a determinado germen, se dice que presenta inmunidad, que es inmune a la infección. Alvarado *Anatomía* 156: La inmunidad puede ser congénita o adquirida.

inmunitario -ria *adj (Med)* De (la) inmunidad [2]. | *Inf* 18.9.75, 19: La vacuna preventiva, único remedio contra la gripe .. Se calcula que la "A-Pasteur-30" posee una eficacia inmunitaria en el 80 por 100 de los casos tratados. J. Zor *TCR* 6.11.90, 16: Nuestro sistema inmunitario no funciona a pleno rendimiento por culpa de nuestros hábitos diarios.

inmunización *f (Med)* Acción de inmunizar. *Tb su efecto.* | Nicolau *Salud* 666: Pasteur fue el fundador, con verdadero rango científico, de la Bacteriología, quien, con su genialidad, trazó, esbozado, el camino de la inmunización.

inmunizador -ra *adj (Med)* Que inmuniza. | Van 21.3.71, 44: Desde el punto de vista terapéutico (es decir, para llegar a la vacuna inmunizadora), queda mucho camino que recorrer. GNuño *Escultura* 127: El santuario del Cigarralejo, con sus dotes parece que inmunizadoras del caballo contra enfermedades y demás riesgos, prueb[a] la deferencia del ibero para con animales de tan inigualada utilidad.

inmunizante *adj (Med)* **1** [Cosa] que inmuniza. | *Abc* 3.12.57, 22: ¡¡Vacune la madera de su hogar!! .. Poimasol Preventivo inmunizante, de aplicación gaseosa o con brocha.
2 Relativo a la acción de inmunizar. | Alvarado *Anatomía* 169: El poder inmunizante de la vacuna dura solo unos cinco años.

inmunizar *tr (Med)* Hacer [a alguien (*cd*)] inmune [2] [a algo (*compl* CONTRA, DE o PARA)]. *Tb fig, fuera del ámbito técn.* | Navarro *Biología* 246: Inmunidad adquirida .. Por vacunación. Es decir, provocando en el organismo la propia enfermedad contra la que se desea inmunizar, pero de una forma benigna. Navarro *Biología* 247: Posteriormente Pasteur y el español Jaime Ferrán lograron aplicar este procedimiento para inmunizar de otras enfermedades. Bustinza-Mascaró *Ciencias* 103: Jenner pudo comprobar .. que inoculando el contenido de una pústula en ciertas condiciones a una persona, esta queda inmunizada para la viruela.

inmunodeficiencia *f (Med)* Deficiencia en las reacciones de inmunidad [2] del organismo. | *Ya* 19.7.83, 18: Un fármaco que podría ser la solución para el tratamiento del síndrome de inmunodeficiencia adquirida (SIDA) ha sido presentado por un científico austríaco en el congreso mundial "gay" que acaba de celebrarse en Viena.

inmunodeficiente *adj (Med)* Que padece inmunodeficiencia. *Tb n, referido a pers.* | *Ya* 27.11.90, 5: La Paz tendrá a partir de febrero dos "burbujas" para niños inmunodeficientes.

inmunodepresor -ra *adj (Med)* [Fármaco] que atenúa o anula las reacciones de inmunidad [2] del organismo. *Tb n m.* | F. J. FTascón *Ya* 30.6.74, 25: La interpretación autoinmunitaria como base patogénica del empleo de los inmunodepresores por McFarlane Burnett y Jiménez Díaz en la década de los cincuenta.

inmunodeprimido -da *adj (Med)* Que padece deficiencia o atenuación de las reacciones de inmunidad [2]. *Tb n, referido a pers.* | *SAbc* 19.9.82, 13: Existe una especial predisposición a padecer micosis en personas inmunodeprimidas (bajas en defensas por algún desarreglo general) y en los diabéticos.

inmunofluorescencia *f (Med)* Prueba inmunológica que consiste en teñir con un colorante fluorescente un antígeno o un anticuerpo para localizar el anticuerpo o el antígeno correspondiente. | J. M. Carretero *TMé* 10.12.82, 24: Se estudiaron 30 enfermos crónicos en cuyo suero se investigó la presencia de anticuerpos AMBG por inmunofluorescencia indirecta.

inmunógeno -na *adj (Med)* Que produce inmunidad [2]. | *Antibióticos* 31: Las experiencias sobre la penicilina .. se desarrollaron en el Laboratorio Experimental de Terapéutica Inmunógena.

inmunoglobulina *f (Biol)* Proteína que se encuentra en el plasma y otros líquidos orgánicos de los vertebrados y que constituye los anticuerpos. | M. Aguilar *SAbc* 17.11.68, 54: Una nueva substancia ha provocado la expectación mundial. Es la inmunoglobulina anti-D, que tiene la facultad de preservar de la terrible enfermedad originada en los hijos de las mujeres que no tienen en su sangre el factor Rh.

inmunohematología *f (Med)* Estudio de las propiedades inmunológicas [2] de la sangre. | *TMé* 16.9.88, 23: Agenda .. Clínicos (Inmunohematología Transfusional). Hospital General Gregorio Marañón.

inmunología *f (Med)* Estudio de los fenómenos de la inmunidad [2]. | N. Retana *Inf* 3.1.70, 19: La inmunología, la ciencia de porvenir más prometedor en el ámbito de la Medicina.

inmunológicamente *adv (Med)* En el aspecto inmunológico. | M. Moraza *TMé* 17.2.84, 31: El ensayo que proponemos consiste en inyectar plasma humano .. a un

inmunológico – innombrable

chimpancé recién nacido, haciéndole semejante o parecido inmunológicamente a un ser humano.

inmunológico -ca *adj* (*Med*) **1** De (la) inmunología. | * Estudios inmunológicos.
2 De (la) inmunidad [2]. | F. Martino *Ya* 8.5.70, 6: Se conocen muchas de las características inmunológicas del receptor y del donante. Nicolau *Salud* 666: Los medicamentos inmunológicos, representados principalmente por las vacunas y los sueros, nos proporcionan eficacísimas armas tanto en la profilaxis como en el tratamiento de las enfermedades infecciosas.

inmunólogo -ga *m y f* (*Med*) Especialista en inmunología. | O. Aparicio *MHi* 7.68, 27: Había en 1967 equipos de cirujanos y cardiólogos, con su correspondiente corte de inmunólogos, reanimadores.

inmunopatología *f* (*Med*) Estudio de las respuestas de inmunidad [2] asociadas con la enfermedad. | M. Velasco *TMé* 10.2.84, 12: El tema ha sido "Inmunopatología". M. J. Pintor *Ade* 14.10.91, 12: Este Servicio también es centro de referencia en otras áreas, como la Unidad de Inmunopatología.

inmunoprecipitación *f* (*Med*) Precipitación de un anticuerpo y su antígeno correspondiente. | *Abc* 11.5.74, 68: Se han estudiado numerosas muestras de sueros frente a 14 antígenos virales; se han analizado por la prueba de inmunoprecipitación anticuerpos gripales de 7.300 sueros de donantes.

inmunosupresión *f* (*Med*) Suspensión artificial de la reacción de inmunidad [2] consecutiva a una acción terapéutica. | J. I. Landa *SYa* 10.1.90, 7: Los trasplantes de hígado ofertaban una supervivencia al año de alrededor del 30 por 100, y la inmunosupresión continuaba sin ser adecuada.

inmunosupresor -ra *adj* (*Med*) [Fármaco] que produce inmunosupresión. *Tb n m*. | M. RElvira *País* 26.9.89, 30: Se vio la necesidad de utilizar medicamentos inmunosupresores. J. I. Landa *SYa* 10.1.90, 7: La utilización de la ciclosporina (droga inmunosupresora habitual hoy día) frenó estas líneas de investigación.

inmunoterapia *f* (*Med*) Tratamiento de las enfermedades infecciosas por la producción de inmunidad [2]. | F. J. FTascón *SYa* 7.5.70, 9: Habrá una actuación que trate de estimular la vigilancia inmunológica, las defensas orgánicas; esta es la inmunoterapia.

inmunoterápico -ca *adj* (*Med*) De (la) inmunoterapia. | C. Dávila *VNu* 14.10.72, 40: Es muy posible que el tratamiento inmunoterápico consiga remitir algún tipo de tumores cancerosos.

inmutabilidad *f* Cualidad de inmutable. | Gambra *Filosofía* 167: La inmutabilidad. Este atributo se deriva de la simplicidad. Al carecer Dios de potencia no puede moverse. Moverse implica imperfección, carecer de algo. J. Salas *Abc* 28.8.66, 49: Nunca he visto estar a todos los italianos tan de acuerdo como en esto de la inmutabilidad de sus fronteras.

inmutable *adj* Que no está sometido a ningún cambio. | R. Saladrigas *Des* 12.9.70, 29: Oscilando siempre entre lo clásico y lo puritano como constantes inmutables de su vida. Villapún *Dogma* 63: El verdadero Dios es uno solo, inmenso, inmutable, omnipotente.

inmutablemente *adv* De manera inmutable. | Marlasca *DCá* 8.1.56, 2: La Luna y las constelaciones son ya tópicamente, inmutablemente, alegorías litúrgicas.

inmutar A *tr* **1** Causar turbación o alteración del ánimo [a alguien (*cd*)]. | MGaite *Nubosidad* 62: Estas dos llamadas, sin embargo, sí lo inmutaron, aunque no dijo nada. Torrente *Isla* 201: De la prosapia de Claire, poco más sabes que el abolengo de sir Ronald –nombre por otra parte que no inmutó a la doctora–.
B *intr pr* **2** Mostrar en el semblante o en la voz una turbación o alteración del ánimo. *Gralm en constr neg*. | Alfonso *Caso* 14.11.70, 8: No se inmutó siquiera cuando fue reconocido por la señora de Carmona. Delibes *Cinco horas* 15: Esta mañana estaba boca arriba, normal, desde luego, sin inmutarse. Buero *Tragaluz* 100: Encarna se inmuta al verla.

inmutativo -va *adj* (*raro*) Capaz de inmutar. | J. L. Legaza *SYa* 10.6.71, 11: De ahí que .. pueda considerarse sorprendente, pero no inmutativo, el hecho de la catedral gótica en medio del Toledo semita.

innatamente *adv* De manera innata. | *Abc* 29.5.74, 30: Los dones y talentos que se necesitan para una tarea así no son de la clase de los que se adquieren, sino de los que se tienen innatamente.

innatismo *m* **1** (*Filos*) Doctrina que afirma la existencia de ideas innatas en el hombre. | * Una primera fase en la historia del innatismo la constituye la doctrina platónica.
2 Condición de innato. | GÁlvarez *Filosofía* 1, 77: La doctrina socrática del método lleva en su fondo el innatismo del conocimiento y de las ideas.

innato -ta *adj* Que se tiene por naturaleza. | Gambra *Filosofía* 124: Según Platón, las ideas son innatas, es decir, no han sido adquiridas durante la vida, sino que las traemos con nosotros al nacer. Gironella *SAbc* 9.2.69, 21: El ajedrez desarrolla en él, en forma portentosa, sus cualidades innatas.

innatural *adj* No natural. | Valcarce *Moral* 136: La complacencia lujuriosa puede ser .. natural o innatural, según que los actos sean o no conformes a la naturaleza o a su fin.

innaturalidad *f* **1** Cualidad de innatural. | *PapD* 2.88, 181: A destacar la innaturalidad básica de las formas de arte existentes.
2 Cosa innatural. | Halcón *Ir* 363: En los últimos días el goce que encontraba en Fernanda se hacía más agudo, sin que ninguna táctica o innaturalidad interviniese.

innecesariamente *adv* De manera innecesaria. | *Cod* 17.5.64, 6: El posible comprador pierde el tiempo innecesariamente en gestiones inútiles.

innecesario -ria *adj* No necesario. | *Sáb* 10.9.66, 24: El periodismo en televisión debe ser escueto, explicativo de la imagen, sin lirismos innecesarios.

innegable *adj* Que no se puede negar. | Valcarce *Moral* 34: Es innegable que el acto puede estar determinado en su moralidad por dos objetos. A. CRoca *Gar* 29.9.62, 5: Tales complicaciones están notablemente reducidas, sea por una innegable mayor benignidad de la enfermedad, sea sobre todo por la acción defensiva y preservativa de los antibióticos.

innegablemente *adv* De manera innegable. | GNuño *Arte* 87: Conjunción bizantina y germánica, de la que resulta un Cristo convencional de anatomía, pero innegablemente enérgico de expresión.

innegociable *adj* Que no se puede negociar. | *DíaCu* 1.9.84, 13: La información es innegociable.

innivación *f* Acción de innivar. | J. ÁHernández *VSi* 7.89, 49: Es su gran altitud la causa fundamental de que se den en esta región [el Alto Atlas] las condiciones de innivación y temperatura más favorables.

innivar *tr* Cubrir de nieve. | *País* 27.1.93, 21: En La Pinilla tendrás siempre nieve. Porque sus 103 cañones York innivan constantemente más de 4.000 metros de pistas esquiables.

innoble *adj* **1** [Cosa] contraria a la nobleza (honradez o lealtad). | N. Peinado *Prog* 18.1.56, 5: He aquí un pueblo heroico, valiente y digno de su ejemplar historia, que no sabe ni quiere ni puede hacer de manera innoble o cobarde. M. GAróstegui *SAbc* 20.10.68, 30: En sus acciones rara vez salieron a relucir agresividades innobles o sucias brusquedades. **b)** [Pers.] de comportamiento innoble. | * Es un tipo innoble, despreciable.
2 [Aspecto] malo o impresentable. | * Tiene una pinta innoble.

innoblemente *adv* De manera innoble. | Calín *Cod* 17.5.64, 4: Además de disfrutar innoblemente, se cubre de gloria.

innocuidad, innocuo → INOCUIDAD, INOCUO.

innombrable *adj* Que no se puede nombrar. | Buero *Hoy* 108: A ti te hablo. A ti, misterioso testigo, que a veces llamamos conciencia... A ti, casi innombrable, a quien los hombres hablan cuando están solos.

innominable *adj* (*lit*) Que no se puede nombrar. | Nieva *Abc* 10.12.85, 3: Subrayan con versos encendidos tentaciones innominables.

innominado -da *adj* **1** Que no ha recibido nombre. | R. Saladrigas *Des* 12.9.70, 28: Me vienen a la mente las narraciones de viajeros que cuentan haber descubierto .. islotes lejanos y perdidos, innominados en las cartas marinas.
2 (*Anat*) [Hueso] coxal. *Tb n m.* | * El innominado está constituido por tres piezas: íleon, isquion y pubis.

innovación *f* Acción de innovar. *Tb su efecto.* | Medio *Bibiana* 103: A Marcelo Prats le agrada que en la casa se produzca una innovación. Laforet *Mujer* 169: Solo quería dar paseos con Antonio, .. inventar innovaciones en su piso de Madrid. J. V. Astorga *Sur* 21.8.90, 3. El centro de innovación de empresas del parque tecnológico .. supondrá una inversión de más de 700 millones de pesetas.

innovador -ra *adj* Que innova. *Frec n, referido a pers.* | C. Mora *SVan* 29.10.89, 2: La marca regaló a Ferry su más reciente realización: un Porsche Panamericana .. en el que se han utilizado técnica y materiales innovadores. FMora *Abc* 8.9.66, 13: ¿Fue un revolucionario o un reaccionario, un innovador o un tradicional?

innovar *tr* Introducir novedades [en algo (*cd*)]. | CPuche *Ya* 17.11.63, sn: Pesa sobre él una rica tradición ceramista; pero él se ha propuesto innovar y enriquecer el oficio.

in nuce (*lat; pronunc corriente,* /in-núθe/) *loc adv* En forma embrionaria o compendiosa. | Chamorro *Sin raíces* 29: Tan pronto como aparece en el alma, *in nuce,* es decir, germinativamente, el sentimiento de inferioridad, se inicia en el proceso síquico del niño.

innumerable *adj* Que no se puede contar por su gran número. *Frec con intención ponderativa.* | GLópez *Lit. española* 212: La muerte l[a] sorprendió en Alba de Tormes .. mientras realizaba uno de sus innumerables viajes.

innumerablemente *adv* En cantidad innumerable. | MMolina *Jinete* 259: Los corrales y el portal de la plaza de San Lorenzo se poblaban innumerablemente de tíos y de primos.

innúmero -ra *adj* (*lit*) Innumerable. | Hoyo *ROc* 8/9.76, 93: Todo el soto estaba iluminado, arriba, por la luna, .. y, abajo, por los innúmeros gusanos de luz posados en los saúcos y en las zarzas. Marcos-Martínez *Física* 229: Aplicaciones del agua. Son innúmeras, para la bebida, limpieza, riego, etc.

innobediente *adj* Que no obedece. | *Ya* 25.5.75, 11: Nunca fue "bilad al Siba", es decir, tierra insumisa, inobediente al "mazjen".

inobjetable *adj* [Pers. o cosa] a la que no se puede poner objeción. | Laín *Descargo* 285: Salvo en los campos de trabajo regidos por hombres eminentes e inobjetables, como el arabismo, con la gloriosa figura de Asín Palacios en su cima, la decisión de partir desde cero o desde la más pura derecha se impuso implacablemente. L. Caparrós *SVoz* 8.11.70, 1: Todo viene a parar en eso, en el consumo. Aunque resulte inobjetable lo de que venimos aquí, sin previa consulta, precisamente para consumir.

inobservancia *f* Falta de observancia. | Huarte *Tipografía* 17: No se olvide esto; su inobservancia puede dar lugar a erratas que conviertan en risible el más serio documento.

inobservar *tr* Faltar a la observancia [de un precepto (*cd*)]. | A. Pujol *Caso* 14.11.70, 21: Se excluye la intención del señor Gozalo –concreta la resolución– de inobservar lo establecido por la ley.

inocencia *f* Cualidad de inocente [1, 2, 3 y 4]. | Ribera *SSanta* 119: Sus textos rebosan la alegría de la inocencia recuperada. C. Calvo *Sáb* 10.9.66, 3: La práctica acarrea experiencia que dicen muy útil. Vamos, pérdida de inocencia.

inocentada **I** *f* **1** Burla o engaño que se hace el 28 de diciembre, día de los Santos Inocentes. *Tb fig.* | J. Baró *Abc* 29.12.70, 24: Hubo, como todos los años, las consabidas "clásicas" inocentadas particulares.
II *loc v* **2 pagar la ~.** (*col*) Salir perjudicado por falta de malicia o de experiencia. | * Yo no estaba enterado de estos manejos y pagué la inocentada.

inocente (*normalmente con mayúscula en acep 5*) *adj*
1 [Pers.] libre de culpa. *A veces con un compl* DE. *Tb n.* | Merlín *Abc* 3.12.70, 23: Una nueva víctima .. viene a sumarse a la ya larga lista de víctimas inocentes sacrificadas por la E.T.A. * En el proceso se declaró inocente del crimen que se le imputaba. M. Soria *Odi* 3.2.77, 12: El daño que se inflija a un inocente, la violación del derecho, no puede escudarse con el propósito del transgresor. **b)** Propio de la pers. inocente. | Vesga-Fernández *Jesucristo* 136: He pecado entregando sangre inocente.
2 [Pers.] que carece de malicia y a la que es fácil engañar. | Delibes *Cinco horas* 196: Yo en la inopia, que a inocentona y a ingenua no me gana nadie. **b)** (*euf, pop*) Tonto o subnormal. *Tb n.* | Delibes *Hoja* 37: El Marcos, su único hijo, le salió inocente. CPuche *Paralelo* 232: Si le otra .. dando vueltas a las puntas de su delantal, como si fuera una inocente o una anormal.
3 [Cosa] carente de malicia o mala intención. | SFerlosio *Jarama* 194: ¿Le sentó mal? Pues si es una broma inocente. Ya ve usted la malicia que va a tener Carmelo. Si es más infeliz que un cubo.
4 [Cosa] inofensiva, o incapaz de hacer daño. | Matute *Memoria* 64: Como un gran bizcocho borracho .. que parece vacuo e inocente, y sin embargo está empapado de vino.
5 (*hist*) *En pl:* [Niños] menores de dos años a los que mandó matar Herodes. *Gralm n y en la constr* LA MATANZA DE LOS (SANTOS) ~s. | Ribera *Misal* 195: El caso de la matanza de los Niños Inocentes es sobremanera cruel y sanguinario .. La Iglesia considera a los Inocentes como Mártires. Vesga-Fernández *Jesucristo* 32: Degüello de los santos inocentes.

inocentemente *adv* De manera inocente [1b, 3 y 4]. | L. GSeara *Cam* 11.11.74, 19: Cuando, al acusar a Luis XVI ante la Convención, Saint-Just decía que no se puede reinar inocentemente, estaba enunciando un decisivo supuesto político. Torrente *Isla* 199: Me entretuve un rato en la bolera, viendo a una muchachita morena .. que apuntaba con tino, disparaba con fuerza y ponía al mismo tiempo en juego los resortes más eróticos de su musculatura, aunque inocentemente, me pareció.

inocuidad (*tb con la grafía* **innocuidad**) *f* Cualidad de inocuo. | Zeda *Ya* 15.10.67, sn: El polvo se diluye espontánea y rápidamente, sin molestia alguna para ingerir y con la convicción de su inocuidad absoluta. C. Nicolás *SAbc* 14.12.69, 21: La misión del futuro será la de poner en manos de los clínicos medicamentos cuya inocuidad para la teratogénesis y organogénesis pueda darse por segura.

inoculación *f* Acción de inocular. | Bustinza-Mascaró *Ciencias* 101: El bacilo [de Koch] puede entrar, pues, en el organismo: por inhalación .. y por inoculación cutánea, entrando por lesiones de la piel. HSBarba *HEspaña* 4, 402: En 1797, cuando todavía no había pasado un año del descubrimiento de la vacuna antivariólica, la inoculación era general en toda Nueva España. Nolla *Salud* 220: Para su estudio [de los virus] se utiliza la inoculación a embriones de pollo o animales de laboratorio receptivos.

inoculador -ra *adj* Que inocula. | C. PSantos *SYa* 15.6.75, 53: La culebra bastarda es considerada como menos peligrosa, porque posee un veneno poco activo y sus colmillos inoculadores son pequeños.

inocular *tr* **1** Introducir en el organismo [un agente morboso, o un suero o vacuna]. | Bustinza-Mascaró *Ciencias* 96: Inoculada una suspensión del cultivo puro [de un microbio] en animales susceptibles .., produce en ellos la misma enfermedad.
2 Infundir o imbuir [un pensamiento o un sentimiento, esp. perniciosos]. | Gironella *SAbc* 22.2.70, 12: Hasta que .. en cierta ocasión llegué a París, donde me inocularon el deseo de matizar, .. yo iba escribiendo lentamente. Torres *País* 16.12.87, 72: Era una voz convincente .. Sin embargo, me iba inoculando un indecible desasosiego.

inóculo *m* (*Med y Biol*) Sustancia que se inocula [1]. | *Antibióticos* 58: La preparación de inóculos corresponde al Laboratorio de Microbiología Producción.

inocultable *adj* Que no se puede ocultar. | Cossío *Montaña* 350: Tras su indudable preparación histórica, inocultable aun en la conversación más alejada de los temas propios de sus estudios, aparecía siempre el puntillo cauto y socarrón del auténtico trasmerano.

inocuo -cua (*tb con la grafía* **innocuo**) *adj* Que no es dañino o nocivo. *Tb fig.* | DCañabate *Andanzas* 185: Los puntos filipinos se parecen a las setas. La variedad de clases era copiosa. Desde la fina y exquisita a la absurda y vulgar. Desde las venenosas a las innocuas. Cossío *Confesiones* 176: Los encargados de velar por que no se dijese nada que no fuesen elogios y ditirambos tachaban de nuestros originales aun lo más inocente e innocuo. MGaite *Nubosidad* 152: Como una novela rosa perfectamente inteligible e inocua.

inodoro -ra I *adj* **1** Que no tiene olor. | Marcos-Martínez *Física* 228: Es [el agua] inodora e insípida.
II *m* **2** Taza de wáter dotada de un sifón que impide el paso de malos olores. *Tb el aposento en que está instalada.* | *VozC* 2.1.55, 5: Los retretes serán de tipo inodoro, con sifón sencillo, que asegure un cierre hidráulico igual o superior a cinco centímetros. Arce *Precio* 10: Al lado de aquellos muebles del hotel, ¿qué significaba el aceptar el moderno diseño de un bidé, un inodoro, o un lavabo? Umbral *País* 14.8.76, 14: La salubridad de España ha mejorado mucho en los últimos meses. Desde que hemos cambiado de régimen político, la gente parece que va mucho menos al inodoro.

inofensividad *f* (*raro*) Cualidad de inofensivo. | J. Pardo *Mad* 24.7.70, 1: Es una pena que el señor Stewart, apologista oficial de la inofensividad del gas lacrimógeno, no estuviera ayer por la tarde en los Comunes.

inofensivo -va *adj* Que no puede causar daño. | A. ÁVillar *SHie* 19.9.70, 9: Esta vitamina es inofensiva. Laforet *Mujer* 159: Julián parecía muy joven y muy inofensivo.

inoficiosidad *f* (*Der*) Cualidad de inoficioso. | Ramírez *Derecho* 80: La inoficiosidad de una donación conduce a la reducción de la misma.

inoficioso -sa *adj* (*Der*) [Disposición testamentaria o donación] que ha de ser limitada o reducida por lesionar derechos de herederos forzosos. | *Compil. Vizcaya* 644: Cuando el testador tenga hijos .., el quinto de libre disposición se computará teniendo en cuenta el valor de los bienes hereditarios, previa deducción de las deudas; pero será inoficiosa la disposición en lo que exceda de los bienes no troncales. Ramírez *Derecho* 80: Nadie puede dar ni recibir, por vía de donación, más de lo que pueda dar o recibir por testamento, siendo inoficiosa la donación en cuanto exceda de esta medida.

inolvidable *adj* Que no puede ser olvidado, normalmente por motivos de afecto. | Armenteras *Epistolario* 73: Tu sentida carta de pésame por la muerte de mi inolvidable padre .. alivió en parte el dolor que su insubstituible pérdida me produjo. RMorales *Present. Santiago* VParga 6: La visión de Compostela .. le reveló la realidad del inolvidable mandato: "grande es la mies".

inope *adj* (*lit*) Pobre o indigente. | Ayala *Recuerdos* 78: Estas "entretenidas" .. eran la salvación y acogedor refugio de los impecunes estudiantes pecaminosos, a quienes prestaban, entre otros apreciados tesoros, las novelas sicalípticas que ya ellas habían terminado de leer. A través de tal literatura podía acaso el inope estudiante llegado de provincias formarse una idea .. de ese Madrid mundano y perverso.

inoperable *adj* [Enfermo o enfermedad] en que no puede realizarse una operación quirúrgica. | Moraza *Ya* 15.1.75, 30: En el cáncer gástrico sigue teniendo el papel principal la cirugía, que, [en] unos casos, puede conseguir la extirpación del tumor, y en los que sea inoperable, la gastroenterostomía o las anastomosis intestinales.

inoperancia *f* Cualidad de inoperante. | Lorén *Pue* 16.12.70, 3: De aquí su regresividad fatal, su falta de futuro, su inoperancia actual.

inoperante *adj* Ineficaz o que no produce efecto. | MSantos *Tiempo* 94: Se le hacen visibles (sin encender la luz ..) para un ojo interior. "El tercer ojo", piensa cerrando aún más fuertemente los dos que le resultan inútiles. Al hacer este gesto de contractura, aparentemente externa e inoperante, una imagen se enciende lúcidamente en su pantalla imaginal. L. Pablo *SAbc* 20.4.69, 37: La [música] que quiera permanecer al margen de él será inútil, inoperante.

inoperatividad *f* Falta de operatividad. | *Sur* 3.8.88, 22: No hay inoperatividad en el Parlamento.

inopia I *f* (*lit*) **1** Pobreza. *Tb fig.* | Castellano *Cod* 15.3.64, 4: Sobre su mermado peculio se abatieron implacables las multas de los guardas de Parques y Jardines, hasta dejarle en la más completa inopia. Cela *Alcarria* 161: Desde lo del trasvase de los caudales del Tajo a las inopias del Segura, el nivel del lago de Entrepeñas bajó más de veinte varas. Mercader-DOrtiz *HEspaña* 4, 189: Veremos en su lugar la inopia mental de que da muestras la mayoría de los defensores acérrimos del aristotelismo.
2 Ignorancia. | MGaite *Usos* 97: Pocas ocasiones se les habían ofrecido .. para enterarse de lo que pasaba en la calle "anárquica y variopinta" ni para sacudir la inopia y la rutina de aquella pubertad por la que navegaban como en sueños. Landero *Juegos* 117: –¿La ignorancia? –Sí, ¿por qué no? La ignorancia .. El artista nace de la inopia divina.
II *loc adv* **3 en la ~.** (*col*) Sin enterarse de algo que los demás saben. | Delibes *Cinco horas* 56: De no ser por Elviro, yo en la inopia, fíjate, pero yo ni idea.

inopinable *adj* No opinable. | J. Ma. Gómez *CoA* 13.8.93, 49: Puede ser verdaderamente inopinable lo de 'en agosto, frío en rostro'.

inopinadamente *adv* De manera inopinada. | CNavarro *Perros* 21: Inopinadamente se derrumbó exánime.

inopinado -da *adj* Que se presenta o sucede sin estar previsto. | DCañabate *Paseíllo* 155: Las becerras apelotonadas mostraban el malestar de su inopinado encierro.

inoportunamente *adv* De manera inoportuna. | Fuster *Van* 1.7.73, 15: El dolor que pretendo hablar es el otro: el del reúma o la úlcera, .. la jaqueca o el cáncer, la muela inoportunamente corrupta.

inoportunidad *f* Cualidad de inoportuno. | CSotelo *Inocente* 439: Se besan. Dominico, con manifiesta inoportunidad, reaparece y los sorprende. *Abc* 4.12.70, 25: Revísense en el futuro y por los cauces legales .. la oportunidad o inoportunidad de la existencia de jurisdicciones especiales.

inoportuno -na *adj* **1** Que se presenta o actúa en un momento inconveniente o inadecuado. *Tb n, referido a pers.* | *País* 24.3.79, 13: El PSOE considera "inoportuna" la propuesta de negociación hecha por Carrillo. **b)** [Tiempo] inconveniente o inadecuado. | * No ha podido escoger momento más inoportuno.
2 Importuno o que molesta. *Tb n, referido a pers.* | DPlaja *El español* 151: La presencia constante del sexo en las calles españolas produce una constante defensa contra él. Los ojos fijos en el suelo, la expresión grave en la muchacha que quiere evitar dar pie al inoportuno.

inordenado -da *adj* (*raro*) [Cosa] desordenada o que implica desorden. | Villapún *Moral* 178: La sobriedad. Consiste en frenar el deseo inordenado en la bebida.

inorgánico -ca *adj* **1** No organizado, o no sistematizado. | * Un edificio inorgánico, sin estructura definida. **b)** Que no está fundado en una estructura jerárquica. *Normalmente referido a la democracia de sufragio universal.* | FMora *Raz* 2/3.84, 363: El segundo libro .. es una implacable crítica de la democracia liberal inorgánica y de sus resortes esenciales, que son el sufragio universal y los partidos.
2 [Ser] que no es vivo u orgánico. | Legorburu-Barrutia *Ciencias* 23: Los seres naturales pueden ser: seres orgánicos o vivos (animales, plantas); seres inorgánicos o minerales (las rocas). **b)** De (los) seres inorgánicos. | Navarro *Biología* 14: En el mundo inorgánico, el carbono está en forma de CO_2 en la atmósfera.
3 (*Quím*) [Sustancia] que no tiene como componente el carbono. | Bustinza-Mascaró *Ciencias* 20: Las sustancias inorgánicas puras no se ennegrecen al ser calentadas, aunque entren en su composición el carbono. **b)** De (las) sustancias inorgánicas. | MNiclos *Toxicología* 99: Insecticidas inorgánicos: Muchos de ellos están constituidos

por sales de arsénico. **c)** [Química] que estudia las sustancias inorgánicas. | Aleixandre *Química* 132: Esta parte de la Química se llama química del carbono o química orgánica, para distinguirla de la inorgánica, que estudia todos los restantes elementos y sus compuestos.

inosita *f* (*Quím*) Inositol. | Quimikus *Ya* 18.6.75, 61: En sales minerales, el trigo y su germen aportan extenso muestrario: sodio, potasio, calcio .. El fósforo suele ir combinado con la inosita, y así constituye el ácido fítico.

inositol *m* (*Quím*) Sustancia semejante a la glucosa, que se encuentra en los tejidos musculares y en las glándulas de secreción interna, y también en los granos de cereales. | *País* 6.11.88, 17: Nueva Micebrina Forte. 13 Vitaminas y 10 Minerales. Vitamina A .. Biotina. Inositol. Ácido pantoténico. Ácido fólico. Magnesio.

inoxidable *adj* [Metal o aleación] que no se oxida o que presenta fuerte resistencia a la oxidación. | * Hay metales inoxidables, como el oro y el platino. **b)** [Acero] que contiene cromo y níquel y es especialmente resistente a la oxidación. | *GTelefónica N.* 10: Construcciones y piezas en acero inoxidable. **c)** De acero inoxidable. | *GTelefónica N.* 345: Hermanos Sanz. Cuchillería fina. Tijeras inoxidables.

in partibus infidelium (*lat; pronunc,* /im-pártibus-infidélium/) *loc adj* **1** (*Rel catól*) [Obispo] que toma título de un lugar no cristiano y que no reside en él. *Tb* (*col*) IN PARTIBUS. | * En 1960 el Papa le nombró obispo in partibus infidelium.
2 (*humoríst*) [Pers. que posee un cargo] puramente nominal. *Tb* IN PARTIBUS. | Cela *Inf* 26.3.74, 16: Arbitro leer ante ustedes estas dos o tres cuartillas en las que trataré de exponerles .. mi diáfano y elemental programa como presidente –siquiera sea *in partibus infidelium*– del Ateneo de Madrid. FMora *Abc* 24.3.66, 45: Santayana fue un universitario serio; Unamuno fue un catedrático "in partibus".

in pectore (*lat; pronunc,* /im-péktore/) **I** *loc adj* **1** (*Rel catól*) [Eclesiástico que va a ser elevado a cardenal] cuya proclamación es mantenida aún en secreto por el Papa. | Torrente *Off-side* 15: Los embajadores van a ser sustituidos sucesivamente por la reina de Holanda y el príncipe consorte, por Nikita Kruschev y señora .., por la Corte Pontificia y el Sacro Colegio de todos los purpurados, incluidos los "in pectore".
2 (*lit*) [Pers. prevista para un cargo] cuya proclamación se mantiene en reserva hasta el momento oportuno. | L. Contreras *Sáb* 20.8.75, 11: El ministro del Movimiento .. podría estar ensayando una estrategia de apoyos y neutralizaciones. Esta estrategia alcanzaría pleno sentido si aquel ya fuese, como se dice, el sucesor "in pectore" de Carlos Arias.
II *loc adv* **3** (*lit*) De manera decidida, pero en secreto. | ILaguna *Ateneo* 38: La identidad de puntos de vista se explica por los azares de la vida nacional, que a unos les ha hecho abjurar de sus convicciones primeras y a otros tenerlas "in pectore" hasta el sepelio del Deseado.

in perpetuum (*lat; pronunc,* /im-perpétuum/) *loc adv* (*lit*) Para siempre o a perpetuidad. | A. Obregón *Abc* 21.3.73, 59: ¿Usted sabe el valor del suelo, para que esté ocupado "in perpetu[u]m"? [*En el texto,* perpetum.]

in person (*ing; pronunc corriente,* /im-pérson/) *loc adv* (*col, humoríst*) En persona. | Diosdado *Ochenta* 29: ¡Es él, él mismo, in person! ¡Dios mío, no puedo creérmelo!

in puribus (*falso lat; pronunc,* /im-púribus/; *tb raro,* **in puribus naturalibus**) *loc adv* (*humoríst*) En cueros. | A. Barra *Abc* 9.3.74, 35: Sufrió un sobresalto de vía digestiva y tuvo que moverse rápidamente, "in puribus", desde su dormitorio hasta el lugar donde se remedia este tipo de percances. Berlanga *Gaznápira* 54: La luz parpadeante del candil no se apagaba antes de que la Liboria se quedara in púribus. *Ya* 21.5.87, 15: *El Indiscreto* se pregunta cuánto tardará en protegerse a las minorías –eso parece ser– que desean acudir a las playas pero no desean contemplar a hombres .. y mujeres *in puribus naturalibus*. Debe haber playas para no nudistas, lo mismo que las hay para nudistas.

in puris naturalibus (*lat; pronunc,* /im-púris-naturálibus/) *loc adv* (*lit*) En cueros. | Valverde *SLe* 12.87, 6: Habría sido una desnudez, y ya se sabe que el cuerpo, "in puris naturalibus", nunca ha estado de moda.

inosita – inquieto

input (*ing; pronunc corriente,* /ímput/; *pl normal,* ~s) *m* **1** (*Econ*) Elemento inicial de un proceso. *Se opone a* OUTPUT. | R. RSastre *Mun* 28.11.70, 48: En una tabla del tipo Leontief aplicada a toda una región, el Output serían los sectores compradores y el Input los sectores vendedores. Tamames *Economía* 36: Dentro de esos sectores convencionalmente construidos, al considerarlos del lado de las entradas o *inputs*, los hay de dos clases: sectores productivos y sectores finales.
2 (*Informát*) Entrada de datos. *Se opone a* OUTPUT. *Tb fig, fuera de este ámbito*. | * El input y el output son procesos inversos. Rábade-Benavente *Filosofía* 41: El sistema nervioso humano es más plástico .. En ocasiones .. los *inputs* quedan bloqueados, sin llegar al córtex.

inquebrantable *adj* Que no se puede quebrantar. *Se usa para ponderar la firmeza moral de algo o de alguien*. | J. Baró *Abc* 27.12.70, 21: Pronunció un discurso muy aplaudido en cuanto se refiere a esa inquebrantable e indiscutible fidelidad. A. Gabriel *Abc* 23.8.66, 17: Villacreces, noble y leal, se mostraba inquebrantable.

inquebrantablemente *adv* De manera inquebrantable. | A. Navalón *Inf* 16.4.70, 23: Estaba Canorea, con sus hombres de confianza, en calidad de árbitro, y estaba, inquebrantablemente firme, Carlos Urquijo.

inquietamente *adv* De manera inquieta [6]. | CSotelo *Abc* 8.5.58, 15: Un escuadrón de palomas zurea, menuda e inquietamente, en la confluencia con Alcalá.

inquietante *adj* Que inquieta [1]. | Mihura *Carlota* 348: Lleva en la cara un esparadrapo, lo que le da un aire inquietante.

inquietantemente *adv* De manera inquietante. | Miret *Tri* 9.12.72, 15: Va surgiendo aquí o allá, inquietantemente para los establecidos y conformistas de ese sistema.

inquietar *tr* **1** Poner inquieto [1] [a alguien]. | Matute *Memoria* 174: Aquel rumor adormecía e inquietaba a un tiempo. *Inf* 9.3.78, 27: El Barcelona no inquietó en ningún momento al equipo vasco. *Luc* 27.10.64, 4: "Tiro Fijo" sigue inquietando a las autoridades colombianas. El Ejército es incapaz de apresar al célebre guerrillero. **b)** *pr* Ponerse inquieto [alguien]. | * No te inquietes por eso.
2 (*Der*) Perturbar [a alguien en la pacífica posesión de algo], intentando despojarle de ella. | Ramírez *Derecho* 75: Todo poseedor, por el hecho de serlo, tiene derecho a ser respetado en su posesión, y si fuere inquietado en ella, debe ser amparado por las autoridades.

inquieto -ta *adj* **1** [Pers. o animal] que muestra cierta agitación nerviosa que le hace moverse mucho. | * El enfermo ha estado muy inquieto toda la noche. **b)** [Pers.] preocupada. | Arce *Testamento* 15: El Bayona me miró inquieto.
2 [Pers. o animal] que tiene tendencia a moverse mucho. | Cunqueiro *Un hombre* 21: Era muy inquieto de mirada, tanto que los que estaban largo rato con él llegaban a creer que sus ojos, de un celeste frío, salían de su rostro y se movían por la cámara regia escrutadores. F. Ocaña *Ide* 2.8.69, 7: Si este canto se ve acompañado, como antecede, por el dulce gorjeo de los inquietos pajarillos, entonces el concierto se hace más agradable y completo.
3 [Pers.] que tiende a promover agitación o desorden. | Miguel *Mad* 22.12.69, 14: Los estudiantes inquietos .. proceden de Económicas, leen a Marcuse o a los estructuralistas franceses.
4 [Pers.] que tiende a dedicarse a cosas nuevas. | *DLér* 31.7.69, 9: Me gustan las novedades, soy hombre inquieto.
5 [Pers.] que tiene preocupación, curiosidad o ambición intelectual. | Ridruejo *Memorias* 26: Reunía a los jóvenes intelectualmente inquietos del pueblo bajo una especie de presidencia intermitente, pues él vivía ya en Madrid y era de los que iban y venían.
6 [Cosa] propia de la pers. o el animal inquietos [1, 2, 3, 4 y 5]. | * Me miró con expresión inquieta. * Tiene un sueño muy inquieto. * Es un animal de carácter inquieto. D. Calzada *Abc* 16.11.80, 13: Acratillas de culo inquieto que se apuntan al rollo rocanrolero o a cualquiera movida con tal de que sea extralaboral.
7 [Cosa] que implica inquietud. | *Jaén* 2.4.64, 7: Abril, mes inquieto, para los reformadores del calendario, ocupó el

inquietud – insaculación

segundo lugar en un tiempo hasta la corrección de Julio César, que le colocó tal y como se encuentra ahora.

inquietud *f* **1** Cualidad de inquieto [1]. | Medio *Bibiana* 15: Se revuelve en la cama, a impulsos de su inquietud, y acaba por adoptar otra vez la misma postura.
2 Preocupación, curiosidad o ambición intelectual. *Frec en pl.* | Umbral *Memorias* 176: En provincias, cuando un muchacho tenía inquietudes, aspiraciones, en seguida empezaba a pensar en irse a Madrid. Cantera *Enseñanza* 167: Un buen profesor de francés no se contentará con un conocimiento perfecto de la lengua, sino que deberá sentir inquietud por su metodología.
3 Cosa que inquieta o preocupa. | *DEs* 19.8.71, 15: Que desde la morada definitiva siga velando por esta villa de Ulldecona que tanto quiso y cuyas inquietudes y problemas supo vivir con apasionamiento y entrega.

inquilinato *m* **1** Condición de inquilino [1]. *Tb fig.* | Kim *Abc* 17.9.68, 42: Rimbaud, Kafka, .. Pedro Curie o Camus fueron apenas si unos chicos despabilados, unos mozalbetes grandullones que pasaron rápidamente por la existencia y cuyo brevísimo inquilinato no les impidió dejarnos el prodigio de su obra como un ejemplo.
2 Arriendo de una casa o de una parte de ella. | *Ade* 27.10.70, 3: Piensa en la gentileza de los propietarios, cediendo en régimen de inquilinato, por muchos años, muchos, la propiedad de esta Casa de las Conchas. **b)** Cantidad que se paga por inquilinato. | Tamames *Economía* 236: Esto último, tanto por la insuficiencia de materiales, como por el freno que para la construcción significó, en un periodo de intensificación del proceso inflacionista, la congelación de inquilinatos.

inquilinismo *m* (*Biol*) Asociación de un inquilino [2] con otro animal. | Bustinza-Mascaró *Ciencias* 289: Inquilinismo. Asociación de animales de distinta especie en la que el uno vive con el otro, pero sin ocasionarle daño alguno.

inquilino -na A *m y f* **1** Pers. que habita una vivienda pagando alquiler por ella. *Tb fig.* | Laiglesia *Tachado* 35: A nadie debe extrañarle, por lo tanto, que los otros inquilinos, temerosos, cerraran las puertas con llave. J. Navarro *Alc* 31.10.62, 13: Hemos visto dos nuevos inquilinos del "zoo". Una pareja de puercoespines que han venido de Guinea.
B *m* **2** (*Biol*) Animal que habita sobre otro, pero sin alimentarse a su costa. | Alvarado *Zoología* 149: En el inquilinismo, el inquilino busca en el patrón aposento, guarida o simple protección; su alimento lo procura activamente o lo recibe de fuera sin intervención de su asociado.

inquina *f* Aversión u hostilidad. | Olmo *English* 56: Oye, ¡vaya una inquina que le ha cogido al Míster! Alfonso *España* 76: Problema nada pequeño es nuestra inquina ancestral al árbol.

inquiridor -ra *adj* Que inquiere. | Halcón *Monólogo* 216: El "¡Quién va!" que sale de su boca me hace huir .. No oigo nueva voz inquiridora. No intereso.

inquirir (*conjug* **38**) *tr* Tratar de averiguar, esp. preguntando. | Delibes *Ratas* 26: Los tres [abuelos] vivieron juntos en la cueva vecina, y a veces, de muy niño, el Nini inquiría del tío Ratero cuál de ellos era el abuelo de verdad. *Abc Extra* 12.62, 77: "¿Quién no quiere ser ciclista?" –inquiere un reportero.

inquisición (*con mayúscula en acep 2a*) *f* **1** Acción de inquirir. | GBiedma *Retrato* 189: Tengo una vaga idea de haberle oído a usted decir que empezó a escribir poesía a los veinticinco años .. ¿Tuvo usted anteriormente veleidades literarias de otro tipo? Espero que esta pequeña inquisición no le parezca impertinente. GPavón *Reinado* 105: En todas las inquisiciones que hemos hecho no tengo ni pizca de fe.
2 (*hist*) Tribunal eclesiástico cuya finalidad es inquirir y castigar los delitos contra la fe. *Tb* TRIBUNAL DE LA (SANTA) ~. | CBaroja *Inquisidor* 15: Mucho se ha hablado de la Inquisición española. Sánchez *Pról. Quijote* 16: Los cristianos nuevos, expuestos siempre a denuncias secretas ante el tribunal de la Inquisición o Santo Oficio. **b)** *En uso actual, frec fig.* | MSantos *Tiempo* 63: Si se hubiera reído de ellos sin haberse mostrado previamente loco .. hubieran tomado sus medidas montando, por ejemplo, su pequeña inquisición local. **c)** (*col*) Tiranía, o abuso de poder. | Cuevas *Finca* 180: Repartía el Ayuntamiento los obreros a granel .. De ese modo, los gastos cada quincena crecían de una manera exorbitante .. "Esto .. es una inquisición."
3 (*hist*) Cargo de inquisidor. | CBaroja *Inquisidor* 31: De don fray García de Loaysa .. dice Luis de Pinedo .. que cuando obtuvo Silíceo la mitra de Toledo, le dieron la "Inquisición general" para contentarle.

inquisidor *m* (*hist*) Juez del tribunal de la Inquisición. | Alfonso *España* 154: En el buen tiempo, con las ventanas abiertas, esto supone un suplicio nocturno propio del viejo inquisidor Torquemada.

inquisitivamente *adv* De manera inquisitiva [1]. | Gironella *Millón* 179: De improviso miró a Javier inquisitivamente.

inquisitivo -va *adj* **1** De (la) inquisición [1] o que la implica. | DPlaja *El español* 152: El buen señor no vacilará en asomar la cabeza de cuando en cuando y lanzar al caballero .. una mirada inquisitiva. Laforet *Mujer* 133: Era una mujer sorda y charlatana, con un aire inquisitivo.
2 [Pers.] que está en actitud de inquirir. | Arce *Testamento* 14: Miraba inquisitivo a su compañero.

inquisitorial *adj* **1** De (la) Inquisición [2]. | CBaroja *Inquisidor* 21: La diferencia de criterio quedó como expresión de la modalidad inquisitorial italiana frente a la española.
2 Intransigente desde el punto de vista religioso o moral. | A. Aradillas *SVozC* 25.7.70, 2: Todavía se descubren actitudes inquisitoriales de inmisericorde condena de todo lo que es y nos trae el turismo. J. Baró *Abc* 16.12.70, 35: Se nos tacha de crueles, sanguinarios, fanáticos, rapaces, inquisitoriales.

inquisitorialmente *adv* De manera inquisitorial. | Aparicio *HLM* 21.7.75, 13: El autor norteamericano es judío de raza y aún rezuma en su relato español .. el reconcomio de las sinagogas expulsadas, inquisitorialmente, por los Reyes Católicos. P. J. Ramírez *Abc* 17.2.80, 6: Este es el gran interrogante que la sociedad toda .. debe plantear inquisitorialmente ante Blas Piñar y sus colaboradores.

inri I *m* **1** Nota infamante. | Aldecoa *Cuentos* 1, 140: A los que veas haciendo cochinadas, me los apuntas con dos apellidos, que los voy a hacer salir en el periódico de la capital, con un inri.
II *loc adv* (*col*) **2 para mayor** (*o* **más**) ~. Para mayor escarnio. | Torrente *Isla* 84: Voy a ponerle los cuernos por el resto de mis días .. y empezaré contigo, para mayor inri, porque sé que te odia y que te envidia. **b)** Para remate o para colmo. | Delibes *Castilla* 120: Ahora te viene de Zaratán un camión de cuatro ejes y te descarga el barro para el año entero en cinco minutos. Y para mayor inri, el barro de ahora es mejor, más limpio. ASantos *Bajarse* 86: Yo es que enchufo la televisión y me da algo; muertos tirados por todas partes, que siempre te los sacan a la hora de comer, para más inri.

insaciabilidad *f* Cualidad de insaciable. | Torrente *Isla* 101: No parecía ser .. la persona pintiparada [para el gobierno] .., aunque probablemente sí para despertar el amor la sangre tumultuosa, sospechosa de impaciencia e insaciabilidad, de la futura reina.

insaciable *adj* Que no se sacia nunca. *Gralm con intención ponderativa*. | Laiglesia *Ombligos* 197: No es tan fácil encontrar material para nutrir su estómago insaciable.

insaciablemente *adv* De manera insaciable. | M. GManzano *Rev* 4.68, 9: El vocabulario utilizado es bronco, duro, atornillado semántica y lexicográficamente e incluso repugnante en algunas expresiones insaciablemente repetidas.

insaciado -da *adj* No saciado. | MGaite *Nubosidad* 302: Su afán siempre insaciado de sinceridad.

in sacris (*lat; pronunc,* /in-sákris/) *loc adv* En las órdenes sagradas. *Normalmente con el v* ORDENAR. | Ramírez *Derecho* 29: No pueden contraer matrimonio civil .. los ordenados *in sacris* y los profesos de una Orden religiosa canónicamente aprobada.

insaculación *f* Procedimiento de sacar a suerte consistente en extraer una o más cédulas o bolas con números o nombres, entre varias previamente metidas en un saco u otro recipiente. | Torrente *Saga* 59: Los cargos fueron siempre por elección o, en ciertos casos, por insaculación.

insacular *tr* Meter en un saco u otro recipiente [cédulas o bolas con nombres o números] para extraer una o más por suerte. | *Compil. Vizcaya* 653: Si estas no se ponen de acuerdo sobre la persona, se insacularán tres nombres .., resultando elegido el que designe la suerte. J. Vidal *SPaís* 21.12.93, 16: Mañana a primera hora, los funcionarios de Loterías insacularán un montón de bolas en el enorme bombo de los números.

insalivación *f* Acción de insalivar. | Navarro *Biología* 145: Digestión bucal. Comprende dos acciones, una mecánica o masticación y una química o insalivación.

insalivar *tr* Mezclar [los alimentos] con la saliva. | Bustinza-Mascaró *Ciencias* 53: En la boca los alimentos son masticados e insalivados, es decir, mezclados con la saliva.

insalubre *adj* Malo para la salud. *Dicho esp de lugar, ambiente o clima.* | Bustinza-Mascaró *Ciencias* 101: La tuberculosis pulmonar la padecen preferentemente los individuos de constitución débil, los alcohólicos, .. los que viven en casas insalubres. MMolina *Jinete* 130: Inhalación habitual de vapores tóxicos y alimentación desordenada, con dosis insalubres de alcoholes destilados.

insalubridad *f* Cualidad de insalubre. | Alvarado *Anatomía* 183: La Higiene no puede hacer otra cosa que aconsejar reformas que atenúen las causas de insalubridad.

insalvable *adj* [Obstáculo o barrera] que no se puede salvar o superar. *Tb fig.* | Cuevas *Finca* 240: Sus paseos no salían nunca del cortijo, como si las lindes existieran realmente y fueran una pared insalvable. CPuche *Paralelo* 289: En aquel momento tuvo la evidencia de que entre él y aquel hombre había un foso insalvable. FMora *Abc* 8.9.66, 13: Tovar no ve contradicción insalvable en esta tensión y sostiene que Sócrates obtuvo "la conciliación de lo racional con la tradición".

insania *f* (*lit*) Locura, o falta de juicio. | Buero *Sueño* 220: Goya vive a caballo entre el terror y la insania. Montero *País* 30.5.92, 60: Debo de estar alcanzando unos niveles de insania verdaderamente peligrosos, porque empiezo a pensar que todo el mundo se equivoca menos yo.

insanidad *f* (*lit*) Insania. | Camón *Abc* 10.11.73, 3: Más contrastado que el dualismo entre caballero y escudero encontramos el de la sensatez y la insanidad en el ánimo de Don Quijote.

insano -na *adj* **1** Malsano. | *Abc Extra* 12.62, 93: Son juegos de taberna invernal, que, dicho entre paréntesis, no es refugio insano en estos días de diciembre. MMolina *Jinete* 130: Pulso arrítmico, palidez excesiva e insana, iris dilatados, lacrimales enrojecidos.
2 (*lit*) Loco, o falto de juicio. | * La atacó con insano furor.

insatisfacción *f* Cualidad de insatisfecho. | Laforet *Mujer* 128: Aquella Hoguera de Amor que ha dado esa chispa al alma humana, su insatisfacción, su ansia de buscar.

insatisfactoriamente *adv* De manera insatisfactoria. | Miret *Tri* 26.12.70, 14: El clero español se ha abierto –aunque insatisfactoriamente todavía– a la renovación que el Concilio Vaticano II ha exigido.

insatisfactorio -ria *adj* No satisfactorio, o que no satisface. | J. M. Fontana *Pue* 28.12.70, 3: Las características coercitivas e insatisfactorias de la legislación matrimonial vigente.

insatisfecho -cha *adj* No satisfecho. | *YaTo* 5.8.81, 39: Se cree que le saldrán al niño [los antojos] en la parte del cuerpo que la madre se tocó en el momento de formular el deseo insatisfecho. Benet *Nunca* 20: Emerge el pasado en un momento de incertidumbre para .. volver a traer la serenidad, ridiculizando y desbaratando la frágil y estéril, quimérica e insatisfecha condición de un presente torturado y andarín.

insaturación *f* (*Quím*) Estado de insaturado. | Aleixandre *Química* 203: Insaturación del monómero.

insaturado -da *adj* (*Quím*) No saturado. | Aleixandre *Química* 203: Finalmente se produce la reacción de cese que, en esencia, consiste en que el final de la cadena deja de estar insaturado, es decir, el macrorradical se transforma en macromolécula.

inscribible *adj* Que puede ser inscrito. | Armenteras *Epistolario* 294: Careciendo de título que sea inscribible en el Registro de la Propiedad .., solicito inscribir a mi nombre la posesión de las fincas antes descritas.

inscribir (*conjug* **46**) **A** *tr* **1** Apuntar [a alguien o algo (*cd*) en una lista o registro, o en la lista o registro de algo (*compl* EN)]. *A veces con sent factitivo, frec con cd refl.* | Laforet *Mujer* 317: Hay gentes .. que viven sin haberse inscrito en ningún registro civil. *VozT* 4.10.78, 18: Todos los jóvenes que se inscriban en el Velo-Club nos representarán en las competiciones con nuestros colores. *RegO* 8.7.64, 12: Un nuevo nombre se ha inscrito en el historial de los campeones de la Copa de Generalísimo: el del Zaragoza. **b)** Hacer que conste por escrito [un hecho o un documento en un registro oficial]. | *VAl* 6.9.75, 10: En este Juzgado de mi cargo se tramitan autos .. para inscribir el exceso de cabida de la siguiente finca: "Tierra de riego cuando le toca en turno". * La escritura de compraventa ya está inscrita en el registro.
2 Registrar gráficamente. | Navarro *Biología* 91: Miógrafo destinado al registro gráfico de la contracción muscular. A y A', acumuladores; .. S, electroimán que inscribe el paso de la corriente eléctrica.
3 (*Geom*) Trazar [una figura (*cd*) dentro de otra (*compl* EN)] de modo que, sin cortarse, se hallen en contacto en varios puntos. | Gironza *Matemáticas* 177: Dada una circunferencia de radio 4 cm, inscribir en ella los polígonos regulares de 4, 8 y 16 lados.
B *intr pr* **4** (*lit*) Situarse o estar incluida [una cosa en otra]. | Cierva *Ya* 20.11.75, 7: El régimen de Franco se inscribe entre los de tipo "autoritario no fascista". *Abc* 30.12.65, 96: El coro más entonado no es el de Bancos; pero también en él se inscriben ciertos quebrantos leves.

inscripción *f* **1** Acción de inscribir(se). | T. Santos *DíaCu* 5.8.84, 6: La Junta queda encargada de elaborar los estatutos por los cuales ha de regirse el club en el futuro, así como proceder a su inscripción en el registro de entidades sociales. Aranguren *Marxismo* 50: La inscripción de lo económico en el más amplio círculo de lo social libera de las meras relaciones pseudoconcretas de un mundo económico abstracto y reificado.
2 Escrito breve grabado en una materia duradera, esp. piedra o metal. | Tejedor *Arte* 11: En 1799 .. fue hallada la piedra de Roseta, un bloque de basalto con una misma inscripción en tres grafías: griega, jeroglífica y demótica.

inscriptible *adj* (*Geom*) Que se puede inscribir [3]. | Marcos-Martínez *Álgebra* 190: Todo triángulo es inscriptible en una circunferencia y circunscriptible a otra.

inscripto -ta *adj* (*raro*) Inscrito. | Cela *Molino* 217: De mis tiempos era el fallecido don Romualdo de Melo .. Y el asimismo inscripto en el obituario don Leoncianо Cerceda Cerceda. *PenA* 1.2.64, 2: Cinco son los Coros inscriptos para el Concurso de Ochotes.

inscriptor -ra *adj* Que inscribe [2]. *Tb n m, referido a dispositivo o aparato.* | Navarro *Biología* 91: Miógrafo destinado al registro gráfico de la contracción muscular. A y A', acumuladores; .. M, aparato inscriptor de la contracción.

inscrito -ta *adj* **1** *part* → INSCRIBIR.
2 (*Geom*) [Ángulo] cuyo vértice es un punto de la circunferencia y cuyos lados la cortan. | Gironza *Matemáticas* 165: Ángulo inscrito es aquel cuyo vértice es un punto de la circunferencia, siendo sus lados secantes a la misma.

inscultura *f* (*Arte*) Figura o inscripción grabadas en una materia dura, esp. piedra. | Cunqueiro *Pontevedra* 87: En la comarca abundan los grabados rupestres. Tenorio tiene una piedra con insculturas, como Sacos, Mogor, Salcedo. GNuño *Arte s. xx* 299: Estructura de absoluta limpieza a la que acaba de prestigiar el friso de hormigón con insculturas de Pablo Picasso.

insectario *m* Lugar destinado a la conservación de insectos vivos con fines científicos. | Legorburu-Barrutia *Ciencias* 181: Capturar escolopendras y cardadores. Conservarlas [*sic*] en un insectario.

insecticida *adj* Que sirve para matar insectos. *Frec n m, referido a producto.* | MNiclos *Toxicología* 99: Nos atendremos a la [clasificación] que consideramos más sencilla para su búsqueda, una vez que el clínico conoce la composición .. del producto insecticida, la química. Bustinza-Mascaró *Ciencias* 110: En estos últimos años se ha reducido muchísimo [la malaria] por el empleo de medicamentos e insecticidas modernos.

insectífugo -ga *adj* Que ahuyenta los insectos. *Tb n m, referido a producto.* | *Abc* 3.6.58, 12: Cuando salga de viaje..., ZZ. Jabón de tocador. Talco. Loción. Emulsión. Insectífugo. La más completa gama de antiparasitarios de uso personal.

insectívoro -ra *adj* (*Zool*) **1** Que se alimenta de insectos. *Tb n m, referido a animal.* | Bustinza-Mascaró *Ciencias* 197: Unos pájaros son insectívoros, otros granívoros y frugívoros. Delibes *Año* 83: La segunda fase consistirá en una repoblación de insectívoros de toda esta zona. **b)** Propio de los animales insectívoros. | Alvarado *Zoología* 108: Hay animales de alimentación insectívora que pertenecen a otros Órdenes.
2 [Mamífero] de pequeño tamaño, unguiculado y plantígrado, que se alimenta preferentemente de insectos. *Tb n m en pl, designando este taxón zoológico.* | Alvarado *Zoología* 108: Los animales que los zoólogos reúnen en el Orden Insectívoros son pequeños mamíferos placentarios, pentadáctilos, unguiculados y plantígrados .., con todos los dientes puntiagudos, a propósito para comer toda clase de animales.

insecto *m* Animal pequeño invertebrado, articulado, con cabeza, tórax, abdomen, dos antenas, tres pares de patas torácicas y frec. uno o dos pares de alas también torácicas, y que gralm. sufre metamorfosis. *Frec en pl, designando este taxón zoológico.* | Laforet *Mujer* 30: Se quitó del cuello con un horror histérico un insecto duro. Alvarado *Zoología* 42: Los insectos, tan conocidos de todo el mundo, forman la Clase más numerosa del reino animal.

insectólogo -ga *m y f* (*raro*) Entomólogo. | Torrente *Isla* 298: Hubo quien se atrevió a observarlas [las arañas] de cerca, miradas de insectólogo curioso.

in sécula seculórum (*tb simplemente* **in sécula**) *loc adv* (*col*) Siempre. Con intención enfática. *Frec se sustantiva, precedido de* PARA. | *Ya* 4.6.75, 65: Por cuanto nos concierne, deberíamos hacer rogativas para que el canal de Suez permanezca cerrado "in sécula seculórum". Medio *Andrés* 199: Le has bajado los humos para in sécul[a] seculórum... ¡Jo!, cómo le pegaste. [*En el texto,* secular.)

inseguridad *f* Falta de seguridad. | *DNa* 24.8.74, 5: El cierre del tráfico rodado por el puente de Isabel II, debido al estado de inseguridad que ofrece el mismo, está produciendo serios perjuicios a los comerciantes. M. Xandró *SYa* 16.12.73, 55: Decisiones súbitas que sorprenden, pues son el remate de una gestación dolorosa y que termina de repente con sus inseguridades y dudas. R. Pi *Rio* 16.3.84, 5: El decreto ley sobre "Rumasa" .. es un precedente que instaura la inseguridad jurídica como norma de comportamiento, al ser una ley hecha expresamente para tomar una decisión expropiatoria. **b)** Falta de seguridad frente a los delincuentes. *Frec ~* CIUDADANA. | I. Fuente *País* 21.3.79, 22: La psicosis de inseguridad ciudadana del madrileño viene dada por dos razones fundamentales.

inseguro -ra *adj* No seguro, o poco seguro. *Tb n, referido a pers.* | *Ya* 6.12.75, 20: Para este largo fin de semana el tiempo se presenta inseguro en general. A. Fernández *Pro* 24.7.77, 45: Con frecuencia el inseguro suele dar la sensación de ser débil, y lo es realmente.

inseminación *f* (*Biol*) Acción de inseminar. | *Hoy Extra* 12.69, 20: En la estación pecuaria se construyen un centro de progenie de vacuno y lanar y otro de inseminación artificial. *Abc* 31.3.90, 58: Una mujer se comprometía, a cambio de compensación económica, a someterse a inseminación artificial.

inseminador -ra *adj* (*Biol*) **1** Que insemina. *Tb n, referido a pers.* | Humberto *Sáb* 14.9.74, 40: Solo así se explica la Resolución de la Diputación Foral de Álava, relativa al Tribunal juzgador de un concurso para proveer una plaza de "Veterinario Inseminador".
2 De (la) inseminación. | *PenA* 4.1.64, 9: Mejora ganadera .. hasta el momento presente la casi totalidad de despliegue, desarrollo, divulgación y aplicación de la técnica inseminadora corresponde por entero a la iniciativa estatal.

inseminar *tr* (*Biol*) Hacer que llegue el semen al óvulo [de una hembra (*cd*)], por medios naturales o esp. artificiales. | *SInf* 4.7.70, 5: El año 1969 se inseminaron 24.364 vacas. B. Iraburu *Ya* 10.3.90, 55: El matrimonio era de raza blanca: la hija que nació después de que ella fuera inseminada con esperma "de él" era de raza negra.

insenescente *adj* (*lit*) Que no envejece. | Delibes *Cartas* 148: Usted era lo que tenía que ser, lo que yo era, lo que todos somos (a excepción de aquel prodigio insenescente que se llamó Rafaela) una vez que abocamos a la decadencia.

insensatamente *adv* De manera insensata [1b]. | Marlasca *Abc* 16.12.70, 61: Los peatones, insensatamente, como casi siempre, cruzaban por un lugar a ellos prohibido.

insensatez *f* **1** Cualidad de insensato. | * No se da cuenta de la insensatez de su propuesta.
2 Hecho o dicho insensato [1b]. | Laiglesia *Tachado* 18: Trataré, por tanto, de recoger en esta novela algunas de las muchísimas insensateces que han ocurrido en estos años demenciales. Benet *Reichenau* 199: Como si aplaudieran .. los despropósitos e insensateces de un oculto animador nocturno inasequible a los sentidos del hombre.

insensato -ta *adj* [Pers.] que piensa o actúa con poco sentido común o con imprudencia. *Tb n.* | Gironella *Millón* 148: De pronto ordenó "¡Adelante!", pensando enviar más tarde un destacamento que despertara a aquellos insensatos. **b)** Propio de la pers. insensata. | M. Pinta *Abc* 2.3.58, 49: No se lanzó España, por otra parte, a una aventura insensata, de influencia alienígena, al asumir la representación del espíritu antirreformista.

insensibilidad *f* Cualidad de insensible, esp [1 y 2]. | DCañabate *Paseíllo* 127: Los aficionados que se regodeaban en la suerte de varas ¿eran inhumanos? .. Vamos a dejarlo en insensibilidad nacida de la costumbre. *Act* 22.10.70, 14: Las características de dicha fibra que pudiéramos denominar tradicionales por concurrir en las demás clorovinílicas por la ininflamabilidad, insensibilidad al agua.

insensibilizar *tr* Hacer insensible [1, 2 y 3] [a alguien o algo]. | Acevedo *Cartas* 211: Toda "despolitización" encierra, a la larga, un peligro grave: insensibilizar a los ciudadanos en torno a la "res publica", a los problemas de la colectividad. Isidro *Abc* 23.2.58, 67: Se produce un escape [de gas], y, como nadie lo corrige, los habitantes del lugar .. acaban por insensibilizar su pituitaria y ni se enteran, mientras la dosis es soportable. **b)** *pr* Hacerse insensible [alguien o algo]. | * Llega un momento en que uno se insensibiliza. A. Travesí *Abc* 14.5.67, 23: Sin el ocio, el hombre de hoy llegaría a convertirse en un auténtico autómata, en un "robot" insensibilizado, ajeno a la belleza.

insensible *adj* **1** [Ser u órgano] incapaz de experimentar sensaciones. *A veces con un compl* A. | * La pierna se me ha quedado insensible. *Cam* 11.5.81, 79: En el interior de los círculos están las zonas de la lengua insensibles a determinados sabores. En la zona azul no se percibe ningún sabor. **b)** Que ha perdido el conocimiento o el sentido. | Laforet *Mujer* 242: Le había dado golpes en la cabeza contra la pared .. Con el gancho de hierro de la cocina, más golpes, cuando ya estaba insensible.
2 [Pers.] fría o incapaz de responder a estímulos emocionales o estéticos. *A veces con un compl* A. | * Se ha quedado igual ante la noticia; es insensible. J. M. Soler *Villena* 65: Será sin duda una labor ardua y costosa, pero que alguna vez habrá de ser realizada si no queremos que se nos tache de negligentes e insensibles al quehacer histórico.
3 [Cosa] que no puede ser afectada por la acción [de algo (*compl* A)]. | *País* 10.7.77, 14: La sepiolita es absorbente e insensible a la salinidad del mar. Tamames *Economía* 228: Los elevados precios de la manufactura de lana, por completo insensibles a la baja de los de la materia prima, son la principal causa de esa situación de subconsumo.
4 [Cosa] imperceptible. | * El paso insensible del tiempo.

insensiblemente *adv* De manera insensible [4]. | Laforet *Mujer* 184: Paulina, insensiblemente, se había ido habituando a la aspereza de aquellos tiempos. **b)** Inconscientemente o sin darse cuenta. | Arce *Testamento* 33: A mí también se me resbalaban los párpados insensiblemente.

inseparabilidad f Cualidad de inseparable. | Aranguren *Marxismo* 43: ¿Cómo tratar de entender el marxismo si frente a su tesis central de la inseparabilidad de teoría y praxis, nos intentamos recluir en un estudio teórico?

inseparable adj Que no puede ser separado. | J. R. Yordi *Abc* 7.9.66, 37: La nécora, inseparable del vino blanco del Ribeiro.

inseparablemente adv De manera inseparable. | L. Matilla *Abc* 21.5.67, 109: Esa es la razón de que su labor no se encuentre solo en las largas horas de ensayo, sino inseparablemente unida al conjunto de la obra.

insepulto -ta adj [Muerto o cadáver] no sepultado. | Gironella *Millón* 139: En Figueras, una mujer a la que informaron que el cadáver de su marido yacía insepulto en el cementerio se fabricó ella misma el ataúd.

inserción f **1** Acción de insertar(se). | CBaroja *Inquisidor* 11: Si una biografía no novelada puede servir para algo es precisamente para tratar de mostrar la inserción de lo individual y personal en las acciones generales. *Cod* 2.2.64, 7: Autoriza la inserción de destacados titulares. Ybarra-Cabetas *Ciencias* 258: En el punto de inserción el peciolo se ensancha, formando la vaina.
2 (*Anat*) Punto en que se inserta [2] [un órgano (*compl de posesión*)]. | F. Martino *Ya* 22.6.76, 11: Esta [la retina] se ha desprendido de sus inserciones en la coroides en mayor o menor extensión y "flota", por así decir, en la cámara interna del ojo.

inserir (*conjug* **60**) *tr* (*raro*) Insertar [1]. | J. M. Carreras *Des* 14.5.75, 19: Es en este marco de clarificación y cambio donde cabe inserir lo que creo podría llamarse el Manifiesto de Canarias.

insertable adj Que se puede insertar. | *Inf* 4.2.71, 22: Ofrécese licencia explotación patentes: .. 131.103, "Unidad insertable envase envío por correo". *Prospecto* 11.89: Helex. Estufas insertables.

insertante adj Que inserta. | Carandell *Tri* 3.7.71, 29: Este es probablemente el razonamiento que se ha hecho el insertante de este anuncio.

insertar A *tr* **1** Incluir o introducir. | Gimferrer *Des* 12.9.70, 29: El antropólogo que inserta no menos de tres páginas para describir una puesta de sol en alta mar no está evidentemente haciendo antropología. L. Calvo *SAbc* 12.4.70, 11: La bandera de Méjico tuvo que ser arriada en 1854, y Tucson y el sur de Arizona, insertados para siempre en la Unión. **b)** Publicar [un texto (*cd*) un periódico (*suj*)]. | *Mad* 10.9.70, 18: El "B. O. del Estado" .. inserta anuncio convocando concurso.
B *intr pr* **2** (*Anat*) Fijarse [un órgano en una parte]. | Alvarado *Anatomía* 59: Los músculos del cuello .. están destinados a verificar los movimientos de la cabeza, a cuyo efecto se insertan, por un extremo, en los huesos del cráneo y cara, y por otro, en los del tórax. Ybarra-Cabetas *Ciencias* 259: Si los foliolos se insertan a lo largo del peciolo, en distintos puntos del mismo, la hoja se llama pinnado-compuesta.
3 Situarse o estar incluida [una cosa en otra]. | L. Contreras *Mun* 23.5.70, 11: La explicación del doctor Botella se insertaba en un contexto general de denuncia .. contra la insuficiente proyección informativa de la Ley de Educación.

inserto -ta adj Insertado. | Ridruejo *Memorias* 53: Una casa del XIX, con jardín de arboleda fresca, inserta en el recinto donde crecen algunos de los gigantes vegetales más hermosos de la península. MCachero *AGBlanco* 18: Prestigio fundado .. en trabajos insertos en revistas. Bustinza-Mascaró *Ciencias* 157: Casi todos [los insectos] poseen alas insertas en el tórax. J. M. Reverte *Méd* 20.11.87, 81: El vudú es una religión, una forma religiosa, de raíces muy profundas, insertas en el pueblo negro.

inservible adj [Cosa] que no está en condiciones de servir o ser útil. | *YaTo* 27.8.81, 37: Contaba [el museo] con algunos faroles, romanas, medidas, planchas y .. un largo etcétera de objetos inservibles. **b)** Propio de la cosa inservible. | Á. Seco *RegO* 8.7.64, 15: Ante el estado inservible en que queda el grupo escolar, pedimos humildemente un rápido arreglo del mismo.

insider trading (*ing; pronunc corriente,* /insáider-tréidin/) *m* (*Com*) Uso fraudulento de información privilegiada. *A veces simplemente* INSIDER. *Esp en bolsa.* | *Abc* 21.3.88, 45: Creemos recomendable la "importación" del tratamiento dado al "insider trading", habida cuenta de que el uso de la información privilegiada .. es un grave factor de distorsión del funcionamiento del mercado de valores. *Ya* 29.4.90, 29: –¿Hay que penar con contundencia el "insider"? –No creo en la persecución penal de estos delitos. Creo que sería un error. La penalización del "insider trading" no es realista.

insidia f **1** Engaño o maquinación con que se intenta hacer daño. | Valcarce *Moral* 154: "Fraude", si el robo se verifica con engaño, liquidaciones falsas, reduciendo peso, etc.; "estafa", mediante insidias tendidas con especial artificio o la buena fe y confianza ajena. | Dicho de hecho que implica mala intención. | Buero *Diálogo* 107: –¿O es que no quieres que se tambalee el tinglado de esta casa para que no peligre tu manutención? .. –No contestaré a esa insidia.
2 (*raro*) Cualidad de insidioso. | MGaite *Búsqueda* 88: Está de sobra estudiado y analizado el grado de poder corruptor a que han llegado los dictados de la publicidad en cualquier sociedad capitalista .. Querría insistir aquí en uno de los aspectos más reveladores de su insidia.

insidiar (*conjug* **1a**) *tr* (*raro*) Hacer [a alguien (*cd*)] víctima de una insidia [1]. | *Ecc* 24.11.62, 14: Una de las partes insiste en la necesidad de exponer claramente la verdad católica, insidiada hoy por numerosos errores.

insidiosamente adv De manera insidiosa. | *HLM* 26.10.70, 2: La ley del divorcio será, en Italia, el resultado típico de una de esas simulaciones de la democracia que prosperan insidiosamente en detrimento del auténtico y hondo sentir del pueblo.

insidioso -sa adj **1** [Pers.] que actúa con insidias [1]. | Moncada *Juegos* 315: El señor califica a la señora de Arroiti-Ayurzazábal de salaz, insidiosa e impertinente.
2 [Cosa] que denota o implica insidias [1]. | V. Gállego *Abc* 20.11.70, 3: Son casos de colonialismo mental, más insidioso, grave y humillante que cualquier otro colonialismo.
3 [Cosa] dañina con apariencia inofensiva. | Alfonso *España* 152: Acaso no haya incomodidad más temible que el ruido. Ninguna tan insidiosa y difícil de sortear. Aparicio *Retratos* 123: Era una amenaza doméstica, sin embargo, muy pequeña y familiar, pero muy insidiosa.
4 (*Med*) [Enfermedad o fase de ella] que aparece lentamente sin síntomas evidentes. | Vilaltella *Salud* 432: En primer lugar está la esquizofrenia hebefrénica, de comienzo insidioso y progresivo, sobre todo en los adolescentes (dificultades escolares, merma del rendimiento).

insigne adj **1** Ilustre o eminente. | Villarta *Rutas* 164: La Gran Cruz que domina edificios y explanada es obra del insigne escultor Juan de Ávalos.
2 (*col*) [Disparate, barbaridad o cosa similar] enorme o muy grande. | LTena *Abc* 25.2.75, 31: Como recuerdo de una audaz e insensata proeza, la fotografía del mínimo y airoso "Saltillo", .. en el que don Juan cometió la insigne barbaridad de cruzar el Atlántico.

insignia I f **1** Distintivo que denota categoría, pertenencia a una colectividad, o distinción honorífica. | R. Pieltáin *Abc* 18.4.58, 15: La carrera militar de Castaños llegaba a su cenit y las insignias de capitán general eran el premio de su hazaña. Ferres-LSalinas *Hurdes* 97: Lleva desabrochada una guerrera rota con una insignia de infantería en la solapa izquierda. M. Barbero *His* 9.77, 24: Una de las más antiguas [penas capitales] fue la decapitación por medio del hacha, que, al llegar a representar la expresión visible del *imperium* de los magistrados, se llevaba como insignia en las fasces de los lictores. M. RGamero *Odi* 5.7.68, 5: El Hermano Mayor saliente .. hizo entrega al entrante, don Bartolomé Martín Márquez, de las insignias que son atributo de mandato. **b)** Distintivo que se lleva en la solapa, propio de determinados grupos o asociaciones. | * Le regaló la insignia del Real Madrid.
2 Pendón o estandarte [de una hermandad o cofradía]. | Grosso *Capirote* 150: La ciudad cuida de tejer día a día del año este hilo que servirá para la donación .. de una nueva insignia bordada con las siglas de la Roma Imperial –S.P.Q.R.–.
3 (*Mar*) Bandera que se iza en un buque para señalar la graduación de la pers. que ejerce el mando en él. | *Abc*

insignificancia – insistentemente

19.4.70, 35: Esta tarde han salido, rumbo al Mediterráneo, el crucero "Canarias", en el que arbola su insignia el almirante de la Flota .. y las fragatas rápidas "Liners" y "Álava".
II *adj invar* **4** [Buque] que lleva la insignia [3] del jefe de una formación naval. | *Ya* 15.10.67, 2: Una representación de la marinería .. ofrendará un salvavidas del buque insignia "Canarias".

insignificancia *f* **1** Cualidad de insignificante. | DPlaja *Literatura* 68: En esta lengua se componían estas breves canciones o coplillas, que se hubiesen perdido, por su insignificancia, si algunos poetas hebreos no hubiesen gustado de transcribirlas al final de sus poemas.
2 Cosa insignificante. *Tb, raro, designando pers.* | Hoyo *Pequeñuelo* 70: Me fue diciendo en voz baja que el piso podía alquilarlo .. Otra cosa: el alquiler era una insignificancia. Sampedro *Sirena* 462: Parecía la chica una insignificancia y se destapó. Tan quieta y tan insinuante.

insignificante *adj* **1** [Pers. o cosa] que no tiene ninguna importancia. | * Es un personaje insignificante. Laiglesia *Tachado* 78: El motivo es insignificante y no justifica esa represalia. **b)** [Cantidad o precio] muy pequeños. | *DEs* 22.10.76, 32: Los zapatos que en tan insignificante precio allí se ofrecían eran ejemplares propios de aquellos gigantescos guerreros massai.
2 [Pers.] menuda y de poco atractivo físico. | Laiglesia *Tachado* 56: La muchacha, flaca e insignificante bajo su melena de cabellos lacios, no había logrado la admisión en las reuniones de la archiduquesa por ser arpista, sino por ser inapetente. **b)** Propio de la pers. insignificante. | DPlaja *El español* 130: Lo que un verdadero hombre no puede evidentemente descubrir en otro .. es el fluido especial que gente de apariencia insignificante tiene para conquistar al sexo contrario.

insignificativo -va *adj* No significativo, o que no tiene significación. | Gambra *Filosofía* 58: Para poder recordar estos modos [silogísticos], los medievales forjaron unas palabras mnemotécnicas, insignificativas en sí. E. Salcedo *Día* 27.6.76, 3: ¿Por qué el excelentísimo Ayuntamiento no piensa en quitarles definitivamente ese cemento absurdo, insignificativo y despersonalizado y no les pone unas losetas variopintas en cada uno de sus tramos?

insinceramente *adv* De manera insincera. | Pemán *Abc* 16.11.57, 3: Ya en la puerta .., me decía Paco insinceramente: –Perdona las deficiencias.

insinceridad *f* **1** Cualidad de insincero. | Pinilla *Hormigas* 96: Quedaba fuera del círculo de posibles pretendientes por más de doce razones, entre las que se contaban como seguras su forastería y su insinceridad. DCañabate *Paseíllo* 79: Merluzo notó en Marquitos la insinceridad de sus palabras.
2 Dicho o hecho insincero. | I. PHeredia *Med* 15.4.60, 3: Tu reino es cosa distinta de nuestro miserable reino humano: embalse .. de nuestras bajezas, insinceridades e hipocresías.

insincero -ra *adj* No sincero. | J. Iribarren *Ya* 17.11.63, 6: Los otros hombres sinceros viven inculpablemente equivocados (los insinceros y los malvados son leña para el fuego, lo mismo si son católicos que si no lo son). MGaite *Usos* 202: Se iniciaba para la pareja una etapa tensa e ingrata, sin más sorpresas que las que pudiera depararle su propia conversación, muchas veces insincera y mortecina.

insinuación *f* Acción de insinuar(se). *Tb su efecto.* | Carrero *Pue* 22.12.70, 7: España rechaza igualmente .. las insinuaciones de la posible falta de garantías de los procesados ante un tribunal militar. Torres *Él* 170: Debo ir, porque me han invitado los Reagan, ¿comprendes? Y una insinuación de los Reagan es una orden para mí. *Compil. Cataluña* 819: Para la validez de las donaciones, cualquiera que sea su cuantía, no se exigirá el requisito de la insinuación. Delibes *Cinco horas* 249: Y todavía si la cama te hubiera acercado a mí .. Pero para ti no había ya días buenos ni malos, que hay que ver la noche que empecé a hacerte cosquillas con el pie, ¿te acuerdas?, una insinuación, a ver, que menudo respingo, hijo de mi alma.

insinuador -ra *adj* Que insinúa. *Tb n, referido a pers.* | *Leg. contencioso-adm.* 107: La presunción de ser consentido un acuerdo administrativo descansa no en frases más o menos claras, insinuadoras de una actitud subjetiva de falta de plena conformidad, sino sobre una ausencia de recurso jurídico procedente en tiempo y forma. Espinosa *Escuela* 501: Usando una legión de mensajeros, para comunicarse ocurrencias, más otro ejército de insinuadores.

insinuante *adj* Que insinúa o se insinúa. | CBonald *Ágata* 234: Evitó encontrarse de frente con la madre de Juansegundo y se entró por otra puerta en busca de algún encubierto o insinuante rastro con el que pudiese deducir .. lo que realmente estaba ocurriendo. **b)** Propio de la pers. que se insinúa [5]. | DCañabate *Paseíllo* 74: El chaval no reparó en su insinuante mirar.

insinuar *(conjug* **1d***)* **A** *tr* **1** Dar a entender [algo] sin llegar a decirlo claramente. | *DNa* 5.7.66, 3: Se insinúa que el golpe dramático del presidente es un cese de hostilidades en Vietnam.
2 Dejar ver o hacer notar [algo] de manera leve o imprecisa. | Salvador *Haragán* 58: Andrea .. lleva un vestido blanco de caderas apenas insinuadas. **b)** *pr* Percibirse o notarse [algo] de manera leve o imprecisa. | Alvarado *Anatomía* 74: Están formados [los corpúsculos táctiles del hombre] por una pila de células de sostén, entre las cuales se insinúan unos discos táctiles formados por ramificaciones nerviosas aplastadas.
3 Iniciar suavemente o esbozar [algo]. | Vivas *Cod* 9.2.64, 9: Cuando terminó de escribir, el alba insinuaba ya su pálida claridad en los balcones.
4 *(Der)* Manifestar o presentar [un documento público] *(cd)* ante el juez competente. | Ramírez *Derecho* 173: Donaciones. No son válidas las que excedan de 300 ducados, si no se hacen ante notario y testigos y se insinúan ante juez competente.
B *intr pr* **5** Dar a entender [una pers.] su inclinación amorosa o sexual [a otra *(ci)*]. | CNavarro *Perros* 138: Cualquier muchacho de su edad solo tenía que esperar a que las mujeres se insinuasen. Arce *Precio* 177: Ella había pensado alguna vez insinuársele. –¿Os imagináis su cara si le digo que me gustaría acostarme con él?

insipidez *f* Cualidad de insípido. | Montero *Reina* 64: Respecto a las comidas, sus platos sabían todos iguales los unos a los otros, hermanados en la misma insipidez. DCañabate *Abc* 17.8.65, 49: "El Viti" se pasa a la derecha. Da la impresión de que sigue con la izquierda. Monotonía. Insipidez.

insípido -da *adj* **1** Que no tiene sabor. | Marcos-Martínez *Física* 228: Es [el agua] inodora e insípida. **b)** Que tiene menos sabor del debido. | Laiglesia *Tachado* 265: Sus huéspedes no habían empezado aún a sorber la insípida sopa de la cena.
2 Que carece de gracia o es incapaz de suscitar interés. | CNavarro *Perros* 156: Se trataba de una historia insípida y prefabricada.
3 *(Med)* [Diabetes] que no produce eliminación de azúcar en la orina. | M. Aguilar *SAbc* 9.11.69, 54: Si el sabor además de malo no tenía nada de dulzón, la decían diabetes insípida.

insipiente *adj (lit, raro)* Necio. | Laín *País* 4.7.76, 26: Una orden, tan seca y contundente como insipiente y sorda, acaba de cortar violentamente un acto público celebrado en tu honor.

insistencia *f* Acción de insistir. | T. Berrueta *Rev* 11.70, 25: Convence más la sincera confesión del "yo creo" que la repetida insistencia "en lo que hay que creer". *RegO* 26.7.64, 19: Para los que con insistencia nos han pedido referencias de estas danzas, tengo que reconocer mi impotencia ante ello.

insistente *adj* **1** [Pers.] que insiste. | CNavarro *Perros* 27: Miraba insistente, como si las explicaciones, los móviles que su hija Susi esgrimía .. pudiera[n] encubrir alguna intención ajena a sus propios intereses. **b)** Propio de la pers. insistente. | Delibes *Año* 195: ¿Por qué esta resistencia ante los consejos insistentes de unos biólogos desinteresados y bien informados? CNavarro *Perros* 11: Le molestaba la insistente mirada de Mario.
2 [Cosa] que persiste o dura de manera continuada. | * La lluvia insistente golpeaba los cristales.

insistentemente *adv* De manera insistente. | CNavarro *Perros* 136: Andrés había de mirar el rellano superior de la escalera para observar insistentemente la mirilla de la puerta. MSantos *Tiempo* 218: El timbre de la puerta repiqueteó insistentemente.

insistir *intr* **1** Repetir o reiterar [lo dicho (*compl* EN)]. *Frec sin compl, por consabido*. | Arce *Testamento* 59: —No es razón —aduje. El Bayona me miró sorprendido. Insistí. —No es una razón. Laforet *Mujer* 240: Usted insiste en que el señor Nives solo la acompañó a la estación.
2 Persistir o perseverar [en algo, esp. en una idea o actitud]. *Tb sin compl, por consabido*. | Benet *Nunca* 21: —¿Cuánto? —No insistas, Vicente, no lo sé.

ínsito -ta *adj* (*lit*) Íntimamente inserto en la naturaleza [de algo (*compl* EN o DE)]. | Goytisolo *Recuento* 528: El sacerdote que con su labor de apostolado se salva en primer término a sí mismo. El hincha amparado por los colores del club. El militante ínsito en los misteriosos de su ideología, en sus postulaciones. L. MDomínguez *Inf* 15.3.76, 18: Esos hombres, germanos, ingleses y americanos del Norte, son ínsitos de Occidente.

in situ (*lat; pronunc,* /in-sítu/) *loc adv* En el propio lugar, o en el lugar en cuestión. | CBonald *Ágata* 157: Hasta que fueran a la casona ya en vísperas del casamiento, no tanto por cumplir los debidos trámites familiares .. cuanto por calibrar in situ los méritos y condiciones de aquella afamada casaquinta. **b)** En el lugar natural. | Alvarado *Anatomía* 141: Un corazón separado del cuerpo continúa latiendo exactamente del mismo modo que *in situ*.

insobornable *adj* Que no se puede sobornar. | * Necesitamos hombres insobornables. **b)** Que no pierde su carácter ni su autenticidad por ninguna influencia externa. | J. M. Llompart *Pap* 1.57, 91: He aludido antes al humanismo, entendiendo por tal no la mera erudición, sino una insobornable actitud ante la vida. *Pap* 1.57, 5: Debemos razonar .. con una insobornable honestidad.

insobornablemente *adv* De manera insobornable. | Alvar *Arb* 12.68, 16: Los cuadros cobran vida independiente, insobornablemente viva, en el silencio de los seres.

insociabilidad *f* Cualidad de insociable. | Pemán *MHi* 7.68, 10: Nadie con honradez científica puede ignorar nuestra parte de insociabilidad y disgregación.

insociable *adj* No sociable. | Pemán *MHi* 7.68, 10: Puede decirse contra la sentencia de los teólogos la sentencia de los sociólogos: el hombre es "insociable" por naturaleza.

insocial *adj* (*raro*) Insociable. | Alfonso *España* 31: Debiéramos tener precaución con un cierto anarquismo insocial que padecemos, obtuso y carente de ideales.

insolación *f* **1** Conjunto de trastornos causados por excesiva exposición, esp. de la cabeza, a los rayos o al calor del Sol. | Sales *Salud* 401: Pueden asimilarse a este grupo los síndromes meníngeos físicos que se producen en la insolación (golpe de calor).
2 Exposición al sol. | * En el mar, el tiempo de insolación debe ser limitado. **b)** (*Fotogr*) Exposición de una emulsión fotográfica a los rayos solares o a la acción de la luz artificial. | *Van* 17.4.73, 81: Demandas .. Offset. Insolación. Aprendiz adelantado.
3 Tiempo en que durante el día luce el Sol sin nubes. | Ortega-Roig *País* 44: Por la escasez de nubes (hay, por lo tanto, mucha insolación que produce evaporación), el cielo de la España seca es azul y luminoso. **b)** Tiempo en que da el sol en un lugar. | *Puericultura* 59: Estos Centros, dedicados a niños enfermos, están situados en las playas, y se buscan zonas que dispongan de abundante insolación durante el año.

insolar A *tr* **1** Exponer al sol. | Espinosa *Escuela* 162: Llevaba vestiduras recias, botas gruesas y sombrero quitasol tan ancho como para regalar sombra a cien legiones de insolados.
B *intr pr* **2** Enfermar por excesiva exposición al sol. | FVidal *Ayllón* 161: Pongámonos a la sombra, no vaya usted a insolarse.

insoldable *adj* Que no puede soldarse. *Tb fig.* | G. Estal *Abc* 27.4.74, 23: Lo que separa a marxistas y cristianos es ciertamente radical e insoldable.

insolencia *f* **1** Cualidad de insolente. | DCañabate *Paseíllo* 121: Comentarios nunca ecuánimes ni unánimes, siempre polémicos y apasionados, a veces con insolencia.
2 Hecho o dicho insolente. | REscorial *ASeg* 13.11.62, 3: Esta señora no dejaría de padecer amarguras ante las insolencias de su esposo don Enrique para con su hermano don Juan, rey de Castilla.

insolentarse *intr pr* Tomar una actitud insolente [con alguien]. *Frec sin compl*. | Laiglesia *Tachado* 201: —¿Cree que tengo tiempo de pensar en sus estúpidas frasecitas? —se insolentó el ilustre Alter, alterado.

insolente *adj* [Pers.] que con palabras o actitudes se muestra insultante o desconsiderada. | Laiglesia *Tachado* 194: La juventud contemporánea es insolente. **b)** Propio de la pers. insolente. | * Me dirigió una mirada insolente.

insolentemente *adv* De manera insolente. | Sastre *Muerte* 151: Le mira insolentemente. El doctor, incómodo, bebe un poco de coñac.

insolidariamente *adv* De manera insolidaria. | Septimio *HLSa* 23.9.74, 12: Quisiera que nuestro pueblo potenciase las virtudes que .. ha guardado bajo siete llaves, como el sepulcro del Cid, para mostrarse de un modo que le hace vivir insolidariamente consigo mismo.

insolidaridad *f* Cualidad de insolidario. | Pemán *MHi* 7.68, 11: Toda sociedad humana posee en la entraña una cierta dosis de violencia e insolidaridad.

insolidario -ria *adj* Que no se interesa por los problemas ajenos o que se niega a compartir responsabilidades. *A veces con un compl* CON. | Delibes *Mundos* 34: Esta convicción tal vez le empuja a aislarse en su torre de marfil; el argentino se hace un poco insolidario. V. Gállego *ByN* 31.12.66, 43: Las catorce naciones de la O.T.A.N. fueron presionadas con gran fuerza para que hicieran una manifestación de solidaridad que acarrearía graves consecuencias para el miembro insolidario. GPavón *Hermanas* 41: Ambos con las manos en los bolsillos del pantalón, como dejados caer, instintivamente insolidarios con aquella marabunta de automóviles, luces y gentes. **b)** Propio de la pers. insolidaria. | Pemán *MHi* 7.68, 11: El magnífico aparato constitucional escrito no ha sabido acabar del todo con pasiones tan insolidarias como la secesión.

insolidarizar *tr* Hacer [a una pers. o cosa] insolidaria [con otra]. *Frec el cd es refl*. | Camón *SAbc* 15.5.58, 43: Cae la luz sobre ellas y aún aprieta más su mina y las insolidariza con los relieves vecinos. P. M. Lamet *VNu* 14.10.72, 21: Si el arzobispo ha decidido insolidarizarse con la lucha económica .., debería de anunciar públicamente su decisión.

insólitamente *adv* De manera insólita. | CNavarro *Perros* 28: Su posición era la de un hombre que hubiera estado lucrándose de la bondad de otro hombre .., y luego, insólitamente, absurdamente, lo increpase con dureza porque un día dejara de dispensarle sus favores.

insólito -ta *adj* [Cosa] rara o desacostumbrada. *Frec con intención ponderativa*. | Alfonso *España* 151: La asfixia de Madrid ha dado lugar a una insólita y nunca vista clase de letreros subversivos. *NAl* 20.7.84, 10: Paraje que prácticamente es ya un parque natural de insólita belleza. **b)** (*raro*) [Pers.] que se sale de lo común. | *Odi* 16.1.77, 18: Dentro de la serie "Mujeres insólitas" .. se ha comenzado a grabar .. un nuevo episodio, el que lleva por título "Inés de Castro".

insolubilidad *f* (*Quím*) Cualidad de insoluble [1]. | F. Martino *Ya* 11.4.75, 42: Este ácido úrico procede de los núcleos de las células integrantes de la carne ingerida, y, dada su extrema insolubilidad, el riñón se las ve y desea para eliminarlo solubilizado con la orina.

insolubilizar *tr* (*Quím*) Hacer insoluble [1] [una sustancia]. | MNiclos *Toxicología* 79: Tratamiento. Lavado gástrico con solución de ferrocianuro potásico uno por mil para insolubilizar las sales de cobre. **b)** *pr* Hacerse insoluble [una sustancia]. | Aleixandre *Química* 176: Para obtener los jabones potásicos no se puede emplear el sistema de añadir cloruro potásico porque el jabón potásico no se insolubiliza.

insoluble *adj* **1** [Sustancia] que no puede disolverse. | Bustinza-Mascaró *Ciencias* 248: El CO_2 desprendido por la

planta transformará el hidróxido bárico disuelto en el agua en carbonato bárico insoluble.
2 [Problema] que no puede resolverse. | * Un problema insoluble.

insolvencia *f* Cualidad de insolvente. | Ramírez *Derecho* 146: Lo que no impide que, en ciertos casos especiales, el deudor, por las circunstancias que determinaron su insolvencia, pueda ser castigado.

insolvente *adj* **1** Que no puede satisfacer sus deudas u obligaciones. | FQuintana-Velarde *Política* 188: Que la Hacienda Pública no se declarase insolvente se debió a la ayuda del Banco.
2 (*lit*) Incompetente, o que muestra poca capacidad o preparación. | Lázaro *Abc* 9.5.93, 3: Siguen haciendo un empleo insolvente del dichoso verbo ["detentar"].

insomne *adj* (*lit*) **1** Que no duerme o que tiene insomnio. *Gralm como predicat con* ESTAR. | DCañabate *Paseíllo* 64: Allí estaban roncando a más y mejor, y él insomne por el temor a representar una comedia. Umbral *Ninfas* 112: Pasaban perros, esos perros insomnes que se ve que no van a dormir en toda la noche.
2 Que implica insomnio o falta de sueño. | Torrente *Isla* 97: Acaso le sirviera de consuelo en sus noches insomnes de abogado sin esperanza. Pemán *MHi* 12.70, 9: "Esta noche es nochebuena – y no es noche de dormir." Se exalta así la vigilia insomne de la alegría sonora.

insomnio *m* Ausencia anormal de sueño. | J. Montini *Sáb* 10.9.66, 25: En noches de insomnio he pensado que solo la bondad de los hombres puede salvarme.

insondable *adj* Que no se puede llegar a conocer bien o a comprender. | Lera *Bochorno* 185: Merche ya estaba junto a él y le obligó a mirarla a los ojos, que brillaban con esa voracidad insondable de los ojos de los felinos.

insondablemente *adv* De manera insondable. | *Ya* 9.6.68, 11: El misterio de los misterios nos lleva a un acatamiento silencioso y reverente del Dios tres veces santo, que encierra en sí todas las grandezas de la unidad de la pluralidad, trabadas insondablemente por el amor.

insonorización *f* Acción de insonorizar. *Tb su efecto.* | *Abc* 21.5.67, 103: Funcionalidad, con su acristalado contra el sol, sus 28 ascensores automáticos, aire acondicionado, insonorización.

insonorizante *adj* Que insonoriza. *Tb n m, designando material.* | *GTelefónica N.* 686: Teroson Española, S.L. Masillas plásticas de estanqueidad .. Adhesivos. Impermeabilizantes. Insonorizantes.

insonorizar *tr* **1** Aislar acústicamente [un lugar]. *Frec en part.* | Pániker *Conversaciones* 137: Lo que más me importa de una vivienda es .. que sea cómoda e insonorizada. LPacheco *Central* 181: Junto a la ventana, se oía un poco el ruido de los alternadores a pesar de los muros insonorizados del edificio de la Dirección. **b)** Aislar del ruido [a alguien]. *Frec en part.* | GHortelano *Momento* 226: Allí se estaba fresquito, insonorizado, casi en óptimas condiciones para dejar fluir mansamente el río sensorial. *SPaís* 17.12.89, 58: Un espacio sorprendente donde 5 personas pueden viajar perfectamente insonorizadas.
2 Hacer que [algo, esp. una máquina (*cd*)] produzca en su funcionamiento el menor ruido posible. | *Abc* 11.5.91, 20: Grupos electrógenos. Alquiler y venta, automáticos, manuales, carrozados e insonorizados.

insonoro -ra *adj* Que no produce o transmite ruido. | *Abc* 22.2.62, 10: Mejore la categoría de su casa instalando parqué taraceado de madera .. Insonoro. Duradero. Halcón *Ir* 224: Sin miedo a los mochuelos y a las "cizallas" que cruzan rozándole la cabeza con su plumaje i[n]sonoro, alas que al moverse no hacen más ruido que las plumas de marabú. [*En el texto,* isonoro.]

insonrible *adj* (*reg*) Sinvergüenza. *Tb n.* | P. J. Rey *Sur* 25.8.88, 10: La insonrible de la Tere no daba golpe.

insoportable *adj* No soportable. | Laforet *Mujer* 57: Para Paulina, Antonio, unos minutos antes, era un dolor insoportable. Ahora una alegría. En. Soriano *VozAl* 5.1.56, 4: Los chicos .. irrumpieron en el comedor. Acabaron por ponerse insoportables.

insoportablemente *adv* De manera insoportable. | Lorenzo *Abc* 15.10.72, 49: No logra desprenderse Heracles de la túnica. La sufre, y tan insoportablemente que se arroja al fuego.

insoslayable *adj* Ineludible o no soslayable. | CNavarro *Perros* 125: Hablaba de .. "democracia" y de "deberes históricos insoslayables". Ramírez *Derecho* 80: Hay ciertas limitaciones insoslayables.

insoslayablemente *adv* De manera insoslayable. | SCabarga *Abc* 26.8.66, 42: La defensa del paisaje es norma insoslayablemente defendible.

insospechable *adj* Que no puede sospecharse. | *Huelva* 18: El desarrollo de la técnica ha dado al hombre de hoy medios de trabajo, de lucha y de conquista, insospechables hace cinco siglos.

insospechadamente *adv* De manera insospechada. | Gironella *Millón* 25: En la puerta, insospechadamente, se acercó a Ignacio el sepulturero.

insospechado -da *adj* No sospechado o no imaginado. | Ortega *Americanos* 41: Lo de tener coche amplía a un campo realmente insospechado los problemas de salud que a uno se le presentan. Olga *Lev* 18.1.77, 17: Fuera de las tiendas habituales también existe la posibilidad de encontrar cosas interesantes, e incluso las mas insospechadas: relicarios, relojes de bolsillo, pastilleras.

insostenible *adj* **1** [Cosa] que no puede sostenerse o durar más tiempo. | Ramírez *Derecho* 125: Son continuas las normas que se dictan, verdaderos remiendos o parches de una situación insostenible.
2 [Afirmación o razonamiento] que no puede defenderse. | * Es una tesis insostenible.

inspección *f* **1** Acción de inspeccionar. | CBaroja *Inquisidor* 25: En ocasiones salía a visitar el distrito mismo, en visita de inspección. GPavón *Hermanas* 11: En el zaguán se hacía el relevo del servicio bajo la inspección del cabo Maleza. Medio *Bibiana* 110: –¿Por qué me miras tan asombrada, como si no me hubieses visto nunca?– Sorprendida en su inspección, Bibiana se pone colorada.
2 Cargo de inspector. *Tb el mismo inspector.* | FSalgado *Conversaciones* 218: El general Rodríguez del Barrio .. me dijo que estaba dispuesto a unirse con todas las fuerzas que dependían de su inspección y a las órdenes del teniente general Sanjurjo. *NAl* 7.8.82, 30: No reúne [el agua] ninguna condición sanitaria, según se refleja de la visita girada ese mismo día por la inspección.
3 Despacho u oficina del inspector. | *CoZ* 14.5.64, 8: Acuda a las Delegaciones de Protección Escolar o a las Inspecciones de Enseñanza Primaria, donde obtendrá la información necesaria.

inspeccionar *tr* Examinar [algo] para ver si está en la forma debida. | *Act* 7.7.66, 5: Múltiples organismos oficiales inspeccionan la marcha de sus operaciones. Laforet *Mujer* 200: Paulina podía imaginar a Mariana perfectamente. La veía con el ceño ligeramente fruncido, inspeccionando su hermosa casa, comprobando el perfecto funcionamiento del "frigidaire", del termo de agua. **b)** Examinar detenidamente [algo]. | * El visitante se puso a inspeccionar la habitación mientras esperaba.

inspector -ra I *adj* **1** De (la) inspección [1]. | Gambra *Filosofía* 274: La larga duración de la Guerra Europea de 1914-18 impulsó los esfuerzos hacia el establecimiento de una paz duradera. El Papa Benedicto XV y el Presidente de los Estados Unidos Wilson tuvieron una intervención decisiva inspectora. *BOE* 19.11.76, 23021: El Ministerio podrá ordenar a cualquiera de ellos [inspectores] la permanencia temporal en la capital de otra provincia del distrito, cuando así lo aconseje el mejor ejercicio de la función inspectora.
II *m y f* **2** Pers. que tiene por misión inspeccionar. | *BOE* 19.11.76, 23021: Los Inspectores numerarios prestarán servicios como Inspectores del Distrito Universitario a que sean destinados, en cuya capital residirán. *Van* 14.7.74, 7: El inspector general del Ejército, general Nadal, fue el presidente del acto en la Academia de Artillería de Segovia.
3 Agente de policía no uniformado, perteneciente a un cuerpo especial. | Alfonso *Caso* 14.11.70, 8: Salía esposado y custodiado por los inspectores que lo detuvieron. C. Aguilera *SYa* 17.12.89, 20: En el 80, se presentó a las primeras oposi-

ciones para que las mujeres ingres[ar]an en el Cuerpo Superior de Policía, es decir, para ser inspectoras.

inspiración *f* **1** Acción de inspirar(se). *Tb su efecto.* | Bustinza-Mascaró *Ciencias* 67: Para que los pulmones se ventilen, es decir, para que el aire entre en su interior, realizamos dos clases de movimientos: inspiración y espiración. * Un poema de inspiración oriental. **b)** Idea súbita o espontánea de hacer algo. | * De pronto tuve una inspiración y decidí aceptar.
2 Estímulo que hace producir una obra literaria o artística. *Frec fig, a veces humorist, referido a cualquier trabajo.* | Torrente *Cuadernos* 176: La inspiración es un concepto bastante arcaico que ya nadie usa en serio (aunque existan casos, como el de Rilke, que dan mucho que pensar). | Laforet *Mujer* 37: Necesito un poco de inspiración para mi libro. Payno *Curso* 212: Sebastián se disponía a escribir. Algunos lameteaban las estilográficas en espera de la necesaria inspiración. **b)** Fuerza estética. | Arce *Lit. española* 3, 144: Frente a la inspiración más robusta y dramática de Torrepalma, que reelabora elementos derivados de la atmósfera ascética del barroco, Porcel lleva lo mórbido a sus últimas consecuencias. **c)** Pers. o cosa que inspira [3]. | RMoñino *Poesía* 64: Casi del mismo tamaño que la obra de Hernando del Castillo, evidente inspiración y modelo suyo.
3 Impulso divino que mueve a hacer o decir algo. | Vega-Fernández *Jesucristo* 8: Escribieron estos libros [los Evangelios] bajo la inspiración del Espíritu Santo. Villapún *Iglesia* 11: Esto significa que el nuevo cristiano debe tener abiertos los oídos para recibir las inspiraciones de Dios.

inspirado -da *adj* **1** *part* → INSPIRAR.
2 Que tiene inspiración [2]. | Tilu *Ya* 9.3.72, 45: Ha surgido la idea de llevar a cabo un homenaje al que fue inspirado poeta de Morón de la Frontera Fernando Villalón. Laforet *Mujer* 114: A Joaquín no le hacía demasiada gracia aquella inspirada comparación de su padre.

inspirador -ra *adj* **1** Que inspira [2]. *Tb n, referido a pers.* | M. Prada *Lan* 30.9.65, 3: Tengo ante mí –como musa inspiradora– una "medida" manchega. *MHi* 11.63, 57: Castiella pronunció, a la sombra inspiradora de las doctrinas de Francisco de Vitoria, su memorable discurso. Palacios *Abc* 22.12.70, 3: Se trata de un poema donde el cantor pasa las noches en la alcoba de su inspiradora.
2 (*Anat*) [Músculo] que sirve para inspirar [1] el aire en los pulmones. | Navarro *Biología* 186: Al dilatarse los alvéolos pulmonares, se originan impulsos nerviosos que por vía refleja relajan a los músculos inspiradores, produciéndose la espiración.

inspirar A *tr* **1** Introducir [aire] en los pulmones. *Tb abs.* | Bustinza-Mascaró *Ciencias* 101: El bacilo [de Koch] puede entrar, pues, en el organismo: por inhalación, con el aire inspirado. F. Martino *Ya* 11.6.72, 46: Sus pulmones no son capaces de expulsar el aire que inspiran. F. Tejevo *SYa* 26.5.73, 36: Los niños de meses contienen la respiración por acto reflejo instintivo cuando son sumergidos en el agua .. Cuando llevemos unos días con este ejercicio simple, podemos dejar que el niño inspire durante bastante tiempo.
2 Producir [en alguien (*ci o compl* EN) un sentimiento (*cd*)]. *Frec se omite el ci o compl* EN. | Laiglesia *Tachado* 130: Su estado inspira seria inquietud. DPlaja *Literatura* 75: Tiene como finalidad la de inspirar la devoción.
3 Hacer nacer [en alguien (*ci o compl* EN) una idea (*cd*) o la idea de algo (*cd*), esp. de una obra literaria o artística]. | *CoA* 23.2.64, 15: "Don Juan Tenorio" inspiró a Olga Wivdenko una de sus más bellas iconografías. GMorell *Abc* 21.8.66, 5: Granada es en junio meca de lo musical en las mismas noches que inspiraron los poemas sinfónicos de Manuel de Falla. **b)** Hacer [una pers. o cosa] que [alguien (*cd*)] conciba ideas o proyectos, esp. artísticos. *Tb fig.* | * ¿Quién sabe lo que inspira a un poeta? * Estuve mirando cosas para el regalo, pero no encontré nada que me inspirase.
4 Impulsar [Dios, u otro ser sobrenatural, a alguien (*ci*) a hacer o decir [algo (*cd*)]. | Peña-Useros *Mesías* 111: Dios inspiró a Samuel que bajara a la casa de Isaí a ungir al nuevo rey de Israel. Peña-Useros *Mesías* 88: El ángel le ordenó que siguiera adelante, con el encargo de no decir sino lo que Dios le inspirase. Torbado *Peregrino* 254: ¡Yo profetizo que arderéis eternamente dentro de su seno! Un ángel me lo ha inspirado. **b)** Impulsar [Dios, u otro ser sobrenatural, a

alguien (*cd*)] a hacer o decir algo. | * Los evangelistas escribieron inspirados por Dios.
B *intr pr* **5** Tomar idea [de alguien o algo (*compl* EN) para una obra, esp. literaria o artística]. | R. RRaso *Rev* 12.70, 8: Clair, aun inspirándose en un tema ajeno, .. no abandona un momento los tipos y la atmósfera de ternura y gracia creados por él en *Sous les toits de Paris. Hacerlo* 132: Hay que inspirarse [para el belén] en la naturaleza, ya que se trata de un paisaje. **b)** Tener [algo, esp. una obra literaria o artística (*suj*)] su modelo o el origen de su idea [en algo o en alguien]. | * Este traje se inspira en la moda imperio. Pedraza-Rodríguez *Literatura* 6, 570: Famoso es el planto por la pérdida de Alhama, inspirado en el romance tradicional sobre el mismo asunto.

inspiratorio -ria *adj* (*Fisiol*) De (la) inspiración respiratoria. | P. GGallardo *DBu* 19.9.70, 16: La hemoglobina se satura con más afilada penetración hacia el cerebro por esfuerzo inspiratorio que por extensión pulmonar de vesículas sanas.

instalable *adj* Que puede ser instalado. | *Ya* 7.11.92, 13: AEG-Secadoras .. Instalable sobre su lavadora AEG.

instalación *f* **1** Acción de instalar(se). | *Hacerlo* 36: La electricidad es demasiado complicada y peligrosa para dedicarse a instalaciones de envergadura sin poseer unos conocimientos profundos. Rábade-Benavente *Filosofía* 24: Los etólogos .. han analizado .. estos modos de comportamiento y de instalación correspondiente en el medio.
2 Conjunto de cosas instaladas [1]. *Frec en pl.* | *Economía* 67: Intercalados los plomos en un aparato llamado "puente" o "petaca", colocado en cualquier punto de la instalación, al fundirse .. interrumpe la línea. *DEs* 1.9.71, 16: El próximo día 12 se pondrá en funcionamiento .. el campo de tiro al plato "foso olímpico" con césped en toda la instalación. *Ya* 4.10.85, 43: La jornada de puertas abiertas se había programado para facilitar la visita a las instalaciones militares a los alumnos de EGB, BUP y FP de la provincia.

instalador -ra *adj* Que instala [1 y 3]. *Tb n: m y f, referido a pers; f, referido a empresa.* | *BOE* 3.12.75, 25195: Dichas instalaciones solamente podrán montarse por la propia Empresa o por Empresas instaladoras de reconocida solvencia, con técnicos titulados superiores. *Jaén* 18.11.64, 6: Ha tenido lugar la clausura del curso de Formación Profesional Intensiva que se ha venido celebrando en el Instituto Laboral, para instaladores y montadores eléctricos. *GTelefónica N.* 467: Fontanerías – Fohogar. Instaladora y conservadora de servicios de fontanería.

instalar A *tr* **1** Poner [algo] en el lugar y en la forma adecuados para que cumpla su función. | *Economía* 16: En todos los pisos, .. se verá con detalle antes de alquilarlos si los servicios higiénicos están bien instalados. A. GCastellot *Ya* 16.9.88, 19: Cerca de 400.000 personas esperan que Telefónica les instale el teléfono en casa. M. GSantos *SYa* 16.12.73, 17: La Real Academia de la Historia no ha conseguido aún suficiente holgura para instalar su biblioteca y archivos.
2 Poner [a alguien o algo en un sitio] para que esté en él por tiempo indefinido o prolongado. *Tb fig.* | *Ya* 25.11.71, 7: Falta suelo urbanizado donde construir viviendas y escuelas, instalar fábricas, hoteles o comercios. J. Payán *CoA* 23.4.76, 18: Un proyecto de instalar provisionalmente el consultorio en un local de cuatrocientos metros cuadrados ha sido rechazado por los organismos correspondientes. Tierno *Cabos* 10: Comentando los acontecimientos con alarma, cada cual se instalaba, lentamente, en el sector político que sus necesidades o sus ideales aconsejaban o imponían. **b)** Acomodar [a alguien en un sitio]. *Frec el cd es refl.* | *Ya* 27.6.73, 22: Otros enfermos fueron instalados en la clínica particular Los Nardos. Medio *Bibiana* 96: Sale de la Emisora .. y se instala en el coche.
3 Dotar [a un local o edificio (*cd*)] de los enseres y servicios necesarios. | * Han comprado un local para la tienda; ahora tendrán que instalarla.
B *intr pr* **4** Fijar [alguien] su residencia [en un sitio]. | Laforet *Mujer* 17: Otros parientes de Eulogio se habían instalado en Madrid. **b)** Establecerse o fijarse [algo en un sitio]. | *Inf* 5.3.75, 2: La inflación se instala en la zona del COMECON. VMontalbán *Transición* 210: En España se ins-

instancia – instaurador

tala el... *osá*... por el *o sea*, como principal bisagra del idioma coloquial.

5 Pasar [alguien] a formar parte de la clase poderosa o dirigente. *A veces con un compl* EN. *Frec en part, a veces sustantivado.* | *Inf* 29.7.76, 1: El antiguo líder de la C.E.D.A. no es partidario de que fuerzas políticas instaladas en el antiguo régimen –y, por tanto, antidemocráticas, a su juicio– se integren en lo que él considera la auténtica Democracia Cristiana. JLosantos *Abc* 23.5.89, 34: Aquellos universitarios .. que entraron en la política española allá por el setenta y siete tienen .. el ademán del hortera instaladísimo, lo que antiguamente se decía montado en el dólar. C. Boyero *SD16* 10.6.88, 9: Los perdedores de siempre y los desclasados permanentes pueden ser tan miserables y grotescos como los instalados.

instancia *f* **1** Acción de instar [1]. | Carandell *Cua* 10.4.76, 74: Cayó malo en la ciudad de Vennes, en la Bretaña. Sus compañeros españoles le hicieron grandes instancias para que se dejase transportar a Valencia de España. Castilla *Humanismo* 17: *Ignoramus, ignorabimus*, de Du Bois Reymond, se ha convertido en una instancia perpetua a la mayor indagación y cognoscibilidad de todo lo existente. **b)** Petición o ruego. *Frec en la constr* A ~(S) DE. | *Voz* 16.12.80, 40: Se iba a tratar .. la reorganización de la Comisión Municipal Permanente .. a instancias de nueve concejales de la Candidatura dos Veciños.

2 Petición hecha a la autoridad. *Frec en la constr* A ~ DE. | *Caso* 5.12.70, 20: El adulterio es delito perseguible a instancia de parte. *Abc* 26.8.66, 46: Se hace pública la incoación del presente expediente a instancia de su esposa. **b)** Escrito en que se hace una petición formal a una autoridad. | *BOE* 6.1.62, 243: Los residentes en el extranjero podrán presentar su instancia en cualquier Representación diplomática o consular de España. *BOE* 3.12.75, 25200: A la instancia se unirán dos fotografías del interesado.

3 Término o momento. *Normalmente en las constrs* DE (o EN) PRIMERA ~, EN ÚLTIMA ~. | *Mad* 28.4.70, 20: Le llevaron a una clínica de Valsequillo para ser curado allí de primera instancia. L. Pérez *CoZ* 10.5.64, 3: El enfermo acaba de recibir los Santos Sacramentos .. No creía en Dios. En última instancia se había dejado convencer por las súplicas y lágrimas de su esposa y de sus hijos.

4 Grado o nivel de autoridad. | FMora *Inf* 16.4.70, 8: Entiendo que la coherente unidad es el valor político que en todas las instancias más necesita nuestro país. **b)** Autoridad o corporación que tiene poder de decisión. | *Inf* 20.12.75, 24: Afirmó [el alcalde] que el Ayuntamiento había escuchado las razones de los taxistas y que las había expuesto ante la instancia competente. Tusell *País* 20.12.88, 12: No existen instancias sociales independientes y respetadas que moderen al poder político.

5 (*Der*) Grado jurisdiccional de los que la ley tiene establecidos para entender y sentenciar en los asuntos de justicia. *Gralm con los adjs* PRIMERA o SEGUNDA. | Ramírez *Derecho* 164: El pleito queda paralizado, y ni tú ni tu contrario hacéis nada para que siga su curso ..; la Ley .. entiende que ha surgido el abandono y proclama la caducidad de instancia. Por el transcurso de cuatro años de inactividad, si el pleito estuviere en primera instancia; de dos años, si se hallare en segunda instancia. J. M. Villar *Ya* 23.9.70, 15: Desaparecerían totalmente los viejos juzgados rurales "de primera instancia e instrucción".

6 (*Der*) Conjunto de actos y formalidades de la instrucción y juicio de una causa. | Ramírez *Derecho* 164: Cuando se trata de una acción relacionada con el tráfico mercantil, no basta su reclamación judicial para que la interrupción surta efectos; es preciso además que la instancia no caduque y que la sentencia sea favorable al reclamante.

7 (*Psicol*) Elemento de los que constituyen el aparato psíquico. | Pinillos *Mente* 63: El sistema nervioso humano, capaz de coordinar con precisión y flexibilidad pasmosas las instancias internas del sujeto con las circunstancias externas del ambiente. Rof *Rev* 7/8.70, 12: Es [el yo] la instancia que sirve para adaptarse a la realidad y para actuar sobre ella.

instantáneamente *adv* De manera instantánea [1 y 2]. | Hoyo *Caza* 18: Muy despacio, fue haciendo, en silencio, todos los movimientos precisos para disparar. Instantáneamente rojo, azul y verde fue el fogonazo. CSotelo *Proceso* 394: Oscuro. Instantáneamente .. se hace la luz.

instantaneidad *f* Cualidad de instantáneo [1 y 2]. | MGaite *Cuento* 376: Los momentos felices quiere [el hombre] cogerlos en su instantaneidad, sin engarzarlos en el hilo de la memoria futura. CSotelo *Proceso* 394: Oscuro. Instantáneamente –es una instantaneidad absolutamente rigurosa– se hace la luz.

instantáneo -a I *adj* **1** Que dura un instante [1]. | * Ha sido una sensación instantánea; ya ha pasado.

2 Que se produce al instante [4]. | *Abc* 25.8.68, 50: Produce alivio instantáneo. *Ade* 6.2.75, 11: Fotocopias instantáneas, precios económicos. **b)** [Alimento] que se prepara al instante. | Diosdado *Anillos* 2, 103: Mientras ella prepara un chocolate instantáneo, llega Enrique.

3 (*Fís*) [Valor de una magnitud variable] que se produce en un instante [2] determinado. | Mingarro *Física* 20: Razonando de un modo análogo a como lo hemos hecho para establecer el concepto de velocidad instantánea.

II *f* **4** Fotografía obtenida con una exposición de una fracción de segundo. | Laforet *Mujer* 199: Volvió hacia abajo la ampliación de una instantánea que Eulogio y ella se habían hecho en Barcelona. **b)** Obra literaria o plástica que retrata con viveza un momento de la realidad cotidiana. | Armenteras *Epistolario* 45: Las cartas que sean como instantáneas del vivir cotidiano .. son las que le gusta recibir a la gente. Onieva *Prado* 128: *Ascensión de un globo de Montgolfier* en Madrid. Junto a una gran arboleda, que puede ser la del retiro, una multitud, en la que abundan caballeros, majos y majas, asiste a la ascensión de un globo. Es la instantánea "fotográfica" de la época.

instante I *m* **1** Porción de tiempo sumamente corta. *Frec se usa hiperbólicamente*. | Cunqueiro *Un hombre* 12: Mantenía las palmas mojadas contra las soleadas mejillas durante unos instantes.

2 Punto determinado en el tiempo. | Castilla *Humanismo* 11: Cualquier intento de prescindir de estos momentos ha llevado consigo la pérdida de la conciencia histórica, el desfase con nuestra propia modernidad, la pérdida del tren de nuestro instante.

II *loc adv* **3 a cada ~.** De manera repetida y frecuente. | FSantos *Catedrales* 30: –Pero ¿qué es lo que busca? –pregunta .., cambiando a cada instante el tratamiento.

4 al ~. Inmediatamente o al momento. | *Abc* 20.7.75, sn: Frigorífico Sears .. Dispensador de agua fría al instante.

5 en todo ~. Constantemente, o siempre. | * Hay que estar preparados en todo instante.

instar *tr* **1** Pedir con urgencia o apremio [a alguien (*cd*) que haga algo (*compl* a + infin, *o* QUE + *subj*)]. | MChacón *Abc* 27.12.70, 16: Un desconocido penetró en el garaje y le instó terminantemente a darse preso. *Ide* 11.8.89, 4: En una carta remitida por el presidente provincial del CDS .. a todos los ediles centristas de la provincia, se insta a estos a la defensa a ultranza de los derechos y libertades democráticas. *Ide* 11.8.89, 4: El CDS ha instado a todos sus concejales de la provincia de Granada a que no asistan a plenos municipales.

2 (*admin*) Pedir formalmente [algo] ante la autoridad competente. *Tb abs.* | Armenteras *Epistolario* 242: Habiendo examinado el padrón del Catastro .. que sirve de base a la contribución del próximo ejercicio .., el que suscribe ha observado un error .., ya que al que insta se le ha señalado una riqueza imponible de...

3 (*Der*) Promover [una causa o un expediente]. | *Caso* 14.11.70, 18: Se decretó la separación de ambos cónyuges mientras durase la sustanciación de la causa matrimonial instada por María del Pilar ante el Tribunal Eclesiástico número 1 de los de Madrid. *DBu* 18.7.64, 13: En este Juzgado se tramita expediente para la inmatriculación del dominio de las fincas que luego se dirán, instado por el Procurador D. Ángel del Val Moral, en nombre y representación de doña Gaspara Moral Huerta.

instauración *f* Acción de instaurar. | Aranguren *Marxismo* 126: La instauración de un régimen militarista .. le ha hecho perder su prestigio.

instaurador -ra *adj* Que instaura. *Tb n, referido a pers.* | CPuche *Ya* 17.11.63, sn: Safont, por innovador, instaurador y revolucionario en su arte, trabaja la cerámica como un pintor.

instaurar *tr* Establecer o implantar. | Arenaza-Gastaminza *Historia* 217: Con Felipe V se instaura en el trono de España la Casa de Borbón. R. Pi *Río* 16.3.84, 5: El decreto ley sobre "Rumasa" .. es un precedente que instaura la inseguridad jurídica como norma de comportamiento. Aranguren *Marxismo* 101: Si lo condenamos [al marxismo] por el modo de instaurarse, todo lo que no sea pura evolución democrática –es decir, la historia casi entera de la humanidad– tendrá que ser condenada.

insti *m* (*argot, Enseñ*) Instituto [2]. | Delibes *Cazador* 44: Al salir la procesión, dijo Emilio que ninguno iba como los del Insti.

instigación *f* Acción de instigar. | *Ya* 9.10.70, 23: Un sacerdote .. fue detenido hoy por arrojar octavillas en las que las autoridades aprecian una instigación contra el orden público.

instigador -ra *adj* Que instiga. *Tb n, referido a pers.* | Villapún *Iglesia* 76: El verdadero instigador de la primera Cruzada fue el Papa Urbano II.

instigar *tr* Inducir [a alguien (*cd*) a una acción]. | *Nue* 24.1.70, 33: Luis Rosales, instigado por las preguntas de su entrevistador, trata de situar la poesía en una sociedad mecánica.

instilación *f* (*Med*) Acción de instilar. | Mascaró *Médico* 78: Las quemaduras del globo ocular requieren un inmediato lavado del ojo con agua e instilación de un colirio antibiótico mientras se acude al especialista.

instilar *tr* (*Med*) Echar [un líquido] gota a gota. | Mascaró *Médico* 97: Los tapones de cerumen o cera del oído se ablandan previamente instilando unas gotas de glicerina fenicada al 20% tibia.

instintivamente *adv* De manera instintiva. | Medio *Bibiana* 78: –¿Fuma usted, señora?– Bibiana se retira hacia atrás, instintivamente. –Oh, no.

instintivo -va *adj* De(l) instinto [1]. | Gambra *Filosofía* 116: Por admirable que sea la actividad instintiva, y aunque en algunas ocasiones sea más certera y rápida que la inteligencia, sin embargo, no pueden confundirse ambas formas de conducta. **b)** Que se produce por instinto [1]. | Alvarado *Zoología* 144: Algunos autores han supuesto un instinto de orientación que cada vez parece más problemático .. Es instintivo, sin embargo, el impulso a emigrar. Gironella *Millón* 615: Raymond Bolen prefería a los "rojos", lo mismo que Fanny .. Era una adhesión instintiva. **c)** Que actúa movido por el instinto [1]. | Gironella *Millón* 736: ¿Quién era Antonio Casal? Un muchacho lleno de buena voluntad, que tal vez en otro país menos instintivo .. hubiera encontrado su lugar.

instinto *m* **1** *En los animales y en el hombre:* Impulso o tendencia innatos y propios de la especie. | Gambra *Filosofía* 115: Son instintos en el hombre, por ejemplo, el de la succión en el recién nacido, más tarde el de andar, el de conservación durante toda la vida. En los animales, los instintos suelen ser más fuertes y perfectos. Alvarado *Zoología* 144: No se sabe aún con certeza de qué medios se valen las aves para hallar el rumbo. Algunos autores han supuesto un instinto de orientación que cada vez parece más problemático. **b)** *En el hombre:* Propensión natural a actuar sin intención consciente. | Olmo *Golfos* 56: El Doblao era el menos sano de todos nosotros, no por su fealdad, .. sino por sus malos instintos.
2 Intuición (capacidad de intuir). | CBaroja *Inquisidor* 17: Solo los novelistas con instinto certero han hablado de él.

instintual *adj* (*Psicol*) Perteneciente al instinto [1]. | Castilla *Alienación* 25: Yo espero que estén de acuerdo en reconocer que si las cosas son así, esta relación alienada hombre-mujer, basada en los valores más instintuales, .. signifique la más embrutecedora forma de alienación.

institución I *f* **1** Acción de instituir. | SLuis *Doctrina* 134: Institución de la Sagrada Eucaristía. Ramírez *Derecho* 173: La institución de heredero puede hacerse en testamento y contractualmente.
2 Sistema u organización instituidos [1]. | RValcárcel *Pue* 22.12.70, 4: Este pueblo .. tiene también claro sentido para considerar y amar a la institución que defiende, que garantiza la inviolabilidad del Estado. **b)** *En pl:* Conjunto de formas o estructuras sociales establecidas por la ley o las costumbres. | M. Araus *TCR* 15.11.90, 6: El presidente .. solicitó el apoyo y la ayuda de todas las instituciones.
3 Organismo establecido con fines de interés público. *Frec forma parte de la denominación de tales organismos.* | J. Cardús *SHer* 4.4.71, 1: En mis manos, su libro "Primitivos aragoneses en el Museo Provincial de Zaragoza", con abundante iconografía y editado por la Institución Fernando el Católico. *NAl* 20.7.84, 25: Solicitaron libros, que en seguida fueron donados por los hijos del pueblo .. y también por instituciones culturales, como, por ejemplo, la Institución Provincial de Cultura "Marqués de Santillana". *Sáb* 10.9.66, 24: Esta es la fachada del hospital de Tavera, .. que hoy alberga tal o cual institución.
II *loc v* **4 ser** [alguien] **una ~** [en un sitio]. Tener prestigio y carácter representativo por su antigüedad [en ese sitio]. *Tb sin compl de lugar, por consabido.* | J. Guerrero *CoA* 4.1.64, 8: El pasado día 28 dejó de existir en esta población la virtuosa señora doña Rafaela Fernández Sánchez .. Era una institución. Quiñones *Viento* 14: Era tenido por bastante más de lo que se dice "una institución". Significaba para todo el hombre-vino, imprescindible a la hora de las grandes campañas publicitarias.

institucional *adj* De (la) institución o de las instituciones, *esp* [2]. | Bermejo *Estudios* 52: Han surgido a su lado [del almotacén] otros oficios de mayor relevancia institucional. Tal es el caso del mayordomo y receptor de los bienes y propios del concejo. Pemán *Almuerzos* 324: Creo que el desarrollo institucional está saliendo tan bien como el económico. Carrero *Pue* 22.12.70, 5: Las siete Leyes Fundamentales que integran el sistema institucional español.

institucionalismo *m* Sistema basado en las instituciones [2]. | VMontalbán *Pianista* 2: Aquí una exposición semejante habría requerido el patrocinio de la Generalitat, el Ayuntamiento, el Ministerio de esto y aquello... Europa se muere de estatalización e institucionalismo.

institucionalista *adj* De(l) institucionalismo. | S. Araúz *Ya* 4.1.74, 7: España ha adolecido de la carencia de un talante institucionalista durante un largo período de su historia cercana, al menos desde principios del XIX.

institucionalización *f* Acción de institucionalizar. | Albalá *Periodismo* 49: La función social del periódico es tan evidente que es precisamente esa función quien lo institucionaliza .., porque no en vano es ese modo de institucionalización quien le confiere su propia .. representatividad social. Pániker *Memoria* 305: Debería apostarse por una institucionalización de la educación permanente.

institucionalizador -ra *adj* Que institucionaliza. | *Abc* 3.1.76, 2: Un destacado portavoz ha avanzado una serie de conceptos en torno al proceso institucionalizador en Chile. VMontalbán *Almuerzos* 230: ¿Por qué las biografías institucionalizadoras olvidan el pasado resistente de Mariano Rubio?

institucionalizar *tr* Dar carácter institucional [a algo (*cd*)]. | Albalá *Periodismo* 49: La función social del periódico es tan evidente que es precisamente esa función quien lo institucionaliza. *Voz* 29.11.80, 47: Tras su constitución, FEGAPOR ha decidido "enviar escritos a los responsables del Ministerio de Agricultura y a la Xunta de Galicia, para mantener unos contactos de colaboración e institucionalizar estas reuniones para un control y seguimiento de la política del sector". J. Aldebarán *Tri* 11.4.70, 16: Los ingleses sostuvieron esta idea y crearon el personaje. Institucionalizaron el mahdismo.

institucionalmente *adv* **1** De manera institucional. | Ramírez *Derecho* 27: Todo español se reputa católico, si es que no lo es institucionalmente.
2 En el aspecto institucional. | R. DHochleitner *Fam* 15.11.70, 49: Actitud que posiblemente se centra .. en una auténtica solución constructiva que pueda restablecer nuevas fórmulas moral e institucionalmente aceptables.

institucionismo *m* Ideología de la Institución Libre de Enseñanza (fundada en 1876 por F. Giner de los Ríos). | Díaz *Tri* 12.8.72, 27: Prolongar y explicitar todas estas líneas intelectuales y políticas vinculadas, más o menos estrechamente, al krausismo y al institucionismo, exigirá, claro está, reconstruir toda la historia del pensamiento español contemporáneo.

institucionista – instruido

institucionista *adj* De la Institución Libre de Enseñanza (fundada en 1876 por F. Giner de los Ríos). *Tb n, referido a pers.* | F. Villamía *Atl* 1.90, 39: El Centro de Estudios Históricos participaba de aquel vasto plan de regeneración nacional que se propugnó desde instancias institucionistas. CBaroja *Baroja* 147: Sus hijas tuvieron que ganarse la vida duramente hasta la vejez, hasta bien pasada la guerra de 1936, y con la tacha de ser institucionistas al final.

instituidor -ra *adj* Que instituye. *Tb n, referido a pers.* | Cruz *Torres* 37: En 1546 fue vendida [la torre] a don Andrés Ortega de Cerezo, instituidor de un mayorazgo en el que a sus titulares se les obligaba a apellidarse Cerezo y a ostentar las armas del fundador.

instituir (*conjug* **48**) *tr* **1** Fundar o establecer. | SLuis *Doctrina* 142: El Sacramento de la Penitencia fue instituido por Cristo nuestro Señor. RMorales *Present. Santiago* VParga 4: La magistratura ecuménica del Pontificado instituyó en Compostela el Jubileo del Año Santo.
2 Nombrar [a alguien (*cd*) encargado (*predicat*, *o compl* EN) de una función]. | CBonald *Ágata* 212: Cuando le llegó a Alejandra el trance de parir .., se instituyó Manuela en regidora única de cuanta disposición fuera menester para un irreprochable alumbramiento. **b)** (*Der*) Nombrar [a alguien (*cd*) heredero (*predicat*)] en el testamento. | *Compil. Cataluña* 703: La sucesión intestada solo podrá tener lugar en defecto de heredero instituido.

instituto *m* **1** Organismo establecido con fines de interés público. *Gralm forma parte de la denominación de tales organismos. Tb el edificio en que está instalado.* | FQuintana-Velarde *Política* 188: Nada menos que 17 Bancos de emisión provinciales existían en 1874 cuando recupera este monopolio el Banco de España, con el que se fusionan 11 de estos institutos provinciales de emisión. FQuintana-Velarde *Política* 194: Con posterioridad a nuestra guerra de Liberación se constituyeron otras entidades que, bajo la denominación genérica de institutos, vinieron a realizar tareas de capitalización (el Instituto de Crédito para la Reconstrucción Nacional ..; el Instituto Nacional de la Vivienda, el Instituto Nacional de Colonización y el Instituto Nacional de Industria). **b)** *Esp:* Corporación científica o cultural. | *Luc* 9.10.64, 5: Los Institutos parauniversitarios en el desarrollo médico español. La clínica de La Concepción, último refugio de los enfermos más graves. *DLér* 6.7.69, 5: Celebró sesión ordinaria, el viernes último, el Consejo del Instituto de Estudios Ilerdenses.
2 Establecimiento oficial de enseñanza media o secundaria. *Frec* ~ (NACIONAL) DE ENSEÑANZA MEDIA, *o* DE BACHILLERATO. | DCañabate *Paseíllo* 49: Hoy los muchachitos van a las tientas como los estudiantes al instituto a aprobar el bachillerato. *BOE* 14.2.58, 239: Catedráticos de Institutos de Enseñanza Media. *BOE* 14.2.58, 1492: Orden de 13 de enero de 1958 por la que se anuncian a concurso de traslado cátedras de "Matemáticas" de Institutos Nacionales de Enseñanza Media. GCorrales *VozT* 27.9.78, 26: También hubo en el Instituto Nacional de Bachillerato varias actuaciones teatrales por grupos juveniles. **b) ~ laboral** → LABORAL.
3 Asociación de carácter religioso sometida a una regla. *Frec seguido de los adjs especificadores* RELIGIOSO *o* SECULAR. | Villapún *Iglesia* 144: Se llama profesión religiosa al contrato por el cual una persona se entrega libremente para el servicio divino a un Instituto religioso legítimamente aprobado. Valcarce *Moral* 200: Existen diversas asociaciones entre los que ejercen la autoridad cuales son las Órdenes, Congregaciones religiosas, Institutos seculares.
4 Cuerpo armado de los destinados a la defensa nacional o al orden público. *Tb* ~ ARMADO. | *Lan* 15.10.64, 3: Organizados por el jefe de línea de la Guardia Civil don Gerardo Blasco, .. se han celebrado diversos actos .., sumándose a ell[o]s autoridades y pueblo en general, con el tradicional fervor mariano y patriótica adhesión al Benemérito Instituto.
5 Establecimiento dedicado a determinados tratamientos físicos. | *GTelefónica N.* 3: Basil y Anita. Alta peluquería. Instituto de belleza. * Instituto capilar. * Instituto de educación física.

institutriz *f* Maestra encargada de la educación de un niño en la casa de este. | Laforet *Mujer* 111: Esta pareja criaba a sus hijos con mimos, con lujos de institutrices y preceptores.

instituyente *adj* Que instituye. *Tb n, referido a pers.* | *Compil. Aragón* 603: En el nombramiento de heredero .., cuando el instituyente se reserve el "señorío mayor" .. se entenderá .. que, para disponer de los bienes inmuebles .., es exigible el consentimiento del instituido que viniere cumpliendo las obligaciones y cargas impuestas en favor de la casa.

instrucción *f* **1** Acción de instruir(se) [1]. | J. Carabias *Ya* 11.7.72, 8: El Estado .. tampoco se muestra demasiado generoso con quienes tienen a su cargo la tarea fundamental del país, es decir, la formación, instrucción y educación básica de los ciudadanos del futuro. FQuintana-Velarde *Política* 251: Lo gastado en sus presupuestos para Salubridad e Higiene, Beneficencia y Asistencia Social e Instrucción Pública rara vez alcanza el tercio de su desembolso. **b)** Cultura, o cualidad de instruido. | *Economía* 125: A menudo tendréis que hacerlas [las solicitudes], unas veces para asuntos vuestros y otras para asuntos de protegidas sin instrucción.
2 Preparación militar que se da a los reclutas y a los alumnos de una academia militar. | FSalgado *Conversaciones* 357: Querían distinguirse de los regimientos de infantería llevando un paso más ligero .. Todo cuerpo se debe distinguir por su perfecta instrucción, pero nunca por mover las piernas y los brazos con exagerada velocidad. *BOE* 9.1.75, 430: En la Academia General Militar (curso selectivo) se procederá a la entrega de prendas de vestuario y equipo y a la organización de las agrupaciones de instrucción y selección. **b)** Serie de ejercicios con que se enseña a los reclutas y a los alumnos de una academia militar la marcha y las formaciones militares. *Normalmente con el v* HACER. | Goytisolo *Recuento* 12: Hacían instrucción en el campo de fútbol, con fusiles de madera, y al final desfilaban todos con boina roja y camisa azul .. Les mandaba el sargento gordito. T. Martínez *VozAl* 9.4.82, 11: En el auténtico "pelotón de los torpes" de los soldados con dificultades para aprender la instrucción.
3 *En pl:* Explicaciones orientadoras [para hacer algo o para manejarlo]. | J. Córdoba *MHi* 11.63, 67: Ellos dieron instrucciones para la siembra del trigo. *TMé* 4.3.83, 16: Medicina de familia .. Se refirió a las instrucciones, folletos, programas, etc., utilizados en su unidad para lograr la educación sanitaria de la población. **b)** Órdenes transmitidas. | D. Pastor *Van* 15.10.76, 43: Cavour y sus agentes planificaron la operación minuciosamente. Virginia iría a París con su esposo y su hijo, y se comunicaría con Cavour, de quien recibiría instrucciones por medio de agentes secretos. Torrente *Pascua* 239: Me dijo: "Federico, rompe mi testamento y hazme otro conforme a esas instrucciones" (la traía en un papel).
4 (*Der*) Acción de instruir [3]. *Frec en la constr* DE ~. | *Caso* 26.12.70, 7: Las críticas planteadas por varios de los defensores a esta fase de instrucción del procedimiento. J. M. Villar *Ya* 23.9.70, 15: Desaparecerían totalmente los viejos juzgados rurales "de primera instancia e instrucción". *Caso* 14.11.70, 9: El juez de instrucción había dictado contra don Mario, ya procesado, auto de prisión provisional.
5 (*Informát*) Cadena de caracteres que indica una operación determinada. | RJiménez *Tecnologías* 20: Normalmente, la memoria está dividida en porciones iguales que se llaman "direcciones", en las que se almacenan indistintamente datos e instrucciones del programa.

instructivo -va *adj* [Cosa] que sirve para instruir [1]. | P. Narvión *Pue* 28.12.70, 3: Esta historia es enormemente instructiva.

instructor -ra *adj* [Pers.] que instruye. *Tb n.* | *Ade* 15.9.89, 36: Dos tenientes instructores de vuelo fallecieron ayer al estrellarse contra el suelo la avioneta que pilotaban. *Pue* 6.11.70, 11: Leila Jaled ha estado trabajando como instructora de comandos palestinos femeninos. *Abc* 8.12.70, 21: Uno de los letrados .. preguntó al juez instructor si tal documento estaba debidamente adverado. *Voz* 13.12.80, 16: Visto el juicio contra el instructor del sumario del caso "El Papus".

instruido -da *adj* **1** *part* → INSTRUIR.
2 [Pers.] culta. | *Caso* 21.11.70, 2: Su carácter es agradable, es católico, instruido.

instruir (*conjug* **48**) *tr* **1** Dar [a alguien (*cd*)] conocimientos [de algo (*compl* EN)]. *Frec sin el 2º compl.* | Delibes *Año* 184: Entró en una actividad frenética: escribe, pinta, traduce, dicta conferencias, enseña, instruye a los nietos acompañándolos a los museos. J. M. Moreiro *Ya* 9.6.73, 42: El maestro de prisiones, con el fin de que se examinen de ingreso y primero, instruye a Eleuterio Sánchez, José María Domínguez Manteca y Jesús Redondo Abuín. GCastillo *NAl* 1.8.70, 15: Le fue instruyendo, poco a poco, en el manejo de los negocios. **b)** *pr* Adquirir conocimientos [de algo (*compl* EN)]. *Frec sin compl.* | J. M. Moreiro *Ya* 8.6.73, 22: Allí [en la cárcel] expresa su deseo de instruirse. Obtiene el certificado de estudios primarios y comienza a estudiar bachillerato.
  2 Dar preparación militar [a alguien (*cd*)]. | FSalgado *Conversaciones* 256: Al soldado se le instruye modernamente en los campamentos fuera de las poblaciones. J. Salas *Abc* 6.12.70, 31: Esas organizaciones han sido instruidas, subsidiadas, incluso armadas, en dichos países.
  3 (*Der*) Iniciar y proseguir [un juez (*suj*) un proceso, un expediente o sus diligencias] para preparar su fallo o resolución, conforme a las leyes del derecho. | *Mad* 27.5.70, 1: El jugador .. permanece recluido en una casa de Bogotá, hasta que el juez que instruye el caso ordene lo que deba hacerse. *CoA* 5.1.64, 19: Ahogado .. El Juzgado instruye diligencias.

instrumentación *f* **1** Acción de instrumentar. *Tb su efecto.* | GAmat *Conciertos* 178: Comenzó a enseñar [en el conservatorio] los principios de composición, instrumentación y teoría de las formas. LMuñoz *Tri* 12.12.70, 21: De ahí que acudir de nuevo al capital extranjero .. se haga inevitable, junto a la instrumentación de otros dispositivos compensadores. E. Haro *Tri* 26.12.70, 5: El paseo del "Lunajod" soviético por la Luna .. ha sido casi absolutamente desasistido de la opinión pública (aun teniendo en cuenta la falta de instrumentación de la información soviética en el mundo occidental).
  2 (*E*) Provisión de instrumentos [1]. | *Abc* 25.2.68, sn: Productos Químicos Esso, S.A. .. necesita: Jefe de instrumentación. G*Telefónica N.* 594: Perkin Elmer Hispania, S.A. Especializado en instrumentación científica. *D16* 26.11.90, 11: Todo para hacer más seguro y dinámico el placer de conducir. Placer que continúa en el interior con .. salpicadero de diseño ergonómico y una completa instrumentación de a bordo.

instrumentador -ra *adj* Que instrumenta. | J. Menéndez *Abc* 11.2.66, 13: Al Sur de la isla sí que nos topamos con un mar masc[u]lino y guerrero, un pequeño océano instrumentador de broncos rumores.

instrumental I *adj* **1** De (los) instrumentos, *esp* [2]. | I. Gonzalo *PapD* 2.88, 179: Adquisición de los aprendizajes instrumentales básicos y la aplicación de esos instrumentos al estudio de la realidad. Valls *Música* 17: En la obra de Mozart se especula por primera vez con el contraste de los diversos timbres instrumentales. **b)** [Música] destinada a ser ejecutada solo con instrumentos [2]. | GAmat *Conciertos* 53: Para Haendel, la música instrumental no tuvo por objeto único recrear el oído, sino también expresar sentimientos.
  2 Que sirve de instrumento o tiene carácter de instrumento [3]. | Areilza *Artículos* 160: El desarrollo económico es, bien lo sabemos, un elemento instrumental decisivo para el nivel de vida y el progreso social. Gambra *Filosofía* 151: La causa eficiente se divide en: 1º Principal, cuando opera por virtud propia .. 2º Instrumental. Es una causa verdaderamente eficiente, pero subordinada a otra, a la que sirve y por la cual se mueve.
  3 (*Gram*) *En algunas lenguas:* [Caso] que expresa medio o instrumento. *Tb n m.* | Villar *Lenguas* 312: El instrumental es también un caso de difusión dialectal limitada. RAdrados *Lingüística* 593: En georgiano .. se distinguen .. cinco casos: (gen[itivo], dat[ivo], ergativo, instr[umental], caso adverbial).
  II *m* **4** Conjunto de instrumentos [1 y 2]. | *ByN* 31.12.66, 118: Este cronómetro está montado a mano en Suiza por relojeros especializados, con un instrumental único. Perales *Música* 30: Las primeras manifestaciones organográficas se encuentran en la descripción escueta del instrumental, en tiempos de San Isidoro. En el segundo libro de sus "Etimologías" .. cita instrumentos como el "organum", la "fístula", la "pandura".

instrumentalidad *f* Cualidad de instrumental [2]. | Torrente *Saga* 535: Este objeto fue miembro de un cuerpo .. Lo que inmediatamente solicita nuestra atención es la tercera de las categorías enunciadas, la de instrumentalidad. No todos los miembros de un cuerpo son necesariamente instrumentos, pero sí los de esta naturaleza.

instrumentalización *f* Acción de instrumentalizar. | Umbral *Noche* 170: El arte abstracto, sobre la ventaja de su difícil instrumentalización por la izquierda, tenía además la ventaja de su fácil instrumentalización por la derecha.

instrumentalizador -ra *adj* Que instrumentaliza. *Tb n, referido a pers.* | S. Cámara *Tri* 2.2.74, 14: San Marcos y San Mateo fueron convocados de espíritu presente para apoyar una ley cerrada o una ley abierta. Los instrumentalizadores no solo demostraron con ello conocimientos poco comunes sobre las Sagradas Escrituras, sino también alta escuela de teatro parlamentario.

instrumentalizar *tr* Utilizar [a alguien o algo] como instrumento [3]. | J. Salas *Abc* 20.8.66, 26: El comunicado italiano se está equivocando en cuanto a instrumentalizar las posiciones vaticanas en su favor. VMontalbán *Almuerzos* 100: Finalmente, y esta es su versión [de José Luis Cortina], fue instrumentalizado por parte de los golpistas para hacer verosímil la tesis del consentimiento real.

instrumentalmente *adv* En el aspecto instrumental. | Albalá *Periodismo* 75: Instrumentalmente, esos medios técnicos pueden dárseno por vía oral .. o tipográfica.

instrumentar *tr* **1** (*Mús*) Arreglar para varios instrumentos [una composición musical]. | FCid *Ópera* 24: Ya en los pentagramas infantiles se advierte la maestría incipiente de un artista que no solo se limita a ofrecer melodías atractivas, sino que las armoniza e instrumenta de tal forma que aún hoy, tantos años, siglos después, resultan por completo válidas.
  2 Organizar y poner en juego [un medio o sistema]. | J. Aldaz *Abc* 4.10.70, 57: Después de esta solución de base viene nada menos que instrumentar la política monetaria y la política de crédito. *Mad Extra* 12.70, 13: Servicio de Psicopedagogía, que instrumenta los medios adecuados para la explo[r]ación psicológica del alumno con vistas a la orientación escolar.
  3 Instrumentalizar. | Delibes *Madera* 397: La aludida sombra era real: se trataba del minador *Marte*, deliberadamente instrumentado por el mando para probar la eficacia de los servicios de vigilancia del crucero. *Ya* 23.5.92, 16: Ustedes quieren demostrar ante la sociedad la deficiencia de los profesores interinos obligándoles a presentarse a unas oposiciones y siendo evaluados por unos tribunales a los que ustedes han instrumentado para poner ceros y privar así de su trabajo a muchos de estos profesores.
  4 (*Taur*) Ejecutar [una suerte, esp. de muleta]. | *Abc* 23.8.66, 54: Con la muleta instrumentó series de derechazos y naturales. A. Vidal *Ade* 3.3.87, 10: Tras brindar al público, instrumenta una faena con ambas manos, acoplándose bien con el gran novillo.

instrumentárium (*pl normal,* ~s *o invar*) *m* (*Mús*) Conjunto de los instrumentos musicales. | Perales *Música* 27: Sobre el instrumentárium hebreo podemos indagar en las Sagradas Escrituras, que recogen numerosas referencias a instrumentos musicales.

instrumentista *m y f* **1** Persona que maneja un instrumento [1 y esp. 2]. | Valls *Música* 61: El instrumentista eventual no actuaba según las posibilidades del instrumento, sino sobre su elemental capacidad de emisión sonora. *Abc* 25.2.68, sn: Serán directamente responsables del reclutamiento y entrenamiento de los instrumentistas, así como del funcionamiento de los instrumentos durante la puesta en marcha y operación de nuestra planta petroquímica. *BOE* 1.12.75, 25024: Instrumentistas. Son los operarios que realizan el mantenimiento programado de todo tipo de instrumentos de medidas eléctricas, electrónicas, galvanométricas, electrodinámicas y ópticas.
  2 (*Med*) Ayudante que proporciona el instrumental al operador. | *Ya* 8.2.90, 27: Juicio por un error médico .. El fiscal pide la misma pena para la instrumentista Lourdes

instrumento – insularidad

Treserres Brussosa, por considerar que actuó de forma negligente.

instrumento *m* **1** Objeto fabricado, relativamente sencillo, que sirve para realizar con él un trabajo u otra operación. | Gambra *Filosofía* 151: El cincel es instrumento del escultor. Onieva *Prado* 198: En la mano [del santo] el cuchillo, instrumento de su martirio. **b)** Aparato para medir, registrar, observar o controlar. | *BOE* 1.12.75, 25024: Instrumentistas. Son los operarios que realizan el mantenimiento programado de todo tipo de instrumentos de medidas eléctricas, electrónicas, galvanométricas, electrodinámicas y ópticas. *Abc* 25.2.68, sn: Nuestra planta petroquímica, altamente automatizada, principalmente con instrumentos electrónicos.
2 Objeto con que se producen sonidos musicales. *Tb* ~ DE MÚSICA, MUSICAL o MÚSICO. | Medio *Bibiana* 89: Algunos tienen en la mano un instrumento de música. Valls *Música* 62: El régimen polifónico solo puede funcionar a base de una acción colegiada de varios instrumentos, es decir, de su acción plural o concertada.
3 Cosa que sirve o se utiliza para un fin. | FQuintana-Velarde *Política* 178: El medio que se utilice como dinero .. tiene que ser divisible para que pueda utilizarse como instrumento de cambio. Torrente *Saga* 535: No todos los miembros de un cuerpo son necesariamente instrumentos, pero sí los de esta naturaleza, puesto que sirven a fines primarios y secundarios del objeto superior. **b)** Pers. o cosa de que [alguien (*compl de posesión*)] se sirve para sus fines. | PRivera *Discursos* 11: Incorporación al Movimiento de los españoles que lo quisieran para establecer el contraste de pareceres, y evitar así los partidos políticos y su instrumento imprescindible, el sufragio universal.
4 (*Der*) Documento o escrito que da fe de un hecho. | Ramírez *Derecho* 14: Las formas y solemnidades de los contratos, testamentos y demás instrumentos públicos se rigen por las leyes del país en que se otorguen. **b)** (*Pol*) Documento original de un tratado. | *Inf* 4.12.79, sn: Este canje de instrumentos entre el Estado español y la Santa Sede se enmarca dentro de lo previsto por la Constitución española. *Inf* 27.5.70, 1: El tratado o convenio en que figuren las concesiones .. llevará .. un preámbulo más acorde con las tesis y deseos españoles que el contenido en el instrumento diplomático vigente.
5 (*col, humoríst*) Pene. | Aparicio *Año* 127: –¿Es que usas la pilila solo para mear? ..– Doro .. se desabrochó cuidadosamente los botones de su bragueta; luego, poco a poco, fue sacando su instrumento.

insuave *adj* (*lit, raro*) Desapacible o desagradable. | FVidal *Ayllón* 148: –Usted, a la calle .. Fuera los dos ..– La situación se me antoja insuave y, con un gesto, logro cortar la réplica de Leonardo y eludir la reyerta. Fuster *País Valenc.* 327: Se trata de una comarca insuave y montuosa.

insubordinación *f* Acción de insubordinar(se). | Laforet *Mujer* 85: Una ola de insubordinación, gritos, cánticos, locura, empezó a apoderarse del pueblo.

insubordinado -da *adj* **1** *part* → INSUBORDINAR.
2 Propio de la pers. indisciplinada. | Espinosa *Escuela* 375: ¡Cómo se evidencia tu talante insubordinado y enemigo de lo estatuido!

insubordinar A *tr* **1** Hacer que [alguien (*cd*)] se insubordine [2]. | Cossío *Confesiones* 343: El capitán de Artillería Julián Parelétigui aprovecha estos momentos para insubordinar a los guardias.
B *intr pr* **2** Negarse [alguien] a obedecer a sus superiores. | Laiglesia *Ombligos* 226: Puesto que somos los maestros de la escuela mundial, no debemos consentir que se nos insubordinen los parvulitos.

insubstancial, insubstancialidad → INSUSTANCIAL, INSUSTANCIALIDAD.

insubstituible → INSUSTITUIBLE.

insuficiencia *f* **1** Condición de insuficiente. | LMuñoz *Tri* 26.12.70, 6: La continua deterioración del signo monetario sería .. un mecanismo corrector más permanentemente utilizado hasta hoy de las insuficiencias crecientes del sistema económico.
2 (*Med*) Disminución de la capacidad de un órgano para cumplir su función. | Nolla *Salud* 260: Insuficiencia coronaria aguda.

insuficiente I *adj* **1** Que no es suficiente o que no basta. | E. Haro *Tri* 26.12.70, 5: La sustitución de la idea de Dios por un televisor, aunque excelentemente ideada, parece insuficiente.
II *m* **2** (*Enseñ*) Suspenso (calificación escolar). *A veces referido a la pers que obtiene esa calificación*. | *DBu* 19.9.70, 8: La expresión del nivel en ella alcanzado será objeto de las calificaciones siguientes: sobresaliente, notable, bien, suficiente .., insuficiente y muy deficiente (distintos matices del actual suspenso).

insuficientemente *adv* De manera insuficiente [1]. | Aranguren *Marxismo* 114: El partido ha de sacar de su pasividad a los rusos, campesinos individualistas, obreros todavía insuficientemente conscientes.

insuflación *f* Acción de insuflar. | Cela *Inf* 1.4.77, 19: Al compatriota de que se habla lo llevaron al hospital y le practicaron una "laparotomía exploratoria, debido a la insuflación de intestino por aire comprimido, a una presión media de 6,5 kg.".

insuflador -ra *adj* Que insufla. *Tb n m, referido a aparato*. | *Van* 27.4.74, 4: Estas cubiertas, que se mantienen tensas por efecto de una ligera sobrepresión interior producida por insufladores de aire, requieren materiales resistentes a la intemperie y al envejecimiento.

insuflar *tr* **1** Introducir [un gas o una sustancia pulverulenta (*cd*)] en alguien o algo (*ci o compl adv*)]. | C. Otero *Abc* 21.6.79, 48: El producto se distribuye a 20 provincias, realizándose su transporte .. mediante bombonas de plástico a las que se insufla oxígeno a baja presión. Ramos-LSerrano *Circulación* 318: Las canalizaciones están obstruidas. Insuflar por ellas aire fuertemente utilizando la bomba de inflar neumáticos. **b)** Introducir un gas o una sustancia pulverulenta [en alguien o algo (*cd*)]. | Mascaró *Médico* 25: Se pinza con los dedos la nariz de la víctima y se inicia la insuflación soplando, espirando todo el aire de nuestros pulmones en la víctima al tiempo que se comprueba, por la ligera elevación del tórax del insuflado, si nuestro intento resulta eficaz.
2 Infundir (hacer que [alguien (*ci*)] pase a tener [algo inmaterial]). | Castilla *Humanismo* 27: En los primeros años de nuestra existencia se nos insuflan una serie de valores a los cuales debemos aspirar. M. GArostegui *SAbc* 2.2.69, 33: Los militares de la Escuela Politécnica que nutrían sus filas y que insuflaban actividad y vida al Club abandonaban este.

insufrible *adj* Que no se puede tolerar o aguantar. | Salvador *Haragán* 53: Descubríamos en seguida si era tonto o listo, si era simpático o insufrible. R. Frühbeck *SAbc* 20.9.70, 9: A la sensibilidad juvenil de 1970 un espectáculo encaminado al entusiasmo de los "agudos" debe parecerle absurdo e insufrible.

insulación *f* (*lit, raro*) Aislamiento. | Miguel *Madrid* 200: El radicalismo de estudiantes y profesores se acentuará en la misma o parecida proporción que progresen las medidas de insulación de la vida universitaria.

insulano -na *adj* (*lit, raro*) Insular[1]. | Espinosa *Escuela* 360: Hoy nos quitas a Roxano, .. cuando, apenas llegado al insulano vergel, comenzaba a recontar las Provincias Imperiales.

insular[1] *adj* De (la) isla o de (las) islas. *Tb n, referido a pers*. | Ortega-Roig *País* 131: Cada región histórica está, a su vez, dividida en provincias. En total son 54, de las cuales tres son insulares. V. Marrero *MHi* 5.64, 9: La creación de nuevos puestos oficiales, la intensificación de la vida estatal..., produjeron un trasiego entre insulares y peninsulares como no se había conocido en épocas anteriores.

insular[2] *tr* (*lit, raro*) Aislar. | Miguel *Madrid* 186: Es corriente referirse a los temas de nuestro país como si viviésemos insulados en nuestro castillo roqueño ibérico.

insularidad *f* **1** Hecho de ser isla. | C. Osete *Rev* 12.70, 10: Gran Bretaña se resiste por razones que no son las del centralismo, sino las de la insularidad.

2 Condición de insular¹. | Grosso *Invitados* 140: Tony Mackenzie, gigolo anglosajón, .. condicionado por su insularidad, .. se siente un verdadero *gentleman* ante su oponente.

insularismo *m* (*Pol*) Tendencia a defender la condición insular de un territorio. *Aludiendo esp al aislamiento respecto al continente.* | B. Mostaza *Ya* 12.10.74, 9: El referéndum pa[ra] optar por la retirada o la continuación en el Mercado Común puede volver a Gran Bretaña a su ancestral insularismo.

insularista *adj* (*Pol*) Partidario o defensor de la autonomía de las Islas Canarias. *Esp, perteneciente a las Agrupaciones Independientes de Canarias. Tb n, referido a pers.* | *Cam* 1.1.90, 39 (A): La Agrupación tinerfeña .. surgió como un movimiento de derechas, un partido insularista de componente burgués. *País* 2.9.87, 16: Un periódico canario relaciona a militantes insularistas con el Frente Nacional de Jean-Marie Le Pen. *País* 4.12.88, 21: El CDS y los insularistas de las Agrupaciones Independientes de Canarias (AIC) prefieren tratar de recomponer un pacto del centro-derecha en Canarias.

insularización *f* Acción de insularizar. | *Tri* 1.7.72, 21: El control público (o insularización) de las fuentes de producción y los canales de distribución y depósitos de las aguas permitiría la optimización de su uso.

insularizar *tr* Hacer que pasen a depender del gobierno insular [bienes o servicios de propiedad particular (*cd*)]. *Referido normalmente a las islas Canarias.* | *Abc* 10.10.74, 11: Insularizar el agua de Lanzarote. La empresa privada que explota en la actualidad el agua y la electricidad de la isla de Lanzarote .. recibirá doscientos sesenta y cinco millones de pesetas por vender sus instalaciones al Cabildo insular.

insulina *f* Hormona pancreática que regula la cantidad de glucosa existente en la sangre y que se utiliza en el tratamiento de la diabetes. | Bustinza-Mascaró *Ciencias* 27: El páncreas .. elabora una hormona, la insulina, que se vierte directamente a la sangre. Cañadell *Salud* 373: El tratamiento sustitutivo ideal [en la diabetes] debería consistir en la inyección de insulina antes de cada comida.

insulinemia *f* (*Med*) Presencia de insulina en la sangre. | Cañadell *Salud* 370: La cantidad de insulina en sangre (insulinemia) es normal.

insulínico -ca *adj* (*Med*) De (la) insulina. | Cañadell *Salud* 370: Los primeros son diabéticos por carencia insulínica.

insulinodependiente *adj* (*Med*) Que precisa del tratamiento permanente con insulina. *Tb n, referido a pers.* | M. T. Vázquez *Far* 12.87, 8: Las jeringuillas de un solo uso necesarias para la aplicación de insulina en los diabéticos insulino-dependientes. *Cam* 15.3.93, 111 (A): Puede ser utilizado tanto por los enfermos insulinodependientes como por los que no lo son. Cañadell *Salud* 370: La [diabetes] que comienza en la edad adulta acostumbra a ser insulino--dependiente.

insulinoma *m* (*Med*) Tumor pancreático que produce exceso de insulina. | Cañadell *Salud* 376: El insulinoma es un tumor pancreático, generalmente benigno y de pequeño tamaño, que produce cantidades excesivas de insulina.

insulsamente *adv* De manera insulsa. | L. Pancorbo *Ya* 27.11.74, 59: Nada de fascistas reconstr[u]cciones históricas o imperiales, nada de comedias de "teléfonos blancos", para que la gente se divierta insulsamente y no piense.

insulsez *f* Cualidad de insulso. | DCañabate *Paseíllo* 141: ¿Se puede llamar adorno a un embarullado y aislado molinete o a los pases por alto .., de una insulsez total?

insulso -sa *adj* **1** Que no tiene o apenas tiene sabor. | Matute *Memoria* 193: Añadió .. rebanadas de un pan moreno y salado, muy distinto al insulso pan de la isla.

2 Que aburre o que no ofrece interés. | Olmo *Golfos* 64: Y así todas las tardes, tan insulsas, tan sin nada. Olmo *Golfos* 106: El cobrador, mecánicamente, repitió la insulsa y rutinaria operación.

insultador -ra *adj* [Pers.] que insulta. *Tb n.* | Fieramosca *Ya* 13.6.89, 62: Alfonso Guerra, el insultador mayor del Reino, en declaraciones a la SER, acaba de dar los resultados de las elecciones.

insultante *adj* **1** [Pers.] que insulta. | Olmo *Golfos* 50: Luego, insultante, le amenazó: –¡Te voy a romper la cara, so imbécil!

2 [Cosa] que implica insulto u ofensa. | Ángel *Cod* 9.2.64, 8: Molestan con preguntas insultantes a gente que no se atreve a pegarles un tortazo. * Viven en un lujo insultante.

insultantemente *adv* De manera insultante. | *Mun* 5.12.70, 8: El socialismo .. fue una reacción de una mayoría tremendamente pobre frente a una minoría insultantemente rica.

insultar *tr* Ofender [a alguien] con palabras. | Olmo *Golfos* 192: Cuando mi mujer se acercaba a mí para desnudarme, la insultaba y me reía de ella.

insulto *m* **1** Acción de insultar. | Arce *Testamento* 15: –Tienes una mujer que es una real hembra .. ¿Te quiere? .. –Sí –respondí débilmente .. ¡Ningún hombre hubiera contestado a aquel insulto! Yo había adivinado la intención en la manera que Enzo tuvo de preguntarme. **b)** Palabra o palabras con que se insulta. | DCañabate *Paseíllo* 24: El albañil se retira prudentemente mascullando por lo bajines atroces insultos.

2 Cosa que ofende o humilla. *Tb fig.* | * Esa ostentación de riqueza es un insulto a los pobres. *VozC* 15.1.55, 5: En la mayoría de los casos .. [las obras extranjeras] nos llegan en unas catastróficas traducciones que son un insulto al castellano.

3 (*Der*) Ofensa de palabra o de obra. | *País* 12.10.76, 12: Gamonedas Pacas, Efraín, .. comparecerá en el término de quince días .., procesado .. por el presunto delito de insulto a Fuerzas Armadas, bajo apercibimiento de ser declarado rebelde.

insumergible *adj* Que no se puede sumergir. *Tb fig.* | *Ver* 23.7.76, 11: Aladroque 380. Sensacional bote para pesca y recreo. Insumergible. *País* 21.4.91, 1: La insumergible DC italiana.

insumir *tr* (*Econ*) Emplear o invertir [dinero]. | *EOn* 10.63, 23: El 18,75% de las importaciones españolas en 1962 .. se destinaron a productos minerales. El 18,24% –286,32 millones de Dólares– se insumieron en la importa[ción] de máquinas y aparatos.

insumisión *f* **1** Cualidad de insumiso [1]. | Lapesa *HLengua* 89: Los ciento setenta y cinco años que duró el reino suevo hasta su conquista por Leovigildo (585) y la constante insumisión de los cántabros supusieron barreras políticas que hubieron de ahondar las nacientes divergencias regionales del habla.

2 Actitud del insumiso [2]. | *Sur* 22.8.89, 24: El recorrido se llevó a cabo en medio de .. los gritos en contra de la realización del servicio militar y a favor de la objeción de conciencia y la insumisión.

insumiso -sa *adj* **1** Que no se somete. *Tb n, referido a pers.* | Lapesa *HLengua* 124: La antigua Cantabria, región constantemente insumisa durante el período visigótico, fue la cuna de Castilla. J. M. Alfaro *Abc* 13.12.70, 3: El rebelde es un indisciplinado, un insumiso. **b)** Propio de la pers. insumisa. | * Actitud insumisa.

2 Que se niega a cumplir el servicio militar obligatorio. *Tb n.* | *Sur* 22.8.89, 24: Un mando militar indicó que los insumisos serían recibidos de uno en uno.

insumo *m* (*Econ*) Bien empleado en la producción de otros bienes. | C. Jabardo *Faro* 8.8.75, 17: La composición química de estos insumos (productos químicos para la agricultura) toma como base los importantes estudios de la e[nto]mología aplicada de esta última década, que han dejado anticuados a los insecticidas ya conocidos.

insuperable *adj* **1** Que no puede ser superado o mejorado. *Frec con intención ponderativa.* | *Abc* 8.9.66, 11: Un medio insuperable de invasión pacífica, de captación y proselitismo. Marco *DEs* 24.8.71, 18: Para el día 25 a las 13,30 horas, gran Audición de Sardanas por la insuperable Cobla Orquesta Montgrins.

2 Que no puede ser superado o salvado. | * Un obstáculo insuperable.

insuperablemente – integral

insuperablemente *adv* De manera insuperable [1]. | J. M. FGaytán *Med* 1.4.60, 3: Caracterizado y definido insuperablemente por José Antonio, l[e] cor[r]espondía una doble misión.

insurgencia *f (raro)* Insurrección. | Lázaro *Gac* 29.5.77, 13: El futuro escritor adopta ante su madre una actitud, primero, de amor, y, después, de insurgencia.

insurgente *adj* Insurrecto. *Tb n.* | J. CAlberich *Mun* 23.5.70, 26: Los combates [en Tailandia] entre las tropas gubernamentales y los insurgentes tienen lugar preferentemente en las proximidades de la frontera laosiana. *Barcelona* 47: 1934. Proclamación insurgente .. del "Estat Català" .. y sofocamiento de la subversión .. por el Ejército.

insurgir *intr (raro)* Sublevarse o insurreccionarse. *Tb pr. Tb fig.* | B. Seoane *SVoz* 8.11.70, 10: El racionalismo y la filosofía existencial constituyen el núcleo contra el que insurge el estructuralismo. *SInf* 24.6.76, 11: Cine. Historias de la revolución. Cuando se insurge el cine mexicano. Por César Santos Fontenla.

insurrección *f* Sublevación [de una colectividad importante]. *Tb fig, referido a un individuo o a una cosa.* | Arenaza-Gastaminza *Historia* 300: La intervención americana ocasionó nuevas insurrecciones y finalmente la pérdida de las islas [Filipinas]. *RegO* 23.7.64, 9: Goldwater se enfrenta con una creciente insurrección dentro de su partido.

insurreccional *adj* De (la) insurrección. | *Abc* 30.6.73, 27: La rebelión era el producto de un estado insurreccional que venían propiciando algunos sectores adversos al Gobierno.

insurreccionarse *intr pr* Sublevarse, o iniciar una insurrección. | Laforet *Mujer* 257: Aquel ángel llamado Francisco .. un día se insurreccionó.

insurrecto -ta *adj* [Pers.] que toma parte en una insurrección. *Tb n.* | Gironella *Millón* 792: ¡De saber que el coronel Casado, el insurrecto de última hora, era amigo de Julio, tal vez se hubiera acercado a él! **b)** De (los) insurrectos. | J. M. Massip *Abc* 18.6.58, 31: De persistir la agresión insurrecta contra el régimen del presidente Chamun, hay que defender a dicho régimen de la rebelión interna.

insustancial *(tb, raro,* **insubstancial**) *adj* Insulso, o que no ofrece interés ni aliciente. | Torrente *Off-side* 521: Llevo cerca de setenta años .. diciendo lo que me sale del corazón o dejándome llevar por tu conversación insustancial. *Ya* 13.4.61, 25: Pese a su título insubstancial, "La guerra secreta de sor Katherine" es una excelente película católica.

insustancialidad *(tb, raro,* **insubstancialidad**) *f* **1** Cualidad de insustancial. | V. A. Pineda *Des* 12.9.70, 19: La modestia tiene muy a menudo su razón y sentido, la insustancialidad no. MGaite *Cuento* 149: La sustancia o insustancialidad de estas preguntas infantiles está condicionada por el grado de libertad concedido para formularlas.
2 Dicho insustancial. | Huarte *Diccionarios* 73: Corren el peligro de decir insustancialidades o contradicciones.

insustituible *(tb, raro,* **insubstituible**) *adj* [Pers. o cosa] que por su vital importancia no puede ser sustituida adecuadamente por otra. | Laforet *Mujer* 226: Se esforzó [Paulina] en pensar que para él era insustituible.

intachable *adj* Que no tiene en sí el menor motivo de censura. | Laforet *Mujer* 41: Siempre la tuvo por un ser puro, intachable. Tácito *Ide* 9.4.76, 12: Unas elecciones libres, intachables y con igualdad de oportunidades, para esas Cortes.

intacto -ta *adj* No tocado. *Frec fig.* | * El cuaderno estaba intacto donde lo habíamos dejado. * Me dijo que terminaría la falda esta tarde, pero está como la dejó ayer, intacta. **b)** Que no ha sido afectado, menoscabado o usado. | V. L. Agudo *Ya* 9.6.68, sn: El castillo .. se conserva intacto. *Rue* 22.12.70, 13: En el primer encuentro .. el toro embiste con su intacta pujanza.

intangibilidad *f* Cualidad de intangible. | MSantos *Tiempo* 144: Tras dar .. opción a alguno de los parientes .. para arrojar al fondo un puñado de tierra que rompa la precaria intangibilidad de la tapa.

intangible *adj* **1** Que no puede ser tocado. | * El alma es algo intangible.
2 Intocable, o que tiene que ser objeto del máximo respeto. | GNuño *Arte* 23: La arquitectura cristiana, frente al intangible patrón romano, presenta variedad y original rebusca de formas. P. Berbén *Tri* 12.12.70, 38: La idea de la "selección natural" es menos intangible de lo que cree.

integérrimo → ÍNTEGRO.

integrable *adj* Que puede integrarse. | Pozuelo *Tri* 2.2.74, 15: Lo que sucede es que los integrables de vocación quizá no tengan tanta densidad de conciencia como Buero. VMontalbán *Transición* 122: Presley había sido .. la oferta de un rock blanco frente al rock negro, un rock de raíz integrable que heredaba las ganas de mover el esqueleto del bugui o boogie.

integración *f* **1** Acción de integrar(se) [2, 3 y 5]. *Tb su efecto.* | *Abc* 27.1.70, 14: La integración de toda la minería .. en un complejo socializado, nacionalizado, estatalizado, no impediría .. el conflicto. *Pue* 20.1.67, 16: Un referéndum en Gibraltar para determinar si la población deseaba o no dicha integración. J. PIriarte *Sur* 26.8.90, 24: Ahí la posición europea, haciendo uso de esa institución sacada del baúl de los recuerdos que es la UEO, ha ganado en integración tanto como en media docena de cumbres.
2 (*Mat*) Operación de integrar [4]. | Ríos-RSanjuán *Matemáticas 6º* 172: La derivación es la operación inversa de la integración.

integracionismo *m* Tendencia a la integración [1]. | J. M. RGallardón *Abc* 29.6.75, 57: Lo denomina como método "integracionismo o de la inclusión", haciendo equivalentes ambos términos.

integracionista *adj* **1** De(l) integracionismo. | M. Aznar *SAbc* 16.6.68, 11: Salen constantemente fórmulas y recetas integracionistas.
2 (*Pol*) Partidario de la integración racial y política. *Tb n, referido a pers. Normalmente referido a los Estados Unidos.* | *Luc* 30.7.64, 1: Los jefes de las seis principales organizaciones integracionistas norteamericanas han hecho hoy un llamamiento. *DCu* 14.7.64, 5: Ha sido hallado un segundo cadáver de los tres integracionistas desaparecidos hace tres semanas cerca de Filadelfia.

integrado -da *adj* **1** *part* → INTEGRAR.
2 Constituido por distintos elementos que forman un todo homogéneo. | Pániker *Conversaciones* 232: Otro ejemplo: la industria eléctrica, que en un país de las dimensiones del nuestro debería tener un sistema completamente integrado y de empresa pública. *Pro* 12.12.87, 38: A pesar de la probada eficacia por parte de una gran variedad de servicios que actualmente ofrece el software standard (hojas electrónicas, bases de datos, paquetes integrados, etc.), la mitad de las empresas informatizadas no hacen uso de esta clase de servicios.
3 (*E*) [Circuito] ~ → CIRCUITO. **b)** [Tecnología] basada en la de los circuitos integrados. | A. M. Yagüe *Ya* 22.2.89, 21: Existen otras aplicaciones futuras de las tecnologías integradas relacionadas con otros campos distintos al militar. A. M. Yagüe *Ya* 22.2.89, 21: Óptica integrada, que combina componentes eléctricos y ópticos usando estructuras de película delgada crecida sobre un solo sustrato.
4 (*Informát*) [Gestión] en que una base de datos común puede servir para aplicaciones diversas. | *País* 7.3.79, 16: HP-250 .. Gestión integrada de la base de datos.

integrador -ra *adj* Que integra [2 y 3]. *Tb n, referido a pers.* | Alfonso *España* 78: El arte popular es, ante todo, integrador. A. Díez *País* 14.12.93, 20: Aunque no sea Griñán la persona que puede surgir como tercera vía o integrador entre los socialistas andaluces, cada vez hay más sectores empeñados en buscar a alguien que ocupe esta función.

integradoramente *adv* De manera integradora. | E. Aguinaga *Ya* 14.1.92, 12: Aquel chotis, himno de los que se fueron, se había convertido misteriosamente, integradoramente, en himno de los que se quedaron.

integral I *adj* **1** Que comprende la totalidad de los aspectos o partes de la cosa en cuestión. | J. Montini *Ya* 24.5.70, sn: Se trata de un movimiento que busca la educación integral de las masas. J. Marrodán *DNa* 22.8.90, 29: La

integralismo – intelección

reserva integral de Mendilaz es una zona fuertemente karstificada. **b)** Que es [lo expresado por el n.] de manera integral. | Mercader-DOrtiz *HEspaña* 4, 226: Impíos integrales como Helvetius, Diderot o D'Holbach apenas es posible encontrar en la España del XVIII.
2 [Alimento] que conserva todos sus componentes. | * Arroz integral. * Harina integral. **b)** [Pan] fabricado con harina que conserva todos los componentes del trigo. | Torrente *Off-side* 59: Rebanadas de pan integral, salero de Murano, y un tubo de pastillas con todas las vitaminas.
3 [Cálculo] ~ → CÁLCULO¹.
II *f* **4** (*Mús*) Edición completa en disco [de la obra de un compositor o de un sector concreto de ella]. | *SAbc* 9.7.93, 48: Carmen Bustamante .. y .. Manuel García Morante (a los que debemos, entre otras muchas cosas, la integral de canciones de Granados en dos discos) nos ofrecen ahora casi la mitad de las de Toldrá.
5 (*Mat*) Resultado de integrar [4]. | Ríos-RSanjuán *Matemáticas 6º* 173: La integral de un polinomio es otro polinomio de grado superior en una unidad.
6 ~ térmica. (*Bot*) Número total de horas de sol diarias que precisa una especie vegetal. | Artero *Plantas* 127: Los vegetales necesitan reunir un cierto número de horas de calor para poder fructificar .. A la suma total de esas horas se le llama integral térmica.

integralismo *m* **1** Aspiración a poner en práctica íntegramente los propios principios o ideales. | Laín *Marañón* 165: Hay dos maneras básicas de cumplir tal servicio [del ideal], el integralismo y el posibilismo, la consideración tácita o expresa de que ese ideal puede ser y debe ser íntegramente realizado .., y el atenimiento a las porciones de ese ideal .. que un prudente compromiso con la situación anterior vaya permitiendo o haya permitido realizar.
2 (*hist*) Movimiento político portugués de carácter monárquico, nacionalista y antiliberal. | Quintanar *Abc* 11.6.72, 15: Tabares, que nos sumerge en épocas pasadas y donde al margen del bullicio mundano se refugian en un rincón, para tratar de sus cosas, los restos del "integralismo" que la muerte respetó.

integralista *adj* De(l) integralismo. | Lorenzo *Extremadura* 144: De la tiendecita .. sale una música, marcha que trae a remembranza la profecía de Antonio Sardinha, el poeta de Elvas, componiendo en su *Quinta do Bispo* cantos integralistas, por una peninsular alianza de la Hesperia. **b)** Partidario del integralismo. *Tb n.* | Laín *Marañón* 166: ¿Quiénes son los que conciben y formulan los ideales a cuyo servicio el joven tiende a ser integralista y rebelde?

integralmente *adv* De manera integral [1]. | J. Botella *Abc* 27.8.75, sn: Con la mejor intención del mundo se ha querido socializar integralmente la Medicina en un país cuyas otras estructuras no están socializadas.

íntegramente *adv* De manera íntegra, *esp* [1]. | Delibes *Mundos* 98: Las casas .. son íntegramente de madera. *NRi* 14.5.64, 9: Aparecen en la parte exterior del "portalejo" .. arcos románicos, como pegotes o remiendos que desdicen íntegramente del arte primitivo y primordial del antiguo monumento.

integrando *m* (*Mat*) Función que ha de ser integrada (→ INTEGRAR [4]). | Ríos-RSanjuán *Matemáticas 6º* 171: La función *f(x)* se llama integrando.

integrante *adj* Que integra [1] [algo (*compl de posesión*)]. *Tb n, referido a pers.* | *RegO* 1.7.64, 14: Dentro, formando parte integrante de la industria, se encuentra instalada la siguiente maquinaria. Ramírez *Derecho* 185: Podría haberme extendido a otras muchas materias, también integrantes de mi ser. [Habla el Derecho.] S. RToledo *VozT* 6.9.78, 22: Los cambios efectuados en la selección y el afán de lucimiento personal de sus integrantes hizo que el dominio durante la segunda mitad fuese casi total del once local.

integrar A *tr* **1** Formar [diversas perss. o cosas (*suj*) un todo (*cd*)]. | *País* 23.2.77, 14: Un comando .. integrado por siete individuos .. atacó la noche del pasado martes la sede central en Barcelona del grupo juvenil Joventuts Comunistes de Catalunya. P. Bonet *País* 4.3.88, 4: Las más de 100 nacionalidades que integran la URSS forman un conjunto variopinto. **b)** Constituir [una cosa (*suj*) una entidad (*cd*)]. | Ramírez *Derecho* 152: Hay muchas acciones y omisiones voluntarias que la Ley sanciona .. y que, no obstante, no integran delitos.
2 Hacer que [alguien o algo (*cd*)] pase a formar parte [de un todo (*compl* EN o DENTRO DE)]. *Referido a pers, frec indica adaptación con relación a la sociedad. Tb sin compl, por consabido.* | *Abc* 27.1.70, 14: Las minas rentables, si lo son verdaderamente, al ser integradas en un conjunto que vive en economía de pérdidas, no resolverían el déficit del conjunto. VMontalbán *España* 196: Si de las canciones de Serrat se desprende que el chico se acuesta con sus amantes, se tambalea, aunque solo sea un poco, el pasodoble filosófico nacional. Y a pesar de todo se le consiente, se le integra (¡qué cruel palabra!). **b)** *pr* Pasar a formar parte [de un todo (*compl* EN o DENTRO DE)]. *Referido a pers, frec indica adaptación con relación a la sociedad. Frec en part sustantivado. Tb sin compl, por consabido.* | Couselo *Faro* 2.8.85, 17: Tampoco es para preocuparse demasiado ahora que nos integramos políticamente en Europa. Umbral *Españolas* 48: Sorolla pinta una gitana feliz, integrada, con sueldo base y sindicato.
3 Unir [dos o más partes] para formar un todo. | *País* 23.1.77, 19: Se encierra el Consejo Nacional de Catedráticos de Instituto .. Piensan que antes de regulación alguna deben integrarse los cuerpos.
4 (*Mat*) Calcular [una función (*cd*) cuya diferencial se conoce]. | Ríos-RSanjuán *Matemáticas 6º* 178: Se comprende que el cálculo del límite anterior puede ser sumamente complicado en cuanto la función que se trata de integrar no sea muy sencilla.
B *intr pr* **5** Formar parte [de un todo (*compl* EN o DENTRO DE)]. | *País* 23.2.77, 1: Sánchez Covisa y diez miembros del fascismo internacional, detenidos .. La operación se integra dentro de una vasta redada. C. Sentís *Inf* 11.9.75, 16: Entre esta masa alfabetizada en distinto grado se cuentan los lectores de periódicos, y se integra en ella la "élite" que interpreta el pensamiento indio.

integridad *f* **1** Cualidad de íntegro. | Alvarado *Zoología* 116: Mientras en los carnívoros y en los herbívoros más especializados .. la dentadura .. ha experimentado notables reducciones .., en el omnívoro jabalí se ha conservado la dentadura primitiva en su integridad. V. Royo *Sp* 21.6.70, 19: Los acuerdos están ya pergeñados en toda su integridad. * La integridad del contable está fuera de toda duda.
2 ~ física. Estado de quien no ha sufrido roturas, lesiones ni amputaciones. | M. Toharia *SInf* 16.12.70, 9: Las bajas temperaturas harían del suelo una auténtica pista de patinaje, con el consiguiente peligro para la integridad física de peatones y automovilistas.

integrismo *m* Doctrina que preconiza el mantenimiento, sin evolución, de la totalidad de un sistema, esp. religioso. *Tb la actitud correspondiente.* | J. M. DAlegría *VozA* 8.10.70, 9: La Iglesia se opuso al socialismo sin más, temiendo los ataques al integrismo y al sistema familiar. L. Contreras *Mun* 19.12.70, 9: Representó y representa la posibilidad –no tan minoritaria como el integrismo cree– de que los sectores políticamente sensibilizados comiencen a razonar.

integrista *adj* De(l) integrismo. | P. Larrañeta *VNu* 7.10.72, 7: Cabría situar la actitud claramente integrista y muy ligada a planteamientos no exclusivamente religiosos de quienes de hecho dirigieron las Jornadas. **b)** Partidario del integrismo. *Tb n.* | Aranguren *Marxismo* 176: El comunismo monolítico y el catolicismo integrista fueron triunfalistas. *Ide* 28.9.87, 29: Siete integristas islámicos, condenados a muerte en Túnez.

íntegro -gra (*superl*, INTEGRÍSIMO o, *lit*, INTEGÉRRIMO) *adj* **1** [Cosa] entera, de la que no se ha quitado o no falta ninguna parte. | Laforet *Mujer* 157: Ella devolvió el importe íntegro de lo robado. **b)** Total o absoluto. | C. Almendares *RegO* 3.7.64, 5: Otros se atrincheran en una actitud de integérrimos defensores de la economía municipal.
2 [Pers.] de honradez y rectitud inalterables. | Delibes *Año* 33: Santander debió de ser un hombre íntegro y flexible. Armonizar ambas cualidades no es fácil en este país nuestro. **b)** Propio de la pers. íntegra. | U. Buezas *Reg* 17.12.74, 2: Apuntamos estas dos anécdotas que revelan su carácter integérrimo e imperturbable en su trayectoria específica de escueto investigador de los misterios de la materia.

intelección *f* (*E o lit*) Entendimiento (acción de entender). | L. Calvo *SAbc* 16.3.69, 18: No es posible una co-

intelectivamente – inteligente

rrecta intelección de su copioso anecdotario, si no se tienen muy en cuenta esas virtudes fundamentales y otras muchas que no mencionamos ahora.

intelectivamente *adv* De manera intelectiva. ǀ MPuelles *Hombre* 52: La libertad es fidelidad a otro origen más radical y hondo, el verdadero origen, que es la misma "ipseidad" primitiva de la que todos los actos de mi historia brotan. Intelectivamente no la puede aprehender.

intelectivo -va *adj* Del intelecto. ǀ Valls *Música* 28: La música afecta y vulnera nuestra secreta y recóndita intimidad sensitiva y nuestro potencial intelectivo. **b)** (*Filos*) [Alma o vida] de las funciones psíquicas relativas al entendimiento y la voluntad. ǀ Gambra *Filosofía* 136: El grado más elevado de seres vivos está representado en este mundo por la vida intelectiva, en la cual comienzan las funciones psíquicas superiores (entendimiento y voluntad) .. El alma intelectiva es espiritual.

intelecto *m* Inteligencia [1a]. ǀ *Gac* 11.5.69, 13: Santo Tomás de Aquino sostenía que la astrología ejercía cierta influencia sobre las pasiones del hombre, aunque no sobre su intelecto.

intelectual *adj* **1** De (la) inteligencia [1a]. ǀ Gambra *Filosofía* 126: El conocimiento intelectual, aunque parta del conocimiento sensible, es algo superior y distinto. Laforet *Mujer* 178: Eran un matrimonio simpático y lleno de inquietudes intelectuales.
2 [Pers.] cuyo trabajo se basa fundamental o exclusivamente en la actividad, creadora o investigadora, de la inteligencia [1a]. *Frec n.* ǀ Aranguren *Marxismo* 12: Escribí, como fórmula expresiva de la posición del intelectual *vis à vis* de la sociedad, que esta consiste en mantenerse solidariamente solitario y solitariamente solidario. **b)** De (los) intelectuales. ǀ * Es una revista muy intelectual.

intelectualidad *f* **1** Condición de intelectual [2]. ǀ *Pue* 16.12.70, 30: Primero se unió al Venus-Mercurio Kennedy, al que admiraba por su intelectualidad.
2 Clase intelectual [2]. ǀ J. Salas *Abc* 1.12.70, 53: Se ha celebrado la clausura del ciclo de conferencias que .. ha traído a la capital portuguesa a numerosas figuras de la intelectualidad española.

intelectualismo *m* **1** Tendencia a dar preponderancia a lo intelectual [1]. ǀ Mercader-DOrtiz *HEspaña* 4, 204: El Renacimiento tuvo en el dominio estético un ímpetu creador que en la Ilustración fue agostado por el exceso de intelectualismo.
2 (*Filos*) *Se da este n a varias doctrinas, esp la que considera que el conocimiento se deriva de la acción del intelecto sobre los datos suministrados por los sentidos.* ǀ Gambra *Filosofía* 122: Sobre los datos suministrados por estos [los sentidos], el entendimiento logra elevarse por encima del mundo sensible alcanzando verdades suprasensibles, necesarias y universales. En esto, el intelectualismo se aproxima al racionalismo.

intelectualista *adj* **1** Que tiende a dar preponderancia a lo intelectual [1]. ǀ Fernández-Llorens *Occidente* 164: El manierismo no es una simple imitación, sino un estilo cultural y artístico, profundamente intelectualista y refinado. CBaroja *Baroja* 38: De mi padre sí tengo otros muchos y fuertes [recuerdos]: siempre asociados a algún rasgo temperamental, nunca a cuestiones intelectuales. Esto ahora me parece más importante que cuando era más joven y más intelectualista.
2 (*Filos*) De(l) intelectualismo [2]. ǀ Gambra *Filosofía* 125: Según la teoría intelectualista .., en la formación del universal colaboran la sensibilidad y la razón o entendimiento. **b)** Adepto al intelectualismo. *Tb n.* ǀ Pinillos *Mente* 138: Inconsciente, conviene aclararlo, no significa tan solo que algo no es consciente; si fuera así, ni Descartes ni muchos otros intelectualistas y positivistas posteriores se hubieran opuesto a una noción de este tipo.

intelectualización *f* Acción de intelectualizar(se). ǀ Tierno *Humanismo* 92: La educación es, antes que nada, control e intelectualización de los impulsos. FMora *Abc* 1.9.66, sn: Sin pretenderlo, los sarampiones irracionalistas contribuyeron a la actual intelectualización del arte.

intelectualizar *tr* Dar carácter intelectual [a alguien o algo (*cd*)]. *Tb abs.* ǀ Halcón *Ir* 346: La muerte de un ciervo en montería ha sido intelectualizada por el hombre. El cazador obedece a un deseo metafísico .. de usar el poder sobre algo que no contesta con las mismas armas. Solo el hombre mata por matar, a esto llama sport. Nerva *Teatro 1959* 317: López Rubio prefiere gustar a ser aplaudido, intelectualizar a popularizar. **b)** *pr* Tomar [alguien o algo] carácter intelectual. ǀ Pemán *Abc* 2.1.72, 3: El hombre, aun habiéndose civilizado e intelectualizado tanto, tropieza a menudo con seres animales, minerales, vegetales, que parecen mejor dotados por la Providencia para entendérselas con la vida. *DNa* 15.8.64, 16: Respecto al tratamiento de los tartamudos, lo más importante es iniciar la curación en época temprana. Es decir, antes de que se intelectualice esta neurosis de la palabra.

intelectualmente *adv* En el aspecto intelectual [1]. ǀ Aranguren *Marxismo* 150: El criterio de la verdad se traslada .. de la coherencia, construcción lógicamente correcta e intelectualmente satisfactoria .., al cumplimiento .. de la profecía.

intelectualoide *adj* (*desp*) Que pretende ser intelectual [2]. ǀ Laiglesia *Tachado* 218: Florinda reanudó sus guateques intelectualoides.

inteligencia *f* **1** Entendimiento (facultad humana de entender y razonar). ǀ GPavón *Hermanas* 40: Aquí lo importante es inteligencia y tiempo sobrado. ǀ *En los animales:* Capacidad de comprender y de adaptarse a las situaciones, por encima del puro instinto. ǀ * Es admirable la inteligencia del perro. **c)** ~ **artificial**. Capacidad de una máquina para ejecutar funciones propias de la inteligencia humana, esp. el aprendizaje y el autoperfeccionamiento. *Tb la rama informática que la estudia.* ǀ RJiménez *Tecnologías* 40: La inteligencia artificial tiene, como aplicaciones más importantes, los sistemas expertos y el reconocimiento de voz e imagen.
2 Pers. dotada de inteligencia [1a] sobresaliente. ǀ L. Villalonga *CCa* 3.10.71, 5: Gusta de codearse con las inteligencias de la época. **b)** Ser dotado de inteligencia [1a]. ǀ M. Calvo *Ya* 18.10.74, 12: El radiotelescopio y no el cohete puede ser el primer instrumento que establezca contacto con inteligencias más allá del sistema solar, si es que existen.
3 Intelectualidad (clase intelectual). ǀ V. Armesto *Inf* 14.8.75, 15: Emilia hubiera tenido dificultades con la plana mayor de la inteligencia galaica a cuenta de pasar los inviernos en Madrid. GAmat *Conciertos* 171: El estreno [de la sinfonía] constituyó una fiesta de la inteligencia, a la que acudieron grandes figuras, no solo de la música, sino de las artes y la literatura.
4 Entendimiento o comprensión [de algo]. ǀ A. MAlonso *Arr* 11.11.70, 2: El nuevo léxico de Teilhard de Chardin .. nos ayuda a la inteligencia del texto del autor. Aranguren *Marxismo* 22: Se hace de él [el término "marxismo"] un uso predominantemente emocional .. Este uso es perturbador de la recta inteligencia del término. *Anuario Observatorio 1966* 110: Resulta de la diferencia indicada una aparente anomalía que, de no advertirse, podría a su vez ser causa de alguna confusión o mala inteligencia.
5 Entendimiento o comprensión mutua [con alguien o entre dos perss.]. ǀ Torrente *Pascua* 238: Supongo lógicamente que su determinación obedece a falta de inteligencia con don Carlos Deza. **b)** Entendimiento o connivencia [con alguien o entre dos perss.]. ǀ M. Bastos *Ya* 27.12.70, sn: Ha sido internado en un campo de concentración .. por vagas sospechas de inteligencia con el enemigo.
6 Información, esp. militar o política, obtenida secretamente. *Normalmente en la constr* SERVICIO(S) DE ~. ǀ J. L. Cebrián *País* 26.6.77, 9: Hasta el coronel Blanco, .. del que todos hablan ahora como el cerebro gris de los servicios de inteligencia del franquismo, estaba condenado al fantasmal encuentro. *BOE* 2.6.69, 8565: Deberán estar en posesión de una de las especialidades del Ejército del Aire siguientes: Transmisiones, .. Inteligencia y Contrainteligencia y Mecanización. **b)** Servicio de inteligencia. ǀ *SolM* 20.7.90, 19 (A): Tuvo acceso a los más secretos documentos de la inteligencia norteamericana.

inteligente *adj* **1** Que tiene inteligencia [1a y b]. ǀ * Se dice que el hombre es animal inteligente. *Odi* 20.2.77, 16: Los objetos voladores no identificados .. están dirigidos por seres inteligentes que nos miran desde el espacio con asombro y con deseos de tratarnos. **b)** [Máquina o sistema]

capaz de variar automáticamente su funcionamiento adaptándolo a las circunstancias. | S. FArdanaz *Ya* 17.2.91, 36: Las hay que no estallan ni por ondas de choque ni por presión ni por magnetismo: son las llamadas minas inteligentes, que resisten a los bombardeos y que están escondidas a varios metros bajo la arena y solo se levantan y estallan cuando pasan los tanques o los hombres. *País* 8.3.92, 29: Peugeot 605 .. Sistema de suspensión inteligente adaptable automáticamente al estado de la carretera y a su estilo de conducción. **c)** [Edificio] que se gobierna automáticamente por medio de máquinas inteligentes. | *Ya* 25.5.90, 3: La Casa de la Villa entrará a formar parte de los "edificios inteligentes", dotados con los más modernos sistemas de seguridad y ahorro energético. RJiménez *Tecnologías* 68: Los edificios inteligentes se gobiernan y mantienen en su totalidad por medio de técnicas ultramodernas. **d)** (*Informát*) [Terminal] dotado de capacidad de cálculo y de posibilidad de procesos independientes del ordenador central. | *País* 15.5.77, 28: Importante empresa internacional de informática precisa analistas de sistemas para colaborar en la definición e implantación de Sistemas de Teleproceso con terminales inteligentes.
2 [Pers.] que tiene notable inteligencia [1a]. | Torrente *Pascua* 238: Gran mujer, sí, señor. Inteligente, decidida, valiente.
3 Que denota o implica inteligencia [1]. | Rábade-Benavente *Filosofía* 64: También el hombre, en comportamientos no inteligentes de modo directo, aprende. DPlaja *El español* 137: Podría añadir el inteligente uso que el español hace del alcohol. RJiménez *Tecnologías* 41: Para que una máquina se comporte de forma inteligente, no es preciso que reproduzca exactamente el sistema neuronal del cerebro humano.
4 (*lit*) [Pers.] perita o entendida. | Cossío *Confesiones* 192: Comemos copiosamente, con el mejor apetito, y ellos se me muestran grandes bebedores de vino e inteligentes sobre su calidad.

inteligentemente *adv* De manera inteligente [3]. | Alfonso *España* 141: La pereza, la célebre pereza española, se repasa, tópica aunque inteligentemente, al final del libro.

inteligibilidad *f* Cualidad de inteligible. | Valls *Música* 12: Cada capítulo .. permite una lectura independiente .. sin que ello afecte .. a su inteligibilidad.

inteligible *adj* [Cosa] que puede ser entendida. | Guillén *Lenguaje* 24: Lope .. emplea una terminología más inteligible por más afín con la actual.

inteligiblemente *adv* De manera inteligible. | GÁlvarez *Filosofía* 2, 89: Tampoco logramos descubrir una idea clara del Infinito divino, porque en rigor tal idea no puede existir, ya que el infinito, al no haber sido realizado, no podía derivarse inteligiblemente de un arquetipo.

inteligir *tr* (*lit, raro*) Entender o comprender. *Tb abs*. | *Abc* 24.3.66, 89: Comienza Zubiri su última conferencia de este curso recordando las estructuras que la verdad real decanta en el hombre como ejercicio puro del acto de inteligir.

intelligentsia (*ruso; pronunc corriente,* /inteligénsia/) *f* Inteligencia [3]. | Aranguren *Moral* 165: La famosa Institución Libre de Enseñanza, que tanto influyó en la "intelligentsia" española del último cuarto del siglo XIX, .. se inspiró .. en Inglaterra más que en ningún otro país.

intemerata. la ~. *f* (*col*) Lo más insospechado. *Con intención ponderativa*. | Olmo *Camisa* 109: ¡La intemerata, señor Paco! ¡El Lolo se nos ha pasao al otro bando! ZVicente *Traque* 201: Todos estos viejales de aquí dicen que es un tipo de mucho cuidado. Que si mató a golpes a su primera mujer .. Que si echa al vino cada bautizo que no sube ese día el agua al entresuelo, y que echa a las comidas la intemerata. MPérez *Comunidad* 86: Los bandazos políticos a uno y otro rumbo; el golpismo ..; los movimientos estudiantiles .. Y así, hasta la intemerata.

intemperancia *f* **1** Cualidad de intemperante. | Kurtz *Lado* 198: Algo así como si de pronto Mauricio hubiera encontrado un pretexto para dejarse llevar por su habitual intemperancia.
2 Dicho o hecho intemperante [1b]. | GPavón *Hermanas* 158: El funcionario .. se alteró en tal grado que algunos miraban con esperanza de que se armara la gresca. Plinio ante aquellas intemperancias se mesó el maxilar. Kurtz *Lado* 163: Cualquier intemperancia provocaría en Luciano una decisión.
3 (*raro*) Falta de templanza en los placeres de los sentidos. | Villapún *Moral* 171: La intemperancia consiste en la falta de moderación en el comer y el beber. Gala *Séneca* 87: En Roma es pública tu ignominiosa intemperancia con una esclava, siempre la misma.

intemperante *adj* [Pers.] áspera o destemplada en su modo de hablar o de actuar. | Kurtz *Lado* 79: −Creo que su mente es clara, incluso excepcionalmente clara, pero es intemperante .. −Yo diría que la muerte de nuestra querida Susan le perturbó, le cambió el carácter. Era alegre y jovial. **b)** Propio de la pers. intemperante. | Delibes *Ratas* 86: −Está bien −dijo el Undécimo Mandamiento en tono intemperante−, tú quieres que a doña Resu la pille el toro. *Mun* 23.5.70, 61: Su carácter intemperante, su inadmisible actitud, le valieron enojosas tiranteces con la prensa local.

intemperie *f* Exposición a los agentes y fenómenos atmosféricos, sin la protección de un techo u otra cosa que cubra. *Normalmente en la constr* A LA ~. | Ybarra-Cabetas *Ciencias* 110: A esta acción [erosión del torrente] se suma la de la intemperie, que favorece la demolición. CBonald *Ágata* 301: Allí quedó el cadáver atravesado sobre dos banquetas y expuesto a la intemperie, con la caja sin tapar todavía. Laiglesia *Ombligos* 75: Si los aviones llevaran los motores dentro de la cabina en lugar de llevarlos a la intemperie.

intempestivamente *adv* De manera intempestiva. | CBonald *Ágata* 166: No quiso comentar Pedro Lambert .. las razones que movieran a aquellos dos inesperados personajes a arribar tan intempestivamente a la casona.

intempestivo -va *adj* [Hora] inoportuna o inconveniente, esp. por excesivamente temprana o tardía. | A. Aricha *Caso* 14.11.70, 15: En establecimientos de esta naturaleza no hay hora intempestiva. **b)** Que actúa o se presenta en un momento inoportuno o inconveniente. | Fuster *Inf* 16.5.74, 18: Hay quienes opinan que los nenes son díscolos de naturaleza, intempestivos e incordiantes.

intemporal *adj* Ajeno al tiempo o independiente del curso del tiempo. | Rábade-Benavente *Filosofía* 235: Los valores .. son inespaciales e intemporales .. Los valores en sí mismos gozan de una cierta idealidad, que los hace sustraerse a las condiciones del espacio y del tiempo. Umbral *MHi* 11.63, 79: En una plaza intemporal, solitaria, juegan dos niñas vestidas de blanco. **b)** (*Gram*) Que no implica noción temporal. | Estébanez *Pragma* 142: Como excepciones a este sistema habrá que considerar el presente histórico y el aoristo intemporal.

intemporalidad *f* Cualidad de intemporal. | Umbral *Ninfas* 237: ¿Habían encontrado en esto una forma de supervivencia, una zona de intemporalidad al margen de la vida y de los años?

intemporalización *f* Acción de intemporalizar(se). | Benet *Penumbra* 44: Tanto él como yo podíamos envejecer, pero el recado no, porque sobre el recado no debían pasar los años ni tenía que estar sujeto a cualquier otra mudanza, transmitido por un hombre de unos cuarenta años encargado de obrar el milagro de su intemporalización.

intemporalizar *tr* Hacer intemporal [a alguien o algo]. | GHortelano *Momento* 297: Sonaban tan restallantes los pelotazos, tan nítidas las voces, tan transparente el crujido de las zapatillas en la roja tierra de la pista, que la tarde me intemporalizaba, distendido en una única sensación. **b)** *pr* Hacerse intemporal. | Benet *Otoño* 40: Convertido en un cuerpo inmunizado, ni siquiera le afectarían hondamente la guerra del 14, la revolución bolchevique, el caos de la posguerra .. De alguna manera se había intemporalizado.

intemporalmente *adv* De manera intemporal. | Chamorro *Sin raíces* 127: Allí parecía habitar, intemporalmente, el espíritu del poeta.

intención I *f* **1** Acción de intentar [1]. *Gralm en la loc* HACER ~ *con un compl* DE, *que a veces se omite por consabido*. | Lera *Bochorno* 211: Hizo intención de levantarse. Delibes *Cazador* 125: Entraron tan largos [los patos] que no hice ni intención.
2 Propósito (hecho de proponerse, o su efecto). *Frec con un compl* DE, *que a veces se omite por consabido*. | *Tie* 14.8.76, 13: Son empresas ambas pertenecientes al grupo

intencionadamente – intensidad

Rumasa, lo que nos obliga a pensar en la existencia de una mala fe e intención de dolo. MFVelasco *Peña* 65: La Antonia es fea y mostrencona, más áspera que un cardo, y, no siendo el penco de Córdulo, que a saber qué vio en ella, ni de moza la ha mirado nadie con intención. **b) buena** (o **mala**) **~.** Actitud moral o tendencia natural buena (o mala) con que se obra. *En lugar de los adjs* BUENA O MALA *pueden aparecer otros de sents semejantes.* | *As* 30.9.76, 31: Afirmó que Alí le metió un pulgar en el ojo con toda mala intención. **c)** Propósito más o menos malicioso que aparece velado tras el sentido recto de lo que se dice. *Más frec* SEGUNDA ~. | Delibes *Año* 102: Umbral .. sabe sacar algo de la nada, pero es que además ese algo va arropado inevitablemente de rango literario, gracia y una punta de intención. J. Carabias *Ya* 2.11.77, 6: Yo creo que la más indicada es Ávila. Y conste que no lo digo con segunda intención ni por ningún interés particular. **d)** *(Rel catól) Se usa acompañando a la mención de la pers por quien se ofrece una oración o un acto piadoso.* | Ribera *Misal* 1481: Para ganar las indulgencias plenarias suelen ordinariamente prescribirse estas cuatro condiciones: Confesión, Comunión, Visita de una iglesia y Rogar a intención del Papa.

II *loc adv* **3 de primera ~.** En el primer momento. | * De primera intención me dijo que sí, pero luego se arrepintió. CBaroja *Judíos* 1, 87: Un conde de Haro .. intentó suprimir los logros de los judíos en algunas villas suyas. De primera intención prohibió tal clase de operaciones simplemente, bajo penas severas. **b)** Provisionalmente. *Con vs como* CURAR, ASISTIR *o* ATENDER. | *Inf* 27.10.76, 5: Tras ser asistida la víctima de primera intención en una Casa de Socorro .., fue trasladado al ambulatorio de la Seguridad Social de Las Palmas, donde ingresó ya cadáver. *Ya* 29.6.75, 22: Le trasladaron a Málaga, ingresándole en el hospital de la Cruz Roja. Allí fue atendido de primera intención.

intencionadamente *adv* De manera intencionada [1a]. | Savarin *SAbc* 25.1.70, 27: Estas pechugas bautizadas con el patronímico del dueño se parecen mucho, no sé si casual o intencionadamente, al pollo "archiduque Salvador".

intencionado -da *adj* Hecho con intención [2a]. | *NSa* 31.12.75, 7: El retraso intencionado .. Cuando el Tribunal de la Audiencia Territorial solicitó oficialmente las actas del concurso libre de méritos, fue intencionadamente obstaculizado por el órgano central de gestión INP. **b)** Que tiene intención [2c]. | A. Obregón *Abc* 1.12.70, 81: Ha conseguido una obra intencionada, de gran alcance contra el abogado conformista. Lapesa *HLengua* 278: En el estilo de Larra la formación recibida contiende con el deseo de modernidad; pero el conflicto se supera gracias a lo penetrante e intencionado de la idea, a un sentido de la caricatura como no había existido en España desde los días de Quevedo. **c) bien ~, mal ~** → BIENINTENCIONADO, MALINTENCIONADO.

intencional *adj* **1** De la intención [2a]. | E. Corral *Abc* 6.12.70, 72: La comedieta titulada "La nariz, por ejemplo", original de Antonio Gala, fue una lección de sencillez narrativa y hondura intencional expuesta con suficiencia y buen humor.
2 Intencionado [1a y b]. | C. Vaca *Ya* 7.11.74, 8: Y aunque no se haya inculcado el odio en forma intencional, ¿no brotará como consecuencia del clima familiar? Berenguer *Leña* 20: La pobre sofocada, apoyada en el piano, enarcando las cejas de pura inspiración para cantar la Barca: "Es la barca matrimonio / que hacia el puerto va feliz / si el marido es buen piloto / y la sabe dirigir" .. Melodía intencional que ayudaba a entender la cara de panecillo de tía Micaela.

intencionalidad *f* **1** Cualidad de intencional. | Gambra *Filosofía* 98: Además de la característica fundamental de la intimidad e intencionalidad, los hechos psíquicos se señalan por las siguientes características diferenciales.
2 Intención [2a]. | Albalá *Periodismo* 29: Al cambiar en la información periodística, la intencionalidad del sujeto emisor, cambiará –al menos formalmente– el mensaje.

intencionalmente *adv* **1** En el aspecto intencional [1]. | Aranguren *Marxismo* 89: La transformación de la actitud y la transformación de la realidad son intencionalmente inseparables.
2 De manera intencional [2]. | Pinillos *Mente* 83: A partir de ellos [circuitos bioeléctricos] .., emerge una experiencia mental subjetiva en la que alguien, un sujeto que se posee a sí mismo, se apropia intencionalmente de la realidad exterior.

intendencia *f* **1** *(Mil)* Cuerpo que tiene a su cargo el abastecimiento de las fuerzas. | Palomino *Torremolinos* 26: Arturo estaba en la retaguardia del frente, en Intendencia. **b)** *(humoríst)* Abastecimiento o avituallamiento. | P. Narvión *Pue* 28.12.70, 3: Alguien tiene que hacerse cargo de la intendencia de la casa, ¿no?, de las compras. **c)** *(humoríst)* Atención a los asuntos materiales o de administración. | Berlanga *Recuentos* 83: Mejor será anular el pedido [a la imprenta] y esperar hasta encontrar una de esas agentas literarias que se ocupan de todo el tinglado; la intendencia del escritor es matadora.
2 *(hist)* Cargo de intendente [5]. | HSBarba *HEspaña* 4, 394: La gran innovación borbónica fue la creación, según el modelo militar francés, aunque con un carácter más propiamente hacendístico, de las Intendencias, cuyo principal papel radicó en ser lazo de unión entre el poder central y el local.
3 *(hist)* Territorio sometido a la autoridad del intendente [5]. | HSBarba *HEspaña* 4, 371: En la intendencia de Guadalajara la cosecha anual [de maíz] pasaba de 90 millones de kilogramos. GHerrero *Segovia* 354: A partir de 1718 el país se divide en demarcaciones administrativas, inicialmente denominadas intendencias y que terminarían por llamarse provincias.

intendente **A** *m y f* **1** Administrador. *Modernamente solo referido a determinadas entidades.* | R. Frühbeck *SAbc* 20.9.70, 12: Un intendente ha de encargarse de llevar seriamente la administración. Mercader-DOrtiz *HEspaña* 4, 51: Casi todos los nobles abandonaban a sus intendentes el cuidado de la administración de sus dominios.
2 Pers. que tiene a su cargo el avituallamiento [de una entidad]. | *Ale* 6.8.77, 7: Elena González Mariño, una mujer amable y de cabello blanco, es intendente general de la Universidad [Menéndez Pelayo, de Santander] desde hace 23 años ..; todos los comedores y cocinas se hallan bajo su gobierno. Su misión, una vez establecido el menú con el administrador, consiste en ocuparse de todos los demás detalles, incluida la compra.
3 ~ mercantil. Graduado superior en la carrera de Comercio. | Delibes *Año* 86: ¿No equivale la tesis de intendente o actuario mercantiles a la tesis de doctor?
B *m* **4** *(Mil)* Jefe superior de los servicios de la administración. | R. Pieltáin *Abc* 18.4.58, 15: Fueron sus padres el intendente general de[l] Ejército, don Juan Felipe Castaños y Urioste, de origen vizcaíno, y doña María Aragorri.
5 *(hist) En el s* XVIII*:* Funcionario administrativo con funciones análogas a las de gobernador en una provincia. | Mercader-DOrtiz *HEspaña* 4, 217: El mismo respeto al pasado, el mismo temor a las reformas radicales, mantuvo la inadecuada división territorial, con solo la novedad de superponer los intendentes a los corregidores para descargar a estos de parte de sus múltiples atribuciones.
6 *(hist) En la corte carolingia:* Oficial que tiene a su cargo el servicio de la cámara del rey. | Castillo *Polis* 186: El centro del gobierno era el palacio. Carlomagno hizo de hecho de Aquisgrán la capital del Imperio. En él los tres oficiales más importantes eran el archicapellán, el canciller y el conde palatino, seguidos del camarero o intendente, del senescal, el condestable, los mariscales y el copero.

intensamente *adv* De manera intensa. | Laiglesia *Tachado* 80: La cotorra era francamente rubia, y el Führer intensamente moreno.

intensidad **I** *f* **1** Grado de actividad o de fuerza [de algo abstracto, esp. de un hecho, un fenómeno, una cualidad o una sensación]. | *Van* 10.1.74, 2: Lavavajillas Sears: 3 cestas, 3 intensidades de lavado. Ybarra-Cabetas *Ciencias* 146: En el epicentro es donde el sismo alcanza mayor intensidad.
2 *(Acúst)* Cualidad del sonido, que depende de la amplitud de las vibraciones. | Bustinza-Mascaró *Ciencias* 83: Las cualidades del sonido son: la intensidad o volumen, tono o altura y timbre. **b)** *(Fon)* Fuerza con que se pronuncia una vocal o una sílaba. | Amorós-Mayoral *Lengua* 43: Acento es la mayor intensidad con que pronunciamos algunas sílabas al hablar.
3 *(Electr)* Cantidad de electricidad que atraviesa un conductor en la unidad de tiempo. | Mingarro *Física* 117: La

diferencia de potencial entre dos puntos de un circuito es igual .. al producto de la intensidad de la corriente por la resistencia de la porción del circuito que se considera.
II *loc adj* **4** [Acento] **de** ~ → ACENTO.

intensificación *f* Acción de intensificar(se). *Tb su efecto.* | Carrero *Pue* 22.12.70, 6: La intensificación de la política social a todos los niveles ha sido constante a lo largo de este año.

intensificador -ra *adj* Que intensifica. *Tb n m, referido a aparato.* | *Inf* 15.8.74, 11: El Real Observatorio de Greenwich .. emplea un sistema triepático intensificador de imágenes. *Not* 18.12.70, 22: Analizó sucesivamente todos los descubrimientos que desde 1950 han supuesto un adelanto trascendente en la radiología diagnóstica: intensificador de imagen, radioscopia televisada.

intensificar *tr* Hacer más intenso [algo]. | Laiglesia *Ombligos* 45: Todos sus miembros se apresuraron a corresponder dictando las disposiciones necesarias para reanudar e intensificar el tráfico comercial con nuestro país. *Inf* 15.8.74, 11: Este equipo especial es capaz de intensificar casi un millón de veces la luz recibida por el telescopio. **b)** *pr* Hacerse [algo] más intenso. | Ybarra-Cabetas *Ciencias* 112: Si el suelo ofrece .. partes de gran dureza y otras más blandas, la acción erosiva se intensifica en estas últimas. *CoA* 24.1.64, 4: Se intensifica la ola de frío en Persia.

intensión *f (Fon)* Primera fase de la articulación de un fonema, durante la cual comienza la tensión. | Quilis-Fernández *Fonética* 31: En un primer momento [de la formación de un sonido] los órganos que se encuentran en posición de reposo, o en una posición determinada, comienzan a moverse con el fin de formar el sonido. Es una fase que podríamos llamar preparatoria o inicial, de formación; lingüísticamente recibe el nombre de fase intensiva, o simplemente intensión.

intensivista *m y f (Med)* Especialista en medicina intensiva. | J. M. RLiso *TMé* 16.3.84, 18: De no haber existido esa decisión drástica y decisiva de los intensivistas, por un lado, y los traumatólogos, por otro, hubiera condicionado la muerte irremediable del paciente. J. L. Serna *Ya* 7.5.90, 4: En poco menos de un minuto dos anestesistas y un intensivista irrumpieron en el habitáculo de urgencias.

intensivo -va *adj* **1** Que se caracteriza por su alta intensidad. | *Luc* 3.8.64, 5: Conviene no solo reducir la velocidad, sino encender las luces de cruce, ya que las intensivas causarían deslumbramientos. **b)** Que es objeto de un esfuerzo intenso para aumentar o acelerar el resultado. | *CoA* 19.1.64, 10: Curso de formación intensiva en Dos Hermanas. **c)** [Medicina o cuidado] de pacientes en condiciones críticas en lugares dotados de medios muy sofisticados. *Frec en los sintagmas* UNIDAD DE CUIDADOS ~S, o UNIDAD DE VIGILANCIA INTENSIVA. *Tb n m, referido a cuidados.* | A. Moles *Ya* 22.1.86, 20: La especialidad médica que se ocupa del manejo del instrumental altamente sofisticado es denominada actualmente como "medicina intensiva". *Ya* 7.9.77, 13: "La Pasionaria" ha quedado internada en la unidad de cuidados intensivos y coronarios del doctor Elio. Tomás *Orilla* 274: Ha habido que lavarle el estómago y hacer una transfusión de sangre .. Si su evolución ha sido satisfactoria estará en condiciones de salir de la unidad de intensivos.
2 [Jornada de trabajo] que se desarrolla sin interrupción, concentrada gralm. en la mañana, y frec. algo reducida con relación a la jornada normal. | Medio *Bibiana* 37: Por el verano nunca como en casa... Que si jornada intensiva, que si tal.
3 *(Agric)* Que se propone el incremento de producción en un área limitada, con gran inversión de capital o de trabajo. *Se opone a* EXTENSIVO. | Ybarra-Cabetas *Ciencias* 303: Este coste exige forzar la producción al máximo para lograr el mayor rendimiento económico, lo que se logra con mucho abonado y costosísimos cuidados que necesitan gran atención y capital. Es el denominado cultivo intensivo, que caracteriza a la huerta o terreno de regadío. Bustinza-Mascaró *Ciencias* 221: El cebo [de los animales] puede hacerse en el prado, en el establo o en ambos sitios, denominándose, respectivamente, extensivo, intensivo y mixto.
4 *(Fon)* De (la) intensión. | Quilis-Fernández *Fonética* 31: En un primer momento [de la formación de un sonido] los órganos que se encuentran en posición de reposo, o en una posición determinada, comienzan a moverse con el fin de formar el sonido. Es una fase que podríamos llamar preparatoria o inicial, de formación; lingüísticamente recibe el nombre de fase intensiva.
5 *(Ling)* Que refuerza o enfatiza. | Estébanez *Pragma* 130: Oraciones coordinadas .. Intensivas: Subrayan sentimientos y actitudes diversos. Llaman la atención sobre algo (palabra e incluso frase). RAdrados *Lingüística* 200: Las escasas muestras de oposición, dentro del gr[iego], lat[ín], gót[ico] o esl[avo] entre verbos causativos e intensivos frente a los normales.
6 *(E)* [Magnitud] en que es posible distinguir grados de intensidad, pero que no puede medirse numéricamente. *Se opone a* EXTENSIVO. | J. Zaragüeta *Abc* 23.12.70, 3: Además de la cantidad extensiva de la Geometría, se da la cantidad intensiva de las cualidades.

intenso -sa *adj* [Cosa abstracta, esp. hecho, fenómeno, sensación o cualidad] que actúa, se produce o se siente con fuerza, o con más fuerza de lo ordinario. | Marsé *Dicen* 163: Las lluvias y los fríos intensos coincidieron con las mejores aventis de Martín. Ybarra-Cabetas *Ciencias* 302: Tal necesidad es cada día más intensa y apremiante. J. A. Álvarez *DíaTo* 25.11.87, 6: Hay cuatro tipos de azafrán .. El primero es el más puro, .. presentando en conjunto un color intenso y aroma penetrante. **b)** [Vida o período de ella] llenos de actividad. | I. PMerino *DNa* 1.8.64, 9: Los changarros o chabisques tienen una vida intensa en estos días.

intentar *tr* **1** Hacer lo necesario para conseguir [aquello que se quiere *(cd)*]. *Tb abs.* | Armenteras *Epistolario* 285: Podrá decretarse el depósito: 1º De mujer casada que se proponga intentar o haya intentado demanda de divorcio. * Intenta de nuevo con esta llave.
2 Aspirar [a algo *(cd)*] o proponérse[lo]. | Escudero *Capítulo* 25: El título [del instituto] no se ha elegido al azar, sino seguramente muy de intento, para concretar en él determinados valores intentados en la fundación.

intento I *m* **1** Acción de intentar [1]. | Nacho *Rue* 17.11.70, 5: Yo creo que las Empresas intentan ayudar. Pero .. todo se queda en intentos. Prados *Sistema* 154: El intento de realizar una capitalización excesiva y por encima de las posibilidades de la economía española se ha devorado a sí mismo.
2 Intención o propósito. | * Nuestro intento es llegar a Madrid a las tres.
II *loc adv* **3 de ~.** Intencionadamente. | Castilla *Alienación* 5: De intento, he dejado que conserve el carácter de "cosa dicha".

intentona *f (col)* Intento [1]. *Gralm referido al que ha fracasado.* | Arce *Testamento* 71: Meditando sobre las pocas posibilidades de éxito que pudiera tener una intentona semejante, di en pensar en cómo se les había ocurrido raptarme. Delibes *Parábola* 131: A partir de esta nueva intentona, Jacinto se desespera. *DíaCu* 4.8.84, 10: Presunta intentona contra Alfonsín.

inter- *pref* **1** Denota situación intermedia. | *Por ej:* Ja. Lorenzo *Voz* 9.3.90, 53: Desde la jornada del pasado domingo en que fue abierta la veda en este río y en el interautonómico Eo, el campano se ha dignado aparecer. *Inf* 11.7.74, 8: Petición de que sean trasladadas al sábado la casi totalidad de fiestas intersemanales.
2 Denota relación mutua o ámbito común. | *Por ej:* E. Haro *Tri* 12.12.70, 4: Los términos generales de la negativa de Estados Unidos se basaban en que en las decisiones interaliadas la frontera entre Polonia y Alemania solo serían [sic] definitivas tras el tratado de paz. C. Biarnés *DEs* 8.9.71, 10: Regatas Interclubs. C.N. Amposta y C.N. Mora de Ebro. *Abc* 3.1.92, 70: Las medidas importantes a tomar en el ámbito de la propia empresa .. son .. el mejoramiento y la racionalización de la organización interempresarial. *País* 23.1.91, 45: El problema se convierte en mucho más grave cuando se trata de los vuelos intereuropeos. *BOE* 11.12.82, 33990: Se nombra la Comisión Especial del concurso de traslado de la adjuntía de "Bioquímica (interfacultativa con Ciencias)". R. RSastre *Mun* 28.11.70, 48: Cada región tendría 5 matrices, la primera relativa a sus propias relaciones interindustriales, y las otras cuatro a las relaciones comerciales. J. J. Castillo *Tri* 17.12.66, 105: Deseamos como el que más que España conserve su título europeo internacions. *Faro* 3.8.75, 20: Mañana, lunes, dará comienzo el cursillo

ínter – intercalar

prematrimonial interparroquial. *NAl* 20.4.90, 37: Sigue celebrándose con normalidad el Campeonato Interpueblos de Pelota. *SInf* 5.12.70, 2: La participación relativa del sector primario valenciano sobre el producto neto intersectorial provincial ha ido secularmente disminuyendo a lo largo de esta última década. *Mad* 10.9.70, 12: Dich[a] Sociedad es una agrupación intersindical de empresas.

ínter. en el ~. *loc adv* (*reg*) Al momento. | C. Bustamante *Nor* 2.3.92, 20: Ahura sí que has tirado palabras en condiciones, y anque una miaja inorante, en el ínter lo hie entendido.

interacción *f* Acción recíproca. | Aranguren *Marxismo* 73: ¿En qué consistió esta nueva estructura? En una red de relaciones socioeconómicas .. que .., reemplazando a la antigua sociedad estamental, pasó al primer plano de la interacción humana. *Pap* 1.57, 103: Es preciso aclarar lo que debe entenderse por los términos *poesía* y *pueblo*, planteando siquiera en esbozo lo que llamaremos interacción entre ambos conceptos.

interaccionar A *tr* **1** Hacer que [dos cosas (*cd*)] ejerzan interacción. | *Abc* 17.8.91, 40: Los sistemas expertos son así sistemas informáticos inteligentes con dos bases de datos .. Gracias a un motor de inferencia, las dos bases pu[e]den interaccionarse.
B *intr* **2** Ejercer interacción [una cosa con otra]. | M. J. Cordero *Tri* 17.11.73, 57: Si este segundo emisor consigue hacer interaccionar su significación plástica con la estructura profunda del escrito .., el espectáculo teatral presenta una obra artística que emite comunicación con intensidad a los dos niveles: el plástico y el verbal.

interactividad *f* Cualidad de interactivo. | *Raz* 5/6.89, 281: Lo que inventaron fue una nueva variante de la abstracción geométrica, cuyos axiomas fundamentales eran que "dos espacios contiguos son dinámicamente inactivos cuando su límite común es rectilíneo o curvo compensado...", pero que "el desplazamiento de los puntos neutros de este límite origina la interactividad". *País* 27.11.90, 33: Compact-Disc y vídeo interactivos .. Existen diversos niveles de interactividad; todos ellos son posibles gracias a la inteligencia aparente que proporcionan los sistemas informáticos.

interactivo *adj* De la interacción o que la implica. | M. Sentís *País* 24.3.91, 37: Operaciones bancarias, diversos tipos de compras .. y escoger la propia programación televisiva serán los servicios interactivos más comúnmente utilizados. **b)** [Ordenador o televisión] que permite un intercambio de información a modo de diálogo entre el sistema y el usuario. | *País* 7.3.79, 16: HP-250 .. Hasta 4 usuarios por pantalla interactiva. *País* 24.3.91, 37: Televisión interactiva. La compañía Time Warner pondrá en funcionamiento a finales de año 150 canales a través de fibra óptica.

interactuar (*conjug* **1d**) *intr* **1** Actuar recíprocamente. | *Reforma* 75: El niño se relaciona e interactúa en un entorno organizado con una intencionalidad educativa que busca su desarrollo integral.
2 Provocar un proceso de interacción. | P. Orive *Pue* 11.11.70, 7: Programa que no ilusiona al que aprende, no sirve. Interactúa y hace reaccionar al alumno.

interalemán -na *adj* De la Alemania Oriental y la Alemania Occidental, consideradas en su relación mutua. | *Abc* 5.12.70, 43: Manteniendo solo como condición simple la continuación favorable de las otras conversaciones: Interalemanas y Salt. *DíaCu* 12.8.84, 10: Gran polémica en el bloque del Este. Por el acercamiento interalemán.

interambulacral *adj* (*Zool*) Que se encuentra entre los ambulacros. | Bustinza-Mascaró *Ciencias* 134: El cuerpo de un erizo de mar está dividido en diez franjas: cinco más estrechas, o zonas ambulacrales, .. y cinco más anchas, o zonas interambulacrales.

interamericano -na *adj* De los países americanos, considerados en su relación mutua. | E. RGarcía *MHi* 10.60, 12: Hay que encontrar otras fórmulas de relación interamericana. *Van* 4.11.62, 11: Henri Coursie, asesor jurídico de la Comisión que asiste a la conferencia regional Interamericana de la Cruz Roja.

interanual *adj* (*Econ*) [Cifra] que resulta de la comparación con la correspondiente a una fecha 12 meses anterior. | *Sur* 16.5.90, 30 (A): La tasa interanual de inflación se situó a finales de marzo en un 6,5 por ciento, frente al 6,4 por ciento de febrero. **b)** De (las) cifras interanuales. | LMuñoz *Tri* 12.12.70, 21: Desde 1959, las entradas de capital extranjero mantienen un ritmo creciente, a pesar de algunas oscilaciones interanuales.

interárabe *adj* De los países árabes, considerados en su relación mutua. | *Ya* 4.6.65, 5: La tensión interárabe. S. Pérez *SolM* 24.1.91, 7: Mubarak declaró .. que está dispuesto a garantizar el cumplimiento del pacto interárabe.

interbancario -ria *adj* De las entidades bancarias, consideradas en sus relaciones mutuas. | J. PGuerra *Inf* 16.4.70, 11: En 1958 se concertaron acuerdos interbancarios con Checoslovaquia, Yugoslavia, Rumania. *Voz* 16.12.80, 18: Economía .. Mercado interbancario. Cambios medios.

interbrigadista *adj* (*hist*) De las Brigadas Internacionales del bando republicano en la Guerra Civil española (1936-39). *Frec n m, referido a pers.* | Abella *Vida* 2, 180: Algunos, incapaces de resistir el estricto control, acababan desertando, faltando al juramento que se había hecho entre los interbrigadistas. *Van* 17.10.74, 25: En la mencionada exposición de Sofía se informa con gran lujo de detalles sobre la participación de unos 400 interbrigadistas búlgaros en la guerra civil española.

intercaciense *adj* (*hist*) De Intercacia (antigua ciudad de los vacceos, en la actual provincia de Palencia o en la de Zamora). *Tb n, referido a pers.* | F. GÁlvarez *DPa* 10.9.75, 11: Los intercacienses les persiguen [a los romanos] en su fuga.

intercadencia *f* Desigualdad o irregularidad en el ritmo. | A. Parra *Sur* 7.2.88, 60: La Luna es una presencia real, diurna y nocturna, y todo cuanto se mueve y vive en el planeta Tierra anda sometido a sus variables e intercadencias.

intercadente *adj* (*Med*) Que tiene una pulsación más en el intervalo entre dos regulares. | MSantos *Tiempo* 117: Dorita llenaba la bañera y mezclaba el agua fría con la caliente, probaba con la mano la temperatura ideal para un cuerpo intercadente.

intercalación *f* Acción de intercalar(se)[i]. | MSantos *Tiempo* 170: Era .. un largo pasillo laberíntico en el que los zigzagues maliciosos estaban dispuestos .. mediante intercalación de artificiosos y disimulados escalones.

intercalado *m* Intercalación. | J. M. Alfaro *Abc* 22.6.75, 56: La técnica de superposiciones, de sueños en suspensión, de retrocesos e intercalados –ya incorporada de manera natural en los usos narrativos actuales– no orilla las apelaciones a una realidad contundente.

intercalar[1] *tr* **1** Introducir [una cosa (*cd*) dentro de una serie previamente existente (*compl* EN o ENTRE)]. *Frec se omite el 2º compl.* | *NRi* 8.5.64, 10: Es también aconsejable .. intercalar entre las mamadas una o dos comidas al día de lacticinios descremados. *VozC* 10.7.55, 7: En su faena intercala dos tandas por alto .. y otros pases muy valientes. * Hemos dejado este nombre sin incluir en la lista; hay que intercalarlo. **b)** *pr* Introducirse [una cosa (*suj*) dentro de una serie previamente existente (*compl* EN o ENTRE)]. | * Las espinas se intercalan entre las hojas.
2 Alternar o entremezclar [una cosa (*cd*) con otra]. | CNavarro *Perros* 135: Un perro intercalaba sus ladridos con la voz chillona y destemplada de su dueña. **b)** *pr* Alternar o entremezclarse [una cosa (*suj*) con otra]. | *Van* 26.1.77, 35: Información meteorológica .. Lluvias intercaladas con claros en las Islas Británicas.

intercalar[2] *adj* (*lit* o E) [Cosa] que se intercala. | Mascaró *Médico* 47: Las hemorragias genitales pueden consistir, bien en un aumento de la cantidad de sangre que se pierde normalmente en el curso de la menstruación, bien en una hemorragia intercalar (entre dos menstruaciones). Navarro *Biología* 101: Meristemos secundarios o intercalares. Se encuentran en el interior de los tallos y raíces, denominándose por ello intercalares. *Ya* 29.11.74, 18: De acuerdo con las normas establecidas por la Oficina Internacional de la Hora, .. se insertará al final de diciembre próximo un segundo suplementario o segundo intercalar.

intercambiabilidad f Cualidad de intercambiable. | Goytisolo *Verdes* 74: Movilización general del pueblo en espera del turista, ese ser genérico caracterizable por la intercambiabilidad de los individuos comprendidos en tal concepto.

intercambiable adj Que puede intercambiarse. *Frec fig, con intención ponderativa, para expresar equivalencia o gran similitud.* | Marín *Enseñanza* 303: Para los alumnos de cuarto curso la prueba cuenta con varias formas intercambiables. Barral *Memorias* 2, 205: Al principio se me pintaron como casi gemelos, y seguramente quería decir intercambiables. El extremo paralelismo de sus biografías recientes, el parecido de sus casas, de sus mujeres, .. se acumulaban al efecto de espejo.

intercambiador -ra I adj **1** Que intercambia o sirve para intercambiar. *Tb n m, referido a máquina o instalación. Frec con un adj especificador.* | *GTelefónica N.* 28: Aguas .. Tratamientos .. Resinas intercambiadoras. *Abc* 21.12.92, 63: La máquina intercambiadora de jeringuillas se encuentra estropeada desde el pasado verano. *Abc* 21.12.92, 63: Los concejales de la coalición comunista pedirán en el próximo pleno municipal la puesta en marcha del intercambiador. Como se recordará, el Ayuntamiento [de Getafe] fue el segundo Ayuntamiento de la Comunidad autónoma que instaló en sus calles una máquina que intercambiaba jeringuillas. *Abc* 22.8.93, 68 (A): Se ha visto reducido [el tiempo] –con la entrada en funcionamiento del intercambiador de vías– en unas tres horas.
II m **2** Instalación en la que confluyen varias líneas o varios medios de transporte, lo que permite a los usuarios el cambio rápido de los mismos. | *Ya* 23.10.91, 16: Otra cifra similar por el intercambiador de Príncipe Pío. D. Manzano *Ya* 14.12.92, 15: El anteproyecto elaborado por la Comunidad situaba el intercambiador debajo del Arco del Triunfo. Sin embargo, habrá que esperar a los informes técnicos para ver dónde construyen la terminal de autobuses que conecte con las líneas 3 y 6 de Metro.
3 (E) Aparato que sirve para calentar o para enfriar un fluido mediante la circulación de otro fluido más caliente o más frío, según el caso. *Tb ~ DE CALOR.* | *GTelefónica N.* 36: Suministros de taller para la industria del frío y del calor. Intercambiadores. Evaporadores. *Act* 25.1.62, 39: Programa de fabricación Sulzer .. Instalaciones de calefacción y acondicionamiento de aire: Instalaciones de ventilación .. Intercambiadores de calor.

intercambiar (conjug **1a**) tr Hacer intercambio [de cosas o perss. (cd), o de una cosa o pers. (cd) por otra]. *Tb fig.* | J. GCano *Gac* 11.5.69, 79: Las primas de tu edad y las amigas comunes intercambiaban novelas de Corín Tellado. FQuintana-Velarde *Política* 188: El tercer mercado de dinero es aquel en el que se intercambia dinero nacional por dinero extranjero y que recibe la denominación genérica de Mercado de Cambios. *Not* 18.12.70, 20: El señor Horno Liria intercambió con los periodistas cordiales frases de sincera felicitación y afecto.

intercambio m Cambio recíproco [de cosas o perss., o de una cosa o pers. por otra]. | Bustinza-Mascaró *Ciencias* 107: Después de un cierto número de estas divisiones, tiene lugar una conjugación entre dos paramecios con intercambio de sus masas nucleares.

interceder intr Actuar en favor [de alguien (compl POR)], esp. para que consiga lo que desea. *Tb sin compl.* | Delibes *Parábola* 76: Sentimental y con prejuicios humanitarios. Intercedió por Genaro Martín en 1953. ZVicente *Balcón* 49: Carmen intercede: –¡Se ve que venís mordaces!

intercelular adj (Biol) Situado entre una célula y otra. | Alvarado *Botánica* 4: Se componen [los parénquimas] de células de paredes delgadas adosadas unas contra otras, pero dejando entre ellas espacios intercelulares.

intercensal adj [Período] comprendido entre dos censos. | Tamames *Economía* 28: Este índice, en nuestra población, oscila en los últimos periodos intercensales entre el 10 y 13 por 1.000.

intercentros adj invar De varios centros en relación mutua. | R. Vilaseca *Voz* 2.3.86, 36: Como publicaciones, la Junta del Bimilenario editará las actas del congreso internacional; .. una historia astorgana en historietas, que será obsequio a los niños; una revista intercentros. *País* 11.6.91, 63 (A): Ese acuerdo entre Renfe y el SEMAF no afecta al convenio de la empresa que será hoy negociado de nuevo por el comité intercentros y la dirección de la compañía.

intercepción f Interceptación. | Cotano *Ya* 30.5.64, 8: Lleva a bordo .. un escuadrón de aviones de reconocimiento fotográfico, otro de asalto pesado y dos de intercepción.

interceptación f Acción de interceptar. | MCampos *Abc* 3.6.73, 3: La guerra electrónica .. tiene por objeto descubrir las actividades del contrario e impedir el descubrimiento de las actividades propias. Para esto: interceptación e interferencias de mensajes, lanzamiento de señales perturbadoras, .. hoy se trabaja en todo intensamente.

interceptador m (Mil) Avión destinado a interceptar [2] los aparatos del enemigo. | *Sáb* 5.7.75, 51: El F-1 fue ejecutado y construido como interceptador supersónico.

interceptar tr **1** Apoderarse [de algo (cd)] impidiendo que llegue a su destino. | Rivadulla *Mar* 1.3.71, 26: Rugby .. Viene luego un ensayo del Benfica, al interceptar el pequeño y velocísimo Mario da Silva un balón "vendido", pasado por Corujo. **b)** Apoderarse subrepticiamente [de un mensaje (cd) destinado a otro]. | * El mensaje fue interceptado por la policía.
2 Impedir que [alguien o algo (cd)] continúe su camino. | Murciano *Abc* 12.9.68, 11: Su versión coincide con la que hace solo unos días daban a la Prensa esos dos empleados del casino de Mendoza, interceptados por los tripulantes de un "ovni".
3 Cortar [el paso o la comunicación]. | *Abc* 30.12.65, 93: Tras una accidentada persecución, los agentes lograron interceptarles el paso. **b)** Cortar el paso [por un camino (cd) o una línea de comunicación]. | *Ya* 3.3.63, 15: A las seis y media de esta mañana ha quedado libre la vía entre las estaciones de Algeciras y Bobadilla, que quedó interceptada por un corrimiento de tierras.
4 (Geom) Delimitar [un espacio] entre dos puntos o líneas. | Gironza *Matemáticas* 139: Los segmentos interceptados en dos rectas por varias paralelas son proporcionales.

interceptor m **1** (Mil) Interceptador. | MCampos *Abc* 3.12.57, 3: El objetivo de ese ingenio es rebasar una cortina de explosiones producida por los interceptores. *HLM* 16.9.74, 6: Entre ellas [las armas] figuran reactores Mirage, interceptores ingleses, helicópteros.
2 (E) Dispositivo o instalación que sirve para interceptar [2]. | *GTelefónica N.* 470: Cimarme. Fosas Autosépticas. Interceptores y decantadores de grasas. *MOPU* 7/8.85, 117: Obras subvencionadas: .. Obra de impulsión de las aguas residuales del colector de la Riera de la Font hasta el interceptor Montgat-Planta Besós.

intercerebral adj (Anat) Situado entre los dos hemisferios cerebrales. | *Inf* 5.3.75, 8: Le produjo [la caída] un hematoma intercerebral en el temporal izquierdo.

intercesión f Acción de interceder. | DPlaja *El español* 50: El [don Juan] de Zorrilla se salva por la intercesión de su amada.

intercesor -ra m y f Pers. que intercede. *Tb adj.* | Valcarce *Moral* 73: Los hombres resultamos favorecidos al procurarnos intercesores poderosos en el Cielo. M. Recasens *DEs* 28.8.71, 16: Así, la lista de Santos intercesores, abogados, que van recibiendo anualmente el humilde homenaje de gratitud.

intercity m Tren rápido directo de largo recorrido entre dos ciudades importantes. | *Ya* 11.7.86, 16: Renfe ofrece guarderías, vídeos y "salas vips" para captar clientes .. Próximamente se abrirán salas similares pensadas exclusivamente para viajeros de largo recorrido con billetes de primera de los talgos, "intercitys" y coches cama.

interclasismo m (Pol) Condición de interclasista. | *País* 8.3.80, 6: Al elector vasco no se le ha ahorrado el mosaico de arremetidas partidarias de todos contra todos: los nacionalistas, contra los estatistas o sucursalistas; la izquierda *abertzale* contra el interclasismo peneuvista.

interclasista adj (Pol) **1** [Partido] que preconiza la colaboración entre las distintas clases sociales. | Tácito *Ide*

intercolumnio – interdicto

9.4.76, 12: Para ganar esas elecciones es necesario crear un gran partido interclasista, que responda auténticamente a las ideas de libertad y justicia social.
2 Que se produce entre las distintas clases sociales. | VMontalbán *Almuerzos* 178: –La lucha de clases se ha terminado. –Evidentemente. Hoy hay intereses comunes para amplísimos sectores sociales, y la negociación interclasista es imprescindible en un país de capitalismo desarrollado.

intercolumnio *m* (*Arquit*) Espacio entre dos columnas. | Villarta *Rutas* 21: Las tres [puertas] centrales, que llenan los intercolumnios sobre que descansa el balcón principal, dan acceso a un espacioso atrio.

intercomunicación *f* **1** Comunicación recíproca. | *DiaCu* 12.8.84, 7: Los largos recorridos apenas se detienen en Castilla-La Mancha .. La red ferroviaria regional, marcada por la falta de intercomunicación directa entre las cinco provincias. Pániker *Memoria* 386: Actividad frenética en los mercados financieros internacionales. Juegan los altos intereses de la moneda americana .. Interviene el banco federal alemán y reacciona la bolsa de Singapur. Bellísimo. Lástima que toda esa intercomunicación instantánea no esté (todavía) al servicio de la convivencia mundial.
2 Comunicación por medio de una red telefónica interior o particular. | *Pue* 10.11.70, 21: Intercomunicador ITT 411 .. En la época de los ordenadores, usted quizás no conoce aún las ventajas de los modernos sistemas de intercomunicación.

intercomunicador *m* Aparato telefónico destinado a la intercomunicación [2]. *Tb adj.* | *Pue* 10.11.70, 21: Intercomunicador ITT 411. *Últ* 18.8.70, 4: Eduardo Fernández .. hablaba de un maravilloso aparato intercomunicador de U.H.F.

intercomunicar *tr* Poner en comunicación [a dos perss. o cosas, o a una con otra]. | *Ya* 23.12.70, 7: Y aquí viene eso que suele llamarse una política de puentes. O lo que tanto monta: una política que intercomunique –en sentido de ida y vuelta– a Gobierno y gobernados. M. Clement *Ide* 8.8.92, 48: Se instalará un Centro de Información, y todo (presidencia, escenario, centro de prensa, centro de informaci[ó]n) estará intercomunicado por vía telefónica.

intercomunión *f* (*Rel crist*) Unión entre las distintas Iglesias apoyada esp. en la adopción de un mismo sacramento de la Comunión. | *Abc* 20.8.69, 21: El citado pastor .. aludió asimismo al punto más delicado sobre el que girará el mutuo acercamiento: la intercomunión .. Los obispos católicos romanos de las islas Fi[j]i y Gilbert .. han autorizado recientemente a los anglicanos a recibir la Eucaristía en una iglesia católica cuando su clero no se encuentre disponible. A. Vázquez *VNu* 22.7.72, 12: La muerte de Atenágoras, con todo su entorno de gestos ecuménicos, y el reciente documento vaticano sobre la "intercomunión" han centrado la actualidad cristiana en una sola palabra: unidad.

interconectar *tr* Poner en conexión [dos cosas, o una con otra]. | Pániker *Conversaciones* 192: Todo esto a base, quizá, de un sistema tan sencillo como el de pizarras interconectadas entre sí. *Abc* 14.8.70, 9: El oleoducto de esta refinería fue enlazado con el de Campsa para interconectar la terminal de Madrid con el oleoducto Rota-Zaragoza.

interconexión *f* Acción de interconectar. *Tb su efecto.* | *VozC* 9.7.55, 1: Se ampliarán las interconexiones eléctricas entre España y Francia. *YaTo* 30.9.81, 46: Convendría que la idea de agrupación viniera seguida por una mejora en las comunicaciones viarias de la sierra de San Vicente, cuyo estado actual dificulta que se lleve a la práctica esa idea de interconexión entre unas localidades y otras.

interconfesional *adj* [Cosa] en que participan en común diversas confesiones religiosas. | *Abc* 6.5.70, 55: Coloquio interconfesional en el Centro de la Amistad Judeo-Cristiana.

intercontinental *adj* **1** Que afecta o une a dos o más continentes. | J. M. Massip *Abc* 3.6.70, 21: El negativismo de dichos diplomáticos en ofrecer a España .. un trato de igualdad recíproca en un esquema defensivo interncontinental. FPérez *Med* 2.4.60, 5: Los ministerios de Sanidad de casi la totalidad de los países han organizado en sus aeródromos intercontinentales los más cuidadosos servicios sanitarios.
2 Que alcanza de un continente a otro. | MCampos *Abc* 3.12.57, 3: El objetivo de ese ingenio es rebasar una cortina de explosiones producidas por los interceptores cuyas cabezas electrónicas ayudarán con éxito a cazar los grandes proyectiles transpolares e intercontinentales.

intercooler (*ing; pronunc corriente*, /interkúler/) *m* (*E*) Aparato para enfriar un fluido entre dos calentamientos sucesivos. | *ByN* 15.9.91, 17: Su turbocompresor y el intercooler lo convierten en el diesel más rápido del mundo.

intercostal *adj* (*Anat*) **1** Situado entre dos costillas. | Navarro *Biología* 182: Otros músculos respiratorios son los músculos intercostales y los escalenos. *Caso* 5.12.70, 16: Logró clavarle fuertemente la suya [la navaja] en el sexto espacio intercostal.
2 [Respiración] que se realiza por medio de los músculos intercostales [1]. | Navarro *Biología* 183: La respiración diafragmática y la intercostal se realizan simultáneamente y ambas determinan la respiración pulmonar. En el hombre predomina la ventilación diafragmática y en la mujer la intercostal.

intercurrente *adj* (*Med*) [Enfermedad] que se interfiere con otra, modificándola más o menos. *Tb* (*lit*) *fig, fuera del ámbito técn.* | J. F. Marcos *TMé* 14.1.83, 30: Su progresión [del envejecimiento] .. depende de numerosas variables en las que se hallan presentes: la herencia, la forma de vida llevada durante la infancia y juventud, las enfermedades intercurrentes. R. Roquer *Van* 20.12.70, 32: En el Evangelio, San Lucas nos propone la Visitación de la Virgen a Elisabet. Conjugación de testimonios: María, la Madre Virgen, y el Bautista, en misteriosa sintonía, dentro de órbitas personales intercurrentes.

interdental *adj* **1** (*Anat*) Situado o producido entre dos dientes. | F. Martino *Ya* 3.12.72, 43: Culpa al sarro dentario .., que recubre el diente y ocupa los espacios interdentales, de ser la causa de la caída de los mismos.
2 (*Fon*) [Consonante] que se articula colocando la punta de la lengua entre los dientes incisivos superiores e inferiores. *Tb n f.* | Academia *Esbozo* 22: La interdental fricativa es propia del norte y centro de la Península. **b)** Propio de la consonante interdental. | Lapesa *HLengua* 91: No tienen hoy pronunciación velar, sino dental o interdental .., los gallegos *Cende, Cendemil.*

interdentalización *f* (*Fon*) Proceso de conversión en interdental [2] de una consonante. | Alarcos *Fonología* 269: Interdentalización y pérdida del elemento oclusivo de las antiguas africadas dentales.

interdentario -ria *adj* Situado o producido entre dos dientes. | R. Castillo *Abc* 10.2.85, 50: Lo primero que nota el que sufre una fractura de mandíbula es que los dientes no le "casan" bien, y el más leve contacto interdentario le produce dolor.

interdependencia *f* Dependencia recíproca. | Areilza *Artículos* 152: La interdependencia ideológica de los estamentos sociales de los diversos países de Europa es una realidad fáctica que sería ridículo ignorar.

interdependiente *adj* Que tiene interdependencia. *Gralm referido a ns en pl.* | A. LPrado *Abc* 24.8.66, 45: Poca o ninguna preocupación le causarían los problemas cualitativos de la gran urbe coruñesa si no fueran interdependientes.

interdicción *f* (*Der*) Pena accesoria que somete a tutela al penado mientras cumple condena. *Tb* ~ CIVIL. | Ramírez *Derecho* 53: La [tutela] de los sujetos a interdicción queda limitada a la administración de los bienes y a la representación en juicio del penado. *Caso* 14.11.70, 19: Condenamos al procesado .. a la pena de veinticinco años de reclusión mayor, con la accesoria de interdicción civil e inhabilitación absoluta del penado durante el tiempo de la condena.

interdicto -ta I *adj* **1** (*raro*) Prohibido. | Puente *Música* 190: En el teatro Wagner de Bayreuth, como en muchas otras salas del género, está todavía interdicto el aplauso cuando sube a escena esta suerte de "misterio" o "auto sacramental" del siglo XIX.
2 (*Der*) Condenado a interdicción. *Tb n.* | Ramírez *Derecho* 53: La [tutela] de los sujetos a interdicción queda limitada a la administración de los bienes y a la representación en

juicio del penado, pasando la patria potestad de los hijos comunes a la esposa del interdicto.
II *m* **3** (*Rel catól*) Entredicho (prohibición eclesiástica). *Tb fig.* | *Abc* 25.8.68, 24: Construir la auténtica Europa que englobe a todos los países que la componen sin lanzar contra ellos .. interdictos furibundos y a veces caprichosos.
4 (*Der*) Proceso sumario para decidir provisionalmente sobre la posesión de una cosa, o para evitar un daño previsible en una posesión. | Cunqueiro *Gente* 51: Gran pleiteante, soñador de interdictos, pasó toda la vida de abogado en abogado. *Compil. Aragón* 595: Extinguida la viudedad, los propietarios podrán entrar en posesión de los bienes usufructuados por interdicto de adquirir.

interdigital *adj* (*Anat*) Situado entre uno y otro dedo. | Bustinza-Mascaró *Ciencias* 177: Posee [la rana] cuatro extremidades ..; las posteriores .. llevan cinco dedos largos, con una membrana interdigital que los une.

interdiocesano -na *adj* Que afecta o se refiere a dos o más diócesis. | Escrivá *Conversaciones* 29: Paulo VI .. ha alabado .. las asociaciones, tanto diocesanas como interdiocesanas.

interdisciplinar *adj* Interdisciplinario. | *Ya* 10.10.75, 41: Entre los puntos principales que orientan esta nueva organización figuran el de responder al carácter interdisciplinar del plan de estudios, establecer orgánicamente el sistema tutorial y de orientación y regular la participación en el gobierno del centro.

interdisciplinaridad *f* Cualidad de interdisciplinar. | E. MConde *País* 2.12.86, 30: No tenemos una Universidad más abierta y participativa, la interdisciplinaridad se ve amenazada por la superespecialización.

interdisciplinariedad *f* Cualidad de interdisciplinario. | S. Medialdea *Ya* 30.4.87, 32: Este proyecto .. potencia la socialización de los chavales y la interdisciplinariedad, puesto que en el estudio intervienen todas las áreas del conocimiento.

interdisciplinario -ria *adj* Que afecta o se refiere a dos o más disciplinas o ramas del saber. | Pániker *Conversaciones* 146: Yo digo que soy un aficionado a la filosofía porque me gusta establecer relaciones interdisciplinarias. R. DHochleitner *PapD* 2.88, 206: Todo ello se vincula a las más variadas opciones de programas interdisciplinarios.

interés I *m* **1** Sentimiento que impulsa a dedicar atención [a una pers. o cosa (*compl* POR, EN *o* HACIA)]. *Tb sin compl*. | Laforet *Mujer* 46: Se había preocupado por ella con un interés ansioso. A. ÁVillar *Abc* 14.9.68, 15: Curiosamente surge, a finales del siglo XIX y en un reducidísimo sector de nuestra "élite" intelectual, un férvido interés por el mundo germánico. *Med* 1.5.79, 7: Había gran interés en escuchar personalmente a Jaime Lamo de Espinosa en un tema tan importante para la economía de toda la región. **b)** Sentimiento que impulsa a relacionarse [con una pers. (*compl* POR *o* HACIA)]. *Tb sin compl*. | * Tengo mucho interés por esa chica; ¿por qué no la traéis?
2 Deseo de lograr o conseguir [algo (*compl* POR *o* EN)]. | *Ide* 2.8.83, 17: La Asociación que ahora nace responde al interés de un grupo de personas de Lanjarón por promover todo tipo de actividades culturales. **b)** Deseo de obtener una utilidad o provecho. *Sin compl*. | Castilla *Humanismo* 28: Lo que esta retracción supone es la crisis en la fiabilidad del prójimo, la conciencia de que, tarde o temprano, si los intereses están en juego, nos exponemos a ser sacrificados. PRivera *Discursos* 9: Lucharon limpiamente sin intereses bastardos, por la Patria, el pan y la justicia.
3 Capacidad de suscitar interés [1 y 2], o hecho de merecerlo. | *Mun* 23.5.70, 57: Se están programando últimamente ciclos de notable interés en ambas cadenas. E. Riquelme *DíaCu* 10.8.84, 6: Hace años la "traída de la Virgen" fue declarada de interés turístico. *Alc* 1.1.55, 3: Del mejor espíritu, que haga vibrar en nuestras páginas el interés, la amenidad, la sonrisa y la esperanza. * En rebajas hay muchos artículos sin interés.
4 Conveniencia o utilidad. | Franco *Prog* 1.1.56, 3: Nuestra política, sirviendo al interés común de los españoles, ha servido a los de la Iglesia Católica. *Faro* 2.8.85, 33: En cuanto a la reanudación de su trabajo como jefe clínico del Psiquiátrico, manifestó que siempre había tratado de realizar su tarea de la forma más honesta posible, en la defensa de los intereses de los enfermos.
5 Cantidad producida por un capital en un período determinado. | Marcos-Martínez *Aritmética* $2^{\underline{o}}$ 116: ¿Durante cuánto tiempo hay que colocar 4800 pesetas al 5 por 100 para obtener 236 de interés? Gironza *Matemáticas* 123: La entidad deudora, caso de no ser retirados los intereses oportunamente, los agrega al capital. **b)** Cantidad producida por determinado número de unidades monetarias (gralm. cien) en una unidad de tiempo (gralm. un año). | E. Serrano *CoZ* 14.5.64, 8: El 5 por ciento que ofrece ese papel del Estado como interés es muy poco comparado con el 4 y medio por ciento que ofrece el Papel del Estado español. *Ade* 3.7.86, 9: La nueva orientación incluye mayores facilidades de renovación de créditos a bajo interés.
6 *En pl*: Bienes o propiedades. | J. M. Kindelán *Cam* 11.5.81, 61: Lo negativo de la decisión adoptada es el hecho de que el futuro "holding" no esté dentro del INI, del que se desgajarán los intereses que posee en este campo.
7 ~es creados. Ventajas de que disfruta un grupo de personas y cuya conservación depende de la solidaridad de estas. | C. GBayón *SVoz* 8.11.70, 1: La vida municipal, lo sabes, está llena de asechanzas, de recomendaciones, de intereses creados, de pucherazos y desengaños.
II *loc adj* **8 de ~.** (*Gram*) [Complemento o dativo] que se usa con intención expresiva para subrayar la participación, en la acción verbal, de la pers. representada por el sujeto. | Academia *Esbozo* 207: El dativo funciona como complemento indirecto, pero además como dativo de interés ..; como dativo posesivo ..; como dativo ético.
9 de ~. (*Mat*) [Regla] que permite hallar el interés [5a] producido por un capital durante cierto tiempo a un tanto por ciento determinado, o cualquiera de los otros términos, conocidos los demás. | J. Zaragüeta *Abc* 23.12.70, 3: Se da también en la Matemática aplicada .. en las reglas de tres, de interés y otras similares.

interesadamente *adv* **1** De manera interesada [3]. | M. Marías *D16* 18.11.91, 50: Sospecho que [el chauvinismo] es algo que los franceses no han planeado astuta e interesadamente, sino más bien un rasgo nacional.
2 Con interés [1]. | MSantos *Tiempo* 183: La fuerza pública, la prensa periódica, .. y hasta un representante del Señor Gobernador Civil colaboran tan interesadamente en el misterio.

interesado -da *adj* **1** *part* → INTERESAR.
2 [Pers.] que actúa movida por el interés [2b]. *Tb n*. | N. FCuesta *SAbc* 23.11.75, 13: Los españoles somos más interesados que antes, porque se nos ha despertado un apetito insaciable de vivir mejor.
3 [Cosa] que denota o implica interés [2b]. | Cabo-DOrtiz *Geografía* 312: El apego de los australianos a la Gran Bretaña se explica a la vez por razones sentimentales .., y por razones interesadas, ya que Inglaterra absorbe la mayoría de sus exportaciones.
4 [Pers.] a la que concierne el asunto en cuestión. *Frec n*. | *Sp* 19.7.70, 53: Marcel Landowski, el más alto funcionario de la música francesa, lo anunció, y el interesado lo confirmó: .. Herbert von Karajan dejaría de ser titular de la Orquesta de París.

interesante I *adj* **1** Que interesa [1]. | *Sp* 19.7.70, 53: El problema del pluriempleo .. viene dado .. por el hábito que las figuras de relumbrón han tomado de preferir .. las actuaciones como director invitado, más interesantes económicamente. J. GPastor *Ya* 25.9.71, sn: La tal Claudinita es María Jesús Lara, una de las caras más interesantes de nuestra escena, popular por sus apariciones en la pantalla pequeña. **b)** [Pers.] que suscita interés [1b]. | MGaite *Usos* 201: Una gran proporción de aquellas muchachas que se decidieron por el buen partido .. siguieron, sin embargo, manteniendo encerrada en un cofre secreto .. la imagen embellecida del hombre interesante que hizo latir su corazón como nadie lo volvería a hacer latir nunca. **c)** [Estado] ~ → ESTADO.
II *loc v* **2 hacerse** [alguien] **el ~.** (*col*) Comportarse de modo que atraiga el interés de los demás. | VMontalbán *Galíndez* 83: Cuando empezó a circular el rumor de que había desaparecido, más de uno pensó que Galíndez se estaba haciendo el interesante, que quería dar que hablar.

interesar – interferir

interesar A *tr* **1** Suscitar interés [1 y 2] [en alguien (*cd*)]. *Tb abs.* | Aldecoa *Gran Sol* 48: Macario Martín interesó a todos mostrando sus conocimientos de pesca en los pitís. Delavega *CoA* 1.1.64, 9: El nombre de Currili es el que más interesa a los aficionados. * Son cosas que no interesan.
2 Dar parte [a alguien (*cd*) en un negocio o empresa]. | * Interesó a su tío en el negocio.
3 (*Med*) Afectar [a una parte del cuerpo]. | *DMa* 29.3.70, 6: La herida que interesaba el hígado .. era gravísima. Bermello *Salud* 136: La gimnasia con aparatos provoca especialmente un aumento de las masas musculares interesadas en cada ejercicio, con la consiguiente hipertrofia de las mismas.
4 (*admin*) Pedir o solicitar [algo a alguien (*compl* DE)]. *Tb sin compl* DE. | *Reg* 1.10.74, 5: El señor Iglesias González pregunta sobre la terminación de las obras de acceso al puente de Trujillo y ruega se interese de Obras Públicas la terminación de las mismas. Armenteras *Epistolario* 268: Escrito interesando el ingreso de un niño en un Grupo Escolar.
B *intr pr* **5** Sentir o mostrar interés [1 y 2] [por alguien o algo (*compl* POR *o*, *raro*, EN)]. | CBaroja *Inquisidor* 49: El prefecto .. se interesaba por una sobrina suya. Torres *Él* 139: ¿Y por qué la CBS se interesó en Julio? **b)** Manifestar interés [por alguien o algo], esp. preguntando. | *Inf* 2.9.77, 22: El Rey de España, don Juan Carlos de Borbón, se interesó ayer, a través de una llamada telefónica de su Casa Civil, por el estado de salud del presidente del Real Madrid, don Santiago Bernabeu. M. Lomba *Not* 12.4.74, 13: El alcalde de Tudela dirigió una carta al alcalde de Pedrola interesándose por las gestiones para prolongar el canal de Lodosa.

interescapular *adj* (*Anat*) Situado entre los dos omóplatos. | *Abc* 4.11.75, 1: S. E. el Jefe del Estado presentó un cuadro caracterizado por inquietud, palidez e hipotensión, con dolor intenso interescapular.

interestatal *adj* Que afecta o se refiere a dos o más estados. | *SInf* 1.8.70, 3: El sistema interestatal de carreteras, el programa de obras públicas más extenso de los EE.UU. Un conductor podrá atravesar el país de costa a costa sin encontrar un semáforo o señal de parada.

interestelar *adj* Situado entre dos o más astros. | Bustinza-Mascaró *Ciencias* 381: Al nacer los planetas tendrían una envoltura de dichos gases, que, posteriormente, se habrá ido dispersando en el espacio interestelar.

interétnico -ca *adj* Que afecta o se refiere a dos o más etnias. | *D16* 5.7.91, 13: Los "chetniks" son extremistas serbios armados, enemigos a muerte de los croatas, con quien [*sic*] mantienen desde hace tiempo una cruel y sangrienta guerra interétnica.

interface (*ing; pronunc corriente,* /interféis/ *o* /interfáθe/) *m o f* **1** (*Electrón e Informát*) Interfaz. | *Ya* 7.10.87, 4: PCW 9512. Características básicas. Impresora de margarita .. Interface Paralelo Centronics, para impresoras.
2 (*raro*) Punto de enlace, o puente, entre dos entidades distintas. | L. Fernández *PapD* 2.88, 143: Queda por definir y acotar lo que hemos denominado Formación Profesional Específica (FPE). De lo anterior se deduce que es el puente o interface entre la politécnica y la propia del puesto de trabajo.

interfalángico -ca *adj* (*Anat*) Situado entre dos falanges. | *Faro* 1.8.75, 15: En el trabajo se produjo herida erosiva en el cuarto dedo de la mano izquierda y fuerte esguince en articulación interfalángica proximal del mismo dedo.

interfascicular *adj* (*Anat*) Situado entre dos o más fascículos. | Alvarado *Anatomía* 26: Esta [la sustancia fundamental del tejido óseo] contiene haces conjuntivos y una substancia interfascicular.

interfaz *m o f* (*Electrón e Informát*) Circuito de enlace entre dos elementos o sistemas. | PAyala *Macintosh* 42: Al utilizar las mismas rutinas y la misma filosofía, el comportamiento de los elementos comunes del interfaz de usuario también es el mismo en todos los programas.

interfecto -ta I *adj* **1** (*admin*) [Pers.] fallecida de muerte violenta. *Más frec n.* | *Abc* 30.12.65, 93: Muerto en refriega con la Policía .. El interfecto, en unión de cuatro sujetos más, viajaba en un coche que momentos antes habían robado. Cela *Escenas* 137: En el mes de junio pasado, al marqués lo mató un taxi .. La María López, cuando el marqués pasó a interfecto, empezó a comprar sus molinillos a un valenciano. **b)** (*col*) [Pers.] fallecida. *Más frec n.* | Cela *Inf* 1.8.75, 16: Don Asmodeo F. Polisario murió célibe y de insolación .., y acabó troceado por los estudiantes en la sala de disección de la Facultad de Medicina, porque, a raíz del punto y hora en que pasó de ciudadano a interfecto, nadie reclamó su cadáver.
II *m y f* **2** (*col*) Pers. de la que se está hablando. *Frec con intención humorist.* | CPuche *Paralelo* 369: La loca tenía un pañuelo atado a la cabeza. –¿Qué le pasa a la interfecta? –dijo [Genaro] acercándose a Elena. –Ya ves, que le gusta tener un pañuelo así. CBonald *Casa* 222: Una pareja de guardias se presenta en casa del interfecto a las diez y media de la mañana .. El señor hace esperar a los guardias en el patio y baja a las once y media. **b)** *En gral:* Persona. | D. Calzada *Abc* 16.11.80, 13: Cheli: jerga con elementos castizos y horteras de origen madrileño. Interfecto que la habla.

interferencia *f* **1** Acción de interferir [1, 2, 4 y 5]. *Tb su efecto.* | Valcarce *Moral* 23: No cabe entre ellos [los factores del acto humano] ninguna interferencia directa; su influencia consiste solo en despertar el miedo o la concupiscencia. H. PFernández *Abc* 27.11.70, 25: Hablaba de posibles abusos o interferencias de unas asociaciones con otras.
2 (*Fís*) Acción recíproca de dos ondas de igual longitud y amplitud, que produce aumento, disminución o anulación del fenómeno vibratorio. | Mingarro *Física* 89: Para que exista el fenómeno de la interferencia los dos movimientos ondulatorios deben diferir solamente en la fase, siendo idénticas sus longitudes de onda y amplitud. **b)** Ruido o imagen que dificulta o altera la percepción de una señal acústica o visual. | *Van* 4.11.62, 2: El sintonizador es el cerebro del televisor .. Pone en la pantalla la mejor imagen aun en zonas de recepción difícil, evitando interferencias y parásitos.

interferencial *adj* (*Fís*) De (la) interferencia [2]. | *Unidades* 50: El utillaje anexo comprende: las fuentes estabilizadas de corriente para la alimentación eléctrica de la lámpara .., filtros interferenciales especiales.

interferir (*conjug* **60**) A *tr* **1** Interponerse [en una acción o en el funcionamiento de algo (*cd*)], alterándo[los] o impidiéndo[los]. | PRivera *Discursos* 19: Con la esperanza de que los demás consigan también la claridad suficiente para no interferir funciones ni normas. *Sp* 19.7.70, 37: La administración Nixon ha encargado a un grupo de expertos el estudio de las posibilidades de anulación de las próximas elecciones presidenciales de 1972 para el caso en que grupos de tendencia violenta intenten interferirlas.
2 Cortar el paso [a alguien o algo (*cd*)]. | *País* 11.12.76, 14: Con la llegada de la fuerza pública se produjeron las consiguientes carreras y los golpes, logrando escapar los componentes del grupo interferido inicialmente. E. Paz *RegO* 30.7.64, 14: Milucho pasa a Chasca, pero el balón es interferido sin querer por un jugador contrario.
3 (*Fís*) Causar interferencia [2a] [en un movimiento ondulatorio (*cd*)]. | Mingarro *Física* 90: Fresnel logró hacer interferir la luz, demostrando con este experimento su naturaleza ondulatoria. **b)** Causar interferencia [2b] [en la transmisión por radio (*cd*)]. | M. Leguineche *SPaís* 25.8.91, 5: Hubo .. algunos intentos de interferir las radios leales.
B *intr* **4** Interponerse [en una acción o en el funcionamiento de algo alterándolos o impidiéndolos]. *Tb pr.* | *Inf* 31.3.70, 1: Las líneas aéreas japonesas pidieron a las autoridades surcoreanas que no interfirieran en el caso. * Un estado no debe interferirse en los asuntos de otro.
5 Coincidir [dos cosas o una con otra] influyéndose mutuamente. *Tb pr.* | Cañadell *Salud* 363: Una lesión hipofisaria que interfiera con la producción de gonadotrofinas forzosamente tiene que conducir a una insuficiencia testicular. Sánchez *Pról. Quijote* 32: La cuarta [parte] .. combina y distribuye armónicamente un conjunto de episodios, cuentos y novelas cortas, junto a discursos y diálogos doctrinales, que se interfieren con la historia del hidalgo y se entrecruzan con algunas de sus aventuras.
6 (*Fís*) Causar interferencia [2a]. | Mingarro *Física* 90: En otro punto de la pantalla C el retraso es de una longitud de onda, y vuelve a haber luz por interferir en concordancia de fase.

interferometría *f (Fís)* Técnica de medida basada en los fenómenos de interferencia [2]. | *Ya* 6.4.91, 10: El centro contará con un radiotelescopio de unos 40 metros de diámetro, "con lo que se conseguiría muchísima más sensibilidad a la hora de hacer observaciones en una técnica como es la interfer[o]metría de muy larga base". [*En el texto*, interfermetría.]

interferómetro *m (Fís)* Instrumento de medida basado en los fenómenos de interferencia [2]. | *Ya* 12.4.89, 22: Para detectarlos [los campos magnéticos] se requieren elementos ultrasensibles, los interferómetros cuánticos supraconductores.

interferón *m (Biol)* Proteína producida en las células animales como respuesta a la infección de un virus y que inhibe la reproducción de virus diferentes. | J. RVillanueva *TMé* 20.1.84, 27: Otros productos farmacéuticos de enorme importancia, como diferentes clases de interferones y vacunas, están siendo objeto de experimentación con animales.

interfibrilar *adj (Anat)* Situado entre dos o más fibras o fibrillas. | Alvarado *Anatomía* 26: En ella [sustancia intercelular del tejido cartilaginoso] se descubren fibras conjuntivas y elásticas .., más una substancia interfibrilar especial. Navarro *Biología* 76: Las fibrillas colágenas permanecen unidas entre sí por una sustancia interfibrilar.

interfijo *m (Ling)* Afijo intercalado entre la raíz y un sufijo. | Blecua *Lengua 2º* 37: Si examinamos la palabra *polvareda* notaremos que es imposible remontarnos a un primitivo *polvar*; .. debemos deducir, pues, la existencia de unos elementos átonos, los interfijos, que sirven para poner en conexión la raíz con el sufijo.

interfono *m* Aparato destinado a la comunicación por medio de una red telefónica interior o particular. | *Act* 7.7.66, 59: Interfono desde el hall a todos los apartamentos y dependencias. Palomino *Torremolinos* 96: Luis regresa al despacho y llama por el interfono a Joe Mendizábal, director de relaciones públicas.

intergaláctico -ca *adj (Astron)* Situado o existente entre dos o más galaxias. | *Inf* 11.1.71, 5: Las Maffei I y II están solo dos veces más alejada[s] que Andrómeda, en lo cual resultan incluso próximas en la escala de distancia intergaláctica.

intergeneracional *adj* Que se produce entre dos o más generaciones. | *Abc* 15.2.88, 47: Algunos efectos de la deuda pública. Su traslación intergeneracional.

interglaciar *adj (Geol)* [Período] comprendido entre dos glaciaciones. | Bustinza-Mascaró *Ciencias* 359: Hubo períodos interglaciares o de fusión de los hielos, con el consiguiente retroceso de los glaciares.

interglúteo *adj (Anat)* [Espacio] situado entre los glúteos o nalgas. *Tb n m.* | Corbella *Salud* 460: Pueden también asentar [las micosis] en otras localizaciones, principalmente en el pliegue inguinal .., en el interglúteo .., en las axilas.

intergubernamental *adj* Que afecta o se refiere a los gobiernos de dos o más países. | Castiella *MHi* 11.63, 63: Sus relaciones amistosas con los países de Europa, su pertenencia a múltiples organismos intergubernamentales europeos. *País* 10.12.89, 1 (A): La conferencia intergubernamental para la unión económica y monetaria .. fue aprobada con la única oposición del Reino Unido.

interhumano -na *adj* Que se realiza o existe entre dos o más seres humanos. | Aranguren *Marxismo* 108: La realidad social, considerada como relación interhumana, está constituida por la estructura .. de las clases en lucha. Mascaró *Médico* 32: Desde las enfermedades de transmisión exclusivamente interhumana, como el sarampión, la gripe, los resfriados, etc., hasta las típicas zoonosis o enfermedades transmitidas por animales, como la rabia, existen las posibilidades más diversas.

ínterin *adv* Mientras tanto. *Más frec* EN EL ~. | Gironella *Millón* 641: La moral de los "nacionales" era también elevada, no solo por la victoria del Norte, sino porque, ínterin, varias repúblicas sudamericanas, además de Japón y de Hungría, habían reconocido al gobierno de Franco. C. Calvo *Sáb* 10.9.66, 3: En el ínterin, ¿por qué no nos facilitan una temporada de tejemaneje de manos inocentes en altos papeles de la gobernación?

interinamente *adv* De manera interina. | *HLS* 2.9.74, 1: Hizo delegación de funciones de la Jefatura del Estado en la persona del Príncipe de España, don Juan Carlos de Borbón, el día 19 de julio, fecha desde la cual este viene desempeñando interinamente la más alta magistratura del país. Onieva *Prado* 230: Ingresó a los diecisiete años en la Orden de San Francisco .. Para atender a su anciana madre fue autorizado a dejar interinamente el claustro.

interinar *tr (raro)* Desempeñar [un cargo o empleo] como interino [1a]. | FSalgado *Conversaciones* 452: Azaña se quedó muy contento cuando ese día llamó por teléfono al comandante general y al oír mi voz y decirle yo que estaba interinando el mando y que no había novedad.

interindividual *adj* Que se realiza o existe entre dos o más individuos. | Albalá *Rev* 11.70, 19: "Forma expresiva" no es otra cosa, al menos para mí, que el modo de relación lingüística y, por tanto, de comunicación no interindividual, sino social.

interinidad *f* **1** Cualidad de interino. | *Ya* 15.10.67, 3: Creando una organización que permita solucionar los períodos de interinidad de trabajo y los trasvases de unos a otros sectores sin mengua apreciable de la situación material de esos obreros. *Pap* 1.57, 5: El calendario se inventó para que nos diésemos, en todo momento, cuenta de nuestra interinidad, de nuestra congénita fragilidad.

2 Trabajo en calidad de interino [1a]. | SSolís *Jardín* 158: Necesitaría dinero fijo, ingresos seguros, y no trabajos eventuales o interinidades a salto de mata.

interino -na I *adj* **1** [Pers.] que desempeña una función o cargo supliendo la ausencia del titular. *Frec n.* | J. Rubio *SAbc* 9.2.69, 13: La joven entusiasta, profesora interina –tres años– de Ballet clásico. **b)** De interino. | * Ahora tengo un trabajo interino. E. Bengoechea *Ya* 27.3.92, 17: Los nombramientos tienen a menudo carácter interino, pero ya se sabe que en la actualidad una interinidad es la forma más fácil y segura de conseguir un puesto definitivo.

2 Provisional. | RPeña *Hospitales* 23: La aparición de las grandes pandemias modifica el sentido de la hospitalización, dejando a un lado la asistencia con carácter permanente para dar paso a la admisión de enfermos agudos para asistencia interina. F. Basco *DEs* 15.8.71, 11: Romería a la ermita de Sant Roc .. Después de la tertulia familiar y el consabido "chateo" por los bares interinos, la pequeña campana de la ermita llama al rosario.

II *f* **3** *(reg)* Asistenta. | Zunzunegui *Camino* 272: Conocía en el barrio una viuda aún joven que malvivía con una hija enfermiza, saliendo a las casas a servir de "interina". *GacN* 1.8.69, 11: Servicio doméstico .. Necesito interina, con informes, 2 días semana. *VozA* 8.10.70, 26: Se necesita chica fija o interina. VMontalbán *Mares* 71: Arregló el desorden de la habitación, cuidadoso de que la interina no refunfuñara más de la cuenta ante el aspecto de cubil de la casa.

interinstitucional *adj* Que afecta o se refiere a varias instituciones. | *Ya* 9.10.70, 45: Urge la equiparación de títulos .. Es necesaria una coordinación interinstitucional para llegar a formular rápidas soluciones en torno a este problema. *Ide* 7.8.93, 17: Una comisión interinstitucional panameña llegó ayer a España.

interinsular *adj* Que existe o se realiza entre dos o más islas. | *Día* 26.9.75, 15: Varios cargueros .., así como los habituales correos interinsulares, arribarán hoy al puerto de Santa Cruz de Tenerife.

interior I *adj* **1** De dentro. *Cuando se expresa el término de referencia, este va introducido por la prep* A. | Bustinza-Mascaró *Ciencias* 260: En él [el melocotón] observamos la piel, o epicarpo, la parte carnosa o mesocarpo, y la parte interior dura, hueso o endocarpo. Marcos-Martínez *Aritmética 2º* 139: Por un punto interior a una circunferencia, trazar una cuerda que sea bisecada por el punto. **b)** De dentro de las fronteras del país en cuestión. *Se opone a* EXTERIOR *o* INTERNACIONAL. | B. M. Hernando *Inf* 6.9.77, 1: Gibraltar ha sido manejado como fórmula emocional para tapar agujeros de la no siempre acertada política exterior española. E incluso de la interior. L. Calabia *NEsH* 4.7.72, 3: En dicho Congreso .. serán tratados problemas de la produc-

ción y comercio interior y exterior de frutos frescos. **c)** De dentro de la ciudad en cuestión. | * Recibió una carta por correo interior. **d)** De la parte no costera [de un país o región]. | Pemán *Abc* 9.8.72, 3: Conocida es mi tesis .. del aparcamiento y distribución de las figuras varias influyentes en la marcha de nuestra historia, entre la meseta y la periferia .. Los políticos interiores, militares o literatos, por debilidad de la mano conjuntadora del Rey, empezaron a levantar cabeza, como quien dice, o sea, a tener opiniones propias o diferenciales. **e)** [Mar] situado dentro de un territorio. | * Los mares interiores son en realidad grandes lagos, como el mar Caspio o el mar Negro. **f)** [Ropa] destinada a ser usada debajo de otra, sin que se vea exteriormente. | *Ya* 15.4.64, 11: Calcetines, camisas, ropa interior. **g)** *(Geom)* [Ángulo] cuyo vértice está dentro de la circunferencia. *A veces con un compl* A. | Gironza *Matemáticas* 166: Ángulo interior es el que tiene su vértice en un punto interior a la circunferencia. Marcos-Martínez *Aritmética 2º* 143: Ángulo interior a una circunferencia es aquel cuyo vértice es un punto interior a dicha circunferencia. **h)** *(Geom)* [Ángulo] formado por dos lados adyacentes de un polígono. | Marcos-Martínez *Aritmética 2º* 148: Valor de los ángulos interiores de un polígono.
2 De la mente o del espíritu. | Cossío *Confesiones* 48: De cada enfermedad llevaba a mis estudios nuevos motivos para que funcionasen mi vida interior y mi fantasía saltase de los libros de texto a una diligencia.
3 [Vivienda o habitación] que no tiene vistas a la calle. *Frec n m, designando vivienda.* | *Inf* 10.9.77, 1: Paseo del Pintor Rosales. Viviendas de lujo, Interiores a gran patio. Claras y silenciosas.
4 del ~. [Ministro o ministerio] del que dependen la administración local y el orden público. | *Inf* 5.9.77, 27: Mañana y pasado tendrá lugar una reunión de gobernadores civiles con el ministro del Interior.
II *m* **5** Parte interior [1a] [de algo o de alguien]. | Arce *Testamento* 32: Me limité a echar una nueva ojeada por el interior de la cabaña. **b)** Parte no costera ni fronteriza [de un país]. | Cunqueiro *Un hombre* 34: En las ciudades costeras gusta el azul, así como en las del interior el verde, y en las aldeas el negro. **c)** *Sin compl especificador:* Parte interior [1a] de una vivienda u otro edificio. | *Abc* 7.9.66, 44: Arte y decoración. Alto diseño de interiores. **d)** *(Cine y TV) En pl:* Secuencias que se filman en interiores [5c]. | * Ya está iniciado el rodaje de los interiores. RGualda *Cine* 240: En este caso ["exteriores"] y en el de *interiores* las opiniones aparecen algo confusas; puede decirse que se habla de unos y otros según el efecto que haya de producirse en pantalla.
6 Mente o espíritu [de una pers.]. | T. Bonilla *DíaCu* 28.7.84, 6: Hay ancianos apoyados en sus garrotas que este año han celebrado sus bodas de oro .. Asienten en su interior.
7 *(Fút)* Jugador cuyo puesto está entre el delantero centro y un extremo. | M. GAróstegui *SAbc* 27.4.69, 32: Había entonces interiores como Igoa, Panizo y Hernández.
8 *En pl:* Entrañas (conjunto de órganos contenidos en el abdomen). | Mayte *Sáb* 3.12.66, 44: A continuación se ponen las cebollas cortadas, el tomillo, laurel, el romero, los interiores de la perdiz y los higadillos bien limpios.

interioridad *f* Parte o aspecto interior [1a y 2] [de alguien o algo]. | Aranguren *Marxismo* 89: En esta conjunción marxiana de operatividad material y formal o moral hay alguna reminiscencia de la tesis hegeliana de la correspondencia .. de la exterioridad a la interioridad, las dos caras del ser. CBonald *Noche* 100: La criada se retiró a las interioridades de la galería sin decir nada. Torrente *Saga* 580: Eran ya para siempre [los cinco] un único y compacto Jota Be, de simplicidad aparente y complicada interioridad, quíntuple y acaso contradictoria estructura. **b)** *En pl:* Asuntos privativos y reservados. *Gralm con referencia a una familia o una entidad colectiva.* | * Yo conozco algunas interioridades del Ministerio.

interiorismo *m* Diseño o decoración de interiores [5c]. | *Abc* 17.12.69, sn: Gabinete de expertos en interiorismo. Mendoza *Gurb* 51: Cubata en bar de moda, Bonanova; premio FAD de interiorismo.

interiorista I *m y f* **1** Diseñador o decorador de interiores [5c]. | VMontalbán *Pájaros* 210: La escalera los llevó hasta una entrada sin puerta, abierta al espacio único del interior de la casa dividido en tres niveles. Un primer nivel que un interiorista occidental habría calificado de zona húmeda. VMontalbán *Comité* 156: La ambientación de Lhardy enmarcaba la comida en un satisfactorio ambiente de club privado inglés decorado por un interiorista francés.
II *adj* **2** De(l) interiorismo o de(l) interiorista [1]. | Pániker *Memoria* 44: Comenzaba por entonces la era interiorista de Miguel Milá: lámparas blancas, mesas bajas lacadas en negro, etc.
3 Que tiende a destacar los aspectos interiores [1a y 2]. | Pemán *Andalucía* 310: La estrechez a que sus calles [de Cádiz] está obligada [*sic*] por falta de sitio y la elevación que la misma causa impone a sus casas y torres han hecho pensar a algunos en el sentido interiorista de las ciudades marroquíes. Pemán *Abc* 9.10.74, 3: Unos y otros saben que, como Platón en forma de diálogo, o como Aristóteles en forma de discurso interiorista, .. por la escalera dialéctica se llega al Hombre.

interiorización *f* Acción de interiorizar(se). | Olmo *Teatro 1968* 3: Aquí está la explicación .. de por qué no intervienen más vecinos, ni más parroquianos, en el proceso de interiorización. Aranguren *Ética y polít.* 23: El "tribunal" de la conciencia es, psicogenéticamente, la interiorización del tribunal moral de la comunidad. Valls *Música* 28: Hegel .. dijo del sonido .. que "la impresión que produce se interioriza a la vez que se esfuma". Esta "interiorización", en última instancia, significa que la música afecta y vulnera nuestra secreta .. intimidad sensitiva. Ridruejo *Castilla* 1, 42: Al peregrinar otra vez por Castilla, hemos visto aquí y allá pueblos que "se cierran", pero también poblaciones que crecen e industrias que se levantan. ¿Empieza a ser .. el resultado de la interiorización voluntaria de los castellanos en busca de una habitación confortable y duradera? Aranguren *Moral* 48: El Castillo de Bellver no fue para él solamente la morada de interiorización en su propia vida. Fue también la atalaya desde la que, con la necesaria perspectiva, vio la Península, la Corte, España.

interiorizador -ra *adj* Que interioriza. | Bousoño *SAbc* 30.11.85, II: Los heterónimos son, pues, uno de tantos frutos del proceso interiorizador tan peculiar de los años a los que me he referido, que .. impersonaliza la voz del narrador poemático, al despreciar la concreta subjetividad del poeta.

interiorizante *adj* Interiorizador. | Aranguren *Ética y polit.* 24: Ha sido en la época moderna cuando esta moral de la conciencia se ha mostrado en toda su pureza individualista e interiorizante.

interiorizar A *tr* **1** Dar carácter interior [1 y 2] [a algo *(cd)*]. | Olmo *Teatro 1968* 3: Una de las audacias de *English spoken* .. es el propósito de "interiorizar" una calle, un rincón del exterior. Morodo *ByN* 27.12.75, 7: En aquellos años, la década de los cincuenta, el socialismo histórico estaba fuera .. Entonces lo que intenta Tierno es interiorizar el socialismo, modernizarlo, olvidar los prejuicios de guerra civil, actualizarlo. MGaite *Cuento* 65: Para mí narración era todo, no solo la oral y la escrita, sino también la que se interioriza sin palabras.
2 *(Psicol)* Transferir [algo] al ámbito espiritual e individual propio de los hechos de conciencia. *Tb fig, fuera del ámbito técn.* | Pinillos *Mente* 112: El ser humano es capaz no solo de interiorizar el mundo exterior en forma de significaciones que abstractamente lo representan, sino de manipular estas mediante distinciones analíticas y síntesis posteriores. Rábade-Benavente *Filosofía* 191: Al conocer, de alguna manera hacemos nuestro, interiorizamos, aquello que conocemos. **b** *pr* Incorporarse al yo. | Valls *Música* 28: Hegel .. dijo del sonido .. que "la impresión que produce se interioriza a la vez que se esfuma".
B *intr pr* **3** Volverse [alguien] hacia su interior [5a y 6]. | DPlaja *Abc* 1.9.66, 18: Hay, claro está, mucho Unamuno interiorizado y patético, monologante y soterrado.

interiormente *adv* En el interior [5a y 6]. | Bustinza-Mascaró *Ciencias* 81: Se acostumbra a comparar el ojo a una máquina fotográfica, que está formada por una cámara oscura, negra interiormente. * Por fuera estaba sereno, pero interiormente sufría.

interjección *f* **1** *(Gram)* Palabra invariable, con autonomía sintáctica, que en forma sintética expresa un senti-

interjectivo – intermedio

miento o sensación, establece una comunicación entre el hablante y otro, o evoca un ruido o un movimiento. | Amorós-Mayoral *Lengua 4º* 10: Oraciones exclamativas. Son las que expresan sentimientos o emociones intensas .. Unas están formadas por una simple interjección.
2 Exclamación malsonante. | A. Barra *Abc* 22.2.62, 41: Los profesores carecen de títulos académicos, y la asistencia a clase es a discreción del estudiante. Pueden fumar, proferir interjecciones, empinar el codo, ir descalzos y cubrirse con las últimas privaciones de la moda tropical.

interjectivo -va *adj* De (la) interjección. | Torrente *Off-side* 515: El trío de las quinielas mantiene su desacuerdo por el procedimiento dialéctico de repetir siempre lo mismo; todo lo más, con meras variaciones .. del acompañamiento interjectivo. **b)** Que tiene carácter de interjección. | Aranguren *Marxismo* 20: Por puramente interjectivo que parezca, todo vocablo, en principio, tal vez, mera descarga emocional, comunica algo a quien lo oye. **c)** *(raro)* [Pers.] dada a usar interjecciones. | Ridruejo *Memorias* 27: Era un blasfemo barroco, nada interjectivo, que inventaba sutilezas retóricas como un Calderón vuelto del revés.

interlínea *f (Impr)* **1** Espacio entre dos líneas de texto. | Huarte *Tipografía* 10: En la terminología tipográfica, espacio es lo que separa las palabras de una misma línea, no unas líneas de otras (interlínea o blanco).
2 Regleta (lámina o plancha de metal que sirve para espaciar las líneas de un texto). | Huarte *Tipografía* 56: Para aumentar estas [las superficies en blanco] en los casos necesarios se emplean los espacios .. y las interlíneas (o regletas).

interlineación *f* Acción de interlinear. | *Cod* 17.5.64, 6: Una mejora del agrado de todos fue la que consistió en hacer articulada, hacia atrás, la palanca de interlineación, que sirve para el retroceso del carro.

interlineado *m* Espacio entre dos líneas de texto. | * Con el ordenador es fácil cambiar el interlineado del texto.

interlineal *adj* [Texto] añadido entre líneas. | *Ya* 18.11.83, 42: La obra consta de seis volúmenes en folio. El primero contiene el Pentateuco en cuatro lenguas: hebreo, latín de la Vulgata, griego con traducción interlineal al latín y Targum Onqelos con su correspondiente traducción latina.

interlinear *tr* **1** Añadir [texto] entre líneas. *Tb abs*. | Alvar *Abc* 8.8.87, 20: El escriba separa el habla de los rústicos (vasco) de la "nuestra" (latina), pero una mano coetánea interlinea en romance.
2 *(Impr)* Poner interlíneas [en un texto *cd*]. | * Hay que interlinear de nuevo el texto, no me gusta la composición.

interlingua *f* Lengua artificial internacional formada a base del latín por la International Auxiliary Language Association en 1951. | *Agromán* 125: Ni el "esperanto", .. ni la "interlingua", ni el "basic english", ni el "gala" tienen vigencia.

interlock *(ing; pronunc corriente, /interlók/; pl normal, -s) m (Tex)* Tejido indesmallable muy tupido. *Tb adj*. | *Abc* 25.2.58, 10: Nicky niños interlock, colores surtidos, varias tallas, 19 ptas. *BOE* 2.6.69, 8579: La firma "Sociedad Española de Recubrimientos, S.A.", solicita el régimen de admisión temporal para la importación de tejido de punto interlock para la fabricación de fundas para asientos de automóviles.

interlocución *f (lit)* Diálogo (acción de dialogar). | MGaite *Búsqueda* 7: En todos ellos [artículos] se roza .. un asunto al que he comprobado que, más tarde o más temprano, acaba remitiendo cualquier posible reflexión sobre los conflictos humanos: el de la necesidad de espejo y de interlocución.

interlocutor -ra *m y f* Pers. con la que se dialoga. | MGaite *Búsqueda* 19: Me refiero a la búsqueda de un destinatario para nuestras narraciones. Con respecto a la narración oral, esta búsqueda de interlocutor representa una condición ineludible. VMontalbán *Rosa* 51: –¿Estamos esperando a que empiece un simposio? –No. A que venga un interlocutor válido de la familia.

interlocutorio -ria *adj (Der)* [Resolución] previa al fallo definitivo, que no resuelve sobre el fondo de la causa sino sobre algún incidente. *Tb dicho de lo relativo a esa reso-* lución. | *Leg. contencioso-adm*. 85: La aprobación de un pliego de bases para un concurso de línea de transportes tiene carácter interlocutorio, ya que el acto final es el que decide sobre la adjudicación definitiva del servicio.

interludio *m (lit)* Intermedio. | FCid *Ópera* 17: En ellas [las "dramatic-operas"], arias cantadas, coros, danzas, números instrumentales –de obertura, de interludio y apéndice– tienen el signo de la belleza. Benet *Lanzas* 56 (G): Quién sabe si para preservarlos durante el largo interludio. L. Villaverde *Van* 10.10.74, 60: La centolla es una señora vianda .. que se puede comer sola .. y sin más complemento que [el] de un vinito discreto como prefacio e interludio. Mendicutti *Palomo* 93: Tía Victoria señalaba de pronto a un señor .. y añadía, coquetona: –Con él tuve yo un interludio.– Tía Victoria, por lo visto, había tenido montones de interludios, tantos que a mí me parecía que era imposible que los hubiera tenido uno detrás de otro.

intermareal *adj* Situado entre la bajamar y la pleamar. | *MOPU* 7/8.85, 141: Rías y marismas .. Marisma de Carnota .. Zona intermareal poco profunda.

intermaxilar *adj (Anat)* Que existe o se realiza entre los maxilares. | R. Castillo *Abc* 10.2.85, 50: El fin del tratamiento es restaurar la articulación dentaria .. El 80 por 100 se pueden resolver por métodos incruentos, de inmovilización intermaxilar con puntos de apoyo en los dientes.

intermediación *f* Acción de intermediar. | *YaTo* 10.7.81, 53: Especial banca. El margen de intermediación. R. PEscolar *Abc* 13.11.84, 3: Los partidos y sus líderes han de acostumbrarse a ver en estas estructuras de intermediación la herramienta más idónea para orientar su acción política.

intermediador -ra *adj* Que intermedia. *Tb n: m y f, referido a pers; f, referido a empresa*. | Vizcaíno *Mancha* 58: El caminante .. piensa que son centenares las personas que creen favorecer y en realidad entorpecen, y que cada cual sería más feliz si los intermediadores de vidas ajenas se quedaran quietos y en paz. *SPaís* 24.3.91, 1 (A): Los vaivenes del mercado y los gastos cotizan a la baja los ingresos de las intermediadoras y los sueldos en el sector.

intermediar *(conjug 1a) intr* Actuar de intermediario [entre dos o más perss. o entidades]. | Espinosa *Escuela* 74: Un Conciliador .. intermediaba entre el Pueblo y los mandarines. **b)** Actuar de intermediario [en un ámbito o en un asunto]. | *Ya* 31.10.90, 4: El fiscal ha pedido .. una condena de un año de prisión menor para Jesús Gil Martín .. como autor de un delito de intrusismo profesional cometido al intermediar en operaciones inmobiliarias. *Ya* 3.8.90, 31: El presidente Mubarak visita Bagdad y Kuwait para intermediar en la reunión cuatripartita entre Irak, Kuwait, Egipto y Arabia Saudí.

intermediario -ria *adj* Que actúa entre dos o más perss. o entidades para ponerlas en relación, gralm. con vistas a un acuerdo. *Frec en comercio. Frec n, referido a pers*. | J. M. Gironés *Mun* 23.5.70, 15: Se trata de suprimir los intermediarios entre el que canta y los que viven la canción escuchándola. **b)** [Cosa] que actúa para poner en comunicación a otras dos. *Tb n m, referido a elemento*. | Navarro *Biología* 99: También realiza [la neuroglía] un papel nutritivo, siendo el elemento intermediario entre los vasos sanguíneos que circulan por los centros nerviosos y las neuronas. Gambra *Filosofía* 54: Esta ley establece la estructura misma del silogismo: la comparación de los términos a través de un tercero para deducir la relación que guardan entre sí. Si en vez de tres términos hay cuatro, esa comparación es imposible, porque falta el eslabón intermediario. J. RVillanueva *TMé* 20.1.84, 27: Solo los nueve aminoácidos más importantes representan 1.703 millones; .. los compuestos aromáticos usados como intermediarios en las síntesis químicas de plásticos representan los 1.250 millones.

intermedio -dia I *adj (a veces con un compl* ENTRE ... Y ..., *o* ENTRE + *n en pl*) **1** Que se encuentra entre dos extremos, o entre el principio y el fin de una línea, un proceso o un período. | MMolina *Jinete* 287: El mismo militar, mirando hacia arriba desde el tramo intermedio de una escalinata, permanecía en posición de firmes. Delibes *Mundos* 132: Son los únicos bosques de la isla y ambos brotan a una altura intermedia. *DBu* 19.9.70, 13: Administrativos, Industriales, vendedores. Escuela de mandos intermedios. *CoA* 10.1.64, 9: El colín pesa unos 220 gramos y tiene un tamaño

intermensual – internacional

intermedio entre la codorniz y la perdiz. **b)** Que se encuentra entre dos elementos consecutivos o inmediatos. | Miguel *D16* 29.4.89, 4: El puente se forma porque son muchos los que posponen la actividad programada para ese día intermedio entre dos fiestas. Mascaró *Médico* 61: Hoy tiende a considerarse la personalidad alérgica como debida a una perturbación "de fondo" de los centros nerviosos del cerebro intermedio (hipotálamo). **c)** [Cosa] que está entre otras dos, separándolas o poniéndolas en comunicación. | RMorales *Present. Santiago VParga* 6: Vieron la luz en territorios de la antigua Lotaringia, la franja intermedia del Imperio de Carlomagno .., separando a Francia y Alemania.
2 Que participa de las cualidades de dos elementos distintos. | * La tumbona es un mueble intermedio entre la silla y la cama. Bustinza-Mascaró *Ciencias* 377: Hay, finalmente, teorías que pueden considerarse mixtas o intermedias. **b)** Mixto (formado por dos elementos diferentes). | *Hacerlo* 112: Si mezclamos ahora un primario con un secundario, obtendremos los colores intermedios, que son seis: amarillo naranja, amarillo verde, rojo naranja, rojo violeta, azul violeta, azul verde.
II *m* **3** Tiempo de descanso en medio de una actividad. | *Mad* 3.1.70, 3: Los titulares de las carteras ministeriales no frecuentaban el bar, prefiriendo para los intermedios la llamada sala de Gobierno. **b)** Tiempo de descanso entre dos partes de un espectáculo. | *VozT* 6.9.78, 22: A las 9 de la tarde, actuación del grupo folk Zéjel. En el intermedio, actuación del popular guitarrista José Luis Viñas. *Her* 4.4.71, 18: Vea en el intermedio y al final del partido de esta tarde la repetición de las jugadas más interesantes. **c)** Pieza musical destinada a ser ejecutada entre dos actos o dos escenas de una ópera o una zarzuela. | MTriana *Ópera* 500: Además del famoso intermedio y del redondo cuadro III, *Goyescas* posee un *continuum* singular en el que predominan los solos, los concertantes y las intervenciones corales breves.
4 Cosa intermedia [1b y 2]. | Cunqueiro *Crónicas* 113: Comenzaron a cenar arenques ahumados y sidra dulce, y un intermedio de huevos cocidos. *SPaís* 18.6.78, 6: Tiempo de relax. El sillón, la tumbona, la hamaca. El descanso sofisticado. El intermedio entre la silla y la cama para una semirrelajación placentera.
III *loc prep* **5 por ~ de.** Por medio de [alguien o algo que sirve de transmisor o enlace]. *A veces el compl* DE *se sustituye por un posesivo*. | Bustinza-Mascaró *Ciencias* 96: Hay enfermedades infecciosas que son transmitidas por intermedio de animales. Onieva *Prado* 192: En un viaje de nuestro Monarca a Flandes conoció a Moro por intermedio del cardenal. P. Villalar *Ya* 6.9.90, 11: El todavía ministro de Cultura .. se propone crear una fundación política para seguir por su intermedio en la actividad pública.

intermensual *adj (Econ)* [Cifra] que resulta de la comparación con la correspondiente a una fecha un mes anterior. | *País* 14.8.91, 31 (A): Si se tiene en cuenta un horizonte más dilatado, que según el Banco de España es más recomendable al estar sometidas las tasas intermensuales a una acusada variabilidad, el crecimiento medio de los cinco últimos meses es ligeramente superior al 8%. **b)** De (las) cifras intermensuales. | FQuintana-Velarde *Política* 195: La inversión obligatoria se refiere al 40 por 100 de los depósitos y no se refiere al incremento intermensual de los mismos.

interminable *adj* Que no se acaba nunca. *Normalmente con intención ponderativa*. | Benet *Nunca* 9: Llegó a decir –tras muchas noches de poco dormir y en el curso de cualquiera sabe qué mortecina, nocturna e interminable conversación– que no éramos sino unos pobres "deterrent".

interminablemente *adv* De manera interminable. | MSantos *Tiempo* 227: Ella sonreía sintiendo raro gusto en masticar casi interminablemente el coco hasta que pasaba a la garganta.

interministerial *adj* Que afecta o se refiere a dos o más ministerios. | C. Laredo *Abc* 18.4.58, 31: Una gran parte de los asuntos decisivos del Estado se discutían en reuniones interministeriales restringidas. *CoA* 18.1.64, 2: Pleno de la Comisión Interministerial de Turismo.

intermitencia *f* Cualidad de intermitente. | MMolina *Jinete* 209: La belleza de la ciudad en aquellos días de septiembre, .. el violeta de sus atardeceres, estremecido por la intermitencia de los letreros luminosos, la conmovieron. R. Solla *Ya* 4.5.74, 35: El sol hacía su aparición con intermitencia. **b)** Aparición o actuación intermitente. *Gralm en pl*. | CBonald *Ágata* 170: Creyó arribar, ya con el sol luciendo a intermitencias amarillas sobre los charcos, a un cerco de dunas. Gimferrer *Des* 12.9.70, 29: Al principio [del libro] los datos aparecen dispersos, se suceden en un orden disgregado: son las intermitencias de la memoria, para recurrir a una expresión proustiana.

intermitente I *adj* **1** [Cosa] que actúa o se produce interrumpida por pausas más o menos regulares. | R. Sierra *Abc* 8.12.70, 3: No podía escabullirse de las travesuras de esos fantasmas que manejan una especie de semáforos oníricos intermitentes. Navarro *Biología* 262: Las fiebres palúdicas, malaria o paludismo, se caracterizan por accesos febriles que se producen a intervalos regulares, por lo que también se denominan fiebres intermitentes. *DBu* 3.4.56, 2: Abril optó por hacer honor a la fama que se le atribuye: aguarraditas intermitentes y juguetonas. **b)** [Fuente] que mana a intervalos más o menos regulares. | C. Prado *NRi* 13.5.64, 4: En la explanada de la ermita .. se saborearon las meriendas, bebiendo la rica agua que nos ofrecía la famosa fuente intermitente que allí existe con sus quince caños.
II *m* **2** *En un vehículo:* Luz intermitente [1a] con la que el conductor avisa giro a la derecha o a la izquierda. | CNavarro *Perros* 173: Los automóviles particulares se detenían en sitios estratégicos, haciendo señales con los intermitentes.
3 Dispositivo que enciende y apaga una luz intermitente [1a]. | R. M. Pereda *País* 25.11.82, 64: Va cantando suavemente, de vitrina en vitrina, buscando los intermitentes de la luz de cada una de ellas.

intermitentemente *adv* De manera intermitente. | Arce *Precio* 191: Aquí y allá, intermitentemente, sonaba el rauco canto de los sapos.

intermunicipal *adj* Que se refiere o afecta a dos o más municipios. | *DBu* 19.9.70, 10: Muñidor magnífico en favor de su señor en el fuero intermunicipal q[u]e dio a Melgar de Suso y acogió entre otras poblaciones a nuestro Zorita.

internación *f (hist)* Introducción de mercancías tierra adentro. *Tb el derecho que se paga por ello*. | HSBarba *HEspaña* 4, 331: Otro problema monetario surgió desde el momento en que el virrey Cevallos cerró la secular lucha prohibiendo la extracción de metales para Lima y determinando libre internación.

internacional (*con mayúscula en acep* 4a *y frec en* 4b) I *adj* **1** De dos o más naciones, referente a ellas o que ocurre o se realiza entre ellas. | DPlaja *El español* 100: De la misma manera contesta el viajero internacional y refinado que quien no ha salido nunca del pueblo. **b)** De todas las naciones, referente a ellas o que ocurre o se realiza entre ellas. | Fernández-Llorens *Occidente* 283: Al debilitamiento económico y militar de las grandes potencias coloniales se une la aspiración universal de todos los pueblos .. a intervenir en la vida internacional. Abella *Vida* 2, 178: A primeros de octubre las negociaciones para crear una unidad de voluntarios extranjeros dan un resultado positivo .. Así nacieron las Brigadas Internacionales. *Med* 4.5.79, 11: Año Internacional del Niño. **c)** [Derecho] que regula las relaciones entre distintos estados o entre individuos de distinta nacionalidad. | Gambra *Filosofía* 273: El P. Suárez .. es quien .. sienta las bases del Derecho Internacional Público moderno .. El derecho internacional positivo, y no meramente abstracto y teórico, es hoy ya una realidad efectiva. **d)** (*hist*) De las Brigadas Internacionales [1b] del bando republicano en la Guerra Civil española (1936-1939). *Tb n, referido a pers*. | Abella *Vida* 2, 182: Dondequiera que llegara un trance duro a lo largo de dos años de participación, allí estuvieron los internacionales como fuerza de choque.
2 (*Dep*) Que toma parte en competiciones internacionales [1a]. *Tb n, referido a pers*. | Campmany *Inf* 25.11.71, 18: Goles a placer, para que Aguilar .. alcance la gloria en su estreno como internacional.
3 (*E*) [Sistema] de medidas adoptado internacionalmente en los campos de la ciencia y de la técnica y cuyas unidades fundamentales son: metro, kilogramo, segundo, amperio, kelvin, candela y mol, con dos unidades suplementarias: radián y estereorradián. | *Unidades* 7: En el Sistema Internacional se distinguen tres clases de unidades SI.

II *f* **4** (*Pol*) Asociación internacional [1a] para la promoción universal del socialismo y el comunismo. *Frec precedido de los adjs* PRIMERA, SEGUNDA, TERCERA *o* CUARTA, *o seguido del adj* SOCIALISTA. | *CoA* 5.12.76, 1: El presidente de la Internacional Socialista, Willy Brandt, a su llegada al aeropuerto de Barajas, junto a Felipe González. **b)** Asociación internacional [1a] de partidos, sindicatos u otras organizaciones afines entre sí por su ideología. | * La Internacional Liberal. J. Suevos *Cór* 29.8.76, 2: Debe preocuparnos, pues, y mucho, la reunión de la Internacional terrorista en Dublín.

internacionalidad *f* Condición de internacional. | A. Ramos *Sol* 24.5.70, 7: Debe ser .. Torremolinos el lugar ideal del Festival. Allí tomaría sus verdaderos vuelos por su internacionalidad y atractivos para los invitados. J. A. Gaciño *Tri* 18.7.70, 20: Francisco Rabal, un poco por encima de algunos de nuestros problemas por aquello de su internacionalidad, camina también, sin embargo, por todo ese mundo de contradicciones. *Nue* 24.1.70, 13: Al referirse al evidente carácter de internacionalidad que va a tener este mundo de cambio, recordó que los sistemas de comunicaciones por satélite han superado ya la esferi[ci]dad de la Tierra.

internacionalismo *m* (*Pol*) Tendencia que propugna la superación de las fronteras nacionales y la cooperación internacional. *Tb la situación correspondiente.* | Rábade-Benavente *Filosofía* 214: Hay que tener presente que, por encima de las naciones, está el bien de la humanidad; que hay que ir, poco a poco, tendiendo a las federaciones, a un internacionalismo que borre fronteras y diferencias. **b)** Doctrina socialista que preconiza la unión internacional de los trabajadores. | *Inf* 16.4.70, 2: Moscú era el centro y brújula del internacionalismo proletario. Jover *Historia* 715: El punto de partida para entender la evolución del movimiento obrero durante la época de la Restauración se encuentra en la previa escisión del internacionalismo español en dos tendencias: una "anarquista", que sigue las orientaciones de Bakunin, y otra "socialista", que sigue las de Marx.

internacionalista *adj* (*Pol*) **1** De(l) internacionalismo. | Jover *Historia* 715: En presencia del movimiento internacionalista, el gobierno madrileño dará un viraje hacia la represión. Tejedor *Arte* 59: El Cristianismo atacaba además los cimientos mismos de la organización romana imperial, pues que proclamaba una fórmula internacionalista frente a la distinción de Roma entre los pueblos –romanos y bárbaros–. **b)** Partidario o adepto del internacionalismo. *Tb n.* | *Pue* 2.2.67, 5: El mayor enemigo del comunismo, en sí internacionalista, no es el capitalismo, internacionalismo también, sino el nacionalismo. Jover *Historia* 715: La República comporta en principio una mayor libertad de movimientos para los internacionalistas.

2 [Pers.] especialista en derecho internacional [1c]. *Frec n.* | *Cam* 21.7.75, 14: Los secuestradores eran miembros del Frente Polisario, el partido que reivindica tenazmente la autodeterminación e independencia; pero, al hacerse la entrega en Argel, una nueva figura jurídica, la del prisionero de guerra de un comando en un tercer país, daba quebraderos de cabeza a internacionalistas.

internacionalización *f* Acción de internacionalizar(se). | *Ecc* 16.11.63, 28: Los medios propuestos relativos a la internacionalización de la Curia.

internacionalizar *tr* **1** Dar carácter internacional [1a y b] [a alguien o algo (*cd*)]. | *País* 16.12.87, 35: La feria de arte Arco 88 apuesta por internacionalizar el certamen. **b)** *pr* Tomar [alguien o algo] carácter internacional [1a y b]. | Casares *Música* 157: La música deja de ser un fenómeno que se da en ciertas naciones y se internacionaliza; los compositores dejan de lado el carácter nacionalista para hacer un arte universal. A. Olano *Sáb* 10.9.66, 6: Pepe Carleton –internacionalizado tras la decoración de casas de importantísimos– sería figura en cualquier otra actividad.

2 Poner [algo] bajo control internacional [1a]. | * La propuesta de internacionalizar los Santos Lugares.

internacionalmente *adv* **1** Desde el punto de vista internacional. | J. R. Alonso *Sáb* 1.10.75, 9: Pueden ser internacionalmente inoportunas unas penas de muerte.

2 En el ámbito internacional. | Alfonso *España* 165: Aguas famosas internacionalmente, por el "descenso" a nado.

internada *f* (*Dep*) Acción de internarse un jugador hacia la meta contraria. | M. GAróstegui *SAbc* 27.4.69, 31: Ya Molowny empezaba a inquietar a los defensas, que recurrían a todo para evitar las internadas del jugador blanco.

internado *m* **1** Condición de alumno interno [2b]. | Ridruejo *Memorias* 26: Al curso siguiente mi madre decidió abrir casa en El Escorial, para redimirme del internado y tenerme cerca .. El externado ampliaba mis horizontes. L. Moreno *Abc* 13.12.70, 37: Se titulará "Colegio Virgen del Camino", y alojará seiscientos huérfanos en régimen de internado. **b)** (*raro*) Condición de interno [2a] de un establecimiento sanitario o benéfico. | *Inf* 7.10.74, 32: Dispone [el centro] de 22 camas para la atención médica de dichos enfermos en régimen de internado; también dispone de régimen de media pensión y de consultas externas.

2 Colegio, o residencia aneja a él, donde viven alumnos internos. | Matute *Memoria* 228: –Es un buen internado –respondió lacónica, para fastidiarme. MMolina *Jinete* 238: Había pasado la primera mitad de su vida cumpliendo con una exasperada precisión hasta las normas más ínfimas de la disciplina militar. En el internado, en la academia, en las guarniciones de la Península y de África .. veía a otros permitirse negligencias a las que él nunca accedió.

internalización *f* (*Psicol*) Acción de internalizar. *Tb su efecto.* | Castilla *Alienación* 20: Tales pautas son internalizaciones de su medio.

internalizar *tr* (*Psicol*) Interiorizar. | Castilla *Natur. saber* 20: Opresión, que, soslayada, deja de ser opresión de fuera para ser, más tarde, opresión internalizada. Aranguren *País* 30.10.76, 7: La hipocresía, bien internalizada, llegaba a constituir un modo de ser.

internamente *adv* Por dentro. | *Ciu* 15.3.75, 9: Tampax. Protección sanitaria llevada internamente. VMontalbán *Galíndez* 58: Empleaste aquella noche en estudiar a Silfa con doble interés y en echarte a reír internamente, porque daba risa la condición de doblez en la que todos vivíais.

internamiento *m* Acción de internar(se), *esp* [1]. | *DBu* 25.7.64, 4: Para las prestaciones de asistencia en régimen de internamiento o cura ambulatoria, dispone el Seguro Obligatorio de Enfermedad, en la provincia, de la Residencia Sanitaria "General Yagüe". P. HMontesdeoca *NEsH* 4.7.72, 3: Tales equipos verifican una inmersión en los condicionamientos médicos, sicológicos, morales y sociológicos del penado para lograr, básicamente, dos objetivos: convertir los internamientos en un proceso de superación y devolver a la comunidad individuos con mayor poder de adaptación.

internar A *tr* **1** Hacer entrar [a alguien en un lugar, esp. colegio, clínica o prisión, donde ha de vivir, sin libertad de movimiento, durante algún tiempo]. | J. M. Moreiro *SAbc* 13.4.69, 30: Sus padres decidieron que estudiase y lo internaron en un colegio de jesuitas de Tudela. *SPue* 8.3.74, 13: Charles y su hermanastro Sydney son internados en el orfanato de Hanwell. *Mar* 10.7.59, 6: Hidalgo, después de efectuar dos combates, .. tuvo que ser internado en una clínica, a causa de unos fuertes dolores de cabeza. GPavón *Reinado* 134: Fue detenido y luego internado en la cárcel Modelo con otros personajillos que mejor es no recordar.

B *intr pr* **2** Avanzar hacia la parte más interior [de un lugar (*compl* EN, HACIA *o* POR)]. *Tb fig.* | *Her* 4.4.71, 18: El 2-0 lo materializó Neme, al ejecutar un penalty con el que se castigó una falta de Roberto a Rubial, cuando este se internaba peligrosamente en el área. G. García *As* 7.12.70, 3: Lanzó de nuevo al zaguero que, tras internarse hacia el centro, largó un formidable disparo. * Se internó por la espesura. * Empezó a internarse en el mundo de la filosofía.

internista *adj* [Médico] especialista en medicina interna. *Tb n.* | *RegO* 23.7.64, 6: C. Pavón C. Médico internista. Especialista del aparato circulatorio. M. Mancebo *SInf* 16.12.70, 12: Nos habla hoy .. don José Megías Velasco, .. maestro nacional, internista y cirujano.

interno -na I *adj* **1** Interior [1a y 2]. | E. Salgado *RegO* 28.7.64, 15: Superada en su mayor parte la amargura que embargaba al amigo Zon por su hemorragia interna experimentada en el ojo derecho. *Tri* 15.8.70, 12: Con este mé-

inter nos – interponer

todo sería .. posible operar en el laberinto del oído interno sin peligro alguno. Villapún *Moral* 73: Entre las obligaciones positivas que nos manda la fe son: Hacer actos internos de fe. a) Al llegar al uso de la razón. b) Varias veces en la vida. c) En la hora de la muerte. **b)** [Rama de la medicina] que se refiere a los órganos interiores. | *GTelefónica N.* 276: Clínica Delicias. Medicina general. Interna. Preventiva. Puericultura. Practicante. **c)** (*Anat*) Que desemboca en la sangre o en la linfa. | Navarro *Biología* 72: Glándulas de secreción interna (endocrinas). Son glándulas cerradas que carecen de canal excretor y sus productos de secreción son vertidos a la sangre o a la linfa. **d)** (*Biol*) [Medio] en que se hallan sumergidas las células sin comunicación con el exterior. | Navarro *Biología* 108: Se denomina medio interno al líquido en el cual viven las células del cuerpo de los animales .. Al medio interno las células vierten los productos de desecho. Se comprende que el medio interno ha de ser un líquido circulante.

2 [Pers.] que vive internada. *Frec n. Referido a prisión, es euf admin.* | *Inf* 16.4.70, 1: El Sanatorio Antituberculoso .. acoge durante todo el año unos doscientos internos permanentes. Delibes *Madera* 66: En los balcones altos del *Friné,* una mano invisible recogía los visillos y asomaban los curiosos rostros rubios de dos internas. *BOE* 2.9.77, 19676: A los sentenciados que se hallen situados en el primer grado de tratamiento y a los sometidos al sistema de custodia o trabajo, se les concederá una comunicación oral por semana .. El número de personas que simultáneamente podrán comunicar con el mismo interno no excederá de cuatro. **b)** [Alumno] que vive internado en un colegio. *Tb n.* | Laforet *Mujer* 14: Llevaré a Miguel en octubre, conmigo. Tendrá que estar interno.

3 [Pers.] que come y duerme en el lugar donde trabaja. *Esp referido a sirviente. En este caso, tb n.* | *Ya* 2.9.77, 47: Se necesita chica interna. Sueldo, 15.000. Escobar *Itinerarios* 35: Arriba hay un cocido para siete: mi madre y mi sobrina, para mi hermano y para mí, para la criada y los dos dependientes, que, como sabes, están internos y comen con nosotros. Llamazares *Río* 108: La señorita Maruja, que así se llama la interna, lleva ya tantos años en la casa que manda casi tanto o más que el dueño.

4 [Médico] recién licenciado que presta sus servicios en un centro hospitalario para completar su formación clínica. *Tb n.* | *Inf* 15.11.77, 31: Diversos paros están realizando hoy los médicos internos y residentes (M.I.R.) de los centros hospitalarios de Madrid. Arce *Precio* 233: Un interno de la casa [hospital] ha dicho que era un gran artista.

II *loc adv* **5 en mi** (**tu**, *etc*) **fuero ~** → FUERO.

inter nos (*lat; pronunc,* /inter-nós/) *loc adv* Entre nosotros, o en confianza. *Tb, frec* (*col*), PARA ~. | Delibes *Cinco horas* 39: Aquí, para inter nos, la vida no te ha tratado tan mal.

interoceánico -ca *adj* Que afecta o une a dos océanos. | *Abc* 15.1.65, 14: La nueva vía interoceánica quizá también atraviese territorio panameño.

interoceptor *m* (*Fisiol*) Órgano sensitivo que recibe estímulos de las vísceras. | Pinillos *Mente* 65: Los receptores o sentidos son las "ventanas" por donde el organismo recoge información del mundo que le rodea .. y también del interior del propio cuerpo. A los sentidos del primer tipo se los denomina exteroceptores, y los segundos reciben nombres diversos, según la función que desempeñen: interoceptores si informan del estado de las vísceras.

interocular *adj* (*Anat*) Existente entre los dos ojos. | M. Carreras *Min* 5.87, 11: Describe a un tipo de individuo de cabello oscuro, iris pardo, cara alargada, piel fina o gran distancia interocular.

inter pares (*lat; pronunc,* /inter-páres/) *loc adv* Entre iguales. *Tb adj.* | Aguirre *Aranda* 10: La importancia del legado .. amedrenta, sin excepción alguna, a cuantos llamáis a participar inter pares en oficio tan estudioso como a la vez representativo. *Abc* 3.6.70, 21: Se trata de una actitud que no reconoce igualdad de condiciones y derechos a quienes se encuentran a uno y otro lado de una negociación "inter pares".

inter partes (*lat; pronunc,* /inter-pártes/) *loc adj* (*Der*) Que se realiza entre dos partes. | *Ya* 18.5.75, 7: Nunca como en esta ocasión el tema de las bases norteamericanas en España tuvo tanta resonancia .. La negociación "inter partes" se lleva a cabo, consiguientemente, bajo unos condicionamientos de opinión que no hubo .. en las ocasiones anteriores.

interpelación *f* Acción de interpelar. | GPavón *Hermanas* 14: Plinio, al ver la cara con que Braulio acusaba recibo a las interpelaciones, sintió llenársele la boca de risa. J. CCavanillas *Abc* 5.12.70, 36: Está concertando una protesta que va desde la que plantearon todos los partidos en el Senado .. hasta preguntas e interpelaciones en la Cámara de Diputados.

interpelante *adj* Que interpela. *Tb n.* | *D16* 5.5.78, 6: El interpelante se refirió a las graves acusaciones vertidas en una revista contra José María de Carcasona.

interpelar *tr* Pedir [a alguien (*cd*)] que dé explicaciones [sobre algo que ha hecho o dicho]. *Tb sin el 2º compl.* | L. Pablo *SAbc* 20.4.69, 35: Fui interpelado por un espectador que negaba a la música su calidad de arte inmerso en una problemática viva. **b)** *En un parlamento:* Pedir [un diputado o senador (*suj*) al gobierno o a la mesa (*cd*)] que se den explicaciones sobre una cuestión ajena a los proyectos o proposiciones de ley. | *Inf* 16.9.77, 5: Fraga interpela al Gobierno por la Generalidad provisional para Cataluña.

interpenetración *f* Penetración recíproca. | Lapesa *HLengua* 19: La interpenetración y superposición de distintas gentes y lenguas debía de ser grande en toda la península.

interpersonal *adj* Que existe o se realiza entre dos o más personas. | Castilla *Humanismo* 29: No puede hablarse de la comunicación interpersonal en términos meramente psicológicos. Pinillos *Mente* 173: De las reglas de esos juegos interpersonales en que consiste la vida social —los juegos del dinero, del amor o del delito— .. los sociólogos y psicólogos .. descubren cada día nuevos aspectos y leyes.

interplanetario -ria *adj* Que existe o se realiza entre planetas. *Tb fig.* | *Luc* 5.10.64, 1: Fue colocada en órbita terrestre una plataforma interplanetaria norteamericana. *Hora* 18.12.76, 12: Los precios .. están alcanzando ya, ahora mismo, alturas interplanetarias. F. J. Álvarez *Abc* 22.12.70, 22: Todo lo anterior se debe, por supuesto, a los adelantos tecnológicos de la ciencia de los vuelos interplanetarios.

interpolación *f* Acción de interpolar. *Tb su efecto.* | R. Roquer *Van* 30.3.74, 29: Supresiones e interpolaciones eran cautelosamente controladas para preservar intactas las Santas Escrituras. Torrente *Off-side* 496: Dedicó un rato a explicar .., con todo lujo de detalles, consideraciones marginales e incluso interpolaciones, la naturaleza verdaderamente irrevocable de su dimisión. * Ese dato puedes calcularlo por interpolación.

interpolar *tr* **1** Añadir [palabras o pasajes] intercalándo[los (*cd*)] en un texto, esp. ajeno]. | Espinosa *Escuela* 488: Algunos adeptos educan copistas para interpolar bobadas y contradicciones en libros y documentos. FAlmagro *Abc* 30.12.65, sn: El cuento, si es de calidad, puede sin duda interpolarse en una novela de más complicada y vasta composición.

2 (*Mat*) Insertar en una serie [un término o valor intermedio] por cálculo o estimación de otros conocidos. *Tb abs.* | Torrente *Saga* 268: ¿Podía aplicar el principio matemático de que dos cosas iguales a una tercera son iguales entre sí, y aceptar como verdadero que Jota Be = Toro raptor de Europa? .. Homologaba y destruía las homologaciones. Extrapolaba y volvía a interpolar.

interponer (*conjug* **21**) *tr* **1** Poner [a una pers. o cosa] entre otras dos separándolas o incomunicándolas. *Tb fig. Frec con compl refl y con un compl* ENTRE. | Mascaró *Médico* 25: Se aplican los labios del operador directamente, o interponiendo un pañuelo, sobre la boca del accidentado. Mingarro *Física* 196: El mejor medio de observar estos espectros es interponer entre un potente foco luminoso y la rendija del espectroscopio la sustancia a estudiar. **b)** *pr* Ponerse [una cosa] entre otras dos separándolas o incomunicándolas. *Tb fig.* | Zubía *Geografía* 15: Eclipse es la ocultación total o parcial de la luz de un astro por interponerse otro.

2 Hacer que [algo (*cd*)] intervenga o medie. | * Interpuso su influencia ante el jefe para que te concediesen el cargo. **b)** *pr* Intervenir o mediar [alguien]. | Arce *Precio* 222: Se miraron. –Vamos con él. –Lo llevaré a casa –dijo don Pedro, interponiéndose.
3 (*Der*) Hacer que [alguien (*cd*)] intervenga en un acto jurídico por encargo y en provecho de otro, aparentando obrar por cuenta propia. *Normalmente en part, a veces sust y frec en la constr* POR PERSONA INTERPUESTA. | Ramírez *Derecho* 79: Las donaciones hechas a personas inhábiles son nulas, aunque lo hayan sido simuladamente, bajo apariencia de otro contrato, por persona interpuesta. *Ya* 7.7.90, 29: Visita segura recibirán los 31 conciudadanos (salvo que sean testaferros, interpuestos, etcétera) que no declaran el IRPF y tenían suscritas primas únicas por importe superior a los cien millones.
4 (*Der*) Presentar [un recurso]. | *Caso* 14.11.70, 10: No conforme el padre político del declarante, interpuso nuevo recurso, esta vez ante el Tribunal Supremo.

interposición *f* Acción de interponer(se). | Aranguren *Marxismo* 96: Yo respetaría .. la posición de los partidarios de la pena de muerte con una condición: que .. fuesen ellos mismos .. los que, sin interposición de verdugos, "ensuciándose las manos", la ejecutasen. *Abc* 11.12.70, 17: La interposición de recursos de este tipo ante jurisdicción distinta de la que está conociendo de los hechos no produce efecto suspensivo alguno.

interposita persona (*lat; pronunc,* /interpósita-persóna/) *f* (*Der*) Pers. que interviene en un acto jurídico por encargo y en provecho de otro, aparentando obrar por cuenta propia. | CBonald *Ágata* 142: Instó a este a que se quedara a vivir en la casona .., con el ambiguo propósito de elevar a su instructor, como realmente hizo, al singular puesto de interposita persona para cuantos litigios, especulaciones y ministerios fuera menester. [*En el texto,* interpósita.]

interpositorio -ria *adj* (*Der*) Que sirve para interponer [3]. | *Leg. contencioso-adm.* 203: No procede hacer pronunciamiento alguno en cuanto a la pretensión deducida en la demanda a nombre de quien, por no figurar como parte en el recurso, no dedujo el escrito interpositorio correspondiente.

interpretable *adj* Que puede ser interpretado. | MSantos *Tiempo* 202: Emitir gemidos y algunas palabras aproximadamente interpretables. GNuño *Madrid* 177: Difícilmente interpretables .. un desfile de rostros deformes y expresiones de burla.

interpretación *f* **1** Acción de interpretar. *Tb su efecto.* | Tejedor *Arte* 31: Los presagios consistían en la interpretación del vuelo de las aves. DPlaja *El español* 140: En su propia y personalísima interpretación de las leyes divinas, los españoles sostienen que ellos pueden hacer lo que para ellas está prohibido. SRobles *Pról. Teatro 1964* 31: Las Minervas de plata por la mejor interpretación de una obra teatral en la temporada anterior se han adjudicado a Marisa de Leza y Alfredo Landa. M. D. Asís *Rev* 11.70, 13: Baste solo recordar aquí la industria de "cassettes" y la facilidad con que hoy se puede conservar la voz de escritores, hombres políticos o la interpretación de grandes directores de orquesta en "stéreo".
2 (*admin*) Traducción. | Lapesa *Casares* 215: Ganó el puesto de traductor de idiomas escandinavos en la Interpretación de Lenguas, organismo cuya jefatura desempeñó desde 1915. GTelefónica *N.* 1040: Traducciones .. Aznar de Acevedo. Representante de Satitalia SRL. Interpretación simultánea.

interpretador -ra *m y f* (*raro*) Intérprete [1]. | *Inf* 12.9.74, 2: Pinochet contrapuso la gestión "nacionalista" de las fuerzas armadas en el Gobierno a la gestión de los partidos políticos, "cargados de dogmas ideológicos foráneos", y no interpretadores de toda la ciudadanía.

interpretar *tr* **1** Explicar o precisar el significado [de algo (*cd*)]. | *BOE* 28.2.77, 4766: Se autoriza al Ministerio de Educación y Ciencia para desarrollar, aclarar o interpretar lo dispuesto en este Real Decreto. **b)** Atribuir un significado [a algo (*cd*)]. *A veces con un compl* COMO. | *VAl* 28.10.75, 13: El futuro se nos adelanta por vía de imaginación y aparece ante nuestros ojos durante el descuido del sueño. Hay que saber interpretarlo. Gambra *Filosofía* 109: Solo con el tiempo y la experiencia iría asociando unos colores con otros, interpretando algunos como sombras, percibiendo el espacio. **c)** Captar el significado [de algo (*cd*)]. | *Lab* 9.70, 65: Y ahora, pasemos a dar la guía de colores que les permite interpretar el gráfico.
2 Entender [algo] como significado de la cosa en cuestión. | Clara *Sáb* 20.8.66, 46: Interpreto: buen temperamento femenino, carácter suave.
3 Dar o presentar [un artista ejecutante] su versión [de una obra de arte o de un autor (*cd*)]. | * Vivaldi interpretado por Karajan. **b)** Ejecutar [una pieza musical y coreográfica]. | Van 4.4.74, 59: "Canta y sé feliz" es, según Peret, la setenta u ochenta canción que escribe e interpreta. F. Basco *DEs* 15.8.71, 11: Los bailes regionales, la jota y la sardana, se funden en fraternal abrazo, interpretados por la "Lira Paulense".
4 Ser actor [de una obra dramática o de una película (*cd*)]. | *Odi* 16.1.77, 18: Este episodio es el sexto .. Hasta el momento se han grabado "Ana Bolena", interpretado por Teresa Rabal; "Cleopatra", interpretado por Rocío Dúrcal, .. y este que se está grabando. **b)** Representar [un actor (*suj*)] un papel (*cd*)]. | CSotelo *Inocente* 83: Los papeles del Secretario y del Espectador pueden ser interpretados por el mismo actor.

interpretativo -va *adj* De (la) interpretación. | FCid *MHi* 12.70, 46: Segovia .. dio una lección más de esa cualidad interpretativa única y fue coloso en el Patio de los Leones.

intérprete *m y f* **1** Pers. que interpreta. | *Ya* 20.6.75, 16: Todas estas señorías son amables, simpáticas, cultas, pozos de ciencia, intérpretes de leyes y doctrinas. Salvador *Haragán* 69: Hacen falta médiums de buena calidad, intérpretes que sean capaces de ir conociendo las transformaciones de los "selectos". L. Contreras *Sáb* 22.6.74, 15: Arias Navarro ha tomado buena nota de lo que dicen los intérpretes del 12 de febrero. R. Capilla *Alc* 31.10.62, 28: "La cara del terror", en los cines Palacio de la Prensa y Roxy A .. Música: José Buenago. Intérpretes: Lisa Gayé, Fernando Rey. **b)** Pers. que capta y expresa el sentir [de otra o de una colectividad]. | * El poeta es intérprete de su pueblo.
2 Pers. que explica oralmente a otra, en lengua que entiende, lo que una tercera dice en otra lengua. | Gironella *SAbc* 9.2.69, 22: El gran jugador y crítico español Román Torán me sirvió de interlocutor y de intérprete, lo que me permitió cambiar largas impresiones con la mayoría de los participantes.

interprofesional *adj* Que afecta a diversas o a todas las profesiones o actividades. | *CoZ* 6.7.90, 18: Las OPAS discrepan en la valoración del acuerdo interprofesional remolachero. J. F. Herrera *SArr* 27.12.70, 23: El día primero de abril entró en vigor el nuevo salario mínimo interprofesional, que quedó fijado en 120 pesetas.

interprovincial *adj* Que afecta a diversas o todas las provincias. | *DíaCu* 12.8.84, 7: La orografía de la región no obstaculiza el trazado ferroviario. Actualmente resulta inviable efectuar conexiones interprovinciales entre Guadalajara, Albacete y Cuenca. *Inf* 13.5.70, 8: El convenio interprovincial de la Banca privada, aprobado.

interracial *adj* **1** Que afecta o se refiere a dos o más razas. | *Abc* 24.9.91, 59 (A): Consiste en una petición colectiva a la Consejería de Cultura para que promueva un gran encuentro interracial con el fin de lograr una convivencia armónica entre ambas comunidades.
2 Constituido por perss. de distinta raza. | Areilza *Artículos* 243: Los grandes problemas de los Estados Unidos como comunidad interracial.

interregional *adj* Que afecta o se refiere a dos o más regiones. | FQuintana-Velarde *Política* 151: El 26,6 por 100 que supone el porcentaje de la producción de cemento que se estimaba para 1955 como participante en el tráfico interregional es una cifra excesiva. *Mar* 12.4.71, 17: Las Amazonas de Cullera superaron al Sizam. En el torneo interregional.

interregno *m* Espacio de tiempo en que una monarquía no tiene soberano. *Frec fig.* | FReguera-March *Boda* 37: Esa candidatura desencadenó, durante el interregno de España, la guerra franco-prusiana. *HLM* 5.10.70, 22: En los

interrelación – interrumpir

sellos de correos que emite el Estado vaticano en un interregno papal .. figuran la "umbrella" y las llaves de San Pedro. MHerrera *Abc* 14.5.67, 7: Sin duda fue en ese interregno de su soñar cuando llegaron, realmente, tres caballeros tocados y calzados.

interrelación *f* Relación mutua. | Pániker *Conversaciones* 144: La ciudad es un espacio de interrelaciones humanas: el asiento de las múltiples relaciones del hombre para su desarrollo y desenvolvimiento.

interrelacionado -da *adj* **1** *part* → INTERRELACIONAR.
2 Que tiene interrelación. | Pániker *Conversaciones* 172: Las realidades económicas históricas son totalidades complejas, articuladas, en las que hay múltiples esferas interrelacionadas. *Exp* 17.1.91, 11 (A): Procesa de forma interrelacionada el gran número de decisiones diferentes que los equipos proponen en cada jugada.

interrelacional *adj* De (la) interrelación. | Aranguren *Marxismo* 154: El estructuralismo desarrolla y enriquece la satisfactoria resolución de las aporías interrelacionales de infraestructura y superestructura.

interrelacionar A *tr* **1** Poner en interrelación [dos o más perss. o cosas, o una(s) con otra(s)]. | Aranguren *Marxismo* 47: Max Weber .. también peca de hacer macrosociología al vincular, e interrelacionar a través de los siglos, capitalismo y protestantismo.
B *intr pr* **2** Tener interrelación [dos o más perss. o cosas, o una(s) con otra(s)]. | *Ya* 22.9.90, 26: Antonio, Emilio, Luciana y Ángela Izquierdo fueron sometidos a una sesión psiquiátrica conjunta, .. basada en la psiquiatría de familia, y con la que se pretende conocer cómo se interrelacionan los cuatro hermanos en el ámbito familiar.

interreligioso -sa *adj* Que existe o se produce entre dos o más religiones. | *Abc* 22.6.91, 17: Roma pone condiciones al diálogo interreligioso.

interrogación *f* **1** Acción de interrogar. *Tb su efecto*. | Torrente *DJuan* 104: Por si yo me expresaba mal .., fue Sonja la que hizo las interrogaciones. Recorrimos la calle entera, preguntamos a todo bicho viviente. Academia *Esbozo* 225: No son diferentes de los que hemos examinado hasta aquí los pronombres interrogativos empleados en la interrogación indirecta. **b)** (*TLit*) Figura retórica que consiste en formular como pregunta una afirmación enfática. *Tb* ~ RETÓRICA. | GLópez-Pleyán *Teoría* 42: Figuras patéticas *.* Interrogación. En este caso no se trata de una pregunta normal, de la que esperamos una respuesta. Solo es interrogativa en la forma, pero, de hecho, viene a confirmar apasionadamente nuestra opinión, o a expresar nuestros sentimientos.
2 Signo ortográfico que se escribe antes y después de una frase interrogativa sintácticamente independiente. *Tb* SIGNO DE ~. | Academia *Esbozo* 146: La interrogación y la admiración denotan lo que expresan sus nombres. Amorós-Mayoral *Lengua* 55: Los signos más fáciles son los de interrogación y de admiración. Los dos son dobles, es decir, deben escribirse al comienzo y al final de nuestra pregunta o exclamación, respectivamente.

interrogador -ra *adj* [Pers.] que interroga, esp. realizando un interrogatorio. *Frec n*. | Sampedro *Sonrisa* 325: Ya en la comisaría y al negarse a dar su nombre, le registran en vano la cartera .. El viejo no tiene paciencia para mantener el papel de tonto, porque ese pretencioso sargento interrogador acaba exasperándole. Lázaro *JZorra* 16: –¿Cómo te llamas? –Juan ..– Su interrogador ha echado a andar detrás de sus compañeros. Cabezas *Abc* 25.5.75, 20: Se hizo popular [Íñigo] en toda España por sus habilidades, más que como presentador, yo diría como interrogador de personajes raros y de "monstruos sagrados". **b)** [Cosa] que denota o implica interrogación [1]. | Torrente *Off-side* 64: El tono de Landrove cobra urgencias; sus manos se mueven, interrogadoras. F. P. Velázquez *Rev* 12.70, 23: Una determinada visión del mundo –fragmentada, como la vida, interrogadora ..– que más allá del puro espectáculo haga reflexionar al espectador intrigado.

interrogadoramente *adv* De manera interrogadora. | Lera *Bochorno* 97: Miguel miró interrogadoramente a ambos hombres.

interrogante I *adj* **1** [Pers.] que interroga. | Olmo *Golfos* 153: Se dirigían a mí, interrogantes, con un velado balbuceo. Arce *Precio* 105: Me miró interrogante. **b)** [Cosa] que denota o implica interrogación [1]. | DCañabate *Paseíllo* 120: La presencia de una mujer era acogida con miradas curiosas e interrogantes.
II *m (o f)* **2** Pregunta. | Castilla *Humanismo* 7: Cabe ante todo hacerse cuando menos estas dos preguntas .. Ambos interrogantes me parecen de todo punto legítimos. VParga *Santiago* 10: Esto obliga a plantearnos una interrogante: ¿qué es el camino de Santiago? **b)** Cuestión oscura o dudosa que demanda una aclaración. | *Act* 30.10.69, 8: Estos son los principales interrogantes del caso.
3 (*raro*) Interrogación [2]. | Kurtz *Lado* 172: Luego la lectura, "con entonación, con entonación", puntos, comas, exclamaciones, interrogantes y lo que se le antojara al padre.

interrogar *tr* Hacer [a alguien (*cd*)] una o varias preguntas. | FFlórez *Florestán* 703: Florestán había interrogado al chino acerca de la exactitud de su orientación en la busca del balón mágico. P. Urbano *Abc* 3.7.77, 83: El Rey, sorprendido, le interroga con la mirada. V. Salaner *Inf* 26.4.73, 3: Es hora de interrogarse seriamente sobre el impacto del asunto Watergate. Goytisolo *Recuento* 534: Se animaban mutuamente a pegar [los policías], mientras Raúl, por su parte, intentaba mantener las formas .., sin dar muestras de odio, temor o cólera, como si interrogador e inter[r]ogado fueran, por igual, agentes de una fuerza superior que los enfrenta.

interrogativamente *adv* De manera interrogativa. | Lera *Bochorno* 195: Luis miró a Salazar interrogativamente, pero este se encogió de hombros.

interrogativo -va *adj* **1** De (la) interrogación [1]. | Cela *Judíos* 25: Se está bien, a la hora del atardecer, sentado en el poyo de cualquier puerta, hablando con una niña pequeña que tiene un hermoso lazo color malva y una mirada atónita, interrogativa. Amorós-Mayoral *Lengua* 52: Vamos a estudiar tres tipos distintos de grupos fónicos: el enunciativo, el interrogativo y el exclamativo.
2 (*Gram*) [Palabra o frase] que sirve para interrogar. *Tb n: m, referido a palabra; f, referido a oración*. | Amorós-Mayoral *Lengua* 46: Los pronombres interrogativos llevan acento ortográfico. Academia *Esbozo* 224: Todos los interrogativos, a diferencia de los relativos, poseen acento de intensidad, que la escritura señala con la tilde. Academia *Esbozo* 225: Las oraciones exclamativas pronominales no son tampoco en lo esencial diferentes de las interrogativas, directas o indirectas, que hemos considerado en este párrafo.

interrogatorio *m* Serie de preguntas, esp. la formulada por una autoridad. | *NRi* 8.7.64, 1: Una vez leído el apuntamiento de la causa por el juez instructor, se procedió al interrogatorio de los procesados. CNavarro *Perros* 101: Se dijo que no podría sufrir el interrogatorio de los de su casa cuando explicase lo de la agencia. *TMé* 10.2.84, 18: Ante la sospecha de un alergeno como responsable del cuadro clínico, adquiere gran valor el interrogatorio y la exploración clínica.

interrumpir *tr* **1** Hacer que [algo, esp. un hecho (*cd*)] deje de existir o producirse durante cierto tiempo o espacio. | *Luc* 31.10.64, 5: Que disfruten de esa paz que reina en España porque hay que no sea interrumpida. Mercader-DOrtiz *HEspaña* 4, 39: El comercio marítimo con el Nuevo Mundo volvió a quedar interrumpido. Villarta *Rutas* 21: Sostienen la cornisa superior sobre la que corre una balaustrada interrumpida por varios pedestales. **b)** *pr* Dejar de existir o producirse [algo] durante cierto tiempo o espacio. | * El ruido, de pronto, se interrumpió.
2 Hacer que [alguien (*cd*)] deje de hacer durante cierto tiempo lo que está haciendo. | * Sabía que estabas trabajando y no quería interrumpirte. **b)** *pr* Dejar [alguien] de hacer durante cierto tiempo lo que está haciendo. | * Sigue trabajando; no te interrumpas.
3 Impedir, gralm. empezando a hablar, que [alguien (*cd*)] termine lo que está diciendo. | Cuevas *Finca* 228: –En el frontón, el alpiste se ha portado bien...– Pero don José no lo oía. Le interrumpía, de pronto, intranquilo. **b)** *pr* Dejar [alguien] de hablar, sin terminar lo que está diciendo. | Torrente *Sombras* 195: Comenzó [Mr. Blake] su escueto informe, en tanto que Mr. Holmes .. tomaba el violín y ejecutaba

el *Zapateado* de Sarasate con tal pericia y virtud que Mr. Blake no pudo menos que interrumpirse y comentar lo maravillosamente que tocaba.

interrupción *f* Acción de interrumpir(se). | *País* 11.12.93, 1: El Ministerio de Justicia prepara un anteproyecto de ley para ampliar la interrupción voluntaria del embarazo. Sánchez *Pról. Quijote* 29: Bien pudieran haber sido realizadas *a posteriori* [las divisiones del primer "Quijote"], es decir, seccionando un relato continuado, para dar algún descanso al lector y aumentar su interés con interrupciones a veces convencionales o caprichosas.

interrupto -ta *adj* (E) Que tiene interrupción. | RAdrados *Lingüística* 126: Continuo/interrupto. En estos [fonemas] (oclusivas) hay un silencio.

interruptor -ra I *adj* **1** Que interrumpe, *esp* [3]. *Tb n, referido a pers.* | *Abc* 8.12.70, 21: Pide la palabra el letrado señor Bandrés .. El presidente advierte al interruptor que con su actitud puede incurrir en desacato.
II *m* **2** Mecanismo destinado a interrumpir o establecer un circuito eléctrico. | *Economía* 66: Existen muchas marcas y tipos de interruptores, según la intensidad y voltaje de la corriente.

intersecarse *intr pr* (Geom) Cortarse entre sí [dos líneas, dos superficies o dos sólidos]. | *NotM* 12.6.85, 26: Se localiza el cálculo mediante dos sistemas independientes de rayos X, cuyos rayos centrales se intersecan en el punto focal exterior del reflector elipsoidal.

intersección *f* **1** (Geom) Encuentro de dos líneas, dos superficies o dos sólidos que se cortan entre sí. *Tb el punto, línea o superficie determinados por este encuentro.* | Marcos-Martínez *Matemáticas* 97: Pie de una recta sobre un plano es el punto de intersección de ambos. **b)** Cruce [de dos calles o vías, o de otra cosa de estructura lineal]. | Tamames *Economía* 285: Construcción de 2.847 kilómetros de autopistas, .. 40.988 acondicionamientos de estructuras y 1.258 tratamientos de intersecciones, suprimiendo 371 pasos a nivel con el ferrocarril. *Faro* 2.8.85, 25: Las rutas que están señalizadas por radiofaros (VOR) en sus comienzos, intersecciones y finales, tienen diferentes niveles de altitud para los distintos tipos de aparatos y surcan todo el espacio aéreo mundial.
2 (Mat) Parte común a dos conjuntos. *Tb fig, fuera del ámbito matemático.* | Gironza *Matemáticas* 38: En la parte común a estos (intersección de los dos conjuntos se dice) aparecen los que son comunes a ambos. Castillo *BRAE* 92, 520: El significado del lema se explica a través de la intersección de los significados que la integran [la definición].

intersexual *adj* **1** Que existe o se realiza entre los dos sexos. | NLadeveze *Ya* 19.4.87, 15: El Estado socialista trata de promover esta oquedad de que amor y sexo son una misma cosa; que la permanencia de los afectos intersexuales es moralmente indiferente.
2 (Biol) [Individuo] en que los caracteres sexuales masculinos y femeninos aparecen mezclados. *Tb n.* | Laín *Marañón* 96: Pese a la apariencia de su conducta, Don Juan sería un intersexual.

intersexualidad *f* (Biol) Cualidad de intersexual [2]. | Laín *Marañón* 85: La intersexualidad somática y el homosexualismo psíquico no son tan independientes entre sí como afirmaba el psicoanálisis primitivo.

intersideral *adj* Que existe o se realiza entre dos o más astros. | M. MFerrand *Abc* 17.5.73, 27: Pronto, quizá, se alcanzarán los 162.000 kilómetros por hora que son precisos para escapar de la atracción solar, y ese día nacerá, para nosotros, la navegación intersideral.

intersticial *adj* (E) Que ocupa los intersticios. | Bustinza-Mascaró *Ciencias* 56: Así se forma el llamado plasma intersticial, que rellena los espacios entre las células que integran nuestros tejidos. Benet *Volverás* 46: La fuerza expansiva del agua intersticial al congelarse fragmenta y revienta los lisos de cuarcita.

intersticio *m* Espacio pequeño que media entre dos cuerpos o entre dos partes de un mismo cuerpo. | Ybarra-Cabetas *Ciencias* 294: La fase sólida del suelo está formada por partículas de muy diferente tamaño; .. al agruparse estas partículas, no podrán hacerlo sin dejar entre sí intersticios que se denominan poros. CNavarro *Perros* 29: Como si el automóvil fuera una cosa minúscula que hubiera podido extraviarse entre los intersticios de las baldosas.

intersubjetividad *f* (Filos) Cualidad de intersubjetivo. | Valcarce *Moral* 141: La misma noción amplísima que hemos dado de la justicia revela su propiedad esencial y común a todas sus especies: la "intersubjetividad" o "alteridad"; es decir, que la justicia ni puede concebirse ni ejercitarse sino sobre la base de dos personas.

intersubjetivo -va *adj* (Filos) Que existe o se realiza entre dos o más sujetos. | Rábade-Benavente *Filosofía* 198: Necesitamos que ese criterio no sea algo puramente personal, sino que cuente con un valor intersubjetivo. Aranguren *Marxismo* 132: La *langue* consiste en un sistema de "modelos" supraindividuales, intersubjetivos, colectivos, que los individuos usan con una cierta libertad.

interterritorial *adj* Que afecta o se refiere a diversos o a todos los territorios. | *Inf* 18.7.74, 4: He aquí la lista con el resto de los nuevos ministros portugueses: Defensa Nacional: teniente coronel Firmino Miguel. Coordinación Interterritorial: Antonio de Almeida Santos. *NAl* 5.9.81, 1: En este pleno se designó un comité para el estudio y valoración de los criterios de distribución del fondo de compensación interterritorial.

intertextual *adj* (TLit) De (la) intertextualidad. | D. Villanueva *SD16* 30.7.88, IX: Algo que no sorprenderá .. a los seguidores fieles de Vargas Llosa: la capacidad teórica de este, su condición de escritor consciente de su arte y de las tradiciones y series intertextuales en que se inserta.

intertextualidad *f* (TLit) Conjunto de las relaciones que guarda un texto respecto a otro u otros, tanto en el plano del creador como en el del lector. | S. SVillanueva *SD16* 30.4.88, VIII: Si se reivindican los libros de aventuras, si se hace novela histórica, si los escritores hablan de arte y de literatura, si se pondera la intertextualidad –palabra que a muchos no se les cae de la boca–, etcétera, es por algo. Sotelo *Galdós* LXI: En este punto sería conveniente un estudio de las relaciones de intertextualidad entre *La Regenta* y nuestra novela.

intertrigo (*tb* **intértrigo**) *m* (Med) Afección cutánea que se presenta en alguno de los grandes pliegues del cuerpo, acompañada de eritema y producida por bacterias o por hongos. | Corbella *Salud* 455: Los intértrigos por levaduras tienen interés sobre todo en el pliegue interglúteo, y en el submamario en mujeres muy obesas.

intertropical *adj* [Zona] comprendida entre los dos trópicos. | M. Toharia *Inf* 26.11.70, 23: Ambos vientos convergen en una zona semejante a un frente continuo que separa el aire del Norte del del Sur, denominada zona de convergencia intertropical. **b)** De la zona intertropical. | Bosque *Universo* 151: Entre todas las plantas azucareras, solo dos tienen valor comercial, la caña de azúcar y la remolacha azucarera .. La cañamiel exige un clima muy cálido, intertropical, nunca inferior a 18°.

interuniversitario -ria *adj* Que afecta o se refiere a diversas o a todas las universidades. *Tb n m, referido a certamen deportivo.* | *ASeg* 22.5.92, 18: Las universidades proponen la movilidad interuniversitaria iberoamericana. *InA* 25.5.90, 44: Martín y Arribas triunfaron en el Interuniversitario de atletismo.

interurbano -na *adj* Que existe, se realiza o funciona entre distintas ciudades. | VMontalbán *Comité* 115: –¿Puedo hacer una llamada interurbana? –No. Pero a unos metros tiene una cabina. *Nue* 24.1.70, 13: Trataron temas muy diversos: amplitud del dividendo, rentabilidad, comunicaciones interurbanas. *Alc* 31.10.62, 26: Autobuses urbanos, interurbanos, furgonetas.

intervalo I *m* **1** Tiempo que media entre dos cosas. | *DBu* 2.5.56, 3: La esposa de un obrero .. ha dado a luz, con intervalos de veintiún minutos, cuatro niñas. **b)** Fracción de tiempo. | CNavarro *Perros* 31: Un coche no desaparece así como así, y menos en el intervalo de unos minutos.
2 Espacio que media entre dos cosas. | *Economía* 226: No se debe pasar nunca la plancha sobre los botones, ya que se rompen muy fácilmente; es preciso planchar pasando la plancha con cuidado por los intervalos. Bustinza-Mascaró *Ciencias* 235: El intervalo comprendido entre los dos nudos sucesivos recibe el nombre de entrenudo.

3 (*Mús*) Diferencia de tono entre dos notas. | Peña *Música* 64: Cuando el pueblo entonaba los cánticos en forma colectiva –hombres y mujeres–, se producía el natural intervalo de octava que siempre existe entre las voces masculina y femenina.
4 (*Mat*) Conjunto de números o valores comprendidos entre dos límites dados. | *BOE* 22.1.65, 1246: Límite de las funciones .. Función continua en un intervalo.
II *loc adv* **5 a ~s.** De manera intermitente. | CNavarro *Perros* 20: Su cara se veía a intervalos.

intervalómetro *m* (*E*) Dispositivo automático para hacer funcionar algo a intervalos regulares. | *País* 29.4.90, 43: Canon pone al alcance de su mano todos los efectos especiales que siempre deseó realizar. Intervalómetro o la posibilidad de grabar medio segundo cada diez, veinte o sesenta segundos. La oportunidad de grabar todo un amanecer o el nacimiento de una flor.

intervención *f* **1** Acción de intervenir. | Cunqueiro *Un hombre* 19: Con la mirada fija en el papelillo doblado, recordó todas sus intervenciones en aquel caso. Tamames *Economía* 303: A los mecanismos de intervención del mercado, .. nos hemos referido con cierto detalle. Seco *Historia* 965: El *slogan* "la fábrica para los obreros" se llevó a la práctica, bien mediante una pura y simple incautación de la empresa, o bien sometiéndola a un control en que participaban delegados de los obreros y representantes oficiales (intervención). Laiglesia *Tachado* 96: Entre los médicos destacaba el intrépido cirujano Milko Dolaf, famoso en Europa Central por la audacia de sus intervenciones quirúrgicas.
2 Oficina del interventor [3]. | *Inf* 24.11.77, 7: José Alonso, senador .., aportará a su partido, el P.S.P., más de diez millones de pesetas, aproximadamente un tercio de la subvención total que recibirá este partido de la Intervención del Estado.

intervencionismo *m* **1** (*Pol*) Tendencia a intervenir [1 y 3] excesivamente el Estado en asuntos que competen a la sociedad. *Tb la actitud correspondiente.* | Marías *Vida* 1, 78: Renuncia a su cátedra, por el intervencionismo en la Universidad, de Ortega y otros profesores. *Abc* 29.9.90, 11: El obispo auxiliar de Madrid ha afirmado que la LOGSE es un verdadero mal moral, y que en el proyecto de ley se prevé un intervencionismo abusivo del Estado. **b)** Tendencia a la intervención estatal en la economía del país. *Tb la doctrina y la actitud correspondiente.* | FQuintana-Velarde *Política* 222: Han existido etapas históricas en las que la intervención del Estado en el mercado y en la producción se creía beneficiosa e indispensable .. En España la decadencia de este intervencionismo mercantilista se inicia con la Real Cédula de Libertad Industrial de 1767 y la de Comercio Libre de 1778. *Nue* 22.12.70, 19: Los precios saltan y los productos se retienen en las congeladoras no oficiales, pese al intervencionismo de la Comisaría de Abastos. **c)** Tendencia a intervenir indebidamente un Estado en los asuntos de otro, o en asuntos internacionales. | * Criticó el intervencionismo de los Estados Unidos.
2 (*Med*) Práctica que consiste en hacer una intervención quirúrgica sin abrir al paciente. | F. Valladares *Ya* 24.2.90, 49: Durante el Curso práctico de intervencionismo cardiológico .. se hará, también por primera vez en España, una implantación de prótesis en el interior de una arteria coronaria.

intervencionista *adj* (*Pol y Med*) De(l) intervencionismo. | FQuintana-Velarde *Política* 255: Parecía necesario destruir todo lo posible las coerciones que contra la libertad de empresa habían cristalizado en un vasto régimen gremial e intervencionista. FReguera-March *España* 178: España se ha convertido en el país neutral más importante de Europa. Es lógico que la campaña intervencionista arrecie cada día más. J. Fereres *TMé* 10.2.84, 4: La combinación del CT y las técnicas intervencionistas permiten abordar y diagnosticar la mayor parte de las masas suprarrenales. J. Fereres *TMé* 27.1.84, 29: Algunas intervenciones .. hoy pueden resolverse mediante la denominada "radiología intervencionista", o sea, la punción y aspiración guiada por CT. **b)** Partidario del intervencionismo [1]. *Tb n.* | LMiranda *Ateneo* 101: Durante los años de la guerra había habido intervencionistas. Decían esas voces: –Hay que seguir la marcha de Europa.

intervenir (*conjug* 61) **A** *intr* **1** Ser [alguien] uno de los que realizan [algo (*compl* EN) que se hace entre varios]. *Tb sin compl.* | Carrero *Pue* 22.12.70, 6: La producción depende, en último extremo, de la voluntad que en su trabajo pongan todos los hombres que en ella intervienen. J. Portocarrero *DBu* 5.7.64, 7: París desea que Gina intervenga en una película "de bandera". DPlaja *El español* 104: A nadie interesa escuchar algo de lo que no sabe lo bastante para criticar, contestar, en fin, intervenir. **b)** Actuar [alguien en un asunto ajeno]. *Tb sin compl.* | Bermejo *Estudios* 196: La Junta no intervendría con exclusividad en las materias pertenecientes a aposentamientos. *DCu* 18.8.64, 1: Rusia ayudará a Chipre si la isla es invadida. Kruschef amenaza con intervenir y acusa a Inglaterra y Estados Unidos de alentar los ataques turcos. *HLM* 15.3.76, 5: Grandes efectivos de las fuerzas de orden público han vigilado la zona céntrica de la ciudad, sin que se hayan visto obligadas a intervenir, puesto que no se han producido intentos de manifestación masiva. **c)** Ser [una cosa] una de las circunstancias que influyen [en otra]. | C. Izquierdo *DíaCu* 22.7.84, 6: Las Pedroñeras, uno de los mayores centros de producción de ajos de España, ve poco a poco devaluarse su fruto, por causas complejas que han intervenido a través de los años.

B *tr* **2** Controlar o vigilar [una autoridad (*suj*) una comunicación privada o el medio por el que se realiza (*cd*)]. | *BOE* 2.9.77, 19676: Los comunicantes que no vayan a expresarse en español lo advertirán así previamente al Director, quien adoptará las medidas procedentes en el caso de que la comunicación haya de ser intervenida. [*En la cárcel.*] VMontalbán *Galíndez* 286: El detective privado Schamahl, el que .. interviene el teléfono de Galíndez para grabar sus conversaciones y estar al tanto de sus idas y venidas.
3 Dirigir o limitar [una autoridad (*suj*)] el funcionamiento [de algo (*cd*)]. | Tamames *Economía* 302: La comercialización de estos productos se encuentra intervenida para evitar que, como consecuencia de la aparición de toda la oferta en un lapso muy breve .., se produzcan derrumbamientos en los precios de mercado.
4 Tomar temporalmente [una autoridad (*suj*) una propiedad ajena (*cd*)]. | Seco *Historia* 971: Terminada la guerra, se dispuso (7 de septiembre de 1939) la devolución de las fincas intervenidas por el Instituto de Reforma Agraria. *Mad* 13.12.69, 20: Les fueron intervenidos seis kilos y medio de grifa que llevaban en unos neumáticos de coche .. Igualmente quedó intervenido el coche.
5 Hacer [a alguien (*cd*)] una operación quirúrgica. | *HLM* 17.11.75, 5: El viernes por la tarde, Franco fue intervenido por tercera vez.

interventor -ra **I** *adj* **1** Que interviene [2, 3 y 4]. | Tamames *Economía* 256: Hizo que en diciembre de aquel año se desistiera definitivamente de intervenir el cambio, quedando por ello disuelto el Comité interventor.
2 De (la) intervención [1]. | *BOE* 20.1.69, 943: Corresponde[n] a las Jefaturas Regionales de Transportes Terrestres .. las siguientes funciones: Estudio y previsión de las necesidades regionales .. Intervención de las contabilidades y explotación y demás facultades inspectoras e interventoras de competencia de la Dirección General.
II *m y f* **3** Funcionario que tiene por misión autorizar y fiscalizar determinadas operaciones. | *DPa* 21.1.92, 14: Tenía [la contabilidad] un cierto problema, porque se había incorporado una nueva persona, una interventora, que después, tras un concurso-oposición, se ha marchado. *Sp* 19.7.70, 29: El Juzgado .. designa además como administradores a los tres interventores judiciales.
4 *En los trenes:* Empleado que controla los billetes de los pasajeros. | Pemán *Abc* 17.6.58, 3: El interventor que vino a picar los billetes se llamaba Benito.
5 *En las elecciones:* Elector designado oficialmente por un candidato o un partido para vigilar la regularidad de la votación y autorizar el resultado de la misma en unión de los miembros de la mesa. | J. M. GRobles *Cua* 7.71, 19: La facultad de nombrar interventores y apoderados sirve precisamente para superar estas limitaciones, haciendo posible que el candidato esté presente al mismo tiempo en todas las mesas electorales por medio de personas especialmente preparadas e impuestas en la materia.

interventricular *adj* (*Anat*) Situado o existente entre los ventrículos del corazón. | FPérez *Med* 9.4.60, 4:

Saviard asistió a otro herido que tenía perforado el tabique interventricular. *Ya* 30.5.64, 25: El niño .., que vive solo con su padre, es besado por este después de la arriesgada operación de comunicación interventricular que le fue practicada por el doctor Martínez Bordiú.

intervertebral *adj* (*Anat*) Situado o existente entre dos vértebras. | Ybarra-Cabetas *Ciencias* 196: Esta variedad [fibrocartílago] se encuentra en los cartílagos intervertebrales.

interview (*ing*; *pronunc corriente*, /interbiú/; *pl normal*, ~s) *f* (*hoy raro*) Interviú. | Diosdado *Usted* 28: —Me piden que te haga una interview, y yo vivo de eso... —Entrevista, niña, interview no lo dice ya nadie.

interviniente *adj* Que interviene [1]. *Tb n*, *referido a pers*. | J. Miralles *Abc* 1.8.63, 16: La doctrina contraria dejaría a estos a merced de posibles confabulaciones dolosas de las partes intervinientes en la compraventa. A. MAlonso *HLM* 1.7.74, 3: En la disparidad que supone de manifiesto tanto la personalidad de los intervinientes cuanto la complejidad o contingencia del asunto.

interviú *f* Entrevista periodística. | Laiglesia *Tachado* 18: Un muchacho provinciano que sacaba a su familia una asignación para residir en Madrid con el truco de que estaba realizando prácticas de periodismo me hizo una "interviú". Paso *Pobrecitos* 210: —Debe de ser una vida extraordinaria la suya. —¡Cansada! Propaganda, retratos, interviús.

interviuador -ra *m y f* (*raro*) Interviuador. | C. Sentís *Inf* 28.4.76, 20: La muerte del malogrado Albert Camus la marcó para toda la vida. Una vida menos errante y difícil de lo que el interviuador que leo refleja.

interviuar *tr* (*raro*) Interviuvar. | CNavarro *Perros* 91: Ambos se servían mutuamente: ella trayéndole corbatas .., y él presentándole bailarines de los que interviuaba para el periódico.

interviuvador -ra *m y f* (*hoy raro*) Entrevistador. | GLinares *Sem* 19.10.74, 7: Dalí, para dejar estupefacto al interviuvador, le declara, subrayando mucho las palabras, que es partidario de la Santa Inquisición en todo.

interviuvar *tr* (*hoy raro*) Hacer [a alguien (*cd*)] una interviú. | Laiglesia *Ombligos* 56: —¿Qué sección confiaría a una mujer? —La de hacer interviús .. Como la mujer hablaría tanto, los interviuvados no tendrían que molestarse en contestar nada, porque ella lo diría todo. *Cór* 7.1.56, 4: En la fotografía aparece [la anciana] con el obispo de la diócesis .. en animada charla con motivo de la celebración de sus 121 años el pasado día 21 de agosto, fecha en la que los periodistas locales la interviuvaron.

inter vivos (*lat*; *pronunc*, /ínter-bíbos/) *loc adj* (*Der*) [Donación o transmisión] que ha de tener efecto en vida de quien la hace. *Tb adv*. | Tamames *Economía* 431: El impuesto general sobre transmisiones patrimoniales y actos jurídicos documentados grava las transmisiones por actos "inter vivos" de toda clase de bienes radicantes en territorio nacional. Ramírez *Derecho* 133: Los socios no pueden transmitir libremente *inter vivos* sus participaciones a persona extraña a la sociedad.

intervocálico -ca *adj* (*Fon*) [Consonante] situada entre vocales. | Academia *Esbozo* 46: Dos consonantes iguales entre vocales se diferencian, fonéticamente, de una consonante simple intervocálica de la misma clase que aquellas en su mayor duración.

interzonal *adj* Que afecta o se refiere a dos o más zonas. | J. L. GTello *Arr* 10.6.62, 13: Los comunistas han rodeado el sector occidental con un telón de cemento, ladrillos, alambradas .. Quizá en la plaza de Stuttgart, de donde salen los autobuses interzonales, la animación es menor. *Abc* 15.12.70, 65: Promoverán .. los acuerdos zonales e interzonales previos necesarios entre los grupos provinciales remolacheros y entre estos y los fabricantes.

interzonas *adj invar* (*Dep*) De un campeonato en que participan dos o más zonas. | *Arr* 23.2.62, 23: Se ha dispuesto que el vencedor de la zona americana juegue contra el vencedor de la zona europea en la semifinal interzonas. *Inf* 3.8.70, 1: Copa Davis. España, finalista interzonas, contra Alemania.

intervertebral – intimar

intestado -da *adj* (*Der*) **1** Que fallece sin haber hecho testamento. | Ramírez *Derecho* 170: Se llama cuarta marital a la que la Ley asigna a la viuda ..; pero si este [el marido] deja cuatro o más hijos legítimos, se reduce a una porción igual a la que, de fallecer intestado el marido, hubiera correspondido a cada uno de los hijos.
2 [Sucesión] que se verifica por ley y no por testamento. | *Compil. Vizcaya* 646: El cónyuge viudo será llamado a la sucesión intestada de los bienes troncales, a falta de tronqueros.

intestinal *adj* Del intestino [3]. | Navarro *Biología* 140: La mucosa intestinal está formada por un epitelio simple de células prismáticas con chapa .. Entre las vellosidades se abren los orificios de las glándulas intestinales que segregan el jugo intestinal. **b)** [Lombriz] ~ → LOMBRIZ.

intestino -na I *adj* **1** [Contienda] civil o interna. | Arenaza-Gastaminza *Historia* 151: Las guerras intestinas de los moros facilitaron el éxito de la empresa.
2 (*raro*) Interior. | R. RSastre *Mun* 28.11.70, 44: Es algo que no se entiende sin sus relaciones con las demás regiones, con la nación o con las supranaciones (hacia afuera), o con sus comarcas, subzonas, su geografía intestina (hacia adentro). J. L. Calleja *Raz* 2/3.84, 368: De la Cierva .. logra trenzar, en un todo homogéneo, la primigenia crónica intestina del partido y la UGT.
II *m* **3** Conducto membranoso que forma parte del aparato digestivo de los vertebrados y de algunas clases de invertebrados y que se halla situado a continuación del estómago. *En uso no técn*, *frec en pl con sent sg*. | Alvarado *Zoología* 94: La porción terminal del intestino [del ave] está ensanchada formando la cloaca. Bustinza-Mascaró *Ciencias* 33: En la cavidad abdomino-pélvica se distinguen dos regiones ..: En la primera se hallan: el hígado, el estómago, el bazo, el páncreas y los intestinos. **b)** Parte del intestino. *Con un adj especificador*: DELGADO, GRUESO, CIEGO, *etc*. | Alvarado *Zoología* 102: El aparato digestivo [de los mamíferos] .. tiene una constitución semejante a la que ofrece en el hombre: existe un intestino delgado y un intestino grueso, habiendo al principio de este un intestino ciego más o menos desarrollado.

inti *m* Unidad monetaria del Perú, hasta 1992. | *D16* 6.8.89, 18: La portada del número del 31 de julio de la revista peruana "Oiga" muestra muy gráficamente el deterioro de la economía del país y la caída de la moneda nacional, el inti.

intifada *f* Insurrección de los palestinos en los territorios ocupados por Israel. | J. V. Colchero *Ya* 8.6.88, 11: La cumbre de Argel hace evidente que el mundo árabe está unido en el apoyo a la "intifada", la insurrección palestina en los territorios ocupados.

intimación *f* Acción de intimar [2]. | J. D. Mena *Abc* 23.8.66, 15: La ejemplar reacción de la ciudad, poco menos que indefensa, frente a la intimación de la formidable escuadra.

íntimamente *adv* De manera íntima. | *TMé* 2.12.88, 22: Los folatos se encuentran íntimamente relacionados con diversas patologías neuropsíquicas. DPlaja *El español* 140: Presume .. de estar relacionado íntimamente con una mujer que ha abandonado a su marido por él.

intimar A *intr* **1** Establecer amistad íntima [dos perss. o una con otra]. *Tb fig*. | Payno *Curso* 18: Coincidieron en el mismo banco en una clase de prácticas .. Intimaron mucho. Torrente *Fragmentos* 41: Intimé con la señora, llegamos a mutuas confidencias. GNuño *Escultura* 105: Para intimar con la *Dama de Elche*, se debe comenzar por despojarla de sus joyas y tocado. Barral *País* 8.12.87, 15: En ese mundo, al menos en la zona con la que yo intimé y que fue tan principal escenario de mi infancia, la gente se nutría exclusivamente de pescado.
B *tr* **2** Ordenar o exigir [algo] de manera perentoria y frec. amenazadora. | Valcarce *Moral* 62: El efecto esencial de toda ley moral es la obligación que engendr[a], en cuya virtud somos responsables de ella no solo ante la autoridad humana que la intima de modo inmediato, sino también y principalmente ante Dios. * Envió un parlamentario para intimar la rendición. **b)** (*raro*) Notificar [la autoridad (*suj*) una disposición]. | A. Aldama *SYa* 11.11.73, 11: Esta congregación determinó que el breve no fuese promulgado, como

intimidación – intitular

se hacía con otros documentos, es decir, fijado en las puertas de las basílicas principales de Roma; sino intimado, es decir, un funcionario de la Curia Romana iba a la comunidad, como fue aquí, en Roma, al "Gesú", y lo leía.

intimidación f Acción de intimidar. | C. Santamaría *Cua* 6/7.68, 12: Recusa, por supuesto, la guerra .., pero también las otras numerosas formas de violencia que padecen o pueden padecer las sociedades civilizadas de nuestro tiempo (terrorismo .., intimidación policial).

intimidad f **1** Ámbito íntimo [1 y 2a] y reservado de una pers. o de un círculo pequeño de perss. | Gala *Sáb* 17.9.77, 5: Parece que el derecho a la intimidad y a la inviolabilidad de la vida privada va a ser garantizado por una ley. Torrente *Sombras* 178: Mrs. Toynbee, llamada en la intimidad Sybila. **b)** Parte íntima [1 y 2a] del pensamiento y del sentimiento de una pers. | T. GBallesteros *Abc* 27.8.93, 42: La intimidad se conforma con nuestros pensamientos, opiniones y actitudes, todo aquello que no es posible que nadie conozca si no lo damos a conocer.
2 Asunto íntimo [1 y 2a]. *Frec en pl.* | Cossío *Confesiones* 16: Por el supe no pocas intimidades de mi abuelo.
3 Relación íntima [4 y 5]. *Referido a pers.* | FReguera *Bienaventurados* 92: Sánchez no tenía intimidad con ellos y no invitó a ninguno. Zunzunegui *Camino* 118: Casó contra viento y marea, después de un noviazgo larguísimo, noviazgo que según malas lenguas derivó en intimidad, con un joven de acaudalada familia minera. Grosso *Invitados* 45: Era capaz de trece eyaculaciones en menos de cinco horas de intimidad.
4 Cualidad de íntimo [1, 2a y 3]. | Gambra *Filosofía* 98: Además de la característica fundamental de la intimidad e intencionalidad, los hechos psíquicos se señalan por las siguientes características diferenciales.
5 (*euf*) Órganos sexuales. | FReguera-March *Cuba* 125: Con las dos manos se levantó las faldas hasta el vientre. Se incorporó. No llevaba calzones. Se quedó de pie mostrando la perfección de sus formas, su intimidad. *Inde* 4.2.90, 23: Hay ferias de más fuste en las que las azafatas nos muestran mucho, como podemos observar en esta foto. Por no hablar de los anuncios, en los que se ve hasta la intimidad.

intimidador -ra adj Que intimida. | F. Gutiérrez *Van* 20.12.70, sn: Ya no es maravilla, sino asombro, esa intimidadora convicción de que, humanamente, todo "eso" no es posible.

intimidante adj Que intimida. | MGaite *Ritmo* 29: La intimidante autoridad que Bernardo ejerce sobre mí en algunos terrenos.

intimidar tr Atemorizar [a alguien]. *Tb abs.* | *Inf* 30.7.70, 28: Tras intimidar a los funcionarios .., realizaron la operación de llevarse los sobres. Alfonso *España* 124: ¿Retribuir o intimidar...?; no es fácil el deslinde de uno u otro propósito en la finalidad de la pena.

intimidativo -va adj Intimidatorio. | *HLM* 1.9.75, 12: Los manifestantes rodearon a los policías, abalanzándose sobre ellos con instrumentos agresivos, viéndose aquellos precisados a hacer algunos disparos intimidativos y de legítima defensa.

intimidatorio -ria adj Que sirve para intimidar. | *Caso* 12.12.70, 9: Utilizaron granadas de gases lacrimógenos como medida intimidatoria.

intimismo m **1** Tendencia literaria que se inspira en la intimidad [1] personal. | SGuarner *Mad Extra* 12.70, 3: También se alejaron casi siempre del intimismo y el esteticismo los poetas nacidos en la misma década que Fuster, la de 1920-30.
2 Tendencia pictórica a la representación de la intimidad [1a] doméstica. | Pablos *Faro* 29.7.75, 15: Hay jugosidad en esos ritmos y una perfecta dosificación de ángulos y curvas, en busca de formas simplificadas, de muy agradable intimismo.
3 Tendencia religiosa a dar preponderancia a lo íntimo [2] sobre lo externo. | GLópez *Lit. española* 205: Los "iluminados" o "alumbrados" –que representaban la exageración heterodoxa del intimismo típico de la época de Carlos V– despreciaban la actividad y las prácticas de devoción sensibles.

intimista adj De(l) intimismo o que lo implica. | SGuarner *Mad Extra* 12.70, 3: La poesía de Casp, intimista, preciosista e intelectualista, .. abría nuevos y fecundos horizontes. *DíaCu* 7.8.84, 6: Considero que mi pintura es muy intimista. J. L. Calleja *Abc* 30.12.70, 7: Se acude al texto telegráfico, calentado por la escena bíblica, el cuadro intimista, la alegoría. **b)** Partidario o cultivador del intimismo. *Tb n.* | GNuño *Arte* 428: Joaquín Sunyer fue artista por demás apacible, bucólico, pastoral, soñador, intimista ..; artista, en suma, casero, autor de un mundo hermoso y próximo. SGuarner *Mad Extra* 12.70, 3: Un neorrealismo dolorido y asequible derribaba las exquisitas y herméticas torres de marfil de los intimistas.

íntimo -ma I adj **1** Que pertenece a lo más profundo e individual de la persona. | Valcarce *Moral* 133: Es natural que en lo íntimo de sus almas esta manera de ser despierte el fuego de la pasión. Nerva *Teatro 1958* 8: Un conflicto íntimo, hacia adentro, donde los móviles van desenvolviendo la contradanza de sus reacciones morales. **b)** Que evoca o refleja los sentimientos de la persona. | DPlaja *Literatura* 417: Su poesía [de Bécquer] no es sonora y brillante, sino sencilla y tierna; íntima.
2 [Cosa] totalmente privada y oculta a los demás. | Gambra *Filosofía* 97: Los hechos psíquicos pertenecen a la vida íntima de un sujeto cuya sola conciencia puede conocerlos de un modo directo. Carande *Pról. Valdeavellano* 18: Fuentes íntimas, testamentos, correspondencia epistolar, libros de notas y de cuentas, incluso diarios. **b)** [Ropa] destinada a cubrir las partes del cuerpo que más se ocultan. | Cuevas *Finca* 35: Encontró a doña Carmen .. repasando la ropa íntima de doña Gertrudis. RIriarte *Paraguas* 124: En ese momento, tan contenta, en ropas íntimas, como antes, aparece Adelina en la puerta de la alcoba. **c)** (*euf*) De los órganos sexuales. | *TMé* 27.5.88, 40: Higiene íntima femenina: Una exigencia de los tiempos que corren. *Ciu* 8.74, 3: Los desodorantes íntimos .. son responsables de muchos casos de infección de ovarios, vaginitis, úlcera de cuello de matriz.
3 [Acto o reunión] reservados para muy pocas perss. de confianza. | Landero *Juegos* 220: Una reunión íntima. Cuatro, cinco, nueve personas. **b)** [Lugar] tranquilo y adecuado para el trato personal y privado con otra u otras perss. | * Es un restaurante muy íntimo. * Se sentaron en un rincón íntimo de la sala.
4 [Amigo o amistad] de la máxima confianza y familiaridad. *Frec n, referido a pers.* | Arce *Precio* 242: No había otras personas que su familia y unos cuantos íntimos.
5 Que une estrechamente. | * Hay una íntima relación entre los dos sucesos. **b)** (*euf*) [Relación] sexual. *Normalmente en la constr* RELACIONES ÍNTIMAS. | *HLM* 19.9.77, 16: La joven violada declaró que conocía a uno de los tres detenidos, manifestando a continuación que incluso había mantenido relaciones íntimas con él.
II m **6** los ~s. Las perss. familiarizadas con una pers. o cosa. *Frec en la constr* PARA LOS ~S. | Huarte *Biblioteca* 118: El sistema de uso más universal .. es el llamado Clasificación Decimal Universal (CDU o "cedeú" para los íntimos).

intina f (*Bot*) Membrana interior del grano de polen o de la espora. | Alvarado *Botánica* 40: Los granos de polen .. están cubiertos, como las esporas de las plantas inferiores, por dos membranas: una interior, intina, de naturaleza celulósica, y otra exterior, exina, cutinizada y provista de poros y esculturas en hueco y en relieve. Ybarra-Cabetas *Ciencias* 268: Al absorber el agua la espora, su membrana exterior o exina se rompe, saliendo en forma de filamento la membrana interior –intina–.

intitulación f Acción de intitular. *Tb su efecto.* | D. I. Salas *Alc* 14.11.70, 2: *El ejército, centinela* .. Puede parecer un tópico la intitulación de este trabajo, ya que infinitas veces se ha proclamado la eterna guardia de las fuerzas armadas. Ubieto *Historia* 120: Ello no obsta que la legalidad .. impida a los condes catalanes tomar el título específico de rey, pese a titularse a menudo "comes Dei gratia" .. o a utilizar intitulaciones típicas de la casa real franca.

intitular tr Dar [a alguien o algo (*cd*)] como título [el n. que se expresa (*predicat*)]. | E. Cárdenas *Inf* 1.3.72, 20: A los estudiantes se les inculca la necesidad de la investigación, para evitar los errores que ya se han cometido otras veces .. Los que com[e]ten aquellos que desconociendo esa ciencia se intitulan genealogistas.

intocabilidad *f* Cualidad de intocable [1]. | I. Gomá *HyV* 12.70, 97: El fariseísmo (inspirador en máxima parte de dicha literatura [rabínica]) había levantado una muralla de intocabilidad entre él y todos los demás.

intocable I *adj* **1** Que no se puede tocar. | G. Rábago *Abc* 6.1.68, 40: El paso fundamental para el "corazón intocable" se dio en 1954 con el empleo y perfeccionamiento de la bomba pulmón-corazón, que permite parar el corazón, vaciarlo de sangre y abrirlo y cerrarlo para corregir las lesiones intracardíacas.
2 Que tiene que ser tratado con el máximo respeto y no puede ser objeto de crítica. *Tb n, referido a pers*. | GPavón *Reinado* 158: Plinio, por su conducta y quehacer, era intocable. Pero en determinados momentos sus enemigos le buscaron el flanco político y religioso. E. Canito *Des* 12.9.70, 27: Nada más deseoso de que la cultura no sea un mandarinato ni un timbre de gloria para intocables.
II *m y f* **3** Individuo de la clase inferior en la India, cuyo trato es evitado por todos los demás. | Fernández-Llorens *Occidente* 40: En la India actual existen, además, unos grupos –los intocables– a los que se niegan los derechos más elementales propios de una persona humana. Son individuos considerados totalmente fuera de la sociedad, cuyo trato es evitado cuidadosamente por todas las demás personas.

intocado -da *adj* Intacto. | Villarta *Rutas* 43: El Madrid romántico permanece intocado. VMontalbán *Pájaros* 309: Marta Miguel apartó la bandeja con la comida casi intocada.

intolerabilidad *f* Cualidad de intolerable. | Cossío *Montaña* 415: Su buen gusto le hacía reparar en rasgos, en detalles, en estilos de escribir, de hablar o de obrar que podrían pasar inadvertidos para el más atento. Y ello para el elogio o para la censura, y aun para la intolerabilidad.

intolerable *adj* No tolerable. | Torres *Él* 134: Empezó con una presión muy fuerte, casi intolerable, y poco a poco fue suavizando el contacto hasta convertirlo en el roce de una pluma. C. Castañares *Ya* 28.5.67, 14: Así acabó esta intolerable mansada. [*Se refiere a una corrida de toros*.]

intolerablemente *adv* De manera intolerable. | Fieramosca *Ya* 28.4.87, 64: Empecemos a preguntarnos por qué hace falta que alguien les sacuda a los socialistas –vesánicamente, criminalmente, intolerablemente, pero a los socialistas– para que los mecanismos del Estado funcionen en serio. MMolina *Jinete* 232: Se me ha hecho tarde, intolerablemente tarde.

intolerancia *f* Falta de tolerancia, esp. hacia las opiniones o prácticas ajenas o hacia sus sujetos. | DCañabate *Paseíllo* 98: La ganancia rápida y segura, antaño también perseguida, pero muy frenada por la intolerancia del público y de los toros. J. Félix *Ya* 29.11.70, 45: Los gordos soportan magníficamente el frío y tienen gran intolerancia al calor.

intolerante *adj* Que tiene o muestra intolerancia. | Pericot-Maluquer *Humanidad* 15: La Prehistoria ha progresado .., pero teniendo que luchar contra la rutina, la ignorancia y el ambiente intolerante respecto a las doctrinas evolucionistas. Rascón *TMé* 8.6.84, 4: Intolerantes a la glucosa oral.

intonso -sa *adj* **1** (*lit*) Que no tiene cortado el pelo. | PGarcía *Cod* 9.2.64, 4: Mira, Vicentín. Ese señor es intonso. Cunqueiro *Un hombre* 12: Escupió un pelo de la barba intonsa, selvática y canosa.
2 (*Bibl*) [Ejemplar o encuadernación] que tiene los pliegos sin cortar. | Huarte *Biblioteca* 79: En los catálogos de libros de lance figura la acotación "intonso"; en principio como simple garantía de que el volumen ofrecido está en buen estado. El especial aprecio a la virginidad de un libro viejo no tiene mucho sentido.

in toto (*lat; pronunc,* /in-tóto/) *loc adv* (*lit*) Totalmente. | Alvarado *Zoología* 88: Un hecho biológico notable, propio de la mayor parte de las culebras, es que renuevan la capa córnea de la piel *in toto*.

intoxicación *f* Acción de intoxicar(se). *Tb su efecto*. | Nolla *Salud* 533: Las intoxicaciones o envenenamientos son mucho más frecuentes de lo que comúnmente se cree. *País* 29.5.77, 8: El decisivo papel que desempeñan estas Fuerzas Armadas y que acabamos de describir las con-

viert[e] en un objetivo prioritario de estas campañas de intoxicación.

intoxicador -ra *adj* Que intoxica, esp [3]. *Tb n, referido a pers*. | E. Esteban *Ya* 23.6.88, 4: Ambos culparon agriamente "a la decena de personas más o menos que desde hace muchos años intoxican y filtran información sesgada a la prensa" .. García Tizón anunció que el día que tenga pruebas, los intoxicadores serán llevados al comité de disciplina y expulsados del partido.

intoxicante *adj* Que intoxica. *Tb n m, referido a sustancia*. | F. Vega *SolM* 19.6.91, 2: Todo ello sobre la condición de que "la seriedad primase siempre sobre la ligereza" y suprimiendo cualquier raíz de frivolidad intoxicante o de mezquindad. *Ya* 5.11.90, 62: Documentos TV .. Visión social y psicológica de la cocaína, "la droga del champagne", quizás el más traicionero y peligroso de todos los intoxicantes.

intoxicar *tr* **1** Causar [a un ser vivo (*cd*)] trastornos más o menos graves por la acción de sustancias tóxicas. | G. Monti *SAbc* 20.10.68, 25: El organismo estaba intoxicado por la flora microbiana del intestino grueso. **b)** *pr* Pasar a sufrir trastornos por la acción de sustancias tóxicas. | *Nor* 4.1.90, 28: Once personas se intoxicaron la noche de fin de año en Olot (Gerona) al consumir una pizza que contenía tres barras de hachís.
2 Actuar [una sustancia tóxica (*suj*)] sobre un ser vivo (*cd*)]. *Tb abs*. | *Economía* 321: La sustancia que tienen [los termos] entre [el] doble fondo intoxica mucho.
3 Proporcionar [a alguien (*cd*)] información parcial o tendenciosa, con la intención de influir en su pensamiento o en su conducta. *Tb abs*. | *País* 4.12.76, 6: El comienzo de una verdadera reforma política consistiría en respetar la inteligencia y la libertad de los ciudadanos sin tratar de intoxicarlos con una publicidad sesgada y parcial.

intra- *pref* Dentro de [el lugar aludido por el adj. al que el pref. se une]. | *Por ej*: Mascaró *Médico* 103: Cuando el paciente se halla inquieto y el abdomen no es muy doloroso a la palpación, debe pensarse en un espasmo o distensión de las vísceras intraabdominales. Bustinza-Mascaró *Ciencias* 74: Cuando la asociación de cilindro-ejes es intracentral .., forman la llamada sustancia blanca del eje encefalorraquídeo. Miret *Tri* 26.12.70, 13: Cada vez interesa menos a la gente este tipo de discusiones intra-eclesiásticas. FQuintana-Velarde *Política* 215: Sus fines [de la OECE] han sido: a) La mayor libertad posible en las corrientes comerciales intraeuropeas; b) La eliminación de toda clase de batallas económicas entre los países integrantes de la misma. A. Peralta *SYa* 7.12.80, 31: Debe tenerse mucho cuidado con el ambiente emocional intrafamiliar. Rábade-Benavente *Filosofía* 96: En las barreras de tipo intrapersonal es el propio sujeto la causa de que no satisfaga sus motivos. Una típica barrera intrapersonal son las deficiencias. Laín *Universidad* 41: Hubo tal vez un tiempo en que con medidas estrictamente intrauniversitarias .. hubiese podido resolverse satisfactoriamente el problema de la Universidad. Mascaró *Médico* 48: No deben colocarse apósitos intravaginales.

intraborda *adj* (*Mar*) [Motor] situado dentro del casco de una embarcación de recreo. | *Faro* 9.8.75, 26: Embarcación como nueva, motor Mercury intraborda 80 H.P. .. Se vende. *Día* 22.6.76, 31: Se venden dos motores marinos intraborda marca Sabre de 185 H.P.

intracardíaco -ca (*tb* **intracardiaco**) *adj* (*Med*) Que se produce o se aplica dentro del corazón. | G. Rábago *Abc* 6.1.68, 40: Permite parar el corazón, vaciarlo de sangre y abrirlo y cerrarlo para corregir las lesiones intracardíacas. *Abc* 5.9.71, 18: Consta oficialmente .. el sacrificio mediante inyección intracardiaca de éter anestésico.

intracelular *adj* (*Biol*) Que está situado u ocurre dentro de la célula. | *SInf* 16.12.70, 2: Las segundas actúan según un mecanismo común, es decir, que controlan la producción del mismo agente regulador intracelular.

intracomunitario -ria *adj* (*Pol*) Del interior de la Comunidad Económica Europea. | *País* 14.2.89, 6: La Europa de 1992 necesita que se refuerce la colaboración policial intracomunitaria. J. Polanco *País* 8.12.91, 12: A los movimientos intracomunitarios se suman ahora las inversiones en los países del Este.

intracraneal *adj* (*Med*) Que está situado u ocurre dentro del cráneo. | Mascaró *Médico* 51: En el recién nacido [las convulsiones] se deben casi siempre a compresiones sufridas por la cabeza fetal en el curso del parto, las cuales originaron hematomas, hemorragias intracraneales.

intradérmico -ca *adj* (*Med*) Situado o que se realiza en el espesor de la piel. | *Puericultura* 62: Esta vacuna .. se administra .. por la boca .. o por inoculación intradérmica.

intradós *m* (*Arquit*) Superficie interior [de un arco, una bóveda o una dovela]. | GNuño *Arte* 65: Los arcos, con festón en el intradós, son peraltados.

intraducible *adj* Que no puede traducirse. | I. Gomá *HyV* 12.70, 97: Una frase que en hebreo es de intraducible corte literario: lo mío y lo vuestro, suyo.

intragable *adj* Que no puede tragarse. *Frec* (*col*) *fig*. | Campmany *Abc* 21.4.93, 27: La información política que nos están dando en los programas de Televisión Española es un albondigón. Un albondigón socialista, intragable e indigesto. Laiglesia *Ombligos* 33: Habían alcanzado [las relaciones] tal grado de acritud que resultaban intragables.

intrahistoria *f* (*lit*) Vida tradicional del pueblo, que subyace a los acontecimientos estudiados por los historiadores. | M. I. Sancho *Rev* 12.70, sn: La intención: delinear los rasgos fundamentales de los hombres del 98 y de lo que se ha llamado la intrahistoria de España, a través de la interpretación que estos han hecho de la figura de Don Quijote.

intrahistórico -ca *adj* (*lit*) De (la) intrahistoria. | Laín *Gac* 12.1.63, 24: He aquí .. la estructura de la España de Arniches ..: por fuera, la desplaciente España histórica ..; por dentro, una virginal España intrahistórica.

intramundano -na *adj* (*Filos*) Propio del mundo material y limitado a él. | Rábade-Benavente *Filosofía* 235: Es hoy frecuente una inspiración excesivamente "social", que hace de la religión solo preocupación por los problemas intramundanos. Aranguren *Marxismo* 26: El marxismo es convertido .. en una doctrina de salvación, no por intramundana menos escatológica.

intramundo *m* (*Filos*) Mundo material. | L. LSancho *Abc* 5.12.70, 30: Supongo que Nietzsche en algún rincón de nuestro vasto intramundo sonreiría satisfecho.

intramuros *adv* Dentro de los muros de la ciudad. | CBaroja *Judíos* 1, 46: Esto ha hecho suponer que su asentamiento especial, pero intramuros, es de época muy antigua.

intramuscular *adj* (*Med*) Que se sitúa o se aplica dentro del músculo. | *Prospecto* 3.76: Neurocatavín-Dexa (Inyectable) .. Después de disolver el contenido del vial se deberá aplicar inmediatamente .. por vía intramuscular profunda. Laiglesia *Tachado* 130: Se administra mediante inyecciones intramusculares en la región glútea.

intramuscularmente *adv* (*Med*) Dentro del músculo. | MNiclos *Toxicología* 41: Inyectada [la adrenalina] por vía endovenosa a dosis mayores de 1/3 a 1/2 mg. o intramuscularmente en cantidades superiores a 1 mg., puede causar la muerte.

intranacional *adj* (*raro*) Que ocurre o se produce dentro de una nación. | Aranguren *Ética y polít.* 31: La relación existente entre el orden político intranacional y el internacional es obvia.

intranquilidad *f* Cualidad de intranquilo [1]. | *Puericultura* 40: La dentición .. puede producir intranquilidad, irritabilidad y hasta se puede admitir una fiebre poco elevada. *Abc* 16.12.70, 54: Sus familiares esperan ya con intranquilidad su regreso a Barbate de Franco.

intranquilizador -ra *adj* Que intranquiliza. | E. JRey *Reg* 8.4.75, 3: Desde la perspectiva actual, el porvenir de Portugal no puede ser más intranquilizador.

intranquilizante *adj* Intranquilizador. | S. Cámara *Tri* 9.12.72, 21: Por lo visto u oído, el "¡Ay de los vencidos!" se promete intranquilizante.

intranquilizar *tr* Poner intranquilo [1a y b] [a alguien]. | Chamorro *Sin raíces* 245: Una nueva dolencia comenzó a intranquilizarle. Tenía en la garganta una irritación hiriente. MMolina *Jinete* 93: Lo intranquilizaba siempre la molesta sospecha de no ser un fotógrafo, sino una especie de enterrador prematuro. **b)** *pr* Ponerse [alguien] intranquilo [1a y b]. | Crémer *Hora* 11.12.76, 12: Que aquí no pasa nada, que se lo digo yo, que no hay por qué intranquilizarse.

intranquilo -la *adj* **1** [Pers. o animal] que tiene o muestra cierta excitación nerviosa. | * En la cuadra los animales estaban intranquilos. **b)** [Pers.] preocupada. | R. Sanz *Ya* 30.11.91, 33: Aunque el violador se encuentra ya detenido, Isabel y sus dos hijas están intranquilas. **c)** Propio de la pers. o el animal intranquilos. | A. Peralta *SYa* 7.12.80, 31: También hay una serie de alteraciones en el ritmo y duración del sueño infantil, como son: el sueño intranquilo, el hablar durante el sueño.
2 Agitado o que se mueve mucho. | Fernández-Llorens *Occidente* 144: Resultaba demasiado pesada [la galera] para navegar por las aguas profundas e intranquilas del Atlántico. Olmo *Golfos* 16: Lo más peculiar de Cabrito eran sus ojos, pequeños, intranquilos, como los dados de un jugador poco hecho.
3 Que denota o implica intranquilidad. | PMinik *Día* 8.5.76, 22: Se hacen manchas reconocibles de representación .. para fundirse más tarde en una realidad llena de incertidumbre, desasosegada, intranquila.

intranscendencia, **intranscendental**, **intranscendente** → INTRASCENDENCIA, *etc*.

intransferibilidad (*tb, raro,* **intrasferibilidad**) *f* Cualidad de intransferible. | Suñén *Manrique* 142: La intransferibilidad de la muerte personal se reitera aún en la Respuesta del Maestre a la Muerte.

intransferible (*tb, raro,* **intrasferible**) *adj* [Cosa] que no puede pasar a pertenecer a otro o a ser utilizada por él. *Frec con intención ponderativa, para señalar el carácter peculiar de algo*. | * Los derechos de adjudicación serán intransferibles. Agustí *Abc* 4.12.70, 3: Hay una parte en todo libro de memorias que es simple suceso, pero hay otra que se enlaza con los rasgos, quizá anecdóticos pero intransferibles, que cada persona posee en particular. Gala *SPaís* 1.3.87, 94: Tu personalidad, mañana, va a residir en el modo de usar la enseñanza de ahora. Como la personalidad de un bailarín, en el modo de hacer suyas —consustanciales, intrasferibles— las rigideces académicas.

intransigencia *f* Cualidad de intransigente. | Laforet *Mujer* 279: Si visitases otros lugares del mundo dejarías esa intransigencia celtíbera que estás empezando a tener.

intransigente *adj* Que no es transigente o tolerante. *Tb n, referido a pers.* | L. Contreras *Mun* 14.11.70, 9: Se ha mostrado intransigente. Halcón *Ir* 201: La bondad intransigente impide la acción del alma.

intransigentemente *adv* De manera intransigente. | M. D. Gant *Rev* 12.70, 12: En el sistema del general se achaca una postura extremosamente celosa de lo francés e intransigentemente opositora a lo británico.

intransitable *adj* [Lugar, esp. camino] que está en condiciones inadecuadas para transitar por él. | Gay *Cod* 15.3.64, 5: Le encontramos sucio, descuidado, .. con la mayoría de las calles intransitables.

intransitividad *f* (*Gram*) Cualidad de intransitivo. | HAlonso *Gramática* 145: No hablaremos .. de oraciones transitivas de verbo intransitivo ni de las contrarias, pues esas metábasis (cambio de estructura y función) supondrían que la transitividad o intransitividad está en el verbo.

intransitivo -va *adj* (*Gram*) No transitivo. | Amorós-Mayoral *Lengua* 150: Al analizar estas oraciones y las anteriores no debéis hablar, en general, de verbos transitivos o intransitivos. Alonso *Lengua* 189: Cuando las oraciones constan de sujeto y predicado verbal, sin objeto exterior que complete su significado, son intransitivas.

intransmisible (*tb, raro,* **intrasmisible**) *adj* Que no se puede transmitir. | F. J. Saralegui *SYa* 3.12.72, 31: Los recuerdos y vivencias de los mayores eran intransmisibles a sus hijos.

intraocular *adj* (*Med*) Que se sitúa u ocurre dentro del ojo. | F. Martino *Ya* 22.6.76, 11: El humor vítreo (y el llamado cuerpo), o sea, los medios ópticos intraoculares, tienden a prot[r]uir hacia el exterior.

intraóseo -a *adj (Med)* Que se sitúa u ocurre en el interior del hueso. I *Abc* 30.3.86, 38: Malgaine desarrolla el primer fijador externo de punta metálica y de apoyo intraóseo para tratamiento de la fractura de la tibia.

intrarregional *adj (raro)* Que ocurre o se produce dentro de una región. I *DíaCu* 12.8.84, 7: La red ferroviaria instalada en esta Comunidad Autónoma adolece de serias dificultades para la consecución de cualquier tipo de tráfico intrarregional.

intrascendencia *(tb* **intranscendencia***) f* Cualidad de intrascendente. I *Tri* 11.4.70, 9: Todo esto, bajo su aparente intrascendencia, viene a demostrar que la sofisticación informativa puede hacerse .. lejos de las narices del propio testigo de la realidad.

intrascendental *(tb* **intranscendental***) adj (raro)* Intrascendente. I *Cuevas Finca* 114: Tuvieron una conversación intrascendental.

intrascendente *(tb* **intranscendente***) adj* No trascendente, o carente de gravedad o importancia. I Laforet *Mujer* 157: Don Paco .., pasado mucho tiempo, iba a recordar estas palabras intrascendentes de su mujer. I *Cór* 1.8.93, 5: Que disputen PA y PP .. es intrascendente para los auténticos problemas que tienen los andaluces.

intrasferibilidad, **intrasferible** → INTRANSFERIBILIDAD, INTRANSFERIBLE.

intrasmisible → INTRANSMISIBLE.

intratable *adj* **1** [Enfermo o dolencia] imposible de curar con ningún tratamiento. I *Abc* 24.9.91, 56: Los enfermos no controlados médicamente se consideran intratables desde el punto de vista farmacológico. O. Aparicio *MHi* 7.68, 28: Mejoró, pero volvió a reingresar en agosto, presentando un fallo cardíaco total intratable.

2 [Pers.] de muy difícil trato por su mal carácter o por su estado de irritación. *Tb fig.* I * Hoy está intratable. *SYa* 30.9.90, 47: Baloncesto .. El Joventut continúa intratable.

intrauterinamente *adv (Med)* Dentro del útero. I J. A. Usandizaga *Abc* 23.5.76, 31: Hoy preocupa más a la Obstetricia la mortalidad perinatal, concepto que incluye las muertes fetales acaecidas intrauterinamente y las de los recién nacidos.

intrauterino -na *adj (Med)* Que está situado u ocurre dentro del útero. I J. Botella *SAbc* 4.1.70, 32: Se habla ahora mucho de la regulación de la natalidad. Sin embargo, es curioso que los anillos intrauterinos fueron inventados por Graffenberg en los años veinte.

intraútero *adj invar (Med)* Intrauterino. I M. CMarín *SNEs* 24.11.74, 9: El contagio intraútero también es posible, lo mismo que con una transfusión de sangre. F. BMusoles *Pro* 10.8.88, 18: Los primeros intentos de tratamiento del feto intraútero, iniciados hacia 1963, se hicieron más con la finalidad de mejorar las condiciones maternas que las fetales.

intravenosamente *adv* De manera intravenosa. I M. Aguilar *SAbc* 16.6.68, 39: El médico puede practicar toda una serie de terapéuticas, .. como inyectar intravenosamente sueros salinos.

intravenoso -sa *adj* Que se sitúa o se aplica dentro de la vena. I Nicolau *Salud* 668: Según la gravedad, localización y tipo de infección, [la penicilina] se usa por vía intramuscular, intravenosa, oral, aerosólica, etc. *Agromán* 142: Se administra por inyección intravenosa. O. Aparicio *MHi* 7.68, 28: Se disecaron la vena safena y la arteria femoral común, colocándosele a la vena una cánula para administrarle líquido intravenoso.

intre. en el ~. *loc adv (reg)* Entre tanto. I J. Isla *Día* 25.5.76, 5: Me preguntó si sabía yo lo que era la palabra "garipola". Me quedé bobo y voy y le contesto: "Pos no le digo". Pero en el intre lo pensé mejor y le pregunté: "¿Y usted lo sabe?".

intrepidez *f* Cualidad de intrépido. I *Abc* 15.12.70, 22: ¿Cómo olvidar la serena intrepidez de Churruca, mezcla de investigador dieciochesco y de héroe legendario?

intraóseo – intrincar

intrépido -da *adj* Que se lanza al peligro sin temor. I *Sáb* 10.9.66, 29: Su segundo apellido es Bernadotte, por su madre, y heredera del carácter de Cristina de Suecia, la reina intrépida y aventurera de la Europa de hace tres siglos. **b)** Propio de la pers. intrépida. I SLuis *Doctrina* 38: El Espíritu Santo .. les dio valor intrépido para proclamar ante el mundo sus creencias.

intricado -da *adj (lit, raro)* Intrincado [2 y 3]. I Torrente *Isla* 24: ¿Sabes que al llegar a lo intricado, cierto lugar del bosque donde solo el bosque se ve y se escucha .., me dio miedo de algo, no podría decirte qué?

intriga *f* **1** Actividad secreta y complicada destinada a hacer triunfar o fracasar a una pers. o cosa. I GCastilla *NAl* 1.8.70, 15: Por su ambición y vida desordenada, se vio envuelto [Antonio Pérez] en procesos graves, como la muerte de Escobedo, e intrigas en la Corte de Felipe II.

2 Enredo o embrollo. I Laforet *Mujer* 97: Aunque él la había apartado deliberadamente de sus angustias y de la intriga de la guerra, le reprochaba el que, a pesar de todo, no estuviese enterada de las cosas. **b)** Conjunto de acontecimientos que forman el nudo de una obra teatral, película o novela. I GLópez *Lit. española* 304: En general, [en el teatro de Lope] se da más importancia al dinamismo externo de la acción y a la intriga que al estudio del alma de los personajes. GLópez *Lit. española* 316: Las "comedias de intriga amorosa" constituyen el sector más animado de todo el teatro de Tirso.

3 Curiosidad viva provocada por alguien o algo. I * Tengo una intriga...

intrigante -ta *(la forma f* INTRIGANTA *solo se usa en acep 1) adj* **1** [Pers.] que intriga [1]. *Tb n. Gralm con intención desp.* I * Es una intriganta de cuidado.

2 [Pers. o cosa) que intriga [2]. I *Sáb* 3.12.66, 46: Cuando abiertamente exprese su deseo de ser "grafologiado", tendré mucho gusto en complacerle, intrigante y sinuoso galaico.

intrigar A *intr* **1** Hacer intrigas o hacer una intriga [1]. I Salvador *Haragán* 122: No es que intrigaran ni quisieran impedirlo; era que se hacían sus cuentas.

B *tr* **2** Causar intriga [3] [a alguien *(cd)*]. I * Me intriga ese asunto. **b)** *pr* Sentir intriga [3]. I Halcón *Ir* 321: –¿Eso dijo Hermógenes? –se intrigó Fernanda.

intrincación *f* Acción de intrincar(se). *Frec su efecto.* I Torrente *Filomeno* 20: Entre el mundo y yo había dos puentes: por el uno me evadía a las cosas y a los ensueños: era el pazo miñoto, con sus intrincaciones; por el otro me relacionaba con las personas.

intrincado -da *adj* **1** *part* → INTRINCAR.

2 Complicado o complejo. I Laiglesia *Ombligos* 113: Se había especializado en claves y era un verdadero fenómeno traduciendo las más intrincadas. Franco *Discurso* 33: España puso sobre nuestros hombros la intrincada tarea de resolver la penosa contienda.

3 Constituido por un conjunto de cosas de estructura lineal que se entrecruzan de modo complicado. I Ortega-Roig *País* 34: Más al Oeste verás en tu mapa la intrincada región montañosa de la Serranía de Ronda. * Se hallaba en lo más intrincado del bosque.

intrincamiento *m* Condición de intrincado. I Lueje *Picos* 28: Pasada esta aldea, vuelve el intrincamiento de la India, la álgida fragura del Beyo. MGaite *Cuento* 38: De ese intrincamiento donde reside la dificultad de transformar la vida en palabra emana también la autenticidad del posible texto.

intrincar A *tr* **1** Enredar o enmarañar. *Tb fig.* I MGaite *Retahílas* 32: Las primeras novelas de amor que he leído en mi vida ha sido ahí tirada por el suelo en siestas de verano .., y era tal el deseo de intrincarse por aquellos renglones apretados, de viajar, de volar a su través que todo en torno desaparecía. **b)** *pr* Enredarse o enmarañarse [algo]. *Tb fig.* I Fraile *Cuentos* XIII: El argumento se intrinca, los personajes trasiegan de lo verosímil .. a lo sobrehumano.

B *intr pr* **2** Entrelazarse. *Frec fig.* I Pau *Salud* 444: La interacción de todos estos mecanismos causales que se intrincan y se favorecen mutuamente. C. INavarro *SYa* 27.3.77, 15: En una segunda o tercera floración entre el cuarto y el doce mes de la enfermedad, e intrincada con la

intríngulis – introversión

anterior, nos encontramo[s] con la sífilis secundaria polimorfa.

intríngulis *m* (*col*) **1** Razón oculta [de algo]. | Laiglesia *Tachado* 7: Hurga en el intríngulis de todo, hasta descubrir el feo mecanismo que hace funcionar las cosas bellas: la laringe del ruiseñor, el moscón que en sus patas peludas transporta el polen que fecunda las flores.
2 Dificultad o complicación [de algo], que no aparece a primera vista. | * Este juego tiene su intríngulis.

intrínsecamente *adv* De manera intrínseca. | Valcarce *Moral* 33: En el primer caso el objeto es bueno o malo intrínsecamente; en el segundo, bueno o malo extrínsecamente, a saber, por razón de un precepto que lo impone o lo prohíbe.

intrínseco -ca *adj* Esencial o que pertenece a la naturaleza propia. | Albalá *Periodismo* 52: Un aspecto es el que nos ofrece la verdad ontológica y otro es el de la verdad moral. Aquella es la verdad intrínseca, sustancial, de las cosas.

introducción *f* **1** Acción de introducir(se). | *Abc* 5.11.75, 1: Han aparecido signos de tromboflebitis del sector femoroilíaco izquierdo, que fue utilizado para la introducción de un catéter. Aranguren *SInf* 31.7.75, 1: A nuestras grandes obras clásicas se asemeja .. en el modo de introducción de los personajes. *As* 7.12.70, 17: Este asombroso reloj no le va a costar 3.000 ni 2.000 Ptas. .., sino al [precio] especial de introducción en España .. de Ptas. 1.200.
2 Obra o curso que prepara al conocimiento o práctica [de algo (*compl* A)]. | *Inf* 18.9.75, 25: Textos precisos para enseñanzas concretas .. Introducción al Estudio del Cálculo. Libro del Maestro de Introducción al Estudio del Cálculo.
3 Parte inicial de un libro o de un discurso, que sirve de preparación o guía para la mejor comprensión del mismo. *Frec con un compl* DE *o* A. *Tb fig*. | Cabezas *Abc* 26.8.75, sn: Quizá en una de las habitaciones de la citada casa escribió don José, en los años 1840-41, la famosa introducción al poema "El diablo mundo". Cantarero *ByN* 22.11.75, 7: Hay otras alternativas más amplias, de las que las asociaciones son, o deberían ser, introducción o prólogo y, a la vez, instrumento. **b)** (*Mús*) Parte inicial breve de una obra instrumental o de uno de sus movimientos. | Puente *Música* 191: Todo "El anillo" está contenido ya en ese potente acorde de Mi bemol que da comienzo a la introducción del prólogo.

introducido -da *adj* **1** *part* → INTRODUCIR.
2 Que está en situación privilegiada en cuanto a relaciones y contactos con los círculos de poder. | Marsé *Montse* 167: Una honda y vieja nostalgia de estar rodeado de tíos y tías solventes y firmes como rocas .., allegados próximos o lejanos, ausentes o presentes, pero en todo caso muchos, hermanados todos y bien situados en la vida, con influencias e introducidísimos.

introducir (*conjug* **41**) *tr* **1** (*lit*) Meter (hacer que [una pers. o cosa (*cd*)] pase a estar en el interior de otra o entre otras). *Tb fig*. | Arce *Testamento* 31: Dobló el pliego en cuatro. Después lo introdujo en el sobre. M. Vigil *Ya* 10.6.73, 5: Los bomberos, aparte de operar desde el exterior con grandes escalas de más de 30 metros, se introdujeron también valerosamente en el edificio. M. Dolç *Van* 25.4.74, 51: La prosa incomparable de Josep Pla .. era una especie de premisa que nos introducía desde un principio en el gran juego dialéctico y fascinante. **b)** *pr* Meterse (pasar a estar [una cosa] en el interior de otra o entre otras). | *País* 6.4.89, 55: Van Basten cabecea de forma espectacular el balón, que se introduce en la portería tras golpear en el larguero.
2 Hacer que aparezca o pase a estar presente [una cosa (*cd*) en un lugar]. | Carnicer *Van* 8.11.73, 57: Se introduce en el "Esbozo" un capítulo dedicado a los tratamientos. Areilza *SAbc* 5.10.75, 46: Creo que fue Marcel Proust el que analizó el sentido moral de ciertos cambios que los años .. introducían en el rostro de los humanos.
3 Hacer adoptar, o poner en uso, [algo]. | *ByN* 27.9.75, 37: Es muy improbable que se introduzcan medidas restrictivas, pero sí que se imponga un control más estricto sobre las clínicas privadas que practican el aborto. MHidalgo *Van* 26.1.77, 30: Si por 1800 empieza tímidamente la navegación a vapor y se conocen intentos de submarinos, un siglo más tarde se introduciría en forma práctica el motor de combus-

tión interna y la guerra del catorce consagraría al submarino como poderosa arma naval.
4 Presentar [a una pers.], esp. antes de una actuación pública. | *País* 22.2.77, 23: Librería Antonio Machado .. Sergio Vilar presentará su libro "La naturaleza del franquismo". Introducirá al autor y glosará su libro Raúl Morodo. Torres *Ceguera* 103: Ninguno de los actores que, hasta el momento, le había introducido Avelino, había respondido a sus expectativas.
5 Hacer que [alguien o algo (*cd*)] sea conocido y admitido [en un ambiente o en un lugar]. | M. Santiago *SInf* 11.9.75, 12: Yong-Tae Min introdujo en su país a escritores hispánicos, como Juan Ramón Jiménez, Pablo Neruda. *Ide* 9.10.75, 27: Jefe de ventas (para Granada). Se requiere: Libre del Servicio Militar. Estar introducido en el ramo de Electromedicina, material medicosanitario y material ortopédico.

introductor -ra I *adj* **1** Que introduce. *Tb n, referido a pers*. | M. A. Nieto *Sáb* 10.9.66, 35: El señor Ticó fue enviado por el Gobierno inglés a Nueva York a fin de que sirviese de introductor de los nuevos modelos que empezaban a causar furor entre las damas de la aristocracia europea.
II *m* **2** ~ **de embajadores.** Funcionario destinado a acompañar a los representantes diplomáticos en la presentación de credenciales. | J. HPetit *SAbc* 23.3.69, 50: En la Saleta de Gasparini, el embajador y su séquito –hasta allí acompañados por el introductor de embajadores ..– ven cómo se acerca .. el segundo jefe e intendente.

introductorio -ria *adj* Que sirve de introducción. | *Ecc* 24.11.62, 15: Apenas recitada la oración introductoria a los trabajos de cada día, el presidente, cardenal Ruffini, ha dado la palabra al secretario general del Concilio.

introito *m* **1** (*Rel catól*) Salmo que lee el sacerdote en el altar al dar comienzo a la misa. | Ribera *Misal* 16: La Misa tiene partes fijas y variables .. Las variables son el Introito, Oraciones (colectas), Epístola, .. Evangelio.
2 (*lit*) Entrada o principio. | Argos *Abc* 12.3.75, 24: Don Torcuato Fernández Miranda .. acaba de hacer unas extensas declaraciones .. El introito es muy sincero. "Soy un hombre muy independiente."

intromisión *f* Acción de entrometerse. | DPlaja *El español* 61: Toda ordenación legal de la vida le parece al español una intromisión en sus derechos.

intropunitivo -va *adj* (*Psicol*) De autoinculpación. | Rábade-Benavente *Filosofía* 97: En esta reacción intropunitiva, y en límites patológicos de depresión, se puede llegar hasta el suicidio. Pinillos *Mente* 134: Los individuos frustrados no siempre dirigen su agresividad contra el exterior; muchas veces, los impulsos agresivos revierten sobre el propio sujeto .. De estas consecuencias intropunitivas de la frustración .., los sentimientos de inferioridad, la depresión y, en última instancia, el suicidio son muestras bien patentes.

introspección *f* Observación de la propia mente o de los propios estados de conciencia. | GPavón *Hermanas* 35: Se olvidó el guardia de sus saudades e introspecciones .. y decidió observar con más atención. Pinillos *Mente* 176: El instructor insiste en la posibilidad de dirigir la atención sobre el proceso desarrollado en el grupo ..; cabría, pues, hacer algo así como una introspección colectiva.

introspeccionista *adj* (*Psicol*) Que practica la introspección. *Tb n, referido a pers*. | Rábade-Benavente *Filosofía* 37: Una psicología introspeccionista ofrecía serias dificultades para convertirse en ciencia rigurosa.

introspectivo -va *adj* De (la) introspección. | Palacios *Juicio* 285: La novela de Sagan es psicológica, introspectiva y crudamente realista.

introversión *f* **1** (*Psicol*) Atención absorbente al mundo interior, con abstracción respecto de lo externo. | Alfonso *España* 80: Lo selecto va al interior, la introversión es lo que se busca; y, dentro de ella, un delicado ambiente de recogimiento.
2 (*raro*) Vuelta hacia el interior. | Prados *Sistema* 4: Fuertes capitales pertenecientes a españoles que operaban en Cuba y Filipinas regresaron a España para ejercer actividades industriales y mercantiles. En el auge económico que

motivó, contra todos los supuestos probables, esta introversión de la economía española, se produjo una notable actividad fundacional de institutos de crédito.

introverso -sa *adj (raro)* Introvertido. *Tb n.* | Marlasca *Abc* 10.9.68, 45: Aquellos que solo ven el lado negativo de las cosas, los miopes, los introversos, los que nacieron ya con treinta años de tristezas sobre sus espaldas, afirman que cuando es comercial, el mecenazgo no es tal mecenazgo.

introvertido -da *adj* Dado a la introversión. *Tb n, referido a pers.* | Tellado *Gac* 11.5.69, 81: Psicológicamente, soy introvertida. Físicamente, soy vulgar. Tamames *Economía* 332: Las importaciones para abastecer a la industria nacional .. representan más del doble de toda nuestra exportación de bienes de consumo y de equipo, lo cual revela claramente el carácter introvertido de nuestro desarrollo industrial.

intrusión *f* **1** Acción de introducirse sin derecho en una actividad o en una propiedad. *Tb fig.* | Mercader-DOrtiz *HEspaña* 4, 96: Los artesanos de menos pretensiones .. veían en sus Ordenanzas simplemente un medio de mantener su modesto medio de vida contra las intrusiones de sus colegas. GNuño *Arte* 78: El arte morisco aragonés .. resiste, no solo la competencia oficial del románico y gótico, sino también del Renacimiento, sin aceptar sino leves intrusiones en la arquitectura, nunca en la decoración.
2 *(Geol)* Penetración o infiltración [de una materia, esp. de una masa magmática] en o entre las rocas sólidas. | MOPU 7/8.85, 29: La salinización de acuíferos, por intrusión de agua marina, es un problema grave. Benet *Aire* 152: Subían hasta allí con sus caballerías para vender –o trocar por una geoda o una muestra de piedra con intrusiones metálicas ..– unas ropas usadas .. y fotografías y estampas devotas o pornográficas.

intrusismo *m* Actividad o comportamiento de intruso. *Esp en una profesión.* | *Inf* 15.12.69, 2: La Asamblea Sindical de Radiodifusión y Televisión tocó el sábado a su fin con una declaración en torno al intrusismo profesional. S. Diego *YaTo* 19.12.81, 74: Los tractoristas y propietarios de la zona que de alguna manera colaboran con los guardas del coto a evitar el intrusismo.

intrusista *adj (raro)* **1** De(l) intrusismo. | *Ya* 7.3.75, 63: Pedimos la exclusión de todo actor o director extranjero .., porque va en detrimento, desdoro y perjuicio del profesional español, haciendo que muchos de estos se encuentren en situación de paro forzoso por no hallar empresas privadas ni oficiales que les contraten ante esta ilegítima e intrusista competencia.
2 Que practica el intrusismo. *Tb n, referido a pers.* | AAlcalde *Unos* 12 (G): Su trabajo con los turistas estaba mal visto por los guardias y los guías del Ayuntamiento, que les llamaban intrusistas.

intrusivo -va *adj* **1** Que ha penetrado por intrusión [1]. | Pericot-Maluquer *Humanidad* 143: Con la aplicación de la experiencia humana a los elementos externos intrusivos pueden ser canalizados, desvirtuados, anulados o estimulados mediante ritos, ceremonias.
2 *(Geol)* [Roca] formada por solidificación de un magma entre rocas sólidas preexistentes. | Ybarra-Cabetas *Ciencias* 75: De aquí que se dividan las rocas eruptivas así: 1º Intrusivas, si el magma se ha solidificado a grandes profundidades de la litosfera .. 2º Efusivas, si el enfriamiento se ha producido en el exterior. **b)** De (las) rocas intrusivas. | Bustinza-Mascaró *Ciencias* 337: Los batolitos, lacolitos .. y filones son formaciones de rocas eruptivas de tipo intrusivo o plutónico.

intruso -sa *adj* Que se ha introducido sin derecho en una actividad o una propiedad. *Tb fig. Tb n, referido a pers.* | J. Balansó *SAbc* 16.3.69, 37: El monarca intruso vendió algunas de las gemas. DPlaja *El español* 146: No hay en nuestra literatura apenas ejemplos en que la mujer se resista, grite y eche al intruso de su cuarto. Matute *Memoria* 138: Las tierras de los Taronjí eran tierras intrusas en el declive de mi abuela.

intubación *f (Med)* Acción de intubar. | Navarro *Biología* 254: Es imprescindible colocar un tubo metálico en la laringe (intubación) o abrir la tráquea en la base del cuello para colocar una cánula (traqueotomía).

intubar *tr (Med)* Introducir un tubo en un órgano hueco [de una pers. *(cd)*], esp. en la tráquea o en el esófago. | *ByN* 8.11.75, 23: Comenzaron a circular rumores desenfrenados que afirmaban que al Jefe del Estado se le iba a intubar y aplicar respirador artificial.

intuible *adj* Que puede ser intuido. | MSantos *Tiempo* 29: ¡Oh, qué posibilidad apenas sospechada, apenas intuible!

intuición *f* **1** Hecho de intuir. | Rábade-Benavente *Filosofía* 236: De ahí que la inteligencia .. sí sea condición mediata para la intuición de los valores. **b)** Cosa intuida. | Laforet *Mujer* 158: Había sonado un timbrazo .. La mujer tuvo una intuición. –Vaya... Ahí los tienes.
2 Capacidad de intuir. | * Siempre hablan de la intuición femenina.

intuicionismo *m (E)* Doctrina filosófica, ética o matemática que atribuye un papel esencial a la intuición. *Tb la actitud correspondiente.* | Gambra *Filosofía* 178: El intuicionismo ético, para el cual el conocimiento de la moral es intuitivo o directo. Ó. Esplá *Abc* 18.6.58, 3: Han aplaudido a la Estética la Fenomenología de Husserl, si bien mi punto de vista no se sitúa exactamente en este intuicionismo. F. Villamía *Atl* 1.90, 33: La mayoría de los estudios dedicados a este asunto manifiestan una actitud procesal, que suele resolverse en dos tendencias: la de condenar toda su obra bajo la acusación de formalismo, impresionismo, intuicionismo, etc.; y la de reverenciar toda su producción como un prodigio sin fisuras.

intuicionista *adj (E)* De(l) intuicionismo. | FMora *Abc* 1.9.66, sn: Guillermo de Torre analiza una oleada de irracionalismo estético que se corresponde con los movimientos vitalistas, intuicionistas, existencialistas. Laín *Universidad* 65: ¿Acaso no hay sociologías marxistas y personalistas .. y matemáticas intuicionistas y formalistas? **b)** Partidario del intuicionismo. *Tb n, referido a pers.* | * Bergson es intuicionista. Umbral *Hijo* 72: Esta quizá sea la característica del siglo: el haber aunado el XVIII racionalista con el XIX intuicionista, Diderot con Víctor Hugo, Voltaire con Hölderlin. El XX decide volver a tener dos pies.

intuidor -ra *adj* Que intuye. *Tb n, referido a pers.* | *País* 28.11.79, 8: Podría hacer extensiva esa broma dolorida y amarga al señor Lavilla, .. al diputado de UCD "intuidor" de las connivencias penales de esta coalición con ETA (p-m). P. Urbano *ElM* 26.12.91, 6: Como si el Rey, olfativo intuidor de los estados de ánimo ¡y desánimo! del paisanaje, quisiera remontarnos desde la hondonada de cierta fatiga social .. aguijoneando nuestro orgullo nacional.

intuir *(conjug* **48***) tr* **1** *(Filos)* Conocer [algo] de manera inmediata, sin razonamiento. | Rábade-Benavente *Filosofía* 236: Un hombre inculto tendrá mucho más disminuida su capacidad para intuir determinados valores, y solo captará los más burdos y primarios.
2 Tener la sensación más o menos precisa [de algo *(cd)*] que no se puede comprobar o que no existe aún]. | Olmo *Golfos* 159: Yo, .. su hijo, intuí la detonación que poco después acababa con su vida.

intuitivamente *adv* De manera intuitiva. | P. Herrán *Act* 5.11.70, 40: Toda expresión de fe sincera por parte del adulto contribuye a que los pequeños vayan descubriendo intuitivamente la presencia próxima de una Persona invisible y misteriosa, pero real y viva.

intuitivismo *m (Filos)* Intuicionismo. | Gálvarez *Filosofía* 2, 67: Descartes, pues, pasa del intuitivismo al innatismo.

intuitivo -va *adj* **1** De (la) intuición, o que se basa en la intuición. | Rábade-Benavente *Filosofía* 236: Para que los valores se nos den, a esta captación intuitiva, hace falta toda una preparación intelectual. Valcarce *Moral* 10: Tales son las morales intuitivas, como la Moral del sentimiento, la formalista de Kant, etc.
2 [Pers.] que actúa pralm. por intuición. *Tb n.* | Lorén *Salud* 55: Otro gran intuitivo de las infecciones, el cirujano Lister, llegó a la conclusión de que los fracasos quirúrgicos como consecuencia de infecciones posteriores a la operación eran debidos a miasmas indeterminados existentes en la atmósfera y en los instrumentos y ropas de los quirófanos. **b)** Propio de la pers. intuitiva. | GNuño *Arte* 142: Ritmo tan

intumescente – inútilmente

cuidado como para preguntarse si la misma ciudad que acometió con rudeza intuitiva el Pórtico de San Isidoro era la que, de toda Castilla, mejor percibía el pulso de los tiempos.

intumescente *adj* (*lit*) Que se hincha. | CBonald *Ágata* 12: La intumescente cabeza, hinchándose a medida que arrastraban el cuerpo por el graderío frontal de la casona, reaparece ahora.

inuit (*pl normal*, ~ o ~s) *adj* Esquimal de América o Groenlandia. *Tb n, referido a pers*. | J. P. Albéniz *SPaís* 17.10.93, 78: En peligro de extinción .. Inuit. Población: 100.000. Alaska, Canadá, Groenlandia y Círculo Polar Ártico.

inulina *f* (*Quím*) Compuesto semejante al almidón y que se encuentra en los rizomas de algunas plantas. | Navarro *Biología* 51: En dispersión coloidal se encuentran en el jugo celular glúcidos de elevado peso molecular (inulina, por ejemplo), prótidos, taninos, mucílagos, etc.

inundabilidad *f* Cualidad de inundable. | *Ya* 20.10.89, 25: Los riesgos geológicos naturales corresponden, según fuentes del Instituto Tecnológico Geominero de España, "a movimientos del terreno por inestabilidad gravitatoria, inundabilidad, presencia de arcillas expansivas y sismicidad".

inundable *adj* Que puede inundarse [1 y 2]. | MOPU 7/8.85, 103: En poco van quedando aquellos desbordamientos naturales inmensos, aquellos marjales, aquellas extensiones inundables con sus bulliciosas bandadas de aves migratorias y sedentarias.

inundación *f* Hecho de inundar(se), *esp* [1 y 2]. | Arenaza-Gastaminza *Historia* 13: Las inundaciones periódicas del Nilo fecundan y fertilizan las tierras egipcias. *Abc* 7.10.77, 52: Inundaciones, colisiones y atascos por la tormenta de ayer en Madrid .. Se inundaron varios sótanos y algunas plantas bajas de comercios.

inundar *tr* **1** Cubrir [un líquido, esp. agua (*suj*), un lugar (*cd*)]. | *Voz* 6.11.87, 9: Ayer por la mañana apareció muerta una mujer flotando en las aguas que han inundado la pedanía de las Norias. **b)** Cubrir [un lugar] de líquido, esp. agua. | * Las fuertes tormentas han inundado la zona. **c)** *pr* Cubrirse [un lugar] de líquido, esp. agua. | L. Llobregat *TEx* 3.10.75, 2: Evitar que se inunden los huertos vecinos.
2 Llenar [un líquido, esp. agua (*suj*), un lugar (*cd*)]. | * El agua inundaba el sótano. **b)** Llenar [un lugar] de líquido, esp. agua. | L. Llobregat *TEx* 3.10.75, 2: Una formidable nave romántica, periódicamente inundada para evitar que se inunden los huertos vecinos. **c)** *pr* Llenarse [un lugar] de líquido, esp. agua. | *Abc* 7.10.77, 52: Inundaciones, colisiones y atascos por la tormenta de ayer en Madrid .. Se inundaron varios sótanos y algunas plantas bajas de comercios.
3 Llenar [algo, esp. gran número de perss. o cosas (*suj*), un lugar (*cd*)]. *Tb fig*. | PComa *Inf* 10.6.77, 24: Los parisienses .. empezaban a inundar las carreteras los fines de semana. J. A. Corte *Odi* 3.7.68, 4: Este olor a mar inundaba los corazones de los niños, los pechos de las madres, las ilusiones y ansias de todos. **b)** Llenar [un lugar (*cd*) de algo, esp. de gran número de perss. o cosas]. | Campmany *Inf* 10.6.77, 48: La Unión de Centro ha inundado Madrid de carteles y octavillas. **c)** *pr* Llenarse [un lugar (*suj*) de algo, esp. de gran número de perss. o cosas]. | * El suelo se inundó de octavillas. J. A. Corte *Odi* 3.7.68, 4: Por la tarde y mientras llegaba la noche, Palos se inundaba de un terrible aroma a sal[i]tre.
4 Llenar o embargar [una emoción (*suj*) a alguien (*cd*)]. | Laiglesia *Tachado* 8: Todas esas tristecillas quedan eclipsadas a la luz de una alegría que me inunda de un modo constante.
5 Llenar [a alguien (*cd*) de algo (*compl* DE o CON)]. | Á. Grijelmo *País* 9.6.91, 13: El funcionario las inundó de explicaciones sobre supuestos extravíos. Gala *Séneca* 139: Señor, que se modere el exceso con el que me inundaste.

inundatorio -ria *adj* Que inunda o implica inundación. | Marías *Cataluña* 123: Estas ciudades, aunque ya de antiguo con inmigración, se han formado antes de que esta fuera inundatoria. Alfonso *España* 70: Cada vez somos más numerosos, y nosotros y nuestras complicadas cosas nos derramamos de forma inundatoria por el planeta.

inusitadamente *adv* (*lit*) De manera inusitada. | A. Aradillas *SPue* 2.4.76, 7: Inusitadamente necesitan exhibir [los periodistas] sus correspondientes certificados y títulos oficiales para poder actuar como tales en las demarcaciones del aeropuerto mallorquín.

inusitado -da *adj* (*lit*) [Cosa] sumamente inusual e inesperada. *Frec con intención ponderativa*. | CNavarro *Perros* 66: Sus ojos acusaban una ternura inusitada y sus palabras fueron dulces. *Luc* 22.10.64, 2: El interés que se ha despertado en la localidad es inusitado. **b)** (*Ling*) [Forma] que no usa nadie o casi nadie. | * Ese giro es inusitado en castellano.

inusual *adj* No usual. | *Política educativa* 29: No es inusual –ni mucho menos– que un profesor esté encargado a la vez de unos grupos de Filosofía, de otros de Historia del Arte y de la Cultura y de otros de Francés.

inusualmente *adv* De manera inusual. | Delibes *Parábola* 34: Se siente débil .., pero inusualmente tranquilo.

in utero (*lat; pronunc*, /in-útero/) *loc adv* (*Med*) Dentro de la matriz, o antes del parto. | *SYa* 12.7.74, 5: La Organización Mundial de la Salud ha publicado una lista de enfermedades diagnosticadas "in utero".

inútil *adj* **1** [Pers. o cosa] no útil, o que no proporciona un provecho o servicio. *Tb n, referido a pers*. | Arce *Testamento* 16: ¡El trabajo resultaría inútil, o por lo menos embrollado!
2 [Pers.] desmañada o poco hábil. *Frec n.* | Arce *Testamento* 30: Di frecuentes traspiés en aquel caminar a ciegas. El Bayona me guiaba, pero cada vez que me caía al suelo, él se reía o bien me llamaba inútil con gran coraje y luego se reía.
3 [Pers.] incapacitada físicamente. | PRivera *Discursos* 9: Nuestra primera fidelidad la debemos a la doctrina de José Antonio .. A los que murieron, a los que quedaron inútiles para el resto de sus vidas.
4 [Pers.] no apta para el servicio militar. *Frec como predicat con el v* DAR. | Delibes *Guerras* 123: –Pues ¿qué ocurrió, Pacífico? –¿Qué va a ocurrir?, que me dieron inútil, eso ocurrió. ZVicente *Traque* 202: Allí [en África] es donde me dieron por inútil del todo, mejor, por inservible, eso sí, con mucha medalla y mucho jabón.

inutilidad *f* **1** Cualidad o condición de inútil. | Benet *Nunca* 10: Fuimos para él una especie de aturdida visión, de cuya inutilidad .. se resistía a convencerse. *TCR* 26.12.90, 6: La "autohabilitación" fundamental para los minusválidos síquicos .. "La Atalaya" no es, en modo alguno, un "almacén" de seres inválidos y condenados vitaliciamente a la inutilidad. *BOE* 22.1.65, 1240: Será causa de inutilidad la pérdida de la visión de un ojo.
2 (*col*) Pers. inútil [1 y 2]. *Normalmente con el v* SER. | * Eres una completa inutilidad.

inutilitario -ria *adj* (*lit*) No utilitario, o no encaminado fundamentalmente a la utilidad. | Aranguren *Ética y polit*. 62: Cultura, en el sentido usual, es un conjunto de saberes que, si se poseen, proporcionan prestigio y "adorno", pero que no se está lejos de considerar inutilitarios.

inutilizable *adj* Que no puede ser utilizado. | X. Montsalvatge *Van* 20.12.70, 59: El artista tuvo que valerse de un piano absolutamente deficiente, .. inutilizable por cualquier concertista de categoría.

inutilización *f* Acción de inutilizar. | Marín *Enseñanza* 133: El buscar una deslumbrante ilustración es tan prematuro como trastornador ..; da lugar a la inutilización de personas, con escasas probabilidades de recuperación.

inutilizador -ra *adj* Que inutiliza. | A. Aradillas *SVozC* 25.7.70, 2: Corríamos el gravísimo riesgo de su infantilización inutilizadora.

inutilizar *tr* Hacer que [algo o alguien (*cd*)] quede inútil [1]. | Bustinza-Mascaró *Ciencias* 352: Los materiales pueden depositarse sobre terrenos cultivados de los valles, inutilizándolos. *Caso* 21.11.70, 6: Han quedado destruidas todas las edificaciones, perdidas las cosechas y además inutilizada toda la flota pesquera.

inútilmente *adv* De manera inútil [1]. | *Abc* 4.10.70, sn: No pierda el tiempo inútilmente.

in utroque iure (*lat; pronunc,* /in-utrókue-yúre/) *loc adv* En los dos derechos (civil y canónico). *Tb adj. A veces simplemente* IN UTROQUE. | *País* 26.4.80, 21: Licenciado en Teología por el Ateneo Pontificio Antoniano de Roma, obtuvo el doctorado in utroque iure en la Universidad Pontificia Lateranense. Sopeña *Defensa* 73: Roma, como sitio para iniciar "la carrera" eclesiástica, tenía como aliguí fundamental el estudio del derecho canónico: doctorarse "in utroque" .. era ya preparar la biografía episcopal.

invadeable *adj* No vadeable. *Frec (lit) fig.* | *Raz* 2/3.84, 380: Pero "el abismo invadeable, negro y profundo como el infierno" convirtió en enemigos irreductibles a quienes políticamente sustentaban postulados análogos. Landero *Juegos* 34: Era la señal con que se iniciaba la tarde en invadeables anchuras.

invadir *tr* **1** Entrar [en un lugar (*cd*), frec. en un territorio] por la fuerza. *Tb fig.* | J. GPastor *SYa* 15.6.75, 17: Tres días después Albania fue invadida por Italia. *Cam* 14.4.75, 85: Los cabreados empujan hasta que logran invadir la sala. **b)** Entrar por la fuerza en el lugar perteneciente [a alguien (*cd*)]. | Laín *Gac* 25.4.76, 49: Otra metáfora, esta, enológica: en la cuba donde se forma el vino llamado "Francia", .. nada exterior entra desde que los invasores francos se fundieron con los invadidos galorromanos. **c)** Entrar indebidamente [en el campo o las atribuciones (*cd*) ajenas]. | *SAbc* 7.9.75, 37: Una moral que traspasa los estrictos límites de la argumentación científica, para invadir incluso el terreno de la religión. **d)** (*Biol y Med*) Penetrar y extenderse [un organismo o agente (*suj*) en el interior de otro o en un lugar (*cd*)]. | Legorburu-Barrutia *Ciencias* 129: Si vencen los microbios, continúan su avance e invaden todo el órgano, e incluso todo el organismo, al que pueden causarle la muerte. Navarro *Biología* 304: Los animales y vegetales disponen de medios muy variados de dispersión para invadir nuevas áreas geográficas y extenderse ampliamente partiendo del lugar de origen o centro de dispersión. **2** Llenar u ocupar [alguien o algo (*suj*)] un lugar (*cd*)] de manera indebida, excesiva o molesta. | *Inf* 7.9.70, 2: Se ha creado una situación verdaderamente caótica en las calles vecinas, donde los coches invaden las aceras. *Ya* 22.11.75, 45: El público invadió las calles desde primeras horas de la mañana. *Abc* 26.8.75, 49: Las perneras de sus pantalones habían sido invadidas por millares de pulgas. **b)** Llenar u ocupar [alguien o algo (*suj*)] de manera indebida, excesiva o molesta el lugar perteneciente [a alguien (*cd*)]. | *Van* 21.3.74, 31: Estamos invadidos por el asfalto por todas partes menos por una, que suele ser nuestra propia vivienda. Umbral *Españolas* 24: La ola de erotismo que nos invade .. no es sino otro signo de la feminización del mundo. **3** Apoderarse [de alguien (*cd*) una sensación o un sentimiento]. | J. Carabias *Ya* 6.3.76, 8: En los teatros se debería idear algo para vencer esa pereza auditiva que nos va invadiendo.

invaginación *f* (*Biol*) Acción de invaginar(se). *Tb su efecto.* | Alvarado *Anatomía* 37: Consisten [los pelos] en un tallo saliente (P); una raíz implantada en una invaginación tubulosa, llamada folículo piloso (F), y un bulbo o porción engrosada en que termina la raíz. **b)** (*Med*) Penetración anormal de una porción del intestino en otra adyacente. | *TMé* 7.1.83, 19: Invaginación intestinal por tricobezo[a]r.

invaginar *tr* (*Biol*) Replegar hacia el interior. | Ybarra-Cabetas *Ciencias* 214: Continuando el desarrollo del embrión, la blástula invagina uno de sus hemisferios en el otro, constituyendo así una especie de saco de paredes dobles o gástrula. **b)** *pr* Replegarse hacia el interior. | Alvarado *Zoología* 25: Es [el cisticerco] una especie de vesícula con el escólex de la futura tenia invaginado en su interior.

invalidación *f* Acción de invalidar. | Castilla *Natur. saber* 47: Yo no creo que haya mayor placer para el hombre de hoy .. que contribuir, con su saber, a la desmitificación y a la invalidación de lo estatuido.

inválidamente *adv* De manera inválida [2]. | *BOE* 28.6.82, 17706: Orden de 7 de junio de 1982 por la que se declara inválidamente constituido el Tribunal de "Física del aire".

invalidante *adj* Que causa invalidez [1a y 2]. | J. L. Fernández *GacN* 2.8.75, 8: Esta dictaminó lo siguiente: declarar al trabajador no afecto de invalidez permanente, sin[o] de una lesión no invalidante con derecho a una cantidad por una sola vez de 36.000 pesetas.

invalidar *tr* Dejar sin validez [una cosa (*cd*)]. | Ortega *Americanos* 109: Dichas instrucciones eran invalidadas ..; las instrucciones válidas eran las del año escolar 1962-63. *Mar* 15.3.71, 15: No sé por qué nos invalidó el gol el árbitro.

invalidez *f* **1** Condición de inválido [1]. | Armenteras *Epistolario* 264: Solicita del Instituto Nacional de Previsión que, previos los trámites reglamentarios, y por haber cumplido los... años de edad y padecer invalidez permanente, .. sea declarado subsidiado de relación. **p)** Pensión que percibe una pers. por estar inválida [1]. | *HLSa* 9.11.70, 2: Sus prestaciones (jubilación, viudedad, natalidad, nupcialidad, defunción, invalidez y becas) son compatibles con cualquie[r]a otras. **2** Cualidad o condición de inválido [2 y 3]. | Cela *Cam* 14.6.76, 41: El no respeto a estas convenidas normas acarrea invalidez por defecto formal. Rábade-Benavente *Filosofía* 157: Se puede probar la validez o invalidez de cualquier razonamiento mediante las tablas de verdad.

inválido -da *adj* **1** [Pers. o miembro corporal] que padece algún daño o defecto físico que le impide o dificulta el movimiento o la actividad normal. *Tb n, referido a pers.* | J. Montini *Sáb* 10.9.66, 25: Esta mujer, que ha cumplido los setenta y cinco años, está inválida, aunque todavía sueña con recuperarse. J. Montini *Sáb* 10.9.66, 25: Esta vez [la pierna] cascó por la tibia y el peroné .. Sin casa ni recursos, con la pierna inválida, ya no sé hacia dónde he de tirar. **b)** *Esp:* Paralítico. *Tb n.* | A. Sastre *Inf* 14.11.70, 19: Antonio Cano ha sufrido un accidente de automóvil. Su grave herida en la cabeza le motiva una parálisis física y mental .. Antonio Cano, ahora inválido, está sometido a las presiones de los que le rodean. **2** Que no tiene validez. | Villapún *Moral* 130: La donación y aceptación de bienes inmuebles deben [sic] hacerse por escritura pública; de lo contrario será inválida. Rábade-Benavente *Filosofía* 157: Si es consistente [el razonamiento], se pasa a comprobar si es inválido. **3** (*Taur*) [Res] que no tiene fuerza suficiente para afrontar la lidia. | A. Navalón *Nav* 9.7.87, 16: En la corrida de Araúz de Robles había un toro manifiestamente inválido de una cornada en el anca derecha.

invaluable *adj* (*lit*) Que no se puede valuar o valorar. *Frec con intención ponderativa.* | Areilza *Memorias* 46: Yo poseo una serie de esas epístolas con tal maestría y originalidad que las convierten en documentos invaluables. E. Corral *Abc* 22.10.67, 106: "Caminos y Canciones", llevado a la antena con la colaboración invaluable de la Sección Femenina, .. se afirmará y cobrará impulso en seguida.

invar (*n comercial registrado*) *m* Aleación de acero con un 36% de níquel, casi insensible a las variaciones de temperatura. | Aleixandre *Química* 129: Un acero con 36 por 100 de níquel recibe el nombre de *invar* porque apenas se dilata, y se le emplea para instrumentos de medida.

invariabilidad *f* Cualidad de invariable. | *Tri* 11.4.70, 44: La clave hay que buscarla en la invariabilidad de la composición del Jurado.

invariable *adj* Que no varía o no está sujeto a variación. | Escobar *Itinerarios* 230: Los subterráneos medievales [del castillo] son bodegas en la actualidad de propiedad particular, bien dispuestas las naves para amparar, en su invariable temperatura, filas de cubas de madera de roble y oblongas tinajas colmenareñas. *Abc* 8.10.93, 45: El Bundesbank mantiene invariables los tipos directores. **b)** (*Gram*) [Palabra] que no tiene variaciones morfológicas. | Amorós-Mayoral *Lengua* 96: El adverbio no puede variar su forma para expresar el género y el número: es invariable.

invariablemente *adv* De manera invariable. | CNavarro *Perros* 135: Ella pedía invariablemente un [sic] coca-cola.

invariación *f* (*E o lit*) Cualidad de invariante. | Ríos-RSanjuán *Matemáticas* 11: Principio de la invariación: el número de elementos de un conjunto finito es independiente del orden en que se cuenten.

invariado -da *adj* Que no ha variado. | Azúa *Cambio* 24: Aperos invariados desde el primer asentamiento neolítico.

invariancia *f* (*E o lit*) Cualidad de invariante. | GYebra *En torno* 47: El concepto central de la teoría de la traducción científica es la invariancia. Este concepto expresa simplemente el hecho de que, en el proceso de la traducción, hay algo que no sufre cambio, algo que permanece invariable.

invariante *adj* (*E*) **1** [Magnitud, expresión, relación, factor o propiedad] que permanece invariable en una cosa al sufrir esta determinadas transformaciones. *Frec n, f o m. Tb fig, fuera del ámbito técn*. | PFerrero *Abc* 15.3.68, 7: Opinaba que la arquitectura moderna debía partir del movimiento racionalista, pero evolucionado, y que era necesario combinar ese racionalismo con las invariantes arquitectónicas de cada país. *SYa* 17.3.74, 11: Es un módulo volumétrico que permite, por encadenamiento combinatorio, el control del espacio arquitectónico dentro de unas leyes de armonía que tienen sus raíces en el clasicismo, a través de unos invariantes matemáticos que abren ilimitados horizontes en el futuro de la arquitectura como bella arte. Aranguren *Ética y polít*. 113: Es una invariante humana el empeño en liberarse de ese conflicto y lograr la tranquilidad de la conciencia.
2 (*lit, raro*) Invariable. | Benet *Lanzas* 19 (G): Los ataques defensivos de la República se desarrollarán de acuerdo con un patrón invariante.

invasión *f* **1** Acción de invadir. *Tb su efecto*. | VParga *Santiago* 9: La tradición .. se había extendido por el Occidente cristiano ya antes de la invasión árabe. Legorburu-Barrutia *Ciencias* 129: Cuando de veras muestran su espíritu guerrero [los glóbulos blancos] es cuando sobreviene alguna invasión numerosa de microbios. *Inf* 5.4.73, 23: El árbitro comenzó la cuenta, cuenta que no pudo finalizar, ya que se produjo una invasión del ring por parte de numerosos aficionados. *Lan* 17.1.79, 16: El idioma español, en peligro. Es enorme la invasión de vocablos "extranjeros".
2 (*Med*) Período inicial de una enfermedad. | Bustinza-Mascaró *Ciencias* 96: Entre la declaración de la enfermedad (invasión) y la penetración del microbio media un plazo o período de incubación.

invasivo -va *adj* (*Med*) **1** Que invade o tiende a invadir. | Y. Valladares *SInf* 25.2.76, 5: El cáncer "in situ" puede .. evolucionar en dos direcciones: hacia la involución o hacia la evolución invasiva y mortal.
2 [Método de exploración o tratamiento] que puede afectar negativamente al organismo. | F. Delsaz *Pro* 15.12.87, 26: Un ecógrafo localiza con absoluta precisión el lugar donde se encuentra el cálculo renal a destruir .. Por otra parte, es un tratamiento no invasivo que no tiene prácticamente ninguna contraindicación.

invasor -ra *adj* **1** Que invade. *Frec n, referido a pers*. | J. Taboada *RegO* 12.7.64, 16: No cuenta la tradición de quién era el équido que apareció lustroso y rozagante por haber bebido en un salutífero hontanar que allí emergía a la vuelta en derrota del ejército invasor. Arenaza-Gastaminza *Historia* 238: Se formaron en España las Juntas Provinciales, gobiernos de carácter local y popular para la lucha contra el invasor. M. Rodrigo *TMé* 17.12.82, 5: Una estimación razonable del rendimiento del carcinoma invasor con proctoscopia en enfermos asintomáticos mayores de cuarenta años es del 1,5 por 100.
2 De (la) invasión. | AAzpiri *Abc* 29.6.58, 13: El monte Aldabe resultaba para los franceses de nuestros tiempos filipinos una magnífica base de operaciones invasoras.

invectiva *f* Discurso o escrito que ataca duramente [a alguien o algo (*compl* CONTRA)]. | L. Calvo *SAbc* 16.3.69, 18: Tenía la aptitud de hacer un espectáculo de sí mismo, cuándo por su valor temerario, cuándo por su mordaz invectiva. **b)** Insulto. | * Los taxistas suelen dirigirle sus invectivas.

invectivar *tr* Lanzar invectivas [contra alguien o algo (*cd*)]. | C. Sentís *Inf* 22.8.74, 15: Los agricultores franceses peligran ahora .. [sic] recolectar odio y desprecio por parte del ciudadano, aficionado ya a invectivar al coche que precede y no se aparta, con el epíteto de "paysan".

invencibilidad *f* Cualidad de invencible. | FMora *Pensamiento 1963* 190: Era simplemente de los que .. creyeron en la invencibilidad de las legiones napoleónicas. GBiedma *Retrato* 135: La invencibilidad dura muy poco. Veintiséis años no son precisamente una edad avanzada, pero la lentitud en recobrarme después de una noche de bebida, la mayor duración del dolor de cabeza .. me advierten que hoy ya no es hace dos años.

invencible *adj* Que no puede ser vencido. | Arenaza-Gastaminza *Historia* 38: Filipo II organizó un gran ejército a base de la falange .. Era invencible en terreno llano. Valcarce *Moral* 22: Ignorancia es la carencia de conocimiento en un sujeto capaz de poseerlo. La llamamos vencible si puede superarse con algún esfuerzo, e invencible si es insuperable.

invenciblemente *adv* De manera invencible. | Laín *Gac* 11.5.69, 22: El precio de esa "razonable" decisión ha sido la frustración sexual que tan constante e invenciblemente la atormenta.

invención I *f* **1** Acción de inventar. | Vicens *Polis* 302: En el Cuatrocientos europeo continúa prevaleciendo el goticismo de estirpe flamenca, cuyos progresos estéticos y técnicos (como la invención de la pintura al aceite) son evidentes a lo largo de la centuria.
2 Cosa inventada. | J. Carabias *Ya* 9.6.73, 8: Hay otras tantas recetas para el bacalao, más los "pastelillos San Licarión", auténtica invención de Mayte. *Abc* 24.9.75, 69: "Únicamente tengo una mujer, Belinda, .. ¿para qué necesito dos esposas?" Alí continuó diciendo que todo eran invenciones para difamarle.
3 (*Rel*) Hallazgo [de una reliquia]. | Ribera *Misal* 1081: 3 de mayo. La invención de la Santa Cruz. VParga *Santiago* 9: Se descubre por una revelación milagrosa, como era frecuente en la invención de cuerpos santos, el sepulcro del apóstol.
II *loc adj* **4** [Patente] **de ~** → PATENTE.

invencionero -ra *adj* (*raro*) Que inventa. | Borrás *Abc* 23.4.58, 27: Nunca perdemos el vigor y la invencionera personalidad.

invendible *adj* Que no puede venderse. | *SLín* 3.8.75, 12: Influía, por supuesto, el hecho de que para un vehículo medio europeo instalar el dispositivo era gravarlo hasta hacerlo casi invendible.

invendido -da *adj* Que no se ha vendido. *Tb n m*. | *Ya* 15.10.67, 3: La acumulación de productos invendidos en los almacenes. Escolar *Libro* 308: Como era difícil el cálculo de las tiradas .., se producían restos de invendidos de cierta cuantía que tenían que ser ofrecidos en saldo a mayoristas, grandes editores con extensas redes comerciales.

inventador -ra *adj* (*raro*) Inventor. *Tb n*. | B. M. Hernando *Inf* 16.6.77, 13: El Cela sabio de decires e inventador de fabulosas ensoñaciones no se ha subido al guindo del mitin.

inventar *tr* **1** Forjar la idea [de algo nuevo (*cd*)]. | Arenaza-Gastaminza *Historia* 160: La imprenta, inventada por Gutenberg en 1436, se generalizó pronto en Europa. Cunquero *Un hombre* 14: Nunca se supo quién había inventado ese juego.
2 Crear o imaginar [algo que no existe o no se corresponde con la realidad]. *Tb abs*. | L. Pérez *CoZ* 10.5.64, 3: El hombre ha inventado a Dios para dar sentido y consuelo a su existencia. Laiglesia *Ombligos* 6: Novelar es inventar. **b)** Contar como verdadero [algo que no lo es]. *Tb abs*. | Olmo *Golfos* 55: No hay por qué asustarse, ni inventar chismes.

inventariable *adj* Que puede ser inventariado. | *Ya* 15.4.64, 10: Curso para la adquisición de material de oficina no inventariable.

inventarial *adj* De(l) inventario. | C. Doro *DíaCu* 13.9.84, 8: Constaban entonces los molinos, según relaciones inventariales consultadas, del molino propiamente dicho, molino de trigo, cocedero de pan, huertas y animales domésticos.

inventariar (*conjug* **1c**) *tr* Hacer inventario [de algo (*cd*)]. *Tb fig*. | GNuño *Madrid* 61: Los tapices de la Corona de España, inventariados en 1880, sumaban 955 piezas.

Sampedro *Sonrisa* 157: En la cocina abre el frigorífico, inventariándolo de una mirada.

inventario *m* Relación o asiento de todos los bienes pertenecientes a una pers., a una empresa o a otra entidad, o de los existentes en un lugar. *Frec con un compl especificador*. | D. I. Salas *MHi* 7.69, 44: Según consta en algunos manuscritos e inventarios de Isabel la Católica. **b)** *En gral*: Relación o registro. | S. RSanterbás *Tri* 11.4.70, 20: El inventario de muertos por asta de toro se eleva a más de cuatrocientas víctimas. **c) beneficio de ~** → BENEFICIO.

inventivo -va I *adj* **1** Capaz de inventar o dado a inventar. | DAlegría *Ya* 11.10.70, 21: Esta exposición demuestra lo que el ingenio inventivo de los españoles puede conseguir con esfuerzo. Rabanal *Ya* 4.3.75, 7: Parece ser que el escritor Pompeyo Gener, tan inventivo él, contaba que un antepasado suyo del siglo XVII, "siendo general gobernador de la ciudad de Utrech, y estando sitiado en la misma y sin municiones para su artillería, mandó fabricar grandes y redondos quesos de bola".
II *f* **2** Capacidad de inventar. | *HLM* 26.10.70, 41: Otros reportajes nacionales están dedicados al rodaje de la película "El faro del fin del mundo" .. y a la exposición monográfica de la inventiva española.

invento *m* **1** Cosa inventada. | Tejedor *Arte* 126: Entre estos inventos .. –molino de viento, forja catalana, etc.–, destacan por sus mayores influjos y consecuencias cuatro fundamentales: la pólvora, la brújula, el papel y la imprenta. Berenguer *Mundo* 218: Con el mismo alambre hice allí un invento para echar el bicho encima y que la yegua lo llevara arrastrando. **b)** Mentira. | Berenguer *Mundo* 203: ¡Eso no es verdad! .. ¿Por qué dice usted inventos? ¿Le he hecho yo algo?
2 Acción de inventar. | J. Balansó *SAbc* 18.5.69, 23: Ese "adelantarse" en muchos años a los inventos y las conquistas del siguiente siglo concede a Julio Verne uno de sus mayores atractivos.
3 (col) Idea u ocurrencia. *Frec con vs como* FASTIDIAR *o* JOROBAR. | *DLi* 3.4.78, 10 (C): Se limita a fotografiarla en los viajes y a sacar unas pesetillas con el invento. Tomás *Orilla* 199: –Si ellos tienen los dados con plomo, nosotros les jodemos el invento .. –¿Pegando el cambiazo? **b)** Idea o proyecto. *Frec con vs como* FASTIDIAR *o* JOROBAR. | Diosdado *Ochenta* 73: Íbamos a hacer chocolate, pero me parece que se estropeó el invento. **c)** (col) Cosa. *En sent gral y referido a algo citado o consabido. A veces designa cosas concretas, esp 'coche' o 'televisión'.* | AMillán *Cuéntalo* 14: ¿Cómo anda de parabólicas [la prostituta]?... Tú ya sabes que yo soy mulsero de toda la vida... Me gusta, sí, señor, me gusta... Óyeme, ¿sobre cuánto me va a costar el invento?... Toda la noche no, un ratito. Umbral *País* 22.8.81, 17: Los de la JOC (que me caen bien porque yo estuve a punto de entrar en ese invento cuando niño de derechas) han celebrado su treinta y cuatro Consejo. Forges *Diez* 8.8.81, 119: Digo yo de pegarle fuego al invento e irnos en tren. D. Calzada *Abc* 16.11.80, 13: El cheli .. Su caudal se crece en metáforas cachondas, sandungueras, rutilantes; verbigracia: pirañas (empresarios), .. el invento (la TVE).

inventor -ra *adj* Que inventa. *Frec n, referido a pers*. | Tejedor *Arte* 148: Como inventor realizó [Leonardo de Vinci] una serie de dibujos y proyectos para volar con máquinas más pesadas que el aire o para conseguir la navegación submarina.

inverecundia *f* (lit) Cualidad de inverecundo. | CBonald *Ágata* 69: Se adelantó a saludar con solemne inverecundia.

inverecundo -da *adj* (lit) Desvergonzado o descarado. | L. Calvo *Abc* 15.5.73, 29: Intervenían teléfonos de periodistas y políticos, asalariaban a gentes inverecundas y trambaban pandillaje. *Ya* 14.12.83, 17: Ahora ha aparecido algún nuevo socialista, autoestampillado con inverecunda premura.

invernación *f* Acción de invernar. | *Inf* 22.12.73, 9: El Consejo de Europa propone a su vez los siguientes remedios para mejorar las condiciones de vida de la fauna ornitológica: Extensión de las reservas naturales .. Acondicionamiento y conservación de las zonas de invernación y de reposo en las rutas de emigración. Pla *Cataluña* 522: Sitges es una playa internacional, cosmopolita, abierta, que lleva ya cincuenta años de veraneo civilizado y cultiva la invernación con muy buenos auspicios.

invernáculo *m* Invernadero [1]. | C. Lacalle *MHi* 10.60, 5: La orquídea ha proliferado, pero no se oculta en el corazón de la selva ni es, tampoco, flor de invernáculo.

invernada *f* (raro) **1** Invierno (estación fría). | MMariño *Abc* 3.9.68, 9: El hórreo es una construcción propia de regiones húmedas con largas invernadas.
2 Invernación. | J. C. Duque *Hoy* 24.11.74, 11: Su área de invernada [de la grulla] en Europa es Extremadura.

invernaderista *adj* [Pers.] que se dedica al cultivo en invernaderos [1]. *Tb n*. | I. LDorta *Día* 26.9.75, 13: Todo agricultor invernaderista sabe perfectamente la importancia que tiene la preparación del suelo de un invernadero.

invernadero I *m* **1** Lugar cubierto destinado a criar plantas protegiéndolas del frío. | *Abc* 9.12.70, 43: Dos invernaderos fueron arrancados de cuajo en el barrio de Las Manchas. Sea *SLan* 11.2.79, 2: El suelo ideal para un invernadero es el que presenta una textura ligera con abundante materia orgánica.
2 Paraje destinado al pasto del ganado en invierno. | Ortega-Roig *País* 90: En octubre .. los rebaños [trashumantes] marchan a Extremadura y valles de Sierra Morena, .. donde el frío no es tan intenso (invernaderos).
II *adj invar* **3** [Efecto] de calentamiento terrestre debido a la concentración de óxidos de carbono y otros gases industriales en la atmósfera. *Tb* DE ~. | *Pro* 5.10.88, 48: La plantación de árboles contribuirá a estabilizar el clima, al disminuir la concentración de bióxido de carbono en la atmósfera, causante de esa tendencia hacia el recalentamiento que sufre nuestro planeta y que se conoce como el "efecto de invernadero". J. I. Igartua *Ya* 19.1.89, 24: También contribuye a la destrucción del ozono el efecto invernadero, o calentamiento atmosférico, causado por las emisiones de dióxido de carbono (CO_2) y otros gases industriales.

invernaje *m* Lugar destinado a la estancia de embarcaciones de recreo durante las épocas de no utilización. | *Sur* 23.8.87, 36: Invernaje embarcaciones, motores, recogemos, guardamos.

invernal I *adj* **1** De(l) invierno (estación fría). | Cunqueiro *Un hombre* 11: Las lluvias invernales habían trabajado en los cimientos de un cubo. Bustinza-Mascaró *Ciencias* 204: Durante el invierno [el oso] se esconde y se inmoviliza, no despertando de su sueño invernal, o letargo, hasta la primavera siguiente.
II *m* **2** Edificio, gralm. amplio y sólido, para establo y pajar, propio de los puertos de invierno de la cordillera Cantábrica. | Cossío *Montaña* 70: Este pueblo, que es el que disfruta mejores puertos de primavera y de verano, como más próximo a ellos y como poseedor del mayor número de invernales, cuadra y pajar en el monte, de todos estos pueblos.

invernante *adj* Que inverna. *Tb n, referido a pers*. | J. A. Fernández *SAbc* 2.2.69, 48: Las temperaturas se dulcifican y las aves invernantes se van marchando a millares de decenas por día. I. Montejano *Abc* 3.10.93, 78: Aquí los "invernantes" son tantos como los veraneantes, y no extraña ver el pueblo lleno los fines de semana. *ASeg* 27.2.76, 13: Las orugas invernantes son extremadamente sensibles al frío. Alvarado *Botánica* 20: Las escamas se encuentran en los tallos subterráneos y en la parte exterior de las yemas invernantes.

invernar *intr* **1** Pasar el invierno [en un lugar]. *Tb sin compl*. | En. González *Día* 15.12.85, 2: La Reina Católica veraneaba en Sevilla e invernaba en Burgos. F. Ferrer *Van* 1.7.73, 3: El número de especies que a lo largo del año se pueden observar en la ciudad, bien sea porque son sedentarias, porque están de paso, porque invernan o porque vienen en verano a nidificar, supera con creces las cincuenta.
2 (Biol) Hibernar. | *Ya* 30.5.64, 10: Puede tratarse de un gran pez o anfibio que se posa en el fondo para invernar.

invernía *f* (reg) Invierno (estación fría). | MCalero *Usos* 14: Todo el solar estaba enlosado de piedra blanca, pero no lo era así en las callejas, lo que hacía que en la invernía hubiera un barro de castigo y en verano se volviera polvareda. T. HHernández *Castronuño* 5: Por los pastos de invernía de aquel año, el Ayuntamiento percibió 11.200 ptas.

invernizo – invertina

invernizo -za *adj* Invernal [1]. | ZVicente *Hojas* 73: Debía de ser en las tardes invernizas, de lluvia o de nieve, cuando no se puede salir de paseo. Umbral *Ninfas* 24: Si yo iba a ser poeta, lo mejor era ir al encuentro de la poesía, y en tardes neblinosas, en anocheceres .. atrozmente invernales, me encaminaba yo hacia el barrio universitario .. La poesía iba a tener ese carácter nocturno e invernizo.

inverosímil *adj* **1** No verosímil, o no susceptible de ser tomado como verdadero. | Laiglesia *Ombligos* 239: La noticia parecía demasiado inverosímil para ser cierta. **b)** Increíble o que parece imposible. *Con intención ponderativa.* | *Lan* 23.9.64, 1: Un "malage" gritó al "Cordobés" que se arrimara. Por hacerle caso, se acercó hasta lo inverosímil y recibió dos cornadas.
2 *(col, humoríst)* Indiferente. *Gralm en la constr* ME ES ~. | * –¿Qué prefieres, cine o teatro? –Me es inverosímil.

inverosimilitud *f* Cualidad de inverosímil [1]. | Torrente *Isla* 204: Preferí, cautamente, esperar a que noticias más o menos deformadas .. sorprendiesen a los miembros del gabinete de Su Graciosa Majestad por su inverosimilitud.

inverosímilmente *adv* De manera inverosímil [1]. | Matute *Memoria* 75: Tenía los pies inverosímilmente pequeños.

inversamente *adv* De manera inversa. | Marcos-Martínez *Física* 28: Los cuerpos se atraen con una fuerza que es directamente proporcional al producto de sus masas e inversamente proporcional al cuadrado de sus distancias.

inversión *f* **1** Acción de invertir(se). *Tb su efecto.* | A. Peralta *SYa* 15.5.77, 31: La lectura del disléxico es dificultosa, lenta, arrítmica, con inversión de ciertos vocablos. Castellanos *Animales* 20: Si por falta de cuidados se provoca un entropión adquirido, una inversión del párpado inferior hacia el interior del ojo, deberá acudirse igualmente al veterinario. *Cod* 2.2.64, 6: En el mercado del automóvil persiste aún la inversión de los papeles, y al vendedor le toca la altivez y el despego. Carrero *Pue* 22.12.70, 6: Una parte de la renta nacional ha de convertirse en ahorro, para poder realizar inversiones que aseguren la creación de nuevos puestos de trabajo. **b)** *(Econ)* Cantidad invertida (→ INVERTIR [4]). | Martín-Escribano *Decl. Renta* 134: Se considera inversión la cantidad total desembolsada, incluyendo, en su caso, la compra de derechos de suscripción, primas de emisión, comisiones y gastos. **c)** *(Meteor)* Disminución o aumento anormal del valor de una propiedad atmosférica, esp. de la temperatura, con la altitud. | *NHi* 8.77, 94: Las zonas bajas, castigadas por las grandes inversiones térmicas.
2 Condición de invertido [2]. *Tb* ~ SEXUAL. | Domingo *Íns* 10/11.69, 24: El mismo tema de la prostitución o el de la inversión sexual son presentados con la necesaria asepsia.

inversionismo *m* *(Econ)* Tendencia a invertir [4]. | VMontalbán *Transición* 158: Martín Villa cree que Suárez se equivocó .. no decantándose a una alianza con la derecha, que habría animado el inversionismo capitalista.

inversionista *adj* *(Econ)* **1** Que invierte un capital. *Frec n, referido a pers.* | P. Peláez *Ciu* 2.75, 20: La crisis económica del 74 ha traído como consecuencia el destape en cadena de empresas inversionistas. *Abc* 7.9.66, 45: Inversionistas. Locales comerciales exentos.
2 De (la) inversión de capital. | VMontalbán *Tri* 1.11.69, 11: La crisis de la canción catalana es indudable. Las limitaciones que se le imponen a nivel de TVE solo son comparables a las que se derivan de la timidez inversionista de los empresarios de la cultura catalana.

inverso -sa I *adj* **1** [Orden, sentido o disposición] contrarios. | *Compil. Cataluña* 725: La reducción o supresión de donaciones empezará por la más reciente, y así sucesivamente por orden inverso de fecha. Ybarra-Cabetas *Ciencias* 115: Este trabajo lo realizan [los ríos] en sentido inverso a la dirección de su corriente. *Inf* 27.1.72, 16: La camella .. se reclinó a su vez junto a él, en posición inversa.
2 De sentido u orientación contrarios. | *Abc* 15.10.70, 26: Ahora, los procesos de Perú y Bolivia –quizá más en Bolivia que en Perú– han sido inversos.
3 [Traducción] de la lengua propia a otra. | Marías *Vida* 1, 60: En el segundo, traducíamos la *Eneida* .., fragmentos de Horacio, Ovidio y los prosistas, y ejercicios fáciles de traducción inversa.
4 *(Mat)* [Fracción o razón] en que la disposición respectiva de los términos es inversa [1] [a la de otra *(compl* DE*)*]. *Tb sin compl, dicho de varias fracciones o razones.* | Gironza *Matemáticas* 95: El producto de dos razones inversas, como las 2 y 1/2 del ejemplo anterior, es 1. **b)** [Razón o relación] según la cual el aumento de una magnitud supone la disminución de otra. | Gironza *Matemáticas* 114: Se ha de reconocer la clase de proporcionalidad, directa o inversa, que relaciona las dos magnitudes que intervienen en el enunciado. **c)** [Regla de tres] de proporción inversa. | Marcos-Martínez *Aritmética* 148: Según las magnitudes sean directa o inversamente proporcionales, la regla de tres simple será directa o inversa.
5 *(Mat)* [Número] cuyo producto [con otro *(compl* DE*)*] es la unidad. *Tb sin compl, dicho de varios números.* | Gironza *Matemáticas* 56: Números recíprocos o inversos son aquellos cuyo producto es la unidad.
6 *(Geol)* [Falla] en que el labio superior avanza por encima del inferior. | *MOPU* 7/8.85, 19: Collado de Tres Encinas .. Falla inversa de cuarc[i]tas y esquistos de gran interés científico.
II *loc adv* **7 a la inversa.** Al contrario. | Delibes *Cinco horas* 9: Carmen se sienta en el borde de la gran cama y se descalza dócilmente, empujando el zapato del pie derecho con la punta del pie izquierdo y a la inversa.

inversor -ra *adj* **1** Que invierte dinero, esp. en la bolsa. *Tb n: m y f, referido a pers; f, referido a empresa.* | *Abc* 23.8.66, 52: Los inversores se muestran reservados. *Ya* 28.2.90, 30: Inversoras asesoradas por Banco Banif.
2 De (la) inversión de capital. | M. A. Iglesias *Inf* 15.5.70, 17: Hoy la saturación del mercado ha puesto en evidencia la intención fundamentalmente inversora que ha justificado la aparición de este "boom" de las urbanizaciones. *SAbc* 14.10.84, 14: Este año se ha añadido un curso de especialización del diamante, dada la importancia inversora que esta piedra ha adquirido en los últimos tiempos.
3 *(E)* [Dispositivo] que sirve para invertir [2 y 3]. *Frec n m.* | *Sem* 10.5.75, 69: La Sigma 2000 "Supersencilla" .. Mando inversor. Por simple presión cose hacia atrás. *GTelefónica N.* 504: Bastian Blessing Co. Chicago, U.S.A. Equipos Rego. Válvulas de cierre. Limitadores de caudal. Inversores. Reguladores de alta y baja presión. *Pro* 16.1.77, 34: La generación del 76 exige precios españoles para el cálculo electrónico con impresión. Busicom tiene la respuesta: 12 dígitos .. Inversor de factores. Memoria de teclado.

invertasa *f* *(Quím)* Invertina. | Bustinza-Mascaró *Ciencias* 54: El jugo intestinal contiene varias sustancias, entre ellas: la invertasa, la maltasa, la lactasa y la erepsina.

invertebración *f* Condición de invertebrado [2]. | Iparaguirre-Dávila *Tapices* 63: Lo realmente extraño era la invertebración de las intentonas. Cada revolución, cada cambio, no duraba más allá de cuatro o cinco años.

invertebrado -da *adj* **1** [Animal] que carece de columna vertebral. *Frec como n m en pl, designando este taxón zoológico.* | Ybarra-Cabetas *Ciencias* 358: Bajo la denominación de artrópodos se incluyen aquellos animales invertebrados que tienen las patas articuladas. Bustinza-Mascaró *Ciencias* 168: Todos los animales estudiados hasta ahora .. se reúnen elementalmente formando un grupo, muy extenso y muy heterogéneo, denominado de los Invertebrados.
2 Que carece de estructura u organización unitaria. | L. Calvo *SAbc* 16.3.69, 18: España parecía más invertebrada que nunca; más dividida en gremios refractarios.

invertido -da *adj* **1** *part* → INVERTIR.
2 [Hombre] homosexual. *Gralm n m.* | M. Landi *Caso* 5.12.70, 20: Una mayoría de los crímenes de estas características son obras [sic] de invertidos, aunque la mayoría de los invertidos no sean capaces ni de matar a la clásica mosca.

invertidor -ra *adj* *(raro)* Inversor [2]. | Á. Escalera *SSur* 14.8.88, 5: Sin olvidar .. el absentismo invertidor de las clases altas –especialmente la aristocracia– en negocios que generasen mejoras para el país.

invertina *f* *(Quím)* Fermento del jugo intestinal, que desdobla la sacarosa en glucosa y fructosa. | Alvarado *Anatomía* 119: Los otros [fermentos del jugo intestinal] hidrolizan los disacáridos en los monosacáridos correspondientes: la invertina o sacarasa desdobla la sacarosa en glucosa y fructosa; la maltasa convierte en glucosa la maltosa.

invertir *(conjug 60) tr* **1** Cambiar [el orden o la disposición] por los contrarios. | * Hay que invertir el orden.
2 Cambiar los lugares respectivos [**de** dos elementos *cd*]. | J. Aldebarán *Tri* 26.1.74, 18: Si para crear el socialismo es preciso haber logrado un nivel de cultura determinado, Rusia podía invertir los términos. *Abc* 19.4.70, 54: Las dos hijas naturales .. no tienen que aguardar a su mayoría de edad para poder invertir los apellidos maternos. **b)** *pr* Cambiar [dos elementos] los lugares respectivos. | L. Monje *Abc* 30.12.65, 86: Este año, por tanto, se han invertido los términos, y la cosecha del espliego o del tardío, que ordinariamente es mejor que la de la primavera, en esta ocasión ha sido mucho peor.
3 Poner [algo] en sentido o con orientación contrarios a los que tenía o a los habituales. | Marcos-Martínez *Física* 260: A los 200 ºC puede invertirse el recipiente sin que se vierta el azufre. Bustinza-Mascaró *Ciencias* 114: Una medusa es una forma libre, flotante, como una campana invertida. **b)** *pr* Tomar [algo] sentido u orientación contrarios a los que tenía o a los habituales. | MCampos *Abc* 9.4.67, 8: La corriente cambia. Se invierte.
4 Emplear [una cantidad, esp. de dinero o de tiempo (*cd*), en algo]. | *Abc* 29.7.67, 28: Invirtiendo cantidades sin límite, todo suelo sería cultivable. J. Carabias *Ya* 15.9.74, 8: Marilyn Monroe, en sus últimos tiempos, lo menos que invertía en esas faenas [en maquillarse] eran siete horas. **b)** (*Econ*) Emplear [dinero] en la adquisición de bienes de capital. *Frec abs. Frec con un compl* EN. | Martín-Escribaño *Decl. Renta* 137: Un contribuyente vende unas acciones de la Sociedad "X" .. e invierte el importe de la venta en acciones de la Sociedad "Y".

investidura *f* **1** Acción de investir. *Tb su efecto*. | L. Apostua *Ya* 29.11.70, 17: En esa tierra recibió su investidura de Jefe del Estado.
2 (*hist*) *En la Edad Media:* Concesión de cargos eclesiásticos por la autoridad civil. | RMorales *Present. Santiago* VParga 4: Reinaba en Roma el Papa Calixto II, de feliz memoria por haber terminado en Worms el largo y venenoso pleito de las investiduras con el Sacro Imperio.

investigable *adj* Que puede investigarse. | *Sáb* 29.3.75, 38: Si, por el contrario, por indeterminación entendemos factores misteriosos, no investigables, respondería que no.

investigación *f* Acción de investigar. | Laforet *Mujer* 240: Nadie se enterará de lo que me diga usted esta noche. Piense que si nosotros hacemos la investigación por nuestra cuenta será mucho peor. Gimferrer *Des* 12.9.70, 29: La investigación científica .. ha perdido las amarras de la realidad cotidiana y los problemas esenciales. *Jaén* 111: Se realizan, asimismo, los trabajos de socavón en la zona de Linares, que pretenden el desagüe de la cuenca .. y la investigación de criaderos minerales.

investigador -ra I *adj* **1** Que investiga. *Frec n, referido a pers.* | J. Salas *Abc* 6.12.70, 31: Sería de elemental justicia que la Comisión investigadora no concluyese. S. Lorenzana *Pap* 1.57, 40: Fray Martín Sarmiento fue .. un investigador y un ensayista que rehusaba la publicidad.
2 De (la) investigación. | C. Chamorro *SDLe* 3.10.91, III: Probablemente este tipo de publicaciones tienen poco valor investigador.
II *m y f* **3 ~ privado.** Detective privado. | VMontalbán *Tatuaje* 53: Trabajo muy poco, y como investigador privado, como dirían ustedes. Vivo ahora en España, donde el oficio solo se aplica a vigilar esposas infieles.

investigar A *tr* **1** Hacer diligencias, estudios o averiguaciones para llegar a conocer [algo] profundamente. | *Abc Extra* 12.62, 81: La misteriosa cajita fue investigada mucho tiempo por los expertos orientalistas. M. Tejero *SYa* 31.5.72, 3: A los yacimientos en explotación .. hay que añadir los yacimientos sin investigar o en curso de investigación, de cuyo examen primario se han desprendido cálculos sorprendentes. *País* 16.6.77, 29: Vivienda y Trabajo investigarán la situación de la cooperativa Virgen de la Esperanza. **b)** Hacer diligencias, estudios o averiguaciones para descubrir [algo]. | *Puericultura* 22: Se hace necesario someter a la nodriza a un detenido reconocimiento médico; en él se investigará principalmente la lúes y la tuberculosis. * Hay que investigar si tuvo participación en los hechos. **c)** Hacer diligencias o averiguaciones para descubrir la vida o comportamiento [de una pers. (*cd*)]. | Campmany *Abc* 12.3.93, 23: Se han suicidado siete investigados y otros cinco andan huidos en paradero desconocido.
B *intr* **2** Hacer diligencias, estudios o averiguaciones [sobre algo]. *Tb sin compl.* | * La función del detective es investigar. * La comisión deberá investigar sobre su participación en los hechos. **b)** Trabajar sistemáticamente en la búsqueda de nuevos conocimientos científicos. *Frec con un compl* SOBRE. | J. B. Arranz *Odi* 6.1.77, 14: Investigar, publicar, representa, entre otras muchas cosas, arriesgarse, exponerse. *Luc* 5.10.64, 1: Fue colocada en órbita terrestre una plataforma interplanetaria norteamericana. Investigará sobre las radiaciones cósmicas que afectarán a los cosmonautas.

investigativo -va *adj* De (la) investigación. | L. Vigil *Tri* 13.5.72, 18: El aumento de las agencias policiales se debe, principalmente, a que muchas de las tareas investigativas que antes eran llevadas a cabo por el personal de las mismas empresas son ahora encomendadas a las citadas agencias.

investigatorio -ria *adj* (*raro*) De (la) investigación. | Pinilla *Hormigas* 246: Esperaba hechos nuevos, algo en que apoyarse para poder edificar todo un edificio investigatorio, con sus pruebas, certificados de registros y estímulos.

investir *(conjug 62) tr (lit)* **1** Conferir [a alguien (*cd*) una dignidad o autoridad (*compl* DE o CON)]. | Laforet *Mujer* 139: Cristo había investido a unos hombres, sus sacerdotes, con el inmenso y tremendo poder de perdonar.
2 (*raro*) Revestir [a alguien (*cd*) de un carácter o apariencia determinados]. *Frec el cd es refl.* | Aguilar *Experiencia* 151: Me investí de aplomo y despreocupación.

inveteradamente *adv* De manera inveterada. | CBonald *Ágata* 216: Le fue proporcionando sin sentirlo las decisivas claves de un secreto inveteradamente sellado.

inveterado -da *adj* Arraigado o establecido desde mucho tiempo atrás. | Marathon *Abc* 23.8.66, 57: Acabó volviendo a sus pasados e inveterados yerros de retener la pelota. *TeR* 8.12.69, 9: Transformará .. el inveterado ciclo ocio-descanso-trabajo, haciéndolo más acorde con los ritmos de la población laboral.

inviabilidad *f* Cualidad de inviable. | *Nue* 22.12.70, 11: A partir de marzo de 1968 se hizo claramente perceptible la inviabilidad de la "segunda revolución" polaca.

inviable *adj* **1** Que no es viable o realizable. | Aranguren *Marxismo* 87: Sin negar doctrinalmente el principio revolucionario, lo considera en determinados países desarrollados inviable.
2 (*Biol*) Que no puede vivir. | * Nada más nacer el niño, el médico les dijo que era inviable. * Este embrión es inviable.

invicto -ta *adj* (*lit*) Que no ha sido vencido. | *Mar* 24.1.68, 6: En su campo, el Pontevedra se mantiene invicto en la Liga. J. Anguera *DEs* 15.8.71, 24: La batalla del Ebro .. culminó con la victoriosa liberación de toda España por las fuerzas de nuestro invicto Caudillo. M. Calvo *MHi* 7.68, 16: Todos los isótopos emisores de rayos beta .. se emplean para el diagnóstico y el tratamiento de esa terrible y aún invicta enfermedad [el cáncer].

invidencia *f (lit)* **1** Condición de invidente. | DPlaja *Abc* 1.9.66, 18: Para el hombre de vocación intelectual, la invidencia es un doble infierno, puesto que le priva, también, de acercarse al mundo de las ideas.
2 (*raro*) Incapacidad de reconocer el valer ajeno. | J. R. Alonso *Sáb* 1.10.75, 8: Descubrimos a no pocos de nuestros grandes hombres solo cuando los demás nos los muestran ..; le cuesta siempre al mundo oficial salir de su atonía y de su invidencia.

invidente *adj (lit)* [Pers.] ciega. *Tb n.* | E. Corral *Abc* 22.11.70, 66: Una reciente entrevista de Tico Medina con un invidente estudiante de Económicas supuso el "clímax" semanal.

invierno – invocación

invierno *m* **1** Estación más fría del año, que en el hemisferio norte abarca oficialmente del 22 de diciembre al 20 de marzo. | Arce *Testamento* 67: Pasamos a través de otoños, de inviernos, de primaveras, de veranos, de nuevos otoños... **b)** ~ **nuclear.** Período de frío y oscuridad extremados que tendría lugar como consecuencia de una guerra o una catástrofe nuclear. | *Ya* 5.12.86, 40: Nueve de cada diez británicos morirían en el "invierno nuclear".
2 (*lit*) Vejez. *Frec* ~ DE LA VIDA. | Lera *Olvidados* 21: Debía de hallarse en los comienzos del invierno de la vida; pero cuando miraba y sonreía brotaba tanta luz de sus ojos que daba la sensación de ser un joven prematuramente envejecido.

inviolabilidad *f* Cualidad de inviolable. | RValcárcel *Pue* 22.12.70, 4: Amar a la institución que defiende, que garantiza la inviolabilidad del Estado. Pinilla *Hormigas* 87: Las piedras .. las fuimos llevando a vueltas, arrancándolas de huecos en los que acaso durmieran desde el último cataclismo planetario, asegurada su inviolabilidad con su mismo peso.

inviolable *adj* Que no puede ser violado o vulnerado. | Villapún *Iglesia* 155: Es un Estado solo al servicio de la Iglesia, con un territorio neutral e inviolable. RValcárcel *Pue* 22.12.70, 4: El concepto inviolable de unidad que los españoles tenemos.

invisibilidad *f* Cualidad de invisible. | Delibes *Inf* 5.5.77, 19: La única ventaja de mi parte era mi invisibilidad –la evidencia del pescador excita a las truchas hasta el paroxismo–, por lo que pude acercar el pez a un metro de mis pies sin que se percatara.

invisible *adj* Que no se puede ver. | Bustinza-Mascaró *Ciencias* 140: Perciben [las abejas] las radiaciones ultravioletas, que son invisibles para el ojo humano.

invisiblemente *adv* De manera invisible. | *Mad* 11.11.70, 32: Solamente se fijan los componentes del Ministerio de Hacienda pensando que [la piel] es un artículo suntuario, sin pensar que es totalmente artesano y de prestigio .. y que invisiblemente se exporta por medio del turismo que invade España.

invitación *f* **1** Acción de invitar. | *Economía* 150: Tenéis que corresponder de alguna manera a las invitaciones que os hacen, pero no es necesario que devolváis todas las invitaciones.
2 Tarjeta o carta con que se invita [1]. | J. PMartín *Odi* 19.1.77, 11: El referido claustro había dirigido a los padres de los alumnos del Colegio Nacional Mixto unas invitaciones con el orden de los temas a tratar.

invitado -da *adj* **1** *part* → INVITAR.
2 [Artista] que toma parte en una representación, un espectáculo o un concierto sin pertenecer al conjunto que los presenta. *Tb* (*col*) *fig, fuera del ámbito técn.* | *Abc* 18.4.58, 14: El Ballet Español de Pilar López .. Con sus artistas invitados. *Sp* 19.7.70, 53: El hábito es que las figuras de relumbrón han tomado de preferir .. las actuaciones como director invitado, más interesantes económicamente. * El profesor Pérez intervendrá como artista invitado en el coloquio. **b)** [Pers.] que, con carácter extraordinario, interviene en un congreso o en un curso por invitación [1] de sus organizadores. *Frec n.* | * En el congreso contaremos con la presencia del Profesor Baldinger como invitado especial.

invitador -ra *adj* Que invita [4]. | MSantos *Tiempo* 26: Hubiera sugerido .. el consumo de adecuados líquidos reparadores de la fatiga en cualquiera de las numerosas tabernas que se abrían invitadoras a su paso. MMolina *Jinete* 545: Solo he encontrado .. whiskerías con nombres invitadores y dotados de genitivo sajón.

invitadoramente *adv* De manera invitadora. | Sampedro *Sonrisa* 66: Brunettino ofrece las primicias al viejo, sonriéndole invitadoramente.

invitante *adj* Que invita. *Tb n, referido a pers.* | *Van* 13.1.77, 39: Una verdadera fiesta .. para tipos que están de vuelta y gustan del deporte intelectual, adep[t]os al más invitante contamos contigo. Pemán *Abc* 6.2.68, 3: Me han hecho comprender esto las invitaciones que voy recibiendo de mis amigos para almorzar .. El invitante vive en el "super-urbio" y envía el mapa de la arriesgada operación de dar con su casa.

invitar *tr* **1** Pedir en acto de cortesía o de amistad [a alguien (*cd*)] que esté presente [en un determinado acto o lugar (*compl* A)]. *Tb abs. Tb sin compl* A, *por consabido.* | *Economía* 149: El día del santo es una buena ocasión para invitar a las amigas a pasar la tarde y obsequiarlas con una merienda. Las invitadas, a su vez, deben corresponder llevando algún obsequio a la festejada. * No me han invitado a la boda. *Economía* 150: A veces vuestras amigas son hijas únicas o están en mejor posición que vosotras .. Y entonces tienen más facilidades que vosotras para invitar. SSolís *Blanca* 9: Si invitas a fulanita, tienes que invitar también a menganita, y si viene menganita, se enfadará perenganita, porque la haces de menos, y perenganita no va a ir sin zutanita. *BFM* 10.93, 3: Ha sido invitado por varias universidades extranjeras y ha escrito un centenar de trabajos sobre su especialidad.
2 Pagar u ofrecer [a alguien (*cd*)], en muestra de cortesía o de amistad, [algo (*compl* A) que le proporcione un placer]. *Gralm referido a comida o bebida; en estos casos, frec abs.* | Zunzunegui *Hijo* 18: Le gustaba beber, y comer, pero jamás tomó un chiquito ni comió una sardina si no le invitaban. Arce *Testamento* 111: Yo invité a cenar en la tasca de Antonino a cuantos quisieron ir. GPavón *Hermanas* 26: Los invitó a café y a faria.
3 Pedir o indicar [a alguien (*cd*)] con cortesía o afabilidad [que haga algo (*compl* A)]. | Aparicio *Retratos* 202: Él mismo abrió la puerta de la garita para cederles el paso. –Cuando gusten –les dijo, invitándoles a salir. *Odi* 30.1.77, 14: El martes, extracción de sangre en La Palma del Condado .. La Hermandad .. les invita a donar en esta ocasión acudiendo con la misma entrega y generosidad que lo han hecho siempre. **b)** (*euf, admin*) Ordenar o mandar [algo (*compl* A) a alguien (*cd*)]. | *Cam* 17.10.77, 108: Se ordenaba la clausura del diario "El Día" durante diez días. También, al parecer, el director Leonardo Guzmán fue invitado a abandonar el país. *Ide* 14.4.92, 6: La ausencia de efectivos de la Policía Nacional .. originó que se produjese una 'sentada' ante la cruz de guía de la Santa Cena. Con insultos y pitidos a la presencia de la Federación de Cofradías por la falta de organización, fueron invitados a desalojar la plaza.
4 Mover o estimular [a una acción]. | *Van* 4.11.62, 16: La festividad del martes invita a reparar .. en lo espléndido .. de las glorias de nuestro episcopologio. Matute *Memoria* 219: Como no hacía nunca preguntas, invitaba a la confidencia.

invitatorio *m* (*Rel catól*) Antífona que se canta al principio de los maitines. | E. Araújo *Día* 2.6.76, 23: Estos, en unión de los franciscanos, jesuitas y dominicos y presididos por el Beneficiado don Domingo Román y Lugo, entonaron los maitines de difuntos, comenzando por el invitatorio.

in vitro (*lat; pronunc corriente,* /im-bítro/) *loc adv* (*Biol*) En un tubo de ensayo o fuera del organismo. *Tb adj, esp referido a fecundación. Tb fig, fuera del ámbito técn.* | Artero *Plantas* 104: No se puden cultivar [los virus] "in vitro", sino "in vivo", esto es, dentro de un organismo viviente, porque fuera de él no pueden producirse y mueren. Vega *Corazón* 75: Todavía no cree viable la importante operación de unir *in vitro* un espermatozoo y un óvulo. Pániker *Conversaciones* 316: Hay mucha gente que dice hacer política, pero la impresión que dan es que solo operan *in vitro*.

invivible *adj* [Lugar o ambiente] en que no se puede vivir. | ÁSolís *Int* 29.12.77, 6: La calle de las grandes ciudades del país se está volviendo invivible. H. Jiménez *ByN* 9.8.75, 30: Los años de Gobierno Azaña .. crearon en nuestra patria un clima invivible.

in vivo (*lat; pronunc corriente,* /im-bíbo/) *loc adv* (*Biol*) En el organismo vivo. | Artero *Plantas* 104: No se puden cultivar [los virus] "in vitro", sino "in vivo", esto es, dentro de un organismo viviente, porque fuera de él no pueden producirse y mueren.

invocable *adj* Que puede ser invocado. | *Hoy* 24.4.79, 5: La "cláusula de conciencia" invocable en la nueva situación religiosa española.

invocación *f* **1** Acción de invocar. | CBaroja *Brujas* 80: Estos edictos condenan de modo específico toda clase de hechicerías, tales como el levantamiento de figura, la invocación de los diablos y el uso de los filtros amorosos.

2 Palabra o palabras con que se invoca [1 y 2]. | Ribera *Misal* 126: Invocación y súplica. Lavadas las manos, el Sacerdote se dirige al medio del altar, e inclinado dice: Recibid, oh Santa Trinidad, la ofrenda que os presentamos.

invocador -ra *adj* Que invoca. *Tb n, referido a pers.* | *Ya* 5.6.88, 43: Carlos Rojas, invocador de espectros en la primera novela de su "Trilogía de los jardines".

invocar *tr* **1** Llamar [a alguien, esp. a Dios, la Virgen o los santos] en petición de ayuda. | Vesga-Fernández *Jesucristo* 44: Invoca [el sacerdote] a los mártires cuyas reliquias están en el altar, y asciende al mismo, confiado en la misericordia de Dios.
2 Pedir [ayuda]. | * Invocó la ayuda de Dios. * Invocó auxilio.
3 Alegar o presentar [algo] como justificación o argumento. | CNavarro *Perros* 76: Intenta justificarse e invoca la dureza de la vida. Mercader-DOrtiz *HEspaña* 4, 193: El prurito de invocar la ortodoxia como argumento supremo .. se encuentra a cada paso en la polémica.

invocativo -va *adj* De (la) invocación. | Academia *Esbozo* 73: En determinadas fórmulas invocativas o apelativas, aisladas por pausas y constituidas por dos palabras .., es lo más frecuente que la primera pierda su acento de intensidad.

invocatorio -ria *adj* De (la) invocación o que la implica. | R. Cotarelo *D16* 21.12.91, 6: Como si fuera artículo de fe que el comunismo tuviera mayor relación con el marxismo que la puramente invocatoria.

in voce (*lat; pronunc corriente,* /im-bóθe/) *loc adv* De viva voz. *Tb adj.* | *Cam* 21.7.75, 28: Este cambio de rumbo produjo un cruce de notas entre los favorecidos .., el Ministerio .. y los Colegios Profesionales (a los que "in voce" se ha llegado a acusar de comunistas). *BOM* 17.9.75, 6: En los autos que se siguen en esta Magistratura .. figura una sentencia "in voce".

involución *f* Proceso o modificación regresivos. | PAyala *Abc* 29.6.58, 3: Sería, propiamente, una involución; una evolución y una selección a la inversa. Pániker *Conversaciones* 218: Cuando esa libertad y esas ideas salen violentamente a la calle, el resultado es una involución al autoritarismo. Y. Valladares *SInf* 25.2.76, 5: El cáncer "in situ" puede .. evolucionar en dos direcciones: hacia la involución, con eliminación natural del tejido neoplástico, o hacia la evolución invasiva y mortal.

involucionar *intr* Sufrir involución. | J. Cruz *Abc* 8.9.74, 9: En la madurez, esa maestra biológica sigue enseñándole que su organismo comienza a involucionar. Y. Valladares *SInf* 25.2.76, 5: Cada cáncer localizado en particular puede permanecer estacionario, evolucionar o involucionar.

involucionismo *m* Tendencia a la involución política o ideológica. *Tb la actitud correspondiente.* | VMontalbán *Transición* 163: El retorno del velo femenino es un símbolo de un involucionismo fundamentalista que acabará por arramblar con toda la izquierda que ha colaborado en la lucha contra el sha.

involucionista *adj* De(l) involucionismo. | VMontalbán *Transición* 147: La muerte de Paulo VI desencadena una conspiración involucionista en el Vaticano. **b)** Partidario del involucionismo. *Tb n, referido a pers.* | *YaTo* 12.12.80, 28: Nadie puede hablar de un Papa involucionista. R. DHochleitner *PapD* 2.88, 206: Los involucionistas pronto la calificaron [la reforma de la enseñanza] de "utópica".

involucración *f* Acción de involucrar. *Tb su efecto.* | AAzpiri *Abc* 29.6.58, 14: Lo que indica una disconformidad con las involucraciones históricas. *País* 9.12.89, 12: Las implicaciones que estas elecciones tienen en el desarrollo de los acontecimientos en Centroamérica, así como la evidente involucración de Estados Unidos y, en general, el interés mundial por los comicios, le dan a la fecha del 25 de febrero un carácter de acontecimiento internacional.

involucrar *tr* **1** Comprometer o complicar [a alguien en un asunto]. *Tb sin compl* EN, *por consabido.* | *Inf* 12.8.70, 5: Setenta no comunistas .. se hallaban involucrados en una conspiración contra el Gobierno. Torres *Él* 109: Al fin y al cabo, su tarea consistía en asistir a los acontecimientos y dar testimonio de ellos. Un periodista no debe tomar partido, no se debe involucrar.
2 Comprender o incluir. | *Inf* 13.5.70, 3: Se solicitaba el cese "de todas las operaciones militares en la zona" y, por tanto, se trataba de involucrar en la condena a las guerrillas árabes que operan al sur del Líbano. C. Pérez *Abc* 8.5.86, 79: Se produce una caída en la que se ven involucrados varios corredores.
3 Confundir o tergiversar. *Tb abs.* | Delibes *Guerras* 65: –¿Quieres decir que tu abuela andaba por el pueblo con la corona puesta, como los hombres con la boina? –Aguarde, que tampoco es eso, oiga, no la involucre. La abuela Benetilde tenía corona por días y en algunos sitios.

involucro (*tb* **involúcro**) *m* (*Bot*) Conjunto de brácteas que rodea o envuelve a una flor o a una inflorescencia. | Legorburu-Barrutia *Ciencias* 269: Cabezuela: involucro, brácteas. [*En un gráfico.*] Alvarado *Botánica* 44: Umbela. Las flores son pedunculadas, pero como el eje no se alarga, todas salen de un punto común. Las brácteas madres forman alrededor de él una corona o involúcro.

involuntariamente *adv* De manera involuntaria [1]. | *Sp* 21.6.70, 5: El tiempo y el espacio .. no dejan margen muchas veces sino para la breve reseña de la noticia, pasando a segundo plano, involuntariamente, cualquier otro dato que a juicio del propio redactor no resulte de interés.

involuntariedad *f* Cualidad de involuntario. | *Abc* 16.12.73, 36: La Audiencia de Palencia estimó que la procesada Felicitas no había cometido delito, dada la involuntariedad de lo ocurrido.

involuntario -ria *adj* **1** Que no depende de la voluntad. | Bustinza-Mascaró *Ciencias* 78: La sustancia gris de la médula espinal elabora actos nerviosos involuntarios o reflejos. Navarro *Biología* 118: Rige preferentemente [el sistema nervioso vegetativo] las funciones de nutrición y en particular la contracción de los músculos involuntarios de las vísceras y la secreción de las glándulas. **b)** [Acto] no querido por la voluntad. | C. Carriedo *DCá* 21.2.56, 3: Solo nos comunica el nombre de las familias a que pertenecían, disculpándose de cualquier omisión involuntaria.
2 *Siguiendo a n referido a pers que realiza una acción:* Que hace [la acción aludida en el n.] sin intervención de su voluntad. | *Lín* 30.7.76, 28: Fuego en una fábrica de envases de fruta .. Cabe la posibilidad de que algún conductor hubiese sido el autor involuntario del hecho.

involutivo -va *adj* De (la) involución. | E. Bengoechea *Ya* 2.2.90, 17: Debería caer [Fidel Castro] y pronto, salvo que en la URSS haya un proceso involutivo con vuelta a un régimen comunista duro. A. Albaladejo *Abc* 30.6.74, 11: Cuando acuden al médico lo hacen en fases depresivas, por cuadros psicosomáticos, o por agudas crisis de ansiedad en momentos involutivos (pubertad, andropausia, etcétera).

invulnerabilidad *f* Cualidad de invulnerable. | J. Salas *Abc* 6.1.68, 36: Falta por saber, pues, cuáles pueden ser los límites amparadores de la moneda francesa y su invulnerabilidad frente a los movimientos de la economía exterior.

invulnerable *adj* Que no puede ser herido o dañado física o moralmente. *A veces con un compl* A. | Laforet *Mujer* 131: Se creyó, como otro San Pablo, invulnerable ya para siempre en este inmenso descubrimiento que acababa de hacer. * Es invulnerable a los ataques de sus rivales.

invulnerado -da *adj* (*lit*) No vulnerado. | MMolina *Jinete* 194: Lo que yo supongo invención en realidad es una forma invulnerada de memoria.

inyección *f* **1** Acción de inyectar. *Tb su efecto.* | Mihura *Maribel* 31: Perdón, doctor... Mi tía me ha dicho que ya tiene todo dispuesto para la inyección, y que puede usted pasar a su dormitorio. *Economía* 50: Si en los muebles se notan señales de carcoma, conviene aplicar en los orificios hechos por el parásito inyecciones de zotal muy concentrado. Delibes *Año* 75: El uso gasta y desportilla el lenguaje, no cabe duda, y estas inyecciones de ultramar hacen el efecto de un abono. FCid *Abc* 9.4.67, 11: Vida lírica, pero no sin la inyección de cien millones de pesetas. **b)** (*Mec*) Acción de inyectar [1a] directamente el combustible en el cilindro, sin intervención de carburador. *Frec en la constr* DE ~. | *Cam*

inyectable – iperita

27.2.84, 5: Opel Manta .. Un verdadero genio de competición equipado con el sello y estilo que buscan los conductores más exigentes. Spoilers delantero y trasero, motor de inyección. Ramos-LSerrano *Circulación* 254: Son órganos característicos de los motores de combustión la bomba de inyección, que envía el gas-oil a presión, y los inyectores, que son los elementos que introducen el gas-oil a presión en los cilindros.
2 Líquido que se inyecta [1b]. *Tb la cápsula que lo contiene.* | *Economía* 259: Los medicamentos que habitualmente se inyectan intramusculares son inyecciones semisólidas, preparados con aceite, etc. * He comprado las inyecciones.

inyectable *adj* Que puede ser inyectado. *Frec n m, referido a medicamento.* | *Can* 4.10.91, 13: Los anticonceptivos inyectables pueden desarrollar tumores. G*Telefónica N.* 886: Reigon. Industria Artística del Plástico inyectable. Mihura *Maribel* 27: Ahora, cada dos días, viene a ponerme un inyectable, pues parece ser que tengo un poco baja la tensión.

inyectado -da *adj* **1** *part* → INYECTAR.
2 Congestionado, o que presenta una acumulación anormal de sangre. | Delibes *Madera* 69: Las mejillas del viejo estaban inyectadas. CBaroja *Baroja* 110: A un cajista viejo, que se llamaba Zarzuela y que debía haberse pasado bebiendo por las tabernas las horas transcurridas .., se le ocurrió venir a velar. Llegó todo inyectado y lloroso, con sus grandes bigotes húmedos, y se sentó en un rincón. **b)** *Referido a ojos, frec en la constr* ~S EN SANGRE, *aludiendo esp al estado de ira o enojo.* | * Se dirigió a él con los ojos inyectados en sangre.

inyectador -ra *adj* Que inyecta. | Zahorí *Hoy* 29.7.75, 13: Fue una de las tantas secuelas negativas del triunfalismo industrial, inyectador de divisas a los ricos países extranjeros más desarrollados.

inyectar *tr* **1** Hacer penetrar [un fluido, esp. un líquido] a presión [en alguien o algo (*compl* EN *o* CI)]. *Tb sin el 2º compl.* | A. P. Foriscot *Van* 28.12.75, 9: Inyéctenle coñac [al pollo], aspérjenlo con vino blanco, con vino negro. Ramos-LSerrano *Circulación* 254: Se consigue la casi inmediata iniciación de la inflamación dando a la cámara de combustión formas adecuadas que provoquen una fuerte turbulencia del aire muy caliente y del gas-oil pulverizado que se inyecta. **b)** Introducir [un líquido, esp. una medicina (*cd*), en un organismo o en una parte de él (*ci o compl* EN)] por medio de una aguja. *Tb sin el 2º compl.* | Bustinza-Mascaró *Ciencias* 98: Si el suero de la sangre se prepara convenientemente y se inyecta al hombre, le conferirá una inmunidad, adquirida también, pero pasiva. *Economía* 259: Es más peligroso .. el hecho de que pueda casualmente el líquido inyectarse en un vaso sanguíneo. *Economía* 258: En caso de que no entre sangre en la jeringuilla al aspirar, inyectar el medicamento. **c)** Introducir un líquido, esp. una medicina, [en un ser vivo (*cd*)] por medio de una aguja. | R. Melcón *Alc* 31.10.62, 23: Guillot, por su cuenta, añadió que sentía molestias, pero que todo se arreglaría, porque iban a inyectarle. * Sufrió una infección al ser inyectado en malas condiciones sanitarias.
2 Aportar [a una pers. o cosa (*ci*) algo que le da fuerza o impulso]. | Fernández-Llorens *Occidente* 178: La iniciativa parte de Holanda, impulsada por el espíritu de empresa que el calvinismo inyectó a la burguesía holandesa. C. GBayón *SVoz* 8.11.70, 1: Hay que darle nuevas gentes a los ayuntamientos, inyectarle otros entusiasmos.

inyector -ra *adj* Que inyecta. *Frec n, m y f, designando aparato o máquina.* | *VozC* 2.1.55, 5: Los retretes serán de tipo inodoro .. Podrán ser de sifón directo, doble sifón o sifón inyector. *BOM* 19.6.76, 9: Una máquina inyectora de plástico, marca "Negri y Bossi". Ramos-LSerrano *Circulación* 254: Son órganos característicos de los motores de combustión la bomba de inyección, que envía el gas-oil a presión, y los inyectores, que son los elementos que introducen el gas-oil a presión en los cilindros. *Abc* 9.2.68, 24: Inyectora plásticos. Interesaría entrega inmediata.

iodo, ioduro → YODO, YODURO.

ión (*tb* ion) *m* (*Fís y Quím*) Átomo o grupo de átomos con carga eléctrica, por haber perdido o ganado algún electrón. | Aleixandre *Química* 61: No es el ión H^+ el que existe en las disoluciones acuosas de los ácidos, sino el ión hidroxonio OH_3^+. Marcos-Martínez *Física* 189: Al llegar al ánodo el ion Cl^-, neutraliza allí su carga negativa con la positiva del ánodo. Navarro *Biología* 9: En la materia viva se encuentran numerosas moléculas disociadas en sus iones, en diferentes grados de concentración.

iónico -ca *adj* (*Fís y Quím*) De (los) iones. | Navarro *Biología* 9: La desigual distribución de los iones origina potenciales eléctricos, y se supone que la membrana plasmática es el principal lugar de orientación iónica, explicándose así, en parte, su particular permeabilidad.

ionización *f* **1** (*Fís y Quím*) Acción de ionizar(se). *Tb su efecto.* | Ybarra-Cabetas *Ciencias* 169: Tiene además el agua .. un gran poder de ionización, que hace que buena parte de las sustancias se ionicen.
2 (*Med*) Iontoforesis. | *Abc* 18.11.75, sn: Seguimos ofreciéndoles nuestros salones de: Depilación eléctrica, .. tratamiento especial anti-celulítico con ionizaciones.

ionizador -ra *adj* (*Fís y Quím*) Que ioniza. *Frec n m, referido a aparato.* | *País* 16.1.83, 28: Ionizadores Airtone. Suministran los saludables y necesarios iones negativos.

ionizante *adj* (*Fís y Quím*) Que ioniza. | G. Lorente *Abc* 29.7.67, 13: Utiliza como agente ionizante los rayos beta –o electrones rápidos– procedentes de una pequeña muestra de sustancia radiactiva. *NotM* 16.1.84, 26: Mesa redonda sobre problemática de aplicación del Reglamento de Protección Sanitaria contra radiaciones ionizantes.

ionizar *tr* (*Fís y Quím*) Transformar total o parcialmente en iones. | Mingarro *Física* 189: Rayos Roentgen. Propiedades: .. Ionizan los gases: un electroscopio cargado se descarga inmediatamente si se producen rayos Roentgen en sus proximidades. **b)** *pr* Transformarse total o parcialmente en iones. | Aleixandre *Química* 16: Muchas de las propiedades de los elementos, como valencia, capacidad para ionizarse, espectros ópticos, etc., .. dependen de la estructura de la corteza electrónica.

ionograma *m* (*Med*) Registro de la concentración de aniones y cationes de un líquido orgánico. | MNiclos *Toxicología* 26: Será preferible iniciar .. la rehidratación con suero gluco-salino, pero practicando inmediatamente un ionograma.

ionosfera *f* (*Meteor*) Capa atmosférica inmediatamente superior a la estratosfera, fuertemente ionizada. | Ybarra-Cabetas *Ciencias* 88: Se admite la existencia de otras zonas más elevadas: la estratosfera y la ionosfera, respectivamente.

ionosférico -ca *adj* (*Meteor*) De (la) ionosfera. | MCampos *Abc* 21.1.58, 3: A todos estos medios aún quedan por sumar las esperanzas: los perfectos buscadores, los proyectiles ionosféricos, el Titán.

iontoforesis *f* (*Med*) Introducción de una sustancia ionizada en el organismo, por medio de una corriente eléctrica. | G*Telefónica N.* 576: Instituto de Estética doctor Romero Flórez .. Lámpara de cuarzo .. Onda corta. Alta frecuencia. Iontoforesis, etc.

iota *f* Letra del alfabeto griego que representa el sonido [i]. (V. PRELIM.) | Estébanez *Pragma* 43: Alfabeto griego: .. iota, cappa, lambda, mi. **b)** ~ **suscrita.** Signo diacrítico, en forma de rasgo vertical, que se escribe debajo de una vocal larga para representar una iota desaparecida en la pronunciación. | Estébanez *Pragma* 146: Relación de palabras que tienen los mismos signos alfabéticos y se diferencian por otros rasgos diacríticos (acento, iota suscrita, espíritu).

IPC (*sigla; pronunc corriente*, /í-pé-cé/) *m* (*Econ*) Índice de precios al consumo, o índice del coste de la vida. | J. M. Cortés *País* 21.1.89, 51: Ayer, el anuncio del IPC, dos horas más tarde de lo habitual, evitó un descalabro en los cierres.

ipecacuana *f* Planta americana, de tallos sarmentosos, hojas alargadas, flores pequeñas y blancas, fruto en bayas, y cuya raíz, llena de anillos salientes, es muy usada en farmacia (*Cephaëlis ipecacuana*). *Tb su raíz.* | J. ÁSierra *Abc* 19.11.57, sn: Mutis pondera las virtudes curativas de muchas plantas por él estudiadas: ipecacuana, bálsamo de Tolú, bálsamo del Perú.

iperita *f* (*Quím*) Gas tóxico, a base de sulfuro de etilo, que levanta vejigas en la piel y que se ha usado en la guerra química. | M. Á. Calles *Rev* 9/10.69, 20: Además del cloro se utilizó el fosgeno, gas tóxico .., y especialmente la iperita o gas mostaza.

ipomea f Se da este n a las plantas tropicales y subtropicales del gén Ipomoea, cultivadas como ornamentales o por sus tubérculos comestibles. | Pombo *Héroe* 15: –¡Vaya pelo que te han puesto! .. –En Cuba van así todas las chicas, solo que además con un adorno de [i]pomeas, a lo mejor, o de nardos. [*En el texto*, hipomeas.]

ippon (*jap; pronunc corriente*, /ípon/) m (*Dep*) *En artes marciales*: Victoria total conseguida por una técnica perfecta. | *Mar* 14.12.70, 25: Judo .. Páez cede por decisión, frente a Villasante, y Nacenta bate, por ippon, a L. Díaz.

ipseidad f (*Filos*) Identidad individual. | MPuelles *Hombre* 52: La libertad es fidelidad a otro origen más radical y hondo, el verdadero origen, que es la misma "ipseidad" primitiva de la que todos los actos de mi historia brotan. *Sp* 19.4.70, 48: Es "pintura", lo que hace que "el objeto" pierda un tanto su original y originaria ipseidad.

ípsilon (*tb* **ýpsilon**, **ipsilón** *o* **ypsilón**) f Letra del alfabeto griego que representa el sonido [ü]. (V. PRELIM.) | Estébanez *Pragma* 43: Alfabeto griego: .. ípsilon, fi, ji, psi, omega. GYebra *Traducción* 139: La palabra griega no puede pasar al español sin alteraciones, porque no tenemos los sonidos correspondientes a la omega ni a la eta ni a la ýpsilon.

ipso facto (*lat; pronunc*, /ípso-fákto/) *loc adv* **1** Inmediatamente. | *Abc* 11.12.70, 19: Para yugular, "ipso facto", todo aquello que, en términos procesales, constituye impertinencia.
2 Automáticamente o por el mismo hecho. | SRodríguez *Imp* 16.12.77, 9: Cuantos intervienen en esta clase de asuntos, si cometen cualquier indiscreción, caen en una excomunión *ipso facto*.

ipso iure (*lat; pronunc*, /ípso-yúre/) *loc adv* (*Der*) Por el mismo derecho o según la ley, sin necesidad de previa intervención o solicitud de una parte. | PCastro *Pue* 12.2.75, 25: De los tipos de novación del derecho positivo solamente contempla la extintiva que, según el Código Civil, exige declaración expresa y no se produce "ipso iure".

ir I *intr* (*conjug* **50**) **A** *normal* ➤ **a** *como simple v* **1** Moverse [hacia un determinado punto]. *Normalmente con algún compl que expresa la pers o cosa que es meta del movimiento* (*pralm con la prep* A), *o la que sirve de referencia para precisar la dirección del mismo* (*pralm con la prep* HACIA), *o la que se toma como punto de partida* (*con las preps* DE *o* DESDE), *o el lugar a través del cual se produce* (*pralm con la prep* POR). *Tb pr*. | Olmo *Golfos* 149: Vaya usted al número quince. *Puericultura* 71: Fuera de las horas estrictas del trabajo, el niño va con su madre a su propio domicilio. Berenguer *Mundo* 116: En el otoño, cuando los corzos se juntan, se va uno allí a ver. Halcón *Monólogo* 128: A esto nadie gana a mi prima. Basta verla ir por la calle. No ve a la gente. Marcos-Martínez *Aritmética* 18: Para escribir un número se escriben, yendo de izquierda a derecha, los símbolos que representan las unidades de los diferentes órdenes. **b)** Llevar [un camino (*suj*) a un lugar]. | Torrente *Isla* 160: El camino derecho que va al infierno arranca del pitilín. **c)** (*infantil*) Ser [alguien] llevado o acusado [ante una pers. con autoridad (*compl* A)]. *Gralm en frases de amenaza*. | * A que vas a papá. * A la próxima vas al director.
2 Cambiar [alguien o algo hacia otra situación o estado (*compl adv, esp con* A)]. | * El mundo va a la ruina. Cela *Pirineo* 216: Vosotros os casáis y yo venderé lo que tenga que vender para que vayáis para arriba y estéis bien.
3 Tener su curso [una cosa de estructura lineal]. *Seguido de un compl de lugar o de modo. Tb fig. Frec con compls* DE *o* DESDE... A *o* HASTA. | Cunqueiro *Un hombre* 11: Se sabía por dónde iba al río por los altos chopos de las dos orillas. Cabezas *Abc* 7.7.74, 47: En tiempos iba [la calle de Fuencarral] desde la calle de la Montera a la llamada Mala de Francia. F. Presa *MHi* 2.64, 44: Ahora tiene el Perú como comunicación vial más importante los tres mil kilómetros de carretera panamericana que va a lo largo de la costa del Pacífico. J. M. GEscudero *Ya* 26.11.75, 17: Se trata de una revolución que empieza en Cádiz y termina en Cádiz: la que va desde las Cortes de 1812 hasta la "Gloriosa". **b)** Extenderse [algo desde un punto a otro]. | * El coto va desde el río hasta la carretera. *Abc* 7.7.74, 19: La falta de presentación o la inexactitud de estas declaraciones podrá ser objeto de sanción, que irá desde la represión privada o pública hasta la pérdida de la condición de procurador por indignidad.
4 Tener [alguien (*suj*) algo (*compl* A *o* HACIA)] como meta u objetivo de su acción. | P. GAparicio *HLM* 15.7.74, 5: La mayor resistencia la encontró en los dos representantes del Partido Comunista, que saben inteligentemente a dónde van. C. Sentís *Abc* 15.5.58, 32: Los franceses, en general, no tienen ningunas ganas de ir a una guerra civil. **b)** Proponerse tratar [una cuestión (*compl* A)] o referirse [a ella]. | Delibes *Europa* 89: Y a esto es a lo que iba. En tan solo dos lustros los democristianos han pareado la marcha del país a la de los pueblos más adelantados. DCañabate *Abc* 25.5.75, sn: Estábamos con no sé qué cosas maquinadas por los hombres. –Sí, señor, y a eso vamos. Lera *Bochorno* 116: ¡Me estarán aguardando ya!... –luego .. volvió a incidir en el tema que venía desenvolviendo–: Pero... a lo que íbamos: que hay mucho dinero por ahí. **c)** (*Juegos*) Pretender reunir [determinadas cartas o fichas (*compl* A)]. | *Abc Extra* 12.62, 71: Hay que .. olfatear a lo que va el siguiente –si a blancas o a treses–. **d)** Seguir [alguien determinado camino (*compl* POR)] en su razonamiento o en su intención. | Arce *Testamento* 32: Yo sabía por dónde iban los dos truhanes.
5 *Seguido de* PARA + *n que designa la pers que ejerce una actividad o disfruta de una situación*: Tener condiciones [para ellas], tener[las] como perspectiva o como meta, o prepararse [para ellas]. | Cabezas *SAbc* 15.5.58, 89: En la misma casona de los Lasso se hospedó Cisneros, el deán de Lovaina que iba ya para Papa. R. Conte *Inf* 3.10.74, 3: Sus líderes [de un partido], aparte del propio J.-J. S.-S., que va para presidente del mismo, son, entre otros, cuatro miembros del Gobierno. **b)** Aproximarse [a una edad o un estado (*compl* PARA)]. | FSantos *Catedrales* 114: Se vienen acercando, como quien da un paseo, dos mujeres .. Ya no son jóvenes, ya van para maduras. **c)** *Usado como impers, seguido de* PARA + *un compl de tiempo*: Estar a punto de cumplirse [el plazo que se expresa, desde un determinado acontecimiento]. | FSantos *Cabeza* 165: –¿Te operaron? –Va para dos años. ZVicente *Traque* 141: Ya va para tres meses, mañana los hace, eso es, el día 13 tres meses que salió volando mi Chonina.
6 Referirse o dirigirse [a alguien (*compl* CON)]. | Olmo *Golfos* 94: –Tinajilla, no seas bruto. –Tú a callar, que contigo no voy. Torrente *Vuelta* 248: ¡Bah! No te hace falta entender. Nada de esto va contigo. **b)** Referirse o aludir [a alguien o algo (*compl* POR)]. | Urbina *Carromato* 142: Lo de silencioso iba por ti.
7 Proceder, o enfrentarse con una circunstancia, [de una determinada manera (*compl de modo*)]. | *Ya* 5.9.82, 31: En esta campaña electoral hay que ir con mucho tiento en lo que se refiere a las coaliciones.
8 Presentarse o aparecer [de una determinada manera (*compl adv o predicat*)]. | ZVicente *Traque* 80: El tipo iba de negro de arriba a abajo, ya ve, una ranciedad como otra cualquiera. *Abc* 18.4.58, 49: Otro tanto nos gustaría decir de algún taxista –afortunadamente para el gremio, muy pocos– que van [*sic*] desaliñados y muchas veces sin afeitar. **b)** Presentarse o mostrarse [con una determinada actitud (*compl* DE)]. *Frec* ~ DE + *adj* POR LA VIDA. | Burgos *Tri* 22.10.77, 48: Todos van de demócratas, tío. J. J. Esparza *Ya* 19.1.91, 53: Si Gabilondo .. quiere ir de imparcial por la vida, que llame a un iraquí de verdad. **c)** Actuar [como algo (*compl* DE)] o hacer el papel [de algo]. | Tomás *Orilla* 189: Estoy hasta los cojones de ir de pringao. Cuando salga, te juro que esto va a cambiar. **d)** Suceder o producirse [algo de un modo determinado (*compl adv*)]. | *Abc* 15.12.74, 18: La cosa no va en serio. Matute *Memoria* 96: Su padre lo hacía para complacer a la abuela. (En la isla todo iba así.)
9 Estar [alguien o algo en un lugar (*compl adv o predicat*)] dentro de un orden o sucesión. | Amorós-Mayoral *Lengua* 28: Los afijos se llaman prefijos si van antes de la raíz. C. Sentís *Abc* 6.3.58, 33: El "tercer" francés –en la lista que nos ocupa iba el primero de los tres– nació en Málaga. **b)** Ser [una pers. o cosa] aquella a la que corresponde el turno. | AMillán *Juegos* 117: –Vas tú, Monse..., te toca a ti. –Querido, los pantalones o la camisa. [*Están jugando a las prendas*.]
10 Estar [de una determinada manera (*compl adv o predicat*)] sin perspectiva de cambio inmediato. | *Inf* 5.9.74, 28: Sobre la voz de Su Excelencia, dice: "Va muy bien y va muy claro". DCañabate *Abc* 22.5.58, 53: ¿Qué oímos? ¿Más pitos que ayer? ¡No cabemos de gozo; esto va bueno! Caran-

ir – ir

dell *Madrid* 123: Estos son los pisos que van más buscados. * El reloj va atrasado. **b)** Venderse [algo a un precio determinado (*predicat o compl adv*)]. | VMontalbán *Pájaros* 16: La seda va barata en Bangkok.

11 Funcionar o marchar [una cosa]. *Con un compl de modo.* | Aldecoa *Gran Sol* 143: Las toberas van mal, .. convendría que echases una ojeada. **b)** (*col*) Funcionar o marchar bien. | Fraile *Cuentos* 10: Hablamos de .. si el negocio va o no va.

12 Resultar [algo a alguien de un modo determinado] o producirle [determinado efecto (*compl adv*)]. | J. Carabias *Ya* 16.2.78, 6: –Preferiría pintar catorce cuadros a tener que hablar en público .. ¡Y con este acento que tengo!... –Eso te irá bien. El acento andaluz está ahora en pleno auge. F. Campo *VozAl* 9.1.56, 6: Una señora de edad, gruesa, pregunta si hay gaseosas de la marca "El fuego del averno", que le iban muy bien para el flato. S. Cámara *Tri* 12.6.71, 6: –¿A que hubiera preferido usted un buen bacalao al pil-pil y unos pimientos rellenos? –Pues no me irían mal, no señor. **b)** *Usado como impers:* Sucederle [a alguien] las cosas [de determinada manera]. *A veces se usa como saludo en la fórmula* ¿CÓMO TE VA? | Laforet *Mujer* 25: Quiero ver qué tal le va a Miguelito. MGaite *Retahílas* 166: Yo qué culpa tengo de que a la madre de Ester le haya ido fatal con su marido. Sastre *Cornada* 74: –¿Cómo te va? ¿Estás contento? –No... No, señor... He tenido mala suerte después. Aldecoa *Gran Sol* 15: ¿Qué, Koldobika, qué tal os fue? **c)** Tener [una cosa (*suj*) algo (*compl* EN)] como consecuencia. | * Eso que dices va en perjuicio tuyo.

13 Ser [una pers. o cosa] adecuada al carácter, las condiciones o el gusto [de alguien (*ci*)]. | Diosdado *Anillos* 1, 105: Lo que quiero decir es que [Lola] no te va. No te va nada .. A ti, solo te puede ir una mujer como yo. Sampedro *Octubre* 178: ¿A qué viene el perfume, el escote?, no te va. *Abc* 19.7.75, 59: El calor me hundió y perdí el título mundial sin esperármelo. El clima no me iba. Torrente *Señor* 221: –Hay mucha gente que esperaba de ti que el sabio desbancase al rico. ¿Comprendes lo hermoso que sería? .. –A mí no me interesa. Y tampoco me va.

14 Estar [una cosa] de acuerdo o en armonía [con otra (*compl* CON *o ci*)]. | Payno *Curso* 24: Aquel día pasó buscando una pensión. Al final se quedó en una que iba con su bolsa. FQuintana-Velarde *Política* 24: La división del trabajo permite aprovechar esta diferencia de aptitudes, dedicando a cada obrero a la función que mejor vaya a sus facultades. **b)** Ser partidario [de alguien o algo (*compl* CON)] o estar de acuerdo [con ellos]. | * En esto voy contigo, no hay derecho a tanta saña.

15 Estar [una cosa] en desacuerdo u oposición [con otra (*compl* CONTRA)]. | Diosdado *Anillos* 1, 64: ¡Pero el divorcio! ¡Ah, eso no! ¡Eso iba contra sus principios! **b)** Ser enemigo o contrario [de alguien o algo (*compl* CONTRA)] o estar en desacuerdo [con ellos (*compl* CONTRA)]. | * En la guerra iba contra la República. FReguera-March *Fin* 71: Y el movimiento obrerista le imitaba porque iba contra un orden establecido, un orden sobre el cual se asentaba su propia seguridad.

16 Estar o encontrarse. *Frec con un compl de lugar.* | Ramos-LSerrrano *Circulación* 288: Las ballestas están constituidas por una serie de láminas de acero. La primera de ellas se llama maestra .. Las demás hojas van unidas a la maestra por medio de un tornillo pasante llamado capuchino. * En ese cuadro van todos los datos que precisas.

17 Existir [una diferencia]. *Con dos compls que expresan los términos diferenciados. A veces el suj es un pron de cantidad.* | *Inf* 24.8.77, 1: Lo que va de ayer a hoy. S*Abc* 15.5.58, 7: ¡Lo que hubiera dado uno con presenciar aunque no fuera más que esa fiesta del 22 de junio de 1833! ¡Diferencia va con las corridas de ahora! * De dos a cinco van tres.

18 Depender [una cosa de otra (*compl* EN)]. *Frec con ci de pers.* | Torrente *Saga* 342: "Ahora puedes decirme a qué vienes." .. "A pedirte que te mueras .. Va en ello la felicidad de la mujer que amamos". J. M. Moreiro *Abc* 14.8.70, 29: Grito liberal abatido como abatieran a escopetazos al buitre que anidó, hace unos años, en lo alto del monumento a las Cortes, pensando, tal vez, que sus hijos debían jurar la vieja Constitución, y le fue en ello la vida. * Eso va en gustos.

19 Haber pasado o haber quedado atrás [cierta cantidad de unidades, esp. de medida]. | E. Martínez *Ade* 27.10.70, 11: No pudo evitar que, cuando iban siete minutos de juego, un centro magnífico de Vegal lo tradujese Páez en gol. P. GAparicio *HLM* 15.7.74, 5: La balanza de pagos registra un considerable déficit, calculado en más de seis mil millones de escudos para lo que va de año. * Van siete kilómetros. * Con esta, ya van siete veces que me lo dice.

20 Servir [una cosa] de compensación [por otra]. *Frec en la constr* VÁYA(SE) LO UNO POR LO OTRO. | * Vaya este favor por el que tú me hiciste el otro día. * Te debo un cine y tú a mí las cañas; vaya lo uno por lo otro.

21 Ser apostado [algo, esp. una cantidad] por la pers. que habla. | Sastre *Taberna* 94: –Hoy corre la sangre en este barrio; y si no al tiempo. –(Incrédulo.) No me mates. –Ya lo verás. ¡A que te empapuzo de arate el establecimiento! (Apostando.) ¿Qué te va? * Van unas cañas a que llega tarde.

22 (*Juegos*) Entrar [alguien] en la apuesta. | * El cura puso otro duro y yo no quise ir.

23 (*jerg*) Consumir habitualmente [una droga (*compl* DE)]. | R. Alonso *SPaís* 4.10.81, 38: Cuando estás enganchado, la vida en sociedad se hace imposible. Únicamente tratas con gente que va de caballo. R. Alonso *SPaís* 4.10.81, 43: Estás todo el día con la basca y la basca va de jaco, de manera que lo ves a todas horas.

24 *Seguido de un ger, forma una perífrasis con la que se presenta en su desarrollo (esp con una proyección futura), y no como instantánea, la acción significada por el v que va en ger.* | Olmo *Golfos* 45: Nos fuimos acercando otra vez, poniendo un pie delante del otro. Marcos-Martínez *Aritmética* 33: Cuando se llegue a un número suficientemente alto, ir restándolos en orden inverso. Quiñones *Viento* 221: Ya a ver si acabamos. Yo ya también me tengo que ir yendo.

25 *Seguido de* A + *infin, forma una perífrasis con la que se presenta como venidera y de realización más o menos inmediata la acción significada por el v que va a infin.* | Torrente *SInf* 4.7.74, 12: ¿Se van a decidir ahora por el uso del monóculo? ¿O se habrán decidido ya? MGaite *Visillos* 73: Te vas a caer, ¿no te da vértigo? **b)** *A veces incluye un matiz de propósito de la pers designada en el suj.* | DCañabate *Abc* 22.5.58, 53: Voy a reseñar con la posible exactitud lo que pasó en el ruedo y la reacción en los tendidos. **c)** *A veces con matiz de posibilidad.* | Medio *Bibiana* 80: Quién iba a pensarlo. Foxá *Abc* 25.5.58, 14: Si él supiera que estabas aquí, ¡cómo iba a torear! **d)** *A veces con matiz exhortativo.* | Aldecoa *Cuentos* 1, 114: Vas a dejar el fusil a un compañero y te vas a dar una carrera en pelo hasta la tasca de Isusi.

▶ **b** *En loc v y fórm* or **26 allá** (**que**) (**te**) **va.** (*col*) *Fórmula con que se describe el movimiento rápido e incontrolado de alguien o algo.* | Cela *Judíos* 294: Su mula delantera .. se fue, ¡allá que te va!, contra la cuneta. FSantos *Catedrales* 59: Y ahora, por fin, vuelta a salir arriba Catalina [la Luna], allá va, tan deprisa como el Sol antes, solo que en contra, subiendo como un globo hacia las nubes. **b) allá va.** (*col*) *Fórmula con que se anuncia que se va a lanzar un objeto hacia la pers a quien se habla; o, en sent fig, que se va a exponer algo que ha de sorprenderles.* | ZVicente *Traque* 115: Bueno, no sé si decírselo .. Pero, en fin, ¿prometido el secreto? Pues agárrese, que allá va.

27 ¿de qué va? (*col*) ¿De qué se trata? *Gralm dependiendo del v* SABER. | *Tri* 12.12.70, 29: Efectivamente, sé de qué va porque lo he vivido. Diosdado *Anillos* 1, 85: ¿Qué te crees? ¿Que no sé de qué va? Solo se pueden divorciar los ricos, ¿no?

28 dónde va. (*col*) *Fórmula con que se pondera la gran diferencia que existe entre dos perss o cosas.* Tb DÓNDE VA A PARAR (→ PARAR). | Delibes *Cinco horas* 68: Valía bien poquito, la verdad, infinitamente menos que José María, dónde va. Delibes *Cinco horas* 135: El bachillerato elemental es hoy más que el bachillerato de nuestro tiempo, .. dónde va.

29 ¿dónde vas [con algo]**?** *Fórmula con que se pondera lo exagerado o inadecuado de lo expresado en el compl.* | * ¿Dónde vas con tanta comida? * ¿Dónde vas con una manta en agosto?

30 ¿dónde vas (**vamos**, *etc*) **a ~ que más valgas** (**valgamos**, *etc*)**?** *Fórmula con que se pondera lo inútil o desacertado de un hipotético cambio de lugar o de situación.* | Delibes *Ratas* 105: –Justo –le decía–, así que me levanto de la cama, solo de ver el mundo vacío me dan ganas de devolver .. –¿Y dónde vamos a ir que más valgamos? .. –¡Al infierno! ¡Donde sea! ¿No se fue el Quinciano?

31 ~ a más, ~ a menos → MÁS, MENOS.

32 ~ a parar. Terminar o desembocar. *Con un compl de lugar. Frec fig.* | A. Assía *Ya* 3.3.63, 7: ¿Adónde habrá ido a parar tanta iluminación? Arce *Testamento* 113: Yo me di cuenta adónde quería ir a parar cuando me hablaba de todas aquellas cosas.

33 ~ (*o* **~se**) **con** [una pers.]. (*col*) Tener trato carnal [con ella]. *Sin compl de lugar.* | CPuche *Paralelo* 248: Todos se gastan manicura y te piden hasta la partida de bautismo para irse contigo. [*Habla una prostituta.*]

34 ~ **dado**, ~ **listo**, *etc* → DADO, LISTO, *etc*.

35 ~ **de cráneo**, ~ **de culo** → CRÁNEO, CULO.

36 irle [a alguien] **la marcha** → MARCHA.

37 ~ [algo] **de suyo.** (*lit*) Ser connatural o elemental. | GSabell *SLe* 4.89, 6: Tenemos, de una parte, la objetividad del perimundo. Parece cosa que va de suyo el admitir su existencia.

38 ~ **para largo** → LARGO.

39 ~ **por delante** → DELANTE.

40 ~ [alguien] **que se mata** → MATAR.

41 ~ **tirando.** (*col*) Mantenerse, sin mejorar ni empeorar, en el estado mediano en que se estaba. | Lázaro *JZorra* 36: Si la mala pata es ajena, quiere decir, se piensa, que los otros vamos tirando.

42 ~ **y** + *v en ind.* (*col*) *Fórmula con que se pone de relieve la acción expresada por lo que sigue a* Y. | Arce *Testamento* 18: Todavía conteniendo la risa, fue Enzo y dijo: —De seguro ha oído hablar de nosotros.

43 ~ **y venir.** Moverse de un lado para otro, o en un sentido y en el opuesto. (→ acep. 78.) | C. Sentís *Abc* 16.5.58, 31: El joven alcalde de Burdeos, ministro saliente y entrante, llevaba varios días yendo y viniendo discretamente de Argel.

44 no (*o* **ni**) **~le ni venirle** [a uno (*ci*) una cosa (*suj*)], *o* (*más raro*) **no ~le ni venirle nada** [en una cosa]. (*col*) No importarle nada. *Puede faltar el ci. A veces* ¿QUÉ LE VA NI LE VIENE? | ZVicente *Traque* 227: Si conmigo no tienes que disimular .. a mí, como tú comprenderás, ni me va ni me viene. *ElM* 23.8.90, 6: Respecto al conflicto del Golfo afirman que "es un asunto que ni le va ni le viene a España". Torrente *Saga* 383: Valía la pena cambiarlos [los arenques] por unas ideas literarias que ni iban ni venían y de las que él mismo casi se había olvidado. Delibes *Cinco horas* 236: Acuérdate con lo de la condecoración, ya ves qué pito tocaría él, .. a él qué le iba ni qué le venía.

45 no + ~ *en subj* + **a** + *infin* = PARA QUE NO + *el segundo v en subj*. | Medio *Bibiana* 32: Bibiana le quita la bandeja de entre las manos, no vaya a tirarla al suelo. ZVicente *Traque* 214: A mi amigo hay que llevarle algo que quede bien, no vaya a ser que se enfade.

46 no va más. *En la ruleta: Fórmula con que el croupier advierte el fin de las apuestas.* (→ acep. 77.) | * Hagan juego, señores. No va más.

47 no vayas a + *infin.* *Fórmula con que se previene contra la tentación o el riesgo de hacer lo que el v en infin expresa.* | MGaite *Visillos* 21: No te vayas a creer que no le quiero, por lo que te he dicho. Yo no le cambiaba por ninguno. Torrente *Pascua* 23: Treparon a la plataforma .. —Cuidado. No vaya a caerse.

48 que si fue y que si vino. (*col*) *Fórmula con que se alude a palabras ajenas que se consideran sin interés, esp las dichas en una discusión.* | ZVicente *Traque* 141: Y que si patatín y que si patatán, y que si fue y que si vino.

49 qué va. (*col*) *Se usa como negación enfática, frec como respuesta.* | MGaite *Visillos* 23: —Tendrá catorce años. —Qué va. Ya ha cumplido dieciséis. Delibes *Cinco horas* 20: No es decir que yo no admire la enereza, qué va, pero a los sentimientos también hay que darles su parte.

50 ¿qué va a ser? → SER[1].

51 qué vas (*o* **vais**, **va**, *etc*) **a** + *infin.* (*col*) *Fórmula con que se niega enfáticamente que el suj realice lo expresado por el infin.* | CPuche *Paralelo* 248: —Tienes mal genio, ¿eh? —¡Qué voy a tener!

52 ¿quién va? *Fórmula con que se pide que se identifique alguien que llama a la puerta o cuya presencia próxima se ha percibido.* | Cela *Viaje andaluz* 142: Dentro del fresco portal se oyó la voz de un viejo: —¡Quién va! —Gente de paz, patrón; un hombre que va de camino. * Al oír el ruido, el guarda dijo: ¿Quién va?

53 va por + *sust.* *Fórmula con que se brinda a alguien (designado por el sust) un acto que se va a realizar.* | *Cam* 23.6.75, 92: Los tres espadas brindaron a Franco uno de los toros. El Niño de la Capea, con un sobrio "Va por usted".

Cela *Viaje andaluz* 299: El vagabundo .. dijo que sí, que aceptaba [el vaso] con mucho gusto. Pinete, con el vaso en la mano, pronunció un brindis muy sentido. —¡Salud! ¡Va por usted!

54 vaya si (*más raro*, **vaya que si**) + *v en ind.* *Fórmula con que se afirma enfáticamente el hecho expresado por el v.* | Matute *Memoria* 232: Dijiste muchas veces que yo era un niño a tu lado, que sabías muchas más cosas que yo... ¡Y vaya si era verdad! SFerlosio *Jarama* 74: ¡Tú subes igual que yo! ¡Vaya si subes! .. ¡Ahora ya te ha tocado ir, y vas! ¡Vaya que si vas!

55 vete (*o* **vaya usted**) **a saber** → SABER[1].

B *pr* ➤ **a** *como simple v* **56** Abandonar [una pers. o cosa] el sitio en que está. | Hoyo *Pequeñuelo* 11: Nosotros también tendríamos alguna [obligación] y, sin embargo, nos íbamos. * Se me van las ideas.

57 Salirse o escaparse [una sustancia] del recipiente que la contiene. | *DLe* 13.11.74, 4: Cerró mal el tapón del improvisado recipiente y el líquido oleoso se fue por el desagüe. **b)** Salirse [un recipiente o un cierre]. | FReguera *Bienaventurados* 123: Échele una mirada al grifo de la cocina, que me se va.

58 (*lit*) Morirse. | Grosso *Capirote* 181: De un resfriado mal curado se me fue mi hombre en tres meses y medio. Delibes *Cinco horas* 17: Yo le hubiera hecho con gusto el boca a boca, no hubiera tenido el menor reparo .., que todo menos dejarle irse así.

59 Extinguirse o desaparecer. | Lera *Bochorno* 125: La tarde se iba coqueteando, como una dama que se recogiese el halda del vestido y dejase atrás una sonrisa. SFerlosio *Jarama* 93: —Oye, tú —dijo Tito, de pronto—; ¿y la sangría? —¡Calla, se me olvidó! ¡Pues rápido, que se va el hielo! **b)** Pasar o transcurrir [el tiempo]. | Delibes *Príncipe* 111: —Antes de que lo piense estará de vuelta —dijo—. El tiempo se va volando. Delibes *Guerras* 78: Y así se iban las tardes, doctor, colocando manzanas en los vasares y platicando. ILaguna *Ateneo* 86: Los directivos del Ateneo, comprendiendo que pertenecen a una época ida, tratan de hacer balance. **c)** Gastarse o consumirse [algo]. | * Se va el dinero como agua. FReguera *Bienaventurados* 125: Se le iba en trapos y afeites todo el exiguo saldo que podía rebañar de las rapaces manos del "Eléctrico".

60 Ser atraído poderosamente [por un estímulo externo (*compl adv*)]. | G. Comín *Not* 10.12.70, 20: Las casitas, los interiores de ellas, como los exteriores con calles y plazas, todo era de dulce; a uno se le iba la lengua laminera tras de los tejados y jardines y por los muros de turrón.

61 (*col*) Perder [uno] momentáneamente el control de sus necesidades fisiológicas. *Sin compl, normalmente referido a ventosear. Referido a orinar o esp defecar, gralm* ~SE (POR) LA PATA (*O* LA PIERNA) ABAJO. | Delibes *Historias* 92: Cuando .. tenían todo dispuesto para asarla [la avutarda], vino un mal olor, y el Emiliano dijo: "Alguien se ha ido". Pero nadie se había ido, sino que la avutarda estaba podrida y empezaba a oler. Ayala *Recuerdos* 247: Había sido internado en el campo de concentración de Argelès-sur-Mer, de donde conseguí sacarlo al cabo de catorce o quince días, ya medio muerto, pues se iba patas abajo de la disentería. Cela *Escenas* 106: El trovador Melquiades, haciendo abandono de la vil materia, apartó lejos de su cuerpo la inmundicia .. —¡Caray, qué manera más fina de decir que se fue por la pierna abajo!

62 (*col*) Ponerse [una cosa] fuera del control de quien la tiene. | García *Abc* 7.6.58, 3: Yo creo que, en este caso, se le han ido a Pemán la pluma —admirable siempre— y la intención más de la cuenta. * Se me han ido las tijeras.

63 Romperse o deshilarse [una tela], esp por estar muy pasada. | * Esta tela no sirve; se va toda.

64 (*Naipes*) Descartarse [de una o más cartas]. | *Juegos españoles* 29: Podrá irse de la carta.

65 (*Juegos*) Sobrepasar la cantidad mínima de tantos necesaria para ganar. | *Naipes extranjeros* 65: Premio por irse (terminar un juego), 100 [puntos]. [*En la canasta.*]

➤ **b** *En loc v y fórm con* **66 ~se a** + *determinados ns con art* (**porra**, **cuerno**, **demonio**, **diablo**, **mierda**, **carajo**, *etc*) *o sin art* (**paseo**), *o determinadas locs vs* (**freír espárragos**, **freír monas**, **hacer puñetas**, **hacer gárgaras**, **tomar viento**, **tomar por** (**el**) **culo**, *etc*). (*col o vulg*) Acabarse, fracasar o malograrse. *Cuando el* ~ *va en una forma desiderativa* (VETE, QUE SE VAYAN, *etc*), *la frase se usa como rechazo vehemente de la pers o cosa a que se refie-*

ira – iraní

re. | J. Montini *VozC* 2.6.70, 8: Aprieta el calor. De pronto se ha ido al cuerno el frío, y el verano se ha esponjado al sol. Delibes *Año* 101: "Antes" no te dejaban preguntar, y "después" sí, pero no te responden, de forma que en cualquier caso la posibilidad de diálogo se va a paseo. A. Soria *Tri* 6.2.71, 19: Toda una fenomenal zona verde que había aportado Soria y Mata a Madrid se ha ido a paseo. Gironella *Millón* 96: ¡Esto ha de irse al carajo a la fuerza! GHortelano *Amistades* 138: –Eres igual que una niña. –Vete a la porra, ¿sabes? –replicó Julia. Buero *Hoy* 66: ¡Se pagará, sí, señora! ¡Pero ahora váyase a freír monas! Torrente *Pascua* 94: –Usted, don Baldomero, es un peligro para las mujeres. –¡Váyase a la mierda! VMontalbán *Prado* 119: –Lávate la cara y volverás a descubrir tu antigua belleza. –Vete a tomar viento.

67 ~se abajo → ABAJO.
68 ~se al otro barrio, *o* **al otro mundo** → BARRIO, MUNDO.
69 ~se arriba → ARRIBA.
70 ~se de la lengua, **~sele** [a alguien] **la lengua** → LENGUA.
71 ~se de la mui → MUI.
72 ~se de varetas → VARETAS.
73 ~sele [algo a alguien] **de las manos**, **~sele** [a alguien] **la mano** → MANO.
74 ~sele [a alguien] **la cabeza**, **~sele** [a alguien] **los ojos**, **~sele** [a alguien] **los pies** → CABEZA, OJO, PIE.
75 ~sele [algo a alguien] **por alto** → ALTO[1].
76 (por) allá (*o* **por ahí**) **se van** [dos o más perss. o cosas], *o* **(por) allá se va** [una pers. o cosa con otra]. (*col*) Son o valen más o menos lo mismo. | MGaite *Visillos* 169: –Está mejor la de gris. –De cuerpo sí. Si vistiera de otra manera. De cara allá se van. Cela *Alcarria* 128: –Oiga usted, ¿son más cachondos los verracos que los moruecos? –¡Psche! Para mí que por ahí se van, vamos, que por ahí se anda la cosa. Torrente *Sombras* 282: Consideró por fin que, al fin y al cabo, medidas las distancias que le acercaban o le separaban de un cisne, de un toro, y de una cría de cerdo, por ahí se iban, millas de más o de menos.

II *m* **77 el no va más.** (*col*) El máximo de intensidad, de calidad o de importancia. *Tb la pers o cosa que lo representa*. (→ acep. 46.) | *Abc* 7.9.66, 28: Lleno de fe en su destino, calvinista a ultranza y racista hasta el no va más. Delibes *Cinco horas* 93: Para él, el rey era el no va más. *País* 18.11.92, 20: No sabía lo que era un grifo .. La lavadora era el no va más.
78 ~ y venir. Movimiento incesante de un lugar a otro en diversas direcciones. (→ acep. 43.) | Berenguer *Mundo* 116: En el otoño, cuando los corzos se juntan, se va uno allí a ver los ires y venires.

III *loc adv* **79 sin ~ más lejos.** Sin necesidad de buscar pruebas o ejemplos menos inmediatos que el que se va a exponer. *Tb* (*más raro*) SIN ~ MÁS ALLÁ. | Diego *Abc* 8.9.66, 3: Ahora, sin ir más lejos, lo soy [vocal] de dos concursos poéticos. Torrente *Vuelta* 88: ¡Si usted supiera con cuánta devoción le pedí ayuda! Sin ir más allá, esta mañana llevé una vela a la Milagrosa para que moviese el corazón de usted.

80 vaya. (*pop*) *En forma exclam, precede a un adv o a un adj para ponderar su significación.* | Medio *Andrés* 90: Bueno, el recreo, es otra cosa... Vaya bien que lo pasamos en el recreo. Sobre todo cuando jugamos a los indios y a los vaqueros.
81 vaya que sí. (*pop*) Sí, o claro que sí. *Con intención enfática.* | Ferres *Tierra* 200: –He conocido Linares cuando era de verdá un pueblo minero, y corrían los dineros que era un primor. –¡Vaya que sí! En Linares se han gastao los dineros más aprisa que puedan gastarse en cualquier lao del mundo.

IV *interj* (*col*) **82 ahí va.** (*pronunc.* /aibá/) Expresa admiración o sorpresa. | Medio *Andrés* 41: Todos decían al verlos: ¡Ahí va! ¡Menudos guantes! Lera *Clarines* 346: ¡Ahí va! Son el Tomás, el Cano y el Pausa.
83 vamos. (*pop*, **amos**). *Se usa para exhortar a otro a una determinada acción.* | Torrente *Saga* 477: ¡Vamos, remolón, arriba! **b)** *Expresa protesta.* | Medio *Bibiana* 10: ¡He dicho que no, y que no! Vamos... Hasta aquí íbamos a llegar en nuestras concesiones. Medio *Andrés* 48: ¿Y si no lo reclama nadie?... Pues para ellos... Que no, vamos... ¡Ni hablar! **c)** *Se usa para rectificar o matizar, con lo que sigue, lo que se acaba de decir. A veces se usa expletivamente.* | CPuche *Paralelo* 185: Por descontado, Genaro .., que quedas en activo, vamos, eso si tú quieres. Delibes *Guerras* 15: –¿Y cuál es tu primer recuerdo del pueblo? –Bueno, vamos, o sea, me pongo a pensar y, por un ejemplo, yo me acuerdo por un igual del Bisa y de la abuela. **d) vamos** (*pop*, **amos**), **anda.** *Se emplea para rechazar despectivamente lo que ha dicho el interlocutor.* | ZVicente *Traque* 104: A las seis y media nos levantamos .. Algún que otro fraile y nadie más. ¿Aquí, a esa hora, y en día de fiesta? Amos, ande, a otro perro con ese hueso.

84 vaya. *Expresa contrariedad, sorpresa o admiración. A veces seguido de un sust sin prep ni art o con la prep* CON. | Medio *Bibiana* 12: ¡Vaya! Se ha quitado la combinación y ahora no encuentra su camisa de dormir. DCañabate *Abc* 29.6.75, sn: Llegó otro y fueron llegando carros, y decía la mujeruca: "Vaya con esta gente, ni que se hubieran puesto de acuerdo". L. Baeza *Abc* 25.5.58, 5: ¡Vaya portero imponente! **b)** *A veces se emplea como simple expresión de simpatía.* | SFerlosio *Jarama* 15: –Esa moto no la traías el verano pasado. ¿La compraste? –No es mía .. Es del garage donde yo trabajo .. –Vaya; pues ya lo estaba yo diciendo: aquellos del año pasado no han vuelto este verano por aquí. **c)** *Usado frec como respuesta, expresa discreto asentimiento o manifiesta una situación medianamente aceptable.* | CBonald *Dos días* 263: –¿Y cómo va ese valor? –Vaya. MAbril *Nor* 10.10.89, 2: Me pregunta: "¿Qué tal va el artículo?". Y yo me limito a responder: "¡Vaya!". MGaite *Visillos* 220: En el salón no es que se esté mal. Por las mañanas, vaya .. Lo malo es por la tarde, cuando vienen visitas. V. Armesto *Inf* 7.5.75, 19: Reconozco que ahí pequé de osadía: expresar una sola verdad hubiera sido excelente cosa; dos, hubiera estado bien, y tres, vaya. ¡Pero tanta verdad junta! **d)** *Se usa para rectificar o matizar, con lo que sigue, lo que se acaba de decir.* | Lázaro *JZorra* 99: El jol, vaya, el recibidor, para que se me entienda. MSantos *Tiempo* 230: Ir a bailar con la madre de carabina es una cosa que ya no se hace, vaya, que está completamente anticuada y que no se estila. SFerlosio *Jarama* 18: Al fin y al cabo es el centro, la Capital de España; vaya, que todo va a dar a ella.

ira *f* Sentimiento de desagrado y rechazo que va acompañado de agitación nerviosa y que impulsa a la violencia. *Tb* (*lit*) *fig, referido a cosa.* | SLuis *Doctrina* 122: La Paciencia, opuesta a la Ira, es la virtud que nos inclina a soportar lo que nos desagrada, controlando esos movimientos vehementes con ánimo sereno y dominio propio. J. Aguirre *Alc* 14.10.78, 6: Si unos se pasaron en la ira y en el rencor, otros se pasaron en la impasibilidad. * La ira del viento. **b)** *En pl:* Accesos de ira. | Anson *Oriente* 54: Esto enfurece al padre, y el pequeño Tse-tung es víctima predilecta de sus frecuentes iras.

iracundamente *adv* De manera iracunda [1b]. | Aldecoa *Gran Sol* 200: Paulino Castro arrojó su cigarrillo contra el suelo y lo pisó. Dijo iracundamente: –¡Quién es Macario!

iracundia *f* Cualidad de iracundo. | Pemán *Abc* 26.12.70, 3: El Papa no ha reaccionado con iracundia; sino con inmenso dolor. Lera *Olvidados* 141: Era necesario, sin duda, un acto de desesperado valor .. para rebelarse ante él, arrostrando el peligro de su terrible iracundia.

iracundo -da *adj* **1** [Pers.] que tiene o muestra ira. *Tb* (*lit*) *fig, referido a cosa.* | L. Contreras *Inf* 17.6.70, 8: Las palabras del iracundo señor Zaldívar organizaron .. un notable desbarajuste.
2 [Pers.] irascible, o propensa a la ira. *Tb* (*lit*) *fig, referido a cosa.* | AMontero *SInf* 9.1.75, 5: Hitler, discípulo aventajado de Gobineau y de Chamberlain, hubiera sido un lector iracundo de Castelao.
3 Propio de la pers. iracunda [1 y 2]. | FRéguera *Bienaventurados* 34: Veía su rostro iracundo, congestionado. Tomás *Orilla* 211: Don Eladio era un funcionario con muchos años de profesión. Obeso, de rostro enrojecido, su bigote espeso le daba un aspecto iracundo.

irakí → IRAQUÍ.

iranés -sa *adj* Iraní. *Tb n.* | *Sur* 10.3.56, 2: Mostafá Namdar, un iranés admirador de España y enamorado de Andalucía.

iraní *adj* Del Irán. *Tb n, referido a pers.* | Torrente *Fragmentos* 37: Una vez, en Heidelberg, una chatita iraní se me puso cariñosa, me dio el número de su habitación y dijo que no cerraría la puerta. *Gac* 11.5.69, 26: Los iraníes proclaman que el Chatt es una vía fluvial internacional.

iranio -nia I *adj* **1** Iraní. *Tb n.* | *Inf* 2.2.77, 2: El primer ministro iranio será recibido en el aeropuerto de Barajas con honores por el presidente. Sampedro *Octubre* 165: Se queda atónita: No tanto por el caviar iranio fresco y la media botella de vodka, sino sobre todo por la de vino blanco. **b)** (*hist*) Persa (de Persia). *Tb n, referido a pers.* | Castillo *Polis* 173: El hermano y sucesor de Abul-Abbas, Al Mansur (754-775) trasladó la capital del Imperio a Bagdad, con lo que el Imperio escapó a los árabes, apoyándose en los iranios (persas). **c)** De (los) iranios [1a y b]. | Angulo *Arte* 1, 457: La miniatura islámica, lo mismo que la arquitectura y la cerámica, gracias a la fina sensibilidad irania, adquiere en Persia vuelos extraordinarios.
II *m* **2** Grupo de lenguas indoeuropeas que incluye el persa. | Villar *Lenguas* 92: Al igual que veíamos en el grupo indio, también en iranio encontramos tres fases distintas del desarrollo histórico de las lenguas a él pertenecientes. Estas tres fases se denominan con los términos de iranio antiguo, medio y nuevo.

irano- *r pref* Iraní. | *Por ej: Gac* 11.5.69, 26: Desde la firma del tratado irano-iraquí de 1937, la navegación en el Chatt estaba dirigida por el Irak.

iraquí (*tb con la grafía* **iraki**) *adj* Del Irak. *Tb n, referido a pers.* | *Gac* 11.5.69, 26: Las baterías iraquíes no dispararon. *Gac* 5.10.75, 5: Un artista irakí ha visto así la nacionalización de la British IPC.

irascibilidad *f* Cualidad de irascible. | Valcarce *Moral* 24: Una persona recibe una bofetada; su irascibilidad sensible se encrespa de un modo instintivo.

irascible *adj* Propenso a la ira. | FFlórez *Florestán* 708: Algunos aficionados irascibles decían: —Ya que unos y otros estamos aquí, ¿por qué, en vez de comenzar un partido, no declaramos una guerra? Navarro *Biología* 202: Pulso acelerado, gran emotividad y carácter irascible e inestable.

irenismo *m* (*lit*) Actitud o doctrina favorable a la paz o a la coexistencia pacífica. | Andes *Abc* 30.8.66, 3: Según ellos, el comunismo tiene parte de razón, olvidando que desdeña la justicia social, y el irenismo, así entendido, no es la verdadera paz, sino una paz inauténtica obtenida a cualquier precio. SFerlosio *Ensayos* 1, 165: La objeción de conciencia no es más que un último y misérrimo residuo de almoneda al que, por la capitidisminución y degradación individualista, han venido a reducirse los antiguos irenismos.

irenista *adj* (*lit*) De(l) irenismo. | Andes *Abc* 30.8.66, 3: Los mantenedores del "diálogo" moderno enarbolan banderas actractivas que nos brindan coexistencia pacífica y eclecticismo en todo, para ilegar a un sincretismo irenista. **b)** Partidario del irenismo. *Tb n.* | P. Urbano *Abc* 28.4.79, 6: "El que dice las verdades pierde las amistades." (Máxima de incordio para políticos irenistas y contemporizadores.)

iridácea *adj* (*Bot*) [Planta] herbácea monocotiledónea, con rizomas, bulbos o tubérculos, hojas estrechas, flores en racimos o panojas y fruto en cápsula, de la familia del azafrán. *Frec como n f en pl, designando este taxón botánico.* | FQuer *Plantas med.* 913: Familia 121ª. Iridáceas. Esta familia comprende algo más de un millar de especies.

iridescente *adj* (*raro*) Iridiscente. | Delibes *Historias* 26: El color castaño de su dorso [de los abejarucos], el verde iridescente de su cola y el amarillo chillón de la pechuga fosforecían bajo el sol con una fuerza que cegaba.

iridiado -da *adj* (*Metal*) Aleado con iridio. | Marcos-Martínez *Aritmética* 117: A fines del siglo XVIII se acordó unificar todas las unidades .. Se tomó la diezmillonésima parte del cuadrante, a la que se llamó metro, construyendo como metro modelo una barra de platino iridiado en la que se señalaron dos rayitas cuya distancia a 0° es el metro legal.

iridio *m* (*Quím*) Metal de número atómico 77, de propiedades y aspecto semejantes a los del platino, usado esp. para endurecer metales preciosos. | Ybarra-Cabetas *Ciencias* 67: Platino. Se presenta asociado a los metales de las tierras raras (iridio, osmio, rutenio, rodio y paladio) en laminillas, granos o pequeñas masas. *Abc* 14.9.68, 14: Plumillas Waterman con puntas de iridio labradas a mano.

iridiscencia *f* Reflejo de los colores del arco iris. | M. Guerricabeytia *Abc* 9.6.66, 89: Gigantescas estalactitas y estalagmitas llenaban el suelo y la gran bóveda como un jardín invertido con iridiscencias rojizas.

iridiscente *adj* Que muestra o refleja los colores del arco iris. | Benet *Sub rosa* 321: Vuelve a la superficie en calma de la mar, un paño de seda iridiscente. *SYa* 10.11.63, 2: Este es el momento de lucir el sugestivo tono iridiscente del esmalte Cutex Perla.

iridodiagnóstico *m* (*Med*) Diagnóstico basado en el examen del iris del ojo. | *SYa* 3.3.91, 13: Iridodiagnóstico por ordenador. Observar el iris del ojo es un antiquísimo método de diagnosis. Actualmente, este antiguo sistema cuenta con la ayuda de la informática.

iridología *f* (*Med*) Método de diagnóstico basado en el examen del iris del ojo. | M. Manzano *SAbc* 31.8.80, 15: Se ha tenido que recurrir a la iridología para localizar la parte afectada en el organismo del sujeto.

iris *m* **1** (*Anat*) Disco membranoso del ojo, de color variable, en cuyo centro se encuentra la pupila. | Alvarado *Anatomía* 82: Las fibras musculares del iris forman dos capas diferentes, entre las cuales se encuentra el pigmento.
2 Lirio (planta del gén. *Iris*). | *Economía* 304: Si ciertas flores de estas que se lacian pronto se defienden es porque en la misma bráctea protectora –en el caso del iris, por ejemplo– están agrupados varios capullos que se abren sucesivamente, dando la sensación de una misma flor.
3 [Arco] ~ → ARCO.

irisación *f* Acción de irisar(se). *Frec su efecto, gralm. en pl. Tb fig.* | Bustinza-Mascaró *Ciencias* 326: Se presenta [la calcopirita] en cristales o en masas de color amarillo de oro y frecuentemente con irisaciones. Albalá *Periodismo* 90: Esa opacidad informativa .. nos permite comprender por qué la noticia no puede darnos las múltiples irisaciones posibles del hecho.

irisado -da *adj* **1** *part* → IRISAR.
2 Que presenta irisaciones. | E. Beladiez *SAbc* 9.3.69, 47: Trataba de desentrañar el misterio del irisado nácar y rosa del quiebro de la cintura.

irisar *tr* Hacer que [algo (*cd*)] presente reflejos con los colores del arco iris. | Grosso *Invitados* 23: Un tímido rayo de sol irisa el cristal de la ventana. **b)** *pr* Pasar [algo] a presentar reflejos con los colores del arco iris. | Buero *Fundación* 172: La luz se irisa. Laforet *Mujer* 314: Las máquinas, en prueba, lanzaban largos hilos de humo, que se irisaban formando un bosque fantasma.

iritis *f* (*Med*) Inflamación del iris del ojo. | Mascaró *Médico* 129: Pueden constituir el foco causal de procesos patológicos tan importantes como la inflamación del riñón (nefritis), del iris o pupila ocular (iritis).

irlandés -sa I *adj* **1** De Irlanda. *Tb n, referido a pers.* | Palomino *Torremolinos* 29: El conserje atiende a un irlandés que está empeñado en pedir su llave en español.
2 [Café] caliente con whisky y nata. *Tb n m.* | *Cam* 21.7.75, 15: Después del atentado, los europeos que sorbían "un polisario" (un irlandés con mal café) en el casino militar, se mostraban preocupados.
II *m* **3** Lengua de Irlanda. | RAdrados *Lingüística* 910: En el grupo atlántico están varias lenguas romances y germánicas, el irlandés y el vasco.

ironía *f* **1** Modo de expresión que consiste en dar a entender lo contrario de lo que se dice, gralm. con intención de burla. | Delibes *Año* 219: Dice Ramona Trullols siguiendo a Nietzsche: "El autor, por medio de la ironía, encuentra paradójicamente seguridad en la misma inseguridad ante todos los valores". GLópez-Pleyán *Teoría* 43: Figuras patéticas .. Ironía. Estriba en decir lo contrario de lo que se quiere dar a entender. Tiene generalmente una intención burlesca, intención que se nota más porque su comprensión obliga a un esfuerzo.
2 Tono de burla con que se dice algo. | FSalgado *Conversaciones* 447: En un barco de guerra el capellán castrense manifestó en la cámara de oficiales que él no defendía al Movimiento militar de 1936 y que no lo comprendía. Franco

irónicamente - irrazonable

con ironía dice: "Que siga pensando y procediendo así, que ya verá cómo le cortan el cuello cuando gobiernen, si eso llega a suceder, sus simpatizantes".

3 (*Filos*) Método socrático que consiste en fingirse ignorante para preguntar al interlocutor y hacer que este muestre su propia ignorancia. | DPlaja *Literatura* 28: Sócrates emplea dos métodos para llegar a la verdad: la ironía .. y la mayéutica.

irónicamente *adv* De manera irónica. | R. DHochleitner *Fam* 15.11.70, 47: Esa vida campesina que largamente elogiaba Horacio (poniendo el elogio irónicamente en boca de un mercader... que desde luego vivía en Roma) constituía una de las más sólidas reservas frente al cambio social.

irónico -ca *adj* **1** De (la) ironía. | MHerrera *Abc* 6.6.67, 43: Por obra de la lente irónica que se ha colocado ante los ojos el director Luciano Mondolfo, el diálogo yacente cobra impulso y adquiere nueva vida.

2 Que tiene o muestra ironía. | L. Villalonga *CCa* 3.10.71, 5: Oriana, a más de bella, es irónica y sentimental.

ironista *m y f* Pers. que se expresa con ironía, *esp* [1]. | CAssens *Novela* 2, 290: Canedito .. se permitió hacer unas eutrapelias de las suyas, a costa de una desdichada traducción de Eça de Queiroz .. Fombona .. leyó los donaires del crítico e inmediatamente montó en cólera. Contra el infiel traductor y contra el chistoso ironista.

ironización *f* Acción de ironizar. | F. P. Velázquez *Rev* 12.70, 22: Quizá el humor catalán alcanza su mejor expresión en lo grotesco, en la ironización de lo solemne.

ironizador -ra *adj* Que ironiza. | VMontalbán *Transición* 210: Como si se tratara de un Goethe ironizador.

ironizar *intr* Hablar o expresarse con ironía [1 y 2]. | Halcón *Ir* 325: —Los nobles deberíais agradecernos a los nuevos ricos que aspirásemos a ocupar los puestos que vosotros abandonáis —ironizó Rosalía. Millás *Visión* 148: —Ser honesto, para ti, consiste en estar triste. —No, y no ironices.

iroqués -sa *adj* De un pueblo indígena de Norteamérica, antiguamente establecido en el actual estado de Nueva York. *Tb n, referido a pers.* | Torrente *Saga* 159: Al final tenía ante mí .. una serie de nombres .. que figuran como protagonistas de varias narraciones pertenecientes a las culturas más distintas y distantes: de los mayas, de los comanches, de los iroqueses, de los pirenaicos, de los hititas.

IRPF (*sigla; pronunc corriente, /í-éŕe-pé-éfe/*) *m* Impuesto sobre el rendimiento de las personas físicas. | *Ya* 9.3.89, 1: Hacienda promulgará una ley del IRPF solo para este año.

irracional *adj* **1** [Ser, esp. animal] no dotado de razón (facultad de razonar o pensar). *Tb n.* | GPavón *Hermanas* 15: Las mujeres .. estáis más próximas a la condición de los irracionales.

2 [Cosa] no conforme con la razón o ajena a ella. | *Voz* 21.4.90, 37: Este boicot —convocado en contra de la subida "irracional y desproporcionada" de las tarifas ..— estuvo precedido por intensos contactos.

3 (*Mat*) [Número] no racional. | Ríos-RSanjuán *Matemáticas* 18: Número real es una sucesión cualquiera de infinitas cifras decimales. Si la sucesión es periódica el número es racional. En caso contrario, irracional. **b)** [Expresión algebraica] que contiene algún radical. | Marcos-Martínez *Matemáticas* 33: Racionalización. Es convertir en racional una expresión irracional.

irracionalidad *f* **1** Cualidad de irracional. | Rábade-Benavente *Filosofía* 78: Los animales, por oposición al hombre, que era el "animal racional" por excelencia, quedaban englobados .. en la amplia y difusa rúbrica de la "irracionalidad". Torrente *Filomeno* 250: Hasta llegué a pensar que hubiera obrado sin razones .. Si lo he contado aquí aquel acontecimiento, se debe a su rareza, a su irracionalidad.

2 Cosa irracional [2]. | LMuñoz *Tri* 26.12.70, 9: La sociedad española participa de la mayor parte de las limitaciones e irracionalidades de un sistema capitalista.

irracionalismo *m* Tendencia a prescindir de la razón o dar primacía a lo irracional [2]. *Tb la actitud correspondiente.* | Aranguren *Marxismo* 155: La teoría tiene sus limitaciones: no aceptarlas es caer en el peor de los irracionalismos .., el que se ignora a sí mismo. Umbral *Gac* 7.3.76, 17: Televisión Española .. deja aflorar, por debajo de sus misas solemnes y sus bendiciones de local (primera cadena), sus dudas, sus irracionalismos, su libertad de cultos y su falta de fe (segunda cadena).

irracionalista *adj* De(l) irracionalismo o que lo implica. | Aranguren *Marxismo* 155: Renunciar a comprender "teoréticamente" el tránsito de un orden a otro es optar por la inteligencia frente a la intuición irracionalista. Umbral *Pról. Delibes* 10: Delibes, al final de su libro, nos da una metáfora y no una ecuación. Esto es propio de todo el pensamiento irracionalista burgués de que somos herederos. Pero el escritor tiene a su favor una última y decisiva razón: .. que la vida también es irracionalista. **b)** Adepto al irracionalismo. *Tb n.* | Aranguren *Marxismo* 155: Lo vio muy claramente el irracionalista Bergson .. La teoría tiene sus limitaciones. Umbral *Mortal·* 150: Me tientan los grandes irracionalistas de la poesía y el arte.

irracionalmente *adv* De manera irracional [2]. | Bustinza-Mascaró *Ciencias* 276: Hay que proteger a los árboles y no destruirlos bárbara e irracionalmente.

irradiación *f* Acción de irradiar, *esp* [1a]. *Tb su efecto.* | Ortega-Roig *País* 44: Los rayos del Sol calientan el mar o la tierra y estos, por irradiación, como una estufa, calientan las capas de aire que tienen encima. L. LHeras *Abc* 4.10.70, 8: La estupenda floración consiguiente de su vida espiritual con la irradiación potente y nada común de su personalidad religiosa. J. D. Mellado *TMé* 7.1.83, 16: La radioterapia preoperatoria es más cuestionable, pues no ha demostrado reducir el volumen tumoral a las dosis en que debe ser administrada frente al peligro de irradiación de los órganos a atravesar.

irradiador -ra *adj* Que irradia, *esp* [1a]. | B. Seoane *SVoz* 8.11.70, 10: Descartes confía de forma ciega en la razón, y el sujeto, el hombre, es el foco irradiador de esa razón capaz de conquistar el mundo.

irradiante *adj* Que irradia [1a]. | M. Calvo *SYa* 13.6.74, 27: La estrella brilla solo por su calor interno .. Como su superficie irradiante es pequeña .., se enfriará muy lentamente.

irradiar (*conjug* 1a) **A** *tr* **1** Emitir [luz, calor u otra energía] en distintas direcciones. *Tb fig.* | F. J. Álvarez *Abc* 22.12.70, 27: La energía irradiada [del Sol] proviene de la transformación de su masa (hidrógeno) en energía. * Es una persona que irradia simpatía. **b)** Ser [una cosa] el centro del que parten [otras *cd*] que siguen distintas direcciones]. | GNuño *Arte* 56: En el centro de la nave única, una gran columna irradia nervios hasta formar una bóveda de crucería.

2 Someter [un cuerpo] a radiaciones. | OCristina *SVoz* 8.11.70, 3: Al paso que vamos, muy pronto, usted y yo, amiga mía, comeremos carne y pescado irradiados convenientemente.

B *intr* **3** Partir [algo de un centro] en distintas direcciones. | Zubía *Geografía* 25: Es [la rosa de los vientos] una figura compuesta de líneas que irradian de un punto señalando los cuatro puntos cardinales y los intermedios. **b)** Partir u originarse [una cosa de otra]. | S. Melero *Nor* 15.1.80, 36: Es de suma importancia constatar este hecho, porque de él irradia el sistema novelador de Martin du Gard.

4 Difundirse o propagarse [algo] en distintas direcciones. | Tejedor *Arte* 8: La metalurgia del bronce .. tiene también su origen en el Oriente próximo, de donde irradió al Oriente lejano y luego a toda Europa. Tejedor *Arte* 133: Las dos escuelas [sienesa y florentina] irradiaron e influyeron fuera de Italia. Olaizola *Escobar* 23: Era tan acusado el dolor precordial que irradiaba el hormigueo no solo por el brazo izquierdo, sino también por la pierna correspondiente.

irrayable *adj* Que no se puede rayar. | *ByN* 5.12.93, 13: Cronógrafo de caballero con indicador de fecha y cristal de zafiro irrayable.

irrazonable *adj* [Cosa] no razonable. | CBonald *Casa* 209: Se estaba produciendo un vacío en algún recodo de nuestra convivencia. Era como una discrepancia irrazonable. Pemán *Abc* 7.5.58, 3: Lo primero a que tiende siempre la razón absoluta, cuando se siente ofendida por el absurdo, es a hacerse irrazonable; perder toda razón.

irrazonablemente *adv* De manera irrazonable. | Tamames *Economía* 290: Las escalas de los buques se alargan irrazonablemente.

irrazonado -da *adj* No razonado, o no basado en razones. | *D16* 1.7.91, 11: El veredicto del jurado puro es irrazonado, y ello pudiera ser contrario al principio constitucional de tutela judicial efectiva que contempla el artículo 24.1 de la Constitución.

irreal *adj* No real[1], o que no tiene existencia verdadera y efectiva. | Laforet *Mujer* 14: Le pareció un lugar extraño, una estampa oscura, algo irreal.

irrealidad *f* Cualidad de irreal. | E. Daudet *SAbc* 8.3.70, 30: No pierde en ningún momento su aire majestuoso y digno, su misterio de sacerdotisa ausente, la irrealidad con que su creador la ha dibujado para siempre. Gambra *Filosofía* 60: De la negación de lo condicionado se infiere la irrealidad de la condición.

irrealismo *m* (*raro*) Falta de realismo[1]. | Castilla *Humanismo* 14: Lo más que puede decirse de ambas formas de planteamiento antihumanista es que son, una y otra, irrealismos.

irrealista *adj* (*raro*) Falto de realismo[1]. | Aranguren *Marxismo* 88: El realismo marxista es incompatible .. con el radicalismo irrealista, brillante, utópico.

irrealizable *adj* Que no se puede realizar. | Mascaró *Médico* 135: En la higiene de la vivienda tenemos que enfrentarnos con exigencias sanitarias que pueden parecer utópicas o irrealizables con la ayuda de los medios de que disponemos.

irrealizar *tr* (*lit*) Hacer que [alguien o algo (*cd*)] parezca irreal. | Gironella *Millón* 549: Había empezado a llover. La mansa lluvia de la costa cantábrica. La lluvia que en otoño caía también sobre Gerona irrealizando la catedral.

irrebatible *adj* Que no se puede rebatir. | E. Ros *País* 10.11.93, 22: Los peritos de Murcia no facilitarán su dictamen sobre las grabaciones hasta que estén en disposición de tener un resultado irrebatible.

irrecognoscibilidad *f* (*lit*) Cualidad de irrecognoscible. | FMora 8.9.66, 15: El misterioso personaje lo es mucho menos que hace cien años. Desechemos, pues, el tópico de la "Unerkenbarkeit" [*sic*] o irrecognoscibilidad que lanzó Friedlaender va para medio siglo.

irrecognoscible *adj* (*lit*) Irreconocible. | MSantos *Tiempo* 227: Entonaban músicas de mambos y .. rumbas irrecognoscibles bajo la capa del chin-chin ibérico.

irreconciliable *adj* Que no se puede reconciliar. | F. Villamía *Atl* 1.90, 41: Los intelectuales –lo mismo que la sociedad– se dividieron en dos bandos irreconciliables. L. Calvo *Abc* 14.10.70, 32: No es que sean diferentes los objetivos de la U.R.S.S. y de Francia y Alemania. Es que son opuestos e irreconciliables.

irreconocible *adj* Que no se puede reconocer (identificar o distinguir). | Laforet *Mujer* 31: José Vados, casi irreconocible, con el cabello gris, .. se acercó a ellos. Arce *Precio* 50: El lugar era irreconocible. En nuestra época de niños aquello había sido un gran vertedero de basuras.

irrecordable *adj* Que no se puede recordar. | Umbral *Mortal* 142: Basta aspirar profundamente para que suba del fondo de la tierra o del fondo de la memoria un tiempo que no está en el tiempo, una felicidad irrecordable.

irrecuperable *adj* Que no se puede recuperar. | *SCór* 1.8.93, XXIII: La falta de programas de prevención y [de] creación de dispositivos de tratamiento a las familias están ocasionando que los casos lleguen a los profesionales tan deteriorados que los convierten en irrecuperables. *NAl* 5.7.75, 6: La rehabilitación precoz y los minusválidos irrecuperables.

irrecusable *adj* Que no se puede recusar. | FAlmagro *Abc* 18.8.64, 3: Testimonios literarios de ese tipo .. son irrecusables. V. Sevillano *CoZ* 9.5.64, 8: Esos trozos de cerámica, por pequeños que sean, son los testigos valiosos e irrecusables de pasadas culturas y de razas humanas ya desaparecidas.

irredentismo *m* (*Pol*) Actitud que propugna la anexión de un territorio irredento a la nación a la que se afirma que debe pertenecer. | Vicens *Universo* 304: La unificación italiana planteó un doble problema: la supervivencia del regionalismo .. y el irredentismo. FReguera-March *España* 396: Sugería .. conceder .. la independencia a los pueblos sometidos a dominación extranjera, para que desapareciesen así los irredentismos nacionales.

irredentista *adj* (*Pol*) De(l) irredentismo. | J. Salas *Abc* 28.8.66, 49: El jefe de la organización terrorista del Alto Adigio, profesor Burger, que se titula a sí mismo jefe espiritual del Movimiento Irredentista B.A.S., ha hecho unas declaraciones. **b)** Partidario del irredentismo. *Tb n.* | SFerlosio *Ensayos* 1, 207: El irlandés del IRA es irredentista casi como es fenicio es navegante y el turcomano es predador. J. Salas *Abc* 28.8.66, 49: Para los irredentistas de la línea extrema, la mayor autonomía es algo que carece de sentido.

irredento -ta *adj* Que permanece sin redimir. *Gralm referido al territorio o al pueblo que una nación pretende anexionarse o recuperar por razones históricas*. | FReguera-March *España* 179: En Italia, los escaparates de las tiendas estaban llenos de propaganda bélica .., vibrantes proclamas respecto a las provincias irredentas. Anson *SAbc* 25.1.70, 6: Toda una generación que había regado con su sangre joven los campos irredentos de la China milenaria.

irredimible *adj* Que no se puede redimir. | I. Montejano *Hoy* 4.9.75, 12: Este pueblo tuvo nada menos que hospital de pobres. Se creó con un censo irredimible de 438 reales. *Compil. Cataluña* 818: El vitalicio se constituirá en escritura pública y será irredimible, salvo mutuo acuerdo.

irreducible *adj* Que no se puede reducir. | Gironza *Matemáticas* 46: Fracción irreducible es la que tiene sus términos primos entre sí y no admite simplificación. CBonald *Ágata* 72: El niño seguía pegado al cajón en el irreducible trance del hechizado.

irreductibilidad *f* Cualidad de irreductible. | Tierno *Humanismo* 76: Diálogo y oración se oponen, en cuanto expresan la irreductibilidad de la comunicación con lo divino a la comunicación con los humanos.

irreductible *adj* Que no se puede reducir. | CBaroja *Inquisidor* 18: ¿Era una simple rueda en un engranaje de mecanismo complicado .., o se trataba de un ser con personalidad propia e irreductible? GBiedma *Retrato* 5: Suspensa, dejada en las aguas por alguna razón, distinta de las otras, irreductible a ellas, cada isla navega completamente a solas.

irreductiblemente *adv* De manera irreductible. | MPuelles *Hombre* 225: El socialismo y el liberalismo .. plantean *ab initio* una radical disyunción que obliga a proponer normas esencialmente unilaterales y, por tanto, irreductiblemente opuestas entre sí.

irreemplazable (tb, *raro*, **irremplazable**) *adj* Que no se puede reemplazar. | F. Lara *Tri* 12.12.70, 27: López Vázquez ha ido creando una gama de personajes, de "tipos", de apuntes, que podrían componer un mosaico tal que nos acercaría .. a un material irreemplazable de sugerencias. Alfonso *España* 124: ¿Se puede retribuir o compensar un homicidio o la destrucción de un objeto artístico irremplazable?

irreflexión *f* Falta de reflexión (acción de reflexionar). | GArnau *SAbc* 15.3.70, 42: Hemos observado la urgencia e irreflexión con que se trataba el problema de las filosofías adolescentes.

irreflexivamente *adv* De manera irreflexiva. | Horus *Sáb* 26.10.68, 41: La considero predispuesta a actuar un poco irreflexivamente.

irreflexivo -va *adj* **1** [Pers.] que actúa sin reflexión. *Tb n.* | A. Rubiales *VozT* 2.8.78, 22: La cosa pudo ser una motivación del mal nacional conocido como envidia, o posiblemente de algún irreflexivo de los que con facilidad dañan al prójimo. **b)** Propio de la pers. irreflexiva. | S. Galindo *Abc* 11.11.70, 12: La despersonalización .. ha hecho que se arrojen a un lado las normas y usos, para vivir la pura espontaneidad irreflexiva, autónoma.

2 [Cosa] hecha o dicha sin reflexión. | CPuche *Abc* 28.8.66, 25: Aunque parezcan [las letras de las canciones] a

irreformable – irrenunciable

simple oído irreflexivas, .. no por eso dejan de ser menos reveladoras, menos significativas.

irreformable *adj* Que no se puede o debe reformar. | Ramírez *Derecho* 119: Hay que impedir su resolución [del contrato], a menos que se patentice .. un hecho obstativo que de un modo absoluto, definitivo e irreformable lo impida.

irrefragable *adj* (*lit*) Que no se puede contradecir o discutir. | Aranguren *Cua* 6/7.68, 17: Anhelos todavía vagos .., pero que ya tendrán tiempo de cobrar forma. Y que desde ahora poseen el valor irrefragable del testimonio.

irrefragablemente *adv* (*lit*) De manera irrefragable. | L. Calvo *SAbc* 12.4.70, 13: Todos los personajes y lugares de Homero se sabe irrefragablemente que existieron.

irrefrenable *adj* Que no se puede refrenar o reprimir. | Moix *Des* 12.9.70, 13: *Medea* es .. la obra de un artista en plena libertad. Una obra cuya única trampa sería la irrefrenable angustia del hombre moderno.

irrefrenablemente *adv* De manera irrefrenable. | S. Codina *Mun* 23.5.70, 60: Evoluciona el fútbol. Tiende irrefrenablemente hacia el fútbol-fuerza, fútbol-velocidad.

irrefutable *adj* Que no se puede refutar o discutir. | J. T. Menchero *Inf* 7.9.70, 5: La O.U.A. ha declarado que posee pruebas irrefutables de que la República sudafricana está recibiendo armas alemanas. M. Fontcuberta *Mun* 23.5.70, 58: Existen [las clase medias] y deben considerarse como un hecho sociológico irrefutable.

irrefutablemente *adv* De manera irrefutable. | D. VCernuda *SDLe* 3.11.91, 8: El Códice Toledano .. habría sido hasta confeccionado en Francia. El que una famosa pieza .. fuera irrefutablemente de origen español no era más que casualidad.

irregular *adj* **1** Que no se ajusta a una regla establecida. | DPlaja *Literatura* 52: La obra pertenece al "mester de juglaría"; su versificación es, pues, irregular e inhábil. **b)** Que no se ajusta a la regla general. | Amorós-Mayoral *Lengua* 89: Verbos irregulares son los que sufren cambios en su raíz a lo largo de la conjugación o tienen desinencias distintas a los demás de su grupo. **c)** Que no se ajusta a la norma moral o legal, o es contrario a ellas. | * Su fortuna la consiguió de manera irregular. * Mantienen relaciones irregulares desde hace tiempo.
2 No uniforme, o que tiene variaciones sensibles. | Zubía *España* 193: Los ríos ibéricos son: De curso corto .. De régimen irregular. Grandes crecidas en primavera y otoño. Mínimo caudal en verano. *Ver* 10.9.75, 13: Continuará el tiempo con características similares a las de ayer, .. con riesgo de chubascos y tormentas de distribución muy irregular. **b)** [Pers.] cuyo carácter o comportamiento presenta variaciones sensibles. | *Abc* 30.6.76, 54: Cuando Muangsurin ganó en Bangkok .. la media corona mundial de los superligeros frente al irregular Perico Fernández, era muy poco conocido.
3 [Forma] imprecisa o que no se ajusta o asemeja a la de las figuras geométricas regulares o a la de la circunferencia. | * La piedra es de forma irregular. **b)** Que presenta forma irregular. | DCañabate *Abc* 7.1.73, 41: La plaza del Carmen es muy irregular.
4 (*Geom*) [Polígono o poliedro] cuyos ángulos y lados o caras no son iguales. | Marcos-Martínez *Aritmética* 186: Se llama polígono regular si es equilátero y equiángulo; en los demás casos se llama irregular.

irregularidad *f* **1** Cualidad de irregular. | *GacR* 27.10.70, 11: Primera división .. Sigue el Gijón con su irregularidad.
2 Cosa irregular o por la que algo es irregular [1 y 2]. | Castellanos *Animales* 62: El gato es, por naturaleza, un animal aseado. Cualquier irregularidad en este sentido es únicamente achacable a una negligencia por parte de su amo. Academia *Esbozo* 275: Los imperfectos de indicativo carecen de irregularidades, salvo muy raras excepciones. Alfonso *España* 92: No puede por menos de notar [el extranjero] las muchas irregularidades de nuestra convivencia colectiva. **b)** Desigualdad o cambio de nivel [de una superficie o de un cuerpo]. | *Lab* 9.70, 60: Mediante una espátula de madera, se igualan las irregularidades. **c)** Acción irregular [1c]. | *Naipes extranjeros* 42: Las irregularidades prescriben en el momento de terminar su jugada el jugador siguiente al que cometió la irregularidad. *Ide* 1.8.83, 12: CC.OO. estima que hubo irregularidades en las oposiciones para agregados de Geografía e Historia de Enseñanza Media.

irregularmente *adv* De manera irregular [1, 2 y 3]. | *Abc* 14.3.76, 9: El Claustro de Ciencias de la Información no fue convocado irregularmente. FSantos *Hombre* 9: Su gente se adivina en los prados divididos, cuadriculados irregularmente.

irrelevancia *f* Cualidad de irrelevante. | Castilla *Alienación* 26: Un enamoramiento inoportuno que concluya en boda puede ser la fuente de la frustración de ese profesional que se ve privado de acceso a determinados medios merced a la irrelevancia social de la esposa.

irrelevante *adj* No relevante o no importante. | Alfonso *España* 35: Unos *test* de figuritas, letritas o numeritos, impersonal y mecánicamente hechos entre la masa de profesionales de todas clases que sufren maratón tan absurdo, frío, irrelevante. Aranguren *Marxismo* 38: Aceptamos situar el problema en una perspectiva puramente moral (de moral política, es claro, pero la precisión es aquí irrelevante).

irreligión *f* Falta de religión. | Villapún *Iglesia* 132: En Inglaterra se constituye una asociación de incrédulos, cuyos escritos tenían por fin propagar la irreligión.

irreligiosidad *f* Cualidad de irreligioso. | Halcón *Monólogo* 166: Te confesaré un nuevo miedo que me ha entrado con Jesús. Temo a su irreligiosidad. En la clase a la que Jesús pertenece la falta de religión es un fallo.

irreligioso -sa *adj* **1** No religioso, o falto de religión. | Pániker *Conversaciones* 9: No debe extrañarnos que los grandes reformadores religiosos (o irreligiosos, como Marx) sean los que originen las grandes inflexiones morales.
2 [Cosa] contraria a la religión. | Tovar *Abc* 8.9.66, 13: Nunca hizo ni dijo nada impío ni irreligioso.

irrellenable *adj* [Tapón] que impide rellenar una botella. | *Abc* 2.1.66, 70: Chivas Regal .. Garantía de pureza mediante tapón irrellenable. *SAbc* 13.12.70, 92: ¡Beba fama bebiendo Castillo de Chinchón! (Con tapón irrellenable.)

irremediabilidad *f* Cualidad de irremediable. | Tierno *Humanismo* 124: La medida universal del cristianismo es la medida de la universalidad e irremediabilidad de la condición de ambigüedad. VMontalbán *Comité* 88: Era una conversación entre modistos del espíritu sobre las excelencias de los tejidos más apropiados o la irremediabilidad del retorno o la minifalda.

irremediable *adj* Que no se puede remediar. | F. León *DíaCu* 5.8.84, 6: Transcurren cantidades de tiempo que, en caso de hemorragias o traslados urgentes, serían suficientes para tener un desenlace irremediable. *Nor* 5.12.89, 3: La credibilidad del proceso electoral ha quedado herida de algún modo irremediable y ojalá que no irreversible.

irremediablemente *adv* De manera irremediable. | *Alc* 31.10.62, 4: El general De Gaulle amenaza con comprometer irremediablemente esta vez su autoridad.

irremisible *adj* **1** Que carece de remisión o perdón. | E. Aguinaga *Ya* 17.3.92, 13: No es la grosería, sino la ferocidad lo que estremece, la condenación irremisible del adversario, el terrible "ellos [o] nosotros", el esperpéntico "mía o de la tumba fría".
2 Irremediable. | * La caída del gobierno no es irremisible.

irremisiblemente *adv* De manera irremisible. | Cierva *Triángulo* 20: La América española se perdía irremisiblemente en el futuro. O. Aparicio *MHi* 7.68, 29: Está irremisiblemente muerto, aunque se le sostenga con vida durante varias semanas o meses.

irremplazable → IRREEMPLAZABLE.

irrenunciable *adj* [Cosa] a la que no se puede renunciar. | Ramírez *Derecho* 125: Todos los derechos que concedo al inquilino de vivienda son irrenunciables. A. Pizá *Bal* 4.3.70, 16: Su verdadero nombre era el de Pedro Antonio Clar .., agrimensor amateur y astrónomo de vocación irrenunciable.

irrenunciablemente *adv* De manera irrenunciable. | Rábade-Benavente *Filosofía* 8: El hombre es, en definitiva, irrenunciablemente "filósofo".

irreparable *adj* Que no se puede reparar. *Frec con intención ponderativa, referido a pérdida*. | M. Aguilar *SAbc* 23.11.69, 54: La pérdida de un diente es irreparable. *Ya* 8.11.91, 19: Los daños ecológicos serán irreparables. SRomero *Cór* 18.1.56, 6: Falleció Sor Josefina Nevares Luque .. Desde estas columnas reiteramos nuestro sentido pésame por tan irreparable pérdida a las Hermanas de la Caridad.

irreparablemente *adv* De manera irreparable. | *Abc* 1.12.70, 59: Obligaría al consumidor norteamericano a pagar precios más altos y dañaría irreparablemente nuestra política exterior.

irrepetibilidad *f* Cualidad de irrepetible. | Torrente *DJuan* 258: El gran torero, el torero genial, no es el que inventa chicuelinas o manoletinas, .. sino precisamente aquel que comprende la singularidad, la irrepetibilidad de cada faena.

irrepetible *adj* Que no se puede repetir. *Gralm con intención ponderativa, expresando el carácter único o excepcional de alguien o algo*. | *Sp* 19.7.70, 51: Vuelve a darse una vez más la paradoja de que su [g]ira por las Universidades norteamericanas sea irrepetible y utópica en su propio país. Alfonso *España* 78: Se protegen cosas de dudoso valor y no se protege un arte cuyas manifestaciones constituyen un hecho cultural único e irrepetible. Pemán *Almuerzos* 206: En la orilla exterior de la irrepetible mesa oblonga, se sientan en sus sillones los académicos.

irreprensible *adj* Que no merece reprensión. | SFerlosio *País* 19.11.82, 11: Desechar la sospecha de que, aun habiéndole pillado realmente de sorpresa a los británicos el ataque de Galtieri, al instante hayan visto hasta qué punto la oportunidad de una guerra bajo el irreprensible papel de agredidos era un auténtico regalo que se les hacía.

irrepresentable *adj* Que no se puede representar. *Esp referido a obras dramáticas*. | GÁlvarez *Filosofía* 2, 121: Lo espiritual es un concepto irrepresentable. DPlaja *Literatura* 126: Por su extensión y la crudeza de algunas de sus escenas es irrepresentable ["La Celestina"].

irreprimible *adj* Que no se puede reprimir. | Alfonso *España* 113: Se adquieren unos hábitos y unos vicios que se hacen profundos, irreprimibles.

irreprimiblemente *adv* De manera irreprimible. | Lera *Bochorno* 174: Miguel saltó entonces irreprimiblemente: –¡Eso sí que no, Manolo!

irreprochable *adj* Que no merece reproche. | * Su conducta es irreprochable. **b)** Perfecto, o carente de falta o defecto. | *Abc Extra* 12.62, 13: Todavía podemos resucitar las batallas de Troya, las Cruzadas, .. la "Grand'Armée" [*sic*] de Napoleón, de una forma irreprochable, con sus uniformes y armas.

irreprochablemente *adv* De manera irreprochable. | M. Torres *Abc* 27.12.70, 19: El acta está irreprochablemente redactada.

irreproducible *adj* Que no se puede reproducir. *Frec referido a palabras*. | J. Baró *Abc* 9.4.67, sn: Palabras irreproducibles del regidor de escena en respuesta a otras nada edificantes.

irrescindible *adj* (*Der*) Que no se puede rescindir. | Halcón *Ir* 13: Los Gobiernos siempre respetaron que aquel legado, que con irrescindible radicación en Inglaterra recibiera Ladislao de su tío materno .., no tributase al Tesoro.

irresistible *adj* **1** Que no puede ser resistido o soportado. | * Tengo un dolor irresistible. Cancio *Bronces* 52: En todo el campizal de la feria el olor a moñiga, a guisote de figón y a vinazo de taberna se había hecho ya irresistible.

2 [Cosa] a la que uno no puede resistirse u oponer resistencia. | M. María *SCór* 1.8.93, IX: Una fuerza irresistible lleva a repetir los actos con necesidad vital. CNavarro *Perros* 12: Había algo en él .. que seducía a Susi de una manera irresistible. **b)** [Pers. o cosa] de gran atractivo. *Frec con intención ponderativa*. | *Cór* 23.8.90, 45: El "irresistible" Alain Delon será entrevistado hoy en "Un día es un día". * Tiene una mirada irresistible.

irresistiblemente *adv* De manera irresistible. | *Sp* 19.4.70, 18: Tocadiscos que, irresistiblemente, "hacen mover el esqueleto".

irresoluble *adj* Que no se puede resolver o solucionar. | P. GAparicio *HLM* 26.10.70, 3: Para el Gobierno federal de Ottawa, tal problema es poco menos que irresoluble.

irresolución *f* **1** Falta de resolución (ánimo o decisión). | L. Riber *DBu* 25.5.56, 6: La voluntad vacilante y lánguida del dulce y enfermizo Gregorio XI necesitaba la reciedumbre de aquella voluntad femenina .. para levantarse de su vaga irresolución.

2 (*raro*) Falta de resolución o solución. | *Abc* 28.3.76, 6: El conflicto llevaba visos de irresolución.

irresoluto -ta *adj* **1** [Pers.] falta de resolución (ánimo o decisión). | DCañabate *Abc* 19.11.74, 66: Tomasín era un muchacho tímido, apocado, irresoluto. **b)** Propio de la pers. irresoluta. | * Carácter irresoluto.

2 (*raro*) No resuelto o no solucionado. | *SInf* 28.2.74, 3: Emilia Pardo Bazán, Azorín y Leopoldo Alas, tres clásicos contemporáneos que actualizan un tema irresoluto: la falta de una atención editorial considerable.

irrespetuosamente *adv* De manera irrespetuosa. | *Inf* 25.10.75, 20: El señor que un poco irrespetuosamente está sentado al fondo, en la esquina, es Lloyd Richardson.

irrespetuosidad *f* Cualidad de irrespetuoso. | L. Calvo *Abc* 14.10.70, 32: La irrespetuosidad es la primera condición que se exige de los dibujantes y escritores humoristas.

irrespetuoso -sa *adj* No respetuoso. | *País* 12.12.93, 21: Con las ideas y las opiniones se ha de ser irrespetuoso y crítico. Aparicio *Año* 195: El asombro de Tomás rozaba lo irrespetuoso.

irrespirable *adj* **1** Que no se puede respirar (aspirar por las vías respiratorias). *Frec con intención ponderativa, esp aludiendo al alto grado de contaminación del aire*. | DCañabate *Abc* 10.12.72, 47: Aquel hombre sostenía que el aire del café era irrespirable. *YaTo* 28.8.81, 39: Un hedor que sume al pueblo en una atmósfera poco menos que irrespirable.

2 [Ambiente o atmósfera] en que resulta muy difícil y desagradable la convivencia. | * En la oficina la atmósfera es irrespirable; todo son intrigas.

irresponsabilidad *f* **1** Cualidad de irresponsable. | S. Galindo *Fm* 11.11.70, 12: Cada familia queda diluminada en un tremendo anonimato de la acción y del comportamiento, propicio para la irresponsabilidad y para la insolidaridad. R. DHochleitner *Fam* 15.11.70, 49: El tema se presta .. a ser tratado con un tanto de irresponsabilidad.

2 Hecho o dicho irresponsable [2b]. | *Ya* 30.7.90, 12: También cabe preguntarse cómo resiste el propio Alfonso Guerra, permitiéndose además errores e irresponsabilidades subsiguientes tan de bulto como comparar la multa a su hermano Adolfo con un episodio relacionado con un problema tan grave como es el terrorismo.

irresponsabilizar *tr* (*raro*) Hacer irresponsable [1] [a alguien]. | Castilla *Humanismo* 39: Un peón de albañil quizá no debiera ser tal peón, sino médico, pero cuando formulo esta frase estoy irresponsabilizando a ese hombre, que es peón de albañil, de no ser más que peón.

irresponsable *adj* **1** [Pers.] que carece de responsabilidad legal o moral. *Tb n.* | M. Herrero *SInf* 25.10.75, 6: Estos poderes, atribuidos a un magistrado hereditario, vitalicio y, por tanto, electoralmente irresponsable, son, a fines del siglo XX, excesivos.

2 [Pers.] falta de responsabilidad o sensatez. *Tb n.* | Ortega *Americanos* 77: Cualquier tipo, cualquier irresponsable, cualquier chiflado. **b)** Propio de la pers. irresponsable. | J. A. Granda *VAl* 3.9.75, 5: Será irresponsable, no digo que no, el esquilmado de recursos no renovables.

irresponsablemente *adv* De manera irresponsable [2b]. | *Abc* 23.10.88, 35: La supresión trata de saltar irresponsablemente sobre muchos siglos de historia.

irrestañable *adj* Que no se puede restañar (detener, curar o secar). *Frec fig*. | DPlaja *Abc* 9.6.66, 40: El río mana, copioso, irrestañable.

irrestañablemente *adv* De manera irrestañable. | J. M. Claver *Ya* 11.10.70, 49: El vaso, .. irrestañablemente herido, viene al suelo ostensiblemente desmenuzado en añicos.

irrestricto -ta *adj* (*lit, raro*) No restricto o no restringido. | CBonald *Casa* 64: Allí estaba ahora ese aprendiz de patrono, reconociéndose por primera vez como beneficiario irrestricto de toda aquella herencia exuberante. E. Orlando *VNu* 22.7.72, 37: No se vaya a creer que con esta palabrita mínima se aspira a la caricia sensual irrestricta, al beso al aire libre.

irresuelto -ta *adj* No resuelto o no solucionado. | Aranguren *Moral* 199: No estará de más hacer ahora un rápido balance de los problemas que, planteados durante el período estudiado aquí, continúan vivos, irresueltos.

irretenible *adj* Que no se puede retener. | Laín *Descargo* 81: Aún imponía más el inagotable, inabarcable, irretenible surtidor de saber clínico .. que salía de la boca de don Carlos. DPlaja *Abc* 1.9.66, 18: Invasora, anega un tercero, un cuarto, un quinto en una sinuosa marcha, en un ímpetu irretenible.

irretroactividad *f* (*Der o admin*) Falta de retroactividad. | Ramírez *Derecho* 178: Quedó, pues, proclamado el principio de la irretroactividad de las leyes penales.

irreverencia *f* **1** Cualidad de irreverente. | Cela *Viaje andaluz* 123: Un obispo trabucaire, don Nicolás de Biedma, la tiró abajo, con manifiesta irreverencia para el recuerdo del rey santo.
2 Hecho o dicho irreverente [2]. | César *Faro* 2.8.85, 22: Por decisión del cura párroco, quien, sin encomendarse a Dios ni al diablo –no intento ninguna irreverencia, sino que me parece una referencia pertinente, dada la actividad pastoral de aquel–, de la noche a la mañana desmochó, despojó a los plátanos de sus envidiables ramajes. E. ÁPuga *Mun* 5.12.70, 20: Una persona tan poco sospechosa de irreverencias legales como el señor Espinosa Poveda.

irreverente *adj* **1** [Pers.] que tiene o muestra falta de reverencia o respeto. | *Fam* 15.11.70, 12: Críticos irreverentes como Bernard Shaw y Max Beerbohm se burlaron de la excesiva seriedad de algunas obras de Pinero.
2 [Cosa] que denota o implica falta de reverencia o respeto. | *Valencia Mar* 23.11.70, 3: Hasta el paroxismo irreverente de la humildes pastorales religiosas.

irreversibilidad *f* Cualidad de irreversible. | SFerlosio *Ensayos* 1, 221: Pretende descargar anticipadamente la responsabilidad correspondiente, escudándola tras la miserable ideología de la "irreversibilidad de los procesos históricos".

irreversible *adj* No reversible, o que no puede volver a un estado anterior. | Aranguren *Moral* 77: Ciertos textos de Espronceda expresan con la máxima clarividencia esta tensión entre el "individuo superior" y la nueva sociedad, ya irreversible, cuyo nivel medio se extiende y lo alcanza todo. *Gal* 11.88, 45: Los bronces y cobres también tienen su propia carcoma –el mal del cobre–, que, si no se ataja a tiempo, es una enfermedad irreversible.

irreversiblemente *adv* De manera irreversible. | *Ya* 28.11.92, 33: La Unión Europea establece que los tipos de cambio son fijos irreversiblemente.

irrevocabilidad *f* Cualidad de irrevocable. | Ramírez *Derecho* 50: No creas que me desligo o echo por tierra aquello de la irrevocabilidad. Fraile *Descubridor* 271: En sus clases todo era paz, respeto. El respeto que imponían sus palabras justas, su distanciamiento afable, su tono de voz, su puntualidad, la ejemplar irrevocabilidad de cuanto hacía en la clase.

irrevocable *adj* Que no se puede revocar (anular o dejar sin efecto). | Ramírez *Derecho* 173: Fallecido uno de los otorgantes, son irrevocables las disposiciones contenidas en el testamento, aun de los propios bienes del supérstite. *ElM* 22.7.93, 1: Mohedano, que presentó ayer su dimisión irrevocable a Felipe González .., afirmó que se ha sentido "en el ojo del huracán de una pelea".

irrevocablemente *adv* De manera irrevocable. | GAmat *Conciertos* 100: Disgustado por la supresión del coro y la modificación de los precios de las entradas, dimitió, tan irrevocablemente que no volvió a dirigir más que sus propias zarzuelas.

irrigación *f* Acción de irrigar. | Mercader-DOrtiz *HEspaña* 4, 32: A medida que aumentaba la acumulación de beneficios [en la agricultura], crecía su inversión productiva, que se manifestó en trabajos de desecación e irrigación. **b)** Acción de introducir un líquido en una parte del cuerpo, esp. el intestino, con fines curativos. | CBonald *Noche* 302: A ver si entre las dos conseguían diagnosticar tamaño desarreglo y podían contrarrestarlo con lo que fuese: sinapismos, ungüentos, irrigaciones. Nicolau *Salud* 664: La absorción de la mucosa vaginal se realiza preferentemente para las sustancias liposolubles e hidrosolubles, lo cual hay que valorar adecuadamente cuando se lleva a cabo la administración de medicamentos, óvulos, irrigaciones, con la intención de que solo actúen tópicamente.

irrigador *m* Instrumento que sirve para aplicar una irrigación [1b]. | Mascaró *Médico* 18: Entre dicho material, citaremos: un irrigador; rollos de esparadrapo de 10 y 2 cm de ancho.

irrigar *tr* (*Agric y Fisiol*) Regar. *Tb abs*. | Delibes *Castilla* 182: Salvo la pradera comunal, que irriga en el estío el regato Valdeladrones y cría pacíficas vacas, es terreno flojo, de secano. Delibes *Castilla* 104: Castrar un bicho no solo es dejarle impotente, sino sin apetito sexual; ahora bien, si le ha castrado usted a pulgar y le deja el testículo alegre, como decimos nosotros, o sea con una vena que irrigue, entonces puede cubrir.

irrisión *f* Burla (acción de burlarse o reírse). | Valcarce *Moral* 180: También es contumelia lo que se llama "irrisión", "burla". **b)** Pers. o cosa que provoca burla. | CPuche *Paralelo* 423: Que viniera ahora de Barcelona un militante a enseñar a los de Madrid era una irrisión.

irrisoriamente *adv* De manera irrisoria. | Sampedro *Río* 162: De cuando en cuando .. alguno .. volvía a agachar la cabeza sobre el montón de tripas y pelo [el perro muerto] que aún conservaba, irrisoriamente, el feroz collar de puntas aceradas.

irrisoriedad *f* Cualidad de irrisorio. | Delibes *Cartas* 57: Los desahogos verbales no conducen a nada, a lo sumo a que nuestra cólera, que no nos impide reparar en la irrisoriedad de nuestras explosiones, se desborde y nos lleve a la ofuscación.

irrisorio -ria *adj* **1** Que provoca risa o burla. | * Algunos comentarios resultaban irrisorios.
2 [Cosa, esp. cantidad o precio] insignificante por su pequeñez. | *Inf* 25.2.70, 9: Ventas clandestinas y fraudulentas, hechas por precios irrisorios a chamarileros.

irritabilidad *f* **1** Cualidad de irritable. | *Puericultura* 40: La dentición .. en algunas ocasiones puede producir intranquilidad, irritabilidad.
2 (*Biol*) Propiedad de la sustancia viva de reaccionar a los estímulos o excitaciones. | Navarro *Biología* 59: Las células responden de una manera característica, peculiar a cada una de ellas, ante acciones provocadas por estimulantes o estímulos externos. Esta propiedad se encuentra en todas las células y recibe el nombre de irritabilidad.

irritable *adj* Propenso a irritarse. | Vivas *Cod* 9.2.64, 9: Se sentía irritable, extenuado. * Tiene una piel muy irritable. Rascón *TMé* 8.6.84, 4: Su mayor secreción aparece en las hemorroides internas de gran tamaño, tumor velloso, enfermedad inflamatoria del intestino o colon irritable.

irritación *f* Acción de irritar(se). *Tb su efecto*. | FQuintana-Velarde *Política* 86: Desde un punto de vista social ello es importante, pues la irritación de ser pobre no surge del nivel absoluto de la renta, sino de la comparación con personas de ingresos más elevados. J. López *Abc* 11.6.67, 15: Limpia y protege perfectamente la epidermis, sin irritación alguna.

irritadamente *adv* De manera irritada [2]. | Laín *Universidad* 75: A la sociedad española le importa poco la Universidad, aunque a veces hable nerviosa o irritadamente de ella.

irritado -da *adj* **1** *part* → IRRITAR.

irritante – isidrada

2 Que denota o implica irritación o enfado. | Torrente *Filomeno* 46: Me dijo con palabras irritadas que, en lo sucesivo, donde él hablase, yo tenía que callar. Cela *Judíos* 120: El afilador tenía la mirada azul y tiernamente irritada.

irritante *adj* Que irrita. | V. A. Pineda *Des* 12.9.70, 19: El cuadro es frenético, atropellado, delirante cuando el delirio de una situación resulta irritante, furioso, caótico. Bustinza-Mascaró *Ciencias* 89: La epidermis protege a la dermis contra los roces, los choques y contra la acción irritante de ciertas sustancias.

irritantemente *adv* De manera que irrita [1]. | Matute *Memoria* 222: Es irritantemente bueno.

irritar *tr* **1** Hacer que [alguien (*cd*)] sienta ira. *Frec con intención ponderativa.* | Laforet *Mujer* 36: Antonio no sabía que aquella familia le consideraba un ser malhumorado y peligroso y que en aquellos momentos procuraban no irritarle. **b)** *pr* Pasar a sentir ira. *Frec con intención ponderativa.* | Aparicio *Retratos* 51: Llamó por el telefonillo interior, primero a un sitio, luego a otro, luego a centralita, sin que pudiera conseguir comunicar con quien quería. Se iba irritando por momentos.
2 Causar excitación morbosa [en un órgano o parte del cuerpo (*cd*)]. | * El humo me irrita los pulmones. **b)** *pr* Sufrir [un órgano o parte del cuerpo] excitación morbosa. | *Puericultura* 10: Se irrita [la piel] con mucha facilidad con la orina y las heces.
3 Excitar [la sensibilidad o determinados sentimientos negativos]. | CPuche *Paralelo* 353: Cualquier oportunidad era buena y mucho más si lograba irritar la sensibilidad popular.

irritativo -va *adj* Que irrita o implica irritación. | Goytisolo *Recuento* 299: Con el fin de quitarse el mal sabor de boca y superar el factor irritativo del recuerdo .., hará planes a largo plazo. J. M. Fontana *Pue* 28.12.70, 3: Los viejos .. preceptos .. pueden ser la espina irritativa, el doloroso dogal, el revulsivo que hace derivar .. al pueblo fiel hacia fórmulas divorcistas. **b)** (*Med*) [Tos] provocada por irritación de la garganta. | *Puericultura* 44: La tos puede ser seca, perruna, irritativa o blanda.

irrogar *tr* ▶ **a** *normal* **1** (*lit*) Causar [un daño o perjuicio]. | MCachero *AGBlanco* 106: Con semejante revelación .. no creen sus fervorosos Ghiraldo y González-Blanco que se irrogue perjuicio a su fama.
▶ **b** *pr* **2** (*semiculto*) Arrogarse. | Gironella *Millón* 249: Solo un derecho se irrogaron: el de incautarse de las campanillas que encontraban en las sacristías.

irrompible *adj* Que no puede romperse. | *Pue* 17.12.70, 16: Las lentes irrompibles de vidrio tienen la ventaja que pueden ser debidamente graduadas según las necesidades del cazador. CPuche *Paralelo* 70: Era como si se hubiera establecido entre ellos, con el apretón de manos, un pacto irrompible.

irrumpir *intr* Entrar violenta o inopinadamente [en un lugar]. *Tb fig.* | CNavarro *Perros* 11: El mar parecía empinarse, deseoso de irrumpir en la ciudad y ponerse a corretear por ella. Cuevas *Finca* 87: Buena parte de la historia de Andalucía es la historia de una serie de familias de diversas razas que irrumpieron en ella con sus costumbres, con su idiosincracia [*sic*].

irrupción *f* Acción de irrumpir. | Delibes *Cinco horas* 20: La irrupción de Encarna fue un acto bárbaro y sin sentido .. Penetró como un torbellino, braceando entre los asistentes. Y voceaba: "Dios mío, que este también se me ha ido. ¡Este también!". L. Calvo *Abc* 13.12.70, 21: No exceptúo siquiera la irrupción de los tanques soviéticos en Praga en agosto de 1968.

IRTP (*sigla; pronunc corriente,* /í-ḗṛe-té-pé/) *m* Impuesto sobre el rendimiento del trabajo personal. | *Cam* 2.12.74, 47: La última reunión del Consejo de Ministros comenzó a poner en marcha algunas medidas del plan Barrera: entre ellas, el aumento en 40.000 pesetas de la base exenta en el IRTP.

iruelense *adj* De La Iruela (Jaén). *Tb n, referido a pers.* | F. Zaragoza *Jaén* 26.8.90, 18: Hace diez años, siendo alcalde de la Iruela Manuel Fernández Rascón, .. se inició la recuperación del castillo iruelense.

irunés -sa *adj* De Irún (Guipúzcoa). *Tb n, referido a pers.* | AAzpiri *Abc* 29.6.58, 13: El capitán irunés Lope de Irigoyen.

isa *f* Danza popular canaria, algo parecida a la jota, pero de ritmo más moderado. *Tb la canción y la música que la acompañan.* | Valls *Música* 151: En las "isas" no sería difícil hallar un nexo estructural con la jota, con la nota de que en su ejecución participa, además de la guitarra, un instrumento típicamente local: el timple. GRamos *Lit. Canarias* 1, 91: Martín, el pescador metido a minero, punteaba en la guitarra y cantaba a media voz una isa marinera.

isabel *adj* [Color] entre blanco y amarillo. *Referido a caballos.* | Cela *Judíos* 20: Esta infanta fue la que dio nombre al color isabel, un color tirando a amarillo.

isabelino -na *adj* **1** De la época de Isabel la Católica (1474-1504). *Esp referido al estilo artístico de esta época.* | GNuño *Arte* 162: Todo un estilo nuevo, el isabelino, se corporeíza como la última y fascinadora expresión del gótico en este doloroso tránsito a la edad moderna.
2 De la época de Isabel II (1833-1868). *Esp referido al estilo artístico de esta época.* | GNuño *Madrid* 94: La Gran Vía .., la más sustancial desde la nueva ordenación isabelina de la Puerta del Sol. CBonald *Dos días* 28: Un almacén de anticuario: un espejo rectangular con el azogue purulento .., tres juegos de cornucopias, dos consolas isabelinas.
3 (*hist*) Partidario de Isabel II durante la primera guerra carlista (1833-1840). *Tb n.* | M. LGarcía *DiaCu* 15.9.84, 16: Cuando Cabrera, enfermo y derrotado, cruza la frontera con Francia, Beteta aún defiende la causa carlista contra las tropas del isabelino general Azpiroz.
4 Isabel. *Referido a caballos.* | PReverte *Maestro* 28: Hizo un gesto .. mientras reprimía un movimiento impaciente de su cabalgadura, una bonita yegua isabelina.

isabelo -la *adj* [Color] entre blanco y amarillo. *Referido a caballos.* | Cela *Judíos* 20: Entre caballistas, el color isabelo designa a los caballos con casi todos los pelos amarillos. **b)** De color isabelo. | DCañabate *Abc* 16.7.72, 56: Muy lucida y espectacular fue la actuación de Rafael Peralta, singularmente la ejecutada sobre un soberbio caballo mejicano de pinta perla isabela, de piel de color tostado y las crines y la cola, muy luenga, blancas.

isba *f* Vivienda rural de madera, propia de las zonas septentrionales de la antigua Unión Soviética. | Torrente *Fragmentos* 284: Le escuché [tocando la flauta] algunos aires desconocidos, y otros que pude identificar, como un fragmento de Borodin .. que parecía tocado en una isba perdida en la monotonía de la estepa.

iscariense *adj* De Íscar (Valladolid). *Tb n, referido a pers.* | *Nor* 29.10.75, 8: Las oficinas y el Centro Recreativo para Jubilados .. ocupan los bajos de un moderno edificio situado en el centro urbano de la villa iscariense.

iscariote[1] **-ta** *adj* De Íscar (Valladolid). *Tb n, referido a pers.* | *RegO* 3.7.64, 7: –Marienma, ¿usted, de dónde es? –De Íscar, en la provincia de Valladolid. Por lo tanto soy "iscariota".

iscariote[2] *m* (*raro*) Judas (hombre traidor). | ASantos *Estanquera* 15: –El dinero o le salto la tapa los sesos .. –¡Dispara, iscariote! ¡Dispara si ties lo que ties que tener! ¡Cabronazo!

isiaco -ca (*tb* **isíaco**) *adj* (*Rel*) De la diosa Isis. | GGual *Novela* 110: En la novela de Jenofonte de Éfeso y en Apuleyo encontraremos ecos notables de la propaganda al culto isíaco.

isidoriano -na *adj* **1** De San Isidoro de Sevilla († 636). | Díaz *Isidoro* 96: Aparecen en ella [la carta] los tópicos usuales en la descripción de muertes edificantes y las consideradas virtudes básicas de la vida isidoriana.
2 De San Isidro Labrador († 1130). | Crémer *SHora* 14.5.77, H: El ejemplo del Santo Isidro, el Labrador, no me vale .. De cundir esta operativa isidoriana, .. lo más probable es que el campo quedara más abandonado que "María la Hija del Jornalero".

isidrada *f* (*col*) Feria taurina de San Isidro, en Madrid. | DCañabate *Paseíllo* 121: Una reserva de localidad que otorga el derecho a ocuparla voluntariamente, salvo en la isidrada.

isidreño – ismaelita

isidreño -ña *adj* De San Isidro. | J. Vidal *País* 4.6.93, 50: Así ocurrió en esta corrida isidreña. *Día* 28.5.76, 3: A mi colega de "Pueblo" lo apalearon los hermanos Lozanos, en plena celebración del festejo taurino isidreño.

isidril *adj* De las fiestas patronales de San Isidro, en Madrid. | PLuis *HLM* 26.10.70, 36: Nos brindó muchos momentos de su clase excepcional, de esa clase que le hizo brillar y destacar en la pasada feria isidril.

isidro -dra *m y f (col)* Aldeano incauto que se encuentra en Madrid, esp. con motivo de las fiestas de San Isidro. *Gralm con intención desp.* | Espina *Abc* 29.6.58, 95: Este trabajo parece que lo realizaban él y sus agentes con la misma maña con que operan los timadores madrileños a los isidros. Ma. Gómez *Ya* 5.1.91, 2: Tradicionalmente era usual en Madrid designar [como rey Baltasar] a un individuo –generalmente uno de los "isidros" que acudían a la capital al calor de las Navidades–, a quien denominaban "Maroto". **b)** Pers. de fuera de Madrid que acude a esta capital con motivo de las fiestas de San Isidro. | DCañabate *Paseíllo* 121: ¡La isidrada! El isidro era el forastero que, beneficiándose de una considerable rebaja en las tarifas de los trenes, se plantaba en Madrid dispuesto a pasarlo en grande.

isla (*dim* ISLITA *o* ISLETA) *f* **1** Porción de tierra rodeada de agua por todas partes. | Zubía *Geografía* 79: Entre las islas volcánicas más importantes hay que citar: Hawai (Pacífico) y Azores e Islandia (Atlántico).
2 Zona o parte claramente separada del espacio circundante, por sus características o por su finalidad. | *Abc* 9.12.73, 45: La Corporación Municipal, aprovechando las próximas fiestas navideñas, ha decidido la creación, como vía de ensayo, de una isla de peatones, "zona peatonal", en el casco antiguo de la ciudad. B. Gil *MHi* 8.60, 27: Otras regiones y provincias (Asturias, País Vasco .. y ambas Castillas) constituyen islitas en la materia, lo que confirma el núcleo de referencia. **b)** Islote [2]. | DPlaja *El español* 108: En las gestas más famosas de la historia española no se defendía una tierra, sino una ciudad: Sagunto, Numancia, Zaragoza, Gerona .. La falta de cohesión española produciría .. isla tras isla de resistencia.

islam (*frec escrito con mayúscula*) *m* **1** Religión fundada por Mahoma en el s. VII. | Anson *Oriente* 139: El Islam .. es la religión más joven del mundo.
2 Conjunto de los pueblos que profesan la religión de Mahoma. | Ubieto *Historia* 83: A partir del año de la proclamación de Abderrahmán III como califa (929), el Islam tenía, pues, varias cabezas visibles en lo político y espiritual.

islámico -ca *adj* Del Islam. | Tejedor *Arte* 88: La religión islámica. Llamada también mahometana y musulmana, es un verdadero sincretismo. *CoA* 14.1.64, 1: Comienza, en El Cairo, la conferencia "cumbre" islámica.

islamismo *m* Islam [1]. | Anson *Oriente* 40: El cristianismo, el islamismo o el hinduismo son creencias que reglamentan de cara a la otra vida el comportamiento de los fieles.

islamista *adj* Integrista musulmán. *Tb n, referido a pers.* | *País* 2.6.91, 4: Los islamistas tunecinos se desmarcan de un supuesto compló antigubernamental. S. Basco *Abc* 4.5.91, 30: El activismo islamista se ha extendido a varias universidades del país.

islamita *adj* Del Islam. *Tb n, referido a pers.* | A. Figueroa *SAbc* 15.3.70, 47: Me hablan de política, del Ramadán, del sentido metafórico, al que son muy aficionados los poetas islamitas. J. M. MPatino *País* 19.8.88, 7: Todo el mundo cristiano e islamita se ha sentido agredido.

islamización *f* Acción de islamizar(se). | P. GAparicio *HLM* 10.2.75, 5: Marruecos .. fue, desde su islamización, camino de invasiones y conquistas.

islamizar *tr* Hacer que [alguien o algo (*cd*)] pertenezca al Islam. | Fernández-Llorens *Occidente* 102: Los últimos años de su vida los dedicó [Mahoma] a predicar su religión entre los árabes que visitaban la Kaaba. A su muerte (632), toda Arabia estaba islamizada. **b)** *pr* Pasar a pertenecer al Islam. | *Van* 4.11.62, 5: Los Kabylas .. figuraron entre los primeros cristianos. Luego se islamizaron.

islamología *f* Estudio de la religión y la cultura islámicas. | MMontávez *SAbc* 26.5.90, IV: Ese hombre también "del noventa y ocho", aunque nunca se hable de ello, quizá por su dedicación a esa parcela, tan fácilmente marginable, de la islamología y del arabismo.

islamólogo -ga *m y f* Especialista en islamología. | *País* 15.2.91, 6: Gilles Kepel. Islamólogo francés, autor de "La revancha de Dios".

islandés -sa I *adj* **1** De Islandia. *Tb n, referido a pers.* | J. L. Azcárraga *Abc* 2.7.58, 15: Se establecía la zona de conservación pesquera de las repetidas cuatro millas, a lo largo de 48 puntos que contornean completamente el litoral islandés .. De la preservación de sus ricos bancos de pesca, según aseguran los islandeses, depende la existencia de su pueblo.
II *m* **2** Lengua de Islandia. | Villar *Lenguas* 110: En la actualidad el islandés se conserva sin cambios esenciales y, dado el escaso número de hablantes (los 120.000 habitantes de Islandia), no presenta variantes dialectales dignas de mención.

islándico -ca *adj* (*raro*) De Islandia. | MCampos *Abc* 9.4.67, 8: Parte sobre musgos y florecillas diminutas, y parte sobre el granito que reemplaza al basalto islándico.

isleñismo *m* Carácter o condición de isleño [1]. | J. Quintana *Día* 21.9.75, 38: Como a tantos poetas isleños, también a José Tabares Bartlet llega el influjo de la poesía lírico-objetiva regionalista, en isleñismo que le absorbe por momentos. Aguilar *Experiencia* 368: Si el té y el rosbif son para los ingleses una corroboración del isleñismo, es congruente que los valencianos estimemos de igual modo la paella.

isleño -ña *adj* **1** De una isla, o de la isla en cuestión. *Tb n, referido a pers. Frec referido a Canarias.* | E. La Orden *MHi* 10.60, 21: "Dios me lleve al Perú", decían los colonos isleños cuando hacían escala en San Juan los barcos que iban para Panamá. V. Marrero *MHi* 5.64, 14: La tradición agrícola, emprendedora, minifundista y bien probada de los isleños, sus nutridas colonias de ultramar .. hacen de esta región un lugar privilegiado.
2 De Isla Cristina (Huelva). *Tb n, referido a pers.* | J. Rodríguez *Odi* 18.1.77, 22: Bello gesto el realizado .. por la Asociación de Amigos de Isla Cristina (A.A.D.I.C.), en Madrid, que preside ese gran isleño Rafael López Ortega.
3 De San Fernando (Cádiz). *Tb n, referido a pers.* | *DCá* 21.2.56, 6: Un isleño a los altares .. Aparentemente, ha pasado desapercibida, en San Fernando, una de las noticias que más puede apasionar el ánimo de los pueblos: la beatificación de uno de sus hijos.

isleta *f* **1** *dim* → ISLA.
2 *En una calle o plaza:* Espacio ligeramente elevado en la calzada, que separa los carriles del tráfico o que sirve de refugio a los peatones. | *Abc* 2.4.72, 7: Los setos que dividían la calzada del paseo de Santa María de la Cabeza han sido sustituidos por una isleta continua. A. Ruescas *VozAl* 30.11.80, 11: Al trazar dicha Gran Vía, dejaron una pequeña isleta, y la calzada describe una curva muy pronunciada.

islote *m* **1** Isla pequeña y frec. despoblada y peñascosa. | R. Saladrigas *Des* 12.9.70, 28: Me vienen a la mente las narraciones de viajeros que cuentan haber descubierto, en las inmarcesibles vastedades oceánicas, islotes lejanos y perdidos.
2 Entidad aislada dentro de un medio extraño u hostil. | Alfonso *España* 47: Las comunidades de propietarios son islotes de democracia en medio de un océano de enrarecimiento social e inconvivencia. S. LTorre *Abc* 25.9.70, 27: La retirada de los sirios tendrá una influencia decisiva sobre la moral de los guerrilleros [palestinos] que resisten todavía en algunos islotes rebeldes de Amman.
3 ~ de Langerhans. (*Anat*) Grupo de células en el páncreas que segregan la insulina. | Alvarado *Anatomía* 136: La diabetes se debe generalmente a la falta de insulina por degeneración de los islotes de Langerhans.

ismaelita *adj* **1** Descendiente de Ismael, hijo de Abraham y Agar. *Se dice de los árabes. Tb n.* | Peña-Useros *Mesías* 49: Ismael vino a ser más tarde el padre de un gran pueblo, el pueblo árabe o ismaelita.
2 Ismailí. | Rof *Rev* 7/8.70, 13: Hay una diferencia .. entre esta plenitud de amor en el misticismo cristiano de Santa Teresa y el misticismo de la ignosis [sic] ismaelita, en el sufismo.

ismailí *adj* De una secta chiita que admite como último imán a Ismāʿīl y cuyo grupo más numeroso tiene por jefe al Aga Khan. *Tb n, referido a pers.* | *Abc* 28.1.58, 1: El príncipe Karim, Aga Khan IV, recibe el homenaje de adhesión de los ochenta mil ismailíes, que se reunieron con motivo de la solemne ceremonia de su entronización, celebrada en el estadio nacional de Karachi.

ismo *m* Tendencia o doctrina artística, literaria o filosófica. *Frec con intención desp, aludiendo a su carácter pasajero o minoritario.* | CNavarro *Perros* 15: Algún crítico mal llamado de vanguardia, antes admirador acérrimo de los alemanes y ahora del objetivismo, del cubismo y de todos los ismos últimamente importados. CBonald *SAbc* 13.3.92, 22: Vallejo llega a los ismos de entreguerras sin ninguna voluntad de acatamiento. MGaite *Usos* 77: Bajo aquel humor "que le veía la trampa a todo" se incubaba el veneno del nihilismo, uno de los ismos más temidos por el Régimen.

iso- *r pref* **1** Igual. | *Por ej: Abc* 23.8.66, sn: Acondicionamiento de aire industrial y para confort. Climas isotérmicos e isohigrométricos. Casares *Música* 36: Surgirá también otro tipo de motete en que todas las voces llevan el mismo ritmo, llamado por eso Motete isor[r]ítmico. [*En el texto*, isorítmico.]
2 (*Quím*) Expresa isómero del cuerpo a cuyo n acompaña. | *Por ej:* X. Domingo *Cam* 11.5.81, 80: El acetato de isoamilo da un olor de plátano. *Ya* 24.10.84, 20: El Gobierno frena la escalada de la isoglucosa. Aleixandre *Química* 195: Los isonitrilos o carbilaminas se preparan: .. Haciendo actuar un yoduro alquílico sobre cianuro de plata.

isobara (*tb, raro,* **isóbara**) *f* (*Meteor*) Línea que en un mapa une los puntos de igual presión atmosférica. *Tb* LÍNEA ~. | *Van* 4.11.62, 8: El tiempo en España .. Mapa de isobaras y frentes correspondiente al día de ayer. Alvarado *Geología* 70: Si en un mapa se unen por un trazo los puntos sometidos a la misma presión atmosférica, se obtiene[n] las llamadas líneas isobaras.

isobárico -ca *adj* (*Meteor*) De (las) isobaras. | *Luc* 30.7.64, 5: Aquí la explicación de los símbolos cartográficos: 1, Frente caliente .. 5, Línea isobárica de presión. *CCa* 28.3.71, 6: Boletín del tiempo .. Continúa el régimen isobárico de días pasados.

isobata (*tb, raro,* **isóbata**) *f* (*Mar y Geol*) Línea que en un mapa une los puntos de igual profundidad. | Tamames *Economía* 132: La isobata de 400 metros discurre en torno a la costa a unas 20 ó 30 millas de distancia.

isocianato *m* (*Quím*) Sal o éster del isómero del ácido ciánico, usado esp. en plásticos y adhesivos. | Aleixandre *Química* 197: Wöhler la obtuvo sintéticamente [la urea], por isomerización del isocianato amónico. M. Hervás *Ya* 8.12.84, 4: La sustancia tóxica utilizada por esta factoría de pesticidas y liberada accidentalmente el pasado lunes, isocianato de metilo, había sido sometida a pruebas limitadas.

isoclinal *adj* (*Geol*) [Pliegue] cuyos dos flancos tienen igual inclinación. | Bustinza-Mascaró *Ciencias* 375: Cuando los flancos [del pliegue] han quedado paralelos y el plano axial es paralelo a aquellos, se llama isoclinal.

isocolon *m* (*TLit*) *En la retórica clásica:* Secuencia de frases de longitud y estructura semejantes. | LEstrada *Lit. medieval* 181: Otra tendencia [en la prosa literaria] se manifiesta por el isocolon, que pretende establecer una extensión semejante en el orden de dos o más miembros de la frase y una disposición análoga en sus componentes.

isócronamente *adv* (*lit*) De manera isócrona. | Cela *Mazurca* 107: Era una dama gorda, muy gorda, con juanetes y de andar renqueante que tenía isócronamente acompasados sus reflejos ..: dos pasos, cinco latidos del corazón.

isocronía *f* (*E o lit*) Isocronismo. | Alarcos *Fonología* 245: La cantidad consonántica desaparece, bien en beneficio de la vocálica como en francés, bien por isocronía silábica, como en español. RAdrados *Lingüística* 642: No es buscada una regularidad y una isocronía absoluta de las unidades rítmicas y métricas.

isocronismo *m* (*E o lit*) Condición de isócrono. | Mingarro *Física* 67: La realización práctica se logra con un péndulo reversible .., constituido por una barra metálica soportada por dos cuchillos que constituyen los ejes de suspensión, y a cuyo largo puede correr una masa pesada con objeto de lograr el isocronismo, sea cualquiera el eje del que se suspenda el aparato.

isócrono -na *adj* (*E o lit*) **1** [Movimiento, acción o fenómeno] que se produce en tiempos o intervalos iguales. | Mingarro *Física* 66: Las pequeñas oscilaciones [en el péndulo] son isócronas. CBonald *Noche* 87: Enseguida el isócrono vaivén del soplillo avivando el fuego.
2 Que tiene ritmo o movimiento isócrono [1]. | Zunzunegui *Camino* 405: Los pescadores movían sus brazos acompasados e isócronos.

isodinámico -ca *adj* (*Fís*) De la misma fuerza, energía o intensidad. | Navarro *Biología* 161: Por ejemplo, 100 gramos de prótidos energéticamente son equivalentes a 100 gramos de glúcidos o a 44 gramos de lípidos (valor isodinámico de los alimentos). *Sur* 20.7.80, 18: Pliegues espaciotemporales, circunstancias isodinámicas y estructuras toroidales en relación con desplazamientos de las astronaves no terrestres.

isódomo -ma *adj* (*Arquit*) [Obra o aparejo] hechos con sillares iguales. | Angulo *Arte* 1, 6: Los sillares empleados en un muro son, por lo general, de una misma altura ..; es el muro de obra isódoma .., el *opus isodomum* romano.

isogameto *m* (*Biol*) Gameto destinado a unirse en el proceso de la fecundación con otro de idénticos caracteres. | Ybarra-Cabetas *Ciencias* 207: Algunas veces los dos gametos son células iguales, recibiendo entonces el nombre de isogametos.

isogamia *f* (*Biol*) Reproducción sexual en que los dos gametos son iguales. | Ybarra-Cabetas *Ciencias* 234: En el alga denominada *Mesocarpus* la isogamia es perfecta.

isogámico -ca *adj* (*Biol*) **1** [Reproducción] que se realiza mediante gametos iguales. | Ybarra-Cabetas *Ciencias* 207: Algunas veces los dos gametos son células iguales, recibiendo entonces el nombre de isogametos, y la reproducción, isogámica.
2 Que presenta isogamia. | Moraza *Ya* 10.10.74, 42: Krohn había hecho el experimento de trasladar un injerto, entre animales isogámicos, de un animal viejo a otro joven.

isógamo -ma *adj* (*Biol*) Isogámico. | Alvarado *Biología* 31: Reproducción sexual isógama de alga *Ulothrix*.

isógeno -na *adj* (*Biol*) De igual origen. | Navarro *Biología* 78: A estas agrupaciones celulares se les llama grupos isógenos, por proceder de una sola célula inicial por sucesivas mitosis.

isoglosa *f* (*Ling*) Línea que en un mapa une los puntos en que se manifiesta un mismo fenómeno. | RAdrados *Lingüística* 737: En los límites dialectales las isoglosas no coinciden; es decir, hay una zona vacilante entre dos dialectos que se han desarrollado *in situ* de una lengua común anterior.

isoinmunización *f* (*Med*) Inmunización con antígenos procedentes de organismos de la misma especie pero inmunológicamente diferentes. | A. Caballero *Abc* 2.5.76, 34: Isoinmunización gestacional. La gestación, en la que durante nueve meses conviven madre e hijo, .. ofrece una oportunidad de isoinmunización materno-fetal.

isólogo -ga *adj* (*Med*) Genéticamente idéntico, esp. en lo relativo a los factores inmunológicos. | *Abc* 15.3.68, 91: Expuso, a continuación, las diversas clases de trasplantes .., deteniéndose en el caso ideal de los gemelos univitelinos (trasplante isólogo).

isomería *f* (*Quím*) Cualidad de isómero. | Aleixandre *Química* 177: La isomería puede ser plana y del espacio.

isomerización *f* (*Quím*) Acción de isomerizar. | Aleixandre *Química* 197: Wöhler la obtuvo sintéticamente [la urea], por isomerización del isocianato amónico.

isomerizar *tr* (*Quím*) Transformar [un cuerpo] en otro cuerpo isómero. | A. Neira *Ya* 26.5.87, 18: Han podido describir el proceso molecular de transformación, que .. depende de un sistema enzimático que puede transformar la vitamina A, isomerizándola, en materiales fotosensibles.

isómero -ra *adj* (*Quím*) [Cuerpo] que, con igual composición [que otro (*compl* DE)], tiene distintas propieda-

isometría – isotropía

des físicas. *Tb sin compl. Tb n m*. | MNiclos *Toxicología* 122: Quinidina. Es un alcaloide isómero de la quinina. Aleixandre *Química* 157: Los alcoholes de cadena normal hierven a temperaturas superiores a la de los isómeros de cadena ramificada y el mismo grupo funcional. Aleixandre *Química* 177: La fórmula empírica de los isómeros de un compuesto es la misma para todos ellos.

isometría *f (E)* Cualidad de isométrico. | *DíaCu* 8.9.84, 8: La catedral de Cuenca y su mundo .. Isometría de los ábsides laterales. LEstrada *Lit. medieval* 312: G. Chiarini observó que la métrica francesa de la épica no manifestaba una isometría única.

isométrico -ca *adj (E)* Que tiene o mantiene unas medidas iguales. | J. F. Marcos *TMé* 28.1.83, 37: En la contracción isométrica suele reducirse el flujo sanguíneo local.

isomorfismo *m (E)* Cualidad de isomorfo. | Alvarado *Geología* 25: En contraste con el polimorfismo está el isomorfismo, propiedad consistente en que las substancias de análoga composición química cristalizan en la misma clase de simetría, y a veces pueden hacerlo conjuntamente formando mezclas isomorfas de caracteres intermedios.

isomorfo -fa *adj (E)* De igual forma o estructura. | Aranguren *Marxismo* 177: La idea que .. Lombardo Radice se hace del conocimiento, no ya como reproducción fotográfica, sino como "imagen estructuralmente isomorfa". RAdrados *Lingüística* 39: Para la concepción ingenua, las lenguas calcan la realidad del mundo y unas categorías lógicas universales; todas ellas se corresponden; por tanto, son isomorfas. **b)** *(Mineral)* De igual estructura y forma cristalina, pero de diferente composición química. | Ybarra-Cabetas *Ciencias* 53: Albita y anortita, en mezcla isomorfa, constituyen diversos polisilicatos, como la oligoclasa, labradorita, etc.

isoniacida *f (Med)* Hidracida que se utiliza como fármaco principal en el tratamiento de la tuberculosis. | MNiclos *Toxicología* 16: Parálisis de diversos tipos y mecanismos se observan con la almorta .., y síndromes polineuríticos diversos con sulfuro de carbono, talio, isoniacidas, etc.

isonomía *f (lit)* Igualdad ante la ley. *Gralm referido a la antigua Grecia*. | Estébanez *Pragma* 22: Frente al ideal político conservador de la "eunomía" .. espartana, Atenas abanderaba ante el mundo otro ideal político, igualitario, el de la "isonomía". SFerlosio *Ensayos* 1, 521: Esta misma voz ["demos"], hija del "tiempo oscuro", que no hacía distinción de tierra y hombres, acabaría formando justamente la palabra "democracia", nombre político e institucional del concepto jurídico de isonomía.

isonómico -ca *adj (lit)* De (la) isonomía. | SFerlosio *Ensayos* 1, 521: La disposición social y psicológica adecuada para asimilar sin resistencia o repulsión mental la nueva disciplina en el orden de combate .. no se hallaría ciertamente en la particular idiosincrasia de la vieja nobleza estamental, sino en la floreciente mentalidad isonómica de la libre ciudadanía consolidaria de las comunidades concejiles.

isopreno *m (Quím)* Hidrocarburo líquido muy volátil cuya polimerización da una sustancia análoga al caucho. *A veces en aposición*. | Aleixandre *Química* 208: El número de radicales isoprenos parece ser que pasa de 2.000, lo que indica la extraordinaria complejidad de la molécula de caucho.

isóptero *adj (Zool)* [Insecto] de aparato bucal masticador, metamorfosis sencilla y dos pares de alas iguales y membranosas. *Tb n m en pl, designando este taxón zoológico*. | Bustinza-Mascaró *Ciencias* 157: Aparato bucal masticador y metamorfosis sencilla .. Ambos pares de alas membranosos: isópteros (termes).

isósceles *adj (Geom)* **1** [Triángulo] que tiene dos lados iguales. | Gironza *Matemáticas* 147: Dos triángulos isósceles son semejantes si tienen un ángulo igual.

2 [Trapecio] que tiene iguales los dos lados no paralelos. | Marcos-Martínez *Aritmética* 195: Clasificación de los trapecios .. Rectángulos .. Isósceles .. Escalenos.

isosilábico -ca *adj (TLit)* [Verso] de igual número de sílabas que los que forman estrofa o serie con él. *Tb referido al sistema de versificación correspondiente*. | LEstrada *Lit. medieval* 315: La falta de medida isosil[á]bica se encuentra en poemas que, en las formas paralelas o en las de origen en otras literaturas europeas, son regulares. [*En el texto*, isosilóbica.]

isosilabismo *m (TLit)* Sistema de versificación isosilábica. | Pedraza-Rodríguez *Literatura* 1, 321: Las combinaciones estróficas son variadas .. Señala Menéndez Pidal .. que el autor tiende al isosilabismo del mester de clerecía.

isosista *adj (Geol)* [Línea] que en un mapa une todos los puntos de la superficie terrestre en que es igual la intensidad de un sismo. *Tb n f*. | Ybarra-Cabetas *Ciencias* 146: Las esferas o elipses formad[a]s alrededor del epicentro pueden representarse por curvas que responden, bien a los lugares donde el sismo se produce con la misma intensidad –curvas isosistas–, o las zonas en que se percibió a la vez la primera sacudida, curvas homosistas.

isostasia *f (Geol)* Equilibrio entre los distintos bloques de la corteza terrestre. | Ybarra-Cabetas *Ciencias* 136: Hay tres teorías [orogénicas] ..: A) Teoría de la contracción. B) Teoría de la isostasia. C) Teoría de los desplazamientos o de Wegener.

isostático -ca *adj (Geol)* [Equilibrio] existente entre los distintos bloques de la corteza terrestre. | Ybarra-Cabetas *Ciencias* 137: La Tierra, según esta teoría [de la isostasia], busca la figura de equilibrio isostático.

isotérmico -ca *adj* Isotermo [1]. *Tb n m, designando dispositivo o depósito*. | *Abc* 23.8.66, sn: Acondicionamiento de aire .. Climas isotérmicos e isohigrométricos. *Van* 17.4.73, 90: Especialista en isotérmicos. Se precisa especialista en calorifugado y forrado de depósitos y tubería en acero inoxidable y aluminio.

isotermo -ma I *adj* **1** Que mantiene una temperatura constante. | L. Moreno *Abc* 6.1.68, 51: Se van a adjudicar en seguida las obras del nuevo mercado de mayoristas .. y el servicio de transporte de carnes mediante un camión isotermo nuevo.

II *f* **2** *(Meteor)* Línea que en un mapa une todos los puntos de igual temperatura media. | Zubía *Geografía* 54: Isotermas de enero. [*En un gráfico*.] Bustinza-Mascaró *Ciencias* 301: Se llaman isotermas las líneas que en un mapa unen puntos con igual temperatura media.

isotónico -ca *adj* **1** *(Fís)* De igual presión osmótica. | Bustinza-Mascaró *Ciencias* 19: Los líquidos que tienen igual presión osmótica se llaman isotónicos. **b)** De igual concentración salina y presión osmótica que el suero de la sangre. | * Los deportistas toman bebidas isotónicas.

2 *(Fisiol)* Que mantiene una misma tensión muscular. | J. F. Marcos *TMé* 28.1.83, 37: En los ejercicios originados por contracciones isométricas e isotónicas .. se produce un aumento notable de los efectos adrenérgicos.

isotopía *f (Quím)* Cualidad de isótopo. | Mingarro *Física* 192: ¿Cómo se ha llegado al conocimiento de la isotopía? ¿En qué elemento se puso de manifiesto por vez primera?

isotópico -ca *adj (Quím)* De (los) isótopos. | M. Calvo *MHi* 7.68, 16: La navegación espacial se beneficiará también de estas nuevas técnicas y de los reactores actualmente en estudio y desarrollo, conocidos bajo el nombre común de "generadores isotópicos de electricidad auxiliar".

isótopo -pa *adj (Quím)* [Elemento] que ocupa el mismo lugar [que otro (*compl* DE)] en el sistema periódico por tener el mismo número atómico, aunque su peso atómico es diferente. *Tb, en pl, sin compl. Frec n m*. | Aleixandre *Química* 8: Elementos isótopos son los que ocupan el mismo lugar del sistema periódico por tener el mismo número atómico aun teniendo pesos atómicos diferentes. M. Calvo *MHi* 7.68, 15: Los isótopos se han convertido en un instrumento esencial en medicina para "ver" el interior de los órganos enfermos.

isotropía *f (Fís)* Cualidad de isótropo. | Ybarra-Cabetas *Ciencias* 33: Si .. las tres aristas .. tienen el mismo valor y los diedros son rectos, los elementos materiales están en las tres direcciones a idéntica distancia, y, por tanto, las propiedades físicas tienen el mismo valor en todas las direcciones; estos cuerpos se llama[n] isótropos, y la cualidad, isotropía.

isótropo -pa adj (*Fís*) [Cuerpo] que presenta las mismas propiedades en todas direcciones. | Marcos-Martínez *Física* 125: En el caso de una superficie no solo homogénea, sino también isótropa, la dilatación se efectúa igualmente en todas las direcciones.

isoyeta f (*Meteor*) Línea que en un mapa une los puntos de igual pluviosidad media. | *Van* 4.2.77, 24: Información meteorológica .. Segunda quincena enero. Isoyetas en litros/m².

isquemia f (*Med*) Detención o insuficiencia de la circulación sanguínea en un tejido o un órgano. | Sales *Salud* 391: La isquemia cerebral transitoria, llamada también insuficiencia cerebral vascular, consiste en crisis temporales de disfunción neurológica focal.

isquémico -ca adj **1** (*Med*) De (la) isquemia o que la implica. | M. Alcalá *Inf* 23.2.70, 16: Sus lesiones fueron calificadas de isquémicas, por congelación en ambos pies en cuarto grado. Vega *Corazón* 65: En la adolescencia se troquelan la mayoría de las modalidades del enfermar humano .. desde la cardiopatía isquémica a la apoplejía.
2 Afectado de isquemia. | J. Fereres *TMé* 28.1.83, 35: Los tests de ejercicios realizados precozmente permiten identificar dos subgrupos dentro de estos pacientes: uno de ellos, isquémico o de alto riesgo, y otro, no isquémico o de bajo riesgo.

isquiático -ca adj (*Anat*) Del isquion. | Bustinza-Mascaró *Ciencias* 215: Otros monos tienen cola y .. unas callosidades isquiáticas, como el mandril y el zambo de África.

isquion m (*Anat*) *En los mamíferos:* Hueso posterior e inferior de los tres que forman el coxal. | Alvarado *Anatomía* 48: Cada coxal es el resultado de la soldadura de tres huesos, llamados: ilion, los que forman los salientes superiores de las caderas; isquion, los que forman los salientes de las posaderas, y pubis, los dos que se reúnen por delante en el bajo vientre.

isquiopubiano -na adj (*Anat*) Del isquion y el pubis. | Alvarado *Anatomía* 48: Cada coxal presenta un orificio isquiopubiano .. entre el isquion y el pubis.

israelí adj Del estado de Israel. *Tb n, referido a pers.* | *Ya* 6.12.70, 5: Primer intento de desembarco egipcio. En el comunicado oficial israelí se dice que uno de los incursores resultó muerto.

israelita adj **1** Hebreo o judío. *Tb n, referido a pers.* | Villarta *Rutas* 158: Sobre el arco del crucero principal, el viaje de los israelitas a través del desierto y su paso del mar Rojo.
2 Israelí. *Tb n, referido a pers.* | J. Carabias *Ya* 1.12.73, 8: Mientras los egipcios insisten en que se cumpla lo pactado, es decir, la vuelta a las posiciones del día 22, los israelitas lo que quieren es que se vuelva aún más atrás.

israelítico -ca adj De (los) israelitas [1]. | J. M. Llanos *Ya* 13.4.75, 17: La historia del éxodo israelítico no pasaba de ser maqueta de tal citación, de tal camino, "hacia el Padre" por Jesús, que iba en cabeza.

istmeño -ña adj De(l) istmo. *Tb n, referido a pers.* | *Ya* 12.6.90, 41: Panamá soli[ci]tará a España la extradición del ex presidente Arístides Royo cuando el segundo tribunal del país istmeño confirme su procesamiento por presuntos delitos contra la Administración pública.

ístmico -ca adj De(l) istmo. | Pericot-Maluquer *Humanidad* 88: Hacia el sur, seguimos con hallazgos mal definidos en la zona ístmica. **b)** (*hist*) [Juegos] celebrados en el istmo de Corinto. | Tejedor *Arte* 31: Los más importantes juegos fueron: los Píticos, en Delfos y en honor de Apolo; los Ístmicos, en Corinto y en honor de Poseidón; .. y, sobre todo, los Olímpicos, en Olimpia y también en honor de Zeus.

istmo m **1** Parte estrecha de tierra que une dos continentes o una península con un continente. | Ortega-Roig *País* 19: Una gran cordillera separa España de Francia, formando el istmo de la península.
2 (*Anat*) Porción estrecha que une dos partes o cavidades de mayor tamaño. | Cañadell *Salud* 356: El tiroides es una glándula endocrina en forma de H, con dos lóbulos y un istmo. **b) ~ de las fauces.** (*Anat*) Abertura entre la parte posterior de la boca y la faringe. | Navarro *Biología* 138: La comunicación de la faringe con la boca se hace por el istmo de las fauces.

italianini adj (*col, desp*) [Pers.] italiana. *Frec n.* | Lera *Banderas* 165: –¡La madre que parió a esos italianinis! .. –¿Qué se les habrá perdido por aquí, digo yo? .. –Pues nada. Lo que pasa es que Mussolini es un hijoputa.

italianismo m **1** Palabra o rasgo idiomático propios de la lengua italiana, o procedentes de ella. | Lapesa *HLengua* 183: Ya en épocas anteriores habían entrado algunos italianismos, en su mayoría referentes a la navegación.
2 Tendencia o gusto italianos [1]. | GNuño *Arte* 223: Suya [de Covarrubias] es la capilla de los Reyes Nuevos de la catedral de Toledo, donde deja ver su afición por las líneas escuetas, de puro italianismo. *Música Toledo* 68: Ello es también motivado por un afán por parte de Bach de huir del italianismo.
3 Carácter italiano [1]. | Delibes *Europa* 93: Nápoles es una gran ciudad cuyos pobladores se esfuerzan en disimularlo; y hacen bien. De otro modo, la urbe perdería su sabor, muy concentrado y grato, su "italianismo" exacerbado.

italianista **I** adj **1** Partidario del italianismo [2]. *Tb n.* | GLópez *Lit. española* 160: La reforma poética llevada a cabo por Boscán y Garcilaso .. no llegó a eliminar totalmente las formas y temas tradicionales; por eso veremos cultivar a la mayor parte de los poetas italianistas los asuntos y los tipos de versificación castellana anteriores a la introducción del nuevo estilo. GAmat *Conciertos* 95: En 1752, una compañía italiana provoca una verdadera conmoción en París con *La serva padrona*, de Pergolesi. Esta sencilla música se va a oponer por los italianistas a las complicaciones francesas.
II m y f **2** Especialista en la lengua y cultura italianas. | *Ya* 31.3.82, 32: Don Joaquín Arce .. Presidente honorario de la Asociación de Italianistas.

italianización f Acción de italianizar(se). *Tb su efecto.* | L. Pancorbo *Ya* 22.6.75, 8: Pero lo que parece ser imprescindible en el semioriginal es *guerriglia*. Y digo semi porque es la italianización de *guerrilla*. *Abc* 24.5.79, 7: Hay peligro de "italianización" de la política española.

italianizante adj De tendencia italiana. | CBaroja *Baroja* 166: Escribió varias óperas y mucha música de iglesia .. Música muy italianizante. Landero *Juegos* 250: Alzó teatralmente la cabeza, mientras balanceaba el torso y acompasaba las exclamaciones con las manos, como un tenor italianizante interpretando una romanza.

italianizar tr Dar carácter italiano [a alguien o algo (*cd*)]. | JGregorio *YaTo* 14.11.81, 52: El Estado italiano, que dominaba las Islas del Dodecaneso, trataba de italianizar a los judíos de Rodas. L. LSancho *Abc* 19.3.87, 77: Esta nota acaso es más aplicable a la dirección de García Moreno, acaso de acuerdo con el autor en italianizar un tanto la expresión del personaje. *Música Toledo* 62: El compositor se esfuerza en dar un carácter colectivo a la misa y para ello no vacila en suprimir los soli, en italianizar arias y dúos y en introducir motivos gregorianos en el "Credo". **b)** *pr* Tomar carácter italiano. | Mercader-DOrtiz *HEspaña* 4, 208: En Parma y en Nápoles quedaron implantados los Borbones, y, aunque se italianizaron con rapidez, el prestigio de aquellas campañas, el intercambio de hombres e ideas .. y la numerosa nobleza de origen hispánico afincada en el Sur mantuvieron vivo un contacto cordial [con España].

italiano -na **I** adj **1** De Italia. *Tb n, referido a pers.* | Tejedor *Arte* 131: El florecimiento de las ciudades italianas no fue solo económico. Medio *Bibiana* 125: Hay que ver el cine que hacen los italianos.
2 De(l) italiano [3]. | Lapesa *Santillana* 168: Las lecturas italianas aportan unos cuantos vocablos, como .. *donna*, que el poeta prefiere a la forma castellana *dueña*.
II m **3** Lengua oficial de Italia. | RAdrados *Lingüística* 356: Si juzgamos formalmente diremos que solo el español tiene un posesivo, no el inglés, en que el "posesivo" no abarca todas las funciones posesivas, ni el italiano, en que las rebasa.

italianófilo -la adj Que simpatiza con Italia, lo italiano o los italianos. *Tb n, referido a pers.* | *Van* 5.12.74, 53: El P. Bertrán, italianista e italianófilo de pro, está, por su parte, dando la última mano a la versión completa, en metro y rima, de los "Canti" de Leopardi.

italicismo *m (lit, raro)* Italianismo [2]. | GNuño *Arte* 221: Siempre se recordarán como de Lorenzo Vázquez las sabrosas decoraciones de puertas y ventanas, .. muy lozanas y con mayor italicismo que otras producciones del maestro.

itálico -ca *adj* **1** *(lit)* Italiano [1]. | Pericot *Polis* 25: Entre las regiones que pueden establecerse en el Neolítico europeo .. se hallan las siguientes: .. zona itálica; zona alpina. L. Pancorbo *Ya* 30.11.73, 7: Recordaba Umberto Eco, un viejo escritor itálico: en los semáforos, fatídicamente, la gente se miraba.
2 *(hist)* [Individuo o pueblo] de lengua indoeuropea, habitante de la península Itálica en la Edad Antigua. *Tb n.* | Pericot *Polis* 97: Hacia el año 1000 había llegado a la región del Lacio, apenas habitada, uno de los grupos del pueblo itálico, rama de la gran familia indogermana. Eran los latinos. Villar *Lenguas* 204: Los itálicos en sentido estricto forman un grupo lingüísticamente heterogéneo, donde se observan relaciones cruzadas con dialectos célticos por una parte, y con dialectos griegos por otra. **b)** [Grupo] de lenguas habladas por los itálicos. *Tb n m.* | Villar *Lenguas* 113: El grupo itálico. Comprende tres lenguas principales con diversas variantes y dialectos de menor importancia: el latín, el osco y el umbro.
3 *(Impr)* [Letra] cursiva. *Tb n f.* | Lázaro *Poética* 125: Muy pocos se atreven a emplear la palabra, y si caen en la tentación, lo normal será que dejen a salvo la responsabilidad escribiéndola entre comillas o con itálicas.

italiota *adj (hist)* De las antiguas colonias griegas en el sur de Italia. *Tb n, referido a pers.* | GNuño *Madrid* 99: Cerámica griega e italiota .., con ejemplares de extraordinaria belleza.

italo- *r pref* Italiano. | *Por ej:* S. Llopis *Cam* 11.3.91, 95: Es ["El padrino"] la historia de los Corleone, una familia de mafiosos italoamericanos. *Abc* 7.7.90, 81: La pelea de Maradona con los "carabinieri", reflejo de la gran tensión italo-argentina. A. Castilla *SPaís* 5.11.89, 7: Comesaña rueda estos días en Italia una coproducción italo-española. J. CCavanillas *Abc* 25.8.68, 27: Le esperaban, antes, en París, para concordar una declaración paralela italo-francesa. *Ya* 16.9.91, 5: Reiteró ayer en Bonn la vigencia de la reciente declaración italo-germana de Venecia.

ítalo -la *adj (lit)* Italiano [1] o itálico [1 y 2]. *Tb n.* | Ballesteros *D16* 12.10.85, 2: No se había producido [el mestizaje] entre francos y galo-romanos, ni entre visigodos y ostrogodos con hispanos e ítalos.

ite¹ *m (reg)* Asunto o cuestión. | Cancio *Bronces* 59: Con el ite de la humedad de la rosada y de la caída del terreno, es tan fácil resbalarse como me ocurría a mí cada vez que intentaba dallear a gusto.

ite² → ITE MISSA EST.

ítem¹ *(pl normal, ~s) m (E)* Unidad o elemento mínimo de un conjunto. | Mendoza *Misterio* 85: ¿Qué satisfacciones gastronómicas obtendríamos si todos los ítems de un menú se apoderan sopa de caldo? PAyala *Macintosh* 107: Este grupo contiene una lista alfabética con todos los accesorios de escritorio instalados en el sistema. Al seleccionar uno de los ítems, el accesorio correspondiente se activa. **b)** *(Psicol)* Parte de las varias de que se compone una prueba o test. | Rábade-Benavente *Filosofía* 82: Recopiló cuestiones cuya solución supone inteligencia; y las propuso a niños brillantes, normales y retrasados, analizando después estadísticamente qué ítems eran resueltos por cada grupo. **c)** *(Ling)* Elemento de un conjunto, considerado como término particular. | VMontalbán *Delantero* 60: Hay que coger los textos y aislar los ítems, los elementos semánticos fundamentales.

ítem² *adv (Der o lit)* Además. *Tb ~ MÁS.* | *Hie* 19.9.70, 10: Aisa es aspirante oficial, nombrado por la E.B.U., al título europeo de los ligeros juniors, ítem de estar a las puertas de disputar la misma diadema continental .. de los plumas.

ite missa est *(lat; pronunc, /íte-mísa-ést/) m (Rel catól)* Momento final de la misa latina, en el que el sacerdote pronuncia la frase *Ite, missa est* ("idos, la misa ha terminado"). *Tb, raro,* ITE. | Ribera *SSanta* 63: En vez del *Ite missa est*, se canta *Benedicamus Domino*. Torrente *Pascua* 150: El murmullo cesó con el *Agnus*, surgió otra vez —más tenue— al extinguirse el canto, se estabilizó durante la comunión y se apagó definitivamente con el *Ite*.

iteración *f (lit o E)* Repetición. | Millás *Visión* 208: En determinado momento de la noche, cuando la iteración ya un poco forzada de ciertas emociones comenzó a resultarle repugnante, Jorge pidió permiso a Julia para ducharse. SYa 27.6.74, 42: El HP-65 le ofrece la posibilidad de bifurcación, iteración y subrutinas, igual que lo haría un calculador mucho más grande.

iterar *tr (lit o E)* Repetir. *Tb pr.* | M. Carreras *Min* 5.87, 12: Se ha[n] resaltado .. aspectos como que una de las características más llamativas de los accesos de migraña sea la de su iterada vinculación con períodos de descanso o inactividad.

iterativo -va *adj* **1** *(lit)* Reiterativo. | Delibes *Mundos* 105: Es una canción iterativa, monótona, la que acompaña al ritmo de los jinetes en sus evoluciones en torno a la "machi".
2 *(Gram)* Frecuentativo. | Alcina-Blecua *Gramática* 785: Son frecuentativos o iterativos verbos como *tutear, cecear, cortejar*.

iterbio *(tb, raro, con la grafía* **yterbio***) m (Quím)* Metal, de número atómico 70, que pertenece al grupo de las tierras raras y uno de cuyos isótopos se usa como fuente de rayos X. | Aleixandre *Química* 225: Tabla de pesos atómicos: .. Yodo: I .. 126,92. Yterbio: Yb .. 173,04. Ytrio: Y .. 88,92.

itinerante *adj (lit)* **1** Ambulante o que va de un lugar a otro. | *Ya* 19.5.70, 43: Trescientas mil personas visitaron la exposición itinerante del libro español. *PenA* 4.1.64, 12: A pesar de su peregrinación a Tierra Santa, Paulo VI no será un "Papa itinerante". CBonald *Ágata* 147: Se había abatido sobre la marisma aquella inaudita plaga de ortópteros [saltarenes], nacidos y agolpados tal vez en repentinas generaciones itinerantes. *Nor* 29.12.89, 21: Los GRAPO han actuado en zonas muy distantes de la geografía española, lo que hace sospechar a los servicios antiterroristas que sus integrantes componen, al menos, dos comandos itinerantes. **b)** Propio del ser itinerante. | LIbor *SAbc* 17.11.68, 11: Todos los extravíos –sexuales o no– son manifestaciones del carácter itinerante del ser humano.
2 *(TLit)* [Narración] cuyo desarrollo se desplaza de un lugar a otro. | Correa *Introd.* Gracián XLIII: Se ha pensado si por su técnica de narración –llamémosle así– itinerante podría asimilarse ["El Criticón"] a la novela picaresca.

itinerar *intr (lit, raro)* Viajar. | J. RMolinero *DBu* 24.7.90, 14: El Adagio es la aurora; el Allegro itinera desde el cénit, y el Maestoso nos va con el crepúsculo vespertino.

itinerario -ria I *adj* **1** De (los) caminos. | Marcos-Martínez *Aritmética* 2° 83: Las medidas itinerarias se señalan en mojones o postes colocados al borde de las carreteras, vías férreas, canales, etcétera.
II *m* **2** Ruta que se sigue para llegar a un lugar. *Tb fig.* | VPalau *Santiago* 12: Este itinerario resulta desconcertante, pues las etapas son muy desiguales. GPavón *Reinado* 247: Seguía el prolijo itinerario de la petaca de don Lotario, que pasaba de mano en mano. FSantos *Catedrales* 10: La Academia, con sus cadetes .., fue recorriendo, a través de España, el incierto itinerario de nuestras victorias, avances, retiradas o derrotas. **b)** Serie de puntos por donde está previsto o establecido el paso [de alguien o algo]. | *Cam* 11.8.75, 8: Las gentes de Helsinki se lamentaban de que hasta los tranvías fueran obligados a cambiar su itinerario.

itrabeño -ña *adj* De Itrabo (Granada). *Tb n, referido a pers.* | A. Cárdenas *Ya* 26.7.84, 4: Todos los itrabeños parecen saber más de lo que dicen.

itrio *(tb, raro, con la grafía* **ytrio***) m* Metal, de número atómico 39, que pertenece al grupo de las tierras raras, y se usa esp. en la metalurgia, en electrónica y en la industria atómica. | *Ya* 5.1.74, 4: La nueva piedra es una granada de itrio y aluminio. RGómez *Física* 274: Relación alfabética de los elementos y sus símbolos: .. V: Vanadio. Xe: Xenón. Yb: Yterbio. Y: Ytrio.

iuris et de iure *(lat; pronunc, /yúris-et-de-yúre/) loc adj (Der)* [Presunción] de derecho y por derecho, o que no admite prueba en contrario. | Escudero *Juniorado* 14: El continuar la formación religiosa y apostólica se presume necesaria –con presunción *iuris et de iure*– para todos.

iuris tantum (*lat; pronunc,* /yúris-tántum/) *loc adj* (*Der*) [Presunción] de derecho, o que solo se considera cierta mientras no se pruebe lo contrario. | *País* 18.2.83, 8: El Gobierno socialista tiene a su favor, en líneas generales, la presunción *iuris tantum* de la honestidad individual de las personas que integran los diversos escalones de poder en los cargos de libre nombramiento.

iusnaturalismo *m* (*Der*) Teoría del derecho natural. | *Abc* 28.2.76, 35: Con base en el iusnaturalismo de nuestra escuela clásica, desde el padre Vitoria hasta Suárez, ha defendido [Martínez Val] que todo derecho, y también el constitucional, es contingente y mudable.

iusnaturalista *m y f* (*Der*) Especialista en derecho natural. | Alfonso *España* 121: El esfuerzo de los iusnaturalistas se ha encaminado siempre a conseguir la fijación de un puñado de derechos inalienables.

iuxta modum (*lat; pronunc,* /yusta-módum/) *loc adv* De manera condicional. *Referido a la acción de votar. Tb adj.* | *Ya* 19.11.63, 8: El cardenal Lercaro, de la comisión litúrgica, explicó el método de trabajo seguido por la citada comisión en el examen de las enmiendas propuestas con los votos "iu[x]ta modum" a los diferentes capítulos de la constitución referente a la liturgia. [*En el texto,* iusta.]

IVA (*sigla*) *m* Impuesto sobre el valor añadido. | C. Gómez *País* 1.11.81, 56: Como complemento a los distintos efectos del IVA sobre la inflación y los precios en distintos sectores .., hay que referirse al sector exterior. Mendoza *Gurb* 127: Ensalada del tiempo o gazpacho, macarrones y pollo, 650 pesetas. Pan, bebidas, postre y café, aparte. Con el IVA y la propi, me sale por 900.

ivernía *f* (*reg*) Invierno o invernía. | MCalero *Usos* 27: Según fuere la estación del año, verano o ivernía.

iza[1] *f* Acción de izar. | Benet *Aire* 56: Con otra soga la ataron a sus tobillos, y cuando Carburo dio un tirón el cuerpo expidió un chasquido .. –Extranjeros que parecen manteca –dijo Carburo, al tiempo que reanudaba la iza.

iza[2] *f* (*raro*) Prostituta. | Cela *Izas* 39: Las izas suelen ser damas rabiosas y marchosas ..; furcias a las que aún se les aguantan las carnes.

izada *f* Acción de izar. | *SInf* 1.2.75, 12: Moncasa, S.A. Montajes industriales .. Izadas y traslado de equipos y maquinaria. A. González *País* 21.1.79, 15: los argumentos .. se centraban en el aumento de la tensión existente que podría suponer la presencia de las FOP y también en determinados sectores la izada de la bandera española.

izado *m* Acción de izar. | M. Ansón *Van* 23.6.74, 35: Amplios y diversos son los actos que se irán desarrollando dentro de esta "IV Semana del Mar", cuyo acto inaugural, con el izado de banderas por las autoridades .., da paso a la inauguración de las exposiciones.

izar *tr* **1** Levantar [una cosa, frec. una bandera] tirando de una cuerda o cable de que está colgada. *Esp en marina.* | Cunqueiro *Un hombre* 13: El trino subía como quien iza una bandera amarilla. Aldecoa *Gran Sol* 81: Comenzaba la difícil maniobra de izar una mala mar la red a bordo.
2 (*raro*) Subir o levantar [a alguien o algo, esp. pesos]. | SFerlosio *Jarama* 242: La niña .. acudía a los brazos de Justina. –¡Aúpa! –le dijo ella, izándola del suelo. *País* 6.3.79, 40: Levantamiento de piedras. Perurena izó 789 kilos en cinco minutos. *VozT* 4.10.78, 19: En la categoría de veteranos solo se presentó Marcial García Arroyo, .. que demostró su descomunal fuerza haciendo alarde de sus facultades, izando pesos que para su edad están fuera de lo común.

izquierdazo *m* (*Boxeo*) Golpe dado con la mano izquierda. | *As* 9.12.70, 24: Nuevamente cae a la lona con otro izquierdazo del ex campeón.

izquierdismo *m* (*Pol*) Condición de izquierdista. | *Abc* 15.10.70, 26: El izquierdismo de los militares en algunos países hispanoamericanos es especialmente relativo y accidental.

izquierdista *adj* (*Pol*) De izquierdas [4]. *Tb n, referido a pers.* | *Abc* 15.10.70, 26: Chile anticipaba en sus elecciones de septiembre el camino a la Presidencia de un Allende, netamente izquierdista. L. Calvo *Abc* 25.8.66, 26: Están llegando de Java central .. varios centenares de izquierdistas propicios a Sukarno.

izquierdización *f* (*Pol*) Acción de izquierdizar(se). *Tb su efecto.* | *Ya* 14.11.82, 28: La Comunidad Europea teme la izquierdización del Mediterráneo.

izquierdizante *adj* (*Pol*) Que tiende a izquierdista. | FMora *Raz* 5/6.89, 343: Su razonable idea de que los Estados Unidos prestaran algún apoyo a España se enfrentó con el apasionado antiespañolismo del secretario de Estado C. Hull .. y del izquierdizante Departamento de Estado.

izquierdizar *tr* (*Pol*) Dar carácter izquierdista [a alguien o algo (*cd*)]. | * Trata de izquierdizar el partido. **b)** *pr* Tomar [alguien o algo] carácter izquierdista. | E. Romero *Ya* 25.6.86, 11: La derecha clásica no acaba de enterarse de sus obligaciones de izquierdizarse sin poner en riesgo un país libre en todas las áreas. E. Haro *Tri* 23.12.72, 7: Puede [Pompidou] .. lanzar una derecha izquierdizada, que podría tener más alicientes para el electorado que una izquierda derechista.

izquierdo -da (*en acep 2d alternan las formas* IZQUIERDO *e* IZQUIERDA *referidas a n m*) **I** *adj* **1** [Órgano o parte del cuerpo] que está en la mitad longitudinal en que se aloja la mayor parte del corazón. *Tb n f, designando mano o, más raro, pierna.* | Laiglesia *Tachado* 127: Los dos [ojos], tanto el derecho como el izquierdo, corrían hacia la lejanía. *VozC* 7.7.55, 2: Casa de Socorro. Asistencias. Elisa Miguel Vivar .., de quemaduras de primero y segundo grado en la mano izquierda. Onieva *Prado* 164: Adán, comenzando por la cabeza, es de belleza apolínea; porta en la izquierda la manzana de la tentación. * El delantero disparó con la izquierda. **b)** [Lado] ~, [mano] **izquierda** → LADO, MANO. **c)** [Cosa] correspondiente a la mitad izquierda del cuerpo. | *Día* 15.12.85, 1: Encesta el periódico leído, esos billetes de guagua olvidados en el bolsillo izquierdo de tu chaqueta. **d)** [Cosa] situada hacia la parte izquierda del cuerpo del observador. *Tb n f, designando lugar.* | Onieva *Prado* 199: Está firmado el lienzo en el ángulo inferior izquierdo. Vesga-Fernández *Jesucristo* 144: Crucificaron con Él a dos ladrones, uno a la derecha y el otro a la izquierda.
2 *En una cosa que tiene orientación:* [Parte] que corresponde al lado izquierdo [1] de una pers. orientada de la misma manera. *Tb n f.* | * El ala izquierda del edificio. * El flanco izquierdo del ejército. Ramos-LSerrano *Circulación* 126: Deben ser interpretadas como prohibición de estacionamiento a la izquierda o a la derecha de la calzada según la colocación de los números I y II del interior de la señal. **b)** *En una cosa que avanza real o figuradamente:* [Parte] situada a la izquierda de la pers. que mira en el sentido de la marcha. *Tb n f.* | Benet *Penumbra* 100: No era esa la menor razón para seguir el camino opuesto al suyo, por la margen izquierda del río. Laiglesia *Tachado* 121: Nosotros circulamos por la izquierda. **c)** [Cosa] situada hacia la parte izquierda [de otra]. *Tb n f, designando lugar.* | * El árbol que hay al lado izquierdo de la casa. * Un bosque a la izquierda del camino. **d)** (*Dep*) *En fútbol y otros deportes similares:* [Jugador] que desarrolla su juego en la parte izquierda del campo. | Umbral *Memorias* 126: Los mitos locales, empero, los extremos derecha e izquierda del equipo local, se paseaban a veces por la ciudad.
II *n* **A** *m* **3** (*col*) Corazón o valor. | Lera *Clarines* 316: –No tuviste suerte, ¿eh? –Me falló el izquierdo . Yo quería ser torero, pero no podía. Tenía más miedo que hambre.
B *f* **4** (*Pol*) Conjunto de perss. o de partidos de ideas progresistas o no conservadoras. *Tb en pl, con sent sg. Frec en la constr* DE IZQUIERDAS. | DPlaja *El español* 70: La sublevación de la izquierda en octubre de 1934 fue la consecuencia de haber perdido las elecciones de 1933. Laforet *Mujer* 66: Miguel Nives, elemento de izquierdas .., no iba nunca a misa.
III *loc adv* **5 a izquierdas.** Hacia el lado izquierdo [1d] o en sentido contrario al de las manecillas del reloj. | Ramos-LSerrano *Circulación* 245: Se gira muy lentamente el delco a izquierdas.

izquierdoso -sa *adj* (*col, desp*) Izquierdista. *Tb n.* | MCampos *Abc* 8.3.58, 3: El penúltimo "Réalités" de 1957 dedica un artículo de mucha enjundia a los intelectuales "izquierdosos" de la Francia actual. VMontalbán *Galíndez* 263:

izquierdoso – izquierdoso

Cuando trataba de infiltrarme entre los haitianos eran los únicos exilados izquierdosos que llegaban a Miami. Torrente *Off-side* 110: Yo soy monárquico, y había que formar un frente unido contra los izquierdosos. Anson *Abc* 20.5.75, sn: Esas revistas izquierdosas que imparten a su capricho credenciales democráticas o bendiciones rojas.

J

j → JOTA.

ja¹ *interj* Imita el sonido de la carcajada. Normalmente se emite repetida. | CPuche *Paralelo* 75: –Tiene gracia el condenado español. –Nos ha sacado los cuartos y ahora quiere irse. –Por lo visto tiene que descansar y reponer fuerzas. Ja, ja, ja. **b)** *Expresa incredulidad burlona o reto.* | Arce *Testamento* 102: Pensabas engañarme con el camelo del dinero... ¡Ja!, ¡ja!

ja² *f* (*jerg*) Jai (mujer). | Fraile *Cuentos* 24: –¡Qué manera de andar! –¡Qué burra! ¡Vaya "ja"! Sastre *Taberna* 118: Usted se marchó con una ja fenómena.

jab (*ing*; *pronunc corriente*, /yab/; *pl normal*, ~s) *m* (*Boxeo*) Puñetazo directo. | *As* 9.12.70, 24: Ringo embiste, lanzando su jab de izquierda, pero saliendo inmediatamente del área de acción de la derecha de Clay. A. Salinas *SYa* 12.2.90, 20: El desenlace final llegó segundos más tarde. Ocho golpes seguidos increíbles de Douglas rematados por un *jab* de izquierda que terminó con la leyenda del imbatido Tyson.

jabado -da *adj* (*reg*) De plumas de dos o tres colores. | *Sol* 21.3.75, 18: Temporada gallística. Diez tientas en la última reunión .. "Gaviota", de don Mateo Molina (Algeciras), jabado, de 3,6 y 17 mm., se opone a "Chico", colorado.

jabalcón *m* (*Constr*) Madero ensamblado oblicuamente en otro vertical para servir de apoyo a otro horizontal o inclinado. | CBonald *Ágata* 162: Pedro Lambert oyó .. el crujido de algún jabalcón de la techumbre donde anidaba la totovía.

jabalero → HABALERO.

jabalí -ina A *m* **1** Cerdo salvaje con grandes colmillos en la mandíbula inferior y con pelaje muy tupido y fuerte, de color gris negruzco (*Sus scrofa*). *Tb designa solamente el macho de esta especie.* | Noval *Fauna* 53: Uno de los mamíferos que cada día es más abundante en Asturias es el Jabalí (*Sus scrofa*). **2** (*Pol, desp*) *Individuo intransigente y de actitudes agresivas.* | Areilza *Artículos* 40: Lo que sí resultó asombroso fue el talento con el que apoyó su proyecto, primero en el seno del Congreso gaullista de La Baule, frente a los jabalíes de la intransigencia ortodoxa. Y después, en el Parlamento, ante la mayoría .. y la oposición fascinada. **b)** (*hist*) *Diputado agresivo y alborotador.* | Cela *SCamilo* 381: Don Roque es muy buena persona y un verdadero republicano, lo que no es es ningún jabalí. [*Es diputado agrario*.] **B** *f* **3** Hembra del jabalí [1]. | Berenguer *Mundo* 49: Yo había atacado a una jabalina para quitarle un rayón, y me había tirado un bocado.

jabalín *m* (*reg*) Jabalí [1]. | Cela *Viaje andaluz* 294: Dime, jabalín del monte: en el monte y entre los jabalines, ¿hay tanta crueldad? Berlanga *Gaznápira* 54: Esa Sara es más dura de desollar que un jabalín.

jabalina¹ *f* Arma arrojadiza similar a la lanza y que se emplea en deportes. | Carandell *Madrid* 39: En la antesala, recapitulará brevemente sus ideas y tomará carrerilla como quien se dispone a lanzar una jabalina.

jabalina² → JABALÍ.

jabalinero -ra *adj* [Perro] adiestrado en la caza del jabalí [1]. | CBonald *Ágata* 231: Vino a cruzar inesperadamente la jabalina .. La puerca arrastraba lastimosamente la pesadumbre de su vientre de preñada por la aspereza de la yerba, ya con el primer perro jabalinero dándole alcance.

jabalinista *m y f* (*Dep*) Deportista especializado en el lanzamiento de jabalina¹. | A. Salinas *Ya* 15.10.87, 27: El atleta Jesús Gil Angulo sufrió ayer un accidente mortal cuando se entrenaba lanzando la jabalina .. El intenso tráfico que había a esas horas retrasó el traslado del jabalinista al Hospital Clínico, donde ingresó ya cadáver.

jabalino¹ -na *adj* De(l) jabalí [1]. | GPavón *Rapto* 55: Aflojó la presa [Samuel el Rojo] y volvió la cara lentamente hacia donde estaban los espías. La tenía tinta en aguasangre, con fibras de carne entre sus dientes jabalinos. Aldecoa *Cuentos* 2, 140: Don Luis Arrilucea, en chaleco escocés, con las mangas de la camisa ligeramente recogidas mostrando el vello jabalino de los brazos .., no era, ni mucho menos, una versión moderna de un caballero español.

jabalino² *m* (*reg*) Jabalí [1]. | Ferres-LSalinas *Hurdes* 84: Hay quien se dedica a cazar, por aquí hay gatos monteses y garduñas .. También hay jabalinos.

jabalquinteño -ña *adj* De Jabalquinto (Jaén). *Tb n, referido a pers.* | R. Alcalá *Jaén* 24.7.64, 10: Los jabalquinteños, que son gentes agradecidas, han saludado brazo en alto a Francisco Franco.

jabardillo *m* Remolino de gente. | Berlanga *Gaznápira* 179: Se sientan en la horma de la plaza, con todo el jabardillo de monchelinos haciendo corro para escuchar al pico de oro del señor Obispo.

jabardo *m* **1** Enjambre pequeño. | Delibes *Guerras* 70: En la cerviguera .. he visto un jabardo rubio que parece de las movilistas de casa. **2** Remolino de gente. | FVidal *Duero* 164: El viajero observa el jabardo de críos y algunos de ellos le miran a él.

jabato -ta I *adj* **1** (*col*) Valiente. *Con intención ponderativa. Tb n.* | Lera *Clarines* 437: La mirada de todas las mujeres acompañada al lidiador .. –¡Qué jabato, chica! –¡Qué majo! Olmo *Golfos* 105: Tinajilla sí que es un tío .. Los mayores .. dicen que es un jabato. **II** *m* **2** Cachorro del jabalí [1]. | Berenguer *Mundo* 39: Aunque se oía el jai del perro a lo lejos, el Pepe tenía poca fe en cobrar aquel jabato.

jabeca *f* (*hist*) Horno antiguo de destilación de mineral, consistente en una fábrica rectangular cubierta por una bóveda de cañón con varias filas de agujeros. | Céspedes *HEspaña* 3, 409: La metalurgia del mercurio se realizó en hornos análogos a los antiguos de Almadén, las jabecas.

jábega *f* **1** Arte de pesca de playa, de 150 a 350 m de largo, constituido por un copo y dos bandas, de las cuales se tira desde tierra. *A veces con un adj especificador:* REAL, REBAJADA, *etc*. | CBonald *Ágata* 31: Adecentó y remendó el cha-

jabegote – jabugo

mizo, .. pescó en los lucios con una jábega que formara parte de su ajuar. Guillén *Lenguaje* 27: La expansión del arte de la jábega real que avanzó desde nuestro Levante hasta Galicia.
2 Embarcación de remo empleada para calar la jábega [1]. | A. Torre *SSur* 12.8.89, XXII: Coincidiendo con la feria de Málaga, el próximo sábado 19 tendrá lugar en el puerto de Málaga la VII Regata de Jábegas y Barcos de 4 y 6 remos.

jabegote *m* Hombre de los que tiran de los cabos de la jábega [1]. | CBonald *Ágata* 26: Si no hubiese sido por la virulenta fulguración de los ojos o por la rubiasca pelambre leonina, su paso por aquel bullicioso centro de pesquerías (en constante trasiego con los jabegotes del otro lado de la ensenada) no habría suscitado siquiera una disimulada curiosidad.

jabeguero *m* Pescador o tripulante de jábega. | A. Torre *SSur* 12.8.89, XXII: Calmados los ánimos, los jabegueros volverán a depositar las barcas en sus respectivas playas .. y soñarán con verse las caras en una próxima competición.

jabeque[1] *m* (*hist*) Embarcación de tres palos de vela latina, y a veces también de remos, propia del Mediterráneo. | FSantos *Cabrera* 200: Ni una vela asoma. Quien más, quien menos, se pregunta si fragatas, goletas y jabeques se hallarán en el fondo de las aguas.

jabeque[2] *m* (*raro*) Herida en el rostro hecha con arma blanca corta. *Gralm con el v* PINTAR. | GCaballero *Genio* 103: Al llevarla detenida –por haber pintado un jabeque con unas tijeras a otra cigarrera en la cara–, ¡cómo supo encandilarle hablando en vasco, tal que una paisana suya, para que la soltara!

jabera (*tb con la grafía* **javera**) *f* Cierto cante popular andaluz de la familia del fandango. | Cela *Viaje andaluz* 262: En el corazón de la granaína –como en el de la jabera, y la rondeña, y la cartagenera, y la murciana ..– vive, agazapada y avergonzada, la familia sin fin de los fandangos. J. C. Luna *Abc* 28.5.58, 3: En los bergantines y fragatas de la carrera del Pacífico se mareaban ... los "sones" playeros y cortijeros de malagueñas, peteneras, javeras.

jabino *m* (*reg*) Sabino o sabina (arbusto). | Santamaría *Paisajes* 20: El porte rastrero del jabino de montaña y del piorno es su especial adaptación a las frecuentes nevadas.

jabirú *m* Ave zancuda americana semejante a la cigüeña (*Jabiru mycteria*). | Artero *Vertebrados* 93: He aquí dos zancudas exóticas: la grulla coronada, de incomparable belleza, y el extraño ja[bir]ú, especie de cigüeña de pico policromo. [*En el texto*, jaribú.]

jable *m* (*reg*) Arena volcánica y movediza, con que a veces se cubren ciertos cultivos para proteger la humedad de la tierra. | GSosa *GCanaria* 130: Y las voladoras arenas que cruzan en lo alto el talle de la isla, de orilla a orilla, y descienden sobre sus jables como una lluvia cálida y dorada y no precisamente letal.

jabón *m* **1** Cuerpo soluble en agua que resulta de la combinación de un álcali con los ácidos del aceite u otro cuerpo graso y que se emplea para lavar. *Diversas variedades se distinguen por medio de adjs o compls:* BLANDO, DURO, DE OLOR, DE TOCADOR, *etc*. | Olmo *Golfos* 17: ¡Ese cursi que se lava con jabón! *Economía* 203: El jabón que contiene sosa se llama jabón duro. El que contiene como base la potasa es blando. **b)** (*Quím*) Sal de un ácido graso. | Navarro *Biología* 17: La saponificación natural de las grasas se efectúa catalizando la reacción unos fermentos denominados lipasas. Artificialmente se puede lograr con una base fuerte .. en caliente, obteniendo una sal soluble del correspondiente ácido graso, es decir, un jabón. **c)** (*Med*) Jabón [1b] que contiene sustancias medicinales. | *BOE* 12.3.68, 3770: Formas farmacéuticas: Jarabes, melitos .. Cataplasmas y papeles sinápicos. Lapiceros. Jabones y detergentes.
2 Jaboncillo. *Tb* ~ DE SASTRE. | * Necesito jabón de sastre de color azul.
3 ~ **de vidrieros.** Pirolusita empleada para decolorar el vidrio. | Alvarado *Geología* 46: Pirolusita. Bióxido de manganeso .. Se emplea también para decolorar el vidrio (jabón de vidrieros), para obtener el cloro y para fabricar los hipocloritos.
4 (*col*) Adulación. *Frec en la constr* DAR ~. | ZVicente *Traque* 202: ¿África? .. Allí es donde me dieron por inútil del todo, mejor, por inservible, eso sí, con muchas medallas y mucho jabón, pero a la calle. Delibes *Emigrante* 38: Se puso a hablar Asterio, el sastre, y se quedó solo a elogiarme. ¡Anda y que tampoco me dio jabón ni nada el lila de él!
5 (*col, raro*) Paliza. *Tb fig. Normalmente en la constr* DAR (UN) ~. | Delibes *Cazador* 19: Decididamente no hay codorniz este año .. Hoy hicimos 21, pero después de un buen jabón.

jabonada *f* Aplicación de jabón [1a], de las varias que pueden darse. | * Dale una buena jabonada, que tiene el pelo muy sucio.

jabonado *m* Acción de jabonar. | *Economía* 206: El lavado de la ropa comprende varias operaciones: a) Clasificación de prendas. b) Remojo .. c) Jabonado.

jabonadura *f* Acción de jabonar. | *Abc* 3.5.70, SN: También puede bañarse; "Jesín Cover", en efecto, no desaparece más que después de una buena jabonadura.

jabonar *tr* Dar jabón [1a] [a alguien o algo]. | Cela *SCamilo* 247: Cándido Modrego va cada seis meses a los baños de Oriente .., se jabona bien, se pone ropa limpia, paga y se va. Lera *Boda* 620: Acercándose a ellos con la cara a medio jabonar. [*En una barbería.*]

jaboncillo *m* Esteatita, gralm. de color blanco, que se emplea para dibujar un patrón sobre la tela. *Tb* ~ DE SASTRE. | Berlanga *Rev* 4.68, 25: El Saturnino les dejaba que pintarrajeasen los retales con las puntas del jaboncillo o que le quitasen alfileres para rellenar acericos. Ybarra-Cabetas *Ciencias* 57: Talco .. Entre sus variedades hemos de citar el talco laminar, de estructura hojosa, y la esteatita o jaboncillo de sastre.

jabonera → JABONERO.

jabonería *f* Industria del jabón [1a]. | *GTelefónica N*. 419: Victoriano Rejón González .. Aceites esenciales, Esencias y Sintéticos Para Perfumería, Jabonería y Cosmética.

jabonero -ra I *adj* **1** Del jabón [1a]. | * Trabaja en la industria jabonera.
2 (*Taur*) [Res] de color blanco sucio que tira a amarillento. *Tb n.* | DCañabate *Abc* 29.10.70, 15: ¿Quién se llevó los toros negros, berrendos, jaboneros, orgullo de un hierro secular, gala de nuestras riberas? Quiñones *Viento* 190: El lote de Miguel había sido el primero en ir a toriles, y, entre el polvorío y las voces de los vaqueros, el toro despeluchado recorrió las corraletas seguido del jabonero.
II *n* **A** *m y f* **3** Pers. que fabrica o vende jabón [1a]. | Landero *Juegos* 125: Ustedes recordarán que siendo hijo de un jabonero, y sin apenas instrucción, Benjamín Franklin llegó a ser un sabio de fama mundial.
B *f* **4** Recipiente para colocar o guardar el jabón [1a]. | *Gar* 6.10.62, 26: Puede que sea una muñeca .., o quizá un bolígrafo, una jabonera o un calzador.
5 Saponaria (planta). | Mayor-Díaz *Flora* 432: *Saponaria officinalis* L. "Jabonera", "Saponaria" .. Expectorante, diurética y purgante. Sus hojas y raíces pueden utilizarse para hacer lejía.

jaboneta *f* (*hoy raro*) Pastilla de jabón de olor. | Zunzunegui *Camino* 109: En la repisa del baño quedó su cepillo de dientes, su pasta y su jaboneta.

jabonoso -sa *adj* **1** De jabón [1a]. | *Economía* 208: La ropa de color se lavará a mano o a máquina en una solución jabonosa caliente.
2 Que contiene jabón [1a]. | C. SMartín *MHi* 3.61, 59: El dorso de la mano agrietado por las lejías y la sosa; la palma, .. encallecida, tan dura y leñosa como la tabla de lavar por cuyas ondulaciones se deslizaba el agua jabonosa.
3 Untuoso. *Tb fig.* | Delibes *Madera* 307: La carta inicial a mamá Zita planteó a Gervasio problemas de encabezamiento .. La palabra *mamá*, a secas, recataba una connotación jabonosa, lamida, pueril, impropia de un aguerrido combatiente.

jabugo *m* Jamón de Jabugo (Huelva), muy apreciado por su calidad. *Tb* JAMÓN DE JABUGO. | Torrente *Off-side*

227: El jabugo que trituran los dientes postizos del profesor está a punto de invertir su sistema de conexiones.

jabugueño -ña adj De Jabugo (Huelva). Tb n, referido a pers. | *Odi* 9.1.77, 27: Don Manuel Camacho Moreno .. agradeció a todos los gestos y atenciones que tuvieron con él en este día tan feliz para todos los serranos y jabugueños.

jaca I f **1** Caballo de poca alzada. | Cela *Viaje andaluz* 177: Vio venir a un jinete jacarandoso y confiado –sombrero cordobés con barboquejo, la garrocha al hombro, la jaca con la cola corta–.
2 Yegua. | * La jaca de Marcos ha parido un potro esta noche.
3 (col) Mujer llamativa y de buen tipo. A veces con intención desp, denotando falta de finura. | Torres *Ceguera* 41: Retiro mi propuesta para que sea ella quien interprete a doña Sol. Es una jaca, incapaz de transmitir la languidez y el desasosiego que caracterizan a mi personaje.
II fórm or **4 pare usted la ~.** (col) Fórmula con que se pide a alguien que no siga con lo que acaba de decir o hacer. | CBonald *Dos días* 247: Cobeña tenía ganas de despedirse. –Sí –tituбeó–. Bueno, me alegro de verlo... –Pare usted la jaca, compadre. –¿Diga? –¿Y don Gabriel? Sampedro *Octubre* 326: Me indigno y le defiendo: es un profesor excelente, los chicos le quieren, sabe muchas matemáticas. Me apasiono en favor del pobre hombre, solo y viejo .. "Pare usté la jaca, niña, pare la jaca."

jacana f Ave zancuda de largos dedos, propia de las aguas dulces tropicales, que anda a gran velocidad sobre las plantas acuáticas (gén. *Jacana* y otros). | A. MCascón *Béj* 28.11.70, 9: La jacana tropical es un ejemplo de las aves que caminan sobre los nenúfares o los lirios de agua.

jácara f (TLit) Romance burlesco, propio del s. XVII, sobre temas del hampa, a veces cantado y acompañado de baile. | Mercader-DOrtiz *HEspaña* 4, 125: En cuanto al pueblo, sus escasas lecturas solían reducirse, además de algunos libros piadosos, a romances, jácaras, villancicos, relaciones de sucesos extraordinarios .., almanaques y pronósticos.

jacaranda (tb **jacarandá**) f o m Se da este n a distintas especies de árboles del gén *Jacaranda*, de flores azules, violáceas o encarnadas, propios esp de América tropical. Tb su madera, apreciada en ebanistería. | Delibes *Mundos* 128: En el norte se alojan los inmensos platanares .., los geranios, las jacarandas y las buganvillas. Pla *América* 167: El encanto de Buenos Aires está en su arbolado ..; me impresionaron los árboles de acera, las tipas y los jacarandas. MReviriego *D16* 17.6.90, 48: Solo algunas flores violetas, residuos urbanos de una primavera que se acaba, daban testimonio de que las jacarandás seguían. [*En Sevilla.*] A. Lezcano *SAbc* 1.6.69, 52: Unas tablas del XV junto a un mueble de jacaranda brasileño estilo Doña María. HSBarba *HEspaña* 4, 323: Si eran [las sillas] de nogal o jacarandá costaban de 12 a 25 pesos cada una.

jacarandaina f (lit, raro) Vida del hampa. | L. Calvo *Abc* 1.8.72, 17: Al final de la aventura, relucen la vida airada y la jacarandaina, robo a la navaja y escalo impunes, y la rufianesca.

jacarandoso -sa adj (col) [Pers.] de presencia airosa y desenvuelta. | Cela *SCamilo* 70: La señora Lupe .. aún sigue jacarandosa y garrida. **b)** Propio de la pers. jacarandosa. | DCañabate *Paseíllo* 114: Saludaba el insulto como si fuera una ovación y alcanzaba la acera con andares jacarandosos.

jacarero -ra adj (col, raro) Alegre o bullicioso. | DCañabate *Paseíllo* 106: Que lo jacarero retoce sin que turbe el esparcimiento un ramalazo de angustia.

jácena f (Constr) Viga de hierro, hormigón armado o madera, adecuada para soportar grandes cargas. | *Abc* 13.6.58, sn: Vigas y cubiertas de hormigón pretensado "Z". Cubiertas. Jácenas. Cargaderos.

jacetano -na adj **1** De Jaca (Huesca). Tb n, referido a pers. | Cierva *HyV* 12.70, 17: Jaca .. contaba, desde 1927, con .. la primera Universidad de Verano de España, fundada por un jacetano de pro.
2 (hist) Iacetano. Tb n. | * Los jacetanos se incluyen entre los iberos.

jacilla f (reg) Huella que queda en la tierra después de haber estado depositado en ella un objeto. | Álvarez *Cór* 12.7.64, 5: Cántaros de tres formas diferentes: uno con boca en pucherito de mimo, para beber en la siega después de extraerlo de la sombra de la morena y de la húmeda jacilla con hormigas acogidas al fresco asiento.

jacinto m **1** Planta liliácea anual de flores olorosas, blancas, azules o amarillentas, acampanadas y en espiga (*Hyacinthus orientalis*). Tb su flor. Frec con un adj o compl especificador, designa otras especies de los géns *Muscari, Scilla* y otros. | Alvarado *Botánica* 79: Para obtener matas de jacinto pondremos a germinar bulbos de esa planta en un recipiente con agua. *Act* 26.11.70, 60: El jacinto y las lilas unen sus aromas a la champaca y otras plantas tropicales. Mayor-Díaz *Flora* 411: *Scilla autumnalis* L. "Jacinto endeble" .. Flores lilas en racimo corto que se alarga después de la floración. Cendrero *Cantabria* 100: Estrato herbáceo .. S[c]illa lilio-hyacinthus L.: Jacinto estrellado. Mayor-Díaz *Flora* 589: *Hyacinthoides non-scripta* (L.) Rothm. "Jacinto" (Sin. *Endymion nutans* Dumort. E. *nonscriptum* Garcke; *Scilla nutans* Sm.) .. Flores azuladas (a veces blancas), colgantes, con olor a jacinto. J. L. Aguilar *Ya* 1.6.88, 21: Las plantas acuáticas más empleadas en esta técnica son .., fundamentalmente, la "lenteja de agua" (*Lemna*) y el jacinto acuático (*Eich*[h]*ornia crassipes*).
2 ~ de Compostela. Cuarzo cristalizado de color rojo oscuro. | Bustinza-Mascaró *Ciencias* 331: Variedades de cuarzo .. Entre las de cristales grandes pueden citarse: si es transparente e incoloro, cristal de roca; si es de color rojo sangre, jacinto de Compostela.

jackpot (ing; pronunc corriente, /yákpot/; tb con la grafía **jack pot**) m (Naipes) Pot. | *Naipes extranjeros* 14: Apertura de juego con pot o jack pot antes del descarte. Es esta una de las modalidades que más se juegan en el póker para la apertura de juego antes del descarte.

jaco m **1** (desp) Caballo pequeño. | Cela *Judíos* 213: Por el camino venía una mujer .. arreando un jaco matalón.
2 (jerg) Heroína (droga). | Mi. Blanco *Abc* 21.11.86, 67: Cuando algún toxicómano se les acerca para comprar el "caballo" (heroína, también conocida como "jaco" o "burro", ambos caminan conversando hasta llegar a un acuerdo.

jacobeo -a adj Del apóstol Santiago. Frec con referencia a su sepulcro o a su culto. | *SVozC* 25.7.70, 1: La ruta jacobea inició los más fecundos contactos espirituales entre los pueblos de Occidente.

jacobinismo m (Pol) Tendencia de los jacobinos [1 y 2]. | *País* 10.1.79, 8: El jacobinismo vasco manipula la violencia institucional. **b)** Actitud propia de los jacobinos. | Alfonso *Abc* 3.12.70, 19: No creemos que .. haya existido nunca entre nosotros unanimidad más rara y notable que en la queja por el exilio del bronce de don Felipe III, jacobinismo urbanístico-municipal que no es fácil de entender.

jacobino -na adj (Pol) **1** (hist) [Individuo] perteneciente al Club de los Jacobinos, sociedad revolucionaria francesa surgida hacia 1790 y constituida por los elementos más exaltados. Frec n. | Aranguren *Marxismo* 57: El mito del príncipe no puede encarnar ya en un individuo, sino en un grupo de la sociedad, especialmente dinámico .., que en tiempo de la Revolución francesa lo formaron los jacobinos y que hoy tiene que ser el Partido.
2 Defensor de ideas revolucionarias de tendencia radical y exaltada. Tb n. | Buero *Sueño* 226: Por judío, masón, liberal, jacobino, insolente, impertinente, reincidente. Cela *SCamilo* 118: Tiene .. algún renombre como teórico del futuro, orador jacobino.
3 De los jacobinos [1 y 2]. | Vicens *Polis* 426: En París funcionó continuamente la guillotina, en la que fueron sacrificados .. los políticos opuestos al régimen jacobino, como el mismo Danton. Palomino *Torremolinos* 35: Aunque Ramón de la Terencia había sido estudiante izquierdas y teniente del estado mayor de "el Campesino", el dinero, las relaciones sociales y, posiblemente, la fuerza de la sangre aristocrática, aunque jacobina, le inclinarán hacia la derecha y hacia la discriminación de castas.

jacobita adj **1** (Rel crist) Monofisita. Tb n. | S. LTorre *Abc* 2.1.66, 69: Los asirios, kurdos de raza, pero cristianos, y todas las modalidades del cristianismo: caldeos, armenios del rito gregoriano, sirios jacobitas y católicos.

jacquard – jaguarzo

2 (*raro*) Jacobeo. | VParga *Santiago* 13: Al mismo tiempo que el camino, adquiere fisonomía propia el peregrino jacobita.

jacquard (*fr; pronunc corriente,* /yakár/) *m* Tejido con dibujo geométrico de varios colores. | M. G. SEulalia *HLM* 26.10.70, 19: Deberá hacerse un conspicuo portador de corbatas; .. hacia 1971 deberá llevar modelos de "jacquard", estampados importantes y esplendorosos. **b)** Diseño propio del tejido jacquard. *Frec yuxtapuesto a ns como* DISEÑO *o* MODELO. | *Inf* 9.11.70, 7: Nuevos pantalones de diseño jacquard y de espigas gigantes o con dibujos labrados.

jactancia I *f* **1** Actitud presuntuosa. | DCañabate *SAbc* 16.2.69, 37: Los toritos sin puntas son solo y exclusivamente para los toreritos postineros. El postín es la vanidad, la jactancia.
II *loc adj* **2 de ~.** (*Der*) [Acción] por la que el demandante exige al demandado que ejercite en juicio los derechos que se atribuye, o que guarde perpetuo silencio. | Guasp *Derecho* 235 (*DHLE*): El Tribunal Supremo .. resolvió, en vez de construir el tipo general de la acción declarativa, resucitar las antiguas acciones de jactancia, rudimentario precedente de aquellas.

jactanciosamente *adv* De manera jactanciosa. | CBonald *Ágata* 242: Descolgó de un pescante el mismo zurriago que había usado ella .. cuando diera muerte abominable al lince que le destrozó unas prendas no por inútiles menos jactanciosamente conservadas.

jactancioso -sa *adj* [Pers.] que tiene o muestra jactancia. *Tb n.* | DCañabate *Paseíllo* 175: Aquellos toreros que metían miedo, fuertes, musculosos, ternes, jactanciosos. **b)** Propio de la pers. jactanciosa. | GCaballero *Genio* 109: Yo aún percibía en la masa social anarquista y sindicalista de España que en su degeneración jactanciosa y bravucona de "lo chulo" le quedaba un rescoldo de aquellas viejas calidades heroicas y nobles.

jactarse *intr pr* Mostrarse orgulloso o alabarse [de algo]. | Tovar-Blázquez *Hispania* 96: En su gobierno [César] pudo jactarse en Híspalis de que en su cuestura ya había conseguido del Senado que la provincia quedase liberada del impuesto que sobre ella había establecido Metelo.

jaculatoria *f* Oración de fórmula fija, constituida normalmente por una sola frase. *Tb fig. Tb, raro,* ORACIÓN ~. | Peraile *Ínsula* 70: El señor cura .. va a pedir a la feligresía, en la misa de cada domingo, el rezo de una jaculatoria por el desembrujamiento de esos piojosos malandantes. MGaite *Cuento* 75: Se dice entre dientes "ya habrá tiempo", y esa misma jaculatoria se le viene inmediatamente a los labios cuando mira amanecer. G. Villapalos *Abc* 27.8.91, 3: ¿Por qué consideración gráfica Rodin llega a decir que si el gótico tiende a Dios, el románico lo posee? ¿Qué artificios de construcción hacen de aquel una oración jaculatoria y de este una meditación mortífera?

jacuzzi (*n comercial registrado; ing; pronunc corriente,* /yakúsi/) *m* Baño o piscina de hidromasaje, dotados de un sistema que forma remolinos en el agua. | *BES* 2.11.88, 1: En los últimos años se ha producido un rápido aumento de la popularidad de los *jacuzzis* (baños de remolino; en la actualidad es fácil encontrarlos en gimnasios, hoteles e incluso en hospitales del Reino Unido. Mendoza *Gurb* 96: Son unos operarios que vienen a instalar el jacuzzi que yo mismo encargué ayer.

jade I *m* **1** Piedra dura, blanquecina o verdosa, constituida por un silicato de calcio y magnesio, muy usada en joyería y para la fabricación de objetos tallados y decorativos. | Matute *Memoria* 79: En la vitrina .. las resplandecientes estatuillas de jade.
II *adj invar* **2** [Color] verde propio del jade [1]. *Tb n m.* | M. P. Ramos *Inf* 1.2.75, 24: Los tonos preferidos por Pedro Rodríguez han sido, ante todo, el verde en tonos limón, musgo, esmeralda, menta, jade, turquesa y botella; los tostados, los azules profundos, el blanco. **b)** De color jade. | *Lab* 2.70, 7: Punto de tallo .. utilizando tres cabos de cada color: .. las túnicas, jade.

jadeante *adj* Que jadea. *Tb fig.* | CBonald *Ágata* 233: A eso lo llamo yo tenerlos en su sitio, dijo el alimañero en tanto que tiraba ya de él los perros jadeantes. *Abc Extra* 12.62, 23: En su segundo exacto, el sudexpreso plateado adelanta al mercancías jadeante. **b)** (*lit*) Propio del que jadea. | Arce *Testamento* 36: Me quedaba agazapado atento a sus respiraciones y a sus palabras entrecortadas o jadeantes. **c)** (*lit*) Muy rápido o acelerado. *Con intención ponderativa.* | J. M. Llompart *Pap* 1.57, 85: La jadeante evolución de la lírica catalana desde su renacimiento alcanza .. su reposo, su ritmo normal, en la obra de nuestro poeta.

jadear *intr* Respirar de manera acelerada, esp. a causa de la fatiga, la emoción o la excitación. *Tb fig.* | Laiglesia *Ombligos* 239: –¡Lo acabo de ver con mis propios ojos! –insistió el botones, jadeando de emoción. Ortega *Americanos* 45: El coche trepidaba, jadeaba.

jadeíta *f* (*Mineral*) Mineral constituido por un silicato de aluminio y sodio, de color blanco verdoso. | *SAbc* 14.10.84, 16: Las dos variedades más importantes del jade son la nefrita y la j[a]deíta. [*En el texto,* jedeíta.]

jadeo *m* Acción de jadear. *Tb fig.* | Laforet *Mujer* 298: Paulina se echó a reír, arrepintiéndose .. medio segundo después al encontrarse abrazada por una mole con olor a suciedad y a tabaco .. Fue un silencioso jadeo de unos segundos. Matute *Memoria* 96: En la fragua de Guiem se respiraba algo dañino .. en los golpes del yunque y el jadeo del fuelle.

jadraqueño -ña *adj* De Jadraque (Guadalajara). *Tb n, referido a pers.* | Vega *Cocina* 99: En ninguna parte me han servido un cabrito asado tan delicioso como en Jadraque, impregnado de una salsa tomillera inventada por los jadraqueños.

jaenero -ra *adj* De Jaén. *Tb n, referido a pers.* | J. FFernández *Jaén* 18.9.64, 6: Las cooperativas jaeneras son las asociaciones más serias de España. GPavón *Abc* 22.10.70, 7: Muchos de estos jaeneros y cordobeses estuvieron ya en Francia otros años.

jaenés -sa *adj* Jaenero. *Tb n.* | Cela *Viaje andaluz* 121: El viento de poniente, al que los jaeneses llaman viento derecho, es húmedo y fresco.

jaez *m* **1** Adorno de los que se ponen a las caballerías. *Frec en pl.* | *CoZ* 20.5.64, 5: Cuando se anda en averiguaciones sobre si la bacía es yelmo y la albarda de jumento jaez de caballo, uno de los criados de D. Luis .. dice. C. Sáez *Nar* 7.76, 13: En Granada capital persiste un núcleo importante desde el siglo pasado en la calle de Mesones, donde todavía se confeccionan albardas y jaeces a la usanza tradicional.
2 Calidad o condición. *Con intención peyorativa.* | U. Buezas *Reg* 29.12.70, 6: Quiere sancionar delitos del orden penal común, de sangre, atracos, asaltos de establecimientos de banca y de otros disturbios de este jaez repulsivo.

jafético -ca *adj* (*hist*) [Pueblo o raza] descendiente de Jafet (hijo de Noé). *Tb n, referido a pers.* | *Abc* 2.5.58, 33: Los camitas habrían ido al Asia Meridional, Egipto y resto de África; los jaféticos, al Asia Septentrional, o sea Escitia, y desde allí a Europa.

jaguar *m* Félido americano de gran tamaño, de pelo amarillento con grandes manchas oscuras de centro claro con pintitas negras (*Felis* o *Panthera onca*). *Tb su piel.* | Bustinza-Mascaró *Ciencias* 203: El tigre es asiático; el puma y el jaguar son americanos. Mora *Sem* 23.11.74, 96: En los cuadros restantes, una completa gama de visones, una selección increíble de "manchados": pantera, jaguar, guepardo, ocelote.

jaguarzal *m* Lugar poblado de jaguarzos. | CBonald *Ágata* 14: La siempre mortificante y siempre tentadora expedición por el laberíntico jaguarzal de la algaida.

jaguarzo *m* Arbusto de hojas persistentes, flores rojizas, purpúreas o blancas y fruto en cápsula (gén. *Cistus* y otros). *A veces con un adj especificador:* ~ BLANCO (*C. albidus*), ~ MORISCO (*C. salviifolius*), ~ NEGRO (*C. monspeliensis*), *etc.* | CBonald *Ágata* 82: El padre .. corrió después igual que un jabalí hacia el tupido fondo de los jaguarzos. Rodríguez *Monfragüe* 152: Encontramos las siguientes [especies] en el bosque y matorral mediterráneos: lentisco (*Pistacia lentiscus*), .. jaguarzo morisco (*Cistus salviifolius*), jaguarzo fino (*Halimium ocymoides*). Cendrero *Cantabria* 64: Estrato herbáceo. *Halimium umbellatum* (L.) Spach.: Jaguarzo.

jai *f (jerg)* Mujer. | Umbral *ByN* 6.12.75, 98: Claro que para naranja mecánica la de Pacita, una "jai" que yo me ligaba.

jai-alai *m* Frontón de pelota vasca. | Eguía *HLB* 18.8.75, 15: Por amistad (él me enseñó los frontones de Florida en mayo de 1972) y por el interés de los problemas laborales que tiene la cesta-punta actualmente en los "jai-alais" de aquel Estado norteamericano, estuve charlando durante una hora con Pedro Mir. J. V. Colchero *Ya* 13.4.86, 26: Los turistas en Macao no buscan .. más diversión excitante que la del riesgo en el naipe, en el "no va más" de la ruleta o en la cesta de los pelotaris vascos .. La clientela del casino y del jai-alai viene en barco.

jaima *f* Tienda de campaña que usan como vivienda los nómadas del desierto africano. | Z. GMVega *Voz* 10.8.75, 17: Se encontraba tomando té con un amigo cuando comprobó que la "jaima" estaba rodeada por hombres armados.

jaimista *adj (hist)* Carlista partidario de Jaime de Borbón Parma († 1931). *Tb n, referido a pers.* | Cossío *Confesiones* 242: He aquí otro frente de enemigos que le sale a Primo de Rivera: los tradicionalistas. Han llegado a París jóvenes jaimistas.

jaimitada *f (col, hoy raro)* Broma pesada. *Tb fig.* | * ¡Vaya jaimitada que me has hecho!

jaimito *m (col, hoy raro)* **1** Niño malicioso y precoz en el conocimiento de la vida, esp. del sexo. *Tb adj.* | * Ese niño es un jaimito inaguantable.
2 Hombre que se las da de listo o de gracioso. *Tb adj.* | Goytisolo *Recuento* 106: Lo mejor es pasar desapercibido. Si destacas por bueno, te presentas voluntario y tal, ya no paras de pringar. Y si destacas por rácano o por Jaimito, estás jodido.

jaín *adj (Rel)* Jainista. *Tb n.* | A. Barrio *Abc* 2.12.70, 8: Jaínes e hinduistas ortodoxos son totalmente vegetarianos.

jaina *adj (Rel)* Jainista. *Tb n.* | Fernández-Llorens *Occidente* 266: A partir del siglo XI, mientras en Europa la arquitectura románica alcanza su máxima sobriedad, los templos jainas del Monte Abu, totalmente construidos en mármol, asombran por su riqueza y la delicadeza de sus esculturas con dorados.

jainí *adj (Rel)* Jainista. | Campmany *Inf* 27.7.77, 28: Xirinachs debe de ser una curiosa simbiosis entre sacerdote jainí y poseído franciscano.

jainismo *m (Rel)* Religión de la India, precursora del budismo, fundada en el s. VI a.C., y que se caracteriza por un ascetismo muy riguroso, por la abstención de toda violencia y por el respeto absoluto a toda vida animal. | Anson *Oriente* 34: El hinduismo .. no ha permanecido uno y puro. De él se han derivado varias herejías o cismas importantes, entre ellos, el budismo, el jainismo, los "sikhs" y los "parsis".

jainista *adj (Rel)* Del jainismo. | * La doctrina jainista se caracteriza por su ascetismo. **b)** Adepto al jainismo. *Tb n.* | Anson *Oriente* 50: Se puede llegar más fácilmente a la alianza entre cristianos (católicos, ortodoxos y protestantes), hindúes (y sus derivaciones heréticas jainistas, sikhs y parsis), mahometanos.

jaique *m* Capa árabe con capucha, usada por las mujeres. | Vega *Cocina* 114: Me la proporcionó .. una tarde de principios de otoño, cuando las muchachas árabes comenzaban a prescindir de los blancos jaiques.

jajay *interj* Expresa risa o burla. | LPacheco *Central* 125: ¿Usted cree que me ayudó la Empresa? Jajay, me dio cuatro perras.

jalancino -na *adj* De Jalance (Valencia). *Tb n, referido a pers.* | H. Lacuesta *Lev* 14.8.77, 37: Este es el conjunto que representará y sabrá llevar la alegría a todos los hogares jalancinos en tan populares fiestas.

jalapa *f* Purgante enérgico obtenido de la raíz de la planta *Ipomoea purga. Tb la planta y su raíz.* | MNiclos *Toxicología* 85: Drásticos. Son purgantes enérgicos que actúan aumentando el peristaltismo .. (crotón, áloes, jalapa). HSBarba *HEspaña* 4, 388: Estos productos eran los normales en la exportación de América, es decir, algodón, añil, azúcar .., sebo, jalapa, moralete, zarzaparrilla, brasilete.

jalar A *tr* **1** *(col, humoríst)* Comer. *Tb abs. Frec con compl de interés.* | Delibes *Inf* 20.8.75, 12: –Pero, señor Miguel –me decía [el guarda]–, ¡haberla dejado que se la jalase!– Años más tarde, .. en un caso semejante .., aguardé a que el soberbio ejemplar devorase a su congénere. Goytisolo *Recuento* 104: Los domingos lo mejor es jalar en los comedores. No hay casi nadie y comes casi como en la cantina. Oliver *Relatos* 87: Nosotros mucho salto y mucho rollo, pero no nos jalamos una rosca.
2 *(reg)* Halar (atraer [una cosa] hacia sí tirando de ella). | *Abc Extra* 12.62, 29: Los niños jugaban con cometas que se jalaban cada noche al toque vespertino.
B *intr* **3** *(reg)* Halar (tirar [de algo] hacia sí). | CBonald *Dos días* 137: Mateo volvió a subir al coche y jaló de la brida, haciendo entrar a la jaca por la vereda del caserío.
4 *(jerg)* Correr. | Oliver *Relatos* 118: Los del callejón, por la fuerza de la costumbre, echaron a jalar al verlos [a los policías], a pesar de que no iba con ellos la cosa.

jalbegar *tr (reg)* Enjalbegar. | Escobar *Itinerarios* 48: Hay que jalbegar las paredes, dar el humero y limpiar cazos.

jalbegue *m (reg)* Acción de jalbegar. *Tb su efecto.* | Delibes *Castilla* 49: Un palomar no rinde, no rinde, come mucho, no es negocio, vaya. Que si reparaciones, que si jalbegue, que si veneno, que si matrícula.

jalbiego *m (reg)* Acción de jalbegar. *Tb su efecto.* | Lorenzo *Extremadura* 104: Miden [las columnas] ocho metros de altura; entre fuste y fuste hay unos tres metros. Desconcierta y enamora .. el contacto del blanco jalbiego con la piedra dorada.

jalde *adj (lit)* Amarillo subido. *Tb n m, designando color.* | Cela *Pirineo* 193: Por el camino cruza, con gesto preocupado y socorredor, un mozo que abriga bajo el jersey a un gato jalde y enfermo.

jaldeta *f (Arquit, hist)* En una techumbre plana de madera: Viga secundaria colocada transversalmente sobre las maestras. | Angulo *Arte* 1, 475: La decoración varía desde la armadura llana o de jaldetas, sin más temas que sus alfardas y nudillos, hasta aquellas otras cuya lacería lo cubre todo. [*En arquitectura mudéjar.*]

jalea I *f* **1** Conserva de frutas, de aspecto transparente y consistencia gelatinosa. | Calera *Postres* 30: Dos cucharadas de jalea de grosella, 20 gramos de almendras.
2 *(Quím)* Mezcla elástica y transparente de una materia coloidea y un líquido. | Alvarado *Geología* 33: Esta sílice hidratada amorfa –una jalea de SiO_2– constituye un mineral llamado ópalo, del cual algunas variedades son ornamentales.
3 ~ **blanca**. Pasta compuesta de miel, polen y agua, que constituye el alimento de las larvas de abeja obrera. | Bustinza-Mascaró *Ciencias* 140: Los huevos que producirán obreras son depositados en las celdillas de los panales en donde las obreras colocan una pasta (jalea blanca) hecha de miel, polen y agua, que va a servir de alimento a la larva.
4 ~ **real**. Alimento específico de las larvas de abeja reina, rico en vitaminas, y que a veces se emplea en medicina. | Alvarado *Zoología* 50: Las larvas destinadas a ser obreras reciben el alimento normal. Las destinadas a ser reinas reciben un cebo especial llamado jalea real .. En estos últimos tiempos se expenden preparados llamados de "jalea real" para la medicación humana.
II *loc v* **5 hacerse** [alguien] **una ~.** *(col)* Ponerse o sentirse muy dulce o afectuoso. | LTena *Luz* 47: –Pero tú... ¿me tienes afecto? –A veces me tiene usted hecha una jalea, señorito Jaime; pero otras le tengo manía.

jaleador -ra *adj* Que jalea [1]. *Tb n.* | Cero *Cod* 15.3.64, 2: Las plazas a ocupar serán de bailaores de ambos sexos, cantaores, tocaores y jaleadores. Pemán *Andalucía* 465: No es la menor gracia de estas zambras la presencia de la "jaleadora" .. Las cosas que dicen las "jaleadoras" del Sacro Monte son místicas, recónditas e inexplicables. Grosso *Capirote* 128: Fue en el instante mismo en que se marcaba un gol en una de las imaginarias porterías .. Del patio llegaba el grito de los jaleadores de uno y otro equipo.

jalear *tr* **1** Animar con palmadas o expresiones [a alguien que hace algo, esp. cantar o bailar]. | Manfredi *Cante* 20: La gente se consagraba a sus ocios predilectos, y uno de ellos era ir a los tablaos a escuchar el cante flamenco, a jalear a las bailaoras hermosas. DCañabate *Paseíllo* 18: Los otros dos espadas también lancean de capa. La Sole y la Trini los jalean. **b)** Celebrar o elogiar exclamativamente [a alguien o algo]. | Grosso *Capirote* 196: La saeta era ahora jaleada jubilosamente. En el balcón la cantaora se persignó. ZVicente *Traque* 46: Y la señora Blasa, la carnicera, me dejó sus aderezos. Es verdad que ya no se llevan así, pero eran buenos .., y me jaleaba al marcharnos. Olé las chicas guapas.

2 Agitar, o mover sin cesar. | Arazo *Pro* 7.4.74, 51: Con aquellos trajes tan largos y aquellos mantones que jaleaba para aquí y para allá.

jaleo *m* (*col*) **1** Ruido o bullicio. | *Ya* 6.6.73, 22: "El Lute" les dio 10.000 pesetas para que celebraran la boda, porque él se retiró en seguida, ya que "armaban mucho jaleo". **b)** Alboroto o agitación. *Tb fig.* | Arce *Testamento* 76: Armó mucho jaleo aquello, y el alcalde llamó a consejo, y se tomaron medidas. Laforet *Mujer* 81: Ha habido tiroteo y jaleos del demonio. Han venido a dar un mitin. Los mineros eran los que alborotaban.

2 Confusión o enredo. | * Me hice un jaleo con los nombres y no pude continuar. DCañabate *Paseíllo* 117: Estamos a tres kilómetros de la plaza y ya la estamos gozando, porque los toros empiezan aquí, en este jaleo de coches. **b)** Cosa complicada o difícil. *Frec con intención ponderativa.* | * En menudo jaleo te has metido. ZVicente *Traque* 181: Anda, que no es jaleo ni nada lo que se echan las niñas en la cara. Nosotras, agua de Carabaña para la piel, para los granos .., y manzanilla para el pelo, y sanseacabó. Halcón *Monólogo* 151: Aquí entra todo el donjuanismo, todo el barbarismo y todo el jaleo que se traen algunas amigas mías con los hombres.

3 Discusión o pendencia. | * Han tenido más de un jaleo a causa de los niños, y no me extraña.

4 (*raro*) Acción de jalear [1]. *Tb su efecto.* | VMontalbán *Pianista* 60: –¡Bravo! ¡Bravo! –gritó Schubert .. Estimulada por el jaleo de Schubert, la Tempranica devolvió su rostro excesivo hacia el público.

jaleoso -sa *adj* (*col*) **1** Que causa jaleo. | GPavón *Liberales* 68: Ya corría el tren jaleoso y alegre entre los viñedos manchegos. S. MMartínez *VAl* 5.10.75, 8: El personal jaleoso no tendrá buena acogida.

2 Que implica jaleo. | * ¡Qué jaleoso es esto, no sé por dónde empezar!

jalifa *m* (*hist*) Autoridad máxima del protectorado español de Marruecos, que ejerce el poder por delegación del sultán. | Borrás *Abc* 27.4.58, 39: Habíamos colocado un Jalifa en la jerarquía suprema de la zona.

jalifato *m* (*hist*) Cargo o dignidad de jalifa. | L. Reyes *SPaís* 16.7.78, 15: El elegante despacho de presidente del Banco de Marruecos, en Rabat, debe parecerle pobre y sin brillo a su actual ocupante, SAR Muley Hassan Ben-el-Mehdi, antiguo jalifa del Protectorado español .. En 1927 fue exaltado al Jalifato.

jalifiano -na *adj* (*hist*) De(l) jalifa. | *Abc* 29.6.58, 77: Estaba en posesión de la Orden Jalifiana, que le fue concedida por la organización de unas emisiones dirigidas a los pueblos árabes.

jalma *f* (*reg*) Enjalma (aparejo). | Moreno *Galería* 303: Colgaduras de jalmas, jamugas, cabezadas.

jalmero *m* (*reg*) Fabricante de jalmas. | Moreno *Galería* 31: El oficio de jalmero tiene su clara explicación.

jalón[1] *m* **1** Hito o punto destacado en un proceso o trayectoria. | J. M. ÁRomero *MHi* 11.63, 72: Marca un jalón importante en el desarrollo de la mentalidad inquisitiva y experimental la *Historia Natural y Moral de las Indias*, del jesuita José de Acosta. *Sp* 19.7.70, 25: El átomo es, hoy por hoy, el último jalón de una carrera.

2 (*Topogr*) Vara o mira que se clava para determinar puntos fijos cuando se levanta el plano de un terreno. | *Anuario Observatorio 1967* 81: Clavando en el suelo un jalón vertical, la sombra que proyecte por la mañana o por la tarde a las horas comprendidas en la tabla .. coincidirá muy aproximadamente con la línea E.-W. perpendicular a la meridiana.

jalón[2] *m* (*reg o jerg*) Tirón (acción de tirar violentamente, o procedimiento de robo). | Quiñones *Viento* 216: Lo tenía trincao por la corbata, que si le da otro jalón se la arranca de cuajo.

jalonar *tr* **1** Ser [una serie de cosas (*suj*)] los jalones[1] [1] [de algo (*cd*)]. | *Sol* 24.5.70, 7: Más allá de la famosísima Costa; o por el contrario .. en cualquiera de las múltiples calas que la jalonan.

2 Establecer jalones[1] [1] [en algo (*cd*)]. *Tb fig.* | Goytisolo *Recuento* 497: No solo un ritual maniático. No. Una forma, además, de jalonar el tiempo, un sistema personal .. conforme al cual los días pasaban de prisa.

jalonazo *m* (*jerg*) Jalón[2]. | *Caso* 19.12.70, 17: Se sigue empleando el "tirón" o "jalonazo" en las calles de Barcelona.

jalpaíta *f* (*Mineral*) Mineral de color gris con irisaciones, constituido por sulfuro de plata y cobre. | Ybarra-Cabetas *Ciencias* 62: Argentita .. Contiene en ocasiones algo de cobre, formando la variedad llamada jalpaíta.

jalvia *f* (*reg*) Salvia (planta). | J. J. Antón *ASeg* 2.12.89, 6: Todas esas laderas, oteros y regueros .. solo producen tomillos, espliegos, jalvias, setas (cuando llueve) y alguna que otra gramínea y leguminosa.

jam (*ing; pronunc corriente*, /yam/) *f* (*Mús*) Jam session. | *Ya* 6.2.87, 33: Esta noche, otra buena "jam" en el Canciller. Esta noche, el Canciller volverá a vibrar con otra reunión rockera de altura.

jamacuco *m* (*reg*) Indisposición repentina, esp. desmayo. | Mendicutti *Palomo* 214: A tía Victoria le había dado un jamacuco y se había caído redonda, desmayada. J. Peñafiel *Inde* 13.8.89, 45: Lo que se dice dar tiros, se estuvieron dando hasta el mismísimo día en que al general se le dio aquel jamacuco en forma de insuficiencia coronaria aguda que le llevaría, 30 días después, al Valle de los Caídos.

jamaicano -na *adj* De Jamaica. *Tb n, referido a pers.* | *Abc* 9.2.68, 36: Un buceador jamaicano descubre restos de dos carabelas.

jamaiquino -na *adj* Jamaicano. *Tb n.* | *D16* 1.10.90, 3: En la propia Inglaterra la emprenden a golpes contra rod[e]sianos y jamaiquinos.

jamancio -cia *adj* (*raro*) Descamisado. *Tb n.* | FVidal *Duero* 169: El caminante .. se dirige a un jamancio de camisola arremangada que está detrás del mostrador.

jamar *tr* (*col, humoríst*) Comer. *Tb abs. Frec con compl de interés.* | DCañabate *Paseíllo* 161: ¿Y si comiéramos en un sitio donde veamos que paran los camiones, que es señal segura de que se jama a modo?

jamás (*en las tres primeras aceps, tb, pop,* EN JAMÁS *y, enfáticamente,* (EN) JAMÁS DE LOS JAMASES) *adv* **1** En ningún momento. | Medio *Bibiana* 14: Natalia y Xenius son los dos hijos que más se le parecen en lo reservados. Nadie sabe jamás lo que están pensando. DCañabate *Paseíllo* 53: Pa ser torero hay que tener la cabeza sobre los hombros, no perder en jamás el conocimiento. GPavón *Hermanas* 42: Cuando llega uno a esa perplejidad no le salta en medio de los jamases. Berlanga *Gaznápira* 22: Por eso no te acoquines, zurriaga. Jamás de los jamases hay que resignarse.

2 De ningún modo. *Se usa rechazando enfáticamente una propuesta.* | * –¿Por qué no vas a verla? –¡Jamás!

3 Alguna vez. *Se usa en interrogs (directas o indirectas) cuya respuesta más probable sería "jamás".* | * ¿Viste jamás una cosa así? * No sé si habrá existido jamás una persona igual.

4 *Se usa como refuerzo enfático de los advs* NUNCA *y* SIEMPRE. | Gala *Petra* 797: –Como no salgo nunca... –¡Nunca, nunca? –Nunca jamás, que es peor. Cela *Rosa* 208: Juan, el jardinero, ya para siempre jamás entre los florecidos y mágicos rosales del cielo del buen Dios.

jamba *f* Pieza labrada vertical de las dos que sostienen el dintel o el arco de una puerta o ventana. | Angulo *Arte* 1, 56: Encuadrados por largas franjas con rosetas, los enormes paños de los muros y las jambas de la puerta nos muestran, sobre fondo azul, grandes animales de relieve que avanzan parsimoniosos hacia la entrada.

jambaje *m* (*Arquit*) Conjunto formado por las jambas y el dintel de una puerta o ventana. | *Navarra* 92: También es usual usar sillarejos y sillares en los jambajes de puertas y ventanas y en las cadenas esquineras.

jambo -ba *m y f* (*jerg*) Hombre o mujer. | Aparicio *César* 16: ¡Hoy piden para las viudas patrióticas, así de jambas buenísimas!

jamelgo *m* (*desp*) Caballo flaco y desgarbado. | DCañabate *Paseíllo* 89: Son tres mandrias los que torean, con más miedo que siete viejas. Conténtate con ver despanzurrar tres o cuatro jamelgos.

jameo *m* (*reg*) Hundimiento o concavidad del terreno. | GSosa *GCanaria* 136: Dos de las maravillas naturales más interesantes de Lanzarote: los jameos y la Cueva de los Verdes. Los jameos se encuentran en la comarca denominada Malpaís de la Corona .. y consisten en hundimientos más o menos profundos del suelo.

jámila *f* (*reg*) Alpechín. | *Inf* 12.4.77, 20: Las aguas potables de Pinos Puente, pueblo ubicado a 15 kilómetros de Granada, se hallan contaminadas desde hace varias fechas a causa de la jámila, residuo de la aceituna.

jamo *m* (*reg*) Salabre. | T. Medina *SAbc* 3.8.75, 5: Son pescadores formidables estos canarios .. A veces entra en la red, o en el jamo, un calamar, que se aparta, para luego ser frito, cuando rompa el día.

jamón I *m* **1** Pernil de cerdo, esp. cuando está curado. | *Cocina* 8: La parte más apreciada del cerdo es el jamón. **b)** (*col*) Nalga y muslo de una pers., esp. mujer. *Gralm en pl.* | Olmo *Ayer* 89: –¿Pobriña tú? ¿Con esos jamones que la madre naturaleza te ha dao? –exclama el marido de Felisa la Sorda clavando sus ojos en el culo de la cocinera. **2** Carne del pernil de cerdo curado. *Tb* ~ SERRANO. | GPavón *Hermanas* 52: Cuando iban a medias con el jamón y la cerveza, .. empezó Plinio su interrogatorio. *SHie* 19.9.70, 9: Se agrega el jamón serrano cortado en tiras. **b)** Carne del brazuelo de cerdo curado. | *Cocina* 8: Del cerdo se aprovecha todo. Se divide del modo siguiente: .. Brazuelo, codillo o lacón: es jamón de inferior calidad. **c)** ~ **en dulce** → DULCE.

3 ~ **de mono.** (*col*) Cacahuetes. | * No hay más aperitivo que aceitunas y jamón de mono.

4 ~ **de pato.** Muslo curado de pato. | *Ade* 23.4.90, 7: Jamón de pato y la mejor selección en vinagres-salsas y mostazas las [*sic*] puede comprar en La Vinoteca.

5 ~ **de york.** Fiambre a base de carne de cerdo cocida. *Tb* (*pop*) ~ YORK. | Cela *SCamilo* 333: Media loncha de jamón de York. Miguel *Mad* 22.12.69, 13: Se manda a la chacha a la tienda "a por .. 50 gramos de jamón york".

II *loc adj* **6** (**de**) ~. [Manga] ceñida hasta el codo y muy amplia en la parte superior. | Torrente *Pascua* 204: Encima del piano había el retrato de una mujer con moño alto y mangas de jamón. A. GAlfaro *MHi* 12.57, 42: Hubo discursos, brindis, felicitaciones. Respetables patricios y damas con manga jamón en los trajes.

7 (*col*) Muy bueno o muy atractivo. *Frec referido a pers. Con intención ponderativa. Frec con el v* ESTAR. | Lera *Perdimos* 142: Entonces Pilar estaba jamón. No parece la misma ahora, después de treinta y dos meses de guerra. LTena *Triste* 35: –¿Cómo expresaría yo a las gentes, en boen castellano, que esta fiesta es mocho bonita? –Diles que está jamón.

III *fórm or* **8** (**y**) **un ~** (**con chorreras**). (*col*) Fórmula con que se pondera lo inadmisible de una pretensión o afirmación que se acaba de oír. | Mendoza *Laberinto* 201: –Caminen hacia la puerta con las manos en alto. –Y un jamón.

jamona *adj* (*col*) [Mujer] ya no joven y algo gruesa. *Tb n.* | J. G. Manrique *MHi* 11.63, 14: En un título del Banco Nacional de San Carlos, una diosa contundente y jamona, confianzudamente apoyada en un león y junto al inevitable cuerno de la abundancia, nos muestra su cetro. Cela *Judíos* 98: Paquita .. era una jamona morenaza, garrida, de buen ver y de mejores carnes.

jamonería *f* Tienda especializada en la venta de jamones [1 y 2]. | *SVoz* 8.11.70, 13: Traspaso por ausentarme jamonería taberna.

jamonero -ra I *adj* **1** Del jamón [1 y 2]. | *Vega Cocina* 177: Fue Antonio Becerril quien me puso sobre la pista del jamón de Cumbres Mayores .. Al Cumbres Mayores, sabroso y hasta con cierta originalidad en el gusto jamonero, lo encontré un poco salado. *Prog* 31.7.75, 3: El pasado día 22 tuvo lugar .. el sepelio y funeral de entierro del ex-industrial jamonero don Julio López Alonso.

II *n* **A** *m y f* **2** Pers. que comercia con jamones [1 y 2]. | F. Ramos *Sáb* 3.12.75, 58: Alrededor de esta producción primaria viven también otros "profesionales", los "tratantes" o jamoneros, que compran y distribuyen.

B *m* **3** Soporte para colocar el jamón [1] y cortarlo con facilidad. | *Prospecto* 9.87: El Corte Inglés .. Jamonero acero inoxidable, con base en madera de haya, 4.995.

jampón -na *adj* [Pers.] robusta. | Campmany *Abc* 22.11.93, 20: Todos se la pasaron [la ley] por las tragaderas, el ministro de Justicia y los demás ministros, .. el Fiscal General del Estado, ese temible, jampón y rebolludo Pollo del Pinar.

jampudo -da *adj* (*reg*) Grueso o robusto. | Cancio *Bronces* 56: Este Joseón, este hastial de la jampuda tribu de los Porriegos, es un pasiego con retranca de los pies a la cabeza.

jam session (*ing; pronunc corriente,* /yám-sésion/; *pl normal,* ~S) *f* (*Mús*) Sesión de música improvisada de jazz o de rock. | GBiedma *Retrato* 85: Jam session en La Cave des Angely. David, flameante el faldón de la camisa, baila como un poseso rodeado de todos los chicos del barrio. *Ya* 31.1.92, 64: Vlady Bas .. Tocaba ya el saxo cuando en Madrid las "jam-sessions" solo se conocían, casi secretas, en la Facultad de Medicina.

jamuga *f* **1** Silla de tijera que se coloca sobre el aparejo para montar a mujeriegas. *Frec en pl con sent sg.* | Cuevas *Finca* 244: Llegó en su mulo como siempre, sin jamuga ni silla. **b)** Silla de uso doméstico de aspecto similar a las jamugas de montar. | Delibes *Pegar* 11: Sentado en una especie de jamuga (que quizás viajaba con él), abajo, en las losetas del patio .., se hallaba Orson Welles, el monstruo. *Abc* 4.10.70, sn: Jarrones, alfombras, tapices, porcelanas, jamugas.

2 Armazón de madera que se coloca sobre el lomo de la caballería para atar a sus costados haces de mies o algo similar. *Frec en pl con sent sg.* | Moreno *Galería* 187: Allá van los vecinos, con sus picos, palas y azadones al hombro. Otra vez, con las hachas. Ahora, con su propio ganado de carga y trabajo, pertrechado con aparejo, artolas o jamugas y sus picos "picapedreros".

jan *m* Kan. | F. Cebolla *SPaís* 8.1.78, 21: En 1876 se produjo el alzamiento del *jan* de la región de Khiva, contra el poder ruso, en la región de la desembocadura del Oxus sobre el mar de Aral.

jana *f* (*Mitol ast y leonesa*) Ninfa de las fuentes y de los montes. | Llamazares *Río* 17: La leyenda termina relatando cómo las janas de las fuentes convirtieron en agua la sangre que manaba de los cuerpos de los dos amantes muertos.

janco *m* (*reg*) Rabil (pez). | GLarrañeta *Flora* 212: Es un pez de la familia de los atunes .., que es objeto de pesca en los mares cálidos, entre ellos las aguas próximas a las Islas Canarias, cuyos pescadores le llaman rabil, y en Andalucía janco.

jándalo -la *adj* (*reg*) [Cántabro] que ha emigrado a Andalucía y regresa a su tierra. *Tb n. A veces referido a los emigrados a otra región.* | Gala *Sáb* 13.8.77, 5: He comprendido la pasión de los montañeses .. por su paisaje. El no poder vivir sin él, el irremediable retorno del indiano y del jándalo (hubo un tiempo –cuánto cambian las cosas– en el que Andalucía era una tierra a la que se emigraba). *DMo* 13.8.91, 49: Jándalos en "El Verdoso" .. Fernando Gutiérrez Alonso, un sevillano de Villafufre, y Óscar Gómez Morante, madrileño de Puentenansa, pasan ahora unos días de vacaciones en su tierra, felices jugando todos los días a los bolos.

jangada[1] *f* (*col, raro*) Faena o trastada. | Grosso *Zanja* 92: Siempre que pudimos hacerle una jangada se la hicimos.

jangada[2] *f* Balsa de troncos, usada hoy esp. en Brasil. | *Ya* 15.4.85, 51: La jangada, apenas un amasijo de troncos de madera de balsa, es la embarcación usada por los pes-

jansenismo – jaquetón

cadores en las costas de Brasil. FReguera-March *Filipinas* 107: Avanzaban con solemnidad otros navíos de considerable tamaño también: paraos, barangayanes, jangadas y quilis-quilis.

jansenismo *m* (*Rel catól*) Movimiento teológico heterodoxo de los ss. XVII y XVIII, basado en la obra de Cornelio Jansen († 1638), que exageraba las doctrinas de San Agustín sobre el pecado original, la libertad y la gracia, y que tuvo su centro en la abadía de Port Royal (Francia). I Zunzunegui *Camino* 484: Al vencer los jesuitas, pues andando el tiempo fue raído y condenado el jansenismo, quedó la tierra vascongada en sus manos. GMarín *Tri* 27.11.71, 38: Enciclopedismo, jansenismo y, en particular, regalismo: he aquí las tres herejías enemigas, respectivamente, de la fe, la jerarquía eclesiástica y el poder político de la Iglesia.

jansenista *adj* (*Rel catól*) Del jansenismo o de sus partidarios. I Fernández-Llorens *Occidente* 184: Después de la condenación del jansenismo, las religiosas fueron dispersadas, los libros jansenistas quemados y la abadía destruida. **b)** Partidario del jansenismo. *Tb n.* I Zunzunegui *Camino* 483: Yo estoy con los jesuitas frente a Pascal, sin pararme a estudiar cada caso particular, y yo estoy con ellos porque en aquel momento simbolizan un concepto avanzado y liberal de la vida frente a la ñoñería y fanatismo brutal de los jansenistas. CBaroja *Inquisidor* 45: En 1794 era gran inquisidor don Manuel Abad La Sierra, al que se ha acusado de jansenista.

japonería *f* (*raro*) Objeto de arte del Japón. I Torrente *Isla* 183: Fueron a un salón al lado del zaguán: en él, los restos de un pasado: como en el de la viuda Fulcanelli, japonerías y chinerías, pieles de bichos fieros en los suelos.

japonés -sa I *adj* **1** Del Japón. *Tb n, referido a pers.* I Arenaza-Gastaminza *Historia* 261: El primer objetivo japonés fue Corea, donde pretendía colocar el excedente de su población. Zubía *Geografía* 209: El pescado y el arroz son los alimentos básicos y casi únicos de los japoneses.
2 [Manga] que sale directamente del delantero y de la espalda, como una prolongación de estos. I Goytisolo *Recuento* 55: La que a él le gustaba era Celia .. Llevaba un cuerpo amarillo, de manga japonesa, y cuando levantaba el brazo se le veía el vello del sobaco, el suave arranque de la teta.
3 [Zapatilla] cuya parte superior está formada por dos tiras que se unen en la parte delantera y se sujetan entre el dedo gordo y el siguiente. *Frec n.* I GHortelano *Momento* 319: Mercedita calzaba zapatos de tacón alto. –¿Quién te ha comprado esos zapatos? –Una servidora. –Y tu madre ¿te los permite? –Me voy a mi casa en japonesas.
4 a la japonesa. [Huelga] que consiste en trabajar más de lo habitual. I *D16* 11.7.85, 8: Los farmacéuticos .. han convocado para hoy una huelga "a la japonesa" que mantendrá abiertas las farmacias cuatro horas más en protesta por el borrador de anteproyecto de la ley del Medicamento.
II *m* **5** Idioma del Japón. I Zubía *Geografía* 88: Las lenguas. Las más extendidas son: El chino (500 millones) y japonés (100 millones), en Asia.

japonización *f* Acción de japonizar(se). I M. Calvo *SYa* 28.4.74, 9: El "ikebana" fue concebido como la expresión simbólica de ciertos conceptos filosóficos japoneses del budismo. Sin embargo, con el transcurso del tiempo, la completa "japonización" del arreglo floral y su adaptación al genio peculiar del pueblo japonés hicieron que perdiera una gran parte de su sentido religioso.

japonizante *adj* Que japoniza. I Sandoval *DMo* 1.8.74, 2: Los críticos de Barcelona le han llamado "el japonizante Liaño". Y este acuarelista de Torrelavega funde, efectivamente, en sus obras, el lirismo oriental con la severidad cantábrica.

japonizar *tr* Dar carácter japonés [a alguien o algo]. *Tb abs.* I *Épo* 6.5.91, 131 (A): Aunque ha sabido guardar la imagen de marca Citroën, su diseño .. presenta una parte posterior un tanto "japonizada". A. Assía *Voz* 23.10.70, 22: Comenzamos a creer que la salvación está en la industria cuando en los países europeos descubren que, sin agricultura, la industria "japoniza", pero difícilmente europeíza. **b)** *pr* Tomar carácter japonés. I * El gusto se ha ido japonizando poco a poco.

japuta *f* Pez marino comestible de unos 40 cm, de cuerpo alto y comprimido, cola ahorquillada y color plomizo (*Brama raii*). I CBonald *Ágata* 28: Terminó brindándole al normando la oportunidad de que volviera a media tarde a echar una mano en el acarreo de la pesca, cosa que efectivamente hizo, cumpliendo a gusto y con provecho la soportable faena de desembarcar esportones de brecas y pejesapos, chocos y japutas.

jaque[1] *m* **1** (*Ajedrez*) Jugada que amenaza al rey o a la reina. I Repollés *Deportes* 136: Cuando el rey se encuentra amenazado directamente, es obligatorio avisar, diciendo: "Jaque al rey". **b) ~ mate** → MATE[2].
2 Situación de alerta o de inquietud. *En las constrs* DAR ~, *o* TENER, TRAER *o* PONER, EN ~. I Caba *Ruta* 94: En los años de los gabarreros, les dábamos jaque por Valmesado y el Pastizal para que se escurrieran hacia la otra vertiente de Malagosto, y allí los acorralábamos contra la maleza. Cela *Judíos* 66: Trajo en jaque a los franceses durante todo lo que duró la guerra de la Independencia. Ridruejo *Castilla* 2, 59: Numancia .., donde arevacos, pelendones, belos y titos se concentraron frente a la Roma omnipotente, poniéndola en jaque.

jaque[2] *adj* [Hombre] arrogante y bravucón. *Frec n. Tb fig, referido a animal o cosa.* I Lera *Olvidados* 167: Y los ojos de ascuas de aquellos muchachos miraban con encendida admiración a aquel tipo alto y jaque, dueño del mejor cortijo, de quien se contaban increíbles aventuras en el campo filibustero de Gibraltar. Cela *Judíos* 273: Hay que pagarla [la ronda]; al que no la paga, porque se cree más jaque que nadie, le cascan. Lapesa *HLengua* 265: Hasta la jerga del hampa halló acogida: .. la *ene de palo* 'la horca', *gurapas* 'galeras', aparecen en nuestros escritores, independientemente de otras expresiones de germanía que solo se ponen en boca de pícaros o jaques. Carnicer *Castilla* 176: Cuenta ahora con tres establos de mil ovejas .. Ensayan nuevos cruces, y por allí anda, muy jaque, un macho recién llegado de Rusia. Carnicer *Castilla* 40: En uno de los salientes, donde el peñasco traza una arista como la proa de un barco, se yergue, prolongándola audazmente, un torreón muy jaque. **b)** Propio del hombre jaque. I Cuevas *Finca* 82: El jefe se volvió desde el dintel de la escalera, recobrada, otra vez, la apostura jaque y desafiante.

jaque[3] *m* (*reg*) Recipiente de las aguaderas. I F. PMarqués *Hoy* 26.12.75, 12: Te has ido encontrando con una típica ocupación local: la espartería, con sus locales repletos de tomizas, de trenzas, de pleitas, que se transformarán en soga, en jaques, en serones, en esteras.

jaqueca *f* Trastorno que se manifiesta periódicamente por fuerte dolor de cabeza, por lo regular en un solo lado de esta, y por náuseas y vómitos. I Sales *Salud* 393: La jaqueca es muy frecuente, afecta más a las mujeres que a los hombres .., y las crisis se presentan espontáneamente. **b)** *En gral:* Dolor de cabeza. I Cela *Inf* 1.10.76, 22: A veces me duele la cabeza, sí. ¿Es pecado tener jaqueca? A los hombres no les duele la cabeza porque no tienen nada dentro.

jaquecón *m* (*col*) Jaqueca grande. I Delibes *Cinco horas* 164: A ti te querría yo ver con uno de mis jaquecones.

jaquecoso -sa *adj* Que padece jaqueca. *Tb n.* I M. Carreras *Min* 5.87, 11: Se ha escrito bastante acerca de lo que podría denominarse la personalidad del jaquecoso.

jaquel *m* (*Heráld*) Pieza cuadrada que se repite cuatro o más veces en un escudo o pieza. I Em. Serrano *Sáb* 8.2.75, 63: La casa de los duques de Medina-Sidonia añad[e] a este escudo una bordura de jaqueles de plata, con leones de gules.

jaquelado -da *adj* (*Heráld*) [Escudo o pieza] adornado con jaqueles. I Gironella *SAbc* 9.2.69, 20: El escudo del cardenal Cisneros aparece enteramente jaquelado. Moreno *Galería* 353: Trajeron .. por armas calderas jaqueladas, con asas de oro y terminadas en cabezas de serpientes.

jaqués -sa *adj* De Jaca (Huesca). *Tb n, referido a pers.* I Cierva *HyV* 12.70, 18: Completaban las instalaciones militares de Jaca los dos fuertes del Coll de Ladrones y del Rapitán, guarnecidos por destacamentos jaqueses.

jaquetón[1] **-na** *adj* [Pers.] arrogante o bravucona. *Tb n.* I FReguera-March *Cuba* 8: Había también algunos caballeros .. Uno, algo jaquetón, se abrigaba con una capa de color tabaco. Aparicio *Retratos* 139: –¿Viene o no don Ezequiel? –preguntó entonces la chica, jaquetona. Cela *Rosa* 42:

Sorprendió [mi padre] al capitán Sánchez haciendo trampas y se lo dijo. El capitán Sánchez, que era un jaquetón, se puso furioso: –¡Eso no me lo dice usted en la calle! **b)** Propio de la pers. jaquetona. | FReguera-March *Cuba* 8: Los reclutas vibraban de entusiasmo, sonreían, miraban con un desplante jaquetón.

jaquetón[2] *m* Tiburón de hasta 12 m de longitud y sumamente peligroso (*Carcharodon carcharias*). | Bustinza-Mascaró *Ciencias* 172: Los [tiburones] más frecuentes en las aguas marinas de España son el cazón, el marrajo, el jaquetón.

jáquima *f* (*reg*) Cabezada de cuerda para atar las bestias y llevarlas. | Cuevas *Finca* 211: Destrabó el mulo, le puso una jáquima, se montó sobre él de un salto.

jara *f* Arbusto oloroso de hasta 3 m, con hojas lanceoladas, blanquecinas por el envés, y grandes flores blancas solitarias (*Cistus ladanifer*). *Tb* ~ COMÚN, DEL LÁDANO o DE LAS CINCO LLAGAS. *Con un adj especificador designa otras especies:* ~ BLANCA (*C. albidus*), ~ CERVAL, CERVUNA o MACHO (*C. populifolius*), ~ RIZADA (*C. crispus*), *etc*. | Ortega-Roig *País* 136: En los páramos crecen plantas olorosas: retama, tomillo, espliego, jara. C. Otero *Abc* 28.6.81, 50: Un halo de fino polvo quedaba suspendido en el aire, adherido a las hojas pringosas de la jara cervuna.

jarabe I *m* **1** Disolución concentrada de azúcar y agua. *Tb* ~ SIMPLE. | Calera *Postres* 30: Se prepara un jarabe con el azúcar y el agua. Los melocotones se sumergen dentro de este jarabe. FQuer *Plantas med.* 944: El más simple de los jarabes se prepara con solo agua y azúcar .. Las farmacopeas mandan preparar el jarabe simple con agua destilada. La española, con 360 gr. de agua y 640 de azúcar, en frío, para obtener 1 kg. de jarabe simple. **b)** (*E*) Líquido que contiene jugo de caña o de remolacha y del que se obtiene el azúcar. | Aleixandre *Química* 108: Se emplea [el negro animal] en las fábricas de azúcar para decolorar el jarabe.

2 Bebida preparada con jarabe [1a] y esencias refrescantes o sustancias medicamentosas. *Frec con un adj o compl especificador.* | *Cocina* 592: Jarabe al ron. En un cazo se ponen doscientos gramos de azúcar y un decilitro de agua. Cuando rompe a hervir se espuma bien y se deja hervir dos minutos. Se agrega una buena copa de ron. Laforet *Mujer* 25: Eulogio suspiró a gusto. Se preparó un poco de jarabe con hielo y agua, y empezó a beberlo a pequeños sorbos, despacio. Nicolau *Salud* 662: Las formas farmacéuticas líquidas vienen representadas principalmente por las soluciones, los inyectables, los jarabes y los elixires. **b)** *Se usa frec en constrs de sent comparativo para ponderar el dulzor de una bebida o de algo jugoso.* | * *El café que tomas es un jarabe.* GPavón *Cuentos rep.* 181: –Pésame esa [sandía]. –Esta, ya verás, puro jarabe.

3 ~ **de palo**. (*col, humoríst*) Castigo consistente en golpes. | * *Este niño no lo que necesita es jarabe de palo.*

4 ~ **de pico**. (*col, humoríst*) Labia o locuacidad persuasiva, normalmente con intención de engañar. | Campmany *Abc* 16.5.88, 22: Echándole al asunto facundia y jarabe de pico, a los alemanes se le[s] puede vender cualquier cosa.

II *interj* **5** (*col, raro*) Caramba. | ZVicente *Traque* 91: Nada, que no voy a poder decirle a usted lo que lleva la bolsita dentro, porque, ¡jarabe!, cómo grita.

jaraiceño -ña *adj* De Jaraíz de la Vera (Cáceres). *Tb n, referido a pers.* | GMorales *Hoy* 23.1.75, 13: Se habían concentrado .. gran número de jaraiceños parientes, amigos o convecinos de los implicados.

jaraíz *m* (*reg*) Lagar. | GPavón *Hermanas* 20: Las bodegas están llenas .., los jaraíces recién limpios .. Todo el pueblo olía a vinazas, a caldos que fermentaban, a orujos rezumantes.

jarakiri *m* Harakiri. | SFerlosio *Ensayos* 2, 499: A ello responde que seguramente en la más primitiva forma del suicidio: el suicidio de honor; el clásico suicidio del general romano derrotado, y así mismo, en el *bushido*, en el código del honor del samurai, lo que este llamaba "el honroso camino de salida", esto es, el jara-kiri.

jaral *m* Lugar poblado de jaras. | GLuengo *Extremadura* 119: El secano, sin embargo, prevalece en buena parte, y hay jarales y carrascales sin apenas desbrozar en grandes trechos.

jaramago (*tb con la grafía* **haramago** *en zonas de aspiración*) *m* Se da este *n* a varias plantas herbáceas de la familia de las crucíferas, de flores amarillas o blancas y propias de lugares incultos (*géns Diplotaxis, Sisymbrium y otros*). *A veces con un adj especificador:* ~ AMARILLO DE LOS TEJADOS (*Diplotaxis virgata*), ~ AMARILLO MEDICINAL (*Sisymbrium officinale*), ~ BLANCO (*Capsella bursa-pastoris y Raphanus raphanistrum*), *etc*. | Cuevas *Finca* 250: Los jaramagos tenían ya las vainas de semillas, que parecían minúsculos antifaces verdes. Cela *SCamilo* 139: Hay nichos en los que florece el jaramago amarillo y áspero. Halcón *Monólogo* 56: –¡Qué esmalte el de la amapola, qué brevedad la del haramago blanco! –Maldícelo, que es dañino .. –¿Y el amarillo también es dañino? –Sí, pero menos. Mayor-Díaz *Flora* 440: *Diplotaxis tenuifolia* (L.) DC. "Jaramago silvestre" .. No frecuente .. Escombreras, bordes de caminos.

jaramagullón *m* (*reg*) Cierta ave palmípeda del tamaño del silbón. | Cela *Viaje andaluz* 285: En la laguna Pajarera, que es la más grande, se crían el pato y el flamenco, el ánade y el jaramagullón, la gallareta, la zarzareta y la ansareta.

jaramugo *m* Cría de pez. | C. Otero *Abc* 21.6.79, 48: Durante el período de reproducción se obtienen 1.050.000 jaramugos de Carpa real mediante 88 parejas de reproductores.

jarana *f* (*col*) **1** Diversión bulliciosa. | Sempronio *Des* 12.12.70, 11: Esas generaciones machuchas que se resisten heroicamente a jubilarse de la jarana, y que en "boîtes" y fiestas todavía disputan la pista a los jóvenes.

2 Lucha o pelea. | GSerrano *Macuto* 17: Juan Juanito Mohamed, cuando la Bandera estuvo en Somosierra, se metió en jarana. GSerrano *Macuto* 473: Me puse los guantes en Teruel, el año de la jarana.

jarandillano -na *adj* De Jarandilla (Cáceres). *Tb n, referido a pers.* | V. Soria *Hoy* 23.1.75, 11: Un grupo de jóvenes de la Universidad Complutense está trabajando en una importante investigación sobre la festividad jarandillana de "Los Escobazos".

jaranear *intr* (*col*) Andar de jarana [1]. | Peraile *Ínsula* 98: –Además de administrar sus fincas, ¿qué hace tu hermano? –Cazar, feriar, jaranear y conquistar.

jaraneo *m* (*col*) Acción de jaranear. | M. Nieto *Sur* 29.8.89, 12: El paisanaje ha empezado a emprender la retirada, y este hecho se deja notar en el aforo de los locales que han imantado tanto jaraneo durante un mes y medio.

jaranero -ra *adj* (*col*) **1** De (la) jarana [1] o que la implica. | DCañabate *Paseíllo* 40: Era guapillo y presumido. Pronto fue conocido en el barrio, y en los lugares jaraneros del entonces chulapón Madrid. Moreno *Galería* 347: Había que adobar con ingenio el retorno, harto más jaranero aún el viaje de regreso que el viaje de subida.

2 [Pers.] dada a la jarana o que está de jarana [1]. | Cela *Judíos* 27: Han comido y han bebido bien y van contentos y jaraneros.

3 (*reg*) Airoso o garboso. | Cela *Viaje andaluz* 273: El menesteroso, mal que le pese, ve cruzar a la duquesa recién casada, garrida y jaranera, sin atreverse ni a dar pábulo a los malos –y tan acompañadores– pensamientos.

jaranzo *m* Jara cerval o cervuna (planta). | Rodríguez *Monfragüe* 152: Encontramos las siguientes [especies] en el bosque y matorral mediterráneo: lentisco (*Pistacia lentiscus*), .. jaranzo (*Cistus populifolius*).

jarapa *f* Tejido hecho hilando hebras de ropa vieja y mezclando franjas horizontales de diversos colores. *Tb la prenda o pieza hecha con él.* | P. Sagrario *Sáb* 1.3.75, 26: Los cueveros .. se van a acostar después en un agujero, puerta con puerta el corral y la cuadra, en donde duerme su exigua y doméstica cabaña. (La puerta de esta, cerrada, cerrada muchas veces con tela de saco, porque es un lujo la "jarapa".) *Prospecto* 4.88: Alfombras jarapas en algodón 160 x 250 cm.: 3.990.

jarca *f* Harca. | Cela *Inf* 1.8.75, 16: Debo aclarar que la jarca de los F. Polisarios a que aquí me refiero no tenía nada que ver .. con los que preconizan la república popular árabe de Sario. CBonald *Casa* 85: –Si fuese por mí, no iba a quedar ni rastro de toda esa basura. –De esa jarca –matizó Juan de Juana, recordando su improbable origen magrebí.

jarcha (*tb, hoy raro, con la grafía* **jarya**) *f* (*TLit*) Estrofa breve en lengua mozárabe, que figura al final de una moaxaja. | GLópez *Lit. española* 41: El origen de esta lírica castellana desaparecida ha sido aclarado con los recientes estudios de unas cincuenta y tantas estrofillas en romance mozárabe (*jarchas*), colocadas al final de otras tantas *muwaschahas* árabes y hebreas de los siglos XI, XII y XIII. DPlaja *Literatura* 68: De pronto, cayeron en la cuenta de que se trataba de estrofas populares (llamadas *jaryas*), formadas por vocablos castellanos.

jarcia *f* Conjunto de los aparejos, cables y cabos de un barco. *Gralm en pl, con sent sg.* | CBonald *Noche* 24: David había dado por concluido su examen de la jarcia y manipulaba ahora con unos rezones tomados de orín. D. Quiroga *Abc* 4.12.70, 20: La flota de veleros ibicencos cargan y descargan sus mercancías reflejándose en el agua palos, jarcias, botalones, anclas.

jardazo *m* (*reg*) Costalada. | Mendicutti *Palomo* 140: Yo no le vi las piernas, así que a lo mejor era verdad que le desaparecían cuando menos se lo esperaba y se caía de culo pegándose un jardazo horroroso.

jardín *m* **1** Terreno en que se cultivan flores y plantas de adorno. *Tb fig.* | Halcón *Monólogo* 190: Este jardín que rodea el hotel de Pepita en Chamartín me encanta. Halcón *Monólogo* 12: El convertirse Madrid .. en un jardín florido del esnobismo .. no parecía que estuviese en los largos destinos históricos de España, pero estaba. **b)** *En pl:* Jardín de gran extensión. | Cunqueiro *Un hombre* 11: Por la brecha que hacía el cubo derruido se veía parte de los jardines del Estudio Mayor. **c) ciudad.** ~ → CIUDAD.
2 ~ botánico. Terreno en que se cultivan diversas especies de plantas para su estudio. | Halcón *Monólogo* 208: ¡Qué pocos en Madrid conocerán como él, uno a uno, los magníficos ejemplares del Jardín Botánico!
3 ~ de infancia. Centro educativo para niños de edad preescolar, donde se les ocupa en juegos educativos. | HLM 26.10.70, 19: Amplio edificio destinado exclusivamente a Jardín de Infancia.
4 (*col*) Explicación o razonamiento complicados, de los que no se sabe cómo salir. *Gralm en la constr* METERSE EN UN ~. | D. Plata *Abc* 11.4.58, 45: Yo no sé si me he metido en lo que ustedes, los escritores profesionales, llaman en su jerga "un jardín". No tengo voluntad de Teseo, pero pudiera resultar que me he metido en el Laberinto.
5 (*Joy*) Mancha o impureza de una piedra preciosa. | SAbc 14.10.84, 15: Los llamados "jardines", equívocamente cotizados, son impurezas, y a más cantidad de jardines menor precio.
6 (*Mar*) Retrete o letrina. | Delibes *Madera* 402: Gervasio siguió a Pita hasta los beques y allí vio cómo entregaba a Poncela un abultado sobre por encima del medio mamparo que separaba los jardines de marinería.
7 al ~ de la alegría. Juego de niñas cuya canción comienza con las palabras "al jardín de la alegría quiere mi madre que vaya". | Ca. Llorca *SPaís* 31.5.81, 53: Quedan muchos [juegos] más: el balón prisionero, el rescate, .. el diábolo, el aro, al jardín de la alegría.

jardinear *intr* Cuidar o cultivar jardines [1a]. | *VozT* 5.7.78, 35: Outils Wolf. "Jardinear por gusto."

jardinería *f* Cuidado o cultivo de jardines [1a]. | *Abc* 26.8.66, sn: Alta decoración en el más breve plazo .., chalets, jardinería, piscinas, acuarios.

jardinero -ra I *adj* **1** De(l) jardín o de (los) jardines [1a]. | DCañabate *Paseíllo* 16: Hablo del fútbol callejero, o jardinero, en el cual rarísimamente se aprecia un atisbo, no ya de arte, sino de primorosa habilidad.
2 De(l) jardinero [4]. | L. LSancho *Abc* 2.2.75, 14: Toda la altivez de los modos autoritarios .. se refugia en la sabiduría jardinera que poda, tala, mutila, corta, arranca árboles en calles y parques.
3 [Sopa] de verduras y hortalizas. | * Voy a pedir una sopa jardinera. **b) a la jardinera.** [Plato] que se acompaña con verduras y hortalizas. | *Cocina* 77: Aguja de ternera a la jardinera .. Se coloca la carne en el centro de la fuente; alrededor, las hortalizas.
II *n* **A** *m y f* **4** Pers. que tiene por oficio cuidar o cultivar jardines [1a]. | *Bal* 6.8.70, 26: Se necesita jardinero para trabajar todo el día.
B *f* **5** Mujer del jardinero [4]. | * Fui en busca del jardinero, y la jardinera me dijo que había salido a comprar semillas.
6 Recipiente o mueble destinado a colocar en él macetas con plantas, o las plantas directamente. | Mezquida *Van* 28.8.70, 24: El mirador es un salón .. cuya iluminación debe ser mejorada y revisada debido a la serie de plantas y arbustos, junto a las jardineras del terraplén. *Prospecto* 4.91, 114: Jardinera de espejo decorado y color oro, 50 cm., 3.875 .. El Corte Inglés.
7 *En un aeropuerto:* Autobús de viajeros entre la terminal y el avión. *Tb* AUTOBÚS JARDINERA. | J. B. Filgueira *SYa* 6.1.74, 31: La "jardinera" les recibe al pie de la escalera y les traslada al pie del avión.
8 (*hist*) Vehículo abierto, de verano, remolcado sobre raíles por un tranvía. | *Abc* 17.6.58, 29: ¡Quién fuera Don Antonio Díaz-Cañabate para escribir, como se merece, un elogio de las jardineras, en los viejos tranvías de los Madriles!
9 (*hist*) Coche de caballos, descubierto, con cuatro ruedas y asientos laterales. | Grosso *Invitados* 99: Los señores feudales del campo andaluz .. continuaban exhibiendo impúdicamente sus landós, sus jardineras y sus charrés empavesados.

jardo -da *adj* (*reg*) [Animal] que tiene el pelaje a grandes manchas blancas y de otro color. *Tb n.* | FerresLSalinas *Hurdes* 82: Las cabras son para carne, no tien leche más que pa la cría, son de carne fina. Antes tuvimos jardas, de esas que tien barbas, pero no resultaron.

jareño -ña *adj* **1** De la Jara (comarca de Toledo y Cáceres). *Tb n, referido a pers.* | JGregorio *Jara* 11: Los ríos jareños son de curso irregular. L. M. ARobledo *VozT* 28.9.83, 23: Deben de unificar los criterios de actuación asumiendo proyectos conjuntos que tiendan a identificar aún más al jareño con su entorno.
2 De Villanueva de la Jara (Cuenca). *Tb n, referido a pers.* | G. Jara *DíaCu* 24.8.84, 6: Villanueva de la Jara .. Se encontraba [la iglesia] totalmente llena no solo de camioneros, sino también de jareños que querían participar en tan simpática fiesta.

jareta *f* **1** Costura de adorno que consiste en una tabla cosida paralelamente a su doblez. | *Ya* 15.4.64, 11: Maravillosos vestidos de organdí, .. con adornos de tira bordada, jaretas y primorosos bordados a mano.
2 Dobladillo por cuyo interior se pasa una cinta o goma. | * La parte del escote va rematada con una jareta y un cordón que se ajusta delante.

jaretón *m* Dobladillo ancho, esp. el que remata la parte inferior de una falda. | Cela *Judíos* 260: Tenía .. un camisón de lino de manga larga, con pasacintas por el decente escote y tira bordada en el jaretón.

jargo *m* (*reg*) Sargo (pez). | J. L. Jiménez *SElM* 29.8.93, 39: Casa la Aldea. Está situado en la zona antigua de Comillas .. Los pescados de la zona, como pueden ser el jargo o el salmonete, son preparados a la parrilla con un toque muy especial.

jarifo -fa *adj* (*lit*) Vistoso. | DCañabate *Andanzas* 155: La moza de rumbo necesitaba ser alta, esbelta, jarifa.

jarilla *f* Arbusto de la familia de la jara, con hojas tomentosas y flores blancas (*Halimium umbelatum*). *A veces con un adj o compl especificador, designa otras especies de los géns Helianthemum, Cistus y otros*. | A. Oliart *Ya* 9.6.88, 16: Hay otros ganados en nuestras dehesas, pero los que he citado están tan hechos al medio, a la ecología extremeña, como la encina, o el alcornoque, o las jarillas, o el vallico. A. Casanovas *ByN* 5.9.93, 95: Como su nombre indica, las jarillas son parientes de las jaras.

jarillo *m* Jaro^2 o aro (planta). | FQuer *Plantas med.* 960: Aro. (*Arum italicum* Miller) Sinonimia cast[ellana], .. jaro, .. jarillo.

jaripeo *m* Competición mejicana de destreza hípica o ganadera. | L. Calvo *SAbc* 12.4.70, 10: Yo compré a una rubita un sombrero y un sarape charros, de los que se usan en los jaripeos mejicanos.

jaro^1 -ra *adj* [Animal, esp. cerdo o jabalí] que tiene el pelo rojizo. | Escobar *Itinerarios* 26: Según el hostelero Cándido, el de Segovia, el tostón .. ha de tener de diecinueve a veintiún días ..; será blanco o jaro, a ser posible hembra.

b) (*humoríst*) [Pers.] pelirroja. *Tb n.* | Lera *Boda* 639: Uno, algo jaro, con pecas en la cara, de mirada vivaz, y el más joven de los tres. GPavón *Liberales* 67: A estos jaros, cuando se mueren, les meten un *Te times* en la caja y lo pasan tan ricamente toda la eternidad. **c)** [Pelo] rojizo. | Cela *Escenas* 223: Tenía dos hijas mozas talludas muy aparentes y relamidas: la señorita Bienaventuranza, que era rubia oxigenada, y la señorita Contemplación, que lucía lunanca y con el pelo jaro y medio albahío por las sienes y hacia el cogote.

jaro² *m* Aro (planta). | FQuer *Plantas med.* 960: Aro. (*Arum italicum* Miller) Sinonimia cast[ellana], .. jaro, .. jarillo.

jarón, jaronear → HARÓN, HARONEAR.

jarra I *f* **1** Vasija, frec. de loza o vidrio, de cuello y boca anchos y normalmente con una sola asa. *Tb su contenido.* | Escobar *Itinerarios* 252: Buscaba un rincón, .. y por señas pedía lo suyo: una jarra de dos cuartillos. CoA 10.3.64, 12: Los objetos del culto interno y externo expuestos son los siguientes: .. Saya y manto bordado para la Santísima Virgen, faroles de Cruz de Guía y juego de jarras del "paso" de [la] Virgen.
II *loc adv* **2 en ~s** (*o, más raro,* **en ~ o de ~s**). Con las manos en la cintura y los codos separados del cuerpo. *Tb adj.* | Delibes *Príncipe* 158: La Vítora dejó la cuchara en la fregadera y se puso en jarras. Grosso *Capirote* 22: Genaro caminó hasta Salas y quedó tras él, con los brazos en jarra sobre la cintura, al quite de un nuevo incidente. Delibes *Ratas* 61: –¿Y qué puedo hacer yo? –decía. La Columna se ponía de jarras y voceaba: –¡Desahuciar a ese desgraciado!

jarrear *intr* (*col*) ➤ **a** *impers* **1** Llover intensamente. | Delibes *Cazador* 43: El tiempo se ha metido en agua. Ha estado jarreando todo el día. GSerrano *Macuto* 254: Aquella húmeda y triste primavera, más pasada por sangre que por agua –¡y cuidado que jarreó!–.
➤ **b** *pr* **2** (*raro*) Beber (tomar bebidas alcohólicas). | Sastre *Taberna* 69: –¿Has visto? –Qué. –Que el tío se va al retrete con la bebida. –Le gustará jarrearse mientras.

jarrero¹ **-ra** *m y f* Pers. que fabrica o vende jarras o jarros. | L. Permanyer *Van* 21.3.71, 47: Al salir y junto a "Masiko" –así se llama el horno japonés por recordar un pueblecito donde trabajan jarreros–, me deja una de las 4.865 losas que componen el gigantesco mural.

jarrero² **-ra** *adj* De Haro (Rioja). *Tb n, referido a pers.* | J. M. Pérez *Rio* 16.3.89, 14: Lo planteó el representante de Izquierda Unida en la Corporación municipal jarrera, Vicente Pascual Ocio. *Rio* 10.9.89, 15: Se promueve esta bonita actuación, con un recital de este género que tanto gusta a los jarreros.

jarrete¹ *m* **1** Corva. | Berenguer *Mundo* 359: Yo la miraba y no la oía porque le asomaban las mollas de los jarretes, con la falda por encima de la rodilla, y no se las tapaba.
2 (*reg*) Morcillo (carne). | J. Peñafiel *Inde* 16.8.89, 32: En la comida que el Papa tendrá con 150 cardenales y obispos españoles solo podrá servirse caldo gallego, pulpo a la gallega y jarretes.

jarrete² *m* (*reg*) Bebida compuesta de vino blanco y gaseosa. | Vizcaíno *Mancha* 269: Otras bebidas propias de la localidad [Alcázar de San Juan] son el jarrete y la mistela; el primero es una mezcla de vino blanco y gaseosa, y la segunda, de mosto y alcohol.

jarretera I *f* **1** (*hist*) Liga que sujeta la media o el calzón por la corva. | Campmany *Abc* 24.1.86, 17: Por lo visto, lo que salva la civilización, de verdad, es un trapito de señora: un miriñaque, un postizo, un traje de baile, una mantilla, un sombrerito, una jarretera, un escote.
II *loc adj* **2 de la ~.** [Orden] de caballería inglesa, fundada en el s. XIV, en cuya insignia figura una jarretera [1]. | ByN 10.7.76, 55: En Londres se ha criticado que Wilson, absorto en firmar tan enjundiosos contratos, no haya encontrado un hueco para acudir al castillo de Windsor y recibir de manos de la Reina Isabel II la condecoración de la Orden de la Jarretera.

jarrilla *f* (*reg*) Pieza de porcelana o cristal de los postes del tendido eléctrico. | Delibes *Historias* 30: Luego .. se alzaron en él los postes [del tendido eléctrico], .. y .. los chicos .. subíamos a romper las jarrillas con los tiragomas.

jarrita I *f* **1** *dim* → JARRA.
II *loc v* **2 hacer la ~.** (*col*) Llevarse la mano al bolsillo para pagar. *Frec designa el hecho mismo de pagar.* | L. LSancho *Abc* 12.5.87, 18: El Gobierno se sacará de la manga una nueva ley .. autorizando a los Ayuntamientos a subir las contribuciones urbanas otra vez del 20 al 40 por 100, y el vecindario, que ya habrá votado, hará la jarrita de nuevo, soltará lo que recuperó ilusionadamente quince días. GSerrano *Macuto* 457: Un grupo de milicianos entró en una cervecería –porque aquellos días apretó de lo lindo–, y a la hora de hacer la jarrita, el más vivo de ellos levantó el puño y dijo: "¡U, hache, pe!", que daba mucho resultado.

jarro I *m* **1** Jarra, frec. de barro, loza o metal, con una sola asa. | Cunqueiro *Un hombre* 12: Habían llegado más mujeres con sus cestas de cebollas y jarrillos de barro blanco llenos de miel. *Economía* 305: Los jarros de cuello estrecho solo convienen para colocar en ellos dos o tres flores. GPavón *Hermanas* 45: Se veían .. lavabos con jofaina y jarro.
2 un ~ de agua (fría). Cosa que hace perder el entusiasmo o la esperanza. *Frec con el v* ECHAR. | Payno *Curso* 248: La carta encendió su dignidad. Era un jarro de agua fría echado por quien sobre ella no tenía derecho alguno. *Abc* 28.8.66, 45: Con estos escapes ditirámbicos parecen consolarse hoy los franceses, tras el jarro de agua fría con que recibió Djibuti al general De Gaulle.
II *loc adv* **3 a ~s.** (*col*) A cántaros o con gran intensidad. *Con el v* LLOVER *u otro equivalente.* | * Llueve a jarros.

jarrón *m* Pieza decorativa de interior, en forma de jarra, con o sin asas y frec. de cristal o porcelana, que a veces se usa como florero. | *Economía* 293: A veces, debajo de algún objeto, un jarrón con flores, por ejemplo, queda bien un redondel de encaje. **b)** Pieza arquitectónica en forma de jarra, con o sin asas, que se usa como adorno en edificios o jardines. | Alcolea *Segovia* 134: También son verdaderamente originales la fantasía y variedad que presentan los jarrones [de La Granja], con elementos animales, florales, mitológicos y simbólicos .. acertadamente mezclados.

jartá, jartible, jartón → HARTÁ, HARTIBLE, HARTÓN.

jarya → JARCHA.

jas *m* (*jerg*) Hachís. | P. Pardo *SPaís* 10.4.83, 36: A los *punkis*, sin embargo, no les da por el chocolate. Y es que el *jas* solo sirve para estar mejor.

jaspe *m* **1** Piedra opaca de color rojo sucio, amarillo o verde grisáceo, muy dura, compacta y susceptible de hermoso pulimento, considerada por algunos como variedad de cuarzo. *Diversas variedades se distinguen por medio de adjs:* EGIPCIO, NEGRO, SANGUÍNEO. | Ybarra-Cabetas *Ciencias* 54: Para muchos autores son variedades del cuarzo: las ágatas, brillantes, poco translúcidas y de vivos y diversos colores; los jaspes, de gran dureza, opacos, de diversos colores y susceptibles de hermoso pulimento; .. el jaspe negro o lidita, que es el usado como piedra de toque en joyería. Para otros autores son variedades de sílice cristalina fibrosa con mezcla de ópalo.
2 Mármol veteado. | Cela *Judíos* 57: Su palacio de columnas de jaspe; su hospital de la Piedad; su convento de San José .. bien claro .. hablan de lo que el tiempo se llevó por delante.

jaspeado¹ **-da** *adj* **1** *part* → JASPEAR.
2 Que tiene vetas y manchas de distintos colores. | B. Valdivielso *DBu* 7.8.92, 26: Cuando uno entra en ese sagrado recinto, instintivamente .. fija la mirada en el bloque de mármol jaspeado. *Not* 4.5.70, 13: Camisa polo .. en una amplia gama de colores lisos y jaspeados. Rodríguez *Monfragüe* 126: Tritón jaspeado .. Coloración verdosa con grandes manchas negras distribuidas por todo el cuerpo.

jaspeado² *m* **1** Acción de jaspear. *Tb su efecto.* | Seseña *Barros* 145: Este tipo de decoración de chorreaduras que produce un jaspeado empezó a hacerse hace unos 40 años.
2 Dibujo de vetas y manchas de distintos colores. | Mora *Sem* 2.11.74, 96: El cebú presume de un precioso jaspeado natural.

jaspear *tr* Pintar o decorar [una cosa] imitando las vetas y manchas del jaspe. | FSantos *Catedrales* 102: De las forjas de Éibar vino el órgano desmontado .. El mismo

jaspeo – jazmín

Gabriel de Tolosa, que tenía tiempo y arte para todo, doró, pintó, estofó sus nueve cajas, yendo los antepechos jaspeados al óleo.

jaspeo *m* Jaspeado². | Goytisolo *Recuento* 637: Agua quieta, y la estela de una barca como punta de fuga, abriendo el amansado jaspeo de manchas anilladas, círculos más y más coloreados en aquellos albores como de mercurio.

jastial → HASTIAL.

jateo -a *adj* [Perro] usado en montería, esp. en la caza de zorras. | Grosso-LSalinas *Río* 43: El perro olisquea a los viajeros, parece jateo aunque es corto de cuerpo.

jaterío *m* (*reg*) Conjunto de jatos¹. | Bartolomé *Ale* 3.8.78, 19: En concreto, amigos, mejoría [en la feria] de las vacas paridas, "calteniéndose" lo de abasto mayor, más sobrante en jaterío que la feria precedente, y mala fortuna para las jatas de leche.

jato¹ -ta *m y f* (*reg*) Ternero. | Olmo *Golfos* 176: El cuerpo se presiente danzarín, como el de los jatos de pocos días. *DPa* 10.9.75, 7: Vendo 2 jatos y 2 jatas.

jato² → HATO.

jaudo -da *adj* (*reg*) Soso o insípido. *Tb fig.* | SFerlosio *Ensayos* 1, 320: "Es muy jauda", dijo aquel que comió mierda, "pero a fuerza de sal, pasó". [*En el texto*, jaúda.]

Jauja *f* Lugar imaginario donde todo es fácil y agradable. *Gralm en constrs ponderativas con el v* SER. | Laiglesia *Ombligos* 253: Como Cigarropur no es Jauja precisamente, mi fortuna personal es bastante escasa.

jaula *f* **1** Caja o armazón de paredes enrejadas para encerrar animales. | Laforet *Mujer* 154: Había tres o cuatro jaulas de canarios. **b) ~ de grillos** → GRILLO.
2 *Se da este n a algunos objetos o armazones cuya forma recuerda la de la jaula* [1]. | Hacerlo 135: Lo mejor es envolver las bombillas en papeles de colores, aunque, para evitar que el calor los recaliente .., deberán protegerse con una jaula de alambre, y así quedará el papel bastante lejos de la bombilla. MHidalgo *HyV* 10.71, 80: Al tope del palo mayor iba la media jaula o ga[v]ia del serviola, conocida también con el nombre de gata.
3 (*Taur*) Toril. | R. Velasco *Nor* 3.10.89, 14: Monedero, después de sus primeros lances con el toro, le colocó dos pares de banderillas con temple y maestría escorándose desde la posición de la jaula.

jaulería *f* Oficio o actividad de jaulero. | GPavón *Liberales* 193: La jaulería de volátiles es oficio mixto de madera y alambre.

jaulero -ra *m y f* Pers. que fabrica o vende jaulas [1]. | GPavón *Liberales* 193: Un día llegó un hombre de Ossa de Montiel a ofrecer jaulas para los canarios .. –Señor jaulero de la Ossa, no sabe usted a qué parte ha venido.

jaulón *m* Jaula [1] grande. | Lama *Aves* 62: Fuimos haciendo buen acopio de jilguerillos, pardillos, verdecillos, etc., dentro de nuestro jaulón de campo. Berenguer *Mundo* 97: Se trajo cinco venadas y un macho, para aumentar la simiente, y tenía los bichos en un jaulón.

jauría *f* **1** Conjunto de perros que cazan dirigidos por un mismo perrero. *Tb fig.* | N. Oliver *NAl* 9.11.90, 22: En S. Pedro, una lejana sierra de Extremadura, sí se remataban a mano y cuchillo [los jabalíes], eso sí, aculados y sujetos por los perros de la jauría.
2 Conjunto de perss. alborotadas y agresivas. | Benet *Nunca* 13: Su fortuna le permitía acudir allí con cierto desprecio hacia la actitud frenética de aquel millar de examinandos ..; sabía mantenerse lejos e indiferente al escándalo de aquella jauría histérica.

java *f* Baile francés de cabaret, de tres tiempos y muy movido, de moda en España hacia 1930. *Tb su música.* | Mihura *Ninette* 62: Se escucha una java en el tocadiscos de la vecina.

javanés -sa I *adj* **1** De la isla de Java. *Tb n, referido a pers.* | Valls *Música* 30: Ello no nos autoriza a negligir .. hechos tan radicalmente definidores de determinada mentalidad como son el sistema musical chino, las sutilidades sonoras que trascienden del *gamelang* javanés. Palomino *Torremolinos* 256: En los aeropuertos de los grandes centros turísticos hay siempre un grupo de orientales dormidos: japoneses, coreanos, chinos, javaneses.
II *m* **2** Lengua indonesia hablada en Java. | RAdrados *Lingüística* 277: Las reglas del orden de palabra[s] varían, por supuesto, de lengua a lengua: por ejemplo, el del turco es como el del inglés ..; el del javanés es inverso.

Javel. agua de ~ → AGUA.

javelizar *tr* Esterilizar [agua] añadiéndole agua de Javel. | *Economía* 206: La ropa de los enfermos se pondrá a remojo en agua javelizada al 5 por 100 .. durante cinco horas; aclarar antes de lavar.

javera → JABERA.

javeriano -na *adj* (*Rel catól*) De la Congregación de Hermanos de San Francisco Javier, instituto religioso de seglares fundado por T. J. Ryken en 1839 y dedicado a la educación. *Tb n, referido a pers.* | M. GOrtiz *DBu* 8.5.64, 5: Las javerianas han traído al mundo laboral femenino un nuevo concepto de la tarea de la joven.

javiense *adj* De Jávea (Alicante). *Tb n, referido a pers.* | R. Llidó *Abc* 10.10.57, 8: Ha sido terrible la soberbia hinchazón del siempre estéril río Gorgos, sobrepasando sus márgenes para invadir la fértil vega javiense.

javierada *f* Romería anual de jóvenes al castillo de Javier (Navarra). | Iribarren *VozR* 15.2.75, 11: ¿Es verdad .. que hay muchachos que se entrenan para la próxima Javierada que se celebrará en la primera quincena del mes próximo?

javierina *adj* (*Rel catól*) [Religiosa] de la orden de Misioneras de Cristo, fundada a mediados del s. XX en Javier (Navarra). *Tb n f.* | *DNa* 21.8.64, 12: Junto al Castillo solo quedan ahora dos viviendas particulares, la Parroquia, el Colegio Seminario, el Convento Misionero de Cristo Jesús de las Javierinas y el palacio de los Villahermosa.

jayán -na (*lit*) **A** *m y f* **1** Pers. muy alta y robusta. *A veces con intención desp.* | CBonald *Noche* 238: Se acercó entonces a la otra banda y casi tropieza con un jayán en camiseta y tocado de un harapiento turbante. *Abc* 17.10.93, 147: Por patio de Monipodio se entiende el lugar donde se reúnen maestros del ardite que viven del chisme, la trampa y la mohatra; .. jayanas que relatan sus lances de corpiños y zaragüelles.
B *m* **2** Gigante (hombre fantástico de estatura enorme). | Riquer *Cervantes* 97: En el [libro] titulado *El caballero de la Cruz* .., el infante Floramor se topa con un grupo en el que el gigante Argomeo el Cruel y otros cuatro jayanes llevan raptadas a la emperatriz de Constantinopla y a la princesa Cupidea.

jayeres *m pl* (*jerg*) Dinero. | DCañabate *Abc* 19.8.70, sn: A veces, muchas veces, en las "posás" no nos admiten .. Y "ties" que pringar y ratear. Y "to" ¿"pa" qué? "Pa" poderte presentar a los alcaldes con "jayeres" en los bolsillos y poder exigir "ganao" de recibo.

jázar *adj* (*hist*) Jázaro. *Tb n.* | CBaroja *Judíos* 1, 42: En la Córdoba califal de Abd-al-Rahmān III nos encontramos a un ministro hebreo .. que tuvo una correspondencia curiosa (si es auténtica) con el rey de los jázares.

jázaro -ra *adj* (*hist*) De un pueblo de origen turco que en el s. VII estableció su imperio en la región del bajo Volga. *Tb n, referido a pers.* | J. Oliva *Nor* 12.12.89, 53: Aunque cualquier referente sobre los jázaros despierte una atracción enigmática .., esta historia supone solo un pretexto para que Pavic desarrolle su particular concepción de escribir.

jazmín *m* Arbusto de tallos largos algo trepadores y flores blancas, muy olorosas, con cinco pétalos soldados por la parte inferior (*Jasminum officinale*). *Tb ~* BLANCO, COMÚN *o* MORISCO. *Tb su flor.* | Bustinza-Mascaró *Ciencias* 91: Las sustancias que se volatilizan fácilmente, tales como la esencia de trementina, la gasolina y los aceites esenciales (de rosa, jazmín, violeta, etc.) tienen un intenso olor. Loriente *Plantas* 61: *Jasminum officinale* L., "Jazmín blanco". Arbusto trepador ornamental no muy corriente. Pero es el Jazmín más utilizado. Halcón *Ir* 362: En aquella casita de cal asomada al mar. Cargados los muros exteriores por las buganvillas y el jazmín morisco. **b)** *Gralm con un adj o compl especificador, designa otras especies del gén Jasmi-*

num o de otros: ~ AMARILLO (*J. fruticans*), ~ DE ESPAÑA (*J. grandiflorum*), *etc.* | Mayor-Díaz *Flora* 566: *Jasmin*[*u*]*m fruticans* L. "Jazmín amarillo" .. Flores amarillas .. No frecuente. GCabezón *Orotava* 14: Jazmín de España, *Jasminum grandiflorum*, Linn., Oleácea, Europa meridional. Enredaderas con flores blancas, olorosas, abundantes en verano y otoño. GCabezón *Orotava* 14: Jazmín, *Jasminum azoricum*, Linn., Oleácea, Islas Canarias. Planta trepadora de hoja perenne con abundantes flores blancas. GCabezón *Orotava* 53: Jazmín naranja o boj de la china, *Chalcas exotica*, Millsp. (*Murraya exotica*, Linn.), Rutácea, India, China e Islas del Pacífico. Es un árbol pequeño que produce flores blancas, abundantes y muy olorosas. Mayor-Díaz *Flora* 292: *Saxifraga trifurcata* Schrader. "Jazmín silvestre" .. Flores blancas .. Muy frecuente .. Roquedos calizos. Endemismo cantábrico.

jazminero *m* Jazmín (arbusto). | Lagos *Vida* 48: Allá fue la criatura, en un pataleo prolongado, a caer bajo el jazminero. Grosso *Invitados* 93: Patios, jardines, azulejos, palmeras, macetas de aspidistra y hortensias, lienzos, estatuas, jazmineros, buganvillas, rosales.

jazz (*ing; pronunc corriente,* /yas/) *m* Género de música popular norteamericana, caracterizado por la improvisación y la síncopa y que se deriva de los espirituales y blues de los negros del Sur. | Subirá-Casanovas *Música* 132: Uno de los ejemplos más destacados [de la tendencia al exotismo] lo ha proporcionado el jazz. Al principio fue un estilo limitado a una cultura y sociedad muy particulares, pero una serie de circunstancias favorables hicieron posible su rápida difusión.

jazz-band (*ing; pronunc corriente,* /yás-ban/; *tb con la grafía* **jazzband**) *m* (*hoy raro*) **1** Jazz. | Cossío *Confesiones* 214: En el despacho del comandante, un aparato de radio nos trae los ecos remotos del mundo. Así los estrépitos del *jazz-band*, y en torno de ellos adivinamos parejas de danzarines llevando el compás.
2 Orquesta de jazz. | Ó. Esplá *Abc* 28.6.58, 15: Son estas [composiciones] las "Variaciones sinfónicas" del moravo Sokola .. y el "Concerto" para "jazzband" y orquesta sinfónica del suizo Liebermann.
3 Batería (conjunto de instrumentos de percusión). | Cela *Mazurca* 51: Tío Cleto se pasa las horas muertas tocando la batería, o sea el jazz-band. Van 27.12.70, 2: Espectacular mundo de juguetes .. Jazz-band completo 278 p.

jazzero -ra (*pronunc corriente,* /yaséro/) *adj* (*col, raro*) De(l) jazz. | J. M. Costa *SPaís* 15.3.80, 7: Aunque sus padres espirituales pudieran ser Allan Stivell o Dan Ar Bras, estos nunca llegaron a los desbarres *jazzeros* de Gwendal. **b)** [Músico] especializado en jazz. *Frec n.* | J. M. Costa *SPaís* 2.7.78, IX: En Barcelona no solo hay *rock* duro .., sino que existen grupos como Gotic, que pueden incluirse en eso que se llama *rock* sinfónico. Esta Crema Galilea, que van de *jazzeros*, los Teddy Boys, en plan *revival*, junto a los electrónicos Neuronium, o la macrobanda comunitaria Tribu.

jazzista (*pronunc corriente,* /yasísta/) *m y f* Músico especializado en jazz. | *Inf* 29.8.75, 15: El "jazzista" es el señor que vive de esto y, si tiene que pasar hambre, la pasa. J. GPastor *Ya* 9.9.82, 28: Pedro Iturralde, el destacado "jazzista" español, .. ha grabado un nuevo LP.

jazzístico -ca (*pronunc corriente,* /yasístico/) *adj* De(l) jazz. | J. GSoler *Abc* 17.12.72, 37: Con su contrabajo [Charlie Mingus] supo arrastrar y guiar desde un buen principio a sus compañeros, creando esa inconfundible atmósfera típica de la verdadera creación jazzística de vanguardia.

jazzman (*ing; pronunc corriente,* /yásman/; *pl normal,* JAZZMEN) *m* Músico que hace jazz. | P. Montes *País* 26.9.76, 26: El *jazzman* utiliza sus conocimientos musicales como idioma personal para establecer contacto con el oyente. FCid *Abc* 6.1.68, 72: Calderón se ha rodeado por elementos que figuran muy en cabeza de los "jazzmen" madrileños.

je *interj* **1** Imita el sonido de la risa. Normalmente se emite repetida. | LTena *Alfonso XII* 122: –¿Dónde vas, Alfonso XII...? –¡Je! Primero, a darte un beso.
2 Se usa para llamar al toro e incitarle a que embista. | Lera *Clarines* 394: Le grita: –¡Je, toro! El toro se mueve cautelosamente hacia la voz. G. Sureda *Sáb* 30.11.74, 72: El tentador, sobre un fuerte caballo cubierto por un enorme peto, la cita moviendo el palo y desafiándola con la voz: ¡Je, becerra, je!

jean (*ing; pronunc corriente,* /yin/; *pl normal,* ~s) *m* Pantalón vaquero. *Frec en pl.* | Mora *Sem* 15.3.75, 64: Bajo esta amplia prenda igual puede esconderse el conjunto deportivo, los "jeans", el vestido de punto, el traje sastre, el vestido de cóctel o el traje de noche. Marianta *DBu* 25.4.76, 10: También vemos vaqueros que quieren salirse de la tónica clásica del "jean" al fabricar el pantalón en tejidos de más calidad, que les quitan la rigidez y uniformidad del vaquero primitivo "blue-jeans".

jebe *m* (*vulg*) Ano. | Aristófanes *Sáb* 16.7.75, 55: Como pase una semana sin mentarla [la televisión], me da como una comezón en el jebe.

jebo -ba *m y f* (*reg*) Campesino vasco. *Tb, humoríst, referido a los vascos en gral.* | Vega *Cocina* 43: Vamos con la minuta en lengua vernácula para una merienda de *iputxes*, que son más aficionados que nosotros, los jebos, a las excursiones campestres.

jebuseo -a *adj* (*hist*) De un pueblo bíblico cuya capital era Jebús, después Jerusalén. *Tb n, referido a pers.* | Peña-Useros *Mesías* 115: Para capital del reino fue elegida Jerusalén, que estaba en poder de los belicosos jebuseos.

jeda *adj* (*reg*) [Vaca] recién parida. | Cela *Izas* 85: Entre cabritos del adoquinado .. hay cierta afición a las chais grávidas, a las perendecas encintas y a punto de ser llamadas jedas, como las vacas paridas.

jedar *tr* (*reg*) Parir [una vaca (*suj*)]. | Cancio *Bronces* 62: Una vaca pasiega .. tan castiza que jedaba unos terneros como rollos de manteca.

jeder, jediondo → HEDER, HEDIONDO.

jedive *m* (*hist*) Virrey de Egipto bajo el Imperio Turco. | A. RCamps *SYa* 9.11.73, 17: Van a continuación, entre otros, autógrafos de los reyes de Holanda, Bélgica y Portugal, .. el jedive de Egipto.

jedor → HEDOR.

jedrea *f* Ajedrea (planta). | FQuer *Plantas med.* 686: Ajedrea. (*Satureja montana* L.) Sinonimia cast[ellana], ajedrea silvestre .., jedrea.

jeep (*n comercial registrado; ing; pronunc corriente,* /yip/; *pl normal,* ~s) *m* Automóvil pequeño todo terreno, con tracción a las cuatro ruedas. | *Inf* 31.10.70, 23: El señor Gutiérrez Barbero fue peligrosamente adelantado por el "jeep" cuando circulaba con una curva.

jefatura *f* **1** Cargo o condición de jefe [1, 2 y 3]. | Ridruejo *Memorias* 58: José Antonio me encomendó la jefatura del S.E.U. en Segovia. Seco *Historia* 955: Los principales jefes del Ejército tomaron contacto con vistas al posible golpe de Estado. Todos reconocían la jefatura tácita de Sanjurjo, el gran exiliado. RMorales *Present. Santiago* VParga 5: Pedro .. trasladó su jefatura espiritual desde Antioquía a Roma, capital del poder terreno.
2 Organismo u oficina que funciona bajo las órdenes de un jefe [1, 2 y 3]. | *País* 30.12.76, 11: La Jefatura Superior de Policía de Barcelona hizo pública anoche la siguiente nota informativa. VozC 12.2.55, 5: El jueves pasado fue clausurado .. el Cursillo de Formación Social y del Hogar .. El Ayuntamiento y la Jefatura Local tuvieron la gentileza de obsequiar a los cursillistas y a los asistentes con un vino de honor. **b)** Puesto de policía. | GPavón *Hermanas* 21: Casi al trote, entró en el despacho de la jefatura.

jefazo *m* (*col*) Jefe [1] máximo o de alto nivel. *Frec con intención humoríst.* | Diosdado *Anillos* 2, 83: –Qué pesada eres, que están todos los suizos, que los tiene que tener. –¿Qué suizos? –Los del laboratorio, los jefazos. J. CCavanillas *Abc* 25.8.68, 27: Luigi Longo, el actual "jefazo", había regresado de Rusia.

jefe -fa (*para el f, en lenguaje administrativo alternan las formas* JEFE *y* JEFA, *y en lenguaje militar se usa normalmente la forma* JEFE.) **I** *n* **A** *m y f* **1** Pers. que tiene a su cargo a otra u otras que obedecen sus órdenes. *Se usa para designar en gral a cualquier pers que manda, y de manera fija en determinados casos, como* ~ DE ESTACIÓN, ~ DE TREN, ~ DE VENTAS, *etc. A veces en aposición, pospuesto:* INSPECTOR ~, INGENIERO ~, REDACTOR ~. | CNavarro *Perros* 87: El director

jehovismo – jeque

[de la agencia de viajes] parecía haber nacido para sonreír, y el jefe de su sección se pirraba por hacer cruces en las hojas de control. *Sol* 24.5.70, 15: Para un importante establecimiento hotelero de la Costa se necesita jefa de Departamento Telefónico que sepa idiomas. Laiglesia *Tachado* 90: Recuerdo estos gallineros, cuyas tapias saltaba para arrancar plumas a las colas de los gallos y hacerme gorros de jefe indio. A. Miguélez *SYa* 11.5.78, 5: Donde tampoco estamos de acuerdo, dentro de este cuadro de docentes, es en la diferencia que existe entre jefe de seminario y tutor. Delibes *Año* 186: Me visita Heliodoro Esteban, ingeniero jefe del Patrimonio Forestal de Burgos. **b)** (*col*) *Como vocativo, se emplea para dirigirse en tono confianzudo a una pers que tiene, o a la que se concede, alguna autoridad.* | Delibes *Perdiz* 113: –¿Roja, jefe? ¿A qué ton le dice usted roja a la perdiz? –Se dice roja, ¿no? .. –¡Hombre, por decir! Medio *Andrés* 114: –¿Qué se debe, Jefe? .. –Son diecisiete, cincuenta .. –Cobra veinte, Jefe. **c)** ~ **de Estado.** Pers. que ostenta la autoridad más alta de un país. | *Alc* 1.1.55, 3: Su Excelencia el Jefe del Estado pronunció anoche .. el siguiente mensaje. **d)** ~ **de Gobierno.** Presidente del gobierno de un país. | P. Muñoz *Mad* 23.12.70, 1: Entre las personalidades amenazadas por la guadaña se encuentra el jefe del Gobierno .., a quien en círculos diplomáticos de Varsovia se le considera más o menos excluido de altas funciones políticas. **e)** ~ **político.** (*hist*) Pers. que desempeña un cargo equivalente al moderno de gobernador civil. | GHerrero *Segovia* 355: Este funcionario [el intendente de provincia] es el antecesor de los que luego se llamarían prefectos .., jefes superiores de provincias (Constitución de Cádiz ..), jefes políticos (1813 y 1836), subdelegados de Fomento (1833) y gobernadores civiles. **f)** ~ **de estudios.** *En un centro de enseñanza:* Pers. que tiene a su cargo la organización de las actividades docentes. | Ca. Álvarez *Abc* 4.4.87, 65: La bomba fue colocada por los "escolares-terroristas" en el alféizar de la ventana del despacho de la jefa de estudios. **g)** ~ **de fila.** Pers. que está a la cabeza [de un grupo]. | *Abc* 25.6.75, 83: Luis Ocaña, como jefe de fila en un equipo [ciclista] disciplinado, pudiera repetir esta vez.
2 *Seguido de distintos compls, designa diversas categorías de funcionarios civiles:* ~ DE ÁREA, ~ DE SERVICIO, ~ DE SECCIÓN, ~ DE NEGOCIADO, *y otros*. | F. Valladares *Ya* 13.6.88, 18: El [hospital] Niño Jesús .. se ha llevado al neurocirujano Francisco Villarejo y al traumatólogo Tomás Epeldegui, aupándoles a los dos de jefes de sección a jefes de servicio. Palomino *Torremolinos* 271: A partir del día de la fecha y con efectos administrativos de 1º de agosto de 1970 se asciende al oficial administrativo don Julián Cortezo a la categoría de Jefe de Negociado, continuando con el desempeño de la Jefatura de Personal. *BOE* 1.12.75, 25025: Jefe de Administración de primera. Es el empleado que asume la responsabilidad directiva de un Negociado o Sección que se determine por la Dirección de la Empresa. *BOE* 14.2.58, 1480: Orden de 10 de febrero de 1958 por la que se asciende a Jefe Superior de Administración del Cuerpo Pericial de Contabilidad del Estado .. a don Guillermo Álvarez Herrero.
3 Militar de categoría superior a la de capitán e inferior a la de general. | *Abc* 3.12.70, 51: Asistieron .. el coronel, jefes, oficiales, suboficiales y tropa del acuartelamiento General Elorza.
B *m* **4** (*Heráld*) Pieza que se coloca horizontalmente en la parte superior del escudo, de lado a lado, y que ocupa una tercera parte de él. | Em. Serrano *Sáb* 3.12.75, 92: Sus armas: En campo de gules, una caldera de sable sobre llamas de fuego viroladas de oro colgada por el asa de una cuerda de plata moviente del jefe.
C *f* **5** (*col*) Mujer del jefe [1, 2 y 3]. | * –Dile al jefe que le espera la jefa. –Don Félix, le espera su esposa.
II *loc adj* **6 en ~.** (*Mil*) [General o comandante] que tiene mando supremo. | Delibes *Madera* 336: Don Ventura Escribá, comandante en jefe del crucero *Don Juan de Austria*, les había reclamado. *Mad* 18.11.70, 9: La Corte Suprema de Justicia de Chile dio lugar a la petición de extradición contra el ciudadano de este país Julio Izquierdo Menéndez, implicado en el asesinato del comandante en jefe del Ejército chileno.

jehovismo *m* (*Rel crist*) Doctrina de los Testigos de Jehová. | *Ya* 23.9.73, 8: De los dos grandes iniciadores de la secta no podía salir una teología .., y eso constituye una de las fuerzas del jehovismo.

jehovista *adj* (*Rel crist*) [Pers.] que profesa el jehovismo. *Tb n*. | *VozA* 28.7.72, 16: Boda de jehovistas. El otro día se celebró en Avilés la primera boda entre dos miembros de la secta .. de los Testigos de Jehová. *Ya* 23.9.73, 8: Vencerá Jehová .. Los jehovistas serán fieles servidores suyos y, como tales, premiados.

jején *m* Insecto americano, semejante a un mosquito pequeño, cuya picadura es muy molesta (*Accata furens*). | FReguera-March *Cuba* 177: Contribuían a hacer horrorosa la vida en San Isidro las terribles plagas de insectos: .. hormigas, jungas y espesas nubes de mosquitos *anopheles* y del diminuto y feroz jején.

jelquide *adj* (*hist*) Nacionalista vasco exaltado. *Tb n*. | GSerrano *Macuto* 183: La única noticia que uno tiene de curas trabucaires en la guerra española es la de algún sacerdote jelquide, como de sobra se sabe.

jemer **I** *adj* **1** Camboyano. *Tb n, referido a pers*. | Á. GEscorial *SArr* 27.12.70, 12: El Vietcong se había marchado cuando el potente aparato bélico aliado traspasó la frontera "jemer".
2 ~ **rojo.** Del partido comunista que detentó el poder en Camboya de 1975 a 1979. *Tb n, referido a pers*. | VMontalbán *Transición* 86: El nombre llegaría intacto hasta la caída de la dictadura y el desvelamiento de crueldades solo comparables .. al ajuste de cuentas de los jemeres rojos cuando vencieron en Camboya. **b)** De (los) jemeres rojos. *Normalmente solo* ~. | * Las fuerzas vietnamitas han tomado una base jemer.
II *m* **3** Lengua de Camboya, perteneciente a la familia mon-jemer. | Moreno *Lenguas* 95: El jemer es la lengua nacional de Campuchea. Tiene unos 5.000.000 de hablantes y más de 700.000 en Vietnam y Tailandia.

jena → GENA.

jenabe *m* Mostaza (planta). | FQuer *Plantas med*. 257: Mostaza negra. (*Brassica nigra* Koch.) Sinonimia cast[ellana], .. jenabe, .. jenable.

jenable *m* Mostaza (planta). | FQuer *Plantas med*. 257: Mostaza negra. (*Brassica nigra* Koch.) Sinonimia cast[ellana], .. jenabe, .. jenable.

jengibre *m* Planta india cuyo rizoma aromático y picante se emplea como condimento, como medicamento y para la fabricación de licor (*Zingiber officinale*). *Tb el rizoma y el licor que se extrae de él*. | Cela *Alcarria* 85: El especiero Juanito, que venía a caballo desde Sigüenza a vender pimienta y clavo, jengibre y matalahúga. Cunqueiro *Un hombre* 193: Los corazones son vasos llenos de caliente jengibre.

jenízaro -ra (*tb con la grafía* **genízaro**) **I** *adj* **1** (*raro*) Mestizo o mezclado. | CBonald *Dos días* 213: El vino de apretones que se echa en un vaso turbio y se bebe sin más no es sino un vino genízaro; a ese no hay que pedirle que se porte, porque tampoco se le trata con una mínima consideración.
2 De (los) jenízaros [3]. *Tb* (*lit*) *fig*. | *Abc* 3.5.58, 15: Los ingredientes del guiso eran las Casas del Pueblo, con sus "chíviris", 15.000 hombres instruidos militarmente, Juventudes Socialeras Unificadas por la técnica comunista, única fuerza, verdadera fuerza, guardia genízara de la República.
II *m* **3** (*hist*) Soldado de una tropa de infantería turca, temible por su fanatismo, que en el s. XVII se convirtió en guardia del sultán. | M. FÁlvarez *His* 7.85, 40: El 15 de julio apareció ya ante Castelnuovo Barbarroja con toda su armada, al tiempo que acudía por tierra el gobernador turco de Bosnia, en total, un ejército de unos 50.000 soldados (de ellos, 5.000 genízaros, la temida fuerza de choque turca) y una armada de 220 naves. C. L. Álvarez *Abc* 22.10.67, 37: Había allí .. cestos imperiales guarnecidos de perlas y brillantes, espadas de jenízaros cuyas fundas estaban sembradas de rubíes y esmeraldas.

jeque *m* Señor que gobierna una tribu o un territorio musulmán. *Modernamente se usa tb como título honorífico*. | *Alc* 31.10.62, 5: El jeque Sabah al Salim al Sabah, viceprimer ministro y ministro de Asuntos Exteriores de Kuwait, .. ha sido nombrado heredero de su hermano. J. Balansó *SAbc* 22.11.70, 22: El jeque de la isla les prestó inmediata sumisión. MGaite *Retahílas* 219: Consistía [el potlach] en que dos grandes jeques árabes se desafiaban para ver cuál era más grande que el otro, y uno mataba su caballo, otro sus camellos, .. y así seguía el pique, demostrando el poder a base de la destrucción.

jerarca A *m* **1** Hombre que tiene elevada jerarquía [2] eclesiástica. | *Mun* 19.12.70, 5: El papa san Pío V .. excomulgaba a los príncipes y a los jerarcas eclesiásticos que consintieran "... estos espectáculos".
B *m y f* **2** Pers. que tiene elevada jerarquía [2] en una organización o una empresa. *A veces con intención desp.* | GSerrano *Macuto* 267: Opté por .. largarme a Madrid a bordo de un turismo de Auxilio Social que conducía un jerarca. Olmo *Ayer* 84: –¡Que yo te digo a ti que es negocio! –Sí, pero peligra el parné. –¡Y dale! ¡Que te equivocas! ¡Hay un jerarca por medio!

jerarquía *f* **1** Ordenación en distintos grados o categorías. | Alfonso *España* 93: En los despachos, en los hogares, en la calle... gravita sobre la atención un orden jerárquico que sitúa los asuntos y cosas en zonas de importancia, de mayor o menor importancia. Sin embargo, ¡en qué gran medida suele ser esa jerarquía incauta e irreflexiva!
2 Grado o categoría de una jerarquía [1]. | Villapún *Dogma* 82: Hay entre ellos [los ángeles] distintos grados y tres jerarquías: 1ª Comprend[e] los serafines, querubines y tronos .. 2ª Comprend[e] las dominaciones, virtudes y potestades .. 3ª Constituida por los principados, los ángeles y los arcángeles. **b)** Grado o categoría superior de una jerarquía [1]. | Tamames *Economía* 442: Las jerarquías del Sindicato recaen por lo general en militantes de FET y de las JONS. CSotelo *Proceso* 357: Empavorecía al pensar que pudiera cogerme entre sus dientes [la rueda de la Inquisición]. –¿A vos...? Con vuestro historial, con vuestra jerarquía... MGaite *Ritmo* 69: Lo que no sabía ella era que no estaba tan lejos el tiempo de su ascenso a aquella jerarquía que envidiaba [la dirección de una casa].
3 Pers. que ostenta un grado o categoría superior en una jerarquía [1]. | *Sáb* 18.9.76, 14: He aquí .. las notas que hemos tomado de boca de una alta jerarquía de la aviación española. GSerrano *Macuto* 546: Jerarquía: Denominación aplicada singularmente a los jefes falangistas .. El abuso del término lo descalificó un tanto .., de modo que a un ilustre escritor y político se le atribuye este epigrama destinado a una determinada jerarquía. **b)** Conjunto de las autoridades eclesiásticas. *Tb* ~ ECLESIÁSTICA. | Escrivá *Conversaciones* 21: Eso pondría en peligro el mismo prestigio de la Jerarquía y sonaría a burla para los demás miembros del Pueblo de Dios.

jerárquicamente *adv* **1** De manera jerárquica. | *Ley Orgánica* 89: La Administración, constituida por órganos jerárquicamente ordenados, asume el cumplimiento de los fines del Estado en orden a la pronta y eficaz satisfacción del interés general.
2 En el aspecto jerárquico. | Solís *Siglo* 33: Su misión fue la de caligrafiar la correspondencia .. Era la tarea más ingrata de la oficina y la última jerárquicamente.

jerárquico -ca *adj* De (la) jerarquía. | Alfonso *España* 56: Nos aventuraríamos a insinuar un pequeño esquema jerárquico. Sopeña *Defensa* 23: No había protesta .., porque no se entraba dentro de una compacta concepción jerárquica: el seminarista no era "persona mayor". JLozano *Des* 12.9.70, 9: Tampoco ha sido demasiado frecuente en este país que un laico cristiano se ocupe de cuestiones religiosas situándose en actitud crítica ante la Iglesia jerárquica.

jerarquización *f* Acción de jerarquizar. *Tb su efecto.* | Tierno *Humanismo* 25: "No hay más arreglo que una revolución"; pero esto se afirma al mismo tiempo que se hacen esfuerzos inauditos para ascender en la escala de la jerarquización burguesa. Gambra *Filosofía* 36: Es famosa la jerarquización de los conceptos fundamentales de la realidad que realizó el lógico antiguo Porfirio.

jerarquizador -ra *adj* Que jerarquiza. | *País* 19.10.80, 25: No tiene en cuenta a ese sector del profesorado y parte de unos principios jerarquizadores y personalistas absolutamente rechazables.

jerarquizante *adj* Jerarquizador. | Goytisolo *Verdes* 179: Uno de esos cines de barrio situados en los niveles más bajos de la cartelera, no solo tras las salas de estreno sino también tras las de reestreno preferente, todo muy de acuerdo con el espíritu jerarquizante de los años cuarenta.

jerarquizar *tr* Organizar según una jerarquía [1]. | Gambra *Filosofía* 185: Por esta misma mezcla de bien y de carencia de bien (de ser y de no ser) que tienen las cosas, el hombre suele ordenar su actividad voluntaria jerarquizando los objetos a que se dirige. Albalá *Periodismo* 51: Esa forma de vida ha dado lugar a unas experiencias que fueron selectivamente jerarquizadas por la nueva necesidad común que la sociedad tuvo en los momentos en que surgieron. **b)** *pr* Organizarse según una jerarquía [1]. | Gambra *Filosofía* 36: Por razón de la extensión, los conceptos se jerarquizan entre sí formando estructuras conceptuales ordenadas.

jerbo (*tb con la grafía* **gerbo**) *m* Mamífero roedor del tamaño de una rata, con pelaje amarillento en el dorso y blanco en el vientre y con las patas posteriores más largas que las anteriores, propio de estepas y desiertos (*Jaculus jaculus*). | Grosso *Invitados* 169: Aunque aún quede a la Legión el Sahara y el desierto, "la caza de gerbos, avestruces y varanos".

jeremíacamente (*tb* **jeremiacamente**) *adv* De manera jeremíaca. | Cancio *Bronces* 64: Juraba y se lamentaba jeremíacamente ante Joseón de su mala estrella. G. L. DPlaja *Tri* 29.5.71, 22: El "a dónde vamos a parar" ha sonado jeremíacamente en los medios tradicionales del Cuerpo.

jeremíaco -ca (*tb* **jeremiaco**) *adj* **1** Propio de Jeremías, supuesto autor de las *Lamentaciones o Trenos*. | Cela *Viaje andaluz* 218: El ruinoso y destartalado San Clemente, si Dios no lo remedia, se acabará viniendo al suelo cualquier mañana .. Entonces, como siempre pasa, sonará la hora de las jeremíacas lamentaciones. FMora *Abc* 2.2.65, 3: Los jeremíacos trenos que se escuchan sobre la pobreza y la disolución social. **b)** De lamentación, esp. exagerada. | Cela *Pirineo* 12: La historia no es arte jeremíaco sino ciencia concreta. VMontalbán *Rosa* 205: Abandonó el cuerpo Carvalho al sillón giratorio y dejó de seguir la conversación jeremíaca entre Biscuter y Bromuro.
2 Que se lamenta, esp. en exceso. | Torrente *Fragmentos* 165: ¡Villasanta de la Estrella, ay! .. ¿Cómo estás vacía y sola, triste y callada? .. Así debiera empezar esta secuencia, y seguir, jeremíaco, enumerando las virtudes de la ilustre ciudad.

jeremiada *f* Lamentación exagerada. | *Cod* 17.5.64, 6: Lo que ya no nos agrada tanto es que cada reajuste de estos venga acompañado por la jeremiada de que los transportes de superficie no son un mal negocio.

Jeremías *m y f* Pers. que se lamenta continuamente. | * No seas Jeremías, que con quejarse no se arregla nada. GPavón *Reinado* 214: –Es que no somos nadie, nadie en este valle de lágrimas. Esto es un engaño .. –Ya está aquí Jeremías.

jeremiquear *intr* (*reg*) Lloriquear o gimotear. | FReguera *Bienaventurados* 161: –¡Ay, señor Manolo! ¡Qué disgusto! ¡Qué disgusto tan grande! –jeremiqueaba la carnicera.

jereta *f* (*reg*) Cuerda tejida en forma de trenza. | I. RQuintano *SAbc* 17.1.82, 43: El gorrino, con el hueco ventral limpio, es izado con una jereta de cáñamo trenzado y atado a una viga.

jerez *m* Vino blanco, de fina calidad y mucho aroma, que se produce en la zona de Jerez de la Frontera. *Tb* VINO DE JEREZ. | *Cocina* 698: Se coloca el bizcocho en una fuente de metal, se rocía con la copa de jerez. Se desmolda el helado bien consistente y se coloca en el centro del bizcocho.

jerezano -na *adj* De Jerez de la Frontera (Cádiz), de Jerez de los Caballeros (Badajoz) o de Jeres del Marquesado (Granada). *Tb n, referido a pers. Gralm referido a la primera de estas poblaciones.* | *CoA* 25.1.64, 25: Jerez de la Frontera .. Don Luis Bellido, jerezano cien por cien, no quiere fracasar en esta gran empresa. C. SBallesteros *Hoy* 9.10.76, 2: Jerez de los Caballeros .. El jerezano "ya respira" un poco en cuanto al preciado líquido se refiere. J. García *Ide* 30.6.70, 13: Jerez [sic] del Marquesado .. Los jóvenes .. decidieron desempolvar estos valores, que forman parte, también, de la personalidad peculiar y genial de los jerezanos.

jerga[1] *f* Lenguaje informal propio que usan entre sí los individuos de una profesión o actividad o de un grupo. *Tb, desp, designando un lenguaje técn.* | Aranguren *Marxismo*

jerga – jeró

23: Su derivado, "marxismo", .. por pertenecer .. a la jerga que .. llamaremos científico-filosófica, queda automáticamente en cierto grado "enfriado". Ordóñez *Leng. médico* 9: Hay una clara intención de marginación y originalidad en ciertas jergas. Tres ejemplos: 1) La jerga del hampa .. 2) La jerga de los estudiantes .. 3) La jerga de cierta juventud actual. **b)** *Esp*: Jerga de maleantes. | Clavería *Argot* 350: La existencia de una serie de voces antiguas como *jerigonza, germanía .., jerga ..,* para designar el lenguaje de los maleantes, complica aún más la terminología. **c)** Lenguaje que no se comprende con facilidad. | Laforet *Mujer* 149: –Llegará un momento en que dudará de todo y se desesperará .. Fortalézcase ahora.– Aunque parezca extraño, esta jerga le parecía a Paulina muy complicada.

jerga² *f* Tela gruesa y tosca. | Lera *Olvidados* 5: –¿Traes el gato? –Sí –contestó el Pinto, mostrándole un bulto cubierto con jerga. Halcón *Ir* 101: Cuando me muevo suenan las hojas de maíz secas, prisioneras en el colchón de jerga.

jergal *adj* De (la) jerga¹. | Lapesa *HLengua* 306: Nacidos en el hampa, se extienden términos jergales de germanía.

jergón *m* **1** Colchón sin bastas hecho de paja o materia similar. | Llordés *Fusil* 20: Muchos habíamos ido a dormir la primera noche al Cuartel de la tarde anterior, acomodándonos como pudimos en una sala que tenía jergones viejos.

2 *(col, raro)* Vestido ancho y mal adaptado al cuerpo. | M. Mujica *Abc* 20.8.69, 10: Allá en el Perú, un puñado de españoles se lanza a la conquista de un inmenso y enmarañado espacio verde, sin otro traje especial que el jergón del misionero franciscano.

jeribeque *m* **1** Contorsión o movimiento, esp. de apariencia absurda. | Palomino *Torremolinos* 68: Se santigua con un gesto mecánico .. Como si espantara una mosca o el fantasma de una mosca. Estas sentiguaciones decían que son muy buenas para espantar al Enemigo Malo. Pero si el diablo ha visto los jeribeques de Arturo se habrá reído. **b)** Gesto o mueca. | Fraile *Ejemplario* 128: Hasta los más cavernas y altivos en la escalera se asomaban a las ventanas con sus batas de casa, o sus chaquetas de pijama si era verano, y le decían a Lali una frase o le hacían un jeribeque que ellos consideraban el colmo del ingenio.

2 Adorno complicado. | Torrente *Saga* 282: Don Acisclo reconoció las bragas como procedentes del tendedero doméstico; el cubrecorsé como de su madre .., y el sombrero del agujón como propiedad y uso de su abuela ..: todas las tres prendas .. de cuya abundancia de perifollos y jeribeques procedía su afición a improvisar .. complejas variaciones ornamentales.

jericano -na *adj* De Jérica (Castellón). *Tb n, referido a pers.* | R. Cortés *Med* 22.4.60, 3: Pasados los días de tristeza y meditación, los jericanos han celebrado con gran alegría, júbilo y diversión la festividad de la Pascua.

jerife *m* Descendiente de Mahoma por la línea de su hija Fátima. *Gralm aplicado como título a los miembros de la dinastía reinante en Marruecos y a otros altos jefes musulmanes.* | P. GAparicio *HLM* 10.2.75, 5: Ya avanzado el siglo XVIII, Mulay Ismail, [J]erife de los "filalíes", .. llevó a cabo la última invasión, para instaurar la actual dinastía de los Alauitas. [*En el texto*, Gerife.] FReguera-March *Dictadura* 1, 459: El 19 de abril falleció .. el Raisuni. El orgulloso y taimado jerife, enemigo a veces de España y amigo otras .., murió en el cautiverio. P. GAparicio *SYa* 24.11.74, 7: Hussein-ben-Alí, jerife –o guardador– de los Santos Lugares del Islam, pertenecía a la rama Hachemí como descendiente de Hachem, tío de Mahoma.

jerifiano -na *adj (lit)* De(l) jerife. *Se usa para referirse al rey, al gobierno o al estado marroquí.* | P. Magaz *Abc* 26.9.74, 37: Así viajamos hasta cerca de Sekuen .., paralelamente a la línea recta que separa en los mapas el Reino Jerifiano del territorio saharaui.

jerigonza *f* **1** Lenguaje complicado y difícil de entender. | Camón *Abc* 10.9.68, 3: La sinceridad con que plantea Marcuse sus ideas es el único costado simpático de su doctrina. He aquí una muestra final con apariencia de jerigonza. **b)** *(hoy raro)* Jerga¹ (lenguaje informal de una profesión o actividad). | Guillén *Lenguaje* 37: El ya citado Salazar, tres siglos antes, al ironizar sobre esta jerigonza, exageró su contagio. **c)** Jerga¹ (lenguaje de maleantes). | Clavería *Argot* 350: La existencia de una serie de voces antiguas como *jerigonza, germanía .., jerga ..,* para designar el lenguaje de los maleantes, complica aún más la terminología.

2 Movimiento extraño y ridículo. | Berlanga *Recuentos* 26: Una tarde, que andaban esos dos peludos haciendo jerigonzas en la tele, el Sentencias se quedó encanado, patitieso.

jeringa *f* **1** Instrumento sanitario compuesto de un tubo con boquilla, dentro del cual juega un émbolo, y que sirve para aspirar un líquido y luego expelerlo o inyectarlo. | Delibes *Príncipe* 164: En la penumbra, divisó a Longinos levantando la mano con una enorme jeringa. MNiclos *Toxicología* 21: Ya la sonda en el estómago, se realiza una aspiración previa con pera o jeringa.

2 Instrumento semejante a la jeringa [1] usado para introducir materias blandas. | Cela *Escenas* 166: Abrió una churrería .. Belloto, sin más tiempo que el justo para tomarse un café bebido, empalmaba el bastón con el fruslero de trabajar la masa, con la jeringa que angélicamente la cagaba sobre la sartén del aceite a punto y con la estrellafare del salvamento de los churros náufragos. E. Busquets *SCCa* 26.10.75, 16: La elaboración de embutidos requería mucho tiempo, .. las tripas se llenaban a mano utilizándose embudos o jeringas de hojalata o de madera.

jeringar *(col)* **A** *tr* **1** Fastidiar. *Frec en constrs como ~LA o ¿NO TE JERINGA?* | ZVicente *Traque* 171: A ver por qué vamos a tener que hablar de eso .. Hombre, quite usted allá. Qué tío. Si ya se ha hablado bastante, hombre de Dios, no nos jeringue. GHortelano *Amistades* 141: Nos han jeringado con la fiestecita. ZVicente *SYa* 14.5.72, 22: Toda la familia decía lo mismo: Este niño crece tanto, este niño la jeringa. FReguera *Bienaventurados* 131: ¡No te jeringa! Lera *Trampa* 1051: Goya dejó sobre la mesa dos platos con judías coloradas, y .. exclamó: –Estoy lo que se dice jeringá.

B *intr pr* **2** Fastidiarse o aguantarse. | CPuche *Paralelo* 79: –Sí, son muy del poder .. Creo que tienen mucha influencia. –Pues que se jeringuen y no duerman.

jeringazo *m (col)* Pinchazo o inyección. | S. Cámara *Tri* 1.1.72, 11: A veces me asalta la diabetes espiritual y preciso del jeringazo de insulina.

jeringo *m (reg)* Churro (golosina). | Burgos *SAbc* 13.4.69, 47: Es preceptivo acabar la noche o comenzar el día tomando chocolate con calentitos –buñuelos, jeringos, churros en otras partes– en las casetas de los gitanos.

jeringonza *f (pop)* Jerigonza. | E. Zomeño *DCu* 16.8.64, 6: –No entiendo una palabra... –Ni falta que hace, Ponza. –No me llames Ponza. Y déjate de jeringonzas.

jeringuilla¹ *f* Jeringa pequeña a la que se enchufa una aguja hueca de punta aguda cortada a bisel, y que se emplea para inyectar medicamentos. | Mascaró *Médico* 18: No se descarta el peligro de transmitir la ictericia o la hepatitis por las jeringuillas de inyección.

jeringuilla² *f* Celinda (arbusto). | *Ama casa* 1972 96: La celinda o jeringuilla. Es un magnífico arbusto saxifragáceo, de flores blancas.

jeriñac *m (raro)* Coñac español. *A veces con intención humorist.* | *País* 1.6.79, 10: La España del gasógeno, del jeriñac y del estilo arquitectónico falso-herreriano sigue preocupantemente viva.

jerk *(ing; pronunc corriente, /yerk/) m (raro)* Baile moderno de movimientos espasmódicos, de moda a mediados de los años 60. | C. Laredo *Abc* 26.8.66, 30: Burguiba declara inesperadamente la guerra a las minifaldas, .. al "jerk" y a "toda esa moda del diablo". GHortelano *Momento* 363: Blancas palomas, bajo una lluvia de plumas de pavo real, bailaban jerk en las coletas de Adela.

jermoso *m (reg)* Jarro panzudo y con dos asas, destinado esp. para el ordeño de leche. | Cossío *Montaña* 70: No son solo calzado y aperos de labranza los construidos con este material [madera], sino que .. los utensilios más usuales, barreños y artesas, zapitas y jermosos, gozapos, jarras, cucharones y escudillas .., todo cuanto les sirve para sus trabajos o su regalo procede de los montes.

jeró *f (jerg)* Cara [de una pers.]. *Tb fig.* | A. Navalón *Inf* 16.4.70, 23: ¡Vaya mala color que tiene el gachó en la jeró!

Olmo *Golfos* 115: –¿Qué hace ese ahí? –¡Vaya jeró! Tomás *Orilla* 190: –¿No te han derrotado nada? .. –Ya te digo que no. Esta vez ha sido por la jeró.

jeroglífico -ca I *adj* **1** [Escritura] en la que se representan ideas o palabras por medio de figuras, y no por signos lingüísticos. | Pericot-Maluquer *Humanidad* 150: El mundo hitita se incorpora también a la cultura urbana. Creará una escritura jeroglífica propia. **b)** De (la) escritura jeroglífica. | Buesa *Americanismos* 338: Del maya .. se han conservado como reflejo de su importante cultura tres manuscritos y numerosos bajorrelieves llenos de inscripciones jeroglíficas.
II *m* **2** Figura de las empleadas en la escritura jeroglífica [1]. | Tejedor *Arte* 11: Cuando la campaña de Napoleón en Egipto, fue hallada la piedra de Roseta .. Napoleón ordenó el envío de la piedra a París, y el sabio orientalista francés Champolión [sic] consiguió descifrar los jeroglíficos y fundar la Egiptología.
3 Escritura jeroglífica [1]. | R. Griñó *HyV* 1.75, 77: El mérito de Emery estriba .. en haber sacado a la luz .. cientos de inscripciones en jeroglífico, demótico, cario, etcétera.
4 Juego de ingenio consistente en una frase expresada por medio de figuras y signos. | *SAbc* 20.4.69, 3: La sección de "Pasatiempos" cierra este número. Crucigramas, criptogramas, jeroglíficos para todos.
5 (*col*) Signo o dibujo difícil de entender o descifrar. | Alós *Hogueras* 120: Telmo Mandilego mira con envidia lo aprisa que escribe el reportero, y le entra una gran avidez por conocer aquellos jeroglíficos, por saberlos leer. **b)** Cosa difícil de entender. | * No entiendo nada de lo que me dices. ¡Qué jeroglífico!

jeronimiano -na *adj* [Cosa] de la orden de San Jerónimo. | L. Riber *DBu* 28.3.56, 6: Yo leía los breves capítulos sabrosísimos que en su obra consagra a la santa vida y muerte de los monjes que murieron en olor de santidad en el monasterio jeronimiano de la Murta.

jerónimo -ma *adj* [Orden] de San Jerónimo, fundada en Lupiana (Guadalajara) y aprobada en 1373. *Tb, más raro,* designa otras órdenes cuyo patrón es San Jerónimo. | Aguiló *Guadalajara* 117: Aquellos ermitaños, como Pedro Fernández Pecha .. y su hermano Alonso .., fueron los fundadores, más tarde, de la Orden Jerónima en España y el Monasterio de Lupiana, su casa-madre. **b)** De la orden de San Jerónimo. *Tb n, referido a pers.* | *DBu* 8.7.64, 8: A pocos kilómetros de Burgos, entre arboledas, se alzan los decrépitos muros del convento jerónimo de Santa María de Fresdelval. Pemán *Andalucía* 39: Estamos avistando los volúmenes arquitectónicos del Convento de Santa Paula, hoy clausura de monjas jerónimas. Sopeña *Defensa* 40: El encuentro fue en uno de los sitios más significativos de la religiosidad "triunfalista" de entonces: el monasterio del Parral, en Segovia, con jerónimos nuevos.

jerosolimitano -na *adj* De Jerusalén. *Tb n, referido a pers.* | H. Gutiérrez *Inf* 27.1.76, 24: Esta región está próxima a Jerusalén .. y sobre ella se podría extender la jurisdi[c]ción religiosa del sanedrín y sacerdocio jerosolimitanos.

jersey (*pl normal,* ~s o JERSÉIS) *m* **1** Prenda de vestir de punto, gralm. cerrada, más o menos ceñida, que cubre desde los hombros a la cintura o la cadera. | Medio *Bibiana* 71: Manuel llora en silencio, limpiándose la cara con la manga del jersey. CPuche *Paralelo* 13: Ellos se defendían del frío de diciembre como podían, con recios jerseys hechos en casa. *Ya* 15.1.92, 30: Dos hombres, con los rostros cubiertos por los cuellos de sus jerséis, abordaron a Alfonso Mejías.
2 Punto de media liso. | *Lab* 2.70, 4: Muestra: 20 v[uueltas] de jersey = 8 cm. más 4. *Lab* 2.70, 4: Puntos empleados: Jersey: 1 p[unto] derecho, 1 v[uelta] rev[és].
3 Tejido de punto propio de los jerseys [1]. | *Luc* 26.8.64, 1: Sombrero con avestruz .. Lo de avestruz es el pompón de plumas que indica el ser sombrero, último modelo, en jersey a cuadros b[l]anco y negro.

jertano -na *adj* Del valle del Jerte (Cáceres). *Tb n, referido a pers.* | J. M. Pagador *Hoy* 19.7.75, 13: El Valle del Jerte es una zona cerecera por excelencia .. Uno de los problemas de la zona .. es el encasillamiento que produce el monocultivo, lo que coloca a las economías de los jertanos en un estado de fragilidad permanente.

jerteño -ña *adj* **1** Del río Jerte, afluente del Alagón. | A. MPeña *Abc* 31.3.74, 39: Valle del Jerte en flor .. Los árboles se dan las manos .. lanzando sus ramas al aire los regalos que les hicieron los ángeles del valle jerteño.
2 De Jerte (Cáceres) o del valle del Jerte (Cáceres). | *Hoy* 27.3.77, 7: ¿Qué plato típico puede ofrecer Jerte al viajero? –Desde luego, la trucha a la jerteña.

jesuita *adj* **1** De la Compañía de Jesús (orden religiosa fundada por San Ignacio de Loyola en 1540). *Tb n, referido a pers.* | Zunzunegui *Camino* 483: Yo estoy con los jesuitas frente a Pascal. HSBarba *HEspaña* 4, 398: Destacan, por su importancia excepcional, la [universidad] de Santo Tomás de Aquino en Santo Domingo ..; la de dominicos de Bogotá, la de San Gregorio Magno, de jesuitas, en Quito; la de San Ignacio de Loyola, igualmente jesuita, en Córdoba.
2 (*col*) Hipócrita o disimulado. *Tb n, referido a pers.* | CAssens *Novela* 2, 112: Quisiera lanzar su bomba, no sobre el Rey, sino sobre los burgueses intelectuales, sobre los ateneístas y los académicos .. –¡Habría que acabar con esa gente .., todos son unos plagiarios indecentes... y además unos jesuitas!

jesuítico -ca *adj* **1** De (los) jesuitas [1]. | Céspedes *HEspaña* 3, 460: Salvo algunas casas profesas que decidieron vivir de limosna, todo establecimiento jesuítico contó pronto con fincas suficientes para mantenerse a sí mismo. **b)** Propio de los jesuitas [1]. | Kurtz *Lado* 51: Cierto que tampoco me ha mentido, pero ha observado la táctica jesuítica: no mentir y, sin embargo, no ser veraz.
2 (*Arquit*) [Estilo] instaurado por los jesuitas [1] en el s. XVII. | Angulo *Arte* 2, 242: Contemporáneos de Gómez de Mora son los Hermanos de la Compañía Francisco Bautista y Pedro Sánchez, autores de la hermosa iglesia del antiguo Colegio Imperial .., de tipo jesuítico derivado del modelo de Vignola. **b)** De estilo jesuítico. | GNuño *Madrid* 39: La portada .. define el modelo de iglesia jesuítica en un conjunto de rebuscado efecto luminoso.
3 (*col*) Hipócrita o disimulado. | * No soporta su modo tan jesuítico de comportarse.

jesuitina *adj* [Religiosa] del Instituto de María o de las Damas Inglesas, fundado por María Ward en 1609 y dedicado a la educación según los métodos de los jesuitas. *Tb n.* | MRevirriego *D16* 16.9.90, 96: Nunca se ha quitado ninguno, ni falta que hace. Ni con las monjas jesuitinas ni cuando estudiaba Románicas. ZVicente *Balcón* 21: En el silencio se oye el reloj de la Catedral, el del Ayuntamiento, el de las jesuitinas, el de las adoratrices.

jesuitismo *m* Actitud jesuítica [1b y 3]. *Frec con intención peyorativa.* | Torrente *Señor* 245: El prior es fiel al texto de la regla ..; pero su modo de entender la piedad no es el nuestro. Hay en él jesuitismo, franciscanismo, ¡de todo!, pero sin elevación, sin vibración.

Jesús I *loc adv* **1 en un** (**decir**) ~. (*col*) En brevísimo tiempo. *Con intención ponderativa.* | Medio *Andrés* 31: La mujer que vende lotería por los cafés del Paseo de Recoletos reúne en un decir Jesús noventa pesetas. FReguera *Bienaventurados* 26: Vamos a despachar esas lecciones en un Jesús, ¿te parece?
II *interj* **2** (*col*) *Expresa aflicción, sorpresa desagradable o simple protesta. Tb* ~, MARÍA Y JOSÉ. *Normalmente en lenguaje femenino.* | Paso *Miss* 9.8.68, 52: –El marchante le dejó un cachorro de león, que era lo único que tenía en aquel momento. –¡Jesús! ZVicente *Traque* 66: Hombre de Dios, venga usted aquí y óigame. Jesús, qué paciencia hay que tener.
3 *Se dice cuando alguien acaba de estornudar.* | Torres *Él* 64: ¡Atchíssss! –estornudó el cantante. –Jesús –dijo Diana.
4 hasta verte, ~ mío. (*hoy raro*) *Se usa al comenzar a beber algo que se ha de apurar completamente.* | Escobar *Itinerarios* 220: Apaga el fuego [de la guindilla] apurando de lo de la piel de gato capón. ¡Hasta verte, Jesús mío!

jesusear (*col*) *intr* **1** Repetir muchas veces la palabra "Jesús". | Sampedro *Octubre* 92: ¡Águeda!, todavía respira .., tres sombras la atienden, doña Emilia en un pasmo jesuseando.
2 Musitar oraciones. | Zunzunegui *Camino* 538: ¿Qué mujercita no se enternece viendo a un hombre rosario en

Jesusito – jicarazo

mano hinojado en los santos lugares... jesuseando devotamente?

Jesusito. ~ de mi vida. *m* Oración infantil que comienza con las palabras "Jesusito de mi vida". | Mendoza *Gurb* 48: Regreso a casa. Todavía sin noticias de Gurb. Pijama, dientes, Jesusito de mi vida y a dormir.

jet (*ing*; *pronunc corriente*, /yet/; *pl normal*, ~s) **A** *m* **1** Avión de reacción o propulsión a chorro. | *Odi* 5.7.68, 4: El vuelo Madrid-París y regreso se efectuará en un jet de la Compañía Air-France. *Act* 30.10.69, 3: Las distancias se han acortado gracias a la velocidad de los "jets".
B *f* **2** Jet set. | C. Rigalt *D16* 21.7.85, 39: En Regine –el santuario de la jet– se guardan mucho más las formas.

jeta A *f* **1** Hocico [del cerdo o del jabalí]. | Ybarra-Cabetas *Ciencias* 396: El jabalí es un mamífero de tamaño grande, la cabeza enormemente desarrollada terminada en un hocico truncado que forma un disco calloso denominado jeta.
2 (*jerg*) Cara [de una pers.]. *Tb fig.* | DCañabate *Paseíllo* 66: Un gañán con jeta abrutada se dirige a Marquitos. Marsé *Tardes* 36: –¿Cómo te atreves a presentarte así, desvergonzado? –Sin faltar, doña, que mire que le parto la jeta. Tomás *Orilla* 169: Mi hermana tiene mucha jeta.
B *m y f* **3** (*jerg*) Caradura (pers.). | C. Ferreras *Cór* 27.8.93, 2: Un jeta nunca está solo. En este país han nacido siempre por generación espontánea. De ahí que, en menos que canta un gallo, dos ilustres jetas patrios .. se hayan solidarizado con el filósofo zamorano.

jet-foil (*ing*; *pronunc corriente*, /yét-foil/; *pl normal*, ~s) *m* Hidroala (embarcación). | *InA* 13.8.80, 14: Se está consiguiendo reducir el déficit de la compañía y se han mejorado sus servicios, como en el caso del nuevo "jet-foil" que desde el primero de marzo cubre la línea Las Palmas-Tenerife. D. Roibás *SSe* 8.9.91, 46: Ha llegado a España el último modelo de *jet-foil* construido por Kawasaki .. Esta embarcación rápida de transporte marítimo de pasajeros, del tipo planeador propulsado por chorro de agua, se incorporará en el mes de septiembre a las líneas regulares interinsulares en Canarias.

jet-lag (*ing*; *pronunc corriente*, /yét-lag/) *m* Sensación de fatiga y desorientación sufrida a veces por los viajeros de avión que cambian bruscamente de husos horarios. | *SInde* 19.7.90, 12: El "jet-lag" es el síndrome relacionado con los viajes en avión y el cambio brusco de husos horarios.

jet-set (*ing*; *pronunc corriente*, /yét-set/; *tb con la grafía* **jet set**) *f* (*u, hoy raro, m*) Estrato social adinerado que frecuenta los sitios de moda internacionales. | J. GPastor *SYa* 1.6.75, 17: Es un solterón empedernido, de unos cuarenta años, que ha sido asiduo acompañante de actrices famosas y mujeres de la "jet-set". E. Mira *Tri* 24.6.72, 34: Muchos residentes extranjeros (del "jet-set") han adoptado los rasgos más aparatosos e innocuos de la Contracultura.

jet-setter (*ing*; *pronunc corriente*, /yét-séter/; *pl normal*, ~s) *m y f* Pers. perteneciente a la jet-set. | I. Camacho *D16* 14.7.90, 56: Carlos Goyanes, al que "Semana" pierde .. el habitual respeto por los *jet-setters* para acusarle de mantener "doble vida".

jet-society (*ing*; *pronunc corriente*, /yét-sosáiti/; *tb con la grafía* **jet society**) *f* Jet-set. | Umbral *País* 19.6.76, 40: Don Jaime de Mora .. es hombre de mundo y el único español que se barbillea con la jet-society internacional, aparte del bailarín Antonio, Salvador Dalí y el de Villallonga. *Inde* 7.7.90, 1: Las universidades .. pueden sucumbir a la tentación de subordinar los intereses de la cultura a los de la política o de la "jet society".

jettatore (*it*; *pronunc corriente*, /yetatóre/) *m* Individuo a quien se atribuye el poder de influir maléficamente o de atraer la desgracia, voluntariamente o con su sola presencia. *Tb fig, referido a cosa.* | FReguera-March *Caída* 303: –Me da pena la "mala pata" del general Berenguer .. –Pues incluso don Alfonso cree en ella. Le dice que es un "jettatore". Campmany *Abc* 15.3.86, 17: Quizá podamos confirmar científicamente que el Halley es "jettatore" del empíreo que porta desgracias hacia la Tierra.

jettatura (*it*; *pronunc corriente*, /yetatúra/) *f* Influjo maléfico que se supone pueden ejercer determinadas perss. u objetos. | Morales *Hoy* 14.8.74, 13: ¿De qué recónditos rincones nos llegan esas creencias en la "jet[t]atura", el "gafismo", el mal de ojo o la fe a "pie juntillo" en el horóscopo? [*En el texto*, jetatura.] R. Bello *VerAl* 25.1.90, 14: Parece que un mal f[a]rio, una *jettatura*, les persigue.

ji[1] *interj* Imita el sonido de la risa solapada o poco franca. *Normalmente se enuncia repetida.* | Medio *Andrés* 249: Se ríen todavía forzadamente, con risita de conejo... Ji, ji... Ji, ji... Están todas sofocadas.

ji[2] *f* Letra del alfabeto griego que representa el sonido [x]. (V. PRELIM.) | Estébanez *Pragma* 43: Alfabeto griego: .. ípsilon, fi, ji, psi, omega.

jibarización *f* Acción de jibarizar. | S. Medialdea *SYa* 21.12.89, 1: Las causas de la jibarización de las lenguas clásicas no están del todo claras. Para Rodríguez Adrados "son modas de pedagogos".

jibarizar *tr* Reducir el tamaño [de algo *cd*]. *Con intención enfática.* | *SolM* 10.10.90, 39 (A): La magna operación .. se inició por las sucursales jibarizadas, es decir, por las supervivientes de la unión de dos oficinas de cada una de las dos entidades fusionadas.

jíbaro -ra *adj* **1** [Indio] de una tribu indígena que habita en la vertiente oriental de los Andes ecuatorianos y en el noroeste del Perú, y que practica el arte de momificar, reduciéndolas, cabezas humanas. *Tb n.* | Lázaro *JZorra* 67: Podemos adivinar –Alfredo y yo– el tam tam de los indios motilones o el de los terribles jíbaros. **b)** De los indios jíbaros. | Torrente *Saga* 158: Me di a la lectura de cuanto pude hallar o procurarme, y comprendí que no buscaba en vano al tropezarme con el cuento jíbaro de la oropéndola que tenía un solo ojo encima de la nariz.
2 (*raro*) Salvaje. | CBonald *Ágata* 82: No tardó demasiado Perico Chico, haciendo uso de sus nativas prácticas marismeñas, en dar con la difícil pista del normando, a quien descubrió oculto tras una maraña del jaguarzal. Se acercó sin despacio y le vio el hirsuto talante de jíbaro, los harapos del color del limo.

jibia *f* Cefalópodo comestible similar al calamar, que tiene en el dorso una concha calcárea, blanda y ligera (*Sepia officinalis*). *Tb su concha.* | Aldecoa *Cuentos* 1, 57: Juan había comprado sus botas a un cabo primero que frecuentaba Casa Valentín. Pagó la mitad en dinero, la mitad en especies: vino, cámbaros y rabas de jibia.

jibión *m* **1** Concha caliza de la jibia. | Ybarra-Cabetas *Ciencias* 329: La jibia no posee concha externa; en cambio interiormente tiene el llamado hueso de jibia o jibión, que es una pieza caliza en forma de suela de zapatilla.
2 (*reg*) Jibia. | Mann *DMo* 27.8.85, 2: Otro cefalópodo, el "cachón" de nuestras aguas, tiene el nombre vulgar de jibia, que, cuando ya es un poco mayor, se le conoce por jibión, aunque en Castro Urdiales es más conocida la especie por el nombre único de jibión.
3 (*reg*) Calamar. | Zunzunegui *Camino* 405: En los botes que andaban al jibión los pescadores movían sus brazos acompasados e isócronos.

jibionera *f* (*reg*) Utensilio para pescar jibias y jibiones. | Cancio *Bronces* 42: Sobre el pequeño saliente de uno de los riscos, el clásico cesto de mimbre conteniendo el bote de la gusana, .. la [j]ibionera y los consabidos rollos de alambre. [*En el texto*, gibionera.]

jícama *f* Planta americana cuya raíz, semejante a una cebolla grande, dura y carnosa, se come cruda (*Pachyrhizus angulatus*). *Tb su raíz. Tb designa otras especies.* | E. RGarcía *MHi* 6.60, 8: En las faldas de los montes nacen los olores y los colores juntos de toda la tierra. La selva de la especi[e]ría, rica vainilla dulce. ¿Y qué me dicen del güisquil, del yame, jícama y camotes?

jícara *f* Taza pequeña de loza, que suele emplearse para tomar chocolate. | Bernard *Pescados* 33: En una cacerolita se pone una jícara de aceite fino.

jicarazo *m* (*raro*) Asesinato por envenenamiento. *Frec en la constr* DAR ~ [a alguien]. | Torrente *Isla* 106: Flaviarosa, dada su condición ilustre, sería ejecutada en secreto, de acuerdo con la más seria casuística: el jicarazo de que hablé antes. FReguera-March *Boda* 233: ¡A ver si hay suertecilla! Una de dos: o me asocio, o le doy jicarazo a la vieja.

jicarón – jínjol

jicarón *m* Jícara grande. | Sampedro *Octubre* 115: Hasta se parecía a papá: igual parsimonia al liar y engomar los cigarrillos .., idéntico jicarón de chocolate para desayunarse.

jienense *adj* Jiennense. *Tb n*. | *Ide* 12.11.78, 7: Un jienense más ha sufrido las consecuencias del terrorismo.

jiennense *adj* (*lit*) De Jaén. *Tb n, referido a pers.* | Kayros *VAl* 7.8.75, 5: Ayer en la Galería de Arte Parriego expuso el pintor jiennense Alfonso Parras.

jierro *m* (*jerg*) Dinero. | FReguera-March *Boda* 100: –Ahora vive de afanar todo lo que puede. –¡Hombre!, ¿y eso es una profesión? –También le saca el *jierro* a su fulana.

jifa *f* (*raro*) Desperdicio que se tira en el matadero. *Tb fig.* | Alcántara *Ya* 16.2.83, 7: Debemos comprender la desmesura de los gendarmes, que en tal alfaida se comportaron sin demasiadas damerías ni melindres, quedando algunos madrileños como jifa gracias a la acción perentoria de muy modernos artilugios de escopetería.

jifero *m* (*raro*) Individuo encargado de matar y descuartizar reses. *Tb fig.* | Fieramosca *Ya* 8.7.87, 56: Él es el principal responsable directo de la matanza que se prepara, y para la que usa a una facultativa y un facultativo como ejecutores materiales, o sea, como jiferos. [*En abortos.*]

jija (*tb* **jijas**) *adj* Tonto o imbécil. *Tb n*. | SFerlosio *Jarama* 264: –Es un poquito jija ese amiguito vuestro .. –¡Y tú un mamarracho!

jijas *f pl* (*reg*) Picadillo de hacer chorizo. | *Ama casa 1972* 12b: Platos típicos regionales .. Castilla la Vieja-León. Caldereta serrana de Burgos .. Jijas de Palencia.

jijón -na *adj* (*Taur*) [Res o capa] de color rojizo encendido. | FVidal *Duero* 131: A falta de presencia humana, pasta una vacada buena de ver y numerosa, con ejemplares de .. capas de distintos tonos: chorreadas, jijonas.

jijona *m* Variedad de turrón de color ocre y aspecto granuloso y grasiento, fabricado a base de almendra molida. | *País* 18.12.77, 16: Turrón "La Fama", 300 gr. extra, jijona, alicante: 118 [pesetas].

jijonenco -ca *adj* De Jijona (Alicante). *Tb n, referido a pers.* | *Mad* 25.11.70, 8: Lo que hace que antes y después de estos meses los jijonencos vean mermadas sus posibilidades de promoción económica.

jijonés -sa *adj* Jijonenco. *Tb n*. | N. Luján *HyV* 1.75, 61: Los jijoneses han sido los mejores propagandistas del turrón.

jila *f* (*reg*) Filandón. | Cancio *Bronces* 59: Una ocurrencia suya .. que aún se comenta con encendidos elogios y singular algarabía en las animadas charlas de jilas, molinos y magostales.

jilguero -ra A *m* **1** Pájaro cantor de color pardo por el lomo, con la cabeza blanca manchada de rojo y las alas oscuras con manchas amarillas y blancas (*Carduelis carduelis*). *Tb designa solamente el macho de la especie.* | Carandell *Tri* 8.8.70, 15: Se posan habitualmente en los cardos pájaros tales como la pajarilla o jilguero, el pardillo y el verderón.

B *f* **2** Hembra del jilguero [1]. | J. SMoral *Jaén* 2.8.90, 3: Gregorete el barbero tenía a una jilguera como cimbel, esto es, tal reclamo cuando la red es esa trampa para cazar melodiosos jilguerillos.

jim *m* (*reg*) Ombligo. | Mann *DMo* 11.8.92, 4: En la región de Liébana la palabra "jim" se refiere ni más ni menos que al omblingo.

jimenense *adj* De Jimena (Jaén) o de Jimena de la Frontera (Cádiz). *Tb n, referido a pers.* | A. Macías *DCá* 26.5.76, 17: Jimena .. Exposición, también por primera vez, de la raza limousina, presentada por los ganaderos jimenenses, señores Hermanos Ferrer Lariño.

jimplar *intr* (*reg*) Gemir con hipo. | P. Touceda *SAbc* 6.4.86, 35: Al cabo de un rato comenzó a jimplar, y, entre el hipo y los lloros, su amnesia salió a flote, y terminó olvidando el porqué de su aflicción.

jincar *tr* (*reg*) Comer. *Tb con compl de interés.* | Yrissarri *HLP* 6.10.75, 9: A mí se me da un ardite lo que haga usted en su casa; me importa un bledo su vida íntima ..,

sus inversiones en televisor en color, sus pagos aplazados y la calidad del potaje que se jinca todos los días.

jinda *f* (*jerg*) Jindama. | Grosso-LSalinas *Río* 92: –A mí, na más verles [a los guardias civiles], se me mete el cerote en el cuerpo .. –¿Es usted gitano? –No, señó, no hace falta ser gitano pa tené jinda.

jindama (*tb, raro, con la grafía* **gindama**) *f* (*jerg*) Miedo. | DCañabate *Paseíllo* 67: –¡Ahí queda eso! –le dice a Marquitos, cuando gana el burlador resollando de fatiga y de jindama. GSerrano *Alc* 16.11.70, 32: Incluso un general afirmó que si le llamasen de nuevo a la O.N.U. –en función de su oficio– no acudiría, sin especificar, que yo recuerde, si por desilusión o por gindama.

jinebro (*tb con la grafía* **ginebro**) *m* (*reg*) Enebro (arbusto). | M. CDiego *Cór* 2.7.64, 5: En lo más alto de este monte, un cabrero descubrió, hace ya muchos años, una cruz de madera dentro de un ginebro.

jineta[1] (*tb con la grafía* **gineta**) *f* Mamífero carnicero semejante al gato montés, de hocico prolongado y pelaje claro con manchas negras, en forma de fajas en el lomo y de anillos en la cola, y que produce una algalia hedionda (gén. *Genetta*). | *Abc* 13.7.75, 81: En la localidad de Puerto Lápice, una jineta perseguida durante esta madrugada por una zorra o un perro asilvestrado ha provocado que aquella población se viera privada de luz y agua. *Cádiz* 106: Existen ciervos, corzos, jabalíes, cabras monteses, garduñas, zorros, linces, ginetas y gatos monteses. Noval *Fauna* 33: La Gineta (*Genetta genetta*) es un mamífero carnívoro al que en Asturias frecuentemente se confunde con el Gato montés.

jineta[2] **I** *f* **1** Arte de montar a caballo con los estribos muy cortos y las piernas dobladas, pero verticales de la rodilla abajo. *Gralm en la constr* A LA ~. | Cunqueiro *Un hombre* 61: Había aprendido de un centauro retirado el arte de la jineta. DPlaja *Sociedad* 83: Distintas formas de montar. A la brida, o a la jineta. *SYa* 26.5.73, 43: El arte de torear a la jineta no ha tenido mucho éxito en esas tierras.

II *adj* **2** [Silla de montar] cuyos borrenes son más altos y menos distantes, las aciones más cortas y los estribos más grandes que en la común. *Tb* A LA ~. | *Abc Extra* 12.62, 86: Otra teoría asegura que los árabes los trajeron en el arzón de la silla a la jineta.

jinete *m* **1** Individuo montado en una caballería. *Tb fig.* | Halcón *Monólogo* 229: Frasco obedece y después corre a ponerse delante de la jaca de Jesús para que no se mueva mientras el jinete desciende con cuidado. Cela *Pirineo* 102: Por el camino –jinetes en sendas bicicletas de alto manillar; el mosquetón terciado, y aburridillo el gesto– pedalea la pareja de la guardia civil.

2 Individuo diestro en equitación. | Gilera *Abc* 3.8.76, 38: Catorce equipos, en representación oficial de catorce naciones, tomaron parte. Cuatro jinetes y cuatro caballos por equipo.

3 (*hist*) Soldado de caballería. | Tovar-Blázquez *Hispania* 31: Consiguió [Escipión] reunir hasta 45.000 soldados y 3.000 jinetes.

jinetear *tr* Montar a caballo [sobre un animal (*cd*)]. *Tb abs. Tb fig.* | Grosso *Invitados* 99: Jineteando sus lustrosos caballos, tentando en sus dehesas toros de lidia. Lera *Clarines* 414: Alguno subía por la cola [de la vaquilla] y la jineteaba. Sampedro *Sonrisa* 259: Subía a la montaña en mi caballo, daba gloria montarlo, y pocos pastores jineteaban entonces. Lera *Perdimos* 15: Ya es hora de que España se sacuda de las espaldas a los que siempre la jinetearon y se ponga a la altura de los tiempos.

jingle (*ing; pronunc corriente,* /yíngel/) *m* (*RTV*) Música de un anuncio publicitario. | GTelefónica *N*. 69: Estudios Regson. Grabaciones de cuñas. Jingles. Programas Radio. Televisión.

jingoísta *m y f* (*raro*) Patriota exaltado y belicoso. | FAlmagro *Historia* 3, 11: El interés de los Estados Unidos se cifraba en acechar, cautelosamente, la ocasión que pudiera dar España .. para intervenir en Cuba, cediendo, por fin, a la presión de los "jingoístas".

jínjol *m* (*reg*) Azufaifo (árbol). | A. Lezcano *SAbc* 3.8.75, 50: En la huerta, crecen los naranjos, albaricoqueros, cerezos, jínjoles, perales.

jinojo – jo

jinojo *interj (raro)* Expresa extrañeza o enfado. | CSotelo *Resentido* 250: –¿Quién gana? –Eso ni se pregunta. Menda lerenda. –Mus. –Ni mus ni... historias. –¡Jinojo, qué finolis!

jiñar *(tb con la grafía **giñar**) intr (jerg)* Defecar. *A veces se usa como sinónimo perfecto de* CAGAR. | Cela *Alcarria* 106: El viajero, en el cruce de Moranchel, manda parar el Rolls para jiñar al pie de una paridera en ruinas. Aparicio *Año* 40: Estaba .. cojo por las rozaduras de una costra que le había pegado los pantalones a las piernas –se había giñado encima todos los días–. Sastre *Taberna* 99: ¡Me jiño mil veces en la leche que os han dado a los dos, canallas!

jipar[1] *intr (col)* Hipar. | GSerrano *Macuto* 181: Los primeros [aviones de caza] en regresar de la línea venían dando tumbos y saltos, haciendo piruetas .. Lo que se veía era el modo con que la caza tiraba sus gorrillos al aire, daba sus jubilosas zapatetas y se echaba a coplear, y algún motor carraspeaba, jipaba y hasta gemía y todo, como la garganta de un flamenco.

jipar[2] *tr (reg)* Ver. | LTena *Luz* 37: Ya me lo "jipaba" yo. Con que un asuntito, ¿eh?

jipi[1] *adj* Hippy. *Tb n.* | Burgos *Tri* 22.10.77, 47: Jipis: los que van de pacifistas o tienen el curro en la cosa de hacer pulseras. ZVicente *Mesa* 50: En las últimas concentraciones internacionales de peces contestatarios .. apareció un comité de estas fierecillas, ligeramente jipi, que también se esfumó después de exponer .. sus teorías a las carpas disidentes.

jipi[2] *m (col, hoy raro)* Sombrero de jipijapa. | Torrente *Off-side* 503: Traje de rayadillo y ancho sombrero también de paja, aunque no de los llamados jipis.

jipiar[1] *(conjug **1c**) intr* Dar jipidos. | GHortelano *Apólogos* 295: Sobre una de las mesas, Miriam, en bata de cola, taconeaba alguna especialidad flamenca. El resto de la jarana jipimeaba descompasadamente, bailaba, libaba, jipiaba.

jipiar[2] *(conjug **1a**) tr (jerg)* Ver. | SYa 7.6.79, 4: Déjame jipiar tu examen.

jipido *m* **1** Hipido (acción de llorar con hipos). | Torrente *Vuelta* 120: –Soy una mujer infame.– Se desplomó en las almohadas y empezó a sollozar. –¡Infame, infame! –decía entre jipidos.

2 Jipío [1]. | Grosso *Capirote* 196: Un hombre iniciaba el prólogo de nuevos jipidos para dar a la garganta la entrada bronca de otra saeta.

jipijapa A *f* **1** Tira fina y flexible que se extrae de la palmera americana *Carludovica palmata* y que se emplea en la fabricación de sombreros y otros objetos. *Tb la planta.* | FReguera-March *Cuba* 248: El que corrió como una locomotora fue Canalejas ... Y perdió el sombrero de jipijapa. GCabezón *Orotava* 11: Jipijapa, *Carludovica palmata*, R. & P., Ciclantácea, Panamá, Colombia, etc.

B *m* **2** Sombrero de jipijapa [1]. | Gironella *Millón* 92: Lo más diverso fue, quizá, lo que los milicianos se encasquetaron. Sombreros a lo *gangster*, pañuelos en cucurucho, jipijapas, cascos.

jipío *m* **1** Sonido semejante a un gemido, propio del cante flamenco. | A. Olano *Sáb* 10.9.66, 5: Para ellos hay salas de fiestas con "t[ypi]cal Spain", con las inevitables palmas, jipíos y tópicos pasados por sevillanas.

2 *(reg)* Jipido [1]. | Halcón *Ir* 110: Entre jipío y jipío el niño informó a su madre del motivo de su llanto.

jipismo *m* Hippysmo. | Burgos *Tri* 22.10.77, 46: El rollo no es otra cosa que la variante ibérica .. de lo que en los años 60 se vino a llamar 'underground', contracultura, jipismo. P. Pardo *SPaís* 10.4.83, 36: Si los hoy lustrosos *mayistas* españoles están hechos de una mezcla boticaria de *jipismo*, .. y de posibilismo democratero, es indudable que los *punkis* son su última xerocopia generacional.

jiquí *m* Árbol cubano de gran tamaño y madera dura y resistente, cuya corteza se usa en medicina popular (*Pera bumeliaefolia*). | FReguera-March *Cuba* 165: El fuerte era de troncos de jiquí. Buena madera.

jira *f* Merienda campestre. | SFerlosio *Jarama* 31: Llevarse unas fotitos de los días así que se sale de jira es una cosa que está bien. CPuche *Sabor* 170: Nos brotaba la alegría como cuando se va de excursión o de jira campestre y se espera que todo sea espontáneo, natural y puro.

jirafa *f* **1** Mamífero rumiante africano de unos 5 m de altura, cuello muy largo, cabeza pequeña con cuernos poco desarrollados y pelaje pardo o castaño con dibujo poligonal irregular (*Giraffa camelopardalis*). | Artero *Vertebrados* 42: También rumiantes son los bisontes de América del Norte, hoy casi extinguidos; los ciervos, gamos y gamuzas de los bosques europeos; los antílopes, gacelas y jirafas de África Central.

2 *(Cine y TV)* Mecanismo que consiste en un largo brazo articulado que soporta un micrófono y que sirve para seguir fuentes de sonido móviles. | J. MÁlamo *Abc* 8.5.81, sn: De repente, algo falla. Parece que una jirafa no trabaja en condiciones. Se interrumpe la grabación.

jiráfido *adj (Zool)* [Mamífero] artiodáctilo rumiante, de cuello muy largo, patas anteriores más largas que las posteriores y cuernecitos frontales cubiertos por la piel, de la familia de la jirafa. *Frec como n m en pl, designando este taxón zoológico.* | Alvarado *Zoología* 115: Jiráfidos. Poseen en la cabeza un par de cortos cuernos óseos cubiertos por la piel. Viven en las sabanas africanas. *Ya* 24.12.84, 18: En el yacimiento de Loranca del Campo se encuentran .. los jiráfidos más antiguos del mundo.

jirafista *m y f (Cine y TV)* Pers. encargada de manejar la jirafa [2]. | RGualda *Cine* 342: La jirafa es tan usual en televisión que ha dado origen a una denominación designativa del operario que la sostiene: jirafista.

jirafón -na *adj (raro)* [Pers.] muy alta. | FVidal *Ayllón* 119: Levanto la mirada y me encuentro ante un tipejo de nariz corva y gesto compungido, huesudo y jirafón.

jirón[1] *m* **1** Trozo desgarrado o arrancado de una prenda de tela o materia similar. *Frec en la constr* HECHO ~ES. | Onieva *Prado* 198: *Esopo*. Otro mendigo del Posílipo, con el traje hecho jirones. **b)** Parte desgarrada de un todo. *Frec fig.* | Arce *Testamento* 55: Sobre la cumbre de la escarpadura que se elevaba detrás de la cabaña se habían agrupado varios jirones de bruma. Cossío *Confesiones* 151: Yo he trabajado en este diario cincuenta años .. Fui subiendo todas las escalas .., y cuando vuelvo la vista atrás advierto hasta qué punto he dejado jirones de mi vida en él.

2 *(Heráld)* Pieza triangular para el borde del escudo y tiene uno de sus ángulos en el centro de este. | * El jirón ocupa la octava parte del escudo.

jirón[2] **-na** *adj (Taur)* [Res] de color uniforme con una mancha blanca que parte del ijar. | *SInf* 16.5.70, 2: La corrida de hoy .. Destaca por su seriedad el número 20, jirón de pelo, serio y verdaderamente cuajado. A. Navalón *Inf* 13.10.70, 23: El segundo era berrendo .. El tercero, negro [j]irón, lucero, [h]aldiblanco y calcetero. [*En el texto*, girón.]

jironado *adj (Heráld)* [Escudo] dividido en ocho jirones[1] [2], cuatro de color y cuatro de metal. | A. Braida *DBu* 3.4.56, 8: El [escudo] que reproducimos es este que ostentaron muchas casas gallegas que traía[n] escudos [j]ironados. [*En el texto*, gironados.]

jiu-jitsu *(jap; pronunc corriente, /yu-yítsu/) m* Lucha japonesa sin armas, basada en la fuerza de palanca y en el hábil manejo de los pies y las leyes del equilibrio. | Delibes *Siestas* 96: Lo normal es que, mientras el hombre honrado aprende a ganarse la vida honradamente, el criminal está aprendiendo llaves del jiu-jitsu.

jivi *adj (juv)* Heavy. *Tb n.* | *País* 8.4.83, 56: Reciben patadas .. y desprecios. Y los reciben de todos, del forofo del Rayo, .. de fresadores, tenderos, mayistas, polis, jivis y modernos. Son los punkis del foro.

jo[1] *inter (euf, col)* Expresa protesta o asombro, o a veces simple ponderación. *Más frec en lenguaje infantil o juvenil.* | Diosdado *Anillos* 1, 277: –¿Está el bocadillo? –Ahí, encima de la mesa, envolvedlo vosotros. –¡Jo, mami! Palomino *Torremolinos* 274: La lectura es monótona y gris. Nadie diría se esta perpetrando una especie de crimen jacobino. Arístegui .. solo dice: –¡Jo; qué cabronada! Payno *Curso* 59: Sí debe ser divertido: oír a tu padre, tan serio, diciendo "propandanga". –¡Jo!, sí. Ya me dejan por imposible.

jo[2] *interj* Se emplea para ordenar a las caballerías o a las vacas que se detengan. | GPavón *Hermanas* 18: Cuánta entrada y salida de animales y hombres. Cuánta mula coja y mal calzada. Cuánta blusa, calzón de pana, arres, jos, bos, sos, tacos, chisqueros de mecha .. y dientes amarillos.

jobá *interj* (*pop*) Jobar. | Aristófanes *Sáb* 3.12.75, 94: Como consecuencia del desmadre, que encima se pudo ver en parte por la televisión (que eso sí que es un directísimo, jobá), las medidas de seguridad adoptadas con respecto a los informadores se extremaron en todos los puntos del aeropuerto.

jobada *f* (*reg*) Yugada (espacio de tierra que puede labrarse en un día). | FVidal *Ayllón* 76: Aunque la caminata a campo través, pateando riciales y jobadas sedientas bajo un sol que, ya juvenil, ciega, no apetezca en demasía.

jobar *interj* (*euf, col*) Expresa protesta o asombro. | Forges *Forges nº 2* 195: –Es del concurso de los sobres de sopas; que nos ha tocado un picardías. –Jobar. ZVicente *Mesa* 41: Sí, sí, jobar, todos legales, con todas las de la ley, o sea, vamos, que podemos ir con la cabeza muy alta. Delibes *Príncipe* 55: ¡Jobar, cómo le han calentado!

jocalias *f pl* (*reg*) Alhajas de iglesia. | Fuster *País Valenc.* 222: La iglesia, sosamente dieciochesca, guarda un retablo de finales del XV y diversas jocalias estimables.

jockey (*ing; pronunc corriente,* /yókei/; *pl normal,* ~s) *m* Yóquey. | Merlín *HLM* 26.10.70, 34: En esta jornada anotamos los triples éxitos del preparador Jesús Méndez y del jockey Román Martín. *Abc* 6.2.83, 53: Como a la mayoría de los jockeys, lo más difícil para mí es la conservación del peso.

jocosamente *adv* De manera jocosa. | A. Semprún *Abc* 29.12.70, 20: La propia opinión pública gala ha empezado ya a comentar jocosamente la ingenuidad de su Policía.

jocoserio -ria *adj* Que participa de las cualidades de lo jocoso y de lo serio. | JLosantos *D16* 30.11.84, 3: Yo tenía en cartera un breve diccionario jocoserio aplicable al señor Leguina.

jocosidad *f* Cualidad de jocoso. | Kurtz *Lado* 22: La edad de sus arterias, por lo visto, excitaba su jocosidad. Porcel *Des* 12.9.70, 14: Habla vivamente Roger Caillois .. Súbitas y contenidas explosiones de jocosidad cortan su discurso profesoral.

jocoso -sa *adj* [Cosa] que divierte o pretende divertir. | J. M. Caparrós *Mun* 23.5.70, 56: A pesar de diversas complicaciones y enredos jocosos, todo termina de "color de rosa" [en la película]. SLuis *Doctrina* 104: La mentira puede ser: oficiosa, jocosa y dañosa .. Jocosa: se dice para broma o pasatiempo. **b)** [Pers.] alegre o divertida. | Payno *Curso* 86: A la salida todas comentaron jocosas el incidente, hasta que empezaron a llegar los chicos.

jocote *m* Árbol de América tropical que produce una especie de ciruela ácida (*Spondias lutea, S. purpurea y S. myrobalanus*). | E. La Orden *SYa* 9.7.72, 17: En frases del carmelita viajero fray Antonio Vázquez de Espinosa, Chinandega parecía a principios del siglo XVII "un pedazo de paraíso", lleno de maíz y de todas las frutas de la tierra, que eran aguacates, zapotes, jocotes, naranjas dulces y agrias, limas y limones.

jocundamente *adv* (*lit*) De manera jocunda. | Fuster *Van* 1.7.73, 15: Para confeccionar alguna de las películas más jocundamente escandalosas de las últimas temporadas, han tenido que acudir a Chaucer y a Boccaccio.

jocundia *f* (*lit, raro*) Jocundidad. | Payno *Curso* 57: Tras la aparente jocundia había una cabeza seria.

jocundidad *f* (*lit*) Cualidad de jocundo. | MCachero *AGBlanco* 54: El tren es vehículo de la evasión efectiva ..; por él se va al mundo, a la embriaguez y jocundidad de la vida.

jocundo -da *adj* (*lit*) Alegre o risueño. | Torrente *Filomeno* 364: Uno de aquellos sujetos, un tal don Bernardino, personaje jocundo y buen bebedor, me escuchó con atención. Vega *Cocina* 19: Barcelona es un jocundo laboratorio del buen comer. Hoyo *Bigotillo* 61: El matorral y los árboles de sus linderos no ostentaban la jocunda frondosidad de los de Aquende y Allende.

joda *f* (*vulg*) Cosa fastidiosa o molesta. | Grosso-LSalinas *Río* 51: Esto es una joda, os lo digo yo. Tos los años es lo mismo, aguantá y aguantá.

jodedor -ra *adj* (*vulg*) [Pers.] aficionada a joder [1]. | Cela *SCamilo* 138: España es un país de cabestros que no perdonan al mozo jodedor. GPavón *Rapto* 229: Siempre ha sido muy jodedora ella. Y lo debía hacer muy bien la mujer, porque hay que ver qué parroquia tuvo.

joder (*a veces en la forma* JOER *en acep 7*) (*vulg*) **I** *v* **A** *intr* ▶ **a** *normal* **1** Realizar el acto sexual. | Cela *SCamilo* 31: La gente está muy revuelta y aquí ni le van a dejar joder en paz a uno. V. Mora *Baz* 3.78, 97: Le expliqué que estaba pasando cantidad de él, que ya no volvería a joder con él. [*Habla una chica.*]
▶ **b** *pr* **2** Fastidiarse o aguantarse. | Goytisolo *Recuento* 103: –Afloja más los vientos, tú, que mi gotera empieza a empreñar. –Pues te jodes. **b) hay que ~se.** Fórmula con que se manifiesta asombro ante algo, a veces ponderando la imposibilidad de reaccionar ante ello. | Cela *SCamilo* 93: Esta temporada estoy gafado, ¡hay que joderse, qué temporadita llevo! ASantos *Estanquera* 20: ¡Hay que joderse! ¡Hay que joderse la que se ha armado en un momento!

B *tr* **3** Realizar el acto sexual [con una mujer (*cd*)]. *A veces tb referido a animales. A veces con compl de interés.* | Montero *Reina* 75: Fue de madrugada ya cuando la jodió el asesino. Desde entonces, la Puri no había vuelto a acostarse por amor. Goytisolo *Recuento* 340: Empezó ya .. a repasar el resto de las presentes .. Sin renunciar a follarse a una, a jodérsela, picársela. Sampedro *Sonrisa* 271: Si un hombre jode a una cabra, con perdón, y esta pare, pues lo natural: mitad hombre y mitad cabra. Landero *Juegos* 74: "No, se están apareando", rectificó el abuelo, "el macho jode a las hembras. Fíjate cómo las jode".

4 Fastidiar o molestar mucho. *Tb abs.* | CPuche *Paralelo* 302: A mí siempre me han jodido los extranjeros, sean del país que sean. Delibes *Santos* 102: No hay cosa que más me joda que que me birlen los pájaros que yo mato. Tomás *Orilla* 186: Se empeñan en no dejarnos cuchillos para comer. Total para nada. Saben que usamos esto –y señaló la cuchara–; pero les da igual. La cuestión es joder. **b) no (me) jodas.** Fórmula con que se expresa asombro, incredulidad o rechazo ante lo que se acaba de oír. | Delibes *Voto* 104: –Pues, eso, se sentó un jueves a la tarde, tal que usted ahí, y el domingo, a la mañana, ya le habíamos dado tierra ..– Rafa se puso en pie de un salto .. Rió forzadamente: –¡No joda! –dijo–, no sea usted quedón. *Int* 28.10.76, 58: –Hay un herido. Necesitamos un coche. –¡Amos, no jodas! Delibes *Voto* 48: Los agudos pitidos del magnetófono anunciaron el final de la cinta. Laly pulsó el botón –¡Se te doy la vuelta? –¡No jodas! –exclamó Rafa. **c) nos ha jodido,** *o* **¿no te jode?** Fórmulas con que se expresa rechazo o asombro ante algo. *La primera, a veces con un incremento humoríst. Frec con entonación exclamativa.* | Coll *D16* 31.5.77, 24: –También los españoles mataron muchos moros. –¡Nos ha "jodío"! Había que defenderse. GHortelano *Gente* 28: –Estar en la guerra y no tener fusiles es como si nada. ¿Os das cuenta? .. –Bueno, ¿y qué? Nos ha jodido mayo con sus flores. Delibes *Voto* 20: –No lo olvide, Suma, el toque de seguridad .. –El toque de seguridad, ¿no te jode? Guelbenzu *Río* 20: –Bajáis aquí a ver qué se me puede sacar. Jaa, jaa. ¡Buen chasco! –Oiga, que ha sido usted el que me ha llamado; no te jode...

5 Causar un grave daño [a alguien (*cd*)]. *Frec en la constr* ~ VIVO. *Tb fig.* | Marsé *Dicen* 192: Cuando me vaya espera cinco minutos, te dice, si no te jodo vivo, facha. [*Le está amenazando con un arma.*]

6 Estropear o echar a perder [algo]. | Aldecoa *Gran Sol* 79: –¿Quién ha jodido la bomba? .. –¿Qué pasa, patrón? –La bomba del aljibe, que está rota. **b) ~la.** Estropear o echar a perder el asunto o la cosa en cuestión. | Delibes *Guerras* 20: A ver si vamos a joderla, Vitálico; este chico no tiene nada entre las piernas. **c)** *pr* Estropearse o echarse a perder [algo]. | GPavón *Reinado* 22: Toda aquella imagen tan aparente y conservada se deshizo como si estuviera modelada con polvos de colores. Fue visto y no visto. –¡Se jodió! Gala *Petra* 828: Se jodió el invento. [*Tiene el caleidoscopio roto en las manos.*] **d) ~(se) la marrana.** → MARRANO.

II *interj* **7** Expresa protesta o asombro. | Goytisolo *Recuento* 107: –Calla, joder, que pareces un disco, le dijeron. –Empieza tú por tener más educación, jolín, dijo él. Delibes *Parábola* 94: La Encarna .. se asombraba: "¡Joer, vaya una bola que ha echado la Susanita!" CBonald *Dos días* 136: También he escogido yo un buen día, qué joder.

8 a ~la. (*reg*) Expresa conformidad. | Berlanga *Gaznápira* 26: –¿Cuánto quieres por él? –¿Cuánto mandas tú? –Setenta reales. –¡A joderla: tuyo es!

jodido – jonio

jodido -da (*a veces en la forma* JODÍO, *esp en aceps 4 y 5*) (*vulg*) **I** *adj* **1** *part* → JODER.

2 [Pers.] que se encuentra en pésimas condiciones, esp. físicas o morales. | CPuche *Paralelo* 151: A mucha gente le gusta que uno esté hundido y desesperado para sentirse protectores .. Como si uno tuviera la obligación de estar jodido para darles a ellos el gusto de mostrarse caritativos. *Cam* 7.11.77, 48: Una anciana describió sintéticamente su estado de ánimo al obispo de León, que le preguntó cómo se sentía, diciendo: "Jodida, monseñor, pero contenta".

3 Que causa disgustos, dificultades o molestias. | Torrente *Vuelta* 484: Los recuerdos son una cosa jodida, créamelo. Grosso *Capirote* 29: Si ella supiera que iba a tener un hijo, lo primero que hacía era decírtelo .. Las mozas jóvenes son muy jodías en eso de que le metan los pupilos en el nidal. **b)** [Cosa] complicada o difícil de solucionar. | ASantos *Estanquera* 40: La cosa está jodida. No sé qué hacer.

4 Malvado o malintencionado. | CPuche *Paralelo* 407: ¡Qué sinvergüenza! .. ¡Será cabrón! .. ¡Será tío jodido!

5 *Se emplea para calificar despreciativamente a la pers o cosa expresada en el n al que se refiere. A veces con intención humoríst y afectiva.* | Marsé *Tardes* 267: ¿Y si le confesara que no soy nada ni nadie, un pelado sin empleo, un jodido ratero de suburbio? Pombo *Héroe* 179: ¿Qué habrá sido del jodido gato? Cela *SCamilo* 53: ¡Qué alegre era la jodía!, ¡qué repajolera gracia tenía en la cama! **b)** *Antepuesto al n, en ors negativas, indica la falta absoluta de lo expresado por el n.* | GPavón *Rapto* 85: No entiendo una jodía palabra. Torres *Ceguera* 98: ¡No quiero escuchar ni el jodido ruido de una puta hoja cayendo en el puñetero suelo!

II *loc v* **6 pasarlas jodidas.** Estar en graves dificultades. | CPuche *Paralelo* 365: ¿Tú crees que si hubiera un Dios que se metiese en estas cosas, tú tenías que haber pasado el hambre que has pasado, y tus hijos, y tantos que las pasan jodidas?

jodienda *f* (*vulg*) **1** Acción de joder [1]. | Torres *Ceguera* 69: Anda la hostia, se dijo el hombre al topar con un inesperado obstáculo cuando se encontraba iniciando la jodienda con la bella. Si es virgen.

2 Cosa fastidiosa o molesta. | *Int* 30.12.76, 72: Una mujer enamorada de su profesión, que trabaja en lo que le gusta, porque si no me gustara, menuda jodienda. Mendoza *Gurb* 134: El presidente [de la comunidad de propietarios] dice que si todos los vecinos fueran como yo, no haría falta tanto socialismo y tanta jodienda.

jodío → JODIDO.

jodo (*tb* jodó) *interj* (*vulg*) Expresa asombro o protesta. *A veces* ~ PETACA. | Lera *Clarines* 336: –¿Cuál es el Filigranas, Quebrao? –El más joven, el que parece némico. –¡Jodo, qué esmirriao! Delibes *Madera* 163: Lucinio hizo un gesto de reprobación: –¡Jodo con tus tíos! Además de republicanos son unos puteros. FVidal *SYa* 3.7.88, 15: –Tu madre ha quedado anclada en el pasado, macho, y si no emprende el retorno al útero materno es porque no puede. –¡Jodó, tía, lo que sabes. Aparicio *Año* 108: Eso dijo: "Una luz preñada de virtudes". ¡Jodó petaca!

joer → JODER.

jofaina *f* Palangana (recipiente para lavarse). | Hoyo *Señas* 6: Asun sacó la jofaina, la colocó sobre un poyete, cogió un cántaro de la cantarera, y la llenó de agua.

jogging (*ing; pronunc corriente*, /yógin/) *m* Deporte que consiste en correr a poca velocidad durante cierto tiempo, como ejercicio físico. | *SAbc* 1.10.78, 43: Una nueva modalidad deportiva, el "jogging", lo que viene a ser "el trote corto, el paseo a marcha rápida", se está abriendo paso en todo el mundo. Diosdado *Anillos* 2, 315: Ramón y su amigo el Cubano hacen jogging por un paseo.

johannesburgués -sa *adj* De Johannesburgo (República Sudafricana). *Tb n, referido a pers.* | J. Salas *Abc* 26.4.58, 27: Andando por la impecable feria johannesburguesa, he visto las máquinas checoslovacas.

joint venture (*ing; pronunc corriente*, /yóin-bén-tiur/; *tb con la grafía* **joint-venture**) *f* Asociación comercial entre dos o más empresas o partes que mantienen su identidad independiente. | *Abc* 13.6.88, 74: Las negociaciones celebradas entre Texaco y el Gobierno de Arabia Saudí, con el fin de formar una "joint venture" en el sector de refinerías petrolíferas, se encuentran en un estado muy avanzado. C. Garrido *Ya* 20.11.88, 28: El próximo objetivo de Freixenet es exportar a China, para lo que se va a crear allí una *Joint-venture* para realizarlo .. Este cambio ya ha favorecido la creación de *joint-ventures* en el sector cervecero.

jojoba *f* Planta propia de Méjico y del sudoeste de EE.UU., de cuya semilla se extrae un aceite usado como lubricante y en cosméticos (*Simmondsia californica*). | *Libro agrario* 31: Jojoba: Nueva especie oleaginosa perenne en España.

jóker (*ing; pronunc corriente*, /yóker/; *pl normal*, ~s) *m* (*Naipes*) Comodín. | *Naipes extranjeros* 5: Lo más recomendable es jugar [al póker] sin ningún comodín o jóker.

jol *m* Hall. | Aldecoa *Cuentos* 1, 166: No son más que tres habitaciones, la cocina y el cuarto de aseo. Y el jol. Apenas cabemos. Lázaro *JZorra* 99: En la primera [planta], el jol, vaya, el recibidor, para que se me entienda.

jolgorio *m* Diversión bulliciosa. | Palomino *Torremolinos* 8: En la barra del Bar Americano se emborrachan sin aspavientos tres ingleses y una señora alemana .. Cuatro españoles se emborrachan con su poquito de jolgorio, pero sin molestar a nadie.

jolgoriosamente *adv* De manera jolgoriosa. | RIriarte *Paraguas* 164: (Se oye la voz de Doña Florita que dice jolgoriosamente, después de una gran carcajada.) –¡Jesús! ¡Pobrecito!

jolgorioso -sa *adj* Alegre y bullicioso. | Cela *Pirineo* 36: Salta el gorrión infatigable, jolgorioso y democrático. S. Plou *Her* 12.9.92, 20: Ninguno quiere darse cuenta de que vamos camino de los cinco meses y que la "autonomía plena ¡ya!", reivindicativa y jolgoriosa, popular como pocas, sufre del mal de verborrea y amenaza decepción.

jolín (*tb* **jolines**) *interj* (*euf, col*) Expresa protesta o asombro. Más frec en lenguaje infantil o femenino. | Medio *Bibiana* 58: ¡Jolín!... Ahora que empezábamos a divertirnos. Marsé *Dicen* 85: ¿Quién está asustada?, con una sonrisa que era un desafío: no me veréis llorar, jolines, no os daré ese gusto. Sastre *Taberna* 75: (Da unos pasos y derrota hacia el mostrador; se da un golpazo mortal.) .. –Jolín, qué golpe. Por poco rompes el mostrador con la cadera.

jollín *m* (*col, hoy raro*) Lío o jaleo bulliciosos. | Faner *Flor* 94: Doña Catalina languidecía con la nostalgia del verdadero amor. Don Juan estaba atentísimo. Y doña Ana se mostraba ajena a tanto jollín.

jondo *adj* [Cante] flamenco de carácter serio o grave. | Cela *Viaje andaluz* 246: Son cante jondo –o grande, o carola caña, el polo, la seguiriya o siguiriya .. gitana, la soleá, la debla y el martinete.

jondura *f* (*raro*) Cualidad de jondo. | Manfredi *Cante* 28: No hay jondo, andaluz y gitano, sino que todo es uno y lo mismo .., porque lo que entendemos por jondura es sencillamente la angustia.

jonense *adj* De Villajoyosa (Alicante). *Tb n, referido a pers.* | J. Payá *VerA* 16.3.75, 10: Dicha carta .. contenía mi criterio sobre la negativa de permiso de construcción emitida por el Ayuntamiento de Villajoyosa respecto a un restaurante-cafetería-discoteca en la playa jonense.

jónico -ca I *adj* **1** (*hist*) Jonio [1]. *Tb n.* | *Gar* 6.10.62, 6: Pitágoras nació en Samos en el siglo VI antes de Jesucristo y era hijo de un comerciante jónico.

2 (*Arquit*) [Orden] caracterizado por el adorno de dos grandes volutas en el capitel. | GNuño *Madrid* 88: Villanueva emplea dos órdenes: el corintio .. y el jónico. **b)** De(l) orden jónico. | GNuño *Madrid* 88: Arco entre dos columnas jónicas.

II *m* **3** (*hist*) Jonio [3]. | RAdrados *Lingüística* 725: En jónico-ático, la evolución mencionada creó un sistema de siete vocales, probablemente cuadrangular.

jonio -nia (*hist*) **I** *adj* **1** [Individuo] del grupo heleno habitante de la Argólida, que fundó sus colonias en las islas del mar Egeo y las costas de Asia Menor, o habitante de Jonia (antigua región de Grecia y Asia Menor). *Tb n.* | Arenaza-Gastaminza *Historia* 33: Desde el Neolítico, Grecia está poblada por los pelasgos, pueblo caucásico. Después, en oleadas sucesivas, llegan los jonios, los aqueos y, por fin, los dorios (XII a. de C.), de raza indogermana. Sampedro *Sirena*

42: –¡Ah, conque eres tú! .. De Psyra, creo, pescadora. –Así es, señor. –Conozco la isla, frente a Quíos... Pero no pareces jonia. **b)** De los jonios o de Jonia. | Pericot-Maluquer *Humanidad* 180: Entre las ciudades jonias, Focea, Éfeso y Mileto sobresalen muy pronto. Estébanez *Pragma* 17: Fue sobre todo la zona jonia la que alcanzó mayor relieve.
2 De(l) jonio [3]. | Calonge *Tucídides* 94: Su obra histórica es la primera de este género en ese dialecto, y no es absurdo suponer que, en sus comienzos, habituado como hombre culto a la prosa jonia, a la hora de escribir pensara en jonio más que en ático.
II *m* **3** Dialecto griego de los jonios [1]. | Pericot *Polis* 72: La lengua hablada en todos los países era el griego, con variantes dialectales, de las que el jonio fue la lengua literaria.

jonjana *f* (*jerg, hoy raro*) Engaño. | DCañabate *Andanzas* 155: Casi todo el armatoste de su prosopopeya se reducía a la jactancia y vanidad de su porte. En el fondo jonjana, esto es, engaño, meramente apariencia para deslumbrar.

jopá (*tb* **jopa**) *interj* (*euf, col*) Expresa protesta o asombro. | GHortelano *Momento* 114: –¿Sabes deshelar el frigorífico? –Jopá, no voy a saber. GSerrano *Macuto* 351: –Pero ¿nos vamos a ir ahora? –Sí .. –¿Ahora que empieza el baile? .. –Jopa, querido, que para estos casos se ha inventado la No Intervención.

joparse *intr pr* (*col*) Irse o marcharse. | * Cuando nos quisimos dar cuenta, se había jopado con los amigos.

jopé *interj* (*euf, col*) Expresa protesta o asombro. Más frec en lenguaje infantil. | Laiglesia *Fulana* 128: ¡Qué mareo, jopé! Sampedro *Octubre* 265: "¿De qué eres profesor?" .. "De Antropología social." "¡Jopé! Por eso Petra no supo decírmelo."

jopelines *interj* (*euf, col*) Expresa protesta o asombro. Más frec en lenguaje infantil. | Aristófanes *Sáb* 3.12.75, 95: Servidor se enteró de lo que antecede, pensó lo que pensó y solo dijo lo que sigue: Jopelines.

jopo I *m* **1** Cola de mucho pelo. *Normalmente designa el de la zorra.* | Moreno *Galería* 220: Le había salido la zorra: ágil, con la cabeza alta y las orejas tiesas. Lustroso el animal, con un jopo como una escoba. Cela *Alcarria* 147: Le cambiaron [al reloj] el mazo de la campana por un jopo de raposa.
2 Orobanca (planta parásita). | Remón *Maleza* 11: Algunas plantas parásitas, como la cúscuta o la orobanca (jopo), comunes en las praderas parasitando las leguminosas (en los trébolos, sobre todo, el jopo), obtienen sus alimentos de las plantas que el agricultor cultiva. **b)** ~ **de zorra.** Gordolobo o verbasco (planta). | Halcón *Campo* 19: Las que se resisten al líquido, y que también sucumben si se arriesga el labrador a pulverizar con más concentración, son .. el jaramago verde, la malva de flor blanca pintada .., el jopo de zorra de flor amarilla.
II *interj* **3** Largo o fuera. | LTena *Luz* 46: Y ahora... ¡Jopo, jopo, a rebuznar a la cuadra!

jorco *m* (*reg*) **1** Baile o festejo popular. | Delibes *Historias* 44: El año once la tía Marcelina cumplió noventa y dos. Padre dijo en el jorco que se armó tras el refresco: "Está más agarrada que una encina". CPuche *Sabor* 15: Viva el desvirgo total, pues lo que antes era tan solo alguna loca de fuera del pueblo que se hacía pura jalea tan pronto sonaban las palmas del primer jorco, ahora es el despiporre general, sobre todo en las discotecas.
2 Alboroto o jaleo. | Delibes *Guerras* 25: No pasarían cinco minutos y empezó el jorco, doctor, los cañones y la fusilería, que los caseríos volaban despanzurrados por los obuses.

jordano -na *adj* De Jordania. *Tb n, referido a pers.* | *Gac* 11.5.69, 29: Los reactores israelíes cruzaron el río Jordán y bombardearon dos instalaciones de radar guarnecidas por tropas egipcias cerca del pueblo jordano de Mazar.

jorfe *m* Muro de sostenimiento de tierras, gralm. construido de piedra en seco. | Alós *Hogueras* 255: Veía a los otros, amontonados, apelotonados, junto a las paredes de los jorfes, huyéndole, esquivándole, mirándole.

jorge *m* Abejorro (insecto coleóptero). | Legorburu-Barrutia *Ciencias* 168: Otros insectos dañinos similares [a la procesionaria] son: la lagarta, .. la monja, .. el abejorro sanjuanero o jorge, que ataca a toda clase de árboles.

jorguín -na *m y f* (*reg*) Hechicero. | L. SBardón *SInf* 1.2.79, 4: Estrelleros, jorguinas, .. leviatanes, convulsionarios, antipapas, monagos y recristos vagan por estas páginas cual alma en pena en busca de una identidad que se quedó en la noche de los tiempos.

jornada I *f* **1** Día (porción de tiempo). | Laiglesia *Tachado* 9: Sería el minuto más hermoso de toda la jornada.
b) Reunión dedicada durante una jornada al estudio o celebración [de algo]. *Más frec en pl.* | *País* 21.9.76, 23: Comisiones para coordinar la Jornada de Cultura Popular en Morón de la Frontera. *ASeg* 29.10.62, 2: Ayer finalizaron las "Jornadas literarias" que se han desarrollado por nuestra provincia.
2 Período diario de trabajo. *Tb* ~ LABORAL, *o* ~ DE TRABAJO. | Vicens-Nadal-Ortega *HEspaña* 5, 170: Los obreros lograron positivas ventajas, tanto de orden material .. como laboral (jornada de ocho horas). CPuche *Paralelo* 157: Cuando terminaba la jornada de trabajo, los porteadores del almacén se dirigían casi todos a alguna tasca de Bravo Murillo. **b)** ~ **intensiva** → INTENSIVO. **c)** (*raro*) Jornal [1]. | Arce *Testamento* 72: Pero don Juan .., cuando alguien .. daba palique a las muchachas, él siempre les recordaba que no les daba jornada y comida para que perdiesen el día.
3 Parte de camino que se recorre en un día. | CSotelo *Proceso* 354: –¿Fue un viaje penoso? –No mucho, señor. Las caballerías, que eran excelentes, han hecho muy llevaderas mis jornadas. Zunzunegui *Camino* 11: Escapó, en grandes jornadas, con los suyos, hacia esa tierra que se brindaba como de promisión. **b)** (*hist*) Viaje de uno o más días. | GSerna *Viajeros* 26: Solamente estimulaba el poder central la reparación de los caminos cuando iba a pasar por ellos algún cortejo real, con motivo de alguna boda o alguna especial y señaladísima jornada del rey.
4 (*hist*) Temporada de residencia de los reyes en un sitio real. | GNuño *Madrid* 56: En 1764 ya se pudieron alojar los reyes en el nuevo Alcázar, después de su jornada en el Escorial.
5 (*Escén*) Acto. *Normalmente referido al teatro clásico español.* | Sam *Teatro* 1958 68: Claudio de la Torre movió con la soltura que le es habitual a los intérpretes. Y con todos escuchó fuertes aplausos al término de cada jornada.
II *loc adj* **6 de** ~. [Ministerio] que durante el verano se traslada oficialmente a una ciudad distinta de la capital y a la que también se traslada el cuerpo diplomático. *Tb referido al ministro correspondiente.* | ZVicente *Traque* 122: Estoy seguro de que no ha oído nunca hablar de "La Bella Easo", ni del "ministerio de jornada".
7 de ~. [Ministro] que acompaña al jefe del Estado en un viaje oficial. | *Inf* 25.11.76, 1: A las diez y cinco de la mañana, los Reyes han llegado a la ciudad toledana de Talavera de la Reina .. Acompañan a Sus Majestades el titular de Obras Públicas, don Leopoldo Calvo Sotelo, como ministro de jornada; el marqués de Mondéjar, jefe de la Casa del Rey, y ayudantes de servicio.

jornadista *m y f* Pers. que participa en una jornada [1b] o unas jornadas. | *ASeg* 29.10.62, 2: Ayer finalizaron las "Jornadas literarias" que se han desarrollado por nuestra provincia .. Los jornadistas se dirigieron a Riofrío y, seguidamente, a La Granja.

jornal I *m* **1** Remuneración fija asignada a un trabajador por cada día de trabajo. | Vesga-Fernández *Jesucristo* 104: Puesto el sol, dijo el amo de la viña a su administrador: –Llama a los trabajadores y págales el jornal.
2 Medida agraria, de extensión variable según las provincias, correspondiente al espacio que puede labrarse en un día. | *Med* 3.9.67, 4: Vendo señorial finca .. Tres jornales.
II *loc adv* **3 a** ~. Con un jornal [1] determinado. *Se opone a* A DESTAJO. *Tb adj.* | Arce *Testamento* 16: Lo primero que pensé fue que era un segador a jornal.

jornaleo *m* Acción de trabajar a jornal. | Carnicer *Cabrera* 153: Para lo único que valdría la carretera es para ir al jornaleo a los pantanos, mientras duren las obras.

jornalero -ra I *m y f* **1** Pers. que trabaja a jornal. | A. Casado *SPue* 17.10.70, 3: Es vendimia en España; los caminos se llenan de mosto, de olor a uvas reventonas y de alegres cuadrillas de jornaleros –y jornaleras– que hurgan entre las cepas.

II *adj* **2** De (los) jornaleros [1]. | Vidriera *DNa* 26.8.64, 6: Una plaga de gusanos ha arrasado ya el 50 por ciento de la cosecha de pimientos .. Muchas esperanzas, principalmente de la clase jornalera, absolutamente fallidas.

joroba I *f* **1** Curvatura anómala de la espalda. | Laiglesia *Ombligos* 9: Como mi joroba está más a la vista, le ha salido exacta.
2 Abultamiento natural en la espalda de algunos animales y que gralm. es debido a acumulación de grasa. | Legorburu-Barrutia *Ciencias* 217: Camélidos. Son importantes: el camello de Asia o de dos jorobas; estas son acumulaciones de grasa; el camello africano, de una. DCorral *ROc* 7.63, 57: Hay un ambiente de paz y de beatitud. En él participan .. también los búfalos que al mediodía se revuelcan en los charcos de lodo, y los pájaros que luego picotean pausadamente los gusanillos adheridos sobre sus jorobas.
3 Abultamiento redondeado en una cosa plana. | Hoyo *Caza* 25: A veces una mano de agua se deslizaba, tersa y brillante, por la joroba de un canchal, para caer en una poza fragorosamente.
II *interj* **4** *(col)* Expresa protesta o asombro. | SFerlosio *Jarama* 51: –¡Joroba! –les dijo Santos–. ¡Os las gastáis de aúpa! Salom *Casa* 291: ¡La has tomado conmigo esta noche, joroba!

jorobado -da *adj* **1** *part* → JOROBAR.
2 Que tiene joroba [1 y 2]. *Tb n, referido a pers.* | DCañabate *Paseíllo* 23: Tenemos otro [amigo], pero a ese le sacamos lo menos posible, porque ese sí, es un pregonao que le gusta hacer carne; porque, ¿sabe usté?, es jorobao. C. Galilea *SPaís* 17.12.89, 100: Su interés despertó en 1968 cuando escuchó por primera vez las grabaciones de una yubarta o ballena jorobada en Nueva York.
3 *(col) euf por* JODIDO. | * Estoy un tanto jorobado estos días; me duele mucho la cabeza. * –¿Qué tal van las cosas? –Bastante jorobadas.

jorobar *(euf, col)* **I** v **A** *tr* **1** Fastidiar o molestar. *Tb abs.* | Olmo *Camisa* 81: –A este le voy a dar cerveza pa que se vaya acostumbrando. –(Exasperado.) ¡A mí me vais a dar leches! ¡No me jorobéis más! Kurtz *Lado* 24: –Las inyecciones hágaselas poner por una enfermera. –Dígaselo a mi hija y que no pretenda jorobarme. Yo soy muy pudoroso, doctor, y no quiero enseñar mis nalgas a la familia. **b) no (me) jorobes.** Fórmula con que se expresa asombro, incredulidad o rechazo ante lo que se acaba de oír. | * –Dice que se marcha definitivamente. –No jorobes; no es posible. **c) nos ha jorobado** o **¿no te joroba?** Fórmulas con que se expresa rechazo o asombro ante algo. Frec con entonación exclamativa. | GPavón *Rapto* 210: Ni muchachete ni órdigas, que debía haber iniciado esta noche mis funciones y nada más. Nos ha jorobao.
2 Causar un grave daño [a alguien *(cd)*]. *Tb fig.* | * Al que no se da prisa lo joroban; menudos son esos.
3 Estropear o echar a perder [algo]. | Lorén *Cod* 1.9.74, 8: –Me parece que no se puede pertenecer a dos sindicatos a un tiempo y cobrar seguros y todo eso por dos lados, ¿no? –¡Pues aún no lo has jorobado más! **b) ~la.** Estropear o echar a perder el asunto o la cosa en cuestión. | J. Olave *ElM* 3.7.90, 40: Confiemos en las paredes de Alpes y Pirineos, en las contrarreloj, en los abanicos. Porque si no, dos días después de recibir el Tour, la hemos jorobado. **c)** *pr* Estropearse o echarse a perder [algo]. | * Por una tontería como esa se jorobó la fiesta.
B *intr pr* **4** Fastidiarse o aguantarse. | MGaite *Fragmentos* 33: –No hables tanto mientras haces la maniobra, anda .. Le has pegado al coche de atrás. –Que se jorobe. **b) hay que ~se.** Fórmula con que se manifiesta asombro ante algo, a veces ponderando la imposibilidad de reaccionar ante ello. | * ¡Hay que jorobarse, qué tarde llego!
II *interj* **5** Expresa protesta o asombro. | Lera *Boda* 599: –Es oro, ¿verdad? –preguntó admirativamente. –Creo que sí –contestó Ilu. –¡Jorobar! Ya habrá costado, ya.

jorobeta *m y f (col)* Pers. que tiene joroba [1]. *Tb adj.* | Cunqueiro *Un hombre* 29: Por delante estaba conforme, y, .. como suelen los más de los jorobetas, de frente no desagradaba.

jorongo *m* Prenda a modo de poncho, típica de Méjico. | R. M. Pereda *País* 6.5.79, 64: Un maravilloso jorongo mexicano, como una casulla blanca bordada de flores, para cantar esas historias de caballos prieto azabache, Pancho Villa de por medio.

joropo *m* Cierto baile popular con zapateado, típico de Venezuela y Colombia. *Tb su música.* | *Día* 25.6.76, 29: Animada siempre por cultivar para su repertorio los motivos que nacen en su tierra, joropos, valses, etc., .. afianza aún más la música de Venezuela.

josa *f (reg)* Finca sin cerca plantada de vides y árboles frutales. | MCalero *Usos* 23: A la parte del saliente había una josa de buenas cepas de albillo, almendros, cermeños y garrafales, que, atendida por buenas y trabajadoras manos, cavada con fuertes legonas y siempre arada a tiempo, era el orgullo de los servidores de la alquería. FVidal *SYa* 1.7.88, 7: Mi dormitorio abría luces sobre la pequeña josa de frutales anexa a nuestra casa.

joseantoniano -na *adj (Pol)* De José Antonio Primo de Rivera († 1936), fundador de Falange Española, o de su doctrina. | *Luc* 27.4.64, 1: Fidelidad a los principios joseantonianos y propósito de mantener nuestra paz de 25 años. Más de tres mil falangistas se concentraron ayer domingo en Alcañiz. Umbral *Gente* 69: Lo que más me admira, hoy, de las memorias de los Luca de Tena es su fe en la monarquía .. y su ignorancia deliberada y absoluta del fascismo joseantoniano.

josefinismo *m (hist)* Josefismo. | Vicens *Polis* 399: Sus medidas [de José II de Austria] tendieron a la germanización de todos los territorios de los Austrias, a la sujeción de la Iglesia al poder del monarca (política llamada josefinismo) y a la reducción de los privilegios de la nobleza.

josefino -na *adj* **1** Relativo a San José. | Marsé *Montse* 286: Don Pedro Viu Comajuncosa, miembro distinguido de la Sociedad Iberoamericana de Josefología (estudios josefinos).
2 De alguna de las congregaciones fundadas bajo la advocación de San José. *Tb n, referido a pers.* | *GacR* 31.3.91, 7: El otro paso de esta procesión fue "El Cristo de la Vela", una imagen procedente de principios de este siglo y cuyos orígenes se encuentran en el Colegio de las Madres Josefinas Trinitarias.
3 De José Bonaparte, rey de España (1808-1813). | GHerrero *Segovia* 378: Este proyecto fue aceptado y consagrado legalmente por el citado decreto josefino de 1810. **b)** Partidario de José Bonaparte. *Tb n.* | * Los afrancesados o josefinos fueron minoría.

josefismo *m (hist)* Política religiosa de carácter regalista del emperador José II de Austria (1765-1790). | Vicens *Polis* 416: Para proseguir las reformas, [los ministros] chocaban con los intereses eclesiásticos, y ello les llevó a reforzar la autoridad del monarca (febronianismo o josefismo en Alemania; regalismo en Francia) sobre la Santa Sede.

josefita *adj (Rel catól)* De la Sociedad de San José del Sagrado Corazón, fundada en Baltimore en 1871 y dedicada a trabajar esp. con los negros americanos. *Tb n, referido a pers.* | F. Cebolla *Tri* 12.6.71, 18: Daniel había ingresado en los jesuitas el año 1949, mientras que su hermano Philip elegía la congregación de los josefitas, dedicada, con tradicionales métodos paternalistas, a la promoción de los negros.

josefología *f (Rel catól)* Estudio de los temas relativos a San José. | J. JMaría *Ecc* 24.11.62, 23: Casi palpita este gesto josefino, coordinado por los tres centros de josefología de Valladolid, Montreal, Viterbo.

jostra *f (reg)* Trozo de piel con su lana o pelo impregnados de tizne, que se usa en Carnaval para manchar la cara de otros como broma. | R. M. FFuentes *Nar* 10.76, 31: El día de la entizna, también en carnaval, los chicos dedican estos días a correr la jostra, es decir, a perseguir a las chicas para tiznarles la cara con la jostra, que es un pequeño trozo de piel de oveja con la lana recortada e impregnada de tizne.

jota[1] **I** *f* **1** Baile popular típico de varias regiones españolas, esp. de Aragón. *Tb su música y la copla que se canta con ella.* | Zubía *España* 225: Cantos y danzas. Cada región tiene los suyos. Cataluña, la sardana .. Aragón, las jotas. *ByN* 31.12.66, 126: Horcajo de las Torres. Ávila .. Fiestas en honor de San Julián y Santa Basilisa. Bailes con dulzaina. Dianas con gaitilla y jotas. *GacN* 2.8.75, 3: Ganadores en jota vasca: la pareja Mugarra y los "chiquis" Izaguirre-Aresti.

Gambra *Filosofía* 61: Sirva de ejemplo este [dilema] que se halla implícito en una conocida jota.

II *loc adj* **2 de ~.** (*col*) Animado o con ganas de diversión. *Tb adv. Normalmente en las constrs* TENER EL CUERPO DE ~ *o* ESTAR DE ~. | * No me apetece nada ir; no tengo el cuerpo de jota.

jota[2] *f* **1** Letra del alfabeto (*j*, *J*), que en español corresponde al fonema /x/. (V. PRELIM.) *A veces tb se llama así el fonema representado por esta letra.* | SFerlosio *Jarama* 28: Los troncos estaban atormentados de incisiones, y las letras más viejas ya subían cicatrizando ..; emes, erres, jotas, iban pasando lentamente a formar parte de los árboles mismos. ZVicente *Traque* 132: Ahora iba a ver el sabijondo aquel (cuando don Rosendo se pone al rojo .., hace jotas las haches, como en su pueblo).

2 (*col*) Cosa mínima. *Normalmente en la constr* NI ~, *como cd de un v* (*gralm* SABER *o* ENTENDER) *en forma negativa, ponderando la negación absoluta del hecho.* | CPuche *Paralelo* 451: Este no sabe ni jota de eso. Laiglesia *Tachado* 218: Continuaba sin entender ni jota de política internacional. Torrente *DJuan* 174: No había entendido jota de mis palabras. GPavón *Cuentos rep.* 75: De cuanto hablaban a mi alrededor .. no entendí una jota.

3 *En la baraja francesa:* Valet (carta marcada con la letra J). *Tb, en los dados de póquer, la cara que representa esta figura.* | Paso *Isabel* 236: –Un "full". –¿De qué? –De jotas. CPuche *Paralelo* 64: La entrada de Genaro no fue mala, aunque perdió. Tres jotas tuvieron que resignarse ante tres reyes. [*A los dados*.]

jote *m* Aura (ave). | Delibes *Mundos* 43: En las proximidades de algún poblado aparecen el azor y el jote, también rapaz autóctona, aunque más modesta, de pechuga blanca y timoneras en abanico.

jotero -ra **I** *adj* **1** De (la) jota[1] [1]. | Valls *Música* 143: Liszt, Glinka, .. Manuel de Falla y Albéniz .. cuentan en su haber importantes páginas de inspiración jotera. Moreno *Galería* 329: La letra jotera tenía como tema la belleza, el trabajo, la autoridad, todo adobado con graciosas picardías.

2 (*col*) Animado o con ganas de diversión. | Summers *SAbc* 13.10.85, 32: Todos los días, mi Pedrito va a visitarla al teatro y a llevarle flores y bombones .. Ella no tenía el cuerpo jotero y le daba de lado.

II *m y f* **3** Pers. que canta o baila jotas[1] [1]. | Valls *Música* 145: En esta última [la jota "de picadillo"] se establece una especie de justa o desafío en que se pone a contribución la facultad de improvisación de dos joteros contendientes. AMillán *Mayores* 371: –¿No eres jotero? –¡Qué más quisiera! Solo soy de Zaragoza. Pero con lo que de verdad disfruto es bailando la jota bravía.

joule (*ing; pronunc corriente,* /yul/) *m* (*Fís*) Julio[2]. | Mingarro *Física* 55: En el sistema M.K.S., la unidad de trabajo recibe el nombre de joule o julio.

joven *adj* **1** [Pers.] que está en la juventud (período de la vida que media entre la adolescencia y la madurez). *Frec n.* | Laín *Universidad* 42: En el seno de ese mundo juvenilizado, ¿cómo han sido y cómo son los jóvenes, los verdaderos jóvenes? **b)** *En el uso sust, se emplea como tratamiento para dirigirse o referirse a una pers joven cuyo nombre se ignora o no se quiere mencionar.* | * Por favor, joven, ¿sabe dónde está esta calle? **c)** Propio de una pers. joven. | ByN 31.12.66, 98: Adopte, hoy, esta nueva forma de vestir más joven, alegre y cómoda. **d)** [Cosa] formada por perss. jóvenes. | FSalgado *Conversaciones* 405: Existe un clero joven y con poca comprensión que no ha sabido digerir el verdadero sentido de los conflictos sociales.

2 [Pers.] de poca edad. | Cunqueiro *Un hombre* 10: –¡Un poco alargadas! –comentó la más joven de las muchachas, una rubia risueña. **b)** [Pers.] que tiene poca edad en relación con lo normal para determinadas circunstancias. | Kurtz *Lado* 63: –¿Qué edad tiene ahora su hermana? –Sesenta y ocho .. –Es relativamente joven. **c)** *Sigue al n propio o al apellido de una pers para diferenciarla de su homónima de más edad. Se opone a* VIEJO. | Correa-Lázaro *Literatura* 61: Cuando [Marcial] regresa a España, ya célebre, tiene que darle Plinio el necesario para el viaje.

3 [Animal] que aún no ha llegado a la madurez sexual. | Bustinza-Mascaró *Ciencias* 192: El macho adulto es el gallo; el joven, el pollo; las crías, los polluelos.

4 Que conserva los caracteres propios de la pers., animal o cosa joven [1, 2 y 3]. | * Tu padre está muy joven. * El perro se mantuvo joven mucho tiempo. M. Aldea *SJaén* 5.8.90, XX: La eliminación de las grasas se acelera. La mejoría se aumenta progresivamente, la piel se vuelve más firme, más suave y más joven.

5 (*lit*) [Cosa] que existe desde hace poco tiempo. | FQuintana-Velarde *Política* 17: Así entendida, la economía es una Ciencia joven. Goytisolo *Recuento* 512: Se dio una vuelta por los alrededores, los antiguos cultivos, las planas sembradas de chopos jóvenes. Cela *Pirineo* 178: El campanario [de San Andrés], según los entendidos, es todavía joven. **b)** [Vino] de poco tiempo y no sometido a proceso de envejecimiento. | Delgado *Vino* 113: Los vinos blancos y rosados son mejores cuando se aprecian jóvenes, especialmente el primer o segundo año posterior a la cosecha. CApicius *Voz* 12.2.88, 39: Los dos riojas que entran en la relación son blancos de crianza, lo que demuestra que el auge de los blancos jóvenes no ha acabado con esos vinos tradicionales.

jovenzano -na *adj* (*col*) Joven [1a, 2a y b y 4]. *Tb n.* | Umbral *País* 3.2.83, 28: Verstrynge ha tomado en la mente de Fraga .. la figura de candidato a la alcaldía, de oponente hispanobelga y jovenzano a Tierno Galván. GHortelano *Momento* 255: De camino a la oficina, encontraba grupos de jovenzanas faldicortas –con o sin monja– hacia sus exámenes de Instituto.

jovial *adj* Alegre y de buen humor. | Olmo *Golfos* 186: Todos, mozas, mozos, se encaminarán, joviales, a la era de los bolos.

jovialidad *f* Cualidad de jovial. | GPavón *Reinado* 167: –Mucho madruga, Rovira –le dijo Plinio con jovialidad.

jovialmente *adv* De manera jovial. | Laforet *Mujer* 174: –Vamos, hija mía, ¿qué haces por ahí? .. –dijo el conde jovialmente.

joviano -na *adj* Del planeta Júpiter. | *Anuario Observatorio* 1967 126: A continuación .. se dan las declinaciones de la Tierra, contadas en los planetas Marte y Júpiter, es decir, las declinaciones aerográfica y joviana de la Tierra.

joya *f* **1** Pieza de adorno personal hecha de un metal fino con o sin piedras preciosas. | Umbral *Ninfas* 98: Se tomaba un café con leche y un orujo en el bar .. antes de subir a casa para darse polvos .., ponerse todas sus joyas .. y convertirse en una señora.

2 Pers. o cosa de gran valía. *Con intención ponderativa y a veces irónica.* | Medio *Bibiana* 13: Tus hijos son una joya, ¡ya lo sabemos! CBonald *Dos días* 146: –Una joya –dijo Onofre. –Se las trae .. El muchachito se las trae. T. Alcoverro *Van* 21.3.74, 26: En una pared de la sala ha sido restaurado un fresco .. Este detalle ha servido para datar con certeza la obra, rara y hermosa joya del arte plástico islámico.

joyante *adj* [Seda] lucida y lustrosa. *Tb fig, referido a otras cosas o a perss.* | Halcón *Monólogo* 185: Debo resultar a sus ojos la más jugosa representación de la burguesía rica y joyante.

joyel *m* Joya pequeña. *Tb fig.* | Umbral *Ninfas* 117: Empezó a desnudarse, a cinco pasos de mí, empezando por desalojar toda la bisutería (sin duda, de precio) que llevaba encima, dejando sobre una cuba aquel montoncito de brillos, pendientes, collares, joyeles, diademas, sortijas, pulseras y cosas. A. Olavarría *VozT* 2.4.75, 10: Un parque artístico, hermoso .. Un parque que en él han bordado, un incensador, un tapiz policromado y seductor. FVidal *Duero* 89: Al tal ardacho .. se le atribuyen cualidades casi milagreras .., constituyendo así para los berlangueses uno de los máximos joyeles de la ciudad.

joyería *f* **1** Tienda o taller del joyero [2]. | Laforet *Mujer* 187: Le hablaba del porvenir del niño .. Lo que yo quisiera sería montarle una joyería.

2 Arte u oficio de hacer joyas [1]. | Bustinza-Mascaró *Ciencias* 323: Es el platino un metal precioso que se utiliza en joyería.

3 Comercio de joyas [1]. | Bustinza-Mascaró *Ciencias* 132: Las perlas son estimadísimas en joyería, si están libres en el espesor del manto del animal.

4 Conjunto de joyas [1]. | Camón *LGaldiano* 36: Una patena del siglo XIV en plata y filigrana, alemana; un díptico en

joyerío – jubilar

nielo italiano del siglo XV, otra plaquita del mismo arte y época .. completan la joyería medieval. J. L. FCampo *Ya* 17.5.75, 9: Jackie Onassis posee, además, una envidiable joyería.

joyerío *m* Conjunto de joyas [1]. | Mendicutti *Palomo* 128: Da hasta fatiga pensar que un joyerío tan precioso tenga que quedarse en un cajón por culpa de una moda zarrapastrosa.

joyero -ra **I** *adj* **1** De (las) joyas [1]. | *Inf* 30.4.74, 15: La industria joyera pide protección arancelaria.
II *n* **A** *m* y *f* **2** Pers. que hace o vende joyas [1]. | *Sáb* 10.9.66, 37: Lléveselos 10 días a nuestro riesgo y no le costará nada, si por casualidad su joyero advirtiese que los brillantes no son brillantes auténticos.
B *m* **3** Estuche, caja u otro lugar destinado a guardar joyas [1]. | SSolís *Jardín* 197: No se le veían sortijas, pulseras, collares ni diademas, olvidados en los joyeros de la familia. Camón *LGaldiano* 38: A los pies de esta vitrina hay colocados algunos selectos joyeros. Uno gótico en forma de arqueta, y otro español, redondo, de arte naturalista de los Reyes Católicos .., y dos renacientes. J. M. Balansó *SAbc* 16.3.69, 37: Me atrevo a creer que la mayor parte del expolio realizado en el joyero real lo efectuó Murat.

joyón *m* Joya [1] grande o de mucho valor. | R. Villacastín *Ya* 25.1.90, 13: Isabel vestía de negro riguroso, con pantalones y zapatos semiplanos. Llamó mucho la atención la cantidad de joyones que llevaba encima. Mendicutti *Palomo* 175: Solo tuvo que hurgar un poco y apropiarse la prenda, un joyón por lo visto, aunque, más que por lo que valía, a la pobre Victoria le había trastornado el robo porque la sortija era para ella como un talismán.

joystick (*ing; pronunc corriente, /yóistik/; tb con la grafía* **joy-stick**; *pl normal*, ~s) *m* **1** (*Informát*) Palanca que controla el movimiento del cursor o de un carácter gráfico en la pantalla, usada esp. en juegos. | *Prospecto* 11.90, 194: Ahora con la Consola y Supersonsola de Commodore, un joystick y un cartucho con cuatro magníficos juegos. RJiménez *Tecnologías* 19: Los aparatos más comunes de entrada de datos son el teclado del ordenador, para introducción manual .., y convertidores (palancas o "joy-stick") de magnitudes analógicas (intensidades, voltajes, etc.) en lecturas digitales.
2 (*E*) Palanca de control de un vehículo. | *Cono* 6.92, 16 (A): Conducir un coche por medio de un *joystick* puede parecer una ficción futurista, pero la compañía sueca Saab acaba de fabricar un prototipo en el que el volante ha sido sustituido por este mando, tan familiar en los juegos de ordenador.

juagarzo *m* (*reg*) Jaguarzo (planta). | A. Oliart *Ya* 9.6.88, 16: Es cierto que hay otros ganados en nuestras dehesas, pero los que he citado están tan hechos al medio, a la ecología extremeña, como la encina, o el alcornoque, .. o la uña de gato, o los juagarzos.

juaguete *m* (*reg*) Tierra que se emplea para dar color a la cerámica. | *Rev* 11.57, 20: Una vez modelada en verde, es decir, en crudo, se decora con "greda" y "juaguete".

juaguetear *tr* (*E*) Cocer por primera vez [una pieza de cerámica]. | Seseña *Barros* 22: La pieza debe estar juagueteada o bizcochada, es decir, sometida a una cochura.

Juan **I** *m* **1** don ~; el preste ~ (de las Indias); ~ Lanas → DONJUÁN[1]; PRESTE; JUAN LANAS.
II *loc adj* **2** [Hierba] **de San** ~ → HIERBA.
III *loc v* **3** ser [algo] **Juan y Manuela**. (*col*) No servir para nada. | Tierno *País* 22.10.78, 17: Cuarenta años de carrera política para ser diputado, teniendo sesenta años y habiendo sido uno de los que ha llevado la lucha contra el franquismo de manera más hábil y tenaz, y ser presidente de honor de un partido, en muchos aspectos es Juan y Manuela, como dicen en Soria.

juanero *m* (*jerg*) Ladrón de cepillos de iglesia. | *Not* 31.12.70, 39: Se habían provisto de un destornillador con el que forzaban los cepillos [de las iglesias], desapareciendo luego en el vehículo aludido. Estos "juaneros" –que así se denominan en el argot policial– pasaron a disposición de la Autoridad Judicial.

juanete[1] *m* Hueso más sobresaliente de lo normal, en el nacimiento del dedo gordo del pie. | Halcón *Manuela* 53: Le ofrecía a Dios el dolor de sus juanetes.

juanete[2] *m* (*Mar*) Mastelero que va sobre las gavias. *Tb la vela y verga correspondientes.* | Delibes *Madera* 331: Cada vez que don Manuel Borau ordenaba saludo a la voz, .. allí estaba él apuntándose el primero, trepando jarcias arriba hasta el juanete. Cancio *Bronces* 22: En los días en que repicaban gordo en el Cabildo, lucía en el pecho una medalla ganada en un juanete de velacho, con ocasión de unas maniobras de la Armada.

juanetero *m* (*Mar*) Marinero encargado de maniobrar con los juanetes[2]. | Burgos *Abc* 8.1.87, 13: Una goleta izará el trapo de sus veinte velas .., arriba los gavieros y juaneteros.

juanetudo -da *adj* **1** Que tiene juanetes[1]. | Lera *Clarines* 315: Se quedó mirando sus largos pies juanetudos de uñas rotas.
2 (*raro*) De (los) juanetes[1]. | DCañabate *Abc* 1.12.74, 51: Como ahora no hay tertulias se habla mucho menos de juanetes. Antes rara era la reunión en donde no se oyeran lamentos juanetudos.
3 (*raro*) De pómulos salientes. | FReguera-March *Filipinas* 109: Era un tipo alto, de frente estrecha, de cara juanetuda, sombría. Carnicer *Castilla* 40: Emergiendo de una fosa, aparece una cabeza .. Es el enterrador, juanetudo y sonrosado.

juanito *m* (*col, raro*) Juanete[1]. | DCañabate *Andanzas* 232: En jamás el pisotón se contenta con rozar al pobre "juanito", sino que lo alcanza de lleno .. Nadie sabe lo que es un pisotón en un juanete.

Juan Lanas *m* (*col*) Hombre apocado que se deja gobernar por otros. | CPuche *Paralelo* 77: ¿Tú crees que este cabrón del sargento .. es de verdad un Juan Lanas?

jubetero *m* (*hist*) Jubonero. | F. Bejarano *Abc* 23.8.66, 45: Habían hablado y tratado con él, conviniendo lo siguiente: que las diez casas para tiendas .. se reduzcan a seis, que podrá alquilar para barberos, sastres, jubeteros.

jubilable *adj* Que se puede jubilar[1]. | B. M. Hernando *Ya* 7.7.85, 7: Jovencitos jubilables por la vetustez de sus neuronas.

jubilación *f* Acción de jubilar(se)[1]. *Tb su efecto.* | Cabezas *Abc* 9.5.76, 31: Un maestro nacional de ochenta y nueve años y diecinueve de jubilación .. me escribe una carta. J. R. Pardo *SAbc* 19.4.87, 35: Los tres casos que planteamos hoy están en esa línea renovadora y caminan hacia la jubilación de las figuras de antaño. [*En música*.] GPavón *Hermanas* 18: Se aburría [el veterinario] como un carnicero en cuaresma en los compartimentos de su "clínica", que ahora, desde la jubilación mular, prefería llamarle "bodega". **b)** Pensión que percibe la pers. jubilada. | *HLSa* 9.11.70, 2: Sus prestaciones (jubilación, viudedad, natalidad, nupcialidad, defunción, invalidez y becas) son compatibles con cualquie[r]a otras.

jubilante *adj* (*lit, raro*) Alegre o gozoso. | Fuster *País Valenc.* 184: Siempre encontraremos a punto un camino de carro, con árboles en las márgenes, rozado por una cequeta o un azarbe de aguas jubilantes.

jubilar[1] *tr* **1** Disponer que [una pers. (*cd*)] cese en el ejercicio de sus funciones por razón de edad o enfermedad y de acuerdo con la ley, asignándole la pensión correspondiente. *Frec en part, a veces sustantivado.* | Olmo *Ayer* 248: –No tengo ganas de ir a trabajar. –Pues tienes que ir, Clodio. –No, Rosa, no iré. ¡No quiero! ¡No volveré! .. –¡Tú estás loco! .. ¡Queda muy poco para que te jubilen! *Hie* 19.9.70, 4: Sestao: Los jubilados inauguran una fuente. **b)** *pr* Cesar [una pers.] en sus funciones por razón de edad o enfermedad, pasando a percibir la pensión correspondiente. | DPlaja *Sociedad* 217: Tendrá que llegar Pérez Galdós .. para mostrarnos día a día la existencia del empleado que .. cuenta los días que le faltan para jubilarse.
2 Liberar [a alguien de una obligación o un servicio]. *Tb sin compl, por consabido.* | Laiglesia *Tachado* 42: Los hombres deberían jubilar a Europa de todas sus responsabilidades y hacer que las guerras mundiales estallaran en continentes más jóvenes. **b)** Retirar del uso [una cosa]. | MGaite *Nubosidad* 276: Renueva la promesa de venir una tarde .. para tirar lo que no le sirva .. Dada su escasa tendencia a los expurgos y a dar por definitivamente jubilado ningún objeto, es una promesa que nunca ha cumplido. J. M. Moreiro *SAbc*

jubilar – judeoespañol

9.2.69, 45: El tractor ha ido jubilando las viejas manceras de roble. **c)** Despedir [a una pers.] o prescindir de sus servicios. *Tb fig.* | Mendoza *Misterio* 70: –¿Por qué dejó usted el empleo? En el colegio, quiero decir. –Las monjas decidieron jubilarme .. –Le pagarían una buena indemnización. –Ni un duro. * No le duran nada los novios; rápido los jubila.

jubilar[2] *intr (lit, raro)* Alegrarse o regocijarse. | A. Molina *VNu* 21.7.73, 20: Algunos responsables de las mismas [campañas del hambre] han jubilado: Este año ya tenemos un objetivo concreto.

jubilar[3] *adj* De(l) jubileo [1 y 3]. | GCaballero *Abc* 29.12.70, 3: ¿Es que vuelve a poseer Compostela luces jubilares de amanecer? *País* 6.2.77, 3: Las fiestas principales del presente año jubilar [de la monarquía británica] se efectuarán durante los meses de mayo y junio. Alvar *Español* 205: La llegada de los sefardíes a Vichegrado fue poco anterior a 1570 ..; el año 1966 se conmemoró en Yugoeslavia el cuarto centenario de su presencia. Los actos jubilares se celebraron en Sarajevo.

jubilar[4] *adj (raro)* De (la) jubilación. | J. MArtajo *Un y* 11.7.76, 8: Solo hace falta que quienes puedan entrar en juego se dispongan a instrumentar esta iniciativa que no tiene más mérito que el de haberla intuido, al sentir, más o menos próxima, la llegada de esa edad jubilar.

jubilata *m y f (juv)* Pers. jubilada (→ JUBILAR[1] [1]). | Mendoza *Gurb* 121: No compares; al bar del señor Joaquín y la señora Mercedes solo iban jubilatas.

jubileo *m* **1** *(Rel catól)* Indulgencia plenaria solemne y universal concedida por el Papa por algún motivo especial. | RMorales *Present. Santiago* VParga 4: La magistratura ecuménica del Pontificado instituyó en Compostela el Jubileo del Año Santo. Correa *Introd. Gracián* XIX: Él solo, desarrollando una actividad extraordinaria, ha de exhortar uno a uno a los soldados, absolverlos y concederles el jubileo.
2 *(col)* Gran afluencia y movimiento de gente. *Normalmente en la constr* ESTO ES (O PARECE) UN ~. | Delibes *Año* 15: Me sorprendió mucho que entre Tubilla del Agua y Moradillo no hubiese un solo coche estacionado, pues otros años parecía aquello un jubileo. GPavón *Reinado* 60: Su tertulia habitual, acrecentada aquella tarde, era un jubileo. Delibes *Guerras* 30: No vea qué colas en la huerta, a mí tres kilos, a mí cuatro, un jubileo, oiga.
3 Aniversario especial, gralm. de 25 o 50 años. *A veces con un adj especificador:* ~ DE PLATA *(25 años)*, ~ DE ORO *(50 años)*. *Gralm referido a la monarquía británica.* | L. Mayo *SYa* 17.4.77, 35: Isabel II .. fue nombrada Reina el 6 de febrero de 1952 .., por lo que ahora se conmemora su jubileo de plata en el reinado. *País* 6.2.77, 3: La monarquía británica celebra hoy su primer jubileo sin imperio.
4 *(hist)* Fiesta pública celebrada por los antiguos israelitas cada cincuenta años. | * En el año del jubileo no se segaba.

jubillo *m (reg)* Toro con las astas encendidas que se corre de noche como festejo popular. *Tb* TORO ~. | Carnicer *Castilla* 18: En esta plaza, hasta no hace mucho, se corría el toro jubilo o jubillo, en noviembre, por la fiesta de los Cuerpos Santos. [*En Medinaceli.*]

jubilo *m (reg)* Jubillo. | Carnicer *Castilla* 18: En esta plaza, hasta no hace mucho, se corría el toro jubilo o jubillo, en noviembre, por la fiesta de los Cuerpos Santos. [*En Medinaceli.*]

júbilo *m* Alegría intensa y expansiva. | *Abc* 2.1.66, 83: Los más variados instrumentos .. promovían un fenomenal estruendo, del que participaban asimismo los gritos y las voces de júbilo.

jubilosamente *adv* De manera jubilosa. | Grosso *Capirote* 196: La saeta era ahora jaleada jubilosamente. En el balcón la cantaora se persignó.

jubiloso -sa *adj* Lleno de júbilo. | GPavón *Hermanas* 25: La preparación del viaje fue rápida y jubilosa.

jubón *m* **1** *(hist)* Prenda de vestir ceñida y ajustada al cuerpo que cubre desde los hombros hasta la cintura. *Hoy solo prenda de traje típico regional.* | Zubía *España* 225: Los trajes populares .. Solo se usan en algunas solemnidades y en exhibiciones. Entre las prendas masculinas figuran: zaragüelles, zahones .. Entre las femeninas: basquiña, jubón, corpiño. DPlaja *Sociedad* 11: Los caballeros llevan jubón, ropillas... Los calzones son follados.
2 *(hoy raro)* Prenda exterior de bebé a modo de camisita con mangas. | *Lab* 1.80, 73: Los chiquitines también tienen su moda propia .. En estas páginas presentamos un lindísimo ajuar .. La chaqueta acolchada, los jubones con bordados "smock", los graciosos bombachos y los vestidos. *Puericultura* 14: Para que las mangas [de la camisa] no se encojan al poner el jubón, se hacen más largas que las de este, para después doblar el sobrante sobre ellos.

jubonero *m (hist)* Fabricante de jubones [1]. | Sobrequés *HEspaña* 2, 263: Los sastres o alfayates figuran entre las corporaciones más nutridas ..; pero a su lado figuran los juboneros, calceteros, guanteros.

júcaro *m* Árbol antillano de flores en racimo y sin corola, fruto semejante a la aceituna y madera muy dura *(Terminalia hilariana). Tb designa otras especies.* | FReguera-March *Cuba* 175: En los terrenos que rodean la ciénaga .. abundan los mangles y yanas .. Luego está el júcaro, madera incorruptible, sumamente útil para traviesas y obras marítimas.

judaico -ca *adj* De los judíos. | CBaroja *Inquisidor* 16: Aún hay secuaces de la interpretación que pudiéramos llamar popular protestante de los actos del Santo Oficio; de la judaica también. I. Gomá *HyV* 12.70, 97: Rabí Aqiba ben Yosef, símbolo religioso de la segunda guerra judaica.

judaísmo *m* **1** Religión de los judíos, que sigue la ley de Moisés. | Ubieto *Historia* 223: Las conversiones al cristianismo fueron frecuentes, dando origen a los "conversos"; los "conversos" sinceros fueron implacables con sus antiguos correligionarios; los otros, más numerosos, continuaron practicando el judaísmo.
2 Conjunto de los judíos. | Sobrequés *HEspaña* 2, 153: A partir de finales del siglo XIV, el judaísmo suministró a la Iglesia un elenco muy selecto de grandes figuras.

judaizante *adj (hist)* Bautizado que continúa practicando el judaísmo [1]. *Tb n.* | Arenaza-Gastaminza *Historia* 159: Fueron sometidos a la vigilancia inquisitorial los herejes, apóstatas, supersticiosos, sospechosos de judaizantes y moriscos. CBaroja *Inquisidor* 60: El Santo Oficio fue inexorable con los judaizantes en un principio.

judaizar *(conjug 1f) intr (hist)* Practicar el judaísmo [1] [un judío bautizado]. | CBaroja *Brujas* 313: El acusado de judaizar, en los viejos procesos inquisitoriales, no habrá cometido los crímenes rituales que se le imputan, mas casi siempre es seguro que se trata de un judío creyente hasta un grado.

judas *(a veces con mayúscula) m* **1** Hombre traidor. *Tb adj. A veces usado como insulto.* | FSantos *Cabrera* 72: –Se sabe de ciertos eclesiásticos que han abrazado la causa del nuevo rey José y aun la defienden como propia. –En todo tiempo ha habido judas. Peraile *Ínsula* 80: En el palacio trincaron a los señores y a los obreros judas más una armería y un polvorín. CPuche *Paralelo* 465: ¿Quién puede hablar de traición, tú, Judas, más que Judas, engañando a todos y mientras tanto...? ¿Eh? Mendoza *Ciudad* 77: ¡Granuja, renegado, judas!, gritaba. **b)** *Se usa en constr de sent comparativo para ponderar falsedad.* | Millán *Fresa* 75: Eran colores obscenos, .. temblones, más falsos que Judas.
2 Muñeco de paja que en algunos lugares se pone en la calle durante la Semana Santa y después se quema. | ZVicente *Traque* 235: Desembarcó en Algeciras: factura de fiesta folklórica con cucañas, carreras de sacos, achicharramiento de un judas, y gran duelo de los hombres locales.

judeo- *r pref* Judío. *Por ej:* Le. García *País* 17.11.91, 41: Kaspárov, de origen judeo-armenio, se mostró muy enfadado pero optimista. I. Gomá *HyV* 12.70, 96: La venida de unos "magos" o sabios extranjeros se lee en el Evangelio escribió Mateo pensando en los judeocristianos. D. I. Salas *MHi* 7.69, 40: Protegiendo a las poblaciones judeo-moriscas de todo el contorno.

judeoespañol -la *(tb con la grafía* **judeo-español**) I *adj* **1** Sefardí. *Tb n, referido a pers.* | V. Armesto *Inf* 11.12.73, 17: El reverendo Abraham Danon se cuenta entre los primeros que en épocas modernas han estudiado la rica colección de proverbios judeoespañoles.

judeomasónico – judío

II *m* **2** Variedad de español hablada por los sefardíes. | Amorós-Mayoral *Lengua* 12: En Asia Menor: hablan español los judíos sefarditas, que fueron expulsados de España por los Reyes Católicos y conservan su lengua propia, llamada judeo-español.

judeomasónico -ca *adj* De (los) judíos y (los) masones. *Gralm humoríst referido a conjuras imaginarias o inventadas.* | Diógenes *Ya* 27.11.91, 1: Lo de Burgos no es una conjura judeomasónica, aunque haya algún marrano errante, se vislumbre algún deslavado delantal y los cristianos viejos tengan un evidente aire de desplazados. *Ya* 22.11.91, 4: Si algún lector tabacodependiente enciende un pitillo en un lugar público y alguien golpea los dedos como si fuera una tijera, no piense en organizaciones secretas ni amenazas judeomasónicas.

judería *f* Barrio destinado a los judíos. | Villarta *Rutas* 16: En el centro de la ciudad, la [plaza] de Tirso de Molina, de la que parten las calles que forman los barrios bajos, y la de Lavapiés, que fue judería de la ciudad. Alvar-Mariner *Latinismos* 36: Esta tradición léxica de las Biblias romanceadas en la Edad Media se continúa hoy. Así en la *Hagadá de Pesah* que, en forma de cartilla, todavía se vende por las juderías del norte de África.

judesmo *m* Lengua judeo-española de uso general. *Se opone a* LADINO. | Lapesa *NHLengua* 526: Para este tipo de lenguaje artificioso [el de las Biblias de Constantinopla y Ferrara] se quiere reservar la designación de ladino, llamando judesmo (/żudezmo/) al de uso general.

judía *f* Planta leguminosa anual de tallos endebles y volubles, flores blancas y fruto en vainas aplastadas terminadas en dos puntas y con varias semillas en forma de riñón (*Phaseolus vulgaris*). *Tb su fruto y esp su semilla.* | Alvarado *Botánica* 76: Se cultivan por sus semillas el garbanzo; el haba; la alubia, habichuela, judía o fríjol. Laforet *Mujer* 64: No le gustaba .. pasarse el día .. pensando en el precio de lentejas y judías. **b)** ~ **verde.** Fruto de la judía, que se come antes de madurar. | Bernard *Verduras* 52: Judías verdes a la aldeana.

judiada[1] *f (col)* Faena o mala pasada. | Torrente *Off-side* 440: ¡Qué judiada, tenerte para eso! ¡Vales más tú que todas las obras de arte juntas!

judiada[2] *f* Comida consistente en gran cantidad de judías [1a]. | *ASeg* 6.4.93, 7: Organizar actos electorales, como judiadas, matanzas de cerdo. *Abc* 24.8.91, 34: Los 15.000 veraneantes de este Real Sitio [La Granja] se apuntan a la "gran judiada".

judiar *m* Terreno sembrado de judías. | Soler *Muertos* 30: Los trigales, los maizales y los viñedos, el patatal y el judiar dan el fruto en orre si se extirpa de la tierra el musgo y la filoxera.

judicante *adj (lit)* Juzgador. *Tb n.* | Torrente *SInf* 2.1.75, 12: Algunos de ellos [de los ejercicios], no más de tres, muestran, o cierto instinto de comodidad por parte de sus autores, o cierta piedad por el lector inevitable y judicante, que soy yo: vienen a máquina. Laín *Descargo* 89: Viene también a mi memoria el irritado comentario de un pintor amigo .. ante una exposición de arte cubista y surrealista en los locales del Ateneo: "A mí todo esto me parece terapéutico". Al judicante .. le parecían términos sinónimos "terapéutica" y "patología".

judicativamente *adv (Filos)* De manera judicativa. | MPuelles *Filosofía* 2, 154: El principio de (no) contradicción explana judicativamente la propiedad ontológica que se denomina "algo".

judicativo -va *adj (Filos)* De(l) juicio (relación mental). | Gambra *Filosofía* 126: El entendimiento, además de la función abstractiva o propiamente intelectiva, tiene las de juzgar (función judicativa) y de razonar (función discursiva). FRamírez *Lengua* 26: Estas oraciones, muy frecuentemente de carácter expresivo y exclamativo, prescinden del verbo, es decir, del elemento judicativo.

judicatura *f* **1** Cargo o función de juez. *Tb el tiempo que dura.* | Riquer *Caballeros* 127: Era persona muy asequible a aceptar la presidencia y judicatura de lances caballerescos en el guerrero ambiente de la ciudad africana que gobernaba. * Durante su judicatura se llevaron a efecto tres condenas de muerte. **b)** Carrera de juez. | Carandell *Madrid* 63: Si te haces abogao, entonces puedes hacer .. notarías, judicatura.

2 Cuerpo constituido por los jueces de un país. | *Ya* 23.10.75, 16: Reunión mundial de juristas. El ejemplo de la judicatura española .. Profesores, abogados y jueces dialogan sobre la paz por el Derecho. Significativa participación e intervención judicial española.

judicial *adj* De(l) juez o de (la) administración de justicia. | Benet *Nunca* 18: Nuestra actividad estaba dominada por las tribulaciones del negocio: desde la compra de la autoridad judicial hasta la venta descarada, cuando las cosas se ponían feas, de todos los materiales impagados. *Inf* 25.5.74, 2: Otra de las incógnitas es si se llegaron a negociar las exigencias de los secuestradores, entre las que figuraban peticiones con implicación de presión sobre el poder judicial. **b)** [Depósito] de cadáveres sometidos a investigación judicial. | *DBu* 3.7.64, 2: El juez de Instrucción del partido .. ordenó el levantamiento del cadáver de la desventurada mujer y su traslado al depósito judicial. **c)** [Partido] ~ → PARTIDO[2].

judicialista *adj* De carácter judicial o que tiende a judicial. | Tácito *Ya* 22.11.74, 8: Se ha pensado y proyectado un llamado derecho de asociación, cuyo control se atribuía al Consejo Nacional del Movimiento, no a los Tribunales de Justicia. De aquí que en la situación de expectativa actual se haya hablado de una tensión entre una tesis de amparo judicialista y otra de orientación y tutela política. *Leg. contencioso-adm.* 38: La Ley es judicialista .., en cuanto confía la Jurisdicción contencioso-administrativa a verdaderos Tribunales encuadrados en la común organización judicial.

judicialización *f* Acción de judicializar. | Al. MAlonso *Abc* 8.7.89, 15: Entre las propuestas de Gordillo destaca la que pide la "judicialización" de los supuestos de reinserción social.

judicializar *tr* Dar carácter judicial [a algo (*cd*)]. | *Ya* 1.12.88, 14: Calificó la ley de Adopción de 1987 como "un gran avance en la protección de menores al separar claramente la función protectora de la reformadora", evitando "judicializar" la situación en casos de malos tratos o abandono en los que interviene, en primer lugar, la entidad pública. *Ya* 20.12.92, 4: Los socialistas han judicializado la política.

judicialmente *adv* **1** De manera judicial. | Ramírez *Derecho* 34: Premio que puede ser exigido –incluso judicialmente– si voluntariamente no se concede.

2 En el aspecto judicial. | Mercader-DOrtiz *HEspaña* 4, 56: Las había [maestranzas de Caballería] en Sevilla, Ronda, Granada y Valencia principalmente, presididas por un Hermano Mayor, generalmente un Infante o el Capitán General de la Provincia, asistido judicialmente por un oidor de las Chancillerías o Audiencias respectivas, o un alcalde mayor.

judiciario -ria *adj (hist)* [Astrología o astrólogo] que se orienta a la confección de pronósticos. | CBaroja *Brujas* 80: Estos edictos condenan de modo específico toda clase de hechicerías, tales como .. practicar la Astrología judiciaria y fabricar caracteres y talismanes.

judío[1] -a *adj* **1** [Individuo] hebreo (del pueblo semita descendiente de Abraham). *Tb n.* | Arenaza-Gastaminza *Historia* 28: Los hebreos, israelitas o judíos son de origen semita, procedentes del valle del Tigris y del Éufrates. Laiglesia *Tachado* 49: El Secretario de Finanzas era el único judío existente en Burlonia. **b)** Que profesa la ley de Moisés. | CBaroja *Inquisidor* 15: No hay que ser protestante o judío para hallar injustificados o peligrosos procedimientos tales como el del secreto en las denuncias o las penas trascendentes. **c)** De (los) judíos. | DPlaja *El español* 19: Es muy posible que esa Soberbia sea .. herencia de una característica judía o árabe. Vesga-Fernández *Jesucristo* 17: Los levitas .. A ellos se les habían adjudicado las funciones relativas al culto judío.

2 *(col)* [Pers.] avara o usurera. | * Quiere pedirle un préstamo; no sabe aún lo judío que es.

3 *(hist)* De Judea. *Tb n, referido a pers.* | Vesga-Fernández *Jesucristo* 50: ¿Cómo tú, siendo judío, me pides de beber a mí, que soy samaritana?

judío[2] *m (reg)* Judión. | *Ya* 17.11.63, 28: Precios en los mercados centrales .. Habas, 7, 5 y 3; judíos, 10, 6 y 3.

judión *m* Variedad de judía de vaina ancha y semilla más grande que la común. *Tb su fruto y su semilla.* | L. Mínguez *SASeg* 4.1.90, 3: Los judiones de La Granja, la fama de nuestros queridos mesoneros .. merecen que esta Página Lírica les ofrezca una recopilación de versos inspirados en la cocina segoviana.

judo *(jap; pronunc corriente, /yúdo/) m* Yudo. | *Act* 30.10.69, 5: Jacqueline había ido a las clases de un gimnasio, donde podía haber aprendido algo de judo.

judogui *(pronunc corriente, /yudógi/) m (Dep)* Traje usado en la práctica del judo. | J. A. Valverde *Act* 26.11.70, 77: Las muñecas en tensión, mientras los dedos se aferran a los bordes del "judogui" buscando una siguiente llave.

judoka *(jap; pronunc corriente, /yudóka/) m y f* Yudoka. | *DBu* 27.12.70, 9: El judoka del año. GHortelano *Momento* 349: Gracias a un resto de reflejos de mi primera infancia, eludí una presa de estrangulamiento. La propia judoka se desvistió.

juego I *m* **1** Acción de jugar [1]. | *Economía* 314: Cada cosa a su hora; a la hora del juego, a jugar. **b)** Actividad que presenta alguno de los caracteres propios del juego, esp. la facilidad o la falta de trascendencia. *A veces* ~ DE NIÑOS. | Salvador *Agitador* 165: En el fondo, se advertía que al viejo sindicalista le tenía sin cuidado Sevilla y el comunismo. Quizá le parecería un juego de chiquillos.
2 Ejercicio recreativo o deportivo sometido a reglas y en el que se puede ganar o perder. *Normalmente con un compl especificador. Tb fig.* | *Economía* 314: Los juegos, lo mismo si nos referimos a los deportivos como si se trata de los de salón, cartas, etc., proporcionan muy buenos ratos de esparcimiento. Cunqueiro *Un hombre* 14: Los niños gritábamos en la plaza, escondiéndonos detrás de las columnas .. Nunca se supo quién había inventado ese juego. Olmo *Golfos* 150: ¿Qué fuerza .. evitó que .. me negase a seguir el juego que la fatalidad nos impuso? **b)** *Sin compl:* Juego de azar. *A veces, en sg, con sent genérico.* | Hidalgo *País* 11.5.76, 22: El motivo de esta reunión es el intervenir en una mesa redonda que sobre la autorización, o legalización, del juego y el establecimiento de casinos en nuestro país se va a celebrar en la ciudad pirenaica.
3 *Con un adj o compl especificador, designa distintos ejercicios físicos o mentales cuya intención es entretener o divertir.* | * En sus obras abundan los juegos de ingenio. CBaroja *Inquisidor* 13: En varias averiguaciones .. he procurado ilustrar algunos aspectos de la Historia, .. examinando algunos eventos a la luz de los juegos dialécticos. **b)** ~ **de manos.** Ejercicio de prestidigitación. | Villapún *Moral* 109: Magia blanca, o prestidigitación, que no es mala, sino entretenida; consiste en hacer cosas aparentemente prodigiosas, como juegos de manos. **c)** ~ **malabar.** Ejercicio de agilidad o destreza que se realiza como espectáculo. *Frec fig.* | Delibes *Año* 203: Los juegos malabares de los ingleses (maestros en estos empeños) se ponen nítidamente al descubierto en el filme. Tengamos presente que, en virtud de estas artes, los británicos .. llegaron .. a adueñarse de un tercio del mundo. **d)** ~ **de palabras.** Alarde ingenioso que consiste en aprovechar el sentido equívoco de una palabra o la similitud fonética entre las palabras de sentidos diversos. | Lázaro *Barroco* 28: Otras [ingeniosidades], más complicadas, atraviesan el significante, para buscar sorprendentes efectos de sentido. Es lo que ocurre en el juego de palabras .., en el calambur .., en la disociación.
4 *(hist) En pl:* Fiestas de carácter nacional predominantemente deportivas que se celebraban periódicamente en la antigua Grecia. *Normalmente con un adj especificador.* | Arenaza-Gastaminza *Historia* 43: Los griegos celebraban diversas fiestas panhelénicas o nacionales .. Dichas fiestas o juegos tuvieron el privilegio de suspender las guerras .. Los cuatro principales juegos fueron: los Olímpicos .., los Píticos .., los Nemeos .. y los Ístmicos. **b)** **~s olímpicos.** *(frec con iniciales mayúsculas)* Serie de competiciones deportivas de carácter internacional que se celebran cada cuatro años en un lugar prefijado y solo entre deportistas no profesionales. | J. J. Fernández *País* 7.10.76, 32: Se deberán –sobre todo– sentar las bases de posibles soluciones para que en los próximos Juegos Olímpicos de Moscú, en 1980, no se produzcan más alteraciones. **c)** **~s paralímpicos** *(o* **paraolímpicos,** *o* **parolímpicos).** *(frec con iniciales mayúsculas)* Serie de competiciones deportivas de carácter internacional, para atletas minusválidos, organizada a la manera de los juegos olímpicos. | *Ya* 2.9.92, 4: El presidente del Comité Olímpico Español podrá asistir mañana a la inauguración de los Juegos Paralímpicos en Barcelona. J. J. Esteban *Ya* 5.2.89, 30: En Mudá .. se vivieron con especial intensidad los Juegos Paraolímpicos de Seúl. *Abc* 4.9.92, 6: La Reina presidió la inauguración de los IX Juegos Parolímpicos.
5 Conjunto de jugadas, en un juego [2a], que finalizan en una victoria parcial. | Corral *Cartas* 21: La brisca .. Se juega a tanto por partida, pudiendo esta consistir en uno o más juegos. *Van* 3.2.74, 37: Ajedrez .. Petrosian va consumiendo etapas hacia el fin del match, concertado a la distancia de dieciséis juegos, sin importarle demasiado la nueva reglamentación que establece el término de la eliminatoria cuando uno de los contendientes logra su tercera victoria en el mismo. **b)** *(Tenis)* Serie de jugadas servidas por un mismo jugador. | GCandau *Ya* 9.12.72, 37: En el primer "set", Gimeno rompió el servicio de su adversario en el sexto juego.
6 Conjunto más o menos favorable de cartas de cada jugador. | Corral *Cartas* 6: Habiendo juegos iguales, tiene preferencia el mano.
7 Serie de instrumentos de un juego [2]. | G. GHontoria *Nar* 7.76, 26: Juego de bolos palentinos, con el bolo pequeño, que llaman allí "michi" o "cura".
8 Conjunto de cosas de la misma naturaleza que sirven para fines análogos. *Con un compl* DE, *que especifica la naturaleza de los objetos o el fin al que están destinados.* | *Economía* 354: Podéis haceros un juego de estuches de bolsa de peines, de esponjas, de cremas de belleza, camisón, zapatillas, etc., en cretona o nylon. *Lab* 2.70, 14: Un juego de cama que habrá de tentar a todas las jóvenes novias. **b)** Conjunto de cosas que forman una estructura. | DPlaja *Literatura* 103: Es [la farsa] un juego de enredos y equivocaciones, en el que Pathelin engaña a un acreedor y es, a su vez, víctima de un cliente.
9 Combinación [de agua, colores o luces] móvil y cambiante. | *Inf* 12.11.76, 24: Las fuentes de los jardines reales de La Granja de San Ildefonso han dejado de funcionar hasta la próxima primavera, en que volverán a reanudar los juegos de sus aguas.
10 Manera de actuar. *Frec en constrs como* ~ LIMPIO, ~ SUCIO, DOBLE ~. | Aldecoa *Cuentos* 2, 350: –A mí no me ha quitado ninguna chica. –Hay que pensar en el futuro. Tiene que haber juego limpio. Di, mejor, que no te ha quitado ninguna chica por ahora, pero te la puede quitar. *Pos* 23.12.76, 7: El Gobierno llevaba la resolución del secuestro en un doble juego: por un lado, una intensa operación policial; por otro, el intento de entrar en contacto con los GRAPO a través de los abogados intermediarios. **b)** **las reglas del ~** → REGLA. **c)** Intención con que se actúa. *Frec en constrs como* CONOCER O DESCUBRIR EL ~. | * Le descubrieron el juego rápidamente.
11 Posibilidad de actuación o de intervención. | P. J. Ramírez *SAbc* 21.11.76, 17: El Jefe del Estado se inclina por el [anteproyecto] de Secretaría General, que reduce el juego político al estricto marco del Movimiento. Vicens *HEspaña* 1, 268: La aparición de esta costumbre .. se explica tanto por los intereses de las dos partes contratantes como por el mismo juego de los factores sociales y políticos de la época postcarolingia. **b)** *(Dep)* *En fútbol y otros deportes de equipo:* Posibilidades de ataque creadas por uno o más jugadores. *Gralm con el v* CREAR. | * F. fue el encargado de crear juego durante todo el partido. * Falta juego en la línea media.
12 Rendimiento [de una pers. o cosa]. *Normalmente con el v* DAR. *Tb fig.* | Forges *Forges* 182: ¡De envejecer nada, que yo aún puedo dar mucho juego! CBaroja *Inquisidor* 51: Como gran inquisidor "no da juego", es una figura terriblemente ambigua. *Rue* 22.12.70, 12: ¿Qué juego debe dar en el ruedo un toro para merecer buena nota de la concurrencia?
13 Movimiento [de una cosa articulada]. | Jal *Abc* 9.10.76, 51: Pepe .. jugaba su baza en la esquina, en el juego –excelente– de piernas y en los giros del torso para eludir los "mazazos" del argentino.
14 *(Mec)* Espacio que se deja entre dos piezas ajustadas. | *BOE* 1.12.75, 25023: Ajustadores. Son los operarios capacitados para realizar todas las operaciones y cometidos de montaje y reparación relacionados con mecanismos de máquinas y de sus elementos o piezas; conforme a ellos, trazar-marcar y acabar las superficies de estos elementos, de tal

forma que permita[n] el asiento o ajuste entre ellas con juegos o huelgos variables.
15 (*TLit*) Pieza de teatro medieval en verso, de carácter cómico o dramático. | DPlaja *Literatura* 102: El teatro profano aparece, en un principio, bajo la forma de "juegos" (*jeux*), como el de *Robin y Marion*, de Adán de la Halle.
16 ~s florales. Concurso poético en que se premia al vencedor con una flor natural. | Vicens-Nadal-Ortega *HEspaña* 5, 392: En Cataluña, la poesía en lengua vernácula se vio apoyada por la restauración de los Juegos Florales, celebrados por primera vez en 1859.
17 ~ de pelota. Lugar destinado a la práctica del juego [2a] de pelota. *Tb* (*pop*) ~ PELOTA. | Vicens *Polis* 423: Los diputados del Tercer Estado declararon que se constituían en Asamblea nacional y que no se disolverían antes de haber dado una Constitución a Francia (Juramento del Juego de Pelota). Berlanga *Recuentos* 15: La achacosa tartana, tirada por la "Cociosa", paraba junto a la fuente, al olmo o al juego-pelota, según qué pueblo.
18 fuera de ~. (*Dep*) Hecho de estar un jugador fuera de juego [25]. *Tb la falta correspondiente. Tb fig, fuera del ámbito técn.* | J. L. Codina *HLV* 8.4.74, 12: A los 28 minutos hubo un gol anulado a Lorenzo por fuera de juego. G. García *As* 14.12.70, 3: Dirigió el encuentro con general acierto .. Quizá se equivocó en los fueras de juego que señaló a Talón. Delibes *Año* 191: Gloria Fuertes leyó sus poemas en la Sala de Cultura del periódico. Redondeando viejas faenas, el gobernador civil .. no dio su autorización hasta la víspera .. De nuevo la táctica del fuera de juego, que esta vez dio resultado puesto que nos cogió en "off-side", con menos de la mitad del público que hubiera acudido de anunciarse el acto debidamente.
II *loc v* **19 hacer el ~** [a alguien]. Favorecer sus intenciones, esp. de manera involuntaria. | Goytisolo *Afueras* 37: –Repito que esto es hacerles el juego. –El juego se lo haremos quedándonos al margen, dejando que ellos cocinen lo suyo y lo nuestro. Máximo *Van* 25.4.74, 9: Nacemos pobres y no nos resignamos con nuestra desgracia: le hacemos el juego a la revolución con nuestro resentimiento y porosidad a la demagogia.
20 hacer ~. Combinar o armonizar [dos cosas (*suj*) o una (*suj*) con otra]. | Armenteras *Epistolario* 33: El sobre debe hacer juego con la carta.
21 hacer ~. *En la ruleta:* Colocar el jugador las fichas en el lugar que desea. | Laiglesia *Ombligos* 252: –Hagan juego –animaban a los maxis los muy ladinos, acariciando con impaciencia el mango de sus rastrillos.
III *loc adv* **22 a ~.** En combinación o armonía [con algo]. *Tb sin compl. Tb adj.* | P. SMartín *Nue* 24.1.70, 21: Siguen ganando terreno los maxis hasta el suelo, siempre a juego con minis. Delibes *Cinco horas* 36: Carmen ayuda a Valentina a ponerse el abrigo y luego, entre las dos, buscan la cartera a juego.
23 en ~. En situación de poder ganarse o perderse. *Gralm con los vs* ESTAR *o* PONER. | *Mar* 14.12.70, 26: Catch .. Bengoechea I está decidido a poner su título mundial en juego ante Jesús Chausson.
24 en ~. En situación de actuar o intervenir. *Gralm con el v* PONER. | Forges *Forges* 40: Se van a poner todos los medios en juego para evitar la escalada de los precios. Armenteras *Epistolario* 24: De no poder encargarlas [las tarjetas], ni saber realizarlas el propio interesado poniendo en juego sus facultades artísticas .., deberá adquirir en el mercado el modelo que sea más de su agrado.
25 fuera de ~. (*Dep*) Más cerca de la línea de meta contraria que el balón en el momento en que este es jugado y sin tener delante al portero y al menos un defensa. | * Según el árbitro, Pérez estaba fuera de juego. **b)** Al margen de una actividad o sin capacidad para intervenir en ella. | D. Giménez *Mun* 23.5.70, 24: Roger Garaudy comprendió la revolución de mayo. En cambio, el PCF fue puesto fuera de juego por las nuevas fuerzas revolucionarias. **c)** Sin capacidad para actuar normalmente. | Torrente *Isla* 60: La yerba te mareó, quedaste fuera de juego, pero sin levantarte un solo pie sobre el nivel de tu propia conciencia.

juerga (*col*) **I** *f* **1** Diversión bulliciosa, gralm. con bebidas. *Frec* CORRERSE UNA ~. | Laforet *Mujer* 206: Se habían encontrado de juerga los dos, en un local nocturno. **b)** Fiesta con música, baile y bebidas. | Medio *Andrés* 251: Meri reparte entre sus amigos unos gorros de papel verdes y rojos, y unas bolsas de confeti. En medio de la algarabía que se organiza, José está a punto de reventar de satisfacción. Esto sí que es una juerga. ¡Menuda juerga!
2 Risa o diversión. *Frec en la constr* PASARSE (*o* CORRERSE) UNA (*o* LA GRAN) ~. | Arce *Testamento* 61: Le pregunté si le habían matado allí mismo y negó con la cabeza. –No; nos pasamos antes la gran juerga.
3 Burla o broma. | Arce *Testamento* 22: Enzo me miraba con una chispa de juerga en sus ojos azules.
II *loc v* **4 ser** [alguien o algo] **una ~** (*o* **de ~**)**.** Causar risa. *Frec con intención ponderativa.* | Delibes *Cinco horas* 139: Parece alguien, y habla correctamente, que antes era una juerga.

juerguearse *intr pr* (*col*) **1** Reírse o divertirse burlándose [de alguien o algo (*compl* DE *o* CON)]. | Gironella *Millón* 223: Algunos milicianos se dejaron retratar y se juerguearon de lo lindo con el pelotón del "Amor libre".
2 Correrse una juerga [1]. | Paso *Usted* 309: Me proponía juerguearme esta noche y llamé a una vieja amiga.

juerguista *adj* (*col*) [Pers.] aficionada a la juerga, *esp* [1]. *Tb n.* | Halcón *Monólogo* 219: Ha llegado a preocuparme el que pueda pensar que yo lo que soy es una juerguista hipócrita que le ha estado dando gusto al cuerpo, sin más.

jueves I *m* **1** Quinto día de la semana (o cuarto, según el cómputo popular). | CBaroja *Inquisidor* 29: Se reunía el Consejo .. los martes, jueves y sábados, por la tarde. **b)** *Se usa en constrs como* PARECES EL ~, SIEMPRE EN MEDIO, *o* SIEMPRE EN MEDIO, COMO EL ~, *para comentar que alguien está en medio, gralm estorbando.* | * Pareces el jueves, siempre en medio.
II *loc adj* **2 del otro ~.** (*col*) Extraordinario o fuera de lo corriente. *Normalmente en la constr* NO SER NADA (*o* COSA) DEL OTRO ~. | SFerlosio *Jarama* 38: Tampoco te había dicho la chica ninguna cosa del otro jueves, para que tú vayas y la contestes así. Gironella *SAbc* 22.2.70, 8: ¿Qué ha ocurrido? Sospecho que nada del otro jueves.
III *loc v y fórm or* (*col*) **3 ¿(y) cuándo no es ~?** *Fórmula que se comenta la reiteración de algo que causa disgusto.* | CBonald *Dos días* 180: –¿Qué pasó? –No, nada .. –Que metió la pata con la borrachera, ¿a que sí? .. –Verás, Lola, es que se nos puso el viento de mala manera. –¿Y cuándo no es jueves?
4 haber aprendido [una cosa] **en ~.** (*col*) Reiterar[la] de manera innecesaria y cansada. | Delibes *Emigrante* 100: Se ve que los pañolis estos lo han aprendido en jueves.

juevista *adj* (*Rel catól*) [Pers.] que sigue la devoción de comulgar todos los jueves. *Tb n.* | GPavón *Reinado* 19: Un periódico de los curas que recibe mi chica y dice: "si quieres ser buen juevista, suscríbete a esta revista".

juez -za (*la forma* JUEZ *se usa como m y f en aceps 1 y 2; la forma f* JUEZA, *solo en acep 1*) **I** *n* **A** *m y f* **1** Letrado con autoridad para juzgar y sentenciar. *Tb fig. Diversos tipos de jueces se distinguen por medio de un compl o adj:* COMARCAL, DE PRIMERA INSTANCIA, SUPREMO, *etc.* | *Reg* 18.3.75, 3: Autorizó el acta matrimonial el juez comarcal don Rafael Rosellón Andrade. Laforet *Mujer* 40: La mayoría de los hombres sienten una especie de necesidad de sentirse jueces de la mujer a la que aman. Campmany *Abc* 4.10.86, 17: La actuación de la jueza Elisabeth Huerta. **b) ~ de paz.** Pers. no letrada a la que se confiere autoridad penal sobre faltas y civil en asuntos de menor cuantía, y dirige también el registro civil. | *Hoy* 15.2.76, 17: Durante mucho tiempo se guardó el relicario en un sagrario de una capilla lateral, la que hoy es "capilla del Santísimo". Tenía entonces tres llaves, que eran guardadas cada una por el párroco, el alcalde y el juez de paz.
2 Pers. con autoridad para juzgar en una materia determinada. | *Ya* 14.12.71, 19: Más de mil pájaros concursan en belleza de trinos y plumaje .. De cuatro en cuatro, los pájaros cantores son recluidos en una habitación con el juez que ha de calificar la belleza de sus trinos durante veinte minutos. Escartín *Pue* 16.12.70, 21: En Inglaterra, la mayoría de jueces de fútbol provienen del Magisterio. **b)** Pers. que se elige para que actúe como árbitro en una disputa. | GGual *Novela* 304: Cariclea, vestida con sus joyas, pide al anciano que, con los demás sacerdotes, sea juez en su pleito. **c) ~ de línea.** (*Dep, esp Fút*) Pers. que ayuda al árbitro vigilando el juego en las bandas derecha e izquierda del campo. | *HLV*

jugada – jugar

8.4.74, 19: El juez de línea, señor Barrachina, llamó la atención del árbitro para decirle que a Toni, en el minuto 15, el árbitro ya le había mostrado la tarjeta blanca. **d) ~ de silla.** (*Tenis*) Pers. que arbitra un partido sentado en una silla alta situada en la zona de la red. | Gilera *Abc* 30.12.65, 101: Santana se apunta el segundo juego a pesar de un "net" que resulta un churro a favor de Emerson y a pesar, también, de dos "net" más, dudosos, cantados por el juez de silla.

B *m* **3** (*hist*) Jefe supremo del pueblo de Israel desde que se estableció en Palestina hasta que adoptó la monarquía. | Peña-Useros *Mesías* 100: Los Jueces, más que administradores de justicia, eran caudillos y salvadores del pueblo, al cual gobernaban en nombre de Dios.

4 (*hist*) Caudillo de los dos que, según la leyenda, gobernaron en Castilla en el s. IX. | Ridruejo *Castilla* 1, 22: No falta algún nombre romano, como el Laínez [*sic*] (Flavinius) al que la leyenda presenta, en unión de Nuño Rasura, como juez electo de Castilla.

C *f* **5** Mujer del juez [1]. | * Acudieron a la celebración el juez y la jueza.

II *loc adj* **6 de ~.** (*col*) [Cara] muy seria y grave. | * Apareció con cara de juez y nadie se atrevió a rechistar.

jugada *f* **1** Acción propia de un juego [2] llevada a cabo por un jugador. | Corral *Cartas* 6: Entrada. Llámase a la jugada que precisa el descarte. **b)** Actuación u operación. *Frec con adjs como* HÁBIL *o* TORPE. | W. Espina *CCa* 22.12.76, 3: Hábil jugada la del señor Suárez. Se le pedía el Estatut d'Autonomia, y no ha dicho ni que "sí" ni que "no", sino todo lo contrario.

2 (*col*) Faena o mala pasada. *Tb* MALA ~. | Arce *Testamento* 97: Él aseguró .. que me mataría como a un perro si trataba de hacerle una mala jugada.

jugador -ra I *adj* **1** [Pers.] que juega [2a y b]. *Frec con un compl especificador. Frec n.* | Corral *Cartas* 6: Cada vez corresponde dar a un jugador, por orden riguroso de derecha a izquierda. C. Castro *Ya* 24.10.74, 17: La noticia de que los jugadores –de juegos de azar– han sacado de España 600 millones de pesetas durante este tiempo pasado ha sugerido a muchos la idea de que se haga algo en nuestro país para recoger millones por medio del azar. **b)** [Pers.] que se dedica a determinados deportes. *Frec con un compl especificador. Frec n.* | Mad 27.5.70, 1: El jugador .. permanece recluido en una casa de Bogotá, hasta que el juez que instruye el caso ordene lo que deba hacerse con el futbolista. *Faro* 29.7.75, 21: Bulgaria, nuestro primer rival. Sus jugadoras superan a las españolas en altura, pero no en técnica. **c)** *Sin compl:* [Pers.] dada a los juegos de azar. *Frec n.* | * Es un jugador empedernido. **d)** De(l) jugador o de (los) jugadores. | E. Borrás *HLM* 14.12.70, 17: Curioso el acontecer financiero de la subsistencia de los dos sistemas loteros .. por el hecho de producirse tan fuerte concurrencia jugadora imprevista.

2 [Pers.] que juega [2a] con habilidad y destreza. *Frec n*. | Corral *Cartas* 50: No es de jugador arrastrar sin fin determinado.

II *m y f* **3 ~ de manos.** Pers. que hace juegos de manos. | Delibes *Pegar* 46: Se había ilusionado con el ilusionismo. Quería ser mago, prestidigitador, jugador de manos.

4 ~ de ventaja → VENTAJA.

jugar (*conjug* **10**) **A** *intr* **1** Hacer algo para entretenerse o divertirse. | Laiglesia *Tachado* 77: Cuando el hijo pequeño empezó a ir al colegio, los otros niños le llamaron "boche" y se negaron a jugar con él. Olmo *Golfos* 185: Ya en la orilla, se desnuda y, como jugando, manda un pie a ver qué pasa.

2 Realizar las acciones propias [de un juego [2a] (*compl* A)]. *El n del juego va precedido de art. Tb (reg) sin art. A veces el compl se omite por consabido. Tb fig.* | Ferres-LSalinas *Hurdes* 27: Por la tarde, como es domingo, algunos hombres van a jugar al tute a la taberna. Matute *Memoria* 97: Había una causa común: ir al Port, al café de Es Mariné, para jugar a cartas. J. J. Fernández *País* 1.10.76, 34: El sábado, en el primer partido de la jornada, jugarán España y Francia. MGaite *Búsqueda* 29: Era su característica esencial desde los diecisiete años; aquel desprecio por la cultura masiva; .. no se trataba de un desprecio ostentoso. Simplemente no le divertía, no jugaba a eso; él iba por libre. **b)** Participar [en un juego de azar (*compl* A)]. *Frec el compl se omite por consabido.* | Laiglesia *Ombligos* 252: –¡El señor va a jugar también? –preguntó el empleado a Juan. –Sí, claro .. –¿Cuántas fichas desea? [*En el casino.*] **c)** (*col*) Tener [algo (*compl* A)] como propósito o pretensión. *Gralm en constrs irónicas de intención polémica como* ¿A QUÉ JUEGAS?, *o* NO SÉ A QUÉ JUEGA. | MGaite *Fragmentos* 109: Esa chica no se aclara ni hay manera de saber a lo que juega .. Solo faltaba que la tuviéramos que estar bailando el agua ahora. Que diga sí o no de una puñetera vez.

3 (*Naipes*) Participar en alguna de las fases del desarrollo de un juego [2a], cuando se tiene opción a no hacerlo. | Corral *Cartas* 6: El modo de indicar si se juega o no es decir: "juego" en el primer caso y "paso" en el segundo. **b)** Intervenir o tomar parte [en un asunto]. | *Abc* 19.11.70, 22: Juegan en este caso razones económicas muy atendibles a favor de las empresas editoriales. **c)** Actuar. *Con los advs* LIMPIO *o* SUCIO, *u otro equivalente*. | Torrente *Vuelta* 433: Como estoy dispuesto a jugar limpio, puedo decirte que alguien tiene el proyecto de visitarte mañana para comprarlas [las acciones], y yo quiero adelantarme. Matute *Memoria* 112: Su carabina atemorizaba a Guiem, que le gritaba: –¡Juega sucio, juega sucio con la carabina! **d) o jugamos todos o se rompe la baraja** → BARAJA.

4 Realizar [un jugador] una jugada [1]. | Corral *Cartas* 8: Hecho el descarte sale el mano, después juega el medio y por último el pie.

5 Utilizar [una cosa (*compl* CON)] como juguete. *Tb fig.* | Castellanos *Animales* 23: Para la conservación de los dientes sanos debe impedirse que el perro de caza juegue con piedras. CNavarro *Perros* 16: El viento jugaba con los cabellos de su hermana. **b)** Comportarse [con una pers. o cosa (*compl* CON)] sin tomarla en serio o sin prestarle la atención o consideración que merece. | J. Beneyto *País* 7.10.76, 7: ¡Jugar con la historia creo que es delito social! SLuis *Doctrina* 75: Con las cosas sagradas no se juega. **c) ~ con fuego** → FUEGO.

6 Moverse o funcionar [un mecanismo, esp. articulado]. | Mihura *Maribel* 7: Frente a esta puerta, debemos ver bien la de entrada al piso .. Tras esta segunda puerta –que juega–, forillo de escalera.

7 Combinar o hacer juego [una cosa con otra]. | S*País* 9.3.86, 62: La tela de la colcha y la tapicería de los cojines .. juegan con los mismos tonos del aseo.

B *tr* ➤ **a** *normal* **8** Realizar [una partida, un partido o una jugada (*cd*) de un juego [2a]]. | J. J. Fernández *País* 1.10.76, 34: España jugará hoy viernes su primer partido contra Polonia. Corral *Cartas* 9: Todas las bazas jugadas pueden examinarse en cualquier momento. **b)** Realizar las acciones propias [de un juego [2a] (*cd*)]. *Tb fig.* | Corral *Cartas* 5: El tresillo se juega con baraja española de cuarenta cartas. R. Rubio *SYa* 3.3.74, 7: Todos ellos casados con mujeres que se las sabían todas, en cuanto a peluquerías, compras y dónde aprender a jugar tenis. Buero *Lázaro* 119: ¡Acepta el juego! ¡Nadie sino tú puede jugarlo! **c)** Hacer [una mala pasada]. | Laforet *Mujer* 191: Su pensamiento le comenzó a jugar malas pasadas.

9 Hacer uso [de una carta, una ficha, el balón u otro elemento de juego [2] (*cd*)]. | Corral *Cartas* 9: Se sigue jugando, echando primero el que ganó, hasta que se juegan las nueve cartas. *Naipes extranjeros* 109: Solamente en el palo del triunfo es obligatorio servir y montar el palo. Cuando no se puede servir el palo no es preciso jugar triunfo. *Agromán* 121: El jugador con jersey de rayas tenía el balón, lo jugaba, pero el vestido de blanco .. se pone delante.

10 Apostar [algo, esp. una cantidad (*cd*), esp. en un juego de azar (*compl* A)]. *Frec con un compl de interés*. | *Economía* 339: Los juegos de cartas son un pasatiempo muy agradable, cuando no se juegan cantidades fuertes de dinero. ASantos *Estanquera* 33: –Cartas. Antes de nada, ¿os queda dinero? –(Quitándose el reloj.) El peluco, qu'es de oro. Me lo juego. Herrero *Balada* 104: En el Casino del pueblo la gente se juega hasta las pestañas. *Abc* 24.12.57, 13: El Sr. Zajarín .. jugaba un décimo completo. **b)** Arriesgar o poner en juego [algo]. *Más frec con un compl de interés. Frec en constrs ponderativas como* ~SE EL TIPO, ~SE EL TODO POR EL TODO. | *País* 7.10.76, 6: El honor del Estado Español, el crédito de la nueva etapa iniciada hace un año, se juegan en este pleito. GSerrano *Alc* 5.11.70, 28: Al lado de toda esta gente vivales, había gente de verdad, dispuesta a jugarse el tipo. **c)** *En constrs como* ¿QUÉ TE JUEGAS A QUE...?, *o* ¿TE JUEGAS ALGO?, *se usa para afirmar enfáticamente lo que se dice*. | Goytisolo

jugarreta – juguetería

Recuento 524: ¿Qué te juegas a que si los chinos dijeran lo que dicen los rusos y los rusos lo que dicen los chinos, serían los rusos los que seguirían teniendo razón? * Ese no viene. ¿Te juegas algo?
11 Desempeñar [una función o un papel]. | Olmo *Golfos* 97: No eran solo estos ruidos los que alteraban la paz de nuestra calle. También los insultos jugaban su papel.
12 Mover [algo, esp. un miembro del cuerpo o un mecanismo]. | Olmo *Cuerpo* 10: Pega unos puñetazos al aire jugando las piernas en plan de consumado boxeador. Lera *Trampa* 1191: Álvaro jugó los brazos y las manos al hablar. SSolís *Camino* 130: Lástima que los ojos son tan apagados, y luego que ella no sabe jugarlos, no tiene picardía ni coquetería. Gala *Hotelito* 9: Ventanas inaccesibles, cuyas cortinas se juegan con largas pértigas.
13 Manejar [un arma blanca]. | Torrente *DJuan* 149: Lo que más me atraía .. era la esgrima: no había en toda Salamanca quien jugase la espada como yo.
14 (*Taur*) Lidiar [toros]. | DCañabate *Abc* 24.6.58, 49: Se pudieron torear a placer dos de Aleas, el primero y el segundo, y el de Tassara, jugado en quinto lugar.
▶ **b** *pr* **15 ~sela** [una pers.]. (*col*) Arriesgarlo todo. *Frec con intención ponderativa*. | Sastre *Taberna* 55: –Ojalá que no caigan por aquí. –¿Los guardias? –Digo los quinquis. Se la juega uno con estos hijos de su madre. DCañabate *Paseíllo* 21: Estabas muerto y bien muerto, porque Pepito se la jugó al entrarte [al que hace de toro].
16 ~sela [a alguien]. (*col*) Hacer[le] una faena o una mala pasada. | Buero *Hoy* 80: No creo que la señora Manola me la haya jugado. **b**) Engañar sexualmente [a alguien]. | Delibes *Cinco horas* 158: Para mí que Encarna se la jugaba, ya ves tú, que Elviro era demasiado poco hombre para ella.
17 ~se los cuartos → CUARTO.

jugarreta *f* (*col*) Faena o mala pasada. | Arce *Testamento* 49: El Bayona te zurrará de lo lindo si pretendes hacerle cualquier jugarreta.

juglandácea *adj* (*Bot*) [Planta] dicotiledónea leñosa de flores en espiga, de la familia cuyo género tipo es *Juglans*. *Frec como n f en pl, designando este taxón botánico*. | GCabezón *Orotava* 52: Nogal de Cuba, *Juglans cinerea*, Linn., Juglandácea, América.

juglar -resa *m y f* (*hist*) **1** *En la Edad Media:* Pers. que se gana la vida como recitador, músico y acróbata. | DPlaja *Literatura* 49: El juglar se diferencia del trovador en que este compone lo que recita y, además, no gana su vida en la recitación. DPlaja *Literatura* 80: Narra [el poema] las aventuras novelescas de Apolonio, rey de Tiro, que, habiendo perdido a su hija Tarsiana en un naufragio, la encuentra, después de muchas aventuras, convertida en juglaresa.
2 *En la Edad Media:* Poeta y recitador popular de cantos épicos. *Tb* (*lit*) *fig, referido a época moderna*. | DPlaja *Literatura* 49: El juglar no sabe métrica. Se limita a poner una tras otra largas retahílas de versos, sin cuenta ni medida, que riman en asonante. Torrente *Pascua* 437: La compartía [la atracción popular] de mala gana, porque le hubiera gustado ser testigo único, exclusivo juglar de los hechos; y no por ansias que hubiera de monopolio épico sino por respeto a la pura verdad, que los otros catorce deformaban sin escrúpulos de conciencia.

juglaresco -ca *adj* (*hist*) De(l) juglar. | GLópez *Lit. española* 25: El origen de la épica castellana ha sido muy discutido. No obstante, Menéndez Pidal ha demostrado su origen tradicional juglaresco, no erudito, y su procedencia germánica.

juglaría (*hist*) **I** *f* **1** Arte u oficio de juglar. *Tb* (*lit*) *fig, referido a época moderna*. | LEstrada *Lit. medieval* 177: La teoría del verso fluctuante de la juglaría. Altabella *Ateneo* 109: Realizó un viaje a pie por Francia e Inglaterra, a manera de gesta medieval entreverada de juglaría y nomadismo reporteril.
II *loc adj* **2** [Mester] **de ~** → MESTER.

jugo I *m* **1** Líquido extraíble de una sustancia sólida mediante presión, cocción o destilación. | Arce *Testamento* 67: Hicimos sangría con el jugo de moras negras, maduras y dulcísimas.
2 Líquido procedente de la secreción animal. *Normalmente con un compl especificador*. | Medio *Bibiana* 129: El estómago de Bibiana empieza a segregar jugos. Bustinza-Mascaró *Ciencias* 26: Se agrupan [las células] para formar las glándulas u órganos encargados de elaborar jugos, tales como la saliva, jugo gástrico o el jugo intestinal. **b**) *En gral:* Líquido. | Arce *Testamento* 85: Tuve una náusea, después una arcada y vomité un juguillo aceitoso esparcido con trocitos de conserva.
3 Parte provechosa o sustancial [de algo]. *Tb fig*. | Cuevas *Finca* 49: No hubo jamás rosas como las de aquel año. Tenían todos los jugos de la tierra. * Es una película con mucho jugo.
II *loc v* **4 sacar ~** [a una cosa]. (*col*) Aprovechar[la]. | CBonald *Dos días* 259: –No es que sea una ganga, pero si las cosas son como tú dices, a eso se le podía sacar más jugo. –Le hará falta el dinero. **b**) **sacar el ~** [a una pers. o cosa]. (*col*) Explotar[la] sacando de ella el máximo provecho. | CPuche *Paralelo* 449: Ya se sabe lo que es esta perra vida. Si no se la saca el jugo, uno se encuentra luego con la cabeza y los pies más fríos que nabos de La Mancha. A. Calderón *Hoy* 5.12.74, 3: Ahí están, esperando que se les saque todo el jugo posible, la energía geotérmica, la solar y la nuclear. * Anda, que bien te sacan el jugo en esa empresa.

jugosidad *f* Cualidad de jugoso. | Delibes *Año* 75: El uso gasta y desportilla el lenguaje, no cabe duda, y estas inyecciones de ultramar hacen el efecto de un abono: le oxigenan y le devuelven la jugosidad perdida.

jugoso -sa *adj* **1** Que tiene jugo [1 y 3]. | Arce *Testamento* 27: En aquel cerro crecía un verde jugoso y el ganado no se desperdigaba. Mendoza *Laberinto* 144: Ya me contarás los detalles, que intuyo jugosos, en otra ocasión.
2 (*lit*) [Lenguaje o colorido] que tiene frescura y vitalidad. | CBaroja *Brujas* 101: Aludo a la de Teófilo, leyenda de origen oriental que tiene una versión poética castellana, en castellano bien viejo y jugoso por cierto, debida al maestro Gonzalo de Berceo. Onieva *Prado* 25: El color es vario y jugoso y tiene personalidad por sí mismo.

juguete *m* **1** Objeto que sirve a los niños para jugar [1]. *Tb fig*. | Laiglesia *Tachado* 7: El hombre no es más que un niño, con más o menos barba, que se pasa la vida destripando sus juguetes para ver lo que tienen dentro. Umbral *Gente* 178: Es el saldo melancólico de la fama, son los juguetes rotos que han puesto música a la letra democristiana de nuestra vida.
2 Pers. o cosa totalmente dominada [por alguien o algo (*compl de posesión*)]. | Arenaza-Gastaminza *Historia* 137: Juan II. Más dado a la literatura, al lujo y a los placeres que a los asuntos políticos, fue juguete de su favorito o de los nobles. FSalgado *Opi* 9.10.76, 99: La lancha era juguete del oleaje y se pudo estrellar contra los acantilados.
3 (*TLit*) Pieza teatral breve, cómica y de puro pasatiempo, que se cultivó esp. a principios de siglo. *Frec* **~ CÓMICO**. | Pedraza-Rodríguez *Literatura* 8, 554: Además del sainete, [Arniches] cultiva géneros afines, como la zarzuela y la revista lírica, y otros de tono menor: el juguete cómico, el pasillo, la humorada.

juguetear *intr* Jugar [1 y 5] de manera ligera o con poco interés. *Frec fig*. | Arce *Testamento* 59: Yo jugueteaba con las latas vacías que había sobre la mesa. Olmo *Camisa* 65: En cuanto se vea con unas perras en el bolsillo se olvidará de ti .. Además, es un crío. Tie tiempo por delante pa juguetear con unas cuantas como tú y luego olvidarlas. VMontalbán *Soledad* 55: –Un auténtico técnico. –¿Opus? –Tal vez jugueteara con el Opus en el momento de promocionarse, pero por los signos externos no ha hecho voto ni de pobreza, ni de obediencia, ni de castidad.

jugueteo *m* Acción de juguetear. | Berlanga *Gaznápira* 93: El Caguetas no sabría saborear .. el jugueteo de ser novios una temporada sin que nadie lo supiera. Berenguer *Mundo* 222: Todo su celo era que yo le contara dónde guardaba la escopeta. Cuando estábamos así, de jugueteo, daba la rabotada y me decía: –¡O me lo dices, o te vas a dormir con la escopeta!

juguetería *f* **1** Tienda dedicada a la venta de juguetes [1]. | Mendoza *Gurb* 27: Entro en una juguetería y me compro un disfraz de indio.
2 Industria del juguete [1]. | *Abc* 1.12.70, 47: Las llamas se propagaron rápidamente por el establecimiento, dedicado a ferretería y artículos de juguetería.

juguetero - julepe

3 Conjunto de juguetes [1]. | *Van* 4.11.62, 6: 400 maravillosos premios que podéis ver .. junto a una gran exposición de juguetería.

juguetero -ra I *adj* **1** Del juguete [1]. | J. A. Calabuig *Lev* 22.2.75, 21: Siete años más tarde se funda la segunda factoría juguetera.

II *n* **A** *m y f* **2** Pers. que fabrica o vende juguetes [1]. | Isidro *Abc* 20.5.58, 43: Ya están el vendedor del saltamontes de lata y alambre, .. la de los décimos de lotería, el juguetero.

B *m* **3** Mueble destinado a guardar juguetes [1]. | *Agenda CM* 173: En la decoración, no te compliques: instala una cama nido sofá, .. un cuco con ruedas, donde duerme el bebé, y un juguetero de mimbre.

4 (*reg*) Mueble en que se colocan figuritas de porcelana y otros objetos artísticos. | Grosso *Invitados* 124: En honor de los invitados, ha .. sacado del juguetero de marquetería la vajilla de los días solemnes.

juguetón -na *adj* [Pers. o animal] amigo de jugar [1]. *Tb fig, referido a cosa*. | Tellado *Gac* 11.5.69, 79: Yo era entonces muy juguetona. Olmo *Golfos* 64: Un humo juguetón, incitante, que se contorneaba hacia arriba. **b)** Propio de la pers. o el animal juguetones. | Castellanos *Animales* 64: Las cintas, cordeles, .. etc., son objetos de juego muy apreciados por los gatos, pero sumamente peligrosos para su seguridad. Es muy fácil que en su euforia juguetona se enreden en ellos y lleguen incluso a estrangularse.

juguetonamente *adv* De manera juguetona. | F. Mugueta *Abc* 19.2.75, 3: Disfruto viendo cómo se las manejan tan fina y juguetonamente con su efímero cigarrillo, ya en la mano, ya en la boca.

juicio I *m* **1** Acción de juzgar. *Frec su efecto*. | CBaroja *Inquisidor* 16: Conocemos una serie de juicios sobre la Inquisición española de españoles y extranjeros. Escrivá *Conversaciones* 149: Me estáis pidiendo un juicio sobre una cuestión muy amplia. *Abc* 18.12.70, 34: Las autoridades castigaron a los firmantes del documento con penas de cárcel impuestas en juicios secretos. **b)** ~ **de Dios.** (*hist*) *En la Edad Media*: Riesgo físico a que se somete a un acusado para decidir sobre su culpabilidad o su inocencia, y cuyo resultado se considera manifestación del juicio divino. | Arenaza-Gastaminza *Historia* 103: Las ordalías, o Juicios de Dios, eran pruebas para comprobar la inocencia o culpabilidad del acusado.

2 Facultad de juzgar [1] con cordura. *Frec en la constr* ESTAR EN SU (SANO *o* CABAL) ~. | *Compil. Navarra* 95: Son incapaces para testar: .. Los que en el momento de otorgar el testamento no se hallaren en su cabal juicio. **b)** Sensatez o sentido común. | MMolina *Jinete* 109: Quién le mandaría hablar tanto y meterse tan sin juicio en las vidas de otros.

3 (*Filos*) Resultado de relacionar mentalmente dos conceptos, afirmando o negando uno de otro. | Gambra *Filosofía* 41: Elementos materiales o materia del juicio son el concepto que hace de predicado y el concepto .. que hace de sujeto.

II *loc adj* **4** [Día] **del** ~ → DÍA.

5 del ~. [Muela] de las cuatro que nacen en la edad adulta en el extremo de la mandíbula humana. | M. Aguilar *SAbc* 19.4.70, 54: Los negros y algunas razas primitivas tienen los incisivos laterales (superiores) y el tercer molar (muela del juicio) todavía robustos.

III *loc v* **6 perder el ~.** Volverse loco. *Tb fig*. | J. G. Manrique *Abc* 11.5.74, 29: La tomaron porque había perdido el juicio.

7 sorber el ~. Sorber el seso (→ SESO). | * Le tiene sorbido el juicio.

IV *loc adv* **8 a ~** [de una pers.]**.** Según la opinión [de esa pers.]. | Medio *Bibiana* 14: Las mujeres, a su juicio, entienden poco de estas cosas. *TMé* 10.2.84, 21: A.A.S. comprimidos .. El siguiente esquema de administración se sugiere a simple título de orientación .. Menores de 1 año. A juicio del médico.

9 en tela de ~ → TELA[2].

juiciosamente *adv* De manera juiciosa. | J. Estefanía *Rue* 8.12.70, 31: Ese instante que, juiciosamente mirado, es de una belleza moral y material incomparable.

juicioso -sa *adj* [Pers.] que se comporta con sensatez. *Tb fig, referido a animales*. | L. Pancorbo *SYa* 12.1.75, 5: Sofía .. se presenta, mediante declaraciones y entrevistas, como una mujer .. serena, sosegada, juiciosa. Ero *Van* 11.5.78, 8: El elefante es muy juicioso. **b)** Propio de la pers. juiciosa. | APaz *Circulación* 10: En primer lugar, por un juicioso temor al accidente. *Economía* 173: Una juiciosa distribución del dinero es dar a cada necesidad su cantidad adecuada, estableciendo su presupuesto previo.

juke-box (*ing; pronunc corriente,* /yúk-boks/*; pl normal, invar*) *m* Máquina tragaperras que hace sonar automáticamente el disco elegido. | GBiedma *Retrato* 85: El *juke-box* suena atronadoramente y toda la barraca retiemble. C. SFontenla *SInf* 27.3.75, 4: Llegado el Miércoles Santo, .. los espectáculos públicos eran radicalmente suprimidos, llegándose al extremo de que incluso en los "juke-box" de los bares solo podían ponerse saetas.

jula *m* (*jerg*) Juláí [1 y 4]. | * No le hagas caso, es un jula. Oliver *Relatos* 156: Yo no me sentía un jula, porque al estar con ella no sabía que fuese un tío.

juláí (*tb con la grafía* **julay**) (*jerg*) **A** *m y f* **1** Pers. boba o incauta. *Tb adj*. | Oliver *Relatos* 78: Se habían papeado nuestra cena y nos habían dado el coñazo. Todo ello bueno estaba si el rollo acaba en la piltra, pero así íbamos de juláis. VMontalbán *Soledad* 51: –Cualquier día os cogen a uno de vosotros, al más desgraciado, y le hacen comerse el consumao. –Hace falta ser muy juláí para comerse ese consumao. **b)** Pers. que es o se supone víctima fácil de un robo o estafa. | Sastre *Lumpen* 121: ¿Se chamullaría caliente tan solo para que no te june el juláí? ¿Y no en cambio para cubrirse de la madam?

2 Pers. novata. | J. C. Iglesias *SPaís* 19.12.82, 103: El juláí era el otro, o sea, colega, el niñato chungo que estaba a la manca del grajo.

3 (*desp*) Tipo o individuo. | FReguera *Bienaventurados* 74: –Me voy a casar con aquel fulano .. –¡Allá tú! –dijo–. El juláí tiene cara de tonto. FReguera *Bienaventurados* 52: Luego la muchacha morena empezó a reñir con la rubia. El descamisado le dio con el codo a Sánchez. –¡Fíjate ese par de juláis! Se están peleando por mis huesos. **b)** Pers. despreciable. | Montero *Reina* 32: –Este es un juláí –explicó el chico apaciblemente, acercándose a ella–. Un soplón. Consigue el caballo soplando a los maderos. MMolina *Jinete* 226: Es un piernas, un botarate y un juláí.

B *m* **4** Hombre homosexual. | VMontalbán *Balneario* 123: Fueron muchos años de cárcel, y hay que ser de hielo para no caer en lo de bujarra .., y a tíos bien machos he visto yo perder los papeles y ponerse detrás de un juláí. Luego salen a la calle y vomitarían si les ponen delante un culo de hombre.

julandrón *m* (*jerg*) Juláí [1 y 4]. | Tomás *Orilla* 144: –Pareces un julandrón, joder –intervino conciliador Antonio–. Aún faltan unos minutos para las diez .. Cuando el boqueras haga la primera ronda de la noche, ya estamos tranquilos. * Es un julandrón de playa.

julay → JULÁI.

julepe I *m* **1** (*Naipes*) Juego de cartas en que se reparten cinco a cada jugador, y en que pierde el que no hace baza o el que hace menos de dos. | CSotelo *Inocente* 111: Usted jugaba al julepe con don Gregorio. **b)** *En el julepe*: Jugador que hace menos de dos bazas. | Corral *Cartas* 31: El julepe de cinco cartas con descarte .. El que juega tiene que hacer como mínimo, para no ser julepe, 2 bazas.

2 (*col*) Tunda o paliza. *Frec en la constr* DAR (UN) ~. | RMéndez *Flor* 43 (G): –¡Quién grita así? –Alguna que la dieron julepe. –La mala sangre podría de los hombres. [*Texto de ed. 1978. Texto de ed. 1979:* mulé.]

3 (*col*) Trabajo o esfuerzo grande. *Frec en la constr* DAR(SE) UN ~. | FSantos *Catedrales* 29: –Son... ¿Cuántos escalones? –Cuatrocientos cuarenta y tantos. –Claro que, pensándolo bien, en Toledo no deben ser muchos menos, y suben a la campana, que tampoco es mal julepe.

4 (*raro*) Lío o alboroto. | DCañabate *Andanzas* 239: Las felices pascuas han sido siempre unas fiestas familiares .. ¡De qué manera se han multiplicado las fiestas de todas clases! Al menor pretexto ya está en danza el julepe del jaleo.

5 (*raro*) Miedo. | Armiñán *Juncal* 246: Se encaraba con el espejo y le hablaba al miedo: "¿Ya estás aquí, julepe, fantasmón?"

II *loc v* **6 dar ~** [a un jugador]**.** (*Naipes*) *En el julepe* [1]: Conseguir que haga menos de dos bazas. | Corral *Cartas* 31:

julia – jundo

Si entre dos o tres diesen julepe a uno o más, su importe se lo repartirán en parte proporcional a cada baza.

7 llevar ~ [un jugador]. (*Naipes*) En el julepe [1]: Hacer menos de dos bazas. | * Si me descuido llevo julepe.

julia *f* Pez marino comestible de cuerpo alargado con vivos colores rojizos y amarillentos en bandas longitudinales (*Coris julis*). | J. I. Viota *HLS* 2.9.74, 16: Recogemos los aparejos, sin ver "cabras" ni "julias", y a las quince damos remolque al primer "star".

juliano -na I *adj* **1** [Calendario] establecido por Julio César, según el cual, el año consta de 365 días, salvo el bisiesto, cada cuatro años, que consta de 366. | *Anuario Observatorio 1967* 27: El Calendario juliano se sigue aplicando en algunos países orientales.
2 [Sopa] de verduras cortadas en tiritas finas. | Mayte *Cocina* 67: Sopa juliana .. 3 Zanahorias. 1 Nabo. 3 Puerros. 1 Cebolla pequeña. 1/4 Kg de repollo.
II *f* **3** (*reg*) Julia (pez). | *Faro* 30.7.75, 10: Las cotizaciones en otras especies han sido: Juliana, de 38 a 58 pesetas kilo; rape, de 66 a 91; rodaballo, a 468.
III *loc adv* **4 en juliana.** (*Coc*) En tiritas finas. *Con vs como* PARTIR *o* CORTAR. | Mayte *Cocina* 67: Después de limpias las verduras, se cortan en juliana. *Día* 21.9.75, 36: Canutillos de jamón .. Presentación: Adornar con hojas de lechuga, ruedas de tomate y jamón partido en juliana.

julio[1] *m* Séptimo mes del año. *Se usa normalmente sin art.* | Laforet *Mujer* 84: A principios de julio, él le dijo que tenía que hacer un viaje.

julio[2] *m* (*Fís*) En el sistema M.K.S.A.: Unidad de trabajo equivalente a 10 millones de ergios, y que es el realizado por la fuerza de un newton cuando su punto de aplicación se desplaza un metro en la dirección de la fuerza. | Mingarro *Física* 55: En el sistema M.K.S., la unidad de trabajo recibe el nombre de joule o julio (J) y es el trabajo realizado por la fuerza de 1 newton cuando su punto de aplicación se desplaza un metro en su propia dirección. O. Aparicio *MHi* 7.68, 28: Después de 196 minutos de perfusión total, se aplicaron al corazón 35 julios de energía de un desfibrilador.

juma (*col*) **I** *f* **1** Borrachera. | Delibes *Emigrante* 40: Ya le dije que agarré una juma regular y que aún andaba con la resaca.
II *adj* **2** Borracho o embriagado. | Delibes *Hoja* 81: Empezaron los mozos copa va, copa viene .. Al final todo el mundo juma.

jumbo (*ing; pronunc corriente,* /yúmbo/) **I** *m* **1** Avión de reacción capaz de transportar varios cientos de pasajeros. *Tb* ~ JET. | *Ya* 3.9.83, 13: Los Suhkoi 15 que escoltaron a según todos los indicios abatieron al Jumbo surcoreano sobre el mar de Ojotsky son cazas provistos de un gran radar de interceptación en la proa.
2 (*E*) Vehículo automóvil portador de varias perforadoras, usado para excavar túneles. | *SInf* 8.10.74, 13: De este departamento han surgido máquinas para la explotación de canteras de mármol, perforadoras de bulonaje, jumbos sobre los montajes más diversos (raíles, neumáticos, orugas, etc.).
II *adj* **3** De tamaño o dimensiones muy grandes. *Frec en economía.* | *País* 6.8.87, 37: Industria sugiere a FECSA que negocie un crédito 'jumbo' de 170.000 millones y amplíe capital por 75.000 millones. *País* 28.11.92, 2 (A): La reunión jumbo empezó con una declaración de guerra.

júmel *adj* [Algodón] egipcio de fibra muy larga. | *Alc* 31.10.62, 9: Trincheras, para 14 años, en algodón júmel; 875 ptas.

jumelage (*fr; pronunc corriente,* /ʒümeláʒ/) *m* Hermanamiento [de dos poblaciones]. *Tb fig.* | *DNa* 26.8.64, 6: Jumelage Tardets-Ochagavía .. Para iniciar este nuevo jumelage se nos invitó personalmente por una comisión de Tardets, para que asistiéramos a esta última localidad con motivo de sus Fiestas Mayores. FMora *Raz* 2/3.84, 347: En los Estados Unidos, a pesar del estrecho "jumelage" cultural con Inglaterra, los políticos conservadores renunciaron a la denominación.

jumento *m* Asno. | J. M. Moreiro *SAbc* 20.4.69, 31: Todo lo que se "le pega" a las manos es alguna gallina o algún jumento que se encuentre "abandonado" por el camino.

jumera *f* (*col*) Borrachera. | FReguera-March *Boda* 221: –Le invito a una copa. –¡Gracias, señor Acosta!, pero ya llevo una jumera de cuidado.

jumilla *m* Vino de Jumilla (Murcia). | *Lín* 15.8.75, 11: En estas fiestas es típico degustar el buen jumilla y la picante y sabrosa morcilla. Oliver *Relatos* 31: Suerte para ti que tus jefes creyeron solo que habías ido borracho y que tu elegante caligrafía [árabe] .. eran solo rayajos de ron y de jumilla.

jumillano -na *adj* De Jumilla (Murcia). *Tb n, referido a pers.* | *HLM* 26.10.70, 37: Fueron obsequiados con tabaco y una botella de vino jumillano. R. Val *Pro* 17.8.75, 27: Se pide aquí perdón a todos los jumillanos que lleven el apellido Abellán.

junar *tr* (*jerg*) Ver. | Sastre *Taberna* 117: El manús de la cobay .. nos había junado en el bar. Umbral *Des* 22.2.75, 14: Por unas cosas o por otras, nos pasamos la vida, en este país, sin junar un piernamen.

juncal I *adj* **1** Esbelto y airoso. | DCañabate *Paseíllo* 82: Le gustaba no solo su tipo y palmito de madrileña juncal, lo que más le atraía era su carácter. E. Bonet *Luc* 22.9.64, 4: Destacan las copas de grandes pinos, abetos y acacias a la vez que las juncales palmeras garbean airosas sus siluetas.
II *m* **2** Lugar poblado de juncos[1]. | Aldecoa *Cuentos* 1, 39: El andarríos volaba rascando el juncal .. Bajaba el agua turbia, rápida, enemiga. Andrés *Hartzenbusch* IX: Un amor en cuyo núcleo se encierra la nada, lo mismo que en los cuerpos exánimes de las doncellas recreadas por los pintores victorianos, yacentes en los juncales de los lagos.
3 Junco[1] (planta). | Aparicio *Año* 69: Estaban en una *gra-ra*, .. una *grara* de una humedad insólita, con la arena permanentemente oscurecida, en la que crecían un buen número de juncales en torno a una *talja*.

juncia *f* Planta herbácea de cañas triangulares y hojas largas y ásperas en su borde, que es medicinal y aromática (*Cyperus longus*). *Tb* ~ DE OLOR *u* OLOROSA, ~ LARGA *o* ~ ESQUINADA. *Con un adj especificador, designa otras especies:* ~ AVELLANADA (*Cyperus esculentus*), ~ BASTARDA *o* MORISCA (*Schoenus nigricans*), ~ NEGRA (*Cyperus fuscus*), ~ REDONDA (*C. rotundus*), *etc.* | Cuevas *Finca* 37: Las calles estaban cubiertas de juncias verdes recién regadas. JGregorio *Jara* 13: Asociados al roble, fresno y sauce, en el fondo de los valles se da un tapiz de helechos, cañas, juncia, junqueras, mimbres. FQuer *Plantas med.* 922: La juncia avellanada es una planta vivaz, con estolones o latiguillos subterráneos que se hinchan hacia su extremo y forman pequeños tubérculos ..; son las chufas. Mayor-Díaz *Flora* 494: *Schoenus nigricans* L. "Juncia bastarda". Mayor-Díaz *Flora* 264: *Cyperus fuscus* L. "Juncia negra". Mayor-Díaz *Flora* 264: *Cyperus flavescens* L. "Juncia rubia".

junco[1] *m* Se da este *n* a varias plantas herbáceas de tallo recto, largo y flexible, que crecen en el agua y en lugares húmedos y que se usan en trabajos de cestería (*géns Juncus, Scirpus y otros*). *A veces con un adj especificador:* ~ FLORIDO (*Butomus umbellatus*), ~ MARINO (*Juncus maritimus*), ~ REDONDO (*J. acutus*), *etc. Tb su tallo.* | Hoyo *ROc* 8/9.76, 91: Los hombres segaban juncos y espadañas; las mujeres hacían pleita, cestillos, canastos. Halcón *Manuela* 39: –Le voy a pedir a usted un favor. –Tú dirás. –Que me ceda una "carretá" de junco para techar una choza. Le pagaré un tanto por semana. Mayor-Díaz *Flora* 232: *Juncus maritimus* Lamk. "Junco marino" .. Muy frecuente .. Marismas. Mayor-Díaz *Flora* 200: *Juncus acutus* L. "Junco redondo" .. Frecuente .. Arenas fijas, en las proximidades de ríos o arroyos. Cela *SCamilo* 156: Las churreras despachan porras y buñuelos a los transeúntes y churros ensartados en un junco a las criadas de servir.

junco[2] *m* Embarcación propia de algunos países del Extremo Oriente, con dos o más palos y velas trapezoidales reforzadas con listones de bambú. | *Mad* 22.1.70, 7: Su esposa .. navegó sola en su junco en aguas de China comunista.

jundo *m* (*jerg*) Guardia civil. | Sastre *Taberna* 112: Ahora ando de najas por la muerte de un jundo, el cual por mi padre que no tengo ni idea.

jundunar *m* (*jerg*) Guardia civil. | Sastre *Taberna* 66: −Queo, los jundunares .. −¿Por dónde vienen? −Por allí.

junedense *adj* De Juneda (Lérida). *Tb n, referido a pers.* | Bellmunt *DLér* 20.7.69, 8: Son ahora estos simpáticos chavales del equipo infantil quienes se cuidan de llevar la voz cantante y sonante del fútbol junedense.

jungla *f* Selva. *Esp referido a las de Asia. Frec fig.* | DCorral *ROc* 7.63, 51: Sin la brutal defensa a lo largo de los siglos hecha por las lagunas y la jungla de Camboya, nos faltaría el más espléndido conjunto monumental que podemos contemplar en Asia. Goytisolo *Recuento* 336: Es la jungla de asfalto, tú, y el que no se espabila nunca será más que un desgraciado. GSerrano *Macuto* 273: Los paseos comenzaron a practicarse a escala intensiva en el mismo momento de comenzar la guerra. Madrid y Barcelona, visto y no visto, se transformaron en una jungla rebosante de animales de presa. L. Álamo *HLM* 26.10.70, 9: Quieren abrirse paso en la jungla de la gran ciudad.

junio *m* Sexto mes del año. *Se usa normalmente sin art.* | Laforet *Mujer* 79: En junio del año treinta y seis, aquel amor le cambió el aspecto de su casa al llegar a ella.

junior -ra *m y f* (*Rel catól*) Religioso joven que sigue sometido al maestro de novicios después de haber profesado. | Escudero *Capítulo* 73: Debe establecerse que los nombramientos de mayor importancia .. y los que pertenecen al régimen local, Maestro de novicios, Prefecto de juniores, etc., deban hacerse en votación secreta y por mayoría de votos. Escudero *Juniorado* 15: Las juniores deben dedicarse a los estudios de manera que esta dedicación no ahogue la formación teórica y práctica.

júnior (*pronunc,* /yúnior/; *tb con la grafía* **junior**; *pl normal,* ~s) *adj* **1** Más joven. *Sigue al n propio o al apellido de una pers para diferenciarla de su pariente homónimo de más edad, esp el padre. Se opone a* SÉNIOR. | F. Alejandro *MHi* 5.64, 41: Marbel "junior", un nueva ola de la alta costura. Umbral *Hijo* 23: Artemio Precioso junior era un español del exilio .., un hijo que reivindicaba la memoria de su padre.
2 (*Dep*) [Deportista] de la categoría inmediatamente anterior a la de sénior. *Frec n.* | * Juega con los júniors esta temporada. **b)** De (los) júniors. | *HLBa* 1.9.75, 18: El canadiense Nurmi ha vencido al español Pablo en su partida de la decimosegunda y penúltima ronda por el Campeonato del Mundo de [a]jedrez, categoría júnior. *As* 2.7.75, 29: El campeonato nacional juvenil y junior [de atletismo], test de cara a Atenas.

juniorado *m* (*Rel catól*) Etapa de junior. | Escudero *Juniorado* 13: Es de sumo interés tener desde el principio ante la vista los fines que debemos proponernos en el juniorado.

junker (*al; pronunc corriente,* /yúnker/; *pl normal,* ~s) *m* (*hist*) Miembro de la aristocracia terrateniente prusiana. | Torrente *Filomeno* 178: También fue curioso que no se detuviera en el tema, sino que la continuación de su charla tratara solo de las semejanzas y de las diferencias entre los *gentlemen* ingleses y los *junkers* alemanes.

junquera *f* Junco[1] (planta). | GPavón *Rapto* 185: Los árboles, cansados del día tan largo, parecían desear la noche para tumbarse a dormir entre las junqueras. Delibes *Ratas* 34: Las ralas junqueras de las orillas amarilleaban en los extremos.

junquillo *m* **1** Planta semejante al narciso, de flores amarillas muy olorosas y cuyo tallo es similar al junco (*Narcissus jonquilla*). *Tb* ~ OLOROSO *o* AMARILLO. *A veces, con un adj especificador, designa otras especies.* | Cela *Viaje andaluz* 168: El vagabundo .. cruza la vía del tren y, en el Guadalquivir y entre el grácil junquillo, la adelfa amarga y la sagrada verbena de los viejos celtas, se baña en los honestos cueros del solitario. Mayor-Díaz *Flora* 267: *Juncus capitatus* Weig. "Junquillo mudable". Mayor-Díaz *Flora* 513: *Narcissus triandrus* L. var. *cernuus* (Salisb.) Back. "Junquillos blancos". (Sin. *N. cernuus* Salisb.).
2 (*Arquit*) Moldura convexa, redonda y estrecha que suele colocarse en las esquinas y cuya sección alcanza las tres cuartas partes del círculo. | PCarmona *Burgos* 88: Los [fustes] de Silos llevan una red formada por arcos de herradura que se enredan los unos en los otros aprisionando sinuosas imbricaciones, o tres junquillos que suben también en espiral alternados con collares de perlas.
3 (*Carpint*) Moldura que sirve para sujetar cristales a sus marcos o bastidores. | *GTelefónica N.* 54: Chapa lisa y decorada. Perfiles para carpintería. Junquillos. Tapajuntas.
4 (*raro*) Bastón (para andar). | R. GCastro *NEs* 26.8.79, 37: Las instituciones termales tenían mucho de casino veraniego donde el indiano .. lucía sus trajes de clara alpaca, su junquillo y su batelera.

junta *f* **1** Lugar por donde se juntan dos cosas. | J. A. Donaire *Inf* 19.6.70, 33: Escabas. Excelente punto de concentración de barbos las juntas de este río con el Guadiela. *Act* 5.11.70, 56: "Máquina flotante" del Certina DS-2: .. Cristal armado con resorte elástico .. Corona roscada con junta estanca. **b)** Espacio que queda entre dos piezas o elementos contiguos y que suele rellenarse con alguna materia adecuada. | Delibes *Ratas* 32: El borrico de la Simeona arrastraba alegremente los dos féretros cárcava abajo, pero al llegar al puentecillo la rueda izquierda se hundió en una de las juntas y cayó al río. **c)** Pieza o materia que se coloca entre dos piezas o elementos contiguos para que su unión sea hermética. | *Ciu* 1.9.75, 13: Las juntas de goma y los "taquitos" que acoplan al cabezal de la unidad motriz son de corta vida, si se comparan con el motor propiamente dicho.
2 Conjunto de perss. que tienen a su cargo el gobierno o la administración de una entidad. *Frec con un compl especificador.* | Laforet *Mujer* 217: El Padre González la había puesto en contacto con alguna gente de las que se dedican a Juntas de caridad. *Inf* 12.4.79, 7: El presidente de la Junta Autonómica de Extremadura rechazó .. la oferta.
3 Reunión de las personas de una junta [2] para tratar asuntos de su competencia. | *Van* 10.10.74, 32: Se notificó el acuerdo de celebrar una Junta de Facultad a mediados de la próxima semana para tratar sobre todas estas cuestiones. **b)** Reunión de perss. componentes de una entidad, con objeto de tratar asuntos propios de esta. | *Inf* 15.10.74, 14: El Consejo de Administración de esta sociedad, de acuerdo con lo dispuesto en los Estatutos sociales, convoca a los señores accionistas a Junta general extraordinaria para el viernes 8 de noviembre de 1974.
4 Conjunto de cosas o animales juntos [2]. | Delibes *Santos* 120: El señorito Iván, oculto en el aguardadero, escudriñaba atentamente el cielo, los desplazamientos de los bandos, y le advertía, dos docenas de zuritas, templa, Paco, o bien una junta de torcaces, ponte quieto, Paco.
5 (*raro*) Acción de juntar(se) [1]. | MCachero *AGBlanco* 52: Como remanso propicio .. solo la música y los brilladores focos de la estación del ferrocarril. Nadie repute desatinada tal junta.

juntamente **I** *adv* **1** De manera junta (→ JUNTO [2]) o no independiente. | *Nor* 28.9.71, 4: Vendemos o permutamos 40 Has. regadío y 140 Has. secano en Murcia (juntamente o separadamente), por finca secano o regadío en Castilla.
II *loc prep* **2** ~ **con.** Junto con. | Selipe *Abc* 22.10.57, 33: A poco Rafael irrumpió en el ruedo, juntamente con Miguel Atienza.

juntamiento *m* (*reg*) Junta o reunión de perss., esp. de regantes. | A. Bolarín *Abc* 22.2.62, 51: El alcalde ha presidido el Juntamiento general de hacendados de la huerta en el Ayuntamiento.

juntanza *f* (*reg*) Junta o unión. | B. Mostaza *SYa* 24.6.73, 11: Esos microclimas .. permiten convivir la tunera y el pino .. Y árboles, muchos árboles en juntanza mestiza: almácigos y sabinas, pinos y palmas. Castroviejo *Paisajes* 194: A ellos se mezclaba, en abigarrada y dionisíaca juntanza, la inevitable tropa de pícaros y truhanes de embeleco.

juntapulpa *f* Cimbalaria (planta). | Mayor-Díaz *Flora* 307: *Cymbalaria muralis* P. Gaertner, B. Meyer & Scherb. "Juntapulpa", "Palomilla de muro". (Sin. *Linaria cymbalaria* (L.) Miller.) .. Muy frecuente. Toda Asturias. Muros viejos, paredones, etcétera.

juntar A *tr* **1** Poner juntas [a dos o más perss. o cosas]. *Puede llevar un cd y un compl* A *o* CON*, o bien un simple cd en pl o colectivo. Frec el cd es refl. Tb fig.* | D. Orts *Nar* 3.77, 4: La entremesera, que juntando varias pueden recordarnos la columna vertebral de un animal. Hoyo *Bigotillo* 85: Temblaba yo, asustado .. Comprensivo, Rabín se juntó a

juntero – jurado

mí. Sampedro *Sonrisa* 262: ¿El único remedio?: hacerles la guerra a todos, ¿comprendes? Acabar con todos; y me junté a la partida. **b)** *pr* Pasar a estar juntas [dos o más perss. o cosas o una(s) con otra(s)]. I Carandell *Inf* 19.11.74, 27: Desde el fondo de la sima, mirando hacia arriba, se ven casi juntarse las paredes del desfiladero. Delibes *Guerras* 39: Los tres [arroyos] son serranos, o sea, bajan de la montaña, cada quién por su vallejo, y orilla del Molino del Humán, se juntan.

2 Juntar [1] en cantidad [cosas de la misma especie]. *Referido a dinero, frec abs con un compl de finalidad.* I DCañabate *Abc* 16.2.75, 43: Don Ramón, con todos estos apaños, juntaba las suficientes pesetillas para de vez en cuando tirar una cana al aire. Lagos *Vida* 113: El recuerdo de sus familiares se le agolpó de repente. Su madre, .. su hermanilla Consuelo, que llevaba tres años juntando para casarse. **b)** Reunir [perss.] en cierta cantidad en un mismo lugar. *Frec el cd es refl.* I * En Navidad junta a todos sus hijos para comer. * Nos juntamos veinte para comer.

3 (*col*) *Entre niños:* Admitir [un niño] la compañía [de otro (*cd*)] para jugar. I Berlanga *Barrunto* 39: ¡Ya tengo muñeca y me juntan todas las chicas!

B *intr pr* **4** Encontrarse [una pers.] simultáneamente [con varias circunstancias]. I * Me he juntado con tres ejemplares del mismo libro.

5 (*col*) Tener amistad o trato [con otra pers.]. I Delibes *Guerras* 77: Y a tus abuelos, Pacífico, ¿les agradaba que te juntases con él, con tu tío Paco quiero decir?

6 (*col*) Amancebarse. I *Ya* 10.9.85, 39: Solo sé que está casado o juntado con una mujer en Brasil.

7 (*col*) Realizar el acto sexual [con alguien]. I Aparicio *César* 92: Tras juntarse con una hembra, decía con solaz: "¡Ah, permita Dios prolongar veinticuatro horas tamaño goce, y selle para mí las puertas del Cielo!".

juntero -ra *adj* [Pers.] perteneciente a una junta [2]. *Tb n.* I *País* 5.4.79, 15: El PNV tiene garantizados veinticuatro junteros, frente a quince de UCD y nueve del PSOE.

juntismo *m* Tendencia a la creación de juntas [2] o al predominio de estas. I *Jutglar Tri* 1.12.73, 43: Los núcleos de base, las masas del mito revolucionario, trataron de cambiar, por ejemplo, todos los Ayuntamientos de la antigua mayoría amadeísta, sustituyéndolos por Juntas –el persistente juntismo hispano del siglo XIX–. J. R. Alonso *Sáb* 13.8.75, 28: En 1922 todos los oficiales de la Legión, de regulares y de Policía Indígena se manifestaron contra el "juntismo" en forma solemne .. El gran poder de las Juntas en 1922 estaba casi deshecho.

juntista *m y f* Miembro de una junta [2]. I *Inf* 12.4.79, 7: El presidente de la Junta Autonómica de Extremadura rechazó, más por temor a la reacción popular que por una postura antinuclear de los juntistas, la oferta.

junto -ta (*en acep 7 con pronunc átona*) **I** *adj* **1** Que está uno al lado de otro. *Referido a un n en pl o colectivo. Tb fig.* I *Abc Extra* 12.62, 45: Como hemos visto, las niñas saltan a la comba, con los pies juntos. Grosso *Capirote* 57: A pesar de haberse criado juntos como quien dice, y haber juntos los tres jugado en la calleja. * Esas dos nociones están muy juntas.

2 Que está formando un conjunto. *Referido a un n en pl o colectivo, o, más raro, con un compl* CON. I FSantos *Catedrales* 86: Había además [en la otra villa] ricas abadías, monasterios con más rentas, por sí solos, que todas las del concejo juntas. Lapesa *HLengua* 255: El poeta abrió un arca vacía, y sacando de ella una bolsa en igual estado, la envió al famoso médico, junta con una copla redactada así.

II *adv* **3** (*pop*) Al lado. I Romano-Sanz *Alcudia* 55: –Y ustedes ¿dónde van a dormir? –No se preocupen. Nos acostamos en casa de un tío mío que vive aquí junto.

4 en ~. En total. *Tb* POR ~. I Delibes *Ratas* 118: Pasaba el día cazando lagartos, recolectando manzanilla, o cortando lecherines para los conejos .. Mas todo ello, en junto, rendía poco. Hoyo *Bigotillo* 95: En junto, éramos siete. * Los españoles en Laos serán por junto unos veinte.

5 por ~. (*pop*) De manera conjunta. I Moreno *Galería* 263: A la fiesta religiosa sucede otra que consiste en una cena de hermandad. Cada uno lleva la suya particular, o varios y agrupados [la] llevan "por junto"; pero, al final, todos comen de lo que unos y otros llevan. CBonald *Ágata* 258: El grano propio y el reunido de otras muchas cosechas arrendadas .. acabaría pudriéndose por junto en silos clandestinos.

b) (*raro*) Al por mayor. I Torrente *Vuelta* 385: Clara .. metió a Carlos en una mercería y empezó a revolver en cajas de ropa interior .. Lo pagó todo .. Después preguntó a la mercera dónde se podían comprar aquellas cosas por junto .. –Es que voy a poner una tienda.

6 todo ~. Simultáneamente. I Grosso *Capirote* 139: Sintió a la vez –todo junto– sed, cansancio, hambre y deseo.

III *loc prep* **7 ~ a.** Al lado de. I Cunqueiro *Un hombre* 11: El camino .. se partía en dos, que volvían a unirse a la sombra de una higuera, ya junto al foso. Lera *Bochorno* 205: Por junto a la ventana pasaron un hombre y una mujer, discutiendo.

8 ~ con. En compañía de. *Tb fig.* I *Ciu* 2.75, 11: Un vecino, junto con un contratista amigo suyo, le propusieron a mi padre unir las dos viviendas. *SInf* 21.8.75, 1: Mil cuatrocientos millones de pesetas fue el importe de las adquisiciones por parte de Argentina .., y junto con Méjico adquiere casi la mitad de la producción librera española.

juntura *f* **1** Lugar por donde se juntan dos cosas. I Laforet *Mujer* 294: Algunas gotas [de lluvia] caían al interior del coche, colándose por entre las junturas de los cristales. Laforet *Mujer* 39: Había seguido con un dedo la línea de su garganta, muy suave, y se había detenido en las junturas de su boca.

2 (*raro*) Acción de juntarse [1]. I Sopeña *Defensa* 96: La Dirección del Conservatorio fue inseparable de mi tarea pastoral. La juntura no dejaba de ser peligrosa y en muchísimos casos amarga. Lázaro *SAbc* 13.12.91, 11: En primer lugar al oxímoron, esto es, a la juntura de palabras incompatibles por contrarias o contradictorias.

3 (*Fon*) Frontera fonética que marca los límites de dos palabras u otras unidades gramaticales. I Academia *Esbozo* 58: Otras veces, la consonante o parte del grupo de consonantes se agrupa de una manera necesaria con la vocal que antecede o con la que sigue. Se habla entonces de juntura.

jupa *f* (*reg*) Paliza o esfuerzo extraordinario. I Berlanga *Gaznápira* 62: Cansino de la jupa que se ha pegado el sábado afeitando.

jupiterino -na *adj* Del dios Júpiter. *Frec aludiendo a su carácter de tonante.* I Torrente *Isla* 266: Representarían el conocido episodio jupiterino de Leda y el cisne. D. Valcárcel *País* 12.4.77, 7: "Yo creeré en el eurocomunismo cuando haya elecciones libres en Estonia, Letonia, Lituania...", vino a decir el tonante presidente de la Campsa. Idéntico argumento utilizó, con tonos jupiterinos, el señor López Rodó.

jura *f* Acción de jurar, *esp* [2 y 3]. I GNuño *Madrid* 9: La prestancia y vejez del edificio hizo que, a partir de Felipe II, las juras de los Príncipes de Asturias se verificasen bajo su techo. FSantos *Catedrales* 51: Ahora se usa a veces [el campo de polo] para alguna ceremonia militar, para las misas de campaña, algún que otro domingo, o para las frecuentes juras de bandera. *SVozC* 25.7.70, 8: Iglesia de Santa Águeda (la de la jura de Santa Gadea).

juradero -ra *adj* (*hist*) *En la Edad Media:* [Iglesia] destinada a tomar en ella juramentos solemnes. I Cela *Judíos* 208: San Vicente, con Santa Gadea, de Burgos, y San Marcos, de León, fue una de las tres principales iglesias juraderas de Castilla.

jurado -da I *adj* **1** *part* → JURAR.

2 [Pers.] que jura [3] su cargo, oficio o función al comenzar a desempeñarlos. *Siguiendo al n de determinados cargos u oficios. Tb n, referido a guarda.* I GTelefónica 9: Censores jurados de cuentas. *Abc* 6.10.90, 111: Intérpretes jurados. Berenguer *Mundo* 201: Yo soy tan autoridad como tú, que también he sido guardia y ahora soy jurado. **b)** [Traducción] de un traductor jurado. I GTelefónica N. 334: Traducciones técnicas y científicas. Traducciones juradas.

3 [Declaración] que se hace con juramento. I CBonald *Dos días* 264: –Entonces, ¿tú crees que no debo denunciarlo? .. –Tú entérate de todas formas en el cuartelillo, es la vía legal para la declaración jurada.

II *n* **A** *m* **4** Tribunal no profesional ni permanente cuyo cometido es colaborar con la justicia determinando la culpabilidad o la inocencia del acusado a partir de lo expuesto en el juicio. I *Ya* 9.6.78, 12: La Constitución de 1931 instauró

juramentarse – juridicidad

los jurados .. Su institucionalización, aunque velada ahora, es perturbadora para la justicia.
5 *En un concurso o competición:* Conjunto de perss. encargadas de fallar los premios. | Diego *Abc* 8.9.66, 3: Afortunadamente no está uno solo en el Jurado. Hay que consultar con otros compañeros. *Med* 10.7.59, 5: El equipo francés amenazó con retirarse de la Vuelta [a Francia] .. Los corredores "tricolores" han mostrado su descontento por la decisión del jurado internacional.
6 ~ de empresa. Organismo de representación laboral destinado a resolver los conflictos entre el capital y los trabajadores de una empresa. | R. M. Aller *DCu* 11.7.76, 11: Estudiantes a medio ilustrar, fabianos sosegados y obreros de jurado de empresa no dan de sí gran cosa.
7 *(hist) En la Edad Media:* Miembro elegido de un concejo municipal, con distintas funciones, esp. la defensa de los intereses comunales y la fiscalización de cuentas. | Tejedor *Arte* 111: De la administración municipal se encargaba una asamblea de vecinos –el Concejo, Consistorio o Ayuntamiento– y diversos magistrados que, según los lugares, llevaban los nombres de alcaldes, jurados, síndicos, etc.
B *m y f* **8** Pers. que forma parte de un jurado [4, 5 y 6]. | Pemán *MHi* 5.64, 8: Se comprende muy bien que Jacqueline, la viuda, los parientes del "clan" Kennedy, anden, al margen de jueces y jurados equívocos, tratando de fijar históricamente el dispositivo exacto del asesinato de Kennedy. Delibes *Cazador* 99: De casualidad oí decir esta mañana al de Historia Natural que le han nombrado jurado para los premios de San Antón. *Nue* 24.1.70, 11: Se tiene prevista la marcha a Madrid de cuatro jurados .. para entregar los resultados obtenidos en estas reuniones en el Sindicato Nacional del Metal.

juramentarse *intr pr* Comprometerse mediante juramento [1]. *Frec en part, a veces sustantivado.* | Vega *Cocina* 171: Se juramentaron para dar de comer mejor que nadie. Diógenes *Ya* 21.5.92, 1: Un reportero radiofónico o un guardia de seguridad de una empresa privada, quien es objeto de infamante persecución por parte de los periodistas ante el exceso de celo del juramentado.

juramento *m* **1** Acción de jurar [1a]. *Tb su efecto.* | Laforet *Mujer* 330: Paulina .. se arrodilló muy cerca escuchando el juramento que aquellas dos personas se otorgaban, y después empezó a oír con ellas la misa matrimonial. SLuis *Doctrina* 76: El que promete lo que no puede hacer sin faltar a la justicia no debe cumplir su juramento.
2 Blasfemia o maldición. | * Soltó un juramento y todos nos quedamos callados.

jurar **A** *tr* ➤ **a** *normal* **1** Afirmar o negar [algo] poniendo por testigo a Dios o la divinidad directa o indirectamente. *Tb abs. Frec con un compl* POR. | SLuis *Doctrina* 75: Se falta a ese respeto .. Jurando o haciendo jurar en vano. Villapún *Moral* 101: Son fórmulas juratorias: Aquellas en las cuales se invoca a Dios explícita o implícitamente; como por ejemplo: "Juro por Dios, por los Santos, por el templo, la cruz, por los Evangelios, por la Iglesia, el cielo; sea Dios testigo". **b)** Decir [alguien] mediante juramento [1] que hará o dará [algo], obligándose a ello. *Frec con intención ponderativa.* | Arenaza-Gastamina *Historia* 46: Aníbal. Hijo de Amílcar, había jurado, desde los 9 años, odio eterno a los romanos. GPavón *Reinado* 116: ¿Qué hacías?, le preguntamos luego. "Jurar venganza contra vosotros, venganza a muerte".
c) Afirmar o negar [algo] haciendo énfasis en la propia veracidad. *Frec en la fórmula* (TE) LO JURO. *A veces con un compl intensificador* POR. | Laforet *Mujer* 32: Tu padre .. juraba que volvería con dos cabritas .. colgadas de los hombros. Salom *Viaje* 520: Le juro que estoy deseando que vuelva la señora Laura para largarme con viento fresco. Delibes *Cinco horas* 280: No pasó nada de nada, puedes estar tranquilo, te lo juro. Villapún *Moral* 101: No son fórmulas juratorias: a) Por mi palabra de caballero. b) Juro por mi vida. **d) ~ y perjurar.** *(col)* Afirmar o negar [algo] con insistencia. | Berenguer *Mundo* 380: Juraba y perjuraba que ella me había visto.
2 Declarar solemnemente mediante juramento [1] [rey o príncipe heredero *(predicat o compl* POR *o* COMO*)* a una pers. *(cd)*]. | A. Gabriel *Abc* 23.8.66, 16: El Infante Don Alfonso, niño de once años, fue jurado Rey de Castilla y de León en Ávila. Cela *Judíos* 300: Don Enrique juró a la princesa Isabel por su legítima heredera. J. Riosapero *Cua* 23.10.76, 12: Un poco más atrás hemos dejado el "famoso sitio de los toros de Guisando", toscas moles de piedra .., junto a las cuales Isabel la Católica fue jurada como heredera de Castilla.
3 Declarar [una pers.] solemnemente mediante juramento [1] que se someterá a los deberes y exigencias inherentes [a algo *(cd)*, esp. un cargo]. *Tb abs.* | *Ya* 10.6.73, 5: Jura su cargo el Presidente del Gobierno. *Ya* 22.11.75, 7: Hoy jura don Juan Carlos. Entrará en las Cortes como Príncipe de España y saldrá de ellas como Rey. **b) ~ (la) bandera** → BANDERA.
➤ **b** *pr* **4 ~sela** [una pers. a otra]. Asegurar que se vengará [de ella]. *Frec en la forma* TENÉRSELA JURADA. | Romero *Tres días* 3: Que, salvo contadas excepciones, los militares se la tienen jurada es algo de lo cual está convencido. Matute *Memoria* 166: Solo me la tenían jurada a mí.
B *intr* **5** Proferir blasfemias o maldiciones. *A veces (humorist) con algún incremento expresivo como* EN HEBREO *o* EN ARAMEO. | FSantos *Catedrales* 40: Un día oyó a alguien jurar y, viendo que los demás se santiguaban, preguntó quién era ese Demonio a quien mentaban. Delibes *Cazador* 182: Estábamos todos de un café que para qué .. Yo llevaba a la vera a Tochano y le oía jurar. Diosdado *Ochenta* 45: Paga como cada quisque o me pongo a jurar en hebreo desde ahora mismo.

jurásico -ca *adj (Geol)* [Período] intermedio de la Era Secundaria. *Tb n; en este caso, gralm con inicial mayúscula.* | Ybarra-Cabetas *Ciencias* 159: Período jurásico. Sus rocas son principalmente margas y calizas. Cendrero *Cantabria* 28: Las verdes praderías de la región se encuentran situadas preferentemente sobre los materiales más antiguos de esta era [Mesozoica], que son areniscas, limolitas, arcillas y calizas bien estratificadas del Triásico y Jurásico.
b) Del período jurásico. *Tb n m, referido a terreno.* | Cendrero *Cantabria* 182: Bordeando estos bloques, por el Oeste y el Sur, aparecen las calizas, margas y dolomías jurásicas. *Navarra* 38: Era secundaria. El triásico comprende la casi totalidad del Baztán y algunas zonas que arrancan de este valle. El jurásico sigue la cuenca del Bidasoa.

juratorio -ria *adj* **1** De(l) juramento [1]. | Villapún *Moral* 101: Para que exista el juramento, se requieren dos condiciones ..: 1ª Intención de jurar .. 2ª Fórmula juratoria.
2 *(Der)* [Caución] que se acompaña de juramento [1]. | *Compil. Cataluña* 743: En defecto de esta [la fianza], el fiduciario prestará caución juratoria.

jurdano -na *adj (reg)* Hurdano. *Tb n.* | Ferres-LSalinas *Hurdes* 16: En las Jurdes la tierra es hija de los jurdanos.

jurel *m* Pez marino comestible de cuerpo rollizo, azul por el lomo y blanco por el vientre, con una línea destacada de escamas en el flanco *(gén. Trachurus,* esp. *T. trachurus).* | J. M. Moreiro *SAbc* 13.9.70, 50: Hace quince años era [Fuengirola] un pueblo de pescadores que utilizaban el arte de la jábega. Se dedicaban a la sardina, al jurel, al chanquete.

jurela *f (reg)* Jurel. | *Voz* 8.11.70, 3: Se registraron las siguientes cotizaciones: Abadejo, de 42 a 60 pesetas kilo; .. jurela, de 6 a 9.

jurelo *m (reg)* Jurel. | Umbral *País* 4.10.83, 24: Mientras tanto Isabel Tenaille .. tratando de salvar las especies acuáticas menores, como el jurelo.

jurídicamente *adv* **1** De manera jurídica. | Alfonso *España* 121: El problema del Derecho resulta ser siempre, y en definitiva, el problema del bien jurídicamente protegible.
2 En el aspecto jurídico. | Sopeña *Defensa* 74: En la misma Roma, tan cultivada jurídicamente, podía uno asombrarse de la lejanía respecto al horizonte sociológico del Derecho.

juridicidad *f* **1** Condición de acorde con el derecho. | E. Montes *Abc* 23.2.75, 22: En pura juridicidad una sentencia del Tribunal Constitucional solo puede ser anulada por otra sentencia del mismo organismo. Umbral *País* 1.2.83, 24: Las dictaduras, que no son sino monarquías añorantes, horteras y sin juridicidad, suelen rapar ciudadanos.
2 Tendencia a dar primacía a lo jurídico o a las leyes. | Pemán *MHi* 7.68, 10: La democracia castellana, la juridici-

juridicismo – justicia

dad leonesa y aragonesa, las municipalidades, fueron escuelas superiores de convivencia.

juridicismo *m* Tendencia a dar primacía a lo jurídico o a las leyes. *Gralm con intención desp.* | Miret *Tri* 21.11.70, 35: Es necesario que olvidemos que la fe es una ideología y que superemos todo el juridicismo de nuestras doctrinas para vivir más la fe como un dinamismo.

juridicista *adj* Que tiene o muestra juridicismo. | Miguel *Her* 18.8.90, 8: Somos un Estado, más aún, una sociedad juridicista y judicializada. Todas las decisiones admiten recursos y contenciosos, pero de poco valen.

jurídico -ca *adj* De(l) derecho. | GPavón *Hermanas* 45: Un despacho con anaqueles altos y anchos, cargados de libros jurídicos y colecciones de revistas. **b)** [Convento] ~, [persona] **jurídica** → CONVENTO, PERSONA.

juridización *f* Acción de juridizar. | *Inf* 14.10.71, 9: Decir Estado de Derecho no es decir nada si no existe una juridización racional del Estado.

juridizar *tr* Dar carácter jurídico [a algo (*cd*)]. | *País* 12.3.90, 16 (A): Presunción de inocencia legal y presunción de inocencia moral no son por fuerza coincidentes. Por obvio que parezca, no viene mal el recordatorio en una sociedad tan juridizada como la nuestra.

jurisconsulto -ta *m y f* Pers. que tiene grandes conocimientos de derecho. | MSantos *Tiempo* 138: Un notable jurisconsulto que pontificaba rodeado de señoras. E. Borrás *HLM* 9.6.75, 31: Este posible quintecentenario [*sic*] sería el de una "sabia", .. como la "doctora de Alcalá", .. o la española Juliana Morell, jurisconsulta en Aviñón.

jurisdicción *f* **1** Autoridad para gobernar y poner en ejecución leyes. | Valcarce *Moral* 48: Precisamente por ser esta la naturaleza de la ley, el sujeto activo es ese ser a) racional que hemos dicho, b) dotado de verdadera jurisdicción o mando sobre la comunidad a la que la ley se impone. **b)** Autoridad para juzgar. *Tb las perss que encarnan esta autoridad.* | Villapún *Dogma* 193: Ministro de la penitencia. Es el sacerdote dotado del doble poder, de orden y de jurisdicción. *Inf* 27.5.70, 9: La Sala Segunda acuerda .. decidir el conflicto jurisdiccional en favor de la jurisdicción militar.
2 Territorio en que se ejerce una jurisdicción [1]. | Ubieto *Historia* 32: El obispo y sus clérigos se equipararon a la curia municipal. Y si el municipio tenía su territorio, la jurisdicción del obispo coincidiría con el .. territorio municipal.

jurisdiccional *adj* De (la) jurisdicción. | *Inf* 27.5.70, 9: La Sala Segunda acuerda .. decidir el conflicto jurisdiccional en favor de la jurisdicción militar. **b)** [Aguas] ~es → AGUA.

jurisperito -ta *m y f* Jurisconsulto. | CRojas *Abc* 22.12.70, 15: Los jurisperitos de Roma .. establecieron cuatro grupos [de contratos].

jurisprudencia *f* **1** Ciencia del derecho. | E. Corral *Abc* 22.11.70, 66: Empezó aquella promoción sus estudios en locales de la Academia de Jurisprudencia.
2 Doctrina derivada de las decisiones de determinados tribunales, esp. del Tribunal Supremo, y que sirve como norma de juicio para suplir omisiones de la ley. | Ramírez *Derecho* 14: La jurisprudencia, o sea la doctrina reiterada del Tribunal Supremo, constituye fuente indirecta de Derecho.

jurisprudencial *adj* De (la) jurisprudencia. | *Coruña* 44: El articulado [de la ley] aborda el trato legal de instituciones conocidas, y de otras que han sido exhumadas de costumbres casi olvidadas y de estudios jurisprudenciales.

jurisprudente *m y f (raro)* Jurisconsulto. | R. Gibert *Arb* 9/10.80, 111: Las [memorias] de romano cuentan con un glorioso arquetipo, la *Introducción al estudio de las instituciones del Derecho romano* (Madrid, 1900), por Clemente de Diego (1866-1941), el gran jurisprudente.

jurista *m y f* Especialista en derecho. | CBaroja *Inquisidor* 20: Un jurista italiano, Zanardo, había sostenido que los inquisidores deben ser más teólogos que juristas.

juro I *m* **1** (*hist*) Renta derivada de un préstamo a la corona, o concedida por esta como pago de servicios o como merced. | Mercader-DOrtiz *HEspaña* 4, 23: Floridablanca .. propuso impedir la erección de nuevos mayorazgos, permitir el empleo de esta riqueza inmueble en créditos sobre el Real Tesoro (juros) y en acciones del Banco de San Carlos.
II *loc adv* **2 de ~.** (*raro*) Obligatoriamente o por fuerza. | CBonald *Ágata* 122: Una vez solventadas con éxito suficiente sus incumbencias de padre, era llegada la hora en que debía regresar de juro, mal que me pese, a la orilla de babor del río Salgadera.

jusbarba *f* Brusco (planta). | X. Domingo *Cam* 9.8.76, 51: Hasta en los techos de las masías y casas campesinas encontraremos un sabroso vegetal, el brusco o jusbarba, mucho más fino y sabroso que nuestra conocida alcachofa.

justa *f* **1** (*hist*) Juego a caballo en que los caballeros acreditaban su destreza en el manejo de las armas. *Gralm en pl.* | GNuño *Madrid* 64: Es menester mencionar la armadura de justa de Carlos I. Riquer *Cervantes* 176: El autor de esta continuación ha llevado a don Quijote a las justas de Zaragoza.
2 Certamen o competición literarios. *Gralm en pl y en la forma ~S POÉTICAS o ~S LITERARIAS.* | *Abc* 21.4.70, 44: En la noche del día 20 de junio se celebrarán también unas "justas poéticas" con arreglo al viejo protocolo cortesano.
3 (*lit*) Lucha o enfrentamiento. | Miguel *Abc* 1.6.93, 3: La presunción es clara: quien mejor sepa pelear en esta incruenta justa [un debate político], más capaz será de salir airoso cuando tenga que bregar con las responsabilidades del gobierno de la nación. Valls *Música* 145: En esta última [la jota "de picadillo"] se establece una especie de justa o desafío en que se pone a contribución la facultad de improvisación de dos joteros contendientes, los cuales rivalizan en demostrar su ingenio.

justador *m* (*hist*) Caballero que combate en justas [1]. | Riquer *Caballeros* 109: Antoni Vinyes .. dice que Francí Desvalls ha justado en presencia del rey y de muchos nobles italianos y que fue reputado uno de los mejores justadores del mundo.

justamente *adv* **1** De manera justa (→ JUSTO [2]). | GAlfarache *CoA* 26.1.64, 22: Se complacía íntima y justísimamente en la consideración de que .. tenía una parte muy considerable de esfuerzo y de actividad.
2 Precisa o exactamente. | Marcos-Martínez *Física* 11: Coloquemos el cochecito de la figura 11 en un punto del plano inclinado tal que tarde justamente 1 segundo en llegar al plano horizontal. Gimferrer *Des* 12.9.70, 29: Excelente literatura .. y bien conocida; justamente estoy por decir que su excelencia guarda proporción directa con su falta de novedad literaria.

justar *intr* (*hist*) Combatir en justas [1]. | Riquer *Caballeros* 105: Lope de Estúñiga y Diego de Bazán justaron también con otros dos alemanes.

justeza *f* **1** Cualidad de justo [4]. | DVillegas *MHi* 12.57, 20: Ha surgido el "fusil rayado", sorprendente conquista de la técnica, que proporciona al tiro de la infantería una precisión y una justeza sorprendentes. FQuintana-Velarde *Política* 91: En el mapa adjunto se comprueba con qué justeza se puede hablar, basándose en estos datos, de dos Españas. RMoñino *Poesía* 24: El pequeño coleccionista no tiene tampoco justeza cronológica y reunirá sin escrúpulo las *Coplas del Provincial* con las liras de Fray Luis de León.
2 Conformidad con lo debido o adecuado. | Laiglesia *Ombligos* 55: Otros se defendían brillantemente, replicando con justeza y donaire a las cuestiones más diversas. Millán *Fresa* 78: Como esas súplicas y durezas ante el amante que nos abandona, que nos afean aún más ante sus ojos y le convencen de la justeza de su decisión.

justicia I *n* **A** *f* **1** Principio moral que inclina a dar a cada uno lo que le pertenece. | Villapún *Moral* 125: Clases de justicia. La justicia puede ser: Legal. Distributiva. Conmutativa. Vindicativa. Social.
2 Cualidad de justo [1, 2 y 3]. | SLuis *Doctrina* 17: Atributos divinos .. Sabiduría infinita .. Omnipotencia .. Misericordia .. Justicia perfecta. Ferrer *Estructura* 89: La Ley positiva debe responder a las siguientes características: a) Racionalidad .. b) Obligatoriedad .. c) Generalidad .. d) Justicia. Vesga-Fernández *Jesucristo* 63: Si vuestra justicia (o santidad) no es mayor que la de los escribas y los fariseos, no vais a entrar en el reino de los cielos.

3 Aplicación de la ley, controlando su cumplimiento y castigando a quien la incumple. | Arenaza-Gastaminza *Historia* 157: Vigilaron personalmente [los Reyes Católicos] la administración de la justicia. *País* 26.10.76, 6: En el caso que nos ocupa un joven lucha contra una muerte estúpida .. Ahora solo nos queda solicitar que se haga justicia.
4 Poder judicial. | *Ya* 24.3.84, 5: El Gobierno, rectificando a la justicia. **b)** Conjunto de (los) agentes de la justicia. | *País* 3.2.77, 1: La justicia italiana le busca como testigo de la matanza de la plaza Fontana de Milán. Torrente *DJuan* 335: –A la Justicia del Rey tendrá respeto al menos –dijo, solemne, el Magistrado. –El Rey me perdonó, y, en ese caso, ¿qué pueden contra mí sus alguaciles?
B *m* **5** (*hist*) *En Aragón, hasta principios del s* XVIII: Magistrado supremo. *Tb* ~ MAYOR (DE ARAGÓN). | Reglá *Historia* 330: Mientras Antonio Pérez alcanzaba la frontera francesa por el Bearne, las autoridades aragonesas eran severamente castigadas –suplicio del Justicia Mayor Juan de Lanuza–. **b)** *En Aragón, en la actualidad:* Defensor del pueblo. *Tb* ~ DE ARAGÓN. | J. C. GFrutos *Ya* 3.12.87, 9: Las Cortes de Aragón eligieron ayer por unanimidad al abogado Emilio Gastón como justicia de Aragón, figura establecida en el estatuto de autonomía y cuya misión será defender los derechos de los aragoneses frente a las instituciones y organismos públicos. M. Ortiz *DíaZ* 13.9.88, 9: La Diputación General de Aragón ha retirado al Justicia, Emilio Gastón, el coche oficial y el chófer.
6 (*hist*) *En Castilla:* Alta dignidad del reino, con máxima autoridad judicial. *Tb* ~ MAYOR (DE CASTILLA). | Torrente *DJuan* 301: Señor Corregidor de Sevilla, señor Justicia Mayor, señor Presidente de la Maestranza... ¿Todas gentes de viso?
7 (*hist*) Oficial inferior de justicia [3]. | Mercader-DOrtiz *HEspaña* 4, 84: A pesar de las sabias leyes promulgadas por un buen gobierno, los decretos y órdenes se olvidaban regularmente por ignorancia o malicia de los subalternos .. Semejante resistencia estulta era común en muchos magistrados, jueces y "justicias". **b) ~s y ladrones.** (*Juegos, hoy raro*) Juego de niños en que los de un bando tratan de capturar a los de otro. | DCañabate *Andanzas* 160: El juego de justicias y ladrones era muy divertido .. Me parece recordar que los jugadores se dividían en dos bandos del mismo número de componentes. Tantos ladrones y tantos justicias.
II *loc adj* **8 de ~.** [Cosa] justa (→ JUSTO [2]). | * Es de justicia reconocer su entusiasmo.
9 de ~. [Sol] que calienta mucho. | Delibes *Cazador* 149: Hoy hizo un sol de justicia.
III *loc v* **10 hacer ~** [a una pers. o cosa]. Reconocer[le] los méritos que en verdad tiene. | Umbral *País* 3.11.76, 25: Me paso la tarde jugando al mus con los mutilados del otro lado. Es tarde para hacerles justicia, pero lo que más me duele es el distanciamiento con que les valoran sus heridas.
11 tomarse [alguien] **la ~ por su mano.** Aplicar por su cuenta y al margen de la ley el castigo que cree justo. | J. M. Rollán *SAbc* 1.12.68, 26: Manos airadas que se toman la justicia por su mano.

justiciable *adj* Que debe ser sometido a la acción de los tribunales de justicia. | J. M. Villar *Ya* 23.9.70, 15: En su deseo de acercar la Justicia a los justiciables, ideó una demarcación judicial.

justicialismo *m* Doctrina política y social del régimen del general Perón († 1974) en la Argentina. | Delibes *Mundos* 32: Otro signo negativo es el carácter mesiánico del justicialismo .. El justicialismo adelanta las palabras a los hechos.

justicialista *adj* De(l) justicialismo. | P. Massa *Abc* 3.6.70, 23: Se da como razón del secuestro de Aramburu sus actuaciones contra los principios de la revolución justicialista y su negativa a devolver los restos de Eva Perón. **b)** Partidario del justicialismo. *Tb n.* | Torrente *Cuadernos* 11: Las cosas se le ponen a Perón peor cada día. En el diario de hoy se dice que los estudiantes justicialistas se han apoderado de las Universidades para restablecer la docencia.

justicieramente *adv* De manera justiciera [2]. | Espinosa *Escuela* 523: El justicieramente ahorcado, en cualquier caso, serías tú.

justiciero -ra *adj* **1** [Pers.] amante de hacer justicia [3] estricta. | Vega *Cocina* 49: Doña Plácida .. es propietaria o inquilina de la casa-torre de la Ribera, desde uno de cuyos balcones el justiciero y un tanto faldero rey de Castilla don Pedro I arrojó .. a su hermano.
2 [Cosa] que denota o implica justicia [3] estricta. | CPuche *Sabor* 103: Estaba ahora allí .. esperando, como todos, el justiciero castigo de los cielos enfurecidos.
3 De (la) justicia [3]. | HSBarba *HEspaña* 4, 306: La vida en las haciendas se regía, de hecho, por una preponderancia señorial, que ostentaba el predominio social, económico y en ocasiones hasta el justiciero, sobre los hombres que trabajaban en sus predios.

justificable *adj* Que se puede justificar [1 y 2]. | Chamorro *Sin raíces* 236: Era humano que Agustín se hubiese consolado con una justificable orgía de desprecio.

justificación *f* **1** Acción de justificar(se). | CBaroja *Inquisidor* 17: Hoy corren interpretaciones marxistas de la Inquisición y justificaciones nacionalistas de la misma. Arenaza-Gastaminza *Historia* 168: Martín Lutero .. llegó a convencerse de que la ley de Dios era impracticable y defendió la justificación por la fe: lo único que salva es la fe en Jesucristo. Huarte *Tipografía* 56: Al hacer la justificación hay que evitar las calles.
2 Causa o razón que justifica [1]. | E. Beladiez *Raz* 5/6.89, 373: Es como si su conciencia le acusase de algo. Entonces recurre a la elaboración de pretextos, enumeración de justificaciones o creación de una doctrina.

justificadamente *adv* De manera justificada [2]. | Aranguren *Marxismo* 11: El autor, en cuanto moralista, tiene que responder a lo que, justificadamente, se espera de él.

justificado -da *adj* **1** *part* → JUSTIFICAR.
2 [Cosa] que tiene razón o motivo que la justifiquen [1]. | * A mi modo de ver su queja es justificada.
3 [Causa o motivo] que justifica [1]. | *Puericultura* 28: En muy raras ocasiones encontramos motivos serios y justificados que nos obliguen a aconsejar el que se prescinda de la alimentación natural del lactante.

justificador -ra *adj* Que justifica [1 y 2]. | Torrente *SInf* 3.10.74, 12: Entre nosotros, según nuestros hábitos administrativos, el "precedente" es una circunstancia favorable y justificadora.

justificante *adj* [Cosa] que justifica [1] o con que se justifica [2] [algo (*compl de posesión*)]. *Frec n m, referido a documento.* | J. M. Massip *Abc* 18.12.70, 38: El argumento justificante de Heath en este problema .. es la infiltración naval soviética en las rutas marítimas del mundo occidental al sur del continente africano. *Hoy* 15.11.70, 9: No dará lugar a pérdida de retribución, debiendo solicitarse el certificado de votación como justificante.

justificar *tr* **1** Hacer [una cosa] que [otra (*cd*)] sea admisible o no censurable. | Valcarce *Moral* 103: La mala conducta de los padres .. nunca justifica la carencia de este amor y reverencia fundamentales por parte de los hijos. **b)** Ser [una cosa] razón o motivo suficiente [de otra (*cd*)]. | Delibes *Año* 26: [Las truchas arco iris] son más confiadas en la picada, pero esto no justifica su total eclipse.
2 Exponer razones o motivos que justifican [1] [algo]. | Aleixandre *Química* 211: Ordenar las siguientes combinaciones heteropolares según su estabilidad .. Justifíquese el orden. S. Morán *DEs* 22.10.76, 6: Paralizar esa cátedra del saber por motivos extraacadémicos ¿puede justificarse? **b)** Exponer razones o motivos que justifican [1] la actitud [de alguien (*cd*)]. *Frec el cd es refl.* | E. Beladiez *Raz* 5/6.89, 373: El ruso ha buscado siempre justificarse. Es como si su conciencia le acusase de algo. | *BOCM* 11.11.91, 11: Cuando .. las faltas no justificadas de asistencia a clase superen el 10 por 100 del horario docente, serán causa automática del cese de los citados beneficios.
3 (*Impr*) Ajustar a los márgenes establecidos el comienzo o el final, o ambas cosas, [de una línea (*cd*) o de las líneas de un conjunto (*cd*)]. | Huarte *Tipografía* 42: Amediar o centrar (una línea corta que se haya justificado a uno de los lados). *SInde* 29.8.90, 7: Textos justificados a derecha e izquierda, comillas inglesas o francesas .., son algunas de las características que .. permiten distinguir la primera edición de "La catira" de la segunda y tercera.

justificativo – juventud

4 (*Rel*) Hacer justo [3] [a alguien] dándole la gracia. | Villapún *Moral* 72: Con las palabras queda el hombre justificado y no con la fe sola.

justificativo -va *adj* [Cosa] que sirve para justificar [1 y 2] [algo (*compl de posesión*)]. | Lera *Olvidados* 61: Erigía sus deseos y sus apetitos en ley, en causa justificativa de sus depredaciones. Ramírez *Derecho* 107: Ejemplo de condonación tácita: la entrega del documento privado justificativo de un crédito, hecha voluntariamente por el acreedor al deudor.

justillo *m* (*hoy raro*) Prenda interior femenina sin mangas, que ciñe el cuerpo hasta la cintura. | Cuevas *Finca* 131: Llevaba mal abrochado el justillo y se le había salido un pecho al agacharse. Moreno *Galería* 170: La moza soriana del sello .. lleva todo este equipo que corresponde al traje típico soriano .. Justillo, corpiño o jubón, de seda o terciopelo, negro.

justipreciación *f* Acción de justipreciar. | MCachero *AGBlanco* 90: Las series publicadas de *Los Contemporáneos* .. recogen semblanzas críticas de escritores españoles de a la sazón, jóvenes casi todos .., la justipreciación de cuyos méritos se hacía, por lo mismo que resultaba prematura, harto difícil y arriesgada.

justipreciar (*conjug* **1a**) *tr* Apreciar o valorar. *Tb fig.* | J. M. Moreiro *SAbc* 12.10.69, 46: Ofrecen razones que, justipreciadas en pesetas en 1969, son más poderosas. DCañabate *Paseíllo* 16: Ya no se puede contemplar el juego del toro y, por lo tanto, no se puede justipreciar la diferencia.

justiprecio *m* Acción de justipreciar. *Tb su efecto.* | Ramírez *Derecho* 102: No han de colacionarse las mismas cosas donadas o dadas en dote, sino el valor que tenían al tiempo de la donación o dote, aunque no se hubiese hecho entonces su justiprecio.

justo -ta **I** *adj* **1** Que obra con justicia [1]. | Villapún *Dogma* 236: El juicio particular .. Consistirá en la sentencia que pronunciará Jesucristo como Juez de vivos y muertos .. Este Juez será: Infinitamente santo .. Juez infinitamente justo.
2 [Cosa] acorde con la justicia [1]. | Ferrer *Estructura* 89: Precisa, incuestionablemente, orientar su mandato [de la Ley] al bien común y ofrecer en su contenido la solución justa y no otra. Villapún *Moral* 127: Condiciones para que la guerra sea justa: .. Causa justa y grave que justifique los daños que lleva consigo la guerra .. Que sea el único medio de obtener una justa reparación.
3 (*Rel*) [Pers.] que vive según la ley de Dios. *Frec n.* | Vesga-Fernández *Jesucristo* 27: Había por entonces en Jerusalén un hombre justo y temeroso del Señor, llamado Simeón. Vesga-Fernández *Jesucristo* 95: Habrá más fiesta en el Cielo por un pecador que se convierta que por noventa y nueve justos que no tienen necesidad de Penitencia. **b)** Inocente o no culpable. *Normalmente en la frase* PAGAR ~S POR PECADORES. | P. Magaz *Abc* 8.3.75, 34: No se sabe todavía ni cuándo ni cómo se producirán las represalias israelíes. Si se centran sobre esta pequeña República, pagarán justos por pecadores.
4 Que tiene la cantidad, peso o medida que se precisa. *A veces indica relativa escasez o cortedad, esp en las formas* MUY (*o* DEMASIADO) ~ *o* (MUY) JUSTITO. | Delibes *Ratas* 127: Entre ella, el Nini y el Antoliano lograron encerrarle [el cadáver en el ataúd], y como el Antoliano, por ahorrar material, había tomado las medidas justas, el tío Rufo quedó con la cabeza empotrada entre los hombros. DCañabate *Abc* 21.5.67, 97: Ninguno de los seis que han salido tenía casta, y su fuerza era muy justita, la suficiente para embestir con blandura, sin caerse. **b)** [Cosa] exacta. | Llovet *País* 6.2.77, 25: Martín Recuerda, otro granadino, nos trae nuevamente el tema de la luchadora bajo el absolutismo bárbaro a los cincuenta años justos, al medio siglo del estreno de la *Mariana de [sic] Pineda*, de Federico García Lorca.
5 Que se adapta por su tamaño al espacio que le corresponde, sin que sobre ni falte. *A veces indica relativa escasez o cortedad, esp en las formas* MUY (*o* DEMASIADO) ~ *o* (MUY) JUSTITO. | *Economía* 356: Conviene que la ropa en la maleta quede justa, pues si va holgada se mueve y se arruga mucho más.
II *adv* **6** Precisa o exactamente. | R. Conte *Inf* 4.7.74, 4: El proyecto debe convertirse en ley pasando por el voto del Parlamento, donde los grupos gaullistas, comunistas y socialistas –justo los tres más importantes de la Asamblea– habían mostrado ya sus preferencias por el monopolio. Alfonso *España* 148: De nuevo cobra auge la idea en los más diversos países, justo para escapar del nefasto urbanismo concéntrico.
7 De manera justa [5]. | * Las pulseras me entran, pero muy justo.

jutlandés -sa *adj* De la península de Jutlandia. *Tb n, referido a pers.* | L. Blanco *Ya* 31.5.74, 35: El viento jutlandés arreciaba en la esquina. *País* 13.11.76, 20: Taje Kroshave es un industrioso jutlandés que parece haber encontrado una solución para el ahorro de energía.

juvenil *adj* **1** De (la) juventud. | GLópez *Lit. española* 313: Lope nos cuenta en ella ["La Dorotea"], cambiando los nombres, sus amores juveniles con Elena Osorio. **b)** Que tiene cualidades de joven. | Acquaroni *Abc* 29.7.67, 11: La Ciudad Universitaria, sin duda la más juvenil, la más audaz, la más armónica del mundo. Barquerito *SD16* 21.5.89, 1: Vidrié lo ha moldeado a su imagen y semejanza .. Es un caballo con temple y con todavía el brío resuelto de una montura juvenil.
2 (*Dep*) [Deportista] de la categoría inmediatamente anterior a la de júnior. *Frec n.* | *SInf* 23.3.70, 8: Dos juveniles con auténtica talla de "seniors", a juzgar por sus marcas. **b)** De (los) juveniles. | *As* 2.7.75, 29: El campeonato nacional juvenil y júnior [de atletismo], test de cara a Atenas.
3 (*Geol*) [Agua] formada por reacciones químicas en zonas muy profundas de la corteza terrestre. | Alvarado *Geología* 114: El agua de muchos de estos manantiales [hipogénicos] se supone formada sintéticamente en zonas muy profundas de la corteza terrestre (aguas juveniles), pero en otros casos se trata simplemente de aguas meteóricas de infiltración (aguas vadosas).

juvenilidad *f* (*raro*) Cualidad de juvenil [1]. | J. M. Alfaro *Abc* 13.12.70, 3: Este despliegue de una "juvenilidad" a ultranza .. encierra en su desarrollo un complejo racimo de contradicciones .. El muchacho de hoy tiene confianza en sí mismo.

juvenilismo *m* Preponderancia del elemento juvenil [1] de la sociedad. | Areilza *Artículos* 170: Sobre ella se trata de construir nada menos que el andamiaje político de la sociedad futura. De una colectividad en la que los menores de cuarenta años son ya los dos tercios de la población y en la que el juvenilismo biológico alcanzará rápidamente insospechados porcentajes estadísticos. Marías *Vida* 1, 148: En los últimos días de octubre [1933] se fundó Falange Española. Es cierto que ya existían las J.O.N.S .., que eran más violentas que Falange, y lo mismo se podría decir de las Juventudes Socialistas ..; también se habían constituido las Juventudes de Acción Popular (J.A.P.). En suma, un viento de juvenilismo más o menos violento corría por España.

juvenilización *f* (*raro*) Acción de juvenilizar(se). | Aranguren *Juventud* 11: La juventud ha llegado a ser la edad social y culturalmente de moda .. Este fenómeno de la juvenilización general de la sociedad, favorecido evidentemente por la mejor conservación actual de la salud, es una confesión, por nuestra parte, de esa moda de la juventud .. Hoy todos pretendemos pasar por jóvenes, parecer que lo somos. Laín *Universidad* 42: En todo el mundo se ha producido una verdadera juvenilización del estilo vital.

juvenilizar *tr* (*raro*) Dar carácter juvenil [1] [a alguien o algo (*cd*)]. | Marías *Corazón* 87: Hace casi un año, cuando Luisa y yo nos casamos, [mi padre] ofrecía la imagen de un hombre mayor presumido y risueño, complacidamente juvenilizado, burlona y falsamente atolondrado. **b)** *pr* Tomar carácter juvenil. | Laín *Universidad* 42: En el seno de ese mundo juvenilizado, ¿cómo han sido y cómo son los jóvenes, los verdaderos jóvenes?

juvenilmente *adv* De manera juvenil [1]. | Palomino *Torremolinos* 16: Ni el portero ni los recepcionistas .. vieron en ello nada del otro jueves: un "Mercedes", un señor mayor, vestido juvenilmente, y una señora.

juventud *f* **1** Condición de joven. | *Economía* 313: Hoy día la mujer conserva más tiempo la belleza y la juventud. *CoZ* 3.5.64, 6: Aunque existan procedimientos para conocer la juventud del huevo, todo lo que sea complicar el método produce grandes gastos.

2 Período de la vida humana que media entre la adolescencia y la madurez. | Halcón *Monólogo* 113: Yo he sido virtuosa en la juventud, y ahora me sobra todo, hasta el dinero.

3 Conjunto de (los) jóvenes. | ZVicente *Traque* 147: Queta es muy aplicada .. Claro que ahora va a ser otra cosa mejor, digo, si no se estropea, porque esta juventud...

juzgado *m* Juez o conjunto de jueces encargados de la administración de justicia en un territorio o demarcación. *Distintos tipos se especifican por medio de adjs o compls:* DE PRIMERA INSTANCIA, MUNICIPAL, *etc. A veces designa tb el territorio de su jurisdicción o el local donde lleva a cabo sus funciones.* | Mihura *Carlota* 341: Hasta que no llegue el Juzgado, no puedes pisar esa habitación. F. Gor *Ya* 20.5.70, 43: El Juzgado Especial de Delitos Monetarios ha dictado sentencia. CNavarro *Perros* 105: Policía implica juzgado, declaraciones, escándalo. *BOE* 14.2.58, 1510: Don Carlos Lasala Perruca, Magistrado-Juez de Primera Instancia del Juzgado número uno, .. hago saber.

juzgador -ra *adj* **1** Que juzga, *esp* [2]. *Tb n.* | *Abc* 26.12.70, 31: Los dieciséis abogados defensores .. han sido citados por el Tribunal juzgador para mañana. *Abc* 25.2.68, 75: Relatan los juzgadores en su sentencia que Carlos .. propuso a unos niños que repartieran cuartillas.

2 Relativo a la acción de juzgar, *esp* [2]. | Bermejo *Estudios* 40: Parece también que los alcaldes, por sí solos, sin necesidad de estar reunido el tribunal, realizaban ciertas funciones juzgadoras.

juzgamiento *m* (*raro*) Acción de juzgar. | J. PRío *DMo* 23.8.90, 35: Comentaba José Ramón Arronte, jurado único en el concurso de La Gándara de Soba, que jamás vio tanta gente en torno a una pista de juzgamiento.

juzgamundos *m y f* (*raro*) Pers. murmuradora. | Espinosa *Escuela* 480: –Nuestro viaje es demasiado oficial para entretenernos en puterías –afirmaron los soldados. –¡Cuidado!, juzgamundos; mi aquelarre es decentísimo.

juzgante *adj* (*raro*) Juzgador. | Borrás *Abc* 3.12.57, sn: Agudeza y arte de ingenio era Vives pensante y juzgante, discípulo de otro clásico.

juzgar I *tr* **1** Determinar [alguien] por sí mismo el valor [positivo o negativo (*predicat*)] de alguien o algo (*cd*)]. *Tb abs.* | *Economía* 361: Solo siendo sinceramente amable y constantemente amable .. se la juzgará amable y bien educada. *Mad* 10.9.70, 11: Por la difícil comprensión, hoy, del rito de las arras, se ha propuesto que este pueda ser suprimido en las diócesis en que se juzgue oportuno. Gambra *Filosofía* 126: El entendimiento, además de la función abstractiva o propiamente intelectiva, tiene las de juzgar (función judicativa) y de razonar (función discursiva). **b)** Interpretar o entender. *Con los advs* BIEN *o* MAL (*o equivalentes*). | * No juzgues mal mis palabras. * No juzgues torcidamente lo que te ha dicho. **c)** Opinar. *Normalmente con un cd expresado por medio de una prop con* QUE. | S. MJiménez *País* 11.8.76, 14: Resumiendo, en una alternativa para la enseñanza juzgo que se debe estar de acuerdo con las aspiraciones a una mayor justicia.

2 Someter [un juez o un tribunal] a confrontación con la ley la actuación [de una pers. (*cd*)] a fin de determinar si va o no en contra de aquella. | *Caso* 26.12.70, 7: Los dieciséis militantes .. han sido juzgados en Burgos por un Consejo de guerra. **b)** Someter [un juez o un tribunal] a confrontación con la ley [un hecho (*cd*)] a fin de determinar si va o no en contra de aquella. | * Lo que aquí se juzga es su posible participación en el asalto, no su ideología.

3 Determinar [un juez o un jurado] la validez o calidad [de alguien o algo (*cd*)] que se presenta a un concurso, una competición o una prueba. *Tb abs.* | * Juzgar una tesis. * El jurado encargado de juzgar en estos premios es muy heterogéneo.

II *loc prep* **4 a ~ por.** Según lo aparentado o demostrado por. *Precede a sust o prop sust.* | Gilera *Abc* 30.12.65, 101: Santana se apunta el segundo juego a pesar de .. dos "net" .. cantados por el juez de silla y puestos en duda por Santana a juzgar por sus gestos.

K

k¹ → KA¹.

k² (*pronunc*, /ka/) *m* (*Dep*) Kayak. *Seguido de las cifras 1, 2 ó 4, para designar el 1, 2 ó 4 plazas, respectivamente.* | *DLér* 30.7.69, 9: Sobre las aguas muertas del lago se han programado pruebas piragüísticas en las variedades de semifondo en K-1, K-2 y K-4.

ka¹ *f* **1** Letra del alfabeto (*k*, *K*), que en español corresponde al fonema /k/. (V. PRELIM.) *A veces tb se llama así el fonema representado por esta letra.* | Laiglesia *Tachado* 214: La "ka" de su nombre alemán (Kartoffel) suavizó la irritación que producían en los patriotas otras "kas" más ofensivas para el orgullo nacional.
2 *En la baraja francesa:* Rey (carta marcada con la letra K). *Tb, en los dados de póquer, la cara que representa esta figura.* | Paso *Isabel* 235: "Full" de kas.

ka² *m* (*Rel, hist*) *En el antiguo Egipto:* Doble (parte espiritual de una pers.). | Tejedor *Arte* 13: Pasado el juicio, .. el Ka volvía para unirse al cuerpo y vivir eternamente.

kabila, **kábila**, **kabileño** → CABILA, CABILEÑO.

kabuki I *m* **1** Género dramático tradicional del Japón, en el cual el diálogo alterna con canciones y danzas. | *Ya* 21.10.64, 16: El embajador del Japón está realizando activas gestiones para que el "Kabuki", teatro de la Edad Media japonés, venga por primera vez a España.
II *adj* **2** Del kabuki [1]. | *Agromán* 14: El teatro japonés kabuki. Un actor kabuki es capaz de interpretar todo: toca un instrumento musical, escribe una poesía, canta, baila.

kafkiano -na *adj* **1** Del escritor Franz Kafka († 1924). | Carandell *Celtiberia* 98: Mi amigo, que en aquel momento se sentía tan desvalido y solo en el mundo como pudiera sentirse el kafkiano señor K, hizo lo que el otro le mandaba.
2 [Cosa] absurda y de pesadilla, propia de las obras de Kafka. | Barral *Memorias* 2, 90: Lo trasladaron, esposado, en un tren correo, lentísimo, a Barcelona. Y aquí sí, inmediatamente comenzó su experiencia kafkiana. Umbral *Noche* 215: Ir a verle al ABC era pasar una muralla china y kafkiana de conserjes, ujieres, notas, recados, pasillos silenciosos, patios andaluces, ilustraciones fin de siglo y espejos históricos.

kaiku *m* **1** Cuenco de madera que sirve para cocer la leche, propio de la región vasconavarra. | *Navarra* 93: En la montaña es excelente el salmón del Bidasoa, .. y como postre, la blanca cuajada de leche de oveja, cocida con la misteriosa piedra ofita en el "kaiku" de madera. GSerrano *Macuto* 559: El *Oriamendi* recién nacido les sabría como un buen *kaiku* rebosante de leche.
2 Chaqueta de fieltro, tradicional del País Vasco. | *Cam* 7.11.77, 105: Lo que resulta mejor y más rentable es dejarse de historias y apuntarse a las prendas más tradicionales .. Por ejemplo, el clásico *kaiku*, una chaqueta de uso tradicional en el País Vasco y que está experimentando un rápido y merecido "revival". Gala *Hotelito* 66: –Subía la pasarela del barco que iba a Inglaterra con mi inocencia y con mi kaiku.

–¿El kaiku qué es: una maleta o un mono? –Chaquetita preciosa que protege como si sería una coraza.

kaipiriña → CAIPIRIÑA.

káiser I *m* **1** (*hist*) Emperador de Alemania. | Arenaza-Gastaminza *Historia* 262: El Káiser Guillermo II, arrogante e impulsivo, pronto prescindió del viejo Canciller Bismarck.
II *loc adj* **2 a lo ~.** (*hoy raro*) [Bigote] largo con las puntas hacia arriba, al estilo del káiser Guillermo II. | Lera *Boda* 665: El tipo aquel con largos bigotes a lo káiser.

kakapó *m* Papagayo de Nueva Zelanda, de plumaje verde y marrón y costumbres nocturnas (*Strigops habroptilus*). | F. Schwartz *SPaís* 17.12.89, 126: Cuando los ingleses llegaron a Aotearoa no existían mamíferos en sus islas. Existían el kiwi .. y el kakapó y el kea. [*En el texto, sin tilde.*]

kakapú *m* Kakapó. | S. Cobos *Sem* 19.10.74, 33: Por la pereza de sus antepasados perdió [el avestruz] la hermosa facultad de elevarse. Como las gallináceas, el ñandú, el kiwi, el ka[kap]ú y otras especies aladas. [*En el texto,* kapakú.]

kaki → CAQUI.

kala-azar *m* Enfermedad infecciosa tropical causada por el protozoo *Leishmania donovani* y caracterizada por fiebre, enflaquecimiento e hipertrofia del bazo y del hígado. | Ybarra-Cabetas *Ciencias* 353: La chinche en la India propaga una enfermedad conocida con el nombre de "kala-azar", que ataca con preferencia a los niños.

kalao → CÁLAO.

kalashnikov (*n comercial registrado; pronunc corriente,* /kalasnikóf/; *pl normal, invar*) *m* Metralleta de fabricación rusa. | *Ya* 24.6.92, 5: La Liga Lombarda, cuarto partido italiano, ha elevado la tensión política en el país al amenazar al Gobierno con "los kalashnikov".

kalgan *m* (*Peletería*) Piel de un cordero de la zona de Kalgan (China). | Soraya *SPue* 24.10.70, 4: Los abrigos de kalgan, moutón y toro están destinados a todas las economías y edades.

kalmuco → CALMUCO.

kamikaze A *m* **1** *En la Segunda Guerra Mundial:* Avión cargado de explosivos cuyo piloto lo estrella voluntariamente contra su objetivo. *A veces en aposición. Tb fig.* | J. A. Fernández *SAbc* 2.2.69, 49: Incluso las más poderosas rapaces, si se acercan al territorio comunal, son rápidamente obligadas a abandonarlo bajo los insistentes embates de estos atrevidos kamikazes de puntiagudas alas. **b)** Vehículo con explosivos destinado a estrellarse contra su objetivo. *A veces en aposición.* | Je. Delgado *País* 25.10.90, 24: Los vehículos *kamikaze* que ETA ha usado últimamente en sendos atentados en Cartagena y el País Vasco pueden ponerse en marcha mediante un sistema de radio controlado.
2 Piloto de un kamikaze [1a]. *Tb fig.* | *Hoy* 24.3.76, 1: La telefoto .. nos muestra la residencia de Yoshio Kodama, .. contra el jardín de la cual fue a estrellarse un avión ligero pilotado por Mitsuyasu Maeno, actor cinematográfico y anti-

guo piloto militar, que decidió estrellarse con el aparato, estilo kamika[z]e, para atentar contra la vida del citado agente. [*En el texto,* kamikace.] GHortelano *Momento* 73: Con la abyecta terquedad de un kamikaze, allí estaba de nuevo, tan inconsistente como onerosa, una melancolía. C. Jiménez *As* 7.12.70, 34: Los nervios madridistas no existían y, sin embargo, los escolares no eran los "kamikazes" voladores del año pasado.

3 *En un parque acuático:* Rampa de deslizamiento de gran velocidad. | *Ya* 4.11.86, 19: Una media diaria de 1.000 personas acude a Aquapark. Cuenta con dos "kami[kaz]es". [*En el texto,* kamicaces.] Gabriel *Sur* 25.8.89, 35: Aranda intentará subir a los mandos de su moto todas las escalinatas que conducen a la parte más alta de la rampa de deslizamiento conocida por "kamikaze", y bajarlas posteriormente.

B *m y f* **4** Pers. temeraria o arriesgada. | *SolM* 5.11.90, 14 (A): Los Spurs han contratado a David Greenwood .. y Sidney Green, dos auténticos *kamika[z]es* de los tableros. [*En baloncesto. En el texto,* kamicaces.]

5 Pers. que comete un atentado que implica o puede implicar su propia muerte. | *País* 11.6.91, 12 (A): El cuerpo de mujer recompuesto por los forenses era el de la presunta *kamikaze* que hizo estallar un cinturón explosivo cuando se acercó a poner una guirnalda de flores a Rajiv.

kan (*tb con la grafía* **khan**) *m* (*hist*) Soberano turco o mongol. *Modernamente se usa como título honorífico de altos personajes de Oriente Medio.* | Anson *Oriente* 68: China ha ido más allá del marxismo. Es otra vez Kiptschak, el reino de la "horda dorada", el imperio de los mogoles con un nuevo "kan" omnipotente. Anson *SAbc* 25.1.70, 5: En el recinto colosal del Celeste Imperio calientan sus armas los nuevos bárbaros regidos otra vez por un Khan omnipotente.

kanaka → CANACA.

kanamicina *f* (*Med*) Antibiótico obtenido de la bacteria *Streptomyces kanamyceticus,* usado en el tratamiento de varias enfermedades infecciosas. | *Antibióticos* 29: Antibióticos más importantes .. Eritromicina. Kanamicina.

kanguro → CANGURO.

kantiano -na *adj* Del filósofo alemán Immanuel Kant († 1804) o del kantismo. | Gambra *Filosofía* 190: Concepción del fin supremo en el apriorismo kantiano.

kantismo *m* (*Filos*) Doctrina de Kant († 1804) y de sus seguidores. | GÁlvarez *Filosofía* 2, 356: Martín Heidegger .. desenvuelve su filosofía de la existencia en un sentido más original, manifestando al propio tiempo su conexión con la fenomenología, con el kantismo, con el vitalismo y con algunos temas de la metafísica tradicional.

kanuri (*pl normal, invar*) *adj* De un pueblo africano que habita pralm. en la región del lago Chad, en Níger y Nigeria. *Tb n, referido a pers.* | *Méd* 20.5.88, 120: Los tuareg de Fezan son los más sedentarios .. Los *kanuri,* con los que estamos más familiarizados, son gente de Burnu, de origen bereber.

kaolín, kaolinita → CAOLÍN, CAOLINITA.

kapok *m* (*Tex*) Fibra vegetal impermeable y muy ligera que recubre la semilla de la ceiba. | Bosque *Universo* 168: Menos importancia tiene [entre las fibras textiles] .. el *kapok,* especie de algodón extraído de la ceiba.

kappa (*tb con la grafía* **cappa**) *f* Letra del alfabeto griego que representa el sonido [k]. (V. PRELIM.) | Estébanez *Pragma* 43: Alfabeto griego: .. iota, cappa, lambda, mi.

kaputt (*al; pronunc corriente,* /kapút/; *tb con la grafía* **kaput**) **I** *adj invar* **1** Muerto o acabado. *Frec fig.* | Humberto *Sáb* 17.5.75, 66: El curso bien podría llamarse "Europa-kaputt".

II *fórm or* **2** Se acabó. | VMontalbán *Comité* 83: Todos nos movíamos a su alrededor para que nos mirara y nos valorara. Si Cerdán no te miraba, kaput, algo debía ir mal en el coeficiente. J. Figuero *SPaís* 17.12.89, 146: La música congoleña, la más detestada por Armando, se aposentó sobre las orejas de los escuchas. *Kaput.*

karakul → CARACUL.

karaoke *m* Entretenimiento de origen japonés que consiste en cantar canciones conocidas sobre una grabación musical previa, a veces con utilización de pantalla de vídeo. *Tb la misma grabación y el aparato correspondiente.* | *SPaís* 22.8.93, 81: Le presentamos lo último en ocio para toda la familia: el karaoke .. Usted pone la voz, el karaoke pone la música .. El karaoke consta de un amplificador de 30 W y dos micrófonos, uno de ellos inalámbrico para poderse mover con libertad en el "escenario". Se conecta a los altavoces, al televisor y al vídeo. *Impreso* 8.93: El Corte Inglés .. Sistema Hi-Fi Mini Denon D-65 .. Ecualizador (opcional) de 7 bandas con memoria y entrada de micro para karaoke.

kárate (*tb* **karate**) *m* Deporte o arte de defensa de origen japonés, en que se golpea con la mano abierta, el pie, el codo o la rodilla. | *Ya* 15.10.67, sn: Más que el Judo, el Karate hace de sus manos, de sus brazos .. armas defensivas. *GTelefónica N.* 508: Gimnasio Club Coyrema. Judo. Kárate.

karateka *m y f* Pers. que practica el kárate. | *Pue* 14.2.76, 30: La "sentada" protagonizada por los karatekas castellanos .. ha tenido su prolongación el pasado día 8, en las instalaciones deportivas de La Albericia, en Santander.

karma *m* (*Rel hindú*) Suma de todas las acciones pasadas de una pers., que determina su existencia y sus reencarnaciones futuras. *Tb en otras creencias.* | Ju. Peláez *Nor* 2.11.89, 49: Los intocables, esos seres que, debido a sus malas acciones en otras vidas, en esta reencarnación se ven obligados a pagar perteneciendo a una clase absolutamente marginal para así purificar su "karma". **b)** Principio que determina la vida y reencarnaciones de una pers. según sus obras pasadas. | J. Todolí *Crí* 9/10.73, 28: También aquí, al ir incorporándose a la sociedad, encuentra límites a su "yo" naciente en el natural encuentro con los otros "yos" y con el conjunto de leyes, costumbres, ritos, de todo un *Karma* que hace posible un orden y un grado de libertad en todos, pero que no es total para ninguno. ZVicente *Mesa* 101: Yo soy espiritista, y tengo relaciones muy estrechas con el karma creador.

karst *m* (*Geol*) Región cuyo modelado es de tipo cárstico. | Bustinza-Mascaró *Ciencias* 352: Se unen los hundimientos habidos a consecuencia de las oquedades labradas por las aguas subterráneas, resultando, en muchos de ellos, un paisaje característico llamado karst o paisaje kárstico, por ser de la Meseta de Karst (Italia).

kárstico → CÁRSTICO.

kart (*ing; pronunc corriente,* /kart/; *pl normal,* ~s) *m* (*Dep*) Automóvil de competición, de pequeño tamaño, sin carrocería, caja de velocidades y suspensión. | *Inf* 30.10.70, 5: La carrera se disputará en el Palacio de Cristal londinense, valedera para el campeonato de "karts".

karting (*ing; pronunc corriente,* /kártin/) *m* (*Dep*) Deporte del kart. | *Abc* 16.12.70, 60: El "karting" .. estará presente en el Certamen a través de una prueba valedera para el Campeonato de España de "karting", emocionante deporte de los pequeños bólidos.

kartódromo *m* (*Dep*) Lugar destinado a carreras de karts. | *Her* 5.10.85, 29: Esta mañana celebrarán los clásicos deportivos su primera cronometrada en el kartódromo Aragón.

kasbah → CASBAH.

kasida → CASIDA.

kasita *adj* (*hist*) [Individuo] de un pueblo asiático que dominó en Babilonia hasta que fue eliminado por los elamitas (s. XII a.C.). *Tb n.* | Arenaza-Gastaminza *Historia* 19: Estos cuatro pueblos [caldeos, asirios, medos y persas], junto con otros invasores: hititas, kasitas, etc., lucharon entre sí por el predominio en estas vastas regiones, sucediéndose en la hegemonía y formando diversos imperios.

kata *m* (*Dep*) Ejercicio constituido por una secuencia de movimientos de un arte marcial, usado como entrenamiento y como exhibición. | *YaTo* 2.12.80, 49: Han intervenido karatecas [*sic*] de 47 países, con dominio de España en la competición de kumite y de Japón en katas.

katangueño -ña *adj* De Katanga, hoy Shaba (región del Zaire). *Tb n, referido a pers.* | Palomino *Torremolinos* 280: El petróleo árabe, la banana centroamericana, el uranio katangueño, el turismo español; grupos avispados se mueven con sus carteras repletas de baremos y sondas financieras.

katangués – kevlar

katangués -sa *adj* Katangueño. *Tb n.* | M. Ostos *País* 8.5.77, 7: Los españoles González Green, Reverte, Iglesias y García Llamas fueron capturados en medio de una violenta escaramuza entre zaireños y katangueses.

katiuska *f* Bota alta femenina para lluvia. *Gralm en pl. Tb* BOTAS KATIUSKA(S). | Gironella *Millón* 345: Anda, hija, ponte las katiuskas y ten cuidado, no vayas a tropezar. GSerrano *Macuto* 653: La veo morena, menuda, con sus botas "katiuska" y un pañuelo a la cabeza. Mendoza *Isla* 13: En el hotel le proporcionaron unas katius[k]as muy anchas que le permitían vadear las calles, pero con las que andaba como un pato. [*En el texto*, katiuscas.]

kayak (*tb con la grafía* **kayac**; *pl normal*, ~s) *m* Embarcación esquimal a modo de canoa forrada con piel de foca. *Tb la embarcación deportiva fabricada a imitación suya.* | MCampos *Abc* 9.4.67, 8: Dos esquimales botan sus "[k]ayaks", para enseñarlos. [*En el texto*, cayaks.] *Abc* 22.2.76, 60: Tres norteamericanos llegaron al puerto chileno de Punta Arenas para intentar la travesía en "kayaks" de los canales patagónicos. *SPaís* 10.7.88, 33: Balsas, canoas y "kayacs". "Rafting" y piragüismo, dos deportes para aprender a leer los ríos.

kayakista *m y f* (*Dep*) Pers. que practica el deporte del kayak. | *Épo* 19.9.87, 87: Asegurada la participación de todas las potencias en estos Juegos, la tradicional medalla española en piragüismo se convierte en una hazaña. Tres grandes especialistas en este deporte pondrán difíciles las cosas a los canoístas y kayakistas de España.

kazako -ka *adj* De Kazakstán o Kazajstán (república de la antigua URSS). *Tb n, referido a pers.* | S. Milla *SSe* 28.1.90, 35: Tras tantos años de uniformidad, de tristeza, los kazakos se lanzan con más entusiasmo que saber.

kazajo -ja *adj* Kazako. *Tb n.* | *País* 4.3.88, 4: Enfrentamientos entre kazajos y rusos en Alma-Ata, capital de Kazajstán.

kea *m* Papagayo de Nueva Zelanda, de plumaje predominantemente verde y pico ganchudo, que ataca a las ovejas (*Nestor notabilis*). | F. Schwartz *SPaís* 17.12.89, 126: Cuando los ingleses llegaron a Aotearoa no existían mamíferos en sus islas. Existían el kiwi .. y el kakapó y el kea.

kechua → QUECHUA.

kedive *m* (*hist*) Jedive. | M. D. Masana *Van* 5.6.75, 27: Francia suscribió 107 millones, entre las demás naciones suscribieron 15 y el kedive de Egipto se quedó con los 78 millones restantes.

kefia *f* Pañuelo de algodón que llevan los árabes en la cabeza. | P. Magaz *Abc* 19.1.75, 19: Con la nariz afilada de águila, la barba grisácea, los ojos tristes, una kefia blanca, inmaculada, sujeta por cuatro cordones con borlas negras, .. el "rey del petróleo" .. viaja por el Oriente Medio.

kéfir *m* Leche fermentada artificialmente, que contiene alcohol y ácido carbónico, propia del Cáucaso. | CBonald *Noche* 266: Lo que sí podíamos tomar es un kéfir, ¿te apetece?

keirin (*jap; pronunc corriente*, /kéirin/) *m* (*Dep*) Variedad de ciclismo en pista en que los corredores recorren las primeras vueltas tras una moto que marcha a una velocidad determinada, disputando solos en la última vuelta el sprint final. | *Abc* 27.8.87, 51: Ciclismo .. Las esperanzas de la selección española estarán hoy con Antonio Lecuona, sobre quien recae la difícil misión de superar el primer envite en la prueba de keirin.

kelper (*ing; pronunc corriente*, /kélper/; *pl normal*, ~s) *m y f* Habitante de las islas Malvinas. | SFerlosio *Ensayos* 1, 553: Margaret Thatcher solo se habría permitido defender –como era, por lo demás, más que justo, obligado– los derechos de los *kelpers*.

kelvin (*pl* ~s) *m* (*Fís*) En el sistema internacional: Unidad de temperatura termodinámica, equivalente a 1 °C, pero referida al 0 absoluto (-273,16 °C). *Tb* GRADO ~. | M. Calvo *HLM* 22.12.75, 20: En 1960, la XI Conferencia General de Pesas y Medidas adoptó el Sistema Internacional de Unidades, .. basado en siete unidades bien definidas que se conviene en considerar como independientes desde el punto de vista dimensional: el metro, el kilogramo, el segundo, el amperio, el kelvin, el mol y la candela. *Unidades* 10: Además de la temperatura termodinámica .., expresada en kelvins, se utiliza también la temperatura Celsius. L. G. Cruz *SD16* 3.5.89, IV: Si la temperatura central del sol es realmente de 15 millones de grados Kelvin, como supone el modelo teórico, los científicos deberían detectar tres veces más neutrinos de los que efectivamente encuentran.

kena → QUENA.

kendo *m* Arte marcial japonés que se practica con bastones de bambú. | *Prospecto* 9.88: Kamakura. Especialistas. Material artes marciales .. Aikido .. Kendo. Taekwondo.

keniano (*tb con la grafía* **kenyano**) *adj* Keniata. *Tb n.* | *Abc* 2.10.88, 84: Juegos Olímpicos .. Oro para los kenianos en 1.500 y 5.000 tras ganar los 800. M. Bastos *SYa* 11.10.70, 3: Este es tal vez el más impresionante de los logros kenyanos: la convivencia en la mejor armonía de las distintas razas.

keniata (*tb con la grafía* **kenyata**) *adj* De Kenia. *Tb n, referido a pers.* | *Abc* 17.7.76, 23: Las autoridades keniatas han ofrecido seguridades a la población que vive en las proximidades de la frontera con Uganda. *Abc* 21.7.76, 21: Si la guerra es solo de nervios, los kenyatas han demostrado tenerlos bien templados.

kentia *f* Se da este n a varias plantas palmáceas del gén Kentia u Howea y otros, cultivadas como ornamentales. | *Opi* 11.12.76, 96: Si es despistado, es mejor que elija kentias y cactus: son las que más tiempo tardarán en acusar la falta de riego y abono.

kenyano, kenyata → KENIANO, KENIATA.

kepis → QUEPIS.

kerigma *m* (*Rel crist*) Predicación del Evangelio. | Tarancón *Liturgia* 55: Tradujo [Cirilo] buena parte de los Evangelios, de los Hechos de los Apóstoles y del Sa[l]terio, libros fundamentales del kerigma y de la oración cristiana.

kerigmático -ca *adj* (*Rel crist*) De(l) kerigma. | Aranguren *Ética y polít.* 85: Hablábamos antes de que, bajo la vestidura científica, se encuentra una moral; debemos agregar ahora que también un mensaje kerigmático, un evangelio o buena nueva predicados a todos los hombres oprimidos de la tierra.

kermés (*tb con la grafía* **quermés**) *f* **1** Verbena de carácter benéfico. | ZVicente *Traque* 188: Yo que había tenido premio de pelo largo en la kermés de la Paloma. J. M. Costa *País* 17.5.81, 56: Unas fiestas que recuperaran para Madrid un ambiente que heredara aquel de la verbena, la quermés, la isidrada y el chocolate con churros.

2 (*hist*) Fiesta popular al aire libre, propia de Flandes o los Países Bajos. *Frec la pintura o el tapiz flamencos que representan este tipo de fiesta.* | Zunzunegui *Camino* 277: Era fino, cortés y atento y considerado con la muchacha, que era una rubia de kermés flamenca con dos ópalos cachondones por ojos.

kermesse (*tb con la grafía* **quermese**) *f* Kermés. | CSotelo *Herencia* 271: –¿A dónde demonios has ido tú a las ocho de la mañana? .. –Ha ido a comulgar .. Y al puente de Vallecas .. –Es la kermesse ahora. *Ya* 30.5.64, 15: Se anuncia concurso para la explotación conjunta del bar y de la quermese del distrito. Porcel *Des* 12.9.70, 14: No creo que se tratase de un movimiento político, sino más bien de una especie de "kermesse", de fiesta campestre casi.

keroseno → QUEROSENO.

ketchup (*ing; pronunc corriente*, /kéĉup/) *m* Cátsup. | A. Marín *Abc* 21.5.67, 51: Aquí hemos hecho lo que hacen los turistas: baños de mar, excursiones en yate, .. probar el clásico plato popular, las "hamburguesas con ketchup". *Cam* 9.8.76, 50: A base de hamburguesas, ketchup, mazorcas de maíz, pastel de manzana y perros calientes, los norteamericanos .. han sobrevivido durante 200 años.

kevlar (*n comercial registrado; pronunc corriente*, /kéblar/) *m* Fibra sintética artificial de gran resistencia, usada frec. en algunos materiales compuestos. | J. Redondo *Ya* 22.4.86, 28: Hay ruedas lenticulares –de fibra de carbono, o de membranas de "kevlar", o de llantas de grafito para reducir el peso– que cuestan 200.000 pesetas. Ad. Guerra *SSe* 8.7.90, 16: Los trajes se confeccionan con *kevlar*, un material que se emplea en los chalecos antibala.

keynesiano – kilo-

keynesiano -na *adj* **1** Del economista J. M. Keynes († 1946) o de su doctrina. | Sampedro *Tri* 10.11.73, 43: Tampoco parece existir otra posible teoría económica que esa yuxtaposición de marginalismo y "macroeconomía" keynesiana predominante en los olimpos académicos anglosajones. L. Romasanta *Ya* 20.11.91, 4: Las gentes de gobierno han aprendido .. el dogma keynesiano [de] que, a largo plazo, todos muertos, y han tirado la casa (ajena) por la ventana.
2 Seguidor de las doctrinas económicas de Keynes. | Velarde *Abc* 6.11.88, 77: El profesor Robert Eisner –evidentemente keynesiano, de la Northwestern University– ha insinuado que todo esto podía tener colosales efectos contractivos.

keynesismo *m* (*Econ*) Doctrina de J. M. Keynes († 1946), que preconiza el control estatal de la economía a través de la política monetaria y fiscal. | Pániker *Conversaciones* 239: El keynesismo es una especie de cura preventiva para evitar la revolución.

keynesista *adj* (*Econ*) De(l) keynesismo. | Pániker *Conversaciones* 239: ¿No crees que con una mentalidad keynesista se puede conseguir tanto como con unas reformas revolucionarias?

khan → KAN.

khasi (*pl invar*) **I** *adj* **1** De un pueblo mongol que habita en la zona montañosa del estado de Assam (India). *Tb n, referido a pers.* | *Van* 20.12.70, 30: El pueblo "khasi" de las montañas es sencillo y abierto, espera y desea la evangelización que no podemos negarle.
II *m* **2** Lengua de los khasi, del grupo mon-jemer. | RAdrados *Lingüística* 253: En khasi (khmer) hay cosas semejantes [en los paradigmas].

khmer (*tb con la grafía* **kmer**; *pl normal, ~s*) **I** *adj* **1** (*hist*) [Individuo] de un pueblo de Camboya que desarrolló una importante cultura en la Edad Media. *Tb n.* | DCorral *ROc* 7.63, 61: Los arquitectos kmers emplearon técnicas bastante deficientes. Vicens *Universo* 358: Habitan Indochina pueblos de raza mogólica .. En la costa oriental predominan los annamitas; en la porción meridional, los *kmers*. **b)** De los khmers. | DCorral *ROc* 7.63, 64: La civilización kmer no estuvo rodeada de otras grandes civilizaciones guerreras como le sucedió a las de los asirios, hititas o egipcios.
2 ~ rojo. Jemer rojo. *Tb n.* | *País* 10.4.79, 6: Más de 30.000 soldados vietnamitas participan en una nueva ofensiva en el noroeste de Camboya contra los guerril[l]eros *khmers* rojos. VMontalbán *Transición* 64: Ya estaban las conciencias occidentales preparadas para asumir el espectáculo de la desbandada americana, como estaban preparadas para la victoria de los khmers rojos en Camboya. **b)** De los khmers rojos. *Normalmente solo ~.* | *País* 10.4.79, 6: Las mismas fuentes confirmaron que las fuerzas vietnamitas habían capturado una importante base *khmer*, pero no pudieron asegurar que fuese el cuartel general de Pol Pot.
II *m* **3** Jemer (lengua de Camboya). | RAdrados *Lingüística* 268: Hay lenguas que marcan sus relaciones gramaticales principalmente al comienzo (tales el khmer, el navajo y el apache).

kiang *m* Asno asiático de la región del Himalaya (*Equus hemionus kiang*). | Ybarra-Cabetas *Ciencias* 401: De los asnos asiáticos, el más desarrollado es el llamado "kiang", que vive formando rebaños en compañía de sus crías.

kibbutz (*hebr; pronunc corriente,* /kibúts/; *tb con la grafía* **kibutz**; *pl normal, invar o ~*IM) *m* Granja colectiva israelí. | P. Magaz *Abc* 26.12.74, 29: Un pastor libanés que vigilaba su rebaño de cabras cayó muerto por una bala perdida procedente de un "kibbutz" fronterizo. Llorens-Roig *Tierra* 210: Han crecido las grandes ciudades: Tel-Aviv, Haifa, Elat; los campos se cultivan por comunidades agrícolas (*kibutz*). Herrero *Ya* 24.5.70, sn: ¿Los sirios atacan a nuestros kibutzs desde las alturas de Golán? M. Calvo *Ya* 26.6.74, 7: A comienzos de 1966 había 156 empresas industriales en la mitad de los 230 "kibbutzim" del país.

kick-starter (*ing; pronunc corriente,* /kík-estárter/; *pl normal, ~s*) *m* (*Mec*) Mecanismo de arranque de una motocicleta, que se acciona con el pie. | APaz *Circulación* 263: Unido a la caja de cambios, va el mecanismo de puesta en marcha del motor (arrancador o "kick-starter").

kíe *m* (*jerg*) Jefe de una mafia carcelaria. | *Ya* 4.4.87, 24: Con una buena clasificación se evitarían, en parte, las coacciones de los que en el argot penitenciario denomina[mos] "kíes", los jefes de las mafias que se dedican a robar a los internos.

kieselguhr (*al; pronunc corriente,* /kíselgur/; *tb con la grafía* **kieselgur**) *m* (*Mineral*) Roca silícea formada por acumulación de caparazones de diatomeas fósiles. | *Jaén* 113: Existen criaderos de plomo, .. minas de trípoli o kieselguhr. Aleixandre *Química* 113: El trípoli, tierra de infusorios, kieselgur, etc., son otras tantas variedades de sílice amorfa.

kif, **kifi** → QUIF, QUIFI.

kikirikí → QUIQUIRIQUÍ.

kiko *m* Grano de maíz tostado y salado. *Normalmente en pl.* | Azúa *Diario* 177: ¿De verdad os apetece una copita? .. ¿Queréis también unos kikos?

kikongo *m* Lengua bantú hablada en el Congo, Zaire y zonas limítrofes. | *D16* 19.1.88, 48: Este acontecimiento cultural de indudable importancia interesará sobre todo a quienes sientan irreprimible deseo de aprender el bubi, el fang, el chino, el japonés, el kikongo.

kikuyo *adj* Kikuyu. *Tb n.* | J. Maestre *Inf* 29.1.75, 17: Estadísticas oficiales reconocen que ha pasado por el estado de detención un 15 por 100 de la población kikuyo. Llega [Jomo Kenyatta] a marchar a Inglaterra para hacer valer los derechos de los kikuyos sobre las tierras desposeídas. RAdrados *Lingüística* 101: Uno de estos "grupos" [de consonantes] es interpretado como un fonema cuando .. está en distribución complementaria o en variación libre con un fonema claramente simple (así *mb* y *b* en kikuyo).

kikuyu (*tb* **quicuyú**) **I** *adj* **1** De un pueblo negro de habla bantú habitante de Kenia. *Tb n, referido a pers.* | M. Bastos *SYa* 11.10.70, 3: Fueron estos kikuyus, sin embargo, los que crearon el Mau-Mau .. Los masais .. desprecian el bienestar kikuyu. P. Maisterra *Van* 11.4.71, 39: Beben gin con los hombres kikuyus que antes fueron guerrilleros mau--maus y que hoy visten esmoquin blanco y zapatos de charol.
II *m* **2** Lengua bantú de los kikuyus. | Moreno *Lenguas* 49: Lenguas bantúes: .. quicuyú (Kikuyu). Moreno *Lenguas* 52: El quicuyú lo habla la tribu más grande de Kenya (3 millones y medio de personas).

kilataje, **kilate** → QUILATAJE, QUILATE.

kilim (*turco; pronunc corriente,* /kílim/; *pl normal, ~s*) *m* Alfombra tejida y sin pelo, de Turquía o de otros países de Oriente. | *SYa* 12.8.90, 7: Guía para viajar a Estambul .. Compras. Alfombras para todos los gustos y de todos los tipos, tapices y los llamados *kilims*, alfombras de reducidas dimensiones. *SVoz* 11.11.90, 8: Konstantino. Especialista en Alfombras y Kilims Orientales.

kilo (*tb, raro, con la grafía* **quilo**) **I** *m* **1** Kilogramo. | Arce *Testamento* 78: Ahora nadie quería que los demás se enterasen de cuántos chorizos en manteca habían sacado del cerdo, ni los kilos de morcilla o de tocino. Aldecoa *Gran Sol* 50: Manuel Espina lo sopesó. –Hará siete quilos.
2 (*col*) Millón de pesetas. | C. Rojas *Inf* 24.5.79, 25: Otra corrida de presupuesto alto, si tenemos en cuenta los tres kilos y medio que se llevaba Paquirri. Tomás *Orilla* 293: –¿Sabes cuánta pasta se llevó el menda? .. Dos kilos.– .. El abogado dijo entonces que había sacado medio kilo al oro.
3 un ~. (*col*) Gran cantidad [de algo]. | * Tengo un kilo de cosas que hacer.
II *loc adj* **4 de a ~.** (*col*) De mucha gravedad o envergadura. | Diosdado *Olvida* 63: Yo he sido, de siempre, un mestizo. Y las he pasado de a kilo, como todos los mestizos.
III *loc v* **5 entrar pocos en ~.** Entrar pocos en docena (→ DOCENA). | Delibes *Cinco horas* 19: Don Mario era un hombre cabal, y hombres cabales entran pocos en kilo.

kilo- (*tb, raro, con la grafía* **quilo-**) *r pref* Mil. Antepuesta a ns de unidades de medida, forma compuestos que designan unidades mil veces mayores. | *Por ej: Unidades* 37: Factor por el que se multiplica la unidad: 1.000 = 10^3. Prefijo: kilo. Símbolo: k.

kilobit – kindergarten

kilobit (*pl normal*, ~s) *m* (*Informát*) Unidad equivalente a mil bits. | RJiménez *Tecnologías* 15: Las memorias más corrientes guardan 64.000 bits –un bit es la unidad de información– o 64 kilobits.

kilobyte (*pronunc corriente*, /kilobáit/ o /kilobíte/) *m* (*Informát*) Unidad equivalente a 1.024 bytes. | Al. Gómez *Ya* 31.1.90, 56: La máquina, del tamaño de una tradicional agenda de bolsillo, tiene 32 KiloBytes [*sic*] de memoria.

kilocaloría *f* (*Fís*) Unidad de energía térmica equivalente a la cantidad de calor necesaria para elevar la temperatura de un kilogramo de agua en un grado centígrado, de 14,5° a 15,5°, a la presión normal. | Bustinza-Mascaró *Ciencias* 52: Kilocaloría es la cantidad de calor necesario para elevar un grado la temperatura de un kilogramo de agua.

kilociclo *m* (*Fís*) Unidad de frecuencia equivalente a mil ciclos. | Mingarro *Física* 177: La frecuencia se expresa en ciclos y en kilociclos; estos, equivalentes a 1.000 ciclos.

kilográmetro *m* (*Fís*) Unidad de trabajo mecánico capaz de levantar un kilogramo a un metro de altura. | Alvarado *Anatomía* 124: El trabajo que realiza un adulto con el simple caminar de un día equivale a 38.000 kilográmetros, es decir, es igual al que realizaría levantando 38 Tm a un metro de altura.

kilogramo *m* Unidad de peso equivalente a mil gramos. | Bernard *Salsas* 95: 1 kilogramo de tomates rojos y frescos. **b)** ~ **masa.** (*Fís*) Unidad de masa equivalente a la de 1 dm³ de agua a la temperatura de 4 °C. | Marcos-Martínez *Física* 16: La unidad [de fuerza] más empleada corrientemente es el kilogramo-peso, modernamente llamado kilopondio, que es el peso del kilogramo-masa .. al nivel del mar y en nuestra latitud. **c)** ~ **peso.** (*Fís*) Kilopondio. | Marcos-Martínez *Física* 16: La unidad [de fuerza] más empleada corrientemente es el kilogramo-peso, modernamente llamado kilopondio, que es el peso del kilogramo-masa .. al nivel del mar y en nuestra latitud.

kilohercio *m* (*Fís*) Unidad de frecuencia, equivalente a mil hercios. | * Emite en una frecuencia de 1.390 kilohercios.

kilohertz (*pl invar*) *m* (*Fís*) Kilohercio. | Catalá *Física* 36: También se usan los múltiplos Kilo y Megahertz, equivalentes al Kilociclo o Megaciclo por segundo, respectivamente.

kilolitro *m* Unidad de capacidad equivalente a mil litros. | Gironza *Matemáticas* 11: Las unidades secundarias [de capacidad] son el decalitro, hectolitro, kilolitro.

kilometraje *m* Distancia medida en kilómetros [1]. | *Pue* 20.1.67, 10: Los demás servicios se calcularán sobre el kilometraje correspondiente al recorrido.

kilométrico -ca *adj* **1** De(l) kilómetro. | Marcos-Martínez *Física* 8: Anotemos el tiempo que tarda [el tren] en pasar entre cada dos mojones kilométricos de los que se hallan al borde de la vía.
2 [Distancia] que se mide en kilómetros. *Tb fig*. | *Agenda Practik 1990* 6: Distancias kilométricas entre capitales de provincia. * La distancia entre ambos es kilométrica.
3 Que mide kilómetros. *Frec fig, ponderando longitud o duración.* | *MHi* 2.64, 46: Desde el altísimo barandal del piso .. se ve un Madrid kilométrico, por donde van y vienen los coches como bichitos. FSantos *Hombre* 101: Yo hacía la ruta de Corcubión cuando me la encontré: una vaca kilométrica. *Ciu* 1.8.75, 7: Más viajeros se unen a la protesta .. La cola se va haciendo kilométrica. *Van* 20.3.75, 53: Un proceso político, .. agravado, en fin, con la sospechosa y kilométrica confesión .. del propio barón de Rais.
4 [Billete ferroviario] que autoriza a recorrer cierto número de kilómetros en un plazo dado. *Frec n m.* | *Gac* 11.5.69, 78: Renfe le ofrece un kilométrico con descuentos especiales.

kilómetro (*tb, raro, con la grafía* **quilómetro**) *m* **1** Unidad de longitud equivalente a mil metros. | Laforet *Mujer* 37: Sentado al volante del gran coche americano .., que devoraba los kilómetros, Antonio se sintió poderoso y aliviado. Ferres-LSalinas *Hurdes* 41: –Ya le dije, a lo mejor veinte quilómetros pa una sola carta... –repite el cartero.
2 ~ **cuadrado.** Unidad de superficie equivalente a la de un cuadrado cuyo lado mide un kilómetro [1]. | Zubía *España* 229: Tiene [España] una densidad de 58 habitantes por kilómetro cuadrado.
3 ~ **cúbico.** Unidad de volumen igual al de un cubo cuya arista mide un kilómetro [1]. | Gironza *Matemáticas* 11: Las unidades secundarias [de volumen] se llaman decámetro cúbico, hectómetro cúbico, kilómetro cúbico y miriámetro cúbico, para los múltiplos.

kilopondímetro *m* (*Fís*) Kilográmetro. | Marcos-Martínez *Física* 36: Un kilopondímetro equivale a 9,8 julios.

kilopondio *m* (*Fís*) Unidad de fuerza que equivale a la fuerza con que que la masa de un kilogramo es atraída por la Tierra. | Marcos-Martínez *Física* 25: Descomponer una fuerza de 12 kilopondios en otras dos iguales entre sí que formen ángulo recto.

kilotón *m* (*Fís*) Unidad de potencia equivalente a la energía desprendida por una carga de mil toneladas de trinitrotolueno. *Se emplea para expresar la potencia de bombas o proyectiles nucleares.* | DVillegas *MHi* 12.57, 21: La nueva métrica de la destrucción en masa nos habla de "kilotones". C. Taibo *Inde* 29.9.91, 3: Un buen número de kilotones será conservado en la cabeza de los misiles estratégicos.

kilotonelada *f* (*Fís*) Kilotón. | *Van* 19.3.72, 5: El ingenio nuclear .. tenía una potencia entre 20 y 200 kilotoneladas, o el equivalente entre 20.000 y 200.000 toneladas de "TNT".

kilotónico -ca *adj* (*Fís*) De(l) kilotón o de (los) kilotones. | MCampos *Abc* 18.3.73, 3: Hablan de armas tácticas –o kilotónicas tan solo– al tratar de cómo empezará la guerra entre los dos pactos de ideología contraria.

kilovatio *m* **1** Unidad de potencia eléctrica equivalente a mil vatios. | Marcos-Martínez *Física* 37: Por ser este [el vatio] pequeño, se emplea corrientemente un múltiplo suyo llamado kilovatio. W. Mier *MHi* 11.63, 27: Tampoco Mallorca se quedó manca a la hora de producir kilovatios, levantar fábricas.
2 ~ **hora.** Unidad de energía o de trabajo que equivale al trabajo efectuado en una hora por una máquina cuya potencia es de un kilovatio. | *Alc* 31.10.62, 21: El consumo actual de energía eléctrica, en kilovatios-hora, es de 2.940.000.

kilovoltio *m* (*Electr*) Unidad de diferencia de potencial o de fuerza electromotriz que equivale a mil voltios. | *BOE* 14.8.68, 12076: Esta Dirección General de la Energía .. ha resuelto: Autorizar a "Compañía Sevillana de Electricidad, S.A." el establecimiento de una línea de transporte de energía eléctrica, trifásica, tensión 220 kilovoltios.

kilowatt (*pronunc corriente*, /kilobát/; *tb con la grafía* **kilowat**; *pl normal*, ~s) *m* (*Fís*) Kilovatio. | Catalá *Física* 89: En el sistema Giorgi la unidad de potencia es el watt .., utilizándose también su múltiplo, el kilowatt = 1.000 watts.

kilt (*ing; pronunc corriente*, /kilt/; *pl normal*, ~s) *m* Falda corta, a cuadros y plisada, que forma parte del traje nacional escocés de hombre. | M. G. SEulalia *HLM* 23.5.77, 18: Los vecinos europeos buscan el "kilt" no por lo que conserve de emblema, sino por la alegría de su estampación. **b)** Falda femenina igual o semejante al kilt. *Tb* FALDA ~. | GHortelano *Momento* 587: Sagrario, en blusa escarlata y cortísima falda kilt, llevaba al cuello, sujetos por una cinta, unos carnosos labios de metal dorado.

kimberlita *f* (*Mineral*) Roca intrusiva dentro de la cual se encuentran diseminados los diamantes. | Artero *Inerte* 46: Existe todavía una tercera clase de roca que parece derivada directamente del manto, y es la kimberlita, de composición próxima a la peridotita .., muy estudiada a pesar de su escasez porque en su seno se encuentran diamantes.

kimono → QUIMONO.

kinder (*pronunc corriente*, /kínder/; *pl normal, invar*) *m* (*col*) Kindergarten. | *Día* 23.9.75, 27: Inglés diario. Todos los cursos, desde kinder hasta E.G.B. y Superior.

kindergarten (*al; pronunc corriente*, /kindergárten/; *pl normal, invar*) *m* Jardín de infancia. | Umbral *Españolas* 235: El *kindergarten* es una cosa europea, aséptica, aburrida, donde el niño aprende a contar manejando bolas de colores, y dice buenos días en inglés al mismo tiempo que en castellano. *País* 15.9.76, 15: Kindergarten Rosamar ..

Niños de 2 meses a seis años. Español-inglés (profesorado nativo).

kinesiología, kinesiterapia → QUINESIOLOGÍA, QUINESITERAPIA.

kinetoscopio *m (hist)* Aparato, precursor del cinematógrafo, que permite la proyección de fotografías tomadas a intervalos muy breves y cuyo paso rápido da la impresión de movimiento. | M. Segura *SInde* 12.8.90, 23: En las primeras salas se pueden ver los juguetes ópticos –mutoscopios, kinetoscopios, fenitoscopios– basados en el fenómeno, ya conocido en el siglo XVIII, de la persistencia retiniana.

king size *(ing; pronunc corriente,* /kín-sáis/*) adj* De tamaño extra o superior al normal. *Gralm referido a cigarrillos. Tb (humoríst), referido a otras cosas.* | C. García *Ya* 16.10.89, 15: Arrabal, como no se entera, se presentó con un "tablón de tamaño natural –"king-size", si me apuran ustedes– y así no va a llegar a ninguna parte.

kiosco, kioskero, kiosko, kiosquero → QUIOSCO, QUIOSQUERO.

kipa *(hebr; pronunc corriente,* /kipá/*) f* Casquete usado por los varones judíos para orar. | *País* 1.4.92, 1: Don Juan Carlos, que se puso en la cabeza la *kipa* (birrete de la liturgia judía), rindió "homenaje a la fortaleza de espíritu" de los sefardíes.

kirguís *(tb* **kirguiz** *o* **quirguiz***) adj* De un pueblo de Asia central que habita pralm. en Kirguisia o Kirguisistán (república de la antigua URSS). *Tb n, referido a pers.* | C. Rivas *DCu* 2.8.64, 5: Esa represalia masiva .. no gustaría a nadie, pero menos aún gustaría a lo mejor de nuestro mundo europeo una victoria roja con armas normales y la consiguiente ocupación por cosacos y kirguises. *Abc* 9.6.90, 7: Uzbekos y kirguises, al borde de la guerra. J. LClemente *SAbc* 18.10.70, 34: "El primer maestro" es su primera película, rodada con cinco actores profesionales y un grupo de quirguizes, que han colaborado en la interpretación natural de sus propios papeles.

kirguizio -zia *adj* Kirguís. *Tb n.* | A. Sotillo *Abc* 9.6.90, 28: Dentro de Uzbequistán .. la situación podría ser especialmente peligrosa en la región de Andizhan, dado que en ella viven unos 70.000 Kirguizios que podrían convertirse en víctimas de pogroms raciales. **b)** De Kirguizia o Kirguizistán (república de la antigua URSS). | *Ya* 11.6.90, 46: Concentración de protesta en la capital kirguizia .. El último balance oficial de víctimas tras los enfrentamientos entre kirguizios y uzbekos asciende a 115 muertos y 468 heridos.

kirguizo -za *adj* Kirguizio. *Tb n.* | L. Guerrero *Ya* 6.6.90, 47: Once personas murieron y 210 resultaron heridas ayer en enfrentamientos entre kirguizos y uzbecos en la ciudad de Osh, situada en la república centroasiática de Kirguizia, cerca de la frontera con Uzbekistán.

kirie *(tb con la grafía* **kyrie** *o* **quirie***) m (Rel catól) En la misa:* Invocación que se hace a Dios después del introito. *Frec en pl. Tb la música con que se canta.* | ASáez *Abc* 18.12.70, 21: El Santo, por "cartageneras"; los Kiries, por "mineras"; la plegaria de la Comunión, por "tarantas". P. Darnell *VNu* 13.7.74, 27: Nos dejó [Vivaldi] bellísimas muestras de música religiosa: Kyrie, Gloria, salmos, motetes, etc.

kirsch *(al; pronunc corriente,* /kirs/*) m* Aguardiente extraído de las cerezas. | Mayte *Cocina* 301: Sandías al Licor. Ingredientes y cantidades para 6 personas. 1 Sandía. 2 Copas de Cointreau. 1 Copa de Kirsch. 3 Cucharadas de azúcar.

kiswahili *(pronunc corriente,* /kiswaxíli/*) m* Lengua bantú usada como lengua franca en África oriental y el Zaire. | J. M. Rabaneda *SYa* 20.7.92, V: Aunque las indicaciones y los contenidos de todos los pabellones se muestran en español e inglés, los visitantes pueden también escuchar el urdú de Pakistán, el siamés de Thailandia, el kiswahili de Kenia o el singalés de Sri Lanka.

kit *(ing; pl normal,* ~s*) m* **1** Juego de piezas prefabricadas para armar o montar un objeto. | *Abc Extra* 12.62, 47: Los "kits", conjuntos para montar, para hacer armazones, el mejor medio para aprender jugando. *MCr* 9.65, sn: Electricidad .. La enseñanza se complementa con el envío de valiosos kits para prácticas, experiencias y ensayos.

2 Juego, o conjunto de objetos destinados al mismo uso. | *Prospecto* 2.93: Continente .. Kit tacos, tornillos y brocas "Black Decker", 2.325.

kitchenette *(ing; pronunc corriente,* /kičenét/*) f En un apartamento o un estudio:* Pequeño espacio destinado a cocina en un ángulo del cuarto de estar. | *Abc* 22.3.74, 2: Conjunto residencial Málaga .. Apartamentos con salón-comedor, terraza, dormitorio, baño completo y kitchenette.

kitsch *(al; pronunc corriente,* /kič/*; pl invar)* **I** *m* **1** Estética cursi, amanerada o pretenciosa, y de gusto popular o pasado de moda. | Aranguren *Erotismo* 28: La estética al alcance de todos –amanerada, fácil, de *Kitsch*– por un lado, el aburguesamiento de la sociedad de masas por otro, constituyen contrapesos muy eficaces del erotismo desenfrenado. Moix *Des* 12.9.70, 12: Vive [Pasolini] .. en ese prodigio de *kitsch* fascista llamado EUR que organizó Mussolini para mayor gloria de sus pedanterías imperiales.

II *adj* **2** De(l) kitsch o lo que lo implica. | Pániker *Testamento* 189: El Tibidabo era ya ese conjunto kitsch que todo el mundo sabe.

3 Pasado de moda. | Delibes *Voto* 118: Que nos está usted hablando de la época del Diluvio, señor Cayo, hágase cuenta, de que se nos ha quedado usted un poquito kitsch. Umbral *País* 9.4.83, 20: Tampoco vamos a hacer aquí, ahora, una égloga de la huelga, porque quedaría decimonónica, retórica, kitsch.

kivi[1] *m* Kiwi[1]. | * El kivi se cultiva en España desde hace años.

kivi[2] *m* Kiwi[2]. | Bustinza-Mascaró *Ciencias* 198: Algunas aves hay que, como el avestruz, tienen el esternón sin quilla, carecen, por tanto, de pechuga y no pueden volar. Tales son: el ñandú, .. el kivi, de Nueva Zelanda.

kiwi[1] *(pronunc corriente,* /kíbi/ *o* /kíwi/*) m* Planta trepadora de fruto oblongo con pulpa verde y sabor ligeramente ácido *(Actinidia chinensis). Frec su fruto.* | M. C. Cespedosa *SD16* 26.7.85, VII: El kiwi es fácil de cultivar en cualquier jardín. *Agenda CM* 12: El kiwi aporta más vitamina C que el limón u otros cítricos.

kiwi[2] *(pronunc corriente,* /kíbi/ *o* /kíwi/*) m* Ave corredora de Nueva Zelanda, de pequeño tamaño y alas rudimentarias *(Apteryx australis).* | Navarro *Biología* 309: Entre las aves están la cacatúa, pájaro lira, ave del paraíso y corredoras como el casuar y el kiwi.

kleenex *(n comercial registrado; pronunc corriente,* /klíneks/ *o* /klínes/*; pl invar)* **m** **1** Pañuelo desechable de celulosa. | GHortelano *Momento* 36: Si te quedas los tres cuartos [de hora], no le dejas a Mary .. ni los kleenex. MGaite *Nubosidad* 170: Soledad me tiende un kleenex. Berlanga *Gaznápira* 136: Los tíos, como los kleenex: se usan y se tiran.

2 Cosa que se usa y se tira. *Frec en aposición.* | Diosdado *Anillos* 2, 192: No tan fácil librarse de mí. Hija de mi madre, pensado, abro en canal. Hija de mi madre, no *kleenex*. *SAbc* 19.6.92, 1: Boom de la literatura kleenex. *SAbc* 19.6.92, 20: En los últimos cinco años, se han multiplicado en las librerías españolas los libros "kleenex".

kmer → KHMER.

knesset *(hebr; pronunc corriente,* /néset/*; tb con la grafía* **kneset***) f* Parlamento del Estado de Israel. *Tb su sede.* | *País* 17.5.77, 4: Rafi .. constituyó, a pesar de estar en minoría en la Knesset, el Gobierno de Unión Nacional. C. Rica *SYa* 3.4.77, 20: La Kneset es un sencillo edificio, símbolo de la soberanía judía en tierras antaño prometidas por Yahvé.

knock-down *(ing; pronunc corriente,* /nokdáun/*; pl normal,* ~s*) m (Boxeo)* Estado del boxeador derribado, pero no puesto fuera de combate. | *As* 9.12.70, 19: Tercer knock-down del argentino en el decimoquinto round.

knock-out *(ing; pronunc corriente,* /nokáut/*; pl normal,* ~s*) (Boxeo)* **I** *m* **1** Fuera de combate (derrota por haber permanecido derribado más de 10 segundos). | F. Vadillo *Mar* 2.7.59, 10: Sus puños de auténtico puncheur salpican de knock-outs su récord.

II *loc adv* **2** Fuera de combate (en derrota por haber permanecido derribado durante más de 10 segundos). *Frec*

know-how – kris

con los vs DEJAR *o* QUEDAR. | * En el quinto asalto le dejó knock-out.

know-how (*ing; pronunc corriente,* /nóu-χau/; *pl normal,* ~s) *m* Conocimiento o pericia. | C. RTembleque *SYa* 16.4.89, 30: Las operaciones de fusiones y adquisiciones en España están sujetas a una serie de peculiaridades específicas .., que .. exigen la intervención de un experto con base en España y que aporte un "know how" que vaya más allá del puro asesoramiento financiero.

knut (*ruso; pronunc corriente,* /nut/) *m* Látigo de tiras de cuero terminadas en ganchos o bolas de metal. *Tb el castigo infligido con él.* | *Ama casa 1972* 285: 13 de mayo de 1846: Se suprime en Rusia la pena del "Knut".

k.o. (*sigla; pronunc corriente,* /káo/) (*Boxeo*) **I** *m* **1** Knock-out o fuera de combate (derrota por haber permanecido derribado más de 10 segundos). *Tb fig, fuera del ámbito técn.* | A. Uroz *Inf* 24.10.69, 35: Este joven tagalo se ha encerrado en el ring con distintos contrincantes en 32 ocasiones y ha salido victorioso en 20 (cinco de ellas por "k.o."). Fieramosca *Ya* 9.12.88, 48: Ya son varias las ocasiones en que el Gobierno de Felipe González pareció al borde del K.O. o, cuando menos, vencido a los puntos. **b)** ~ **técnico.** Derrota decretada por el árbitro por inferioridad física manifiesta. | *Inf* 12.12.70, 32: Saldívar ("k.o." técnico) pierde el mundial de los plumas ante Shibata.
II *adv* **2** Knock-out o fuera de combate (en derrota por haber permanecido derribado más de 10 segundos). *Tb fig, fuera del ámbito técn. Frec con los vs* DEJAR *o* QUEDAR. | * Le dejó k.o. en el primer asalto. * Me dejó k.o. con aquella pregunta.

koala *m* Mamífero marsupial arborícola semejante a un oso pequeño, propio de los bosques de eucaliptos de Australia (*Phascolarctos cinereus*). | *Ya* 29.1.86, 2: "Golara", uno de los pocos koalas albinos que existen en el mundo, ha sido adoptado por una hembra de seis años, con la que comparte "cautiverio" en el zoo de San Diego.

kobudo *m* (*Dep*) Artes marciales clásicas japonesas. | *Abc* 29.8.83, 39: Últimamente se está intentando introducir en nuestro país una nueva modalidad de las artes marciales: el kobudo.

kodak (*n comercial registrado; pronunc corriente,* /kódak/) *f* (*tb, raro, m*) Máquina fotográfica pequeña. | Cossío *Confesiones* 212: Arturo Casanueva, abogado y escritor, envuelto en un capote militar de la Legión Extranjera, con un kodak en una mano y una máquina de escribir en la otra. SDíaz *NAl* 7.3.81, 15: Día a día, no cuenta, con prosa sencilla y koda[k] en bandolera, sus visiones y andanzas de excursionista nato enamorado de la Naturaleza. [*En el texto,* kodac.]

kodiak (*ing; pronunc corriente,* /kódiak/; *pl normal,* ~s) *m* Oso marrón de gran tamaño, propio de Alaska (*Ursus arctos*). | *SArr* 27.9.70, 5: El mejor zoo de Europa, en Madrid. Fauna norteamericana: .. Bisontes americanos .. Wapitis .. Kodia[k]. [*En el texto,* kodiac.]

koiné (*tb, raro, con la grafía* **coiné**) *f* (*Ling*) Lengua estándar común a varios territorios en que se hablan lenguas o dialectos locales. | LGarcía *Desarraigados* 43: Si el castellano no necesitó desgajar una *koiné* meridional de índole unificadora, es porque él mismo y la constituía una *koiné* de dicho tipo. Lázaro *Lengua* 1, 10: La lengua como coiné.
b) (*hist*) Lengua griega hablada y escrita comúnmente en los territorios del Mediterráneo oriental en la época helenística y romana. | Villar *Lenguas* 123: Poco a poco esta lengua de Atenas se convirtió también en la lengua común de todo el mundo griego: la *koiné*. Estébanez *Pragma* 41: En época romana la Koiné se utilizó como lengua de cultura.

kola → COLA³.

koljós *m* Explotación agrícola colectiva propia del sistema soviético. | Cela *SCamilo* 314: Cree en el control de la natalidad y en los koljoses de campesinos.

koljosiano -na *adj* De(l) koljós. *Tb n, referido a pers.* | *SPaís* 1.9.91, 6: Los excedentes que logran los agricultores son los que comercializan en los llamados mercados koljosianos.

kongoni *m* Cierto antílope africano (*Alcelaphus buselaphus*). | *SArr* 27.9.70, 5: El mejor zoo de Europa, en Madrid .. Fauna africana: .. Camello africano .. Antílope, caballo y Kongoni.

kopek (*ruso; pronunc corriente,* /kopék/; *pl normal,* ~s) *m* Moneda rusa que vale la centésima parte de un rublo. | *Gac* 11.5.69, 65: Compré mi primer libro sobre el ajedrez ahorrando un kopek sobre otro kopek.

kora *f* Instrumento músico de 21 cuerdas, semejante al arpa, propio de África occidental. | M. GMartínez *Ya* 26.4.89, 50: Allí conoció los cantos y aprendió a tocar la *kora*, instrumento *griot* por excelencia.

kore (*gr; pl normal,* KORAI) *f* (*Arte*) Escultura de mujer joven del arte griego arcaico. | Angulo *Arte* 1, 97: Donde mejor puede seguirse la etapa inicial del largo período de aprendizaje que es el arcaísmo es en las estatuas de atletas, o *kuroi* –en singular *kuros*–, y en las de muchachas, o *korai* –en singular *kore*–. Tejedor *Arte* 38: También arcaicas y ya en piedra fueron los Apolos, acaso divinizaciones de atletas vencedores, y las *Kores* o jóvenes atenienses.

kosher (*ing; pronunc corriente,* /kóʃer/; *pl normal,* ~s) *m* Comida preparada de acuerdo con la ley mosaica. | *Ya* 2.11.91, 7: En el mismo avión que trasladó a Israel a Isaac Shamir había llegado a Madrid el "kosher" .. que la delegación israelí que asiste a la Conferencia de Paz tomará hoy en la fiesta del "shabat".

kostka *m* Muchacho de la congregación seglar mariana de San Estanislao de Kostka, dependiente de la Compañía de Jesús. | GSerrano *Macuto* 671: Hernández, un virtuoso de la abstinencia, casi un "kostka" del buró central, no había leído, sin duda por penitencia, aquel salmo publicado en *Leviatán* para uso de marxistas.

kraft *adj invar* [Papel] de embalaje muy resistente, de color amarillento o pardo y lustrado por una cara o por las dos. *Tb se dice de la pasta con que se fabrica este papel.* | GTelefónica *N.* 406: Almacén de papeles de embalajes. Manila. Kraft. Sedas y parafinados. *Voz* 8.11.70, 3: Salió [del puerto]: "Alfonso IV", con pasta kraft.

kraker (*neerl; pronunc corriente,* /kráker/; *pl normal,* ~s) *m* y *f* Pers. que ocupa ilegalmente una vivienda vacía. | *Ya* 21.11.82, 1: Vuelven a producirse en Madrid asaltos a viviendas por el procedimiento de la "patada a la puerta" .. Recientemente estuvo en España un grupo holandés de "krakers" explicando sus sistemas de actuación.

krausismo *m* Doctrina del filósofo alemán Karl Christian Friedrich Krause († 1832), de tendencia panteísta y racionalista, de gran influjo en la ética y el pensamiento de los intelectuales españoles de la segunda mitad del s. XIX. | *Ya* 6.3.75, 43: A mediados del siglo XIX surge en España el krausismo, movimiento espiritual-filosófico, casi religioso.

krausista *adj* De(l) krausismo. | Ferreras *Lit. española* 3, 398: Sanz del Río publicó sus primeras obras krausistas en 1860. **b)** Adepto al krausismo. *Tb n.* | DPlaja *Literatura* 468: Los krausistas. A mediados del siglo XIX un profesor español, Julián Sanz del Río, introdujo entre nosotros las teorías de un mediocre filósofo alemán, Krause, que consistían en un vago panteísmo racionalista.

kremlinología *f* (*Pol*) Estudio o conocimiento especial de la política soviética. | Marsé *Montse* 57: Había .. expertos en cuestiones vaticano-conciliares y en marxismo, en kremlinología y en sociología postecuménica.

kremlinólogo -ga *m* y *f* (*Pol*) Especialista en kremlinología. | *Sp* 19.4.70, 30: El ejemplo máximo seguiría siendo la deposición de Kruschef .., que sorprendió a muchos kremlinólogos de Occidente.

krill (*ing; pronunc corriente,* /kril/; *tb con la grafía nor o ing* **kril**) *m* Conjunto de crustáceos planctónicos parecidos al camarón, que constituyen el principal alimento de las ballenas. *Tb cada uno de ellos.* | *SAbc* 10.8.80, 45: El Krill está formado de pequeños crustáceos del género "Euphasia Superba". Á. L. Calle *País* 3.8.78, 13: El acuerdo .. está hecho pensando casi exclusivamente en una sola especie marina. Se trata del *krill*, un pequeño crustáceo, parecido al camarón .. El krill (que significa en noruego *pequeño pez*) ha constituido durante milenios el alimento básico de las ballenas.

kriptón → CRIPTÓN.

kris → CRIS.

krugerrand (*pronunc corriente,* /krúgeřand/; *pl normal,* ~s) *m* Moneda de oro sudafricana con la efigie del presidente Kruger († 1904), valorada como inversión. | *Abc* 29.9.82, 54: Krugerrand: Su inversión de oro. Krugerrand contiene una onza troy (unidad internacional de cotización del oro).

kudú, kudu → CUDÚ.

kulak (*ruso; pl normal,* ~s) *m* Campesino ruso terrateniente, que trabaja sus tierras en su propio provecho. *Tb fig.* | *Ya* 5.12.90, 14: Según encuestas realizadas en la propia URSS, el 83% de los trabajadores de las granjas colectivas –los "koljoses"– y el 88% de los especialistas agrícolas se oponen a esta experiencia, seguramente con la memoria histórica puesta en las matanzas de campesinos acomodados –los "kulaks"– de los años 30. Torrente *Señor* 297: ¡Los grandes *kulaks*! ¡Ya lo creo! El juez, el boticario, el mandamás del pueblo, y aquí, don Lino, si se digna acompañarnos.

kulan *m* Asno salvaje de las estepas de Asia central (*Equus hemionus*). | N. Rubio *Abc* 29.10.72, 48: ¿De qué sirve que los niños y las personas mayores conozcan un kulan o un coatí si desconocen una comadreja o una nutria?

kultrún → CULTRÚN.

kumité *m* (*Dep*) *En kárate:* Asalto convencional que sirve para aprender a captar y aprovechar la ocasión a través del entrenamiento constante. | *YaTo* 2.12.80, 49: Han intervenido karatecas [sic] de 47 países, con dominio de España en la competición de kumité y de Japón en katas.

kummel → CÚMEL.

kung-fu (*chino; pronunc corriente,* /kun-fú/) *m* Arte marcial chino, semejante al kárate. | Pozuelo *Tri* 24.11.73, 20: El buen cura llevaría, además de su breviario, un manual de "kung-fu" .. El "kung-fu" es un arte pacifista de la defensa. L. Pancorbo *Ya* 6.2.75, 6: Nunca se han visto tan concurridos los gimnasios donde se aprende judo, karate, kung-fu.

kurdo -da (*tb con la grafía* **curdo**) **I** *adj* **1** De un pueblo, gralm. de pastores y agricultores, que habita en la región del Kurdistán o Curdistán, repartida entre Turquía, Irán, Irak, Siria, Armenia y Azerbaiyán. *Tb n, referido a pers.* | B. Mostaza *Ya* 4.7.65, 6: Irak no se ve libre del problema kurdo. C. LPiñeiro *SYa* 4.9.75, 25: Si el libanés es cristiano, puede ser católico, ortodoxo, protestante. Si es musulmán, puede ser sunnita, shiita, alauita, meteule o druso. Puede ser también curdo o judío.

II *m* **2** Idioma de los kurdos [1]. | Villar *Lenguas* 97: Aparte de estos dialectos [iranios] encontramos el kurdo, hablado en la región del Zagros, que cuenta con una literatura casi exclusivamente oral .. y presenta diversas variedades locales o regionales.

kurgan (*ruso o turco; pronunc corriente,* /kurgán/) *m* (*Prehist*) Túmulo sepulcral propio del Sur de Rusia. | Villar *Lenguas* 61: La única cultura prehistórica que puede seguir presentándose como candidata a ser considerada como la cultura proto-indoeuropea es la de los *kurganes*. El término *kurgan* es la palabra eslava que designa los túmulos característicos de dicha cultura, situada en las estepas pónticas y el Volga.

kuros (*gr; pl normal,* KUROI) *m* (*Arte*) Escultura de hombre joven del arte griego arcaico. | Angulo *Arte* 1, 97: Donde mejor puede seguirse la etapa inicial del largo período de aprendizaje que es el arcaísmo es en las estatuas de atletas, o *kuroi* –en singular *kuros*–, y en las de muchachas, o *korai* –en singular *kore*–.

kurus (*turco; pronunc corriente,* /kurús/; *pl normal, invar*) *m* Unidad monetaria turca equivalente a la centésima parte de la libra. | *EOn* 10.64, 60: Principales unidades monetarias en el mundo .. Turquía: .. Libra .. Submúltiplos .. 100 kurus.

kuskús → CUSCÚS.

kuwaití *adj* De Kuwait. *Tb n, referido a pers.* | Cela *Inf* 9.4.76, 19: Se rumorea insistentemente que le van a dar el premio Ali Ibn Al Sid Batalyawsi, preciado galardón kuwaití dotado con un millón de dólares y un diploma.

kwanza (*pronunc corriente,* /kuánθa/) *m* Unidad monetaria de Angola. | D. Pino *País* 20.8.80, 4: El kilo de maíz .. le aporta al campesino 4,5 kwanzas por kilo. Una camisa vieja cuesta cuarenta kwanzas.

kwashiorkor (*pronunc corriente,* /kuasiorkór/) *m* (*Med*) Malnutrición grave propia de los niños y jóvenes de África tropical, causada por deficiencia de proteínas. | J. M. Falero *SAbc* 29.11.70, 17: Cuando este cuadro se produce exageradamente en los niños por desnutrición proteica, se denomina kwashiorkor, alteración grave que supone un déficit considerable en la alimentación, pobre y escasa en proteínas.

kyrie → KIRIE.

L

l → ELE².

la¹ *m* Sexta nota de la escala musical. | Valls *Música* 31: Una escala integrada por siete sonidos que llamamos notas ..: do, re, mi, fa, sol, la, si.

la² → EL.

la³ → ÉL.

lab *m* (*Quím*) Fermento del jugo gástrico, que coagula la leche. | Navarro *Biología* 150: La presura o fermento lab coagula la leche (por lo que también se denomina cuajo).

lábana *f* (*reg*) Peña grande y plana. | FSantos *Hombre* 10: Los días de calor, cuando vibra la luz en los bordes candentes de las lábanas, es imposible andar.

lábaro *m* (*hist*) Estandarte de los emperadores romanos. *Se usa este n por antonomasia designando el de Constantino, en el que este emperador hizo colocar la cruz y el monograma de Cristo.* | Villapún *Iglesia* 39: Mandó hacer un estandarte, llamado "Lábaro", con la Cruz y el monograma de Cristo en griego.

labelo *m* (*Bot*) Pétalo superior de la corola de las orquídeas. | P. Ros *SYa* 30.12.84, 32: Entre los [orquídeas] más populares nos encontramos con las "flores de araña" .., donde el dibujo del labelo de la flor asemeja a este insecto.

laberínticamente *adv* De manera laberíntica. | Pemán *Gac* 23.11.75, 39: Tal como se han enredado laberínticamente los días y las horas de esta época, hay momentos en que el hombre angustiado cree estar metido en un callejón sin salida.

laberíntico -ca *adj* **1** De(l) laberinto. | * El seto formaba un entramado de tipo laberíntico. Alvarado *Anatomía* 82: Las impresiones fraguadas en las manchas estáticas y en las cúpulas dinámicas del laberinto determinan una serie de movimientos reflejos, habitualmente imperceptibles, en virtud de los cuales conservamos el equilibrio (reflejos laberínticos).

2 Que tiene carácter de laberinto [1 y 2]. *Con intención ponderativa.* | MSantos *Tiempo* 170: Un largo pasillo laberíntico. Lapesa *HLengua* 228: El período alcanza una amplitud extraordinaria, con laberíntica floración de incisos, a través de los cuales se mantiene firme, en arriesgado virtuosismo, la congruencia gramatical. FVidal *Duero* 21: El andariego .. debe .. penetrar en los mundos laberínticos de la imaginación para formularse pensamientos profundos.

laberinto *m* **1** Lugar construido con muchas calles o pasos que se entrecruzan y en el que es muy difícil orientarse y encontrar la salida. | Á. Río *Ya* 6.6.75, 53: Todavía hay barracas donde se anuncian esos enigmas de seres de ficción .. La caseta del laberinto, donde el más atrevido puede meterse y vérselas moradas para encontrar la puerta de salida. **b)** Pasatiempo que consiste en un croquis de laberinto. | G. Lorente *Abc* 9.4.67, 19: Se aprecian .. unos dibujos superpuestos que semejan los laberintos de las revistas infantiles.

2 Cosa confusa y enredada. *Gralm con intención ponderativa.* | CBonald *Dos días* 175: –Si van cien [comensales], eso le va a costar a usted como dos mil quinientas pesetas .. –Mira, no vayamos a empezar con tus cuentas, que no tengo ganas de laberintos, qué lata. CBonald *Dos días* 208: Miguel no recordaba al que lo había saludado. Repasó mentalmente los sitios donde podía haberlo visto: la barra de un bar, la tipografía, el cuarto de una venta, la oficina, la bodega, el laberinto de los hostiles días en blanco.

3 (*Anat*) *En los vertebrados:* Parte interna del oído. | Nolla *Salud* 117: Las pequeñas vesículas que constituyen el oído interno o laberinto son las siguientes: el sáculo, el utrículo, el caracol y los tres conductos semicirculares.

lab-fermento *m* (*Quím*) Lab. *A veces en aposición.* | *Antibióticos* 77: Estudio de la actividad enzimática de los caldos de tetraciclina y obtención de la enzima con acción lab-fermento.

labia *f* (*col*) Locuacidad persuasiva y graciosa. | DPlaja *El español* 136: Tiene [el español] gracia, labia, es romántico.

labiado -da *adj* (*Bot*) **1** [Corola] dividida en dos partes, una superior, formada por dos pétalos, y otra inferior, por tres. *Tb referido a la flor que tiene esta corola.* | Artero *Plantas* 70: Otro grupo [de flores] es de corola mariposada o papilionácea .. Finalmente, debe citarse la corola labiada, que da nombre a un importante grupo.

2 [Planta] dicotiledónea de flores labiadas. *Frec como n f en pl, designando este taxón botánico.* | Legorburu-Barrutia *Ciencias* 290: Otras familias importantes de plantas son: Oleáceas, como el olivo... Labiadas (contienen esencias): menta, romero, tomillo, espliego. Escobar *Itinerarios* 44: ¡Ojo con el orégano!, pues si se va la mano en esta labiada, enrancia y estropea el condimento.

labial *adj* **1** De(l) labio o de (los) labios. | *Abc* 8.9.66, 13: Debido a las férreas limitaciones a que se halla sometida la versión lingüística –traducción condicionada por la mímica y los gestos labiales–, se construye en realidad un lenguaje sincopado. **b)** Que tiene función de labio. | Bustinza-Mascaró *Ciencias* 137: El labio inferior [de las abejas obreras] está muy desarrollado y alargado formando una lengüeta central, al lado de la cual se distinguen dos palpos labiales y las dos maxilas, más cortos que la lengüeta.

2 (*Fon*) [Articulación o sonido] en que intervienen fundamentalmente los labios. *Tb n f, referido a consonante.* | Alarcos *Fonología* 76: Las consonantes velares y labiales se articulan en un resonador bucal largo e indiviso. Alarcos *Fonología* 78: Tal locus se sitúa a unos 700 ciclos para las labiales, a unos 1.800 para las dentales y a unos 3.000 para las velares.

labialidad *f* (*Fon*) Condición de labial [2]. | Alarcos *Fonología* 255: Ninguna lengua desconocedora de /f/ adopta esta por medio de una consonante laríngea; si posee oclusivas labiales aspiradas, utiliza /ph/, y si no, utiliza /p/, teniéndose, por tanto, en cuenta la labialidad y no la fricación.

labialización *f* (*Fon*) Acción de labializar. *Tb su efecto.* | Alarcos *Fonología* 80: En el segundo caso, la correlación de labialización distingue entre consonantes normales y labializadas.

labializar *tr* (*Fon*) Hacer intervenir los labios [en una articulación (*cd*)]. *Frec en part, a veces sustantivado como n f, referido a consonante.* | Alarcos *Fonología* 80: Si el timbre de la consonante normal es agudo, en la labializada correspondiente .. resulta menos agudo.

labiérnaga *f* (*reg*) Labiérnago. | Cá. Yanes *Hoy* 14.8.76, 25: Aquellos tiempos en la que la flora mayor de los alcornoques y los quejigos, las encinas y los acebuches .. en combinación con la menor de madroños y zarzales, lentiscos y labiérnagas, tejieran sus tupidos trenzados de bosque por todas partes.

labiérnago *m* Arbusto o arbolillo de hojas persistentes y flores blanquecinas, típico del bosque mediterráneo y a veces cultivado como ornamental (gén. *Phillyrea*). | Cendrero *Cantabria* 152: En las laderas de suelos silíceos con pendiente intermedia crece el encinar rodeado de muchas especies del dominio mediterráneo: laurel, madroño, labiérnago, orégano, tomillo.

lábil *adj* **1** (*lit*) Que resbala o se desliza fácilmente. | Marías *País* 14.8.77, 7: Las clases no son dos, sino muchas más, y están en fluencia, en cambio; son lábiles y se deslizan casi imperceptiblemente de una a otra, sin fronteras rígidas.
2 (*lit*) Débil. | Delibes *Parábola* 124: Observa que los lábiles tallos primitivos se han bifurcado. Delibes *Madera* 339: En contra de lo que era normal en su grado, Pita no era hombre autoritario, sino más bien lábil, tolerante, flexible con la ordenanza.
3 (*E*) Inestable. | Vega *Corazón* 59: Las hipertensiones lábiles que acaban por instalarse como esenciales sin causa descubrible. Lapesa *Comunicación* 212: A un lado tenemos la *y* abierta, lábil entre vocales (*ella > eya > ea, gallina > gayina > gaína*) de Nuevo Méjico, gran parte de Méjico, Guatemala y judeo-español. **b)** (*Quím*) [Compuesto] fácil de transformar en otro más estable. | Alvarado *Anatomía* 4: El nitrógeno se caracteriza por la labilidad de muchas de sus combinaciones, lo que le hace sumamente apropiado para formar parte de las lábiles combinaciones orgánicas.

labilidad *f* (*lit o E*) Cualidad de lábil. | GPavón *Reinado* 185: Luque Calvo parecía un hombre de campo sin asomo de labilidad. Mascaró *Médico* 61: En muchas reacciones alérgicas es posible descubrir una predisposición familiar, y, en general, se trata de individuos ansiosos, hipersensibles y con un desequilibrio o labilidad del sistema nervioso vegetativo. Alvarado *Anatomía* 4: El nitrógeno se caracteriza por la labilidad de muchas de sus combinaciones.

labio I *m* **1** Borde carnoso y móvil de la boca. | Cunqueiro *Un hombre* 12: Pese al mirar amistoso, los delgados labios no parecían dados a la sonrisa. Cela *Judíos* 76: Tiene [el viajante] la barbilla metida para dentro, el labio leporino, rojos los párpados. *SIdG* 10.8.75, 14: Visón .. Su color es castaño, con una mancha blanca en el mentón y en el labio superior.
2 Órgano del habla. *Normalmente en pl. Gralm en constrs como* NO ABRIR (*o* DESPEGAR) LOS ~S, CERRAR (*o* SELLAR) LOS ~S, *etc.* | Olmo *Golfos* 153: Cuando los labios hablan, todo sigue igual. Payno *Curso* 168: En todo el tiempo que siguieron juntos no despegó ya los labios sino para contestar y comentar lo que decía ella. Arce *Testamento* 86: Yo se lo pediré de tal forma que terminará dando gusto al labio... Me lo contará todo.
3 Borde [de una abertura, esp. de una herida]. *Tb* (*lit*) *fig*. | CBonald *Noche* 27: El viejo Leiston buscaba nerviosamente la herida entre el cabello rubicundo de su hijo .., descubriendo al fin una brecha de escasa longitud pero de labios algo abultados. X. Domingo *Cam* 11.5.81, 85: A veces, se observa la presencia de algún tipo de suciedad en la cabeza del corcho o en los labios de la botella. Cela *Pirineo* 299: A los labios del estany se levantan un refugio y un barracón. **b)** (*Anat*) Borde [de una abertura orgánica]. | *Anticonceptivo* 15: Labios mayores: rodean los órganos sexuales más delicados y los protegen. Son carnosos y verticales, y contienen por su parte interna folículos sebáceos y glándulas sudoríparas. *Anticonceptivo* 15: Labios menores: son dos pliegues colocados también verticalmente, dentro de los mayores. L. Pomar *Opi* 11.12.76, 99: Erótica canina .. En llegado el momento crítico observarán ustedes el engrosamiento de los labios vulvares y un discreto rezumar sanguinolento que se hará más copioso durante los días que siguen.
4 (*Geol*) Tramo o escalón de los dos formados en una falla. | Ybarra-Cabetas *Ciencias* 135: En toda falla hay que distinguir .. los labios de falla, o sean los dos tramos del escalón; habrá, por tanto, dos labios, uno levantado y otro hundido.
5 (*Bot*) Parte de las dos en que se dividen ciertos cálices y corolas cuya forma recuerda la de una boca abierta. | FQuer *Plantas med.* 639: Labiadas .. Salvo en las mentas .., las flores forman a manera de una boca abierta, con ambas quijadas muy separadas, llamadas labios de la corola: el labio superior, por lo común bilobulado y algo más corto que el inferior, y este trilobulado.
II *loc adv* **6 de ~s afuera.** De dientes afuera. *Tb adj*. | Torrente *DJuan* 62: Acepté, con una sonrisa, quizá con un "¡Naturalmente!" dicho de labios a fuera. Payno *Curso* 228: Miró a Darío con una semisonrisa de labios afuera.

labiodental *adj* (*Fon*) [Articulación o sonido] en que intervienen el labio inferior y los dientes incisivos superiores. *Tb n f, referido a consonante.* | Cantera *Enseñanza* 28: El francés dispone del fonema fricativo labiodental sonoro *v*, opuesto al sordo *f*.

labiovelar *adj* (*Fon*) [Articulación o sonido] en que se combinan un estrechamiento o una oclusión en el velo del paladar y un redondeamiento o de los labios. *Tb n f, referido a consonante.* | Salvador *Letra Q* 29: Yo me voy a atener al juicio de un sabio latinista, Sebastián Mariner, que cuenta la labiovelar *qu* entre los quince fonemas consonánticos latinos.

labor I *f* **1** Actividad (conjunto de operaciones o trabajos coordinados). | Aldecoa *Gran Sol* 164: Reanudaron el trabajo. Bajaron a la nevera Afá y Macario Martín. El cambio de labor les animó.
2 Operación o tarea. | Escobar *Itinerarios* 58: Hacer una sopa de ajo perfecta no es labor tan sencilla.
3 Obra no material. *Solo en sg.* | Aguirre *Galdós* 18: Sainz de Robles .. en su notable "Galdós", obra ejemplar para el conocimiento del maestro y captación de la magnitud de su labor literaria. J. L. Mingo *MMé* 15.6.87, 11: Dejando para otro día .. su labor corporativa y al frente de su querida Sección de Jubilados, hoy me voy a limitar .. a decir cómo era Joaquín Ruiz Heras.
4 Trabajo manual o artesanal, de costura, punto o encaje, hecho con hilo u otra materia semejante. *Tb la pieza en que se realiza.* | *Lab* 2.70, 25: El detalle permite apreciar el bordado de esta labor.
5 Labranza [1]. | Ortega-Roig *País* 82: El campesino .. usa una técnica de trabajo llamada barbecho: un año siembra, otro deja la tierra sin labor, otro la labra y al tercero vuelve a sembrar.
6 Operación de las requeridas en un cultivo. | *Hoy* 16.3.75, 24: Debemos tener en cuenta que normalmente cuando se empieza a regar el maíz ya no se dan labores.
7 Tierra o conjunto de tierras de labor [10]. | Lázaro *JZorra* 10: Qué iba a hacer una mujer sola con tres hijos y una labor de dos pares y medio que sacar adelante. *Alc* 24.10.70, 30: Otro trozo de tierra secano blanca, .. lindante: por el este, con el bancal del Canalizo de la labor que se adjudicó a don Gabriel Marín Lorenzo.
8 Producto de los varios de una fábrica de tabaco. | *Caso* 5.12.70, 18: Se especializan en robar estancos, cuyo contenido de labores de tabaco, timbres y efectos de comercio sigue el mismo rumbo ignorado.
9 sus ~es. (*admin*) Dedicación exclusiva de la mujer a las tareas de su propia casa. | Grosso *Capirote* 36: Su esposa Carmen García Rosales, de veintiséis años, hija de Joaquín y de Carmen, natural de Badalatosa, Sevilla, de profesión sus labores.
II *loc adj* **10 de ~.** [Tierra] destinada al cultivo. | Cuevas *Finca* 53: Unas doscientas ochenta aranzadas entre olivar y tierra de labor.
11 de ~. [Animal o aparejo] destinado a los trabajos del campo. | *Compil. Cataluña* 749: Sustituir .. las cosas que se desgasten con su uso, y entre ellas los objetos del ajuar .., utillaje, ganado, animales de labor y de cría. C. Sáez *Nar* 7.76, 13: Ante todo, se diferenciaban dos clases de aparejos: los de labor, para faenas del campo, y los propios para el paseo sobre la montura.
12 de ~. [Casa] de labranza. | * Desde la carretera apenas se ven algunas casas de labor.

laborable – labra

13 de ~. [Día] laborable. | E. GPesquera *Fam* 15.11.70, 4: Basta con que el penitente o la penitente vayan a misa en día de labor, es decir, a una misa no obligatoria.
III *loc v* **14 estar por la ~.** Ser partidario de la acción o actividad en cuestión. *Gralm en constr neg*. | DCañabate *Paseíllo* 54: Como ninguno estábamos por la labor, el publiquito se despachó a su gusto.

laborable *adj* **1** [Día] normal de trabajo. *Se opone a* FESTIVO. | *Ade* 27.10.70, 12: Todos los días laborables se celebrarán dos sesiones.
2 [Terreno] susceptible de cultivo. | F. Presa *MHi* 2.64, 45: Tendríamos .. poco más de diez pesetas de excelente tierra laborable por hectárea.

laboral *adj* De(l) trabajo o de los trabajadores. *Considerado en su aspecto económico, jurídico y social*. | Medio *Bibiana* 249: La manifestación fue organizada por los enemigos del Régimen como un acto de solidaridad con los conflictos laborales de Asturias. *YaTo* 11.9.81, 52: Argés, situado a siete kilómetros de Toledo, ve cómo todas las mañanas las tres cuartas partes de su población laboral se marcha camino de la capital. **b)** (*hoy raro*) [Enseñanza o centro de enseñanza] destinado a la formación de los alumnos para el trabajo profesional no intelectual. | *Odi* 2.7.68, 4: Realizan [las alumnas] un viaje de fin de bachillerato laboral en modalidad administrativa femenina. E. LRamos *SAbc* 29.11.70, 36: Es la Universidad Laboral de Alcalá.

laboralista *adj* [Abogado] especializado en derecho laboral. *Tb n*. | *Inf* 3.10.74, 36: Fuerzas de orden público y funcionarios de la Brigada Político-Social se presentaron en el despacho de varios abogados laboralistas de Ortega y Gasset, 43, con intención de hacer un registro. **b)** [Despacho] de abogado laboralista. | Buero *Lázaro* 93: Les instalaré el despacho laboralista en que pensaban.

laboralmente *adv* En el aspecto laboral. | *Inf* 8.5.75, 7: Los problemas económicos de los P.N.N. se solucionarán principalmente por vía de la concesión de becas de investigación en lugar de regularizar la situación laboralmente.

laborante -ta (*tb f* LABORANTE) *m y f* **1** Auxiliar de laboratorio. | MSantos *Tiempo* 208: Una laborante envuelta en bata blanca le vio llegar. *Van* 17.4.73, 83: Laboranta. 144.000 ptas. netas anuales. Se requiere: Formación a nivel de Perito Químico.
2 (*raro*) Trabajador. | *Ya* 12.2.75, 37: El nudo gordiano de la cuestión radica en las Médulas de Carucedo y aledaños, mina principal cuya reconstrucción paleomorfológica es muy difícil. Se ha manejado mucho la cifra de los 60.000 laborantes en las Médulas.

laborar (*lit*) **A** *tr* **1** Elaborar o preparar [algo] mediante el trabajo adecuado. *Tb fig*. | *SAbc* 14.10.84, 16: De ahí que muchos rehusaran a [*sic*] encargarse de laborar semejante piedra y que muchas personas achacaran a la posesión de un ópalo cualquier desgracia que pudiera ocurrirles. Acquaroni *Abc* 29.7.67, 6: En su inagotable energía polideportiva; en su resuelto encarar y laborar el porvenir, sin demasiados éxtasis ante un pasado monumental.
B *intr* **2** Trabajar [en o por algo]. *Frec referido a cosas inmateriales. Tb sin compl*. | Ero *Van* 14.11.74, 30: No era fácil encontrar en los pueblos de ruralía labradores que además de laborar en el campo tuvieran otras profesiones. Carrero *Pue* 22.12.70, 6: El Gobierno está decidido a proseguir .. el desarrollo político. En esta empresa viene laborando sin tregua. Torres *Ceguera* 76: Coro de obreros, que cantan mientras laboran.

laboratorio *m* Lugar en que se hacen experimentos, investigaciones o trabajos de carácter científico o técnico. *Normalmente con un adj o compl especificador. Sin compl, esp referido al de química*. | Laiglesia *Tachado* 87: –¿Obtuvo todas las fotografías que le encargué? –Sí .. Esta misma tarde las recibirá su laboratorio.

labordano -na *adj* Labortano. *Tb n*. | L. Galán *SPaís* 27.10.87, 8: Salvador, de 60 años de edad, contabiliza once lenguas españolas. Se trata del castellano, .. siete lenguas vascas –guipuzcoano, vizcaíno, alto navarro septentrional, alto navarro meridional, bajo navarro occidental, bajo navarro oriental, labordano–, gallego, catalán y aranés.

laborear *tr* Trabajar [algo, esp. la tierra o una mina]. *Tb abs. Tb fig*. | E. Marco *MHi* 6.60, 29: Gentes que laborean su tierra o que efectúan el vareo y ordeño de la aceituna. MReviriego *Tri* 29.12.73, 33: En un informe emitido en 1867 por tres ingenieros españoles se habla ya de la conveniencia de laborear a cielo abierto. [*En las minas de Riotinto*.]

laboreo *m* Acción de laborear. *Tb fig*. | Ybarra-Cabetas *Ciencias* 302: Muchos y variados son los aspectos de esta intervención humana que fundamentalmente van dirigidos a la preparación mecánica del suelo para que sirva de soporte a los vegetales –laboreo del suelo–. FQuintana-Velarde *Política* 125: Estas [las minas de plata] son objeto de activo laboreo en conexión con la potencia económica entonces más fuerte, Bizancio. GNuño *Escultura* 168: Otras pervivencias y herencias .. se refieran a las condiciones técnicas del laboreo de la piedra. GNuño *Escultura* 141: De los metales, se labraba el hierro con abundancia, y solo en el Noroeste se añadían los laboreos de los preciosos. Huarte *Diccionarios* 115: Se pone especialmente en evidencia la carencia de laboreo propio cuando los frutos del cercado ajeno arrastran un error llamativo.

laboriosamente *adv* De manera laboriosa. | R. Bernardo *Hie* 19.9.70, 4: Han aprovechado sus saludables aguas, construyendo laboriosamente entre todos una fuente.

laboriosidad *f* Cualidad de laborioso [1]. | FQuintana-Velarde *Política* 54: Cuando la preocupación de un país y la emulación social se dirigen por un sistema de privilegios, por ejemplo, de nobleza de sangre, la laboriosidad de sus habitantes pasa a un segundo término.

laborioso -sa *adj* **1** [Pers.] amante del trabajo. | M. Concha *MHi* 7.68, 67: Conviven .. el catalán separatista y laborioso con el madrileño aristócrata y gran señor. **b)** Propio de la pers. laboriosa. | F. Santiago *Ya* 14.12.75, 6: La esperanza de una vida apacible, laboriosa, libre y progresiva, sin rupturas y sin aventuras.
2 Trabajoso (que implica mucho trabajo o esfuerzo). | Delibes *Castilla* 182: A base de valor y abnegación encontraron en el espárrago y el pepinillo, cultivos muy laboriosos, unos recursos agrícolas impensados en Castilla.

laborismo *m* Socialismo reformista de Gran Bretaña. *Tb referido a algunos países de la antigua Comunidad Británica y a Israel*. | LTena *Abc* 12.11.70, 3: El momento político chileno carece de precedentes. No puede compararse con el advenimiento del castrismo al poder .. Tampoco con el triunfo electoral de un laborismo británico.

laborista *adj* De(l) laborismo. | S. LTorre *Abc* 26.8.66, 29: Wilson .. vería desvanecer las críticas de su ala izquierda laborista. *SolM* 10.3.92, 21: En vísperas de la Guerra de los Seis Días, en junio de 1967, [Menahem Begin] fue invitado a participar en el Gobierno laborista de Evy Eshkol. **b)** Partidario del laborismo. *Tb n*. | *Abc* 23.8.66, 23: Un diputado habla de "desconfianza patológica" de los laboristas hacia España.

labortano -na I *adj* **1** De Labourd, comarca de Gascuña (Francia). *Tb n, referido a pers*. | CBaroja *Brujas* 205: El vasco labortano es turbulento, movedizo, inclinado al sortilegio y amigo de danzas agitadas.
2 Del labortano [3]. | Echenique *HVasco-románica* 101: La lengua literaria muestra, durante el siglo XVIII y primera parte del XIX, la impronta labortana del siglo anterior.
II *m* **3** Dialecto del vascuence propio de la comarca de Labourd, en Gascuña (Francia). | Echenique *HVasco-románica* 90: A su obra hay que adjuntar una extensa producción de obras en verso de otros autores, cuya base es el labortano de Sara y de San Juan de Luz.

laborterapia *f* (*Med*) Tratamiento de enfermedades mentales mediante el trabajo. | Villarta *SYa* 2.8.70, 11: Por eso concedo tanta importancia al sector de la laborterapia. En San José, a los que trabajan se les abonan cantidades que pueden invertir como mejor les acomode.

labra *f* Acción de labrar [1, 3 y 5]. *Tb su efecto*. | L. MFigueroa *Tie* 5.6.76, 37: El notable desarrollo experimentado en Andalucía estos últimos veinte años por lo que respecta a la mecanización y labra en profundidad de los campos .. no podía por menos de incidir seriamente en el bagaje arqueológico de nuestro país. GNuño *Escultura* 75: El lector puede preguntarse con todo derecho cómo puede compaginarse el virtuosismo técnico en la labra de plata y oro .. con esta elementalidad constructiva. Tejedor *Arte* 71: Esculturas en piedra, que, si de labra somera, [son] muy vigorosas. Cunqueiro *Crónicas* 88: Poco a poco se fue levantando .., se arrimó a unas piedras latinas y columnas que allí estaban derribadas, y sin decir palabra, moviendo con el pie aquel montón de labra romana, descubrió una salida.

labradío -a I *adj* **1** [Terreno] labrantío o de labor. *Frec n m.* | Cunqueiro *Merlín* 112: La nieve que mansamente cae y, poniéndose por alfombra de este mundo, cubre labradíos y caminos, prados y eras.

II *m* **2** Labrantío o labranza. | Fuster *País Valenc.* 14: Los moros, diestros en labradíos y ruzafas, debieron ensanchar la ventaja agraria de los latinos.

labrado *m* Acción de labrar, *esp* [5]. *Tb su efecto.* | BOE 1.12.75, 25024: Albañiles. Son los operarios capacitados en todas las operaciones o cometidos siguientes: .. construir arcos, bóvedas o bovedillas de distintas clases también con las menores cargas de mortero posibles, y cuando fuera menester, con labrado de los ladrillos para su perfecto asiento a hueso. Paso *Alc* 3.11.70, 28: Yo he llegado a comprar en Granada no solo mantas, .. no solo trabajos de labrado en metales preciosos, .. sino .. porcelanas de Manises. Campmany *Abc* 17.10.79, 3: Como empecemos a exigir también certidumbres históricas, va a resultar que ni Santiago estuvo en Clavijo .. ni los ángeles en el labrado de San Isidro.

labrador -ra *adj* **1** [Pers.] que labra [1] la tierra, esp. cuando esta es de su propiedad. *Frec n.* | GNuño *Madrid* 6: La vieja devoción madrileña a San Isidro .. cuajó en obras y recuerdos ..; el Santo Labrador ya contaba con un completo ambiente sacro y artístico. **b)** De(l) labrador. | MMariño *Abc* 3.9.68, 9: El hórreo, vecino de la casa labradora, y la cruz de los caminos .. son elementos constructivos que confieren singular fisonomía al paisaje de Galicia. Sampedro *Sonrisa* 113: Hachazos cuya torpeza acaba excitando su cólera labradora.

2 (*raro*) Que labra, *esp* [6]. *Tb n, referido a pers.* | Moreno *Galería* 186: Las abundantes dulas de mulas o de machos labradores. SPaís 12.5.89, 6: Ullate, labrador del éxito.

labradorita *f* (*Mineral*) Mineral constituido por una mezcla de albita y anortita, con predominio de esta. | Ybarra-Cabetas *Ciencias* 53: Albita y anortita, en mezcla isomorfa, constituyen diversos polisilicatos, como la oligoclasa, labradorita, etc.

labrandera *f* (*raro*) Mujer que hace labores [4]. | Criado *MHi* 11.63, 21: La pobre labrandera deja caer el huso mientras un perro .. se acerca a la figurilla abandonada.

labrantín *m* Labrador cuya hacienda es pequeña. | DCañabate *Paseíllo* 95: Borox es un pueblo de labrantines de secano.

labrantío -a I *adj* **1** [Terreno] de labor. *Tb n, más frec m.* | S. Araúz *Inf* 20.1.76, 16: Cuando quien esto escribe era un adolescente, se benefició de esa hospitalidad por las haciendas labrantías de la Mancha. Cuevas *Finca* 262: Le pareció haberlo dicho en alta voz, como para que se enterara todo el labrantío, las hazas, las veredas. Ferres-LSalinas *Hurdes* 121: Poco más allá, a la derecha, queda el caserío de Masegat. Los viajeros no se detienen hasta llegar a las labrantías que hay delante del pueblo de Pinofranqueado.

II *m* **2** Labranza [1]. | Ortega-Roig *País* 90: En muchos lugares de España el ganado vacuno sirve todavía para efectuar trabajos de labrantío y transporte.

labranza I *f* **1** Cultivo del campo. | SVozC 25.7.70, 9: Exposición de madera, maquinaria agrícola y aperos de labranza.

2 Tierra de labor. | JGregorio *Jara* 16: Las labranzas andan por las cien hectáreas, aunque el viñedo suele ser minifundista.

3 (*raro*) Acción de labrar [3 y 5]. | HSBarba *HEspaña* 4, 333: La labranza de la moneda de plata doble .. era secreto de Estado.

II *loc adj* **4 de ~.** [Casa] de labrador. | * La casa es una típica casa de labranza castellana.

labrar *tr* **1** Cultivar [la tierra]. | J. J. Plans *Ya* 24.5.70, sn: Construyó una casa, labró la tierra y encauzó las aguas de un manantial.

2 Arar. *Tb abs.* | Grosso *Invitados* 122: Otro tractorista que labra un haza en la cerca del Camino de los Tunantes.

3 Hacer adornos en relieve [en una materia (*cd*)]. | M. Amat *Des* 12.9.70, 40: Son preciosas las faldas tejidas a mano, las trencillas bordadas y las maderas labradas. Torrente *Off-side* 48: Domínguez entra en el estudio; trae puesta una especie de bata china de seda negra, gruesa y labrada.

4 Bordar [una tela o un dibujo]. | Torrente *DJuan* 200: Un día cualquiera, sin avisar, llegan las costureras y se ponen a labrar la seda o el terciopelo.

5 Trabajar [algo] para darle una forma determinada. | J. Balansó *SAbc* 16.3.69, 36: Su corona, labrada en fina plata, se guarda en la Capilla Real de la catedral de Granada. M. AChirveches *Abc* 30.12.65, 27: Cañamares se encuentra rodeada por los cuatro costados de su término municipal de cortaduras rocosas, como la hoz de "los Frailes", el puerto de Monsanete, las hoces que labró el Escabas. **b)** (*raro*) Elaborar o fabricar. *Solo con determinados compls, como* CHOCOLATE, EDIFICIO, FORTUNA. | C. Aganzo *SYa* 16.4.89, 12: La pasta [de cacao] se trabajaba sobre la "silleta" o "metate", una piedra cóncava sobre la que actuaba el "rollo" o "refinadera", otra piedra larga y cilíndrica, para labrar, a brazo, el chocolate. * Se labró un palacio en las cercanías. * Llegó a labrarse una pequeña fortuna.

6 Hacer lo necesario para que [una cosa (*cd*)] suceda. *Referido a porvenir, ruina, desgracia, felicidad o palabras equivalentes. Frec con un compl refl de interés.* | Van 17.4.73, 86: Buscamos hombres .. con ganas de trabajar y labrarse un porvenir. Acquaroni *Abc* 29.7.67, 7: Con ello no hace sino labrarse su ruina.

labreño -ña *adj* De Labros (Guadalajara). *Tb n, referido a pers.* | NAl 31.7.87, 22: Informa el periódico labreño que han sido editados unos naipes propios .. con el escudo y el letrero de Labros. NAl 17.8.84, 6: Los labreños, después de recuperar hace un año los rótulos de las calles, quieren ahora empedrarlas.

lábrido *adj* (*Zool*) [Pez] de una familia caracterizada por sus vivos colores y por poseer una sola aleta dorsal, propia de mares templados y cálidos y entre cuyos géneros se encuentra *Labrus*. *Frec como n m en pl, designando este taxón zoológico.* | Ybarra-Cabetas *Ciencias* 363: En él [el grupo Acantopterigios] se incluyen: la perca, los lábridos, el lenguado, etc.

labriego -ga *adj* Labrador [1]. *Frec n, referido a pers.* | Cunqueiro *Un hombre* 10: –El milagro anduvo en coplas –afirmó el labriego, arreando al asno con la boina. GLuengo *Extremadura* 125: La atmósfera inefable de estos pueblos, al mismo tiempo labriegos y señoriales.

labro *m* (*Zool*) Labio superior de la boca de los insectos y de algunos otros artrópodos. | Legorburu-Barrutia *Ciencias* 164: En ella [la cabeza del saltamontes] se distinguen: la boca masticadora, con las siguientes piezas: un labio superior o labro, dos mandíbulas, dos maxilas con palpos y un labio inferior también con palpos ..; los ojos ..; las antenas. Ybarra-Cabetas *Ciencias* 357: La boca [del ciempiés] está formada por un labro, un par de mandíbulas fuertes y dos pares de maxilas.

labrusca *f* Vid americana. (→ AMERICANO.) | Salvador *Haragán* 18: Aquí tenemos cuatro clases de vid: la picapoll ..; la ubí ..; la moscatel .., y la concard, vid americana resistente, que son aquellas cepas pequeñitas de la parcela a la derecha, de la familia de las labruscas.

laburno *m* Árbol o arbusto leguminoso de pequeño tamaño, con flores amarillas, olorosas, en racimos colgantes (*Laburnum anagyroides*). | Loriente *Plantas* 43: *Laburnum anagyroides* Medicus. "Laburno", "Lluvia de oro". Arbusto ornamental, no frecuente. En parterres ajardinados.

laca *f* **1** Materia resinosa exudada por algunos árboles del Extremo Oriente. *Tb el barniz, duro y brillante, preparado con ella.* | * La pintura con laca es típica de China y Japón.

2 Barniz o esmalte duros, de aspecto similar al de la laca [1]. | *Hacerlo* 90: Ya está el mueble preparado y a punto de recibir una capa de laca. GHortelano *Amistades* 124: ¿Te gustaría verme casada con un tendero? .. Creo que he nacido para despachar lacas de uñas.

3 Objeto artístico barnizado con laca [1]. | Tejedor *Arte* 223: Con la dinastía Tokugawa hay en el Japón un desarro-

lacado – lacio

llo del arte cortesano y refinado, que tiene su mejor representación en la obra del pintor Korin, del siglo XVII, realizador de finas y bellísimas lacas.

4 Sustancia que se vaporiza sobre el pelo para mantener el peinado. | Alicia *Fam* 15.11.70, 50: Para que tu pelo resista la humedad en los días de lluvia y tampoco se te rice con el calor y los movimientos cuando vas al baile, usa una buena laca.

lacado[1] **-da** *adj* **1** *part* → LACAR.
2 [Lacaria] **lacada** → LACARIA.

lacado[2] *m* Acción de lacar. *Tb su efecto.* | *DBu* 27.12.70, 8: 20 modelos distintos. Posibilidad de ampliaciones en cada modelo. En lacado (rojo, verde y marfil).

lacador -ra *adj* [Pers.] que laca. *Tb n.* | *Abc* 23.3.71, 49: Dorador-Lacador. Dora y laca marcos, muebles, sillas.

lacandón -na I *adj* **1** De una tribu de indios mayas que vive en las márgenes del río Lacandón, en los estados de Méjico y Guatemala. *Tb n, referido a pers.* | F. Ros *Abc* 6.6.67, 51: Son mayas las tribus de hoy: quichés, tzutujiles, .. chontíes y lacandones.
II *m* **2** Lengua de los indios lacandones. | J. PAlbéniz *SPaís* 17.10.93, 78: En peligro de extinción .. Lacandón. Población: 300. México.

lacanóptero *m* (*Mitol clás*) Ave fabulosa cubierta de hojas de lechuga en vez de plumas. | GGual *Novela* 81: Junto a los hipogrifos hay especies de una fantástica zoología, como los lacanópteros, enormes pájaros con hojas de lechuga en lugar de plumas.

lacar *tr* Pintar con laca [2]. *Frec en part.* | Umbral *Ninfas* 106: María Antonieta refulgía de brillos, sedas, joyas, colirios, diademas y uñas lacadas. GTelefónica 4: Marina, Emilio. Muebles lacados. Sillerías de estilo. Decoración en general.

lacaria *f* Hongo comestible de color amatista o crema, con laminillas gruesas de color azul o encarnado (*Laccaria amethystina* y *L. laccata*). *Tb ~* AMATISTA *y ~* LACADA, *respectivamente.* | X. Domingo *Cam* 11.10.76, 79: Hongos y setas proliferaban e hicimos una importante cosecha en la que abundaron los gónfidos glutinosos, .. gran cantidad de lacarias, mucho lactario.

lacayo *m* **1** (*hist*) Criado de librea cuya ocupación es acompañar a su señor. | DPlaja *Sociedad* 15: Nadie, aun siendo señor de título o prelado, puede llevar más de dos hachas .. y solo hasta cuatro lacayos.
2 (*lit, desp*) Servidor o criado. | * Nos ha tomado por lacayos suyos.

lacayuno -na *adj* (*lit*) Propio de lacayos. | CBonald *Casa* 79: Era como si hubiese asimilado a la inversa ese afán de imitar al amo –incluso en la indumentaria– al que propenden ciertas actitudes lacayunas.

lacedemonio -nia *adj* (*hist*) De Lacedemonia (país de la antigua Grecia). *Tb n, referido a pers.* | Blecua *Literatura* 1, 22: En el destierro preparó [Tucídides] los materiales para narrar la *Historia de la guerra del Peloponeso*, que llega hasta la toma de Atenas por los lacedemonios.

laceración *f* (*lit*) Acción de lacerar. *Tb su efecto.* | CBonald *Ágata* 62: Manuela se apresuró a lavar las costras en busca de la herida .. Habría sido inútil preguntar por lo sucedido, ni tampoco lograba ella .. adivinar la causa de tan incierta laceración. Romeu *EE* nº 9.63, 26: Tales raspaduras han sido causa de laceraciones en el folio correspondiente.

lacerado -da *adj* (*lit*) **1** *part* → LACERAR.
2 [Enfermo] que padece sufrimientos físicos. | Lera *Olvidados* 124: Su consulta gratuita de las mañanas se vio rebosante de gentes míseras y laceradas que acudían allí de todos los contornos con esperanza de salvación.

lacerante *adj* (*lit*) Que lacera. | MCachero *AGBlanco* 146: Solo una ceniza, una ruina, era ya D. Diego .., existencia vocada al dolor más lacerante. CBonald *Ágata* 95: Manuela no reconoció, sin forcejeos imaginativos, aquel lacerante mundo por el que arrastró su obsesa virginidad y su aturdimiento de preñada.

lacerar *tr* (*lit*) Herir o dañar. *Frec fig.* | Mercader DOrtiz *HEspaña* 4, 165: Debía darse decidido impulso a la industrialización de España, protegiéndola aun a riesgo de lacerar los intereses agrícolas. P. Urbano *ElM* 20.7.93, 9: Todo esto lacera los oídos.

laceria *f* (*lit*) Padecimiento. | Lera *Olvidados* 214: Yo llevo toda mi vida luchando contra las lacerias y los sufrimientos .. Como médico he podido comprobar en muchas ocasiones que donde fallaban los recursos de la ciencia se operaban cambios bruscos que salvaban la situación. Zunzunegui *Camino* 491: Había pensado muchas veces en escaparse de tantas pesadumbres y lacerias.

lacería *f* **1** Conjunto de lazos. | Berenguer *Mundo* 35: También hay mucho conejo, pero nadie va a entrar allí con la escopeta, y nadie los aprovecha, no siendo con cepos y lacería.
2 (*Arte*) Ornamentación geométrica que consiste en una serie de líneas entrecruzadas alternativamente unas sobre otras. | Tejedor *Arte* 107: La decoración románica es sobre todo de líneas en zigzag, dientes de sierra, lacerías, cables, puntas de diamante, pero nunca imitación de la Naturaleza.

lacerio *m* (*lit, raro*) Laceria. | Alvar *ByN* 5.6.88, 18: Maestría sin desmayo la de este poema. Sustancia de dolor, tan tópica como el dolor mismo, pero ceñida estrechamente por la forma, que en cada momento es la más apropiada, porque el propio lacerio es sustancia y forma en estos contenidos.

lacero *m* **1** Cazador a lazo. | Delibes *Perdiz* 141: ¿Tenía usted noticia, jefe, de que en Bellver de los Montes agarraron quinientas parejas vivas [de perdiz] para los americanos esos? Bueno, pues, por si fuera poco, el lacero estaba autorizado a quedarse con las estranguladas.
2 (*hist*) Empleado municipal encargado de recoger perros vagabundos. | DCañabate *Abc* 25.2.68, 71: Se acurrucaba como un perro vagabundo a los [sic] que perseguían los hoy desaparecidos laceros.

lacértido *adj* (*Zool*) [Reptil] saurio de cuerpo esbelto y ágil y cola larga y muy frágil dotada de regeneración, que habita en lugares soleados. *Frec como n m en pl, designando este taxón zoológico.* | N. Carrasco *Ya* 2.8.78, 20: De la presencia de lacértidos gigantes en las islas Canarias existen remotos precedentes.

lacetano -na *adj* (*hist*) Del pueblo prerromano habitante de una región que comprendía parte de las actuales provincias de Barcelona, Lérida y Tarragona. *Tb n.* | Tovar-Blázquez *Hispania* 16: Sometió [Aníbal] a [los] ilergetes y a las tribus de ausetanos y lacetanos.

lacha (*col*) **A** *f* **1** Vergüenza (sentimiento). | Delibes *Emigrante* 50: Tropecé con un gilí y me dio lacha quedarme en cueros vivos delante de él y me fui a quitar la ropa donde las duchas. **b) poca ~.** Poca vergüenza, o desvergüenza. | CBonald *Dos días* 62: –Un capricho. –Si a la poca lacha le llaman capricho, de acuerdo.
B *m* **2 poca ~.** Hombre sinvergüenza. | Escobar *Itinerarios* 242: ¡Anda, malón, poca lacha!... ¡Mira cómo traen al indino! ¿No le dará vergüenza?

lacho -cha *adj* [Res o raza ovina] de lana larga y lacia y carne deficiente. | J. PGuerra *SInf* 21.11.70, 2: En España se explotan diversas razas [ovinas] .. Abunda la churra, de campos y lebrijana y la lacha.

laciniego -ga *adj* De Laciana (región leonesa). *Tb n, referido a pers.* | Mateo *Babia* 91: El vocabulario de la toponimia babiana y laciniega es el que mejor ha recibido los embates de las formas castellanas.

lacio -cia *adj* **1** Marchito o ajado. | * Esta lechuga está lacia. Delibes *Cinco horas* 25: Permanece de pie Valentina y observa en derredor de los lacios grabados de flores, el crucifijo sobre la cama y, a sus pies, la raída alfombra.
2 Decaído y sin vigor. | Gironella *SAbc* 9.2.69, 21: La expresión de determinados grandes jugadores es increíblemente desvaída, lacia.
3 [Cabello] que cae liso y blando. | Laiglesia *Tachado* 57: La muchacha, flaca e insignificante bajo su melena de cabellos lacios, no había logrado la admisión en las reuniones de la archiduquesa por ser arpista, sino por ser inapetente. Laforet *Mujer* 60: El padre de Paulina era un hombrón .. con cara de bandido mejicano .. Ojos achinados, grandes bigotes lacios.

lacolito – lactante

lacolito *m* (Geol) Filón poco profundo, en forma de lente, intercalado entre dos capas de roca sedimentaria. | Bustinza-Mascaró *Ciencias* 336: Los magmas han venido a solidificarse en la litosfera .. formando grandiosos macizos o batolitos, o formando pequeñas masas planoconvexas entre las capas sedimentarias o lacolitos.

lacón *m* Brazuelo de cerdo, esp. curado como jamón. | Vega *Cocina* 72: ¡Y qué carnes las que sirven en los restaurantes compostelanos! Tostones, lacones con grelos, jamón de Sarria.

laconada *f* (reg) Comida a base de lacón. | L. Blanco *Ya* 25.9.74, 10: Pide al periodista que asista a una laconada con chorizo porque dentro de unos días es su santo. "Chorizo de Lugo", recalca Mercedes.

lacónicamente *adv* De manera lacónica. | Cossío *Confesiones* 280: Me saludó el desconocido muy lacónicamente y me dijo que deseaba comprar aquella obra.

lacónico -ca *adj* **1** Breve y conciso. | *ASeg* 21.11.62, 7: Con lacónicas palabras se desean los buenos días. Cossío *Confesiones* 252: Yo comprendo que todos estos recuerdos son un poco lacónicos e incoherentes.
2 [Pers.] que se expresa de manera lacónica [1]. | Cunqueiro *Un hombre* 14: Si hace unos veinte años hubiese llegado a la ciudad un hombre como tú, tan rico y tan lacónico .., habría que cortar el miedo con un cuchillo.

laconio -nia *adj* (hist) Lacedemonio. *Tb n, referido a pers.* | J. F. RNeila *His* 2.83, 66: Un factor que afectó muy especialmente al estado laconio, la separación entre los sexos, pues en Esparta el entrenamiento militar continuo y la propia guerra alejaban a los ciudadanos del elemento femenino.

laconismo *m* Cualidad de lacónico. | Delibes *Madera* 338: El cabo Pita era hombre de pocas palabras. Fue su laconismo, la nocturna tristeza de su rostro, lo primero que llamó la atención de Gervasio.

lacra *f* **1** (*lit*) Defecto o vicio. *En sent moral.* | Carandell *Tri* 8.8.70, 14: Los graduados universitarios aspiraban a casarse con extranjeras con el fin de escapar a las lacras tradicionales del matrimonio a la española. B. Arrizabalaga *Tri* 18.7.70, 14: Desaparece la tremenda lacra social de la especulación del suelo.
2 (raro) Huella de un daño físico. | Matute *Memoria* 34: Siempre recordaré la vieja bañera desportillada, llena de lacras negras. R. Capilla *Alc* 31.10.62, 28: Isidoro M. Ferry ha centrado en un ambiente impreciso la historia de la bella demente que sufre una horrorosa lacra en la cara.

lacrar *tr* Cerrar [algo] con lacre. | Solís *Siglo* 245: En mi despacho hay un sobre lacrado con órdenes. Pero solo puede abrirse en ese caso concreto. Cunqueiro *Un hombre* 21: Anunció el siguiente [parte], según costumbre: –Pliego lacrado, en los sellos una serpiente que se anilla en un ciervo. Salto los sellos, despliego y leo.

lacre *m* Pasta sólida roja que, derretida, se emplea para cerrar cartas o paquetes de modo que no puedan abrirse fraudulentamente. | *Rev* 11.57, 21: En Samos y Arezzo se fabricó la "sigillata", cerámica roja con apariencias de lacre.

lacrimal (Anat) **I** *adj* **1** De (las) lágrimas. | Bustinza-Mascaró *Ciencias* 81: El aparato lacrimal está formado por una glándula que segrega las lágrimas. **b)** [Hueso] de la parte anterior e interna de cada una de las órbitas, que contribuye a formar los conductos lacrimal y nasal. | Alvarado *Anatomía* 55: Los dos pequeños huesos lacrimales o unguis, situados en el ángulo interno de las fosas orbitarias, y notables por presentar dos pequeños orificios que permiten a las lágrimas fluir por las narices.
II *m* **2** Lagrimal (extremidad del ojo próxima a la nariz). | Delibes *Ratas* 65: Meditó unos segundos antes de hablar, metiéndose dos dedos en los lacrimales.

lacrimatorio -ria *adj* (raro) [Vaso] destinado a contener lágrimas. *Tb n m.* | CBonald *Ágata* 104: El grito cercano de un garzón aminoró la violencia imprecatoria de aquella mentida plañidera que, con la copa apretada contra el sexo (a falta de lacrimatorio contra el párpado, musitaba estas impías palabras.

lacrimeante *adj* (E o lit) Que lacrimea. | B. Beltrán *Ya* 23.2.92, 22: Los síntomas alérgicos con mayor incidencia son los que afectan a las vías respiratorias superiores, y entre estos destacan estornudos (58%), picor de ojos u ojos lacrimeantes (48%).

lacrimear *intr* (E o lit) Lagrimear. | Pombo *Héroe* 8: La luz salitrosa le hizo lacrimear cuando salió a la calle.

lacrimeo *m* (E o lit) Acción de lacrimear. | *Ya* 24.12.91, 24: Se produce [la conjuntivitis] por alergia o irritaciones menores y se caracteriza por enrojecimiento temporal, lacrimeo, escozor. *VozC* 5.1.55, 5: La tubería de la conducción principal .. deberá ser de tubos de gres, .. que puedan resistir sin lacrimeos una presión hidráulica mínima de dos atmósferas.

lacrimógeno -na *adj* Que produce lágrimas. *Esp referido a gas.* | Laiglesia *Tachado* 80: La policía ha agotado sus reservas de gases lacrimógenos. Navarro *Biología* 178: Las fosas nasales están en comunicación con la cavidad orbitaria del ojo por los canales lacrimógenos. **b)** (desp) [Cosa] que incita al llanto por su carácter triste o sentimental. *Gralm con intención ponderativa. Tb, raro, referido a escritor.* | CBonald *Ágata* 219: Narró a su demudado tío, entre lamentables exculpaciones, la lacrimógena historia de sus infortunios. S. Adame *Abc* 7.9.66, 9: Versos lacrimógenos, abandonistas, según la postura adoptada por el gran sector intelectual de la época. *Van* 25.4.74, 51: Digo de Charles Morgan, un escultor de la prosa, entre Walter Pater el esteta y el lacrimógeno George Moore.

lacrimosamente *adv* De manera lacrimosa. | Aguirre *Tri* 24.4.71, 46: Se está pidiendo en la actualidad posconciliar la supresión del celibato .. Se hace la reclamación con excesivo énfasis sentimental (igual que se la condena lacrimosamente).

lacrimoso -sa *adj* **1** Que tiene lágrimas. | Matute *Memoria* 221: Teníamos la cara enrojecida de frío y los ojos lacrimosos. **b)** Propenso a las lágrimas. | DCañabate *Andanzas* 239: Quedan unos cuantos lacrimosos que lloran por todo, los que en pleno jolgorio de la cena de Nochebuena se salen por la copla de que la Nochebuena se viene, la Nochebuena se va.
2 (desp) [Cosa] que incita al llanto por su carácter triste o sentimental. *Gralm con intención ponderativa.* | Camón *Abc* 8.12.70, 3: No hay en esta música un abandono lacrimoso. Tras sus desolaciones vuelven los acordes impetuosos reclamando su derecho a la felicidad.

lactacidemia *f* (Med) Presencia de ácido láctico en la sangre. | Vega *Corazón* 59: La mal llamada e ilimitada neurosis cardíaca, con las variantes fisiológicas de cada individuo (disfunciones adrenérgicas, colinérgicas, serotonímicas, de la lactacidemia, etc.).

lactación *f* (Fisiol) **1** Función de la secreción de la leche por las glándulas mamarias. | Ybarra-Cabetas *Ciencias* 435: La [gimnástica funcional] del aparato de la lactación, que se practica en las hembras lecheras con ordeños repetidos y a "fondo".
2 Acción de criar o amamantar. *Tb el período de tiempo en que se produce.* | M. Aguilar *SAbc* 15.2.70, 54: Dicen los evolucionistas que en la especie humana, hace miles de años, tanto los hombres como las mujeres sirvieron para la lactación. Bartolomé *Ale* 21.8.81, 22: Exposición ganadera .. Hembras en lactación .. Hembras secas .. Novillas.

lactalbúmina *f* (Quím) Sustancia albuminoidea que forma parte de la leche y que se coagula por el calor. | Alvarado *Anatomía* 113: Se compone [la leche] .. de .. dos albuminoides: la caseína, que es coagulable y forma el requesón, y la lactalbúmina, que forma la telilla que aparece en la superficie de la leche hervida.

lactancia *f* Alimentación exclusiva o básicamente con leche, que se realiza en la primera etapa de la vida. *Tb el tiempo que dura.* | *Puericultura* 21: Los niños criados artificialmente mueren en número cinco o seis veces mayor que aquellos que están sometidos a una lactancia natural. B. Andía *Ya* 15.10.67, sn: La separación que se ocasiona a los dos años de lactancia conduce al hombre a la poligamia.

lactante *adj* **1** Que mama. *Tb n.* | C. GCampo *SAbc* 27.4.69, 35: Cuando nuestros hijos, ahora lactantes, se acerquen a centenarios, las fronteras entre lo posible y lo imposible pueden, sin embargo, haberse desplazado un buen trecho. MNiclos *Toxicología* 29: Unos polvos que contengan un

lactar – ladillo

5 por 100 de ácido bórico pueden originar graves intoxicaciones, especialmente en lactantes. *Voz* 21.12.89, 29: Terneros de recría .. Lactantes (1-2 meses, hasta 90 Kg.) .. Destetados (2-3, 5 meses y 90-140 Kg.).
2 Que amamanta. *Tb n.* | J. Parra *Ya* 6.12.86, 60: No pueden inscribirse gatos de menos de tres meses; gatas gestantes de más de cuatro semanas; gatas lactantes; gatos monórquidos (con un solo testículo) y gatos ciegos.

lactar *tr* Amamantar. | GNuño *Escultura* 119: Representa a una yegua lactando a su potrillo.

lactario -ria I *adj* **1** De leche. *Frec n f, referido a industria.* | Mendoza *Misterio* 109: ¿De quién sería la mano que habría de inmolarme? .., ¿de los ordeñadores de la lactaria?
II *m* **2** Hongo de un género caracterizado por la forma de embudo, esporas blancas y secreción de un jugo lechoso al ser cortado, y al cual pertenece el níscalo (gén. *Lactarius*). | X. Domingo *Cam* 11.10.76, 79: Hongos y setas proliferaban, e hicimos una importante cosecha en la que abundaron los góngidos glutinosos, .. gran cantidad de lacarias, mucho lactario en sus dos variedades mejores, o sea el delicioso níscalo y el sanguíneo.

lactasa *f* (*Quím*) Fermento intestinal que divide la lactosa en glucosa y galactosa. | Bustinza-Mascaró *Ciencias* 54: El jugo intestinal contiene varias sustancias, entre ellas: la invertasa, la maltasa, la lactasa y la erepsina.

lactato *m* (*Quím*) Sal del ácido láctico. | Aleixandre *Química* 173: El ácido láctico es un cuerpo cristalino .. Es muy soluble en el agua y en el alcohol. Sus sales, los lactatos, también son solubles.

lacteado -da *adj* Que contiene leche. *Normalmente referido a productos alimenticios.* | *Ciu* 2.75, 12: Desde primeros de septiembre del presente año venimos comprando la papilla lacteada Gludine.

lácteo -a *adj* **1** De (la) leche. | Ortega-Roig *País* 113: Los productos lácteos: leche condensada, mantequilla, queso, son numerosos en Asturias y Santander, donde abundan las vacas lecheras. Laiglesia *Tachado* 50: El pecho materno soltaba un chorro lácteo en la cavidad bucal del heredero.
2 Semejante a la leche por el color. | Ybarra-Cabetas *Ciencias* 53: Se denomina .. cuarzo ahumado, si es negro, y cuarzo lácteo, si es blanco.

lacticinio *m* (*E*) Alimento derivado de la leche. | Villapún *Moral* 172: Con el privilegio de la Bula, puede tomarse [en el desayuno] leche, lacticinios, pescados y huevos. MNiclos *Toxicología* 46: Otra intoxicación habitual con carnes, pescados, huevos y lacticinios puede ser causada por la Salmonella enteritidis.

láctico -ca *adj* **1** (*E*) De (la) leche. | Navarro *Biología* 237: Las principales fermentaciones bacterianas son las siguientes: fermentación acética, láctica, amoniacal, butírica y pútrida. Bustinza-Mascaró *Ciencias* 95: Hay muchas bacterias que son útiles al hombre, como son las lácticas y las acéticas.
2 (*Quím*) [Ácido] que se encuentra en la leche agria y en gran número de vegetales. | Alvarado *Botánica* 56: *Lactobacillus acidophilus*, que agria la leche por transformar su azúcar (lactosa) en ácido láctico.

lactoalbúmina *f* (*Quím*) Lactalbúmina. | Navarro *Biología* 144: Se compone [la leche] de dos prótidos, el caseinógeno y la lactoalbúmina.

lactoflavina *f* (*Med*) Vitamina B_2, que se encuentra en la leche. | Ybarra-Cabetas *Ciencias* 180: De él [complejo B_2] form[a] parte la lactoflavina, presente en la leche y en muchos más alimentos.

lactosa *f* (*Quím*) Azúcar que se encuentra en la leche de los mamíferos. | Alvarado *Botánica* 56: *Lactobacillus acidophilus*, que agria la leche por transformar su azúcar (lactosa) en ácido láctico.

lactosuero *m* (*Biol*) Suero de la leche. | R. Casares *SYa* 6.12.70, 7: Se cultivan sobre sustancias de desecho industrial, como melazas, lactosuero, etcétera, y elaboran proteínas, grasas.

lactucario *m* (*Med*) Jugo lechoso que se obtiene de varias especies de lechugas, esp. de la *Lactuca virosa*, usado como calmante. | FQuer *Plantas med.* 871: Lechuga silvestre. (*Lactuca virosa* L.) .. De esta especie se obtiene el lactucario, el jugo lechoso que fluye del tallo cuando se corta.

lacunar *adj* (*Med*) [Amnesia] que afecta al recuerdo de un período de la vida pasada. | *Ya* 20.3.90, 9: La joven M. A. M. B. padece amnesia lacunar, que es un mecanismo inconsciente de defensa que supone el olvido de cierto espacio de tiempo.

lacustre *adj* (*lit*) De(l) lago. | Pericot *Polis* 23: Una forma particular de poblados la constituyen los palafitos, habitaciones lacustres levantadas sobre plataformas sostenidas por estacas hincadas en el fondo de los lagos o de terrenos pantanosos. CBonald *Ágata* 205: Unas aves expulsadas de sus pacíficas posadas lacustres por algún misterioso designio.

ládano *m* Sustancia resinosa y olorosa que fluye de las ramas y hojas de la jara. | Rodríguez *Monfragüe* 134: Jara .. En ejemplares jóvenes aparece una curiosa impregnación muy pegajosa, llamada ládano, que les reporta un aspecto brillante muy notorio.

ladeamiento *m* Ladeo. | DCañabate *Andanzas* 150: Del sombrero hongo .. que llevaba ladeado sobre una oreja, porque tal ladeamiento se estimaba como signo de inocente y pueril chulapería.

ladear *tr* **1** Inclinar hacia un lado. | Carandell *Madrid* 58: Llegaron Soledad y Consuelo, ladeando sentimentalmente la cabeza. Gironella *Millón* 331: Llevaba siempre consigo [Millán Astray], además de su gorro ladeado, un librito de meditación.
2 Dejar a un lado. *Tb fig.* | F. Fidalgo *País* 26.2.78, 4: El líder del PCF, Georges Marchais, inició la semana pasada en Reims una nueva estrategia contra el "giro a la derecha" de los socialistas, moderando sus ataques y proponiendo la actualización del programa común antes de la primera vuelta, ladeando así la exigencia electoralista *sine qua non*, base de todo acuerdo con el PS y consistente en obtener más del 21% de los sufragios.

ladeo *m* Acción de ladear. *Tb su efecto.* | GPavón *Hermanas* 9: Encajada la gorra de plato sin el menor ladeo ni concesión graciosa, salió al patio.

ladera *f* Declive de un monte o de otra altura del terreno. *Tb fig.* | Arce *Testamento* 27: A su paso se levantaban nubes de vilanos que se descomponían bajo el sol o que se iban flotando ladera abajo, livianos, tambaleantes. FAlmagro *Abc* 18.8.64, 3: "Quiero y no puedo": patética divisa involuntaria de una abigarrada clase social .. caricaturizada, en las laderas del humor, por Luis Taboada.

ladero -ra *adj* (*raro*) Lateral o que está al lado. | Zunzunegui *Hijo* 43: Oyó ruido en el cuarto ladero.

laderón *m* (*reg*) Ladera extensa. | MFVelasco *Peña* 179: Acaso si mi chiguito el mayor está en el laderón con el perro grande y sale a nosotros haciendo bulla cuando nos oiga.

ladi *f* (*raro*) Lady. | Laiglesia *Ombligos* 39: Estaba lord Kitchen, pinche mayor del Fogón Real, acompañado de su correspondiente ladi.

ladierna *f* Alaterno (arbusto). | JGregorio *Jara* 12: Sobre el pardo matorral asoman los contrahechos y ásperos arbustos, sobre un suelo pobre y seco: cornicabra, ladierna, madroño.

ladilla[1] *f* Piojo del pubis (*Phthirus pubis*). | Cela *SCamilo* 28: Aquí las ladillas, ¡bailan el minué?

ladilla[2] *f* Especie de cebada caracterizada por los granos chatos y pesados, de los cuales hay dos órdenes en la espiga. *Tb* CEBADA ~. | J. A. SMartín *Ale* 4.5.85, 28: Los cultivos de Navamuel eran tan diversos como la remolacha, el trigo, la alfalfa, la ladilla, la avena, la vid o las aloblas [*sic*].

ladillazo *m* (*col*) Infestación de ladillas[1]. | Cela *Mazurca* 66: Raimundo el de los Casandulfes no se explica cómo pudieron pegarle el ladillazo que le pegaron.

ladillo *m* (*Impr*) Titulillo, justificado a la derecha o a la izquierda, colocado entre párrafos en la columna del texto. | JLosantos *Azaña* 2, 29: Espero del lector que suspenda su juicio sobre ella [la frase] hasta que haya leído todo el discurso, que a continuación se ofrece en su integridad, sin epí-

ladinamente – ladrador

grafes ni ladillos que pudieran modificar uno solo de sus matices.

ladinamente *adv* De manera ladina [1]. | Lera *Bochorno* 67: Se encogió de hombros ladinamente.

ladino -na I *adj* **1** Astuto o taimado. | Escobar *Itinerarios* 191: ¡Este no es el vino que yo gasto desde antaño! ¡Te engañó el ladino!
2 (*hist*) Mestizo. | HSBarba *HEspaña* 4, 283: La burocracia colonial se ciñó en gran parte a estos nombres, pero al pueblo llegaron muy pocos, prefiriendo denominaciones como .. la de ladinos, que Barón Castro demuestra se usaba en Centroamérica, a fines del siglo XVIII, para denominar a los mestizos.
3 Judeoespañol. | Cela *Viaje andaluz* 259: ¿Por qué Esmirna lejana, por qué Estambul, o Rodas, o Siracusa, amará y vivirá, en lengua ladina, el nieto sefardí de la bella judía de la copla? V. Armesto *Inf* 11.12.73, 17: La revista "Judaica", de Buenos Aires, publicó en julio de 1939 una colección compuesta por 141 proverbios ladinos.
II *m* **4** Dialecto judeoespañol. | J. M. Lacalle *MHi* 10.60, 32: Todo el mundo entiende el castellano, el "chudeo"; es decir, lo que nosotros llamamos el ladino o judeo-español. **b)** Judeoespañol calco. | DMas *Sefardíes* 101: Aunque a veces se ha llamado así al habla de los sefardíes –y de esta forma se la denomina actualmente en el Estado de Israel–, en realidad el ladino es una lengua-calco del hebreo, que se utilizaba para trasladar a palabras españolas los textos litúrgicos escritos originalmente en la lengua santa.

lado I *m* **1** Parte [de algo] considerada en oposición a otra u otras. *Tb sin compl.* | *Economía* 219: Debe tener [el manguero] aproximadamente 60 centímetros de largo por 12 en su lado ancho y siete en el más estrecho. MGaite *Nubosidad* 51: Te escribo sentada en un compartimento de coche-cama, mientras al otro lado de la ventanilla se suceden barriadas modestas. **b)** *Tb fig, referido a cosas inmateriales. Frec en la constr discontinua* POR (*o* DE) UN ~..., POR (*o* DE) OTRO. | PMinik *Día* 27.6.76, 4: Desde el principio de la cuestión, somos unos seres privilegiados. *País* 5.2.77, 8: Se pretendía, de un lado, atender los justos ruegos de los periodistas, y del otro, eliminar las no menos justificadas suspicacias de quienes creían que lo que los profesionales de la información querían era que le regalaran un título universitario.
2 Dirección o camino para elegir entre varios posibles. *Tb fig.* | * Yo me voy por este lado. * Búscate la recomendación por otro lado.
3 Parte derecha o izquierda [de alguien o algo]. | Aparicio *Año* 201: Apoyaba el pie izquierdo sobre la barra rastrera del mostrador y acodaba el brazo de ese lado sobre la barra más alta. Salom *Culpables* 21: Despacho del Dr. La Plaza. A un lado, puerta que da al recibimiento; al otro, escalera que conduce a las habitaciones superiores. Al foro, gran ventanal. **b)** Parte del cuerpo comprendida entre el brazo y la cadera. | * Tiene un dolor en el lado. **c)** ~ **izquierdo.** (*col*) Corazón (sentimiento). | Grosso *Capirote* 64: Póntelas [las alpargatas] .. no quiero, Rodríguez, que pienses que la Civil no tiene lado izquierdo y deja ir descalzos a los hombres camino de la cárcel.
4 Cara o superficie [de un cuerpo laminar o que se ve como tal]. | V. G. Olaya *SPaís* 20.10.93, 12: Los mármoles [de las lápidas], pulidos perfectamente por uno de sus lados, están horadados por el continuo pasar de los tractores.
5 Bando o partido. *Esp tratándose de dos.* | E. Romero *Voz* 1.7.86, 9: Sería perfectamente normal que los ex-combatientes de uno y de otro lado se reunieran en fiestas y regocijos familiares, y por separado.
6 Parte, más o menos diferenciable, del contorno de una cosa. | * La ciudad está sitiada por tres lados.
7 (*Geom*) Línea de las que forman un polígono. | Gironza *Matemáticas* 171: Polígonos equiláteros: Son los que tienen sus lados iguales. **b)** Semirrecta de las que forman un ángulo. | Marcos-Martínez *Aritmética* 173: Ángulos opuestos por el vértice son ángulos tales que los lados del uno son prolongaciones opuestas de los lados del otro. **c)** Generatriz de la superficie lateral del cilindro o del cono. | Gironza *Matemáticas* 200: El lado BC del rectángulo que gira, opuesto al eje, se llama lado o generatriz del cilindro. Gironza *Matemáticas* 202: La hipotenusa BC, que se llama lado o generatriz del cono, engendra, al girar, la superficie lateral del cono.

II *loc v* **8 dar de ~.** Abandonar el trato [con alguien (*cd*)], o dejar de contar [con él (*cd*)]. | * Desde aquel suceso casi todos sus amigos le dieron de lado. FSalgado *Conversaciones* 284: Desde las esferas del gobierno, me refiero a los ministros del Partido, se dio de lado a los que no eran falangistas. **b) dar** (*o* **dejar**) **de ~.** Abandonar o arrinconar [algo no material]. | Laforet *Mujer* 258: Luisa dejó de lado su manía por las sardinas. Vega *Corazón* 50: Las condiciones metabólicas del organismo humano cambian, y una vez cumplido ese desarrollo quedan ya marcadas .. una serie de trayectorias patogénicas que dan de lado a los efectos benefactores de tales alimentos.
9 dejar (*o* **echar**) **a un ~.** Dejar de tener [algo] en consideración. | CBaroja *Inquisidor* 13: Dejemos ciertas apreciaciones a un lado. Arce *Testamento* 31: Yo no estaba dispuesto a que echasen a un lado mi pregunta.

III *loc adv* **10 al ~.** En lugar inmediato a un lado [3 y 6] [de alguien o algo], normalmente a la derecha o a la izquierda. *Tb fig.* | Medio *Bibiana* 13: Respira fuerte antes de deslizarse entre las sábanas al lado de Marcelo. Arce *Testamento* 13: El Bayona se quedó a su lado. Onieva *Prado* 123: Amargado por su soledad, marchó a Madrid .. Y en Madrid murió sin familia ni amigos a su lado. **b)** Muy cerca. | R. SOcaña *VerAl* 25.1.92, 15: Con el laboratorio al lado de casa, ¿qué trascendencia puede tener luchar contra las plantaciones de coca? **c)** En compañía [de alguien] y bajo su orientación. *Referido a trabajo.* | Onieva *Prado* 128: De familia de pintores, hizo el aprendizaje al lado de su padre.
11 al ~. En comparación [con alguien o algo (*compl de posesión*)]. | M. Arnoriaga *Inf* 15.10.75, 19: Ellos [los perros] viven opíparamente, como maharajás, al lado de la mayor parte de los madrileños. J. L. Calleja *Abc* 21.5.67, 3: Pensamos que, a nuestro lado, Platón era una bestia. MGaite *Visillos* 22: La niña del wolfram [es] la duquesa de Roquefeler, al lado de las cosas que se han visto este año.
12 al ~, *o* **del ~.** A favor, o a parte, [de alguien]. *Con vs como* ESTAR *o* PONERSE. | F. J. FCigoña *Raz* 5/6.89, 329: Muchos de ellos, por ejemplo los tlascaltecas, combatían al lado de los españoles. * Ella se puso del lado de su madre.
13 de ~. Con inclinación hacia un lado [3]. | * Lleva el sombrero de lado. **b) de medio ~.** (*col*) Oblicuamente. *Tb adj.* | Halcón *Manuela* 39: Antonio echó medio paso atrás y miró a don Ramón de medio lado. GPavón *Hermanas* 46: Les señaló fotografías en las que aparecían las hermanas Peláez .. con sus sonrisas de medio lado. **c) de (medio) ~.** (*col*) Con hostilidad o con desprecio. *Con el v* MIRAR. | * Desde que le ascendieron, me mira de medio lado.
14 de ~ a ~. De un extremo al opuesto. | ZVicente *Traque* 205: Era un espejito de mano .. y tenía una raja de lado a lado. *Cór* 1.8.93, 4: Me han atravesado de lado a lado con el arma.
15 de un ~ a, *o* **para, otro.** Con mucho ajetreo. *Con vs como* ANDAR *o* CORRER. | FReguera *Bienaventurados* 8: Anduvo toda la mañana de un lado a otro, muy preocupado y mohíno, dándole vueltas al asunto.
16 ~ a ~. Yendo uno al lado derecho o izquierdo de otro. *Frec fig.* | * Caminaban lado a lado, en silencio.
17 por otro ~. Por otra parte (además, o en un aspecto adicional). | Rábade-Benavente *Filosofía* 99: Sin entrar en la espinosa cuestión –difícilmente solventable, por otro lado– de si se trata de "facultades" o no.
18 por su ~. Por su cuenta, o con independencia de otros. | Arce *Testamento* 78: Ahora cada uno hacía las cosas por su lado y como en secreto.

ladra[1] *f* Acción de ladrar. | MFVelasco *Peña* 181: Soltamos los perros, los azuzamos y consentimos que gastaran sus últimas energías con una ladra que metiese al oso bien dentro del corazón del monte.

ladra[2] *f* (*reg*) Adra (turno). | Berlanga *Gaznápira* 23: Echa cuentas [la abuela] y decide que son doce los que tienen que morir entre el Elías y ella para que toque enterrarla a sus pies. "Es una ladra larga hasta dar la vuelta, ¿tú ves? A no ser que yo fuera la siguiente y me pusieran a su lado."

ladrador -ra *adj* Que ladra. | Hoyo *ROc* 8/9.76, 91: Sabía hacerse amigo de los perros ladradores.

ladral – lagartija

ladral *m (reg)* Adral (tabla lateral de la caja del carro). | GPavón *Rapto* 245: Se puso la chaqueta colgada en los ladrales de un carro.

ladrar A *intr* **1** Emitir [el perro] la voz que le es propia. | Olmo *Golfos* 49: Un perro .. corría ladrando detrás del camión.
2 *(col)* Hablar de modo áspero o destemplado. | Diosdado *Anillos* 1, 44: Me refiero a cómo le tratan a uno por la calle, y en los sitios públicos: Los peatones ladran. Les pregunta uno algo, y ladran. Los camareros ladran. **b)** ~ **a la Luna** → LUNA.
B *tr* **3** *(col)* Decir [algo] ladrando [2]. | SRobles *Pról. Teatro 1964* 23: Un soltero, el profesor de Fonética Higgins, apuesta con unos amigos a que es capaz de recoger del arroyo a una criatura femenina de las que ladran el idioma. Sopeña *Defensa* 73: Doctorarse "in utroque" –expresión que parecía ladrada por los rústicos–.

ladrería *f (Med)* Cisticercosis. | Bustinza-Mascaró *Ciencias* 123: Por los vasos sanguíneos del cerdo caminan hasta los músculos y allí se instalan [los huevos de tenia], rodeándose de una cubierta dura y formando un quiste, llamado cisticerco .. Producen en el animal una enfermedad llamada ladrería o cisticercosis.

ladrido *m* Acción de ladrar. *Frec su efecto.* | Laforet *Mujer* 244: Desde el descansillo de la escalera empezó a oír los ladridos de un perro. * El día que está enfadado te da un ladrido por menos de nada.

ladrillazo *m* **1** Golpe dado con un ladrillo [1]. | *Abc* 19.6.77, 51: Asesinan a ladrillazos a una anciana inválida.
2 *(col)* Ladrillo [2] grande. | *País* 17.3.93, 16: Si se le preguntaba qué estaba escribiendo, decía: "Estoy acabando un ladrillazo".

ladrillería *f* **1** Ladrillos [1], o conjunto de ladrillos. | *Van* 17.4.73, 83: Se precisa camión transporte ladrillería con trabajo fijo.
2 Obra de ladrillo [1]. | GNuño *Madrid* 9: Era mucho más modesta, con muros de ladrillería morisca.

ladrillero -ra I *adj* **1** De(l) ladrillo [1]. | *Abc* 22.6.75, 34: Para industria ladrillera. Se vende, barato, secadero acelerado con cargador automático.
II *n* **A** *m y f* **2** Pers. que hace o vende ladrillos [1]. | Cela *Judíos* 81: Peñafiel es villa de arrieros y molineros, .. de alfareros, caleros y ladrilleros.
B *m* **3** *(reg)* Sitio donde se fabrican ladrillos [1]. | *Lab* 9.70, 60: Arcilla preparada y a punto de modelar, puede comprarla en alfarerías o ladrilleros.

ladrillo I *m* **1** Masa de arcilla cocida, en forma de prisma rectangular, que se emplea en construcción para hacer muros o tabiques y para solar. | *CoZ* 13.5.64, 8: Cogió un ladrillo de una obra, y ferozmente se lo tiró a la cabeza. **b)** *En sg*: Material de construcción constituido por los ladrillos. | *Pue* 20.1.67, 17: Preciosos edificios de 10 plantas, ladrillo visto.
2 *(col)* Pers. o cosa aburrida o pesada. *Tb adj.* | Cela *Inf* 29.10.76, 18: Esto de las conferencias es ya .. algo que ha muerto o que al menos está medio moribundo a fuerza de haberse abusado del ladrillo inclemente. Goytisolo *Recuento* 88: Un agente del Kremlin, dijo. Un poco ladrillo, esto era lo malo; demasiado dogmático y simplista. * ¿Hablas de Giner? ¡Vaya ladrillo!
II *adj invar* **3** [Color] rojizo de arcilla propio del ladrillo [1]. *Tb n m.* | Ybarra-Cabetas *Ciencias* 244: El sombrerillo de este basidiomiceto es amarillo anaranjado o rojo ladrillo, con zonas oscuras. *Inf* 31.10.70, 14: "Prêt-à-porter". Loewe 70-71 .. Colores. El morado en sus diversas gamas, el berenjena y el ciruela. También los marrones, los verdosos, ladrillo, el azul.

ladrocinio *m (raro)* Latrocinio. | J. A. Castro *SYa* 22.6.75, 25: Un fulano le había forzado la hija y él se lo había cargado frente a frente. A mi padre no le pasó nada de eso .., sino por cuestiones de ladrocinio y de sinrazón.

ladrón -na I *adj* **1** Que roba, esp. de manera habitual. *Frec n.* | Medio *Bibiana* 17: Preferiría que un hijo me saliera ladrón, asesino..., cualquier cosa antes que marica. Olmo *Golfos* 50: Al ver que el Mollas quería irse con el maletín, se encaró con él: –¿Desde cuándo, Juan, eres un ladrón? **b)** *(col)* Que cobra precios abusivos. *Frec n.* | GPavón *Reinado* 252: Tienes que avisar ahora mismo a tu amigo el de los coches celulares a ver lo que cobra. Que el que sirve al hospital es un ladrón.
2 *(col)* Granuja o sinvergüenza. *Con intención afectiva. Tb n.* | DCañabate *Paseíllo* 58: El toro, como un matón que ha achicao a un guripa, se emplazó como diciendo: "¡Toreritos a mí! ¡Vengan, que aquí los espero!". Y el ladrón encampanaba la cabeza.
II *m* **3** *(col)* Enchufe eléctrico macho con tres salidas. | * Tengo que comprar un ladrón para enchufar el ordenador.

ladronera *f* Lugar donde se alojan los ladrones [1]. *Tb fig.* | *Abc* 10.2.93, 59: Se deben fotografiar [las joyas y los objetos de valor] para facilitar su identificación y recuperación ante la Policía, pues esta revienta las ladroneras y cubiles de los peristas y así podremos obtener su devolución. Nácher *Guanche* 180: Allí [en Las Palmas] no hay más que ladrones .. Oficinas y oficinas. ¿Y trabajá qué? ¿Quién trabaja? To es pa esa ladronera.

ladronería *f (raro)* Latrocinio. | MRecuerda *Cristo* 193: ¡Que descubra nuestra ladronería! ¡Que lo aclare!

ladronicio *m (col)* Latrocinio. | Crémer *Hora* 9.10.76, 12: Contemplar un despliegue tan descarado de ladronicio nos entristece y nos conturba.

lady *(ing; pronunc corriente, /léidi/; pl normal, LADIES) f* Esposa de un lord. *Frec se usa, como tratamiento, antepuesto sin art al n de pila o al apellido, y con pronunc átona.* | *Cádiz* 82: Es un vino lleno de aroma, .. el típico "cream" de las ladies inglesas. Torrente *Sombras* 179: ¡No puedo imaginar qué pasará esta tarde si lady Adelina no encuentra aquí sus flores!

lagar *m* Lugar en que se pisa o prensa la uva, la aceituna o la manzana para extraer su jugo. *Tb el edificio en que está instalado.* | Arce *Testamento* 72: Tenía más de quince jornaleros en la época del maíz, de la hierba, y junto a su casa un lagar para prensar la manzana.

lagarearse *intr pr (reg)* Dañarse o estropearse [la uva de mesa]. *Tb fig.* | MFVelasco *Peña* 218: Los berros, a aquellas alturas, estaban que ni para burros, de lagareados y empecinados, y no pensaba aprovecharlos.

lagarejo *m (reg)* Juego entre vendimiadores, que consiste en perseguirse y restregarse el cuerpo con racimos. | Escobar *Itinerarios* 199: Aquí y allá, en las cepas vendimiadas, surgen los lagarejos. Las mozas persiguen a los hombres jóvenes, y los mozos a las muchachas. MCalero *Usos* 62: Había de respetarse el ritual del lagarejo, pues, si es cierto que había de cogerse distraída la mozuela, no podía ir más de uno de ellos al restriego del racimo de uva.

lagarero -ra *m y f* Pers. que trabaja en un lagar. | Chamorro *Sin raíces* 15: Los lagareros llenaban de aceitunas grandes cestos de mimbre con capacidad determinada.

lagareta *f* Depósito pequeño al pie del lagar, donde se recoge el mosto. | MCalero *Usos* 62: Prensada la uva, el mosto iba cayendo a la lagareta, y de allí a las cubas de fermentación y cocción. R. Armas *Día* 26.9.75, 13: Una vez realizadas estas operaciones se deja el mosto en el lagar o lagareta.

lagartera *f* Madriguera de lagarto [1]. | Peraile *Cuentos* 35: Cada lagarto ha encontrado su lagartera.

lagarterano -na *adj* De Lagartera (Toledo). *Tb n, referido a pers.* | Villarta *Rutas* 51: Todas [las muñecas] están soberbiamente vestidas de andaluzas, de lagarteranas, de gallegas.

lagartero -ra *adj* **1** Que caza lagartos [1]. *Tb n, referido a pers.* | Vega *Cocina* 107: Fui a comprar los lagartos y, como me lo aconsejó la lagartera, los llevé a la Taberna de la Golondrina para que los guisasen.
2 De(l) lagarto [1]. | Lorenzo *SAbc* 15.9.74, 6: Grises del berrocal, cálidos grises lagarteros.

lagartija *f* Lagarto pequeño de color verdoso, pardo o rojizo por encima y blanco por debajo, muy ligero y asustadizo, que abunda en los escombros y en los huecos de las paredes (*Lacerta muralis*). | Laforet *Mujer* 169: Sobre las agrietadas lápidas del suelo corrían las lagartijas. **b)** *Se da este n, frec seguido de un compl especificador* (IBÉRICA, DE TURBERA, DE MONTE, ESCAMOSA, *etc*), *a otras especies del gén Lacerta, o de otros, semejantes a la lagartija común.* | Noval

lagartijal – lágrima

Fauna 387: Siendo realmente [el lagarto de Bocage] una subespecie de la Lagartija ibérica (*Lacerta hispanica*) .. En la Cordillera Cantábrica y en montaña media del interior .. vive también la Lagartija de turbera (*Lacerta vivipara*). Noval *Fauna* 388: También en Asturias viven otras especies de lagartijas. La Lagartija de monte (*Lacerta monticola*) es frecuente en alturas superiores a 800 metros .. La Lagartija escamosa (*Psammodromus hispanicus*) es muy fácil de identificar, porque las escamas del cuerpo están dispuestas como las tejas. Rodríguez *Monfragüe* 116: Lagartija colirroja (*Acanthodactylus erythrurus*). Rodríguez *Monfragüe* 118: Lagartija colilarga (*Psammodromus algirus*). Lagartija cenicienta (*Psammodromus hispanicus*). **c)** (*col, humoríst*) *Frec se emplea, referido a pers, en frases como* SER UNA ~, SER UN RABO DE ~, ESTAR HECHO CON RABOS DE ~, *etc, para ponderar su rápido y continuo movimiento o su inquietud.* | Medio *Bibiana* 156: Parece que estás hecho con rabos de lagartijas. Delibes *Emigrante* 48: Los altavoces empezaron a decir que los que no fueran pasajeros se largaran, que íbamos a marchar. Me puse como el rabo una lagartija y, cuando quisimos dar con el bote, los remolcadores ya tiraban de nosotros.

lagartijal *m* Lugar árido en que abundan las lagartijas. | J. A. Valverde *Abc* 30.5.58, sn: En uno de estos sitios, un lagartijal estrechado entre dos riscos y abierto de lejos a las azules agua del golfo de Almería, estaba el águila hembra. B. Iraburu *SIde* 1.7.90, x: De lagartijal a vergel. Aquellas marismas semi-salvajes se han convertido en lagos relucientes.

lagartijera *f* (*col*) Borrachera. | Laiglesia *Fulana* 211: La media lagartijera que agarré me dio llorona.

lagarto -ta *I n* **A** *m* **1** Reptil saurio terrestre de cabeza ovalada, boca grande con muchos dientes, cuerpo prolongado y casi cilíndrico y cola larga y cónica (gén. *Lacerta* y otros). *Diversas especies se distinguen por medio de adjs o compls:* ~ VERDE (*Lacerta viridis*), ~ OCELADO (*L. lepida*), ~ ESTRELLADO (*Agama stellio*), ~ CANARIÓN (*Gallotia simonyi sthelini*), *etc*. | Noval *Fauna* 385: Las lagartijas y lagartos abundan en Asturias, y, aunque poseen una estructura común, se descubren en ellos notables variaciones en muchas de sus características. Noval *Fauna* 385: El Lagarto verde (*Lacerta viridis*) .. vive en toda la campiña asturiana. Noval *Fauna* 386: En zonas montañosas y más áridas orientadas al Sur (Cordillera Cantábrica) vive el Lagarto ocelado (*Lacerta lepida*), que es mucho mayor [que el verde]. Noval *Fauna* 387: El Lagarto de Schreiber (*Lacerta schreiberi*), de color verde con manchas oscuras en el dorso y de tamaño medio, es más numeroso en Asturias en la zona costera .. El más pequeño es el Lagarto de Bocage (*Lacerta b. bocagei*), no pasando generalmente de 16 cm y siendo realmente una subespecie de la Lagartija ibérica. N. Carrasco *Ya* 2.8.78, 21: Estos singulares "Lacerta", con otra larga hilera de fauna amenazada canaria –foca monje, .. lagarto canarión, eslizón canario–, esperan la luz verde de un decreto que asegure su asentamiento pleno en aquellas tierras. *MOPU* 7/8.85, 65: En Hierro, el singular lagarto de El Hierro .. En La Palma .., el lagarto tizón, que también se encuentra en el Teide. **b)** Piel de lagarto. | *Gar* 21.12.63, 56: Astracán negro .. Forrado box, lagarto, cerdo o cocodrilo.

2 (*raro*) Músculo grande del brazo, entre el hombro y el codo. | Cela *Abc* 18.3.79, sn: Las madres amantes de sus hijos .. les dan postre de músico, para robustecer los músculos necesarios en la lucha por la vida: el lagarto, los bíceps, el sartorio, etcétera.

B *f* **3** Mariposa cuya oruga constituye una plaga de algunos árboles, esp. de la encina (*Lymantria dispar*). | J. PGuerra *SInf* 7.11.70, 8: Cada año hay que luchar contra las plagas de los encinares –"lagarta"–, que merma la producción de bellota.

C *m y f* **4** (*col*) Pers. astuta y taimada. *Más frec referido a mujer, gralm con intención desp. Tb adj. Frec en la forma aumentativa* LAGARTÓN, LAGARTONA. | Torrente *Señor* 254: Empezaba a preocuparme por usted. Un hombre joven... Ya se sabe... La soledad no es buena, y en este pueblo hay mucha lagarta. Laforet *Mujer* 156: Tenía [la señora] una nube en un ojo. Con el otro fulminaba, la muy lagarta. Olmo *Camisa* 114: –Pero no te vayas, ¿eh? .. –¡Qué se va a ir! ¡Menudo lagartón! SSolís *Blanca* 89: Estaba con miedo de que lo conquistara alguna lagartona.

II *interj* **5** *Se usa para ahuyentar la mala suerte cuando alguien nombra algo cuya mención se supone que la trae; esp la culebra. Más frec* ~, ~. | Cela *Viaje andaluz* 219: Por la callecita de las Santas Patronas y la de López Arenas, para evitar meterse por el Pópulo, hoy Pastor y Landeros, donde –¡lagarto, lagarto!– está la cárcel en lo que fue convento, el vagabundo llega a la calle de Adriano. MGaite *Visillos* 79: Que nos miran, ¿verdad? .. No, si no me extraña. Aquí la animadora, lagarto, lagarto, y los que van con ella igual, cosa perdida.

lagartón → LAGARTO.

lager (*al; pronunc corriente,* /láger/; *pl normal,* ~s) *m* Lugar en que la autoridad se ejerce de manera prestig. | P. Bonet *País* 29.10.89, 4: Sterniuk, que pasó cinco años en el *lager* de Stalin (de 1947 a 1952), vive rodeado de libros, medicamentos e iconos.

lago *m* Masa grande y permanente de agua acumulada en una hondonada del terreno, sin comunicación natural con el mar. | Zubía *Geografía* 173: Sus lagos [de Rusia] son: Ladoga, Onega, Ilmen y Peipus, al Norte; Mar Caspio, al Sur.

lagomorfo *adj* (*Zool*) [Mamífero] del orden a que pertenecen el conejo y la liebre, caracterizado por poseer dos pares de incisivos superiores especialmente aptos para roer. *Frec como n m en pl, designando este taxón zoológico*. | Impreso 1.88: La mixomatosis ha reducido de forma tan dramática las poblaciones de estos prolíficos lagomorfos [los conejos] que muchos depredadores han disminuido sus efectivos.

lagoon (*ing; pronunc corriente,* /lagún/; *pl normal,* ~s) *m* (*Geogr*) Masa de agua separada del mar abierto por una barrera de coral o un banco de arena. | F. RFuente *Act* 12.4.73, 85: Cuando me ajusté el visor y las aletas para lanzarme al agua en el borde interior de la barrera de coral que defiende el "lagoon" de la isla Mauricio, tan solo hacía una hora que el Sol se había levantado sobre el horizonte escarlata.

lagópodo *m* Gallinácea de mediano tamaño, de plumaje estacional que varía del pardo al blanco, y con los tarsos y los dedos cubiertos de plumas (gén. *Lagopus*). | Á. MCascón *Béj* 28.11.70, 9: El lagópodo es un ave parecida a la perdiz.

lagotear *tr* (*col*) Hacer zalamerías [a alguien (*cd*)] para conseguir algo. *Tb fig*. | Cela *Alcarria* 133: –Un vino que columpia la cabeza borrándole los malos pensamientos.. y amansa el corazón alejándole los malos sentimientos. –¿Y lagotea el alma de las mujeres, para predisponerlas al favor?

lagotería *f* (*col*) Zalamería. | FReguera-March *Dictadura* 1, 232: No perdía corrida, colándose casi siempre a costa de audacia o lagotería.

lagotero -ra *adj* (*col*) Zalamero. | Matute *Memoria* 179: Cuando mi primo abandonaba su aire dulce y lagotero .. tenía la misma expresión.

lágrima I *f* **1** Gota de un líquido acuoso y salado, segregado por una glándula del ojo para mantener húmedo el globo y que se derrama al exterior bajo el efecto de una acción física, una sensación dolorosa o una emoción. *Frec en pl*. | Bustinza-Mascaró *Ciencias* 81: El aparato lacrimal está formado por una glándula que segrega las lágrimas, cuya misión es la de mantener ojo constantemente húmedo. **b)** Líquido que constituye las lágrimas. | * Tiene la lágrima muy grasienta; por eso las lentillas le causan problemas. **c)** *En pl*: Llanto. *Tb* (*raro*) *en sg*. | AMillán *Mayores* 400: Si no fuera por el tango, que nos puso de moda y se empeñó en compadecernos hasta la lágrima, no podríamos salir a la calle. **d)** *En pl, se usa frec como símbolo de pesadumbre o padecimiento*. | R. Yzquierdo *SCór* 1.8.93, v: Aquel derribo [del circo de Price] costó lágrimas, y se prometió que pronto habría otro. **e) ~s de cocodrilo.** (*col*) Llanto fingido. *Tb fig*. | * Cuando muere un escritor todos sus colegas derraman lágrimas de cocodrilo.

2 Gota de líquido que resbala. | X. Domingo *Cam* 11.5.81, 79: Cuanto más elevada sea la concentración alcohólica del vino, más abundantes serán esas lágrimas o goterones.

3 Porción mínima de un líquido. *Frec en la forma* LAGRIMITA. | Torrente *Sombras* 33: "Te prometí café. ¿Te sigue apeteciendo?" "Una lagrimita de él, y el resto leche. Ten en

lagrimal – lai

cuenta mi estómago." *Lan* 8.9.64, 5: Nos pasamos las noches esperando que caiga por nuestro grifo una lagrimita de agua.
4 Cristal de adorno de una lámpara o candelabro, en forma de gota o lágrima [1]. | ZVicente *Traque* 214: A mi amigo hay que llevarle algo que quede bien .. Las lágrimas de las lámparas le chiflan. Es muy sensitivo.
5 Caramelo muy pequeño en forma de gota o lágrima [1]. | GPavón *Abc* 25.6.72, 15: Sacaba una bolsita de lágrimas dulces y nos las repartía una a una.
6 Vino que destila la uva sin exprimir el racimo. *Tb* VINO DE ~. | Pemán *Andalucía* 393: Se conocen las siguientes variedades de málagas: seco, blanco, dulce, moscatel, lágrima.
7 ~s de Job. Planta gramínea de frutos globosos, muy duros y de color grisáceo, que se usan para hacer cuentas de rosarios y collares (*Coix lacryma-jobi. Tb sus espigas.* | GCabezón *Orotava* 46: Lágrimas de Job, *Coix Lacryma-Jobi*, Linn., Graminácea, Asia tropical. Hierba anual de sesenta centímetros a 1'20 metros de altura. Las espigas o "lágrimas" contienen las semillas de color blanco-grisáceo.
8 ~s de la Virgen. Planta del mismo género que el ajo y la cebolla, con flores en umbela, colgantes, blancas y acampanadas (*Allium triquetrum*). | TSeg 1.11.79, 24: Bajo los árboles aparecen numerosos arbustos: lágrimas de la virgen y forsitias naturalizadas.
II *loc adj* **9** [Paño] **de ~s**, [valle] **de ~s** → PAÑO, VALLE.
III *loc v y fórm or* **10 llorar ~s de sangre.** (*lit*) Arrepentirse profundamente. | * Llorarás lágrimas de sangre por esto que has hecho.
11 lo que no va en ~s va en suspiros. (*col*) Fórmula con que se comenta que resulta indiferente una cosa u otra, porque ambas tienen ventajas e inconvenientes y se compensan. | * Convéncete, lo que no va en lágrimas va en suspiros; por aquí el camino es más corto, pero hay más atasco.
12 ser (*o* **estar hecho**) **un mar de ~s** → MAR¹.
IV *loc adv* **13 a ~ viva.** Derramando abundantes lágrimas [1]. *Normalmente con el v* LLORAR. | Medio *Bibiana* 66: Yo el otro día lloraba a lágrima viva.
14 con ~s en los ojos. Llorando o a punto de llorar. | C. Hernández *Not* 12.4.74, 17: Con lágrimas en los ojos por la emoción y el agradecimiento, ha partido hacia Sevilla.

lagrimal **I** *adj* **1** (*raro*) Lacrimal o de (las) lágrimas [1]. | Bustinza-Mascaró *Ciencias* 204: Los orificios nasales [en la vaca] son grandes; también los ojos, cuyo surco lagrimal es patente.
II *m* **2** Extremidad del ojo próxima a la nariz. | ZVicente *Balcón* 56: Angustias reza, un ojo escondido en el lagrimal, comiéndose la mitad de las oraciones.
III *loc v* **3 tener flojo el ~.** (*col*) Llorar con facilidad. | Marsé *Amante* 115: Se maldijo mil veces por su debilidad, por tener tan flojo el lagrimal delante de Norma y sus amigos.

lagrimeante *adj* Que lagrimea. | FReguera-March *Caída* 72: También de la abuela Roser sintió nostalgia, aunque apenas hablase y solo la siguiese con los ojos desde su sillón, unos ojos como muertos, siempre lagrimeantes.

lagrimear *intr* **1** Derramar lágrimas [1] [el ojo]. *Frec con compl de interés*. | Delibes *Parábola* 126: El ojo cubierto con el pañuelo .. no cesa de lagrimearle.
2 (*desp*) Llorar [alguien]. *Frec fig.* | ZVicente *Mesa* 169: Yo no quiero esas joyas, esas pieles, esas botas, tanto lagrimear.
3 (*lit*) Gotear. | Tomás *Orilla* 76: La lluvia resbalaba, lagrimeando, por el cristal de la ventana.

lagrimeo *m* Acción de lagrimear. | Mascaró *Médico* 63: Las más frecuentes [manifestaciones] son el escozor e hinchazón de los párpados y conjuntiva ocular, con lagrimeo y sensación de molestia por la luz (fotofobia). ZVicente *Traque* 166: ¿Te piensas tú que la Manuela .. la iba a soportar esos gritítos, ese lagrimeo?

lagrimón *m* (*col*) Lágrima [1] grande. | Olmo *Golfos* 46: Tinajilla se echó a llorar. Aún lo recuerdo con aquellos lagrimones.

laguna *f* **1** Masa de agua acumulada en una hondonada del terreno, en general permanente, sin comunicación natural con el mar, y de menor extensión que el lago. | Ortega-Roig *País* 61: En las regiones muy secas y de tierras arcillosas [hay] lagunas, que solo tienen agua cuando llueve.
2 *En un escrito:* Espacio en que algo ha quedado sin escribir o se ha borrado. | Romeu *EE* nº 9.63, 50: La versión ripollense .. adolece de algún desorden y algunas lagunas.
3 Vacío o carencia. *Referido a cosas inmateriales*. | Torrente *DJuan* 69: Historia, por otra parte, muy mezclada de leyendas, deficientemente interpretada, y con tantas lagunas en su documentación que en buena parte debe ser hipotéticamente reconstruida. J. PIriarte *Mun* 23.5.70, 18: Hasta hace pocos años, el desconocimiento de la literatura latinoamericana constituía en España una laguna nacional. *Cua* 6/7.68, 4: Esas deficiencias y lagunas .. en ocasiones sitúan en riesgo de indefensión al administrado.
4 (*Biol*) Espacio intersticial entre las células. | Bustinza-Mascaró *Ciencias* 229: El parénquima aerífero o lagunar está formado por células redondas, que dejan entre sí grandes espacios o lagunas.
5 (*Zool*) *En los artrópodos y moluscos:* Depósito de sangre formado por el hueco que dejan entre sí varios órganos, o por la cavidad general del organismo. | Bustinza-Mascaró *Ciencias* 129: El mejillón .. Por el corazón pasa la sangre arterial y vasos que de él parten la llevan a lagunas.

lagunar *adj* (*E*) De (la) laguna [1, 4 y 5] o de (las) lagunas. | *MOPU* 7/8.85, 24: Conserva esta provincia su encanto y su hermosura. Su amplio y rico sistema lagunar es un ejemplo .. Laguna de Medina .. Laguna de Espera .. Laguna de El Cuervo. Aldecoa *Cuentos* 1, 399: No contaban con él; lo sabía. Deseaba que no contaran con él. No debía ser interrumpida su calma lagunar. Alvarado *Botánica* 23: El [parénquima] del envés está constituido por células estrelladas que dejan entre sí amplias lagunas intercelulares (en comunicación con el exterior por los estomas) y forman el parénquima lagunar. Navarro *Biología* 175: La presión producida por la llegada del plasma sanguíneo de los capilares a los espacios lagunares y la diferencia de presión osmótica entre el plasma intersticial y el contenido en los vasos linfáticos son las fuerzas iniciales que hacen penetrar el plasma intersticial en el sistema linfático.

lagunazo *m* Laguna pequeña o charca. | JGregorio *Jara* 10: Las rañas cubren el sustrato paleozoico ..; en algún pando de ellas se acumula el agua en charcas o lagunazos. Benet *Otoño* 105: Una motocicleta .. a cuyo tubo de escape había adosado una chimenea .. a fin de poder atravesar los extensos y someros lagunazos que tanto abundan en aquella zona septentrional de la Carelia.

laguneja *f* (*reg*) Ave parecida a la becacina (*Scolopax gallinicula*). | *Santander* 94: Entre las especies de caza menor más abundante[s] en Santander deben citarse liebres, perdices, lagunejas, agachadizas, .. becadas o "sordas" y aves marinas.

lagunero¹ -ra *adj* De (la) laguna [1]. *Frec como especificador de una especie de aguilucho*. | Delibes *Caza* 109: Las tablas de Daimiel .. constituyen un biotopo inapreciable para que en ella[s] se reúnan, aniden y muden las especies acuáticas más variadas .., aparte otras aves no exactamente acuáticas, pero que gustan de merodear en lagunas y aguas estancadas, como los aguiluchos (lagunero y cenizo), gangas, alcaravanes.

lagunero² -ra *adj* **1** De La Laguna (Tenerife). *Tb n, referido a pers*. | Manfredi *Tenerife* 77: Otros templos laguneros .. son dignos de visita y estudio.
2 De Laguna de Duero (Valladolid). *Tb n, referido a pers*. | J. I. Revilla *AleV* 14.10.91, 9: Laguna de Duero .. El Ayuntamiento lagunero llegó a este concierto al no disponer del número de agentes locales suficientes para dar esta cobertura.

lagunoso -sa *adj* Que tiene lagunas [1, 2 y 3]. | RAdrados *País* 21.2.78, 35: Problemas provocados .. por el declive de ciertas escuelas, por la dificultad de crear otras, por el crecimiento a veces improvisado y lagunoso.

lahnda *m* Lengua india hablada en Pakistán. | Villar *Lenguas* 88: El grupo occidental [de lenguas indias] comprende, en primer término, el lahnda, con más de ocho millones de hablantes.

lai (*tb, raro, con la grafía* **lay**) *m* (*TLit, hist*) Poema narrativo francés de tema amoroso. | Alvar *Lancelot* 2: Su alusión debe entenderse en un sentido muy general, en el que

laicado – lambdoideo

quedarían englobados los *lais* y las narraciones de Chrétien y de sus contemporáneos.

laicado *m* (*Rel*) **1** Condición de laico [2]. | * El laicado ofrece sin duda mayor libertad de movimiento que la vida religiosa.
2 Conjunto de los fieles laicos [2]. | *Nue* 24.1.70, 13: Participación más activa del laicado en los quehaceres eclesiásticos.

laical *adj* (*Rel*) Propio de lo laico o de los laicos [2a]. | Escrivá *Conversaciones* 22: Rara vez sería eficaz .. recurrir al ingenuo pasaporte de unas actividades laicales de *amateur*. Carandell *Escrivá* 158 (G): Monseñor afirma que "ninguna autoridad del mundo me obligará a ser religioso", insistiendo en el carácter laical de su asociación.

laicalizar *tr* (*raro*) Laicizar. *Tb pr.* | RPeña *Hospitales* 48: Al comenzar a laicalizarse la beneficencia, pasa [el hospital] al Ayuntamiento.

laicidad *f* Laicismo [1]. | F. Blasi *Mun* 28.11.70, 54: Las exigencias de la laicidad del Estado francés no pueden favorecer una expresión oficial de la fe de los hombres que lo representan.

laicismo *m* **1** Condición de laico. | * El laicismo estatal es visto con malos ojos por un sector de la población.
2 Doctrina que defiende la independencia del hombre y de la sociedad, esp. del Estado, de toda influencia eclesiástica o religiosa. | R. Castellar *Gac* 11.5.69, 19: El gobernante africano, educado en el laicismo anticlerical francés y en la fría asepsia religiosa de los ingleses, se siente humillado.

laicista *adj* De(l) laicismo [2]. | J. M. Fontana *Pue* 28.12.70, 3: Con aviesa y demoledora intención, hacen suyos y propagan los sectarismos laicistas y marxistas. **b)** Partidario del laicismo. *Tb n.* | * Siempre se proclamó laicista.

laicización *f* Acción de laicizar(se). | *Abc* 6.6.76, 95: Invitó a todos a mantener "los ojos abiertos para los que se frotan las manos con la laicización de la enseñanza".

laicizante *adj* Que tiende al laicismo [2]. | Laforet *Mujer* 262: Nosotros reaccionábamos contra el ambiente laicizante de antes de la guerra.

laicizar *tr* Hacer laico [1 y 2] [a alguien o algo]. | Umbral *Hijo* 59: Ortega .. crea el español de media o alta burguesía con pasiones intelectuales, lo educa, lo amansa, lo laiciza, lo europeíza. Aranguren *Erotismo* 25: Nuestro tiempo .. es .. el de lo uno o lo otro: .. comportamiento determinado por la moral cristiana evangélica, o comportamiento determinado por una moral enteramente laicizada. **b)** *pr* Hacerse laico [alguien o algo]. | * La beneficencia se ha laicizado.

laico -ca *adj* **1** Independiente de toda confesión religiosa. *Tb n, referido a pers.* | Gambra *Filosofía* 263: Suelen diferir los concordatos según se trate de Estados que se declaren oficialmente católicos o de Estados laicos o no católicos.
2 (*Rel crist*) Que, siendo cristiano, no pertenece al clero o a una orden religiosa. *Frec n, referido a pers.* | Escrivá *Conversaciones* 22: El ingenuo pasaporte de unas actividades laicales de *amateur*, que pueden ofender por muchas razones el buen sentido de los mismos laicos. **b)** Propio de lo laico o de los laicos. | * Monseñor insiste en el carácter laico de su asociación.
3 (*Rel catól*) *En un convento*: Lego. | Mercader-DOrtiz *HEspaña* 4, 61: España contaba en el siglo XVIII con más de dos mil conventos pertenecientes a cuarenta órdenes distintas, albergando un total de 62.249 profesos o adheridos (hermanos laicos, donados, conversos).

lairén *adj* (*Agric*) Airén. *Tb n.* | *YaTo* 4.12.81, 56: En lo que se refiere a cultivos de plantío, lo más abundante es el viñedo, predominando la uva blanca o lairén. [*En el texto*, lairen.]

laísmo *m* (*Gram*) Uso del pronombre *la* como complemento indirecto femenino, en lugar de *le*. | Amorós-Mayoral *Lengua* 20: El laísmo consiste en usar "la" para un dativo femenino: "la di una carta".

laissez-faire (*fr; pronunc corriente,* /lesé-fér/) *m* (*Econ*) Política de no intervención del Estado en la vida económica. | T. La Rosa *Van* 4.11.62, 12: Todo parece indicar que el antiguo "Laisse[z]-Faire" británico ha llegado a su fin .. El liberalismo económico se desmaya en Inglaterra. [*En el texto*, Laisser.]

laísta *adj* (*Gram*) **1** Que practica el laísmo. *Tb n, referido a pers.* | Lapesa *HLengua* 303: En cuanto a *le, la, lo* y sus plurales, el Norte y Centro, leístas y laístas, continúan enfrentándose con Aragón y Andalucía, mejores guardianes de la distinción etimológica entre *le*, dativo, y *lo, la*, acusativos.
2 De(l) laísmo. | Lapesa *HLengua* 304: También hubo oleada laísta en el siglo XVIII.

laizar *tr* Laicizar. *Tb pr.* | GSerrano *Macuto* 285: Lanzó [la República] la idea de las vacaciones de Primavera con el fin de pisarles el poncho a las que siempre .. se habían llamado vacaciones de Semana Santa. La República trataba de camuflar las cosas para laizarlas.

laja *f* Piedra lisa, plana y poco gruesa. | Laforet *Mujer* 19: El suelo del patio estaba empedrado con lajas entre las que crecía hierba.

lakista *adj* (*hist*) [Poeta] romántico inglés del grupo surgido en el Distrito de los Lagos del Norte de Inglaterra. *Tb n.* | GLópez-Pleyán *Teoría* 117: La poesía romántica inglesa .. se manifestó .. a través de dos generaciones de poetas, la primera de las cuales la constituye a principios de siglo la de los lakistas.

lalinense *adj* De Lalín (Pontevedra). *Tb n, referido a pers.* | Cunqueiro *Pontevedra* 148: Para Pontevedra, en jamones y lacones, Lalín es lo que Sarria para los de Lugo. Y los lalinenses .. han creado la Fiesta del Cocido.

lama[1] *f* **1** Cieno. | CBonald *Ágata* 104: Algo fue transgredido en aquel orden protervo: la metamorfosis de los metales preciosos .. en mezquinos materiales de construcción, la lama y el musgo confabulándose en las noches de insondable bajamar.
2 (*reg*) Pradera húmeda. | Mateo *Babia* 49: El rebaño desperdigado por las laderas, hasta el seto de las lamas, como un tropel de manchas quietas vigiladas por el mastín.

lama[2] *f* Lámina delgada y plana. | *Hoy Extra* 12.69, 28: El usuario actual conoce y exige .. moquetas, persianas de lamas orientables. *Prospecto* 5.91: Alcampo .. Somier de lamas ondulantes Dormilón.

lama[3] *m* (*Rel*) **1** Sacerdote del lamaísmo. | F. Pastrano *Abc* 26.9.82, 12: Desde el Dalai Lama, sumo pontífice y rey de reyes, hasta los lamas inferiores dedicados a los trabajos manuales de la comunidad religiosa, .. la Iglesia lamaísta era el eje del poder temporal y espiritual del antiguo Tíbet.
2 Dalai ~ → DALAI LAMA.

lamaísmo *m* (*Rel*) Secta budista del Tíbet. | Anson *Oriente* 43: El lamaísmo se nutre, a su vez, de elementos budistas mágicos y de hechicería.

lamaísta *adj* (*Rel*) De(l) lamaísmo. | * Monasterio lamaísta. **b)** Que profesa el lamaísmo. *Tb n.* | *Abc* 26.9.82, 13: El Dalai Lama salió definitivamente del Tíbet el 17 de marzo de 1959, junto a una veintena de monjes lamaístas.

lamarckismo *m* (*CNat*) Teoría evolucionista de Jean-Baptiste Lamarck († 1829). | MPuelles *Filosofía* 2, 118: El lamarckismo fue suplantado pronto por la teoría de Darwin.

lamarckista *adj* (*CNat*) De(l) lamarckismo. | Rábade-Benavente *Filosofía* 29: Se trata de variaciones internas [en el sistema de Darwin], más profundas que las modificaciones adquiridas de la teoría lamarckista.

lambada *f* Baile de origen brasileño, en pareja, de moda en 1989. *Tb su música.* | I. Camacho *SD16* 3.9.89, 1: La lambada es todavía demasiado novedosa en Marbella, ciudad, por demás, poco vanguardista en gustos musicales.

lambda *f* Letra del alfabeto griego que representa el sonido [l]. (V. PRELIM.) | Estébanez *Pragma* 43: Alfabeto griego: .. iota, cappa, lambda, mi.

lambdoideo -a *adj* (*Anat*) Que tiene forma de lambda. *Gralm referido a la fontanela posterior.* | *Puericultura* 19: Las fontanelas son dos: la fontanela anterior o bregmática y la posterior o lam[b]doidea. [*En el texto*, lambdoidea.]

lambido – lamiente

lambido -da *adj (reg)* Lamido o relamido. | J. Isla *Día* 29.5.76, 5: Un monifato lambido de esos de ahora, que parece que todo lo saben y no saben nada.

lambistón -na *adj (reg)* Goloso. *Tb n, referido a pers.* | Cela *Alcarria* 187: Los anfitriones obsequian a sus comensales con un postre exquisito, delicado y duz para mayor alegría de lambistones, gulemos y demás suertes glotonas.

lambrequín *m (Herald)* Adorno de cintas, hojas o penachos que parten del yelmo y caen a ambos lados del escudo. | *Santander* 8: El hidalgo montañés se convierte en el tópico del español cargado de lambrequines y de hambre.

lamé *m* Tejido en el que el hilo básico se halla rodeado por otro de metal precioso laminado. | P. SMartín *Nue* 24.1.70, 20: Abrigo de spanskin blanco, adornado de tiras de lamé y pedrerías.

lameculos *m y f (col, desp)* Pers. aduladora y servil. *Tb adj.* | FReguera-March *Cuba* 399: Vaya donde vaya el hombre .., siempre encontrará a un asqueroso lameculos. Torrente *Saga* 134: El Vate era tonto, vanidoso, charlatán, caprichoso, infantil .., quisquilloso, meticón, lameculos.

lamedal *m* Cenagal o lodazal. | CBonald *Ágata* 37: Sumergido en el repudio de cuanto lo rodeaba, que tampoco era más que el cerco de los lamedales, dedicaba el normando su tiempo vacío y su vacía razón a la vigilancia metódicamente inútil del lugar.

lamedor -ra *adj* Que lame. | Legorburu-Barrutia *Ciencias* 173: Compárense los distintos tipos de boca en los insectos: masticadora, chupadora, lamedora. CBonald *Ágata* 101: Garzas de ojos de lapislázuli lamedoras de sexos humanos.

lamelibranquio *adj (Zool)* [Molusco] bivalvo de simetría bilateral, acéfalo y con cuerpo deprimido y en forma de hacha. *Frec como n m en pl, designando este taxón zoológico.* | Legorburu-Barrutia *Ciencias* 151: Lamelibranquios: Son moluscos cuya concha lleva dos valvas. Ej.: mejillón, almeja, ostra.

lamelicornio *adj (Zool)* [Insecto coleóptero] de antenas cortas provistas de láminas móviles. *Frec como n m en pl, designando este taxón zoológico.* | Artero *Invertebrados* 45: Citaremos como Coleópteros curiosos .. los lamelicornios, que tienen las antenas provistas de láminas movibles, como un condensador de radio.

lamentable *adj* **1** Digno de lamentación. *Frec con intención ponderativa.* | Torrente *Filomeno* 142: Los resultados fueron deplorables, en Madrid hubiera dicho lamentables, pero no me desanimé. **b)** *(col)* Que causa muy mala impresión por su calidad o por su estética. | Laiglesia *Tachado* 39: Nadie recordaba quién lo construyó, pero yo sospecho que su autor debió de ser un discípulo de nuestro lamentable Churriguera. Torres *Él* 88: Sucio, con el cabello y la barba grises enmarañados, llevaba unos tejanos lamentables y una camisa hawaiiana desteñida.
2 *(raro)* Que denota pena. | GPavón *Cuentos rep.* 88: Cuando salió [el cura], nos hizo un gesto lamentable y marchó sin decir nada.

lamentablemente *adv* De manera lamentable. | *Fam* 15.11.70, 35: Todo siguió su curso, lamentablemente.

lamentación *f* **1** Hecho de lamentar(se), normalmente por causas morales. *Tb las palabras con que se realiza.* | *Abc* 30.12.65, 66: El trabajo y la remuneración no se encuentran muy concordes, y resulta, por tanto, justa la lamentación de los practicantes. FSantos *Hombre* 94: Quizá se equivocaba con todos: con el padre, a fuerza de tenerlo lejos tantos días al año, con la madre y sus lamentaciones.
2 ~es. *(Rel catól)* Cantos sobre el texto del Libro de Jeremías, propios de los oficios de Semana Santa. *Tb su música.* | Casares *Música* 93: Músico de gran valía .., escribirá .. varias obras para la liturgia del Escorial, como misas, lamentaciones, misereres, etc.

lamentar A *tr* **1** Sentir pena o disgusto [por algo *(cd)*]. *Frec se emplea en fórmulas de cortesía o condolencia.* | Arce *Testamento* 31: Lamentaría mucho que acertases. * Lamento lo sucedido.
B *intr pr* **2** Manifestar pena o disgusto [por algo *(compl* POR o DE)]. *Tb sin compl.* | L. Calabria *NEsH* 4.7.72, 3: Los avicultores siguieron lamentándose del precio ridículo del mercado. Arce *Testamento* 31: –Tal vez aciertes –se lamentó, pesimista.

lamento *m* Acción de lamentar(se). *Tb su efecto. Referido a causas físicas o morales.* | Zunzunegui *Camino* 170: Las camas se agolpaban inmediatas, y las quejas y lamentos tendían de lecho a lecho sus arcos inmisericordes.

lamentoso -sa *adj* **1** [Cosa] que implica lamento. | Zunzunegui *Camino* 32: Se asomó a la puerta y seguía la queja lamentosa de Sole como la de una bestia apaleada.
2 [Pers.] que se lamenta. | *País* 1.5.80, 10: Se me podrá tildar de pesimista y lamentoso, pero es que pertenezco al grupo de aquellos ingenuos que creímos en un cambio.

lamer *tr* **1** Pasar la lengua [por algo *(cd)*]. | Cunqueiro *Un hombre* 12: Sacó la gruesa lengua y se lamió los labios.
2 *(lit)* Tocar suavemente [una cosa, esp. un líquido *(suj)*] a otra *(cd)*. *Tb fig.* | Marsé *Tardes* 38: La embarcación, cuyos costados lamían las olas con lengüetazos largos y templados, se balanceaba suavemente. Torrente *Sombras* 314: Las llamas lamían con sus lenguas rotas las panzas de las nubes.
3 que no se lame. *(col)* Siguiendo a un n que expresa una sensación o una cualidad negativa, pondera el alto grado en que estas se dan. | Delibes *Emigrante* 69: Tengo unas ganas de dar gusto al dedo que no me lamo. Tomás *Orilla* 15: A mí me está entrando una gazuza que no me lamo. Berlanga *Recuentos* 81: Tengo un despiste que no me lamo. ASantos *Bajarse* 98: ¿Qué le habré visto yo a esa gilipollas? ¿Pero tú te has fijado? Si está en los huesos, ni tetas ni nada, y una cara de tonta que no se lame.

lamerón -na *adj (reg)* Goloso. | Delibes *Voto* 94: El lagarto, cuando se envicia, se hace muy lamerón.

lametada *f (col)* Lametón. | Mann *DMo* 18.8.89, 4: Degustadores de helados que, cucurucho en mano .., pasean de un lado para otro, a lametada limpia.

lametazo *m (col)* Lametón. | Yebes *Abc* 10.10.65, sn: Ve llegar hacia él disparados dos –en apariencia– inmensos leones que se abalanzan dándole lametazos.

lametear *tr* Lamer reiteradamente. | Payno *Curso* 212: Algunos lameteaban las estilográficas en espera de la necesaria inspiración. Muñiz *Señas* 56: Las crestas desapacibles, que lameteaban el pecho y los costillares de la embarcación.

lametón *m* Acción de lamer, esp. con energía o ansia. | Berenguer *Mundo* 219: Los debieron soltar [los perros], porque se me presentaron allí dando botes y lametones.

lamia[1] *f* Cierta especie de tiburón *(Carcharhinus commersoni)*. | Faner *Flor* 49: Pescando boliche durante el mes de julio, se chapuzó para espantarlo hacia la red .. De pronto apareció una lamia, dispuesta a zampárselo en un credo.

lamia[2] *f (Mitol)* Ser fantástico femenino que chupa la sangre de los niños. | D. Quiroga *Abc* 20.6.58, 31: Si a los paisajes y monumentos soberanos que h[a]y en el país vasconavarro, unimos sus costumbres, leyendas, supersticiones y cuentos de lamias y brujas, .. se completan los recorridos turísticos por doquier que se vaya.

lamida *f* **1** Acción de lamer. | Lera *Clarines* 491: La oscuridad era una caricia viscosa y caliente como la lamida de un perro.
2 *(jerg)* Acto sexual oral. | Goytisolo *Recuento* 298: Un tipo de párpados gruesos, macizo, peludo, moreno, atabacado, con la ronca afonía de quien tiene la garganta estragada por el cáncer y la boca por el coñac y las lamidas.

lamido -da *adj* **1** *part* → LAMER.
2 Relamido (afectadamente pulido). | Delibes *Madera* 307: La palabra *mamá*, a secas, recataba una connotación jabonosa, lamida, pueril, impropia de un aguerrido combatiente. Onieva *Prado* 130: No rectificaba [Goya] jamás, porque prefería la espontaneidad arrebatada de su primer impulso que el retoque lamido del academicista.
3 [Cabello o tejido] que cae muy pegado, como si estuviese mojado. | Ferres-LSalinas *Hurdes* 116: Un niño de ocho o diez años, moreno, de pelo lamido, flaco de piernas, sucio, fuma un cigarro amarillo de Ideales.

lamiente *adj (lit, raro)* Que lame. | VMontalbán *Rosa* 140: Chorros de agua lamientes sobre una [g]iba de roca.

lámina *f* **1** Porción delgada y plana [de una materia]. *Tb sin compl, por consabido.* | Laforet *Mujer* 109: Los pizarrosos tejados parecían láminas de plata. Marcos-Martínez *Física* 293: La figura 432 muestra un esquema de un laminador, mediante el cual un metal puede extenderse en láminas.
2 Hoja de papel, blanca o con modelo, destinada al aprendizaje del dibujo. | * Para el lunes debemos llevar hecha la lámina número cuatro. * Tengo que comprar láminas de dibujo.
3 Grabado (plancha y dibujo hecho con ella). | * En la exposición había láminas preciosas.
4 *En un libro:* Ilustración que ocupa una página entera, frec. en una hoja fuera del texto. *Tb la misma hoja.* | Legorburu-Barrutia *Ciencias* 310: Hay setas comestibles como el champiñón y el níscalo. (Lámina de setas.)
5 (*col*) Estampa (aspecto o apariencia). *Normalmente referido a un caballo o un toro; más raro, referido a pers. Frec con adjs como* BUENA *o* MALA. | Umbral *D16* 22.1.89, 104: Cada día le es a uno más fácil entender al malvado de buena lámina que al justiciero que viene a hacer la justicia de los horteras. *Abc* 18.4.58, 54: El sobrero .. tuvo más presencia y bravura que los de Cobaleda, a los que hay que achacarles también blandura de manos y fea lámina.
6 (*Anat*) Parte u órgano en forma de lámina [1]. | Bustinza-Mascaró *Ciencias* 240: Las hojas compuestas son las que tienen el limbo dividido en cierto número de láminas independientes, llamadas foliolos. FQuer *Plantas med.* 4: Esta laminaria y sus congéneres pertenecen también a las algas pardas .. Esta especie [*Laminaria cloustoni*] .. tiene la lámina muy recia y gruesa, de color muy oscuro y de figura entre aovada y redondeada. Alvarado *Anatomía* 52: El etmoides se compone: 1º, de una lámina horizontal, llamada lámina cribosa ..; 2º, de otra vertical, llamada lámina perpendicular .., y 3º, de dos masas laterales cavernosas. **b)** *En algunos hongos:* Tabique radial de los que están en la cara inferior del sombrerillo. | Ybarra-Cabetas *Ciencias* 243: Al abrirse este [el sombrerillo del hongo], se ve en su parte inferior el himenio, que es el conjunto de laminillas radiantes.

laminación *f* Acción de laminar². | GTelefónica *N.* 14: Altos Hornos de Vizcaya, S.A. Laminación de bandas Echevarri.

laminado *m* Producto obtenido por laminación. | *Pue* 20.1.67, 15: Laminado plástico de calidad internacional. *Abc* 15.10.70, 29: Entre el personal obrero, que pertenece a la planta de laminados, existe un gran resentimiento por esta medida.

laminador -ra *adj* Que lamina. *Más frec n (m o f), referido a máquina.* | Ortega-Roig *País* 111: ¿Cómo se vende el acero en el mercado? Después de pasar por los laminadores se presenta en forma de tubos, raíles, vigas, etc. Marcos-Martínez *Física* 293: La figura 432 muestra un esquema de un laminador, mediante el cual un metal puede extenderse en láminas. *Abc* 9.5.58, 6: Maquinaria. Para entrega inmediata. Cerámica: Batidoras, laminadoras y mezcladoras de barros.

laminar¹ *adj* De (la) lámina [1]. | Bustinza-Mascaró *Ciencias* 129: Por dentro del manto [del mejillón] se observan diversos órganos. Los más importantes son: las branquias, un par a cada lado; son de forma laminar. **b)** Que tiene forma de lámina o está constituido por láminas superpuestas y paralelas. | Bustinza-Mascaró *Ciencias* 317: Mohs ideó .. una escala, que lleva su nombre, y que está formada por diez minerales de dureza creciente, a saber: 1, talco laminar; 2, yeso cristalizado ..; 10, diamante. **c)** (*Fís*) [Flujo o corriente] en que los hilillos en que se considera dividido el fluido permanecen constantemente paralelos. | *BOE* 3.12.75, 25191: Este dispositivo consistirá, preferentemente, en una tubería que alcance la parte superior del depósito para alimentar un sistema de pulverizadores o un distribuidor de flujo laminar. **d)** (*Fís*) De flujo o corriente laminar. | Mingarro *Física* 70: Cuando un fluido se mueve siguiendo líneas de corriente, se dice que se encuentra en régimen laminar.

laminar² *tr* **1** Dar [a algo, esp. un metal (*cd*)] forma de lámina [1]. *Frec en part.* | *HLM* 26.10.70, 10: Laminado [el acero] en chapa media y gruesa .., ofrece inmejorables condiciones para la construcción de puentes. *Abc* 20.8.66, 26: Casas preconstruidas. Estructuras de madera laminada.
2 Aplastar. *Frec fig, con intención ponderativa.* | Marsé *Dicen* 297: Los chavalines del Carmelo .. ponían en los raíles del tranvía vainas de bala y chapas de botellines que las ruedas laminaban. ZVicente *Traque* 222: Tanto apretar y apretar, es que parece que la mesa es para ti solo, caramba... Yo necesito espacio vital, ¿entiendes? Bueno. Es que me vas a laminar, gachó. LAparicio *Ya* 19.10.86, 29: El Tribunal Constitucional .. ha rechazado las gestiones realizadas pro integración en la comunidad autónoma vasca .. La sentencia "nos ha laminado", diría en expresión muy gráfica un treviñés pro vasco.

laminaria *f* Alga marina de hoja lanceolada muy larga, algunas de cuyas especies tienen virtudes terapéuticas (gén. *Laminaria*). | *Animales marinos* 249: Sacorriza .. Como las laminarias, son utilizadas en la obtención de alginatos. FQuer *Plantas med.* 4: Laminaria. (*Laminaria cloustoni* Le Solis) .. Esta laminaria y sus congéneres pertenecen también a las algas pardas.

laminarina *f* (*Quím*) Polisacárido presente en la laminaria y otras algas pardas. | *Animales marinos* 250: Laminaria .. Es utilizada en la obtención de laminarina y alginatos.

laminectomía *f* (*Med*) Escisión del arco vertebral posterior. | *DBu* 30.6.90, 15: Por la Inspección Médica de la Seguridad Social se propuso su incapacidad, afectándose las siguientes reducciones presumiblemente definitivas: laminectomía ..; Discoartrosis con esclerosis.

laminería *f* (*reg*) **1** Cualidad de laminero. | * Come por laminería.
2 Golosina (cosa de comer apetitosa y gralm. dulce). | G. Comín *Not* 10.12.70, 20: Seguiríamos así .. estos días barruntadores de las Navidades, con tan opulentas y tentadoras exhibiciones ..: Dulces, turrones, botellas, laminerías y golosinas.

laminero -ra *adj* (*reg*) Goloso. *Tb n, referido a pers.* | GSerrano *Madrid* 257: Un pinche de pastelería pasa a nuestro lado llevando en la cabeza una bandeja repleta de las más dulces e ingeniosas creaciones para lamineros. G. Comín *Not* 10.12.70, 20: Las casitas, .. todo era de dulce; a uno se le iba la lengua laminera tras de los tejados y jardines y por los muros de turrón.

laminoso -sa *adj* Que tiene forma de lámina [1]. | Alvarado *Botánica* 18: Las hojas .. son expansiones laminosas y generalmente horizontales del tallo.

lamio. ~ blanco. *m* Planta herbácea semejante a la ortiga común, de flores blancas y hojas sin pelos urticantes (*Lamium album*). | Mayor-Díaz *Flora* 463: *Lamium album* L. "Ortiga blanca", "Lamio blanco". Pl[anta] v[ivaz] de 20-60 cm. Hojas pecioladas, ovales en corazón .. Flores blancas .. Tiene propiedades tónicas, astringentes y expectorantes. Su tintura se utiliza contra los catarros de las vías respiratorias, la bronquitis y la tuberculosis.

lamiosería *f* (*reg*) Zalamería o halago fingido. | Quiñones *Viento* 232: Yo también les calaba las ganas a los del aguante y el disimulo, pero me gustaba que allí, en el salón o la salita, no anduvieran con esa prisa ni refregándome los ojos ni con lamioserías.

lamiscar *tr* (*col*) Lamer deprisa y con ansia. *Tb abs.* | Berlanga *Gaznápira* 114: Las toses asustaron a Michino, que dejó de lamiscar las sobras y se acercó torpón a acurrucarse junto a la Abuela.

lampadario *m* (*lit, raro*) Candelabro de pie y provisto en su parte superior de dos o más brazos, de los que penden sendas lámparas. | CBonald *Ágata* 239: Bajo la tenue luz de los lampadarios, toda la sala adquiría una cierta tonalidad acuática.

lampante *adj* (*E*) [Combustible] líquido que se utiliza para el alumbrado. | *D16* 19.9.81, 17: Aceite de oliva virgen .. Extra .. Fino .. Corriente .. Lampante: Aceite de oliva de sabor defectuoso y cuya acidez en ácido oleico sea superior a 3 por 100. No comestible. **b)** [Petróleo] ~ → PETRÓLEO.

lampar *intr* (*col*) **1** Pasar [una pers.] graves apuros económicos o de subsistencia. *Gralm en las constrs* ANDAR, *o* ESTAR, LAMPANDO. | Torrente *Off-side* 55: Le dieron de comer

lámpara – lamprehuela

durante algunos años, pero, desde hace poco, anda lampando como cualquiera. GHortelano *Amistades* 130: –Entonces, el muy cornudo ¿cogió las tres mil? –Claro .. ¿Qué esperabas que hiciese? –Maldito hijo de perra, toda su miserable vida ha estado lampando.

2 Tener deseo vehemente [de algo (*compl* POR)]. *Tb sin compl, por consabido*. | Quiñones *Viento* 225: Si los hombres están lampando siempre y una también, a qué viene esconderse lo de una y hacer padecer a las criaturas quitándoles esa ilusión; no hay más que tener ojo con el preñe, ¿no?

lámpara *f* **1** Utensilio para producir luz, por combustión de un líquido o un gas, o por corriente eléctrica. | Vesga-Fernández *Jesucristo* 121: Entonces se levantaron todas aquellas vírgenes. Y prepararon sus lámparas. Y dijeron las necias a las prudentes: –Dadnos de vuestro aceite, porque nuestras lámparas se apagan. GPavón *Rapto* 206: A cierta distancia, todo aquel juego .. de apagones y encendidos de linterna resultaba un rato misterioso. El jefe, sin despegar el pico, se limitaba a recorrer la furgoneta con gran detenimiento a la luz de su lámpara. **b)** *Esp:* Aparato, gralm. decorativo, que sirve de soporte a una o más bombillas o velas. | GPavón *Hermanas* 38: Una lámpara de cristales .. bañaba el despacho de amarillo vino.

2 (*col*) Lamparón [2]. | B. M. Hernando *Inf* 8.7.74, 15: Aquí, a juzgar por los anuncios, nos pasamos el día obsesos por la lámpara y el sudor.

3 (*Electr*) Dispositivo que engendra señales eléctricas, las amplifica, las modula o las rectifica. | * Se ha fundido una lámpara de la televisión.

4 ~ **de cuarzo.** (*Med*) Dispositivo para la aplicación terapéutica de rayos ultravioletas. | GTelefónica 15: Electrorradiología. Acero. Onda corta. Ultrasonido. Lámpara de cuarzo.

lamparilla[1] *f* **1** Lámpara [1a] constituida por una mecha que atraviesa una laminilla de corcho o de cartón que flota sobre aceite. | RBuded *Charlatán* 214: Entra Mercedes con más estampas, velas y tazas llenas de aceite, donde hay lamparillas para ser encendidas.

2 (*reg*) Retel. | J. A. Donaire *Inf* 19.6.70, 32: No se permitirán otras artes de pesca que no sean los reteles, lamparillas o similares.

lamparilla[2] *f* (*hist*) Tejido ligero de lana propio para capas de verano. | N. Florensa *His* 3.82, 40: Se fabricaban paños, bayetas, .. droguetes, lamparilla y sargas imperiales.

lamparillazo *m* (*reg*) Trago grande de vino o de otra bebida. | Berlanga *Gaznápira* 33: Niegan una, dos, tres veces que quieran echar un trago, pero cuando la ronda del porrón les llega, apuran un lamparillazo de vino tinto para que no se diga que no son educados y atentos. GSerrano *Madrid* 311: Muerde [el extranjero] un suculento bocadillo, más bien se enreda a dentelladas con el blanco pan y el rojo embutido, y de vez en cuando se atiza un lamparillazo de leche.

lamparón *m* **1** Lámpara [1] grande. | Torbado *En el día* 62: Las pesadas luces amarillas de los lamparones colgados del techo ampliaban el efecto de hallarse en una iglesia.

2 (*col*) Mancha de grasa, esp. en una tela. | Lagos *Vida* 50: Menudo lamparón me ha echao... Es que el aceite es muy escandaloso.

3 (*hist*) Hinchazón de los ganglios linfáticos del cuello. *Frec en pl.* | J. R. Alfaro *SInf* 25.11.70, 2: Según Dioscórides, la carne de víbora, cocida y comida, excita y aguza mucho la vista, siendo también útil en la flaqueza de los nervios y para resolver los lamparones que van creciendo.

lampasado -da *adj* (*Heráld*) [Animal] que saca la lengua y en el que esta es de distinto color que el cuerpo. | F. Ángel *Abc* 16.3.68, 11: En campo de gules, una banda de oro engolada en bocas de dragones, del mismo metal, perfilados y gritados de sinople, lampasados de gules y dentados de plata.

lampazo *m* **1** Planta compuesta, de hojas grandes, ásperas y aovadas y flores purpúreas en cabezuela (*Lappa major* o *Arctium lappa*). *Tb* ~ MAYOR. | X. Domingo *Cam* 9.8.76, 51: En el campo, en zonas baldías o en los bordes de los senderos cosecharemos lampazo, escorzonera, varios tipos de cardo. **b)** Planta semejante al lampazo mayor, pero de menores dimensiones (*Lappa minor* o *Arctium minus*). *Tb* ~ MENOR. | Mayor-Díaz *Flora* 475: *Arctium minus* Bernh. "Lampazo", "Bardana", "Respegones". (Sin. *Lappa minor* Hill.) Pl[anta] b[ianual]. Tallo de 80-120 cm, derecho, robusto, muy ramoso .. Capítulos brevemente pedunculados .. Herbazales perennes de bordes de caminos, escombreras. Utilizada contra las enfermedades de la piel y para purificar la sangre.

2 (*Mar*) Manojo largo y grueso de filásticas unidas por un extremo, que lleva un mango por donde se coge y que se usa para enjugar la humedad de las cubiertas y costados de la embarcación. | Delibes *Madera* 307: Baldeo con bruzas y lampazos, mientras otros abrillantan los dorados o limpian los retretes, los beques como aquí [en el buque] les dicen.

3 (*Mar*) Punta de cable atada a un palo, que se emplea para pescar erizos de mar. | *Animales marinos* 239: Erizo de mar .. Procedimiento de pesca: Dragas, lampazo y a mano en marea baja.

lampiño -ña *adj* Que carece de pelo o vello. *Referido a seres o cosas que por naturaleza serían capaces de tenerlo.* | Delibes *Madera* 111: La mano inquieta, lampiña, de tío Felipe Neri fue subiendo del estómago a la barbilla y acarició esta mecánicamente. Ybarra-Cabetas *Ciencias* 261: Por la superficie del limbo [las hojas] pueden ser lampiñas, vellosas, pelosas, según no posean pelos, o sean cortos o largos, respectivamente.

lampión *m* (*raro*) Lámpara o farol. | FVidal *Ayllón* 235: Lleva en una de las manos un gran lampión a gas butano.

lampista *m y f* (*reg*) Pers. que se dedica a hacer trabajos de fontanería y electricidad. | Marsé *Muchacha* 250: Esa chapuza del anónimo lampista ¿no había ya descalabrado a otra fuente, no había ya salpicado la bañera con otra sangre? Gironza *Matemáticas* 135: La soldadura blanda que emplean los lampistas contiene plomo y estaño en la razón de 2 a 1. GTelefónica 93 1051: Lampistas. Urgencias 24 h. Reparamos, instalamos todo tipo de averías de fontanería y electricidad.

lampistería *f* **1** En una estación de ferrocarril: Lugar destinado al almacenaje y conservación de lámparas [1]. | Pemán *Abc* 3.9.68, 3: Vuelven la cara el sesenta por ciento de los que están en el andén, además de asomarse a las puertas de sus oficinas el telegrafista, el jefe de estación y el encargado de la lampistería.

2 (*reg*) Oficio de lampista. | Van 17.4.73, 74: Se hacen trabajos de albañilería y lampistería. *Ciu* 10.78, 65: Hace unos días vinieron a mi casa unos electricistas a arreglar la instalación .. Me pasaron una factura que, además de ser excesiva, falseaba las horas de trabajo. Me fui a quejar al gremio de Lampistería de Barcelona.

3 (*reg*) Tienda o taller del lampista. | Goytisolo *Recuento* 405: Pusieron una lampistería y ahora tienen una tienda de electrodomésticos y una empresa de instalaciones eléctricas.

lampistero -ra *m y f* Pers. que hace, vende o cuida lámparas. | ZVicente *Examen* 87: Se ofrecen criadas de servir, niñeras, señoritas de compañía, y camiseras, y aprendices de todos los oficios, fontaneros, lampisteros, afiladores, silleros.

lamprea *f* Se da este n a distintos peces ciclóstomos, de cuerpo casi cilíndrico y boca sin maxilares y en forma de ventosa, esp a las especies *Petromyzon marinus* y *Lampetra fluviatilis*, llamadas *tb* ~ DE MAR *y* ~ DE RÍO, respectivamente. | Bernard *Pescados* 25: La lamprea se parece a la anguila, pero es más corta y gruesa. Noval *Fauna* 401: Muy poco conocida es en Asturias la Lamprea marina (*Petromyzon marinus*), a pesar de que no es escasa en los estuarios de las rías.

lampreazo *m* (*raro*) Latigazo. | Paso *Sirvientes* 43: El verdadero pueblo, para protestar, no se desnuda ni nada de eso. El verdadero pueblo se lía a lampreazos, que es la cuestión.

lamprehuela *f* Pez de agua dulce semejante a la lamprea pero de pequeño tamaño (*Lampetra planeri*, *Cobitis taenia* y otros). | J. A. Donaire *Inf* 29.12.78, 25: El "black" puede entrar a los cebos que se le ofrezc[a]n durante los próximos días, y que deben ser el pez vivo y, preferente, la lamprehuela. A. Bourgon *DMo* 6.8.91, 3: La lamprehuela es un pez de pequeño tamaño (4,5 centímetros), con pintas negras, que vive pegado al fondo de los cauces fluviales .. Los ejemplares de lamprehuela localizados en Cantabria han aparecido en la cuenca alta del Ebro. [*Cobitis calderoni*, según el autor.]

lampreílla *f* Lamprehuela. | Vega *Cocina* 78: La encuentro exquisita [la lamprea] y no me explico que le puedan poner reparos personas que no tengan estómago delicado, o quienes, en lugar de la lamprea, hayan comido la lampreílla.

lámpsana *f* Planta herbácea de flores amarillas en cabezuela, usada para curar úlceras y heridas, esp. las de los pechos de las mujeres (*Lapsana communis*). | FQuer *Plantas med.* 861: Lámpsana. (*Lapsana communis* L.) .. Es una hierba de 2 a 6 palmos de altura, erguida, poco o nada vellosa .. Las cabezuelas son pequeñitas .. La lámpsana es planta anual.

lana *f* **1** Pelo de oveja. | Cunqueiro *Un hombre* 21: Había leído el parte detallado de la navegación y arribo de una nave con pasas de Corinto y lana continental.
2 Fibra o hilo de lana [1]. | *Economía* 85: Las fibras animales están constituidas por la lana y la seda. *Lab* 2.70, 4: Material empleado: 3 ovillos de 50 gramos de lana Baby Luxe de Phildar. **b)** Tejido de lana. | Laforet *Mujer* 134: Al brazo llevaba su abrigo de lana blanca.
3 Pelo semejante a la lana [1] producido por otros animales. *Con un compl especificador*. | * Lana de vicuña.
4 Pelo largo. *Normalmente en pl. Referido a pers, es desp.* | Cela *Judíos* 86: Al vagabundo, antes de la amanecida, lo levantó el desaforado ladrar de un gozquecillo de pastor, de sucias lanas y destemplada voz. R. Llates *Des* 12.9.70, 44: Nuestra extrañeza -de buen burgués que no lleva lana en el cogote (hoy, llevarla es cosa de jóvenes)- es perfectamente gratuita.
5 *Seguido de distintos compls, designa diversas fibras de origen no animal*. | *Economía* 52: Para la batería de cocina, emplear arena, tampones de lana metálica, esponjas o cepillos metálicos. GTelefónica *N.* 335: La Industrial Corchera Madrileña .. Lana de corcho y corcho aglomerado. GTelefónica *N.* 452: Fibras Minerales, S.A. Fibra de vidrio. Lana de roca. **b)** ~ **celulósica.** (*Tex*) Fibrana o viscosilla (fibra artificial). | Aleixandre *Química* 209: Las materias plásticas derivadas de la celulosa, tales como la nitrocelulosa, acetilcelulosa, viscosa y sus derivados celuloide, celofana, seda artificial, lana celulósica. **c)** ~ **pirineo(s** → PIRINEOS.
6 (*col*) Dinero. | T. Cuesta *SAbc* 19.10.85, XII: El PSOE está harto de dar lana para apoyar espectáculos circenses.

lanar *adj* [Ganado o res] que tiene lana [1]. *Tb n m, referido a res.* | Ortega-Roig *País* 89: En el Norte de España abunda el ganado vacuno; en el resto, el ganado lanar. *Abc* 2.2.65, 67: Pastos para 1.000 lanares, varios vacunos.

lance I *m* **1** Suceso o episodio. | Delibes *Pegar* 193: Ha tenido la humorada de cerrar las bellas y generosas palabras de su *laudatio* dando a conocer un lance de mi vida deportiva. L. Calvo *Abc* 1.12.70, 30: "Provocación" es vocablo .. tan corriente en los lances diplomáticos berlineses que ha perdido energía. **b)** ~ **de honor.** Desafío para batirse en duelo. | Cossío *Confesiones* 83: Estaba entonces de moda este ejercicio [la esgrima], que nos preparaba además para no hacer mal papel en un posible lance de honor.
2 (*Taur*) Acto de los que ejecuta el diestro en la lidia, esp. con la capa. | *Rue* 22.12.70, 12: Su capote, abandonado, es ostentado como un trofeo por el toro, que le derrotó desde los primeros lances. J. C. Arévalo *Tri* 15.7.72, 30: El lance a la navarra quizá sea el más descriptivo de la forma de torear que tienen los norteños.
3 (*Naipes*) Jugada de las previstas en el reglamento de un juego de cartas. | Corral *Cartas* 6: Los lances o suertes que pueden hacerse en el tresillo son: Entrada, vuelta y solo.
4 (*Mar*) Acción de echar el arte para pescar. | Aldecoa *Gran Sol* 34: Pensaba en placeres de pesca donde a cada lance de la red sucediese una sacada que llenara la cubierta de pescados. Aldecoa *Gran Sol* 81: Quiroga manoteaba malleta pegado al carrete, echándola hacia popa para el aparejo del segundo lance. A. Ruiz *Ya* 21.7.86, 35: Se disputa en Madrid .. el XIX Campeonato del Mundo de Casting, también llamado lance técnico. Este deporte, derivado de la pesca, consiste en el lance de diversas plomadas con variado peso.
II *loc adj* **5 de** ~. [Objeto, esp. libro] que se vende rebajado, normalmente por ser de segunda mano. | * Libros de lance. **b)** [Tienda o comerciante] que vende objetos, esp. libros, de lance. | *SAbc* 2.11.69, 30: En el Rastro madrileño y en librerías de lance se revenden dominicales atrasados. Huarte *Exlibris* 36: Menos veces .. al librero de lance no le interesa que se conozca que vende libros de una determinada procedencia.
III *loc adv* **6 de** ~. En una tienda de lance [5b]. *Con el v* COMPRAR. | Medio *Andrés* 130: El señor Francisco llama su despacho a un cuarto trastero, en el que hay una mesa que compró de lance en una tienda del Rastro. Ballesteros *Hermano* 44: Teníamos un libro singular .. Lo habíamos comprado de lance en un puesto del Botánico.

lancear[1] *tr* Alancear. | M. F. Cisneros *SDáv* 6.7.90, 4: Aquel hombre que desde la cruz, clavado y lanceado, perdonaba a sus enemigos.

lancear[2] *tr* (*Taur*) Torear de capa. *Tb abs.* | DCañabate *Andanzas* 142: Se despojaba de su blusa de artesano .. y con ella lanceaba a los embolados. DCañabate *Paseíllo* 18: Los otros dos espadas también lancean de capa. La Sole y la Trini los jalean.

lanceo *m* (*raro*) Acción de lancear[2]. | Selipe *Abc* 25.3.58, 51: El lanceo inicial no poseyó reposo y el quite resultó simplemente aseado.

lanceolado -da *adj* (*Bot*) Que tiene forma de punta de lanza. | Bustinza-Mascaró *Ciencias* 240: Por su forma, las hojas simples pueden ser aciculares, ovales, lanceoladas. **b)** [Llantén] ~ → LLANTÉN.

lancero *m* **1** Soldado armado con lanza. | L. Armiñán *Abc* 19.9.64, 22: El día 20 del mismo mes se organizaba el núcleo del que poco después .. brotaría ya en forma la primera bandera .. más un escuadrón de Lanceros.
2 (*hist*) Fabricante de lanzas. | Sobrequés *HEspaña* 2, 263: Otras manufacturas de notorio desarrollo fueron las relacionadas con el armamento y la caballería, en las que se llegó a una gran especialización: espaderos, ballesteros, puñaleros, dagueros, cuchilleros, lanceros.
3 (*hist*) *En pl:* Danza de figuras semejante al rigodón. *Tb su música.* | Cossío *Confesiones* 80: Mi entrada en sociedad la hice en los salones de la vizcondesa de Villandrando .. Allí me ejercité en el rigodón y los lanceros, y un poco en el vals.

lanceta I *f* **1** Instrumento médico de hoja de acero con corte por ambos lados y punta muy aguda, empleado para hacer sangrías e incisiones. | Alvarado *Anatomía* 157: Consiste [la vacunación] en escarificar la piel de un brazo mediante una lanceta, llamada vacunostilo, y poner encima la llamada linfa de ternera.
II *loc adj* **2 de** ~. (*Arquit*) [Arco] apuntado muy agudo. | B. JQuintas *VozT* 9.8.78, 27: El edificio está coronado por elegante y artístico campanario de hierro forjado en arcos de lanceta con adornos.

lancetazo *m* (*raro*) Herida causada con la lanceta. *Tb fig.* | *Pap* 1.57, 5: La vida de Dios .. no precisa de las horas ni de los días: esos minúsculos lancetazos con que la vida nos asaetea.

lancha[1] *f* Embarcación pequeña a motor, a remo o a vela, empleada esp. para servicios portuarios, militares o de recreo. *Frec con un adj o compl especificador.* | *Inf* 7.9.70, 9: Miles de campesinos .. han debido ser transportados en helicóptero y, en general, en lanchas por los ríos. *Últ* 8.8.70, 29: Vendo lancha Tiburón en perfectas condiciones. J. Teira *Faro* 1.8.85, 32: Más tarde vino la llamada trainera, una lanchona de vela con seis, ocho y hasta diez remos por banda.

lancha[2] *f* **1** Piedra lisa, plana y poco gruesa. | Cossío *Montaña* 117: En una hondonada, junto a la aldea, surgen las aguas entre lanchas y peñas, borbollando gozosas. **b)** (*reg*) Piedra grande sobre la que se hace fuego en el hogar. | Chamorro *Sin raíces* 10: Fue desgranando las lentas horas de la noche sentado cerca de la lancha de la cocina.
2 Trampa para coger perdices, compuesta de unos palitos y una lancha [1a]. | Delibes *Ratas* 50: Para esa hora ya tenía colocados media docena de lazos para las liebres que regresaban del campo, un cepo para el raposo y un puñado de lanchas y alares en los pasos de la perdiz.

lanchar *m* Lugar en que abundan las lanchas[2] [1a]. | Hoyo *Pequeñuelo* 11: Arriba había un lancharejo, con sus grandes piedras rodeadas de matas de carrasco.

lanchero – languidecer

lanchero[1] *m* Marinero que conduce una lancha[1]. | Quiñones *Viento* 21: Iban [a los toros] camperos brunos venidos de los pueblos, lancheros y guardas rurales a caballo.

lanchero[2] **-ra** *m y f* Cazador de perdices con lancha[2] [2]. | Delibes *Perdiz* 141: La matanza de perdices en la temporada de codorniz es un episodio cinegético sin importancia, los alaristas y lancheros actúan con la venia oficial.

lanchón *m* Lancha[1] grande. | Cela *Viaje andaluz* 220: Sevilla es puerto activo, de mucho tráfico .., con barcos de varias banderas .., con lanchones que van y vienen hasta Bonanza y Chipiona. Quiñones *Viento* 105: El espectáculo de un lanchón pesquero haciéndose a la mar en Ayamonte.

lancinante *adj* (*lit*) **1** [Dolor] desgarrador o muy intenso. *En sent físico o moral.* | Buero *Hoy* 109: Se echa hacia atrás, bajo un súbito dolor lancinante. SSolís *Camino* 275: La idea de que Marino y Adela estaban irremediablemente unidos, y seguramente felices, le fue produciendo poco a poco un dolor profundo y sordo al principio, lancinante después.
2 Que causa un dolor lancinante [1]. | *Pue* 10.5.74, 8: En esta agua lechosa el dolor cesa: la mordedura de los callos lancinantes se calma. CPuche *Sabor* 172: Todos los recuerdos, aun los más alegres, son dolorosos, punzantes, y cuanto más alegres más lancinantes.

land (*al; pl normal,* LÄNDER, *cuya pronunc es* /lénder/) *m* Región autónoma de las que constituyen Alemania. | J. M. Martí *País* 12.10.90, 6: El *land* [Turingia] tiene una antigüedad política que data tan solo de 1920, ya que .. siempre estuvo dominado por otras entidades más fuertes, como Sajonia. Llorens-Roig *Tierra* 143: Los nombres que aparecen dentro del territorio alemán corresponden a las diferentes regiones llamadas por los alemanes länder (en singular land). C. Corral *Ya* 5.12.74, 25: Los obispos alemanes han concluido numerosos convenios con los länder respectivos.

landa *f* Extensa llanura en que solo se crían plantas silvestres. | MSantos *Tiempo* 86: Cabina de un vagon-lit [sic] a ciento treinta kilómetros por hora a través de las landas bordelesas.

landés -sa *adj* De las Landas (región de Francia). *Tb n, referido a pers.* | J. C. Arévalo *Tri* 15.7.72, 30: A los toreros vasconavarros, muy emparentados aún a los toreros landeses, que desaparecerían al morir la fiesta en el Sur de Francia, se les debe el perfeccionamiento de las banderillas.

landgrave *m* (*hist*) Conde soberano o príncipe soberano de determinados territorios de Alemania. | GAmat *Conciertos* 39: Sirvió Vivaldi por poco tiempo como maestro de capilla al landgrave Felipe de Hesse-Darmstadt.

landó *m* (*hist*) Coche de caballos, con cuatro ruedas y capota delantera y trasera, ambas plegables. | Cossío *Confesiones* 30: Una tarde vi salir del Hotel Suiza, del Sardinero, en un landó, repantigado como un emperador romano, al torero Mazzantini.

landre. mala ~ te mate (*o* **te coma,** *o* **te dé**). (*lit, raro*) Fórmula de maldición que expresa desprecio o mala voluntad. | ZVicente *Mesa* 138: Mala landre te dé, hijo de la gran pascua.

landrero *m* (*lit, raro*) Ladrón que al cambiar una cantidad de dinero recibe el ajeno y no da el suyo, asegurando que ya lo ha dado. | Bermejo *Estudios* 176: Recordemos a los mílites, .. a los landreros, que hacen que ponen la moneda y no la ponen.

land rover (*n comercial registrado; ing; pronunc corriente,* /lanfóber/; *pl normal,* ~s) *m* Vehículo todo-terreno. | Anson *SAbc* 27.4.69, 14: Al atardecer atamos a la trasera del "land rover" un antílope muerto y fuimos a buscar al león.

landsturm (*al; pronunc corriente,* /lánsturm/) *f* (*raro*) Tropa reclutada como reserva. | Benet *Volverás* 85: Aquella miscelánea "landsturm" española, formada por campesinos, muy pocos obreros, viejos anarquistas.

lanería *f* **1** Tienda donde se vende lana [1 y 2, esp. 2b]. | *HLSa* 9.11.70, 1: Pañería. Lanería. Todo para el bien vestir de la mujer de hoy.
2 Conjunto de tejidos de lana. | M. G. SEulalia *HLM* 31.1.72, 19: Este documentado informe .. comprend[e], aparte de los colores, dibujos, confección, lanería, tejidos de punto, algodón y sedería.

lanero -ra I *adj* **1** De (la) lana [1 y 2]. | F. Alejandro *MHi* 5.64, 41: Últimamente se han reestructurado las industrias algodonera y lanera.
II *n* **A** *m y f* **2** Comerciante en lana [1 y 2]. | Villarta *Rutas* 169: El gremio de laneros y fabricantes elaboraba veinticinco mil piezas de paños.
B *f* **3** Almacén de lana [1]. | Romano-Sanz *Alcudia* 291: Los esquiladores se encuentran repartidos en dos habitaciones .. Cuando alguno termina de esquilar una oveja se encarga de enrollar el vellón y llevarlo a la lanera.

langaruto -ta *adj* (*reg, desp*) Larguirucho. *Tb n, referido a pers.* | Marlasca *Abc* 9.1.72, 39: Me estoy refiriendo a esos puestos de chucherías y baratijas a los que se acercan los niños (y algún que otro langaruto, impaciente alimentador del cáncer a base de prematuros pitillos).

langor *m* (*lit, raro*) Languidez. | FVidal *Duero* 66: Propone [el tabernero] disipar langores con un julepe.

langoroso -sa *adj* (*lit, raro*) Lánguido. | Sampedro *Octubre* 565: El pintor copió a un hombre en brazos de mujer; solo así cabe en el santo el langoroso cuello, la sensual expresión dolorida.

langosta *f* **1** Crustáceo decápodo de hasta medio metro de largo, con ojos pedunculados y largas antenas, que es comestible muy apreciado (*Palinurus vulgaris*). *A veces, con un adj especificador, designa otras especies:* ~ MORA (*P. mauritanicus*), ~ VERDE o REAL (*P. regius*). | *Cocina* 19: La langosta cocida se sirve con cualquier salsa fría.
2 Se da este *n* a diversas especies de insectos ortópteros saltadores (*esp Locusta migratoria*), que se reproducen copiosamente, llegando a constituir verdaderas plagas para la agricultura. *Frec en sg con sent colectivo.* | Cuevas *Finca* 199: En Lora del Río, el alcalde pagaba el kilo de langosta pequeña a real y el de langosta grande a diez céntimos. **b)** (*col, humoríst*) *Frec se emplea en constrs de sent comparativo para ponderar el carácter destructivo de un conjunto de perss.* | * Estos niños son la langosta.

langostero -ra *adj* [Pers., utensilio o barco] que se dedica o destina a la pesca de langostas [1]. *Tb n: m y f, referido a pers; m, referido a barco.* | *Animales marinos* 222: Langosta .. Procedimiento de pesca: Nasa, red langostera y arrastre. *Abc* 5.8.70, 23: Embarrancó el langostero de la matrícula de Las Palmas "Mosquito", que se hundió dos horas después .. Era uno de los pesqueros más veteranos de Las Palmas.

langostino *m* Crustáceo marino de unos 14 cm de largo, color pardo, patas cortas y cola grande, que vive en fondos arenosos y poco profundos y es comestible apreciado (*Penaeus kerathurus*). *A veces, con un adj especificador, designa otras especies:* ~ MORUNO (*Aristeomorpha foliacea*), ~ JAPONÉS (*Penaeus japonicus*). | Medio *Bibiana* 55: No son langostinos. Me parece que les llaman carabineros.

langosto *m* (*reg*) Saltamontes. | En. Romero *Hoy* 28.7.74, 16: El langosto es este año abundantísimo según nos confesaron los meloneros de Malpartida, cosa que no duda nadie, puesto que en nuestras carreteras se ven hoy día verdaderas plagas de saltamontes. Contra el langosto luchan esos hombres con un tratamiento químico.

langreano -na *adj* De Langreo (Asturias). *Tb n, referido a pers.* | *VozA* 8.10.70, 11: La cooperación de los langreanos con la obra benéfica "Cruz de los Ángeles" y su identificación con la misma es total.

languedociano -na *adj* Del Languedoc (región de Francia). *Tb n, referido a pers.* | Lapesa *Estudios* 134: En ciertos dominios de Occitania –sobre todo en el languedociano– hay especial abundancia de gentilicios terminados en -ol. Alvar *Regiones* 18: Tal contenido aclara lo que los languedocianos pudieron entender por *español*.

lánguidamente *adv* De manera lánguida. | CBonald *Ágata* 230: Se imaginó Pedro a la marimanta gimiendo de perverso amor .., lánguidamente reclinada sobre unos surcos de asperón.

languidecer (*conjug* **11**) *intr* Ponerse lánguido. *Tb fig.* | J. GCano *Gac* 11.5.69, 79: Tú notabas que tus vecinas lectoras de Corín Tellado languidecían en frecuentes crisis de cursilería galopante. *CoZ* 17.5.64, 9: No se encuentran brazos para arrejacar las plantas, que languidecen de día en día. *Abc Extra* 12.62, 61: Los dados languidecen lentamente, pero no se extinguen.

languideciente *adj* (*lit*) Que languidece. | Lera *Bochorno* 179: El muchacho, con los ojos cerrados, se entregaba al regusto de la pereza. Perezoso, ahíto y languideciente, apenas se estremeció al oír saltar el chorro de agua de la ducha. FMora *Inf* 16.4.70, 8: No muchos proyectos languidecientes; no dispersión indiscriminada.

languidez *f* Cualidad de lánguido. | Payno *Curso* 32: Otra vez bailó con una muchachita que no parecía tener más de quince o dieciséis años .. Se dejaba llevar por él con languidez, mirando hacia otra parte. J. Iriondo *Mad* 10.9.70, 12: Solo cabe matizar un poco al insistir sobre la languidez operativa y la desatención del público.

lánguido -da *adj* **1** Falto de vigor o energía. | Sampedro *Octubre* 96: ¡Qué esfuerzo, levantarse! ¿Cómo se puede quedar una tan lánguida, sin una herida, sin una fiebre? CNavarro *Perros* 153: Antón hizo un ademán lánguido y dejó la mano como quebrada.
2 Que muestra o afecta desgana o desinterés. | MGaite *Nubosidad* 151: Me dan ganas de jugar, de hacer un poco de teatro. En este momento me va un tono extravagante .. –¿Amiga suya? –pregunto con voz lánguida. Olmo *Golfos* 18: Si cuando Pepe le pregunta: "¿tintorro, nena?", usted, languidita, le contesta: "¡Yes, Pepe!": usted es La Dengues.

langur *m* Mono arborícola del Asia meridional, de cuerpo delgado, cola y manos largas, y larga cabellera rodeando la cara (gén. *Presbytis* y otros). | M. Ballester *Van* 7.4.78, 6: Los monos sagrados de la India, los langur [*sic*], en los que el macho que ha conquistado el dominio del grupo suele matar inmediatamente a los pequeños.

lánido -da *adj* (*Zool*) [Ave] de la familia del alcaudón. *Frec como n, m o f, en pl, designando este taxón zoológico*. | E. Jaraíz *País* 21.6.83, 21: Los expertos dicen que pertenecen a la familia de los lánidos, conocid[o]s generalmente por alcaudones.

lanígero -ra *adj* (*CNat*) De pelusa parecida a la lana. | Bustinza-Mascaró *Ciencias* 149: Hay muchas especies [de pulgones] que atacan a diversas plantas: Pulgón de las habas, del rosal, lanígero del manzano, etc.

lanilla *f* **1** Tejido delgado de lana. | Romano-Sanz *Alcudia* 231: Viste una camisa de lanilla granate.
2 (*Mar*) Marinera (prenda del uniforme de los marineros de la Armada). | Delibes *Madera* 308: Os enviaré dos fotografías: una en traje de faena, con el abisinio en la cabeza, y la otra de gala, con la lanilla, como llaman aquí a la marinera.

lanital (*n comercial registrado*) *m* Lana sintética fabricada con la caseína de la leche. | Bosque *Universo* 173: Italia [es] primero [productor mundial] de lanital, quinto de rayón y cuarto de fibrana, en el valle del Po.

lanjaronense *adj* De Lanjarón (Granada). *Tb n, referido a pers*. | Ide 21.6.86, 15: Lanjaronenses, .. recibid mi felicitación y mi expreso deseo de paz y regocijo.

lanolina *f* Sustancia grasa que se extrae de la lana y que se emplea para la fabricación de pomadas y cosméticos. | M. Aguilar *SAbc* 15.2.70, 54: Una fórmula sencilla son las cremas para bebés a base de lanolina.

lanoso -sa *adj* **1** Lanudo. | *SorS* 11.10.90, 25: Desaparecida en término de Carbonera perra grifona lanosa, de color blanco.
2 De aspecto de lana. | Mi. Iglesias *Nor* 14.12.89, 56: El cabello se distingue por parámetros de longitud .., forma (liso, rizado, encrespado o lanoso), color.

lansquenete *m* (*hist*) **1** Soldado mercenario alemán de infantería, armado de pica, de los ss. XV, XVI y XVII. | Lapesa *Palabras* 45: *Bi got* 'por Dios', juramento usado por los lansquenetes y demás elementos germánicos que sirvieron en los ejércitos de Carlos V.
2 Cierto juego de azar con cartas. | * El lansquenete se llamaba así porque fue difundido por los mercenarios alemanes.

lantaca *f* (*hist*) Pieza de artillería de pequeño calibre usada por los filipinos en la guerra de emancipación (1896-98). | FReguera-March *Filipinas* 253: Ellos tenían cantidad de lantacas, que son cañones pequeños, y nos hacían mucho daño.

lantana *f* **1** Viburno (planta). | Mayor-Díaz *Flora* 574: *Viburnum lantana* L. "Viburno", "Lantana".
2 Se da este n a distintos arbustos del gén Lantana, esp *L. camara, cultivados frec como ornamentales*. | Loriente *Plantas* 64: *Lantana camara* L., "Lantana". Arbusto o arbolito bastante corriente, como ornamental de jardines y parques. A. Casanovas *ByN* 27.5.90, 106: La Lantana de flores color malva-rosado .. no se ve tan a menudo plantada en nuestros jardines como la llamada "bandera española" (*L. camara*).

lantánido *adj* (*Quím*) [Elemento] de aquellos cuyo número atómico está comprendido entre el 57 y el 71. *Tb n m. Frec n m en pl, designando el grupo de estos elementos*. | Aleixandre *Química* 12: En este lugar [el del lantano] están acumulados todos los lantánidos.

lantano *m* (*Quím*) Metal, de número atómico 57, que arde fácilmente y descompone el agua a la temperatura ordinaria. | Aleixandre *Química* 15: En el elemento 57, lantano, el nuevo electrón no se fija en la capa P, sino de nuevo en la O.

lantarón *m* (*reg*) Personaje fabuloso de horrible aspecto que aparece en las costas. *Tb fig, con intención enfática*. | Cancio *Bronces* 77: La caporala del gremio .. es "la Corvina", un lantarón de cara atrainerada, ojos pitarrosos, hocico de porredano, brazos de orangután.

lantejuela *f* (*reg*) Pizarra que se abre fácilmente en láminas. | Cela *Viaje andaluz* 189: En algunas partes de Andalucía se llama lantejuela a la pizarra que se abre en hojas con facilidad, y lentejuela a los granos carbuncales, que jamás son buenos.

lantochil *m* Helecho real (planta). | Mayor-Díaz *Flora* 519: *Osmunda regalis* L. "Helecho real", "Lentejil", "Lantochil". Pl[anta] v[ivaz] de 60-150 cm. Rizoma espeso. Frondes ampliamente pecioladas .. Muy frecuente .. Alisedas y taludes húmedos y sombríos.

lanudo -da *adj* **1** Que tiene abundante lana. | Ybarra-Cabetas *Ciencias* 164: El reno, el mamut y el rinoceronte lanudo eran animales propios de las faunas frías.
2 (*Bot*) Que tiene pelos largos y suaves semejantes a la lana. | Mayor-Díaz *Flora* 390: *Holcus lanatus* L. "Holco lanudo". Pl[anta] v[ivaz] de 40-80 cm, suavemente vellosa.

lanugo *m* (*Anat*) Vello, esp. del feto. | M. Aguilar *SAbc* 24.11.68, 54: En los primeros meses de la vida el recién nacido está cubierto, por regla general, de un espeso pelaje, que se llama lanugo.

la nuit (*fr; pronunc corriente,* /la-nuí/) *loc adj* De la vida nocturna. *Siguiendo a un n de ciudad. Frec humoríst*. | *Sáb* 10.9.66, 7: Las fiestas, denominador común de Marbella "la nuit".

lanza I *f* **1** Arma constituida por un palo largo rematado por un hierro puntiagudo. | B. Andía *Ya* 15.10.67, sn: Al otro lado de la mesa se presentan los guerreros, que golpean sus espadas y lanzas. **b)** (*hist*) Soldado cuya arma es una lanza. | MMarcos *Lecturas* 134: Los "comuneros" llevaban poca gente y mal pagada, y en el trance de presentar batalla desertaron trece banderas de infantería y trescientas lanzas.
2 *En un carruaje:* Vara que sirve para dar dirección al vehículo y a la cual se unen las caballerías de tiro. | Pinilla *Hormigas* 138: Se fue con ella [la rama] hacia la carreta y la hundió en el barro, bajo la lanza, hasta encontrar suelo firme.
3 (*E*) Tubo metálico que se pone en el extremo de una manga para dirigir un chorro de agua o de otro fluido. | *GTelefónica N*. 442: Extintores-Contra Incendios .. Motobombas. Lanzas. *BOE* 3.12.75, 25186: La instalación debe poder ser desconectada por lanzas de vapor o agua caliente. [*En una refinería*.]
4 (*E*) **~ térmica.** Soplete muy largo que sirve para perforar materiales duros, como el hormigón o la piedra. | M. Gordon *Ya* 30.8.85, 37: Tranchina, .. experto conocedor de la "lanza térmica", utilizada para horadar los muros del banco barcelonés, declaró días atrás que tenía una coartada.

lanzable – lanzar

II *loc adj* **5 de (la) ~.** *(lit, raro)* [Mano] derecha. *Normalmente referido a dirección.* | Cela *Judíos* 102: El vagabundo da de lado a dos caminos: uno, a la mano de rienda, que le llevaría en derechura a Fuentidueña, .. y otro, a la mano de lanza, que lo dejaría en Cantalejo.
6 [Punta] **de ~** → PUNTA.
III *loc v* **7 romper ~s** (o **una ~**). Salir en defensa [de alguien o algo (*compl* POR)]. | Paulino *VozA* 8.10.70, 15: En alguna ocasión rompimos lanzas por la Electra agradeciendo la meritoria labor que en el pueblo vien[e] realizando. L. Contreras *Mun* 12.12.70, 9: Clamó por la no interferencia en el cometido de los jueces y por la ausencia de coacciones, pero rompió también una lanza por la solvencia de la jurisdicción ordinaria.

lanzable *adj* Que puede ser lanzado. | *Abc* 21.5.67, 70: Los motores son del tipo turbo-hélice. Tiene asientos lanzables, con paracaídas, para los tripulantes.

lanzabombas *m* Lanzagranadas. | Hoyo *Glorieta* 66: Allí cambié el fusil por el lanzabombas. Este no era más que un vástago fijo a una base y con un percutor.

lanzacohetes *m* Arma destinada al lanzamiento de cohetes. | *VozC* 2.6.70, 2: A continuación pasaron, sucesivamente, un grupo de obuses 155 autopropulsados, .. un grupo de lanzacohetes de campaña pertenecientes al Regimiento de Artillería de Astorga.

lanzada[1] *f* Herida producida con una lanza [1a]. | *Abc* 1.12.70, 52: Bellido Dolfos .. le coge desprevenido, le clava una lanzada y huye a Zamora. **b) ~ (de) a pie.** *(Taur, hist)* Suerte que consiste en esperar el diestro al toro, rodilla en tierra, con una lanza afirmada en el suelo, la cual se enderaza hacia la fiera para que esta se la clave al acometer. | J. C. Arévalo *Tri* 15.7.72, 29: Los toreros vasconavarros, encabezados por José Leguregui, destacan en la lanzada de a pie, las banderillas y, en general, en todas las suertes de carácter gimnástico.

lanzada[2] *f En la venta de adobes:* Unidad constituida por 220 adobes. | Ferres *Tierra* 84: Yo pienso que, como la lanzá de adobes son doscientas veinte piezas, ese debe de ser el número de olivos.

lanzadera *f* **1** *En un telar:* Instrumento alargado y apuntado que se emplea para formar la trama. | C. BLinares *Alcoy* 26: Miguel Sempere Castañer fue, primero, "llansayre", el que ayudaba a pasar la lanzadera al tejedor a mano, y luego tejedor él mismo.
2 Instrumento semejante a la lanzadera [1], que se emplea para pasar el hilo en algunas labores. | * El frivolité se hace con lanzadera.
3 *En las máquinas de coser antiguas:* Pieza en forma de lanzadera [1] que contiene la canilla. | * La máquina de coser que tiene la abuela es de lanzadera.
4 Tren único que presta servicio entre dos estaciones. *Tb* TREN DE ~. | B. Adánez *Lan* 1.9.64, 3: Más de un ochenta por ciento de este total de mercancía tendrá que ser necesariamente transportado por la RENFE en vehículos agrupados por destinos o empalmes en trenes puros o de lanzadera. M. J. Vidal *SSe* 24.6.90, 27: Gueteborck presenta los tres diferentes tipos de trenes –de lanzadera, de pasajeros y de mercancías–, que unirán en un servicio diario de 400 viajes .. Inglaterra con el resto de Europa.
5 Vehículo capaz de transportar al espacio un satélite o un misil y que se puede utilizar varias veces por ser recuperable. *Tb* ~ ESPACIAL. | *País* 6.8.87, 4: EE UU transforma viejos misiles en lanzaderas de satélites militares. **b)** Plataforma de lanzamiento de misiles. *Tb* ~ FIJA. | C. Yárnoz *País* 20.1.91, 4: La docena de lanzaderas fijas –desplegadas al oeste de Irak, cerca de Basora y en Kuwait– habían sido detectadas con precisión por los satélites.
6 Lancha rápida de motor. | *ElM* 28.10.89, 17: Un juez investiga la muerte a tiros de un tripulante de la lanzadera.

lanzado[1] **-da** *adj* **1** *part* → LANZAR.
2 (*col*) Audaz e impulsivo. | VMontalbán *Mares* 117: –No llegó a estar afiliado [a Comisiones Obreras]. Pero venía con frecuencia .. A veces intervenía en público. –¿Era muy lanzado? –No. No. Moderado .. Así, un hombre muy educado. Muy prudente. Aristófanes *Sáb* 20.8.75, 55: Por la Costa Brava y la del Sol andaban las chavalonas comprándose bikinis y dejaban en la tienda la parte de arriba porque las muy lanzadas solo pensaban utilizar la parte inferior.

lanzado[2] *m* Acción de lanzar [1]. *Frec en la loc* AL ~, *referido a pesca.* | *TEx* 21.2.75, 17: Guía del pescador. Pesca al lanzado.

lanzador -ra I *adj* **1** Que lanza, *esp* [1]. *Tb n: m y f, referido a pers; m, referido a aparato.* | *Abc* 27.7.76, sn: La lanzadora de jabalina Ruth Fuchs, de Alemania Democrática, batió el récord olímpico de lanzamiento de jabalina con un tiro de 65,94 metros. *BOE* 12.4.69, 5388: El Servicio Nacional de Cereales saca a concurso el suministro de cintas transportadoras de granos, accionadas por motores eléctricos y de gasolina; tornillos helicoidales, elevadores y lanzadores de granos, y básculas.
II *m* **2** Lanzadera [5]. | *Abc* 7.10.77, sn: La fragata está provista de un sistema "Asroc", de localización y destrucción de sumergibles, y de un lanzador antiaéreo de misiles "Tartar". *Ya* 27.5.87, 20: El primero de los cuales [satélites Meteosat] se pondrá en el espacio en 1994, mediante el lanzador europeo Arianne. *D16* 1.11.85, 15: Armas nucleares estratégicas .. La URSS posee más lanzadores.

lanzagranadas *m* Arma destinada a lanzar granadas a distancia. | *Inf* 3.10.74, 2: En el domicilio de dicho partido .. fueron encontradas pistolas, granadas de todo tipo, lanzagranadas, morteros y abundante munición.

lanzallamas *m* Aparato que proyecta a varias decenas de metros de distancia un chorro de líquido inflamado y que se usa como arma de combate. | Laiglesia *Tachado* 213: Lo mismo en cascos que en tanques y lanzallamas, hace verdaderas monerías.

lanzamiento *m* **1** Acción de lanzar, *esp* [1, 5 y 6]. | Laiglesia *Tachado* 55: Existen campeones olímpicos de lanzamiento de peso, disco y jabalina. *HLM* 10.11.75, 28: El Atlético no dio una .. En el lanzamiento del segundo máximo castigo pifió Heredia. *Inf* 16.4.70, 16: Durante el lanzamiento [de la obra], los dos primeros fascículos se entregan por el importe de uno solo. Benet *Nunca* 135: No hubo lanzamiento. Se dijo que el nuevo propietario respetaba la presencia de la señorita Amelia.
2 Pers. o cosa que ha sido promocionada [por alguien (*compl de posesión*)]. | P. VGarcía *Inf* 16.4.70, 22: Curro Vázquez .. ha dado la noticia de su "espantá" de la feria de Madrid. El joven lanzamiento de El Pipo, ahora apoderado a medias entre Salvador Sánchez y Chopera, ha decidido personalmente la negativa.

lanzamisiles (*tb, hoy raro, con la grafía* **lanzamissiles**) *adj* [Embarcación o rampa] dotada de dispositivo para lanzar misiles. *Tb n m.* | *Inf* 30.12.69, 3: A qué lugar de Israel llegarán las cinco cañoneras lanzamisiles. *Mad* 30.12.69, 5: La Prensa acusa al Gobierno tras el "affaire" de las cañoneras .. El asunto de las "vedettes" lanzamissiles surge como un obstáculo en la línea seguida por la diplomacia de la República. *Luc* 1.4.64, 9: La botadura del lanzamisiles "Gymnote" abre una nueva era de la marina francesa. *ElM* 18.1.91, 8: Israel duda de que se hayan destruido todas las rampas lanzamisiles iraquíes en el ataque.

lanzaplatos *m En el tiro al plato:* Máquina que lanza al aire el plato sobre el que se ha disparar. *Tb* MÁQUINA ~. | *GacR* 27.10.70, 2: Armería Alonso. Máquinas lanzaplatos, platos tiro, cartuchos tiro y caza.

lanzar A *tr* **1** Impulsar, gralm. con violencia, [a alguien o algo hacia un lugar (*compl adv o ci*)]. *A veces el cd es refl. A veces se omiten los compls por consabidos. Tb fig.* | *Abc* 5.7.77, sn: Un hombre blanco .. lanzó su coche contra una manifestación de miembros del Ku-Klux-Klan. Lute *SPaís* 1.5.77, 20: El guarda se lanzó sobre Agudo Benítez. *ASeg* 4.12.62, 4: Durante una lucha entre capulettos y montescos un actor lanzó a otro al patio de butacas. *RegO* 26.7.64, 19: Llevaban a costillas unos sacos llenos de ceniza y hormigas que lanzaban al rostro de papanatas. Aldecoa *Gran Sol* 147: Mañana, si hay buenos tiempos, lanzamos y luego para el sur. * Pirri lanza y ¡gol! *Sem* 21.9.74, 33: En 1958 Brigitte estaba ya divorciada de su primer marido, Roger Vadim, el hombre que la había lanzado a la fama. **b)** (*Dep*) Lanzar la pelota al ejecutar el castigo [a una falta (*cd*)]. | J. Benítez *D16* 7.1.89, 36: El especialista en lanzar penalties en el Castilla es Aragón.
2 *Con determinados ns de acción:* Hacer con intensidad o violencia [lo que el n. significa]. *Gralm referido a un sonido*

lanzaroteño – lapicida

o una mirada. | Arce *Testamento* 13: Enzo lanzó una carcajada. Laiglesia *Tachado* 61: Lancemos los vivas de rigor a nuestro amado Príncipe. Laiglesia *Tachado* 77: El flemático embajador británico .. perdía su flema y lanzaba terribles amenazas. VMontalbán *Pájaros* 170: Dijo que sí Biscuter, no sin dejar de lanzar una mirada valorativa de la ruina física en que estaba Bromuro.
3 Hacer público [algo, esp. una prohibición o condena]. | *Sp* 19.7.70, 52: Hay motivos para lanzar prohibiciones a diestro y siniestro. J. Sáez *Luc* 25.8.64, 4: Desde estas columnas lanzamos la llamada de este gran alcalde a las autoridades provinciales y nacionales. **b)** Poner en circulación [una idea o noticia]. | * ¿Quién habrá lanzado ese bulo?
4 Sugerir o exponer [una propuesta]. | Medio *Bibiana* 11: Ella lanza la idea, él protesta y se marcha, enfadado, a la habitación.
5 Sacar al mercado [un producto]. *Tb* ~ AL MERCADO. | ILaguna *Ateneo* 42: Los decimononos preeminentes constituyen minoría en este volumen cervantino lanzado con ocasión del tercer centenario de la impresión del Quijote. Medio *Bibiana* 84: Unos productos de la nueva ola que superan a todos los lanzados hasta ahora al mercado. **b)** Promocionar la venta [de un producto (*cd*)]. | * Hay que recurrir a la publicidad para lanzar las publicaciones académicas. **c)** Promocionar [a una pers.] en alguna actividad pública, esp. artística. | Torres *Él* 106: Es una joda que los de Roger & Cowan se adjudiquen el mérito de haber lanzado a Julio en Estados Unidos.
6 (*Der*) Obligar por la fuerza [a alguien], en virtud de disposición judicial, al desalojo [de una finca o inmueble (*compl* DE)]. *Tb sin compl*. | Burgos *Mad* 23.10.70, 7: Otras siete familias .. han sido lanzadas judicialmente de las casas en ruina que ocupaban. Aguilar *Experiencia* 72: Unos labriegos, arrendatarios, iban a ser lanzados o desahuciados por haberse negado a votar al candidato de cierto cacique.
B *intr pr* **7** Ponerse [alguien] a hacer [algo (A + *infin* o *n de acción*, o EN + *n de acción*)] con ímpetu y decisión. *A veces se omite el compl por consabido*. | CBaroja *Inquisidor* 16: No voy a lanzarme a la conjetura. CNavarro *Perros* 17: Lo que me cuesta entender es eso de que hayamos de lanzarnos en busca de la muerte. Cuevas *Finca* 185: Vinieron los días de la revolución de Octubre .. Este niño está lanzado y es un peligro en una ciudad. LTena *Luz* 65: Tampoco vayas a pensar que me he lanzado ahora por ayudarte. Yo ya estaba más lanzada que las gallinas cuando me contrató tu padre para espabilarte, pobre tonto.
8 (*col*) Adquirir gran impulso o velocidad. *Frec en part*. *Tb fig*. | * Lleva cuidado, que este coche se lanza rápido. Aldecoa *Cuentos* 1, 88: –Son cosas que tienen que ocurrir... Van lanzados... y eso tiene que ocurrir... –Mira tú, que esa curva es muy mala. –Podíamos aprovechar y pedirle también... –Ojo, no te lances, que te conozco.

lanzaroteño -ña *adj* De Lanzarote. *Tb n, referido a pers*. | GSosa *GCanaria* 148: El campesino lanzaroteño ha hecho cenar, a una, higueras y cardos.

lanzatorpedos I *m* **1** Dispositivo destinado, en una embarcación, al lanzamiento de torpedos. *Tb* TUBO ~. | *Mad* 30.12.69, 1: Cada lancha tiene dos lanzatorpedos laterales. Delibes *Madera* 265: En sus ensueños, todo estaba organizado con método: Eduardo al timón, Damasito de observador, Tato y él en los tubos lanzatorpedos, Peter a proa, dirigiendo la operación.
II *adj invar* **2** [Embarcación] dotada de lanzatorpedos [1]. | *Ya* 24.1.91, 24: Las fuerzas israelíes .. 63 corbetas y buques guardacostas. 3 submarinos lanza-torpedos convencionales.

lanzazo *m* Lanzada¹. | J. C. Redondo *SYa* 15.2.76, 19: Las crónicas cuentan casos como el de María de Hungría, hermana de Carlos V, que tenía ánimo suficiente para matar venados a lanzazos y luego degollarlos.

laña¹ *f* Grapa, esp. la empleada para unir barro o porcelana. | CPuche *Conocerás* 186: Vecinos que se pegaban el duelo y al dolor de una familia como las lañas se pegan a las tinajas rotas. R. SOcaña *SInf* 16.12.70, 15: En algunos casos, para unir partes rotas de un mismo bloque se han utilizado lañas –una especie de grapas para la piedra–.

laña² *f* (*raro*) Loncha [de tocino]. | Vega *Cocina* 88: Compónese el adobo con toda clase de hierbas y especias de cocina, más unos chorretones de aceite y unas lañas de tocino entreverado.

laña³ *f* (*reg*) Llanura. | Lorén *Aragón* 491: Siguen el itinerario de los pastores con sus propias ovejas, cuando emigran para la otoñada, desde los altos pastos pirenaicos .., y trashuman hasta las más plácidas y seguras lañas verdes de las Cinco Villas.

lañador *m* Hombre que tiene por oficio lañar¹ cacharros. | Hoyo *ROc* 8/9.76, 91: Lañador: se arreglan y componen cacharros viejos.

lañar¹ *tr* Componer [algo] con lañas¹. *Tb* (*lit*) *fig*. | Hoyo *ROc* 8/9.76, 91: Los hombres lañaban cacerolas, recomponían cacharros viejos. Isidro *Abc* 8.3.58, 35: Renunciemos a contabilizar los esparadrapos y el árnica empleados ayer en lañar anatomías perjudicadas por la celeridad circulatoria.

lañar² *tr* (*reg*) Quitar [al pescado (*cd*)] la cabeza, la espina y las tripas. | *Coruña* 84: Las sardinas se preparan en escabeche caliente, lañadas, con cachelos y con pimientos y tomates.

laosiano -na *adj* De Laos. *Tb n, referido a pers*. | *Abc* 19.9.64, 40: El piloto tenía un carnet de identidad del partido laosiano de derechas.

lapa *f* **1** Molusco gasterópodo de concha cónica, que vive asido fuertemente a las rocas de la costa (gén. *Patella*, esp. *P. vulgata*). | Bustinza-Mascaró *Ciencias* 128: Otros animales parecidos al caracol son marinos .. Tales son: .. Las llamadas caracolas marinas, de bastante tamaño, las lapas, de concha cónica, no torcida, y que se adhieren fuertemente a las rocas marinas. **b)** *Se usa frec en constrs de sent comparativo, como* SER UNA ~ *o* PEGARSE COMO UNA ~, *para ponderar lo difícil que resulta librarse de la compañía de alguien, o la fuerza con que se pega algo*. | Olmo *English* 33: ¡Este tío es una lapa! F. Gelán *HLSe* 3.11.75, 18: El internacional de Córdoba se pegó a Salcedo como una lapa. Je. Sánchez *Ade* 6.2.75, 5: Herguijuela de la Sierra es uno de estos pueblos que no toleran "el desarraigo". Se agarra, como lapa, a los bancales de sus montañas.
2 Amor de(l) hortelano (planta). | FQuer *Plantas med*. 748: Amor de hortelano. (*Galium aparine* L.) Sinonimia cast[ellana], .. lapa.

lapachar *m* Terreno cenagoso o excesivamente húmedo. | Zunzunegui *Camino* 196: La sierra toda se traspasaba de regajos y lapachares.

laparoscopia *f* (*Med*) Examen endoscópico de la cavidad abdominal. | *Anticonceptivo* 59: Se lleva a cabo [la operación] con anestesia general y generalmente por laparoscopia.

laparoscópico -ca *adj* (*Med*) De (la) laparoscopia. | *TMé* 6.12.93, 16: La cirugía laparoscópica se introduce por primera vez hace más de quince años.

laparotomía *f* (*Med*) Operación quirúrgica consistente en abrir las paredes abdominales. | Cela *Inf* 1.4.77, 19: Al compatriota de que se habla lo llevaron al hospital y le practicaron una "laparotomía exploratoria".

lapeado *m* (*Metal*) Operación de acabado de las piezas sometiéndolas a un esmerilado. | GTelefónica *N*. 579: Industrias Iberia. Mecánica de precisión. Rectificados y lapeados.

lapiaz *m* (*Geol*) Relieve en forma de crestas de bordes vivos, debido a la erosión de las rocas calizas. | Bustinza-Mascaró *Ciencias* 352: Si las aguas salvajes ejercen su acción sobre rocas solubles, producen canales y crestas (lapiaz) muy salientes.

lapicero *m* Lápiz [1a y b y 3]. | CPuche *Paralelo* 55: En la pared del water había un letrero .. Sacó su lapicero y ya iba a escribir algo cuando se arrepintió. Sampedro *Octubre* 127: Aparece el lapicero de tío Augusto, plata ennegrecida. *BOE* 12.3.68, 3770: Formas farmacéuticas: Jarabes, melitos .. Cataplasmas y papeles sinápicos. Lapiceros. Jabones y detergentes.

lapicida *m* (*Arqueol*) Artesano que hace inscripciones en la piedra. | PCarmona *Burgos* 194: Sobre un borde de la mandorla el lapicida escribió esta inscripción.

lápida – lapsus linguae

lápida *f* Losa que suele llevar una inscripción. | Torrente *Saga* 245: Nadie lee las lápidas de las estatuas más que los forasteros. **b)** Losa que cubre una sepultura. | GPavón *Hermanas* 48: Desmontado el nicho para otros vecinos y rota la lápida, lo que fue nuestra vida y presencia, nuestra palabra y dengue, quedaban tan fuera de la realidad, tan aire, como antes de haber nacido.

lapidación *f* Acción de lapidar. | C. GValdés *Sáb* 1.10.75, 17: La España romana y el Fuero Juzgo (siglo VII) aplicaban la pena de muerte a delitos tales como el parricidio, homicidio de parientes, aborto homicida, traición e incendio, y sus formas de ejecución eran el despeñamiento, la lapidación, la crucifixión o el fuego. Delibes *Año* 200: El doble atentado (lapidación) contra las librerías "Antonio Machado" y "Fuentetaja" de Madrid nos lleva a investigar los móviles del delito. GTelefónica *N.* 599: Manufacturas Zurich. Lapidación de toda clase de piedras para joyerías. Finas. Sintéticas. Falsas.

lapidador -ra *adj* Que lapida. *Tb n: m y f, referido a pers; f, referido a máquina.* | Sampedro *Sirena* 266: ¡Si no hubiera sido por Krito no nos hubiéramos encontrado nunca! .., te hubieran matado los lapidadores samiotas. Delibes *Año* 200: ¿Pueden decirme estos señores lapidadores cuántos vidrios quedarían indemnes en el país si cada español arrojara una sola piedra contra las vitrinas o los balcones de los que disienten o discrepan de sus ideas? *Van* 20.12.70, 75: Joyería, se vende lapidadora marca Tousdiamats.

lapidar *tr* **1** Matar a pedradas. | CBaroja *Judíos* 1, 40: El [judío] que no cumpliera con estas órdenes rigurosas corría el riesgo de ser lapidado o quemado.
2 Tirar piedras [contra alguien o algo (*cd*)]. *Tb fig.* | MGaite *Retahílas* 196: Solo se me venían a la imaginación insultos y reticencias que hubieran marcado más todavía el abismo entre mi terreno y el de aquella pareja feliz y descarada que me lapidaba con sus comentarios.
3 (*Joy*) Pulir [una piedra preciosa]. | *Gac* 22.2.70, 4: Diamantes o brillantes ¿auténticos o falsos? .. Provienen de minerales cristalizados por el tiempo. Cortados, tallados y lapidados con las mismas características que los diamantes.

lapidariamente *adv* De manera lapidaria [1b]. | Cossío *Montaña* 86: Este [el emperador] le pregunta quién es, a lo que lapidariamente contesta: "soldado de fortuna".

lapidario -ria I *adj* **1** De (la) lápida. | *SYa* 20.11.77, 5: Al colocarse la piedra lapidaria que cierra la tumba de Franco, acababa la urgencia de la "Operación Lucero". **b)** [Cosa, esp. estilo, lenguaje o expresión] digno de una inscripción lapidaria, por su concisión y precisión. *A veces tb referido a su autor. Frec con intención irónica.* | Burgos *SAbc* 13.4.69, 46: En el fondo subyace el dolor de la Pasión, esa "Pasión según Sevilla" que con palabras lapidarias definió el escritor francés Joseph Peyré. LMiranda *Ateneo* 124: Este comenzó su salutación a la actriz con esta frase lapidaria que acabó de caldear el ambiente: –Yo, señora, como soy de Burgos, os admiro. *Abc Extra* 12.62, 45: Vives, que es nuestro escritor más lapidario, .. escribe.
2 De (las) piedras preciosas. | * El comercio lapidario es muy intenso.
II *n* **A** *m y f* **3** Pers. que labra o vende piedras preciosas. | Cunqueiro *Sáb* 21.8.76, 22: Los lapidarios de antaño leían en la secreta arquitectura del mundo interior de las piedras.
B *m* **4** (*hist*) Tratado de piedras preciosas. | Perucho *SAbc* 23.7.88, xv: En la labor exhumatoria de textos antiguos, John Gili nos dio el año 1977, desde su retiro de Oxford, un lapidario.
C *f* **5** Arte de tallar y pulir piedras preciosas. | *Van* 11.9.75, 39: Tampoco faltan obras de medicina o historia natural, .. de astrología, alquimia y lapidaria.

lapídeo -a *adj* **1** (*E*) De (la) piedra. | Bustinza-Mascaró *Ciencias* 346: Hay meteoritos de aspecto metálico y se les llama sideritos, y otros tienen aspecto lapídeo y se les llama piedras meteóricas.
2 (*Geol*) [Mineral] no metálico, esp. si no presenta su característico brillo vítreo. | Bustinza-Mascaró *Ciencias* 329: Minerales lapídeos. Son los no metálicos .. Poseen, en general, aspecto de piedra.

lapilla *f* Picagallina (planta). | FQuer *Plantas med.* 170: Alsine. (*Stellaria media* Villars.) Sinonimia cast[ellana], .. lapilla.

lapilli (*it; pronunc corriente,* /lapíli/) *m pl* (*Geol*) Fragmentos de proyección volcánica de 5 a 50 mm de diámetro. | Ybarra-Cabetas *Ciencias* 142: Las bombas volcánicas y los lapilli, en verdadera avalancha, descargaron sobre los poblados próximos.

lapislázuli *m* Mineral de silicato de aluminio, cal y sosa, muy duro y de color azul, que se emplea en joyería y para fabricación de objetos de adorno. | CBonald *Ágata* 101: Alucinados y extenuados, Manuela y Perico Chico cayeron en una pesadilla simétrica por la que transitaban linces asesinos .. y garzas de ojos de lapislázuli.

lapita *m* (*Mitol gr*) Individuo de un pueblo de Tesalia famoso por sus luchas con los centauros. *Normalmente en pl.* | Camón *SAbc* 19.4.70, 31: Toda la violencia encrespada de los lapitas y centauros se remansa en ese Apolo.

lápiz *m* **1** Instrumento para escribir o dibujar constituido por un cilindro de madera que lleva en su interior una barra delgada de grafito o de otra materia capaz de trazar líneas sobre una superficie, esp. papel. | Olmo *Golfos* 88: Tinajilla llevaba una carpeta .. y dentro un libro y dos cuadernos, y también un lápiz. *ByN* 31.12.66, 58: Lápices de color de renombre mundial con minas de gran resistencia. **b)** Instrumento de metal o de plástico, para escribir o dibujar, que lleva en su interior una mina recambiable. *Tb* ~ ESTILOGRÁFICO. | * Le regaló un estuche de pluma y lápiz estilográfico. **c)** (*col*) Bolígrafo. | * –Déjame tu lápiz –dijo, cogiendo mi bolígrafo.
2 Cosmético destinado al maquillaje de los labios o de los ojos, en forma de barrita o de lápiz [1a]. *Frec en las constrs* ~ DE LABIOS, *o* ~ DE OJOS. | Grandes *Lulú* 74: El lápiz de labios era muy parecido al que solía usar Ely, rojo escarlata pasión o un nombre similar.
3 (*Med*) Preparado medicinal en forma de cilindro. *Frec con un compl especificador.* | MVictoria *Ya* 13.4.75, 36: El lápiz de nitrato de plata –viejo remedio casero– no es aconsejable.
4 ~ **óptico,** *o* **electrónico.** (*Informát*) Dispositivo en forma de lápiz [1a] utilizado en sistemas gráficos para comunicarse con el ordenador a través de la pantalla. | B. Olabarrieta *Ya* 16.11.91, 25: Este año se ofrecen pequeñas computadoras personales sin teclados, ideales para hacer facturas o extender recetas escribiendo encima de la propia pantalla con un lápiz óptico. *Nor* 4.1.90, 50: Vendo ordenador Amstrad, disco 6128, monitor color, con TV. Impresora 3000, lápiz óptico.

lapo *m* (*col*) **1** Bofetada. | Ballesteros *Hermano* 58: Nadie nos lo quiso explicar. Incluso, ante nuestra insistencia, la "petite tante" nos había cerrado la boca de un lapo.
2 Escupitinajo. | Montero *Reina* 173: El Poco escupió sobre la moqueta y luego aplastó el lapo con la punta del pie.

lapón -na I *adj* **1** De Laponia (región de Noruega, Suecia y Finlandia). *Tb n, referido a pers.* | *Cam* 15.8.75, 10: ¿Qué se ha traído Arias de Helsinki? Aparte de unos objetos de joyería lapona para su mujer, su arsenal incluye entrevistas más o menos largas con dirigentes de la OTAN y la CEE. Zubía *Geografía* 158: La raza finesa o finlandesa es de origen amarillo, lo mismo que los lapones.
II *m* **2** Idioma de los lapones [1]. | Alcina-Blecua *Gramática* 102: Janos Sajnovics (1733-1785) demostró la relación entre el húngaro y el lapón.

lapso *m* Transcurso de tiempo. *Frec* ~ DE TIEMPO. | Ramírez *Derecho* 114: Las acciones prescriben por el mero lapso de tiempo fijado por la Ley.

lapsus (*pl invar*) *m* (*lit*) Falta o equivocación cometida por descuido. | Cano *Pap* 1.57, 98: Tras culparte a ti de vuestro lapsus, quiero ahora confesarte uno mío.

lapsus calami (*lat; pronunc corriente,* /lápsus-kálami/) *m* (*lit*) Equivocación cometida al escribir, gralm. por sustitución u omisión de una palabra. | *Inf* 20.2.79, 2: Queremos pensar que el gratuito agravio de "Hoja del Lunes", de Madrid, se deba sencillamente a un "lapsus calami".

lapsus linguae (*lat; pronunc corriente,* /lápsus-língue/) *m* (*lit*) Equivocación cometida al hablar, gralm. por sustitución u omisión de una palabra. | Pinillos *Mente* 139: Un *lapsus linguae,* la inoportuna confusión de una palabra con otra, es con frecuencia muy reveladora de intenciones o preocupaciones reprimidas.

laptop *(ing; pronunc corriente, /láptop/; pl normal, ~s) m (Informát)* Ordenador portátil de tamaño y peso superiores a los del notebook y con características similares al de sobremesa. | *PCM* 6.91, 160: El primer detalle que llama la atención al tener entre las manos el Olivetti Laptop D33 es sin duda su gran tamaño. *PCM* 6.91, 1: Notebooks, Portables, Laptops, Transportables... 46 Portátiles analizados.

laqueado *m* Acción de laquear. | *Abc* 4.10.70, sn: Barnizados, laqueados, decorados muebles. *Gar* 6.10.62, 52: Con el nuevo y exclusivo laqueado permanente .. Laca Gemey asegura excepcional fluidez .. y extraordinaria permanencia en sus uñas.

laquear *tr* Lacar, o pintar con laca. *Frec en part.* | MGaite *Fragmentos* 100: Debajo del teléfono había un mueblecito laqueado en blanco. Lera *Trampa* 964: Salió del cuarto de baño sobre unas sandalias de felpa que dejaban al descubierto los pies de uñas laqueadas.

lar *m* **1** Hogar (sitio donde se coloca la lumbre). | *Gerona* 9: Estas edificaciones constan de un amplio zaguán ..; tienen una amplia cocina con una chimenea o lar.
2 *(lit)* Hogar (vivienda de la familia). *Frec en pl con sent sg.* | A. Siso *RegO* 25.7.64, 14: Cansado de la vida de emigrante, se decide a dar por terminada esta, y de nuevo asienta sus reales en su lar. Faner *Flor* 75: Entró en Moscú a finales de julio. Preguntó en lares, posadas, casas non sanctas, palacios. Nadie conocía a sus ñaños. **b)** *(lit)* Lugar en que se vive. *Normalmente en pl con sent sg.* | J. J. Porto *VozC* 31.12.70, 6: Frade se ha convertido en el productor más activo de estos lares.
3 *(Mitol romana)* Dios de la casa. *Más frec en pl. Tb* DIOSES ~ES. | Arenaza-Gastaminza *Historia* 52: La religión de los romanos era politeísta, como la griega, y el número de sus dioses era elevadísimo. Existían los dioses domésticos (manes, lares, penates) y los del Estado.

laracheés -sa *adj* De Laracha (La Coruña). *Tb n, referido a pers.* | *Voz* 18.3.87, 28: El alcalde larachés señala.

lardáceo -a *adj* Lardoso. | Álvarez *Cór* 12.7.64, 5: Una arcilla mantecosa .. que da calidades lardáceas a los botijos.

lardar *tr (raro)* Aguijerear. | L. LSancho *Abc* 30.4.86, 18: Ni el Tribunal de Menores tiene medios para reprimir, aunque sea dulcemente, a estos engendros de la naturaleza, demasiado tiernos para ir a la cárcel y lo bastante duros para lardar a destornillador afilado al que les salga al paso.

lardear *tr* Aderezar con tocino [una pieza de carne que se va a asar], esp. envolviéndola en lonchas de este. | *Ama casa 1972* 187: Ternera con trufas. Lardear un trozo de riñonada de ternera con tiras de tocino y de trufas.

lardero *adj* [Jueves] inmediatamente anterior al Carnaval. | Moreno *Galería* 333: El día de jueves lardero, .. chicos y chicas .. se compraban dos "gallos".

lardo *m* Parte grasa del tocino. | Cunqueiro *Fantini* 130: Gritaba clamando por el ama, pidiendo almuerzo .., reclamando pan y compango, truchuela y lardo.

lardón *m* Trozo de tocino con que se mecha o lardea la carne. | A. P. Foriscot *Van* 25.12.71, 9: La carne del pavo es muy delicada y sápida, aunque de lenta digestión, y por ello hay que mechar con lardones el pavo muerto y acostado en la cazuela.

lardoso -sa *adj* Abundante en grasa. | ZVicente *Balcón* 42: Doña Piedad, rezumando tristezas de su pecho lardoso, se queda abstraída.

laredano -na *adj* De Laredo (Cantabria). *Tb n, referido a pers.* | Cossío *Montaña* 81: A esta niñez notaba el gran laredano Luys Santamarina que regresaba con la lectura de Llano.

larero -ra *adj* De(l) lar [1]. | Lorenzo *SAbc* 8.9.74, 10: Ahí los dos cantos, y la piedra larera, y el negro rincón de los tizones.

largada[1] *f (raro)* **1** *(Dep) En carreras:* Salida. | Á. Arredondo *SYa* 29.4.75, 29: Desde su inicio comenzaron los incidentes .. Primero fueron Regazzoni y Lauda los que se tocaron en la "largada".
2 *(Mar)* Acción de largar [1b y 2]. | Rebustiello *VozA* 13.6.85, 18: El punto conflictivo es el que se refiere al número de anzuelos a utilizar y la forma de largada de los mismos. La ordenación ministerial de fecha 30 de julio de 1983 establece .. que cada buque palangrero no podrá efectuar en un día más que una largada con el arte correspondiente. Cancio *Bronces* 39: No contaba aún veinte años y ya se le permitía por los más viejos ejercer de sotapatrón en momentos de largada.

largada[2] *f (reg)* Longitud o largura. | Goytisolo *Recuento* 179: Las barriadas industriales, que poco después, ya de noche, serían una fosca despoblación, con sus hileras de focos y luces aisladas alumbrando calles vacías, de largada incierta, encajonadas entre muros indefinidos.

lárgalo *m* **1** Amor de(l) hortelano (planta). | FQuer *Plantas med.* 748: Amor de hortelano. *(Galium aparine* L.) Sinonimia cast[ellana], .. lapa, lárgalo.
2 *(reg)* Trozo de papel o de tela que los muchachos cuelgan por burla a la espalda de alguien. | Pemán *Abc* 28.6.75, sn: La idea dramática del subdesarrollo se ha colgado de la vieja Andalucía como un "lárgalo" de los que ayer colgaban los gamberros para burla y escarnio de las enaguas de las viejas damas.

larga manu *(lat; pronunc corriente, /lárga-mánu/) loc adv (lit)* Con largueza o con derroche. | *Tri* 5.12.70, 34: La naturaleza hormonal de estos preparados no los hace .. más peligrosos que los de cortisona, prednisona, etc., prescritos "larga manu" por la mayoría de los médicos.

largamente *adv* De manera larga [2 y 5]. | Aldecoa *Gran Sol* 147: El patrón de costa hizo sonar largamente la sirena. R. DHochleitner *Fam* 15.11.70, 47: Esa vida campesina que largamente elogiaba Horacio .. constituía una de las más sólidas reservas frente al cambio social.

largar A *tr* **1** *(col)* Echar o soltar [una cosa]. | Aldecoa *Gran Sol* 167: Domingo Ventura estaba en su catre largando humo por las narices. J. Baró *Abc* 9.4.67, sn: "Vedettes" que largan sus melodías en el tono de voz más adecuado. **b)** *(Mar)* Echar o soltar [el ancla, un cable o un cabo]. | CBonald *Noche* 307: Cuando la quilla rozó tenuemente la arena, el patrón volvió a largar el rezón por barlovento y arrió la vela con una desmañada celeridad. Aldecoa *Gran Sol* 27: En cuanto estén los engrasadores, largamos cabos. Aldecoa *Gran Sol* 63: Los carretes de proa largaban malleta y cable. **c)** *(col)* Dar [algo, esp. desagradable]. | Castroviejo *Abc* 25.3.58, 23: –Si no fuera por Sergio y Eduardo, comíante los lobos –sentenció Pepe do Quello, largándose otro trago. Nácher *Guanche* 25: Pa eso quieres tu tuyo. Pa tirarlo. Poco te iba a durar si te lo largo. Ridruejo *Memorias* 42: La relación personal comenzó cuando Ortiz leyó mi primer examen escrito. El tema era el matrimonio, y yo le largué un ensayo sobre las formas de la relación amorosa. Medio *Bibiana* 9: ¿Qué sabrá él de esto? Un hombre que no tiene casa ni brasa, ni tiene que enfrentarse con los problemas que los chicos nos largan. R. Santidrián *HLM* 26.10.70, 26: Centraba para que el despeje corto, tímido, de Zoco, de cabeza, lo recogiese Zabalza sin dudas y largase el formidable disparo que entró junto al poste izquierdo de Miguel Ángel. Aldecoa *Gran Sol* 79: Largó una patada al cubo llorardero, colocado bajo el caño de la bomba. B. Campoy *Ver* 10.9.75, 5: Tras unas espaldinas y un pase de pecho se decide a matar y larga un pinchazo sin soltar y una estocada que basta. **d)** *(col)* Expulsar [a alguien] o hacer que se retire. *A veces con compl* DE *de lugar.* | LRubio *Diana* 377: –¿Quiere irse a lo suyo, señorita? (Paulina .. obedece, da media vuelta y sale.) –¿Qué dices? –Nada. Largaba a la secretaria. Delibes *Tesoro* 93: La paz reina en Gamones; todo está en orden. Una vez que os han largado, aquello ha quedado como una balsa de aceite. CPuche *Paralelo* 173: Los guardias deciden casi siempre por simpatía .. El caso es que unos vendedores se quedan, y otros son largados de allí poco menos que a puntapiés. **e)** *(col)* Expulsar, destituir de un puesto o despedir de un trabajo. | CPuche *Sabor* 177: Le gustaba [al profesor] meterse con mi hermana, y mi madre se dio cuenta sin que nadie le dijera nada, porque vio que había mucho parloteo entre los dos, muchas risitas .., y entonces mi madre lo largó. Torres *Él* 119: El verano pasado estuvieron a punto de largarlo [al jefe de prensa] porque entregó la

larghetto – largo

mejor foto de Julio en París a la revista de un colegio de monjas. **f)** (col) Mandar o enviar [a alguien a un lugar]. | J. A. Castro *SYa* 22.6.75, 25: Sacaron las navajas y el tío aquel la palmó. Y mi padre se fue para el cuartel y dijo lo que le había pasado, y total que lo largaron para la cárcel.
2 (*Mar*) Desplegar [velas]. | Solís *Siglo* 89: ¡La escuadra sale, al fin! Esta mañana, al amanecer, el "Bucentauro" ha hecho la señal de largar velas. J. A. Padrón *Día* 20.5.76, 5: Los veleros desfilaban para, ya fuera de puntas, largar todo el trapo.
B *intr* ➤ **a** *normal* **3** (col) Hablar. | PGarcía *Sáb* 15.3.75, 77: –Aquí hablamos siempre de la monarquía futura, el pluralismo y otros vaciles. –Ahora, por ejemplo, queremos largar del indulto, la reapertura de la Universidad de Valladolid y la reconciliación. *DLi* 1.3.78, 14 (C): Largó sobre la decadencia del humor en este país. **b)** Decir [alguien] por imprudencia o sin inhibición lo que debería o querría callar. | SSolís *Jardín* 161: Ya lo conocía lo suficiente para saber que acabaría largando, pero le encantaba que lo obligaran, que le sonsacaran. Mihura *Modas* 34: Puedo hablar mal del Gobierno tranquilamente ... No tan mal como hablan algunos de aquí .. Pero también largo lo mío.
➤ **b** *pr* **4** (col) Marcharse. | Cela *Judíos* 45: Lleva en San Esteban desde la feria de junio y no piensa en largarse hasta San Moisés. *DLi* 1.3.78, 4 (C): Se larga el alcalde más discutido. **b)** Escaparse. | *DLi* 5.4.78, 6 (C): Intentaban largarse de la cárcel. **c)** Morirse. | Nácher *Guanche* 15: Amarren pronto y déjense de pelea. Este se nos larga si no sujetan firme la soga.

larghetto (*it; pronunc corriente,* /largétó/) *m* (*Mús*) Movimiento moderadamente lento. *Tb la pieza compuesta en este movimiento*. | GAmat *Conciertos* 101: Nunca aplicó [Chopin] a sus obras más que títulos genéricos, con el número correspondiente. Pero veamos lo que dice sobre el *larghetto* del Concierto número 1: "Es una romanza sosegada y melancólica".

largo -ga **I** *adj* **1** Que tiene más longitud (medida lineal) de la normal o adecuada o de la que tienen otros seres que forman serie con el nombrado. | DCañabate *Abc* 19.3.75, 51: El novio de la uña larga fue advertido que, de dos, o se cortaba la uña o se cortaban las relaciones amorosas. Cuevas *Finca* 147: Don José compró los 180 [cerdos]. Retintos, largos, portugueses. Cabezas *Abc* 23.3.75, 34: Recibo un largo memorándum (tres folios a un espacio) con relación de las cartas. **b)** *Con un adv de comparación:* Que tiene [más o menos] longitud. | Diego *Abc* 8.4.75, 3: Era una manzana de casas .. Y de planta, por cierto, bastante cuadrada, si bien más largas las fachadas anterior y posterior que las laterales. **c)** (col) [Pers.] alta. | Berenguer *Mundo* 81: Pablo era ya entonces agalgado, largo, chupado de cara. **d)** [Cosa] de gran alcance. | J. Carrera *SYa* 15.6.75, 54: Si el conductor se cruza en carretera con al[g]uien que mantiene las luces largas, es aconsejable que haga un parpadeo indicativo. SFerlosio *Jarama* 127: –¿Qué era? –El billete más largo que yo puedo sacar. –Ah, bueno. Y en tercera. **e)** [Arma de fuego individual] de largo alcance, como la escopeta o el fusil. | Halcón *Ir* 138: El recién llegado defendía su tenencia de arma larga. **f) nueve ~** → NUEVE. **g)** (*Cine y TV*) [Plano] que recoge personas de cuerpo entero en el escenario en que se desenvuelven. | *Ya* 28.2.84, 47: Esta clase de trabajo [dirigir teatro en televisión] condiciona un poco, porque, en realidad, lo que haces es fotografiar teatro. No caben demasiadas florituras. Cuando veas un plano corto, ya sabes que después vendrá un plano largo.
2 Que dura más tiempo del normal. | Halcón *Manuela* 86: –Si te parece, me sentaré. –Si es largo lo que tiene que decirme. Cunquiero *Un hombre* 10: No oía las palabras largas, esas que los gramáticos .. llamaron trisílabas o polisílabas. **b)** *Con un adv de comparación:* Que dura [más o menos] tiempo. | Medio *Bibiana* 12: Otra pausa más larga que las anteriores. * Se me hizo más largo que un día sin pan. **c)** (*lit*) *Precediendo a ns de tiempo:* Mucho. | CBaroja *Inquisidor* 18: Ha de ir a cursar estudios superiores a una universidad. Largos años le esperan en ella. J. Salas *Abc* 18.3.75, 39: El 11 de marzo seguirá durante tanto tiempo siendo la clave de muchas cosas. **d)** (*Fon*) [Vocal] de duración mayor que la media. *Tb referido a la sílaba correspondiente*. | Quilis *Métrica* 19: Los poetas que han ensayado la aplicación de las estructuras silábicas (sílabas largas o breves) de la versificación clásica han debutado al final en unos determinados esquemas acentuales. **e) a ~ plazo** → PLAZO.
3 Siguiendo a una indicación de medida, expresa que la cantidad en cuestión es algo superior a la que se ha especificado. | Torrente *Off-side* 45: Vargas debe tener cuarenta años largos. J. M. Moreiro *SAbc* 13.9.70, 46: Los cuatro millones de litros de vino exportados .. apenas significan nada, frente a los cinco mil quinientos millones de pesetas largos que los visitantes vienen a gastar en Torremolinos al cabo del año. Cuevas *Finca* 53: Las mulas estaban amarradas a los pesebres, con un medio largo de cebada delante de los hocicos. **b)** De dosis superior a la media o corriente. | Carandell *Madrid* 51: Dan unos güisquis muy largos y unos canapés de campeonato. VMontalbán *Galíndez* 191: Salió de la bañera con sed de bebida larga, pero cargada. **c)** (*raro*) Pasado. *Siguiendo a indicación numérica de hora*. | GPavón *Rapto* 244: Venga .., son las once largas.
4 Que se excede o propasa. *Cuando se refiere a pers, va seguido de un compl* DE (*o* EN, *si es infin o n de acción*) *que expresa aquello en cuyo uso se da esta condición*. | Tomás *Orilla* 173: –Con cuatrocientas mil no cubro gastos, pero podré seguir con el asunto.– Antonio pensó que el hombre tenía los dedos muy largos. C. Sáez *Nar* 4.76, 18: Dona sus patas [el gallo] para abrir las ganas de comer a los dolientes, su pico para las mujeres largas de lengua. Valencia *Mar* 23.11.70, 3: La indefensión de su colaborador, largo de pluma cuanto minusválido para defender lo que sostiene con ella, ha movido a "Pueblo" a echarle una mano. **b)** [Lengua] **larga**, [mano] **larga** → LENGUA, MANO.
5 (*lit*) Amplio o abundante. *En sent no material*. | Vega *Cocina* 94: Entremos en Palencia. El nombre de la ciudad suena gastronómicamente poco, lo cual no es justo, pues tiene larga cocina.
6 (col) Astuto. | Tomás *Orilla* 199: –Si ellos tienen los dados con plomo, nosotros los jodemos el invento –sentenció el Chino– .. Puedo cogerles cuando hagan el cambiazo. –Son muy largos –afirmó el Pandereto.
7 (*Mar*) [Viento] cuya dirección con la proa forma un ángulo superior al de 6 cuartas. | Aldecoa *Gran Sol* 175: Viento fuerte de popa; viento largo del norte.
II *n* **A** *m* **8** Longitud (medida lineal). | SSolís *Camino* 168: Carmina se encargó toda la ropa veraniega con manga hasta el codo y con un largo discreto, por debajo de la rodilla. D. Terol *Sit* 10.4.74, 10: Hallaremos el único e importante resto del templo originario: un fragmento de unos cinco metros de largo por unos tres metros de altura, perteneciente al antiguo ábside. **b)** Longitud [de una cosa] tomada como unidad de medida. | *Hacerlo* 97: Hemos de cubrir 18 metros con fajas de papel que miden solo medio metro; por lo tanto, necesitamos 18 x 0,50 = 36 largos. **c)** (*Dep*) En una carrera: Longitud [de un animal o de un vehículo] tomada como unidad para medir distancias entre los competidores. | *Ya* 29.6.75, 40: Tour de Francia .. Vianen demarró a su vez y De Witte se lanzó detrás, rebasándole en la llegada por casi un largo. **d)** (*Dep*) En una competición de velocidad (*p ej, natación, regatas*): Trecho recto que ha de ser cubierto varias veces, en ida y vuelta, hasta completar el recorrido total de la prueba. | *DMa* 29.3.70, 30: En el primer largo, Bellés adelanta al Kon Tiki. [*En unas regatas*.]
9 (*Mús*) Movimiento lento. *Tb la composición en ese movimiento*. | Subirá-Casanovas *Música* 65: Entre las más conocidas [óperas de Händel] han quedado: *Alcina, El pastor fiel, Arianna, Xerxes* (que contiene el célebre Largo).
B *f* **10** (*Taur*) Lance a una mano en que se cita al toro de frente y tirando del capote se le lleva empapado en él hasta el remate. | DCañabate *Paseíllo* 37: Lo intentó todo: las verónicas, las largas, los faroles, los lances de frente. **b) larga cambiada.** Larga ejecutada pasándose el capote el diestro por encima de su cabeza y dándole al toro la salida cambiada. *Tb fig, fuera del ámbito técn*. | *Abc* 2.5.58, 51: Hizo el sexto la salida contraria y cogió desprevenido a Pepe Cáceres, que se aprestaba a recibirle con una larga cambiada de rodillas. Campmany *Abc* 26.2.93, 25: No es extraño que don Felipe le haya dado una larga cambiada al dichoso debate del estado de la nación.
III *loc v* **11 dar larga.** (*reg*) Soltar [a alguien o algo (*ci*)]. | *SHoy* 27.9.74, 12: Los señores que se disponían a cazar anunciaban, por medio de un disparo, que ya estaban en sus puestos. Nosotros dábamos larga a los perros. Landero *Juegos* 70: La madre la abría [la arquita] a dos manos con

solícito mimo, dando larga a una música de vísceras de cobre, que se prolongaba en notas cada vez más inciertas.
12 dar largas. Entretener [a alguien (*ci*)] con pretextos o promesas en la espera de la solución de un asunto. *Carandell Madrid* 124: Cuando el cliente acudía a reclamar su piso, el agente le iba dando largas, y si alguno se ponía demasiado excitado, le devolvía el importe percibido. **b)** Aplazar [un asunto (*ci*)] alegando pretextos o promesas. | R. Conte *Inf* 19.12.74, 12: Todo parece indicar .. que se dará largas al asunto, y que todo seguirá en paz.
13 echarla larga. (*col*) Invertir mucho tiempo. | Delibes *Guerras* 100: –¿Duró mucho la agonía de tu madre? –Encamada sí la echó larga, la verdad.
IV *adv* **14** Durante mucho rato. | GPavón *Hermanas* 29: Bebió largo y jugando con el chorro para no mancharse la americana. **b) ~ y tendido.** Extensamente. *Con vs como* HABLAR O ESCRIBIR. | Goytisolo *Recuento* 185: Algún día tenían que hablar los dos largo y tendido, con toda franqueza. CBaroja *Judíos* 1, 26: Él y otros historiadores de Roma escribieron largo y tendido sobre la expansión de los judíos en el mundo de los Césares. **c) para ~.** Para mucho rato o para mucho tiempo. *Gralm con los vs* IR O SER. | FSantos *Catedrales* 49: Todo el mundo adivina vagamente que la guerra va para largo.
15 (*pop*) Mucho o en gran cantidad. *Tb* DE ~. | GPavón *Hermanas* 33: Los mariquitas del coche .. cantaban corto y gritaban largo. Aldecoa *Cuentos* 1, 92: ¿Tendrás hambre? Vete a la cocina y que te hagan algo. Aquí hay que trabajar de largo. Escobar *Itinerarios* 249: Al moje le metía azúcar de largo.
16 (*pop*) Lejos. *Tb referido a tiempo.* | Cela *Judíos* 153: –¿Va usted muy largo? .. –¡Ah! Pues..., sí, voy algo largo. –¿A dónde? Lagos *Pap* 11.70, 165: A eso del sino podían ya haberle encontrado remedio, que la cosa viene de muy largo.
17 a la larga. Después de pasado algún tiempo, o en una fase no inmediata. | Fuster *Inf* 15.8.74, 13: De ello ha derivado, a la larga, una forma de pudor muy consistente. J. B. Filgueira *Ya* 1.12.74, 10: Hay que ir pensando en un retorno, más o menos escalonado, de nuestros emigrantes. A la larga, o a la corta.
18 al ~. (*Mar*) Con el viento a 10 cuartas. *Tb adj.* | F. Castañeira *Abc* 6.8.88, 67: También el "Azur de Puig" de la Infanta Cristina tomaba el rumbo al largo tras esa virada en las primeras posiciones.
19 a lo ~ (*o, raro,* **a la larga**). En sentido longitudinal. | *Cocina* 371: Se cuecen los huevos ..; se parten por la mitad a lo largo y se sacan las yemas. Escobar *Itinerarios* 241: Ayudó a los alguaciles a colocar a Liborio en el carretillo, a la larga. **b) a lo ~ y (a lo) ancho.** En toda la extensión [de un lugar]. | Aranguren *Moral* 164: Su escapatoria del dilema .. le hizo montar todo el sistema electoral .. sobre una tercera pieza fundamental, consistente en lo que se llamó Caciquismo, es decir, la instauración, a lo largo y a lo ancho de toda la España no industrializada, .. de la falsificación como sistema político-electoral.
20 de ~. Con ropa que llega hasta los pies. *Gralm con los vs* VESTIR, PONERSE, IR, *siempre refiriéndose a mujeres.* | A. Hernández *Inf* 19.3.77, 3: Las señoras de los políticos y de los diplomáticos iban de largo. **b)** [Poner(se)] **de ~,** [puesta] **de ~.** → PONER, PUESTA.
21 de ~. Sin detenerse. *Con el v* PASAR. | Lera *Bochorno* 183: El muchacho pasó de largo abrochándose la camisa.
22 por ~. Por extenso. *Con vs como* HABLAR O DECIR. | GPavón *Reinado* 251: Comentamos el caso por largo y nos fuimos cada uno a nuestro cuarto a dormir. CBonald *Noche* 210: Hablaron por largo de los deleites de la vida conventual y los sinsabores del siglo.
23 todo lo ~ que es, *o* (*lit*) **cuan ~ es.** En toda la longitud de la pers. en cuestión. *Gralm con vs como* CAER O TENDERSE. | GPavón *Hucha* 1, 61: Tropieza y se cae todo lo largo que era. Pinilla *Hormigas* 58: El Negro se hallaba tendido cuan largo era.
V *loc prep* **24 a lo ~ de.** En toda la longitud de. *Tb* TODO A LO ~ DE. | *Alc* 1.1.55, 3: La China nacionalista ha perdido 132 aviones a lo largo de la costa oriental de China. J. M. Alfaro *Abc* 23.3.75, 3: Mann utilizaba los experimentos e ingredientes autobiográficos a lo largo de toda su obra. Torrente *Isla* 118: Retornan a su habitual misión diurna: fisgar todo a lo largo de la avenida, a lo ancho del muelle. **b)** En toda la duración de. | L. LDelpecho *SYa* 2.8.70,
5: El asesino y el asesinado tienen la piel de piedra picada de viruelas. Como prometeos, resisten y se regeneran a lo largo de su navegación por el tiempo. *HLM* 17.3.75, 3: Nuestros interlocutores prefieren el anonimato, por lo que a lo largo de esta información nos limitaremos a dar nuevos detalles sin identificarlos.
VI *interj* **25** *Se usa para expulsar a alguien. Frec con compl* DE *que designa el lugar en que está el que habla.* | A. Crespo *Inf* 3.7.74, 19: Si a pesar de su quietud y su infinita desgana habladora ven que pretendemos adornarlos .. se menearán amenazadores: "¡Llevaos lejos toda esa quincallería!" "¡Largo de aquí!" "¡Dejadnos en paz!"

largometraje (*tb, raro, con la grafía* **largo metraje**) *m* Película cinematográfica de duración superior a una hora. | J. Recio *SVozC* 31.12.70, 6: Se acercan a los tres mil largometrajes realizados en el mundo durante los últimos doce meses. *Pue* 20.1.67, 33: "China", largo metraje dirigido por John Farrow.

largón -na *adj* (*col*) Que larga [3] mucho. *Tb n.* | Umbral *D16* 10.5.89, 4: Lo ha dicho don Miguel Boyer, que estos días anda especialmente largón y concede entrevistas a todo el mundo (él, que no las concedía nunca). A. Pavón *Inde* 17.2.90, 56: Son unos largones y hacen chistes de fiesta porque creen que Alfonso Guerra está en el cepo.

largor *m* (*raro*) Largura. | Peraile *Cuentos* 14: Desde que vino la moda de la misa en español y la falda hasta aquí, se le está olvidando el oficio. Como ya no tiene qué decir del latín y del largor de la tela...

largue *m* (*col*) Acción de largar [3]. | FSantos *Catedrales* 180: El ruido que más se escucha, el ruido que hace asomarse no son esas risas, ni el largue de todas esas turistas bobas de los domingos por la mañana.

larguero *m* Pieza que se pone a lo largo de una obra de carpintería y que forma parte de su armazón o estructura. | Romano-Sanz *Alcudia* 190: Para fabricarlas [las camas] se cortan unas estacas y se clavan en el suelo. Luego se añaden los largueros y travesaños para sujetar el monte o las carrascas. Landero *Juegos* 294: "Cualquier día de estos no podré pagarte ..", dijo sonriente, recostado en el larguero de la puerta. **b)** (*Dep, esp Fút*) Palo horizontal, de los tres que constituyen la meta. | R. Santidrián *HLM* 26.10.70, 26: En ese cuarto de hora último un cabezazo de Amancio a saque libre lo rechazó milagrosamente alguien, y el rebote lo fusiló Zoco... justo sobre el larguero.

largueta *adj* (*Agric*) [Almendra] de una variedad grande, plana, puntiaguda y semidura, muy apreciada. | *Ya* 30.10.74, 52: Almendra .. Los precios sobre almacén son: comuna, 133 pesetas kilo; marcona, 160; planeta, 140; largueta, 135.

largueza *f* Generosidad. | Zunzunegui *Hijo* 58: Echó los billetes sobre el mostrador para pagar con largueza de gran naviero. FCid *Abc* 4.10.70, 71: Mucho público de invitación .. oyó en silencio, con respeto, y aplaudió con largueza.

larguirucho -cha *adj* (*desp*) [Pers.] alta y delgada, gralm. desgarbada. *Tb n.* | Ridruejo *Memorias* 43: El que fue amigo especial y duradero fue un joven larguirucho y flaco, al que parecía doblar el viento, que hablaba con acento inglés. **b)** [Cosa] larga y sin gracia ni proporción. | V. Mundina *Ya* 26.12.85, 31: Este accidente se manifiesta porque los tallos se hacen larguiruchos y delgados, con las hojas muy separadas. La causa del ahilamiento es la falta de luz.

largura *f* Longitud (dimensión mayor de una figura o de un cuerpo). | Calera *Postres* 49: Hágase cocer las peras grandes partidas en dos en el sentido de su largura. **b)** Longitud (distancia entre los dos extremos del lado mayor de una figura o de un cuerpo). | E. Bayo *Des* 12.9.70, 23: Sobre el escenario improvisado de sesenta metros de largura, un centenar de jóvenes actores poblenses dieron carne a la obra.

laricio *m* Pino laricio (→ PINO[1]). | Ra. Ríos *Sáb* 13.8.75, 33: Igual que se traen híbridos extranjeros, laricio austriaco .. o acacias africanas .., se importan ideas y modos de un país falto de gente, sobrado de riquezas.

lariforme – lasca

lariforme *adj* (*Zool*) [Ave] acuática de pies palmeados, pico comprimido y alas largas, que es buena buceadora y voladora. *Frec como n f en pl, designando este taxón zoológico.* | Á. MCascón *Béj* 28.11.70, 9: Las aves acuáticas son muchas; entre ellas las anseriformes (patos), lariformes (gaviotas).

laringal *adj* (*Fon*) [Sonido] que se produce en la región de la laringe. *Tb n f.* | Villar *Lenguas* 262: Un tipo particular de sonantes .. es el de las llamadas laringales indoeuropeas .. El nombre de laringal alude a una articulación en la región de la laringe. Villar *Lenguas* 263: Los fonemas laringales, como todas las sonantes, tienen posibilidad de actuar tanto en función vocálica como en función consonántica.

laringe *f* (*Anat*) Órgano hueco situado en la parte superior de la tráquea, y que constituye el principal elemento vocal en el hombre y en los animales. | Alvarado *Anatomía* 102: El extremo inicial de la tráquea tiene una conformación especial y constituye la laringe, u órgano fonador, encargado de producir la voz. Ybarra-Cabetas *Ciencias* 379: La tráquea [de la paloma] es larga y en cada uno de sus extremos lleva una laringe: la laringe anterior tiene un papel regulador de la comunicación entre el aparato digestivo y el respiratorio; la laringe posterior o siringe forma el órgano vocal.

laringectomía *f* (*Med*) Extirpación total o parcial de la laringe. | *SInf* 25.11.70, 2: En los últimos tiempos hay que señalar diversas tentativas de reconstrucción quirúrgica de la laringe después de una intervención de laring[e]ctomía. [*En el texto,* laringuectomía.] *TMé* 16.3.84, 18: Ello no significa que en algunas ocasiones no se tenga que recurrir a la laringectomía total.

laringectomizar *tr* (*Med*) Someter [a alguien] a laringectomía. *Frec en part, gralm sustantivado.* | A. GPérez *País* 29.2.80, 27: Joaquín Auque es rehabilitador de la voz de laring[e]ctomizados. [*En el texto,* laringuectomizados.] M. Miguel *Ale* 20.8.89, 4: La Asociación Cántabra de Laringectomizados y Mutilados de la Voz ofrece, a todos los operados de laringe que deseen aprender a hablar de nuevo, la posibilidad de hacerlo de modo gratuito.

laríngeo -a *adj* (*Anat*) De la laringe. | Navarro *Biología* 147: La vía centrípeta procede de la mucosa laríngea. **b)** (*Fon*) Que se produce en la laringe. | Academia *Esbozo* 17: No existen en español ataque glotal .., ni articulaciones glotalizadas .., ni probablemente fricación laríngea, como en otras lenguas. Alarcos *Fonología* 255: Ninguna lengua desconocedora de /f/ adopta esta por medio de una consonante laríngea.

laringitis *f* (*Med*) Inflamación de la laringe. | C. Ayala *Pue* 10.5.74, 25: Las aguas de Fortuna están especialmente indicadas para una serie de enfermedades o dolencias: asma, bronquitis, catarros, laringitis, sinusitis.

laringófono *m* (*Med*) Aparato electrónico amplificador de los sonidos que, aplicado a la parte anterior del cuello, permite a los operados de laringectomía emitir un sonido sustitutivo de la voz natural. | *Ya* 8.2.83, 1: Atención, operados de laringe. Últimos modelos de laringófonos.

laringología *f* (*Med*) Especialidad que se ocupa de las enfermedades de la laringe. | PLozano *Ya* 16.12.73, 14: El doctor especialista en laringología don Santiago Bernabeu ha dado de alta a las gargantas de sus muchachos.

laringológico -ca *adj* (*Med*) De (la) laringología. | *Abc* 25.6.72, 46: Ha salido para Brasil el doctor Mateo Jiménez Quesada, quien pronunciará unas conferencias sobre su especialidad laringológica.

laringoscopia *f* (*Med*) Exploración de la laringe. | P. Ortega *NSa* 31.12.75, 15: El tratamiento en sí es problemático, llegando en algunos casos a ser necesario el empleo de la cirugía mediante laringoscopia directa o microlaringoscopia.

laringoscopio *m* (*Med*) Instrumento que sirve para la laringoscopia. | F. Oliván *Abc* 27.4.58, 21: Entró en escena el renombrado tenor lírico español Manuel García –inventor del laringoscopio–.

lárnax *m* (*Arqueol*) Sarcófago de barro cocido. | Tejedor *Arte* 27: Tumbas [micénicas] de tres distintos tipos: fosas excavadas en el suelo, cámaras circulares de falsa cúpula y lárnax o cajas-sepulcros de cerámica. [*En el texto, sin tilde.*]

larri *adj* (*reg*) Decaído o desmadejado. | Zunzunegui *Camino* 358: Tómate media botellita siempre que te encuentres *larri* y mustia y verás..., mano de santo.

larva *f* **1** (*Zool*) *En la metamorfosis:* Animal en la fase inmediatamente posterior a la salida del huevo y anterior a la fase de adulto. | Bustinza-Mascaró *Ciencias* 148: Cada huevo [de escarabajo], pasados cuatro-diez días, produce una larva pequeña (2 mm.), que inmediatamente empieza a comer hoja de patata.
2 (*lit, raro*) Fantasma. *Tb fig.* | Onieva *Prado* 186: Vomita [Goya] sus larvas y se aquieta .. Las *Pinturas negras* .. son la excreta de un alma atormentada.

larvadamente *adv* (*lit*) De manera larvada. | Ridruejo *Memorias* 60: José Antonio llevaba en el bolsillo las pruebas de imprenta de su "Elogio y reproche a Ortega y Gasset" –un texto larvadamente autobiográfico–.

larvado -da *adj* Que no manifiesta su naturaleza, o no lo hace claramente. | *Abc Extra* 12.62, 53: El subconsciente no es solo un amasijo de instintos larvados. Areilza *Artículos* 164: Esa disparidad no ha tenido casi nunca secuela ordenada y eficaz, por falta real de cauce para manifestarse, quedando en grave y larvada resistencia, cuando no en abierta y pública rebeldía.

larval *adj* (*Zool*) Larvario. | Ybarra-Cabetas *Ciencias* 368: La fase larval ha quedado, desde los remotos tiempos carboníferos a los actuales, como un distintivo característico de la inmensa mayoría de los anfibios.

larvario -ria *adj* (*Zool*) De (la) larva [1]. | Navarro *Biología* 283: Insectos .. Unas veces son parásitos temporales, otras permanentes, bien en su forma larvaria o en su forma adulta, en el hombre.

larvicida *adj* Que destruye las larvas. *Tb n m, referido a agente o producto.* | *DCá* 2.7.89, 24: El estancamiento del Guadalete provoca una plaga de mosquitos .. Actuar con larvicidas, pulverizar a volumen ultrabajo en espacios abiertos y aplicaciones del compuesto químico dentro de las propias viviendas son algunas de las líneas maestras del plan en cuestión.

larvíparo -ra *adj* (*Zool*) [Insecto] que pone larvas en vez de huevos. | Ybarra-Cabetas *Ciencias* 350: Unas veces [la mosca de la carne] es larvípara y otras pone huevos.

lasagna (*it; pronunc corriente,* /lasáña/) *f* Lasaña. | VMontalbán *Pájaros* 31: Cuando la pasta estuvo correctamente amasada .., el glaciar de pasta pasó al pasillo de salida impulsado por un émbolo en espiral que la enfrentó .. a la fatalidad de la forma, sin respetar su voluntad de ser .. spaghetti, lasagna .. o macarrones.

lasaña *f* Plato de origen italiano consistente en carne picada con bechamel, recubierta de anchas tiras de pasta espolvoreada de queso rallado. *Tb la pasta con que se hace.* | *Prospecto* 3.88: Findus. Lasaña al horno. Plato típicamente italiano preparado con capas superpuestas de pasta, carne picada mezclada con salsa de tomate y salsa bechamel. Campmany *Abc* 19.3.93, 23: Era el único poeta de los que yo he conocido que daba al mismo tiempo endecasílabos medidos y desmesuradas lasañas. **b) ~ de verduras.** Lasaña cuyo ingrediente principal son las verduras. *Tb simplemente* ~. | Ma. Pineda *ByN* 6.1.91, 96: Lasaña de verduras .. Ingredientes: 250 gramos de pasta de lasaña. 100 gramos de queso parmesano rallado. Un calabacín. Una berenjena.

lasca *f* **1** Fragmento desprendido de sílex u otra piedra. *Esp en arqueología.* | Arenaza-Gastaminza *Historia* 5: El Paleolítico inferior .. Tan solo han quedado restos de su industria lítica, que tiene dos manifestaciones ..: la de hachas de mano ..; la de lascas (puntas, raederas, hojas o cuchillos).
2 Lancha (piedra lisa, plana y poco gruesa). | Delibes *Parábola* 34: Tejado .. de lascas de pizarra gris. GCaballero *Abc* 21.1.72, 11: En este paisaje de lascas, areniscas, pedernales, .. de pronto, ¡como un volcán de luz: Aranjuez!
3 (*reg*) Porción de forma alargada que se corta o arranca [de una cosa]. | *SSe* 18.9.88, 22: Menestra de verduras .. Las verduras se cuecen todas aparte. Se tira el agua y se juntan. En el aceite se hace un "requemado" con lascas de ajo (que quede dorado) y se añade un poquito de harina. CBonald *Noche* 236: En esto chocó la bricbarca contra las defensas y saltó una lasca pútrida por la parte de la amura.

lascivamente *adv* De manera lasciva [1b]. | * La bailarina se movía lascivamente.

lascivia *f* Cualidad de lascivo. | E. Sánchez *SLib* 26.3.75, 3: Herodes añadió al drama su lascivia y su ligereza.

lascivo -va *adj* [Pers.] fuertemente inclinada al placer sexual. | MSantos *Tiempo* 87: ¡Oh, lasciva! Cuenta, cuenta. Abre tu corazón y explica. **b)** Propio de la pers. lasciva. | Anson *Abc* 9.1.75, 3: En el zéjel 4, .. escribe versos de repugnante y lasciva desvergüenza.

láser I *m* **1** Dispositivo electrónico que amplifica un haz de luz monocromático y coherente. | *Abc* 18.11.70, 33: "Lunojod 1" lleva a bordo un "láser" para realizar diversas experiencias durante su misión. *Ya* 25.5.86, 56: Expo/Óptica 86 .. Láseres. Aplicaciones industriales, médicas y biomédicas de los láseres.
II *adj invar* **2** [Rayo] emitido por el láser [1]. | E. JRey *Reg* 21.7.70, 10: Ha conseguido la fisión del hidrógeno sin usar el uranio, aplicando el rayo lá[s]er. [*En el texto,* lasser.] M. Calvo *MHi* 12.70, 14: Adaptación de los rayos láser para usos médicos: cirugía ocular, dermatología. **b)** Producido por láser [1]. | *Abc* 3.12.88, 15: 1ª Exposición Internacional de Holografía, luz láser y efectos especiales, en Galerías de Callao .. Un singular espectáculo de luz y sonido láser.
3 Que emite rayos láser [2]. | MCampos *HLM* 26.10.70, 15: Emisoras láser y rayos infrarrojos facilitan ya la información precisa para dirigir como es debido una operación de guerra.
4 Que funciona con láser [1]. | *Rio* 14.10.89, 3: 3.000.000 de pesetas más, para adquirir seis ordenadores, tres unidades externas, tres impresoras, cuatro conmutadores y una impresora láser. **b)** [Disco] grabado y leído mediante láser [1]. | * El disco láser ofrece una gran calidad de sonido y de imagen.
5 Que dispone de instalación de láser [1]. | *Sur* 3.8.89, 17: Se necesita médico para clínica láser en Marbella.

laser disc (*ing; pronunc corriente,* /láser-dísk/; *pl normal,* ~s) *m* Disco láser (→ LÁSER [4b]). | J. M. Nieves *ByN* 14.4.91, 144: El "Laser Disc" tiene, con respecto a los vídeos tradicionales, la ventaja de su mayor calidad, tanto de imagen como de sonido, además de la larguísima vida de cada unidad de disco, mucho menos deteriorable que las cintas tradicionales.

laserpicio *m* Planta herbácea vivaz, de flores blancas o rosadas en umbela y frutos alargados usados en medicina como estomacales y diuréticos (*Laserpitium siler*). | FQuer *Plantas med.* 511: El laserpicio es una hierba vivaz, hasta de 1 m. de altura, con el tallo rollizo, estriado, y las hojas enormemente grandes.

laserterapia *f* (*Med*) Uso del láser con fines terapéuticos. | *TMé* 18.5.84, 33: Curso de Laserterapia .. El curso será impartido por los especialistas en láser y bioenergética.

lasitud *f* (*lit*) Cualidad de laso [1]. | Grosso *Capirote* 60: Solo un sueño reparador en el que ha ido sumergiéndose suavemente mientras el dolor huye de él, quedando con la misma lasitud y el mismo cansancio y la misma serenidad que si tuviera abiertas las muñecas y la sangre, fluyendo de ellas, le fuera liberando todas las miserias de la vida.

laso -sa *adj* **1** (*lit*) Desfallecido o flojo. | Zunzunegui *Camino* 434: Se hallaba fatigada de tantas emociones, lasa, nerviosa. Lera *Olvidados* 220: Estas crisis duraban tan solo unos segundos, y nuevamente el rugoso corpachón [de la cerda] quedaba laso y palpitante.
2 (*Tex*) [Hilo] que no está torcido. | *Lab* 2.70, 33: Un bello mantel para merienda o té, en crepé rosa con flores bordadas a punto artístico, realizadas con algodón Laso Áncora.

lasquenete *m* (*hist*) Lansquenete. | Camón *LGaldiano* 228: Hay cucharas del siglo XVI, conservando todavía la forma de higo que caracteriz[a] a las góticas. De ellas, dos alemanas, con lasquenete en el mango. FSantos *Cabrera* 101: –¿Qué juego se le antoja? –Cualquiera es bueno. Dime cuáles sabes .. –Sé la Mona, el Lasquenete, el Solo, las Veintiuna y Veintitrés .., entre otros.

lassalliano -na (*pronunc corriente,* /lasaliáno/) *adj* (*Rel catól*) De la congregación religiosa de las Escuelas Cristianas, fundada por San Juan Bautista de La Salle en el s. XVII. *Tb n, referido a pers*. | Vicens-Nadal-Ortega *HEspaña* 5, 126: A través de la enseñanza –ejercida por jesuitas, escolapios, maristas, lassallianos, etc.–, las órdenes y congregaciones citadas procedían a la reconquista espiritual de la burguesía.

last, but not least (*ing; pronunc corriente,* /lást-bat-nót-líst/) *loc adj invar* Último, pero no menos importante. *Tb adv. Se usa normalmente al final de una enumeración, precediendo al último elemento enunciado*. | Merino *SYa* 17.2.85, 33: ¿Qué tiene el Mesón de las Casillas para embelesarnos así? Unas paredes de piedras .. y, "last but not least", el cordero, asado amorosa y primorosamente por el tío Víctor.

lástex (*n comercial registrado*) *m* Tejido elástico constituido por hilo de goma revestido de fibras textiles naturales o artificiales. *Tb el mismo hilo. A veces en aposición*. | *Abc* 26.6.58, 41: Guantes señora .. en género lástex, dibujo granito. [*En el texto, sin tilde*.] MGaite *Usos* 131: Aquellos bañadores "lástex" con faldita incorporada, que tendían a sustituir los rigores de la faja, no eran, con todo, lo bastante tranquilizadores.

lástima I *f* **1** Sentimiento de tristeza causado por el dolor ajeno. *Frec en las constrs* TENER ~ [de alguien], *o* DARLE [alguien] ~ [a uno], *o* DARLE [a uno] ~ [de alguien]. *A veces* ~ DE SÍ MISMO, *referido a la pers que la siente*. | Arce *Testamento* 113: Y a mí me dio lástima de don Juan. * Me dan lástima estas criaturas. **b)** Contrariedad o disgusto motivados por algo, esp. un hecho, digno de lamentarse. *Con vs como* DAR, *y frec seguido de una prop infin o* QUE + *subj*. | * Da lástima no aprovechar las entradas. * Da lástima que no se aprovechen las entradas.
2 Lamentación. | * Déjate de lástimas y vamos a hablar de algo alegre.
3 Cosa digna de lamentarse. *Frec como predicativo con* SER, *seguido de infin o de* QUE + *subj*. | Arce *Testamento* 101: Fue una lástima que no pasara de una vez. Miret *Tri* 26.12.70, 13: La única lástima es que en estos años .. los movimientos apostólicos especializados han interesado cada vez menos. Arce *Testamento* 111: Yo le dije que había sido una lástima. **b)** *A veces, omitido el v* SER, *se usa como exclam, seguido o no de prop, o de* DE + *n que especifica la cosa digna de lamentarse*. | Hoyo *ROc* 8/9.76, 93: ¿Quién sería, abuelo? ¡Mismo cuando tenía abrazado el pernil! ¡Lástima! Arce *Testamento* 64: –Puedes echarte si quieres.– Miró hacia el catre, no sin pereza, añadiendo: ¡Lástima que no pueda hacer lo mismo! * ¡Lástima de tiempo perdido!
II *loc adj* **4 de ~.** [Cosa] lamentable o deplorable. | Delibes *Emigrante* 21: Severiano le cortó unos calzones de lástima.
5 hecho una ~. Que ha pasado a tener aspecto lamentable. | VMontalbán *Rosa* 21: Es que a mi tía la dejaron hecha una lástima. Una carnicería. El cadáver estaba de pena.

lastimadura *f* Acción de lastimar(se). | Cela *Escenas* 188: Ya hemos cargado otro año .., sin más lastimaduras, ni tampoco mayores, de las necesarias.

lastimar A *tr* **1** Causar daño físico o moral [a alguien o algo (*cd*)]. | Delibes *Cinco horas* 17: La había golpeado despiadadamente, hasta que la mano empezó a dolerle. "Deje, señorita, la criatura ni se da cuenta; le va a lastimar." Selipe *Rue* 7.3.63, 3: A las retransmisiones taurinas se oponen intereses que se tienen por ellas lastimados. **b)** *pr* Sufrir daño físico [alguien o una parte de su cuerpo]. | J. SMoral *Jaén* 2.8.90, 3: La jilguera .. hace rodar el dedal. Ahora se lastima con la aguja.
B *intr pr* **2** (*raro*) Lamentarse [de algo (*compl* DE *o* EN)]. | LSalinas-Alfaya *País Gall*. 160: Se desvive y atosiga por atender a los forasteros .. y se lastima en no tener él una cama disponible.

lastimeramente *adv* De manera lastimera. | Delibes *Año* 50: Se posó en la ventana de la galería piando lastimeramente.

lastimero -ra *adj* [Expresión] que mueve o pretende mover a lástima [1]. *Tb fig*. | * Mendigos que piden limosna con voz lastimera. M. PÁlvarez *Hora* 11.12.76, 9: La noitebra y el autillo lanzan su canto lastimero en la paz de la noche. Laiglesia *Tachado* 36: Los trenes cruzaban Europa como fantasmas, lanzando silbidos lastimeros en las noches cargadas de presagios.

lastimosamente – latazo

lastimosamente *adv* De manera lastimosa. | Salvador *Haragán* 79: Estaba horriblemente sucio, chamuscado lastimosamente.

lastimoso -sa *adj* [Cosa] que produce lástima [1]. *Frec con intención enfática, para ponderar el mal aspecto.* | PLozano *Ya* 17.11.63, sn: Quizá acaban [los zapatos] en lo alto de un armario, después de haber dejado a su dueño unos pies lastimosos, llenos de rozaduras. MMolina *Jinete* 363: Ahora llevaba .. un lastimoso traje de entretiempo.

lastón *m Se da este n a diversas plantas gramíneas, esp Arrhenatherum thorei y Carex paniculata.* | Mayor-Díaz *Flora* 512: *Arrhenatherum thorei* Duby. "Lastón." Mayor-Díaz *Flora* 262: *Carex paniculata* Jusl. "Lastón" (nombre vulgar genérico). Cendrero *Cantabria* 71: Flora .. *Carex paniculata*: Lastón. Mayor-Díaz *Flora* 200: *Agropyron pungens* (Pers.) Roem. & Schult. "Lastón".

lastonar *m* Terreno poblado de lastón. | *Impreso* 1.88: Sobre suelos ácidos el esquema puede variar de la siguiente manera: Encinar .. Retamares, lastonares, berciales o jarales.

lastra *f* Lancha (piedra lisa, plana y poco gruesa). | FSantos *Hombre* 12: Después del viento que en el techo alzaba la pizarra, empujando bajo sus lastras el polvillo sutil de la nieve, .. el hombre de los santos .. remataba el fin del templo.

lastrado *m* Acción de lastrar. | M. RGabarrús *Van* 23.4.77, 51: La cámara de bombas está equipada con tres bombas principales .., así como con 4 bombas auxiliares para el achique de filtraciones y lluvia y para el lastrado de los buques y tanques.

lastrador -ra *adj* Que lastra. | MCachero *AGBlanco* 107: De trabajo logrado ha de calificarse este prólogo .., porque es breve y .. carece en su texto de digresiones que no hacen al caso y de lastradora erudición.

lastrar *tr* **1** Poner lastre [1] [a algo (*cd*)]. | Marcos-Martínez *Física* 81: Los densímetros pueden ser para líquidos más densos que el agua, y entonces se lastran de modo que en el agua se introduzcan hasta la parte superior. J. Romaguera *Inf* 27.2.78, 23: Iban lastrados [los jamones] con plomo para que no perdieran su peso lógico. Laiglesia *Ombligos* 80: Le ofendía esa desconfianza hotelera de lastrar las llaves con gruesas cadenas y pesados colgajos. **2** Ser lastre [2] [de algo o para algo (*cd*)]. | *HLM* 26.10.70, 2: Quienes asumen las más decisivas funciones de representación pública derivan su solemne compromiso hacia las bazas oportunistas de la baja política lastrada de sujeciones y condicionamientos. **b)** Influir [una cosa no material (*suj*) sobre otra (*cd*)] alterando parcialmente su esencia o su pureza. | M. GManzano *Rev* 12.70, 19: El preciosismo esteticista que lastra sus primeras creaciones deja paso al estilo claro. V. Romero *Pue* 16.12.70, 27: Parten del lenguaje mismo, y lo utilizan desechando todos los mitos que pudieran lastrarlo.

lastre I *m* **1** Materia pesada que se coloca en una cosa para aumentar su peso. *Normalmente designa el que se pone en una embarcación para aumentar su estabilidad, o en un globo aerostático para regular su ascenso o descenso.* | Marcos-Martínez *Física* 81: Los densímetros pueden ser .. para líquidos menos densos que el agua, y entonces se les pone un lastre tal que en el agua se introduzcan solo hasta la parte inferior del tubo. ZVicente *Examen* 113: Al menos, podremos verlos [los globos] .., quizá asomarnos al interior de la barquilla, y comprobar el color y el bulto de los saquitos de arena para el lastre. MMolina *Jinete* 460: Esperamos a que nos dieran nuestras llaves. Allison balanceaba mecánicamente el lastre de la suya mientras nos encaminábamos hacia el ascensor. **2** Cosa que supone un impedimento o una dificultad [para algo (*compl de posesión* o *compl* PARA)]. *A veces se omite el compl por consabido.* | S. LTorres *Abc* 25.9.70, 27: Lo que hace Arafat hoy, lo deshace Habasch al día siguiente. Esta es la gran debilidad de la guerrilla y su peor lastre. Huarte *Tipografía* 25: El libro grosero y defectuoso hace de lastre, como un ruido inútil que interfiere la conversación y embaraza el libre vuelo de la imaginación, el claro ejercicio de la inteligencia.

II *loc adv* **3 en ~.** (*Mar*) Sin carga. *Tb adj.* | *Bal* 21.3.70, 14: El buque, en el momento en que fue auxiliado, viajaba en lastre. Esto es, sin carga alguna. | *Ale* 4.8.77, 2: [Barcos] despachados de salida: "Guarnizo", "Costa Alemana" y "Pilar Anitua", para Avilés, en lastre.

lastrón *m* Lastra grande. | Cela *Pirineo* 282: El viajero, en un lastrón que queda por debajo del lago, asó una trucha.

lata¹ I *f* **1** Hojalata. | CPuche *Sabor* 16: Mejor se estaba por el canalillo donde corre un brazo de agua entre frutales y en cuyo fondo brilla la lata de los botes de conserva entre diminutos pececillos negros. **2** Envase o pieza hechos de lata [1]. | Arce *Testamento* 61: Habían traído una lata de gasolina porque querían tostarle. Nebot *Golosinas* 13: Se colocan [los polvorones] sobre una lata espolvoreada de harina. **b)** *Esp:* Envase de conservas. *Tb* ~ DE CONSERVA(S). *Tb su contenido.* | CPuche *Paralelo* 307: –Todos los sábados debes de hacer un viajecito al almacén para llevarte restos de cosas, restos que no están mal .. –Pero, ¿los americanos dejan algo más que latas? Arce *Testamento* 24: El Bayona apareció caminando hacia nosotros con varias latas de conservas en las manos. Laiglesia *Tachado* 56: Bastaba entregar a la entrada el salvoconducto de una lata de sardinas. **c)** (*col*) Conserva. *Frec en la constr* COMER DE ~. | *Tri* 13.4.68, 30: Comen de lata acompañados de la música de un transistor. **3** (*col*) Cosa fastidiosa o molesta. | Laforet *Mujer* 165: La lata era ser menor de edad. Cela *Judíos* 281: Sopa, dos platos, pan, vino y postre, café y copita, es poco precio para aguantar latas de nadie. **4** (*col*) Dinero. *Frec en las constrs* ESTAR SIN ~ *y* NO TENER NI (UNA) ~, *con intención enfática.* | MFVelasco *Peña* 213: –Capaz serías de permitir que el chico se pudriera en su propia freza con tal de no arriesgar cuatro perras. –Como para soltar lata estoy yo, maldita sea. Faletenko *Cod* 11.8.74, 6: Si te empeñas en jugar a los chinos, jugaremos. Eso sí: déjame tres "yens", porque estoy sin lata. Sastre *Taberna* 104: –Ya me habrás guindado algo. ¿O no? –Que me muera. No tengo ni lata. CBonald *Dos días* 95: –¿Te queda dinero? .. –¿Dinero? ¿No te digo? Echa la cuenta... –O sea, ni una lata. –Ni una lata.

II *loc v* **5 dar (la) ~.** (*col*) Fastidiar o causar molestia. | CPuche *Paralelo* 59: Pero mira que eres pesao .. Joé, mira que estás dando la lata. Cállate de una vez. * ¡Anda que no da lata el asunto este! * Ese nos va a dar mucha lata.

lata² *f* **1** (*Constr*) Tabla sobre la que, junto con otras, se asientan las tejas o pizarras de una cubierta. | * Las latas dispuestas paralelamente sirven de base al tejado. **2** (*Mar*) Bao, esp de pequeñas dimensiones. | MHidalgo *HyV* 10.71, 76: El vaso flotante o casco –el buco, y de ahí la voz buque– está formado por 162 cuadernas y 160 baos o latas, de roble.

latae sententiae (*lat; pronunc corriente,* /láte-senténtie/) *loc adj* (*Rel catól*) [Excomunión] en que se incurre en el momento de cometer una falta previamente condenada por la Iglesia. | Torrente *Saga* 65: Don Acisclo tronaba en la iglesia contra la inminente filtración del ateísmo y de la anti-España .., y llegó a decir que los que participasen o hubieran participado en la votación popular incurrirían en excomunión *latae sententiae*.

latamente *adv* (*lit*) De manera lata (→ LATO). | F. Martino *Ya* 22.11.75, 16: Latamente, el embalsamamiento tiene por objeto evitar la putrefacción.

latastro *m* (*Arquit*) Plinto. | Cela *Cam* 26.4.76, 37: Vuelvo a insistir en la conveniencia que los catalanes levanten una estatua a Galinsoga .. En su plinto quizá pudieran grabarse en bronce las sabias palabras de Quevedo .. Si los comunistas tuvieran sentido del humor .., levantarían una estatua a su benefactor el general Franco. En su latastro podrían grabarse las mismas palabras que en el de Galinsoga.

latazo (*col*) **I** *m* **1** Lata¹ [3]. *Con intención ponderativa.* | SFerlosio *Jarama* 76: ¿Hemos venido a pasarlo bien o a regañar los unos con los otros? A mí me aburre. Es un latazo andar así a cada momento.

II *loc v* **2 dar el ~.** Dar la lata¹ [5]. *Con intención ponderativa.* | GHortelano *Cuentos compl.* 322: Oiga, no le dé usted el latazo al señor juez.

latebra *f* (*lit, raro*) Escondrijo o refugio. | Rabanal *Abc* 24.3.71, sn: El pasmo de los filólogos clásicos .. le parece a uno sabandija que busca latebra en que perderse de vista.

latencia *f* Condición de latente. | Payno *Curso* 57: Melletis permanecía excitado por "el mundo del cutis". La efervescencia de su descubrimiento había salido de su latencia con la proximidad del examen. Navarro *Biología* 92: Al aplicar la corriente eléctrica el músculo no se contrae hasta que no pasa cierto tiempo denominado período de latencia.

latente *adj* [Cosa] que permanece oculta o no se manifiesta exteriormente. | DPlaja *El español* 103: En las entrevistas periodísticas con actores de fama internacional me parece notar siempre una hostilidad latente hacia la figura. Bustinza-Mascaró *Ciencias* 182: En las épocas de frío [los lagartos] se esconden en sitios adecuados y quedan en estado de vida latente. Pasados los fríos, vuelven a la vida activa. **b)** (*Fís*) [Calor] que, sin aumentar la temperatura del cuerpo que lo recibe, se emplea en un cambio de estado. | Marcos-Martínez *Física* 107: Este calor que absorbe el cuerpo para verificar el cambio de estado, y que no se emplea en aumentar la temperatura, se denomina calor latente de cambio de estado. Marcos-Martínez *Física* 107: Se llama .. calor latente de fusión al que absorbe un gramo de un sólido, a la temperatura de fusión, para pasar a líquido, sin variar de temperatura. Marcos-Martínez *Física* 107: Calor latente de solidificación .. Calor latente de vaporización .. Calor latente de licuefacción.

latentemente *adv* De manera latente. | R. Fraguas *País* 3.7.77, 19: Un 0,5% de la población española padece diabetes en alguna de sus formas evidentes, y una cifra similar podría ser la de los españoles que la padecen latentemente, pero no de forma manifiesta.

lateral I *adj* **1** De un lado, o de los lados. | Castañeda *Grafopsicología* 33: En aquellos [los zurdos], la dominancia lateral en el cerebro no es tan clara como en estos [los diestros]. **b)** [Cosa] que está a un lado. | Laforet *Mujer* 196: Un joven algo remilgado .. salía de la puertecilla lateral. **c)** (*Fút*) [Defensa] derecho o izquierdo. *Tb n m*. | G. García *As* 14.12.70, 4: Tras burlar al lateral, al central y a medias a Betancort, falló el tiro. **d)** [Cosa] que no es la principal pero está conectada directamente con ella. | MGaite *Nubosidad* 76: El mismo gusto que da pasar a limpio los apuntes .. le obliga a corregirlos y adornarlos con historias laterales, que solo estaban en borrador. **e)** (*Bot*) [Raíz] que sale de la principal. | Alvarado *Botánica* 13: En la mayoría de los vegetales se distingue una raíz principal que prolonga el tallo hacia abajo, y unas raíces laterales que salen de la anterior y originan, a su vez, raíces de orden inferior.
2 (*Fon*) [Consonante] cuya articulación deja salir el aire por los lados de la boca y no por el centro. *Tb n f*. | Alcina-Blecua *Gramática* 228: Este criterio permite clasificar las articulaciones de acuerdo con unos grandes apartados: oclusivas, fricativas, africadas, laterales, vibrantes.
II *m* **3** Calle o paseo lateral [1] de una avenida. | CPuche *Paralelo* 41: Respiró más tranquilo cuando vio que el coche-patrulla cogía un lateral de la gran avenida.
4 (*Escén*) Parte lateral [1] del escenario. | Paso *Pobrecitos* 191: El lateral .. se quiebra también hacia su mitad que, gemelamente al chaflán opuesto, enlaza con el foro.

lateralidad *f* (*Fisiol*) Localización de una actividad o función en un lado del cuerpo con preferencia al otro. | A. Peralta *SYa* 15.5.77, 31: Se encuentran disléxicos con problemas de lateralidad o sin ellos.

lateralización *f* (*Fisiol*) Lateralidad. | M. J. Barrero *SYa* 20.12.89, 5: En la actualidad se están desarrollando cuatro líneas de investigación distintas: enfermos con Alzheimer, o demencia senil, niños disléxicos e hiperquinésicos –excesivamente activos–, y problemas de lateralización de funciones –personas zurdas o diestras–.

lateralizar *tr* Poner a un lado. *Tb fig*. | *Caso* 14.11.70, 19: Agresión que, como decimos, llevó a cabo el procesado por la espalda de aquella y en posición de pie, para continuar lateralizándose hasta alcanzarla de frente. Cobos *Machado* 69: La tertulia fue, durante los doce años y medio de segoviania de Antonio Machado, el epicentro de toda su vivencial actividad, lateralizando su función docente.

lateralmente *adv* **1** En sentido lateral [1]. | Huarte *Tipografía* 32: El original para comprobar, mejor que a un lado de las pruebas, estará en su prolongación longitudinal, sobre un atril o apoyado en algún objeto, para que esté a la vista con solo levantar más la cabeza (esto cansa menos que volverla lateralmente).
2 A un lado o a los lados. | Bustinza-Mascaró *Ciencias* 107: Posee [el paramecio] una abertura, colocada lateralmente, que se llama peristoma.

lateranense *adj* **1** Del templo de San Juan de Letrán, en Roma. *Normalmente referido a los concilios de la Iglesia allí celebrados*. | Valcarce *Moral* 190: Hacia el año 1215, reunidos los Padres conciliares con el gran Papa Inocencio III en el Concilio IV Lateranense, se hicieron eco de los abusos que se habían introducido.
2 (*Rel catól*) De la congregación de canónigos de San Juan de Letrán. | *CoE* 14.8.76, 9: El jueves a las diez de la mañana fue encontrado .. el cadáver del agustino lateranense padre Fernández Arregui .. El día 8 de junio se le echó en falta del convento que los canónigos regulares lateranenses tienen en la carretera de Zumárraga.

latería *f* Latas[1] [2b], o conjunto de latas de conserva. | GSerrano *Macuto* 411: Las pequeñas paces en medio de la guerra solían tener como base el canje de tabaco por papel de fumar, el intercambio de vinos, licores, periódicos y latería en general.

laterío *m* Latería. | Berlanga *Acá* 26: Se comprará las recetas de la Simone y se dejará de laterío.

latero -ra I *m y f* **1** (*raro*) Hojalatero. | R. Fraguas *Ya* 6.12.74, 41: Los años posteriores a la guerra civil daban mucho trabajo a los lateros.
II *adj* (*reg*) **2** Latoso o molesto. | * Este niño es muy latero.

látex *m* Líquido lechoso que circula por los vasos de algunos vegetales y que se coagula al contacto con el aire. *Cuando no se especifica la planta, suele designar el látex de Hevea brasiliensis, que da el caucho*. | Navarro *Biología* 107: A las plantas con látex se las denomina vulgarmente lechetreznas. El caucho es el látex coagulado que produce la planta Hevea. Alvarado *Botánica* 64: El rovellón o níscalo (*Lactarius deliciosus*), de látex anaranjado. Nácher *Guanche* 128: Algunos hombres pasaban hacia el trabajo con sus camisas manchadas de látex de platanera.

laticífero -ra *adj* (*Bot*) [Vaso] que conduce el látex. | Navarro *Biología* 107: Tubos laticíferos. Son células alargadas formando tubos. Segregan un líquido blanquecino, aunque a veces suele tener otro color, llamado látex.

latido[1] *m* Acción de latir[1], *esp* [1]. *Tb su efecto. Tb fig*. | Medio *Bibiana* 88: El corazón le late con tanta fuerza que Bibiana Prats tiene miedo de que la gente oiga los latidos. P. VSanjuán *Abc* 14.6.70, 37: El reloj de sol .., en las "masías" opulentas, como en las humildes "barraquetas", es elemento indispensable, aunque la sombra del Sol no llegue a ser tan correcta como el latido del último cronómetro suizo. RValcárcel *Pue* 22.12.70, 4: Las Cortes .. son la gran caja de resonancias del latido del pueblo español.

latido[2] *m* (*Caza*) Ladrido del perro persiguiendo una pieza o quejándose. | * Se oían los latidos de los perros en el monte.

latiente *adj* (*lit*) Que late[1]. | Zunzunegui *Camino* 336: El cielo a intervalos se hacía siderúrgicamente tembloroso y latiente.

latifundio *m* Finca rústica de gran extensión. | *Abc* 1.8.70, 15: Campesinos chilenos ocupan cuarenta latifundios en la provincia de Nuble.

latifundismo *m* Sistema socioeconómico basado en el latifundio. *Tb fig*. | FQuintana-Velarde *Política* 117: Uno de estos puntos, el analfabetismo, se encuentra evidentemente ligado al latifundismo.

latifundista *adj* **1** De(l) latifundismo. | JGregorio *Jara* 49: La tierra estaba distribuida en régimen latifundista. FQuintana-Velarde *Política* 120: En determinadas zonas latifundistas, donde los propietarios decidieron dejar sus fincas sin cultivar, como cotos de caza, se desarrolló una fuerte lucha.

latigazo – latinizante

2 [Pers.] que es propietaria de uno o varios latifundios. *Tb n.* | FQuintana-Velarde *Política* 113: Desde grandes sociedades anónimas o grandes propietarios individuales latifundistas hasta pequeños propietarios, aparceros .., existen casi tantos tipos de empresas agrícolas como comarcanas. Fernández-Llorens *Occidente* 115: ¿Qué problemas planteaba la nobleza latifundista? Mercader-DOrtiz *HEspaña* 4, 12: Los latifundistas no sentían afición por la agricultura y solamente veían en la explotación de sus fincas una fuente segura de recursos.

latigazo *m* **1** Golpe de látigo [1]. *Tb fig.* | Laforet *Mujer* 322: Esos animales amaestrados a latigazos .. solo hacen los movimientos permitidos por el amo. Anson *Abc* 3.12.70, 3: El latigazo del desarrollo restalló de pronto sobre las viejas espaldas de Madrid.
2 Dolor o daño fuerte y momentáneo. | Cela *Judíos* 87: Ya le venían dando latigazos las muelas desde Peñafiel. Delibes *Coto* 179: La manifestación del mal [el lumbago] no ha sido un peso doloroso y creciente en los riñones, sino un latigazo fulminante, un relámpago de dolor. * Tocó el cable sin quitar los plomos, y le dio un latigazo.
3 *(col)* Trago [de bebida alcohólica]. *Tb sin compl.* | DCañabate *Paseíllo* 55: Se atizó apresuradamente cuatro latigazos de vino. Cela *Judíos* 214: El vagabundo .. pensó que el vino le había sabido a vinagre; para comprobarlo, el vagabundo volvió a atizarse otro latigazo al gañote.

látigo *m* **1** Instrumento compuesto por un mango de madera al que va unida una correa o cuerda y que se emplea para azotar, o para animar a andar a las caballerías. *Tb fig.* | Lera *Boda* 665: El tipo aquel .. lleva botas de montar y látigo pendiente de la muñeca. * Si quieres que te obedezcan, has de estar siempre con el látigo levantado.
2 Juego de muchachos en que varios corren en fila cogidos de las manos haciendo movimientos similares a los del látigo [1] cuando se restalla. | Ma. Gómez *Ya* 10.12.90, 2: Allí se jugaba al clavo, al látigo. **b)** Artefacto de feria consistente en varios coches unidos entre sí, a los que se les da un movimiento brusco similar al del látigo [1] cuando se restalla. | *Hoy* 17.9.75, 11: 51 feriantes acudieron a la subasta de terrenos .. Habrá carrusells, zig-zag, látigo y más de un Baby para la delicia de los pequeños.
3 Tralla (aparejo de pesca). | * Dice Delibes que la tralla, látigo o cola de rata en el aparejo que se utiliza para pescar a mosca seca.
4 *(jerg)* Pene. | Grosso *Capirote* 29: Por muy seguro que estés que le abrazastes las entrañas con el latiguillo, no por eso ibas necesariamente a dejarla preñada.

latiguillo[1] *m (desp)* Expresión, frec. manida, con la que se trata de conseguir un golpe de efecto ante un auditorio. | Carriazo *Ya* 11.3.78, 14: Nos tomaron el pelo con los gritos de rigor, marchas triunfales, sonoros latiguillos, las gaitas aquellas del imperio y los luceros. **b)** Muletilla o frase que una pers. repite habitualmente. | Aldecoa *Gran Sol* 158: "Al que la mar le está estrecha de vivo, de muerto le viene más que ancha." Macario Martín se traía sus latiguillos mechados en filosofía.

latiguillo[2] *m (Mec)* Tubo corto y estrecho con dos racores. | *Faro* 9.8.75, 13: Al [p]arecer se encontraba ardiendo un autobús de Vitrasa .. Según aclaró el conductor, habían hecho cortocircuito los cables de la batería, inflamando el latiguillo del depósito de gas-oil, lo que originó gran cantidad de humo.

latiguillo[3] *m (Bot)* Estolón (brote rastrero o subterráneo). | FQuer *Plantas med.* 922: La juncia avellanada es una planta vivaz, con estolones o latiguillos subterráneos.

latiguillo[4] → LÁTIGO.

latín I *m* **1** Lengua latina [1a]. | Amorós-Mayoral *Lengua* 5: Aparte el caso del vasco, .. las lenguas que se hablan en nuestra Patria son lenguas románicas, es decir, descienden del latín. **b)** bajo ~, ~ clásico, ~ vulgar → BAJO[2], CLÁSICO, VULGAR.
2 Palabra o frase latina [1b]. *Frec en pl.* | Lapesa *HLengua* 65: En lugar del latín clásico *invenire*, el lenguaje vulgar acudió a una metáfora propia de la caza: *afflare*. Benet *Nunca* 11: La cara aguda, pero las mejillas coloradas, la chaqueta azul con el latín bordado en el bolsillo circundado de fortitudes y "salutems". Escobar *Itinerarios* 169: Arriba, en la tribuna, toca el órgano y canta sus latines el sacristán.
3 *En pl:* Lengua y cultura latinas [1a y b y 5]. *Consideradas como objeto de estudio.* | Lorenzo *SAbc* 20.12.70, 10: Había cursado latines y música en Santo Domingo de la Calzada, Cuzcurrita, Burgos.
4 *En pl:* Conocimientos o instrucción. | DPlaja *Sociedad* 29: Los médicos podrían ser ineficaces, pero quienes rehuían sus servicios tenían que aceptar los de otros con menos latines y peor intención.

II *loc v* **5 saber (mucho) ~.** *(col)* Ser muy listo o astuto. | Cela *Judíos* 185: El peregrino, que debe saber latín, no pide, pero coge lo que le dan. Lázaro *JZorra* 82: La [cornada] de la vaca resabiada, que sabe latín, de haber sido toreada en otras siete fiestas antes de aparecer en este ruedo.

latinajo *m (desp)* Palabra o frase latina [1b]. | Buero *Sueño* 198: No entiendo sus latines, pero confío en que nada le dirá al rey de esta visita... (Duaso escribe, sonriente.) ¿Más latinajos? ZVicente *Mesa* 79: Lo que *natura non dat, Salamanca non praestat*, o como sea el latinajo ese.

latinar *intr (raro)* Hablar o escribir en latín. | Palacios *Juicio* 63: Cuando el latín insaculaba en sus vocablos la porción más activa del pensamiento humano, el pujo de latinar invadía a la sociedad entera.

latinear *intr (raro)* Latinar. | GPavón *Cuentos rep.* 165: Paco, el sacrist[á]n, y Becerra, el monaguillo, latineaban mirando al suelo.

latinidad *f* **1** Lengua y cultura latinas [1a y b y 5]. *Esp consideradas como objeto de estudio.* | CBaroja *Inquisidor* 18: Aprende a leer y escribir, algo de gramática y latinidad más o menos rudimentaria. Mercader-DOrtiz *HEspaña* 4, 53: Felipe V había fundado en 1725 el Seminario de Nobles, bajo el cuidado de la Compañía de Jesús, que instruía a sus pupilos en Latinidad, Retórica, Matemáticas, Física Experimental, Historia y Náutica. Lapesa *HLengua* 186: Emprende la reforma de la didáctica universitaria, desterrando métodos anquilosados e introduciendo los que, formulados por Lorenzo Valla, habían contribuido al resurgimiento de la latinidad en Italia. **b) baja ~.** Cultura de la época del bajo latín (→ BAJO[2]). *Tb la misma época.* | * Es uno de los escritores de la baja latinidad.
2 Conjunto de los pueblos latinos [2a]. | * El arte de la latinidad.

latinismo *m* **1** Palabra o rasgo idiomático propios del latín o procedentes de él. | Valverde *Literatura* 65: La Égloga primera garcilasiana .. deja aparecer algún ocasional latinismo: *Salicio juntamente y Nemoroso*. **b)** Tendencia al uso de latinismos. | Lapesa *HLengua* 152: Sea por latinismo, por conservación arcaizante o por galicismo, el participio activo tiene bastante uso en algunos textos.
2 Carácter latino [2]. | A. Vélez *Inf* 18.4.74, 3: El "curriculum vitae" político del señor Mitterrand no contiene aspectos dudosos en cuanto a su latinismo y su occidentalismo.

latinista *adj* **1** [Pers.] versada en la lengua y la cultura latinas [1a y b y 5]. *Frec n.* | HSBarba *HEspaña* 4, 403: Existieron poetas latinistas como los mejicanos Francisco Javier Alegre y Diego José Abad. Ridruejo *Memorias* 26: Antonio Tovar, que ya era latinista, comenzaba a leer griego y llevaba por los pasillos un aspecto de sabio distraído. | De(l) latinista. | Sánchez *MPelayo* 23: Empezó en Sevilla los estudios eclesiásticos, pronto abandonados, aunque no sin alcanzar una gran formación latinista, que demostró en varias traducciones.
2 De(l) latinismo o de (los) latinismos [1]. | Lapesa *HLengua* 182: El aluvión latinista del siglo XV rebasaba las posibilidades de absorción del idioma.

latinización *f* Acción de latinizar(se). | GLópez *Literatura* 87: El poeta emprendió la latinización del idioma con el objeto de crear un lenguaje que estuviese en consonancia con la dignidad de los temas. Lapesa *HLengua* 42: Poco a poco, las hablas indígenas se irían refugiando en la conversación familiar, y al fin llegó la latinización completa.

latinizante *adj* Que tiende a imitar lo latino [1b]. | Valverde *Literatura* 43: El lenguaje usado por el poeta resulta completamente nuevo: latinizante hasta en la sintaxis contorsionada.

latinizar *tr* Dar forma o carácter latinos [1b y 2] [a algo (*cd*), esp. al lenguaje]. | Cossío *Montaña* 94: Intervino caritativamente en la causa del Doctor Juan Gil, que había latinizado su apellido haciéndose llamar Egidio. Lapesa *HLengua* 114: Palabras absolutamente romances aparecen latinizadas, mientras se romancean otras que no es de suponer hayan pertenecido nunca al habla vulgar. **b)** *pr* Pasar [algo] a tener forma o carácter latinos [1b y 2]. | E. GAlbors *Alcoy* 90: El primitivo ibérico, que pronto se latinizó, si bien con acentos y cadencias propios.

latin lover (*ing; pronunc corriente*, /látin-lóber/; *tb con la grafía* **latin-lover**; *pl normal*, ~s) *loc n m* Hombre natural de un país latino [2a] a quien las mujeres de otros países suponen con especiales dotes de amante. | Burgos *Andalucía* 35: Pueden aspirar [los muchachos] a un sueldo relativamente digno y al descubrimiento de la voluptuosa, caduca y liberal civilización europea cuando cualquier mañana suban el desayuno a la habitación 322 y la alemanota cuarentona .. pueda encontrar por fin .. al *latin lover* que le prometía el folleto de la agencia. *Ya* 9.8.86, 31: Julito [Julio Iglesias] prefiere mantener su imagen de "latin-lover".

latino -na I *adj* **1** [Lengua] de la Roma antigua y de su Imperio, conservada por la Iglesia católica como lengua oficial y (hasta el Concilio Vaticano II, 1962-65) como lengua litúrgica, y utilizada como vehículo de la comunicación intelectual hasta la época moderna. | Lapesa *HLengua* 42: Con la civilización romana se impuso la lengua latina, importada por legionarios, colonos y administrativos. **b)** De (la) lengua latina. | Lapesa *HLengua* 75: Las literaturas modernas, en especial desde el Renacimiento, no han perdido de vista el modelo de los poetas, historiadores y didácticos latinos. Lapesa *HLengua* 75: El vocabulario latino ha pasado a las lenguas romances siguiendo diversos caminos. **c)** [Lengua] románica, o derivada del latín. | *Ger* 5/6.85, 1: Geriátrika. Órgano de expresión de la Sociedad Levantina de Geriatría. Liga de Geriatras y Gerontólogos de Lengua Latina.
2 De lengua y cultura latinas [1c y 5]. *Tb n, referido a pers.* | CNavarro *Perros* 16: El monólogo es algo privativo de los países latinos. *Sp* 21.6.70, 16: Los latinos esto no lo comprendemos. Nos venimos abajo enseguida. Pero los germanos, dale que te pego, a su aire, empataron la cosa. Vicens *Universo* 402: Con el nombre de Hispanoamérica se indican los Estados surgidos del ámbito colonial español .. Ello excluye el conjunto el Brasil, pueblo de origen portugués, por cuyo motivo varias organizaciones prefieren utilizar el nombre de América Latina. **b)** Propio de los latinos. | *Fam* 15.11.70, 27: La mentalidad latina ha concedido demasiado a la debilidad masculina. **c)** De un país, o de los países, de América Latina. *Tb n, referido a pers.* | *Ya* 25.6.75, 101: La mano izquierda, sin problemas, le acompaña automáticamente: ritmos de jazz, vals, latino, etc. .. Kimball: tres órganos en uno.
3 [Iglesia] cristiana de Occidente, de lengua latina [1a]. | Villapún *Iglesia* 54: Padres apostólicos. Padres de la Iglesia latina. **b)** De (la) Iglesia latina. *Tb n, referido a pers.* | Villapún *Iglesia* 85: Miguel Cerulario tomó el título de Patriarca Universal y por razón de su cargo ordenó cerrar todas las iglesias que los latinos tenían en Constantinopla.
4 (*hist*) De(l) Lacio (región de Italia). *Tb n, referido a pers.* | Tovar-Blázquez *Hispania* 38: Los pretores .. de la Ulterior y Citerior reciben cada uno una nueva legión y otras tantas fuerzas de latinos e itálicos.
5 (*hist*) De Roma o del Imperio Romano. | Lapesa *HLengua* 47: El derecho latino, y más aún la ciudadanía romana, solo eran otorgados fuera de Italia como honor o recompensa.
6 [Cruz] cuyo travesaño divide al palo en dos partes desiguales. | GNuño *Madrid* 30: Cruz latina con tres tramos a los pies, el medio de lunetos.
7 [Vela] triangular, sujeta a un palo largo y encorvado, propia de embarcaciones pequeñas. | Céspedes *HEspaña* 2, 445: De los buques árabes, [la carabela] toma la vela latina (triangular).
II *m* **8** *En los estudios eclesiásticos:* Seminarista de los primeros cursos, en que se estudian latín y humanidades. | CPuche *Conocerás* 83: Entre aquellos muros [del seminario] florecían toda clase de sonrojos y disimulos .., las cartitas que se escribían unos a otros en el estudio, a veces filósofos y hasta teólogos y latinos.

latinoamericano -na *adj* De Latinoamérica o América Latina [2a]. *Tb n, referido a pers.* | Escrivá *Conversaciones* 155: Aumentará la afluencia de estudiantes afroasiáticos y latinoamericanos. Porcel *Des* 12.9.70, 15: Hasta hace un mes dirigió Roger Caillois en la editorial Gallimard la colección "La Croix du Sud", dedicada a la publicación de novela latinoamericana.

latir[1] *intr* **1** Contraerse y dilatarse alternativamente [el corazón o las arterias]. | Medio *Bibiana* 88: El corazón le late con tanta fuerza que Bibiana Prats tiene miedo de que la gente oiga los latidos. **b)** Percibirse el movimiento de las arterias [en una parte del cuerpo (*suj*)]. *A veces referido a la sensación dolorosa que esto produce en una herida.* | * Me laten las sienes. * La herida me late terriblemente.
2 (*lit*) Tener [un ser] manifestaciones de vida. | Jarnés *Señas* 116: No vive [el sol] como tú y como yo, pero late y se mueve. No siente, no le importamos, pero nos hace vivir.
3 Percibirse o manifestarse [algo no material] por indicios. | *Alc* 1.1.55, 4: Late a través de las declaraciones .. una orientación de futuro.

latir[2] *intr* (*Caza*) Ladrar [el perro] persiguiendo una pieza o quejándose. | Cunqueiro *Fantini* 53: Fanto salió a la terraza, y vino hacia él, a latir junto a sus piernas, su braco "Remo", ansioso de caricias.

latirismo *m* (*Med*) Intoxicación producida por harina de almortas. | Mascaró *Médico* 117: El conjunto de síntomas graves, conocido con el nombre de latirismo (*Lathyrus sativa* es el nombre botánico de esta leguminosa), es de comienzo brusco, agudo y febril.

látiro *m* (*raro*) Almorta (planta). *Tb designa otras plantas del gén Lathyrus.* | *Abc* 6.7.75, 34: Los preciosbase de cereales y leguminosas .. Leguminosas: Algarrobas: 1.265 .. Látiros: 1.144 [ptas. Qm.]. Mayor-Díaz *Flora* 342: *Lathyrus pratensis* L. "Látiro de prados". Pl[anta] v[ivaz] de 30-80 cm, pubescente. Tallo anguloso .. Zarcillos ramosos .. Flores amarillas.

latitud *f* **1** (*Geogr*) Distancia angular [de un punto de la superficie terrestre] al ecuador, medida por los grados de su meridiano. *Tb* ~ GEOGRÁFICA. *Frec* ~ NORTE o SUR. | Zubía *Geografía* 33: Atenas tiene longitud oriental y latitud norte. *Anuario Observatorio 1967* 290: Valores de las constantes más importantes en el Observatorio de Madrid .. Latitud geográfica: φ = 40° 24' 30",0. **b)** (*Astron*) Distancia angular [de un punto de la esfera celeste] a la eclíptica. *Tb* ~ HELIOCÉNTRICA o ~ GEOCÉNTRICA, *según se suponga al observador teóricamente situado en el centro del Sol o de la Tierra.* | *Anuario Observatorio 1967* 290: Valores de las constantes más importantes en el Observatorio de Madrid .. Latitud geocéntrica: φ' = 40° 13' 3",7. *Anuario Observatorio 1967* 240: Día .. 15, Mercurio en su máxima latitud heliocéntrica Sur.
2 *En pl:* Zona, o parte de la Tierra. *Se usa para referirse de manera imprecisa a un lugar gralm concreto. Normalmente en las constrs* POR (o EN, *etc*) ESTAS (o AQUELLAS, OTRAS, *etc*) ~ES. | Olmo *English* 68: No ha sido nada. Nada de importancia para estas latitudes. Agromán 53: Su puerto le comunicaba con países y con gentes de otras latitudes.
3 (*lit, raro*) Anchura (dimensión o medida). | CBonald *Ágata* 23: La calzada era como de cuatro varas de latitud y, según la inclinación de las lajas, allí mismo torcía hacia el norte, viniendo (como al parecer venía) del oeste.

latitudinal *adj* (*Geogr*) De (la) latitud [1a]. | Vicens *Universo* 371: El gran alargamiento latitudinal [del Japón] ocasiona grandes diferencias entre las regiones septentrionales .. y las más meridionales.

latiza *f* (*reg*) Palo largo transversal de los laterales del carro. | F. Carpio *GacR* 31.3.91, 16: Las partes que entran en la formación del carro son la pértiga, .. latizas, largueros, cabezales.

lato -ta *adj* (*lit*) Amplio o extenso. *Frec referido a sentido o significación, esp en la constr* EN SENTIDO ~, *opuesta a* EN SENTIDO ESTRICTO. | RMoñino *Poesía* 15: El discurso es siempre un diálogo vivo entre el que lo pronuncia y quienes lo están escuchando; un tácito diálogo en el cual, si el orador provoca en el público reacciones, estas acaban por influir en aquel haciéndole ser más lato o breve, más incisivo o ligero. GLuengo *Extremadura* 90: Quiero simbolizar también la actualidad literaria –una actualidad bastante lata– en algunas revistas. Alvarado *Anatomía* 148: Reciben el nombre de microbios, en sentido lato, los organismos constituidos por una sola célula o por una asociación de pocas células indiferenciadas .. En sentido estricto, la calificación de "microbio" se suele reservar para los microorganismos .. que son agentes de enfermedades. E. Tijeras *Abc* 29.11.70, 7: Dentro de la cultura de masas –cuyo significado lato veremos más tarde ..– desempeña un papel importante la publicidad.

latomía *f* (*hist*) En la Roma antigua: Cantera que sirve de campo de trabajo para prisioneros. | *Caso* 26.12.70, 22: Desde las pirámides egipcias y las latomías romanas, a los campos de concentración nipones y nazis.

latón *m* Aleación de cobre y cinc, y a veces otros metales, de color amarillo claro y susceptible de gran brillo y pulimento. | GPavón *Hermanas* 11: Colgaba las bacías de latón sobre la puerta de su "Peluquería de caballeros".

latonar *tr* Revestir [un metal, o una pieza de metal] de latón. *Gralm en part, que a veces se sustantiva como n m*. | *Ya* 23.4.89, 5: Salón-comedor modelo Irlanda. Realizado en macizo de haya .. y herrajes latonados. *NAl* 29.3.91, 19: Hacemos todo tipo de acristalamientos en espejo, murales, recibidores con repisa y molduras latonadas. G*Telefónica N.* 12: Chapas de hierro .. Tubos, bandas, acero inoxidable, latonados, cobrados, etc.

latonería *f* Tienda o taller del latonero[1]. | *GTelefónica N.* 599: Latonerías. Centrimetal. Barras latón .. Barras bronce de colada continua.

latonero[1] **-ra** *m y f* Pers. que fabrica o vende objetos de latón. | FSantos *Catedrales* 87: El reloj de la catedral .., ese reloj por el que un maestro latonero también tuvo que sufrir pena de prisión.

latonero[2] *m* Almez (árbol). | Loriente *Plantas* 25: *Celtis australis* L., "Almez"; "Latonero".

lato sensu (*lat; pronunc,* /láto-sénsu/) *loc adv* En sentido amplio. *Tb adj. Se opone a* STRICTO SENSU. | GMarín *Tri* 27.11.71, 39: Ellos [los seglares] son, junto a los santos, *lat*[*o*] *sensu*, el santo asimilado en la figura del "caballero cristiano". [*En el texto*, latu sensu.]

latosidad *f* (*raro*) Cualidad de latoso. | Porcel *Catalanes* 58 (G): Me han causado el efecto de una latosidad considerable.

latoso -sa *adj* (*col*) Fastidioso o pesado. *Tb n, referido a pers*. | FReguera *Bienaventurados* 35: Siguió acercándose a los corros de gente, disputando, desahogando su incontenible y latosa verborrea. CBaroja *País* 24.6.78, 9: Plutarco nos parece un latoso.

latréutico -ca *adj* (*Rel catól*) De (la) latría. | Ribera *Misal* 14: Latréutico, el principal [fin de la misa], que es adorar a Dios y darle el culto debido como Señor y Creador nuestro.

latría *f* (*Rel catól*) Adoración dedicada a Dios. *Tb* (*lit*) *fig*. | Valcarce *Moral* 71: El culto divino por la persona a quien se rinde .. El de latría se tributa en reconocimiento del supremo dominio. Campmany *Abc* 19.3.93, 23: José María siempre nos reunía con académicos. Tenía la latría de la Academia, la reverencia a la palabra y el amor a la poesía.

latrocinar *intr* (*raro*) Dedicarse al latrocinio. | CBaroja *Temas* 107: Sigue Del Río a Sebastián Munster .. al colocar en 1417 la primera aparición de los gitanos en los países germánicos: sucios, tostados por el sol y latrocinando.

latrocinio *m* Hurto o robo. | Mercader-DOrtiz *HEspaña* 4, 104: Una consulta emitida en 1723 por una Junta creada por Felipe V para dictaminar sobre este asunto describe su vida licenciosa y de latrocinios [de los gitanos].

laúd[1] *m* **1** Instrumento músico de cuerda cuya caja es plana por la parte superior y esférica por la inferior. | Cela *Judíos* 284: Aún oye, aguzando el oído, el amoroso temblor del laúd.

2 Tortuga marina de unos 2 m de largo, cuyo caparazón recuerda la forma del laúd [1] (*Dermochelys coriacea*). | *Abc* 27.11.70, 37: La tortuga .. tiene un largo de 2,10 metros .. Es del tipo "laúd", quelonio este, al parecer, en vías de extinción.

laúd[2] *m* Embarcación pequeña del Mediterráneo, de casco largo y estrecho y de un solo palo con vela latina. | G. Marañón *Abc* 5.9.71, 3: Veo pasar a un laúd, menudo barco de pesca, de casco largo y estrecho, de un solo palo de vela latina.

lauda *f* (*Arte*) Lápida sepulcral, gralm. con inscripción, escudo de armas o efigie del difunto. | Cela *Viaje andaluz* 212: También reposan en estas penumbras los restos de don Pedro Mexía .., que se carteó en latín con Erasmo y con Luis Vives; lo que dice en su lauda está escrito por Arias Montano.

laudable *adj* Digno de alabanza. | *Ecc* 16.11.63, 21: El esquema es laudable y puede ofrecer una base útil para la discusión.

láudano *m* (*hoy raro*) **1** Preparado farmacéutico a base de opio, empleado como calmante. | Buero *Soñador* 222: Su excelencia tiene demasiadas preocupaciones y le duelen los nervios... ¡Entonces, láudano!

2 Opio. | CBonald *Ágata* 154: Se inició Manuela en el recurso de unos narcóticos que no eran los de su natural abulia, sino que habían sido recetados y amorosamente preparados por Alejandra, a partir de unas infusiones de raíz de beleño con orujo que acabarían habituando a la consumidora a los más activos remedios del láudano.

laudatio *f* Discurso que se pronuncia en elogio de una pers. en un solemne acto académico celebrado en su honor, esp. en su investidura como doctor honoris causa. | Delibes *Pegar* 193: El profesor Neuschäffer, mi padrino en esta solemne ceremonia de investidura, ha tenido la humorada de cerrar las bellas y generosas palabras de su *laudatio* dando a conocer un lance de mi vida deportiva. Laín *País* 7.3.79, 7: La Universidad de Tubinga ha celebrado con una fiesta académica la jubilación germánica .. de Antonio Tovar, su profesor de Lingüística comparada .. El eminente profesor Eugenio Coseriu pronunció su *laudatio*. *Abc* 11.12.82, 43: En la "laudatio" en honor de García Márquez, .. el secretario de la Academia Sueca .. dijo que el autor de "Cien años de soledad" (1967) había abierto un nuevo camino a la literatura latinoamericana.

laudatorio -ria *adj* Que sirve de alabanza, o hecho para alabar. | Torrente *Saga* 150: La liturgia de la esperanza se trasmudó en plegaria de conservación y en cántico laudatorio.

laude *f* (*Arte*) Lauda. | GNuño *Arte* 244: Fue cada vez más frecuente la advenencia de obras ya elaboradas en Italia .. Tales son ciertas repeticiones de Donatello y de Benedetto da Majano .. Asimismo, la laude broncínea del doctor Suárez de Figueroa, en la catedral de Badajoz.

laudemio *m* (*Der*) Derecho que se paga al señor del dominio directo cuando se enajenan tierras o posesiones dadas en enfiteusis. | Mendoza *Ciudad* 185: Compraban y vendían opciones de compra, de tanteo y de retracto, establecían censos y enfiteusis y se transmitían, permutaban y pignoraban derechos y acciones, cánones y laudemios.

laudes *f pl* (*Rel catól*) Hora canónica que se reza después de maitines. | Ribera *SSanta* 119: A la Misa se une el canto de las Laudes.

laudista *m y f* Músico que toca el laúd[1]. | Subirá-Casanovas *Música* 34: Mientras en otros países desarrollaban su actividad numerosos laudistas, es decir, tañedores de laúd, en España hicieron otro tanto los de la vihuela.

laudístico -ca *adj* De(l) laúd[1]. | *Abc* 26.1.78, 36: Orquesta de laúdes. (Asociación Laudística Española.)

laudo *m* (*Der*) Fallo dado por un árbitro. | *Inf* 31.7.70, 9: En los actos de conciliación .. no hubo avenencia, por lo que el delegado de Trabajo ha tenido que dictar laudo, en el que declara que no procede aceptar la petición formulada por los vocales sindicales.

laujareño -ña *adj* De Laujar de Andarax (Almería). *Tb n, referido a pers*. | M. Yanguas *VAl* 28.8.75, 8: El alma del pueblo laujareño es sobria.

launa *f* Arcilla de magnesio, impermeable y de color gris, que se emplea en algunas zonas de Andalucía para cubrir techos y azoteas. | CBonald *Ágata* 256: Avistó .. lo que parecían ser los restos desperdigados de algún chozo ..; tuvo Clemente la impresión de que acababan de ser extraídos de la marisma después de haber estado sepultos durante mucho tiempo. Si no, no se explicaba el aspecto de aquellos listones podridos y aquellos haces de brezo y aquellos cascotes de launa depositados en sucia pendiente de una duna.

laurácea *adj* (*Bot*) [Planta] dicotiledónea leñosa, propia de regiones cálidas, con hojas coriáceas, flores trímeras y fruto en drupa o baya, que pertenece a la familia del laurel. *Frec como n f en pl, designando este taxón botánico*. | GCabezón *Orotava* 40: Laurel de Canarias, *Laurus canariensis*, Webb. & Berth., Laurácea, Islas Canarias.

láurea *f* (*Arte*) Corona de laurel. | Camón *LGaldiano* 154: El frontal es un bello ejemplar de arte plateresco, con balaustres, arcos de medio punto y láureas de carácter italiano. Alcolea *Artes decorat*. 298: Las tallas [en los muebles] repiten con bastante fidelidad los temas fantásticos, naturalistas y paganizantes de los grutescos, .. los bustos y cabezas en láureas que con tanta profusión se hallan en los edificios de los dos primeros tercios del siglo.

laureado -da I *adj* **1** *part* → LAUREAR.
2 Adornado o coronado de laurel. | *Ya* 17.11.63, 15: Modificación del artículo tercero de la ley sobre pensiones correspondientes a la cruz laureada de San Fernando y medalla militar. *Abc* 7.3.71, 47: En este acto .. también se ha investido a 49 doctores de la Universidad, a quienes les entregó el birrete laureado.
II *f* **3** Cruz laureada [2] de San Fernando. | L. Armiñán *Abc* 19.9.64, sn: El museo tenía un despojo humano de Millán Astray, medallas militares, laureadas, gorros.

laureano *m* (*col, hoy raro*) Billete de mil pesetas. | DCañabate *Paseíllo* 42: Voy de fijo en la cuadrilla del Merluzo y habemos toreao en dos pueblos. ¡Chico, qué dos guantes! Doce laureanos me he traído pa mí solo.

laurear *tr* **1** Coronar con laurel. | Pedraza-Rodríguez *Literatura* 5, 428: Recibe [Quintana] cargos y honores, como el ser ayo instructor de la reina Isabel II, designársele senador vitalicio .. y ser laureado como poeta nacional.
2 Premiar o condecorar. *Frec en part*. | *Med* 2.4.60, 4: Hubo misa cantada .. presidida por nuestras autoridades locales y acompañada por la laureada Banda Municipal. **b)** Premiar o condecorar [a un militar] con la cruz laureada de San Fernando. *Frec en part, frec sustantivado*. | D. I. Salas *SAbc* 15.2.70, 34: Solamente se aludirá a hechos aislados, tales como el de los laureados .., que fueron y seguirán siendo habituales en la legión.

laurel I *m* **1** Árbol siempre verde, de tronco liso, hojas oblongas, duras, lustrosas, de color verde oscuro y muy aromáticas y fruto en drupa de color negro (*Laurus nobilis*). | Marsé *Dicen* 202: El viento silbaba entre las ruinas de la fábrica de tintes de la calle Martí y azotaba el laurel que asomaba por la tapia de los Salesianos. Loriente *Plantas* 32: *Laurus nobilis* L., "Laurel". Árbol, arbolito o arbusto muy difundido como ornamental en parques y jardines. **b)** *Seguido de compl o de adj, designa diversas plantas del mismo gén o de otros*: ~ DE CANARIAS *o* CANARIO (*Laurus canariensis*), ~ PORTUGUÉS (*Prunus lusitanica*), ~ DE INDIAS (*Ficus nitida*), etc. | GCabezón *Orotava* 40: Laurel de Canarias, *Laurus canariensis*, Webb. & Berth., Laurácea .. Esta especie es muy afín al laurel común. R. MTorres *Día* 23.9.75, 8: La plaza de San Agustín era mucho más bonita que ahora, pues contaba con la centrada fuente pétrea de Neptuno y cuatro hermosos ejemplares de laureles canarios. GCabezón *Orotava* 24: Laurel de Indias, *Ficus nitida*, Thunb., Morácea (*Ficus retusa*, Linn.). Delibes *Mundos* 186: En el reino vegetal todos los colores riman .. De ahí la armonía que conjugan el rojo fuerte de las flores de Pascua .. y el verde profundo de los laureles de Indias. Loriente *Plantas* 40: *Prunus lusitanica* L., "Laurel portugués". Bastante utilizado en parques y jardines, como ornamental. GCabezón *Orotava* 50: Laurel de Nueva Zelanda o falso magnolio, *Corynocarpus laevigata*, Forst. Mayor-Díaz *Flora* 559: *Epilobium angustifolium* L., "Laurel de S. Antonio", "Epilobio de hojas estrechas". (Sin. *E. spicatum* Lam.) Pl[anta] v[ivaz] de hasta 2,5 m. Hojas alternas, sésiles, lanceoladas, enteras, con nervios en red. Flores grandes .., rojas. **c)** ~ **cerezo**, *o* **real**. Laurocerazo. | Mayor-Díaz *Flora* 548: *Prunus laurocerasus* L. "Laurel-cere-

zo", "Laurocerazo" .. Árbol de 3-6 m, siempre verde. Hojas grandes, persistentes, coriáceas. **d)** ~ **rosa**. Adelfa. | C. Lázaro *Abc* 3.4.87, 112: La adelfa. Este hermoso y vigoroso arbusto recibe varios nombres populares, como adelfa, baladre o laurel rosa.
2 Hoja de laurel [1a], usada como condimento. | Bernard *Verduras* 43: Un poquito de azúcar, así como laurel y tomillo.
3 (*lit*) Gloria o reconocimiento conseguidos por una acción destacada. *Frec en pl*. | L. Armiñán *Abc* 19.9.64, 23: Figuran con otros diez compañeros que lograron la Cruz Laureada de San Fernando .. Todos ganaron el laurel a muy alto precio. Laforet *Mujer* 48: Salía de los exámenes llena de ojeras y de laureles.
II *loc v* **4 dormirse** [alguien] **en** (*o* **sobre**) **los ~es**. Cesar en el esfuerzo por excesiva confianza en el éxito logrado. | Arraíz *Mar* 24.1.68, 3: Nuestros jugadores se han dormido en los laureles.

laurencio *m* (*Quím*) Elemento transuránico radiactivo, de número atómico 103, obtenido artificialmente a partir del californio. | Aleixandre *Química* 10: Los elementos 93 al 103, que son, respectivamente, el neptunio, plutonio, americio, curio, berquelio, californio, einstenio, fermio, mendelio [sic], nobelio y laurencio, han sido obtenidos sintéticamente y reciben el nombre de transuránicos.

laureola (*tb* **lauréola**) *f* Arbusto espontáneo de los bosques, con hojas parecidas a las del laurel, flores de color amarillo verdoso y frutos en baya negra (*Daphne laureola*). *Tb* ~ COMÚN *o* ~ MACHO. | Mayor-Díaz *Flora* 557: *Daphne laureola* L. "Lauréola", "Torvisco macho". Arbusto de 40-100 cm. Tallos derechos, grisáceos .. Hojas glabras, coriáceas, persistentes .. Flores amarillo-verdoso .. Baya ovoide, negra en la madurez. FQuer *Plantas* 391: Lauréola. (*Daphne laureola* L.) Sinonimia cast[ellana], lauréola macho. **b)** ~ **hembra**. Arbusto propio de bosques elevados, con flores rosadas y fruto redondeado de color rojo (*Daphne mezereum*). | FQuer *Plantas* med. 390: Mezérem. (*Daphne mezereum* L.) Sinonimia cast[ellana], .. Lauréola hembra.

lauretana. **letanía** ~ → LETANÍA.

laurisilva *f* Bosque húmedo, propio de las islas Canarias, compuesto por laureles y plantas afines. | Manfredi *Tenerife* 50: El tomate, la viña y la patata, sustituidos a partir de los cuatrocientos metros por el aceviño, la faya y el laurel, y más arriba, en la cruz de Taganana, por la laurisilva. *SYa* 24.6.73, 9: Madroño canario ("Arbustus canariensis"). En flor y fruto. Árbol propio de laurisilva, que crece en paredes y rocas inaccesibles.

lauro *m* (*lit*) Laurel, *esp* [3]. | R. Pieltáin *Abc* 18.4.58, 15: Al mando del regimiento de África iba a obtener nuevos lauros juntamente con una herida gravísima que pondría en peligro su vida. Torrente *Fragmentos* 168: Surgirán, al comienzo de La Avenida, los portadores del lauro inmenso: cuatro delante, cuatro detrás y dos a cada lado; las cintas de la dedicatoria, colgando.

laurocerazo *m* Arbusto de la región mediterránea, con hojas persistentes coriáceas, flores pequeñas y blancas en racimos y frutos negros en drupa semejantes a cerezas (*Prunus laurocerasus*). | Mayor-Díaz *Flora* 548: *Prunus laurocerasus* L. "Laurel-cerezo", "Laurocerazo". (Sin. *Cerasus laurocerasus* (L.) Loisel.) Árbol de 3-6 m, siempre verde.

lava *f* Materia fundida arrojada por un volcán, que luego se solidifica bajo diversas formas. | Plans *Geog. universal* 117: Si las lavas expulsadas por un volcán son bastante líquidas, se deslizan hasta lugares más o menos alejados del cráter.

lavable *adj* Que puede ser lavado [1]. *Esp referido a telas o a prendas de vestir*. | Laforet *Mujer* 237: Llevaba un traje de tela lavable, a rayas muy finas.

lavabo *m* **1** Recipiente para lavarse, provisto de grifos y desagüe y adosado a la pared a cierta altura. | Laforet *Mujer* 303: Aquella celda tenía un grifo sobre un pequeño lavabo. **b)** Palanganero (mueble). | Carnicer *Castilla* 119: Hay en la [habitación] mía, grande y destartalada, dos camas y un lavabo antiguo, de palangana pero descabalado; ha perdido el jarro, y en su lugar hay un botellón de plástico.
2 (*col, euf*) Servicio o retrete, esp. cuando tiene lavabo [1]. *Tb en pl, referido a un local público*. | GHortelano *Amista-*

lavacoches – lavanda

des 176: Encerrado en el lavabo, quemó la esponja .. Arrojó los restos y las cenizas por el evacuatorio. Arce *Precio* 180: Apareció Javier en ese momento. Regresaba de los lavabos.

3 (*Rel catól*) Oración que en la misa dice el sacerdote al lavarse las manos antes de la consagración. | SLuis *Doctrina* 139: El lavabo, Orate Fratres y oraciones Secretas entran también en esta parte de la Santa Misa.

lavacoches *m y f* Pers. encargada de lavar coches, en un garaje o en una estación de servicio. | J. Balansó *SAbc* 20.10.68, 38: Uno de los mayores orgullos de Don Alfonso .. es haber trabajado .. como barredor de locales, mozo de oficina, lavacoches.

lavacristales *m En un automóvil:* Dispositivo destinado a limpiar mediante un chorro de líquido el barro que se acumula en el parabrisas. | Remet *SInf* 25.11.70, 10: El interior es muy completo y bien acabado: tablero de instrumentos .. que incluye, además de los anteriormente reseñados, .. lavacristales. *Ya* 29.7.76, 17: El Seat 127 es un coche que está marcando el camino a otros coches .. Lavacristales eléctrico y limpiaparabrisas con dos velocidades.

lavada *f* Lavado [1]. | ZVicente *Traque* 89: Para un día que uno se siente padrazo y renuncia a la partida de mus y al chateo en casa del Venancio. Y todo porque la parienta tenía que lavar. Menuda lavada te sacudía yo así, gamberro.

lavadero *m* Lugar destinado para lavar, esp. ropa o un mineral. | CNavarro *Perros* 79: Cerró el grifo para mejor escuchar el tamborileo de la lluvia en la uralita del lavadero del patio. Delibes *Castilla* 29: Los lavaderos [de oro] se encontraban en los remansos. Alfonso *España* 165: El Navia y su ría –destinada ahora a convertirse en lavadero de una fábrica de pasta de papel–.

lavado *m* **1** Acción de lavar(se). | Palomino *Torremolinos* 67: Entra en el cuarto de baño para someterse a la rutinaria puesta a punto de cada noche: desmaquillado, lavado, masaje de papada. *Economía* 95: Si el lavado se hace a máquina, reducir el tiempo del lavado a 2 ó 3 minutos. *Ya* 13.10.88, 20: Los servicios de aduanas de varios países, junto con el FBI, investigaron una red que se dedicaba al lavado de dinero obtenido en el narcotráfico. F. Martino *Ya* 9.12.72, 5: Somete [la lluvia] a un concienzudo lavado no solo la superficie terrestre, sino, lo más importante, el pábulo con que se nutren los seres vivientes.

2 ~ de estómago. (*Med*) Operación consistente en hacer pasar al estómago cierta cantidad de agua o de una solución medicamentosa, para contrarrestar la ingestión de una sustancia tóxica. | *Tar* 23.9.75, 2: Después de un "lavado" de estómago, todos los familiares intoxicados han regresado a sus domicilios.

3 ~ de cerebro. Acción de forzar, por procedimientos psicológicos y a veces también físicos, un cambio radical en las ideas y creencias de una pers. *Tb fig.* | Pinillos *Mente* 128: La dieta de estímulos a que se somete a los prisioneros durante los lavados de cerebro explica en parte los derrumbamientos psicológicos que casi inevitablemente tienen lugar en tales situaciones. Pemán *Almuerzos* 241: Lo metió en su propio coche, donde sin duda sometió a Miguel al lavado de cerebro que le llevó a escribir la impensada y lamentable carta a que me he referido. * Le he hecho un lavado de cerebro a mi padre para que me lo compre. **b)** Persuasión de la gente por medio de la propaganda. | Areilza *Artículos* 304: La información dirigida, el lavado de cerebro y las malevolencias sistemáticas han sido expuestas al juicio de las gentes .. Ello ha contribuido de modo notable al deshielo del gaullismo.

4 (*Pint*) Pintura a la aguada en un solo color. | *Ya* 23.2.90, 9: Certámenes de Participación Ciudadana .. Dibujo: Lápiz. Carbón. Plumilla. Lavado.

lavador -ra I *adj* **1** Que lava. *Tb n m y f, referido a pers o a aparato.* | Marcos-Martínez *Física* 220: Para limpiar un sólido, se vierte en el agua de un frasco lavador. Soplando por el tubo *t*, sale el agua con las impurezas por el tubo *t'*. Delibes *Castilla* 28: No hay acuerdo a la hora de bautizar a las buscadoras de oro de la zona alta del Bierzo. Sánchez Palencia las llama aureanas, otros les dicen lavadoras o bateadoras, pero la mayoría se denominan a sí mismas "oreanas". GMorales *Hoy* 14.4.74, 14: Esta cofradía –y las otras– solían contar con un "lavador" y un "enjugador", que solían ser para los disciplinantes lo que hoy son el médico y el masajista para un equipo de fútbol. *BOE* 27.5.59, 7595: Las secciones de que constará este taller serán las siguientes: una instalación frigorífica .., una instalación de lavadores y un almacén de nitroglicerina. E. MFraile *Ya* 18.12.62, 17: Es evidente que la lavadora es de todo punto indispensable en estos casos, cuando la aceituna no es recogida directamente del árbol .. También la centrifugadora, que separa en unos minutos el aceite del alpechín, es máquina todavía poco frecuente.

II *f* **2** Máquina para lavar la ropa. | Medio *Bibiana* 221: O me compras una lavadora, o tenemos que meter chica.

lavadura *f* Lavado [1]. | SSolís *Jardín* 210: Me desnudaba el vestido barato y pasado de moda, que me quedaba siempre corto .., y la ropa interior zurcida y descolorida a fuerza de lavaduras.

lavafaros *m En un automóvil:* Dispositivo destinado a lavar los faros. | I. J. Esarte *Rio* 22.3.89, 26: En opción admite ruedas de aleación ligera, lavafaros, luces antiniebla.

lavafrutas *m* Recipiente con agua en la mesa para lavar las frutas que no se pelan. | *HLS* 3.8.70, 9: Plásticos .. Lavafrutas, 9 [pesetas] .. Grandes Almacenes Pérez del Molino.

lavaje *m* Lavado [1] de los órganos sexuales. | FReguera *Bienaventurados* 267: Tabucos en que vendían "gomas", suspensorios y cánulas para lavajes.

lavajo *m* Charca permanente de agua llovediza. | Escobar *Itinerarios* 80: De la tenca se dice que sabe a cieno. Y es verdad, si la tenca procede de laguna o lavajo de fondo cenagoso.

lavamanos *m* (*raro*) **1** Depósito de agua con caño, llave y pila para lavarse las manos. | J. M. Benet *SCCa* 26.10.75, 11: El edificio noble tiene una sala que llama poderosamente la atención y es de reminiscencia romana, en cuanto a su distribución, puesto que tiene unas dimensiones de quince por siete metros, con lavamanos adosado a la pared.

2 Palanganero (mueble). | Moreno *Galería* 165: A este aguamanil simple también se le llamaba palanganero. Tenía en el aro más alto donde se sostenía la palangana de porcelana o de loza una especie de arco soldado para percha de la toalla .. (las denominaciones rurales de esta pieza eran múltiples: aguamanos, aguamanil, lavamanos, palanganero, etc.).

3 Recipiente con agua que se pone en la mesa para enjuagarse las manos. | Cunqueiro *Fantini* 32: Acercándose a la dama y el tutor con el pretexto de servirle un lavamanos, le susurró, confidente, que aquel joven caballero .. era sobrino nieto del dolorido de la canción.

4 Producto para lavarse o limpiarse las manos. | *Ya* 30.5.64, 11: Productos para limpieza: de carrocería y cristales, lavamanos, quitamanchas.

lavamiento *m* (*raro*) Lavado [1]. | Mendoza *Ciudad* 108: Temía haber quedado preñada de Onofre Bouvila y se había aplicado un lavamiento casero de efectos revulsivos. J. M. Llanos *Hoy* 21.9.75, 25: La fraternidad queda vinculada al señorío de Cristo. La escena del lavamiento de los pies es el prototipo de esta inversión de la dialéctica señor--siervo.

lavanco *m* Somormujo lavanco (→ SOMORMUJO). | Delibes *Caza* 109: Las tablas de Daimiel .. constituyen un biotopo inapreciable para que en ella[s] se reúnan, aniden y muden las especies acuáticas más variadas, codiciadas y bellas .. ánades, .. garzas, avetoros, somormujos, lavancos, zampullines.

lavanda I *f* **1** Planta de hojas alargadas y aterciopeladas y flores en espiga, pequeñas, aromáticas y de color azul violáceo (gén. *Lavandula*, esp. *L. spica* o *L. officinalis*). *Tb su flor y su semilla.* | Delibes *Castilla* 181: La miel tiene otro color y otro paladar, un gusto, yo diría, a hierbas medicinales: tomillo, lavanda, mejorana, espliego. Romano-Sanz *Alcudia* 233: En las paratas soleadas .. crecen numerosas flores. Entre ellas espliego, cantueso, lavanda. **b)** Agua de colonia hecha con esencia de lavanda. *Tb* AGUA DE ~. | Berlanga *Acá* 69: Pedrito: uno ochenta, treinta años, cabellera rizada, andares de película, con oleadas de lavanda y traje de estreno.

II *adj invar* **2** [Color azul] propio de la flor de lavanda [1a]. | CBonald *Ágata* 227: El sol estaba en lo más sesgo de la mañana y venía de la costa un viento de color azul lavanda no impregnado aún de las rancias secreciones de la ciénaga.

lavandera *f* **1** Mujer que tiene por oficio lavar ropa. | ZVicente *Traque* 273: Todo el mundo, mi madre, la tía Patricia, y la Sabina, la lavandera, y Casiano el cochero, todos decían mirándome apenadísimos ..: ¡Es tan miedosica!
2 Ave de pequeño tamaño, de pico largo y delgado y de cola larga, la cual mueve sin cesar cuando camina (gén. *Motacilla*). *Diversas especies se distinguen por medio de especificadores:* BLANCA (*M. alba*), BOYERA (*M. flava*), DE CASCADA *o* CASCADEÑA (*M. cinerea*). | Delibes *Año* 109: Bandadas inmensas de pequeñas lavanderas pernoctan estos días en los árboles de los bulevares. Noval *Fauna* 150: La Lavandera blanca (*Motacilla alba*) es uno de los pájaros más conocidos y respetados en Asturias. Noval *Fauna* 152: También la Lavandera boyera (*Motacilla flava*) es muy numerosa. Noval *Fauna* 154: La Lavandera de cascada (*Motacilla cinerea*) es sedentaria y vive diseminada por arroyos de montaña y regueros de bosques. Lama *Aves* 130: La Lavandera cascadeña (M[otacilla] cinerea), en todos los casos .., presenta el dorso de su cuerpo de color ceniciento.

lavandería *f* **1** Establecimiento industrial para el lavado de ropa. | CPuche *Paralelo* 20: Aquella llamativa colmena de viviendas, .. coronada por arriba de antenas de televisión y por abajo de anuncios de pizerías [sic], lavanderías, sastrerías y agencias de viajes. **b)** *En un hotel, hospital o establecimiento similar:* Departamento destinado al lavado de ropa. *Tb el servicio que presta.* | Palomino *Torremolinos* 211: Pasan por lavandería. Los bombos de las grandes lavadoras giran rebosando arroyos blancos de espuma. *Abc* 15.5.70, 24: Pisos y apartamentos de lujo .. Lavandería y servicio de asistentas.
2 Industria del lavado de ropa. | *Abc* 7.6.70, 36: Las II Jornadas Técnicas de Lavandería han sido inauguradas esta mañana .. El concejal .. puso de manifiesto el gran impulso alcanzado por la industria de la lavandería y el rápido arraigo y popularidad que los establecimientos de este tipo están alcanzando.

lavándula *f* Lavanda [1]. | B. Mostaza *SYa* 24.6.73, 11: Esos microclimas .. permiten convivir la tunera y el pino, .. el guidil y la lavándula. FReguera-March *Fin* 25: Aquel cuarto de aseo olía a su madre aún. En algún lugar estarían sus polvos de arroz, su agua de lavándula, sus perfumes traídos de París.

lavaparabrisas *adj invar* [Líquido] destinado a limpiar el parabrisas. *Tb n m.* | D. García *Mun* 5.12.70, 65: El líquido lavaparabrisas debe tener la mezcla adecuada de detergente y anticongelante. *Prospecto* 1.93: Lote de automóvil invierno Krafft. Compuesto por: anticongelante .., descongelador parabrisas, .. lavaparabrisas incongelable: 995 .. Alcampo.

lavaplatos **A** *m y f* **1** *En un establecimiento de hostelería:* Pers. que friega la vajilla y otros utensilios de mesa y cocina. | *HLM* 26.10.70, 22: En 1897 se le dio la oportunidad de conquistar también París, donde treinta años antes había sido lavaplatos de un modesto café.
B *m* **2** Lavavajillas (máquina). | Miguel *Mad* 22.12.69, 13: En la próxima década las amas de casa .. soñarán con lavaplatos automático.

lavar **I** *v* **A** *tr* **1** Limpiar [algo o a alguien] mojándolo. *A veces el cd es refl. Tb abs.* | *Puericultura* 53: No olvides nunca lavarte las manos antes de comer. *Economía* 201: La ropa debe lavarse una vez a la semana. Jo. Cortés *Ide* 9.10.75, 14: Se fríen los higaditos ya lavados y salados. **b) ~ la cara, ~se las manos** → CARA, MANO.
2 Limpiar o purificar. *Frec fig.* | F. Martino *Ya* 9.12.72, 5: La lluvia es enemiga declarada de las epidemias en general y de las víricas en particular, porque actúa lavando la atmósfera con agua destilada, dando en el suelo con toda suerte de impurezas. J. L. Cebrián *País* 26.11.78, 9: Si los ilustres soldados .. hubieran sabido hasta qué punto su actitud, que sin duda lavaba sus conciencias, abrumaba las de los españoles, quizá habrían repensado su voto. Delibes *Madera* 231: El apellido García de la Lastra había sido mancillado, y su deber era lavarlo. **b)** Ajustar a la legalidad fiscal [un dinero obtenido por medios ilegales]. | *Ya* 13.10.88, 20: El BCCI "lavaba" el dinero del "cartel de Medellín".
3 Purificar [un mineral] por medio del agua. | Delibes *Castilla* 29: He estado lavando oro toda mi vida.
4 (*Constr*) Bruñir [el yeso] pasándole un paño mojado. | * ¿No lavas el yeso?
5 (*Pint*) Diluir en agua [un color]. | Areán *Rev* 2.71, 30: Esta captación de lo arquetípico es lo que se creyó en principio que haría popular a este arte esquemático, en el que se prefieren los colores planos y lavados.
B *intr* **6** Ser lavable [algo, esp. tejido o una prenda]. *Frec con los advs* BIEN, MAL *o equivalentes.* | *Ya* 9.12.72, 3: Los jerseys Crilenka lavan muy fácilmente.
II *loc adv* **7 como quien** (*o* **el que**) **lava.** (*col*) Con suma facilidad. | Umbral *Españolas* 188: La multípara es una señora que se gana los premios de natalidad como quien lava.
8 con las manos lavadas → MANO.

lavativa *f* **1** Cantidad determinada de líquido que se introduce por el ano para limpiar o descargar el vientre, o a veces con otros fines terapéuticos. | GPavón *Hermanas* 18: Allí solía verse al veterinario .. poner lavativas gigantescas.
2 Instrumento con que se administra una lavativa [1]. | Delibes *Ratas* 75: Sobre el camastro pendía una lavativa y, a su lado, la bacinilla.
3 (*col, desp*) Alimento líquido de poca calidad o mal preparado. | * El café de esta cafetería es una lavativa.
4 (*col, raro*) Cosa molesta o fastidiosa. | Delibes *Cazador* 33: Esto de los exámenes es una lavativa.

lavatorio *m* Acción de lavar(se). | Delibes *Ratas* 80: ¡Condenado viejo! Con sus lavatorios no nos dejaba pegar ojo en toda la noche. Ribera *Misal* 125: Lavatorio de las manos. Va a la derecha del altar, donde se lava las manos. **b) ~ de (los) pies.** (*Rel catól*) Ceremonia consistente en lavar los pies a doce personas el día de Jueves Santo. | SLuis *Liturgia* 8: Jueves Santo .. También es costumbre celebrar el lavatorio de los pies, en memoria de lo que hizo Jesús en la última Cena.

lavavajillas *adj* Que sirve para lavar vajilla y otros utensilios de mesa y cocina. *Frec n m, designando máquina o producto.* | *Gac* 11.5.69, 83: Westinghouse ha conseguido poner el lavavajillas al alcance de cualquier economía. Millán *Fresa* 16: Debajo del fregadero (donde no estaba el líquido lavavajillas, porque lo guardaba en el armario de al lado ..) sí que había una reducida biblioteca culinaria. *Prospecto* 4.92: Alcampo .. Lavavajillas Conejo, 1'5 l.

lavazas *f pl* Agua en la que se ha lavado algo. | FVidal *Ayllón* 245: Lanzo mi última mirada a las aguas parduscas del Riaza, que se abomba a trechos breves con las espumas de lavazas. ZVicente *Mesa* 37: Este consomé es agua sucia, purititas lavazas.

lávico -ca *adj* De (la) lava. | Delibes *Mundos* 152: El suelo de las islas, y particularmente el de Tenerife, es reacio a todo intento de domesticidad. Es un territorio salvaje donde el basalto, la roca eruptiva, las arenas lávicas campan por sus respetos.

lavotear *tr* (*desp*) **1** Lavar [1] rápida y descuidadamente. *Frec es refl.* | Ferres-LSalinas *Hurdes* 121: Una escalera sube hasta la habitación donde Antonio y Armando se lavotean en una palangana de piedra blanca.
2 Lavar [1] de manera minuciosa o reiterada. *Frec el cd es refl.* | GPavón *Hermanas* 52: Todos los días se lavotean de arriba abajo.

lavoteo *m* (*desp*) Acción de lavotear. | DCañabate *Abc* 27.2.75, 53: Algunas [coquetas] llegaban a la perfección de los lav[o]teos de las gatas, que, para mí, son el ejemplo de la más delicada elegancia. [*En el texto*, laveteo.]

laxamente *adv* De manera laxa [1a y 2]. | Goytisolo *Recuento* 78: Sentado laxamente, conversó con Raúl acerca de los exámenes, etcétera.

laxante *adj* Que provoca o facilita la defecación. *Tb n m, referido a medicamento.* | *SLín* 3.8.75, 11: La espinaca es .. laxante, rica en albuminoides, en hierro. Mascaró *Médico* 18: Los verdaderos medicamentos a incluir en el botiquín son: un antihistamínico ..; un laxante tipo sales de fruta.

laxismo *m* Falta de exigencia o rigor moral. | Aranguren *Moral* 36: "Jesuitismo" es para estos hombres de

laxista – le

Iglesia sinónimo de casuismo probabilista, lindante con el laxismo.

laxista *adj* Que tiene o muestra laxismo. | * La moral laxista predominante.

laxistamente *adv* (*raro*) De manera laxista. | J. Ordóñez *AbcS* 21.2.75, 39: Si seguimos interpretando laxistamente el concepto mismo de "forma extraordinaria", convertiremos el sacramento en una "amnistía" irresponsable.

laxitud *f* Cualidad de laxo [1a y 2]. | B. Beltrán *Ya* 22.1.92, 23: Se desarrollan lesiones de las distintas estructuras de sostén de la rodilla, produciendo la laxitud de la articulación. Salom *Baúl* 135: ¡Qué cansancio! ¡Qué terrible laxitud en todo mi cuerpo!

laxo -xa *adj* **1** Carente de rigidez o firmeza. | Nolla *Salud* 103: La [meninge] media, o aracnoides, es de consistencia laxa. Grosso *Capirote* 147: Señaló la blanca túnica nazarena, el antifaz, la larga cola que se había desenrollado y caía laxa hasta el suelo. J. MArtajo *Ya* 17.11.63, sn: Deja el cuerpecito tibio y laxo del palomo sobre la mesa de mármol. **b)** (*Anat*) [Tejido conjuntivo] rico en células y con escasas fibras, fácilmente distensible. | Bustinza-Mascaró *Ciencias* 28: El [tejido] laxo es blanco grisáceo, elástico, recubre a los órganos, formando a su alrededor membranas o cápsulas, o bien se extiende entre los órganos y hasta penetra en su interior. **c)** (*Bot*) Flojo o poco denso. | E. GGonzález *Pro* 13.8.75, 22: Merse[g]uera. Constituye la base de los vinos blancos comunes .. Sarmientos postrados, largos. Hojas palmeadas. Racimo laxo.
2 Poco exigente o poco riguroso moralmente. *Gralm referido a conciencia.* | Gambra *Filosofía* 201: La conciencia laxa lleva a no advertir el mal en los actos morales o advertirlo solo cuando alcanza grados extremos de gravedad.

lay → LAI.

laya[1] *f* (*desp*) Clase o tipo. *Gralm en constrs como* DE TODA ~, DE TAL ~, DE ESA ~. | FReguera *Bienaventurados* 221: Como era un hombre tan bien predispuesto y solícito, cargaron sobre él toda laya de engorrosas pejigueras. *Día* 21.9.75, 39: Rosa Luxemburg es uno de los autores clásicos dentro del marxismo revolucionario, del marxismo no traicionado por los revisionistas y oportunistas de toda laya. L. Calvo *Abc* 14.11.70, 35: ¿Eran también Pompidou y Chaban-Delmas enemigos de esa laya?

laya[2] *f* Pala fuerte de hierro con mango de madera, que sirve para remover la tierra. | CBonald *Ágata* 22: Cavando una noche .., sintió de pronto como una insoportable calambrina al rebotar la laya contra algo duro y al parecer magnético.

layador -ra *m y f* Pers. que trabaja la tierra con la laya[2]. | A. Matthies *CoE* 26.8.76, 23: Hoy, a las seis, se emite un nuevo espacio de "Euskalerria". Dentro de él se hablará de los layadores.

layar *tr* Trabajar [la tierra] con la laya[2]. *Tb abs*. | Soler *Caminos* 175: Un hombre que laya y otro que estercolea.

layetano -na *adj* (*hist*) De la región costera de la actual provincia de Barcelona, entre los ríos Tordera y Llobregat. *Tb n, referido a pers.* | GNuño *Escultura* 32: Iberos: Turdetanos (Andalucía Oriental) .. Layetanos (costa barcelonesa).

lazada *f* Atadura hecha con hilo, cuerda o cosa semejante, de manera que tirando de uno de los cabos pueda desatarse con facilidad. | Cunqueiro *Un hombre* 21: Entró Eusebio en los consejos y archivos, después de pasar un mes en la casa de una modista de niñas difuntas aprendiendo lazadas.

lazar *tr* Apresar o sujetar [un animal] con lazo [3]. | MCalero *Usos* 67: El mozo más valiente, apoyado por otros más, salía del burladero a sujetar el becerro por cuernos, rabo o el lugar donde pudiese, hasta tirarlo al suelo, donde lo lazaba.

lazareto *m* **1** Hospital destinado a atender, apartadas, a las perss. que padecen, o se teme que padecen, una enfermedad contagiosa. *Tb fig*. | CPuche *Paralelo* 357: No eran los negros los que se habían aislado, sino los blancos quienes poco a poco los habían ido dejando en "Jazz" tan solitarios como si aquello fuera un lazareto de apestados. L. Contreras *Inf* 24.6.76, 1: La despenalización de los partidos políticos .. dejó abierta la vía para la "gran controversia": si el Partido Comunista quedaba legalizado o, por el contrario, continuaba en el lazareto de las prohibiciones.
2 Lugar donde se mantiene aislados a los animales que están en cuarentena. | *Ya* 29.11.74, 20: A estas instalaciones habrán de añadirse las de lazareto y depósito de sementales.

lazarillo *m* **1** Muchacho que sirve de guía a un ciego. | Cossío *Abc* 9.10.70, 3: Se formó Llano en la pobreza, como lazarillo de su padre ciego. **b)** Perro que sirve de guía a un ciego. *Frec* PERRO ~. | ZVicente *Hojas* 35: Yo .. pasaba el tiempo mirando, mirando, sobre todo la rígida postura del perro lazarillo, el plato de la limosna en la boca.
2 Pers. o animal que sirve de guía. | F. Ros *Abc* 6.6.67, sn: Irina Darlee, bella inteligente novelista de origen austríaco, mi lazarillo en la metrópoli, me conduce al Palacio Presidencial. CPuche *Paralelo* 98: Aquella caravana de bestias medio muertas, sirviendo de lazarillos a unos hombres barridos por la existencia, parecían irse ciscando .. sobre todas las comodidades de la avenida.

lazarista *adj* (*Rel catól*) De la orden religiosa de San Lázaro, dedicada al cuidado de los leprosos y fundada en 1625 por San Vicente de Paúl. *Tb n, referido a pers.* | *Ya* 9.7.72, 7: Con los jesuitas fueron expulsados del imperio los redentoristas, lazaristas, hermanos del Espíritu Santo y la sociedad del Sagrado Corazón.

lazo *m* **1** Atadura constituida por una o más lazadas, hecha normalmente con una cinta y frec. usada como adorno. | Cunqueiro *Un hombre* 20: Estudió en qué podría servirle el sobrino, y cayó en la cuenta de que en los lazos de cintas para atar los legajos, lo que sería novedad para el rey, llevarle cada mañana un legajo con lazo de pompón, otro con lazo de flor. Medio *Bibiana* 13: Entre la puntilla, .. Bibiana Prats ha pasado una cinta blanca de seda, con la que se hace un lazo sobre el pecho. CNavarro *Perros* 151: Sus cabellos eran como la estopa, llenos de polvo y de lacitos de colores. **b)** Adorno o figura de forma semejante a la de un lazo. | * Un lazo de metal. Areilza *Artículos* 540: La carretera asciende entre lazos hasta que la mirada alcanza las torres de Salamanca. **c)** Condecoración femenina de la que forma parte un lazo. *Con un compl especificador.* | *VozAl* 8.4.82, 1: Manolita López-Flores .. ha sido condecorada con el Lazo de Dama de Isabel la Católica, como reconocimiento a su labor en pro de los subnormales. **d)** Dulce de hojaldre cuya forma recuerda la de un lazo. *Tb* LACITO. | *Cocina* 599: Preparados de hojaldre .. Palmeras .. Lacitos.
2 Atadura o nudo. | * La cuerda tiene un lazo corredizo.
3 Cuerda con un nudo corredizo en un extremo, la cual se arroja a un animal para cazarlo o sujetarlo. | Munitíbar *CoE* 26.8.75, 7: Con fibras de agave los "cow-b[o]ys" hacen sus lazos. **b)** Cuerda o alambre con nudo corredizo, que se fija en algún sitio para cazar animales pequeños. | Berenguer *Mundo* 33: Yo ponía lazos y perchas, yo correteaba los pollos de pájaro perdiz para venderlos para reclamo. **c)** (*lit*) Asechanza, o artificio para engañar. | * El pobre hombre cayó en el lazo que le habían tendido.
4 (*lit*) Cosa que sirve de vínculo o unión. *Frec en pl.* | *Nue* 22.12.70, 3: Durante estas fechas los periódicos exhiben un raudal de publicidad gastronómica .. El lazo entre el tenedor y la letra impresa lo da la Navidad. C. Grondona *Sur* 28.8.76, 33: Pretende a una guapa moza o señora, con la que no quiere lazos matrimoniales.
5 (*Arquit*) Adorno de líneas y florones enlazados unos con otros. | GNuño *Madrid* 112: La carpintería de lazo, de técnica muy mora, deja lugar a los paneles.

lazulita *f* (*Mineral*) Mineral de fosfato de aluminio, hierro y magnesio, cuyos cristales, de brillo vítreo, tienen color azul celeste. | Espinosa *Escuela* 261: Las nudistas son aficionadas a coleccionar esmeraldas, lazulitas, corindones, amatistas.

lazurita *f* (*Mineral*) Mineral de sodio y aluminio que es el principal constituyente del lapislázuli. | *SAbc* 14.10.84, 16: Es [el lapislázuli] un agregado de varios minerales: auyna, sodalita, nosheana, lazurita, con inclusiones de calcita, pirita y mica.

le[1] → ÉL.

le[2] → ELLO.

lea *f (jerg)* Prostituta. | Olmo *Golfos* 114: ¿Vamos a ver a las leas del callejón?

leacril *(tb con la grafía **leacryl**, n comercial registrado) m* Cierta fibra sintética acrílica de origen italiano. | *Ya* 30.5.64, 13: Trajes a su medida .. De Tergal o Leacryl. *Van* 11.4.71, 2: Almacenes Capitol .. Jersey Leacril listado moda, 395 p.

lead *(ing; pronunc corriente,* /lid/; *pl normal,* ~s) *m* En un periódico: Entradilla. | Berlanga *Recuentos* 78: La novela-río está muerta; priva el spot, el clip, el short, el lead, el flash.

leader *(ing; pronunc corriente,* /líder/; *pl normal,* ~s) *m y f* Líder. | S. Nadal *Act* 25.1.62, 14: El senador y leader adjunto de la mayoría demócrata, Humphrey, declaró. *Inf* 16.6.70, 5: La superioridad del "leader" laborista, Harold Wilson, .. es además de manifiesta, progresivamente acentuada.

leadership *(ing; pronunc corriente,* /líderʃip/) *m (o f)* Liderazgo. | Aranguren *Ética y polít.* 227: Puede basarse [el prestigio] en el *leadership*, .. que consiste en una capacidad personal para el mando. Marías *Españoles* 21: Cuando se ejerce en el mundo una *leadership* como la que .. corresponde hoy a los Estados Unidos, no se tiene derecho a equivocarse.

leal *adj* **1** [Pers., animal o colectividad] fiel [a alguien o algo]. *Frec se omite el compl por consabido. Tb n, gralm en pl, referido a pers.* | A. Gabriel *Abc* 23.8.66, 17: Villacreces, noble y leal, se mostraba inquebrantable. Carnicer *Castilla* 181: Presa en su señorío de Roa, fue enviada al castillo de Castrogeriz, leal al rey, donde Pedro I la hizo matar. Carnicer *Castilla* 86: Persiguieron con prisiones y destierro a los leales a Palafox. Carnicer *Castilla* 160: Los asistentes siguen leales al viejo cigarrillo "macho" de propia factura. **b)** [Pers.] que se comporta [respecto a alguien o algo (*compl* CON o PARA CON)] honradamente y sin engaño o sin fines ocultos. *Frec se omite el compl por consabido.* | * Sé leal conmigo. **c)** *(hist) En la Guerra Civil de 1936:* Leal al Gobierno de la República. *Tb n, referido a pers.* | Abella *Vida* 2, 13: La sublevación militar, iniciada el 17 de julio .., había producido una extraña separación entre ciudades sublevadas y ciudades leales, entre territorios amigos y territorios enemigos. Cela *SCamilo* 326: La cocinera llega de la calle diciendo que los leales han ocupado el cuartel de la Montaña.
2 Propio de la pers. o el animal leal [1]. | Mariequis *Caso* 5.12.70, 17: Carácter atrayente, simpático, leal y muy inclinado al "arreglo". Compil. *Aragón* 568: De los acuerdos, tomados conforme al leal saber y entender de los asistentes, se levantará acta. * Su comportamiento no ha sido leal conmigo.

lealmente *adv* De manera leal [2]. | Laforet *Mujer* 214: Lealmente te pido que no la lleves [la pistola].

lealtad *f* **1** Cualidad de leal. | DPlaja *El español* 95: El español, según el cuento, se niega a lanzarse [del avión], y las apelaciones a su patriotismo y a la lealtad al jefe del Estado son inútiles.
2 *(lit)* Pers. o cosa a la que [alguien (*compl de posesión*)] es leal [1a]. | Marías *País* 15.12.78, 9: Las lealtades de Madariaga .. Finalmente, tuvo una lealtad más, programática, vuelta al futuro ..: la libertad.

leandra *f (col, humoríst)* Peseta. | Torrente *Off-side* 216: Voy a pagarte bien. Quinientas "leandras", y una buena propina si no metes la pata.

leasing *(ing; pronunc corriente,* /lísin/; *pl normal,* ~s) *m (Econ)* Arrendamiento de algo, esp. bienes de equipo, con derecho a su adquisición, descontándose en este caso del precio total lo pagado como alquiler. | Carandell *Tri* 20.11.71, 47: Ofrece .. la oportunidad de adquirir un coche con el sistema "venta-alquiler" llamado "leasing". *Mun* 9.11.74, 17: Citilisa no es una compañía de leasing más.

lebanense *adj (lit)* Lebaniego. *Tb n.* | D. Plata *Abc* 12.6.58, 51: Estos y otros manuscritos del texto del lebanense [Beato de Liébana] contienen en sus miniaturas preciosos datos acerca de la vi[d]a .. de aquellos oscuros siglos.

lebaniego -ga *adj* De Liébana (comarca de Cantabria). *Tb n, referido a pers.* | Cossío *Montaña* 42: Una cultísima familia lebaniega, la de Enterría, conserva un manuscrito de versos que nunca se decidiera a publicar.

lebeche *m (reg)* Sudoeste (viento). *Tb* VIENTO ~. | ZVicente *Mesa* 140: Una enorme higuera sombreándola, Dios, cómo sonaban sus hojas cuando se levantaba el lebeche. Cunqueiro *Un hombre* 116: Leía las novelas alejandrinas, imitando voces, pasos y ruidos, .. el gato en celo, el viento lebeche, el suspirar de una romana.

lebrada *f* Guiso de liebre. | Vega *Cocina* 88: Este acto o rito es costumbre en tierra charra celebrarlo obsequiando a los novios con una comida, de la que forma parte un plato denominado lebrada de pregonao.

lebrato *m* Liebre joven. | Delibes *Cazador* 186: En un barco caí un lebrato que venía levantado de sabe Dios dónde.

lebrel *m* **1** Perro de cuerpo esbelto y cabeza estrecha y alargada, usado para caza y carreras. *Tb adj.* | Cuevas *Finca* 25: "Antares", el lebrel del Mayorazgo, corre hacia él [el palomo] y lo trae, aleteante.
2 Pers. que se asemeja por alguna cualidad a un perro de caza. | CPuche *Paralelo* 401: –¿A que estás por el "Fénix"? .. –Sería bueno comprobar si está con esa gente ..– Al poco rato Miguelín desapareció del economato. ¡Qué buen lebrel el tal Miguelín! J. M. García *Act* 7.7.66, 41: Víctimas propiciatorias ante H.H. y sus lebreles, la eliminatoria se salvó a pesar de todo.

lebrero -ra *adj* De (la) liebre. | J. RMateo *Abc* 2.2.58, 11: El vientecillo .. penetró a rachas por los entreabiertos y confiados huecos del cardal, sorprendiendo a la despabilada familia lebrera.

lebrijano -na *adj* De Lebrija (Sevilla). *Tb n, referido a pers.* | Pemán *Halcón* 37: Halcón pudo hacer con la campiña lebrijana esa operación misma de belleza y rescate.

lebrilla *f (reg)* Lebrillo pequeño. | Seseña *Barros* 128: Del siglo XIX y principios del XX son los lebrillos de matanza .. De menor tamaño son las lebrillas.

lebrillo *m* Vasija, gralm. de barro vidriado, de forma circular y más ancha por los bordes que por el fondo, y que se emplea esp. para lavar y otros usos semejantes. | Halcón *Manuela* 41: Allí solo cabía el anafe y el lebrillo de lavar. Lera *Clarines* 380: Se veían también medias hogazas de blanco pan y lebrillos de barro con ensalada de lechuga y tomate. Aldecoa *Cuentos* 1, 46: Tras el mostrador dormitaba un muchacho pelirrojo, sentado en el armario pequeño de la vajilla, con los pies apoyados en el lebrillo de estaño repleto de vasos y copas sucias.

lección I *f* **1** Sesión en que un profesor enseña una parte de su especialidad. | Laiglesia *Tachado* 20: Desde el suelo de la ciudad, subirá hasta mis oídos .. el ritmo de una lección de gimnasia transmitida por la radio. CBaroja *Inquisidor* 19: En alguna ocasión reunió a sus discípulos con objeto de hacerles denunciar proposiciones oídas, en sus lecciones, a otros maestros rivales y odiados. **b)** ~ **magistral.** Conferencia que pronuncia un profesor en un acto académico solemne, o un candidato en una oposición, como uno de los ejercicios de la misma. | R. LIzquierdo *HLM* 26.10.70, 24: Inauguración del curso en la Escuela Oficial de Periodismo .. con palabras .. de don Luis Suárez, llegado desde su rectorado de Valladolid para pronunciar la lección magistral.
2 Capítulo de un libro de texto. | Gambra *Filosofía* 8: En la redacción de este libro se ha seguido el Plan de Bachillerato de 1957, .. no solo en el cuestionario general, sino también en el programa que lo especifica. No pocas de las cuestiones o preguntas del mismo han requerido dos o más de los apartados en que se dividen los capítulos o lecciones.
3 Parte de la materia, o del libro de texto, que el alumno debe tener aprendida para una clase. | *País* 18.12.76, 20: La causa de la agresión del profesor fue que Carlos Sanz apuntó la lección a un compañero.
4 Dicho o hecho ajenos, o suceso, que enseña a comportarse. | * La contestación ha sido una lección de buenos modales. **b)** Enseñanza práctica o moral proporcionada por un dicho o hecho ajenos o por un suceso. | Olmo *Golfos* 104: Como Tinajilla, aunque sin la sabia lección de Cabrito, .. el Cucha tiró calle adelante.
5 *(Rel catól)* Pasaje de la Sagrada Escritura, o de otro texto religioso, que se lee o canta en la misa o en los maiti-

leccionario – leche

nes. | Cierva *Gac* 23.11.75, 53: El funeral por don Ramón en la catedral de Barcelona –lecciones en catalán, Padre Nuestro en castellano, canto gregoriano en el latín que él amaba– fue uno de los momentos más sedantes y elevados. Pinell *Horas* 227: El ordo ad medium noctis tiene una sola lección.
6 ~ de cosas. (*hist*) Enseñanza elemental sobre objetos y cosas usuales, atendiendo a su origen o proceso de fabricación. *Gralm en pl.* | Laín *Descargo* 16: Desde niño pude aprender como "lección de cosas", según una fórmula verbal de la pedagogía de la época, que es posible convivir dentro de un grupo humano.
II *loc v* **7 dar**[le a alguien] **una ~.** Hacer[le] algo que le sirva de escarmiento. | CPuche *Paralelo* 368: La elección de Tomás era una cosa más bien dirigida contra el mismo Genaro que contra los americanos. Pero él le daría una lección. El Penca se debe de creer que los demás nos chupamos el dedo.
8 dar ~es [de algo]. Alardear [de ello]. | * ¿Quién es él para dar lecciones de honradez?

leccionario *m* (*Rel catól*) Libro en que se recogen las lecciones [5] establecidas por la liturgia. | *Ya* 28.5.67, 3: Importante novedad litúrgica: Leccionario para todos los días del año, según el misal romano.

leccionista *m y f* (*hist*) Maestro que da lecciones en casas particulares. | HSBarba *HEspaña* 4, 396: Muchas familias acomodadas preferían hacer instruir a sus hijos en sus casas, por los llamados "leccionistas", casi siempre los maestros de las escuelas públicas.

lecha *f* (*reg*) Serviola (pez). | J. L. Aguilar *Ya* 13.4.88, 21: Se está llevando a cabo desde hace tres años una interesante experiencia de cultivo marino, la de la serviola, o pez-limón, conocido en Murcia como lecha.

lechada *f* **1** Masa muy clara de cal, yeso o argamasa, que se emplea para unir piedras o ladrillos o para blanquear. *Tb ~ DE CAL.* | C. Araúz *Abc* 14.6.58, 15: La casa-palacio de Palafox es un vasto edificio cuadrilongo, de lisos muros .. encalados con esa lechada azul que los aragoneses prodigan con toscos brochazos alrededor de los vanos de sus ventanas. Marcos-Martínez *Física* 291: Mezclada la cal apagada con gran cantidad de agua, forma la lechada de cal, que se emplea para enjalbegar (blanquear) las habitaciones. *Ama casa 1972* 132a: Lavaremos con una lechada de cal los árboles viejos.
2 (*raro*) Líquido de aspecto parecido a la leche. | Benet *Volverás* 48: A la rápida erosión del escaso manto vegetal sucede la invasión tormenticia de los subsuelos sueltos, una masa de lechada parduzca que arrastra bolos de cuarzo y cantos rodados.

lechal *adj* **1** [Animal] que mama. *Frec n m, esp referido a cordero.* | Trévis *Extremeña* 48: Riñones a lo Navalmoral. Ingredientes: Unos riñones de ternera lechal o cordero; 1 vaso de vino rancio. CPuche *Paralelo* 172: Genaro se sentó y pidió chipirones en su tinta y costillas de lechal. *DBu* 5.8.90, 15: El caballo lechal era caza preferida de los hombres de luces 200.000 ó 300.000 años. **b)** [Mulo] que aún no tiene un año. *Tb n m.* | Cuevas *Finca* 149: Don José se deshizo de quince a veinte mulos entre lechales y domados. FVidal *Duero* 210: Arriba a una pequeña plazoleta, donde unos machos romos, burdéganos, mulas, muletos y lechales, rastrean sus [o]llares sobre el polvo en busca de hierbajos inexistentes.
2 De (la) leche [1a]. | Cancio *Bronces* 63: Escudriñaba el latido y la amplitud de las venas lechales de la res. GPavón *Hermanas* 32: Cuando le pasaba la flama, la tez de doña María de los Remedios volvía a su albura lechal.

lechazo *m* (*reg*) Cordero lechal. | Delibes *Emigrante* 38: Al final, el mismo Polo se sentó con nosotros a echarnos una mano para despachar el lechazo.

leche I *n A f* **1** Líquido blanco que segregan las mamas de las hembras de los mamíferos, destinado a alimentar a los hijos en la primera etapa de la vida de estos. | Ybarra-Cabetas *Ciencias* 410: Las hembras [de los mamíferos] poseen unas glándulas cutáneas que segregan un líquido alimenticio denominado leche, con el que crían a sus pequeñuelos. *Puericultura* 10: Desde este momento ya se establece la secreción de la leche, y entonces ha de seguir tomando el niño el pecho cada tres horas. **b)** Leche [de animal hembra] aprovechada para el consumo humano. *Sin compl, designa normalmente la de vaca.* | Berlanga *Gaznápira* 48: La leche hervida no hace nata como la de Monchel; será porque es de vaca y no de cabra. Ybarra-Cabetas *Ciencias* 401: A la leche de burra se le atribuyen propiedades curativas de ciertas enfermedades. Arce *Testamento* 38: Puedes .. venir en el camión de la leche. Arce *Testamento* 32: En el suelo, se amontonaban botes de leche condensada. **c) ~ de pantera.** (*col*) Combinado de leche [1b] y ginebra. | * Pidió una leche de pantera.
2 ~ frita. Dulce hecho con una pasta de leche [1b], harina y azúcar, que se corta en trozos rectangulares, se reboza en harina y huevo y se fríe. | Nebot *Golosinas* 27: Leche frita de Palencia. Ingredientes: Un vaso de leche, 2 huevos, un poco de azúcar.
3 Líquido de aspecto semejante al de la leche [1a]. *Frec con un compl especificador.* | FQuer *Plantas med.* 348: El llamado manjar blanco .. se prepara machacando las almendras con azúcar .. Cuando se ha preparado la cantidad deseada de horchata o leche de almendras, se le añade la cantidad necesaria de almidón de pastelería. FQuer *Plantas med.* 190: En nuestra Península se crían por su natural como medio centenar de especies de lechetreznas .. La leche que fluye de las ramas y tallos cortados la recogían y, cuando iba espesándose, formaban píldoras con ella. **b)** Producto cosmético de aspecto semejante al de la leche [1]. *Frec con un compl especificador: CORPORAL, LIMPIADORA.* | *Prospecto* 12.85, 24: El Corte Inglés - Christian Dior. Leche limpiadora, loción, crema base. *Prospecto* 12.85, 26: El Corte Inglés .. Estivalia. Leche, bain moussant, desodorante.
4 ~ de los viejos. (*col*) Vino. | Faner *Flor* 82: Bajó a la bodega con el capitán. Perforaron una cuba y se amorraron al caño del vino como a venero. Se sumergieron en la leche de los viejos.
5 ~ de pájaro, o de gallina. Planta herbácea de la familia de la azucena, común en prados y cultivos, con bulbo blanquecino, hojas largas y flores blancas (*Ornithogalum umbellatum*). | Mayor-Díaz *Flora* 411: Ornithogalum umbellatum L. "Leche de pájaro". Pl[anta] v[ivaz] de 10 a 30 cm, glabra. Bulbo oval .. Flores en corimbos flojos .. Tépalos blancos.
6 (*vulg*) Semen. | CPuche *Paralelo* 120: Sí, eso, longanimidad como longanizas .., como la leche de los sifilíticos.
7 (*vulg*) Talante o disposición. *Normalmente con un adj especificador.* | CPuche *Paralelo* 167: Nosotros lo que somos es los hombres de más buena leche del mundo. MRecuerda *Salvajes* 37: ¡Vengo de una leche...! **b) mala ~.** Mal talante o mal humor. | Marsé *Tardes* 36: Por fin podría descargar toda la mala leche acumulada durante días y días. **c) mala ~.** Mala intención. | MRecuerda *Salvajes* 36: ¡Qué mala leche! ¡Le han roto el espejo!
8 (*vulg*) Golpe. | Delibes *Voto* 49: –¡Cuidado, tú! Has hecho un adelantamiento antirreglamentario. –Tranquilo, macho, no había raya. –¿Y eso, qué? Con raya o sin ella, si viene uno de frente nos pegamos la leche. Goytisolo *Afueras* 103: El otro día me lié a leches con uno.
9 (*vulg*) Cosa despreciable o fastidiosa. | FGómez *Bicicletas* 142: En lo único que se nota la guerra es en que hay carteles pegados por las paredes, "El enemigo escucha" y leches de esas. FVidal *Ayllón* 138: –Toca algo movido para que el señor salte . –No me vengas con leches, hombre... Creí que el señor quería ver el flautín, pero no oírlo. Umbral *Gente* 152: Fuera Venecias, decadentismos, paidofilias y leches.
10 la ~. (*vulg*) El acabose o el colmo. *Gralm como predicat con SER.* | Grosso *Capirote* 53: ¡Joder, que sois la leche los andaluces! C. RGodoy *D16* 17.12.76, 17: Esto de la política de verdad que es la leche. Delibes *Voto* 17: También eres tú de los que piensan que ganar ahora sería la leche, ¿no?, una especie de catástrofe.
11 la ~. (*vulg*) Vacío de significado, se usa como término de comparación puramente expresivo, en especial ponderando cosas negativas. | MReverte *Demasiado* 16: Estoy más liado que la leche.
12 (*vulg*) Vacío de significado, y a veces en pl, se usa siguiendo a un término interrogativo o exclamativo para reforzar o marcar la intención desp de la frase. | RMéndez *Flor* 181: ¿Qué leches es eso? Arce *Testamento* 90: No sé por qué leche los tipos como tú son vivos para todo menos para eso. CPuche *Paralelo* 42: Con tipos de este porte, qué revolución ni qué leche se iba a hacer. Olmo *Camisa* 41: ¡Qué perros ni

qué leches! **b)** ~s, o **una** ~. *Usado como cd, expresa negativa o rechazo rotundos.* | Olmo *Camisa* 81: –A este le voy a dar cerveza pa que se vaya acostumbrando. –¡A mí me vais a dar leches! VMontalbán *Mares* 163: –Parecía un hombre triste. –Y usted le devolvió la alegría. –Una leche le devolví yo. **c) ni ~s.** *Se usa como refuerzo de una expresión negativa iniciada por* NI. | Oliver *Relatos* 128: Me jodía el régimen con la fumada –que ni me colocaba ni leches–. Goytisolo *Afueras* 105: –Estuve en la cárcel por robar. –Caramba. –Ni caramba ni leches. ¿Me iba a quedar sin comer? **B** *m* y f **13 mala ~.** *(vulg)* Pers. de mala intención. *Tb adj.* | Torrente *Señor* 302: ¿No sabe usted que a Cubeiro le gusta meter a la gente en danza? Es un mala leche.
14 mil ~s. *(col)* Animal callejero de raza incierta. *Tb adj. Tb fig, referido a pers.* | Cela *Escenas* 100: Cada arena de la mar, cada hacendosa araña de la bodega, cada mata de tomillo, cada can mil leches y sin amo .., tiene su historia. J. MReverte *SPaís* 14.6.92, 87: Los suajilis son, en realidad, unos *mil leches*, tan mezclados y tan listos como los perros callejeros.
II *loc adj* **15 de la ~.** *(vulg)* Extraordinario o muy considerable. | Tomás *Orilla* 51: Me pescaron dentro de un coche, con un colocón de la leche. Oliver *Relatos* 66: Eso sí es un cuerpo, aunque la tía sea una sosa y una soplagaitas de la leche.
16 de la ~. *(vulg)* Despreciable. | * El niño de la leche, qué pesado está.
17 de ~. [Animal hembra] destinado a la producción de leche [1b]. | MMolina *Jinete* 33: Una fuente de tres caños en la que abrevan al amanecer las cabras y las burras de leche.
18 de ~. [Dentición] primera, que se mantiene durante la infancia. | Navarro *Biología* 137: La primera dentición o dentición de leche consta de 20 piezas. **b)** [Diente] de la primera dentición. | Medio *Bibiana* 73: Mi diente no era de leche.
19 de ~, *o* **en ~.** *(Mar)* [Mar] calma. | Delibes *Madera* 348: Con él [el viento] cedió la marejada, y ante la proa, como en un juego de prestidigitación, apareció una mar de leche, planchada, espejeante y azul. Faner *Flor* 41: Pronto dos marineros se hallaron apestados .. Con el mar en leche la agonía se prolongó durante algunos días.
20 [Ama] **de ~**, [gota] **de ~**, [hermano] **de ~**, [madre] **de ~** → AMA¹, GOTA, HERMANO, MADRE.
III *loc v* y *fórm or* **21 cagarse en la ~ (me cago en la ~,** *etc)* → CAGAR.
22 echar ~s. *(vulg)* Estar [alguien] furioso. | FGómez *Bicicletas* 140: Mira, no me preguntes, no me preguntes, porque vengo echando leches... Sale uno de aquí .., del hambre... Y se encuentra con aquello, ¡qué cabronada, tío! Hazte una idea: los puestos del mercado están llenos de comida. **b) estar** [algo] **que echa ~s.** Estar que arde. | Lera *Banderas* 53: –Vamos a dar una vuelta, Pinturas. –¿Adónde, don Federico? –Por la carretera.– Pinturas se rascó la cabeza. –No sé... –murmuró–. La cosa está que echa leches.
23 mandar a hacer ~s. *(vulg)* Mandar a hacer puñetas. | Peraile *Ínsula* 16: Dos, cincuenta y cuatro, diecisiete, treinta y seis... Ahora me sale el idiota del encargado de la sección y tengo que mandarlo a hacer leches.
24 (y) una ~. *(vulg)* Fórmula con que se pondera lo inadmisible de una pretensión o afirmación que se acaba de mencionar. | GLedesma *Crónica* 89: –Le será fácil detenerlo, claro, porque en la documentación figura el domicilio.– Méndez se limitó a susurrar: –Y una leche.
IV *loc adv* **25 a toda ~**, *o* **echando** (*o* **cagando**) **~s.** *(vulg)* A toda velocidad. | GPavón *Rapto* 95: Cuando volvió el cochero, echando leches, halló al pobre don Juan Antonio en el poyete. * El coche iba a toda leche.
26 ~s. *(vulg)* Rotundamente no. *Usado con valor oracional.* | Oliver *Relatos* 82: No nos querían dejar pasar por ir solo tíos ..; el gamba del portero gilipollas aquel, de duro. Oye, decía que leches.
27 una ~. *(vulg)* Nada. | GHortelano *Momento* 635: –No intento hablar de política, que entiendo una leche yo de política. –Yo tampoco entiendo de vino.
V *interj* *(vulg)* **28** *Expresa gralm enfado, protesta o sorpresa. Tb* ~s. *A veces intensificado:* QUÉ ~(S). | Delibes *Príncipe* 35: El chico se llevó instintivamente la mano dañada a la boca y dijo con rabia: –¡Leche, me pillé! Goytisolo *Afueras* 107: Aquí somos señoritos. Pues que nos sirvan,

leche. RMéndez *Flor* 155: Leches... Calla de una vez, puñetera.
29 *Se usa como refuerzo de lo que se acaba de decir. Tb* ~s. *A veces intensificado:* QUÉ ~(S). | GPavón *Hermanas* 15: –Bravo, leche –saltó don Lotario. Goytisolo *Recuento* 161: ¿Seis años? Antes de tres vuelve a estar en la brecha, leches.

lechecillas *f pl* Mollejas. | *SSe* 18.9.88, 23: Pierna de cordero rellena de lechecillas.

lechecino *m* Cerraja o lechuguilla (planta). | FQuer *Plantas med.* 870: Cerraja. (*Sonchus oleraceus* L.) Sinonimia cast[ellana], .. lechecino, .. lechuguilla.

lechera → LECHERO.

lechería *f* Establecimiento dedicado a la venta de leche [1b]. | Berlanga *Gaznápira* 42: Vivían en un tercer piso de la misma casa donde tienen la lechería.

lecherillas *f pl* *(reg)* Lechecillas. | *SSe* 18.9.88, 23: Pierna de cordero rellena de lechecillas .. Se suele decir a veces en La Rioja "lecherillas" en lugar de "lechecillas".

lecherina *f* *(reg)* **1** Lechetrezna (planta). | Mayor-Díaz *Flora* 450: *Euphorbia helioscopia* L. "Lecherinas". Pl[anta] a[nual] de 10-50 cm. Tallo derecho, ordinariamente solitario .. Umbela larga .. Mala hierba de cultivos, escombreras.
2 Lechuguilla (planta). | Remón *Maleza* 110: S[onchus] *oleraceus* L. Nombre común: Lechuguilla, Lecherina, Cerraja.

lechero -ra I *adj* **1** De (la) leche [1a y esp. b]. | *Abc* 21.4.70, 43: La subida del precio de la leche, como consecuencia de la iniciación, el día primero de abril, de un nuevo ciclo del año lechero. Arozarena *Lit. Canarias* 1, 38: Sacaron [del camión] .. cestas de uvas, barricas de vino y buena cantidad de cántaros lecheros.
2 Que produce leche [1a y b]. *Gralm referido a animales.* | Bustinza-Mascaró *Ciencias* 221: La más rigurosa higiene debe presidir la crianza de los animales lecheros. Lera *Boda* 654: –Debes de tener leche para criar dos por lo menos.– La joven madre, entonces, oprimióse el pezón con los dos dedos con que lo sostenía y soltó un chorro blanco .. –¡Jesús, qué lechera! .. –Todas hemos sido muy lecheras en la familia. **b)** Que hace producir leche [1a y b] a las hembras. | Arce *Testamento* 27: Pero como en nuestro cerro crecía una hierba fina y fresca, muy lechera además, el ganado no monteaba demasiado. Palomino *Torremolinos* 28: Compraba allí cervezas heladas para su madre, Marcela, que era viuda pero estaba siempre criando y decía que la cerveza es muy lechera. **c)** [Hierba] **lechera** → HIERBA.
II *n* **A** *m* y *f* **3** Pers. que vende leche [1b]. | Laiglesia *Ombligos* 83: En la actualidad solo utilizaban [la entrada para carruajes] los carritos del trapero y el lechero.
B *f* **4** Vasija para guardar, servir o transportar leche [1b]. | Peraile *Cuentos* 33: En esa colina estaba el redil de cabras de Román, que iba de calle en calle, de puerta en puerta, repartiendo la leche, con una lechera enorme en cada mano. Prospecto 3.93: Galerías Preciados .. Vajilla por piezas, loza inglesa, modelo Canterbury .. Ensaladera .., azucarero o lechera.
5 Planta herbácea de flores azules o rosadas, que se cría en los prados y que fomenta la producción de leche en las vacas (*Polygala vulgaris*). | Mayor-Díaz *Flora* 503: *Polygala vulgaris* L. "Lechera". Pl[anta] v[ivaz] de 10 a 40 cm, tumbado-ascendente. Hojas todas alternas .. Flores azules (a veces rosadas o blanquecinas) irregulares .. Brezales, pastizales, etc. Cendrero *Cantabria* 64: Estrato herbáceo .. *Polygala vulgaris* L.: Lechera. **b) ~ amarga.** Planta del mismo género que la lechera, cuya raíz tiene aplicaciones medicinales (*Polygala amara* o *P. calcarea*). | Mayor-Díaz *Flora* 348: *Polygala calcarea* F. W. Schultz "Lechera amarga". Pl[anta] v[ivaz]. Tallo duro, herbáceo .. Hojas inferiores más grandes que las del tallo .. Ramas florales con hojas alternas .. Flores azules en racimos terminales .. Pastizales calcícolas.
6 *(col)* Coche patrulla de la policía. | ASantos *Estanquera* 21: ¡La bofia! .. ¡Puff!, más de diez lecheras que traen.

lecherón *m* *(reg)* Vasija en que se recoge la leche al ordeñar. | Cela *Rosa* 106: La señora María, cuando ordeñaba las vacas, me dejaba beber, de bruces sobre el lecherón, el vivo y tibio espumaje.

lecheruela – lechuguino

lecheruela f (reg) Lechetrezna (planta). | Remón *Maleza* 48: E[uphorbia] *helioscopia* L. Nombre común: Lecheruela, Lechetrezna, Lecherina .. La "lecheruela" es de carácter anual, de tallo erguido (hasta 35 cm) y con pelos. Florece de abril a noviembre en los prados y cultivos.

lechetrezna f Planta herbácea que produce un látex acre e irritante (gén. *Euphorbia*). A veces con un compl especificador: ~ ARBÓREA (*E. dendroides*), ~ ENANA o ROMERAL (*E. exigua*), etc. | Alvarado *Botánica* 6: Contienen [los tubos laticíferos] en su interior un líquido complejo .. llamado látex, por ser generalmente blanco como la leche. Rezuma al exterior por las heridas (lechetreznas; higuera). Mayor-Díaz *Flora* 188: *Euphorbia peplis* L. "Lechetrezna" (nombre genérico de todas las especies). Cendrero *Cantabria* 88: Estrato herbáceo .. *Euphorbia amygdaloides* L.: Lechetrezna. Cendrero *Cantabria* 97: Estrato herbáceo .. *Euphorbia dulcis* L.: Lechetrezna. Cendrero *Cantabria* 92: Estrato herbáceo .. *Euphorbia hyberna* L.: Lechetrezna. Mayor-Díaz *Flora* 348: *Euphorbia exigua* L. "Lechetrezna romeral". Remón *Maleza* 47: E[uphorbia] *exigua* L. Nombre común: Lechetrezna enana, Lechetrezna romeral. Mayor-Díaz *Flora* 450: *Euphorbia chamaecyse* L. "Lechetrezna blanca". Mayor-Díaz *Flora* 554: *Euphorbia amygdaloides* L. "Lechetrezna de bosque".

lechigada f Conjunto de animales nacidos de un parto. Tb *fig*. | Aparicio *Año* 103: ¿Es España una vieja cerda que devora a su propia lechigada? Cancio *Bronces* 105: ¡Malhaya la madre que os trajo al mundo .., lechigá de los demonios, que no penséis más que en jartaros como los lechones!

lechino m (Med) Porción de algodón o de hilas. | Mascaró *Médico* 132: El conducto auditivo externo no debe limpiarse con lechinos de algodón montados en un palillo.

lecho m **1** (lit) Cama (mueble para dormir). | GPavón *Hermanas* 9: Y el octavo [campanazo] .. ya estaba sentado en el borde del lecho. **b)** ~ **del dolor.** Cama en que yace la pers. que sufre una enfermedad larga o grave. | * Pocas personas fueron a visitarle en el lecho del dolor. **c)** ~ **de muerte.** Cama en que una pers. vive sus últimos momentos. | MMolina *Jinete* 61: Un temor lacerante al ridículo que .. lo llevó, casi en el lecho de muerte, a la tentación de quemar toda su obra. **d)** ~ **de rosas.** Situación cómoda y fácil. *Frec en la constr* ESTAR, o ENCONTRARSE, EN UN ~ DE ROSAS. | * No os creáis que esto es un lecho de rosas.
2 Cauce [de un río]. | Romano-Sanz *Alcudia* 122: Una hora después cruzan el Montoro. El lecho de cantos rodados es sumamente escurridizo y hay que hacer equilibrios para no caer al agua.
3 Cosa extendida horizontalmente sobre la que descansa otra. | Bernard *Pescados* 13: Se deja reducir el caldo y se sirve, sin salsa, sobre un lecho de perejil fresco y rajas de limón.
4 (*Arquit*) Superficie de una piedra sobre la que ha de asentarse otra. | Villarta *Rutas* 171: Los sillares están labrados a pico, cuadrilongos. Los lechos de las piedras, sobrelechos, y las piedras mismas .., sin trabazón alguna.
5 (*Min*) Roca o estrato que se halla inmediatamente debajo de un filón o yacimiento. | Ybarra-Cabetas *Ciencias* 48: Las paredes de la grieta que rellenan se llaman salbandas; techo, a la parte superior, y lecho, a la inferior.

lechocino m Se da este n a las plantas *Euphorbia helioscopia, Scolymus hispanicus, Senecio vulgaris* y *Sonchus oleraceus*. | FQuer *Plantas med*. 858: Cardillo. (*Scolymus hispanicus* L.) Sinonimia cast[ellana], .. lechocino. FQuer *Plantas med*. 829: Hierba cana. (*Senecio vulgaris* L.) Sinonimia cast[ellana], .. lechocino.

lechón m **1** Cerdo que mama. | Lera *Olvidados* 29: Todos los años [la cerda] le regalaba unos ocho o diez lechoncillos.
2 Cerdo macho. | Cuevas *Finca* 121: Las puercas deben haber hecho una arroba ..; los lechones de aquí son los que hay que quitar ya de la cebada.

lechoso -sa adj Que tiene el aspecto o alguna de las cualidades de la leche [1a], esp. el color. | Laforet *Mujer* 329: Hacía mucho rato que el mundo estaba sumergido en una luz azul pálida, lechosa. Ybarra-Cabetas *Ciencias* 53: La albita, opaca, de color blanco lechoso. Marsé *Tardes* 32: Tenía .. los hombros lechosos y llenos de pecas. Pue 10.5.74, 8: Sumerja .. en un buen baño oxigenado con Saltratos Rodell sus pies. En esta agua lechosa el dolor cesa. Bernard *Verduras* 61: Se escogen mazorcas de maíz muy frescas, de granos todavía tiernos y lechosos.

lechuga f **1** Planta herbácea de la familia de las compuestas, de hojas grandes y lisas, que se cultiva en huerta y se consume en ensalada (*Lactuca sativa*). | Laforet *Mujer* 94: Entre Nuri y ella .. plantaron lechugas en un rincón del jardín. **b)** (*col*) Se usa en constrs de sent comparativo para ponderar la frescura de una pers. | * Es más fresca que una lechuga.
2 Seguido de un compl especificador, designa otras plantas, del mismo gén de la lechuga [1] o de otros, que presentan con ella alguna semejanza: ~ AZUL (*L. perennis*), ~ ESCAROLA (*L. serriola*), ~ SILVESTRE (*L. virosa*), ~ DE MAR (*Ulva lactuca*), etc. | Mayor-Díaz *Flora* 316: *Lactuca perennis* L. "Lechuga azul". Pl[anta] v[ivaz] de 30 a 80 cm, ramosa en su parte superior. Mayor-Díaz *Flora* 478: *Lactuca serriola* L. "Lechuga escarola". Pl[anta] b[ianual]. Tallo de 60 cm a 1 m, derecho .. Frecuente. FQuer *Plantas med*. 871: Lechuga silvestre. (*Lactuca virosa* L.) Sinonimia cast[ellana], lechuga montés, lechuga virosa. Mayor-Díaz *Flora* 384: *Hypochoeris radicata* L. "Lechuga de gochos". Pl[anta] v[ivaz] de 30-70 cm, derecha .. Muy frecuente. J. L. Aguilar *Ya* 1.6.88, 21: Las plantas acuáticas más empleadas en esta técnica son .. las plantas flotantes de los géneros *Salvinia, Spirodela, Pistis* ("lechuga de agua"). Alvarado *Botánica* 60: La lechuga de mar (*Ulva lactuca*), de talo laminoso que parece una hoja de lechuga y vive en el mar, apareciendo con frecuencia en las playas.
3 (*jerg*) Billete de mil pesetas. | Tomás *Orilla* 187: Ganan más lechugas aquí que en la calle. Sus macacos aquí viven como quieren.

lechuguilla f **1** Planta herbácea de tallos frágiles, hojas recortadas y flores amarillas, que frec. aparece como mala hierba en los campos cultivados (gén. *Sonchus*). | Ferres-LSalinas *Hurdes* 53: Venía a pedirnos unas patatas o lo que fuera, era invierno y no había ni lechuguilla en el monte. Remón *Maleza* 110: S[onchus] *oleraceus* L. Nombre común: Lechuguilla, Lecherina, Cerraja. Es una de las plantas espontáneas más comunes de campos, caminos y praderas; en general es una mala planta, frecuentemente invasora por su abundancia. **b)** Se da este n a otras plantas herbáceas de distintos géns. | Mayor-Díaz *Flora* 315: *Lactuca viminea* (L.) J. & C. Presl. "Lechuguilla". Pl[anta] b[ianual] o v[ivaz] de 30 a 80 cm, ramosa en lo alto .. Escasa. Mayor-Díaz *Flora* 384: *Leontodon saxatilis* Lamk. subsp. *longirostris* Finch. & P. D. Sell. "Lechuguilla" .. Pl[anta] a[nual] .. Muy frecuente. Mayor-Díaz *Flora* 196: *Reichardia gaditana* (Wk.) P. Cont. "Lechuguilla dulce" .. Pl[anta] v[ivaz] de 15 a 50 cm .. No frecuente. FQuer *Plantas med*. 521: Pamplina de agua. (*Samolus Valerandi* L.) Sinonimia cast[ellana], .. lechuguilla. FQuer *Plantas med*. 590: Mandrágora. (*Mandragora autumnalis* Bertoloni) Sinonimia cast[ellana], .. lechuguilla. FQuer *Plantas med*. 867: Condrila. (*Chondrilla juncea* L.) Sinonimia cast[ellana], .. lechuguilla. FQuer *Plantas med*. 870: Cerraja. (*Sonchus oleraceus* L.) Sinonimia cast[ellana], .. lechuguilla.
2 (*hist*) Cuello grande y almidonado en forma de hojas de lechuga, usado en la segunda mitad del s. XVI y principios del XVII. | A. Figueroa *Abc* 20.4.58, 9: La dama "se lleva", lo mismo que la lechuguilla de ocho anchos, o los puños de tres.

lechuguino -na adj **1** (*desp*) [Joven] afectadamente elegante. *Frec n*. | Mercader-DOrtiz *HEspaña* 4, 243: Al comenzar el XIX, currutacos y petimetres, antecesores de los elegantes de los tiempos napoleónicos y de los lechuguinos de Fernando VII, apreciaban ya las excelencias de la sastrería inglesa. SCabarga *HLS* 26.8.74, 2: Se promovió otra cuestión taurina, en la que jugaron causas tan diversas como estas: el celoso amor materno; el esnobismo de un primogénito lechuguino. Cossío *Confesiones* 154: Vestía .. un sombrero hongo como el que usaban en aquella época los tenores cómicos que representaban lechuguinos o secretarios rurales de Ayuntamiento en las piezas de género chico. **b)** *Más o menos vacío de significado, se emplea como insulto*. | Torrente *Sombras* 250: Todos son libros de política... En inglés, en francés, en alemán, ¡incluso en griego! Pero ¿sabe tantos idiomas el lechuguino ese?

2 (*desp*) Propio de(l) lechuguino [1a]. | LTena *Luz* 12: Pepito Sanmiguel, hombre entrado en años, de aspecto lechuguino y remilgado.
3 [Pan] típico de Valladolid, de calidad fina y de peso inferior al de la hogaza. *Frec n m.* | Delibes *Castilla* 108: "Con pan y vino se anda camino", reza el refrán, pero es obvio que si el pan es lechuguino, de cuatro canteros, y el vino de Rueda o Vega Sicilia, es posible que el camino se haga dos veces y hasta sin sentirlo. MAbril *Ya* 26.4.75, 8: Ya en Simancas, subí a la explanada del castillo .. Tomé un café, compré un pan lechuguino .. A mi mujer le dije la verdad, al tiempo que le hacía entrega del dorado lechuguino.

lechuza *f* Ave rapaz nocturna de unos 35 cm de largo, de cara redonda y plana, ojos grandes y redondos, pico corto y encorvado, y plumaje suave y abundante, blanco en el pecho, vientre y parte anterior de la cabeza y pardo claro en el dorso (*Tyto alba*). *Tb* ~ COMÚN. | Cunqueiro *Un hombre* 23: Egisto escuchaba .. la lechuza en el campanario. Noval *Fauna* 194: La Lechuza común (*Tyto alba*) es un pájaro verdaderamente espectacular, por su plumaje anaranjado ocre por encima, salpicado con puntos grises y blanco puro por debajo, incluida la cara. **b)** *Con un adj o compl especificador designa otras especies similares:* ~ CAMPESTRE (*Asio flammeus*), ~ GAVILANA (*Surnia ulula*), ~ MORA (*Asio capensis*), etc. | Noval *Fauna* 195: En otoño llegan a Asturias las lechuzas campestres (*Asio flammeus*), que no crían aquí, pero que frecuentemente se observan próximas a lugares encharcados y carrizales.

lechuzo -za *adj* **1** [Muleto] que no ha cumplido un año. *Tb n.* | Cela *Pirineo* 18: Se da cita en Salás de Pallàs la crema de la trajinería, .. la flor y nata de los trujamanes de tiernos lechuzos.
2 (*col*) Tonto o bobo. *Frec n. Frec usado como insulto.* | * No seas tan lechuzo.
3 (*col*) Goloso. *Tb n.* | * Tú, lechuzo, deja de picar o luego no tendrás hambre.

lecitina *f* (*Biol*) Sustancia orgánica grasa abundante en las membranas celulares y en los tejidos nerviosos, y también en la yema de huevo. | Navarro *Biología* 18: El fosfátido mejor conocido es la lecitina .. Las lecitinas y sustancias análogas desempeñan un papel importante en las superficies celulares.

lectivo -va *adj* (*Enseñ*) [Día o tiempo] en que corresponde dar clases. | *Inf* 7.9.70, 8: El curso académico comprenderá doscientos veinte días lectivos. *Ade* 5.2.75, 4: Primer curso básico de logopedia y foniatría .. Las horas lectivas serán 90.

lecto-escritura *f* (*Enseñ*) Capacidad de leer y escribir. | A. Lechón *PapD* 2.88, 153: Los cursos sobre "el niño y el libro", los relativos al "aprendizaje de la lecto-escritura" y los de "plástica en la escuela" .. supusieron el primer abordaje de la formación permanente en Leganés.

lector -ra I *adj* **1** [Pers.] que lee, *esp* [1]. *Frec n, esp referido al que lee por hábito o por oficio.* | *Alc* 1.1.55, 3: Y aquí estamos, ante el lector, como todos los días. RMoñino *Poesía* 31: Por pliego suelto entendemos, en general, un cuaderno de pocas hojas destinado a propagar textos literarios entre la gran masa lectora. Cunqueiro *Un hombre* 21: Ascendió (Eusebio) a lector de partes en la cámara regia. Torrente *Fragmentos* 352: Yo soy su lectora ..; le leo los libros que no están editados en alfabeto para ciegos.
2 De (la) lectura [1]. | Marín *Enseñanza* 284: Multiplicando por 2 la nota obtenida en comprensión lectora y sumándola con la de lectura oral se puede aplicar a la suma de la siguiente tabla.
3 (*Electrón*) [Dispositivo] que sirve para la descodificación de datos registrados en un sistema codificado. *Frec n m.* | *SMad* 22.11.69, 2: Los dispositivos de entrada y salida .. Por ejemplo, en el caso de la ficha perforada, son una muestra las "cabezas lectoras de fichas". A. Blasco *Ya* 19.6.75, 49: El encargado o encargada de la caja lo único que tendrá que hacer es pasar cada objeto por el "lector" electrónico al tiempo que lo va depositando en la bolsa que ha de llevar el cliente. **b)** (*Informát*) [Dispositivo] que obtiene información de un soporte para pasarlo a otro. | * El texto no se ha tecleado, se ha introducido en el ordenador por lector óptico.
c) (*Electrón*) [Dispositivo] que permite la reproducción en forma visual o acústica de lo grabado en un soporte magnético. *Frec n m.* | *Abc* 25.6.58, 22: Las características esenciales de esta notable realización de la prestigiosa marca Philips son las siguientes: Proyector FP-5, equipado con bombos para 1.500 metros de película y linterna automática hasta 90 amperios, con lector de sonido magnético de cuatro canales y objetivo anamórfico para cinemascope. C. Montoro *SPaís* 25.9.88, 101: Lo más importante es la cuestión de los precios [del compact disc], no solo de los lectores sino principalmente de los discos.
4 (*Electrón*) [Aparato] que permite la visión, en una pantalla, de textos o gráficos microfilmados. *Frec n m.* | *Abc* 15.11.68, sn: El lector de precisión "Dagmar Super" ha conseguido una gran generalización de su empleo .. Solamente él está dotado del sistema "zoom" para la lectura del texto a dimensiones variables de microfilms y microfichas.
II *n* **A** *m* y *f* **5** *En una editorial:* Pers. cuya misión es examinar los originales recibidos e informar sobre ellos. | Aguilar *Experiencia* 735: ¿Y qué decir de la multitud de originales que afluyen a una casa editorial de alguna importancia? .. Los lectores profesionales tienen ahí una misión que cumplir: la de selección razonada, especificada concretamente.
6 (*Enseñ*) Profesor auxiliar nativo [de una lengua extranjera], esp. en una universidad. | Gaos *Antología* 47: Pedro Salinas .. Lector de español en la Sorbona –1914-17– y en Cambridge –1922-23–.
B *m* **7** (*Rel catól*) Clérigo que ha recibido la segunda de las órdenes menores, cuyo cometido en otro tiempo era instruir a los catecúmenos y neófitos. | Ribera *SSanta* 83: Oremos también por todos los Obispos, Presbíteros, Diáconos, Subdiáconos, Acólitos, Exorcistas, Lectores, Ostiarios, Confesores, Vírgenes.

lectorado *m* **1** Cargo o puesto de lector [6]. | Aparicio *Arr* 29.12.70, 3: Desempeñaba el lectorado de Lengua Española en la sueca ciudad de Goteborg.
2 (*Rel catól*) Orden de lector [7]. | A. Vázquez *VNu* 23.9.72, 13: El aspirante a sacerdote se convertía en clérigo por la primera tonsura, después recibía el Ostiariado, Lectorado, Exorcistado y Acolitado.

lectoral *adj* (*Rel catól*) [Canónigo] que tiene por función la de ser teólogo del cabildo. *Tb n m.* | L. M. Mezquida *Abc* 27.11.70, 23: Fue nombrado profesor del Seminario, pasando a canónigo lectoral de la catedral de Solsona. Cela *Judíos* 191: La clerecía de Ávila –los párrocos, los diáconos .. el penitenciario, el lectoral, el señor obispo– se dirigió al papa de Roma.

lectura I *f* **1** Acción de leer [1 a 4 y 7]. | Medio *Bibiana* 11: Se acabó la lectura del periódico y la sobremesa. *CoA* 1.11.75, 13: Lectura de tesis doctorales en Medicina. *Ide* 9.8.90, 3: Es lo único que quieren las personas que se dedican a acosar a los turistas que visitan Granada, con aparcamientos especiales para sus coches, claveles, lectura de manos, lustre a los zapatos.
2 Libro u otra publicación leídos o para ser leídos. | *Economía* 106: ¿Cuáles son las lecturas de nuestra edad? Esta respuesta corresponde a vuestra profesora de literatura. **b)** *En pl:* Cultura adquirida con las lecturas. | Cela *Inf* 10.6.77, 25: Los meapilas de izquierdas son .. muy solemnes en el discurso, que salpican de citas clásicas de Séneca y Cicerón; como es frecuente que tengan lecturas y buena memoria, hay que prestar suma atención a cuanto dicen. **c)** (*Rel catól*) Texto de la Sagrada Escritura que se lee en la misa o en los oficios. | Vesga-Fernández *Jesucristo* 65: La Epístola (= carta) se llama así por ser una lectura tomada de ordinario de las cartas de San Pablo.
3 Interpretación del sentido de un texto. | GSerrano *Cantatas* 233 (G): Naturalmente, puede haber otras lecturas, como ahora dicen los gilipardillos. **b)** Interpretación de palabras o hechos, o de un objeto potencialmente portador de significado. | * Nuestra lectura de la última estadística. * Este cuadro admite dos lecturas.
4 (*Electrón*) Operación realizada por un lector [3]. | A. Pezuela *Mun* 12.12.70, 61: Si se reducía el tamaño de los fotogramas, se perdía calidad a la hora de la proyección. Pero esto se ha conseguido evitar con el empleo de un rayo electrónico para la impresión y la lectura de la película. C. Montoro *SPaís* 25.9.88, 101: La gran habilidad de lectura de las buenas cápsulas actuales .. desgast[a] relativamente poco el disco.

ledanía – legal

II *loc v* **5 dar ~.** Leer en voz alta públicamente [un escrito (*compl* A)]. | Benet *Nunca* 14: Asomaba .. la secretaria que había de dar lectura a la lista de los examinandos.

ledanía *f* (*reg*) Límite de un término o provincia. | MCalero *Usos* 60: Llegaban a sus pastos de verano, allá en la sierra de Soria. Pastan sus quintos y ledanías. Otros, los alcances.

ledeburita *f* (*Metal*) Agregado de austenita y cementita que se presenta en la fundición del hierro. | Aleixandre *Química* 132: Mediante el análisis térmico se han podido establecer los siguientes componentes: 1º, ferrita; 2º, grafito; 3º, cementita; 4º, perlita ..; 5º, austenita .., y 6º, ledeburita o eutéctica, formada por cementita y austenita con 4,2 por 100 de carbono.

ledo -da *adj* (*lit*) Alegre. | FVidal *Duero* 227: Los cielos de los atardeceres levantinos son límpidos y ledos.

leedor -ra *adj* (*raro*) Lector [1]. *Tb n*. | J. E. Gómez *Ide* 9.8.90,3: Para los aparcacoches y vendedores, leedoras de manos, etcétera, es un "problema del oficio".

leer (*conjug* **17**) **A** *tr* **1** Descifrar, en gral. sirviéndose de la vista, mentalmente o enunciándolo en voz alta, el valor fónico de los signos de la escritura [de un texto (*cd*)]. *Frec abs*. | Cela *Judíos* 279: En el Hornillo sabe leer la mitad de la población, más o menos. R. M. Pereda *País* 14.9.77, 25: El sistema Braille .. es un ajuste al tacto, y su carácter discontinuo, de una primitiva idea .. que pretendía hacer leer a los ciegos con las letras "normales", pero en relieve. **b)** Leer [un texto escrito] para captar su significado. *Frec abs*. | J. Carabias *Ide* 27.2.75, 27: No he leído todo lo que se ha escrito en Francia sobre Julio Verne. Medio *Bibiana* 15: Marcial es un hombre .. muy leído... Caray, si lee Marcial. **c)** Leer en voz alta [un texto escrito (*cd*) para darlo a conocer a otra pers. (*ci*)]. *Tb abs*. | Torrente *Fragmentos* 352: Yo soy su lectora ..; le leo los libros que no están editados en alfabeto para ciegos. Cossío *Confesiones* 134: Este lector le falló [al ciego], y entonces le leía una hija de la portera. **d)** Leer una o varias obras [de un escritor (*cd*)]. | Umbral *Ninfas* 13: Sabíamos, sin haber leído aún a Baudelaire, que hay que ser sublime sin interrupción. J. Carabias *Ide* 27.2.75, 27: Ese novelista fue, incluso en vida, un[o] de los escritores más leídos en el mundo entero.
2 Pasar la vista [por una representación gráfica de cualquier tipo (*cd*)] para captar su significado. | S. RSanterbás *Tri* 12.6.71, 36: El profano no sabe leer, naturalmente, el contenido del pentagrama. *BOE* 1.12.75, 25024: Carpinteros. Son los operarios con capacidad para leer e interpretar planos o croquis de construcción en madera.
3 Tomar conocimiento [de algo (*cd*)] leyendo [1]. | Delgado *Hucha* 1, 96: Hoy lo he leído en el periódico, en la sección de sucesos.
4 Adivinar o descubrir por indicios [una cosa inmaterial oculta]. *Gralm con un compl de lugar*. | Hoyo *Lobo* 42: Luisa miraba atentamente ese zapatito de la Virgen que tenía en la palma como quien trata de leer el porvenir o el pasado. Solís *Siglo* 213: Leyó en su rostro, mientras él lo hacía en el papel, su desilusión y dolor. **b)** Descifrar el significado [de algo (*cd*)]. | * Leer las rayas de la mano.
5 Interpretar o entender [algo (*cd*) de una determinada manera]. | Umbral *País* 5.5.83, 36: Un grito a la familia, y no una disolución de la familia, que es como ha querido leerse la cosa. **b) léase**. Entiéndase o interprétese. *Seguido de la palabra que se propone como interpretación o significado. Tb dicho con referencia a palabras no escritas*. | A. ÁCadenas *Reg* 24.11.70, 5: Aunque hemos o han llegado a la luna, en alarde de ciencia y progreso (léase vanidad), los científicos mundiales no parecen estar muy duchos en pronosticar, regular o atajar la meteorología.
6 (*Electrón*) Realizar [un lector [3]] su operación [sobre algo grabado o almacenado (*cd*)]. *Tb abs*. | A. Blasco *Ya* 19.6.75, 49: La clave del sistema radica en lo que se denomina "código universal del producto", .. consistente en una serie de líneas finas o gruesas que, "leídas" ópticamente por las pantallas conectadas a la computadora, serán trasladadas al "ticket" que se entregue al cliente.
7 (*Enseñ*) Presentar oficialmente y defender ante un tribunal calificador [una tesis de licenciatura o de doctorado]. | *CoA* 1.11.75, 13: Ayer, en la Facultad de Medicina, fueron leídas las tesis doctorales de los señores don Fernando E. Aparicio García .. y don Miguel Sánchez Muñoz.

B *intr pr* **8** (*pop*) Amonestarse [dos novios]. | Delibes *Guerras* 189: Por ellos me enteré de que la Corina y el Emigdio se habían leído.

lefa[1] *f* Víbora muy venenosa de pequeño tamaño que habita en las arenas del desierto. | *Inf* 6.8.75, 9: Anteayer falleció en el Hospital Militar de esta ciudad [El Aaiun] el agente de la Policía Territorial Joaquín Acosta Contreras, a consecuencia de la mordedura de una lefa, una pequeña víbora del desierto, de no más de 20 centímetros de longitud, que vive en las arenas, a varios metros de profundidad, cuyo veneno es irremediablemente mortal.

lefa[2] *f* (*vulg*) Semen. | * Ese no tiene una gota de lefa.

legación *f* **1** Representación diplomática a cuyo frente está un ministro plenipotenciario o un encargado de negocios. *Tb su sede*. | CSotelo *Muchachita* 263: Sí, sí, aquí es la Legación de España .. No, no, el señor ministro no se encuentra en el país.
2 Cargo o función de legado[2]. *Tb el tiempo que dura*. | Onieva *Prado* 144: Durante la legación del Cardenal Vidoni se cometieron en una sola noche de reyerta cincuenta y cinco homicidios.
3 (*raro*) Mensaje encargado a un legado[2]. | CBonald *Ágata* 214: Buscada [la mujer] por aquel errabundo emisario de no se sabía qué quimérica legación de la noche.

legado[1] *m* **1** Acción de legar[1]. | Ramírez *Derecho* 87: Se llama legado a la asignación de ciertos bienes o derechos, a título singular, a cualquier persona.
2 Cosa legada[1]. | FQuintana-Velarde *Política* 242: Este proceso pasa desde la excepción de la herencia o el legado a todo gravamen, a la imposición ligera, y más tarde fuerte. FCid *Abc* 9.4.67, sn: El "Credo", de "Otello", el cuarteto de "Rigoletto" .. se aplauden con el entusiasmo de lo que se juzga propio y constituye un legado del que no hay suficiente devoción.

legado[2] *m* **1** Eclesiástico designado para representar al Papa. *Tb* ~ APOSTÓLICO, ~ PAPAL, ~ PONTIFICIO. | C. Zumárraga *CoA* 26.1.64, 24: Su Eminencia Amleto Giovanni Cicognani .. es, como legado papal, el enlace entre Pablo de Tarso y Paulo VI de Roma.
2 (*hist*) En la Roma antigua: Lugarteniente de un gobernador o de un jefe militar. | SVozC 25.7.70, 6: El legado de Pompeyo, Afranio, redujo definitivamente la ciudad de Clunia.

legajo *m* Conjunto de papeles atados juntos y gralm. referentes a un mismo asunto. | Cunqueiro *Un hombre* 20: Estudió en qué podría servirle el sobrino, y cayó en la cuenta de que en los lazos de cintas para atar los legajos.

legal I *adj* **1** De (la) ley o de (las) leyes. | *País* 10.2.77, 13: Puede darse por seguro que prácticamente la totalidad de los partidos políticos españoles acudirán a legalizarse tan pronto como el nuevo texto legal aparezca en el Boletín Oficial del Estado. Pemán *Abc* 26.12.70, 3: Así como los matrimonios tienen su "luna de miel", la tienen también las rupturas de los principios o estamentos legales. **b)** [Medicina] aplicada a informar pericialmente a los tribunales. | *TMé* 7.1.83, 27: La Cátedra de Medicina Legal y el Instituto de Medicina Legal y Ciencias Forenses de la Facultad de Medicina de Sevilla convocan el primer curso de investigación de incendios.
2 [Cosa] que se ajusta a la ley o está de acuerdo con ella. | GPavón *Rapto* 102: –Nos vas a enseñar la casa sin más palique. –Pues lo siento mucho, pero no puede ser. No es legal. **b)** [Trampa] que tiene apariencia de ajustarse a la ley. | * Es un experto en trampas legales.
3 Dispuesto o exigido por la ley. | * Edad legal. * Interés legal. **b)** [Depósito] de cierto número de ejemplares de una obra publicada, por parte del autor o del editor, en el organismo oficial correspondiente. | MSousa *Libro* 95: Tanto en Francia como en Inglaterra se crea el depósito legal, que consiste en entregar un número determinado de ejemplares de cada obra editada a la biblioteca de la propiedad intelectual del país respectivo. *PaísBa* 17.5.89, 37: Dejará de actuar [la Biblioteca de Cataluña] como biblioteca pública para ejercer exclusivamente la función de biblioteca nacional. Esta función implica el control o dependencia de la Biblioteca de Cataluña del depósito legal.
4 [Individuo o grupo terrorista] que no está fichado por la policía. | *VAl* 8.10.75, 10: Fuerzas de la 541 Comandancia

de la Guardia Civil han desarticulado tres "comandos legales armados" de la Organización terrorista ETA.

5 (*jerg*) [Pers.] de fiar. | Tomás *Orilla* 229: –Dentro de un rato, te subirá este la comida .. –Dile que se enrolle bien conmigo, colega, que soy legal. **b)** Cabal o formal. | MGaite *Nubosidad* 331: Hombre, ahí tienes, esa es la respuesta de una tía legal.

II *adv* **6** (*jerg*) Bien, o como es debido. | Sastre *Taberna* 101: Más vale hablar poco y actuar legal que irse de la muy. Sastre *Taberna* 129: ¡Yo te quise legal, pero luego se te llevó este zorro con sus malas artes! **b)** Muy bien. *Usado como respuesta afirmativa*. | Oliver *Relatos* 89: El Guti le dio la razón y dijo que legal, que ya estaba bien.

legalidad *f* **1** Cualidad de legal [2]. | R. Lezcano *País* 19.12.78, 11: Sin necesidad de revolución alguna y dentro de la más absoluta legalidad democrática, los socialistas suecos han conseguido que su país sea el que menos diferencias acusa entre ricos y pobres. Rábade-Benavente *Filosofía* 17: La ciencia se desentiende del carácter de "realidad" de sus objetos y se conforma, por lo general, con dar explicaciones sobre la legalidad –si es posible, matemática– que rige a los fenómenos.

2 Conjunto de las normas legales [1a]. | * Hay que acatar la legalidad vigente.

legalismo *m* Condición de legalista. | FMora *Abc* 8.9.66, 15: El mejor argumento en favor del presunto legalismo de Sócrates está en la aceptación de su condena y en la supuesta renuncia a la huida.

legalista *adj* [Pers.] que propugna la aplicación literal de la ley. | * Es metódico y exageradamente legalista. **b)** Propio de la pers. legalista. | CBaroja *Inquisidor* 33: Todo, sí, cubierto por un espíritu legalista que queda como simbolizado en algunos de los actos "menores" que se le atribuyen.

legalizable *adj* Que puede ser legalizado. | *País* 4.12.76, 6: Se regatea el uso de los espacios televisivos, excluyendo por entero a los [partidos] no legalizables y subordinando la participación de los legalizables a los humores del propio Gobierno.

legalización *f* Acción de legalizar. | Tamames *Economía* 441: La libertad de despido .. habría de ir seguida de la legalización de la huelga y de la libre asociación sindical.

legalizar *tr* **1** Hacer o declarar legal [2a] [algo]. | Ramírez *Derecho* 181: Lo que no concibo es que aún se mantenga [la pena de muerte] legalizada en ciertos países, entre ellos España. *País* 10.2.77, 13: Puede darse por seguro que prácticamente la totalidad de los partidos políticos españoles acudirán a legalizarse tan pronto como el nuevo texto legal aparezca en el Boletín Oficial del Estado.

2 Certificar [un notario] la autenticidad [de un documento o de una firma (*cd*)]. | *BOE* 29.7.77, 16956: Documentos que deben presentar los licitadores .. Certificado de clasificación definitiva o su copia autenticada .. Patente de la licencia fiscal del Impuesto Industrial correspondiente al año en que se presente la proposición (recibo o fotocopia legalizada notarialmente o cotejada con el original que se devuelve).

legalmente *adv* **1** De manera legal [2 y 3]. | Laforet *Mujer* 90: No hablaban de formalizar legalmente el compromiso.

2 En el aspecto legal [1]. | I. Gomá *HyV* 12.70, 98: El fariseísmo .. vio con escándalo cómo Jesús trataba a nivel de confianza con todos, sin escrúpulos legalistas, y precisamente con los .. legalmente "impuros".

légamo *m* Cieno o lodo. | Salvador *Haragán* 33: Tu pelo, Andrea, por las noches olía y sabía a paja, tierra, corteza de avellano y légamo del estanque.

legamoso -sa *adj* Lleno de légamo. | Mendoza *Misterio* 48: Aterricé sobre un legamoso y profundo montón de detritus.

leganense *adj* Leganiense. *Tb n*. | *Ya* 24.1.80, 17: Comenzó a promoverse .. un ambicioso proyecto que constituía todo un precedente urbanístico .. en la localidad leganense.

leganiense *adj* De Leganés (Madrid). *Tb n, referido a pers*. | *Ya* 21.10.86, 21: Ha sido definitivamente abierto al tráfico de vehículos el puente del barrio leganiense de San Nicasio.

légano *m* (*raro*) Légamo. | J. Hernández *Hoy* 22.6.76, 29: Brozas .. Era tanta la cantidad que acumulaba de légano y otras materias malolientes, que "la charca" venía a ser un gran depósito de las mismas.

legaña *f* **1** Porción de líquido graso segregado por la mucosa de los párpados y que se cuaja en el borde de estos. *Gralm en pl*. | Bustinza-Mascaró *Ciencias* 81: El líquido graso producido por estas glándulas, denominadas de Meibomius, origina, cuando se produce en cantidad excesiva, las legañas al secarse. * Tienes una legaña en el ojo derecho. **b)** Líquido que constituye las legañas. | * Me han hecho un análisis de legaña.

2 (*jerg*) Peseta. | Sastre *Taberna* 111: ¿Cuándo te hace que te devuelva las mil legañas, tú?

legañoso -sa *adj* Que tiene legañas [1]. | Olmo *Golfos* 185: Primero asoma la cara y, al llenársele de sol, guiña sus ojos legañosos.

legar^1 *tr* **1** Disponer en testamento que [alguien (*ci*)] reciba [algo (*cd*)]. | CNavarro *Perros* 98: Un buen día se encontró con que se le había legado un millón.

2 (*lit*) Transmitir [a alguien algo, esp. un conocimiento o una cualidad]. | E. Bayo *Des* 12.9.70, 22: Cada agricultor se ha construido el suyo, adquiriendo los primeros una trabajosa experiencia y legándosela a los biznietos.

legar^2 *tr* (*reg*) Ligar o atar. | A. GSantos *Ya* 4.6.75, 54: Los pastores han sido, de hecho, los encargados de "legar" las ovejas y carneros, que no es otra cosa que atar a cada animal cruzando las cuatro patas.

legatario -ria *m y f* (*Der*) Pers. a quien se lega^1 algo en un testamento. | CBonald *Ágata* 197: Decidió –como primera medida– otorgar testamento adverado en favor de un convento de oblatas de la cuenca del Salgadera, a cuya comunidad hizo legataria de buena parte de los ya menos incalculables bienes que aún poseía.

legato (*it; pl normal*, LEGATI) *m* (*Mús*) Ejecución de varias notas seguidas sin interrupción en la transición de una a otra. | Á. Marías *SAbc* 24.7.92, 51: La Studer se transformaba en una soprano ligera y nos deja patidifusos con la calidad de su voz, .. con la perfección de su afinación, con la milagrosa limpieza del legato.

legendario -ria *adj* **1** De (la) leyenda. | DPlaja *Literatura* 14: Sus textos [del Corán] son una mezcla de preceptos religiosos y de relatos legendarios.

2 Muy famoso. *Con intención ponderativa*. | PReverte *Maestro* 26: Se decía que don Juan Prim llegaría de Londres de un momento a otro; pero el legendario héroe de los Castillejos ya había venido en un par de ocasiones.

leggings (*ing; pronunc corriente*, /légins/) *m* Pantalón largo femenino que se ciñe completamente a la pierna. | *Ya* 25.4.93, 7: Madre no hay más que una... Pero regalos de menos de 5.000 pta hay muchos .. Una combinación. Un chaleco. Un suéter. Un leggings.

leghorn *adj* [Raza de gallinas] originaria de Livorno o Liorna (Italia) y caracterizada por tener la piel amarilla, poner huevos muy blancos y producir pollos de primera calidad. | Cela *Judíos* 270: En Candeleda hay lobos y monteses, .. gallinas del país y gallinas de raza leghorn blanca y de raza castellana negra.

legía → LEJÍA^2.

legibilidad *f* Cualidad de legible. | Huarte *Tipografía* 17: Todos estos subrayados y sus indicaciones complementarias no deben ensuciar excesivamente las hojas del original ni restarles legibilidad.

legible *adj* Que puede leerse. | *Abc* 20.7.67, 18: Las agujas y los puntos luminosos sobre su esfera negra son perfectamente legibles a gran profundidad. J. M. Lacalle *MHi* 10.60, 32: Existen un periódico, "La Verdad", y un semanario, "El Tiempo", redactados en un castellano muy adulterado pero perfectamente legible.

legiferante *adj* (*raro*) Legislativo. | Torrente *Isla* 106: La ley .., promulgada por los cuerpos legiferantes, aplica a la infidelidad matrimonial la pena de la horca.

legífero – legitimista

legífero -ra *adj* (*raro*) Que establece leyes. | Valcarce *Moral* 185: El ejercicio en la Iglesia de la potestad legífera .. Consta que la Iglesia ejerció este poder desde los primeros tiempos.

legión (*en aceps 2 y 3, normalmente con mayúscula*) *f* **1** (*hist*) Unidad táctica fundamental del ejército romano, formada por unos 6.000 hombres. | GNuño *Madrid* 5: No se frecuentó el recodo del Manzanares sino por alguna legión romana que cruzase las "villas" de las proximidades.

2 ~ Extranjera. Cuerpo militar constituido por voluntarios, incluso extranjeros, que no forma parte del ejército regular y que originariamente estaba destinado a operar en colonias europeas en África. *Frec se omite el adj por consabido*. | Cela *Judíos* 55: Se encontró con un paisano y viejo amigo, Papiano Grillo Pampín, cabo de la legión extranjera, en tiempos, y hoy hermano lego. *Abc* 18.12.70, 25: Se cantó entonces el himno de la Legión.

3 ~ de Honor. Orden honorífica francesa con que se premia el mérito civil o militar. | Academia *Anuario 1992* 22: Excmo. Sr. D. Rafael Lapesa Melgar .. Doctor en Filosofía y Letras; Catedrático jubilado de Historia de la Lengua Española ..; Caballero de la Legión de Honor.

4 Muchedumbre. *Frec sin art.* | MGaite *Nubosidad* 270: Cada día somos más los que hablamos solos. Aquí en Cádiz, legión. M. Ors *Pue* 11.9.65, 19: La petanca tiene ya en España legión de incondicionales.

legionario -ria *adj* **1** De (la) legión [2]. *Tb n, referido a pers.* | S. Arteche *VNu* 2.9.72, 36: Hizo sus primeras armas en la guerra de Marruecos y la guerra civil en unidades legionarias. *Abc* 8.12.70, 15: Monumento al legionario en la entrada al acuartelamiento del IV Tercio. **b)** De(l) legionario o de (los) legionarios. | Grosso *Invitados* 173: La pareja legionaria atraviesa en silencio el haza color topacio. MMolina *Jinete* 12: Aspiraba a decorarse los brazos con tatuajes legionarios. **c)** [Enfermedad] **del** → ENFERMEDAD.

2 (*hist*) De una legión [1] romana, o de las legiones romanas. *Tb n, referido a pers.* | Lapesa *HLengua* 41: Ya en 206 a. de J.C. tuvo lugar la fundación de Itálica, para establecimiento de veteranos; legionarios casados con mujeres españolas constituyeron la colonia liberta de Carteya (171).

legionella (*lat; pronunc corriente,* /leʃionéla/) *f* (*Med*) Bacilo aerobio que produce en el hombre procesos respiratorios graves (*gén. Legionella*). *Tb la enfermedad causada por él.* | *País* 24.7.83, 31: Un comandante de Orihuela, posible afectado por la "legionella". *Ya* 9.9.91, 18: Unas cien personas han sido afectadas por una epidemia de neumonía –legionella neumófila– en la localidad gran[a]dina de Almuñécar.

legionense *adj* (*lit*) Leonés. *Tb n.* | Rabanal *SYa* 6.4.75, 7: A raíz de ciertas prevaricaciones y pecados de lascivia cometidos en algún monasterio legionense, recuérdase cómo el abad de San Justo vaticina al León cortesano del siglo X que están próximos "los días de ruina y de tragedia".

legislación *f* **1** Acción de legislar. | * La legislación es la misión de las Cortes.

2 Conjunto de leyes. | Ramírez *Derecho* 43: Supongamos que un hijo nace de padre sujeto a la legislación común.

3 Ciencia de las leyes. | Academia *Anuario 1992* 367: Real Academia de Jurisprudencia y Legislación. Marqués de Cubas, 13, (28014) Madrid.

legislador -ra *adj* **1** Que legisla. *Tb n, referido a pers.* | L. LSancho *Abc* 15.10.70, 26: Los consejos de administración, los órganos directivos, los cuerpos legisladores, la alta magistratura. Ramírez *Derecho* 82: El legislador exige que haya heredero. J. C. Arévalo *Tri* 15.7.72, 28: Ya no hay líderes como Paquiro –legislador de la corrida del pueblo–, ni jefes de partido como Lagartijo.

2 De (la) legislación [1]. | Campmany *Abc* 6.1.88, 17: A mí me gustaría que doña Carmen García Bloise me mostrara .. los fundamentos teóricos en que se basan las medidas de Gobierno o las iniciativas legisladoras del Partido Socialista.

legislante *adj* (*raro*) Legislador. | *País* 25.6.76, 9: No se sabe qué asombra más, si la osadía de los varones legislantes, o la pasividad de los millones de mujeres españolas menospreciadas. L. LSancho *Abc* 10.3.87, 18: Produce un mal olor espantoso un Gobierno .. que no hace nada eficaz para impedir que el crimen imponga su dura ley sobre el utopismo legislante del señor ministro de Justicia.

legislar A *intr* **1** Hacer leyes. | *Sp* 19.7.70, 40: El Parlamento del Reino Unido ha retenido la potestad de legislar.

B *tr* **2** Hacer leyes [sobre algo (*cd*)]. | Delibes *Voto* 51: Ten por seguro que los derechos fundamentales no se van a legislar.

legislativamente *adv* De manera legislativa. | J. Menéndez *Abc* 21.8.66, sn: El que nos ocupa es un derecho consagrado legislativamente.

legislativo -va *adj* De (la) legislación [1 y 2]. | *Sp* 19.7.70, 39: Irlanda del Norte fue constituida .. con su propio cuerpo legislativo.

legislatura *f* **1** Tiempo durante el cual funcionan los cuerpos legislativos. | * Fue diputado en siete legislaturas.

2 Cámara o cuerpo legislativo. | *País* 15.5.88, 1: El presidente francés, François Mitterrand, anunció anoche por televisión su decisión de disolver la actual legislatura y de convocar elecciones generales anticipadas.

legista *m y f* Especialista en leyes. | CBaroja *Inquisidor* 42: Los inquisidores eran especialistas, legistas ante todo.

legítima → LEGÍTIMO.

legitimación *f* Acción de legitimar. | Aranguren *Marxismo* 32: El marxismo .. fue –y continúa siendo– .., al hacer afirmaciones que desbordaban cualquier legitimación empírica, una filosofía o .. una metafísica de la historia.

legitimador -ra *adj* Que legitima. | *Cam* 6.1.75, 13: Un denominador común a falangistas y católicos es que ambos tienen una doctrina legitimadora del sistema.

legítimamente *adv* De manera legítima. | Laforet *Mujer* 328: Era una felicidad sin mal alguno... Tendría a Antonio legítimamente. Su gozo humano estaría bendecido.

legitimante *adj* Que legitima. | G. Estal *Ya* 17.7.75, 7: Es este el momento de preparar el tránsito sucesorio. Los vítores legitimantes de los mesianismos salvadores .. ceden ahora el paso a las formas electivas de la democracia legal.

legitimar *tr* **1** Hacer legítimo [a alguien o algo]. | C. Grondona *Sur* 28.8.76, 33: Al legitimarle su padre, don Alonso de Aguilar, se llamará para la posteridad nada menos que don Gonzalo Fernández de Córdoba. Aranguren *Marxismo* 91: Un Poder que se constituyó como tal por un acto de violencia que, por pertenecer al pasado, resulta legitimado, por decirlo así, por el transcurso del tiempo.

2 Probar o justificar que [algo (*cd*)] es legítimo [3]. | *País* 8.5.77, 12: La CUP .. esperaba legitimar ayer las 2.300 firmas.

3 Dar [a alguien] capacidad legal [para algo]. *Tb fig. Normalmente en part.* | *HLM* 16.9.74, 8: Solo la población autóctona del Sahara está legitimada para decidir su propio destino.

legitimario -ria *adj* (*Der*) **1** De la legítima (→ LEGÍTIMO [4]). | *Compil. Aragón* 699: El heredante podrá dejar a los hijos o descendientes no favorecidos, aparte de la legítima, un legado que no exceda de la mitad de su cuota legitimaria.

2 Que tiene derecho a la legítima (→ LEGÍTIMO [4]). *Tb n.* | Ramírez *Derecho* 173: Solo son herederos forzosos o legitimarios los descendientes legítimos. Ramírez *Derecho* 169: La preterición de legitimario no da lugar a la nulidad del testamento.

legitimidad *f* Cualidad de legítimo. | Aranguren *Ética y polít.* 239: ¿Cómo lograr una verdadera democratización del poder, lo que hoy llama la ciencia política legitimidad en sentido sociológico? J. Ceares *As* 14.12.70, 9: Ya podemos considerarnos un Primera División con toda legitimidad.

legitimismo *m* (*Pol*) Movimiento legitimista. | *SAbc* 8.3.70, 15: La conducta del Príncipe Regente. La crisis del Legitimismo español. Los Reyes en el destierro.

legitimista *adj* (*Pol*) Partidario de un soberano o de una dinastía a los que considera como únicos aspirantes legítimos al trono. *Tb n, referido a pers.* | Bermejo *Derecho 180*: Los protagonistas de la obra van a estar uno en cada bando. Con el aspirante Alfonso están don Ramiro y don Jaime; frente a él, en el bando legitimista, los hermanos Carvajales. Vicens *Polis 436*: Luis Felipe de Orleans .. y su principal ministro Guizot fueron combatidos sañudamente por los legitimistas (partidarios de la rama de Borbón) y los demócratas. **b)** Propio de(l) legitimista o de (los) legitimistas. | MSantos *Tiempo 36*: Una anciana de natural monárquico y legitimista. Cossío *Confesiones 232*: Yo no puedo olvidar la lealtad que puso mi abuelo materno, el primer maestro de don Jaime, al servicio de la causa legitimista.

legítimo -ma I *adj* **1** Conforme a la ley o basado en ella. | Aba *SAbc* 16.2.69, 18: Zeffirelli ha sufrido, tuvo que luchar por todo, incluso por el nombre de su padre, que no se le dio hasta que la esposa legítima del "signor" Zeffirelli murió. **b)** [Hijo o descendiente] de matrimonio legítimo. | Compil. *Navarra 45*: Las palabras "hijos" o "descendientes" .. se entenderán referidas a los legítimos y legitimados por subsiguiente matrimonio.
2 Lícito (no prohibido por la ley o la moral). | Escrivá *Conversaciones 147*: La Universidad es .. lugar donde deben convivir en paz personas de las diversas tendencias que .. sean expresiones del legítimo pluralismo que en la sociedad existe.
3 Auténtico o no falsificado. | * Esa porcelana no es legítima.
II *n* **A** *f* **4** (*Der*) Parte de una herencia asignada por ley [a un heredero (*compl de posesión*)], y de la cual no puede disponer el testador. | Ramírez *Derecho 43*: Supongamos que un hijo nace de padre sujeto a la legislación común. Su legítima se halla integrada, según verás más adelante, por los dos tercios de la herencia.
B *m y f* **5** (*col*) Cónyuge legítimo [1] [de una pers.]. | Diosdado *Anillos 1*, 88: Yo no soy su legítimo. Al legítimo ni le conozco. Cuando yo la conocí, estaba con Marcos .. Bueno, pues estaba con él, pero tampoco es el legítimo. Te lo digo porque la legítima de Marcos es mi hermana.

lego -ga I *adj* **1** [Pers.] ignorante o que tiene pocos conocimientos [de una materia (*compl* EN)]. *Tb n. A veces se omite el compl por consabido.* | Villarta *Rutas 71*: Soy bastante lega en la materia. *Gac* 11.5.69, 27: El lego no comprende de inmediato qué otras alternativas caben a los Estados Unidos en el momento actual.
2 (*Rel crist*) Que, siendo cristiano, no pertenece al clero o a una orden religiosa. *Frec n, referido a pers.* | Payno *Curso 233*: Hablaron con abades, alcaldes, arzobispos, legos, guardias civiles.
3 (*Rel catól*) *En un convento:* [Miembro de la comunidad] no ordenado ni profeso que se dedica a las faenas domésticas. *Frec n. Tb* HERMANO ~. | J. Hermida *Act* 25.1.62, 23: Corrieron gritos por los pasillos. Gritos espantados de los cincuenta seminaristas. Temores .. de los diecinueve sacerdotes y el hermano lego. SSolís *Camino 320*: Recordó vagamente sus dos únicas salidas [del convento] .. acompañada de la lega silenciosa.
II *m y f* **4** (*Der*) Miembro no letrado de un jurado de escabinos. | J. Luque *D16* 1.7.91, 11: Tanto en Alemania como en Francia, Italia o Suecia, la participación popular en la Administración de Justicia se realiza a través de los jurados mixtos o de "escabinos". La composición varía desde un juez y dos ciudadanos (legos) en las primeras instancias, hasta tres jueces y dos legos en los más altos tribunales.

legón *m* (*reg*) Azadón. | Bernabeu *Inf* 14.5.74, 28: Si yo fuera delegado nacional de Deportes implantaría el azadón como instrumento de ejercicio obligatorio para todos los españoles, pues el mejor ejercicio es cavar con la azada o el legón.

legona *f* (*reg*) Azada. | MCalero *Usos 23*: A la parte del saliente había una josa de buenas cepas de albillo, almendros .., que atendida por buenas y trabajadoras manos, cavada con fuertes legonas, .. era el orgullo de los servidores de la alquería.

legrado *m* (*Med*) Raspado (de matriz). | GHortelano *Amistades 259*: Ella aseguró que Julia estaba embarazada y les hizo creer, no solo eso, sino que le había hecho un legrado.

legua I *f* **1** Medida antigua de longitud, equivalente a 5.572,7 m. *Gralm en sent fig, en constrs como* A (CIEN, MIL) ~S, *con intención ponderativa.* | CNavarro *Perros 93*: Ambos trabajaban frente por frente en la misma mesa .. Sin embargo, ambos estaban a muchos kilómetros, a miles de leguas de distancia. DCañabate *Paseíllo 22*: No conocéis los Madriles de los barrios bajos, que están a mil leguas de la Puerta del Sol, de la calle de Alcalá. M. G. SEulalia *HLM* 23.5.77, 18: Las señoras aficionadas a lo oscuro compran, sobre todo, cuadros blancos y negros, a cien leguas de saber si esta muestra está reconocida por los eruditos historiadores de este atuendo marcial masculino.
II *loc adj* **2 de la ~.** (*hist*) [Cómico] que actúa en poblaciones pequeñas. *Tb, lit, referido a época moderna.* | Cabezas *Abc* 23.12.70, 23: En los mesones, que además de cuadras tenían hasta jaulas para las fieras de los circos ambulantes, alternaban con los viajeros de provincias, arrieros, trajinantes, cómicos de la legua.
III *loc adv* **3 a la ~.** De manera muy clara o evidente. *Normalmente con los vs* NOTAR *o* VER. | Delibes *Cinco horas 67*: La que le gustaba era yo, se notaba a la legua. Delibes *Parábola 16*: A la legua se ve que lo pasa mal.

legui *m* Pieza de cuero que cubre la pierna desde el tobillo a la rodilla, propia de algunos uniformes, esp. militares. *Normalmente en pl.* | ZVicente *Traque 12*: Los dos guardias municipales llevaban leguis y correajes nuevos. Pemán *Gac* 21.3.76, 3: El mecánico que se ocupa de engrasar el motor no tiene uniforme, ni leguis, ni gorra galonada, como los luce el conductor.

leguleyo -ya (*desp*) **I** *m y f* **1** Especialista en leyes. | * Has caído en manos del leguleyo, pobre de ti.
II *adj* **2** De(l) leguleyo [1]. | CPuche *Sabor 173*: Los pobres campesinos tenían que estar siempre pendientes de las argucias leguleyas de cuatro señoritos vividores y viciosos.

legumbre *f* **1** (*Bot*) Fruto alargado, monocarpelar y dehiscente, con varias semillas. | Legorburu-Barrutia *Ciencias 274*: Legumbre: Caja alargada unicarpelar con varias semillas: guisante, judía... Silicua. Semejante a las legumbres, pero bicarpelar y con un tabique central que sostiene las semillas: alhelí. **b)** *En gral:* Fruto en vaina. *Tb su semilla.* | CNavarro *Perros 68*: Se puso a leer una revista extranjera, donde incluso los anuncios gastronómicos cumplían con el cometido de hacer apetitosas cierta clase de legumbres. *BOE* 1.12.75, 25031: Harinas de las legumbres secas para piensos (yeros, habas, veza, algarroba y almortas).
2 (*raro*) Planta cultivada en huerta. | X. Domingo *Cam* 11.5.81, 85: Los espárragos son enemigos del vino. Tan solo un buen fino jerezano consigue acomodarse con las sales de esa legumbre fálica y abstemia.

legumbrera *f* Recipiente para servir legumbres. | Bernard *Verduras 36*: Se esparce esta salsita sobre las espinacas, bien escurridas, en una legumbrera.

leguminoso -sa *adj* (*Bot*) [Planta] de fruto en legumbre [1a]. *Frec como n f en pl, designando este taxón botánico.* | Ortega-Roig *País 85*: Otros cultivos, como las leguminosas, se dan indistintamente en tierras húmedas y secas: .. judías, garbanzos y lentejas.

lehendakari (*vasc; pronunc,* /lendakári/) *m* Lendakari. | E. Romero *Ya* 21.12.86, 11: Una figura actual y relevante de este nacionalismo fue la de Carlos Garaicoechea, que fue elevado a presidente del Gobierno vasco o *lehendakari*.

leíble *adj* (*raro*) Legible. | J. M. Sala *Van* 25.7.74, 34: La complejidad estructural (leíble tanto en doble columna como al modo habitual) no hace sino intensificar el significado de este poema "postumista".

leída *f* (*col*) Acto de leer. | * Échale una leída a este informe y dime qué piensas.

leído -da *adj* **1** *part* → LEER.
2 [Pers.] que tiene muchas lecturas [2b]. | Medio *Bibiana 69*: Bernabé .. es un hombre leído y de mucho mundo. **b)** ~ **y escribido.** (*col, desp*) Culto, o que presume de serlo. | Torrente *Saga 230*: Lilaila carecía de profesión y título, pero, como era muy leída y escribida .., se le ocurrió arreglar uno de los bajos de la casa y poner en él una escuelita para párvulos del barrio. DCañabate *Andanzas 11*: Era graciosa

leishmaniasis – lelo

su figura, ingenioso su decir y castizo su lenguaje. Y muy leída y muy escribida.

leishmaniasis (*pronunc corriente,* /leismaniásis/) *f* (*Med*) Leishmaniosis. | *Ya* 5.5.92, 14: El coste de la vacuna en los centros municipales es de 300 pesetas y, además, se hará el diagnóstico gratuito de leishmaniasis y rickettsiosis.

leishmaniosis (*pronunc corriente,* /leismaniósis/) *f* (*Med*) Infección causada por un protozoo del gén. *Leishmania*. | Nolla *Salud* 234: En el tratamiento de las leishmaniosis (kala-azar, botón de Oriente) se utilizaban los preparados de antimonio.

leísmo *m* (*Gram*) Uso del pronombre *le* como complemento directo masculino, en lugar de *lo*. | Amorós-Mayoral *Lengua* 20: El leísmo consiste en usar "le" (en vez de "lo") para un acusativo masculino: "le vi" (en vez de "lo vi").

leísta *adj* (*Gram*) Que practica el leísmo. *Tb n, referido a pers*. | Lapesa *HLengua* 303: En cuanto a *le, la, lo* y sus plurales, el Norte y Centro, leístas y laístas, continúan enfrentándose con Aragón y Andalucía, mejores guardianes de la distinción etimológica entre *le*, dativo, y *lo, la*, acusativos.

leitmotiv (*al; pronunc corriente,* /laitmotíf/ o /leitmotíf/; *tb, raro, con la grafía* **leit motiv**; *pl normal,* ~S o ~EN) *m* (*Mús*) Tema característico que se repite numerosas veces a lo largo de la obra. *Tb* (*lit*) *fuera del ámbito musical*. | Puente *Música* 192: El empleo del "motivo conductor" (*leitmotiv*) es la característica más saliente y aparente de la forma de expresión del compositor [Wagner]. Moix *Des* 12.9.70, 12: El "leit motiv" de la obra pasoliniana es .. esa nostalgia por la pureza perdida. GAmat *Conciertos* 138: De los *leitmotiven* [de Wagner] nos importa el uso magistral en el entramado sonoro, pero nos admira su valor como temas musicales.

leja[1] *adj* (*lit*) Lejana. *Solo en la constr* DE ~S TIERRAS. | Lapesa *Santillana* 159: En su poesía .. se describen detenidamente vestidos propios de lejas tierras.

leja[2] *f* (*reg*) Anaquel. | CPuche *Paralelo* 414: En unas pequeñas lejas de madera .. se alineaban distintos objetos de cristal o de cobre.

lejanamente *adv* De manera lejana. | J. L. Calleja *Abc* 30.12.70, 7: Otro, tal vez lejanamente emparentado con la revolución formal del Concilio, nos pronostica una "Feliz Navidad". MMolina *Invierno* 9: El piano insinuaba muy lejanamente las notas de una canción cuyo título no supe recordar.

lejanía *f* **1** Cualidad de lejano. | GPavón *Hermanas* 44: Daba [el espejo] a las imágenes una especial lejanía.
2 Parte del paisaje más lejana del observador. | R. RLosada *Abc* 27.4.75, 30: Su mirada táctil, derramada hacia la tierra parda y montuosa, se empapa de la vida que fluye y colorea a su alrededor, .. de la que serpea en la lejanía. **b)** Paraje lejano. | Torrente *Isla* 306: Había zarpado para el Oriente en seguimiento del general Napoleón, que andaba haciendo de Alejandro por aquellas lejanías.

lejano -na *adj* Que está lejos [1 y 2]. *Tb fig*. | Laforet *Mujer* 12: Paulina y Eulogio .. empezaron a oír los primeros truenos lejanos. FSantos *Catedrales* 151: Este viaje, como los otros, como aquellos lejanos .., pasará, acabará, y de esta noche no quedará ni siquiera un recuerdo demasiado concreto. Onieva *Prado* 144: Guercino .. De familia de artistas, se desconoce a su maestro, aunque no esté lejana la influencia de Caravaggio y también de los Carracci. **b)** [Pariente] que no lo es en primer o segundo grado. | CBaroja *Inquisidor* 52: Un militarcito francés, pariente lejano de la emperatriz Josefina, .. en un diario publicado en 1933 habla de la Inquisición como de un organismo a manera de espantajo.

lejía[1] *f* Disolución de sales alcalinas o neutras en agua, que se emplea en limpieza, esp. para blanquear ropa. | Medio *Bibiana* 217: Bibiana .. agita el agua con la mano para mezclarla bien con la lejía y empieza a meter la ropa. M. Aguilar *SAbc* 16.3.69, 54: Álcalis cáusticos (y sinonimias). Cáustico blanco .. Lejía de sosa. Lejía de potasa.

lejía[2] (*tb con la grafía* **legía**) *m* (*jerg*) Legionario. | Burgos *SInde* 7.10.90, 4: Una señora de Claudio Coello que vaya a misa a la Concepción es muy difícil que se enganche con la grifa de los "lejías". Berlanga *Barrunto* 77: Me han dicho que está majara por el siroco. Es un "legía" con mucho Tercio.

lejío *m* (*reg*) Ejido. | Burgos *ByN* 2.7.89, 142: Tú estás escribiendo para un periódico y sabes más o menos que estás en el campanario de la torre, que todo lo más te pueden oír en los confines del pueblo, en aquellos olivares del ruedo, todo lo más en el lejío de las eras.

lejonés -sa *adj* De Lejona (Vizcaya). *Tb n, referido a pers*. | *HLBR* 26.8.74, 6: [Lejona] sabe conservar .. sus fiestas .. con la eficaz acción de un lejonés al que algún día habrá que premiar.

lejos **I** *adv* (*con sent normalmente relativo. Cuando se expresa el término de referencia, este se enuncia precedido de la prep* DE) **1** A gran distancia. *Tb fig*. | SFerlosio *Jarama* 39: –¿Y adónde va este río?, ¿sabéis alguno adónde va? .. –Pues tengo entendido que coge el Henares, ahí por bajo de San Fernando; luego sé que va a dar al Tajo, muy lejos ya. Delibes *Ratas* 80: Ante cualquier desaguisado la gente decía: –Habrán sido los extremeños.– El Undécimo Mandamiento [una señora] iba más lejos. Y si .. se tenía conocimiento de cualquier buena acción, decía: –De seguro, los extremeños no han sido. **b)** *Tb referido a tiempo*. | * Estamos aún lejos de las vacaciones. **c)** *Precedido de prep, se sustantiva*. | Arce *Testamento* 37: Nos quedamos así, sin decir nada, hasta que eché a andar y le dije "adiós" desde lejos.
2 A cierta distancia. | * Si quieres salir en la foto, tienes que ponerte un poco más lejos. **b)** *Precedido de prep, se sustantiva*. | MGaite *Visillos* 21: –¿Conocías a Natalia?– Isabel miró el rostro pequeño, casi infantil. –Pues creo que la he visto alguna vez en la calle, de lejos.
3 a lo ~. En (o a) la parte más distante. *Sin compl* DE. | FSantos *Catedrales* 150: Se sienta muy temprano ante la puerta que da entrada al patio donde se encuentra el pozo y mira a lo lejos, más lejos que la pared que tiene enfrente, más allá del puerto y las lanchas.
4 ni de ~. Ni remotamente o ni por asomo. | Alfonso *España* 135: Un turismo que viene por aquí a hacer muchas cosas que en sus países de origen no se permitirían ni de lejos.
5 sin ir más ~ → IR.
II *loc prep* **6 ~ de**. En lugar de o al contrario de. *Gralm seguido de infin o de un pron neutro*. | LTena *Alfonso XII* 157: –Esperábamos de un momento a otro la rendición de los Generales Martínez Campos y Dabán. –¡Ca! Lejos de rendirse, Martínez Campos y Dabán han emprendido esta mañana .. la marcha hacia Valencia. *Inf* 29.9.75, 16: Aspiramos a participar en las decisiones continentales. Los europeos saben que este es un futuro pensable para España. Y por eso es inadmisible que, lejos de facilitárnoslo, nos lo pongan más difícil todavía.
III *m* **7** *En pl*: Efecto de lejanía de una parte de lo representado en una pintura o fotografía. | Hoyo *Glorieta* 85: Sin los lejos que la perspectiva exige, rozando las ruedas del avión, un puente se ve al lado izquierdo de las dos figuras, y al derecho, en una como lejanía, algo que se parece a la Torre del Oro sevillana.
IV *fórm or* **8 ~ de mí**, *o* **de nosotros** (*o* **de mi**, *o* **de nuestra**, **intención**) + *sust o expr sust*. Fórmula que expresa renuncia decidida a un posible intento o proyecto. | * Lejos de mí suponer eso. * Lejos de mí todo deseo de entrar en polémica. M. GPosada *País* 17.4.93, 14: Lejos de mi intención hacer aquí postulaciones feministas.
9 nada más ~ de la verdad (*o* **de mi pensamiento**, *etc*) **que** + *sust o expr sust*. Fórmula con que se denota que lo expresado es completamente ajeno a la verdad (o al pensamiento, la voluntad, etc, de la pers). A veces se omite el término de la comparación por consabido. | * Nada más lejos de la verdad que lo que acaban de decir. * Nada más lejos de nuestro pensamiento.

lek (*pl normal,* ~S) *m* Unidad monetaria de Albania. | *EOn* 10.64, 59: Principales unidades monetarias en el mundo .. Albania: .. Lek.

lelo -la *adj* (*col*) Atontado o pasmado. | Cela *Judíos* 244: Quien no engorda su petaca hasta reventar es porque es haragán y medio lelo. Landero *Juegos* 160: Se pasaba las horas con la mirada derribada y la expresión lela.

lema – lengua

lema *m* **1** Frase que condensa un ideal de conducta o de acción. | * Nuestro lema seguirá siendo el mismo: ningún niño sin escuela.
2 Eslogan. | *ElM* 17.4.93, 61: Lema sindical para el Primero de Mayo: "Sin empleo no hay futuro". VMontalbán *Tri* 11.4.70, 31: Tal vez los ojos de Carner no lleguen a leer desde lejos, pegado al cristal trasero de tanto utilitario, cómo uno de sus versos más conocido se ha convertido en el lema turístico de Granollers.
3 *En un concurso u oposición:* Palabra o frase que identifica la obra de un autor cuyo nombre permanece desconocido para el jurado hasta después del fallo. | *Sol* 24.5.70, 10: Concurso de Fotografías .. Cada obra llevará al dorso el título y el lema del conjunto de la colección.
4 Leyenda [de un escudo o emblema]. | * El lema del escudo estaba en latín.
5 (*Ling*) Palabra que encabeza un artículo de diccionario o de otra obra similar. | AEzquerra *Lexicogr. descriptiva* 102: La reducción del paradigma se hace a una forma canónica, el lema, representante de todas las variantes de la palabra.

lemming (*ing; pronunc corriente*, /lémin/; *pl normal*, ~s) *m* Mamífero roedor, semejante a una rata grande, con cola corta y pelo denso, propio de la región boreal (*Lemmus lemmus*). *Tb designa otras especies del mismo gén o afines*. | Savater *SPaís* 31.1.88, 8: Los lemmings que saltan en manada al mar y las ballenas que encallan en tierra sufren desorientaciones fatales.

lemnácea *adj* (*Bot*) [Planta] acuática de pequeño tamaño, de la familia de la lenteja de agua. *Frec como n f en pl, designando este taxón botánico.* | FQuer *Plantas med.* 964: Familia 129ª. Lemnáceas .. Esta familia comprende 25 especies.

lemnio -nia *adj* De Lemnos (isla del mar Egeo). *Tb n, referido a pers.* | GGual *Novela* 88: Las mujeres lemnias .. mataron a sus esposos e hijos y más tarde acogieron a Jasón y a los Argonautas.

lemosín -na I *adj* **1** De la región francesa del Limousin. *Tb n, referido a pers.* | Lapesa *Estudios* 123: La abadesa del monasterio, doña Nóbila de Périgord, era lemosina. Camón *LGaldiano* 12: Las placas de arqueta lemosina .. son también de ese siglo [XIII].
II *n* **2** Dialecto occitano propio de la región francesa del Limousin. | Lapesa *Estudios* 48: El capellán Ebrardus, extranjero también, es quien escribe el documento, mosaico de latín, castellano, mozárabe y lemosín. M. Marqués *Mad Extra* 12.70, 6: Hay actualmente un noble empeño de depurar el idioma valenciano, .. y tan puro y tan académico está resultando que se asimila al lemosín, al provenzal o al francés.

lemosino -na *adj* (*raro*) Lemosín [1]. *Tb n.* | Camón *LGaldiano* 18: Los Crucifijos, en placa de esmalte, son románicos: uno de Limoges, en relieve, y el otro, pieza primorosa .., es del taller de Tortosa, de finales del XII. El de plata es del siglo XIV, y el decorado con esmaltes es lemosino del XIII.

lempira *m* Unidad monetaria de Honduras. | *Abc* 13.10.74, 34: La O.E.A. calcula que el déficit comercial de Honduras será en 1975 de 1.200 millones de lempiras (unos 35.000 millones de pesetas).

lémur (*tb* **lemur**) *m* **1** Mamífero primate propio de Madagascar (gén. *Lemur*). *Frec en pl, designando este taxón zoológico.* | F. Martino *Ya* 20.11.75, 17: Entre los animales de sangre caliente hay que se vuelven somnolientos durante el frío (oso, mofeta, tejón) y los propiamente hibernantes: murciélagos, roedores, insectívoros, y existe hasta un primate: los lémures de Madagascar. Pericot-Maluquer *Humanidad* 26: La búsqueda puede empezar en los lemures y tarsios, prosimios del terciario inferior que han seguido hasta tiempos actuales.
2 (*hist*) *Entre los antiguos romanos:* Fantasma o espectro. *Tb* (*lit*) *fig.* | L. SBardón *SInf* 1.2.79, 4: Estrelleros, jorguinas, espantanublados, arrepticios, diantres, maléficos, lemures .. y recristos vagan por estas páginas cual alma en pena en busca de una identidad que se quedó en la noche de los tiempos. Borrás *Madrid* 157: Había un Madrid horrible, dos barrios tumorales, lo que se desenterraba a sí mismo al atardecer .. Eran pululaciones de lémures y súcubos que en la tiniebla salían a succionar un poco de vida.

lemúrido -da *adj* (*Zool*) [Mamífero] de la familia que tiene por tipo al lémur. *Frec como n m en pl, designando este taxón zoológico.* | Navarro *Biología* 308: Madagascar constituye una subregión faunística caracterizada por los monos prosimios o lemúridos.

lena[1] *f* (*lit, raro*) Alcahueta. | Onieva *Prado* 47: Dánae .. Está la diosa tendida en el lecho .. A su lado, una especie de lena pretende recoger en su delantal la áurea lluvia.

lena[2] *f* (*lit, raro*) Aliento. | FVidal *Duero* 225: El viajero, después de admirar el monumento, sube escaleras arriba y, algo falto de lena, alcanza la última ventana del torreón.

lencería *f* **1** Ropa de cama y mesa, o interior, esp. femenina. | *Lab* 10.73, 20: Esta sábana bordada responde al gusto por la lencería de bordado clásico. *Abc* 15.12.70, 9: Presenta las últimas creaciones en fajas, .. ajustadores, corpiños y lencería fina. *Lab* 2.69, 46: Lencería para bebé.
2 Establecimiento en que se confecciona o vende lencería [1]. | GTelefónica *N.* 605: Lencerías. Burján .. Clemente Ortiz, M. .. Creaciones Los Ángeles.

lencero -ra *m y f* **1** Pers. que fabrica o vende lencería [1]. | *Abc* 4.10.70, sn: Lencera-Bordadora, equipos novia. FReguera-March *Boda* 300: El lencero guardó los dos reales. –¡Pañuelos! –gritó–, ¡telas!, ¡quincalla!
2 (*hist*) Comerciante de lienzos. | Mercader-DOrtiz *HEspaña* 4, 174: En realidad [la Compañía General de Comercio] no era más que una ramificación financiera de los Cinco Gremios Mayores .. Los gremios agrupados fueron los de joyeros, especieros, lenceros, pañeros y sederos.

lendakari *m* Presidente del gobierno autonómico del País Vasco. | Cierva *Ya* 22.11.83, 8: Quiso el PNV borrar del *kalejero* la batalla de Lepanto, los Reyes Católicos, los nombres de Burgos, Santander, Cáceres, Mérida, Badajoz y Castilla, sustituidos profusamente por los lendakaris anteriores y por las provincias del País Vasco-francés.

lendel *m* Huella en círculo que deja en el suelo la caballería que da vueltas a una noria. | ZVicente *Hojas* 111: Quedan para siempre los paseos por las huertas, por los cerros, las horas de la siesta junto al lendel de la noria.

lendrera *f* Peine rectangular de púas finas y espesas a ambos lados. | Gerardo *NAl* 22.9.89, 19: En el portal y tras la puerta, el cántaro .., palancanero, estropajo de esparto, jabón y espejo, peine despuado, lendrera y toallero. Castellanos *Animales* 69: Para el aseo del pelaje se precisa un cepillo no demasiado grande ni duro, un peine tipo lendrera, que se usa para control de los insectos, y un peine preferentemente metálico, de púas planas.

lene *adj* (*lit*) Leve o ligero. | Delibes *Madera* 274: Su piel se escarapelaba y sus cabellos se disparaban como si un ser invisible, tirando de ellos, quisiese levantar del suelo su cuerpo lene y vaporoso.

leneas *f pl* (*hist*) Fiestas atenienses en honor de Baco, durante las cuales se celebraban los certámenes dramáticos. *Tb* FIESTAS ~. | *País* 2.8.81, 39: La obra ya era popular cuando Aristófanes preparó su coro de carboneros acar[n]ienses para las fiestas leneas.

lenense *adj* De Pola de Lena (Asturias). *Tb n, referido a pers.* | *NEs* 24.10.87, 10: Mañana, domingo, la localidad lenense de Jomezana volverá a ser escenario de una nueva muestra ganadera.

lengua I *n* A *f* **1** Órgano muscular situado en la cavidad de la boca y que sirve para gustar, para deglutir y, en el hombre, para articular sonidos del lenguaje. | GPavón *Hermanas* 31: El Caracolillo se crecía y miraba hacia el Faraón haciendo guiños y sacando la lengua, como si fueran figuras de su baile. Medio *Bibiana* 102: Marcelo chasquea la lengua. Ybarra-Cabetas *Ciencias* 372: La hendidura de la boca [de la lagartija] es profunda, la lengua bífida y protráctil y funciona como órgano del tacto.
2 Lenguaje [1a] utilizado por una comunidad humana. | GLópez *Lit. española* 20: Merced al uso general de la lengua latina, España gozó durante la dominación romana de una uniformidad lingüística que no consiguió quebrantar la invasión de los pueblos del Norte. **b)** ~ **franca**, ~ **materna**,

lengua – lengua

~ viva, **~ muerta**, **~ de oc**, **~ de oïl** → FRANCO, MATERNO, VIVO, MUERTO, OC, OÏL.

3 (*col*) Capacidad de hablar. *Normalmente con vs como* TENER. | Zunzunegui *Camino* 173: Picarona, no dices nada... ¿Has perdido la lengua?

4 Manera de hablar o de expresarse. *Tb en sent moral. Normalmente con un adj o compl especificador:* DE VÍBORA, VIPERINA, ESTROPAJOSA, DE TRAPO, *etc* (→ VÍBORA, VIPERINO, ESTROPAJOSO, TRAPO, *etc*). | MSantos *Tiempo* 89: Qué insolencia, qué lengua, Dios mío, qué lengua. **b) media ~.** Habla imperfecta. *Referido a niños.* | * En su media lengua, el niño dio a entender que se había perdido.

5 ~ larga. (*col*) Verbosidad, o tendencia a hablar mucho. | Gala *Señorita* 877: Los que no aman tienen la lengua larga; si no te dice nada es porque te ama. **b) Agresividad verbal.** | Aldecoa *Gran Sol* 96: Hijo mío, calma, no insultes, no te metas conmigo, que yo tengo la lengua larga.

6 malas ~s. (*col*) Gente murmuradora y maldiciente. *A veces con intención humoríst, designando la gente en gral.* | Laiglesia *Ombligos* 324: Malas lenguas aseguraban que el rubí que lucía en el turbante era falso. * Las malas lenguas dicen que vas muy bien en las oposiciones. **b) mala ~.** Maledicencia, o propensión a la maledicencia. | Nácher *Guanche* 10: Se hablaba .. de recientes fortunas almacenadas por algún comerciante de la isla. La cosa, según la mala lengua de la gente, se amañaba del siguiente modo.

7 *En un glaciar:* Masa de hielo que avanza. | Alvarado *Geología* 99: En los glaciares de las altas latitudes, los extremos de las lenguas suelen penetrar en el mar (o en los lagos).

8 ~ de(l) agua. Masa de agua del mar o de un río, que penetra en la tierra. | Brocense *HLM* 10.9.79, 37: Pedreña y Somo, que están al otro extremo de la lengua del agua. *Ya* 31.8.83, 10: De ahí la violencia poco frecuente en esta área de las riadas y la causa de los daños producidos por las lenguas de agua en las zonas bajas. **b) ~ del agua.** Parte del agua del mar o de un río, que toca el borde u orilla. | Guillén *Lenguaje* 35: *Flor* no la empleamos en su acepción segunda de lo más escogido de una cosa, sino para lo primero que sale o se ve: como .. *flor de agua*, que en ciertos casos puede ser *lengua del agua*, y por ello esta se dice que lame.

9 ~ de tierra. Porción de tierra, alargada y estrecha, que entra en el mar o en un río. | *Gac* 16.1.72, 34: Esta lengua de tierra es la única parte del continente austral que se aventura al norte del círculo polar. J. L. Medina *SYa* 9.11.73, 3: Cádiz arrebata al mar cada día un poco más .. La lengua de tierra que la une a San Fernando ofrece el único respiro para la edificación.

10 ~ de fuego. Llama. | Lera *Clarines* 362: Cuando contemplaba aquellas figuras dolientes que volvían los ojos hacia un cielo lejano .., abrazadas por lenguas de fuego rojas y amarillas, se veía a sí misma después de muerta.

11 ~ de gato. Bizcocho pequeño, duro, de forma alargada y muy delgado. | *Cocina* 603: Lenguas de gato. Ingredientes y cantidades. Harina: 100 gramos. Mantequilla: 50 [gramos]. Azúcar glas: 100 gramos. Claras: 2. **b)** Dulce de chocolate de igual tamaño y forma que la lengua de gato. | * Siempre le regala bombones o lenguas de gato.

12 *Seguido de diversos adjs o compls, designa diferentes especies vegetales:* ~ CERVINA, CERVAL O DE CIERVO (*Phyllitis scolopendrium*), ~ DE BUEY (*Anchusa azurea*, *Echium vulgare*, *Rumex obtusifolius*, *Fistulina hepatica*, *etc*), ~ DE GATO (*Hydnum repandum*), ~ DE OVEJA (*Scorpiurus muricatus*, *S. sulcatus y S. vermicutatus*), ~ DE PÁJARO (*Polygonum aviculare*), ~ DE PERRO (*Cynoglossum officinale, C. pictum*), ~ DE SERPIENTE (*Ophioglossum vulgatum*), ~ DE VACA (*Anchusa azurea*, *Rumex crispus*), *etc.* | Bustinza-Mascaró *Ciencias* 285: Son helechos corrientes: el polipodio común, .. el culantrillo de pozo y la escolopendra o lengua cervina. Cendrero *Cantabria* 88: Estrato herbáceo .. *Phyllitis scolopendrium* (L.) Newman.: Lengua de ciervo. Remón *Maleza* 98: *R*[*umex*] *obtusifolius* L. Nombre común: Romaza, Lengua de buey. Perala *Setas* 84: *Fistulina hepatica*. Lengua de buey. Perala *Setas* 85: *Hydnum repandum*. Gamuza. Pie de cordero .. Lengua de gato. Cuevas *Finca* 15: La yeguada .. pace .. las lenguas de oveja de la ería. Mayor-Díaz *Flora* 346: *Scorpiurus muricatus* L. "Lengua de oveja". FQuer *Plantas med.* 148: Centinodia. (*Polygonum aviculare* L.) Sinonimia cast[ellana], .. lengua de pájaro. Mayor-Díaz *Flora* 462: *Cynoglossum officinale* L. "Lengua de perro". Mayor-Díaz *Flora* 363: *Cynoglossum creticum* Miller "Lengua de perro". (Sin. *C. pictum* Aiton.) Mayor-Díaz *Flora* 323: *Ophioglos*[*s*]*um vulgatum* L. "Lengua de serpiente". Mayor-Díaz *Flora* 460: *Anchusa azurea* Miller "Lengua de vaca". (Sin. *A. italica* Retz.) Alvar *Islas* 51: Hay cuevas limpias y confortables: con sus macetas de verodes, de lengua de vaca, de orobal.

13 ~ azul. Enfermedad contagiosa del ganado ovino, producida por un virus y caracterizada por coloración azul de la lengua [1], ulceración en la boca y cojera. | Bustinza-Mascaró *Ciencias* 223: Hay enfermedades (peste aviar, mal rojo de los cerdos, .. lengua azul de los ovinos, etc.) que pueden diezmar la cabaña nacional.

B *m y f* **14 ~ larga** → LENGUALARGA.

15 (*hist*) Intérprete de lenguas [2] indígenas americanas. | Céspedes *HEspaña* 2, 451: Casi siempre figuran en la tripulación no solo gentes de mar, sino .. uno o más veedores .., un cirujano .., un escribano o secretario .., un intérprete (lengua) de idiomas indígenas. Calonge *Texto* 56: Parece ser que el indio lengua encargado de traducir esta impresionante frase no era quechua y no sabía este idioma. Cunqueiro *Gente* 13: Ayer entré en una taberna en cuyas paredes colgaban doce estampas .. en las que se contaba la historia de don Hernán Cortés y los amores del capitán con la lengua Marina.

II *loc v* **16 andar en ~s.** (*col*) Ser objeto de comentarios y murmuraciones de la gente. | MGaite *Cuento* 381: El que ama la narración teme el chisme, el resumen, el andar en lenguas.

17 darle a la ~. (*col*) Hablar. | * ¡Cómo te gusta darle a la lengua!

18 darse la ~. (*col*) Besarse [dos perss.] poniendo en contacto sus lenguas [1]. | Cela *SCamilo* 160: Tu tío .. tiene sus más y sus menos con la criada ..; tu tía Octavia, su mujer, ni se lo imagina, la verdad es que aunque se los encontrase dándose la lengua no habría de creerlo.

19 haberle comido [a alguien] **la ~ el gato.** (*col*) Negarse [alguien] a hablar, o mantenerse en silencio. | * ¿Por qué no contestas? ¿Te ha comido la lengua el gato?

20 hacerse ~s [de alguien o algo]. Alabar[lo] encarecidamente. | Cuevas *Finca* 20: Seguían haciéndose lenguas de la santidad de doña Gertrudis.

21 irse de la ~. (*col*) Decir [alguien] por imprudencia lo que debería o querría callar. | Tomás *Orilla* 329: Con las putas no se puede. Siempre se tienen que ir de la lengua.

22 írsele [a uno] **la ~.** (*col*) Escapárse[le] por imprudencia palabras que no debería o querría decir. | ZVicente *Balcón* 45: ¿Por quién nos has tomado? ¡Quiero pensar que se te fue la lengua!

23 meterse [alguien] **la ~ en el culo.** (*vulg*) Callarse. *Frec en constrs de sent imperativo.* | Marsé *Dicen* 105: A ver si nos metemos la lengua en el culo, ¿eh, Palau?

24 morderse la ~. (*col*) Abstenerse [alguien] de decir lo que quisiera. | LRubio *Teatro 1964* 195: Suelen hoy despreciarse el estilo y el cuidado en la forma para rendirse al fácil exabrupto y hasta la interjección .. No quiere decir esto que mis personajes se muerdan la lengua. **b) no morderse la ~.** Decir sin miramientos lo que se piensa. | * Ese no se muerde la lengua; dice las cosas como son.

25 mover la ~. (*col*) Hablar. | Zunzunegui *Hijo* 52: Hablar, hablar..., lo que tienes que haser es no mover tanto la lengua.

26 no entrar la ~ en el paladar. (*reg*) Hablar mucho. | MMolina *Jinete* 378: Manuel, que no te entra la lengua en el paladar, que te bebes un vaso de vino y te da por enhebrar embustes y ya no hay quien te pare.

27 no tener pelos en la ~ → PELO.

28 parecer que [una pers.] **ha comido ~.** (*col*) Estar [esa pers.] hablando mucho, o estar muy locuaz. | * Cállense. Parece que han comido lengua.

29 sacar la ~ [a alguien]. Burlarse [de él] con el gesto de sacar la lengua [1] en su presencia. | * Niño, no saques la lengua a tu hermana.

30 soltarle [algo (*suj*)] **la ~** [a alguien]. (*col*) Incitar[le] a la locuacidad. | MGaite *Nubosidad* 58: Decías que la noche te soltaba la lengua. **b) soltársele** [a una pers.] **la ~.** Ponerse [esa pers.] locuaz. | Cuevas *Finca* 79: Callaron los hermanos, firmes en resistirse. –¡Húndele la navaja en la cara, a ver si se le suelta la lengua!

31 tener [algo] **en la punta de la ~** → PUNTA.

32 tirar [a alguien] **de la ~.** (*col*) Hacer[le] hablar, esp. para decir algo que debería o querría callar. | Arce *Precio* 163: Vienen y me hacen hablar. Yo me dejo tirar de la lengua. Les cuento cuatro cotilleos y ellas lo gozan. SSolís *Juegos* 21: Quizá podría aprovechar materiales aldeanos [para mi obra] si me molestaba en observar un poco y en tirarles de la lengua a los campesinos.
III *loc adv* **33 con la ~ fuera.** (*col*) Con mucha fatiga. *Gralm ponderando el apresuramiento o el agobio con que se hace algo.* | SSolís *Juegos* 105: Mina apenas lograba, con la lengua fuera, darse una carrera por la tarde hasta casa de Flora. J. L. Cebrián *País* 26.11.78, 9: Un momento de creciente deterioro del ejecutivo, que va a llegar al 6 de diciembre casi con la lengua fuera, acosado a un tiempo por el terrorismo, la inquietud económica, graves problemas en la política exterior y una crisis global de su autoridad.

lenguado *m* Pez marino plano, de rostro redondeado, boca pequeña y ambos ojos en el lado derecho del cuerpo, que tiene unos 40 cm de largo, suele vivir sobre fondos arenosos y es comestible muy apreciado (*Solea solea*). *Tb designa otras especies similares.* | Noval *Fauna* 420: Entre las especies de arena, el Lenguado común (*Solea solea*), de color muy oscuro, que mide entre 25 y 40 cm. Durante el día permanece enterrado en la arena y es activo de noche.

lenguadociano *m* Lengua de oc. | Vicens *Universo* 261: El paisaje, las costumbres y el habla peculiar hacen de Provenza, con el resto de la Francia meridional, un mundo singular: el Midi, donde prevalece el lenguadociano como idioma rural.

lenguaje *m* **1** Medio de comunicación humana que se basa en un sistema de signos constituidos por sonidos articulados. | Amorós-Mayoral *Lengua* 5: El lenguaje es un medio de comunicarnos con los demás. **b)** *En gral:* Sistema de signos. | M. PCalderón *HLM* 14.5.79, 3: No nos referimos .. al lenguaje del abanico o de la tarjeta de visita de nuestros abuelos. *Van* 14.11.74, 50: No cabe pensar que la comodidad del auténtico lenguaje algebraico sea común en las calculadoras. **c)** (*Informát*) Conjunto de símbolos, caracteres y reglas que permite la comunicación con un ordenador. | *País* 15.5.77, 7: Empresa radicada en la Coruña precisa analista .. Imprescindible completo conocimiento de Programación en lenguajes COBOL y/o NEAT3. *SPaís* 13.4.80, 8: El lenguaje que utiliza [el ordenador] es el basic y el basic extendido.
2 Lenguaje [1a] utilizado por una comunidad humana. | L. Calvo *SAbc* 12.4.70, 11: Hay, del Canadá a la frontera mejicana, unas noventa y seis tribus indias, que hablan cuarenta lenguajes.
3 Manera de expresarse. | SSolís *Camino* 25: –¡Esa vieja asquerosa...! .. –¡Bueno..., bueno, hija; no..., no uses ese lenguaje, por Dios! **b)** (*lit*) Forma artística de expresión. | Casares *Música* 5: En este libro he intentado dar una visión de lo que ha sido la música en cada período histórico: las características de su lenguaje, sus cambios, la función que ha tenido. J. PIriarte *Mun* 23.5.70, 20: Eisenmann es el hombre que ha intentado hacer una aplicación del método estructuralista al lenguaje arquitectónico.

lengualarga (*tb con la grafía* **lengua larga**) *m y f* Pers. que habla demasiado, esp. la que por imprudencia revela lo que no debe. *Tb adj.* | * No se lo cuentes a ese, que es un lengua larga. Llovet *Tartufo II* 13: ¡Tú te callas, rica!... Para sobrinita pobre eres demasiado lengualarga. J. M. Javierre *Gac* 25.1.76, 15: Un noble lengualarga del siglo XVI, el conde Nassino .., buscando las pulgas a todos los vecinos del contorno, se sintió respetuoso con los Montini.

lenguarada *f* Lengüetazo. | Faner *Flor* 77: Un perro galgo se frotaba con sus piernas, meneando la cola, husmeándolo, dándole lenguaradas en las botas.

lenguaraz *adj* **1** [Pers.] deslenguada, o atrevida en el hablar. | CBonald *Ágata* 218: Un ganadero de la Tabla con fama de bujarrón, a quien había arruinado .. aquella hembra rozagante y lenguaraz. **b)** Propio de la pers. lenguaraz. | *Ya* 17.11.90, 12: Gil, inhabilitado, .. El presidente atlético ha sufrido la primera consecuencia de su desparpajo lenguaraz y maledicente.
2 (*reg*) [Pers.] chismosa, o que habla mucho criticando a otros. | SSolís *Camino* 211: ¿Cómo la gente podría ser tan malpensada y tan lenguaraz?

lenguatero -ra *adj* (*reg*) Lenguaraz. | Torrente *Saga* 483: Llevaba en la mano [doña Lilaila] una bujía que agrandaba mi sombra y la arrastraba, pero ni aun a rastras se callaba, aquella lenguatera [mi sombra].

lenguatón -na *adj* (*reg*) Lenguaraz. | Campmany *Abc* 24.4.89, 22: El celtíbero más lenguaraz, deslenguado, lenguatón, lengüilargo, inverecundo y frescales de todo el reino de las Batuecas.

lenguaza *f Se da este n a las plantas Anchusa azurea, A. italica, A. officinalis y Picris comosa.* | FQuer *Plantas med.* 552: Lengua de buey. (*Anchusa azurea* Miller.) Sinonimia cast[ellana], .. lenguaza. FQuer *Plantas med.* 863: Lenguaza. (*Picris comosa* Font Quer.) .. La lenguaza difiere de la especie precedente [Raspasayo, Picris echioides L.] por tener las hojas basales más anchas ..; los capítulos son mayores.

lengüeta *f* Cuerpo o pieza pequeños, largos y estrechos, a manera de lengua [1]. | Berlanga *Barrunto* 27: Tras la lengüeta del buzón, abajo, se ve una cesta de mimbre desbordada por las cartas que trepan rampa arriba. Delibes *Ratas* 58: El tío Ratero, dentro de la cueva, observaba las lengüetas agresivas y cambiantes de las llamas, arrullado por los breves estallidos de los brotes húmedos. Moreno *Galería* 231: Eran [los chicos] dueños de matraca, carraca de una lengüeta o carracones de dos, tres y a veces cuatro. Bustinza-Mascaró *Ciencias* 239: Las hojas de las gramíneas llevan en la parte superior de la base del limbo una pequeña lengüeta membranosa llamada lígula. **b)** *En algunas botas y zapatos:* Tira que protege la parte interior del cierre. | * Estira bien la lengüeta de la bota, que si no te hará daño. **c)** (*Mús*) *En los instrumentos de viento:* Laminilla móvil que abre y cierra el paso del aire. | Perales *Música* 38: El "Oboe", instrumento de lengüeta doble, es quizá el más importante de los integrantes de esta gran familia. **d)** *En algunos utensilios:* Hierro en forma de anzuelo. | Marta *SYa* 18.9.77, 23: Las malas hierbas suelen brotar en los arriates de flores. Es necesario quitarlas .. El cuidado se puede hacer a mano con escardaderas de garra o de lengüeta, según preferencias. **e)** (*Zool*) Porción terminal del labio inferior de los insectos. | Ybarra-Cabetas *Ciencias* 345: Cuando vemos a las abejas revoloteando por las flores, van buscando el néctar de las mismas, que toman mediante su lengüeta y lo almacenan en una especie de buche.

lengüetazo *m* Golpe dado con la lengua [1], esp. al lamer. *Tb fig.* | Delibes *Parábola* 68: Al principio trató de platicar con Gen seriamente pero nunca recibió otra respuesta que un aullido o un lengüetazo. Montero *Reina* 80: El Poco se cambió la colilla apagada de una esquina a otra de la boca con un experto lengüetazo. CPuche *Sabor* 189: La olla gemía sobre los lengüetazos de la lumbre.

lengüetear *intr* Dar lengüetazos. *Tb fig.* | Aparicio *Alc* 14.10.78, 3: Aunque lengüeteen, no se fían demasiado del eurocarrillismo santiagués.

lengüilargo -ga *adj* (*col*) Lenguaraz. | CBonald *Casa* 80: Apalabró por entonces a un muchacho .. lengüilargo y no corto de luces.

lenidad *f* (*lit*) Blandura en la exigencia de las obligaciones o en el castigo de las faltas. | FReguera-March *Caída* 405: Son precisamente los más adictos al régimen los que con su lenidad más ayudan a los republicanos.

lenificar *tr* (*lit*) Suavizar o mitigar. | Nieva *Abc* 26.2.84, 3: El "buen natural" de Madrid lenifica un tanto lo forzado de su existencia como capital.

leningradense *adj* De Leningrado (Rusia). *Tb n, referido a pers.* | XSandoval *MHi* 12.70, 77: Las horas nocturnas se convierten en largos crepúsculos de delicado colorido, espectáculo impar que gozan los leningradenses.

leninismo *m* Doctrina política y económica comunista de Lenin († 1924). | Aranguren *Marxismo* 114: La consideración del Imperialismo como la fase última del Capitalismo viene a completar el cuadro del leninismo.

leninista *adj* Del leninismo. | *Van* 4.11.62, 11: Los logros soviéticos serían ahora "inconmensurablemente mayores" si no hubiera habido "violaciones de las normas leninistas". **b)** Partidario del leninismo. *Tb n.* | P. Cambra *DPa* 23.1.81, 9: No prestamos suficientes oídos a la sorpren-

lenitivo – lento

dente coral que está entonando el comunismo español, los "carrillistas" en plan voces blancas, y los "leninistas afganos" catalanes como potentes tenores.

lenitivo -va *adj* Que sirve para suavizar o mitigar. *Frec n m, referido a medicamento. Frec fig.* | A. Avizor *Med* 1.4.60, 4: Junto al transcurso del tiempo, con su poder lenitivo y cicatrizante, están los hechos transcurridos. Villapún *Moral* 79: La esperanza constituye el lenitivo de los dolores y es el bálsamo más suave para las llagas morales.

lenocinio. de ~. *loc adj* [Casa] de prostitución. | Cela *SCamilo* 22: En la guía *Madrid de noche* de don Antonio Aullón Gallego a las casas de lenocinio se les llama casas discretas autorizadas y a las casas de citas maisons meublées.

lenón *m* (*lit, raro*) Dueño de un prostíbulo. | GGual *Novela* 335: Los piratas han ido a vender la joven a Mitilene en el mercado de esclavos. Pujan en competencia Atenágoras, gobernador de la ciudad, y el dueño de un burdel, que prevé un buen negocio, en una escena casi cómica, y es el lenón quien compra la joven.

lentamente *adv* De manera lenta. | Cunqueiro *Un hombre* 11: Lentamente el hombre se dirigió hacia el foso. *Cocina* 335: Se deja cocer un cuarto de hora lentamente.

lente A *f* (*tb, más raro, m en acep 1*) **1** Pieza de vidrio u otra sustancia diáfana, con caras cóncavas o convexas, que se emplea en instrumentos ópticos. | M. Aguilar *SAbc* 16.6.68, 39: Conocido es el caso de poner una lente entre el sol y un matojo seco e incendiar este. *Lev* 21.7.76, 1: "Vikingo 1", en Marte .. Por ninguna parte, el lente de la cámara montada en el tope del escarabajo electromecánico ha logrado descubrir marcianos. **b) ~ de contacto** → CONTACTO.

2 (*Min*) Yacimiento cuyo espesor, relativamente pequeño, va disminuyendo del centro hacia los extremos. | Ybarra-Cabetas *Ciencias* 80: Si el espesor de una capa va disminuyendo en una dirección, el estrato se denomina cuneiforme; si en todas, forma las llamadas lentes.

B *m* **3** *En pl:* Juego de dos lentes [1a] para miopes o présbitas, con armadura sin patillas, para sujetarlos sobre la nariz. *Tb ~S DE PINZA*. | Ridruejo *Memorias* 26: Mis compañeros más interesantes de aquel año fueron Antonio Tovar, que ya era latinista .., y Francisco Primo Sánchez y Fernández de Orovio, un asturiano de aspecto delicado, con lentes de pinza, que tenía la biblioteca particular más extensa del colegio. **b)** (*pop*) Gafas. | GPavón *Hermanas* 49: Plinio levantó los ojos del cuadernillo y quedó mirándole sobre los lentes.

lentecer (*conjug* **11**) *tr* (*raro*) Aflojar o debilitar. | Rojas *Guerra* 67 (G): Lentecíase la acción y adoptábanse planes contrarios a la buena marcha de la guerra.

lenteja *f* **1** Planta leguminosa cuya semilla, pequeña, parda y en forma de disco, es comestible y muy nutritiva (*Lens esculenta*). *Tb su fruto y esp su semilla*. | Bustinza-Mascaró *Ciencias* 268: Otras papilionáceas de interés ..: el garbanzo, la lenteja, el haba, .. el trébol. Laforet *Mujer* 64: No le gustaba .. pasarse el día .. pensando en el precio de lentejas y judías.

2 ~ de agua, o **acuática.** Planta acuática que flota en la superficie de charcas o estanques, con pequeñas hojas verdes y planas y flores muy pequeñas y raras (*Lemna minor*). | Ybarra-Cabetas *Ciencias* 416: El agua es indispensable para la vida de todos los vegetales. No hablamos de las plantas acuáticas, como la lenteja de agua, el nenúfar, etc. J. L. Aguilar *Ya* 1.6.88, 21: Algunas macrofitas, como la "lenteja acuática", tienen gran valor alimenticio.

lentejal *m* Terreno sembrado de lentejas [1]. | IMozas *CoZ* 8.5.64, 6: Las tierras de legumbres, tanto algarrobas como lentejales y garbanzales, también piden un poquito de agua.

lentejil *m* (*reg*) Lantochil o helecho real (planta). | Mayor-Díaz *Flora* 519: *Osmunda regalis* L. "Helecho real", "Lentejil", "Lantochil". Pl[anta] v[ivaz] de 60-150 cm. Rizoma espeso. Frondes ampliamente peciolados .. Muy frecuente .. Alisedas y taludes húmedos y sombríos.

lentejuela *f* **1** Pequeño disco de metal u otra materia brillante, que se cose como adorno en algunas prendas de vestir. | *Lab* 9.70, 53: La cara se borda con hilo de seda y la cola está completamente cubierta por lentejuelas doradas, plateadas y verdes.

2 (*reg*) Grano de carbunco. | Cela *Viaje andaluz* 189: En algunas partes de Andalucía se llama .. lentejuela a los granos carbuncales, que jamás son buenos.

lenticela *f* (*Bot*) Vía de aireación en la corteza de los árboles, que presenta el aspecto de una pequeña mancha porosa. | Navarro *Biología* 104: La capa suberosa de los troncos .. presenta grietas o hendiduras denominadas lenticelas, destinadas al aireamiento de los tejidos interiores.

léntico -ca *adj* (*Ecol*) [Agua] tranquila o inmóvil. | Cendrero *Cantabria* 71: Aguas lénticas. (Lagunas, charcas estacionales, embalses, etc.) **b)** De(l) agua tranquila o inmóvil. | Cendrero *Cantabria* 71: La descripción de la flora, en las masas de agua dulce de carácter léntico, solo abarca las especies fanerógamas.

lenticular I *adj* **1** [Forma] de lenteja o de lente. | Ybarra-Cabetas *Ciencias* 77: Se llaman batolitos a masas magmáticas consolidadas totalmente en el interior de la corteza terrestre, de forma generalmente lenticular.

2 Que tiene forma lenticular [1]. | *Cam* 21.7.75, 5: La variedad de materiales y lentes empleados (blandos, bifocales, multifocales, cilíndricos, lenticulares, esclerales, cosméticos). **b)** (*Dep*) [Rueda] de bicicleta en que la llanta y el eje están unidos, además de los radios, por una estructura metálica continua sumamente ligera, destinada a aumentar el aerodinamismo. | J. Redondo *Ya* 30.5.85, 44: Hinault con bicicleta a la última, con sendas ruedas lenticulares.

II *m* **3** (*Anat*) Huesecillo del oído medio, de forma lenticular [1]. | Bustinza-Mascaró *Ciencias* 85: Desde el tímpano hasta la ventana oval se extiende una cadena de huesecillos: martillo, yunque, lenticular y estribo.

lentificación *f* Acción de lentificar. | *VAl* 28.1.90, 57: Las presiones terapéuticas excesivas, efectuadas con la esperanza de acelerar los movimientos dentarios, producen isquemia, la cual, a su vez, condiciona una paradójica lentificación de aquellos.

lentificador -ra *adj* Que lentifica. | J. Menéndez *Abc* 25.2.68, 66: La Guinea .. quiere que entren en el interior las mercancías extranjeras, pero no abiertamente, sino por lenta filtración, pasando morosamente el cañamazo de los aranceles, el entramado lentificador de los derechos aduaneros.

lentificar *tr* Hacer más lento [un movimiento o un proceso]. | Umbral *Hijo* 136: Franco despolitiza a los españoles, lentifica la política.

lentilla *f* Lente de contacto. | Forges *Forges* 188: –Buenos días, deseo unas lentillas de color de rosa. –¿Modelo político o económico? *HLSe* 3.11.75, 14: Óptica Malet .. Lentillas rígidas y blandas.

lentisca *f* (*reg*) Labiérnago o lentisco (*Phillyrea angustifolia*). *Tb en la forma dim* LENTISQUILLA. | GPavón *Cuentos rep.* 47: Podríamos salir de campo al río .. y asar chuletas con la lentisca y hacer pipirranas. Rodríguez Monfragüe 152: Encontramos las siguientes [especies] en el bosque y matorral mediterráneos: lentisco (*Pistacia lentiscus*), .. lentisquilla (*Phillyrea angustifolia*).

lentiscar *m* Terreno en que abundan los lentiscos. | CBonald *Noche* 292: La Cañavera pasó así de ser un campo medio baldío, poblado de lentiscares y huertecillos mustios, a un arrabal de viviendas de adobe encalado.

lentisco *m* Arbusto perenne y aromático, propio de la región mediterránea, de hojas coriáceas y lustrosas, flores pequeñas y rojas en racimos y fruto en drupa, que es primero roja y luego negra (*Pistacia lentiscus*). A veces (*reg*) designa las especies *Phillyrea latifolia, P. media y P. angustifolia*. | Alós *Hogueras* 208: Hay mirto y unos lentiscos jóvenes. CBonald *Ágata* 228: No advirtió Pedro .. el ojo de jabalina que acechaba al resguardo de unos lentiscos.

lentitud *f* Condición de lento. | Laforet *Mujer* 162: Las manecillas del reloj empezaron a girar con lentitud enervante.

lento -ta *adj* (*frec, col, en la forma desp* LENTORRO) **1** [Pers. o cosa] que emplea más tiempo del normal o esperable [en una acción (*compl* PARA *o* EN, *o ger*)]. *Frec se omite el compl por consabido*. | Olmo *Golfos* 164: Don Poco, lento, sa-

có su cartera y en ella guardó la foto. **b)** [Pers. o cosa] que se mueve con poca velocidad. | Berlanga *Gaznápira* 171: Las aspas lentorras del ventilador mareando el techo. **c)** [Pers.] que tarda en reaccionar o en comprender. | Umbral *Españolas* 65: La blanca es como más sosa y lentorra. Diosdado *Anillos* 1, 194: Es que no lo entiendo muy bien, ¿sabes? Soy un poco lento. **d)** [Acción o proceso] que se produce con poca velocidad. | Marcos-Martínez *Física* 259: La respiración de los seres vivos es un ejemplo de combustión lenta. E. Haro *Tri* 26.12.70, 5: Nada vino a cambiar la sensación trágica de oquedad del hambre, la consunción lenta de la enfermedad. GAmat *Conciertos* 43: El compositor, en esta ocasión, sustituye el tiempo lento central por dos acordes del clave. **e)** [Fuego] que permite que la cocción sea lenta. | Jo. Cortés *Ide* 9.10.75, 14: El resto del caldo se deja cocer a fuego lento durante unos diez minutos. **f)** [Cámara].
lenta → CÁMARA.

lenzón *m (reg)* Tela grande de cáñamo formada por la unión de varias piezas y usada en la recogida de la aceituna y otras labores agrícolas. | Gerardo *NAl* 13.10.89, 13: Cuando se fue el hielo, .. a coger olivas: dedil, dedilera, "cepurro" (ceporro) y lenzón.

lenzuelo *m (raro)* Pañito de lienzo. | Torrente *Off-side* 211: Coge un vaso de cristal basto, limpia su interior y su borde con un lenzuelo blanco.

leña I *f* **1** Madera cortada para quemar. | Ortega-Roig *País* 88: Se puede obtener también del bosque leña. **b)** Trozo de madera cortado para quemar. | Delibes *Voto* 94: –¿Me alarga usted un palo?– Víctor se adelantó hasta unas leñas amontonadas al costado del chamizo y le entregó una. **c)** Rama o planta seca que solo sirve para hacer leña. | Delibes *Inf* 2.6.76, 19: El rastral se trabó en una leña, .. y la trucha quedó penduleando a tres metros de la orilla.
2 *(col)* Golpes o palos. *Tb fig*. | Cela *SCamilo* 199: Lárguese usted, don Gerardo, que aquí se va a repartir leña a manta. ZVicente *Ya* 27.12.70, sn: Decía que lo mejor para gobernar es leña, leña. L. Calvo *Abc* 18.12.70, 27: Si Varsovia no da leña y escarmiento, Moscú tendrá que intervenir. **b)** ~ **al mono.** Leña. *Frec fig. Normalmente con el v* DAR. *Tb, sin v, como fórmula exhortativa, a veces seguida de algún incremento humorístico* (QUE ES DE GOMA, *etc*). | L. I. Parada *Abc* 28.4.90, 79: El Tribunal solo ha dicho, con respecto a los presuntos defraudadores: "Leña al mono, que es de goma".
3 *(Taur)* Cornamenta. | J. Castedo *SMad* 22.11.69, 7: Un encierro con mucha leña en la cabeza, manda al "hule" a dos matadores en una corrida carabanchelera.
II *loc v* **4 echar ~ al fuego.** Contribuir a que aumente algo que se considera un mal. | Payno *Curso* 245: Esto es erróneo. Es echar leña al fuego.
5 hacer ~ del árbol caído. Ensañarse con alguien que ha caído en una situación deplorable o de desventaja. | SSolís *Juegos* 148: Ha pedido el divorcio .. Pretende quedarse con los hijos y con casi todo lo que tenemos .. Ahora, cuando yo necesitaría que me creyera y me respaldara, ¿qué hace?, ¡leña del árbol caído!
6 llevar ~ al monte. Proporcionar algo a quien lo tiene en abundancia. | * Tú siempre tan genial, llevando leña al monte. ¡Mira que regalar vino a un bodeguero!

leñador -ra I *m y f* **1** Pers. que se dedica a cortar leña [1a]. *Esp la que lo hace por oficio*. | DCañabate *SAbc* 16.2.69, 37: Veía caer las puntas de los pitones como si el hacha del leñador derribara la arrogancia de un árbol. J. Portocarrero *DBu* 5.7.64, 7: Roma .. desea recuperar a su bien formada "leñadora" de "Pan, amor y fantasía".
II *adj (lit)* **2** De(l) leñador o de (los) leñadores. | Lorenzo *SAbc* 22.9.74, 10: De sol a sol, en la hondura del monte se ha oído y no se ha visto el son del hacha leñadora.

leñar *intr* Hacer leña [1a]. | Soler *Caminos* 38: Al Xic se le pagaba un tercio más de jornal cuando iba al bosque a leñar.

leñazo *m (col)* Golpe, o agresión física, esp. con un palo. *Frec con el v* DAR *u otro equivalente*. | Paso *Sirvientes* 19: –¿Que te pegaron? –¡Un leñazo! ZVicente *Examen* 58: Se desparramaba el pasmo ante el lujo de los nuevos cines de la Gran Vía .. Bajo la luz acogedora de aquellas sobremesas, sonaron .. las excitantes carreras en el oeste americano, siempre despachando indios a leñazo limpio. **b)** Golpe, o colisión violenta. *Gral con el v* DARSE. | * Vaya leñazo que se dio el coche. *DLi* 3.3.78, 7 (C): Leñazo en el aire. [*Choque de aviones.*]

leñe *interj (col) euf por* LECHE. | Olmo *Camisa* 116: ¡Y alegra un poquito esa cara, leñe!

leñero -ra I *n* **A** *m y f* **1** Pers. que vende leña [1a]. | * Tengo que llamar al leñero para preguntar cuándo va a traerme la leña que le encargué.
B *f* **2** Lugar o mueble destinado a guardar leña [1a]. | Benet *Nunca* 91: Aquella noche se había ocupado de .. arreglar dos sillones que había encontrado desfondados en la leñera. CBonald *Casa* 95: Se acercó a un cobertizo aledaño que hacía las veces de leñera.
C *m (raro)* **3** Leñera [2]. | Van 20.12.70, 16: 1 Leñero, macetero o cesta clásica cont. 2 bot. Champaña Conde Caralt.
II *adj* **4** *(Fút)* [Jugador] que practica juego violento. *Tb n.* | G. Bartolomé *Ya* 2.10.85, 9: Yo propongo que, de ahora en adelante, los "butragueños" .. salten al terreno de juego dentro de una campana neumática que nos permita admirar sus evoluciones sin riesgo para ellos, y los "leñeros" luzcan, sin más, el pelo de la dehesa.

leño *m* **1** Trozo de árbol, cortado para leña [1a]. | * Pon otro leño, o se apagará la chimenea.
2 *(Bot)* Conjunto de los vasos leñosos. | Navarro *Biología* 104: Unos [vasos] conducen la savia bruta de la raíz a las hojas (leño o vasos leñosos).
3 *(col)* Pers. que duerme profundamente. *Frec en constrs como* SER UN ~, ESTAR COMO UN ~, *o* DORMIR COMO UN ~. | * Duerme como un leño. * Charo es un leño; no rechista en toda la noche.
4 *(col)* Pers. torpe o sin talento. | VMontalbán *Delantero* 165: –¡Confucio, harías carrera en el circo! –¿Has oído tú a ese pedazo de leño? Le molesta que tenga control del balón.
5 ~ gentil. Lauréola hembra (planta). | FQuer *Plantas med.* 390: Mezéreon. (*Daphne mezereum* L.) Sinonimia cast[ellana], .. Lauréola hembra, leño gentil.
6 ~ hediondo. Hediondo, o altramuz hediondo (planta). | FQuer *Plantas med.* 353: Hediondo. (*Anagyris foetida* L.) Sinonimia cast[ellana], leño hediondo.

leñoso -sa *adj* **1** De consistencia de leña [1]. *Tb n f, referido a planta. Tb fig*. | Artero *Plantas* 121: Modernamente se establecen [en los vegetales] tres grupos denominados lignosa, herbosa y crasos, que atienden a su naturaleza leñosa o arbórea, herbácea o arbustiva y de mínima talla o inexistente. Navarro *Biología* 301: Según el desarrollo y modo de vida, las plantas terrestres se pueden agrupar en los siguientes tipos ecológicos: leñosas, herbáceas, crasas, epifitas y lianas. MOPU 7/8.85, 75: Cultivos, matorrales y leñosas predominan en la mayor parte de las comarcas. C. SMartín *MHi* 3.61, 59: El dorso de la mano agrietado por las lejías y la sosa; la palma, en la base del pulgar sobre todo, encallecida, tan dura y leñosa como la tabla de lavar.
2 *(Bot)* [Vaso] de células endurecidas por la lignina y a través del cual circula la savia bruta. | Bustinza-Mascaró *Ciencias* 227: Los vasos leñosos pueden ser anillados, espiralados, rayados y punteados, según la forma de depositarse la lignina en las paredes celulares. **b)** De (los) vasos leñosos. | Alvarado *Botánica* 22: El *cámbium* .. separa las porciones liberianas .. de las leñosas.

leo *(frec escrito con inicial mayúscula) adj* [Pers.] nacida bajo el signo de Leo. *Tb n*. | Matute *Gac* 25.4.76, 65: Soy "Leo" y me impresiona mucho la belleza.

león -na I *n* **A** *m* **1** Mamífero carnicero, de la familia de los félidos, de cuerpo robusto y ágil, pelaje amarillo rojizo y cabeza grande, adornada en el macho por una gran melena (*Panthera leo*). *Tb designa solamente el macho de esta especie.* | Bustinza-Mascaró *Ciencias* 202: El león. Habita actualmente en África Central .. El macho tiene una melena más oscura, que no posee la hembra. **b)** *A veces fig, designando un hombre del que se pondera el valor, la energía o la impetuosidad. Seguido de un compl especificador, puede funcionar como sobrenombre*. | Umbral *Memorias* 12: El baúl de las cosas viejas era algo así como el sepulcro del Cid, y antes de que Costa, el león de Graus, le echase las siete llaves, nosotros sacábamos del baúl revistas con señoritas semidesnudas. *Mar* 7.3.71, 9: Fútbol. En San Mamés, recauda-

leonado – Lepe

ción superior a los seis millones .. Los leones tendrán que plantear una dura lucha en el centro del campo para doblegar esa línea de fuerza .. blanca que anunciaban los críticos madrileños. GPavón *Reinado* 177: Cuando quiso ponerse en pie, Plinio ya le tenía la pistola en los riñones. –¡Quieto, león, que te agüecó! **c) hormiga** ~ → HORMIGA.
2 ~ marino. *Se da este n a distintos otarios, esp al Otaria jubata.* | *Ya* 17.1.86, 19: El archipiélago es un refugio para una fauna inesperada en esas latitudes, como son los pingüinos, las focas, los leones marinos y las famosas tortugas gigantes (los galápagos) que dan nombre a las islas.
B *f* **3** Hembra del león [1a y 2]. | B. M. Hernando *Inf* 21.5.77, 1: En el zoo de Valencia dicen que hay una perra que amamanta con igual ternura maternal a sus cachorros y a cachorros de leona y de tigresa. **b)** *A veces fig, designando una mujer de la que se pondera el valor, la energía o la impetuosidad. Seguido de un compl especificador, puede funcionar como sobrenombre.* | * Trabajando es una leona. * La Leona de Castilla.
II *loc adv* **4 como un ~** (*o* **una ~a**, *o* **como ~es.** (*col*) Intensamente. | Cela *Pirineo* 104: Un francés pescador de truchas tose como un león ..; cuando el humo se agarra a la garganta, no hay defensa. Cela *Rosa* 158: –¿Quieres desayunar? –Sí, abuelito.– .. Desayuné como un león. * Se aburrían como leones. * La abuela ha disfrutado como una leona.

leonado -da *adj* **1** [Color] amarillo rojizo propio del león [1a]. | Hoyo *Caza* 34: Cusa, no sé de qué raza será, tiene pelo de color leonado. **b)** De color leonado. | Matute *Memoria* 199: Mi cabello entre sus dedos, como un milagro, se volvía leonado. **c)** [Buitre] ~ → BUITRE.
2 De melena amplia y rizada. | Torrente *Isla* 295: ¡Un cabello tan lindo, tan leonado, de ondas tan generosas, obra maestra de sabe Dios qué peluquera! G. Bartolomé *Ya* 22.9.88, 5: Múgica, leonado, no pareció tan fiero como Ledesma.

leonero -ra A *m y f* **1** (*raro*) Pers. que cuida leones. | Riquer *Cervantes* 141: Se encuentran con un carro en el que son conducidos los bravos leones de Orán .. Con gran espanto de Sancho y de don Diego de Miranda, y a pesar de las amonestaciones y súplicas del leonero, don Quijote se hace abrir la jaula del león macho.
B *f* **2** Habitación, u otro espacio similar, en que impera el desorden. *Frec en constrs de sent comparativo.* | Salom *Culpables* 25: –Eso da a tus habitaciones, ¿verdad? –La alcoba, una pequeña leonera que me sirve de comedor y el baño. ¿Quieres verlo? Torrente *DJuan* 98: La habitación .. parecía una leonera. RBuded *Charlatán* 180: Tienes este rincón hecho una leonera. **b)** Cuarto trastero. | CBonald *Ágata* 240: Blanquita .. era también la única imposible de descubrir por altillos y leoneras y la que siempre se dejaba encontrar a sabiendas.

leonés -sa I *adj* **1** De León (ciudad, provincia o reino). *Tb n, referido a pers.* | Laforet *Mujer* 29: El olor de aquella tierra leonesa .. había sido el factor más importante en su decisión de quedarse allí para siempre. *Abc* 15.12.70, 22: En contraposición a lo que podríamos llamar el otro rumbo, el del "goticismo" leonés, unitario, dogmático, centralista y feudal.
2 (*Dep*) [Lucha] típica de la región leonesa [1], en que el objetivo es derribar al contrario sujetándole por el cinto. | Repollés *Deportes* 101: La lucha leonesa .. se practica entre dos equipos, compuestos de 10 a 20 participantes por cada bando ..; tiene por objeto derribar al contrario, siendo el combate a tres caídas; se da como vencedor al que dé las dos mejores. En esta lucha están permitidos todos los recursos conocidos, pero es imprescindible hacerlos con las manos sujetas al cinto.
3 Propio del leonés [4 y 5]. | Lapesa *HLengua* 330: Extremadura .. ofrece en su lenguaje una mezcla de rasgos leoneses y meridionales.
II *m* **4** (*hist*) Lengua del antiguo reino de León. | J. P. Vera *Reg* 15.7.75, 4: El ochenta por ciento del léxico de las "Extremeñas", de Gabriel y Galán, está formado por palabras oriundas del leonés, que la Mesta y la Reconquista nos trajeron a Cáceres y Badajoz desde León.
5 Variedad del castellano hablada modernamente en la región leonesa [1]. | Lapesa *HLengua* 314: Coinciden el leonés occidental y el gallego-portugués vecino en guardar los diptongos *ei*, *ou*.

leonesismo *m* **1** Palabra o rasgo idiomático propios del leonés [4 y 5] o procedentes de él. | Lapesa *HLengua* 285: Acoge [Unamuno] leonesismos como *remejer*, *brizar*, *cogüelmo*. Lapesa *HLengua* 310: Los leonesismos más generales .. son los siguientes: vocales finales *i*, *u*, o bien *e*, *o* muy cerrados ..; inserción o conservación de *i* en las desinencias ..; conservación de *mb*.
2 Carácter leonés [1 y 3]. | ZVicente *Dialectología* 86: Los valles de esa comarca presentan un habla de transición, acentuándose el leonesismo cuanto más al oriente nos encaminamos. **b)** Condición de leonés [1], o de amante o defensor de lo leonés. | * El leonesismo es la principal característica de estos narradores.

leonesista *adj* Del leonesismo [2b]. | *País* 23.1.83, 11: Ese sentimiento que dicho señor define como anticastellano es leonesista. **b)** Partidario o adepto del leonesismo. *Tb n.* | *Ya* 29.1.86, 10: Piden al Rey que no presida el Congreso de Historia de las Cortes de Castilla y León. Esta petición ha sido hecha por el Partido Nacionalista Leonés y el Frente Leonesista.

leonino[1] -na *adj* **1** De(l) león [1a]. | GNuño *Escultura* 96: La cabeza, de pelo muy acaracolado, pisado por una gran garra, diríase que leonina. CBonald *Ágata* 26: Si no hubiese sido por la virulenta fulguración de los ojos o por la rubiasca pelambre leonina, su paso .. no habría suscitado siquiera una disimulada curiosidad. **b)** (*Med*) [Facies] que recuerda la cara del león [1a], peculiar de algunas formas de lepra. | Corbella *Salud* 454: Existen [en la lepra lepromatosa] amplios infiltrados subcutáneos (gomas) que originan deformidades importantes, sobre todo en la cara (facies leonina). **c)** (*raro*) [Lepra] caracterizada por la facies leonina. | N. Luján *Sáb* 5.4.75, 3: Esto de ser rico es grave pecado .. Es peor que sufrir la lepra leonina y estar cubierto de pústulas.
2 [Contrato o cláusula] que concede todas las ventajas a una de las partes. | LRubio *Diana* 387: Bueno, aquí está el contrato en forma .. La verdad es que era leonino. Alfonso *España* 40: En el convenio laboral se pone una cláusula leonina, la "dedicación absoluta". Romano-Sanz *Alcudia* 299: Las tierras daban cada vez menos y las aparcerías y arrendamientos se hicieron más leoninos.

leonino[2] *adj* (*TLit*) [Verso] que rima con el primer hemistiquio del siguiente. | RMoñino *Poesía* 98: Más ágiles son las liras en las que Nemo[ros]o vuelca su tarea, y absolutamente insoportables los versos leoninos .. con que Coridón sale de su cuidado.

leontina *f* Cadena para el reloj de bolsillo. | Cela *Judíos* 204: Unos chacineros de la Cañada –el ancho cinturón de gruesa hebilla sobre el vientre poderoso, la leontina sujetando el reloj ..– celebraban .. un fasto bullidor y bienaventurado.

leontopodio *m* Edelweiss o pie de león, planta (*Leontopodium alpinum*). | FQuer *Plantas med.* 783: Leontopodio. (*Leontopodium alpinum* Cassini) .. El leontopodio .., que sepamos, no tiene nombre realmente popular; esta planta no es otra que el *edelweiss* de los tiroleses.

leopardo *m* Mamífero carnicero, de la familia de los félidos, semejante a un gato de gran tamaño, con pelaje leonado con manchas negras redondeadas (*Panthera pardus*). *Tb su piel, muy apreciada en peletería.* | Bustinza-Mascaró *Ciencias* 203: El leopardo o pantera .. El color del pelo y el tamaño varían de unas razas a otras. *Mad* 20.11.70, 19: Abrigo visón con leopardo .. Abrigo leopardo midi.

leotardo *m* Prenda de vestir femenina consistente en dos medias altas, gralm. gruesas, que se prolongan en forma de pantalón ajustado hasta la cintura. *Frec en pl, con sent sg.* | Mingote *Abc* 13.1.63, 15: Entre el antiguo buzo .. y el hombre-rana actual existe la misma diferencia que entre el polisón de la abuela y el "leotardo" de la nieta. Umbral *Españolas* 193: La mora .. se pone los mismos leotardos que se ponen todas.

lepanto *m* Gorra de marinero. | Delibes *Madera* 297: Damasito consiguió sujetar el peto y los pantalones, hacerse el lazo del tafetán negro y colocarse cómicamente el lepanto en el cogote.

Lepe. saber más que ~, *o* **ser ~.** *loc v* (*col*) Tener gran perspicacia y astucia. *A veces incrementada:* ~, LEPIJO Y SU HIJO. *Con intención ponderativa.* | DCañabate *Paseíllo*

150: Mira, Esteban, tú en lo tuyo, en el ramo de la mercería, eres Lepe, Lepijo y su hijo, pero te sacan de ahí y no ves tres en un burro. DCañabate *Abc* 9.3.75, 41: Entre tod[a] esta clase de morenitas de pocos abriles y palmito retrechero y tipo alucinante, privaba en su debilidad la Paulita, una chalequera de veinte años que sabía más que Lepe, Lepijo y su hijo, que es y es saber.

lepero -ra *adj* De Lepe (Huelva). *Tb n, referido a pers.* | Barril *País* 20.4.89, 72: Ha llegado por aquí una nueva remesa de chistes de leperos.

lepidio *m* Planta herbácea vivaz cuyas hojas, anchas y aserradas, se usan en medicina contra el escorbuto y otras dolencias (*Lepidium latifolium*). | FQuer *Plantas med.* 269: Lepidio. (*Lepidium latifolium* L.) .. El lepidio es una hierba vivaz, de tallo y ramas tiesos.

lepidodendron *m* (*Bot*) Árbol fósil del período carbonífero, de hojas lineales y puntiagudas (gén. *Lepidodendron*). | Ybarra-Cabetas *Ciencias* 157: Son características [del carbonífero y el pérmico] las siguientes criptógamas: Calamites .., los Lepidodendron y las Sigilarias.

lepidolita *f* (*Mineral*) Mica blanca o rosada que constituye la mena principal del litio. | Bustinza-Mascaró *Ciencias* 334: La lepidolita es una mica de la que se beneficia el litio.

lepidóptero -ra *adj* (*Zool*) [Insecto] con cuatro alas membranosas cubiertas de escamas, boca chupadora y metamorfosis completa. *Frec como n m en pl, designando este taxón zoológico.* | Bustinza-Mascaró *Ciencias* 157: Dos pares de alas membranosas y cubiertas de un polvillo escamoso: Lepidópteros (mariposas y polillas). Fegube *Inde* 13.8.90, 47: Los dos primeros [gorgojo de los cereales, gorgojo del arroz] son coleópteros y la tercera [palomilla del granero] es lepidóptera.

lepiota *f* Hongo agaricáceo de sombrero escamoso o granuloso fácilmente separable del pie, el cual tiene anillo, y con esporas blancas (gén. *Lepiota*). *Frec con un especificador.* | Lotina *Setas* sn: *Lepiota mastoidea* .. Lepiota gracilenta. Lepiota mamelonada. E. Rey *Ya* 14.2.75, 36: Cinco tipos de setas existen en Europa que producen la muerte: amanita faloide, amanita primaveral, amanita nauseabunda, lepiota helveola y cortina de las montañas.

lepisma *m* Pececillo, o pececito, de plata (insecto). | Artero *Invertebrados* 68: Los lepismas. Se les llama vulgarmente "pececitos de plata" por su color plateado .. Viven entre los muebles y los libros.

lepórido *adj* (*Zool*) [Roedor] caracterizado por el hocico alargado con el labio superior blando y partido, orejas largas y móviles, patas posteriores más largas que las anteriores y cola corta. *Frec como n m en pl, designando este taxón zoológico.* | Vega *Cocina* 26: El conejo al estilo de Tarragona es justamente elogiado por los aficionados a los diversos guisos en que puede acomodarse el lepórido.

leporino -na *adj* **1** (*lit, raro*) De (la) liebre. | Ardanuy *Cod* 2.2.64, 13: Hablando del aficionado a condumios leporinos, suele decir la gente: –¡La de gatos que tiene ese tío en la barriga!

2 [Labio] hendido como el de la liebre. *Solo referido al labio superior de una pers.* | Cela *Judíos* 76: Tiene [el viajante] la barbilla metida para dentro, el labio leporino, rojos los párpados.

lepra *f* **1** Enfermedad infecciosa caracterizada esp. por manchas, tubérculos, úlceras y falta de sensibilidad. *Tb* (*lit*) *fig, referido a un mal que corroe.* | Corbella *Salud* 454: Existen diversas formas clínicas de lepra, de las cuales las más típicas son las denominadas lepra tuberculoide y lepromatosa. Mañas *Tarantos* 387: No quiero pegarle a tu hija esta lepra del lloro, del cante y del baile. Vesga-Fernández *Jesucristo* 110: ¿Cómo se contrae la lepra del alma?

2 (*Bot*) Enfermedad de las plantas, esp. de los frutales, caracterizada por el aspecto escamoso de la corteza o la deformación de las hojas. | F. Ángel *Abc* 25.3.58, 11: Cupreclor. Es una sal de cobre especialmente preparada para combatir el Mildeo de la vid y enfermedades similares, como Roña, Moteado, Lepra, etc., de los árboles frutales .. Fungirol combate con éxito el Mildeo, Mancha, Atabacado, Moho, Lepra, Herrumbre, etc., de la patata, tomate, judía y calabaza. I. Gómez *NRi* 14.5.64, 9: Los melocotones, después de que han quedado pocos, tienen la enfermedad de la lepra.

3 Estado de deterioro, con manchas y aspecto carcomido, que presentan algunas cosas, esp. paredes. | Millán *Fresa* 71: El patio es silencioso y horrible: la lepra de las paredes o el antiguo estallido de alguna cañería han dejado ronchas oscuras.

leprocomio *m* (*Med o lit*) Leprosería. | Fuster *País Valenc.* 379: La obra de Fontilles se ve asistida por la simpatía de la gente, y son frecuentes las visitas colectivas al leprocomio.

leprógeno -na *adj* (*Med*) Que produce o puede ocasionar la lepra [1]. | B. Beltrán *Ya* 9.2.92, 23: El nombre de sanatorio envuelve la idea de aplicar todos los medios para extinguir el germen leprógeno. *Alc* 12.10.59, 7: La función de noche será de Gran Gala y estará patrocinada por la Institución Patronato "Niño Jesús del Remedio" para protección de los niños sanos de las familias leprógenas.

leprología *f* (*Med*) Estudio de la lepra [1]. | B. Beltrán *Ya* 9.2.92, 23: En un editorial de la revista de leprología se asegura que en España el número total de enfermos es de unos 3.500.

leprológico -ca *adj* (*Med*) De (la) leprología. | *BOE* 7.11.61, 15874: Ha sido amortizada la plaza de Director del Instituto Leprológico y Leprosería Nacional de Trillo.

leprólogo -ga *m y f* (*Med*) Especialista en leprología. | *Ide* 28.8.69, 24: Aprovecharía la ocasión para presentar ante los leprólogos europeos "los resultados que hemos obtenido en los enfermos de lepra".

leproma *m* (*Med*) Tumor o tumefacción superficial en el enfermo leproso. | Alvarado *Anatomía* 170: La infección [de lepra] se realiza por los exudados de las llagas o lepromas de los enfermos y por la saliva y flemas catarrales de ellos.

lepromatoso -sa *adj* (*Med*) Que presenta lepromas o se caracteriza por la presencia de ellos. | Corbella *Salud* 454: Existen diversas formas clínicas de lepra, de las cuales las más típicas son las denominadas lepra tuberculoide y lepromatosa. Corbella *Salud* 454: Pocas veces la lepra tratada produce alteraciones importantes del estado general (reacción lepromatosa), siempre de control difícil.

leprosario *m* (*raro*) Leprosería. | *DBu* 7.6.64, 8: Lo que no ofrece duda es que el leproso caminó libremente hacia Santiago de Galicia en busca del milagro y los "leprosarios" a lo largo del camino le acogían sin impedimento.

leprosería *f* Hospital de leprosos. | Villapún *Iglesia* 111: Fundan .. centros mejor dotados de caridad y beneficencia, como hospitales .. y, sobre todo, leproserías.

leproso -sa *adj* **1** Que padece lepra [1]. *Tb n, referido a pers.* | Corbella *Salud* 454: La terapéutica es eficaz, aunque lenta, desde que la introducción de las sulfonas ha permitido modificar el sombrío panorama del enfermo leproso. E. La Orden *MHi* 7.69, 31: Con sus cuatro hospitales, uno de ellos para indios y otro para leprosos.

2 [Cosa, esp. pared] carcomida o corroída, con manchas y aspecto gral. de deterioro. | Carnicer *Castilla* 18: Desde el convento voy a la plaza, solitaria, destartalada y de fachadas leprosas. Umbral *Memorias* 60: Calles tenues y turbias, escombros .., los caprichos inverosímiles del cemento, del ladrillo, de la madera vieja, de la cal carcomida, de los hierros leprosos.

leptocéfalo *m* (*Zool*) Larva de la anguila. | Bustinza-Mascaró *Ciencias* 172: De los huevos [de la anguila] nace una larva (leptocéfalo) muy pequeña y traslúcida, que pasa mucho tiempo en alta mar y se transforma en angula.

leptolítico -ca *adj* (*Prehist*) [Período] de la Edad de Piedra caracterizado por la ligereza de los útiles de sílex fabricados. *Tb n m.* | Pericot-Maluquer *Humanidad* 56: Se ha intentado simplificar el nombre de Paleolítico superior llamándolo Paleolítico a secas en oposición a Arqueolítico, aplicado a los períodos más antiguos, Leptolítico (piedra más ligera) o Miolítico.

leptón[1] (*tb* **lepton**, *cuyo pl normal es* LEPTA) *m* **1** Moneda griega cuyo valor es la centésima parte de la dracma. | *EOn* 10.64, 59: Principales unidades monetarias en el mundo .. Grecia: .. Drachme .. Submúltiplos .. 100 lepta.

leptón – leste

2 (*hist*) Moneda griega de escaso valor, usada bajo el Imperio romano en algunas ciudades del Mediterráneo oriental. | *Ya* 22.3.89, 9: Está la misteriosa forma de impresión de la figura en el lienzo, el carácter negativo de dicha impresión, los dos leptones romanos (monedas) del tiempo de Cristo depositados en los ojos del crucificado a la usanza judía de aquellos tiempos.

leptón[2] *m* (*Fís*) Fermión de los más ligeros (electrón, neutrino, muón, o sus correspondientes antipartículas). | F. ASánchez *Ya* 26.10.88, 21: El premio Nobel de Física 1988 ha sido concedido a los físicos estadounidenses Lederman, Schuartz y Steinberger por sus contribuciones al desarrollo del método de haces de neutrinos y a la demostración de la estructura de doblete de los leptones gracias al descubrimiento del neutrino muónico.

leptosomático -ca *adj* (*Psicol*) [Pers. o tipo de constitución] caracterizados por la delgadez del cuerpo. *Tb n, referido a pers.* | Chamorro *Sin raíces* 120: Sofía era, físicamente, la cara opuesta de la moneda. Pertenecía al tipo leptosomático, aunque, lo repetimos, no era muy alta. Pinillos *Mente* 156: Contrariamente a lo que ocurre con el leptosomático, el pícnico tiene un peso superior al que correspondería normalmente a su talla.

leptosomía *f* (*Psicol*) Tipo de constitución humana caracterizado por la delgadez del cuerpo. | Pinillos *Mente* 165: La locura maníaco-depresiva correlaciona negativamente con la ectomorfia (leptosomía).

leptospira *f* (*Med*) Bacteria de las espiroquetas que se encuentra en el agua dulce y en la de mar y que puede causar diversas enfermedades (*Leptospira interrogans*). | O. Aparicio *Día* 29.8.72, 23: La leptospira es capaz de atravesar la piel del hombre, pero con más facilidad penetra en las mucosas y en las pequeñas heridas.

leptospirosis *f* (*Med*) Enfermedad causada por una leptospira. | Á. Río *Ya* 23.2.78, 27: La rata puede producir enfermedades como triquinosis, rabia, botulismo, leptospirosis.

lerdo -da *adj* [Pers.] lenta y torpe [para comprender o para realizar algo]. *Frec se omite el compl por consabido. Tb n.* | Arce *Testamento* 82: Te crees muy listo porque has estado en América y vienes con dinero, pero no eres otra cosa que un lerdo como los demás. Escobar *Itinerarios* 69: Yo ya cumplí, majete. Tú parece que vas un poco retrasado. Para todo serás siempre lerdo. **b)** Propio de la pers. lerda. | CBonald *Dos días* 31: Ayuso, tripón y asmático, de apariencia lerda y pasmada, era un lince para descubrir las más tortuosas fuentes de ingresos.

lerenda. menda ~ → MENDA.

lerendi. chipendi ~**, mendi** ~ → CHIPENDI, MENDI.

leria *f* (*reg*) Palabrería. | Cela *Mazurca* 31: Los hombres que somos como manda Dios no tenemos por qué andar con disimulos y lerias y monsergas.

leridanismo *m* Condición de leridano, esp. amante de lo leridano. | J. A. Rosell *DLér* 7.8.69, 4: Así concebimos nosotros el "leridanismo", como una palanca para la acción.

leridano -na *adj* De Lérida. *Tb n, referido a pers.* | Ortega-Roig *País* 193: La energía hidroeléctrica de los ríos leridanos va a parar a las ciudades y fábricas de las otras tres provincias catalanas.

lermeño -ña *adj* De Lerma (Burgos). *Tb n, referido a pers.* | Boni *DBu* 22.5.64, 6: Finalmente visitó los tres conventos de religiosas existentes en esta villa, prosiguiendo a primeras horas de la tarde su viaje a la capital, entre las muestras de adhesión y cariño de los lermeños.

lerneo -a *adj* (*hist*) De la ciudad o de la laguna de Lerna (antigua Grecia). | L. Calvo *Abc* 16.8.72, 13: Si hubiese un alto el fuego habría que cortar esas tres cabezas de la hidra lernea de la democracia.

lesbianismo *m* **1** Condición de lesbiana [1a]. | CBonald *Noche* 139: No había ahorrado ningún desvarío educativo para sugerirle a la bella y andrógina Natalia que el amor entre mujeres era el único exento de la inmundicia primordial de la fornicación, con lo que también había generosamente colaborado a despertar el latente lesbianismo de la nieta. **2** Comportamiento lesbiano [1b]. | Umbral *Gente* 248: Poco tiempo después se clausuraba la librería por un escándalo de drogas, lesbianismo y abuso de menores.

lesbiano -na *adj* [Mujer] homosexual. *Frec n f.* | G. Lerma *Sáb* 17.3.76, 13: Clasificación que también puede aplicarse a las mujeres lesbianas. Torrente *Off-side* 149: ¿Tan poco seguro estás, que te da miedo de una lesbiana? **b)** De (la) mujer lesbiana. | *Pue* 2.5.81, 40: Jean King reconoce sus relaciones lesbianas con una ex peluquera.

lésbico -ca *adj* Lesbiano [1b]. | Goytisolo *Recuento* 480: La superioridad indiscutible del orgasmo clitórico sobre el vaginal, superioridad reivindicada tanto por las sinceramente adictas, en defensa de sus apetitos inequívocamente onanistas y lésbicos, como por las que no quieren dejar de parecerlo. *País* 4.10.83, 41: Dúplex lésbico.

lesbio -bia **I** *adj* **1** De la isla de Lesbos (Grecia). *Tb n, referido a pers.* | GGual *Novela* 22: La novela griega .. es una buena muestra de esa universalidad de expresión, aunque con los matices peculiares de cada autor: el acento lesbio en el bucolismo de Longo o el misticismo del sirio Heliodoro. **2** Lésbico. | * El amor lesbio. **II** *m* **3** (*hist*) Dialecto griego de la isla de Lesbos. | Villar *Lenguas* 122: El grupo eolio. Cuenta con varios dialectos, correspondientes a la zona noreste de Grecia: tesalio, beocio, lesbio.

lesión *f* **1** Daño de los tejidos orgánicos causado por herida, golpe o enfermedad. | CNavarro *Perros* 139: Podía preguntárseles .. cómo le habían quedado las costillas a Peter, después de su lesión. **2** (*Der*) Perjuicio. | Ramírez *Derecho* 114: De aquí que reduzca los supuestos de rescisión a .. contratos celebrados por el tutor, sin autorización del consejo de familia, en que el pupilo sufra lesión en más de la cuarta parte.

lesional *adj* (*Med*) De (la) lesión [1]. | Sales *Salud* 405: Otro factor de gravedad es la participación del tronco cerebral y aun del propio encéfalo en el proceso lesional.

lesionar *tr* Causar lesión [a alguien o algo (*cd*)]. | A. Torrebadella *DEs* 3.10.72, 12: Siguieron levantando con tanta fuerza que le lesionaron una costilla. *Ide* 9.10.75, 8: Victoriano Ruiz de Azúa es acusado de desarrollar una intensa actividad encaminada a lesionar la unidad política de España y provocar la subversión. **b)** *pr* Sufrir lesión [1]. | *Inf* 21.10.70, 24: Se lesionó Grande .. En el suave entrenamiento de ayer, Grande pisó mal y se torció el tobillo izquierdo. M. Aguilar *SAbc* 15.3.70, 54: Se llaman de primer grado [las quemaduras] cuando solo se lesionan las capas superficiales de la piel.

lesividad *f* (*Der*) Carácter lesivo. | *Leg. contencioso-adm.* 120: El examen de oficio de la falta de declaración de lesividad supone incongruencia.

lesivo -va *adj* Que causa lesión, *esp* [2]. | F. ACandela *SAbc* 25.1.70, 20: Todo ambiente ruidoso que supera los 90 Dbs., que es el nivel crítico resistible por un oído normal, es lesivo. V. Gállego *ByN* 31.12.66, 47: De Gaulle las llegó a juzgar lesivas [las fuerzas extranjeras en Francia] porque afectaban al principio de la soberanía nacional. Cossío *Montaña* 118: Era lesivo disparate el privar a su Montaña de la honra de lanzar desde sus estribaciones la flecha líquida que había de atravesar tantas nobles regiones de España.

leso -sa *adj* Agraviado o dañado. *Precediendo al n. Gralm en la constr* DELITO, *o* CRIMEN, DE ~ + *n.* | *País* 26.11.78, 8: Quienes se propongan expulsar de la comunidad española a los españoles, vivos o muertos, que no compartan sus creencias y sus preferencias son moralmente reos de un delito de lesa patria. Torrente *Isla* 83: Se declara delito de leso estado cualquier pecado contra el sexto mandamiento. Laín *Recta* 22: El cambio en las ideas y las creencias exige, so pena de incurrir en un delito de lesa ética, la pública revisión de uno mismo. *Ya* 10.6.72, 10: El domingo próximo entra en vigor la nueva legislación penal complementaria que define y tipifica los delitos de leso ambiente natural para proteger el entorno de las agresiones de la sociedad industrial de consumo. **b) de lesa majestad** → MAJESTAD.

leste *m* (*Mar*) Este (punto cardinal o viento). | Guillén *Lenguaje* 37: Decimos *leste*, que no puede confundirse con oeste.

lestear *intr* (*Mar*) Tener o tomar [el viento] dirección este. | Guillén *Lenguaje* 33: Tratando de vientos, todos se pueden conjugar: *nortear, lestear*.

lestrigón -na *adj* (*Mitol clás*) De una tribu antropófaga habitante de Sicilia y Campania. *Tb n, referido a pers*. | Gala *Ulises* 738: Cuéntame a mí esa maravillosa hazaña de los lestrigones.

letal *adj* (*lit*) [Cosa] capaz de ocasionar la muerte. | *Inf* 12.8.70, 7: El transporte del gas letal .. ha creado no pocas críticas.

letalidad *f* (*raro*) Cualidad de letal. | Acquaroni *Abc* 13.3.75, 19: Agujas de una brújula que cada día se acercaba más al norte de la total letalidad.

letanía *f* **1** (*Rel crist*) Oración litúrgica consistente en una serie ordenada de invocaciones a la Virgen o a los Santos, a cada una de las cuales se contesta con una breve fórmula. *Tb en pl, con sent sg. A veces con compl especificador*: ~ DE LA VIRGEN (*o* LAURETANA), ~ DE LOS SANTOS. *Sin compl, designa normalmente la de la Virgen*. | Ribera *Misal* 1533: No es necesario, para ganar las indulgencias del Rosario, decir .. las letanías. Ribera *Misal* 1575: Se rezan las Letanías de los Santos en los días de Rogativas, como son el 25 de abril y los tres días que preceden a la Ascensión. Burgos *Andalucía* 9: Terminadas las letanías, por supuesto que lauretanas y por descontado que en latín, la señorita de los niños sigue dirigiendo el rezo de los padrenuestros y avemarías de propina. **b)** (*Rel catól*) Procesión de rogativa que se hace los días 25 de abril y los tres anteriores a la Ascensión, en la que se rezan o cantan las letanías de los Santos. *Tb* ~S MAYORES *y* ~S MENORES, *respectivamente*. | *Anuario Observatorio 1967* 13: Fiestas movibles. Septuagésima, 22 de enero .. Letanías, 1, 2 y 3 de mayo. Ribera *Misal* 1065: Letanías mayores .. 25 de abril. San Marcos, Evangelista. Ribera *Misal* 610: Letanías menores. Lunes, martes y miércoles de la 5ª semana de Pascua.
2 Retahíla, o enumeración larga. | Aldecoa *Gran Sol* 67: Los nombrados en el rancho de proa se incorporaron a comenzaron la sabida letanía de los insultos al patrón Simón Orozco. DPlaja *Abc* 12.11.70, sn: Una antología de su cromatismo lírico nos daría, registrados, todos los matices de la paleta, antologizados, en las riquísimas letanías que, a cada color, dedica en su fastuoso poema "A la pintura".

letargia *f* (*raro*) Letargo. | L. LSancho *Abc* 27.3.75, 17: Solo aquello que duerme, que sufre de letargia, no evoluciona.

letárgico -ca *adj* De(l) letargo. | I. Lerín *SPaís* 31.10.76, 26: Cuando está en cautividad [el hámster] y la temperatura no es inferior a trece o catorce grados, no entra en estado letárgico, y por eso suele vivir menos de lo normal. **b)** (*Med*) [Enfermedad] caracterizada por letargo [2]. | *Sales Salud* 403: Las [encefalitis] de causa conocida se deben, en general, a infecciones víricas, tal como ocurre en la rabia, en la llamada encefalitis letárgica. **c)** (*lit*) Que produce letargo [2b]. *Con intención enfática*. | Marías *Corazón* 57: La índole invariablemente letárgica de todos sus discursos, llamamientos, protestas, soflamas e informes.

letargo *m* **1** Sueño profundo y prolongado en que sumen algunos animales durante la época invernal, y durante el cual las funciones vitales quedan reducidas al mínimo. | Bustinza-Mascaró *Ciencias* 204: Durante el invierno [el oso] se esconde y se inmoviliza, no despertando de su sueño invernal, o letargo, hasta la primavera siguiente. I. Lerín *SPaís* 31.10.76, 26: Conviene que tenga [el hámster] una pequeña provisión de comida para cuando termine su letargo.
2 Estado patológico caracterizado por un sueño profundo y prolongado, propio de algunas enfermedades nerviosas, infecciosas o tóxicas. | * Es típico el letargo de la enfermedad del sueño. **b)** Sueño muy profundo. | Medio *Bibiana* 334: Pese a sus esfuerzos por mantenerse despierta, acaba por sumirse .. en un letargo.
3 (*lit*) Inactividad total. | Delibes *Madera* 351: Aquel ocioso letargo, más propio de un balneario que de un barco de guerra, se interrumpió una mañana con la aparición de aviones enemigos. **b)** Inmovilidad total [de un asunto]. | M. Peral *Abc* 10.9.93, 19: El letargo del expediente de indulto puede prolongarse.

letía *f* (*reg*) Fase de quietud relativa que sucede inmediatamente a una ola grande en un temporal. | Cancio *Bronces* 99: Después de contemplar una vez más las andanadas de la rompiente y de convencerse de nuevo de que la letía no daba el suficiente respiro para llevar a cabo .. la codiciada marea, navegante y pescadores se alejaron por el sinuoso sendero.

letificación *f* (*lit*) Acción de letificar. *Tb su efecto*. | L. LSancho *Abc* 9.1.75, 19: No hay, asimismo, que fortalecer el alma contra el dolor físico porque, desde la aspirina al qué sé yo, existen ya drogas que todo lo calman, salvo esa letificación última de que nos asustamos y es la muerte.

letificante *adj* (*lit*) Que letifica. | R. GCastro *NEs* 26.8.79, 37: Los balnearios son posiblemente los establecimientos que más nos sirvan para reconstruir el letificante mundo del diecinueve.

letificar *tr* (*lit*) Alegrar o animar. | * Letificaba el ambiente con sus colores vivos.

letón -na I *adj* **1** De Letonia. *Tb n, referido a pers*. | *Gac* 11.5.69, 61: Mikhail Tal, un letón que llegó a campeón del mundo a los veintitrés años .., fue derrotado por el duro Botvinnik.
II *m* **2** Lengua de Letonia. | Villar *Lenguas* 133: El letón, conocido desde el siglo XVI por la traducción de un catecismo católico, hasta el XIX no se convirtió realmente en lengua literaria y nacional.

letra I *f* **1** Signo gráfico de los que se usan para representar los fonemas del idioma. *A veces en sg, con sent colectivo*. | Aldecoa *Gran Sol* 115: Al fondo de la calle brillaba el letrero del Dancing .. *Dancing* en letras muy grandes. Aldecoa *Gran Sol* 46: Por años, por meses, por días, las pesquerías de su vida. Los pulsos de la ren en cifra y letra. Marcos-Martínez *Aritmética 2º* 120: Sobre el fondo puntillado de la parte superior de estos efectos se consigna la cantidad en cifras, y sobre el del medio, en letras. **b)** (*Impr*) Tipo. *A veces en sg, con sent colectivo*. | Huarte *Tipografía* 53: La letra o tipo .. es un molde de plomo, antimonio y estaño .., que tiene en su base superior un relieve llamado ojo, con la figura de una letra del alfabeto o de un signo de puntuación. **c)** Escritura (forma de trazar las letras). | Ubieto *Historia* 149: Una gran parte de los códices de letra visigótica se perdió. DPlaja *Literatura* 52: El manuscrito es de letra del siglo XIV .., es decir, que se trata de una copia. Cunqueiro *Un hombre* 19: Y porque tenía fina letra de lápida a la manera antigua, él mismo pintaba los mojones.
2 Sonido o fonema. | Medio *Bibiana* 83: Habla a voces .. comiendo sílabas y letras.
3 Parte literaria [de una obra musical]. | Laiglesia *Tachado* 9: Un himno largo y brioso, compuesto por mí en colaboración conmigo: la letra la escribió mi cerebro, y después le puso música mi corazón.
4 Significado textual [de algo]. *Gralm referido a ley. Se opone a* ESPÍRITU. | *Sp* 21.6.70, 20: Los mantenedores de esta tesis darían más importancia, en consecuencia, a la letra que al espíritu de la Ley. Pinell *Horas* 241: Ni la letra ni el espíritu de los cánones del IV concilio de Toledo permiten suponer que la liturgia bética fuese reducida a una total uniformidad con la toledana.
5 Instrucción o cultura. *Gralm en pl con sent sg*. | ZVicente *Traque* 61: Ella se cree que el maestro es más que yo porque tiene letras, las letras no sirven para nada. Nácher *Guanche* 7: Poca letra en el seso, ya lo sabía. Así le iba todo como le iba. Villapún *Iglesia* 44: Los propagadores de esta religión fueron doce rudos pescadores, sin letras. **b)** primeras ~s. Primera enseñanza. | ZVicente *Balcón* 79: Mis niñas ya están en condiciones de enseñar las primeras letras. Vega *Cocina* 157: Otros muchos jóvenes .. por aquellos años hacían sus primeras letras.
6 *En pl*: Literatura (obras, cultivo o estudio). *Frec en las constrs* HOMBRE DE ~S, GENTE DE ~S, EL MUNDO DE LAS ~S. *A veces (lit)* BELLAS ~S. | Ridruejo *Memorias* 26: Antonio Robles era el primer escritor profesional u "hombre de letras" ya impreso y conocido que yo he tratado. CBaroja *Inquisidor* 9: Entre la gente de letras de Madrid corrían rumores. Sánchez *MPelayo* 19: Menéndez Pelayo se ajustó bastante a tales indicaciones, aunque su amor por las bellas letras .. le hiciera extenderse marginalmente en la apreciación de los méritos literarios de algunos heresiarcas. **b)** Huma-

nidades. | CBaroja *Inquisidor* 28: El arzobispo .. pasó por hombre amable y de condición suave, gran protector de las letras también.

7 unas (*o* **dos**, *o* **cuatro**) **~s**. Escrito breve, esp. carta o esquela. *Gralm. en la constr* ESCRIBIR, *o* PONER, UNAS ~S. | Magda *Des* 12.9.70, 40: Si entre estos jardines hay alguno que nos guste especialmente .., siempre cabe el recurso de poner unas letras a su propietario.

8 ~ pequeña (*o* **menuda**). Conjunto de condiciones o cláusulas secundarias en un acuerdo o contrato. *Tb fig.* | *Ya* 19.1.91, 5: Los leguinistas reducen a letra pequeña su aspiración en la FSM.

9 ~ muerta. Precepto que habitualmente no se cumple o no tiene efecto. | D. Gálvez *Rev* 12.70, 13: Aunque la ley ordenara la alfabetización del campesino, dentro de las grandes haciendas esto era letra muerta. GPavón *Reinado* 215: Para mí .., el sexto mandamiento, letra muerta.

10 ~ de cambio. Documento comercial que un comprador entrega a un vendedor a cambio de una mercancía y por el cual se compromete a pagarle en determinada fecha la cantidad consignada en él. *Frec simplemente ~*. | Ramírez *Derecho* 135: Otra de las creaciones jurídicas que han tomado mayor incremento en nuestros tiempos es la letra de cambio. Carandell *Madrid* 22: En el vestíbulo, de pie, gente con letras protestadas esperando.

II *loc adv* **11 a la ~**. Al pie de la letra (→ PIE). | Cela *Pirineo* 72: Las palabras del señor Montoro, .. transcritas a la letra, dicen. Carnicer *Castilla* 94: Me explica luego, con voz recitatoria de lección aprendida muy a la letra, la historia del lugar.

12 con todas las (*o* **sus**) **~s**. Con toda exactitud y claridad. *Con vs como* DECIR. *Con intención ponderativa*. | VMontalbán *Mares* 114: Por mí ya se puede hundir el mundo. Lo he dicho con todas las letras, con las mismas con que ahora se lo digo a usted.

13 en ~s de molde. En forma impresa. | RMoñino *Poesía* 39: Solo el hermano Portugal realizó poco después un esfuerzo poético y editorial semejante al poner en letras de molde el *Cancioneiro geral* compilado por García de Resende.

14 ~ por ~. Sin omitir ningún detalle en una enumeración o relato. | * Nos lo ha contado todo letra por letra.

letrado -da I *adj* **1** Culto o instruido. | Ridruejo *Memorias* 24: La "vida literaria" supone, al menos, una pequeña sociedad letrada.

2 De(l) letrado [3]. | *Pactos Moncloa* 85: Asistencia letrada del inculpado desde el momento en que se adopte una medida restrictiva de la libertad.

II *m y f* **3** Abogado. | *Inf* 31.10.70, 28: Cada procesado, un abogado distinto; por lo que 37 letrados, con toga, esperaban también el comienzo del juicio esta mañana. P. Sedano *Ya* 21.12.91, 11: El accidente que costó la vida a la abogada .. tuvo lugar en el término de San Medel. En un tramo recto, el turismo conducido por la letrada invadió el carril contrario.

letraherido -da *adj* (*lit*, *reg*) Aficionado a las letras o a la lectura. *Tb n.* | Marsé *Amante* 132: Son veladas poéticas organizadas por cuatro entusiastas patriotas letraheridos. Badosa *Razones* 77: El letraherido corriente y moliente acapara cuanto papel escrito se halla cerca de él.

letrería *f* (*Impr*) Conjunto de fuentes o familias de letras [1b]. | F. Izquierdo *SYa* 9.11.73, 7: Luchó don Francisco Vindel por demostrar que en 1470 se había publicado en Sevilla, con letrería xilográfica y por protoimpresores españoles, el famoso "Sacramental". Ainaud *Grabado* 262: Los elementos renacentistas suelen aparecer más bien en este primer período en forma de tiras o viñetas sueltas .. que pudieran ser de procedencia extranjera, como la misma letrería.

letrero *m* Palabra o conjunto breve de palabras escritas en lugar visible, gralm. con el fin de dar una indicación. | CNavarro *Perros* 14: Sobre la puerta habían clavado un letrerito donde podía leerse *Señor Comisario*. Benet *Nunca* 10: Agregó algo .. simulando descifrar el letrero de una estación. Laforet *Mujer* 113: Los chicos del pueblo habían escrito letreros insultantes en las paredes de su casa.

letrilla *f*(*TLit*) Composición poética de varias estrofas de versos cortos, con estribillo, y gralm. burlesca o satírica. | Quilis *Métrica* 124: Una variante del villancico es la letrilla, que se diferencia de aquel más por el contenido que por la forma: la letrilla es una composición eminentemente burlesca y satírica.

letrina *f En determinados lugares públicos, esp cuarteles y campamentos:* Lugar en que se recogen los excrementos y las inmundicias. *Frec en pl. Tb fig.* | FSantos *Catedrales* 58: El paquete no te lo quitan, y el permiso, adiós, Agustinillo, adiós, majo, despídete y piensa en dos semanas en corrección, si es que no te ponen a cavar trincheras o a limpiar letrinas. MNiclos *Toxicología* 37: En letrinas y alcantarillas .. suele hallarse mezclado [el ácido sulfhídrico] en proporciones variables con amoníaco. T. Castilla *SPaís* 6.9.90, 6: La letrina del Cutre imita con todo lujo de detalles al ascensor de unos grandes almacenes.

letrista *m y f* Autor de la letra [3] [de una canción], o de letras de canciones. | P. Urbano *Nue* 15.2.70, 15: Esto evidencia el impacto popular perseguido por autores y arregladores de partituras y... la escasa inspiración de los letristas.

letrudo -da *adj* (*lit, raro*) Culto o instruido. | Olmo *Golfos* 177: Va [Cuno] dentro de sí, igual que esos hombres letrudos que quieren ser algo.

letuario *m* **1** (*reg*) Conjunto de trozos de calabaza o melón que se añaden al arrope. *Tb cada uno de esos trozos*. | GPavón *Cuentos rep*. 58: El verdadero propósito de nuestra excursión, aparte de merendar un pollo frito, arrope con letuario y mostillo con almendras, era cazar pájaros.

2 (*hist*) Cierto dulce a modo de mermelada. | Ju. Ferrer *Gar* 21.7.62, 43: Había una comida al estilo del siglo XIV, cuyo menú era el siguiente: Gazpacho alcarreño, Migas, .. Codo[ñ]ate y letuario de nueces.

leu *m* Unidad monetaria rumana. | *EOn* 10.64, 59: Principales unidades monetarias en el mundo .. Rumanía: Leu .. Submúltiplos .. 100 bani.

leucemia *f* Enfermedad caracterizada por la proliferación maligna de leucocitos. | Laforet *Mujer* 25: Los últimos análisis casi la desahuciaban, acusando todos una leucemia grave.

leucémico -ca *adj* **1** De (la) leucemia. | Aparicio *César* 164: Padece .. un cuadro clínico de dolores reumatoides en extremidades, que ha sido identificado como una forma leucémica de mieloma.

2 Que padece leucemia. *Tb n, referido a pers.* | J. A. Álvarez *Tri* 12.6.71, 23: Lo impide la muerte de Jenny, convertida en Dama de las Camelias, leucémica por exigencias de final doroteomartiesco.

leucina *f* (*Quím*) Aminoácido presente en muchas proteínas y esencial en la dieta humana. | *SFaro* 3.8.85, I: Estos ocho aminoácidos indispensables son: Triptófano, .. fenilalanina, leucina.

leucisco *m* Pez de agua dulce de la familia de la tenca, que habita normalmente en aguas frías y corrientes y también en aguas saladas junto a las desembocaduras de los ríos, con grandes escamas plateadas y poco estimado como alimento (*Leuciscus leuciscus*). *Tb* ~ COMÚN. | * El leucisco tiene muchas espinas. **b)** ~ **cabezudo**. Pez semejante al leucisco común, frecuente en la mitad septentrional de España, que habita en ríos de corriente rápida y es muy apreciado en pesca deportiva (*Leuciscus cephalus*). | *SYa* 6.7.86, 23: Leucisco cabezudo. Nombre científico: Leuciscus cephalus. Descripción: Longitud de adultos raramente superior a los 40 centímetros. Cabeza grande y escamas muy brillantes.

leucito *m* (*Bot*) Plasto (partícula de la célula vegetal). | Ybarra-Cabetas *Ciencias* 226: Plastos, plasmitos o leucitos. Son ciertos condriosomas que se cargan de distintas sustancias, que ellos mismos han elaborado.

leucocitario -ria *adj* (*Anat*) De (los) leucocitos. | Mascaró *Médico* 156: Para el recuento y la fórmula leucocitaria, basta obtener una gota de sangre por puntura del pulpejo de un dedo.

leucocito *m* (*Anat*) Glóbulo blanco. | Bustinza-Mascaró *Ciencias* 56: La sangre está constituida por un líquido, el plasma sanguíneo, en el cual flotan los hematíes o glóbulos rojos, los leucocitos o glóbulos blancos.

leucocitoide *adj (Anat)* Semejante a un leucocito. | Alvarado *Anatomía* 35: A la serie agranulosa pertenecen también los linfocitos leucocitoides.

leucocitosis *f (Med)* Aumento transitorio del número de leucocitos. | Nolla *Salud* 222: En las infecciones agudas producidas por cocos .. y en todas las infecciones supuradas suele existir una reacción leucocitaria muy típica: aumento del número total de leucocitos (leucocitosis).

leucoencefalitis *f (Med)* Inflamación de la sustancia blanca del encéfalo. | Sales *Salud* 403: Dentro del grupo de las encefalitis caben nuevas subdivisiones cuando el proceso patológico tiene predilección por la sustancia gris o por la sustancia blanca. Este determinismo de lesiones ha llevado a calificar como polioencefalitis o leucoencefalitis algunos de estos tipos de enfermedad.

leucoma *m (Med)* Opacidad blanca de la córnea. | *Ya* 13.4.77, 10: En los casos de leucoma (nube en un ojo) es preciso emplear lentes corneales cosméticos duros o blandos, donde se dibuja la coloración del ojo sano.

leucopenia *f (Med)* Disminución anormal del número de leucocitos. | Navarro *Biología* 110: Este número [de glóbulos blancos] puede elevarse a 10.000 durante la digestión, y disminuir (leucopenia) en ciertas enfermedades como las fiebres tifoideas.

leucoplasia *f (Med)* Mancha blanquecina, plana y algo elevada que se presenta en las mucosas. | *Ya* 24.4.87, 17: Los síntomas se aprecian sobre todo en las encías .. Aparecen manchas en la mucosa de la boca (petequias) y formaciones blancas en la lengua (leucoplasias).

leucoplasto *m (Bot)* Plasto incoloro. | Navarro *Biología* 50: En las células meristemáticas existen plastos incoloros o leucoplastos que pueden transformarse en amiloplastos, cloroplastos y cromoplastos.

leucorrea *f (Med)* Flujo mucoso blanquecino segregado por el tracto genital femenino. | Vega *Salud* 549: La leucorrea, conocida vulgarmente con el nombre de flujo, es el resultado del aumento anormal de la exudación de los genitales.

leucosis *f (Med)* Leucemia. | Corbella *Salud* 455: Debe pensarse en la posibilidad de una afección hemática grave (leucosis, reticulosis).

leucotomía *f (Med)* Operación quirúrgica consistente en seccionar los nervios que conectan los lóbulos frontales del cerebro con el resto del encéfalo. | Pinillos *Mente* 76: La ablación de materia gris de los lóbulos frontales o las leucotomías –operaciones en que quirúrgicamente se seccionan los nervios que conectan los lóbulos frontales con otras zonas del cerebro– afectan a las funciones superiores de la mente.

leudante *adj (Quím)* Que hace fermentar. *Tb n m, referido a producto.* | *Envase* 1.76: Artipan. Galletas Artiach, S.A. .. Fórmula cualitativa: Harina de trigo, manteca de cerdo, extracto de malta, levadura, productos leudantes, sal. *Envase* 1.81: Rosquillas Girasol Río .. Fórmula cualitativa: harina de trigo, grasas, leche, azúcares, glucosa y leudantes.

lev *m* Unidad monetaria búlgara. | *EOn* 10.64, 59: Principales unidades monetarias en el mundo .. Bulgaria: .. Le[v] .. Submúltiplos .. 100 stotinki. [*En el texto*, lew.]

leva[1] I *f* **1** Acción de levar o reclutar. *Tb fig.* | L. Calvo *Abc* 1.9.66, 25: En el Vietnam del Norte la leva de soldados y guerrilleros crece en número y empuje. *Ya* 25.11.71, 41: ¿Por qué no se verifica la leva del profesorado de cada curso inaplazablemente durante el mes de septiembre, o de agosto si es preciso?

2 (*Mar*) Salida de una embarcación del puerto. | Aldecoa *Gran Sol* 81: Un golpe de mar hizo que Simón Orozco se apresurase a corregir el rumbo de leva.

3 (*Mec*) Pieza giratoria en cuyo contorno se apoya y desliza el extremo de una varilla, de modo que el movimiento de rotación uniforme de la primera se transforme en movimiento de vaivén de la segunda. | APaz *Circulación* 238: Cuando la leva L en su giro empuja al taqué T, este vence el muelle R y abre la válvula correspondiente. Ramos-LSerrano *Circulación* 214: Al girar el cigüeñal, transmite su movimiento al árbol de levas, y en cuanto una de ellas se pone en contacto con el taqué, le empujará.

4 (*col, raro*) Truco. | GPavón *Rapto* 16: Estos bichos [los gorriones] se parecen mucho a los hombres. Como viven con nosotros y de lo nuestro comen, tienen muchas levas y se las saben todas.

5 ~ sobre el capital. (*Econ*) Impuesto, gralm. no periódico, que recae sobre la cantidad total de capital poseído. | FQuintana-Velarde *Política* 242: La sociedad tiene dos últimos medios drásticos para el logro de la igualdad, suprimiendo la transmisión de patrimonios acumulados: la leva sobre el capital y la confiscación de fortunas.

II *loc adj* **6** [Mar] **de ~** → MAR[1].

leva[2] *f* Lev (moneda). | L. Pérez *Crí* 2.74, 15: Estos obreros del campo tienen derecho a jubilación y seguros. Su sueldo medio es de 1.200 levas al año (una leva = 30 ptas.). *País* 19.11.83, 24: Lo que tenía en su poder eran cinco billetes de 200 levas, emitidos por la República Popular de Bulgaria en 1951 y ya fuera de circulación.

levadizo -za *adj* Que puede ser levantado y bajado mediante mecanismos. *Gralm referido a puente.* | R. Pieltáin *Abc* 2.1.66, 22: De la mole del castillo destaca la sólida torre del homenaje y el monumental puente ojival, cortado por otro levadizo que impide el paso entre la torre albarrana y la del homenaje.

levadura *f* **1** Masa o sustancia capaz de hacer fermentar el cuerpo con que se la mezcla. *Tb fig.* | Calera *Postres* 46: Se añaden 120 gramos de harina con un poco de levadura en polvo. E. Corral *Abc* 4.10.70, 70: Busca, en la comunicación con el espectador, la gracia angélica y la levadura de sus creaciones, aunque pertenezcan a ese género, supuestamente menor, de lo policíaco.

2 (*Bot*) *Se da este n a distintos hongos unicelulares productores de enzimas que provocan la fermentación. Frec en pl, designando este taxón botánico.* | Alvarado *Botánica* 65: A ellos [ascomicetos] pertenecen .. las levaduras o Sacaromicetos .., cuya interesante vida saprofítica ha sido estudiada.

levalloisiense (*pronunc corriente,* /lebaluasiénse/) *adj (Prehist)* [Período o cultura] del Paleolítico medio que se caracteriza por una industria evolucionada de lascas. *Frec n m.* | Pericot *Polis* 16: Los especialistas llaman a la industria más antigua de hachas Abbevilliense o Chelense; a la primera industria de lascas, Clactoniense. Evolución de la primera es el Achelense; de la segunda, el Levalloisiense.

levantada *f (raro)* Acción de levantar(se). | J. Carabias *Ya* 4.5.74, 8: Ella ha estado siempre a su lado, animosa durante la "larga marcha", con altibajos, caídas y levantadas que han supuesto los últimos quince años de oposición activa. CBonald *Dos días* 56: Se me ha cortado la digestión con la levantada. **b)** (*Dep*) *En lucha canaria:* Lance que consiste en inclinarse hacia atrás y levantar al contrario asiéndole con las dos manos por los bordes del calzón para hacerle caer al suelo. | Nácher *Guanche* 117: Con una potente levantada de ombligo, el talegazo sería aleccionador. **c)** *En las almadrabas:* Operación de halar la red a la superficie para sacar los atunes que están en ella. | Pemán *Andalucía* 333: Llegaremos hasta el poblado del Consorcio, donde, en época de salazón, habitan varios miles de operarios, y aun haremos bien si tenemos la fortuna de coincidir con una "levantada" de atún.

levantado -da *adj* **1** *part* → LEVANTAR.

2 [Cosa] más alta o elevada de lo normal o esperable. *Tb fig.* | *SYa* 16.11.75, 15: He aquí algunos detalles ..: Hombros cuadrados .. Diversidad de cuellos estilo oficial, levantados.

levantador -ra *adj* Que levanta, *esp* [1]. *Tb n, referido a pers.* | *DBu* 5.7.55, 3: Vidaurreta y Cía. S.A. .. Cosechadoras de 6 pies .. Molinetes levantadores Hume. J. J. Vázquez *VozA* 8.10.70, 23: Se escurrió el ex levantador de piedras, que no dijo, ni por señas, "esta boca es mía". T. Miraver *Ya* 8.11.91, 62: La receta levantadora de pasiones se va a ofrecer solo los viernes.

levantamiento *m* Acción de levantar(se), *esp* [1, 7, 10, 13c, 16 y 29]. | Repollés *Deportes* 139: Levantamiento de pesos. Este deporte no tiene hoy la popularidad de hace unos años. *Abc* 15.1.65, sn: Esta Jefatura ha resuelto señalar el día 28 de enero de 1965, a las once de la mañana, para el levantamiento del acta previa de ocupación de la finca. *Ava* 7.12.68, 5: Levantamiento de planos de fincas. *DBu* 3.7.64, 2: El juez de Instrucción del partido .. ordenó el levantamiento del cadáver de la desventurada mujer y su

levantapesos – levantar

traslado al depósito judicial. GacR 21.7.79, 24: Los jefes de la Guardia Civil de la zona, al tener conocimiento del incidente, realizaron de inmediato las gestiones oportunas para el levantamiento del arresto del cabo. Alfonso *España* 177: Mucho menos se da lugar, en otros países, a ese curioso levantamiento de la "veda" del hombre, que se produce por las noches en nuestras ciudades. Arenaza-Gastaminza *Historia* 238: Ante la represión de las tropas francesas, se produjo el heroico levantamiento del 2 de mayo de 1808.

levantapesos *m y f (raro)* Deportista especializado en el levantamiento de pesos. | Cela *Viaje andaluz* 36: En el robledal, una tribu de húngaros –la mona de la gracia .., el hombre levantapesos, la mocita comefuego y el poney saltarín– descansa a la sombra de los carromatos.

levantar A *tr* **1** Mover [a alguien o algo] hacia arriba, o poner[lo] en un lugar más alto. *Tb abs*. | Arce *Testamento* 59: Le pregunté que por qué, y él levantó los hombros un par de veces. Repollés *Deportes* 139: Consiguió la medalla de oro al levantar 572,5 kilos. Delibes *Guerras* 165: ¿No levantó el palo el Teotista con ánimo de golpearte? * Levanta por ese lado, que vamos a correr la mesa. **b)** Dirigir hacia arriba [algo, esp. los ojos o la mirada]. | Aldecoa *Gran Sol* 20: La parienta te arrima un cabo a las costillas en cuanto le levantas los ojos de besugo. **c)** ~ **la mano**, ~ **los hombros** → MANO, HOMBRO. **d)** *pr* Moverse [algo] hacia arriba, o dirigirse hacia arriba. | * Se le levanta la falda con el viento. * Si clavas por aquí, la tabla se levanta por el otro lado.

2 Poner [algo o a alguien en un estado mejor o más elevado]. | N. Florensa *His* 3.82, 33: Sumida en el Imperio que ha creado, es Castilla la región más perjudicada. Varias reformas .. pretenden levantarla. *Economía* 166: Las personas mayores suelen ser, por regla general, pesimistas. Pues bien, nadie mejor que nosotras para levantar su ánimo cuando las encontramos decaídas. Burges *Ya* 15.5.74, 41: El tercer título lo han conseguido los juveniles atléticos tras una brillantísima actuación, al imponerse en una emocionante final al Barcelona por 3-2, tras tener que levantar por dos veces el partido. F. Costa *Sáb* 21.12.74, 67: Provincias económicamente deprimidas, como las de Soria y de Cuenca, levantan un poco su renta provincial por habitante gracias a la inteligente explotación de sus pinares. **b)** Dar impulso o vitalidad [a algo (cd)]. | *Día* 29.8.72, 14: Lo que pretendo es levantar el boxeo en Tenerife.

3 Subir la intensidad o volumen [de la voz (cd)]. *Tb fig*. | Diego *Abc* 3.5.75, sn: Aunque la acústica sea perfecta, se ve uno forzado insensiblemente a levantar la voz y con ello a comprometer la nitidez de su timbre. **b)** ~ **el gallo**, ~ **la voz** → GALLO, VOZ. **c)** *pr* Subir de volumen [la voz (suj)]. | MMolina *Jinete* 271: Entró de la cocina para poner paz entre ellos. Lo hacía siempre que oía levantarse las voces.

4 *(Coc)* Subir [una clara de huevo] a punto de nieve. | Vega *Cocina* 79: Ponerla luego [la farsa] dentro de un barreño, .. agregándole unas gotas de ajenjo, dos yemas de huevo, un vaso de nata fresca y dos claras levantadas.

5 Volver boca arriba [algo]. | *Abc Extra* 12.62, 89: Los antecedentes del tresillo son el "rocambor" y el "mediator", este último con dos cartas levantadas para indicar el palo. **b)** Dar la primera vuelta [al rastrojo (cd)]. | S. Araúz *Inf* 16.11.74, 17: Levantaba el rastrojo y binaba, estercolaba con el pajuz de los mulos.

6 Poner [a alguien o algo] en posición vertical. *Frec el cd es refl; en este caso y en forma imperat, se usa a veces (col) como abs*. | Cunqueiro *Un hombre* 11: Un hombre estaba sentado en el banco de piedra adosado al palomar. Se levantó apoyándose en el grueso bastón. * Levanta, que se siente esta señora. DCañabate *Abc* 30.3.75, 32: La manuela tenía cierta fama de ser una de las más lujosas que llevaba el alquila levantado por las calles madrileñas. **b)** Hacer que [alguien que está acostado, o un enfermo (cd)], abandone la cama. | MMolina *Jinete* 137: Vaciando los orinales, levantando luego a sus hermanos más pequeños, lavándoles las caras y vistiéndolos. **c)** *pr* Abandonar la cama [alguien que está acostado, o un enfermo]. | Aldecoa *Gran Sol* 75: La madre se habrá levantado a las ocho o las nueve menos cuarto. Habrá llamado a las ocho al hijo. *Ya* 12.7.74, 14: Los médicos que le atienden han considerado aconsejable que se levante y haga ejercicios moderados.

7 Hacer que surja [algo que abulta o sobresale (cd)]. | *Ya* 10.5.75, 40: El rayo rozó a dicha señora .., fundiéndole una cadena de plata que llevaba del cuello y tatuando indeleblemente su señal bajo la piel, en la que apenas levantó unas ampollas por quemaduras de escasa entidad. **b)** ~ **ampollas**, o **ronchas** → AMPOLLA, RONCHA. **c)** Hacer que surja [algo que se desprende (cd)]. | GPavón *Rapto* 60: No sé qué extraña reflexión .. pone la otoñada .. en el polvo leve que levanta el can que hocea. Matute *Memoria* 76: El sol .. levantaba un fuego extraño del árbol. **d)** Hacer que surja [una sensación o un sentimiento (cd)]. | * Esta música me levanta dolor de cabeza. Halcón *Ir* 113: A la Juana aquella humillación le levantó cierto morbo. **e)** *pr* Surgir [algo que abulta o sobresale; algo que se desprende; una sensación, o un sentimiento]. | * Se te levantarán ampollas. Hoyo *Glorieta* 23: Comenzó a levantarse polvo, como si lo aupasen las golondrinas con sus picos. Aristófanes *Sáb* 18.1.75, 26: Me vuelvo a leer mis boxeos y mis fútboles, porque así no se me levanta dolor en la chimenea.

8 Construir o edificar [algo]. *Tb fig*. | *Sp* 19.7.70, 13: ¿Cuándo se va a tener en España, a la hora de levantar cualquier obra, .. eso que ahora se ha dado en llamar "visión de futuro"? Tácito *Ya* 19.3.74, 7: El entusiasmo y el dinero de miles de empresarios y trabajadores españoles .. levantaron en pocos años una industria hotelera.

9 Atribuir maliciosamente [algo falso a alguien]. | Ribera *Misal* 1473: No levantarás falso testimonio ni mentirás. GMacías *Relatos* 146: Como nadie los había visto..., podría surtir efecto la calumnia levantada.

10 Hacer o redactar [un acta]. | Armenteras *Epistolario* 257: Cuando la visita llevada a efecto por un inspector de Trabajo a una Empresa dé como resultado el levantar un acta por considerar que se ha cometido alguna infracción, el propietario .. podrá impugnarla. **b)** Hacer o trazar [un plano o un mapa]. | F. L. Pablo *Ya* 7.3.82, 7: Los modernos medios de fotografía aérea y por satélite .. sirven para levantar esos detallados y minuciosos planos.

11 Incoar [un proceso]. | CBaroja *Inquisidor* 33: Dado lo que .. se conoce de procesos levantados a animales .., no hay motivo mayor para dudar de que don Fernando fulminara contra los ratones.

12 Separar o desprender [una cosa] de otra a la que está pegada o adherida. | *Abc* 30.12.65, 95: El cuadro está en buen estado de conservación, pero cubierto de barnices rancios, por lo que se ha procedido a levantarlos en el taller del Museo. **b)** *pr* Separarse [una cosa de otra a la que está pegada o adherida]. | * El esmalte se está levantando con el calor. * El papel se levanta por este rincón.

13 Recoger [una cosa] de donde está. | *Bal* 21.3.70, 14: Se esperan todavía unos lotes de madera levantados en Rijeka y otros de nafta cargada en Canarias. **b)** Retirar o quitar [algo] de donde está. | *Economía* 42: Si hubiese alfombras en la habitación, estas se levantarán antes del barrido, se sacudirán por el balcón y se dejarán enrolladas hasta que la habitación esté terminada. MReverte *Demasiado* 235: Hemos atrasado el cierre hasta mañana para poder recoger la primera sesión del juicio. Si llegas a esa hora con 10 folios, levantamos cuatro páginas de información normal y completamos una portada de casi seguro secuestro. *Ya* 14.6.85, 63: En el caso de que la duración del partido de baloncesto fuera mayor de la estimada, se levantaría de la programación el episodio de la serie "Los amigos del valle verde". **c)** *(Der)* Reconocer [el juez y el médico forense u otro facultativo], en el mismo lugar del hecho, [el cadáver (cd) de alguien muerto en accidente o en circunstancias desconocidas] y ordenar su traslado al lugar en que ha de efectuarse la autopsia. | CNavarro *Perros* 22: Esperaremos que pase alguien que quiera avisar para que vengan a levantar el cadáver. **d)** Quitar [una cosa que está cubriendo otra]. S. Araúz *SYa* 25.5.75, 33: Al mesonero Pablo le costaba bascas cordiales levantar los manteles y abandonar la sobremesa. * Le levantaron el vendaje. **e)** Quitar las ropas [de la cama (cd)] para volver a hacerla. | Diosdado *Anillos* 1, 277: Alicia .. abre la ventana de par en par y levanta la cama. **f)** Quitar el pavimento [de una vía pública (cd)]. *Tb abs*. | Van 28.8.70, 19: Todas las plazas y calles donde hubieran podido situarse un entoldado están levantadas. *Tri* 5.12.70, 34: Sería mejor que tener el centro [de la ciudad] perpetuamente levantado con obras de aparcamientos subterráneos. *Ya* 20.2.88, 20: La labor tendría que ser consolidar el suelo, levantando y compactando. **g)** ~ **la mesa** → MESA.

levante – levantisco

14 Desmontar [algo que está instalado en un sitio]. | Torrente *Off-side* 24: Los tenderetes de la calle aparecen, en su mayoría, levantados. Halcón *Manuela* 68: El dinero de los hijos había servido para levantar la casa de Méjico e instalarse en California.
15 Hacer que [la caza (*cd*)] salga de donde está escondida. | Cela *Judíos* 33: El perro husmea con más descaro, levanta la pieza con el gesto de desafío del que tiene la ley guardándole las espaldas. Delibes *Cazador* 102: El bando que levantamos de salida, como si se le hubiera tragado la tierra. **b)** ~ **la liebre** → LIEBRE.
16 Suspender o dejar sin efecto [algo, esp. un castigo o una prohibición]. | CSotelo *Resentido* 224: ¿Qué? ¿No me levanta la condena? LTena *Luz* 30: Durante algunos días no le permitirán recibir a nadie .. En cuanto se levante la prohibición, yo me comprometo a avisarle. *CoE* 21.8.74, 32: El gobernador civil de la provincia ha ordenado que no se levante la veda para la caza de las especies tórtola, codorniz y paloma torcaz debido al riesgo de incendios forestales. Espinosa *Escuela* 51: Levantó la interdicción de las Obras de Dionisio Kinós. Paso *Isabel* 267: Tu padre es tan amable que va a levantar la hipoteca de mi finca de Olivenza. *País* 9.6.79, 15: El titular del Juzgado .. ha levantado el procesamiento de Claudio Alonso Becerro de Bengoa, uno de los cuatro presuntos implicados en el caso.
17 Dar por terminada [una sesión]. | *Reg* 11.8.70, 5: Sin más asuntos que tratar se levantó la sesión.
18 Reclutar [tropas]. | *Asturias* 21: El príncipe Don Alfonso manda que la gente de Asturias levante tropas en su servicio.
19 (*col*) Obtener o conseguir [algo material, esp. dinero]. *A veces con compl de interés*. | Delibes *Cazador* 29: El Pepe me pidió dos cartuchos de perdigón gordo y me dijo que si no levantábamos la liebre me los devolvería. Cela *Viaje andaluz* 127: El vagabundo .. pagó puntualmente a su patrona lo que le pidió, que era lo de ley. Para eso antes había levantado cerca de cuatro duros, peseta a peseta y, a veces, real a real, dando honestos consejos e informes ciertos y haciendo portes. Grosso *Invitados* 191: –Aquí levantas una pasta .. –No puedo quejarme. S. Moreno *Tiem* 20.3.89, 16: Esporádicamente acude a acostarse con ejecutivos o maridos en viajes de negocios y así "suelo levantarme treinta o cuarenta mil pesetas por noche". **b)** Agenciarse la compañía [de una pers. (*cd*)] para obtener de ella una utilidad concreta. *A veces con compl de interés*. | *Int* 25.8.82, 95: La mujer, por tirada que esté, .. sabe que tiene un patrimonio entre las piernas y es posible para levantar alguien con money. R. Pozo *Inde* 5.10.91, 64: Los jóvenes .. se levantan a una guarra, se van al jergón y se quedan fritos. **c)** Robar. *Tb fig.* | *DLi* 11.3.78, 5: De las cabinas telefónicas, cada año levantan cuatrocientos millones duro a duro. Tomás *Orilla* 48: Hay quien levanta los talegos del banco por la pasta, claro. CPuche *Paralelo* 352: Le había levantado la hembra a un comandante y se la estaba beneficiando con toda comodidad.
20 (*Naipes*) Hacer que [el contrario (*ci*)] eche [una carta (*cd*) alta superior a la ya echada]. | Corral *Cartas* 48: En general se debe arrastrar siempre que los contrarios hayan descubierto As o Rey; pero ha de ser de una alta para levantarlo.
B *intr* ➤ **a** *normal* **21** Subir, o elevarse sobre el suelo. *Más frec pr*. | Delibes *Guerras* 98: Los alimoches, las baribañuelas que dicen, danzando alrededor, que ni levantar podían, de ahítas, ¿entiende?, que menuda tragantona.
22 Elevarse o desvanecerse [la niebla]. *Tb pr*. | Delibes *Guerras* 76: Se marchó, que para dónde no lo sé, .. talmente como la niebla cuando levanta. *SPaís* 15.4.90, 37: Cuando la niebla se va levantando, te vienen a la memoria fugaces imágenes de la película. **b)** Despejarse o aclarar [el tiempo]. *A veces como impers*. | Benet *Nunca* 88: Había empezado a llover .. No parece que el tiempo quiera levantar. Delibes *Guerras* 200: Si llovía, pues por los corredores, ya se sabía. Y si levantaba, al patio, a echar un partido.
23 Estar [algo] a más altura de la normal o debida. | * La falda levante por este lado.
24 Alcanzar [la altura que se indica (*compl adv sin prep, que expresa medida*)]. | Delibes *Ratas* 99: Don Zósimo, el antiguo párroco, levantaba dos metros y medio y pesaba 125 kilos. FVidal *Duero* 145: El sol levanta ya una cuarta sobre el horizonte.

25 Avanzar [el día] hacia el mediodía. | Cunqueiro *Crónicas* 23: Monsieur De Crozon estaba deseando que el día levantase para ver el rostro de sus compañeros de viaje.
26 Comenzar a agitarse [el mar]. *Tb pr*. | Aldecoa *Gran Sol* 98: Al atardecer levantará la mar. Estos vientos repiten. Aldecoa *Gran Sol* 99: Se levanta la mar, pero no parece... Hay poco viento. Alós *Hogueras* 151: Se levanta, después se aquieta [el mar], quedándose como una lámina horizontal.
➤ **b** *pr* **27** Sobresalir del suelo [una construcción o un relieve]. | Laforet *Mujer* 139: Relativamente cerca de su casa se levantaba un mazacote de viviendas, un edificio feo, con ventanas simétricas.
28 Comenzar a producirse [viento o frío]. | Delibes *Guerras* 165: Con unas cosas y otras se había levantado el relente y yo había escondido la faja debajo de las mimbreras.
29 Sublevarse. *Tb fig.* | CSotelo *Proceso* 410: ¿Por qué tanta mansedumbre? ¿Por qué no levantarse contra la injusticia? Población *Sesión* 336: Todos empiezan a gritar intentando impedir que Nino siga recogiendo las cerillas, animándole a que se levante contra José Luis. PRivera *Discursos* 9: Estos postulados .. fueron los que .. movieron a toda una juventud para levantarse el 18 de Julio. **b)** ~**se en armas.** Sublevarse emprendiendo la lucha armada. | Carrero *Pue* 22.12.70, 5: El pueblo español, con sano instinto de conservación, se levantó en armas, conducido por nuestro glorioso Ejército.
30 (*jerg*) Ponerse en erección [el pene]. | VMontalbán *Rosa* 62: Él se ha ido con dos negras que ha contratado en un bar de por ahí .. Solo se le levanta con las negras y a pares.
31 (*raro*) Apoderarse [de algo (*compl* CON)] o alzarse [con ello]. | Carnicer *Castilla* 83: Tiempo atrás vino un bilbaíno y montó una fábrica de puertas, con ayuda de la Caja .. Un día se largó. Entonces se asociaron tres carpinteros para seguir con ella, pero al poco tiempo se pelearon. Ahora está bajo hipoteca de la Caja, que al acumularse los intereses se levantará con todo.

levante[1] (*normalmente con mayúscula en acep 2*) *m* **1** Este (punto cardinal). *Gralm sin art.* | Ortega-Roig *País* 10: El Este, llamado también Oriente y Levante, es .. el punto por donde sale el Sol. *Sol* 24.5.70, 13: El mar estaba bastante picado y un viento fresquito a fresco, de levante, hizo poner a contribución toda la pericia de los navegantes. *DMa* 29.3.70, 30: El viento refresca algo y va rolando hacia levante.
2 Parte [de un territorio] que está hacia el este. *Referido a España, designa esp las regiones valenciana y murciana*. | Plans *España* 166: El Levante de España .. La Región Levantina comprende un conjunto de tierras orientadas hacia el Mediterráneo.
3 Viento que sopla de levante [1]. | Palomino *Torremolinos* 76: Que si se ha roto una tubería y hay que sacar el agua a cubos, .. que si el levante sopla con ganas y corre a asegurar ventanas. Solís *Siglo* 157: Gritó Catalina para hacerse oír; el levante le llevaba las palabras. Halcón *Ir* 237: Lo que está es barruntando para mañana otro día de calor como el de hoy y un levantazo que se lleva los trigos.

levante[2] *m* **1** (*raro*) Acción de levantar. | M. Trigo *Abc* 12.4.58, 47: "La inmensa tarea de los mariscadores" .. consistió .. en una entrada a saco en los bancos marisqueros, autorizada, legalmente autorizada, a toque oficial de levante de veda cada día 1 de octubre.
2 Retirada, en el puerto, de las mercancías despachadas. *Tb el documento que la autoriza*. | *BOE* 28.12.74, 26337: Las certificaciones o documentos en que conste la intervención de tales Organismos .. es indispensable que queden unidos a la declaración de importación para autorizarse el levante.

levantino -na *adj* De(l) levante[1] [1 y 2]. *Tb n, referido a pers.* | Cela *Judíos* 286: Señalan los levantinos y últimos flecos de Gredos. Ortega-Roig *País* 182: El Norte de la región levantina es un conjunto de intrincadas sierras. Umbral *País* 2.3.77, 18: –Cuidado, que se le van a encampanar los valencianos —me advierte el abrecoches, que viene hoy con blusón de chufero levantino.

levantisco -ca *adj* Propenso a sublevarse. *Tb fig. Tb n, referido a pers.* | Halcón *Ir* 27: Prisca no era pueblo levantisco. En su historia solo había corrido la sangre en los mataderos municipales.

levar – levulosa

levar A *tr* **1** (*Mar*) Desenganchar y levantar [el ancla o las anclas] para salir del fondeadero. *Frec en la constr* ~ ANCLAS. | Cela *Oficio* 74: Los navegantes solitarios levaron anclas y fueron a naufragar en la Tierra de Luis Felipe.
2 (*hist*) Reclutar [gente] para la guerra. | DPlaja *Sociedad* 34: Va un oficial levando gente. El Rey ha pedido hombres para cualquiera de sus empresas militares.
B *intr* **3** (*raro*) Crecer [la masa] por efecto de la fermentación. | *Cocina* 571: Se hace una bola de masa que se deja levar en sitio templado.

leve *adj* **1** Ligero o de poco peso. *Tb fig.* | GPavón *Rapto* 60: No sé qué extraña reflexión .. pone la otoñada .. en el polvo leve que levanta el can que hocea. *Abc Extra* 12.62, 15: El aro, cada vez más leve, más utilizado, necesita pavimentos emballosados. CPuche *Paralelo* 181: El ideal era algo tan leve y volandero como una pompa de jabón.
2 De poca importancia o consideración. | Diosdado *Anillos* 1, 143: –No había culpas, ni agravios, ni terceras personas. Nada. Que no se querían. –Hombre... Si te parece que eso no es nada... –Quiero decir nada concreto. Ni sevicias graves, ni sevicias leves, ni garambainas. Mann *Ale* 3.8.78, 2: Hoy, de cien accidentes, tantos han sido leves, tantos graves y tantos de consecuencias fatales. **b)** De poca trascendencia o profundidad. | GPavón *Hermanas* 47: Siguieron el examen del piso, con comentarios leves y evocaciones.
3 Poco intenso. | Torrente *Saga* 321: La capilla del Santo Cuerpo doraba sus piedras al leve sol.

levedad *f* Cualidad de leve. | Umbral *Ninfas* 48: Un traje ligero y grisáceo al que el paso del tiempo había dado aún más levedad, más ligereza, más frescor, dejándolo casi transparente. CSotelo *Inocente* 138: Se ríe con levedad, pero inconteniblemente. FCid *Ópera* 24: Ya en las melodías que canta esa pareja infantil, en la forma de glosar con levedad las incidencias amables de la trama, destaca el talento excepcional del compositor.

levemente *adv* De manera leve [2 y 3]. | Torrente *Off-side* 54: La mano izquierda del Exclaustrado se cierra; la diestra se levanta levemente. Bernard *Verduras* 12: Hervidas en agua levemente salada.

leviatán *m* (*raro*) Monstruo marino terrible y destructor, mencionado en la Biblia. | Torrente *Sombras* 28: Empezó a mostrarnos las piezas más raras de su colección ..; un fragmento de un códice gótico con un galeón encima de un leviatán con cuernos y surtidores. **b)** (*Pol*) *Se usa en constrs de sent comparativo aludiendo al Estado autoritario u opresor.* | D16 16.9.88, 6: El Estado nació como forma de libertad, y en el inmediato pasado hemos podido contemplar hasta qué punto puede convertirse en un nuevo leviatán.

levigar *tr* (*Fís*) Desleír en agua [una materia pulverulenta] para separar los granos más gruesos o densos, que caen al fondo del recipiente. | Aleixandre *Química* 117: Esta [ganga] se separa luego levigando el material; como la ganga es más ligera que el mineral, es arrastrada por el agua.

levirato *m* (*hist*) *En la ley mosaica:* Precepto que obliga al hermano del fallecido sin hijos a casarse con la viuda. | *País* 15.4.79, 6: Monogamia, poliandria, poligamia, .. intercambios, leviratos, totemismo, .. son nada más que algunos de los puntos tocados por las legislaciones, usos y costumbres.

levirrostro *adj* (*Zool*) [Pájaro] de pico grande y débil. *Frec como n m en pl, designando este taxón zoológico.* | Lama *Aves* 33: Así tenemos a los Sindáctilos, de pico largo y ligero, denominados levirrostros.

levita[1] I *f* **1** Prenda de vestir masculina de etiqueta, de cuerpo ajustado y faldones que llegan a cruzarse por delante, propia del s. XIX y actualmente de algunos uniformes. | Mercader-DOrtiz *HEspaña* 4, 243: Al comenzar el XIX, currutacos y petimetres .. apreciaban ya las excelencias de la sastrería inglesa. El frac y la levita iban substituyendo a la casaca. **b)** Chaqueta femenina cuya forma recuerda la de la levita masculina. | ByN 3.2.91, 77: Levita de ante color morado .. de Jutta Covian, sobre un chaleco .. de la misma diseñadora, al igual que el pantalón "stre[t]ch" y la blusa blanca.
II *loc v* **2 tirar** [a alguien] **de la ~.** (*col*) Adular[le] interesadamente. | Quiñones *Viento* 241: Hay que andar tirándoles de la levita a unos y otros.

levita[2] *m* (*hist*) Miembro de la tribu israelita de Leví, la cual tenía a su cargo el servicio del templo. | Vesga-Fernández *Jesucristo* 17: Los levitas .. A ellos se les habían adjudicado las funciones relativas al culto judío. Desempeñaban cargos subordinados: cantores, porteros, servidores de los sacerdotes, etc.

levitación *f* Acción de levitar. | Laforet *Mujer* 174: ¡Cuánto se reía Paulina cuando alguna de aquellas vidas [de santos] describía fenómenos de levitación o milagros aparatosos! *SD16* 3.5.89, 1: Su empleo [de superconductores] en microcircuitos, levitación magnética o en el espacio .. pued[e] llegar en torno a 1995.

levitador -ra *adj* Que levita. *Tb n, referido a pers.* | ILaguna *Abc* 12.11.70, sn: El mar, la lluvia, la fraga, los trasnos, los levitadores, el otoño, .. van tejiendo un ramo de ensoñaciones.

levitante *adj* (*lit*) Que levita. | Torrente *Saga* 191: El invento de don Torcuato le hacía sospechar que su concepción de Castroforte como ciudad ensimismada y levitante era más que una fantasía. *Pro* 2.4.88, 35 (A): Estaría propulsado [el tren magnético] por imanes levitantes que harían "flotar" al vehículo sobre la vía.

levitar A *intr* **1** Elevarse en el espacio [alguien o algo] sin intervención de agentes físicos conocidos. | Torrente *Saga* 188: Cuando Castroforte del Baralla se ensimisma .. asciende en los aires, en una palabra, levita. Benet *Aire* 19: Sus diminutos zapatos no pisaban la tierra, como si con sus éxitos en los negocios hubiera adquirido el privilegio de levitar a pocos centímetros de cualquier suelo. **b)** (*Fís*) Suspenderse en el aire, sin soporte material [objetos metálicos repelidos por un campo magnético]. | *Ya* 26.10.88, 18: Los nuevos superconductores harán levitar a los trenes.
B *tr* **2** Hacer que [alguien o algo *cd*] levite. | Landero *Juegos* 112: Gregorio sintió que el aire, concentrado en el estómago por una profunda tragantada, iba a levitarlo de un momento a otro.

levítico -ca *adj* **1** (*hist*) De (los) levitas[2]. | Peña-Useros *Mesías* 81: Dios escogió una tribu, la de Leví, para los oficios sacerdotales y levíticos.
2 Clerical. *A veces aludiendo a hipocresía y puritanismo.* | Sopeña *Defensa* 25: Trabajaba en Vitoria, ciudad levítica si las hubo, la mejor sastrería de curas. Alfonso *España* 68: Nuestra cultura urbana ha sido bastante mezquina, de un enteco provincialismo. Ayer fue aquel mundillo cerrado y levítico que tanto se refleja en nuestra literatura. SSolís *Camino* 14: Esto último muchas personas lo consideraban chismorreos de ciudad hipócrita y levítica.

levitín *m* Levita[1] corta que se usa como prenda de uniforme en la Marina de Guerra. | J. R. Alonso *Sáb* 31.5.75, 7: Las amenazas de muerte desde el poder me parecen inculcables, máxime si quien las profiere viste ese glorioso levitín azul que ha dado tantos héroes de la libertad desde antes y después que Topete diese "el grito" en Cádiz o de que Cervera se sacrificase con su Escuadra.

levitón *m* **1** (*hist*) Levita[1] grande y de paño grueso, usada como abrigo. | Buero *Sueño* 164: Va [Goya] al sofá, de donde recoge su levitón.
2 (*desp*) Prenda de abrigo muy larga y holgada. | GPavón *Hermanas* 42: Unos jovenzuelos vestidos con levitones, melenas y pantalones de campana pasaron impetuosos.

levógiro -ra *adj* **1** (*Fís*) Que desvía hacia la izquierda la luz polarizada. | Ybarra-Cabetas *Ciencias* 54: Es [el cuarzo], además, birrefringente y presenta la polarización rotatoria, siendo unos cristales dextrógiros y los otros levógiros.
2 (*lit o E*) Que tiene preferencia hacia el lado izquierdo o se inclina hacia él. | Torrente *Off-side* 471: Se dispara [su mano] hacia el frente, con cierta tendencia levógira, mientras el hombro contrario se hunde. *Con* 5/6.86, 41: El cinco por ciento de los hombres y mujeres que andan por este planeta son "zocatos", "zurdos", "esquerros", "levógiros".

levulosa *f* (*Quím*) Fructosa (azúcar de fruta). | Bustinza-Mascaró *Ciencias* 141: La miel es una mezcla compleja de distintas sustancias: azúcares (glucosa y levulosa), agua y sustancias aromáticas.

lewisita (*pronunc corriente,* /lebisíta/) *f* (*Quím*) Líquido oleoso, entre cuyos componentes figuran el arsenio y el cloro, de acción vesicante y usado como arma química en las guerras. | *Abc* 14.1.89, 14: Con motivo del nuevo choque USA-Libia, escriben sobre productos asfixiantes, mencionando .. la Lewisita.

lexema *m* (*Ling*) Unidad significativa o base léxica de la palabra. | Alcina-Blecua *Gramática* 774: El verbo *saber* toma el lexema /sé/, que .. se presenta sin morfema auxiliar, como lexema puro. Salvador *Semántica* 20: Los cuatro sememas se han distinguido en 96 localidades, si bien en algunos casos no propiamente por medio de lexemas sino de perífrasis.

lexemático -ca (*Ling*) **I** *adj* **1** De(l) lexema. | Alcina-Blecua *Gramática* 774: Una serie de verbos .. añaden el morfema auxiliar a continuación del morfema lexemático. **2** De (los) contenidos léxicos. | Salvador *Semántica* 70: Pruébese a hacer, por ejemplo, esta reducción lexemática con las 28 acepciones que presenta el DRAE bajo la primera entrada de *tocar*: .. las 28 acepciones de *tocar* quedan reducidas a 13 signos que se insertan en diferentes campos semánticos. **II** *f* **3** Estudio de los contenidos léxicos. | Salvador *Letra Q* 8: Habéis designado al catedrático de Lengua española de la Universidad Complutense, a la persona que en ella explica lexicología, lexicografía y lexemática.

lexía *f* (*Ling*) Unidad léxica, esp. la constituida por más de una palabra. | Salvador *Semántica* 20: Los cuatro sememas se han distinguido en 96 localidades, si bien en algunos casos no propiamente por medio de lexemas sino de perífrasis .., lo que llamaremos lexías con terminología de Pottier. Marcos *Gramática* 12: El léxico se expresa en .. lexías .., simples como *can* o complejas como *noche toledana*.

lexical *adj* (*Ling*) De(l) léxico [2]. | Huarte *Diccionarios* 80: Junto a la estructura fonológica, morfológica, sintáctica, hay en toda lengua un componente lexical, de vocabulario.

lexicalización *f* (*Ling*) Hecho de lexicalizar(se). | Lorenzo *Español* 205: Hay en todos [los ejemplos] .. un sustantivo postverbal –formalmente en absoluta lexicalización– cuya función verbal no cabe duda de que está en la mente de quienes construyen estas frases.

lexicalizar *tr* (*Ling*) Hacer que [una metáfora o una combinación sintáctica libres (*cd*)] entren en el sistema léxico de la lengua. | Salvador *Letra Q* 13: La expresión la lexicalizará Gracián, desarrollándola, en la crisis cuarta de la tercera parte de *El Criticón*. **b)** *pr* Entrar [una metáfora o una combinación sintáctica libres] en el sistema léxico de la lengua. | Alonso *Góngora* 149: Esas metáforas diremos que estaban casi "lexicalizadas", es decir, que estaban casi convertidas en nombres poéticos de los objetos reales que sugerían.

léxicamente *adv* (*lit*) En el aspecto léxico. | Salvador *Semántica* 80: En el caso concreto de *glosa* creo que el término se extiende en el uso a ese tipo de explicación innecesaria o inoportuna que merecería ser diferenciado léxicamente.

léxico -ca I *adj* **1** De(l) léxico [2]. | Lapesa *HLengua* 37: La influencia léxica del español sobre el vasco ha sido, y sigue siendo, enorme. **II** *m* **2** Conjunto de las palabras [de un idioma]. | Amorós-Mayoral *Lengua* 5: Todas las lenguas de una misma familia tienen .. caracteres semejantes: son parecidas las palabras, cuyo conjunto recibe el nombre de "léxico". **b)** Conjunto de las palabras propias [de una región, de una actividad, de un grupo humano, de una obra o de una pers. determinados]. | ZVicente *Mesa* 102: Voy a encararme con ese fulano. Lo malo, me temo, va a ser que, a lo mejor, no entiendo su léxico, puede que incluso hable otra lengua. Lapesa *HLengua* 305: El léxico vulgar de las ciudades es de inferior alcurnia. **3** (*lit*) Diccionario. | Rabanal *CoG* 24.4.70, 9: La nota predominante del nuevo DRAE es la de una gran apertura .., aun a riesgo de salirse del concepto de diccionario "tesoro" e invadir el ebullente campo de los léxicos "totales".

lexicografía *f* **1** Técnica de la redacción de diccionarios y vocabularios. *Tb la actividad correspondiente.* | Ahumada *Lexicografía* 21: El principio de sustitución nos proporciona dos conceptos de amplio rendimiento en lexicografía. **2** Estudio de los diccionarios y de su técnica. | Salvador *Letra Q* 8: Habéis designado al catedrático de Lengua española de la Universidad Complutense, a la persona que en ella explica lexicología, lexicografía y lexemática. **3** Conjunto de los diccionarios y vocabularios. *Gralm con un compl especificador.* | Lapesa *Necrol. Gili Gaya* 199: Se perdió la ocasión de completar un valioso corpus de la lexicografía española de los Siglos de Oro.

lexicográficamente *adv* En el aspecto lexicográfico. | M. GManzano *Rev* 4.68, 9: El vocabulario utilizado es bronco, duro, atornillado semántica y lexicográficamente e incluso repugnante.

lexicográfico -ca *adj* **1** De (la) lexicografía. | *Pap* 1.57, sn: *Diccionari català-valencià-balear.* Inventario lexicográfico y etimológico de la lengua catalana. **2** (*semiculto*) Léxico [1]. | Guillén *Lenguaje* 27: Andalucía constituyó el crisol fundamental de esta integración lexicográfica.

lexicógrafo -fa *m y f* Pers. que se dedica a la lexicografía [1 y 2]. | Lapesa *Gili Gaya* 39: Allí figuran .. anotaciones inspiradas ya en textos literarios, como las de Ayala, Henríquez y otros lexicógrafos de la segunda mitad del siglo XVII que preparan el camino al primer Diccionario académico.

lexicología *f* (*Ling*) Estudio de las unidades léxicas en sus relaciones sistemáticas mutuas. | Hernández *Diccionarios* 3: Quienes siguen a Ullman entienden que la lexicología no solo se ocuparía de las palabras, sino de todos los tipos de morfemas que entran en su composición.

lexicológicamente *adv* (*Ling*) En el aspecto lexicológico. | Lázaro *Crónica* 17: Partiendo de unos pocos precedentes españoles, venerables pero muy imperfectos lexicológicamente, la Academia .. realiza la proeza de inventariar, definir y autorizar con textos escritos, la masa fundamental del vocabulario español en tan solo veintiséis años.

lexicológico -ca *adj* (*Ling*) De (la) lexicología. | Ahumada *Lexicografía* 37: Esta introducción se completa con tres trabajos de carácter lexicológico antes que lexicográfico.

lexicólogo -ga *m y f* (*Ling*) Especialista en lexicología. | Marías *Uso* 22: La misión del lingüista, del lexicólogo, del fonético, del gramático, de la Academia se va entendiendo cada vez de manera menos legislativa.

lexicón *m* (*lit*) Léxico [3]. | Cela *Inf* 6.6.75, 18: El diccionario de la Real Academia Española no registra la acepción que aquí conviene .. de la voz "gatillazo" .., y me parecería pecado de soberbia el suponer que, por extensión de concepto o ampliación de sentido, pudiera caberle el enunciado que en el ilustre lexicón se expresa.

ley[1] **I** *f* **1** Regla obligatoria de nivel superior y carácter general, establecida por la autoridad competente. | CBaroja *Inquisidor* 42: Lo grave es estar habituado a aplicar leyes y penas. **b)** Conjunto de las leyes. | *YaTo* 30.9.81, 47: Soy una honrada ciudadana respetuosa de la ley y cumplidora de sus mandatos. *Nue* 20.12.70, 6: Un partido político declarado fuera de la ley. Á. Lázaro *Pue* 24.4.75, 3: Todo un proceso .. no hubiera puesto al margen de la ley a estos activos cultivadores del picarismo. **c)** Conjunto de preceptos [de una religión]. *Tb la misma religión.* | *País* 6.2.79, 2: Ponen en pie una nueva organización social que aplica al pie de la letra lo estipulado por la ley coránica. F. J. FTascón *SYa* 26.5.74, 9: El destape y el desnudo prohibidos, castigo y pecado en la ley mosaica. **d)** *En pl:* Derecho (carrera). *Normalmente sin art.* | Chamorro *Sin raíces* 55: Estudió leyes en Salamanca y Madrid. **e)** *En los códigos antiguos:* División de las que constituyen un título. | * Partida segunda, título primero, ley octava.
2 Regla establecida [para algo (*compl de posesión*)]. *Frec en sg con sent colectivo.* | Gambra *Filosofía* 53: Se conocen por leyes del silogismo las condiciones básicas y comunes para que un razonamiento silogístico sea correcto. * Es la ley del juego. **b)** Norma de conducta que rige [en el medio (*compl de posesión*) en que se vive o en el que se desarrolla una actividad]. | Cuevas *Finca* 22: Los gañanes, de pie, .. co-

men según la ley del campo: una cucharada y un paso atrás. Aldecoa *Gran Sol* 46: La ley de la mar se precisaba meticulosa en el respeto de las guardias. **c) ~ de la selva.** Norma de conducta basada exclusivamente en la conveniencia personal, sin respeto a los derechos ajenos. | VMontalbán *Almuerzos* 179: Hemos de disponer de una garantía final, agotadas todas las vías llamémoslas civiles. De lo contrario, aquí se instalaría la ley de la selva. **d) ~ del embudo.** (*col*) Norma de conducta muy tolerante para uno mismo pero estricta para los demás. *Normalmente en la constr* SER [algo] LA ~ DEL EMBUDO. | Cela *SCamilo* 189: Los estados niegan a sus súbditos el derecho de acuñar moneda .., esto es la ley del embudo.

3 Regla invariable que rige [un fenómeno natural (*compl de posesión*)]. *Tb la fórmula que la expresa.* | Marcos-Martínez *Física* 28: Fue Newton quien descubrió la ley de la gravitación universal. Navarro *Biología* 218: Actualmente no se considera a esta tercera ley como una verdadera ley, sino como una regla, porque presenta numerosas excepciones. Carnicer *Van* 3.4.75, 49: Es ley general en la evolución del castellano la fusión de dos vocales contiguas e iguales en una sola. **b) ~ de vida.** Regla invariable de la vida humana. *Gralm en la fórmula* ES ~ DE VIDA, *usada como comentario de determinados sucesos, esp la muerte o la separación de una pers.* | Diosdado *Anillos* 2, 29: –Todavía me parece que la voy a ver ahí sentadita, haciendo su punto .. –Es ley de vida, Arturo... Hay que sobreponerse a las cosas. Delibes *Cinco horas* 176: No es que yo vaya a decir que no haya injusticias, ni corrupción .., pero siempre las ha habido, ¿no?, como siempre hubo pobres y ricos, Mario, que es ley de vida, desengáñate.

4 ~ de fugas. Forma irregular de ejecución de un preso, atribuida a las fuerzas de orden público, consistente en disparar contra él cuando supuesta o realmente intenta fugarse. | PReverte *Maestro* 153: ¡La única ley que necesita este país es la ley de fugas!

5 ~ del silencio. Actitud colectiva, motivada por compromiso contraído o por miedo a represalias, de negarse a informar a la policía acerca de un delito o de un delincuente. *Tb fig.* | Delibes *Cinco horas* 245: Tú, en lugar de agradecérselo, venga con que si una confabulación .., y que todos contra ti .., menos el médico, todos de acuerdo, la ley del silencio.

6 ~ del Talión. Principio según el cual el culpable debe ser castigado con un daño igual al que ha causado. | Ridruejo *Memorias* 59: Incluso desde fuera del partido se le había reprochado al jefe falangista aquella resistencia a aprobar la ley del Talión.

7 ~ seca. Prohibición oficial del tráfico y consumo de bebidas alcohólicas. | *HLM* 26.10.70, 2: El acuerdo tomado hace ya muchos años por la Bolsa de París de negarse a cotizar un empréstito noruego como represalia a la adopción por aquel país de la "ley seca".

II *loc adj* **8 de ~.** Establecido por la ley [1 y 2], o acorde con ella. | Cela *Judíos* 37: Es también de ley que las mujeres, en tal día, apaleen a los hombres que se encuentren en el camino. **b)** Normal o lógico. *Gralm en la constr* SER DE ~. | Delibes *Voto* 106: –Y, ¿si es ella la que enferma? –Mire, para eso están los hijos .. –¡Ya salió! –Es de ley, ¿no? –apuntó tímidamente–: Si uno miró por ellos cuando no podían valerse, justo es que miren por uno cuando uno se quede de más.

III *loc adv* **9 a ~.** (*raro*) De manera justa, o con sujeción a lo que es justo. | V. Zabala *Nue* 19.4.70, 35: Le dieron una merecida oreja, ganada a ley con un toro solo apto para toreros con oficio.

10 con todas las de la ~. (*col*) Con todos los detalles o requisitos necesarios. *Tb adj.* | ZVicente *Traque* 121: Fue una pena que las huelgas que vinieron luego me impidieran hacer una agrupación obrera con todas las de la ley. **b)** Merecidamente y con todo derecho. *Tb adj.* | F. Yagüe *Inf* 8.5.75, 20: El brasileño ganó, con todas las de la ley, al español.

ley² I *f* **1** Proporción de metal fino [de una aleación de oro o plata, o de un objeto hecho con ella]. | Sobrequés *HEspaña* 2, 86: Para pagar las deudas contraídas durante la guerra civil, Enrique II acuñó una moneda de vellón de baja ley, a la que quiso equiparar el maravedí y que fue llamada cruzado. *GTelefónica N.* 929: Tenemos un gran surtido de relojes de marca, pulseras, medallas, sortijas, brazalets con o sin brillantes, en oro de ley de 18 quilates. **b)** Proporción de metal [de una mena]. | Tamames *Economía* 185: León se sitúa como segunda provincia de España por volumen de extracción de mineral, debido a la explotación de los cotos Wagner y Vivaldi de hematites pardas con ley de hasta un 55 por 100.

2 Calidad. *Gralm en la constr* DE (BUENA) ~, *o, más raro,* DE MALA ~, *referida a pers y ponderando su calidad moral.* | GNuño *Madrid* 21: El actual Ministerio de Asuntos Exteriores .. se cree obra del maestro Alonso Carbonell, quien hizo una estructura robustamente castellana, en su mejor ley. CPuche *Paralelo* 474: –Genaro era de ley... –¡Genaro valía! Umbral *MHi* 11.63, 78: Aguas de buena ley y abundancia de vegetales hermoseaban el lugar.

II *loc adj* **3 de ~.** [Oro o plata] que posee la ley [1a] mínima exigida. | *Prospecto* 12.85, 81: El Corte Inglés .. Juego de tocador, 3 piezas en cristal tallado y plata de ley.

ley³ *f* (*col*) Cariño o afecto. *Gralm con los vs* TENER O COGER. | Olmo *Camisa* 103: Usté no me tiene mucha ley, ¿eh, abuela? Delibes *Emigrante* 37: Cuando la sacaba [la bicicleta], tuve que mirar para la pared. Uno termina cobrándole ley a las cosas.

leyenda *f* **1** Relato popular tradicional de carácter más o menos fabuloso. | DPlaja *Literatura* 48: Una de esas sagas o leyendas primitivas presenta las hazañas del héroe Sigfrido, dando este relato lugar a la famosa epopeya de los *Nibelungos.* **b)** Relato [sobre alguien o algo real o histórico (*compl de posesión*)] deformado por la imaginación y la parcialidad. | DPlaja *Literatura* 53: A la muerte del Cid, su fama se ha extendido por todas partes. Esta fama, rodando de boca en boca, va añadiendo datos fabulosos a los datos reales. Así nace el Cid de la leyenda, primero en los libros de los historiadores musulmanes, luego en los escritores cristianos. **c) ~ negra.** Relato o conjunto de relatos [sobre alguien o algo real o histórico (*compl de posesión*)] deformado negativamente por la imaginación o la parcialidad. *Esp referido a España.* | Arenaza-Gastaminza *Historia* 182: Campeón del catolicismo, se atrajo [Felipe II] la enemiga de protestantes y judíos, que, con los enciclopedistas y masones, propagaron más tarde en torno a su persona la leyenda negra de España. *Nue* 22.12.70, 16: Llega la lotería .. Y llega con ella su pequeña leyenda negra.

2 Inscripción (escrito grabado en piedra o metal). | GNuño *Escultura* 156: La tercera ciudad mencionada como acuñadora de moneda del sistema griego, Sagunto, muestra su leyenda con caracteres ibéricos. GPavón *Reinado* 20: La lápida era de mármol blanco, con esta leyenda en letras marrones. **b)** Texto explicativo que acompaña a algo, esp. a una imagen. | Huarte *Tipografía* 58: Los folios son unas líneas que contienen el número de la página, y si llevan, además, una leyenda, se llaman folios explicativos. Delibes *Voto* 9: Abrió el folleto, y en la plana de la izquierda apareció un Arturo juvenil, en calzones cortos, corriendo por una pradera tras una pelota inalcanzable. Una leyenda decía debajo: "Por un deporte popular". **c)** *En gral:* Rótulo o letrero. | Cunqueiro *Un hombre* 11: Una vez hecho el encalo, y dada una mano de almagre a la puerta, el pintor renovaba la leyenda sobre el dintel: *Palomar de bravas del rey.* Delibes *Mundos* 57: En los cruces estratégicos existen papeleras con leyendas de este tipo: "La ciudad es suya. ¡Cuídela!". Zunzunegui *Camino* 323: Era un habano selectísimo. La sortija llevaba su nombre y su leyenda.

3 *f* (*raro*) Lectura (acción de leer). | Pemán *Almuerzos* 17: Como me veía leer constantemente, me notificaba, al paso, esta advertencia: Cuentan que en Trebujena una mocita se murió de la leyenda. Faner *Flor* 147: Cuando hacían las paces, Moza y Diodor asistían a la lectura de *Lucrècia*, de Joan Ramis, en el salón de la academia .. Terminada la leyenda vagaron por calles desiertas, apenas iluminadas.

leyente *adj* (*raro*) Lector (que lee). *Tb n.* | E. BAmor *Inf* 22.2.75, 11: En principio contamos con unos noventa millones de posibles leyentes.

lezna *f* Instrumento consistente en un hierro de punta fina inserto en un mango de madera, que es empleado, esp. por los zapateros, para agujerear. | Escobar *Itinerarios* 33: Conocí en mi pueblo –Arévalo– a un hombre, de oficio zapatero, pero a quien nunca vi con la lezna o la cuchilla en la mano. Romano-Sanz *Alcudia* 230: Una vez le picó una víbora .. Lo encontró un cabrero de San Benito y empezó a pincharlo con una lezna para que saliera el veneno. ¡Y no se murió!

lezne *adj* (*lit, raro*) Que se deshace o disgrega fácilmente. *Tb fig.* | Delibes *Madera* 355: En el cielo despejado flotaban como globos las leznes nubecillas de los antiaéreos. Delibes *Madera* 76: Era cosa sabida que en estos lances de amor de las viejas vírgenes hacia los niños a su cuidado todo era lezne y efímero.

lía[1] *f* Soga de esparto tejida en forma de trenza. | Delibes *Guerras* 229: Promediado el mes de diciembre, estuvo la mujer a verle y le llevó la lía. Moreno *Galería* 148: Unas veces construido [el bozal] de alambre y otras de lías planas de esparto.

lía[2] *f* Heces del vino. *Gralm en pl.* | *Ya* 8.10.70, 12: Destilado de vino: El obtenido por destilación de vinos y de sus piquetas y lías.

liado *m* Acción de liar [2b]. | *Act* 5.11.70, 90: Vista general de un taller de liado mecánico de cigarros en la Fábrica de Santander.

liana *f Se da este n a diversas plantas tropicales sarmentosas, cuyos tallos, largos y flexibles, se arrollan a otros vegetales hasta alcanzar la zona iluminada, donde se ramifican.* | Navarro *Biología* 270: Algunas plantas, como las lianas, trepan sobre otros vegetales para buscar la luz.

liante -ta (*tb f* LIANTE) *adj* (*col*) [Pers.] que lía [3, 4 y esp. 5]. *Tb n.* | Umbral *País* 13.1.78, 20: Somos más pesimistas y más liantes. GPavón *Rapto* 51: Solía decir ella que no le gustaban las mujeres. Que eran muy maliciosas y liantes. ASantos *Estanquera* 21: Me están dando unas ganas de mandarla al otro barrio desde aquí por liante, por hija puta y por gorda. VMontalbán *Prado* 52: No me gustó nada que usted se fuera con Santidrián, que en paz descanse .. Era un liante. SFerlosio *Jarama* 76: La Mely es una lianta. Toda la culpa la tuvo ella. Y luego va y lo cuenta por ahí.

liar (*conjug* 1c) **A** *tr* **1** Atar [algo con una cuerda o algo similar]. | * Estaba tratando de liar la maleta con una cuerda porque la cerradura había fallado. **b)** Atar o sujetar [una cuerda o algo similar alrededor de algo o alguien]. | RIriarte *Carrusell* 320: Por la puerta de la izquierda surgen en tromba, liándose los cinturones de las batas respectivas, Rita y Daniel. **c)** **~se la manta a la cabeza** → MANTA.
2 Envolver, o cubrir rodeando, [algo o a alguien]. | GPavón *Reinado* 115: A todo esto, el hombre liado en una sábana, porque ni calzoncillos le habían dejado. **b)** Formar [un cigarrillo], envolviendo el tabaco en el papel de fumar. *Tb abs.* | Arce *Testamento* 24: Se sentó a mi lado y se puso a liar un cigarrillo. GPavón *Reinado* 247: Liaba con las manos temblonas, más por el ansia de fumar que por miedo a los del margen.
3 (*col*) Enredar o complicar [algo]. | Olmo *Golfos* 95: Bueno, bueno; no liemos la cosa. Tú a tu sitio .. Y tú, Tinaja, vente con nosotros. **b)** *pr* Enredarse o complicarse [algo]. | Berenguer *Mundo* 330: No me acuerdo ya, porque todo se me lía en la cabeza.
4 (*col*) Confundir o embarullar [a alguien]. | Delibes *Guerras* 176: –¿No creía en la justicia, y te pagaba un abogado? –No me líe, doctor. **b)** *pr* Confundirse o embarullarse [alguien]. | * No puedo hacer dos cosas a la vez, porque me lío.
5 (*col*) Enredar o comprometer [a alguien], esp. mediante engaño. *Tb abs.* | Carandell *Madrid* 110: Liga muy bien, porque sabe hablar con las mujeres .. y las sabe liar, arrancándoles el número de teléfono.
6 (*col*) Causar u organizar [un lío o jaleo]. *Tb abs.* | GPavón *Reinado* 179: Menudo ajo debéis tener aquí liao. **b)** *pr* Producirse u organizarse [un lío o jaleo]. | * Vaya, la que se ha liado. * ¿Por qué se lió la guerra sino por eso?
7 ~la. (*col*) Organizar un conflicto o una pelea [con alguien (*compl* CON *o ci*)]. | Oliver *Relatos* 83: Empezó a decirle que si el puerta a que él no le prohibía ni dios pasar donde entraba un negro de mierda .. Y el Manuel, descojonado, diciéndole al Maestro que no la liase con el negro .. Y el Maestro pasando de negro a tope. Sastre *Taberna* 53: Dígame usted a mí si hay derecho que por abusar de aquí [de la bebida] .. te falten al respeto y que por menos de nada te la líen.
b) Meterse en una situación comprometida o apurada. | ASantos *Estanquera* 52: Como se despierte la agüela .., la liamos. **c)** Organizar una juerga. | CPuche *Paralelo* 460: –Yo sí que lo he pasado bien. Lo malo es que ahora estoy molido .. –No había más remedio que hacerlo, ¿no te parece? –Por fin la liamos... –Un día había que hacerlo. Teníamos que hacer una despedida.
8 ~las. (*col*) Morir. | DCañabate *Abc* 19.1.75, 43: ¿Te acuerdas, hace tres años, cuando me entraron una[s] calenturas? ¿Te acuerdas que estuve si las lío si no las lío?

B *intr pr* (*col*) **9** Ponerse [a hacer algo (*infin o n de acción*)] con vehemencia. | Carandell *Madrid* 132: Volvían todas las noches en mal estado. Se liaban a dar voces en el balcón en plena noche y el sereno les llamaba la atención. Olmo *Golfos* 116: La Chata se lió a patadas con mis tres amigos. Goytisolo *Afueras* 103: El otro día me lié a leches con uno .. Le di así en la cara. **b)** *Sin compl* A: Liarse a golpes [con alguien] o pelearse [con él]. *Tb sin compl* CON, *con suj pl.* | Olmo *Golfos* 16: Y se liaron. Y Enzo, por defender a Cabrito, regresó a casa con un enorme desgarrón en la blusa.
10 Ocuparse intensamente [en algo (*compl* CON, A *o ger*)]. *Frec en part.* | SFerlosio *Jarama* 24: Como se líen a la rana, sí que nos ha caído el gordo. * Llevo unos días muy liado resolviendo este asunto.
11 Amancebarse. *Frec en part.* | Delibes *Guerras* 205: Él estaba liado con una viuda que le decían la Isabelita.
12 (*desp*) Unirse o asociarse. | * Se lió con un grupo de atracadores y acabó en la cárcel.

liara *f* (*reg*) Aliara (vaso de asta de vaca). | Lorenzo *SAbc* 8.9.74, 10: Machaca unos dientes de la ristra: en el mortero; corcho el mortero ..; corcho la tapadera de la media cuerna. Toma una de esas liaras y ya está vertiendo, crudo, su mucho de aceite.

lías *m* (*Geol*) Período que sigue inmediatamente al triásico. | J. Chacón *Ya* 3.5.86, 31: Está fundamentado sobre margas .., en contacto mecánico con unas dolomías brechoides del Triásico Superior a Lías Inferior.

liba *f* (*reg*) Pez marino comestible de la familia del bacalao (*Gadus merlangus*). | *DNa* 14.5.77, 10: Vuelve a subir el precio del pescado fresco .. Pescados, mariscos y otros. Almejas, 400-460 .. Lenguado, 512. Liba, 87 a 120.

libación *f* **1** Acción de libar. | Laiglesia *Tachado* 73: Las repetidas libaciones de "zusta" que hizo con sus visitantes anteriores habían dado brillo a sus ojos y ligereza a su lengua.
2 (*hist*) Ceremonia religiosa pagana consistente en derramar vino, aceite o miel sobre el altar o sobre la víctima sacrificada. | Tejedor *Arte* 31: El culto de los griegos a sus dioses .. se reducía sobre todo a ofrendas, tales como las libaciones y los sacrificios.

libamiento *m* (*raro*) Libación. | *Abc* 16.4.58, sn: Con solo haber alternado [Cyrano] su copioso libamiento con el exquisito Licor 43, se habría sentido... ¡hasta guapo!

libán *m* (*raro*) Cuerda de esparto. | Soler *Caminos* 129: A las cuatro de la madrugada, de pie, e inmediatamente .., a tirar del libán del pozo, para que se abrevaran los dos caballos y la yunta.

libanés -sa *adj* Del Líbano. *Tb n, referido a pers.* | *Gac* 11.5.69, 29: Los motines se extendieron rápidamente a la capital, Beirut, y a otras ciudades libanesas. Herrero *Ya* 23.9.70, 7: Ahora no mueren egipcios, ni iraquíes, ni argelinos, ni libaneses.

libanización *f* Acción de libanizar(se). *Tb su efecto.* | *Ya* 7.2.89, 1: Kabul se enfrenta desde ayer al caos tras la retirada de las tropas soviéticas que hacen temer una eventual *libanización* de Afganistán. *Ya* 9.10.90, 28: El presidente Gorbachov ha puesto en guardia ante el riesgo de "libanización" en la URSS, si las tendencias separatistas continúan desarrollándose.

libanizar *tr* Transformar [un país] en permanente campo de batalla, esp. entre facciones enemigas. | * Las guerrillas enfrentadas han libanizado el país. **b)** *pr* Transformarse [un país] en permanente campo de batalla. | F. Schwartz *País* 5.5.93, 64: Mejor es dejar que Yugoslavia se *libanice* que tener a nuestros soldados a que mueran sin remedio en un pleito que ni les va ni les viene.

libar *tr* **1** Chupar [un insecto el néctar, u otra sustancia azucarada, de las flores]. *Tb abs.* | Ybarra-Cabetas *Ciencias* 276: Son generalmente los insectos .. los que, al ir a libar el néctar de las flores, cargan o dejan el polen. Santa-

libatorio – liberalismo

maría *Paisajes* 53: Las abejas .. liban en cantuesales y esplegares. Ybarra-Cabetas *Ciencias* 245: Son .. los insectos un medio de diseminación [del cornezuelo] que realizan al libar un jugo azucarado que segrega la flor atacada.
2 (*lit*) Beber o gustar [un líquido]. *Tb abs.* | Aldecoa *Gran Sol* 60: Domingo Ventura merendó chocolate y pan. Después libó de una lata de leche condensada. **b)** *Esp:* Beber [vino]. *Frec abs.* | Mercader-DOrtiz *HEspaña* 4, 248: Se adornaban e iluminaban los edificios públicos y particulares, se levantaban en las plazas fuentes cuyos caños arrojaban vino del que podía el pueblo libar libremente, etc.

libatorio -ria *adj* (*lit, raro*) De (la) libación. | F. J. FTascón *SYa* 18.9.77, 15: Aunque se admita la influencia perniciosa de los excesos alimentarios y libatorios, .. el papel relevante está en la herencia de un disturbio fermentativo.

libelático -ca *adj* (*hist*) *En los primeros siglos de la Era cristiana:* [Cristiano] que obtiene certificado de apostasía para librarse de las persecuciones. *Tb n. Tb fig,* referido a época moderna. | A. Corral *Alc* 10.11.70, 2: No parece sino que el sarpullido de antañonas herejías quisiera de nuevo marcar con sus purulentas cicatrices el rostro de la Iglesia española; aquí, sin que nadie les vaya hoy a la mano, pululan los libeláticos y luciferianos, gnósticos y agapetas.

libelista *m y f* Autor de uno o varios libelos [1]. | J. Balansó *SAbc* 16.11.69, 36: Fueron redactadas por Gatien de Courteliz de Sandras, audaz libelista que se serviría de ellas para criticar a los magnates de su tiempo.

libelo *m* **1** Escrito en que se denigra o infama a alguien o algo. *Tb ~* INFAMATORIO. | CBaroja *Inquisidor* 22: Para avivar la devoción de la Virgen del Triunfo, cayó en la ocurrencia de colocar unos libelos infamatorios junto a la imagen en la Puerta de Elvira.
2 (*hist*) *En la antigua Roma:* Certificado de haber apostatado del cristianismo. | S. DSantillana *SHoy* 31.8.75, 26: La persecución no suele ser sangrienta, ya que podía eludirse los castigos mediante un documento –"libelo"– no difícil de adquirir.

libélula *f* Insecto odonato con cuatro alas estrechas y transparentes, abdomen alargado y ojos compuestos de gran tamaño, frecuente a orillas del agua, donde viven sus larvas (gén. *Libellula*, esp. *L. depressa*). | Ybarra-Cabetas *Ciencias* 352: El escarabajo de la patata es un coleóptero; .. la libélula, un odonato. **b)** *En gral, se da este n a todos los insectos odonatos.* | Bustinza-Mascaró *Ciencias* 146: Las libélulas. Se da este nombre vulgar a varios animales de cabeza grande, unida al tórax por un estrechamiento y con dos ojos muy desarrollados.

líber *m* (*Bot*) Conjunto de los hacecillos o paquetes de vasos cribosos. | Navarro *Biología* 104: Unos [vasos] conducen la savia bruta de la raíz a las hojas (leño o vasos leñosos); y otros la savia elaborada por las hojas a otros órganos del vegetal (líber o tubos cribosos).

liberación *f* Acción de liberar(se). | *Mad* 10.9.70, 6: El esfuerzo de las Naciones Unidas fue paralelo a otros con el mismo fin de salvar a los pasajeros rehenes del Frente Popular para la Liberación de Palestina. Fernández-Llorens *Occidente* 310: Esclavitud en Roma ..; posibilidades de liberación para un esclavo. A. M. Carbonaro *SArr* 27.12.70, 62: En los momentos en los que se habla de liberación y de todo eso, resulta que las liberadas son corderitos que se gastan su dinero en tirar la ropa del año pasado. *Ya* 1.2.90, 15: S[an] S[ebastián] de los Reyes. Contra la liberación de terrenos rústicos. *Ya* 25.10.77, 26: José V. Zapata .. comenzó sus estudios de investigación sobre el aprovechamiento energético del aire, basándose en .. la liberación de la energía.

liberacionista *adj* De (la) liberación o emancipación de la mujer. | Miguel *Inf* 2.1.75, 15: Muchos movimientos "liberacionistas" se apoyan en un intenso reavivamiento religioso. Ja. Fernández *Ya* 1.10.88, 14: El Papa, añadió, alude a la posibilidad de una mala comprensión de los movimientos liberacionistas de la mujer y pone en guardia frente a la tentación de la masculinización de las mujeres.

liberado -da *adj* **1** *part* → LIBERAR.
2 [Pers.] que rechaza los prejuicios de la sociedad burguesa. *Tb n.* | Delibes *Cartas* 96: Tropecé en el mismo compartimiento con .. un muchacho que iba a Oviedo a casarse y una mocita liberada, muy lenguaraz, que pretendía sacar de la cabeza del muchacho la idea del matrimonio. A. M. Carbonaro *SArr* 27.12.70, 62: Las liberadas son corderitos que se gastan su dinero en tirar la ropa del año pasado. **b)** Propio de la pers. liberada. | Ridruejo *Memorias* 33: Su oposición a la moral "pequeño-burguesa" estaba duplicada de seguridad burguesa, lo que .. le inspiraba una mala conciencia que, en definitiva, le obligaba a extremar .. su desprecio por la mitad condescendiente de su vida y su entusiasmo por los aspectos liberados de ella.
3 (*Pol*) [Miembro de una organización política, sindical o terrorista] que trabaja exclusivamente para la organización y a expensas de esta. *Frec n.* | VMontalbán *Comité* 150: En la actualidad miembro de la Comisión de Finanzas del partido [comunista]. Liberado. Esto quiere decir que es un profesional del partido, supongo. *Ya* 2.7.87, 18: La presidenta de SIPBA destaca el tema de los *liberados* del CSIF como otra de las causas de la actual separación. *Faro* 27.7.75, 3: Reconoció estar encuadrado en la citada organización terrorista, rama político-militar, para la que fue captado por el actual "liberado" Pedro María Goyeneche.
4 (*Com*) [Acción] cuyo valor no se satisface en dinero, porque está cubierto por cosas aportadas o servicios prestados a la sociedad. | A. Luna *Inf* 16.4.70, 15: Una de ellas [ampliaciones de capital] será con cargo al saldo de la cuenta de regularización, en la proporción de una acción nueva, liberada, por cada diez antiguas.

liberador -ra *adj* Que libera. *Tb n, referido a pers.* | Olmo *Golfos* 159: Estas lágrimas que me van cayendo son lágrimas liberadoras. *SInf* 27.1.71, 3: Suelta una clavija liberadora que deja abierta esa puerta de la unidad de almacenamiento. *Anticonceptivo* 50: Estos espirales liberan hormonas hacia el endometrio de forma regular .. Son muy bien tolerados por la mujer, y su eficacia es igual o mayor que los liberadores de iones de cobre. Lera *Olvidados* 202: Sintió un profundo gozo al ver caído a su adversario y miró con agradecimiento a su oportuna liberadora.

liberal *adj* **1** De(l) liberalismo [1]. | Arenaza-Gastaminza *Historia* 245: Los soberanos, para evitar la propagación de las ideas liberales, prohibieron el derecho de reunión. **b)** Partidario del liberalismo [1]. *Tb n.* | CBaroja *Inquisidor* 16: Los liberales y librepensadores divulgaron imágenes terroríficas de la Inquisición.
2 Tolerante o respetuoso con las ideas o actitudes de los demás. | * Tiene un padre muy liberal.
3 [Profesión] de carácter intelectual. *Tb referido a la pers que la practica.* | *Mad* 3.1.70, 3: Este amplio sector, punta de lanza quizá en lo ideológico de una parte cada vez más extensa de profesionales liberales, parece esperar el reconocimiento práctico de sus derechos. **b)** [Artes] **~es** → ARTE.
4 Desprendido y generoso. | Cuevas *Finca* 89: Tropezaba con ese entendimiento liberal y derrochador de los andaluces para el campo.
5 (*raro*) Rápido o ligero. | Cunqueiro *Crónicas* 161: Catalina. Mula sorda que montó para venir de París a Nancy el prelado que investigó en el caso de Elías Hebreo. Tenía paso muy liberal.

liberalesco *adj* (*desp*) Liberal [1]. | Hornedo *Coloma* LXIX: Valera se sonríe ante estos "propósitos maquiavélicos .." que supone, suspicaz, en los jesuitas, el vulgo liberalesco.

liberalidad *f* **1** Cualidad de liberal [4]. | Lapesa *Ayala* 55: Ayala se ha prestado repetidamente a entrevistas y diálogos donde ha expresado con generosa liberalidad sus opiniones literarias y su actitud política y existencial.
2 (*Der*) Disposición de bienes a favor de una pers. sin ninguna prestación de esta. | *Compil. Aragón* 601: Las sentencias de nulidad de matrimonio y de separación personal hacen ineficaces las liberalidades que los cónyuges se hubieran concedido en el testamento mancomunado.

liberalismo *m* **1** Doctrina política surgida en el s. XIX, que aspira a garantizar las libertades individuales en la sociedad. *Tb ~* POLÍTICO. | J. M. DAlegría *VozA* 8.10.70, 9: Sobre estos esquemas aparecen las doctrinas del liberalismo del siglo XIX que tienen el soporte en las libertades políticas. **b)** Doctrina económica que preconiza la libre empresa. *Frec ~* ECONÓMICO. | T. La Rosa *Van* 4.11.62, 12: Todo parece indicar que el antiguo "Laisse[z]-Faire" británico ha llegado a su fin .. El liberalismo económico se desmaya en Inglaterra.

2 Condición de liberal [1 y 2]. | Solís *Ateneo* 16: Algo tenía la "Casa de la Camorra" que iba en contra del espíritu oficial; ese algo pudo ser el liberalismo confundido con lo conspiratorio por las mentes sencillas.

liberalista *adj* Liberal [1]. *Tb n.* | Rábade-Benavente *Filosofía* 247: En estas primeras declaraciones de "derechos humanos" predomina la inspiración "material" sobre cualquier otra; es decir, se atiende, primordialmente, a la seguridad, confort, etc. Y ello .. es reprobable porque obedece a una clara inspiración liberalista, perfectamente compatible con unas leyes que permitan las desigualdades sociales.

liberalización *f* Acción de liberalizar(se). | Umbral *Noche* 130: Se inició la traducción de libros que nunca se habían traducido, quizá, más que por liberalización de la dictadura, por la mera presión comercial de los editores. Díaz *Pensamiento* 127: En el trasfondo quedaba todavía prácticamente intocable .. el problema de la "correlativa" liberalización política, condicionada, aunque no determinada, por dichas para-políticas liberalizaciones de carácter intelectual y económico. Miguel *Mad* 22.12.69, 12: 1959, con el famoso Plan de Estabilización, cierra el período de la autarquía y abre las compuertas a la liberalización económica.

liberalizador -ra *adj* **1** Que liberaliza. *Tb n, referido a pers.* | Tamames *Economía* 160: Solo en 1963 se inició claramente el comienzo del movimiento liberalizador de ciertos aspectos de la ordenación industrial.
2 De (la) liberalización. | Delibes *Año* 110: 1970 no ha sido demasiado alentador .. en el campo .. nacional (caracterizado por un estancamiento en el proceso liberalizador).

liberalizante *adj* Que tiende a la liberalización. | L. LSancho *Abc* 23.3.75, 15: Los "progres", europeizantes, liberalizantes, beberían pomelo, en tanto que los "retros", arcaizantes, inmovilistas, .. le "pegarían" al "whisky" escocés y al champán francés.

liberalizar *tr* **1** Hacer liberal o más liberal [1 y 2] [a alguien o algo]. | VMontalbán *Pájaros* 128: La democracia liberaliza a las gentes, y cada vez eran menos los maridos que buscaban o seguían a sus mujeres. *Inf* 1.7.70, 5: Otros cuatro Estados norteamericanos han liberalizado sus leyes de aborto.
2 Hacer libre [algo prohibido o sometido a restricciones]. | *Cam* 26.12.89, 75 (A): Quizá la tendencia del consumo de drogas, si se liberalizaran, sería como en los demás vicios.

liberalmente *adv* De manera liberal [2 y 4]. | C. Vaca *Ya* 11.6.74, 7: Se pide el servicio que ellos deben "prestar", es decir, ofrecer liberalmente, aunque se deba luego una retribución económica o de otro orden cualquiera.

liberalote -ta *adj (desp, hoy raro)* Liberal [1]. *Tb n, referido a pers.* | LTena *Alfonso XII* 153: Está lleno [el manifiesto] de expresiones liberalotas.

liberar *tr* **1** Hacer libre [a alguien sometido o preso]. | E. Haro *Tri* 26.12.70, 5: Se liberaron los pueblos oprimidos hacia 1960 y rápidamente se les llenó de vocablos: Descolonización, Independencia. *Abc* 4.10.74, 36: El comando .. está dispuesto a recortar la lista de presos que pretende liberar.
2 Hacer que [alguien o algo (*cd*)] quede libre [de alguien o algo que lo tiene sujeto con obligaciones, prohibiciones o limitaciones]. *Frec se omite el 2º compl.* | Olmo *Golfos* 153: ¡Es tan difícil liberarnos de nosotros mismos! Payno *Curso* 97: Había esperado encontrar en la Universidad la ocasión de liberarse de todo lo anterior. FQuintana-Velarde *Política* 192: A partir de la reforma de 26 de diciembre de 1957 todos los ejercicios presupuestarios siguientes se han liquidado con superávit, lo que ha permitido liberar al Banco del enorme lastre que suponía su servicio exclusivo a los intereses del Tesoro. *Compil. Cataluña* 681: Disuelto el matrimonio por fallecimiento de la mujer, el marido quedará liberado de hacer efectiva la donación. L. Escardó *Rev* 11.70, 17: Música profana en los conciertos y salas de baile para liberar los espíritus, curar las preocupaciones. Umbral *Españolas* 12: Las mujeres en general, y la española en particular, quieren liberarse hoy. ¿Liberarse de qué? De ellas mismas, en principio, .. de la educación que les han dado, de las ideas y las creencias conservadoras que llevan en el alma. *Ya* 1.2.90, 15: La portavoz del PP .. ha presentado un recurso en el Registro Municipal en contra del acuerdo aprobado en un pleno extraordinario por el que se liberaban 1.300.000 metros cuadrados de terrenos. **b)** Hacer que [alguien (*cd*)] quede libre [de prejuicios]. *Gralm se omite el 2º compl. Frec el cd es refl.* | Delibes *Guerras* 153: –Y a la Candi, a ver, oiga, no había quien la sacara de la cabeza que me había liberado .. –¿Pero ella decía siempre que te había liberado por el sexo?
3 Dejar suelto o libre [algo que está materialmente sujeto o retenido]. | Faner *Flor* 158: Un gigantón sujetó con su manaza la base del pichel, impidiendo que lo bajara. Ahí se rebeló el general con toda su saña. De un tirón liberó la vasija y la hizo añicos contra el suelo. M. T. Vázquez *Far* 12.8.7, 7: Si la liendre eclosiona y libera una larva capaz de alimentarse, se considera que el producto no es liendricida ni eficaz.
4 *(Quím y Fís)* Desprender. | Navarro *Biología* 158: Las células utilizan también las grasas como material energético. Para ello las desdoblan .. en sus dos componentes: ácidos grasos y glicerina, que al ser oxidados liberan energía.

liberatorio -ria *adj* **1** Que sirve para liberar, esp [2a]. | Chamorro *Sin raíces* 30: Puede reaccionar .. Y de esta forma seguir obteniendo beneficios, o sacando fuerzas de flaquezas y activando las incipientes energías en busca de una independencia liberatoria. **b)** [Prueba o examen] que sirve para liberar de una parte de la asignatura. | *Abc* 17.1.79, 30: Alumnos de sexto, plan antiguo, nueva matrícula de C.O.U. por evaluaciones liberatorias .. Academia Maeztu.
2 *(Econ)* [Valor o fuerza] que legalmente se concede al papel moneda para que puedan pagarse con él deudas y obligaciones cuya cuantía está referida a la moneda acuñada. | *Abc* 15.3.75, 67: También podrá el Gobierno .. acordar la retirada de la circulación de las monedas que, por pérdida de su valor liberatorio, valor comercial inadecuado u otras causas, sea conveniente eliminar del sistema de pagos.

liberiano[1] -na *adj* De Liberia. *Tb n, referido a pers.* | *Abc* 11.8.64, 36: Dos buques británicos .., así como el carguero liberiano .., han quedado varados en el mismo puerto.

liberiano[2] -na *adj (Bot)* [Vaso] a través del cual circula la savia elaborada. | Bustinza-Mascaró *Ciencias* 227: Los vasos sirven para el transporte de la savia y pueden ser: leñosos .. y liberianos. **b)** De (los) vasos liberianos. | Alvarado *Botánica* 5: Se compone [el sistema conductor] de dos tejidos: 1º, el tejido vascular .., y 2º, el liberiano, que distribuye por la planta el alimento orgánico (savia elaborada). Alvarado *Botánica* 22: El cámbium .. separa las porciones liberianas .. de las leñosas.

liberna *f (reg)* Rubio (pez). | *Voz* 5.11.87, 53: Abadejo, de 600 a 750 pesetas kilo; .. lubina, de 1.000 a 1.800; liberna, de 600 a 840.

líbero -ra *adj (Fút)* [Jugador] que actúa como refuerzo de la defensa, evoluciona por el centro del campo y no tiene misión de marcaje. *Normalmente como n m.* | G. García *As* 14.12.70, 4: Contó con una sólida y ordenada defensa, con un "líbero" atrás, Iborra, y otro delante de su zaga, Lezcano.

liberoleñoso -sa *(tb con la grafía* **libero-leñoso***) adj (Bot)* [Haz] de vasos liberianos y leñosos. | Alvarado *Botánica* 22: Tiene también [la corteza] tubos liberianos y vasos leñosos, pero asociados, formando un círculo de fascículos o haces liberoleñosos. Bustinza-Mascaró *Ciencias* 237: En este [el periciolo] podemos apreciar los vasos leñosos y liberianos, no alternando como en la raíz, sino formando grupos de haces libero-leñosos. **b)** *En pl:* [Vasos] liberianos y leñosos. | Alvarado *Botánica* 19: El limbo aparece constantemente surcado por los llamados nervios, que no son otra cosa que una red de vasos liberoleñosos procedentes del tallo.

libérrimamente → LIBREMENTE.
libérrimo → LIBRE.

libertad I *f* **1** Condición de libre [1 a 5 y 6b]. | Gambra *Filosofía* 130: Atributo de la voluntad es la libertad o albedrío. Ramírez *Derecho* 36: Son muchos los países que, respecto al matrimonio, recogen dos modalidades o supuestos de acabar con él, dejando en libertad a los cónyuges. *Inf* 30.12.69, 1: Simultáneamente con la puesta en libertad, se le ha comunicado que debía abandonar el país. *Nue* 8.11.70, 7: La piel para vestir con libertad.
2 *(Pol)* Ausencia o supresión de toda restricción considerada ilegítima o inmoral. | Arenaza-Gastaminza *Historia* 228: En lo social proclama [la Revolución Francesa] los dere-

libertador – libidinoso

chos del individuo: libertad, igualdad y fraternidad. **b)** Poder que la ley reconoce a los individuos de actuar libremente [en determinado ámbito (*compl especificador*)]. *Tb en pl, sin compl, con sent genérico.* I Villapún *Iglesia* 140: Son postulados del liberalismo: 1º Libertad de culto. 2º Libertad de conciencia .. 3º Libertad de imprenta. *Jaén* 30.4.64, 17: El Plan de Desarrollo Económico Español guarda fidelidad a los principios de libertad económica. *País* 29.5.79, 10: El régimen de libertades puede mantenerse largo tiempo.
3 Confianza o familiaridad. I Laforet *Mujer* 46: La abuela se hubiese muerto de horror si hubiese sabido la libertad con que Víctor y Paulina hablaban. **b)** *En pl:* Acciones que denotan confianza o familiaridad excesivas. *Frec en la constr* TOMARSE ~ES *y con un adj de cantidad*. I MGaite *Usos* 142: No se trataba de fiestas de jóvenes solos, sino que se desarrollaban bajo la vigilancia de personas mayores, pendientes de reojo de las posibles libertades de los danzarines. * Tus colaboradores se toman muchas libertades.
II *loc v* **4 tomarse la ~**. Permitirse [hacer algo (DE + infin)] o atreverse [a ello (DE + infin)]. *Usado en 1ª pers, es fórmula cortés.* I * Me he tomado la libertad de ojear tu biblioteca mientras te esperaba.

libertador -ra *adj* Que liberta o da la libertad, esp. en el terreno político. *Tb n, referido a pers.* I J. M. ÁRomero *MHi* 11.63, 72: Fue destruido por la ocupación japonesa en la última guerra, y lo que aún quedaba en pie, demolido sistemáticamente por las fuerzas libertadoras. Castellet *Marcuse* 133: Una posibilidad libertadora de la líbido sublimada. Ade 27.10.70, 4: La solidaridad bolivariana, el pensamiento unificador que el libertador supo dar en su tiempo a los países que unió.

libertar *tr* Liberar [1 y 3, raro 2]. I Villapún *Iglesia* 11: Fue también detenido San Pedro y encarcelado, pero .. fue libertado por un ángel de la cárcel. Cunqueiro *Crónicas* 105: Libertó los caballos Mamers, que se pusieron a pastar seguido por los alrededores de la fuentecilla. Mingarro *Física* 96: Es fácil libertar los electrones. MAbril *Abc* 12.4.58, 3: Observemos el recrudecimiento en las mujeres de la epidemia del punto. ¿Una manera de matar el tiempo? ¿Un modo de libertarse de las preocupaciones de la vida actual?

libertario -ria *adj* (*Pol*) Partidario de la absoluta libertad política, sin gobierno ni leyes. *Esp referido a los anarquistas o ácratas. Frec n.* I Torrente *Vuelta* 369: Nosotros somos libertarios. Cada cual debe ser libre y trabajar en lo que quiera. FReguera-March *Fin* 310: La primera parte del acto le había parecido en exceso izquierdista. –Aquello estaba lleno de libertarios y masones. **b)** De los libertarios. I Aguilar *Experiencia* 828: En nuestro barrio, el de Argüelles, funcionaba de antiguo un círculo socialista .. Al empezar la guerra, surgieron un Radio comunista y un Ateneo que se llamaba libertario.

libertarismo *m* (*Pol*) Doctrina o tendencia libertaria. I Aranguren *Ética y polít.* 104: Si, pues, el Estado es el principal obstáculo y el mal absoluto, no hay más remedio que hacerlo saltar, .. instaurar el libertarismo y, con él, el orden social perfecto.

liberticida *adj* Que anula o destruye la libertad. *Tb n, referido a pers.* I González *ByN* 13.12.75, 7: Pienso que hay una serie de liberticidas que ni pueden ni deben jugar, porque la sociedad democrática tiene que defenderse de los liberticidas. JLosantos *Abc* 19.3.93, 22: Les recuerdo también algunos extremos de esta ley Mordaza que culmina la década liberticida. **b)** De(l) liberticida. I JLosantos *Abc* 6.6.93, 24: No al PP sino al PSOE, y no solo por su condición liberticida sino por el cúmulo de problemas que va a tener que lidiar el próximo Gobierno.

libertinaje *m* **1** Libertad excesiva o abusiva. I Moix *Des* 12.9.70, 12: Pasolini reencuentra en estos universos atávicos .. una posibilidad de libertad de expresión –libertinaje total, en casos como *Edipo re–*.
2 Comportamiento de libertino [1]. I FReguera-March *España* 105: Ahora sería un hombre asentado en un hogar firme .. en vez de andar a la deriva .. Acabaría aburriéndose de sí mismo y de todo. El libertinaje también puede llegar a saciar.

libertinismo *m* (*raro*) Tendencia al libertinaje [2]. I Aranguren *Erotismo* 28: Es exagerada la tendencia a reducir la experiencia amorosa de los hombres y las mujeres contemporáneos al polo de la sexualidad .., tendencia .. propia de ciertos "intelectuales" que quisieran llevar hasta el extremo .. el experimento del libertinismo.

libertino -na *adj* **1** [Pers.] que se entrega sin freno al placer sexual. *Tb n. Frec con intención ponderativa.* I DPlaja *Literatura* 443: El Escándalo es una complicada y extensa narración, cuyo episodio central es la conversación de un joven libertino, Fabián Conde, con un sabio jesuita. FReguera-March *Fin* 195: ¡Eres un libertino! [*Tiene una amante cupletista.*]
2 (*hist*) Librepensador. *Tb n.* I Vicens *Polis* 387: Una corriente [espiritual] importante en la de los libertinos, que derivan de los materialistas paduanos y predican una actitud escéptica ante los conflictos religiosos.
3 Propio de la pers. libertina [1 y 2]. I R. Rodríguez *Rev* 7/8.70, 28: Repitió una docena de veces ideas sin duda gratas para la cámara libertina y marxistoide de Pierre Kast.

liberto -ta (*hist*) **I** *m y f* **1** Esclavo a quien se ha dado la libertad. I Holgado-Morcillo *Leng. latina* 223: El liberto no es un ciudadano como los demás, con plenos derechos, pero trabaja ya por su cuenta, y sus hijos son ya hombres totalmente libres. VMontalbán *Galíndez* 120: Era descendiente de libertos de la Guayana.
II *adj* **2** De (los) libertos [1]. I Lapesa *HLengua* 41: Legionarios casados con mujeres españolas constituyeron la colonia liberta de Carteya (171).

liberty (*ing; pronunc corriente*, /líberti/ o /libérti/) *m* (*Arte*) Modernismo, caracterizado por las líneas curvas y sinuosas y por la ornamentación de motivos vegetales. *Gralm en aposición.* I VMontalbán *Tatuaje* 161: La consecuencia derivada de los edificios *liberty*, ajados y oscurecidos la mayoría, era encontrar en la playa una estampa de bañistas *belle époque.* **b)** *A veces se usa para designar el gusto de la época del estilo liberty. Gralm en aposición.* I MHerrera *Abc* 6.6.67, 43: El lugar de acción, un jardín, reproducía ante el espectador un fragmento de aquella época en que nació la comedia, pero ironizada, sarcásticamente interpretada en clave "liberty".

líbico -ca I *adj* **1** De Libia. *Normalmente referido a cosa.* I Tejedor *Arte* 10: Egipto .. tenía límites bien precisos: el Mediterráneo al N, la cadena arábiga al E, la líbica al O y la primera catarata del río al S. Lapesa *HLengua* 18: En el Sur llegó a haber núcleos de población púnico-fenicia ..; en otros parece haber sido importante el elemento líbico.
2 De(l) líbico [3]. I Manfredi *Tenerife* 21: Unos hombres canarios de hace cuatro o cinco mil años escribían con signos que se pueden identificar directamente por la escritura líbica de las inscripciones numídicas.
II *m* **3** Lengua camítica de la antigua Libia. I Lapesa *HLengua* 13: En el año 1100 antes de Jesucristo tuvo lugar la fundación de Gádir, cuyo nombre .. era de origen púnico, aunque viniera a través del líbico.

libidinal *adj* (*Psicol*) De la libido [1a]. I ARíos *Tri* 27.2.71, 33: Esta infelicidad es especialmente patente en el trabajo. La actividad principal del hombre no es libidinal, sino fuente de dolor, es represiva.

libídine *f* (*lit*) Lujuria. I A. Guerra *SD16* 21.3.93, 10: En este mes, será porque estamos en primavera, que la sangre altera, ha tocado el turno a la libídine.

libidinosamente *adv* De manera libidinosa. I RTapia *Ide* 12.8.86, 7: En los aledaños del ferial numerosa gente se acomodaban en sitios elevados para observar libidinosamente el continuo movimiento por el escenario de las chicas go-go.

libidinosidad *f* (*lit, raro*) Lujuria. I Umbral *Mortal* 203: Las tardes de siesta, que son tardes de deseo frustrado, de lectura a golpes, de libidinosidad abultada y quieta, sin destino.

libidinoso -sa *adj* (*lit*) Lujurioso. *A veces con intención ponderativa.* I Halcón *Manuela* 33: Antes que el deseo animal, el freno y la capacidad de admiración sin salpicaduras libidinosas. Alcina *Ovidio* XXII: Los amores libidinosos, como el furor de la ninfa Sálmacis por un adolescente. **b)** (*Psicol*) De la libido [1a]. I Pinillos *Mente* 79: Este cerebro inferior vendría a representar la sede del "ello" freudiano, el punto de origen de todos los impulsos libidinosos y agresivos que mueven desde "abajo" nuestro comportamiento.

libido (*tb, semiculto,* **líbido**) *f* (*Psicol*) Energía psíquica que es base de los impulsos vitales, esp. los sexuales. | Delibes *Cartas* 32: Soñar una y otra vez que estoy en vela, ¿qué significado tiene dentro del mundo onírico freudiano de la libido y la represión? Castellet *Marcuse* 133: Una posibilidad libertadora de la líbido sublimada. **b)** (*lit*) Impulso sexual. | Palomino *Torremolinos* 63: Ella supo, cuando apenas empezaba a enfrentarse con los hombres y con sus trucos, manejar la libido de Arturo con intuitiva habilidad, conteniéndola, domándola, encauzándola hacia un final de novela rosa. Goytisolo *Recuento* 478: El deterioro general de sus relaciones afectaba también, posiblemente, al aspecto erótico, alterando, según los días, la líbido de él o la de ella o la de ambos.

libio -bia *adj* De Libia. *Tb n, referido a pers.* | *Abc* 12.11.70, 38: Gran Bretaña venderá tanques Chieftain a Libia, a pesar de la decisión del Gobierno libio de unirse a Egipto.

libón *m* (*reg*) Charca o laguna. | Cela *Gavilla* 24: Garzón sin sentido que se ahogó, igual que un pájaro comido de la piojera, en el charco que dicen el libón del Cura.

libor (*tb* **líbor**) *m* (*Econ*) Tipo de interés en el mercado interbancario de Londres. | *Ya* 9.4.85, 18: La emisión, que vence en el año 2000 tendrá un tipo de interés del 0,10 por 100 sobre el libor.

libra[1] **I** *f* **1** Unidad monetaria inglesa. *Tb* ~ ESTERLINA. | Aldecoa *Gran Sol* 114: Macario Martín recibió la vuelta de su libra y salió de la tienda de Mulligan. *Ya* 29.12.78, 22: Mercado de divisas .. 1 libra esterlina: 142,841. **b)** *Seguido frec de un adj especificador, designa unidades monetarias de otros países.* | *EOn* 10.64, 59: Principales unidades monetarias en el mundo .. Australia: .. Libra .. Egipto: .. Libra .. Irlanda: .. Libra .. Israel: .. Libra .. Jamaica: .. Libra .. Siria: .. Libra .. Turquía: .. Libra. **c)** (*hist*) Moneda de cuenta, de valor variable según los países, dividida en 20 sueldos o 240 dineros. | Sobrequés *HEspaña* 2, 80: Doce dineros jaqueses o barceloneses constituían un sueldo .., y 20 sueldos, una libra .., bien entendido que sueldos y libras no eran monedas, sino simples unidades de medida. Este era el sistema de medición monetaria vigente en la Europa Occidental, sistema al que .. escapaba Castilla. **d)** (*jerg*) Cien pesetas. | Sastre *Taberna* 94: –Hala, nos pones otras copas y me das la vuelta de una libra. –¿De qué libra? –De los veinte duros que te voy a dar otro día que venga. **e)** **las ~s.** (*jerg*) El dinero. | Oliver *Relatos* 86: Yo les dije .. que por qué no nos íbamos a seguir el cachondeo en otro sitio, que como habíamos estado gratis podíamos gastarnos las libras por ahí.
2 Medida de peso equivalente a 453,592 g, usada en los países anglosajones. *Tb* ~ INGLESA. | * En Inglaterra sigue usándose la libra como medida cotidiana. **b)** (*raro*) Medida de peso, variable según las regiones, equivalente en Castilla a 460 g. | Cela *Viaje andaluz* 159: La arroba de peso tiene veinticinco libras. Cada hombre –ni harto ni hambriento– come bien una libra de carne. **c)** Porción [de chocolate] de una libra de peso. | Vega *Cocina* 118: Las fábricas de chocolate eran madrileñas, y hubo una muy famosa que se hizo popular tanto por la calidad de sus libras y tabletas como por el gracioso anuncio de los gordos y los flacos. **d)** ~ **troy.** Unidad de peso de metales preciosos, que equivale a 12 onzas troy o 373,242 g. | * La libra troy y la onza troy se siguen usando en el mercado del oro.
3 (*raro*) Medida de capacidad correspondiente a la cantidad de un líquido que pesa una libra [2b]. | Cela *Viaje andaluz* 159: A fuego lento, se fríen unos dientes de ajo en media libra escasa de aceite. La arroba de aceite tiene veintisiete libras, y ambas son medidas de capacidad, no de peso.
4 (*raro*) Hoja [de tabaco] de calidad superior. | Cuevas *Finca* 24: –La mujer que no trabaje, a la caca –dice, mascando cada palabra como si se tratara de una libra de tabaco.
II *loc v* **5 entrar** (*u otro v equivalente*) **pocos en ~.** (*col, raro*) Entrar pocos en docena. | Torrente *Filomeno* 36: Es que como mi Sotero .., entran pocos en libra. SSolís *Proceso* 341: Episodios de estos entran pocos en libra. SSolís *Camino* 192: A mí me ha tocado un marido ejemplar, pero no entran muchos en libra. DCañabate *Paseíllo* 70: ¡Y no te digo nada de torero de cartel! De esos caían poquitos en libra.

libra[2] (*frec escrito con inicial mayúscula*) *adj* [Pers.] nacida bajo el signo de Libra. *Tb n.* | Buero *SPaís* 23.7.78, 8: En estas cosas puede incluso entrar la astrología .. Yo soy libra.

libración *f* (*Astron*) Oscilación o balanceo aparentes de la Luna. | *Anuario Observatorio 1967* 91: Luna .. Libración en longitud... 7° 54'.

libraco *m* (*desp*) Libro[1] [1]. | Aparicio *Mono* 33: Compró .. una edición del Quijote .. y con el libraco debajo del brazo .. volvió al caserón de San Mateo.

librado -da *adj* **1** *part* → LIBRAR.
2 (*Com*) [Pers.] contra la que se gira una letra de cambio. *Normalmente n.* | Ramírez *Derecho* 139: La aceptación debe hacerla el librado, o sea la persona a cuyo cargo se gira la letra, mediante la palabra "acepto" o "aceptamos", estampando a continuación la fecha y su firma.

librador[1] **-ra** *adj* (*Com*) [Pers.] que libra una letra de cambio. *Normalmente n.* | N. Pardo *DLe* 11.12.74, 4: Ese talón sin fondos .. es un título notoriamente suficiente para poner de relieve que la empresa libradora del talón se encuentra en estado de insolvencia. Ramírez *Derecho* 138: Haz constar [en la letra de cambio] el concepto en que el librador se declara reintegrado por el tomador.

librador[2] *m* (*raro*) Utensilio en forma de pala pequeña empleado esp. para poner en el peso mercancías secas. | G. GHontoria *Nar* 3.77, 36: Tienen pesos y medidas .. Y piezas de viejos oficios ancestrales: .. el "garrotín" para cepillar la madera los carpinteros, o el cogedor o "librador" de harina de los panaderos.

libramiento *m* (*Com*) Acción de librar [2a]. *Tb el documento en que consta.* | Ramírez *Derecho* 137: Si, por ejemplo, el libramiento lo has hecho en los primeros días de julio de 1970, nadie puede decir honradamente si aquel "Al 31 de julio próximo" se refiere al julio de 1970 o al de 1971.

libranza *f* Acción de librar [2a y 5]. | *Abc* 29.8.76, 56: El nuevo sistema de libranzas [de los taxistas] se regulará por medio de letras, cada una de las cuales corresponderá al día fijo semanal de libranza. También librarán dos domingos al mes.

librar A *tr* **1** Dejar libre [a una pers. o cosa (*cd*) de otra adversa o no deseada]. | CBaroja *Inquisidor* 52: Dice, además, Godoy que él pudo hacer .. que se mitigara la pena de otros e incluso que a Llorente .. se le librara de un encierro de ocho años. **b)** Quitar [a alguien o algo (*cd*) una cosa (*compl* DE) que le estorba o perjudica]. | Trévis *Gallega* 27: Poned a asar los pimientos, despellejándolos después y librándoles de semillas. **c) Dios me libre, Dios te libre** → DIOS. **d)** *pr* Quedar libre [de alguien o algo adverso o no deseado]. | *Ide* 9.8.86, 45: Pedro Giménez .. se libró del servicio militar "por estrecho de pecho". E. Castellá *RegO* 8.7.64, 10: No se observa [la enfermedad] en los cerdos sometidos a alimentación húmeda. Probablemente en estos se solubilice mejor el zinc en su intestino y se libre de la interferencia cálcica.
2 (*Com*) Expedir [una letra de cambio o una orden de pago]. *Frec con un compl* CONTRA, *que designa la pers a cuyo cargo se expide.* | Ramírez *Derecho* 137: En caso de que la letra la libres en cualquier mes anterior a julio de 1970, no tengo inconveniente en que utilices aquella expresión: "Al 31 de julio próximo". **b)** (*Com*) Expedir o remitir [algo, esp. una mercancía]. | Salom *Baúl* 131: ¿Pagar sin recibir? ¿Girar sin haber sido librada la mercancía? **c)** (*raro*) Expedir [un escrito oficial, esp. una orden o decreto]. | Cela *Judíos* 298: Los madrileños monjes del Escorial fabricaron el recio y bien barbado papel de tina, en el que se libraban las bulas de todo el arzobispado de Toledo.
3 (*raro*) Entregar. | Romano-Sanz *Alcudia* 96: –¿Y qué les pagan a ustedes? –Dinero, –dice el de la zamarra–. El amo nos libra de cincuenta a sesenta ovejas que criamos con las suyas, tres guarros y la yegua. Al mayoral le libran seis guarros. CBaroja *Judíos* 1, 35: Se les acusa [a los judíos] de haber librado Barcelona a los musulmanes.
4 Realizar o llevar a cabo [un combate o una batalla]. | Arenaza-Gastaminza *Historia* 266: En el mar, las flotas aliada y alemana libraron el único combate naval importante de la contienda: la batalla de Jutlandia.

librario – libre

B *intr* **5** Disfrutar [un empleado o un obrero] de su día o de su tiempo de descanso. *Normalmente con un compl de tiempo.* | *Inf* 14.8.70, 15: El domingo, día de la catástrofe, don Juan tenía que haber librado. Llevaba ya cuatro días cumpliendo doble jornada de trabajo. * Libro por las tardes. * Libro dos días cada seis.
6 (*reg*) Parir. | Cunqueiro *Gente* 41: Su columpio tenía propiedades medicinales .. En tiempo de luna llena, Novo columpiaba preñadas que, en su día, libraban muy bien. **b)** Echar la placenta. | Carnicer *Cabrera* 109: Cuando al fin nace la criatura, la mujer ha de seguir en pie hasta librar.
7 (*reg*) Librarse [1d]. | Cela *Pirineo* 159: ¡De buena libraste, Llir! Si te descuidas, no lo cuentas...
8 salir bien (*o* **mal**) **librado**, *o* **~ bien** (*o* **mal**). Salir con (o sin) éxito [de un trance o asunto]. *A veces se omite el compl por consabido.* | *Sáb* 10.9.66, 32: Montecarlo ha salido bien librado, y sus contados rayos de sol han sido aprovechados por la Princesa de Mónaco. FReguera-March *Caída* 447: Los periódicos, según sus tendencias, arremetieron violentamente contra la fuerza pública o la excusaron; pero, en cualquier caso, quien libró siempre mal fue el gobierno.

librario -ria *adj* (*Bibl*) De(l) libro[1] [1]. | Alarcos *Íns* 9.88, 3: Este es el caso del *Libro de Alexandre*, la obra más ambiciosa del mester de clerecía, denso y laborioso producto de desconocido y animoso escolar del siglo XIII en alguna de las oficinas librarias de los monasterios castellano-riojanos. **b)** (*hist*) [Escritura o letra] caligráfica, capital y minúscula, utilizada en los códices. | MSousa *Libro* 39: Se usó, en la escritura ordinaria, un tipo de letra menos cuidada, la capital libraria, rústica o actuaria.

librazo *m* Golpe dado con un libro[1] [1]. | J. Vidal *SInf* 14.1.76, 5: El niño hace lo que ve hacer. A su manera, claro. Por ejemplo .. arrearle un librazo a la pantalla del televisor porque oyó decir al papá que un día lo haría.

libre I *adj* (*superl*, LIBÉRRIMO) **1** Que puede actuar según su deseo, sin estar condicionado exterior o interiormente. | Gambra *Filosofía* 131: El hombre se cree espontáneamente, en su interior, libre. Está persuadido de que en múltiples ocasiones su voluntad puede tomar una u otra decisión. MHerrera *Abc* 14.5.67, 7: Después de todo, hasta las gaviotas libérrimas vuelven a la orilla. **b)** Que tiene capacidad de decisión y elección. | Gambra *Filosofía* 130: El apetito racional o voluntad es libre. **c)** Que tiene la posibilidad o el derecho [de hacer algo]. | J. M. Iriberri *DNa* 19.8.66, 16: La gente es libre de coger los trozos de carnero que le apetezca. **d)** Propio de la pers. libre. | Gambra *Filosofía* 132: Otros creen que toda elección volitiva, lejos de ser libre, está motivada y determinada por causas cerebrales (determinismo fisiológico). **e)** [País] donde se respetan los derechos de la pers. | Anson *SAbc* 25.1.70, 10: Casi ningún comentarista de política internacional y posiblemente casi ninguna cancillería del mundo libre calibraron la importancia real de la gravísima crisis.
2 Que no está bajo el dominio o bajo la autoridad de otro. | Gambra *Filosofía* 273: Aunque cada Estado sea soberano y libre, .. es al propio tiempo una parte de la Humanidad, y no puede prescindir de las demás. **b)** Que no es esclavo. | Holgado-Morcillo *Leng. latina* 223: El liberto no es un ciudadano como los demás, con plenos derechos, pero trabaja ya por su cuenta, y sus hijos son ya hombres totalmente libres.
3 Que no está preso o detenido. | *VozC* 3.5.63, 4: Varios gitanos faltaron a lista, pues habían pasado la noche en el retén y no estuvieron libres hasta después de la una de la tarde de ayer. **b)** Que puede moverse o desenvolverse físicamente sin obstáculos o impedimentos. | Aldecoa *Gran Sol* 178: Pasaron la punta de la red desde el *Uro*, que se apartó y, ya libre, cogió mar y tuvieron ritmo sus balances. Landero *Juegos* 251: Ella cantaba y bailaba, y yo, con estos dos dedos libres, la acompañaba con un rasgueo al requinto. [*El zorro le ha comido los otros.*] **c)** [Manos] **-s** → MANO.
4 [Cosa] que no está sometida a condiciones o limitaciones. | *Compil. Cataluña* 759: Enajenar, gravar o de otra manera disponer de ellos [los bienes] por actos entre vivos a título oneroso, en concepto de libres, con las limitaciones que establezca el testador. LIbor *SAbc* 17.11.68, 11: La sexualidad fácil, libérrima y tecnificada, ha dejado un vacío en la vida del hombre. MCachero *AGBlanco* 58: Prefiere Andrés González-Blanco .. la libérrima agrupación de la silva. *TMé* 17.2.84, 39: Premio Diputación de Pontevedra: Dotado con 50.000 pesetas .. Tema libre. **b)** [Pers.] que no tiene compromiso o vínculo matrimonial u otro semejante. | Laforet *Mujer* 325: Mi deseo va a Antonio .. Él es ahora un hombre libre. Yo soy una mujer libre. No hay problema alguno. **c)** [Amor] que no implica ningún compromiso de carácter legal o moral. | GSerrano *Macuto* 629: La euforia vencedora de las primeras semanas, unida a aquella vinculación que se establecía entre el amor libre .. y las diversas fórmulas revolucionarias .., trajeron funestas consecuencias de todo orden. **d)** ~ [cambio], [estilo indirecto] ~ → CAMBIO, INDIRECTO.
5 Que contraviene las normas habituales de moral sexual o se desentiende de ellas. | CBaroja *Inquisidor* 50: Un sacerdote cortesano y bastante libre de costumbres. Cossío *Confesiones* 103: Yo [era] un muchacho que tenía fama de indisciplinado y de costumbres libres. Umbral *Ninfas* 169: La gente hubiera previsto más bien un suspenso en la carrera o una boda por debajo de sus posibilidades, antes que aquel noviazgo escandaloso con la más libre del barrio.
6 [Camino o paso] que no presenta obstáculos que impidan el tránsito. | *NRi* 5.5.64, 5: La entrada en la iglesia, donde el señor obispo tuvo que esperar unos minutos a que el paso quedara libre. **b)** [Acceso] permitido. | * El acceso es libre para toda clase de vehículos. **c)** [Entrada] gratuita y para la que no hay que cumplir ninguna formalidad. | J. L. Yagüe *Sol* 9.6.76, 15: Este concurso .. también será de entrada libre.
7 Disponible o que no está ocupado. | Aldecoa *Gran Sol* 181: –Macario, sal a ayudarles –dijo Afá–, y que vaya contigo el que esté libre de los engrasadores. J. Carabias *Ya* 27.6.73, 8: De pronto, en medio del remolino de autos divisé un taxi libre. **b)** [Tiempo] de que se dispone al margen del trabajo u ocupación habituales. | Cossío *Confesiones* 106: Los domingos, que era el día que yo tenía más libre, íbamos a almorzar a casa de mi suegro. **c)** [Bien] disponible sin limitación. *Se opone a* ESCASO. | FQuintana-Velarde *Política* 20: El aire es un bien libre. Por contraposición a los bienes libres existen otros cuyas cantidades son limitadas en relación a las necesidades. Son escasos en relación a nuestros deseos de ellos.
8 Que no tiene [algo negativo (*compl* DE)]. | SLuis *Doctrina* 27: Dones preternaturales: es decir, una perfección mayor de nuestra naturaleza, libre de defectos. **b)** Que ha sido eximido o dispensado [de algo, esp. un impuesto]. | *Compil. Cataluña* 749: Los bienes fideicomitidos que se enajenen .. los adquirirá el rematante o el adjudicatario libres del gravamen fideicomisario. SLuis *Doctrina* 29: Solo la Virgen Santísima se vio libre de este pecado original, en previsión de los méritos de Jesús.
9 [Alumno] de matrícula no oficial. *Tb n.* | *Luc* 2.9.64, 5: Instituto de Enseñanza Media. Exámenes de segundo curso. Alumnos todos, libres y oficiales. Delibes *Cazador* 152: Terminaron los oficiales. Hasta el seis de junio no empezamos con los libres. **b)** (*hoy raro*) [Colegio] cuyos alumnos se examinan como libres en un centro oficial. | *DBu* 24.5.64, 10: Colegio libre adoptado de Enseñanza Media.
10 [Traducción o versión] que, de manera consciente, no se ajusta exactamente al original. | * Versión libre para la radio de F. Pérez.
11 (*Fís*) [Caída] que experimenta un cuerpo sometido exclusivamente a la acción de la gravedad. *Tb fig, fuera del ámbito técn.* | *ElM* 29.7.93, 3: Ayer, tras conocerse los datos de la EPA, se desató la presión especulativa sobre la moneda española, que entró en caída libre.
12 (*Quím*) No combinado. | Bustinza-Mascaró *Ciencias* 323: Algunos metales se encuentran en la Naturaleza libres, es decir, sin estar combinados. Se denominan nativos. Marcos-Martínez *Física* 220: Aquellas fórmulas que presentan alguna valencia libre, o sea sin saturar, se denominan radicales químicos.
13 (*TLit*) [Verso] que no rima. | Amorós-Mayoral *Lengua* 186: El verso 1º y el 3º riman porque acaban los dos en el mismo sonido: "-ura". El verso 2º no rima, queda libre. **b)** [Verso] no sujeto a medida determinada. | Correa-Lázaro *Lengua* 45: He aquí .. un bello poema de Gerardo Diego .. Es un poema monorrimo, en versos libres.
14 (*Ling*) [Morfema] que puede presentarse como palabra independiente. | RAdrados *Lingüística* 209: En lenguas aglutinantes como las uralo-altaicas la división entre morfemas libres y ligados es .. fácil de hacer.

15 (*Fon*) [Sílaba] que termina en vocal. | Lapesa *HLengua* 56: En otros romances ha habido evolución distinta [de la vocal] según fuera libre o trabada la sílaba.
16 (*Dep*) *En natación:* [Competición] en que cada participante puede elegir su estilo. *Tb referido al mismo estilo.* | SInf 23.3.70, 8: José Pujol .. sonríe abiertamente ante el éxito conseguido en los 200 metros libres.
17 (*Dep*) [Lucha] en que se permite utilizar las piernas y hacer presas en todo el cuerpo. | Repollés *Deportes* 102: La lucha libre americana es un deporte violento, pero no brutal.
18 (*Der*) [Absolución] que se hace declarando inocente al reo. *Gralm antepuesto al n.* | YaTo 18.9.81, 53: La defensa, por su parte, solicitó la libre absolución de su defendido.
II *loc adv* **19 al aire ~** → AIRE.
20 por ~. En calidad de alumno libre [9]. | Laiglesia *Tachado* 126: Dada mi facilidad para el estudio, .. me matriculé por libre. *Abc* 21.5.67, 48: El deporte no puede hacerse "por libre", ni constituirse en una asignatura del tipo de las "tres Marías". **b)** Por cuenta propia o sin someterse a normas ajenas. *Tb adj. Frec en la constr* IR POR ~. | Cela *SCamilo* 92: Las tísicas los domingos golfean por libre, las tísicas son muy independientes y no quieren atarse a nadie. Cunqueiro *Un hombre* 39: Habiendo tantos y excelentes podólogos en la ciudad, ninguno llegaba al arte por libre de Tadeo. MGaite *Búsqueda* 29: Era su característica esencial ..: aquel desprecio por la cultura masiva, por los estilos vigentes. Aunque posiblemente la palabra desprecio es inadecuada .. Simplemente no le divertía, no jugaba a eso; él iba por libre.

librea *f* **1** Uniforme de lujo con levita y distintivos, propio de algunos subalternos y criados. | Carandell *Madrid* 136: Laureano se pone su librea verde oscuro con galones, que le farda mucho.
2 (*Zool*) Aspecto característico de las plumas, el pelo o la piel. | Cela *Viaje andaluz* 100: Por un alcorce del camino se alza, torpe y fecunda, la jabalina .. que arrastra, en pos de sí, la bullidora tropilla del jabalón trotón y aún con librea. C. PSantos *SYa* 15.6.75, 53: Existe mucha variación en el color, así como en los dibujos de su cuerpo [de la víbora]. La librea más común es la de la foto 3.

librecambio *m* (*Econ*) Libre cambio (→ CAMBIO). | Cela *Rosa* 219: ¡Qué imagen de la industrial Europa! .. ¡Qué estampa de la Albión del librecambio y el librepensamiento!

librecambismo *m* (*Econ*) Doctrina o sistema del libre cambio. | Vicens *Polis* 465: El capitalismo descansó en dos ideas básicas: que el Estado había de prescindir de cualquier intervención en la vida económica (librecambismo) y que la máquina era un instrumento .. destinado a hacer fructificar el capital.

librecambista *adj* (*Econ*) De(l) libre cambio. | FQuintana-Velarde *Política* 138: Una gran serie de intereses económicos .. habían conseguido triunfar en sus luchas contra los intereses librecambistas. **b)** Partidario del libre cambio. *Tb n.* | FReguera-March *Boda* 16: –Usted, como fabricante, será proteccionista. –No, no lo soy. Me inclino por el libre cambio .. –¡Un fabricante librecambista! Tamames *Economía* 241: Los tres señalados mecanismos han contribuido a moldear el espíritu y la mentalidad de nuestros empresarios y a posibilitar –o a frenar, diría un librecambista– el desarrollo económico nacional en una determinada dirección.

libremente (*superl*, LIBÉRRIMAMENTE) *adv* De manera libre. | *Últ* 18.8.70, 2: Las ratas pueden campar libremente por donde les venga en gana.

librepensador -ra *adj* De(l) librepensamiento. | *Cam* 6.1.75, 13: En este sentido tratan de entroncar con la tradición "librepensadora". **b)** Que profesa el librepensamiento. *Tb n.* | SSolís *Camino* 54: Su padre era librepensador y la había educado en un colegio laico.

librepensamiento *m* Doctrina que en materia religiosa no reconoce dogmas ni otro criterio que el de la propia razón. | Cela *Rosa* 219: ¡Qué imagen de la industrial Europa! .. ¡Qué estampa de la Albión del librecambio y el librepensamiento!

librería *f* **1** Tienda dedicada a la venta de libros[1] [1]. | Mihura *Modas* 20: Para subir y bajar a la librería y papelería especializada en catecismos y recordatorios de primera comunión, nos valemos de esta escalera.
2 Oficio de librero [2]. | * Dejó la venta de máquinas de escribir y ahora se dedica a la librería.
3 Mueble con estantes para colocar libros[1] [1]. | Delibes *Príncipe* 78: Juan se dirigió a la librería y empujó con una mano la corredera de los bajos. Payno *Curso* 34: El barniz claro del pino de la librería-bar tenía brillo de rescoldo.
4 (*lit, raro*) Biblioteca (colección de libros[1]). | Alarcos *SLe* 6/7.87, 6: El [manuscrito] "N" (de la librería privada del recordado don Antonio Rodríguez Moñino).

librero -ra I *adj* **1** De (los) libros[1] [1]. | *HLM* 26.10.70, 10: Permite ya esbozar un resumen de actividades emprendidas y una adecuada valoración de los resultados, en vistas al futuro lanzamiento de la extensa producción librera.
II *m y f* **2** Pers. que tiene una librería [1]. | CBaroja *Inquisidor* 49: Ya había pasado a España, aunque seguía en relación con el librero Eymery.

librescamente *adv* De manera libresca. | GMorell *Abc* 18.5.58, 7: Librescamente podríamos afirmar que en la "Historia del Obispado Guadix-Baza" se consigna el lugar.

libresco -ca *adj* **1** De (los) libros[1] [1a y 2]. *A veces con intención desp.* | M. Porter *Des* 12.9.70, 32: Para quien .. está metido hasta el cuello en asuntos librescos, parece más necesario el conocimiento de una obra como la presente. GBarrientos *Pról. Buero* 17: La dramaturgia de Valle Inclán .. no tuvo acceso a la escena: el teatro le cerró sus puertas, reduciéndola a una existencia libresca.
2 Inspirado fundamentalmente por la lectura de libros[1] [1a y 2]. *A veces con intención desp.* | Lapesa *HLengua* 189: Su ejemplo [de Mena] influía en autores como Padilla el Cartujano, que compite con el maestro en el número de alusiones librescas y latinismos.

libreta[1] *f* **1** Cuaderno o libro pequeño para hacer anotaciones. | Cunqueiro *Un hombre* 23: Eusebio abrió el cajón de su mesa, para lo cual necesitó tres llaves diferentes, y sacó de él una libreta con tapas de hule amarillo.
2 ~ de ahorros. Cartilla expedida por una caja de ahorros o un banco, en la cual se asientan las cantidades depositadas por el titular. *Tb, simplemente,* ~. | *ByN* 31.12.66, 80: Una cantidad que raramente se tiene en una libreta de ahorros.

libreta[2] *f* Pan redondo de alrededor de medio kilo. | ZVicente *Traque* 185: Estaba una mejor alimentada, a ver, calcule usted, comíamos como Dios manda .. Pan, mucho pan. ¿Usted ha visto alguna vez una libreta gallega?

libretín *m* (*hoy raro*) Pequeño brasero en forma de caja y con enrejado en la tapa, que sirve para calentar los pies. | FVidal *Duero* 167: Se vuelve hacia el horizonte en el que muere el sol y lo ve allá, como una rueda ígnea sobre el suelo, rojo y caliente como un libretín.

libretista *m y f* Autor de uno o más libretos. | J. Baró *Abc* 9.4.67, sn: Libretistas y compositores que salen a saludar a escena velozmente apenas cae el telón.

libreto *m* Obra dramática escrita para ser puesta en música total o parcialmente. | Alfonso *Música* 206: Casi todos los libretos [de las óperas] eran escritos en italiano.

librico *m* Pastelillo hecho con miel y hojuelas, típico de la región murciana. | J. Perezgil *Caudete* 21: Como por arte de magia, de la noche a la mañana las calles y el pueblo entero empezaban a oler a pastas. Aquellas ricas pastas (únicas en el mundo), los almendrados, los sequillos, los libricos de miel: venían de Yecla).

librillo I *m* **1** Paquete de hojitas de papel de fumar. | Berlanga *Rev* 11.70, 28: Yo espiaba la hoja roja del librillo porque era señal de que con cuatro o cinco cigarros más se acabó lo que se daba.
2 Pieza de las que componen una puerta o persiana de librillo [3]. | Benet *Volverás* 95: Volvieron a escucharse los pasos, una mano golpeó los librillos de las persianas.
II *loc adj* **3 de ~.** [Puerta o persiana] cuyas hojas se componen de dos o más piezas estrechas que se pliegan lateralmente. | *GTelefónica* N. 249: Carpintería Metálica A. Martín-Dorado. Ventanas .. Cerrajería. Persianas metálicas de librillo.

librista *m y f* (*Dep*) Nadador de estilo libre [16]. | SInf 23.3.70, 8: José Pujol .. sonríe abiertamente ante el éxi-

librito – licencia

to conseguido en los 200 metros libres .. Al día siguiente revalidó su condición de librista excelente.

librito *m* Librillo [1]. | Chamorro *Sin raíces* 26: Llevaba siempre consigo una bolsa de cuero en donde guardaba la petaca, el librito, el pedernal, el eslabón o barreta y la yesca.

libro[1] **I** *m* **1** Objeto formado por un conjunto numeroso de hojas de papel u otro material semejante, de tamaño y calidad uniformes, unidas por uno de sus lados y que ordinariamente contienen un texto impreso. | Olmo *Golfos* 88: Tinajilla llevaba una carpeta de cintas rojas y dentro un libro y dos cuadernos. Laiglesia *Ombligos* 114: Le habían enseñado el manejo de un grueso librote con el cual se formaban todas las claves. C. GCasarrubios *Nar* 3.77, 24: Juan I de Aragón, en 1391, expidió un decreto en Zaragoza por el que mandaba que se celebrase anualmente la festividad de la Concepción de la Virgen en la capilla de su palacio real de Barcelona. Esto consta en el libro de Acuerdos del Consejo del Ciento. **b)** (*admin*) Impreso no periódico que tiene más de 48 páginas. | *Ley Prop. Intelectual* 19: Son objeto de propiedad intelectual ..: Los libros, folletos, impresos, epistolarios, escritos, discursos y alocuciones, conferencias, informes forenses, explicaciones de cátedra. **c)** *Seguido de un adj de color:* Colección de documentos oficiales o diplomáticos publicada por el gobierno de un país para someter a la opinión pública un tema determinado. *Frec con un compl* DE. | *País* 1.12.76, 41: El *libro blanco* de la Seguridad Social no estará publicado antes del próximo mes de marzo .. Con este libro blanco, sobre el que se trabaja desde hace varios meses, se pretende hacer una recapitulación de las realizaciones y de la situación de la Seguridad Social. **d)** (*Com*) Libro de los que el comerciante o empresario está obligado a mantener al día registrando los datos de su actividad. *Frec con el v* LLEVAR. | Mercader-DOrtiz *HEspaña* 4, 163: De la misma manera que coexisten el labriego analfabeto y el aristócrata volteriano, también lo hacen el tendero que no lleva cuentas y el comerciante al por mayor al que la pragmática de 1737 obliga a llevar cuatro libros. **e)** ~ (**de**) **becerro**, ~ **de cabecera**, ~ **de coro**, ~ **de escolaridad**, ~ **de familia**, ~ **de misa**, ~ **de oro**, ~ **de reclamaciones**, ~ **de texto**, ~ **mayor**, *etc* → BECERRO, CABECERA, CORO, FAMILIA, *etc*.
2 Texto escrito que constituye o está destinado a constituir el contenido de un libro [1]. | Vesga-Fernández *Jesucristo* 8: Los Evangelios son cuatro libros escritos, respectivamente, por San Mateo, San Marcos, San Lucas y San Juan. **b)** ~ **de caballerías** (*o, semiculto,* **de caballería**). (*hist*) Novela, muy en boga en el s. XVI, que narra aventuras de caballeros andantes. | GLópez *Lit. española* 180: Los libros de caballerías, cuyo origen se halla en la Edad Media, consiguieron gran éxito en el siglo XVI.
3 Libreto. | RÁngel *Música* 60: No hay, pues, [en la ópera] un molde fijo, salvo el impuesto por las necesidades dramáticas del libro literario, que está casi siempre escrito en verso. Tejedor *Arte* 199: También de entonces es el primer drama lírico español, *La Selva sin amor* (1629), con libro de Lope de Vega y de compositor desconocido.
4 Parte de un texto legal, doctrinal o literario que constituye una de las grandes divisiones de este. | *Código Penal* 15: Código Penal .. Libro primero. Disposiciones generales sobre los delitos y faltas, las personas responsables y las penas.
5 ~ **de las cuarenta hojas**. (*humoríst*) Baraja. | *Abc Extra* 12.62, 86: En pocos sitios de la tierra se asientan bazas en el libro de las cuarenta hojas con más solera que en España.
II *adj* **6** (*gralm invar*) [Mesa] cuyo tablero puede recogerse doblándose sobre un eje, a semejanza de la cubierta de un libro. *Tb referido a otros muebles o a partes de ellos.* | *Van* 23.6.74, 2: Mesa libro, con cajón, 80 x 60 cms. G*Telefónica N.* 371: Francisco Medina e hijos. Fábrica de mesas libros y otros estilos. *Día* 25.5.76, 15: Tresillos 5 plazas, 5.400. Tresillos cama libro, 9.600. *Abc* 28.5.72, 8: Preciosa mesa de juego con marqueterías y aplicaciones de bronce, tapa libro con pañete en el interior.
7 de ~. (*col*) Perfecto en su línea. *Tb adv.* | Delibes *Cinco horas* 265: No es precisamente un indocumentado, que menuda Memoria te hizo, de libro, hijo. Mendicutti *ElM* 9.8.90, 2: Don Hussein lo está haciendo de libro: primero dio el zapatazo, luego ganó tiempo con el farol de que retiraba soldados, ahora amenaza con disparates mayores, y al final re-

nunciará a lo más disparatado, pero no se irá de Kuwait. **b)** Sumamente correcto. | J. Posada *Inde* 24.8.90, 31: Labor de torero que quiere serlo, aunque un tanto rígido de ideas, inflexible y equivocado en algunas ocasiones, porque abunda en hacer un toreo de "libro". **c)** Elemental, o de pura lógica. | R. Pozo *Inde* 13.2.90, 48: El mensaje de salud pública y anticorrupción que siempre esgrimió Alfonso Guerra le ha condenado a ir ahora subido en el carro de paja. No sé por qué nos extrañamos. Es de libro. Lo de Saturno se ha convertido en un manoseado tópico, pero he ahí ejemplos de nuestro propio tiempo. **d)** Puramente formal o de pura apariencia. | Grandes *Lulú* 111: Era por pura pose, una trasnochada pose de progre, porque habíamos sido progres mucho tiempo, progres de libro, y hacíamos muchas cosas solamente por eso, porque quedaba progre.
8 [Tenedor] **de ~s** → TENEDOR.
III *loc v* **9 colgar los ~s** → COLGAR.
10 hablar como un ~. (*col*) Decir cosas muy acertadas. | SSolís *Camino* 39: ¡El Padre Donado es que hablaba como un libro! Doña Pura cada vez confiaba más en él. ¡La dejaba con la boca abierta! CPuche *Paralelo* 161: –Creo que has hablado muy bien .. –Como un libro has hablado.
11 meterse [alguien] **en ~s de caballerías**. (*col*) Mezclarse en asuntos que no le incumben. | Alfonso *España* 54: Lo que interesa es el hombre-instrumento; que la gente se instruya en un oficio o especialidad. Y, fuera de eso, que no se meta demasiado en muchos "libros de caballerías".

libro[2] *m* Tercera cavidad del estómago de un rumiante. | Marín *Enseñanza* 215: El estómago de un rumiante se compone de panza, redecilla, libro y cuajar.

librofórum (*tb con las grafías* **libro-fórum** *y* **libro fórum**; *pl normal,* ~S) *m* Reunión de debate acerca de un libro[1] [1a y 2]. | Valmaseda *Español* 227: Mientras esos hacen la redacción, te explico en qué consiste el *librofórum*. Se trata de comentar un libro que todos hayáis leído, dirigidos por el profesor. Berlanga *Recuentos* 78: No fui yo quien hizo la lista de invitados a los libro fórums en Alemania.

licantropía *f* **1** (*lit*) Transformación mágica de un hombre en lobo. | M. Porter *Des* 12.9.70, 34: Expone [la película], como base de intriga, el caso de la licantropía, de tan larga tradición fílmica.
2 (*Med*) Enfermedad mental consistente en creerse transformado en lobo. | * La licantropía es una enfermedad histérica.

licantrópico -ca *adj* (*lit y Med*) De (la) licantropía. | *Des* 12.9.70, 34: Sirviéndose de la temática licantrópica y del alogismo, no logra hacer una película importante.

licántropo *m* (*lit y Med*) Hombre en quien se da la licantropía. | Goiti *DNa* 24.8.74, 7: Algunos hombres, los licántropos, tenían el poder de convertirse en lobos de vez en cuando.

licaón *m* Mamífero cánido africano, parecido al lobo y con manchas blancas y negras irregularmente repartidas (*Lycaon pictus*). | N. Rubio *Abc* 29.10.72, 47: En la parte interior de este pabellón, una amalgama de animales sin ninguna relación (mandriles, jabalíes, serpiente pitón, licaones, faisanes, titíes, etc.) dan la sensación .. de estar en una instalación provisional.

liceísta I *m y f* **1** Socio de un liceo [1]. | ILaguna *Ateneo* 85: No se explica la suficiencia, la pedantería incluso, con que un ateneísta como el marqués de Gerona .. hablaba del nuevo Ateneo en 1840, pontificando ante los liceístas de Granada.
2 Espectador, esp. asiduo, del teatro del Liceo de Barcelona. | FReguera-March *Fin* 204: A la salida, los liceístas volvieron a manifestarse, y la fuerza pública cargó sobre ellos a golpes de sable y garrotazos.
II *adj* **3** Del teatro del Liceo de Barcelona. | S*Abc* 27.12.70, 94: El día 13 de enero Montserrat Caballé fue proclamada, por Radio Barcelona, la mejor cantante de Ópera de la temporada liceísta.

licencia *f* **1** Autorización o permiso, esp. de carácter legal. *Tb el documento en que consta.* | *Inf* 14.3.74, 32: Sacó una pistola, para la que carecía de licencia y guía, y disparó cuatro veces. *Compil. Cataluña* 682: La mujer tendrá el dominio, disfrute y libre administración de los bienes parafernales, pudiendo adquirirlos, enajenarlos .. sin licencia de su

marido. **b)** Autorización para explotar una patente. | *Pue* 24.12.69, 2: La planta ha sido construida por astilleros del Cadagua .. bajo licencia inglesa. **c)** Autorización dada a un eclesiástico por su superior para ejercer su ministerio. *Más frec en pl.* | *Abc* 11.12.70, 22: Juan Echave Gariticelaya, de treinta y seis años, sacerdote sin licencia eclesiástica desde hace años. **d)** *En un libro:* Permiso expreso de las autoridades, esp. eclesiásticas, para la publicación. | Huarte *Tipografía* 62: Licencias, propiedad y pie de imprenta: en el dorso de la portada.
2 Exención temporal de un servicio o un empleo. | *BOE* 28.4.76, 8295: Las habilitaciones existentes en los distintos Ministerios civiles deducirán, en las nóminas de sueldos, trienios y pagas extraordinarias, las cuotas individuales básicas correspondientes a todos los funcionarios en situación de servicio activo, siempre que no se encuentren disfrutando licencia por asuntos propios. Tejedor *Arte* 206: Al término de ella [la guerra], es pintor de cámara de Fernando VII; pero en 1823 pide licencia y en 1826 la jubilación de su cargo. **b)** Exención del cumplimiento de un precepto. | Cela *Judíos* 298: Los madrileños monjes del Escorial fabricaron el recio y bien barbado papel de tina ..: artesanía noble y envuelta en bendiciones y en licencias de ayunos. **c)** Cese definitivo en el servicio de un soldado. *Tb* ~ ABSOLUTA. | S. Castelo *Abc* 17.8.72, sn: Tres años más tarde obtuvo la licencia con el grado de sargento.
3 (*TLit*) Uso lingüístico que, a pesar de ser anómalo, se consiente en poesía. *Gralm en las constrs* ~ MÉTRICA, *cuando afecta a la medida del verso, o* ~ POÉTICA, *cuando afecta a la forma de la palabra o de la frase. En esta última constr, tb fig, fuera del ámbito técn, con intención humoríst.* | Amorós-Mayoral *Lengua* 38: A esta licencia métrica que consiste en deshacer un diptongo para aumentar una sílaba al verso se le llama diéresis.
4 (*lit*) Falta de moralidad en las costumbres, esp. sexuales. | * Los moralistas censuran la licencia de las costumbres.

licenciado -da I *adj* **1** *part* → LICENCIAR.
2 Licenciatario. *Tb n.* | *Abc* 1.12.70, 59: Se ha firmado un acuerdo .. para fabricar .. el nuevo supermonogrado desarrollado y adoptado por la Fiat para los motores fabricados por ella o sus licenciados en todo el mundo.
II *m y f* **3** Pers. que ha obtenido la licenciatura. *Frec con un compl especificador* EN. *A veces se emplea como tratamiento antepuesto al n y apellido, o solo al apellido, de la pers que posee una licenciatura, esp en farmacia o en leyes.* | CBaroja *Inquisidor* 20: El colegial se hace licenciado en leyes. Olmo *Golfos* 19: Lo que crispaba los nervios de Enzo era la machaconería ridícula de ponerle como modelo al futuro licenciado. GNuño *Madrid* 13: Muestra en el arcosolio al Prelado, de rodillas sobre un altar; su capellán, el licenciado Barragán, está a su derecha. CBaroja *Inquisidor* 27: El sacerdote representado en la escultura fue en vida el licenciado don Antonio del Corro.

licenciamiento *m* Acción de licenciar [1]. | Goytisolo *Recuento* 495: Instituciones como la escuela o la mili son, a su vez, imágenes [del Purgatorio], siempre a la espera del título, del licenciamiento, de la redención final. **b)** (*raro*) Despido [de un empleado u obrero]. | *SInf* 5.12.70, 5: En la hipótesis de la completa liberación de los intercambios en Europa se podría prever para 1975 el licenciamiento del orden de 600.000 personas que actualmente trabajan en el sector.

licenciar (*conjug* **1a**) **A** *tr* **1** Dar [a un soldado] la licencia [2c]. | Medio *Bibiana* 305: Se incorporó al Ejército cuando le llamaron y volvió a su casa tranquilamente cuando le licenciaron. **b)** Hacer que [un militar (*cd*)] pase a la situación de retiro. | * A los guardias los licencian a los cincuenta años. **c)** (*col*) Retirar del uso [algo]. | * A ver cuándo licencias ese traje, que da pena verlo. **d)** (*raro*) Dar licencia [2a] [a alguien (*cd*)]. | Aldecoa *Gran Sol* 99: Paulino Castro licenció a Celso Quiroga. –Vete abajo.– El marinero dejó el timón al patrón de costa.
B *intr pr* **2** Recibir [un soldado] la licencia [2c]. | *Faro* 15.8.68, 15: Se iniciaron los actos con una misa de campaña, seguida de la despedida de los soldados que se licencian de la Bandera. **b)** Pasar [un militar] a la situación de retiro. | * Los guardias se licencian a los cincuenta años.
3 Obtener la licenciatura. | *País* 4.7.76, 8: El nuevo presidente del Gobierno .. Cursó estudios de Derecho en la Universidad de Salamanca, licenciándose en la de Madrid.

licenciatario -ria *adj* [Empresa] que tiene licencia para utilizar una patente [de otra]. *Frec n.* | *Pue* 20.1.67, 31: Licenciataria exclusiva. A. Abril *Mad* 23.12.70, 30: El montaje llevado a cabo por Wankel en el NSU posteriormente fue perfeccionado en muchos aspectos por los licenciatarios.

licenciatura *f* Grado universitario inmediatamente inferior al doctorado. | Laforet *Mujer* 73: En mayo de 1936, Paulina obtuvo su licenciatura en Ciencias Exactas.

licenciosidad *f* (*raro*) Cualidad de licencioso. | Aranguren *Moral* 119: La gazmoñería que rodea, por lo general, a la relación sexual conyugal .. es compensada por la licenciosidad en el amor venal.

licencioso -sa *adj* Que contraviene abiertamente las normas habituales de moral sexual. | Ramírez *Derecho* 170: La viuda pierde su derecho .. si lleva una vida manifiestamente licenciosa.

liceo *m* **1** Asociación de carácter cultural y recreativo. *Tb su sede.* | Solís *Ateneo* 16: No hubiéramos hablado de antecedentes si este Liceo gaditano no hubiera tenido alguna relación con el Ateneo de Madrid. GLuengo *Extremadura* 84: Si se comparan por defuera el casino y el liceo, ambos corresponden a su contenido presunto. El primero, más secreto y de socios muy pudientes. El segundo, abierto, de grandes ventanales a la calle.
2 Centro oficial de segunda enseñanza. *Referido a algunos países extranjeros.* | L. Calvo *Abc* 16.12.70, 31: Diez mil estudiantes de los liceos de París expresan su conformidad con la apelación que les hace la Juventud Comunista. **b)** *A veces forma parte del nombre de algunos centros españoles de enseñanza privada.* | *GTelefónica N.* 290: Colegios .. Liceo San Carlos.

lichi *m* Árbol tropical chino, cultivado por su fruto comestible de pulpa blanca y jugosa que se consume seco o en conserva (*Litchi chinensis*). *Tb el mismo fruto.* | VMontalbán *Pájaros* 203: Terminó su postre de lichis en almíbar y nueces chinas.

licio -cia (*hist*) I *adj* **1** De la antigua Licia (país de Asia Menor). *Tb n, referido a pers.* | Onieva *Prado* 222: También está, como motivo principal, la laguna donde los licios han sido convertidos en ranas, en castigo de no haberle permitido a Letona el uso del agua.
II *m* **2** Lengua hablada en la antigua Licia. | Michelena *Lengua* 233: Cf. Licio ac[usativo] -ã, *u*, frente a nom[inativo] -*a*.

licitación *f* **1** Acción de licitar. | *SMad* 31.12.70, 3: Fianzas de licitación y ejecución de obras.
2 Subasta. | Delibes *Ratas* 49: Antes de la guerra, Matías Celemín salía a las licitaciones de los pueblos próximos y remataba tranquilamente por un pinar albar cuatro o cinco mil reales.

licitador -ra *adj* Que licita. *Frec n.* | *Alc* 31.10.62, 28: Para que tenga lugar la citada subasta, .. se ha señalado el día 30 de noviembre próximo a las once de su mañana, advirtiéndose a los licitadores. **b)** De(l) licitador. | *IdG* 31.10.70, 19: Bases para un concurso .. en las que figuraba la adjudicación por la Corporación de 25 puntos, con carácter potestativo, a la proposición licitadora que estimaran más adecuada en conjunto.

lícitamente *adv* De manera lícita. | Torrente *Señor* 89: Usted es, además, teólogo, y sabe cuándo se puede matar lícitamente al Rey.

licitante *adj* Que licita. *Frec n.* | *Abc* 28.8.66, sn: Los licitantes deberán consignar ante la mesa o acreditar previamente haber depositado el veinte por ciento de la cantidad señalada como tipo para la subasta.

licitar *intr* Ofrecer precio en una subasta. | *BOM* 17.9.75, 2: Se advierte a las personas que deseen licitar en dicha subasta .. Que los bienes inmuebles a enajenar responden al detalle siguiente.

licitatorio -ria *adj* De (la) licitación. | *BOE* 14.8.68, 12092: No se admitirá por la Mesa de subasta la presentación ante la misma, en el acto licitatorio, del

lícito – lid

documento acreditativo de la constitución de la fianza provisional.

lícito -ta *adj* Que no está prohibido por la ley o por la moral. | Escrivá *Conversaciones* 150: Considero la libertad personal necesaria para todos y en todo lo moralmente lícito.

licitud *f* Cualidad de lícito. | Ramírez *Derecho* 63: Desde siempre, y más en nuestros tiempos, se discute la licitud de la llamada propiedad.

licopeno *m* (*Bot*) Pigmento rojo que se encuentra en el tomate y otros frutos. | Navarro *Biología* 50: Cromoplastos. Son plastos que contienen diferentes pigmentos, unos amarillos, .. otros de color rojo (con licopenos), etc.

licopina *f* (*Bot*) Licopeno. | Bustinza-Mascaró *Ciencias* 226: En muchas flores, frutos y raíces hay cromoplastos elaborados de pigmentos, como la carotina .. y la licopina.

licopodiácea *adj* (*Bot*) [Planta] de la familia del licopodio. *Frec como n f en pl, designando este taxón botánico.* | FQuer *Plantas med.* 48: Familia 16ª. Licopodiáceas.

licopodial *adj* (*Bot*) [Planta] de la clase de los licopodios. *Frec como n f en pl, designando este taxón botánico.* | Alvarado *Botánica* 70: En otras dos Clases de Pteridofitas (Equisetales y Licopodiales) se sitúan los equisetos o "colas de caballo" y los licopodios.

licopodio *m* Planta herbácea de tallo rastrero y ramas erectas revestidas de pequeñas hojas a manera de escamas puntiagudas, cuyas esporas producen un polvo amarillo utilizado en farmacia y en pirotecnia (gén. *Lycopodium*). | Alvarado *Botánica* 10: Comprende [el tipo Pteridofitas] los helechos, los equisetos o colas de caballo, los licopodios. Mayor-Díaz *Flora* 498: *Lycopodium clavatum* L., "Licopodio" .. Los tallos y ramas se utilizan contra los catarros e inflamaciones de las vías urinarias, aunque lo que más se utiliza son sus esporas, "polvo de Licopodio", para espolvorear las píldoras. **b)** Polvo obtenido de las esporas de licopodio. | Ybarra-Cabetas *Ciencias* 39: Para estudiar la conductividad externa de las caras de los cristales se recubren estos de una delgada capa de licopodio y se aproxima a un punto un conductor cargado de electricidad.

licor *m* **1** Bebida alcohólica no fermentada, compuesta de alcohol, agua, azúcar y zumos o esencias vegetales. | *Bal* 4.3.70, 4: En la ciudad condal, sin ir más lejos, escamoteó hasta treinta botellas de surtidos licores. Bernard *Combinados* 16: 1/2 copita de coñac, 1/2 copita de licor Montserrat.
2 (*Med o lit*) Cuerpo líquido. | Cunqueiro *Un hombre* 106: Se le acumuló en la sangre el licor venéreo, y reventó por las partes. *País* 18.9.83, 10: La mera casuística probablemente se detendría a examinar las circunstancias directas: .. estatutos concretos del Centro de Estudios y Conservación de Esperma (el Cecos, oficial en Francia) y los problemas concretos de este depósito del licor vital.

licorería *f* **1** Fábrica o comercio de licores [1]. | *Van* 20.12.70, 16: Licorerías Garriga, Badalona. *Ya* 18.4.88, 55: Jerry Walsh, un joven maleante, se aprovecha de la amistad con Kathy, la dependienta de una licorería, para robar lo recaudado durante la jornada.
2 Industria del licor [1]. | M. Cayón *Abc* 10.10.65, 81: Este producto tiene aplicaciones medicinales y en licorería, cosmética.
3 Licores [1], o conjunto de licores. | Perucho *Botánica* 170 (G): En licorería, el ajenjo lo impusieron elegantemente los "poètes maudits".

licorero -ra I *adj* **1** De(l) licor [1]. | *ByN* 3.7.76, 99: Nace .. en Játiva (Valencia), una ciudad entonces con tan solo un cierto nivel de industria textil y licorera. GPavón *Reinado* 255: Acabada la comida, llenos de cenizas de puro y de vapores licoreros, cada cual marchó para su casa.
II *n* **A** *m y f* **2** Pers. que fabrica licor [1]. | *Ya* 18.5.88, 59: Programación TVE .. 22,45. Oficios para el recuerdo. "Licoreros." Recorrido por el arte de alambicar a través de los conventos y destilerías antiguas.
B *f* **3** Botella artística para licor [1]. | *Ya* 19.12.74, 2: Licorera con colonia .. De cristal, con forma atractiva. Perfume de lavanda, muy fresco.

licorista *m y f* Pers. que hace licores [1]. | GBiedma *Retrato* 21: El técnico licorista que la Compañía trajo contratado hace dos años para mejorar la calidad del Ron Caña.

licoroso -sa *adj* [Vino] aromático de alta graduación alcohólica. | *Ya* 8.10.70, 12: Se añade a la relación de vinos especiales los "vinos licorosos generosos", "vinos licorosos". Delgado *Vino* 47: Las viníferas "Pedro Ximénez" y "moscatel", junto a las distintas "garnachas", ofrecen vinos blancos, secos, tintos, claretes, licorosos y rancios.

licra → LYCRA.

lictor *m* (*hist*) *En la Roma antigua:* Miembro de la justicia, que precede con las fasces al cónsul o a otro magistrado. | M. Barbero *His* 9.77, 24: Una de las [penas capitales] más antiguas fue la decapitación por medio del hacha, que, al llegar a representar la expresión visible del *imperium* de los magistrados, se llevaba como insignia en las fasces de los lictores.

licuable *adj* Que se puede licuar. | F. GMarquina *SAbc* 1.3.70, 12: Los biólogos necesitaban una sustancia para cultivos de bacterias, que no tuviera los inconvenientes de la gelatina animal (fácilmente licuable por el calor).

licuación *f* Acción de licuar(se). | M. Toharia *SInf* 16.12.70, 8: Las puntas de los cristales de nieve empiezan a fundirse, haciendo que se reúnan varios de ellos, soldados entre sí por esta licuación apenas inapreciable. Marcos-Martínez *Física* 115: Para la licuación [de un gas] habrá que aplicar o el enfriamiento o el aumento de presión, o ambos a la vez.

licuador -ra I *adj* **1** Que licua. *Tb n m, referido a aparato.* | *Mun* 17.10.70, 49: Los "trusts" internacionales han ido claudicando uno tras otro y ahora ESSO podrá poner de nuevo en explotación sus instalaciones productoras y su planta licuadora de gas natural. *Rio* 10.9.89, 36: Vendo 90 colmenas .., una caldera para extracción de cera, un licuador de miel eléctrico con termostato.
II *f* **2** Aparato electrodoméstico para licuar frutas y otros alimentos. | *Sem* 8.10.77, 53: AEG .. Lavadoras, lavavajillas, frigoríficos, congeladores, aspiradoras, licuadoras.

licuante *adj* Que licua. | Lázaro *Crónica* 32: Entre las primeras [resoluciones], está .. la de adoptar como emblema el famoso crisol con la leyenda "Limpia, fija y da esplendor", que mereció un memorable varapalo del *Journal des savants* por no compadecerse bien los propósitos estabilizadores y bruñidores del lema con la función licuante y desintegradora del crisol.

licuar (*conjug* **1b** *o* **1d**) **A** *tr* **1** Hacer líquida [una sustancia sólida o gaseosa]. | Laiglesia *Ombligos* 24: Se entretuvo un buen rato licuando jabón para rellenar la pequeña oquedad. Marcos-Martínez *Física* 116: Existe para gas una temperatura característica, denominada temperatura crítica, por encima de la cual es imposible licuarlo.
B *intr* **2** Convertirse en líquido [una sustancia sólida o gaseosa]. *Tb pr.* | Marcos-Martínez *Física* 253: Propiedades físicas [del cloro] .. Licúa fácilmente, dando un líquido amarillo. CNavarro *Perros* 105: Sus ojos centelleaban como dos gotitas de cristal a punto de licuarse.

licuefacción *f* (*Fís*) Transformación en líquido [de un gas]. | Marcos-Martínez *Física* 33: Al calentar el hielo, primero se funde y más tarde se vaporiza. Estos cambios de estado absorben calor y se denominan progresivos. Los fenómenos contrarios, la licuefacción y la solidificación, desprenden calor y se llaman regresivos. *Act* 25.1.62, 39: Licuefacción de hidrógeno y otros gases.

licuoso -sa *adj* (*lit, raro*) Acuoso. | Goytisolo *Recuento* 309: Raúl le respondió .. como absorto, la atención puesta en aquellos ojos que no parecían mirar nada en concreto, licuosos, de brillo cada vez más superficial.

licurcia *f* (*col, hoy raro*) Peseta. | *DEs* 22.10.76, 2: De lo que parece a lo que luego resulta median a lo mejor quinientas pesetas, antes licurcias.

licurgo -ga *m y f* (*lit*) Legislador. *Frec con intención humoríst.* | GRobles *País* 5.2.78, 7: ¿Será cierto que los jóvenes Licurgos del Centro están poniendo a punto, en amable acuerdo con el PSOE, una ley electoral? Campmany *Abc* 12.5.93, 23: La rubiasca licurga y salomona del PP [Isabel Tocino] podría responderle a Hormaechea que el que tiene cuatro patas y muchas tetas es él.

lid (*lit*) **I** *f* **1** Lucha o contienda. *Frec fig, y esp referido a las de carácter deportivo o dialéctico.* | FVidal *Duero* 73: Sin duda, [Almanzor] hubiese eludido a cualquier precio una lid

incierta, jugada en terrenos contrarios. Zunzunegui *Camino* 494: Íñigo López de Loyola .. fue hombre mundano y cortesano y muy curtido en toda clase de lides.
2 *En pl*: Actividad. *Con un compl o un adj especificador. Gralm referido a aquellas que implican competencia.* | Serrahima *Des* 12.9.70, 10: Se había lanzado [Mauriac] como periodista, en las lides políticas. Ramírez *Derecho* 148: Este delito es el que más abunda en las lides forenses.
II *loc adv* **3 en buena ~.** En confrontación limpia y honrosa. | M. RGabarrús *Van* 3.2.74, 43: "Baleares" fue botado en abril de 1932, entró en combate en enero de 1937 y sucumbió en buena lid en marzo de 1938.

líder A *m y f* **1** Jefe o dirigente [de un partido u otra colectividad]. | *Pue* 20.1.67, 4: Más agresivo se mostró el senador Dirksen, líder de los republicanos. Ju. Cruz *País* 11.10.77, 5: La líder conservadora le ha dado la bienvenida al desertor laborista. *Sp* 19.7.70, 36: El presidente fue directo .. amenazando, veladamente, a los líderes norvietnamitas. * Los países occidentales no han conseguido derrocar al líder iraquí.
2 Pers. o entidad que va en cabeza entre las de su clase o grupo. *Referido a entidad, frec en aposición.* | *Ya* 15.8.90, 35: El belga Sammie Moreels .. es el nuevo líder de la IV Volta Ciclista a Galicia. MGaite *Nubosidad* 285: Hablaba inglés [la niña], leía de corrido y era un líder en su colegio. *Ya* 29.10.83, 4: Central Corsetera, S.A. Empresa líder del sector precisa vendedor. *As* 24.7.89, 37: Marca líder de la automoción en expansión. Desea contactar con profesionales.
B *m* **3** (*Dep*) Equipo que va a la cabeza de la clasificación. | Paul *Mar* 23.11.70, 2: Cambio de líder en este grupo. El Alcoyano .. destronó del primer puesto al Mestalla.

liderar *tr* Ser líder [de algo (*cd*)]. | *HLM* 21.3.77, 3 (T): La cuestión está en saber si Suárez quiere y puede liderar a esos atomizados bloques. *Ya* 15.8.90, 35: Ciclismo: Moreels lidera la Volta a Galicia.

liderato *m* Condición de líder, *esp* [1]. | Aranguren *Marxismo* 124: Lo único que trato de explicar es el por qué Rusia ha perdido, probablemente para siempre, el liderato internacional del comunismo maximalista. *HLM* 26.10.70, 31: Se mueven los primeros puestos de la clasificación, y pasa el Burgos al liderato gracias a su regularidad.

liderazgo *m* Condición de líder. | M. Cruz *Pue* 7.11.70, 7: El liderazgo de Yasser Arafat al frente de los movimientos de liberación se ha consolidado.

lidia I *f* **1** Acción de lidiar [1]. | DCañabate *SAbc* 16.2.69, 37: En muchas corridas, durante la lidia de un pobre animal fofo, lleno de grasa y carente de nervio, .. me acuerdo de la degradante y terrible escena de la mutilación de los cuernos. **b)** Conjunto reglamentado de actos que se realizan con el toro mientras está en el ruedo. | *Rue* 22.12.70, 13: Toda la majeza que el primer tercio de la lidia tiene.
2 Fiesta de los toros. | *Nue* 24.1.70, 32: La situación laboral de los subalternos de la lidia es injusta.
II *loc adj* **3 de ~.** [Toro] destinado a ser lidiado [1]. | Ortega-Roig *País* 90: Los toros de lidia, que se crían en dehesas de Salamanca, Extremadura y Sevilla.

lidiable *adj* Que se puede lidiar [1]. | FRosa *CoA* 2.11.75, 30: El primero levantó la cabalgadura ..; después ya no hubo toros lidiables. GNuño *Escultura* 173: La extensa veneración española ha creado por mano popular muchos toros fieros y ágiles, lidiables, endiabladamente despiertos.

lidiador -ra *adj* Que lidia. *Frec n.* | PLuis *HLM* 26.10.70, 36: Lidiador y torero, mostró repertorio e imaginación para escapar de encasillamientos y faenas preconcebidas. *Mun* 19.12.70, 5: Se negaba la sepultura cristiana a los lidiadores muertos en el ruedo. Bermejo *Derecho* 44: Las formalidades del "riepto" .. no se aplican en el singular combate habido entre las huestes de don Carnal y doña Cuaresma. Ni se igualan los lidiadores, .. ni hay jueces. Gala *Anillos* 439: Un día él vivió y otro se ha muerto. El insustituible, el leal, el lidiador, el justo. Vivió y ha muerto.

lidiar (*conjug* **1a**) **A** *tr* **1** Torear [un toro]. *Tb* (*lit*) *fig. Tb abs.* | *Rue* 22.12.70, 15: El toro ha sido bien lidiado, bien toreado. G. Sureda *Sáb* 5.4.75, 44: Uno de ellos, un Miura, le parte, lidiando, el talón de Aquiles a Bombita. F. A. González *Ya* 2.1.75, 52: A saber cuántas gripes pasó en su vida doña María Paz. Y a todas las lidió.
B *intr* **2** (*lit*) Luchar o pelear [con alguien o algo]. *Tb fig*. | GMacías *Relatos* 45: También había "lidiao" mucho con los arroyanos –tan expertos en el recrío de muletos–. Cela *Escenas* 197: De soltera era modista; ahora bastante tiene con atender al marido y lidiar con la nube de criaturas.

lidio -dia (*hist*) **I** *adj* **1** De Lidia (antiguo país de Asia Menor). *Tb n, referido a pers.* | Estébanez *Pragma* 149: No se conoce con certeza (aunque parece que fueron los reyes lidios) quién dio valor fijo garantizado con sello oficial a un lingote metálico de fácil manejo. Sampedro *Sirena* 272: Su madre, una lidia de Sardis que concentró todo su amor en Krito.
2 (*Mús*) [Modo o escala] que entre los griegos comenzaba en la nota do. | Valls *Música* 31: El modo, o harmonía, .. lidio .. era considerado especialmente fúnebre. Subirá-Casanovas *Música* 13: Grecia contó con tratadistas tan insignes como Pitágoras, Platón y Aristóteles; con estilos musicales, propios e importados, que fijarían un sistema –dorio, frigio, lidio, etc.–.
II *m* **3** Lengua hablada en la antigua Lidia. | Michelena *Lengua* 235: En una de las lenguas del Asia Menor, el lidio, este formante se ha generalizado.

lidita *f* (*Mineral*) Jaspe negro usado en joyería como piedra de toque. | Ybarra-Cabetas *Ciencias* 54: Para muchos autores, son variedades del cuarzo: las ágatas ..; el sílex ..; el jaspe negro o lidita, que es el usado como piedra de toque en joyería.

lido *m* (*lit, raro*) Playa. | Pla *Cataluña* 38: Si uno, dejando a la espalda el lido del mar, se interna en los pequeños valles que forman, en su descenso, las montañas, se encuentran rincones tan soleados .. que constituyen deliciosos oasis.

liebanense *adj* Lebaniego. *Tb n.* | Cossío *Montaña* 31: No trato de aquilatar el valor de este simpático libro, sino de proponerle como el canto del cisne de un intento nobilísimo de autonomía, que comenzaran a preparar los beneméritos socios de la vieja institución liebanense de *amigos del país*.

liebrastón *m* Lebrato grande. | FVidal *Ayllón* 234: Le adobaré un liebrastón que he aporreado esta mañana.

liebre I *f* **1** Mamífero roedor parecido al conejo, de unos 70 cm de largo, orejas grandes, y muy veloz, que vive preferentemente en las llanuras y se caza como comestible apreciado (gén. *Lepus*). | Trévis *Extremeña* 54: Limpia la liebre, se parte a trozos y se pone en adobo en el vino. Delibes *Emigrante* 22: Se arrancó una liebrota como un perro a la luz de los focos. **b)** **~ mecánica.** *En las carreras de galgos:* Figura en forma de liebre que por procedimientos mecánicos se mueve delante de los perros. | Repollés *Deportes* 127: Carreras de galgos .. En 1876 .. se inventó la liebre mecánica, y a principios de siglo empezaron los concursos y apuestas en Inglaterra.
2 (*Dep*) Atleta que en determinadas carreras de velocidad marca el ritmo en la primera parte de la prueba para favorecer a otro participante. | A. Clemente *D16* 5.8.87, 23: Junto a Aouita, con las dudas de las "liebres", saldrán Hutchins, O'Mara, los hermanos Castro, Campos.
II *loc v* **3 coger** (*u otro v equivalente*) [alguien] **una ~.** (*col*) Caerse al suelo. | Delibes *Guerras* 79: Me puso la cachava entre los pies y cogí una liebre, que yo, ¡tío, jolín!, ¿entiende?, o sea, me renegué todo. Delibes *Emigrante* 39: Lucio quiso hacer un número de circo entre dos sillas, pero agarró una liebre y se lastimó un hombro.
4 levantar la ~. (*col*) Ser el primero en dar publicidad a un asunto que se mantenía reservado. | S. RSanterbás *Tri* 11.4.70, 23: Supongo que habrá formas y métodos más sutiles de soborno, pero ya se encargarán de levantar la liebre esos críticos que a sí mismos se consideran honorables.

liebrecilla *f* Aciano o azulejo (planta). | FQuer *Plantas med.* 852: Aciano. (*Centaurea cyanus* L.) Sinonimia cast[ellana], .. liebrecilla.

lied (*al; pronunc corriente,* /lid/; *pl normal,* LIEDER /líder/) *m* (*Mús*) Canción para piano y voz sola, característica del Romanticismo alemán, inspirada en un poema lírico que le sirve de letra. | Casares *Música* 122: El lied de Schubert va a intentar la unión perfecta entre música y letra, sin que haya el predominio de una sobre otra. Casanovas *Des* 12.9.70, 36: El recital tomó .. un nuevo derrotero .. volviendo

liederista – ligante

a un programa típico de lied, con una primera parte de repertorio clásico y una segunda de autores catalanes también de repertorio tradicional. MAlonso *Música* 150: En su corta vida .. compuso más de seiscientos "lieder."

liederista (*pronunc corriente*, /liderísta/) *m y f* (*Mús*) **1** Compositor de lieder. | Casares *Música* 123: Al final del Romanticis[m]o surgirán toda una serie de liederistas igualmente importantes, entre ellos Hugo Wolf.
2 Cantante de lieder. | VMontalbán *Pigmalión* 23: Metió un dedo en mi ombligo y musitó con una discreta voz de liederista: "Lo tienes precioso".

liederístico -ca (*pronunc corriente*, /liderístico/) *adj* (*Mús*) De(l) lied o de (los) lieder. | GAmat *Conciertos* 110: Los veinticuatro fragmentos de la obra, muchos de ellos de corte claramente liederístico, poseen una fuerte unidad.

liendre *f* Huevo del piojo. | Legorburu-Barrutia *Ciencias* 169: Los piojos .. Sus huevos se llaman liendres, y quedan adheridas al pelo y a los vestidos.

liento -ta *adj* (*lit*) Húmedo. | Mateo *Babia* 42: Acaso entonces se abrieron sus fuentes .., crepitaron las guérgulas en un remanso de cristales líquidos, lamieron la lienta pradería de los cotos boyales.

lienzo I *m* **1** Tejido fuerte de lino, cáñamo o algodón. | *Lab* 2.70, 17: Juego de estilo rústico en grueso lienzo color tabaco. Moreno *Galería* 161: El cáñamo se había convertido en previo ovillo o madeja antes de ser puesto a disposición del tejedor, en cuyos telares, también aldeanos y bien simples, se fabricaba el lienzo. **b)** Paño o pieza de lienzo. | CNavarro *Perros* 120: Sus manos avanzaron para retirar el lienzo que cubría el cuerpo de la muerta. Hoyo *Señas* 6: Mientras bebía, los ojos de Arsenio vieron en las ventanas los quesos fajados con lienzos y puestos al oreo.
2 Tela especial para pintar sobre ella. | *Abc* 3.12.70, 47: Es de advertir que 14 lienzos o tablas tienen también pinturas en el reverso. **b)** Cuadro pintado sobre lienzo. | PFerrero *MHi* 12.70, 50: Ignacio Zuloaga fue pintor de España y de españoles notorios de las generaciones del 98 y post-98, los cuales escribieron de él y de sus lienzos pródiga y entusiásticamente.
3 Trozo seguido de pared. *Tb* ~ DE PARED. | GNuño *Madrid* 20: A guisa de patio cerrado, el lienzo continuo de casas en tres pisos con porches se embellece en el centro de los lados mayores por el airoso realce de la Casa de la Panadería y de la dependencia municipal que se le enfrenta. CSotelo *Proceso* 342: Al iluminarse el aposento se ve un modesto petate adosado al lienzo de la izquierda. Cela *Pirineo* 203: Hasta la guerra civil aguantó el tipo la ermita románica del Mig Arán, de la que no queda sino algún malherido lienzo de pared. **b)** *En una fortificación:* Porción recta de muralla comprendida entre dos baluartes o cubos. | Villarta *Rutas* 173: El Alcázar es una famosa edificación .. Ródéalo, por la parte de la ciudad, una honda cava, abierta en piedra viva, presentando después el primer lienzo.
II *loc adj* **4** [Idem] **de** ~ → ÍDEM.

lifara *f* (*reg*) Alifara (comida entre amigos). | E. Satué *Nar* 11.77, 7: Aprovechaban para hacer largas veladas de dos o tres casas en torno al fuego del hogar, o para realizar abundantes "lifaras" –comidas– para celebrar la caza de algún jabalí.

lifting (*ing; pronunc corriente*, /líftin/; *pl normal*, ~s) *m* Operación de cirugía plástica que tiene por objeto la eliminación de las arrugas de la cara y el cuello. *Tb fig, referido a cosas.* | Mora *Sem* 15.3.75, 65: Los efectos de un "lifting" son menos duraderos en los países cálidos. Torres *Ceguera* 18: La actriz que interprete a doña Sol no puede, en absoluto, haberse hecho ni un solo lifting o alisamiento de cutis; de lo contrario, su expresión de asombro sería permanente. Gala *Hotelito* 42: Lo que esta casa necesita es un lifting.

liga *f* **1** Cinta elástica que sirve para sujetar a la pierna la media o el calcetín. | Umbral *Ninfas* 118: Se quitó los zapatos de señorita .. y luego las medias con ligas. **b)** Goma o cinta elástica. | CSotelo *Resentido* 241: Se abre trabajosamente la guerrera y saca de la cartera, sujeta por una liga, el carnet.
2 Sustancia viscosa que se emplea para cazar pájaros y que gralm. se obtiene por cocción de muérdago o acebo. | Lama *Aves* 38: Los pajareros cogen con relativa facilidad, los días que van al campo, buen número de ejemplares por medio de liga. **b)** Muérdago (planta). | FQuer *Plantas med.* 136: Muérdago. (*Viscum album* L.) Sinonimia cast[ellana], .. liga.
3 Unión o coalición de perss. o grupos para un fin común. *Gralm con un adj o compl especificador.* | Tejedor *Arte* 114: También los comerciantes, como los artesanos, se agruparon en asociaciones, las Ligas o Hansas, para la mejor defensa de sus intereses. * Pertenece a la liga antialcohólica.
4 Mezcla (acción de mezclar). | *Tri* 26.6.71, 44: Las hojas pasan a una mezcladora, donde se efectúa una primera mezcla, y luego el tabaco se guarda en unos silos de mezcla donde se completa la liga de distintos tipos de hojas que dará la calidad y sabor del cigarrillo.
5 Competición deportiva por equipos en la que cada equipo participante ha de jugar con todos los demás. | *Abc* 1.12.70, 63: La situación de los maños es ya verdaderamente alarmante al comenzar el segundo tercio de la Liga [de fútbol].

ligación *f* (*raro*) Acción de ligar [2]. | Marín *Enseñanza* 288: Se considerarán como faltas las particiones y ligaciones indebidas de las palabras. Umbral *País* 11.1.83, 17: Cuando al conservatismo le falla la ligación ideológica, recurre siempre a la ligación fáctica.

ligado¹ -da *adj* **1** *part* → LIGAR.
2 (*Ling*) [Morfema] que no puede presentarse como palabra independiente. | RAdrados *Lingüística* 209: En lenguas aglutinantes como las uralo-altaicas la división entre morfemas libres y ligados es .. fácil de hacer.

ligado² *m* (*Mús*) Legato. | T. Rabanal *Hoy Extra* 12.69, 62: Presentó en el salón académico a la pianista Soon-Kin Wong, de una exquisitez donde se realzan los pianísimos ligados y las emocionales tonalidades.

ligador -ra *adj* Que liga [1]. *Tb n, referido a pers.* | P. GMartín *His* 5.85, 39: Producción y comercialización lanar. Esquileo .. Esquiladores. Pelambreros. Recibidores. Velloneros. Apiladores. Ligadores.

ligadura *f* **1** Acción de ligar [1 y 2]. *Tb su efecto.* | Castañeda *Grafopsicología* 37: También la ligadura entre las letras se hace más difícil en el zurdo. *País* 14.9.88, 26: Planificación familiar, vasectomías, ligadura de trompas.
2 Cosa que liga o sirve para ligar [1 y 2]. | Lera *Boda* 606: El árbol cayó, arañando el aire .. Margarito saltó presuroso a rematarle, y ya, con unos pocos golpes hábiles, cercenó las últimas ligaduras. Lera *Bochorno* 7: Al enfrentarse con la vida han de resolver su caso dentro de unas estrechísimas reglas de juego que, a veces, son ligaduras que hienden su carne y su espíritu.

ligamen *m* (*lit*) Ligadura. *En sent no material.* | R. GMarqués *Abc* 25.2.68, 48: Dinamarca sería Jutlandia y quedarían sin definir los intensos, profundos e imperecederos ligámenes de todo orden que con todos estos países tienen Islandia y Finlandia. Valls *Música* 34: Cada sonido es en cierto modo autónomo e independiente, y su ligamen interno con los restantes obedece más a razones de signo tímbrico que de orden rítmico.

ligamentario -ria *adj* (*Med*) De(l) ligamento. | B. Beltrán *Ya* 31.12.91, 7: El Rey tiene la ventaja de haber salido ileso en cuanto a los meniscos y a los otros elementos ligamentarios que establecen la unión entre el fémur y la tibia.

ligamento *m* **1** (*Anat*) Cordón fibroso que liga un hueso de una articulación, o mantiene en su posición un órgano. | Bustinza-Mascaró *Ciencias* 28: El tejido conjuntivo llamado membranoso forma las llamadas membranas serosas, y el llamado conjuntivo fibroso forma la trama principal de los tendones, ligamentos y aponeurosis.
2 (*Tex*) Modo de entrelazarse los hilos de la urdimbre y de la trama. *Frec con un adj o compl especificador.* | * Este tejido tiene ligamento simple, y aquel, ligamento de sarga.

ligamentoso -sa *adj* (*Anat*) De(l) ligamento [1]. | *Mar* 17.1.68, 12: España jugó sin Miguel Medina .. Una distensión ligamentosa en Saint-Gallen impuso su escayolamiento.

ligante *adj* Que liga [2a]. *Tb n m, referido a producto.* | Man. Rodríguez *SVoz* 11.11.90, 3: Unido a la resina, se utiliza como elemento ligante, para lo que se reduce a tamaños inferiores a las cuarenta micras. *Abc* 29.10.72, 12: Numerosas investigaciones condujeron al desarrollo de nuevas materias plásticas útiles como ligantes y conservadores en recubrimientos, taparoros e imprimaciones de consolidación.

ligar A *tr* **1** Atar o sujetar con cuerdas u otro objeto semejante. | Bustinza-Mascaró *Ciencias* 185: Es conveniente, mientras se acude al médico, ligar el miembro mordido, atándole fuertemente una cuerda o pañuelo. Goytisolo *Afueras* 153: Nap bajó a ligar las gavillas. *Anticonceptivo* 58: También se utiliza la vía vaginal para ligar las trompas. **b)** Atar o sujetar [una pers. (*cd*) a otra o a una cosa (*compl* A o CON)] con lazos o trabas morales o legales. *Frec el cd es refl. Tb sin compl.* | *Abc* 26.2.75, 68: Una carta del púgil Perico Fernández, .. cuyo contenido hace referencia, al parecer, a la rescisión del contrato de apoderamiento que le liga con Martín Miranda. Cela *Judíos* 29: Si el vagabundo no hubiera tenido el firme propósito de no ligarse a nada, se hubiera llevado a Sindo en su compañía. Goytisolo *Recuento* 247: Seguro que estás hecho un Tenorio y que lo último que te apetece es el matrimonio. Pues muy bien. Eres todavía muy joven para ligarte.

2 Unir o juntar. | Mingarro *Física* 33: Expresar la relación que liga ambas magnitudes. Castañeda *Grafopsicología* 70: Llama .. grado reducido de enlace cuando no se llega a unir o a ligar cuatro letras. *Naipes extranjeros* 5: Con el privilegio de poder ligar el as con la carta menor para hacer escalera. **b)** (*Coc*) Dar unidad y cohesión [a una salsa (*cd*)]. | *Cocina* 30: Modo de ligar las salsas. **c)** (*Dep, Taur*) Coordinar los movimientos de manera que se logre [un lance o jugada (*cd*)]. | G. García *As* 7.12.70, 3: En una de esas jugadas rojiblancas, perfectamente ligadas desde atrás, llegó el primer gol del encuentro. J. Vidal *País* 4.6.77, 42: La gran nobleza de los novillos permitía a los toreros componer la figura y ligar pases. **d)** (*Naipes*) Reunir las cartas precisas [para una jugada (*cd*)]. *Frec abs*. | *Naipes extranjeros* 24: Probabilidad matemática de ligar una jugada en el descarte. Paso *Isabel* 236: Esto se pone bien; ya era hora de que ligáramos. Un "full". **e)** (*Naipes*) Formar [una carta (*suj*)] con otras [una determinada combinación]. | *Naipes extranjeros* 39: A un jugador puede no convenirle tomar los descartes que haya sobre la mesa por no ligar combinaciones con las cartas de su mano. *Naipes extranjeros* 63: El jugador siguiente deberá tomar el pozo forzosamente si la carta superior liga juego con las suyas expuestas.

3 (*col*) Trabar [conversación]. | *Caso* 14.11.70, 11: A estas [a las niñas] las sigue y trata de ligar conversación con ellas. **b)** Trabar conversación [con una pers. desconocida (*cd*)] con intención de iniciar una relación sexual. | Carandell *Tri* 8.8.70, 14: Llega con dos inglesas, a las que ya consiguió "ligar" en la sala de Velázquez, y rumbosamente las convida. Carandell *Madrid* 110: Se dice, por ejemplo, "aquí hay ligue", para expresar que las mujeres a las cuales uno se dirige pueden ser ligadas si se actúa de la forma adecuada. **c)** Conquistar sexualmente [a una pers.]. | GPavón *Hermanas* 36: Todavía está buena la María de los Remedios. A ver si la ligas, macho.

4 (*jerg*) Coger. *Tb con compl refl de interés*. | Oliver *Relatos* 110: Ligó la escopeta y fue por el pringado, que encima estaba en casa de su novia la guapa. ASantos *Estanquera* 66: Ligamos el primer cochazo que pillamos .., y hale, ¡carretera! Oliver *Relatos* 102: Cada cual se liga lo que puede según las ocasiones. Oliver *Relatos* 117: El falló el golpe, pero no el de la hoz, que le dio en un hombro y le cortó hasta el hueso. Si le liga el cuello se queda sin cabeza. Tomás *Orilla* 47: ¿Y si te ligan los de la pasma? **b)** Adquirir u obtener. | Tomás *Orilla* 15: –¿Cómo estás de costo? .. –Solo os puedo hacer un kilo .. Os lo paso igual que lo he ligado yo. *Int* 25.8.82, 96: Nosotros no estamos en el negocio de la mierda (hashish) .., pero podemos echar un cablecito si el que va a ligarla nos suelta veinte pavos.

5 ~la. *En juegos infantiles*: Quedarse. | Ca. Llorca *SPaís* 31.5.81, 52: El que la ligaba se agachaba y había que saltar por encima de él. [*En pídola*.]

B *intr* **6** Unirse o juntarse. | *Naipes extranjeros* 10: El as puede ligar con la carta de valor mínimo que se emplee para hacer Escalera Mínima de Color. **b)** (*Coc*) Tomar unidad y cohesión [una salsa]. | Mayte *Sáb* 3.12.66, 44: Se pone otra vez al fuego y se le añade la nata líquida; todo que hierva durante diez minutos, moviéndolo con una varilla hasta que ligue la salsa.

7 Armonizar [una cosa con otra]. *Tb sin compl, con suj pl.* | Vega *Cocina* 13: Un plato de alubias con butifarra no liga con el salmón.

8 (*col*) Trabar conversación [con una pers. desconocida] con intención de iniciar una relación sexual. *Tb sin compl, frec con suj pl. Tb fig.* | Laiglesia *Fulana* 43: Andaba yo "wiskeando" más de la cuenta para matar el gusanillo del recuerdo, cuando ligué con un señor de Orense que había venido a Madrid a pedir algo en un ministerio. **b)** Iniciar una relación sexual [con una pers. desconocida]. *Tb sin compl. Tb fig.* | Cela *Escenas* 220: ¡Hay que ver la jumera que ha enganchado el don Esteban! ¡Qué horror, qué cosas dice! En fin, ¡si mi Paquita ligase! .. ¡Ay, si mi Paquita fuese un poco más lista! FSantos *Catedrales* 178: Si hay luna, se ve el techo caído a medias y los murciélagos que van y vienen persiguiéndose, buscando también ligar como cada bicho viviente.

9 (*reg*) Desprender la flor [una planta] y empezar a mostrar el fruto. | *DNa* 15.7.66, 6: Nos ratificamos respecto del buen síntoma que presenta el olivar, ya ha "ligado", y se ve muchísimo fruto en perspectiva.

ligarza *f* (*reg*) Atado de papeles o cosas semejantes. | Alvar *España* 91 (G): Los papeles sueltos en nuestros archivos se unían con cuerdas, y los llamábamos y los llamamos ligarzas.

ligaterna *f* (*reg*) Lagartija. | L. Diego *Ya* 22.8.86, 5: En Burgos, la tierra de mi suegra, llaman "ligaternas" a las lagartijas.

ligazón **I** *f* **1** Acción de ligar [1 y 2]. *Tb su efecto*. | Conde *MHi* 6.60, 51: Nos llegó la noticia de la quizá excesiva ligazón de Delmira con su madre. V. Zabala *Abc* 18.5.75, 87: Cortó la oreja de su primer toro por el buen sentido de las distancias y de la ligazón de los pases. GNuño *Escultura* 75: Elementos componentes de un orden arquitectónico sin posible ligazón con el clasicismo mediterráneo.

II *loc adj* **2 de ~.** (*Mar*) *En un buque*: [Pieza] de construcción, esp. la del esqueleto y el costillaje. | Guillén *Lenguaje* 43: Los buques siguieron construyéndose siguiendo la fábrica transversal tradicional .., y las distintas piezas de cuenta y ligazón cambiaron de materia, pero no de nombre.

ligeramente *adv* De manera ligera [2, 6, 7, 8a y 9]. | E. GPesquera *Fam* 15.11.70, 4: Se impone en buen "sentir" cristiano el no juzgar ligeramente a nadie.

ligereza *f* **1** Cualidad de ligero. | Laiglesia *Tachado* 262: Las cunetas se fueron llenando de pertrechos bélicos que los soldados abandonaban para huir con más ligereza. Laforet *Mujer* 326: La ligereza del ambiente, las canciones dulces y apasionadas .., todo la fue llevando a un estado de euforia.

2 Hecho o dicho irreflexivo. | Carrero *Pue* 22.12.70, 7: No parece probable [una guerra], pero sería peligrosa ligereza el asegurar, terminantemente, que no.

ligero -ra **I** *adj* **1** Poco pesado. | *VozC* 2.6.70, 2: A continuación pasaron .. grupos antiaéreos, ligeros y pesados. Marcos-Martínez *Física* 77: Los globos constan de una cubierta de tafetán .. en cuyo interior se ha introducido un gas más ligero que el aire. **b)** Que está, o da la impresión de estar, poco cargado. *Gralm con un compl especificador*. | *DBu* 21.8.91, 22: Ángel Urrez también quiso probar fortuna en la "capital". Ligero de equipaje viajó hasta Barcelona. J. Berlanga *Abc* 8.10.93, 89: Los dinosau[ri]os querían zamparse a Raquel Welch o parecidas señoritas lozanas ligeras de ropa. Delibes *Cinco horas* 67: "Evaristo me está pintando un retrato", y yo, horrorizada, "¿desnuda?", y ella, "no, mujer, ligerita, aunque a él le gustaría más del todo". **c)** (*Dep, esp Boxeo*) [Peso] cuyo límite superior es de 61,2 kg. *Tb referido al deportista de ese peso; en este caso, frec como n m en pl.* | *DVa* 15.3.75, 18: La selección de Guipúzcoa [de halterofilia] estará formada por Manuel Grijalba en el peso mosca ..; Luciano Echevarría, ligero. *Inf* 26.6.70, 1: Miguel Velázquez, titular de los ligeros, defiende su cetro ante el aspirante oficial. *Ya* 17.12.86, 47: Full-contact: .. Tomás Pinel, medalla de bronce peso ligero (menos de 63,5 kilos).

2 Que se mueve o actúa con rapidez y soltura. | * Es muy ligera cosiendo, caminando y haciendo punto. **b)** [Paso] rápido. | C. Rica *DíaCu* 9.9.84, 2: Aconsejo la guía de perplejos, de Maimónides. Perplejo transeúnte y sin pecado, de ligero paso, nómada y trotamundos. **c)** (*Mil*) [Paso] rápido que se realiza corriendo. | * Los soldados desfilaron a paso

light – ligue

ligero. **d)** (*Mil*) [Infantería] que actúa preferentemente en guerrillas, avanzadas y descubiertas. | Tovar-Blázquez *Hispania* 56: Los indígenas repelieron talas y saqueos, y se refugiaron en su ciudad. Luego, en batalla en campo abierto, luchando como infantería ligera, colocaron a Lúculo en una situación apurada.
3 Delgado o poco espeso. | Laforet *Mujer* 12: Ella sentía la fuerza de su mano cuadrada pasando la tela ligera de su traje de verano. **b)** Poco denso o poco concentrado. *Tb fig*. | CBaroja *Inquisidor* 16: Disponemos también de algunos libros densos .. y otros más ligeros en que podemos estudiar los procedimientos y las vicisitudes del tremendo tribunal.
4 [Alimento] que se digiere pronto y con facilidad. | * Según él la fabada es un alimento ligero.
5 [Vino] de baja graduación alcohólica. | Delgado *Vino* 21: Los hay [vinos] para todos los gustos, desde los dulces, olorosos, a los secos, afrutados, con deliciosa aguja, viriles, ácidos, claretes, rosados, ligeros, redondos, etc.
6 De poca importancia o trascendencia. | *Mad* 18.11.70, 4: Se han producido algunos ligeros incidentes. Olmo *Golfos* 107: Ni una sonrisa, ni un ligero ademán surgió de aquel señor.
7 Poco intenso. | *Van* 4.2.77, 24: Con cielos prácticamente cubiertos por todas las regiones, se desprendieron ligeras lloviznas o lluvias en numerosos puntos de la mitad occidental. Cela *Judíos* 31: El vagabundo, a la ligera luz de la mañana que nace, .. deshoja la margarita incierta de las cábalas. * Tiene un sueño muy ligero.
8 Poco serio o poco profundo. | *MHi* 7.69, 21: María Luisa Merlo ha hecho teatro y cine ligeros, incluso comedia musical. **b)** [Música] alegre y fácil de asimilar para la pers. no cultivada musicalmente. | RÁngel *Música* 51: La música llamada ligera, o de entretenimiento, continúa por el camino de la música tonal.
9 Irreflexivo. | *Economía* 337: Tened en cuenta que estáis en una edad encantadora. Todo el mundo se fija en vosotras ..; así que vuestras actitudes ligeras, o llamativas, o atrevidas, os pueden acarrear mala fama.
10 [Mujer] fácil o de costumbres libres en asuntos amorosos. *Tb* LIGERA DE CASCOS. | Payno *Curso* 85: Marian era una muchacha vehemente, de largo pelo rubio a lo B. B., que entre el profesorado tenía fama de insolente. Y entre los chicos del colegio cercano, de ligera. MGaite *Cuarto* 125: Las locas, las frescas y las ligeras de cascos andaban bordeando la frontera de la transgresión. SRobles *Pról. Teatro 1969* XXIII: Mary .., por azares de la situación, ha de pasar por mujer muy ligera de cascos.
11 (*Mús*) [Voz o cantante] que se mueve con soltura en los registros agudos. | FCid *Ópera* 42: En la pareja amorosa centra su inspiración el músico, desde la salida de la doncella .. hasta la escena última, .. pasando por .. toda la escena de la locura, piedra de toque para sopranos ligeras. Cossío *Confesiones* 81: En aquella temporada de ópera había un tiple ligera .. que era muy guapa.
II *adv* **12** Deprisa. | * Por favor, ligero, que tengo mucha prisa.
13 a la ligera. De manera irreflexiva. | Gonzalo *Cod* 2.2.64, 16: Sospecho que he actuado un poco a la ligera .. No he debido hacer de pronto esta ostentación. **b)** De manera superficial o poco atenta. | * Lo he leído, pero a la ligera; apenas recuerdo de qué trata.

light (ing; pronunc corriente, /lait/) **I** *adj invar* **1** [Bebida o alimento] preparados con una proporción reducida de algunos de sus componentes habituales (grasas, azúcar, alcohol, etc.) que podrían ser perjudiciales para la salud o el estado físico de los consumidores. | *Ya* 7.12.85, 23: Del vino tinto a la coca-light. *Ya* 7.12.85, 24: En principio, los productos "light" no presentan ningún inconveniente, lo único que varía del producto original al "light" es el sabor. VMontalbán *Delantero* 16: Le haré unos *farcellets* de cap-i-pota con trufa y gamba. No se preocupe. Se lo haré lig[ht]. [*En el texto*, ligth.] **b)** [Cosa] arreglada de manera que sus características propias están atenuadas o desvirtuadas a fin de evitar el peligro o daño para determinadas personas. | AMillán *Damas* 25: Toma, Ana, americano, fresquísimo, light. (Le da el tabaco.) *Lan* 11.2.92, 15: El grupo socialista en el Ayuntamiento de Bolaños presentará en el próximo pleno una moción para que se instale en la localidad una discoteca "light". Estos establecimientos están concebidos como locales en los que los menores de dieciséis años puedan escuchar música y bailar con sus amigos consumiendo únicamente bebidas sin alcohol. **c)** (*humoríst*) [Pers. o cosa] desprovista de gran parte de las características que debería tener. | *Umbral Gente* 54: Yo era un revolucionario lig[ht]. [*En el texto*, ligth.] *Ya* 26.7.86, 1: Socialismo "light". *Ya* 2.12.86, 60: Mark Phillips vino a Madrid para dar un curso "light" a jinetes. J. MReverte *Ya* 27.9.90, 16: Los chicos *light* del posmodernismo ya no podrán .. pasear en lujosos automóviles.
II *m* **2** Conjunto de alimentos y bebidas light [1a]. | L. López *Ya* 7.12.85, 24: Lo que sirvió para alargar la existencia hoy puede reducirla, y por instinto de conservación, la gente se va al light para vivir más tiempo.

ligio *adj* (*hist*) [Feudo] en que el feudatario está ligado a su señor por una fidelidad absoluta. | L. Calvo *Abc* 2.1.72, 17: El pueblo, los humildes súbditos de los príncipes, seguirán rozándoles a la yema de los dedos sus zapatos, mirándoles como naturalezas sagradas y rindiéndoles el f[eu]do ligio con sacrificio anual de animales en su homenaje.

lignario -ria *adj* (*lit o E*) De (la) madera. | Angulo *Arte* 1, 6: A veces es la casi totalidad de la estructura lignaria la que se traduce a la piedra. Palacios *Juicio* 286: Es el mismo criterio que nos hace en castellano llamar "carpintería metálica" a estructuras que otrora eran exclusivamente lignarias.

lignificación *f* (*Bot*) Hecho de lignificarse. | Alvarado *Botánica* 17: En el espino albar y muchas otras plantas, ciertos brotes se convierten en espinas por aborto de las hojas y agudizamiento y lignificación de la parte caulinar.

lignificarse *intr pr* (*Bot*) Endurecerse [las membranas, células o tejidos vegetales] por efecto de la lignina. | Bustinza-Mascaró *Ciencias* 230: El tejido escleroso está formado por células pequeñas, .. cuyas paredes se lignifican y endurecen y acaban por morir.

lignina *f* (*Bot*) Sustancia orgánica de naturaleza compleja que impregna los tejidos vegetales y los convierte en madera. | Bustinza-Mascaró *Ciencias* 227: La pared celulósica puede también .. impregnarse de lignina (lignificación), endureciéndose así la célula y los tejidos.

lignito *m* Carbón fósil, compacto y de color negro o pardo, que frec. conserva la textura de la madera de que procede. | Ortega-Roig *País* 96: El carbón más antiguo .. se llama antracita. Más modernos son la hulla, el lignito y la turba.

lignosa *f* (*Bot*) Conjunto de las plantas de naturaleza leñosa o arbórea. | Artero *Plantas* 121: Modernamente se establecen [en los vegetales] tres grupos denominados lignosa, herbosa y deserta, que atienden a su naturaleza leñosa o arbórea, herbácea o arbustiva y de mínima talla o inexistente .. La lignosa [encaja] con todos los tipos de bosques y aun de matorral descritos.

lígnum *m* (*col*) Lignum crucis. | Goytisolo *Recuento* 306: A la pobrecita se le va la cabeza, fíjate tú que se ve que Ramona le ha preguntado si quería el lígnum y ella le ha dicho no entiendo .., con la devoción que tiene a esta reliquia.

lignum crucis (*lat; pronunc corriente*, /lígnum-krúθis/) *m* Reliquia de la cruz de Jesucristo. | *Santander* 63: Descuella en el monasterio de Santo Toribio, de Liébana, donde se guarda el *lignum crucis* traído a España por Santo Toribio, obispo de Astorga.

ligón -na *adj* (*col*) **1** [Pers.] que liga [8] mucho y con facilidad. *Frec n. Referido a mujer, gralm con intención peyorativa*. | GSerrano *Macuto* 361: –¿Tú un ligón? –le replicaban a un presumido–. Un piernas, y gracias. Umbral *Tri* 30.3.68, 28: El donjuán callejero, que hoy llamamos "ligón", todavía ejerce por las esquinas.
2 [Cosa] que facilita el ligue [1]. | Carandell *Madrid* 110: Se dice .. que la pipa es muy ligona, en el sentido de que fumar en pipa da la oportunidad de entablar conversación con la vecina, en la cafetería o en el tren.

ligroína *f* (*Quím*) Fracción del petróleo que destila entre 120 y 130 °C. | Marcos-Martínez *Física* 298: Aceites medios (petróleo de arder, ligroína) empleados como combustibles.

ligue *m* (*col*) **1** Acción de ligar [3 y 8]. | Carandell *Madrid* 111: El ligue de soldado y de tata, los domingos, es

una reproducción, alrededor del Estanque del Retiro, de las carreras que las dan a las mozas en las eras.
2 Relación sexual más o menos estable. | SSolís *Jardín* 76: Empezaba a hacer agua nuestro ligue. Yo, una vez más, veía, impotente, disolverse mi unión con un compañero.
3 Pers. con la que se ha ligado [8], o con la que se tiene un ligue [2]. | Umbral *Españolas* 115: No se podía llevar a casa señoritas de la vida, cabecitas locas ni ligues de ocasión.

liguero -ra I *adj* **1** De (la) liga [5]. | R. Sánchez *As* 14.12.70, 5: Pretende que el Barcelona se alce con el título liguero.
II *m* **2** Prenda interior femenina consistente en una tira estrecha que se ajusta a las caderas y de la que penden cuatro bandas elásticas para sujetar las medias. *Tb cada una de estas bandas, que frec van unidas a la faja*. | MSantos *Tiempo* 151: Aquellos ligueros pudorosamente rosados y nunca –a su edad– lúbricamente negros. * Le he quitado los ligueros a la faja porque me rompían todas las medias.

liguilla *f (Dep)* Torneo semejante a la liga [5], que se juega entre un número reducido de equipos. | P. DSamino *Hoy* 12.3.78, 13: El C.P. Jaraíz está preparándose para tomar parte en la liguilla de promoción de ascenso a Regional Preferente.

lígula *f (Bot)* Lengüeta membranosa de la parte superior de las hojas de las gramíneas. | Alvarado *Botánica* 18: Algunas hojas llevan en la cara superior de la base del limbo un prolongamiento laminoso llamado lígula; tal ocurre en el trigo y demás gramíneas.

ligur *adj* **1** De Liguria (región de Italia). *Tb n, referido a pers*. | Ya 10.10.70, 6: Los temporales que anteayer y ayer se abatieron sobre la costa ligur y su capital, Génova. J. Manzano *SYa* 15.5.77, 15: El ligur buscaba en esta ocasión el Cipango.
2 *(hist)* [Individuo] del pueblo que hacia el s. VI a.C. se estableció en el sudeste de Galia y noroeste de Italia. *Tb n*. | Tovar-Blázquez *Hispania* 43: En 198, uno de los pretores designados para España dio en una emboscada de los ligures en su viaje a través del sur de Francia.
3 De los ligures [1 y 2]. | Lapesa *HLengua* 15: Otros [nombres] .. tienen analogías no solo en el dominio ligur, sino también en el antiguo de los ilirios.
4 De la lengua de los ligures [2]. | Lapesa *HLengua* 15: Aunque no exclusivo, es característicamente ligur el sufijo -*asco*.

ligustre *m (raro)* Aligustre (planta). | Mayor-Díaz *Flora* 566: *Ligustrum vulgare* L. "Aligustre", "Ligustre", "Ligustro".

ligustro *m (raro)* Aligustre (planta). | Mayor-Díaz *Flora* 566: *Ligustrum vulgare* L. "Aligustre", "Ligustre", "Ligustro".

liillo *m (reg)* Cigarrillo hecho a mano. | Acquaroni *Abc* 4.10.70, 13: Aquellos primeros mataquintos nuestros –"liillos" los llamaban por Andalucía–.

lija *f* **1** Papel con polvo o granos de vidrio o esmeril adheridos, que sirve para pulir. *Tb* PAPEL DE ~. *Frec se emplea como término de comparación para ponderar la dureza o aspereza*. | GTelefónica *N.* 2: Abrasivos Hervás .. Abrillantadores. Lijas. Bujardas. Maquinarias, etc. J. M. Moreiro *Abc* 30.3.71, 11: Estamos a las puertas, siempre abiertas, de esa tierra blanquecina y dura como un pliego de papel de lija.
b) *A veces se da este n a ciertos objetos ásperos que sirven para pulir*. | Ybarra-Cabetas *Ciencias* 364: Su piel [de la pintarroja] se utiliza como lija.
2 Pintarroja (pez). | Legorburu-Barrutia *Ciencias* 186: Elasmobranquios son: la lija, raya, pez sierra, pez martillo, etc.

lijado *m* Acción de lijar. | GTelefónica *N.* 18: Lijado y barnizado de pavimentos entarimados.

lijador -ra *adj* Que lija. *Tb n: m y f, referido a pers; f, referido a máquina*. | *Abc* 24.8.66, 54: Alpe, S.A. precisa especialistas pulidores de banda .. y especialistas lijadores de agua. *Ade* 8.4.91, 34: Motocultores. Sulfatadoras. Taladros. Desbarbadoras. Lijadoras AEG.

lijar *tr* Pulir [algo] con lija [1]. *Tb abs*. | *Hacerlo* 80: Siempre es necesario lijar .. Se coge el papel de lija con la mano, si se trata de lijar objetos pequeños o sinuosos.

lijoso -sa *adj* Áspero. *Tb fig*. | GHortelano *Momento* 421: La hierba, más que reseca, estaba lijosa. Antolín *Gata* 63: Venga a prepararse ponches con coñac, ya veremos quién lleva las de ganar, desafiaba al resfriado con voz lijosa.

lila[1] **I** *f* **1** Arbusto ornamental de hojas ovales y flores pequeñas, perfumadas, de color morado claro característico, rosadas o blancas, en grandes racimos cónicos (*Syringa vulgaris*). *Frec su flor. Más frec en pl*. | B. Amo *Gar* 6.10.62, 56: Miraba con el rabillo del ojo el prado verde y húmedo, los setos de azaleas, las lilas gigantescas.
II *adj* **2** [Color] morado claro propio de las lilas [1]. *Tb n m*. | Goytisolo *Recuento* 636: Azules aguas amarillas, rojos cielos azules, verdes rosados, violetas y lilas y añiles y malvas anaranjados. **b)** De color lila. | GPavón *Hermanas* 45: Nadie volvería .. a ponerse los camisones de dormir con florecillas lila.

lila[2] **I** *adj* **1** *(col)* Tonto o memo. *Tb n*. | Olmo *Golfos* 114: –¡Hay que ver en qué cosas te fijas, Berto! –exclamó la Niña. –¡Anda, el lila este! ¡En ti me voy a fijar!
II *m* **2** *(jerg)* Hombre homosexual. *Tb adj*. | GPavón *Hermanas* 27: "Ni dicho, ni leches –volvió a replicar el zapirón–, que yo todavía triunfo, por estas." Y se dio una manotada en la nalga. "No me lo señales, que ya sé por dónde triunfas tú, ay lila", rezongó el Faraón.

liliáceo -a *adj (Bot)* [Planta] herbácea o leñosa, con órganos de reserva subterráneos y flores gralm. vistosas, de la familia del ajo, la azucena o el tulipán. *Frec como n f en pl, designando este taxón botánico*. | GCabezón *Orotava* 17: Drago de Madagascar .. Liliácea. Escobar *Itinerarios* 58: Resulta preferible el uso y hasta el abuso de este bulbo liliáceo [el ajo], de indiscutibles propiedades medicinales. Bustinza-Mascaró *Ciencias* 267: El tulipán pertenece a la familia llamada de las Liliáceas, a la cual también pertenecen el jacinto, la azucena.

lilial *adj (lit)* **1** Semejante al lirio por su blancura. *Tb fig, aludiendo a la pureza*. | Umbral *Mortal* 18: Los seres blancos nos conservamos virginales y liliales después de todas las aberraciones.
2 *(hist, desp)* [Poeta] modernista. | Ridruejo *Memorias* 49: La segunda, Margarita, escribía poemas, era lilial y fue una de las varias adolescentes de las que estuvo enamorado Juan Ramón Jiménez.

liliputiense *adj (lit)* Enano o sumamente pequeño. *Tb n, referido a pers. Tb fig*. | DCañabate *Andanzas* 221: Era un hombre de gran altura física y no tanta intelectual .. Miraba y actuaba desde sus dos metros de altura como si despreciara a una humanidad para él liliputiense. *Abc* 14.5.67, 15: Una Barcelona reproducida a escala graciosa. La fuente de Canaletas liliputiense. J. CCavanillas *Abc* 18.6.58, 32: El Goliat democristiano se pone a la merced y pide limosna a dos liliputienses, uno más alto y otro bajísimo: al marxista pálido de Saragat con sus 23 diputados y al anticlerical republicano con sus 5 diputados.

lillero -ra *adj* De Lillo (Toledo). *Tb n, referido a pers*. | A. Chaves *VozT* 27.1.82, 27: Los lilleros prometieron a San Sebastián que, si cesaba dicha peste, todos los años honrarían su fiesta.

lilo *m (reg)* Lila[1] (arbusto). | Loriente *Plantas* 62: *Syringa vulgaris* L., "Lilo". Muy frecuente como ornamental.

lima[1] **I** *f* **1** Herramienta consistente en una barra o tira de acero con la superficie estriada o granulada, que sirve para desgastar y pulir superficies. | Laforet *Mujer* 232: Bajo el rayo de sol, los útiles de trabajo .. Las limas, las tijeras. **b)** Utensilio de metal o de papel de lija y de forma alargada, que sirve para desgastar las uñas o las durezas de la piel. | FReguera-March *Boda* 53: Frascos con tapa de níquel, elegantes cepillos de celuloide, lima, tijeras, limpiaúñas. VMontalbán *Mares* 131: Tiritas, agua oxigenada, alcohol, una lima de callos.
II *loc v* **2 ser** [alguien] **una ~**, *o* **comer como una ~**. *(col)* Ser voraz o comer mucho, esp. de manera habitual. | Diosdado *Anillos* 2, 89: Hija, eres una lima, qué saque tienes. Ferres-LSalinas *Hurdes* 52: Palomares come como una lima.

lima – límico

lima² *f* Acción de limar. *Tb fig*. | E. Marco *MHi* 10.60, 50: Un grupo de muchachos y muchachas están dedicados a distintas tareas de soldadura y lima; son las prácticas de taller mecánico de primer curso. Lázaro *Crónica* 63: Se inventa otro procedimiento: que vuelvan las combinaciones a sus redactores, que las trabajen algo más, procurando la uniformidad acordada, y que sean traídas después a las juntas para darles la última lima.

lima³ *f* Árbol que produce un fruto semejante a la naranja, algo aplanado, de piel lisa y amarilla y jugo ácido (*Citrus limetta* y *C. medica*). *Frec su fruto y el aceite aromático que se extrae de su corteza*. | F. Presa *MHi* 2.64, 45: Hay muchos frutales .., cuya explotación habría de ser tan beneficiosa como ahora resulta la de naranjos, limoneros, limas y toronjas. GMacías *Hoy Extra* 12.75, 23: Por lo que concierne a los postres, incluyamos .. higos, limas, naranjas. Cunqueiro *Un hombre* 196: Para Alcántara se perfumaba con lima y para mí con orégano macho.

lima⁴ *f* (*Constr*) Pieza convexa o cóncava que se coloca en el ángulo diedro que forman dos vertientes de una cubierta, para desviar hacia los lados el agua de lluvia o para canalizarla. *Tb el mismo ángulo*. | Angulo *Arte* 1, 475: Las principales novedades [de la arquitectura mudéjar] se refieren a que se duplican los tirantes, que descansan en canes, a los tirantes de ángulo y a la lima o bordón, pieza importante de la armadura que forma la esquina o arista de los paños o faldones contiguos donde apoyan las alfardas menores o péndolas. *VozC* 5.1.55, 5: Las aguas pluviales se recogerán en la parte baja de las cubiertas, por medio de canalones, limas y tuberías de bajada.

lima⁵ *f* (*jerg*) Camisa. | *Ya* 3.2.90, 11: Han dado un relieve muy importante a nuestro casticismo madrileño .. La camisa de popelín es la lima.

limaco *m* Babosa (molusco). | Cela *Pirineo* 185: Sobre el camino, el lento escuadrón de los limacos agradecidos a la humedad despliega su mansa y lenta y confiada guerrilla.

limador -ra *adj* Que lima. *Tb n, m y f, referido a pers o a máquina*. | *VozE* 28.8.74, 16: Se precisan operarios. Fresistas-limadores y para torno revólver. Chamorro *Sin raíces* 160: Fue un componedor, un arreglador, un hombre bueno, un limador de asperezas. *GTelefónica N.* 640: Otero Tremoya, G. Máquinas. Herramientas .. Tornos cilíndricos. Taladros. Limadores. *Abc* 18.4.58, 50: Limadoras para entrega inmediata. Maquinaria Icopsa.

limadura *f* **1** Acción de limar. | E. Tijeras *Abc* 29.11.70, 7: El proceso de la masificación y la limadura de la personalidad individual se alcanza a ver, en principio, desde la perspectiva de la publicidad.
2 Partícula desprendida de una materia al limarla. *Gralm en pl*. | Laforet *Mujer* 232: Acababa de limpiar polvo de plata con un imán y estaba sacudiendo las limaduras de hierro y acero.

limahoya *f* (*Constr*) Lima⁴ cóncava, que dirige el agua de lluvia por el ángulo que forma. *Tb la depresión similar del suelo*. | *VozC* 6.1.55, 3: Las cuadras de caballerías, vacas, cabras, etc., tendrán sus muros impermeabilizados hasta dos metros por encima del suelo. Este estará igualmente impermeabilizado y dispuesto con pendientes y limahoyas que faciliten la limpieza y evacuación de los líquidos a la alcantarilla.

limar *tr* **1** Desgastar o pulir [algo] con la lima¹. *Tb abs*. | J. F. Álvarez *Nar* 6.77, 29: No queda más que "acepillar" el trillo para limar las diferencias y los desajustes entre los tablones. | Armenteras *Epistolario* 9: Debió .. emplear la boca para menesteres como los de limar y cortar.
2 (*lit*) Moderar o reducir. | *Sp* 19.4.70, 35: Liberales y conservadores limaban sus diferencias. FQuintana-Velarde *Política* 221: La competencia lima, a largo plazo, los beneficios y obliga al empresario a producir al menor coste posible.
3 (*lit*) Pulir o perfeccionar [a alguien o algo]. | Laforet *Mujer* 48: Limaba el gusto un poco torpe de Paulina.

limaza *f* Babosa (molusco). | Cela *Oficio* 44: Siete limazas de jardín.

limbar *adj* (*Bot*) De(l) limbo² [1]. | Bustinza-Mascaró *Ciencias* 240: Las nerviaciones. Son hacecillos de vasos libero-leñosos que recorren toda la superficie limbar.

límbico -ca *adj* (*Anat*) [Sistema] constituido por un grupo de estructuras del cerebro, entre ellas el hipotálamo y la hipófisis, que regula la vida emocional. | Rábade-Benavente *Filosofía* 43: En el cerebro anterior, aparte del neocórtex .., hay que destacar otras dos estructuras fundamentales: el tálamo y el sistema límbico.

limbo¹ I *m* **1** (*Rel crist*) Lugar al que van las almas de los niños no bautizados. *Tb ~ DE LOS NIÑOS*. | SLuis *Doctrina* 62: Limbo es el lugar o estado al que van las almas que mueren solo con el pecado original. **b) ~ de los justos.** Lugar al que iban las almas de los justos antes de la Redención. | * Al morir Adán y Eva fueron al limbo de los justos.
2 (*lit*) Lugar apartado o aislado, ajeno al resto del mundo. *Tb en sent no físico*. | Umbral *Ninfas* 77: Yo tenía a aquellos poetas y escritores del Círculo Académico .. situados en un limbo de luz y versos, de patios y cultura. Ortega *Americanos* 38: El profesor napoleónico .. es como un dios en una especie de limbo en que no puedan entrar jamás los estudiantes. Campmany *Abc* 24.9.83, 17: Habría que buscar urgentemente para don Adolfo Suárez un escaño especial en el limbo parlamentario. Torres *Ceguera* 32: Diana, llegada a la conclusión de que era difícilmente reciclable, la dejó caer de nuevo en el limbo de las no concienciadas.
II *loc adv* **3 en el ~.** (*col*) Fuera de la realidad o sin enterarse de lo que sucede. *Frec con los vs ESTAR o VIVIR*. | Gironella *SAbc* 22.2.70, 8: Estoy dispuesto a rectificar si alguien me demuestra que vivo en el limbo.

limbo² *m* **1** (*Bot*) Parte ensanchada de la hoja. | Ybarra-Cabetas *Ciencias* 259: Si las hojas poseen un solo limbo en cada peciolo, se llaman sencillas, y si poseen varios, compuestas.
2 (*Astron*) Borde exterior del disco [de un astro]. | *Anuario Observatorio* 1967 84: P, ángulo de posición del extremo norte del eje del Sol, contando desde el punto norte del limbo solar y en el sentido N.-E.-S.-W.
3 (*E*) Corona circular graduada que forma parte de un aparato. | Mingarro *Física* 16: Se tiene un limbo dividido en cuartos de grado centesimal; el aparato en el que va instalado debe apreciar ángulos de 50 segundos centesimales. Marcos-Martínez *Física* 50: La cruz [de la balanza] lleva también solidaria una aguja, llamada fiel, que marca en un limbo graduado la inclinación mayor o menor de los brazos.

limbo³ *m* Danza acrobática antillana que consiste en pasar, con el cuerpo doblado hacia atrás, por debajo de un palo horizontal cuya altura se va reduciendo a cada nueva pasada. | *Sur* 17.8.89, 6: Gran noche caribeña con Bacardí. Concursos y bailes de limbo y salsa.

limburgués -sa *adj* **1** De la región de Limburgo (hoy provincias de los Países Bajos y Bélgica). *Tb n, referido a pers*. | Onieva *Prado* 158: Pedro Brueghel, llamado también el Viejo. Según unos autores nació en Brögel limburgués, año de 1525.
2 [Queso] blanco duro, de sabor y olor muy fuertes, propio de la región de Limburgo. | *SYa* 15.7.89, 7: La profesora de investigación de la Universidad de Miami Patricia Mertz está decidida a rescatar al mundo de los pies que huelen a queso limburgués.

limense *adj* (*lit, raro*) Limeño. *Tb n*. | Tovar *Español* 512: La ejecución del canon limense sobre la instrucción de los indios en la fe en sus propias lenguas provocó algunas obras más.

limeño -ña *adj* De Lima. *Tb n, referido a pers*. | Lapesa *HLengua* 362: Cuando el limeño don Pedro de Peralta Barnuevo acentuaba así en los versos de su *Rodoguna*, tales dislocaciones no disonarían grandemente del lenguaje culto de la metrópoli.

limes *m* (*hist*) Límite o frontera del Imperio Romano, esp. al norte de Europa. | Fernández-Llorens *Occidente* 84: A partir del año 405, los pueblos germánicos de más allá del *limes* (Rhin, Danubio) iniciaron masivas emigraciones que les llevaron a ocupar grandes zonas del Imperio Romano.

límico -ca *adj* De la comarca de Limia o del pueblo Ginzo de Limia (Orense). *Tb n, referido a pers*. | A. Iniesta *Ya* 1.9.74, 16: Las fecundas y bellas tierras de la Limia baja, al sur de la provincia de Orense, figuran por derecho propio en las páginas de tiempos lejanos ... Los actos [de la fiesta], recogiendo amplios datos que publicó el entusiasta límico don Antonio Nieto Oliva .., mantienen diversos "tempos". A. Nieto *RegO* 21.7.64, 15: Ginzo de Limia .. La riqueza agropecuaria de esta zona límica .. es uno de los mayores ingresos de la hacienda municipal.

limícola *adj* (*Zool*) Que vive en el limo. *Frec como n f en pl, designando una familia de aves.* | J. A. Fernández *SAbc* 2.2.69, 49: La abigarrada multitud de jóvenes anátidas y limícolas es diezmada sin piedad por rapaces y garzas que también necesitan alimento para su prole.

limícolo *m* (*Zool*) Limícola (ave). | Noval *Fauna* 117: Durante muchos años he realizado una continua observación sobre los limícolos que entran en la ría de Villaviciosa.

liminar *adj* (*lit*) **1** De(l) umbral o de (la) entrada. | Areilza *Abc* 1.9.72, 3: Yo mismo vuelvo ahora de realizar unas cuantas "entradas" en los valles pirenaicos de Navarra a Lérida, para tomar contacto con la norteña España liminar. FVidal *Duero* 135: El viajero se aleja de Vivar del Cid recitando en voz alta los versos liminares del Poema del Campeador.
2 Preliminar. *Tb n m, designando capítulo.* | Ynduráin *SAbc* 6.7.85, III: Estas palabras cierran la advertencia liminar con que la autora convoca y previene a sus lectores. Torrente *Sombras* 5: Han abundado siempre los prólogos, prefacios y proemios, los umbrales, liminares y otros subgéneros.

limitable *adj* Que se puede limitar [1]. | MPuelles *Filosofía* 2, 156: Si la existencia es limitable por aquello mismo que la puede tener, no es imposible el ente limitado.

limitación *f* **1** Acción de limitar(se) [1 y 4]. *Tb su efecto.* | E. Haro *Tri* 26.12.70, 5: Las conversaciones de limitación de armas nucleares .. han proseguido .. con la indiferencia neutral del ciudadano. J. L. Cebrián *SInf* 17.5.75, 6: Un decreto-ley .. en el que, en cualquier caso y con todas las limitaciones evidentes, .. se reconocía el derecho a la huelga.
2 Carencia de una o varias cualidades intelectuales o morales. *Gralm en pl.* | Delibes *SInf* 22.5.75, 3: Mi aportación a la Academia, si no nula, va a ser muy pequeña: tengo que reconocer mis propias limitaciones.

limitadamente *adv* De manera limitada. | FQuintana-Velarde *Política* 37: Hay socios [en la sociedad comanditaria] .. que responden con todos sus bienes (socios colectivos), mientras que otros socios responden limitadamente de las deudas de la sociedad, a los que se denomina socios comanditarios.

limitado -da *adj* **1** *part* → LIMITAR.
2 Que tiene límites [1]. | FQuintana-Velarde *Política* 8: Los recursos de que dispone [el hombre] para satisfacer sus necesidades son limitados.
3 Escaso o reducido. | Tamames *Economía* 24: Un gran número de municipios con un volumen de recursos y de posibilidades tan limitado que ni siquiera permite satisfacer los servicios indispensables con una mínima calidad. VMontalbán *Pájaros* 299: Pelletier se desperezaba como un animal en busca de su propio cuerpo y en lucha con las dimensiones limitadas del coche.
4 [Pers.] poco inteligente. | Zunzunegui *Hucha* 1, 78: Era perezoso y distraído Fernando, y muy limitadito, y en la escuela aprendió a duras penas a leer y escribir y las cuatro reglas.
5 (*Com*) [Sociedad] de responsabilidad limitada (→ RESPONSABILIDAD). | G. Fernández *Ide* 11.7.90, 34: La firma ha adquirido un carácter netamente empresarial a través de la constitución de la sociedad limitada.

limitador -ra *adj* Que limita [1]. *Tb n m, referido a aparato.* | Pericot-Maluquer *Humanidad* 106: El desarrollo del bosque sirve de factor limitador, y los rebaños de herbívoros son empujados hacia las praderas eurosiberianas en formación. Pániker *Conversaciones* 350: También deben ser muy limitadores [los cargos]. Usted no puede ir, como yo, a cualquier sitio. *Abc* 31.3.73, 41: Entre los aspectos que estudian estas normas básicas [de instalación de gas] figuran las dimensiones de las tuberías, materiales, instalaciones, reductores, reguladores y limitadores [de] presión. * En el contador de la luz me han puesto un limitador.

limitante *adj* Limitador. | L. Ramos *Abc* 16.12.70, 56: Una pesquería debe de aumentar de volumen si se cambian artes y embarcaciones cuando la riqueza en pesca es propicia; pero existe un factor limitante: el hombre.

limitar A *tr* **1** Poner límites [1b] [a algo (*cd*)]. | Delibes *SInf* 22.5.75, 3: Estas culturas no solo no deben ser limitadas, sino ayudadas hasta que alcancen su tope. **b)** Reducir [algo o a alguien (*cd*) a ciertos límites [1b] (*compl* A). *Frec se omite el 2º compl.* | FQuintana-Velarde *Política* 37: Sus rasgos característicos [de la sociedad limitada] son: 1º Limitar la responsabilidad de todos los socios a su aportación a la sociedad. 2º La cualidad de socio no está incorporada a la acción, como ocurre en la sociedad anónima.
2 Servir de límite [2] [a algo (*cd*)]. | J. Sampelayo *HLM* 12.5.75, 10: Calles que fueron como el Camino Alto, ahora del Quince de Mayo, y que limita el borde superior de la pradera de San Isidro.
B *intr* ➤ **a** *normal* **3** Tener [un terreno o territorio (*suj*)] límites [2] comunes [con otro]. | Ortega-Roig *País* 20: España .. en el Norte limita con Francia.
➤ **b** *pr* **4** No pasar [de cierto límite [1b] (A + *sust, frec infin*)] al actuar, hablar o pensar. | Arce *Testamento* 18: Me limité a decir: –No daré un paso más. Escudero *Juniorado* 92: El profesor no debe limitarse a hacer una conferencia de cada punto del programa. FCid *Ópera* 62: Hemos de limitarnos al Moussorgsky compositor de teatro. **b)** Consistir [una cosa] exclusivamente [en algo (*compl* A)]. | T. M. RRincón *TMé* 10.12.82, 6: La hemorragia es moderada o se limita a sangre oculta en heces.

limitativamente *adv* De manera limitativa. | *Sp* 19.7.70, 24: Pueden [las dificultades] influir limitativamente en la demanda.

limitativo -va *adj* Limitador, o que sirve para limitar [1]. | *Cua* 6/7.68, 4: Las sanciones impuestas a nuestro colega "Madrid" .. nos parecen .. gravemente limitativas de una auténtica libertad de prensa. FQuintana-Velarde *Política* 155: Constituye [la falta de competencia] un considerable factor limitativo al crecimiento industrial de España.

límite *m* **1** Punto en que acaba algo en el espacio o en el tiempo. | Delibes *Mundos* 20: Todo en Brasil es descomedido, en especial para un europeo habituado a los límites concretos. Tejedor *Arte* 141: Su afán de saber no tenía límites; todo entraba en el campo de su curiosidad. **b)** Punto del cual no se puede o no se debe pasar. | Laforet *Mujer* 36: Hay límites a los deseos. No se puede saltar por sobre toda la familia. *Abc* 13.5.75, sn: En el caso de personas casadas los límites anteriores serán de 300.000 y 500.000 pesetas, respectivamente. **c)** *Se emplea como aposición, frec invar, para expresar, con intención enfática, que lo designado en el n precedente se encuentra en un punto absolutamente imposible de rebasar.* | Delibes *Cinco horas* 284: Sus ojos y sus manos expresan un nerviosismo límite. *SInf* 16.12.70, 2: El equipo .. comprende desde sencillos dispositivos medidores de esfuerzos límites a un complejo equipo electrónico. M. Á. Calles *Rev* 1.71, 7: La vida actual y sus presiones socioculturales pueden crear, y de hecho crean, situaciones límites, difíciles de sobrellevar. Diosdado *Anillos* 1, 31: En situaciones límite hay que dejarse de prejuicios.
2 Línea que separa dos cosas, esp. dos terrenos o territorios contiguos. | Armenteras *Epistolario* 292: Debido en parte al abandono de los colonos y a los efectos de los pasados temporales, dichos límites no quedan claros, toda vez que han desaparecido varios ribazos divisorios y los correspondientes mojones. Torrente *SInf* 29.1.76, 12: Primero, compro las revistas de la semana, cuatro o cinco, entre las serias y las cómicas, aunque ya no se sepa en dónde están los límites.

limítrofe *adj* **1** [Territorio] que tiene límites [2] comunes [con otro, respecto a él (*compl* DE *o* CON)]. | D. Giménez *Mun* 23.5.70, 26: Cualquier territorio limítrofe de Israel debe ser utilizado para la lucha contra el enemigo.
2 Que está en el límite [2] de dos territorios. | *Abc* 20.5.75, 5: En la zona limítrofe con León "el último urogallo fue derribado en 1940".

limnología *f* (*Geol*) Ciencia que estudia los lagos en su aspecto físico o biológico. | Bustinza-Mascaró *Ciencias* 308: La ciencia que se ocupa del estudio de los lagos es la Limnología.

limnológico -ca *adj* (*Geol*) De (la) limnología. | *SSe* 15.7.90, 46: Nosotros hicimos para el Ministerio de

limnoplancton – limosnero

Obras Públicas y Urbanismo un concienzudo trabajo de lo que implicaban estos cambios en la zona de Los Monegros y que afectaban a aspectos tan variados como los hidrológicos, edafológicos, limnológicos y botánicos.

limnoplancton (tb, raro, con la grafía **limnoplankton**) m (Biol) Plancton de los lagos. | Ybarra-Cabetas Ciencias 427: El plancton de los lagos se denomina limnoplancton. Bustinza-Mascaró Ciencias 106: También en las [aguas] de los lagos se pued[e] observar un plankton (limnopla[n]kton), pero más pobre que el del mar. [En el texto, limnoplakton.]

limo m Barro o lodo. | PAyala Abc 30.5.58, 3: En cuanto al alma humana, no es sino el soplo divino, insuflado personalmente por Dios en el edénico limo terroso de nuestro primer padre Adán. **b)** Esp: Conjunto de partículas minerales muy finas que, arrastradas por las aguas, se depositan en el fondo y en las orillas de los ríos. | Ybarra-Cabetas Ciencias 80: Aún se divide en partículas más finas la arena, para constituir el limo y la arcilla, que quedan en suspensión.

limolita f (Mineral) Roca que resulta de la consolidación de un limo. | Cendrero Cantabria 28: Las verdes praderías de la región se encuentran situadas preferentemente sobre los materiales más antiguos de esta era, que son areniscas, limolitas, arcillas y calizas.

limón[1] **I** m **1** Fruto del limonero, de forma ovoide con pezón saliente en la base, color amarillo claro y pulpa jugosa, ácida y muy aromática, dividida en gajos. | Cocina 685: Se escogen unos limones muy grandes y se ralla toda la corteza amarilla. **b)** Limonero [2]. | Cunqueiro Pontevedra 114: Decoran los huertos, a la luz del sol, limones y naranjos.
2 (jerg) Pecho de mujer. Normalmente en pl. | Aristófanes Sáb 1.10.75, 10: Como vayas a un estreno y no haya su exhibición correspondiente de anginas, limones, comedor infantil, espetera, pitones o como queráis llamarle, pues que dicen en cachondeo que tienes derecho a que te devuelvan la mitad del importe de la localidad.
II adj invar **3** [Color] amarillo claro propio del limón [1]. Frec AMARILLO ~. Tb n. | M. P. Ramos Inf 1.2.75, 24: Los tonos preferidos por Pedro Rodríguez han sido, ante todo, el verde en tonos limón, musgo, esmeralda, menta, jade, turquesa y botella; los tostados, los azules profundos, el blanco. **b)** De color amarillo limón. | ZVicente Balcón 5: Doña Piedad, envuelta en el sol tibio y limón de las cuatro, reparte a los transeúntes sonrisas.
4 [Hoja] **de** ~ → HOJA.

limón[2] m Vara [de un carro u otro vehículo similar]. | L. ÁCruz Abc 4.7.58, 19: Las carretas –leitos, limones y teleras, y ya está armado el rústico armatoste– son lentas.

limonada f **1** Bebida refrescante hecha con zumo de limón[1], agua y azúcar. | J. J. Saiz ASeg 14.3.78, 6: Habló el presidente .. dando paso a un refresco a base de pastas y limonadas. Ya 30.5.64, sn: Regalamos .. Una caja de limonada. **b)** (Med) Medicamento líquido con sabor a limón. | BOE 12.3.68, 3770: Formas farmacéuticas: Jarabes, melitos, pociones, tisanas. Limonadas. Elixires.
2 Sangría (bebida). | Cocina 747: Limonada para comidas. Ingredientes y cantidades. Vino blanco: 2 litros. Agua: 1 litro. Jerez: 1/2 [litro]. Coñac: 1 decilitro. Limones: 2. Azúcar: 50 gramos.

limonar m Terreno poblado de limoneros [2]. | Cendrero Cantabria 132: La benignidad del clima de esta zona, atemperado por la cercana presencia del mar, permite la implantación .. de cultivos frutícolas de carácter mediterráneo, como los limonares de la zona de Novales, por ejemplo.

limoncillo m **1** Se da este n a varios árboles maderables, esp Fagara pterota y Chloroxylon swietenia. | A. Lezcano SAbc 9.3.69, 53: Los "parquets" de esta casa son magníficos, con diferentes maderas de nogal, ébano, roble, limoncillo y castaño en raros y bonitos dibujos.
2 Fruto del tamaño de una aceituna pequeña, de color amarillo y de sabor agridulce. Tb el arbusto que lo produce. | Berlanga Gaznápira 121: Los huertos medioabandonados [sic], la noria herrumbrosa y descanjilonada, los perales agrietados, los ciruelos sumidos, los limoncillos con pelusa, las zarzas invadiendo las puertas desvencijadas.

limonera f Vara de las dos que tiene un coche de caballos. Tb el conjunto de las dos. | CBonald Casa 100: La madre seguía empeñándose .. en llevarlas cada tarde a los entrenamientos [con los caballos] y en exigirles una aplicación tenaz en el manejo de diversas modalidades de enganche: limonera y tronco, sobre todo.

limonero -ra I adj **1** De(l) limón[1] [1], o de limones. | MOPU 7/8.85, 170: Murcia, mediterránea y se diría que un poquito tropical, soleada, limonera, naranjera. * Cultivos limoneros. **b)** [Pera] de una variedad muy apreciada de color amarillento. | Ullastres Inf 11.7.74, 1: Las medidas proteccionistas podrían renovarse para la pera limonera, uvas de mesa o ciruelas.
II m **2** Árbol perenne, de tronco liso y copa abierta, con hojas ovales y coriáceas, cuyo fruto es el limón[1] [1] (Citrus limon). | Areilza Abc 6.12.70, 3: Naranjos y limoneros proclaman la cálida condición en que se oye vibrar en la tarde dorada de octubre la "soledad sonora" de San Juan de la Cruz.

limonio m Planta herbácea de hojas grandes y flores violáceas en espiguillas agrupadas en espigas, propia de las marismas (Limonium vulgare). Tb ~ MARÍTIMO. | MOPU 7/8.85, 43: En el fondo de los valles crece el Taray (Tamarix gallica); en suelos salinos, entre otros, la sosa y el limonio. Mayor-Díaz Flora 224: Limonium vulgare Miller. "Limonio marítimo", "Acelga salada". (Sin. Statice limonium L.) Pl[anta] v[ivaz] de 10 a 80 cm .. Hojas grandes .. Escapo robusto .. Espiguillas (con 1 a 3 flores) .. No frecuente. Todo el Lit[oral]. Marjales salinos.

limonita f (Mineral) Mineral de óxido de hierro hidratado. | Bustinza-Mascaró Ciencias 328: Limonita. Compuesto de hierro, oxígeno e hidrógeno. Se produce en la naturaleza por alteración superficial de los objetos y minerales de hierro.

limosín -na adj (raro) Lemosín. Tb n. | Apicio Sáb 30.6.76, 34: El coñac galo se cría en barricas de roble limosín. DMo 1.8.74, 9: Empezó siendo un grupo popular, que interpretaba obras en lengua limosina.

limosna f **1** Cosa, esp. dinero, que se da por caridad. | J. Montini Sáb 10.9.66, 25: Acaso pueda .. montar un negocito en el que yo me gane el pan sin pedir limosna de puerta en puerta.
2 Acción de dar limosna [1]. | Villapún Moral 87: La limosna, aunque es hija de la misericordia, sin embargo debe estar inspirada por la caridad.

limosnear intr Pedir limosna [1]. | CPuche Paralelo 155: Los americanos vivían con la impresión de que todo el mundo les limosneaba ..; pensaban que todos los pueblos del arruinado Occidente pretendían vivir a costa del sudor de los americanos.

limosneo m Acción de limosnear. | E. LOneto ByN 17.4.76, 32: La figura castiza del hombre del chuzo, del ¡va! y del limosneo disimulado o descarado de las propinas desaparece una vez más.

limosnero -ra I adj **1** De (la) limosna [1]. | PRivera Discursos 12: Derecho a la justicia y no a la caridad, en el sentido limosnero de la palabra.
2 Que da limosnas [1]. | Lagos Vida 109: Era bastante rezadora, algo limosnera y poco amiga de callejear.
3 (reg) Que pide limosna [1]. Tb n. | CBonald Casa 210: Estábamos abajo, en una sala de la entrada que mi madre se había reservado para entrevistas de varia devoción, preferentemente con las damas del ropero, los beneficiarios del hospital y otros limosneros habituales.
II n **A** m y f **4** En un convento: Pers. encargada de recoger y repartir limosnas [1]. | Villapún Iglesia 111: En cada convento había un monje, llamado "limosnero", encargado de darles el alimento. Pombo Héroe 32: Según .. contó a la Hermanita de los Pobres, una limosnera que venía los miércoles.
B m **5** (hist) En un palacio: Hombre encargado de repartir limosnas [1]. | Mendoza Ciudad 115: A los reyes se les había habilitado la antigua residencia del gobernador .., pero a los .. despenseros, cereros, tapiceros, limosneros .., damas y dueñas hubo que hospedarlos donde buenamente se pudo.

6 (*hist*) Bolsa destinada a llevar dinero para limosnas. | GNuño *Madrid* 126: Espejos, taraceas, consolas, braseros, muebles franceses, limosneros flamencos.
C f **7** Bolsita para el dinero, que forma parte de los complementos del traje tradicional de niña para la primera comunión. | *Ya* 15.4.64, 11: Primera Comunión .. Libros, rosarios, limosneras, tocados.

limoso -sa *adj* Que tiene limo. | Torrente *Saga* 17: Los niños .. cruzan de una orilla a otra, ríen, se zambullen, bucean y sacan piedras limosas.

limousine (*fr; pronunc corriente,* /limusín/) f Limusina. | E. Herreros *Abc* 5.11.89, 116: Los vencedores salían del Chandler en busca de sus aparatosas "limousines", en las que irían al baile del gobernador.

limpia[1] f Acción de limpiar [2, 4 y 6]. | E. Marco *MHi* 6.60, 29: Una vez maduro, desarrollado, el cultivo [del olivo] sigue siendo laborioso. He aquí las fases: alzar, primera cava, binar, segunda cava, poda y limpia. *Jaén* 10.3.64, 15: Cosechadoras Fahr .. Primera limpia: Por ventilador de aire forzado. Segunda limpia: Con cilindro clasificador. *HLM* 17.3.75, 3: Ellos solo llevaron a cabo los ataques aéreos porque habían sido informados con anterioridad de que iba a haber una "limpia" de civiles y militares portugueses.

limpia[2] m y f (*col*) Limpiabotas. | CPuche *Paralelo* 55: –¿Limpia? –llamó Genaro .. Pero el limpia se retiró enfurruñado sin hacerle ni pizca de caso.

limpia[3] f (*col, hoy raro*) Vaso de vino o, más raro, de licor. | DCañabate *Andanzas* 126: Vamos a citarnos .. en casa Sixto, pa hacer boca con unas limpias de tinto y unas aceitunas negras aliñás.

limpiabarros m Utensilio que se pone a la puerta de una casa para limpiarse [1] en él la suela del calzado antes de entrar. | *GTelefónica* N. 48: Alfombras. Tapices. Linóleum. Limpiabarros. Esteras y persianas.

limpiabotas m y f Pers. que tiene por oficio limpiar [1] calzado. | DPlaja *El español* 20: El más modesto empleado ve literalmente a sus pies al limpiabotas. A. Pizá *Bal* 4.3.70, 16: En Mallorca tenemos una mujer limpiabotas.

limpiachimeneas m y f (*raro*) Deshollinador. | Cunqueiro *Envés* 89 (G): Limpiachimeneas saboyano, ballestero catalán, campanero flamenco.

limpiacristales A m **1** Líquido para limpiar [1] cristales. | *Ya* 15.4.64, 9: Limpiacristales Sidolín.
B m y f **2** Pers. que tiene por oficio limpiar [1] cristales. | Mendoza *Laberinto* 58: Inicié el ascenso sin que los escasos viandantes .. dieran muestras de extrañeza al ver al hombre-mosca . Seguramente pensarían que se trataba de un limpiacristales idiota.

limpiado m (*raro*) Acción de limpiar [1 y 2]. | Bustinza-Mascaró *Ciencias* 221: La preparación de los alimentos (limpiado, cortado, triturado, cocido, condimentación, etc.) facilita la digestión y los hace más apetecibles.

limpiador -ra *adj* Que limpia [1 y 2]. *Tb n, m y f, referido a pers y a máquina o producto.* | *Sol* 24.5.70, 15: Se necesitan camareras limpiadoras para un establecimiento hotelero. *Gal* 11.88, 45: Los productos comerciales que venden en droguerías .. pueden acabar con la carcoma, pero también se corre el riesgo de perjudicar la obra de marquetería de un mueble. Lo mismo ocurre con esos productos limpiadores. *Abc* 21.8.66, 78: Remolque Universal –JF– . Limpiador y descargador de remolacha. *Abc* 20.5.75, 47: Para nosotros supone una enorme satisfacción este reconocimiento a la calidad de nuestras instalaciones de silos, secadoras, seleccionadoras, limpiadoras de granos, molinería de arroz. MNiclos *Toxicología* 81: Los esmaltes de uñas se preparan con colodión .. Los limpiadores de uñas, con acetona.

limpiafondos m Aparato para limpiar [1] el fondo de la piscina. | *Abc* 23.8.66, 53: Cada depurador [de piscina] se entrega con limpiafondos incorporado.

limpiahogar m Producto líquido de limpieza doméstica general. | *Voz* 12.2.88, 9: Limpiahogar amoniacal Continente 2 litros.

limpialuneta m Mecanismo similar al limpiaparabrisas [1], formado por una sola varilla, y que sirve para limpiar [1] la luneta del automóvil. | *Ade* 6.5.91, 7: Cristales laterales posteriores abribles. Luneta térmica. Limpialuneta.

limpiamente *adv* De manera limpia (→ LIMPIO [2a y e y 5]). | Laforet *Mujer* 329: Rechazarla [la alegría] por orgullo, ahora que le venía limpiamente a las manos, resultaba tan falso .. como apoderarse de ella por la fuerza. PRivera *Discursos* 9: Lucharon limpiamente sin intereses bastardos, por la Patria, el pan y la justicia.

limpiametales m Producto para limpiar [1] objetos de metal. | Ferres *Tierra* 23: Como he vuelto a trabajar el limpiametales, me hacen ahora algunos pedidos.

limpiaparabrisas I m **1** Mecanismo formado por una o dos varillas provistas de una lámina de caucho y que sirve para limpiar de lluvia o nieve el parabrisas. *Tb cada una de las varillas.* | GHortelano *Tormenta* 40: Al ritmo de las aspas del limpiaparabrisas, me puse a silbar. MMolina *Jinete* 285: Él apagó el motor y detuvo los limpiaparabrisas ya inútiles.
II m y f **2** (*col*) Pers. cuyo trabajo consiste en limpiar [1] parabrisas. | Á. Río *Ya* 26.11.86, 18: Por mucho que niegues con la mano, muevas la cabeza y digas que no a voces, el chaval limpiaparabrisas, inasequible al desaliento, se abalanza para guarrearte el cristal. *Abc* 20.10.91, 41: Una automovilista sufrió las iras de dos de los cientos [de] "clineros" y limpiaparabrisas que asaltan a los conductores en los semáforos .. La víctima fue golpeada al negarse a dejar limpiar los cristales de su vehículo por dos muchachas.

limpiar (*conjug* **1a**) *tr* **1** Quitar la suciedad [de alguien o algo (*cd*)]. | Medio *Bibiana* 36: Se limpia los dedos con el pañuelo. **b)** Quitar [la suciedad o una mancha]. | Diosdado *Anillos* 2, 125: No está el servicio para limpiarle a él las manchas.
2 Dejar [algo o a alguien (*cd*)] limpio [2a] [de algo]. *A veces se omite el 2° compl por consabido.* | Herrero *Ya* 24.5.70, sn: Limpiar la frontera de guerrilleros para siempre. J. L. Gutiérrez *D16* 8.7.83, 1: Alfonso Guerra .. se ofreció a enviar un ingeniero para que revisara y "limpiara" las propias instalaciones telefónicas de AP. *Naipes extranjeros* 47: El "Pináculo limpio" dobla su valor; igual premio tiene el "Pináculo" que se "limpia" en el curso del juego. **b)** Despojar [a una cosa (*cd*)] de lo inútil que la acompaña. *Tb abs.* | *Cocina* 11: Manera de limpiar y cocer los callos de vaca o ternera. *SASeg* 3.4.76, 26: La cosechadora más vendida en España .. Deshoja, arranca, limpia y carga sobre remolque. **c)** Quitar [a una planta (*cd*)] las ramas pequeñas que se dañan entre sí. | Galatea *Hoy* 4.2.77, 19: Unos salen por las mañanas, las mañanas que pueden, a limpiar olivos; otros a descargar viñas.
3 Enjugar o secar [algo que está mojado]. | Medio *Bibiana* 17: Rompe a llorar. Con el embozo de las ropas se limpia los ojos y las narices. CNavarro *Perros* 12: El hombre, al tiempo de limpiar su frente de sudor .. correspondía a sus miradas. **b)** Enjugar o secar [algo que moja, esp. lágrimas o sudor]. | Fraile *Cuentos* 67: Se limpiaba el sudor con un pañuelo gris.
4 (*col*) Dejar [a alguien (*cd*)] sin dinero. *Gralm en el juego.* | Goytisolo *Recuento* 135: Vamos, juega y déjate de coñas, dijo el de medicina. Y Pluto: sí, hombre, no me importa acabar de limpiaros. **b)** Dejar [a alguien (*ci*) sin algo (*cd*)]. | ZVicente *Traque* 187: Me limpiaron el empleo. Por si las moscas, a la calle.
5 (*col*) Hacer desaparecer [algo]. | Torbado *Corrupciones* 37: Yo .. he pedido a casa dos botellas de coñac. Se las mandan al jardinero, yo le regalo una, y la otra nos la limpiamos en cinco o seis reuniones. A. Tulla *País* 30.10.77, 35: Los bancos .. han permitido la continuidad de la reacción, primero limpiando el papel, y después empujando las cotizaciones hacia arriba.
6 (*col*) Robar [algo o en algún sitio (*cd*)]. | Goytisolo *Recuento* 545: Te previenen contra los ladrones .. mientras te están limpiando la cartera. Tomás *Orilla* 147: –Califa, a lo más, ¿cuántos pisos te has hecho en un día? .. –Pues mira, una vez me limpié por lo menos veinte en una mañana.
7 límpiate, que estás de huevo. (*col*) Desengáñate, o no te hagas ilusiones. *Tb (hoy raro)* LÍMPIATE. | * –Creo que nos darán el puente hasta el martes. –Límpiate, que estás de huevo. FReguera-March *Dictadura* 1, 398: –Por una gachí como esa hija tuya .. aprendería hasta a leer y escri-

limpiaúñas – limpio

bir. –¡Límpiate, compañero! Esa prenda solo puede llevársela un fulano de mucha categoría.

limpiaúñas *m* Utensilio para limpiar [1] las uñas. | Olmo *Golfos* 153: ¡Es tan difícil liberarnos de nosotros mismos! De lo que de nosotros existe en nuestra pipa, en nuestro limpiaúñas, o en cualquiera de esas chucherías que nos acompañan.

limpiavajillas *m* Producto líquido para limpiar [1] vajillas. | *Prospecto* 2.93: Pryca .. Limpiavajillas "Tico". Botella de 1,5 litros: 65.

limpiavías *m* (*hist*) Hombre cuyo trabajo consiste en limpiar de barro con una pértiga las vías del tranvía. | F. Castelló *SAbc* 12.11.72, 65: Te he recordado a ti, humilde limpiavías de mi infancia valenciana.

límpidamente *adv* (*lit*) De manera límpida. | A. Cobos *Ya* 6.12.74, 53: Manuel de Gracia pinta límpidamente.

limpidez *f* (*lit*) Cualidad de límpido. | Laforet *Mujer* 20: Unos ojos de una asombrosa limpidez. FVidal *Duero* 146: Debe [el vientecillo] frotar .. la superficie del cielo para prestarle la limpidez que ostenta. Palacios *Juicio* 187: Una de las tareas que más limpidez ostentan en la filosofía de Balmes es la búsqueda de una ideología aceptable.

límpido -da *adj* (*lit*) Limpio, *esp* [2a, b y e y 5b]. | *Pap* 1.57, 110: Más que en sus límpidos versos de *Desolación* o de *Ternura* .., el perdurable valor de Lucila Godoy reside quizá en su entrañable vocación pedagógica.

limpieza *f* **1** Cualidad de limpio. | *Economía* 187: Dos cualidades son necesarias a todos en general: la limpieza y el orden. FRosa *CoA* 22.10.75, 29: Todos los novillos .. tomaban con alegría la muleta, en la que metían la cabeza con limpieza, sin un extraño. Medio *Bibiana* 113: Los chicos viven ahora más libremente, pero con más limpieza que nosotros. **b)** ~ **de sangre.** (*hist*) Hecho de no ser hijo o descendiente de judíos, moriscos o herejes. *Tb simplemente* ~. | Reglá *HEspaña* 3, 84: Cuando comenzaron a difundirse los estatutos de limpieza de sangre, la corte apoyó incondicionalmente al partido de los cristianos viejos. CBaroja *Inquisidor* 34: Su tratado acerca de las instituciones católicas es uno de los más acreditados en la práctica inquisitorial, y el relativo a los estatutos de limpieza, en defensa del de la catedral de Toledo, obra que sentó doctrina para el futuro. **2** Acción de limpiar. | GPavón *Hermanas* 47: La asistenta .. venía un día sí y otro no para lavar y hacer la limpieza. *País* 13.1.78, 33: El decreto dispone básicamente un mecanismo de pago a plazos en los impuestos evadidos en 1976, que, si son declarados .., supondrían la limpieza de expediente fiscal para la inspección tributaria. *Caso* 21.11.70, 20: Con una gran palanca, doblaron la persiana metálica .. El trabajo de "limpieza" debió de ocuparles unas dos horas. P. Muñoz *Mad* 23.12.70, 1: Checoslovaquia .. acaba de darnos el ejemplo de constancia en la limpieza de funcionarios inoportunos. M. MGarcía *Ya* 12.1.93, 6: Herak está acusado por las autoridades bosnias de haber cometido 320 asesinatos, todos ellos contra la población civil de varias localidades de Bosnia-Herzegovina en las que los serbios realizaron su temible "limpieza étnica".

limpio -pia I *adj* **1** Que no tiene mancha o suciedad. *Tb fig*. | *Sp* 19.7.70, 50: Han pasado .. por pantallas buenas y malas; por cines sucios y limpios. RegO 1.8.64, 15: Con este baño .. preparaban el cuerpo para llegar limpios a la ermita, donde .. el lavado del espíritu con una confesión sincera les dejaba limpios para presentar sin sonrojo sus peticiones al santo. **b)** [Conciencia] de quien no ha hecho nada indebido. | * Yo tengo la conciencia bien limpia. **c) de** ~. [Cuaderno o cosa similar] de escritos en su presentación definitiva y cuidada. | MGaite *Cuento* 294: Me producía respeto [el cuaderno] y me obligaba a evitar las tachaduras, como los "cuadernos de limpio" de la infancia.
2 [Cosa] exenta [de algo negativo o que le resta perfección]. *Frec sin compl. Tb fig*. | *SLín* 3.8.75, 11: Las corrientes labores superficiales mecánicas o los tratamientos químicos que mantengan el terreno limpio de malas hierbas y mullido superficialmente. *Alc* 1.1.55, 3: ¡Y qué espléndido día ..! Pediríamos por estos días del año un sol tan limpio como este. Zunzunegui *Hijo* 145: Le tomó la mano con pretexto de ver más cerca un zafiro limpísimo. VMontalbán *Tri* 11.4.70, 31: No puede sorprender que la mayor parte de exiliados, incluso los de expediente limpio, no hayan querido volver. *Naipes extranjeros* 36: Escalera limpia (sin ningún "Comodín". **b)** [Cosa] despojada de lo inútil que la acompaña. | *Cocina* 506: Una vez limpias las perdices, se flamean con alcohol. **c)** ~ **de polvo y paja** → POLVO. **d)** [Cosa, esp. ganancia] neta (que queda después de deducir todo lo que le es extraño). | Á. Río *Ya* 25.8.78, 17: Antonio, "el Chato", me cuenta que puede sacar limpias unas dos mil pesetas diarias. **e)** [Cosa] clara o precisa. | * Perfiles limpios. *Faro* 6.8.75, 4: La herida .., producida por una bala del nueve corto, es limpia y no ofrece peligro alguno. **f)** Curado [de una afección cutánea]. *Tb sin compl*. | Vesga-Fernández *Jesucristo* 101: Cuando los vio [a los leprosos] les dijo: –Id y presentaos a los sacerdotes.– Y mientras iban quedaron limpios. **g)** Que ha dejado de tener fiebre. *Tb* ~ DE FIEBRE. | GHortelano *Amistades* 249: Deja que me levante .. Ya estoy limpia de fiebre.
3 [Pers. o animal] que tiende a mantener limpios [1] su propio aspecto o sus cosas. | GPavón *Hermanas* 52: Muy buenas que son las señoritas .. Limpias como los chorros del oro. **b)** Que no mancha o ensucia. | *Economía* 78: Son [las estufas de petróleo] fácilmente transportables, limpias y relativamente baratas de coste. **c)** Que no contamina el medio ambiente. | M. J. Barrero *SYa* 17.1.90, 4: Las grandes empresas automovilísticas han tenido que empezar a pensar en construir coches "limpios", que utilicen energía solar o eléctrica.
4 [Cosa] que no se ensucia fácilmente, o que se limpia con facilidad. | * Este suelo es muy limpio.
5 Decente u honrado. | Benet *Nunca* 18: Me busqué un empleo con un constructor de viviendas, hombre no demasiado limpio. Además de construir de tarde en tarde alguna vivienda chapucera, nuestra actividad estaba dominada por las tribulaciones del negocio: desde la compra de la autoridad judicial hasta la venta descarada .. de todos los materiales impagados. Cunqueiro *Gente* 23: El señor Ramón cobraba en café, que le parecía más limpio que cobrar en dinero. **b)** Carente de doblez o de mala intención. | * Es una persona muy limpia; de él no debes esperar tanto retorcimiento como supone esa acusación. Delibes *Cinco horas* 94: A mí me emocionan los hombres fieles a una idea limpia, porque la Monarquía es bonita, Mario, por más que digas.
6 (*col*) Carente [de dinero]. *Frec sin compl, gralm con los vs* ESTAR, DEJAR *o* QUEDARSE. | GPavón *Cuentos rep*. 81: Unos decían que Juanaco traía oro, y otros, que venía limpio. Torbado *Tierra* 34: Huy, dinero, está buena la vida, dígamelo a mí. Que tengo que ir a León de compras, unas botas para el mayor y cosas así, ¿sabe?, y voy a volver limpia y sin blanca.
7 (*col*) Carente de conocimientos [en una materia]. | Delibes *Cazador* 150: Le interesaba más que yo le hablara a don Rodrigo porque va limpio en Matemáticas. Ballesteros *Hermano* 33: Aún nos quedaban las matemáticas. ¿Qué pasaría? –Yo estoy limpio. –Y yo.
8 (*col*) Que no lleva armas u otro elemento de protección. | DCañabate *Paseíllo* 30: Con la mano limpia, poco daño le podemos hacer, aunque te peguemos en la tripa o ande sea. Acquaroni *Abc* 29.7.67, 7: Como banderilleros en plaza .., hacen quiebros a limpio .. a los cárdenos tiburones.
II *loc v* **9 pasar a** ~, *o* **poner en** ~ [un escrito]. Poner[lo] en su versión definitiva y cuidada. | MGaite *Cuento* 307: El respeto por la letra escrita ya se inició en la infancia con aquello de "pasar a limpio" los apuntes.
III *adv* **10** De manera limpia [1 y 5]. | * Trabaja muy limpio. **b)** [Jugar] ~ → JUGAR.
11 (*col*) A + *n que expresa golpe u acción violenta en sg* + ~ = A + *el mismo n en pl. Con intención ponderativa*. | Olmo *Golfos* 97: Valientes, a pedrada limpia, lograron hacernos retroceder. *Mad* 7.8.70, 24: Uno de los delincuentes consiguió darse a la fuga, pero fue aprehendido después de una espectacular persecución que duró cerca de media hora, a carrera limpia, por la plaza de España y calles de Princesa, Ferraz.
12 con las manos limpias → MANO.
13 de ~. Con ropa limpia [1]. *Con vs como* IR, PONER *o* VESTIR. | *Ide* 27.9.92, 8: Estos hombres vienen hoy vestidos de limpio para acompañar a su Virgen bajo el palio.
14 en ~. En su presentación definitiva y cuidada. *Referido a escritos. Tb adj*. | MGaite *Cuento* 307: El lector no se siente invitado a desabrochar nada de lo que va "en limpio", no se atreve a meter baza para desbaratar o comple-

tar. (Y en el lector incluyo al propio autor del texto, cuando lo relee después de tantas fatigas.)
15 en ~. De manera clara o precisa. *Gralm con el v* SACAR. | CBaroja *Inquisidor* 36: Acaso lo que se saque en limpio de la lectura será simplemente que una tendencia iluminista del arzobispo .. fue la primera causa de un proceso ruidoso. **b)** Como ventaja o resultado positivo. *Con el v* SACAR. | Arce *Testamento* 31: No sacarán nada en limpio con mi secuestro.

limpión -na A *m y f* **1** (*raro*) Pers. encargada de limpiar. | A. Barra *Abc* 29.6.79, 48: Los psiquiatras le describen [al Destripador] con los signos del hombre solitario, melancólico, enamorado de la pureza del medio ambiente y de la "limpieza" en las zonas urbanas predilectas de las pelanduscas del Reino .. Se ha asignado el papel de "limpión" del noreste inglés.
B *m* **2** (*col*) Limpieza [2]. | MGaite *Nubosidad* 121: Le tengo que meter un limpión a fondo a la casa. F. A. González *Ya* 20.5.73, 62: Nuevo limpión .. El otro día alguien se llevó más de kilómetro y medio de cable de cobre.

limpiotear *tr* (*desp*) Limpiar [1], esp. de manera reiterada. | GPavón *Hermanas* 17: Con los balcones y ventanas abiertos limpioteaban bajos y altos del casino de San Fernando.

limusín -na *adj* [Res] perteneciente a una raza vacuna oriunda de la región francesa del Limusorín. *Tb referido a la misma raza.* | Ade 7.10.91, 34: Se vende ganado limusín puro. J. P. Río *DMo* 7.8.87, 25: Añojos buenos, charoleses y limusinas, a 420 pesetas kilo/vivo. J. P. Río *DMo* 23.8.85, 37: Mucho tiro de terneros, que al igual que la semana pasada valieron 2.000 y 3.000 pesetas más como término medio, el tipo limusín o charolés.

limusina *f* Automóvil cerrado de lujo, de gran longitud. | L. Calvo *Abc* 15.5.73, 31: Nixon y "Pat", su gentil esposa, salieron por una puerta trasera, donde esperaba su limusina. CBonald *Noche* 235: Montó en la limusina a la par que saludaba con la mano a la estática hermana, y tomó sin demasiada pericia la curva del sendero.

linaje *m* **1** Ascendencia o descendencia [de una pers., esp. noble]. | DPlaja *El español* 25: Cuanto más bajo económicamente, más precaución toma el noble para recordar su única fortuna, la del linaje. CBaroja *Inquisidor* 59: Los de su linaje, el de los Arce Quevedo, levantaron una casa palacio .. en Selaya. **b)** Conjunto de personas que tienen un antepasado común. | CBaroja *Inquisidor* 27: El mote del linaje familiar es típicamente norteño. Fernández-Llorens *Occidente* 257: El linaje [en la sociedad negra] lo integran todos aquellos que tienen un antepasado común; el número de sus miembros crece hasta un punto en que se escinde en varios linajes.
2 (*lit*) Naturaleza o condición [de una cosa]. | Tomás Orilla 149: Era un piso soberbio que sobrecogía por el linaje de los muebles y de la decoración.

linajudo -da *adj* De linaje o ascendencia noble. *Tb n, referido a pers.* | Mercader-DOrtiz *HEspaña* 4, 56: Como la nobleza provincial estaba escasamente representada en las Órdenes Militares .., quedábanle reservadas las maestranzas de Caballería, sociedades aristocráticas que se parecían a las viejas hermandades de nobleza para conservar entre las familias linajudas el gusto a los caballos y a las armas.

linar *m* Terreno sembrado de lino. | Ubieto *Historia* 132: Todo lo que se puede comprar son tierras que cultivar, viñas, linares, trigales y algún olivar.

linarense *adj* De Linares (Jaén). *Tb n, referido a pers.* | *Jaén* 17.7.64, 4: Posteriormente visitaron los expedicionarios linarenses la Escuela de Formación Profesional Acelerada.

linaria *f* Se da este n a distintas plantas herbáceas del gén *Linaria*. | Remón *Maleza* 65: Especie: *L[inaria] vulgaris*. Nombre común: Linaria común .. Es una bella planta, de buen porte, entre 20 y 60 y aún más cms., teniendo un hábitat amplísimo. Remón *Maleza* 64: Especie: *L[inaria] spuria* (L.) Miller. Nombre común: Linaria bastarda, Verónica hembra. Especie de plantas anuales, porte bajo, bastante extendida en terrenos desde arenosos a arcillosos. *MOPU* 7/8.85, 24: Linaria de la Sierra de Grazalema.

linaza *f* Semilla del lino, de la que se extrae un aceite que se emplea esp. en la fabricación de pinturas y barnices. | Lama *Aves* 40: Esta mezcla debe contener la proporción siguiente: Alpiste 40%, negrillo 15%, cardón 15%, cañamón 10%, lechuga 5%, linaza 5%. Bustinza-Mascaró *Ciencias* 262: De la semilla del lino se beneficia el aceite de linaza.

lince I *m* **1** Félido semejante a un gato de gran tamaño, con las orejas con un penacho de pelos en punta (gén. *Lynx*). | Bustinza-Mascaró *Ciencias* 203: El tigre es asiático; el puma y el jaguar son americanos; el lince, europeo. *SInde* 24.12.89, 15: Lince ibérico (*Lynx pardina*) .. En los Pirineos puede existir el Lince Nórdico (*Lynx lynx*).
2 Pers. de vista muy aguda. | * Este niño es un lince, todo lo encuentra.
3 Pers. sagaz o astuta. *Frec en la constr* SER UN ~. *Tb adj.* | GPavón *Reinado* 49: ¡Adiós, linces!... Lo mejó será que resusitéis ustedes al muerto para que les diga quién es. GBiedma *Retrato* 99: No se necesita ser un lince para advertir que un acuerdo de este tipo favorecería mucho más a los españoles que a los filipinos. Gironella *Millón* 199: Hubo linces como Blasco que birlaron hasta una máquina de escribir. LTena *Luz* 54: Era un lince y un golfo, pero más golfo que lince.
II *loc adj* **4 de ~.** [Vista] muy aguda. | * Tiene ojos de lince.

lincear *tr* (*raro*) Descubrir [algo] con sagacidad. *Tb abs.* | Acquaroni *Hucha* 1, 29: Mientras rezábamos, desfiló fugazmente por mi memoria mucho de lo entrevisto en instantes de rápido lincear y fisgonear.

linchador -ra *adj* Que linchar. *Tb n, referido a pers. Tb fig.* | J. Bedoya *País* 5.6.77, 14: El señor Yuste era materialmente molido a golpes por docenas de personas .. Fue decisiva .. la intervención de la Guardia Civil, que hubo de amenazar con sus armas de fuego a los linchadores.

linchamiento *m* Acción de linchar. *Tb fig.* | *Pue* 14.2.76, 40: Enfurecidos vecinos estuvieron a punto de linchar a su alcalde .. La oportuna llegada de patrullas militares impidió el linchamiento. Berlanga *Recuentos* 89: ¿Hasta cuándo vamos a soportar tanto linchamiento moral?

linchar *tr* Ajusticiar [a una pers.] sin proceso y tumultuariamente. *Tb fig.* | *Inf* 25.4.70, 9: La gente se lanzó contra los "contestadores", y la Policía debió intervenir para detenerla y para que no acabaran siendo linchados.

lincomicina *f* (*Med*) Antibiótico obtenido de la bacteria *Streptomyces lincolnensis,* especialmente indicado en determinadas infecciones de los huesos. | *Inf* 16.4.70, 31: Procedimiento para la preparación de nuevos derivados del antibiótico lincomicina.

lincrusta *f* Cierto papel de pared de superficie dura. | *Ya* 14.4.64, 9: Linóleum, pavimento continuo. Lincrusta, revestimiento paredes lavable. *GTelefónica N.* 357: Decoradores .. Enrique Miret Espoy, S.A. Papel corcho. Zócalos de lincrusta.

lincurio *m* (*hist*) Piedra de supuestas virtudes mágicas, considerada como la orina del lince petrificada, y que probablemente es la turmalina. | CBonald *Ágata* 33: Ya en el chamizo, el normando le colgó del cuello, ensartada a un hilo de pita, la piedra de lincurio –la petrificada orina de gato cerval– que protegería a la desvirgada de las acechanzas del maligno.

lindamente *adv* (*col*) Tranquilamente o sin problemas. *Referido a una acción que se considera reprobable.* | DCañabate *Andanzas* 40: En cuanto los padres se enteraron, allí fue ella. ¡Un estudiantillo, un abogadillo se iba a llevar lindamente sus dineros y sus ilusiones!

lindano *m* Polvo cristalino blanco y venenoso usado como insecticida y herbicida y en el tratamiento de la sarna. | Dossan *SLan* 7.1.79, 4: Este tipo de sarna se caracteriza por la aparición de grandes costras en la frente y en las orejas, consistiendo su tratamiento en un cepillado enérgico de estas costras con una solución de alguno de los productos que, generalmente, a base de lindano, se ofrece[n] en el mercado. *País* 3.10.92, 22: El Gobierno vasco construirá una planta móvil para el tratamiento del residuo del pesticida lindano.

lindante – línea

lindante *adj* Que linda. | R. Pieltáin *Abc* 2.1.66, 22: Es uno de los pueblos más interesantes de la antigua Extremadura, en tierras lindantes con Portugal.

lindar *intr* Tener [una finca o terreno (*suj*)] lindes comunes [con otro (*compl* CON *o, más raro,* A]. *Tb fig.* | Laforet *Mujer* 78: Tu casa tiene un huerto que linda con el de la mía. Laforet *Mujer* 57: No podían decirse ni una palabra. Tampoco podían continuar allí, entre unas viejas casas anodinas, ya lindando al campo. MGaite *Usos* 182: Aún hoy perduran en mujeres que lindan con la tercera edad las secuelas perniciosas de aquellas instancias de cohesión incondicional con las amigas.

lindazo *m* Linde, esp. señalada con mojones o por medio de un ribazo. | Delibes *Castilla* 46: La avutarda, yo no sé si porque se pierde o qué, pone los huevos aquí, a metro y metro y medio del lindazo, la otra un poquito más allá, y la tercera, en la misma esquina de la siembra.

linde *f (o, raro, m)* Límite entre dos fincas contiguas. | Cuevas *Finca* 96: La linde del cortijo va por ese arroyo. J. Cruset *Van* 26.3.70, 11: Las caléndulas .. se dan a montones por el olivar, sin que nadie las siembre, sobre todo en los márgenes, los lindes, los "lindones". **b)** Límite entre dos territorios o terrenos contiguos. *Tb fig.* | J. M. Moreiro *SAbc* 13.9.70, 50: Archidona y Colmenar, Torrox, Vélez-Málaga .. y Nerja buscan la linde granadina. Alfonso *España* 94: La linde de lo no importante dista mucho de hallarse marcada de forma objetiva, y cada uno la traza a beneficio de inventario. Andrés *Hartzenbusch* XXVII: Leyenda y verdad borran nuevamente los lindes de lo ficticio y lo real. Lera *Boda* 576: Yo creo que ese Margarito se está saliendo de la linde .. Con hombres como el Negro no se juega.

lindero -ra I *adj (raro)* **1** Que linda. *Tb fig.* | Romano-Sanz *Alcudia* 88: En el Belesar, el quinto lindero, también han tenido que ponerlos [pararrayos]. GPavón *Rapto* 213: ¿Cómo era posible que de un hogar casto hubiese surgido aquella cara tan lindera al cachondeo y al grito espasmódico?

II *n* **A** *m* **2** Linde. *Tb fig.* | Cuevas *Finca* 31: Está ya en los linderos de la finca. A. Alamo *Abc* 30.12.65, 87: El ingeniero jefe de Obras Públicas .. recibió la medalla de oro de la provincia como recompensa a su desvelo por el continuado cuidado de las carreteras, dentro de los linderos provinciales de Palencia. Lapesa *HLengua* 114: Mientras perduró tal forma de lenguaje intermedio, no estuvieron bien marcados los linderos entre el latín y el romance. Escobar *Itinerarios* 42: Inicia su apertura [la matanza] cuando es el día de San Andrés .., llegando las matanzas hasta los linderos de la Candelaria. MMariño *SVoz* 8.11.70, 4: El gallego puede campar plenamente dentro de los linderos de su terrible individualismo.

B *f* **3** Linde. | MCalero *Usos* 54: Lo mismo hacían [los cerdos] a unas espigas de cebada, con buenas argañas, que a unas mielgas de la lindera.

lindeza *f* **1** Cualidad de lindo [1]. | Zunzunegui *Camino* 22: El más alcanzado por su lindeza fue uno de los señoritos de la casa: Alberto.

2 Pers. o cosa linda. *Referido a cosa, frec con intención irónica.* | *Este niño es una lindeza. A. Campo *Pue* 16.12.70, 26: Los entremeses .. trataban de robos, estupros, adulterios y otras lindezas.

lindo -da I *adj* **1** [Pers. o cosa] bonita. *Frec en lenguaje femenino.* | *Sáb* 20.8.66, 33: Este año la Reina Fabiola apenas si ha abandonado su residencia zarauztarra, ese lindo chalet encaramado en una pequeña altura.

II *n* **A** *m* **2** (*hist*) Hombre muy compuesto y presumido. | Lázaro *Gac* 24.8.75, 13: Contienen [los entremeses de Quevedo] el censo de sus primeros escritos satíricos –viejos cornudos, lindos, viejas añiñadas y boquisumidas, corchetes, hipócritas–.

B *f* **3** (*col*) Peseta. *Gralm en la constr* SIN (UNA) LINDA. | J. P. Vera *Reg* 19.11.74, 5: Cuando el peculio era poco y las ganas de comer muchas, el viajero pasó casi sin una "linda" por la Plaza de Plasencia.

III *loc adv* **4 de lo ~.** (*col*) En cantidad o intensidad notable. *Con intención ponderativa.* | CPuche *Paralelo* 169: Por lo que veo, habéis pimplado de lo lindo. Medio *Bibiana* 95: Bibiana se divierte de lo lindo.

lindón *m* (*reg*) Linde o lindero, esp. en declive. | J. Cruset *Van* 26.3.70, 11: Las caléndulas .. se dan a montones por el olivar, sin que nadie las siembre, sobre todo en los márgenes, los lindes, los "lindones".

lindura *f* Lindeza. | Zunzunegui *Camino* 12: Esta sale la más bonita de la familia; en más lindura aún se parece a tu madre. Borrás *Madrid* 16: Ortego es el inolvidable que traza las aleluyas, una de las linduras del Madrid lindo.

línea I *f* **1** (*Geom*) Sucesión continua de puntos. *Frec con un adj especificador:* RECTA, CURVA, QUEBRADA, *etc* (→ RECTO, CURVO, *etc*). | Marcos-Martínez *Aritmética* 154: Las líneas pueden ser rectas, curvas, quebradas y mixtas. **b)** *En gral:* Trazo continuo en que solo existe o solo se considera la dimensión de la longitud. | *SInf* 9.1.70, 4: Es una sencilla operación, pero queda una línea larga de cicatriz. **c)** Línea [1a] imaginaria que une todos los puntos que tienen una característica común. | Zubía *Geografía* 54: La presión atmosférica se mide por medio del barómetro, y las líneas que unen los distintos puntos de la Tierra que tienen la misma presión se llaman isobaras. **d)** Línea recta. *Frec en la constr* EN ~. | CSotelo *Inocente* 89: Hay un par de mesas –una, en línea con la del director; otra, frente al público, formando ángulo recto con ella–. **e)** (*TV*) Elemento, compuesto de puntos luminosos yuxtapuestos horizontalmente, de los que constituyen la imagen. | *Ya* 13.4.77, 41: En este sistema cada línea de color está separada por una pequeñísima zona negra, que le proporciona a la imagen una gran nitidez de color, brillo, contraste y detalle. **f)** ~ **de carga, ~ de flotación** → CARGA, FLOTACIÓN.

2 Línea [1] real o imaginaria que separa dos cosas. | Cuevas *Finca* 143: En Andalucía, el casamiento es una línea decisiva. Luisa pertenecía a su marido para siempre y quedaba olvidada, lejanísima, imposible para los demás. *ASeg* 24.10.89, 7: La "línea de pobreza", que se sitúa en unos ingresos de 30.000 pesetas al mes, no es rebasada por un gran número de familias en Castilla y León. **b)** (*Mar*) Ecuador. | Zubía *Geografía* 27: Los marinos llaman al Ecuador la Línea. Es una tradición entre la gente de mar hacer sufrir un bautizo burlesco a los pasajeros que por primera vez cruzan el Ecuador: se le llama "bautizo de la Línea" o "paso del Ecuador".

3 Contorno (línea [1a y b] formada por el límite [de una figura o de una superficie]). | Laforet *Mujer* 75: Eulogio Nives se fijaba asombrado en la bonita línea de sus piernas. J. Maza *Ya* 3.3.63, sn: Un camino en suave repecho nos alza hasta unas praderas con línea de "nava". **b)** (*Pint*) Dibujo o trazado. | Angulo *Arte* 1, 17: Elementos fundamentales de la pintura son el dibujo o la línea, la luz y el color. **c)** Efecto general producido por el conjunto de líneas [a y b] [de alguien o algo]. | Quica *SYa* 18.9.77, 12: Estos dos estilos se plasman en una línea amplia, abusada, cómoda, con reminiscencias de los trajes campesinos. **d)** Esbeltez. *Frec referido a mujer. Frec en constrs como* GUARDAR, *o* PERDER, LA ~. | *HLS* 5.8.74, 5: Para quienes guardan la línea y tienen problemas con sus ganas de comer, conviene decir que, tomando aperitivos que contienen alcohol, usted mismo se provocará el apetito. *Cór* 25.8.90, 29: La obsesión de los padres de "mantener la línea" puede provocar un retraso en el crecimiento de sus hijos.

4 Hilera (serie [de perss. o cosas] colocadas una detrás de otra). | *CSo* 18.11.75, 8: Elimina [el flameado] las malas hierbas entre líneas de los cultivos, marchitándolas. **b)** Renglón, o serie de palabras o caracteres escritos unos a continuación de otros horizontalmente. | Huarte *Tipografía* 58: Los folios son unas líneas que contienen el número de la página, y si llevan, además, una leyenda, se llaman folios explicativos. **c)** (*col*) *En pl:* Escrito breve, esp. carta. *Frec en las constrs* UNAS ~S, DOS ~S, CUATRO ~S. | Laforet *Mujer* 132: Paulina .. escribió dos líneas a Blanca, contándole que, súbitamente, había creído en Dios. **d)** (*Juegos*) *En el bingo:* Serie de números que constituye una línea horizontal en un cartón. *Frec la que resulta premiada.* | ASantos *Bajarse* 36: Bueno, me voy a echar un bingo. A ver si cojo hoy un par de líneas por lo menos.

5 (*Mil*) Serie alineada de posiciones. *Tb la serie de unidades militares asentadas en ella.* | Arenaza-Gastaminza *Historia* 240: En Portugal los ingleses conservaron Lisboa tras las líneas fortificadas de Torres Vedras, ante las cuales el mariscal Massena quedó detenido y tuvo que retirarse. Solís

línea – línea

Siglo 217: Había prevalecido la sensata opinión del Alto Mando de la Marina, que consideraba esencial mantener la línea en el puente de Zuazo. MMolina *Jinete* 273: Tú nos pagaste cruzando las líneas para pelear contra nosotros. **b)** (*Dep*) Conjunto de jugadores que desempeñan una función semejante. *Normalmente con un adj especificador:* DEFENSIVA, MEDIA, DELANTERA, DE ATAQUE. | M. GAróstegui *SAbc* 27.4.69, 31: Molowny volvió loco al que siempre fue gran defensa Riera, que formaba línea con hombres como Tinte y Aparicio. *HLM* 26.10.70, 28: Jugó el Gijón con muchas reservas, al temer en demasía al Sevilla, pero al apercibirse del desconcierto sevillista adelantó sus líneas y logró igualar la contienda. Pemán *Abc* 17.6.58, 3: Se equivocó [el entrenador] manteniendo al Pirri en la línea media.
6 primera ~. Frente de combate. *Tb* ~ DE COMBATE. *Tb fig.* | RMorales *Present. Santiago* VParga 6: Los peregrinos .. podían cruzar las líneas de combate entre reyes o mesnadas sin ser molestados. * Siempre estuvo en primera línea. **b)** Vanguardia, o parte más avanzada [de algo]. *Frec en las constrs* EN, *o* DE, PRIMERA ~. | E. Castellá *Luc* 3.9.64, 4: En España tenemos .. una industria al servicio de la ganadería en primera línea mundial de acometividad y de ciencia. **c)** Franja de terreno edificable inmediata a la orilla del mar o de un lago. | *Abc* 28.6.70, 17: Pantano de Buendía. Parcelas de 5.000 metros cuadrados en primera línea pantano a 96 pesetas metro cuadrado.
7 Conjunto de ascendientes o descendientes [de una pers.]. | J. Atienza *MHi* 10.60, 3: La línea paterna de Fabiola ostenta dos títulos nobiliarios.
8 Clase o género. *Frec en la constr* EN SU ~. | Onieva *Prado* 164: Quien conozca la colección de retratos de Holbein .. advierte inmediatamente que está en la línea de ellos. **b)** (*Com*) Serie de artículos de una misma marca y una misma clase y con características semejantes. | *Bal* 21.3.70, 25: Representante para Mallorca. Busca empresa fabricante de productos químicos, con línea de productos especializados para Hostelería, Piscinas, Droguerías. **c) ~ blanca.** (*Com*) Conjunto de los electrodomésticos destinados a las tareas o servicios del hogar. | *País* 10.7.85, 50: Otra decisión de la comisión delegada fue la aprobación de la aplicación del plan de reconversión de los electrodomésticos de línea blanca a las empresas del grupo Fabricantes de Electrodomésticos (Gruvesa). **d) ~ marrón.** (*Com*) Conjunto de los electrodomésticos de entretenimiento. | *Impreso* 11.88: Encontrará dos zonas delimitadas en cada una de nuestras tiendas. Una abarcará la denominada línea marrón (TV, Vídeo, HIFI), y la otra (Electrodomésticos), la línea blanca.
9 Servicio regular de transporte. *Tb el trayecto que cubre.* | Arenaza-Gastaminza *Historia* 281: En menos de un siglo los medios de transporte han asegurado la comunicación entre las diversas partes del mundo por medio de una vasta red de vías férreas, de líneas de navegación, de carreteras y autopistas y por las numerosas líneas aéreas comerciales. Aldecoa *Gran Sol* 136: Barco grande .., de la línea de América. **b) ~ férrea.** Ferrocarril. | *Exp* 23.11.87, 8: La constructora Agromán ha adquirido una nueva máquina bateadora de alta tecnología para el mantenimiento y renovación de las líneas férreas españolas.
10 Dirección [línea [1a] a lo largo de la cual se mueve o se movería un cuerpo, o se sigue o habría que seguir para ir a un lugar]. *Frec fig.* | DCañabate *Paseíllo* 142: Vendó fuertemente los ojos de un amigo suyo .., lo colocó en línea recta a la muleta. * Se aparta de la línea recta, de la línea del deber. **b)** Plan o programa de actuación. | Areilza *Memorias* 86: Había en el Departamento una filosofía predominante .. que impregnaba las actitudes y la línea de la acción exterior. *Pro* 12.8.88, 34: En medios empresariales se está considerando seriamente el proceder a la reconversión de las factorías, abriendo nuevas líneas de producción. *Abc* 25.9.93, 7: 500 niños permanecen sin escolarizar este curso en Cataluña en protesta por la supresión de las líneas de enseñanza en castellano. **c)** Orientación o forma de pensar. | CBaroja *Inquisidor* 47: Sigue, pues, el director de la Academia de la Historia la línea de Menéndez Pelayo al enjuiciar a nuestro personaje. *SolM* 4.2.91, 21 (A): Los que abandonan el barco del PCI constituyen un 4% de la militancia, dirigida por el senador Armando Cossuta, la línea dura de los comunistas. **d)** (*Pol*) Directrices ideológicas. | * Se ha apartado de la línea del Partido. **e) ~s maestras** (*o* **básicas,** *o* **esenciales**). Ideas o principios fundamentales [de un escrito, un discurso o un pensamiento]. | *Tri* 11.4.70, 39: Las líneas maestras del futuro Concordato deben ser las siguientes.

11 Conjunto de hilos o cables que conducen energía eléctrica de un punto a otro. *Frec* ~ ELÉCTRICA. | Marcos-Martínez *Física* 195: El montaje de las lámparas ordinarias del alumbrado se hace en derivación o en paralelo, esto es, sacando de los dos cables de la línea un circuito independiente. *HLM* 26.10.70, 21: Declaración en concreto de utilidad pública de la siguiente línea eléctrica: L-292. **b)** Conjunto de conductores por medio de los cuales se establecen las comunicaciones telegráficas o telefónicas. *Normalmente con los adjs* TELEGRÁFICA *o* TELEFÓNICA. | *Voz* 28.5.87, 45: "Telefónica" pone en funcionamiento la nueva central de Esteiro .. Tiene capacidad inicial para 960 líneas, y final para 1.920 líneas. * La línea telegráfica se halla averiada. **c)** (*col*) Posibilidad de comunicación telefónica. | CNavarro *Perros* 94: La cajera comenzó a golpear la caja del teléfono para conseguir línea. **d) ~ caliente.** Servicio telefónico de atención directa al cliente o usuario. | *SD16* 28.9.92, v: El Rayo Vallecano de José María Ruiz-Mateos ha abierto su "línea caliente", un teléfono que por unas sesenta pesetas al minuto promete "la mejor información sobre tu equipo".
12 (*reg*) Hilo o cordel que lleva en uno de sus extremos un anzuelo. | Aldecoa *Gran Sol* 39: Mañana hay que comer bonito, hay que tirar unas líneas a los peces.
13 ~ de crédito. (*Econ*) Total de créditos que se conceden a una empresa o a un país. | Areilza *Memorias* 86: Entre senadores y diputados había muchos que se manifestaban abiertamente en favor de .. la apertura de ayudas o de líneas de crédito para facilitar nuestras compras.
14 (*jerg*) Raya (de cocaína o heroína). | C. Postigo *SolM* 20.6.90, 6: Si a usted le invitan en una fiesta a nieve, perica o a una línea, lo que le están sugiriendo es que se meta por la nariz una raya de cocaína.

II *loc adj* **15 de ~.** [Coche o autobús] que pertenece a una línea [9] interurbana. | Ferres-LSalinas *Hurdes* 25: ¿No hay coches de línea por este lado? Arce *Testamento* 37: Ya en el autobús de línea me acordé de mi madre y lloré.
16 de ~. (*Mar*) [Navío] que reúne las condiciones necesarias para combatir en formación. | Solís *Siglo* 90: Eran más de treinta los navíos de línea que habría entre la boca del puerto y La Carraca.
17 [Juez] **de ~** → JUEZ.
18 en ~. (*Dep*) [Etapa o carrera ciclista] que se realiza saliendo simultáneamente todos los corredores. *Tb adv. Se opone a* CONTRA RELOJ. | C. Pérez *Abc* 8.5.86, 79: El corredor no sabía que su promedio había sido de casi cuarenta y cinco kilómetros por hora, realmente alto para una etapa en línea. *DBu* 2.7.64, 3: Janssen (en línea) y Anquetil (contra reloj) vencedores en las dos partes de la etapa.

III *loc v* **19 correr la ~.** (*Mil*) Recorrer los puestos que forman una línea [5a]. *Tb fig, fuera del ámbito militar.* | J. C. Villacorta *OrA* 19.8.78, 5: Yo le he conocido siempre [al corresponsal del periódico] en acto de servicio, y en numerosas ocasiones le he acompañado a "correr la línea", de Celorio a Llanes.

IV *loc adv* **20 en ~.** Formando hilera con otros elementos de la misma naturaleza que el objeto en cuestión. *Tb adj. Normalmente con referencia al aparcamiento de vehículos.* | *Inf* 7.9.70, 2: El aparcamiento en línea debe, en principio, dejar más sitio a los automóviles que circulan.
21 en ~s generales (*o,* **más aún, en,** *o* **a, grandes ~s**). De manera general. | *Ya* 29.11.74, 39: –Actualmente, ¿a qué edad se produce la menopausia en la mujer española? –En líneas generales, de los cuarenta y cinco a los cincuenta y cinco años. *Día* 28.9.75, 20: El encuentro, en líneas generales, ha sido de baja calidad. Rábade-Benavente *Filosofía* 63: En grandes líneas esto es cierto. Bermejo *Estudios* 117: La exposición de Carrasco sobre la Única Contribución viene a coincidir con la que muy a grandes líneas sabemos sobre el tema.
22 en toda la ~. Completamente. *Normalmente con vs como* VENCER, DERROTAR *o equivalentes. Tb adj.* | A. Navalón *SInf* 27.5.70, 3: Darle derechazos a la tonta del bote y fracasar en toda la línea con el que saca alguna dificultad, no creo que convenza a nadie. * Ha sido una derrota en toda la línea.
23 entre ~s. De manera sobrentendida. *Normalmente con los vs* LEER *o* DECIR. | Acevedo *Pue* 2.11.70, 2: De manera indirecta, y "entre líneas" –que es como suelen hacerse y de-

cirse ahora las cosas–, la bella ama de casa hispana acaba de protestar, disciplinadamente, sobre el coste de vida.

lineación *f (Arte)* Conjunto de líneas [1b]. | GNuño *Escultura* 180: Peinado, contextura de las facciones, vestido, postura y lineación general. GNuño *Escultura* 118: Una gran barba clásica, venida de la cabellera, con todas las pelambres expresadas en sumarias lineaciones paralelas.

lineal *adj* **1** De (la) línea [1a y b]. | * Estructura lineal. * Forma lineal. **b)** Que tiene forma de línea [1a y b]. | Acquaroni *Abc* 29.7.67, 11: Un tercio de uno de los templos de más vistosa arquitectura .. se interponía en el trazado lineal de la gran avenida. **c)** *(CNat)* Largo y estrecho. *Tb lit, fuera del ámbito técn.* | *Hoy* 15.11.70, 25: Es una hierba de unos veinte centímetros de altura .. Las hojas son lineales y opuestas. Delibes *Madera* 169: Huesudo, nervioso, lineal, Carlos Centeno levantó sus negros ojos malignos. **d)** *(Ling)* Se dice de dos sistemas de escritura (~ A y ~ B) de los ss XV al XII a.C., descubiertos en Creta, Pilos y Micenas. *Tb n m.* | Fernández-Llorens *Occidente* 51: Aparecen [en Creta] algunas inscripciones hechas primero en un sistema de escritura ideográfica, y más tarde en dos sistemas más simplificados: el Lineal A y el Lineal B.
2 Que en su forma de manifestarse o en su estructura parece seguir una hipotética línea recta. | A. Soria *Tri* 6.2.71, 16: Hoy la ciudad lineal, además de tomarse como una propuesta teórica más o menos curiosa, es considerada incluso como punto de partida en numerosas realizaciones urbanísticas. **b)** *(E)* [Forma de expresión] cuyos elementos se presentan o manifiestan de manera sucesiva y no simultánea. | Casares *Música* 35: La Polifonía no es una música lineal (monódica), sino que en ella, al haber varias voces que suenan simultáneamente, se da cierta concepción vertical de la música. **c)** *(TLit)* [Relato] en que la acción sigue una secuencia temporal normal y sin acciones secundarias. | Delibes *Año* 97: Yo pienso que todas mis novelas pueden contarse; lo que sucede es que las primeras pueden contarse más fácilmente por tratarse de relatos lineales con un personaje eje. **d)** *(E)* Propio de la expresión o el relato lineal. | Alcina-Blecua *Gramática* 131: Junto a la arbitrariedad, el signo presenta el principio del carácter lineal del significante, los significantes no pueden aparecer de manera simultánea en la cadena.
3 [Dibujo] hecho solo con líneas [1b] y mediante regla, compás y otros instrumentos similares. | *Abc Extra* 12.62, 56: Dibujo Lineal y Geométrico. **b)** *(Pint)* [Perspectiva] que resulta proyectando sobre el plano el cono formado por las visuales que parten del ojo y pasan por todos los puntos del objeto. | Angulo *Arte* 1, 17: El arte de fingir la tercera dimensión, es decir, la profundidad, por medio del dibujo, es la perspectiva lineal.
4 [Cantidad o aumento salarial] aplicable por igual a todos los empleados, sea cual sea su jerarquía. | *Ya* 13.12.75, 14: Se pedía una revisión salarial a partir del primero de enero con un aumento de 4.000 pesetas lineales.
5 [Medida] de longitud. | Gironza *Matemáticas* 11: Cada unidad cúbica o de volumen es un cubo cuya arista es la unidad lineal correspondiente.
6 *(Fís)* [Fenómeno] cuyos efectos se consideran solo en una dirección. | * Dilatación lineal.
7 *(Fís)* [Velocidad] que se mide por la longitud del arco recorrido en un segundo por un móvil animado de movimiento circular uniforme. | Mingarro *Física* 33: Calcular la velocidad angular de la Tierra y la velocidad lineal de un punto situado sobre el Ecuador.
8 *(Mat)* De primer grado. | Marcos-Martínez *Álgebra* 130: Sistemas de ecuaciones lineales.

linealidad *f* Condición de lineal, *esp* [2]. | FVidal *Duero* 216: El viajero pasea por las tres altas naves .., separadas unas de otras por basas y fustes de columnas de linealidad prodigiosa. Terán *Madrid* 214: Esencialmente, la organización de la ciudad moderna debía descansar sobre la linealidad que imponía un eje de transporte colectivo. *Sp* 19.4.70, 54: Para Liberata Masoliver no existen modas, sino solo un camino para hacer novela, y en él está desde hace largos años: el de la linealidad, el de ir por derecho a describir lo que le sugieren los acontecimientos. HVista *Estructuralismo* 274: El axioma de la linealidad. Es un axioma indiscutible el carácter lineal de la comunicación lingüística.

linealmente *adv* De manera lineal [2 y 4]. | *Pactos Moncloa* 33: Se recomienda que la distribución del incremento indicado de la masa salarial en cada empresa se efectúe de modo que la mitad, al menos, del referido incremento se distribuya linealmente entre los trabajadores de la misma.

lineamiento *m (raro)* Conjunto de líneas [10]. | *País* 31.12.77, 8: Los grandes lineamientos de la política educativa son igualmente prometedores.

linear *tr* Bosquejar. | Camón *Abc* 24.6.58, sn: Este dibujo es tan terminal y sólido que en algunos de sus retratos, solo lineados, como en el del conde de Yebes, se presiente el color y la luz que pueden envolverlos.

linense *adj* De La Línea de la Concepción (Cádiz). *Tb n, referido a pers.* | *Cádiz* 32: La Línea de la Concepción .. Gran parte de su existencia está vinculada a la plaza británica, donde trabajan diariamente millares de linenses.

líneo *m (reg)* Hilera de cepas. | Delibes *Castilla* 169: Yo, por ahorrar unas pesetas, estoy sacando un líneo de cada dos, de manera que en la viña haya calles de seis pies y calles de doce y por estas pueda meter el arado y trabajarla.

liner *(ing; pronunc corriente, /láiner/; pl normal, ~s) m* Buque destinado al servicio de una línea regular de navegación. | *Día* 21.9.75, 15: Procedente de Funchal, arribará sobre las siete y media de la mañana el trasatlántico italiano "Federico C" .. Este "liner" .. es habitual visitante de nuestro puerto. *Faro* 18.8.87, 6: La vinculación de la P & O con el puerto de Vigo se puso de manifiesto el pasado jueves durante la brillante recepción celebrada a bordo del liner "Canberra".

linero -ra *adj* De(l) lino. | Bosque *Universo* 167: Polonia sigue ocupando el segundo lugar [en producción de lino], pese a no contar con sus mejores tierras lineras, cedidas a Rusia.

linfa *f (Anat)* **1** Líquido orgánico amarillento, casi transparente, de composición comparable a la del plasma sanguíneo. | Nolla *Salud* 92: La composición de la linfa circulante es parecida a la de la linfa intersticial, pero variará, como es lógico, según sea el tejido de procedencia.
2 *(Fisiol)* Líquido [de las pústulas de la viruela vacuna]. | *Puericultura* 62: El 14 de mayo de 1796, inoculaba a un niño de ocho años .. la linfa de las pústulas que se habían desarrollado en una mujer afectada de viruela vacuna. **b)** *(Med)* Emulsión de linfa, utilizada para la vacunación antivariólica. | Alvarado *Anatomía* 169: En general, se utiliza para ello [la vacunación] la llamada linfa, que no es otra cosa que una emulsión en glicerina de pústulas de ternera, preparada convenientemente para su conservación.
3 *(lit)* Agua. *Frec en pl.* | Torrente *Sombras* 44: Esta serpiente .. se precipitaba en las linfas de la bahía tranquila. DCañabate *Abc* 22.6.58, 51: Aquella agua era agua del Lozoya, el serrano río de linfa delgada y fina.

linfadenitis *f (Med)* Inflamación de los ganglios linfáticos. | *TMé* 6.1.84, 11: Maxicilina Duplex .. Indicaciones .. Linfadenitis, erisipela.

linfangioma *m (Med)* Tumor benigno producido por proliferación de vasos linfáticos. | *Abc* 21.5.67, 89: Hospital del Niño Jesús. Doctor Garrido-Lestache: "Angiomas y linfangiomas: sus diversas localizaciones, diagnóstico y tratamiento".

linfangitis *f (Med)* Inflamación de los vasos linfáticos [1]. | MNiclos *Toxicología* 56: La mordedura de víbora origina intenso dolor local, .. que se acompaña de una linfangitis que progresa de manera centrípeta.

linfático -ca *adj* **1** *(E)* De la linfa, *esp* [1]. *Tb n m, referido a vaso.* | Nolla *Salud* 92: En su trayecto, las venas linfáticas atraviesan unas formaciones, llamadas ganglios linfáticos, en las cuales la linfa aminora la velocidad de su circulación. *Min* 5.87, 32: Contribuye [el Fastum Gel] .. a la resolución rápida de los procesos inflamatorios superficiales que interesan a piel, venas, linfáticos y linfoglándulas. CBonald *Ágata* 137: ¿Has visto el lento desplazamiento de los infusorios en el caldo linfático que tragan los sedientos?
2 *(raro)* Indolente y falto de energías. *Tb n, referido a pers.* | VMontalbán *Prado* 169: Una vejez olímpica y sin es-

tridencias, como una sonata para violín interpretada por un violinista suizo linfático.

linfoblástico -ca *adj (Med)* [Leucemia] aguda originada en las células linfoides. | *DMo* 6.8.87, 13: El tenor José Carreras padece leucemia linfoblástica.

linfocitario -ria *adj (Anat)* De(l) linfocito o de (los) linfocitos. | F. J. FTascón *Ya* 30.6.74, 25: El intento de comprender no solo la acción de los mediadores humorales de la inmunidad .., sino a esas células linfocitarias timodependientes.

linfocítico -ca *adj (Anat)* Linfocitario. | *Abc* 27.8.93, 60: Dicho transplante no se llevará a cabo hasta dentro de unas semanas, una vez que se obtengan los resultados de un cultivo mixto linfocítico. **b)** Caracterizado por la presencia de linfocitos. | Rascón *TMé* 11.5.84, 12: Puede demostrarse la supervivencia con quimioterapia en el cáncer de mama, leucemias mieloide crónica y linfocítica, linfoma linfocítico.

linfocito *m (Anat)* Leucocito mononuclear de pequeño tamaño, originado en los ganglios y vasos linfáticos, y de gran importancia inmunológica. | Navarro *Biología* 111: Leucocitos mononucleares .. Los de menor tamaño o linfocitos .. poseen un núcleo ocupando casi toda la célula y no realizan fagocitosis.

linfocitosis *f (Med)* Aumento anormal del número de linfocitos. | C. Dávila *Abc* 9.5.76, 34: Menor significado diagnóstico tienen las linfocitosis y linfopenia.

linfoglándula *f (Anat)* Ganglio o nódulo linfático [1]. | *Min* 5.87, 32: Contribuye [el Fastum Gel] .. a la resolución rápida de los procesos inflamatorios superficiales que interesan a piel, venas, linfáticos y linfoglándulas.

linfografía *f (Med)* Radiografía de los vasos y ganglios linfáticos. | J. Fereres *TMé* 10.2.84, 4: Aunque no puede decirse que la linfografía vaya a ser abandonada, el CT permite explorar perfectamente el retroperitoneo superior.

linfogranuloma *m (Med)* Granuloma que se presenta en un ganglio. | C. INavarro *SYa* 27.3.77, 14: Las enfermedades de transmisión sexual, que hoy incluyen .. el granuloma inguinal y el linfogranuloma venéreo.

linfogranulomatosis *f (Med)* Enfermedad caracterizada por la aparición de linfogranulomas. | Corbella *Salud* 462: La cuarta enfermedad venérea o enfermedad de Nicolás-Favre recibe también el nombre de linfogranulomatosis venérea porque su signo clínico más ostensible es la existencia de grandes adenopatías (ganglios) en las ingles.

linfoide *adj (Anat)* De (la) linfa [1]. | Bustinza-Mascaró *Ciencias* 57: Los linfocitos [se forman] en el llamado tejido linfoide.

linfoma *m (Med)* Tumor del tejido linfoide. | F. J. FTascón *SYa* 7.5.70, 9: Estos virus son los que en estos últimos tiempos están de moda por el hallazgo de un virus EB en el linfoma de Burkitt.

linfopenia *f (Med)* Disminución anormal del número de linfocitos. | C. Dávila *Abc* 9.5.76, 34: Menor significado diagnóstico tienen las linfocitosis y linfopenia.

linga *m (lit, raro)* Pene. | SFerlosio *Ensayos* 1, 126: Si pongo "pene", "falo" o "linga" me entra la risa floja.

lingala *m* Lengua bantú usada como lengua de relación en el Zaire, Congo y República Centroafricana. | *D16* 19.1.88, 48: Este acontecimiento cultural de indudable importancia interesará sobre todo a quienes sientan irreprimible deseo de aprender el bubi, .. el lingala, el swahili.

língam *(pl normal, ~s) m (lit, raro)* Linga (pene). | Goytisolo *Recuento* 410: Las [mujeres] de Uda sufren continuamente de una picazón en el Yoni que solo puede ser satisfecha mediante la aplicación de un sólido Língam. [*En el texto*, Lingam.]

lingotazo *m (col)* Trago [de una bebida alcohólica]. *Frec sin compl.* | ASantos *Estanquera* 41: Sirve chinchón Ángeles en las copas y se meten un lingotazo entre pecho y espalda.

lingote *m* Bloque [de un metal o de una aleación] que tiene la forma del molde en que se ha colado. | P. GAparicio *HLM* 26.10.70, 3: Liberación de los veinticinco miembros de esta actualmente detenidos; entrega de medio millón de dólares en lingotes de oro.

lingotera *f (Metal)* Molde para hacer lingotes. | C. Bellver *SInf* 14.4.76, 4: Fundido el metal en la composición debida, se hace la colada, es decir, se cuela en unas lingoteras.

lingotería *f (Metal)* Conjunto de lingoteras. | *GTelefónica* N. 12: Almacenes siderometalúrgicos. Aceros calibrados .. Latón. Zinc. Hierros. Chapa blanca. Lingotería no férrica para fundición.

linguado -da *adj (Heráld)* [Animal] que saca la lengua y en el que ésta es de distinto color que el cuerpo. | Em. Serrano *Sáb* 31.8.74, 63: Bordura cosida de oro con cinco cabezas de sierpe de sinople linguadas de gules.

lingua franca *(it; pronunc, /língua-fránka/) f* Lengua franca (→ FRANCO[1]). | P. Bonet *País* 4.3.88, 4: Pese a su papel de *lingua franca* entre los pueblos de la URSS, el poder central soviético considera que el ruso no se aprende suficientemente en este Estado.

lingual *adj* **1** *(Anat)* De la lengua (órgano muscular). | Alvarado *Anatomía* 74: Se encuentran principalmente [los corpúsculos] en la mucosa lingual. Alvarado *Anatomía* 77: Los más importantes [músculos de la lengua] son: el lingual superior .., el lingual inferior .., el lingual transverso.
2 *(Fon, hoy raro)* Apical. | Navarro *Biología* 190: Según sea la lengua, los labios o el velo del paladar quien los origine [los sonidos], se denominan, respectivamente, consonantes linguales, .. labiales .. o guturales.

lingüista *m y f* **1** Especialista en lingüística [3]. | Villar *Lenguas* 31: Algunos lingüistas han preferido mantener los esquemas e ideas tradicionales.
2 *(raro)* Políglota. | *Voz* 30.9.81, 23: Importante agencia de publicidad coruñesa busca redactor publicitario creativo, dinámico, buen lingüista.

lingüísticamente *adv* En el aspecto lingüístico. | FRamírez *Lengua* 30: La actividad del hombre lingüísticamente libre podría concebirse como concibe Schelling la actividad del artista en su sistema del Idealismo Transcendental.

lingüístico -ca I *adj* **1** De(l) lenguaje (medio de comunicación humano). | S. Lorenzana *Pap* 1.57, 49: Otra de las grandes aficiones .. fue la referente a los problemas lingüísticos.
2 De (la) lingüística [3]. | Aranguren *Marxismo* 19: Parece procedente efectuar un somero análisis lingüístico que nos permita poner en claro qué cosa o cosas se quieren decir con la palabra "marxismo".
II *f* **3** Ciencia que estudia el lenguaje (medio de comunicación humano). | *Van* 4.11.62, 6: La Real Academia Española .. saca a concurso los premios de la Fundación Rivadeneira .. Los temas versarán, libremente, sobre lingüística y literatura española.

linier *m (Fút)* Juez de línea. | G. García *As* 7.12.70, 4: Fue la [jugada] del gol anulado –por injusto banderazo del linier de la zona–.

linimento *m* Preparado farmacéutico para ser aplicado en fricciones. | VMontalbán *Pianista* 140: Charlatanes vendedores de hojas de afeitar Iberia, de lápices Termosán, linimento Sloan.

linina *f (Biol)* Sustancia fibrilar en la que están suspendidos los granos de cromatina. | Bustinza-Mascaró *Ciencias* 22: Disperso por él [por el jugo nuclear] existe una red finísima de una sustancia llamada linina.

linio *m* Liño. | Álvarez *Cór* 27.9.64, 5: La vendimia y el otoño se resuelven en la gracilidad de aquel amanecer .. La suave andadura por los linios mollares hace más denso el silencio.

links *(ing; pronunc corriente, /links/) m pl* Campo de golf. | GBiedma *Retrato* 45: Atravesamos .. los *links* del Golf Municipal y fuimos a guarecernos al pie de las murallas. *Abc* 4.10.70, 69: Está ultimado el programa de la Copa de Jerez, Campeonato Internacional Amateur de Golf, que se celebrará en los "links" de Sotogrande.

lino *m* **1** Planta herbácea de flores azules, semillas oleaginosas y tallos erectos, de los que se extrae una fibra

linolénico – liofilizar

textil (*Linum usitatissimum*). *Tb su semilla.* | Ubieto *Historia* 109: Además del desarrollo del cultivo del lino y del cáñamo, se impuso el del almendro, la higuera y el limonero. Lama *Aves* 43: Como alimentación debemos ponerles alpiste, cañamones y lino. **b)** *Seguido de diversos adjs o compls, designa otras especies herbáceas del mismo gén que el lino o de otros:* ~ AMARILLO (*Linum trigynum*), ~ BRAVO (*L. bienne* o *L. narbonense*), ~ CATÁRTICO O PURGANTE (*L. catharticum*), ~ DE LAGARTIJAS (*Asterolinon linum-stellatum*), ~ DE NUEVA ZELANDA (*Phormium tenax*). | Mayor-Díaz *Flora* 347: *Linum trigynum* L. "Lino amarillo". (Sin. *L. gallicum* L.) Mayor-Díaz *Flora* 347: *Linum bienne* Miller "Lino bravo". (Sin. *Linum angustifolium* Hudson.) Mayor-Díaz *Flora* 347: *Linum catharticum* L. "Lino catártico", "Lino purgante". Mayor-Díaz *Flora* 190: *Asterolinon linum-stellatum* (L.) Duby. "Lino de lagartijas". GCabezón *Orotava* 21: Lino de Nueva Zelanda, *Phormium tenax*, var. *atropurpureum*, Hort.

2 Fibra textil que se obtiene del lino [1a]. | *Economía* 85: El ramio procede de las Indias orientales, y su tallo es de fibras tan largas que llegan hasta alcanzar tres metros. Se ha intentado en Europa utilizarlas como planta textil en sustitución de la seda y el lino. **b)** Tejido de lino. | *País* 29.4.79, 5: En el caso de las niñas, los tejidos favoritos siguen siendo el organdí, el lino y el satén.

linolénico *adj* (*Quím*) [Ácido] que se encuentra en los aceites de lino y de cañamón. | Mascaró *Médico* 145: El organismo exige, además de la aportación de energía, .. los aminoácidos y grasas que el cuerpo humano no sabe sintetizar (metionina, triptófano, ácido linolénico, etc.).

linóleo *m* **1** Tejido de yute impermeabilizado con una masa de corcho en polvo y aceite de linaza, y que se emplea esp. para recubrir suelos. | *Economía* 32: El linóleo adopta exactamente la forma del suelo sobre el que reposa.

2 Grabado hecho en linóleo [1]. | *MHi* 3.61, 40: Se han celebrado .. exposiciones de obras de Picasso en Barcelona: la de las aguatintas ..; la de una serie de linóleos en color.

linoleografía *f* Técnica del grabado en linóleo. | Huarte *Exlibris* 26: A esto último [el grabado] sirven muy diversas técnicas ..: xilografía, buril, aguafuerte, punta seca, litografía, linoleografía.

linóleum (*pl normal*, *~s*) *m* Linóleo. | Torrente *Señor* 121: Desapareció rápidamente; sus zuecas resonaron sobre el linóleum del pasillo.

linón *m* Tela de hilo o algodón, engomada y de hilos muy finos y separados. | *Economía* 89: Algodón: percal, cretona, muselina, batista, .. linón. [*En un cuadro demostrativo.*]

linotipia *f* (*Impr*) Máquina de componer provista de matrices, de la cual sale la línea formando una sola pieza. *Tb la técnica de componer con esa máquina.* | Huarte *Tipografía* 61: La monotipia .. es máquina de coste mucho más elevado que la linotipia. Huarte *Tipografía* 28: Cuando la composición no ha sido hecha a mano con tipo móvil, sino mecánicamente (linotipia, monotipia), puede haber unas erratas peculiares al procedimiento empleado.

linotípico -ca *adj* (*Impr*) De (la) linotipia. | *Grem* 11/12.79, sn (T): La especialidad de composición mecánica linotípica.

linotipista *m* y *f* (*Impr*) Pers. que maneja una linotipia. | Huarte *Tipografía* 22: La corrección de estilo debe hacerse sobre el original, bien señalando efectivamente las correcciones en las cuartillas con lápiz o pluma, bien desviándose el compositor (cajista o linotipista) de la letra del original para componer el texto correctamente redactado.

linterna *f* **1** Lámpara eléctrica manual provista de bombilla y alimentada por pilas o acumuladores. | Olmo *Golfos* 120: El Nache, con la linterna de su padre encendida, avanzaba. **b)** Farol manual que proyecta luz por una sola cara. | * Durante la noche, iban por la calle acompañados de un criado con una linterna. **c)** **~ sorda.** Farol manual cuya luz puede ocultarse a voluntad por una pantalla opaca movible. | Cunqueiro *Crónicas* 72: Como a mi madre se había salido el partido de un ambulante alemán que andaba mostrando la novedad de una linterna sorda por las ciudades de Borgoña, me dejó en la taberna. **d)** **~ chinesca.** Farol decorativo adornado con dibujos. | Goytisolo *Recuento* 71: A los lados, los bares se ahondaban coloreados por linternas chinescas y vibrantes ristras de flecos y banderitas de papel.

2 (*Mar*) Faro. | Cunqueiro *Un hombre* 14: Un criado del magistrado de linternas me aseguró que se les había olvidado la palabra.

3 (*Arquit*) Torrecilla acristalada o con ventanas que remata un edificio para alumbrarlo y proporcionarle ventilación y que frec. va sobrepuesta a una cúpula. | GNuño *Madrid* 32: La cúpula, sin linterna, se apoya sobre pechinas.

4 ~ de proyección. Aparato proyector. | Alfonso *España* 79: Da unos curiosos ciclos de conferencias a las que siempre lleva una linterna de proyección y grandes y ordenadas cajas de diapositivas. **b)** **~ mágica.** (*hist*) Aparato que proyecta, agrandándolas, figuras pintadas sobre vidrio. | *Abc Extra* 12.62, 79: El verdadero inventor de la linterna mágica, tal como nosotros la conocemos, fue un matemático dinamarqués, Tomás Walgerestenius.

5 ~ de Aristóteles. (*Zool*) Aparato masticador del erizo de mar. | Ybarra-Cabetas *Ciencias* 332: En ella [la boca del erizo de mar] se desarrolla un aparato masticador musculoso muy complejo que recibe el nombre de linterna de Aristóteles.

linternazo *m* Golpe dado con una linterna [1]. | Torres *Ceguera* 101: Había descubierto que al hombre, amén de los estimulantes, le gustaban los malos tratos. La revelación se produjo la noche en que él irrumpió en su tienda hecho un pulpo y, después de recibir un linternazo en la cabeza que habría desmoralizado a cualquiera, le suplicó que le atizara más. **b)** (*raro*) *En gral*: Golpe dado con un objeto. | Cela *Escenas* 281: Los amores de Blanquito con la Nati Aljabara iban viento en popa, pero terminaron a linternazos y como el rosario de la aurora.

linzuelo *m* (*reg*) Sábana de amortajar. | *Nar* 11.77, 23: Ansó y sus trajes .. Mortaja: linzuelo o sábana.

liña *f* (*reg*) Línea (hilo que lleva en uno de sus extremos un anzuelo). | Arce *Anzuelos* 27: Los pescadores .. tenían clavados los ojos en la liña que remataba, inquieta, aquellos tres metros de catgut negro en cuya punta el anzuelo se hallaba fuertemente empatado y listo para la lubina.

liño *m* Línea [de árboles o de otras plantas]. *Tb sin compl.* | MAbril *Act* 7.7.66, 7: La fuerza y el gozo de la vegetación: viñas, praderas, los espadines de los trigos, los caminos, los liños de los árboles frutales. *Compil. Cataluña* 802: El propietario que plante liños para formar cerca en su predio deberá plantarlos espesos y a setenta centímetros del predio vecino.

lío *m* **1** Conjunto atado [de cosas, esp. ropa]. | Matute *Memoria* 28: Pobre, .. con su atado, retorcido, empaquetado odio, arrinconado debajo de la cama, como un lío de ropa sucia.

2 (*col*) Confusión o enredo. *Frec con vs como* HACER(SE) *o* ARMAR(SE). | Halcón *Monólogo* 20: Pienso en el lío que se haría el hombre que trazara mi biografía. Ó. Pin *Cod* 2.2.64, 13: Me encontraría con los letreros esos de "Esperen, peatones..." y me armaría un lío. **b)** Cosa complicada. *Frec con intención ponderativa.* | Medio *Bibiana* 67: Vaya un lío eso de enamorarse del hijo de la señora.

3 (*col*) Alboroto o agitación. *Tb fig. Frec con el v* ARMAR(SE). | Arce *Testamento* 50: Se armaría un buen lío en el pueblo tan pronto como se enterasen de la noticia.

4 (*col*) Discusión o pendencia. | Umbral *Ninfas* 77: Yo había creído que aquellos seres eran los únicos que no compartían los dolores, los tediosos líos de familia y los partos de los otros humanos deleznables.

5 (*col*) Relación amorosa irregular. *Tb la pers con quien se sostiene esa relación.* | FSantos *Hombre* 109: Hasta mi madre .. se acuerda de la chica aquella cada vez que hablamos de Benidorm. Y mi padre dice que líos así los hay a montones. Diosdado *Camino* 15: Mi marido me sale con que tiene un lío y con que se quiere ir a vivir con el lío.

liofilización *f* (*E*) Acción de liofilizar. | *MHi* 8.66, 21: Planta piloto del Centro Experimental del Frío para la liofilización de productos alimenticios.

liofilizado -da I *adj* **1** *part* → LIOFILIZAR.

II *m* **2** (*E*) Producto liofilizado. | *Pue* 9.5.74, 18: La presencia de ERT en el polo de desarrollo de Huelva se afianza con la constitución de .. Alimentos Unión, S.A., para liofilizados y champiñones.

liofilizar *tr* (*E*) Desecar [una sustancia orgánica: alimenticia, farmacéutica o biológica] con el fin de conservarla

lionés – liquen

durante largo tiempo con sus características originarias, separando el agua de ella mediante su congelación y la posterior sublimación del hielo formado. | *MHi* 8.66, 21: El doctor Moreno Calvo procede al envasado, en atmósfera inerte, del producto liofilizado. *Gac* 23.11.75, 3: Nescafé Oro nace de la mejor selección y mezcla de cafés. El extracto se "liofiliza" para conservar todo su aroma y sabor. *Sur* 5.8.89, 47: Esos microorganismos se cultivan, liofilizan, descongelan cuando es necesario.

lionés -sa I *adj* **1** De Lyon (Francia). *Tb n, referido a pers.* | *Ya* 10.10.70, 6: Algunos caminos que conducen a localidades de la región lionesa se encuentran cortados .. En Lyon el nivel del río era hoy de 5,87 metros.
II *f* **2** (*reg*) Cierto pastelillo. | VMontalbán *Tatuaje* 10: La nevera le ofreció tanta luminosidad como vacío. Metió el dedo en la nata de una lionesa y después lo chupó.

lioso -sa *adj* (*col*) **1** Liante. | VMontalbán *Mares* 166: Un día discutí con ella .. Me dijo que yo había sido franquista .. Yo le dije que era una liosa.
2 [Cosa] complicada. | Pemán *Almuerzos* 163: Ayer la rutina estratégica me obligó a ocultar que estaba en Antequera y fingir que hablaba desde Sevilla. Pero esto me resulta muy lioso.

liparita *f* (*Geol*) Riolita. | Alvarado *Geología* 52: Liparitas o Riolitas. Resultan de la consolidación superficial del magma granítico.

lipasa *f* (*Biol*) Enzima que cataliza la escisión de los lípidos. | Navarro *Biología* 17: La saponificación natural de las grasas se efectúa catalizando la reacción unos fermentos denominados lipasas.

lipe *o* **lipes. piedra ~** → PIEDRALIPE.

lipendi *adj* (*col, hoy raro*) Tonto o bobo. *Frec n.* | DCañabate *Andanzas* 182: El que te salga un lipendi de señorito, ya sabes en lo que terminan, en si te he visto no me acuerdo en cuanto se comen la tajada.

lipídico -ca *adj* (*Quím*) De (los) lípidos. | Vega *Corazón* 81: El hombre resulta desde la primera infancia adaptado al cosmos por normas sociales .. antes de que sus mecanismos neurohumorales de adaptación (movilización adrenalínica del glucógeno hepático, regulación del equilibrio lipídico, etc.) se pongan en marcha.

lípido *m* (*Quím*) Cuerpo graso, esp. constituido por un éster u otro derivado de un ácido graso. | Legoburu-Barrutia *Ciencias* 24: Con las sustancias orgánicas se hacen tres grupo: Glúcidos .. Lípidos .. Prótidos. Cañadell *Salud* 157: La función más importante de los lípidos es la de permitir el almacenamiento en cantidades prácticamente ilimitadas de energía.

lipodistrofia *f* (*Med*) Trastorno en el metabolismo de las grasas. | MSantos *Tiempo* 44: Como si la grasa esteatopigia de las hotentotes no estuviera perfectamente contrabalanceada por la lipodistrofia progresiva de nuestras hembras mediterráneas.

lipoescultura *f* Modelado de la línea corporal por medio de la liposucción. | *PinR* 15.11.91, 8: Centro Bioterapia .. Obesidad. Celulitis. Lipoescultura. *País* 26.10.93, 56: Elige talla con lipoescultura ¡en una sesión! Elimina tripa, cartucheras, etc., de forma cómoda y rápida: sin cirugía, sin dolor y sin cicatrices.

lipófilo -la *adj* (*Quím*) Que tiene afinidad con los lípidos. | *Sem* 15.3.75, 13: Células frescas lipófilas. Juventud de la piel por renovación celular.

lipoide (*Quím*) **I** *adj* **1** Semejante a la grasa. | Navarro *Biología* 32: Unas [hormonas] son de naturaleza lipoide (estéridos), otras derivan de los aminoácidos.
II *m* **2** Lípido. | Alvarado *Zoología* 97: El resto de la yema [del huevo] es el vitelo nutritivo, formado por proteínas, grasas y lipoides, destinado a la alimentación del embrión.

lipoideo -a *adj* (*Quím*) Lipoide. | Navarro *Biología* 45: La célula huevo de los animales, igual que las de las semillas de los vegetales, suelen ser ricas en inclusiones proteicas y lipoideas.

lipólisis (*tb* **lipolisis**) *f* (*Biol*) Disolución o descomposición de las grasas. | *SYa* 12.3.89, 41: Todos los trata-

mientos actuales, conjuntados: Liposucción. Lipolisis térmica. Mesoterapia. Masaje.

lipoma *m* (*Med*) Tumor benigno de tejido adiposo. | J. Fereres *TMé* 27.1.84, 29: Se pueden descubrir .. lipomas y liposarcomas.

lipoproteína *f* (*Biol*) Molécula compleja constituida por una proteína y un lípido. | *Ya* 21.5.74, 23: Llegaron a la conclusión de que la enfermedad de Tangier era una deficiencia familiar de lipoproteínas de alta densidad.

lipoquímica *f* (*Quím*) Química de las grasas. | *Ya* 22.10.64, sn: El Instituto de Química integrado a su vez por los departamentos de Plásticos, Fermentaciones Industriales, Química Orgánica y Sección de Lipoquímica.

lipori (*tb* **lípori**) *m* (*col*) Vergüenza ajena. | Marías *País* 28.6.78, 11: Sentí una profunda vergüenza. No solo política –eso que se llama *lipori* o vergüenza ajena, claro está–, sino intelectual, simplemente, humana. GSerrano *Madrid* 113: Todos nosotros habíamos comenzado a pasarlo exquisitamente mal, sin que ninguna forma de lípori nos fuese evitada, sin que ningún género de rubor dejase de ascender a nuestras mejillas.

liposarcoma *m* (*Med*) Sarcoma con elementos adiposos. | J. Fereres *TMé* 27.1.84, 29: Se pueden descubrir .. tumores infiltrantes del mesenterio, lipomas y liposarcomas.

liposolubilidad *f* (*Quím*) Cualidad de liposoluble. | M. T. Vázquez *Far* 12.87, 7: Los organoclorados son las sustancias más tóxicas y debido a su liposolubilidad se acumulan en el tejido graso.

liposoluble *adj* (*Quím*) Soluble en las grasas. | Bustinza-Mascaró *Ciencias* 51: Unas vitaminas son solubles en el agua (hidrosolubles) y otras se disuelven en las grasas (liposolubles).

liposoma *m* (*Biol*) Partícula de materia lipoide que se mantiene en los tejidos en forma de grasa invisible. *Frec en cosmética.* | M. PMendiola *DMa* 17.5.89, 2: He frotado liposomas a millares en las pristinas [*sic*] arrugas sin que una sola de ellas mostrara la menor intención de desaparecer.

liposucción *f* (*Med*) Técnica quirúrgica para la eliminación de grasas localizadas, consistente en la aspiración de estas a través de cánulas introducidas por incisiones cutáneas. | J. Parra *Ya* 30.6.86, 64: En esta clínica se ofrecerán tratamientos contra la obesidad, el "stress", curas de sueño, liposucciones, "lift[i]ngs" y todos esos remedios contra las enfermedades de la "jet".

lipotimia *f* (*Med*) Pérdida súbita y pasajera del conocimiento. | CBonald *Ágata* 215: Cuando .. supo incidentalmente que por allí habían estado Pedro y Blanquita, cayó en un sopitipando que empezó con trazas de ficticio y acabó ciertamente en las inmediaciones de la lipotimia.

lipotrópico -ca *adj* (*Med*) [Sustancia] que tiene afinidad por las grasas y que disminuye los depósitos de estas en el tejido hepático. *Tb n m.* | MNiclos *Toxicología* 95: Dieta de protección hepática, con complejo B, aminoácidos, lipotrópicos y una dosis pequeña de vitamina K. **b)** Propio de la sustancia lipotrópica. | G. Monti *SAbc* 20.10.68, 26: Esta solución de procaína hidroclórica .. tiene una impresionante gama de acciones: eutrópica .., diurética, lipotrópica.

lique I *m* **1** (*Juegos*) En pídola. Patada dada con el talón en el trasero. | ZVicente *Traque* 274: Yo no me atrevía a saltar a pídola, ni supe nunca dar un lique. **b)** (*col*) Puntapié en el trasero. | ZVicente *Mesa* 158: Qué puntapié tiene el tal en el tafanario, qué a gusto se le podría saludar con un buen lique.
II *loc v* **2 dar el ~.** (*col*) Despedir [a alguien] de su puesto. *Tb fig.* | Paso *Usted* 317: Lo que te ocurre es lo que a mí. Que no puedes resignarte a que nos quieran dar el "lique".
3 darse el ~. (*col*) Marcharse. | Sastre *Taberna* 75: Guadalajara o donde sea; el caso es que te des el lique cuanto antes.

liquen *m* **1** Organismo vegetal que resulta de la simbiosis de un hongo microscópico con un alga unicelular y que vive sobre los árboles, los muros o las rocas, formando costras. | Ortega-Roig *País* 51: En el mapa de vegetación .. el 6 [indica] la de alta montaña (musgos, líquenes).
2 ~ plano. (*Med*) Enfermedad inflamatoria de la piel, caracterizada por pápulas. | Corbella *Salud* 453: Otra enfer-

medad papulosa de un cierto interés, menos por su frecuencia que por el intenso prurito a que da lugar, es el liquen plano.

liquenificación f (Med) Adquisición, por la piel, de los caracteres del liquen plano, como consecuencia de rascaduras. | *Ya* 28.11.86, 62: Nunca nos debemos rascar, ya que en un porcentaje notable de casos se puede llegar a la "liquenificación" o endurecimiento de la parte rascada.

liquenoide adj (Med) Semejante al liquen [2]. | A. Cenzano *TMé* 27.1.84, 20: Siguió la intervención de los doctores Febrer, Martínez y Aliaga en torno a la placa liquenoide involutiva.

liquenología f (Bot) Estudio de los líquenes [1]. | *Ya* 1.7.89, 19: Los trabajos realizados por España .. han consistido en estudios meteorológicos, incluidos análisis del ozono de la atmósfera, ictiológicos, de liquenología, glaciología, hidrología.

liquenológico -ca adj (Bot) De (la) liquenología. | *Ya* 25.2.90, 28: Cuatro científicos .. instalaron un nuevo campamento en la península de Baiers .. para ampliar las investigaciones geológicas, geomorfológicas y liquenológicas de esta zona.

liquidable adj **1** Que se puede liquidar. | Aleixandre *Química* 81: El oxígeno es un gas incoloro, inodoro e insípido. Es difícilmente liquidable.
2 (Econ) [Base] sobre la que debe hacerse la liquidación de un impuesto. | J. L. Batalla *Abc* 21.5.67, 49: Su base liquidable no excede de 265.000 pesetas.

liquidación f Acción de liquidar. | Delibes *Parábola* 157: La Casa .. la indemnizará a usted con arreglo a las liquidaciones de su marido. CBaroja *Inquisidor* 47: Fue llamado por José Bonaparte para participar en las tareas del Consejo de Estado y contribuyó no poco a la liquidación del Santo Oficio. **b)** Venta extraordinaria de artículos a bajo precio para agotar las existencias. | ZVicente *Traque* 281: Yo no salgo a la calle .., ni me atrevo a ir a las liquidaciones, porque siempre temo que me tomen por una ladronzuela.

liquidacionista adj Que tiende a la liquidación (cierre o cese de actividad) [de algo]. | Rubio *Revistas* 273 (G): Una nueva visión, en cierto sentido, liquidacionista de todo lo anterior. **b)** Partidario de la liquidación. *Tb n.* | *Ya* 21.2.91, 18: Presos de ETA en Francia recusan en masa los servicios de Fando. La abogada francesa, apartada tras ser acusada de "liquidacionista" por los miembros de la actual dirección de la organización terrorista.

liquidador -ra adj Que liquida. *Tb n, referido a pers.* | CSotelo *Resentido* 230: El mundo está lleno de exclaustrados que han empezado un camino y se han vuelto atrás .. Aquel médico de pueblo quería haber sido pianista; aquel liquidador de utilidades, orador de masas. *Abc* 4.10.70, sn: La Junta liquidadora del material automóvil del Ejército anuncia venta pública para enajenar el material relacionado. CPuche *Paralelo* 326: –¿Dónde está .. el novio celoso que se convierte en el vengador? .. –Yo no dije que el novio o el supuesto novio sea el liquidador, pero puede ser una pieza necesaria.

liquidámbar m **1** Bálsamo aromático y de color amarillo rojizo que se extrae de algunos árboles del gén. *Liquidambar*, esp. del *L. orientalis* y del *L. styraciflua*. *Tb el árbol que lo produce*. | Loriente *Plantas* 37: *Liquidambar styraciflua* L. "Árbol del ámbar"; "Liquidámbar" .. Es originario del este y sur de los EE.UU.
2 (lit) Color amarillo rojizo propio del liquidámbar [1]. | Castroviejo *Abc* 12.11.70, sn: El raso primaveral del cielo se condecoraba con nácares y liquidámbares.

liquidar tr **1** Hacer líquido [un cuerpo sólido o gaseoso]. | Marcos-Martínez *Física* 224: El aire puede liquidarse por los procedimientos explicados en Física. Puede conservarse líquido durante varios días.
2 Ajustar [una cuenta]. | *Economía* 174: Si las dos partidas son iguales, el saldo es cero; pero debe procurarse liquidar al presupuesto con superávit. **b)** Pagar completamente [una cuenta]. *Tb abs*. | Delibes *Parábola* 157: Si no está en nómina no ha liquidado, y si no ha liquidado, el montepío y la seguridad no le alcanzan.
3 Hacer ajuste final de cuentas [en un negocio (cd)] y cesar en él. *Tb abs.* | Reglá *Historia* 322: Una vez rebasado el período de prosperidad del Quinientos, el burgués o se arruinó con el alza de precios, o se empeñó en ennoblecerse y liquidar sus negocios, teniendo presente que "el no vivir de rentas no es trato de nobles". **b)** Vender [algo] a bajo precio para agotar las existencias. | *País* 18.3.79, 5: En las "Tiendas de Oportunidades" liquidamos excedentes de Primavera-Verano 78.
4 Acabar o dar por terminado [algo]. | Medio *Bibiana* 11: El "no volvamos a hablar más de esto" significa que la primera parte del asunto está liquidada. **b)** (col) Matar [a alguien]. | Arce *Testamento* 62: Traté de profundizar en sus ojos, de adivinar si, llegado el caso (muy poco probable), se atrevería a liquidarme. **c)** (col) Consumir o gastar completamente [algo]. *A veces con compl de interés*. | SFerlosio *Jarama* 32: Empinó la botella de vino y se dejó caer en la garganta un chorro largo y profundo .. –A poco te la liquidas, hijo mío.

liquidativo -va adj (Econ) De (la) liquidación. | *DLe* 13.11.74, 4: La Bolsa. Mejora parcial .. Valor liquidativo de Ahorrofondo: 1.509,86 + 16,11.

liquidez f (Econ) **1** Posibilidad de convertir rápidamente un activo en dinero. | *SYa* 17.6.73, 37: Eurovosa es la inversión "diseñada" a la medida del ahorro actual .. La medida de una liquidez total: la recompra de las participaciones está garantizada por contrato.
2 Capacidad para hacer frente de inmediato a las obligaciones financieras. | *Ade* 27.10.70, 2: Aumenta la liquidez del sistema financiero. Goytisolo *Verdes* 12: Esto era lo malo, precisamente: que fuera él y no el abuelo la persona más afectada por los problemas de liquidez monetaria inherente[s] a toda época de crisis.

líquido -da I adj **1** [Estado de la materia] en que las moléculas están muy próximas y cambian fácilmente de posición, adaptándose a la forma del recipiente. | Legorburu-Barrutia *Ciencias* 18: La materia puede encontrarse en tres formas o estados: sólido, líquido y gaseoso. **b)** [Cuerpo] que está en estado líquido. *Frec n m*. | Marcos-Martínez *Física* 64: Los fluidos .. Son los líquidos y gases, .. caracterizados por no tener forma propia.
2 De(l) líquido o de (los) líquidos [1b]. | Salvador *Haragán* 39: Siguieron llamando océanos a los grandes espacios líquidos que "rodeaban" los continentes.
3 (Econ) [Saldo o resto] neto, que resulta de comparar los cargos y los descuentos. *Tb n m.* | *Compil. Cataluña* 715: Tanto los herederos como los legatarios de confianza tendrán derecho .. a percibir .. la [remuneración] del 10 por 100 del valor de la herencia o legado objeto de la confianza y de los frutos o rentas líquidos, mientras dure su administración. **b)** Efectivo, o fácilmente transformable en dinero. *Tb n m.* | FQuintana-Velarde *Política* 182: La Banca no guarda en ningún país del mundo reservas por un valor igual a los depósitos que recibe de su clientela. Existe una obligación de mantener un porcentaje de los depósitos en forma líquida. *Ade* 27.10.70, 2: Las disponibilidades líquidas al finalizar el pasado mes de junio ascendían a 1.736.274 millones de pesetas.
4 (Fon) [Consonante] articulada con cierre parcial del canal bucal, pero sin fricación, y que es capaz de prolongarse como una vocal y, en algunas lenguas, de constituir núcleo silábico. *Se dice gralm de /l/ y /r/, y más raramente de /n/ y /m/. Tb n f.* | Alarcos *Fonología* 81: Arriba indicamos que las llamadas consonantes líquidas se caracterizaban por poseer a la vez el rasgo vocálico y el rasgo consonántico. Al igual que las vocales, las líquidas tienen un generador armónico. **b)** [Consonante] continua que en posición inicial de palabra va seguida de otra consonante, con la que se agrupan con ella en una misma sílaba. *Referido normalmente a /s/.* | Lázaro *Crónica* 50: Algunas de estas complacencias etimologizantes harán trinar a los Académicos de la última época del Diccionario, que acuerdan, para el futuro, la definitiva eliminación de la *s-* líquida.

II m **5 ~ imponible.** (Econ) Cuantía fijada oficialmente como base de una cuota tributaria. | J. L. Batalla *Abc* 21.5.67, 49: Esta representa, por término medio, el 60 por 100 del líquido imponible.

liqui-liqui m Traje masculino caribeño de gala. *Tb designa solamente la pieza superior o blusa*. | *País* 13.12.82,

56: Gabriel García Márquez rompió la tradición y vistió el liqui-liqui caribeño en el acto de recepción del Nobel.

lira[1] *f* **1** Instrumento músico antiguo, en el que las cuerdas, que se pulsan con ambas manos, van fijadas a una caja de resonancia cuyos laterales tienen una curvatura característica. *A veces (lit) se menciona como símbolo de la poesía o de la inspiración líricas.* | GLópez-Pleyán *Teoría* 97: La lírica surgió en Grecia acompañada de la lira y no ha olvidado jamás que nació apoyándose en la música. * Empuña tu lira y canta a los héroes. **b)** *(lit)* Inspiración poética. | GPavón *Abc* 11.8.64, 3: El sainete, lira y cuerno de Roldán del Madrid castizo. **c)** ave ~, pájaro ~ → AVE, PÁJARO.
2 *(TLit)* Estrofa de 5 versos, endecasílabos el 2º y el 5º, y heptasílabos los demás, que riman el 1º con el 3º y el 2º con el 4º y 5º. *A veces se da este n a estrofas semejantes, de distinto número de versos.* | Valverde *Literatura* 103: El *Cántico espiritual* .. da lugar a una *Declaración*, verso a verso, de sus treinta y nueve estrofas (o cuarenta, según las redacciones, que también modifican el orden de sucesión de algunas "liras"). López-Pedrosa *Lengua* 32: También hay liras de cuatro y seis versos.
3 *(Constr)* Sección de tubo de forma de arco o de omega, que permite las contracciones y dilataciones que podrían deformar o romper la canalización. | *BOE* 3.12.75, 25184: Se estudiarán y preverán los movimientos de dilatación y contracción térmicas de las tuberías .. Donde sea preciso se instalarán liras de dilatación.

lira[2] *f* **1** Unidad monetaria italiana. | Arce *Anzuelos* 18: Me reclamará las 200.000 liras del adelanto.
2 Unidad monetaria turca. | Torbado *SInde* 23.8.90, 3: El oro ha subido, eso sí. Cinco mil liras turcas (200 pesetas) el gramo. Ahora venden los anillos .. y todo lo demás a 36.000 liras el gramo.

liria *f (raro)* Liga (sustancia viscosa). | G. Carvajal *Pue* 8.9.70, 21: En el tercio inicial el zapatero prodigioso cuajó un prodigioso quite por verónicas con las plantas de las zapatillas soldadas como liria al redondel.

liriano -na *adj* De Liria (Valencia). *Tb n, referido a pers.* | M. Bañuls *Lev* 14.8.77, 36: Juan Manuel Gómez de Edeta .. es un liriano muy estimado, por sus cualidades morales y artísticas.

líricamente *adv* En el aspecto lírico [1c]. | Hierro *SInf* 26.12.74, 3: Utilizo a veces fórmulas no asequibles a la razón, pero que son líricamente activas.

lírico -ca I *adj* **1** [Género de poesía] en que el autor expresa sus propios sentimientos. | GLópez-Pleyán *Teoría* 97: Se entiende tradicionalmente por poesía lírica la que expresa los sentimientos personales del poeta. **b)** [Poeta] que cultiva la poesía lírica. *Tb n.* | DPlaja *Literatura* 60: El gran poeta lírico de la literatura francesa medieval es François Villon. **c)** De (la) poesía lírica. | DPlaja *Literatura* 67: Primeros rastros líricos. GLópez *Lit. española* 468: Entre las poesías líricas de la primera época destacan las conocidas *Orientales*. **d)** Propio o característico de la poesía lírica. | GLópez *Lit. española* 452: La expresión cambia constantemente, alternando la mayor intensidad lírica con el más agudo patetismo. **e)** Que tiene carácter lírico [1d]. | FCid *ByN* 31.12.66, 115: Un difícil, virtuosista y lírico "Concierto para piano y orquesta", muy bien tocado por Mario Monreal.
2 [Teatro] musical de ópera o zarzuela. | J. Peláez *Sol* 24.5.70, 13: Actuarán compañías de teatro dramático, de teatro lírico (zarzuela) y del ballet. **b)** De(l) teatro lírico, esp. de zarzuela. | Cossío *Confesiones* 48: Mis tíos tenían un palco abonado en el Teatro Calderón, y allí vi yo representar, en días de fiesta, por la tarde, a los grandes actores líricos y dramáticos de la época.
II *f* **3** Poesía lírica [1a]. | Valverde *Literatura* 44: Lo que recordamos hoy con más gusto de su obra son precisamente las composiciones en que imita y estiliza delicadamente la lírica popular. **b)** Conjunto de las obras de poesía lírica [1a]. | GLópez *Lit. española* 485: La lírica de la segunda mitad de la centuria continúa siendo romántica.

lirio[1] *m* **1** Planta herbácea, de hojas envainadoras en forma de espada, tallo central de unos 50 cm de altura y flores terminales grandes, de seis pétalos, azules, moradas o blancas (gén. *Iris*). *Tb su fruto. Diversas especies se designan a veces por medio de adjs*: ~ AMARILLO o DE AGUA *(I. pseudacorus)*, ~ AZUL o COMÚN *(I. germanica)*, ~ HEDIONDO *(I. foetidissima)*, etc. | *Ama casa* 1972 448a: Replantaremos los jacintos, los tulipanes, los lirios y los junquillos a mediados de mes. Mayor-Díaz *Flora* 268: *Iris pseudacorus* L. "Lirio amarillo", "Ácoro bastardo". Loriente *Plantas* 74: *Iris germanica* L. "Lirio"; "Lirio azul". Herbácea perenne muy común en los parterres ajardinados. Mayor-Díaz *Flora* 414: *Iris xiphioides* Ehrh. "Lirio azul". Mayor-Díaz *Flora* 590: *Iris foetidissima* L. "Espadaña fétida", "Lirio fediondo". Delibes *Guerras* 32: Yo solo de verte trastear y caminar entre los helechos y los lirios de agua ya la gozaba.
2 ~ **de los valles.** Muguete (planta). | M. Á. Gozalo *Abc* 2.5.74, 31: París huele hoy a "muguet", que es la planta del primero de mayo .. Este lirio de los valles entra hoy en las casas pregonando que aquí se puede vivir en paz.

lirio[2] *m (reg)* Bacaladilla (pez). | *Voz* 23.10.70, 3: Se registraron las siguientes cotizaciones: Abadejo, de 48 a 63 pesetas kilo; .. lirios, de 10 a 26.

lirismo *m* **1** Cualidad de lírico [1c, d y e]. | * Son poemas de un lirismo conmovedor. **b)** Contenido propio de la poesía lírica [1a], expresado o no en forma literaria. | Casares *Música* 115: Surgen en cambio [en la música romántica] nuevos géneros cuya cualidad más clara es que son diminutos ..; todas ellas [*sic*] eran un medio apropiado para la expresión del lirismo y el sentimiento romántico. Aguilera *Arte* 92: La obra de Pancho Cossío se define por un lirismo intimista que, a la vez, es un fruto del impresionismo y una reacción en contra suya. **c)** Forma de expresión propia de la poesía lírica [1a]. *A veces con intención desp.* | *Sáb* 10.9.66, 24: El periodismo en televisión debe ser escueto, explicativo de la imagen, sin lirismos innecesarios.
2 Lírica [3a]. | DPlaja *Literatura* 59: Una serie de pequeñas cortes feudales reunían a su alrededor damas y caballeros que se ejercitaban en frívolos torneos de galantería, creando un ambiente propicio para el nuevo lirismo trovadoresco.

liróforo -ra *m y f (lit, raro)* Poeta. | ILaguna *Ateneo* 48: El Aula ha otorgado oportunidad de expresión a docenas y centenares de poetas jóvenes, y esto .. ha convertido el Aula Pequeña en el foro de los liróforos.

lirón[1] *m* **1** Mamífero roedor semejante al ratón pero con la cola muy poblada, que tiene costumbres nocturnas y pasa el invierno aletargado *(Glis glis)*. *Tb* ~ GRIS. | Bustinza-Mascaró *Ciencias* 210: Animales parecidos al conejo .. La marmota y el lirón, famosos por su sueño invernal profundo. Cendrero *Cantabria* 92: Mamíferos: .. *Glis glis*: Lirón gris.
b) ~ **careto.** Mamífero roedor de la misma familia que el lirón gris y semejante a este, y que se caracteriza por una banda negra que se extiende por el rostro hasta detrás de las orejas *(Eliomys quercinus)*. | Cendrero *Cantabria* 51: Se mantienen [en los bosques] las poblaciones originales de vertebrados autóctonos .. Basta citar unos pocos ..: lirón careto, armiño, gato montés, lobo, oso. *SInde* 24.12.89, 18: Lirón careto de Formentera *(Eliomys quercinus ophiusae)* .. Subespecie endémica de Formentera de gran tamaño.
2 *Se usa frec en constrs de sent comparativo, como* SER UN ~ *o* DORMIR COMO UN ~, *para ponderar la profundidad del sueño.* | Cela *Escenas* 73: No se desvelaba sino en la cama y por la noche ..; de día, se quedaba como un lirón a las primeras de cambio y sin avisar.

lirón[2] *m (reg)* Fruto del almez. | FQuer *Plantas med.* 131: Almez. *(Celtis australis* L.) Sinonimia cast[ellana], .. lironero ., y el fruto, .. lirón.

lirondo. mondo y ~ → MONDO.

lironero *m (reg)* Almez (árbol). | FQuer *Plantas med.* 131: Almez. *(Celtis australis* L.) Sinonimia cast[ellana], .. lironero.

lis *m o f* **1** *(lit)* Lirio (planta o flor). | Pericot *Polis* 63: El príncipe de las lises. Bajorrelieve de estuco pintado del palacio de Cnossos. [*Pie de un grabado.*] **b)** *(Heráld)* Flor de lis (→ FLOR). | Umbral *Ninfas* 87: Allí florecía el lis rococó de los jesuitas, en la heráldica de Churriguera, la piedra clara de Carlos III y la yedra de los románticos. Martinico *Alc* 30.11.59, 22: Aquí son piedra las guirnaldas de rosas de Francia; los rasos venecianos, .. las lises de la casa de Borbón.
2 *(reg)* Cruz (de una moneda). | H. Remón *DNa* 14.5.77, 31: Todavía se conservan las viejas "ochenas" y se lanzan al

lisa – lisonjero

aire por parejas apostando a caras o a "lises". **b)** *En el juego de chapas:* Reverso (de la chapa). | M. Rodicio *Nor* 24.3.89, 8: Cuando el dinero fijado se ha casado, tira las chapas, después de mostrarlas en la colocación requerida. Cara y cruz, repiten tirada. Dos caras, gana el jugador. Podrá seguir jugando hasta que salgan lises o cruces, y en ese momento el juego pasará al siguiente.

lisa *f Se da este n a distintas especies de peces del gén Mugil, apreciadas por su carne.* | Pemán *Andalucía* 333: Lo mismo ocurre en las salinas próximas, con las "despescas" o extracción de las lisas ágiles .. La "lisa de estere" se asa al aire libre sobre ramas de pino y se sirve en el cuenco de una teja.

lisado -da *adj* (*E*) Adornado con flores de lis. | J. Corral *Abc* 28.6.58, 27: La pila .. es de piedra, recubierta su blancura de mármol por un engaste de plata con relieves de oro y la lisada cruz dominicana.

lisamente. lisa y llanamente. *loc adv* De manera sencilla y clara. | DPlaja *Soliloquio* 51: La circunstancia de que sean ellas las que lisa y llanamente planteen al Rey su querella. Carandell *Madrid* 114: Lo único que no se puede hacer en el ligue es aparecer tal como uno es, lisa y llanamente.

lisboeta *adj* De Lisboa. *Tb n, referido a pers.* | J. Reis *Abc* 28.8.66, 19: Un ministro renovador decidió acabar con una leyenda lisboeta de trescientos años.

lisbonés -sa *adj* (*lit*) Lisboeta. *Tb n.* | Palacios *Juicio* 144: Juan de Poinsot, lisbonés de nacimiento, renunciaba a su nombre; se llamaba a sí mismo Juan de Santo Tomás.

lisencéfalo -la *adj* (*Anat*) Que tiene el cerebro sin circunvoluciones. *Tb n m.* | Alvarado *Zoología* 101: En los mamíferos inferiores (Roedores, etcétera), los hemisferios cerebrales tienen la superficie lisa como los de los otros vertebrados (lisencéfalos).

lisérgico -ca *adj* (*Quím*) **1** [Ácido orgánico] que se obtiene de los alcaloides del cornezuelo de centeno y del cual deriva la droga alucinógena LSD. *Tb referido a la misma droga. Tb n m.* | Castroviejo *Abc* 10.10.65, 29: El principio activo de estas criptógamas, la "psilocibina", produce efectos similares al ácido lisérgico. Tomás *Orilla* 304: Rafael supo que eran los efectos del ácido lisérgico. Tenía los ojos enrojecidos y desorbitados. GHortelano *Momento* 535: ¿Consideras verosímil que termine fumando hierba o chupando lisérgico?

2 Derivado del ácido lisérgico [1]. | L. C. Buraya *Ya* 10.5.87, 25: Algunas clínicas solicitaban voluntarios que, a modo de cobayas humanas, se ofreciesen para experimentar los efectos de nuevas sustancias lisérgicas bajo control médico.

lisiadura *f* Efecto de lisiar(se). | Torrente *Saga* 317: Un rayo tibio de sol atravesó la niebla ..; a su luz, Coralina distingue, en aquellos bultos, cuerpos contrahechos, carátulas sangrientas, harapos, lisiaduras, mutilaciones.

lisiar (*conjug* **1a**) *tr* Lesionar. | DCañabate *Paseíllo* 64: Te has lisiao un tendón, lesión que te impide continuar la lidia. **b)** *Esp:* Dejar incapacitado físicamente [a una pers. o alguna parte de su cuerpo]. *Frec en part, frec sustantivado.* | VMontalbán *Pájaros* 317: –Y ahora quiero que usted les encuentre y me lo lisie. –¿Cómo que lo lisie? –Que le dé un mal golpe al mal nacido ese, y se quede en el sitio desgraciado para toda la vida. Berlanga *Pólvora* 152: Compañeros lisiados en la Plaza de Castilla .. o cualquier estación enseñarán la carne viva para recoger la compasión y algo más.

lisimaquia *f* Planta herbácea ornamental de hojas grandes y flores amarillas (*Lysimachia vulgaris*). *Tb ~ AMARILLA o VULGAR.* | Mayor-Díaz *Flora* 256: *Lysimachia vulgaris* L. "Lisimaquia vulgar". Pl[anta] v[ivaz] de 50 a 100 cm .. Hojas grandes .. Flores amarillas.

lisina *f* (*Biol*) Sustancia, esp. anticuerpo, que disuelve o desintegra células extrañas o bacterias. | Navarro *Biología* 245: Lisinas. Son anticuerpos que disuelven o desintegran a las células extrañas que fortuita o experimentalmente pueden introducirse en el cuerpo.

lisis *f* (*Med*) Declinación gradual de la fiebre o de una enfermedad. *Tb fig, fuera del ámbito técn. Se opone a CRISIS.* | *Economía* 252: La curva de la temperatura puede ir descendiendo lentamente hasta llegar a la normal, y entonces se dice que desciende por lisis. Laín *Descargo* 28: Una suave, nada dramática crisis –lisis más bien, para decirlo médicamente– en mi vida religiosa. C. Dávila *D16* 21.8.89, 8: El Gobierno .. constatará que el adelanto se ha hecho imprescindible para evitar la definitiva lisis de la oposición.

liso -sa I *adj* **1** [Superficie] que no presenta relieves o asperezas. | *Hacerlo* 78: Luego se procede a enmasillar y, una vez todo bien seco, se lija para que quede perfectamente liso. **b)** [Cosa] plana o sin relieve. | Medio *Bibiana* 110: La mirada de Bibiana la envuelve toda, posándose, insistentemente, sobre el vientre liso de la muchacha. **c)** [Tela] no labrada o bordada. | * Terciopelo liso. * Pana lisa. **d)** (*Anat*) [Fibra] de los músculos de la vida vegetativa, caracterizada por no tener estrías. *Tb referido al músculo o al tejido.* | Alvarado *Anatomía* 27: Tejido muscular de fibra lisa. Sus células, llamadas fibras musculares lisas, son fusiformes y poseen un núcleo elipsoidal situado en el centro. Navarro *Biología* 176: A los músculos lisos de las arterias y arteriolas les llegan dos nervios vasomotores. **e)** (*Dep*) *En carreras, siguiendo a una medida de longitud:* Que se corre sin interposición de obstáculos. | Repollés *Deportes* 95: Las especialidades más destacadas son las pruebas de velocidad .., las de medio fondo y las de resistencia, que se realizan comúnmente sobre 10.000 metros lisos o vallas.

2 [Pelo] no rizado. | Zubía *Geografía* 93: La raza amarilla tiene su piel amarillenta, cabellos lisos y negros.

3 [Color] uniforme o sin variación aparente. | *Ya* 15.4.64, 11: En preciosas tonalidades lisas de gran moda o con originales estampados. **b)** [Cosa] de color liso. | *Inf* 17.6.70, 5: Felpa lisa y estampada para vestidos de playa.

4 [Cosa material] que carece de complicaciones o adornos. | * Las cortinas son lisas. * El cuerpo del vestido es completamente liso. **b)** [Cosa] sencilla y clara. *A veces en la constr ~ Y LLANO.* | SAgesta *Ya* 20.12.75, 7: Los ingleses dicen algo más profundo (The King can't do wrong), que en castellano liso significa, poco más o menos, que el rey no puede cometer error o injusticia.

II *m* **5** (*Min*) Cara plana y extensa de una roca. | *Abc* 14.5.70, 72: Para canteras de mármol .. a cielo abierto y pie de monte, con estupendos caminos para arrastre material, contrato destajo a personal con equipo (preferible hilo de corte) para iniciar extracción bloques en uno o varios lisos de mármol marfil y rosa.

6 (*Min*) Grieta de una roca. | Alvarado *Geología* 51: Las masas graníticas se presentan cuarteadas en bloques paralelepipédicos mediante un sistema de finas grietas, llamadas científicamente diaclasas, y por los canteros, lisos o lisas.

III *loc v* **7 tenerla lisa.** (*vulg*) Tener buena suerte. | Torrente *Fragmentos* 163: No pasará nada. Ya sabe que don Procopio la tiene lisa.

IV *loc adv* **8 lisa y llanamente** → LISAMENTE.

lisol (*n comercial registrado*) *m* (*Quím*) Líquido desinfectante e insecticida, de color rojo pardusco. | Mascaró *Médico* 35: Una vez curado el enfermo .. deben desinfectarse la habitación y los utensilios que se emplearon, .. fregando el suelo de la habitación con solución de lisol al 4%.

lisonja *f* (*lit*) Halago, esp. interesado. | L. Calvo *Abc* 25.8.68, 25: En Moscú es tratado con cortesías y lisonjas.

lisonjear (*lit*) **A** *tr* **1** Halagar. | * No cesan de lisonjearle.

B *intr pr* **2** Sentirse contento o satisfecho [de algo]. | Cossío *Ateneo* 11: Me lisonjeo de que el censo sea lo suficientemente numeroso e idóneo para poder afirmar que el Ateneo, una vez más, cumplió su misión.

lisonjeramente *adv* (*lit*) De manera lisonjera. | L. Blanco *Ya* 19.5.77, 18: La tendencia del otro índice, del tan discutido índice de precios al consumo, está lisonjeramente a la baja.

lisonjero -ra *adj* (*lit*) **1** Que lisonjea. | Palacios *Abc* 30.12.65, 3: Los honores provienen en su mayor parte de personas necias o lisonjeras. Laiglesia *Ombligos* 219: –¡Cochina envidia! –gritó un subdelegado australiano, adulador. El lorito no hizo caso de esta lisonjera interrupción y prosiguió tranquilamente.

2 Que produce alegría o satisfacción. | * Los resultados no pueden ser más lisonjeros.

lisosoma *m* (*Biol*) Partícula dotada de enzimas digestivas, que se encuentra en el citoplasma de la célula. | *Ya* 11.10.74, 13: Los lisosomas fueron el gran descubrimiento del profesor Christian de Duve.

lisozima *f* (*Biol*) Enzima que destruye las bacterias patógenas y que está presente en las lágrimas y en la saliva. | Mascaró *Médico* 30: Las lágrimas y la saliva contienen un antibiótico, la lisozima, que tiene la propiedad de disolver muchos gérmenes.

lista I *f* **1** Zona rectangular larga y estrecha de una superficie, que se diferencia del resto de esta por su color o por su relieve. | Delibes *Cazador* 37: Le debo a Asterio el último traje; el de las listas. *Abc* 8.3.80, 70: Acompañan al escudo las dos columnas de Hércules .., liadas con una lista de gules.
2 Relación [de una serie de perss. o cosas] dispuesta gralm. en forma de columna. | Olmo *Golfos* 36: Abría uno de los cajones, sacaba la lista, y masticaba los extraños nombres de mis amigos. *Sp* 19.7.70, 52: "Cecilia", número dos de las listas de ventas españolas. A. Navalón *Nav* 9.7.87, 16: Tiene un mérito enorme Luis Álvarez al lograr meter a su negrito en esta feria, mientras otros matadores de más campanillas se quedan en la lista de espera. **b) ~ negra** → NEGRO.
3 ~ de boda. Serie de objetos seleccionados por los futuros contrayentes, expuesta en una tienda, con objeto de que los invitados puedan adquirir entre esos artículos su regalo de boda. | *Prospecto* 3.93: Listas de boda. Para los novios, .. un cheque regalo por valor del 10% del importe de los artículos adquiridos en la lista de boda .. Galerías Preciados.
4 ~ de correos. Oficina de correos a la que se dirigen cartas o envíos que los destinatarios deben recoger allí mismo. | Torbado *Corrupciones* 359: En la Lista de Correos debo de tener la carta de sus padres con la dirección.
5 ~ civil. Consignación votada por el Parlamento británico para el sostenimiento de los gastos de la familia real. | FReguera-March *Fin* 267: ¿Podrá vivir Su Majestad británica con las 543.000 libras que la Cámara inglesa ha aprobado para su lista civil?
II *loc v* **6 pasar ~.** Leer en voz alta los nombres de una lista [2] de perss. para comprobar su presencia. | Millás *Visión* 189: Cada vez que, al pasar lista, el profesor de turno nombraba a Rosario Jiménez, él bajaba la cabeza.

listado[1] -da I *adj* **1** *part* → LISTAR.
2 Que tiene listas [1]. | Laforet *Mujer* 11: Zumbaban ávidas moscas verdes y listadas. GPavón *Reinado* 78: Él estaba en cama con un pijama listado.
II *m* **3** Pez marino que tiene en el vientre unas bandas estrechas longitudinales (*Euthynnus pelamys*). | LAlba *Voz* 23.10.70, 3: Estos túnidos –albacoras y listados, parecidos al bonito– proceden de aguas del Atlántico.

listado[2] *m* Lista [2]. | *Cór* 29.8.76, 5: Se encuentran expuestos al público en los Ayuntamientos de esta provincia los listados de Contribución Territorial Urbana para el ejercicio 1976.

listador -ra *adj* (*raro*) Que hace listas [2]. *Tb n*, referido a pers. | *Mad* 22.4.70, 10: Un equipo de 80 entrevistadores, ocho codificadores, 10 listadores, seis programadores, seis controladores, un sociólogo, dos economistas y tres arquitectos .. decidieron estudiar exhaustivamente la situación de 7.500 familias radicadas en el área metropolitana.

listán *adj* (*Agric*) [Variedad de uva] redonda, dulce y temprana, propia de la región de Jerez de la Frontera. *Tb n m*. | *SPaís* 8.11.81, 40: Seis de las [variedades de viñas] más delicadas y exquisitas buscaron su refugio entre las desembocaduras del Guadalquivir y del Guadalete .. Y de las seis, dos reinas: la cepa Palomino Blanco, o Listán, y la cepa Pedro Ximénez. Delgado *Vino* 63: Palomino. Cepa de uva blanca, con la que se elabora el afamado Jerez. De racimos gruesos, dorados y dulces. También se la conoce como listán.

listar *tr* **1** Incluir [a alguien] en una lista [2]. | D. Mateo *País* 12.2.77, 7: Tendría que buscar [el Gobierno] una manera de hacer efectivas la presentación y campaña electoral de candidatos independientes, teóricamente más en número que los listados por los partidos.
2 Hacer o presentar una lista [2] [de cosas (*cd*)]. | Miguel *Intelectuales* 68 (G): Luis Marañón lista las fisuras y porosidades de nuestro depósito cultural, achacando las más de ellas a los famosos "cuarenta años".
3 (*lit*) Poner listas [1] [sobre una superficie (*cd*)]. | Quiñones *Viento* 183: Filtrándose a través del cañizo, el sol listaba la mesa y la arena, las ropas y los rostros.

listel *m* (*Arquit*) Listón[1] [2]. | Angulo *Arte* 1, 14: Aspecto esencial en la moldura es la sección, que puede ser convexa, cóncava o concavoconvexa .. Entre las primeras figura el listel .., filete o listón, que es de sección cuadrada o rectangular.

listeria *f* (*Med*) Bacteria causante de diversas enfermedades, entre ellas la meningitis y la septicemia (gén. *Listeria*). | *Inde* 24.8.89, 17: La cocción por microondas no calienta suficientemente algunas partes de los alimentos, y las partes más frías permiten el desarrollo de bacterias de salmonela y listeria.

listero -ra *m* y *f* Pers. encargada de pasar lista a los trabajadores de una obra. | *Sol* 24.5.70, 15: Empresa constructora. Necesita: Encargado de obras para Fuengirola. Listero o auxiliar administrativo de obras para Marbella. Zunzunegui *Hijo* 136: Era un hombre joven, gracioso y espigado, que en seguida se hizo simpático a todos: al administrador, obreros, pagadores, guardas y listeros.

listeza *f* Cualidad de listo [1]. | Olmo *Golfos* 55: Listo sí parecía; pero de una listeza asustada.

listillo → LISTO.

listín *m* Lista [2] pequeña o extractada de otra mayor. | Armenteras *Epistolario* 19: Agendas de bolsillo que facilitan esa clase de apuntaciones con precisión de fechas, santoral, y otros detalles prácticos, como listín telefónico, tarifas de franqueo.

listo -ta I *adj* (*dim y desp* LISTILLO, LISTORRO, LISTORRÓN) **1** Inteligente o despierto. *Normalmente referido a pers o animal; más raro, referido a su expresión*. | Olmo *Golfos* 55: El nuevo era muy poca cosa. Listo sí parecía. VMontalbán *Rosa* 210: –Reclaman un abogado. –¿Los dos? –No. El gafas. El listillo. Al otro le da todo igual. Goytisolo *Afueras* 21: La niña le miraba con ojos listos, parada al otro lado de la mesa. **b)** Sagaz o astuto. *A veces en las constrs ponderativas* (col) MÁS ~ QUE EL HAMBRE y (*hoy raro*) MÁS ~ QUE CARDONA. | GPavón *Hermanas* 52: Muy buenas que son las señoritas .. Más listas que cardona [*sic*]. **c)** (*col, desp*) [Pers.] hábil para salir con ventaja o provecho en cualquier circunstancia. *Frec en la forma* LISTILLO. *Frec n. A veces con intención irónica, referido al que pretende actuar como listo*. | Albalá *Periodismo* 22: Los "listos" .. acaban siempre llegando tarde a todo. Lagos *Vida* 57: Solo cuentan con algunos listillos oficiales, tras los que se escudan, para medrar, un nutrido grupo de mediocres. **d)** (*col, desp*) [Pers.] que presume de estar enterada o en el secreto de las cosas. *Frec en las formas* LISTILLO, LISTORRO, LISTORRÓN. *Tb n.* | Oliver *Relatos* 94: Un viejo decía que el Maestro estaba con ella, que era un gancho de la empresa. Un listo el soplapollas aquel. Miguel *Mad* 22.12.69, 13: "El paleto" .. dice ..: "Aquí, mi señora"; cuando el listillo residente urbano dice ya con donaire: "Esta es mi mujer". SFerlosio *Ensayos* 2, 337: Podría desenmascararse en el realista una versión pulida y universitaria del cazurro popular, del listorro que hace de la desconfianza una especie de filosofía. Quiñones *Viento* 98: Atendí la advertencia, un tanto molesto por el matiz de listorrón sabihondo con que me la hizo el hombre.
2 Perfectamente dispuesto o preparado [para algo]. *Frec se omite el compl por consabido*. | *Sp* 19.7.70, 26: El complejo está listo para proceder a la reparación de cualquier buque. Aldecoa *Gran Sol* 118: –¿Y esto qué tal? –Para las diez, listos; si el eje no tiene avería.
3 (*col*) Rápido o que actúa deprisa. *Tb adv*. | * Ve a buscarlo ahora mismo; pero listo, no te entretengas.
4 (*reg*) [Rosquilla] propia de la fiesta de San Isidro que lleva un baño blanco de azúcar. | I. Campo *Ya* 16.5.87, 23: El paseo del Quince de Mayo, que conduce a la ermita del santo, fue un continuo desfile peatonal .. Los tenderetes hicieron su agosto, sobre todo los que vendían rosquillas tontas y listas.
II *loc v y fórm or* **5 andar ~.** (*col*) Poner cuidado y atención. | Arce *Testamento* 76: Los mozos .. tenían que regresar cuando aún era de día y .. con precaución, porque lo frecuen-

listón – literatura

te era que los muchachos del pueblo de sus novias .. les apaleasen si no andaban listos.

6 estar, o **ir**, **~**. (*col*) Tener [alguien] pocas posibilidades o ninguna de salir con éxito. | J. L. Calleja *Abc* 21.5.67, 3: Pensamos que, a nuestro lado, Platón era una bestia. Si estos son los primeros síntomas del desarrollo, estamos listos.

7 pasarse de ~ → PASAR.

8 y ~. (*col*) Y ya está. | MGaite *Ritmo* 115: Lo pones así en el examen, y listo. ZVicente *Traque* 192: Una cocinita así, enchufar y listo. Ni cocinera ni nada.

listón[1] **I** *m* **1** Tabla larga y estrecha. | CPuche *Paralelo* 346: Al rato salió con un carro de mano cargado de cartones atados, cajas dobladas y hasta un haz de listones. **b)** (*Dep*) *En salto de altura:* Listón o barra por encima de los cuales hay que saltar. | Repollés *Deportes* 96: Ni el cuerpo del atleta ni la pértiga deben dejar que caiga la barra o listón del saltómetro.

2 (*Arquit*) Moldura convexa de sección cuadrada o rectangular. | Angulo *Arte* 1, 14: Entre las primeras [secciones convexas de la moldura] figura el listel .., filete o listón, que es de sección cuadrada o rectangular.

II *loc v* **3 poner**, o **colocar**, (**muy**) **alto el ~**. Exigir unas condiciones muy severas para que alguien o algo sea aceptado o siga adelante. | Gafo *Amar* 16: Tengo que reconocer que me puse muy alto el listón y que, al valorar estos 25 años de sacerdocio, .. me he quedado muy lejos de aquel ideal que me marqué. Delibes *Madera* 304: No era caritativo colocar el listón tan alto.

listón[2] **-na** *adj* (*Taur*) [Res] que tiene a lo largo de la columna vertebral una tira blanca o más clara que el resto del pelaje. | DCañabate *Abc* 18.5.58, 105: Jaime Ostos confirmaba su alternativa. Le cedió Antonio Bienvenida el primero, que se llamaba "Famosito", negro listón.

listonar *tr* (*Carpint*) Hacer con listones[1] [1]. | *GTelefónica N.* 910: Construcciones y Aplicaciones de la Madera, S.A. "Norma". Fábrica de tableros contrachapeados. Paneles para puertas. Tableros listonados. Tableros de madera finos.

listorro, **listorrón** → LISTO.

listura *f* Listeza. | SFerlosio *Jarama* 159: Los hay que se creen de una listura desmedida, y esos son los más tontos de todos.

lisura *f* Cualidad de liso. | Delibes *Madera* 75: A pesar de la lisura de su pecho .., Crucita daba la talla. Lapesa *HLengua* 189: Jorge Manrique se deshace de ellos [recursos librescos] y expresa con lisura y sinceridad su dolor ante la vanidad de las cosas.

litargirio *m* (*Quím*) Protóxido de plomo, fundido en escamas amarillentas o rojizas, usado como pigmento y para fabricar vidrio y cerámica. | T. Yuste *Sit* 17.1.64, 5: Cita al opio como veneno, junto al albayalde, el litargirio.

litera *f* **1** Cama fija de las que, sobrepuestas unas a otras, se utilizan en determinados medios de transporte, esp. barcos o trenes. | Delibes *Emigrante* 52: En la litera de debajo del alemán hay un griego de gafas. **b)** Mueble formado por dos camas superpuestas. *Tb* cada una de las camas. | *GTelefónica N.* 746: Literas. Muebles convertibles.

2 (*hist*) Vehículo antiguo consistente en un lecho o una caja de coche, sin ruedas, sujetos con dos varas laterales, con las cuales lo transportan dos perss., o a veces dos caballerías, una delante y otra detrás. | CSotelo *Proceso* 390: Viene en litera porque no se ha querido que le viesen los vecinos del lugar.

literal *adj* **1** [Sentido] que es el propio [de una palabra o frase]. *Se opone a* FIGURADO. | * "Lince" tiene dos sentidos: uno literal, animal, y otro figurado, persona astuta. **b)** Que se ajusta al sentido literal de las palabras. | Ramírez *Derecho* 138: La letra de cambio es un documento literal, que vale por lo que dice, sin admitir ninguna otra clase de interpretaciones. Torres *Ceguera* 54: –Mira, Diana, dos y dos son cuatro. Una aldea nunca puede ser global, y el globo es algo más que la suma de muchas aldeas .. –Ay, hijo, qué literales sois los catalanes de pura cepa.

2 [Transcripción o traducción] que se ajusta palabra por palabra al original. | GYebra *En torno* 64: En la Edad Media fue usual la traducción casi literal, palabra por palabra.

3 (*E*) Que se expresa con letras. | Marcos-Martínez *Álgebra* 63: La parte literal está formada por las letras contenidas en los dos monomios.

literalidad *f* (*lit*) **1** Cualidad de literal, *esp* [2]. | GGual *Novela* 166: Lo notable es que aquí no se ratifica la rectitud moral, sino la literalidad del juramento, aplaudiendo la astucia del mismo. GYebra *En torno* 64: Las traducciones latinas de las obras de Aristóteles, que con frecuencia llegan en su literalidad a poder servir como testimonio para la fijación crítica del texto griego.

2 Sentido literal [1]. | Marías *Cataluña* 169: Nada hay que objetar [al nombre "castellano"], a condición de no tomar en serio esa denominación y no proyectar sobre ella lo que su literalidad diría: que sea la lengua "de Castilla".

literalismo *m* Cualidad de literal [1 y 2]. | Miret *Tri* 19.12.70, 20: El excesivo literalismo pienso que puede ser un engaño, ya que prestamos a las palabras de hace treinta y tres siglos el sentido que tienen hoy. GYebra *En torno* 64: Esta manera de traducir fue transitoria, y ya en la Edad Media se alzaron voces para censurar este literalismo.

literalmente *adv* **1** De manera literal [1b]. *Frec con intención ponderativa*. | DPlaja *El español* 20: El más modesto empleado ve literalmente a sus pies al limpiabotas. Burgos *ElM* 25.11.93, 5: Corcuera ha quedado literalmente a la altura de un zapato.

2 En transcripción o en traducción literal [2]. | Olaizola *Escobar* 51: Recuerdo que me dijo, literalmente: –Es mejor así. * Tradujo literalmente la frase inglesa.

literariamente *adv* **1** De manera literaria [1 y 3]. | Marías *Cataluña* 167: Se dice que durante cuatro siglos, o muy poco menos, el catalán no se ha escrito literariamente. VMontalbán *Delantero* 176: Entiendo que el cargo te venía estrecho y que has querido literaturizarlo. Vivir literariamente es muy peligroso y ha destruido incluso a excelentes escritores.

2 En el aspecto literario [1]. | Delibes *Año* 36: Al fin se ha incorporado a "El Norte" Paco Martín Abril .. Sedante, literariamente impecable, es un contrapeso conveniente a las páginas inquietas y tensas que solemos hacer.

literario -ria *adj* (*lit*) **1** De (la) literatura [1a]. | Amorós-Mayoral *Lengua* 6: El gallego y el catalán son lenguas de la misma categoría que el español .. Las tres son muy antiguas y han dado origen a obras literarias de valor universal.

2 De (los) literatos. | RIriarte *Ya* 9.6.68, sn: En los años cuarenta había dos cafés literarios en Madrid.

3 Influido por los temas o los modelos literarios [1], más que por la naturaleza o la realidad. | Cossío *Confesiones* 70: Me hizo a mí un retrato, influido por la pintura literaria que se llevaba entonces, de la que Zuloaga fue gran maestro.

4 [Palabra o forma de expresión] formal, o propia de la lengua escrita. *Se opone a* COLOQUIAL. | Lapesa *HLengua* 52: Al fin de la época imperial, las invasiones y la consiguiente decadencia de la cultura aceleraron el declive de la lengua literaria. Desde el siglo VII solo la emplean eclesiásticos y letrados.

literato -ta *adj* **1** [Pers.] que cultiva la literatura [1a]. *Frec n*. | Laforet *Mujer* 48: Era amigo de todos los literatos de la época.

2 (*raro*) [Pers.] versada en literatura [1]. *Tb n*. | *Van* 20.3.75, 53: Un cumplido Sade "ante litteram", y bastante más a lo vivo que el del literatísimo y divino marqués. * Yo no soy muy literato.

literatura *f* **1** Arte que consiste en la utilización estética del lenguaje, esp. escrito. | Baquero-Polo-DRevenga *Lit. española* 27: Una definición simple, pero válida, presenta a la literatura como expresión de la belleza por medio de la palabra, divisible en dos grandes capítulos: literatura oral y literatura escrita. **b)** Conjunto de (las) obras de literatura. *Normalmente con un adj o compl especificador*. | DPlaja *Literatura* 11: La antigua literatura india influyó notablemente en la literatura europea. *Abc* 1.12.70, 52: En su curso de Literatura medieval .., don José Fradejas ha desarrollado el tema "El cerco de Zamora". Delibes *Pegar* 200: El aire libre, la naturaleza, el hombre no mimetizado, han sido a lo largo de 40 años las constantes de mi literatura. **c)** Literatura [1a y b] no dramática. | GBarrientos *Pról. Buero* 48: De

ahí que la función del "narrador" sea necesariamente más limitada en el teatro que en la literatura.
2 Conjunto de conocimientos relativos a la literatura [1] y a los autores literarios. | Baquero-Polo-DRevenga *Lit. española* 5: Corresponde al profesor de literatura ampliar o modificar la lista de textos.
3 Conjunto de (los) escritos [sobre un tema o una materia (*adj o compl especificador*)]. *A veces el compl se omite por consabido.* | Laín *Marañón* 85: Trátase .. de una obra maestra de la literatura médica de nuestro siglo ["La edad crítica", de Marañón]. Vega *Corazón* 17: Todos ellos, sin excepción, me contestaran diciendo no conocer literatura alguna al respecto [de fenomenología cardiológica en grandes núcleos urbanos]. Á. Viñas *His* 5.76, 49: Desde la óptica de la Marina de Guerra alemana, los acontecimientos .. pueden seguirse casi al minuto .. El 17 de septiembre llegó el *Iltis* a la altura de Alicante, procedente de Bonanza (en la literatura española suele mencionarse el día 15). **b)** (*Mús*) Conjunto de la producción. *Con un adj o compl especificador, normalmente expresando género o instrumento.* | *Música Toledo* 28: La Catedral necesitaba disponer de un órgano con la consola situada en el coro bajo .. para la ejecución de la literatura orgánica que necesita pedalero completo. Cabezas *Madrid* 202: Se daban clases de armonía, composición, francés, italiano y literatura musical.
4 Palabras dichas o escritas con arte o artificio, destinadas a impresionar favorablemente o a disimular una realidad poco grata. *Gralm con intención desp.* | Alós *Hogueras* 171: Nada de eso es verdad. Literatura. Frases. Diosdado *Anillos* 1, 210: Para decirme que te has cansado de mí, no hace falta que le eches tanta literatura.
5 Prospecto o texto explicativo incluido en el envase de un producto farmacéutico. | Lera *Trampa* 1049: Se agachó y cogió el estuche [de las pastillas], y fue dándole vueltas en los dedos mientras leía la literatura de laboratorio impresa en sus cuatro costados.

literaturesco -ca *adj* (*desp, raro*) Propio de la literatura [1a y b]. | MDescalzo *SAbc* 11.3.84, 40: Es el fuego divino de las ganas de vivir lo que es su gran exclusiva. Que no lo malgasten en una literaturesca "autobanalización".

literaturización *f* Acción de literaturizar. | Aranguren *SInf* 21.8.75, 4: Naturalmente, no iba [Ridruejo] a reincidir en la literaturización de Castilla, ya cumplidamente llevada a cabo por los hombres del 98.

literaturizante *adj* Que literaturiza. | REsteo *SNue* 21.9.75, 2: Rimbombancias de historiadores literaturizantes y pastiches de Faulkner, Hemingway.

literaturizar *tr* Dar carácter literario [1] [a alguien o algo (*cd*)]. | G. Comín *Not* 31.12.70, 47: No va uno a observar y menos estudiar tipos como estos que son iguales o parecidos a los que .. tan literaturizados dejó Baroja. Umbral *Mortal* 16: La carne no se deja literaturizar. VMontalbán *Mares* 50: No había sabido superar el trauma de los cincuenta. Y pasó el de los cuarenta y el de los cuarenta y cinco con dificultades. Pero al llegar a los cincuenta se rompió. Lo había literaturizado demasiado.

literista *m y f* Pers. encargada de las literas en un tren. | *Ya* 15.4.77, 16: Unos sesenta literistas de la Compañía Internacional de Coches Cama han sido sancionados.

litiásico -ca *adj* (*Med*) De (la) litiasis. | *TMé* 26.1.90, 14: Hay más de un millón de enfermos litiásicos en España que consultan frecuentemente (varias veces al año) por este padecimiento.

litiasis *f* (*Med*) Formación de cálculos o concreciones en el organismo, esp. en las vías biliares y urinarias. | *Abc* 26.2.58, sn: Fórmula con acción específica en los casos de insuficiencia Biliar y hepática, .. Litiasis biliares. P. Escartín *ByN* 29.11.75, 99: El inocente bicarbonato .. puede crear problemas generales, tales como litiasis renal.

lítico[1] -ca *adj* (*E*) De (la) piedra. | Pericot-Maluquer *Humanidad* 110: La existencia de una industria lítica permite en algunos casos comprobar su utilización para fines agrícolas.

lítico[2] -ca *adj* (*Biol*) Que disuelve o destruye células o bacterias. | *Antibióticos* 14: A la sustancia que producía ese efecto destructor la llamó Fleming "lisozima" –enzima lítica–.

litigación *f* Acción de litigar. | R. GMarqués *Abc* 11.6.72, 59: En los mismos Estados Unidos, los Juzgados se ven repletos de pleitos por motivos relacionados con la contaminación, hasta el extremo de que ello constituye uno de los más importantes e incrementados campos de litigación en aquel país.

litigante *adj* Que litiga. *Tb n, referido a pers.* | S. RSanterbás *Tri* 11.4.70, 22: Un [torero] principiante sin apoderado es como un boxeador sin "manager" o un litigante sin procurador. J. M. Alfaro *Abc* 14.9.75, 50: Detrás de ello late el temblor agónico del encarnamiento angustioso y litigante de la lucha civil.

litigar A *intr* **1** Disputar judicialmente [con alguien sobre algo]. | Ramírez *Derecho* 33: Sobre estos bienes conserva la mujer el dominio y la administración, si bien no podrá, sin licencia del marido, enajenarlos ni gravarlos, ni siquiera comparecer en juicio para litigar sobre ellos.
2 (*raro*) Disputar o reñir [con alguien]. | * Es casi imposible discutir con él y no acabar litigando.
B *tr* **3** Litigar [1 y 2] [sobre algo (*cd*)]. | G. ÁBlanco *Sáb* 21.9.74, 17: Argelia y la región fronteriza litigada en su día hace mucho mediante guerra. Benet *Aire* 36: Ya no soporta por mucho tiempo las propias recriminaciones y –sobre todo cuando las responsabilidades se litigan en silencio– ha de encontrar pronto un culpable que le redima de la carga de la falta.

litigio I *m* **1** Acción de litigar. *Tb su efecto.* | *Ya* 23.9.70, 7: La penetración del factor chino ha podido .. ocupar un puesto activo en el litigio [de Oriente Medio].
II *loc adj* **2 en ~.** [Cosa] sometida a litigio [1]. *Frec fig.* | *Abc* 7.9.66, 28: Un continente que más que nunca puede pasar a constituir un mundo en litigio asomándose a la inseguridad de su futuro. Mingarro *Física* 6: Para la representación numérica de los resultados experimentales es preciso medir; es decir, comparar las magnitudes en litigio con unidades de su misma naturaleza previamente elegidas.

litigioso -sa *adj* **1** De(l) litigio. | Castiella *MHi* 11.63, 62: Nuestra generación ha dado una muestra excepcional de respeto por los procedimientos pacíficos y de confianza de que por ellos se pueden resolver todas las cuestiones litigiosas entre Estados. *Compil. Cataluña* 814: No procederá esta acción rescisoria .. en aquellos contratos en los que el precio o contraprestación haya sido decisivamente determinado por el carácter aleatorio o litigioso de lo adquirido. **b)** [Pers.] propensa a mover litigios. | Grosso-LSalinas *Río* 105: En esta tierra, si uno pide más o protesta, le llaman litigioso y le ponen en la lista pa que no le den trabajo en ninguna finca.
2 Sometido a discusión. | Alvarado *Botánica* 58: Los entes designados con el nombre de virus tienen una significación litigiosa.

litines *m pl* (*hoy raro*) Agua que contiene óxido de litio. *Tb* AGUA DE ~. | ZVicente *Traque* 118: Si la casa .. era de medio pelo .., tenía que conformarme con un vaso de litines, que eran muy digestivos.

litínico -ca *adj* (*Quím*) Que contiene litio. | Alvarado *Geología* 31: Las [turmalinas] litínicas son incoloras, rojo claro o verdes. Cela *Pirineo* 288: Lujo en las aguas –que las hay frías y calientes, radiactivas, .. yoduradas, litínicas, fluoradas, nitrogenadas y ferruginosas, ¡qué alarde!–.

litio *m* (*Quím*) Metal alcalino, de número atómico 3, que tiene color blanco argentino y es el más ligero de los metales. | Bustinza-Mascaró *Ciencias* 334: La lepidolita es una mica de la que se beneficia el litio.

litis *f* (*Der*) Litigio. | M. Pont *Van* 21.3.74, 35: Su inserción [de los Jurados Tributarios] en el esquema general de órganos jurisdiccionales con competencia para entender en "litis" fácticas resulta un mucho forzada.

litisexpensas *f pl* (*Der*) Gastos de un proceso. | J. Parra *Ya* 13.3.86, 64: Dicha sentencia es bastante favorable al cónyuge .. Mercedes tendrá además que pagarle las "litisexpensas", es decir, los gastos derivados del proceso. [*En el texto,* litis expensas.]

litito *m* (*Geol*) Meteorito compuesto esencialmente por silicatos. | Alvarado *Geología* 64: Atendiendo a su composición química y mineralógica, se clasifican los meteoritos en tres grupos: 1º Sideritos .. 2º Lititos .. 3º Litosideritos.

lito¹ *f* (*argot, Arte*) Litografía. | J. Sola *Mun* 9.11.74, 59: En "Rayuela", una serie de retratos (serigrafías, litos, collages, aguafuertes, bronces...) de nombres importantes.

lito² *m* (*E*) Cierto tipo de papel satinado. | *GTelefónica* N. 814: Papelera Uranga, S.A. Fábrica de papel. Pergaminos. Offsets. Registros. Litos.

litófago -ga *adj* (*Zool*) [Molusco] que perfora las rocas. | Ybarra-Cabetas *Ciencias* 121: Los organismos vivos pueden modificar la acción destructora del oleaje .. favoreciendo la destrucción (moluscos litófagos).

litofanía *f* (*Arte*) Técnica de decoración en porcelana, alabastro o vidrio opaco, con la cual se obtiene mayor o menor transparencia graduando el espesor del material. *Tb la placa de dicho material así decorada.* | A. Cobos *Ya* 10.10.74, 33: Para crear las litofanías había que contar con un escultor capaz de modelar la placa en bajorrelieve, que serviría como pieza matriz, por así decirlo, del ulterior proceso porcelánico. *NAl* 13.2.82, 6: El artista búlgaro Chris Avramov presentará, el lunes próximo, en Guadalajara, sus litofanías en porcelana .. Las litofanías son placas de porcelana pura, blanca, trabajada en bajo relieve, de mayor a menor grosor, para que, vistas al trasluz, se puedan apreciar unos resultados estéticos sorprendentes.

litofánico -ca *adj* (*Arte*) De (la) litofanía. | A. Cobos *Ya* 10.10.74, 33: El arte ceramista litofánico, que hizo furor en el siglo XIX, se fue sumiendo en el olvido en tal medida que para las nuevas generaciones es totalmente desconocido.

litófilo -la *adj* **1** (*Zool*) Que se refugia en las rocas. | J. Benzal *VSi* 7.89, 22: Solo influye la naturaleza u origen del refugio, caracterizándose tres tipos: fitófilos .., litófilos (una cueva natural o una vieja mina) o antropófilos. **2** (*Quím*) [Elemento] que posee gran afinidad con el oxígeno y que normalmente forma parte de la corteza terrestre. | Ybarra-Cabetas *Ciencias* 9: En cuanto al reparto de los elementos en las distintas zonas del Planeta ..: Litófilos. Se presentan preferentemente en la Litosfera, que es la zona de los iones. Oxígeno, silicio, aluminio, magnesio, calcio, los halógenos, etcétera, son de este grupo.

litofragmentación *f* (*Med*) Litotricia. | J. Ibáñez *Ya* 8.4.85, 34: Las diferencias entre cirugía y litofragmentación por ondas de choque son notables.

litofragmentador *m* (*Med*) Litotritor. | J. Ibáñez *Ya* 8.4.85, 34: Otro de los argumentos que avalan el futuro del litofragmentador es que entre el 30 y el 50 por 100 de los enfermos de cálculos renales padecen recidivas, es decir, se reproducen las piedras.

litofragmentadora *f* (*Med*) Litotritor. | *TMé* 26.1.90, 14: Ahora, años después de la comercialización de la popular "bañera" que incluía la primera generación de litofragmentadoras, la técnica permite tratar a los pacientes incluso sin anestesia.

litogénesis *f* (*Geol*) Formación de las rocas. | Ybarra-Cabetas *Ciencias* 103: Los materiales transportados son sedimentados y consolidados más tarde, formando rocas, hecho que constituye la litogénesis.

litografía *f* **1** Procedimiento de reproducción, mediante impresión, de dibujos o escritos trazados sobre piedra calcárea con un material graso. *Frec la reproducción así obtenida.* | Tejedor *Arte* 210: En los días de Francia, ya octogenario, aprendió aún la litografía. Laforet *Mujer* 143: Había enormes .. litografías de los Sagrados Corazones .. en las paredes.
2 Taller de litografía [1]. | *GTelefónica* N. 80: Gráficas Mora. Imprenta. Litografía.

litografiar (*conjug* **1c**) *tr* Imprimir por litografía. | *RegO* 12.7.64, 18: Se están editando folletos y carteles murales, litografiados a todo color.

litográficamente *adv* De manera litográfica. | L. M. Lorente *MHi* 2.64, 50: Habiendo sido fabricados [los sellos] litográficamente a varios colores.

litográfico -ca *adj* De (la) litografía [1]. | Cela *Oficio* 17: En la pared hay dos reproducciones litográficas de la Maja Desnuda. **b)** [Piedra caliza] de grano fino y homogéneo usada en litografía [1]. | Marcos-Martínez *Física* 290: Otras variedades o minerales afines [a la caliza] son el aragonito ..; la piedra litográfica, cuyo grano es muy fino y que se utiliza para el grabado.

litógrafo -fa *m y f* Pers. que se dedica a la realización de litografías [1]. | *Arr* 30.12.70, 23: Uno de los miembros de la banda logró escapar a la redada, que concluyó hoy con la captura en Colonia del litógrafo Karl Beuth.

litolátrico -ca *adj* (*Rel*) Que da culto a las piedras. | Castillo *Polis* 170: Practicaban [los beduinos] una religión litolátrica. El principal santuario era la Kaaba de La Meca .., donde se veneraba una piedra negra.

litología *f* (*Geol*) Parte de la geología que trata de las rocas. | Bustinza-Mascaró *Ciencias* 316: La ciencia que estudia los minerales es la Mineralogía. La que se ocupa de las rocas se llama Litología o Petrografía.

litológicamente *adv* (*Geol*) En el aspecto litológico. | Ybarra-Cabetas *Ciencias* 163: Período plioceno .. Litológicamente es este período muy semejante al anterior.

litológico -ca *adj* (*Geol*) De (la) litología o de (las) rocas. | Santamaría *Paisajes* 22: No es la altitud, sino las características litológicas –rañas, páramos y arenales–, las que aquí imponen el predominio de un determinado tipo de vegetación. Grosso *Invitados* 100: Aumenta la policromía del conjunto litológico en el que se recortan los fresnos, los robles.

lito-offset *m* (*Impr*) Offset (procedimiento de impresión). | *BOE* 14.2.58, 1503: Fábrica de tintas de imprenta .. Tinta de prensa .. Tintas tipo y lito-offset.

litopón *m* (*Quím*) Precipitado de sulfuro de cinc y sulfato de bario que se emplea como pigmento blanco. | Ybarra-Cabetas *Ciencias* 68: Se emplea [la baritina] como pigmento o para preparar blanco fijo o litopón, usado en las exploraciones radiológicas.

litoral **I** *adj* **1** De(l) litoral [2]. | Ortega-Roig *País* 25: Los ríos, depositando las tierras que arrastran, han formado las llanuras litorales. **b)** (*Geol*) [Zona marítima] que corresponde a la plataforma continental. | Alvarado *Geología* 80: Por su distancia a la costa se consideran dos zonas [marinas]: la litoral o nerítica, sobre la plataforma continental, y la pelágica o de alta mar. **c)** (*Geogr*) [Mar] comunicado ampliamente con el océano. | Zubía *Geografía* 43: Los mares .. Pueden ser: .. Litorales: que comunican ampliamente con el océano .. Cerrados: los situados dentro de los continentes.
II *m* **2** Costa (faja de tierra que está a la orilla del mar). *Tb la zona del mar inmediata a esa faja. Solo usado en sg.* | Zubía *España* 231: Más de la mitad de la población española vive en el litoral. Zubía *Geografía* 77: Accidentes del litoral ..: Islas .. Archipiélago .. Península .. Estrechos .. Rías .. Puertos.

litosfera *f* (*Geol*) Corteza rocosa externa del globo terráqueo. | Ybarra-Cabetas *Ciencias* 6: Las diferencias de composición y densidad en la Litosfera se acentúan a medida que se profundiza.

litosiderito *m* (*Geol*) Meteorito de composición intermedia entre lititos y sideritos. | Alvarado *Geología* 64: Atendiendo a su composición química y mineralógica, se clasifican los meteoritos en tres grupos: 1º Sideritos .. 2º Lititos .. 3º Litosideritos.

litosuelo *m* (*Geol*) Suelo pedregoso con poco espesor de tierra suelta sobre la roca base. | Santamaría *Paisajes* 22: En la zona alpina .. abundan los litosuelos –pedrizas y zonas rocosas sin cobertura–.

lítote (*tb* **litote**, **lítotes** y **litotes**) *f* (*TLit*) Figura que consiste en atenuar la expresión del pensamiento dando a entender más de lo que formalmente se dice. | Alonso *Góngora* 289: Dice "no segundo" en vez de 'primero': es una atenuación, lo que en Retórica se llama lítote. Correa-Lázaro *Lengua* 4º 51: Litotes. Consiste en negar lo contrario de lo que queremos decir: *no puedo aprobar tu conducta.*

litotricia *f* (*Med*) Desmenuzamiento o fragmentación de cálculos biliares o urinarios, esp. por medio de ondas de choque. | J. Ibáñez *Ya* 8.4.85, 34: La urología cuenta con un método revolucionario, la litotricia mediante ondas de choque.

litotripsia f (Med) Litotricia. | C. Paniagua Méd 6.5.88, 128: El ilustre médico catalán del siglo XIII Arnaldo de Vilanova, para liberar al papa Bonifacio VIII de cólicos renales, construyó un escapulario cabalístico y le aconsejó se lo colocara bajo la faja. Así lo hizo el pontífice. Las deseadas litotripsias no se produjeron.

litotriptor m (Med) Litotritor. | M. POliva País 10.9.88, 24: Un modelo especial de litotriptor permite destruir las piedras biliares.

litotritor m (Med) Aparato para efectuar la litotricia. | Ya 8.4.85, 34: En España ya funciona un "litotritor" en Barcelona. TMé 26.1.90, 14: El litotritor Dornier MFL-5000 es totalmente multifuncional.

litri adj (col, hoy raro) [Pers.] cursi o presumida. Gralm referido a hombre. Tb n. Frec en la constr NIÑO ~. | J. Rubio SAbc 13.12.70, 47: Sirvió [la jirafa] como modelo a las caricaturas políticas del Imperio, para ridiculizar a los "increíbles", que eran como los niños y niñas "litris" del siglo XIX. DCañabate Abc 7.4.79, sn: Los pollos litris tenían que llevarlos [los bigotes] por decreto. Marsé Dicen 281: ¿Nosotros amigos de esos litris? Ni hablar, camarada, nosotros jugamos con pólvora y ellos con gusanitos de seda.

litro m En el sistema métrico decimal: Unidad de capacidad equivalente a la de un decímetro cúbico. Tb el recipiente que tiene esa capacidad y que se emplea para medir. | Laforet Mujer 39: Llevaba siempre unos litros [de gasolina] de repuesto en un bidón. * Sobre el mostrador de las lecherías brillaban siempre los litros.

litrona f (col) Botella de cerveza de un litro. | Abc 7.2.87, 1: En la imagen, un joven enmascarado lanza una "litrona" contra la Policía.

lituano -na I adj **1** De Lituania. Tb n, referido a pers. | Abc 3.12.70, 36: Nixon califica de "hecho ultrajante" el incidente del marino lituano entregado a los rusos.
II m **2** Lengua hablada en Lituania. | Villar Lenguas 133: Menos arcaico [el letón] que el lituano, se ha extendido a regiones del dominio finés.

liturgia f **1** Modo establecido por una Iglesia para la celebración de los actos de culto. | Sopeña Defensa 66: Creo que [el libro] es sintomático de la actitud de una generación ante la Liturgia.
2 Acto, o conjunto de actos, de culto, establecido por la liturgia [1]. | DMa 29.3.70, 32: El rito de la vigilia pascual constaba de cuatro partes, vigilia de la luz, liturgia bautismal, liturgia de la palabra y liturgia eucarística. SLuis Liturgia 10: Pascua de Resurrección .. En toda la liturgia de este día flota un aliento de alegría. Laforet Mujer 293: Sabía que el gozo sensible que la liturgia Navideña había provocado en su espíritu pasaría pronto. **b)** Acto, o serie de actos, que se realiza conforme a unas normas tradicionales establecidas. | Delibes Madera 81: A papá Telmo le miraba con aprensión, y el mero hecho de verle enjabonarse la cara en el baño con los pies descalzos .. se le antojaba .. parte de un ritual mágico cuyas últimas consecuencias se le escapaban. Una noche .. le preguntó [a la Zoa] por aquella misteriosa liturgia de papá Telmo.

litúrgicamente adv En el aspecto litúrgico. | A. Montero Ecc 8.12.62, 23: Estas cristiandades .. se reparten litúrgicamente en una variada riqueza de ritos.

litúrgico -ca adj De (la) liturgia, esp [1]. | SLuis Liturgia 4: Todo el Año Litúrgico se divide en dos grandes ciclos: El ciclo de Navidad .. El ciclo de Pascua. Ribera Misal 530: La Iglesia desea volver esta Vigilia [Pascual] a su primitivo esplendor litúrgico. Ridruejo Memorias 53: Solo le había visto [a José Antonio] en algunos actos públicos, actos que se iban haciendo, a la manera fascista, más y más litúrgicos. **b)** (TLit) [Drama] eclesiástico, propio de la Edad Media, en que se escenifica algún pasaje del Evangelio durante la celebración de los oficios de determinadas fiestas. | Blecua Literatura 1, 118: El drama litúrgico, que florece entre los siglos IX-XIII, iba unido a determinadas fiestas religiosas, siguiendo los Evangelios, y originó dos grupos de representaciones: el de Navidad y el de la Pasión.

liturgismo m (desp) Respeto o sumisión rígidos a la liturgia [1]. | Sopeña Defensa 106: No había en el libro y en la actuación un exceso de liturgismo, una actitud "ritualista" propicia a muy peligrosas alienaciones.

liturgista m y f **1** Pers. versada en liturgia [1]. | Pinell Horas 199: El liber horarum merece la atención de historiadores y liturgistas.
2 Pers. sumamente respetuosa con la liturgia [1]. | Torrente Nuevos cuad. 95 (G): Los americanos la cuelgan [la corona de Adviento] en las puertas .. Pero aquí esa costumbre parece no cuajar: yo no la he visto más que en algunas casas de refinado "snobismo" o de liturgistas acendrados.

livianamente adv (lit) De manera liviana, esp [4 a 7]. | SManzano Hoy 28.11.75, 22: La lluvia, que livianamente hizo su aparición días atrás, se nos fue. MMolina Invierno 85: Acababa de conocer a Lucrecia y concebía livianamente la posibilidad de acostarse con ella.

liviandad f (lit) **1** Cualidad de liviano, esp [7]. | A. Figueroa Abc 18.4.58, 23: La Terranova creía aniquilar el espíritu maléfico de la Corte de Luis XIV, la petulancia y la liviandad de las favoritas.
2 Acción liviana [7]. | Aldecoa Gran Sol 55: Ladrón y honrado a rachas; asqueroso de liviandades o en los perfiles de la honestidad a rachas.

liviano -na I adj (lit) **1** Ligero o de poco peso. | Arce Testamento 27: A su paso se levantaban nubes de vilanos que se descomponían bajo el sol o que se iban flotando ladera abajo, livianos, tambaleantes. S. Codina Mun 23.5.70, 62: Los españoles, siendo físicamente más livianos, podían compensar su inferioridad atlética merced a velocidad e intuición.
2 Delgado o poco espeso. | DVa 15.3.75, 2: Esos ropajes de abrigo eran, si no retirados absolutamente, sí al menos postergados a un término segundo. Se empezaba a pensar en ropas livianas, menos espesas. Marsé Tardes 38: Llevaba una falda amarilla muy liviana y un niki sin mangas.
3 [Alimento] que se digiere pronto y con facilidad. | Savarin SAbc 7.12.69, 37: Escogí plato más liviano. Comí el "shaslik", que es una brocheta de pez espada con una salsa de vino.
4 De poca importancia o trascendencia. | RMoñino Poesía 72: El Cancionero ha dejado de ser obra de biblioteca y atril para convertirse en libro de bolsillo. No es liviana revolución para la época. Delibes Parábola 36: Siente .. los livianos baches de la carretera. C. Rivero HLM 26.10.70, 13: Lo que importa más para el sesgo de esta liviana reflexión.
5 Poco intenso. | Arce Precio 113: Tiene un sueño muy liviano a pesar de los barbitúricos.
6 Poco serio o poco profundo. | MMolina Beltenebros 14: Frecuentaba sobre todo los aeropuertos menores, porque en ellos el control policial suele ser más liviano.
7 De moral sexual relajada. | Umbral Memorias 15: A riesgo de que las gentes austeras de la zona nacional y de la posguerra nos incautasen por vender [en revistas] carne humana a peso, señoritas livianas de cuando la república. PFerrero Abc 2.1.72, 43: Las costumbres un tanto livianas en las que los interiores de las berlinas de caballos, las citas escondidas y discretísimas .. estaban a la orden del día. Mercader-DOrtiz HEspaña 4, 55: Esta afición a las sociedades secretas era muy corriente entre algunos nobles, quienes retenían libros irreligiosos e inmorales, estampas livianas, grabados licenciosos y pinturas obscenas.
II n A m **8** Bofe (pulmón, esp. de res). Gralm en pl. | Alvarado Anatomía 102: A los alvéolos pulmonares, llenos de aire, deben los pulmones su aspecto esponjoso y su gran ligereza (livianos). Vega Cocina 94: Se compone de trozos de bofe [o] liviano, pata y cabeza de cabrito.
B f **9** Cante flamenco semejante a la toná. Frec en pl con sent sg. | Manfredi Cante 120: La liviana es un cante gitano, hermana de la toná de la fragua, cante muy duro, que exige mucho coraje; creo que la liviana y la toná son la misma cosa, aquella sin martillos ni yunques, esta a pie de fragua. Cela Viaje andaluz 258: Por entre los cantes que nadie acierta dónde meter andan también las livianas y las carceleras.

lividecer (conjug **11**) intr (lit, raro) Ponerse lívido. | Lorenzo Extremadura 318: Tiende [el Guadiana] brazos de agua, que no siguen .. Agua sin pulso: amarillean los aires; la sangre lividece.

lividez adj (lit) Cualidad de lívido. | Buero Tragaluz 69: Las sucesivas iluminaciones de las diversas escenas y lugares crean .. constantes efectos de lividez e irrealidad.

lívido – llamador

lívido -da *adj* (*lit*) **1** Que tira a morado. *Frec referido a luz*. | Aldecoa *Gran Sol* 30: Al este se filtraba una lívida claridad.
2 Pálido o descolorido. | Escobar *Itinerarios* 187: Una mujer en su media edad, con manto, enlutada desde los ojos a los pies, muy lívida y suspirante, flacucha y sin palabras. J. L. Calleja *Abc* 21.5.67, 3: Una menestra compuesta .. de asténicas, lívidas, tristes verduras en lata.

living (*ing; pronunc corriente*, /líbin/; *pl normal*, ~s) *m* Cuarto de estar. | GHortelano *Amistades* 192: Entre él y Pedro la sujetaron para subir por la escalera, que partía del mismo "living" al otro piso. Torres *Ceguera* 99: Una cesta .. que a Diana le pareció ideal para dejarla en un rincón del living con las revistas atrasadas.

living-room (*ing; pronunc corriente*, /líbin-rúm/; *pl normal*, ~s) *m* (*hoy raro*) Living. | *Abc* 21.3.58, 70: Lujosísimo living room. Amplio cuarto baño, exterior.

livonio -nia *adj* De Livonia (región de Estonia y Letonia). *Tb n, referido a pers*. | F. GBenito *His* 8.77, 56: El rey español pide al ruso que ponga en libertad a unos caballeros livonios que los rusos habían hech[o] prisioneros.

livor *m* (*lit*) Color cárdeno. | Aldecoa *Cuentos* 1, 160: Fueron encendidas las lámparas cuando el livor del cielo anticipó la anochecida.

lixiviación *f* **1** (*Quím*) Extracción de los principios solubles de una sustancia por el paso de un líquido disolvente a través de la misma. | P. Salvá *Pue* 9.5.74, 30: Esta acción de arrastre de detritos y facilitadora de la diuresis responde a su acción lixiviante, la cual se ejerce sobre los tejidos, con constante efecto diurético. Esta lixiviación da como resultado la eliminación de los [d]etritos estancados en el organismo.
2 (*Geol*) Proceso de arrastre por el agua de lluvia de las materias solubles de las capas superiores del suelo a otras más profundas. | * Estas sustancias llegan a los acuíferos por lixiviación.

lixiviador -ra *adj* (*Quím*) Lixiviante. *Tb fig, fuera del ámbito técn*. | Benet *Otoño* 68: Tampoco es el tiempo el único elemento lixiviador.

lixiviante *adj* (*Quím*) Que lixivia. | P. Salvá *Pue* 9.5.74, 30: Esta acción de arrastre de detritos y facilitadora de la diuresis responde a su acción lixiviante.

lixiviar (*conjug* **1a**) *tr* (*Quím*) Producir lixiviación [en algo (*cd*)]. | *SInf* 26.2.75, 9: Los minerales uraníferos se trituran hasta dejarlos en una forma relativamente fina, como medida previa para lixiviar el uranio. P. Nadal *SPaís* 5.5.93, 3: La contaminación de un acuífero .. puede venir provocada .. por agentes agrícolas, como el excesivo uso de pesticidas y abonos que son lixiviados por el agua de riego o de lluvia y transportados al acuífero.

liza *f* **1** (*lit*) Lid (lucha o contienda). *Gralm en sent fig. Frec en la constr* ENTRAR EN ~. | L. Gallego *Mad* 20.11.70, 30: El alpinismo valenciano .. se mantiene dignísimamente en la liza, con técnica que no desmerece de las más altas. *Sol* 21.3.75, 18: Temporada gallística .. "Gaviota" .. se opone a "Chico" .. Dureza, igualdad y victoria de "Chico", en 27 minutos de liza.
2 (*hist*) Campo acotado para una justa o torneo. *Tb el mismo combate*. | Riquer *Caballeros* 22: Las lizas estaban dispuestas en Valladolid .., así como los cadahalsos destinados a los caballeros y grandes señores .. que debían presenciar la batalla.

lizo (*Tex*) **I** *m* **1** *En un telar*: Hilo de metal o de lino provisto de un anillo por el cual pasa el hilo de la urdimbre, y que sirve para alzar este cuando ha de quedar por encima de la trama al pasar la lanzadera. | *Alcoy sn*: Telar automático de 190 cms. ancho de peine .. Accionamiento por embrague y motor y equipado con maquinilla de lizos.
II *loc adj* **2 de alto** (*o* **bajo**) **~**. [Telar] de urdimbre vertical (u horizontal). | Alcolea *Artes decorat*. 370: El material corrientemente empleado [en las alfombras] es la lana de oveja .. Como en los tapices, los telares pueden ser de alto lizo, verticales, y de bajo lizo, horizontales, que se usan poco por su incomodidad.

ll → ELLE.

llaga *f* **1** Úlcera, esp. la producida en un lugar visible. | Vesga-Fernández *Jesucristo* 96: Vivía al mismo tiempo un mendigo llamado Lázaro, que yacía a su puerta cubierto de llagas.
2 (*lit*) Herida. *Frec fig*. | *Abc* 27.12.70, 23: La presión de terceras fuerzas sobre las llagas que aquella guerra ha dejado.

llagar *tr* Causar llagas [en una pers. o en un órgano (*cd*)]. | Sampedro *Octubre* 156: Se estremece todo mi ser, traspasado como por los rayos que llagaron al Hermano Francisco. **b)** *pr* Pasar [una pers. o un órgano (*suj*)] a sufrir llagas. | VMontalbán *Pájaros* 310: Aquellas cajas llenas de compresas de gasa que ayudaban a prolongar la vida de aquella mujer vegetal sin que se escociera, sin que se llagara.

llagoso -sa *adj* (*raro*) Que tiene llagas [1]. | Aparicio *Mono* 167: ¡Ah, mi Dios, cómo me impresionaron las gallinas de Von Barring! .. Hambrientas, llagosas, histéricas.

llagosterense *adj* De Llagostera (Gerona). *Tb n, referido a pers*. | *Sit* 3.4.56, 6: Llagostera .. Con una concurrencia extraordinaria ha tenido fin el interesante ciclo de conferencias bíblicas que .. ha dado el M. Iltre. Dr. D. Alberto Vidal .. en el salón del Cine Llagosterense.

llama[1] *f* **1** Masa gaseosa y luminosa que se eleva de los cuerpos en combustión. | Marcos-Martínez *Física* 259 bis: Los gases y líquidos arden originando una llama más o menos luminosa. Arce *Testamento* 17: Le puse la llamita bajo la punta [del cigarrillo] y él dio un par de chupadas.
2 (*lit*) Fuego o ardor [de algo no material]. | *Alc* 1.1.55, 3: Periodistas y escritores que .. sean, a través de sus colaboraciones .., como la llama viva del mejor espíritu.

llama[2] *f* Rumiante camélido propio de los Andes, del tamaño del ciervo, con cuello largo y cola corta, que se emplea como animal de carga y del cual se aprovechan la carne, el cuero y el pelo, que es largo, suave y lanoso (*Lama glama*). | Delibes *Mundos* 44: Las llamas y las alpacas pastan allí libremente.

llamada *f* **1** Acción de llamar [1, 2 y 6]. | VMontalbán *Comité* 115: –¿Puedo hacer una llamada interurbana? –No. Pero a unos metros tiene una cabina. Lera *Bochorno* 76: En las caras y en los ojos se traslucía la tensión provocada en todos por el estridor alucinante de aquella primitiva llamada de los sexos. A. Pizá *Bal* 4.3.70, 16: La puerta estaba cerrada, y nadie contestó a nuestra llamada.
2 Signo que en un escrito remite a una nota puesta al pie de página o al final del texto. | Huarte *Tipografía* 16: En cuanto a las notas, hay que indicar .. en qué forma se han de poner las llamadas: con números volados, entre paréntesis, con asteriscos, etcétera.
3 (*Dep*) *En regatas:* Sanción que se impone a la embarcación que ha efectuado una salida prematura, y la obliga a efectuar una nueva salida. | F. Castañeira *Abc* 6.8.88, 67: Esta regata comenzó a las 12,52 para los barcos de las clases I, II y III, después de una llamada general, ya que, con el "embat" que soplaba, la línea de salida estaba claramente favorecida a sotavento.

llamado *m* (*raro*) Llamamiento [2]. | *País* 19.4.77, 8: El presidente no debe atender al llamado de los 114 peticionarios, y a los españoles se nos debe evitar el bochornoso espectáculo de ver reunidas una vez más a las Cortes del dedo. Cunqueiro *Laberinto* 32: Basta que un demonio giratorio exprese la voluntad de acudir al llamado de Satanás, para que comience a girar y salga volando de donde se encuentra.

llamador *m* **1** Utensilio para llamar [6], esp. aldaba. | Laforet *Mujer* 86: Llegó hasta el portón .. Se atrevió a dejar caer dos o tres veces el llamador de bronce.
2 Marinero que avisa a los compañeros, casa por casa, que el barco se va a hacer a la mar. | A. J. Sánchez *Sáb* 7.9.74, 35: Una lista muy reciente de cómo se efectúa este reparto entre las tripulaciones de Sanlúcar nos puede ayudar algo más a comprender esto. Allí es el siguiente: Patrón de Pesca: 5 partes .. Redero de tierra: 1 1/2. Llamador: suplemento de 1 "cuartón". Cancio *Bronces* 35: Comenzaron por madrugar más que nunca los llamadores, más desvelados por la fiesta que por el miedo de otros días a la varadura de las lanchas con la bajamar.

llamamiento *m* **1** Acción de convocar a un conjunto de perss. | *Ya* 3.3.63, 31: Escuela Judicial. Convocados día 4, a las cinco, del 205 al 222, ambos inclusive, primer ejercicio, segundo llamamiento.
2 Exhortación o petición formal. | *Abc* 15.12.70, 34: Se incluye un llamamiento a Portugal para que conceda la independencia a sus territorios ultramarinos.

llamar A *tr* **1** Pedir [una pers. a otra (*cd*)], con palabras, ruidos o gestos, que le preste atención. | * Felipe llamó a un amigo suyo que estaba en la fila de delante. **b)** Establecer (o intentar establecer) comunicación [con alguien (*cd*)] a través del teléfono. *Frec abs.* | Payno *Curso* 97: Llamó aquella tarde a Darío. Fueron al cine. Medio *Andrés* 273: Sube al doce, de la tercera... Llaman los paletos esos, que suba el botones. **c)** Despertar [a alguien] para que se levante de la cama. | Aldecoa *Gran Sol* 75: La madre se habrá levantado a las ocho menos cuarto. Habrá llamado a las ocho al hijo.
2 Pedir [a alguien (*cd*)] que acuda [a un lugar]. *Frec se omite el compl de lugar cuando corresponde al suj. Tb abs. Tb fig.* | HLM 31.5.76, 8: Scotland Yard ha abierto una investigación sobre el caso, y un oficial de la RAF fue llamado a declarar en conexión con el mismo. Delibes *Príncipe* 10: –Me parece que llama el niño.– La Vítora entró en la habitación .. –A ver quién es –dijo– ese niño que chilla de esa manera. *Nor* 28.9.71, 5: Conferenciante profundo, y con una visión muy clara de los problemas actuales de la Iglesia, es llamado frecuentemente a intervenir en reuniones de estudio, simpósiums y asambleas. **b)** Atraer. | Olmo *Golfos* 142: Los bautizos hoy llaman a mucha gente. *Van* 27.12.70, 39: Dinero llama a dinero. **c)** ~ **la atención** → ATENCIÓN. **d)** (*raro*) Llevar [a un lugar]. | Delibes *Inf* 2.6.76, 19: Tocado por la gracia .., clavé una segunda trucha que llamé aguas abajo, pero, inesperadamente, el rastral se trabó en una leña sumergida de la represa, y la trucha quedó penduleando. J. Pascual *Abc* 5.6.58, 17: Antonio Aranda y Luis Garcés, del comercio local, se encargaron de limpiar una por una las innumerables piezas [de la custodia], para lo cual previamente las desmontamos por completo. Pulidas y brillantes ya, las recibíamos mi sobrino Antonio Albo y yo, que íbamos llamando a su sitio doseletes, estatuillas, arcos y agujas en número interminable.
3 Designar [a alguien (*cd*) para ocupar un puesto, desempeñar un papel o un cargo, o disfrutar un derecho (*compl* A)]. | M. Fórmica *Abc* 25.2.68, 89: Establece que solo en el supuesto de que no exista descendencia masculina, se llame a suceder a las hembras. *Compil. Cataluña* 698: La reversión ordenada a favor de los herederos de los heredantes se entenderá otorgada a favor de los testamentarios, o, en su defecto, de los parientes que, en el momento de tener lugar la reversión, resultarían llamados abintestato a su herencia. **b) llamado a** + *infin* = DESTINADO A, O QUE HA DE, + *infin*. | Delibes *Madera* 161: Mamá Zita se adueñó de una expresión popular llamada a hacer fortuna: "Se va a armar la gorda".
4 Designar [a alguien o algo (*cd*) por el n. o el calificativo que se expresan (*predicat*)]. *A veces con compl de modo en lugar del predicat, esp cuando la o es interrog* (¿cómo lo llaman? = ¿con qué nombre lo designan?). | Olmo *Golfos* 192: Yo le llamaba Tacho. Medio *Andrés* 88: Si volvéis a llamarle burro, os castigaré. Cunqueiro *Un hombre* 10: No oía las palabras largas, esas que los gramáticos .. llamaron trisílabas o polisílabas. Medio *Bibiana* 10: –Aquí no habrá juergas. –Guateques... –Llámalo como quieras. **b)** ~ **de tú, ~ de usted** → TÚ, USTED.
B *copulat pr* **5** Tener por nombre [el n. o se expresa (*predicat*)]. *A veces con compl de modo en lugar del predicat, esp cuando la o es interrog* (¿cómo se llama? = ¿qué nombre tiene?). | Laforet *Mujer* 29: Los Vados de Robre se llamaban González de apellido. Legorburu-Barrutia *Ciencias* 77: ¿Cómo se llaman los movimientos del corazón? **b) lo que se llama.** (*col*) *Fórmula con que se pone de relieve lo que sigue, para precisarlo con exactitud o para ponderarlo.* | J. Salas *Abc* 26.8.75, 15: Si la semana pasada fue lo que se llama una semana caliente, esta promete serlo mucho más. **c) como me llamo** + *n de pers.* (*col*) *Fórmula con que el que habla da por seguro, enfáticamente, un hecho.* | ZVicente *Traque* 11: Como me llamo Facundo que antes de un año tenemos boda. **d) me llamo.** (*col*) *Fórmula usada, frec en forma provocativa, por la pers a la que se ha llamado* [1a] *por su nombre, para darse por enterada de la llamada.* | LRubio *Diana* 379: –Gonzalo. (Reconviniéndola severamente.) ¡Florita! –Florita. (Mirándole, con cierta insolencia.) ¡Me llamo! **e) ¿cómo se llama?** (*col*) ¿Qué precio tiene? | * –¿Cómo se llama? –Dos mil pesetas.
C *intr* **6** Avisar, normalmente por medio de una señal acústica, que se desea entrar en una casa o habitación, o que se desea hablar con quien está dentro. *Frec en las constrs* ~ A LA PUERTA, ~ AL TIMBRE. | ZVicente *Balcón* 14: Casta mira cuidadosamente por la mirilla y, después de reconocer a quien llama, se acerca de puntillas a la puerta del salón. Torrente *DJuan* 317: Ahí tiene una manera de llamar a las puertas del cielo.

llamarada *f* **1** Llama¹ [1] fuerte y breve. | Arce *Testamento* 74: Preparaban un buen montón de escajos, les arrimaban una brasa y los escajos crepitaban lanzando grandes llamaradas que quemaban los pelos del cochino.
2 (*lit*) Acceso brusco y pasajero [de algo, esp. de un sentimiento]. | Areilza *SAbc* 15.2.70, 28: En ella hay, como en todo romanticismo, elementos de protesta, .. de crítica total de la sociedad y explosivas llamaradas de escándalo como la desnudez, el sexualismo.

llamativamente *adv* De manera llamativa. | M. Á. Gozalo *Abc* 13.11.74, 43: Un periódico sensacionalista anuncia llamativamente "el plan secreto del Gobierno si todo va mal: Mitterrand, primer ministro".

llamativo -va *adj* Que llama o atrae la atención. *Referido esp al aspecto visual.* | Huarte *Tipografía* 9: Solo algún añadido .. podrá continuarse al dorso advirtiendo en forma clara y llamativa: "continúa a la vuelta". Bustinza-Mascaró *Ciencias* 192: La gallina tiene cresta más reducida que el gallo, su plumaje es menos llamativo. *Economía* 332: La discreción consiste en no resultar llamativa.

llamazar *m* (*reg*) Terreno pantanoso. | FVidal *Ayllón* 57: Sigo caminando por el yero humedecido, devenido casi en llamazar.

llambría *f* (*reg*) Parte de una peña que forma un plano muy inclinado. | Lueje *Picos* 109: El fondo terminal de Valdebaro es la gala de Fuente Dé .. Del imponente frontal de los cantiles, los hastiales, las llambrias y los escarpes de verticalidades de más de los mil metros.

llambrial *m* (*reg*) Terreno abundante en llambrias. | Lueje *Picos* 69: Es la exuberancia de la foresta del Monte Auseba. Del fundacional Auseba, soberanamente agreste, con las tajaduras de sus clareados llambriales, sobre los que se cuelga el milagro de la Sacra Cueva.

llameante *adj* Que llamea. *Frec* (*lit*) *fig.* | CPuche *Paralelo* 447: En eso comenzó a arder el hotel. En un instante todo se llenó de humo y de llamas .. Hubo también gritos y llamadas de socorro desde las ventanas llameantes. Matute *Memoria* 61: Era una mata de cabello espeso, de un rojo intenso, llameante.

llamear A *intr* **1** Echar llamas¹. *Frec fig.* | Matute *Memoria* 79: Por encima de la cúpula de mosaicos verdes, arrancándolos un llamear dañino, estaba el sol. SSolís *Camino* 290: –¡Desvergonzada! ¡Impúdica! .. –doña Pura llameaba frente a su hija, que fumaba y sonreía desafiante.
B *tr* **2** (*lit, raro*) Alumbrar con llamas¹. *Tb fig.* | Andrés Hartzenbusch XVIII: Unos muros llameados, expectantes los ojos de los niños alrededor de una chimenea que en la cocina aceitaba pucheros y vasijas, eran el escenario acostumbrado para que una narración elevara a mito el deseo. Escobar *Itinerarios* 231: El vino comenzó a enrojar el cuerpo, llameando en euforia el espíritu de aquellos amigos de la corrobra.

llampuga *f* Pez marino comestible del Mediterráneo, de cuerpo comprimido y alargado, con una aleta azulada de la cabeza a la cola (*Coryphaena hippurus*). | Huerta *Pesca* 152: La pesca de altura, que contando con adecuadas embarcaciones de gran singladura, permite la captura de gigantescas llampugas (dorados).

llampuguera *f* Arte de pesca especial para la captura de la llampuga. *Tb* RED ~. | *Animales marinos* 129: Llampuga .. Procedimiento de pesca: Red llampuguera y curricán. *Animales marinos* 59: Procedimiento de pesca: Arrastre, anzuelo y llampuguera.

llana → LLANO.

llanada – llantear

llanada *f* Terreno llano [1a]. | Cela *Judíos* 45: En San Esteban de Gormaz el campo es verde y primoroso, con huerta en la llanada. GSosa *GCanaria* 98: Esta excursión nos permitirá ver las extensas llanadas tomateras del Carrizal, Sardina del Sur.

llanamente *adv* De manera llana o sencilla. | A. D. Galicia *Sáb* 10.9.66, 10: Es preferible llana y simplemente la palabra familia. **b) lisa y ~** → LISAMENTE.

llaneador -ra *adj* Que corre bien en terreno llano [1a]. *Esp en deportes. Tb n, referido a pers.* | *Ya* 8.7.86, 47: La etapa de hoy. Persiste el llano .. Mínimo trazado para grandes aventuras, pero idóneo para los equipos llaneadores. *Ya* 20.7.86, 44: No le gusta la montaña, es un llaneador y un contra relojista [sic] consumado.

llanear *intr* Ir por terreno llano [1a]. | Cunqueiro *Un hombre* 126: El camino .. terminaba su viaje llaneando por entre prados regados, bordeado de abedules y de chopos. Delibes *Inf* 16.6.76, 21: Estos ríos recién descendidos del monte, en cuanto empiezan a llanear, dan generalmente muy buenos resultados para la pesca. Valencia *SYa* 31.6.75, 21: Bahamontes .. solo al final sabía descender y llanear correctamente. *Prospecto* 12.76: Nuevo Renault 12 TS .. Un motor fuerte pero sobrio. Para adelantar, subir, llanear, veloz y seguro en cualquier situación.

llanero -ra *adj* **1** De (la) llanura. *Frec n, referido a pers.* | C. Otero *Abc* 7.4.79, 48: El ave llanera, la avutarda, también tiene sus problemas de amores estos días.
2 De los Llanos (región de Venezuela). *Tb n, referido a pers.* | *Act* 22.3.73, 74: Las primeras filmaciones se realizarán .. en el corazón de Los Llanos de Venezuela .. Rodaremos allí durante quince días, recogiendo, además, las costumbres del indio llanero y las huellas del conquistador español.

llaneza *f* Cualidad de llano [3 y 4]. | J. Balansó *SAbc* 9.3.69, 51: Federico IX ha conseguido ganarse la devoción de su pueblo a causa, principalmente, de su personalidad, de su manera simple de actuar, carente de toda afectación, de la llaneza con que trata a toda persona.

llanía *f* (*raro*) Terreno llano [1a]. | Aldecoa *Historia* 92: Comienza la mañana, y este milagro .. renueva la individualidad de las cosas: el camino a la llanía, pateado por los camellos; las latas de conservas vacías, brillando distintamente, en la joyería del muladar, junto a las rocas.

llanisco -ca *adj* De Llanes (Asturias). *Tb n, referido a pers.* | *VozA* 8.10.70, 2: Mortal accidente en Infiesto. Pereció un popular llanisco. E. GPalacio *NEs* 22.10.87, 13: Esta instalación es única en el mundo, por la tecnología que empleará y por su diseño, prácticamente concebido ex profeso para la fábrica llanisca.

llanito -ta *adj* (*col*) Gibraltareño. *Tb n, referido a pers.* | T. Medina *Pue* 19.5.66, 2: Veinticinco mil llanitos viven en Gibraltar. T. Medina *Pue* 19.5.66, 2: El camarero de aquel bar, que es de La Línea y que trabaja .. en territorio llanito.

llano -na **I** *adj* **1** Que carece de relieves o desigualdades o los tiene poco pronunciados. | Ortega-Roig *País* 171: Hacia el Oeste y desembocando en el Océano Atlántico se abre la Depresión del Guadalquivir, tierra llana .. limitada al Norte por Sierra Morena y al E y SE por las Cordilleras Béticas. **b)** [Plato] del tamaño del sopero, con bordes poco elevados. | *Her* 11.9 88, 23: Menaje .. Lote 6 platos hondos o llanos Arcopal, nuevo modelo Fresco: 765. **c)** (*Mar*) [Mar] que presenta oleaje de altura no superior a 0,1 m. | Langelaan *DEs* 10.8.71, 17: Durante las pruebas de natación y ski náutico, que requerían mar llana, sopló el viento molestando a nadadores y esquiadores. *DMo* 18.8.90, 2: Costa de Santander .. Rizada a marejadilla, disminuyendo a rizada y mar llana en horas nocturnas en aguas cercanas a la costa.
2 [Pers. o estado] que no son de clase privilegiada. | RValcárcel *Pue* 22.12.70, 4: Tenemos el deber de hacernos eco de la postura del pueblo español, de ese pueblo llano que representamos. Cela *Viaje andaluz* 113: El vagabundo, entre las gentes del estado llano, contenidamente bulliciosas y afables sin descaro, volvió a respirar y a sentirse a sus anchas.
3 [Pers. importante] de trato sencillo y familiar con todos. | SSolís *Blanca* 71: No te pases de llana; .. que las criadas, si les das confianza, se pasan de la raya. Berenguer *Mundo* 47: Cuando quiere, es buena cosa y da gusto oírle charlar por lo llano que es.
4 Sencillo, o que carece de complicaciones o artificios. | Miret *Tri* 26.12.70, 13: La mayoría se opuso a estos .. homenajes populares, pensando que la visita del obispo no debe alterar para nada el trabajo de las personas que viven en el pueblo, y que el contacto con él debe ser más personal y llano. Lapesa *HLengua* 205: La norma general del lenguaje era la expresión llana, libre de afectación, pero depurada según los gustos del habla cortesana. **b)** Sencillo o poco remilgado. | Carnicer *Cabrera* 90: Ustedes, los que andan por los caminos, son llanos y comen de todo **c)** (*Heráld*) [Cruz] sencilla, constituida por la combinación de un palo y una faja cuyos extremos tocan los perfiles del escudo. | Em. Serrano *Sáb* 29.3.75, 71: En campo de plata, una cruz llana de gules, que toca con sus brazos los perfiles del escudo, cargada de cinco sotueres de oro y cantonada de cuatro lobos de sable, afrontados.
5 (*lit*) Sencillo o sin dificultad. | *Abc* 29.6.58, 65: Aconseja [la teoría maquiavélica] al jefe triunfante renegar de los que le han llevado al Poder, .. para no verse esclavo de ellos. No resulta siempre tan llano.
6 [Canto] ~ → CANTO[1].
7 (*Fon*) [Palabra] que tiene el acento fonético en la penúltima sílaba. | Amorós-Mayoral *Lengua* 37: Si el verso termina en palabra llana, no varía la medida. **b)** Propio de la palabra llana. | Lapesa *HLengua* 63: Domina en él [el español] el acento llano o trocaico. Academia *Esbozo* 75: Forman sustantivos y adjetivos con acentuación llana. **c)** (*TLit*) [Verso] que termina en una palabra llana. | Quilis *Métrica* 188: Verso llano: v. verso paroxítono.
8 (*Geom*) [Ángulo] de 180°. | Marcos-Martínez *Aritmética* 2º 134: Ángulo convexo es el menor que un llano, y cóncavo el que es mayor que un llano.

II *n* **A** *m* **9** Terreno llano [1a]. | *Sp* 19.7.70, 28: Una vegetación espesa de arbustos y monte bajo .. puebla abundantemente la tierra parda, cobriza a trechos, de los llanos y montañas.

B *f* **10** Herramienta de albañilería consistente en una plancha de acero con asa de madera, que se emplea para extender y alisar el yeso o la argamasa. | L. LSancho *Abc* 22.11.88, 22: La llana con la que la mano blanca y gordezuela de la oronda y redonda reina Isabel II acarició furtivamente un día del siglo pasado la argamasa sobre la primera piedra del Palacio del Congreso ha desaparecido.
11 (*raro*) Llanura. | Aldecoa *Cuentos* 1, 83: El contador de velocidad marcaba ochenta. Iban por la llana de Burgos.
12 (*Taur y Coc*) Parte externa y plana de la nalga de la res vacuna. | Apicio *Sáb* 3.12.75, 57: La categoría [de la carne de buey] la determina la parte del animal a que pertenece el trozo de carne: solomillo, .. espaldilla, pez, aguja, rabadilla, llana, brazuelo.

III *loc v* **13 dar de llana** [una pared]. (*Constr*) Extender [sobre ella] el yeso o la argamasa con la llana [10]. | * Están dando de llana la última pared.

IV *loc adv* **14 a la llana.** *En una subasta:* De viva voz, oyendo los postores las respectivas ofertas. *Con los vs* PUJAR *o* LICITAR. *Tb adj.* | *Ya* 30.5.64, 20: Caso de dos o más proposiciones iguales de las más ventajosas a los intereses del Estado, el presidente invitará a una licitación por pujas a la llana.
15 a la llana. (*raro*) Sin pompa u ostentación. | Bermejo *Derecho* 170: La decisión de ir a Galicia sin levantar sospechas y a la llana le toma el rey directamente ante la oposición de los consejeros.
16 a la pata la llana → PATA[1].

llanta *f* **1** Cerco, de hierro o de goma, de las ruedas de los vehículos, sobre el cual se aplican estas al suelo. | *Abc Extra* 12.62, 15: La rueda terminada, perfecta, con su cubo, sus radios y su llanta de hierro por fuera, debe ser mucho más tardía. Ferres-LSalinas *Hurdes* 65: En invierno voy a Plasencia y a Béjar a por recortes de llantas, y .. yo y mi mujer cosemos las abarcas.
2 Cerco de acero que sirve de asiento al neumático. | Marsé *Dicen* 75: Una de las ruedas traseras, con neumáticos radiales de banda blanca y llantas de carreras, se apoyaba desinflada en una roca sumergida.

llantear *intr* (*raro*) Llorar. | Espinosa *Escuela* 513: Comenzó a llantear, inquietando a los demás dictadores, que gritaron: "¡No llores, Didipo, no llores, por lo que más quieras, que nos entristeces y deprimes!".

llantén *m* Planta herbácea perenne, común en prados y en lugares incultos, con flores muy pequeñas en espiga cilíndrica, y cuyas hojas se emplean en medicina (gén. *Plantago*). *Diversas especies se distinguen por medio de un adj o compl especificador:* ~ MAYOR (*P. major*), ~ MENOR o LANCEOLADO (*P. lanceolata*), ~ MEDIANO (*P. media*), ~ ALESNADO (*P. subulata*), ~ DE MAR (*P. maritima*), ~ ACUÁTICO (*Alisma plantago-aquatica*), etc. | Alvarado *Botánica* 44: La espiga típica es de flores hermafroditas, como la del llantén. Delibes *Castilla* 86: No se olvide del llantén .., una infusión muy buena para gargarismos, recomendable para anginas, faringitis, llagas de boca y afonías. Remón *Maleza* 82: P[*lantago*] *major* L. Nombre común: Llantén mayor. Muy vulgar en toda España .. en los lugares muy pisoteados. Remón *Maleza* 81: P[*lantago*] *lanceolata* L. Nombre común: Llantén menor, Llantén lanceolado. Es planta perenne, típica de las praderas. Remón *Maleza* 83: P[*lantago*] *media* L. Nombre común: Llantén mediano, Llantén blanquecino. Es planta vivaz, propia de prados de altura. Mayor-Díaz *Flora* 370: *Plantago subulata* L. "Llantén alesnado". Pl[anta] v[ivaz] de 5-20 cm, pubescente .. Espiga cilíndrica. Cendrero *Cantabria* 120: Flora: .. *Plantago maritima* L.: Llantén de mar. Mayor-Díaz *Flora* 265: *Alisma plantago-aquatica* L. "Llantén acuático". Pl[anta] v[ivaz] de 10 a 100 cm, bulbosa. Tallos sin hojas. Flores blancas o rosadas.

llantera *f* (*col*) Llantina. | Goytisolo *Recuento* 409: La perspectiva de tener que aguantar después una llantera histérica peor que lo de ayer.

llantina *f* (*col*) Llanto ruidoso y continuo. | ZVicente *Traque* 225: Menudas son las mujeres con bozal .. Ya verás qué llantinas te agarra, ay mi mamá, si yo la hubiera hecho caso.

llanto *m* Acción de llorar. *Tb su efecto*. | Arce *Testamento* 37: Era causa de un presentimiento aquel llanto mío. *Abc* 31.3.73, 9: El llanto de las cepas. Las cepas, en esta época del año, suelen destilar gotas de savia, siendo conocido este fenómeno con el nombre de "lloro de las cepas".

llanura *f* Terreno llano, esp. de gran extensión. | Laforet *Mujer* 124: Una casita humilde .. parecía pegada a la llanura.

llar (*reg*) **A** *m* **1** Lar (sitio donde se coloca la lumbre). *Tb la misma lumbre*. | GLuengo *Extremadura* 59: Pieza fundamental en el medio rural es la cocina con amplia campana, llar de granito, bancos adosados en torno al hogar. Torrente *Señor* 95: Juan le respondió que estaba desvelado, y que se quedaría a leer un poco, acogido al rescoldo del llar. Ridruejo *Memorias* 22: Tenía una bonita casa serrana .. Aun en verano, ardía el llar con recortes de serrería y con troncos de enebro.

2 Llares [3]. | Escobar *Itinerarios* 44: La caldera de cobre cuelga del llar, bajo la campana de la cocina donde arde una lumbre descomunal. Romano-Sanz *Alcudia* 49: Apoyada en el humero hay una chapa de latón, y del hueco de la chimenea cuelga el llar.

B *f pl* **3** Cadena con uno o varios ganchos, que pende del cañón de la chimenea y sirve para colgar la caldera. | Romano-Sanz *Alcudia* 83: En la cocina arde un buen fuego que ilumina la habitación .. En el humero sobresalen gruesos clavos para trabar las llares, el badil y las parrillas.

llave I *f* **1** Instrumento, normalmente de metal, que encaja en el hueco de una cerradura y sirve para hacerla funcionar. | GPavón *Hermanas* 45: Cómodas y armarios estaban cerrados con llave. **b)** ~ **maestra** → MAESTRA.

2 Cosa no material de que depende el paso o el acceso [a otra (*compl de posesión o* PARA)]. | *PapD* 2.88, 96: Concepto y función de la evaluación. Este tema inicial acaparó buena parte de las intervenciones y del tiempo totales, dado su carácter de llave para las otras cuestiones. J. M. Massip *Abc* 13.9.70, 15: En esta delicada situación .. la actitud de Israel constituye la llave del desenlace de la crisis palestina. **b)** Clave (dato que explica o hace comprensible algo). | Valls *Música* 24: El análisis del porqué o las motivaciones que indujeron al hombre primitivo a especular con el sonido dará la llave del origen real (no documental) de la música.

3 Dispositivo que sirve para regular el paso de un fluido por un conducto. *Tb* ~ DE PASO. | Medio *Bibiana* 11: Bibiana .. recorre toda la casa recogiendo cosas, cerrando grifos, asegurando la llave de paso del gas. *Economía* 77: Estufas de carbón .. En ellas se produce fácilmente óxido de carbono, porque la llave que tienen para regular el tiraje puede limitar mucho este y dar origen a la producción de dicho gas. *RegO* 1.7.64, 14: Se sacan por primera vez a pública subasta ..: Un barril de vino vacío de 32 litros; .. cinco llaves de cuba. **b)** Interruptor [de la luz]. | ZVicente *Balcón* 14: Se oye el golpecillo de la llave de la luz que Casta enciende en el recibimiento. **c)** *En algunos instrumentos de viento:* Aparato metálico que, movido por los dedos, abre o cierra el paso del aire. | L. GOlazábal *Nar* 6.77, 2: Las llaves puestas a la vieja dulzaina diatónica y que la convierten en un instrumento cromático fue [*sic*] idea de los alemanes.

4 Instrumento en forma de pequeño cilindro hueco por su parte inferior y ensanchado por la superior, que sirve para dar cuerda a algunos relojes de pared y otros objetos mecánicos. | * Da cuerda al reloj; ya sabes dónde está la llave. * Se ha perdido la llave del osito de cuerda.

5 Herramienta para apretar y aflojar tuercas. *Frec con un adj o compl especificador:* FIJA, INGLESA (→ FIJO, INGLÉS), etc. | *Prospecto* 4.91: Continente .. Herramientas manuales surtidas: Alicate universal 7". Llave inglesa 8" .. Juego llaves fijas 6 piezas. *Hacerlo* 19: Llave inglesa. Es un instrumento que sirve para enroscar o desenroscar un tornillo o una tuerca.

6 (*Dep*) *En lucha:* Acción con que el luchador derriba o inmoviliza al contrario. | *Paso Alc* 23.10.70, 28: Ningún ser humano común aguantaría los puñetazos, los golpes y las llaves que se propinan los luchadores de catch. *Act* 30.10.69, 3: ¿Hizo una llave Jacqueline Onassis a un fotógrafo neoyorquino, o, sencillamente, este resbaló?

7 Signo gráfico en forma de un gran corchete recto u ondulado, que indica que la serie de cosas abarcadas por él y escritas una en cada línea son divisiones de la que está escrita al otro lado, o están referidas a ella. | * Esto lo veremos más claro si lo ponemos en forma de cuadro con llaves.

8 Juego popular de Galicia en que dos jugadores compiten por derribar, con discos de hierro o plomo, una pieza de hierro puesta en pie sobre el suelo. *Tb la misma pieza*. | *Abc* 4.12.75, 45: Juega a la rana y a la llave –hablo del verano– y pasea.

II *loc adj* **9** ~ **en mano.** *En publicidad:* [Vivienda] que el comprador puede ocupar inmediatamente al firmar la escritura de compra. *Tb adv*. | Carandell *Madrid* 124: Muchas inmobiliarias hacen alarde de entregar pisos llave en mano. Los pisos llave en mano son más caros, pero tienen la ventaja de existir.

10 [Ama] **de ~s** → AMA[1].

III *loc adv* **11 bajo ~.** En lugar cerrado con llave [1]. | Cela *RMoñino* 145: La administración, con su fluctuante y pintoresco entendimiento del delito, los encerró bajo llave o los lanzó a caminar por el mundo adelante.

12 bajo siete ~s. (*col*) Muy guardado o custodiado. | Lera *Bochorno* 155: Los hombres en España sois unos brutotes reaccionarios. La mujer, en casita, bajo siete llaves.

llavero *m* **1** Utensilio en forma de anilla o de cartera en que se llevan las llaves [1]. | Medio *Bibiana* 76: En el bolso del abrigo está el llavero con las llaves de su casa.

2 Tablero o armario en que se cuelgan las llaves [1] de una casa o un local. | Palomino *Torremolinos* 15: –Doscientos nueve, por favor.– La mano izquierda del conserje se desplaza hacia el llavero, coge la llave –sin mirar– y la entrega.

llavín *m* Llave [1] plana y pequeña. | Laforet *Mujer* 218: Doña Paulina, su cuñado está arriba. Como me pareció que quería esperarla, le di el llavín de su piso.

lleco -ca *adj* [Terreno] inculto o que nunca ha sido labrado. *Tb n m*. | Carnicer *Castilla* 254: Se marcha la gente. Nosotros, de cuatro hijos que tenemos, se nos han ido tres. Así que hay mucho terreno lleco. P. GMartín *His* 5.85, 33: El labriego-pastor saca cada mañana su peguje(l)o de los corrales, con el que recorre llecos y barbechos para devolverlo con el crepúsculo a los apriscos.

llega *f* (*reg*) Colecta popular que se realiza durante las fiestas. | *Luc* 15.9.64, 4: En el Ayuntamiento se ofreció un vino de honor a autoridades, jerarquías, funcionarios y visitantes y a continuación la tradicional "Llega" o colecta popular de fiestas.

llegada f **1** Acción de llegar [1 y 3a]. | Ramos-LSerrano *Circulación* 245: Es conveniente conectar una lámpara (una cualquiera de los faros) entre masa y el borne primario de llegada al ruptor.
2 Punto por donde se llega [1]. | *Ya* 8.7.90, 73: Hoy domingo se disputará la octava etapa del Tour .. La última dificultad del día está situada a 15 kilómetros de la llegada.

llegador m *(Dep) En ciclismo:* Corredor especializado en el sprint de llegada. | *Ya* 9.5.90, 39: La etapa de hoy. Nueva ocasión para los llegadores.

llegar intr ➤ **a** normal **1** Completar [alguien o algo] su marcha o su trayectoria [hacia un lugar (*compl* A *o* HASTA)], entrando o no en él. *Tb fig.* | Cunqueiro *Un hombre* 11: El camino que subía de la vega a la ciudad, al llegar al palomar se partía en dos. *Ecc* 16.11.63, 28: El obispo es .. vehículo de catolicidad, porque conecta a los fieles con el Papa y hace que el Papa llegue suavemente a todas partes por medio de los obispos. **b)** Presentarse [alguien o algo, esp. esperado]. *A veces con ci*. | Lorenzo *SAbc* 22.9.74, 10: Llega la noche y los hombres se recogen. L. LSancho *Abc* 9.10.74, 30: Quizá ha llegado el momento de comenzar a preocuparnos por la calidad. **c) ~le la hora** → HORA.
2 Ir [hasta un determinado límite (*compl* A *o* HASTA)] o conseguir tocar[lo]. *Tb fig.* | Hoyo *Pequeñuelo* 12: No llegamos siquiera adonde lo de la liebre. Fraile *Cuentos* 3: Pascualín Porres vino al mundo, llegó a 1,60 de estatura y creyó, hasta su muerte, que estaba entre personas. Olmo *Golfos* 45: Nosotros nunca llegábamos a veintidós. **b)** *Cuando el compl es* A + *infin, presenta la acción expresada por este como producida al término de un proceso.* | CPuche *Paralelo* 139: Le costaba dejar aquel rincón, al que había llegado a tomar cariño. **c) hasta ahí** (*o* **aquí**) **podíamos** (*o* **podríamos**) ~. (*col*) *Fórmula que expresa enfáticamente la intención de no tolerar un posible abuso.* | Palomino *Torremolinos* 216: Yo, en mis empresas, doy órdenes nada más. Si alguno me dice que no le gusta, para qué le voy a contar a usted lo que dura en su puesto; hasta ahí podíamos llegar. Marsé *Tardes* 314: "Ven, vamos a pedirle que nos preste la moto" .. —No, creo que no —meditó el Cardenal—. Hasta [a]quí podíamos llegar. **d) hasta aquí hemos llegado.** (*col*) *Fórmula que expresa la intención de no seguir tolerando algo.* | Antolín *Gata* 122: Basta, Rita, hasta aquí hemos llegado. **e) ~ a más, ~ a menos** → MÁS, MENOS.
3 Obtener [algo (A + *in abstracto o infin*)] como consecuencia de algún esfuerzo. | *Alc* 1.1.55, 3: Franceses y norteamericanos llegaron a este acuerdo en una reunión. * He llegado a resolverlo por fin. **b)** Convertirse en algo (*compl* A) que gralm. se considera como meta]. | Berlanga *Rev* 3.69, 28: El abuelo se las echaba de haber llegado a cabo en la Legión –a los siete años de chusco–. Benet *Nunca* 15: Calamidad, nunca llegarás a nada. A. Montero *Ecc* 24.11.62, 18: Cabe, por tanto, que llegue a dogma de fe un hecho o una verdad que no están en la Sagrada Escritura. **c)** Triunfar [alguien] en su profesión. | Medio *Andrés* 221: Vaya si tiene agallas... Llegará, llegará... Vaya si llegará... Lo malo sería que le matase un toro, sin pena ni gloria. Torrente *SInf* 27.11.75, 12: ¿Por qué usted, que ha llegado, se siente con frecuencia melancólico?
4 Ser [una cosa] suficiente [para algo]. *Frec se omite el compl por consabido*. | MGaite *Cuento* 301: Lo más que puede pasar a veces es intuir la carencia de ese conjunto .., pero otra cosa no se puede, no llegaría el tiempo de toda una vida para intentarlo. CBonal *Dos días* 90: —¿Y de qué vamos a comer? .. —¿Tú qué te crees que vale mi cante? —Mucho, pero con eso no llega, ya lo estás viendo.
➤ **b** pr **5** (*col*) Ir [a un lugar no lejano]. | Arce *Testamento* 85: Voy a llegarme a los cañaverales.

lleísmo m *(Fon)* Pronunciación del fonema /l/ (letra *ll*) con su articulación propia y no con la de /y/. | F. PMarqués *Hoy* 20.7.75, 23: Estás, por cierto, en un curioso enclave fonético, de "seseo" y "lleísmo".

llena → LLENO.

llenado m Acción de llenar [1]. *Esp referido a recipiente*. | *Pue* 7.9.68, 6: Para atender la demanda de latas, el industrial envasador solo tendrá que instalar una sección de llenado y cierre de estos envases.

llenador -ra adj Que llena [1]. *Tb n, referido a máquina o aparato*. | *Van* 20.12.70, 78: Interesa máquina llenadora-pasadora para pinturas. *ByN* 31.12.66, 126: Man. Pluma grande para caballero, oro, con cartucho, 1.200 Pts.; con llenador Ufill, 1.300 Pts. G. Fernández *Ide* 11.7.90, 34: Esta inyección económica permite la producción en cadena [de helados], una vez que el producto es manipulado manualmente. El nuevo equipo técnico lo componen pasteurizadores, homogeneizadores, tina de maduración, envolvedoras, llenadoras, máquinas continuas de helado, envasado y embalaje.

llenar A tr **1** Hacer que [alguien o algo (*cd*)] pase a estar lleno [1, 2 y 3]. | E. Busquets *SCCa* 26.10.75, 16: La elaboración de embutidos requería mucho tiempo, .. las tripas se llenaban a mano utilizándose embudos o jeringas de hojalata o de madera. Campmany *Inf* 10.6.77, 48: Ya se ven las urnas. Bueno, se ven las urnas que han quedado intactas, porque ya hay quien empieza a quemarlas antes aun de que comiencen a llenarse. A. Relaño *País* 18.6.77, 37: El público llenó en unos segundos el ring de todo tipo de objetos. **b)** pr Pasar a estar lleno [1, 2 y 3]. Matute *Memoria* 29: Aunque nada me dije, me llené de zozobra. Olmo *Golfos* 150: Cuando Manolita me dijo que me desnudase, se me llenaron de rojo las mejillas.
2 Rellenar [un impreso]. | Paso *Rebelde* 103: Niña, cuando bajes, tráeme otra quiniela, que voy a llenarla a mi modo.
3 Ocupar [alguien o algo un espacio o un tiempo]. | Cunqueiro *Un hombre* 14: El oscuro vino del país, cuando hubo llenado los vasos, se coronó a sí mismo con cincuenta perlas iguales. *Ade* 27.10.70, 4: Durante muchos años .. el maestro y el profesor llenaba las jornadas diarias de ambos centros.
4 Cumplir o satisfacer [un requisito o un deseo]. | Armenteras *Epistolario* 303: Suplico al Juzgado que se sirva tener por presentado este escrito, admitirlo y, previas las actuaciones correspondientes y llenados los requisitos que la Ley de Enjuiciamiento Civil exige, declare procedente la adopción.
5 Satisfacer [a alguien]. *Tb abs*. | Nacho *Rue* 17.11.70, 5: El toreo clásico llena; el tremendismo gusta.
6 (*col*) Fecundar. | GSerrano *Macuto* 574: Si yo no llego a llenar a mi novia antes de casarnos, no me caso. Sin la garantía de que me iba a dar hijos, ni hablar de boda. Montero *Reina* 75: Se metió en la cama, la abrazó desde detrás .., y le hizo el amor furiosamente, como nunca se lo había hecho; la apresó por la espalda, la llenó por atrás.
B intr **7** Llegar [la Luna] al plenilunio. | * Esta noche llena la Luna.

llenazo m (*col*) Lleno [7] total. | Bellón *SYa* 16.2.75, 51: Cayetano Ordóñez .. fue contratado para dos corridas en la plaza de El Toreo, de Méjico, y como tenía mucho cartel y salió a la plaza bien acompañado, el llenazo fue a reventar.

lleno -na I adj **1** Que contiene la mayor cantidad posible [de algo]. *Frec se omite el compl*. | Castellanos *Animales* 105: A los pinzones y a los periquitos debe proporcionárseles, además, un recipiente lleno de hierba fresca. Campmany *Inf* 30.6.77, 32: Como si el hablar mucho del pan pudiera mitigar el hambre o convencernos de que tenemos lleno el estómago.
2 Que tiene gran cantidad [de algo]. | Lute *SPaís* 8.5.77, 15: Para mí ese día siempre será un día especial, muy especial, lleno de tristeza, de luto y pesar.
3 [Pers.] que no tiene deseo de comer o beber más, por sentir su estómago lleno [1]. | * —¿Quieres un pastel? —No, gracias. Estoy lleno.
4 (*euf*) [Pers.] gorda. *Frec en la forma* LLENITO. | GPavón *Reinado* 95: Tras una mesa de líneas elegantes había un hombre cuarentón, algo lleno, rubia barba corta y boca sensual. Delibes *Cinco horas* 149: Mamá, .., un poco más llenita, que eran otros tiempos. CPuche *Paralelo* 374: Estás hasta más guapo, más reluciente, más llenito.
5 [Luna] que se ve con todo su círculo iluminado. | *Abc Extra* 12.62, 49: En la noche de Reyes de 1963 habrá, si no luna llena del todo, luna casi llena.
6 [Hembra] preñada. | J. PRío *DMo* 23.8.90, 37: La dificultad para reconocer si las hembras [ovejas] cubiertas están o no visiblemente llenas.

II n **A** m **7** Hecho de estar lleno [1] un lugar, esp. de espectáculos. | *Pue* 7.11.70, 1: Su fama y leyenda auguran un lleno total para la noche del martes en Wembley.
B f **8** (*reg*) Riada caudalosa y violenta. | Cancio *Bronces* 80: Semejante sapero mocoso .. ¡Cuándo, diablos, te llevará la llena!

III loc v **9 tener un ~.** (*col*) Tener éxito. | Soler *Caminos* 76: No me valía que les recordara mi nombre y que les dijera que para motes a los animales. El alias y la guasa tenían un lleno.

IV loc adv **10 de ~.** Completamente. *Con vs como* DAR, AFECTAR, COGER, ALCANZAR, ACERTAR. | Cuevas *Finca* 24: Los ha cogido de lleno [la pulmonía]. D. García *Mun* 12.12.70, 65: Un buen reglaje de frenos, antes de entrar de lleno en el invierno, nunca está de más.

llerado m (*reg*) Pedregal. | Lueje *Picos* 153: Se hace el cambio a la vertiente valdeona, para seguido acometer por los lleraos de la Canal del Perro.

llerenense adj De Llerena (Badajoz). *Tb n, referido a pers*. | J. Barco *Hoy* 14.4.74, 39: Llerena estuvo pendiente ese día por la tarde de la actuación en Televisión Española de dichos estudiantes llerenenses.

llerense adj De Llera (Badajoz). *Tb n, referido a pers*. | *Hoy* 15.2.76, 17: Llera busca remedio al paro .. Los llerenses tienen todo [sic] el agua que quieren y, además, de calidad.

lleta f (*reg*) Tallo recién nacido [de una planta]. | R. Rubio *Abc* 18.12.70, 23: Es un tiempo .. de campos recién sembrados, con el apunte ya, en la tierra húmeda, de las finas lletas del cereal.

llevable adj Que se puede llevar, *esp* [5]. | P. SMartín *Nue* 24.1.70, 21: Abrigo maxi adornado con renard negro del Canadá .. Muy original, cómodo y llevable. *Sáb* 3.12.66, 37: Un modelo de calle, muy llevable, que luce la señorita Conchita, a base de cabello muy corto y realizado con cepillo.

llevada f (*raro*) Acción de llevar, *esp* [1]. | MCalero *Usos* 13: Solo había en el frontis .. una inscripción .., sin que constara en archivos .. si aquello era de épocas de arreglos o de llevada de las aguas. Marín *Enseñanza* 200: El chico de ocho años .. suma y resta números de tres cifras con "llevadas".

llevadero -ra adj Soportable o tolerable. | Arce *Testamento* 13: El sol era más llevadero en un lugar semejante. CNavarro *Perros* 104: Los padres se miraron sin saber qué sesgo dar a las palabras para que la espera resultara más fácil y llevadera.

llevador -ra adj (*raro*) Que lleva, *esp* [1]. *Tb n, referido a pers*. | Cunqueiro *Un hombre* 195: Pidieron permiso a doña Inés para posar el ataúd en el jardín de la torre, mientras los llevadores almorzaban en la taberna. *NEs* 24.11.74, 20: Finca número 11 .. Propietaria, Eloína Cases Fueyo. Llevador, Ramón Concha Granda.

llevadura f (*reg*) Colecta que, como regalo de boda, se hace entre los allegados de los novios. *Tb la ceremonia correspondiente*. | F. DTendero *YaTo* 25.7.81, 39: Con lo recogido en la llevadura, los novios, al día siguiente, se iban a la casa de los muebles. Vizcaíno *Mancha* 25: ¿Y usté no sabe, señor, de cuando acá se hacían las llevaduras? .. Pues verá, señor, yo le diré: venían la familia y los conocíos a casa de la novia, y una se ponía muy maja y esperaba al novio a que viniera con la música; luego, se cerraban toas las puertas y se sentaba la novia en una silla, con una bandeja alante, y pasaba toa la gente y echaba los cuartos, y el novio les daba cigarros a los hombres.

llevanza f Acción de llevar la contabilidad. | F. Peña *SPaís* 3.1.88, 6: Se propone el establecimiento de sanciones para el contribuyente que hubiese incurrido en un retraso de más de cuatro meses de la llevanza de la contabilidad a que obligan actualmente las normas civiles y mercantiles.

llevar I v **A** tr ➤ **a** normal **1** Hacer [una pers. o cosa] que, con ella o por medio de ella, llegue [alguien o algo (cd)] a otra (ci) o a un lugar]. *Tb abs. Tb fig. Tb sin ci o compl de lugar*. | Cunqueiro *Un hombre* 9: Yo mismo les llevaré una ristra. Anson *Abc* 11.10.74, 3: Su propósito es suplantar a esta llevando el juego político a un terreno engañoso. **b)** Servir [un camino (*suj*)] para que [alguien (*cd*)] vaya [a un lugar]. *Frec abs*. | F. PMarqués *Hoy* 28.7.74, 16: Aquel caminito tan asendereado, que zigzaguea a nuestra izquierda, ¿a dónde lleva? **c)** (*col*) Comprar [una mercancía transportable]. *Frec pr*. | * Lleve usted uvas, que hoy son muy buenas. Medio *Andrés* 78: No, señora. Son veinticinco... Bueno, le bajaré una peset[a] para que se lo lleve.

2 Hacer [que [alguien o algo (*cd*)] pase a estar [en determinado estado o situación (*compl* A)]. | * Llevó a su pueblo a la ruina. **b)** Dar [a un tema (*cd*) la forma artística que se expresa]. *Seguido de un compl adv que especifica el medio artístico en cuestión*: AL TEATRO, A LA ESCENA, A LAS TABLAS, AL CINE, A LA PANTALLA, AL CELULOIDE, AL LIENZO, *etc*. | Cela *Viaje andaluz* 215: Dicen que fue verdad la leyenda de *Estrella de Sevilla* que Lope –probablemente Lope– llevó a las tablas.

3 Mover o impulsar [a alguien (*cd*) a algo]. | Benet *Nunca* 11: Le echamos de menos, desgraciadamente. Eso mismo me llevó luego a pensar más en él.

4 Tener [una pers. a alguien o algo] consigo o sobre sí, esp. mientras está en movimiento o en disposición de moverse. *Tb fig*. | Cunqueiro *Un hombre* 75: Se limpió los labios con un pañuelo que llevaba en el bolsillo de la manga derecha del jubón. DCañabate *Abc* 17.5.58, 51: No es fácil andar con gracia, con soltura, con eficacia, por la cara de un toro. Hay que llevar dentro un buen torero. A. Maciá *VozC* 6.1.55, 4: Ir de punta en blanco era llevar alpargatas, cota de malla. Cunqueiro *Un hombre* 9: Las jóvenes llevaban el cabello suelto. **b)** Usar habitualmente [algo que se lleva puesto]. | * ¡Tu jefe lleva gafas?

5 Tener en sí [algo que está en movimiento o que lo implica (*suj*)] algo material o inmaterial (*cd*)]. | Cela *Pirineo* 252: Los barrancos que caen al Garona por Bossost .. llevaban agua todo el año. Ramos-LSerrano *Circulación* 184: Se deben utilizar los frenos lo menos posible, llevando una velocidad moderada.

6 Tener [una cosa (*suj*) otra (*cd*)] enlazada a ella, o tener[la] como consecuencia necesaria. *Frec ~* CONSIGO. | *Reg* 15.10.74, 5: Llevará consigo una reducción del 35 por 100 del precio ordinario del billete, si el abono se hace mensualmente.

7 Contener [un ingrediente o componente]. | Mendoza *Ciudad* 67: Es una infusión. Lleva quina.

8 Producir [algo (*cd*) una tierra o una planta (*suj*)]. | Ridruejo *Castilla* 2, 392: El [valle] de Amblés es más bien plano, abierto, de clima muy crudo, y lleva sobre todo cereales y laderas con pastos, sotos de negrillo y álamo y más roble que encina.

9 Tener [alguien algo inmaterial, esp. razón o ventaja]. *Referido a ventaja, frec con ci*. | J. Salas *Abc* 6.10.74, 19: Mi compañero llevaba toda la razón. Torrente *SInf* 19.9.74, 12: En estación, no tienen que envidiar a los pazos. Y les llevan la ventaja de que habitarlos no acarrea el complejo de usurpación. Halcón *Manuela* 39: A don Ramón, que llevaba fama de campechano, no le extrañaban estos abordajes. * Lleva por nombre Juan. **b)** Tener [una cantidad de algo] más [que otro (*ci*)]. | MGaite *Visillos* 12: Tú me llevas dos meses .. ¿Tan mayor te parezco ahora?

10 Mantener [algo, esp. una actividad o serie de actividades] a lo largo de cierto tiempo. *Frec con un predicat o compl adv*. | * ¡Qué vida llevas! Arce *Testamento* 95: Fue aquella una travesura que llevé en secreto y ni siquiera al mismo Antonino le dije nada. **b)** Realizar a lo largo del tiempo [una anotación o un registro]. | *SInf* 8.8.74, 1: "El Quadern Gris", es bien sabido, es un dietario llevado por el autor a lo largo de los primeros años de su vida de escritor.

11 Tener (*cd*) que se hace a lo largo de cierto tiempo, en determinada situación o estado (*compl adv o predicat*)]. | * –¿Cómo llevas la tesis? –Muy avanzada.

12 Tener [alguien] a su cargo o bajo su responsabilidad [una actividad o algo que la implica]. | Carandell *Madrid* 64: Para llevar los asuntos .. hace falta imponerse en ellos .. Para llevar asuntos importantes hay que tener altura. Si no se tiene altura no se pasa de ser un abogadillo. Lagos *Vida* 69: Una muchacha puede, debe tener cultura, pero esto no está reñido con llevar una casa. FGómez *Bicicletas* 160: –Estás de contable, ¿no? –Bueno, sí... En el bazar llevo los libros. **b)** Cultivar [una finca] como rentero. *Tb ~* EN RENTA. | *Bal* 6.8.70, 25: Se busca matrimonio para llevar huerto a 25

Kms de Palma. Cancio *Bronces* 58: Toño y Joseón llevan un prado en renta cada uno.

13 Conducir o manejar [un vehículo, una montura o algo que se mueve]. | * Lleva el coche con una gran soltura. **b)** Dirigir [la mano de alguien que escribe o dibuja]. | Gala *Hotelito* 73: Dios, a veces, también, escribe torcido con renglones torcidos: tuvimos que llevarle la mano. **c)** Dirigir los movimientos [de la pareja con quien se baila (*cd*)]. | Zunzunegui *Hijo* 23: –¿Tú no bailas? –Nunca lo he intentado. –Aprendes en seguida..., verás; al principio yo te llevaré. MGaite *Cuento* 311: Como en el baile agarrado: nos dejábamos llevar bien .. cuando nuestra pareja nos llevaba bien.

14 Influir [sobre una pers. (*cd*)]. *Frec en la constr* DEJARSE ~. | CBaroja *Brujas* 38: Un punto de incredulidad hizo ya que escritores latinos, en los mismos tratados técnicos, aconsejaran a labradores y gentes del campo que no se dejaran llevar por lo que les dijeran los adivinos y hechiceros.

15 Acomodarse [a un ritmo (*cd*)] o moverse de acuerdo [con él (*cd*)]. | M. Alpuente *SInf* 15.8.74, 1: Los pies llevaban el compás.

16 Acomodarse [al carácter o al genio (*cd*) de alguien difícil]. | * Llevarle el genio no es cosa fácil. **b)** Tratar adecuadamente [a alguien difícil]. | * Sé cómo llevar a tu hermana. **c)** ~ **el aire** [a alguien] → AIRE.

17 Moverse [en una dirección o por un camino (*cd*)]. *Frec fig.* | * ¿Qué camino llevas para ir a casa? * Lleva un camino equivocado. **b)** ~ **camino,** ~ **traza(s)** → CAMINO, TRAZA[1].

18 Recibir o pasar a tener [un beneficio o un daño]. *Tb pr. Tb fig.* | *Reg* 15.10.74, 8: El premio a la mejor pareja ataviada se lo ha llevado la compuesta por Rocío Carpintero Manzano y José Gabriel González Martín. *SPaís* 5.3.78, 12: Por cada seis kilos yo me llevo una comisión de sesenta talegos. Medio *Andrés* 182: A otro le tocará aguantar sus bromas y hasta llevar algún sopapo. **b)** Soportar [algo de una determinada manera (*compl adv*)]. | Torrente *SInf* 3.10.74, 12: La educación que nos dieron .. nos proporcionó armas para llevar con naturalidad el fracaso, y lo del éxito quedó a la sabiduría de cada cual. Sopeña *Defensa* 22: Mucho sufrí en Vitoria, pero no fue sufrimiento inútil, porque lo llevé con humor excelente.

19 Cobrar [una cantidad (*cd*) por un servicio o una mercancía]. | Hoyo *Bigotillo* 59: ¿Qué me llevas por ella?

20 Necesitar [una cosa (*suj*) cierta cantidad de algo]. *Gralm pr.* | * Un traje como ese lleva muchos metros de tela. *Ya* 23.3.75, 25: Las bebidas carbónicas se llevan 59.000 toneladas [de azúcar]. **b)** Exigir [una cosa (*suj*) cierta cantidad de tiempo] para su realización. *Tb pr.* | Aldecoa *Cuentos* 2, 346: –Arréglate pronto y vámonos .. –Me lleva hora y media estar presentable.

21 *Seguido del part de un v tr (más raro, intr), expresa que la pers designada en el suj ha realizado desde hace algún tiempo la acción expresada por el part, y que tal acción continúa o puede continuar.* | Torrente *SInf* 3.10.74, 12: Todo lo que llevo publicado en los periódicos, de una manera o de otra, pudiera reducirse a "diario". CSotelo *Abc* 8.5.58, 15: Venga una melodía para esas campanas .. No la pánfila y mantecosa bola de Gobernación, que está muy vista .. y, al fin y al cabo, lleva ya trabajado mucho.

22 Estar [desde hace un tiempo determinado (*cd*) en un lugar o en una situación]. | CNavarro *Perros* 84: Llevaba treinta y tantos años en Barcelona. Benet *Nunca* 13: Llevaban diez años intentando el ingreso. **b)** Estar pasando [alguien (*suj*) un período de tiempo (*cd*) lleno de hechos notables, frec. negativos]. *Frec en forma exclamativa.* | * Llevo una mañana terrible. * Vaya año que llevamos.

23 Hacer que [una pers. (*cd*)] ofrezca [un determinado aspecto en lo relativo a su aseo o atuendo (*compl adv o predicat*)]. | Delibes *Parábola* 16: Seguro que le da vergüenza llevar al marido de esas trazas.

24 (*Mat*) Reservar [las decenas de un resultado parcial] para agregarlas a la operación parcial inmediata. *Tb (col) pr.* | *Tri* 27.10.73, 3: 5 x 10 = 50. Y me llevo "cinco".

25 ~ **a cabo** → CABO.

26 ~ **adelante.** Hacer que prospere [una cosa (*cd*)]. | *Inf* 14.9.74, 32: ¿Podría existir la colaboración necesaria para llevar adelante a la nación, o bien se crearían problemas difíciles de resolver?

27 ~**la.** *En el juego de tula:* Quedarse. | * La lleva Felipín.

28 ~ **las de ganar** (*o* **las de perder**). Estar en situación ventajosa (o desventajosa). | Torrente *SInf* 31.10.74, 12: Como representaba a la Iglesia por su propia decisión, llevaba las de ganar. Mercader-DOrtiz *HEspaña* 4, 28: Al imponer, tras el Decreto de Nueva Planta, el vellón de Castilla a dichas provincias aragonesas, estas llevaron necesariamente las de perder en el trueque monetario.

29 ~ **la voz cantante** → VOZ.

➤ **b** *pr* **30** Tomar [alguien algo] para sí, llevándolo [1a] consigo. | Torrente *SInf* 25.7.74, 12: ¿Y qué podemos ofrecer a los árabes a cambio de petróleo, no barato, gratuito? Alhambras, alcázares, medinas y mezquitas. Pues que se las lleven todas en buen hora. *Sp* 21.6.70, 38: Los Tupamaros consiguieron llevarse uno de los botines más importantes hasta el momento: centenares de fusiles .., granadas de mano. **b)** ~**se Dios** [a alguien] → DIOS.

31 Llevar [1a] [algo o a alguien (*cd*) consigo [una pers. o cosa que se mueve (*suj*)], frec. con violencia]. | * El viento se llevó el sombrero. * El gato se enganchó y se llevó la madeja. **b)** ~**se por delante.** Derribar [una pers. o cosa (*suj*) a otra (*cd*) que se interpone en su marcha]. *Tb fig.* | CPuche *Paralelo* 99: Un día un americano se llevó por delante, con su coche, a un basurero que iba al lado de su carro. *SAbc* 15.5.58, 11: El Manzanares nunca se ha atrevido a nada. Alguna vez se llevó por delante un puente de tablas.

32 Causar la muerte [a alguien (*cd*) algo (*suj*), esp. una enfermedad]. *Tb* ~SE POR DELANTE. | E. Bayo *Des* 12.9.70, 23: El paludismo era el azote de la comarca. Las tercianas se llevaban a muchos campesinos. Hoyo *Bigotillo* 10: Mucho me enseñaron mis padres antes que se los llevara la desgracia [un accidente] que he referido. **b)** ~**se por delante.** Acabar [con alguien o algo (*cd*)]. *Tb fig.* | MMolina *Jinete* 330: Dijeron que el único de los que no estaban seguros cuando llegara la hora de la verdad era de usted, y que si hacía falta se lo llevaban por delante. Cela *Pirineo* 250: Al latín –que era más ilustre que el gascón– también se lo llevaron por delante. CBonald *Ágata* 134: La empresa .. igualó, si no rebasó, en pecunios, fiebres y sudores los que se llevó por delante el alzamiento de la mansión.

33 Tener [una cantidad (*cd*)] de diferencia [respecto a otro (*compl* CON)]. *A veces sin compl, con suj pl y sent recíproco.* | Delibes *Guerras* 99: Madre no se llevó ni cuatro meses con la abuela, y el día que murió Madre, o sea, de víspera, cumplí yo los dieciocho. * Las dos habitaciones se llevan 4 m de diferencia.

B *intr* ➤ **a** *normal* **34** (*col*) Cobrar. *Con un adj adverbializado* CARO *o* BARATO. | Delibes *Ratas* 23: En la capital llevan cada día más caro por esto. Y tú ves lo que son: cuatro tablas.

➤ **b** *pr* **35** (*col*) Estar de moda o estilarse [una cosa]. | Arce *Precio* 140: Son una mezcla de yeyés y de hippies, .. melenas, .. con collares y vestimentas estrafalarias. Lo que se lleva. ZVicente *Traque* 204: Estábamos, bueno, pues así, arrejuntados, que no se llevaba entonces tanto.

36 ~**se bien** (*o* **mal**). Tener buena (o mala) relación [con alguien]. *En lugar de* BIEN *o* MAL *puede presentarse otro compl adv equivalente. Tb sin compl* CON, *con suj pl*. | Laforet *Mujer* 302: Siempre se habían llevado bien, aunque podían estar separados sin echarse demasiado de menos uno a otro. Fraile *Cuentos* 10: Hablamos de muchas cosas. Por ejemplo .. de lo mal que se llevan Paco y Manolo. P. Urbano *Abc* 3.7.77, 85: Se llevan de maravilla. **b) no** ~**se.** (*col*) No mantener ningún trato o relación. *Frec con compls como* NI BIEN NI MAL *o* DE NINGUNA MANERA. | Sastre *Taberna* 115: –Que yo con mi padre no, y me escapé de casa. –¿Cómo que con tu padre no? –Que no, vamos, que no, a ver si me entiendes. Que no me llevaba ni me llevo.

II *loc n m* **37 tú la llevas.** Tula (juego infantil). | Romano-Sanz *Alcudia* 181: Los niños del amo juegan con un zagalejo de su tiempo .. Juegan al "tú la llevas".

lliviense *adj* De Llivia (Gerona). *Tb n, referido a pers.* | M. Echávarri *Ant* 22.2.87, 14: Hay llivienses que, incluso, recuerdan cómo, durante la segunda guerra mundial, Alemania cerca el municipio de Llivia, respetando así la neutralidad de España.

llocántaro *m* (*reg*) Bogavante (crustáceo). | M. DLimeres *SYa* 13.12.87, 19: El lubrigante o bogavante, abocántaro, bugre o llocántaro o cualquiera otro de los nombres con los que se conoce a este príncipe de los mares, es una buena representación para el amplio mundo de los mariscos.

llodiano -na *adj* De Llodio (Álava). *Tb n, referido a pers.* | *HLS* 3.8.70, 11: Se ha celebrado en el barrio llodiano de Areta el VI Campeonato de España de carreras de burros.

llorador -ra *adj* Que llora. *Tb n.* | Peraile *Cuentos* 63: Los sollozos del llorador encapuchado comenzaron a salir de entre la manta con que se cubría la cabeza.

lloraduelos *m y f (col)* Pers. que llora y se lamenta continuamente. | Delibes *Emigrante* 32: Una cosa es sentir la separación y otra convertirse en un lloraduelos.

llorante *adj (lit, raro)* Que llora. | B. M. Hernando *Inf* 24.12.70, 2: Navidad es aceptar al hombre. Aceptarlo como es: llorante y molesto, comprometedor y enojoso.

llorar I *v* A *intr* **1** Derramar [alguien] lágrimas, esp. por dolor o emoción. | Medio *Bibiana* 17: Va a decir algo. Se atraganta. Rompe a llorar. **b)** Gemir [un perro] en señal de tristeza o dolor. | * El perrito lloraba al sentirse solo. **c)** Derramar lágrimas [el ojo]. *Frec con compl de interés.* | Arce *Testamento* 30: Bajo el pañuelo, mis ojos lloraban. **d)** Derramar savia [las vides]. | * Las vides lloran si se las poda tarde.
2 *(col)* Encarecer lástimas o necesidades, esp. a fin de obtener algo. *Frec con ci o compl de lugar en donde.* | ZVicente *Traque* 219: ¿No has visto mis botas? Son nuevas. Le he tenido que llorar a mi padre a base de bien para sacarle las pelas. * El Director se pasa la vida llorando en el Ministerio. Sastre *Taberna* 84: –Tengo menos dinero que Tarzán bañándose. –¡Ya estás llorando? –Está subiendo todo lo que veas.
B *tr* **3** Derramar [lágrimas]. | * Lloró lágrimas de angustia.
4 Sentir o manifestar pesar [por un mal o una desgracia *(cd)*]. | CSotelo *Resentido* 195: –El veintiséis de noviembre seré mayor de edad. Ese mismo día saldré de esta casa para casarme con Dalmiro .. –Allá tú. Ojalá no lo llores, más tarde. P. Magaz *Abc* 8.3.75, 34: Los altavoces de las mezquitas han llorado la muerte del político con canciones religiosas. **b)** Sentir o manifestar pesar por la muerte [de alguien *(cd)*]. | Halcón *Ir* 158: Lloré amargamente a tu madre cuando murió. Delibes *Cinco horas* 23: Resultaba inmoral que le llorasen [al muerto] las criadas y los cajistas y no le llorasen sus hijos.
II *loc adj* **5 de ~, o para echarse a ~.** *(col)* Horrible o espantoso. *Con intención ponderativa.* | * Su discurso fue para echarse a llorar.

lloreo *m (reg)* Laurel (árbol). | Mayor-Díaz *Flora* 537: *Laurus nobilis* L. "Laurel", "Lloreo" .. Los frutos y las hojas estimulan las funciones digestivas, por lo que son utilizadas para usos culinarios.

llorera *f* Lloro muy intenso y continuado. | Cunqueiro *Fantini* 140: En una de estas lloreras se tiró por el suelo.

lloretense *adj* De Lloret de Mar (Gerona). *Tb n, referido a pers.* | *Ya* 1.12.77, 41: En Lloret de Mar, dos norteamericanos, nada más entrar en un bar, empezaron a proferir insultos contra España; varios lloretenses que se hallaban en el interior del mismo .. se lanzaron contra los norteamericanos.

llorica *m y f (col, desp)* Pers. que llora [1a] por cualquier motivo. *Tb adj.* | ZVicente *Hojas* 25: Dorotea es una llorica. SSolís *Juegos* 122: Con lo llorica que era, ¿por qué no lloraba, me insultaba, me llamaba canalla, traidor, embustero, y todo ese repertorio que las mujeres reservan para estos casos?

lloricón -na *adj (col, desp)* Llorica o llorón. *Tb fig.* | Goytisolo *Verdes* 138: Prematuramente gagá, penosamente lloricón y reblandecido. Lera *Banderas* 165: Empieza a amanecer bajo un cielo encapotado y lloricón.

lloriqueante *adj (lit, desp)* Que lloriquea. | Cuevas *Finca* 166: Encarna subió lloriqueante. **b)** Propio de la pers. que lloriquea. | Goytisolo *Afueras* 166: –¿Por qué? –dijo Patrach con voz lloriqueante.

lloriquear *intr (desp)* Llorar [1a y b] de manera débil y monótona. | Cuevas *Finca* 103: Ella lloriqueaba en un rincón. Quiñones *Viento* 264: Esa cuerda, y p'allá iba frenando aquel bicho flaco [el perro], arrastrando las pezuñas y lloriqueando.

lloriqueo *m (desp)* Acción de lloriquear. *Tb su efecto.* | Laforet *Mujer* 256: Ahora que oía los lloriqueos de sus niños, sabía que ella, Luisa, estaba en la verdad.

llorisquear *intr (reg, desp)* Lloriquear. | GPavón *Cuentos rep.* 87: Dos mujeres de la vecindad llorisqueaban.

lloro *m* Acción de llorar, esp [1]. *Tb su efecto.* | CBonald *Ágata* 277: Solo se oía el manso lloro de la ahijada. *Abc* 31.3.73, 9: El llanto de las cepas. Las cepas, en esta época del año, suelen destilar gotas de savia, siendo conocido este fenómeno con el nombre de "lloro de las cepas". Delgado *Vino* 61: Llega la poda, que separa los sarmientos inútiles. Por las heridas, la planta exuda un líquido incoloro y transparente –el lloro de la vid– a la espera de un nuevo ciclo.

llorón -na *adj* **1** [Pers.] que llora [1a y 2] mucho, y frec. con poco motivo. *Tb n.* | Laforet *Mujer* 60: Entonces tenía aún un hermano. Un niño llorón que murió más adelante. Torrente *DJuan* 16: El Caballero des Grieux nos parece hoy demasiado llorón, demasiado blando, y le odiamos un poco porque reveló a las mujeres lo que hay de blando y llorón en el amor de todos los varones. **b)** [Ojo] que llora [1c] mucho. | Arce *Testamento* 112: Me decía que hicimos una gran humareda .. y que se me llenaron los ojos de humo y que se me quedaron llorones casi una semana.
2 Que implica llanto. *Frec referido a borrachera. Tb fig.* | * Sus borracheras son de las lloronas. Lera *Bochorno* 217: La música era llorona, de un sentimentalismo ramplón y enfermizo.
3 [Sauce] de ramas desmayadas que se cultiva con fines ornamentales (→ SAUCE). | Delibes *Mundos* 47: Los abetos, arrayanes, .. tunas, sauces llorones, constituyen en ciertos sectores una muralla de densidad inextricable.
II *n* A *m* **4** Penacho de plumas o fibras largas y flexibles. | A. ÁBurgos *Abc* 10.11.73, sn: Tradición que no es creada ni desempolvada, sino simplemente mantenida. Como mantiene Francia su Guardia Republicana, .. o Chile sus cadetes con casco de punta y "llorones" de crin.
B *f* **5** *(col)* Llorera. | Payno *Curso* 35: Patro, la criada de su padre de usted, lloraba. –¡Mira, cállate! No te dé la llorona. VMontalbán *Tatuaje* 112: La cabeza de la viuda se desplomó sobre su pecho. Carvalho temió otra llorona.
III *loc v* **6 cogerla** *(u otro v equivalente)* **llorona, o darle llorona** [a alguien]. *(col)* Darle por llorar [1a]. | ZVicente *Traque* 90: Lo que pasa aquí es que hoy le ha agarrado llorona .. No me lo explico, tan contento que venía. * Le ha dado llorona, porque dice que está sola.

llorosamente *adv (raro)* De manera llorosa. | BSoler *Abc* 1.5.58, 15: Rechacemos .. lo que llorosamente alega Höderl[i]n: "Solo hay un momento –la juventud– en que se vive intensamente, lo demás es recuerdo".

lloroso -sa *adj* **1** Que llora o muestra señales recientes de haber llorado [1]. | Zunzunegui *Hijo* 73: Por Todos los Santos va al cementerio y pone unas flores a la pierna, y lloroso le reza un padrenuestro. * Moquea y tiene los ojos llorosos.
2 *(raro)* Que implica llanto. | * Le gusta la literatura sentimental y llorosa.

llosa *f (reg)* Terreno labrantío cercado y gralm. próximo a la casa a que pertenece. | Cancio *Bronces* 58: Toño y Joseón llevan un prado en renta cada uno en la llosa de la Ortegona.

llosco *m (reg)* Embutido hecho con la vejiga de cerdo llena de carne adobada de este animal. | R. M. FFuentes *Nar* 10.76, 27: Ocupa el valle Gordo el rico sudoeste de la región leonesa Omaña .. *Gastronomía.* Llosco, embutido típico de Reyes, Pascua y Navidad. Androchas, especie de chorizo grueso hecho con pieles de la barbada del cerdo.

llovedizo -za *adj* [Agua] de lluvia. | Lagos *Ya* 23.12.70, sn: Mi pozo perdió su espejismo para convertirse, sencillamente, en "Pozo morisco", profundísimo, que acostumbraban a hacer en las fortalezas con el fin de recoger las aguas llovedizas, a modo de aljibe.

llovedor -ra *adj* Que trae la lluvia. *Gralm referido a viento.* | M. Toharia *SInf* 16.12.70, 9: Los únicos vientos cargados de humedad que llegan a la ciudad son los del Sudoeste, los famosos llovedores o ábregos.

llover *(conjug 18)* I *v* A *intr* **> a** *impers* **1** Caer agua de las nubes. | Medio *Bibiana* 65: El pasado domingo fuimos

llovizna – loa

a Aranjuez. Y si hoy no vamos es porque llueve. **b)** ~ **sobre mojado.** (*col*) Suceder una cosa desagradable después de otra, aumentando así su efecto negativo. | * La cosa en sí no tiene demasiada importancia, pero llovía sobre mojado. **c)** (**ya**) **ha llovido** (*o* **llovió**) (**bastante, lo suyo**, *etc*). (*col*) Ha transcurrido mucho tiempo. | Arce *Precio* 176: Tampoco tiene mucha importancia. Ha llovido lo suyo desde entonces. ¿Qué más nos da ya? Delibes *Emigrante* 82: No hacíamos más que mirar la foto del tío Egidio, la que se hizo durante la mili, aunque ya llovió. Delibes *Tesoro* 13: Recuerdo que cuando le conocí, y ya ha llovido, me mostraba los cinturones de las murallas.

➤ **b** *personal normal* **2** Caer [agua] de las nubes. *Tb fig*. | Torrente *Pascua* 81: Llovía aguanieve; pasaba la gente apresurada, con paraguas. *Jaén* 9.11.76, 11: Bailén. 130 litros llovieron en octubre. * El maná que llovió en el desierto. **b)** Caer en abundancia [algo (*suj*) sobre alguien o algo (*ci o compl* SOBRE *o* EN)]. *Frec fig*. | Delibes *Madera* 353: Un estampido horrísono sacudió el crucero, hizo saltar las abrazaderas de los cables y llovieron sobre Gervasio briznas de pintura de los mamparos. *Abc* 21.8.66, 44: Ante la subida en las tarifas de taxis, nos llueven las cartas de comunicantes que protestan. **c)** (*raro*) Producirse lluvia [de estrellas (*suj*)]. | Goytisolo *Recuento* 600: Tío Gregorio dijo que aquella noche habría lluvia de estrellas, y después de la cena salieron todos a la glorieta. Y llovieron estrellas, y ellos se entreseñalaban con excitación cada una de aquellas fugaces caídas silenciosas.

3 Hacer [Dios] que llueva [1a]. | ZVicente *Mesa* 138: Se puso todo tan en contra que ni siquiera Dios llovió aquel año.

4 ~ **del cielo** → CIELO.

c *personal pr* **5** Calarse con la lluvia [una techumbre o un edificio]. | Halcón *Ir* 159: Para que me ayudarais a retechar la capilla, que se llueve toda.

B *tr* **6** Mojar la lluvia [algo (*cd*)]. *Usado en part.* | Umbral *Ninfas* 162: Iba por calles llovidas hacia el café cantante. J. C. Villacorta *OrA* 19.8.78, 5: Huele .. a menta recién llovida.

II *loc adv* **7 como quien** (*o* **el que**) **oye** (*o* **ve**) ~. (*col*) Sin inmutarse, o con completa indiferencia [ante algo, esp. lo dicho por otro]. | Goytisolo *Afueras* 48: Escuchaba a Claudina como quien oye llover, sin ocuparse más que de su plato. Yale *Nue* 9.10.75, 4: Este entrañable pueblo nuestro, ahora como en 1964, .. puede contemplar una bandera rusa con la misma indiferencia que el que oye llover.

llovizna *f* Lluvia [1] menuda. | J. SEgea *Abc* 6.1.68, 50: Cantábrico. Cubierto, con lluvias débiles o lloviznas y bancos de niebla.

lloviznar *intr impers* Caer llovizna [1]. | Laforet *Mujer* 272: Empezó a lloviznar y Antonio tenía que cuidar de que no le metiesen los paraguas en los ojos.

llovizneaar *intr impers* (*reg*) Lloviznar. | Salom *Playa* 423: Amanece .. Lloviznea.

lloviznoso -sa *adj* (*raro*) Abundante en lloviznas. | Cela *Pirineo* 257: El día está lloviznoso y medio triste.

llueca *adj* (*reg*) [Gallina] clueca. *Tb n f. Tb fig*. | Bustinza-Mascaró *Ciencias* 193: Este proceso se denomina incubación y lo produce naturalmente la gallina cuando está clueca o llueca.

llufa (*reg*) **I** *f* **1** Muñeco que se cuelga por burla a la espalda de alguien. | Goytisolo *Recuento* 566: Reirá a sus espaldas colgándole un sa[m]benito, llufas, mofas, befas y cabronadas que solo pueden pasarle por alto al lector papanatas.

II *loc v* **2 hacer ~.** Quemarse sin explotar [una bomba o un petardo]. | Marsé *Dicen* 175: Cantarás hasta el raskayú, dijo, la llama rozando ya la pólvora y, de pronto, el ¡ffffuuuu...!, como un cohete que hace llufa.

lluvia *f* **1** Fenómeno atmosférico que consiste en caer agua de las nubes. | Olmo *Golfos* 76: Ya podía el viento pasar todas las veces que se le antojase: nos daba igual. A lo que temíamos era a la lluvia. **b)** ~ **ácida** → ÁCIDO. | C. Planchuelo *SD16* 26.11.87, VII: Las multinacionales facilitan diferentes variedades de chorro en un mismo cabezal: lluvia fina y suave para pieles sensibles .., masaje relajante y masaje terapéutico. **b)** Caída [de algo] en forma de gotas o partículas numerosas. | Ybarra-Cabetas *Ciencias* 285: En cuanto a la fecundación, diremos que la polinización es generalmente anemógama; y los numerosos granos de polen dan lugar a las llamadas lluvias de azufre. Aleixandre *Química* 91: Los vapores .. que no han reaccionado en las cámaras pasan a unas torres llamadas de Gay-Lussac, que contienen pedazos de coque. Por la parte superior de esta torre cae una lluvia finísima de ácido sulfúrico.

3 Hecho de caer sobre alguien gran cantidad [de algo]. *Frec fig*. | Villapún *Iglesia* 10: Comenzaron a descargar sobre el Santo una lluvia de piedras. Buero *Lázaro* 120: Miman una lluvia de golpes sobre la mujer, sin rozarla. *Luc* 2.11.64, 6: Afganistán espera tranquilamente la lluvia de oro de las ayudas extranjeras.

4 ~ **amarilla.** Sustancia amarilla caída en forma de lluvia [1] en determinadas zonas de Asia y considerada por algunos como agente químico de uso bélico. | *Ya* 23.5.86, 24: En esta categoría de agentes mortales se incluye la "lluvia amarilla", utilizada en Camboya y Afganistán.

5 ~ **de estrellas.** Aparición de numerosas estrellas fugaces. | Goytisolo *Recuento* 600: Tío Gregorio dijo que aquella noche habría lluvia de estrellas.

6 ~ **de oro.** Árbol o arbusto leguminoso de pequeño tamaño, con flores amarillas, olorosas, en racimos colgantes (*Cytisus laburnum* o *Laburnum anagyroides*). | *Ama casa 1972* 91: Los citisos. De este árbol existen varias especies, entre las que se encuentra la "lluvia de oro", que, sin duda, es la más hermosa. Loriente *Plantas* 43: *Laburnum anagyroides* Medicus: "Laburno", "Lluvia de oro". Arbusto ornamental, no frecuente.

7 ~ **dorada** (*o* **de oro**). (*jerg*) Práctica erótica que consiste en orinar un miembro de la pareja sobre la piel desnuda del otro. | *Tie* 22.3.93, 58: *Lluvia dorada*, cocaína, menores, sexo en grupo y fetichismo componen el cuadro de las perversiones que algunos testigos atribuyen al duque de Feria.

lluvioso -sa *adj* Abundante en lluvias [1]. | Zubía *España* 133: Galicia .. El clima es templado, húmedo y lluvioso.

lo¹ (*con pronunc átona*) *art* (*no tiene pl; precede normalmente solo a adjs o constrs adjs, a los que sustantiva*) **1** Precediendo a un adj en forma m sg, hace que signifique la cualidad en abstracto (lo heroico = el heroísmo). | * Comprende lo tonto de tu conducta. Olmo *Golfos* 98: Lo verdaderamente bruto era ver al Mollas machacando huesos con sus manazas de gorila.

2 Precediendo a un adj, a una prop adj o a un compl con prep: La cosa o las cosas. | Hoyo *Glorieta* 34: Siempre le tocó demasiado pronto lo malo. Pinilla *Hormigas* 18: Dijo, simplemente: "Ismael es ya capaz de hacer lo de uno de nosotros". Torrente *Off-side* 33: Eso es lo que te viene diciendo el maestro desde que has caído en sus manos. **b)** El conjunto [de perss. o cosas]. | Laforet *Mujer* 161: Una señora como yo, .. amiga de todo lo mejor de Madrid. **c)** La parte. | * Lo alto de la torre. MSantos *Tiempo* 9: Con su bata blanca puesta se va a lo de atrás, donde aúllan los tres perros.

3 (*reg*) Precediendo a una expresión de posesión o a un n prop, designa una finca. | Berenguer *Mundo* 289: Toda la mañana nos la pasamos recorriendo la linde de Casa Posadas, hasta llegar a Carbonero, y pregúntale al Goro que nos vio desde lo suyo. CBonald *Dos días* 183: –Y qué, ¿estás con la vendimia? .. –Mañana me voy a lo de don Pedro Montaña. Berenguer *Mundo* 62: Vicente, el entregado de lo Romeral, una piara de pavos.

4 ~ **suyo** → SUYO.

5 *Forma diversas locs advs:* A ~ LARGO, ~ MENOS, POR ~ PRONTO, *etc* → LARGO, MENOS, PRONTO, *etc*.

6 ~ + *adj o adv* + **que; ~ que es** → QUE¹.

lo² → ÉL.

lo³ → ELLO.

loa *f* **1** (*lit*) Acción de loar. | MHerrera *Abc* 25.11.70, 11: Un día, cuando ya la mano sembradora desapareció, estalla el grano de la fama, de la loa constante y encendida. GPavón *Reinado* 255: A los postres hubo .. discursos en loa de Plinio y don Lotario.

2 (*TLit*) Composición poética de alabanza. | Correa-Lázaro *Lengua* 4ᵉ 68: Subgéneros líricos .. Loa. Composición en que se alaban virtudes individuales o colectivas.

3 (*TLit, hist*) Introducción, frec. laudatoria, en forma de monólogo o diálogo, que precede a una representación teatral. | GLópez-Pleyán *Teoría* 139: La loa se situaba al principio de una sesión dramática y solía consistir en la alabanza de la ciudad donde se representaba. A. Campo *Pue* 16.12.70, 26: Que fueran bautizadas con nombres tan varios –entremeses, loas, bailes, jácaras, mojigangas...– nos hace pensar que no eran menos plurales sus intenciones, contenidos y formas.

loable *adj* (*lit*) Digno de loa [1]. | CBaroja *Inquisidor* 44: Puede esto considerarse alguna vez como una precaución loable.

loanza *f* (*lit, raro*) Loa [1]. | L. ÁCruz *Abc* 4.7.58, 19: Barcos entre cuyas jarcias .. estallan ditirambos y florecen súbitas loanzas en buen "román paladino".

loar *tr* (*lit*) Alabar. | Cossío *Abc* 20.6.58, 23: Proclama .. su ascendencia gallega .. y loa toda esta rama remotísimamente arraigada en tierras de Pontevedra.

lob (*ing; pronunc corriente*, /lob/; *pl normal*, ~s) *m* (*Tenis*) Golpe que consiste en enviar la pelota alta, para que pase por encima de la cabeza del jugador contrario y fuera de su alcance. | Repollés *Deportes* 79: En 1878, el jugador inglés Hadow introdujo por primera vez el *lob* o pelota alta, para anular los remates de los jugadores "delanteros" o "de red".

loba → LOBO[1].

lobada *f* (*reg*) **1** Manada de lobos[1] [1]. | Llamazares *Río* 105: Peña Negra, refugio de lobadas y de los legendarios guerrilleros de La Mata.
2 Ataque de los lobos[1] [1]. | C. Otero *Abc* 14.12.80, 60: Cuando la estampa navideña se pinte en el paisaje habremos de asistir a alguna lobada inesperada, y es que el amigo lobo también va recuperando viejos territorios.

lobado -da *adj* (*Anat*) Lobulado. | Alvarado *Botánica* 20: También la naturaleza del borde [de la hoja] ofrece variación. Unas veces es liso, otras festoneado, otras dentado, otras aserrado, otras lobado.

lobanillo *m* Quiste, esp. sebáceo, que se forma bajo la piel. | CBonald *Dos días* 13: Tenía las orejas gachas y un protuberante lobanillo en la sien.

lobato *m* **1** Cachorro de lobo[1] [1]. | P. Sebastián *SArr* 27.9.70, 6: Seis lobatos donados por el doctor Rodríguez de la Fuente constituirán en poco tiempo la primera atracción de quienes quieran visitar .. este nuevo lugar de esparcimiento.
2 *En escultismo*: Scout masculino de 8 a 12 años. | S. Araúz *SYa* 16.2.75, 15: Canta Shanti canciones de campamento, de "lobato", canciones sanamente "marrones".

lobbista (*tb con las grafías* **lobbysta** *o* **lobista**) *adj* De(l) lobby [1]. *Tb n*, *referido a pers*. | P. M. Secanella *D16* 16.3.85, 3: Es inminente el desembarco en España de estos consorcios de "venta de influencias", que ya son conocidos como firmas "lobbistas". **b)** Que pertenece a un lobby. *Tb n*, *referido a pers*. | *País* 8.11.92, 6 (A): Es conocido únicamente por su actividad como lobbysta. *SPaís* 22.10.89, 10 (A): La profesión de lobista está completamente aceptada y reconocida al otro lado del charco.

lobby (*ing; pronunc corriente*, /lóbi/; *pl normal*, LOBBIES) *m* **1** Grupo u organización que ejerce presión sobre los poderes públicos a fin de favorecer intereses particulares. | *Abc* 26.5.74, 25: Desasistida de sus aliados de la O.T.A.N., enfrentada con los poderosos "lobbies" descolonizadores de la O.N.U., .. a la nación portuguesa no le queda otra salida que negociar. L. Blanco *Hoy* 12.11.75, 7: Se ha escuchado –y leído– alguna referencia al "lobby" marroquí en España. VMontalbán *Galíndez* 23: Preparaba su tesis sobre Trujillo .., que presentó en la Universidad de Columbia .. a pesar de las presiones del propio Trujillo y sus colaboradores del *lobby* dominicano de Estados Unidos.
2 (*raro*) Vestíbulo [de un hotel]. | Grosso *Invitados* 147: La posterior entrevista .. tuvo lugar .. en el suntuoso *lobby* del hotel Muralla.

lobbying (*ing; pronunc corriente*, /lóbin/) *m* Actuación de un lobby [1]. | Areilza *Memorias* 86: Hasta los presidentes precisan de un *lobbying* cerca de senadores y diputados en el Congreso, cuando una ley carece del respaldo suficiente por [*sic*] ser aprobada.

loable – lobo

lobbysmo *m* (*raro*) Sistema del lobby [1]. | Areilza *Memorias* 86: Existe el *lobbysmo* en cuanto aparece la campaña electoral, y senadores y congresistas necesitan lanzar sus propagandas personales.

lobbysta → LOBBISTA.

lobectomía *f* (*Med*) Extirpación total de un lóbulo, esp. pulmonar. | L. León *Abc* 30.5.76, 24: En casos de larga permanencia [del cuerpo extraño] y ante la posibilidad de extracción (excepcional) puede ser necesario practicar lobectomía. *Abc* 24.9.91, 56: Los resultados de la resección cortical, casi siempre lobectomía temporal, es [*sic*] de más de un 90 por 100 de curación total.

lobelia *f Se da este n a distintas plantas herbáceas del gén* Lobelia, *propias de climas cálidos, algunas de las cuales se cultivan como ornamentales*. | E. Torrico *SYa* 28.9.75, 42: Españoles en el Kilimanjaro .. Después de atravesar profundos valles .. e intrincados bosques de senecios y lobelias, alcanzamos el refugio Hami-Hut.

lobeliácea *adj* (*Bot*) [Planta] de la familia de la lobelia. *Frec como n f en pl, designando este taxón botánico*. | FQuer *Plantas med*. 775: La familia de las lobeliáceas, que toma su nombre del género *Lobelia*, .. está constituida por más de 400 especies.

lobelina *f* (*Quím*) Alcaloide extraído de la planta *Lobelia inflata*, que estimula los centros respiratorios. | *Abc* 13.6.58, 55: Anoche, después de un día de relativa tranquilidad, a eso de las diez le visitó el doctor Jiménez Díaz, el cual .. ordenó que se le administrase coramina y lobelina.

lobero -ra I *adj* **1** De(l) lobo[1] [1]. | Cela *Judíos* 241: El lobo da una corta carrera –¡ay, el trote lobero estremecedor!–. *Mad* 28.4.70, 20: Un total de 194 ovejas han aparecido muertas en su redil .. Los vecinos del lugar creen que se trata de una encerrona lobera ocurrida durante la pasada noche. **b)** [Mastín] adecuado para combatir al lobo[1] [1]. *Tb n*. | Halcón *Ir* 201: Al "Sin" le había recibido mal el perro que estaba amarrado a la puerta, un mastín lobero con malas pulgas. Delibes *Castilla* 91: Una vez tuve yo un perro negro .. "Corbato" le llamaba, que tenía una lista blanca así, sobre el pecho, hijo de lobera y pastor.
2 Abundante en lobos[1] [1]. | Cela *Judíos* 182: Nava de Arévalo .. es tierra llana y lobera.
3 [Proyectil de arma de fuego] usado esp. en la caza del lobo[1] [1]. | Cuevas *Finca* 131: El colono .. cargó la escopeta con plomos loberos. L. Blanco *IdG* 31.10.70, 4: La respuesta no ha satisfecho a casi nadie, vista la impunidad con que son segadas vidas humanas a golpe de cartuchos loberos y ráfagas de ametralladora.
II *n* **A** *m* **4** Cazador de lobos[1] [1]. | GMacías *Relatos* 130: Su padre y su abuelo paterno fueron loberos muy sonados en Las Hurdes. Antonón capturaba los lobos con cepos.
B *f* **5** Guarida de lobos[1] [1]. *Tb fig*. | Delibes *Castilla* 77: Esta comarca es muy querenciosa para el lobo, usted habrá visto la lobera que hay arriba, justo en la raya. Ferres-LSalinas *Hurdes* 48: –¿Qué tal El Rubiaco? –pregunta Armando al obrero joven. –Eso es una lobera. Aún hay gente que duerme en nichos, no tienen ni mierda en las tripas.
6 Lugar en que habitan o se reúnen lobos marinos. | *SPaís* 15.4.90, 37: Los lobos marinos .. son solo inmensos bultos ondulantes que sobresalen apenas en la playa .. En sus mejores momentos, en esta lobera de Decepción puede haber entre 20.000 y 30.000 lobos.

lobezno *m* Cachorro de lobo[1] [1]. | GNuño *Escultura* 119: Se trata de la loba amamantando a su lobezno, grupo en piedra caliza procedente del Cerro de los Molinillos.

lobista → LOBBISTA.

lobo[1] **-ba I** *n* **A** *m* **1** Mamífero carnívoro semejante a un perro grande, con hocico puntiagudo, orejas tiesas y cola larga y muy poblada (*Canis lupus*). *Tb su piel*. *Tb designa solamente al macho de esta especie*. | Olmo *Golfos* 177: Montes, tan grandes, que tienen lobos y zorras. Mora *Sem* 23.11.74, 96: En los cuadros restantes, una completa gama de visones, una selección increíble de "manchados": pantera, jaguar, guepardo, ocelote; .. el racoon, el kolensky, el lobo. **b)** *A veces se usa en constrs de sent comparativo para ponderar la ferocidad o la agresividad*. | * ¡Cómo se puso! Un lobo, oye. **c) hombre-~** → HOMBRE.

lobo – localista

2 ~ cerval. Lince (animal). | Cela *Mazurca* 10: Policarpo amaestra de todo, incluso lóndregas y lobos cervales.

3 ~ marino. Foca común. | Bustinza-Mascaró *Ciencias* 216: Pertenecen [a los mamíferos acuáticos] las focas, morsas, otarios y lobos marinos.

4 ~ de mar. Marino muy experimentado. | *Ya* 3.3.63, 1: Pues vaya un lobo de mar.

5 ~ solitario. Individuo huraño e insociable. | Torrente *Sombras* 327: Jamás hubo en su vida una mujer .. Ni siquiera camarada en sus ansias de destrucción, porque es un lobo solitario.

B *f* **6** Hembra del lobo [1]. | Arenaza-Gastaminza *Historia* 44: Rómulo y Remo .., arrojados y después salvados de las aguas del Tíber y amamantados por una loba, fueron los fundadores de Roma. **b)** *A veces se usa en constrs de sent comparativo para ponderar la ferocidad o la agresividad.* | Delibes *Guerras* 161: –¿Cómo lo encajó ella? –Mal. ¡Como una loba, oiga! Me soltó dos moquetes y me puso la cara de arañones que no vea.

7 (*jerg*) Ramera. | GSerrano *Macuto* 725: Aparte de los [nombres] conocidos de sobra, para unos fueron las baldomeras y para otros las bizcochas .., y también las nenas, las niñas, las lobas y las palomas.

II *adj* **8** [Perro] grande cuyo aspecto recuerda al del lobo [1]. | *CSo* 18.11.75, 9: Vendo perra loba ganadera.

9 de ~s. [Noche] muy oscura. | Berlanga *Recuentos* 32: Era noche de lobos cuando descabalgaban a la puerta de la fonda.

III *fórm or* **10 menos ~s.** (*col*) *Fórmula con que se comenta en tono de burla lo exagerado que resulta lo que se acaba de decir.* | Aristófanes *Sáb* 15.3.75, 79: ¿Cambiar el director de "ABC"? ¡Anda ya! ¡Ni que estuviéramos borrachos! ¿Mudar de director de "Pueblo"? ¡Menos lobos! ¡Antes se hunde el mundo!

lobo² -ba *adj* (*hist*) [Pers.] nacida en América de indio y negra, o de negro e india, o, según otros, de indio y tornatrás o de tornatrás e india. *Tb n.* | HSBarba *HEspaña* 4, 282: De este modo surgieron las "castas coloniales" ..: indio y torna atrás, lobo; lobo e india, sambayo.

lobotomía *f* (*Med*) Sección quirúrgica de un lóbulo, esp. la practicada sobre el lóbulo frontal del cerebro para corregir trastornos mentales. | Torres *Ceguera* 201: Si pudieran elegir, [los hombres] preferirían que se nos practicara una lobotomía a que nos hiciéramos la estética.

lóbrego -ga *adj* (*lit*) Oscuro o tenebroso. *Tb fig.* | Goytisolo *Recuento* 544: Aquel lóbrego lugar, en el subsuelo, que con todo no dejaba de representar una mejora en relación a los calabozos de Jefatura. *CoZ* 14.5.64, 6: Fermoselle .. Futuro lóbrego.

lobreguecer (*conjug* **11**) (*lit*) **A** *tr* **1** Hacer lóbrego [algo (*cd*)]. | * Dos inmensos árboles lobreguecen la entrada.

B *intr* **2** Anochecer. | Cela *Viaje andaluz* 304: Cuando Dios lobreguece sobre la mar de Huelva y el sol pinta de rojo el horizonte azul .., por el aire rueda la melancolía.

lobreguez *f* (*lit*) Cualidad de lóbrego. *Tb fig.* | Hoyo *Caza* 73: De buena gana hubiera girado sobre sus talones hacia la luz, dando espalda a la lobreguez. Landero *Juegos* 170: Él también había estado al borde del suicidio y sabía lo que era volver de aquellas lobregueces.

lobulado -da *adj* (*E*) Que tiene lóbulos [2 y 3]. | Legorburu-Barrutia *Ciencias* 249: Clases de hojas: entera, dentada, lobulada. [*En un gráfico*.] VParga *Santiago* 20: Además, en la fachada de la iglesia francesa hay arcos lobulados.

lobular *adj* (*Anat*) De(l) lóbulo [2]. | O. Aparicio *MHi* 7.68, 28: Los pulmones estaban afectos de las clásicas lesiones de la neumonía lobular.

lóbulo *m* **1** Parte inferior, carnosa y redondeada [de la oreja]. | Legorburu-Barrutia *Ciencias* 76: Pínchese en la yema del lóbulo de la oreja con una aguja desinfectada. A. Figueroa *Abc* 18.4.58, 23: Lleva .. pendientes tan largos y pesados que desgarran sus lóbulos delicados.

2 (*Anat*) Parte redondeada y saliente [de un órgano]. | Legorburu-Barrutia *Ciencias* 79: El [pulmón] derecho tiene tres partes o lóbulos; el izquierdo, dos. Ybarra-Cabetas *Ciencias* 361: Las impares son: la aleta dorsal, la aleta anal y la aleta caudal, constituida por dos lóbulos iguales, o sea que es homocerca. E. GGonzález *Pro* 13.8.75, 22: Tempranillo .. Brotación algo rojiza. Porte no erguido. Hojas verdes oscuras con lóbulos muy marcados.

3 (*Arquit*) Adorno consistente en una escotadura en forma de arco. | VParga *Santiago* 20: Estos modillones de lóbulos o de rollos .. recordaba haberlos visto en Clermont, en la iglesia de Notre-Dame-du-Port.

lobuloso -sa *adj* (*Anat*) Lobulado. | Lotina *Setas* sn: *Paxillus atrotomentosus* .. Sombrero: .. Pardo negruzco de bordes lobulosos.

lobuno -na *adj* De(l) lobo¹ [1]. | Sampedro *Sonrisa* 223: –Bruno, Bruno, puede ser contagioso –murmura ella sin mucha convicción, admirando esos dientes lobunos entre los labios ya modelados para la caricia. **b)** [Color o pelaje] grisáceo. | Castellanos *Animales* 28: Atendiendo a su colorido, podemos diferenciar entre estas variedades de pelo: negro, .. lobuno (efecto gris causado por pelos claros en la base y negros en los extremos).

loca → LOCO.

local I *adj* **1** De un lugar dado, o propio exclusivamente de él. | Escrivá *Conversaciones* 29: La eficacia de su trabajo [del presbítero] al servicio de la propia Iglesia local. *Sp* 19.7.70, 36: Se sentó a las 10 de la noche, hora local, frente a John Chancellor. **b)** (*Dep*) [Equipo] del lugar en que se celebra el encuentro. | *Lucentum NotC* 1.3.71, 5: Aquel arranque sorprendió al conjunto local y los discípulos de Mesones a través del primer cuarto de hora parecía que iban a resolver el encuentro. **c)** De(l) equipo local. *Tb n, referido a pers.* | J. C. Díez *Nue* 22.12.70, 31: Cada canasta forastera se contestaba con otra local, y el partido tenía aire de acontecimiento. *Các* 7.10.74, 12: La gran oportunidad para los locales llega en el minuto 40.

2 Municipal. *Se opone a* NACIONAL, REGIONAL *o* PROVINCIAL. | Gambra *Filosofía* 238: El municipio típicamente español –el castellano-leonés– tiene su primer desarrollo en el siglo X, y con él se extiende por nuestro suelo una organización local verdaderamente corporativa y en cierto modo democrática.

3 Que afecta solo a una parte determinada del cuerpo. *Frec referido a anestesia.* | M. Aguilar *SAbc* 8.3.70, 54: Este último método (con anestesia local) es el generalmente usado ahora.

4 (*raro*) De lugar. | Gambra *Filosofía* 85: Podemos distinguir ..: el movimiento local o cambio de lugar en el espacio; el aumento o disminución, que es movimiento o cambio cuantitativo.

II *m* **5** Espacio cerrado y cubierto, esp. destinado a actividades comerciales o recreativas. | *NotC* 25.2.71, 4: Además de los citados aparcamientos, se podrá contar con estación de servicio, .. almacén de repuestos y locales destinados a las agencias de cargas completas y paquetería.

localidad *f* **1** Población (agrupación de edificios organizada como unidad administrativa y en la que habita una colectividad). | *Mad* 10.9.70, 10: La Junta Provincial de Construcciones Escolares de Granada ha anunciado concurso-subasta para la construcción de 132 grupos escolares y viviendas para maestros en diversas localidades de la provincia.

2 *En un local de espectáculos:* Lugar de los destinados a los espectadores. *Tb la entrada que da derecho a ocuparlo.* | *Abc* 30.12.65, 107: Precios reducidos para todos los niños en cualquier clase de localidad. Heras *Mad* 13.5.70, 32: Los revendedores inevitables ofrecen en voz alta .. localidades para cualquiera de las corridas.

localismo *m* **1** Cualidad de local [1]. | * La principal característica de este fenómeno es su localismo.

2 Tendencia al localismo [1]. | R. DHochleitner *Fam* 15.11.70, 46: Sociedad universal alumbrada entre los estertores del localismo y de las sociedades particulares.

3 Palabra o giro propios del habla de una localidad o de una zona muy limitada. | GLuengo *Extremadura* 98: No existe [el extremeño] ni siquiera como dialecto, a despecho de localismos y pintoresquismos, que sí abundan.

localista *adj* **1** De(l) localismo. | MReverte *Pue* 9.10.70, 2: El tema de las elecciones municipales no pasa de ser una cuestión bastante localista, que atañe a sectores muy concretos y bien diferenciados.

2 Que tiende al localismo [1]. | F. RCoca *Alc* 31.10.62, 28: El destino de las artes localistas que no quieren conformarse con el brillo superficial de lo exótico no puede ser otro que su inserción definitiva en los valores universales.

localizable *adj* Que se puede localizar, *esp* [1]. | Umbral *Gente* 161: En Pola, donde estoy más localizable, y la gente no tiene más que empujar la puerta de casa, aparecen continuamente matrimonios nuevos .., que llegan a decirme que me deben su felicidad. E. GHerrera *SLib* 26.3.75, 26: Todos los pasos de la vida del Señor son localizables en el mapa.

localización *f* Acción de localizar(se). | *Abc* 4.10.70, sn: Electricidad del Automóvil. Localización de Averías. Bustinza-Mascaró *Ciencias* 214: La emisión de ondas ultrasonoras y el poder de localización por el eco solamente se ha descubierto hasta ahora en estos curiosos cazadores de insectos [los murciélagos]. **b)** Situación o emplazamiento. | * Lo que más han criticado de la central nuclear es su localización.

localizado -da *adj* **1** *part* → LOCALIZAR.
2 Que se circunscribe a un lugar determinado. | V. Gállego *ByN* 11.11.67, 40: Este viejo mar, escenario de civilizaciones y culturas que han llevado su influencia mucho más allá de su localizado teatro de acción, ha ido pasando bajo hegemonías sucesivas.

localizador -ra *adj* Que localiza o sirve para localizar [1]. *Tb n m, referido a utensilio o aparato.* | *País* 17.10.82, 17: Ha sido confeccionado un retrato robot de los golpistas sobre la base de los rasgos y actitudes más repetidos, que se estima muy funcional como localizador de los núcleos más comprometidos. O. Aparicio *SPue* 17.10.70, 8: El conjunto, tubo y portachasis, está montado sobre un eje de rotación, permitiendo los exámenes del seno en proyección vertical o lateral. Los portachasis han sido estudiados para los distintos tamaños de pecho; a cada formato corresponde un localizador. G*Telefónica N.* 376: Alois Zettler, GmbH. Delegación en España. Señalización luminosa .. Teleinterruptores. Localizadores de averías.

localizar *tr* **1** Averiguar o determinar dónde se encuentra [alguien o algo (*cd*)]. | *Abc* 21.1.72, 15: Activas gestiones de la policía y guardia civil para localizar a don Lorenzo Zabala. Bustinza-Mascaró *Ciencias* 78: En la corteza cerebral se han podido localizar los sitios donde se perciben las sensaciones táctiles, olfatorias, auditivas y visuales. **b)** Averiguar o determinar de dónde procede [una llamada telefónica (*cd*)]. | Millás *Visión* 231: Colgar ahora. No estar nunca más de tres minutos para que no localicen la llamada.
2 Situar [algo (*cd*) en un lugar o dentro de ciertos límites (*compl* EN)]. | J. M. GEscudero *Ya* 26.5.72, sn: Brunete es el objeto principal de esta nueva monografía de Martínez Bande, aunque su parte primera se dedique a la ofensiva sobre Segovia, más conocida por haber localizado en ella Hemingway su famosa novela "Por quién doblan las campanas". **b)** *pr* Situarse [algo (*suj*)] en un lugar o dentro de ciertos límites (*compl* EN)]. *Frec en part.* | Nolla *Salud* 342: La artritis neurógena suele localizarse en las rodillas. *Con* 3.85, 7: Sarna notoédrica .. La transmite el gato. Los síntomas son los mismos que en el caso anterior pero localizados en la cabeza.
3 Conseguir que [un incendio (*cd*)] deje de propagarse. PenA 2.1.64, 2: Un muerto carbonizado en Gomecha .. Tras grandes trabajos pudo localizarse el siniestro, evitándose su propagación.

localmente *adv* De manera local. | F. J. FTascón *SYa* 7.5.70, 9: Este clono, esta planta maldita, actúa localmente mediante acción agresiva directa, tratando de penetrar las barreras locales.

locamente *adv* De manera loca (→ LOCO [3]). *Con intención ponderativa.* | A. M. Campoy *Abc* 1.12.70, 3: Los vecinos grandullones, en cuanto la ven, corren hacia ella y se ponen a jugar locamente. * Está locamente enamorada de él.

locario -ria *adj* (*reg*) Loco [2 y 3]. | GPavón *Cuentos rep.* 166: Era una extraña multitud un poco circense, nerviosa, desacompasada, en procesión locaria.

locatis *adj* (*col, humoríst*) Loco [1, 2 y 3]. | Pombo *Héroe* 87: Se pensó en la tía Eugenia, que estando como estaba un poco locatis, a lo mejor había encontrado a Julián en la escalera, se había liado a hablar. Lera *Trampa* 1013:

localizable – loco

Álvaro es un poco locatis. Se ve que se ha entretenido más de la cuenta y ella teme que se haya dado algún porrazo con el coche. Umbral *Trilogía* 144: Se entrega el poder al Opus Dei, que trae la modernidad de los números, el método y la norma, contra el romanticismo de derechas, locatis e inoperante, que fue el joseantonianismo.

locativo -va *adj* Que expresa lugar. | PAyala *Abc* 25.5.58, 3: Literalmente [la metafísica] significa "después de la física", y su autor no le otorgó sino un sentido locativo o topográfico, por decirlo así. **b)** (*Ling*) [Caso] correspondiente al complemento de lugar en donde. *Tb n m.* | Villar *Lenguas* 311: El locativo no puede decirse en términos estrictos que sea indoeuropeo, ya que se trata de un desarrollo específico de ciertas áreas dialectales.

locato -ta *adj* (*reg*) Loco [2]. | Quiñones *Viento* 193: Ni hables tanto, que hablas mucho. Menos mal que aquí no hay más que gente de confianza, locato.

locería *f* (*reg*) Loza. | Pemán *Andalucía* 35: Un rico artesonado cubre de locería policromada los muros revestidos de azulejos.

locero -ra *m y f* (*reg*) Pers. que fabrica o vende loza. | Seseña *Barros* 149: Hace 40 años había [en La Atalaya de Santa Brígida, Canarias] 20 loceras, y en la actualidad todavía trabajan el barro 3 loceras y, caso insólito, 1 locero: el maestro Pancho. SSolís *Jardín* 88: En los viejos palacios se apoyaban ancianas casucas de gente humilde ..: zapateros, loceros, ferreteros, porta pavejeros.

loch (*ing; pronunc corriente,* /loχ/ *o* /lok/; *pl normal,* ~s) *m* Brazo de mar largo y estrecho de la costa escocesa. | PAyala *Abc* 4.10.59, 3: El brazo occidental, que se cierra en el vértice ciego de Puerto Blest, pertenece sin duda .. al tipo caballeresco y heroico-bélico, como los "lochs" escoceses y los "fiords" noruegos.

locha *f* **1** Pez de agua dulce, con pequeñas espinas eréctiles en la cabeza, cuya carne es muy fina (*Cobitis taenia*). | Navarro *Biología* 299: Región de las aguas estancadas .. Los animales que las pueblan son muy variados; entre los invertebrados están los gusanos ..; y como vertebrados, ranas .. y numerosos peces .. (tenca, carpa, lochas, anguilas, lucios y otros más).
2 Pez marino de la misma familia que el bacalao, de color marrón muy claro, que alcanza unos 75 cm de largo y cuya carne es muy fina (*Phycis blennoides*). | *Ale* 26.8.84, 25: En el mercado las panchoneras venden .. merluzas, lochas, cabras, bacalao fresco.

loción *f* Líquido medicinal o cosmético que se aplica exteriormente sobre la piel o el cabello. | M. Aguilar *SAbc* 16.6.68, 39: Se deben aplicar .. lociones de calamina o compresas húmedas de acetato de aluminio.

lock-out (*ing; pronunc corriente,* /lokáut/; *pl normal,* ~s) *m* Cierre patronal. | *Pue* 9.2.67, 2: Prosigue el "lock-out" de Dassault.

loco -ca I *adj* **1** [Pers.] que tiene alterado el juicio o la capacidad de razonar. *Tb n. Frec fig, con intención ponderativa.* | CNavarro *Perros* 15: Van Gog[h], único loco que entendió la cordura de los colores. CNavarro *Perros* 13: –¿Qué haces, loco? –Pasar el rato. –Sí que te conformas con poco. **b)** [Pers.] pasajeramente incapaz de razonar o actuar con normalidad, a causa de alguien o algo que la altera. *Con intención ponderativa. Frec con un compl* POR, DE *o* CON *y en las constrs* COMO ~, VOLVER(SE) ~, TRAER *o* TENER ~. | C. Manrique *SDBu* 11.8.91, v: Se metía en el retrete a ensayar, trayéndole a su esposa loca. * Loco de ira fue hacia él. * Loco por el dolor. Payno *Curso* 169: Todos andaban locos, haciendo cálculos y cálculos para tratar de atisbar qué asignaturas podían aprobar. M. GAróstegui *SAbc* 27.4.69, 31: Ganó el Real Madrid por seis a tres, .. Molowny volvió loco al que siempre fue gran defensa Riera. **c)** (*col*) Muy contento. *Frec* ~ DE CONTENTO *o* DE ALEGRÍA, *o en la constr* COMO ~. | SSolís *Camino* 131: Las Reverendas Madres .. estaban locas, literalmente locas, con ella, según confesaban cada vez que doña Pura pasaba por el colegio a recogerla. Payno *Curso* 84: ¡Venga usted a hablar a estas mozuelas de Filosofía, Latín o Matemáticas! Ellas viven locuelas de alegría su nueva importancia y no quieren saber más. **d)** (*col*) Que siente un amor o una pasión extraordinarios [por alguien o algo]. *Frec en constrs como* ESTAR, *o* VOLVERSE, ~ [por una pers. o cosa], *o*

loco citato – locución

TRAER, TENER o VOLVER ~ [a alguien una pers. o cosa]. | Torbado *En el día* 105: Unos brotes que a su amigo Líster le volvían loco, según dijera. GHortelano *Gente* 184: Hace años me hubiese vuelto loca llevar una pulsera así. **e)** (*col*) Que siente un deseo irresistible [de algo (*compl* POR)]. *Frec en la constr* ESTAR ~. | Sastre *Taberna* 93: –Me voy a buscar a mi compadre. No sea que esté en otro establecimiento .. –A lo mejor. –Tú, loco por que me vaya, ¿no? **f) como (un)** ~. (*col*) *Se usa para ponderar la intensidad de la acción.* | VMontalbán *Comité* 175: A veces viene a estar con el crío y se pone a hacer jerseys como una loca. **g) como (un)** ~. (*col*) *Se usa para ponderar la velocidad. Frec con el v* IR. | Tomás *Orilla* 48: Al poco, una lechera detrás de mí. Iban como locos, con el pirulo encendido y dándole a la sirena. **h) ni** ~. (*col*) *Se usa para expresar o subrayar enfáticamente una negación.* | AMillán *Damas* 14: Los clientes que yo traigo no llevan la tarjeta encima ni locos. SSolís *Jardín* 12: Ni loca hubiera podido imaginar lo que me estaba ocurriendo aquel día. *País* 19.5.81, 44: El [toro] de Charco Blanco ni loco iba a ir al engaño. Lo suyo consistía en buscar el bulto y pegar el tornillazo.
2 [Pers.] insensata o de poco juicio. *Tb n.* | * Como conductor es bastante loco. Cela *Int* 1.5.78, 35: ¡Ay, juventud, juventud, locuela juventud, que quiere aplacar el rijo con lo que se tercie y sin recapacitar un punto!
3 Propio de la pers. loca [1 y 2]. | * Comenzó a reírse con una risa loca, sobrecogedora. * ¡Qué manera tan loca de conducir! *Hora* 17.12.76, 19: El preparador del equipo leonés, señor Valbuena, está con unas ganas locas de ofrecer la primera victoria a la afición leonesa. **b)** (*col*) [Cosa] que implica falta de freno o de moderación. | Diosdado *Anillos* 1, 290: ¡Estupendo! Así puedo pasar una noche loca en esta ciudad tan divertida.
4 (*col*) Muy grande o extraordinario. *Gralm referido a suerte u otra cosa positiva.* | * Tienes una suerte loca. * Tiene una gracia loca.
5 [Brújula o balanza] cuya aguja oscila excesivamente antes de hallar su posición de equilibrio. | Marcos-Martínez *Física* 51: Si el c. d. g. coincide con el punto de suspensión, el equilibrio es indiferente, y si está por encima, el equilibrio es inestable, con lo que se originan las balanzas perezosas o locas, que no sirven para las pesadas.
6 (*Mec*) [Pieza u órgano] que gira libremente sobre su eje. | Ramos-LSerrano *Circulación* 280: En la posición (a), o de punto muerto, el piñón G correspondiente a la segunda velocidad gira loco sobre su eje montado en un cojinete de bolas. APaz *Circulación* 250: El volante V lleva varios espárragos M, con resortes .. que aprietan contra aquel el plato conductor C, terminando en el collar L y montado loco sobre el eje de cambio E.
7 (*reg*) [Castaña] hueca. | Umbral *Mortal* 114: Las castañas asadas me huelen a infancia, que es mi única verdad. Como castañas y me alegro cuando no me salen podridas o locas.
8 [Algarrobo] ~, [avena] **loca**, [higuera] **loca**, [malvavisco] ~, [pepinillo] ~, [ciruela] **loca** → ALGARROBO, AVENA, *etc*.
II f 9 (*col*) Homosexual afeminado. | Goytisolo *Recuento* 78: Una de las locas cruzó ante su mesa, altivo, comprimiendo el negro trasero de pera.
10 la loca de la casa. (*lit, raro*) La imaginación. | * La culpa de todo la tiene la loca de la casa, que no para.
III *loc v y fórm or* **11 cada ~ con su tema**. *Fórmula con que se comenta la insistencia excesiva de alguien en un asunto dado.* | * Ya está otra vez con la música; cada loco con su tema.
12 hacer el ~. Comportarse como una pers. loca [2]. | * Iba haciendo el loco con la moto y se dio un golpe.
13 hacerse el ~. Afectar ignorancia o distracción. | Zunzunegui *Hijo* 77: Manolo terminaba haciéndose el loco y no respondiéndole. MMolina *Jinete* 302: Arrimándose a la pelirroja en un diván de eskai granate, tan engolfado en ella que ni siquiera le devolvió el saludo, o se hizo el loco.
IV *loc adv* **14 a lo ~**. De manera irreflexiva o imprudente. | CPuche *Paralelo* 328: Un proyecto así no se puede hacer a lo loco. **b)** De manera frenética o alborotada. | Delibes *Príncipe* 1: Entonces la Vítora se vino a él, como asombrada, y le dijo: –Malo, ¿dónde estabas?– Y le besaba a lo loco y él sonreía vivamente.
15 a tontas y a locas → TONTO.

loco citato (*lat; pronunc corriente, /lóko-θitáto/*) *loc adv* En el lugar citado. *En citas o referencias textuales y gralm en la forma abreviada* LOC. CIT. | Alvar-Mariner *Latinismos* 16: Con reservas, en Alarcos, loc. cit., nota 11.

locoide *adj* (*col*) [Pers.] medio loca [1a]. *Tb n.* | F. Abascal *Van* 20.12.70, 26: El padre, en un hospital, convalecía de las heridas sufridas en un atentado que perpetró un locoide nostálgico de nazismo.

locomoción *f* Acción de desplazarse de un lugar a otro. | Bustinza-Mascaró *Ciencias* 109: Hay protozoos que tienen como órganos de locomoción uno o varios flagelos o filamentos largos. **b)** *Esp, mediante un vehículo u otro medio de transporte.* | *Abc* 4.10.70, sn: Se le ofrecen ingresos de 240.000 pesetas anuales fijas, más diferenciales, gastos de locomoción.

locomotor -ra (*tb f* **locomotriz** *en acep 1*) **I** *adj* **1** De (la) locomoción. | Alvarado *Botánica* 34: Ciertos vegetales acuáticos unicelulares o de pocas células y los gametos masculinos de un gran número de plantas tienen movimientos locomotores mediante flagelos, pestañas vibrátiles y aun por pseudópodos. Navarro *Biología* 209: Las espermátidas sufren un ulterior proceso transformándose en espermatozoides; su núcleo ocupará la región anterior, apareciendo en el otro extremo una cola locomotora. Cabezas *SAbc* 18.3.79, 12: Otros médicos habían tratado en distintos países o hasido el asma, ataxia locomotriz y otras enfermedades, por el citado o parecido procedimiento.
II *f* **2** Máquina que arrastra los vagones del tren. | Laiglesia *Tachado* 29: Puesto que su pequeñez territorial le impedía fabricar locomotoras, tuvo que conformarse con hacer baratijas. **b)** Elemento que tira de otros. *En sent fig.* | E. Teus *Ya* 8.3.75, 37: Bajo el mando de las locomotoras kasistas .. el grupo de veinte unidades que marchaba en cabeza del pelotón fue dejando cada vez más retrasados a los "sprinters" del Super Ser.

locomovible *adj* (*raro*) Que puede trasladarse de un lugar a otro. | MPuelles *Filosofía* 1, 225: La filosofía .. estudia la cantidad como algo real presente a una cierta clase de entidades; y, más especialmente, la filosofía de la naturaleza viene a considerarla en tanto que constituye la estructura de la cual formalmente depende la posibilidad del ser locomovible.

locomóvil *adj* (*raro*) [Máquina a vapor] que puede trasladarse de un lugar a otro por ir dotada de ruedas. *Tb n f.* | Cuevas *Finca* 158: Don José obtuvo su primera trilladora mecánica .. La movía una locomóvil que andaba con carbón de piedra.

locorregional *adj* (*Med*) Que afecta a una parte o región determinada del cuerpo. | L. GPaz *SYa* 6.5.90, XII: Es un tratamiento locorregional que afecta únicamente a un punto concreto y no tiene, por consiguiente, los efectos secundarios que producen los medicamentos aplicados por la vía tradicional.

locrio -cria (*hist*) **I** *adj* **1** De Lócride (región de la antigua Grecia). *Tb n, referido a pers.* | Villar *Lenguas* 218: Con dialectos muy emparentados con los dorios entran también en Grecia los grupos que se establecen en el noroeste; entre ellos, los focios, locrios y etolios.
II *m* **2** Dialecto de los locrios [1]. | Villar *Lenguas* 123: El grupo del noroeste (de dialectos griegos), en el que se incluyen una serie de dialectos en los que se observaron notables relaciones con el grupo dorio: el focio, el eleo, el locrio, etc.

locuacidad *f* Cualidad de locuaz. | J. Salas *Abc* 27.12.70, 25: La locuacidad discursiva, tan típica en los lusitanos, se embrida y se contiene en su contacto con los artilugios técnicos.

locuaz *adj* [Pers.] que habla mucho. *Frec con intención desp.* | * Es un hombre muy locuaz. **b)** Propio de la pers. locuaz. | L. Calvo *Abc* 13.12.70, 21: Se leen muchas pedanterías originadas en la ignorancia locuaz.

locución *f* **1** Hecho de hablar. | F. SVentura *SAbc* 29.9.68, 22: En dicha aldea se dieron un sinfín de fenómenos propios de la historia de la mística: éxtasis constatados por la prueba del fuego .. comuniones místicas, llamadas, locuciones. **b)** Actividad de locutor. | *Nue* 3.12.75, 27: David Cubedo, cuarenta años de plena dedicación profesional a la

Radio y a la Televisión, jefe de[l] Departamento de Locución de TVE.

2 Modo de hablar o de expresarse. | DPlaja *El español* 82: Se exige al especialista (conferenciante, locutor de radio, televisión) una perfecta locución.

3 (*Gram*) Combinación fija de dos o más palabras que funciona como una unidad léxica. | Academia *Esbozo* 351: Las locuciones son también frases hechas que se repiten como fórmulas fijas con valor adverbial, prepositivo, conjuntivo, verbal, etc.

locuela *f* (*lit*) Modo de hablar o de expresarse. | Lázaro *Abc* 30.3.86, 3: Hasta pienso, a veces, que no sería procedente barrenar, que no se puede exigir a un diputado, en punto a locuela, más que a un catedrático.

locuente *m y f* (*lit, raro*) Hablante. | Laín *Marañón* 213: La imposibilidad de que la expresión verbal, que forzosamente ha de recortar y encorsetar el campo significativo de la intención del locuente, sea suficientemente abarcadora.

loculicida *adj* (*Bot*) [Dehiscencia] que se realiza por las cámaras del ovario. | Alvarado *Botánica* 50: Las cajas propiamente dichas .. se distinguen unas de otras por su dehiscenc[ia], que puede ser: poricida ..; septicida ..; loculicida.

locura I *f* **1** Cualidad o condición de loco [1, 2 y 3]. | Olmo *Golfos* 46: Yo no sé si usted habrá visto a un niño, desquiciados los nervios y con la locura en la cabeza. *Ade* 16.6.79, 5: La locura de un proyecto para la transformación parcial de nuestra ciudad. Entre otras cosas, propugna la demolición de las catedrales.

2 Amor o pasión extraordinarios. | Salom *Espejo* 177: Con la locura que tiene Patricia por tu hermana, puede que si ella le pidiera...

3 Cosa loca (→ LOCO [3]). | Matute *Memoria* 98: Antes, desesperada, pedí permiso: .. "¡Nunca, qué locura, nunca!". SSolís *Camino* 263: Los días siguientes fueron "una locura", según la viuda del capitán, una verdadera locura de visitas. **b)** Cosa muy confusa o complicada. *Con intención ponderativa. Frec en la constr* SER LA ~. | *Abc Extra* 12.62, 61: Francia llegó a producir dados de doce caras pentagonales, que serían la locura.

4 (*col*) Cosa extraordinaria o maravillosa. *Con intención ponderativa. Frec en la constr* SER LA ~. | Arce *Precio* 125: Me había dicho tu prima que era una monada [el coche] ..; pero es una locura. GHortelano *Apólogos* 217: –También mangamos lo suyo en otras tiendas y comercios, acuérdate, Conchita. –Sí, Luisa, pero como aquí en ninguna parte. –Okey, mona, vale la locura.

II *loc adj* **5 de ~.** (*col*) Extraordinario o maravilloso. *Con intención ponderativa. Tb adv.* | Marsé *Dicen* 241: Saben que ya no exhibe en la pasarela del Victoria sus muslos de locura. RIriarte *Paraguas* 166: –¿Cómo? ¿Que liga? –¡Uf! ¡De locura!

III *loc adv* **6 con ~.** (*col*) Muchísimo. *Con vs como* QUERER *o* GUSTAR. | * Le gustan con locura los helados.

locus *m* **1** (*Fon*) Punto del espectro acústico hacia el que tienden los formantes de la vocal que precede o sigue a una consonante dada. | Alarcos *Fonología* 78: Las transiciones del tercer formante varían menos. La prolongación ideal de esta transición .. llega al llamado "Locus", que se considera el equivalente espectrográfico de lo que muscularmente conocemos por punto de articulación. Tal locus se sitúa a unos 700 ciclos para las labiales, a unos 1.800 para las dentales y a unos 3.000 para las velares.

2 (*lit, raro*) Lugar. | GPelayo *SPaís* 3.3.91, 15: Mi conocimiento respecto al *locus* no pasaba de saber que nos encontrábamos cerca de Teruel.

locústido *adj* (*Zool*) [Insecto] de la familia de la langosta. *Frec como n m en pl, designando este taxón zoológico.* | Espinosa *Escuela* 580: Reconoced que la Escritura nada sabía de insectos, y menos de locústidos.

locutivo -va *adj* De (la) locución [1]. | Blecua *Hablar* 25: Al realizar un acto locutivo, el hablante tiene una intención, utiliza la frase de determinada manera (informar, advertir, amenazar o anunciar el alegre propósito de irse de caza con los amigos).

locutor -ra *m y f* Pers. que tiene por oficio hablar por radio o televisión para dar noticias o presentar programas. | CNavarro *Perros* 102: Una radio portátil pregonaba el diario hablado desde Madrid, y el locutor daba cuenta de la inauguración de un nuevo pantano.

locutorio *m* **1** *En un convento de clausura o en una cárcel:* Lugar destinado a que los visitantes hablen con las monjas o los presos. | ZVicente *Traque* 107: Aquello era el locutorio, y, al fondo, detrás de la reja, estaba una monja, la abadesa, según dijeron. Grosso *Capirote* 107: A la una menos cuarto guardaba cola junto a los demás en la puerta del Locutorio General .. Nunca había tenido comunicación en él .. Imaginó una fila de rostros tras la doble reja.

2 Local o departamento público que consta de varias cabinas telefónicas individuales. | *Coruña* 127: Asimismo han sido importantes las realizaciones en la instalación de centros telefónicos y locutorios, en número de 86, y por un valor de 11.279.179 pesetas.

lodar *tr* (*reg*) Tapar con lodo o algo similar. | GPavón *Hermanas* 33: Somos como una especie de colador de los días. Cada uno nos loda un agujerillo, hasta dejarnos macizos.

lodazal *m* Sitio lleno de lodo. *Tb fig.* | Delibes *Ratas* 17: El Nini siguió avanzando por la calleja solitaria, arrimado a las casas para eludir el lodazal. Zunzunegui *Camino* 274: Lo que más vale en la vida son la fama y el nombre, y tú adrede vas a tirarlos en ese lodazal, pudiendo tenerlos limpios como el agua de un nevero.

loden *m* **1** Tejido de lana, grueso e impermeable, usado esp. para prendas de abrigo. | Mora *Sem* 15.3.75, 64: Aquellas [capas] en escoceses, lanas deportivas y tejidos tipo loden, parecen mejor armonizar con ocasiones deportivas y mañaneras. Azúa *Diario* 171: Se cubría con un sombrero de loden los días de lluvia.

2 Abrigo u otra prenda similar fabricados en loden [1]. | JLosantos *Cam* 18.11.85, 59: Los informadores veteranos recuerdan con nostalgia la antigua imagen del líder aliancista irrumpiendo en el restaurante cargado de botellones de aguardiente, con esa extraña corporeidad fraguiana que hace bambolear el loden.

lodo *m* Mezcla de tierra y agua que se forma en el suelo al llover, o que se deposita en el fondo de una corriente o una acumulación de agua. *Tb fig, frec en frases como* CUBRIR DE ~, *o* ARRASTRAR POR EL ~. | Cunqueiro *Un hombre* 13: Se fijaba en las ricas ropas .. Y en las altas botas cubiertas del verdoso lodo de los caminos de más allá de los montes. *Abc* 25.8.68, 50: Elaborado con el agua, las sales, las gledinas y los lodos del Balneario de Archena. C. LServiá *Sáb* 31.8.74, 32: En agosto de 1973, la contaminación proporcionada por los denominados "lodos rojos" (residuos semisólidos de sulfato ferroso y ácido sulfúrico, que matan la vida acuática, más colorante que tiñe las aguas de rojo) ocasionó una protesta del Gobierno francés al italiano.

lodoño *m* (*reg*) Almez (árbol). | FQuer *Plantas med.* 131: Almez. (*Celtis australis* L.) Sinonimia cast[ellana], .. lodoño.

loes (*frec con la grafía alemana* **loess**) *m* (*Geol*) Material sedimentario arcilloso de origen eólico y color amarillo. | Ybarra-Cabetas *Ciencias* 107: El loes es una especie de légamo formado por un polvo muy fino, arcilloso-calcáreo, de color amarillento y de gran permeabilidad y fertilidad. Frecuentemente se encuentran en su masa pequeños núcleos calizos que se denominan muñecos de loes. Pericot-Maluquer *Humanidad* 32: A las inmensas estepas que el *loess* cuaternario había extendido sustituían ahora bosques invasores de coníferas, de avellanos.

loésico -ca *adj* (*Geol*) De(l) loes. | Pericot-Maluquer *Humanidad* 125: La primera cultura neolítica china .. es la de Yanshao, que se desarrolló principalmente sobre los terrenos loésicos del Hoangho medio.

loess → LOES.

lófido *adj* (*Zool*) [Pez] de la familia del rape. *Frec como n m en pl, designando este taxón zoológico.* | *Animales marinos* 162: Familia 48. Lófidos.

logarítmico -ca *adj* (*Mat*) De(l) logaritmo. | *Cod* 9.2.64, 6: No sabemos qué raros ábacos y tablas logarítmicas manejan los economistas metropolitanos.

logaritmo *m* (*Mat*) Exponente a que se eleva una cantidad para que resulte un número determinado. │ J. Zaragüeta *Abc* 23.12.70, 3: Estas ramas de la Matemática llegan a conclusiones de igualdades y desigualdades, proporciones y progresiones, con sus logaritmos, y las ecuaciones.

loggia (*it; pronunc corriente*, /lóya/) *f* Logia². │ Onieva *Prado* 144: Guercino .. Llamado a Roma por el Papa Gregorio XV, decoró la "loggia" de la Bendición. *Gerona* 10: En la parte orientada al Sur, cuentan con ventanas mucho mayores, y, en algunas, se abre, a manera de solana, una graciosa línea de arcos, formando como una loggia.

logia¹ *f* Asamblea de masones. *Tb el lugar donde se celebra y el conjunto de sus componentes*. │ L. Molla *Mun* 14.11.70, 38: Los afiliados a las logias masónicas, los curas jóvenes, los sindicalistas. Umbral *País* 5.7.79, 52: Luego se enteran de todo las democracias masónicas y las logias.

logia² *f* (*Arquit*) Galería exterior o arquería cubierta, abierta al menos por un lado. │ GNuño *Arte* 227: Las torres angulares y la logia alta fueron modelo para varias mansiones castellanas, como la de los condes de Gómara, en Soria.

lógica → LÓGICO.

lógicamente *adv* **1** De manera lógica (→ LÓGICO [1, 2 y 4]). │ L. Apostua *Ya* 23.9.70, 15: Lógicamente, ante el paso de la ley Sindical por las Cortes, el papel rector y animador del ministro es importante.
2 En el aspecto lógico [4]. │ Rábade-Benavente *Filosofía* 162: Lógicamente hablando, un predicado es uno de los elementos simples en que se divide una proposición.

logicidad *f* (*Filos*) Cualidad de lógico [1 y 4]. │ GÁlvarez *Filosofía* 2, 301: Tiene Russell el convencimiento de que todo lo cognoscible puede ser conocido por la ciencia. Pero el conocimiento se encuentra en el ámbito de la logicidad pura. GÁlvarez *Filosofía* 2, 214: Estos tres grados son: 1) la Idea en su ser en sí (logicidad o cogitabilidad); 2) la Idea en su ser fuera de sí (naturaleza); 3) la Idea en su ser para sí (espíritu).

logicismo *m* (*E*) **1** Tendencia a dar importancia preponderante a la lógica (→ LÓGICO [6]). │ GÁlvarez *Filosofía* 1, 95: La ontología platónica está cruzada de logicismo.
2 (*Filos*) Doctrina según la cual la matemática se reduce a la lógica. │ J. Reguera *SD16* 21.6.90, X: Las [páginas] que dedica [Bertrand Russell] a la década "hercúlea" de principios de siglo, cuando escribe con Whitehead los *Principia mathematica*, el monumento genial al logicismo.

logicista *adj* (*E*) De(l) logicismo. │ F. Abad *SAbc* 6.3.92, 22: Los humanistas defendían la enseñanza no tanto de las reglas de la gramática –sobre todo de una gramática logicista y universal–, cuanto "el acceso a los buenos autores". GÁlvarez *Filosofía* 2, 311: Es preciso destacar la escuela logicista de Marburgo y la escuela axiológica de Baden. **b)** Adepto al logicismo. *Tb n.* │ * Russell es logicista.

logicizar *tr* (*E*) Dar carácter lógico [1] [a algo (*cd*)]. │ Pániker *Conversaciones* 132: –¿Podría decirse que se trata de un simbolismo real? –Eso ya es querer logicizar al mito.

lógico -ca I *adj* **1** Que se ajusta a las leyes del pensamiento o de la lógica [6]. │ Gambra *Filosofía* 28: Un razonamiento falso en sus premisas y en su conclusión puede, sin embargo, ser perfectamente lógico.
2 Esperable por la naturaleza de las perss. o cosas o por el desarrollo de los acontecimientos. │ CPuche *Paralelo* 14: Cinco minutos, y aun más, .. tardaban .. hasta que se ponían en el séptimo. Era lógico. Los obreros preferían subir por las rampas .. a montarse en el horripilante ascensor. Delibes *Cinco horas* 65: "No le gusto; no le gusto ni pizca", toda preocupada, lógico.
3 Que razona con lógica [7 y 8]. *Tb n, referido a pers.* │ * Tiene una cabeza lógica. * Es una persona lógica. **b)** [Cosa] que funciona con lógica [7b]. │ Gambra *Filosofía* 29: Existen máquinas lógicas.
4 De la lógica [6]. │ Rábade-Benavente *Filosofía* 134: Existen determinadas formas lógicas de relación entre proposiciones, tales que, sea cual sea el contenido concreto de que demos, la relación es siempre de implicación.
II *n* **A** *m y f* **5** Especialista en lógica [6]. │ Gambra *Filosofía* 34: ¿Es posible el concepto singular, es decir, el que representa solo a un objeto individual? Como decíamos, esta cuestión ha sido muy debatida por los lógicos. R. Alvarado *Abc* 7.6.89, 3: Para algunos lógicos de la ciencia, como Popper, la imposibilidad de refutación .. estacionaría a la doctrina evolutiva de los biólogos en el "reino de lo metafísico".
B *f* **6** Parte de la filosofía que estudia el pensamiento o razonamiento y las leyes que lo rigen. *Frec con un adj especificador:* FORMAL, MATEMÁTICA, *etc* (→ FORMAL, MATEMÁTICO, *etc*). │ Gambra *Filosofía* 20: Esas formas y leyes del pensamiento son el objeto de la lógica. **b)** Sistema de lógica [de un pensador, una escuela o una época]. │ Gambra *Filosofía* 29: Los escolásticos .. prolongaron la lógica de Aristóteles afinando y detallando mil extremos.
7 Conjunto de leyes o principios que rigen el pensamiento humano. │ Rábade-Benavente *Filosofía* 132: El entendimiento humano se guía por estas leyes, aunque no las conozca de un modo explícito. Esto es lo que se llama lógica natural. **b)** (*Informát*) Conjunto de principios que rigen las operaciones de un ordenador. │ * Desconozco la lógica del ordenador. **c)** Modo de razonar. │ * Los meridionales tienen una lógica muy particular.
8 Coherencia [de un razonamiento], o del modo de razonar [de una pers.]. │ GPavón *Hermanas* 14: –Tiene que ver –replicó el filósofo con tono de mucha lógica. **b)** Interrelación entre unos hechos o acontecimientos y otros. │ * En todos estos sucesos se percibe cierta lógica.
9 lógica parda. (*raro*) Gramática parda. │ Lera *Clarines* 462: Don Primitivo se encogió de hombros. Era inútil luchar contra la lógica parda de aquel hombre.

logísticamente *adv* En el aspecto logístico¹. │ P. Magaz *Abc* 26.9.74, 37: Las fuerzas marroquíes se hallan agrupadas en el interior del Reino, .. apoyadas logísticamente en el sector occidental.

logístico¹ -ca I *adj* **1** De (la) logística [2 y 3]. │ FReguera-March *Caída* 336: Parecía ignorar [Galán] los conocimientos más elementales de la técnica logística. Areilza *Artículos* 250: Norteamérica va incrementando su presencia en el Vietnam hasta llegar a 550.000 hombres .. y un[a] infraestructura de apoyo logístico de proporciones gigantescas en 1967. *Gac* 9.8.70, 13: Richard Nixon ha viajado con inesperada frecuencia este verano, venciendo problemas logísticos, peligros físicos muy reales y su propia personalidad, supuestamente retraída.
II *f* **2** (*Mil*) Disciplina que se ocupa del movimiento y avituallamiento de tropas en campaña. │ *Abc* 18.4.58, 34: Ayudante con mando en la oficina del jefe de Estado Mayor del cuartel general de las Fuerzas Aéreas; director de organización y logística en ese organismo.
3 (*lit*) Organización de todo lo necesario para un servicio o actividad. │ Albalá *Periodismo* 96: Tan interesante fenómeno está determinado por una aparente despolitización de la prensa (que, en realidad, supone solo un cambio de táctica en la logística política de los grupos de presión). *País* 7.10.87, 1: El Gobierno tiene previsto hacer los "cambios necesarios" .. para procurar "que las cosas vayan mejor" que en la pasada gira real por Estados Unidos, cuya organización y logística, sobre todo la referida a los portavoces que les acompañaron, han sido duramente criticadas.

logístico² -ca I *adj* **1** (*E*) De (la) logística [3]. │ * Cálculo logístico.
2 (*Estad*) [Curva] en forma de S que representa una función exponencial, usada en estudios de crecimiento de población. *Tb n f.* │ FQuintana-Velarde *Política* 71: Esta ley a la que se ha pretendido ajustar el desarrollo de la población futura de un país adopta la forma especial de una curva en S, denominada logística. FQuintana-Velarde *Política* 71: La logística describe con bastante perfección el desarrollo de la población conocida hasta el presente.
II *f* **3** (*Filos*) Lógica simbólica o matemática. │ Gambra *Filosofía* 29: La lógica simbólica actual o logística (cálculo de clases, de relaciones, etc.), se aplica a la matemática, a la física y hasta a la fisiología.

logo *m* Logotipo [2]. │ *Ya* 13.7.90, 1: El logo de Madrid-92 tiene 'pariente' en América. El logotipo oficial de Madrid Capital Europea de la Cultura 1992 .. muestra una extraordinaria similitud con el logotipo del Museo Metropolitano de Arte de Nueva York.

logocéntrico -ca *adj* (*raro*) Que considera la palabra como expresión fundamental de la realidad. │ Racionero *Arte* 137: La pretensión de que la ficción difiere de la ciencia y la filosofía se puede deconstruir como prejuicio logocéntrico.

logocentrismo *m* (*raro*) Tendencia a considerar la palabra como expresión fundamental de la realidad. | Racionero *Arte* 137: El crítico deconstructivista no pretende probar o refutar, establecer o confirmar y menos aún alcanzar la verdad. Precisamente toda esta familia de conceptos pertenece al logocentrismo que intenta desterrar.

logógrafo *m* (*hist*) **1** *En la antigua Grecia:* Escritor de historia tradicional en prosa. | Caloñge *Tucídides* 37: La simple acumulación de esos datos, incluso su preservación, para evitar su pérdida, como hicieron los logógrafos, es una obra de mérito pero no es investigación.
2 *En la antigua Grecia:* Escritor profesional de discursos. | Estébanez *Pragma* 154: Como no había abogados profesionales, era corriente que se encargara la redacción del discurso a un logógrafo profesional.

logogrifo *m* Enigma que consiste en adivinar, partiendo de una palabra dada, otras formadas con todas o algunas de sus letras. | Espinosa *Escuela* 307: Didipo no hiló, .. ni sajó lipomas, ni redactó logogrifos, ni curó lupus.

logomaquia *f* (*lit*) Discusión sobre las meras palabras. | Ramírez *Derecho* 152: Son delitos no los actos ilícitos penados por la Ley, sino los actos ilícitos que la Ley califica como delitos .. Si esto o no una logomaquia, me tiene sin cuidado.

logopeda *m y f* (*Med*) Especialista en logopedia. | País 29.2.80, 27: Debiera fomentarse .. la profesión de profesores logopedas que r[e]habiliten a los laring[e]ctomizados. M. López *PapD* 2.88, 191: Los equipos psicopedagógicos de sector (psicólogo, pedagogo, .. logopedas y profesores de apoyo), inciden en los centros según unos programas de intervención.

logopedia *f* (*Med*) Estudio y corrección de los trastornos del lenguaje. | *Inf* 19.8.74, 12: El I Congreso Hispano-Americano de Foniatría y el VIII de la Asociación Española de Logopedia, Foniatría y Audiología han reunido en esta ciudad a más de 200 especialistas.

logopédico -ca *adj* (*Med*) De (la) logopedia. | X. Barlet *SYa* 4.11.90, 13: Tendrá (el niño) desde los primeros meses de vida referencias sonoras que influirán decisivamente en su desarrollo global y marcarán las pautas del trabajo logopédico a seguir.

logopedista *m y f* (*Med*) Logopeda. | *Ade* 5.2.75, 4: Primer curso básico de logopedia y foniatría .. El profesorado lo integran el doctor don Jesús Málaga Guerrero, .. señorita María Jesús Mesonero Miguel, logopedista.

logorrea *f* (*lit o Med*) Locuacidad o verbosidad excesivas. | *Ya* 26.9.91, 4: Logorrea de Gil. Con este título, el semanario Cambio 16 ha elaborado un "libro marrón" que incluye las mejores frases que Gil ha producido en los cien días de mandato municipal.

logos *m* (*Filos*) **1** Razón o pensamiento que se expresa por medio de la palabra. | MPuelles *Hombre* 19: La reducción de todo ser al ser-pensado llevaría por fuerza a una consecuencia paradójica: la pérdida, para el hombre, de la posibilidad de comportarse como un efectivo "logos". MGaite *Cuento* 316: "A nadie obedeceré sino al logos" –se lee en "El Critón". Pero por lo general no se atiene uno al mandato del logos. **b)** Palabra como expresión del pensamiento. | Rábade-Benavente *Filosofía* 124: Estas zonas de pensamiento, que no pueden explicitarse en un logos común, nos indican que por su parte "superior" el pensamiento escapa también al lenguaje.
2 Razón universal que ordena el mundo. | J. M. Terrón *SAbc* 9.2.69, 35: Unas reveladoras palabras de Jesús, cuya fuerza descriptiva invita a pensar en la semejanza del curso de la Tierra y la dinámica sideral del Logos.

logoterapeuta *m y f* (*Med*) Especialista en logoterapia. | G. Plaza *Ya* 14.2.86, 35: Se divulgó así la existencia y actividad de ese grupo social de profesionales, los logoterapeutas, que se dedica a resolver estos problemas [de tartamudez].

logoterapia *f* **1** (*Med*) Tratamiento psicoterapéutico de las neurosis elaborado por V. E. Frankl. | J. CCavanillas *Abc* 14.5.70, 37: Los tres oradores y dialogantes han sido el profesor Víctor E. Frankl, catedrático de Psiquiatría y Neurología de la Universidad de Viena y de Logoterapia en la Universidad de San Diego de California, .. el sacerdote Juan Bautista Torelló, .. y finalmente el cardenal John Wright.
2 Logopedia. | *Con* 11/12.91, 6: Centro Vital .. Parto sin dolor. Obesidad. Logoterapia.

logoterápico -ca *adj* (*Med*) De (la) logoterapia. | P. Aradilla *SFaro* 3.8.85, IV: Es imposible impartir un buen tratamiento logoterápico a tal número de pacientes.

logotipo *m* **1** (*Impr*) Grupo de caracteres que se funden en un solo tipo para mayor rapidez en la composición. | * El uso de logotipos agiliza la composición.
2 Símbolo gráfico que sirve de emblema a una organización, una empresa o una campaña publicitaria. | F. Izquierdo *SYa* 9.11.73, 7: Enseguida, confirmada la alternativa tipográfica del arte, surgieron las orlas, los colofones, la escudería y los logotipos. Grosso *Invitados* 70: Dos grandes bolsas de plástico estampadas con el nombre del buque y la característica estrella de cinco puntas dentro de un círculo, logotipo de la Swedish Lloyd. *Cam* 17.10.77, 90: El logotipo de la cruzada publicitaria es obra del norteamericano Milton Glaser: un ave (¿Fénix?) renace de las cenizas de un pitillo.

lograble *adj* Que se puede lograr. | Tovar *Gac* 26.3.72, 7: Quizá solo así, con ese afán destructivo, sea lograble la obra literaria.

logrado -da *adj* **1** *part* → LOGRAR.
2 [Cosa] bien hecha o que responde con acierto a lo que puede exigirse de ella. *Frec con intención ponderativa*. | * Es una obra muy lograda.

logrador -ra *adj* Que logra. | J. MCampos *Ya* 20.4.74, 8: La ley Sindical puede ser .. el marco dentro del cual cabe desarrollar esas actividades correctoras de injusticias y logradoras de realidades más trascendentes y definitivas.

lograr A *tr* **1** Conseguir (llegar a tener [algo que se desea], o a hacer [algo que se intenta]). | Laforet *Mujer* 33: Todas sus gestiones de los últimos años habían sido para lograr que lo mandasen a estos lugares. Arce *Testamento* 13: Me será útil conocer el camino si logro escapar. **b)** Conseguir que [algo (*cd*)] llegue a su perfecto desarrollo. | Delibes *Castilla* 18: La coneja que pare en mayo rara vez logra la cría.
B *intr pr* **2** Llegar [alguien o algo] a su perfecto desarrollo. | Torrente *Señor* 409: Se le malograban los hijos. La llevé al Puente del Perdido, estando preñada de Cayetano, una noche de luna llena; le bauticé el hijo en el vientre, y se logró. PAyala *Abc* 3.7.58, 3: El bacalao depone tres millones de huevos. Se ha computado que de ellos no se logran más de trescientos. **b)** Cumplirse [un deseo]. | Delibes *Año* 102: Siempre tuve ilusión por matar un cerdo, pero por fas o por nefas hasta este año no se me logró.

logrero -ra *m y f* Pers. que busca un provecho excesivo en sus relaciones comerciales con los demás. | Vivas *Cod* 1.9.74, 7: Me había visto obligado a venderle mi piso y sus muebles a un logrero, que me había dado cuatro perras por él. Cossío *Confesiones* 15: Estos señores .. sostenían el prestigio de su clase no manteniendo contacto ninguno con los advenedizos, especuladores, comerciantes y logreros.

logro *m* **1** Acción de lograr(se). *Tb su efecto*. | PRivera *Discursos* 12: No seríamos veraces si no gozáramos de la confianza de expresar libremente nuestro pensamiento, si bien sometido, en definitiva, al logro de lo mejor. L. Gallego *Mad* 20.11.70, 30: Los logros individuales en las paredes más severas del arco alpino y pirenaico lo certifican.
2 Ganancia o provecho excesivos. | CBaroja *Judíos* 1, 87: Un conde de Haro .. intentó suprimir los logros de los judíos en algunas villas suyas.

logroñés -sa *adj* De Logroño. *Tb n, referido a pers.* | Vega *Cocina* 97: Es posible que .. la cocina soriana esté influida por la trashumancia, cosa que también sucede en la logroñesa Sierra de Cameros.

logudorés -sa I *adj* **1** De Logudoro (Cerdeña). *Tb n, referido a pers.* | * Habla en dialecto logudorés.
II *m* **2** Dialecto sardo central, de Logudoro. | GSerrano *Macuto* 577: Tenemos palabreja, con mayor o menor grave-

loina – lomo

dad, en italiano, en rumano, en francés .., en logudorés, en catalán.

loina f Pez de río, de la familia de los cipríridos, propio esp. de las provincias vascas (*Chondrostoma toxostoma*). | *Ya* 16.7.75, 11: Miles de peces muertos en el río Iturrizabaleta .. Las especies muertas son en su mayoría "loinas" y bermejuelas.

loísmo m (*Gram*) Uso del pronombre *lo* como complemento indirecto masculino, en lugar de *le*. | Amorós-Mayoral *Lengua* 20: Solo en los ambientes más incultos se da el loísmo.

loísta adj (*Gram*) Que practica el loísmo. *Tb* n, *referido a pers.* | Lapesa *HLengua* 304: Las discusiones entre leístas, laístas y loístas son episodios representativos de la inseguridad general castellana.

lojeño -ña adj De Loja (Granada). *Tb* n, *referido a pers.* | M. Ocaña *Ide* 26.8.69, 29: La naturaleza se ha prodigado con los lojeños.

lola f (*col*) Pecho de mujer. *Frec en pl.* | A. Otaño *D16* 23.11.91, 64: Luego vendrían las lolas de Sabrina y los embudos y bragueros de Madonna.

lolita f (*col*) Adolescente provocadora y de moral sexual libre. | Goytisolo *Recuento* 552: Condenado como la ramera Riquilda, la putilla, la lolita. SSolís *Juegos* 77: Aquella niña ya se las sabía todas. Y, al fin y al cabo, los maduros siempre hemos resultado atractivos para las "lolitas".

loma f Elevación del terreno pequeña y prolongada. | J. G. Manrique *Abc* 3.9.68, 11: Sobre las lomas onduladas se mecen dos verdes marañas de pinos.

lomazo m (*reg*) Loma grande. | FVidal *Duero* 22: En uno de los numerosos y rojizos lomazos que rodean a Medinaceli yace enterrado nuestro adalid Almanzor.

lombarda[1] f Variedad de col de color morado. | Bernard *Verduras* 60: Se separan las hojas de la lombarda, se lavan bien.

lombarda[2] f (*hist*) Bombarda (arma de fuego). | A. Gabriel *Abc* 23.8.66, 17: Tal era el lujo de viratones, tapiales, tablazones, artillería y hasta una lombarda que facilitó la entrada de los asaltantes en el castillo.

lombardo -da I adj **1** De Lombardía (región del norte de Italia). *Tb* n, *referido a pers.* | Llorca *Pue* 24.12.69, 3: Todo un mundo mercantil y agrícola que es revelador de la riqueza del campo lombardo. **b)** (*Arte*) De la escuela arquitectónica o pictórica surgida en Lombardía en la Edad Media y el Renacimiento respectivamente. | Fernández-Llorens *Occidente* 162: Se inicia la construcción de la nueva basílica de San Pedro bajo la dirección del arquitecto lombardo Bramante. [*Natural de Urbino*.] **c)** (*Arte*) [Arcos] pequeños y ciegos que forman serie, característicos de la arquitectura medieval lombarda. | PCarmona *Burgos* 79: La ermita de la Virgen de San Salvador de Santibáñez de Esgueva .. y la iglesia parroquial de Pinillos de Esgueva .. tienen sus tambores absidales decorados con arquillos lombardos.

2 (*hist*) [Individuo] del pueblo germánico que invadió Italia en el s. VI, estableciéndose en el norte. *Tb* n. | Arenaza-Gastaminza *Historia* 69: En el año 568 penetran en Italia los lombardos. **b)** De (los) lombardos. | Villapún *Iglesia* 88: El rey Pipino organizó un poderoso ejército y, atravesando los Alpes, derrotó al rey lombardo.

II m **3** Dialecto italiano hablado en Lombardía. | Villar *Lenguas* 117: El grupo italiano. Comprende gran número de dialectos. En el norte, el piamontés, el lombardo, etc.

lombillo m (*reg*) Lombío. | I. Cicero *Ale* 30.6.85, 28: Durante el día el hombre va haciendo lombillo tras lombillo.

lombío m Montón de hierba que va quedando a la izquierda del que maneja el dalle. | Cancio *Bronces* 58: No es por na, porque un lombío de más o de menos se le puede ir a cualquiera, pero es que este año fue gorda. Mira que si te descuidas llegas al cotero mismo del prao.

lombricera f Lombriguera. *Tb* HIERBA ~. | FQuer *Plantas med.* 812: Tanaceto. (*Tanacetum vulgare* L.) Sinonimia cast[ellana], hierba lombriguera o, simplemente, lombriguera, hierba lombricera, hierba de las lombrices, lombricera.

lombricultor -ra m y f Pers. que se dedica a la lombricultura. | *SPaís* 18.3.87, 3: Las lombrices se crían y se hacen trabajar en literas como las que muestra la fotografía. A la derecha, Ángel Novillo, lombricultor.

lombricultura f Cría de lombrices de tierra. | *SYa* 17.4.85, IV: Abonos y sustratos, accesorios de jardinería, cerramientos y vallas, planta artificial y seca, floricultura, .. sistemas de riego y lombricultura, entre otras, llenarán el espacio de la "pipa".

lombriguera f Planta herbácea de flores amarillas, usada como vermífuga (*Tanacetum vulgare*). *Tb* HIERBA ~. | FQuer *Plantas med.* 812: Tanaceto. (*Tanacetum vulgare* L.) Sinonimia cast[ellana], hierba lombriguera o, simplemente, lombriguera.

lombriz f **1** Gusano anélido de cuerpo cilíndrico, blando y sin patas, que vive en la tierra húmeda, donde excava galerías (*Lumbricus terrestris* y otras especies). *Tb* ~ DE TIERRA. | Cuevas *Finca* 228: Volaban delante de ellos bandadas de gorriones al acecho de las lombrices que descubrían las yuntas. Bustinza-Mascaró *Ciencias* 106: Ejemplos de animales con metamería son: el ciempiés, la lombriz de tierra y las abejas.

2 Gusano nematelminto que vive parásito en el intestino del hombre y de algunos animales (*Ascaris lumbricoides* y otras especies). *Tb* ~ INTESTINAL. | Legorburu-Barrutia *Ciencias* 145: Para arrojar las tenias o las lombrices del intestino se emplean unos productos llamados vermífugos. Legorburu-Barrutia *Ciencias* 144: Nematelmintos. Son también parásitos y pueden causar dolencias graves. Ejs.: la triquina y las lombrices blancas e intestinales.

lomera f **1** Parte de la encuadernación que cubre el lomo [4]. | Huarte *Biblioteca* 105: Si el estante es demasiado profundo, se resta visibilidad a las lomeras, lo que puede dificultar la búsqueda y hallazgo de algún libro.

2 Correa que se sujeta en el lomo de las caballerías para mantener en su lugar las restantes piezas de la guarnición. | CBonald *Noche* 37: Apretó la lomera de uno de los mulos.

3 Lomo [2 y 6]. | J. A. Donaire *SInf* 24.4.70, 2: El cebo más indicado es el pez vivo, anzuelado convenientemente por la lomera o por la aleta dorsal. Lázaro *JZorra* 13: Primero un pie, luego el otro, después una mano, y cuando quieres recordar estás agarrado a la lomera de la tapia.

lomerío m (*raro*) Conjunto de lomas. | Murciano *Abc* 29.12.74, 11: Viendo pasar la sombra del alarife mayor .. temblorosa de tanta luz cegadora sobre el lento lomerío. LSalinas-Alfaya *País Gall.* 181: El paisaje sigue siendo el mismo; algún maizal en lo hondo de las vaguadas, huertecillos, altos lomeríos.

lometa f (*reg*) Loma pequeña. | Berlanga *Gaznápira* 40: Monchel es un páramo salpicado de cabezuelos y cañadas, .. sotillos y lometas.

lomienhiesto -ta (*tb* **lominhiesto**) adj (*raro*) Presuntuoso. | Faner *Flor* 80: Había pocos soldados. Lomienhiestos, con sus casacas encarnadas y blancos correajes. Zunzunegui *Hijo* 11: En Algorta casi todos son engreídos y lominhiestos.

lomillos m pl Aparejo que consiste en dos almohadillas largas y estrechas y que se pone a las caballerías. | Cela *Alcarria* 194: Los albarderos ya murieron hace algunos años, y en vida se recorrían la Alcarria vendiendo arreos y colleras, lomillos, cinchas y ataharres.

lominhiesto → LOMIENHIESTO.

lomitendido -da adj (*Taur*) [Res] de lomos llanos, sin prominencias acusadas en el nacimiento de la cola ni depresión marcada en los ijares. | J. Vidal *País* 13.5.77, 48: Lo que hogaño hay en el Batán tiene más trapío, más cuajo, que en pasadas ediciones de la feria .. Lo de Baltasar Ibán, corto de cuello y lomitendido, va para acochinado y seguramente le sobran muchos kilos.

lomo I m **1** *En los animales cuadrúpedos*: Parte superior correspondiente al espinazo. *Tb en pl con sent sg.* | Olmo *Golfos* 49: Un perro que corría ladrando detrás del camión recibió una pedrada en el lomo. **b)** Carne de lomo [de un animal]. | *Cocina* 6: El lomo de vaca tiene dos partes: lomo alto y lomo bajo. **c)** *Sin compl*: Carne de lomo de cerdo. | Carandell *Madrid* 52: A ver, cuatro montaos de lomo. **d)** Trozo de lomo de cerdo en aceite. | Moreno *Galería* 47: En algún rincón [de la recocina] las barrigudas ollas del adobo, generalmente tres, para que estuvieran separados los chorizos, los magros o lomos y las costillas.

2 *En un pescado:* Parte superior correspondiente al dorso. | Savarin *SAbc* 26.4.70, 23: Como la parte primeramente afectada por el fuego es la extrema, es necesario equiparar ambos puntos, colocando la parte gruesa (en este caso el lomo del besugo) en dicha parte extrema.

3 (*col*) *En el hombre:* Parte inferior y central de la espalda. *A veces en pl con sent sg.* | Cela *Judíos* 13: El ocio, esa bendición que el hombre no suele saber gastar deleitosamente, despaciosamente, desconfiadamente, los lomos reclinados sobre el chaparro de la cuneta, la bota al alcance de la mano, el pitillo en la boca.

4 *En un libro:* Parte opuesta al corte de las hojas. | Delibes *Príncipe* 49: Un rayo de luz resbalaba por los lomos de los libros y arrancaba destellos versicolores.

5 *En un instrumento cortante:* Borde opuesto al filo. | *Hacerlo* 16: La sierra de mano o serrucho sin lomo se utiliza para serrar toda clase de maderas.

6 Parte superior, plana o redondeada [de una cosa]. | *Economía* 97: Es aconsejable suavizar de cuando en cuando la piel de los guantes a base de cremas finas de calzado en el lomo de los guantes. Lozoya *Abc* 17.12.70, 11: El acueducto seguirá siendo un monumento vivo. Correrá por su lomo el agua frígida y purísima de la Sierra. *VozC* 14.7.55, 2: Casa de Socorro. Asistencias .. Carlos Santamaría .., de erosiones en pierna y codo izquierdo y herida incisa en surco labial y lomo nariz.

7 Loma. | APaz *Circulación* 99: ¿Cuál es la máxima velocidad permitida en los cruces de caminos o lomos de carretera con escasa visibilidad? Lera *Olvidados* 28: La vio formar en el grupo de las demás busconas. Todas llevaban un saco vacío a cuestas y empuñaban un garfio de hierro. Al transponer el lomo de la vía férrea, desaparecieron.

II *loc v* **8 medir** (o **sobar**) **el ~** [a alguien]. (*col*) Golpear[lo]. | Halcón *Ir* 203: Da por hecho que no es grave medirle el lomo a un mulo con un varetón de acebuche.

9 pasar la mano por el ~ → MANO.

10 sobarse [alguien] **los ~s.** (*col*) Trabajar duro. | Lera *Olvidados* 245: –El campo, para los lobos .. –Para los chalaos. Yo me sobé bien los lomos por aquellos balates. ¿Y para qué? Luego vine a Madrid y me seguí sobando los lomos en la obra.

III *loc adv* **11 a ~(s)** [de una caballería]. Montado [sobre ella]. *Frec* (*lit*) *fig*. | Villarta *Rutas* 178: Marchaba Isabel a lomos de un palafrén brioso. MSantos *Tiempo* 146: Un papel sin brillo pero debidamente legalizado que un alguacil llevó hasta la necrópolis a lomos de bicicleta. Payno *Curso* 233: Algún pueblo de antigua grandeza moría en penumbra .. Otro subía de la nada a lomos de su industria.

lomudo -da *adj* De lomos grandes. | Tomás *Orilla* 323: Federico cruzó la calle .. Era alto, lomudo y de rostro cetrino. L. B. Lluch *Pro* 12.7.75, 29: La ermita era una modesta edificación de planta rectangular, con paredes de rústica mampostería pintadas de cal blanca y un techo de tejas árabes o lomudas a dos vertientes.

lona *f* Tela fuerte de algodón o cáñamo, empleada esp. para toldos. | Laforet *Mujer* 208: Notaba los pies sudados en unos zapatos de lona blancos. **b)** Pieza de lona. *Gralm referido a la que sirve de techo en un circo o de suelo en un combate de boxeo o lucha.* | Salom *Viaje* 483: Este era un circo maravilloso. Con una lona preciosa, blanca y roja. *As* 9.12.70, 24: Por primera vez en la historia pugilística del negro norteamericano .., ha tenido a un enemigo que estuvo a punto de tirarle a la lona. *Abc Extra* 12.62, 35: Los títeres italianos, los volatines o los funámbulos que, desde los romanos, trabajaban sobre lonas en el suelo.

loncha *f* **1** Trozo delgado y plano [de una materia]. | Cela *SCamilo* 333: Media loncha de jamón de York.

2 Laja (piedra lisa, plana y poco gruesa). | J. L. Zavala *His* 8.77, 116: La tumba del Santo es una loncha de alabastro.

lonchite *m* Planta de frondes coriáceas, frecuente en bosques mixtos, hayedos y matorrales (*Blechnum spicant*). | Cendrero *Cantabria* 92: Estrato herbáceo: *Blechnum spicant* (L.) Roth: Lonchite.

londinense *adj* De Londres. *Tb n, referido a pers.* | Á. Zúñiga *Des* 12.9.70, 21: Esas plazas londinenses .. donde el tiempo parece detenerse.

lóndrega *f* (*reg*) Nutria (animal). | Cela *Mazurca* 10: Policarpo amaestra de todo, incluso lóndregas y lobos cervales.

loneta *f* Lona delgada. | *Ya* 28.5.67, sn: Parasol loneta 140 cm. diámetro, con funda. *HLM* 26.10.70, 11: Chaquetón deportivo en loneta Terlenka. **b)** Pieza de loneta. | Grosso *Zanja* 157: El cabo Nicolás Martínez se da cuenta al echarle por encima la loneta [al cadáver].

longánime *adj* (*lit, raro*) Que tiene o muestra longanimidad. | Gala *Sáb* 17.3.76, 16: ¿No nos dejarán amarla [la Historia] tal cual fue: limpia o manchada, miserable o longánime?

longanimidad *f* (*lit*) Grandeza de ánimo que inclina a la paciencia y a la indulgencia. | P. GBlanco *Abc* 25.4.58, 15: Para comprender esto se necesita un gran esfuerzo de imaginación y una gran longanimidad.

longaniza *f* Embutido consistente en una tripa larga y estrecha rellena de carne de cerdo picada y adobada. | Bernard *Salsas* 57: Se añade sal, un tomate bien picadito, .. la longaniza, una patata partida a pedazos y un poquitín de pimentón. *Ama casa 1972* 12b: Platos típicos regionales .. Murcia. Michirones. Zarangollo. Longaniza blanca.

long drink (*ing; pronunc corriente,* /lón-drínk/) *m* Bebida alcohólica servida en vaso largo con soda u otra bebida no alcohólica. | *Tri* 17.12.66, 74: St Raphaël puro con gin o wodka y doble corteza de limón, servirlo siempre muy frío on the rocks ..; long drink: seltz a gusto.

longevidad *f* **1** Cualidad de longevo. | Llamazares *Río* 67: De lo que el viejo alcalde de Ranedo, a estas alturas de la vida, está más orgulloso –más aún incluso que de su longevidad política y vital– es de sus cacerías. *BOE* 12.3.68, 3771: Temario de Botánica ecológica .. Longevidad de los gérmenes. Desarrollo de la plántula. *Abc* 21.5.67, 2: Sabían que un error de más de la novena parte del espesor de un cabello sería fatal para la precisión y longevidad de la máquina.

2 Duración de la vida. | Nolla *Salud* 227: Un individuo nacido en Europa durante el siglo XV tenía un índice de longevidad de 20 a 25 años.

longevo -va *adj* [Ser] de larga vida. *Tb n, referido a pers. Tb fig, referido a cosa.* | Delibes *Historias* 44: Mi pueblo es tierra muy sana, y, por lo que dicen, hay más longevos en él que en ninguna parte. E. Marco *MHi* 6.60, 30: Nos ha contado .. su profundo amor a la tierra y al árbol noble y longevo. Benet *Otoño* 9: Cincuenta años no han sido suficientes para erosionar tan longeva amistad.

longicorne *adj* (*Zool*) De largas antenas. *Gralm referido a una familia de escarabajos.* | *SYa* 10.8.86, 23: Escarabajo longicorne. Nombre científico: Aromia moschata.

longilíneo -a *adj* (*lit o E*) Que presenta predominio de la longitud sobre las otras dimensiones. | SSolís *Juegos* 93: Ramiro, el padre, es alto y fuerte, más longilíneo que los Llames, pero un tanto macizo. B. V. Carande *SHoy* 27.6.93, VIII: La vaca .. luce los más intrincados y longilíneos cuernos que verse puedan. **b)** (*Psicol*) [Tipo humano] alto y delgado. | Pinillos *Mente* 154: Frente a los biotipos alargados, longilíneos, leptosomáticos, etc., aparecen siempre los "obesos por naturaleza" o apopléticos de Hipócrates.

longincuo -cua *adj* (*lit, raro*) Lejano o distante. | Riquer *Caballeros* 102: Para acrecentar su fama, se dispone a recorrer diversos climas y longincuas y bárbaras partes del mundo.

longitud *f* **1** Dimensión lineal. | Marcos-Martínez *Física* 2: Unidades de longitud. La unidad principal es el metro. **b)** Distancia entre los dos extremos [de un segmento]. | Marcos-Martínez *Matemáticas* 110: Distancia de un punto a un plano es la longitud del segmento perpendicular al plano desde el punto. **c)** Dimensión mayor, de las dos [de una figura] o de las tres [de un cuerpo]. *Tb su medida.* | Marcos-Martínez *Aritmética* 154: El punto no tiene ni longitud, ni anchura, ni altura; tiene solo posición. Marcos-Martínez *Física* 62: Los tubos sonoros vibran por resonancia. Cada uno de ellos, según su longitud, tiene una nota

longitudinal – loor

propia. **d)** Medida horizontal [de una cosa]. | * El armario tiene 3 m de altura, 1 de longitud y 1 de profundidad. **e)** Extensión o duración [de una obra literaria o musical]. | Subirá-Casanovas *Música* 94: Esta música [de Wagner] .. queda diluida en su mayor parte, devorada por su misma longitud y los interminables diálogos, si no se atiende paso a paso la partitura o el texto.
2 (*Geogr*) Distancia angular [de un punto de la superficie terrestre] al meridiano cero, medida en grados. *Frec* ~ ESTE *u* OESTE, ORIENTAL *u* OCCIDENTAL. | Zubía *Geografía* 33: Atenas tiene longitud oriental y latitud norte. Cabo-DOrtiz *Geografía* 15: Todos los puntos situados sobre el mismo paralelo tienen igual latitud; los situados sobre el mismo meridiano tienen igual longitud. **b)** (*Astron*) Arco de la Eclíptica, contando de occidente a oriente y comprendido entre el punto equinoccial de Aries y el círculo perpendicular a ella, que pasa por un punto de la esfera. | *Anuario Observatorio 1967* 359: La escala de tiempo, definida por el tiempo de las efemérides, es una escala determinada por el movimiento del Sol sobre la esfera celeste, es decir, por la longitud media del Sol.
3 ~ **de onda.** (*Fís*) Distancia entre dos puntos correspondientes a una misma fase en dos ondas consecutivas. | Marcos-Martínez *Física* 57: El conjunto constituye un movimiento ondulatorio, denominándose longitud de onda a la distancia que media entre dos crestas o dos valles sucesivos. **b)** (*E*) Distancia entre las crestas de dos olas consecutivas. *Tb, simplemente*, ~. | Ybarra-Cabetas *Ciencias* 99: El espacio entre las crestas de dos olas consecutivas se denomina longitud.

longitudinal *adj* **1** Relativo a la longitud, *esp* [1c]. | * Las medidas longitudinales tienen como unidad el metro. Huarte *Tipografía* 32: El original para comprobar, mejor que a un lado de las pruebas, estará en su prolongación longitudinal, sobre un atril o apoyado en algún objeto. **b)** Que está dispuesto en el sentido de la longitud. | *Sp* 19.7.70, 24: El tronco es trabajado mediante el fuego o el sílex practicándosele una concavidad longitudinal.
2 De forma alargada. | Ortega-Roig *País* 162: Al pie de estos valles se encuentra un gran valle longitudinal, recorrido por el río Aragón.

longitudinalmente *adv* De manera longitudinal. | Bustinza-Mascaró *Ciencias* 71: Cortando longitudinalmente un riñón, en él se distinguen: la capa cortical granulosa, la capa medular estriada, los cálices y la pelvis renal.

longo -ga *adj* (*lit*) Largo. *Tb adv*. | Rabanal *Ya* 22.10.74, 7: Me escribe una espléndida –y longa: cinco folios mecanografiados a un espacio– carta. Torrente *Isla* 301: Poseedor del secreto de la inmortalidad, o, por lo menos, de la vida longa. GPavón *Rapto* 47: Os hablaré mucho y longo, que estoy muy prieto de doctrinas.

longobardo -da *adj* (*hist*) Lombardo [2]. *Tb n*. | Villar *Lenguas* 189: La puesta en marcha de los suevos fue tal vez provocada por la presión de los longobardos.

long play (*ing; pronunc corriente*, /lon-pléi/; *tb con las grafías* **long-play** *o* **longplay**; *pl normal*, ~s) *m* Disco microsurco de larga duración. *Tb adj*. | *Sp* 19.4.70, 57: Antes de aparecer su último "long play" [de Simon y Garfunkel] en el mercado, la CBS, su casa grabadora, había recibido más de 600.000 pedidos. *Abc* 2.12.73, 76: Eduardo Falu. Un genio con una guitarra. Tres discos Long-plays editados en España. FSantos *Catedrales* 190: Ya solo ese tufillo que viene desde dentro [en la discoteca] era otra cosa también y el longplay que acababa en ese instante. Carandell *Celtiberia* 142: A cada volumen acompaña un disco 'long-play'.

longuera *f* Porción de tierra larga y estrecha. | GMacías *Relatos* 10: Por la carretera y a ambos lados de la misma, se extiende una finca alargada, una longuera, dicen los campesinos.

longuerón *m* (*reg*) Navaja (molusco). | *Huelva* 59: Es preciso aludir a la preparación exquisita de hermosas almejas de mar y de río, .. los "berdigones", "longuerones", "cangrejos".

longuipeciolado -da *adj* (*Bot*) De largo pecíolo. | Santamaría *Paisajes* 23: Drosera rotundifolia, hierba vivaz insectívora con hojitas de limbo circular longuipeciolado pegadas al suelo.

longuis (*tb* **longui**). **hacerse el** ~. *loc v* (*col*) Hacerse el distraído. | Marsé *Dicen* 63: Sé que le interesa y no faltará, aunque ahora se haga el longuis. DCañabate *Paseíllo* 111: Yo me hago la longuis porque no es tiempo aún pa empezar la labor del casorio. Kurtz *Lado* 25: Mauricio Roura reaccionó al primer pinchazo. Pero noté que se huía el longui, que estiraba su mal, mimoso, para hacerse el interesante.

longura *f* (*lit, raro*) Longitud o largura. | Espinosa *Escuela* 642: Muchacho, deja tu mozuela y ven a pelear con nosotros, porque los dioses pidieron la longura del Imperio.

lonilla *f* Loneta. | CBonald *Noche* 167: Él ocupaba un butacón con funda de lonilla.

lonja[1] *f* **1** *En un puerto:* Edificio destinado a la subasta del pescado desembarcado. *Frec* ~ DE PESCADO. | FQuintana-Velarde *Política* 175: En España todo este mecanismo se completa con las ferias y mercados para los productos rurales, y las rulas y lonjas del pescado.
2 Plaza que hace las veces de atrio de una iglesia o está inmediata a este. | *Ya* 12.12.79, 11: En la lonja del monasterio .. representaciones de los tres Ejércitos desfilarán delante del féretro de Alfonso XIII.
3 (*reg*) Nave (local amplio y no dividido, destinado esp. a usos industriales). | *GacN* 1.8.69, 12: Lonja 105 metros cuadrados alquilo .. Santander.
4 (*hist*) Edificio público destinado a la contratación comercial. | Tejedor *Arte* 124: Importantes ejemplos de arquitectura civil son también, por su noble belleza, las lonjas de Valencia y de Palma de Mallorca.
5 (*hist*) *En las casas de esquileo:* Almacén en que se apila la lana. | L. F. Peñalosa *SASeg* 20.6.86, 11: Los Velloneros llevaban el toisón a las lonjas o almacenes entarimados, en donde los apiladores los colocaban en fila.

lonja[2] *f* Loncha [1]. | Goytisolo *Afueras* 188: Los tomates cortados para untar pan y comerlo con una lonja de tocino. Millán *Fresa* 42: La dueña había depositado sobre la formica fuentes con lonjas violáceas sumidas en un líquido oscuro.

lontananza (*lit*) **I** *f* **1** Lejanía. | CBonald *Noche* 279: La mirada perdida en una lontananza de absurdos entreveros mentales. FVidal *Duero* 136: Se divisa en la lontananza la silueta inconfundible del castillo de Peñaranda.
II *loc adv* **2 en** ~. En la lejanía o a lo lejos. | * Luces que brillan en lontananza.

lontano -na *adj* (*lit*) Lejano. | Aldecoa *Cuentos* 1, 26: Al llegar al puente del río la abandonan [la carretera] por el camino de los pueblos del campo lontano. GPavón *Rapto* 60: A veces los labradores, seducidos por el espejismo lontano, se salen del surco.

look (*ing; pronunc corriente*, /luk/; *pl normal*, ~s) *m* Aspecto [de una pers.] en lo relativo a su atuendo y arreglo, esp. estudiado para presentar una determinada imagen. *Tb fig, referido a cosa*. | Ayerra *D16* 19.5.87, 55: La decadencia de la carne ya se ha consumado, y con su nuevo "look" de fantasma luminoso y errático, andará [Rita Hayworth] excitando entre las nubes a los querubines. AMillán *Damas* 74: Los novios, cuando solo son ricos, lo primero que hacen es cambiarte el look, te piden que lleves el pelo de otro color y, sobre todo, te compran ropa. J. Arenas *Abc* 23.2.91, 98: De todos es conocido el caso de la producción francesa "Tres solteros y un biberón" y la apuesta americana con su versión "Tres hombres y un bebé". Como el "look" proporcionado por Hollywood consiguió los dividendos apetecidos, ayer se estrenaba en España "Tres hombres y una pequeña dama", la lógica continuación.

looping (*ing; pronunc corriente*, /lúpin/; *pl normal*, ~s) *m* (*Aer*) Acrobacia aérea que consiste en hacer un círculo vertical en el aire. | J. Chávez *Hola* 28.4.88, 18: Los Reyes regresaron a continuación a las pistas para presenciar .. una exhibición acrobática .. de la patrulla "Águila 88", compuesta por siete aviones C-101, que realizaron arriesgadas pasadas y espectaculares "loopin[g]s". [*En el texto*, loopins.] *SYa* 20.5.90, XIII: Figuras básicas de la acrobacia aérea. Tonel. Caída de ala. Looping.

loor *m* (*lit*) Alabanza. | Cossío *Abc* 20.6.58, 23: Su capital poema, "Os Lusiadas", viene a ser la biblia del portuguesismo, el más alto loor que pueblo alguno ha escuchado de boca de un hijo suyo.

loquear A *intr* **1** Comportarse como un loco. | Anson *Abc* 22.3.74, 3: Las criaturas alienadas .. transfiguran la miseria del mundo, desvarían y loquean para contemplar en él cosas amables. Halcón *Ir* 102: La mula "Peregrina" loquea un poco y se revuelca cuando al final de la jornada se libera de la regabina y del colleron.
2 Volverse loco. | Cela *Mazurca* 134: Para mí que la gente ha loqueado toda al tiempo, no hay otra explicación. *Tri* 9.12.72, 50: Casi loqueó de amor, y componiendo versos que almacenaba en la cabeza juntó más de un millar.
B *tr* **3** Volver loco. | Berenguer *Mundo* 356: Se las tomo [las pesetas] .. porque pueda jurar alguna vez que usted me dio ese dinero, que luego me loquean preguntando ¿de dónde?, ¿de dónde?

loquería *f* (*col, raro*) Manicomio. | ZVicente *Traque* 206: Para mí que [al perro] lo mataron los de la loquería, porque se metía por allí, buscando la cocina.

loquero -ra *m y f* Pers. que se dedica a cuidar locos. | CPuche *Paralelo* 371: Cuando pienso que si sale de aquí tendría que ir a parar a manos de loqueros o de monjas, no puedo sufrirlo.

loquitonto -ta *adj* (*col*) Alocado y tonto. | Umbral *Trilogía* 61: Se enamoró de Mariola, una adolescente rubia, bella y loquitonta que andaba por los cafés y las redacciones.

lorantácea *adj* (*Bot*) [Planta] dicotiledónea que vive sobre los árboles, de la familia del muérdago. *Frec como n f en pl, designando este taxón botánico.* | FQuer *Plantas med.* 136: La familia de las lorantáceas comprende alrededor de 1400 especies.

lorcha *f* Barca ligera de vela y remo, propia del mar de China. | FReguera-March *Filipinas* 107: Entre ellos [los navíos] se movían multitud de bancas, damalas, guilalos, pontines, lorchas, falcados..., pequeñas embarcaciones construidas con un solo tronco y que se equilibraban con balancines o batangas.

lorcho *m* (*reg*) Chaparrudo, pez (*Gobius niger*). *Tb designa otras especies de los géns Blennius, Ophidion, Alosa y Clupea.* | Torrente *Sombras* 37: El pez sol .. y el gigantesco nautilus; el olifante de cabeza de corza, que en mi tierra llaman lorcho, tan antiguo que figura ya, como tal monstruo, en los relieves romanos de la ciudad de Catón.

lord (*ing; pronunc corriente,* /lor/; *pl normal,* LORES) *m* **1** Noble británico con título de marqués, conde, vizconde o barón. *Frec se usa, como tratamiento, antepuesto sin art al n de pila o al apellido, y con pronunc átona.* | Zunzunegui *Hijo* 106: Le había hecho con Cid un traje de paño inglés, azul oscuro, que le daba un aire de gran lord. Vicens *Polis* 372: Auxiliado por el arzobispo Laud y Lord Strafford, [Carlos I] implantó una especie de monarquía absoluta.
2 Miembro de la Cámara alta británica. | Torrente *Sombras* 199: ¡Has llamado majestad a un emperador de pega que fue destituido por la Cámara de los Lores a su debido tiempo!
3 *Forma parte de denominaciones de algunos altos cargos de la administración británica.* | *Ya* 6.3.80, 9: Lord Carrington .. y sir Ian Gilmour, lord del Sello Privado, han presentado oficialmente los resultados de las elecciones.

lordosis *f* (*Med*) Curvatura anormal con concavidad posterior de la columna vertebral. *Se opone a* CIFOSIS. | Bermello *Salud* 131: Esto [la euritmia] se incumple cuando el tacón es excesivamente alto y estrecho, en cuyo caso se produce una ligera flexión de rodillas, relajación muscular abdominal y deformación de la columna vertebral (lordosis).

lorenés -sa *adj* De Lorena (región francesa). *Tb n, referido a pers.* | Cunqueiro *Crónicas* 75: Del anillo de hierro con las armas lorenesas que me dieron, me quedó algo oxidado un huesecillo de este dedo. N. Luján *Gac* 4.1.76, 13: La mirabelle lorenesa es quizá la [ciruela] más exquisita.

Lorenzo[1] *m* (*col*) El Sol (astro). | *¡Cómo pica Lorenzo!*

lorenzo[2]. **hacerse el ~.** *loc v* (*reg*) Hacerse el distraído o hacerse el tonto. | Grosso *Zanja* 127: No contestes nada si te preguntan. Es lo mejor. Hazte el lorenzo.

loreño -ña *adj* De Lora del Río (Sevilla). *Tb n, referido a pers.* | *Pue* 8.6.79, 13: Gran sensación ha causado la exposición .. en una improvisada sala de arte, centro de uno de los lugares más típicos loreños.

loriga *f* (*hist*) Coraza de láminas pequeñas e imbricadas, gralm. de acero. | GNuño *Escultura* 96: Le seguiría otro soldado con loriga.

lorito. [Mérgulo] ~, [piquituerto] ~ → MÉRGULO, PIQUITUERTO.

loro[1] **I** *n* A *m* **1** Se da este n a distintas aves de mediano tamaño, pico curvo y plumaje vistoso, frec verde, que en cautividad aprenden a remedar la voz humana. *Tb designa solamente al macho.* | Laforet *Mujer* 295: Tenían un loro, y este amor a los animales no les volvía pacíficos en absoluto.
2 (*col*) Pers. que habla mucho y sin sentido, o que repite cosas mecánicamente. | Gala *Hotelito* 47: –Hablando de lo principal, repito... –(La interrumpe.) Pues no repitas más, loro, que ya te hemos calado: el parné.
3 (*col, humoríst*) Mujer fea. | SSolís *Camino* 170: A esa playa .. solo van "loros" de Acción Católica.
4 (*col*) Aparato de radio. | J. C. Iglesias *SPaís* 19.12.82, 99: Un solitario que se encapriche con un loro, es decir, un aparato de radio para hacerse compañía, solo tiene que recurrir al especialista en electrodomésticos. Campmany *Abc* 13.2.85, 17: Lo mismo en la noche que en el día de Madrid, te puedes topar muy fácilmente con un flipado que te despoja de la bolsa, ya flaca en demasía, o con un mozo que te arranca el loro del carruaje.
B *f* **5** Hembra del loro [1]. | *Pue* 10.11.70, 29: Dos gatos que embarcamos y la lora "Eloísa" han muerto por las inclemencias del tiempo.
II *loc adv* **6 al ~.** (*col*) Prestando atención. *Gralm con el v* ESTAR. | Umbral *País* 21.6.83, 29: Como sin enterarnos de nada, pero al loro de todo. Montero *Reina* 37: Es que yo tengo que actuar, debería estar dándole ya a la tecla, y seguro que Menéndez está al loro y me da la bronca. **b)** Al tanto o al corriente. *Gralm con el v* ESTAR. | MGaite *Nubosidad* 72: Yo es que le doy muy burra de pequeña, ahí, ya ve, en eso le doy toda la razón a mi madre. Luego, con los años, te espabilas, no sé cómo decirle, comprendes que hay que estar al loro. **c)** A la moda o al día. *Gralm con el v* ESTAR. | Summers *SAbc* 24.6.84, 33: Ella [Lola Flores], llena de buena intención y para estar más al "loro", comete la cagadita de salir en pelotitas en "Interviú".

loro[2] **-ra** *adj* (*raro*) De color oscuro que tira a negro. | Delibes *Siestas* 7: El río se encogía sobre sí mismo y su caudal pasaba en pocos días de una opacidad lora y espesa a una verdosidad de botella casi transparente.

loro[3] *m* (*reg*) Laurel (árbol). | *Día* 17.6.76, 18: El recorrido que debe efectuar la procesión se halla repartido en los 14 barrios que forman el Municipio, cada uno de los cuales se encarga de adornar las calles con ramas de "loro" y faya.

lorquino -na *adj* De Lorca (Murcia). *Tb n, referido a pers.* | Candel *Catalanes* 19: Aquellos hijos de cartageneros, de lorquinos .. leían, en los libros de preceptiva, los poemas de Carner.

lorro -rra *adj* (*reg*) Del llano aragonés. | E. Satué *Nar* 11.77, 6: El serrablés y el montañés en general tienen conciencia propia de su idiosincrasia, al menos frente a la persona del llano, de "Tierra Baja", frente al "lorro", como dicen ellos.

lorza *f* **1** Pliegue cosido paralelamente a su doblez, que se hace en una tela para acortarla o como simple adorno. | SSolís *Camino* 76: Llevaba un vestido blanco fruncido, con lorzas y un poco de manguita.
2 Pliegue que forma la carne debido a la gordura. | Montero *Reina* 12: Los muslos le rebosaban por encima del encierro de las medias y formaban dos lorzas blancas que se empeñaban en entrechocar y estorbarse mutuamente. –Esto me pasa por estar tan gorda.

losa *f* **1** Piedra grande, llana, poco gruesa y gralm. labrada, que se emplea esp. para solar, lavar y cubrir sepulturas. | Olmo *Golfos* 177: Ahí está, en el banco de losa de la Abelaira. Arce *Testamento* 94: Se iban a lavar a pleno río, sobre una losa, o al lavadero de Pancar. **b)** *Frec se emplea en constrs de sent comparativo para referirse a alguien o algo que constituye un peso moral.* | Berlanga *Recuentos* 72:

losange – loto

No solamente me había librado de la losa de mi ex .., sino que además yo había conquistado el silencio.
2 Baldosa. | CNavarro *Perros* 104: Sé cómo son los dibujos del tapizado de los sillones, cuántas losas tiene el comedor y cuántas el pasillo.
3 (*reg*) *En un lavadero:* Parte sobre la que se frota la ropa. | Moreno *Galería* 135: Este lavadero de la recocina era un mueble en toda regla. Sobre un soporte cuadrúpedo, y entramado, se apoyaba un grueso madero rectangular de casi un metro de largo por más de medio de ancho. Tenía posición inclinada, su losa dibujada y labrada. **b)** Tabla de lavar. | Moreno *Galería* 134: Los utensilios para el lavado y para la colada domiciliaria semanal más llevados .. eran la "losa" de traza ondulada, suelta; y la losa con cajón incorporado.

losange *m* Rombo, esp. el trazado de modo que las partes superior e inferior correspondan a los ángulos agudos. | Torrente *Isla* 51: Un palacio ya entonces carcomido, a veces caían pedazos de las techumbres al fresco o losanges de las vidrieras emplomadas. *SAbc* 13.4.69, 55: Pasatiempos .. Losange. **b)** (*Heráld*) Pieza en forma de rombo. | F. I. Santos *Pro* 16.11.75, 60: Hierro .. Sus armas: escudo partido: primero, de sinople, con tres barras de hierro, de plata, puestas en palo y sin llegar a los extremos, y segundo, de losanges de oro y gules.

losar *tr* Enlosar. | Ero *Van* 30.5.74, 32: Las plazuelas losadas o con jardinillos y fuentes, y esos huertos que emergen entre las casas, suscitan extraños contrastes.

losareño -ña *adj* De Losar de la Vera (Cáceres). *Tb n, referido a pers*. | J. Vinuesa *Hoy* 4.1.77, 2: El domingo 26, pocos eran los losareños que no tenían compromiso social en alguno de los bautizos o en la boda.

losera *f* (*reg*) Cantera de pizarra. | *BOE* 10.1.75, 599: Expediente de indemnizaciones a abonar a los vecinos de Bárcena del Río y Posada del Río (León) .. Pesetas 125.000 a los explotadores de la cantera o losera de pizarra.

loseta *f* Baldosa. | Cuevas *Finca* 245: Medina movía las botas sobre las losetas de la habitación. Delibes *Parábola* 9: La acera de grises losetas hexagonales. **b)** Baldosa pequeña usada a veces para recubrir paredes. | Quiñones *Viento* 32: Las losetas blancas que revestían las paredes de la boca del Metro prolongaban hacia el fondo de la escalera un fulgor rojizo.

losilla *f* Trampa para cazar animales formada por una losa [1] pequeña. | * El abuelo la enseñó a poner losillas.

losino -na *adj* Del Valle de Losa (Burgos). *Tb n, referido a pers*. | *DBu* 6.8.91, 18: El caballo losino, raza autóctona, está localizado geográficamente en el Valle de Losa. Cruz *NBurgalés* 8: Junta de Villalba de Losa. Este municipio, de características losinas .., se extiende sobre 86,2 km².

lóstrego *m* (*reg*) Relámpago. *Tb fig*. | Cela *Mazurca* 91: Se envuelve en un mantón de Manila durante las tormentas, en cuanto brillan los primeros lóstregos .., la Parrocha busca su mantón. Castroviejo *Paisajes* 16: La noche se iba andando y era un recuerdo el lóstrego del faro de Cíes.

lota¹ *f* Se da este n a varios peces marinos comestibles de la familia del bacalao, esp *Lota lota* y *Gaidropsarus tricirratus*. | *Ama casa* 1972 242: Broquetas de lota. Partir la lota en gruesos trozos, pasarlos por una mezcla de limón, aceite, sal y pimienta.

lota² *f* (*reg*) Lugar donde se hace la subasta pública de pescado. | Guillén *Lenguaje* 34: *Miar* .. equivale a decir ¡mío! en las lonjas o, mejor dicho, lotas de pescado, cuando al subastarse este a la baja alguien quiere adjudicarse el lote o rancho.

lote *m* **1** Parte de las que se hacen en un todo para distribuirlo entre varios. | J. C. Llorente *ASeg* 28.2.78, 8: La división en sexmos se hizo no por su extensión territorial, sino por la calidad de las tierras, con la finalidad de que todos los lotes fueran iguales por su valía. **b)** Conjunto [de cosas similares que se agrupan con un fin determinado, esp. venderlas o repartirlas]. | Medio *Bibiana* 80: Además de abonar su cuenta, se le regalará un lote surtido de nuestros productos. Guillén *Lenguaje* 34: *Miar* .. equivale a decir ¡mío! en las lonjas o, mejor dicho, lotas de pescado, cuando al subastarse este a la baja alguien quiere adjudicarse el lote o ran-

cho. Lázaro *Crónica* 26: Ya el 13 de mayo de 1714, el P. Alcázar comparece con un lote de murcianismos. **c)** (*Taur*) Conjunto de toros que corresponde torear a cada torero, según sorteo. | Quiñones *Viento* 192: Se te va a dar bien, Miguelito .. Como medio te ruede, se va el lote para adentro sin las orejas.
2 (*vulg*) Serie de acciones lascivas. *Normalmente en la constr* DARSE EL ~. | Cela *SCamilo* 72: Se ponen lo más limpitas que pueden .. y se echan a la calle, a meterse mano y a darse el filete .. contigo o con cualquier otro aficionado a lotes y magreos. SFerlosio *Jarama* 175: Estaban Carmen y él muy mimosos, haciéndose caricias. –¡Eh! –dijo Sebas–; a ver si os vais a dar el lote ahora, aquí en público. **b)** Disfrute muy intenso. *Normalmente en la constr* DARSE EL ~. | SSolís *Camino* 265: Doña Pura .. disfrutaba muchísimo con la dispersión y la distracción. Sus salones estaban otra vez concurridos como en los años cuarenta .. –¡Menuda gozada! ¡Mamá se está dando el lote! –gruñía Mari Pili. **c)** (*col*) Acción muy prolongada o intensa. *Normalmente en la constr* DARSE EL ~. | * Menudo lote me he dado de empapelar.

lotería I *f* **1** Juego de azar, estatal, en que se ponen a la venta billetes numerados y se premian aquellos que coinciden total o parcialmente con ciertos números extraídos por sorteo. *Tb* ~ NACIONAL. | Ma. Suárez *Hora* 31.12.76, 11: Respecto al otro Gordo –al de la Lotería Nacional–, como no cayó en Ponferrada se busca por otras partes y ocasiones. **b)** Juego público semejante a la lotería nacional, pero de carácter no estatal. | GPavón *Hermanas* 26: El camarero los invitó a café y a faria, y correspondió don Lotario regalándole unas participaciones de la lotería de la Virgen de las Viñas. **c)** Asunto en que prima el azar. | *SAbc* 3.8.75, 4: Ya sabe usted que esto de la pesca es una lotería.
2 ~ **primitiva.** Juego de azar, estatal, en que el jugador señala seis o más números entre el 1 y el 49 y se premian los que tengan tres o más aciertos según los seis, más un complementario, extraídos por sorteo. | *Pro* 7.5.89, 2: Lotería primitiva. Combinación ganadora del jueves 4 de mayo.
3 ~ **de cartones.** Juego de mesa en que se reparten a cada jugador uno o más cartones con números impresos y gana el que consigue tachar todos los números en primer lugar por coincidir con los extraídos sucesivamente de un bombo o bolsa. *Tb, simplemente,* ~. | ZVicente *Traque* 201: Me pasaba a la rebotica a jugar a la lotería casi toda la tarde, tan calentito, venga a cantar Los-dos-patitos, El-quince-la--niña-bonita.
4 Despacho de lotería [1 y 2]. | GTelefónica *N.* 624: Loterías. Doña Manolita. Lotería núm. 67. Av. José Antonio, 31.

II *loc v* **5 caerle** (*o* **tocarle**) [a alguien] **la ~.** Sucederle algo bueno de modo inesperado. (→ CAER, TOCAR¹.) *A veces con intención irónica.* | * Te ha caído la lotería con semejante compañero.

lotero -ra *adj* **1** De (la) lotería [1 y 2]. | Indalo *Pue* 17.12.70, 2: El resultado de esta recta y prudente administración del negocio lotero es que el Tesoro ingresa unos siete mil millones de pesetas como beneficio neto.
II *m y f* **2** Pers. que tiene a su cargo un despacho de lotería [1 y 2], o vende lotería [1]. | CPuche *Paralelo* 148: La mujer de la lotería ciertamente en aquel momento tenía toda la pinta de una clásica celestina .. –¿Tú me has visto alguna vez a mí con un naipe en la mano? –dijo Genaro encarándose con la lotera. *Nue* 22.12.70, 17: El 2,5 por 100 [de la venta de billetes] corresponde a las loteras.

lotiforme *adj* (*Arte*) Que tiene forma de loto¹. | Angulo *Arte* 1, 33: En general, las columnas lotiformes carecen de base.

loto¹ *m* **1** Planta acuática de grandes hojas y flores solitarias, de color blanco azulado y muy olorosas, abundante en el Nilo (*Nymphaea lotus*). *Tb su flor*. | Angulo *Arte* 1, 32: Horus no recorre las celestes regiones, como Zeus, sobre un águila, sino navegando en su embarcación por el río, en cuyas orillas crecen el loto y el papiro, que coronan las columnas y decoran los edificios egipcios.
2 Nenúfar oriental de flores blancas o rosadas (*Nelumbo nucifera*). *Tb su flor*. | Anson *Oriente* 17: El agua besada por las flores de loto se hace espejo inmóvil.
3 *Se da este n a varias plantas herbáceas leguminosas del gén Lotus, esp L. corniculatus*. | Loriente *Plantas* 44: *Lotus corniculatus* L., "Cuernecillo"; "Flor del grillo"; "Loto de los

prados". Herbácea perenne. En praderas artificiales o temporales y en las permanentes, para forrajes y para prados.
4 *En el yoga:* Posición que consiste en sentarse con las piernas cruzadas apoyando cada pie en el muslo de la pierna contraria. *Tb* POSICIÓN DEL ~. | GSalve *Yoga* 44: El Loto (Padmasana) .. Esta es la postura clásica, inmortal, del yogui. Difícil de realizar, requiere numerosos intentos imperfectos. A. Barrio *Abc* 19.3.71, 13: A mi lado se sienta un yog[u]i que escucha atent[o] en la posición del l[o]to. [*En el texto*, lato.]

loto[2] *f* (*o m*) Lotería primitiva. | *Ya* 12.11.85, 20: Un matrimonio gaditano, entre los agraciados de la loto. *Ya* 17.10.85, 9: Sobre la lotería primitiva .. Junto a las normas del juego se debería informar de las posibilidades reales para alcanzar el premio gordo y evitar engañar a la gente. En el caso del loto son estas.

loza *f* **1** Barro fino, cocido y barnizado de que están hechos distintos objetos, esp. piezas de vajilla. | Moreno *Galería* 154: Otra vajilla, platos de loza, tazones, vasos de vidrio, etc., ocupaba otro lugar próximo. MMolina *Jinete* 412: Cabellos en el peine y sobre la loza del lavabo.
2 Conjunto de objetos de loza [1]. | * La loza se guarda en la parte baja del armario. GNuño *Madrid* 103: Inimitable colección .. de lozas talaveranas.

lozanamente *adv* De manera lozana. | A. Assía *Gac* 1.6.63, 23: Solo a su gran espíritu puede atribuírsele que celebre tan lozanamente estos días su cien aniversario sin una expresión de queja.

lozanía *f* Cualidad de lozano. | *Pap* 1.57, 5: Es doloroso .. oler cómo la rosa estrena su efímera lozanía. GPavón *Hermanas* 33: Se largaba [la vida] sin tener donde asirse, sin un remedio de fuente milagrosa y sempiterna que nos vuelva a aquellas lozanías.

lozano -na *adj* (*lit*) Fresco y vigoroso. *Tb fig.* | *Ya* 17.11.63, 29: No solo ha de crecer tal trigo lozano y fructuoso .. sino también la cizaña infecunda. Cela *Rosa* 206: –¡Qué frondosos se han puesto los rosales, Juan! –Sí, Camiliño Josesiño, tú también estás muy lozano. Palacios *Juicio* 41: Las ideas también circulan, como el dinero y como los automóviles. Pero las ideas lozanas florecen en raros entendimientos.

lozoya *m* (*reg, humoríst*) Agua. | * –¿Qué bebes? –Lozoya. **b)** Vaso de agua. | Carandell *Madrid* 54: Se acerca al mostrador y dice: –¿Me da un vaso de agua por favor?– Y el camarero al darle el agua: –A ver un lozoya, caballero.

LP → ELEPÉ.

LSD (*sigla; pronunc*, /éle-ése-dé/) *m* Sustancia sólida y cristalina derivada del ácido lisérgico y que produce alucinaciones. | Pániker *Memoria* 245: La droga era entonces [en 1966] el LSD. *HLM* 26.10.70, 11: Los inspectores de la Brigada Especial de Estupefacientes encontraron varias pipas de hachís, cannabis y pastillas de LSD.

luanquín -na *adj* Luanquino. *Tb n.* | SSolís *Luanco* 14: Mi intención fue limitarme a los términos de las ocupaciones y objetos típicos del pueblo luanquín.

luanquino -na *adj* De Luanco (Asturias). *Tb n, referido a pers.* | SSolís *Luanco* 9: Esta aportación tiene, por lo tanto, muy poco mérito personal: es obra, más bien, de todos los luanquinos.

luar *m* (*reg*) Luz de la Luna. | Torrente *DJuan* 73: Un suave luar envolvía la ciudad.

luarqués -sa *adj* De Luarca (Asturias). *Tb n, referido a pers.* | P. Llera *NEs* 11.8.78, 11: Le ha sido otorgada la encomienda al mérito civil por el Rey al luarqués don Antonio Pérez Suárez.

lubina *f* Pez marino costero de hasta 1 m de largo, de color plomizo con una línea lateral negra y espinas en el opérculo y la aleta anal, de carne muy apreciada (*Morone labrax*). | Bernard *Pescados* 34: Se corta la lubina a rodajas y se pone en una tartera. **b) ~ atruchada.** (*reg*) Baila (pez). | GLarrañeta *Flora* 184: Baila es el nombre que dan en Andalucía a la especie *Morone punctata*. En Santander se le llama lubina atruchada.

lubio *m* (*reg*) Yugo (de animales). | ZVicente *Desorganización* 32: Coño, ¡si se han roto las cancilles del lubio!

lubricación *f* Acción de lubricar. | *Abc* 25.5.75, 37: A muchos automovilistas conscientes les preocupa el problema de una buena lubricación de su motor en toda circunstancia. *Anticonceptivo* 22: Según la excitación va subiendo de punto, aumenta la lubricación vaginal, y se prepara la penetración.

lubricador -ra *adj* Que lubrica. *Tb n m, referido a dispositivo o aparato.* | Miguel *Ya* 21.11.89, 16: Es inevitable lo que nuestros antepasados llamaban unto, la grasita lubricadora que todo lo suaviza.

lúbricamente *adv* (*lit*) De manera lúbrica. | Alcina *Ovidio* XXII: Ovidio goza en presentárnoslo [a Júpiter] rebajando su majestad y persiguiendo lúbricamente inocentes ninfas.

lubricán *m* (*lit o reg*) Crepúsculo. | CBonald *Ágata* 301: Se dispusieron a esperar en un silencioso corro a que, con el lubricán matutino, llegaran también los oficiantes del entierro. Halcón *Monólogo* 228: Ya va a ser de noche. Más que el lubricán me lo anuncian los besos de Jesús. FVidal *Duero* 125: Mientras es noche ya en una arboleda, puede ser solo lubricán en el hondón de un soto o en el paisaje resbalado de una vaguada.

lubricante *adj* Que lubrica. *Tb n m, referido a producto.* | S. Magán *Ya* 30.9.71, 31: Sistema de engrase. Tiene por objeto interponer entre los distintos mecanismos y piezas en movimiento aceite lubricante que disminuya el rozamiento a límites admisibles. *Abc* 1.12.70, 59: Acuerdo Fiat-Seat-Calvo Sotelo para fabricar un lubricante.

lubricar *tr* Lubrificar. *Tb fig.* | Alvarado *Anatomía* 22: Son células secretoras encargadas de segregar un mucus que, extendiéndose sobre el epitelio, lo lubrica y protege. Ramos-LSerrano *Circulación* 219: Las partes a lubricar en el motor son: las paredes del cilindro, las articulaciones de las bielas, los cojinetes del cigüeñal, el árbol de levas, CSotelo *Inocente* 74: Para lubricar psicologías tan dispares, corre entre los protagonistas, como hilo conductor, un coro compuesto por las más bonitas figuras femeninas que han podido lograrse después de bien cribada .. la calle de Alcalá.

lubricidad *f* (*lit*) Cualidad de lúbrico. | Alcina *Ovidio* XXII: Frente a la lubricidad de los dioses, la de los hombres es hasta cierto punto justificable.

lúbrico -ca *adj* (*lit*) Lujurioso o lascivo. | Carnicer *Cabrera* 112: Es un discreteo delicado, lleno de finura y amores tiernísimos .., con el contrapunto de una tercería y un taimado y lúbrico tenorio. Zunzunegui *Hijo* 81: La sentía como tatuada en la piel envolviéndole en su lúbrica y mareante dulzura. Escobar *Itinerarios* 198: La vendimia es pagana y gentil, escandalosa y lúbrica.

lubrificación *f* Acción de lubrificar. | *Ya* 30.5.64, 11: Productos para lubrificación. Aditivos para aceite de cárter y carburante.

lubrificador -ra *adj* Que lubrifica. *Tb n m, referido a dispositivo o aparato.* | M. Aguilar *SAbc* 1.11.70, 54: Los baños de vapor se deben tomar después de haber limpiado la piel y dado crema lubrificadora. *GTelefónica N.* 639: Parker-Hannifin, S.A. .. Tubería flexible y acoplamientos. Filtros. Reguladores y lubrificadores para aire comprimido.

lubrificante *adj* Que lubrifica. *Tb n m, referido a producto.* | CBonald *Ágata* 51: Tampoco le colgó del cuello la piedra de lincurio ni le dio a beber ninguna poción de yerbas lubrificantes. Marcos-Martínez *Física* 49: ¿Qué efecto realizan en las máquinas los lubrificantes?

lubrificar *tr* Poner [algo] suave o resbaladizo, esp. engrasándolo. *Tb fig.* | Navarro *Biología* 74: Glándulas sebáceas .. Originan el sebo, sustancia grasa que contiene prótidos y colesterina, lubrificando el pelo y dando brillantez y flexibilidad a la piel. *Inf* 25.4.74, 4: Su coche super seguro [*sic*] lubrificándolo con Super Multigrado Cepsa. Escrivá *Conversaciones* 161: No son más que el engranaje –más o menos lubrificado– de cualquier organización.

lubrigante *m* (*reg*) Bogavante (crustáceo). | Torrente *Pascua* 341: Don Lino consumió el turno de noticias mientras se comía una ración de lubrigante en salpicón a que le habían convidado.

lucenense *adj* De Lucena del Cid (Castellón). *Tb n, referido a pers.* | Titalo *Med* 20.4.60, 3: Tanto el Jueves co-

lucense – lúcidamente

mo el Viernes, la Iglesia Arciprestal ha sido visitada por los lucenenses.

lucense *adj* De Lugo. *Tb n, referido a pers.* | *Prog* 10.1.56, 2: Cuatro cazadores lucenses a la captura de un gigantesco lobo en las montañas del Cádavo.

lucentino -na *adj* De Lucena (Córdoba). *Tb n, referido a pers.* | J. IGalán *SAbc* 2.6.74, 54: Desde Córdoba lejana, la hermandad de Lucena, que llega a las marismas almonteñas desde la vega lucentina.

luceño -ña *adj* De Lucena del Puerto (Huelva). *Tb n, referido a pers.* | Cela *Viaje andaluz* 296: Atrás quedó .. el camino que deja en Bonares y en el campo luceño.

lucera *f* Ventana o claraboya abierta en la parte alta de un edificio. | Moreno *Galería* 122: Las ocho ventanas o luceras [de la torre] .. son de sillares. *Com* 8.9.76, 13: Tejados, canalones, goteras, luceras, humedades. Personal asegurado.

lucería *f (reg)* Lucerío. | Ruibal *Van* 12.9.74, 27: De su tradición marítima e industrial restan solamente esas barcazas panzudas, de mórbidos contornos, esas lanchas, con los fanales de la lucería a la popa, y las pequeñas fábricas de salazón. Cunqueiro *Fantini* 15: Abrió de pronto la tormenta, en aquel cielo negro y púrpura, su lucería relampagueante. *Faro* 9.8.75, 18: Será quemado gran cantidad de fuego de lucería, una traca y, por último, el tradicional "ramo de fuego".

lucerío *m* Luces, o conjunto de luces. | VMontalbán *Pájaros* 185: El lucerío de Bangkok quedaba a su derecha.

lucerna *f* **1** Abertura alta destinada a dar luz a un lugar. | Delibes *Madera* 262: Peter había trasladado al Club su taller de marquetería y allí, bajo la lucerna, .. armaba corbetas y acorazados. GNuño *Madrid* 87: Cúpula elipsoidal del crucero sobre pechinas y con cuatro lucernas.
2 *(hist)* Lámpara romana de mecha y aceite. | GNuño *Arte* 24: Otras muestras del arte cristiano, tales como las lucernas, marcadas con el crismón, son estéticamente mediocres.

lucernario *m* **1** *(Arquit)* Linterna. | Tejedor *Arte* 93: La enriquecen [la mezquita de Córdoba] además muchos otros elementos arquitectónicos o decorativos, tales como .. lucernarios con cúpulas para la iluminación interior.
2 *(Constr)* Ventana abierta en la parte superior de una pared. | Olaizola *Escobar* 130: Agradezco cada rayo de sol que entra por el enrejado de mi lucernario. [*En la celda de una prisión*].

lucero -ra **I** *m* **1** Astro que de noche se ve con mucho brillo. | *Cór* 9.2.56, 6: Los mocitos con las mocitas, bajo los bruñidos luceros del cielo limpio .., reían, saltaban y cantaban. **b) el ~ del alba, de la mañana, de la tarde, matutino,** *o* **vespertino.** El planeta Venus. | Zubía *Geografía* 13: A Venus .. se le llama también Lucero del Alba, por ser visible a la salida o a la puesta del Sol. Moreno *Galería* 62: Dos horas después, "el lucero de la mañana" hacía su brillantísima y rutilante salida, como auténtico nuncio de la aurora. Moreno *Galería* 62: Antes de anochecer, ya observaban la presencia del "lucero vespertino". Él anunciaba la próxima oscuridad. **c)** *(col)* *Se usa como vocativo cariñoso dirigido a una pers.* | SFerlosio *Jarama* 17: Lo que tú dices sirve siempre, lucero.
2 *En algunos cuadrúpedos:* Lunar blanco y grande en la frente. | Cunqueiro *Un hombre* 64: Entiendes mucho de caballos, y me gusta mucho el tuyo, cuya raza no conozco, ni creo haber visto nunca otro semejante que lleve el lucero dorado.
3 el ~ del alba. *(col)* Cualquiera, por muy temible o respetable que sea. *Frec en la constr* CANTARLE LAS VERDADES AL ~ DEL ALBA. | Delibes *Mundo* 76: El "roto" callejero .. es un pillo de siete suelas, capaz de cantarle las verdades al lucero del alba. Diosdado *Olvida* 61: Ella es lo bastante importante por sí misma para pararle los pies al lucero del alba. CSotelo *Muchachita* 314: Naturalmente, me tendrás que embalar, Patricio, porque así como estoy no me sube al avión ni el lucero del alba.
4 *(rur)* Electricista. | * Han estado los luceros arreglando los focos.
II *adj* **5** [Animal] que tiene un lunar blanco y grande en la frente. *Tb n.* | Halcón *Ir* 102: ¡Qué estampa la suya [de la mula], tan fina de cabos; .. de capa castaña encendida, cuatro años en la boca, lucera y bebe en blanco! A. Navalón *Inf* 13.10.70, 23: El segundo era berrendo .. El tercero, negro [j]irón, lucero. Cunqueiro *Crónicas* 99: Relinchaba *La Garde*, el famoso lucero del señor coronel.

lucha *f* **1** Acción de luchar. | *Inf* 17.6.70, 3: Que detengan la lucha en suelo jordano. Buero *Lázaro* 68: Era una cría, pero muy decidida. Fue ella quien le inculcó el interés por la lucha. *Día* 26.9.75, 4: Gran fiesta bailable a beneficio de la Lucha contra el Cáncer. J. M. Castaños *SYa* 28.9.75, 5: A Olañeta le interesaba que el virrey fracasara en su lucha por mantener los últimos resquicios del imperio español. **b) ~ de clases.** *En el marxismo:* Enfrentamiento de las clases trabajadoras con los capitalistas para conseguir el poder político y económico. | Jover *Historia* 718: La concepción de esta última como manifestación de una "lucha de clases" cuyo sentido consiste en la conquista del poder político por el proletariado.
2 Deporte en que dos personas luchan abrazándose para derribarse una a otra. *Diversas variedades se especifican gralm con adjs:* LIBRE, GRECORROMANA, CANARIA, *etc* (→ LIBRE, GRECORROMANA, *etc*). | Repollés *Deportes* 100: También en Roma se practicó la lucha, que fue importada de Grecia. Nácher *Guanche* 210: Otra vez domingo. Había lucha en el Campo de España. Centraba la pista el gran círculo de arena. Repollés *Deportes* 101: La lucha en España tiene cierta tradición en algunos pueblos .. que dieron origen a las célebres luchas denominadas "leonesas" y "canarias".
3 *En la lucha canaria:* Parte de las que componen un encuentro, que termina con la caída de uno de los luchadores. | Nácher *Guanche* 117: Lo deseaba con el noble sentido de convertir esto en una luchada. Jugarían a tres luchas.

luchada *f (reg)* **1** Lucha [1]. | * Los dos chicos tuvieron una luchada tremenda.
2 Encuentro de lucha canaria. | T. Saavedra *Día* 23.9.75, 9: Lucha canaria. Para las siete estaba anunciada una luchada entre la selección de la isla y Esperanza, de Tenerife.

luchador -ra I *adj* **1** Que lucha. *Tb n, referido a pers.* | * Al final, los dos luchadores fueron separados por un policía. **b)** Que toma actitud de lucha [1] o que tiende a luchar. *Tb n, referido a pers.* | Salvador *Haragán* 61: No hiciste de ellos hombres luchadores. **c)** Propio de la pers. luchadora. | M. Ras *MHi* 8.66, 76: El fragmento de este documento histórico .. revela concisión, lógica, energía luchadora.
II *m y f* **2** Pers. que practica el deporte de la lucha [2]. | Laiglesia *Tachado* 47: El Secretario de Orden Público se llamaba Jan Zulú y había sido luchador de grecorromana.

luchar *intr* Utilizar [alguien] los medios materiales o inmateriales de que dispone, para dominar o anular [a alguien o algo *(compl* CONTRA *o* CON*)*] o para conseguir [a alguien o algo *(compl* POR, *o prop introducida por* PARA *o* POR*)*]. *Tb sin compl. Tb con suj pl, sin el compl 1º, con sent recípr. Tb fig.* | Halcón *Manuela* 98: Don José tomó el papel y leyó en voz alta y despacio, luchando con la torpe caligrafía. F. A. González *Ya* 3.12.72, 60: He hablado de las trampas que se les hacen a las ratas. Y no es que vaya a salir ahora a ponerme frente a los que contra ellas luchan, ya que comprendo la lucha. F. A. González *Ya* 10.12.72, 62: Una criatura gorda que lucha afanosamente por pesar menos. *SYa* 14.5.72, 30: Lucha para que tus defensas superen esta eventualidad natural, retornando a tu cutis el aspecto juvenil y lozano. Medio *Bibiana* 14: Una razón tan clara, tan irrebatible, que Marcelo se rinde sin luchar. Laforet *Mujer* 242: El crimen había sido horrible. La mujer se defendió. Lucharon. Tejedor *Arte* 10: El Oriente crea las primeras culturas históricas. En su marco geográfico luchan dos elementos: el nómada y el sedentario.

lucharniego -ga *adj (raro)* Adiestrado para cazar de noche. *Gralm referido a perro.* | MSantos *Tiempo* 82: Los complicados actos a realizar en el estéril intento de aplacar la bestia lucharniega están marcados por el sello del azar.

lucidamente *adv* De manera lucida[1] [5]. | A. Navarro *Rue* 8.12.70, 20: Curro Girón .. tuvo al público de uñas toda la tarde. Quizá no muy justificadamente en su primero, al que toreó de capa y banderilleó lucidamente.

lúcidamente *adv* De manera lúcida [1c]. | Aranguren *Marxismo* 68: Marx vio muy lúcidamente que una masa humana .. adquiría una disponibilidad para el cambio de actitud.

lucidez f Cualidad o estado de lúcido. | GTabanera *Abc* 8.9.66, 9: De grandes capacidades mentales: lucidez intuitiva, imaginación rápida y fértil. Halcón *Ir* 409: El mismo personaje que le habló entre sueños, ¿viene hoy a hablarle en lucidez o tal vez a llevárselo porque ha cumplido?

lucido¹ -da adj **1** part → LUCIR.
2 [Cosa] vistosa o de bella apariencia. | Laiglesia *Tachado* 64: Su esposa la princesa .. había mandado limpiar y encerar el Salón del Butacón para que la ceremonia resultara lucida. Arce *Testamento* 75: San Pedro era una fiesta de las más lucidas. Halcón *Manuela* 31: Se casó con una riquita, envió fotografías de la lucida boda, y pare usted de contar.
3 Que tiene aspecto de salud o de buen desarrollo físico. | Arce *Testamento* 35: Tenía apenas quince años, pero se hallaba muy lucida.
4 [Cosa, esp. costosa o que implica esfuerzo] que da resultado o rendimiento adecuado. | * Es un trabajo duro y poco lucido.
5 Que causa admiración o buena impresión. | * No estuvo muy lucido en su intervención.
6 [Cosa] que permite el lucimiento de quien la realiza. | * El papel que tiene en la obra es muy lucido.

lucido² m (*Constr*) Enlucido. | SFerlosio *Jarama* 151: Había un ventanuco de tablas viejas, con una mancha de humo encima, sobre lo blanco del lucido.

lúcido -da adj **1** [Pers. o mente] capaz de pensar normalmente. | Laforet *Mujer* 173: Aunque estaba lúcida, demasiado bien no debía de regir la cabeza de Paulina. **b)** [Pers. o mente] que razona con mucha claridad. | Alfonso *España* 55: Tanto o más necesaria que la educación técnica resulta la otra educación, la que capacita para el entero papel de hombre, de miembro responsable y lúcido de la sociedad en que se vive. **c)** Propio de la pers. lúcida. | FCruz *Salud* 218: Esta posibilidad de una conciencia lúcida de lo moribundo .. se contrapone a otros estados agónicos .. de obnubilación absoluta de la conciencia. Alfonso *España* 97: En muchos casos los individuos antisociales no parecen tan aquejados por la miseria; su actuación es lúcida y, con frecuencia, son económicamente acomodados.
2 De (la) lucidez o que la implica. | * Le has pillado en un momento lúcido.
3 (*lit, raro*) Brillante. *Tb fig*. | GNuño *Escultura* 63: Otros lúcidos centros del sudeste español, los de Elche y Verdolay, rivalizan con el señalado en este certamen de belleza, pero añadiendo más elementos figurativos.
4 (*lit, raro*) Claro o transparente. | Matute *Memoria* 63: Las noches transparentes bebía licor de naranja, lúcido como agua.

lucidor -ra adj (*raro*) Que luce, esp [8]. | Marlasca *Abc* 18.11.70, 51: Los mílices [sic] no podrán escamotear esa demostración externa de respeto que es "llevar la mano derecha a la visera del ros" cuando se crucen con el señor alcalde, portador del bastón de mando en la diestra y lucidor del pectoral collar.

luciente adj Que luce [1]. | Torrente *Isla* 294: Los ochenta mendigos con los hachones lucientes en las manos. **b)** Brillante. *Tb fig*. | MSantos *Tiempo* 16: La barra luciente de un mostrador. J. Cruset *Van* 26.3.70, 11: El hombre se produce a sus anchas, se le ponen lucientes y tunos los ojos chicos. CPuche *Ya* 17.11.63, sn: Los símbolos del cristianismo e incluso los mitos clásicos tienen una vida luciente y edificante. C. Yanes *Crí* 2.74, 10: Cicerón –un hombre de economía no muy luciente– pagó grandes sumas de dinero por piezas raras.

luciérnaga f Insecto coleóptero blando, cuya hembra, que carece de alas, despide una luz fosforescente (géns. *Lampyris* y *Luciola*, esp. *Lampyris noctiluca*). | Artero *Invertebrados* 45: Citaremos como Coleópteros curiosos las luciérnagas, productoras en su abdomen de unos puntos de luz amarillo-verdosa que no desprende calor.

luciferiano -na adj (*Rel*) De una secta que rinde culto al Diablo. *Tb n, referido a pers*. | A. Yáñez *SAbc* 16.3.86, 15: Las sectas que de algún modo se aproximan a la demonología –neosatanistas y luciferianos– siguen aumentando en toda Norteamérica.

luciferino -na adj De Lucifer (príncipe de los demonios). | E. Daudet *SAbc* 8.3.70, 33: Al verle aparecer, se escandalizan como ante una visión luciferina. **b)** Demoníaco. | CBonald *Ágata* 38: Le mostraba dos vasos de eclesiástico oro, cuajados de cristales purpúreos que titilaron bajo la filtrada claridad como los ojos luciferinos del lince.

lucífero -ra adj (*lit, raro*) Luminoso o resplandeciente. | CBonald *Ágata* 68: En eso se pintó por unas mirandas del sureste .. un bulto aún difuso que fue poco a poco concretándose a medida que Manuela acomodaba los ojos a la lucífera lejanía.

lucífugo -ga adj (*lit o E*) Que huye de la luz o la rechaza. | CBonald *Ágata* 207: Permaneció absorto y sumido en la contemplación intolerable de aquel desencajado rostro .., los ojos blancos y vacíos como los de una carátula, reflejando tal vez sobre el lucífugo espejo del querosimo la propia mueca de estupor de la sumergida. ASeg 3.6.78, 6: Camina sobre los fondos durante el día, siendo esta última actitud completamente anormal, ya que el cangrejo es lucífugo.

lucillo m (*Arte*) Sarcófago adosado a un muro y colocado en un nicho. | Cossío *Montaña* 133: Tan solo unas columnas cilíndricas y monolíticas sostienen su techo, sin pretensión ni adorno, sin arcos ni alfarje en las maderas que le cobijan. Algunos lucillos y viejas sepulturas prestan su prestigio al abandonado y enternecedor lugar.

lucimiento m Acción de lucir(se) [2 a 8]. | Sit 8.1.64, 8: El domingo .. celebróse con gran lucimiento la Cabalgata de los Reyes Magos. Escrivá *Conversaciones* 150: Es preciso que los representantes de las asociaciones .. no deseen el lucimiento personal.

lucinio -nia adj (*lit, raro*) De(l) parto. | MSantos *Tiempo* 27: La casa de huéspedes, antro oscuro en que cada día se sumergía con alegrías tumbales y del que matinalmente emergía con dolores lucinios.

lucio¹ m Pez de agua dulce, de cabeza apuntada y cuerpo comprimido de color verdoso, de carne muy estimada (*Exos lucius*). | *Inf* 19.6.70, 34: Abunda el barbo .. y no se ve ninguna boga por estas aguas. Se clavaron lucios muy pequeños.

lucio² m Charco o laguna pequeña que queda en la marisma al retirarse las aguas. | CBonald *Ágata* 14: Escapados del tedio crepuscular de las lecturas hagiográficas para recorrer los movedizos canales de los lucios.

lución m Reptil saurio sin patas, de unos 50 cm, de aspecto semejante al de una serpiente (*Anguis fragilis*). | Noval *Fauna* 384: Sin duda que el reptil más conocido y más popular en Asturias es el Lución (*Anguis fragilis*).

lucir (*conjug* 51) **A** intr ➤ **a** normal **1** Dar luz [una lámpara, una vela o algo similar]. | Lera *Bochorno* 43: Desde el techo, una lámpara de brazos, con solo la mitad de sus bombillas luciendo, vertía sobre los comensales una luz descarada y alegre. GPavón *Reinado* 122: Al lucir el flash, muchos socios se volvieron a ver qué pasaba. **b)** Despedir [algo, esp. un astro] luz propia o reflejada. | Cunquero *Un hombre* 225: La noche era de las más frías, .. luciendo las estrellas, comenzaba a helar. Torrente *Sombras* 241: Se detuvo al pie de la colina y contempló .. aquella parte del sur en que habitaba la duquesa y en la que ahora no lucían las ventanas.
2 Resultar vistoso o de bella apariencia. | * El reloj luce mucho en aquella pared.
3 Dar [una cosa, esp. costosa o que implica esfuerzo] resultado o rendimiento adecuado. | Medio *Bibiana* 70: Una se administra, una está siempre mirando por la peseta, y nada, no luce. Delibes *Cinco horas* 102: Gastará mucho en potingues .., pero la luce, no es como otras, que Valen se da mucho arte para arreglarse. * No me luce nada el tiempo.
4 Irle [a alguien] la vida o los asuntos [de un modo determinado (*compl adv*)]. *Frec en la constr* ASÍ LE LUCE. | Aldecoa *Gran Sol* 191: Ahí tiene usted al Matao .. Ha hecho lo que le ha dado la gana. Así le ha lucido a él porque el Matao, si hubiera sido formal y hubiese hecho caso, igual estaba ahora de patrón de pesca en una pareja. **b) así le luce el pelo** → PELO.
5 (*raro*) Presentar [determinado aspecto o apariencia (*predicat*)]. | Delibes *Madera* 243: A pesar de sus sufrimientos lucía más joven que en la boda de Crucita y Jairo. Ce-

lucrar – ludismo

la *Pirineo* 173: Por el camino de los Baños de Tredós .. se sube .. al tuc de la Cendrosa .., del que los vecinos de Son, que lucen muy echados para adelante, están dispuestos a hacer una Numancia. R. Cobos *Cór* 27.1.56, 6: La sementera luce frondosa y el ganado comienza a pastar en el campo.

➤ **b** *pr* **6** Exhibirse para ser admirado. | E. Zomeño *DCu* 16.8.64, 6: Yo creo que, en realidad, lo que le importaba es el no habernos podido defender mejor para lucirse. M. Rivas *Rio* 27.8.93, 6: Ana Obregón en pelota picada tiene que lucirse en un night club, o en un cine de arte y ensayo.

7 Actuar con acierto o brillantez, mereciendo la admiración de los demás. *Frec con intención irónica.* | *Lan* 11.9.65, 8: La rejoneadora Paquita Rocamora se lució como caballista y mató al novillo del segundo rejón. * Te has lucido con tu proyecto de excursión: está lloviendo. **b)** *En part se usa en constrs como* ESTAR LUCIDO, *para comentar irónicamente lo desacertado de una actuación.* | Halcón *Monólogo* 45: Hasta la presente, a Dios gracias, no me ha producido ningún daño su lengua. Al menos no lo he notado. Todo el mundo que cuenta, cuenta conmigo; así que la pobre está lucida.

B *tr* **8** Exhibir [algo esp. valioso o de lo que uno puede envanecerse]. *A veces con intención irónica.* | GNuño *Madrid* 118: Otras galerías .. lucen dos delicadas tablas. *Ide* 21.8.76, 17: En la noche .. es mayor el movimiento y exhibición de "escapes" no solo de los de aquí, sino de los circunvecinos, que también vienen a lucir sus "habilidades" motoristas. Olmo *Golfos* 147: Joaquín, el chófer, .. lucía raya en los pantalones. Pániker *Conversaciones* 350: Los cargos, cuando no se lucen, sino que se ejercen, son muy interesantes. * Vas luciendo el roto del pantalón.

9 (*Constr*) Enlucir. *Tb abs.* | *BOE* 1.12.75, 25024: Albañiles. Son los operarios capacitados en todas las operaciones o cometidos siguientes: leer planos o croquis de obra o de fábrica ..; maestrar, revocar, blanquear, lucir, enlatar, correr molduras.

10 (*raro*) Hacer que [algo *cd*] brille. | MCalero *Usos* 90: Subían a la cucaña .. Así tanto subir y bajar, tanto trepar y caer, iban luciendo la fusta y poniéndola tan resbalosa que a veces se pasaban horas antes de que algún gañán se pudiera llevar el palio.

lucrar *tr* **1** Conseguir u obtener [un beneficio]. *Frec referido a indulgencias.* | *Compil. Cataluña* 681: Si se hubiere pactado que el marido, en caso de sobrevivir a su consorte, lucre el todo o la parte de la dote, la mujer que sobreviva a su consorte lucrará, aunque no se hubiere pactado, otro tanto de la donación "propter nuptias" o "tantundem". SLuis *Doctrina* 147: Las indulgencias se ganan o lucran: Realizando lo que se indica como condición. Poseyendo el estado de gracia.

2 Proporcionar [a alguien (*cd*)] un beneficio o ganancia. *Frec el cd es refl; en este caso, gralm acompañado de un compl* CON *o* DE. | MPuelles *Persona* 78: Habrá que exceptuar a quien únicamente quiere crear riqueza si sabe que ello ha de poder lucrarle injustamente. CNavarro *Perros* 28: Su posición era la de un hombre que hubiera estado lucrándose de la bondad de otro hombre.

lucrativamente *adv* De manera lucrativa. | FQuintana-Velarde *Política* 100: En la medida en que la población futura deba ser productiva y lucrativamente empleada en las tareas industriales, se exigirá el progreso y la extensión de la educación del trabajador.

lucrativo -va *adj* **1** Que proporciona beneficio o ganancia. | Bustinza-Mascaró *Ciencias* 127: La cría de caracoles .. bien dirigida es lucrativa.

2 (*Der*) [Título] gratuito o que proviene de un acto de liberalidad. | Ramírez *Derecho* 33: Son [bienes] privativos o peculiares de cada cónyuge: 1) los que aporta al matrimonio como de su pertenencia; 2) los que adquiere, durante él, por título lucrativo.

lucro *m* Acción de lucrar. *Tb su efecto.* | A. Lezcano *SAbc* 9.3.69, 52: El desmedido afán de lucro del suelo no convierte rápidamente [los jardines] en superficie rentable.

lucroso -sa *adj* (*raro*) Lucrativo [1]. | *Rev* 11.71, 25: Las casas editoriales se preparan para una feria del libro, menos dada a la publicidad, pero lucrosa, como lo es la época de fin de año, en la que los regalos se multiplican y son los libros un campo socorrido.

luctuosamente *adv* (*lit*) De manera luctuosa. | MMolina *Jinete* 99: El alcohol y la soledad de la noche le concedían .. una sonámbula disposición de aventura que en las mañanas de resaca solía convertirse luctuosamente en abatimiento y contri[c]ión.

luctuoso -sa I *adj* **1** (*lit*) [Cosa] triste o dolorosa. | L. Calvo *SAbc* 16.3.69, 19: También ellos "hacían de republicanos", y luego, en los años luctuosos de la guerra, hicieron de hegelianos marxistas.

II *f* **2** (*hist*) Derecho pagado a los señores y prelados a la muerte de un súbdito. | Mercader-DOrtiz *HEspaña* 4, 70: La Iglesia era, indiscutiblemente, la dueña y señora de la mitad del territorio gallego, cuya institución feudal característica era la luctuosa o derecho de percibir el abad u obispo la mejor cabeza de ganado del vasallo cuando este moría; si no dejaba reses, podía suplirse el animal con un arca, una mesa o cualquier mueble con cuatro patas.

lucubración *f* (*lit*) Elucubración. *A veces con intención desp.* | Delibes *Hoja* 68: Hacía una semana que se recreaba en estas lucubraciones. R. MHerrero *Abc* 11.12.70, 10: Las alucinadas y grandiosas lucubraciones de Oswald Spengler .., que despiden destellos de fantasmagoría.

lucubrador -ra *adj* (*lit*) Que lucubra. *Tb n, referido a pers.* | *MHi* 3.61, 43: Picasso, genio mediterráneo y eminentemente lógico .., es un lucubrador de las formas.

lucubrante *adj* (*lit*) Elucubrante. | L. Álamo *HLM* 9.9.74, 2: El matiz diferencial es susurro lucubrante de una parte de la llamada "clase política".

lucubrar *tr* (*lit*) Elucubrar. *A veces con intención desp. Frec abs.* | Cela *Viaje andaluz* 212: El aceite, para espabilar la lamparita del alma, para lucubrar, viejo verbo que significa pasar las noches de claro en claro dándose, a la luz del candil y con ahínco, a obras de ingenio.

lúcumo *m* Árbol de la América tropical, de fruto comestible con una única semilla oleosa (gén. *Lucuma*). | GCabezón *Orotava* 18: Lúcumo, *Lucuma deliciosa*, Planch., Sapotácea, Méjico. Árbol tropical cuyos frutos son comestibles y con los que se preparan jaleas. También los usan a veces, sustituyendo a la mantequilla. [*En el texto, sin tilde.*]

ludibrio *m* (*lit*) Mofa o escarnio. | *Abc* 6.6.58, 26: Los entorchados eran arrastrados por el lodo entre el general ludibrio. SSolís *Camino* 227: Sospechaba que era el ludibrio y la burla de todo el mundo.

lúdicamente *adv* (*lit*) De manera lúdica. | Palomo *Valera* XXIV: En la existencia del manuscrito no cree nadie: lector y autor están en el secreto y aceptan lúdicamente la convención novelesca.

lúdico -ca *adj* (*lit*) De(l) juego. | S. RSanterbás *Tri* 11.4.70, 18: El toro de lidia había llegado a ser un producto perfectamente adaptado a unos fines exclusivamente lúdicos. **b)** Que tiene carácter de juego. | Umbral *Noche* 203: La escritura es esencialmente lúdica, como todas las artes, y sin ese sentido de juego no es nada.

lúdicro -cra *adj* (*lit, raro*) Lúdico. | CBonald *Ágata* 240: Se hacía preciso [en el juego de disfrazarse] transformar la apariencia, embozar el sexo, encubrir la identidad para que la operación adquiriese su verdadera significación lúdicra.

ludión *m* (*Fís*) Aparato destinado a demostrar la teoría del equilibrio de los cuerpos sumergidos en un líquido. | Marcos-Martínez *Física* 82: El muñequito, denominado ludión o diablillo de Descartes, irá descendiendo hasta llegar al fondo.

ludir (*lit*) **A** *tr* **1** Frotar [una cosa con otra]. | Faner *Flor* 98: Hacía bañarla en una caldera de agua humeante, ludirle el cuerpo con esencia de azahar.

B *intr* **2** Rozar [en o con algo]. | PAvelló *Hucha* 2, 58: Oyóse el ludir áspero de la quilla sobre los travesaños.

ludismo *m* (*lit*) Carácter lúdico. | M. Roiz *Tri* 2.2.74, 31: Afirma la importancia de una clase determinada .., apareciendo el papel de la mayoría, el pueblo, el coro, extremadamente sumiso y sometido, aunque creativo de ludismo. [*En el carnaval.*] Umbral *Trilogía* 203: Pemán estaba entre Ortega y D'Ors, con mucho menos calado intelectual que ambos, pero con un valor añadido de gracia gaditana y un muy bien aprendido ludismo de las ideas, que viene de Voltaire hasta André Gide.

ludomanía *f* (*Med*) Ludopatía. | *Inde* 14.8.89, 16: El déficit emocional inter-humano que resulta del trabajo computarizado tiene como consecuencia no solo el "hipersexo", sino también .. un incremento de la drogadicción y de la ludomanía.

ludópata *adj* (*Med*) [Pers.] que padece ludopatía. *Frec n.* | *Cór* 9.8.89, 8: Las salas de bingo tienen en la actualidad una clientela muy alejada de los "viciosos" y ludópatas.

ludopatía *f* (*Med*) Afición enfermiza a los juegos de azar. | Á. Ponce *Sur* 6.8.89, 10: La filosofía materialista que caracteriza a nuestra sociedad .. es el factor primordial que ha contribuido a la aparición de una nueva enfermedad: la ludopatía.

ludoteca *f* Centro o sala de juegos y otros entretenimientos, algunos de los cuales son susceptibles de préstamo. | *Sur* 22.8.89, 12: IU ha propuesto que se cree una ludoteca en los terrenos adquiridos por el municipio.

ludoterapia *f* (*Med*) Psicoterapia mediante el juego. | *GTelefónica N.* 961: Residencia Psiquiátrica Ntra. Sra. de la Paz .. Ludoterapia: Tenis, baloncesto, piscina.

luego (con pronunc tónica; en la acep 8 se pronuncia átono) **I** *adv* **1** Después o en un momento posterior. | Arce *Testamento* 15: –Tienes una mujer que es una real hembra –opinó Enzo. Luego dijo: –¿Te quiere? **b)** *Referido al momento en que se habla:* Un rato después. | MGaite *Visillos* 53: Dijo mi hermana que a lo mejor vendría luego. **c)** **más ~.** (*reg*) Después. *Gralm en la constr ~... Y MÁS ~.* | GPavón *Hermanas* 48: Y pronto llegaba el día que, en todas las cabezas que nos retrataban y corazones que nos quisieron, no quedaba absolutamente ningún rabo de recuerdo. Y más luego, hechas partijas de nuestros papeles, enseres y trajes, desmontado el nicho para otros novios y rota la lápida, lo que fue nuestra vida .. quedaba tan fuera de la realidad, tan aire, como antes de haber nacido. CBonald *Noche* 88: Ladró luego lastimeramente un perro y más luego otro.
2 Después o en un lugar posterior. | Matute *Memoria* 94: Estos tres eran los principales. Luego venían Ramón .. Y .. Sebastián. Bustinza-Mascaró *Ciencias* 120: A continuación viene el buche, luego la molleja muscular y por fin el intestino.
3 Además. | CPuche *Paralelo* 255: En realidad, nadie sabía nada. Y luego estaba aquella carta incomprensible que había dejado para Genaro.
4 (*reg*) Enseguida o sin dilación. *A veces en la forma* LUEGUITO. | Nácher *Guanche* 57: ¿Oíste, Juana? Cuatro chicas de bacalao. Esa nos echa lueguito la casa por la ventana.
5 muy ~. (*lit*) Muy pronto. | *Van* 5.12.74, 53: Una vez que .. se puso de moda el diálogo, asistimos muy luego a la canonización del no menos vernacular diálogo de sordos.
6 desde ~. Sin duda. *Gralm manifestando conformidad.* | MGaite *Visillos* 48: –¿Quedamos en que te gusta? –Es una monada, chico, desde luego. Cuevas *Finca* 107: –Señorito, es necesario comprar verracos nuevos. Estas puercas están demasiado cruzadas con la sangre de la casa. –Desde luego, Gregorio. **b)** *A veces usado enfáticamente.* | FSantos *Cabeza* 205: Desde luego. ¡Cómo vivís los de aviación!
II *loc prep* **7 ~ de.** (*lit*) Inmediatamente después de. | Goytisolo *Afueras* 43: Luego de mirarlas, leyó algunos párrafos del libro. Chamorro *Sin raíces* 51: La algarabía era indescriptible. Luego de la aritmética venía la religión.
III *conj* **8** *Introduce una or que expresa un hecho presentado como consecuencia lógica del de la or anterior.* | PAyala *Abc* 1.6.58, 3: Los seres y cosas, puesto que existen, existen por algo y a causa de algo. Luego todo lo que existe obedece a génesis previa.
9 ~ que. (*lit*) Inmediatamente después que. | Ribera *SSanta* 80: Jesús, luego que tomó el vinagre, dijo: Todo está cumplido.
10 tan ~. (*reg*) Tan pronto como. *Tb* TAN ~ COMO. | Nácher *Guanche* 54: He pensado dejarte una manda. Tan luego venga el escribano arreglaremos ese papel. Nácher *Guanche* 42: –Dije que te cases conmigo .. –Deje que me lo piense .. –Mas no hay que esperar, digo yo. –Véngase mañana. Yo le espero. Ya le diré tan luego como me lo piense.

IV *fórm or* **11 para ~ es tarde.** (*col*) Fórmula con que se incita a la pronta ejecución de lo que se ha decidido. | SFerlosio *Jarama* 120: –No, hija, tú eres la campeona .. La rana sin ti es como un guiso sin carne .. –Les advierto que mi novio viene a las cinco a recogerme. –Pues hala, entonces; para luego es tarde. Cuanto antes mejor.
V *interj* **12 hasta ~.** *Se usa como despedida para poco tiempo. Tb* (*col*) HASTA LUEGUITO. *A veces usada como despedida en general.* | CPuche *Paralelo* 53: Pagó rápidamente su coñac, dejó una propina y salió diciendo: –Hasta luego. Olmo *Camisa* 51: –Hasta lueguito, amigos. –Adiós, Juan.

luengo -ga *adj* (*lit*) Largo. | M. Pinta *Abc* 2.3.58, 49: Consta, pese a todo, .. la postración de nuestro espíritu, mantenida a través de luengos años de desorientación y de estiaje profundo.

lueñe *adj* (*lit*) Lejano o distante. | Torrente *Fragmentos* 21: Al santo obispo Marcelo, que llegó de tierras lueñes y hablaba una lengua extraña, le llegó a los oídos la historia de su ilustre antecesor.

lúes *f* (*Med*) Sífilis. | *Puericultura* 22: Se hace necesario someter a la nodriza a un detenido reconocimiento médico; en él se investigará principalmente la lúes y la tuberculosis.

luético -ca *adj* (*Med*) Sifilítico. *Tb n, referido a pers.* | Abella *Imperio* 131: De tener un porcentaje de defunciones de luéticos del 2,47 por 100.000 en 1935 se subió al 7,05 en 1940.

lugano (*tb* **lúgano**) *m* Pájaro de plumaje amarillo, verde y pardo y canto melodioso, que puede criarse en jaula (*Carduelis spinus*). | Noval *Fauna* 340: El *Ubano* o Lugano (*Cardu*[*el*]*is spinus*) se parece al anterior [el verderín], aunque es más grácil y el plumaje es predominantemente amarillo verdoso. Castellanos *Animales* 116: Pájaros cantores de la Península Ibérica. Calandria, estornino, pinto, jilguero, lúgano, mirlo.

lugar (*con mayúscula en acep 1c*) **I** *m* **1** Parte del espacio (esp. del suelo o de otra superficie) que está o puede estar ocupada por alguien o algo. | Arce *Testamento* 3: El sol era más llevadero en un lugar semejante. **b) ~ geométrico.** (*Geom*) Línea o superficie cuyos puntos tienen alguna propiedad común. | Marcos-Martínez *Matemáticas* 224: Hipérbola es el lugar geométrico de los puntos de un plano tales que la diferencia de sus distancias a dos puntos fijos del mismo plano es constante e igual a 2*a*. **c) Santos ~es.** Lugar [1a] que fue escenario de la vida y muerte de Jesucristo. | Arenaza-Gastaminza *Historia* 95: Con el nombre de Cruzadas se conocen las expediciones guerreras que realizaron los cristianos de Europa .. para liberar los Santos Lugares del poder de los musulmanes.
2 Parte de espacio, real o figurado, que corresponde [a una pers. o cosa (*compl de posesión*)] en una serie o en un conjunto. | Marcos-Martínez *Aritmética* 17: Valor relativo de una cifra es el que le corresponde por el lugar que ocupa en el número.
3 Lugar [2] que [una pers. o cosa (*compl de posesión*)] ocupa, en espacio, tiempo o importancia, con respecto a las demás que forman serie con ella. *Referido a ideas que se exponen, frec en constrs como* EN PRIMER ~, EN SEGUNDO ~, EN ÚLTIMO ~. | ZVicente *Balcón* 62: Casta, dominadora, despreciaba la ignorancia de las señoras. Poseída de su lugar: –¡Algo increíble! ¡No tengo fuerzas ni para recordarlo! G. González *Inf* 26.6.75, 16: El ambicioso plan del partido de liberar al hombre de Mozambique en un sentido integral chocará con enormes dificultades. En primer lugar, la mayoría de la población (más del 90 por 100) es analfabeta. En segundo lugar, porque no se liquidarán con el simple ondear de una bandera nacional los hondos y radicales antagonismos tribales. **b)** Lugar [2] que corresponde [a una pers. (*compl de posesión*)] por su categoría o por sus circunstancias. | * Tu lugar está en la habitación del enfermo. CBaroja *Inquisidor* 29: Fue el del Santo Oficio uno de los tribunales más discutidos en cuestión de pre[e]minencias, lugares y honores.
4 Posibilidad u ocasión. | Berenguer *Mundo* 74: De seguir al paso de aquella tropa, no iba a darme lugar de tomarles la delantera para avisar.
5 (*lit*) Momento conveniente u oportuno. | * Nunca encontrarán lugar para tomar la decisión.

6 Aldea, esp. pequeña. | Cela *Judíos* 66: Fue el famoso patriota don Jerónimo Merino, natural de Villoviado, lugar del ayuntamiento de Lerma, en esta provincia de Burgos. Alós *Hogueras* 255: Los mozos de su pueblo y de los lugarejos de los alrededores. **b)** *En gral:* Población pequeña. | Halcón *Monólogo* 24: El usurero atónito vio morir al señor del lugar sin comprender por qué la Providencia premiaba la usura dejándole a él con vida y llamando a mejor vida al derrochador.
7 Pasaje o texto [de una obra o de un autor]. | Torrente *Fragmentos* 185: "¿Piensa usted que la madre Clementina ha copiado del Dante sus descripciones?" .. "Sí .. Decirlo así en el artículo hubiera sido fácil: «¡Eh, señores, que esta monja es una farsante, y aquí están los lugares de donde copia sus relatos!»"
8 ~ común. Idea vulgar o manida utilizada en una conversación o un texto. | Laiglesia *Ombligos* 59: Eso fue lo que aprendió la promoción de Juan en la clase de Oratoria: el arte de decir lugares comunes que sonaran a sitios inexplorados. **b)** *(Filos)* Principio general del que se saca la prueba para un argumento. *Frec en pl.* | Bueno *Tri* 26.12.70, 10: Lo que sobreentendemos con el nombre "pensamiento español" es algo de contornos bastante precisos .. Quizá sea suficiente aquí delimitarlos de este modo: pensamiento consagrado a los lugares comunes, los tópicos de Aristóteles. **c)** *(TLit)* Tópico (tema o forma de expresión que se repite a lo largo de la historia literaria). | LEstrada *Lit. medieval* 158: La consideración de las relaciones entre la literatura antigua y la medieval se ha visto también favorecida por el estudio sistemático de los tópicos .., que se han llamado en algunos tratados "lugares comunes" y "lugares oratorios".
9 *(hist) En pl, en algunos colegios, esp de frailes, y en seminarios:* Servicio o retrete. *Frec en la constr* IR A (LOS) ~ES. | ZVicente *Hojas* 121: Dos dedos en alto para ir a los lugares. [*En un colegio laico.*] CPuche *Conocerás* 65: Yo pedí permiso para ir "a lugares", y él me dijo que no. [*En el seminario.*] CPuche *Sabor* 181: Yo apretaba las piernas sintiendo una humedad que me resbalaba hacia abajo y sin tiempo de ir a lugares. [*En un colegio de frailes.*]
II *loc adj* **10 fuera de ~.** Inoportuno. | * No he visto argumento más fuera de lugar.
III *loc v y fórm or* **11 dar ~** [a algo]. Ocasionar[lo] o motivar[lo]. | *Ale* 4.8.74, 11: La SAM pasó por momentos muy difíciles .. Fue director gerente don Joaquín Peláez, en una gestión que dio lugar al pago de todos los atrasos.
12 en su ~, descanso. *(Mil) Voz de mando con que se ordena al soldado en posición de firmes que adopte una postura más relajada sin moverse del sitio en que está.* | FReguera-March *Cuba* 409: Las compañías de la *Constitución* se han detenido. Se ordena "en su lugar, descanso".
13 estar [algo] **fuera de ~.** Ser inoportuno. | *Faro* 30.7.75, 1: Las Cortes han aprobado en la mañana de ayer el proyecto de Ley de Incompatibilidades parlamentarias, que supone un acierto, aunque hubiera podido ser más amplio de no interferirse prejuicios e invocaciones de lealtad que en la discusión de la reforma estaban –creemos– fuera de lugar.
14 haber ~ [a, o para, una cosa]. Ser [esa cosa] oportuna. *Tb sin compl. Más frec en frases negativas. En lenguaje jurídico y admin se emplea la fórmula* HA (O NO) ~, *para acceder a lo solicitado (o para denegarlo).* | Bernard *Verduras* 70: Si hay lugar, por ser demasiado clara, se espesa la salsa con un poco de harina. J. Miralles *Abc* 1.8.63, 3: La sentencia que resumimos declara haber lugar al recurso, deja sin efecto la resolución de la Audiencia. *Inf* 2.1.76, 7: Esta propuesta fue rechazada por el alcalde, aludiendo [sic] que en un Pleno extraordinario no ha lugar para ruegos y preguntas. * El presidente dijo: No ha lugar.
15 poner [a alguien] **en su ~.** Mantener[le] a raya o impedir que se extralimite. | GBiedma *Retrato* 11: Si por lo menos me atreviese a trabar conversación con los boys del hotel... Pero solo con entrar en mi habitación y mirarme –mejor dicho, no mirarme– me ponen en mi lugar y no me atrevo a salir de él.
16 ponerse [una pers.] **en el ~** [de otra]. Imaginarse en su situación o circunstancias. *Gralm la constr* PONTE EN MI ~. | * ¿Qué iba a hacer yo? ¡Ponte en mi lugar!
17 tener ~ [una cosa]. *(lit)* Ocurrir. | Cunqueiro *Un hombre* 204: Si la visita tuviese lugar, le mandaría por escrito el resultado.

IV *loc adv* **18 en buen** (*o* **mal**) **~.** En situación airosa o decorosa (o lo contrario). *Normalmente con los vs* QUEDAR *o* DEJAR. | Lera *Bochorno* 46: Con chachas así, puede una quedar en mal lugar. Cualquier día nos confunden a las dos. Delibes *Cinco horas* 167: Por el mero hecho de tener sentido común ya la dejan a una en mal lugar.
19 sin ~ a duda(s). Con toda seguridad. | D. Terol *Sit* 10.4.74, 10: Sin lugar a duda, es el ábside lo más destacable de este templo. *Inf* 24.7.75, 15: El Presidente francés es, sin lugar a dudas, sumamente cuidadoso de la forma.
V *loc prep* **20 en ~ de.** En vez de. | *Alc* 1.1.55, 3: Hoy entra en vigor la ayuda financiera norteamericana, en forma directa, a los Gobiernos del Vietnam, Laos y Camboya, en lugar de efectuar dicha acción a través de Francia.

lugareño -ña *adj* De un lugar [6] o de una población pequeña. *Tb n, referido a pers.* | Chamorro *Sin raíces* 84: El otro interlocutor repetiría, como una obsesiva cinta magnetofónica, ideas antipragmáticas, poéticas, .. incomprensibles a la mentalidad de un lugareño. **b)** Propio de un lugar [6] o de una población pequeña. | Lera *Clarines* 334: Rafa se resistía a admitir aquella lógica lugareña que concedía carácter de circunstancia eximente para toda clase de barbaridades la de ser realizadas en fiestas.

lugartenencia *f* **1** Condición o cargo de lugarteniente. | G. Estal *Ya* 17.7.75, 8: Los parlamentarios son procuradores del poder. La diputación popular que ostentan es puro formalismo. Carecen de lugartenencia democrática. Miguel *SD16* 17.6.90, 3: Puede que se apunten al éxito otros candidatos para el valimiento o la lugartenencia.
2 Oficina del lugarteniente. | *GacR* 31.12.70, 4: Durante el presente mes, y siguiendo las directrices de la Lugartenencia de la Guardia de Franco (sección deportiva), han tenido lugar encuentros de fútbol provincial.

lugarteniente *m y f* Pers. destinada a sustituir en un cargo o en algunas de sus funciones [al titular *(compl de posesión)*]. | Cabezas *Madrid* 362: Francisco Orellana .. acompañó a Pizarro en la conquista del Perú y fue nombrado su lugarteniente después del famoso paso de los Andes.

luge (*fr; pronunc corriente,* /lüʒ/) *f (Dep)* Trineo pequeño de patines levantados por delante. *Tb el deporte correspondiente.* | C. Pardo *Voz* 12.2.88, 47: Todos ... viven la misma emoción. La de un artefacto deslizante cada vez más rápido al que hay que controlar, sea con el vol[a]nte en el "bob" o con los pies por delante en la "luge". *Ya* 14.2.88, 29: Juegos Olímpicos de Invierno .. Programa de hoy. Luge (monoplaza, hombres, primera y segunda mangas).

lugón -na *adj (hist)* De cierto pueblo prerromano habitante de la región de Cantabria. *Tb n, referido a pers.* | Lueje *Picos* 70: Unos primeros pueblos que se llaman cántabros y se llaman astures viven entre los Picos de Europa y el mar. Los forman agrupaciones de tribus. La de los Lugones, la de los Pésicos.

lugre *m (Mar)* Embarcación pequeña de tres palos usada esp. en el Canal de la Mancha. | CBonald *Noche* 305: Procedió a relatar las confidencias que le había hecho el patrón del *Leonardo II*, dueño también del lugre que le dejara en testamento el viejo Leiston y que él rebautizó con el ferviente nombre de Listón.

lúgubre *adj* Triste o fúnebre. | MHerrera *Abc* 19.12.70, 27: ¿Es modestia u orgullo la de los cedros lúgubres y los arrayanes?

lúgubremente *adv* De manera lúgubre. | Cela *Judíos* 193: La campana tañe tan lúgubremente que el vagabundo llega a pensar que el vecino muerto debiera valer, cuando menos, por dos.

lugués -sa *adj* De Lugo. *Tb n, referido a pers.* | *Voz* 29.11.80, 45: Sigue nevando en la alta montaña luguesa.

luir (*conjug* **48**) *tr (Der)* Redimir [un censo u otra obligación]. | *Compil. Cataluña* 814: En las ventas a carta de gracia o con pacto de retroventa no podrá ejercitarse dicha acción rescisoria hasta que se haya extinguido o caducado el derecho de redimir, "luir", "quitar" o recuperar.

luis[1] *m* Joven de la congregación seglar mariana de San Luis Gonzaga, dependiente de la Compañía de Jesús. | FReguera-March *Fin* 395: ¡Tu primera cita nocturna! ¡Un "luis" más que se descarría! Delibes *Madera* 193: Luego se interesó por la academia, pero Lucinio únicamente sabía que era para los Luises, porque el P. Rivero, antes de ser desterrado, había dirigido esa congregación.

luis² *m* (*hist*) Moneda de oro francesa, de valor de 20 francos y en vigor hasta la primera guerra mundial. | Cunqueiro *Crónicas* 93: El ama Levejean, cuando vio los cuatro luises en la palma de aquel rico señor de Le Mans, aceptó en seguida el trato y me expidió un recibo. FRegueraMarch *Fin* 273: Una de las razones que me hacen pensar en regresar es que los luises de oro se me acaban.

luisa *f* Hierbaluisa. | Benet *Volverás* 19: De noche refresca, y en primavera y otoño llega el soplo de la sierra impregnado con el aroma de la luisa y el espliego. FQuer *Plantas med.* 639: Luisa. (*Lippia triphylla* Kuntze) .. La luisa es una planta leñosa, arbustiva .. Las hojas despiden un agradable olor a limón.

lujar *tr* (*E*) Abrillantar [la suela y los bordes del calzado]. | *Ya* 8.9.87, 29: La suela [del boto] se pega con cola y luego se cose a la "vira" o cerco con hilo de algodón untado en pez sólida, y una vez asentada, se lija el tacón, se deviran los cantos de la suela y se tiñen y "lujan" (encerar y abrillantar).

lujo I *m* **1** Abundancia de adorno o comodidad, que implica gasto. | Delibes *Emigrante* 54: Ni en el hotel de más campanillas de París hay un lujo como este. Tejedor *Arte* 41: Hay así una gran prosperidad que desarrolla el lujo hasta el refinamiento.
2 Abundancia [de algo] que sobrepasa lo normal o necesario. | E. Corral *Abc* 23.3.75, 55: Lo que en el filme canadiense es majestad faunesca e investigación de laboratorio .. en "Prisioneros del bosque" son espacios abiertos con lujo de fauna agresiva, ibérica, majestuosa. Cela *Mazurca* 233: La Crónica de Arístides el Leproso recoge el acontecimiento y da nombres y todo lujo de detalles. FReguera-March *Dictadura* 1, 152: El lujo de precauciones, aquella clandestinidad, en vez de tranquilizarle contribuyeron a exacerbar su sombrío humor.
3 Hecho de sobrepasar lo normal o necesario. | Torrente *DJuan* 317: De por sí [la pregunta] es una blasfemia, sobre todo cuando no está angustiado el corazón que interroga, sino que, como yo, pregunta por puro lujo.
4 Cosa que implica lujo [1, 2 y 3]. *Frec con intención ponderativa. Frec en la constr* PERMITIRSE EL ~ DE. | Berlanga *Gaznápira* 136: En ese piso ideal de los años 70, como tu lujo a su alcance. Chamorro *Sin raíces* 235: Después de más de veinte años de penurias, .. Agustín iba a permitirse el lujo de adquirir bienes. **b)** *Se usa en constrs como* SER UN ~, *para ponderar el carácter excepcional de alguien o algo.* | Montero *País* 3.4.79, 18: Es un animal hermoso, una burra pía, con lunares, con rayas, con todo, es un lujo de burra, un capricho.
II *loc adj* **5 de ~.** Que tiene características que implican lujo [1] respecto a otros de su clase. | * Los modelos de lujo llevan aire acondicionado. **b)** De calidad superior o excepcional. | VMontalbán *Soledad* 52: En mangas de camisa, a pesar de la primavera fría o gracias a una calefacción de lujo, el coronel economista se cuadró. * Hoy tenemos un invitado de lujo.

lujosamente *adv* De manera lujosa. | Onieva *Prado* 67: Viste lujosamente "para el caso". E. Romero *Pue* 12.11.70, 3: De grandes deslealtades a personas equivocadas está empedrada lujosamente la Historia.

lujosidad *f* (*lit, raro*) Lujo [1]. | GCaballero *Cabra* 47: De ahora en adelante no debería nadie ostentar lujosidad.

lujoso -sa *adj* [Cosa] que implica lujo [1 y 2]. | GPavón *Hermanas* 44: Todo él [el piso] puesto al gusto del último tercio del siglo pasado, ni lujoso ni corriente. Umbral *Ninfas* 157: Una vela o, más bien, un cirio de muerto, ancho, corto, lujoso de esperma acumulada, que hacía una llama alta ante mi nariz.

lujuria *f* **1** Vicio que consiste en el deseo desmedido del placer sexual. | Alfonso *España* 140: También los peculiares aspectos nacionales de la lujuria son puntualizados con extensión.
2 (*lit*) Exceso o demasía. *Frec con un adj o compl especificador. Frec referido a vegetación.* | Payno *Curso* 193: El asfalto brillaba con lujuria, húmedo, bajo la fuerte iluminación.

lujuriante *adj* (*lit*) [Cosa, esp. vegetación] exuberante o muy abundante. | Escobar *Itinerarios* 189: Un paisaje a veces descarnado y ascético, y otras veces florido y lujuriante.

lujuriantemente *adv* (*lit, raro*) De manera lujuriante. | MSantos *Tiempo* 197: El protoplasma circundante, trabajosamente sí, pero lujuriantemente, seguía desarrollándose.

lujuriosamente *adv* De manera lujuriosa. | GAlemán *Abc* 28.4.74, 66: Rodeo la "jaula" y .. pregunto el precio de una de las fieras más lujuriosamente brillantes.

lujurioso -sa *adj* **1** De (la) lujuria [1]. | Valcarce *Moral* 135: En su aspecto moral, la complacencia lujuriosa solo cabe en la variante mixta.
2 [Pers.] dada a la lujuria [1]. *Tb n.* | Laforet *Mujer* 171: Los seres humanos observan a los otros seres humanos, encontrando en ellos aquel defecto oculto que en el momento determinado les corroe. Los lujuriosos ven lujuria; los avarientos, dinero oculto. **b)** Propio de la pers. lujuriosa. | DPlaja *El español* 130: En el espíritu lujurioso del español, toda admiración física está irrevocablemente unida a un deseo.
3 (*lit*) Lujuriante. | J. DDuvos *Pue* 17.12.70, 16: En los frondosos montes de pinos de la cuenca del río Moros, poblado de grandes pinares, .. existen unas siete mil hectáreas de lujuriosa vegetación de montaña.

lula *f* (*reg*) Calamar (molusco). | *Hoy* 2.11.75, 14: Para el consumidor .. Acedía. Aguja .. Centollo. Lulas. Pijotas.

lulismo *m* Doctrina mística y filosófica de Raimundo Lulio († 1325). | Reglá *Historia* 291: Son muy dignos de tener en cuenta los contactos .. con los círculos lulistas de París, así como la expansión hispánica del lulismo mallorquín.

lulista *adj* Seguidor del lulismo. *Tb n, referido a pers.* | Reglá *Historia* 291: Son muy dignos de tener en cuenta los contactos del arzobispo de Zaragoza .. con los círculos lulistas de París.

lulístico -ca *adj* De(l) lulismo. | GÁlvarez *Filosofía* 1, 427: Digna de encomio es la Escuela lulística de Mallorca.

lulú *m* Perro pequeño de pelo largo y abundante, cabeza triangular, hocico puntiagudo y orejas rectas. | DCañabate *Abc* 23.4.75, 35: En brazos traía un lulú de aquellos que se llevaban cuando yo era niña.

lumaquela *f* (*Mineral*) Roca caliza sedimentaria constituida pralm. por conchas de moluscos fósiles. | Bustinza-Mascaró *Ciencias* 332: Entre sus numerosas variedades [de calcita] tenemos el espato de Islandia ..; las lumaquelas o calizas formadas por agregados de conchas de moluscos que conservan su nácar.

lumbago *m* Dolor en la región lumbar, causado por reúma o por un esfuerzo violento, y que suele inmovilizar el tronco. | Berenguer *Mundo* 179: Un día, saliendo del cuartel, lo vieron pasar muy tieso, como si tuviera lumbago.

lumbalgia *f* (*Med*) Lumbago. | *Min* 5.87, 32: En dolor e inflamación localizados Fastum Gel consigue el objetivo terapéutico. Indicaciones. Afecciones dolorosas, flogísticas o traumáticas de las articulaciones, tendones, ligamentos y músculos (artritis, periartritis, .. tortícolis, lumbalgias).

lumbar *adj* (*Anat*) De la parte de la espalda inmediatamente anterior a la cadera. | Mascaró *Médico* 117: A las pocas horas de ingerir habas, el individuo presenta un cuadro de dolor abdominal y lumbar agudo. Bustinza-Mascaró *Ciencias* 200: En la columna vertebral [del gato] hay las siguientes regiones: cervical o del cuello, con siete vértebras; torácica, con trece; lumbar, con siete; sacra, con tres soldadas, y caudal o del rabo, con 16 a 20 vértebras.

lumbierino -na *adj* De Lumbier (Navarra). *Tb n, referido a pers.* | *DNa* 28.8.64, 8: Los simpáticos lumbierinos han editado un bonito folleto con su programa de fiestas.

lumbociático -ca (*tb con la grafía* **lumbo-ciático**) *adj* (*Med*) De la región lumbar y el nervio ciático. *Frec n f, referido a afección.* | P. Sedano *Ya* 23.10.91, 14: El tribunal optó por esta solución como la más adecuada ante la

lumbosacro – luminaria

afección lumbo-ciática que aqueja a José María Peña. Nolla *Salud* 340: Si la enfermedad vertebral que origina un lumbago afecta también las raíces del nervio ciático, el dolor se irradiará además hacia la pierna y el pie .. Se habla entonces de lumbociática.

lumbosacro -cra *adj* (*Anat*) De la región lumbar y el sacro. | Navarro *Biología* 95: Aponeurosis lumbosacra. [*En un gráfico*].

lumbostato *m* (*Med*) Corsé ortopédico rígido destinado a sujetar las vértebras lumbares. | *Abc* 20.8.69, sn: ¡¡Fajas ortopédicas!! Para espalda (lumbostatos).

lumbrarada *f* **1** Lumbre grande con llamas. *Tb* (*lit*) *fig*. | Acquaroni *Abc* 2.12.70, 3: Casi sin tiempo de disfrutar de los esplendores del día, han perecido atraídos por el fulgor de la lumbrarada, en este mundo que les estamos fabricando angosto. CBonald *Dos días* 140: Arrastró la silla un poco más dentro de la sombra, que culebreaba sobre el piso de tierra, a compás del intermitente vaivén de la parra, como si le costara cada vez más trabajo engullir las mórbidas lumbraradas del recalmón.
2 (*reg*) Resplandor grande. | Lera *Boda* 547: Margarito chupó con fuerza, y la lumbrarada del cigarrillo iluminó un instante su rostro.

lumbre I *f* **1** Fuego de la cocina. | Laforet *Mujer* 135: La lumbre estaba apagada; los muebles, llenos de polvo. *Cocina* 620: Almendras acarameladas .. Se pone a la lumbre en un cazo el agua y el azúcar. **b)** Fuego, normalmente de leña, encendido para que dé calor. | Olmo *Golfos* 111: La hoguera se nos iba yendo ..; las caras, casi metidas en la poca lumbre, apenas recibían calor. **c)** Fuego necesario para encender algo, esp. un cigarro, cigarrillo o pipa. *Frec en las constrs* DAR ~ *o* PEDIR ~. | Arce *Testamento* 17: ¿Puede darme lumbre? Chistera *Cod* 11.8.74, 4: No llevar encima mechero o cerillas son ganas de molestar al prójimo, porque siempre se tiene un prójimo cerca que lleve lumbre.
2 Luz o resplandor. *Gralm fig, esp referido a los ojos o la mirada*. | Escobar *Itinerarios* 86: Había luna llena preñada de lumbre. GPavón *Reinado* 189: Las lumbres de los cigarros jugaban en la oscuridad de la cueva, y los humos azules, como bien educados, tomaban el derecho derrotero de la lumbrera. DCañabate *Paseíllo* 55: Busqué con mis ojos los ojazos de la moza. Me hicieron daño de la lumbre que desprendían. García *Abc* 6.6.71, 3: Son [sus Obras Completas] una cima del saber y testimonio glorioso de una vida, que es lumbre y decoro de España.
3 (*raro*) Materia combustible encendida. | Lera *Boda* 546: Margarito se puso el cigarrillo en los labios. Mientras hablaba, se caían de él briznas de lumbre.
4 (*lit, raro*) Capacidad intelectual. | J. Cienfuegos *Hoy Extra* 12.69, 3: Represar las aguas, represar el esfuerzo de los brazos, la lumbre de las inteligencias, estaba en la lección cajaliana.
II *loc v* **5 echar ~.** (*col*) Estar furioso. | CPuche *Paralelo* 270: Se iba a su piso echando lumbre. Además le dolía la cabeza atrozmente.

lumbrear *intr* (*reg*) Resplandecer o echar lumbre [2]. | GPavón *Reinado* 207: Cuando empezaron a lumbrear los cigarros, el Jefe se dignó a hablar.

lumbrera *f* **1** Pers. de gran sabiduría que ilustra a los demás. | ZVicente *Traque* 267: Se nos han muerto unas cuantas lumbreras, el deporte va de mal en peor, los ingleses no se largan de Gibraltar .. En fin, oiga, qué panorama. Villapún *Iglesia* 133: San Alfonso María de Ligorio. Es una de las refulgentes lumbreras de la Iglesia. **b)** Pers. muy inteligente. *Frec con intención irónica*. | B. Cortázar *Abc* 22.8.87, 73: El verano es un buen momento para descubrir nuev[a]s "lumbreras", o avispados peseteros, que, con algo de imaginación y muy poco desembolso, son capaces de montarse un invierno en Brasil o un crucero de doce meses.
2 Abertura en el techo destinada a dar luz y ventilación. | *Navarra* 93: Solo cuando la casa tiene planta cuadrada la distribución suele cambiar, haciéndose alrededor de un espacio iluminado por la torrecilla central o la lumbrera que va sobre la cubierta. GPavón *Reinado* 189: Las lumbres de los cigarros jugaban en la oscuridad de la cueva, y los humos azules, como bien educados, tomaban el derecho derrotero de la lumbrera. **b)** (*Mar*) Claraboya o escotilla para dar paso a la luz y ventilar las partes interiores de un buque. |

VMontalbán *Rosa* 83: Bajo la vigilancia de Germán se cerraban las puertas estancas antes que las puras puertas, escotillas, lumbreras y portillos situados bajo el nivel de la cubierta superior. Guillén *Lenguaje* 31: A las claraboyas decimos lumbreras.
3 (*E*) Abertura de ventilación. | Lorenzo *SAbc* 22.9.74, 11: La carbonera es exigente; pide pila de construcción delicada y perfecta: a rosca, encañada la plaza, boca para la cima y lumbreras de costado.
4 (*Mec*) *En un motor de dos tiempos*: Abertura que sirve para la admisión y el escape de los gases en los cilindros. | APaz *Circulación* 265: La constitución de estos motores [de dos tiempos] .. se diseña en la figura 300: ausencia de distribución ..; tres lumbreras u orificios (de admisión, carga y escape) en el cilindro y comunicación entre este y el cárter por el conducto de carga.

lumbrerada *f* Lumbrarada. | J. Cardús *SHer* 25.4.76, 13: Los animalillos del monte deben estar contemplando con asombro y con temor esta procesión con candiles de aceite que lanzan sus fantasmagóricas lumbreradas.

lumbrical *adj* (*Anat*) [Músculo], en forma de lombriz, que sirve para el movimiento de los dedos, a excepción del pulgar. *Tb n*. | Navarro *Biología* 96: Flexor superficial de los dedos. Lumbricales. [*En un gráfico*.]

lumen (*pl invar o* ~ES) *m* (*Fís*) *En el sistema internacional*: Unidad de flujo luminoso equivalente al producido por un foco cuya intensidad es una candela y que está situado en el vértice de un ángulo sólido de un estereorradián. | Mingarro *Física* 200: Las lámparas de filamento de carbón producen 3,5 lúmenes/w. *Ya* 2.7.58, 7: Se recomienda una iluminación media en el plano de trabajo de 150 lumen.

lumia *f* (*jerg*) Ramera. | Falete *Cod* 1.9.74, 19: Los dos bocazas se estaban peleando por una lumia de mala pinta, ojerosa, semiborracha y de torcida pernada.

lumiaco *m* (*reg*) Limaco o babosa. | Delibes *Parábola* 116: Siente por la espalda, como lumiacos, los escalofríos.

luminal (*n comercial registrado*) *m* Barbitúrico usado como sedante e hipnótico. | Zunzunegui *Camino* 62: Le aplicó una inyección de luminal que la dejó amodorrada y aplanada, y se fue el doctor. Mascaró *Médico* 53: Es recomendable la administración de una enema con una pastilla (disuelta dentro del agua) de un preparado hipnótico de luminal o bromuro sódico.

luminancia *f* (*Fís*) Cociente de la intensidad luminosa de una superficie dividida por el área aparente que tiene la misma para el observador alejado de ella. | *Unidades* 38: Luminancia: candela por metro cuadrado.

luminar *m* (*lit, raro*) Astro luminoso. *Tb fig.* | Á. Dotor *Jaén* 16.9.64, 5: Tal acontece con "Tolstoy", en donde ve el lector plasmada la figura de uno de los verdaderos luminares de la literatura contemporánea.

luminaria *f* **1** (*lit*) Luz o resplandor. | Delibes *Ratas* 156: La furia del cielo se desató sobre la cuenca y durante cinco horas se prolongaron las luminarias de las exhalaciones, los sordos retumbos de los truenos. Cuevas *Finca* 223: Una luminaria asomaba por el puente del Frontón. Era un coche que cruzó casi sin ruido por el carril.
2 (*Rel catól*) Luz que arde en las iglesias delante del Santísimo Sacramento. | Mercader-DOrtiz *HEspaña* 4, 51: Se pagaban .. gastos tradicionales (como la luminaria de la capilla del pueblo el Jueves Santo).
3 (*hist*) Luz expuesta en las calles y fachadas con ocasión de una fiesta o regocijo público. *Normalmente en pl*. | CSotelo *Poder* 253: Oírse nombrar con reverencia entre el incienso de la catedral; ver llenarse de luminarias las ciudades, y de banderas; saber que mil oraciones anónimas suben al cielo, a diario, pidiendo por su salud.
4 (*E*) Lámpara o aparato para alumbrar. | *DMé* 7.4.93, 12: La luminaria de halógeno Medop de Waldmann se utiliza en exámenes e intervenciones quirúrgicas que exigen luz intensa y concentrada. *Inf* 8.3.77, 36: Se elevan ya a casi un centenar las detenciones de muchachos de catorce a dieciocho años que, de modo sistemático, rompen [en el metro] luminarias, puertas, elementos decorativos, rajan los asientos de los vagones, etcétera.
5 (*reg*) Hoguera. | N. Dorado *Odi* 16.1.77, 29: Empieza el invierno a pegar fuerte, y el Baudilio, el hombre, en cuanto

puede prende la chisquera para calentarse las manos gafas, armando la luminaria en cualquier caseta de pastor.

lumínico -ca *adj* (*lit o E*) De (la) luz. *Tb fig.* | Pinilla *Hormigas* 238: El teniente dirigió hacia él el foco y estudió su expresión .. Luego, la columna lumínica borró el rostro y empezó a recorrer la cuadra. *Van* 4.11.62, 2: El nuevo tubo de imagen .. da la mejor imagen de TV. del mundo .. obteniendo el un 25% más de poder lumínico. GNuño *Madrid* 199: La evolución de su cromatismo lumínico [de Sorolla] progresó siempre. P. Rocamora *Abc* 22.10.70, sn: Marañón rehace los personajes que tuvieron vida propia al poner sobre ellos el acento lumínico de su observación y de su ingenio.

luminiscencia *f* (*Fís*) Propiedad de algunos cuerpos de emitir luz sin estar incandescentes. | Mingarro *Física* 200: Los focos luminosos de mayor rendimiento son los de luz fría, basados en los fenómenos de luminiscencia. Bustinza-Mascaró *Ciencias* 292: En los órganos luminiscentes de algunos animales marinos se ha demostrado que la luminiscencia es producida por fotobacterias.

luminiscente *adj* (*Fís*) Que posee luminiscencia. | Navarro *Biología* 297: Algunos animales abisales son luminiscentes.

luminismo *m* (*Pint*) Tendencia que da importancia preponderante a los efectos de la luz. | J. Pereira *Abc* 13.5.58, 23: Francisco de Ribalta sustantiva la luz. Lo vital no es en él la sombra misteriosa, sino las regiones lucientes; más que de tenebrismo cabría hablar de luminismo. Areán *Rev* 2.71, 31: Recordemos también a una Francia dividida entre el luminismo vibratorio de un Lorin .. y el gesto alígero y ornamental de un Mathieu.

luminista *adj* (*Pint*) De(l) luminismo. | Tejedor *Arte* 218: El impresionismo tiene así como sus fundamentales preocupaciones las luministas y coloristas, dejando, en cambio, al margen las inquietudes y el interés por los temas. **b)** Adepto al luminismo. *Tb n.* | CBaroja *Baroja* 83: M[i] tío .. había empezado su "carrera" de pintor en Valencia; pero, en vez de sentirse inclinado a la manera de Sorolla, tuvo más apego a la de otros maestros más viejos .. Discutió con los luministas y siempre le pareció que la pretensión de pintar el sol era irrealizable.

luminosamente *adv* De manera luminosa. | N. Figueroa *MHi* 2.64, 53: Los teatros de la capital francesa anuncian luminosamente sus espectáculos.

luminosidad *f* Cualidad de luminoso [1 y 2]. | CPuche *Paralelo* 91: El sol sacaba a la nieve una luminosidad que hería los ojos. GNuño *Arte* 152: Los altos ventanales se encargan de la luminosidad apetecida por el arquitecto y los canónigos. Marsé *Amante* 59: No se recuerdan las formas, dijo, sino la luminosidad de la piel, la textura y el color.

luminoso -sa *adj* **1** Que emite luz. *Tb n m, designando anuncio o rótulo.* | ZVicente *Traque* 223: También le hemos puesto [el dibujo del coche] en las facturas, en los almanaques de propaganda, en el anuncio luminoso. Porque tengo un luminoso, qué te has creído tú, a ver.
2 Que tiene luz. *Tb fig.* | CBonald *Casa* 253: Era un piso muy amplio y luminoso. F. PMarqués *Hoy* 28.7.74, 16: Hay una nena de anchos ojos luminosos. * Sus cuadros son alegres, luminosos.
3 Que ilumina intelectualmente. | Halcón *Ir* 396: Sobre este extremo se ha escrito un libro luminoso debido al sociólogo José Ballester. Anson *Oriente* 123: Juan XXIII, en un documento luminoso, demostraba la necesidad de una más justa distribución de la riqueza mundial. **b)** [Idea] brillante o muy acertada. | * Has tenido una idea luminosa.
4 De (la) luz. | Marcos-Martínez *Física* 141: A esta dirección rectilínea de la luz se denomina rayo luminoso. Tejedor *Arte* 151: Tintoretto, pintor de grandes efectos luminosos, cultiva el retrato, los temas históricos y a veces los religiosos.

luminotecnia *f* Arte de la iluminación con luz artificial. | Pemán *Andalucía* 58: En este [retablo] se anegan figuras espléndidas, en alturas que las hacen invisibles y que lo fueron mucho más antes que las buscasen los embrujos de la luminotecnia. **b)** Instalación realizada con arreglo al arte de la luminotecnia. | Pla *América* 67: Al salir del restaurante tomamos un taxi y nos dirigimos a Times Square para contemplar la abrumadora luminotecnia del lugar.

luminotécnico -ca I *adj* **1** De (la) luminotecnia. | FCid *Abc* 9.4.67, 11: No es la amplitud del escenario, sus medidas, sus medios luminotécnicos o mecánicos lo que nos deslumbra.
2 [Pers.] que se dedica a la luminotecnia. *Frec n.* | Marquerie *Abc* 25.6.58, 15: Desean que los espectadores de su teatro encuentren en él auténticos profesionales –actores y actrices, directores, decoradores, figurinistas, luminotécnicos–, que hagan de cada espectáculo una auténtica fiesta auditiva y visual.
II *f* **3** Luminotecnia. | HLS 26.8.74, 1: La Feria .. presenta artículos de escritorio, decoración, artesanía, muebles y de luminotécnica.

lumpen (*pl normal, invar*) **I** *m* **1** (*Pol*) Lumpenproletariat [1a]. | Marsé *Tardes* 242: Eso es un disparate. Es como desear ver a la sufrida clase media convertida en lumpen para que se produzca la revolución cuanto antes. **b)** *Esp:* Sector más bajo y marginado de la sociedad. | Goytisolo *Recuento* 332: A juzgar por lo que escribe se diría que el tajo de los obreros está en el bar, en un bar cualquiera de los que recorre en el curso de sus salidas, de su exploración del arroyo, de sus encuentros con el alcohol y la droga, el homosexualismo y la delincuencia, la prostitución y el lumpen.
2 Pers. perteneciente al lumpen [1]. | Comín *Cua* 12.70, 20: La Junta, lamentándolo mucho, sigue enviando a celdas de "lumpen" o al preso político. Umbral *Hijo* 9: El Modernismo .. no acabábamos de saber si nos gustaba o no a los lumpen de mi generación.
II *adj* **3** De(l) lumpen [1]. | VMontalbán *Pianista* 33: Era un barrio casi lumpen hace treinta o cuarenta años. *SD16* 12.10.85, 1: El guionista y director de "Truhanes", con la que obtuvo un sorprendente éxito el año pasado, repite con personajes lumpen, antihéroes, para contar –siempre en tono de comedia– la ajetreada historia de un golpe perfecto.

lumpenproletariado (*tb con la grafía* **lumpen-proletariado**) *m* (*Pol*) Lumpenproletariat. | Rábade-Benavente *Filosofía* 215: En el extremo límite de esta falta de conciencia de clase estaría el lumpenproletariado, formado por las capas más bajas de la estratificación social. *Sáb* 18.1.75, 21: El mayor porcentaje de los niños que acuden a los Tribunales de Menores proceden en su inmensa mayoría de familias obreras o vinculadas al lumpen-proletariado.

lumpenproletariat (*al; pronunc corriente,* /lúm-pen-proletariát/) *m* (*Pol*) *En la doctrina marxista:* Parte del proletariado carente de conciencia de clase, que no participa en la producción y vive de la mendicidad o del robo. | *Abc* 16.4.58, 39: En los Estados Unidos no hay "proletarios", ni sombra ya de "lumpenproletariat" marxista. **b)** Sector más bajo y marginado de la sociedad. | J. L. Simón *SYa* 27.4.75, 11: El Sha huye de Teherán, pero Kim Roovelt, uno de los dirigentes de la CIA, .. repartiendo el dinero a chorros, recluta hombres entre el "lumpenproletariat" iraní.

lumpo *m* Pez marino cuyos huevos se comen como sucedáneo del caviar (*Cyclopterus lumpus*). | Prospecto 5.88: Alcampo .. Huevas de lumpo .. 275.

luna (*con mayúscula en aceps 1a, 8c y, a veces, 9, 10, 11 y 12*) **I** *f* **1** Satélite natural de la Tierra, visible esp. de noche y que refleja la luz que recibe del Sol. | Zubía *Geografía* 15: Eclipse de Sol. Se produce cuando la Luna se interpone entre el Sol y la Tierra. Olmo *Golfos* 176: Una noche, cuando la luna era más redonda, salió en busca del aire. **b) ~ llena, ~ nueva** → LLENO, NUEVO. **c)** (*Astron*) Satélite [de un planeta]. | J. L. Aguilar *Ya* 8.6.88, 23: Esto es lo que alegan los partidarios de la hipótesis de que Plutón es una luna escapada de Neptuno. *Ya* 18.1.86, 38: El Voyager-2 descubrió otras seis lunas en Urano.
2 Luz de la Luna [1a]. | Delibes *Ratas* 53: Otras noches el Nini .. observaba a los conejos, rebozados de luna, corretear entre la maleza.
3 Tiempo que media entre dos conjunciones sucesivas de la Luna con el Sol. | MGaite *Cuento* 71: Este cuento no lo concibo como un libro, sino como un viaje. Un viaje emprendido hace varias lunas.
4 Cristal grueso, usado esp. para escaparates. | *Inf* 16.7.70, 4: Fueron lanzadas multitud de piedras contra las ventanas .. y contra las lunas de los escaparates. *ByN*

lunación – luneta

31.12.66, 132: Cuatro (4) puertas. Cuatro (4) lunas descendentes .. Simca 1000.
5 Espejo grande. *Frec referido al que va adosado a la puerta de un armario ropero. En este caso, frec en la constr* ARMARIO DE ~. | Olmo *Golfos* 49: –¡Cuidado con la luna! –gritó la madre al darse cuenta de que intentaban descargar un armario. Torrente *Fragmentos* 112: Allí tenían colocados el armario de luna y la máquina de coser.
6 (*raro*) Pez luna (→ PEZ¹). | Gironella *SAbc* 28.12.69, 23: Existe la luna zoológica (el pez-luna).
7 ~ de miel. Período de tiempo inmediatamente posterior a la boda. | A. Ramos *Sol* 24.5.70, 7: Vendrá también este año Marisa Medina a la Costa del Sol, en viaje de luna de miel y a presentar el Festival. **b)** Período de relación especialmente armónica o afectuosa. | Pemán *Abc* 26.12.70, 3: Los gobernantes católicos en Europa se encuentran en "luna de miel" con el laicismo o el socialismo. A. Barra *Abc* 23.6.79, 19: La luna de miel entre electores y elegidos .. está interrumpida.
8 media ~. Figura que representa la Luna [1a] en cuarto creciente o en cuarto menguante. | * El lunel está compuesto por cuatro medias lunas. **b)** Bandera del Islamismo, que tiene una figura de Luna en cuarto menguante. | Cela *Judíos* 108: Al conde don García, hijo de don Fernán, se la tomó Almanzor, y la media luna ondeó sobre Sepúlveda. **c)** (*lit*) Islam. | * La lucha contra la Media Luna. **d)** Instrumento en forma de media luna [8a] usado para desjarretar reses. | Cela *Molino* 247: La vaca estuvo dura .. La muy descastada no quería morir, ¿sabe usted? La tuve que dar con la media luna en mitad de los ijares.
II *loc v* **9 ladrar a la ~**. Protestar o manifestar enojo inútilmente. | Delibes *Madera* 280: Papá Telmo comenzó de nuevo a ladrar a la luna pero, de improviso, sus abultadas facciones de boxeador se distendieron.
10 pedir la ~. Pedir algo imposible. | FReguera-March *Boda* 91: Pide usted la luna y se queda tan fresco. ¿De dónde quiere que lo saque [el pase] a estas alturas? **b)** Pedir un precio exagerado. | Carnicer *Castilla* 34: Iba a comprar una casa vieja para arreglarla y venir en verano y demás. ¡Pues nada, tampoco le dieron facilidades y le pidieron la luna!
III *loc adv* **11 a la ~ de Valencia**. (*col*) Sin conseguir lo que se deseaba o pretendía. *Gralm con los vs* QUEDARSE *o* DEJAR. | ZVicente *Mesa* 68: Te quedas a la luna de Valencia, tanta ilusión que te hacías.
12 en la ~. (*col*) Sin enterarse de nada, por distracción o por falta de información. | Delibes *Cinco horas* 56: Me dijo: "¿te lee Mario sus versos?", y yo en la luna, "¿qué versos?".

lunación *f* (*Astron*) Tiempo que media entre dos conjunciones sucesivas de la Luna con el Sol. *Tb* (*lit*) *fuera del ámbito técn*. | *Anuario Observatorio 1967* 110: Los ortos y ocasos de la Luna experimentan un retardo considerable y que, además, dista mucho de ser uniforme en los días sucesivos de una misma lunación. CBonald *Ágata* 134: Y allí sentó plaza –durante la veintena de lunaciones que se fueron en la obra– un vario mujerío.

lunado -da *adj* (*reg*) Iluminado por la luna. | Torrente *Pascua* 456: Ahora la carretera blanqueaba entre los setos, y en el aire brillaban las luces de Pueblanueva .. La carretera blanca, lunada, la llevaba hacia ellas.

lunanco -ca *adj* [Animal cuadrúpedo] que tiene un anca más alta que la otra. *Tb n. A veces referido a pers*. | J. Vidal *País* 13.5.77, 48: Los cárdenos de Hernández Pla .. son también galgueños, finos de cabos, degollados, y nos pareció apreciar algún lunanco. CBonald *Dos días* 78: Estaba en la cochera, vigilando el pienso .. Ayer dejaron en ayunas a la lunanca. Cela *Escenas* 223: La señorita Contemplación, que lucía lunanca y con el pelo jaro y medio albañío por las sienes y hacia el cogote.

lunar¹ *m* **1** Mancha de la piel, debida a acumulación de pigmento, con pelos o sin ellos. | Payno *Curso* 112: Era alto y delgado, con un lunar en la mejilla.
2 Dibujo en forma redondeada de un tejido u otra superficie. | Arce *Testamento* 37: Me parecía .. que la iba a encontrar .. con sus negros cabellos al aire y aquel pañuelo suyo de lunares blancos y negros anudado a la punta del rastrillo y ondeando al viento.
3 Defecto, gralm. de poca importancia. | Buero *Fundación* 62: Paciencia. Es otro de los lunares de esta admirable Fundación. GNuño *Escultura* 10: La cual [labor] no tiene si-

no un grave lunar: el no procurar a toda costa que esa España remota y fantástica haya podido ser incorporada fácilmente a la constelación estética del español medio.

lunar² *adj* **1** De la Luna [1a]. | *Inf* 23.7.69, 11: Una instalación independiente es el lugar donde se depositan las muestras lunares. CPuche *Paralelo* 429: Los americanos .. ya tenían una agencia de viajes para la luna y hasta se habían diseñado los modelos de las cafeterías lunares. **b)** Propio de la Luna [1a]. | Halcón *Ir* 144: La luz se borró de la ventana. El muro volvió a adquirir su leve blancura lunar. **c)** (*lit*) [Paisaje] desértico. | *Inf* 4.12.70, 17: En la explotación de las minas se producen escombros y desechos indeseables que van cubriendo las regiones mineras, formando el ya proverbial "paisaje lunar".
2 [Calendario] que se basa en los movimientos de la Luna [1a]. | *Anuario Observatorio 1967* 30: El Calendario musulmán es puramente lunar. **b)** [Año] ~, [mes] ~ → AÑO, MES.

lunaria *f Se da este n a varias plantas herbáceas de los géns Botrychium y Lunaria*. | Mayor-Díaz *Flora* 323: *Botrychium lunaria* (L.) Sw. "Lunaria". Pl[anta] v[ivaz] de 8 a 20 cm., glabra. Tallo fibroso, escamoso en la parte superior, emitiendo una hoja estéril y una hoja fértil .. Rara.

lunario *m* (*raro*) Conjunción de la Luna con el Sol. | Grosso *Capirote* 15: El cielo empezaba a bruñirse débilmente por Oriente, y la marea nocturna lamía la arena en las aguas del curso maestro del delta con el empuje del lunario de setiembre.

lunático¹ -ca *adj* **1** [Pers.] que tiene ataques periódicos de locura. *Frec con intención ponderativa. Tb n*. | LMiranda *Ateneo* 133: Lo extraño de la Cacharrería .. fue la unión y convivencia, con aires de normalidad, de hombres realmente sabios e individuos lunáticos.
2 [Cosa] que denota o implica locura. | CBonald *Noche* 138: La condujo a la habitación donde pasara sus últimos y lunáticos días la abuela Isidora. V. Serna *SEIM* 16.7.93, 8: Justificando incluso .. algunas de las posturas más lunáticas de IU.

lunático² -ca *adj* (*raro*) Habitante de la Luna [1a]. *Tb n*. | *Rev* 11.71, 32: La computadora que regulaba el tráfico se paró un cuarto de segundo..., y menudo encontronazo entre un cohete de Marte y los lunáticos, que salían a tomar el relente.

lunatismo *m* (*raro*) Condición de lunático¹. | Aldecoa *Cuentos* 1, 340: Tal vez se deba nombrar la segunda balada, por razones de lunatismo amoroso y de ensueño, "la flor en la luna".

lunch (*ing; pronunc corriente*, /lanč/; *tb, más raro*, /lunč/ *y* /lonč/; *pl normal*, ~s) *m* Refrigerio que se sirve a los invitados a una ceremonia. | *Arr* 14.10.62, 6: Seguidamente los invitados se trasladaron al hotel Menfis, donde fueron obsequiados con un espléndido "lunch".

lunel *m* (*Heráld*) Figura a manera de flor formada por cuatro medias lunas unidas por las puntas. | Em. Serrano *Sáb* 11.1.75, 63: Sus armas. Las más antiguas son: En campo de gules, cuatro luneles de plata.

lunero -ra *adj* (*raro*) **1** De (la) Luna [1a]. | Peraile *Ínsula* 89: La luz lunera tapada con tres velos: el del guindal, el del madroño, el del membrillo.
2 [Pers.] que sufre alteraciones psíquicas motivadas por la Luna [1a]. | MGaite *Retahílas* 37: Le dije simplemente: "me viene la tristeza con la luna y me siento perdida, que no soy nadie, hasta que ella me coge y me lleva en volandas, porque me escapo, de verdad, y no lo puedo remediar yo, como si se me hubiera ido el cuerpo a otro lado"... "Que sí, hija, que sí .., yo también soy lunera".

lunes I *m* **1** Segundo día de la semana (o primero, según el cómputo popular). | GPavón *Hermanas* 11: Como era lunes se veía mucho tráfico de remolques, camiones y motos.
II *loc adv* **2 cada ~ y cada martes**. (*col*) Con suma frecuencia. | ZVicente *Traque* 276: Había un descarrilamiento cada lunes y cada martes, y se veían en Blanco y Negro los vagones hechos fosfatina.

luneta¹ *f* Cristal trasero de automóvil. *A veces* ~ TRASERA. | *Ade* 6.5.91, 7: Elevalunas eléctrico. Cristales atérmicos. Cristales laterales posteriores abribles. Luneta térmica.

Remet *SInf* 25.11.70, 10: La luneta trasera es térmica, eliminando la humedad, y todos los cristales son de seguridad.

luneta² *f* **1** (*hist*) *En un teatro:* Asiento de las filas preferentes inmediatas al proscenio. | Pedraza-Rodríguez *Literatura* 5, 260: Las localidades más caras [en los teatros del s. XVIII] eran las lunetas (8 reales en los años 80), cuatro filas de 18 asientos situadas delante del proscenio.
2 (*Mil, hist*) Baluarte pequeño. | Faner *Flor* 119: –La columna del centro –prosiguió después– estará al mando del príncipe de Beauvau .. Arremeteréis al fuerte de Marlborough y la luneta sudoeste.
3 (*Arquit*) Luneto. | A. Banzo *Her* 14.7.82, 14: La iglesia es de sillería y ladrillo. Una sola nave con bóveda de cañón, de lunetas muy pequeñas.

luneto *m* (*Arquit*) Bovedilla en forma de media luna abierta en la bóveda principal para darle luz. | Angulo *Arte* 1, 12: La bóveda de cañón que cruza a otra mayor constituye el luneto, que se usa generalmente para poder aumentar la amplitud de la ventana abierta bajo él o simplemente con fines decorativos. GNuño *Madrid* 14: La nave, con un tramo de bóveda de lunetos, no tiene ni crucero ni cúpula.

lunfardo *m* Jerga popular, originariamente de maleantes, típica de Buenos Aires y extendida por los países del Plata. | Alcántara *Arr* 22.9.70, 2: Cuando rememora sus primeras prosas agobiadas de lunfardo confiesa que constituyen un "excesivo y apócrifo ejercicio de color local".

lunisolar (*tb con la grafía* **luni-solar**) *adj* (*Astron*) Lunar y solar conjuntamente. | Vernet *Mahoma* 19: Siendo inicialmente el calendario árabe lunisolar, para hacerlo coincidir con el solar había que proceder, cada dos o tres años, a intercalar un mes de más. *Anuario Observatorio 1967* 28: El año judaico o israelita es luni-solar.

lúnula *f* Parte blanquecina en forma de media luna de la raíz de las uñas. | FVidal *SYa* 2.7.88, 7: No me digas que te has enamorado de esa Malena, de una chica tan basta que ni se le distinguen las lúnulas de las uñas, Jorgi.

lupa¹ I *f* **1** Lente convergente que sirve para observar con aumento objetos o detalles pequeños. | Bustinza-Mascaró *Ciencias* 126: Recoger lombrices de tierra vivas .. Con una lupa ver las sedas o quetas.
II *loc adv* **2 con ~**. Con gran minuciosidad o detenimiento. *Con vs como* MIRAR *o* BUSCAR. | Anson *SAbc* 20.4.69, 11: No hay que buscar a los animales con lupa, no; abundan de forma increíble. * Si te pones a mirar con lupa cualquier trabajo, seguro que encuentras faltas.

lupa² *f* (*raro*) Excrecencia leñosa de algunos árboles, usada en ebanistería. | *Abc* 17.6.82, 2: Dormitorio en color avellana. Combinaciones de lupa de roble e incrustaciones de palo santo .. Salón realizado en lupa de roble e incrustaciones de palo santo.

lupanar *m* (*lit*) Casa de prostitución. | Cossío *Confesiones* 211: La ciudad con sus salones, sus grandes hoteles, sus calles bulliciosas, y también los teatros alegres, los cafetuchos equívocos, los *cabarets* y aun los lupanares.

lupanario -ria *adj* (*lit*) De(l) lupanar. | CBonald *Ágata* 218: Y así fue como aquella memorable casa .. vino a constituirse en tapadera de los festejos lupanarios del primogénito.

lupercales *f pl* (*hist*) Entre los antiguos romanos: Fiestas celebradas en enero en honor del dios Pan. | FMora *Abc* 29.7.65, 19: Como fiestas de invierno presenta tres modelos: la del rey, las lupercales y las matronicias.

lupino¹ -na *adj* (*lit*) De(l) lobo¹. | Marsé *Montse* 216: –También yo era un perdido, un inmoral como tú –puntualiza con una luz remota en sus ojos lupinos.

lupino² *m* Altramuz (planta y fruto). | *Libro agrario* 134: Conferencia internacional del lupino (Torremolinos, Málaga, 1982).

lupular *adj* De(l) lúpulo. | M. Cayón *Abc* 17.12.72, 40: La Sociedad Española de Fomento del Lúpulo, .. estimando que nuestra variopinta campiña ofrecía inmejorables condiciones, de suelo y clima, para establecer jardines lupulares, acometió en 1951 las primeras plantaciones.

lupulero -ra *adj* De(l) lúpulo. | M. Cayón *Abc* 30.11.69, 37: La producción lupulera viene marcando cada año uno de los más generosos capítulos económicos y sociales de la provincia leonesa.

lupulina *f* **1** Planta leguminosa de flores amarillas, cultivada como forrajera (*Medicago lupulina*). | Mayor-Díaz *Flora* 185: *Medicago lupulina* L. "Lupulina" .. Es una planta forrajera que frecuentemente se cultiva.
2 (*Quím*) Alcaloide extraído del lupulino. | M. Cayón *Abc* 17.12.72, 40: El fenómeno leonés del lúpulo entraña .. una gran trascendencia para .. la potenciación de la economía española, que antes de la creación de esta riqueza agraria tenía que derramar un buen chorro de divisas para importar lupulina.

lupulino *m* Polvo resinoso, amarillento y amargo producido por los frutos de lúpulo, usado en medicina y en la fabricación de cerveza. | FQuer *Plantas med.* 126: La planta silvestre solo proporcionaría cantidades insignificantes de lupulino para la fabricación de cerveza.

lúpulo *m* Planta herbácea, perenne, voluble, de tallos sarmentosos de 3 a 5 m de alto y fruto en forma de piña globosa, que, desecado, se emplea para aromatizar y dar sabor amargo a la cerveza (*Humulus lupulus*). *Tb su fruto*. | Loriente *Plantas* 27: *Humulus lupulus* L., "Lúpulo". Esta herbácea trepadora perenne, importante ingrediente de la cerveza, se cultiva por sus falsos estróbilos aromáticos. *Inf* 17.8.70, 11: La campaña del lúpulo, regulada. Producción prevista: 1.600 toneladas métricas.

lupus *m* Enfermedad de la piel o de las mucosas caracterizada por la producción de tubérculos que se ulceran y por su tendencia a la extensión. | Cela *Molino* 236: Estaba casada, o juntada, con el Fidel, un matarife borrachín .. que tenía un lupus que le comía más de media nariz.

luqueño -ña *adj* De Luque (Córdoba). *Tb n, referido a pers.* | *Córdoba* 86: También en esta localidad [Luque] es notable la existencia de un baile denominado "fandango luqueño".

lúrex (*n comercial registrado*) *m* Fibra textil con cubierta de plástico que le da aspecto metálico. *Frec el tejido fabricado con ella*. | *Ya* 28.5.67, 9: Una variedad incomparable de suéters y mini-jerseys en boucle de fibras acrílicas, de perlé y lúrex con cuello alto de gran moda. [*En el texto, sin tilde*.] Grandes *Lulú* 234: Su sexo, completamente depilado, colgaba aburrido sobre el lúrex que se pegaba a sus muslos como una segunda piel.

lusaciano -na *adj* De Lusacia (región de Alemania y la República Checa). *Tb n, referido a pers.* | Villar *Lenguas* 182: Tras la fase de apogeo de la cultura de Lusacia y de ciertos desplazamientos de lusacianos en diferentes direcciones, se producen los movimientos hacia Europa de cimerios y escitas, dando origen a una etapa de descomposición en la cultura lusaciana.

lusismo *m* (*Ling*) Portuguesismo. | Salvador *Semántica* 161: El estudio de los lusismos ofrece características distintas al de los préstamos de cualquier otra procedencia. Lapesa *HLengua* 192: Colón, residente en tierras portuguesas, escoge como idioma de cultura el castellano, siquiera en sus escritos abunden incorrecciones, debidas casi siempre a lusismo.

lusitánico -ca *adj* (*lit, raro*) Lusitano. | GCaballero *Abc* 19.3.75, 9: No se comprenderá la tensión universitaria en Valladolid mientras no se considere ser Valladolid la ciudad más romántica de España (más saudosa, más lusitánica).

lusitano -na *adj* **1** (*lit*) Portugués. *Tb n, referido a pers.* | *Ya* 8.11.70, 5: La SEDES puede implicar una evolución del horizonte político lusitano.
2 (*hist*) Del pueblo prerromano habitante del actual territorio portugués situado al sur del Duero y norte del Tajo, y de parte de las actuales provincias de Cáceres y Badajoz. *Tb n, referido a pers.* | Arenaza-Gastaminza *Historia* 57: El Cónsul Cepión rompió el tratado y manchó su toga y el honor romano al asesinar, valiéndose del soborno, al jefe lusitano.

luso -sa *adj* (*lit*) Portugués. *Tb n, referido a pers.* | *Lugo* 37: Y del rebaño [de ríos] destacamos, con el ya mentado que cruza la Galicia toda y las tierras lusas, el Miño, allá, trasfrontera.

luso- – luvita

luso- r pref Portugués. | *Por ej*: J. Salas *Abc* 1.12.70, 53: Su discurso del Congreso Científico Luso-Español celebrado en Oporto, en 1921.

lusofilia f Simpatía por Portugal, lo portugués o los portugueses. | FMora *Pensamiento 1964* 202: Agruparé en tres apartados los testimonios de la lusofilia de Unamuno que aporta Morejón.

lusófilo -la *adj* Que simpatiza con Portugal, lo portugués o los portugueses. *Tb n, referido a pers.* | J. Salas *Abc* 1.12.70, 53: El movimiento de interés hacia Portugal .. se personaliza en el gran lusófilo Ignacio Rivera Rovira.

lusón -na *adj (hist)* Del pueblo prerromano habitante del territorio limitado por el Ebro, las fuentes del Tajo y el territorio de los arévacos. *Tb n, referido a pers.* | Tovar-Blázquez *Hispania* 44: Al año siguiente, el mismo pretor operó en la región de Aebura, en Carpetania, y penetró desde allí, por el Jalón, en Celtiberia, en dirección al país de los lusones.

lustrabotas m y f *(raro)* Limpiabotas. | Cela *Viaje andaluz* 209: José María Palomares, Chato de las Escuelas Pías, lustrabotas de oficio, ex banderillero, guía honorario del laberinto de Santa Cruz.

lustrador -ra *adj* Que lustra. *Tb n f, referido a máquina.* | *Economía* 23: Lustradoras: [sirven para] dar mecánicamente brillo al suelo.

lustral *adj (Rel, hist)* De (la) purificación ritual. | Pericot-Maluquer *Humanidad* 137: Se utilizaron [los carros] preferentemente con fines religiosos como carros procesionales en ceremonias lustrales o funerarias. **b)** *(lit)* Purificador. *Gralm referido a agua.* | MHerrera *Abc* 19.12.70, 27: Los abedules que aspiran el agua no vacilan en aceptar el baño lustral, la túnica dorada del ocaso estacional. Torrente *Saga* 263: A don Acisclo, mientras tomaba en la sacristía el chocolate del desayuno .., le rebosaba en el corazón la alegría del triunfo .. Al sorber la última gota y relamerse, al beber luego el vaso de agua lustral, murmuró: "¡Asunto concluido!".

lustrar *tr* **1** Dar lustre [1, 2 y 3] [a algo *(cd)*]. | Cuevas *Finca* 100: Bajó .. al café y le lustraron los zapatos. Delibes *Tesoro* 103: Terció [el secretario] pretendiendo lustrar con su terminología de rábula la tosca argumentación de sus convecinos.
2 *(reg)* Bañar [bizcochos] con almíbar. *Frec en part.* | Vega *Cocina* 163: Buena dulcería [en las islas Canarias]: bollos de alma, bizcochos lustrados.
3 *(lit)* Limpiar o purificar. | Torrente *Isla* 156: Y volviste la mirada al mar, entonces de un hermoso color violeta, como si quisieras que sus sales te lustraran los ojos del mismo presentimiento de la carroña.

lustre I m **1** Brillo [de una cosa material]. | Bustinza-Mascaró *Ciencias* 318: El lustre o brillo que presentan algunos minerales puede ser metálico, vítreo. CNavarro *Perros* 83: El asfalto refulgía como si alguien se hubiera entretenido en sacarle lustre.
2 *(lit)* Calidad o distinción. | Torrente *Isla* 99: Los burgueses eran vaticanistas, y Ascanio mantenía relaciones epistolares con personas de gran lustre en la Curia.
3 *(lit)* Gloria o esplendor. | Carandell *Madrid* 22: Ellos .. habían sido el lustre y prez de España.
4 *(reg)* Aspecto lucido y saludable [de una pers. o animal]. | MCalero *Usos* 37: De lo que estaba bien poblado [el monte] era de encinas. Grandes y de buena bellota, y el suelo de tan buen pasto que los ganados salían de él con buen lustre.
II *loc adj* **5 de ~.** *(Coc)* [Azúcar] molido usado normalmente en repostería. | Calera *Postres* 36: Una copita de "Kirsch", 50 gramos de azúcar de lustre y 4 cucharadas de mermelada de albaricoque.

lustro *m* Período de cinco años. | S. Lorenzana *Pap* 1.57, 41: Cinco lustros más tarde, se celebra Capítulo General de la Orden.

lustroso -sa *adj* **1** Que tiene lustre [1]. | C. Debén *SAbc* 16.6.68, 36: El suelo es de lustrosa madera. Delibes *Mundos* 132: La vejez de estas maderas es una vejez lustrosa y desafiante.
2 Sano y robusto. | *SASeg* 3.4.76, 30: Los chotos son otra cosa .. Están gordos y lustrosos. ZVicente *Traque* 114:

¿Quiere que siga contándole por qué estoy tan lustroso a mis ochenta y pico, o no?

luteína f *(Biol)* Progesterona (hormona). | Navarro *Biología* 202: Las hormonas femeninas o estrógenos son dos: la foliculina o estrona, y la luteína o progesterona.

lúteo¹ -a. [Cuerpo] ~, [mácula] **lútea** → CUERPO, MÁCULA.

lúteo² -a *adj (lit, raro)* De(l) lodo. | FVidal *Ayllón* 165: Los tres [ríos], ya esposados, marchan con su lúteo caudal a verter aguas en el Aguiseño.

luteranismo m **1** Doctrina de Martín Lutero († 1546). | Valverde *Literatura* 94: El *Castillo interior*, o *Las Moradas*, de Santa Teresa, está explícitamente compuesto como maniobra de fortificación espiritual frente al luteranismo.
2 Iglesia que sigue la doctrina de Lutero. | *País* 26.10.76, 1: El Papa Pablo VI recibió ayer en audiencia a una representación de la Federación Luterana Mundial. Este es el segundo contacto oficial con el luteranismo de un Sumo Pontífice desde los tiempos de Martín Lutero.

luterano -na *adj* **1** De Martín Lutero († 1546). | Arenaza-Gastaminza *Historia* 170: La doctrina calvinista es más intolerante y antipapista que la luterana.
2 Que profesa la doctrina de Lutero. *Tb n, referido a pers.* | Arenaza-Gastaminza *Historia* 169: Por orden de Lutero fueron aplastados "como perros" por los nobles luteranos. CBaroja *Inquisidor* 29: Siempre que hubo negocios graves hubieron de trabajar en firme los consejeros. Así, en 1528, cuando se trató de resolver el negocio de las brujas de Navarra. Más tarde, a medida que se presentaban casos como los de los judaizantes de Murcia .. o los luteranos de Valladolid. **b)** De (los) luteranos. | *País* 26.10.76, 1: El Papa Pablo VI recibió ayer en audiencia a una representación de la Federación Luterana Mundial.

luthería f Oficio de luthier. | Ca. Delgado *SPaís* 2.7.91, 6: El 29 de noviembre de 1990 es una fecha que Juan Peñalver Lamarca, director de la Casa de Oficios de Luthería de Leganés (Madrid), no podrá olvidar.

luthier *(fr; pronunc corriente, /lutié/ o /lütié/; pl normal, ~s)* m Fabricante de instrumentos musicales de cuerda. | *País* 10.1.78, 25: Andrés Segovia se detuvo en recordar su visita a Madrid en 1913 y su entrevista con Manuel Ramírez, *luthier* del Real Conservatorio y constructor de guitarras.

luto *m* **1** Ropa negra que se usa para manifestar dolor por la muerte de una pers. *Frec en constrs como* IR DE ~, LLEVAR ~, *o* PONER(SE) DE ~. | Onieva *Prado* 202: *La Emperatriz Doña Margarita de Austria* .. Lleva luto por la muerte del Rey, su padre. Cela *Rosa* 81: En uno de los viajes me encuentro con la triste noticia de la muerte del abuelo .. No me ponen de luto.
2 Período subsiguiente a la muerte de una pers., en que sus allegados exteriorizan dolor por ella absteniéndose de fiestas y diversiones y frec. vistiendo de negro. | SSolís *Camino* 14: Desde que Carmina Quirós tenía memoria, recordaba a su madre .. vestida de negro, color que parecía dispuesta a no abandonar nunca, porque al luto de su hijo siguieron otros: abuelos, padres y suegro. **b)** Duelo oficial por la muerte de una pers. importante. *Frec* ~ OFICIAL, ~ PÚBLICO, o ~ NACIONAL. | *Ya* 20.11.75, 5: Franco ha muerto .. Luto nacional durante treinta días.
3 Tristeza o dolor por la muerte de alguien o por un hecho triste o doloroso. | Umbral *Memorias* 14: España lloraba aquellos lutos cuando nosotros vinimos al mundo. España siempre llora a un torero, a un general o a un político.
4 *(col)* Suciedad negra de las uñas. | * Siempre lleva las uñas con luto.
5 *(Impr)* Filete negro. | * Las esquelas llevan luto en el borde.

lutoso -sa *adj (raro)* De luto [1]. | Aldecoa *Historia* 124: En la cabeza, una gorra, lutosa y rural, terciada, infunde al rostro una falsa gravedad proletaria.

luvita *(hist)* **I** *adj* **1** De un antiguo pueblo de Anatolia, en la Cilicia occidental. *Tb n, referido a pers.* | Villar *Lenguas* 104: Al parecer los luvitas hacen su aparición en Asia Menor en fecha muy temprana (hacia el 2.300 a.C.), antes que los hetitas.

II *m* **2** Lengua indoeuropea de los luvitas [1]. | Moreno *Lenguas* 77: Lenguas anatolias ..: luvita (Luwian) (Segundo milenio antes de Cristo).

lux *(pl normal, invar) m (Fís) En el sistema internacional:* Unidad de iluminancia, equivalente a la de una superficie que recibe un lumen en cada metro cuadrado. | Mingarro *Física* 198: La cantidad de luz recibida por unidad de superficie caracteriza su iluminación; la producida por el flujo de 1 lumen sobre 1 metro cuadrado recibe el nombre de lux. *País* 28.9.76, 25: Una vía bien iluminada, con una elevada densidad de tráfico, es la que tiene un nivel de iluminación de 30 lux.

luxación *f (Med)* Dislocación permanente de la superficie articular [de un hueso]. | *Ya* 14.4.64, 16: Luxación y fractura del cuarto metacarpiano de la mano izquierda.

luxarse *intr pr (Med)* Sufrir luxación. | Mascaró *Médico* 92: Las articulaciones que se luxan o dislocan con mayor facilidad son las que ordinariamente gozan de una movilidad más amplia.

luxemburgués -sa *I adj* **1** De Luxemburgo. *Tb n, referido a pers.* | Aguilar *Experiencia* 674: Las traducciones serían hechas por un amigo suyo .. de nacionalidad luxemburguesa. R. Solla *Ya* 6.5.70, 38: El luxemburgués Schleck .. cruzó primero la cinta de llegada.
II *m* **2** Dialecto alemán de Luxemburgo. | Moreno *Lenguas* 31: Lenguas germánicas .. Occidentales: .. luxemburgués (Luxemburgo: dialecto alemán).

luxómetro *m (Fís)* Aparato para medir la iluminación. | A. GPérez *País* 28.9.76, 25: Se mantienen [en algunas calles] unos niveles de iluminación desmesurados: 80 lux, medidos con luxómetro, y en algunas incluso más.

luz I *f* **1** Agente físico capaz de hacer visibles los objetos. | Marcos-Martínez *Física* 141: Luz es lo que hace los cuerpos visibles. *BOE* 22.1.65, 1239: El reconocimiento facultativo se verificará con luz natural. Laforet *Mujer* 102: No tienen luz eléctrica. *Abc* 3.12.88, 15: 1ª Exposición Internacional de Holografía, luz láser y efectos especiales en Galerías de Callao .. Un singular espectáculo de luz y sonido láser. **b)** Luz natural o del Sol. | Olmo *Golfos* 185: La luz, como nueva, se posa en las ramas. * Llegamos a casa todavía con luz. **c)** Energía eléctrica. | Cela *Viaje andaluz* 116: El arroyo de Gil Moreno viene de Fuenmayor, donde hay una fábrica de luz. *VozC Extra* 1.1.55, 7: Lograr que en este mismo año no quede un pueblo sin luz.
2 Objeto o punto que emite luz [1, esp. 1c]. | Laforet *Mujer* 41: Se veían las luces de Ponferrada. **b)** Utensilio o dispositivo que sirve para alumbrar. | J. PGállego *SPaís* 31.10.76, 21: Un fámulo enciende todas las luces de la amenazada iglesia escolapia de San Antón. **c)** *(raro)* Llama [de algo que luce]. | Moreno *Galería* 251: Las velas correspondían a los fieles de ambos sexos y los velotes a los chicos. Así se daba la cera, para las solemnidades, de diverso ritual, en la parroquia aldeana. Todo lo demás consistía ya en "coger luz" de una de las lámparas de aceite.
3 Zona en que hay luz [1]. | * Ponte a la luz para que te vea. **b) luces y sombras.** Aspectos positivos y negativos [de alguien o algo]. | Peña-Useros *Mesías* 124: Luces y sombras del reinado de Salomón. *MOPU* 7/8.85, 68: El turismo y el desarrollo industrial han dejado en Cantabria su marca negativa desde el punto de vista ecológico. Con luces y sombras.
4 *(Pint)* Representación de la luz [1]. | Tejedor *Arte* 175: Asimiló [el Greco] las inquietudes dramáticas y los problemas de la luz de Tintoretto. **b)** Tono claro o brillante que representa la luz [1]. | Tejedor *Arte* 177: En la línea ascendente de su evolución, pasa [Ribera] por las etapas de la luz plateada primero y dorada después, para la superación de los violentos contrastes de luz y de sombra aprendidos del tenebrismo de Ribalta.
5 *(lit)* Brillo o claridad que evocan la luz [1]. | * La luz de su mirada se fue apagando a medida que oía la triste noticia. * Son colores claros, llenos de luz.
6 *En un edificio:* Hueco, esp. ventana, por donde se deja pasar luz [1b] del exterior. | *Reg* 11.8.70, 2: Es igualmente imprescindible, antes de presentar proyectos [de obras] definitivos, enterarse de alturas, rasantes, alineaciones, luces, etc. **b)** *En un puente:* Ojo (vano comprendido entre los arcos o estribos). | Cela *Judíos* 60: Aranda de Duero tiene .. un escudo con un puente de tres luces y dos leones y una torre. **c)** *(E)* Orificio practicado en un instrumento, un utensilio o una máquina. | Marcos-Martínez *Física* 61: En los tubos de embocadura de flauta el aire se ve impulsado hacia un orificio L, llamado luz, con lo que choca con el bisel B y le hace vibrar, produciendo el sonido.
7 Anchura o dimensión horizontal [de un vano o hueco]. | Angulo *Arte* 1, 10: El arco semicircular .. tiene su centro a la altura de las impostas, y su altura o flecha es, naturalmente, la mitad exacta de su anchura o luz. R. Querol *Ya* 30.8.88, 18: En el cruce con la vía ferroviaria se ha instalado un paso superior constituido por un tablero de 14 vigas prefabricadas, que han sido pretensadas con 20 metros de luz. **b)** Área interior de la sección transversal [de un tubo o de un conducto]. | Alcalde *Salud* 328: El íleus paralítico se caracteriza por la parálisis motora de todo el intestino; no existe, por lo tanto, ninguna obstrucción de la luz intestinal. *Economía* 258: Hay que hervir la jeringuilla y la aguja completamente desmontada, y esta última sin el fiador (alambre con el que se venden las agujas y que va introducido en la luz de las mismas para evitar su obstrucción).
8 Información o conocimiento que ayuda a comprender algo oscuro o confuso. *Gralm en constrs como* DAR, O ARROJAR, ~ [sobre algo]. | S. Sans *Des* 12.9.70, 35: El crítico .. debería .. elaborar diversos estudios que dieran luz sobre el momento dramático. Escudero *Capítulo* 96: Se invocan las luces del cielo con algunas preces. **b)** Enfoque o punto de vista. *En constrs como* A ESA ~, O A OTRA ~. | P. Corbalán *Inf* 20.3.72, 18: El resultado de todo ello es una interpretación fiel, pero actual, del texto de "Misericordia"; una lectura de Galdós a la luz de 1972. * A esa luz la cosa cambia.
9 *(Rel)* Estado o situación de conocimiento y cercanía de Dios. *Gralm en la loc* DE LA ~, *referida a reino o ángel y simbolizando el cielo.* | Villapún *Iglesia* 27: A unos y a otros redimió de sus pecados con su muerte y resurrección, trasladándonos del reino de las tinieblas al reino de la luz. A. Yáñez *SAbc* 16.3.86, 18: Si en lugar de fuerzas oscuras se utilizan las fuerzas de luz y no se pide nada a cambio, esta es la diferencia.
10 ~ de la razón. *(lit)* Inteligencia. *A veces en pl.* | Gambra *Filosofía* 13: Definición real de la filosofía .. Ciencia de la totalidad de las cosas por sus causas últimas adquirida por la luz de la razón. Gambra *Filosofía* 15: Al paso que el saber religioso procede de la revelación y se adquiere por la fe, el saber filosófico ha de construirse con las solas luces de la razón.
11 *En pl:* Inteligencia o alcances. | CBonald *Dos días* 31: Ayuso no tenía demasiadas luces. Seguía dándole vueltas a la gorra y tragando saliva.
12 *En pl:* Ilustración (movimiento cultural del s. XVIII). *Normalmente en la constr* SIGLO, O ÉPOCA, DE LAS LUCES. *A veces referido a otra época o a culturas no occidentales.* | CBaroja *Inquisidor* 51: Pronto dio pruebas de benignidad en el cargo, como cuando Olavide, en 1798, quiso volver a España, arrepentido al parecer de las ideas que le hicieron ser condenado en plena época de las luces. Fernández-Llorens *Occidente* 271: La occidentalización [de Japón] se acomete en el Meiji, era de las luces, con un golpe de estado del jovencísimo emperador Mutsu-Hito.
13 ~ verde. *(lit)* Autorización. *Frec con el v* DAR. | Diosdado *Anillos* 1, 209: Ramón me ha dicho que ya tiene en marcha todos los papeles para el divorcio. Solo está esperando a que yo le dé luz verde. *Ya* 28.5.67, 3: No porque haya o deje de haber luz verde para los partidos políticos. Areilza *Memorias* 184: En enero de 1964 .. se encendió la luz verde para resolver la plenitud española.
14 ~ y taquígrafos. Total claridad y transparencia en un asunto público. | *Cua* 7.71, 9: Pedíamos luz y taquígrafos, a fin de que no quedara en la oscuridad ni un solo aspecto del asunto [Matesa].
II *loc adj* **15 de luces.** [Patio] interior al que dan las ventanas de un edificio. | Miche *NEs* 19.8.79, 12: Un anciano .. perdió la vida .. al arrojarse por causas que se desconocen desde la ventana de la cocina de su domicilio a la terraza del patio de luces.
16 de luces. [Traje] de torear, hecho de seda, con bordados de oro o plata y con lentejuelas. *Tb adv, con el v* VESTIRSE. | Heras *Mad* 13.5.70, 32: Se han dado ya las últimas puntadas a los últimos trajes de luces. Hache *Cod* 3.5.64, 8:

lycra – lycra

No es raro que algún torero adquiera la obligación de vender determinado número de entradas si quiere vestirse de luces.

17 de luces. (*Cine*) [Doble] que sustituye al titular en las pruebas de iluminación. | Marsé *Montse* 86: Con un doble de luces, creo... Son los que se prestan para las pruebas de iluminación en el cine, esos que doblan a los actores antes de rodar.

18 de ~ y sonido. [Espectáculo] nocturno consistente en la iluminación de un monumento acompañada de una evocación sonora y musical de su historia. | * Ayer asistimos a un bonito espectáculo de luz y sonido.

19 [Año] (**de**) **~**, [gusano] **de ~** → AÑO, GUSANO.

III *loc v* **20 dar a ~.** Expulsar [una mujer] al exterior [el hijo concebido]. *Frec abs. Tb* (*humoríst*) *dicho de animal hembra*. | *Odi* 5.7.64, 4: Carmen Sevilla ha dado a luz un niño. *Ya* 10.4.91, 9: La gata .. dio a luz en una de las esquinas de la tribuna. **b)** (*lit*) Publicar [un libro o algo similar]. | Faner *Flor* 164: Aprendió, concienzudamente, castellano. Pronto dio a luz algunas obritas en la lengua oficial.

21 echar ~. (*col*) Recobrar el vigor o la lozanía [alguien o algo enfermo o delicado]. | * No consigo que eche luz este tiesto. * El crío está siempre pachucho; no echa luz.

22 encendérsele [a alguien] **una ~** (*o* **una lucecita**). Ocurrírsele una idea. | MGaite *Nubosidad* 268: Se me había encendido una lucecita. De pronto me apetecía muchísimo la idea de sentarme en algún café de la parte vieja de Cádiz, ponerme a escribir una carta para D. R. y mandársela de verdad.

23 hacer ~ de gas. (*lit*) Tratar [a alguien] como si estuviese loco. | Romeu *País* 5.11.87, 16: –Vale, a nosotros se nos largan los militantes, pero vosotros hacéis luz de gas a vuestros líderes. –Cada partido su estilo.

24 sacar (*u otro v equivalente*) **a (la) ~**, *o* **a la ~ pública.** Dar a conocer [algo oculto o desconocido]. | J. Sampelayo *VozC* 12.1.55, 3: Estos son los días en que el artículo de los centenarios se impone. Días en que hay que tirar de libros de efemérides y de diccionarios para sacar a la luz los centenarios ya eruditos, ya frívolos, ya tristes o gozosos que nos trae el año que llegó. **b)** Publicar [un libro o algo similar]. | Anson *SAbc* 25.1.70, 11: Textos y explicación, a los que solo me he referido en conferencias, y que nadie, que yo sepa, ha sacado a la luz pública. Montoro *Jaén* 9.11.76, 11: Alumnos del colegio nacional "Ángel López Salazar" han lanzado a la luz pública el primer número de un periódico que se titula "Nosotros".

25 salir a la ~, *o* **a la ~ pública.** Ser dado a conocer públicamente [algo oculto o desconocido]. | * Han salido a la luz pública los nombres de los sobornados. **b)** Publicarse [un libro o algo similar]. | P. P. Horcajada *DíaCu* 27.7.84, 6: El mes de junio salió a la luz el número 2 de la revista "La Tercia", de tirada trimestral.

26 ver la (primera) ~. (*lit*) Nacer. | C. Grondona *Sur* 28.8.76, 33: En Montilla, con el Gran Capitán, vio también la luz su excelso Patrono, Francisco Solano. **b) ver** (*o* **conocer**) **la ~.** (*lit*) Publicarse [un libro o algo similar]. | *Van* 3.4.75, 43: No pocas veces, obras de mucho calado ven la luz muy entrado el año que corre, aunque el pie de imprenta .. sea del anterior. Hoyo *Caza* 89: Los cuentos .. se publicaron sueltos en diversas revistas .. Salvo *Se hallaba en un largo corredor*, que conoce la luz ahora.

IV *loc adv* **27 a la ~ del día.** Sin secreto u ocultación. | * Me gusta actuar a la luz del día.

28 a media ~. Con poca luz [1]. | * La habitación estaba a media luz.

29 a todas luces. De manera evidente. | *Cod* 15.3.64, 2: No pueden ir actualmente a más de 70 kilómetros hora, velocidad a todas luces insuficiente.

30 con las primeras luces. Al amanecer. | * Salimos de casa con las primeras luces.

31 entre dos luces. Al amanecer o al anochecer. | Cuevas *Finca* 189: Se levantaba entre dos luces. Grosso *Capirote* 80: No serían descorridas [las lonas] sino al atardecer, entre dos luces, cuando, tras la siesta, la ciudad recobraba su pulso. **b)** (*col*) Con una ligera borrachera. | FReguera *Bienaventurados* 95: Catalina y Anselmo apañaron una curda. Don Alfonso y la madre de Sánchez andaban entre dos luces.

V *loc prep* **32 a la ~ de.** Según el conocimiento proporcionado por. *Ante n de cosa*. | LMuñoz *Tri* 26.12.70, 8: Cabe apuntar (a la luz de interesantes trabajos y encuestas ..) que también en este ámbito de la actuación económica .. son cada vez mayores las insuficiencias.

lycra (*n comercial registrado; tb, raro, con la grafía* **licra**) *f* Fibra artificial elástica de poliuretano, usada esp. en ropa interior y prendas ajustadas. *Tb el tejido fabricado con ella*. | *SYa* 15.6.75, 33: Para quienes necesiten especial firmeza en el bañador, las lycras, además de permitir una gran agilidad, perfeccionan la línea. *ByN* 10.2.91, 71: Combinación de tejidos para el conjunto, de la izquierda, compuesto por un jersey en organdí elástico pegado al cuerpo, un pantalón de punto y licra, también muy ajustado.

M

m → EME.

mabolo *m* Árbol de Filipinas, de fruto semejante al melocotón (*Diospyros kaki*). | FReguera-March *Filipinas* 105: La inagotable variedad de la flora filipina desplegaba sus verdes banderas .. Tamarindos, mabolos, guayabos y papayas.

mabre *m (reg)* Herrera (pez). | Huerta *Pesca* 126: Desde tierra es posible que, con la excepción de las lisas (mújiles) y de las herreras (mabres), pocas sean las especies que puedan ser motivo determinante de una específica jornada de pesca.

maca¹ *f (raro)* Daño o desperfecto, esp. pequeños. | SFerlosio *Jarama* 10: Macas, muescas, nudos, asperezas, huellas de vasos, se dibujaban en el fregado y refregado mostrador de madera. FVidal *Duero* 188: La restauraron y aliviaron [la capilla] de macas propias del paso de los tiempos.

maca² *adj (jerg)* Macarra. *Frec n m.* | Oliver *Relatos* 83: Salieron tres tíos con cadenas, que eran los chulos de allí [del pub], los que echan a los borrachos, ya sabes. Yo me veía a hostias con todos, porque la basca no se corta, pero uno de los macas va y le da la mano al Manuel, que era amigo suyo. Oliver *Relatos* 95: El tío era el maca indiscutible de la fiesta, que el Manuel le decía acojonado: "tío, ¿cómo te lo haces?".

maca³ *m (reg)* Muchacho que trabaja como dependiente o aprendiz. | GSerrano *Macuto* 483: Una prenda de cabeza [la boina] típica de soldados, contrabandistas, almadieros, pelotaris, pastores, campesinos, tratantes, seminaristas, macas..., bueno, de todo un pueblo.

macabeo¹ -a *adj* **1** *(col)* Muy grande. *Referido a* ROLLO *o* CABREO. | Aristófanes *Sáb* 22.3.75, 59: Le habían escrito un rollo macabeo al Presi del Gobierno. *DLi* 7.3.78, 7 (C): El personal anda con un cabreo macabeo.
2 *(hist)* De los Macabeos (personajes de la historia del pueblo judío). | Anson *Oriente* 142: Conoció la altivez macabea y la humillación romana de Pompeyo.

macabeo² *m (Agric)* Variedad de vid que produce una uva mediana, blanca y muy dulce. *Tb la uva y el vino correspondientes.* | Am. Nieto *SYa* 11.12.88, 72: Las variedades de uva autorizadas para la elaboración de espumosos son las blancas viura, macabeo.

macabramente *adv* De manera macabra. | Velasco *Ya* 11.10.77, 10: Quizás el abogado murió víctima de una dosis excesiva de calmantes y los secuestradores se deshicieron de él macabramente.

macabrismo *m (raro)* Cualidad de macabro. | Pemán *Andalucía* 95: El "macabrismo" romántico al que el drama de Zorrilla dio máxima expresión no está del todo ausente .. en la conversión de Mañara.

macabro -bra *adj* [Cosa] relacionada con la muerte y los cadáveres en su aspecto desagradable. | CNavarro *Perros* 23: Aquello le pareció la cosa más horrible y macabra que a un ser humano podía sometérsele. **b)** Aficionado a cosas macabras. | S. RSanterbás *Tri* 11.4.70, 20: La plaza [de toros] más macabra es .. con gran diferencia, la de Madrid.

macaco¹ -ca A *m y f* **1** Simio de mediano tamaño, propio esp. de la India y de Malasia (gén. *Macaca*). | Bustinza-Mascaró *Ciencias* 215: Otros monos tienen cola y unas bolsas en las mejillas .. y unas callosidades isquiáticas, como el mandril y el zambo de África, el macaco de Asia.
2 *(col)* Niño pequeño. *Como insulto o como apelativo cariñoso.* | DCañabate *Paseíllo* 14: Si espinoso era encontrar un toro, persuadir a un macaco que hiciera de caballo se las traía. El toro bien podía salir de un chavalillo desmedrado, pero un caballo precisaba ser un chicarrón fuertote. Zunzunegui *Hijo* 13: No tenía aún fuerzas para sacudir la mandarria .. cuando miraba a todos con una superioridad y una seguridad manifiestas. –Este macaco, el amo o así parece –exclamaba un compañero del padre. **b)** Pers. insignificante, en sent. físico o moral. | DCañabate *Andanzas* 87: Los padres de Florencia querían casarla con un mequetrefe adinerado, feo y ramplón de caletre .. Florencia empezó a pensar que no le quedaba más solución que la muerte .. Así las cosas, una tarde el macaco habló del Viaducto.
B *m* **3** *(jerg)* Macarra [1]. | Tomás *Orilla* 196: Quema pasta en cantidad. Ahora los está tocando de dos mujeres. Es un macaco indecente. Tomás *Orilla* 187: Lo mejor sería ligarse a un travestí .. Sus macacos aquí viven como quieren.

macaco² -ca *adj (reg)* [Cordero] que empieza a pastar. | *DBu* 25.4.76, 25: Se venden 80 corderos macacos en Balbonilla.

macadam *m* Macadán. | GHortelano *Tormenta* 91: En los guardabarros chocaban las piedrecillas, desprendidas del macadam.

macadán *m* Pavimento de piedra machacada y arena aglomeradas con cilindros o apisonadores. | A. Andújar *Abc* 11.6.67, 77: Otros 16.030.464 pesetas serán dedicados a reparaciones con firme de macadán ordinario.

macaelense *adj* De Macael (Almería). | El. Pastor *VAl* 15.1.92, 18: Las razones que ha esgrimido el máximo responsable de la corporación municipal macaelense para suscribir este acuerdo.

macana *f (col, raro)* Tontería o bobada. | ZVicente *Mesa* 60: Eso del puente aéreo es una macana, un camelo enciclopédico.

macaneo *m (col, raro)* Acción de decir cosas falsas o disparatadas. *Tb su efecto.* | E. Chamorro *Tri* 9.12.72, 55: Palmira es una mujer, cosa que en algunas sociedades –e ideologías– no está bien visto, y que en otras es causa de algunos macaneos.

macanudo -da *adj (col, raro)* Magnífico o extraordinario. | DCañabate *Andanzas* 242: Me había comprado un sombrero macanudo, un "lock" procedente del mismo Londres. Cela *Inf* 27.5.77, 23: A mí me gustaría escribir la macanuda vida de doña Luftolde.

macar *tr (raro)* **1** Golpear o magullar. | S. Fanjul *Íns* 7/8.80, 32: Todo porque no se torciera el asunto, porque no saliera la fruta macada.
2 Dañar o estropear. | FVidal *Duero* 201: Suponiendo que en el establecimiento acepten la macada indumentaria, el cabello polvoriento y la tez oreada de vientos del trotamundos.

macareno[1] **-na** *adj* Del barrio sevillano de la Macarena. *Tb n, referido a pers.* | *CoA* 7.3.64, 15: Mañana, gimnasia, baloncesto y rugby en el estadio macareno. El domingo deportivo en el estadio de la Macarena tiene el siguiente programa.

macareno[2] **-na** *adj (reg)* [Animal vacuno] dócil. *Tb n.* | Delibes *Santos* 78: El Azarías arrancaba a correr arruando, como un macareno, y el cárabo aullaba detrás.

macaronésico -ca *adj (Bot)* De la Macaronesia (región constituida pralm. por las islas Azores, Madeira, Canarias y Cabo Verde). | B. Mostaza *SYa* 24.6.73, 9: Le hacen compañía de honor los medallones que efigian a los grandes botánicos que se han ocupado de la flora canaria y macaronésica.

macarra *(col)* **I** *m* **1** Hombre que vive a expensas de una pers. que ejerce la prostitución. | Goytisolo *Recuento* 69: Una discusión a gritos entre una puta y su macarra. G. Lerma *Sáb* 17.3.76, 14: Desaparecería de prisiones y penales el tipo de "chulo" o "macarra" que se dedica a la explotación de los homosexuales, que lleva a cabo como si de prostitutas se tratase.
II *adj (desp)* **2** [Hombre] chulo o jactancioso. *Frec n.* | J. M. Alcántara *DPo* 10.8.75, 7: De todo esto nos podía hablar. De nuestra vida, que nada tiene de cómoda; de los muchos y muchos muertos que borrachos, pijos y macarras han matado. Delibes *Voto* 55: –Lo que faltaba, .. el macarra de Agustín. –¿Qué Agustín? .. –¡Joder! ¿Qué Agustín va a ser? El que las urde en todas partes.
3 [Pers.] vulgar u ordinaria. *Frec n.* | *DLi* 8.4.78, 9 (C): Ramoncín, mitad estrella y mitad macarra.
4 Propio del macarra [1, 2 y 3]. | Umbral *Trilogía* 167: Era un artista abstracto, de barba crespa y roja, ojos claros y acento macarra.
5 Más o menos vacío de significado, se usa frec como insulto. | Sastre *Taberna* 130: –¡Quita allá, quita allá, pitañoso! .. –¡Repórtate, macarra, que te mullo! Delibes *Voto* 16: Joder, esos macarras no dejan al pueblo ni descansar.

macarrón[1] *m* **1** Canuto alargado de pasta de harina de trigo. *Más frec en pl, designando este tipo de pasta.* | Laforet *Mujer* 175: El conde siguió saboreando golosamente sus macarrones.
2 Tubo delgado, gralm. de plástico, empleado frec. para recubrir cables. | R. Escamilla *SYa* 17.4.77, 46: Los macarrones que los envuelven, que suelen ser de plástico, sufren los efectos del frío y del calor, "cuarteándose" con el tiempo, y dejando el hilo conductor al descubierto. *Villena* 152: Cortinas: plástico duro y macarrón.

macarrón[2] *m (jerg)* Macarra. *Tb adj.* | VMontalbán *Mares* 174: ¿Recuerdas a mi amigo, el macarrón aquel tan guapo, el Martillo de Oro? Borrás *Madrid* 158: La mujer, en llanto de súplica, pedía un poco de cariño, de calor .., había golpes, gemidos, gritos de: "¡So macarrón! ¡Canalla!". Ya se sabía el comentario: "A esa le da pa el pelo el Faroles". "¿Y pa qué l[e] engaña? Se quiso quedar con un duro. Hace bien el Faroles. Es su hombre."

macarronear *tr (jerg)* Chulear [a una pers.] o vivir a costa [de ella (cd)]. | Tomás *Orilla* 224: Y tú, mejor sería que no te dejaras macarronear por ese macaco de mierda.

macarrónico -ca *adj (desp)* [Latín] defectuoso en que se mezclan palabras y formas de la lengua del propio hablante. *Tb referido a lenguaje o estilo.* | Sopeña *Defensa* 23: Preguntaba yo "poniendo en forma" la pregunta, es decir, en latín macarrónico. RMorales *Present. Santiago VParga* 3: Escucha sus latines deliciosamente macarrónicos.

macasar *m (raro)* Paño que se pone en el respaldo de un asiento para adornarlo y preservarlo. | *Coc* 12.66, 2: El macasar consta de 4 tiras de 6 motivos. Únanse a sus correspondientes. Por último, almidonar la labor.

macear *intr* Cojear [una caballería] al sentar los brazos en el suelo. | Cela *Viaje andaluz* 275: Una mula torda y grandullona, con sangre en el costillar, cruzó, maceando dolorosamente, camino de la cuadra.

macedano -na *adj* De Maceda (Orense). *Tb n, referido a pers.* | C. Blas *RegO* 31.7.75, 29: Maceda, deportivamente, es ciertamente maravillosa .. El pueblo de Maceda está en su lugar, el macedano entiende y aplaude.

macedón -na *adj (hist)* Macedonio [1b]. *Tb n, referido a pers.* | Pemán *Cádiz* 6: César lloró en el templo ante la estatua de Alejandro al pensar que, a su edad, ya el príncipe macedón había poseído tanto mundo.

macedonia → MACEDONIO.

macedónico -ca *adj (hist)* Macedonio [1b]. *Tb n, referido a pers.* | Arenaza-Gastaminza *Historia* 38: Filipo, el creador del estado macedónico, reunía las virtudes del bárbaro. Sampedro *Sirena* 439: Se considera un Alejandro y más que Alejandro; con la técnica de hoy se puede más, las naves del macedónico eran canoas comparadas con las mías.

macedonio -nia I *adj* **1** De Macedonia (región de los Balcanes). *Tb n, referido a pers.* | *Ya* 12.11.90, 27: Los votantes acudieron de forma masiva ayer a las urnas en la primera ronda de una elecciones multipartidistas sin precedentes para la asamblea macedonia. *Ya* 9.9.91, 5: Los macedonios asistieron ayer masivamente en [sic] las urnas. En muy pocos meses, su independencia será una realidad. **b)** *(hist)* Del reino antiguo de Macedonia. *Tb n, referido a pers.* | Pericot *Polis* 89: Entonces Alejandro se considera sucesor de la dinastía irania (330), con lo que empieza a abrirse un cisma entre el monarca y los generales macedonios. Tovar-Blázquez *Hispania* 56: Estaba dispuesto [Escipión] a renunciar a la función de árbitro que los macedonios le habían ofrecido.
II *n A m* **2** Lengua de la actual Macedonia, perteneciente a la rama eslava del indoeuropeo. | Abendaño *Inf* 15.4.71, 2: Yugoslavia es un Estado republicano federal integrado por núcleos de población de diversos orígenes, de cuya multiplicidad da idea el hecho de que en su territorio se hablen tres idiomas principales: el serviocroata [sic], el esloveno y el macedonio.
B *f* **3** Plato compuesto por varias frutas o verduras troceadas y revueltas. | *Cocina* 739: Macedonia de verduras.

macedonismo *m (Rel catól)* Herejía cuyo origen se atribuye a Macedonio, patriarca de Constantinopla († 359), y que niega la divinidad del Espíritu Santo. | GÁlvarez *Filosofía* 1, 214: Herejías trinitarias: el sabelianismo .., el macedonismo (negación de la consustancialidad del Espíritu Santo con el Padre y el Hijo).

macelo *m (raro)* Matadero (lugar en que se mata ganado para el abasto público). | A. P. Foriscot *Van* 23.6.74, 9: La región gallega abastecía de reses los macelos de Barcelona.

maceración *f* Acción de macerar(se). | Calera *Postres* 15: Se cubre con la mermelada, dejándola en maceración por espacio de una hora. *Economía* 98: Blondas y encajes: .. Se debe hacer una solución de jabón de Marsella en agua caliente y dejarlos en maceración .. catorce o quince horas. Lera *Bochorno* 258: Y ante la mirada de estupefacción del muchacho se desabrochó la bata azul y puso al descubierto las brutales maceraciones de que había sido víctima. **b)** *(Biol)* Ablandamiento y descomposición de tejidos u órganos en un líquido. | Ybarra-Cabetas *Ciencias* 201: Tragan las presas, y en el estómago tiene lugar toda la maceración.

macerado *m (E)* Producto obtenido por maceración. | *Ya* 8.10.70, 12: Entre los aguardientes compuestos, serán objeto de reglamentación especial los siguientes: brandy, .. anís, obtenido a partir de la destilación de macerados de anís.

macerador -ra *adj* Que sirve para macerar [1]. *Tb n, referido a máquina o aparato.* | I. F. Almarza *SYa* 12.10.86, 19: Del material reunido destaca una prensa de 1676 ..; la pequeña noria de 1890; la prensa de laboratorio de 1791; la maceradora y mesa de un siglo de historia.

macerar A *tr* **1** Poner [algo] en remojo para que se ablande y suelte sus partes solubles. | Aldecoa *Gran Sol* 156: Una vez pelados [los pájaros], lo mejor es macerarlos bien .. Macerarlos en agua dulce y luego cocerlos.

2 Mortificar físicamente. *Tb fig.* | Villapún *Iglesia* 126: Dedicándose muchas horas a las práctica[s] de la piedad, macerando su cuerpo con ayunos y disciplinas. C. Zeda *SYa* 15.5.77, 39: En boxeo no cabe la piedad. Al contrario hay que tundirlo y macerarlo cuanto antes. Delibes *Madera* 287: Los pálidos rostros tiznados, macerados por el insomnio.

B *intr* **3** Ablandarse [algo] y soltar sus partes solubles al estar en remojo. *Tb pr.* | *DMo* 17.8.92, 54: Mezclarlo y dejarlo que macere una hora. *SYa* 23.1.83, 14: Se trocea el conejo doméstico o la liebre durante veinticuatro o cuarenta y ocho horas en una salsa de salmorejo, para que se macere bien.

macerina *f* (*raro*) Mancerina. | A. Figueroa *Abc* 20.4.58, 10: La dueña de la casa ofrece a sus amigas el agasajo que consiste en aromático chocolate de Guajaca, servido en macerinas de plata.

macero *m* Hombre que en las ceremonias lleva la maza ante las corporaciones o perss. que usan tal señal de dignidad. | C. GBayón *SVoz* 8.11.70, 1: Recuerdo de niño, cuando el ayuntamiento en pleno, escoltado de maceros, presidía la procesión de San Roque.

maceta[1] *f* Tiesto (vasija de barro para criar plantas). | Legorburu-Barrutia *Ciencias* 273: Tenían los balcones llenos de macetas con geranios.

maceta[2] *f* Herramienta semejante al martillo, con las dos bocas iguales y el mango corto, usada esp. por los canteros. | F. PMarqués *Hoy* 27.8.75, 13: Familias con una honda tradición de canteros continúan en el tajo, y firmas venidas de fuera .. entonan a diario el duro trabajo de la maceta y el puntero en la pedrera. *Prospecto* 2.93: Continente .. Maceta albañil 1 kg.

macete *m* (*reg*) Pargo (pez). | Trévis *Gallega* 15: En Asturias le añaden también tiñoso, pica, macete, escorpión y escamón, pescados todos ellos propios de allí.

macetero *m* Soporte para macetas[1]. | ZVicente *Ya* 27.12.70, sn: Hay polvo en el macetero del salón.

macetón *m* Maceta[1] grande. | Solís *Siglo* 35: El amplio patio de losas de mármol .., en cuyo centro se alzaban una pequeñas palmeras, de las que llaman enanas o de jardín, en grandes macetones, era el lugar más frecuentado.

macfarlán *m* (*hoy raro*) Macferlán. | FReguera-March *Boda* 26: Un hombre, envuelto en un macfarlán andrajoso, dormía sobre un banco.

macferlán *m* (*hoy raro*) Abrigo de hombre, sin mangas y con esclavina. | Torrente *Señor* 33: Se encasquetó el sombrero y se puso el abrigo. ¡Un hongo gris y un macferlán de varias esclavinas, un macferlán auténtico, de tela a cuadros! Delibes *Castilla* 88: La estereotipada imagen .. va siendo sustituida por el pastor de tabardo, gabardina y macferlán, paraguas colgado del antebrazo y un transistor en la mano.

mach *m* (*Fís*) Unidad de medida que expresa la relación entre la velocidad de un cuerpo y la del sonido. *Gralm en la constr* ~ + *número que expresa esa relación*. | *País* 3.10.83, 2: Pershing 2 .. Velocidad: Ma[ch] 8 (8 veces la velocidad del sonido). Alcance: unos 650 kilómetros. [*En el texto,* match.] J. M. PBorges *Ya* 20.7.83, 3: La pericia del comandante de Iberia, señor González Tarife, evitó un choque por alcance con el aparato norteamericano, que volaba a ma[ch] 0,74 (unos 850 kilómetros por hora). [*En el texto,* match.]

macha[1] → MACHO[1].

macha[2] *f* (*reg*) Mano del mortero. | Lorenzo *SAbc* 8.9.74, 10: Machaca unos dientes de la ristra: en el mortero; corcho del mortero, la macha, el carapacho y la cuchara, el chozo todo.

macha[3] *f* Molusco marino bivalvo de concha triangular alargada, propio de Chile (*Mesodesma donacium*). | *Envase* 12.88: Machas chilenas al natural .. Importado por Eliana Vargas Vargas SC .. Málaga.

machaca[1] *f* Instrumento para machacar [1]. | Moreno *Galería* 161: El cáñamo se machacaba en un rústico instrumento llamado "la machaca".

machaca[2] *adj* (*col*) Machacón. *Tb n, referido a pers.* | *SPaís* 24.10.93, 11: Hay muchos pubs y discotecas en donde de no nos dejan [a los tunos] entrar con nuestros instrumentos, por todos lados hay música *machaca*, mucho bumba-bumba.

machaca[3] *m* (*argot, Mil*) Machacante [1]. *Tb* (*col*) *fig, fuera del ámbito militar.* | Montero *SPaís* 22.8.82, 16: Llega un rubiato ojiacuoso que es el segundo de G & G, o sea, el *machaca* del *baranda*.

machacado *m* Conjunto de cosas machacadas [1] juntas. | Bernard *Salsas* 65: Se fríe una miga de pan que .. se machacará en el mortero con azafrán en hebra, un diente de ajo y un poco de pimienta negra molida. Este machacado y el bacalao .. se echan en la olla.

machacador -ra *adj* Que machaca. *Tb n: m y f, referido a pers; f, referido a máquina.* | *SVozC* 29.6.69, 13: Nuevo sistema de trillo de cilindro machacador. L. Contreras *Mun* 5.12.70, 11: Un movimiento asociativo en el mundo del trabajo naval llevaría, probablemente, a una asociación de machacadores. *SVoz* 8.11.70, 14: Taladros, esmeriladoras, hormigoneras, machacadoras, básculas. Mucha maquinaria nueva y usada.

machacamiento *m* Acción de machacar. | *SAbc* 5.10.75, 27: Fue, pues, la batalla de Teruel una lucha de dureza y de violencia, de machacamiento, de desgaste y de exterminio.

machacante *m* **1** (*argot, Mil*) Soldado destinado a servir a los sargentos. *Tb* (*col*) *fig, fuera del ámbito militar.* | Cela *Judíos* 76: Mataron sus dos primeros franceses: el sargento que había ofendido a su novia y el machacante que le acompañaba.

2 (*col*) Duro (moneda). | Berlanga *Barrunto* 87: Les diría que había mentido con lo del niki fardón del que me había encaprichado y que me salía por los sesenta machacantes.

machacar A *tr* **1** Aplastar o triturar [algo] golpeándo[lo]. | Bernard *Verduras* 41: Filetes de anchoa machacados en el mortero. Olmo *Golfos* 35: Acudía Tinajilla con un casco te dispuesto a machacarse todas las espinillas del barrio. Torres *Él* 76: Con la mano libre empezó a machacarle el cuerpo, hasta que el astrólogo cayó al suelo, hecho un pingajo.

2 Destrozar [algo o a alguien]. *Frec fig.* | Olmo *Golfos* 58: ¡Al que se chive lo machaco! *MOPU* 7/8.85, 61: Vertidos sin control machacan la vida acuática. Buero *Lázaro* 79: Todo lo machacó el bribón de mi marido con amigotes, con mujerzuelas. P. Cuartero *SPaís* 21.5.78, 22: Esta falta de actividad me machaca. Los médicos no se aclaran.

3 ~**sela**. (*jerg*) Masturbarse [un hombre]. | C. RGodoy *Cam* 12.4.93, 106: Yo creo que los debería comprar él [los preservativos] a escondidas de nosotros .. O machacársela, como se ha hecho siempre también.

B *intr* **4** (*col*) Insistir [sobre algo]. *Tb sin compl.* | Arce *Testamento* 32: Así que decidí machacar sobre el asunto. J. Carabias *Ya* 27.6.75, 8: Lo que le gusta estudiar son las lecciones que, a fuerza de machacar, hemos conseguido que se las sepa.

5 (*jerg*) Fornicar. | GBiedma *Retrato* 48: Ben entró desbraguetándose .. Era un virtuoso, enseñado a machacar horas y horas con la expresión ausente y la precisión tranquila de un obrero cualificado.

machacón -na *adj* (*col*) Insistente hasta hacerse pesado. *Tb n, referido a pers.* | Olmo *Golfos* 179: Cuando la lluvia, machacona, no cesa en su repiqueteo, Cuno va en busca del viejo. S. Ochoa *Abc* 16.4.88, 3: Se me tildará de machacón al volver sobre este tema, pero ¿qué científico no es machacón? Flery *Odi* 31.7.64, 11: Parece que los machacones en la materia se empeñan en no prestar atención al Espasa.

machaconamente *adv* (*col*) De manera machacona. | Goytisolo *Recuento* 127: Gritaban para entenderse por encima de los coros vociferantes, de los estribillos cantados machaconamente al abrigo del mostrador.

machaconear *intr* (*col*) Insistir con machaconería. | GSerrano *Macuto* 157: Contaba sílabas a dedo sobre la rodilla mientras el coro machaconeaba con la historia de que *La Cucaracha* aquella no podía dar un paso por falta de marihuana.

machaconeo *m* (*col*) Acción de machaconear. *Tb su efecto.* | MGaite *Retahílas* 110: Le irritaba mucho con mis machaconeos explicativos.

machaconería - machiris

machaconería *f (col)* Cualidad de machacón. | S. Ochoa *Abc* 16.4.88, 3: Me alegraría que mi machaconería sirviese un poco para estimular el interés por la ermita de San Antonio de la Florida. **b)** Actitud machacona. | Olmo *Golfos* 19: Lo que crispaba los nervios de Enzo era la machaconería ridícula de ponerle como modelo al futuro licenciado.

machada *f (col)* **1** Acción propia de un macho[1] [3b]. *Con intención ponderativa o desp.* | Alfonso *España* 204: El bien pacífico no nos interesa, sino solo como pretexto para la violencia inútil, la "machada" y el gran deporte nacional de fastidiar al prójimo. VMontalbán *Comité* 154: La furgoneta volvía a estar a la altura del coche. Bajó el cristal el acompañante del conductor y apareció una mano que sostenía un papel .. Carvalho sacó el brazo, cogió el papel y la mano. -¡Acelerad!- Oyó el grito del hombre .. -Vaya machada. Ese tío se va a acordar de usted.
2 *(desp)* Acción ostentosa e inútil. | VMontalbán *Pianista* 35: Consiguió Luisa alejar a Ventura .., mientras los borrachos formaban círculo, se reían y se enseñaban mutuamente las pantorrillas. -Me molestan las machadas -comentó Luisa.
3 *(desp)* Tontería o necedad. | GHortelano *Apólogos* 209: Nos metíamos en nuestro dormitorio y le dejaba con las ganas de seguir conversando, de que un papanatas le escuchase sus machadas, sus teorías, su verborrea de preso solitario.

machamartillo *(tb con la grafía* **macha martillo***). a ~. loc adv (col)* Con mucha firmeza. *Tb adj.* | Cossío *Confesiones* 38: Me enseñó .. a ayudar a misa, tan a machamartillo que, cuando fui al colegio de los jesuitas, estos se sorprendieron de lo bien que recitaba el *Confíteor*. Alfonso *España* 60: Ese conservadurismo a machamartillo que recuerda Marías, ¿qué efectos ha tenido?
2 Con más fuerza que esmero. | Ballesteros *Abc* 24.3.71, 3: El fontanero lo hace todo a macha martillo, y ya sabemos lo efímero de su labor.

machango *m (reg)* Niño. | Nácher *Guanche* 11: Miraba ella al marido, con la mejilla junta al aterciopelado moflete de su "machango" nuevo.

machaque *m (Balonc)* Mate. | *Abc* 31.12.85, 84: Russell se alzó con la victoria con un sensacional machaque tras volar sobre un joven espectador.

machaqueo *m* Acción de machacar [1 y 4]. | *Ya* 15.10.67, 39: Proyectista, experiencia instalación áridos, machaqueo, torres hormigonadas, precísase para industria Villaverde. L. Calvo *Abc* 27.11.70, 31: Tan fuera de sazón y lugar ese machaqueo sobre la burguesía que le retrae a uno a los años de Rimbaud o de Sisley.

machaquín *m (reg)* Hombre que tiene por oficio machacar [1] piedra. | Benet *Aire* 63: Allí .. solían acampar .. los machaquines zamoranos que perseguían las reparaciones de los firmes.

machar *tr (reg)* Machacar [1]. | GMacías *Abc* 4.3.73, 43: El plato [mojeteo] es más típico todavía elaborado en una vasija de las que se usan en el molino para recoger el orujo machado.

maché *adj* [Papel] en pasta, encolado y maleable. | *Van* 23.6.74, 75: Artesanía. Escuela Recés, enseñanza .., papel maché, pirograbado.

machear A *tr* **1** Hacer [alguien (*suj*)] que el polen de la palmera macho fecunde [a la palmera hembra (*cd*)]. | C. Soriano *Abc* 20.8.69, 27: Entonces es el momento en que el "palmerer" .. realiza la operación de "machear" a la palmera hembra.
B *intr* **2** *(raro)* Presumir o alardear de macho[1] [3b]. | Nácher *Guanche* 197: El afán de machear entre su gente le hacía componer tristes tiesuras con el ridículo temple que le daba la mente alumbrada.

machembrar *tr* Machihembrar. | *GTelefónica N*. 1094: Borondo. Tubos de hormigón vibroprensados .. Cilíndricos machembrados. Cilíndricos base plana.

machero *m (reg)* Alcornoque dispuesto para la primera saca. | Lorenzo *SAbc* 8.9.74, 10: Hacha en mano, el sacador tantea el tronco. Siguiendo las gemas, la huella del anterior corte, hace en los macheros a la altura de la cruz una incisión, y otra incisión a la redonda, junto al suelo.

macheta *f* Cuchillo de hoja muy fuerte y ancha, usado esp. para picar carne. | *Abc* 15.4.58, 35: Precios rebajados en nuestra oferta especial de menaje .. Macheta cocina acero: 10,50.

machetazo *m* Golpe de machete. | *Inf* 24.4.72, 5: La Policía busca a varios hombres que decapitaron a machetazos al sacerdote católico José Bennini.

machete *m* **1** Arma blanca corta, pesada, de hoja ancha y con un solo filo. | GSerrano *Macuto* 744: En el lenguaje de la tropa, bayoneta, machete o cuchillo valen por lo mismo, aunque no lo sean.
2 Cuchillo grande. | Trévis *Navarra* 49: Preparad las chuletas de buey, que deberán ser hermosas y macizas, limpiadlas de pieles y sobrantes, y aplastadlas con el machete puesto de plano. Acquaroni *Abc* 29.7.67, 11: Como quien corta una tarta con un machete de matarife.

machetear *tr* **1** Golpear con el machete. | P. Rodríguez *VAl* 25.7.76, 2: Esperabé le jalea como el compañero del "aizkolari" que machetea el tronco del Consejo del Reino.
2 *(Taur)* Quebrantar [al toro] haciéndole cornear reiteradamente el engaño. *Tb abs.* | DCañabate *Abc* 20.8.72, 45: El toro me gusta poco .. Mira, ya está el bueno de Curro macheteando.

macheteo *m* Acción de machetear. | DCañabate *Abc* 21.5.58, 39: Ensayaré un elogio del macheteo, indispensable para ciertos toros.

machetero *m* Obrero encargado de cortar la caña de azúcar. | CBonald *Casa* 212: La travesía hasta los barracones de la plantación .., conducida en un palanquín para repartir aguinaldos entre los macheteros de la zafra. [*En Cuba.*]

machial *m* Monte que se aprovecha para pasto de cabras. | FVidal *Duero* 109: Se le escapa la mirada cerviguera arriba, hacia los amplios machiales de las lomas.

machicha *f (hist)* Cierto baile de origen brasileño, de moda a fines del s. XIX y principios del XX. | FReguera-March *España* 46: A mí me gustaba mucho la machicha. ¿Han oído cantar a La Fornarina aquello de "Al ver a las coristas medio desnudas..."? CBaroja *Tri* 3.6.72, 27: La machicha, el can-can, algunas cosas alborotadas de Offenbach, .. se le venían a la memoria.

machihembrado *m* Acción de machihembrar. *Tb su efecto. Tb fig.* | Cela *Gavilla* 46: Esto, el sexo, fíjate bien, los dos diferentes y ensamblados (al correr del tiempo, un carpintero habilidoso inventaría el machihembrado a caja y espiga o a ranura y lengüeta). Cela *Secreto* 1, 10: La linde paradójica del pensamiento de Cratilo .. se agazapa en el machihembrado de la inseparabilidad –o unidad– de los contrarios.

machihembramiento *m* Acción de machihembrar. *En sent fig.* | Umbral *Españolas* 138: La mujer barbuda, de niños, nos asustaba, .. y luego, cuando fuimos descubriendo los misteriosos entrecruces de los sexos, empezamos a sospechar extraños machihembramientos.

machihembrar *tr* **1** *(Carpint)* Ensamblar [dos piezas] de modo que un saliente de una penetre en un hueco o ranura de la otra. *Tb abs. Tb fig.* | *Act* 25.1.62, 6: Más colores... para más ambientes. El panel machihembrado. *IdG* 18.10.75, 16: Maderas Eladio Lorenzo García. Fábrica de aserrar y machihembrar. SLeón *SYa* 21.5.72, 14: Mi sitio está entre dos lealtades: al Movimiento y al futuro .. Mi preocupación fundamental es "machihembrar" estas dos ideas.
2 Unir [dos cuerpos] en el acto sexual. *Tb abs.* | CBonald *Ágata* 216: Gestación .. perpetrada por dos cuerpos juntados, ensamblados, machihembrados. Goytisolo *Recuento* 340: Empezó .. a valorarlas .., firme en su brutal resolución de follar, de agarrar a una tía y acabar la saturnal en la cama, los dos al pelo, machihembrando.

machina *f* Cabria o grúa de grandes dimensiones, usada en los puertos y astilleros. | Aldecoa *Gran Sol* 24: Lo que importa es el viento. Peor fuera un noroeste; eso sí que es para meterse en las machinas.

machiris *m pl (jerg)* Documentación personal. | Sastre *Taberna* 117: ¡Y que a media noche aparecen los picos!, y que nos piden los machiris, y que no llevamos, y claro, al no llevar, que nos meten en el combo los tíos.

machismo *m* **1** Actitud de considerar superior al varón. *Frec con intención desp.* | Delibes *Año* 83: Debemos darnos prisa por archivar nuestro tradicional machismo. En .. un pueblecito de Valladolid no hay alcalde, sino alcaldesa. **2** Exaltación de las cualidades que se consideran propias del varón, esp. la fuerza y la agresividad. | J. GCano *Gac* 11.5.69, 79: Los tiros entre ceja y ceja, y los "uppercut" al mentón de los altísimos e invencible[s] héroes de Estefanía, encarrilaban a una parte importante de jóvenes españoles hacia un machismo falso y cobarde. **b)** Acto de machismo. | *D16* 2.1.90, 1: "The New York Times" califica de "machismo estúpido" el asalto de la residencia del embajador de Nicaragua.

machista *adj* De(l) machismo o que lo implica. *Frec con intención desp.* | MGaite *Retahílas* 167: Tampoco él si un buen día se hartó y reaccionó en plan machista tiene la culpa. **b)** Partidario del machismo. *Tb n.* | R. L. Ninyoles *Mad* 30.12.69, 3: La mujer no escapa, naturalmente, a los principios de la sociedad "machista". Delibes *Voto* 51: Lo que sucede es que tú, y tú, y la totalidad de los hombres y el noventa y nueve por ciento de las mujeres, en el fondo, sois machistas y punto.

machito. ir [alguien] **a gusto en el ~.** *loc v* (*col*) Sentirse cómodo en una situación privilegiada, abusiva o poco digna. *Frec con un compl* DE. | Cabezas *Abc* 1.8.70, 37: Inquilinos que "van a gusto en el machito" de las casas ruinosas con tal de que les resulten casi gratuitas. DCañabate *Paseíllo* 180: Los toreros van muy a gusto en el machito de la comodidad y creen que han descubierto la alquimia de la transmutación del plomo en oro, pero a tanto no llega la propaganda.

macho¹ -cha (*la forma* MACHA *solo en acep* 10) **I** *n* **A** *m* **1** Animal del sexo masculino. *Frec en aposición.* | Ybarra-Cabetas *Ciencias* 395: El buey es un rumiante; sus nombres vulgares son: Toro, el macho; buey, el macho castrado; vaca, la hembra. **b) ~ cabrío.** Cabra macho. | *Abc Extra* 12.62, 21: Ícaro .. se encuentra una mañana de Mayo con un macho cabrío sollamando su viña en flor. **c) ~ montés.** Cabra montés macho. | *HLS* 3.8.70, 8: Queda asimismo prohibida la caza de ciervos, corzos, machos monteses y rebecos. **2** Animal masculino híbrido de la raza asnal y caballar. | *DNa* 24.8.74, 19: Se vende macho de 10 años muy bueno para toda clase de trabajo. **b) ~ romo** → ROMO. **3** (*col*) Hombre o varón. *A veces con intención desp.* | Ramírez *Derecho* 26: En este caso se habla de violación. Y, naturalmente, se castiga al macho incontinente. Cuevas *Finca* 105: La hija más pequeña .. había subido en el pescante con su padre, cuando pasaron por los garbanzos donde escardaba. Parecía un macho. **b)** (*col*) Hombre dotado de las cualidades que se consideran propias de su sexo, esp. la fortaleza y el valor. *Tb adj.* | R. L. Ninyoles *Mad* 30.12.69, 3: El aguantar el alcohol o, más exactamente, la competición ostensible en el consumo de bebidas fuertes, suele ser otro de los rasgos característicos del "macho". MSantos *Tiempo* 240: Sanlorenzo [sic] era un macho, no gritaba, no gritaba, estaba en silencio mientras lo tostaban torquemadas paganos. CPuche *Paralelo* 66: Con la suerte hay que ser muy macho, entregarse cuando se entrega, retirarse cuando se retira. **c)** (*col*) *Frec se emplea como puro vocativo dirigido a un varón, o a veces a una mujer, esp en lenguaje juvenil.* | GPavón *Hermanas* 36: Todavía está buena la María de los Remedios. A ver si la ligas, macho. **4** *En las plantas unisexuales:* Planta que no produce fruto. *Normalmente en aposición.* | C. Soriano *Abc* 20.8.69, 27: Entonces es el momento en que el "palmerer" .. realiza la operación de "machear" a la palmera hembra, cuando se abre también su panocha, con el polen de la palmera macho. **b)** [Helecho] **~**, [torvisco] **~**, [verónica] **~** → HELECHO, TORVISCO, VERÓNICA. **5** *En ciertos objetos formados por dos piezas que encajan entre sí:* Pieza que se introduce en el hueco que tiene la otra. | * Se ha perdido el macho de este corchete. **b)** Pieza de un mecanismo que se introduce en otra. | *Abc* 15.3.68, 20: Machos y cojinetes de roscar. Aldecoa *Gran Sol* 73: Golpeó la chaveta del macho que aguantaba la boza. | El cable se tensó de popa a proa.

6 (*Taur*) Cordón de los que sujetan el calzón o taleguilla del torero por bajo de la rodilla y que terminan en una borla. | Lera *Clarines* 406: El maestro se sienta muy cómodamente mientras uno le hace la coleta y otro le ajusta los machos. T. Medina *Inf* 4.6.70, 21: Tenemos esta noche rueda de Prensa justo a la hora en que Camino se ata los machos en la Beneficencia. **7** (*Arquit*) Pilar de fábrica. | *VozC Extra* 1.1.55, 6: Los propietarios podrán formar uno con dos o más solares .. siempre que los solares resultantes tengan 15 metros lineales de fachada como mínimo, las líneas laterales sean sensiblemente normales a la línea de fachada y correspondan a zonas de machos de esta en el proyecto oficial del bloque correspondiente. **8** Estrofa, gralm. de tres versos, que se canta después de algunas coplas flamencas. | Manfredi *Cante* 132: Al final, la seguiriya admite un macho, no sujeto a regla, libre el cantaor para rematarlo según sus fuerzas y su temperamento. Cela *Viaje andaluz* 249: El polo es el hermano menor –y más calmoso– de la caña, también con macho, como ella y como el martinete. **9** (*reg*) Duro (moneda). | Grosso *Zanja* 110: Lo mismo .. nos da otros veinte machos. **B** *f* (*col*) **10** Mujer dotada de las cualidades que se consideran propias del varón, esp. la fortaleza y el valor. *Tb adj. Con intención ponderativa.* | SFerlosio *Jarama* 180: Tito y Daniel la jaleaban mientras bebía. –¡Hale, macha! ¡Ahí tú! **b)** (*juv*) *Frec se emplea como puro vocativo dirigido a una mujer.* | Vicent *País* 12.2.83, 11: –Das como Robert Redford. –Se lleva lo visual, macha. Que no te enteras. **II** *adj* (*gralm invar*) **11** (*raro*) [Cosa] fuerte o vigorosa. *Tb fig. Con intención ponderativa.* | Alfonso *Abc* 3.6.70, 19: Pasé ratos inolvidables en estas cuevas, entre guitarreos y coplas, probando el vinillo macho de estos terrenos. Nácher *Guanche* 211: Será una luchada macho .. Dos equipos de primera. Soler *Caminos* 318: La escena macho la teníamos la niña y yo en el tercer acto. GHortelano *Apólogos* 220: La verdad es que a Luisa personalidad no le falta, posee una personalidad macha. **III** *loc v* **12 atarse** (*o* **apretarse**) **los ~s.** (*col*) Prepararse adecuadamente o tomar todas las precauciones posibles ante una acción arriesgada o difícil. (→ acep. 6.) | CPuche *Paralelo* 192: Yo ahora pienso atarme muy bien los machos antes de decir nada. Lera *Hombre* 68: No tendría más remedio que apretarse los machos y entrar de aprendiz en un taller mecánico.

macho² *m* (*raro*) Mazo grande para forjar el hierro. | R. FPombo *Ya* 11.8.83, 4: ¿Dónde están .. las fraguas en las que (recordemos a Azorín) el hierro –machos, tenazas, yunque– se torcía o se estiraba hábilmente forjado?

machón *m* **1** (*Arquit*) Pilar de fábrica. | GNuño *Arte* 56: Son otras particularidades de San Baudelio la tribuna alta adosada a la columna o machón central y, en lo alto de este, donde se bifurcan los nervios, un escondrijo cubierto por precioso cupulín de tipo cordobés. **2** (*Carpint*) Madero de escuadría de 5 m de largo. | Moreno *Galería* 39: Lo que califica como útil y posible este sistema de transportar maderas: cabrios, varas, tablas, tablones, machones y vigas.

machorra *adj* [Animal hembra] estéril. *Tb n f, esp referido a oveja. Tb* (*pop*) *referido a mujer y* (*lit*) *referido a cosa.* | Moreno *Galería* 70: No eran muchas generalmente las ovejas machorras. *Hoy* 9.1.77, 5: Ya no es posible resucitar aquellas típicas "borrascas" con el "sacrificio de la machorrita". Torrente *Vuelta* 357: La Galana es una real hembra y, según dicen, machorra. Es lo que a usted le conviene. Zunzunegui *Camino* 491: El trabajo del campo en una tierra machorra y pedregosa .. le podía.

machote¹ -ta (*col*) **I** *n* **A** *m* **1** Hombre dotado de las cualidades que se consideran propias de su sexo, esp. la fortaleza y el valor. *Tb adj. Con intención ponderativa.* | Delibes *Príncipe* 20: –Sí, señorita, pero es nene .. –Claro .. Le ve una tan rubio y con esos ojos .. –Soy un machote. Lera *Bochorno* 63: La primera en hablar fue Pacita: –¡Qué machote eres! –y palpó los abultados bíceps de Alejandro. **2** Mujer hombruna. | * María es un machote auténtico. **B** *f* **3** Mujer dotada de cualidades que se consideran propias del varón, esp. la fortaleza y el valor. *Tb adj. Gralm con intención ponderativa.* | * ¡Qué machota eres! ¡Mira que mo-

machote – macramé

verlo tú sola! * Esta niña es bastante machota, se pasa el día jugando al fútbol.

II *adj* **4** (*raro*) Propio de un machote [1]. | *SPaís* 16.8.81, 13: –¿Tiene que haber sexo en el *rock*? –Creo que tiene que haber sexo en la vida .. –Pero ¿no se puede pecar de una imagen demasiado *machota*?

machote². a ~. *loc adv* (*reg*) De golpe o dejando ejercer todo el peso. | * Le dio un mareo y cayó a machote sobre el suelo. Moreno *Galería* 368: Disparo de otros objetos, valiéndose, no del brazo y de las formas al uso, sobaquillo y machote, sino con [h]onda o tira-gomas.

machucar *tr* (*reg*) **1** Golpear [algo o a alguien]. | Olmo *Golfos* 183: Otro pedrusco, silbando con más suerte, le machuca un tobillo a la Sara. Faner *Flor* 144: El Potami se alejó remando, machucando la calamorra a cuantos asomaban por la borda. **b)** *pr* Golpearse o sufrir un golpe. | Montero *Reina* 150: Medio kilo de peras pequeñas, que era la fruta que se machucaría menos con el viaje.
2 Machacar o destrozar. *Tb fig.* | Salom *Delfines* 367: Todavía se ve la hierba machucada por el estrado. FReguera-March *Fin* 232: ¡Así está ella [la libertad] de machucada!

machucazo *m* (*reg*) Acción de machucar. *Tb su efecto.* | Berenguer *Mundo* 136: Verlo golpear el hierro daba gloria, pues de cada machucazo aluciaba una reja de arado que no sé cómo no rompía el yunque.

machucho -cha *adj* (*col*) Maduro, o que ya no es joven. | DCañabate *Paseíllo* 56: Por la tarde había capea y luego dos toros de muerte para un novillero de esos de mala muerte. El de aquel día era ya machucho.

machucón *m* (*reg*) Golpe o contusión. | J. M. Moreiro *SAbc* 4.10.70, 32: Hay en el viejo mercado de Legazpi .. un puesto de socorro donde curar los machucones serios.

macilento -ta *adj* **1** [Pers.] pálida y demacrada. | Ortega *Americanos* 66: Algunos jugadores del equipo de fútbol del Colegio quedaron muy afectados, débiles, macilentos. **b)** Propio de la pers. macilenta. | FReguera *Bienaventurados* 164: Tenía un aire macilento y enfermizo que llegó a preocupar seriamente a Sánchez. Onieva *Prado* 68: Velázquez ha sacado el partido posible a un rostro desgraciado y macilento.
2 [Luz] pálida o mortecina. | CNavarro *Perros* 85: Algunos faroles del alumbrado público continuaban encendidos, y el gas daba una tonalidad triste y macilenta.

macillo *m* **1** (*Mús*) Mecanismo a modo de mazo pequeño guarnecido con capas de fieltro, que hiere las cuerdas del piano a impulso de las teclas. | Perales *Música* 39: Magnífico instrumento este [el piano], de cuerdas percutidas por macillos que son accionados por el teclado. **b)** Martillo pequeño con que se pulsan las cuerdas del salterio. | Galache *SASeg* 21.6.85, 20: Encerraba en un arcón o baúl un triangular salterio, con su péptero y su macillo.
2 (*hist*) Mazo de 14 pitillos. | Cela *Mazurca* 203: ¿Por qué no nos fumamos una pipa de kif?, yo ya estoy harto de macillos.

macis *f* Corteza olorosa, de color rojo o rosado, de la nuez moscada. | Cela *Pirineo* 85: Se les añade un arzengo de canela, veinte granos de clavo y otros tantos de macis.

macizamente *adv* De manera maciza. | J. M. Alfaro *Inf* 10.7.75, 18: Esta es la primera de las deducciones que uno saca tras recorrer las dos mil páginas que ha escrito José María García Escudero para instrumentar, macizamente, los cuatro tomos de su "Historia de las dos Españas".

macizar *tr* **1** (*Constr*) Rellenar. | GNuño *Arte* 294: Aquí [en el claustro] los arcos se han macizado y subdividido en dos pisos.
2 (*reg*) Echar cebo [a los peces]. *Tb fig. Tb abs.* | Aldecoa *Gran Sol* 76: Afá carnaba el anzuelo para Macario .. Domingo Ventura recomendaba a Afá: –No lo macices tanto, que ya pica. Cancio *Bronces* 42: Se queda el hombre solo con unas ratas de espanto, a las que tiene que macizar con mendrugos de pan durante la noche si quiere dormir unas horas a pierna suelta. Pombo *Héroe* 195: Yo creo que se me engarmó [el aparejo] por la carnada, por poner demasiada, macizando todo el rato.

macizo -za I *adj* **1** [Cosa] de masa sólida y sin huecos en su interior. | Arce *Testamento* 92: Y sopesé el candil.

Parecía de hierro macizo. C. MQuemada *Nar* 10.76, 10: Junto a él aparece, entre los mismos pueblos, la carreta de ruedas más o menos macizas.
2 Que presenta una apariencia de masa espesa, pesada o compacta. | Cuevas *Finca* 219: –¡Mientras más pronto mejor! –masculló el porquero, macizo, achaparrado.
3 [Pers.] de carnes duras y firmes. *Frec* (*col*) *con intención ponderativa, esp referido a mujer. Tb n.* | Aristófanes *Sáb* 20.8.75, 55: Esta España gloriosa se ha llenado de macizas en monokini. Forges *Forges* *nº* 2 47: ¡Pecadora! ¡Escandalosa! ¡Sinvergüenza! Maciza. *País* 5.11.89, 7 (A): Ellas gritan: "¡Macizo!". "¡Torero!". "¡Machote! ¡Guauuuu!".
4 Que carece de salientes o recortes. | Ortega-Roig *País* 63: La longitud de estas costas no es mucha, si pensamos en lo grande que es la Península, porque son muy macizas, es decir, están poco recortadas.
5 Sólido y bien fundado. *En sent fig.* | E. Corral *Abc* 21.5.67, 108: Rodríguez Méndez "estuvo" en "Autores invitados" a través de un guión coherente, macizo. *VNu* 7.10.72, 13: Accede al episcopado una de las personalidades más macizas y más conocidas de la joven generación sacerdotal española.

II *m* **6** Masa sólida y de forma maciza [4]. *Tb fig.* | *Tri* 5.12.70, 34: La mayoría silenciosa, sufrido macizo de la raza, encuentra obstáculos por todas partes.
7 Grupo compacto [de plantas]. | E. Daudet *SAbc* 8.3.70, 29: Del techo, colgando, hay un macizo de siemprevivas.
8 (*Geogr*) Conjunto montañoso de carácter unitario, constituido gralm. por terrenos primitivos. | Ortega-Roig *País* 26: Cordilleras que bordean la Meseta (Macizo Galaico, Cordillera Cantábrica, Sistema Ibérico y Sierra Morena).
9 (*Arquit*) Parte de pared comprendida entre dos vanos. | Tejedor *Arte* 106: En tal sentido se ha dicho del estilo .. que es el predominio de los macizos sobre los vanos.
10 (*Constr*) Obra de hormigón o de mampostería rellena, que sirve de basamento o de contrafuerte. | *BOE* 2.8.76, 14910: El aparato se fija sobre un macizo de hormigón.
11 (*reg*) Pescado machacado y en salmuera que se utiliza como cebo. *Frec se usa en frases de amenaza.* | Cancio *Bronces* 80: Por la leche que mamé que en cuanto lleguéis a casa cojo un canto y os machaco a los tres como al macizo.

macla *f* (*Mineral*) Conjunto formado por dos o más cristales unidos simétricamente. | Ybarra-Cabetas *Ciencias* 53: Cristaliza [el cuarzo] en formas seudohexagonales y el análisis microscópico muestra como una macla de cuarcina y sílice triclínicas.

maclado -da *adj* (*Mineral*) Que forma maclas. | Ybarra-Cabetas *Ciencias* 72: Yeso .. Se presentan muchas veces sus cristales maclados (yeso en flecha) y otras en masas cristalinas, laminares o fibrosas.

maco *m* (*jerg*) **1** Cárcel. | Sastre *Taberna* 117: Uno del trile que lo conocí en el maco cuando estuvo.
2 Macuto o bolsa. | Burgos *Tri* 29.4.72, 35: Difícilmente .. podrá ya juntarse una tropa juvenil [de "maletillas"] con el *maco* al hombro, pendiente del palo de la muleta, como .. cuando los Dominguines organizaban en Vista Alegre unas novilladas de la oportunidad.

macolla *f* (*Agric*) Conjunto de vástagos, flores o espigas que nacen de un mismo pie. | MFVelasco *Peña* 55: Las [laderas] del comunal de Rendal .. solo crían alguna que otra macolla de roble aquí o allá.

macollar *intr* (*Agric*) Formar macolla [las plantas o la tierra en que están sembradas]. *Tb pr.* | MCalero *Usos* 41: Cuando se sembraba, dejó de ser pardala y se llamó serna, que perdió su nombre cuando, macollada, recibía su primer arico, y entonces se la dijo senara.

macoterano -na *adj* De Macotera (Salamanca). *Tb n, referido a pers.* | Escobar *Itinerarios* 74: En la villa segoviana había miles de feriantes, cantalejanos, maranchoneros, macoteranos.

macozoide *m* (*Zool*) *En algunos celentéreos:* Individuo dotado de células urticantes y encargado de la defensa de la colonia. | Navarro *Biología* 272: Posee macozoides o individuos defensores con aspecto de filamento.

macramé *m* Tejido ornamental calado que se realiza entrecruzando y anudando hilos. | Villarta *SYa* 3.5.74, 15: Para más vestir, macramé, tul bordado, encaje. Amorós *Inde*

3.8.89, 6: Todos escribimos, pintamos, filmamos vídeos, cantamos boleros o hacemos macramé.

macro f (*Informát*) Orden simple que encierra en sí una serie de órdenes. | * Este procesador de textos admite macros.

macro- r pref Denota dimensiones grandes o superiores a las normales. | *Por ej:* MHi 7.68, 32: Una macrociudad con tres millones de habitantes. D. Pérez *Abc* 29.6.91, 40: Los vecinos de la macrocomunidad Altamira realizaron ayer un acto de protesta. J. M. Ballester *Mad* 23.12.70, 13: Tanto en los aspectos científico-biológicos como en los macroestéticos y culturales. *Ya* 9.11.91, 4: Preparan para la primavera del próximo año una macroexposición basada en temas marinos. Hontañón *Abc* 4.3.75, 81: Equilibrio entre la amabilidad, la ligereza, el estilo galante de la primera parte .. y .. la macroforma, el estilo contragalante de los pentagramas de la "Séptima sinfonía" de Bruckner, que llenaba la segunda. Pericot-Maluquer *Humanidad* 60: Esta mezcla de elementos micro y macrolíticos es propi[a] de las culturas siberiano--chinas. *Abc* 5.10.91, 41: Convocada para el martes una "macromanifestación" a la que se sumarán nuevos barrios. Fisac *VNu* 13.7.74, 37: El planteamiento sociológico que propugna la "Carta de Atenas" .. crea una macromodulación quizás útil si se consigue hacer una efectiva separación viaria. *ASeg* 12.5.92, 1: La nueva "macroprisión" de Segovia podría abrirse en 1993. MSantos *Tiempo* 207: La química de las macroproteínas. Aleixandre *Química* 203: Este radical, por no tener sus valencias totalmente saturadas, reacciona con otra molécula monómera .., y así sucesivamente, produciéndose así un macrorradical. *Ya* 22.10.64, sn: Rayos X (Espectrografía y Macrorradiología). Medida de radiactividad. Areán *Raz* 5/6.89, 300: Joaquín Vaquero Turcios .. cultiva una pintura monumental y de gran fuerza y empaque, en la que cabe destacar un espléndido macrorretrato de Picasso. *Ya* 23.3.89, 32: Más que un concierto será un *macroshow*.

macró m (*jerg*) Proxeneta o rufián. | Umbral *Hijo* 142: Con el turismo y el sol [las suecas] descubrieron el macró (al que pedían el reloj en prenda, antes de acostarse con él, por si además era chorizo).

macrobiótico -ca I adj **1** De (la) macrobiótica [3]. | D. A. Manrique *Tri* 12.8.72, 22: En el KAK había espacio para dormir, se vendía comida macrobiótica a buenos precios. |
2 Adepto a la macrobiótica [3]. *Tb n, referido a pers.* | S. Cámara *Tri* 22.5.71, 9: Un ilustre prócer enamorado de las artes y las letras, discretamente socialdemócrata, macrobiótico fanático. Delibes *Castilla* 56: Dentro de la familia "hippy" hay muchas filosofías, que lo mismo encuentra usted entre ellos gente macrobiótica que seguidores del Gurú.
II f **3** Sistema dietético que se basa en el consumo de cereales integrales y de verduras y frutas frescas. | A. Yáñez *SAbc* 15.8.82, 18: A esta cifra habría que añadir otras importantes partidas recaudadas en tiendas de macrobiótica y alimentos de régimen.

macrocarpa f Ciprés originario de Monterrey (Méjico), cultivado frec. como ornamental (*Cupressus macrocarpa*). | Loriente *Plantas* 15: *Cupressus macrocarpa* Hartweg, "Ciprés de Monterrey"; "Macrocarpa". Como ornamental, el ciprés más corriente de todos. También es muy utilizado para la formación de setos.

macrocefalia f Cualidad de macrocéfalo. | Torrente *Fragmentos* 23: Las caras y los cuerpos .., apenados y estúpidos, con la tara común de la macrocefalia. Delibes *Mundos* 23: Una alfombra que cobija a tres millones de seres, la mitad de los cuales se concentran en Montevideo .. El viajero observa por primera vez en el Uruguay el fenómeno de la macrocefalia.

macrocefálico -ca adj De (la) macrocefalia o que la implica. | García *Abc* 26.1.75, 3: Los más avisados y precavidos encontraban motivos sobrados para desconfiar de la solidez de esa prosperidad explosiva macrocefálica.

macrocefalismo m Macrocefalia. | R. Saladrigas *Abc* 14.5.70, 43: Barcelona, al igual que Madrid, tiende descaradamente al macrocefalismo urbano.

macrocéfalo -la adj [Pers. o animal] que tiene la cabeza desproporcionadamente grande. *Tb n. Frec fig.* | CBonald *Noche* 293: La nada desapercibida entrada en el bar de Felipe Anafre y su fiel macrocéfalo Basilisco. Delibes *Mundos* 23: Son todos ellos países macrocéfalos, países de cabeza grande y miembros enteços. **b)** Propio de un ser macrocéfalo. | Alfonso *España* 29: Tampoco resulta nada bueno ese cariz macrocéfalo y descompensado que viene adquiriendo la ecología humana sobre la vieja piel de nuestra tierra.

macrocolon m (*Med*) Longitud anormal del colon descendente. | ZVicente *Mesa* 55: Seguramente tiene macrocolon a juzgar por los estrépitos.

macroconcierto m Concierto para un público multitudinario. *Frec referido a música rock.* | *Abc* 8.8.91, 73: ¿Un macroconcierto con Victoria de los Ángeles?... Eso es algo imposible. *Ya* 6.9.91, 1: Paul McCartney, que el próximo día 21 se reunirá en Moscú con sus ex colegas de Los Beatles Ringo Starr y George Harrison, en el primer macroconcierto internacional que se celebra en la URSS.

macrocosmos m (*Filos o lit*) Entidad superior, de estructura compleja, considerada como una totalidad. *Frec designa el universo. Se opone a* MICROCOSMOS. | Azáceta *Poes. cancioneril* 19: Poesía didáctico-moral .. Ideas normativas (Macrocosmos y gobierno provisional del mundo), Apología de la doctrina cristiana (Microcosmos del hombre). J. A. MSevilla *Voz* 27.9.89, 28: Todas [las actividades] constituyen parcialidades inscritas en el macrocosmos particular de cada tipo humano.

macroeconomía f (*Econ*) Parte de la economía que estudia las magnitudes colectivas o globales y su comportamiento e interrelación. *Se opone a* MICROECONOMÍA. | Sampedro *Tri* 10.11.73, 43: Tampoco parece existir otra posible teoría económica que esa yuxtaposición de marginalismo y "macroeconomía" keynesiana predominante en los olimpos académicos anglosajones.

macroeconómico -ca adj (*Econ*) De (la) macroeconomía. | Tamames *Economía* 363: La RN es generalmente considerada como la magnitud macroeconómica más significativa.

macroencuesta f Encuesta en que se consulta a un número elevado de perss. | G. LAlba *Abc* 16.3.89, 38: Uno de estos estudios, calificado como una "macroencuesta", atribuye al PSOE un 39 por 100 de los votos.

macrófago adj (*Biol*) [Glóbulo blanco] que fagocita grandes células. *Tb n.* | Alvarado *Anatomía* 35: Los macrófagos, que son los glóbulos blancos de mayor talla.

macrofauna f (*Biol*) Fauna constituida por los animales visibles a simple vista. | Rodríguez *Monfragüe* 120: Los anfibios. Completan, junto con las aves, los mamíferos y los reptiles, el conjunto de macrofauna terrestre de este Parque Natural de Monfragüe.

macrofito -ta adj (*Bot*) [Planta] visible a simple vista. *Tb n f.* | J. L. Aguilar *Ya* 1.6.88, 21: Algunas macrofitas, como la "lenteja acuática", tienen gran valor alimenticio.

macrofósil m (*Geol*) Fósil visible a simple vista. | *SInf* 5.3.75, 6: Estudios geológico-analíticos, que comprenden la preparación de muestras; la estratigrafía (macrofósiles, foraminíferos, ostrácodos, microfacies, etc.).

macrogameto m (*Biol*) Gameto femenino. | Alvarado *Botánica* 7: En la inmensa mayoría [de los vegetales] la reproducción sexual es anisógama, esto es, mediante microgametos (masculinos) y macrogametos (femeninos). J. Botella *SAbc* 4.1.70, 30: Pronto empezamos a ver en especies más perfeccionadas un macrogameto, que será el esbozo del óvulo, y un microgameto, que será el esquema del espermatozoide.

macrogametocito m (*Biol*) Gametocito productor de macrogametos. | ZVicente *Balcón* 98: Qué tortura al principio esas palabras raras, esclerénquima, .. macrogametocitos.

macroglosia f (*Med*) Aumento de volumen de la lengua. | MNiclos *Toxicología* 39: El sujeto percibe una sensación de macroglosia que se acompaña de picor y hormigueo en la boca.

macrogranudo -da adj (*Mineral*) Formado por cristales grandes. | Ybarra-Cabetas *Ciencias* 75: Por el ta-

macrólido – macuto

maño de los cristales, pueden ser [las rocas] macrogranudas y microgranudas.

macrólido *m* (*Med*) Fármaco de los pertenecientes al grupo en que se encuentra la eritromicina. | *TMé* 30.6.89, 1: Fue presentado el nuevo fármaco claritromicina, un macrólido que se apunta como posible recurso sustitutorio de la eritromicina como tratamiento de elección en neumonías, sinusitis, faringitis, bronquitis, etc.

macromagnitud *f* (*Econ*) Magnitud macroeconómica. | *SPaís* 1.9.91, 23: La caída del 0,1% registrada frente al trimestre anterior, en tasa anualizada, es el menor de los descensos experimentados por esta macromagnitud [producto nacional bruto] en los tres últimos trimestres.

macromolécula *f* (*Quím*) Molécula de grandes dimensiones. | Navarro *Biología* 21: Son [los prótidos] moléculas gigantescas (macromoléculas) de elevado peso molecular, en general.

macromolecular *adj* (*Quím*) Constituido por macromoléculas. | Alvarado *Anatomía* 7: Los albuminoides son substancias macromoleculares, es decir, de enorme volumen (y peso) molecular.

macronúcleo *m* (*Zool*) Núcleo mayor de los dos que tienen los protozoos ciliados, y del que depende la vida vegetativa. | Bustinza-Mascaró *Ciencias* 107: Tiene [el paramecio] dos núcleos: uno mayor, o macronúcleo, y otro más pequeño, o micronúcleo.

macroproyecto *m* Proyecto de gran envergadura. | *Ya* 2.9.91, 35: Esta iniciativa forma parte de un macroproyecto económico.

macroscópicamente *adv* (*E*) A simple vista. | Nolla *Salud* 470: Al proceder la orina eliminada del riñón normal, ni macroscópicamente ni mediante análisis presenta ninguna [a]normalidad.

macroscópico -ca *adj* (*E*) Que se ve a simple vista. *Se opone a* MICROSCÓPICO. | Aleixandre *Química* 113: No forman [los minerales ónix, ágata, etc.] cristales macroscópicos, sino que tienen estructura microcristalina.

macrosismo *m* (*Geol*) Movimiento sísmico de gran intensidad. | Ybarra-Cabetas *Ciencias* 148: Para apreciar los macrosismos no hacen falta aparatos registradores.

macrosmático -ca *adj* (*Zool*) Que tiene muy desarrollado el sentido del olfato. | Alvarado *Anatomía* 78: Entre los mamíferos los hay de gran olfato (macrosmáticos).

macrosociología *f* (*Sociol*) Estudio de las formaciones sociales en su aspecto global. | Aranguren *Marxismo* 32: El marxismo .. que todos los sistemas sociológicos del siglo pasado, .. fue .. una macrosociología y, consiguientemente, .. una filosofía.

macrosociológico -ca *adj* De (la) macrosociología. | Aranguren *Marxismo* 46: El marxismo .. quiso dar una explicación macrosociológica.

macrospora *f* (*Bot*) Espora de gran tamaño que produce protalos femeninos. | Alvarado *Botánica* 70: Los helechos acuáticos .. tienen la interesante particularidad de ser heterospóreos, esto es, producir dos clases de esporas: microsporas, de pequeño tamaño, que originarán protalos masculinos, y macrosporas, de gran tamaño, que darán lugar a protalos femeninos.

macrosporangio *m* (*Bot*) Esporangio productor de macrosporas. | Alvarado *Botánica* 70: Los esporangios de las primeras [las microsporas] se llaman microsporangios; los de las segundas [las macrosporas], macrosporangios.

macrosporofila *f* (*Bot*) Esporofila que lleva macrosporangios. | Alvarado *Botánica* 71: En los casos de heterosporia, se distinguen dos clases de esporofilas, a saber: microsporofilas (que llevan microsporangios productores de microsporas) y macrosporofilas (que llevan macrosporangios productores de macrosporas).

macruro *adj* (*Zool*) [Crustáceo decápodo] de abdomen alargado terminado en una pieza caudal. *Frec como n m en pl, designando este taxón zoológico*. | GLarrañeta *Flora* 212: Carabinero .. Nombre genérico que se da a varias especies de crustáceos macruros de la misma familia que el langostino.

macsura (*tb con la grafía* **maxura**) *f* (*Arquit*) En una mezquita: Recinto situado entre el mihrab y los fieles, destinado al príncipe o autoridad. | GNuño *Arte* 42: El recinto limitado frente al mihrab es la macsura, o espacio para el príncipe de los creyentes .. Ciertamente, la macsura cordobesa fue digna del califato de Occidente. Angulo *Arte* 1, 458: Ahora llega a su punto culminante esa predilección por lo decorativo que diera pasos decisivos en la maxura de la mezquita de Córdoba.

macuculito *m* (*reg*) Prímula o primavera (planta). | Hoyo *Bigotillo* 45: Al momento el aire se pobló de alegres chillidos y multicolores florecillas –chiribitas, violetillas, malvas, macuculitos, conejillos–.

mácula *f* (*lit o E*) Mancha. *Frec fig*. | Savater *Infancia* 70: La familia sería un compendio de todos los males, frente a la perfección sin mácula de los proscritos. J. Félix *Ya* 19.6.75, 44: La erupción consiste en unas máculas o pápulas, poco confluentes, que comienzan generalmente en la cara. **b)** (*Anat*) Depresión amarillenta de la retina, donde la visión es más clara. *Tb* ~ LÚTEA. | Alvarado *Anatomía* 88: La mácula lútea es el punto de mayor acuidad visual.

maculación *f* (*lit*) Acción de macular^1. *Tb su efecto*. | D. Plata *Abc* 6.3.58, 41: Es del aire que respiramos del que quiero ocuparme. Y no para enriquecer la literatura que sobre la maculación que ejercen los autobuses y los camiones existe corrientemente en todos los periódicos. SRobles *Pról. Teatro* 1969 XI: Esta sociedad .. le impone sacrificios espirituales enormes, maculaciones lamentables en su pureza temperamental.

maculado -da *adj* **1** *part* → MACULAR^1.
2 (*E*) Que tiene manchas. | M. Sierra *Pro* 20.8.75, 22: En las hojas [de la vid] .. se observan diversos tipos de matizado: .. Tipo maculado: Este presenta manchas amplias y bien delimitadas.

macular^1 *tr* (*lit*) Manchar. *Tb fig*. | D. Plata *Abc* 6.3.58, 41: Y ya está bien, aunque esté mal, que las fábricas maculen las aguas de los ríos. VMontalbán *Delantero* 147: Todo lo que él sí sabía de Basté de Linyola no podía macularle ni el borde del puño blanco de su camisa.

macular^2 *adj* (*Anat o Med*) De (la) mácula o de (las) máculas. | Dolcet *Salud* 490: Es relativamente frecuente que se produzca, como consecuencia de la quemadura de la mácula, un escotoma central .., que comporta la falta de visión macular.

maculatura *f* **1** (*Impr*) Pliego que se desecha por mal impreso o manchado. | Benet *Nunca* 132: Sábanas y juegos de mesa .. pasaban por su regazo .. para ir a aumentar el contenido de dos arcones de madera trabajada protegidos con centenarias bolitas de alcanfor y papeles de periódicos y anacrónicas y descaradas maculaturas.
2 (*lit o E*) Mácula o mancha. *Tb fig*. | V. Verdú *País* 24.3.83, 60: Los kilos que se pierden en la dieta o en el ejercicio físico son pesos que uno aparta de sí como maculaturas.

macumba *f* (*Rel*) Rito espiritualista brasileño que participa del catolicismo, del fetichismo y de supersticiones tupís. *Tb la danza propia de este rito*. | Torrente *Saga* 382: Lleno de negros y de negras que celebraban una macumba ante el busto de Coralina Soto. *MHi* 3.61, 18: Puede ser que un día, danzas como la Samba y la Macumba sean solamente populares.

macuquino -na *adj* (*hist*) [Moneda] cortada, de oro o plata, que corrió hasta mediados del s. XIX. | HSBarba *HEspaña* 4, 311: También circulaban las monedas de vellón y los pesos macuquinos. HSBarba *HEspaña* 4, 332: Esta fue la época dorada de la llamada moneda macuquina, que en 1789 era mandada retirar .. Pero, a su pesar, esta moneda continuaría circulando hasta mediados del siglo XIX.

macutazo *m* (*argot, Mil*) Rumor o bulo. *Tb* (*col*) *fig, fuera del ámbito militar*. | GSerrano *Macuto* 326: Si lo que cuenta Radio Macuto suena excesivamente a fantasía .., la tropa lo rechaza con laconismo: –¿Y tú te has tragado ese macutazo, pelanas? *Ya* 6.7.90, 5: Barranco: "La candidatura de Ana Tutor, un macutazo".

macuto *m* Mochila, esp. de soldado. | GSerrano *Macuto* XXIII: Macuto es, principalmente, la bolsa de costado, el piso de soltero de los combatientes –en el que todo, bueno o malo, cabe–, y en él se guardaba lo más heterogéneo. Torrente *Saga* 273: Ya tenía [Bastida] hecho el macuto con sus cosas para marcharse. J. M. Moreiro *SAbc* 9.2.69, 45: Cuatro maletillas que viajan .. el macuto al hombro. **b)** [Radio] ~ –> RADIO³.

madagascareño -ña *adj* De Madagascar. *Tb n, referido a pers.* | MSantos *Tiempo* 66: La orquídea madagascareña.

madalena –> MAGDALENA.

madaleno *m* (*jerg*) Policía secreta. | VMontalbán *Prado* 76: –Este es el madaleno del que te hablé. –Has caído muy bajo. Traer tú un madaleno a casa. –Soy un detective privado. –Un madaleno privado. Un plasta escaqueao, es lo mismo.

madam *f* (*jerg*) **1** Mujer que tiene o regenta un prostíbulo. | MSantos *Tiempo* 95: La llamada de este cuerpo resuena .. tras la compacta redondez de la madam que suda, tras la mirada final de la prostituta ilusionada.
2 Policía (cuerpo de seguridad). | Sastre *Lumpen* 121: ¿Se chamullaría caliente tan solo para que no te june el julai? ¿Y no en cambio para cubrirse de la madam?

madama *f* **1** (*raro*) Señora. *Frec con intención humoríst.* | Zunzunegui *Hijo* 144: Le insinuó que ya veríamos y que las horas que te dejaban libres los negocios las tenías todas dadas a grandes madamas de la *aristo*. Cunqueiro *Crónicas* 49: Sentía que su corazón se iba acompasando a las fatigas de aquella madama.
2 (*jerg*) Mujer que tiene o regenta un prostíbulo. | Montero *Reina* 90: Antes el local era de estos... como decirle... De estos con chicas, ya sabe. Pero la madama me aseguró que la acusada no tenía que ver, me la recomendó.

madame (*fr; pronunc corriente,* /madám/) *f* Señora. *Usado como tratamiento de mujeres francesas o, a veces, otras extranjeras.* | A. Figueroa *Abc* 18.4.58, 23: No la permite peinarse a la francesa, .. ni hablar a solas con madame de Villars, embajadora de Francia. L. Calvo *Abc* 1.8.72, 17: Anda de por medio la señora Chiang Ching (madame Mao).

madapolán *m* (*hoy raro*) Tejido de algodón de la India. | DCañabate *Andanzas* 24: ¿Qué vas a esperar de un hombre que se pasa una hora regateando el madapolán que se compra su mujer?

made (*ing; pronunc corriente,* /meid/) *adj* Fabricado. *En la constr* ~ IN *+ n propio de lugar, 'fabricado en el lugar que se expresa'. Tb fig, humoríst.* | MSantos *Tiempo* 26: Deberían utilizar algodones made in Manchester de color rojo rubí. * Es una noticia made in Agencia Efe.

madeira *m* Vino de la isla de Madeira (Portugal). | Torrente *Off-side* 216: Cubre la mesa, coloca dos servicios completos, con copas para madeira, borgoña y champaña.

madeja I *f* **1** Conjunto de vueltas [de una fibra hilada] trabadas entre sí por un hilo de unión. *Tb (lit) fig.* | J. M. Moreiro *SAbc* 25.1.70, 46: Esas tierras paupérrimas que se contentan con dar un puñado de nueces .., algunas madejas de lino. A. ÁCadenas *Reg* 4.8.70, 5: Ensimismada, va devanando la madeja del amor.
2 (*reg*) Intestino de cordero enrollado en un soporte y dispuesto para freírlo. | J. M. Moreiro *SAbc* 12.10.69, 43: Un escaparate donde cigalas y "madejas" (intestino de cordero) compadrean.
II *loc v* **3 enredar(se) la ~.** (*col*) Complicar(se) el asunto. | * Parece que todo iba bien, pero a última hora se enredó la madeja.

mademoiselle (*fr; pronunc corriente,* /madmuasél/) *f* **1** Señorita. *Usado como tratamiento de mujeres francesas o, a veces, otras extranjeras.* | *Sáb* 10.9.66, 25: "La Criolla", entonces "estrella", y mademoiselle Juanita, artista francesa, me regalaron .. un par de trajecitos.
2 (*hoy raro*) Señorita francesa encargada de cuidar a un niño. | Cela *SCamilo* 250: Guillermo Zabalegui, que es muy señorito y que tuvo mademoiselle en su infancia, va con frecuencia a la casa de Jardines a hablar en francés con las mujeres.

madera¹ I *f* **1** Materia dura y fibrosa de los árboles, situada debajo de la corteza. | Ybarra-Cabetas *Ciencias* 286: Del pino carrasco .. se aprovecha principalmente su madera. Cunqueiro *Un hombre* 11: Antes de llegar al puentecillo de madera.
2 Trozo de madera [1] cortada. | *Hacerlo* 133: El paisaje [del belén] .. se inicia .. con maderas, listones, cañas y cuantas cosas inútiles tengamos a mano.
3 Puerta de madera [1] que se cierra sobre los cristales [de una ventana o balcón]. *Gralm en pl.* | Torrente *DJuan* 29: Leporello abrió las maderas de una ventana. Cuevas *Finca* 200: Le aburría la casa de los abuelos, las maderas entornadas.
4 (*Mús*) Conjunto de los instrumentos de viento de madera [1]. *Se opone a* METAL. | Hontañón *Abc* 4.3.75, 81: Una pequeña cola en la madera, en el primer tiempo de la "Novena sinfonía", de Bruckner, o un adelanto en los violines primeros, en el segundo, de ningún modo pueden modificar la estupenda impresión.
5 Índole o condición. | Delibes *Vida* 83: La madera competitiva, en pruebas de poco alcance, se manifestó en mis hijos Germán, Juan y Adolfo. AAlcalde *Hucha* 2, 142: Lo único verdaderamente importante era seguir, demostrar de una vez por todas, a los que quedaban detrás, la clase de madera de que había sido hecho.
6 Aptitud o disposición natural [para algo (*compl* DE *o* PARA)]. *A veces se omite el compl por consabido.* | DCañabate *Paseíllo* 54: Decía que había en mí madera de torero. Kurtz *Lado* 122: Tiene usted madera de centenario. CPuche *Paralelo* 131: Tú, muchacho, tienes madera. Tú llegarás.
II *loc adj* **7 vientre de ~** –> VIENTRE.
III *loc v* **8 tocar ~.** Realizar el gesto físico de tocar algo de madera para conjurar una desgracia o un peligro. *Frec en forma impersonal.* | Salom *Culpables* 42: No estoy enfermo... Oh, voy a tocar madera. Cela *SCamilo* 406: Con los guardas del Retiro no se ha metido nadie al menos por ahora, toca madera.

madera² –> MADERO².

maderable *adj* Que produce madera¹ [1] útil. | *Compil. Cataluña* 798: El usufructo de bosques maderables por su naturaleza dará derecho a efectuar cortas.

maderada *f* Conjunto de maderos¹ que se transportan por un río. | Sampedro *Río* 27: Nosotros embarcamos la maderada en la finca de Belvalle.

maderaje *m* Maderamen. | FVidal *Ayllón* 257: Observo la limpieza de suelos, de muros y hasta del maderaje del artesonado.

maderamen *m* Conjunto de maderas¹ [2] [de una obra o construcción]. | Alós *Hogueras* 224: Manolo .. le había engrasado la motora. Él y otro .. le dieron una mano de pintura al maderamen. MMolina *Jinete* 56: No era cobarde, no podía serlo viviendo como vivía en aquel laberinto de corredores con techumbres de maderámenes podridos en los que anidaban murciélagos.

maderero -ra I *adj* **1** De (la) madera¹ [1]. | Halcón *Ir* 24: Prisca fue antes una nación de economía deficiente –industria maderera y papelera–.
II *n* **A** *m y f* **2** Pers. que comercia o trabaja en maderas¹ [1]. | Cela *Judíos* 45: Hoy he almorzado de fundamento, merced a la caridad de unos madereros.
B *m* **3** Barco destinado al transporte de madera¹ [1]. | CBonald *Noche* 15: Andaban estibando la carga en un maderero.

maderista *m y f* (*reg*) Maderero [2]. | *DCu* 31.7.64, 8: Vadillos ha hecho una invitación a todos, a serranos y manchegos, a maderistas y trabajadores, a turistas y veraneantes. Mann *Ale* 7.8.83, 56: Ocurre que este sistema ofrece inconvenientes por la selección de los árboles y la dificultad de la "saca". Y que no siempre obedece a unos intereses concretos por parte del maderista.

maderizado -da *adj* (*E*) [Gusto] a roble, propio del madeira. *Tb referido al vino que lo posee.* | PComa *SInf* 2.12.70, 16: Otro problema .. es el del periodo de envejecimiento en barrica de los vinos de Rioja .. Embotellados en su cuarto o quinto año, llegan a la botella con una evidente pérdida de "bouquet" y con un gusto maderizado.

madero¹ *m* Pieza grande de madera¹ [1] escuadrada o rolliza. | Matute *Memoria* 78: El portal del zapatero y la tienda de los Taronjí tenían los maderos puestos en su ventana-escaparate.

madero – madre

madero² -ra (jerg) **A** m y f **1** Policía (agente). | Montero *Reina* 23: Un soplón. Consigue el caballo soplando a los maderos. Grandes *Lulú* 76: No serás tan hijo de puta como para haberme metido una madera aquí, ¿verdad?
B f **2** Policía (cuerpo de seguridad). | Oliver *Relatos* 82: Salió una vieja gritando al balcón y llamándonos golfos y gamberros, y un tío .. no sé qué dijo además de llamar a la madera.

madi m Lengua hablada en el noroeste de Uganda. | *SYa* 22.11.67, 8: La "Catholic Press" edita en sus talleres todos los catecismos en lenguas indígenas, tales como el acioli, el madi .. y el karamoja.

madianita adj (hist) Del pueblo bíblico descendiente de Madián (hijo de Abraham). *Tb n, referido a pers.* | Peña-Useros *Mesías* 100: Los madianitas huyeron despavoridos, matándose unos a otros. Gedeón les persiguió, causándoles una gran mortandad.

madison (ing; pronunc corriente, /mádison/) m Baile suelto, de moda en el comienzo de los sesenta. *Tb su música.* | *Alc* 31.10.62, 25: Quique Roca, con Claudia, la novia de Madrid, para bailar el "madison".

madona f (Arte) Señora. *Referido a la Virgen.* | *Abc Extra* 12.62, 5: Es curioso, por otra parte, que la temática de los juguetes y de la infancia del Niño en brazos de la Madona se reduzcan en la pintura a la fruta o el pájaro.

madonna (it; pronunc corriente, /madóna/) f (Arte) Madona. | Camón *LGaldiano* 106: La Virgen del Rosario es obra primorosa .. que creemos debe adscribirse a la escuela francesa de la segunda mitad del siglo XV .. La coloración es brillante y contrastada, con un manto rojo de la Madonna destacando nítido sobre el oro del Paraíso.

madrás m Tejido fino de algodón, o de seda y algodón, a cuadros de colores, usado frec. para camisas. *Frec en aposición con* CUADROS. | * Me gusta el madrás para camisas. *Ya* 13.3.75, 9: Triunfan los estilos geométricos y los cuadros madrás.

madrastra f **1** Esposa del padre [de una pers. huérfana de madre (*compl de posesión*)]. | Cunqueiro *Un hombre* 22: En el tormento dijo llamarse Andrés y estar huido de su madrastra. **b)** Madre cruel o desnaturalizada. *Tb fig.* | Umbral *Ninfas* 82: Seguramente a Baudelaire también le habría enviado su madre alguna vez a por carbón, sobre todo cuando se convirtió en madrastra, por su segunda boda con el militar Aupick. Pinillos *País* 24.6.76, 19: España debe, sí, recuperar a todos sus hombres, y pagar generosamente las deudas contraídas con aquellos para los que fue madrastra.
2 (jerg, raro) Cárcel. | Campmany *Abc* 26.4.85, 21: Parece que ahora tenemos llena la madrastra .. Eso que los técnicos llaman "población reclusa", o sea, el personal enchironado, está metido a tope.

madraza¹ f (col) Madre que está muy dedicada a sus hijos y los trata con mucho cariño. | Goytisolo *Recuento* 273: Monsina es diferente. Y no lo tomes como apreciación de madraza, porque si estuviera hecha una tontaina o una cursi, también te lo diría. Buero *Diálogo* 49: —Me gustaría ver a Aurora. —Tranquilízate, madraza.

madraza² f (hist) Escuela musulmana de estudios superiores, aneja a una mezquita. | Fernández-Llorens *Occidente* 109: En construcciones anejas a la mezquita debía estar la *madraza* o universidad.

madre I f **1** Mujer que ha engendrado [a otra pers. (*compl de posesión*)]. *A veces sin compl. Tb fig, designando a la que hace las veces de madre o tiene un comportamiento propio de tal.* | CBaroja *Inquisidor* 49: Se interesaba por una sobrina suya .., madre de un muchacho de quince años. Medio *Andrés* 172: Cuando madre se ponga buena, la llevarán a casa. SLuis *Doctrina* 107: Los Mandamientos de la Santa Madre Iglesia están instituidos para ayudarnos a observar más fielmente algunas virtudes necesarias al cristiano. **b)** *euf por* SUEGRA. | Mihura *Maribel* 38: Estaba dándole una friega de aceite alcanforado a mi futura madre. **c)** ~ **de familia.** Mujer que tiene hijos bajo su cuidado. | *Abc* 30.12.65, 95: Se refirió principalmente al punto de vista de las madres de familia en la educación de la juventud. **d)** ~ **de leche.** Mujer que ha amamantado [a un niño (*compl de posesión*) que no es hijo suyo]. | * La abuela es madre de leche de Nicasio. **e)** ~ **expectante.** Mujer embarazada. | *HLM* 26.10.70, 14: La madre expectante, Tjut Zaharafonna, de veintitrés años, mujer con evidentes manifestaciones psicopáticas, es ventrílocua. **f) la ~ que lo parió.** *Se usa en constr comparativa para ponderar.* | Sastre *Taberna* 117: El manús de la cobay, que era un chota, humedoso como la madre que lo parió, nos había junado en el bar. **g) ni la ~ del cordero,** o **ni la ~ que lo parió.** (col) *Se emplea como remate para reforzar o marcar el carácter desp de la frase.* (→ acep. 21.) | Herrero *Balada* 103: –¿Qué broma es esta? –Ni broma, ni la madre del cordero. Llamarás inmediatamente a Roma. Berenguer *Mundo* 68: ¿Qué es lo que haces tú y para qué necesitas güichi, ni la madre que lo parió? **h) su** (o **tu**) **~.** (col) *Se emplea en fórmulas de rechazo, haciendo a la pers aludida agente o paciente de algo ofensivo o molesto que acaba de decirse. A veces la alusión es impers.* (→ acep. 22.) | GPavón *Reinado* 9: Me place la gente castellana porque ríe lo justo y no presume... Pero el campo y el clima, para su madre. **i) ~ política, ciento y la ~** → POLÍTICO, CIENTO.
2 *En los seres sexuados:* Hembra que ha engendrado [a otro ser de su especie (*compl de posesión*)]. *A veces sin compl.* | Ybarra-Cabetas *Ciencias* 218: Para mejor comprensión de las leyes de Mendel, resolvamos un caso general .. Supongamos que la primera generación nace de un padre que posee los caracteres *AB* y una madre que tiene los *ab*.
3 Cosa que es origen [de otra (*compl de posesión*)]. *Frec en aposición. Normalmente dicho de cosas con n f.* | DPlaja *El español* 279: La Soberbia .. es la madre de una característica que los extranjeros han admirado desde hace muchos años. Es la Dignidad. Navarro *Biología* 62: Gemación. Esta división se caracteriza por formarse una o varias células a manera de protuberancias o yemas que nacen de la célula madre. Bustinza-Mascaró *Ciencias* 340: Se llaman canchales o pedrizas las rocas sueltas formadas por grandes fragmentos de rocas que se han originado en el lugar donde estaba la roca madre. Alvarado *Botánica* 14: Hay que distinguir la yema terminal .., mediante la cual el brote madre continúa su crecimiento en longitud, y las yemas axilares .., así llamadas por formarse en las axilas de las hojas. **b) ~ patria.** (lit) Nación que ha dado origen [a otra (*compl de posesión*)]. *Frec el compl se omite por consabido.* | CNavarro *Perros* 97: Marilú había venido a la madre patria para coger el aire de sus antepasados. **c) la ~ del cordero.** (col) El quid de la cuestión. | FGómez *Bicicletas* 145: Tendrás todos los libros que quieras, Luis, para que sigas con tu manía. Y para que enseñes a los demás trabajadores, que ahí está la madre del cordero.
4 *Se usa como tratamiento propio de algunas religiosas.* | *CSo* 27.11.75, 6: Los Colegios de Padres Escolapios y de Madres Escolapias .. celebran su fiesta patronal. Torrente *Isla* 312: ¿Y yo, que era monja de Santa Clara? ¡Ay, tú, hermanita, o madrecita, o lo que seas, te quitas en seguida las tocas, te pones el gorro frigio, y bajas al tercer puente con toda la comunidad! **b)** *En una orden religiosa:* Superiora. *Tb usado como tratamiento.* | A. González *Abc* 23.2.58, 9: Algunas de sus monjas la acompañan, acomodando su paso al cansado de la Madre. FReguera *Bienaventurados* 8: –Tiene buenas ancas, reverenda madre.– La priora se asustó.
5 Heces del vino o del vinagre. | R. Rubio *Abc* 18.12.70, 23: El mosto había que mecerlo .. Poco a poco, la madre se aposaba en el fondo. **b)** Membrana gelatinosa formada en la superficie de un líquido alcohólico por la fermentación acética. | *Fam* 15.11.70, 52: El [vinagre] verdadero y bueno producido por la fermentación del vino debido a la acción de un hongo membranoso, llamado comúnmente "madre".
6 (reg) Primer vino que se pone en un tonel y que no se ha vaciado del todo. *Frec en pl.* | GPavón *Reinado* 223: –¿Se te ha ido ya la peste a madres? –Quia... Cómo empapa eso, Manuel.
7 Cauce [de un río u otra corriente de agua]. *Normalmente en las constrs* SALIR(SE), *o* SACAR, DE ~. | Cuevas *Finca* 129: Los arroyos se salieron de madre. Carnicer *Castilla* 266: Las aguas salen de madre e inundan la parte vieja. Moreno *Galería* 78: Parían en pocas horas la tronada que arrasaba términos, sacaba de madre a los arroyos y convertía en torrentes los barrancos secos y descarnados.
8 (Juegos) Jugador que dirige determinados juegos infantiles. | Ca. Llorca *SPaís* 31.5.81, 52: Ser la madre en el jue-

go del dólar era lo fundamental, pues podías dirigir el juego como quisieras.

9 (*reg*) Colmena primitiva de un enjambre. | Delibes *Voto* 89: –Si no la encuentra o en la casa que han escogido se las hostiga, los animalitos vuelven a la madre. –¿A la madre? –Al dujo de donde salieron.

10 (*reg*) Matriz (de la mujer). | Aldecoa *Historia* 27: Tiene su figura un aire bordador y casero como dispuesto para las confidencias, entre mujeres, de los males de madre.

II *adj* **11** (*Quím*) [Aguas] que restan de una disolución que se ha hecho cristalizar y no da ya más cristales. | Aleixandre *Química* 185: Las aguas madres que quedan como residuo se concentran y someten a una nueva cristalización. [*En la fabricación de azúcar*.]

12 (*reg*) [Ola] gigantesca. | Cancio *Bronces* 40: Si el animal aullaba inesperadamente, cada aullido era para nuestro hombre el anuncio infalible de la proximidad de una "ola madre", de uno de esos maretazos gigantescos.

13 de puta ~. (*vulg*) Muy bueno. *Con intención ponderativa. Tb adv*. | Oliver *Relatos* 71: Y dale al prive, que cayeron lo menos seis melocotones y un ron de puta madre. Delibes *Voto* 172: Vaya mierda de puta madre que te has agarrado, Diputado. ASantos *Bajarse* 42: Se enrollan los moros de la montaña de puta madre.

14 [Hermano] **de ~**, [hijo] **de mala ~**, *o* **de su ~**, [polvos] **de la ~ Celestina** → HERMANO, HIJO, POLVO.

III *loc v* **15 mentar la ~** → MENTAR.

16 sacar de ~. (*col*) Sacar de quicio. | MFVelasco *Peña* 187: Con los debidos respetos, sacan ustedes las cosas de madre. Diosdado *Ochenta* 21: ¡Pon el café y no me saques de madre!

17 salirse de ~ [una pers. o cosa]. (*col*) Sobrepasar los límites de lo normal o de lo razonable. | Arce *Precio* 181: A veces se salía de madre y terminaba de aquella forma [completamente ebrio]. Delibes *Año* 22: Se trataba de hacer experiencias agrarias en un medio donde se han eliminado insectos, reptiles y pájaros .. Nos estamos saliendo de madre.

18 ser ~. Dar a luz un hijo [una mujer]. | Delibes *Año* 156: Me cuenta mi hijo Miguel que el análisis de la leche de una amiga que acaba de ser madre daba una proporción apreciable de insecticida.

IV *interj* **19 ~**, *o* **~ mía**, *o* **~ de Dios.** *Pondera afectivamente lo que se dice.* | Delibes *Príncipe* 44: Anda, quita de ahí. ¡Qué criatura más apestosa, madre! Delibes *Príncipe* 43: La Domi le acarició la rubia cabeza. –Madre, ¡qué mozo! Delibes *Cinco horas* 65: Vaya una tardecita, madre mía, duelo sobre duelo.

20 ~, *o* **~ mía**, *o* **mi ~**, *o* **su ~**. *Expresa sorpresa, esp desagradable.* | Tomás *Orilla* 237: –¿Qué le ha pasado al Inglés? .. ¿Ha cascao?– Emilio asintió. –¡Mi madre! Pues era verdad. R. Rubio *SYa* 16.6.74, 15: Miraba el reloj diciéndose a sí mismo: Madre mía, si hace los ciento veinte en una hora y tres minutos. ZVicente *Traque* 161: Buscaron, no sé dónde, una bacalada. Y se la jalaron a toda prisa. Apareció .. una lata de atún. Vista y no vista. Su madre, qué tíos.

21 la ~ que te (**lo**, *etc*) **parió** (*o* **trajo**, *o* **echó**, *o* **la ~ del cordero.** (*col*) *Expresa rechazo, protesta o, alguna vez, admiración. A veces sigue al n de la pers o cosa que se rechaza.* (→ acep. 1g). | RMéndez *Flor* 177: La mare que lo parió al tío, le rajo la jeta. Delibes *Ratas* 75: Donde caen estos tunantes hacen más daños que un nublado. ¡La madre que los echó! ASantos *Estanquera* 32: –¡Las cuarenta! –¡La madre del cordero! ¡otra que nos ganan! VMontalbán *Pigmalión* 132: –Y ahora dinos la referencia bibliográfica exacta. –No tengo ningún inconveniente. Aparece en una carta a Engels escrita en 1873, compilada en el *Marx-Engels Werke*, editado por Dietz Verlag. –La madre que le parió.

22 (*col*) **su** (*o* **tu**) **~**. *Se usa como insulto, o como rechazo de lo que acaba de oírse.* (→ acep. 1h). | GHortelano *Cuentos* 364: –Estás de temblores. –Tu madre... –La tuya... Muerto de canguelo, y eso que tienes a tus polis de tu parte.

madreña *f* Zueco o almadreña. | Aldecoa *Gran Sol* 15: Cloqueaban las madreñas y las botas de suela de madera de las pescadoras. Mateo *Babia* 58: Aquí le pongo yo varios, entre ellos mi padre, que a lo mejor salían de madreñas y a Extremadura llegaban de madreñas.

madreñero -ra *m y f* Pers. que fabrica o vende madreñas. | *VozA* 24.8.79, 12: Belmonte de Miranda. Fiestas de San Antonio .. Día 26 (domingo): A la una de la tarde, concurso de madreñeros.

madreperla *f* Ostra perlera. *Tb su concha, que se aprovecha para nácar*. | Bustinza-Mascaró *Ciencias* 132: La madreperla u ostra perlera produce perlas segregando capas de nácar muy delgadas. *Act* 17.12.70, 30: Hay 50 exquisitos modelos que hacen de Colibrí la línea de encendedores de sobremesa más grande del mundo: Colibrís en mármol, .. cristal, madreperla. [*En el texto,* madre-perla.]

madrépora *f* (*Zool*) **1** Celentéreo que forma un polipero calcáreo y frec. arborescente (gén. *Madrepora* y otros). | Bustinza-Mascaró *Ciencias* 116: Las madréporas. Tienen un esqueleto calizo bastante complicado.

2 Polipero de madréporas [1]. | P. Pazo *Abc* 18.2.68, 5: En el fondo, la isla de Tambo, madrépora nacida de sus entrañas, duerme una eternidad sobre el cristal turquesa del húmedo elemento.

madrepórico -ca *adj* (*Zool*) **1** De (las) madréporas. | Bustinza-Mascaró *Ciencias* 116: Agrupándose miles y miles de colonias dan lugar a la formación de arrecifes e islas madrepóricas.

2 *En los equinodermos:* [Placa] perforada por donde se comunica con el exterior el aparato ambulacral. | Ybarra-Cabetas *Ciencias* 332: Una de ellas es una placa especial perforada en toda su superficie, denominada placa madrepórica. [*En el erizo de mar*.]

madreselva *f* Planta arbustiva sarmentosa, de flores tubulares gralm. amarillentas y de grato olor, cultivada frec. en setos y jardines (gén. *Lonicera*). | Laforet *Mujer* 217: Cortó una rama de madreselva que desbordaba de un jardín.

Madrid *interj* (*col*) **1 adiós ~**, (**que te quedas sin gente**). → ADIÓS.

2 por aquí se va a ~. *Se usa para expresar rechazo o negación enfáticos.* | AMillán *Mayores* 398: ¿Sabes lo que te digo? Que te aguante tu mamá, y que por aquí se va a Madrid.

madridejense *adj* De Madridejos (Toledo). *Tb n, referido a pers.* | J. LMartínez *Hoy* 28.8.76, 7: Los madridejenses son gente cordialmente acogedora.

madrigal *m* **1** (*TLit*) Composición poética breve, de carácter delicado o amoroso, escrita gralm. en silvas. | López-Pedrosa *Lengua* 132: *A unos ojos* .. Esta composición es un madrigal.

2 (*Mús*) Pieza vocal polifónica, con un texto gralm. lírico. | J. C. Villacorta *HLM* 26.10.70, 15: Se enriqueció con la interpretación de madrigales ingleses y de música de los tiempos de Shakespeare.

madrigaleño -ña *adj* De Madrigal de las Altas Torres (Ávila). *Tb n, referido a pers*. | Escobar *Itinerarios* 203: Esperaban nuestra llegada un grupo de amigos .. y hasta una docena de señoritas madrigaleñas.

madrigalesco -ca *adj* (*TLit o Mús*) De(l) madrigal. | Subirá-Casanovas *Música* 31: Aunque Alemania pareció que prefería los corales basados en el espíritu popular, también aceptó la innovación madrigalesca.

madrigalista *adj* (*TLit o Mús*) **1** Que compone madrigales. *Frec n. Tb fig*. | Casares *Música* 53: Dentro de la escuela madrigalista hay que destacar a Thomas Morley. Subirá-Casanovas *Música* 31: Lo mismo ocurrió en Inglaterra; .. aquí el madrigalista más sobresaliente fue Thomas Morley. M. GSantos *SYa* 4.9.77, 27: Esplandiu es quizá el último madrigalista de Madrid con los pinceles en la mano.

2 Que canta madrigales [2]. *Frec n*. | *Inf* 15.8.74, 15: Llega un coro madrigalista japonés.

madrigalizar *tr* (*lit, raro*) Alabar poéticamente [a una mujer]. | Borrás *Abc* 13.5.58, 19: No es posible tratar a Lucrecia .. sin enamorarse de ella .. ¡Cómo la madrigalizan! Ariosto, su poeta amigo, traza sus redondas estrofas en octavas.

madriguera *f* **1** Hueco en que se ocultan y crían algunos animales pequeños, esp. el conejo. | Laforet *Mujer* 100: La tierra húmeda .. abría sus madrigueras. Ybarra-Cabetas *Ciencias* 392: La hembra tiene los conejillos en una cavidad especial de la madriguera llamada gazapera.

2 Lugar en que vive o se oculta gente de mal vivir. | Espinosa *Escuela* 473: Aunque un acalorado Eremita lograra destruir la madriguera de los mandarines, otro Elidoro volvería a erigirla.

madrileñamente *adv* De manera madrileña. | Umbral *País* 7.12.78, 32: Xirinachs es una cruz de palo santo de Montserrat dentro de un político catalanista descalzo, que a su vez está dentro de un congreso centralista con los zapatos bien lustrados, madrileñamente lustrados.

madrileñismo *m* Condición de madrileño o madrileñista. | DCañabate *Paseíllo* 22: A pesar de mi madrileñismo, ignoraba esa especie de corrida navajuna del Portillo de Embajadores.

madrileñista *adj* **1** [Pers.] conocedora o estudiosa de lo madrileño. | Cabezas *Madrid* 342: Desde fines del siglo pasado la calle del Olivo lleva el nombre del escritor madrileño y madrileñista don Ramón de Mesonero Romanos.
2 [Cosa] de carácter madrileño. | Cabezas *Madrid* 342: Escribió [Mesonero] otras obras, pero son las madrileñistas las que caracterizaron su obra y consolidaron su fama. *Ya* 7.12.91, 4: Hay comunidades en las que se ha sustituido el centralismo madrileñista por el barcelonista o el sevillista.

madrileñización *f* Acción de madrileñizar(se). | DCañabate *Andanzas* 41: Los continentales bien pronto adoptaron un aire madrileño que es uno de sus encantos desaparecidos, la madrileñización rápida de las costumbres.

madrileñizar *tr* Dar carácter madrileño [a alguien o algo (*cd*)]. | M. CDiego *Ya* 28.5.75, 19: Arcay ha sabido .. descubrir y reconocer a ese "duende" castizo de los Madriles que tiene la virtud y la magia de madrileñizar con un toque de su varita mágica a quienes lo buscan y lo encuentran. **b)** *pr* Tomar [alguien o algo] carácter madrileño. | DPlaja *El español* 113: Para ellos [los andaluces] madrileñizarse es perder, no ganar.

madrileño -ña I *adj* **1** De Madrid. *Tb n, referido a pers*. | *Alc* 1.1.55, 3: Pusieron los madrileños .. entusiasmo en la despedida del año viejo.
II *m* **2** Habla típica de Madrid. | Carandell *Madrid* 155: Hablar el madrileño no consiste solo en aprender una lista de palabras peculiares; se trata sobre todo de una cuestión de actitud.

madriles *adj invar* (col) Madrileño. *Tb n, referido a pers*. | Umbral *Noche* 25: Tenía como una sensación dispersa y excesiva de estarme perdiendo en todo aquel gacetillar tan madriles. Marsé *Dicen* 187: Hablando del madriles se calentaron otra vez los ánimos.

madrilla *f* (reg) Boga (pez de río). | Navarra 116: Cuenca en que predominan otras especies, como son el barbo, carpa, madrilla, anguila, etc.: son los grandes ríos de la ribera.

madrina *f* **1** Mujer que presenta o asiste [a una pers. (*compl de posesión*) que recibe un sacramento o profesa en una orden]. *Esp referido al bautismo*. | *Ya* 31.3.76, 30: El novio acompañaba a su tía y madrina doña Matilde de Eugenio Orbaneja.
2 Mujer que ostenta la presidencia de honor [de una determinada agrupación o en un determinado acto]. | P. DSamino *Hoy* 10.3.76, 16: Jaraíz de la Vera: Fiesta en honor del "Maestro Gonzalo Korreas" .. Seguidamente se efectuó el nombramiento de madrina.
3 Protectora o valedora. | MGaite *Nubosidad* 343: Ni sabría apreciarla [la acuarela] aunque la hubiera visto, siendo como es madrina de los chafarrinones que ahora convierten a Manuel Reina en un vanguardista de Lexington Avenue. *Sáb* 10.9.66, 25: Subí rápidamente. Amalia Molina fue mi madrina. Al ir por en Alicante se abarrotaba el teatro Sport .. me envió al Norte.
4 Mujer que en una guerra, desde la retaguardia, toma bajo su cuidado a un soldado al que escribe cartas y envía paquetes. *Tb* ~ DE GUERRA. | Abella *Vida* 1, 222: En medio de los sufrimientos de aquel cuadro doloroso [del hospital de guerra] estaba el entrar y salir de los visitantes, familiares, amigos, madrinas portadoras de alguna chuchería. GSerrano *Macuto* 54: A las madrinas de guerra se les exigía un cierto humor, constancia epistolar y numerosas visitas a las tiendas de comestibles.

madrinazgo *m* Condición de madrina. | *Abc* 29.6.74, 17: Se han celebrado en Madrid los actos de bendición de la serie "DC-9" de la compañía aérea Aviaco, bajo el madrinazgo de Su Alteza Real la Princesa Doña Sofía. GSerrano *Macuto* 55: La madrina de guerra fue una institución que prosperó a velocidades increíbles .. Uno podía pedir madrina a través de cualquier periódico, pero hubo un semanario que fue como el Boletín Oficial de los madrinazgos.

madrona *f* Cloaca maestra. | Pemán *ByN* 8.11.75, 21: Era tarde ya. La conmoción revolucionaria tocaba fondos de madrona y fangos.

madroña *f* (reg) Madroño [1]. | JGregorio *Jara* 14: Apenas algunas encinas, chaparros o madroñas señalan el ancho camino rañero. Lorenzo *Extremadura* 242: Son aldeas de monte olivero, crestones de madroña, mesas de castaño erizo. Cela *Viaje andaluz* 100: Entre el romero, la adelfa y la madroña, se alza, torpe y fecunda, la jabalina alunada por los años.

madroñal *m* **1** Terreno poblado de madroños [1]. | *Ya* 1.9.86, 31: Se ha quemado gran parte del mayor y casi único madroñal.
2 (raro) Madroño [1]. | Cabezas *Madrid* 8: En torno a la villa, grandes bosques de encinas, robles, pinos y madroñales. Areilza *País* 14.4.83, 11: El madroñal verdea con sus 1.000 puntos brillantes del lustre de sus hojas. La higuera apunta con timidez el brote de sus ramas.

madroñera *f* **1** Madroño [1]. | Grosso *Invitados* 100: Se recortan los fresnos, los robles, .. las madroñeras y los acantos.
2 (raro) Mantilla con adornos de madroños [3]. *Tb los mismos madroños*. | ZVicente *Hojas* 31: Las presidentas juegan con los flecos de sus mantones de Manila, se atusan las madroñeras rojas, blancas, negras.

madroño *m* **1** Arbusto de hojas persistentes y coriáceas, flores en racimos blancos o rosados y fruto esférico y granuloso, rojo por fuera y amarillo por dentro (*Arbutus unedo*). *Con un adj especificador, designa otras especies*: ~ CANARIO o DE CANARIAS (*A. canariensis*), ~ DE LEVANTE (*A. andrachne*). | Cendrero *Cantabria* 46: El mayor grado de naturalidad en los niveles bajos lo poseen los macizos kársticos, con una flora de tipo calcícola, mediterránea, compuesta por encina, laurel, madroño, etc. *MOPU* 7/8.85, 65: Tión .. Importante localización de madroño canario.
2 Fruto del madroño [1]. | *Inf* 16.11.82, 18: Saborean nuestros pastelillos y el licor de madroño, que es nuestra especialidad.
3 Borla redonda semejante al fruto del madroño [1]. | DCañabate *Paseíllo* 119: ¿Sabes quién está en aquel palco? La María Guerrero con mantilla de madroños. **b)** (Mil) Borla del gorro militar. | GSerrano *Macuto* 98: Lo que los rojos no llevaron fue borlita en el gorro. Se caparon el gorro porque vieron en el madroño un signo de marcialidad y militarismo.

madrugada I *f* **1** Primeras horas del día, antes de amanecer. | Alfonso *España* 156: La mayoría de la gente ha de esperar a la una de la madrugada o más tarde para poder descansar.
2 Acción de madrugar [1]. | * ¿Llamas tú darse una madrugada a levantarse a las nueve?
II *loc adv* **3** de ~. En la madrugada [1]. | Arce *Testamento* 48: Regresaré de madrugada.

madrugador -ra *adj* Que madruga. *Tb n, referido a pers*. *Tb (lit) fig*. | DCañabate *Abc* 29.12.70, 9: Gran madrugador, oía la misa de siete en la vecina iglesia de San Ildefonso. Mendoza *Ciudad* 41: Algunos días al entrar en la sala de espera encontraban las dos sillas ocupadas por otros peticionarios más madrugadores. R. GCastro *NEs* 26.8.79, 37: Posada, Sela, Buylla y don Blas Lázaro .. son también muy madrugadores a la hora de construir. CPuche *Abc* 4.5.75, sn: Realidades engañosas e inconsistentes de humo trasnochado de apagavelas en la fugitiva luz madrugadora.

madrugadoramente *adv* (lit) Con prontitud o anticipación. | Salvador *LFelipe* 301: Este simposio sobre León Felipe que ha organizado el Departamento .. para conmemorar madrugadoramente, ya en enero, el año de su centenario. MCachero *AGBlanco* 132: Madrugadoramente adivina nuestro crítico una situación de crisis .. del género Novela.

madrugar A *intr* **1** Levantarse temprano por la mañana. | Medio *Bibiana* 71: Madruga todos los días .. y el domingo le gusta estar en la cama.
2 Actuar con prontitud o anticipación. | Delibes *Ratas* 12: El Pruden siempre madrugaba y anticipándose a la última semana de lluvias hizo la sementera. Gamallo *MHi* 12.70, 22: No dejó de responder a una profunda lógica cultural que fuese Colombia .. quien madrugara a crear su Academia.
3 *(jerg)* Anticiparse a la acción [de alguien *(ci)*]. | L. LSancho *Abc* 7.11.86, 22: La polémica entre el secretario general del PC y el del PSOE surge ahora porque Gerardín quiere madrugarle a Felipe en ir a La Habana.
B *tr* **4** *(jerg)* Anticiparse a la acción [de alguien *(cd)*]. | Ero *Van* 3.4.75, 28: La historia de España está repleta de casos en que numerosos apologistas de la pistola fueron madrugados.

madrugón[1] *m (col)* Acción de madrugar [1] mucho. | Payno *Curso* 112: Algunos grupos estaban organizados: se turnaban el madrugón.

madrugón[2] **-na** *adj* Madrugador. | J. M. Moreiro *SAbc* 6.12.70, 42: Acudía todas las mañanas, a esa hora en que las vacas madrugonas se beben el rocío de los campos.

madruguero -ra *adj (raro)* Madrugador. | FVidal *Ayllón* 62: Me he hecho a la idea de salir madruguero de casa de mi amigo.

maduración *f* Acción de madurar. *Tb su efecto*. | Bustinza-Mascaró *Ciencias* 261: A los frutos que no se abren en la maduración se les denomina frutos indehiscentes, tales son: drupa, pomo, pepónide y hesperidio. PComa *SInf* 2.12.70, 16: Adquirimos botellas que llevan la denominación "Rioja" y que contienen un vino que ha sido elaborado sin una maduración en barrica. Fernández-Llorens *Occidente* 43: El budismo parte de la idea de la maduración de los actos humanos; a través de ella los budistas reelaboran la teoría hindú de la reencarnación de los seres vivos.

maduradero *m* Lugar a propósito para que maduren las frutas que se han cosechado verdes. | *Día* 26.9.75, 12: Sería deseable que por parte de la Administración sean potenciadas al máximo las Asociaciones de Cooperativas de Agricultores con subvenciones económicas que permitan lograr una amplia red de maduraderos en todo el Territorio Nacional.

madurador -ra *adj* Que madura [2]. *Tb n m, referido a aparato*. | *Rio* 10.9.89, 36: Vendo .. una caldera para extracción de cera, un licuador de miel eléctrico con termostato, un madurador de 50 litros.

maduramente *adv* De manera madura [5]. | Escudero *Capítulo* 101: En el desempeño de su cargo se han de portar con prudencia, para examinar maduramente los asuntos y dar un justo y sabio consejo.

madurar A *intr* **1** Pasar a estar maduro [1, 2 y 3]. | P. Berrocal *Hoy* 7.10.76, 18: La carne sin madurar suficientemente tiene un débil olor y sabor, es dura y poco jugosa. *Gar* 6.10.62, 5: Si se deja que la enfermedad "madure", es interesante saber con qué microbio hay que habérselas. * La vida nos hace madurar a golpes.
B *tr* **2** Hacer que [algo *(cd)*] madure [1]. | FQuer *Plantas med.* 269: El lepidio es una hierba vivaz, de tallo y ramas tiesos y endurecidos cuando, cansada de vegetar, madura sus frutos. * El sol madura los frutos. **b)** Desarrollar reflexivamente [una idea o un proyecto]. | Laiglesia *Ombligos* 23: Juan, lo mismo que todos ellos, fue madurando en la soledad de su bufete sin clientela la más generosa de todas las filosofías contemporáneas: la ley del omblígo.

madurativo -va *adj* De (la) maduración. | *Reforma* 152: La repetición solo es aconsejable cuando el ritmo madurativo y de desarrollo de los estudiantes haga prever la necesidad de un período temporal más prolongado para alcanzar los objetivos educativos propuestos.

madurecer *(conjug* **11)** *(lit o reg)* A *intr* **1** Madurar. *Tb fig*. | Zunzunegui *Camino* 542: Le entusiasmó la selva madurecida de masteleros y mastelerillos, cofas, crucetas y tamboretes.
B *tr* **2** Dar carácter maduro [5] [a alguien *(cd)*]. | Cobos *Machado* 74: Quintanilla era más joven, pero le madurecía

el temple reflexivo que tuvo siempre, parco en la palabra y seguro en los saberes.

madurez *f* **1** Estado o condición de maduro. | Mayor-Díaz *Flora* 526: Fruto .. carnoso, verde, rojo en la madurez. Cañadell *Salud* 186: La muchacha púber todavía no ha alcanzado la madurez sexual necesaria para poder ser fecundada y poder desarrollar un embarazo. G. Lorente *Abc* 9.4.67, 18: La tercera generación de dispositivos de electrónica toma el relevo de la segunda, antes de que esta llegara a su madurez. MCachero *AGBlanco* 119: Otro testimonio que añadir a los ya aducidos como probanza de la madurez a que se encaminaba muy derechamente Andrés González-Blanco. *Política educativa* 26: Pruebas de madurez del Curso Preuniversitario.
2 Edad madura [5]. | * Durante su juventud y madurez trabajó intensamente.
3 Conjunto de las perss. maduras [4]. | Delibes *Guerras* 149: –Decía, por un ejemplo, que el mejor hombre de más de cuarenta debería estar ahorcado. –No confiaba en la madurez, vamos.

maduro -ra I *adj* **1** [Fruto] que se encuentra en el estado de desarrollo conveniente para ser comido. | *Cocina* 680: Se escogen melocotones muy maduros, se pelan y se parten en trozos.
2 [Pers. o cosa] que se encuentra en el estado de desarrollo o preparación conveniente para su utilización o funcionamiento o para actuar sobre ella. | Legorburu-Barrutia *Ciencias* 279: La semilla es un óvulo fecundado transformado y maduro. P. Berrocal *Hoy* 7.10.76, 18: Buenos profesionales de las carnes aconsejan el consumo de carnes maduras, pero en España se continúa desoyéndoles. C. INavarro *SYa* 27.3.77, 15: Al principio [el chancro duro] es apenas una escoriación y que una vez maduro es inconfundible, indoloro y aflegmásico. * Es una chica inteligente, pero aún no está madura como redactora.
3 [Pers.] que ha alcanzado la capacidad intelectual y psíquica propia de la pers. adulta normal. | * Esperaba que reaccionases como una persona madura, no como un niño.
4 [Pers.] que ha pasado la juventud y no ha llegado a la vejez. *Tb n*. | Lagos *Vida* 29: El grupo, dos señoras algo maduras y un señor menudo, con gafas, asentía silencioso a la perorata.
5 [Cosa] propia de la pers. madura [3 y 4]. | *BOE* 1.12.75, 25016: El ingreso de los trabajadores fijos se ajustará a las normas legales sobre colocación de trabajadores y a las especiales para los trabajadores minusválidos, titulares de familia numerosa y de edad madura. J. Montini *SVozC* 31.12.70, 6: Analía Gadé es la mujer metida en los maduros treinta.
II *loc v* **6 estar a las duras y a las maduras** → DURO.

maelstrom *(nor; pronunc corriente, /máelstrom/; pl normal, ~s) m* Torbellino marino. *Frec fig*. | MSantos *Tiempo* 190: Al sentir el remolino bramador e interminable, maelstrom que corona la calle de la Montera, sintió lo que es estar solo. Payno *Curso* 130: Añádase a eso la función amplificadora y distorsionadora que tiene lo social y se comprende cómo se puede llegar a maremágnums y *maelstroms*.

maequi *m y f (argot, Med)* Médico ayudante de equipo quirúrgico. | *DMé* 13.7.93, 1: La CESM intenta sentar juntos a mestos, maequis, interinos y MIR.

maese *m (hist)* Maestro. *Usado como tratamiento precediendo al n propio y sin art. Modernamente (lit) con intención humoríst*. | Vizcaíno *Mancha* 265: Divirtióse mucho el caminante con las incidencias futboleras de maese Domingo y su parroquia.

maestoso *adj (Mús)* [Tempo] majestuoso, más lento que el andante. *Tb n y adv. Tb fig*. | S. Melero *SAbc* 4.1.76, 47: Al crescendo heroico y apasionado de las etapas precedentes .., sucede ahora el "tempo maestoso" de las postrimerías.

maestral[1] *adj* Del maestrazgo [1 y 2]. | *TCR* 11.11.90, 22: Los caballeros calatravos .. conquistaban el castillo de Salvatierra .. El califa almohade Mahummad ben Ya'qub al-Nasir .. obligó a los calatravos a rendirse, trasladando los supervivientes su núcleo vital y la sede maestral al castillo de Zorita de los Canes, sobre el Tajo.

maestral[2] *adj (Mar)* [Viento y rumbo] del noroeste. *En el Mediterráneo*. | Guillén *Lenguaje* 33: Tratando de

maestralizar – maestro

vientos, todos se pueden conjugar: .. *maestralizar* y *maestrear* (de maestral, que es el NW).

maestralizar *intr (Mar)* Declinar hacia el noroeste [la brújula o el viento reinante]. *En el Mediterráneo.* | Guillén *Lenguaje* 33: Resulta curioso el considerar que, tratando de vientos, todos se puedan conjugar: *nortear, lestear...*, incluso sus propios sinónimos *maestralizar* y *maestrear* (de maestral, que es el NW).

maestrante *m* Caballero de una maestranza [1]. *A veces en aposición.* | Burgos *Abc* 22.5.89, 24: Don Juan de Borbón recibirá el pleito-homenaje de los nuevos maestrantes de Ronda. J. Atienza *MHi* 10.60, 3: Su cuarto abuelo fue don Joaquín María de Barroeta-Aldamar y Alzolaras, .. caballero maestrante de la Real de Ronda.

maestranza *f* **1** Corporación nobiliaria similar en algunos aspectos a las antiguas órdenes de caballería. | Mercader-DOrtiz *HEspaña* 4, 56: Como la nobleza provincial estaba escasamente representada en las Órdenes Militares superiores .., quedábanle reservadas las maestranzas de Caballería, sociedades aristocráticas que se parecían a las viejas hermandades de nobleza para conservar entre las familias linajudas el gusto a los caballos y a las armas.
2 Conjunto de talleres donde se construye y repara armamento y material de guerra. | Mercader-DOrtiz *HEspaña* 4, 143: El laboreo de la hulla se inició en Asturias a compás de las necesidades de las maestranzas o fábricas de armas estatales. *DBu* 27.12.70, 5: Pasa al Parque de Maestranza de Artillería de Burgos el capitán de dicha Arma don Miguel Rigo Ollers.
3 *(Mar)* Conjunto de operarios destinados a la construcción y reparación de buques, o que realizan a bordo determinados trabajos especializados. | *Ya* 30.10.74, 22: Los camarotes de la maestranza y subalternos suelen ser pequeños y mal acondicionados.

maestrazgo *m* **1** Cargo o dignidad de maestre [1]. | R. Pieltáin *Abc* 2.1.66, 23: Enrique IV .. concede, en 23 de mayo de 1464, el Maestrazgo de Santiago a su favorito.
2 Dominio territorial de un maestre [1]. | Canilleros *Cáceres* 52: Se beben los vinos de Montánchez, Cañamero y el maestrazgo de Alcántara.
3 *(lit, raro)* Condición de maestro [4a y c y 5]. | GRuano *Abc* 20.11.64, 49: La solidaridad .. ha dejado de funcionar .. por falta de grandes figuras aglutinantes, visibles y con maestrazgo.

maestrazguero -ra *adj* Del Maestrazgo (comarca de Castellón de la Plana). *Tb n, referido a pers.* | F. Dicenta *Pro* 13.8.75, 21: Fiestas en Villafamés .. Raza maestrazguera, ruda e íntima.

maestre *(frec con mayúscula en aceps 1 y 2) m* **1** Superior de una orden militar. *Tb* GRAN ~. *Gralm con un compl especificador.* | Canilleros *Cáceres* 93: Conserva también .. dos recuerdos históricos, enlazado uno al último maestre de Alcántara, don Juan de Zúñiga. Villapún *Iglesia* 97: El Gran Maestre de los Templarios, Jacobo de Molay, fue quemado por orden del rey de Francia.
2 gran ~. Jefe de una gran logia masónica. | J. Saz *SYa* 5.3.89, 8: Antonio Villar Masó, serenísimo gran maestre del Grande Oriente Español (G.O.E.), es uno de los poco más de dos mil masones que existen hoy en día en nuestro país.
3 ~ de campo. *(hist)* Oficial de grado superior cuyo rango equivale aproximadamente al de general de brigada actual. | Onieva *Prado* 105: El retratado nació en Pamplona en 1597; fue caballero santiaguista, maestre de campo y barón de Bigüezal.
4 ~ de jarcia. *(Mar, hist)* Encargado de la jarcia de un buque. | Marlasca *Abc* 3.6.70, 49: Dice la copla del puerto que donde hay maestre de jarcia no manda juanetero.

maestrear[1] *tr* Actuar como maestro [en una operación (*cd*)]. *Tb abs.* | Peraile *Cuentos* 48: Trajinábamos en cambiar unos carriles de acceso a la estación. El señor Ventura maestreaba, capataz de oficio y nunca de beneficio, porque arrimaba el hombro más que cualquier peón de la cuadrilla.

maestrear[2] *intr (Mar, hist)* Maestralizar. | Guillén *Lenguaje* 33: Resulta curioso el considerar que, tratando de vientos, todos se puedan conjugar: *nortear, lestear...*, incluso sus propios sinónimos *maestralizar* y *maestrear* (de maestral, que es el NW), *levechear*.

maestresala *m* **1** *(hist)* Criado principal que asiste a la mesa de un señor y distribuye y prueba la comida. | Cossío *Confesiones* 13: Fue embajador de los Reyes Católicos en Inglaterra y, antes de la coronación de la reina Isabel, maestresala del infante don Alonso.
2 *(raro)* Maître. | Laforet *País* 17.6.83, 12: ¡Qué asombro en los ojos del maestresala .. cuando huimos, corriendo entre las mesas, de aquella maravilla culinaria!

maestrescuela *m (Rel catól)* Canónigo con categoría de dignidad, que antiguamente estaba encargado de la dirección de una escuela catedralicia o vinculada a una colegiata. | *BOE* 23.8.68, 12481: Han nombrado Abad de la R.C.B. de Covadonga al M.I. Sr. D. Emiliano de la Huerga González; .. Maestrescuela de la S.I.C. de Badajoz al M.I.S.D. Félix B. Agraz Aguilar.

maestría *f* **1** Condición de maestro [5]. | Chamorro *Sin raíces* 51: Lanzaba el peón con maestría.
2 Grado de maestro [7 y 14]. | Mercader-DOrtiz *HEspaña* 4, 99: Muchos oficiales habían perdido la esperanza de ascender a la maestría por lo elevado de los gastos de examen. *Inf* 18.4.74, 5: Las [becas] ahora convocadas se refieren a los siguientes niveles: .. Formación Profesional (Curso de adaptación, complementarios, oficialía y maestría industrial, primero y segundo grados).

maestro -tra I *adj* **1** [Obra] perfecta o relevante en su género. | Armenteras *Epistolario* 89: La mano .. es una obra maestra. Fraile *Pról. Vida Lagos* XIV: *La lámpara* .. es un cuento maestro. Arce *Testamento* 23: Yo seguía palpándome el cuello. Habían sido unos golpes maestros los de El Bayona. **b)** *(hist) En un oficio:* [Obra] que sirve para obtener el título de maestro [7]. | Mercader-DOrtiz *HEspaña* 4, 99: Era una flagrante injusticia que el hijo del maestro recibiera el título de tal sin hacer el aprendizaje ni la obra maestra.
2 [Cosa] principal entre las de su clase. | Delibes *Voto* 62: Se acodaba [el tubo] al alcanzar la viga maestra. Grosso *Capirote* 53: Por el río abajo, en el canal maestro, un buque fluvial inspeccionaba la fosforescencia de las boyas. **b)** [Líneas] **maestras** → LÍNEA.
3 [Llave] que abre y cierra todas las cerraduras de una casa u otro edificio. | Rosales *MHi* 3.61, 29: ¿Por qué razón quieres entrar de noche en el Toboso? ¿Es el tuyo un amor nochernigo, barragán y de llave maestra?

II *n* **A** *m y f* **4** Pers. que enseña [una ciencia o arte (*compl de posesión*)]. *Tb fig, referido a cosa.* | Aparicio *Año* 218: Se llamaba Carolina Maldonado y había sido maestra de vuelo en la guerra de España. PReverte *Maestro* 64: Un amigo .. lo recomendó como alumno-aprendiz a Lucien de Montespan, a la sazón el más prestigioso maestro de armas de Francia. PReverte *Maestro* 48: –Quiero aprender la estocada de los doscientos escudos.– El maestro de esgrima se quedó con el plato y la taza en las manos. Sánchez *Pról. Quijote* 18: Tuvo [Cervantes] una vasta, agitada y profunda experiencia de la vida, maestra única para un espíritu receptivo y superior. **b)** *Sin compl:* Pers. que tiene título oficial para enseñar en una escuela primaria. *Tb* ~ DE ESCUELA. | Olmo *Golfos* 88: Vaya horas de venir, ¡ni que fueses tú el maestro! Arce *Testamento* 14: Me hubiera gustado ser maestro de escuela. **c)** Pers. que, directamente o a través de su obra, ejerce una enseñanza [sobre alguien (*compl de posesión*)]. *Tb sin compl.* | Alvar *Arb* 12.68, 12: Del maestro Ortega son estas palabras, cuya oportunidad voy a considerar. **d)** Religioso encargado de enseñar. *A veces usado como simple título honorífico.* | SSolís *Camino* 261: Se tranquilizaba rezando y repasando mentalmente aquellas frases de *Camino* que eran la clara, evidente, milagrosa prueba de su vocación .. Pero la última noche había sido su "huerto de los olivos", como le había dicho la maestra de novicias. Torbado *Corrupciones* 15: Debía meditar, según las órdenes del padre maestro.
5 Pers. de gran sabiduría o habilidad [en una ciencia o arte (*compl* EN o DE)]. *Tb fig. Tb sin compl, por consabido.* | CBaroja *Inquisidor* 47: Por esta época tuvo el doble privilegio de ser retratado por Goya y de que el retrato fuera de los sobresalientes entre los muchos que pintó el maestro. MCachero *AGBlanco* 102: Estos contemporáneos suyos entre los cuales figuran aquellos que en días por venir sustituirán honrosamente a los viejos e indiscutibles maestros del género.

6 Pers. que dirige el trabajo y el personal [de un taller]. | Laforet *Mujer* 236: A la una en punto comían siempre los maestros.
B *m* **7** Artesano que ha llegado al grado máximo en su oficio. | CPuche *Paralelo* 59: Con lo que cada uno ganaba o perdía allí en tres minutos se podría cubrir decentemente el sueldo mensual de un maestro albañil. E. Corral *Abc* 22.11.70, 66: Los maestros orfebres y los maestros ceramistas ejercen, mantenida a través de generaciones, la pureza de un arte impar. Fernández-Llorens *Occidente* 124: A los oficiales les resulta mucho más difícil alcanzar el título de maestro, para el que teóricamente solo le[s] es necesario realizar una obra maestra dentro de su oficio. **b)** (*col*) *Se usa como tratamiento amistoso.* | Cela *Viaje andaluz* 289: El vino de Bollullos es menos exquisito que abundante. –Póngame un cuartillo, maestro. –Pa servile. **c)** (*hist*) *Se usa como tratamiento precediendo al n de un artista identificado, o bien formando parte de la denominación de un artista anónimo.* | Tejedor *Arte* 108: La escultura .. tiene sus más ilustres ejemplos en los capiteles y relieves del claustro de Silos .., y principalmente en el maravilloso Pórtico de la Gloria .., obra del maestro Mateo. GNuño *Arte* 206: La escasez de datos documentales no permite siempre asegurar autor a la cuantiosa pintura gótica castellana .., y por ello hemos de contentarnos con apelativos provisionales, como el de Maestro de Ávila.
8 Compositor de música. *Gralm como tratamiento antepuesto al n.* | *Alc* 31.10.62, 25: Revistas Tony Leblanc presenta "Todos contra todos" (de Tony Leblanc y maestro García Bernalt). **b)** Director de orquesta. *Gralm como tratamiento antepuesto al n.* | *Música Toledo* 57: La Orquesta Nacional de España fue creada por el Ministerio de Educación Nacional en 1940. Han sido Directores titulares los Maestros Pérez Casas y Argenta. **c)** ~ **de capilla.** Profesor que compone y dirige la música que se canta en un templo. | Perales *Música 1º* 91: La producción de este infatigable compositor [Bach] .. se desarrolla en la intimidad de su nutrida familia .., escribiendo a diario para cumplir los encargos que en su condición de maestro de capilla de Santo Tomás de Leipzig ha de realizar. L. Echeverría *SYa* 21.4.74, 11: Sería injusto terminar este reportaje sin agradecer desde aquí la colaboración que para el mismo hemos encontrado en don Dámaso García Fraile, activo y competente maestro de capilla de la catedral.
9 (*Taur*) Matador de toros. | Diógenes *Ya* 4.5.92, 1: Todos ellos –maestros, picadores y banderilleros– asumen estadísticamente parecido peligro.
10 ~ **armero.** (*Mil*) Técnico en armas de fuego. | FSantos *Hombre* 69: Aquel lío de los dos maestros armeros que arrestaron por vender munición. **b)** (*hist*) Fabricante de armas. | GNuño *Madrid* 117: Dos espadas del XVI, por los maestros armeros Antonio Pincino, milanés, y Sebastián Hernández, español.
11 ~ **de balanza.** (*hist*) Encargado de pesar los metales antes y después de amonedarlos. | Galache *Biografía* 44: Reunidos en Cabildo, con el alguacil, escribano, guarda ensayador, capataz, maestro de Balanza, el fundidor, el blanquecedor y los oficiales obreros y monederos, para acordar lo pertinente, unos propusieron volverla a fundir [la moneda].
12 ~ **de ceremonias.** Hombre encargado de dirigir el ceremonial de un acto. | Cela *Oficio* 80: Tu padre .. fue maestro de ceremonias a quienes todos respetaron por su probidad y buen sentido. J. GPastor *Ya* 17.4.77, 35: Hizo de maestro de ceremonias José María Íñigo, mientras Isabel Bauzá .. y Pilar Cañada .. fueron anunciando los premios.
13 ~ **de obras.** Hombre que, por sí mismo o a las órdenes de un arquitecto, dirige a los albañiles y peones. | Ó. Pinar *DíaCu* 9.9.84, 13: La mayoría trabajan en Cuenca, en especial "la albañilería". Yo tengo un amigo maestro de obras.
14 ~ **industrial.** Hombre que posee un título oficial acreditativo de unos conocimientos superiores a los del obrero especializado. | *GTelefónica* 13: Maestros. Industriales .. Nacionales.
C *f* **15** Mujer del maestro [4 y 6]. | Lera *Boda* 595: Vas a ser una señora principal, más señora que la médica y que la maestra, y quién sabe si más también que la mujer del gobernador. Laforet *Mujer* 236: Cuando había subido él con algún recado al piso, la "maestra" le dejaba en el vestíbulo. [*En un taller.*]

16 (*Constr*) Listón de madera que se coloca como guía para construir una pared o un pavimento. | * El albañil colocaba las maestras mientras mi ayudante preparaba el yeso.
17 (*Constr*) Hilera de piedras o baldosas que se ponen en primer lugar para que sirvan de guía a las demás del pavimento. | M. E. SSanz *Nar* 7.76, 9: Primero, se colocaba la losa central, .. y a partir de ella se iban trazando con cuerdas muy tirantes .. los radios o "maestras", rellenándose los espacios resultantes o porciones con losas y ripios y una pasta de agua, arena y cemento.

mafia (*tb, hoy raro, con la grafía* **maffia**) *f* Organización secreta siciliana que impone su ley por la violencia. | *Abc* 11.6.67, 89: Su primera actuación .. es pasarse por la basílica de Atocha para rezar ante el cadáver de Prim, asesinado .. por alguna sociedad secreta, al estilo de la "maffia". **b)** Organización clandestina de criminales. | Mendoza *Savolta* 36: Había sido faccioso de una suerte de mafia local que por aquellas épocas se reunía en su taberna y a la que controlaba desde detrás del mostrador. **c)** (*desp*) Organización que controla determinados ámbitos o actividades. | VMontalbán *País* 26.5.86, 64: Su espléndida carrera literaria ha pasado por encima de las diferentes malas o pocas fes que las sucesivas, inevitables e inútiles mafias literarias madrileñas han tratado de oponer a un escritor al que no podían metabolizar.

mafiosamente *adv* De manera mafiosa. | *País* 24.8.88, 6: ETA mata y extorsiona mafiosamente siempre que puede.

mafioso -sa *adj* De (la) mafia. *Tb n, referido a pers.* | L. Blanco *IdG* 31.10.70, 4: La comisión ha decidido intervenir por su cuenta con una "enérgica, penetrante y directa investigación sobre los grupos mafiosos protagonistas de la concatenación de los sucesos que tanto han conmovido a la opinión pública". VMontalbán *Delantero* 35: Todo este mundo se divide en dos razas: la de los mafiosos que lo controlan todo y la del colgado de la droga que va a la suya y al que no controla nadie.

magacelense *adj* De Magacela (Badajoz). *Tb n, referido a pers.* | E. RSandoval *Hoy* 19.12.76, 26: A fuer de magacelense nato, .. nos vemos impelidos a hacer una serie de puntualizaciones.

magallánico -ca *adj* Del estrecho de Magallanes. | Abárzuza *MHi* 3.61, 36: Volver a visitar vuestros países, desde la suave y florida California a la inhóspita y sobrecogedora región magallánica .. no solamente es un privilegio, sino una necesidad.

magano *m* (*reg*) Calamar. | Pombo *Héroe* 38: La noche es lo bastante silenciosa para que .. se duerman en los pasadizos entintados y resbaladizos de alta mar los maganos. Aldecoa *Gran Sol* 76: No te hagas el magano oscureciendo las aguas con tinta; la pareja está vendida.

maganto -ta *adj* **1** (*raro*) Triste o pensativo. | Berlanga *Gaznápira* 54: Anda algo maganta esta, don Dimas. Alguno la ha trastornado ..; ¡mire que si es un casado! GPavón *Cuentos rep.* 136: Se nos aproximó con gesto maganto y suave.
2 (*Taur*) [Res] enferma. | Cela *Escenas* 73: Las reses de doña Caralipa –añejos novillosos .., novillos magüetos y cien veces chaqueteados y bureles magantos, abantones y medio tísicos– solían morir en el matadero.

magarza *f* Planta herbácea similar a la manzanilla (*Chrysanthemum parthenium*, *Anthemis cotula* y otras especies afines). | Romano-Sanz *Alcudia* 60: Una pradera de jugosa hierba donde se hunden los pies y las botas se cubren con el polvo amarillo de las magarzas. Santamaría *Paisajes* 35: En las cunetas de las carreteras y en los bordes de los senderos pueden verse numerosos renuevos de roble, .. Matricaria chamomila, magarza o manzanilla loca.

magarzuela *f* Planta herbácea similar a la manzanilla (*Anthemis cotula*, *Chrysanthemum parthenium* y otras especies afines). | Remón *Maleza* 21: Especie: A[*nthemis*] *cotula* L. Nombre común: Manzanilla hedionda, Magarzuela. Esta planta es una mala hierba anual de la que se dice ser responsable del agriado de la leche.

magazine (*ing; pronunc corriente,* /magasín/) *m* **1** Revista ilustrada de información general, que trata temas variados. | *Van* 21.11.74, 53: La "reconversión" a que se ven

magdalena – magistral

obligados, so pena de perecer, los grandes magazines norteamericanos, cuando la inflación restringe el volumen de ventas, restando virtualidad a los anuncios. Aguilar *Experiencia* 380: Los ingleses compraban sobre todo *magazines*, revistas y los voluminosos números dominicales de los grandes diarios.
2 Programa de televisión o radio de contenido variado. | Viriato *HLM* 29.4.74, 57: "Semanal informativo" es el pionero de esta nueva era de la información en Televisión Española .. La gran virtud de este "magazine" es la táctica de equipo que lo conformó. C. Conde *DíaTo* 19.11.87, 9: La emisora comienza a las once de la mañana con un magazine de tres horas, donde se dan noticias, información general, convocatorias.

magdalena (*normalmente con mayúscula en aceps 2 y 4; tb, pop,* **madalena**) **I** *f* **1** Dulce pequeño hecho con leche, harina, huevos, aceite y azúcar, cocido al horno en moldes de papel gralm. redondeados. | Escobar *Itinerarios* 129: Las mujeres de pueblo en Castilla saben hacer bollos, rosquillas, pastas, madalenas y rosneques.
2 *Se usa en constrs de sent comparativo para referirse a una pers muy afligida o llorosa.* | Carnicer *Cabrera* 142: Una mujer vestida de negro se mueve como una magdalena alrededor del camión, llevándose las manos a la cabeza e invocando repetidamente a los Santos Justo y Pastor. GPavón *Reinado* 117: Pepe Lamuerte .. empezó a llorar como una magdalena.
3 (*lit, raro*) Prostituta. | Á. FSantos *País* 13.2.89, 25: Las últimas magdalenas rezagadas, hambrientas y errantes, mendigaban con tétricas ojeras violáceas el susurrante trueque, por favor, del acceso a sus entrañas a cambio de un café caliente y un bollito.
II *loc v* **4 no estar la ~ para tafetanes.** (*col*) No ser el momento adecuado para gastar una broma o pedir un favor. | MAbril *Ya* 8.12.70, 7: Alguien dirá que no está el horno para bollos ni la Magdalena para tafetanes.

magdaleniense *adj* (*Prehist*) [Cultura o período] del Paleolítico superior, cuyos principales vestigios corresponden a las cavernas de La Madeleine (Francia). *Tb n m.* | Pericot *Polis* 19: Al extinguirse esta oleada solutrense, buena parte de Europa estuvo dominada por la cultura magdaleniense. Alfonso *España* 80: Proyecta una diapositiva del magdaleniense cántabro-astur y otra del magdaleniense francés.

magenta *adj invar* Carmesí oscuro. *Tb n m, referido a color.* | CBonald *Noche* 223: Desvió los ojos de aquella barroca moldura estofada .. y de aquel fondo de damasco magenta. J. L. Mariño *Hoy* 1.8.75, 13: Las piezas de Manises, de barro rojo pálido, se distinguen por sus colores blanco de crema, azul negrusco y magenta.

magia **I** *f* **1** Arte de producir, por procedimientos ocultos, fenómenos extraordinarios o que parecen tales. | Villapún *Moral* 109: Magia. Es el arte de hacer cosas maravillosas .. Puede ser: 1º Magia blanca .. 2º Magia negra. **b)** *~* **blanca,** *~* **negra** → BLANCO, NEGRO. **c)** Acto de magia. | Buero *Diálogo* 55: –¿Hablas ahí de complementarios? –¿Qué sabes tú de complementarios? –¡Vaya coincidencia! Será otra magia de mamá.
2 Poder de atracción y sugestión [de alguien o algo]. | Umbral *Ninfas* 128: Gracias a la retórica del padre Tagoro y a la magia del ambiente, veían un infierno llameante y luego un cielo azul. Llorca *Ateneo* 154: A la magia de tus ideas se unía la de tu palabra arrebatadora.
II *loc adj* **3 de ~.** (*TLit*) [Comedia] en cuyo argumento desempeñan papel central la magia y la intervención del Diablo, con abundancia de trucos efectistas, y que tuvo cultivo pralm. en los ss. XVII y XVIII. | Cossío *Confesiones* 48: Recuerdo un melodrama, *La huérfana de Bruselas*, que me impresionó mucho, aún más que las comedias de magia.
III *loc adv* **4 por arte de ~** → ARTE.

magiar **I** *adj* **1** De un pueblo que en la actualidad constituye el grupo étnico mayoritario de Hungría. *Tb n, referido a pers.* | Zubía *Geografía* 178: Hungría .. Tiene 10 millones de habitantes; son magiares (de raza amarilla). **b)** (*lit*) Húngaro (de Hungría). *Tb n, referido a pers.* | FGonzález *SAbc* 2.11.69, 17: El levantamiento heroico del pueblo magiar fue ahogado a sangre y fuego por los carros de combate soviéticos.
II *m* **2** Húngaro (idioma). | Plans *Geog. universal* 309: Los húngaros forman un pueblo de origen asiático y hablan magiar.

mágicamente *adv* De manera mágica. | Sánchez *Pról. Quijote* 18: Arte y naturaleza, poesía y vida, se entrecruzan mágicamente en las páginas de su libro inmortal.

magicidad *f* (*raro*) Cualidad de mágico. | J. M. Llanos *SYa* 5.1.75, 3: Nunca, que yo crea, hubo tanto "mago" entre los hombres .. Los peritos sabrán plasmar la "magicidad" de estos hombres de ciencia y arte.

mágico -ca *adj* De (la) magia o que la implica. *Frec con intención ponderativa.* | CBaroja *Brujas* 8: Tuve ocasión de conversar con personas ya ancianas .. que podían ser consideradas como ejemplos destacados de mentalidad mágica. Olmo *Golfos* 15: Igual que si un duende amigo, dándole vueltas a una mágica llave, crease un surtidor. *Abc* 13.5.58, 10: Se aplica como cualquier crema, durante 2, 3, 5 días... y esta cera mágica proporciona a la piel una gran pureza y una suavidad satinada irresistible. **b)** Maravilloso o irreal. | Ridruejo *Memorias* 28: No dejaba el mundo mágico de los libros hasta la hora de cenar. **c)** [Linterna] **mágica**, [ojo] ~, [varita] **mágica** → LINTERNA, OJO, VARITA.

magín *m* (*col*) Cabeza (imaginación o inteligencia). | Laforet *Mujer* 211: Se ve que dio vueltas al magín y se le ocurrió esta preciosidad.

magíster *m* (*lit, raro*) Maestro (hombre que enseña). *A veces con intención desp.* | J. Cruz *Abc* 8.9.74, 9: Cuánto bien ha hecho en el terreno de la cultura .. la figura del maestro venerable, afable, complaciente, en contraposición con el "magíster" dominante, irascible y reprobador a ultranza. [*En el texto, sin tilde.*]

magisterial *adj* De(l) magisterio [1]. | Valcarce *Moral* 109: La función magisterial no es solo instructiva, sino esencialmente, y a la vez, formativa. *Catecismo catól.* 16: Las citas, en letra pequeña, de fuentes patrísticas, litúrgicas, magisteriales o hagiográficas tienen como fin enriquecer la exposición doctrinal.

magisterialmente *adv* (*raro*) En el aspecto magisterial. | *Abc* 23.2.75, 30: Indica el prelado que su deber "de obispo y el derecho de los fieles exige no inhibirse magisterialmente ante su existencia".

magisterio *m* **1** Actividad o condición de maestro (pers. que enseña). *Tb fig.* | FQuintana-Velarde *Política* 254: Una excelente retribución del magisterio primario –incitando a que al mismo se dediquen las mejores inteligencias–. Á. Dotor *ASeg* 8.5.78, 2: Da Pfandl una orientación magistral de tan amplio contexto objetivo y tan alto magisterio enjuiciador que puede decirse resulta la mejor introducción al conocimiento de lo que es la novela picaresca. *MHi* 11.63, 58: Expresó en generosos términos, llenos de emoción, la fidelidad de las gentes de América al glorioso magisterio histórico de España. **b)** Conjunto de los maestros. | * El magisterio español, como el de cualquier país, cuenta con elementos valiosos y con elementos nulos.
2 (*Quím, hist*) Precipitado. | J. R. Alfaro *SInf* 11.11.70, 10: El magisterio de cráneo (fórmula magistral), o cráneo calcinado, entra en la composición del polvo de olíbano.

magistrado -da (*la forma* MAGISTRADO *se usa a veces como f*) *m y f* **1** Funcionario público con autoridad jurisdiccional, administrativa o política. | Cunquerin *Un hombre* 14: Un criado del magistrado de linternas me aseguró que se les había olvidado la palabra. Arenaza-Gastaminza *Historia* 45: Los dos cónsules anuales, magistrados supremos con poder civil y militar. Herrero *SInf* 25.10.75, 6: Estos poderes, atribuidos a un magistrado hereditario, vitalicio y, por tanto, electora[l]mente irresponsable, son, a fines del siglo XX, excesivos.
2 Miembro de una sala de audiencia territorial o provincial, o del Tribunal Supremo. | *Ya* 12.11.89, 35: El ex cónsul de Panamá en Uruguay .., que era buscado por la Policía de su país como presunto homicida de una magistrada, un abogado y una alguacil, se suicidó el viernes en la ciudad de Montevideo. L. Cappa *SYa* 14.2.88, 14: Hace década y media no había juezas, magistradas, "fiscalas" ni notarias.

magistral *adj* **1** De(l) maestro (pers. que enseña o que tiene gran sabiduría). | LTena *Luz* 58: El hijo de un suicida no sirve para una función magistral y docente. Landero

Juegos 176: La criatura de pardo desplegó los útiles magistrales con diligencia de practicante a domicilio. El maestro esperó ese momento para despojarse de las pieles. **b)** [Clase o lección] dada en forma de conferencia. *Tb dicho de lo relativo a esa clase.* | Fernández-Llorens *Occidente* III: Libro .. que permitiera otras posibilidades metodológicas que las exclusivas de una clase de tipo magistral. **c)** [Lección] ~ → LECCIÓN. **d)** *(desp)* Suficiente o pedantesco. | * Habla en un tono magistral que molesta.
2 Perfecto en su línea. *Frec con intención ponderativa.* | Torrente *Isla* 263: Habían elaborado el retrato de un militar genial que fuera al tiempo un magistral legislador y un cauto gobernante. Pla *Des* 12.9.70, 24: La operación del político yugoslavo [Tito] es considerada magistral.
3 [Iglesia colegial] cuyos miembros son doctores en teología. *Usado como título de la de Alcalá de Henares (Madrid).* | *Ya* 19.11.63, 32: El padre provincial de los franciscanos de Madrid hizo el domingo en la iglesia magistral de Alcalá de Henares la solemne proclamación del Año Santo Franciscano.
4 [Canónigo] predicador de un cabildo. *Frec n m.* | Torrente *Fragmentos* 158: ¡Esa monja .. ha ido otra vez al infierno y ha dicho que estaba allí don Práxedes el magistral!
5 *(Med)* [Receta o fórmula] que solo se prepara por prescripción facultativa. *Tb n m.* | Torrente *Vuelta* 354: Don Baldomero .. intentaba traducir una receta magistral. –¡Este condenado médico! ¿Por qué no recetará específico? Ganas de darme trabajo. J. R. Alfaro *SInf* 11.11.70, 10: El magisterio de cráneo (fórmula magistral), o cráneo calcinado, entra en la composición del polvo de olíbano.

magistralidad *f (raro)* Cualidad de magistral [2]. | GNuño *Escultura* 85: A la vista de obras de semejante magistralidad puede proclamarse el estado de madurez de la escultura ibérica.

magistralmente *adv* De manera magistral [2]. *Con intención ponderativa.* | *HLM* 26.10.70, 33: "Supermanuel" acababa de vencer magistralmente a Rod Laver por tres a cero.

magistratura *f* **1** Cargo o dignidad de magistrado. *Tb el tiempo que dura.* | L. Mira *SVozC* 31.12.70, 9: Colombia, Bolivia .. cambiaron de presidente. Ocuparon la primera magistratura, en Colombia, Pastrana Borrero; en Bolivia, el general Torres. Tejedor *Arte* 46: Los plebeyos fueron obteniendo: primero, la institución de los Tribunos de la plebe .., y, por fin, el año 300, todas las magistraturas. CBaroja *Inquisidor* 23: Las mismas calidades que se requerían para la magistratura civil se pedían para la inquisitorial.
2 Conjunto de los magistrados. | CBaroja *Inquisidor* 18: El niño es bastante despejado, tiene parientes en la clerecía y en la magistratura.

maglemosiense *adj (Prehist)* [Cultura o período] del Mesolítico, cuyos principales vestigios pertenecen a Maglemose (Dinamarca). *Tb n m.* | Pericot *Polis* 21: La misma raíz [magdaleniense] tiene el Maglemosiense del Báltico, cultura típica del hueso y precedente de las culturas árticas modernas.

maglia rosa *(it; pronunc corriente,* /mála-rósa/ *o* /máglia-rósa/) *f (Cicl)* Camiseta de primer clasificado en el Giro de Italia. | *Ya* 8.6.88, 44: El día en que Hampsten se embutió la maglia rosa, Van der Velde coronó el Gavia con un minuto de ventaja sobre sus más inmediatos perseguidores.

magma *m* **1** *(Geol)* Masa fundida existente en el interior de la Tierra. | Bustinza-Mascaró *Ciencias* 315: La parte sólida de la Tierra se supone que está constituida por una zona superior, el sial, .. que flota sobre otra zona inferior, el sima o magma viscoso.
2 *(lit)* Masa informe o mezcla confusa. *Frec fig.* | Porcel *Des* 12.9.70, 14: La psicología y la sociedad industrial, todo es un magma tan misterioso como diáfano. Mendoza *Laberinto* 39: Caí al suelo derrengado y aspiré allí los malsanos gases del coche, que a la sazón se desvanecía entre el magma de autobuses, motos y otros medios de transporte.
3 *(Med)* Suspensión de gran cantidad de precipitado en poco líquido. | *BOE* 12.3.68, 3770: Preparaciones galénicas: Polvos .. Suspensiones: Mixturas y magmas. Emulsiones. Aerosoles.

magistralidad – magnetismo

magmático -ca *adj* **1** *(Geol)* De(l) magma [1]. | Ybarra-Cabetas *Ciencias* 137: Los volcanes son simplemente aberturas naturales .. por donde las masas magmáticas internas encuentran fácil salida. **b)** [Roca] formada por solidificación del magma [1] entre rocas sólidas ya existentes. | Bustinza-Mascaró *Ciencias* 335: Las rocas eruptivas o magmáticas se han formado a partir de magmas y se presentan en general en grandes masas.
2 *(lit)* Que tiene carácter de magma [2]. | GBiedma *Retrato* 149: Nuevos recuerdos a cada instante ingresan en su ámbito, desplazando a los viejos. Cuando estos vuelven son algo magmático, un sabor elemental e indefinido.

magnalio *(n comercial registrado) m* Aleación de aluminio y magnesio. | Marcos-Martínez *Física* 296: Con el magnesio [el aluminio] constituye el magnalio.

magnálium *(n comercial registrado) m* Magnalio. | Bustinza-Mascaró *Ciencias* 327: Es muy estimado [el aluminio] para la fabricación de utensilios .. y del *magnálium* (aleación del aluminio y magnesio). [*En el texto, sin tilde.*]

magnánimamente *adv* De manera magnánima [1b]. | *Inf* 24.11.77, 36: ¿Quién puede exigir a la Prensa .. que defienda pactos que no ha suscrito y que corrija magnánimamente y por su cuenta los deslices de los señores parlamentarios?

magnanimidad *f (lit)* Cualidad de magnánimo. | *Ecc* 16.11.63, 25: Pondera la magnanimidad con que la Santa Sede se propone ampliar las facultades de los obispos.

magnánimo -ma *adj (lit)* [Pers.] inclinada al perdón y a la benevolencia. | GGual *Novela* 307: El magnánimo y justo Hidaspes .. y Tíamis, el bandido generoso, .. son elementos de un *stock* novelesco. **b)** Propio de la pers. magnánima. | Arenaza-Gastaminza *Historia* 51: Tito. Fue un príncipe de carácter magnánimo y bondadoso y de gran cultura.

magnate *m* Personaje importante del mundo de la industria o de los negocios. *A veces con intención peyorativa.* | *Inf* 7.9.70, 6: Los obreros de la factoría .. construyen dos superpetroleros para la flota del magnate griego.

magnesia *f* Sustancia blanca, terrosa y poco soluble en agua, constituida por óxido de magnesio y usada en medicina como purgante. | CBonald *Ágata* 60: Revoloteó [el águila] .. y se posó un poco más largo, por un calvero de magnesia al pie del desnivel.

magnésico -ca *adj (Quím)* De(l) magnesio, o de (la) magnesia. | Alvarado *Anatomía* 177: Las aguas con un exceso de sales cálcicas y magnésicas se llaman duras o gordas.

magnesio *m (Quím)* Metal, de número atómico 12, blanco y ligero, que arde con llama muy brillante. | Bustinza-Mascaró *Ciencias* 7: Son cuerpos simples: hidrógeno, flúor, cloro, .. aluminio, calcio, magnesio, hierro, plomo, cobre.

magnesita *f (Mineral)* Silicato natural de magnesio. | *GTelefónica* N. 1: Unión Española de Abrasivos, S.A. .. Muelas cerámicas, sintéticas, caucho, magnesita y otras especialidades.

magnéticamente *adv* De manera magnética. | *Ya* 13.4.77, 41: Sistema exclusivo y patentado de regulación de voltaje autorregulado magnéticamente. MSantos *Tiempo* 139: La cabeza navega orientada magnéticamente hacia quien las pronuncia [las palabras].

magnético -ca *adj* **1** De(l) magnetismo. | Marcos-Martínez *Física* 177: El hierro dulce pierde las propiedades magnéticas en cuanto cesa la corriente eléctrica. **b)** [Ecuador] ~, [meridiano] ~, [polo] ~, [resonancia] **magnética** → ECUADOR, MERIDIANO, POLO[1], RESONANCIA.
2 Que tiene magnetismo [1, 2 y 3]. | M. Mújica *Abc* 20.8.69, 10: Un puñado de españoles se lanza a la conquista .. sin otro artefacto magnético que una Cruz colgada al pecho. Mendoza *Laberinto* 177: Le pregunté a la Emilia que a quién había visto, pensando que nos diría que .. a un político local de magnética personalidad.

magnetismo *m* **1** Propiedad atractiva de los imanes. | Marcos-Martínez *Física* 174: El magnetismo se concentra especialmente en los polos. **b)** Conjunto de fenómenos de atracción o repulsión producidos por los imanes y las corrientes eléctricas. | Mingarro *Física* 131: El magnetismo

magnetita – magníficat

permanente desaparece con el tiempo; para evitar en parte este accidente se forma un circuito magnético cerrado apoyando las piezas polares sobre un trozo grueso de hierro dulce. **c) ~ terrestre.** Acción que ejerce la Tierra sobre la aguja imantada, orientándola en una dirección próxima al norte. | Marcos-Martínez *Física* 178: El magnetismo terrestre se atribuye a las cargas eléctricas que hay en la atmósfera.
2 ~ animal. Propiedad de determinadas perss. o animales de ejercer hipnosis o sugestión sobre otros. *Tb el conjunto de los fenómenos por los que se manifiesta y de los procedimientos con los que se logra. Tb, simplemente, ~.* | Cianófilo *Des* 12.9.70, 41: La segunda parte [del libro] está dedicada a los antecedentes de la psicoterapia contemporánea, reservando un capítulo a los tratamientos psíquicos anteriores a la psicoterapia y otro al llamado "magnetismo animal". Salvador *Haragán* 68: Es [el espiritismo] una mezcla de fraude y extrañas ciencias: magnetismo, hipnotismo.
3 Atractivo o atracción poderosos. | Laforet *Mujer* 76: Le tendió sus dos manos abiertas. Eulogio las cogió .. Cambiaron una corriente de magnetismo tan profundo que a Paulina le parecía que algo la sacaba de ella misma, la absorbía, la anegaba.
4 Parte de la física que estudia los fenómenos de magnetismo [1]. | Marcos-Martínez *Física* 5: La Física comprende las siguientes ramas: Mecánica .. Acústica .. Electricidad .. Magnetismo.

magnetita *f* (*Mineral*) Mineral compuesto por una mezcla de óxidos de hierro, que tiene la propiedad de atraer el hierro. | Bustinza-Mascaró *Ciencias* 335: Además puede llevar [el granito] diversos minerales accesorios, tales como la moscovita o mica blanca, .. rutilo, magnetita.

magnetizador -ra *adj* Que magnetiza. *Más frec n: m y f, referido a pers; m, referido a instrumento.* | Llorca *Ateneo* 154: Te apoderas de su razón y de sus sentidos, mago, magnetizador y poeta iluminado, y le obligas a pensar, a sentir, a desear lo que tú piensas. *Prospecto* 2.93: Unidad magnética de agua o magnetizador, evita la formación de restos calcáreos en tuberías.

magnetizante *adj* Que magnetiza. | Aleixandre *Química* 131: Es la única variedad que adquiere propiedades magnéticas que cesan en cuanto se suprime la fuerza magnetizante.

magnetizar *tr* **1** Dotar [a un cuerpo (*cd*)] de propiedades magnéticas. | P. Álvarez *SVozC* 29.6.69, 22: Inhiben y cierran, con el hermetismo de la puerta magnetizada, la imaginación y la poesía. **b)** *pr* Adquirir [un cuerpo] propiedades magnéticas. | Ybarra-Cabetas *Ciencias* 40: Hay unos minerales que se magnetizan temporalmente atrayendo limaduras de hierro al ser colocados en un campo magnético.
2 Atraer por magnetismo. *Tb fig.* | *SVozC* 25.7.70, 11: El mar y el sol, conjuntados, son a modo de imán poderoso y permanente que magnetiza y concentra las más fuertes manifestaciones turísticas.
3 Hipnotizar. *Tb fig.* | Sastre *Oficio* 105: Miguel, que parece magnetizado por Arturo, consigue ponerse en pie.

magneto *f* (*Electr*) Generador eléctrico en que la inducción es producida por un imán permanente. | Marcos-Martínez *Física* 207: Construid por vuestros propios medios una magneto sencilla.

magnetofón *m* Magnetófono. | Paso *HLM* 11.10.65, 3: Cuando atraviesa alguna crisis de pesimismo, conecta el magnetofón, oye sus propios elogios y se queda tan conforme.

magnetofónico -ca *adj* De(l) magnetófono. | FCid *Abc* 4.10.70, 71: "Solo", para solista y cinta magnetofónica. D. Santos *Pue* 24.12.69, 29: Comienza la historia con una breve pieza teatral .. que el profesor ha dado a conocer en lectura magnetofónica. **b)** (*TLit*) Que parece reproducir exactamente la comunicación oral entre los personajes. | SVillanueva *Lit. española* 4, 284: El diálogo, de corte magnetofónico, pero elaborado literariamente con gran habilidad, es la base de esta novela.

magnetófono *m* Aparato para registrar y reproducir sonidos por imantación de un alambre de acero o de una cinta recubierta de óxido de hierro. | *Bal* 4.3.70, 4: De distintos establecimientos de electrodomésticos .. se ha llevado magnetófonos y transistores.

magnetohidrodinámica *f* (*Fís*) Estudio del movimiento de los fluidos conductores sometidos a la acción conjunta de campos eléctricos y magnéticos. | *Pue* 28.10.70, 9: El profesor sueco Alfven ha sido premiado por "sus contribuciones en las investigaciones fundamentales de la magnetohidrodinámica y sus aplicaciones en la Física del plasma".

magnetómetro *m* (*Fís*) Aparato para medir la intensidad y la dirección de un campo magnético. | Pericot-Maluquer *Humanidad* 20: Otros principios sirven de base al magnetómetro y a aparatos que permiten trazar los planos de construcciones subterráneas.

magnetoscópico -ca *adj* (*Fís*) De(l) magnetoscopio. | *Abc* 30.12.65, 113: Emisión especial: 5,00, Copa Davis (partidos de dobles entre las selecciones de España y Australia, jugado el día 28 y recibido por vía aérea, grabado en cinta magnetoscópica y perteneciente al "challenge round"). J. L. Gutiérrez *D16* 1.10.89, 6: Es una postura informativamente hipócrita de acusar recibo del estremecedor vídeo de la oposición y acto seguido pasar a otra cosa. Ese documento magnetoscópico es, sencillamente, definitivo.

magnetoscopio *m* (*Fís*) Vídeo (aparato que registra imágenes y sonidos en soporte magnético). | *Inf* 18.4.74, 32: Don José Luis Gallego de Cáceres, técnico de magnetoscopios.

magnetosfera *f* (*Astron*) Región exterior de la atmósfera terrestre o de otros astros, en que los campos magnéticos ejercen una acción predominante. | F. Merayo *Ya* 26.9.74, 58: Otro nuevo satélite, a 500 kilómetros de altitud sobre la Tierra, estudiará cosas tan enigmáticas para los profanos como la onda de choque de la magnetosfera.

magnetoterapia *f* (*Med*) Tratamiento médico basado en el magnetismo [1 y 2]. | *Inf* 27.4.83, 17: La magnetoterapia, una esperanza para la recuperación de drogadictos.

magnetrón *m* (*Electrón*) Tubo para producir o amplificar corrientes de muy alta frecuencia, en el que el flujo de electrones es regulado por un campo magnético. | F. Valladares *Ya* 29.12.89, 22: En los hornos, las ondas emitidas por el magnetrón (dispositivo utilizado para generar microondas) se envían a la cavidad del aparato a través de un tubo guía-ondas, que las obliga a seguir adelante por su interior.

magnicida *m y f* Pers. que comete un magnicidio. *Tb adj.* | CSotelo *Poder* 248: Nunca se sabe con qué nombre pasan los magnicidas a la Historia.

magnicidio *m* Homicidio de un jefe de estado o de un gobernante. | Pemán *MHi* 7.68, 10: Los dramas de Shakespeare, tejidos de reyes locos y de magnicidios horrendos.

magnificación *f* Acción de magnificar. | Goytisolo *Recuento* 369: Montserrat .., con su magnificación del abuelo, confundido en su memoria, se diría, con la imagen de uno de esos ancianos irascibles de película.

magnificador -ra *adj* Que magnifica. | *Barcelona* 10: En esa franca evolución del sentido egocéntrico hacia el policéntrico florece la Barcelona actual, guiada .. por los requerimientos de su admirable impulso magnificador.

magníficamente *adv* Muy bien. *Con intención ponderativa.* | GHortelano *Tormenta* 29: –Siento cargarte con los niños, pero me gusta aprovechar es[t]e tiempo nublado para hacer compras. –Te aseguro que me parece magníficamente. Gironella *SAbc* 9.2.69, 22: Y llegamos al Torneo celebrado en Palma de Mallorca, magníficamente organizado por la Federación Balear.

magnificar *tr* Engrandecer o hacer más grande [algo o a alguien]. *Gralm en sent moral.* | Delibes *Madera* 385: Para convertir en gestas los sucesos más triviales, para magnificar la más pura inanidad. GPavón *Reinado* 157: Cuando el elegido ya no puede sentir satisfacción alguna, se le recuerda y magnifica. Montero *País* 9.6.88, 18: Los monitores se encendieron y en las pantallas comenzaron a aparecer, magnificadas, las firmas dubitadas.

magníficat (*normalmente con mayúscula*) *m* (*Rel crist*) Cántico de la Virgen en la visita a su prima Santa Isabel, y que se canta al final de las vísperas. | Vesga-Fernández *Jesucristo* 23: María prorrumpió entonces en un hermoso himno inspirado por el Espíritu Santo, conocido con el nombre de Magníficat. **b)** Música compuesta sobre el texto

del magníficat. | *AbcS* 2.11.75, 33: En la misa fueron interpretadas Kyries y Gloria, de Griesbacher; .. Magníficat, de Urcelay, alternante con salmodia gregoriana.

magnificencia *f* (*lit*) Cualidad de magnífico [1]. | GNuño *Madrid* 86: Es admirable la magnificencia de este templete, hija de la suntuosidad de su estructura.

magnificente *adj* (*lit*) Magnífico [1]. | CBonald *Ágata* 133: Había decidido levantar la más magnificente mansión que se viera nunca por aquellas latitudes. F. Rueda *Abc* 2.4.75, 14: He visto en las pequeñas escarpadas la real silueta de los machos monteses, señores del cielo, magnificentes en su poderío.

magnífico -ca I *adj* **1** Espléndido o grandioso. | PRivera *Discursos* 14: Desde Cajal hasta José Antonio se han formulado las más brillantes tesis para armonizar en un destino común la magnífica diversidad española. Cossío *Confesiones* 206: Hacia mí se acerca un moro magnífico, de chilaba gris perla y turbante amarillo, a quien acompaña un esclavo negro .. Muley Mustafá Raisuni, antiguo bajá de Arcila.
2 Muy bueno o extraordinario. *Con intención ponderativa.* | Medio *Bibiana* 80: Se le regalará .. un vale con cinco números para el sorteo de la magnífica lavadora. Laforet *Mujer* 285: Pepe, como tú sabes, siempre ha sido un hombre magnífico.
3 *Se usa como tratamiento, siguiendo a* RECTOR. | Laiglesia *Tachado* 136: Tomó las galeradas del historiador Alter Kobian .., rector magnífico de la Universidad. **b)** (*hist*) *Usado como título de honor de determinadas perss ilustres.* | Em. Serrano *Sáb* 3.12.75, 92: Su hijo Francisco de Miralles y de Pinell fue consejero de S. M. y gozó de las dignidades de magnífico y doncel.
II *adv* **4** (*col*) Muy bien. *Con intención ponderativa y a veces irónica.* | Aparicio *César* 182: –¿Ha obtenido los permisos? –¡Todos, incluido el del mismo Salvador! –¡Magnífico! ¡Soberbio!

magnitud *f* **1** Cualidad de ser más o menos grande. *Frec con intención enfática y referido a cosas inmateriales.* | *Abc* 9.4.67, 79: No se recuerda aquí ningún movimiento sísmico de la magnitud del registrado. **b)** (*Astron*) Tamaño aparente [de una estrella] por efecto de la mayor o menor intensidad de su brillo. | *HLM* 1.9.75, 4: Una nueva estrella de primera magnitud ha sido descubierta en la constelación del Cisne.
2 (*Fís y Mat*) Propiedad o aspecto susceptible de medida. | Marcos-Martínez *Aritmética* 12: La longitud, el peso, el volumen, el tiempo, la superficie, etcétera, son magnitudes, porque se pueden medir.
3 Unidad de medida. | M. Calvo *Ya* 1.2.70, sn: Ha sido necesario el establecimiento de otra unidad de medida, el pársec, que es una magnitud equivalente a 3.258 años-luz.

magno -na *adj* (*lit*) Grande. *En sent no material, y normalmente con intención enfática.* | *Abc* 20.8.69, 30: Se tienen previstos diversos festejos, entre los que se destaca un magno festival artístico. **b)** [Aula] **magna** → AULA.

magnolia *f* Planta arbórea o arbustiva de hojas coriáceas y flores terminales grandes y olorosas (gén. *Magnolia*, esp. *M. grandiflora*). *Diversas especies se distinguen por medio de compls:* ~ JAPONESA (*M. obovata*), ~ DE HOJAS PEQUEÑAS (*M. sieboldii*), *etc. Frec su flor.* | Goytisolo *Afueras* 187: Se subió a la gran magnolia de la entrada y no pudieron hacerle bajar hasta la noche. *Ya* 9.6.68, 2: Dos magnolias japonesas dan sombra al lugar. Loriente *Plantas* 31: *Magnolia grandiflora* L., *Magnolia obovata* Thunb., *Magnolia soulangeana* Soul.: De las tres "Magnolias", la más frecuente es la primera, que es perenne y es uno de los árboles de adorno más cultivado[s] en los parques y jardines de Cantabria.

magnoliácea *adj* (*Bot*) [Planta] dicotiledónea de hojas coriáceas, flores grandes y olorosas y fruto en cápsula, de la familia de la magnolia. *Frec como n f en pl, designando este taxón botánico.* | GCabezón *Orotava* 59: *Kadsura japonica*, Linn., Magnoliácea, Japón.

magnolio *m* Magnolia (árbol). | Laforet *Mujer* 37: Iluminaban los sauces .. y los dos magnolios que le gustaban a Blanca.

magnox (*frec con mayúscula; ing; pronunc corriente,* /mágnoks/; *pl invar*) *m* (*Fís*) Aleación de magnesio y aluminio usada para envolver elementos combustibles, esp. reactores nucleares. *Frec* REACTOR ~. | C. Edo *Ya* 2.1.90, 18: En cuanto a los reactores de uranio natural, gas y grafito, utilizan como combustible el uranio natural, en forma de metal, dentro de unos tubos hechos con una aleación de magnesio –que hace que se les denomine como "magnox"–, emplean grafito como moderador y se refrigeran con anhídrido carbónico.

mágnum *m* Botella, esp. de champán o licor, cuya capacidad es doble de lo normal. *Tb adj.* | *ByN* 28.1.90, 106: Armagnac francés Goudoulín en botella normal y mágnum. [*En el texto, sin tilde.*]

mago¹ -ga *m y f* **1** Pers. que cultiva la magia (arte de producir fenómenos extraordinarios o que parecen tales). | Sánchez *Pról. Quijote* 25: Los nombres de Arcaláus el Encantador, genio maléfico, y Urganda la Desconocida, maga benefactora, procedentes del renombrado *Amadís*, acaban por hacerse familiares a los lectores del *Quijote*. Delibes *Pegar* 46: Se había ilusionado con el ilusionismo. Quería ser mago, prestidigitador, jugador de manos.
2 Pers. sobresaliente en una actividad. *Normalmente con un compl* DE. | F. Alejandro *MHi* 5.64, 39: Hace unos años, lo único que España aportaba a la alta costura europea era, de tarde en tarde, la inspiración, el motivo taurino o *typical* tomado por Dior, por Lanvin, por cualquier mago de la tijera, para fantasear en sus confecciones.
3 (*hist*) Astrónomo. *Normalmente, y frec en la constr* REYES ~S, *designa a los que acudieron a adorar a Jesús.* | Vesga-Fernández *Jesucristo* 30: Unos magos o sabios (que algunos creen que fueron, además, reyes de ciertos pueblos orientales) comprendieron por esta señal que había nacido el Mesías de Israel. Vesga-Fernández *Jesucristo* 35: ¿Qué día se celebra a los santos Reyes Magos?

mago² -ga *adj* (*reg*) Campesino canario, esp. pobre e inculto. *Tb n.* | Delibes *Mundos* 143: Tipos como el mago –campesino isleño envuelto en su manta canaria–, de gran analogía con el huaso .. o el menesteroso de Santa Cruz, semejante .. al roto chileno.

magosta *f* (*reg*) Magosto. | Arce *Testamento* 67: Revolvimos las brasas de las magostas en busca de castañas. F. Jiménez *Hoy* 6.11.76, 2: Como en años anteriores, la juventud se reunió a pesar del mal tiempo para asar la "magosta", como aquí se dice.

magostal *m* (*reg*) Magosto o magosta. | Cancio *Bronces* 59: Hay una ocurrencia suya .. que aún se comenta con encendidos elogios y singular algarabía en las animadas charlas de jilas, molinos y magostales.

magosto *m* (*reg*) Hoguera para asar castañas en el campo. *Tb las castañas así asadas y la reunión correspondiente.* | *Lugo* 66: Se rinde culto a la castaña, bien sea cocida o asada; de esta forma se organizan los llamados "magostos": castañas asadas y vino.

magra → MAGRO.

magrear (*vulg*) **A** *tr* **1** Manosear lascivamente [a alguien]. | Cela *SCamilo* 369: Juanito escribe con la mano derecha, claro, mientras con la izquierda magrea a la Leonorcita.
B *intr* **2** Manosearse lascivamente [una pers. con otra]. *Tb sin compl con suj pl.* | Salom *Noche* 563: Que no me entere de que te han visto en la última fila magreándote con el novio de turno. GPavón *Hermanas* 35: El río negro de la carretera .. invita a la partida, a dejar .. el paseíllo sin luces donde se magrean las parejas mocetas.

magrebí *adj* Del Magreb (región constituida por Marruecos, Argelia, Túnez y a veces Libia). *Tb n, referido a pers.* | *Ya* 27.1.85, 12: Todos los esfuerzos se orientan a conseguir una reunión entre el Rey Hassán II y el Presidente argelino Chadli Benjedid, previa a la cumbre magrebí. *Sur* 3.8.88, 14: El lunes se registró la mayor afluencia de magrebíes desde que comenzó la "operación tránsito".

magrebino -na *adj* (*raro*) Magrebí. | *Abc* 29.4.73, 27: El señor Gómez Salomé ha mostrado siempre en sus trabajos gran afecto por Marruecos y es un experto en temas magrebinos y africanos en general.

magreo m (*vulg*) Acción de magrear(se). | Cela *SCamilo* 72: Se ponen lo más limpitas que pueden .. y se echan a la calle, a meterse mano y a darse el filete .. contigo o con cualquier otro aficionado a lotes y magreos.

magrez f (*raro*) Cualidad de magro [1 y 2]. | J. Hermida *Ya* 19.9.90, 48: Nos suben la gasolina a destajo y nos anuncian por todas partes flaquezas y magreces del cinturón.

magro -gra I adj **1** (*lit*) Flaco o enjuto. *Tb fig.* | Delibes *Parábola* 135: Le conmovía su magra figurita de cuarentona indefensa. J. GCastillo *ByN* 27.9.75, 20: Mediante ficciones llamadas doble jornada o dedicación exclusiva .. pueden redondearse los magros ingresos.
2 [Carne] que no tiene grasa. | X. Domingo *Cam* 6.12.82, 119: Más cereales .., más carnes magras y menos grasas animales y azúcares, parecen ser las grandes líneas de la alimentación futura.
3 (*Mineral*) [Carbón] que contiene pocas materias volátiles. | Aleixandre *Química* 106: Se clasifican [las hullas] en grasas o magras, según que ardan con facilidad o se aglutinen ardiendo difícilmente.
II n **A** m **4** Carne magra [2] del cerdo. | Jo. Cortés *Ide* 27.2.75, 13: Precio de venta al público .. Cerdo: Magro, de 160 a 200. Cela *Escenas* 88: A la señora Fabiana .. le pasa lo que al jamón de Trevélez, que no tiene más que magro y es muy saludable.
5 (*reg*) Lomo de cerdo en adobo. | Moreno *Galería* 47: En algún rincón las barrigudas ollas del adobo, generalmente tres, para que estuvieran separados los chorizos, los magros o lomos y las costillas.
B f **6** (*reg*) Magro [4 y 5]. | Escobar *Itinerarios* 46: Picar a cuchillo y en los tajadores la carne de los animales, la magra y el gordo. A. P. Foriscot *Van* 27.12.70, 13: Tomad un jamón. Con el afilado cuchillo cortad, separad la corteza. Subyace la magra. *Ama casa* 1972 12*b*: Magras a la aragonesa.
7 (*reg*) Loncha de jamón. | Torrente *DJuan* 158: ¡Ah, sí! Las magras de jamón. Póngalas en cualquier parte.
8 (*reg*) Jamón. | *Córdoba* 115: El desarrollo actual y previsible de nuestra riqueza ganadera puede quedar expresado en los siguientes apartados: .. Porcinos. Magras.

magrura f (*lit, raro*) Cualidad de magro [1 y 2]. | CPuche *Paralelo* 17: El ansia de exterminio y de revancha consumía su rostro en palideces y magruras.

magua f (*reg*) Tristeza o pena. | Gala *Sáb* 13.8.77, 5: He comprendido esa pasión activa de irse para volver .., ese sentimiento común a todas las regiones de España, que va desde la morriña gallega a la magua canaria.

magué m (*jerg*) Órgano sexual masculino. | Cela *Mazurca* 215: Lo que tiene mi Driss es un magué que parece el del burro de San Facundo, que, cuando descapulla, se caga el mundo.

magüeto -ta adj (*reg*) [Res vacuna] de dos o tres años, esp. mansa. *Frec n.* | Cela *Escenas* 73: Las reses de doña Caralipa –añejos revoltosos .., novillos magüetos y cien veces chaqueteros ..– solían morir en el matadero.

maguey m Pita (planta). | GNuño *Madrid* 108: Banda de papel de maguey.

magulladura f Acción de magullar. *Esp su efecto*. | Mendoza *Gurb* 125: Me curo las heridas con agua oxigenada. Estoy tan lleno de magulladuras que me transformo en Tutmosis II y así me ahorro el trabajo de ponerme vendas.

magullamiento m Magulladura. | GPavón *Reinado* 35: Hombre, heridas o magullamientos no tiene.

magullar tr Producir contusiones [a alguien o algo *cd*]. | FReguera *Bienaventurados* 41: A Sánchez lo pisotearon, lo zarandearon, lo magullaron.

maguntino -na adj De Maguncia (Alemania). *Tb n, referido a pers*. | MSousa *Libro* 75: Unos veinte años después de la invención de la imprenta .., los impresores maguntinos se dispersaron hacia puntos diversos de la geografía europea.

maharajá (*hindi; pronunc corriente,* /maaraχá/ o /maraχá/) m Príncipe de la India. *Tb usado como tratamiento*. | PFerrero *MHi* 7.69, 71: Haber sido artífice del matrimonio de Anita Delgado, una de las entonces bellísimas hermanas Camelias, con el maharajá de Kapurtala. **b)** (*col*) *Se usa frec en constrs de sent comparativo para ponderar la opulencia o el regalo con que alguien vive*. | FReguera-March *Caída* 49: –Ya sabes que el orden y la seguridad burguesas me dan náuseas. –Pero vives, gracias a ellas, como un maharajá.

maharaní (*hindi; pronunc corriente,* /maaraní/ o /maχaraní/) f Mujer de un maharajá. | *Sáb* 10.9.66, 9: De izquierda a derecha, el pintor; .. la maharaní de Jaipur y su hijo.

maharastri m Prácrito de la región india de Maharastra. | Villar *Lenguas* 86: En el drama clásico .. ciertas partes líricas aparecen cantadas en maharastri. [*En el texto,* māhārāstrī.]

mahatma (*sánscrito; pronunc corriente,* /maχátma/, m Individuo reverenciado por su prestigio religioso y moral. *Normalmente referido a Gandhi* († 1948). *Tb usado como tratamiento*. | Campmany *Abc* 10.2.93, 19: Don Felipe González se le ha aparecido en carne mortal al mahatma Gandhi.

mahayana (*sánscrito; pronunc corriente,* /maχayána/) m (*Rel*) Variedad sincrética del budismo practicada en China, Japón y Tíbet. | L. Calvo *Abc* 9.6.66, 71: Los budistas son tan vietnameses como cualquiera de nosotros. ¿Por qué van a ser una excepción? El gran vehículo o mahayana cree que el Nirvana del Buda puede alcanzarse por vías mundanales.

mahayaniano -na (*pronunc corriente,* /maχayaniánó/) adj (*Rel*) De(l) mahayana. | Anson *Oriente* 30: Durante un milenio sustituyó a la espiritualidad sintoísta en el imperio nipón una expresión superior: la variedad mahayaniana del budismo.

mahdí (*ár; pronunc corriente,* /maχdí/) m (*Rel musulm*) Enviado de Alá para completar la obra de Mahoma. | J. Aldebarán *Tri* 11.4.70, 16: Un mahdí .. es un enviado de Alá encargado de terminar la obra del profeta.

mahdismo (*pronunc corriente,* /maχdísmo/) m (*Pol*) Movimiento político-religioso dirigido por un mahdí. | J. Aldebarán *Tri* 11.4.70, 16: Trataba así de cortar el paso al mahdismo.

mahdista (*pronunc corriente,* /maχdísta/) adj (*Pol*) Partidario de un mahdí. *Tb n.* | J. Aldebarán *Tri* 11.4.70, 16: El general y diez mil soldados perecieron ante los mahdistas.

mah-jong (*chino; pronunc corriente,* /ma-yón/) m (*raro*) Juego chino de fichas semejante al dominó. | *Abc Extra* 12.62, 81: El mah-jong florece traído de la China, como los crisantemos, allá por los años del 18 al 30. Sampedro *Octubre* 79: Jugábamos a briscas inocentes y, cuando bajaban las de arriba, al *mah-jong*, con los prestigiosos nombres de sus fichas: Viento Norte, Dragón Rojo, Flor de Otoño.

mahometano -na adj Musulmán. *Tb n.* | Arenaza-Gastaminza *Historia* 81: Esta huida, en el año 622, es la Hégira y sirve de inicio a la Era mahometana. Ramírez *Derecho* 28: Solo a los pertenecientes a religiones distintas de la católica (protestantes, judíos, mahometanos, budistas, etc.) les cabe en España la posibilidad de contraer matrimonio civil.

mahomético -ca adj (*raro*) Mahometano. | Fuster *Inf* 22.11.73, 16: La fimosis –la operación de la fimosis– sacramental afecta a unos y a otros: a los mosaicos de estricta observancia y a la variante mahomética.

mahometismo m Islamismo. | Tejedor *Arte* 88: El mahometismo es una religión monoteísta.

mahometizante adj (*hist*) Que practica ocultamente el mahometismo. | Sánchez *MPelayo* 13: Cohorte de apostasías, judaizantes, mahometizantes y brujos, hasta finales del siglo XV.

mahón I m **1** Tela fuerte de algodón, usada esp. para ropa de trabajo. | Benet *Viaje* 322: Hizo un gesto sumario al conductor, tocado con un mandil de mahón gris y una gorra de paño azul marino.
II adj invar **2** [Color azul] intenso, propio de los monos de trabajo. | CBonald *Dos días* 38: Intervino un muchacho .., las manos agarradas a los tirantes del mono azul mahón. **b)** De color mahón. | SSolís *Camino* 34: Rojos desalmados, vestidos de monos mahón, soltaban y azuzaban a las fieras.

mahona *f (hist)* Embarcación grande de carga, usada esp. por los turcos. | A. Maura *SAbc* 7.2.88, 14: Reunió el turco una escuadra de 160 galeras, 60 fustas y galeotas, 8 mahonas, 6 naves y gran número de bajeles menores.

mahonés -sa I *adj* **1** De Mahón (Menorca). *Tb m, referido a pers.* | M. P. Comín *Van* 28.4.72, 9: En la isla existen piezas magníficas anteriores al siglo XVIII, como la Cruz Procesional de la Parroquia de Santa María de Mahón, de estilo gótico, y una maza mahonesa, repujada, del siglo XVII. **b)** [Salsa] mayonesa. *Tb n f.* | *Cocina* 767: Salsa mahonesa. **II** *f* **2** Plato preparado con salsa mahonesa [1b]. | *Ama casa 1972* 240: Mahonesa de pescado. Con restos de merluza .. se hace una sabrosa ensalada .. Rociarlo todo con salsa mahonesa.

mahonia *f* Arbusto ornamental de hojas persistentes y dentadas y flores amarillas (*Mahonia aquifolium*). *Tb designa otras especies del mismo gén.* | Loriente *Plantas* 31: *Mahonia aquifolium* (Pursh) Nutt., "Mahonia". Arbusto raro .. Es ornamental.

mahrata → MARATA.

maicena *(tb con la grafía* **maizena**, *n comercial registrado) f* Harina fina de maíz. | Calera *Postres* 12: 1 litro de leche, 80 gramos de azúcar y 90 gramos de maicena. Bernard *Salsas* 60: Se añade una cucharada de las de postre de maizena.

maiceño -ña *adj* Del color del maíz. | GPavón *Liberales* 36: Un día vino un viajante, también alemán, con gafas de oro y tiesos bigotes maiceños.

maicero -ra *adj* De(l) maíz. | Bosque *Universo* 134: Argentina absorbe la mayor parte del comercio mundial maicero.

maiden *(ing; pronunc corriente,* /méiden/) *adj (Híp)* [Caballo] que no ha vencido nunca en una carrera. *Tb n.* | Mirador *Ya* 15.10.67, 27: Solo Fasto cuenta con una victoria y tres segundos; todos los demás son "maiden".

mailing *(ing; pronunc corriente,* /máilin/; *pl normal,* ~s) *m* Buzoneo (publicidad o propaganda por correo). | *País* 2.12.86, 51: Anuncios breves .. Mailing. Venda más y mejor con nuestras cartas comerciales. *Ya* 11.11.86, 5: Cada cual se gastará su magro presupuesto para las elecciones con cartas –que quienes piden que sean en euskera sacan del presupuesto para "mailing"– exclusivas de cada líder prometiendo el final del final.

maílla *f (reg)* Fruto del maíllo. | I. Cicero *Ale* 30.6.85, 28: En la colodra lleva .. a veces zumo de manzanas silvestres machacadas, que en Liébana se llaman maíllas y en Polaciones meilas.

maillechort *(fr; pronunc corriente,* /maiʃór/) *m (Metal)* Aleación de cobre, cinc y níquel a la que se agrega a veces plomo o estaño. | Mingarro *Física* 133: El *maillechort* tiene una resistencia doce veces mayor que el cobre.

maíllo *m (reg)* Manzano silvestre. | Santamaría *Paisajes* 27: Puede citarse, como más abundantes, Fraxinus angustifolia y Ulmus campestris acompañados de ejemplares aislados de Malus sylvestris –maíllo o manzano silvestre–.

maillot *(fr; pronunc corriente,* /mailót/ *o* /mayót/; *pl normal,* ~s) *m* **1** Camiseta de ciclista. | *ByN* 11.11.67, 89: La figura del "maillot" blanco corre a increíble velocidad. **2** Traje ajustado usado en danza y gimnasia. | A. Salinas *Ya* 14.6.87, 80: Sus padres esperaban que renunciara pronto al *maillot* de gimnasia. **3** *(hoy raro)* Traje de baño femenino de una pieza, que cubre todo el tronco. | *Ya* 2.7.75, 27: Sears. Ofertas para sus vacaciones. Maillots estampados. De línea muy favorecedora .. Bikinis gran moda.

maimón I *adj* **1** [Bollo] ~ → BOLLO¹. **II** *m pl* **2** *(reg)* Sopa de pan, ajo y aceite. | J. C. Luna *Abc* 18.12.59, 67: La sopa de ajo andaluza .. ha sido uno de los mejores "empapantes" del vino trasnochado .. El verdadero nombre de esta calandraca bobalicona y conventual, tan pervertida, es maimones: delgadas rebanaditas de pan frito en aceite y con ajos y rociadas luego con agua hirviendo.

maimonense *adj* De Los Santos de Maimona (Badajoz). *Tb n, referido a pers.* | *Hoy* 30.8.75, 13: Vaya desde aquí mi más cordial salutación a todo el vecindario maimonense.

mainate *m* Pájaro negro originario de Malaisia, con pico anaranjado, capaz de imitar la voz humana. | Castellanos *Animales* 116: Pájaros exóticos. Amaranta; azulito del Senegal; .. gorrión del Japón o isabela; mainate religioso; mirlos metálicos.

mainel *m* **1** *(Arquit)* Columna pequeña que divide un hueco o ventana verticalmente. | F. PMarqués *Hoy* 20.7.75, 23: Plaza del Gran Maestre, con su conservada mansión aún con sabor de época en las ventanas de arcos coloniales, trífora una, con dos finos maineles para estructurar los tres vanos, y un balcón decadente en el chaflán. **2** *(reg)* Ventana abierta en el techo o en la parte alta de una pared. | Torrente *Saga* 36: Estaba abierto el mainel, el viento meneaba las cortinas.

mainframe *(ing; pronunc corriente,* /méinfreim/) *m (Informát)* Ordenador de gran velocidad y capacidad de almacenamiento, del cual depende una serie de periféricos. | *Ya* 22.11.90, 24: En este campo se incluyen los microprocesadores, los superordenadores, los miniordenadores, cada vez más rápidos y que se apoyan en las tecnologías Risc, de tal forma que sus prestaciones se acercan mucho a las de los 'mainframes'.

maipure *m (hist)* Arahuaco (lengua). | Buesa *Americanismos* 331: De todas las lenguas americanas, la fuente más antigua es el arahuaco .., llamado a veces maipure, y que se hablaba en las Antillas.

mairal -lesa *(reg)* **A** *m y f* **1** Mayoral de una cofradía. | C. GCasarrubios *Nar* 11.77, 12: Estos danzantes son ocho, más el "mairal" o mayoral. **B** *f* **2** Señorita elegida para presidir honoríficamente las fiestas. | *NEsH* 7.7.72, 2: Se reunirán .. las Mairalesas de las Fiestas 1972 para proceder a la elección de Mairalesa Mayor entre las siete señoritas en las que ha recaído este año tal honor.

maitén *m* Árbol chileno de hojas dentadas, flores purpúreas y madera dura y anaranjada (*Maytenus chilensis*). | Delibes *Mundos* 47: Los abetos, arrayanes .., maitenes, eucaliptus .. constituyen en ciertos sectores una muralla de densidad inextricable.

maitinante *m (Rel catól, hist)* Clérigo que tiene obligación de asistir a maitines. | Galache *Biografía* 122: El sacristán habitaba en la torre, y era obligación suya, con el altarero, comprobar si los maitinantes acudían puntuales a coro.

maitines *m pl (Rel catól)* Hora canónica que se reza en primer lugar, antes del amanecer. | Villapún *Iglesia* 149: Se deposita el cadáver en medio de ella con los pies hacia el altar, rezándose los Maitines y Laudes del Oficio de difuntos.

maître *(fr; pronunc corriente,* /métre/ *o* /metr/) *m* Jefe de comedor de un restaurante u hotel. *En el segundo caso, tb* ~ D'HÔTEL. | *Inf* 31.3.70, 40: Trabajaba como "maître" en un popular restaurante de la plaza de Las Arenas. *Abc* 9.4.67, sn: Canto, Armonía, Maître d'hôtel. [*Enseñanzas*.]

maíz *m* **1** Planta gramínea de tallo alto y hojas anchas y lanceoladas, cuyo fruto es una mazorca de granos gruesos y rojizos (*Zea mays*). *Tb su semilla; en este caso, frec en sg con sent colectivo.* | Ortega-Roig *País* 83: El cereal típico de la España húmeda es el maíz. **2** Maizal. | Cela *Mazurca* 121: Robín Lebozán mira por la ventana, los maíces están mojados y por el camino sube un mozo en bicicleta.

maizal *m* Terreno sembrado de maíz [1]. | Arce *Testamento* 67: Recorrimos juntos las pomaradas y los maizales.

maizena → MAICENA.

maja¹ → MAJO.

maja² *f (reg)* **1** Acción de majar. | Rabanal *Hablas* 66: Dos son en León .. los procedimientos fundamentales de desgranar, o degranar, las mieses: la trilla y la maja. **2** Mano del mortero. | Halcón *Ir* 119: Le despertó el ruido que hacía el casero con la maja en el dornajo. El gazpacho iba a nacer.

majada *f* Construcción en el campo para albergue de ovejas y pastores. | *SMad* 31.12.70, 34: Se le echó la noche

majadal – majeza

encima y fue a cobijarse en una majada de pastores, en plena sierra.

majadal *m* Lugar de pasto a propósito para ovejas y ganado menor. | FVidal *Ayllón* 62: La carretera sube y baja, serpentea y rebrinca por las espuendas y los bordes de enormes majadales, de tierras privadas del alivio de la fertilidad por escasez de estiércol y mantillos.

majadear *tr* Hacer noche o albergarse [el ganado en un lugar (*cd*)]. | Romano-Sanz *Alcudia* 124: Un rebaño majadea los alrededores de un quinto que llaman del mesto.

majadería *f* (*col*) **1** Hecho o dicho tonto. | Laiglesia *Ombligos* 6: Un "ismo" ha sido siempre el mejor biombo para disimular muchas majaderías. Salom *Casa* 326: ¡No diga majaderías!

2 (*raro*) Cualidad de majadero¹. | GHortelano *Amistades* 145: Si eres tan extravagante como para interesarte por el juicio de Jovita sobre todo esto, te aseguro que Jovita no emite juicios. Privilegios de la majadería.

majaderico *m* (*hist*) Cierto adorno usado en los vestidos. | Campmany *Abc* 28.4.86, 17: Nos precipitan por el túnel del tiempo, y se nos aparecen don Miguel Boyer y doña Isabel Preysler con peluca empolvada y con miriñaque, don Alfonso Guerra con gregüescos, y don Guillermo Galeote con majaderico.

majadero¹ -ra *adj* (*col*) [Pers.] tonta o necia. *Tb n*. | CNavarro *Perros* 95: Dobló el diario para poder leerlo con comodidad y sin necesidad de exponerse a las miradas del primer majadero que asomase. **b)** Propio de la pers. majadera. | Merino *Relato* 117: El sueño de la razón era aprovechado por elucubraciones estrambóticas y majaderas.

majadero² *m* Maza o utensilio para majar. | Cabezas *Madrid* 76: Barcelona es la antigua calle Ancha de Majaderitos .., nombre que procedía del mazo o majadero que usaban los tiradores de oro.

majado *m* Conjunto de varias sustancias majadas juntas. | Trévis *Extremeña* 13: Aparte, haced un majado con los ajos, los clavos y el azafrán.

majador -ra *adj* Que maja. *Tb n: m y f, referido a pers; f, referido a máquina*. | Rabanal *Hablas* 66: Dos son en León .. los procedimientos fundamentales de desgranar, o degranar, las mieses: la trilla y la maja .. Los majadores descargan sus acompasados golpes de "piértago" con una furia y un estruendo dignos de la mitología. RegO 21.7.64, 12: Diter: Motores diesel a 4 tiempos refrigerados por agua, para majadoras, molinos, riego, machacadoras y múltiples usos industriales.

majagranzas *m y f* (*col*) Pers. pesada y necia. | Cuevas *Finca* 103: ¿También quieres mandarme, majagranzas?

majagua *f* Árbol cubano de hojas acorazonadas y flores purpúreas, propio de lugares pantanosos, y cuyo líber se emplea para fabricar sogas (*Hibiscus tiliaceus*). *Tb su madera*. | FReguera-March *Cuba* 176: Y hay otros [árboles] como el patabún, el tengue, la majagua, de la que se hacen sogas; la palma enana, etcétera. *País* 9.4.83, 44: Invierta, por ejemplo, en esta cómoda, hecha totalmente a mano, en maderas de nogal y caoba y enriquecida con marquetería de boj y majagua.

majalulo *m* (*reg*) Camello joven. | Alvar *Islas* 34: Allí supo de cosas nunca oídas de los camellos –majalulos y güelfos–, de su ferocidad cuando mascan y de la dureza de su esternón.

majamente *adv* (*col*) Bien o perfectamente. | DCañabate *Paseíllo* 53: Baila usted tan majamente como torea.

majano *m* Montón de cantos sueltos que se forma en las tierras de labor o en las encrucijadas y división de términos. | Romano-Sanz *Alcudia* 86: El camino atraviesa un terreno de magníficos pastizales, limpios de piedras, recogidas de trecho en trecho en grandes majanos.

majar A *tr* **1** Machacar (aplastar o triturar [algo] golpeándo[lo]). *Tb fig*. | Bernard *Pescados* 29: En el mortero se ponen los huevos, los intestinos y una yema de huevo, el otro ajo y se maja hasta dejarlo como una papilla. Cancio *Bronces* 79: Mal rayo me parta .. si no le cojo por ese cuello de cofre engurruñao que Dios le dio y le majo como a un pulpo contra la escollera. Berenguer *Mundo* 342: Si llega a chistar lo majo allí.

2 Golpear [cereales o legumbres] para extraer la semilla. | * En León majan las mieses para limpiar el grano.

B *intr* **3** (*reg*) Golpear [en algo]. | Torrente *Pascua* 424: Majaron en él como en el trigo .. Golpes en todas partes, muchos con sangre.

majara *adj* (*col*) Majareta. *Tb n*. | Goytisolo *Recuento* 193: Él me ha preguntado que si estaba majara, o qué sé yo qué grosería ha dicho. VMontalbán *Rosa* 15: –¿Y este Federico III de Castilla-León? –Un majara, jefe.

majareta *adj* (*col*) [Pers.] loca o trastornada. *Tb n*. | Cela *SCamilo* 339: A mí me da la sensación de que todos los españoles nos hemos vuelto majaretas de repente. ZVicente *Traque* 104: Aquí no se levanta a esa hora nadie más que un par de majaretas como la Paca .. y un servidor.

majariego -ga *adj* De Majadahonda (Madrid). *Tb n, referido a pers*. | *Abc* 21.9.84, 17: Ha querido el Ayuntamiento de Majadahonda regular el tráfico de entrada a la transitada Gran Vía majariega.

majarón -na *adj* (*col*) Majara o majareta. *Tb n*. | Tomás *Orilla* 108: Está majarón perdido. VMontalbán *Rosa* 119: Vamos a acabar todos chalaos detrás de ese majarón.

majestad (*normalmente con mayúscula en aceps 2 y 3*) **I** *f* **1** Cualidad de una pers. o cosa que inspira admiración y respeto. | Laiglesia *Tachado* 41: No tenía ninguna obligación de tener majestad en su porte, puesto que no era rey, razón por la cual se limitaba a ser bajito y regordete. Salom *Espejo* 145: Interior de un caserón oscuro y triste .. Tiene, no obstante, cierta belleza y majestad.

2 *Se usa como tratamiento de un rey o soberano. Normalmente precedido de adj posesivo:* SU ~, VUESTRA ~. | CBaroja *Inquisidor* 54: Arce "renunció" su plaza en manos del rey, y su majestad se la admitió "en cuanto podía".

3 su divina ~. (*Rel catól*) Dios, esp. en el sacramento de la Eucaristía. | Guillén *Lenguaje* 34: Marchar al otro mundo con el Práctico a bordo es recibir a Su Divina Majestad en viático.

4 (*Arte*) Representación de Jesús o de la Virgen de frente, en actitud hierática y gralm. en un trono o coronados. *Frec en aposición o en la loc* EN ~. | Tejedor *Arte* 107: Se presenta al Cristo Majestad, a la Virgen Madre, a los Evangelistas y Apóstoles. FVidal *Duero* 37: Se guarda la talla románica de un Cristo en majestad, de cuatro clavos.

II *loc adj* **5 de lesa ~.** [Crimen o delito] que se comete contra la vida del soberano, del sucesor inmediato o del regente de una monarquía. | * Los delitos de lesa majestad se pagan con la vida. **b)** (*hist*) *En la Roma antigua*: [Ley] que castiga con la muerte o el destierro un delito contra el Senado o el Emperador. *Tb* DE ~. | Pericot *Polis* 116: Pasó [Tiberio] a residir a la isla de Capri, dejando el poder a Sejano, prefecto del pretorio, hombre tortuoso, con el que empieza una época de represión, en que se aplica la siniestra ley de Lesa Majestad.

majestuosamente *adv* De manera majestuosa. | Castiella *MHi* 11.63, 59: La imagen de los Llanos, esa gran vastedad interior que se extiende majestuosamente como una Castilla venezolana.

majestuosidad *f* Cualidad de majestuoso. | *SVozC* 29.6.69, 2: Defendida por la majestuosidad de las torres gemelas de la catedral, a su alrededor siempre se acogieron artistas, comerciantes, mesoneros.

majestuoso -sa *adj* Que tiene o muestra majestad [1]. | Torrente *Isla* 268: Flaviarosa se adelantó, majestuosa y un poco *nonchalante*. **b)** [Cosa] grandiosa o muy lujosa. *Con intención ponderativa*. | *Abc* 7.4.70, 97: A estrenar majestuoso piso. De 400 m².

majeza *f* **1** Valentía arrogante. *Normalmente referido a torero*. | Lera *Clarines* 319: Él ya no tenía que fingir valor ni majeza ninguna.

2 (*col, raro*) Cualidad de majo. | GNuño *Escultura* 85: Sería de ver la majeza del santuario albaceteño en día solemne. DPlaja *Abc* 20.8.65, 3: Ortega y Gasset ha señalado, en sus "Papeles sobre Velázquez y Goya", los avances de la majeza popular desde mediados del siglo XVIII.

majismo *m* (*hist*) Condición o comportamiento de majo [5]. | Iparaguirre-Dávila *Tapices* 35: Se había puesto de moda el "majismo". La nobleza se plebeyizaba.

majo -ja I *adj* (*col*) **1** Que resulta grato por sus cualidades. | MGaite *Visillos* 113: Lo que más le enconaba [a Mercedes] era que Julia se estuviera perdiendo un chico tan majo como Federico Hortal que no hacía más que llamarla. Diosdado *Anillos* 1, 64: Si le hubiéramos propuesto... ¡yo qué sé!... Cualquier negocio majo de trata de blancas, de fuga de divisas, de tráfico de armas..., pues ella encantada, ¡pero el divorcio! **2** De aspecto agradable. | Buero *Diálogo* 49: Esta mañana no quería aceptar tu chaqueta vieja. Le obligué a ponérsela y está majísimo. **b)** Arreglado o adornado. | Moreno *Galería* 169: Se había puesto majo para la función. **3** *Se usa como vocativo cariñoso dirigido a una pers. Frec con intención irónica.* | Delibes *Voto* 14: Oye, Diputado, majo, échanos una mano. GHortelano *Amistades* 130: Jovita, maja, muchas gracias por tu compasión. **4** Valiente. *En las constrs* QUIÉN ES EL ~, *o* CUALQUIERA ES EL ~, + *prop con* QUE, *usadas para ponderar la dificultad de lo expresado en la prop.* | Lera *Clarines* 357: ¡Cualquiera es el majo que les suprime la corrida a los mozos! **II** *n* **A** *m y f* (*hist*) **5** *En los ss* XVIII *y* XIX: Habitante de los barrios bajos de Madrid, caracterizado por su indumentaria vistosa y su actitud arrogante y desenfadada. | MercaderDOrtiz *HEspaña* 4, 55: Esta costumbre de imitar a los majos .. no se daba sino en la sociedad madrileña. **B** *f* **6** Mujer escogida por su belleza para presidir una fiesta madrileña. *Gralm con un compl especificador.* | *Abc* 14.5.67, 78: Fueron obsequiadas las señoras de Arias Navarro, de Del Moral, pubilla, maja y otras damas, con sendos ramos de flores.

majoleta *f* (*reg*) Majuela. | Cela *Viaje andaluz* 182: Al cruzar el puente, un niño le disparó al vagabundo su cerbatana cargada con munición de majoletas, y, a poco más, le salta el ojo.

majoleto *m* (*reg*) Majuelo. | Izquierdo *Alpujarra* 246 (G): Es el amor tardío de los majoletos.

majorero -ra *adj* De la isla de Fuerteventura. *Tb n, referido a pers.* | T. Saavedra *Día* 28.9.75, 8: En los actos populares .. destacan el día 1 la exposición de plantas y flores y exposición de artesanía majorera.

majorette (*fr; pronunc corriente,* /mayorét/) *f* Joven que desfila con uniforme militar de fantasía y moviendo en las manos un bastón. | Ortega *Americanos* 27: Una convención no es necesariamente una reunión monstruo con *majorettes* frenéticas, con confetti.

majuela *f* Fruto del majuelo¹. | ZVicente *Estampas* 13: También buscábamos allí [en la cacharrería] .. las calcomanías y los polvos de pica pica, y las majuelas.

majuelo¹ *m* Espino de flores blancas y fruto en forma de pequeñas bolitas rojas comestibles (*Crataegus monogyna* y *C. oxyacantha*). | Hoyo *Pequeñuelo* 23: El praderío, por allí, se estrecha mucho y está casi comido por espinos de toda clase: zarzamoras, escaramujos, majuelos.

majuelo² *m* Viña. | Escobar *Itinerarios* 72: Llenaron nuestra bota .. con caldo de los majuelos de aquel término.

majzén *m* (*hist*) *En Marruecos:* Gobierno o autoridad suprema. | Borrás *Abc* 27.4.58, 39: España extirpó el cáncer separatista de Abd-el-Krim y demás rebeldes al Majzén.

majzeniano -na *adj* (*hist*) De(l) majzén. | Borrás *Abc* 27.4.58, 39: Se levantaron contra la autoridad majzeniana en pretensión de mínimos sultanatos, de emiratos.

maketo → MAQUETO.

make up (*ing; pronunc corriente,* /méikap/) **A** *m* **1** Maquillaje (cosmético). | * Prefiere el make up a los polvos.
B *m y f* **2** Maquillador. | Horacio *VozA* 8.10.70, 3: Olegario me estrecha fuertemente la mano, mientras el "make up" le retoca su maquillaje.

makiritare → MAQUIRITARE.

makonde *adj* De un pueblo bantú de la región limítrofe entre Tanzania y Mozambique. *Tb n, referido a pers.* | M. CDiego *Ya* 29.11.74, 20: En la muestra figuran algunas obras únicas en el mundo, como varias tallas de ébano de la tribu Makonde, del sur de Tanzania.

makuta *f* Unidad monetaria del Zaire, equivalente a la centésima parte del zaire. | Juanjo *SYa* 24.5.74, 3: Una makuta equivale a una peseta, más o menos.

mal¹ I *adv* **1** En forma no debida o no conveniente. | MGaite *Visillos* 115: Si se ha portado mal contigo, la culpa la has tenido tú por darle tanta confianza. **b)** Con abundancia de palabras malsonantes. *Con el v* HABLAR. | * No hables mal, que hay señoras. **2** En forma no satisfactoria. | *Economía* 80: La leña verde arde mal y hace mucho humo. Alfonso *España* 166: Por las características de los bajos arenosos de la barra, se van a evacuar los detritus particularmente mal. **b)** De manera desagradable. | *Abc* 18.5.76, 4: El Manzanares huele mal. **c)** De manera desfavorable. *Con vs como* HABLAR *o* PENSAR. | Medio *Bibiana* 37: A mí no me gusta hablar mal de nadie. Palomino *Torremolinos* 36: Si me ven dándote dinero van a pensar mal. **d)** Con mala salud. *Con vs como* ESTAR *o* PONERSE. | * Se puso mal el sábado y tuvieron que llevarle al hospital. **e)** En mala situación. *Normalmente con el v* ESTAR. | S. Cámara *Tri* 23.3.74, 11: —Oye, Sixto. Está todo muy mal, ¿verdad? –Pésimo. –Es terrible. CPuche *Paralelo* 117: El dinero de ayer no me parece casi dinero .. Además, tengo que mandar a mi madre, en el pueblo, que está muy mal. **f) de ~ en peor.** Cada vez en forma menos satisfactoria. *Con vs como* IR *o* MARCHAR. | Laiglesia *Tachado* 81: Allí, con permiso de Su Excelencia, las cosas van de mal en peor. **3** De manera imperfecta o incompleta. | * Estas patatas están mal cocidas. **b)** Apenas o escasamente. | Delibes *Santos* 93: Con trece años mal cumplidos. **4** Difícilmente. | Grosso *Germinal* 52: Se me tiraba con posta para martirizarme, ya que sabían que mal podría yo levantar la liebre por la cuenta que me tenía.
5 ~ que bien. Más o menos bien. | Diosdado *Olvida* 64: Estos, mal que bien, se irán defendiendo, cada uno a su modo, pero tú y yo estamos listos.
6 ~ a gusto → GUSTO.
II *loc v* **7 estar** (*o* **parecer**) **~** [alguien o algo]. No ser (o no parecer) satisfactorio. | ZVicente *Traque* 204: Estábamos, bueno, pues así, arrejuntados, que no se llevaba entonces tanto, o que, por lo menos, parecía muy mal a aquellas señoras que se empeñaban en llevarnos a la iglesia. **b) no estar ~** [una pers. o cosa]. Ser aceptable. *Frec implicando reserva o incluso rechazo.* | DPlaja *El español* 220: Sí, la obra no está mal, pero ¡es lo único que vale la pena de su producción!
8 estar (*o* **andar**, *u otro v equivalente*) [alguien] **~** [de una parte del cuerpo]. Tener [esa parte] enferma o alterada en su funcionamiento. | Puértolas *Noche* 117: Sofía se ha metido en la cama y no sale de su cuarto .. Me temo que está mal de la cabeza.
III *loc conj* **9 ~ que.** (*lit*) Aunque. *Gralm formando la prop* ~ QUE TE (LE, NOS, *etc*) PESE. | *Gac* 25.4.76, 46: Los empresarios –sobre todo los pequeños empresarios, mal que les pesara– aceptaron la propuesta.

mal² I *m* **1** Cosa mala. *Esp en sent moral.* | Olmo *Camisa* 26: To se arreglará, muchacho. No hay mal que cien años dure. **b)** Daño. *Esp en sent moral.* | Medio *Andrés* 242: Ellos disfrutan cantando y tocando la zambomba por las calles. No hacen mal a nadie.
2 Lo malo. *Normalmente con el art* EL. | Gambra *Filosofía* 172: Leibniz .. opinaba que este mundo es "el mejor de los mundos posibles", es decir, un mundo en el que existe la mínima cantidad de mal (privación de bien) necesario para la existencia de la mayor cantidad posible de bien. Torrente *Señor* 430: Mis primeras nociones no fueron religiosas, sino morales: el corazón de mi madre, de quien las recibí, era un corazón de juez, le puso modo jurídico de entender el bien y el mal se continuó en el colegio.
3 Enfermedad. *Frec con un compl especificador.* | Olmo *Golfos* 87: Anuncios que mentían la curación de toda clase de males. CBaroja *Inquisidor* 11: Dios libre a sus criaturas de caer en manos de uno de esos galenos, para los que todo son perlesías y podagras, cálculos, cólicos, insuficiencias hormonales, úlceras y males venéreos. **b) gran ~.** Epilepsia convulsiva. | Sales *Salud* 407: La crisis epiléptica propiamente dicha es la de "gran mal" comicial, precedida siempre de unos síntomas nerviosos. **c) ~ blanco.** Enfermedad

mal – malabsorción

de las plantas causada por ciertas especies del gén. *Oidium* y de otros hongos microscópicos que forman manchas blanquecinas en las hojas. | F. Ángel *Abc* 28.3.58, 15: Azufre tipo micronizado "Medem" .. Las principales plagas que combate son: .. el Mal blanco, del lúpulo, del avellano, del castaño y del manzano; el Oídio, del melocotonero. **d) ~ de caderas.** Enfermedad equina producida por el *Trypanosoma equinum*. | Bustinza-Mascaró *Ciencias* 109: Otros tripanosomas producen en los animales enfermedades, como la durina y el mal de caderas de los caballos. **e) ~ de la rosa.** Pelagra. | Alvarado *Anatomía* 116: La primera descripción de la pelagra fue hecha, en 1735, por el médico español Gaspar Casal, que la estudió en Asturias, donde es endémica, y se la conoce con el nombre de mal de la rosa. **f) ~ de ojo.** Influjo maléfico que, según la creencia popular, ejerce sobre alguien la mirada de una pers. con cierto poder mágico. | Mendoza *Ciudad* 94: Habían acudido a una bruja que rondaba por el mercado para que le echara mal de ojo a ella y muy en especial al gato. **g) ~ de orina.** Enfermedad del aparato urinario, que ocasiona dificultad o incontinencia en la excreción de la orina. | Hoyo *Bigotillo* 16: En esos mismos claros recolectaba hojas de dedalera, las cuales quitan el mal de orina. **h) ~ de piedra.** Enfermedad caracterizada por la presencia de cálculos en las vías urinarias. | GBiedma *Retrato* 48: Con frecuencia, en un urinario público, los suspiros y los trasudores de algún señor mayor aquejado de mal de piedra me han puesto en la embarazosa situación de quien se siente indiscreto. **i) ~ de Pott.** (*Med*) Afección inflamatoria tuberculosa de la columna vertebral. | Nolla *Salud* 238: Son sobre todo frecuentes, además de la tuberculosis pulmonar y pleural, la tuberculosis meníngea (meningitis tuberculosa), la osteoarticular (la afectación de la columna vertebral recibe el nombre de mal de Pott). **j) ~ de San Lázaro.** Lepra. | C. INavarro *SYa* 27.3.77, 15: Oculta bajo la máscara, con otras muchas enfermedades cutáneas, de la lepra bíblica y contagiosa del mal de San Lázaro medieval. **k) ~ francés.** Sífilis. | Cela *Inf* 15.4.77, 16: El hombre es un animal de costumbres hasta para la enfermedad, y su historia quizá pudiera seguirse por la crónica de sus lacras: el tiempo de la lepra, que dio a Esopo y a Aristófanes ..; la época del mal francés, que lidió con Quevedo y con Torres Villarroel. **l) ~ sagrado.** (*lit*) Epilepsia. | RIza *CoA* 14.2.64, 11: La epilepsia, el famoso "mal sagrado" de los antiguos, ha gozado siempre del favor de la literatura profana. **m) pequeño ~.** Epilepsia no convulsiva. | Sales *Salud* 407: Alternando con las crisis de "gran mal", o bien de modo exclusivo, se observa en los epilépticos un conjunto de fenómenos, menos aparatosos desde el punto de vista clínico, llamados crisis de "pequeño mal".

4 *Con un compl especificador*, DE (LA) PIEDRA, DEL COBRE, DEL CEMENTO, *designa distintas alteraciones sufridas por el material de que se trata*. | O. Aguilera *Ya* 3.7.75, 39: Esta catedral .. está seriamente amenazada por el "mal de piedra". *Ya* 8.7.92, 15: El estudio examinó si el forjado existente entre la gradería y el bingo estaba también afectado por el mal del cemento que aqueja a otras zonas del estadio. *Gal* 11.88, 45: Los bronces y cobres también tienen su propia carcoma –el mal del cobre–, que, si no se ataja a tiempo, es una enfermedad irreversible.

5 ~ de piedra. (*humorist*) Afán de construir monumentos. | Pla *América* 31: El Malecón [de La Habana] está flanqueado por una edificación que permite ver, sucesivamente, todas las etapas por que ha pasado la ciudad .. hasta el funcionalismo yanqui, que ha sido la etapa del presidente Batista, el cual, como buen dictador, ha tenido un mal de piedra considerable.

II *loc adv* **6 a ~.** En actitud de enemistad. *Con vs como* ESTAR *o* PONERSE, *y gralm con compl* CON. | SSolís *Camino* 107: El problema podría arreglarse con un préstamo de su hermano Manolo, pero estaba a mal con él desde el final de la guerra. Moreno *Galería* 52: Entonces venía la contemplación y el equilibrio de hasta dónde la parentela requería aviso o no; se "pondría a mal" o no, si no recibía invitación. **b)** A disgusto, o sintiéndose agraviado. *Con vs como* LLEVAR *o* TOMAR, *acompañados de un cd que designa la causa del disgusto o agravio*. | Vesga-Fernández *Jesucristo* 102: Los discípulos .. reprendían y reñían a los niños juzgándolos molestos e inoportunos. Visto lo cual, Jesús lo llevó a mal y se disgustó con sus discípulos. An. Miguel *HLM* 26.10.70, 20: No quisiéramos que ninguno de ellos tomara a mal el calificativo, que no es vehículo de broma, sino de admiración.

mal³ → MALO.

mal- *r pref* Mal¹. *Antepuesta a un v o derivado verbal.* | *Por ej:* Grandes *Lulú* 195: El elefante era ya como de la familia, toda la vida mirándole, dándole unas pocas pesetas a su cuidador para que lo malalimentara con los mismos trozos de pan duro. CBonald *Casa* 41: Pequeños compartimientos, donde malcabían los pocos enseres aconsejables para no tropezar .. con el pecado. Miguel *Intelectuales* 194 (G): No son solo razonamientos de naturaleza socioeconómica los que llevan a malcomprender el hecho nacional catalán y sus derivaciones ideológicas. F. Yagüe *Inf* 22.8.74, 21: Los viejos gladiadores .. vuelven al ring dispuestos a malcubrir el hueco que ellos mismos dejaron. *DMo* 1.8.74, 3: El hecho de que un general "al viejo estilo" coincidiese con una de las tesis más difundidas entre la oficialidad joven .. constituyó un aliento inosospechado para cuantos venían maldisimulando su disconformidad. FVidal *Duero* 98: Maldistingue en el horizonte, ya abiertamente brumoso, los más altos picachos de la sierra de las Mamblas. FVidal *Ayllón* 55: Tras una malfingida resistencia, ofrece [la yegua] la húmeda atura al duro miembro de su compañero. *Ya* 30.7.87, 20: Los anuncios de esta campaña pretenden favorecer única y exclusivamente a la Junta Directiva actual, malinformando al colectivo de mutualistas. Azúa *Diario* 132: Un local en donde se maljuntan los rasgos folklóricos .. con los actuales reclamos arquitectónicos. DCañabate *Abc* 20.8.69, 47: Se conoce que a "Miguelín", cuando está apagado, no hay manera de encenderlo. Malmatando al primero de una estocada y dos descabellos, y al cuarto de otra y cinco descabellos. Cela *Viaje andaluz* 241: El vagabundo prefiere declarar, para sosiego de su conciencia y aviso de malpensantes, que una cosa se dejó .. en el hondo tintero de sus recuerdos. Fraile *Cuentos* 92: ¡Los diccionarios de tanta gente ilustre que malredacta una nota de tres líneas y aprovecha la palabra *artesa* para ser pedante! J. Hermida *Ya* 14.1.92, 56: Malsilbo a Vivaldi en la ducha. SFerlosio *Ensayos* 1, 401: Paz honorable, se maltradujo entonces. *Ya* 26.8.90, 10: Malviajar con "Iberojet".

mala → MALO.

malabar I *adj* **1** De Malabar (región de la India). *Tb n, referido a pers.* | *Ecc* 8.12.62, 25: Ahora se hallan concentrados en las costas malabares de la India. **b)** [Juegos] **~es** → JUEGO.

II *m* **2** *En pl:* Juegos malabares (→ JUEGO). *Tb fig.* | C. Murillo *Abc* 29.10.72, 81: Tip y Coll no juegan con las palabras: hacen equilibrios con el idioma y malabares con cualquier artículo del diccionario.

3 Lengua de la región de Malabar. | Moreno *Lenguas* 90: El malabar se habla en la costa occidental del sur de la India, sobre todo en el estado de Kerala. Está muy relacionado genéticamente con el tamil y tiene aproximadamente 30 millones de hablantes.

malabárico -ca *adj* Malabar [1]. | *Ecc* 8.12.62, 25: El [rito] syro-malabar [sic], de la región malabárica de la India, también de los cristianos de Santo Tomás; se diferencia poco del rito anterior.

malabarismo *m* **1** Arte de hacer juegos malabares. *Frec fig.* | Ca. Díaz *SPaís* 6.10.93, 12: El público tendrá oportunidad de hacer funambulismo sobre un alambre a poca altura, .. o iniciarse en las técnicas del malabarismo. S. Nerva *Teatro 1959* 317: En el fondo y en la forma, el malabarismo verbal del poeta que pretende hacer de la belleza .. un signo característico de comunicación. S. RSanterbás *Tri* 11.4.70, 22: El empresario hace alardes de malabarismo mercantil.

2 Acto de malabarismo [1]. *Gralm en pl.* | Salom *Viaje* 494: Le da unas imaginarias pelotas con las que hacen malabarismos. J. MArtajo *Hoy* 15.11.70, 4: No queremos meternos en malabarismos financieros.

malabarista *m y f* Pers. que hace juegos malabares. *Tb fig.* | J. M. Rollán *SAbc* 1.12.68, 27: Creo que si a la Humanidad se le cayeran las manos de repente, los primeros en sufrir las consecuencias de esta catástrofe, a escala profesional, serían los nigrománticos, los malabaristas. * Para sacar adelante esta empresa hay que ser malabarista.

malabsorción *f* (*Med*) Absorción deficiente, esp. la de nutrientes por el intestino. | Cañadell *Salud* 170: El nombre de síndrome de malabsorción se reserva para una enfermedad crónica caracterizada por deposiciones muy voluminosas, poco formadas y conteniendo mucha grasa.

malacate *m* Máquina usada esp. para extraer agua o minerales, formada por un árbol vertical con una o varias palancas horizontales, en cuyo extremo se engancha una caballería que lo hace girar. | Alvar *Envés* 13: La noria se levanta en un cercado calvero; la mula –con los ojos vendados– da vueltas y vueltas .. Sigue chirriando el malacate, y el agua mana fría y transparente.

malacitano -na *adj* (*lit*) Malagueño. *Tb n, referido a pers.* | Lázaro *Gac* 31.8.75, 11: Los frutos de aquellas conversaciones acaban de ser publicados por el Instituto de Cultura de la Diputación malacitana.

malacopterigio *adj* (*Zool*) [Pez] cuyas aletas tienen los radios flexibles y articulados. *Frec como n m en pl, designando este taxón zoológico.* | Ybarra-Cabetas *Ciencias* 363: La relación entre los teleósteos actuales y los originarios puede verse en el grupo denominado Malacopterigios.

malacostráceo *adj* (*Zool*) [Crustáceo] que posee un número fijo de segmentos. *Frec como n m en pl, designando este taxón zoológico.* | Ybarra-Cabetas *Ciencias* 341: Se clasifican [los crustáceos] en Entomostráceos y Malacostráceos.

malacostumbrar *tr* Hacer que [alguien (*cd*)] adquiera un mal hábito. *Frec en part.* | *País* 16.12.79, 10: La etapa prolongada .. del consenso constitucional entre UCD, PCE y PSOE .. ha malacostumbrado tal vez a los ciudadanos y, desde luego, a la nueva clase política.

maladaptación *f* (*Med*) Adaptación inadecuada o insuficiente. | Vega *Corazón* 57: Lazarus modifica la calificación sindrómica inicial de Selye y habla de síndromes de maladaptación ..; justamente es lo que en 1960 yo califiqué de "Síndromes de inadaptación".

málaga *m* Vino dulce de la región de Málaga. | Medio *Bibiana* 331: Aprovecha las botellas que compran los chicos y echa en ellas coñac, málaga o manzanilla.

malagana (*tb con la grafía* **mala gana**) *f* (*col*) Indisposición o mareo. | * Tengo malagana; voy a prepararme una manzanilla.

malage (*tb, raro, con la grafía* **malaje**) *m y f* (*reg*) **1** Pers. patosa y sin gracia. *Tb adj.* | Lera *Clarines* 314: No le hagas caso. Es un tío malage que ha querido hacer una gracia.
2 Pers. de mala intención. *Tb adj.* | Palomino *Torremolinos* 86: –Bueno, ¿me paga los puntos o no? –Sí, pero que no se enteren. Como algún malage proteste se los tengo que quitar.

malagonense *adj* De Malagón (Ciudad Real). *Tb n, referido a pers.* | DCañabate *Abc* 22.10.75, sn: Un malagonense que estaba en el bar nos informa.

malagueño -ña I *adj* **1** De Málaga. *Tb n, referido a pers.* | *Sol* 24.5.70, 7: La Costa malagueña nada tiene que envidiar a complejo turístico alguno.
II *f* **2** Cante popular típico de la provincia de Málaga, de la familia del fandango y con coplas de cuatro versos octosílabos. | J. C. Luna *Abc* 28.5.58, 3: En los bergantines y fragatas de la carrera del Pacífico se mareaban .. los "sones" playeros y cortijeros de malagueñas, peteneras, javeras.
3 Cierto cante popular canario. *Tb su música y su baile.* | GSosa *GCanaria* 52: Como su nombre indica, la malagueña deriva del canto andaluz homónimo.

malaguillense *adj* De Malaguilla (Guadalajara). *Tb n, referido a pers.* | F. LGamo *NAl* 29.3.91, 12: La joven, guapa y activa malaguillense Margarita Calleja.

malaisio -sia *adj* De Malaisia. *Tb n, referido a pers.* | A. Grijelmo *SPaís* 4.10.92, 17: "Lo importante no es tener mucho, sino diferente." Así vende un alto ejecutivo malaisio los atractivos de su país. A. Grijelmo *SPaís* 4.10.92, 17: La costumbre típica de los malaisios es comer.

malaje → MALAGE.

malají *m* (*reg*) Individuo que se dedica a comprar pescado en la playa para revenderlo. | P. Barranco *Sol* 19.7.80, 17: De un inédito diccionario marengo sale la vida que arrastra un copo, en un ajuste que va desde el sotavae hasta el malají.

malajoso -sa *adj* (*reg*) Malage. | Armiñán *Juncal* 317: Don José se defendió como pudo, mientras el malajoso del niño se hartaba de reír.

malaleche *m y f* (*vulg*) Mala leche (pers. de mala intención). *Tb adj.* | * Es un malaleche inaguantable.

malamente *adv* Mal (de manera indebida, insatisfactoria o imperfecta). | Vega *Cocina* 55: Se ve que le sentó malamente la lectura de la misiva. DCañabate *Paseíllo* 170: Quedó malamente, según Acisclo, porque el empresario compró una moruchada. Matute *Memoria* 64: Excepto tocar malamente el piano, casi siempre las mismas piezas, nunca la vi hacer nada. **c)** Apenas o escasamente. | DCañabate *SAbc* 29.9.68, 53: El picador malamente podrá detener la impetuosa acometividad del toro con la frágil vara. Laforet *Mujer* 185: Gastar todas las horas del día en trabajar sin ganar más que para comer malamente.

malandante *adj* (*lit, raro*) [Pers.] desgraciada. *Tb n.* | Peraile *Ínsula* 70: El señor cura .. va a pedir a la feligresía .. el rezo de una jaculatoria por el desembrujamiento de esos piojosos malandantes que traman y conjuran en las cuevas, al resplandor de los candiles.

malandanza *f* (*lit*) Desgracia. | CBonal *Casa* 133: Todo iba bien en nuestro hogar, y nada más lejos de mi ánimo que temerme ninguna malandanza.

malandar *m* (*reg*) Puerco que no se destina para ir a la montanera. | MCalero *Usos* 99: Como escapados de un mundo distinto, andaban por el monte los malandares, rebuscando lo que podían, y lo que encontraban lo era merced a descuidos de las piaras anteriores.

malandrín -na *adj* (*lit*) [Pers.] maligna o perversa. *Tb n. A veces con intención humorist.* | FFlórez *Florestán* 673: A mí y a mi padre y a toda mi familia nos ha expulsado de nuestra residencia un malandrín que pretende ampliar sus dominios.

malange *m y f* (*reg*) Malage. *Tb adj.* | Carandell *Tri* 6.2.71, 36: Cuando un andaluz sale "malange" y "esaborío" es lo peor que hay en el mundo. Medio *Andrés* 31: Este crío está llorando porque un malange le tiró la bandeja y salió corriendo.

malaquita *f* (*Mineral*) Piedra constituida por carbonato de cobre, de color verde y susceptible de pulimento. | Ybarra-Cabetas *Ciencias* 61: Los hidrocarbonatos de cobre, malaquita, verde, y azurita, azul, cristalizan en el sistema monoclínico. Sampedro *Octubre* 230: Una contracción nerviosa de los dedos .. Una malaquita octogonal en un anillo único.

malar *adj* (*Anat*) De la mejilla. *Tb n m, referido a hueso.* | *Abc* 6.12.70, 20: José Manuel Gil Uriarte .. con herida en la región malar derecha. Alvarado *Anatomía* 55: Los dos pómulos o huesos de las mejillas, llamados también malares o cigomáticos.

malaria *f* Paludismo. | Bustinza-Mascaró *Ciencias* 110: El paludismo o malaria es una enfermedad muy extendida por el mundo.

malárico -ca *adj* De (la) malaria. | U. Buezas *Reg* 26.11.74, 7: Nueva recaída en su morbo malárico le obligó a repatriarse.

malariología *f* (*Med*) Parte de la medicina que trata del paludismo. | Laín *Descargo* 119: La estancia en el canal de Viar me abrió el horizonte de la malariología.

malariólogo -ga *m y f* Especialista en malariología. | Laín *Descargo* 119: No llegué a ser un malariólogo, desde luego, pero como tal supe actuar con suficiente decoro técnico.

malasangre *m y f* (*col*) Mala sangre (pers. de mala intención). *Tb adj.* | Palomino *Torremolinos* 87: –Primero voy a la Soledad, a ocuparme del entierro de ese señor .. –¡Anda ya, malasangre, qué contento irás!

malasio -sia *adj* Malayo [2]. *Tb n.* | *Abc* 30.12.65, 78: Entre los dignatarios extranjeros .. se incluyen el primer ministro de Corea del Sur, .. el ministro malasio del Interior.

malasombra *m y f* (*col*) Mala sombra (pers. de mala intención). *Tb adj.* | VMontalbán *Pigmalión* 55: ¿Sabe usted qué me contestó el otro día un malasombra? Usted no sale a ganarse al público todos los domingos. Campmany

Abc 4.3.89, 21: Así le emplumen en una hemeroteca y me lo planchen en una rotativa al tío malasombra.

malatión (*n comercial registrado*) *m* Insecticida organofosforado de baja toxicidad para los mamíferos y las plantas. | M. T. Vázquez *Far* 12.87, 7: La loción de malatión resultó ser el producto más rápido en la destrucción de los piojos.

malato *m* (*Quím*) Sal del ácido málico. | MNiclos *Toxicología* 110: Nicotina. Es el principal alcaloide del tabaco, en el que se encuentra al estado de malato y citrato.

malaúva (*col*) **A** *m y f* **1** Mala uva (pers. de mala intención). *Tb adj.* | J. A. Valdeón *Pue* 22.3.66, 3: Encontré dos honrados y asépticos funcionarios, quizá resentidos, quizá malaúvas.
B *f* **2** Mala uva o mala intención. | Marsé *Dicen* 286: Gruñendo y con peor malaúva que de costumbre.

malaventura *f* (*lit*) Desgracia o desventura. | DCañabate *Paseíllo* 128: No era infrecuente que el salvador se viera en mayor malaventura que el salvado.

malaventurado -da *adj* (*lit*) Desgraciado o desventurado. | Cela *Pirineo* 328: En el libro becerro que lleva la comunidad, a estas piedras ruinosas y malaventuradas se les llamó con muy diversos nombres.

malawi (*pronunc corriente,* /maláwi/) *adj* De Malawi. *Tb n, referido a pers.* | HLM 24.5.76, 10: Informa asimismo de las estrictas condiciones de vida en que se desenvuelve la sociedad malawi.

malaxador -ra *adj* (*E*) Amasador. *Tb n m, referido a aparato.* | *Inf* 17.4.70, 22: Ofrécese licencia patentes: .. "Perfeccionamientos en los elementos malaxadores funcionamiento continuo".

malayálam *m* Lengua dravídica hablada esp. en el estado indio de Kerala. | *Sp* 1.3.65, 41: Vinoba .. se ha mostrado razonable en cuanto al amor por el telugu, el malayálam o el bengalí y es partidario de mantener los derechos de esas lenguas.

malayo -ya I *adj* **1** De un pueblo de raza amarilla que habita pralm. en Malaisia, Indonesia y otras áreas limítrofes. *Tb n, referido a pers.* | Zubía *Geografía* 215: Insulindia .. Tiene 100 millones de habitantes, la mayoría malayos (amarillos). Vicens *Universo* 371: Los japoneses actuales son el resultado de una mezcla entre dos distintos tipos raciales ..: los malayos, procedentes del Mediodía, y los Manchúes, del Oeste.
2 De Malasia (estado miembro de la Confederación de Malaisia). *Tb n, referido a pers.* | VMontalbán *Pájaros* 298: Tuvieron que rellenar un visado provisional en la frontera malaya. A. Pavón *Inde* 3.3.90, 56: Miles de muñecas hindúes, chinas, malayas, malvinesas, de todas las colonias.
II *m* **3** Lengua de los malayos [1], perteneciente al grupo malayo-polinesio. | Moreno *Lenguas* 101: El malayo se habla fundamentalmente en Malasia. Allí tiene unos 7.000.000 de hablantes.

malbaratador -ra *adj* Que malbarata. *Tb n, referido a pers.* | Gala *Suerte* 620: ¡Malbaratadora! Pero piénsalo bien: el chisgarabís con el que sales te desgraciará un día, y luego si te he visto no me acuerdo.

malbaratamiento *m* Acción de malbaratar. | J. Salas *Abc* 9.4.72, 3: En las almonedas todo se malbarata .. Las fortalezas del pasado, mordidas más por la incuria que por los siglos, pasan por el trance sometiéndose, más que al malbaratamiento, a la humillación, al desdén, al abandono.

malbaratar *tr* **1** Malvender. | MSantos *Tiempo* 33: Creo que el padre de la mujer tenía una piecita; pues él nada, la malbarató.
2 Derrochar o despilfarrar. | Delibes *Mundos* 116: El nivel de vida en Chile es más bien alto. Que luego los salarios se malbaraten .. es ya otro cantar.
3 Destrozar o echar a perder. *Tb fig.* | Carnicer *Cabrera* 134: Lo principal son cinco cuadros al óleo malbaratados por el humo, la humedad y las moscas. *DBu* 1.4.56, 5: Fue .. un año particularmente desgraciado, pues la sequía malbarató en buena parte el esfuerzo reconstructor de nuestra Patria.

malcarado -da *adj* (*reg*) Malencarado. | Marsé *Montse* 143: En la barra, un tipo malcarado empezó a molestarme con su galanteo. FReguera-March *España* 143: Arrastraban sus ocios por el paseo de Gracia con .. sus *bulldogs* malcarados.

malcasado -da *adj* **1** *part* → MALCASAR.
2 [Pers. casada] que no vive en armonía con su cónyuge, o está separada de él. *Tb n.* | Medio *Bibiana* 56: –¿Está soltero? –Soltero o malcasado, vete a saber. B. Mostaza *Ya* 25.9.71, sn: Sabe .. poner en evidencia la hipocresía provinciana de las malcasadas y viudas alegres que adulteran a diario.

malcasar *intr* (*lit*) Casar desacertadamente. | P. Crespo *Abc* 23.10.82, 61: María Antonieta Rivas Mercado .. malcasó, se enamoró platónicamente de un pintor homosexual, fue secretaria y amante de José de Vasconcelos.

malcaso *m* (*raro*) **1** Acción infame. | FVidal *Duero* 174: Va en busca del barrio de la judería, de callejuelas ensortijadas y revueltas, como si aún quisieran protegerse entre sí de persecuciones y malcasos.
2 Desgracia, o suceso desafortunado. | FVidal *Duero* 195: Su cimentación parece dada a la peligrosa holganza de ceder, de lo cual nos libre Dios, porque el malcaso supondría la pérdida de unos bellísimos y bien conservados capiteles.

malcomer *intr* Alimentarse de manera escasa o insuficiente. | Cela *Judíos* 309: El vagabundo siente afición a los gitanos del camino, .. y al peregrino, también vagabundo, que malcome de contar historias.

malcomido -da *adj* **1** *part* → MALCOMER.
2 Mal alimentado. | Carnicer *Cabrera* 43: Tuve que volver aquí, con los cuarenta vecinos de este pueblo, para embrutecerme, andar malcomido y hacer parir a mi mujer.

malcontento *m* (*raro*) Descontento o disgusto. | FVidal *Ayllón* 143: En un cerro sin vida, como parido por la tierra en sobreesfuerzo que dejara negrura y malcontento a todo el rededor.

malcrecer (*conjug* 11) *intr* Crecer o desarrollarse de manera insuficiente o inadecuada. | FVidal *Duero* 40: Enormes yermazales cubiertos cuanto [sic] más por el canijo malcrecer de un ínfimo monte bajo. MGaite *Búsqueda* 106: Poco le habría importado averiguar .. si a la niña Norma, malcreciendo en hogares de vecinas, un caballero de familia conocida .. la había violado o no a los nueve años.

malcriado -da *adj* **1** *part* → MALCRIAR.
2 [Niño] maleducado. *Tb n.* | Laforet *Mujer* 101: Se echaba hacia atrás en el asiento, como un chico malcriado. Marsé *Tardes* 80: No me crea una cursi y una malcriada.

malcriar (*conjug* 1c) *tr* Educar mal [a un niño] por exceso de mimo o tolerancia. | Salvador *Haragán* 149: Decía que estábamos malcriando a la niña.

maldad *f* **1** Cualidad de malo. *Esp en sent moral.* | Gambra *Filosofía* 203: La maldad de los actos humanos no es una entidad positiva de los mismos, sino solo defectiva. X. Domingo *Cam* 11.5.81, 78: Al vino .. es necesario conocerlo físicamente, porque, en definitiva, de su bondad o de su maldad solo nos habla pertinentemente el abanico de efectos físicos que provoca en nosotros cuando lo absorbemos. VMontalbán *Rosa* 134: El dueño del bar prosiguió su monólogo entre cabezadas de premonición sobre la maldad de los tiempos presentes y lo horrible de los tiempos futuros.
2 Mala acción. | * Me contaron todas sus maldades.
3 (*reg*) Enfermedad. | Peraile *Señas* 78: En toda la mañana no he pisado quirófano ni sala, ni oído en confesión las maldades mortales de bronquio o corazón alguno.
4 (*reg*) Secreción de una herida. | Berenguer *Mundo* 105: Me salió maldad y pus de las sobaduras.

maldecible *adj* (*raro*) Digno de maldición. | Torrente *SInf* 2.1.75, 12: Pierdo la calma .., arrojo los papeles y maldigo de lo más maldecible que se me ocurre en el momento.

maldecido -da *adj* **1** *part* → MALDECIR.
2 (*raro*) Maldito [3 y 4]. | SSolís *Jardín* 96: Allí seguía la casa del capitán Quirós .., defensor de la muy noble, muy leal, invicta, heroica y buena ciudad durante la guerra maldecida. * El maldecido del crío no hace más que llorar.

maldecidor -ra *adj* Maldiciente. *Tb n, referido a pers.* | Cela *Pirineo* 61: Escuchan coplas poco caritativas y más bien duras y maldecidoras.

maldecir (*conjug* **40**) **A** *tr* **1** Decir palabras de enojo o rechazo violentos [contra alguien o algo (*cd*)]. | DPlaja *El español* 108: El extranjero no debe hablar mal de España, aunque el español acabe de maldecirla. **b)** Rechazar totalmente [algo o a alguien]. | Cela *Judíos* 178: La Moraña cría el cereal, tolera la vid y maldice el árbol.

2 Manifestar con enojo o violencia la voluntad de que [a alguien o algo (*cd*)] le suceda algún mal. | Vesga-Fernández *Jesucristo* 113: Viendo, a lo lejos, una higuera llena de follaje, fue a buscar frutos en ella, y no hallando sino hojas, la maldijo: —Nunca más coma nadie fruto de ti.

B *intr* **3** Manifestar rechazo o protesta [contra alguien o algo (*compl* DE)]. *Tb sin compl.* | Palomino *Torremolinos* 43: Tenían vendido el caserón en ochenta y cinco millones. Y aún refunfuñaban y maldecían de la curia. Delibes *Madera* 330: Antero Arias .. se sacaba la lanilla encolerizado .. y maldecía de la Armada y de sus cuadros: —Lo dicho, en este país para alistarse en la Marina hay que ser un niño bonito.

maldiciente *adj* Que maldice. *Tb n, referido a pers.* | Palacios *Abc* 30.12.65, 3: La fortaleza que demostró .. dio un tapaboca varonil a las calumnias de los maldicientes.

maldición I *f* **1** Acción de maldecir. *Tb su efecto.* | Vesga-Fernández *Jesucristo* 113: Maldición de la higuera.

2 Palabra(s) con que se maldice. | Laforet *Mujer* 298: Algo debió ver en ella que le hizo soltar una maldición tan fresca .. que Paulina se echó a reír .. Le clavó las uñas en los ojos y el otro se soltó instantáneamente con una maldición más fuerte y más espontánea aún que la anterior... —Beata, sinvergüenza.

II *loc v* **3 caer la ~** [a, o sobre, alguien o algo]. Cumplirse [en ellos] un destino desgraciado. | * Este libro está en desgracia, parece que le ha caído la maldición.

III *interj* **4** (*col*) Expresa enojo o rechazo violentos. | J. Carabias *Ya* 20.4.77, 6: —¿El veintisiete? .. —¡Maldición! Ese es el día que calculamos que al "jefe" le tocará hablar.

malditismo *m* Condición de maldito [2]. | A. Calvo *SD16* 21.10.90, I: Uno de los distintivos del malditismo y la bohemia. GBiedma *Retrato* 135: Hay en el frenesí [erótico] de Juan .. una cierta deliberación, una ausencia de convicción física y un malditismo que en el fondo no me agradan.

maldito -ta I *adj* **1** Maldecido [1]. *En exclamaciones de enojo o rechazo.* | Vesga-Fernández *Jesucristo* 120: Apartaos de Mí, malditos; al fuego eterno. CNavarro *Perros* 11: El conductor tuvo que frenar .. –¡Maldito sea! –dijo. **b) ~ de cocer.** (*raro*) [Pers.] molesta o enfadosa, esp. por su terquedad. | Cancio *Bronces* 80: ¡Malditos de cocer! ¡Qué lástima no os hubiera echao en maíz pa las gallinas!

2 [Pers., esp. artista] rechazado por la sociedad. *Tb n.* | Umbral *Ninfas* 55: También veía desgarrados poetas románticos y malditos. A. GRayo *SYa* 15.6.75, 47: Por su condición de realizador maldito, que le ha llevado a arruinar más de una vez a sus productores, .. el realizador francés ha dejado pasar varios años entre obra y obra. ZVicente *Íns* 10.77, 16: Un maldito, un pobretón traspellado, sí, señor; eso es lo que yo soy: un piernas.

3 [Pers.] perversa o de mala intención. *Frec con intención afectiva.* | * Ven aquí, maldita.

4 (*col*) Se usa precediendo inmediatamente al n a que se refiere, para manifestar rechazo o protesta. | Luc 1.7.57, 3: Quien tiene un negocio y en él no cosecha más que pérdidas, hace muy mal en sostenerlo, sobre todo cuando .. también tiene a mano otras salidas que no son las del maldito negocio que le viene arruinando.

5 (*col*) Ninguno. *En frases de intención ponderativa, precediendo inmediatamente a un n con art. Frec seguido de* QUE + v en ind. A veces ~ DE DIOS. | Kurtz *Lado* 205: Maldita la falta que le hacía a Tialú una hija intelectual. Halcón *Manuela* 40: A don Ramón le hizo maldita la gracia que a la misma linde de su finca surgiese una choza como un hongo. **b)** (*col*) Nada. *En frases de intención ponderativa, precediendo inmediatamente a* LO QUE *o* SI + v en ind. | Armenteras *Epistolario* 39: Esas plazas de oficial, a él maldito lo que le interesan. Buero *Sueño* 170: Como médico, maldito si hace falta.

II *interj* (*col*) **6 maldita sea.** Expresa enojo o rechazo violentos. | Arce *Testamento* 28: Yo me volví violentamente y tiré un puñetazo a ciegas .. –¡Maldita sea! —masculló–. ¡Maldita sea!

maldivo -va *adj* De las islas Maldivas. *Tb n, referido a pers.* | *Ya* 4.11.88, 7: Sangrienta intentona golpista en las islas Maldivas .. Los servicios de inteligencia de Sri Lanka están investigando si los mercenarios son rebeldes tamiles contratados por un hombre de negocios maldivo.

maldormidor -ra *adj* Que maldeurme. *Tb n, referido a pers.* | Berlanga *Acá* 94: Se fue haciendo bebedor y torpón, cansino, maldormidor de día, comodón.

maldormir (*conjug* **44**) *intr* Dormir mal o escasamente. | Vizcaíno *Mancha* 120: Algunos de ellos [los cazadores furtivos] habrán maldormido entre los riscos, dispuestos a ocupar las mejores posiciones.

maldurmiente *adj* Que maldeurme. *Tb n, referido a pers.* | C. Vieira *Ya* 23.12.70, 8: Tal vez uno de los mayores disparates sea el asalto que los maldurmientes han desatado en busca de barbitúricos o tranquilizantes.

maleabilidad *f* Cualidad de maleable. | Marcos-Martínez *Física* 293: La maleabilidad del oro es extraordinaria, pues pueden obtenerse de él láminas de una centésima de micra. R. SOcaña *SInf* 16.12.70, 15: Recién salida de cantera, permite cualquier talla por su maleabilidad, propiedad que pierde en cuanto la piedra se seca.

maleable *adj* **1** [Metal] que puede extenderse en planchas o láminas. | Ortega-Roig *País* 109: Se obtiene hierro colado ..; pero se prefiere .. transformarlo en acero, que es más resistente y maleable.

2 Que puede ser modelado con facilidad. *Tb fig.* | FCid *MHi* 12.70, 46: Siete grandes solistas en selección sin fronteras y la Orquesta Nacional en el pleno de su dotación fueron vehículo sensible, disciplinado, maleable y entusiasta en las manos conocedoras y autorizadas como nunca de Rafael Frühbeck.

maleancia *f* Condición de maleante. | L. LSancho *Abc* 14.2.87, 14: Aquí, ya que somos menos rigurosos con la maleancia, se trata de implantar una tarjeta de emergencia.

maleante *m y f* Pers. que vive de la delincuencia. *Tb adj.* | *Caso* 5.12.70, 18: Perdidos en la masa de maleantes que infestan la gran ciudad. P. VSanjuán *Abc* 19.3.72, 43: El suceso ha impresionado favorablemente a la opinión barcelonesa, que estaba realmente inquieta con la continua sucesión de actuaciones de la gente maleante que ha ido invadiendo la ciudad.

malear *tr* Hacer malo o pervertir [a alguien]. | Mihura *Ninette* 71: Ese amigo tuyo quiere malearte. **b)** Hacer malo o dañar [algo]. *Tb fig.* | Olmo *Golfos* 165: La frase le maleó la sangre y se le quedó para siempre en el espíritu. Moix *Des* 12.9.70, 12: La percepción moderna, maleada por la estratificación de un lenguaje que le es comunicado por los caminos más trillados .., rechaza .. toda forma de innovación. **c)** *pr* Hacerse malo. | Gambra *Filosofía* 228: Enseñó [Rousseau] que el hombre es libre y bueno por naturaleza y que es precisamente en la convivencia social donde se corrompe y malea.

malecón *m* Dique para contener las aguas. | *Abc* 7.9.66, 36: Pide, también, la modernización de su puerto, iniciándola con la construcción de un puente y un malecón.

maledicencia *f* Acción de difamar a una pers. o hablar mal de ella. | DPlaja *El español* 132: Hoy esto no basta a cerrar el camino de la maledicencia.

maledicente *adj* Que practica la maledicencia. *Tb n.* | *D16* 7.8.87, 40: Los amigos son bastante maledicentes. Anson *Abc* 14.11.74, 3: Nuestra política es demasiadas veces una serpiente silbante y rumorosa que repta y se insinúa para solaz de maledicentes y calumniadores de oficio. **b)** Propio de la pers. maledicente. | *Ya* 17.11.90, 12: Gil, inhabilitado. El presidente atlético ha sufrido la primera consecuencia de su desparpajo lenguaraz y maledicente: la UEFA le ha inhabilitado por dos años por unos intolerables comentarios.

maleducado -da *adj* **1** *part* → MALEDUCAR.

2 Mal educado (pers. que tiene mala educación). *Tb n.* | Delibes *Cinco horas* 129: La gente no tiene obligación de adivinar si eres despistado, maleducado o antipático. Payno *Curso* 214: Tú, lo que pasa es que eres un maleducado. Sí, un grosero. **b)** Propio de la pers. maleducada. | * Se comportó de un modo tan maleducado que me avergonzó.

maleducar – malévolo

maleducar *tr* Educar mal [a alguien (*cd*)] por exceso de mimo o condescendencia. | Laforet *Mujer* 190: Usted dice que yo he maleducado a Julián.

maleficencia *f* Hecho de hacer mal. | *TMé* 27.4.90, 20: Desarrolló ampliamente la preceptiva hipocrática, el no perjudicar como precepto técnico, ético .. y la no-maleficencia como fundamento de la bioética.

maleficiar (*conjug* **1a**) *tr* Hacer un maleficio [a alguien]. | Cunqueiro *Crónicas* 123: Se había empeñado en que fuera el tuertecillo quien le había maleficiado un toro que tenía, que quedó muerto de pie cuando iba a cubrir a la vaca del cura de Rancy.

maleficio *m* Hechizo encaminado a causar un daño. *Frec fig*. | Valcarce *Moral* 80: La magia .. es el arte de hacer cosas por medios ocultos .. Se llama maleficio cuando hay intención de hacer un daño positivo al prójimo. F. Agramunt *Tri* 5.12.70, 36: No sabemos qué brujerías, qué masoquismos, qué maleficios inspiran una política cultural que procura por todos los medios desacreditar a nuestros artistas.

maléfico -ca *adj* **1** Dañino o pernicioso. | Valcarce *Moral* 80: Vana observancia .., como creer maléfico el número 13 y el martes. Goiti *DNa* 24.8.74, 7: En la mentalidad popular el lobo es un ser maléfico dotado de poderes mágicos.
2 Propio del maleficio. | * Tiene poderes maléficos.

maleico *adj* (*Quím*) [Ácido] que se obtiene por destilación seca del ácido málico. | Aleixandre *Química* 206: Los productos resultantes de la condensación de la glicerina con ácido maleico o anhídrido ftálico se llaman gliptales. **b)** [Anhídrido] del ácido maleico, usado esp. en síntesis orgánicas. | *BOE* 12.4.69, 5381: Orden .. por la que se concede a la firma "Sociedad Italo Española de Resinas, S.A." (SIERSA) el régimen de reposición con franquicia arancelaria para la importación de anhídridos maleico y ftálico.

malencarado -da (*tb con la grafía* **mal encarado**) *adj* De rostro desagradable. | Campmany *Abc* 27.12.86, 17: Se junta usted con gente malencarada, malhablada y malpensada. Laiglesia *Tachado* 223: —Lo sabía —dijo el Regente con un estremecimiento, recordando la descripción hecha por Zulú de aquellos tipos ensombrerados y mal encarados.

maleno -na *adj* De Posadas (Córdoba). *Tb n, referido a pers*. | *Cór* 5.8.91, 1: Un dolmen de aproximadamente 3.000 años de antigüedad .. ha sido descubierto en Posadas por el arqueólogo maleno Antonio Benavides Pérez.

malentender (*conjug* **14**) *tr* Entender o interpretar equivocadamente. | Alfonso *España* 196: Libertad, autoridad y educación. Un equilibrio difícil. Cualquiera de las tres cosas tiene mucho riesgo de ser malentendida. Valverde *Literatura* 151: Malentiende aspectos fundamentales del libro.

malentendido *m* Equívoco o mala interpretación. | ZVicente *Traque* 291: Esto acarrea algunos malentendidos.

malentendimiento *m* (*raro*) Acción de malentender. | Castilla *Natur. saber* 52: El problema de la verificabilidad requiere una reflexión suficiente que impida el malentendimiento del concepto mismo de verificabilidad.

maleolar *adj* (*Anat*) De(l) maléolo. | *Abc* 18.5.58, 106: Antonio Bienvenida .. sufre contusión en región maleolar del lado derecho, con probable fractura del peroné.

maléolo *m* (*Anat*) Protuberancia ósea de las dos que constituyen la cara interna y externa del tobillo. | *Abc* 1.9.66, 53: Marcial Calle sufrió herida contusa en el dorso de la pierna izquierda y en el maléolo externo izquierdo, y herida punzante en el tercio superior de la misma pierna.

malestar *m* **1** Sensación vaga de encontrarse mal físicamente. | Lorén *Salud* 679: Quienes asistan a un enfermo con malestar general o especial en grandes localizaciones no deben tratar en modo alguno de aliviar dicho malestar.
2 Disgusto o desagrado. | *Gac* 25.4.76, 46: En el sector hostelero de la isla .. el malestar era patente, sobre todo en aquellos núcleos que podrían definirse como más tradicionales.

maleta[1] **I** *f* **1** Utensilio de forma rectangular, relativamente plano, con cerradura y con asa para cogerlo con la mano, utilizado normalmente para viaje. | Olmo *Golfos* 19: Apañarás maletas en la estación.
2 Envase de detergente en forma de caja rectangular. | *Impreso* 9.84: Continente .. Maleta Ariel, 5 kgs. 669 Pts.
3 Maletero [de un vehículo]. | M. Sar *Faro* 1.8.75, 1ª: Llegan los días de sol y vacaciones, y hay que madrugar y preparar los bártulos para estibarlos cuidadosamente en la maleta del coche.
II *loc v* **4 hacer la(s) ~(s).** (*col*) Prepararse para irse de un sitio. | A. Barra *Abc* 18.8.64, 25: Aconsejó a los ingleses que hagan las maletas y dejen Chipre a su suerte. Delibes *Voto* 181: Si la prensa se entera y lo saca punta ya podemos ir haciendo las maletas.

maleta[2] *m y f* **1** (*Taur*) Torero que practica mal su profesión. | Romano-Sanz *Alcudia* 169: Han llegado a traer treinta vaquillas al encierro para que toreran los mozos. Resulta más divertido que ver a los maletas que contratan. **b)** Maletilla. | Armiñán *Juncal* 164: Llevaba una cazadora ligera .., gorra de *maleta* y a la espalda una vieja mochila.
2 (*col*) Pers. que realiza mal una actividad. | * Es un maleta conduciendo.

maletería *f* Maletas, o conjunto de maletas[1] [1]. | *SPaís* 8.8.87, 8: Louis Vuitton cuenta con 82 tiendas de maletería en todo el mundo.

maletero *m* **1** Hombre que se dedica a transportar equipajes en una estación u otro lugar similar. | FReguera *Bienaventurados* 92: Era maletero de la Estación del Norte.
2 Fabricante de maletas[1] [1]. | L. Bassets *SPaís* 8.8.87, 8: Louis Vuitton es el nombre de un maletero francés que se instaló en París en 1837. Es el nombre también de la empresa que fundó en 1854.
3 Armario, o departamento de este, destinado a maletas[1] [1] y cosas similares. | *Abc* 26.8.66, 26: Excelentes Pisos .. Armarios empotrados y maleteros. *Pue* 9.11.70, 10: Muebles de fábrica .. Armario 1,20 (con maletero), 5.075 pesetas.
4 *En un vehículo*: Lugar destinado al equipaje. | *Inf* 25.7.70, 24: Sus cabezas [de los perros] sobresalen por los agujeros que su dueño les hizo en el maletero del coche.
5 (*jerg*) Ladrón de maletas[1] [1]. | PAbellán *D16* 10.12.77, 17: Los "maleteros" son el peligro de los andenes de las estaciones .. Son un tipo de "descuideros" especializado en hacer desaparecer las valijas.

maletilla *m y f* (*Taur*) Joven que, sin medios ni ayudas, aspira a ser torero y participa en capeas o tentaderos. | Carandell *Madrid* 14: La turbamulta de maletillas, actores con restos de maquillaje, americanos vestidos de blanco.

maletín *m* Maleta[1] [1] pequeña. | Laforet *Mujer* 12: Su marido .. llevaba en la mano el maletín de viaje. *Prospecto* 3.92: Maletín de herramientas con 55 piezas: 4.775 .. El Corte Inglés. **b)** Cartera de mano. | Buero *Diálogo* 54: Arroja su maletín escolar sobre la mesa. F. Ónega *Ya* 14.9.86, 1: Dos meses antes, otro díscolo desestabilizador, don Óscar Alzaga Villaamil, había cogido el maletín al escandaloso grito de "¡Me voy!".

maletón *m* Maleta[1] [1] grande. | Berlanga *Recuentos* 74: Descargó el maletón metálico de fotógrafo y gritó a María que qué coño pintaba yo allí.

malévolamente *adv* De manera malévola. | M. Porter *Des* 12.9.70, 32: No faltarán quienes gocen .. comparándola malévolamente con productos externos de propósito o de medios más ambiciosos.

malevolencia *f* Mala intención. | LBravo *Nue* 22.12.70, 9: Se ataca la unidad de España y se desata en algunos países extranjeros una nueva ola de incomprensión y malevolencia.

malevolente *adj* (*lit*) Malévolo. | Laín *Marañón* 142: Quiere evitar que los profesionales de la Historiografía y los posibles críticos malevolentes le salgan al paso. APaz *Circulación* 172: El autor de este libro se detuvo en la acera para presenciar —confieso que con cierta sorna malevolente— el intento.

malévolo -la *adj* Malintencionado. *Tb n, referido a pers*. | Torrente *SInf* 1.4.76, 12: Estoy leyendo la última novela de Carlos Fuentes .. La fama que le precede es buena, aunque no falten malévolos que la tachen ya de aburrida. Alfonso *España* 40: La disyuntiva entre ambas posibilidades se consigue inclinarla hacia esta última fórmula a base de introducir un elemento no menos malévolo: en el convenio laboral se pone una cláusula leonina, la "dedicación absoluta".

maleza f **1** Conjunto espeso de hierbas y arbustos salvajes. | FSantos *Hombre* 107: La pared .. tiene grietas .. Anita recuerda cierta vez que yendo de paseo con el padre se empeñó en pasar por una de ellas toda brotada de helechos y maleza.
2 Conjunto de malas hierbas que brotan en un terreno cultivado. | Remón *Maleza* 5: Diccionario de la maleza. Malherbología y otras plagas de los prados de Cantabria.
3 (*raro*) Enfermedad. | V. Verdú *SPaís* 22.8.82, 22: Siempre el mal natural (la maleza) se afrontaba con otros productos naturales.

malfachado -da adj (*reg*) Que tiene mala facha. | Nácher *Guanche* 130: Malfachado estaba el hombre, pero .. se diría que era el mismo puerco.

malfamado -da adj Que tiene mala fama. | Umbral *Ninfas* 169: Les molestaba que niña tan malfamada pudiera casar con el muchacho más recto de la plazuela.

malformación f (*Anat*) Anomalía o deformidad, esp. congénita. | Prandi *Salud* 584: Si el niño se sofoca .. mientras toma el alimento .. puede tener una malformación congénita grave que ponga en peligro su vida.

malfuncionamiento m Funcionamiento defectuoso. | F. Martino *Ya* 25.11.75, 13: El "choque endotóxico" es la reabsorción de venenos bacterianos .. que determinan intoxicaciones afectantes de los centros cerebrales, conducción nerviosa, malfuncionamiento hepático.

malgache I adj **1** De Madagascar. *Tb n, referido a pers*. | Plans *Geog. universal* 159: El arroz malgache es de excelente calidad. *Abc* 29.4.89, 70: Los malgaches acogieron a Juan Pablo II sin lujos pero con un gran cariño.
II m **2** Idioma de los malgaches [1]. | *SAbc* 24.11.68, 30: Madagascar .. Idioma: francés y malgache.

malgastador -ra adj Que malgasta. *Tb n, referido a pers*. | Marsé *Montse* 219: Todos se han casado y le han quitado todo, le han aborrecido y le han abandonado, no le quieren, desagradecidos, malgastadores.

malgastar tr Gastar [algo, esp. dinero, tiempo o esfuerzo] en algo que no lo merece o sin sacar el rendimiento debido. | FQuintana-Velarde *Política* 9: Perdónanos si no acertamos a convencerte y malgastamos tu tiempo. Ero *Van* 4.4.74, 30: Todo se disfraza con papeles y cartones, cordones y lazos de variadas coloraciones .. En definitiva, que malgastamos el papel y el cartón. GMorell *Abc* 21.8.66, 5: La improvisación que malgasta esfuerzos y entusiasmos.

malgasto m Acción de malgastar. | Faner *Flor* 89: Él le quería acaudalado, militar y mujeriego. Lo uno tendría que ganarlo, visto el malgasto del doncel y el suyo propio. De lo otro se encargaría él.

malgeniado -da adj (*raro*) Que tiene mal genio. | *Cam* 10.11.75, 4: Don Emilio y don Torcuato, tal para cual. Uno comenzó pobre, el otro rico; señoritos los dos; malgeniados ambos y dialécticos una poco de arrabal.

malgenioso -sa adj (*raro*) Malgeniado. *Tb n, referido a pers*. | Hoyo *Bigotillo* 76: ¿Lo dice usted por ese malgenioso que me amenazó?

malgré lui (*fr; pronunc corriente,* /malgré-luí/) loc adv Sin pretenderlo. *Tb adj*. | Palomo *Valera* XVII: Don Juan Valera puede describir y relatar en sus cartas, con toda naturalidad, escenas bastante escabrosas, sin más aditamento artístico que la increíble gracia con que lo hace y que conviert[e] la carta –*malgré lui*– en un modelo de arte epistolar. SRobles *Est* 1.2.71, 15: Francisco García Pavón es un humorista *malgré lui*: escribe en serio, pero con gracia.

malhablado -da (*tb con la grafía* **mal hablado** *en acep 2*) adj **1** part → MALHABLAR.
2 [Pers.] de lenguaje grosero o irreverente. *Tb n*. | ZVicente *Traque* 289: Vive ahí una gente de poco pelaje, que son malhablados, dicen obscenidades y gritos políticos. SSolís *Blanca* 12: -¿No te parece que estamos regando fuera del tiesto? -¡Qué gracia! Mis hijos dirían meando. Son de una generación de malhablados. C. RGodoy *Cam* 3.3.75, 49: El Ramón tos los domingos les obliga a sus hijos y nueras a ir a misa ..: "¡Venga, a misa, a oír al cura, que es el único que dice las verdades en este puñetero pueblo". Ya sabe lo mal hablaos que han sido siempr[e] los rojos.

malhablar intr Hablar mal [de alguien o algo]. | FVidal *Duero* 88: Ay de aquel que malhable del último [del lagarto], que, a buen seguro, le llueve mas di un cantazo.

malhadado -da adj Desgraciado o desafortunado. | Ramos *Castalla* 29: La Regencia dispuso la apertura de investigaciones que determinaron la causa de aquella malhadada operación en campos de Castalla. GPavón *Reinado* 134: Pocos días antes de la malhadada República .. salió de la cárcel.

malhechor -ra m y f Delincuente, esp. habitual. | *Abc* 11.12.70, 21: Los malhechores, una vez efectuado el robo, comenzaron a disparar las metralletas.

malherbología f (*Bot*) Estudio de las malas hierbas. | Remón *Maleza* 5: Diccionario de la maleza. Malherbología y otras plagas de los prados de Cantabria.

malherir (*conjug* **60**) tr Herir gravemente. *Frec en part*. | VMontalbán *Mares* 204: Pedro vino a casa a decirme que había malherido a Antonio. CNavarro *Perros* 69: Ella ni siquiera pensó en que pudiera llegar malherido.

malhumor m Mal humor (→ HUMOR). | Benet *Nunca* 15: Las virtudes más notables y significativas de mi familia .. eran el malhumor, el espíritu filistino y la avaricia.

malhumoradamente adv De manera malhumorada. | CSotelo *Muchachita* 316: Patricio. (A Octavia. Malhumoradamente.) Y usted, ¿qué hace ahí desde las tres de la tarde?

malhumorado -da (*tb con la grafía* **mal humorado** *en acep 2*) adj **1** part → MALHUMORAR.
2 [Pers.] que tiene mal humor. | Cossío *Confesiones* 104: Uno de los testigos de mi boda fue el famoso y malhumorado crítico don Antonio Valbuena. **b)** Propio de la pers. malhumorada. | * Su respuesta, malhumorada, la desconcertó.

malhumorar tr Poner [a alguien] de mal humor. | Quiñones *Viento* 289: La malhumora un poco haberse dormido estando de servicio. **b)** pr Ponerse de mal humor. | Fraile *Cuentos compl.* 411: Comió y bebió poco, se malhumoraba o se sumía en letargos de piernas cruzadas y ojos semicerrados y llorosos.

malí adj De Malí. *Tb n, referido a pers*. | *Abc* 26.12.74, 30: Desayuno-sorpresa esta mañana del presidente de la República francesa, Valéry Giscard d'Estaing, con cuatro basureros: dos malíes, un senegalés y un francés.

maliano -na adj Malí. *Tb n*. | A. Molina *VNu* 21.7.73, 18: ¿Qué pasa entonces con el OPAM, que es el terror de los campesinos malianos?

malicia f **1** Intención encubierta con que se hace o dice algo, frec. para obtener un resultado que de algún modo daña al prójimo. | Mihura *Maribel* 71: -¿Tú no comprendes entonces que en el mundo pueda haber gente buena? -Sí. Pero es raro, ¿no? -¿Y gente inocente? -Sí. Puede ser. -¿Y gente sencilla, sin malicia, que va de buena fe?
2 Actitud propia de quien sospecha o piensa mal. | GPavón *Reinado* 84: De haber estado alerta, usted me entiende, a lo mejor habría columbrado algo raro, pero así sin malicia, no vi cosa mayor.
3 Falta de ingenuidad, esp. en materia sexual. | Delibes *Príncipe* 108: -¡Quita esa mano, vamos!- El Femio lanzó la colilla al suelo: -Mira si se gasta picardía el chaval.- La Vítora se ofuscó. -No te creas que lo hace con malicia -dijo.
4 Cualidad de malicioso [1]. | * Es una vieja llena de malicia. Onieva *Prado* 199: *Vieja usurera* .. Es una figura de medio cuerpo que representa a una vieja pesando monedas de oro en una balanza. No puede pedirse más a la expresión de ese [rostro] rugoso y lleno de malicia.
5 (*Ética*) Cualidad de malo moralmente. | Villapún *Moral* 144: Malicia del duelo. Es pecado gravísimo, castigado por la Iglesia con la pena de excomunión.
6 (*raro*) Cualidad de malo o dañino. | Halcón *Monólogo* 61: Un pájaro casi me roza con sus alas silenciosas. Me estremezco. -¡No será una corneja! -casi suplico. -No, señora -dice Frasco con aplomo-. Es una cizalla. No tiene malicia.

maliciable adj Que se puede maliciar. | CBonald *Noche* 110: Incurrió en unas muestras de afecto tan extremosas que aún resultaron más maliciables.

maliciar – mallaje

maliciar (conjug **1a**) *tr* **1** Sospechar [algo]. *Frec con un compl de interés. Tb abs.* | Carnicer *Castilla* 87: La cerda se niega a andar .. por maliciar que intentan conducirla al matadero. DCañabate *Paseíllo* 60: –¿Tu padre sabe que quieres ser torero? –Está en ayunas. –Me lo maliciaba. Kurtz *Lado* 52: Yo anoté la [dirección] de Marion sin pensar en la engañifa, sin maliciar.
2 Malear o pervertir [a alguien]. | Delibes *Ratas* 105: De ordinario no le pagaba el servicio, porque, según la Columba, el dinero en el bolsillo de los rapaces solo servía para maliciarles. **b)** Hacer malicioso [a alguien]. | Delibes *Cinco horas* 190: Yo pensaba, "este chico me necesita; se mataría si no", que siempre fui una romántica y una tonta, nada de maliciada.

maliciosamente *adv* De manera maliciosa. | *Abc* 20.7.65, 31: Los difíciles momentos que atraviesa el pueblo griego pueden ser maliciosamente deformados.

malicioso -sa *adj* **1** [Pers.] que tiene malicia [1, 2 y 3]. *Tb n.* | *Zar* 27.1.69, 22: Los maliciosos .. suponían que Bustillo se limitaría en el Zaragoza .. a nadar y guardar la ropa. Olmo *Golfos* 59: Estaba semiechado, .. con la bragueta abierta. Y lo que se veía era tan poca cosa que los dos amigos, maliciosos, se echaron a reír. **b)** Propio de la pers. maliciosa. | M. Unciti *SYa* 17.6.73, 3: Te recuerdo siempre con tu rostro empolvado de blanco, tu boca gruesa pintada de un rojo escandalosamente chillón, tus ojos saltones entre maliciosos y tristes.
2 (*Ética*) Que implica malicia [5]. | *Van* 19.5.74, 13: Cuando la separación de hecho no se convierte .. en abandono malicioso, es decir, es aceptada por la parte que no tomó la iniciativa, o se llega a ella por convención de ambas partes, se evitan frecuentemente quebraderos de cabeza y gastos.

málico *adj* (*Quím*) [Ácido] orgánico que se encuentra en las manzanas verdes y en numerosos vegetales. | *Ama casa 1972* 109: Las uvas contienen todas las vitaminas .. Sus ácidos orgánicos son el málico, el cítrico y el tartárico.

malignamente *adv* De manera maligna. | Laforet *Mujer* 72: Paulina miró malignamente hacia el perfil de Antonio.

malignidad *f* Cualidad de maligno, *esp* [2]. | Onieva *Prado* 193: Mira de tres cuartos al espectador con unos ojos llenos de malignidad. *Abc* 9.2.68, 55: El profesor .. presentó su comunicación sobre "Benignidad y malignidad del tiroides". Legorburu-Barrutia *Ciencias* 126: Virulencia de un microbio es su malignidad para provocar infecciones.

malignización *f* (*Med*) Hecho de malignizarse. | M. Vallina *País* 26.12.82, 23: No solo la esterilidad amenaza a los criptorquídicos, sino algo todavía más grave para el propio sujeto: la malignización del testículo no descendido.

malignizarse *intr pr* (*Med*) Hacerse maligno [2]. | J. M. Suárez *Ya* 1.4.75, 22: El fallo cardíaco puede surgir como consecuencia de una hipertensión arterial malignizada. J. Portugal *TMé* 28.1.83, 5: Los pólipos mayores de dos centímetros se malignizan muy frecuentemente.

maligno -na *adj* **1** [Pers.] que procura el mal de los demás. *Tb n. Frec designa al Demonio* (*en este caso, normalmente con mayúscula*). | Laín *País* 8.6.76, 7: Para, en lo posible, evitar que las ocurrencias de los necios y malignos sigan teniendo efectos enojosos, le ruego la publicación de estas líneas. Vesga-Fernández *Jesucristo* 74: El campo es el mundo. La buena simiente son los hijos del reino. La cizaña, los hijos del maligno espíritu. Delibes *Madera* 180: Le pidió a Dios que ayudara a papá Telmo a ver la luz y no permitiese que le deslumbraran los fulgores del Maligno. **b)** Propio de la pers. maligna. | Delibes *Príncipe* 53: De pronto .. apareció en el marco de la puerta la maligna cara de la Domi.
2 (*Med*) Que tiende a progresar en gravedad o peligrosidad. | Villarta *Rutas* 203: El doctor diagnostica calenturas malignas, tercianas. **b)** [Tumor] canceroso. | Nolla *Salud* 245: Tanto en el lenguaje vulgar como en el científico, la palabra *cáncer* (cangrejo) ha venido a significar cualquier neoplasia maligna, independientemente del origen.

malilla *f* (*Naipes*) **1** Carta a la que se asigna el máximo valor, o el segundo en orden después de la espada. | Corral *Cartas* 44: El nueve es la carta de mayor valor y se denomina malilla.
2 Juego de cartas en que la malilla o carta de más valor es el nueve de cada palo. | Corral *Cartas* 44: La malilla. Debe jugarse entre 4 personas, formando parejas de dos contra dos.

malintencionadamente *adv* De manera malintencionada. | *Valencia Mar* 25.5.59, 5: Ni siquiera aquellos que podían esperar malintencionadamente que el encuentro tuviese ribetes de crónica negra se han quedado absolutamente –felizmente– chasqueados.

malintencionado -da (*tb con la grafía* **mal intencionado**) *adj* Que tiene mala intención. | J. Carabias *Ya* 22.6.74, 8: El público, aunque sea exigente y a veces mal intencionado, nunca quiere que al torero le mate el toro. **b)** Propio de la pers. malintencionada. | Delibes *Tesoro* 102: Tratar de justificar el amotinamiento del pueblo falseando los hechos es mendaz, por no decir malintencionado.

malinterpretar *tr* Interpretar mal o torcidamente. | Montero *Reina* 204: No me malinterpreten, pero casi me alegro.

malla[1] *f* **1** Cuadrilátero formado por cuerdas o hilos que se cruzan y se anudan en sus cuatro vértices, que constituye la base del tejido de la red. | Bustinza-Mascaró *Ciencias* 175: La red es un tejido de hilos (de cáñamo, .. algodón o seda) entrecruzados, formando mallas de anchuras diversas. **b)** Bucle o hueco formado por hilos o anillos enlazados o cruzados, que gralm. constituyen la base de determinados tejidos. | Riquer *Amadís* 113: La loriga es una especie de camisón de mallas metálicas que va desde el cuello hasta las rodillas. **c)** Estructura semejante a la malla [1a]. | Ybarra-Cabetas *Ciencias* 13: El retículo será el paralelogramo cuyos lados sean los períodos de identidad, y la malla, celdilla o paralelepípedo fundamental, aquel cuyas tres aristas concurrentes sean los períodos de identidad de las tres direcciones fundamentales. I. AVillalobos *Ya* 17.9.74, 14: El estudio sistemático del yacimiento se realizó mediante una malla cuadrada de un kilómetro de lado, en cada uno de cuyos vértices se perforó un sondeo.
2 Tejido de malla [1a]. *Tb fig.* | GNuño *Madrid* 113: Encajes frisados de Valladolid en seda y oro, y mallas bordadas del siglo XVI. Lorenzo *SAbc* 20.12.70, 4: Por aquí tuerce el río; profundas, las tierras se aprietan en una malla de azarbes. **b)** Tejido formado por hilos, anillos o eslabones metálicos enlazados. | GTelefónica N. 42: Mallas Metálicas, S.A.: Cerramientos metálicos .. Mallas para cribas y cerrajería. PCarmona *Burgos* 161: Todos estos mílites visten larga túnica, encima de la cual llevan cota de malla que baja hasta casi la rodilla.
3 Red (utensilio hecho con un tejido de malla [1]). *Tb fig.* | Cancio *Bronces* 102: –¿Adónde vas? –Al muelle. –¿A estas horas? –Sí. Voy a salir a la malla .. –No, Joselín; por lo que más quieras en el mundo, no te alejes a oscuras de la playa. Delibes *Cinco horas* 222: Hay que ver el bochorno que pasé el día que Valen te pilló con la malla haciendo la compra. VMontalbán *Soledad* 83: ¿Sabe usted lo que me cuesta el cocinero? Ante todo pagarle suficientemente para que no se marche de *motu proprio* y luego costearle una malla que le impida marcharse ante tentaciones exteriores. Tengo a toda su familia colocada en mi empresa. **b)** (*Dep*) *En pl:* Red de la portería. | A. Almagro *HLM* 26.10.70, 30: Esta vez fue Chiqui el que logró llevar el balón a las mallas, tras lanzar un fuerte disparo desde fuera del área.
4 Vestido de punto muy ajustado, propio de artistas de circo y bailarines. *Frec en pl.* | *Ya* 24.9.89, 19: Mallas para ballet y gimnasia. Calzado deportivo.
5 (*Electr*) Conjunto de líneas que constituyen un circuito cerrado. | *Inf* 21.7.77, 4: Desde hace año y medio tenían conocimiento de que por la malla de radio de H-20 (vehículos radio patrulla) se estaban dando consignas y se pronunciaban frases subversivas de vez en cuando.

malla[2] *f* (*hist, reg*) Meaja (moneda). | Sobrequés *HEspaña* 2, 81: Como monedas de menor valor, las más abundantes, desde luego, y las corrientes en las pequeñas transacciones cotidianas, existían en Cataluña y Aragón los óbolos y mallas (miajas), iguales a medio dinero.

mallaje *m* Anchura de malla[1] [1a] de una red. | *Abc* 25.5.58, 91: En todo el litoral de la Isla se emplean corrientemente redes de mallaje prohibido.

mallar *tr (reg)* Majar o golpear. | Cela *Mazurca* 47: Si cuando su padre vino pidiendo limosna por amor de Dios lo hubiéramos mallado bien malladiño, él no acabara derramando la sangre de quien le dio de comer.

mallazo *m* Malla[1] [2b] prefabricada para obras. | *GTelefónica N.* 42: Mallas Metálicas, S.A.: Cerramientos metálicos. Enrejados. Alambrados, Mallazos. Benet *Aire* 65: La casucha contaba con un alpendre anterior y un almacenillo posterior, formado con cuatro chapas, cuatro tablas y un mallazo.

malleo *m* Construcción de (las) mallas[1] [1a]. | Aldecoa *Gran Sol* 150: Sin solicitar ayuda comenzó a trabajar en el malleo de una red.

mallero -ra *m y f* Pers. que hace mallas[1] [1a]. | Aldecoa *Gran Sol* 151: El círculo de malleros se fue ampliando. Del monte de red todos cobraron para sus lados extendiéndola por el espardel.

malleta *f* Cabo de tiro de una red de pesca, esp. de arrastre. | Aldecoa *Gran Sol* 151: Lentamente iba saliendo la malleta de las aguas. Celso Quiroga manoteaba malleta pegado al carrete.

mallete *m* Mazo pequeño. | FReguera-March *Caída* 198: El que empuña el mallete en la Gran Logia sigue manteniendo toda su autoridad.

mallo[1] *m* Juego que consiste en hacer correr por el suelo unas bolas de madera, dándoles con unos mazos de mango largo. | Iparaguirre-Dávila *Tapices* 30: Felipe V vive los últimos años de su vida sumido en la más profunda melancolía .. Abandonará la tarea de gobernar .. para refugiarse en la caza, en el juego del mallo y los paseos en barca por Aranjuez.

mallo[2] *m (reg)* Roca alta y escarpada. | *NEsH* 23.7.72, 7: En esta ocasión nuestra meta se ha fijado en Estada. A diez kilómetros de Barbastro. Asentada en el lomo de un pequeño montículo, en el que puede apreciarse visiblemente un mallo, que, según parece, bien podría tratarse del lugar donde estuviera situado el antiguo "castillo de Estada".

mallorquín -na I *adj* **1** De Mallorca. *Tb n, referido a pers.* | *Ya* 20.5.77, 5: Desaparece un pescador granadino junto a las costas mallorquinas.
II *m* **2** Variedad del catalán hablada en Mallorca. | Alós *Hogueras* 35: Aprende mallorquín conversando con la gente del pueblo.

mallorquinidad *f* Condición de mallorquín. | *Van* 12.9.74, 43: Colón, mallorquín. Vaya por delante que mi objeto de hoy no es sufragar la teoría de la mallorquinidad del descubridor.

mallorquinización *f* Acción de mallorquinizar(se). *Tb su efecto.* | Porcel *Catalanes* 98 (G): Una mallorquinización mal entendida.

mallorquinizar *tr* Dar carácter mallorquín [a alguien o algo (*cd*)]. | * Está mallorquinizando sus costumbres. **b)** *pr* Tomar [alguien o algo] carácter mallorquín. | W. Mier *MHi* 11.63, 23: El poeta Robert Graves, pintoresco, agudo, mallorquinizado, habitante permanente del pueblecito costero de Deyá.

malmandado -da (*tb con la grafía* **mal mandado**) *adj* [Pers.] desobediente. | * ¡Mira que eres mal mandado!

malmaridada *adj (lit)* [Mujer] malcasada. *Tb n.* | Marsé *Montse* 37: Tras él, en lo alto del porche, apareció la joven malmaridada. Cela *Mazurca* 115: En San Roquiño también se vende el elixir de la larga vida y el jarabe de las malmaridadas, a real el trago. –¿Quiere borrar los cuernos de la conciencia y quiere que se le caiga el lunar del adulterio?

malmeter *tr* Infundir [en alguien (*cd*)] hostilidad o malquerencia. | Delibes *Año* 83: Su nombramiento no cayó mal en el lugar, pero a sus convecinos les malmetieron los de los pueblos próximos. **b)** Enemistar [una pers. con otra]. | MGaite *Nubosidad* 205: La tenía atragantada [a la prima], e intentaba malmeterme con ella.

malmignate *f* Araña negruzca con trece manchas rojas en el abdomen, cuya picadura produce gran dolor y diversas alteraciones (*Latrodectes tredecimguttatus*). | Mascaró *Médico* 100: Nos referiremos solo a las picaduras de la viuda negra .., la malmignate y la tarántula.

malmirado -da *adj* **1** *part* → MALMIRAR.
2 Que es objeto de antipatía u hostilidad. | CBonald *Ágata* 110: Perico Chico empezaba a ser tratado como quien ya era, y Diego Manuel seguía escondiéndose por sus anodinos rincones de malmirado.

malmirar *tr* Mirar torcidamente. | Gala *Ulises* 725: Entra Eurimedusa, con uniforme oscuro. Nausica la malmira. Quiñones *Viento* 225: Los hombres detrás y las mujeres malmirándola a una, las casadas lo mismo que las solteras.

malnacido -da *adj (desp)* Mal nacido (→ NACIDO). *Frec n. Tb fig.* | Sastre *Taberna* 96: ¿Quién es el malnacido que me iba a hacer un butrón a mí en la tripa? F. Martino *Ya* 21.5.75, 42: Existen bacterias patógenas .. que son las causantes de las enfermedades que conocemos, y es esta minoría de malnacidas la causante de la necesidad de adoptar las costosas medidas sanitarias que todos conocemos.

malnutrición *f (Med)* Nutrición deficiente o defectuosa. | *País* 10.3.91, 20: La anemia y la malnutrición entre mujeres y niños está asimismo alcanzando límites sin precedentes en las dos últimas décadas.

malnutrido -da *adj (Med)* Que presenta malnutrición. | *Ya* 24.5.92, 22: Según un estudio de la ONU, la población malnutrida se duplicará en setenta años.

malo -la I *adj* (*toma la forma* MAL *cuando precede inmediatamente a un n m sg*) **1** [Pers.] que no se porta como debe. *Normalmente como predicat con* SER. | Olmo *Golfos* 192: Yo fui muy malo, ¿sabes? Medio *Bibiana* 13: Suerte hemos tenido, en medio de todo, con nuestros hijos, que no son malos chicos, ¿verdad, Marcelo? **b)** [Pers.] de condición moral más baja que la normal o aceptable. *Normalmente pospuesto al n.* | Laforet *Mujer* 171: Los simples no comprenden que una persona pueda ser buena y mala a la vez, y así las ven siempre unilateralmente. **c)** [Pers.] malintencionada. | SFerlosio *Jarama* 160: Eres más malo que arrancado, Coca-Coña. Y como no se te puede pegar... **d)** [Cosa] propia de la pers. mala. | Torrente *Señor* 430: Nada se ha conmovido, ni en mi vida, ni en la de ella, .. porque nos hayamos amado. No lo tengo por malo, aunque quizá no sea bueno; pero siento que es pecado. **e) mala(s)** [lengua(s)], **mala** [mujer], **mala** [vida] → LENGUA, MUJER, VIDA.

2 [Pers.] que no reúne en forma satisfactoria las cualidades exigibles en su actividad o condición. *El n al que precede designa a la pers de acuerdo con esa actividad o condición.* | Alfonso *Inf* 14.9.74, 17: Si Wagner hubiera sido un mal músico, precursor o no del nazismo, .. es indudable que a la sazón su obra estaría más que olvidada. **b)** [Pers.] de escasa habilidad o capacidad. *Como predicat con* SER. | M. Barrosa *Com* 8.9.76, 18: Le suspendieron varias veces la asignatura de Agricultura. El profesor decía que era muy malo en esta materia.

3 [Cosa] que no reúne en forma satisfactoria las cualidades exigibles por su naturaleza. | *Economía* 13: Las principales causas de la humedad son: a) Impermeabilidad del suelo .. b) Ausencia de sótanos .. c) Mala orientación .. d) Materiales de construcción de mala calidad. Cunqueiro *Un hombre* 10: ¡No son malas esas [cebollas]! ¡Sicilianas dulces! **b)** No válido o no auténtico. | * Esta moneda es mala. **c)** [Cosa] de calidad inferior a la normal o aceptable. | * Este traje tiene una tela muy mala. **d)** (*col*) (**ni**) **un mal.** *Antepuesto al n, en ors negativas, expresa la falta absoluta de lo designado por el n.* | Halcón *Monólogo* 170: ¿Quedará otra [escalera de mano] por ahí? Nada, ni un mal banquillo.

4 [Cosa] que causa desagrado o disgusto. | Palomino *Torremolinos* 99: Estos [clientes] requieren un trato muy hábil, .. porque pasan de las buenas maneras a las malas con sorprendente facilidad. *Economía* 12: Conviene que esté situada la casa en lugar sano, alejado de sumideros y corrales, ya que la vecindad de estos, además de mal olor, atrae cantidad de moscas e insectos. Palomino *Torremolinos* 64: Mi José Luis el dormiloncito nunca me dio una mala noche. **b)** [Cosa] de sabor desagradable. | Cela *Inf* 16.3.76, 18: Me hincho de las salchichas de lata que me pusieron delante; no están buenas, mejor dicho, están más bien malas, pero pienso que algo alimentarán. **c)** [Tiempo] desagradable. *Frec con el v impers* HACER, *y en la constr* HACER ~. | Torrente *Pascua* 42: –Hace mal día, ¿verdad? –Mucho viento. Lloverá.

maloclusión – malparir

F. A. González *Ya* 14.5.72, 60: Don José Borrel ha echado de menos a los vencejos .. Don José Borrel insinúa que el retraso puede deberse a lo malo que ha hecho. **d)** Inconveniente o dañino. | DPlaja *El español* 251: El trabajo es malo para el hombre; la prueba es que cansa. **e)** Adverso o desfavorable. *Referido a la suerte, a veces se sustantiva como n f, siempre con el art* LA. | *Economía* 320: Pueden hacerse excursiones en familia o con un grupo de amigos. Aunque parezcan más divertidas las segundas, no deben rechazarse las primeras ni poner mala cara cuando se decida alguna. Cuevas *Finca* 23: –¿Pasa algo? .. –¡Los primales! ¡Lo que nos faltaba! –¡Válgame Dios! ¡Y qué mala suerte! J. M. Moreiro *SAbc* 9.2.69, 48: Un mal día estalló la "bobolina" derramada en un sótano chacinero para desinfectar. * No juego más porque hoy tengo la mala. **f)** [Pers. o cosa] que ofrece dificultades [para realizar respecto a ella una determinada operación (DE + infin)]. | Cela *Viaje andaluz* 296: Plaza de cuatro puertas es mala de guardar, aunque todas estén orientadas a oriente.

5 [Pers.] enferma o falta de salud. *Normalmente como predicat con* ESTAR. *A veces referido al estado mental.* | LTena *Alfonso XII* 174: –Su Majestad la Reina no ha salido todavía de sus habitaciones. –No me choca. (Con una expresión maliciosa.) Estos días .. anda un poco malucha. Palomino *Torremolinos* 76: Ya sé para lo que nos llama: alguno está muy metido ahí dentro y vamos a salvarle la vida tú y yo. **b)** *(euf, col)* [Mujer] que está con la menstruación. | Delibes *Cinco horas* 271: Que me ponía a hacer mayonesa estando mala, y ya se sabía, a arreglarla. **c)** [Pers.] alterada o fuera de quicio. *Gralm en la constr* PONER ~. | *GacR* 27.10.70, 3: El ver a un animalito entre alambres nos pone malo.

II *n A m y f* **6 el ~ de la película.** La pers. a la que se señala como principal responsable de algo malo [3 y 4]. | Cacho *Asalto* 289: Prefirió pasar como el malo de la película.

B *f* **7** *(Naipes)* Malilla [1]. | FSantos *Cabrera* 100: Era maestro el cojo en alzar, servir, cortar, dar entrada a la mala, hacer el paso y salto o colocar los naipes en forma de abanico. Corral *Cartas* 10: As de espadas, siete del palo (llámase a esta carta la mala, que es, como se ve, la segunda en valor absoluto, y se denomina así porque cuando no es triunfo es la que menos vale de todas). [*En el tresillo.*]

8 *(jerg)* Izquierda, o lado izquierdo. | * Se puso a su mala y le cortó el paso.

III *loc v* **9 lo ~ es.** *Seguido de un sust o de una prop introducida por* QUE, *indica que lo enunciado en estos es un obstáculo a lo enunciado antes.* | Lorén *Salud* 35: El papa Clemente .. consagró las aguas del Ródano para que sirvieran de cementerio cómodo y renovable, y allí echaban los cadáveres [de los apestados]. Lo malo es que las corrientes marinas los llevaban otra vez a las playas.

10 ~ será (o **ha de ser**). *Seguido de una prop formada por* QUE + *subj, o por* SI + *ind, expresa que se da como muy improbable el hecho poco deseable enunciado en esta.* | Lera *Bochorno* 202: El negocio da para eso y para más. Malo ha de ser si no logro más que doblar el dinero.

IV *loc adv* **11 de malas** (o, *más raro*, **a malas**). En mala disposición de ánimo o en actitud poco amistosa. *Gralm con el v* ESTAR. | Quiñones *Viento* 162: Ni tenía que mirar a Glenda para saber que andaba otra vez muy de malas.

12 por las malas (*más raro*, **a (las) malas** o **por malas**). Por la fuerza o en actitud violenta. | Grosso *Capirote* 116: Si no lo quieres dar por las buenas acabarás dándolo por las malas. Laforet *Mujer* 257: A mí, a las malas, nada.

V *interj* **13** *Se usa para comentar desfavorablemente lo que acaba de decirse, dando a entender que esto no es indicio de nada bueno.* | Alfonso *España* 143: Donde la envidia arraiga, malo, muy malo.

maloclusión *f (Med)* Oclusión defectuosa de los dientes superiores sobre los inferiores. | N. Retana *Inf* 25.4.70, 20: La disposición anormal de los dientes y los defectos que se manifiestan entre ellos al cerrar la boca y hacerlos entrar en contacto entre sí se llama maloclusión.

malogrado -da *adj* **1** *part* → MALOGRAR.

2 *(semiculto)* Fallecido. | *Mun* 23.5.70, 57: Acaba de empezar otro nuevo [ciclo de cine] .. Se trata del dedicado al malogrado actor Humphrey Bogart.

malograr A *tr* **1** Hacer que [alguien o algo (cd)] se malogre [2]. | Arce *Testamento* 50: El recuerdo de Ángeles vino a malograr mi tranquilidad. **b)** Estropear o echar a perder. | GPavón *Reinado* 197: No lo dejes en el suelo [el regalo] por si los gatos dan en querer jugar con él y te lo malogran.

B *intr pr* **2** No llegar [una pers. o cosa] a su total desarrollo o perfeccionamiento. | ZVicente *Traque* 250: Algunas veces juego a las canicas con el crío que se nos malogró, que de buena se libró, no me diga usted. *VozC* 6.2.55, 4: Los sembrados están bien como están .. Aunque ojalá nadie tenga que sentir, y que de cuanto la Naturaleza nos promete hoy nada se malogre.

malogro *m* Acción de malograr(se). *Tb su efecto.* | Delibes *Madera* 389: Decía no fornicar pero lo había pretendido con la Cubana y el malogro de su acción le había abochornado. ZVicente *SYa* 10.6.73, 31: Es mejor no mirar hacia atrás, que, al fin y al cabo, siempre se notan los malogros, los proyectos que se quedaron en ademán.

maloláctico -ca *adj (Quím)* Que convierte el ácido málico en láctico. | X. Domingo *Cam* 11.5.81, 79: Padece una enfermedad bacterial, relativamente frecuente en los vinos llamados "artesanos" y no bien vigilados y cuidados durante la fermentación maloláctica.

maloliente *adj* Que exhala mal olor. | Olmo *Golfos* 17: Nos reuníamos en el solar "do Castelo", un poco sucio, un poco maloliente, pero solar.

malón[1] **-na** *adj (col)* Muy malo. *A veces usado como insulto.* | Escobar *Itinerarios* 242: ¡Anda, malón, poca lacha!... ¡Mira cómo traen al indino! ¿No le dará vergüenza?

malón[2] *m (hist)* Ataque o incursión de indios salvajes en América meridional. | Lapesa *Estudios* 135: Lo usaron ["cristiano"] los conquistadores de América y sus herederos .. en oposición a los indios. Lo he visto en una revista argentina reciente, aplicado a expediciones de castigo hechas en tiempo del liberal Rivadavia en respuesta a "malones" indios.

maloso -sa *adj (col)* [Pers.] malvada. *Tb n.* | Ovidio *Abc* 18.3.85, 12: A lo mejor es que el director general [de TVE] quiso echar una miradita a Diana, la inteligente y bella malosa de la serie, para ofrecerle, quizá, un puesto de presentadora.

malpagar *tr* Pagar [a alguien] de manera escasa o insuficiente. | Carandell *Madrid* 140: El sereno es un humilde criado –malpagado– del comercio y vecindad.

malpaís *m (reg)* Lava moderna. | L. Pancorbo *SYa* 13.8.78, 25: Vete a saber por qué en Canarias llaman malpaís a la lava moderna .. En Lanzarote el malpaís se extiende casi por doquier. **b)** Terreno cubierto de malpaís. | Arozarena *Lit. Canarias* 1, 35: Unos pies descalzos, arenosos y llenos de arrugas como las tierras de un malpaís.

malparanza *f (raro)* Daño o menoscabo. | GEstébanez *Sáb* 14.7.76, 41: Lo que importa es "regular" su ejercicio [del sexo] para que no provoque malparanza alguna, igual que se hace con cualquier otra tendencia, por ejemplo, con la de comer o la de estudiar.

malparar *tr* Causar un daño o menoscabo importante [a alguien o algo (cd)]. *Gralm en part, en constrs como* SALIR, QUEDAR, *o* DEJAR, MALPARADO. | Nácher *Guanche* 207: Don Nicolás temía por su buena fama, seguro de que el otro la iba a malparar con razón, si no había acuerdo entre ellos. *Mun* 19.12.70, 6: La calidad de las escenas que se desarrollan en el ruedo y de las que sale malparado el prestigio de nuestra nación.

malparido -da *adj* **1** *part* → MALPARIR.

2 *(col, desp)* Malnacido o de mala intención. *Frec n.* | FVidal *Duero* 44: El caminante vuelve, pues, a la realidad por obra y desgracia de un mal cantazo que le estrella en plena aposadera [*sic*] un zagalín malparido del pueblo de Gormaz. CPuche *Paralelo* 314: –¿Por qué tienes esa manía? .. –No es manía. Para mí es un malparido. No hay más que verlo. No me ha gustado nunca.

malparir A *intr* **1** Abortar [una hembra]. | ZVicente *Traque* 203: Malparió la dueña, que vio el accidente y se asustó mucho. Cuevas *Finca* 66: Se murieron los primales y malparieron algunas yeguas.

B *tr* **2** (*desp*) Parir [un monstruo]. *Tb fig.* | Onieva *Prado* 165: Cuenta Palomino que este cuadro estuvo en Amsterdam, en casa de Jacoba Ussel, la cual, en delicado trance, lo tuvo a la vista, siendo la consecuencia que malparió un monstruo. CPuche *Paralelo* 44: De noche, tanto los negros como los rubios resultaban mucho más negros o mucho más rubios. Genaro, con solo verlos, creía que ya los conocía como si los hubiera malparido.

malpartideño -ña *adj* De Malpartida (Salamanca), o de Malpartida de Cáceres, o de Malpartida de Plasencia (Cáceres). *Tb n, referido a pers.* | En. Romero *Hoy* 28.7.74, 16: Son los pacientes asnillos que desde Malpartida de Cáceres, dirigidos por el ronzal de la mano hábil de los malpartideños, llegarán un año más a traernos el fruto.

malparto *m* Acción de malparir [1]. | ZVicente *Examen* 124: Se prolongaba la velada repasando caras y nombres del pueblo .., desovillando un tumulto de bodas, enfermedades, cosechas y malpartos.

malpensado -da (*tb, en acep 2, con la grafía* **mal pensado**) *adj* **1** *part* → MALPENSAR.
2 [Pers.] propensa a pensar mal. *Tb n.* | Medio *Bibiana* 113: Los viejos somos unos cochinos que vamos a parar siempre a lo mismo... Suspicaces, malpensados. Arce *Precio* 183: –No te digo que nos acompañéis porque preferiréis estar a solas con ella –farfulló, rijoso. Lo tomé a broma y le dije que no fuera mal pensado. Torrente *Fragmentos* 341: Algunos mal pensados aseguran que todo fue un pretexto para escaparse con Juanucha.

malpensar (*conjug* **6**) *intr* Pensar mal [de alguien]. | Marsé *Dicen* 306: Que tú hayas arruinado tu vida no te da derecho a malpensar de los demás.

malperder (*conjug* **14**) *tr* (*reg*) Desperdiciar o desaprovechar. | *DNa* 22.8.90, 20: El Ayuntamiento corellano .. habrá pensado en algún posible destino de estos magníficos ejemplares pétreos, que sería una auténtica pena que se malperdiesen.

malpicán -na *adj* De Malpica (La Coruña). *Tb n, referido a pers.* | *Abc* 7.9.66, 36: Se lamentan los numerosos televidentes malpicanos de la casi imposibilidad en que se hallan de disfrutar de tan hermoso invento.

malpigiácea *adj* (*Bot*) [Planta] dicotiledónea, leñosa, propia de América meridional, con hojas recubiertas de pelos urticantes y hermosas flores en racimo o corimbo, de la familia cuyos géneros principales son *Malpighia* y *Banisteria*. *Frec como n f en pl, designando este taxón botánico.* | M. Quadra *DNa* 17.8.66, 8: Estaba hecha [la bebida] con veinte trozos de palmo y medio de la liana "Banisteriopsis caapi" [*sic*], de la familia de las malpigiáceas.

malposición *f* (*Med*) Modificación en la posición correcta de una estructura anatómica. *Esp referido a piezas dentarias.* | N. Retana *Inf* 25.4.70, 20: Hay irregularidades [dentales] que "no salen de la boca", pero también hay casos en que la malposición trasciende.

malqueda (*pl, ~s o invar*) *m y f* (*col*) Pers. que queda en situación poco digna por no haber cumplido correctamente ante los demás. | Berlanga *Gaznápira* 13: ¡Seguro que el Moisés da la vuelta al pueblo antes de que tú te las comas, a que no te lo apuestas, a ver si eres tan jaque, cobarde gallina...! A Cristóbal Escolano Larriba .. nadie lo deja por malqueda, y a sus trece años algo achaparrados, es tan hombre como el que más. F. A. González *Ya* 1.12.74, 60: Buena ocasión para los malqueda. Porque Freddy podrá decir ahora a Tom que sí le envió aquellas líneas, pero que el cartero...

malquerencia *f* Mala voluntad hacia alguien o algo. | S. Lorenzana *Pap* 1.57, 32: Sus brusquedades, su humor cambiante .., le suscitaron múltiples malquerencias.

malquerer[1] (*conjug* **23**) *tr* Tener mala voluntad [a alguien o algo (*cd*)]. | Kurtz *Lado* 101: ¿Quién iba a malquerer a dos indefensas mujeres?

malquerer[2] *m* Malquerencia. | FSantos *Hombre* 119: Todo .. fue solo por una cuestión de malquereres, de familias, de envidias que llevaron al solitario hasta la casa del otro.

malquistar *tr* (*lit*) Enemistar [a dos perss. o a una con otra]. *Tb abs.* | Espinosa *Escuela* 190: Su odioso credo, fundamentado en el aborrecimiento, le manda afrentar nuestra fe, .. desunir, dividir, malquistar, enzarzar, indisponer.
b) *pr* Enemistarse [dos perss. o una con otra]. | Onieva *Prado* 106: Sebastián del Piombo .. A última hora se malquistó también con Miguel Ángel.

malquisto -ta (*tb con la grafía* **mal quisto**) *adj* (*lit*) Que es objeto de antipatía u hostilidad. | L. Calvo *SAbc* 12.4.70, 10: California es el vecino malquisto y rival.

malrotar *tr* (*reg*) Estropear o echar a perder. | Delibes *Año* 104: Aparte la proliferación de escopetas, ¿qué sucede con la perdiz? ¿La sequía ha malrotado los nidos?

malsanamente *adv* De manera malsana. | MCachero *AGBlanco* 114: Sin hurgar malsanamente en sus vidas.

malsano -na *adj* **1** Perjudicial para la salud. | Palacios *Juicio* 31: Las enfermedades y flaquezas humanas nacen comúnmente en la boca: unas veces por lo que entra en ella, alimentos malsanos o excesivos, y otras veces por lo que sale: palabras descompuestas o indiscretas. Mendoza *Ciudad* 155: Vivían [los ermitaños] en cuevas malsanas.
2 Enfermizo o morboso. | Laforet *Mujer* 23: El horror tiene también como una fascinación malsana.

malsín *m* **1** (*lit*) Hombre malvado. | Isidro *Abc* 22.5.58, 45: Uno siente [en el metro] algo que le perfora el costado, que le arquea las costillas, que le punza el esternón, y no es otra cosa que un codo inmisericorde, convertido en púa por el malsín que nos ha caído de vecino.
2 (*hist*) Delator. | CBaroja *Judíos* 1, 85: Habían obtenido una [*sic*] albalá de modo más o menos solapado para poder matar a los malsines.

malsonancia *f* Cualidad de malsonante. | García *Abc* 20.5.75, sn: Hablar hoy de "apartamento" .. es hablar de rincones, antros .. De ahí el resabio y malsonancia que tiene, a veces, el término "apartamento".

malsonante *adj* **1** [Palabra o frase] que ofende al pudor o al buen gusto. | DPlaja *El español* 73: Tras uno de esos incidentes en que se suelta la palabra malsonante, los protagonistas se reconocen y .. surge la sonrisa.
2 (*raro*) Que malsuena. | Casares *Música* 123: El empleo de sonidos inarmónicos o malsonantes sobre tiempos fuertes crea una atmósfera anhelante.

malsonar (*conjug* **4**) *intr* (*raro*) Sonar de modo desagradable. | *D16* 17.12.77, 4: Cifras cantan, casi malsuenan.

malta[1] *f* **1** Cebada u otro cereal que, germinados artificialmente y tostados, se emplean para fabricar cerveza. | *HLM* 26.10.70, 21: Del orden del día .. destacó .. el informe facilitado a los representantes de los cerveceros de todas las regiones españolas sobre la Escuela Superior de Cerveza y Malta.
2 Sucedáneo del café, constituido por cebada tostada. | Medio *Bibiana* 258: Bibiana entra en la cocina y pone sobre el hornillo un cazo con malta, que tiene preparada en la cafetera.
3 (*raro*) Cerveza de malta [1]. | *Prospecto* 4.93: Hipercor .. Malta espumosa Buckler, pack de 6 botellas de 25 cl, 295.
4 (*raro*) Whisky de malta [1]. | Azúa *Diario* 108: Sorbían vasos de malta doce años como si fuera Rioja. MMolina *Jinete* 421: Con mi bolsa llena de regalos, naves espaciales con luces giratorias para los hijos de Félix, una botella de malta libre de impuestos para él.

Malta[2] (*tb con minúscula*). **de ~.** *loc adj* **1** [Cruz] **de ~** → CRUZ.
2 [Fiebre] **de ~** → FIEBRE.

maltasa *f* (*Quím*) Fermento que hidroliza la maltosa. | Bustinza-Mascaró *Ciencias* 54: El jugo intestinal contiene varias sustancias, entre ellas: la invertasa, la maltasa, la lactasa y la erepsina.

malte *m* (*E*) Malta[1]. | Marcos-Martínez *Física* 304: ¿Qué produce al fermentar el zumo de las manzanas? ¿Y el malte, obtenido de la cebada?

malteado *m* Acción de maltear [1]. | *Día* 27.6.76, 14: El malteado de la cebada no es más que una imitación de la germinación en la naturaleza.

maltear – malvasía

maltear *tr* **1** Convertir [un cereal] en malta¹ [1]. | *Ya* 8.10.70, 12: Aguardiente de cereales: El obtenido por destilación de caldos fermentados de cereales malteados.
2 Mezclar con malta¹ [2]. | Navales *Relato* 102: Una viuda que dejaría morir la tarde bebiendo a pequeños sorbos un vaso de leche malteada.

maltería *f* Establecimiento industrial en que se obtiene malta¹ [1]. | *Abc* 28.3.58, sn: Es una cerveza riquísima, de sabor único, elaborada con cebadas selectas de Maltería propia.

maltés -sa I *adj* **1** De la isla de Malta. *Tb n, referido a pers.* | Andrés *Hartzenbusch* XXXV: El duque de Rivas, el que contemplaba la hospitalaria estrella del faro maltés. F. López *Pue* 9.12.70, 10: La economía maltesa va cuesta abajo.
II *m* **2** Lengua de base arábiga hablada en Malta. | *HLM* 20.8.79, 7: Los grupos lingüísticos de Europa son: las indogermánicas .. Las urálicas ..; las altaicas ..; el maltés, él solo, como grupo. Y el vasco.

malthusianismo, **malthusianista**, **malthusiano** → MALTUSIANISMO, MALTUSIANISTA, MALTUSIANO.

maltosa *f (Quím)* Producto azucarado que resulta de la transformación incompleta del almidón en azúcar. | Bustinza-Mascaró *Ciencias* 53: La saliva contiene una sustancia llamada ptialina o amilasa salivar, que transforma al almidón cocido en un azúcar llamado maltosa.

maltraer *(conjug 32) tr (raro)* **1** Maltratar. | FReguera-March *Filipinas* 246: Son [los indígenas] una pobre gente muy explotada y maltraída.
2 traer a ~ → TRAER.

maltratar *tr* **1** Tratar [a alguien o algo] de una manera brutal o desconsiderada. | Olmo *Golfos* 46: Creía que habían maltratado a su hermano.
2 Dañar o estropear. *Frec en part.* | VParga *Santiago* 22: Magnífica la antigua sala capitular, hoy capilla de San Agustín, del siglo XIV, con bellos capiteles muy maltra[ta]dos. [*En el texto*, maltrados.]

maltrato *m* Acción de maltratar. | *Caso* 14.11.70, 18: Siendo frecuente que el procesado maltratara a su esposa de palabra y de obra, maltratos que crearon un ambiente tan desfavorable para él. Huarte *Biblioteca* 69: El libro está siempre rodeado de peligros, por maltrato de tantos como nos ocupamos de él: impresor, encuadernador, editor, librero, lector o bibliotecario.

maltrecho -cha *adj* Que se encuentra en mal estado físico o moral. | J. M. Moreiro *SAbc* 9.2.69, 48: Sobre la cima de Castilloviejo .. se encastilló don Rodrigo después del desastre de Guadalete con sus maltrechas mesnadas. A. Montserrat *Luc* 1.7.57, 5: Durante la primera guerra civil, se habilitó de nuevo el castillo, reparándose algunos muros y construyéndose recios fortines, los cuales, aunque maltrechos, todavía se conservan.

maltusianismo *(tb con la grafía* **malthusianismo***) m* **1** *(Econ)* Teoría de Thomas R. Malthus (1766-1834), que preconiza la limitación de los nacimientos a fin de evitar la superpoblación. | Aranguren *Moral* 140: La práctica del malthusianismo proletario, que, al disminuir la mano de obra, aumentará automáticamente su valor.
2 *(lit)* Restricción voluntaria de la producción. | J. F. Lequerica *MHi* 3.61, 69: Del mismo período son sus lamentos sobre el esfuerzo perdido en España, por el supuesto malthusianismo intelectual del Estado.

maltusianista *(tb con la grafía* **malthusianista***) adj (Econ)* Maltusiano [2]. *Tb n.* | L. Mira *SVozC* 31.12.70, 9: El drama de que los hombres no lleguemos a caber en nuestro planeta o no tengamos suficiente para alimentarnos sigue siendo un banderín de los equivocados malthusianistas.

maltusiano -na *(tb con la grafía* **malthusiano***) adj* De Thomas R. Malthus (1766-1834). | FQuintana-Velarde *Política* 93: La experiencia histórica ha destruido, tanto por lo que se refiere a la cantidad de alimentos a disposición del hombre como por lo que respecta al número de estos, la profecía malthusiana.
2 *(Econ)* Partidario del maltusianismo. *Tb n, referido a pers.* | J. L. VDodero *Abc* 28.2.58, 3: Hurtándose, casi inmóvil, a los tiros que le dispara Rafael Sancho Alegre, "anarquista y maltusiano".

maluco -ca *adj (col)* Ligeramente malo. | Berenguer *Mundo* 175: Sale maluquillo, pero barato, que es lo más principal para el pobre.

maluino -na *adj* De Saint Malo (Francia). *Tb n, referido a pers.* | Cunqueiro *Crónicas* 185: Es de nación bretona, maluino propio, y se precia de hablar dos lenguas de allá.

malus *m (Seguros)* Aumento de la prima de un seguro de automóvil, en función del número de accidentes imputables al conductor. | J. Garrido *Ya* 18.6.90, 30: El incremento de las primas por "malus" llega a un 350% en Francia.

malva I *f* **1** Planta herbácea anual con flores de color violeta pálido, que se emplea en medicina como emoliente y expectorante (*Malva sylvestris*). *Gralm con un adj o compl especificador, designa otras especies del mismo gén o de otros:* ~ ARBÓREA, REAL, RÓSEA o LOCA (*Althaea rosea*), ~ DE ÁFRICA (*Erodium malacoides*), ~ DE OLOR (*Pelargonium odoratissimum*), etc. | S. Araúz *SYa* 16.2.75, 15: No queda ya apenas nada .. Alguna malva sobre el estiércol y un gran verdor de ortigas. Mayor-Díaz *Flora* 452: *Malva alcea* L. "Malva montés" .. *Malva sylvestris* L. "Malva silvestre". Mayor-Díaz *Flora* 449: *Erodium malacoides* (L.) L'Her. "Malva de África". **b)** *Se emplea en frases de sent comparativo para ponderar la docilidad o sumisión.* | Olmo *Cuerpo* 63: A papá ya no le conoces: ¡es una malva! Mañas *Tarantos* 383: Ella dentro de poco estará igual de enamorada. Antes de poco la verás venir como una malva a picar en este puño.
II *adj (a veces invar)* **2** [Color] violeta pálido. *Tb n m.* | Laforet *Mujer* 282: Sus cabellos .. armonizaban perfectamente con su blusa y su chaqueta de punto color malva. GHortelano *Amistades* 256: Al atardecer, unas nubes de tonos malvas habían aparecido por cima del valle. **b)** De color malva. | Umbral *Ninfas* 41: Para luego obtener las cartas mercantiles, húmeda su tinta malva. GPavón *Rapto* 60: El cielo se viste cinturones malva.
3 *(jerg)* [Hombre] homosexual. | VMontalbán *Tatuaje* 42: Una de las dos protegidas de Charo estaba llorando sobre el tresillo, mientras un jovenzuelo afilado y malva daba paseítos nerviosos a su alrededor.
III *loc v* **4 criar ~s.** *(col)* Estar muerto y enterrado. | PReverte *Maestro* 20: Si los floretes no llevasen un botón en la punta, a estas horas yo estaría criando malvas. **b) mandar a criar ~s.** *(col)* Matar. | S. RSanterbás *Tri* 11.4.70, 18: "Barbudo" .. el 11 de mayo de 1801 mandó a criar malvas al mítico "Pepe-Illo".

malvácea *adj (Bot)* [Planta] dicotiledónea de la familia de la malva. *Frec como n f en pl, designando este taxón botánico.* | Bosque *Universo* 162: El algodonero es una planta de la familia de las malváceas, que contiene semillas oleosas en capullos recubiertos por una borra textil.

malvadamente *adv* De manera malvada. | Matute *Memoria* 155: Asentí con la cabeza, malvadamente, para deleitarme con su pesar.

malvado -da *adj* [Pers.] que gusta de hacer daño a los demás. *Tb n.* | Villapún *Moral* 109: No podemos negar que existen hombres malvados, e impíos, que por medio del demonio obran cosas maravillosas. J. Iribarren *Ya* 17.11.63, 6: Los insinceros y los malvados son leña para el fuego, lo mismo si son católicos que si no lo son. **b)** [Cosa] propia de la pers. malvada. | DPlaja *El español* 51: Sale también en la novela un clérigo con aire egoísta y malvado.

malvar¹ *m* Lugar poblado de malvas [1]. | Izquierdo *Alpujarra* 218 (G): Salvorio Vacas, con las piernas abiertas en el malvar, mastica briznas antiguas y panecillos verdes.

malvar² *tr (reg)* Adulterar [algo, esp. comestibles]. | Espinosa *Escuela* 488: Legiones de peritos malvan semillas.

malvasía¹ *f* **1** Variedad de uva muy dulce y fragante, cultivada esp. en Sitges (Barcelona). *A veces en aposición.* | PComa *SInf* 2.12.70, 16: El Reglamento .. establece las variedades de uva con que exclusivamente podrán ser elaborados los vinos de Rioja. Estas variedades serán .. la malvasía, la garnacha blanca y la viura, para los blancos.
2 Vino elaborado con uva malvasía [1]. | Tamames *Economía* 98: En la zona de San Sadurní se obtienen ade-

más buenos espumosos, y en Sitges, vinos dulces, moscatel y malvasía de hasta 16,2°. Manfredi *Tenerife* 54: Las Islas Canarias iniciaron nuevos cultivos ..: la viña, con sus malvasías incomparables.

malvasía[2] *m* Pato de vida sedentaria, que habita en la cuenca del Mediterráneo y en el Asia central (*Oxyura leucocephala*). *Tb* PATO ~. | *HLS* 3.8.70, 8: Queda prohibida en todo el territorio nacional la caza de las siguientes especies: lince, cigüeñas, espátula, porrón pardo, malvasía o bambolera. *SAbc* 2.2.69, 48: Todavía se reproducen raras y bellas especies de aves, tales como el águila imperial española, el pato malvasía.

malvavisco *m* Planta malvácea con flores de color blanco rojizo, cuya raíz se emplea como emoliente (*Althaea officinalis*). *Gralm*, con un *adj* o *compl especificador, designa otras especies del mismo gén o de otros:* ~ LOCO (*Lavatera triloba*), ~ PELUDO (*Althaea hirsuta*), ~ SALVAJE (*Malva alcea*), *etc.* | ZVicente *Balcón* 97: Siempre hay algo que disponer en casa, traerle una tacita de té, o de malvavisco, cuando ya son muchas las horas en la mesa y van escociendo los ojos. Mayor-Díaz *Flora* 557: *Althaea hirsuta* L. "Malvavisco peludo".

malvender *tr* Vender a un precio inferior al considerado justo. *Tb abs.* | Cuevas *Finca* 147: No quiero malvender el trigo. Benet *Nunca* 72: Las vegas junto al río eran unos bancales de regadío .. que, al correr los años e iniciarse el declive de la familia, mi abuela fue arrendando, hipotecando y malvendiendo sin demasiado conocimiento de sus hijos.

malversación *f* Acción de malversar. | *Caso* 14.11.70, 9: Se le acusa de la malversación de diez millones de pesetas.

malversador -ra *adj* Que malversa. *Tb n, referido a pers.* | J. L. Herrera *Sáb* 9.7.75, 9: Dionisio nunca tuvo ocasión de ser dilapidador. Como nunca tuvo la menor capacidad de ser malversador.

malversar *tr* Gastar [alguien] ilícitamente [fondos ajenos que están a su cargo]. | *Caso* 14.11.70, 9: Los fondos municipales que se suponen malversados pertenecen a la comunidad municipal en su totalidad.

malvestir (*conjug* **62**) *tr* Vestir de manera descuidada. *Gralm el cd es refl.* | GPavón *Reinado* 249: Como solo hay teléfono abajo, me malvisto, bajo.

malvinense *adj* De las islas Malvinas (Reino Unido). *Tb n, referido a pers.* | J. G. Yuste *País* 13.4.82, 2: Entre las hipótesis de posibles soluciones que se barajan está la de constituir una administración argentina en las islas, de carácter civil y con participación de los malvinenses.

malvinés -sa *adj* Malvinense. *Tb n.* | Á. L. López *Ya* 4.5.82, 18: Las actuaciones que deberían llevarse a cabo para lograr la liberación del archipiélago malvinés.

malvino -na *adj* Malvinés. *Tb n.* | *Abc* 2.7.82, 17: Una Comisión determinará si hubo negligencia del Gobierno Thatcher en la crisis malvina.

malvís *m* Zorzal, pájaro (*Turdus iliacus* y *T. philomelos*). | ZVicente *Examen* 74: Sucedían señoras y jovencitas con jaulas en la mano, jaulas donde cantaban su aburrimiento canarios, verderones, jilgueros, malvises. Landero *Juegos* 345: Los pájaros solo sabían decir cosas buenas y amables .. Había un malvís que decía: "Isaías, bello niño, doctor afortunado". Noval *Fauna* 306: El Zorzal común (*Turdus philomelos*), llamado generalmente en Asturias Malvís, es un pájaro muy conocido. Lama *Aves* 86: El Zorzal alirrojo. Este es el Zorzal más chico de todos, 21 centímetros de longitud, al que no sé por qué le llaman en La Montaña Malvís castellano .. En España se presenta únicamente durante el invierno, procedente del Norte de Europa.

malvivir *intr* Vivir con dificultades o penalidades. | Berlanga *Gaznápira* 90: El espartero que malvive gracias al interés de los turistas por las horcas, seretas, capachos y alpargatas.

malviz *m* Malvís. | AAzpiri *Abc* 29.6.58, 13: Las escopetas de caza .. tienen sus hojas de servicios bien provistas de malvices, avefrías, palomas.

mama[1] *f* (*Anat o lit*) *En las hembras de los mamíferos:* Órgano que contiene las glándulas secretoras de leche. | *Inf* 15.10.70, 20: Cáncer de mama: 12 por 100 de todos los cánceres. Bustinza-Mascaró *Ciencias* 204: En la parte ventral y posterior del cuerpo se encuentran las mamas o ubres, glándulas productoras de leche. **b)** *En los machos de los mamíferos:* Abultamiento en el lugar correspondiente a la mama de la hembra. | *SYa* 6.8.90, 3: Una de las intervenciones de cirugía estética a la que últimamente se somenten algunos hombres es la denominada mastoplastia de reducción, una operación que consiste en reducir el volumen de la mama a través de la eliminación de tejido glandular y adiposo.

mama[2] *f* (*pop*) Mamá. | Sastre *Taberna* 113: Le pegaron delante mía y de mi mama. GPavón *Hermanas* 37: –Ay, pupa, mama –saltó el otro riéndose.

mamá *f* (*col*) Madre. *Referido a pers. En lenguaje infantil o humoríst, tb a animales. Gralm con connotación afectiva.* | Olmo *Golfos* 17: Decía que su papá..., decía que su mamá..., siempre decía cosas Luisito Ramírez.

mamacallos *m* (*col*) Hombre tonto o bobo. *A veces usado como insulto.* | Gala *Suerte* 590: La tarjeta de fumador te la he quitao yo, so mamacallos.

mamada *f* **1** Acción de mamar [1]. | *NRi* 8.5.64, 10: El médico aconseja a las madres. Con leche demasiado grasa, acortar la mamada. Delibes *Castilla* 160: Yo, medio dormido, los ponía a mamar [a los lechones], pero, por lo regular, la mamada demoraba una hora.
2 (*vulg*) Felación. | Goytisolo *Recuento* 104: Lo mejor es ir de putas a Tarragona, tú, y que te hagan una buena mamada.

mamado -da *adj* **1** *part* → MAMAR.
2 (*col*) Ebrio o borracho. | Delibes *Emigrante* 34: Me salió con que si el Serafín no bebiera no habría mejor hombre que él .., pero que cuando viene mamado se pone imposible.

mamador -ra *adj* (*raro*) Que mama [1]. *Tb n, referido a pers. Tb fig.* | A. Pavón *Abc* 3.5.93, 38: Estaban callados como muertos estos mamadores del poder ante el esplendor de Filesa.

mamalón -na *adj* (*reg*) Holgazán o haragán. | Torrente *Fragmentos* 227: En el comité central sospechan que sois unos mamalones, pero, después de haberos visto, me parece una opinión favorable.

mamancia *f* (*raro*) Acción de mamar [1]. *Tb fig.* | An. Miguel *Abc* 21.3.71, 11: El hombre y su civilización surgen de esas dos auténticas plataformas de lanzamiento, la protesta y la mamancia.

mamandurria *f* (*col, desp*) Disfrute de cargos o empleos provechosos y de poco o ningún trabajo. | Campmany *Abc* 24.11.84, 17: Aquí y allá florece la corrupción, la mamandurria, el amiguismo. Berlanga *Recuentos* 87: Le está suscitando cierta inquietud y preocupación intelectual –dice– el extenso pesebre que han creado para la subvención y la mamandurria estos sociatas del rodillo depredador y prepotente. **b)** Cargo o empleo provechoso y de poco o ningún trabajo. | Campmany *Abc* 18.3.85, 13: Hay compañeros [socialistas] de cargo y mamandurria que, cuando oyen hablar de ética, les entra el baile de San Vito.

mamante *adj* Que mama [1]. | VMontalbán *Mares* 88: Una desastrada y sucia muchacha con niño mamante y semidormido.

mamantón -na *adj* Que aún mama [1]. | Cela *Alcarria* 197: La cena discurre abundante y sabrosa, y el cabrito, a todas luces mamantón y aún no acorvado, está de rechupete. Nácher *Guanche* 192: Música de ayer. Tal vez la misma que oyó la madre, mientras cantaba su arrorró al mamantón Panchito.

mamar A *tr* ➤ **a** *normal* **1** Chupar [la leche] de la mama[1]. *Frec abs. Tb fig.* | *Puericultura* 9: A las veinticuatro horas del parto se le puede poner al pecho para que mame el calostro. Olmo *Golfos* 137: Luisa, ¿diste de mamar al crío?
2 (*col*) Adquirir [un hábito o cualidad] durante la infancia en el seno familiar. | Olmo *Golfos* 94: Sal que se mama en la cuna, que es un trocito de calle donde juega el niño. Alós *Hogueras* 171: Cualquiera de los que mamaron una educación.
3 ~**la.** (*vulg*) Hacer la felación. *Gralm la constr* ~SELA [a un hombre]. | Faner *Flor* 117: –Ea, sé buena –musitó el hidalgo, con una apacible sonrisa en los labios–, mámamela.

mamario – mamífero

4 tener mamado [algo]. *(col, raro)* Tener[lo] asumido o estar convencido [de ello]. | Delibes *Guerras* 164: Esto ya me lo tenía yo mamado, cacho zorra, liada con el sietemesino este del Humán.

➤ **b** *pr* **5** *(col)* Recibir [algo negativo o no deseado]. | GHortelano *Amistades* 256: Quisiera yo que hubierais hecho el viaje con él. Nos hemos mamado un tratado de moral médica, cívica e higiénica.

6 *(col)* Disfrutar [algo], esp. sin méritos o sin esfuerzo. | Alós *Hogueras* 44: ¡Ese tío! ¡Qué vida se mama!

B *intr* ➤ **a** *normal* **7** *(col)* Beber (tomar bebidas alcohólicas, esp. por hábito). | Marsé *Dicen* 138: Que cuando no estás en el bar mamando que dónde te metes. Marsé *Dicen* 279: Mi padre se hizo alcohólico y luego aquí en Barcelona siguió mamando y así hasta que ha cascado.

➤ **b** *pr* **8** *(col)* Emborracharse. | Muñiz *Nue* 4.10.75, 6: –Pero tu padre blasfema algunas veces, ¿no? –No, si él es muy bueno. Lo que pasa es que cuando se mama, bueno, bebe algo, y se acuerda...

mamario -ria *adj (Anat)* De (las) mamas¹. | Bustinza-Mascaró *Ciencias* 212: En la bolsa pueden mamar, pues en ella están las glándulas mamarias provistas de pezones. Cañadell *Salud* 186: El desarrollo mamario recibe el nombre de telarquía.

mamarracha *f (col, raro)* Mujer que es un mamarracho. | Mihura *Modas* 25: ¿Qué pintaba Ninette y, sobre todo, la mamarracha de madame Bernarda en casa de esa señora?

mamarrachada *f (col)* Cosa ridícula y despreciable. | Torrente *Pascua* 25: Llegué a reírme y a pensar que aquellas gentes no sabían pintar y hacían mamarrachadas.

mamarrachero -ra *adj (col, raro)* Ridículo y despreciable. | Berenguer *Mundo* 270: ¿Quién se puede creer que el juez tiene tan mala letra para mandar una citación tan mamarrachera?

mamarracho *m (col)* Pers. o cosa ridícula y despreciable. *A veces usado como insulto. Tb adj.* | FReguera *Bienaventurados* 48: Empezaron a aparecer máscaras y mamarrachos grotescamente disfrazados de rey. Olmo *Golfos* 184: ¡Ah, mamarracho, tú sí que hueles! * ¡Qué mamarracho de carta te ha salido! * ¡Qué mujer tan mamarracho!

mamaúvas *m (col)* Hombre insignificante. *Usado frec como insulto*. | Lera *Boda* 685: El Escaso había cerrado los ojos y bebía con fruición .. –¡Choto! ¡Mamaúvas! –le gritaban desde los últimos puestos de la cola de bebedores.

mamba *f* Serpiente venenosa de gran tamaño, del África tropical (gén. *Dendroaspis*, esp. *D. angusticeps*). | Landero *Juegos* 72: La mamba dicen que si te pica no llegas a dar más de siete pasos.

mambí -isa *(pl, ~SES, ~SAS) adj (hist) En las guerras separatistas de Cuba en el s XIX:* Insurrecto. *Frec n, referido a pers*. | FReguera-March *Cuba* 164: Después de arrearles, el ejército mambí se separa en dos grupos. FReguera-March *Cuba* 248: Emilio Collazo mandaba la partida mambisa. ZVicente *Hojas* 54: Me contaba largas historias de diligencias y ladrones, de viajes a América, de los mambises de Cuba.

mambís -sa *adj (hist)* Mambí. *Tb n.* | FReguera-March *Cuba* 504: Volvió a presentarse un mambís con la pretensión de que los náufragos se unieran a ellos.

mambla *f* Monte pequeño en forma de mama de mujer. | FVidal *Ayllón* 244: Me encaramo por una mambla arcillosa en forma de teta. Ridruejo *Castilla* 1, 461: Salas está en alto, y el caserío convierte casi en pirámide lo que sería un cono, una mamblilla.

mambo¹ *m* **1** Baile cubano moderno, relacionado con la rumba y de ritmo muy rápido, de moda en los años 50. *Tb su música.* | MSantos *Tiempo* 227: Entonaban músicas de mambos y sobre todo de boleros pasados de moda.

2 *(hoy raro)* Blusa suelta y gralm. de colores vivos. | Berlanga *Acá* 83: Andaba en estas Epifanio –sacados los faldones del mambito floreado, quitados los calcetines, pero no los zapatos, .. sentado ya en la arena, cerca de las duchas– cuando vio por primera vez al municipal jovencito.

mambo² *f (Rel)* Sacerdotisa de vudú. | J. M. Reverte *Méd* 20.11.87, 82: La forma de reclutamiento del hungan o de la mambo es semejante a la que se acepta entre los chamanes.

mambrú *m (Mar)* Tubo de chimenea del fogón o las calderas. | J. A. Padrón *Día* 23.9.75, 12: El "Tiflis" llevaba entonces los palos altos .. y la delgada chimenea, adornada con "mambrús", que ya escapaba de la marcación de los palos.

mamella *f (reg)* Mama¹. | Berenguer *Leña* 132: Las cabras desperdigadas y montunas, las mamellas colgando de los cuellos como zarcillos zarrapastrosos, ubres sin ordeñar. Mendoza *Misterio* 90: Sus piernas .., largas y aparentemente bien torneadas; sus caderas, redonditas; su cintura, estrecha, y sus mamellas, que un jersey de lana acanalada pugnaba por constreñir, pujantes y saltarinas. Marsé *Dicen* 199: Alternando con nuevos ricos ..: siempre en lo más alto, con los que tienen cogida la vaca por la mamella.

mamelón *m* **1** *(Anat)* Pezón de la mama¹. | Alvarado *Anatomía* 38: La leche que segregan sale al exterior por los conductos galactóforos, que en número de unos cuantos desembocan en los mamelones, llamados pezones.

2 *(Anat)* Cuerpo o protuberancia en forma de pezón de mama¹. | Bustinza-Mascaró *Ciencias* 133: Están insertas [las púas del erizo] en unos mamelones de unas placas duras, que soldadas unas a otras forman una caja resistente. Perala *Setas* 54: Sombrero: Diámetro: 3-10 cm. Color: variable .. Mamelón en su centro. Ybarra-Cabetas *Ciencias* 280: Los carpelos independientes originan frutitos secos o aquenios que tienen el aspecto de cuerpecillos pardos implantados en la superficie del mamelón carnoso y azucarado.

3 *(col)* Mama¹. | GPavón *Hermanas* 32: Bajo la tela del vestido oscuro se adivinaban los mamelones sedosos.

mamelonado -da *adj (Anat)* Que tiene mamelones [2]. | Lotina *Setas* sn: *Armillaria mellea* .. Sombrero: .. al principio esférico, luego mamelonado. M. Aguilar *SAbc* 13.12.70, 102: Al invertir el párpado superior se perciben, cubriendo toda la conjuntiva, unos granos grandes y duros, al principio, de aspecto carnoso, mamelonado.

mameluco *m* **1** *(col)* Pers. boba. *A veces usado como insulto. Tb adj.* | LTena *Luz* 28: Menudo par de mamelucos estamos hechos los dos. Payno *Curso* 59: Si tuviera una tipa como Blanca, claro que no estudiaba. ¡Pero para ir con este mameluco!

2 *(hist)* Soldado de un cuerpo especial de caballería formado básicamente por egipcios y creado por Napoleón I durante la campaña de Egipto. | L. Calvo *Abc* 18.12.70, 28: Los mamelucos de Murat diezmaban y asesinaban en los altos de la Moncloa a los majos y majas del viejo Madrid. **b)** Miembro de una casta de antiguos esclavos militares que ocupó el sultanato de Egipto entre 1250 y 1517. | Angulo *Arte* 1, 453: Gran parte de los monumentos islámicos a que debe El Cairo su fisonomía es obra de los sucesores de los seldyucíes –ayubitas y después mamelucos– que gobiernan en Egipto y Siria. **c)** *En países musulmanes:* Esclavo. *Tb adj.* | Ubieto *Historia* 118: Almanzor realizó una gran reforma [en el ejército] .., aumentó el número de mercenarios mamelucos, y buscó voluntarios y mercenarios en el norte de África.

3 *(raro)* Brasileño mestizo de blanco e indígena. | *Rev* 7/8.70, 23: Habla del mameluco, del mulato y del blanco. [*En Brasil*].

mamerto -ta *adj (col)* Tonto o bobo. *Tb n.* | SFerlosio *Jarama* 266: ¿Pero cómo iba a ser señorita, mamerto? .. ¿No estás oyendo que es la suegra de aquí?

mamey *m* Árbol americano de hojas grandes y lustrosas, flores blancas y fruto comestible de carne similar a la del albaricoque (*Mammea americana*). *Tb su fruto.* | GCabezón *Orotava* 11: Mamey de Santo Domingo, *Mammea americana*, Linn., Gutífera, Antillas y Norte de Suramérica. MPérez *Comunidad* 33: Preguntando por los nombres de las verduras y de las frutas ..: aguacates de jade, zapotes, mameyes, marañones.

mami *f (col)* Mamá. *A veces con intención humoríst.* | SSolís *Blanca* 21: Ya iba para gran señora, en su papelín de hija única y muy amada de su papi y de su mami.

mamífero -ra *adj* [Animal] vertebrado cuya hembra alimenta a las crías con leche de sus mamas¹. *Frec como n m en pl, designando este taxón zoológico.* | Cela *Oficio* 44:

Vivía retirado en el monte entre bestezuelas mamíferas. Bustinza-Mascaró *Ciencias* 88: Los pelos caracterizan a los mamíferos, y su misión es reducir las pérdidas de calor en los animales de sangre caliente.

mamila *f* (*Anat*) Tetilla [del hombre]. | *Cam* 24.12.84, 133: Este fenómeno es frecuente en paracaidistas, que veían con sorpresa cómo adquiría su torso unas femeninas protuberancias. Ello parece ser debido al roce de las correas del paracaídas sobre las mamilas, que estimula su crecimiento.

mamilar *adj* (*Anat*) De la mamila. | *Abc* 24.8.66, 53: Ingresó en la enfermería el banderillero Antonio Rizo Pastor, .. afecto de herida por asta de toro que, penetrando en el tórax, al nivel de la línea mamilar del quinto espacio intercostal derecho, desgarra la aurícula y el ventrículo derecho.

mamitis *f* (*Med*) Inflamación de las mamas[1]. | *VozR* 15.2.75, 10: Charlas sobre el grave problema de Mamitis, que afecta al ganado vacuno de leche.

mámoa *f* **1** (*reg*) Mambla. | Cela *Mazurca* 12: Queda en la carretera de La Gudiña a Lalín, antes de llegar a la mámoa de Corredoira.

2 Dolmen (monumento megalítico). | *Lugo* 35: Remoto es su origen –castros y mámoas son testigos–.

mamografía *f* (*Med*) Radiografía de mama[1]. | O. Aparicio *SPue* 17.10.70, 8: Un grupo de 1.500 mujeres .. son seleccionadas por la computadora para un control extra, mediante una mamografía y un examen clínico. *Rio* 2.10.88, 34: Centro radiológico. Radiología general. Mamografía. Ecografía.

mamográfico -ca *adj* (*Med*) De (la) mamografía. | S. Nieto *SD16* 7.6.89, II: Equipos cada vez más sofisticados y precisos, junto con el desarrollo de procesadores digitales de imágenes mamográficas, están contribuyendo al diagnóstico precoz.

mamógrafo *m* (*Med*) Aparato para realizar mamografías. | *País* 3.11.91, 40: ESABE cuenta en su Clínica Central con las últimas tecnologías en medios de diagnóstico y tratamiento con: Resonancia magnética nuclear .. Mamógrafo ester[e]otáxico.

mamola *f* Gesto consistente en tocar ligeramente la barbilla de alguien, como caricia o como broma o burla. | Zunzunegui *Camino* 70: Le hizo una mamola cariñosa.

mamolear *tr* (*raro*) Hacer mamolas [a alguien (*cd*)]. | GPavón *Nacionales* 341: Ella .., como si Paco fuese un lactante que tenía junto al sostén, también lo mamoleaba.

mamón -na I *adj* **1** Que aún mama [1]. *Tb* n. | R. Pardo *Rey* 1.12.78, 10: Un becerro mamón valía 88 reales. Escobar *Itinerarios* 168: A lo último de la comitiva, una pobre de solemnidad dando el pecho a su mamoncillo. Ferres LSalinas *Hurdes* 57: Una cerda negra amamanta a tres lechones. Al oír pasos, la cerda gruñe y corre con los mamones tras ella. Cunqueiro *Des* 12.9.70, 27: Lloriqueando para que acuda la mamá .. a besuquear al mamoncete.

2 (*vulg*) [Pers.] indeseable o malvada. *Usado frec como insulto*. | Olmo *Camisa* 37: ¡Ah, mamón, ahora me las vas a pagar! A. Pavón *Inde* 29.9.90, 64: ¡Date a la poesía, mamonazo!

II f 3 (*jerg*) Prostituta. | Marsé *Dicen* 168: Qué suerte encontrarla y con su risa plena de mamona al recordarlo: de cuando las dos tenían otro nombre y otro coño, hijo, y también otro trabajo.

4 (*jerg*) Pers. chivata. | Tomás *Orilla* 91: –¿Qué decías de chivatos? .. –Me refería a las mamonas –respondió–. Hay mucha mamona suelta por ahí, que por menos de nada dan el soplo a la pasma.

mamoncillo *m* Árbol americano de flores en racimo y fruto en drupa de pulpa ácida y comestible (*Meliloca bijuga*). *Tb su fruto*. | FReguera-March *Cuba* 220: Un compañero le dio una especie de uvas ácidas con cáscara. –Son mamoncillos. Te gustarán.

mamoplastia *f* (*Med*) Cirugía plástica de la mama[1]. | *País* 14.8.87, 22: En Estados Unidos .. existen 12 cirugías diferentes de paso de hombre a mujer, entre ellas mamoplastia de ampliación.

mamotreto *m* **1** Libro o legajo muy voluminoso. *Frec con intención desp*. | Carandell *Madrid* 150: Ellos saben cómo tienen que marchar las cosas. Está escrito. Viene en los mamotretos.

2 (*desp*) Objeto grande y aparatoso. | DCañabate *Andanzas* 49: ¡Pobre palacete de la Cimera! Años y años convertido en oficinas para terminar transformado en un mamotreto de esos de ahora, feo y desangelado, estampa y ejemplo del mal gusto.

mampara *f* Bastidor, gralm. con tela o cristal, que se emplea esp. para dividir una habitación o para cerrar una entrada. | Castellano *Cod* 15.3.64, 4: Don Cecilio se negaba resueltamente a entrar en su oficina, debido a las mamparas de terciopelo rojo que había en la entrada.

mamparo *m* **1** (*Mar*) Tabique de separación o de protección en el interior de un buque. | Aldecoa *Cuentos* 1, 66: Fermín abrió la puerta del puente para ir a la toldilla. Por la puerta entró la sombra de la mar: un denso y acre olor, un escalonado salpicón de agua, una catarata de viento que chocó contra los mamparos haciéndolos crujir.

2 (*raro*) Mampara. | Torrente *Off-side* 75: Persianas de materia plástica regulan la transparencia de los mamparos.

mamparra *f* (*Mar*) Arte de cerco propia del Mediterráneo español. | *El barco que la utiliza*. | Barral *País* 8.12.87, 15: Los motores habían llegado antes a las mamparras, a las triadas de las artes de cerco.

mamperlán *m* Listón de madera que se pone como borde a los peldaños de las escaleras de fábrica. | CBonald *Ágata* 12: La nuca rebotando en el mamperlán de los escalones con un aterrador sonido a hueco.

mamporrero -ra *m y f* **1** Pers. que dirige el miembro del caballo en el acto de la generación. | Benet *Nunca* 30: Joel era el mamporrero, y como mi padre conocía el efecto del viento en los caballos sabía dónde dejar las yeguas.

2 (*col, desp*) Pers. que amaña u organiza. | Torrente *Pascua* 438: Mire, don Baldomero: la cosa fue bien pensada .. Se aprovecharon de ese imbécil de don Lino como pudieron haber aprovechado cualquier ocasión. En esta, Cubeiro actuó de mamporrero: él llevaba anoche la batuta. J. L. Ortega *Ya* 24.1.92, 23: Para mayor seguridad de que este mensaje llegue al señor Boadella, invoco la mediación de TVE, que actúa como mamporrera de las salacidades del provocador brindándole lo mejor de su horario.

mamporro *m* (*col*) Golpe. | Olmo *Golfos* 16: Todo esto no impedía que de vez en cuando se atizasen algún mamporro. MFVelasco *Peña* 112: Se erguía, salía corrie[n]do, y yo repetía: tres pasos y mamporrazo.

mampostería *f* Obra de albañilería hecha con piedras sin labrar o labradas groseramente y que pueden colocarse con la mano. | Angulo *Arte* 1, 304: En su exterior [la mezquita] ofrece ya el empleo simultáneo de la mampostería y el ladrillo.

mampostero *m* **1** Hombre que hace trabajos de mampostería. | *NRi* 14.7.64, 11: Las Compañías Propietarias Urbanizadoras .. necesitan: Albañiles y soladores .. Picapedreros, mamposteros, etc.

2 (*hist*) Recaudador o administrador de diezmos, rentas o limosnas. | CBonald *Ágata* 141: Se puso Pedro Lambert en las sospechosas manos de un presunto exmampostero de diezmos del señorío, versado en letras y números de muy varia naturaleza.

mampuesto *m* Piedra sin labrar, o toscamente labrada, que se puede colocar en obra con la mano. | *Navarra* 92: La piedra se emplea en forma de mampuestos, labrándose en sillarejos o en sillares en parte o en la totalidad de la fachada principal y aun en todas las fachadas. CBonald *Ágata* 199: Atravesaba [el ataúd] sobre un poyo de mampuesto que apenas resaltaba entre las azulencas arrugas del muro, tenía algo de objeto inservible.

mamuchi *f* (*col*) Mamá. *A veces con intención humoríst*. | GSerrano *Macuto* 641: ¿Se acordará de nosotros mamuchi?

mamut (*pl* ~ES, *o* ~S) *m* Elefante fósil del cuaternario (*Elephas primigenius*). | Bustinza-Mascaró *Ciencias* 379: En los aluviones de estuarios de algunos ríos de Siberia, cuyo subsuelo está helado, se han encontrado mamuts en estado de conservación perfecta.

mana – mancebo

mana *m* (*Rel*) *En algunas religiones animistas:* Fuerza sobrenatural e impersonal que existe en todos los seres, pero esp. en determinadas perss. o cosas. | Pinillos *Mente* 39: Para el primitivo .., el universo no es un conjunto de cosas o sustancias separadas; más bien los seres son como manifestaciones o aspectos del mana, de una fuerza anónima e impersonal que lo anima o penetra todo.

maná *m* **1** (*Rel jud*) Alimento milagroso enviado por Dios a los hebreos en el desierto. | Peña-Useros *Mesías* 74: Durante los cuarenta años de desierto, no dejó nunca de caer el maná.
2 (*lit*) Don o beneficio inesperado. | *Nue* 22.12.70, 16: A mí me parece muy agradable el dinero de la lotería ..: a mí me encanta lo gratuito, lo imprevisto, el maná. MMolina *Jinete* 265: El turismo era el nuevo maná del siglo veinte para estas tierras secularmente retrasadas.

manada[1] *f* **1** Conjunto de animales salvajes, gralm. cuadrúpedos o aves no voladoras, que van o actúan juntos. | Ybarra-Cabetas *Ciencias* 403: Forma [el elefante] manadas de muchos individuos. El jefe de la manada es siempre una hembra. Aldecoa *Gran Sol* 54: Vuelve el juego hasta que la manada [de delfines] se cansa o el arpón sangra la fiesta.
2 Hato de ganado al cuidado de un pastor. | Delibes *Abc* 22.9.84, 31: En este valle caben diez manadas como la de Manolito, o sea, más de cinco mil ovejas.
3 (*desp*) Conjunto grande de perss. | Agustí *SAbc* 22.11.70, 18: Las agencias de viaje transportan todos los días frente al templo verdaderas manadas de turistas.
4 *En escultismo:* Agrupación de scouts de 8 a 12 años. | *Pro* 8.7.75, 22: Campamento Boys Scouts .. Participan en este campamento todos los muchachos inscritos en el grupo, que durante todo el curso han venido efectuando diversos trabajos por manadas y seisenas.

manada[2] *f* Porción [de mies o algo similar] que puede cogerse de una vez con la mano. | Moreno *Galería* 45: Convirtiendo la mies en manadas, en gavillas.

manadero -ra I *adj* **1** Que mana [1]. | Lorenzo *SAbc* 8.9.74, 11: Se corta el agua manadera, se agrieta el llano, las jaras palidecen.
II *m* **2** Manantial. *Tb* (*lit*) *fig.* | Cela *Viaje andaluz* 117: Estas fuentes .. brindan al sediento el buen agua [sic] que viene del manadero del Palomar. Laín *Marañón* 205: ¿Cómo llegar, en la medida de lo posible, hasta el manadero en que la personalidad libremente se constituye a sí misma?

manador -ra *adj* (*raro*) Que mana. | Torrente *Fragmentos* 44: Un edificio precioso, con sus losas sepulcrales, sus mirtos recortados, sus cipreses sombríos y su fuente manadora.

management (*ing; pronunc corriente,* /mánaĉmen/; *pl normal,* ~S) *m* Cargo o actividad de manager. | A. Mallofré *Van* 5.9.71, 53: Un cantante .. por cuyo éxito popular masivo apostaríamos sin vacilar, si tuviese un buen "management" y él mismo se lo propusiera. *País* 26.10.82, 4: Estudio de la dirección de empresas en dos vertientes: estratégica (general management) y funcional (finanzas, comercial, personal, organización).

manager (*ing; pronunc corriente,* /mánayer/; *pl normal,* ~S) *m y f* **1** Pers. que se ocupa de los asuntos económicos y profesionales [de un artista o de un deportista]. | F. Borciqui *Fam* 15.11.70, 18: Un hombre de negocios londinense ofreció a Epstein, el manager, 150 mil esterlinas .. para hacerse cargo del conjunto. CPuche *Paralelo* 293: Hay que jugar sólo de vez en cuando, solo para ver que uno no ha perdido facultades. Lo que hacen los buenos *managers* con los boxeadores.
2 (*Econ*) Gerente. | Pinillos *Mente* 174: Los grupos de trabajo .. reflejan esta heterogeneidad. En el mío .. figuraban un *manager* de una industria neoyorkina, un político, un directivo sindical.

managüense *adj* De Managua. *Tb n, referido a pers.* | *Abc* 5.9.93, 40: Nicaragua. Miles de managüenses se manifiestan para apoyar la destitución de Ortega.

manante *adj* (*lit*) Que mana. | Zunzunegui *Camino* 212: A la derecha, se alzaba el cobertizo de las manantes fuentes y de los baños.

manantial *m* **1** Lugar donde brota naturalmente el agua. | Arce *Testamento* 13: El césped .. estaba muy verde, como si por los alrededores el agua de algún manantial le empapase la raíz.
2 Cosa que es origen [de otra]. | Marcos-Martínez *Física* 141: Manantiales de luz. *Abc* 15.12.70, 22: El Pirineo dio vertientes distintas al mismo manantial lingüístico, y quizá étnico, que se desparramaba por sus límites occidentales.

manantío -a (*lit*) **I** *adj* **1** Que mana. | Lorenzo *SAbc* 8.9.74, 10: Agua traída al amanecer de la fuente cercana manantía.
II *m* **2** Manantial. *Tb fig.* | MCalero *Usos* 13: Nadie sabía si el agua de la fuente era de manantío del lugar o de manantial del monte. GNieto *SAbc* 19.8.89, v: En la autora de "La vida pequeña", la creación parece producirse como un manantío interior.

manar A *intr* **1** Salir [líquido (*suj*) de un lugar]. *Tb* (*lit*) *fig.* | J. F. Báez *Caso* 14.11.70, 12: Vio que del cuerpo de su hermana manaba sangre. Hoyo *ROc* 8/9.76, 93: Quique sintió que de los ojos velados de su abuelo manaba un calor tibio, de carbones semiapagados.
2 Dar agua [una fuente o manantial]. | Llamazares *Lluvia* 89: La fuente parecía haberse muerto de repente. El caño había dejado de manar y .. el agua era amarilla igual que el cielo. MMariño *Abc* 3.8.76, sn: Los años son cada vez más secos. Hay viejos regatos de los que solo queda el cauce, y muchas fuentes han dejado de manar.
B *tr* **3** Despedir [algo] de sí [un líquido (*cd*)]. *Tb* (*lit*) *fig. Tb abs.* | Delibes *Hoja* 40: El oído derecho empezaba a zumbarle y a manarle. Ridruejo *Pról. Cela* 12: Una pasión .. que segrega, incluso por las heridas más atroces, un zumo de ternura, y que mana, incluso por las gárgolas más grotescas, un respiro de compasión.

manatí *m* Mamífero acuático sirenio parecido a la foca, propio de las costas atlánticas de África y de América central y meridional (gén. *Trichechus*). | FReguera-March *Cuba* 180: Cerca de las orillas del mar, sobre todo en las desembocaduras de los ríos, suelen verse todavía algunos ejemplares de manatí.

manazas *m y f* (*col*) Pers. de manos torpes. *Tb fig. Tb adj.* | GPavón *Carros* 55 (G): Ese otro es un manazas, pobretón, voceras y desordenado. ZVicente *Traque* 212: El de la guitarra era un poco manazas, no me digas.

mancadura *f* Efecto de mancar(se) [1]. | Delibes *Emigrante* 107: Los zapatos me aprietan de más, y en el derecho, por la parte del zancajo, tengo una mancadura que no veas.

mancar A *tr* **1** Dañar [un brazo o una pierna]. | Umbral *Gente* 277: La Rigalt suele ir de zapatos de serpiente porque puede, porque le mancan los pies. **b)** Dañar [a alguien (*cd*)] en un brazo o una pierna. | Delibes *Emigrante* 75: La chavala salió con que la mancaba un zapato y nos sentamos en un banco a ver pasar la gente. **c)** *pr* Sufrir [alguien] daño en un brazo o una pierna. | Hoyo *Lobo* 18: No me gusta manear las caballerías, no solo porque pueden mancarse, sino por la tristeza que muestran cuando se las manea.
2 Dejar manco [a alguien (*cd*)]. | GPavón *Liberales* 93: Sacó el sable y le cortó la mano a cercén .. Y meses más tarde fue el mismo coronel Galán quien, con el mismo sable que lo mancase, trinchó al ex cura.
B *intr* **3** (*reg*) Quedar manco. | C. Rojas *Voz* 6.11.87, 3: Lawrence dio sobrado cumplimiento al sueño de las armas, que perdió Cervantes al mancar en Lepanto.

mancebía *f* Casa de prostitución. | Cela *Pirineo* 198: Confundir el amor con la frecuentación de la mancebía.

mancebo -ba A *m* **1** (*lit*) Hombre joven. *Frec con intención humoríst.* | CNavarro *Perros* 91: Cierta modelo, con fama de devoradora de mancebos y arruinadora de viejos, solía hacer monerías.
B *m y f* **2** Auxiliar sin título de un farmacéutico. *Frec* ~ DE FARMACIA, *o* DE BOTICA. | ZVicente *Traque* 139: También estaba como lelo el Joaco, el mancebo de la farmacia. Cunqueiro *Crónicas* 186: Iba a Rennes a examinarse de mancebo de botica. *Ya* 29.10.92, 52: África Gosálvez se ha incorporado a la grabación de "Farmacia de guardia". Una manceba descarada en la botica.
C *f* **3** (*lit*) Concubina. | Ramírez *Derecho* 39: El divorciado suele buscarse una manceba, y la divorciada, a veces, un amante.

máncer *adj (lit, raro)* [Pers.] hija de prostituta. *Tb n. Tb fig.* | FVidal *Duero* 173: El viajero mira a los ojos del perrillo máncer.

mancera *f* Esteva del arado. | Romano-Sanz *Alcudia* 71: El yuntero se apoya en la mancera y las mulas inician un arranque.

mancerina *f* Plato con soporte circular para sujetar la jícara de chocolate. | Seseña *Barros* 68: Las mancerinas, platos con soporte para encajar la jícara de chocolate, también se fabricaron a imitación de las más finas de Alcora.

mancha[1] *f* **1** Señal de distinto color que queda en un cuerpo por impregnación o contacto con una sustancia. | *Economía* 100: Si no se sabe positivamente de qué naturaleza es la mancha, se debe llevar la prenda al tintorero. **2** Zona de una superficie, de distinto color que la generalidad de esta. | *IdG* 31.10.70, 14: La carencia de los microelementos se hace presente por deficientes fecundaciones de las flores; por manchas en los frutos. **b)** Trozo de terreno que se distingue por su vegetación u otra cualidad. *Frec con un compl especificador*. | CBonald *Ágata* 97: Se dirigía hacia una mancha de acebuches. *Huelva* 75: También existen manchas de caza mayor en Campofrío y Cortelazor. **c)** (*Astron*) Zona oscura que se percibe en la superficie de un astro. *Gralm con un compl especificador*. | Zubía *Geografía* 12: Fotosfera .. En ella se encuentran las "manchas solares". **d) ~ amarilla.** (*Anat*) Mácula lútea. | Alvarado *Anatomía* 84: Los conos abundan extraordinariamente en una fosita llamada mancha amarilla (mácula lútea), situada en el extremo del diámetro anteroposterior del ojo. **3** Cosa que se percibe de un modo borroso. | CNavarro *Perros* 27: El mar, calle de Muntaner abajo, solo era una mancha. **4** Menoscabo moral debido a un defecto o falta. | Ribera *Misal* 1523: Oh, María, que entrasteis en el mundo sin mancha de culpa, obtenedme de Dios la gracia de salir de él sin pecado. Torrente *DJuan* 325: Después, te mataría yo, puesto que la muerte de don Juan lavaba tu mancha, mas no la mía. **5** (*Pint*) Estudio previo a la ejecución, para observar el efecto de las luces y la distribución del color. *Tb fig, fuera del ámbito técn*. | Hornedo *Coloma* LXXVIII: El antecedente más directo es un apunte .. donde se traza un boceto, algo más que una mancha, del carácter de Boy. **6** (*Impr*) Superficie impresa de una página. | Huarte *Tipografía* 37: Las llamadas en la mancha de la prueba, con trazos bien definidos, deben abarcar ni más ni menos las letras o signos afectados por la corrección. **7** (*Bot*) Se da este n a varias enfermedades caracterizadas por la modificación localizada del color normal de las hojas, frutos u otros órganos de la planta. *Frec con un adj especificador*. | F. Ángel *Abc* 25.3.58, 11: Fungirol combate con éxito el Mildeo, Mancha, Atabacado, Moho, Lepra, Herrumbre, etc., de la patata, tomate, judía y calabaza. **8** (*reg*) Montón o gran cantidad [de algo]. | Grosso *Capirote* 69: Buena contrata le da las anguilas. Buena mancha de pesetas que con ella se deben meter en el bolsillo los milaneses.

mancha[2] *f (reg)* Fuelle de la fragua o del órgano. | C. Sentís *CCa* 27.12.70, 7: El barquillero o "neulers" es un armatoste muy pesado pero muy simple. Son dos planchas de acero manipuladas por dos mangos, y el todo se parece a una gran mancha o soplador de fuegos.

manchado[1] **-da** *adj* **1** *part* → MANCHAR. **2** Que tiene manchas[1] [2]. | Soraya *SPue* 7.11.70, 4: Comenzaron la exhibición panteras, guepardos, ocelotes y demás pieles manchadas. C. PSantos *SYa* 15.6.75, 53: Se caracteriza [la culebra de cogulla] por tener un collar negro .. Su vientre es manchado de oscuro. **3** [Café con leche] que tiene una proporción muy pequeña de café. *Frec n m*. | J. Vidal *SPaís* 16.11.93, 20: Sobre el velador, los apuntes y el vaso de manchadito donde se resecaban los posos.

manchado[2] *m (raro)* Acción de manchar. | *Ciu* 1.8.75, 26: Marca: Ambre solaire .. Prueba de manchado: Mediocre.

manchador -ra *adj (raro)* Que mancha. *Tb n, referido a pers*. | *Pue* 2.3.59, 24: Los "pinchadores", "apaleadores de niños", "manchadores de trajes" y "cortadores de trenzas" suelen ser sujetos tímidos.

manchalienzos *m y f (desp)* Mal pintor. | GHortelano *Momento* 319: Determiné investigar .. los antecedentes de aquel manchali[e]nzos. [*En el texto*, manchalinzos.]

manchar *tr* **1** Poner sucio, esp. con manchas[1] [1 y 4]. *Tb abs*. | Laiglesia *Tachado* 31: ¿No recuerda que se los manchó [los pantalones] de chocolate? Arenaza-Gastaminza *Historia* 57: El Cónsul Cepión rompió el tratado y manchó su toga y el honor romano al asesinar, valiéndose del soborno, al jefe lusitano. Lera *Boda* 571: Ahora fumaremos, pero no aquí dentro, porque mancharíamos. Además, quedaría estancado el olor del tabaco. **b)** *pr* Ponerse sucio, esp. con manchas[1] [1 y 4]. | B. Mostaza *Ya* 23.6.74, 11: ¿Maquiavelismo quizá para evitar que el Gobierno se "manche" con decisiones antidemocráticas? **c) ~se las manos** → MANO. **2** (*Pint*) Hacer la mancha[1] [5] [de un cuadro (*cd*)]. | Ridruejo *Memorias* 37: Otro de sus cuadros –que yo vi apenas "manchado"– se llamaba *El país de los solos*.

mancharrealeño -ña *adj* De Mancha Real (Jaén). *Tb n, referido a pers*. | M. Holgado *Ya* 24.10.92, 3: El aspecto de las calles de Mancha Real no se diferenciaba ayer del de otros días. Los mancharrealeños no esperaron la sentencia con especial ansiedad.

manchego -ga *adj* De la región de la Mancha. *Tb n, referido a pers*. | Ortega-Roig *País* 145: La llanura manchega es de elevada altitud. M. GMora *Abc* 1.6.58, 37: Los manchegos, estremecidos, esperaban. **b)** [Queso] elaborado con leche de oveja, típico de la Mancha. *Tb n m*. | GTelefónica *N*. 913: La Abulense. Fábrica de quesos. Especialidad en Manchego, Villalón y Burgos.

mancheguismo *m* Condición de manchego, esp. amante de lo manchego. | *Lan* 3.8.83, 3: Durante el fin de semana del 13 al 15 de agosto se desarrollarán los actos de la V Fiesta que los organizadores confían siga el tono ascendente, en simpatía y mancheguismo, de años anteriores.

manchesteriano -na *adj* (*Econ*) De la escuela de Mánchester, que preconiza el liberalismo económico. *Tb n, referido a pers*. | *Abc* 17.12.84, 15: De algunos socialistas cabe decir, pues, lo que se afirmaba del capitalismo manchesteriano.

mancheta *f* (*Impr*) En un periódico: Espacio en que figuran el título y las diversas menciones administrativas. *Tb referido a libros*. | Casado *Lengua* 76: Dentro de los [elementos] fijos no pasan desapercibidas la mancheta del título .., la mancheta de última página, con los datos de edición exigidos por la ley, y las secciones fijas. F. Izquierdo *SYa* 9.11.73, 8: Hoy, a pesar de que el libro cuenta con creador a partir del original para composición, el grafista o individuo del "lay-out", que infaliblemente figura en las manchetas editoriales, la obra impresa es un producto industrial frío e impersonal.

manchón *m* Mancha[1] [1 y 2] grande. | Delibes *Príncipe* 83: Al verle los manchones rojos en la frente y las manos y las rodillas y las posaderas se asustó. Laforet *Mujer* 131: La ventanilla enseñaba manchones de un verde amarillento.

manchoso -sa *adj* Que mancha [1]. | FVidal *Duero* 131: Distingue un pequeño praderío de hierba fresca y esmeraldina, por cuya mitad fluye el Ubierna sus utilitarias y manchosas aguas.

manchú I *adj* **1** De Manchuria (región de China). *Esp referido al pueblo mongol que conquistó China en el s XVII. Tb n, referido a pers*. | Vicens *Universo* 366: Desde el siglo III el Norte de China ha estado continuamente amenazado por los pueblos de la estepa (turcos, mogoles, manchúes), los cuales han conquistado más de una vez el territorio. **b)** (*hist*) [Dinastía], originaria de Manchuria, que gobierna en China de 1644 a 1912. | Anson *Oriente* 55: Mao y Liu, dos adolescentes todavía, están, por patriotismo, contra la dinastía manchú.

II *m* **2** Lengua altaica de Manchuria, hoy casi desaparecida. | *Abc* 19.3.58, 12: Está traducido [el *Quijote*] a los idiomas y dialectos siguientes: alemán, .. mallorquín, manchú.

manchuriano -na *adj* De Manchuria (región de China). | DVillegas *MHi* 12.57, 20: Llegamos al siglo actual.

manchurrón – mandación

Comienza este con la campaña manchuriana entre rusos y japoneses.

manchurrón *m* (*col*) Mancha¹ [1] grande. | Antolín *Gata* 51: Visteis el colchón despanzurrado, con aquellos manchurrones.

mancilla *f* (*lit*) Mancha¹ o menoscabo moral. | Franco *Discurso* 33: Por una ruta sin mancilla, alzamos la bandera de hermandad entre los hombres y las tierras de España.

mancillamiento *m* Acción de mancillar. | Mascaró *Médico* 132: El aparato genital externo, por sus secreciones, posibilidades de infección y mancillamiento con orina, requiere una extremada limpieza por medio de lavados con agua jabonosa.

mancillar *tr* Manchar [1]. *Esp en sent moral.* | DPlaja *El español* 146: La reacción de las mujeres al ver a un hombre en su habitación era siempre la misma: su honor estaba ya mancillado. Nadie podía pensar más que en lo peor. J. Minaya *VozC* 6.10.68, 8: Una corriente tan somera como límpida, la de Bañuelos, aparece afeada, mancillada por detritus, cajas rotas, cristales, etcétera.

manco -ca I *adj* **1** [Pers. o animal] que carece de un brazo o una mano, o de ambos brazos o manos, o los tiene inutilizados. *Tb n, referido a pers.* | Olmo *Golfos* 105: Paquito, el Sordo, al ir a tomar el tope se cayó y se quedó manco.
2 [Cosa] incompleta o defectuosa. | Marcos-Martínez *Física* I: Entendemos que la clase de Física y Química resultaría manca si no se realizaran la mayor parte de estos ejercicios. **b)** Falto o carente [de algo]. | Carnicer *Castilla* 58: En lo alto está la iglesia, manca de una nave.
II *f* **3** (*jerg*) Mano o parte izquierda. | J. C. Iglesias *SPaís* 19.12.82, 103: El julai era el otro, o sea, colega, el niñato chungo que estaba a la manca del grajo.
III *loc v* **4 no quedarse ~** [alguien o algo]. (*col*) No quedarse atrás. | W. Mier *MHi* 11.63, 27: Tampoco Mallorca se quedó manca a la hora de producir kilovatios, levantar fábricas.
5 no ser ~ [alguien o algo]. (*col*) Ser digno de consideración por su calidad o importancia. *Con intención ponderativa.* | Mendoza *Ciudad* 136: Era cosa de dar el primer golpe .. e inmediatamente reanudar las negociaciones. Que vea que no somos mancos, que no nos arredramos. A. Olano *Sáb* 10.9.66, 5: Más allá de los Monteros, que no es manca distancia. Cela *Judíos* 294: A un arriero dormido lo vino a despertar el susto que se pegó –que no fue manco– cuando su mula delantera .. se fue .. contra la cuneta.

mancomún. de ~. *loc adv* De común acuerdo, o en unión. | Compil. *Aragón* 589: A salvo lo pactado en instrumento público o lo dispuesto de mancomún por ambos cónyuges. CBonald *Ágata* 233: Respondieron todos de mancomún que perdiera cuidado.

mancomunación *f* Acción de mancomunar. | *Barcelona* 8: Una vez proclamada la II República, .. habría de surgir no ya la España renovada por la vigorosa y dinámica periferia, ni la ensayada por mancomunación municipal de regional alcance, .. sino la abiertamente escisionada del Estatuto catalán de 1932.

mancomunadamente *adv* De manera mancomunada. | Compil. *Vizcaya* 640: Los comisarios desempeñarán sus funciones mancomunadamente. Laín *Marañón* 197: Que el lector, poniendo algo de su parte, comulgue personalmente con el autor, y uno y otro .. caminen juntos en la tarea de poseer mancomunadamente la realidad.

mancomunado -da *adj* **1** *part* → MANCOMUNAR.
2 Que se hace o ejerce de mancomún. | Velarde *Raz* 5/6.89, 273: Su modelo se vino al suelo por la acción mancomunada de la crisis económica y de la transición política. Compil. *Vizcaya* 250: El cargo de comisario es .. gratuito, y sus facultades, mancomunadas o solidarias, son personalísimas e intransferibles. **b)** (*Der*) [Obligación] exigible a dos o más deudores, o por dos o más acreedores, cada uno en su parte correspondiente. | Ramírez *Derecho* 104: Las obligaciones se dividen o clasifican en puras y condicionales; a plazo; alternativas; mancomunadas y solidarias.

mancomunar *tr* Hacer que [varias perss. o cosas (*cd*)] actúen o funcionen de mancomún. | S. Verd *Abc* 29.5.74, 48: El plan que se desea consiste en la creación de tres Diputaciones, una para cada una de las islas, mancomunadas en una teórica cuarta Diputación general que las englobaría a todas. E. Bayo *Des* 12.9.70, 23: Los más jóvenes aprendieron .. cómo la solidaridad y el esfuerzo mancomunado son la única palanca para hacer avanzar la pesada carreta.

mancomunidad *f* Entidad legalmente constituida por agrupación de municipios o provincias. | *Abc* 14.5.70, 41: Varias reuniones entre los alcaldes de Fuenterrabía, Irún, Hendaya, Ur[r]ugne y Birriatou han tenido lugar .. con el fin de crear una mancomunidad de intereses entre las cinco poblaciones.

mancornar (*conjug* **4**) *tr* **1** Inmovilizar [a una res vacuna] poniéndole los cuernos fijos en la tierra o uniéndole el cuerno y la mano del mismo lado. | J. Vidal *Inf* 19.8.74, 23: Las mujeres formaban parte de las comparsas y jugaban un papel activo en el ruedo, bien burlando las tarascadas del toro ..; bien banderilleando, bien mancornando a la fiera, que de todo había.
2 (*raro*) Inmovilizar o sujetar [algo]. | Benet *Otoño* 32: La persiana, mancornada y bloqueada hasta media altura, dejaba entrar tal frío que durante cinco meses dábamos la clase con abrigo. Aldecoa *Gran Sol* 167: Simón Orozco, asido a las cabillas de la rueda, mancornaba el timón, sostenía el rumbo.
3 (*raro*) Unir o juntar [a dos perss. o cosas, o una con otra]. | Soler *Muertos* 31: Campaban y mangoneaban los hacendados, los acaudalados, los industriales .., y por ahí, mancornados con ellos .., se las ingeniaban los del hábito y la tonsura.

mancuerda *f* (*hist*) Tormento consistente en atar al reo con ligaduras que se van apretando por vueltas de una rueda. | Cunqueiro *Crónicas* 76: Cogieron, digo, al Judío Errante y pasó las pruebas del agua, del fuego y de la mancuerda.

mancuerna *f* **1** Porción de tallo de la planta de tabaco con un par de hojas unidas a él. | FReguera-March *Cuba* 259: Las hojas mejores son las de arriba. Se cortan de dos en dos, con un pedacito de tallo, en "mancuernas". Se llaman de "corona" y se usan para la capa de los puros.
2 (*Dep*) *En pl*: Pareja o parejas de discos de un peso determinado que, unidos a los extremos de una barra metálica, sirven para hacer ejercicios de desarrollo de la musculatura de los brazos. | *Abc* 9.4.67, sn: Mancuernas Intercambiables. Barra de pesas. Millán *Fresa* 13: Pensé si Miller sería marica, hasta que reparé en las mancuernillas que había en el fondo (de diez kg. cada una) y en la barra que pendía del marco de la puerta del baño.

mancuso *m* (*hist*) Moneda de oro del s. XI, de la España musulmana y del Condado de Barcelona. | Ubieto *Historia* 132: El único arancel de aduanas del siglo XI conservado nos da la lista de productos que se podían adquirir: .. espadas, lorigas, moros cautivos, lino para hilar, mancusos (monedas) de oro, asnos, yeguas. *His* 12.82, 33: Mancuso (moneda califal de oro) de la época de Ramón Berenguer I.

manda¹ *f* **1** Legado testamentario. | Cunqueiro *Crónicas* 14: Le había dejado una manda en el testamento. La manda consistía en un pequeño manzanal en un prado.
2 (*reg*) Voto o promesa. | GLuengo *Extremadura* 138: Antes eran frecuentes las mandas o promesas de ir a pie a Guadalupe.

manda² *m* Miembro secundario de la Junta de la Cofradía en la caballada de Atienza (Guadalajara). | FVidal *Duero* 38: Los atencinos .. organizan lo que ha venido llamándose durante siglos La Caballada, remedo de la liberación del rey-niño .. por parte de la Hermandad o Mesa o Consejo, bajo la dirección del Manda y del secretario o fiel de fechos.

mandación *f* (*hist*) Distrito administrativo del reino asturleonés, regido por un delegado real con amplias atribuciones políticas, judiciales, militares y financieras. | Ubieto *Historia* 121: Existieron [en la monarquía asturleonesa] mandaciones y condados como unidades administrativas, gobernadas generalmente por un conde, bajo el que actuaba un merino.

mandadero -ra A *m y f* **1** Pers. que se dedica a hacer mandados [4]. | Cuevas *Finca* 130: Perico, el mandadero, volvía del pueblo con su capote de hule amarillo. CPuche *Sabor* 156: Se habían quedado a dormir con la mandadera del convento. Solís *Siglo* 33: Era la tarea más ingrata de la oficina y la última jerárquicamente, si se salvaba a los mandaderos y ordenanzas. ZVicente *Traque* 246: Me coloqué .. como recadero, cosario que le dicen .. Siempre es bueno hacer algo, la gente me nota menos la avería, ya no se es el Cojo, sino el Mandadero, o lo que sea.
B *f* **2** (*reg*) Asistenta. | * Necesito una mandadera para las tareas habituales de la casa.

mandado -da I *adj* **1** *part* → MANDAR.
2 bien ~, mal ~ → BIENMANDADO, MALMANDADO.
II *n* **A** *m y f* **3** Pers. que obedece órdenes. | Delibes *Ratas* 58: El José Luis, el Alguacil, no era más que un mandado de Justito, el Alcalde. Diosdado *Anillos* 1, 266: Eso, a la empresa. Yo soy un mandao.
B *m* **4** Recado, o encargo que implica desplazamiento. | Lagos *Vida* 50: Joseíto se apresuró a cumplir el mandado, contento de alejarse. Ferres-LSalinas *Hurdes* 110: El Lucas cuenta que oyó las voces una noche cuando iba a un mandao de las monjas.
5 Recado, o mensaje dado de palabra. | GPavón *Reinado* 12: Soltó su mandado: –Jefe, que le llama el señor Juez.
6 (*jerg*) Órgano sexual masculino. | MacMacarra *Pue* 5.7.83, 36: Tiene un mandao, yamado vulgarmente magué, que ya lo cohiera un picadó para hasé mayormente la carioca. J. Vidal *SPaís* 21.12.93, 16: Calzaba un mandao que ríase usted del Obelisco.

mandador -ra *m y f* (*raro*) Pers. que manda. | Falele *Cod* 3.5.64, 7: Aceptaban el hado y no tenían problema de gobierno, acatando todos la omnímoda voluntad del Mandador.

mandala *m* (*Rel*) Representación simbólica del universo propia del budismo y otras religiones. | VMontalbán *Rosa* 159: La rosa blanca en cambio es el sentido de la perfección, el círculo cerrado, el ensimismamiento de la belleza en los mandalas.

mandamás *m y f* (*col*) Pers. que ostenta la máxima autoridad o una autoridad superior. | Pla *Des* 12.9.70, 24: Tito se convertía en el mandamás universal. Zunzunegui *Hijo* 92: Entró a formar parte, con uno de los mandamases de la Banca Vizcaína .., del Consejo de una importantísima fábrica de cemento.

mandamiento *m* **1** Precepto [de la Ley de Dios o de la Iglesia]. | CNavarro *Perros* 37: Solo existe un mandamiento de los diez, un solo pecado de los millones y millones de pecados que un hombre puede cometer.
2 Orden dictada por un juez. *Gralm ~* JUDICIAL. | Vega *Cocina* 89: Algunos cornúpetas sienten asco por embestir y no se acercan a los caballos ni con mandamiento judicial.
3 (*col*) *En pl*: Dedos de la mano. *Gralm* LOS CINCO ~S. | * Le encanta comer con los cinco mandamientos.

mandanga *f* **1** (*col*) Tontería o historia. *Gralm en pl.* | Delibes *Emigrante* 78: Si empezamos con restaurantes y mandangas vamos a llegar a pré. MGaite *Visillos* 155: Les contó que venían muchos, que lo había organizado su hermana Teresa .. –He visto que andan haciendo pastelitos y mandangas. **b)** *Vacía de significado y frec en pl, se emplea como remate para reforzar o marcar la intención desp de la frase. Gralm en constrs como* NI + *n* + NI ~S, *o* QUÉ ~S. | VMontalbán *Rosa* 121: Tú, señorito, ni límites, ni antitecnología, ni mandangas. Tú te vas a Mozambique a ahorrar para la vejez. SFerlosio *Jarama* 65: Luego dijeron que si estaba en La Coruña con negocios o no sé qué mandangas. FReguera-March *Boda* 148: Vine en los papeles y toda la mandanga.
2 (*col*) Indolencia o dejadez. | Grosso *Zanja* 20: Le resulta agradable pensar que a falta de distracciones de su veraneo lejos del mar no tenía una mandanga caliginosa de otros años. **b)** (*Taur*) Falta de deseos de trabajar del torero. | DCañabate *Abc* 19.3.72, 73: Paco Camino es uno de los jefes destacados de esta facción taurina dispuesta a terminar con la crítica. Me parece de perlas. Como torero ha tenido mucha mandanga; como jefe político está demostrando gran actividad, y ya veremos si acierta.
3 (*col*) Dificultad o complicación. *Gralm en la constr* TENER ~. | CBonald *Dos días* 86: –Yo se la guardo, porque me va a necesitar, eso seguro, y vamos a ver entonces quién lleva las de perder. –No, si el asunto tiene su mandanga, no te digo que no, pero habrá una fórmula.
4 (*jerg*) Droga, esp. marihuana. | D. Calzada *Abc* 16.11.80, sn: Si se acerca por Malasaña, no se le ocurra pedir mil pesetas de hachís .. Diga más llanamente un talego (de chocolate, mierda o mandanga). Montero *Reina* 141: A mí el asunto me la trae floja. La mandanga no es lo mío.

mandanguero -ra I *adj* **1** (*col*) [Pers.] que tiene mandanga [2]. *Tb n.* | ZVicente *Mesa* 143: El Nicolasito, buen mandanguero está hecho, también está convencido de que dice cosas importantes.
II *m y f* **2** (*jerg*) Pers. que fuma o vende mandanga [3]. | * Esos bares están plagados de mandangueros.

mandante I *adj* **1** [Pers.] que manda, *esp* [1 y 8]. *Frec n.* | *Impreso* 3.75: Transferencia recibida de Banco de Bilbao .. Muy Sr. nuestro: Siguiendo instrucciones del mandante, el importe de esta transferencia lo abonamos en su cuenta. I. Palou *Sáb* 17.5.75, 49: Tenía metidas en un puño a todas las pobres desgraciadas que iba[n] destinadas a su sala. La Juanita era mandante de la número uno. Mandaba a diestro y siniestro. Mendoza *Savolta* 61: –Está bien, señores, ¿a quién hay que pegar? .. ¿Se trata de gente importante? –No .. –Resuma los datos .. –Represento a los dirigentes de una empresa .. Supongo que podré ocultar el nombre de mis mandantes.
II *m y f* **2** (*Der*) Pers. que confía su representación a otra mediante contrato de mandato [3]. | Ramírez *Derecho* 116: El contrato de mandato faculta al mandante para revocarlo cuando lo tenga por conveniente.

mandapa *f* (*Arte*) Vestíbulo con columnas de la pagoda india. | Fernández-Llorens *Occidente* 269: Las mandapas son grandes salas para descanso de los peregrinos ..; en sus pilastras se desborda el gusto por el fasto y la decoración.

mandar I *v* **A** *tr* **1** Manifestar [alguien con autoridad (*suj*)] su deseo de que se haga [algo (*cd*)]. | Olmo *Golfos* 58: –¡Coge un bote y trae agua! –mandó el Doblao. **b)** *A veces se emplea para indicar que, al menos cortésmente, se admite la autoridad del otro interlocutor, presentado como suj. Frec en la fórmula pop de cortesía* A ~, *como respuesta a otra de gratitud, o como despedida.* | Grosso *Capirote* 87: Se cuadraba en broma delante del oficial. –Si no manda nada, jefe, mientras le toma la afiliación [sic] me voy a llegar a talleres. Forges *Forges nº 2* 35: Me han dicho que les diga que les esperan en Las Navas de Tolosa .. De nada, a mandar. Cela *Alcarria* 228: –A lo mejor vuelvo por aquí .. –Bueno, a mandar, ya sabe dónde nos deja. **c) mande** (*con entonación interrog*). (*pop*) *Fórmula de cortesía usada como respuesta a una llamada para preguntar lo que se desea, o como petición de aclaración de algo que no se ha entendido.* | Palomino *Torremolinos* 83: –Milhombres. –Mande. –Sube una garrafa de tinto; si puedes. Cabañas *Cod* 23.3.75, 7: –Estamos haciendo un estudio sociológico sobre la madurez política del español en general... –¿Mande?
2 Imponer [una cosa (*suj*)] algo (*infin o prop con* QUE)]. | SLuis *Doctrina* 86: El quinto Mandamiento manda querer bien a todos.
3 Dirigir o gobernar [a una pers. o grupo]. | *Abc* 9.2.75, 13: Las unidades llegadas hasta el momento a Ceuta son las siguientes: Transportes de ataque "Castilla" y "Galicia", mandados por los capitanes de navío don José Manuel Fernández González y don José María Zumalacárregui Calvo. **b)** Dirigir el funcionamiento [de algo (*cd*)]. | APaz *Circulación* 228: El giro del motor pasa por el embrague 5 a la caja de cambios J situada a continuación (que se manda con la palanca P).
4 Enviar. | Delibes *Guerras* 213: ¿No le estoy diciendo que él mismo pidió al amo que mandara razón al cuartelillo? Medio *Bibiana* 269: Yo no mandé nada a ningún concurso. **b) ~ al cuerno, al demonio, al diablo, a freír espárragos, a freír monas, a hacer gárgaras, al infierno, a la porra, a paseo, a tomar viento,** *etc* (*col*); **~ a hacer** (*o* **a freír**) **puñetas, a la mierda, a tomar por (el) culo,** *etc* (*vulg*) Despedir o rechazar con desprecio o enojo [a una pers. o cosa]. | Falele *Cod* 3.5.64, 7: Mandaron a freír espárragos a los mentirosos países adelantados. CPuche *Paralelo* 275: Era para mandarlos a freír monas.

mandarín – manderecha

Vivían más arriba de la higuera, en lo alto de las nubes. *Tri* 20.5.67, 5: Habrá que mandar a la mismísima porra el teatro aficionado, su esfuerzo y su entrega. Delibes *Cinco horas* 280: Pero le mandé a paseo, que se debió quedar de un aire. Pombo *Héroe* 162: Aquella misma noche la abuela Mercedes tomaba la determinación de mandarlo todo a tomar vientos. Cela *SCamilo* 367: Se le ha vuelto a estropear la pierna ortopédica, ¡a esta pierna va a haber que mandarla a hacer puñetas! Cela *Mazurca* 58: Tampoco se les puede mandar a freír puñetas, así sin más ni más, a que se los coman los lobos y la piojera. Cela *SCamilo* 22: Tú tuviste amores con una criadita joven ..; después, cuando se decidió a cortar por lo sano .., le mandó a la mierda. **c) ~ al otro barrio**, *o* **al otro mundo** → BARRIO, MUNDO.

5 Dejar [algo (*cd*) a alguien (*ci*)] en testamento. | * Mando a mi sobrino Agustín 25.000 pts.

6 (*reg*) Dar [una cantidad] como precio [por algo]. | Berlanga *Gaznápira* 26: –¿Cuánto quieres por él? –¿Cuánto mandas tú? –Setenta reales. –¡A joderla: tuyo es! Cancio *Bronces* 69: A mí, José, la res que traes no me parece que tiene na de mala ..; ¿tuviste que mandar mucho por el animal?

7 estar [alguien o algo] **mandado retirar.** (*col, desp*) Estar anticuado. | ZVicente *Traque* 265: La poesía está destinada a gentes así, bueno, usted me entiende. Aquí somos muy científicos, eso está ya mandado retirar. Paso *Cosas* 243: Soy una vieja. Y tú lo sabes. Estoy mandada retirar. Y en cuanto termine los cien lunes a San Cipriano, me retiro.

B *intr* **8** Ejercer [alguien] la autoridad [sobre alguien o algo (*compl* SOBRE *o* EN)]. *Tb sin compl.* | Aldecoa *Gran Sol* 41: No mando en el barco, el manda en la faena. L. Apostua *Gac* 28.12.75, 28: Por "líbero" entienden los entrenadores a ese jugador inteligente, hábil y autoritario que manda en el campo, que crea juego o tapa brechas. Arce *Testamento* 14: Los maestros de escuela saben mandar de lo lindo. **b)** Tener [algo] superioridad o preponderancia. | *Abc Extra* 12.62, 95: En la malilla el nueve es quien manda. **c)** (*Taur*) Dominar. | Hache *Cod* 9.2.64, 5: Sus naturales cargando la suerte, mandando y templando.

II *loc adv* **9 como está mandado**, *o* **como Dios manda.** (*col*) Como debe ser. *Tb adj.* | DCañabate *Andanzas* 98: De una calle tienes que saber del pie que cojea pa regarla sin hacerle charcos, pa distribuir el agua como está mandao. T. Medina *Pue* 9.5.66, 2: En la taberna hay un grupo de carlistas que beben vino como Dios manda. ZVicente *Mesa* 55: Una valenciana como está mandado, o sea, tetuda y opulenta.

III *interj* **10 manda cojones** (*o, por euf,* **manda narices**) → COJÓN, NARIZ.

mandarín -na I *adj* **1** (*raro*) De los mandarines [3]. | Anson *Abc* 29.7.67, 31: Vivió la derrota de su movimiento, tras la heroica lucha "boxer" de los cincuenta y cinco días que estremecieron a la vieja capital mandarina.

2 [Pato] → PATO.

II *m* **3** (*hist*) *En China y algún otro país asiático:* Hombre que tiene a su cargo el gobierno de una ciudad o la administración de justicia. | *Abc Extra* 12.62, 81: Descubrieron que era un juego secreto, un juego privado para emperadores y mandarines. **b)** (*desp*) Individuo influyente en los ambientes intelectuales o políticos. | G. L. DPlaja *Tri* 26.6.71, 21: Esto da origen a figuras .. que caracterizan a nuestra Universidad, y que en el caso concreto de Medicina, las actitudes de mandarín .. sean tanto más dramáticas. Halcón *Ir* 377: –¿El Sindicato? –había preguntado el empresario transportista ..–El Sindicato –contestó el mandarín sindical.

4 Dialecto chino septentrional, que tiene carácter de lengua general. | Anson *Oriente* 91: Los mejores libros de autores vietnamitas están redactados en mandarín o en cantonés.

mandarina I *f* **1** Fruto semejante a la naranja, pero más pequeño, de cáscara fácilmente desprendible y muy dulce y aromático. *Tb, raro,* NARANJA ~. | Ortega-Roig *País* 84: Las naranjas, junto con mandarinas y limones, forman el grupo de los agrios.

II *adj invar* **2** [Color] naranja. *Tb n m.* | * Lleva un abrigo color mandarina. **b)** De color naranja. | *Lab* 9.70, 14: Hacer un pompón mandarina y coserlo en la parte alta del gorro.

III *interj* **3 chúpate esa** ~ → CHUPAR.

mandarinato *m* **1** Condición de mandarín [3]. | Azúa *Diario* 74: Debía de tratarse .. de algún funcionario de la delincuencia. Con un gesto elegantísimo, como si apartara algún mal pensamiento o se acomodara las fluidas mangas de seda, signo de su mandarinato, indicó a los chulos que se retiraran.

2 Territorio correspondiente a un mandarín [3a]. *Tb fig.* | E. Canito *Des* 12.9.70, 27: Nada más deseoso de que la cultura no sea un mandarinato ni un timbre de gloria para intocables.

3 Clase o conjunto de los mandarines [3]. | Anson *Oriente* 84: En China, donde Mao Tse-tung ni siquiera se ha molestado en liquidar a la aristocracia imperial, sino que gobierna con ella, el mandarinato se conserva casi intacto. Benet *País* 1.2.83, 10: Del mandato surgirá la profesión y de la profesión el mandarinato, esto es, la casta que tiene acceso al conocimiento de las leyes.

mandarinesco -ca *adj* De(l) mandarín [3]. | GBiedma *Retrato* 132: Quizá todos están demasiado absortos en la mandarinesca vida matritense para pensar en nada más.

mandarinismo *m* Actitud o comportamiento de mandarín [3b]. | *Barcelona* 9: Lugares periféricos amodorrados a la sombra del mandarinismo caciquil.

mandarino *m* Planta arbustiva o arbórea, originaria de China, cuyo fruto es la mandarina (*Citrus nobilis*). | Sopeña *Inf* 5.12.77, 18: En el jardín de casa, insolencia de rosales más que en flor y mandarinos.

mandarria *f* (*Mar*) Maza de calafate. | Zunzunegui *Hijo* 13: No tenía aún fuerzas para sacudir la mandarria contra un perno de remache o embudillo.

mandatario *m y f* **1** (*Der*) Pers. que se hace cargo de la representación de otra mediante contrato de mandato [3]. | Ramírez *Derecho* 117: El contrato de mandato faculta al mandante para revocarlo cuando lo tenga por conveniente, pero viniendo obligado a cumplir todas las obligaciones, que, en su nombre y dentro de los límites del mandato, haya contraído el mandatario antes de la revocación.

2 (*Pol*) Representante político por elección. | *Abc* 10.11.70, 30: En la legislatura precedente, elegida con otra estructura de distritos el 6 de noviembre de 1966, el Parlamento lo integraban 96 mandatarios.

3 (*Pol*) Gobernante, esp. jefe de Estado. | *D16* 6.8.89, 18: El presidente Alan García ha sido blanco durante estos días de numerosas y duras críticas. Pero, si bien es verdad que el joven mandatario es el máximo responsable de la actual crisis peruana, no menos cierto es que muchos de sus más acérrimos detractores también han tenido que ver, de alguna manera, en lo ocurrido.

mandato *m* **1** Cosa que se manda [1a]. | Peña-Useros *Mesías* 22: El mandato de Dios en el Paraíso.

2 Cargo, esp. político, que desempeña una pers. *Frec el tiempo que dura.* | *Inf* 8.2.75, 12: Poco después de iniciar su mandato como presidente de la Junta Municipal del distrito de Retiro, don Antonio Horcajo prometió que su primera gran tarea sería reconquistar el suelo para los peatones. **b)** (*Pol*) Encargo que se confiere por la elección a diputados, concejales u otros cargos similares. | Carrero *Pue* 22.12.70, 6: Los procuradores adoptan posturas y posiciones con plena libertad, sin estar ligados por mandato imperativo alguno.

3 (*Der*) Contrato consensual por el que una pers. encarga a otra su representación o la gestión de algún negocio. | Ramírez *Derecho* 116: El contrato de mandato faculta al mandante para revocarlo cuando lo tenga por conveniente.

4 (*hist*) Potestad titular que, conferida e intervenida por la Sociedad de Naciones, ejerce un estado sobre un país no independiente. *Tb el territorio en que se ejerce.* | Vicens *Polis* 482: Ambas potencias se repartieron el mandato de la mayor parte de las colonias alemanas. Zubía *Geografía* 123: Estos territorios dependientes de un Estado reciben diversos nombres: dominios, colonias, protectorados, mandatos.

5 (*Rel catól*) Ceremonia del lavatorio de pies el día de Jueves Santo. | Ribera *SSanta* 58: Es la Misa que se venía diciendo hasta el presente con algunas ligeras modificaciones, especialmente por lo referente al Mandato o lavatorio de los pies.

manderecha *f* (*raro*) Mano derecha (dirección). | ZVicente *Mesa* 117: A manderecha según se va.

mandible *adj* (*reg*) Obediente o servicial. | Escobar *Itinerarios* 238: Estaba casado con la Paulina, mujer decente y honrada, muy limpia y mandible.

mandíbula I *f* **1** *En los vertebrados:* Pieza ósea o córnea de las dos que forman la boca y en la que están implantados los dientes cuando los hay. | Legorburu-Barrutia *Ciencias* 61: Están metidos [los dientes] en unos huecos de las mandíbulas llamados alvéolos. Alvarado *Zoología* 94: Las aves carecen en absoluto de dientes. Sus mandíbulas, cubiertas por un estuche córneo, forman un pico, que funciona como una pinza. **b)** Mandíbula inferior del hombre. | Lera *Boda* 640: Cayetano movió la cabeza, que era grande y calva. Tenía los pómulos fuertes, fuerte la mandíbula, ardientes los ojos.
2 (*Zool*) *En los artrópodos:* Pieza quitinosa de las dos que, situadas lateralmente en la boca, sirven para triturar el alimento. | Bustinza-Mascaró *Ciencias* 289: En otros insectos sociales (termes y algunas hormigas) hay una cuarta clase de individuos, los soldados, encargados de la defensa de la sociedad, para lo cual tienen muy desarrolladas las mandíbulas.
3 (*Mec*) Pieza de las dos que constituyen la mordaza. | *BOE* 2.8.76, 14910: El dispositivo de suspensión y de disparo del martinete podrá desplazarse entre las guiaderas y se fija accionando una palanca que aprieta dos mandíbulas.
II *loc adv* **4 a ~ batiente.** (*col*) A carcajadas. *Con el v* REÍR. | *Cod* 2.2.64, 5: Te ríes a mandíbula batiente viendo la cara de los transeúntes.

mandibulado -da *adj* **1** (*Zool*) Que tiene mandíbulas [1 y 2]. | * La abeja es un animal mandibulado.
2 [Pers.] de mandíbula [1b] pronunciada. | Umbral *Noche* 20: Eladio Cabañero .., calvo a destiempo, pero calvo peinado, muy mandibulado, cegato.

mandibular *adj* (*Anat*) De (la) mandíbula [1 y 2]. | Bustinza-Mascaró *Ciencias* 46: Los dientes son piezas duras encajadas en orificios o alvéolos de los huesos mandibulares. Alvarado *Anatomía* 54: El [hueso] que queda libre es el maxilar inferior o mandibular.

mandil *m* **1** Delantal, esp. largo, con peto y de cuero o tela fuerte. | CPuche *Paralelo* 157: Los porteadores del almacén se dirigían casi todos a alguna tasca de Bravo Murillo, aunque algunos se quitaban el mandil y se marchaban a su casa. MSantos *Tiempo* 195: El mozo con su chaquetilla blanca esperaba igual que en un restaurante cualquiera .. con el puño puesto sobre el hombro, y en el mandil, más abajo, solo algunas manchas de grasa. Moreno *Galería* 40: La indumentaria de las escardadoras solía ser un gran pañolón .. Un mandil, medias de lana y abarcas cerradas. **b)** (*reg*) Prenda para evitar mancharse la ropa. | Clarines 513: –Primero habría que quitarle ese mandil con que le quisieron tapar –dijo Fina. Entonces el Aceituno miró al guardapolvo de oficinista, lleno de manchas negras, y se estremeció. MMolina *Jinete* 243: Niños con mandiles azules, con carteras al hombro.
2 (*reg*) Paño que se pone a las caballerías debajo de la cubierta. | C. Sáez *Nar* 7.76, 13: El aparejo de labor consta de la basta, .. luego va el ropón, más tarde la jarma .., el mandil que llega a la misma parte donde se encuentra el atajarre y finalmente, la sobrejarma.
3 (*reg*) Trozo de tela con que se cubren los genitales del morueco a fin de evitar la fecundación. | Moreno *Galería* 64: Un anticonceptivo tan rústico como eficaz .. era el mandil.

mandilete *m* (*reg*) Mandil o delantal. | *Lugo* 69: En los altos, pañuelo o toca de abrigo, capellina o dengue cerrado y refajo con sobrefalda y mandilete.

mandilón *m* Mandil [1]. *A veces con intención desp.* | CPuche *Paralelo* 156: Un día les decía a los demás del mandilón, como entre ellos se llamaban los mozos del almacén. Villarta *SYa* 23.11.75, 25: Les ofrece resurrecciones inspiradas en los tiempos que fueron; y son los bombachos, los vestidos "baby doll", los mandilones escolares.

mandinga I *adj* **1** [Individuo] de un grupo étnico que se extiende pralm. por Malí, Guinea, Costa de Marfil y Senegal. *Tb n.* | *Ya* 20.1.86, 55: Alhagie, guerrero mandinga, paisano del mítico Kunta Kinte, nació hace 30 años en la aldea de Fara Bantda, a las orillas del río Gambia. **b)** De (los) mandingas. | X. Rekalde *Cam* 16.5.88, 175: Touré Kunda es otra de las grandes orquestas del espectro cultural mandinga, procedente del territorio de la actual Senegambia.
II *m* **2** Familia de lenguas africanas hablada pralm. en Malí, Guinea y Sierra Leona. | L. Carretero *SD16* 18.2.89, 4: Entre la amplísima oferta de idiomas que abarca el estudio entre los africanos, de árabe, bubi, fang, kikongo, lingala, mandinga, swahili y wolof .., algunos de los cursos no se comenzaron por falta de matriculación.

mandioca *f* Arbusto originario de América tropical y cultivado por sus raíces, ricas en almidón (*Manihot utilissima*). | Herrero *Ya* 24.5.70, sn: Un vietcong .. chupa raíces de mandioca y busca cangrejillos en los arrozales.

mando *m* **1** Acción de mandar [1a, 3 y 8]. | C. Calvo *Sáb* 10.9.66, 3: Aquí está el argumento más quimérico y definitivo para solicitar el gobierno por las solteras: la inocencia e inexperiencia en el mando. A. LPeña *HLM* 26.10.70, 29: Un partido que fue de punta a punta de absoluta superioridad, por acierto y mando aun cuando no por juego de los muchachos de Peñalva. APaz *Circulación* 262: El motor se hace girar más o menos de prisa según la cantidad de aire carburado .. que se le suministre por el carburador, y este mando se hace girando el puño derecho del manillar.
2 Autoridad (potestad legal de mandar o de prohibir). | * No tiene mando sobre ti. **b)** Pers. o conjunto de perss. que tienen autoridad. | J. M. Massip *Abc* 3.12.70, 36: Pueden predecirse sanciones ejecutivas serias contra altos funcionarios del Departamento de Estado y los mandos del Servicio de Guardacostas. Romero *Tres días* 67: Necesito ponerme cuanto antes en comunicación con el mando militar. Lázaro *Abc* 29.6.85, 3: El mando es ahora abrumadoramente cuarentón.
3 Dispositivo con que se dirige el funcionamiento de un aparato. | Ortega *Americanos* 54: Moviendo uno de aquellos mandos [del televisor] redujo la imagen en la pantalla. **b)** *En pl:* Indicadores de funcionamiento de un vehículo que están a la vista del conductor. *Gralm en las constrs* CUADRO, *o* TABLERO, DE ~S. | *Cod* 1.9.74, 18: Empuñe la nueva palanca de cambios. Sorpréndase ante el tablero de mandos más completo que jamás haya visto. **c)** **~ a distancia** → DISTANCIA.

mandoble *m* **1** Cuchillada o golpe grande que se da esgrimiendo el arma con ambas manos. | Cela *Judíos* 68: Desarmó al jefe de la guardia y, repartiendo cuchilladas y mandobles, cargó sobre la tropa.
2 (*col*) Golpe grande dado con la mano. | CPuche *Paralelo* 132: La Priscila le dio la noche a la policía. Y de poco los hace papilla cuando la llevaban a la comisaría. Al conductor de la furgoneta le largó un mandoble que estuvieron a punto de estrellarse todos. Berlanga *Gaznápira* 13: De la plaza llega un "¡mía, mía!" del partido de pelota en la pared de la ermita y el eco de algún mandoble seco.
3 (*hist*) Espada grande. | Cunqueiro *Un hombre* 60: Una espada larga, de hoja acanalada, de la familia del mandoble milanés.

mandolina *f* Instrumento músico semejante al laúd, pero de tamaño mucho menor, con caja de resonancia gralm. abombada y cuatro cuerdas dobles que se tocan con plectro. | Marcos-Martínez *Física* 63: ¿Qué clase de instrumentos son: el arpa, el violoncelo, la mandolina .. y el acordeón? Valls *Música* 144: Se acompaña [la jota] por un conjunto instrumental –la rondalla– compuesto por guitarras, guitarricos, bandurrias, castañuelas y mandolinas españolas (caja de resonancia plana).

mandón -na I *adj* **1** (*col, desp*) [Pers.] muy aficionada a mandar [8]. *Tb n.* | Olmo *Golfos* 94: –Oye, .. te estás volviendo muy farruco, tú. –Y tú muy mandón. ZVicente *Hojas* 54: Gruñía siempre contra el genio de tu tía, es una mandona, no hay que hacerla caso, que la zurzan. **b)** Propio de la pers. mandona. | GPavón *Reinado* 128: Mujer de unos sesenta y cinco años, pelo gris, .. boca fresca todavía y gesto mandón.
2 (*Taur*) Dominador. | *HLM* 26.10.70, 36: Gregorio Lalanda estuvo muy puesto y mandón. PLuis *HLM* 26.3.79, 38: Se lució Patrick .. en unos elegantes y parsimoniosos derechazos y en los naturales mandones que instrumentó.
II *m* **3** (*col, desp*) Pers. con autoridad o primacía. *Tb fig.* | Matute *Memoria* 84: Estaban .. el alcalde, su mujer, otros mandones del pueblo y el vicario. Paul *Mar* 23.11.70, 2: Al que siempre figuró en temporadas anteriores como mandón

mandorla – manera

de su grupo en Tercera División, lo vemos ahora hundido en los últimos lugares de la tabla.

mandorla *f* (*Arte*) Almendra (encuadramiento en forma de elipse que rodea a una representación de Cristo Creador o de la Virgen). | Tejedor *Arte* 107: Aparece en la parte superior el Cristo Pantocrátor (Creador) o la Virgen Theotocos (Madre de Dios) dentro de una almendra o mandorla.

mandrágora *f* Planta herbácea venenosa, de raíz grande y ramificada y de olor fétido, a la que se atribuían virtudes mágicas y propiedades afrodisiacas (gén. *Mandragora*, esp. *M. officinarum*). | ZVicente *Traque* 10: La flor de mandrágora para, bueno, a usted qué le importa para qué sirve la mandrágora.

mandria *adj* (*desp*) [Pers.] apocada e inútil. *Frec n m*. | DCañabate *Paseíllo* 89: Son tres mandrias los que torean.

mandril[1] *m* Primate del África occidental, de hocico alargado con relieves azulados, y nariz y partes desnudas rojas (*Mandrillus sphinx*). | Cela *SCamilo* 290: El diablo .. tiene cara de cocodrilo sonriente, otros se lo imaginan con cara de mandril.

mandril[2] *m* (*E*) **1** Utensilio o pieza mecánica, gralm. de forma cilíndrica, que sirve esp. para asegurar lo que se ha de tornear o para ensanchar, pulir o redondear agujeros o piezas huecas. | BOE 2.9.77, 19711: Se hace girar .. el rodillo sobre la cara flor de la probeta, de manera que al final del giro, la longitud de la misma abarque sobre el mandril el arco correspondiente a un ángulo central de 180°.
2 Tubo de cartón u otra materia, que se usa como núcleo para formar los rollos o bobinas de papel. | GTelefónica N. 817: La Engomadora Moderna, S.A. Papeles engomados .. Mandriles cartón.

mandrinado *m* Acción de mandrinar. | GTelefónica N. 691: Talleres Hermanos Ramírez. Talleres de rectificación. Especialidad en rectificados de cigüeñales. Encamisado y rectificado de cilindros. Mandrinado de bancadas.

mandrinador -ra A *m y f* **1** Operario especializado en el manejo de mandrinadoras [2]. | Ya 14.4.64, 43: Precisamos mandrinadores, ajustadores, cepilladores.
B *f* **2** Máquina que sirve para mandrinar. | Abc 18.4.58, 46: Compraríamos mandrinadora de cojinetes de bancada nueva o usada.

mandrinar *tr* (*Metal*) Ensanchar, pulir o taladrar [piezas de metal] con un mandril[2] [1]. *Tb abs*. | BOE 7.11.61, 15858: Artículos .. Máquinas para mandrinar.

manduca *f* (*col*) Comida. | Berlanga *Barrunto* 82: Las horas giraban como las inglesas: 4.30 a.m.,. .. es decir, cuatro y media antes de la manduca. Sastre *Taberna* 129: ¿Quién le mandaba al manco su tabaco, su poco de manduca y su peculio cuando pernoctaba de criminal en el estaribó del Puerto?

manducante *adj* (*col*) Que manduca. | Fuster *Inf* 15.8.74, 13: Uno se incorpora a uno de esos sitios [restaurantes] .. y tropieza con un trozo de humanidad afanosamente manducante.

manducar *tr* (*col*) Comer. *Tb abs*. | Escobar *Itinerarios* 172: Comer callos .. supone nada menos que manducar el estómago de ciertos rumiantes. CPuche *Paralelo* 352: ¿Cuándo Genaro podía haber soñado vestir como vestía y no privarse de nada, tanto en manducar como en soplar?

manducatoria *f* (*col*) Comida. | Escobar *Itinerarios* 169: La difunta gozará desde el cielo de esta escena de la manducatoria. Zunzunegui *Hijo* 73: El barbero, muy debilitado por los sacrificios y la falta de manducatoria, intentó rasgar las sábanas.

manduco *m* (*col, raro*) Manduca. | LTena *Luz* 43: –¿Y de manduco, qué? –¡Bazofia!

manea *f* Cuerda para atar las manos de un animal. | Romano-Sanz *Alcudia* 189: En el centro hay dos caramanchos, chaparros secos donde los pastores cuelgan cubos, latas con semillas de tomates, serijos y maneas para las caballerías.

manear[1] *tr* Poner maneas [a una caballería (*cd*)]. | Hoyo *Lobo* 18: No me gusta manear las caballerías, no solo porque pueden mancarse, sino por la tristeza que muestran cuando se las manea.

manear[2] *tr* (*reg*) **1** Tocar con la mano. | Berenguer *Leña* 133: No dejé nada sin tocar, maneando los helechos, los árboles tumbados, los abrigos de piedra.
2 (*Caza*) Ojear la caza [en un lugar (*cd*)]. | Delibes *Cazador* 182: El primo de Zacarías propuso manear los majuelos para meter la perdiz en el monte.

manecilla *f* **1** *dim* → MANO.
2 Aguja [del reloj]. | Laforet *Mujer* 72: Parecía .. que el tiempo fuese un reloj sin manecillas.
3 Palanca pequeña con que se accionan determinados aparatos. | *Hacerlo* 50: La manecilla del timbre no acciona o acciona débilmente.

manejabilidad *f* Cualidad de manejable. | GHortelano *Momento* 289: –La señora Megui está muy orgullosa de haber encontrado dos camas parejas en el mismo estilo que ese camón suyo.– Tenía mérito, sin duda alguna. Aparte las ventajas de manejabilidad. *Gac* 22.2.70, 60: Al comprar una DKW, recibe el vehículo más completo de 1 tonelada, en mecánica, motor diesel Mercedes-Benz, capacidad, potencia, seguridad, manejabilidad.

manejable *adj* Que se maneja [1 y 2] fácilmente. | *Rue* 7.3.63, 4: No es, no, alusión alguna a esos toros bonitos, manejables.

manejador -ra *adj* Que maneja [1 y 2]. *Tb n*. | Cabezas *Abc* 25.5.58, 69: Se diría que los muñecos se impacientan también. Esperan que el espíritu de la farsa y las manos diestras de sus manejadores muevan desde dentro sus músculos de madera. MGaite *Búsqueda* 91: A esto, a gustar, es a lo que se reduce el horizonte que siguen proponiendo indefectiblemente a las mujeres estos manejadores modernos de sus destinos.

manejar A *tr* ➤ **a** *normal* **1** Usar o utilizar [algo] con las manos. | *Hacerlo* 13: Antes de comprar una herramienta cualquiera es preciso comprobar .. que se pueda manejar con facilidad. **b)** Usar o utilizar. | DPlaja *Abc* 8.9.66, 12: Un autor que hemos citado entre las lagunas del repertorio bibliográfico manejado por Acevedo. FQuintana-Velarde *Política* 197: ¿Cuáles son las razones capaces de explicar esta circunstancia? Se han manejado varias.
2 Dirigir o gobernar [algo o a alguien]. *Referido a pers, tiene matiz desp*. | L. Calvo *Abc* 8.9.66, 23: Le bastarán 40 puestos de los 117 para manejar los dos tercios. Diosdado *Olvida* 56: Tony y yo no queríamos que nos manejaran según un plan preconcebido. Desde el primer momento decidimos inventar nuestra propia vida.
➤ **b** *pr* **3** ~**selas.** (*col*) Manejarse [4]. | * Tienes que aprender a manejártelas solo.
B *intr pr* **4** (*col*) Desenvolverse o actuar con soltura o habilidad. | Delibes *Emigrante* 15: Uno se maneja en la vida y cree que decide. ZVicente *Traque* 135: Hijita, que no me gusta que te pongas abrigo largo para la postulación, porque va a ser en marzo, y, ya se sabe, hace mucho viento siempre por esas fechas, y no te vas a manejar.

manejo *m* **1** Acción de manejar(se). | *Hacerlo* 46: Se precisan unas tijeras especiales, cuyo manejo .. hay que aprenderlo en la misma tienda expendedora. Cabezas *Madrid* 96: Ramales para manejo de las caballerías.
2 Maquinación o intriga. | FQuintana-Velarde *Política* 188: En 1844 se estableció, debido a manejos de un grupo de financieros muy vinculados a la política .., un nuevo Banco: el llamado Banco de Isabel II.
3 (*reg*) Gasto diario o cotidiano. | Berenguer *Mundo* 342: Robaron dinero de una caja de puros donde don Gumersindo guardaba cuartos para el manejo.

manera I *f* **1** Modo (circunstancia variable en que se produce o puede producirse un hecho). | Arce *Testamento* 27: Aquello de los golpes había sucedido de una manera tonta. Medio *Bibiana* 15: –¿De qué manera? –Así..., sin darnos explicaciones. LTena *Alfonso XII* 153: Salmerón no lo hubiera escrito de otra manera. Laforet *Mujer* 17: Su manera de vivir no era mejor que la que había establecido Mariana para ellos. **b)** ~ **de ser.** Carácter [de una pers.]. | * Su manera de ser me crispa los nervios.
2 Estilo peculiar [de un artista o escritor, de una escuela o de una época]. | Tejedor *Arte* 217: El romanticismo .. se agotó en seguida y pronto hubo así una reacción, con mani-

festación en dos tendencias: una efímera como de retorno a lo neoclásico, si bien con especiales maneras y con preferencias por la pintura de historia, y el realismo. Cunqueiro *Un hombre* 19: Y porque tenía fina letra de lápida a la manera antigua, él mismo pintaba los mojones. **b)** (*Arte y TLit*) Tendencia a la repetición reiterada de un estilo o de unas formas. | Alonso *Góngora* 153: Esas metáforas triviales, constantemente repetidas, llegan a constituir una manera.

3 *En pl:* Modales. | Olmo *Golfos* 55: Por sus maneras, era distinto a todos. **b)** Buenos modales. | Buero *Hoy* 57: Más valdría que usted las consultase también, a ver si así aprendía respeto y maneras.

II *loc v* **4 no haber ~.** (*col*) No ser posible [algo (DE + *infin o prop con* QUE)]. *A veces sin compl.* | Delibes *Ratas* 19: Se le cerró la boca y no había manera de hacerle comer. Grandes *Lulú* 130: Lleva las uñas largas, ¿sabe?, y pintadas de rojo, está prohibido pero no hay manera de que obedezca las normas su hija.

III *loc adv* **5 a mi** (**tu**, *etc*) **~.** Según mi (tu, etc.) propio estilo o costumbre. | * Yo quiero hacer las cosas a mi manera.

6 de alguna ~. (*o, más raro,* **en cierta ~**). En cierto modo, o en algún aspecto. | GRuiz *Cristianismo* 11: El mundo profano .. así de alguna manera venía consagrado. VMontalbán *Comité* 170: Joven cuadro, profesional, buena voz, facilidad para construir sintácticamente con la ayuda quizá excesiva de "... de alguna manera" o "a nivel de...".

7 de aquella ~. De un modo poco serio o poco formal. | Marsé *Montse* 215: "Tú eres creyente, ¿no?" "De aquella manera, profesor." P. Urbano *Abc* 27.5.84, 33: ¡Cuántas duras lecciones, pueblo mío! .. Has visto, con pasmo, que, de pronto, todo era Gobierno .. Los Altos Hornos. El GAL. Fidel Castro. La Televisión. Los periódicos subastados de aquella manera.

8 de cualquier ~. De cualquier modo, o sin esmero. | * Aquí trabajan de cualquier manera.

9 de cualquier ~, **de todas ~s** (*o, pop,* **de todas las ~s**). De todos modos, o sea como fuere. | FSantos *Catedrales* 48: De todas las maneras; con todo y con eso que tú dices, esto es como si no te hubieras movido de casa.

10 de ninguna ~. De ningún modo. *Tb* (*pop*) DE NINGUNA DE LAS ~S. | Matute *Memoria* 148: ¿Qué clase de monstruo que yo no tengo mi niñez y no soy, de ninguna manera, una mujer? Berlanga *Gaznápira* 67: La Juliana no se atrevía de ninguna de las maneras a probar en la bici del Moisés.

11 de otra ~. De otro modo, o de no ser así. | * Tendrán que rectificar; de otra manera, dimitiré.

12 en gran ~. (*lit*) Mucho. *Con intención ponderativa.* | * Me molesta en gran manera lo que ha escrito de mí.

13 sobre ~ → SOBREMANERA.

IV *loc prep* **14 a ~ de.** A modo de. | * Se ponía las manos a manera de visera.

V *loc conj* **15 de la misma** (*o* **de igual**) **~ que.** Del mismo modo que. | * De la misma manera que hoy se prohíbe fumar, mañana se prohibirá hablar.

16 de ~ que (*tb, pop,* **por ~ que**, **de ~s que**). De modo que. | * Lo dije de manera que no me oyeran los otros. Ribera *SSanta* 17: Él a nada contestó de cuanto le dijo; por manera que el presidente se maravilló en extremo. Grosso *Capirote* 30: ¿Ves que no le vino lo que le tenía que venir a su tiempo? Pues igual la tienes ya con el desarreglo, y tú mientras preocupado y cabizbajo. De maneras que a olvidarte, que lo que tenga que venir vendrá, te preocupes o no.

manes *m pl* **1** (*Mitol romana*) Almas de los muertos. | Arenaza-Gastaminza *Historia* 52: La religión de los romanos era politeísta, .. y el número de sus dioses era elevadísimo. Existían los dioses domésticos (manes, lares, penates) y los del Estado.

2 (*lit*) Alma [de un muerto]. *Gralm en frases exclamativas.* | Marlasca *Abc* 20.9.70, 43: Un rosario más largo que el de San Pancracio, que haría interminable la retahíla gastronómica aquí sometida a juicio. ¡Oh, manes de Don Melitón!

manfla *f* (*jerg, raro*) Prostituta. | Cela *Izas* 84: Marta la de la Ginebrosa arrumbó catorce o diez y seis años de su vida en un lupanar de pueblo, manflota de manflas para señoritos bronquistas, fuerzas vivas de incógnito y jornaleros en noche de sábado.

manflora *m o f* (*raro*) Manflorita [1]. | Escobar *Amor* 296: –No creo que mi señor te destine a ninguna manflora. –Tampoco voy a encontrar un hombre como él.

manflorita *adj* (*pop*) **1** [Hombre] afeminado. *Más frec n.* | Lázaro *Gac* 21.3.76, 13: Sesé, un jovencito manflorita, como por mi tierra los llamamos, vive matrimonialmente (?) con su amigo Víctor.

2 Hermafrodita. | Torrente *Fragmentos* 371: No ha vuelto a acertar con la combinación secreta que hace a la muñeca manflorita.

manflota *f* (*jerg, raro*) Burdel. | Cela *Izas* 84: Marta la de la Ginebrosa arrumbó catorce o diez y seis años de su vida en un lupanar de pueblo, manflota de manflas para señoritos bronquistas.

manga[1] **I** *f* **1** *En una prenda de vestir:* Parte que cubre el brazo. | Medio *Bibiana* 71: Manuel llora en silencio, limpiándose la cara con la manga del jersey.

2 Tubo flexible, gralm. de lona, caucho o materia plástica, utilizado esp. para conducir fluidos. | R. LIzquierdo *HLM* 26.10.70, 24: Los clientes las atendemos casi más que ellas a nosotros, evitando que se esfuercen en la sencilla servidumbre .. de sostener la pesada manga de la gasolina. VMontalbán *Pianista* 81: Él ya sabía que yo tenía un cipote que parecía una manga de riego. *Economía* 191: En las puertas, varios clavos para colgar la manga del aspirador, paños y gamuzas del polvo.

3 Cilindro de tela u otro tejido cuya forma recuerda la de la manga [1]. | Moreno *Galería* 157: La caja por la que se asomaba [el fotógrafo] tenía una ancha manga negra, montada sobre un trípode. **b)** (*Rel catól*) Adorno cilíndrico de tela que cubre parte de la vara de la cruz de algunas parroquias. *Tb el conjunto formado por la cruz y la manga.* | ZVicente *Examen* 46: El barrio en masa en el entierro, gran desfile de curas revestidos y de mangas funerales, gorigoris múltiples. A. Ancos *Ya* 26.5.78, 13: En el cortejo procesional abría la marcha la manga catedralicia, seguida del pendón de los hortelanos.

4 Cono de tela que sirve para colar líquidos. | *Cocina* 753: También puede hacerse poniendo el café molido en una manga y echando le agua hirviendo muy despacio sobre este. **b)** Cono de tela con boquilla, que se usa esp. en pastelería para decorar. *Gralm* ~ DE PASTELERO, *o* ~ PASTELERA. | Calera *Postres* 26: Prepárese aparte un chocolate con agua, chocolate en polvo y azúcar y adórnese la tarta con ayuda de la manga de pastelero.

5 (*reg*) Calle formada por una doble valla, que sirve para conducir el ganado al corral o al embarcadero. | G. Sureda *Sáb* 30.11.74, 72: Se ven los puntos negros de las vacas que los vaqueros a caballo conducen a encerrar, camino de la manga.

6 (*Mar*) Anchura [de un buque]. *Tb referido a otras construcciones flotantes.* | *Abc* 28.6.68, 81: Botadura de un buque para Méjico .. Sus principales características son: eslora total, 120 metros; manga, 21. *Van* 28.8.70, 21: Este dique, de 330 metros de eslora y 51 de manga, será el mayor de España.

7 (*Dep*) Eliminatoria. | *DMa* 29.3.70, 30: Con viento fresco y racheado del NE. se dio la salida a los barcos participantes en la primera manga. GCandau *SYa* 12.12.72, 23: Gimeno cometió, de revés, una serie de errores que ni él mismo podía imaginar. El resto lo tuvo fallón durante la primera manga. *Ya* 14.2.88, 29: Juegos Olímpicos de Invierno .. Luge (monoplaza, hombres, primera y segunda mangas). *DMo* 18.8.90, 48: XIX subida a la Bien Aparecida .. Mañana, mangas oficiales.

8 ~ ancha. Tolerancia excesiva, esp. en el aspecto moral. *Frec en la loc* SER DE ~ ANCHA, *o* TENER ~ ANCHA. | CPuche *Paralelo* 311: Creí que los curas en tu país tenían la manga tan ancha que hasta os dejaban divorciar. GAmat *Conciertos* 67: Aun con la manga muy ancha .., no es fácil alcanzar ese número. **b)** ~ **estrecha.** Intolerancia o rigor excesivos, esp. en el aspecto moral. | Herrero *Balada* 30: No me vas a decir ahora que soy un cura de manga estrecha, ¿no?

II *loc v* **9 hacer** [alguien] **~s y capirotes** [con, o de, algo]. Actuar a su antojo [respecto a ello]. | Hache *Cod* 3.5.64, 8: Hay Empresas poderosas que hacen mangas y capirotes

manga – mangoneador

con las localidades .. exigiendo el 10 por ciento de recargo. DCañabate *Paseíllo* 179: Durante estos últimos años las la masa .. ha hecho mangas y capirotes de la fiesta.
10 sacarse [algo] **de la ~.** Inventárse[lo], o hacer que surja como por arte de magia o por sorpresa. | Carandell *Madrid* 62: Cuando todo está perdido se sacan de la manga un Decreto. Diosdado *Anillos* 2, 176: Le he recordado una gracia que teníamos que pagar de Hacienda. Una historia atrasada que se sacan ahora de la manga.
11 tirar de la ~ [a alguien]. Tratar de influir[le] o presionar[le]. | * Por un lado le tiran de la manga los curas y por otro la nobleza.
III *loc adv* **12 bajo ~.** (*raro*) Bajo cuerda o secretamente. | A. P. Foriscot *Van* 23.6.74, 9: Yo me acuerdo ahora de lo afortunado que me consideraba durante la eversión, al obtener bajo manga en el restaurante de un amigo mío unos bocadillos, unos "pepitos", de ternera.
13 en ~s de camisa. Sin chaqueta u otra prenda que cubra la camisa. | Laforet *Mujer* 244: Eulogio apareció en la puerta del comedor, en mangas de camisa.
14 ~ por hombro. (*col*) En total abandono y desorden. *Gralm con el v* ANDAR. | Lera *Bochorno* 114: Como no esté uno en todo... En seguida se forma el follón y todo empieza a andar manga por hombro. Delibes *Cinco horas* 91: Yo lo pasé divinamente en la guerra, .. con las manifestaciones y los chicos y todo manga por hombro.
15 ni más ni ~s → MÁS.
manga² *f* Mango². *Tb su fruto.* | FReguera-March *Filipinas* 102: Se disparaban hacia la altura los árboles, desparramando sus enormes copas: las mangas, los lanzones, las moreras, el cachimil. FReguera-March *Filipinas* 138: Hay mucha fruta, naranjas, plátanos, mangas, guayabas.
mangada *f* (*reg*) Manga¹ [5]. | *Hoy* 29.9.74, 1: Soprem le ofrece: postes de madera creosotada para cercas. Postes y tablones para mangadas y cepos.
mangancia *f* (*col*) **1** Cualidad de mangante. | ZVicente *Mesa* 146: Todo se quedará en cualquier esquina, .. incluso su jefatura y su reconocida mangancia.
2 Conjunto de (los) mangantes. | Laiglesia *Tachado* 215: Continuaba concurriendo ese grupo heterogéneo, formado a partes iguales de nobleza y de mangancia.
manganear *tr* Echar el lazo [a un toro o un caballo] para derribarlo y sujetarlo. | Gala *Sáb* 26.5.76, 5: Intentar en semejantes circunstancias la abolición del absentismo [en el campo] es encender una revolución, a no ser que se estaque o manganee a las gentes del campo como ellos a sus bestias.
manganesífero -ra *adj* (*Mineral*) Que contiene manganeso. | *Huelva* 94: A la zona de predominio de los criaderos de piritas se superpone la de los depósitos manganesíferos.
manganeso *m* Metal, de número atómico 25, duro, refractario y muy oxidable, que se emplea esp. en la fabricación de acero. | Ortega-Roig *País* 96: En pequeñas cantidades se obtienen .. el estaño y el manganeso.
manganina *f* (*Metal*) Aleación de cobre, manganeso y níquel. | *Unidades* 51: Bobinas de hilo de manganina.
manganoso -sa *adj* (*Quím*) De(l) manganeso. | Aleixandre *Química* 171: La oxidación se verifica haciendo borbotear aire a través del aldehído que contenga en suspensión, como catalizadores, sales manganosas.
mangante *adj* (*col*) **1** [Pers.] que roba. *Más frec n.* | *DLi* 21.2.78, 8: Ex presidenta mangante. Una nueva orden de prisión preventiva fue dictada ayer por los jueces argentinos contra su ex presidente [*sic*] Isabel Martínez de Perón, por presunta apropiación ilegal de fondos públicos.
2 Sinvergüenza y holgazán. *Más frec n.* | DCañabate *Paseíllo* 45: Se llamaban aficionados; no maletillas, como se les dice ahora a unos mangantes folklóricos.
mangar¹ *tr* **1** (*col*) Robar. | Olmo *Golfos* 120: Mángale a tu padre la linterna.
2 (*reg*) Coger, o pasar a tener. *Frec con un compl de interés.* | Delibes *Hoja* 103: Se complacía en refrotarla por las narices su exceso de la nochebuena: "Vamos, qué buena la mangaste con el viejo; si no subo a tiempo echáis la casa abajo". Delibes *Hoja* 37: Él le había visto sangrar por la nariz cada vez que se mangaba un catarro.

3 (*reg*) Montar o armar [un lío]. *Tb* ~LA. | Berlanga *Gaznápira* 156: ¡Buen tinglado se han mangado sus paisanos con lo de la iglesia! Pombo *Héroe* 112: ¡No vayas a tomar lo que digo al pie de la letra y salgas diciendo que yo he dicho que no me gustan las mujeres y ya la hemos mangao!
mangar² *tr* (*reg*) Poner mango¹ [a una herramienta (*cd*)]. | Delibes *Voto* 100: A esta azada hay que mangarla.
b) Encajar [una cosa en otra que hace de mango]. | FerresLSalinas *Hurdes* 87: Dicen que esta tierra era de judíos. Los cristianos pelearon con ellos porque apedrearon a su Cristo. Llevaban unas cuchillas que mangaban en palos.
mangarrán -na *adj* **1** Haragán o inútil. *Tb n.* | Aparicio *Año* 49: Suero es muy hábil, tiene muy buena entrada con la gente. Y mira que su padre es mangarrán.
2 Sinvergüenza o desaprensivo. *Más o menos vacío de significado, se usa como descalificador general.* | SFerlosio *Ensayos* 2, 267: Aquel hogar del que semejante par de mangarranes quería oxearnos y desalojarnos.
mangazo *m* (*reg*) Golpe dado con el brazo. | Aldecoa *Cuentos* 1, 229: En la calle, aprovechando los dos o tres minutos que le quedaban antes de encaminarse a su casa en busca de los mangazos, pretendió orientarse.
mangla *f* Negrilla del olivo. | F. Ángel *Abc* 28.3.58, 15: Hay dos tipos de Polvo Cúprico "Medem": Normal y Concentrado .. En los frutales se emplea contra la Roña o Moteado del manzano y el peral .. En el olivo, contra la Tizn[e] o Mangla.
manglar *m* Vegetación típica de las zonas costeras tropicales, inundadas constantemente o solo durante la marea alta, que se caracteriza por plantas leñosas y con abundantes raíces aéreas. *Tb el terreno correspondiente.* | Castiella *MHi* 11.63, 59: El Orinoco poderoso, río caudal, abriéndose en su delta, como lo vio Colón, en mil caños y esteros poblados de garzas y de manglares verdes. GBiedma *Retrato* 68: La carretera a Dumaguete discurre entre cocales y manglares siguiendo la línea de la costa.
mangle *m* Arbusto de unos 4 m de altura, con ramas descendentes que llegan al suelo, flores amarillas y muchas raíces aéreas, típico del manglar (*Rhizophora mangle*). *Tb designa otras especies.* | FReguera-March *Cuba* 91: La típica flora de los tremedales cubanos –el pantabún, las palmas enanas, el júcaro, el mangle..– parecía flotar a la deriva, sobre las aguas.
mango¹ *m* Parte alargada, estrecha y con un extremo libre, por la cual se coge un utensilio o herramienta. | *Caso* 21.11.70, 19: En la mano llevaba una de esas hoces grandes, con larga hoja y mango de madera que aquí se usan para segar. Mateo *Babia* 124: Algunas huellas marcaban los recuerdos de los asedios: puntas de flechas, mangos de lanzas, atenazados entre el musgo y los matorrales. **b)** Mástil [de un instrumento músico de cuerda]. | * El diapasón va colocado sobre el mástil o mango. **c)** *A veces se da este n a la parte correspondiente de un objeto cuya forma recuerda la de un utensilio.* | Alvarado *Anatomía* 45: Las clavículas .. están articuladas, por un extremo, con el mango del esternón. Ybarra-Cabetas *Ciencias* 316: La medusa Aurelia es de tamaño relativamente grande y se compone de la sombrilla y el mango.
mango² *m* Árbol intertropical de fruto en drupa, oval, amarillento y de sabor agradable (*Mangifera indica*). *Tb su fruto.* | VMontalbán *Rosa* 11: A través de las ventanillas comenzó el desfile de la palmeras, las plataneras, los mangos, la vainilla trepadora. MSantos *Tiempo* 135: Conocedor que cata las frutas del árbol y sabe si son aguacates, mangos, piñas.
mangón -na *adj* (*reg*) Mandón o mangoneador. | DCañabate *Abc* 29.6.75, sn: Asiente la churrera: "Diga usted que sí y eche usted otra copita, aunque me llame usted mangona, que es que está el anís que lo bebe usted y parece que traga tintura de color de rosa: todo lo ve usted como pa pegar saltos de alegría".
mangoneador -ra *adj* (*col, desp*) [Pers.] que mangonea. *Tb n.* | CBaroja *Baroja* 298: Como en las guerras civiles anteriores, los cereros, los confiteros, los zapateros, la gente, en suma, con ciertas pretensiones insatisfechas eran las más fanáticas y mangoneadoras de la extrema derecha popular. Abella *Franco* 90: Coronando este orbe de estafa, de

timo y de fraude estaban los grandes mangoneadores del mercado negro.

mangonear (*col, desp*) **A** *tr* **1** Imponer [alguien] abusivamente sus decisiones [sobre alguien o algo (*cd*)]. | *Ciu* 2.75, 6: Aceptar las limitaciones que impone TV.E. es una cosa, pero dejarse mangonear es otra. VMontalbán *Galíndez* 18: Entre los jesuitas y el PSOE lo mangonean todo.
B *intr* **2** Imponer [alguien] abusivamente sus decisiones [sobre alguien o algo (*compl* SOBRE o EN)]. *Frec sin compl.* | Antolín *Gata* 135: Se obedece a papá sin rechistar porque para algo es hombre .. Mirabas a tu querido Manolito y te lo imaginabas el día de mañana mangoneando sobre ti. FReguera *Bienaventurados* 249: Como José Luis estaba en intendencia, era bienquisto y mangoneaba mucho allí, lo enzarzó en un asunto de compra-venta clandestina de víveres.

mangoneo *m* (*col, desp*) Acción de mangonear. | Torrente *Señor* 12: Podrá curar a los imbéciles, pero el mangoneo de Pueblanueva es otro cantar, y nada fácil, por cierto. Para mandar en Pueblanueva, hoy por hoy, se necesitan riñones y dinero.

mangorrero -ra *adj* [Cuchillo] tosco y mal forjado. | I. RQuintano *SAbc* 17.1.82, 40: El matarife lleva en una mano un gancho y en la otra un cuchillo mangorrero. Izquierdo *Alpujarra* 237 (G): Fue a su casa, tomó una navaja mangorrera y...

mangosta[1] *f* Pequeño mamífero carnívoro, de cuerpo alargado, patas cortas y larga cola, propio esp. de África (*Herpestes ichneumon*). *Tb designa otras especies del mismo gén o similares.* | J. L. LCabanela *SAbc* 15.2.70, 37: Inundan de cobras las redes de fortificaciones subterráneas. Para combatirlas, la C.I.A. compra todas las mangostas disponibles en los mercados de Bangkok.

mangosta[2] *f* Árbol propio del este de la India, que produce una fruta de piel dura y pulpa fresca y jugosa (*Garcinia mangostana*). *Tb la fruta.* | VMontalbán *Pájaros* 155: En el comedor le esperaba un buffet con huevos fritos, .. frutas tropicales, piñas, bananas, .. mangostas, mangos.

mangria *f* (*reg*) Cierto insecto diminuto que ataca a las plantas. | En. Romero *Hoy* 28.7.74, 16: La "mangria" es una especie de piojo característico del melón, contra el que también tienen que luchar estos hombres.

mangual *m* (*hist*) Arma medieval consistente en un mango de madera al que van unidas varias cadenas terminadas en bolas de hierro. | *SYa* 9.1.83, 38: Maza. Mangual. Como muchos de vosotros sabéis, los caballeros medievales utilizaban en sus campañas numerosas armas.

manguara *f* (*reg*) Copa, esp. de aguardiente. | Berenguer *Leña* 176: Don Herculano bebiendo su manguara. "A ver, Shiaffino, otra manguara de ese vinillo que guarda ahí don Definitivo."

mangueo *m* (*col*) Robo. | L. Cantero *Int* 25.8.82, 96: Del descuido, la caridad que es casi atraco y el mangueo cotidiano a pequeña escala viven los chicos del carril.

manguera[1] *f* Manga[1] [2] de agua, esp. de riego. | Laforet *Mujer* 94: Se duchaba con la manguera y, de camino, regaba un poco las plantas. **b)** (*E*) Manga[1] [2]. | Grosso *Capirote* 79: Las mangueras inyectaban el hielo picado en las bodegas de una pareja de buques a punto de partir. GTelefónica *N.* 423: La Técnica Industrial, S.L. Compresores. Manómetros. Mangueras "Continental" para inflado de neumáticos y de presión para máquinas lavadoras.

manguera[2] *f* (*raro*) Mango[2] (árbol). | FReguera-March *Cuba* 219: Habían cruzado junto a una "manguera". Los soldados .. cogieron al pasar .. los dulces y sabrosos mangos.

manguerazo *m* (*col*) Chorro de agua lanzado con una manguera[1]. | VMontalbán *Mares* 52: Se apartó Planas tres metros y apuntó a Carvalho con una hipotética manguera. –Desde esta distancia envían un manguerazo de agua tibia.

manguero *m* **1** Hombre que maneja una manga[1] de riego. | Cela *SCamilo* 153: Los barrenderos barren sin tropezar al personal pero los mangueros en cambio riegan de mala leche y achuchando.

2 Tabla adecuada para planchar mangas[1] [1]. | MÁngela *Alc* 30.11.59, 20: Es indispensable la plancha eléctrica .. Un manguero. Una tabla de planchar.

mangueta *f* **1** (*Mec*) Extremo del eje de dirección, que soporta la rueda y sus rodamientos. | Ramos-LSerrano *Circulación* 291: El brazo de mando empuja o tira de la biela, según el sentido de giro dado al volante, y esta a su vez a la palanca de ataque, que, unida a la mangueta, modifica su orientación y por lo tanto a la rueda que gira sobre ella.
2 (*Font*) Tubo que conecta el sifón con el conducto de bajada de un inodoro. | J. Vidal *País* 17.1.89, 52: La privada .. dotada de inodoro, su bombillo, su mangueta, lavabo, bañera, bidé.

mangui *adj* (*jerg*) **1** Ladrón. *Frec n.* | ASantos *Bajarse* 42: Los moros de la ciudad ya te digo, manguis que te caes; pero los de la montaña son buena gente.
2 (*desp*) Individuo. | Tomás *Orilla* 52: –Oye, ¿y qué saben esos manguis del rollo? –Ellos dicen que son apóstoles del evangelio y no sé qué historias.

manguián *adj* De un pueblo indígena filipino de las islas de Mindoro y Romblon. *Tb n, referido a pers.* | FReguera-March *Filipinas* 517: En este país, además de los indios ordinarios, hay muchos que son salvajes. A saber: los negritos o aetas, los igorrotes, tinguianes, kanakas, balugas, que son muy pequeñajos, manguianes y otros muchos más.

manguilla *f* (*reg*) Manga[1] [3b]. | Gala *Días* 387: Es preciso obtener dinero; recuperar los cuadros, la cruz parroquial de plata con su manguilla, mamá. Grosso *Capirote* 180: Bien podías ser el que ocuparas el lugar de la manguilla y te colocaras el roquete y la sotana y caminaras al aire libre entre personas importantes vestido de sacristán.

manguillero *m* (*hoy raro*) Mango[1] en que se encaja la plumilla. | Benet *Aire* 50: De su cartera extrajo unos pliegos .., un pequeño frasco .. donde guardaba la tinta morada y un manguillero.

manguillo *m* (*reg, hoy raro*) Manguillero. | Cunqueiro *Un hombre* 68: El señor Eusebio tomaba notas, se golpeaba la nariz con el manguillo de la pluma.

manguitero *m* (*hist*) Peletero. | Cabezas *Madrid* 330: En la calle Mayor estaban agrupados los establecimientos de cada género con su correspondiente gremio .. Los de seda estaban en ambas aceras, entre Bonetillo y Bordadores. Los portales de manguiteros, entre esta calle y la de Coloreros, acera derecha.

manguito *m* **1** Prenda femenina de piel, en forma de tubo, para abrigar las manos. | Salom *Baúl* 108: Viste abrigo y sombrero de viaje. Manguito.
2 Prenda en forma de media manga que se pone sobrepuesta, esp. para no mancharse. | Lagos *Vida* 51: Allí estaba el bueno de don Pascual escribiéndoselo to muy bien escrito y con los manguitos muy puestos. GRuiz *Sáb* 13.8.75, 24: ¡Qué lejos nos parecen aquellos tiempos en que las chicas, para entrar en la iglesia, tenían que ir provistas de unos manguitos que prolongaran la ya discreta manga corta del anacrónico vestido!
3 (*Mec*) Pieza cilíndrica que sirve para unir o ensamblar otras. | Ramos-LSerrano *Circulación* 283: El árbol tiene su extremo ranurado que engrana y puede deslizarse por el interior del manguito unido a uno de los brazos de la cruceta. Hacerlo 45: Quedan asegurados los empalmes entre el manguito metálico y los extremos del tubo Bergmann.
4 (*Anat*) Órgano cilíndrico de protección. | Mascaró *Médico* 93: El manguito o cápsula que rodea la articulación se desgarra o dislacera siempre.
5 (*Med*) Porción de piel que conserva el cirujano para cubrir el muñón de un miembro amputado. | A. GAlonso *TMé* 26.11.82, 6: Anastomosis transanal del cabo proximal cólico con el manguito muscular del muñón rectal.
6 (*Taur*) *En pl:* Protección que se pone a los caballos en el pecho. | *País* 14.10.78, 36: En la última corrida de toros celebrada en Las Ventas, todos los caballos que se utilizaron para picar llevaban manguitos.

mangurrino -na *adj* (*col, desp*) Ignorante. *Tb n.* | Sampedro *Sonrisa* 124: Lo que yo digo, ¿andará tonta por ese mangurrino?

manguta *m* (*jerg*) Ladrón. | *Impreso* 12.93: Unos mangutas desvencijaron el piso.

manguzada – manierismo

manguzada f (col, raro) Bofetada, o golpe dado en la cara. | DCañabate *Paseíllo* 42: Mira, niña, calla la boca o te doy una manguzá que vas a creer que estás sentada en un tiovivo.

manhattan (ing; pronunc corriente, /manχátan/; pl normal, ~s) m Cóctel hecho con vermú, whisky y un poco de bitter. | Payno *Curso* 94: A veces, cuando paso por la Castellana y veo tantos peinados a lo B.B. y a lo Sacha Distel sentados a las mesas delante de cubalibres y manhattans, me entran deseos de coger una metralleta y barrerlos a todos.

mani f (juv) Manifestación [2]. | Romeu *País* 8.2.83, 34: ¡Ya se podrán hacer manis sin el permiso gubernativo!

mani- r pref De (la) mano o de (las) manos. | *Por ej*: Cela *Judíos* 131: El Azoguejo era plazuela muy concurrida de antiguos prestidigitadores y buscavidas manidiestros. Berenguer *Mundo* 149: Me voy a cobrarle el corzo maniquebrado, que aquí solo le sirvo de solivianto.

maní (pl, ~s o ~SES) m (raro) Cacahuete. | V. A. Pineda *SAbc* 4.1.70, 46: Relata varias historias de niños pobres que bajan de las "favelas" de Río de Janeiro para vender maní tostado en esta metrópoli. L. LSancho *Abc* 8.12.70, 18: El creador de "El manisero", que había hecho entrar en ganas de comprar un cucuruchito de manís a más de media humanidad, vuelve a estar de moda. Cela *SCamilo* 29: Paca se alimenta de collejas .., a veces cuando tiene algún dinero se compra manises y también higos secos.

manía f **1** (Med) Enfermedad mental caracterizada esp. por exaltación emocional e hiperactividad. | Vilaltella *Salud* 433: La psicosis maniacodepresiva es una enfermedad mental determinada por la presentación en el mismo individuo de fases maníacas (cuyo síntoma básico es la manía) y fases depresivas (caracterizadas por la depresión) en distintos períodos de su vida.
2 Obsesión. | Laforet *Mujer* 94: Nuri tenía la manía de que las viejas señoritas eran tías de Eulogio. **b)** Costumbre extravagante y obsesiva. | * Es una solterona llena de manías. **c)** ~ **de grandeza**, ~ **persecutoria** → GRANDEZA, PERSECUTORIO.
3 Afición exagerada. | Olmo *Golfos* 44: Mi padre era un maniático: tenía la manía de los niños.
4 Aversión. *Frec con los vs* TENER *o* TOMAR. | Halcón *Monólogo* 163: No digas que yo le tengo manía, con lo bien que sobrellevo su desprecio. Laforet *Mujer* 257: Francisco empezó a aborrecer las sardinas .. Les había tomado algo así como una especie de manía.

maníaco -ca (tb **maniaco**) adj (Med) **1** De (la) manía [1]. | Vilaltella *Salud* 433: La psicosis maniacodepresiva es una enfermedad mental determinada por la presentación en el mismo individuo de fases maníacas .. y fases depresivas .. en distintos períodos de su vida.
2 Que padece manía [1]. *Tb n.* | CBaroja *Inquisidor* 19: La verdad es que fray Luis amenazó al primero con hacer quemar un libro que aquel viejo, un tanto maniaco, había compuesto con mucho desvelo.

maniacodepresivo -va (tb **maníaco-depresivo** o **maniaco-depresivo**) adj (Med) **1** [Psicosis] que presenta alternancia de fases maníacas y depresivas. | Vilaltella *Salud* 433: La psicosis maniacodepresiva es una enfermedad mental determinada por la presentación en el mismo individuo de fases maníacas .. y fases depresivas .. en distintos períodos de su vida.
2 Que padece psicosis maniacodepresiva. *Tb n.* | Van 12.9.74, 43: Desdeñan la conexión entre vampirismo y maníaco-depresivos que acaban en suicidas.

maniatar tr Atar las manos [a una pers. o animal (cd)]. | L. Calvo *Abc* 13.12.70, 22: Los presos estaban maniatados y encadenados. Cela *Judíos* 171: Un gallo maniatado .. empezó a revolverse y a cacarear. **b)** Incapacitar [a una pers.] para la acción. | L. Marañón *Abc* 13.12.70, 15: La colectividad asiste al pugilato maniatada por la porción de bienestar hasta ahora logrado.

maniático -ca adj [Pers.] que tiene manías. | Olmo *Golfos* 44: Mi padre era un maniático: tenía la manía de los niños. **b)** Propio de la pers. maniática. | Alfonso *España* 205: Alude también al retraso receptivo, a la imitación contumaz y maniática de modas.

manicomial adj **1** (Med) De(l) manicomio. | G. L. DPlaja *Tri* 13.2.71, 13: A ello contribuye poderosamente ya la estructura arquitectónica, que en una buena parte de los centros manicomiales españoles data del siglo pasado o principios de este. Laín *Descargo* 68: ¿No podría ser la psiquiatría, una psiquiatría más antropológica que manicomial, la definitiva tierra de promisión de las constantes inquietudes .. de mi itinerante vocación intelectual?
2 [Cosa] absurda, o propia de locos. | F. Rosique *Crí* 7/8.73, 2: Se crean estados "legales" y no "reales", y así tenemos una situación "de facto" un tanto manicomial entre lo que se induce a pensar a los individuos y lo que estos son capaces de obtener por medios legítimos.

manicomio m Hospital para locos. | Cossío *Confesiones* 73: Terminó su vida como administrador del Manicomio Provincial. **b)** *Se emplea en frases de sent comparativo para ponderar el alboroto o el desorden*. | Castellano *SAbc* 1.12.68, 35: La calle parecía un manicomio. Los conductores obstruidos hincaban sus manos en los cláxones, sañudos.

manicorto -ta adj Poco dadivoso. | Campmany *Abc* 19.4.86, 13: A mí me gustaría saber si hay algún ciudadano tan mezquino y cicatereulo, tan manicorto y roñica que no comprenda que nuestros próximos gobernantes deben tener la desenvoltura precisa para gastar en teléfono más de tres mil quinientos millones de pesetas.

manicuerno m (Cicl) Manillar especial con los extremos vueltos hacia arriba. | J. Redondo *Ya* 22.4.86, 28: Las ruedas lenticulares, las bicicletas de cuadro inclinado, los extravagantes "manicuernos", se han abierto camino entre los profesionales.

manicura[1] f Cuidado y arreglo de las manos, esp. de las uñas. *Gralm en la constr* HACER(SE) LA ~. | J. M. Rollán *SAbc* 1.12.68, 27: Hacerse la manicura no es cuestión de afeminados. CPuche *Paralelo* 248: Todos se gastan manicura y te piden hasta la partida de bautismo para irse contigo.

manicura[2] → MANICURO.

manicurar tr Hacer la manicura[1] [a una pers., a sus manos o a sus uñas (cd)]. | GHortelano *Momento* 204: Manicurarse con la plegad[e]ra no resultaba tan eficaz como con un sobre doblado. Diosdado *Anillos* 2, 33: Las manos de Aurora, enjoyadas y manicuradas con esmero, siguen temblando. Sampedro *Octubre* 126: El tal don Rafael .., mucha labia andaluza con ceceo discreto, uñas manicuradas, bigotito a la moda de aquí.

manicuro -ra (*a veces la forma* MANICURA *se usa tb como* m) m y f Pers. que se dedica al cuidado y arreglo de las manos, esp. de las uñas. | Lagos *Vida* 109: Primero estuvo en un taller. Luego, de dependienta en una zapatería. Por último, de manicura. Mendicutti *Palomo* 59: Los bañadores de colorines eran para las mariquitas como Cigala, el manicura.

manido -da adj [Tema o procedimiento] tratado o utilizado en exceso. | Aguilar *Experiencia* 908: Bastantes editores se han propuesto publicar las cien [o] mil obras maestras .. Pretendí rejuvenecer lo que ya era editorialmente manido. M. Porter *Des* 12.9.70, 33: El contenido [del libro] no ha sido hecho recurriendo a la manida traducción.

manierismo m (*Arte y TLit*) **1** Tendencia al rebuscamiento y a la afectación. | GNuño *Escultura* 10: Cada vez más, la constante Atenas-Florencia se está denunciando como integrante de un hermoso círculo de belleza, hermosísimo, repetimos, pero siempre a punto de ser víctima de sus propios manierismos y academismos. Benet *Otoño* 13: Ante ellos [invenciones y descubrimientos] tiene que poner a prueba [el escritor] un arte y un estilo para llevarlos a sus máximas posibilidades, única salvaguardia contra el propio manierismo.
2 Estilo de transición entre el Renacimiento y el Barroco, surgido en Italia hacia 1520 y caracterizado por el refinamiento y la tendencia al contraste. | Fernández-Llorens *Occidente* 164: El manierismo sería un estilo de crisis, lo que nos llevaría a considerarlo iniciado en una época muy temprana, en la primera mitad del siglo XVI, para acabar desapareciendo o fundiéndose con el barroco. Valverde *Literatura* 118: Más que culteranismo barroco propiamente dicho hay aquí [en el "Polifemo"] un suave "manierismo", con la oscilación equívoca que implica este término de origen pictórico.

manierista *adj* (*Arte* y *TLit*) De(l) manierismo o que lo implica. Tb *fig.* | Torrente *Off-side* 45: Nuestra empresa es una empresa de riesgo. Casi podría describírsela como una obra maestra, una de esas obras perfectas en los detalles que caracterizan los tiempos decadentes. Yo la llamaría manierista, y usted me entiende. Valverde *Literatura* 126: Algún parentesco con estos dos poetas, pero con más espectacular preciosismo manierista, tiene Gabriel Bocángel. **b)** Adepto al manierismo [2]. Tb *n.* | Fernández-Llorens *Occidente* 164: Manieristas serían escritores de la altura de Shakespeare y Cervantes, arquitectos discípulos de Miguel Ángel, como Vignola y Palladio, y pintor manierista, entre muchos otros italianos, como el Veronés, sería El Greco. Onieva *Prado* 56: Si el Greco no hubiera sido un artista excepcional, no hubiera pasado en Venecia de ser un epígono del Tiziano, ni en Roma de un manierista envenenado por Miguel Ángel.

manifa *f* (*juv*) Manifestación. | Castellano *País* 18.11.88, 42: Los *rojeras* selectos se autodesignan como *currelas* de la cultura .. La plebe televifrénica jamás les va a secundar en sus manifas.

manifestación *f* **1** Acción de manifestar(se) [1, 2, 3 y 4]. *Tb su efecto.* | Escrivá *Conversaciones* 146: Muchas veces esta solidaridad se queda en manifestaciones orales o escritas. CNavarro *Perros* 17: Pensó en las procesiones. Quique solía decir de ellas que eran manifestaciones de un sentimiento atávico. *Hoy* 31.10.75, 4: La evolución del proceso trombótico abdominal persiste en sus manifestaciones clínicas.
2 Reunión pública organizada, gralm. andando por las calles, para manifestar una petición o una protesta. | Medio *Bibiana* 238: Cuando ella era una muchacha, cuando la República, las manifestaciones eran ruidosas. Pancartas, gritos subversivos, carreras.

manifestador *m* (*Rel catól*) Dosel o templete en que se expone el Santísimo Sacramento. | *Córdoba* 58: Tiene esta iglesia un colosal manifestador de plata cincelada. Moreno *Galería* 265: Pasaba Su Divina Majestad del sagrario al nicho o manifestador de la propia custodia.

manifestante *adj* [Pers.] que se manifiesta [5]. *Frec n.* | *Abc* 22.2.76, 8: Ante el Gobierno Civil se habían concentrado unos centenares de estudiantes que portaban varias pancartas .. El ministro recibió a una representación del grupo manifestante. Medio *Bibiana* 238: Los guardias solían perseguir a los manifestantes repartiendo porrazos.

manifestar (*conjug* **6**) **A** *tr* **1** Declarar o dar a conocer [algo]. | *Tel* 15.6.70, 9: El propio dibujante ha manifestado .. que en Carlitos trata de reflejar su propia personalidad. *BOE* 28.12.74, 26337: Cuando se trate de mercancías no manifestadas para Depósito Franco, podrá solicitarse su introducción en el mismo dentro del plazo a que se refiere el artículo 108 de las Ordenanzas de Aduanas.
2 Mostrar, o dejar ver [algo]. | Á. A. González *Abc* 4.4.76, 9: Un grupo de personas ha solicitado permiso para manifestar su opinión favorable a la concesión de una amnistía.
B *intr pr* **3** Manifestar [1 y 2] [alguien] su opinión [sobre algo]. | *País* 29.1.77, 21: Decidió presentar diversas alternativas y remitirlas a las universidades para que el profesorado se manifieste sobre las bases propuestas.
4 Mostrarse o aparecer. | R. Urgoiti *Abc* 21.3.58, 31: Una vez más, en esta precisa coyuntura, se manifiesta el Arte como compañero inseparable. Legorburu-Barrutia *Ciencias* 125: La viruela .. Se manifiesta por manchas rojas en todo el cuerpo.
5 Participar en una manifestación [2]. | *Van* 15.1.76, 31: Un numeroso grupo de varios cientos consiguió reagruparse, manifestándose por las Ramblas en dirección a la Plaza de Cataluña.

manifestativo -va *adj* Que sirve para manifestar [1 y 2]. | Valcarce *Moral* 32: Considerada la regla en su aspecto manifestativo, o sea, como norma manifestativa, investiga el resorte que le pone de manifiesto.

manifestódromo *m* (*humoríst*) Lugar destinado a manifestaciones [2]. | E. Aguinaga *Ya* 8.2.92, 14: A mí, defensor de Madrid como "manifestódromo" .., me tiene que parecer una utilización cualificada. *Ya* 4.12.92, 21: La posibilidad de crear en Madrid un *manifestódromo* fue planteada ayer por el alcalde de la Villa.

manifiestamente *adv* De manera manifiesta [2a]. | Ramírez *Derecho* 170: La viuda pierde su derecho .. si lleva una vida manifiestamente licenciosa.

manifiesto -ta I *adj* **1** Que se manifiesta [4]. | Tejedor *Arte* 3: El Paleolítico superior .. supone notables progresos, manifiestos, entre otras cosas, en mejores organizaciones.
2 Evidente o notorio. | CNavarro *Perros* 116: Su mano temblaba de manera manifiesta. **b)** Visible o descubierto. | GPavón *Reinado* 26: En un momento estuvo manifiesta toda la boca del nicho.
3 Declarado o expreso. | *Esa era su voluntad manifiesta.
II *m* **4** Documento en que un gobierno, una personalidad o un grupo político exponen sus intenciones. | DPlaja *El español* 130: Yo no creo que existan muchos países en que se pueda afirmar en el Manifiesto de un nuevo gobierno que "Este movimiento es de hombres". **b)** Exposición teórica de los postulados de un movimiento artístico. | Tusón-Lázaro *Literatura* 2, 25: Ciertos escritores exponen en manifiestos una nueva concepción del arte y de la misión del escritor en la sociedad.
5 (*admin*) Documento que suscribe y presenta en la aduana el capitán de un buque procedente del extranjero, y en el que expone la clase, cantidad y destino de las mercancías que transporta. | *BOE* 28.12.74, 26337: Los plazos para la presentación y puntualización de las declaraciones para la entrada de las mercancías .. se computarán en lo sucesivo a partir de la fecha de admisión del manifiesto por la Aduana.
III *loc v* **6 poner de ~**. Manifestar [1 y 2]. | LMuñoz *Tri* 26.12.70, 7: El crecimiento del producto industrial .. va a exigir unas tasas de crecimiento de las importaciones cada vez mayores, relación que ha sido puesta de manifiesto a través de diversas mediciones e índices.
IV *loc adv* **7 de ~**. A la vista. | *Abc* 13.3.58, sn: Las bases para este acto .. se encontrarán de manifiesto en la Dirección de Material del Ministerio de Marina.

manigero → MANIJERO.

manigua *f* **1** Terreno cubierto de maleza y frec. pantanoso. *Esp referido a países americanos*. | Anson *SAbc* 20.4.69, 15: Del Congo y del Vietnam conocía yo la penosa marcha. La manigua es terrible. Apenas se puede avanzar entre las ramas entrelazadas.
2 Mezcla confusa y desordenada. | E. Romero *Pue* 30.10.70, 3: El sistema político español .. empezó a pluralizarse, aunque sin caer en el pluralismo de la manigua.

manigual *m* (*raro*) Manigua [1]. | FReguera-March *Cuba* 245: Corrían como conejos .. Unos pocos pudieron esconderse en el manigual.

manigueta *f* (*reg*) Remate de cada una de las esquinas de un paso de Semana Santa. | *CoA* 29.3.64, 3: Cuatro sacerdotes, con casulla negra, en las maniguetas del "paso", simbolizan que son los que portan el cuerpo muerto del Señor.

manija *f* **1** Mango o asidero [de un utensilio]. | CBonald *Casa* 160: Dejó caer sobre su falda los impertinentes, cuya manija pendía de una cadenita ensartada al cuello. Halcón *Manuela* 25: El hombre cargó, y sin decir más, empuñó las dos manijas [del carrillo] y allá se fue tal como le habían dicho.
2 Palanca pequeña que sirve para accionar determinados utensilios. *Gralm con un compl especificador, que a veces se omite por consabido.* | Carnicer *Castilla* 197: Debo de estar en la "gloria" de la casa, porque en una de las paredes sobresale la manija del tiro. Aldecoa *Gran Sol* 29: La mano de Paulino Castro asió la manija del telégrafo. Delibes *Voto* 171: De pronto, cesó de reír, accionó rápidamente la manija del cristal y voceó por el hueco. [*En un coche*.] **b)** *Esp*: Palanca pequeña para accionar el pestillo [de una puerta o ventana]. | GHortelano *Amistades* 156: Gregorio acariciaba las palancas de los mandos, las manijas de las portezuelas, balanceaba las llaves de contacto. Aparicio *Relato* 130: No se conformó con cerrar las contraventanas, sino que colocó papeles de periódicos en los bordes. En unos casos los pegó con papel "cello", en otros los ató a la manija con los cordones de sus zapatos.
3 Cuerda que se emplea esp. para trabar animales. | S. Araúz *Inf* 16.11.74, 17: Agavillaba con vencejos o manijas.

manijero (*tb con la grafía* **manigero**) *m* (*reg*) **1** Capataz de una cuadrilla de trabajadores del campo. | Halcón *Ir* 107: Le han ofrecido a Bruno el puesto de velador de los mulos. El que estaba ha pasado a manigero de las cuadrillas que vienen del pueblo a escardar la remolacha. Romano-Sanz *Alcudia* 291: Los once hombres de la cuadrilla [de esquiladores] trabajan agachados en hilera. El manijero o capitán de tijera, que viste un inmaculado delantal blanco con peto, pasea entre ellos.

2 Encargado de contratar obreros para el campo. | F. PMarqués *Hoy* 20.7.75, 23: En ella se formaban corros de obreros campesinos aguardando el contrato de los manigeros.

manila I *adj invar* **1** [Papel] de seda. | Huarte *Exlibris* 35: Los exlibris se han de coleccionar .. montándolos, con charnelas desplazables, sobre cartulinas que, a su vez, pueden ser reunidas en carpetas de hojas cambiables, y protegidas por papel manila transparente.
II *f* **2** (*raro*) Abacá (fibra textil). | GTelefónica *N.* 268: Cestería "La Concordia". Especialidad en sillerías de Manila. Junco. Mimbre y Médula. *Prospecto* 10.84: Golan. La boutique del mimbre. Artículos de: Mimbre. Junco .. Manila.

manilense *adj* De Manila. *Tb n, referido a pers.* | *Abc* 3.4.71, 40: Una mujer .. ha dejado sin hogar a 70.000 personas en el populoso barrio manilense de Tondo.

manilla[1] *f* **1** Manecilla [del reloj]. | Cela *Viaje andaluz* 146: El circo .. de los montes jaeneses puede contarse –siguiendo las manillas del reloj– desde el cerro de San Cristóbal.

2 Palanca pequeña que sirve para accionar determinados utensilios. *Gralm con un compl especificador, que a veces se omite por consabido.* | Sampedro *Sonrisa* 100: Sangre... Todavía está ahí, tiñendo el agua entre blancos reflejos de loza. Se le había olvidado darle a la manilla. **b)** *Esp:* Palanca pequeña para accionar el pestillo [de una puerta o ventana]. | Aparicio *Retratos* 215: De improviso abrieron la puerta .. Era el subcomisario Malo. Mantenía el brazo extendido sobre la puerta abierta, la mano en la manilla. S. RSanterbás *Tri* 28.2.70, 34: Acaba de abrir la portezuela, evitándonos el empeño de accionar una manilla.

3 (*reg*) Mango o asidero [de un utensilio]. | Cancio *Bronces* 53: Púsola luego [a la guadaña] un asta, a la que tampoco afianzó lo suficiente sin contrastar antes la abertura de punta a manilla sobre una de las paredes de la socarreña.

4 Anillo de metal con que se sujeta a alguien por la muñeca o a veces por el tobillo. | Faner *Flor* 97: Había grilletes y manillas para los presos. MHidalgo *HyV* 10.71, 78: Los remeros llevaban una calceta o manilla de sujeción al pie más próximo a la borda. **b)** (*jerg*) *En pl:* Esposas. | Tomás *Orilla* 99: Ese es un cagao. Antes de ponerle las manillas ya lo ha largado todo.

5 (*E*) Conjunto de 20 o 30 hojas de tabaco atadas. | *Hoy* 22.10.75, 14: Campaña tabaquera 1975-76. Recomendación de confeccionar las manillas con interés y un número de hojas que, como más conveniente, se cifra en 25 [o] 30.

manilla[2] *f* (*reg*) Malilla (juego de cartas). | Marsé *Tardes* 212: Los viejos adictos a la manilla le habían acogido con agrado en su mesa del bar Delicias. FReguera-March *Caída* 392: Yo preferiría irme a jugar a la manilla al café.

manillar *m En una bicicleta u otro vehículo similar:* Pieza con un doble mango en que se apoyan las manos y que sirve para darle dirección. | SFerlosio *Jarama* 19: Los ciclistas entraron en la vía, con las bicis cogidas del manillar. FFlórez *Florestán* 675: Florestán continuó remontando la carretera. Más adelante había una venta o figón .. Pensó que seguramente el Dragón no pasaría sin detenerse, y hacia allí orientó el manillar de su máquina.

maniluvio *m* (*Med*) Lavado de manos con fines terapéuticos. *Tb fig, fuera del ámbito técn.* | *Ya* 20.11.86, 6: Rumasa y el ministro Solchaga .. Pudo, en principio, haber intención de saneamiento económico, pero todo acabó en allanamiento, apropiación y reparto. Eso sí, con los pertinentes remiendos jurídicos y los remolones maniluvios dimisionarios.

maniobra *f* **1** Acción o conjunto de acciones para dirigir una máquina o un vehículo. | CNavarro *Perros* 16: Susi hubo de hacer una rápida maniobra para eludir un camión.

2 Acción o conjunto de acciones que se realizan para alcanzar un fin. *Frec con intención desp, denotando astucia o malicia.* | E. Haro *Tri* 10.4.71, 4: Su propuesta .. se entiende como una maniobra para consagrar la división en dos de Alemania. Laiglesia *Tachado* 61: Su enemigo tratará de contrarrestar la maniobra enviando a su vez otros observadores.

3 *En pl:* Conjunto de ejercicios militares de adiestramiento táctico o estratégico. *Frec* ~S MILITARES. | *Gac* 16.1.72, 14: Maniobras de la Flota Ártica soviética. *Ya* 13.6.74, 10: El cohete, teledirigido, debía haber vuelto normalmente a su rampa de lanzamiento, en el campo de maniobras militares de Larzac, pero perdió su control.

4 (*Med*) Operación manual hábil y reglada. | *Ya* 8.2.90, 64: Ingresó .. en situación de parada cardiorrespiratoria, realizándose maniobras de reanimación cardiopulmonar durante más de 30 minutos.

5 (*Mar*) Conjunto de cabos y aparejos [de una embarcación o de uno de sus palos o vergas]. | Cancio *Bronces* 26: Cuando se viene corriendo un galernazo, no hay pauta alguna en el azaroso lanchar de la arribada, ya que tan pronto se velea lo humanamente posible como se arría en banda hasta el último esparto de la maniobra.

maniobrabilidad *f* **1** Cualidad de maniobrable. | *Act* 7.7.66, 11: Dodge Barreiros .. Maniobrabilidad de pequeño utilitario.

2 Posibilidad de maniobra [2]. | *Ale* 3.8.79, 32: Los cortos márgenes de maniobrabilidad.

maniobrable *adj* Fácil de maniobrar [4 y 5]. | Mercader-DOrtiz *HEspaña* 4, 162: Las innovaciones técnicas en la navegación de altura y cabotaje, en particular la aparición de los foques, contribuyeron a hacer más maniobrable el velero, que en este momento conoce su época dorada.

maniobrar A *intr* **1** Hacer una maniobra o maniobras. | CNavarro *Perros* 26: Alguien alargó los faros, y Susi hubo de maniobrar rápidamente, saltando un bache.

2 Operar o funcionar. | *Gar* 6.10.62, 47: El hidropatín se proyectó en un principio para navegar sobre las aguas, pero maniobrará también en tierra.

3 Manipular [en algo]. | *Hacerlo* 38: No debe maniobrarse nunca en el interior de un aparato de televisión.

B *tr* **4** Hacer maniobras [1 y 2] [con algo (*cd*)]. | L. Caparrós *SVoz* 8.11.70, 1: Los que ya están hartos y andan de vuelta de los apetitos elementales, maniobran la historia .. para conseguir eso de lo que ya se muestran tan aburridos. **b)** Hacer [una determinada maniobra]. | APaz *Circulación* 198: Hay espacio para maniobrar el adelanto de prisa.

5 Dirigir el funcionamiento [de algo (*cd*)]. | APaz *Circulación* 226: El embrague se maniobra por medio de un pedal.

maniobreramente *adv* (*desp*) De manera maniobrera [3]. | *País* 11.9.77, 8: Los partidos de la izquierda *abertzale*, defensores de ETA y partidarios de la independencia, han tratado, maniobreramente, de desvalorizar los resultados electorales.

maniobrero -ra *adj* **1** Que maniobra [1] o mueve con facilidad. *Frec en milicia.* | Gironella *Millón* 341: Los moros, excelentes maniobreros en campo abierto, en terreno ancho, lloriqueaban angustiosamente ante aquel tipo de guerra suburbial. *DCu* 10.7.64, 3: Un remolque fabricado con la calidad de un tractor. Con caja de madera o metálica. De suave tracción. Maniobrero.

2 Que maniobra [1] o actúa con astucia o malicia. *Frec con intención desp.* | E. JRey *Reg* 21.7.70, 10: En Rusia el viejo maniobrero posibilista ha sido sustituido por una Troyka [*sic*] de hombres endurecidos en la idolatría del partido.

3 De (la) maniobra [2]. *Frec con intención desp.* | S. LTorre *Abc* 24.8.66, 27: La habilidad maniobrera de Wilson le permitirá desarticular la oposición sindical con promesas y recursos de los que el líder laborista anda muy sobrado.

manioc *m* (*raro*) Mandioca. | HSBarba *HEspaña* 4, 371: Los productos agrícolas que representan la base alimenticia de la población hispanoamericana son muy variados, pero en general destacan el plátano, el manioc, el maíz, la patata.

manioca *f* (*raro*) Mandioca. | Juanjo *SYa* 24.5.74, 3: Se alimentan de la fruta –me dice– de la tierra. De la pesca y la manioca.

maniota *f* Cuerda u otro utensilio similar que se usa para atar las manos de un animal. | CBonald *Ágata* 67: Se entraron todos al zaguán .. después de trabar la mula con una maniota embreada.

manipulable *adj* Que se puede manipular. | Millás *Visión* 125: A través del humo calculaba el tedio acumulado durante aquel día intentando equilibrar su peso con el de un futuro indeterminado y manipulable. G. Sierra *Abc* 18.11.75, sn: La paz, el trabajo, la generalización del bienestar .. nos han hecho menos manipulables.

manipulación *f* Acción de manipular. | Bustinza-Mascaró *Ciencias* 221: La más rigurosa higiene debe presidir la crianza de los animales lecheros y todas las manipulaciones de la leche. Aranguren *Marxismo* 59: Lo peor de tal emotivismo es su inautenticidad, el hecho de que, salvo excepciones, es producto de la manipulación. *Abc* 20.4.85, 41: El coloquio abordará principalmente los temas de la manipulación genética, el diagnóstico prenatal y la procreación "asistida". **b)** (*Med*) Tratamiento manual de una parte del cuerpo, esp. de las articulaciones. | *ASM* nº 1.88, 35: Crosecon, S.A. Fisioterapia. Manipulaciones. Laserterapia. Magnetoterapia.

manipulado *m* Acción de manipular [1]. | C. Vázquez *País* 13.11.89, 65: Entre 130.000 y 140.000 *collidors* (jornaleros recolectores) y trabajadores de manipulado y envasado de naranja en el País Valenciano han derrotado .. un régimen de contratación sustentado en la palabra.

manipulador -ra I *adj* **1** Que manipula. *Tb n m y f, referido a pers y a máquina o aparato*. | Aranguren *Ética y polít.* 293: El *Welfare State* o Estado del bienestar no es totalitario .., ni se impone por la coacción y la violencia. Es, en cambio, "manipulador" del ciudadano. Armenteras *Epistolario* 89: El órgano manipulador [al escribir] es el cerebro. *País* 22.2.77, 8: Merecía [el boxeo] mejor suerte de la que ha sufrido a manos de los manipuladores de espectáculos. *Ya* 22.11.90, 24: Las duplicadoras y las manipuladoras de papel, de moneda y de correspondencia se caracterizan por la influencia creciente de la electrónica en su funcionamiento. J. Herrero *TMé* 12.11.82, 28: Para el empleo específico del láser en tumoraciones vasculares se ha desarrollado un manipulador en forma de aguja hipodérmica, a través de la cual pasa el rayo.
II *m* **2** (*Telec*) Interruptor telegráfico que sirve para cortar y establecer la corriente con arreglo al alfabeto o código de señales adoptado. | * El empleado accionaba el manipulador transmitiendo nuestro mensaje.
3 (*Metal*) Vehículo para transportar y manipular [1] piezas grandes. | T. Huerta *Act* 8.10.70, 66: Grandes hornos de recocido y forja, manipuladores para forja .. y grúas con techos incandescentes caracterizan estas naves.

manipular A *tr* **1** Operar con las manos o con un instrumento [sobre algo (*cd*)]. | Delibes *Inf* 27.8.75, 14: No solo hay que contar con el señuelo o el cebo, sino con la manera de manipularlos, la precisión de las varadas, las dimensiones y accidentes del río. M. Cayón *Abc* 16.12.70, 55: Se han obtenido 1.306.000 kilos en estado "seco", es decir, después de manipulado el fruto para su uso industrial. **b)** Manejar o hacer funcionar con las manos [una máquina o aparato]. | Millás *Visión* 96: Aprenderían a jugar al billar y a manipular las máquinas tragaperras con habilidad notable.
2 (*desp*) Operar [sobre algo (*cd*)] desvirtuando su auténtico sentido de manera hábil e interesada. | J. Alcaide *Pue* 24.4.75, 2: Los datos que sirven de base para su elaboración no son falseados ni manipulados.
3 Manejar (dirigir o gobernar). *Frec con intención desp*. | M, Paredes *Tri* 19.6.71, 34: Frente al maestro omnisciente y omnipotente, el alumno debía aparecer como necesariamente ignorante, desprovisto de todo conocimiento y totalmente desvalido, es decir, susceptible de ser manipulado, formado y moldeado a voluntad por aquel.
B *intr* **4** Manipular [1] [sobre algo (*compl* EN, SOBRE o CON)]. | *Hacerlo* 45: El tubo Bergmann .. se puede pintar o empapelar, ya que no es preciso manipular sobre él. Cossío *Confesiones* 44: Solía sacarme a mí [el profesor] para los experimentos, y así .. manipulé en la máquina neumática hasta presenciar que un pajarito se asfixiaba prisionero en una campana de cristal.

manipulativo -va *adj* De (la) manipulación. | A. Castilla *SPaís* 12.5.91, 8: Mostró .. un coeficiente manipulativo (coordinación entre las manos y la cabeza) de 141, y un coeficiente de inteligencia total de 138. F. J. FTascón *SAbc* 7.6.70, 21: Ya desde niños han aprendido una conducta predelincuente (pesimismo, infelicidad, .. actitud manipulativa de los medios de promoción social).

manipuleo *m* (*col, desp*) Manipulación. | E. BAmor *Inf* 5.11.75, 18: Con enfadosa frecuencia el escritor se siente mero objeto negociable, y no, como en esta [editorial], sujeto de una solidaridad intelectual y amigable, que le redime del habitual manipuleo acordado a los otros utensilios de la producción consumista.

manípulo[1] *m* (*Rel catól*) Banda que el sacerdote se coloca pendiente sobre el antebrazo izquierdo para la celebración de la misa. | Ribera *Misal* 36: Ornamentos. Alba. Cíngulo. Manípulo. Estola.

manípulo[2] *m* (*hist*) Unidad militar romana formada por dos centurias. *Tb su insignia*. | A. ÁVillar *SYa* 12.5.74, 23: Los cónsules romanos observaban el comportamiento de los pollos o los hígados de los animales degollados antes de poner en marcha sus manípulos contra las huestes enemigas. Rabanal *Ab* 21.8.66, 19: Habría muchísimo que hablar del juego que entre los romanos habrían de dar los tales "manípulos": desde el manípulo de heno que dicen que portaba Rómulo sobre una pica como emblema de Roma, hasta los "manípulos" que designaron tanto las enseñas como las compañías de las legiones.

maniqueamente *adv* (*desp*) De manera maniquea [2]. | R. Cristóbal *SPaís* 23.7.78, 18: Son conducidos por las técnicas más pavlosianas [*sic*] de la propaganda política hacia el conocimiento de un mundo maniqueamente dividido en buenos y malos.

maniqueísmo *adj* **1** (*Filos y Rel*) Doctrina de Manes, según la cual existen dos principios creadores: el Bien y el Mal. | Castillo *Polis* 194: El maniqueísmo, de origen persa, aceptaba la oposición eterna del bien y del mal.
2 (*desp*) Tendencia a concebir el mundo dividido en buenos y malos o en dos elementos opuestos. | LMiranda *Ateneo* 101: Eran en realidad los dos bandos correspondientes a las dos facciones que el maniqueísmo nacional ha movilizado siempre para ventilar sus enconos.

maniqueo -a *adj* **1** (*Filos y Rel*) De(l) maniqueísmo [1]. | Sampedro *Sirena* 423: Riéndose enumera los templos y las advocaciones: helénicos, fenicios, asirios, maniqueos, zoroástricos. **b)** Adepto al maniqueísmo [1]. *Tb n*. | GÁlvarez *Filosofía* 1, 239: Prolongación de la patrística en la línea de oposición y lucha contra los errores y las herejías de maniqueos y pelagianos, inaugurada por San Agustín, son los nombres de León Magno y Paulo Orosio.
2 (*desp*) Que muestra maniqueísmo [2]. | Laín *Descargo* 194: Ese crítico habría encontrado en el autor una actitud mental respetuosa, estimativa, de ninguna manera maniquea.

maniquí A *m* **1** Figura humana, a veces esquematizada, que sirve para probar o exhibir vestidos. | Laforet *Mujer* 160: Tampoco se había quitado la bufanda blanca. Parecía un maniquí.
B *m y f* **2** Pers. encargada de exhibir creaciones de moda. | Penélope *Ya* 15.4.64, 10: A través de veinticinco maniquíes francesas y unas cuantas españolas se nos presentaron las últimas creaciones.

manirrotismo *m* (*raro*) Condición de manirroto. | *D16* 23.11.91, 3: Esos mismos presupuestos contienen partidas escandalosas por lo que tienen de despilfarro y manirrotismo.

manirroto -ta *adj* [Pers.] que gasta alocadamente. *Tb n*. | ZVicente *Traque* 309: No te dejaré ser manirroto, hay que pensar mucho las cosas y ser previsor. Campmany *Abc* 14.4.85, 21: Son ustedes unos manirrotos, despilfarradores, gastosos, perdigones, que tienen ustedes un agujero en cada mano. **b)** (*raro*) Propio de la pers. manirrota. | FMora *Abc* 2.2.65, 3: La angustia es una suspensión de pagos psíquica, nacida de una mala contabilidad interior y de una manirrota administración espiritual.

manisero[1] **-ra** *adj* De Manises (Valencia). *Tb n, referido a pers*. | Seseña *Barros* 68: La renovada vida de la labor manisera en el nuevo camino de las lozas o azulejos de

manisero - mano

vibrante policromía o intensos azules continúa en la primera mitad del siglo XIX.

manisero² -ra *m y f (raro)* Pers. que vende maní. | Marlasca *Abc* 3.12.70, 49: ¿Se nos perderá también .. el barquillero? ¿Se nos va como el manisero?

maniso -sa *adj (reg)* [Pers.] de manos torpes. | GPavón *Hermanas* 21: Bandadas de rebuscadores pasaban minuciosos entre los hilos, husmeando la gancha que se dejó la vendimiadora manisa o deprisera.

manista *adj (Dep)* De pelota a mano. *Tb n, referido a jugador.* | J. Zabaleta *DVa* 15.3.75, 19: Sin la presencia de las grandes figuras manistas, pero con varios atractivos, se anuncia la sesión manista de esta tarde en el Municipal de Vergara. *Inf* 10.10.70, 27: La Federación Riojana de Pelota prepara para el día 12 .. una gran velada para homenajear a los manistas Sacristán e Iruzubieta.

manita *f* 1 *dim →* MANO.
2 *(col) En pl:* Acción de acariciarse las manos dos perss. *Normalmente en la constr* HACER ~S. | *Fam* 15.11.70, 3: Nunca había tenido un "novio", no sabía nada de manitas. Neville *Noche* 57: ¡Ah! ¿Vais a hacer manitas? Pues si hacéis manitas me lo habéis contestado todo.

manitas *m y f (col)* Pers. hábil y esmerada en el trabajo manual. *Tb adj.* | J. A. Castro *Ya* 24.1.76, 6: Los torpes .. suelen ser, de común, inofensivos. Peor son los "manitas" del género activísimo. *SYa* 11.5.76, 10: Noticia importante para las personas "manitas" .. *Hazlotú* es una revista "práctica", .. que le enseñará, no solo a reparar las pequeñas averías domésticas, sino también a crear confort y belleza para su hogar.

manito -ta *m y f (humoríst)* Mejicano. | Umbral *VozA* 8.10.70, 28: Este nuevo cantante, que ahora actúa en un local nocturno, tiene la voz fuerte, los ojos negros y un bigote denso, de manito.

manitol *m (Quím)* Alcohol presente en muchos vegetales, esp. en el zumo que fluye del fresno *Fraxinus ornus*, usado en medicina y en industrias alimenticias. | MNiclos *Toxicología* 26: Se administrarán líquidos endovenosos y por vía oral, .. o suero glucosado o manitol en solución al 20 por 100.

manivela *f* Órgano mecánico destinado a transformar un movimiento rectilíneo alternativo en movimiento giratorio o viceversa. | *Alc* 10.1.55, 20: ¡Qué lejos aquellos viejos gramófonos, con su gran bocina y su diafragma chirriante, a los que había que alimentar continuamente dándoles cuerda con la manivela!

manjaferro *m (raro)* Hombre fanfarrón que presume de valiente. | MCalero *Usos* 89: Siempre había bravucones que iban por ellos, manjaferros de posada y plaza.

manjar *m* **1** *(lit)* Alimento o comida, esp. exquisitos. *Tb fig.* | Bernard *Verduras* 31: Contrarrestan el exceso de grasa de un manjar. R. Pozo *Inde* 5.1.91, 56: La olla que se comía Sancho Panza era un manjar al lado de esas empanadillas de coyote norteamericano. DPlaja *El español* 154: Los espectadores veían a un hombre y una mujer dirigirse uno hacia el otro con los brazos abiertos.. para encontrarlos, ya retrocediendo, en los fotogramas siguientes. Esto producía gran cólera en el público, privado de un manjar que .. imaginaba mucho más sustancioso de lo que era.
2 ~ blanco. Dulce hecho con leche, almendras, azúcar y harina de arroz. | FQuer *Plantas med.* 348: El llamado manjar blanco .. se prepara machacando las almendras con azúcar.

manjúa *f (reg)* Banco de peces. | Cancio *Bronces* 23: A engañar otra vez al amo de la lancha con la recalá de manjúas fabulosas para que te siga fiando la azumbre de la marmita.

mano I *n (dim,* MANITA) **A** *f* **1** *En el cuerpo humano:* Miembro que está en el extremo del brazo. | Arce *Testamento* 15: Era molesto .. no poder hacer otra cosa que pasarse la mano por los cabellos. **b) la ~** [de una mujer]. La posibilidad o el permiso formal de casarse [con ella]. *Con vs como* PEDIR, CONCEDER O ASPIRAR A. | FFlórez *Florestán* 697: En cuanto a vos, bien habéis ganado la mano de la princesa. L. Alberdi *DBu* 27.12.70, 3: El Príncipe de Gales vino a pedir la mano de la Infanta Doña María. Torrente *Fragmentos* 381:

Mañana pediré a la profesora adjunta de lingüística su bella mano. Quiero casarme.
2 *En los cuadrúpedos:* Pie delantero. | Moreno *Galería* 220: El pastor colocó bien las patas de la zorra –mano derecha, pata derecha; mano izquierda, pata izquierda– y las ató. **b)** *En las reses de carnicería:* Pie después de cortado. | Vega *Cocina* 69: Doscientos cincuenta gramos de tocino entreverado, cuatro manos de cerdo asadas.
3 Pieza con que se machaca en el mortero o almirez. | *Cocina* 127: Bien mezclado, se va agregando aceite poco a poco, trabajándolo con la mano del mortero como si fuera mayonesa.
4 *En pl:* Propietario o poseedor. | Tamames *Economía* 300: El precio del producto sufre sucesivos incrementos al pasar de unas manos a otras.
5 *En pl:* Pers. o perss. capaces de trabajar. | Delibes *Mundos* 101: El gobierno chileno .. dividió la tierra .. en pequeños lotes y los distribuyó entre las familias araucanas. De este modo se ocupaban unas manos que, incontroladas, constituían una amenaza.
6 Acción o intervención [de una pers.]. | Romeu *EE* nº 9.63, 38: La dignidad poética .. y el empleo de ciertos recursos retóricos .. revelan la mano de un versificador culto. *Lab* 2.70, 37: No pretendemos que .. la alumna llegue a realizar a la perfección cualquier trabajo, .. ya que en estos casos se necesitan las manos del profesional.
7 Poder o dominio. *Normalmente en pl.* | Halcón *Manuela* 100: Usted mantiene en la mano todo un pago y todo un poblado. Lapesa *HLengua* 135: En manos de San Fernando caen Jaén .. y Sevilla. Matute *Memoria* 231: –¿Qué tengo que saber? .. –Que estás en mis manos. * Mi carta no llegó a sus manos. **b)** Responsabilidad. | CPuche *Paralelo* 336: –¿A quién compete, entonces, la dirección del asunto? – A los dos, naturalmente .. Suerte, mucha suerte. Ya sé que tú la tendrás. En tus manos queda.
8 Influencia o favor de que se disfruta [en un sitio o con una pers.]. *Gralm en la constr* TENER ~. | Halcón *Manuela* 97: Don Ramón, camisa vieja de la Falange, tenía mano en el Gobierno Civil.
9 Habilidad para tratar [a alguien *(compl* PARA O CON)]. *Tb* BUENA ~. | Cela *Judíos* 238: El vagabundo suele tener buena mano para los perros y los gatos. **b) buena** (o **mala**) **~.** Mucha (o poca) habilidad [para algo]. *Frec en la constr* TENER (O DARSE) BUENA (O MALA) ~. | Berlanga *Acá* 57: Lorenzo, el experto, puso a punto la maquinilla de liar que le habían prestado .. Con paciencia masculada y varios intentos, del aparato salió un cigarrillo cheposo, fofete y raquítico .. Lorenzo se dio mejor mano para liar el segundo. **c) ~** (o, *frec,* **manitas**) **de plata.** Gran habilidad manual. | L. Cantero *Int* 25.8.82, 94: "El Malaguita" .. se acercará .. hasta el antiguo o el nuevo mercado para pedir el condumio .. que el cocinero y el pinche –los susodichos– guisarán en apañadas trébedes con sus manitas de plata.
10 Lado [derecho o izquierdo]. | Cela *Judíos* 256: El vagabundo advierte, de pasada, que las manos –derecha o izquierda– que usa al hablar de las aguas en movimiento, no son las suyas .. las del río. **b)** Sentido en que se abre una puerta. | *Hacerlo* 127: Un sistema fácil para evitarlo consiste en hacer cambiar la puerta de mano, de forma que se abra hacia fuera. **c)** Sentido de la marcha por una carretera o camino. *Tb la zona correspondiente.* | Delibes *Mundos* 26: Esta avenida representa una prueba de la pujanza porteña .. Su aspecto .. con un incesante flujo de automóviles de diez o doce en fondo por cada mano, es realmente asombroso. APaz *Circulación* 18: Cada mano puede tener una, dos o más bandas o vías .. Si la calzada en total tiene tres bandas, las extremas se reservan en exclusiva para su respectiva mano .. y la banda central es para ambos sentidos. **d)** *Precedido de un posesivo:* Lado por el que le corresponde circular [a la pers. o vehículo de que se trata]. | * Yo iba por mi mano.
11 Conjunto de cinco cuadernillos de papel. | * Una resma tiene veinte manos.
12 Serie [de golpes dados a una pers.]. | Berenguer *Mundo* 98: Me dieron una mano de tortas que ni por matar toda la muflonería se le debe dar a un hombre.
13 Gajo del racimo de plátanos, constituido por varios frutos. | * He comprado una mano de dos kilos.
14 *(Caza)* Grupo de cazadores. | Delibes *Año* 70: El jabalí fue abatido por Luis M. Gallo cuando cazaban perdices en mano.

15 (*Juegos*) Conjunto de juegos igual al número de jugadores. | Payno *Curso* 59: Jugaron al póker. A la quinta mano Sebastián miró el reloj. CPuche *Paralelo* 61: Los dados quedan brincando como duendes juguetones .. Jugaría tres manos, no más.
16 Capa [de pintura o de otra sustancia que se aplica sobre una superficie]. | Cunqueiro *Un hombre* 11: Dada una mano de almagre a la puerta, el pintor renovaba la leyenda sobre el dintel.
17 Ronda [de algo, esp. de bebida]. *Frec sin compl por consabido.* | * Esta mano la pago yo.
18 (*Caza*) Vuelta que dan los cazadores reconociendo un sitio en busca de caza. | Berenguer *Mundo* 85: La mano que dimos del torno del río para arriba, y que yo me pensé que iba a ser un fracaso, resultó la mejor, porque los animales ojeados en la anterior traspusieron por las umbrías.
19 (*reg*) Vuelta de siega a lo largo del surco. | L. Monje *NAl* 29.7.88, 3: La vuelta al comienzo del surco era un alivio para los riñones [de los segadores], y se aprovechaba cada seis, ocho o diez manos –dependía de la longitud de los surcos– para echar un trago normalmente de vino.
20 (*Mar*) Golpe de viento fuerte y más o menos duradero. | Guillén *Lenguaje* 33: Surada, que es collada de sures, y aun viento fuerte o mano de este rumbo.
21 ~ de obra. Trabajo manual realizado por los obreros. | SInf 5.12.70, 5: Dos ventajas venían a apoyar los esfuerzos de estas industrias incipientes: la baratura de la mano de obra y la accesibilidad a las materias primas. **b)** Conjunto de (los) obreros. | Alfonso *España* 35: Pasa con esto como con el "interés" en que hubiera zonas subdesarrolladas para que de ellas emigrase mano de obra barata a las desarrolladas. Delibes *Mundos* 144: Esto justifica que los isleños se lamenten de una pérdida de mano de obra técnica que lógicamente repercute en la marcha de la isla.
22 ~ derecha. Pers. que es la más eficaz colaboradora [de otra]. | Laiglesia *Tachado* 34: El anciano Forlé había sido la mano derecha de Cirilo I.
23 ~ de santo. (*col*) Remedio sumamente eficaz. | ZVicente *Balcón* 66: La curó su padre de un bofetón. ¡Mano de santo! AMillán *Damas* 20: La raya es mano de santo .. Con un par de toques, nueva.
24 ~ dura (*o* **de hierro**, *o, raro,* **fuerte**). Dureza en el castigo o en la represión. | Torrente *SInf* 3.10.74, 12: Cuando entre unos y otros se arma el guirigay, las personas de orden reclaman mano dura. Mendoza *Ciudad* 57: Había dispuesto que se reprimiese a los anarquistas con mano de hierro. Guillén *Lenguaje* 38: Las epidemias y los malos modos, aun cuando nazcan en la calle y en sus gentes, hay que atajarlos con tiento y eficacia, que no excluye la mano fuerte si es preciso.
25 ~ izquierda. (*col*) Habilidad diplomática. | Zunzunegui *Camino* 272: Es puesto de mucha sagacidad y de mucha mano izquierda. Diosdado *Anillos* 2, 14: Hay que tener más tacto, más mano izquierda para tratar a las personas.
26 ~ larga. Propensión a golpear. *Frec en pl con sent sg.* | * Esta niña tiene las manos muy largas. Halcón *Manuela* 89: Un hombretón raro, sí, pero bueno para ella y para su hijo, un hombretón con la mano muy larga para hundir a un cabrero. **b)** Propensión al hurto. | * Cuidado con el administrador; tiene las manos muy largas.
27 ~ muerta. (*hist*) Impuesto pagado por un siervo a su señor para poder heredar. | Tejedor *Arte* 102: Precisaban [los siervos] el consentimiento del señor para contraer matrimonio y habían de pagarle un impuesto, la mano muerta, para poder transmitir a sus hijos, si algo poseían.
28 ~s atadas. Falta de libertad para actuar. | Copérnico *Pue* 17.9.70, 3: Occidente está demasiado lejos [de Jordania] y con las manos atadas, un ojo en el petróleo y otro en Rusia.
29 ~s libres. Libertad para actuar. | *Inf* 25.10.75, 1: El Rey Hassan no tiene las manos libres para continuar el juego indefinidamente, puesto que el frenazo a la "marcha verde" le plantea ya graves problemas.
30 ~s muertas. (*hist*) Propietarios de bienes inmuebles en quienes se perpetúa el dominio por no poder enajenarlos. *Tb los mismos bienes.* | FQuintana-Velarde *Política* 256: España era un país eminentemente agrícola, y su producción rural estaba controlada por unos pocos poderes, las llamadas manos muertas. FQuintana-Velarde *Política* 256: En el reinado de Isabel II, esta logra un fabuloso enriquecimiento con la expropiación de las manos muertas.
31 última ~. Repaso final que se da a una cosa para corregirla o perfeccionarla. | Van 5.12.74, 53: El P. Beltrán, italianista e italianófilo de pro, está, por su parte, dando la última mano a la versión completa, en metro y rima, de los "Canti" de Leopardi.

B *m y f* **32** (*Naipes*) Jugador al que corresponde jugar en primer lugar. | Corral *Cartas* 21: El jugador que es mano sale de una carta, siendo obligación de los demás poner carta del mismo palo.
33 ~s (*o, frec,* **manitas**) **de plata.** Pers. de gran habilidad manual. | J. Duva *SPaís* 23.6.91, 3: La estadística demuestra que se acabaron los espadistas finos que iban por el mundo armados únicamente con sus dedos y un juego de ganzúas. Ya apenas quedan manos-de-plata.

C *m* **34 ~ a ~.** (*Taur*) Actuación de dos toreros solos en una corrida. (→ acep. 122.) | *Ya* 9.10.70, 47: La corrida de toros anunciada para hoy en Fuengirola .. quedará reducida a un mano a mano entre Ángel Teruel y Manolo Cortés. **b)** Encuentro en que participan solo dos perss. compitiendo o discutiendo entre sí. *Tb fig.* | ZVicente *Traque* 11: Honorato, el telegrafista, sueña con un mano a mano en la televisión con Adamo, ya tiene preparada la foto que va a poner en los discos. *País* 22.10.76, 4: Hoy, tercer y último mano a mano televisado entre Ford y Carter. *País* 20.3.83, 42: Un mano a mano sinfónico de Bernaola y Bruckner. A. Hernández *Inf* 20.7.78, 3: Los Estatutos de Autonomía van a renovar la excitación. Entonces, presumiblemente, la cuestión vasca no será un mano a mano. En la partida van a participar las otras regiones y "nacionalidades".

II *loc adj* **35 dejado de la ~ de Dios.** Abandonado o desatendido. *Frec con el v* ESTAR. (→ acep. 59.) | J. M. Rollán *SAbc* 1.12.68, 27: Es necesario un control de este gremio hasta ahora dejado de la mano de Dios. GPavón *Reinado* 245: Parló con la Rocío, ordenó un poco las cosas del herrador, que estaba dejado de la mano de Dios. **b)** Que no cumple debidamente sus obligaciones. | Torrente *SInf* 18.12.75, 16: La ciudadela permanece .. bastante menos clerical (aunque por culpa del clero, dejado de la mano de Dios, según ella).
36 de la ~ izquierda. (*raro*) Bastardo o ilegítimo. | ZVicente *Traque* 176: La lista de hijos dilectos, predilectos y naturales, o sea, vamos, los de la mano izquierda.
37 de ~. Portátil o que se lleva con las manos [1]. | GAmat *Conciertos* 23: Las notas en los programas de mano tienen en España su historia.
38 de primera ~. [Noticia o conocimiento] que se obtiene directamente, sin intermediarios. *Tb adv.* | *Alc* 1.1.55, 3: El Alcázar ofrece a sus lectores una información directa, de primera mano, a través de sus propios enviados. F. Oliván *Abc* 28.2.58, 23: Conoce de primera mano todas las interioridades y entrepliegues del mismo [del caso], y también con pelos y señales a sus protagonistas.
39 de segunda ~. [Cosa material] que ha pertenecido antes a otra pers. *Tb fig.* | F. Peregil *SPaís* 29.11.93, 5: Un coche rally de segunda mano puede costar unas 700.000 pesetas. Diosdado *Anillos* 2, 27: –¿Usarla tú? ¿Qué dices? –Bueno, hijo, perdona ... Pensé que si era de tu madre .. –Tú no tienes por qué llevar nada de segunda mano, tú te compras una nueva, o te la regalo yo. **b)** [Noticia o conocimiento] que no se obtiene directamente, sino a través de intermediarios. | Delibes *Mundos* 15: Las ideas previas, como ideas de segunda mano que son, reportan una oscura rémora para el viajero.
40 en ~ común. (*reg*) [Monte] que pertenece conjuntamente a todos los vecinos de un municipio. *Tb adv.* | *País* 21.8.77, 6: Persiste sin resolver [en Galicia] uno de los mayores dislates social-económico-jurídicos: el de los montes en mano común. *Coruña* 44: Regula, finalmente, diversas formas de comunidades especiales: los "montes de vecinos" –que pertenecen en mano común a los vecinos del núcleo de poblamiento–.

III *loc v y fórm or* **41 abrir** (*o* **aflojar**, *o* **levantar**) **la ~.** Atenuar la exigencia o el rigor. | VMontalbán *Galíndez* 67: Me han prometido [los americanos] que presionarán a Franco para que abra la mano, y seremos los nacionalistas vascos los primeros en sacar partido de un cambio democrático en España. S. Nadal *Act* 25.1.62, 17: El grupo de los stalinistas consideran que no se debe aflojar la mano. *País* 14.6.88, 27: Siguiendo las directrices del propio ministerio, que el pasado mes de mayo aconsejó en una circular tener en cuenta las circunstancias especiales que se estaban dando para no perjudicar a los alumnos, solo hemos levantado la mano.

42 alzar la ~ [a alguien o contra alguien] → LEVANTAR (o ALZAR) LA ~ [72].

43 apretar la ~. Aumentar la exigencia o el rigor. | Cunqueiro *Crónicas* 57: Mi padre era asistente de Tasas Reales, poco querido si he de decir verdad, pues apretaba la mano sobre el paisano, tanto por la lana de las ovejas como por los cueros de vacuno.

44 atar de pies y ~s → PIE.

45 besar la ~. (*lit, hoy raro*) *Se usa en fórmulas ceremoniosas de despedida como* BESO A USTED LA ~, *o, en cartas, antes de la firma*, QUE BESA SU ~, *o* QUE LE BESA LA ~. | FReguera-March *Boda* 87: El arquitecto le acompañó hasta la salida. –Beso a usted la mano –se despidió Morral. Armenteras *Epistolario* 123: Q.l.b.l.m., por "Que le besa la mano".

46 caerse [un libro o algo similar] **de las ~s.** Ser muy aburrido. | Torrente *SInf* 11.7.74, 12: La edición, desangelada, se me cayó de las manos. Creo que no volví a leer esa novela.

47 cargar la ~ [en algo]. Exagerar o excederse [en ello]. | *Ciu* 8.74, 57: Acostumbrados como estábamos a que las publicaciones editadas por grupos o entidades religiosas cargasen la mano en temas más cercanos al cielo que a la tierra, resulta altamente aleccionador echar una ojeada a la revista "Iglesia en Madrid".

48 comerle [a alguien] **en la ~.** (*reg*) Tener[le] gran familiaridad y confianza. | Burgos *D16* 9.8.92, 6: Pídeme lo que quieras, que Rojas Marcos me come en la mano. Berenguer *Mundo* 238: En la Zarza hay muchísimo personal y todos le comen en la mano a don Gumersindo.

49 dar de ~. (*reg*) Dar fin [a la jornada de trabajo]. *Tb sin compl.* | *Sáb* 13.8.75, 38: Casi todo el personal [del cortijo] vive en Paradas. Van y vienen, cada día, a las horas de empezar y dar de mano a la faena. Grosso *Capirote* 21: Por ser los primeros en dar de mano, teníais, como seguís teniendo, el remolque a vuestra disposición .. para llegar bien holgados al pueblo. **b)** (*reg*) Dar fin [a algo que se está haciendo]. *Tb sin compl.* | PFerrero *Abc* 28.5.75, sn: Siempre supo Simenon lo que escribía y cómo lo escribía .. Madrugaba mucho y a la hora del almuerzo había dado de mano a un capítulo empezado al amanecer. Berlanga *Recuentos* 25: "¡No sé cómo pueden echar un subastao tan así, tan repantingados!" Dieron de mano y don Dimas repitió que no había que sulfurarse. GPavón *Reinado* 82: –¿Se acuerda usted cuándo acabaron de cerrar el muro? .. –El veintiséis de este mes dimos de mano.

50 darle el pie y tomarse la ~, *o* **darle la ~ y tomarse el pie** → PIE.

51 darse la ~ [dos cosas]. Coincidir o unirse. | P. Rocamora *Abc* 22.10.70, sn: Pensamiento y verdad se dan la mano en las letras marañonianas.

52 dejar [a alguien o algo] **de la ~.** Descuidar[lo]. *Frec en constr neg.* | * Por favor, no dejéis de la mano este asunto.

53 dejar [un asunto] **en las ~s**, *o* **de la ~**, [de alguien]. Confiár[selo] o dejar[lo] a su cuidado o bajo su responsabilidad. | Delibes *Ratas* 13: –Los cuervos no me dejan quietos los sembrados .. ¿Cómo me las arreglaré para ahuyentarlos? .. –Déjalo de mi mano.

54 dejarse cortar la ~. *Se usa para ponderar la seguridad o confianza que se tiene en alguien o algo.* | Torrente *Isla* 277: ¡Oh, me dejaría cortar la mano a que la madre de Claire, el domingo de Pascua, se ponía los mismos colores!

55 echar ~ [a alguien o algo]. Coger[lo] o alcanzar[lo]. | Arce *Precio* 143: Eché mano a la cartera y se le entregué [el dinero]. **b) echar ~** [a alguien]. Igualar[le]. | DCañabate *Paseíllo* 32: Nadie le echó mano manejando el capote.

56 echar ~ [de, o a, una pers. o cosa]. Recurrir [a ella]. | Aldecoa *Gran Sol* 67: –¿No podías haber echado mano de otro, José? –Cuando me toca a mí le toca a todos y no distingo. Pemán *Abc* 9.4.67, 3: Se comprende que para designar sus mutaciones hayan echado mano de una palabra enfática. MGaite *Nubosidad* 253: Eché mano a mis dotes imitativas.

57 echar una ~ (*o* **una manita**) [a alguien]. Ayudar[le]. *Tb sin ci.* | Fraile *Cuentos* 52: Condenado .. a no ser nunca un mirón ingenuo, un mirón para echar gratis una mano. ZVicente *Traque* 177: Si se decide a hacer alguna oposicioncilla, .. avíseme .., ya veríamos cómo echarle a usted una manita.

58 escapársele [algo a alguien] **de las ~s** → ÍRSELE, *o* ESCAPÁRSELE, DE LAS ~S [68].

59 estar dejado de la ~ de Dios. Ser un caso perdido. (→ acep. 35.) | Mendoza *Ciudad* 106: No creo que tenga un ochavo, pero sabrá cómo ayudarme. O él, o estoy dejado de la mano de Dios, se dijo cuando el mensajero hubo partido.

60 estar [algo] **en la ~** [de alguien]. Ser[le] posible. | Delibes *Mundos* 163: El tinerfeño, como ya vimos, ha hecho verdaderos milagros en el campo. Casi ha realizado todo aquello que estaba en su mano.

61 estrechar la ~ [de una pers.]. Saludarla oprimiéndole la mano derecha. *Se usa frec en cartas en la fórmula ceremoniosa de despedida, antes de la firma,* QUE ESTRECHA SU ~. | *Abc* 15.11.75, 1: S.A.R. el Príncipe de España estrecha la mano al doctor Martínez-Bordiú al abandonar anoche La Paz.

62 forzar la ~ [a alguien]. Obligar[le] a tomar una determinación. | L. LSancho *Abc* 14.5.67, 3: Desde que los madrileños, forzándole la mano con algunos siglos de adelanto al Papa Gregorio XV, hicieron, por aclamación, Santo a Isidro, el Ayuntamiento de la villa se cree en el caso de festejar, por el mes de mayo, a su labriego patrón.

63 frotarse las ~s. Manifestar gran satisfacción o alegría. *Frec con intención desp denotando malicia.* | * La malvada se estará frotando las manos con mi suspenso.

64 ganar por la ~ [a alguien]. Adelantárse[le]. *Tb sin compl.* | Delibes *Historias* 73: El primer día que salimos la llevé a los Enamorados .. La sombra de los chopos estaba aquel día ocupada .. Al otro día que lo intenté, el Agapito me ganó también por la mano. Ridruejo *Memorias* 60: El tema no era solo la manifestación sino la inminencia revolucionaria .. Para José Antonio el problema era "ganar por la mano".

65 hacer a dos ~s. Simultanear de manera solapada dos comportamientos aparentemente incompatibles. | * La señora hacía a dos manos; se entendía con los dos.

66 hacer ~(s). *En algunas actividades manuales:* Practicar. | Areán *Est* 1.2.71, 9: En 1649, Velázquez no se hallaba desentrenado precisamente en lo que a su actividad de retratista se refería .. Quiso, no obstante, ante la importancia de su compromiso con el papa, "hacer mano", y de ahí que decidiese retratar previamente a Juan de Pareja. F. Peregil *SPaís* 29.11.93, 5: Ellos vienen con coches desvencijados, puro hierro, como dicen ellos, a meter pata, coger la rosca, a hacer manos, en la categoría de tracción trasera.

67 irle a la ~ [a alguien]. (*raro*) Contener[lo] o moderar[lo]. | A. Corral *Alc* 10.11.70, 2: Aquí, sin que nadie les vaya hoy a la mano, pululan los libeláticos y luciferianos, gnósticos y agapetas.

68 írsele, *o* **escapársele**, [algo a alguien] **de las ~s.** No alcanzar[lo] cuando estaba a punto de conseguirlo, o perder el dominio [sobre ello]. | G. García *As* 7.12.70, 3: Cuando se quiso dar cuenta, el partido se le había ido de las manos. *Inf* 16.4.70, 5: El general Lon Nol estaba seguro .. de que los Estados Unidos irían en su ayuda si la situación se le escapase de las manos.

69 írsele [a alguien] **la ~** [en algo]. Excederse [en ello]. | Lagos *Vida* 23: Una noche, se le fue la mano en el riego a la señora Juliana.

70 lavarse las ~s [en un asunto]. Desentenderse de la responsabilidad [en él]. *Frec sin compl.* | Payno *Curso* 106: Olvidan su provocación. Y se lavan las manos. Se quedan tan frescas, inconscientes de estar jugando con la sexualidad.

71 levantar la ~ → ABRIR, *o* AFLOJAR, *o* LEVANTAR, LA ~ [41].

72 levantar (*o* **alzar**) **la ~** [a alguien o contra alguien]. Pegar[le] o hacer ademán de pegar[le]. *A veces sin compl.* | * ¿Serás capaz de levantar la mano contra tu padre? J. Salas *Abc* 22.2.62, 17: El segundo [el marido vago] levanta la mano.

73 llegar, *o* **venir, a las ~s** [dos o más perss.]. Empezar a golpearse. | Anson *Oriente* 151: Se llega con facilidad a las manos cuando alguna de las confesiones pasa los límites de su demarcación.

74 llevarse las ~s a la cabeza. Manifestar asombro o escándalo. | J. Salas *Abc* 30.12.65, 71: Si esto no se va tampoco, es para llevarse las manos a la cabeza en recuerdo de la irreversibilidad.

75 mancharse las ~s. Complicarse en una acción delictiva o poco honrada. | ASantos *Estanquera* 43: –¿Ves cómo se está ganando un par de hostias? .. –Venga, Tocho, ya está bien, ¿te vas a manchar las manos por una tontería? J. M. Cabodevila *SYa* 8.12.74, 3: Para no mancharse las manos, lo mejor es no tocar nada, no comprometerse en nada.
76 ~ a la obra → PONER(SE) ~S A LA OBRA [85].
77 ~s arriba → ARRIBA.
78 meter ~ [a una pers. o cosa]. Acometer[la] o atacar[la]. *Tb fig.* | Berenguer *Mundo* 134: Al ver que perdía la corza, después de todo lo que padeció por ella, les metió mano a los civiles para que no se la quitaran. Por eso le zurraron, y como él también dio lo suyo, se vieron en precisión de defenderse. GPavón *Reinado* 59: –Manuel, te encuentro muy raro en este caso .. –Sencillamente es que no sé por dónde meterle mano. SFerlosio *Jarama* 85: –Pues a esta cuarta botella ya la podíamos ir metiendo mano. –¿A palo seco? **b) meter ~** [a una pers.]. (*vulg*) Acariciar[la] por deleite sexual. | Cela *SCamilo* 62: Maripi Fuentes .. es un bombón que se deja meter mano sin mayores exigencias. **c) meter ~** (*o, más raro,* **las ~s**) [en una cosa]. Intervenir [en ella]. | A. Sarasqueta *Cam* 11.5.81, 39: "Pero lo cierto es que en esto nadie nos atrevemos a meter mano", admitiría un miembro de la ejecutiva del partido gubernamental. Isidro *Abc* 22.2.62, 55: Desde que el Ayuntamiento metió las manos en el asunto, este ha empeorado.
79 no caérsele [algo a alguien] **de las ~s.** Tener[lo] siempre [en ellas]. | * A la abuela no se le cae el rosario de las manos.
80 pasar la ~ por el lomo [a alguien]. (*col*) Halagar[le]. | GSerrano *Macuto* 544: Se hacía pasar [en el frente rojo] por un trompa empedernido, precisamente para pasarse. Cada noche salía fuera de las defensas para insultar "más de cerca" al enemigo .. A fuerza de barbaridades retóricas les pasaba la mano por el lomo a sus milicianos, y con ese sistema iba habituando a los guardias .. a considerar que su médico era un rojo fervoroso.
81 perder las ~s. (*Taur*) Caerse [el toro] al doblársele las manos [2a]. | Barquerito *D16* 20.8.90, 35: El novillo se empleó en el capote y por emplearse perdió las manos un par de veces.
82 poner la ~. Pedir dinero o aceptarlo. | Berenguer *Mundo* 85: Cuando volvimos todos para la casa y nos estaban pagando, don Gumersindo .. me zampa: –¿Es que tú también vienes a poner la mano? Yo me creía que te habías cobrado por adelantado todas las batidas que quedan de aquí a que revientes.
83 poner la(s) ~(s) en el fuego, *o* (*raro*) **poner la ~ derecha,** [por una pers. o cosa]. *Se usa para ponderar la confianza que se tiene en ella.* | GHortelano *Amistades* 107: No puede ser, después de tantos años. Ahora bien, tampoco pongo la mano en el fuego por ella. CPuche *Paralelo* 261: Es mi amigo y me conoce. Este es de los que cuando está seguro de algo pone las manos en el fuego. Grosso *Capirote* 40: Por Rafael y por su señora podía poner la mano derecha, no por nada sino porque están garantíos en lo que a mí respecta y se les conoce.
84 ponerle [a alguien] **la ~ encima.** Golpear[le]. | Laiglesia *Tachado* 104: A mí no solo no me ponen la mano encima, sino que ni siquiera me regañan. **b)** Tocar [a alguien]. *Tb fig.* | Marsé *Tardes* 158: Teresa añadiría que solo de pensar en aquello sentía asco, y que pasarían años antes de que nadie volviera a ponerle las manos encima.
85 poner(se) ~s a la obra. Emprender un trabajo. *A veces, como exhortación, se dice simplemente* ~S A LA OBRA. | Laiglesia *Tachado* 105: Al regresar del colegio, puso manos a la obra. CPuche *Paralelo* 333: –Tú reconoces que esto es vital para el partido, ¿sí o no?... –Yo veo que cualquier cosa puede ser importante... –Pues entonces, manos a la obra.
86 quitar [la gente (*suj*) una mercancía] **de las ~s** [a alguien]. *Se usa para ponderar la gran demanda suscitada por ella.* | GPavón *Reinado* 58: ¿Tú crees que pones en el mercado un puesto de caretas en pleno junio y te las quitan de las manos?
87 saber [alguien] **dónde tiene la ~ derecha,** *o* **saber lo que se trae entre ~s.** Ser competente, esp. para el trabajo que desempeña. | Berenguer *Mundo* 186: ¿Cómo se fía de esta gente que no sabe dónde tiene la mano derecha? FMora *Inf* 25.5.74, 16: Admito el contraste de pareceres entre personas que saben lo que se traen entre manos.

88 sentarle [a alguien] **la ~.** Pegar[lo] o reprender[lo]. | Delibes *Emigrante* 22: El Tochano este va necesitando un guapo que le siente la mano. Mañas *Tarantos* 364: ¿Qué esperas, padre, para levantar a tu hija de la cama y sentarle la mano?
89 ser los pies y las ~s [de alguien] → PIE.
90 tender una ~ [a alguien]. Ofrecer[le] ayuda. | Laforet *Mujer* 17: Sus parientes .. le habían tendido una mano.
91 tener [una pers. a otra] **de su ~.** Cuidar[la] u ocuparse [de ella]. | * Dios nos tenga de su mano.
92 tener, *o* **traer(se)** [algo] **entre ~s.** Estar ocupándose [en ello]. | Arce *Precio* 74: Ya te contaré .. Tenemos algo entre manos. Halcón *Manuela* 36: Le servía para que quedase bien terminado lo que traía entre manos. MGaite *Ritmo* 222: –¿Qué te traes ahora entre manos? .. –¡Nada! ¡Ya sabes que no hago nada!
93 tocar [algo] **con las ~s.** Tener[lo] muy próximo. *Tb fig.* | GLuengo *Extremadura* 162: Tal cual vez, y ya tocando nosotros, como quien dice, con las manos el inmediato pretérito, [los castillos] se han convertido en paradores de Turismo.
94 tomarse [alguien] **la justicia por su ~** → JUSTICIA.
95 traer(se) [algo] **entre ~** → TENER, *o* TRAER(SE) [algo] ENTRE ~S [92].
96 untar la ~ [a alguien]. Sobornar[le]. | Espinosa *Escuela* 681: Muchos demandantes suelen untar la mano del verdugo, comprando parsimonia.
97 venir a las ~s → LLEGAR, *o* VENIR, A LAS ~S [73].
IV *loc adv* **98 a dos ~s,** *o* **con las dos ~s.** Con toda voluntad. | *VNu* 2.9.72, 26: El movimiento surge de la base. Luego la jerarquía lo bendec[i]ría con las dos manos y lo defendería de cualquier ataque.
99 a la ~. (*reg*) A la derecha. | J. Vidal *SPaís* 8.7.90, 10: Juan Vinagre distribuía las zonas: "Vojotro, a la mano" –varias colleras acudían a pelar los chaparros de la derecha–, "Vojotro, a la contramano" –varias, a pelar los de la izquierda.
100 a ~. Con la mano [1], sin valerse de medios mecánicos. | *Lab* 9.70, 48: Una decorativa vainica proporciona al mantelito ese inconfundible acabado de las labores realizadas a mano.
101 a ~, *o* **a la ~.** En lugar próximo. | Goytisolo *Afueras* 48: Los lejanos montes azules asomaban al filo de la loma, muy próximos, casi a mano. Delibes *Mundos* 40: La ciudad destruida hace cinco o seis años por un terremoto, queda ahí, a la mano; según se sale a la derecha. **b)** En situación de disponible o asequible. | Torrente *Off-side* 25: –Pagué por él dos mil. –Si me hubiera consultado no lo habría hecho. –Usted no estaba a mano. FQuintana-Velarde *Política* 35: Como el hombre vive bajo la estrella de la escasez, es explicable que no tenga a mano –en el lugar y en el tiempo queridos– la mayor parte de los bienes con los que debe satisfacer sus múltiples deseos. RMoñino *Poesía* 41: Del *Cancionero* de Juan del Encina se podía haber a la mano hasta cinco tiradas.
102 a ~ airada. Violentamente. *Normalmente con vs como* MATAR *o* MORIR. | Gala *Sáb* 2.6.76, 5: Es hermoso estar vivo y, sin embargo, no lo es que sea verosímil que alguien aquí, por decir lo que piensa, pueda morir a mano airada en un oscuro instante.
103 a ~ alzada. Alzando la mano [1]. *Referido al modo de votar. Tb adj, referido a voto.* | Berlanga *Pólvora* 13: Al acabar los gritos votaron algo a mano alzada.
104 a ~ armada. Con armas. *Tb adj. Normalmente con vs como* ROBAR *o* ATRACAR, *o con vs como* ROBO *o* ATRACO. | *Asturias* 21: El príncipe Don Alfonso manda .. a Diego Quiñones que, en su nombre, se apodere de la tierra, a mano armada, si fuese necesario.
105 a ~s [de una pers.]. Como consecuencia de una agresión o acción violenta [de esa pers.]. *Normalmente con vs como* MORIR *o* PERDERSE. | E. Toda *MHi* 2.64, 35: La inmensa mayoría [de los autos] fenece de muerte violenta. Unos, en accidente de tráfico ..; otros, a manos de la generación terrible.
106 a ~s llenas. En gran abundancia. | Areán *Raz* 5/6.89, 304: Constantino Grandío .. sugería más que narraba y derrochaba a manos llenas una ternura un tanto triste y desengañada.
107 bajo ~. Bajo cuerda u ocultamente. | Goytisolo *Recuento* 34: El compraba [cromos] .. por tener ocasión de in-

tercambiar con los demás .. Estaba prohibido y había que hacerlo bajo mano, en el patio, en la misma clase.

108 como por la ~. (*reg*) Muy bien. | Delibes *Año* 99: Tere Tió .. me envió esta mañana dos musas de escayola para mi estudio .. Se trata de las musas de la Música y la Poesía, .. que me vienen, según dicen por aquí, como por la mano. Delibes *Cinco horas* 81: La multa le sentó como por la mano, y si de mí dependiera, un correctivo más fuerte.

109 con la ~ en el corazón (*o* **con el corazón en la ~**). Con toda sinceridad. *Normalmente con vs como* DECIR *o* HABLAR. | R. Santidrián *HLM* 17.11.75, 32: Jugó a la cuquería de simular el penalty, que pienso con la mano en el corazón que no lo fue.

110 con las ~s en la cabeza. Perdiendo o con daño. *Normalmente con vs como* SALIR *o* ACABAR. | R. Pieltaín *SAbc* 15.5.58, 61: Los teatros de verso no solían llenarse ni aun los días festivos, y las empresas, por lo regular, acababan con las manos en la cabeza y los pies en polvorosa.

111 con las ~s en la masa. En el momento en que se está realizando un acto que se quiere ocultar. *Normalmente con vs como* SORPRENDER *o* PILLAR. | *Caso* 14.11.70, 17: El ladrón, sorprendido con las manos en la masa.

112 con las ~s limpias (*o* **lavadas**). *Se dice del que se presenta a beneficiarse de una situación sin haber aportado ningún esfuerzo.* | CPuche *Paralelo* 388: Era muy cómodo lo que hacían los revolucionarios desde fuera .. Y algún día, además, se presentarían aquí como si ellos hubieran hecho algo. Aparecerían con las manos limpias a hacerse los amos del cotarro. Gala *Hotelito* 51: Para eso trabajamos. No para que vengan cuatro menesterosas con sus manos lavadas a llevarse el producto de nuestro esfuerzo.

113 con las ~s vacías. Sin haber obtenido nada o sin aportar nada. | A. ÁSolís *NoE* 8.3.77, 10: Ernesto Giménez Caballero .. se fue a Berlín a por las regias nupcias que unirían a Castilla con el Imperio Alemán de don Adolfo. Y se vino con las manos vacías. B. Andía *Ya* 15.10.67, sn: Ella ya no se presenta tímida y con las manos vacías. Con el niño, ella aporta su dote, que ha sido reunida por sus padres.

114 con una ~ atrás (*o* **detrás**) **y otra delante,** *o* **con una ~ delante y otra atrás** (*o* **detrás**). (*col*) Sin nada de dinero o bienes. | Mendoza *Gurb* 117: Avanzamos por un pasillo. Moqueta, cortinas, cuadros, flores, perfume embriagador. Seguro que salgo de aquí con una mano atrás y otra delante. VMontalbán *Rosa* 134: ¿Qué va a hacer un padre de familia que llega cada noche a su casa con una mano detrás y otra delante? Goytisolo *Recuento* 338: Nada, todos en situación parecida a la suya, dejando el pueblo como él, con una mano delante y otra detrás.

115 de la ~. Juntamente. *Normalmente con el v* VENIR. *Tb fig.* | Cela *Judíos* 74: Castro, en castellano, vale por campamento, por real militar, y castrillo, de la mano viene, tanto monta como campamentillo.

116 de ~. (*raro*) En seguida. | Delibes *Castilla* 62: Me dijo: "Ha salido petróleo, José Manuel". Digo: "Bueno, esos son cuentos". Y él: "Te apuesto dos botellas de mano, tú". Y fui y me las apostó, ya ve.

117 de ~ en ~. De una pers. a otra. *Gralm con vs como* IR *o* PASAR. | * La copia pasó de mano en mano.

118 de ~s. Apoyándose [un animal] en las patas traseras. *Gralm con el v* PONERSE. | * El caballo se puso de manos y relinchó nervioso.

119 de ~s a boca (*o*, *raro*, **a bruces**). De repente. *Normalmente con vs como* DARSE, ENCONTRARSE *o* TROPEZARSE. | Cela *Judíos* 50: En la plaza de Langa, bajo los soportales, el vagabundo se da de manos a boca con unos turistas. *Hora* 20.3.77, 5: Cuando se da de manos a boca con un ente de bastante más tonelaje, pobre peatón. Cela *Judíos* 168: El vagabundo, después de gastar media jornada callejeando por Medina, fue a darse de manos a bruces .. con su amigo.

120 en buenas ~s. Al cuidado de alguien adecuado o en quien se puede confiar. *Frec con vs como* ESTAR, DEJAR *o* QUEDAR. | * Estás en buenas manos.

121 en ~. Directamente al interesado, sin intermediarios. *Con vs como* DAR *o* ENTREGAR. | * La carta debes dársela en mano.

122 ~ a ~. (*Taur*) Actuando dos toreros solos en una corrida. (→ acep. 34.) | Corrochano *Clarín* 179: Hoy es viernes en Málaga; van a torear mano a mano, todavía no sé si Luis Miguel y Antonio, o José y Juan. **b)** Actuando o interviniendo solo dos perss. | CPuche *Paralelo* 367: Aquel ya no era el Emiliano de antes, de cuando trabajaban juntos y se bebían a gollete y mano a mano una botella de vino barato. **c)** A solas dos perss. | Cossío *Confesiones* 197: Castro Girona me despidió muy cortésmente, y quedé mano a mano con el comandante de la isla.

123 ~ sobre ~. Sin trabajar o sin hacer nada. *Gralm con el v* ESTAR. | Zunzunegui *Camino* 90: —¿Y en qué quieres trabajar? —En lo que sea, lo que no quiero es estar mano sobre mano. Marsé *Tardes* 136: Me parece absurdo, mira, que te pases las horas mano sobre mano sabiendo muy bien .. que ya hemos hecho todo lo que había que hacer. Hay una enfermera a su lado día y noche, ¿qué quieres?

124 si a ~ viene. Si se presenta la ocasión. | Torrente *SInf* 30.10.75, 8: Si a mano venía y lo exigía la narración, uno escribía con toda ingenuidad: "Se miró en el espejo con los pechos al aire".

manobra *m* (*reg*) Peón (obrero sin cualificar). | Á. Ruibal *Van* 12.9.74, 27: El tono no lo marcan los indígenas, sino los andaluces, albañiles y manobras en la construcción, y personal de la hostelería y de los oficios variados.

manobre *m* (*reg*) Manobra. | Mendoza *Ciudad* 48: Había operarios y manobres, y entre ambos existía una diferencia fundamental para él.

manojo *m* **1** Conjunto [de cosas unidas entre sí] que se puede coger con la mano. | CNavarro *Perros* 76: Sobre el mármol de la mesita de noche se veía un manojo de llaves. Bernard *Pescados* 37: Dos manojos de espárragos, seis tomates.
2 Conjunto pequeño [de perss. o cosas]. | *SAbc* 20.12.70, 3: En el pliego central de este número encontrará el lector, ilustradas por un manojo de pintores y dibujantes célebres, y sin publicidad intercalada, las "Rimas" completas de Gustavo Adolfo Bécquer.
3 Montón o conjunto grande [de perss. o cosas]. | * Tiene un manojo de críos. Salvador *Haragán* 73: Tía Mariatonta .. estaba hecha un manojo de nervios. GPavón *Hermanas* 45: Armarios de lunas descomunales .. se dejaban habitar por manojos de imágenes.

manola *f* (*hist, reg*) Manuela[1] (coche de caballos). | CAssens *Novela* 2, 90: Se dedica a dar satisfacción a sus nostalgias madrileñas y, aprovechando que es verano, recorre las verbenas en la clásica manola.

manolería *f* (*hist*) Conjunto de los manolos[1]. | Villarta *Rutas* 37: Imagino a Manuela Reyes pasando junto a la fuente de la Alcachofa. Y la manolería de Madrid abierta en abanico de piropos.

manoletina *f* **1** (*Taur*) Pase de muleta en que el torero cita de frente y con el engaño a la espalda. | *Abc* 23.8.66, 54: Andrés Vázquez, pases de rodillas, redondos y manoletinas.
2 Zapatilla de piel, plana y de escote redondeado. | *Ya* 30.5.64, 15: Manoletina esterilla copete piel ternera, piso esponjoso vulcanizado. *CCa* 13.4.72, 28: Zapatos especialmente cómodos .. Para caballero. En varios estilos: blucher, inglés y manoletina.

manolo[1] -la *m y f* (*hist*) A fines del s XVIII: Mozo del pueblo bajo de Madrid. | J. Vara *Alc* 24.10.70, 16: Unos cuantos pasos más hacia el exterior, y se encontraban los majos y manolos de la época con las planicies verdes y retostadas de la iniciación manchega. T. Salinas *MHi* 12.70, 32: Al hacerles frente los majos y manolas de un Madrid que amaba su libertad.

manolo[2] *m* (*col*) El Sol. | Delibes *Emigrante* 53: Pegaba en forma manolo y nos sentamos en un café.

manomanista (*Dep*) **I** *m* **1** Jugador de pelota especializado en partidos mano a mano. | Ed. Gómez *Rio* 17.3.89, 43: Como todos los azcoitianos, será un buen manomanista.
II *adj* **2** Relativo al juego de pelota mano a mano. | *Abc* 25.2.68, 96: En el frontón de Anoeta se ha celebrado .. la Asamblea Nacional de Federaciones de Pelota, al objeto de debatir el único tema de la sesión: el saque para el campeonato nacional profesional manomanista. *NRi* 2.6.64, 5: El primero de dichos vehículos se dirige de Rodezno a San Sebastián a presenciar la final del campeonato manomanista de pelota.

manometría *f (Fís y Med)* Medida de presiones mediante manómetro. | Fe. García *TMé* 9.3.84, 12: El doctor Hebrero San Martín .. pasó a plantear los métodos diagnósticos más adecuados; destacó la radiología, la manometría.

manométrico -ca *adj (Fís y Med)* De(l) manómetro. | *SInf* 9.12.70, 2: Acaba de crear una marca francesa una serie de balanzas manométricas completamente automáticas.

manómetro *m (Fís y Med)* Instrumento para medir la presión. | Marcos-Martínez *Física* 94: Se distinguen dos tipos principales: manómetros de líquido y manómetros metálicos. Navarro *Biología* 174: La presión arterial se puede medir directamente en las arterias mediante manómetros especiales.

ma non troppo (*it; pronunc corriente,* /ma-nón--trópo/) *loc adv (Mús)* Pero no demasiado. *Tb (lit) fuera del ámbito técn.* | L. Contreras *Sáb* 31.5.75, 10: Los foralistas vibraron en las personas de Asís Garrote o Valiente Soriano, "ma non troppo".

manopla *f* **1** Variedad de guante que enfunda unidos todos los dedos excepto el pulgar. | *GTelefónica N.* 56: Fábrica de guantes. Manoplas. **b)** Guante que enfunda juntos todos los dedos, o todos excepto el pulgar, y que se usa para lavarse. | *Economía* 200: Doce toallas pequeñas para el baño. Tres manoplas afelpadas.
2 (*hist*) *En la armadura:* Pieza que cubre la mano. | GNuño *Madrid* 117: Un sable de manopla del siglo XV y .. dos espadas.
3 (*reg*) Manaza, o mano grande. | Villarta *Rutas* 203: Los negros veludillos .., bien zurrados y bataneados primero por manoplas, y alisados, teñidos después por manos de novias.

manorreductor (*tb con la grafía* **mano-reductor**) *m (Fís)* Dispositivo que sirve para regular la presión de salida del gas contenido en una botella. | *Van* 20.12.70, 9: Estufa butano. 2 bombonas (incluida carga). Mano-reductor y tubo. [*En el texto, sin guión.*]

manoseador -ra *adj* [Pers.] que manosea. *Tb n.* Gralm con intención desp. | VMontalbán *Rosa* 150: Pasaron ante el hijo manoseador de escopeta. Torrente *Filomeno* 385: Lo hizo con elocuencia rebuscada y un juego muy convincente de las manos, unas manos delicadas que quisieran para sí muchos manoseadores.

manosear *tr* Tocar reiteradamente [a una pers. o cosa] o pasar la mano repetidamente [por ella (*cd*)]. *Gralm con intención desp.* | Arce *Precio* 181: Añadió que muchos de ellos eran maricas. –Esos son los peores. Lloran y te manosean. Payno *Curso* 252: Darío estaba ávido, manoseando los nuevos libros, que aún olían a tinta. **b)** Tratar [una cuestión] o utilizar [un procedimiento] con reiteración excesiva. *Más frec en part.* | Laiglesia *Ombligos* 101: Si yo obtenía alguna información espiando por mi cuenta y poniendo en juego mis manoseados recursos, me la pagarían con mucho gusto. *Abc* 15.10.70, 49: Hemos visto con gran sorpresa la ligereza con que trata en su sección .. el tan manoseado tema de la prolongación de la línea 20 de autobuses.

manoseo *m* Acción de manosear. *Gralm con intención desp.* | C. GBayón *SVoz* 8.11.70, 1: Federico .. batió las poderosas manos en mi espalda .. Me estrujó la mano sobre la formica de la mesa .. Y ya restablecido de tantos manoseos, añadí.

manotada *f* Manotazo. | GPavón *Hermanas* 29: Plinio le dio una manotada casinera a Braulio sobre la boina.

manotazo *m* Golpe dado con la mano abierta. | Medio *Bibiana* 33: Bibiana da un manotazo a Manuel, apartándole del plato de las pastas.

manotear **A** *intr* **1** Agitar las manos, frec. con intención expresiva. | Alfonso *España* 110: Los ayuntamientos tienen unos guardias con casco blanco que manotean en el aire, en los puntos de más densidad de coches. Zunzunegui *Camino* 156: Pareció serenarse un poco, pero en seguida volvió a la carga. Discutía y manoteaba iracundo. MMolina *Jinete* 335: "Una copa, Galaz", dijo, sin encontrar la suya, manoteando como un ciego.
B *tr* **2** Dar golpes [a una pers. o cosa] con las manos. | Berenguer *Mundo* 276: Se viene a manotearme la espalda.

manoteo *m* Acción de manotear. | Buero *Sueño* 165: Ante sus manoteos y gesticulaciones, termina por gritar.

manotón *m* Golpe dado con la mano. *Tb fig.* | GPavón *Cuentos rep.* 61: Se bajó las sayas de un manotón. Borrás *Abc* 23.3.58, 14: La chica quiso encender la vela a Santa Bárbara, un manotón de la turbonada la apagó.

manque *conj (reg, pop)* Aunque. | Cela *Pirineo* 248: ¡Viva er Betis, manque pierda!

manquedad *f* Cualidad de manco. *Tb fig.* | Torrente *Off-side* 78: La cojera y la manquedad del brazo izquierdo me parecen naturales. Laín *Universidad* 59: Esta manquedad funcional puede depender del defectuoso rendimiento de algunas o muchas de las personas que componen la institución de que se trate.

manquera *f* Manquedad. | Torbado *Inde* 13.2.90, 11: Aquel genio universal [Cervantes] del que en su patria apenas se recordaba el nombre, la manquera y cinco tópicos más.

manresano -na *adj* De Manresa (Barcelona). *Tb n, referido a pers.* | FReguera-March *Fin* 205: La protocolaria amabilidad de una docena de funcionarios no impidió que llegaran hasta el ministro los iracundos silbidos de los manresanos que se apiñaban frente al edificio.

manriqueña. copla ~, estrofa ~ → COPLA, ESTROFA.

manriqueño -ña *adj* De Villamanrique de Tajo (Madrid) o de Villamanrique de la Condesa (Sevilla). *Tb n, referido a pers.* | M. J. Manteiga *Ya* 27.9.89, 20: A Villamanrique de Tajo se llega por la carretera de Valencia .. Los manriqueños beben agua de camiones cisterna que acuden quincenalmente desde Madrid. *CoA* 14.2.64, 10: Villamanrique de la Condesa .. La diversidad de temas .. y, sobre todo, el espíritu fino y educativo se aúnan en esta tanda de campaña de la Acción Católica manriqueña.

mansada *f (Taur, desp)* Corrida de toros mansos[1]. | C. Castañares *Ya* 28.5.67, 14: Así acabó esta intolerable mansada, de la cual solo salió indemne el buen oficio de Curro Girón.

mansalva. a ~. *loc adv* Sin tasa o en gran abundancia. | Alfonso *España* 51: Las licencias de estos salones se conceden a mansalva, las ciudades se van llenando de ellos.

mansamente *adv* De manera mansa [3]. | J. MArtajo *Ya* 17.11.63, sn: Nunca las había visto [las palomas] tan de cerca. Solo en alguna plaza .. y en las estampas, acompañando mansamente al Niño Jesús. R. Rubio *Abc* 18.12.70, 23: Cuando escribo estas líneas llueve mansamente.

mansarda *f* Tejado de vertiente quebrada, cuya parte inferior es más pendiente y en el que se abren ventanas verticales cubiertas por un tejadillo. *Tb la propia ventana y la habitación correspondiente.* | Halcón *Monólogo* 202: Mirar las fachadas de las casas, los monumentos, las mansardas y chimeneas, los pájaros de París. GPavón *Reinado* 90: La casa desentonaba de las que suelen verse por aquellos contornos. Pórtico de columnas blancas, .. tejado muy pino de pizarra, con mansardas y amplia escalera de balaustrada. Zunzunegui *Camino* 264: En la planta baja tenía su laboratorio, y .. en la mansarda los perros, gatos y pájaros.

mansear *intr (Taur)* Comportarse [el toro] como manso[1]. | *Inf* 10.7.74, 28: Se lidiaron seis toros .. Todos mansearon y llegaron sosos a la muleta.

mansedumbre *f* Cualidad de manso[1]. | DCañabate *Paseíllo* 92: No podían hacer un imposible: transformar la mansedumbre [del toro] en bravura. CNavarro *Perros* 184: El silencio de Andrés, su buena disposición y su mansedumbre lo envalentonaban.

mansero *m (reg)* Zagal encargado de los mansos[1] [4]. | Romano-Sanz *Alcudia* 80: A mediados de octubre, los trashumantes inician su marcha hacia extremos .. Al emprender la partida, el mansero se coloca delante con uno de los mansos encencerrados, cuyo esquilón sirve de guía al rebaño. MCalero *Usos* 58: Distribuían el trabajo entre el mayoral y el mansero.

mansillés -sa *adj* De Mansilla de las Mulas (León). *Tb n, referido a pers.* | M. Valdés *Hora* 29.5.77, 3: Existía lógica inquietud, principalmente entre los de León, que ha-

mansión – manteca

bían seguido con mucho interés la actuación de nuestro representante, el mansillés Amando Rodríguez.

mansión *f* **1** Casa o vivienda lujosa. | GNuño *Madrid* 18: No queda citada sino una mínima parte, bien que principalísima, de la harta belleza visible en esta incomparable mansión de las Descalzas.

2 (*hist*) Albergue de etapa en una calzada romana. | Grau *Lecturas* 9: Corría el siglo I de la Era. Segovia, mansión 18 en la ruta de Emérita a Cesaraugusta, florecía rápidamente.

manso¹ -sa I *adj* **1** [Animal] que no es fiero ni agresivo. | *Rue* 22.12.70, 14: El toro es fuerte, pero manso: que la bravura no se caracteriza por derribar.

2 [Pers.] apacible y no agresiva. *Tb n.* | GPavón *Hermanas* 52: Una .. es más nerviosa y dicharachera. La otra más mansa. Vesga-Fernández *Jesucristo* 62: Bienaventurados los mansos, porque ellos poseerán la tierra.

3 [Cosa] tranquila y apacible. | J. Carabias *Ya* 7.6.73, 8: Llovía como es debido. Agua mansa, que es la buena.

II *m* **4** Animal macho manso [1], esp. buey, que sirve de guía a los demás. | I. Aizpún *Ya* 25.6.87, 16: Se suelta el toro en los corrales. Acompañado de unos mansos, baja por las calles de Coria hasta la plaza de toros. Romano-Sanz *Alcudia* 80: Al emprender la partida, el mansero se coloca delante con uno de los mansos encencerrados, cuyo esquilón sirve de guía al rebaño.

manso² *m* **1** (*reg*) Masía. | Kurtz *Lado* 126: El tal Ulises Mascort tiene un manso medio derruido y lleno de escorpiones.

2 (*hist*) *En el feudalismo*: Unidad de explotación agrícola constituida gralm. por la vivienda del campesino y las tierras que cultiva. | Vicens *HEspaña* 1, 284: En Occidente subsistía con tenacidad la divisoria entre los predios alodiales y los que, con diversos nombres, integraban el territorio señorial: mansos serviles, derivados de la parcelación de los latifundios romanos, y mansos ingenuiles. Fernández-Llorens *Occidente* 113: Los vasallos-villanos eran, en teoría, hombres libres, dueños de sus propias tierras de cultivo, que se llamaban mansos. Cada manso tenía unas viviendas y unas tierras de cultivo que alimentaban al villano y su familia.

mansonia *f* Árbol corpulento del África occidental (*Mansonia altissima*). *Tb su madera.* | *País* 25.9.76, 11: Prestigio. Conozca los pisos de Nuevo Mundo .. Carpintería de mansonia. Tarima de elondo. Canalización de aire acondicionado.

mansueto -ta *adj* (*lit*) Manso¹. *Tb fig.* | FVidal *Duero* 168: Nada hay mejor que el contacto con la vida íntima del mundo para hacer del hombre ser mansueto y bien aprovechado. Ero *Van* 4.3.77, 6: Un vasto bosque, con avenidas susurrantes y en penumbra, rodea el edificio, y el Tajo, a carón de la arboleda, gime mansueto. Cela *Inf* 25.7.75, 12: La histeria parece haber atacado también al poder legislativo, por lo común tan hipotenso y mansueto.

mansurrear *intr* (*Taur*) Mansurronear. | Bellón *SYa* 17.3.74, 43: Mansurrearon sus hermanos en esta poco lucida presentación de toros seleccionados para la primera plaza del mundo.

mansurrón -na *adj* (*desp*) **1** [Animal, esp. toro] poco bravo. | P. Limón *Abc* 23.8.66, 55: El ganado .. resultó bronco y mansurrón.

2 [Pers.] excesiva o afectadamente dócil o sumisa. | Zunzunegui *Hijo* 118: Hasta que no le veía [a don Salvador] acercarse mansurrón no se encontraba en su elemento.

mansurronear *intr* (*Taur*) Comportarse [el toro] como mansurrón. | DCañabate *Abc* 31.5.58, 60: De la corrida de don Juan Pedro Domecq, algo terciada, unos cumplieron y otros mansurronearon.

manta I *f* **1** Prenda grande y rectangular, gralm. de lana, que se usa para abrigo, esp. en la cama. | Olmo *Golfos* 82: Agarró el embozo de la sábana y tiró de él, con mucho cuidado, llevándose las mantas. Laforet *Mujer* 89: Durmieron envueltos en la manta de Eulogio, entre la hierba cortada. **b)** *Se usa en frases de sent comparativo para ponderar la capacidad de abrigo de una prenda.* | * Este abrigo es una manta. **c) ~ eléctrica.** Aparato constituido por dos capas de tejido entre las cuales va una resistencia eléctrica de baja potencia, que se usa para dar calor al cuerpo. |

* Necesito una manta eléctrica urgentemente, me duelen los riñones.

2 Prenda o trozo de tejido o materia textil grande y rectangular. | *GTelefónica N.* 219: Autotécnica Industrial, S.A. .. Filtros de aire y gases .. Mantas Filtrantes Filedón.

3 (*col*) Cantidad grande [de algo, esp. de golpes o de agua]. | Cela *Escenas* 180: Marianela y Conchita Miranda .. una vez le dieron una manta de tortas, al alimón, a una italiana muy déspota. MFVelasco *Peña* 261: La explosión levantó una manta de truchas.

4 *Se da este n a varios peces selacios de gran tamaño y de forma similar a la de la raya, de los géns Manta y Mobula, esp al Mobula mobular. Tb ~* RAYA. | Aldecoa *Historia* 29: En una redada salió una manta de casi un tamaño al mostrador, y no hubo hombre que la tajara o le echase el arpón. La dejamos ir de puro miedo.

II *adj* (*col*) **5** Vago u holgazán. *Tb n. Frec en la constr* HACER EL ~. | Goytisolo *Recuento* 106: Lo que pasa es que nos gusta trabajar en vez de hacer el manta y por eso nos la tienen jurada.

6 Inútil o torpe. *Tb n.* | Forges *Forges n° 2* 39: –Es que íbamos a capturar a la chica, pero se ha liado a sartenazos y nos ha puesto de vuelta y media. –¡Mantas! Berlanga *Acá* 40: Los operarios .. le contaron a don Luis Pedro Ramos que todos los cacos eran unos mantas, pero que ustedes se lo ponen en bandeja.

III *loc v y fórm or* **7 liarse la ~ a la cabeza.** (*col*) Tomar una decisión aventurada sin pensarlo más. | Arce *Testamento* 85: Se está impacientando con la tardanza de Enzo... Si le da por liarse la manta a la cabeza y dispara ahora, moriré igual que un perro bajo el sol.

8 tirar de la ~. (*col*) Descubrir un hecho vergonzoso que trata de mantenerse en secreto. | Palomino *Torremolinos* 270: Siente deseos de volver al despacho y desahogarse; .. gritar que es tonto, que tiene razón su familia cuando le dice que es tonto por no haber tirado de la manta.

9 carretera y ~ → CARRETERA.

IV *loc adv* **10 a ~** (*o, raro,* **a ~ de Dios,** *o* **a ~s**). (*col*) En gran cantidad o abundancia. *Tb adj.* | Cela *SCamilo* 199: Lárguese usted, don Gerardo, que aquí se va a repartir leña a manta. Campmany *Inf* 25.11.71, 18: Podían haber llovido goles a manta de Dios. CPuche *Sabor* 196: En unos lugares agua a mantas y en otros nada.

11 a ~. (*Agric*) A voleo. *Con el v* SEMBRAR. *Tb adj.* | Delibes *Historias* 36: Limpiaron el páramo de cascajo .., lo sembraron [el trigo] a manta y recogieron una cosecha soberana.

12 a ~. (*Agric*) Cubriendo el terreno con una capa de agua. *Con el v* REGAR. *Tb adj.* | *CoZ* 3.5.64, 6: Las siembras que vayan retrasadas –exclusivas para terrenos de huerta– todavía podrán hacerse en este mes, previo un riego a manta, si perdura el anticiclón.

mantazo *m* **1** Golpe dado con una manta [1a]. | FSantos *Catedrales* 62: Gracias a Agustinillo, que se bajó en un vuelo y lo apagó él solo [el fuego], a fuerza de mantazos.

2 (*Taur, desp*) Muletazo sin arte. | Lera *Clarines* 404: Tú sigue mi consejo: nada de filigranas con el torito ese. Mantazos nada más.

3 (*reg*) Nevada fuerte. | *ASeg* 13.12.62, 2: Estamos en diciembre, y diciembre, a una semana del invierno, se va preparando a darnos unos mantazos.

manteador -ra *adj* [Pers.] que mantea [1]. *Tb n.* | Salcedo *Córdoba* 102: Agujeros del Potro –fabricantes de agujas– fueron tres de los manteadores de Sancho Panza en la venta.

manteamiento *m* Acción de mantear [1]. | FMora *Abc* 29.7.65, 19: Caro Baroja describe el hecho del carnaval con especial consideración de sus ritos: el columpio, los manteamientos, los peleles.

mantear *tr* **1** Lanzar repetidas veces al aire [a una pers. o a un pelele] con una manta [1a] sostenida entre varios, como burla o juego. | Delibes *Parábola* 93: Las ancianitas, cada vez más fatigadas, tornaban a mantearle, catapultándole hasta las primeras hojas de los castaños.

2 (*Taur, desp*) Lancear sin arte. | *DCu* 14.7.64, 8: Y yo, que en mi vida había dado un capotazo, con pretensiones de coger el trapo y mantear una novilla.

manteca I *f* **1** Grasa sólida de los animales, esp. del cerdo. *Tb* (*humoríst*) *referido a pers.* | Arce *Testamento* 46: Mi madre guisaba la suya con manteca de cerdo o sebo.

ZVicente *Balcón* 13: En Barcelona, lo traía el periódico el otro día, se le juntaron las mantecas a una, y no estaba tan gorda como tú. **b)** *Se emplea en constrs de sent comparativo para ponderar la blandura o suavidad.* | M. Luciro *Abc* 24.6.58, 15: De ese mismo rocío consiguen las blandas peras de manteca su docilidad femenina. Lera *Clarines* 397: Les ha pasado eso a muchos que creían que en estas plazas todo era manteca fina de toreo de salón. **c) el que asó la ~.** Pers. que simboliza el colmo de la tontería. *Gralm en frases de sent comparativo.* | Torbado *En el día* 138: Los anarquistas .. han sido siempre más tontos que el que asó la manteca.

2 Mantequilla. | Cossío *Confesiones* 38: También se sentaban con mi abuela por las tardes, en la solana, a la hora del chocolate, que se tomaba con tostadas de manteca cocida. Trévis *Navarra* 57: 2 trufas, manteca de cangrejos, huevos de langosta.

3 Grasa sólida [de determinados frutos]. | *GTelefónica N.* 351: Chocolate Suchard, S.A.E. Chocolates. Cacaos. Bombones. Turrones. Manteca de cacao.

4 (*col*) Dinero. | Juanmi *VozA* 8.10.70, 23: Los organizadores [de pruebas ciclistas], que son en realidad quienes ponen la "manteca" .., ya saben que los corredores, sean malos o buenos, se reparten equitativamente esta.

II *loc adj* **5 de ~.** (*col*) [Manos] torpes o de mantequilla. | Medio *Bibiana* 181: Este chico tiene las manos de manteca, todo se le cae.

6 [Rollo] **de ~** → ROLLO.

mantecada *f* Dulce hecho con harina, huevos, azúcar y mantequilla, que suele cocerse en molde cuadrado de papel. | Vega *Cocina* 22: Uno de ellos [los postres] puede ser mantecadas a la catalana.

mantecado *m* **1** Dulce hecho con manteca de cerdo. | *Cocina* 582: Mantecados .. Se mezclan la manteca, el jerez y la sal y se va añadiendo la harina .. Se cuecen a horno bien caliente.

2 Helado hecho con leche, huevos y azúcar. *Tb* HELADO ~. | Calera *Postres* 29: Mantecado, frutas secas variadas y licor "kirsch". *Ciu* 8.74, 31: Un litro de helado mantecado pesará como mínimo 450 gramos.

mantecosidad *f* Cualidad de mantecoso. | Savarin *SAbc* 8.3.70, 13: La hipertrofia provocada por la alimentación especial y la quietud absoluta comunica al ave un aroma y mantecosidad exquisitos.

mantecoso -sa *adj* **1** Que tiene mucha manteca [1a]. | Vega *Cocina* 163: Los quesos de Galicia curados, mantecosos. GPavón *Hermanas* 31: El Faraón .. fumaba oteando por la ventanilla. La papada, su juego de pechos mantecosos y la barriga de cúpula maestra, formaban una cordillera de curvas temblorosas.

2 De naturaleza o contextura semejante a la de la manteca [1a]. | A. P. Foriscot *Van* 20.5.73, 9: Las mejores, las más mantecosas, las más harinosas judías son las que se crían en la fachada litoral cantábrica.

manteísta *m* (*hist*) Estudiante no becario de un colegio mayor, que viste sotana y manteo. | MGaite *Macanaz* 31: El espíritu de revancha y la dureza que Macanaz había de demostrar años más tarde .. se incubaron seguramente con las humillaciones que, por su condición de manteísta, tuvo irremediablemente que padecer en estos años de estudiante en Salamanca.

mantel I *m* **1** Prenda, gralm. de tela, con que se cubre la mesa para comer. | Medio *Bibiana* 103: Anda, hija, trae el mantel.

2 Prenda, gralm. de tela, con que se cubre una repisa o algo similar. *Frec* MANTELITO *o* MANTELILLO. | *Economía* 188: Armario para ropa blanca: .. Cada estante debe forrarse con un mantelillo de batista o cretona terminado con un pequeño volante.

3 (*Rel catól*) Prenda de tela con que se cubre el altar. *Tb* ~ DE ALTAR. | Ribera *Misal* 33: El altar ha de cubrirse con tres manteles de lino o cáñamo. Marsé *Dicen* 222: Los roquetes y los manteles de altar goteando agua desde los alambres.

4 (*Heráld*) Pieza triangular del escudo mantelado. | JGregorio *Jara* 61: Aproximación a lo que podría ser el escudo heráldico de La Jara .. Mantel: la flor de La Jara, que da nombre a la comarca. Escusón: la abeja.

II *loc v* **5 comer pan a ~es** → PAN.

6 levantar los ~s. Retirar el servicio de una comida una vez acabada esta. | MSantos *Tiempo* 37: La tertulia que se desarrollaba en el mismo salón-comedor cuando la criada hubiere levantado los manteles.

mantela *f* (*reg*) Mantilla [1a]. | Lugo 69: En la costa, la mujer viste chambra o ligera blusa de percal, mantela o mantoncillo, falda floreada.

mantelado *adj* (*Heráld*) [Escudo] partido en forma de cortina doble abierta. | J. Atienza *MHi* 5.64, 71: Existe en España el apellido Gordon, .. y usan escudo mantelado.

mantelería *f* **1** Juego de mantel [1] y servilletas. | CPuche *Paralelo* 361: ¿Y cuando se dedicó a vender mantelerías de Lagartera y mantillas de Granada en Estocolmo?

2 (*raro*) Conjunto de manteles [3]. | Torres *Ceguera* 156: Ofrece la ventaja de permitirnos todo tipo de desmadres a la hora de seleccionar imágenes, mantelerías de altar, casullas, candelabros, etcétera.

manteleta *f* (*hoy raro*) Prenda femenina que cubre los hombros y que frec. termina por delante en dos puntas largas. | *Cádiz* 88: Sobre los hombros, colocada graciosamente y dejando amplio movimiento a los brazos, la manteleta, también de raso y forrada en seda. Salom *Playa* 461: Tana se saca una manteleta que lleva puesta, se arrodilla e intenta secárselos [los pies].

mantelete *m* (*Mil*) Plancha de acero que protege las piezas de artillería, esp. las instaladas a bordo. | J. A. Padrón *Día* 28.5.76, 19: El armamento del "Wiesbaden" estaba compuesto por ocho piezas de 150 milímetros –en montajes simples y de mantelete–, dos antiaéreos de 76, cuatro lanzatorpedos.

mantellina *f* Mantilla [1a]. | D. Quiroga *Abc* 2.3.58, sn: En las solemnidades religiosas, .. tocábanse con blanca mantellina, de fina lana, ribeteada de seda negra.

mantelo *m* (*reg*) Mantilla [1a] de paño negro. | *Coruña* 86: Las muchachas de la Sección Femenina de El Ferrol del Caudillo visten el modelo mariñán, con trajes del siglo XIX. Tal atavío consiste en una falda, negra o roja .. Blusa blanca adornada con encajes y puntillas regionales. Sobre ella un mantelo negro.

mantención *f* (*pop*) Manutención (acción de mantener o alimentar). | *Puericultura* 70: En estas Instituciones, a modo de Asilos maternos, encuentran acogida y resuelto el problema de mantención y hogar. Delibes *Castilla* 177: Un año con otro le producen a uno quince o veinte kilos de miel, más la que deja usted para la mantención de las abejas, que más o menos es otro tanto.

mantenedor -ra A *m y f* **1** Pers. encargada del mantenimiento [de algo]. | *NAl* 29.3.91, 12: Empresa líder en el sector Servicios .. precisa .. Calefactores. Mantenedores de calefacción y climatización. T. GBallesteros *SNue* 21.9.75, 7: En los últimos meses está costando innecesarias vidas a los mantenedores del orden público.

B *m* **2** Orador que pronuncia el discurso principal en unos juegos florales u otra fiesta literaria similar. | H. Tió *Abc* 21.5.67, 71: Se proclamará reina de la II Feria del Libro en Valencia a la señorita María Rosario Gómez Casañ. Actuando de mantenedor del acto el presidente del Instituto de Cultura Hispánica, don Gregorio Marañón Moya.

3 (*hist*) Defensor. | Riquer *Caballeros* 57: Entran en esta cuenta tanto las lanzas rotas por los defensores o mantenedores .. como las que rompan los caballeros conquistadores o aventureros.

mantenencia *f* (*pop*) **1** Manutención (acción de mantener o alimentar). | Torrente *Saga* 223: El Zapatero .. había admitido a Minucha en su casa en la ocasión de su orfandad a condición de que, llegado el momento, la pasaría el primero por la piedra como única manera de resarcirse de los gastos de educación y mantenencia.

2 *En pl:* Alimentos o víveres. | Cela *SCamilo* 365: Bella Turquesa va a la compra ..; se limita a comprar mantenencias por lo barato.

mantener (*conjug* **31**) *tr* **1** Alimentar o proporcionar alimento [a alguien (*cd*)] durante más o menos tiempo. *Tb fig.* | * Sus padres la mantienen, pero ella se paga de lo demás. **b)** *pr* Alimentarse o tener alimento durante más o menos tiempo. *A veces con un compl* DE *o* CON *que expresa el ali-*

mantenible – mantillo

mento. | Cela SCamilo 393: Bella Turquesa se mantiene de pernod, el pernod le da fuerzas para vivir al lado de Gabriel Seseña.

2 Proporcionar o costear [a alguien (*cd*)] todo cuanto precisa para vivir. | J. L. Montoya *Sev* 1.11.75, 11: El que no pueda mantener hijos, que no los traiga.

3 Hacer que [alguien o algo (*cd*)] esté más o menos prolongadamente [en una determinada forma o situación (*predicat o compl adv*)]. *A veces sin predicat o compl, por consabido.* | Cunqueiro *Un hombre* 12: Mantenía las palmas mojadas contra las soleadas mejillas durante unos instantes. *CoE* 12.3.75, 6: La boda de Paco con su secretaria .. no ha apagado la llama de su pasión sino todo lo contrario; de ahí que procure mantenerla viva simulando escenas carnavalescas. *Dátile Ya* 10.6.72, 7: Me encuentro ante un problema insoluble por mi esfuerzo personal. Solo me mantiene la esperanza de que el desenlace está ya relativamente próximo. **b)** *pr* Continuar [en una determinada forma o situación (*predicat o compl adv*)]. *A veces sin predicat o compl, por consabido.* | Medio *Bibiana* 286: Marcelo Prats se mantiene implacable. *CoA* 31.10.75, 24: Su hijo Alfonso X hace donación del castillo y sus Términos .. a la Orden de Santiago en su Maestre Pelay Pérez Correa, bajo cuya jurisdicción se mantiene hasta mediados del siglo XVI. Halcón *Ir* 252: La Madre Sacramento tenía otros [padrinos] dispuestos, de más vitola en el pueblo. "¡Benito es un nuevo rico!", pero Bruno se mantuvo.

4 Hacer que [algo (*cd*)] continúe existiendo o teniendo validez. | M. Vigil *SYa* 14.9.75, 19: El desarrollo de la musculatura de las extremidades inferiores contribuye en gran manera a mantener la integridad de la circulación sanguínea y de la estructura ósea. * Si se lo has prometido, debes mantener tu palabra. **b)** *pr* Continuar [algo] existiendo o teniendo validez. | *CoA* 31.10.75, 6: Franco: se mantiene la gravedad.

5 Continuar teniendo [algo no material]. | *Pue* 31.1.76, 20: España .. ocupaba a fines de 1974 el décimo lugar entre los países consumidores de petróleo. Estados Unidos mantiene el primer lugar.

6 Llevar a cabo [una acción] o tener [una actitud] a lo largo de cierto tiempo. | R. Ríos *Inf* 30.1.76, 36: Un grupo de catedráticos y profesores agregados intentó mantener sobre el tema una entrevista con el rector. *Nue* 11.1.70, 3: En la sede de la institución ginebrina [Cruz Roja] .. se mantienen reservas sobre la significación de estas últimas medidas. J. M. Carrascal *Pue* 31.1.76, 22: El Presidente argelino, Bumedian, ha enviado un telegrama a todos los jefes de Estado con quien [*sic*] mantiene relaciones.

7 Defender o sostener [una opinión o una afirmación]. | J. Meliá *SInf* 7.2.76, 6: Frente a quienes mantienen que la Comisión Mixta Gobierno-Consejo Nacional se ha pensado para preparar la reforma, me atrevería a sostener que su intención última es evitar la amenaza de contrafuero.

8 (*raro*) Actuar como mantenedor [2] [en unos juegos florales (*cd*)]. | Lorenzo *Abc* 4.3.75, 49: Mediado septiembre de 1956, me tocó mantener en el teatro Leal, de La Laguna, mis primeros juegos florales.

mantenible *adj* Que puede ser mantenido. | *Cua* 6/7.68, 4: Tal situación no es mantenible por mucho tiempo.

mantenida *f* Mujer cuyos gastos son sufragados en su totalidad por su amante. | MSantos *Tiempo* 224: Las carcajadas más sinceras (unificadoras de hombres y mujeres, de guardias y rateros, .. de honestos matrimonios y mantenidas en su noche libre) estallaban.

mantenimiento *m* Acción de mantener(se). | Carrero *Pue* 22.12.70, 6: Estabilidad de precios y mantenimiento de una prudente reserva de divisas. **b)** Acción de mantener algo o a alguien en buen estado o en funcionamiento normal. | *SVoz* 8.11.70, 2: El precio de compra es el menor costo de un automóvil...; luego está la gasolina, las averías, el mantenimiento. MNiclos *Toxicología* 126: De 2 a 4 grageas o supositorios, como dosis de choque, al día, continuándose con 1 a 2 grageas o supositorios diarios como dosis de mantenimiento. *PinR* 15.11.90, 14: Gimnasio Bonsai. Danza-Jazz. Gimnasia de Mantenimiento.

manteo[1] *m* Acción de mantear. | FSantos *Hombre* 104: —Lo que hay que hacerle es un escarmiento... —Se le da un manteo.

manteo[2] *m* (*hoy raro*) **1** Capa larga con cuello, propia esp. de eclesiásticos. | *Gar* 25.8.62, 24: Algunos de los modelos caen con esa línea que recuerda un poco a los manteos de los sacerdotes. FVidal *Duero* 131: Distingue .. la figura de un lugareño anciano, con manteo sobre el hombro.

2 Saya (falda larga femenina interior o exterior). | Escobar *Itinerarios* 203: Una docena de señoritas madrigaleñas, vestidas con el traje típico de esta parte de Castilla: manteo amarillo, encarnado o verde, rameado en negro en los bajos, corpiño de terciopelo.

mantequera *f* **1** Recipiente para guardar o servir la manteca [1a y 2]. | Seseña *Barros* 112: Las piezas fabricadas son pucheros .., mantequeras u orzas para la matanza, mieleras. *Abc* 12.11.70, sn: Frigorífico 320 litros .. Mantequera con 2 temperaturas.

2 (*reg*) Hierba cana o senecio común (*Senecio vulgaris*). | Mateo *Babia* 74: La Vega Chache aparece moteada en los ardores primaverales por el color y el aroma de las mantequeras, las flores marzas, las margaritas.

mantequería *f* **1** Tienda de comestibles especializada en mantequilla, quesos y fiambres. | CPuché *Paralelo* 174: La segunda fuente de información era Pepe, el de la mantequería.

2 Mantequillas o conjunto de mantequillas. | *SVozC* 25.7.70, 2: Conservas. Mantequería. Embutidos. Legumbres.

mantequilla I *f* **1** Sustancia pastosa que se obtiene batiendo la nata de la leche. | Medio *Bibiana* 81: Nuestra riquísima mantequilla le agracede cordialmente su preferencia. **b)** Pasta alimenticia formada por mantequilla a la que se le añade otra sustancia. *Con un compl especificador.* | *Cocina* 719: Mantequilla de trufas .. Mantequilla de cangrejos. **c)** *Se usa en constrs de sent comparativo para ponderar la blandura, real o fig.* | J. A. Donaire *Abc* 15.6.85, 77: Nada tiene de particular que algunos pescadores procuren aprovisionarse de unos cuantos de estos cangrejos "mantequilla" cuando van a salir a pescar. Montero *Reina* 156: ¡Sois de mantequilla! .. ¡Parecéis maricas, sois el hazmerreír del batallón!

II *loc adj* **2 de ~.** [Manos] torpes. | * Tengo las manos de mantequilla; todo se me cae.

mantequillera *f* Recipiente para la mantequilla. | *ASeg* 5.12.62, 4: El nuevo modelo [de frigorífico] 1963, de 260 litros, llevará a su cocina las más recientes conquistas técnicas de la refrigeración: 1 Junta de cierre magnético .. 5 Amplia mantequillera y quesera.

mantero -ra I *adj* **1** De (la) manta [1a]. | Á. L. Calle *Inf* 9.2.71, 25: Explicada está perfectamente la tradición mantera de Onteniente.

II *m y f* **2** Pers. que fabrica o vende mantas [1a]. | *Ya* 26.12.90, 2: Una gama amplia de necesidades ciudadanas, .. como los oficios de curtidores, .. cereros, manteros. Cela *Alcarria* 190: El tío Maturino el Mantero era oriundo de Maranchón, en la Sierra .., y vendía mantas y alforjas.

mántica *f* Arte de la adivinación. | Torrente *Saga* 183: Una de las artes derivadas del Hermetismo es la Mántica, o adivinación por señales.

mantilla I *f* **1** Prenda femenina de lana, seda y esp. de blonda, que cubre la cabeza y cae sobre los hombros y la espalda. | Laforet *Mujer* 222: Representaba [el retrato] una doncellona algo madura, vestida de negro, con peineta y mantilla. *Alc* 31.10.62, 11: Casa Jiménez vende exclusivamente mantones de Manila, mantillas, velos. **b)** (*hoy raro*) Velo (prenda para ir a la iglesia). | Marsé *Montse* 82: No era una de esas devotas señoritas con mantilla y devocionario.

2 Prenda de lana o bayeta con que se envuelve a un niño por encima de los pañales. | * Ponle la mantilla al niño, que puede coger frío.

II *loc adv* **3 en ~s.** En los principios del desarrollo. *Gralm con el v* ESTAR. | *SAbc* 17.8.75, 29: La aviación estaba todavía en mantillas, y muchos eran los que morían estrellados en sus mismos ensayos aéreos. **b)** En situación precaria o de inferioridad. *Gralm con el v* ESTAR. | Laforet *Mujer* 103: Ese mundo .. está plagado de historias al lado de las cuales la nuestra se queda en mantillas y es de cándida inocencia.

mantillo *m* **1** Capa superficial del suelo formada en gran parte por descomposición de materias orgánicas. | *Caso* 14.11.70, 24: Humeaban todavía los restos de un gran

fuego que había prendido en el mantillo y monte bajo. **b)** Abono que resulta de la fermentación y putrefacción del estiércol o de la desintegración parcial de materias orgánicas. | ZVicente *Traque* 203: Recogía moñigos por la carretera .. y los preparaba para mantillo de los tiestos.
  2 (*reg*) Mantilla [1a] de seda o bayeta bordeada de terciopelo. | Moreno *Galería* 171: Mantillo –prenda solo de ceremonia–, semicircular, de seda negra o bayeta más gruesa, brillante, bordeada por banda ancha de terciopelo, negro también.

mantilloso -sa *adj* De(l) mantillo [1]. | Bustinza-Mascaró *Ciencias* 126: Recoger lombrices de tierra vivas y tenerlas en un terrario o bocal con tierra mantillosa muy húmeda.

mantis *f* (*o, raro, m*) Santateresa (insecto). *Más frec* ~ RELIGIOSA. | Acquaroni *Abc* 13.3.75, 19: Respirábamos menos oxígeno que una "mantis religiosa". Bustinza-Mascaró *Ciencias* 158: Al mantis habría que alimentarlo con insectos vivos.

mantisa *f* (*Mat*) Parte decimal de un logaritmo. | *BOE* 22.1.65, 1246: Transformar un logaritmo negativo en otro de característic[a] negativa y mantisa positiva.

manto *m* **1** Prenda amplia que cubre desde la cabeza o los hombros hasta los pies, y que hoy es propia de reyes o de imágenes. | Vesga-Fernández *Jesucristo* 140: Le colocaron un manto viejo de púrpura, le coronaron de espinas. F. SVentura *SAbc* 9.3.69, 31: Nos cuenta con qué intensa emoción y alegría recibió Su Majestad los mantos de la Virgen.
  2 Velo largo de crespón negro que se lleva durante el luto. | Escobar *Itinerarios* 187: Una mujer en su media edad, con manto, enlutada desde los ojos a los pies.
  3 Cosa que envuelve y protege. *Tb fig.* | *Mun* 23.5.70, 12: Se creó en 1967 la Empresa Nacional Hullera del Norte, S.A. .., que agrupa bajo el manto del INI a las más importantes empresas mineras asturianas. **b)** Capa de grasa que envuelve las vísceras o a una criatura al nacer. | AVesalio *SYa* 23.11.75, 23: Función protectora cumple el manto sebáceo, producido por la secreción de las glándulas así denominadas.
  4 Cosa que cubre o tapa. *Tb fig.* | Hoyo *Caza* 30: Caminábamos ahora más cerca el uno del otro. A veces me escurría sobre el manto de pinocha caída y húmeda. *País* 27.8.77, 6: Se ha rasgado un manto de secreto que les sirvió para proteger la unidad interna frente a las influencias extranjeras. **b)** (*reg*) Conjunto de flores que cubre por completo un campo de azafrán. | *Ya* 23.10.74, 34: Empieza la recogida de la bellísima rosa del azafrán .. Los primeros "mantos" o cuajas de las flores han sido ya recogidos y mondados.
  5 (*Zool*) En los moluscos: Repliegue membranoso que cubre el cuerpo y que frec. segrega la concha. | Legorburu-Barrutia *Ciencias* 151: Pueden [los moluscos] tener concha con una o dos valvas, producidas por el manto.
  6 (*Mineral*) Capa de mineral horizontal y poco espesa. | M. Tejero *SYa* 31.5.72, 3: En el Plan de Investigación Minera se dedica a estos minerales un minucioso estudio encaminado a obtener el máximo aprovechamiento, partiendo de los yacimientos filonianos, los llamados mantos o masas.
  7 (*Geol*) Capa terrestre situada entre la corteza y el núcleo central. | M. Calvo *HLM* 8.9.75, 21: Saatli es uno de los pocos lugares del planeta donde el manto de la Tierra (la capa inferior de la corteza terrestre) se encuentra más próxima de la superficie.
  8 ~ **acuífero.** (*Geol*) Capa de agua infiltrada a través de estratos permeables y acumulada sobre otros impermeables. | Bustinza-Mascaró *Ciencias* 309: Si suponemos en un lugar estratos de rocas permeables colocadas sobre otros de rocas impermeables, el agua infiltrada en los primeros descenderá por la acción de la gravedad y se acumulará sobre los impermeables formando una capa .. llamada manto acuífero.
  9 ~**s de la Virgen.** Cala (planta). | Loriente *Plantas* 78: *Zantedeschia aethiopica* (L.) Sprengel. "Aro de Etiopía"; "Cala"; "Mantos de la Virgen". De las plantas ornamentales más difundidas en los parterres de toda la región.

mantón *m* **1** Pañuelo grande de seda u otro tejido similar, gralm. bordado en colores, que se pone sobre los hombros. *Frec* ~ DE MANILA. | Burgos *SAbc* 13.4.69, 43: Unas artesanías que se conservan con primor: cerámica de Triana, mantones de Manila bordados en Aznalcóllar. M. Sorá *Abc* 4.12.70, 21: Mantón fino, de vivos colores, sobre los hombros.

mantilloso – manuar

b) (*hoy raro*) Pieza cuadrada o rectangular de abrigo, que se pone sobre los hombros. | * La abuela acudió a recibirlos envuelta en su mantón.
  2 (*reg*) Manta usada para las caballerías o en determinadas faenas agrícolas. | MMolina *Jinete* 106: Mirando hacia adelante, hacia la hilada de árboles grises que los hombres golpean con sus varas de brezo provocando una granizada violenta de aceitunas sobre los mantones extendidos.

mantra *m* (*Rel*) En el hinduismo: Fórmula mística de invocación o ensalmo. *Tb fig.* | Mendoza *Misterio* 65: El jardinero se había puesto los calzoncillos por caperuza y salmodiaba mantras. Sampedro *Octubre* 155: Mi mantra sagrado era tu número, y yo marchaba por las calles repitiéndolo como en trance. "Dos-veinte-cuarenta y tres-sesenta y cuatro."

mantuano -na *adj* De Mantua (Italia). *Tb n, referido a pers. Gralm referido al poeta Virgilio.* | Franco *Música* 88: En su biografía y en su creación [de Monteverdi] deben distinguirse dos etapas fundamentales: la mantuana y la veneciana. Suñén *Manrique* 108: Es evidente que por un momento le ha cruzado por la memoria el "Fuimus Troes, fuit Ilium et ingens / gloria Teucrorum" del poeta mantuano.

mantudo -da *adj* [Ave] que tiene las alas caídas y aspecto triste. *Tb fig, referido a pers.* | Berlanga *Barrunto* 21: Ahora "Pirriqui" [el pájaro] no duerme nunca. Le llamo, me mira y sigue mantudo y despierto a todas horas. F. Mugueta *Abc* 19.11.75, sn: Indemnes dos niños de corta edad, saliendo a gatas de entre hierros retorcidos y cristales pulverizados; mantudos, perplejos, ni patalear sabían.

mantúo *m* Variedad de vid propia para el verdeo, cuyos racimos tienen la propiedad de conservarse largo tiempo separados de la cepa. | CBonald *Dos días* 141: –La uva tiene buena cara. –Vamos a ver. –El mantúo está como la candela, mejor que nunca. [*En el texto, sin tilde.*]

manú → MANÚS.

manuable *adj* (*raro*) [Cosa] manejable. | Huarte *Diccionarios* 89: Se hicieron extractos de tres grados: "Shorter", "Concise" y "Pocket"; .. manifiestamente manuable el segundo.

manual **I** *adj* **1** De las manos. | Marín *Enseñanza* 208: Objetivos [de los ejercicios] .. Adiestramiento manual. **b)** [Trabajo] que se efectúa con las manos. | Marín *Enseñanza* 75: Trabajo manual: ensartado. Preparar las cajas con las cuentas, bandejas individuales y cordones. DPlaja *El español* 252: Oficio manual fue oficio bajo mucho tiempo. **c)** [Pers.] que hace trabajo manual. | L. LSancho *Abc* 1.11.73, 26: Muchas esposas de soldados se ven en la dura necesidad de abandonar las pistas de tenis .. para ingresar como empleadas, incluso como trabajadoras manuales, en las oficinas, talleres, fábricas, del país.
  II *m* **2** Libro en que se compendia lo más importante [de una materia]. | Laforet *Mujer* 173: Las personas trastornadas atacan siempre a los que quieren más... Cualquier manual de psicología te diría lo mismo.

manualidad *f* Trabajo manual. *Frec en pl.* | *SYa* 8.2.76, 38: Hay que dar gusto también a otros lectores que piden manualidades y otros juegos.

manualización *f* (*Enseñ*) Acción de manualizar. *Tb su efecto.* | Marín *Enseñanza* 145: En lo concerniente a dibujo, pintura y modelado .. debe predominar la espontaneidad del alumno sobre tema libre .. Por lo que hace a las otras formas de manualización, lo importante es que se cultiven suficientemente el plegado y el recorte para poder adquirir la destreza posible.

manualizar *intr* (*Enseñ*) Realizar trabajos manuales. | J. L. Mariño *Hoy* 1.8.75, 12: Despierta en nosotros [el barro] .. el deseo de manualizar con algo que lleva en sí la sencillez primaria y la grandeza de su esencia trascendente.

manualmente *adv* Con las manos o de manera manual. | *Act* 22.10.70, 68: La elaboración de cigarros –que en otra época ocupaba la atención de un gran número de operarias que los confeccionaban manualmente– se produce en la actualidad en unas máquinas.

manuar *m* (*Tex*) Máquina provista de varios pares de rodillos, que efectúa una operación combinada de estiramiento y laminado de la fibra textil que sale de las cardas. |

manubrio – manzana

Act 25.1.62, 52: Luwa Española fabrica también instalaciones especiales destinadas a desborraje y limpieza neumática de manuares y gills.

manubrio I m **1** Manivela que se acciona con la mano. | Marcos-Martínez *Física* 47: Torno. Es un cilindro cuyo eje descansa en dos soportes o cojinetes y que puede girar por medio de un manubrio solidario del mismo eje.
2 (*Zool*) En la medusa: Mango[1]. | Ybarra-Cabetas *Ciencias* 316: El mango [de la medusa], denominado manubrio, lleva en su extremo inferior la boca.
3 (*jerg*) Pene. | Mendoza *Laberinto* 260: Ponte algo, so degenerao, que hay una señorita presente y tú aquí enseñando el manubrio.
II *loc adj* **4** [Piano] **de ~** → PIANO[1].

manuela[1] *f* (*hist*) Coche de caballos, de cuatro asientos enfrentados, dos puertas laterales y capota plegable. | *Alc* 31.10.62, 1: Las calles, hechas un día para simones y manuelas, contienen hoy un millón de vehículos de todas clases.

manuela[2] *f* (*jerg*) Masturbación. | Umbral *Gente* 141: Lo sublime es la gayola, la gallarda, la dulce pera matinal y vaga, la manuela, o sea meneársela.

manuelino -na *adj* (*Arte*) [Estilo arquitectónico y decorativo] que se desarrolla en Portugal en la época de Manuel I (1495-1521). | Angulo *Arte* 1, 420: La tercera gran obra del estilo manuelino, y en la que resulta más original, es en la iglesia de la Orden de Cristo, de Tomar. **b)** De(l) estilo manuelino. | GLuengo *Extremadura* 43: En esta época también se le añadió [a la catedral de Mérida] el claustro, de reminiscencias manuelinas. F. Montero *Abc* 9.4.67, sn: Vamos a deleitarnos con la portada manuelina del templo de San Martín.

manufactura *f* **1** Industria o fabricación. | Marcos-Martínez *Física* 265: Se usa [el ácido sulfúrico] como desecante y para eliminar el agua en las reacciones. Así en la manufactura de explosivos y colorantes.
2 Objeto manufacturado. | *Abc* 1.12.70, 58: Marruecos, a su vez, importa hilados y tejidos (119,5 millones de pesetas en 1969), .. manufacturas de cobre (55 millones).

manufacturación *f* Acción de manufacturar. | *Alcoy* sn: Peinaje de Fibras Artificiales, S.A. .. Manufacturación de toda clase de fibras artificiales y sintéticas.

manufacturado -da I *adj* **1** *part* → MANUFACTURAR.
II *m* **2** Producto manufacturado. | *GTelefónica N.* 744: Antu. Manufacturados industriales. T. Huerta *Act* 8.10.70, 66: Para la producción en serie de manufacturados para minería .. se construyeron voluminosas y modernas instalaciones.

manufacturar *tr* Fabricar por medios mecánicos. *Gralm en part, como adjunto de* PRODUCTO. | Ortega-Roig *País* 103: El hombre ha aprendido a transformar los productos que le da la Naturaleza (materias primas) en otros que le son útiles (productos manufacturados). **b)** (*humorist*) Hacer o preparar con las manos. | Zunzunegui *Camino* 339: Manufacturó luego un paquete de ropa.

manufacturero -ra *adj* De (la) manufactura. | *Fam* 15.11.70, 32: El polo de desarrollo de Oviedo .. procurará un crecimiento económico estable, favoreciendo al sector manufacturero. FQuintana-Velarde *Política* 79: Queda claro que las industrias manufactureras pesan cada vez más en el proceso productivo español.

manu longa (*lat; pronunc, /mánu-lónga/*) *loc adv* (*Med*) En abundancia o generosamente. | F. Martino *Ya* 22.5.75, 44: Los disolventes de las grasas se usan "manu longa".

manu militari (*lat; pronunc, /mánu-militári/*) *loc adv* (*lit*) Por la fuerza de las armas. | Cela *Pirineo* 328: Raimundo .. se alzó con el santo y la limosna, se hizo prepósito manu militari .. y cambió la vida cenobítica en canonical aquisgranense.

manumisión *f* Acción de manumitir. | HSBarba *HEspaña* 4, 358: La existencia real de este núcleo esclavista africano en la América española fue un hecho evidente en el siglo XVIII, en cuyo transcurso, aunque muchos consiguieron su manumisión, la inmensa mayoría continuó atada al trabajo servil.

manumiso -sa *adj* Que ha sido manumitido. *Tb n.* | CBonald *Ágata* 112: No pasó mucho tiempo sin que las dos manumisas –la liberada del trato callejero y la horra de esclavitudes corcheras– acabaran uniéndose.

manumitir *tr* Libertar [a un esclavo]. *Tb fig.* | L. LSancho *Abc* 9.1.75, 19: Aquel paciente esclavo, cuya espalda se encorva durante años sobre las espesas columnas de guarismos bella y menudamente escritos en los libros de contabilidad, ha sido manumitido. Ahora pulsa botoncitos. Anson *Oriente* 220: El superestado moderno, que se considera ya medida de todas las cosas, se ha manumitido de la moral.

manús (*tb* **manú**; *pl normal para ambas formas,* ~s) *m* (*jerg*) Hombre o individuo. | Sastre *Taberna* 117: El manús de la cobay, que era un chota, humedoso como la madre que lo parió, nos había junado .. y se chivó.

manuscribir (*conjug* **46**) *tr* (*raro*) Escribir a mano. | Berlanga *SPaís* 9.10.77, 10: Debe manuscribir las circulares y escritos del mando que le afectan.

manuscrito -ta I *adj* **1** *part* → MANUSCRIBIR.
2 Escrito a mano. | R. Garriga *MHi* 2.55, 58: Tiene 685 páginas manuscritas. **b)** Que se hace mediante escritura a mano. | RMoñino *Poesía* 25: No hay para qué examinar aquí al detalle los problemas infinitos que plantea la transmisión manuscrita de la poesía del siglo XVI.
II *m* **3** Texto escrito a mano. | CBaroja *Inquisidor* 49: Estaba encargada .. de vender algunos manuscritos que aquél había dejado al morir.
4 (*Impr*) Original (texto que ha de ser impreso). | Huarte *Tipografía* 18: La imprenta sacará impreso un trasunto fiel de lo que se le haya entregado en manuscrito. Benet *Otoño* 87: Trabajaba como asesor literario y lector de manuscritos para un editor catalán.

manutención *f* **1** Acción de mantener o alimentar. | *Economía* 175: Si los ingresos son mensuales, se hará el presupuesto para el mes, empezando por los gastos permanentes .. Manutención: 1/2 parte de los ingresos. Alquiler: 1/5 parte de los ingresos.
2 (*E*) Conjunto de operaciones de manipulación, almacenaje y aprovisionamiento en un recinto industrial. | * Entre los aparatos de manutención se encuentran la carretilla y la cinta transportadora.
3 (*raro*) Mantenimiento (acción de mantener algo en buen estado o en funcionamiento normal). | *Cam* 9.2.76, 4: Palet-plástico Uldesa .. Sin manutención ni reparaciones.

manutergio *m* (*Rel catól*) Cornijal (paño con que se seca el sacerdote en el lavatorio de la misa). | Vesga-Fernández *Jesucristo* 163: Manutergio o paño para secarse las manos.

manzana[1] *f* **1** Fruta redondeada, de piel fina y carne firme y jugosa, con semillas pequeñas y oscuras encerradas en un endocarpio coriáceo. *Diversas variedades se distinguen por medio de compls o adjs:* GOLDEN, REINETA, VERDE DONCELLA, *etc*. | Medio *Bibiana* 227: Tenía que comer purés y pescados blancos y manzanas asadas. Calera *Postres* 37: Elegir de preferencia manzanas reinetas. *VerA* 16.3.75, 6: Cesta de la compra .. manzanas golden, 27 (30-23); manzanas delicias, 25 (30-20); manzanas starking, 25 (27-22). *Ya* 17.11.63, 28: Precios en los mercados .. Manzanas .. verde doncella, 12,6 y 3. **b)** *Se usa en aposición con* VERDE *para designar el color verde de tono muy claro.* | *Tel* 15.6.70, 61: Tonos rojo coral, verde manzana y el tradicional marino. **c)** *Se usa frec en constrs de sent comparativo para ponderar la salud o buen color de una pers.* | * Está sano como una manzana. * ¡Mira qué colores, parece una manzana!
2 ~ de (la) discordia. Cosa que da lugar a discordias. | *Abc* 22.10.67, 61: No parece posible que el pequeño territorio [Andorra] pueda ser manzana de discordia ni crear problema alguno.

manzana[2] *f* Conjunto de edificios o construcciones contiguos, delimitado por calles, jardines u otros espacios no edificados. | *ByN* 31.12.66, 97: Rara es la calle en la que no se ven, incluso en un tramo de una simple manzana, cuatro o cinco de esta clase de infracciones. *BOE* 12.3.68, 3821: Resolución del Ayuntamiento de San Fernando (Cádiz) por la que se anuncia subasta para contratar la ejecución de las obras de ampliación del cementerio, que comprenden las de construcción de cerca y dos manzanas de nichos.

manzanal *m* Terreno poblado de manzanos. | Cunqueiro *Crónicas* 14: La manda consistía en un pequeño manzanal en un alto.

manzanar *m* Terreno poblado de manzanos. | M. Vigil *MHi* 12.57, 52: Miles de hectáreas de manzanares para la materia prima del sidral.

manzanareño -ña *adj* De Manzanares (Ciudad Real). *Tb n, referido a pers.* | Jolopca *Lan* 5.8.64, 5: Manzanares .. Se aprecia la llegada de muchos forasteros, y también se señala la arribada de familias manzanareñas.

manzanero -ra I *adj* **1** De (la) manzana[1] [1a]. | *Asturias* 115: Es digna de resaltar la Estación Pomológica de Villaviciosa, cuya finalidad es mejorar la riqueza manzanera de Asturias.
II *n* **A** *m* **2** (*reg*) Manzano. | GRamos *Lit. Canarias* 1, 94: Volví al año por el mismo sitio y me encontré con un manzanero bien frondoso y cargado de fruta.
B *f* **3** (*reg*) Lugar para guardar manzanas[1] [1a]. | Delibes *Voto* 95: Al fondo de la manzanera, se abría un cuchitril ahumado.

manzanilla *f* **1** Planta herbácea anual, aromática y medicinal, cuya flor, en forma de pequeña margarita, se emplea en infusión (*Matricaria chamomilla*). *Tb* ~ COMÚN *o* DE ARAGÓN. | Romano-Sanz *Alcudia* 133: La brisa trae olores frescos de magarzas, campanitas, manzanilla, tomillo. Remón *Maleza* 68: M[atricaria] *chamomilla* L. Nombre común: Manzanilla común, Camomila. **b)** *Gralm con un adj o compl especificador, designa otras plantas de aspecto y cualidades semejantes a las de la manzanilla común:* ~ BASTARDA (*Helichrysum stoechas y Anthemis arvensis*), ~ HEDIONDA (*Anthemis cotula*), ~ REAL (*Artemisia granatensis*), ~ ROMANA (*Anthemis nobilis o Chamaemelum nobile*), ~ SILVESTRE (*Anthemis arvensis*), ~ YESQUERA (*Phagnalon saxatile*), *etc*. | Cendrero *Cantabria* 78: Flora: Dunas .. *Helichrysum stoechas* (L.) Moench.: Manzanilla bastarda. Mayor-Díaz *Flora* 471: *Anthemis arvensis* L. "Manzanilla bastarda". Remón *Maleza* 21: A[nthemis] *cotula* L. Nombre común: Manzanilla hedionda, Magarzuela .. Su olor es fuerte y desagradable. *MOPU* 7/8.85, 32: La manzanilla real, estrella de la flora granadina. Mayor-Díaz *Flora* 378: *Chamaemelum nobile* (L.) All. "Manzanilla romana". (Sin. *Anthemis nobilis* L.) Remón *Maleza* 20: A[nthemis] *arvensis* L. Nombre común: Manzanilla silvestre, Manzanilla de los campos .. Es inodora, a diferencia de otras campanillas. Mayor-Díaz *Flora* 312: *Phagnalon saxatile* (L.) Cass. "Manzanilla yesquera".
2 Infusión de manzanilla [1, esp. 1a]. | J. L. Calleja *Abc* 21.5.67, 3: ¿Se le ha olvidado cómo hacer un jersey, una manzanilla oportuna, un sabio escarmiento, un ambiente acogedor, una conversación graciosa?
3 Variedad de vino blanco fino fabricado en la zona de Sanlúcar de Barrameda. | Burgos *SAbc* 13.4.69, 47: La siesta que les reconfortará de la caña de manzanilla o la copa de fino que entraron a destiempo.

manzanillero -ra *m y f* (*reg*) Pers. que se dedica a coger manzanilla [1] para venderla. | Izquierdo *Alpujarra* 84 (G): Me dedico a lo de las yerbas, y antes nos decían manzanilleros.

manzanillo -lla (*pl invar en acep 1a*) **I** *adj* **1** [Aceituna] más pequeña que la común, que gralm. se consume aliñada. *Tb n f.* | *Ya* 27.11.74, 43: La técnica de reconversión varietal por injerto se utiliza fundamentalmente en las zonas olivareras de Andalucía occidental y Extremadura, orientando esa reconversión especialmente hacia las variedades de mesa gordal, manzanilla y carrasqueña. GTelefónica *N.* 10: Almacén de aceitunas en de. de Málaga. Especialidad en negras y manzanilla de la Vera. **b)** [Olivo] que produce aceituna manzanilla. | Bustinza-Mascaró *Ciencias* 277: Algunas variedades [de olivo], como gordal y manzanillo, se cultivan para recoger sus frutos verdes y aderezarlos convenientemente para comerlos.
II *m* **2** Árbol americano venenoso, de fruto semejante a la manzana (*Hippomane mancinella*). | J. L. Aguado *SInf* 3.12.75, 3: Fuera de Europa cabe citar la temible nuez vómica del sur y sureste de Asia y el manzanillo de las Antillas.

manzanillón *m* (*reg*) Manzanilla bastarda (*Helichrysum stoechas*). | GPavón *Hermanas* 224: El puñetero vino de Tomelloso .. y la pesadumbre grasa de los galianos lo tenían como un haz de manzanillones.

manzanita *f* Arbusto siempre verde, de la familia del brezo, propio del oeste de América del Norte (gén. *Arctostaphylos*). | Á. Zúñiga *Van* 19.9.74, 26: El bosque Dixie por el que se entra al Cañón contrasta el color de la vegetación frondosa, donde el pino ponderosa, la manzanita, el abeto, la artemisa mantienen una impresión de frescura deliciosa.

manzano *m* Árbol que produce la manzana[1] (*Malus communis o M. domestica*). | Laforet *Mujer* 79: Aún estaban en flor los manzanos del huerto.

maña *f* **1** Habilidad o destreza. | A. GMolina *SYa* 13.7.75, 5: Como en la lucha del judo, no es la fuerza lo que cuenta, sino la maña. CBonald *Noche* 38: Había compartido gustoso con el hijo del amo muchos de sus desvelos en el oficio de desbravar potros y adiestrarlos en las mañas de la equitación. **b)** *En pl*: Poca habilidad o destreza. | ZVicente *Traque* 229: Tengo una máquina de retratar estupenda, modelo 1950. Para las mañas de Matilde, sirve. **c) buena** (*o* **mala**) ~. Mucha (o poca) habilidad. *Gralm con los vs* DARSE *o* TENER. | DCañabate *Abc* 21.5.58, 39: Le obsequiaron con un mamotreto de trescientas treinta páginas –léase kilos–, y tuviera que pasar fatigas para cumplimentarlo. Tan buena maña se dio, que no precisamente porque lo leyera bien –digamos torear–, pues lo hizo deprisa y corriendo.
2 Recurso astuto para conseguir algo. *Frec en pl*. | A. Aricha *Caso* 14.11.70, 17: Una vez en el piso, al que entró utilizando sus mañas habituales .., se entretuvo demasiado. GPavón *Reinado* 240: Plinio, después de varios gritos, como si dirigiese una orquesta, les mandó callar. Fue muy buena maña, porque en seguida se escuchó con claridad la voz desesperada y ronca que gritaba: –¡Socorro!
3 Vicio o mala costumbre. *Frec en pl*. | Cela *Judíos* 55: Siempre había sido sujeto aficionado a hablar por bernardinas, maña que ahora, con la compañía de los sabios, se le había puesto exagerada y madura.

mañana I *adv* **1** En el día siguiente a hoy. | Medio *Bibiana* 11: Recorre toda la casa recogiendo cosas, .. dando un último vistazo a los zapatos y a la ropa que mañana se van a poner los muchachos. **b)** *Precedido de prep, o como suj de una or cualitativa, se sustantiva*: El día siguiente a hoy. | Delibes *Emigrante* 79: A lo que dice no llegamos a Santiago hasta mañana a la noche. * Mañana es fiesta. **c)** *Usado irónicamente*: No. | * –¿Me prestas cien pesetas? –¡Mañana!
2 pasado ~. En el día siguiente al de mañana. | * Nos veremos pasado mañana. **b)** *Precedido de prep, o como suj de una or cualitativa, se sustantiva*: El día siguiente al de mañana. | GBiedma *Retratos* 123: Resulta irremediable pensar en antes de ayer y en pasado mañana.
3 En un tiempo venidero, gralm. no lejano. | * Estudia, muchacho, que mañana tendrás que ganarte la vida. **b)** *Precedido de prep, se sustantiva*: Tiempo venidero, gralm. no lejano. | * No dejes para mañana lo que puedes hacer hoy.
4 Por la mañana [7]. *Gralm siguiendo a* AYER. | *Mad* 10.9.70, 6: A la reunión, solicitada ayer mañana urgentemente, .. asistieron el secretario general, U Thant, y el mediador sueco.
5 de ~. A primera hora de la mañana [7]. *Tb* (*reg*) DE BUENA ~. | Olmo *Golfos* 148: Era de mañana. VMontalbán *Prado* 135: Pero ¿qué te has creído, viejo verde? ¿De buena mañana ya estamos así?
II *n* **A** *m* **6** (*lit*) Tiempo venidero. *Siempre precedido de art*. | J. Ballesté *Van* 3.2.74, 3: Al ser mayor el número de practicantes que desde el principio se entregan a este deporte, el mañana habrá de ser mucho más risueño.
B *f* **7** Parte del día desde la medianoche hasta el mediodía. | Torrente *Señor* 370: He cosido hasta las cuatro de la mañana. Hoyo *Pequeñuelo* 9: A las siete y media de la mañana empiezan a hacer ruido. **b)** *Esp*: Parte del día desde el amanecer hasta el mediodía o, más frec., hasta la comida del mediodía. | CBaroja *Inquisidor* 29: Se reunía el Consejo .. los lunes, miércoles y viernes por la mañana. Cela *Pirineo* 33: Es menos de la media mañana y el sol clemente no pica demasiado. **c)** Tiempo meteorológico que hace en la mañana de que se habla. | * Hace una mañana preciosa. **d) pri-**

mañanada – mapache

mera, o **prima**, **~**. (*lit*) Primeras horas de la mañana. | PAyala *Abc* 4.10.59, 3: Día tras día, a prima mañana y al declinar de la tarde, acostumbrábamos deleitarnos en la contemplación del lago de Nahuel Huapi. GPavón *Rapto* 108: En la prima mañana de los veranos, apenas el sol asomaba la ceja .., salía raudo con su tílburi.

III *fórm* or **8 ~ será otro día**. *Se usa para dar por terminadas las tareas del día o para expresar la esperanza de que al día siguiente cambien las circunstancias*. | MGaite *Nubosidad* 139: Me está entrando sueño, ya ves .. Mañana será otro día. Me subo. Buenas noches. MGaite *Fragmentos* 22: –¿Ya te encuentras mejor? .. –Sí, sí, no se preocupe. –Hoy te acuestas pronto y mañana será otro día. Es natural, siempre cuesta cambiar de ambiente.

mañanada *f* (*reg*) Primera hora de la mañana [7]. | MFVelasco *Peña* 184: Tapaba las bocas de noche –cuando estaban fuera los animales [conejos]– y los zurraba de mañanada.

mañanear *intr* (*raro*) **1** Madrugar. | F. Gutiérrez *Van* 21.3.71, 49: El color parece mañanear cuando todo sigue dormido todavía.
2 Trabajar por la mañana [7] temprano. | Aldecoa *Gran Sol* 150: Los marineros no volvieron a sus ranchos. Se entretuvieron con la deriva de los barcos, se quedaron en los espardeles o en las cubiertas mañaneando.

mañanero -ra *adj* **1** De (la) mañana [7]. | CPuche *Paralelo* 464: Vuelve sin prisas de la juerga disfrutando de la fresca caricia del aire mañanero. P. SMartín *Nue* 24.1.70, 21: Vestido de napa en azul pálido. Muy mañanero y cómodo.
2 Madrugador. | * Muy mañanero te veo hoy, ¿pasa algo?

mañanita *f* **1** *dim* → MAÑANA.
2 Prenda femenina, gralm. de punto, que cubre hasta la cintura y se emplea esp. para estar sentada en la cama. | Torrente *Saga* 311: Clotilde Barallobre, sentada en la cama, con una mañanita rosa encima del camisón y las gafas en las narices, hacía las cuentas del día.
3 *En pl*: Cierto tipo de canción mejicana que se canta en rondas matinales. | E. Huertas *SYa* 11.5.75, 21: Un manojo de canciones, de la más característica y significativa raíz mejicana, como los corridos, rancheras, mañanitas, etc., en la voz de Nati, Massiel o Betty.

mañego -ga I *adj* **1** De San Martín de Trevejo (Cáceres). *Tb n, referido a pers*. | J. MGarcía *Hoy* 31.3.76, 10: La finalidad de su viaje era hablar con los "mañegos".
II *m* **2** Dialecto peculiar de San Martín de Trevejo y su comarca, caracterizado por rasgos del leonés occidental y del gallegoportugués. | J. MGarcía *Hoy* 31.3.76, 10: La finalidad de su viaje era hablar con los "mañegos", habitantes de San Martín de Trevejo, con objeto de estudiar las peculiaridades fonéticas y lingüísticas del "mañego".

mañería *f* (*hist*) *En Castilla y León*: Prestación económica que el señor de un predio percibe del colono que muere sin descendencia, por la transmisión hereditaria del disfrute de dicho predio. | Vicens *HEspaña* 1, 292: La ex[o]rquia, o mañería castellana .., se aplicaba al siervo que no dejara hijos, pero no al que los tuviera espurios o naturales.

mañero -ra *adj* (*hist*) [Vecino] que, conservando su vecindad en un lugar, busca otras nuevas a fin de gozar de los beneficios de todas sin sufrir las cargas de ninguna. | P. GMartín *His* 5.85, 35: La estructura media de sus rebaños les revertiría importantes beneficios, procedentes no solo de la comercialización de los vellones, sino también de su condición de *posesioneros* en las yerbas sureñas y la gratuidad de los puertos serranos al haberse hecho vecinos mañeros.

maño -ña *adj* **1** (*col*) Aragonés. *Tb n, referido a pers*. | A. Almagro *HLM* 26.10.70, 30: Supo el cuadro maño aprovecharse de esta circunstancia, y así, en los minutos trece, veintitrés y treinta y cinco llegaron sus goles.
2 (*reg*) *Se usa como apelativo afectuoso dirigido a pers*. | J. M. Moreiro *SAbc* 12.10.69, 42: ¡Pasa, mañico, pasa!

mañosa *f* (*jerg*) Chaqueta de pata de gallo propia del traje típico madrileño. | J. A. Carbajo *País* 15.5.89, 27: El traje masculino es un compendio del habla castiza: Parpusa (gorra a cuadros), safo (pañuelo blanco), mañosa (chaqueta de pata de gallo o negra).

mañosamente *adv* Con mañas [1 y esp. 2]. | Villapún *Moral* 202: No armar sediciones ni juntarse con hombres malvados que mañosamente le halagan con grandes promesas, a las que se sigue casi siempre un arrepentimiento inútil.

mañoso -sa *adj* Que tiene mañas, *esp* [1]. | Laiglesia *Ombligos* 62: El pergamino, decorado por un artista muy mañoso, tenía dibujado un globo terráqueo visto de frente y de perfil.

mao (*tb con mayúscula*) *adj invar* [Cuello] de tirilla. | *Rev* 12.71, 21: Un traje de chaqueta que permite compaginar falda y pantalón con chaqueta abotonada al lado, grandes bolsillos y cuellos Mao.

maoísmo *m* Modalidad de marxismo comunista establecida en China por Mao Tse-tung († 1976). | Anson *SAbc* 1.2.70, 8: Objetivo político. Asegurar la sucesión del maoísmo. Mao no desea que le ocurra como a Stalin.

maoísta *adj* De(l) maoísmo. | C. Santamaría *Cua* 6/7.68, 12: La izquierda .. propugna hoy un belicismo franco, de tipo maoísta o castrista. **b)** Adepto al maoísmo. *Tb n*. | Areilza *Artículos* 325: Más a la izquierda .. los contestatarios de todo signo aparecen: trotskistas, maoístas, guevaristas.

maorí I *adj* **1** Aborigen de Nueva Zelanda. *Tb n*. | Zubía *Geografía* 297: Nueva Zelanda .. Tiene 2 millones de habitantes, entre los maoríes (indígenas) y los de origen británico. **b)** De (los) maoríes. | Angulo *Arte* 1, 29: En Polinesia, donde la arquitectura alcanza mayor perfección es en Nueva Zelanda. De madera y cubiertas a dos aguas, las casas maoríes presentan, como las de Melanesia, una gran máscara.
II *m* **2** Lengua de los maoríes [1a]. | Moreno *Lenguas* 101: El maorí es el idioma nativo de Nueva Zelanda. Tiene unos 100.000 hablantes.

mapa I *m* **1** Representación de la Tierra o de parte de ella en una superficie plana. *Frec con un adj o compl especificador*. | Zubía *Geografía* 39: ¿Qué representan los mapas económicos? **b) ~ mundi** → MAPAMUNDI. **c)** (*col*) *Se usa en constrs de sent comparativo para indicar que algo está compuesto de diversidad de colores distribuidos irregularmente, o que alguien o algo está lleno de heridas o cardenales*. | Laín *Tie* 14.8.76, 32: Pantalones cuya trasera no sea de ordinario un mapa de bien compuestos y bien cuidados remiendos. VMontalbán *Mares* 201: Tiene este dedo roto y está hecho un mapa. ¿Todo esto se lo ha hecho usted solito? Ya podrá con un muchacho.
2 (*raro*) Plano (de ciudad). | VMontalbán *Galíndez* 181: Al comienzo de tu estancia en Madrid eras una esclava del mapa, sobre todo cuando te orientabas dentro de esta elipse, de este balón de rugby del Madrid viejo.
3 ~ genético. Disposición de los genes en un cromosoma. | A. M. Yagüe *Ya* 28.9.88, 19: A la secuenciación se une otra técnica complementaria para averiguar el mapa genético, la parcelación o graficación.
II *loc v* **4 borrar** (o **eliminar**) **del ~**. (*col*) Matar [a alguien] o hacer desaparecer [a alguien o algo]. *Tb fig*. | S. Cámara *Tri* 12.8.72, 9: –Con las bombas se harían las madrileñas tirabuzones .. –Y el acto en sí, lo de poder borrar del mapa un pueblo entero, un país, ¿qué le parece? MReverte *Demasiado* 185: Esos riesgos no han aumentado ahora porque Luque haya muerto o porque a usted le hayan querido eliminar del mapa. M. GBaró *SYa* 24.6.75, 16: Nos queda el Athletic de Bilbao .., presto a sacar su terrible estampa leonada .., con la que tantas veces ha borrado del mapa a sus más empi[n]gorotados contrarios.
5 desaparecer del ~. (*col*) Desaparecer [alguien o algo] por completo. | J. Guillamet *TEx* 10.4.74, 4: La mayoría de las veces los padres de estos niños son hombres casados que a la que conocen el embarazo desaparecen súbitamente del mapa.

mapache *m* Mamífero carnívoro de pequeño tamaño propio de América del Norte, con piel de color gris amarillento y cola con anillos negros (*Procyon lotor*). | E. Romera *Abc* 25.8.66, 21: Stenling North cuenta una experiencia vivida en su infancia .. a propósito de un mapache con el que convive durante un año.

mapamundi (*tb con las grafías* **mapa-mundi** *o* **mapa mundi**) *m* **1** Mapa que representa la superficie de la Tierra dividida en dos hemisferios, que a su vez se presentan como dos círculos. | Miguel *Mad* 22.12.69, 12: Aquellos mapamundis de nuestra infancia .. eran un engaño. Zubía *Geografía* 31: Planisferio o mapa-mundi: cuando representa toda la Tierra. Salvador *Haragán* 39: Iba a la biblioteca a buscar un mapa mundi.

2 (*col, humoríst*) Trasero. | Cela *Judíos* 206: Antes, los canes de Valderrábanos presumían de un mapamundi quizás tan boyante y acabado como el de la Tere; lo malo fue que los chistecitos empezaron a rodar, y el amo .. los desculó.

mapuche -cha I *adj* **1** [Indio] araucano. *Tb n*. | Delibes *Emigrante* 83: Le dije que qué era mapucha, y él que indio, araucana.

2 De(l) mapuche [3]. | Buesa *Americanismos* 347: Parecen mapuches *calamaco* .., *canchalagua, palqui* o *palque* y *boldo*.

II *m* **3** Lengua de los mapuches [1]. | Lapesa *HLengua* 245: *Nabos* dio en mapuche *napur*.

maquear A *tr* **1** Adornar [algo] con pinturas o dorados mediante laca o barniz. | GNuño *Madrid* 108: En la VII [sala], los cuadros maqueados de pintura, sobre nácar.

2 (*col*) Acicalar [a una pers.]. *Gralm en part*. | SFerlosio *Jarama* 84: Me salía yo a la calle, con mi trajecito encima, bien maqueado, pañuelo de seda aquí, en el bolsillo este de arriba. Oliver *Relatos* 85: Mi hermano consolaba a un tío muy maqueado al que había tenido tiempo de echar encima del traje medio cubata mío.

B *intr* **3** Vestir elegantemente. | Grosso *Capirote* 20: Todo lo que tenéis es envidia. Envidia de que maqueo y tengo un oficio y soy un especialista con carnet de primera.

maqueo *m* (*col*) Acción de maquear(se) [2 y 3]. | Grosso *Zanja* 147: ¿Y lo que se alegraría de verte así maqueado? Él, que las tiraba contigo con lo del maqueo.

maquereau (*fr; pronunc corriente,* /makró/; *pl normal,* MAQUEREAUX) *m* (*hoy raro*) Macró (rufián). | Gironella *Millón* 141: Aurelio Fernández fusilaba también a rivales suyos políticos e incluso a policías de la Generalidad. En Atarazanas ordenó una riza contra los *maquereaux*.

maqueta *f* **1** Reproducción o modelo a escala reducida [de una construcción, esp. arquitectónica]. | GNuño *Madrid* 19: El conjunto nos es familiar por .. la maqueta que se conserva en el Museo Municipal. *ByN* 31.12.66, 30: "Dos mujeres corriendo en la playa" .. Esta composición sirvió de maqueta para el telón de "El tren azul", "opereta bailada" puesta en escena por Diaghilev.

2 Modelo a escala natural usado para estudiar y determinar las características definitivas [de algo, esp. un libro]. | *Antibióticos* 3: Edita: "Antibióticos, S.A." .. Maqueta y diagramación: Luis De Ben.

maquetación *f* Acción de maquetar. | *Ya* 2.2.75, 45: Importante empresa automovilística precisa delineantes-maquetistas .. Preferiblemente que conozcan las técnicas de Artes gráficas (composición, corrección tipográfica, maquetación) y con buena base formativa.

maquetado *m* Acción de maquetar. | Climax *Pue* 12.11.70, 7: Un trabajo tan esmerado requiere algún tiempo para su preparación, maquetado e impresión.

maquetador -ra *adj* [Pers.] que maqueta. *Frec n*. | RJiménez *Tecnologías* 89: Con la AE [=autoedición], la misma persona es redactor, maquetador .. e impresor.

maquetar *tr* Hacer la maqueta [de algo (*cd*)]. | *Pin* 1.3.86, 8: Maquetamos su anuncio. Se lo imprimimos con la máxima calidad, y después... Lo buzonamos o repartimos donde usted quiera.

maquetería *f* Maquetismo. | *DBu* 7.7.55, 4: La exposición .. consta de varios centenares de trabajos .. conseguidos en las diversas secciones de que constan las Escuelas: maquetería, ajuste, carpintería, forja. *VozA* 28.7.72, 10: Clausura de un curso de maquetería de barcos.

maquetismo *m* Técnica o arte de construir maquetas. | *Ya* 29.4.83, 45: En España hay numerosas revistas dedicadas al maquetismo.

maquetista *m y f* Pers. que se dedica a la construcción de maquetas. | *Ya* 29.4.83, 45: A veces, un maquetista conoce mejor un determinado modelo de moto o automóvil que los propios diseñadores. Gubern *Des* 22.2.75, 33: Pocas veces como en este caso puede hablarse mejor de coautoría en la génesis de un libro, coautoría extensible a los maquetistas (y no por azar arquitectos) Lluís Clotet y Óscar Tusquets.

maqueto -ta (*tb, raro, con la grafía* **maketo**) *adj* (*reg, desp*) Inmigrante en el País Vasco, procedente de otra región española. *Tb n*. | Vega *Cocina* 81: ¡Laurel en las lentejas! El laurel no interviene en ningún guiso vascongado. Tú eres maqueto. GSerrano *Macuto* 303: Tan maketo era un gañán andaluz como don Ramiro de Maeztu.

maqui *m* (*pop*) Maquis[1] [2]. | F. Gracia *DLi* 1.3.78, 11: La historia corre en torno a una joven maestra de pueblo (Marisol) que solicita una pequeña localidad del Norte con el fin de poder encontrarse con Antonio (Antonio Gades) que es un "maqui" que habita en aquella zona.

maquiavélicamente *adv* De manera maquiavélica. | A. M. Campoy *Abc* 27.6.75, sn: Cuando convino desgajar al "volk" sajón de su pasado .. se exhumaron maquiavélicamente las fricciones entre Carlomagno y los campesinos del Berden Aller.

maquiavélico -ca *adj* **1** Del tratadista político Nicolás Maquiavelo († 1527). | Cela *País* 25.6.83, 9: Un Príncipe en el sentido maquiavélico .. incluiría en su virtud la estabilidad absoluta e indiscutible.

2 Astuto y engañoso. | P. VSanjuán *Abc* 20.11.64, 67: El suceso ofrece ocasión .. de comentario en relación con la indudable extensión que solapadamente va tomando la usura en todas sus diversas formas más o menos maquiavélicas.

maquiavelismo *m* **1** Doctrina política de Maquiavelo († 1527), fundada en la preeminencia de la razón de Estado sobre cualquier otra de carácter moral. | * El maquiavelismo tuvo grandes defensores en su momento.

2 Actitud o comportamiento maquiavélico [2]. | Laín *Universidad* 105: En su verdadera realidad tales sanciones son medidas de carácter político, no resultados de un proceso puramente disciplinario y académico. Sostener otra cosa no pasaría de ser un baratísimo maquiavelismo, un maquiavelismo que a nadie puede engañar.

maquila *f* Porción de grano, harina o aceite que se paga por la molienda. | Moreno *Galería* 23: Esto venía a expresar .. que el molinero metía la mano en el costal .. más veces de la cuenta y que la maquila que él se cobraba era abusiva.

maquilero -ra I *adj* **1** Que cobra maquila. *Tb n*, referido a *pers*. | *Córdoba* 125: Existen 72 fábricas, con una capacidad de molturación, en veinticuatro horas, de 789.880 kilogramos, más 55 molinos maquileros que pueden molturar 168.868 kilogramos. CBonald *Noche* 131: Debe ser el maquilero, seguro .. Me habrá estado esperando.

II *m* **2** (*reg*) Medida de medio celemín. | Cancio *Bronces* 61: Se alzaban [en el ferial] los tenderetes de lona semivencidos de talos, trentes, rejazas, maquileros, zapitas, caramilleras y demás enseres.

maquillador -ra *m y f* Pers. que se dedica a maquillar [1]. | *Ya* 29.11.70, 35: Esto es lo que sustentan el maquillador Rodrigo y el peinador Molina.

maquillaje *m* **1** Acción de maquillar. *Tb su efecto*. | *Inf* 25.2.70, 9: La seducción ha tomado nuevas formas en la mujer con un nuevo maquillaje. P. J. Ramírez *D16* 10.10.82, 3: Una operación de maquillaje mucho más burda y descarada que la que a menudo se achaca al Partido Socialista. CBonald *SAbc* 13.3.92, 22: Es posible incluso que hayan envejecido los maquillajes que ornamentan esta poesía.

2 Sustancia cosmética de consistencia más o menos pastosa y de color similar al de la piel, que se usa para maquillar [1]. | CNavarro *Perros* 157: Quitó cuidadosamente el rimmel y se puso unas gotas de colirio. Las gotas rodaron por sus mejillas y, poco después, se enjugó el rostro, poniéndose un poco de maquillaje.

3 Conjunto de productos cosméticos usados para maquillar [1]. | AMillán *Damas* 67: Con esa cara no puedes ni asomarte a la sala. Anda, arréglate un poco .. Anda, arréglate con mi maquillaje.

maquillar – maquis

maquillar *tr* **1** Modificar mediante cosméticos la apariencia [de una pers. o de su rostro (*cd*)] para embellecer[los] o caracterizar[los]. | Medio *Bibiana* 277: Bibiana Prats mira a la mujer .. Bien vestida. Excesivamente maquillada.
2 Modificar engañosamente la apariencia [de algo (*cd*)]. | Gironella *Millón* 477: No creo que fuera imposible estudiar la posibilidad de bombardear con aviones "maquillados" el Marruecos francés. *Abc* 4.3.85, 11: No se trata de afrontar los problemas, sino de maquillarlos.

máquina *f* **1** Objeto fabricado y gralm. complejo, destinado a transformar una determinada energía en trabajo. *Frec con un compl especificador:* ELÉCTRICA, DE COSER, DE ESCRIBIR, FOTOGRÁFICA, *etc. Frec se omite el compl por consabido, esp referido a máquina de coser o de escribir.* | Marcos-Martínez *Física* 173: El objetivo de una máquina fotográfica tiene 5 dioptrías. Laforet *Mujer* 31: Se puso a leer en seguida unas largas explicaciones escritas a máquina. Burgos *Tri* 22.10.77, 47: Tío, cámbiame pasta, que voy a echar unas pelas en la máquina. Lera *Boda* 615: El Escaso pelaba con la máquina el cogote del sentado en el sillón. **b)** *Frec se usa en constrs de sent comparativo para ponderar la uniformidad, el automatismo o la capacidad de producción.* | Arce *Testamento* 38: –¿Es que cree que soy una máquina? –protesté. Y continué escribiendo todo aquello muy lentamente. **c)** Conjunto complejo de elementos que funcionan de modo semejante a una máquina. | Bustinza-Mascaró *Ciencias* 221: La ración puede ser: de entretenimiento, que tiende exclusivamente a conservar sin pérdida de peso la máquina animal. E. Romero *Inf* 26.6.70, 8: El país refunfuña ante los defectos o errores de la máquina gobernante. **d)** ~-**herramienta** (*tb con la grafía* ~ **herramienta**; *pl,* ~-S-HERRAMIENTAS). Máquina que por procedimientos mecánicos hace funcionar una herramienta, sustituyendo la mano del operario. | *Alc* 31.10.62, 21: Las máquinas-herramientas e instalaciones son de plena actualidad.
2 *En un barco:* Motor. | Aldecoa *Gran Sol* 181: Uno a máquinas, que tiramos para costa. **b)** Potencia con que funciona el motor. *Frec fig en constrs como* FORZAR LA ~ *o* A TODA ~. | Aldecoa *Gran Sol* 193: Veremos de avanzar con un poco más de máquina. Aldecoa *Gran Sol* 188: Si calmara la mar y se pudiese dar máquina. Grosso *Capirote* 16: El buque enfiló de nuevo a toda máquina las aguas del río. Lázaro *Crónica* 75: El hijo de Villena habla con el Rey en Aranjuez, y este le pregunta por el estado del *Diccionario*. Hay ochenta pliegos tirados, pero se necesita forzar la máquina, vista la atención de Palacio. J. A. Resalt *Ya* 12.11.89, 36: Las discrepancias con la línea oficialista de la federación de Madrid han abierto la espita del comité de disciplina y conflictos, que últimamente funciona a toda máquina.
3 Vehículo de motor. *Esp designa la locomotora, la motocicleta o el automóvil.* | Aldecoa *Cuentos* 1, 89: El tren ha frenado su marcha. Escapan los chorros de vapor de la máquina. Luego, la locomotora se desinfla en un soplo largo. *Alc* 31.10.62, 19: Hay que señalar .. el Campeonato Europeo de fórmula "Junior", tan interesante para nuestras máquinas Bultaco, Montesa y Ducati. Laforet *Mujer* 37: Sentado al volante del gran coche americano .., Antonio se sintió poderoso y aliviado. Se notaba unido a la máquina, a su velocidad. **b)** Bicicleta. | Umbral *Memorias* 111: Ya por entonces estaban Cañardo, Berrendero y otros grandes ciclistas nacionales, a quienes los niños con bicicleta de carrera emulaban subidos en su máquina.
4 ~ **infernal.** (*lit*) Explosivo instalado para perpetrar un atentado. | *Inf* 12.4.76, 28: Dos banderas nacionalistas aparecieron ayer domingo en San Sebastián y Vitoria ..; la primera de ellas .. estaba unida a una máquina infernal de considerable potencia.

maquinación *f* Acción de maquinar. *Tb su efecto.* | M. D. Asís *Rev* 7/8.70, 6: Los dos han creado un nuevo tipo de suspense basado en la angustia de la víctima descarriada en el misterio de la maquinación del crimen.

maquinal *adj* **1** De (la) máquina. | Pla *América* 19: La travesía que estamos haciendo tiene la natural monotonía .. Horas y horas de soledad completa, suspendidos en el ruido maquinal y uniforme del motor del barco.
2 Automático o no deliberado. | MGaite *Búsqueda* 101: Partiendo de la base de que cualquier relación, por breve que sea, si es humana y no maquinal, ha de crear conflictos y ataduras. Fuster *Van* 25.4.71, 13: La Ilustración oficial española es afrancesada: un remedo maquinal.

maquinalmente *adv* De manera maquinal [2]. | Hoyo *Caza* 28: La empujé con la punta de la bota, maquinalmente.

maquinar *tr* Urdir o tramar. | Villapún *Iglesia* 23: Exacerbó a los judíos de tal forma que maquinaron a todo trance su muerte.

maquinaria *f* Conjunto de (las) máquinas [1a]. | *Van* 4.11.62, 1: Se celebró la solemne inauguración de la I Feria Técnica Nacional de Maquinaria Textil. **b)** (*Escén*) Conjunto de máquinas y aparatos para el montaje escénico. | L. Alberdi *DBu* 27.12.70, 3: La maquinaria [para la ópera] fue obra del famoso ingeniero florentino Lotti.

maquinero -ra *m y f* Obrero que trabaja con una máquina. | CBonald *Dos días* 212: Los pisadores y tiradores de uva rinden hasta cinco carretadas por día, unas tres toneladas y media; los mosteadores y maquineros, igual, cinco carretadas, y los metedores, diez.

maquinilla *f* **1** Máquina de afeitar. *Tb* ~ DE AFEITAR. | *Fam* 15.11.70, 53: Arrincone para siempre su maquinilla de afeitar. Llamazares *Río* 63: –Hable alto, que estoy un poco sordo –dice el hombre, apagando, para oírle, la maquinilla eléctrica.
2 (*Mar*) Máquina destinada a las operaciones de carga y descarga o a levar anclas. | Aldecoa *Gran Sol* 135: La maquinilla de los carretes dice Gato Rojo que tiene algo en el eje.

maquinismo *m* Empleo generalizado de las máquinas en sustitución de la mano de obra. | Alfonso *España* 198: Se afirman la sociedad de masas, el consumismo, el maquinismo.

maquinista I *m y f* **1** Pers. que gobierna una máquina, esp. de vapor. | *Van* 4.11.62, 6: Benigno Aguado Antón, maquinista del tren núm. 616. Aldecoa *Cuentos* 1, 59: –Tú eres el primer maquinista de este barco .. –No cobro de maquinista, sino de fogonero. *Ya* 30.5.64, 43: Faltan aprendizas maquinistas fábrica confecciones. *País* 9.6.76, 40: Durante la noche de ayer casi la totalidad de los teatros madrileños suspendió sus funciones teatrales, a consecuencia del convenio colectivo que se negociaba entre los empresarios y operarios, maquinistas, eléctricos y personal de utillería del sector. Aguilar *Experiencia* 1076: Queda otro factor [en la impresión], un gnomo juguetón y travieso, invisible, pero actuante, que se interpone siempre entre el linotipista, el corrector, los confeccionistas y el maquinista, para jugarles una mala pasada cuando puede.
II *adj* **2** (*raro*) De(l) maquinismo. | Vicens-Nadal-Ortega *HEspaña* 5, 159: La conciencia de que existía una clase diferenciada .. se formó con la primera generación de obreros que vivieron la revolución maquinista.

maquinización *f* Acción de maquinizar. *Tb su efecto.* | Porcel *Des* 12.9.70, 14: El hombre ha estado siempre sometido al medio, incluso cuando la técnica es o ha sido muy rudimentaria, como en las sociedades rurales: allí no está oprimido por la maquinización, sino por el ritmo de las estaciones.

maquinizar *tr* Dotar [a algo (*cd*)] de máquinas que sustituyan la mano de obra. | FQuintana-Velarde *Política* 154: Porque el mercado español es pequeño, los costes industriales son altos; porque es pequeño, no puede maquinizarse ni racionalizarse.

maquiritare (*tb con la grafía* **makiritare**) I *adj* **1** De un pueblo indígena venezolano de la región del alto Orinoco, que habita esp. a orillas del río Ventuari. *Tb n, referido a pers.* | X. Moro *SAbc* 2.6.74, 31: Nos alojamos en la choza de un indio makiritare.
II *m* **2** Lengua de los indios maquiritares. | Moreno *Lenguas* 73: Familia ge-pano-caribe. Caribe: caribe ..; macusí ..; maquiritare (Venezuela), 850 [hablantes].

maquis[1] *m* (*hist*) **1** Movimiento guerrillero de resistencia al régimen de Franco en los años 40. | Benet *Otoño* 57: Eran los años inmediatos al maquis.
2 Miembro del maquis [1]. | Marsé *Dicen* 98: Este es un maquis, chaval. Hoyo *Caza* 28: Hasta aquí llegaban los *maquis*.

maquis[2] *m* (*Bot*) Monte bajo propio del clima mediterráneo. | Plans *Geog. universal* 156: Se trata, pues, de una región de clima mediterráneo, con bosques y maquis.

maquisapa *m* Mono araña (→ MONO[1]). | *Ide* 15.8.92, 43: Un mono estrangula a su joven ama con la cola, en Perú .. Tico, que fue muerto a tiros, era un maquisapa, nombre vulgar de los monos del género de los ateles cébidos de América Latina.

maquisard (*fr; pronunc corriente,* /makisár/; *pl normal, ~s*) *m* (*hist, raro*) Maquis[1] [2]. | Torbado *En el día* 65: Le interesaban sobre todo las bandas de *maquisards*.

mar[1] **I** *m* (*tb f entre gente de mar*) **1** Masa total de agua salada que cubre gran parte de la Tierra. | *Tel* 15.6.70, 91: Los antiguos dijeron que Venus nació del mar.
2 Masa de agua salada delimitada geográficamente. | Zubía *Geografía* 231: Los mares que rodean a África son: el Mediterráneo, el Atlántico, el Índico y el Rojo.
3 Mancha oscura y muy extensa [de un astro]. | Zubía *Geografía* 14: Su relieve [de la Luna] es muy accidentado, formado por cráteres volcánicos, grandes depresiones y extensas llanuras, llamadas mares.
4 Conjunto o masa muy grande [de perss. o cosas]. | Cuevas *Finca* 139: El trillo .. cabeceaba sobre el mar de la paja. Mendoza *Gurb* 85: La proposición del señor Joaquín me ha sumido en un mar de confusiones.
5 la ~. (*col*) Gran cantidad [de algo]. | Ortega *Abc* 4.9.74, 11: Hace la mar de siglos tenían unos sonidos propios.
6 alta ~. Parte del mar [1] que está a bastante distancia de la costa. | Gimferrer *Des* 12.9.70, 29: Inserta no menos de tres páginas para describir una puesta de sol en alta mar.
7 (*Mar*) Oleaje, o agitación del agua. *Con un adj o compl especificador:* MUCHA ~, POCA ~, ~ GRUESA (→ GRUESO), ~ RIZADA (→ RIZAR), ~ ARBOLADA (→ ARBOLADO), ~ EN CALMA (→ CALMA), *etc*. | Aldecoa *Gran Sol* 103: Al aumentar la mar, el cable no resistirá. *DMa* 29.3.70, 30: Se dio la señal para la tercera prueba, con una débil brisa del NE. y muy poca mar. Aldecoa *Gran Sol* 197: El viento sigue aumentando. Fuertes lluvias y mucha mar. **b) ~ de fondo**, *o* **de leva.** (*Mar*) Agitación de las aguas que, causada en alta mar, forma una marejada que viene a romper en la costa, donde no hace mal tiempo. | *DMa* 29.3.70, 32: Vientos del Norte, bonancibles pero que darán marejadilla sobre un poco de mar de fondo. CBonald *Noche* 184: Marquitos viajaba arrebujado en el fondo de aquella especie de cajón flotante del que tiraba el burro, mientras que el viejo cuatrero lo hacía a pie, con el agua por las rodillas y jalando del cabestro, o bien sobre la albarda cuando había mar de leva o arreciaba el frío. **c) ~ de fondo.** Inquietud o agitación más o menos latente. | B. Arriandiaga *Hie* 19.9.70, 10: Nunca he visto ni oído tanto lío ni tanta mar de fondo como en el G.P. del nervión en estos dos últimos días.
II *loc adj* **8** [Araña] **de ~**, [brazo] **de ~**, [lechuga] **de ~**, [lobo] **de ~**, *etc* → ARAÑA, BRAZO, LECHUGA, LOBO, *etc*.
III *loc v* **9 hablar de la ~ y sus peces.** Hablar de asuntos de poco interés. | GGómez *Abc* 7.11.82, 3: A quien escribe, sin querer hacerlo de política, no le queda otro remedio que "hablar de la mar y sus peces".
10 hacerse a la ~. Iniciar la navegación. | *Voz* 7.11.70, 3: A las ocho de la tarde de ayer, finalizó las operaciones de carga el "Ciudad de Alcira", que se hizo inmediatamente a la mar.
11 ser (*o* **estar hecho**) **un ~ de lágrimas.** Llorar abundantemente. | * Cuando me la encontré estaba hecha un mar de lágrimas.
12 ser (*o* **estar hecho**) **un ~ de dudas** (*o* **confusiones**). Estar totalmente confuso. | GMacías *Relatos* 99: Alicia era un mar de dudas.
IV *loc adv* **13 a ~es.** Abundantemente. *Con intención ponderativa. Gralm con el v* LLOVER. | Salom *Espejo* 169: Está lloviendo a mares. Ortega *Americanos* 51: Pedí información. La obtuve a mares. Gala *Hotelito* 44: Llorar a mares alivia un poco cuando se espera algo.
14 la ~. (*col*) Mucho. *Cuando precede a un adj o a un adv, toma la forma* LA ~ DE. | DCañabate *Paseíllo* 48: A un borrego le puedes hacer lo que quieras, y la gente se divierte la mar. Medio *Bibiana* 101: Una artista argentina, la mar de maja. Vizcaíno *Mancha* 46: –¿Te has divertido honestamente? –¡Sí, la mar de honestamente!

mar[2] *interj* (*Mil*) Se usa, siguiendo a una voz de mando, para ordenar la inmediata ejecución de lo expresado en esta. | *Día* 27.4.76, 16: La instrucción era en "orden cerrado": descanso, firme, derecha, izquierda, media vuelta..., de frente. ¡Mar! .. ¡De frente en columna de honor, guías a la derecha! ¡Marrr!

marabú[1] *m* **1** Ave zancuda de África y Asia, similar a la cigüeña, cuyo plumaje, grisáceo en la parte superior y blanco en la inferior, es muy apreciado como adorno (*Leptoptilos crumeniferus*). | Bustinza-Mascaró *Ciencias* 196: El marabú es africano y sus plumas son apreciadísimas como adorno.
2 Adorno de plumas de marabú. | Benet *Nunca* 57: Vivimos unos cuantos días en una pensión caótica .. que olía a colchas pardas y marabúes polvorientos.

marabú[2] *m En algunos países africanos:* Santón musulmán. | M. M. Rosell *D16* 1.7.91, 12: A la hora de la operación, los cuerpos de los enfermos habían perdido aquellos amuletos que rodeaban sus piernas, brazos y cinturas, visibles en la consulta realizada previamente por los doctores. Los enfermos, antes de acudir al consultorio, recurren a su "marabú" (dirigente religioso de su mezquita).

marabullo -lla *adj* (*reg*) [Pers.] de modales rudos. *Tb n*. | Cela *Viaje andaluz* 101: Por Venta Nueva, .. nacen al nuevo día los campesinos garrufos y poco madrugadores; el rabiantín que mira por lo suyo; .. el marabullo que destripa, sin entusiasmo –y hace bien– el terrón de los demás.

marabunta *f* (*col*) **1** Plaga de hormigas voraces. | Vega *Cocina* 65: Se convirtieron [los caracoles] en la marabunta, solo que mucho más voraces.
2 Multitud invasora o devastadora [de perss. o cosas]. *Con intención ponderativa*. | J. Mariñas *Gar* 13.8.75, 64 (T): Durante las tres primeras semanas de junio, antes de la marabunta turística. GPavón *Hermanas* 41: Quedaron .. instintivamente insolidarios con aquella marabunta de automóviles, luces y gentes.

marabuto *m* Morabito. | A. Molina *VNu* 21.7.73, 18: Los musulmanes visitan a los marabutos y "santones" famosos para que les fabriquen talismanes eficaces que entierran en los campos.

maraca *f* Instrumento músico antillano, consistente en una calabaza seca con granos de maíz o chinas en su interior. *Gralm en pl*. | MSantos *Tiempo* 229: Ni siquiera el de las maracas, o como se llamen esos chismes parecidos a sonajeros, .. se atrevía a sonreír como parece que el instrumento lo pide.

maracenero -ra *adj* De Maracena (Granada). *Tb n, referido a pers.* | *SIde* 13.8.91, III: Especial fiestas de Maracena .. El concejal se despide deseando a todos unas felices fiestas y rogando a los maraceneros que sigan dando muestras de su hospitalidad y solidaridad.

maracuyá *m* Pasionaria (planta). | R. Ruiz *SPaís* 6.11.88, 29: Sucumbes a todos los tópicos de las Azores. Las hortensias, los cráteres, .. el licor de maracuyá. Ma. Pineda *ByN* 22.9.91, 96: Salsa de maracuyá: Un tarro de 20 cl. de pulpa de maracuyá congelada .. 100 gramos de azúcar.

maragatería *f* Conjunto de (los) maragatos. | J. C. Villacorta *Abc* 5.5.74, sn: A veces pienso si el ímpetu trajinante de la maragatería y su afán de correr mundo no venía de un cierto entusiasmo por Homero.

maragato -ta *adj* De la Maragatería (comarca de León). *Tb n, referido a pers.* | Carnicer *Cabrera* 34: Hacia el este y el sur, aquella influencia cede al habla maragata y al sanabrés. Escobar *Itinerarios* 153: Ese chocolate castellano .. heñido por las manos diestras de los maragatos de Astorga.

maragota *f* Pez marino de hasta 45 cm, de piel verdosa con pintas y vientre rojizo (*Labrus berggylta*). | Noval *Fauna* 419: La Maragota (*Labrus berggylta*), muy abundante entre las rocas de la costa y en concentraciones de algas próximas a ella.

marajá *m* Maharajá. | Laiglesia *Ombligos* 255: –Su Marajá juega demasiado fuerte –le advirtió Juan.

marajaní *f* (*semiculto*) Maharaní. | FReguera-March *Boda* 51: Anita, de la que se prendó el Maharajá y la convirtió en Marajaní.

marallo *m* (*reg*) Fila de hierba o mies recién segada. | Mateo *Babia* 123: Con el ritmo de la siega entre us vaivenes del cuerpo inclinado, la mano derecha manejando la hoz y la izquierda a[t]ropando el manojo para irlo dejando caer en los marallos y hacer las gavillas, fue la mujer agotando el rastro de la memoria. [*En un trigal.*]

maranchonero -ra I *adj* **1** De Maranchón (Guadalajara). *Tb n, referido a pers.* | Escobar *Itinerarios* 74: En la villa segoviana había miles de feriantes, cantalejanos, maranchoneros, macoteranos.

II *n* **2** (*reg*) Tratante en caballerías. | Gerardo *NAl* 22.9.89, 19: La yunta, que para la feria de Torija lleva en la casa veinticinco años, ya va siendo vieja .. Para la próxima feria los tratantes, maranchoneros y gitanos se dejarán oír.

maranta *f Se da este n a algunas plantas del gén Maranta, esp la M. arundinacea, cuyo rizoma produce un almidón comestible.* | Ama *casa* 1972 127: "Arrow-root." Especie de fécula comestible sacada de diversos tubérculos de la India (maranta, cúrcuma, igname, etc.). GCabezón *Orotava* 20: Maranta, *Maranta arundinacea*, Linn., Marantácea, América tropical.

marantácea *adj* (*Bot*) [Planta] monocotiledónea, herbácea, con rizoma y con hojas y flores asimétricas. *Frec como n f en pl, designando este taxón botánico.* | GCabezón *Orotava* 20: Maranta, *Maranta arundinacea*, Linn., Marantácea, América tropical. *SYa* 12.10.75, 33: *Calathea makoyana*. Procede de Brasil. Pertenece a la familia de las Marantáceas.

maraña *f* **1** Conjunto de cosas de estructura lineal que se entrecruzan de un modo desordenado o complicado. *Frec con un compl especificador.* | CNavarro *Perros* 29: La luz roja del ascensor le prestó tonalidades diversas, marcando el perfil de la nariz, la maraña de los cabellos. E. La Orden *SYa* 9.7.72, 17: El algodón termina donde comienzan las marismas, cubiertas por la maraña tenacísima de los manglares. Delibes *Parábola* 125: Revolotean .., entre la tupida maraña, mirlos, verderones, petirrojos, chochines y malvises.

2 Cosa enredada o intrincada. | Payno *Curso* 107: Una y otra vez caía sobre la maraña babélica de la Reconquista.

3 (*col*) Alboroto o jaleo. | Cela *Judíos* 294: Mientras el chófer y el arriero se enzarzaron a palos, el vagabundo, a quien ni le iba ni le venía semejante maraña, siguió por su camino.

4 (*reg*) Coscoja (árbol). | F. Lozano *NAl* 15.1.88, 3: Empezaba su tarea diaria a las tres de la madrugada cargando el horno con gavillas de fina leña de retama, jara y maraña procedente de los montes cercanos.

marañal *m* (*reg*) Lugar poblado de marañas [4]. | Caba *Ruta* 88: Remontan una escarpa y, al desembocar en un marañal, atrochan y dan con la vía que viene de Alameda.

marañero -ra *adj* (*col*) Enredador o amigo de marañas [3]. *Tb n.* | VMontalbán *Kennedy* 163: John no era tan temible como su *trust* de cerebros. Son una pandilla de marañeros, quintacolumnistas, rojos.

maraño *m* Montón o hilera de hierba que forma el segador con la guadaña. *Tb fig.* | MFVelasco *Peña* 271: Hechos un maraño, Nerón, Grandullón, la escopeta y yo rodamos por el suelo.

marañón[1] *m* Árbol de las Antillas y de América Central, de hojas rojizas y flores en panoja terminal, cuyo fruto es una nuez de cubierta cáustica y sujeta por un grueso pedúnculo (*Anacardium occidentale*). *Tb su fruto.* | MPérez *Comunidad* 33: Preguntando por los nombres de las verduras y de las frutas ..: aguacates de jade, zapotes, mameyes, marañones, tunas.

marañón[2] *m* (*reg*) Garañón. | Cela *Mazurca* 48: No podía con su alma con lo de la mano, el mordisco del marañón lo desniveló y tenía calentura.

marañuela *f* (*reg*) *Se da este n a las plantas Convolvulus arvensis y Tropaeolum majus, ambas enredaderas.* | B. Mostaza *SYa* 24.6.73, 11: Esos microclimas –que en Canarias se dan por la estructura geológica ..– permiten convivir la tunera y el pino, .. la marañuela y el agave.

marasmo[1] *m* Paralización o inmovilidad. *Gralm fig.* | Fernández-Llorens *Occidente* 138: A medida que el comercio se recupera de su marasmo el mercader necesita más productos. Cela *Rosa* 219: El ford del abuelo sonaba .. con un sonar huracanado y raudo. –¡Qué ruido más contemporáneo y progresista! .. –¡Y usted que lo diga! .. ¡Con muchos ruidos como este conseguiríamos sacar a España de su marasmo!

marasmo[2] *m* Hongo pequeño e imputrescible, frecuente sobre los troncos de los árboles o en los lugares herbosos, algunas de cuyas especies son comestibles (gén. *Marasmius*). | X. Domingo *Cam* 17.5.76, 91: Podemos hallar ya algunos marasmos, como el muixarno catalán en sus misteriosos círculos de brujas.

marata (*tb con las grafías* **mahrata** *o* **maratha**) **I** *adj* **1** De un pueblo dravídico de la parte central y meridional de la India. *Tb n, referido a pers.* | Villar *Lenguas* 86: Entre ellos tenemos el Maharastri (de Maharastra, país de los Marathas). [*En el texto*, Márthâs.] C. A. Caranci *País* 20.10.82, 8: Hay, además, [en Ceilán] un 6,9% de católicos, un 1% de musulmanes mahratas y malayos. **b)** De los maratas. | Villar *Lenguas* 87: Hay inscripciones marathas desde principios del siglo XII d.C. [*En el texto*, márâthâs.]

II *m* **2** Maratí. | Villar *Lenguas* 88: De gran importancia [en el grupo occidental] son el guzrati, con más de diez millones [de hablantes], y el maratha, con veinte. [*En el texto*, márâthâ.]

marathón, **marathoniano** → MARATÓN, MARATONIANO.

maratí *m* Lengua hablada en el estado indio de Maharashtra. | Moreno *Lenguas* 87: El maratí se habla en el estado de Maharashtra, en el que está la ciudad de Bombay. Usa el alfabeto devanagari y tiene unos 55 millones de hablantes; es una de las lenguas más importantes de la India.

maratón (*tb, hoy raro, con la grafía* **marathón**) **A** *m* (*o, a veces, f*) **1** Prueba pedestre de resistencia, de 42 km 195 m por calles o carreteras. | *Abc* 29.7.76, 49: Haro estaba preparado para ganar el maratón. Berlanga *Acá* 33: Soñaba Atilio con un imposible: correr la maratón de mayo. S. García *Ya* 22.10.64, 27: El rey de los juegos es el vencedor de la maratón. **b)** Prueba deportiva de resistencia. | *Ya* 7.5.92, 64: Los dromedarios argelinos de carreras han vuelto a demostrar que son los más rápidos del mundo al imponerse por segunda vez en el maratón mundial para ese género de camélidos.

B *m* **2** Prueba de resistencia. *Frec fig.* | Moix *Peso* 150: Al otro lado aparecía un gigantesco local llamado "Gran Price", cuya pista, no menos gigantesca, albergó a lo largo de los años los sucesos más espectaculares del barrio: marathones de baile, combates de lucha libre, campeonatos de boxeo. Alfonso *España* 35: Unos *test* de figuritas, letritas o numeritos, impersonal y mecánicamente hechos entre la masa de profesionales de todas clases que sufren maratón tan absurdo.

3 Actividad agotadora por su larga duración o por la concentración de esfuerzo. | A. Moncada *D16* 1.4.77, 5 (T): En 1972 realizó su último maratón de apariciones multitudinarias en España. GSerrano *Macuto* 392: Los aspirantes a alféreces competían en su maratón de recomendaciones para conseguir marchar a cubrir las bajas.

4 Paseo o caminata de larga duración. | Delibes *Vida* 167: De la misma época son mis maratones con Ángeles .. Mientras caminábamos, ella me preguntaba algunos artículos.

maratonianamente *adv* De manera maratoniana. | *Tiem* 11.11.85, 115: La sede de Alianza Popular en uno de los pueblos gallegos que, maratonianamente, don Manuel ha visitado estos días.

maratoniano -na (*tb, hoy raro, con la grafía* **marathoniano**) *adj* **1** De(l) maratón. | *Abc* 29.6.75, 13: Sesión maratoniana del Consejo Mundial de Alimentación.

2 [Pers.] que corre el maratón [1]. *Frec n.* | S. García *Ya* 22.10.64, 27: El paso de los maratonianos por las calles y paseos de Tokio ha sido un espectáculo popular inenarrable. *Sur* 7.8.84, 37: Dictamen médico: el colapso de la atleta se debió a la falta de líquidos. El marido de la maratoniana Gaby Anderson estima que debieron retirarla.

maratónico -ca *adj* De(l) maratón [3]. | P. Calvo *S16* 16.9.88, 33: En una maratónica jornada de tarde y noche, los seguidores del heavy metal tendrán la preciada oportunidad de concelebrar un magno "pic-nic" con la forma más devastadora del rock urbano.

maravedí (*pl*, ~s, ~es o ~ses) *m* (*hist*) Moneda española usada de 1172 a 1854, que inicialmente fue de oro y pronto pasó a ser unidad de cuenta cuyo último valor fue 1/34 de real. | Lázaro *Crónica* 85: Costaba [una docena de huevos] en Castilla la Nueva, según las famosas tablas de Hamilton, unos setenta y dos maravedís. CBaroja *Inquisidor* 25: Cobraba el inquisidor de esta época hasta 100.000 maravedíes .., frente al médico, que venía a percibir 50.000 maravedises o maravedíes.

maravilla I *f* **1** Pers. o cosa que causa gran admiración por alguna cualidad positiva. *Frec con intención ponderativa.* | RMorales *Present. Santiago* VParga 6: Maestro Mateo creó en la Catedral de Santiago el Pórtico de la Gloria, una de las maravillas del arte cristiano. Delibes *Año* 108: El Campo Grande era esta mañana una maravilla: desierto, silencioso, cisnes y palomas picoteando entre la nieve acumulada. GPavón *Reinado* 133: Durante unos años nuestro matrimonio fue una verdadera maravilla.
2 Admiración o asombro. | GNuño *Escultura* 175: No hay motivo de maravilla en el hecho de que muchos modos accesorios y suntuarios permanezcan en uso.
3 *Se da este n a varias plantas, esp Calendula officinalis, C. arvensis y Convolvulus tricolor. A veces con un adj o compl especificador.* | *Ama casa* 1972 414a: Se siembra, en la propia tierra, los claveles de China, .. las siemprevivas, las maravillas, los acianos. Loriente *Plantas* 69: *Calendula officinalis* L., "Caléndula"; "Maravilla". Planta herbácea comunísima como ornamental. Mayor-Díaz *Flora* 474: *Calendula arvensis* L. "Maravilla silvestre".
II *loc adj* **4 de ~**. Muy bueno. *Con intención ponderativa.* | Mendicutti *Palomo* 49: Mi abuela tuvo siempre una salud de maravilla.
III *loc adv* **5 de ~**, o **a las mil ~s** (*o, lit, raro,* **a ~**, o **a las ~s**). (*col*) Muy bien. *Con intención ponderativa.* | MGaite *Visillos* 166: Es una pena que no quiera .. Lo hace de maravilla, de maravilla. R. Sánchez *As* 14.12.70, 5: Un sistema que provoca el que el juego sea deslucido, pero que va a las mil maravillas con sus propósitos. Faner *Flor* 66: En Canterbury se encontraba a maravilla. La alojaba la familia de un ilustre cirujano. Halcón *Manuela* 66: Se comprenden y se entienden a las maravillas.
6 por ~. Rara vez o por casualidad. | Huarte *Diccionarios* 30: El punto exacto solo por maravilla saldrá de vez en cuando.

maravillado -da *adj* **1** *part* → MARAVILLAR.
2 Que denota o implica maravilla [2]. | Landero *Juegos* 110: Otras hipótesis sobre el estilo, que Gil recibía con maravillado estupor. MGaite *Cuento* 254: La convicción maravillada con que un enamorado se dice a sí mismo: "esto que me pasa a mí no le ha pasado nunca a nadie".

maravillante *adj* (*raro*) Que maravilla [1a]. | C. MBarbeito *SVoz* 8.11.70, 16: Todo eso y mucho más contribuía a un resultado maravillante.

maravillar *tr* Causar admiración o asombro [a alguien (*cd*)]. | *Gar* 21.12.63, 80: Los Nacimientos mecánicos .. han dejado de maravillar a los niños. **b)** *pr* Sentir [alguien] admiración o asombro. *Frec con un compl* DE o ANTE. | ZVicente *Traque* 253: Siempre se maravillaban de mis dos remolinos. Jutglar *Tri* 1.12.73, 42: Nos maravillamos ante la ingenuidad de todos aquellos que en la época se titulaban "hombres de izquierda".

maravillosamente *adv* De manera maravillosa [1]. | DPlaja *El español* 148: Esta es la razón de que en la prostitución española haya muchas mujeres sin vocación y que en el fondo sueñan con una casa y una cocina. Miguel Mihura las ha reflejado maravillosamente.

maravilloso -sa *adj* **1** Que causa maravilla [2], esp. por su bondad o su belleza. *Frec con intención ponderativa.* | CNavarro *Perros* 25: Todo .. era alegre y maravilloso. GNuño *Madrid* 100: La maravillosa serie de coronas y brazos de cruz procesional de Guarrazar. GGual *Novela* 246: Los protagonistas son jóvenes y hermosos, pero no tan soberbiamente castos como en otras novelas, ni tan maravillosos que provoquen a su paso desmayos y congregaciones multitudinarias.
2 Milagroso o sobrenatural. | GGual *Novela* 94: Allí encontraremos: .. Curaciones maravillosas por la simpatía de palabras mágicas y remedios milagrosos .. Hechizamientos amorosos. **b)** (*TLit*) [Cuento] tradicional y exclusivo que interviene criaturas con poderes mágicos o sobrenaturales y que normalmente concluye con la recompensa y felicidad del héroe. | GGual *Novela* 17: El cuento maravilloso .. se distingue bastante claramente de la novela y de la novela breve.

marbellí *adj* De Marbella (Málaga). *Tb n, referido a pers.* | Torrente *SInf* 19.12.74, 28: José Luis, el otro amigo marbellí del año pasado, se ha puesto muy pincho.

marbete *m* Etiqueta que se pone a un objeto para indicar algún dato de interés, esp. su contenido o la dirección a que se envía. *Tb fig.* | Zunzunegui *Hijo* 64: Metió la botella de champaña y una del "Gaitero" en agua, y una vez bien empapadas les retiró sus marbetes o etiquetas. L. Calvo *Abc* 15.10.70, 30: La cooperación económica con la Unión Soviética lleva un marbete alentador: "carácter privilegiado". Torrente *Fragmentos* 39: Soy solo un profesor que con cierta parsimonia escribe libros de ficción: ambos marbetes, juntos o separados, me acompañan a mi paso por la realidad.

marca I *f* **1** Señal que se hace a alguien o algo para distinguirlo y frec. para indicar su pertenencia. | Vicenti *Peseta* 30: 1 Peseta .. Resellada con la marca G P (Goberno Portugáez) por las autoridades portuguesas para circular en las Azores. Moreno *Galería* 196: Este apartamiento o separación se lograba con cierta facilidad sirviéndose de la marca de las reses: "pega" de pez, sobre la lana, y "señal", en las orejas. **b)** Distintivo característico y exclusivo que un fabricante pone a sus productos. *Tb* ~ DE FÁBRICA. *Frec designa tb la fábrica a la que representa.* | *Tel* 15.6.70, 67: Adopte para su hogar menaje con la marca Brabantia. Cuevas *Finca* 99: Ella traía botellas de marca. *Act* 22.3.73, 85: Exija que le muestren un tomavistas Fujica-Single-8. Compárelo con los de otras marcas.
2 Instrumento para poner marcas [1], esp. al ganado. | Moreno *Galería* 194: Se instalaba el amo, para marcar las reses, .. en el mismo umbral de su casa, empega o marca en mano.
3 Señal o huella. | J. Carabias *Ya* 31.5.74, 8: Aquella terrible enfermedad [viruela negra] .. dejaba tremendas marcas en los no muy numerosos supervivientes.
4 (*Ling*) Rasgo fonético, morfológico o de significado que permite distinguir un elemento o una palabra por oposición a otros. | Alarcos *Fonología* 48: Oposiciones privativas son las formadas por dos miembros, caracterizados uno por la presencia, otro por la ausencia del mismo rasgo pertinente o marca. Lázaro *Lengua* 2, 140: El género es solo una marca formal para establecer la concordancia.
5 Medida determinada que debe tener una cosa o un animal. | *DBu* 28.3.56, 2: Se vende un macho de cinco años, alzada de 3 a 4 dedos sobre la marca, toda prueba.
6 (*Dep*) Mejor resultado homologado [de una pers., una colectividad o una competición]. *Tb fig, fuera del ámbito deportivo.* | *SInf* 23.3.70, 8: Dos juveniles con auténtica talla de "seniors", a juzgar por sus marcas. Santamaría *Paisajes* 63: Uno de estos jabalíes, cazado en Martincano, dio un peso de 152 kgs., toda una marca.
7 (*Dep*) *En rugby:* Ensayo. | Á. Arredondo *SYa* 22.1.74, 25: Ologaray consigue una nueva marca para su equipo, fintando muy bien a la salida de una "melée".
8 (*hist*) Provincia o distrito fronterizo. | Tejedor *Arte* 96: En los extremos de sus dominios creó además Carlomagno las Marcas o provincias fronterizas.
II *loc adj* **9 de ~** (**mayor**). Sobresaliente en su género. | FFlórez *Abc* 10.5.58, 3: Hay un torero, el "Migas", que no vale nada .. Los toros son de marca. El "Migas" no podrá con ellos. * Eres un tonto de marca mayor.
10 de ~. (*Dep*) *En rugby:* [Zona] comprendida entre la raya de palos y la final, donde se realiza el ensayo. | Á. Arredondo *SYa* 27.11.73, 17: Dobarro pierde el balón, cuando se tiraba ya en la zona de marca. **b)** [Línea] que delimita la zona de marca. | Á. Arredondo *SYa* 27.11.73, 17: Recogió Dobarro .., que solo tenía ante él a Marco e Ipiña, a los que eludió por medio de otra patada, posando el balón, luego de recogerlo de nuevo en la línea de marca "visitante".

marcación¹ *f* **1** Acción de marcar [1 y 6]. | *Lín* 3.8.75, 6: Estos días están finalizando las tareas de explanación de terrenos, a la vez que seguirán las de marcación de línea. *País* 17.11.82, 16: Teleimpresor ITT 3000 .. Marcación abreviada. Multidestino. *D16* 16.4.89, 19: Los Fax Alcatel tienen prestaciones que permiten la máxima operatividad dentro de la propia empresa y en conexión con el exterior, con funciones de Marcación Automática, Polling Múltiple y Transmisión Multidestino.
2 (*Mar*) Ángulo horizontal que forma la línea proa-popa de un barco con la visual dirigida a un objeto o con la vertical a un astro. | J. A. Padrón *Día* 23.9.75, 12: El "Tiflis" llevaba entonces los palos altos –con masteleros calados a bayoneta– que eran de rigor, así como también el puente abierto tradicional y la delgada chimenea, adornada con "mambrús", que ya escapaba de la marcación de los palos.

marcación² *f* (*Constr*) Cerco en que encaja una puerta o ventana. | Carnicer *Cabrera* 24: Las casas antiguas alternan con las de ladrillo revocado y enlucido, con marcaciones de madera pintada y ventanas vidrieras.

marcadamente *adv* De manera marcada¹ [2]. | FQuintana-Velarde *Política* 197: A estos datos se añade un tratamiento fiscal a los rendimientos de los valores mobiliarios marcadamente desigual.

marcado¹ -da *adj* **1** *part* → MARCAR.
2 Perceptible o notorio. | CBaroja *Inquisidor* 10: Algunos de los cultivadores de la ciencia histórica sintieron, por su parte, animadversión marcada hacia las biografías del tipo de las indicadas.
3 (*Ling*) Que tiene marca [4]. | Alarcos *Fonología* 48: El miembro positivo o caracterizado por la presencia del rasgo dado se suele llamar marcado.

marcado² *m* Acción de marcar [1 y 2]. | *Inde* 24.9.89, 30: Primero un grupo de archiveros se encarga de la preparación de los documentos y del marcado de las signaturas. *SYa* 29.6.73, 40: Yo ya no vendo un gallo, y tengo trescientos para preparar, hasta que se ponga en práctica el marcado de los mismos. *SHie* 19.9.70, 9: No siempre toda la culpa la tiene el peluquero. Quizás él le propuso antes del marcado la aplicación de un reforzador.

marcador -ra I *adj* **1** Que marca. *Tb n, m y f, referido a pers y a máquina o aparato*. | *Abc* 25.2.58, sn: Vendo o negocio patente invención máquina sembradora, marcadora, surcadora de algodón. Fraile *Cuentos* 15: –¿Cenamos? –dijo ella .. recostando en el marco de la puerta el frescor de su cuerpo en una bata marcadora, dócil. APaz *Circulación* 75: Más claro y seguro es poner una señal al principio y otra al final del espacio donde se prohíbe estacionar, ambas con flechas marcadoras. FCid *SAbc* 24.11.68, 34: En la etapa clásica el músico .. era, simplemente, un marcador de compás. *Van* 17.4.73, 84: Marcador cortador con experiencia en confección Sra. J. Calle *DíaCu* 19.9.84, 13: El centrocampista Susi, .. viendo a su compañero Yebra desmarcado, le hace un pase en profundidad, con rapidez y habilidad se deshace de su marcador y logra un bonito gol. *GTelefónica N.* 604: Comercial Boaya. Instalaciones completas de lavandería y accesorios .. Secadoras Cissell. Marcadoras. Generadores de Vapor. *GTelefónica N.* 414: Ciervo. A la vanguardia del escaparate .. Marcadores de precios. Papeles decoración para fondos.
II *m* **2** Dispositivo en que se marcan [6] los tantos de un encuentro deportivo o de un juego. | M. GAróstegui *SAbc* 27.4.69, 30: Sorprendió en gran manera a los argentinos, que al llegar al descanso vieron rotas sus ilusiones de victoria porque el marcador señalaba un tres a cero.
3 (*Biol o Med*) Factor o elemento que sirve para identificar un gen o una enfermedad. | *SPaís* 9.4.89, 28: Estos marcadores que definen las características de la enfermedad son de varios tipos: psicológicos, fisiológicos, radiológicos y [sic] inmunológicos. *País* 29.11.93, 26: Los marcadores biológicos permitirán determinar la vulnerabilidad individual a los tumores.

marcaje *m* Acción de marcar [1b y esp. 8]. | Cunqueiro *Des* 14.5.75, 31: Se cortan las crines de los garañones y de las yeguas, y se marcan, muesca de oreja y hierro, las crías .. La faena es ruda para los que trabajan en la "rapa" y en el marcaje. *GTelefónica N.* 22: Kramex. Serigrafía. Calcomanías y adhesivos. Marcaje de flotas de vehículos. M. GAróstegui *SAbc* 27.4.69, 32: Molowny cuajó partidos sensacionales que le acarrearon, como es natural, ser objeto de marcajes severos. Torres *Ceguera* 248: Eran tareas que habían recaído sobre sus hombros, aunque siempre bajo el duro marcaje de la comisión.

marcapasos (*tb, más raro,* **marcapaso**) *m* **1** (*Fisiol*) Órgano o sistema que regula espontáneamente el ritmo de una función orgánica, como el latido del corazón o las contracciones uterinas. | O. Aparicio *MHi* 7.68, 28: Se disecaron la vena safena y la arteria femoral común, colocándosele a la vena una cánula para administrarle líquido intravenoso y para el marcapaso venoso.
2 (*Med*) Pequeño aparato electrónico que, acoplado bajo la piel del paciente, sirve para corregir el ritmo irregular de una función orgánica. | *Ya* 12.6.74, 16: El marcapasos de vejiga "mentor" es electrónico, y para su colocación se acoplan electrodos bipolares a la vejiga y se unen a un marcapasos subcutáneo. **b) ~ cardíaco.** Marcapasos que sirve para corregir el ritmo irregular del músculo cardíaco. *Frec simplemente ~*. | *SYa* 18.5.75, 29: La señora que llegó muerta al puesto de Villalba porque se le había desconectado el marcapasos. *NotM* 16.1.84, 18: Duplica el bombeo de sangre. Marcapaso ajustable a la actividad del paciente.

marcar *tr* ➤ **a** *normal* **1** Hacer [una marca [1]]. | *SYa* 29.6.73, 40: Tenemos ya unos modelos de tenazas .. para efectuar un tatuaje debajo de las alas, en la membrana, en el que se marcarán un número y las siglas del criador, con lo cual el fraude ya no será posible. **b)** Poner una o más marcas [1] [a alguien o algo (*cd*)]. | Matute *Memoria* 228: Antonia marcaba en rojo montones de ropa de Borja y mía. Moreno *Galería* 194: Se instalaba el amo, para marcar las reses, con la caldereta de pez hirviendo. Tomás *Orilla* 344: No quiero "papeles" marcados, ni nada raro. Si veo algo que no me gusta, usted es hombre muerto. **c)** Poner el precio [en un producto comercial (*cd*)]. | *Abc* 26.6.58, 56: ¡Todos los retales proceden de las colecciones recibidas últimamente y han sido marcados a precios de increíble economía! **d)** (*Fís*) Hacer detectable [una sustancia] sustituyendo un átomo por uno de sus isótopos. | R. ASantaella *SYa* 26.6.77, 18: Su medición [del agua del organismo] se logra hoy en día bastante bien mediante una serie de sustancias, como son el agua pesada, marcada con deuterio o tritio radiactivos, y algunos colorantes.
2 Dejar marca o huella [en alguien o algo (*cd*)]. *Frec fig. Tb abs.* | D. Santos *Pue* 24.12.69, 29: Será en lo sucesivo un don Juan, fascinadoramente marcado por la tragedia. MAbril *SGacN* 18.8.74, 7: Volví a mi mesa de trabajo para comprobar el funcionamiento de la máquina con la nueva cinta puesta por mí. ¿Qué pasó? Que la cinta no marcaba. Delibes *Cartas* 89: No hay arrugas en él [el rostro] .. Reír y llorar marcan, querida. **b)** Peinar [a alguien o su pelo] de modo que la forma se conserve algunos días. *Frec abs.* | *Sem* 23.11.74, 72: Nuevo Mise en Plis Sunsilk, con proteínas para nutrir su cabello al marcarlo. MGaite *Búsqueda* 119: –¿Qué se va a hacer? –Lavar y marcar; pero no sé si cortarme también un poco. **c)** (*jerg*) Herir [a alguien o su cara] con arma blanca. | Marsé *Dicen* 94: Se oyó el clic de la navaja. –Habla o te marco .. Yo no bromeo, chavala. Tomás *Orilla* 221: Le abriste la cabeza, nano, y tiene la cara rajada desde el frente hasta la boca. De esta, sale; pero va a ir con la cara marcada para los restos.
3 Hacer que [algo (*cd*)] se note de un modo destacado. | Mora *Sem* 26.4.75, 76: Como novedad excepcional, los vestidos sueltos desde arriba, pero que marcan un talle alto. **c)** *pr* Notarse [algo] de un modo destacado. | S. Araúz *Ya* 15.1.75, 5: Las vacas y ovejas .. tenían el aire de la andadura laxo .. A cada día se les marcaba la cruz de las caderas.
4 Hacer notar la cadencia [de algo rítmico (*cd*), esp. el paso o el compás]. | Goytisolo *Recuento* 117: Vieron dispersarse las compañías a partir de la Plaza de Armas, marcando el paso, cantando. Cunquero *Un hombre* 13: El mirlo, al ver el oro, se puso a silbar una marcha solemne .. que marcaba los graves pasos o el golpe unísono de los remos. **b)** Insinuar o esbozar las posturas o movimientos [de un baile (*cd*)]. | Gala *Hotelito* 31: Montse canta, que es tan graciosa, y yo marco el baile. Marcarlo solo. Así.
5 Indicar o señalar. | CNavarro *Perros* 22: El faro de San Pol marcaba caminos en la mar. Lázaro *Lengua* 2, 140: El singular marca lo que el objeto es único. **b)** Determinar o fijar. | Aldecoa *Gran Sol* 35: Cien millas, quinientas millas,

mil millas de lejanía. La distancia no hacía al caso, era la pesca la que la marcaba. **c)** (*jerg*) Denunciar. | *Ya* 7.5.88, 28: Venero mantenía que vio al comisario varias veces antes de llegar a Madrid a "marcar" los domicilios de Manzano y de "el Nani".

6 Registrar [algo] mediante marcas [1], esp. números. | * Tú serás en encargado de marcar los tantos de cada uno. Aldecoa *Gran Sol* 181: Llegó al puente y marcó en el telégrafo: Avante. Toda. **b)** Registrar [un aparato (*suj*) un dato (*cd*)]. | Marcos-Martínez *Física* 109: Si el termómetro centígrado marca -16º, ¿cuánto marcará el de Fahrenheit? **c)** Reproducir en el disco o en el teclado de un teléfono [un número]. *Tb abs.* | *HLP* 6.10.75, 9: Para hablar con los de Lomo de Mena y La Medida solo necesitan marcar [los abonados de Güímar] un número de seis cifras.

7 (*Dep*) Conseguir [un tanto]. *Tb fig, fuera del ámbito deportivo. Tb abs.* | M. GAróstegui *SAbc* 20.10.68, 35: Zarra y el público .. tuvieron la satisfacción de que el gran deportista se despidiera marcando un gol. *Inf* 9.3.78, 27: Tuvo [la Real Sociedad] la suerte de espaldas, ya que pudo haber marcado en el primer minuto de juego.

8 (*Dep*) Vigilar de cerca [un jugador a otro] para contrarrestar su juego. *Tb fig, fuera del ámbito deportivo.* | Gironella *SAbc* 9.2.69, 21: Según declaraciones del futbolista Samitier, este desconcertaba con la mirada a los defensas encargados de marcarle.

9 (*jerg*) Vigilar o espiar. | Marsé *Dicen* 128: Bundó sabría más tarde que Palau le había marcado hasta allí, desapareciendo seguidamente por las escaleras del metro al ver que se abrazaban.

▶ **b pr 10 ~se.** (*col*) Hacer o realizar [algo] de manera visible. *Frec referido a determinadas actividades, esp a bailes.* | *Nue* 2.3.68, 10: Ni Amestoy ni Ferrand [se pondrán] un dos piezas para marcarse un mambo. DCañabate *Paseíllo* 140: Cesa el florilegio si el matador se marca unas chicuelinas, que casi siempre son grotescas. *Ya* 13.3.92, 4: Ibercorp se ha marcado un panfleto propagandístico que ellos denominan "publicitario", negándolo todo.

11 (*jerg*) Dar muestras ostentosas [de algo (*cd*)]. | SFerlosio *Jarama* 64: Pues hijo, pues vaya un despiste que te marcas.

12 (*jerg*) Consumir (tomar o fumar). | Vizcaíno *Hijos* 195: –Paso de hierba ahora .. –¿Qué dices? .. –Prefiero marcarme un vino. Armiñán *Juncal* 318: Yo me marqué un cigarro que encontré en una caja de plata.

marcear *intr* ▶ **a** *personal* **1** Hacer [en un mes (*suj*)] un tiempo propio del mes de marzo. | *Abc* 14.5.72, 33: Mayo marcea.

▶ **b** *impers* **2** Hacer un tiempo propio del mes de marzo. | J. Sopetrán *NAl* 7.3.81, 18: Es muy posible que así, marceando, las lluvias de abril se adelanten y aun salven nuestras cosechas.

marceño -ña *adj* Del mes de marzo. | M. Veyrat *SNue* 1.3.70, 15: Hace sol, un sol marceño ya y tibiecito, en el parque de la Arganzuela. Cela *Viaje andaluz* 108: En la parroquia de la Purísima, las campanas .. tocan a cunini por un niño marceño que el aliento del primer verano remató.

marcero -ra *adj* Marceño. | Ero *Van* 19.3.72, 27: Es tiempo marcero, de remolinos y chubascos.

marcescente *adj* (*Bot*) [Hoja, cáliz o corola] que se marchita en la planta sin desprenderse de ella. | Santamaría *Paisajes* 26: *Quercus pyrenaica*, roble negral o rebollo .. Su tronco es tortuoso y agrietado y sus hojas muy polimórficas .. Son hojas marcescentes, es decir, que se mantienen en el árbol durante una gran parte del invierno.

marcha I *f* **1** Acción de marchar(se). *Tb fig.* | Arce *Testamento* 30: Fue aquella una marcha breve .. Después, nuevamente el sol. Otra breve caminata. Gambra *Filosofía* 50: El razonamiento se divide, ante todo, en inductivo y deductivo, según el sentido de la marcha que en él siga el pensamiento. Arce *Testamento* 34: Cuando en el pueblo se enteraron de mi marcha, todos los vecinos la comentaban. *Hoy* 13.11.75, 5: La esposa permaneció en el antequirófano, siendo informada periódicamente de la marcha de la intervención. CNavarro *Perros* 14: Susi .. se dispuso a poner el motor en marcha. Diosdado *Anillos* 1, 171: –Siempre podrías presentar una demanda tú .. –En cuanto tenga la más mínima noticia, vuelvo por aquí. –Llámanos primero, y nos ponemos inmediatamente en marcha. **b)** Modo natural de andar del hombre y de algunos animales. | Bustinza-Mascaró *Ciencias* 219: Unos [mamíferos] están adaptados a la marcha o a la carrera, otros al salto, otros a la vida acuática. **c)** (*Dep*) Deporte que consiste en caminar rápidamente manteniendo siempre el contacto con el suelo. *Frec* ~ ATLÉTICA. | Repollés *Deportes* 138: En la marcha atlética uno de los pies debe estar siempre en contacto con el suelo. *País* 24.7.83, 52: Francisco Botonero, nuevamente campeón de España en los 20 kilómetros marcha, cayó delante de jueces y cronometradores nada más atravesar la meta. **d)** ~ **atrás.** Acción de retroceder un vehículo. *Tb el mecanismo correspondiente.* (→ acep. 12.) | APaz *Circulación* 43: Dentro de las poblaciones está prohibido a los coches dar la vuelta con maniobra de "marcha atrás". APaz *Circulación* 27: Todo automóvil debe estar provisto de mecanismo de marcha atrás .. En Francia, .. la tendencia es a exigir la "marcha atrás" en todos los turismos y triciclos, cualquiera que sea su peso. **e) puesta en ~** → PUESTA.

2 Curso o desarrollo [de algo]. | CBaroja *Inquisidor* 25: Iba dando marcha a las causas pendientes. CBaroja *Inquisidor* 13: En varias averiguaciones que tengo en marcha he procurado ilustrar algunos aspectos de la Historia.

3 Velocidad. *Frec en la constr* A TODA ~. | Olmo *Golfos* 87: A veces este [el cobrador] era muy bruto y nos obligaba a tirarnos a toda marcha. M. Gordon *Ya* 4.7.65, sn: La vida a media marcha quedará detenida en la ciudad.

4 *En un vehículo:* Posición de las varias posibles en la palanca de cambios, que determina la velocidad y dirección del movimiento. | Arce *Precio* 163: El ruido del coche provenía .. del mismo motor. Cambié repetidas veces, pero el ruidillo se mantenía en todas las marchas. **b)** ~ **atrás.** Posición de la palanca de cambios que corresponde a la marcha atrás [1d]. | Aparicio *Retratos* 44: Puso la marcha atrás y pisó el acelerador, pero el coche se paró bruscamente.

5 Pieza musical cuyo ritmo sirve para marcar el paso de la tropa o el de un cortejo. | Cunqueiro *Un hombre* 13: Y fue entonces la sorpresa de que el mirlo, al ver el oro, se puso a silbar una marcha solemne.

6 (*juv*) Actividad o animación. *Frec en constrs como* IRLE, *o* GUSTARLE, LA ~ [a alguien]. | *Her* 23.11.87, 46: Señoritas sexys .. Para señores distinguidos, con ganas de marcha. Oliver *Relatos* 87: El tío tiene ya un montón de tacos y le va la marcha cosa mala.

7 (*juv*) Sufrimiento o maltrato. *Gralm en constrs como* IRLE, *o* GUSTARLE, LA ~ [a alguien]. | AMillán *Mayores* 384: A mí hay que darme otro trato. Busca a otra, de las que les gusta la marcha... Yo soy tan señora como la que más. *Yale Int* 13.1.77, 38: Había dicho [Fraga] en una conferencia de prensa: "El que tenga algo que preguntar, que coja el micrófono en vez de rebuznar". O sea, que si en las próximas elecciones gana don Manuel, es que a este país le va la marcha cantidad. SSolís *Juegos* 102: Lo que me has dicho de que la pegaba... no está bien, pero tampoco será el último, y a muchas mujeres te aseguro que les encanta la marcha.

II *loc v y fórm* **8 abrir**, *o* **romper**, **(la)** ~. Ir delante de un grupo que se desplaza. *Tb fig.* | *Abc Extra* 12.62, 39: La banda de clarineros que abría marcha. GÁlvarez *Filosofía* 1, 135: En cuatro sistemas cristalizan las tendencias filosóficas de la primera etapa de la cultura helenística: el epicureísmo, el estoicismo, el escepticismo y el eclecticismo .. El epicureísmo rompe la marcha.

9 apearse (*o* **bajarse**) **en ~.** (*vulg*) Interrumpir el coito inmediatamente antes de la eyaculación. | *Gac* 26.3.78, 22: ¿Qué método uso para no llenarme de hijos? Pues apearme en marcha. Laiglesia *Ombligos* 178: En la cabecera de la cama, una chapa metálica advertía enérgicamente: "Prohibido bajarse en marcha".

10 batir (la) ~ → BATIR.

11 dar ~. (*juv*) Excitar sexualmente. | *SPaís* 16.8.81, 13: –¿Tiene que haber sexo en el rock? –Creo que tiene que haber sexo en la vida .. –Pero ¿no se puede pecar de una imagen demasiado machota? –Bueno, Margarita, mi compañera, que es con quien hablo de estas cosas, me dice que le doy marcha cuando actúo, y a mí eso me gusta mucho.

12 dar ~ atrás. Retroceder [un vehículo o su conductor]. (→ acep. 1d.) | * El coche de delante dio marcha atrás y casi me atropella. **b) dar** (*o* **echar**) ~ **atrás** [en algo]. Desdecirse o arrepentirse [de ello]. *Frec se omite el compl por consabido.* | Torrente *Off-side* 46: Usted se cuidó de darme a entender, desde el primer momento, que venía a tratar

marchador – marchar

comercialmente. Y yo lo acepté. No es lógico que dé usted ahora marcha atrás. DCañabate *Abc* 21.11.70, 7: Le saqué seis mil reales a uno que al principio del trato me confundió .. Ya iba a echar marcha atrás y rebajar un piquillo cuando va y me dice.

13 en ~. *Fórmula que se usa para exhortar a iniciar la marcha* [1a]. | * ¿Estás listo? Pues en marcha.

14 irle, o **gustarle,** [a alguien] **la ~.** (*col*) Gustarle aquello a que se hace referencia. (→ aceps. 6 y 7.) | Tomás *Orilla* 37: Estuvo toda la noche con el tío. La he visto hoy y me lo ha contado. Se pasó una noche de juerga bestial y dice que la gozó. Que no le quiso cobrar porque le había gustado la marcha.

III *loc adv* **15 a ~s forzadas.** (*Mil*) Avanzando en jornadas más largas de lo normal. | E. Montes *Abc* 21.7.74, 20: La décima división .. se dirige a marchas forzadas a los confines con Turquía. **b)** Más deprisa de lo normal. | A. Cruz *Abc* 14.7.74, 33: El referido buque inglés, a marchas forzadas y grandes precauciones, logró llegar al puerto de La Luz, en donde será reparado con la máxima urgencia. Medio *Bibiana* 200: Lorenzo .. coge a la muchacha por el brazo, empujándola suavemente hacia adelante, obligándola a caminar un poco a marchas forzadas.

16 ~ atrás. Retrocediendo. *Referido a vehículos.* | * Le pilló un coche que venía marcha atrás.

17 sobre la ~. A medida que se producen los hechos, o sin decisión previa. *Tb adj.* | AMillán *Juegos* 116: Yo sigo sin entender... Espero ir aprendiendo sobre la marcha. CPuche *Paralelo* 442: Estas cosas se hacen sobre la marcha o no se hacen. MGaite *Nubosidad* 335: Luego se me ocurrió quedarme aquí, de esas decisiones sobre la marcha.

marchador -ra I *adj* **1** (*Zool*) Que marcha [1b]. | Legorburu-Barrutia *Ciencias* 396: Unos [reptiles] eran nadadores, como el Ictiosauro (10 metros). Otros eran marchadores, como el Diplodocus (de 25 metros). **b)** Adaptado para marchar [1b]. | Artero *Invertebrados* 76: Crustáceos superiores ..: patas marchadoras: diez. Decápodos.

II *m y f* **2** (*Dep*) Pers. que practica el deporte de la marcha atlética. | *Abc* 13.5.58, 55: Pascual Aparici conserva el campeonato nacional de marcha atlética .. La participación fue escasa, pues solo tomaron parte cuatro marchadores. *D16* 16.3.88, 1: Mariscal pinta la mascota en la camiseta de la marchadora Mary Cruz Díaz.

marchamalero -ra *adj* De Marchamalo (Guadalajara). *Tb n, referido a pers.* | A. Lucas *NAl* 20.7.84, 25: Este grupo ha surgido porque se están pisoteando los derechos de los marchamaleros.

marchamar *tr* Poner marchamo [a algo]. *Tb abs.* | Sueiro *Verdugos* 845: Las tenazas de marchamar aparecieron ensangrentadas en medio de un manojo de cartas.

marchamo *m* Marca o etiqueta que se pone en determinados artículos de comercio para indicar que han pasado el debido reconocimiento. *Tb fig.* | GTelefónica *N.* 682: Riviere, Sociedad Anónima. Precintos y Marchamos. Laiglesia *Ombligos* 179: Ni el sexo ni la nacionalidad influyen en la forma de este marchamo que nos ponen al salir de la fábrica natal. GAmat *Conciertos* 87: El marchamo de garantía de la auténtica religiosidad parecen llevarlo solamente el gregoriano, la polifonía renacentista. **b)** Marca de procedencia u origen. | MGaite *Búsqueda* 62: La tendencia a aceptar con entusiasmo cualquier novedad que llevara el marchamo de extranjera. **c)** Carácter distintivo. | GNuño *Escultura* 76: Los capiteles del Cortijo del Ahorcado ostentan por sí mismos este marchamo de originalidad normal en lo ibérico. FQuintana-Velarde *Política* 253: Con los seguros para ciertos funcionarios, servicio doméstico y estudiantes, procura ampliarse el viejo marchamo simplemente obrerista que tuvo nuestra previsión social.

marchand (*fr; pronunc corriente,* /marchán/; *pl normal,* ~s) *m* Marchante [1]. | C. Yanes *Rev* 11.71, 30: En el momento actual, falto de una crítica constructiva, de "marchands", de salas de exposiciones que orienten al público y de unos aficionados que apoyen toda actividad renovadora, atraviesa [el arte] una aguda crisis.

marchante -ta (*la forma f* MARCHANTA, *solo en acep 3*) *m y f* **1** Pers. que comercia en cuadros u otras obras de arte. | Laiglesia *Fulana* 268: Y estas obras [las pinturas], como con la muerte del autor se habían convertido en póstumas, valían mucho más. Trucos de los marchantes.

2 Vendedor o comerciante ambulante. | Escobar *Itinerarios* 218: No pueden faltar en semejante concurrencia quincalleros, buhoneros, baratilleros y marchantes, mercaderes de paso y poco asiento. Ero *Van* 3.10.74, 32: Don León Salvador, marchante de relojes, distribuyendo duros a puños llenos por las ferias de Tarazona y Ejea de los Caballeros, .. resulta un pobrete al lado del australiano. **b)** (*reg*) Comerciante en reses. | R. Vílchez *Ide* 28.9.92, 8: Era muy popular el célebre marchante de Lanjarón conocido por todos por el Rey de bastos.

3 (*reg*) Cliente o parroquiano. | Berenguer *Mundo* 64: Mi primer marchante fue Miguel, luego .. la gente del contrabando, que se lo llevaban todo, grande o chico, y hasta las primillas y carlancos.

marchanteo *m* (*raro*) Actividad mercantil. | Guillén *Lenguaje* 21: Esta [la marina de vela], más apropiada al marchanteo, pesca de altura y corso, con naos, carabelas, cocas y carracas.

marchantería *f* Actividad de marchante [2]. | R. Vílchez *Ide* 28.9.92, 8: Este señor, que por su edad ha dejado la marchantería, recorría todas las ferias alpujarreñas.

marchapié *m* (*Mar*) Cabo pendiente de una verga u otra percha, que sirve de apoyo a los marineros que maniobran en ella. | Delibes *Madera* 309: Lo preceptivo era desplegarse a lo largo del palo, los pies desnudos sobre el marchapié.

marchar *intr* ➤ **a** *normal* **1** Desplazarse. *Sin expresión de lugar adonde.* | Ramos-LSerrano *Circulación* 147: Si, por hallarse la calzada en reparación, se ha dispuesto un paso provisional que tan solo permite el paso de un vehículo, y se acercan dos marchando en sentido contrario, tiene preferencia para utilizar el paso el que lo encuentre a su derecha. **b)** Desplazarse a pie. | RIriarte *Adulterio* 340: Jorge marcha. Da unos pasos. GNuño *Escultura* 157: Las monedas de Ibiza acostumbran llevar las efigies de un toro marchando. **c)** Dirigirse [a un lugar (*compl* A, HACIA o PARA)]. | *Hoy* 6.10.74, 37: La ciudad está sobrecogida y asustada: hombres, hijos del pueblo, que marchan hacia su trabajo, y antes de llegar a él quedan ristras que salvan sus vidas para siempre. **d)** Dirigirse [a un lugar (*compl* SOBRE)] en ofensiva militar. | Lázaro *Abc* 29.6.85, 3: Solo treinta y nueve contaba Mussolini cuando marchó sobre Roma. **e)** (*col*) Aproximarse [a determinada edad o estado (*compl* PARA)]. | SFerlosio *Jarama* 25: –¿Y qué hora es, a todo esto? –Hombre, me choca un rato un día que tú lo preguntes .. –¿Ah, sí? ¿Tanto te extraña? Pues ya lo ves; será que marcho para viejo. **f)** (*reg*) Marcharse [4]. | Delibes *Guerras* 128: Pues mire usted, ella marchó del pueblo para empezar el grado, de forma que a los diez. Torrente *DJuan* 43: Ya marchaba, cuando Leporello me llamó.

2 Funcionar. *Frec con un compl de modo. Tb fig.* | FQuintana-Velarde *Política* 58: ¿Qué necesita una empresa para comenzar a marchar? * ¿Cómo marchas de salud? **b)** Desenvolverse o desarrollarse [un hecho]. *Frec con un compl de modo.* | Medio *Bibiana* 38: Bibiana está contenta. Todo marcha bien. * ¿Cómo marcha la operación? **c)** *Sin compl de modo:* Funcionar o desenvolverse bien. | Sem 21.12.74, 72: La separación ha sido amigable .. Los dos hemos llegado a la conclusión de que, cuando algo no marcha, es mejor dejarlo.

3 marchando, o **marche(n),** + *n de cosa. En bares y establecimientos similares, lo usan los camareros para pedir que se prepare una consumición. Tb fig (humoríst) fuera de este ámbito.* | CBonald *Dos días* 36: Lucas y el hombre del lobanillo se acercaron y pidieron dos vasos de raya. –Dos de raya.– El tabernero se dirigía a un chaval de cabeza rapada .. –Marchando dos de raya. Cela *SCamilo* 367: Mirenchu y tú os metéis en el bar Central, en la calle de Tetuán, dos cañas, ¡marchen dos cañas! .., y dos raciones de calamares fritos, ¡marchen dos romana! Ju. Ferrer *Gar* 4.8.62, 42: Sin tener que soportar esos gritos insoportables que lanzan los empleados de las cafeterías: "toast" de jamón y queso... marche! **b) marchando.** *En bares y establecimientos similares, lo usan los camareros para indicar que ya empiezan a preparar lo que se acaba de pedir. Tb fig (humoríst) fuera de este ámbito.* | Mendoza *Laberinto* 37: El que parecía capitanear el grupúsculo dijo: –Dos cortos, uno con leche, una de tortilla, gambas y una cajetilla Camel .. –Marchando. Forges

Forges nº 2 83: –Antonio: voy al centro. ¿Te importaría que le pegara una patada al coche, dado que voy en metro? –Dale dos. –Marchando.

▶ **b** *pr* **4** Dejar el lugar en que se está. *Tb fig.* | Olmo *Golfos* 127: Me dirigí a la esquina de enfrente, como si me marchase. SFerlosio *Jarama* 33: –Esta [botella] está dando lo que se dice las boqueadas. –Cómo se marcha, chico. Una cosa de espanto. Delibes *Cazador* 55: Por la mañana fui al camposanto a llevar al padre unas flores .. Hace ya quince años que se marchó.

marchenero -ra *adj* De Marchena (Sevilla). *Tb n, referido a pers.* | M. J. POjeda *CoA* 18.1.64, 12: Marchena se prepara para tan señalada fecha, y todos los marcheneros, presentes y ausentes, se unirán a nuestro amantísimo Prelado con filial devoción y respeto.

marchista *m y f* Marchador [2]. | *ASeg* 11.2.81, 12: Los marchadores bajo techo .. El éxito obtenido por los marchistas en las pruebas celebradas el pasado sábado en el Pabellón de los Deportes de Madrid fue merecedor de elogio.

marchitamiento *m* Acción de marchitar(se). *Tb su efecto.* | *CSo* 18.11.75, 8: La destrucción de la planta se produce no por combustión, sino por marchitamiento.

marchitar A *tr* **1** Hacer que [algo (*cd*)] se marchite [2]. *Tb fig.* | Romano-Sanz *Alcudia* 134: Como siga muchos días este aire solano .., va a marchitar el campo. Umbral *Mortal* 83: Cómo envejece un niño en un día de fiesta. Cómo le marchita un domingo.

B *intr pr* **2** Ponerse marchito. *Tb fig.* | *Economía* 304: Las flores, más que otra parte cualquiera de la planta, son delicadas: se marchitan y "pasan" pronto. Torrente *Filomeno* 309: Las octoronas brasileñas son las mujeres más bonitas del mundo, aunque se marchiten pronto. Torrente *Sombras* 269: Descendió los escalones como el que puede hacerlo sin que su gloria se marchite ni su fama padezca.

marchitez *f* **1** Cualidad de marchito. | L. Montero *Hoy* 4.5.74, 17: Cuando ya la marchitez de la planta nos demuestra que el riego es deseado por la misma, se hace nuevamente el recalce.

2 (*Bot*) Enfermedad causada por hongos que invaden los vasos de las plantas y que se manifiesta exteriormente por marchitez [1]. | V. Mundina *Ya* 12.9.85, 31: Los geranios son sensibles a las enfermedades criptogámicas: alternariosis, antracnosis, royas, manchas bacterianas, moho gris, marchitez parasitaria (fusariosis), etc.

marchito -ta *adj* Falto de lozanía. *Dicho esp de flores y del cutis. Tb fig.* | Cunqueiro *Un hombre* 9: Una mujer .. tiró a la calle unas flores marchitas. Medio *Bibiana* 276: Tiene un cuerpo joven, elástico, pero la cara, marchita, la hace parecer más vieja.

marchosería *f* (*col*) Cualidad de marchoso. | S. Adame *HyV* 10.71, 40: La culminación de la marchosería y la juerga estaba en gritar al tabernero: –¡A ver, unos "tintos" para nosotros; al cochero, lo que pida; y al caballo, una torrija! DCañabate *Paseíllo* 72: Por estas razones a Marquitos se lo rifaban las chavalas en los bailes. Y de ahí su engreimiento y marchosería.

marchosidad *f* (*col*) Marchosería. | Torrente *Yo* 217: Salió de la plaza con la misma marchosidad con que había entrado, silbando el pasodoble.

marchoso -sa *adj* **1** (*col*) Garboso. | Cela *Izas* 69: ¿Qué se hicieron tus carnes rebosadas, tu andar marchoso, tus ojos hondos, tu pelambrera suelta?

2 (*desp*) Chulo o engreído. *Tb n.* | Espinosa *Escuela* 104: Digo que el zorrastrón parece peligroso: es un marchoso arriscado, demasiado garrido y brioso para nuestra convivencia.

3 (*juv*) Que tiene marcha [6]. | *SYa* 7.10.79, 4: A la puerta de un garito marchoso. *Cam* 6.12.82, 128: Dejó colgados sus estudios de Filosofía y Letras "por culpa de un tío muy marchoso que resultó un canalla". Oliver *Relatos* 64: Una salida tan de sopetón es más propia de una calientapollas que de una marchosa.

marcial *adj* **1** [Paso o aire] decidido y garboso, propio del soldado que desfila. | Hoyo *Señas* 5: Con paso decidido y marcial .. Arsenio marchaba hacia Villafría de Burgos como en un desfile victorioso en que fuera el único soldado. **b)** [Pers. o cosa] que tiene aire marcial. | Torrente *Sombras* 291: Al arrogante Ares le griseaban los cabellos, pero se mantenía apuesto y muy marcial. *Abc* 18.12.70, 27: Sonaban alegres y marciales pasodobles de zarzuelas y revistas estrenadas en los años veinte.

2 Militar. | Rof *Abc* 10.2.74, 3: Hace pocos años un Tribunal marcial condenó a un oficial norteamericano que en el Vietnam arrasó una aldea con niños y mujeres. * Música marcial.

3 [Ley] de orden público que rige durante el estado de guerra. | *Abc* 1.2.68, 25: El presidente Van Thieu ha declarado la ley marcial en todo el país.

4 [Arte] de defensa personal de origen japonés. *Gralm en pl.* | A. Oliva *Inf* 21.10.82, 33: Siguiendo la trayectoria trazada por el judo, las otras artes marciales van incorporándose paulatinamente al fluir constante de nuestras sociedades contemporáneas. **b)** De (las) artes marciales. | A. Oliva *Inf* 21.10.82, 33: El cinturón es el distintivo que exterioriza los conocimientos del artista marcial y los años de práctica incansable.

5 [Pirita] ~ → PIRITA.

marcialidad *f* Cualidad de marcial [1]. | J. CCavanillas *Abc* 19.9.64, 33: El Ejército, la Marina y la Aviación desfilaron y cubrieron la carrera con espléndida marcialidad. Olmo *Golfos* 105: El Cucha se irguió un poco más de lo que iba, y, apretando el paso, su figurita adquirió un aire que acentuaba su marcialidad.

marcialmente *adv* De manera marcial [1b]. | CPuche *Sabor* 83: Desfilaban marcialmente zagales con pantalón corto y camisa azul.

marciano -na *adj* **1** De(l) planeta Marte. *Tb n, referido a habitante.* | *País* 8.7.76, 20: Hay un 92 por 100 de posibilidades de que el aterrizaje de la cosmonave Viking 1 sobre la superficie marciana sea no solo seguro, sino suave y fácil. **b)** *Frec en constrs de sent comparativo para ponderar la rareza o la extravagancia de alguien.* | Ortega *Americanos* 64: Les expliqué que los jugadores se vestían como marcianos. MGaite *Nubosidad* 30: Los mirabas como a marcianos.

2 de ~s (*o, más frec,* **de marcianitos**). [Máquina electrónica de juego en que se desarrolla una hipotética batalla contra extraterrestres. | Torres *Él* 41: Me muero por echar una partidita de marcianos. VMontalbán *Rosa* 105: Otra reclamaba a un obseso que le daba a la máquina de marcianitos como si esperara un orgasmo electrónico.

marcillés -sa *adj* De Marcilla (Navarra). *Tb n, referido a pers.* | J. L. Aranguren *DNa* 26.8.64, 9: Los marcilleses viven bien desde el punto de vista económico.

marcino -na *adj* Marceño. | Benet *Volverás* 47: A la caída de la tarde se levanta una ligera brisa marcina.

marcionismo *m* (*Rel*) Doctrina de Marción (s. II), que sostiene la existencia de un espíritu bueno y otro malo, y que este es el verdadero creador del mundo. | GÁlvarez *Filosofía* 1, 202: En conexión con los gnósticos debemos citar otros movimientos heterodoxos, como el marcionismo y el montanismo.

marco[1] **I** *m* **1** Armadura fija en que encaja una puerta o ventana. | Halcón *Monólogo* 170: Lo veo aparecer en el marco de la puerta. **b)** (*Dep*) Portería. | L. Arnaiz *As* 14.12.70, 8: El Spórting lanzó oleada tras oleada sobre el marco de Rodri.

2 Cerco que rodea un cuadro, un espejo o algo similar y le sirve de protección y adorno. | Torrente *Off-side* 14: He recibido en depósito .. un cuadro .. en buen estado, con marco dorado de época.

3 Espacio real o figurado dentro de cuyos límites sucede o se desarrolla algo. | F. Agramunt *Tri* 5.12.70, 36: Lo ocurrido ha tenido como marco la ciudad de Valencia, adelantada siempre a toda actividad artística. CBaroja *Inquisidor* 44: Cuando mandan azotar hechiceras .., su actuación es regular, correcta dentro del marco de las costumbres.

II *adj invar* **4** [Texto] que contiene las bases o principios para un acuerdo o una normativa. *Gralm con los ns* PONENCIA, ACUERDO, LEY. | *D16* 14.12.93, 12: Señaló que se debe "articular un discurso renovador al hilo de la ponencia marco, que es mejorable y precisable". *País* 18.10.89, 6 (A): Limitando dicha prohibición a algunos sectores considerados clave para la economía nacional (transporte, energía, materias

marco – marear

primas) y solo mientras se redacta una ley-marco sobre el derecho de huelga.

marco² *m* **1** Unidad monetaria alemana. | *Abc* 1.10.74, 71: Mercado de Divisas de Madrid .. 1 marco alemán: 21,634 [pesetas].

2 Unidad monetaria finlandesa. | *Abc* 1.10.74, 71: Mercado de Divisas de Madrid .. 1 marco finlandés: 15,002 [pesetas].

3 (*hist*) Unidad de peso equivalente a media libra o 230 g aproximadamente, usada como patrón de la talla de las monedas. *Frec con un adj o compl especificador. Tb la moneda correspondiente.* | HSBarba *HEspaña* 4, 311: En el Perú, mientras no hubo Casa de Moneda se contrató por marcos en las cosas de pequeño precio y por barras en las de alto valor. Sobrequés *HEspaña* 2, 82: El patrón metrológico del oro era en Europa el llamado marco de Colonia, de 8 onzas de peso (238,85 gramos), que había substituido al patrón romano. *Ya* 12.2.75, 11: La peseta "sigue siendo" la unidad de nuestro sistema monetario, porque no siempre lo fue. Fue primero el denominado "marco de Castilla".

4 Patrón o tipo de determinadas medidas. | *Alc* 24.10.70, 30: Un trozo de tierra .. que forma parte de la labor titulada Casa del Olmo, partido Fuente del Judío, término de Jumilla, de cabida una fanega y dos cuartillos del marco de 9.600 varas cuadradas, equivalentes a 69 áreas y ochenta y siete centiáreas. **b)** (*Agric*) Distancia que media entre dos plantas. | F. RMocholí *Pro* 13.8.75, 22: La espinaca: un cultivo en alza .. El marco adecuado son unos 25 centímetros entre líneas. **c) ~ real.** (*Agric*) Sistema de plantación en que cada árbol ocupa un vértice en líneas cruzadas formando cuadrados. *Frec en la loc* AL ~ REAL. | E. Marco *MHi* 6.60, 29: Se comienza con la labor de desfondo con las yuntas, el marqueo –al tresbolillo o al marco real–; se abren hoyos, se ponen estacas.

marcomano -na *adj* (*hist*) De Marcomania (antigua región europea que comprendía la mayor parte de Bohemia). *Tb n, referido a pers.* | *ByN* 31.12.66, 60: El emperador Marco Aurelio murió de peste en Vindobona, la Viena actual, mientras combatía contra las tribus rebeldes de los marcomanos que vivían en la región de los Boi.

marcona *adj* (*Agric*) [Almendra] de una variedad de fruto redondo muy apreciada, cultivada en la región de Levante. | *Ya* 30.10.74, 52: Almendra .. Los precios sobre almacén son: comuna, 133 pesetas kilo; marcona, 160; planeta, 140; largueta, 135.

mardano *m* (*reg*) Morueco. | *DNa* 14.5.77, 29: Se venden 8 mardanos y 4 cabras.

marea¹ *f* **I** *f* **1** Movimiento diario alternativo de ascenso y descenso del nivel del mar, producido por la atracción del Sol y de la Luna. | Zubía *Geografía* 66: Las mareas: .. Pueden ser vivas o muertas, según que se sumen o no las atracciones conjuntas del Sol y la Luna **b)** Nivel del mar en su movimiento de ascenso o descenso. *Con los adjs* ALTA O BAJA *o vs como* SUBIR, BAJAR. | An. SHaro *Ya* 7.11.74, 8: Quiso ser enterrado, y su deseo se cumplió, en un peñasco unido a la arena de la playa durante la marea baja. **c)** (*Astron*) Deformación de un astro por efecto de la atracción de otro. | *Ya* 18.12.74, 44: Mañana se clausura en Madrid la I Asamblea Nacional de Geodesia y Geofísica .. Destacamos algunas de las ponencias presentadas: La estación de mareas terrestres del Valle de los Caídos. El hundimiento de la costa suroeste española.

2 Cosa que inunda o invade totalmente. | Bermejo *Estudios* 180: A fines de siglo las medidas propuestas para cortar la marea delictiva no solo parten ya de las Secretarías de Despacho, sino del propio Consejo de Castilla. ZVicente *Balcón* 42: Una marea desencantada invade a las contertulias, que bajan la cabeza.

3 (*hist*) Agua que se hace correr por las calles para arrastrar la basura. | S. Ferrer *NHi* 8.77, 57: El juicio aplastante de Casanova no parece demasiado exagerado después de conocer el informe del conde de Fernán Núñez sobre la limpieza de Madrid. En él nos cuenta la vieja operación conocida por el nombre de "la marea".

4 (*reg*) Viento suave que sopla del mar, o de un río o barranco. *Tb* VIENTO DE ~. | Halcón *Ir* 172: A Bruno se le ensanchaba el pecho y le entraba el viento de marea que venía de Sanlúcar. Pemán *Andalucía* 117: Le llaman "la marea" al vientecillo que sirve, por la tarde, para aventar el grano en las eras.

5 (*reg*) Niebla procedente del mar, o de un río o pantano. | MFVelasco *Peña* 144: De madrugada, se formó marea en el fondo del barranco y fue creciendo y ascendiendo poco a poco hasta que me atrapó. Decimos aquí marea a un vaho húmedo y pegajoso, como neblina, que se levanta de ríos y pantanos y se estanca en los hondos si el viento no la levanta.

6 ~ roja. Proliferación de algas marinas unicelulares productoras de toxinas, que hacen peligroso el consumo de moluscos y crustáceos. | *Ya* 17.10.86, 39: La pesca de moluscos bivalvos en la costa gallega de las Rías Bajas continúa prohibida como consecuencia de la "marea roja".

7 ~ negra. Masa flotante de petróleo que llega a la costa. | *Ya* 6.5.70, 23: Peligro de marea negra en la ría de Vigo.

II *loc v* **8 aguantar ~.** (*col*) Resistir en una situación difícil o adversa. | A. GRimada *Odi* 2.11.76, 12: Pegó fuerte la artillería azulgrana, pero Saccardi y sus muchachos aguantaron marea y se llevaron un punto.

marea² *f* Acción de salir de pesca a la mar. *Tb la pesca capturada.* | Aldecoa *Gran Sol* 18: –Es que sobraron de la marea pasada dos sacos [de sal], pero solo hemos subido siete. –Ya ves como son más. Pues saláis bacalao con los siete, ni un puño más. *Voz* 8.2.90, 31: La venta irregular de las mareas genera enfrentamientos en el pósito de Porto do Son.

mareado -da *adj* **1** *part* → MAREAR¹.
2 [*Pato*] ~ → PATO.

mareal *adj* De las mareas¹ [1]. | M. Castanedo *Ale* 22.8.87, 14: Esta acumulación de basura en las zonas de ribera se debe, en parte, a la pérdida de fuerza del reflujo mareal como consecuencia de los rellenos y malecones de cierre construidos a lo largo de la única costa natural que le queda a la bahía de Santander.

mareante¹ *adj* Que marea¹ [1]. | Delibes *Mundos* 42: Para salvar los Andes en automóvil se precisa intrepidez, no tanto por el mareante zigzagueo sobre el abismo cuanto por el riesgo que comporta la "puna" o mal de montaña. *Ya* 11.9.92, 36: Miguel Moreno ha hecho una oferta mareante al as italiano. Hay 300 millones para Chiappucci.

mareante² *m* (*Mar*) Marinero o navegante. | Torrente *Isla* 100: Orgullosas de ser como eran y no unas despepitadas al modo de algunas esposas de mareantes.

mareantemente *adv* De manera mareante¹. | Montero *Reina* 72: Con mano torpe acarició su pelo, esos duros rizos de peluquería que olían mareantemente a laca barata.

marear¹ *tr* **1** Producir mareo [a alguien (*cd*)]. *Tb abs.* | *Inf* 25.11.71, 27: Los gases marearon al primero de ellos, que luego quedó inconsciente. Laforet *Mujer* 22: Casi nos mareaba con tanta entrada y salida. Umbral *Memorias* 13: Creíamos incluso en la cerveza, que nos mareaba muchísimo. **b)** *pr* Pasar a tener mareo. | CNavarro *Perros* 20: –¿Qué pasa con tu brazo? –Me duele .. Además, me mareo. Medio *Bibiana* 58: Simplicio Roces mueve las orejas .. Ha bebido mucho .. –Bueno, sí, ya está bueno... Estás mareado... Anda, vete ya a casa. **c) que marea.** (*col*) Fórmula con que se pondera la extraordinaria belleza, magnitud o calidad de alguien o algo. | Lera *Bochorno* 21: Hoy tiene un piso magnífico y un Mercedes que marea. VMontalbán *Pájaros* 59: Tiene una voluntad de apostolado que marea. **d) ~ la perdiz** → PERDIZ.

2 (*col*) Fastidiar o molestar. | Cela *Mazurca* 85: El casal de macho y hembra de jesusitos curados se me murió pasando el mar Rojo, yo creo que fue mejor porque mis primas se los hubieran comido fritos para darme rabia, bueno, para marear.

3 Estropear o echar a perder [determinados productos, esp. vino]. | Ridruejo *Castilla* 1, 528: En Logroño se prohibió el tráfico de coches para impedir que las vibraciones mareasen las cosechas de que estaban repletas las bodegas. **b)** *pr* Estropearse o echarse a perder [algo, esp. el vino]. | Izquierdo *Alpujarra* 107 (G): Pasa usted Despeñaperros con él [el vino] y se marea, se va a la mierda.

4 (*reg*) Rehogar. | *Cam* 9.8.82, 54: Las coquinas son más sencillas; el secreto está en "mareárlas" un poco en la sartén, con un buen aceite.

marear[2] I *intr* **1** (*Mar*) Navegar. | GNuño *Madrid* 133: Buena cantidad de libros sobre el arte de marear que nos muestran cómo Europa aprendió a navegar en libros españoles.
II *loc adj* **2** [Aguja] **de ~** → AGUJA.

marejada *f* **1** Agitación del mar con olas de 1,25 a 2,50 m de altura. | *Van* 4.11.62, 8: Estado de la mar, marejada.
2 Estado de descontento o excitación de los ánimos que preludia una disputa o alboroto. *Frec con intención humoríst.* | *Nue* 22.12.70, 9: Han dejado clara constancia de la .. postura del Gobierno ante las marejadas que –más desde el extranjero que desde el interior– se han producido en las últimas semanas.

marejadilla *f* **1** Agitación del mar con olas de 0,5 a 1,25 m de altura. | *DMa* 29.3.70, 32: Vientos del Norte, bonancibles pero que darán marejadilla sobre un poco de mar de fondo.
2 Marejada [2] ligera. | *Ya* 20.3.83, 28: La semana en la Bolsa. Nuevos máximos tras la marejadilla.

marelo -la *adj* [Res vacuna] de pelo castaño claro, típica de Galicia. | F. Ramos *Sáb* 3.12.75, 58: La economía del campesino gallego .. se apoya, fundamentalmente, en dos pilares: por un lado, la vaca marela y "o porquiño".

maremagno *m* Maremágnum. | CBonald *Ágata* 57: Asistía al maremagno del copo o ayudaba a ensartar con garfios las sangrantes espaldas de los atunes.

maremágnum (*tb con la grafía* **mare mágnum**; *pl invar*) *m* Masa confusa o desordenada. | Lagos *Vida* 119: En este maremágnum hasta ignoramos cuáles fueron las nuestras. *Abc* 17.4.83, 56: Yo ya no soy arzobispo de Madrid ..; solo me falta ayudar al nuevo arzobispo a conocer lo mejor posible este mare mágnum de ciudad.

maremoto *m* Terremoto submarino. *Tb fig.* | Vega *Cocina* 176: Fue en Agadir-Irir, antes de que lo destruyera el maremoto. A. Espada *País* 11.3.93, 56: La izquierda del continente .. advierte cómo el maremoto del Este arriba implacablemente a sus costas.

maremotor -triz *adj* (*Fís*) [Energía] motriz de las mareas[1] [1]. *Tb referido a lo basado en ella.* | Velarde *Raz* 5/6.89, 266: El fracaso técnico y la carencia de horizontes importantes, razonables y baratos, que tienen las llamadas nuevas energías (solar, eólica, maremotriz ..) exige apostar a fondo por la energía nuclear de fisión.

marengo[1] *adj invar* [Color gris] muy oscuro. *Tb n m.* | Torrente *Off-side* 37: Noriega viste pantalones grises marengo. **b)** De color gris marengo. | Marsé *Dicen* 245: Con su traje marengo, .. los negros cabellos perfectamente engomados.

marengo[2] *m* (*reg*) Pescador u hombre de mar. | P. Barranco *Sol* 19.7.80, 17: Desde la orilla contempla Matías su barca .. Este marengo, tallado en nácar, se expresa de una forma distinta.

mareo *m* **1** Trastorno consistente en alteración del estómago, a veces con vómitos, que se produce esp. al viajar en barco u otro vehículo. | F. Merayo *Ya* 11.1.74, 35: Todos los tripulantes del "Skylab", después de un período agudo de enfermedad espacial, acompañado de mareo, vértigos, sudoración, etc., fueron capaces de adaptarse a su nuevo estado. **b)** Trastorno de cabeza consistente en aturdimiento, vértigo e incluso pérdida del sentido. | Gala *Suerte* 682: Estoy harta de ver las mismas caras. Hay noches en que todas las mujeres me parecen la misma: me dan mareos. **c)** Desmayo. | *Ya* 25.5.74, 22: Una mujer sufrió un mareo y cayó a la vía del Metro. **d)** (*col*) Aturdimiento de cabeza ocasionado por excesivo bullicio o confusión. *Tb la causa que lo produce.* | F. Fuentes *VozAl* 19.11.75, 3: Se palabrea hasta el mareo y la saciedad, sin orden ni concierto, a cuento de la autocrítica, el diálogo, la apertura. Hoyo *ROc* 8/9.76, 92: En el silencio, en la oscuridad, la despensa era un mareo de olores.
2 (*col*) Embriaguez ligera. *Frec con intención euf.* | * No estoy borracho, solo tengo mareo.

mareográfico -ca *adj* (*E*) De(l) mareógrafo. | *Ya* 29.1.83, 30: Según los registros mareográficos, procedentes de los dos mareógrafos Thompson instalados en Alicante, a mediados del mes de diciembre comenzó a acusarse un leve descenso periódico del nivel medio.

mareógrafo *m* (*E*) Instrumento para medir y registrar las variaciones del nivel del mar por efecto de las mareas[1] [1]. | *Abc* 12.3.75, 28: La red geodésica española .. contará con 19.573 vértices .. Para completar el conjunto: la red de mareógrafos.

marero *adj* (*Mar*) [Viento] que viene del mar. | Guillén *Lenguaje* 18: Marero, lo contrario que terral, o sea el viento que viene de la mar, que comúnmente se confunde con brisa.

mareta *f* (*Mar*) Movimiento de las olas cuando se empiezan a levantar con el viento. | Delibes *Madera* 432: Dos trazos blancos, paralelos .. avanzaban inexorables hacia el crucero. A intervalos desaparecían entre la mareta para reaparecer después.

maretazo *m* (*Mar*) Golpe de mar u ola fuerte que rompe contra las embarcaciones, peñascos o costas. *Tb fig.* | Cancio *Bronces* 40: Cada aullido era para nuestro hombre el anuncio infalible de la proximidad de una "ola madre", de uno de esos maretazos gigantescos. Umbral *Mortal* 108: La violencia está en la calle, el maretazo oscuro de la política.

maretón *m* (*Mar*) Agitación grande del mar. | Areilza *Artículos* 60: El sol, la luna, .. el brillo y altura de las olas, el maretón de fondo, hasta el olor del aire sirve al pescador de aquellos tiempos. GArnau *Inf* 24.1.78, 20: "El viento era SW.6, y la mar, SW.5", o sea, lo que se dice un buen maretón.

márfega *f* (*reg*) Jergón (colchón). | Soler *Caminos* 32: Se revolvió contra el pan amasado de quince días .. y contra la crujiente hojarasca de las márfegas. Soler *Muertos* 19: Duerme por primera vez sobre un montón de cascabillo. Él conocía la márfega de clin y el jergón de perfolla.

marfil I *m* **1** Materia ósea, muy dura y de color blanco amarillento, de los colmillos del elefante. | Laiglesia *Tachado* 37: Las únicas que se divertían allí eran las saltarinas bolitas de marfil. **b)** Objeto de arte hecho de marfil. | GNuño *Madrid* 113: Entre la buena representación de marfiles árabes puede verse una cajita hecha en Medina Azzahara, en 966.
2 Parte dura de los dientes, cubierta por el esmalte en la corona y por cemento en la raíz. | Navarro *Biología* 136: Alrededor de la pulpa dentaria está el marfil.
II *adj invar* **3** [Color] blanco amarillento. *Tb n.* | Pik *NAl* 7.11.70, 11: En este caso [el algodón] es de color marfil. **b)** Que tiene color marfil. | *Abc* 14.5.70, 72: Contrato destajo a personal con equipo .. para iniciar extracción bloques en uno o varios lisos de mármol marfil y rosa.
4 [Torre] **de ~** → TORRE.

marfilense *adj* Marfileño [3]. | Millán *SPaís* 4.12.93, 28: Considera la basílica marfilense como la obra de un autócrata. [*Costa de Marfil.*]

marfileño -ña *adj* **1** De marfil [1a]. | Marsé *Tardes* 167: Con su batín raído y las dos manos apoyadas en el puño marfileño del bastón, el Cardenal les observaba en silencio.
2 De aspecto de marfil [1a]. | A. M. Campoy *Abc* 13.3.75, 15: Estos cráneos marfileños .. son los cráneos de las gentes que aprendieron el oficio de bien morir. **b)** De color marfil. *Frec se usa para ponderar la palidez.* | Hoyo *Caza* 57: No tenía voluntad más que para mirar los dedos de sus pies: marfileños, desamparados, temerosos.
3 De Costa de Marfil. *Tb n, referido a pers.* | *Inf* 15.3.77, 1: Durante su permanencia en la capital marfileña, el secuestrador obtuvo la satisfacción de sus tres exigencias.

marfilería *f* Industria del marfil [1a]. | Ubieto *Historia* 109: Gran parte de las industrias actuales todavía tiene el nombre que recibiera de los musulmanes. Así, la alfarería, guarnicionería, azabachería, marfilería.

marga[1] *f* (*Mineral*) Roca sedimentaria compuesta por arcilla y carbonato cálcico, usada a veces como abono. | Cendrero *Cantabria* 182: Bordeando estos bloques, por el Oeste y el Sur, aparecen las calizas, margas y dolomías jurásicas. Halcón *Campo* 24: Sobresale en esta obra el interés por el uso de las margas. En la sección que titula "De los abonos naturales", antepone a todos la marga .. Divide las

marga – marginal

margas en cuatro clases: la blanca, la amarilla, la co[lor]ada y la azul.

marga² *m (hist)* Tejido basto, hecho con cáñamo o estopa de lino, que se usa esp. para jergones y sacos. | N. Florensa *His* 3.82, 40: Se fabricaban paños, bayetas, .. picotes, margas, droguetes.

margallón *m (reg)* Palmito (planta). | Fuster *País Valenc.* 363: Retamas, adelfos y margallones se aprietan en los calveros.

margárico *adj (Quím)* [Ácido graso] que entra en la composición de las mantecas. | Navarro *Biología* 18: Los aceites .. están formados por ácido oleico, y las mantecas .., por el ácido margárico.

margarina *f* Sucedáneo de la mantequilla fabricado con aceites vegetales o animales. | *Act* 25.1.62, 35: Tulipán es una margarina totalmente pura y fresca.

margarita¹ I *f* **1** Planta compuesta, con flores en capítulo de centro amarillo y corola blanca (géns. *Bellis, Chrysanthemum* o *Leucanthemum*, y otros). A veces con un *adj especificador*: ~ COMÚN, o MENOR (*Bellis perennis*), ~ MAYOR (*Leucanthemum vulgare* o *Chrysanthemum leucanthemum*), ~ MEDIA (*Bellis sylvestris*), ~ HEDIONDA (*Anthemis cotula*), ~ OLOROSA, o BLANCA (*Polianthes tuberosa*), etc. Tb su flor. | *Ama casa* 1972 272a: Se siguen sembrando las plantas anuales que sembramos en abril; los alhelíes de marzo, los amarantos, .. las margaritas dobles. Remón *Maleza* 25: *Bellis perennis* L. Nombre común: Margarita menor, Bellorita o Vellorita, Maya. Mayor-Díaz *Flora* 378: *Leucanthemum vulgare* Lam. "Margarita mayor". (Sin. *Chrysanthemum leucanthemum* L.) Mayor-Díaz *Flora* 208: *Bellis sylvestris* Cyr. "Margarita media". Mayor-Díaz *Flora* 471: *Anthemis cotula* L. "Margarita fedionda". Mayor-Díaz *Flora* 472: *Tripleurospermum inodorum* Schiltz-Bip. "Margarita sin olor". (Sin. *Matricaria inodora* L.)

2 *En máquinas de escribir o impresoras:* Rueda que contiene el juego de letras del alfabeto. Tb RUEDA ~. | *País* 31.3.86, 7: Su rapidez [de la impresora Laserjet] es realmente impresionante: Hasta 8 páginas por minuto; .. calidad de impresión aún mayor que las de margarita. *País* 17.11.82, 23: Ordena formularios automáticamente. Rueda margarita, cambio de tipo en segundos.

II *loc v* **3 deshojar la ~.** Echar a suertes una decisión o respuesta, esp. realizando el acto físico de quitar en una margarita [1] un pétalo para cada respuesta posible. | *Valencia Mar* 17.7.66, 3: Así están las cosas, con perspectivas un poco ahogadas, mientras Villalonga deshoja la margarita y se pasea meditabundo como un Hamlet.

4 echar ~s a puercos (*o* **a los cerdos**). Dar u ofrecer algo valioso o delicado a quien no es capaz de apreciarlo. A veces en la *fórm* or ~S A PUERCOS. | Gala *Ulises* 735: Vas estando un poco harto de narrar tus historias a gentuza, de echarles margaritas a puercas, ¿no es verdad? * —Mira qué libro le he comprado. –Margaritas a puercos.

margarita² *f (hist)* Mujer perteneciente a la organización femenina carlista. | Barral *Memorias* 2, 127: Pasó la guerra en San Sebastián, con sus abuelos, y probablemente fue margarita.

margariteño -ña *adj* De la isla Margarita (Venezuela). Tb *n, referido a pers.* | Acquaroni *Abc* 29.7.67, 7: El bravo mestizo Fajardo no ceja en su empeño y realiza un tercer viaje, con sus margariteños de macanas, botutos y pechos desnudos, y un aguerrido grupo de españoles.

margen I *en* A *m* o (*más frec*) *f* **1** Orilla [de algo, esp. un río, camino o campo]. | Ferres-LSalinas *Hurdes* 34: De cuando en cuando se ven algunos huertos en las márgenes del río. VMontalbán *Pájaros* 233: La posibilidad de ver crecer la soja en los márgenes de los caminos. Cossío *Confesiones* 61: Caminábamos por una de las márgenes de la vía ferroviaria. Goytisolo *Afueras* 9: Se iban al campo con los jornaleros haciendo como que ayudaban y bebían del porrón y comían zanahorias tumbados en los márgenes.

B *m* **2** Espacio en blanco alrededor de una página, esp. a derecha e izquierda. *A veces referido a otra pieza de papel.* | Vivas *Cod* 9.2.64, 9: Escribía febrilmente, tratando de no equivocarse, procurando que los márgenes fuesen siempre iguales. *Hacerlo* 102: Se puede empapelar de dos maneras. Una de ellas es montando una faja sobre la otra. En este caso hay que cortar el margen del papel que monta.

3 Diferencia prevista como admisible entre dos límites. | G. PArmiñán *Ya* 28.6.74, 7: Tiene, pues, derecho a esperar un crédito de confianza razonable y a pedir un margen de tiempo prudencial. L. I. Parada *Act* 22.3.73, 12: Margen de fluctuación. Niveles máximos y mínimos en los que puede situarse la cotización de una divisa con respecto a otra. **b)** Diferencia prevista como admisible entre un dato exacto y su cálculo aproximado. *Frec* ~ DE ERROR. | M. Calvo *Ya* 18.10.74, 12: Con este instrumento se ha conseguido localizar por vez primera, con un margen de error de unos pocos segundos de arco, el centro de nuestro propio sistema solar. **c)** Diferencia entre el precio de coste y el de venta. *Frec con un especificador:* COMERCIAL, DE BENEFICIO, *etc*. | FQuintana-Velarde *Política* 27: El mejor modo de producción será el más barato, esto es, aquel que deje mayor margen entre costes y precios. *Abc* 13.10.74, 21: El precio máximo que los fabricantes de harinas podrán percibir por quintal métrico .. será de 101 pesetas, el cual ha de incrementarse en las ocho pesetas de margen comercial del Servicio Nacional de Productos Agrarios. FQuintana-Velarde *Política* 172: Empleando en ello un gasto que encarecería más la adquisición que todo el margen de beneficio del comerciante.

4 Espacio u ocasión [para algo (*compl especificador*)]. | CNavarro *Perros* 82: Jamás había sentido la necesidad de ser un poco mejor, y ello le daba un margen más que sobrado de engreimiento.

5 los (señores) del ~. (*raro*) Los jueces. *Tb fig.* | GPavón *Reinado* 247: El Juez .. se dirigió a Rufilanchas, que liaba con las manos temblonas, más por el ansia de fumar que por miedo a los del margen.

II *loc adv* **6 al ~.** Fuera o aparte. *Frec seguido de compl* DE. | Payno *Curso* 230: Compró toda clase de libros, hasta los textos. Vivía empapado en los libros. **b)** Fuera o sin intervenir. *Gralm con los vs* ESTAR, DEJAR *o* QUEDAR. *Frec con compl* DE. | CNavarro *Perros* 184: ¿Desde cuándo has decidido excluirle? Porque, hasta ahora, he sido yo el que quedaba al margen. **c)** Sin tener en cuenta [algo (*compl* DE)]. | Olmo *Golfos* 159: El alambre .. se había quebrado, fatalmente, como se quiebran todas las cosas que el hombre crea al margen del corazón. **d)** Tomando como tema o motivo [algo (*compl* DE)]. *Referido a comentarios.* | * Al margen de estos acontecimientos se nos ocurre preguntarnos lo siguiente.

marginación *f* **1** Acción de marginar [1]. *Tb su efecto.* | SSuñer *Van* 9.6.71, 13: Del acuerdo salía todo, garantizada la autonomía de los Valles y su marginación respecto a cualquier conflicto bélico.

2 Condición de marginado [2]. | VMontalbán *Soledad* 75: Frente a la pulcritud juvenil y pobre de Núñez, Vilaseca exhibía una provocadora imagen de marginación. Cabellos largos despeinados, bigote y barbas irregulares, una cazadora ex militar.

marginado -da *adj* **1** *part* → MARGINAR.

2 [Pers.] que vive al margen [6a] de la sociedad. *Frec n.* | VMontalbán *España* 198: El pase a primer término del escenario de la juventud marginada que venía de la noche del "niño, eso no se dice", creó todas las formas de pederastia con que los adultos vienen huyendo del túnel del tiempo. Sampedro *Octubre* 149: Marginados: imposibilitados para ser lo que son. Humanos incompletos, sexos aberrantes, desterrados sociales.

marginador -ra *adj* Que margina [1]. | A. PGarcía *Pue* 30.10.70, 14: Si se tratara de establecer de hecho una política marginadora en el quehacer político nacional de las fuerzas del trabajo.

marginal *adj* **1** Del margen [1 y 2]. | Ybarra-Cabetas *Ciencias* 127: También la lengua del glaciar presenta grietas. Pueden ser de dos clases, longitudinales y marginales. *Abc* 3.12.70, 47: Las obras que forman la colección son: .. 17 cuadernos o álbumes; cuatro libros con dibujos marginales.

2 Que está al margen [6]. *A veces con un compl* A. | Mendoza *Savolta* 104: –¿Le reveló Lepprince algún hecho que usted desconocía y que juzga de interés para el procedimiento? –No..., es decir, sí. –¿En qué quedamos? –Hubo un hecho marginal. –¿Qué fue? –Yo no sabía que Lepprince había sido amante de María Coral. *Abc* 20.7.65, 36: El S.E.M. no deja marginal ninguna preocupación de cuantas preocupan a los maestros. Aranguren *Moral* 84: El Romanticismo como actitud fundamental terminó y termina siempre por

marginalidad – marial

perder toda eficacia, al hundirse en un esteticismo marginal a la sociedad. **b)** Que está al margen de la sociedad o de las normas sociales comúnmente admitidas. *Frec n, referido a pers.* | ASantos *Bajarse* 37: Esta nos ha metido cada rollo con las catequesis que dan y eso... Además, como es para recuperación de marginales, a nosotros nos viene al pelo, como ella dice. **c)** Que está al margen del grupo al que teóricamente pertenece. *Tb n, referido a pers.* | *ElM* 9.12.91, 13: Sartorius dice que yo soy un marginal: es la voz del notable que no acepta la de las mayorías. Si para no ser marginal hay que aceptar el proyecto del PSOE, no lo deseo.
3 [Cosa, esp. asunto] secundario o de poca importancia. | *Cua* 10.68, 4: Las interpelaciones se han reducido la mayor parte de las veces a cuestiones marginales.
4 (*Econ*) [Bien o agente] que se encuentra en el límite de un conjunto gralm. homogéneo. | FQuintana-Velarde *Política* 44: La cantidad de tierra utilizada en cada momento viene dada por los terrenos marginales, denominación que corresponde a los terrenos en los que no existe remuneración por su uso.

marginalidad *f* **1** Cualidad de marginal [2]. | *Reforma* 38: Las Enseñanzas Artísticas se ven empujadas a la marginalidad, fuera de las horas escolares habituales, como si constituyesen una vía paralela. *ElM* 9.12.91, 13: –Algunos les acusan de ir hacia la marginalidad política. –No hay marginalidad con una esperanza de voto del 12,5 por ciento.
2 Mundo marginal [2b]. | J. A. Vara *Abc* 18.9.83, 74: Sesiones de malos tratos en el cuartelillo, .. burda presentación .. de los personajes uniformados, irrisoria imaginería de la marginalidad bilbaína.

marginalismo *m* **1** Cualidad de marginal [2]. | Rof *Abc* 3.7.73, 3: Cuantos hemos ido de acá para allá, durante nuestra vida, por los caminos espirituales de Europa, nos creemos curados de espanto en lo que concierne a la valoración que de nuestras capacidades o de nuestro "marginalismo" o modernidad se hace por esos mundos. FMora *Abc* 12.9.68, sn: Únicamente reprocho al editor la falta de sistematismo .., así como el marginalismo temático de alguna de las contribuciones.
2 Mundo marginal [2b]. | AHernández *Maleantes* 11: Dos capítulos cuya misión es completar someramente el estudio de la germanía. Estos capítulos son la geografía del marginalismo, que quiere describir las zonas geográficas más importantes del mundo de los maleantes; el otro, Antroponimia de la germanía.

marginalización *f* Acción de marginalizar. | E. RGarcía *Tri* 16.1.71, 6: Alrededor de 12,7 millones de americanos están sometidos a las disposiciones de la Asistencia Social. Ello significa, en lo real, la marginalización social. S. Otto *Ya* 6.6.88, 10: El Partido Comunista, que parecía condenado a la marginalización, consigue renacer de sus cenizas.

marginalizar *tr* Dar carácter marginal [2] [a alguien o algo (*cd*)]. | E. RGarcía *Tri* 16.1.71, 6: Una considerable sociedad marginalizada revive en los "ghettos", en el paro y en unas condiciones infrahumanas de existencia.

marginalmente *adv* De manera marginal [2 y 3]. | Valls *Música* 26: La melodía gregoriana (monodia) sirve para alabar al Señor .. Aunque marginalmente, la música tiene un fin utilitario.

marginamiento *m* Marginación. | A. Cañagueral *Sáb* 22.6.74, 78: La amargura envuelve más y más el corazón de los corsos, que observan el marginamiento con que se les paga.

marginante *adj* Que margina [1]. | Carnicer *Van* 19.6.75, 55: ¿No será esto marginante, discriminatorio y antidemocrático?

marginar *tr* **1** Dejar al margen [6b y c] [a alguien o algo]. | LTena *Abc* 14.5.67, 53: Se atendió inicialmente solo o casi solo a las Instituciones, marginando al hombre. R. RRaso *Rev* 12.70, 8: Parece más bien que Clair trasciende en el film el caso concreto o lo margina en pro de una intención más profunda. **b)** Dejar o poner al margen desde el punto de vista de la relación o la consideración social. | *Inf* 29.5.70, 20: Los niños madrileños viven marginados. Delibes *Madera* 399: No dio explicaciones a nadie, ni nadie osó pedírselas tampoco; se aisló; literalmente se marginó.
Delibes *Mad* 20.1.70, 3: Era [la carrera de Comercio] .. una carrera marginada, para la que no se precisaba el Bachillerato previo.
2 (*raro*) Adornar el borde o margen [de algo (*cd*)]. | V. Mundina *Ya* 14.11.85, 31: Son plantas acaules, es decir, sin tallo, de largas hojas verdes, jaspeadas y marginadas de amarillo.
3 (*raro*) Andar por los bordes o márgenes [de un lugar (*cd*)]. | Nácher *Guanche* 165: Se aspiraba frescura húmeda al marginar las plantaciones camino del Roque de San Felipe.

margoso -sa *adj* (*Mineral*) Que contiene marga¹. | Bustinza-Mascaró *Ciencias* 351: Los surcos se van ahondando y ensanchando formando barrancos y cárcavas, que en terrenos margosos o arcillosos y sin vegetación son muy pronunciados.

margrave *m* (*hist*) Noble alemán de categoría superior a la del conde. | GAmat *Conciertos* 41: Recordemos la dedicatoria del músico a Christian Ludwig, margrave de Brandenburgo.

margraviato *m* Dignidad de margrave. *Tb el territorio correspondiente.* | Castillo *Polis* 191: Los eslavos occidentales cayeron dentro del radio de acción de los germanos, quienes establecieron el sistema de marcas o margravia[t]os de los territorios fronterizos. [*En el texto*, margraviados.]

mari *f* (*jerg*) Marihuana. | Montero *SPaís* 5.3.78, 13: Pequeños grupos se dedican al trapiche, a la compra y venta de material: *tate*, *trips*, un poquito de *mari*.

marí *m* Lengua de los cheremis. | Moreno *Lenguas* 34: Urálico-Yucaguiro .. Fínnico: .. Volgaico: marí (Cheremis) (URSS), 642.000 [hablantes].

maría (*frec con mayúscula, excepto en acep 4*) *f* **1** Galleta redonda de composición elemental. | *Abc* 22.10.67, 24: Galletas Fontaneda .. Otras especialidades: María. Surtidos.
2 (*col, desp*) Ama de casa. | K. Marchante *Tiem* 27.6.88, 214: La nota de locura global, pegajosa y asfixiante, la puso el pueblo con sus miles de *Marías* que no querían perderse la boda del hijo de Cayetana. M. Carabias *Ya* 14.9.89, 56: Guías turísticos, actores, "marías", políticos, abuelas, biznietos, toda clase de personas.
3 (*argot, Enseñ*) Asignatura del grupo constituido por Religión, Formación del Espíritu Nacional y Gimnasia. *Frec* LAS (TRES) ~S. | *Abc* 21.5.67, 48: El deporte no puede .. constituirse en una asignatura del tipo de las "tres Marías". *D16* 29.12.76, 2: Una de las tres asignaturas que en el argot estudiantil se conocen por el nombre de "Marías", la de Religión, desaparece de los planes de estudios .. Otra de las "Marías", la Formación del Espíritu Nacional, también desapareció recientemente .. La tercera de este bloque de asignaturas, la Gimnasia, se espera que corra la misma suerte. **b)** Asignatura secundaria. | *Inf* 19.10.82, 4: Se preguntó cómo se iba a llegar a una medicina preventiva, si en la carrera de Medicina era una asignatura que se daba en sexto curso y estaba considerada como una "maría".
4 (*jerg*) Marihuana. | J. M. Costa *SPaís* 4.10.81, 33: Quienes defienden el papel iniciador de la *maría* argumentan con el dato de que el ciento por ciento de los heroinómanos empezó fumando marihuana.
5 (*jerg*) Caja de caudales. | *D16* 6.7.79, 20: Abre la "María" o te pegamos cuatro tiros.
6 todo ~ santísima. (*col*) Todo el mundo. | Lera *Bochorno* 155: No viene nunca a clase durante todo el curso, y ahora quiere suspender a todo maría santísima.

mariachi *m* Conjunto de músicos cantantes que interpretan canciones mejicanas, gralm. acompañando a una primera figura. *Tb cada uno de sus componentes. Tb fig, humoríst.* | Á. Río *Ya* 25.4.85, 18: La colonia española en Méjico traerá un mariachi, y es muy probable que en el homenaje participen Plácido Domingo y Julio Iglesias. Laiglesia *Ombligos* 24: Atila y sus "mariachis" fueron bárbaros porque eran feísimos y no les hacían caso las chicas de su tierra.

marial *adj* (*Rel crist*) De la Virgen María. | SLuis *Doctrina* 128: Una plegaria marial muy difundida de origen español es .. la "Salve".

mariana – maricultura

mariana f Canción flamenca cuyo tema es la vida errante de los húngaros. | Millán *Fresa* 90: Aprendió de Zutanito la mariana, el martinete y la breva. Cela *Viaje andaluz* 261: La mariana es cante húngaro, cante de los gitanos pindorós del carromato verde y colorado.

marianismo m (*Rel crist*) Culto a la Virgen María. | M. ÁChirveches *Abc* 20.8.69, 29: El gobernador civil ha propuesto que esa nueva barriada obrera lleve el nombre del gran adalid del marianismo y del apostolado que es el obispo don Inocencio Rodríguez Díez.

marianista adj De la Compañía de María (congregación fundada por el padre Chaminade en 1817). *Tb n, referido a pers.* | *Ya* 30.5.64, 33: En la capilla del colegio del Pilar, padres marianistas, se ha celebrado el enlace matrimonial. Benet *Otoño* 112: Eterno primero de la clase del Bachillerato en los Marianistas de Aldapeta, saturado de sobresalientes y matrículas.

mariano[1] **-na** adj (*Rel crist*) De la Virgen María. | *Mun* 23.5.70, 49: Es desconcertante y tristemente asombroso que sea en esta época posconciliar cuando se han producido manifestaciones de desafecto en la piedad mariana. **b)** De(l) culto a la Virgen María. | *Inf* 25.4.70, 9: El Papa .. insistió también en el aspecto mariano de su peregrinación.

mariano[2] m (*col, desp*) Padre de familia. | J. J. Esparza *Ya* 13.8.90, 48: El parque natural –que es sin duda artificial– se llena cotidianamente de *marianos* con coche y niños que recorren el excelente firme y se extasían ante aquellos bichos.

marianos m pl Calzoncillos largos. | Santiago *Señas* 45: Estaba Rosa .. restregando sus camisas y marianos.

marica[1] m (*raro, f*) (*col*) **1** Hombre homosexual. *Tb fig, referido a animales. Tb adj. Más o menos vacío de significado, se usa frec como insulto.* | Medio *Bibiana* 17: Ahí le tienes, dejándose embaucar por cualquier marica. Cela *SCamilo* 140: A Matiitas no le gustan las mujeres, no llega a marica viciosa, a marica tortillera. VNágera *SAbc* 22.2.70, 39: No disponemos de datos sistemáticos y fidedignos del comportamiento del "toro marica" en esta situación.
2 Hombre afeminado. *Tb adj. Tb fig, referido a animales.* | Laforet *Mujer* 154: Se volvía como loco si alguien, por su aspecto delicado, le aplicaba la palabra marica. Delibes *Hoja* 79: Allá en América, la perdiz, nada. Como yo digo, es medio marica; para bajarla, basta con reportarse.

marica[2] f Urraca (ave). | Delibes *Historias* 53: Mi pueblo .. queda casi oculto por la Cotarra de las Maricas.

maricallo adj (*col*) Maricón. *Tb n m.* | LSalinas-Alfaya *País Gall.* 160: El tabernero, según sus mañas y tono de voz, parece ser un tanto maricallo. Torrente *Fragmentos* 303: El sacristán aquel tenía ese aire maricallo de ciertos sacristanes, y una voz aflautada y catarrosa.

Maricastaña. de ~. loc adj (*col*) [Tiempo] muy remoto. *Con intención ponderativa. Frec en la constr* EN (LOS) TIEMPOS DE ~. | Aristófanes *Sáb* 1.3.75, 56: El pabú ha sido una antigua ilusión en este país desde los tiempos de Maricastaña. [*En el texto,* maricastaña, *con minúscula.*] J. Crespo *DCu* 2.8.64, 4: Un ilustre paisano suyo .. fundó, allá por los años de Maricastaña, a la sombra venerable de la vieja Alma Mater, el Colegio Mayor de Cuenca.

mariche adj (*hist*) De un pueblo indígena extinguido de la región venezolana de Caracas. *Tb n, referido a pers.* | Acquaroni *Abc* 29.7.67, 7: Los auténticos nombres de aquellas tribus eran muy otros: "toromaimas", los que habitaban el valle del Guaire; "mariches", que asentaban sus bohíos en Petare.

marico m (*reg*) Marica[1]. *Tb adj.* | Castañeda *Lit. Canarias* 1, 57: Bernabé se las daba de que en La Villa tenía una novia con la que no bailaría toda la noche .. "Allí yo tengo chance, los demás que lo busquen si no son maricos." Castañeda *Lit. Canarias* 1, 57: Y allá va Bernabé a pelear .. Esperará a que termine la pieza para partirle la cara al muy marico.

maricón -na (*col o vulg, desp*) **I** n **A** m **1** Marica[1]. *Tb adj. Más o menos vacío de significado se usa frec como insulto. A veces en la forma enfática* MARICONAZO. | Cela *SCamilo* 140: A Matiitas le gustan los hombres .. como a los maricones. Delibes *Guerras* 59: –Les parecías afeminado, ¿no es así? –¡Qué afeminado, oiga! Marica, maricón, y que Dios Padre me perdone, de lo peor, ¿entiende? Goytisolo *Recuento* 82: En la piscina, los exhibicionistas de la palanca y los mariconazos acechantes.
2 Hombre cobarde. *Tb adj.* | MRecuerda *Salvajes* 49: Y vosotros, imbéciles, ¿dónde está vuestra sangre, dónde vuestras rebeliones? ¡Animales! ¡Maricones!
3 Hombre malintencionado o que hace malas pasadas. *Tb adj. Frec en la forma enfática* MARICONAZO. | ASantos *Estanquera* 30: ¡Te mato a escobazos, por mi difunto que te mato, si has dejao embarazada a mi niña! .. ¿Qué le habrá hecho a mi niña el mariconazo este?
B f **4** Hombre homosexual pasivo. *Tb adj. Más o menos vacío de significado, se usa frec como insulto.* | Marsé *Dicen* 250: Dos mariconas disfrazadas de gitana se persiguen por el corredor. Landero *Juegos* 333: –Sí, debe de estar loco –dijo el maestro. –¿Loco yo, maricona? VMontalbán *Prado* 28: El Sinántropus sonrió a Carvalho al tiempo que le sacaba la lengua y se relamía los labios. Santidrián .. masculló: –Maricona. Cada día estás más maricona. Torrente *Saga* 66: Un chico de sexto, mariconcita como don Celso.
II adj **5** De(l) maricón [1]. | VMontalbán *Galíndez* 89: Me dijo de todo, pero en plan muy, muy, pero que muy maricón. GPavón *Hermanas* 204: Por nosotros podéis llevar chaquetas mariconas con las faldas sueltas.
III fórm or **6 ~ el último.** *Se usa para exhortar a correr a los componentes de un grupo.* | Sastre *Taberna* 133: Ahora coger al Rojo con cuidado, y maricón el último.

mariconada f (*col o vulg, desp*) **1** Delicadeza propia de un afeminado. | Cela *SCamilo* 422: Al Rogelio no le molesta el olor de gato muerto, él es un mozo campesino que no se anda con mariconadas. **b)** Tontería o bobada. | Goytisolo *Recuento* 134: ¿Qué?, dijo Federico .. ¿Qué nos caerán? ¿Veinte años? Nos encerrarán juntitos, en un castillo. Y Raúl: déjate de mariconadas. **c)** Cosa sin valor o sin importancia. | Oliver *Relatos* 155: Rompimos todas las mariconadas de la casa que no nos valían.
2 Acción propia de un maricón [1]. | VMontalbán *Galíndez* 89: Me dijo de todo, pero en plan muy, muy, pero que muy maricón. Y no es que yo sea racista sexual, y si quiere ser maricón que lo sea, pero no que me haga mariconadas.
3 Faena o mala pasada. | Delibes *Santos* 125: No puedo, señorito, está mancada ..; y el señorito Iván, también es mariconada, coño.

mariconear intr (*col o vulg*) Comportarse como maricón [1]. | VMontalbán *Prado* 111: Se pinchaba como siempre, mariconeaba como siempre y jugaba al dominó en los ratos libres.

mariconeo m (*col o vulg*) Acción de mariconear. | A. Otaño *D16* 20.2.83, 48: El mariconeo, la derecha lo oculta en la caverna, y el rojerío lo exhibe por las calles.

mariconera f (*col*) Bolso de mano para hombre. | Umbral *País* 6.5.79, 64: Según mi querido Amando de Miguel y otros sociólogos con talento y mariconera.

mariconería f (*col o vulg*) **1** Cualidad o condición de maricón [1]. | Torrente *SPaís* 21.9.80, 7: La derecha tolera a sus intelectuales el adulterio, la mariconería .. y, en general, cualquier pecado, a condición de no causar escándalo.
2 Mariconada. | Pombo *Héroe* 199: Chaval, joder, me estás sobando mucho ya, joder, no me hace falta sobarse, entre un hombre y otro... es una mariconería, además. Delibes *Santos* 140: ¿Qué te pasa ahora, Paco, coño?, ya es mucha mariconería esto, ¿no te parece?
3 Conjunto de (los) maricones [1]. | VMontalbán *Comité* 119: Esta incómoda sensación .. a veces conseguía disfrazarse de curiosidad por los rostros, apellidos y adjetivos que desfilaban buscando sitio .. En el subsuelo, donde es leyenda que se almacena buena parte de la mariconería más distinguida y culta de Madrid.

maricuela m (*col, humoríst*) Marica[1]. *Tb adj.* | Torrente *Off-side* 67: Un tío grandote, gordo, bien vestido, con ese algo de los maricuelas. RMéndez *Flor* 140: Sin gafas, parece un gigoló maricuela.

maricultura f Cultivo de plantas o cría de animales en el mar. | *Inf* 11.12.70, 24: La maricultura, nueva ciencia de aprovechamiento del mar .. Más importante todavía es el hecho de que desde hace algún tiempo se habla de "maricultura", o lo que es lo mismo, la explotación científica y racional del mar por medio de "granjas marinas".

maridaje *m* Enlace o unión matrimonial. | GCaballero *SYa* 16.6.74, 33: La fundación de Asunción por el medinés Salazar, establecie[n]do el maridaje de los castellanos con las indias de Caracará. **b)** Enlace o unión. | J. M. DAlegría *VozA* 8.10.70, 9: La Iglesia se opuso al socialismo sin más, temiendo los ataques al integrismo y al sistema familiar, por lo cual una vez más se unía al capitalismo burgués en un perfecto maridaje. *SYa* 17.1.90, 7: El éxito de esta nueva sustancia, la hidroxiapatita, radica .. "en que forma un maridaje perfecto con el hueso, que la reconoce como congénere y se fusiona y crece con ella".

maridar (*lit*) **A** *tr* **1** Casar [a una mujer (*cd*)]. | ILaguna *Abc* 31.12.70, sn: Pretende ser abuela adoptando a su sobrina Flora, femenina y dulce, a quien piensa maridar con un gañán trabajador y forzudo.
B *intr* **2** Casar o armonizar [dos cosas (*suj*)]. | CSotelo *Abc* 8.5.58, 15: Unas notas de Wagner echando pulso con unas notas de Bretón .. Los diseños de los dos, a fuerza de ser dispares, grandioso el primero, irónico el segundo, maridaban muy bien.

marido *m* Esposo (hombre casado [con una mujer (*compl de posesión*)]). *Tb sin compl*. | Laforet *Mujer* 255: Mi marido, el pobre, trabaja ocho horas en la oficina. Laforet *Mujer* 47: No se trata de "atraparte legalmente", como una señorita de provincias ansiosa de marido.

mariguana *f* Marihuana. | L. LSancho *Abc* 12.5.87, 18: Se mima, llamándole "movida", a la tropa que pisotea los jardines, .. camellea mariguana y "caballo" a plena luz.

marihuana *f* Hachís. | J. R. Alfaro *SInf* 11.8.76, 4: El cáñamo indiano, del que se extrae la marihuana o hachís, era conocido desde el siglo XV antes de J.C. Loriente *Plantas* 27: *Cannabis indica* Lam., "Marihuana". De esta herbácea anual se han descubierto pequeñas plantaciones clandestinas.

marihuanero -ra *adj* De (la) marihuana. | Torbado *SPaís* 7.11.76, 3: En nuestra tierra han florecido los salvadores como el cáñamo marihuanero en las montañas del Rif.

marijuana *f* Marihuana. | *Arr* 22.9.70, 2: ¿Libertad para la marijuana?

marimacho *m* (*a veces f*) (*col*) **1** Mujer que en sus modales o en su aspecto se asemeja a un hombre. | Alós *Hogueras* 247: Un domingo le regaló un camisón lleno de encajes antiguos, como si en vez de ser ella el marimacho que acompañaba a su hijo al cine y a dar alguna vuelta, fuera una posible nuera con la cabeza llena de sueños de alcoba.
2 Mujer lesbiana, esp. la que desempeña el papel masculino. | VMontalbán *Pájaros* 13: ¡Eres una tía repugnante! ¡Un macho, una marimacho repugnante!

marimandona *adj* (*col*) [Mujer] mandona o autoritaria. *Tb n*. | Torrente *Sombras* 46: Lo cual, pensé, no podía pasar inadvertido a la tía Eugenia, tan marimandona antaño, acaso ahora desplazada y reducida a una vejez beata y regañona.

marimanta *f* (*reg, col*) Fantasma con que se asusta a los niños. | CBonald *Ágata* 82: Nos va a saltar por ahí la marimanta.

marimarica *m* (*col*) Marica[1]. | Delibes *Guerras* 179: El Bernardo ese me resultó de los de la acera de enfrente, un marimarica, ¿entiende?

marimba *f* **1** Instrumento músico semejante al xilófono, propio de algunos países hispanoamericanos. | * La marimba se toca con un macillo.
2 Instrumento músico semejante al tambor, propio de algunos países africanos. | B. Andía *Ya* 15.10.67, sn: Los músicos .. cuentan con muy diversos instrumentos: marimbas, timbales, tambores. [*En el Chad.*]

marimorena *f* (*col*) Alboroto o escándalo. *Frec con el v* ARMAR. | Arce *Testamento* 77: Por culpa de todas estas cosas también se armaban buenas marimorenas, en el lavadero, entre las madres de muchachas casaderas y las otras madres de muchachos ya cumplidos de servicio militar. *Ya* 10.11.70, 15: El "vidente" de El Palmar de Troya armó la marimorena en Avilés.

maridaje - marinero

marina → MARINO.

marinada *f* **1** (*Coc*) Adobo de vino o vinagre con sal y especias para carne o pescado. *Tb el plato preparado con él*. | VMontalbán *Pájaros* 203: El pato se maceraba en jengibre, canela, anís estrellado, hojas de té y un vaso de vino .. A la marinada se añadía un vaso de agua y en este caldo se cocía el pato. Vega *Cocina* 25: Loemos como merecen ser loados la escudella a la manera de la Rápita, .. la marinada de pescados, el pollo a la tortosina.
2 (*reg*) Viento que sopla del mar. | Pla *Cataluña* 482: En plena canícula, los rayos del sol son suavizados por la marinada. La marinada es aquel céfiro agradable, tan peculiar de la Conca.

marinaje *m* (*Mar*) Conjunto de (los) marineros. | Grosso-LSalinas *Río* 17: En una gabarra el marinaje se afana en sus tareas.

marinar *tr* **1** (*Coc*) Macerar [pescado o carne] en marinada [1]. | *Coc* 12.66, 19: Rellenar el pollo con este picadillo, coserlo y ponerlo a marinar durante 24 horas en el Cinzano blanco seco. Ma. Pineda *ByN* 15.9.91, 98: Sardinas marinadas a la vinagreta de Jerez.
2 (*Mar*) Tripular o gobernar [un buque]. *Tb fig*. | Zabaleta *Ale* 4.8.83, 4: ¿Cómo .., si para guiar una motocicleta o un bote de remos se requieren exámenes y papeles, estos y aquellos son innecesarios para marinar –es un decir– ese chisme [la tabla de windsurfing] que, para ponerlo peor, lleva por quilla una aleta cortante?

marine *m* Soldado de la infantería de marina norteamericana. | Ortega *Americanos* 21: Presenciamos el entierro de un *marine* caído en los lejanos pantanos de Vietnam. **b)** *En gral*: Soldado de infantería de marina. | *Inf* 24.6.70, 4: Rusia tiene 10.000 "marines" desplazados por todo el Mundo. *D16* 31.12.77, 13: El accidente de Ponferrada. Los veintidós marines muertos serán trasladados a El Ferrol .. De resultas de esta colisión fallecieron en el acto diecisiete soldados de Infantería de Marina.

marinear (*Mar*) **A** *intr* **1** Ejercer [alguien] el oficio de marinero [4]. | Guillén *Lenguaje* 45: Era y es preciso disponer de un modo de expresión conciso .. y de alcance suficiente para que llegue inconfundible a la gente que trabaja o marinea por los altos de la arboladura.
2 Navegar [un barco] con facilidad y seguridad. | *Abc Extra* 12.62, 26: De ahí que aquellos balandros marinearan como ángeles.
3 Trepar o gatear. | Grosso *Capirote* 108: Permaneció un minuto y otro agarrado a la reja, y otro más y otro, esperando .. Se decidió .. Marineó por la reja a pulso.
B *tr* **4** Tripular o gobernar [un barco]. | F. A. González *Ya* 16.7.72, 56: El único procedimiento que podía emplear Graeme para ir al lado de Bárbara era un barco, pero no un barco de línea, sino un barquito marineado por él.

marinense *adj* De Marín (Pontevedra). *Tb n, referido a pers*. | V. Beloso *Faro* 31.10.70, 19: Fue muy sentida la inesperada defunción de la bondadosa señora doña Vicenta Díez Gómez, esposa del estimado marinense don Ángel Sobral Carballal.

marinería *f* **1** Profesión de marinero [4]. | *BOE* 20.10.75, 22041: Se convocan 300 plazas de Marinería y 100 para Infantería de Marina.
2 Conjunto de (los) marineros [4]. | F. VLersundi *SAbc* 13.4.69, 19: El hecho de llevar en su armada una buena parte de la marinería vizcaína y gascona parece indicarnos como lugar de su nacimiento algún pueblo próximo a la frontera franco-española. Delibes *Madera* 301: Los oficiales, por su parte, informaron de su contenido a sus subalternos, los subalternos a la marinería.

marinerismo *m* (*Ling*) Palabra o giro propios del habla marinera o procedentes de ella. | Buesa-Enguita *Léx. América* 183: Los marinerismos léxicos llegan desde los primeros tiempos de la colonia a territorios del interior.

marinero -ra I *adj* **1** De (la) marina o de (los) marineros [4]. | Guillén *Lenguaje* 16: En el acertado aliño de todo ello radica el que desde el punto de vista marinero consideremos castiza o no una locución. J. CCavanillas *Abc* 13.12.70, 10: Ambas ciudades tienen parentesco .. por haber sido dos de las cuatro gloriosas repúblicas marineras italianas.

2 [Barco] que navega con facilidad y seguridad en cualquier circunstancia. | Calonge *Tucídides* 24: Sus naves [de Atenas] eran las más marineras, sus remeros los más expertos.
3 [Cuello] cuadrado por detrás, típico de la marinera [5]. | * El traje lleva cuello marinero.
II *n* **A** *m* **4** Hombre que sirve en las maniobras de un barco. | Aldecoa *Gran Sol* 60: En el puente conversaban el marinero de guardia y el patrón. **b)** Individuo que sirve en la marina de guerra con el grado inferior. | Delibes *Madera* 289: Siete marineros uniformados, el blanco saco de la ropa a las espaldas, y dos jóvenes paisanos con sus maletas se les unieron junto a la garita del centinela.
B *f* **5** Blusa del uniforme de los marineros [4b], hueca y sin abertura delantera, cuyo cuello, cuadrado por detrás, va rematado con trencillas y termina a modo de corbata por delante. | Delibes *Madera* 308: Os enviaré dos fotografías: una en traje de faena, con el abisinio en la cabeza, y la otra de gala, con la lanilla, como llaman aquí a la marinera. **b)** Prenda de vestir cuya forma imita o recuerda la de la marinera de uniforme. | Matute *Memoria* 75: ¿Te acuerdas de Borja, qué encanto con su marinerita blanca? M. P. Comín *Van* 3.10.74, 49: En el Dior 74-75 todo flota, desde los abrigos envolventes ligeros, realzados por amplias mangas o por esclavinas, a las marineras ingrávidas de los pijamas de noche.
6 Cierto baile popular de Chile, Ecuador y Perú. | G. Carvajal *Pue* 9.11.70, 31: Manolo García, el más anciano y mejor bailador que Lima tiene en menesteres de marineras, resbalosas y jaranas.

marinesco -ca *adj* De (los) marineros [4]. | Guillén *Lenguaje* 16: El querer hablar o escribir a lo marinesco no consiste en llamar remos a las piernas, pañol al estómago y otras lindezas.

marinismo *m* (*TLit*) Barroquismo literario europeo iniciado por el poeta italiano Giambattista Marino (o Marini) († 1625). | Tejedor *Arte* 169: Italia presenta en tales días como su figura más representativa al poeta Juan Bautista Marini, del que toma el nombre de marinismo el barroco italiano.

marinista *adj* [Pintor] de marinas (→ MARINO [7]). *Tb n.* | M. GSantos *SAbc* 9.3.69, 19: Don Guillermo Gómez Gil, el marinista malagueño.

marino -na I *adj* **1** De(l) mar. | Zubía *Geografía* 65: Aguas terrestres y marinas. GGual *Novela* 117: Luego, en sus aventuras marinas, va al Hades para encontrarse con los héroes más auténticos. **b)** Que habita en el mar. | Navarro *Biología* 294: Casi todos los grandes grupos taxonómicos tienen representantes marinos .. Los gusanos y moluscos son casi exclusivamente marinos. **c)** [Helecho] ~, [lobo] ~, [violeta] **marina**, *etc* → HELECHO, LOBO[1], VIOLETA, *etc.*
2 [Color azul] muy oscuro, propio del agua del mar. *Tb n m.* | GPavón *Hermanas* 25: Plinio .. se puso su único traje de paisano, color azul marino. *HLM* 26.10.70, 11: Trenka en gamuza de Lana Australia. Colores marino, beige y verde. **b)** De color azul marino. | * Lleva pantalón gris y jersey marino.
II *n* **A** *m* **3** Hombre experto en la navegación por mar. | Arenaza-Gastaminza *Historia* 35: La clase social popular, formada por marinos y comerciantes, lucha por conseguir las libertades políticas, y hacia el siglo V, en tiempo de Pericles, adquiere pleno desarrollo la democracia en Atenas.
4 Hombre que tiene un grado militar o profesional en la marina [6]. | *Mad* 30.12.69, 1: Su tripulación consiste en cinco oficiales y 30 marinos cada una.
B *f* **5** Arte de navegar por mar. | * Estribor es un término de marina.
6 Conjunto de los barcos y del personal correspondiente [de una nación o de una clase o categoría (*compl especificador*)]. | *GTelefónica N.* 5: Academia de Marina Mercante .. Alumnos de Náutica. Pilotos y capitanes. **b)** *Esp:* Marina de guerra. | Delibes *Madera* 286: Un legionario .. le preguntó por sus tabardos azules y, al responderle con orgullo "de la Marina", él movió la cabeza de un lado a otro.
7 Cuadro que representa el mar. | ZVicente *Traque* 288: Una marina que pintó mi abuelita Leandra.
8 Zona de terreno próxima al mar. | Sampedro *Sonrisa* 83: La casa en la marina, en el patio la vieja parra sobre sus cabezas.

mariña *f* (*reg*) Marina (→ MARINO [8]). | Torrente *Sombras* 12: En bastantes casas y casonas de campo, de ciudad o de mariña, campea la silueta de Sirena en las piedras heráldicas.

mariñán -na *adj* De las Mariñas (comarca de La Coruña). | *Coruña* 86: Las muchachas de la Sección Femenina de El Ferrol del Caudillo visten el modelo mariñán, con trajes del siglo XIX. J. L. Bugallal *Abc* 24.8.66, 44: Casi todos los años algún veraneante de pro .. unge allí sus dedos con la grasa balsámica de la sardina mariñana.

mariología *f* (*Rel crist*) Estudio de las tradiciones y doctrinas relativas a la Virgen María. | R. Hernández *Ade* 27.10.70, 3: Era [el padre Cuervo] una figura internacional en Mariología.

mariológico -ca *adj* (*Rel crist*) De (la) mariología. | *Ecc* 26.10.63, 38: Una larga dedicación a los estudios bíblicos y mariológicos ha permitido al conocido mariólogo llegar a esta síntesis.

mariólogo -ga *m y f* (*Rel crist*) Pers. especialista en mariología. | Marsé *Montse* 166: La tradición familiar que ha hecho de tío Luis .. un reputado mariólogo de fama internacional.

marioneta *f* **1** Muñeco que se mueve por medio de hilos. | MGaite *Cuento* 227: Aquel arte suyo .. no podía adquirirse por veinticinco céntimos. Había que colaborar con la marioneta para hacerla vivir. Sampedro *Octubre* 154: Yo estaba gozando la alegría de los niños camino del inmediato teatrillo de marionetas. **b)** *Frec se emplea en constrs de sent comparativo para indicar el manejo a que se somete a una pers.* | CPuche *Paralelo* 388: Movían los hilos de los que aquí dentro .. tenían que moverse como marionetas.
2 (*Pol*) Pers., gobierno u otra colectividad que parece independiente pero actúa con sometimiento a directrices externas. *Frec en aposición. Tb fig, fuera del ámbito técn.* | * El gobierno de aquella república es un gobierno marioneta de los Estados Unidos. * El comité es una marioneta del sindicato.
3 *En pl:* Teatro representado con marionetas [1a]. | Laforet *Mujer* 118: Empezó a considerar a aquellas personas .. como si fuesen muñecos de marionetas movidos por hilos. * Esta tarde hay marionetas en el Centro Cultural.

marionetista *m y f* Artista que trabaja con marionetas [1a]. | J. Martínez *D16* 21.7.78, 16: A los veintiún años, los mismos que lleva rodando por los escenarios, teniendo como compañeros de juegos a los muñecos de guiñol, a su hijo de conocidos marionetistas, el pasado sábado .., nació un nuevo "showman".

mariposa I *n* **A** *f* **1** Insecto con cuatro alas membranosas y cubiertas de escamas, frec. de colores brillantes, que constituye la fase adulta de los lepidópteros. *A veces con un adj o compl especificador:* ~ DE CALAVERA o DE LA MUERTE (*Acherontia atropos*), ~ DE LA COL (*Pieris brassicae*), ~ DE LA SEDA (*Bombyx mori*), *etc.* | Laforet *Mujer* 169: Grandes mariposas volaban. Legorburu-Barrutia *Ciencias* 160: La mariposa de la col y la mariposa de la seda pertenecen a un grupo de insectos llamados Lepidópteros. Pertenecen a este grupo todas las mariposas.
2 Lámpara constituida por una mecha que atraviesa una lamilla de corcho o de algo similar, que flota sobre aceite. *Tb* ~ DE ACEITE. | Halcón *Monólogo* 169: Una mujer que está en su habitación .. con sus medallas, con su mariposa a la Virgen. GPavón *Rapto* 26: Sobre la mesa había una "capilla" altísima, de madera de haya, con una Virgen de las Viñas alumbrada con dos mariposas de aceite. **b)** Luz eléctrica de escasa potencia. | Benet *Aire* 106: El conserje de noche, detrás del mostrador, leía una novela del oeste a la luz de una mariposa.
3 (*Dep*) Modalidad de la natación en que los brazos se proyectan juntos hacia adelante sobre la superficie del agua. *Frec en aposición con* ESTILO. | *SInf* 23.3.70, 8: El dominio catalán en estilo libre, en velocidad de braza e incluso en la mariposa es abrumador. *SInf* 23.3.70, 8: El canario Arturo Lang Lenton ha sido el único nadador que ha osado arrancar .. dos títulos a los catalanes en el estilo mariposa.
4 (*Mec*) Válvula del carburador que regula el volumen de los gases. | S. Magán *Ya* 25.11.71, sn: El carburador está formado por las siguientes piezas: un cuerpo central y tapa. En el interior se alojan los difusores y mariposa del acelerador.

5 (*Mec*) Tuerca con dos aletas, que puede ser enroscada y desenroscada con los dedos. | * La abrazadera va sujeta con una mariposa.
6 (*Taur*) Suerte que consiste en abanicar al toro dándole la cara y con el capote a la espalda. | J. Vidal *País* 1.10.77, 40: He aquí una relación .. de suertes que en tiempos se veían habitualmente durante los primeros tercios: las dichas largas ..; la aragonesa; la mariposa.
B *m* y *f* **7** (*col*) Marica[1]. | A. Otaño *D16* 20.2.83, 48: El maricóneo, la derecha lo oculta en la caverna, y el rojerío lo exhibe por las calles. De modo que el porcentaje de mariposas se apreciaría mejor en los grupos parlamentarios a los que no pertenece el señor Camuñas.
II *fórm or* **8 a otra cosa, ~.** (*col*) *Se usa para manifestar el deseo o la conveniencia de dar por terminado un asunto.* | GPavón *Reinado* 134: Ganas le daban de interrumpir a la antiquísima señora, acosarla con las preguntas escuetas que él creía eficaces, y a otra cosa, mariposa. MGaite *Cuento* 394: Si no se puede, a otra cosa, mariposa.

mariposeante *adj* (*raro*) Que mariposea. | XSandoval *Abc* 20.4.58, 37: Es muy verosímil que entre el forastero y alguna de las niñas, el diosecillo travieso, mariposeante siempre entre los corazones tiernos, tendiera su red sutil de miradas, sonrisas, palabras entrecortadas y hasta lagrimitas.

mariposear *intr* **1** Moverse incesantemente de un sitio a otro cambiando continuamente de punto de atención. *Frec fig, esp referido a amores.* | Laiglesia *Ombligos* 126: Los camareros mariposearon alrededor de la mesa disponiéndolo todo para servir la carne. Lera *Trampa* 1103: Se quedó pensativa, con la mirada mariposeando más allá de los objetos que la rodeaban. **b)** Andar insistentemente alrededor de una pers. para conquistarla o atraer su atención. | Torres *Ceguera* 209: He sabido que albergas tremendo rencor hacia esa mujer que hoy mariposea en torno al hombre a quien amas.
2 (*col*) Comportarse [un hombre] como mariposa [7]. | GPavón *Hermanas* 26: Mariposeaba moviendo el pompis y fumeteando muy redicho entre sus familiares y admiradores, algunos de ellos también del ramo perverso.

mariposeo *m* Acción de mariposear. | García *Abc* 17.6.58, 17: Se habla .. de las chicas de la calle de Serrano como tipos de mujeres disparatadas y frívolas, que no viven más que del mariposeo absurdo y de la esterilidad cultivada.

mariposista *m* y *f* (*Dep*) Nadador de mariposa [3]. | Marsé *Montse* 39: Nuri, vete en la piscina, te espero. Tersos muslos mojados de infantil nadadora mariposista. Gilera *Abc* 20.7.76, 55: El segundo elemento que ha batido un récord mundial ha sido el mariposista Mike Bruner.

mariposo *m* (*col*) Marica[1]. | *Coco* 16.8.84, 1: Aquí solo se distinguía entre hembras, machos y "mariposos".

mariposón *m* (*col*) **1** Hombre frívolo e inconstante. *Tb adj.* | DCañabate *Andanzas* 191: A pesar de que ya no cumple los cincuenta, sigue siendo lo que antes se llamaba un mariposón; es decir, un enamoradizo de los que un amor les entra por un oído y les sale por otro, pasando por los ojos pero no por la cabeza y el corazón. Villarta *Ya* 21.10.64, sn: Que nos afecte más a nosotras que a ellos no significa que estén indemnes a los ataques de Cupido, sino que, como son más frívolos y más mariposones, encuentran por sí mismos el remedio al mal.
2 Marica[1]. | * Este sitio está plagado de lesbianas y mariposones.

mariquilla *m* (*raro*) Mariquita[2]. | DCañabate *Andanzas* 24: Al que iba de tiendas con su mujer se le tildaba de mariquilla.

mariquita[1] *f* Insecto coleóptero de forma globosa, con alas rojas con puntitos negros (*Coccinella septempunctata*). *Tb se da este n a otros insectos de la misma familia.* | Bustinza-Mascaró *Ciencias* 148: Animales parecidos al escarabajo de la patata. Mencionaremos el escarabajo peletero, .. la mariquita o vaquilla de San Antón. Ybarra-Cabetas *Ciencias* 348: También es muy conocida la mariquita de las uvas, que devora pulgones de plantas.

mariquita[2] *m* o *f* (*col* y *euf*) Marica[1]. *Frec se usa como insulto.* | GPavón *Hermanas* 33: Los mariquitas del coche .. cantaban corto y gritaban largo. Grandes *Lulú* 191: Quiero sodomitas, no mariquitas. ¿Está claro? Chamorro *Sin raíces* 53: Lloraba ya sin querer evitarlo con el propósito de provocar lástima .. –¡Mariquita! Mendicutti *Palomo* 59: Los bañadores de colorines eran para las mariquitas como Cigala, el manicura.

mariquita[3] *f* (*reg*) Muñeca recortable. | MGaite *Nubosidad* 239: Un dibujito del vestido rojo, con abrazaderas en los hombros como las que llevan las mariquitas recortables.

marisabidilla *f* (*col*) Mujer pedante y redicha. | Gironella *Millón* 566: Si una chica de Valladolid o de Soria hablara cuatro idiomas y opinara sobre la emancipación y los barberos, la llamarías marisabidilla.

marisca. trucha ~ → TRUCHA.

mariscada *f* Comida consistente en mariscos abundantes y variados. | Torrente *Fragmentos* 111: Las habían invitado a una mariscada.

mariscador -ra *adj* Que se dedica a mariscar. *Frec n, referido a pers.* | *Ya* 7.11.74, 19: Las comunidades mariscadoras son tremendamente etnocéntricas. *Abc* 25.4.58, 8: Rarísimo ejemplar de pez .. Fue capturado por un mariscador. *SYa* 9.8.90, 3: Cien mariscadoras de la localidad coruñesa de Cedeira se encuentran encerradas.

mariscal *m* **1** *En algunos países:* Jefe militar de la más alta graduación. | *Van* 4.11.62, 11: Es significativa la aparición del mariscal Vorochilof ante el público. **b)** (*hist*) *En algunas cortes europeas de la Edad Media:* Jefe militar dependiente del condestable. | Castillo *Polis* 186: En él [el Imperio], los tres oficiales más importantes eran el archicapellán, el canciller y el conde palatino, seguidos del camarero o intendente, del senescal, el condestable, los mariscales y el copero, que actuaban además de consejeros reales.
c) ~ de campo. (*hist*) Jefe militar de graduación correspondiente al actual general de división. | R. Pieltáin *Abc* 18.4.58, 15: Ya ostentaba Castaños los entorchados de mariscal de campo.
2 Jefe local de policía en Estados Unidos. | L. Calvo *SAbc* 26.4.70, 20: Huía a Tucson porque el nuevo mariscal Sippy (que cayó a los pocos días) la tenía tomada con él y excitaba a los mineros contra los "cow-boys".
3 (*reg, raro*) Veterinario. | Moreno *Galería* 86: Sueldo fijo que entonces percibía el médico, el boticario, "el mariscal" o el cura.

mariscalato *m* Dignidad o cargo de mariscal [1 y 2]. | *Van* 20.3.75, 53: Gilles .. nació con el comienzo del siglo XV .. Su primo La Tremouille, favorito de Carlos VII, le obtiene el mariscalato de Francia. L. Calvo *SAbc* 26.4.70, 18: ¿No eran coimes, tahúres y salteadores, salidos de la gallofa, los hombres que se suplantaban, a balazos, en el mariscalato (jefatura de Policía) y en el "Sheriffato" (alguacilazgo)?

mariscar *intr* Pescar mariscos. | D'Ouro *Faro* 31.10.70, 22: Aunque en otras zonas está permitido mariscar todavía, prácticamente la campaña marisquera 1970 toca a su fin.

marisco *m* Animal marino invertebrado, esp. crustáceo o molusco comestible. | *Abc* 30.12.65, 108: Tranquilino. Nochevieja. Churrascos y mariscos como todos los días.

marisma *f* Terreno bajo y pantanoso que se inunda con las aguas del mar. | Cendrero *Cantabria* 50: La franja litoral propiamente dicha posee un ecosistema de gran valor ecológico .. Se trata de las marismas, estuarios o rías.

marismeño -ña *adj* De (la) marisma. *Tb n, referido a pers.* | J. A. Fernández *SAbc* 2.2.69, 48: Los distintos biotopos que componen esa zona marismeña encierran tanta importancia por sí mismos como por las especies animales a ellos asociadas.

marisquear *intr* Mariscar. | Cancio *Bronces* 79: Los cuatro se pasaban la vida marisqueando de roca en arenal.

marisqueo *m* Acción de marisquear. | C. Nonell *Abc* 22.10.67, 9: Lo que constituye una estampa de sorprendente belleza es el marisqueo de noche.

marisquería *f* **1** Establecimiento en que se sirven o venden mariscos. | *Nue* 22.12.70, 25: La Viña del Mar. Marisquería .. Especialidad en tapas.

marisquero – marmolero

2 Conjunto de (los) mariscos. | L. I. Parada *Mun* 14.11.70, 29: La ex sociedad de transporte de marisquería .. comenzó a interesarse por el petróleo.

marisquero -ra I *adj* **1** De(l) marisco. | *Inf* 1.5.70, 32: El Plan de Explotación Marisquera de Galicia y la declaración de zonas de interés marisquero han sido aprobados.
II *m y f* **2** Pers. que recoge o vende mariscos. | C. Nonell *Abc* 22.10.67, 9: Lo que constituye una estampa de sorprendente belleza es el marisqueo de noche, a la luz de las antorchas que en las noches sin luna siluetean la bajamar sobre la que los marisqueros trenzan su fantástica y ritual danza marinera. Guillén *Lenguaje* 19: Mariscador .. es el que marisquea, mientras marisquero es el que vende tan suculentos invertebrados.

marista *adj* Del Instituto de los Hermanos Maristas de la Enseñanza (fundado por el beato Marcelino Champagnat en el s. XIX). *Tb n, referido a pers.* | *Sp* 19.4.70, 55: Terenci Moix .. se reúne con los personajes de sus anteriores obras para pasar revista, con nostalgia e ironía, a los años pasados en las aulas de los escolapios o de los maristas.

marital *adj* **1** Propio del marido. | Ramírez *Derecho* 53: La tutela de los menores, locos, dementes y sordomudos es plena .. En cambio, la de los pródigos no priva de la autoridad marital ni paterna.
2 [Teas] ~**es**, [vida] ~ → TEA, VIDA.

maritalmente *adv* Con vida marital. | Cela *SCamilo* 86: A raíz del tifus de su señora vivió maritalmente con otra alemana.

marítimamente *adv* En el aspecto marítimo. | L. Espejo *Sáb* 19.10.74, 43: Parece muy sospechoso que "nuestro barco" llegue a un lugar tan poco concurrido marítimamente como Laredo y fondee a escasos kilómetros de la costa vasca.

marítimo -ma *adj* De(l) mar. | Tamames *Economía* 14: La configuración de Europa, abierta a las influencias marítimas por lo recortado de sus costas, es favorable al tráfico marítimo. **b)** (*Meteor*) [Clima] de las regiones contiguas al mar, caracterizado por pequeñas oscilaciones de temperatura y por una humedad relativa elevada. | Ortega-Roig *País* 46: Climas marítimos y climas continentales. Los primeros reciben la influencia del mar; los segundos, alejados de las costas, no. **c)** [Pino] ~ → PINO¹.

maritornes *f* (*lit*) Criada o sirvienta. | Escobar *Itinerarios* 30: Una vez en la tienda, alarga la señora o la maritornes la cazuela al carnicero.

marizápalos *f* (*lit*) Mujer desaliñada y zafia. | DCañabate *Andanzas* 154: ¡A buena parte ha ido a parar el rumbo femenino! A los pantalones masculinos, a las greñas, a las carnavaladas de unos atuendos propios de marizápalos sin pizca ni asomos de coquetería.

marjal¹ *m* Terreno bajo y pantanoso. | Pericot-Maluquer *Humanidad* 134: Las poblaciones del Mesolítico, .. en áreas de pantanos y marjales, inventaron los primeros medios de navegación.

marjal² *m* Medida agraria equivalente a 525 m². | F. Guijarro *Tie* 14.8.76, 19: Estos campos están siendo expropiados en unas cantidades a todas luces insuficientes. Alrededor de las 20.000 a 60.000 pesetas el marjal (equivalente a unos 525 metros cuadrados) para los terrenos de regadío.

marjalería *f* Zona de marjales¹. | *Med* 21.9.63, 3: Aspecto que ofrecía parte de la marjalería, durante la avalancha de agua que anegó las tierras de cultivo.

marketing (*ing; pronunc corriente,* /márketin/; *pl normal,* ~**s**) *m* Conjunto de acciones y técnicas basadas en el estudio del mercado, cuyo fin es establecer el sistema de comercialización más adecuado y satisfacer o estimular la demanda. *Tb fig, fuera del ámbito comercial.* | Miguel *Mad* 22.12.69, 14: Trabajan "haciendo encuestas" de marketing. VMontalbán *Mares* 90: Ejerce la prostitución como si preguntara la hora. Tal vez sea una nueva técnica de marketing puteril. [*En el texto,* márketing.] *ElM* 1.5.91, 3: Fueron allí [González y Guerra] a cumplir con el "marketing" político.

marketizar *tr* Aplicar las técnicas de marketing [a algo o a alguien (*cd*)]. | J. Hermida *Ya* 19.2.92, 60: Los libros se *marketizan* como detergentes. Berlanga *Gaznápira* 177: Conciso, aséptico, visionándote, concretizándote, market[i]zándote, resumirá: "carrera meteórica en nueve años". [*En el texto,* marketirizándote.]

marmenorense *adj* Del Mar Menor (Murcia). | FDelgado *SLín* 15.8.75, 10: Hoy .. es el "día grande" para Los Alcázares, ya que se celebra la festividad de la citada localidad marmenorense.

marmita *f* **1** Olla de metal con asas y tapadera ajustada. | * En el fogón había una enorme marmita.
2 (*reg*) Guiso de bonito y patatas propio de los marineros del Cantábrico. | Aldecoa *Gran Sol* 159: Sin hablar, quería significar que no estaba bien la marmita, que comía por comer, que los pájaros estaban duros. Arce *Precio* 94: –Yo comeré marmita –decidió Pedro. Charo prefería lubina y yo opté por la sopa y los chipirones encebollados.
3 ~ de gigante. (*Geol*) Cavidad cilíndrica y lisa, de gran tamaño, producida en el lecho rocoso de un río o en el litoral por los cantos rodados o por el viento. | Ybarra-Cabetas *Ciencias* 111: Los guijarros .. acaban por formar en el fondo rocoso del cauce unas cavidades circulares, que reciben el nombre de pilas, pilancones o marmitas de gigante.

marmitaco (*tb con la grafía* **marmitako**) *m* Guiso vasco de atún con patatas. | Vega *Cocina* 53: En pescados, las anguilas en salsa Mirentxu; el marmitaco, con atún, cebolla, ajo. Savarin *SAbc* 23.8.70, 53: Contiene [la carta] buena parte de los platos que honran la cocina clásica bilbaína: Purrusalda, menestra, .. marmitako.

marmitada *f* (*reg*) Comida que tiene como plato principal la marmita [2]. *Tb la misma marmita.* | Cancio *Bronces* 35: Este olor [a parrocha], pese a su intensidad, será anulado hoy por completo por el de la marmitada, la suculenta cena, como escogida y condimentada por pescadores.

marmitako → MARMITACO.

marmitón *m* Ayudante de cocina, esp. en un barco. | Aldecoa *Gran Sol* 98: Juan Ugalde pasó a la cocina de marmitón hambriento, dispuesto a recibir órdenes de Macario Martín. *Gar* 21.12.63, 70: La cocina de los reyes de Francia tenía un verdadero ejército de cocineros, ayudantes, coperos, marmitones, encargados de la ropa, etcétera.

mármol *m* Roca caliza metamórfica y dura, gralm. con vetas de colores, susceptible de hermoso pulimento. | Cuevas *Finca* 87: Construyeron los palacios con escaleras de mármol rosa. **b)** Escultura en mármol. | GNuño *Arte* 245: El mismo conde de Tendilla propuso a Fancelli para labrar el sepulcro del príncipe Don Juan .. El mármol del infante se alegra por los grifos angulares, las estatuillas sedentes .. y el jugoso friso de angelitos.

marmolán *m* Árbol propio de Canarias, Madeira y Cabo Verde (*Sideroxylon marmulano*). | B. Mostaza *SYa* 24.6.73, 11: Esos microclimas .. permiten convivir la tunera y el pino, el laurel y el dedo de santo, la oreja de abad y el marmolán.

marmolear *tr* (*E*) Pintar o decorar [algo] imitando las vetas del mármol. | GTelefónica *N.* 45: Moquetas Textiles: Sintéticas, agujadas, jaspeadas, marmoleadas.

marmolejeño -ña *adj* De Marmolejo (Jaén). *Tb n, referido a pers.* | Vor Jaen 22.7.64, 11: El señor Rivillas Peña .. manifestó a la primera autoridad que los marmolejeños .. saben ser agradecidos.

marmolería *f* **1** Taller donde se trabaja el mármol. | GTelefónica *N.* 684: Mármoles y piedras de todas clases. Marmolería Madrileña, S.A.
2 Mármoles, o conjunto de mármoles. | *SDPo* 10.8.75, 8: Sociedad Continental Lusoespañola de Mármoles, S.A. Objetos de decoración. Pavimentos y trabajos de marmolería en general.

marmolero -ra *adj* De(l) mármol. | Á. L. Calle *Inf* 11.2.71, 17: En los orígenes de la industria marmolera, las mayores y más variadas concentraciones estaban localizadas en Cervera. **b)** Que se dedica a la extracción, comercio o trabajo del mármol. *Tb n: m y f, referido a pers; f, referido a empresa.* | Á. L. Calle *Inf* 11.2.71, 17: Algún marmolero de Cervera debió llegar a Novelda con sus conocimientos. Extrajo mármol y lo manipuló. GTelefónica *N.* 684: Mármoles y piedras de todas clases. Marmolera Madrileña, S.A.

marmolillo *m* **1** (*col*) Pers. torpe o de cortos alcances. Tb *adj.* ǀ Laín *Marañón* 55: ¿Quién, como no sea un marmolillo, un logrero o un frívolo, no se ha sentido obligado a ello [revisar su vida] al llegar a la madurez? ZVicente *Traque* 166: ¿Te piensas tú que la Manuela .. la iba a soportar esos grititos? .. Quita allá, hombre, quite usted allá. Menudo marmolillo. ZVicente *SYa* 10.6.73, 35: Ellos se quieren largar a cenar fuera, o .. a un clu, donde ellos, tan roñas y tan marmolillos, dejan buena propina y se pavonean hablando de problemas actuales.

2 (*Taur*) Toro reservón y tardo, que rehúsa la pelea con el torero. ǀ DCañabate *Abc* 21.5.67, 97: Hacer embestir a un marmolillo. La gente se entusiasma con los borregos.

marmolina *f* Estuco, u otra materia que imita el mármol. ǀ GPavón *Reinado* 127: Al lado de la puerta, un angelote de marmolina con una cruz entre sus manos gordetas. J. L. Aguirre *Pro* 6.10.74, 5: Los valores que nos han enseñado a codiciar han sido los contenidos en la nevera que enfría más, en el coche que corre más, en el piso con más marmolina.

marmolista *m* y *f* Pers. que trabaja el mármol. ǀ Bustinza-Mascaró *Ciencias* 101: También es frecuente [la tuberculosis pulmonar] en las personas que por su profesión se ven obligadas a aspirar aire viciado o con polvo (marmolistas, mineros).

marmolita *f* (*Mineral*) Variedad de serpentina de color verde agrisado, brillo nacarado y estructura hojosa. ǀ *Voz* 23.10.70, 3: Se esperan: "Suevia", de Cádiz, con sal; .. "Leñador", de Garrucha, con marmolita.

marmóreo -a *adj* De(l) mármol. ǀ L. Calvo *Abc* 14.11.70, 35: Es una figura .., negra estatua marmórea de pliegues clásicos.

marmórico -ca *adj* (*raro*) Marmóreo. ǀ GCaballero *Abc* 29.12.70, 3: Una piedra que, como una concha abriendo su valva, dejara aparecer el arca marmórica con el cuerpo del Apóstol [Santiago].

marmorizarse *intr pr* Transformarse [la caliza] en mármol. Tb *fig.* ǀ L. LSancho *Agromán* 6: Nuestros almanaques son procesión de memorias, historia nuestra que se fija, se alabastra, se marmoriza haciéndose letra.

marmota *f* **1** Roedor de unos 60 cm de largo, cuerpo macizo, cabeza grande y pelo rojizo y denso, y caracterizado por su letargo invernal (gén. *Marmota*). Tb *su piel.* ǀ Bustinza-Mascaró *Ciencias* 210: Animales parecidos al conejo .. La marmota y el lirón, famosos por su sueño invernal profundo. Mora *Sem* 23.11.74, 96: En los cuadros restantes, una completa gama de visones, una selección increíble de "manchados": pantera, jaguar, guepardo, .. el lobo, el pekan, la marmota. **b)** (*col*) *Se usa frec en constrs de sent comparativo para ponderar la condición de dormilón de alguien.* ǀ * Este niño es una marmota.

2 (*col, desp, hoy raro*) Criada o sirvienta. ǀ Olmo *Camisa* 44: La última marmota que ha llegao del pueblo te suelta que si Londres, que si Ginebra.

marmotear *tr* (*reg*) Murmurar a media voz. ǀ GArnau *Inf* 6.12.77, 20: Marmoteo unas excusas que él da por no oídas, y aparentemente queda liquidado el incidente.

maro *m* Planta herbácea propia de la región mediterránea, de tallos erguidos y flores en racimo, muy olorosa y con propiedades medicinales (*Teucrium marum*). ǀ FQuer *Plantas med.* 647: El maro es una matilla de 1 a 1,5 palmos de altura, con las ramitas del año enhiestas y algo tiesas, completamente blancas.

marojo *m* Árbol de la familia del roble (*Quercus cerris* y *Q. pyrenaica*). ǀ L. Monje *NAl* 29.6.90, 3: Pinos, robles, marojos y encinas .. cubren grandes extensiones de aquella accidentada comarca. Mayor-Díaz *Flora* 532: *Quercus pyrenaica* Willd. "Rebollo", .. "Marojo".

maroma *f* Cuerda gruesa. ǀ *SAbc* 16.2.69, 35: El toro forcejea por salir del humillante encierro. Las maromas se emplean contundentemente, para anular la potencia del animal.

maromo *m* (*col*) **1** Individuo. ǀ Ayerra *D16* 25.2.82, 3: Cuando .. un bandido de gran familia y mayor poder .., cuando un maromo de esta traza desguaza hogares y ajuares .., tampoco entonces hay animalidad, por Dios, señores, sino operación financiera.

2 Pareja [de una mujer]. ǀ Mendoza *Misterio* 155: –¿Es este tu maromo, macha? –preguntó el matón .. –Mi novio.

3 Vigilante. ǀ Grandes *Lulú* 22: Fuimos a ponernos en la cola. Poco después comenzó el barullo. Los maromos de la puerta, servicio de orden, bloquearon la entrada.

4 (*desp*) Hombre torpe o inútil. ǀ Olmo *Golfos* 114: –¿Qué te pasa? –le preguntó Berto. –¡"Na"! ¡Si el maromo este le hubiese sacao al otro el duro! GHortelano *Momento* 333: Que no me entendía o no me quería entender el tío maromo, ya sabe lo que pasa muchas veces con los extranjeros.

maronita *adj* (*Rel*) [Individuo] de una comunidad cristiana uniata de rito sirio, descendiente de los discípulos de San Marón y asentada esp. en el Líbano. Tb *n.* ǀ *Abc* 17.6.58, 33: La revuelta estalló a causa de la tentativa de Camille Chamun, cristiano maronita, de renovar su mandato de seis años. Sopeña *Defensa* 48: Desde el colegio barbudo de los maronitas .. hasta el pseudo Escorial levantado por los Paúles .., lo clerical se extendió de manera impresionante. **b)** De (los) maronitas. ǀ Ortega *Americanos* 73: Un par de iglesias católicas, dos o tres sinagogas, la iglesia maronita.

marote *m* (*reg*) Oleaje fuerte. ǀ Nácher *Guanche* 16: Detrás de la gente se alzaba la barrera de tarajales, plantados para proteger del marote los campos de plataneras.

maroto *m* (*reg*) Morueco. ǀ Cela *Judíos* 244: En el quieto aire resuena .. el balido sin respuesta de la artuña, el terne resoplar del maroto.

marqueo *m* Acción de marcar el lugar en que deben plantarse árboles u otras plantas. ǀ E. Marco *MHi* 6.60, 29: Se comienza con la labor de desfondo con las yuntas, el marqueo –al tresbolillo o al marco real–; se abren hoyos, se ponen estacas.

marqués -sa **A** *m* y *f* **1** Pers. con título de nobleza inmediatamente inferior al de duque. ǀ A. Olano *Sáb* 10.9.66, 6: Pepe Moreno .. es hijo del ex alcalde de Madrid, conde de Santa Marta de Babío. Y su esposa, hija de los marqueses de Salamanca. **b)** (*col*) *Se usa frec en constrs de sent comparativo para ponderar la opulencia o el regalo con que alguien vive.* ǀ * Vive como un marqués.

B *m* **2** (*hist*) *En el Imperio Carolingio:* Jefe supremo de una marca. ǀ Tejedor *Arte* 96: En los extremos de sus dominios creó además Carlomagno las Marcas o provincias fronterizas, mandadas por los marqueses.

3 Marido de la marquesa [1]. ǀ * Es marqués consorte.

C *f* **4** Mujer del marqués [1 y 2]. ǀ MGaite *Dieciocho* 215: Este intrépido personaje dieciochesco .. fue arrestado dos años más tarde, en 1776, en casa de la marquesa de la Vega de Santa María, donde moraba.

marquesado *m* **1** Título o dignidad de marqués. ǀ Palomino *Torremolinos* 35: Decidió rehabilitar el marquesado de Ministral. Guelbenzu *Río* 14: Su padre solía decir que había nacido para marqués, lo cual mortificaba aún más a José, que no lograba ver nada especialmente excitante en la condición del marquesado.

2 (*hist*) Territorio vinculado a un título de marqués [1] o sometido a la autoridad de un marqués [2]. ǀ Moreno *Galería* 353: Antes de que San Leonardo fuera señorío y marquesado. Cela *Pirineo* 23: La Marca Hispánica y la Septimania, unidas, formaron el marquesado de Gotia o Gocia.

marquesal *adj* De(l) marqués. ǀ *Abc* 1.8.70, 37: Don Cristóbal Colón de Carvajal Hurtado de Mendoza .. estaba entroncado con la casa ducal de Veragua y la marquesal de Aguilafuente.

marquesina *f* Cubierta, frec. acristalada, que protege una entrada, los andenes de una estación o una parada de transporte público. ǀ Laforet *Mujer* 307: Debajo de la marquesina de la Estación del Norte se fueron agrupando todos aquellos niños.

marquetería *f* Taracea (incrustación artística sobre madera). ǀ ZVicente *Traque* 282: Esta [llavecita] .. era de una caja de marquetería con hueso, antigua. **b)** Obra de marquetería. ǀ *GTelefónica N.* 344: Chayta. Tableros contrachapados .. Marqueterías. Tallas.

marquilla. de ~. *loc adj* (*E*) [Papel] de tina, grueso, lustroso y muy blanco, usado esp. para dibujar. ǀ Torrente

marquinés – marrón

Fragmentos 163: Monsieur Mathieu .. exhibía en lo alto un pliego de marquilla, con dibujo al carbón.

marquinés -sa *adj* De Marquina (Vizcaya). *Tb n, referido a pers.* | *Abc* 3.11.70, 11: En el término marquinés de Puebla de Bolívar (Vizcaya) se ha rendido homenaje a la memoria de Simón Bolívar.

marquista *(Com)* **I** *m y f* **1** Propietario de una marca comercial. | *SVoz* 8.11.70, 9: Quedó aprobado el convenio .. suscrito .. por el Ilmo. Sr. Subsecretario de Comercio .., por el Presidente del Sindicato Nacional del Metal .. y representantes de fabricantes y marquistas. F. Burguera *Pro* 7.4.74, 5: El pequeño exportador o el mediano, el marquista que trabaja con una calidad y unos rendimientos en divisas, posiblemente superiores al grande, se ve en inferioridad de condiciones.
II *adj* **2** De marca. | M. Gordon *Ya* 23.5.75, 26: Al hablar de exportación [de aceite] hay que matizar. Porque hay la marquista, la de bidón y la lampante. *Abc* 10.10.65, 105: Se puso de manifiesto, una vez más, el alto espíritu marquista de los distribuidores de Icoa, S.A.

marra *f* Falta [de algo que debía estar, esp. una planta]. | *Abc* 10.10.70, 35: La reposición de marras en los viñedos deberá autorizarse por el Ministerio de Agricultura.

marrajera *f* Embarcación destinada a la pesca del marrajo [3]. | Aldecoa *Cuentos* 1, 432: La marrajera "Apasionada" tenía a su tripulación de compras.

marrajo -ja I *adj* **1** [Toro] malicioso que solo acomete a golpe seguro. *Frec n.* | DCañabate *Paseíllo* 62: Con todo esto podía terminar en un momento la cornada de un marrajo.
2 *(col)* [Pers.] que encubre mala intención. *Frec n.* | E. Bonet *NotC* 1.3.71, 2: Las circunstancias, los quehaceres, etc., me han convertido en un marrajo sentimental y romántico.
II *m* **3** Tiburón de unos 3 m de longitud, azul grisáceo y muy voraz y peligroso, que abunda en el Mediterráneo *(Isurus oxyrhynchus).* | Bustinza-Mascaró *Ciencias* 172: Los [tiburones] más frecuentes en las aguas marinas de España son el cazón, el marrajo.

marranada *f (col)* **1** Acción propia de marrano[1] [2]. | Palomino *Torremolinos* 221: Si él quisiera podría quedarse con el dinero por las buenas .. Demasiado sabe el director que él es incapaz de una marranada.
2 *En pl:* Acciones relacionadas con el placer sexual, esp. el acto sexual. | Marsé *Tardes* 36: ¡Se instalan donde quieren, comen como cerdos, lo ensucian todo y rompen la valla, y encima hacen sus marranadas con estas chicas! E. Romero *Ya* 13.5.82, 5: Hay publicidad pornográfica que afecta al buen gusto y a la educación cívica, y sostienen no pocos que la exigencia de la libertad integra necesariamente a las marranadas.

marranear *intr (col)* Hacer marranadas. | F. A. González *Ya* 6.6.75, 100: A ningún niño le gusta llenarse la boca de espuma. Pero, en cuanto eso sepa bien, a ver quién será la buena señora que consiga que la prole no ande marraneando en la lavadora o en el cubo.

marranera *f (reg)* Pocilga (establo para cerdos). | S. Sanz *Nor* 2.11.89, 12: El matrimonio .. se ha visto obligado a vivir dentro de unas marraneras en las que, como tales, solo faltan los marranos.

marranería *f (col)* Marranada. | * Deja de hacer marranerías y come.

marranil *adj (raro)* De(l) marrano[1] [1]. | Vega *Cocina* 136: Para confeccionar el lomo de cerdo con judías hay que proveerse de un ajo, cuatrocientos gramos de lomo marranil, cortado en filetes.

marrano[1] -na I *m y f* **1** Cerdo (animal). | Vega *Cocina* 103: Pensad que lo sacrificado es un alevín de cerdo, las muchas pesetas que vale un marrano y la suma de suculencias que atesora bajo su piel.
2 *(col)* Pers. sucia. *En sent físico o moral. Tb adj. Frec usado como insulto.* | Olmo *Golfos* 80: Así fue, y no como se figura el marrano este, que es un envidioso. Benet *Aire* 205: Y esos, ¿qué hacen? Se van a tirar a esa tía guarra? .. ¿Es que se van a tirar a esa marrana? CPuche *Paralelo* 17: Sí, hijo, sí. Somos bastante marranos. Olmo *Golfos* 56: Un chorrito de orina cayó sobre Teodorín .. –¡Marrano! ¡Es para lo único que te sirve!
II *adj* **3** [Cosa] sucia. | * Qué marrano está todo.
III *loc v* **4** joder *(u otro v equivalente)* **la marrana.** *(vulg)* Fastidiar o molestar mucho. | Marsé *Montse* 344: –Cómo te gusta hacer frases .. –Y a ti joder la marrana. J. Altable *DLi* 7.3.78, 5: El humo, el polvo y los tiernos pajarillos se han encargado en este tiempo de jeringarle la marrana al buen Eloy Gonzalo.
5 joder la marrana. *(vulg)* Estropear o echar a perder el asunto o la cosa en cuestión. | CPuche *Paralelo* 333: Y ahora, mucha prudencia. Las salidas con diez minutos, como mínimo, de diferencia .. De uno en uno, ir saliendo de uno en uno. Ya ha salido una pareja. No jodamos la marrana. **b) joderse la marrana.** Estropearse o echarse a perder el asunto o la cosa en cuestión. | Cela *Alcarria* 66: ¿Usted cree que, de lo contrario, se jode la marrana?

marrano[2] -na *m y f (hist)* Judío converso. | CBaroja *Judíos* 1, 424: Se dijo que los conversos, o mejor dicho, "marranos", escribieron a las sinagogas africanas para que en ellas se hicieran rogativas. Torrente *DJuan* 201: ¿Sabes por qué tengo en Sevilla esa fama de celoso? Para no verme en la necesidad de mostrarte a nadie, para que nadie descubra en mi casa una marrana.

marrar A *tr* **1** Errar o no acertar [algo]. | Delibes *Año* 43: Juan y yo cerramos ayer la temporada de codorniz en 21 pájaros. Marramos varios porque la "Dina" se obstinó en cazar por su cuenta. Cela *Rosa* 63: Mi madre fue asistida por don Manuel Carballido, un viejo médico rural que recetaba tisanas para no marrar el tratamiento.
B *intr* **2** Errar o equivocarse. | Escobar *Itinerarios* 255: Decía: "Doce grados" .. Y no marraba.
3 Fallar [alguien o algo]. | P. Limón *Abc* 23.8.66, 55: Fallos lamentables de los piqueros, que no supieron cumplir con su obligación, marrando una y otra vez, hasta la indignación. ZVicente *Traque* 276: Siempre morían la pareja de la Guardia Civil y unos recién casados. Es que no marraban. GPavón *Hermanas* 12: Plinio sabía casi fijo .. quiénes saldrían, sin marrar, de la misa de ocho.

marras. de ~. *loc adj (col)* Conocido o consabido. *Frec con intención irónica.* | L. Caparrós *SVoz* 8.11.70, 1: La cosa es macabra, pero también es macabro el lío de marras. *Abc* 2.2.65, 43: Aunque al principio negó .. ser la autora de la sustracción de marras, le fueron ocupados .. un reloj .. y tres deslumbradoras sortijas.

marrasquino *m* Licor hecho con zumo de cerezas amargas y azúcar. | Torrente *Saga* 395: Don Acisclo fue a servirse una copa de marrasquino.

marrido *adj (lit, raro)* Triste o afligido. | FVidal *Duero* 47: La caída de bruces por consunción sobre la tierra y sonrosada polvareda del camino, sobre la cual sería ingrato permanecer marrido e inmóvil como un perro.

marrilla *f (reg)* Cayado. | Izquierdo *Alpujarra* 83 (G): Va el pastor con la marrilla a la rastra, el can remolón.

marro[1] *m* Juego de persecución entre dos bandos, que se sitúan uno frente a otro tras su respectiva barrera. | *SArr* 1.11.70, 35: El sábado de la educación será, entonces, un invento inglés trasplantado de aquel otro –viejo ya, señor– del jueves español del marro y la jícara de chocolate. Moreno *Galería* 369: Más juegos rurales fueron el marro cogido, el marro de don Leopoldo, la taina.

marro[2] *m (reg)* Palo o estaca. | Izquierdo *Alpujarra* 252 (G): Uno diría que están allí, con sus marros de olivo y encina como armas.

marrón[1] I *adj* **1** [Color] propio de la castaña. *Tb n m.* | *Ya* 10.10.70, 2: Elegantes pantalones de pana, estampados en modernos colores, marrón, marino y granate. Delibes *Cinco horas* 19: Le colocó la corbata listada, en negro y marrón, con la rayita roja. **b)** De color marrón. *Normalmente no se aplica a pelo.* | Noval *Fauna* 126: En el verano se ven algunos jóvenes con plumaje marrón oscuro. **c)** *(jerg)* [Heroína] de color oscuro, turca o paquistaní. *Tb n m.* | Tomás *Orilla* 106: El caballo que he ligado esta tarde es del marrón y está muy chungo. Tomás *Orilla* 233: Ahora lo que se mueve es heroína marrón. I. Soriano *Ya* 9.12.91, 43: Otros, "brigadistas de barrio populares", constituidos en somatén, pro-

piciaban una buena paliza a un distribuidor de "marrón". **d)** [Línea] ~ → LÍNEA.
2 (*col*) Que alude a los excrementos o suciedades fisiológicas. | S. Araúz *SYa* 16.2.75, 15: Canta Shanti canciones de campamento, de "lobato", canciones sanamente "marrones".
II *m* **3** Marron glacé. | Goytisolo *Recuento* 350: Le era casi imposible salir a la calle sin comprar algo: libros, discos, una prenda cualquiera, media libra de marrón, sin duda no por afán coleccionis[t]a o acumulativo, ya que usualmente probaba apenas el marrón, olvidaba los libros, no llegaba a oír los discos y regalaba la prenda.

marrón[2] **I** *m* **1** (*jerg*) Causa criminal. | I. Palou *Sáb* 17.5.75, 50: Era una de las chorizas con menos marrones en su expediente. No podían cogerla casi nunca con acusación concreta.
2 (*jerg*) Condena. | Sastre *Taberna* 120: ¿No comprendes que esta vez si no se las da el chico .., lo agarran y se chupa un marrón en Carabanchel? Tomás *Orilla* 63: –¿Dónde estás? –En una cabina. Cerca del bar donde hacíamos las timbas antes del marrón, ¿recuerdas?
3 (*jerg*) Año de cárcel. | Tomás *Orilla* 25: Al Andrés le han metido cinco marrones y me toca esperar.
4 (*juv*) Cosa o situación molesta o no deseable. | * Tengo que repetir todo lo que hicimos ayer. ¡Vaya marrón! * Estaban de charla cuando llegó el jefe. No veas qué marrón. Torres *Ceguera* 211: Vienes para decirme que mis sospechas fueron acertadas, que te están colando un "marrón", y todavía cultivas tus delirios de grandeza.
5 el ~. (*jerg o juv*) La culpa. | *País* 25.8.83, 18: Quiere colarme a mí el marrón del fracaso del torneo de fútbol en el que se perdieron cinco millones de pesetas.
II adj **6** (*jerg*) Ilegal. | X. VFoch *DBa* 25.5.77, 40: Cacharritos de papel engomado que ya han salido en los periódicos por obra y gracia de los contrabandistas de pegatinas, elementos que se dedican al tráfico de las mismas en plan marrón. F. M. Cano *Sáb* 4.1.75, 38: El amateur o aficionado lo tiene que hacer exclusivamente por eso: afición. Y estamos hartos de comprobar casos de amateurismo "marrón" como el baloncesto.
III *loc v* **7 comerse** (*o* **tragarse**, *u otro v equivalente*) **el** (*o* **un**) ~. (*jerg o juv*) Cargar con las culpas. | J. C. Iglesias *SPaís* 19.12.82, 103: No podría *aligerarse* a tiempo, y le han hecho *comerse el marrón*. **b)** (*juv*) Pasar por una situación molesta o no deseable. | * Tuve que comerme el marrón de acompañar a la abuela.
IV *loc adv* **8 de** ~. (*jerg*) En situación ilegal o comprometida. | Tomás *Orilla* 291: En un nazareno tuvo mala suerte y cayó de marrón. Conocía todas las cárceles de España.

marronazo *m* (*Taur*) Garrochazo que resbala sobre el lomo del toro. | *Abc* 18.4.58, 54: Corniveleto su segundo, recibió sendos marronazos al entrar con prisas a los dos caballos.

marron glacé (*fr; pronunc corriente,* /maróon glasé/; *pl normal,* MARRONS GLACÉS) *m* Castaña confitada. *Frec en sg, con sent colectivo.* | Torrente *Off-side* 48: Os he traído esto. *Marron glacé.* A. Lezcano *SAbc* 13.4.69, 50: De unas alacenas .. saca preciosas tazas y "marrons glacés" en opalinas azules.

marroquí *adj* De Marruecos. *Tb n, referido a pers.* | *Mad* 22.1.70, 8: Nuevos incidentes pesqueros en aguas marroquíes. L. Álamo *HLM* 24.6.74, 2: Estaba la inmensa sala de espera casi atestada de marroquíes.

marroquín -na *adj* (*raro*) Marroquí. *Tb n.* | *ProP* 17.9.75, 12: "Marroquines" hasta en la sopa | .. Tecnificados ellos, con su moderno reemisor de Tarfaya, resulta que la televisión marroquí se filtra facilísimamente en los hogares de los canarios.

marroquinería *f* **1** Industria de fabricación de bolsos, carteras, monederos y otros artículos semejantes de piel. | *GTelefónica N.* 685: Fornituras y plásticos para marroquinería.
2 Conjunto de artículos de marroquinería [1]. | *GTelefónica N.* 685: Fábrica de marroquinería en general.

marroquinero -ra **I** *adj* **1** De (la) marroquinería. | *Mad* 23.4.70, 26: Inauguración de una nueva planta marroquinera .. Ha sido inaugurada en Vallecas una nueva planta industrial .. cuya principal actividad será la fabricación de bolsos de señora.

II *m y f* **2** Pers. que trabaja en marroquinería. | *Van* 4.4.74, 78: Marroquineros. Operarios faltan. Jornada intensiva mañanas.

marroquinización *f* Marroquización. | P. Magaz *Abc* 15.4.73, 25: La fundación de Promer .. no borra los problemas derivados de las últimas decisiones gubernamentales sobre la marroquinización de puestos de trabajo. F. Costa *Sáb* 7.9.74, 47: Los "dahirs" de marroquinización de los bienes extranjeros en Marruecos han despertado, últimamente, un cierto espíritu de represalia.

marroquinizar *tr* Marroquizar. | *Abc* 15.5.73, 39: El decreto .. incluye dos extensas listas de actividades, profesiones y empleos que serán marroquinizados, es decir, que deberán ser única y exclusivamente ejercidos por c[iu]dadanos marroquíes.

marroquización *f* Acción de marroquizar. | *Ya* 3.10.74, 11: El "dahir" de marroquización continúa aplazado.

marroquizar *tr* Dar carácter exclusivamente marroquí [a algo (*cd*)]. | GSalomé *Sáb* 15.6.74, 31: El éxodo será escalonado .., hasta que en Marruecos no queden más que los médicos, profesores, .. además de un reducido número de técnicos y socios de las empresas que decidieron marroquizar el 50 por ciento, mientras los nuevos propietarios aprenden a llevarlas por sí solos.

marrotar *tr* (*reg*) Estropear o echar a perder. | Delibes *Siestas* 121: Sus competidores marrotaban las ramas y dejaban los frutos llenos de broza. **b)** *pr* Estropearse o echarse a perder. | MFVelasco *Peña* 261: La explosión levantó una manta de truchas .. Hecha la picia, no iba a permitir que se marrotaran. Las fui alzando con la sacadera.

marrubio *m* Planta herbácea, aromática y medicinal, propia de lugares incultos, de hojas redondeadas y festoneadas y flores blancas agrupadas en las axilas de las hojas superiores (*Marrubium vulgare*). *Tb* ~ BLANCO. | T. GYebra *Ya* 9.3.90, 70: Entre las distintas variedades de plantas medicinales que cultiva el Jardín Botánico se encuentran el orégano .., marrubio (expectorante y febrífugo). Mayor-Díaz *Flora* 462: *Marrubium vulgare* L. "Marrubio". **b)** *Con un adj especificador, designa otras plantas similares:* ~ ACUÁTICO (*Lycopus europaeus*), ~ BASTARDO, FÉTIDO, HEDIONDO *o* NEGRO (*Ballota nigra*), *etc.* | Mayor-Díaz *Flora* 258: *Lycopus europaeus* L. "Marrubio acuático", "Menta de lobo". Mayor-Díaz *Flora* 463: *Ballota nigra* L. "Marrubio negro".

marrucino -na (*hist*) **I** *adj* **1** De un antiguo pueblo italiano habitante de la región de Apulia. *Frec n, referido a pers.* | * Los marrucinos son poco conocidos.
II *m* **2** Lengua de los marrucinos [1]. | Villar *Lenguas* 114: Los dialectos sabélicos .. Entre ellos se encuentran el marrucino, el volsco, el marso, etc.

marrueco -ca *adj* (*raro*) Marroquí. | Vega *Cocina* 176: Recorrí tierras y montañas del mediodía marrueco.

marrulla *f* Marrullería. | ZVicente *Mesa* 152: También era maestro de marrullas en el julepe.

marrullería *f* Acción maliciosa y tramposa. | J. Sauleda *HLC* 2.11.70, 10: –¿Ha visto marrullerías en su equipo? –¡Por favor! Todos nuestros jugadores están tocados. El juego ha sido fuerte, pero no ha habido mala intención.

marrullero -ra *adj* [Pers.] que usa marrullerías. *Tb n.* | CBonald *Ágata* 282: Se dirigió a su único y marrullero ayudante de campo.

marsala *m* Vino blanco siciliano de elevada graduación alcohólica. | Savarin *SAbc* 8.3.70, 13: Escalopines al marsala.

marsellés -sa **I** *adj* **1** De Marsella (Francia). *Tb n, referido a pers.* | A. Mercé *Des* 12.9.70, 46: Ese nombre es ya un símbolo. Sintetiza el tesón del clarividente marsellés.
II *f* **2** (*raro*) Jersey fino de listas horizontales. | Grosso-LSalinas *Río* 97: Viste un pantalón azul desvaído, roto por el trasero, y una marsellesa blanca y roja de cuello redondo.

marshall (*ing; pronunc corriente,* /mársal/; *pl normal,* ~s) *m* Mariscal (jefe de policía en Estados Unidos). | L. Calvo *SAbc* 12.4.70, 13: Allí están el "marshall" y el "sheriff", el vaquero a caballo.

marso -sa (*hist*) **I** *adj* **1** De un antiguo pueblo italiano habitante de la región del lago Fucino. *Frec n, referido*

marsopa – martillo

a pers. | * Los marsos son citados por César y Cicerón, entre otros.
II *m* **2** Lengua de los marsos [1]. | Villar *Lenguas* 114: Los dialectos sabélicos .. Entre ellos se encuentran el marrucino, el volsco, el marso, etc.

marsopa *f* Pez cetáceo semejante al delfín (gén. *Phocaena*). | J. L. LCabanela *SAbc* 15.2.70, 27: La lista de los animales en experimentación es la siguiente: .. Chinches .. Marsopas portaminas.

marsupial *adj* (*Zool*) **1** [Bolsa] abdominal en que las hembras de determinados mamíferos llevan sus crías hasta que estas completan su desarrollo. | Bustinza-Mascaró *Ciencias* 212: La hembra [del canguro] tiene en el vientre una bolsa marsupial en donde introduce a los hijos cuando nacen en un estado de desarrollo muy atrasado. **b)** De la bolsa marsupial. | Ybarra-Cabetas *Ciencias* 410: Esta bolsa se creía que estaba sujeta por dos huesos de la pelvis dirigidos hacia delante que tiene este animal [el canguro], y por tal razón se les dio el nombre de huesos marsupiales.
2 [Mamífero] sin placenta, o con placenta muy reducida, con huesos marsupiales y gralm. con bolsa marsupial. *Frec como n m en pl, designando este taxón zoológico.* | Navarro *Biología* 304: Sirva de ejemplo el citado anteriormente relativo a la distribución de los marsupiales. **b)** De (los) marsupiales. | Navarro *Biología* 304: Desapareció la fauna marsupial.

marsupio *m* (*Zool*) Bolsa marsupial. | Alvarado *Zoología* 130: Durante el primer período de vida libre, la cría [de canguro] se guarece al menor peligro en el marsupio.

marta *f* Mamífero carnicero de la familia de los mustélidos, propio de las regiones septentrionales de Europa, muy apreciado por su piel (*Martes martes*). *Otras especies se distinguen por medio de adjs*: ~ CIBELINA o CEBELLINA (*M. zibellina*), ~ PESCADORA (*M. pennanti*). *Tb su piel.* | Villarta *Rutas* 179: Fernando iba al lado de su esposa. Vestía un valioso manto de hilo de oro, forrado en ricas pieles de marta. A. Lezcano *SAbc* 2.2.69, 53: Un día en que la zarina apareció con una soberbia capa de martas cibelinas, mandó copiarla para sus cocheros y lacayos.

martagón *m* Planta liliácea de flores de color rosado violáceo con manchitas purpúreas (*Lilium martagon*). | FVidal *Ayllón* 167: Arribo a la plaza .., con dos enormes olmos en el centro, veladores de una fuente calizada .., a cuyo alrededor crecen escuálidas matas de martagón.

martela *f* (*reg*) Maragota (pez). | *Faro* 5.8.75, 14: En la lonja de Bueu se han registrado los siguientes precios: jurel, de 8,30 a 12 pesetas kilo; .. martela, a 49; serrán, a 20.

martelo *m* (*raro*) Galán o enamorado. | S. Adame *HyV* 10.71, 43: Las verbeneras a quienes sus mar[t]elos prometen "un mantón de la China, na" aceptan "el regalo, si no es de broma". [*En el texto,* marcelos.]

marteño -ña *adj* De Martos (Jaén). *Tb n, referido a pers.* | I. Quesada *Ya* 15.7.86, 37: Un grupo de marteños prendía fuego a más de treinta viviendas de familias gitanas.

martes *m* Tercer día de la semana (o segundo, según el cómputo popular). | Arce *Testamento* 45: Los martes iba a Llanes, al mercado.

martillado *m* Acción de martillar. *Tb su efecto.* | Pericot-Maluquer *Humanidad* 141: En su utilización se desarrollaron técnicas variadas, como la forja en el hierro, el martillado para el oro, plata y cobre.

martillador -ra *adj* Que martilla. *Tb n, referido a pers. Tb fig.* | I. RQuintano *Abc* 11.6.88, 122: No da tregua [Poli Díaz] a sus rivales, que salen al *ring* empavorecidos por la fama de este auténtico martillador que propina, a rafagazos, trompadas con el entusiasmo vital de un calderero.

martillar A *tr* **1** Golpear [algo] con el martillo [1a y b] u otro objeto similar. | *Hacerlo* 70: Hay que empezar por martillar el trozo de zócalo en que se van a colocar.
b) Decorar o modelar [algo] a golpe de martillo [1a y b]. | E. La Orden *SYa* 26.6.77, 15: Todo es plata barroca martillada.
B *intr* **2** Golpear [en algo] con el martillo [1a y b] u otro objeto similar. *Tb sin compl.* | Azorín *Agenda* 1338: ¿Por qué dentro de los toneles en construcción ardía una hoguera en tanto que se martillaba en los flejes que sujetaban las duelas?

martillazo *m* Golpe dado con el martillo [1a y b]. | GPavón *Hermanas* 18: De aquella gloria de coces, relinchos, martillazos y voces arrieras, solo quedaba un yunque oxidado.

martilleante *adj* Que martillea. *Tb fig.* | C. R. Araúz *Abc* 28.8.66, sn: En el ser o no ser de Hamlet, he de desear que cese la música martilleante del silencio para que se sientan el timbre de la puerta o los sillones del piso de arriba.

martillear A *tr* **1** Golpear [algo] repetidamente con el martillo [1a y b] u otro objeto similar. | Huarte *Tipografía* 63: La forma, o molde compuesto y preparado para impresión, va encerrada en un marco llamado rama; se asegura con cuñas y se martillea suavemente con tamboriletes de madera para abatir las piezas. **b)** Golpear [algo] repetidamente. *Frec fig.* | P. Pascual *MHi* 8.66, 44: Una lluvia densa martilleaba los cristales. GAmérigo *Sáb* 20.8.66, 12: Un pequeño no empieza a hablar como Castelar, pero ello no justifica que la familia a coro le martillee los oídos diciéndole: "el nene quere cheche".
2 Repetir [algo] con insistencia. | Delibes *Madera* 63: Tío Vidal martilleó, por segunda vez aquella mañana, que la manifestación de la Unión Patriótica en Madrid había sido un verdadero plebiscito.
B *intr* **3** Golpear [en algo] con el martillo [1a y b] u otro objeto similar. *Tb sin compl.* | * Martillear en el hierro. Buero *Hoy* 58: Silverio ríe y martillea. **b)** Golpear repetidamente [en algo]. *Frec fig.* | Arce *Testamento* 14: El sol martilleaba en las mismas sienes.

martilleo *m* Acción de martillear. *Tb el ruido correspondiente.* | Ramos-LSerrano *Circulación* 325: El motor "pica" (ruido de martilleo metálico) en particular a medios gases. C. LTena *SAbc* 5.10.75, 25: El Mando Rojo somete sus unidades al martilleo de una artillería y una aviación que en este momento son superiores en efectivos. FReguera *Bienaventurados* 28: Lo escuchaban pacientemente, respondían al martilleo de sus eternas preguntas.

martillo I *m* **1** Herramienta de percusión que consiste en una masa, gralm. de hierro, con un mango que encaja en ella. | Pemán *Abc* 29.11.70, 3: Un dentista que, con un martillito, asegura los empastes o los dientes postizos. **b)** Herramienta de percusión que funciona por medios mecánicos. *Gralm con un adj o compl especificador.* | GTelefónica *N*. 658: Maquinaria .. Macmor, s.a. Compresores. Excavadoras. Martillos. Perforadoras. Machacadoras. Hoyo *Glorieta* 15: También nos llevaba a una de las fundiciones, a ver caer, desde lejos, los martillos pilones sobre las masas de hierro al rojo. MMolina *Jinete* 401: Aturdido por el tráfico, .. por el ruido intolerable de los martillos neumáticos en las aceras reventadas. **c) pez ~** → PEZ^1.
2 (*Anat*) Huesecillo del oído medio de los mamíferos, situado entre el tímpano y el yunque. | Bustinza-Mascaró *Ciencias* 85: Desde el tímpano hasta la ventana oval se extiende una cadena de huesecillos: martillo, yunque, lenticular y estribo.
3 (*Dep*) Esfera metálica provista de un cabo flexible, que se lanza desde un círculo girando el atleta sobre sí mismo. | Repollés *Deportes* 97: El lanzamiento de martillo consiste en colocarse al fondo del círculo, de espaldas a la dirección que deberá tomar el martillo, y bien aplomado sobre las dos piernas. **b)** Lanzamiento de martillo. | *VozA* 8.10.70, 23: Medalla de Oro en martillo para José María Álvarez con 41,12 metros.
4 (*Mec*) Platino móvil. | S. Magán *Ya* 20.4.74, 57: Distribuidor. Se compone de eje, platinos (uno fijo, llamado yunque, y otro móvil, llamado martillo), pipa o dedo distribuidor y tapa distribuidora.
5 (*lit*) Pers. que persigue [a una colectividad o algo que considera un mal (*compl* DE)] para acabar con ellos. | *ElM* 9.12.91, 13: Fue y es el martillo de los que, en nombre de las ideas, niegan en la práctica lo que predican. *D16* 3.6.84, 48: Alain Delon, diseñador de gafas y martillo de los socialistas franceses.
II *loc adj* **6 en ~**. (*Med*) [Dedo del pie] que tiene la primera falange extendida y la otra flexionada. *Tb* DEDO ~. | *Abc* 27.6.93, 31: Cirugía láser del pie .. Dedos en martillo. Uña encarnada. Ojos de gallo.

III loc adv **7 a macha ~** → MACHAMARTILLO.

martín. ~ pescador. m Pájaro de cuerpo macizo, pico largo y robusto y plumaje de colores vivos y brillantes, que se alimenta de peces y animales acuáticos (*Alcedo atthis*). | Legorburu-Barrutia *Ciencias* 210: A ver si distingues las carnívoras y las acuáticas: pelícano .., martín pescador.

martina f (*reg*) Arao común (ave marina). | Aldecoa *Gran Sol* 54: Por el onduleo de las aguas volaban rasando los petreles .. Los petreles o martinas, que no temen los malos tiempos.

martineta f Ave sudamericana semejante a la perdiz (gén. *Rynchotus* y *Eudromia*). | Delibes *Mundos* 88: Omitimos hablar de la perdiz y la martineta de los llanos uruguayos, donde una mano de cuatro escopetas exigirá alquilar un camión.

martinete[1] m Ave de la familia de las garzas, pero menos estilizada y de patas y pico más cortos y gruesos (*Nycticorax nycticorax*). | Noval *Fauna* 126: El Martinete (*Nycticorax nycticorax*) es más escaso .. Pasa en marzo, y en el verano se ven algunos jóvenes con plumaje marrón oscuro.

martinete[2] m **1** Martillo o mazo grande, movido mecánicamente. | R. Casado *Nar* 6.77, 23: El martinete, que ocupa casi todo el recinto, deja a su izquierda el horno de fundición, justo al lado del martillo propiamente dicho. **b)** Edificio industrial o taller metalúrgico en que hay martinetes. | Mercader-DOrtiz *HEspaña* 4, 143: Vizcaya y Guipúzcoa marchaban a la cabeza [en la industria metalúrgica], con 178 forjas y 12 martinetes, y 80 y 33, respectivamente.
2 *En el piano:* Mazo pequeño que hiere la cuerda. | Valls *Música* 19: Nadie confunde .. la pulsación de un martinete, el batir de un telar o el rumor de fondo de la circulación ciudadana.
3 Cante gitano andaluz originado en las fraguas, compuesto gralm. por cuatro versos octosílabos que se cantan sin acompañamiento instrumental. | Millán *Fresa* 89: El martinete viene de la toná.

martingala f (*col*) **1** Artimaña. | Lera *Clarines* 433: ¿Qué te creías, que estos fulanos vienen a dejarse aquí la piel? ¡Pues no tienen martingalas ni nada! A esta gente no la pilla un toro como no les tire los cuernos.
2 Tontería o cosa sin importancia. | CBonald *Ágata* 288: Que si yo andaba cavilando con esas martingalas de la honra.

martingalero -ra adj (*raro*) [Pers.] que usa martingalas [1]. | Ero *Van* 3.10.74, 32: Eran tipos diferentes, Salvador, quien, además de obeso y cazurro, era martingalero, y Dieguito, este un jovencito monárquico.

martini (*n comercial registrado*) m Combinado de vermú y ginebra. | Goytisolo *Afueras* 94: Conozco una cafetería en la que saben preparar buenos martinis.

martinicano -na adj De la isla de Martinica. *Tb n, referido a pers.* | VMontalbán *Galíndez* 203: El caso de las mujeres martinicanas lanzadas al mar dentro de cajones .. por un capitán negrero.

martinico m (*raro*) Duende (espíritu travieso). | FVidal *Ayllón* 111: Pienso en las palabras que escribió Heráclito sobre el río como principio de todo movimiento y, en consecuencia, del martinico cambiante de la vida en sus varios aspectos.

martiniega f (*hist*) Contribución o renta pagadera por San Martín. | Cela *Judíos* 42: En Ayllón, el conde de Miranda cobraba las alcabalas, las martiniegas y las tercias reales.

martiniqués -sa adj De la isla de Martinica. *Tb n, referido a pers.* | SAbc 11.6.72, 17: En este barrio parisiense, semejante al Harlem, habitan negros martiniqueses, negros africanos, marroquíes, tunecinos, argelinos.

martiño m (*reg*) Pez de San Pedro (pez marino comestible de carne apreciada, *Zeus faber*). | *Voz* 8.11.70, 3: En cajas de 40 kilos, la actividad fue la siguiente: 1 de abadejo, a 430 [pesetas]; .. 1 de martiños, a 725.

mártir **I** m y f **1** Pers. que ha sufrido la muerte por su fe religiosa. | Villapún *Iglesia* 10: San Esteban fue el primer mártir de la Iglesia. **b)** Pers. que ha sufrido o ha muerto por sus ideales. *A veces en aposición. Tb fig.* | F. CSerraller *SInf* 10.1.74, 1: Bruno científico y mártir, porque el santoral contemporáneo tiene su templo en la Ciencia. Anson *SAbc* 25.1.70, 5: Llegó hasta las puertas de Viena serena y gris y se enseñoreó en [sic] la Polonia mártir. **c)** Pers. o, más raro, animal que sufre mucho. | Delibes *Cinco horas* 46: Los hombres, a nada, unos mártires. Halcón *Ir* 169: Le espantó las moscas .. Le aplastó un tábano del cuadril .. "Pobres mártires", pensó. Sobre todo el mulo "Morisco".
II loc v **2 traer ~** [a alguien]. (*col*) Ocasionar[le] muchas preocupaciones o molestias. | GAmérigo *Sáb* 10.9.66, 33: Las personas que padecen hipertensión, que traen mártires a médico y familiares para que se les tome [la tensión] a cada momento, como si este hecho fuera el que ha de curarles.

martirial adj De(l) mártir o de (los) mártires [1a y b]. | GRuiz *Sáb* 1.3.75, 18: Enfrentado con el Gobierno de Vichy, pasa por la cárcel de Clermont-Ferrand, donde redescubre la vieja tradición cristiana martirial. Pemán *Gac* 30.8.70, 5: Moctezuma, cuya muerte martirial le dio una aureola de antagonista frente a Hernán Cortés.

martirio m **1** Muerte o sufrimientos padecidos por una fe o unos ideales. | J. Hermida *Act* 25.1.62, 24: Uno tiene que reverdecer los olvidados sustos infantiles cuando leía en la escuela historias de martirios en tierras de infieles. L. Calvo *Abc* 18.12.70, 28: Los martirios del pueblo español invadido y torturado por las tropas napoleónicas.
2 Sufrimiento muy grande. *Con intención ponderativa.* | *Pue* 16.12.70, 7: La vida para nosotros es un verdadero martirio. Gala *Hotelito* 18: De pronto, pum: un escupitajo de barro. Qué martirio.

martirizador -ra adj Que martiriza. *Tb n, referido a pers.* | *CoZ* 13.5.64, 8: Aquella perversa y martirizadora criatura .. me dijo: –¡Qué ganas de bromas tiene el señor! Aparicio *Mono* 174: Estas gallinas .. viven como su dueño sometidas a un lujo martirizador.

martirizante adj Que martiriza [2]. | CBonald *Ágata* 52: Atenazada por una martirizante indefensión. P. Serrador *Abc* 5.3.58, 17: Ya no valen los pliegues simuladores ni las cinturas estranguladas por la horca martirizante de las ballenas.

martirizar tr **1** Hacer sufrir martirio [1] [a alguien (*cd*)]. | Villapún *Iglesia* 29: Pablo fue martirizado en Roma juntamente con San Pedro.
2 Causar martirio [2] [a alguien (*cd*)]. | FReguera *Bienaventuradas* 199: El hambre y la sed siguieron martirizándolo. MMolina *Jinete* 107: Los martirizaban los sabañones.

martirologio m **a)** Catálogo de los mártires [1a] y de los santos. | VParga *Santiago* 9: La noticia .. la encontramos ya consignada en un texto añadido al martirologio de Floro de Lyón. **b)** Catálogo de los mártires [1b]. | Goytisolo *Recuento* 317: ¡Cuándo se acabará el martirologio!, dijo el padre de Leo, y .. se hizo casi palpable la imagen de Obregón colgado por los brazos de una cañería, sus muñecas desolladas, sus pies machacados, su piel punteada por las quemaduras de los cigarros, o la de Marsal esposado a un camastro de hierro que las descargas eléctricas convertían en abismo y alarido.

martorellense adj De Martorell (Barcelona). *Tb n, referido a pers.* | F. PMassana *Van* 27.12.70, 33: Martorell .. Un regular número de martorellenses ha seguido con interés las sesiones.

maruca f Pez marino de unos 2 m de largo, cuerpo cilíndrico y hocico grande, propio del Atlántico (*Molva molva*). | *Voz* 23.10.70, 3: También se alijaron 120 kilos de lenguado, que se vendieron de 164 a 175 pesetas kilo; .. 97 de maruca, de 600 a 700.

maruja (*a veces con mayúscula*) f (*col, desp*) Ama de casa. | P. J. Ramírez *D16* 18.10.88, 3: Está de más .. todo este chismorreo de marujas. *ByN* 2.7.89, 29: Esa ama de casa suele ser una apacible señora honestamente enamorada de su destino, y el lenguaje popular ha consagrado dos términos para nombrarla: el de *Maruja* y el de *María*.

marujona f (*col, desp*) Ama de casa. | Ju. Echevarría *Ya* 26.2.90, 56: Ramoncín era "el rey del pollo frito" .. Lo tuvimos en la "tele", dando prédicas y seduciendo marujonas.

marusa m (col, humoríst) Marica¹. | Forges *Forges* nº 2 97: Pues a ver si usted le compra otro disco al marusa de su hijo, porque nos tiene del pugnetero gato que está triste y azul, hasta las partes nobles.

maruso m (col, humoríst) Marica¹. | GPavón *Hermanas* 27: –Un decir –respondió el maru[s]o–, pero yo de viejo nada, resolfa. [*En el texto*, maruxo.]

marxiano -na adj De Karl Marx († 1883). | Velarde *Raz* 5/6.89, 266: La asunción del mito marxiano de la lucha de clases provoca unas tensiones sociales muy fuertes que desorganizan, por encima de todo lo razonable, el sistema productivo.

marxismo m Doctrina y sistema económicos y políticos creados por Karl Marx († 1883) y Friedrich Engels († 1895), según los cuales los acontecimientos y las instituciones humanas están determinados por causas económicas y el agente básico del cambio histórico es la lucha de clases. | Aranguren *Marxismo* 101: Al marxismo habría que juzgarlo como bueno o como malo por su contenido.

marxismo-leninismo m Doctrina y sistema económicos y políticos que tienen por base la modificación hecha por V. I. Lenin († 1924) de la doctrina marxista. | *ByN* 31.12.66, 54: La propaganda sigue difundiendo los principios del marxismo-leninismo.

marxista adj De(l) marxismo. | Arenaza-Gastaminza *Historia* 287: Organización fundada en 1919 para .. inocular en el mundo el veneno marxista. **b)** Adepto al marxismo. *Tb n.* | Aranguren *Marxismo* 12: Me esforzaré .. por comprender la moral del marxismo, con una pretensión un tanto paradójica, a la vez desde dentro y, sin embargo, no como marxista.

marxista-leninista adj De(l) marxismo-leninismo. | *Sol* 20.2.76, 4: Se imputa a los procesados haber constituido en Zaragoza una célula del "F.R.A.P.", de matiz marxista-leninista. **b)** Adepto al marxismo-leninismo. *Tb n.* | *Sol* 21.9.75, 5: Asistió al pleno del comité central del referido grupo comunista marxista-leninista. *Abc* 18.3.89, 15: El País Vasco .. debe .. retomar la construcción de la cultura de los "chapelaundis" –los vascos universales– frente a la estrechez de las "chapelchiquis", travestidos en marxistas-leninistas.

marxistización f (*Pol*) Acción de marxistizar. | Aranguren *Marxismo* 49: Ahí está, como prueba irrefutable, el hecho ingente de la marxistización de media humanidad.

marxistizante adj (*Pol*) Que tiende a marxista. | FMora *Abc* 29.11.75, sn: Si se lee con algún sentido crítico la Prensa periódica se descubrirá la enorme extensión y, en ocasiones, la profundidad de la infiltración marxistizante.

marxistizar tr (*Pol*) Dar carácter marxista [a alguien o algo (cd)]. | Aranguren *Marxismo* 36: La masa proletaria no está nunca –con anterioridad a la implantación política de un régimen marxista– suficientemente marxistizada.

marxistoide adj (*Pol, desp*) Que aparece como marxista sin serlo. | GSerrano *Macuto* 168: Echarse a la calle tiene, en principio, un tufillo liberal; marxistoide y comunistizante, después. R. Rodríguez *Rev* 7/8.70, 28: Repitió una docena de veces ideas sin duda gratas para la cámara libertina y marxistoide de Pierre Kast.

marxistología f (*Pol*) Estudio teórico del marxismo. | Miguel *Intelectuales* 17 (G): En esa Barcelona que se expresa en castellano se han iniciado algunas líneas interesantes de pensamiento como la marxistología de M. Sacristán.

marxistólogo -ga m y f (*Pol*) Especialista en marxistología. | *Raz* 2/3.84, 1: En el centenario de Marx, Manu[e]l Foyaca, uno de nuestros mejores marxistólogos, quintaesencia con gran lucidez analítica tu aportación de Lenin a la teoría y, sobre todo, a la práctica del comunismo.

marzal adj Del mes de marzo. | E. Pablo *Abc* 30.3.75, 39: Cabía esperar que no hubiese que lamentar más contratiempos que la suspensión de los trabajos propios de la época en el campo y la estabulación del ganado de renta, hasta que se amansaran las furias marzales.

marzas f pl **1** Coplas que los mozos de Cantabria y de algunas zonas limítrofes cantan de noche por las casas durante el mes de marzo y también en tiempo de Navidad y de Pascua. *Tb la celebración en que se cantan.* | Cancio *Bronces* 46: Los mozos, de voz atabacada y aguardentosa, salmodian unas marzas marineras, entre las que figura en buena hora el viejo romance de la primavera de amor. Delibes *Ratas* 92: Por las Marzas, que este año cayeron por San Porfirio, el pueblo parecía un funeral. Sin embargo, los mozos se dividieron, como de costumbre, en dos coros .. Los coros, sin el Virgilio, apenas acertaban a entonar, y las mozas se reían desde los balcones de sus esfuerzos disonantes. **2** Obsequios que se dan a los que cantan marzas [1]. | R. Calanda *Van* 25.12.71, 56: Los aguinaldos son muy variados en España, según la región donde perviven. En Santander se llaman "marzas".

marzo m Tercer mes del año. *Se usa normalmente sin art.* | Laforet *Mujer* 98: Esperaban el hijo para finales de marzo o principios de abril.

mas¹ (*con pronunc átona*) *conj* (*lit*) **1** *Une dos elementos denotando que la noción expresada por el segundo se opone a la expresada por el primero, sin ser incompatible con ella:* Pero. | CNavarro *Perros* 17: Quique solía decir .. que eran manifestaciones de un sentimiento atávico; mas para Quique todo eran manifestaciones atávicas. **2** *Une dos elementos denotando que la noción afirmativa expresada por el segundo se opone a la negativa expresada por el primero, con la cual es incompatible:* Sino. | Riquer *Caballeros* 77: No tuvo inmediata respuesta de Suero de Quiñones, mas de otro caballero. **3 no solo..., mas...** → NO¹.

mas² (*con pronunc tónica*) m (*reg*) Masía. | *Gerona* 73: En la provincia de Gerona exite un tipo característico de casa habitación: el mas (casa solariega), fundamento de toda una institución familiar. Carnicer *Cabrera* 91: Laureano se acuerda sobre todo de un jamón y un pellejo de vino que encontraron en un mas abandonado. [*En el frente de Teruel*.]

más (*con pronunc tónica. En las aceps 19 y 28, y a veces tb en la 30, se pronuncia átono, a pesar de llevar tilde. Como adv y adj, gralm. se antepone a la palabra a que se refiere* (*excepto si esta es v*); *pero con* NADA, NADIE, NINGUNO, ALGUNO, UNO, NUNCA, *se pospone*) **I** adv **1** *Denota aumento o superioridad en una comparación. El segundo término comparado va introducido por* QUE *y a veces por* DE. | *Tel* 15.6.70, 9: Carlitos es más infeliz que un cubo. Cunqueiro *Un hombre* 9: Cruzó la plaza en dirección a la puerta del Palomar, la más baja de todas. Cunqueiro *Un hombre* 14: El hombre del jubón azul bebió a su vez, a sorbos, paladeando mas el vino de aquella hora el recuerdo de un vino de otros días. **b)** *El segundo término se omite, por énfasis, en expresiones ponderativas de entonación final no descendente.* | MGaite *Visillos* 22: –También es raro, ¿verdad?, que nunca nos hayamos conocido .. –¿Esta? .. No me extraña; si nosotros la conocemos de milagro. Esto es más salvaje... **c)** *A veces se omite el segundo término, por consabido.* | * Pon más cerca esa silla. **d)** *A veces toma la forma* EN ~ *con vs que significan apreciación.* | * Valora en más la inteligencia que la voluntad. **e) como el que ~.** *Se usa para ponderar el alto grado en que se posee la cualidad expresada por el adj al que sigue.* | Medio *Andrés* 235: Era valiente como el que más. **2** *Con advs como* ALLÁ, ACÁ y TARDE, *seguidos de compl* DE, *no expresa comparación sino que precisa lugar o tiempo respecto al expresado por esos compls.* | GRuiz *Cristianismo* 11: Lo sagrado constituía una especie aparte, .. más allá de cuyas fronteras todo era profano o "común". * Nunca llega más tarde de las nueve. **b)** *A veces se omite el compl por consabido.* | Medio *Bibiana* 10: El señor Massó daría la razón al señor Prats, y le azuzaría contra ella y contra los muchachos, aunque más tarde fuese el primero en ponerles en la mano cinco duros para sus gastos. **3** Con mayor motivo. | J. A. Castro *SYa* 22.6.75, 25: Me gusta un poco de chác[h]ara, y más si es delante de unas copas. **4** Tan. *En frases exclams.* | CSotelo *Muchachita* 266: ¡Qué revista más encantadora! **5** De nuevo o en lo sucesivo. *En frases negativas.* | Fraile *Cuentos* 33: Lebrillán aburría las fotos, que archivaba o perdía sin acordarse más.

6 (reg) Además. | Cela Rosa 186: Ay, no, que eso es mismamente como atentar a Dios y más a los santos.
7 a lo ~ → LO ~ [15].
8 a ~. Además. Tb (reg) A ~ A ~. | Carandell Madrid 51: Yo tuve un accidente y a más en Francia. J. A. Castro SYa 22.6.75, 25: Me gusta un poco de chác[h]ara .., a más que para mi negocio hay que ser un poco paliquero.
9 a ~ no poder → PODER[1].
10 a ~ y mejor. Mucho. Con intención enfática. | ZVicente Traque 244: Se reían a más y mejor cuando lograban darme. CBonald Dos días 33: La cosa daba para que chupasen a más y mejor un cumplido equipo de quitapelusas y lameculos.
11 de lo ~. Sumamente. Precediendo a un adj o a un adv. | CBonald Noche 310: Te encuentro de lo más bien. Cela Mazurca 37: Son muy aromáticas [las farias], ya verás, y tiran de lo más bien.
12 de ~. Demasiado. | Delibes Emigrante 107: Los zapatos me aprietan de más, y en el derecho .. tengo una mancadura.
13 de ~. En cantidad superior a otra tomada como referencia. A veces con un compl QUE. | Marcos-Martínez Aritmética 78: Una obrera hace 6 m de encaje en 8 días. Otra hace 7 m en 9 días. Decir: 1º ¿Cuál es la más hábil? 2º ¿Qué cantidad de encaje hace por día de más que la otra?
14 en ~. En cantidad o importancia superior a la que se toma como referencia. | Prospecto 11.73: Ministerio de Industria. Delegación Provincial. Barcelona. El presente termómetro clínico .. corresponde a un tipo aprobado, y su error máximo no sobrepasa a [sic] una décima en más o en menos.
15 lo ~, a lo ~, o **todo lo ~.** A lo sumo. | Payno Curso 170: Si estaba con alguien, este comprendía lo delicado del asunto y le dejaba meditar en silencio. A lo más daba algunos consejos de amigo. Huarte Tipografía 10: Las hojas irán sueltas dentro de una caja o carpeta o, todo lo más, unidas con alguna grapa o clip fácil de quitar.
16 ~ bien. Mejor. Introduce una rectificación o una matización. | Matute Memoria 101: Jorge estaba loco, loco de remate; o más bien, digo yo si se le habría metido un diablo en el cuerpo. Torrente Isla 25: El bosque alemán de que te hablo, selva más bien, no era de los sonoros, sino de los silentes. **b)** Con preferencia, o más probablemente. | * Don Felipe viene más bien por las tardes. **c)** Bastante. | Matute Memoria 227: El día de Navidad fue más bien triste.
17 ~ o menos. Aproximadamente. Tb (SOBRE) POCO ~ O MENOS (→ POCO). | Valencia Mar 17.7.66, 3: Argentina jugó más o menos lo que contra los españoles. **b)** n + + el mismo n + **menos.** Aproximadamente [en cuanto a lo designado por el n.]. | DCañabate Paseíllo 148: El chico, de la misma edad, mío ambos años menos, que el mío.
18 ~ que. Sumamente. Gralm precediendo a un compl adv. | Cela Judíos 210: El vagabundo .. se fue más que a paso de la taberna.
19 ~ que + adj. Exclam con que se intensifica afectivamente la cualidad expresada por el adj. Puede ir precedida del mismo adj. | Matute Memoria 154: Te lo digo por tu bien, más que tonta. DCañabate Paseíllo 19: ¡Imbéciles, más que imbéciles!
20 ~ y ~. Progresivamente, o cada vez más. | Matute Memoria 179: Me decía que no, que se parecía más y más al tío Álvaro.
21 nada ~ → NADA.
22 ni ~ ni menos. Exactamente, precisamente. Con intención enfática. Gralm seguido de QUE. | CPuche Paralelo 278: El Penca era ni más ni menos que su compañero en la acción revolucionaria. **b)** Se usa para remachar lo que se acaba de decir o para asentir a lo que se acaba de oír. Tb (col, humorist) NI ~ NI MANGAS. | Delibes Cinco horas 106: Te pones a ver y en esta casa no se ha hecho más que la santísima voluntad, ni más ni menos. DCañabate Paseíllo 112: El Donato será siempre para mí el vecino de la tienda de al lao. Ni más ni mangas.
23 no ~ → NO[1].
24 si ~ no. (reg) Al menos. | Moix Des 12.9.70, 13: La ausencia de "mass media" en catalán habrá podido evitar, si más no, esta corrupción.
25 sin ~. Sin dudarlo o sin pensarlo. | Palacios Abc 20.7.67, 3: Yo tampoco tendría inconveniente en sumarme sin más a la opinión del autor si la palabra deporte se entendiera siempre en su significado tradicional. Peraile Ínsula 17: Pues eso, un especialista... Así que lo primero es informarse de uno de confianza, y presentarse en la consulta sin más.
26 sin ~ ni ~. Sin razón o justificación. | CBonald Dos días 205: —¿A ti qué te ha dicho? —Pues eso, que te levantaste a no sé cuántos viñadores de Monterodilla sin más ni más. Cela Compañías 211: Los viejos marineros miran para la mar, nadie sabe con qué mirada .., ni queriendo qué cosa que no sea mirar, mirar sin más ni más, mirar por mirar.
27 todo lo ~ → LO ~ [15].
II prep **28** Indica que a la cantidad que precede se suma la que sigue. | Torrente Saga 208: El total de personalidades calculadas responde a la fórmula matemática 7^{n+1}, siendo n más 1 el número .. de posibles dimensiones del espacio. **b)** Indica que lo que se enuncia a continuación se añade a lo ya enunciado. | Des 12.9.70, 4: Renta fija, más revalorización distribuible del patrimonio, más plusvalías. Delibes Año 60: Cobramos ocho [conejos], más cuatro perdices y una liebre.
29 a ~ de. (lit) Además de. | Delibes Año 71: Con Palol perdemos, a más de un amigo, a un gran maestro en arqueología.
III conj **30 ~ que.** Sino. Siguiendo a una constr de sent neg. | Matute Memoria 123: Aquellos látigos, ¿cómo podían pertenecer a nadie más que a tío Álvaro, .. con su boca torcida por la cicatriz? * ¿A quién podía pertenecer más que a él?
31 ~ que. (reg) Aunque. | Día 21.9.75, 42: Le dice uno que no y el padre se empeña en que sí. Y hay que decirle que sí. Más que no haya sido.
32 por ~ que → POR.
IV pron **33** Designa pers o cosa superior en cantidad o en importancia. El segundo término comparado va introducido por QUE o DE. | Fraile Cuentos 47: En aquel asunto había más que palabras. LTena Alfonso XII 139: ¡Más de cinco años sin vernos! **b)** A veces se omite el segundo término. | Gironella Millón 716: "De los quinientos prisioneros .., ciento cuarenta y uno eran ingleses .. ¡Rusos, uno solo!" —¿Hay quién dé más?
34 Situación mejor o superior en cantidad o importancia. En constrs como VENIR, IR, LLEGAR A ~. | Arce Precio 124: Si el ruido va a más, será fácil [localizarlo].
35 Otra cosa. Gralm seguido de QUE. | Matute Memoria 102: Nunca se ha sabido más de ella. Hoyo Glorieta 27: Ahora era como si algo se hubiera gastado y rasgado y quedasen no más que unas tiras de voz.
36 de ~. Cantidad superior a la debida. | Delibes Mundos 117: El chileno inevitablemente da de más.
37 el que ~ y el que menos, **quien ~, quien menos** → QUE[1], QUIEN.
V adj **38** Denota superioridad en cantidad o en importancia. El segundo término comparado va introducido por QUE o DE. | Urbina Carromato 8: Mi padre y mi madre .. tienen mucha más gracia que la que demuestran en su actuación. **b)** A veces se omite el segundo término, por consabido. | Chamorro Sin raíces 125: Él, lo que tenía que hacer, es lo que le dice su padre: más esparto, .. y azadones y hasta alguna vertedera por si alguien se anima.
39 Otro. Gralm seguido de QUE. | Torrente SD16 9.7.88, VI: La guerra civil española, como a tantos más, me cambió el destino. Matute Memoria 161: Juró matar al que le robase uno más. * No nos quedan más fotos que estas.
40 de ~. Que sobra. | Torrente Off-side 518: —¡Lon-lon-lorón-lon-lorón-lorón ..! —Le echaste un lorón de más.
41 de poco ~ o menos → POCO.
42 en ~. Superior en cantidad o importancia respecto a lo que se toma como referencia. | Marcos-Martínez Física 6: Se llama error absoluto la diferencia (en más o en menos) entre el valor hallado y el valor exacto de la cantidad medida.
43 lo ~. La cosa de mayor magnitud o importancia. Normalmente seguido de una prop adj. | * Era lo más que cabía esperar.
44 los ~. La mayoría. Gralm sustantivado, seguido de un compl DE. | GNuño Madrid 127: Los más de los elementos utilizados por Ribera .. aparecen aquí. Ridruejo Memorias 61: Treinta hombres, los más, adolescentes. **b)** Con el n VECES, tb LAS ~ VECES. | * Llegaba tarde las más veces.
VI m **45** Signo de la suma, que se representa por una cruz. | Marcos-Martínez Aritmética 21: El signo de sumar es una cruz .. y se lee más.

masa – masaje

46 (*Fís* y *Mat*) Signo de la cualidad de positivo. | Marcos-Martínez *Álgebra* 3: Números fraccionarios positivos son las fracciones precedidas del signo más. **b)** Sentido positivo. *Tb adj*. | Marcos-Martínez *Álgebra* 2: Se acostumbra a tomar uno cualquiera de los sentidos como *más* (+), o positivo, y el otro como *menos* (-), o negativo.

47 sus ~ y sus menos. Discusiones. | Villarta *Rutas* 103: En cuanto al nombre de la población, hay sus más y sus menos. **b)** Complicaciones o problemas. | Delibes *Historias* 23: Con la llegada de la electricidad, hubo en el pueblo sus más y sus menos, y a la Macaria, la primera vez que le dio un calambre, tuvo que asistirla .. el médico .. de un acceso de histerismo. **c)** Devaneos. | Cela *SCamilo* 160: Tu tío Horacio .. tiene sus más y sus menos con la criada .., que se deja sobar por respeto y también por dinero.

48 el ~ allá, el no va ~ → ALLÁ, IR.

VII *loc v y fórm or* **49 es ~, estar de ~, no va ~, qué ~ da** → SER¹, ESTAR, IR, DAR.

masa I *f* **1** Mezcla que resulta de incorporar un líquido a una materia sólida o pulverizada. | M. F. Lucas *Nar* 6.77, 10: Acto seguido pasa la arcilla a la pila ya citada, y en ella se realiza la operación llamada "recalado", consistente en mezclarla con agua. Para que toda la masa tenga el mismo grado de humedad, la "castiga". **b)** *Esp*: Mezcla de harina y agua. | Cunqueiro *Un hombre* 10: Me llevaron unas tías mías .. ofrecido a los santos fraternos con unas orejas postizas de masa de bollo suizo.

2 Cantidad relativamente grande [de sustancia sólida o pastosa] sin forma definida o cuya forma no se considera. | Ybarra-Cabetas *Ciencias* 45: Masas, si el mineral ocupa espacio de grandes dimensiones y contorno irregular. **b)** Cantidad relativamente grande [de una materia fluida] considerada como una unidad autónoma. | A. Linés *Ya* 19.2.78, 4: La razón de estas elevadas temperaturas hay que encontrarla en las masas de aire tropical que ahora nos invaden.

3 Cantidad total [de algo]. | *Inf* 9.2.78, 35: El patrimonio de la Institución Libre de Enseñanza, devuelto a la Institución .. La masa de bienes de la institución vuelve a estar adscrita a los fines culturales previstos cuando se constituyó. F. Martino *Ya* 19.2.78, 36: Un golpe de suficiente intensidad en la cabeza produce .. una "conmoción" que remueve digamos molecularmente la masa encefálica. *Pactos Moncloa* 20: Política monetaria: Moderación paulatina de los ritmos de aumento de la masa monetaria para conseguir una desaceleración del proceso inflacionista. **b) ~ salarial.** Conjunto formado por el salario y todos los restantes emolumentos que percibe un trabajador. | *Abc* 12.5.90, 56 (A): Fernández Noriega ofreció una subida del 6 por ciento a los médicos a costa de quitarles el complemento de productividad .., lo que supone que la masa salarial en muchos casos disminuya.

4 Conjunto numeroso [de perss. o cosas] considerado como una unidad, sin diferenciación de partes. *Frec opuesto a* INDIVIDUO. | PRivera *Discursos* 19: Para nosotras cada hombre es un ser diferente a los demás, que debemos considerar en su individualidad y nunca como masa. J. Vega *DBu* 11.7.64, 4: Una red de emisoras detectoras de incendios, perfectamente conectadas entre sí, vigilan nuestras masas forestales. **b) hombre-~** → HOMBRE. **c)** Clase popular. *Gralm en pl*. | P. Urbano *Abc* 3.7.77, 81: El ministro va a enmendarle la plana al poeta, va a partirse el pecho por hacer de las masas "un pueblo soberano". **d) ~ coral.** Coro, o conjunto coral. | *Ya* 2.11.77, 10: El abad de Covadonga hizo entrega a don Felipe de Borbón y Grecia de un pergamino en el que se le nombra escolano de honor de la Escolanía de Covadonga y de la túnica que utilizan los componentes pertenecientes a esta masa coral.

5 (*Fís*) Cantidad de materia [de un cuerpo]. | *Unidades* 27: El kilogramo es la unidad de masa que es igual a la masa del prototipo internacional del kilogramo. **b) ~ específica** (o **volúmica**). (*Fís*) Cociente de la masa [de una sustancia] dividida por el volumen de la misma. | *Unidades* 13: Ejemplos de unidades SI derivadas, expresadas a partir de las unidades básicas: .. masa volúmica (densidad): kilogramo por metro cúbico.

6 (*Electr*) Conjunto de piezas conductoras que se ponen en comunicación con el suelo. | APaz *Circulación* 247: La corriente vuelve a la batería Z, que representa la masa metálica del coche, ahorrándose esté el hilo de vuelta.

II *loc v* **7 hacer ~.** (*Electr*) Hacer contacto. | APaz *Circulación* 247: A su extremo exterior T se une el cable por donde llega la corriente, la cual salta, dentro del cilindro, en el espacio de chispa P entre E y la otra punta lateral L por donde hace "masa" y vuelve a la bobina.

III *loc adv* **8 con las manos en la ~** → MANO.

9 en ~. En conjunto(s) numeroso(s) e indiferenciado(s). *Tb adj*. | Laforet *Mujer* 98: La gente corre en masa. Hay bombardeos. F. Cebolla *SPaís* 15.1.78, 19: La escena se registró en Wiriyamu, la aldea de las matanzas en masa que se hizo tristemente famosa en el verano de 1972. **b)** Íntegramente o en la totalidad. | *SYa* 11.6.74, 3: El Rayo no estuvo solo ante el peligro. El público de Vallecas, su público, acudió en masa a Vallehermoso.

10 en la ~ de la sangre. En la propia índole o naturaleza. *Gralm con el v* LLEVAR. | *Inf* 22.10.70, 23: –Yo soy de Embajadores, torero de Embajadores... Y llevo en la sangre... –En la masa de la sangre, Parrita... E. Romero *Ya* 6.12.86, 11: Fraga es un hombre que está construido para el liderazgo. Tiene la responsabilidad y la autoridad en la masa de la sangre.

masacrador -ra *adj* Que masacra. *Tb n, referido a pers*. | Umbral *Trilogía* 14: Después de la guerra hizo mucha novela rosa de clase bien, para que le fueran perdonados por los masacradores sus pecados pornográficos.

masacrar *tr* Asesinar en masa [a gentes indefensas]. *Tb fig*. | GRuiz *Sáb* 13.8.75, 25: Ahí tenemos .. el reciente caso de los judíos, que fueron masacrados horrorosamente por las fuerzas diabólicas del Tercer Reich. *Tri* 20.12.69, 27: Las autoridades quieren aniquilar el movimiento y masacrar a sus miembros. **b)** Asesinar [a una víctima indefensa]. *Tb fig*. | L. LSancho *Abc* 12.9.68, 75: En torno a Amancio de Lara, personaje típico, genuino, de su arte, Miguel Mihura liga dos temas. Uno, el del cuadragenario que acabará enamorándose y enamorando a la jovencita (infortunadamente masacrado el otro día por Arturo Coca), y otro, el de las supersticiones.

masacre *f* Acción de masacrar. *Tb su efecto*. | M. LPalacios *Caso* 26.12.70, 3: La tercera de las hijas .. se hallaba prestando sus servicios como niñera en la ciudad de La Laguna, .. causa esta que la salvó de la horripilante masacre. Marsé *Dicen* 284: La desolación y la muerte del gato y las ratas aplastadas en su huida, los despojos de una conciencia acorralada, la injustificable masacre sobre la que se asentaría el glorioso alzamiento del futuro edificio.

masada *f* (*reg*) Masía. | RMiquel *Lev* 22.2.75, 23: En la demarcación de la sierra se encuentran importantes masadas abandonadas.

masadero -ra *m y f* (*reg*) Colono de una masada. | Soler *Caminos* 129: No, no necesitaba un zagal el masadero de can Sardá.

masagrán *m* Mazagrán. | GPavón *Reinado* 133: Ellas pidieron cubalibres y ellos masagranes. Nombre este que les hizo mirarse entre ellas como gente superdesarrollada ante congoleños.

masai (*tb con la grafía* **massai**; *pl, ~ o ~s*) **I** *adj* **1** [Individuo] del pueblo nómada y guerrero que habita en la zona fronteriza de Kenia y Tanganika. *Tb n*. | F. RFuente *Act* 3.12.70, 50: En África existe un pueblo salvaje, de cultura neolítica y famoso en todo el mundo. Este es el pueblo de los "masai". M. Bastos *SYa* 11.10.70, 3: Dominan entre estas últimas [razas] la de los masais. *DEs* 22.10.76, 32: Los zapatos que en tan insignificante precio allí se ofrecían eran ejemplares propios de aquellos gigantescos guerreros massai. **b)** De (los) masais. | Pericot *Polis* 11: He aquí dos habitantes de un poblado masai (Kenia) encendiendo fuego con procedimientos rudimentarios.

II *m* **2** Lengua de los masais. | RAdrados *Lingüística* 177: En masai (África Oriental) el sujeto y el objeto se distinguen de este último modo.

masaje *m* Operación que consiste en presionar, frotar o golpear determinadas partes del cuerpo, con fines terapéuticos o higiénicos. *Frec con el v* DAR. | Medio *Bibiana* 218: Natalia hunde los dedos entre el pelo, friccionando la cabeza en un masaje suave. Nolla *Salud* 272: Para restablecer la circulación se practicará el masaje cardíaco externo. RIza *Luc* 3.8.64, 3: Las carcajadas, al resonar en la caja craneana, dan masaje a las células cerebrales. **b)** Operación semejante al masaje terapéutico pero destinada a producir placer sexual. | *SPaís* 15.12.93, 14: Estefanía/Mónica/Katherine, estudiantes supermorbosas, guapísimas .. Pases lencería supereróticos, masajes alucinantes. AMillán *Cuéntalo* 12: Compra una el periódico que contribuyó a la transición democrática y no hay más que anuncios de "casas de masajes". **c) ~ tailandés.** Conjunto de operaciones que incluyen masajes [a y b], cuerpo a cuerpo, y a veces también el acto sexual. | *País* 1.6.80, 34: Sauna. Exclusivos masajes profesionales, orientales y thailandeses.

masajear *tr* Dar masaje [a alguien o a una parte del cuerpo (*cd*)]. *Tb abs. Tb fig.* | Berlanga *Pólvora* 11: Los muchachos de blusón .. que le cuidaban, redondeaban, cortaban a navaja, lavaban con champú de huevo, masajeaban, secaban con secador. *Caso* 14.11.70, 21: 75 chorros en diversas posiciones se ponen inmediatamente en acción para masajear los senos. MSantos *Tiempo* 108: Masajeó con ambas manos. GHortelano *Cuentos compl.* 320: El municipal Teodoro le masajeaba los hombros con decreciente piedad .. –Pero ¿no me irá usted a meter una mano en las tetas delante de las autoridades? –Usted dispense, doña Nati.

masajista *m y f* Pers. especialista en masajes. | J. Montini *VozC* 31.12.70, 5: Tony Leblanc está designado como masajista por las folklóricas. VMontalbán *Pájaros* 205: En aquel Jordán fue sumergido el hombre, y la masajista escogió una de las cinco o seis pastillas de jabón apiladas en el suelo.

masaliota *adj (hist)* De la antigua Massilia o Massalia (hoy Marsella). *Tb n, referido a pers.* | Tovar-Blázquez *Hispania* 18: Se encontraron allí con la escuadra romana reforzada por la de los masaliotas.

masar *tr (raro)* Amasar. | Chamorro *Sin raíces* 12: Picaba cinco panes, asentados, de a kilo. Panes que se masaban de quince en quince días. SFerlosio *Jarama* 363: Consiste sencillamente en masar para las fiestas de tres o cuatro pueblinos de por aquí. Los bollitos y las tartas y esas cosas.

mascabrevas *adj (reg)* [Pers.] simple o pazguata. *Tb n.* | Gala *Días* 358: –Mi padre era farero. –¡Huy, qué mascabrevas! Bueno, un faro y un campanario son casi iguales.

mascada *f (reg)* Porción [de algo] que se masca [1] en la boca. | Nácher *Guanche* 117: Antes de buscar postura para la luchada escupió la mascada de tabaco.

mascado *m* Acción de mascar [1] con los dientes. | F. Martino *Ya* 6.6.75, 46: El mascado del chicle provoca una cierta salivación.

mascador -ra *adj* Que masca [1] con los dientes. *Tb n, referido a pers.* | Cela *Inf* 17.10.75, 16: También aparecen las "majorettes" .. Para colmo, tampoco faltan entre ellas las mascadoras de chiclet.

mascar A *tr* **1** Masticar. | F. Martino *Ya* 6.6.75, 46: Sufrieron una intoxicación, a consecuencia de haber mascado chicle. Lera *Bochorno* 202: –No importa –le interrumpió Leandro, mascando las palabras con sus poderosos dientes–. El negocio da para eso y para más. Mendoza *Misterio* 153: Usted, por su apariencia, pertenece a esa clase feliz a la que también se le da todo mascado. No tienen ustedes de qué preocuparse.
2 Dar por seguro [algo (*cd*)] que aún no ha ocurrido]. *Frec en part y en constrs como* ESTAR, *o* TENER, MASCADO. | ZVicente *SYa* 10.6.73, 31: Fíjese, ni siquiera en esa enciclopedia que han hecho en mi tierra me han puesto. ¡Y yo que mascaba casi la gloria literaria! *Inf* 8.6.78, 25: Cardeñosa, de forma increíble, perdió un gol "mascado". GPavón *Reinado* 193: –¿A que sé a lo que venís, amigos? –soltó de pronto–. Me lo tenía mascao desde que me dijeron que se había descubierto el ajo.
B *intr pr* **3** Percibirse [algo (*suj*)] de manera palpable. *Con intención ponderativa.* | F. Bellido *Ecc* 5.1.63, 20: El sentido "orgánico-vital" es algo que se masca en el ambiente. **b)** Percibirse como inminente [un hecho]. | J. CCavanillas *Abc* 16.12.70, 39: Anoche se mascaba la crisis gubernamental. Los rumores no se eran sentido eran generales.

máscara *f* **1** Utensilio destinado a cubrir el rostro para desfigurarlo, protegerlo u ocultarlo. | M. Landi *Caso* 21.11.70, 8: Detalles muy difíciles de observar si la persona lleva la cara cubierta con pañuelo y máscara. *Abc* 9.6.66, 71: Máscaras antigás y chalecos contra balas. **b)** *Esp:* Figura de cara, frec. de gesto exagerado o grotesco, que se pone sobre el rostro. | DPlaja *Literatura* 24: Los actores, en el momento de esplendor del teatro griego, llevaban máscara, lo que permitía que su gesto se percibiera a distancia. Angulo *Arte* 1, 29: Entre sus creaciones más importantes [del arte melanesio] figuran las máscaras de danza de madera pintada, y con frecuencia caladas.
2 Cosa tras la que alguien oculta sus verdaderos sentimientos o intenciones. *Frec con el v* QUITAR. | Torrente *Sombras* 260: ¿Cómo recibirían los hombres unas leyes en las que no se les hablara para nada de la felicidad de nadie, ni de la justicia, ni de ninguna de esas máscaras habituales, sino desnuda y crudamente de lo que las leyes son, un código del mando y la obediencia? MBande *Ya* 23.4.77, 7: El socialismo ha dejado de ser eurosocialista, no sin grandes tensiones; ha arrojado la máscara.
3 Pers. disfrazada que lleva puesta una máscara [1b]. | Cossío *Confesiones* 81: Se hizo derroche de confetis y serpentinas, y las máscaras subían a los estribos de los coches para dar bromas a las señoras.
4 Mascarilla, esp [3]. | *Ama casa 1972* 64: Se terminará el baño de vapor aplicándose una máscara de belleza. GPavón *Reinado* 56: No sé si quedarme ahí dentro viendo al Calixto hacer la máscara [al muerto] o que nos fuéramos a tomar unas cervezas fresquitas.
5 Rímel. | Villarta *SYa* 23.6.74, 33: Nada de lápiz negro alrededor de los ojos. Ni de máscara negra. Busque la armonía, la discreción.
6 *(Zool) En la larva de los insectos odonatos:* Pieza en forma de pala y terminada en pinza, que se proyecta para capturar las presas y que en reposo queda plegada bajo la cabeza. | Legorburu-Barrutia *Ciencias* 160: Las libélulas .. Sus larvas se desarrollan en el agua. Estas tienen un brazo especial (máscara) que termina en una pinza.

mascarada *f* **1** Comparsa de máscaras [3]. | HSBarba *HEspaña* 4, 421: Gigantes, tarasca y diablo cojuelo solían acompañar la procesión [del Corpus], así como las llamadas mascaradas, que suponían una infiltración pagana en las fiestas religiosas. Laforet *Mujer* 292: A la gente que salía de las iglesias se mezclaba la mascarada. Grupos de personas medio borrachas, con panderos, zambombas y hasta caretas.
2 Fiesta de máscaras [3]. | FMora *Abc* 29.7.65, 19: El autor .. estudia además las manifestaciones folklóricas paralelas, si no en la cronología sí en sus manifestaciones externas: las mascaradas y las fiestas de invierno.
3 Farsa o enredo para engañar. | *Ya* 22.10.64, 27: En fútbol se confirmó la mascarada con el triunfo del atleta del Estado.

mascaraqueño -ña *adj* De Mascaraque (Toledo). *Tb n, referido a pers.* | *YaTo* 6.9.81, 50: Mascaraque. Los mascaraqueños celebran su "fiesta grande".

mascarar *tr* **1** *(raro)* Poner una máscara [1a] [a alguien o algo (*cd*)]. *Tb fig.* | Aldecoa *Cuentos* 1, 74: Las lucecillas de los controles le mascaraban el rostro. Tenía sobre la frente un nudo de sombras; media cara borroneada del reflejo verde, media cara con los rasgos acusados hasta la monstruosidad.
2 *(reg)* Tiznar [el rostro]. | G. GHontoria *Nar* 11.77, 19: Las "trangas" nos las describía A. Badía como jóvenes disfrazados con pieles de cabra .. Llevaban esquilas y una vara o "tranga" en la mano, que es la que les daba el nombre, y con su cara "mascarada" perseguían a los niños asustándolos. [*Bielsa, Huesca*].

mascarero -ra *m y f* Pers. que fabrica o vende máscaras o caretas para disfraces. | GPavón *Reinado* 58: Pero, hombre, mascarero, tómate una caña.

mascarilla *f* **1** Utensilio que cubre la boca y la nariz para impedir la inhalación o expulsión de agentes nocivos, o para permitir la inhalación de oxígeno o anestésicos. | MSantos *Tiempo* 106: La lámpara escialítica sin sombra se sustituía ventajosamente con dos candiles de acetileno que emanan un aroma .. más satisfactorio que el del éter .., consiguiendo, a pesar del temblor que la entrada de intrusos (desgraciadamente no dotados de la imprescindible mascarilla en la boca) provocaba, una iluminación suficiente. N. Retana *SInf* 16.12.70, 3: Por medio de una mascarilla "climática", parece que se han conseguido resultados esperanzadores en varios asmáticos crónicos.

mascarón – másculo

2 Vaciado en yeso del rostro [de una pers. o escultura, y esp. de un cadáver]. | *Abc* 21.11.75, 96: A la hora de embalsamar se realizaron asimismo las operaciones necesarias para obtener la mascarilla de Franco.
3 Capa de cosmético con que se cubre la cara y el cuello, o a veces el pelo, y que se deja actuar durante cierto tiempo. *Frec el mismo cosmético.* | MVictoria *Ya* 23.6.74, 34: Termina el autotratamiento o masaje de cara con una mascarilla, que puede ser de alimento, para lo cual se pueden utilizar frutas, como naranjas, fresas, tomates. Diosdado *Anillos* 2, 100: Por la mañana, la hidratante y la loción .. La mascarilla, una vez por semana. *SD16* 21.7.90, 7: Javier del Moral considera imprescindible vigorizar el cabello y nutrirlo con mascarillas, cremas y aceites especiales.

mascarón m **1** *En un barco:* Figura colocada como adorno en lo alto del tajamar. *Tb ~ DE PROA.* | Alfonso *España* 78: Mientras los adolescentes gesticulan, el resto de las personas los contemplan con pasividad, como mascarones de antiguos barcos desguazados. Vega *Cocina* 62: Todavía se recuerda, con la canción del anguilero y la de los que labraban mascarones de proa.
2 (*Arquit*) Motivo ornamental en forma de cara fantástica o grotesca. | Angulo *Arte* 1, 30: Sobre la apretada superposición [en el mástil totémico americano] de figuras de animales y humanas, encajadas unas en otras, aparece el animal totémico .. Decoración de tipo análogo presentan los mantos de piel de búfalo, donde los cuerpos y mascarones de los mástiles se aplastan y desmaterializan hasta convertirse en meros ojos.
3 Máscara [3]. | Cossío *Confesiones* 19: Otro recuerdo que guardo es el de un carnaval en Sepúlveda. El gran bullicio de la plaza; los mascarones con caretas de cartón dando gritos; los huevos llenos de harina que lanzaban las máscaras contra los espectadores. DCañabate *Andanzas* 27: Aquella mujer que podía ser bella y que era un mascarón de carnaval arrabalero.

mascate m (*reg*) Alcatraz (ave marina). | Aldecoa *Gran Sol* 85: En la estela del *Aril* alborotaban los pájaros de la mar. Los mascates picaban desde las alturas.

mascato m (*reg*) Alcatraz (ave marina). | Cunqueiro *Envés* 168 (G): Tenía gran amistad con las gaviotas y con todas las otras aves marinas, desde el albatros al mascato.

mascletada (*gralm en la forma* **mascletá**) f Conjunto de disparos de mortérete, propio de algunas fiestas populares. | *Onil* 171: 2º Premio Nacional de Mascletadas en Valencia 1968. *Abc* 14.5.67, 77: En el centro de la plaza se veían emplazados los elementos pirotécnicos para la gran "mascletá". [*En Madrid.*] Cruz *Burgos* 19: Festividad de San Pedro y San Pablo .. A la 1, en el Paseo del Espolón, Gran Mascletá Atómica mecanizada de la Casa Caballer, de Valencia.

mascon (*ing; pronunc corriente,* /máskon/; *pl normal,* ~s) m (*Astron*) Región lunar de alta gravedad. | *Ya* 6.6.74, 11: En este sector de la Luna se han registrado, además, excedentes de masa que explican las anomalías gravitatorias registradas por los satélites artificiales selenocéntricos. Tales excedentes de masa se conocen con el nombre de "mascons".

mascota[1] f Pers., animal o cosa considerados como portadores de suerte para quien los tiene. | *Sáb* 10.9.66, 38: La película "West Side Story", hecha en 1963, la convirtió [a Natalie Wood] en una especie de mascota para la juventud.

mascota[2] f (*reg*) Sombrero flexible. | Halcón *Manuela* 23: Un hombre de unos treinta años con chamarreta y mascotilla negra .. se acerca al sombrajo.

mascullillo m (*col*) Golpe. *Gralm fig y en la constr* DAR ~. | Campmany *Abc* 22.2.93, 22: Está claro que lo que quiere el Guerra es darle masculillo al Solchaga.

masculinidad f Cualidad de masculino [1 y 2]. | DCañabate *Paseíllo* 31: El Eustaquio estaba convencido de que su masculinidad padecía haciendo de toro sin empuñar las navajas.

masculinización f Acción de masculinizar(se). | Clarasó *Van* 23.4.77, 77: Ahora les ha dado [a las mujeres] por vestir como nosotros en un alarde, para mí innecesario, de masculinización. Laín *Marañón* 97: El climaterio [lleva consigo] .. cierta masculinización de la mujer, también morfológica, bioquímica y funcional.

masculinizante adj Que masculiniza. | M. P. Comín *Van* 10.10.74, 49: Los fabricantes de pañería fueron muy listos .. Y por si acaso alguien les tachaba de masculinizantes, podían demostrar que también las faldas entran en el juego del corte pañero. FReguera-March *Caída* 200: Las mañanas las pasaban en la playa, contemplando a las bañistas que ponían en el paisaje la nota policromada de sus pijamas, que los pudibundos consideraban impúdicos y masculinizantes.

masculinizar tr Dotar [a alguien o algo (*cd*)] de caracteres masculinos. | Folch *Salud* 643: La pubertad, cuando aparece, tiñe a la adolescencia de características especiales, con nuevos sentimientos y emociones, que masculinizan o feminizan a toda la persona mucho más allá de la estructura corporal. L. PCutoli *Inf* 8.10.74, 17: Lo trataban como a un mortal cualquiera, no una abstracción, o como a uno que había tenido la osadía de masculinizar un misterio que siempre se había tenido por femenino. **b)** *pr* Pasar [alguien o algo] a tener caracteres masculinos. | *SVoz* 8.11.70, 3: Ni cuando han llevado pantalones las mujeres se han masculinizado, ni los hombres con traje talar se han afeminado.

masculino -na adj **1** [Ser] dotado de órganos para fecundar. | Laforet *Mujer* 322: Tenemos dos elementos masculinos de esos con categoría, muy importantes, pero yo sola no doy abasto... Tú, Paulina, sigues teniendo tu viejo encanto para los señores. Si vienes sé que la reunión se convierte en un éxito. Ybarra-Cabetas *Ciencias* 273: Si falta el androceo o el gineceo, la flor se llama unisexual, diciéndose masculina o femenina, según pose[a] androceo o gineceo. **b)** Propio del ser masculino. | Ybarra-Cabetas *Ciencias* 270: Androceo. Es el órgano sexual masculino y está compuesto por varias piececitas denominadas estambres. Navarro *Biología* 208: Tanto las gonias masculinas o espermatogonias como las gonias femeninas u oogonias, comienzan a dividirse muy tempranamente.
2 Relativo al hombre o varón. | Cisneros *Geografía* 56: Población activa española y por sectores económicos-1988 .. Total trabajo masculino: 66'5%. Total trabajo femenino: 32'3%. J. M. Signo *VozC* 12.1.55, 3: Van D[y]ck, Goya, Rembrandt, sobre otros muchos pintores, nos muestran en sus lienzos toda una gran colección de sombreros que son una antología de la moda masculina en sus años. **b)** Varonil. | DPlaja *El español* 132: La obsesión por ser masculino produce a veces .. una acusación fácil. * Es una chica joven de aspecto un poco masculino.
3 (*Gram*) [Género] de los sustantivos que, cuando en un enunciado van acompañados de un adjetivo capaz de tomar dos terminaciones (-o, -a), exigen que este lleve la terminación -o. *Tb se dice del género de los adjs y adjuntos de esos susts.* *Tb n.* | Ferreres *Lengua* 14: Los nombres de las cosas pertenecen unos al género masculino y otros al femenino. Correa-Lázaro *Lengua* 52: Algunos nombres tienen formas distintas, una para el masculino y otra para el femenino. **b)** [Sustantivo o adjunto] de género masculino. *Tb n m.* | Blecua *Lengua* 93: Cuando uno de los sustantivos es masculino y el otro u otros femenino, el adjetivo va en plural, concertando con el género masculino. Amorós-Mayoral *Lengua* 61: El género expresa el sexo en los seres animados. En los inanimados, indica si deben llevar artículo masculino o femenino. **c)** Propio del género masculino. *Tb n m, designando la forma.* | Amorós-Mayoral *Lengua* 29: Principales sufijos. Os indicamos solo la forma masculina. Cantera *Enseñanza* 66: La auténtica diferencia entre *petit* y *petite* es una *t* que tiene el femenino y de la que carece el masculino.

mascullar tr Decir [algo] entre dientes y de modo poco inteligible. *Tb abs.* | Arce *Testamento* 14: –¡Siéntate! –masculló. Delibes *Tesoro* 61: Le oyó silbar al ganado y mascullar palabrotas entre la greñura. FReguera-March *Boda* 70: Al caballero le incomoda, evidentemente, la intromisión. Mascullar, pero hace, sin embargo, un signo afirmativo con la cabeza.

másculo -la adj (*lit, raro*) Masculino [2]. | L. LSancho *Abc* 28.4.74, 85: Educa a su única hija como a un hombre, .. la adiestra en la lucha a muerte y la endurece en una vida máscula y salvaje.

máser *m* (*Radio*) Amplificador de microondas por emisión estimulada de radiaciones. | *Gar* 21.7.62, 46: La potencia difundida por el "Telstar" es muy débil, del orden de dos vatios, lo que explica las colosales dimensiones de los satélites de recepción y la necesidad de utilizar en tierra un "máser" que permite amplificar diez mil millones de veces las señales recibidas. [*En el texto, sin tilde.*] *Unidades* 51: Existen patrones de frecuencia distintos que el patrón de cesio, por ejemplo el máser de hidrógeno.

masera[1] **1** Artesa para amasar. | Carnicer *Cabrera* 87: Contra las paredes de la cocina hay tres arcas y una masera.
2 Paño con que se cubre la masa para que fermente. | Moreno *Galería* 27: Cuando la masa había crecido, llegaba el momento de transportarla envuelta en unas piezas de lino o lienzo, que se llamaban "maseras".

masera[2] *f* (*reg*) Buey[1] (cangrejo). | *Ale* 19.8.83, 28: Hoy y todos los días. *El Vivero*, Puerto Pesquero. Centollo y masera. Langostas, Bogavantes, Angulas .., bocas de Masera, Salmón ahumado.

masetero *adj* (*Anat*) [Músculo] que mueve la mandíbula inferior. *Tb n m*. | Navarro *Biología* 136: Las mejillas están formadas por una pared muscular que contiene la mayor parte de los músculos mímicos y el músculo de la masticación, masetero.

masía *f* Casa grande de labor, adscrita a una finca rústica de cultivo, propia esp. de Cataluña. | Miguel *Mad* 22.12.69, 12: España ha abandonado .. sus barracas, cortijos, masías y caseríos.

másico -ca *adj* (*Fís*) De (la) masa [5]. | *Unidades* 13: Volumen másico (volumen específico): metro cúbico por kilogramo.

masiega *f* Hierba semejante a la espadaña, propia de lugares pantanosos (*Cladium mariscus*). | Delibes *Caza* 106: La belleza del embalse, sus pinceladas de tarays atormentados, carrizos y masiegas .. hacía[n] de las tablas de Daimiel .. un espectáculo fascinante.

masificable *adj* Que se puede masificar. | *Ya* 29.11.91, 4: No creo que la poesía mística española sea masificable.

masificación *f* Acción de masificar(se). | E. Tijeras *Abc* 29.11.70, 7: El proceso de la masificación y la limadura de la personalidad individual se alcanza a ver, en principio, desde la perspectiva de la publicidad.

masificador -ra *adj* Que masifica. | Albalá *Periodismo* 47: Esta actividad intelectual nunca .. masificadora, sino realmente personalizadora, del hombre, será, sin duda, la resultante de esa metodología que postulamos.

masificante *adj* Que masifica. | *Ya* 14.3.75, 50: Este fenómeno masificante que en mayor o menor grado nos envuelve prácticamente a todos no impide que critiquemos al "niño pera", y, sin embargo, todos estamos orgullosos de ir como "peras", porque si no te tachan de "hortera".

masificar *tr* **1** Dar [a un grupo de perss. (*cd*)] carácter de masa [4a]. *Tb abs*. | Albalá *Periodismo* 33: Lo que deforma, masifica; lo que informa, personaliza. **b)** *pr* Pasar a tener carácter de masa [un grupo de perss.]. | Miguel *Mad* 22.12.69, 14: No, no decae y se masifica la sociedad industrial .. Es .. la España locuaz y variopinta.
2 Dar carácter multitudinario [a algo (*cd*)]. | * Están masificando la Universidad. **b)** *pr* Tomar [algo] carácter multitudinario. | * Los estudios se han masificado en los últimos años. *Selectividad* 57: Solo hay una forma, por tanto, de superar las actuales deficiencias .. de calidad de la enseñanza en los masificados primeros Cursos de Facultades y Escuelas Técnicas Superiores.

masilla *f* **1** Mezcla pastosa, de constitución diversa, utilizada para fijar cristales, rellenar cavidades o unir tubos. | *Hacerlo* 61: Colocación de un vidrio .. Son precisos: un martillo pequeño, clavos sin cabeza, .. masilla. *GTelefónica* N. 22: Adhesivos. Masillas. Revestimientos.
2 Masa compacta, hecha con miga de pan-·o con harina, que se pone en el anzuelo como cebo. | J. A. Donaire *Inf* 19.6.70, 33: Estos peces están entrando a la hormiga, a la mosca, al gusano blanco, a las masillas y a la lombriz troceada.

masillar *tr* Aplicar masilla [1] [a algo (*cd*)]. *Tb abs*. | Zunzunegui *Hijo* 13: Le tuvo unos días masillando, cubriendo costuras y cabezas de pernos de un barquito de pesca.

masita *f* (*Mil, hist*) Complemento para vestuario de los militares profesionales. | MSantos *Tiempo* 18: El caso es que siempre se encontraba con una [mujer] en sus brazos, máxime cuando iba de uniforme, que nunca dejó de gastar íntegra la masita en eso, en el adorno de su belleza y en su apostura.

masivamente *adv* De manera masiva [1]. | *Inf* 8.6.70, 11: La asamblea de ayer aprobó masivamente una moción dirigida por escrito al Ministerio de Trabajo.

masivo -va *adj* **1** Que se produce en masa o en cantidad muy grande. | *Inf* 16.6.70, 1: Sevilla: Huelga masiva en la construcción. Llorca *Pue* 24.12.69, 3: Desde 1945 .. no se habían producido atentados masivos de carácter criminal. **b)** (*Med*) Abundante o copioso. | MNiclos *Toxicología* 103: Con la tintura de iodo es frecuente la intoxicación por ingestión, especialmente en niños que la beben por error; pero no suele ser masiva, ya que la sensación inmediata de quemaduras les impide seguir bebiendo.
2 [Cantidad] muy grande. | Laiglesia *Tachado* 30: Fabricantes emprendedores .. inundaron las tiendas de "recuerdos" en cantidades masivas.

masnouense *adj* De Masnou (Barcelona). *Tb n, referido a pers*. | P. Fernández *Van* 1.7.73, 30: Un masnouense había leído tal necesidad en "La Vanguardia" y sufragaba los gastos de equipamiento de una de las lanchas de la Asamblea Local.

masoca *adj* (*juv*) Masoquista. *Tb n*. | Umbral *Tierno* 81: La noche nos iba volviendo un poco sadocas/masocas. V. Mora *Baz* 3.78, 96: Vagos deseos .. de haberse quedado un poco más .. de cara al fuego.... ¡Masoca, que eres un masoca!

masón -na *adj* De (la) masonería. | J. Miravitlles *TEx* 3.10.75, 5: Como respuesta a aquel "regionalismo monárquico" se estimuló en Francia un unitarismo republicano, masón y progresista. Cela *Mazurca* 244: Ahora circulan tendencias demoníacas y afeminadas, corrientes de pensamiento masonas y mariconas. **b)** [Pers.] perteneciente a la masonería. *Tb n.* | CBaroja *Inquisidor* 12: Nadie piensa, por ejemplo, en la posibilidad de que un "gran inquisidor" haya sido nunca masón.

masonería *f* Asociación secreta internacional de carácter filantrópico, que utiliza signos tomados de la albañilería. *Tb fig*. | Vicens *Polis* 416: Contribuyó a mantener y fomentar esta ofensiva [contra la Iglesia] una organización secreta, la de los franc-masones o masonería. Laforet *Mujer* 17: Los Nives eran una especie de masonería desparramada por la nación.

masónico -ca *adj* De (la) masonería. | CBaroja *Inquisidor* 56: En una denuncia de actividades masónicas durante la ocupación francesa, hecha poco después de restablecida la Inquisición, se acusa a Arce .. de pertenecer a la sociedad secreta. Umbral *Ninfas* 33: A todos los hombres nos gustan las mujeres, pero hay una raza especial y masónica de obsesos.

masoquearse *intr pr* (*juv*) Comportarse de manera masoquista. | V. Mora *Baz* 3.78, 97: Me estoy masoqueando de demasié. Venga, chaval, deja de masoquearte.

masoqueo *m* (*juv*) Acción de masoquearse. | V. Mora *Baz* 3.78, 97: Venga, chaval, deja de masoquearte .. Pero al final de todo aquel masoqueo surgió Merichell. Torres *País* 21.10.87, 76 (T): Dado el masoqueo que supone.

masoquismo *m* Perversión sexual que consiste en alcanzar el placer mediante el dolor o la humillación. | * Entre las perversiones más habituales se encuentra el masoquismo. **b)** Comportamiento o tendencia propios de la pers. que se deleita con el sufrimiento. *Frec con intención humoríst*. | Cruz *Des* 12.9.70, 39: Nos parece sádico el que .. la empresa decida organizar una corrida de doce toros con, suponemos, el secreto fin de torturar al aficionado. Sabemos del masoquismo de los aficionados.

masoquista *adj* De(l) masoquismo o que lo implica. | Ballesteros *Abc* 1.12.70, 3: Lamentarse del bien pretérito es deleite masoquista al que todos nos entregamos de vez en cuando. **b)** [Pers.] de comportamiento o tendencia maso-

masoquistamente – masticador

quistas. *Tb n.* | Aldecoa *Cuentos* 2, 282: Arrastraban los pies [los colegiales] cuando se sentían cobijados por las sombras, y ronroneaban marcando el paso como prisioneros, vagamente rebeldes, nebulosamente masoquistas.

masoquistamente *adv* De manera masoquista. | Goytisolo *Recuento* 461: Doblez esencial no soslayada, antes bien, masoquistamente subrayada, por la propia estructura narrativa de la obra.

masora *(frec con mayúscula) f (Rel jud)* Conjunto de información tradicional y comentarios críticos relativos al texto hebreo de la Biblia, compilado por los rabinos entre los ss. VI y X. | PCastro *Ant. Testamento* XVI: Su texto [de la Biblia hebrea] es .. el Texto Masorético, fijado por las autoridades religiosas judías y luego tradicionalmente transmitido por medio de una Masora (= transmisión tradicional), la cual aseguró .. la inmutabilidad de este texto.

masoreta *(frec con mayúscula) m (Rel jud)* Rabino de los participantes en la elaboración de la masora. | PCastro *Ant. Testamento* XV: Lo que hoy manejamos es el llamado Texto Masorético .., llamado así porque nos ha llegado a través de los "masoretas", es decir, los "transmisores" .., y que constituye el *textus receptus* del judaísmo.

masorético -ca *adj (Rel jud)* De (los) masoretas o de (la) masora. | PCastro *Ant. Testamento* XV: Lo que hoy manejamos es el llamado Texto Masorético .., que constituye el *textus receptus* del judaísmo.

masoterapia *f (Med)* Tratamiento de las enfermedades mediante masaje. | *ByN* 4.2.90, 31: Cuenta además con "estéticienne" [sic], masoterapia y gabinete médico.

masovería *f (reg)* **1** Conjunto de las tierras de cultivo y de las casas en que habita un masovero. | J. M. Benet *SCCa* 26.10.75, 11: Josep Cots i Galobardes adosó a la "eixida" la primera masovería, y la heredad de Els Cots llegó a tener las masoverías de Cal Forn, Cal Virrei, Cal Pelasquenes, Cal Verlé y Cal Pitiu.
2 Aparcería de tierras propia de Cataluña. | * La aparcería de tierras recibe en la zona catalana el nombre de masovería.

masovero -ra *m y f (reg)* Colono de una masía. | Marsé *Tardes* 51: Mi padre, en Reus, es el masovero de una finca del señor Serrat. Soler *Caminos* 129: Únicamente la anciana masovera .. le dijo: –Qué lástima de mano.

massai → MASAI.

mass communication *(ing; pronunc corriente,* /más-komunikéiʃon/; *tb con la grafía* **mass-communication**) *m pl (raro)* Medios de comunicación de masas. | A. Tuñón *Mun* 5.12.70, 26: Las implicaciones de los *mass-communication* están siendo estudiadas desde todos los puntos de vista.

mass media *(ing; pronunc corriente,* /más-média/; *tb con la grafía* **mass-media**) **A** *m pl* **1** Medios de comunicación de masas. | Aranguren *Juventud* 201: Esta tan discutida película ["La dolce vita"] que, antes que una crítica social de la aristocracia decadente o de la nueva plutocracia romana .., lo es de la utilización de los *mass media* actuales, especialmente en Italia. Pinillos *Mente* 166: La propaganda, la publicidad, la organización, los *mass-media*, la planificación, los controles de todo tipo amenazan con hacer del hombre .. "un autómata de su sociedad".
B *f* **2** *(semiculto)* Conjunto de medios de comunicación de masas. | L. Calvo *Abc* 15.10.70, 29: Aparte la "mass media" oficiosa (periódicos, radios, televisión) de las diversas fracciones del posgaullismo, poca monta y mucha zumba tiran los comentarios de los resultados que se han traído Pompidou y sus acompañantes de .. la Unión Soviética.

mastaba *f (hist)* Tumba del antiguo Egipto, en forma de pirámide truncada. | Angulo *Arte* 1, 40: En las mastabas más importantes esta capilla se convierte en toda una serie de estancias unidas por corredores.

mastectomía *f (Med)* Extirpación de la mama[1] o de una parte de ella. | O. Aparicio *SPue* 17.10.70, 8: Si hay informes de malignidad, .. [la senografía] precisa la mastectomía y orienta la necesidad y dosis de la radioterapia.

mastelería *f (Mar)* Conjunto de mástiles [de una embarcación]. | Torrente *Sombras* 80: ¡Y bien bonito que era el barco! Esto lo reconocían todos, entendidos en cascos bien construidos para veloces travesías, y en mastelerías resistentes y ligeras. Ridruejo *Memorias* 52: Su bonito movimiento de nave con robusta mastelería .. arranca de la sierra y va hacia la llanura con una preciosa amenidad. [*El alcázar de Segovia.*]

mastelerillo *m (Mar)* Palo que se coloca sobre un mastelero. | Aldecoa *Gran Sol* 82: Las puntas de la red, engarfiadas a un cable empoleado en el mastelerillo del estay de galope, patinaron por la regala.

mastelero *m (Mar)* Palo menor que se coloca sobre la cabeza de uno mayor. | Zunzunegui *Camino* 542: Sólo alcanzar el puerto le entusiasmó la selva madurecida de masteleros y mastelerillos.

master[1] *(ing; pronunc corriente,* /máster/; *tb con la grafía* **máster**; *pl normal,* ~s) **A** *m y f* **1** Pers. que ha seguido en una universidad u otra institución adecuada un curso de especialización para posgraduados. | M. Vigil *Ya* 27.7.66, 17: La primera promoción europea de master en Economía y Dirección de Empresas es española .. En 1966 .. se ha otorgado por vez primera en Europa el título de master en Economía y Dirección de Empresas (M.E.D.), equiparable en todo al M.B.A. [= Master in Business Administration] de Harvard. F. Delsaz *Pro* 6.9.88, 32: Xavier Bertomeu posee los títulos de doctor ingeniero de caminos por la Universidad Politécnica de Valencia y master y doctor arquitecto por la Universidad Imperial de Hokkaido de Japón.
B *m* **2** Curso de especialización para posgraduados. | *País* 23.8.81, 29: Universidad de Deusto. Facultad de CC.EE. y Empresariales - E.S.T.E. Master en gestión de empresas (Programa de Profesionalización de titulados Universitarios para la dirección de Empresas).
3 Título de master [1]. *Tb fig.* | P. Urbano *ElM* 1.5.91, 12: ¿Hace falta decir quién, en este país, tiene el master de "oyente"?

master[2] *(ing; pronunc corriente,* /máster/; *tb con la grafía* **máster**; *pl normal,* ~s) *m (E)* Cinta sonora o de vídeo de la que se hacen copias. *Tb* CINTA, *o* COPIA, ~. | *VozAl* 21.3.81, 8: Se hizo el máster en un estudio de grabación, pero aún no se ha llevado definitivamente al acetato: el disco. M. Mendoza *Pue* 11.2.83, 30: En los videocassettes las copias son distribuidas o vendidas obtenidas de un *master*, o matriz, que puede sacarse de una copia en buen estado que se pasa a través de un telecine a vídeo. *Abc* 2.12.90, 55: HD-X PRO: la cinta master profesional para grabaciones originales de elevada calidad que deban ser editadas o copiadas.

masters *(ing; pronunc corriente,* /másters/) *m (Tenis y Golf)* Torneo en que solo participan los mejores jugadores del mundo. | *Ya* 9.10.89, 30: El alemán Bernhard Langer firmó 68 golpes, cuatro bajo el par del Stuttgarter Club de Golf, en la última jornada del Masters de la RFA, y se adjudicó la victoria final.

mástic *m* Mástique. | M. GRollán *ASeg* 7.4.78, 13: Se pueden cubrir los cortes [de la poda] y soluciones de continuidad con pinturas o mástic protectores. [*En el texto, sin tilde.*] Sampedro *Sirena* 646: Toma .. El famoso mástic de Quíos. No lo necesitas para perfumar tu aliento, pero te gustará. Sabe a vida de árbol, a hierba salutífera.

masticabilidad *f* Cualidad de masticable. | P. Berrocal *Hoy* 7.10.76, 18: El concepto de ternura [de la carne], a veces denominado terneza, encierra otros caracteres, de los cuales cabe mencionar la masticabilidad y la blandura.

masticable *adj* Que se puede masticar [1]. | Vega *Cocina* 60: Las morcillas y los chorizos alaveses son dos delicias masticables.

masticación *f* Acción de masticar [1]. | Alós *Hogueras* 109: Se detiene, .. quieta la mandíbula en mitad de la masticación.

masticador -ra *adj* **1** Que mastica [1]. | Legorburu-Barrutia *Ciencias* 173: Coleópteros (alas superiores en forma de estuche, masticadores). **b)** *(Zool)* Adaptado para masticar [1]. | Ybarra-Cabetas *Ciencias* 351: La boca de los insectos puede estar dispuesta para masticar –boca masticadora–.
2 De (la) masticación. *Tb n m, referido a nervio.* | Navarro *Biología* 145: Coordinan y perfeccionan los movimientos masticadores. Bustinza-Mascaró *Ciencias* 42: Músculos de la

masticadura *f (raro)* Masticación. | Cela *Viaje andaluz* 311: El jamón del Jabugo es magro y deleitoso, .. de color moreno y de recia, al par que tiernísima, masticadura.

masticar *tr* **1** Triturar [algo] con los dientes o las mandíbulas. *Tb abs.* | Bustinza-Mascaró *Ciencias* 53: En la boca los alimentos son masticados e insalivados. Ybarra-Cabetas *Ciencias* 351: La boca de los insectos puede estar dispuesta para masticar –boca masticadora–.
2 Pronunciar recalcando. | Olmo *Golfos* 36: Sacaba la lista, y masticaba los extraños nombres de mis amigos.
3 Preparar [algo] de modo que sea fácil de entender o de realizar. *Frec en part.* | * Hay que dárselo todo masticadito para que se entere.
4 Pensar o comentar reiteradamente [algo]. | VMontalbán *Delantero* 141: Conectó la radio dedicada a masticar una y mil veces los acontecimientos futbolísticos de la tarde, una y mil veces los resultados, las quinielas, las clasificaciones, las preclaras respuestas de entrenadores y jugadores.

masticatorio -ria *adj* Que sirve para masticar [1]. | F. Martino *Ya* 3.12.72, 43: Cepillado a diario de siete minutos con cepillo de cerda natural suave, aplicado en dirección vertical sobre la superficie masticatoria. Navarro *Biología* 145: La excitación mecánica produce una saliva clara y fluida denominada saliva masticatoria.

mástico *m* Mástique. | *GTelefónica N.* 685: Fábrica de masillas, pinturas y másticos.

mastieno -na *adj (hist)* De un antiguo pueblo prerromano habitante de la región comprendida entre Cartagena y el estrecho de Gibraltar. *Tb n, referido a pers.* | GNuño *Escultura* 27: Parece ser que la primera fuente histórica que ya utiliza conscientemente el nombre de iberos y el de otras varias tribus incursas en el mismo complejo racial –tartesios, mastienos, edetanos, ilergetes y misgetas– es Hecateo.

mástil *m* **1** Palo de una embarcación. | CNavarro *Perros* 19: Las estrellas se mecían blandamente sobre las aguas como diminutas barcas encaladas, sin mástiles y sin remeros.
2 Palo o soporte vertical, esp. de una bandera. | S. García *Ya* 22.10.64, 27: Ver la bandera de su patria en el mástil de honor del estadio mientras todo el mundo escucha con respeto su himno nacional. Torrente *Isla* 295: En un agujero *ad hoc*, se enganchan los árboles o mástiles, quiero decir las varas, hacia cuya mitad, y hasta arriba, salen en orden de simetría esas tulipas moradas que ves.
3 Palo o columna vertical, que no sirve de soporte. | Angulo *Arte* 1, 30: Muy relacionado con el arte de Oceanía se encuentra el de los indios del noroeste de América, cuya creación artística más destacada son las columnas o mástiles totémicos.
4 Palo largo. | Peraile *Señas* 79: Enrolla el hule en su mástil de caña y extiendo el tapete sobre la mesa comunal.
5 Mango [de un utensilio]. | Millás *Visión* 166: En uno de estos rincones había una pala .. y un gran cepillo de cerdamen duro cuyo mástil estaba parcialmente cubierto por unos pantalones lamentables. **b)** *En un instrumento músico de cuerda:* Parte más estrecha que prolonga la caja de resonancia y sobre la cual se tienden las cuerdas. | Perales *Música* 36: Sus proporciones [de los archilaúdes] eran sensiblemente mayores que las de los antiguos "laúdes", sus antecedentes directos, mástil alargado con doble clavijero.

mastín -na *adj* [Perro] grande, potente y robusto, utilizado esp. para guardar ganado. *Frec n m. Tb fig, referido a pers.* | *SorS* 11.10.90, 25: Se vende perra mastina joven. Cuevas *Finca* 30: Ahora, aúlla el mastín de las ovejas. Cela *Mazurca* 199: Tanis Gamuzo tiene también cuatro mastinas de cría. CSotelo *Poder* 249: –¿Y habría quien se expusiese a la horca...? –Pavanni dispone de muy buenos mastines. No sería difícil echar la culpa a un cazador furtivo .. Ya se proveerá, hermano.

mástique *m* **1** Masilla [1] usada esp. para igualar superficies y tapar juntas o grietas. | *GTelefónica N.* 686: C.B.C. Masillas y mástiques.
2 Resina del lentisco. | FQuer *Plantas med.* 440: El producto más importante de esta especie es la llamada almáciga o mástique, exudación resinosa que fluye espontáneamente de los troncos del lentisco o se obtiene sangrándolo.

mastitis *f (Med)* Inflamación de la mama[1]. | *Antibióticos* 17: Propuso a la dirección del Centro que se le autorizase para desarrollar su tesis doctoral sobre la posible aplicación de caldos de cultivo metabolizados por el "Penicillium" en el tratamiento de la mastitis bovina.

mastodonte *m* **1** *(Zool)* Mamífero fósil, semejante al elefante, propio del terciario y el cuaternario (gén. *Mammut*). | Bustinza-Mascaró *Ciencias* 385: Había también formas gigantescas parecidas a los elefantes actuales, como el mastodonte.
2 Pers. o cosa muy voluminosa. *Con intención ponderativa. A veces en aposición.* | Ortega *Americanos* 69: Después llegaba el choque. Con el ruido de los cascos y armaduras que vestían aquellos mastodontes [los jugadores de fútbol americano]. R. Bergamín *Ya* 2.8.70, sn: Se vierten en el mismo "canal" el cochecito familiar, lleno de niños, y el camión mastodonte de 30 toneladas. Berlanga *Acá* 93: Una vuelta por la bahía, contemplando el puerto del revés, los astilleros de la bocana, sorteando veleros, saludando al práctico que va y viene guiando mastodontes.

mastodónticamente *adv* De manera mastodóntica. | A. Cobos *Ya* 19.5.77, 63: Se levantaban con mesura las formas clasicistas del palacio de Bibliotecas y Museos y se alzaban mastodónticamente formas funcionales.

mastodóntico -ca *adj* Gigantesco o enorme. | *SAbc* 17.8.75, 33: Tras pelear en París con Griselle, al que vence en el quinto asalto, se enfrenta [Uzcudun] en el estadio de Montjuich al mastodóntico Primo Carnera. GHortelano *Momento* 445: El rumor popular anunció la subsiguiente aparición de un cami[ó]n mastodóntico, lleno de fotógrafos y camarógrafos. *Tri* 11.4.70, 41: ¿Hasta cuándo este desfase mastodóntico entre el comportamiento de la mayoría y la "pena" oficial?

mastoideo -a *adj (Anat)* **1** De(l) mastoides. | * Músculo mastoideo. Legorburu-Barrutia *Ciencias* 53: Músculos del cuello: los esterno-cleido-mastoideos: van del esternón y la clavícula al temporal.
2 [Apófisis] mastoides. | Alvarado *Anatomía* 54: Detrás de este orificio se observa una prominencia, llamada apófisis mastoidea .., que se percibe con los dedos detrás de la oreja.

mastoides *adj (Anat)* [Apófisis] del hueso temporal, situada detrás y debajo de la oreja, que tiene forma de pezón. *Tb n m.* | Alvarado *Anatomía* 54: Apófisis mastoides. [*En un grabado.*] P. Urbano *Abc* 28.3.78, 15: Sigue fastidiado con su "orografía dolorosa" de maxilares, mastoides y temporales. Ayer le extrajeron cuatro muelas más.

mastología *f (Med)* Estudio de las afecciones de la mama[1]. | *TMé* 16.9.88, 23: V Congreso Internacional de Mastología.

mastoplastia *f (Med)* Cirugía plástica de la mama[1]. | *SYa* 6.8.90, 3: Una de las intervenciones de cirugía estética a la que últimamente se someten algunos hombres es la denominada mastoplastia de reducción, una operación que consiste en reducir el volumen de la mama a través de la eliminación de tejido glandular y adiposo.

mastranto *m* Mastranzo (planta). | FQuer *Plantas med.* 707: Mentastro. (*Mentha rotundifolia* L.) Sinonimia cast[ellana], .. mastranto .., mastranzo.

mastranzo *m* Planta herbácea anual, de hojas blancas y vellosas por el envés y flores en espiga (*Mentha rotundifolia*). *Tb ~* COMÚN. | CBonald *Ágata* 67: Hasta lograr detener la supuración con un bálsamo hecho de mastranzo y ceniza de liquen. **b) ~ silvestre**, o **nevado**. Planta muy semejante al mastranzo común, con hojas grises peludas en el envés (*Mentha longifolia* o *M. sylvestris*). *Tb simplemente ~.* | Mayor-Díaz *Flora* 259: *Mentha longifolia* (L.) Hudson. "Menta silvestre", "Mastranzo silvestre". (Sin. *M. sylvestris* L.)

mastuerzo *m* **1** Planta herbácea anual, de hojas oblongas, con propiedades diuréticas (*Lepidium sativum*). | Moreno *Galería* 296: Para facilitar la evacuación de orina, se empleaba un cocido de hierba de mastuerzo en vino o en aceite. Loriente *Plantas* 34: *Lepidium sativum* L., "Mastuerzo". Según Guinea .., cultivado por sus hojas que se co-

masturbación – matadero

men en ensalada. Herbácea anual o bianual. **b)** *Con un adj o compl especificador, designa otras plantas similares:* ~ ACUÁTICO, *o* DE AGUA (*Nasturtium officinale*), ~ DE PIEDRAS, *o* DE PEÑAS (*Hornungia petraea o Hutchinsia petraea*), ~ DE PRADO, *o* DE (LOS) PRADOS (*Cardamine pratensis*), ~ MARINO, *o* MARÍTIMO (*Lobularia maritima o Alyssum maritimum*), ~ MENOR (*Cardamine hirsuta*), ~ VERRUGOSO (*Coronopus squamatus o Senebiera coronopus*), etc. | Mayor-Díaz *Flora* 332: *Hornungia petraea* (L.) Reichb. "Mastuerzo de piedras". (Sin. *Hutchinsia petraea* (L.) R. Br.) Mayor-Díaz *Flora* 331: *Cardamine pratensis* L. "Berro de prado", "Mastuerzo de prado". Remón *Maleza* 32: *Cardamine pratensis* L. Nombre común: Berro de prado, Mastuerzo de los prados. Mayor-Díaz *Flora* 204: *Lobularia maritima* (L.) Desv. "Mastuerzo marino". (Sin. *Koniga maritima* (L.) R. Br.; *Alyssum maritimum* (L.) Lam.) Mayor-Díaz *Flora* 438: *Cardamine hirsuta* L. "Mastuerzo menor". Mayor-Díaz *Flora* 440: *Coronopus squamatus* (Förskal) Ascherson. "Mastuerzo verrugoso". (Sin. *Senebiera coronopus* (L.) Poiret.)
2 Hombre torpe y necio. *Más o menos vacío de significado, se emplea frec como insulto. Tb adj.* | Torrente *Off-side* 21: ¿Y a usted le parece justo que todos esos mastuerzos multipliquen sus cuartos gracias a nuestra inteligencia?

masturbación *f* Acción de masturbar(se). | Umbral *Ninfas* 14: La masturbación aún no tenía encaje en la cultura, en nuestro panorama cultural de sublimidad. Sampedro *Octubre* 172: Allí no hay esas masturbaciones mentales de la *nouvelle vague*.

masturbador -ra *adj* **1** Que masturba o se masturba. *Tb n, referido a pers.* | Umbral *Ninfas* 19: El adolescente masturbador e idealista llegaba a enloquecer dentro del retrete. Cela *Mazurca* 240: El masturbador tiene que proclamar con orgullo su soledad independiente y gloriosa.
2 De (la) masturbación. | Espinosa *Escuela* 207: Me expulsaron de la Residencia porque descubrieron mis aficiones masturbadoras.

masturbar *tr* Estimular los órganos sexuales [de alguien (*cd*)], para producir orgasmo sin coito. *Gralm el cd es refl. Tb fig (desp) en la constr* ~SE EL CEREBRO. | GBiedma *Retrato* 22: El viejo .. me hizo retrepar en la cama .. y empezó a masturbarme minuciosamente. Carnicer *Castilla* 142: El toro, nuestro animal totémico, se ha convertido, por mandato de la ciencia, en un ser masturbado, quién sabe con qué diabólicos y mecánicos artificios, para llevar el producto de la masturbación a no sé qué laboratorios. CPuche *Paralelo* 239: Había momentos en que se ponían colorados y, no pudiendo más, se salían al campo a masturbarse. Cela *SCamilo* 66: Los monos se masturban sin parar, van a acabar agotados. * Por más que se masturban el cerebro son incapaces de dar con la solución.

masturbatorio -ria *adj* De (la) masturbación. | Goytisolo *Recuento* 175: Nadie puede unirse consigo mismo, como bien demuestra el carácter siempre frustrado de las pretendidas autouniones o prácticas masturbatorias.

mata *f* **1** Planta de tallo bajo, ramificado y leñoso. | R. Rubio *Abc* 18.12.70, 23: Son hogueras que los campesinos hacen al recoger y quemar todas las matas, todos los forrajes. **b)** Planta de poca altura. | Cunqueiro *Crónicas* 129: Cogía flores de una mata de camomila que medraba en el medio del prado.
2 Terreno plantado de árboles. | Cuevas *Finca* 53: De la cuadra de la casa, en el pueblo, al haza y mata de la "Señora". *NEs* 24.11.74, 20: Relación de los bienes a expropiar .. Finca número 30. Denominada "Cerrado de la Cabaña y Castañedo de Abajo de la Cerra". Destinada a mata y prado.
3 Lentisco (árbol). | *MOPU* 7/8.85, 57: Las llamadas estepa negra y estepa llimonenca se asocian a los pinares, y en el monte bajo o "garriga" predominan la mata y el ullastre.
4 ~ **de pelo**. Cabellera [de una pers.]. | Cela *Judíos* 22: El vagabundo prefiere una muchacha peinándose la mata de pelo ante un espejillo de seis reales.
5 ~ **parda**, ~ **rubia** → MATAPARDA, MATARRUBIA.

mata- *r pref* Que mata. | *Por ej:* A. Navalón *SInf* 20.5.71, 3: En el cuarto [toro] lo llamaron "matagatos". Merino *SYa* 14.4.85, 48: Dejaron de cocerse aquellos porrones para el aguardiente matagusanos de mineros y similares. *Abc* 1.6.91, 1: Los manifestantes de HB, acusados de "mataniños" por los ciudadanos. E. Rey *Ya* 6.2.75, 32: El insomnio puede ser producido por determinados medicamentos .. Otros "matasueños" son las luces filtradas a través de persianas mal cerradas, los faros de los automóviles o los anuncios luminosos.

mataburros *m* (*reg*) Veterinario. | S. Fanjul *Íns* 7/8.80, 32: El mataburros se cuarteaba de envidia.

matacaballo (*tb con la grafía* **mata caballo**). **a** ~. *loc adv* (*col*) Atropelladamente, o con demasiada prisa. | Aldecoa *Cuentos* 1, 167: Bebieron a la salud del señor García, y las copas fueron de nuevo colmadas .. –Esto va muy deprisa. Bebemos a matacaballo. Si seguimos así, nos cogemos una de cosacos. Olmo *Camisa* 95: Espera, condenao, espera .. ¡Este crío me trae a matacaballo!

matacaballos *m* Planta herbácea de tallos delgados y angulosos, hojas ovales y flores azules (*Lobelia urens*). | Mayor-Díaz *Flora* 376: *Lobelia urens* L. "Matacaballos". Pl[anta] v[ivaz] de 20-60 cm, glabra, verde. Tallos delgados, angulosos y foliosos. Hojas ovales .. Flores azules, dispuestas en espiga .. Praderas húmedas silíceas.

matacabras *m* Viento fuerte del norte. | Delibes *Historias* 19: Al pie del Cerro Fortuna, como protegiéndole del matacabras, se alzaba el soto de los Encapuchados.

matacán[1] *m* Obra voladiza en lo alto de un muro, una torre o una puerta fortificada, con parapeto y aberturas en el suelo, para observar y hostilizar al enemigo. | Ridruejo *Castilla* 1, 313: La iglesia de Villegas tiene una torre alta, fina, románica, con matacanes sobre la portada y bonita decoración en los huecos.

matacán[2] *m* Liebre resabiada, de largas patas traseras y más corredora de lo común. | Delibes *Historias* 78: Yo asistí a varios duelos entre los galgos del pueblo y el matacán, y en todos, a excepción del último, salió vencedor el matacán.

matacán[3] *m* Planta herbácea semejante a la correhuela, con flores blancas en ramillete y fruto en vaina (*Cynanchum acutum*). | FQuer *Plantas med.* 736: Matacán. (*Cynanchum acutum* L.) .. Es una hierba vivaz muy difícil de extirpar.

matacandelas *m* **1** Apagavelas (utensilio para apagar velas). | Berlanga *Acá* 28: Vuelven del granero de los trastos alumbrándose con un candil de barro rojizo, de dos piletas y un historiado mango tieso por el que se desliza el cucurucho de un matacandelas.
2 Apagavelas (hongo comestible). | Lotina *Setas* sn: *Lepiota procera* .. Parasol, Galipierno, Matacandelas.

matacandil *m* Planta herbácea de hojas partidas, flores amarillas en ramillete y fruto en vaina larga y estrecha (*Sisymbrium irio*). | FQuer *Plantas med.* 279: Matacandil. (*Sisymbrium irio* L.) .. Es una hierba de 1 a 3 palmos de altura. Delibes *Cazador* 133: En la coquina de la ribera había ya chiribitas y matacandiles tempranos.

matacandiles *m* Matacandelas [1]. | Delibes *Madera* 117: El gordo Severo salió de la sacristía con el matacandiles.

matachín *m* Matarife. | Escobar *Itinerarios* 10: Aprenderemos .. del matachín el diestro manejo del destrozado en el cerdo.

mataco -ca I *adj* **1** Del pueblo indígena americano habitante de la región del Chaco central. *Tb n, referido a pers.* | Tovar *Mataco* 2: Hasta nuestros días los indios matacos han conservado su cultura originaria.
2 De(l) mataco [3]. | Tovar *Español* 523: Un repaso al vocabulario mataco .. nos da escasísimos resultados.
II *m* **3** Lengua de los matacos [1]. | RAdrados *Lingüística* 117: Más irregular aún es el sistema consonántico del mataco.

matacucarachas *adj* [Producto] que sirve para matar cucarachas. *Frec n m.* | MNiclos *Toxicología* 92: La ingestión es más frecuente por error con raticidas, insecticidas, especialmente polvos mata-cucarachas. GHortelano *Momento* 33: Me fui por hielo, decidido a traerme el matacucarachas y acabar con Andrés.

matadero *m* **1** Lugar en que se matan los animales destinados al consumo. | Ortega-Roig *País* 149: En Extremadura, tierra de ganado ovino, se encuentra uno de los mataderos más grandes de España: el de Mérida. **b)** Lugar donde alguien va a perder la vida. *Frec fig. Gralm con los vs* IR *o* LLEVAR. | AMillán *Juegos* 109: ¿Se trataba de otro juego? No tengo arreglo..., siempre pico. Y que conste que no iba al matadero... ¡Ni muchísimo menos! Pero para esta clase de cosas, me falta entrenamiento.

2 (*reg*) Matanza (del cerdo). | E. GSolana *VozAl* 6.12.80, 6: Puede que en los próximos días .. se realicen todas las matanzas o "mataeros" en este pueblo.

matado -da *adj* **1** *part* → MATAR.

2 (*col*) Agotado o sumamente cansado. | Quiñones *Viento* 76: Yo lo que quisiera es no torear en uno o dos meses. Estoy matado.

3 (*col*) Desanimado. | Oliver *Relatos* 97: Eran más de las dos y media cuando llegamos al antro aquel .. Cuando entramos nos dimos cuenta de que el ambiente estaba muy matado.

4 (*col, desp*) Desgraciado. *Tb n, referido a pers.* | Grosso *Capirote* 20: No sois todos sino unos mataos y unos muertos de hambre que no tenéis qué comer en vuestros pueblos y venís aquí como mendigos para trabajar por cuatro cochinos cuartos.

matador -ra I *adj* **1** Que mata [1]. *Tb n, referido a pers.* | Laín *País* 31.3.79, 9: Sea vasco o extremeño el dedo que apretó el gatillo matador. Cunqueiro *Un hombre* 42: Al fin era cosa natural, siendo como es Egisto el matador de su padre.

2 (*col*) [Cosa] horrible o espantosa. *Con intención ponderativa.* | Berlanga *Recuentos* 83: La intendencia del escritor es matadora.

II *m y f* **3** Torero que mata toros. *Frec ~* DE TOROS. | DCañabate *Abc* 29.10.70, 14: Domingo Ortega, con el monto líquido de los ingresos que obtuvo en su primera temporada de matador de toros .., compra .. una dehesa. S. Cayol *Ya* 16.5.75, 73: Ya ha actuado la primera "matadora" de toros en España.

matadura *f* Llaga o herida producida a una caballería por el roce del aparejo. | Cuevas *Finca* 178: La mula "Malagueña" tiene una matadura. **b)** Llaga o herida de una pers. *Frec con intención humoríst.* | Delibes *Parábola* 152: Está descalzo, cubierto de harapos y el cuerpo lleno de mataduras. Cela *Viaje andaluz* 82: Un niño con cara de bestia y, en la cara, una matadura tierna, se hurga, sentado al sol, en el ombligo.

matagallegos *m* (*reg, col*) Albaricoque. | Cela *Viaje andaluz* 169: Al postre .., el vagabundo prefirió pasar porque le dio un no sé qué .. comerse aquella fruta, aquel albaricoque que, de tan leal como era, avisaba de sus efectos –malos, sin duda, para el vagabundo– con su mismo nombre. –¿Y no se toma usted un par de matagallegos?

matagallinas (*tb* **matagallina** *en acep 1*) *f* **1** Torvisco (planta). | FQuer *Plantas med.* 388: Torvisco. (*Daphne gnidium* L.) Sinonimia cast[ellana], torbisco, .. matagallina.

2 Dulcamara (planta). | FQuer *Plantas med.* 585: Dulcamara. (*Solanum dulcamara* L.) Sinonimia cast[ellana], .. matagallinas.

matagallo (*tb* **matagallos**) *m* Planta de hojas planas, gruesas y acorazonadas, verdes en la cara superior y blancas algodonosas en el envés, y flores purpúreas (*Phlomis purpurea*). *Frec con un adj especificador, tb designa otras plantas*: ~ AMARILLO (*Phlomis lychnitis*), ~ MACHO (*Salvia candelabrum*), ~S (*Stachys germanica*), ~S (*Centaurea castellana y C. paniculata*), etc. | FQuer *Plantas med.* 670: Matagallo. (*Phlomis purpurea* L.) .. Esta es otra mata de altura parecida a la anterior, pero con las hojas más anchas .., y las flores de color purpúreo. FQuer *Plantas med.* 669: Candilera. (*Phlomis lychnitis* L.) Sinonimia cast[ellana], candileja, .. matagallo amarillo. Mayor-Díaz *Flora* 463: *Stachys germanica* L. "Matagallos."

matagigantes *m* (*Dep, humoríst*) Equipo modesto que ocasionalmente derrota a equipos de calidad muy superior. | *HLM* 26.10.70, 31: Sorprendentes el empate del "matagigantes" Gijón en Sevilla y el triunfo vigués en Canarias.

matahambre (*tb* **matahambres**) *m* **1** Comida de poco alimento que solo sirve para matar el hambre. | VMontalbán *Rosa* 101: Las tortas son lo que son, matahambres que en compañía de cualquier fantasía llenaban los estómagos.

2 (*reg*) Plato propio de los días de vigilia, compuesto de migas con huevo y luego cocidas. | T. Rabanal *Hoy Extra* 12.75, 47: Un plato propio para vigilia llamado matahambre, especie de migas amasadas con leche y huevo y luego cocidas en la olla, que las esposas de los pastores de La Serena llevaban a las majadas los días de ayuno.

matahombres *m* (*reg*) **1** Condecoración festiva, originariamente alfiler de cabello, que con motivo de la fiesta de Santa Águeda, en Zamarramala (Segovia), se concede a un varón distinguido por su antifeminismo. | *ASeg* 26.1.80, 4: Camilo José Cela ..: matahombres. *Abc* 13.2.79, 41: El Matahombres es un alfiler que las mujeres castellanas de Zamarramala utilizaban para sujetarse el pelo, y cuando danzaban el baile de "Rueda" lo usaban para espantar y amenazar a los varones casados o solteros que se acercaban a ellas.

2 Aligustre (planta). | FQuer *Plantas med.* 746: Aligustre. (*Ligustrum vulgare* L.) Sinonimia cast[ellana], ligustro, .. matahombres.

matahormigas *adj* [Producto] que sirve para matar hormigas. *Frec n m.* | *Inde* 22.9.90, 24 (A): Un consumidor ha denunciado la existencia de un producto matahormigas de uso doméstico que está en el mercado y que según ha podido saber es muy tóxico. Hoyo *Pequeñuelo* 65: Hágame usted el favor de ir a la droguería del pueblo y traerme un matahormigas del más fuerte .., pues hay que acabar con las hormigas.

mataje *m* (*reg*) Conjunto de matas [de melón o sandía]. | Halcón *Manuela* 40: Sin permiso de nadie sembraba cada año un mataje de sandías.

matalahúga *f* Matalahúva. | Cela *Alcarria* 85: Venía a caballo desde Sigüenza a vender pimienta y clavo, jengibre y matalahúga.

matalahúva *f* Anís (planta y semilla). | ZVicente *Traque* 11: Todos escuchan admirados las virtudes del ruibarbo .. y de la matalahúva. VMontalbán *Pájaros* 323: Embutidos aromatizados por la matalahúva, flor de anís.

matalascallando → MATAR.

matalobos *m* Acónito de la especie *Aconitum napellus*. *Tb* ~ AZUL *o* DE FLOR AZUL. | Mayor-Díaz *Flora* 327: *Aconitum napellus* L. "Napelo", "Matalobos azul".

matalón -na *adj* [Caballería] flaca, endeble y gralm. con mataduras. *Tb n.* | Cela *Judíos* 213: Por el camino venía una mujer .. arreando un jaco matalón. FRegueraMarch *Cuba* 148: Uno de los caballos era un matalón que casi no podía moverse.

matalotaje *m* (*Mar*) Prevención de comida que se lleva en una embarcación. | Guillén *Lenguaje* 19: Mareaje .. es el conjunto de pertrechos y matalotaje para poder navegar.

matambre *m* **1** (*reg*) Plato compuesto por trozos de masa de harina con leche y especias, fritos y luego cocidos. | A. Aragonés *NAl* 24.12.93, 33: Matambre de arriero. Batir cuatro huevos y mezclar con dos dientes de ajo picados, perejil y una pizca de bicarbonato y sal.

2 Plato argentino que consiste en un fiambre de carne de ternera enrollada y rellena con zanahoria y otros ingredientes. | *Con* 11/12.91, 19: El mejor estilo en carnes a las brasas sabor "Urutino" uruguayo y argentino. "La Parrilla Alegre." Especialidades en: Matambres, lengua a la vinagreta.

matamoros *adj* **1** (*col*) [Hombre] valentón. *Frec n.* | Torrente *DJuan* 136: En aquel instante mi busto se enderezó hasta la petulancia, y mi cabeza se levantó, impertinente y atrevida, con aire de matamoros en descanso forzoso.

2 Matador de moros. *Usado como apelativo del apóstol Santiago.* | J. M. Llanos *SYa* 21.7.74, 3: Nada entonces nos dice ya lo del Santiago matamoros.

matamoscas I *m* **1** Utensilio para matar moscas constituido por una pala de plástico o tela metálica y un mango. | Casiopea *Cod* 11.8.74, 19: ¿Por qué no estrenan en octubre, y, mientras tanto, cogemos todos nuestro botijo, nuestro matamoscas y el pay-pay y pasamos tranquilos, que es lo nuestro, las vacaciones estivales?

2 Insecticida destinado esp. a matar moscas. | Cela *Mazurca* 31: Tuvieron que dejarlo a oscuras lo menos media hora para que las moscas se amansaran y se durmieran. –¿Y por qué no les echaron matamoscas?

II *adj invar* **3** [Papel] en forma de tira e impregnado de una sustancia pegajosa, que, colgado del techo, sirve para atrapar moscas. | Delibes *Cinco horas* 31: Iban marchando, pero aún quedaban algunos aferrados al ataúd como las moscas al papel matamoscas.

matancero[1] **-ra** **I** *adj* **1** De la matanza [2]. | GMartín *Hoy* 8.1.76, 14: El tiempo está frío, y es tiempo de matanzas .. Sigue el proceso matancero, se descuartiza al animal, se extraen cuidadosamente los jamones.

II *m y f* **2** Pers. que interviene en la matanza [2]. | *Ya* 15.3.87, 44: Camilo José Cela acudió a Burgo de Osma para actuar como pregonero y matancero mayor de las XII jornadas de la matanza. Gala *Cítaras* 509: –Quien no sepa matar que no se meta, ¡¡rediós!! –No jure la matancera.

matancero[2] **-ra** *adj* De Matanzas (Cuba). *Tb n, referido a pers.* | P. GBlanco *Abc* 25.5.58, 11: Oí los danzones del matancero Miguelito Failde.

matanza *f* **1** Acción de matar gran cantidad de perss. o animales. | E. Haro *Tri* 26.12.70, 4: La matanza de estudiantes de Kent.

2 Acción de matar uno o más cerdos para el consumo casero. *Tb la época en que se realiza.* | Ortega-Roig *País* 91: ¿Habéis visto alguna vez la matanza del cerdo? Delibes *Ratas* 44: Durante la matanza, las conversaciones en casa de la señora Clo dejaron de tener sentido. La gente acudía allí solo por el gusto de oír cantar a Virgilín Morante.

3 Conjunto de productos del cerdo destinados para el consumo casero. | FSantos *Catedrales* 50: Gruesos calcetines .. que la madre .. había mandado en grueso paquete con un poco de matanza que fueron asando a escondidas. Romano-Sanz *Alcudia* 16: En el zaguán comen tres hombres y un muchacho .. Sostienen un mendrugo de pan en una mano y un trozo de matanza y la navaja en la otra.

mataparda (*tb con la grafía* **mata parda**) *f* (*raro*) Encina (árbol). | FQuer *Plantas med.* 108: La encina (*Quercus ilex* L.) se llama también, en castellano, .. mataparda.

mataparientes *m* Se da este n a varios hongos tóxicos o de poco valor culinario del gén *Boletus*, esp *B. erythropus* y *B. satanas*. | X. Domingo *Cam* 11.10.76, 79: Existen diversas variedades de boleto u hongo .. Todos ellos son comestibles, con excepción del hongo Satán o Mataparientes, que tiene el sombrero de color blanco grisáceo y los poros de un rojo vivo, azuleando al contacto de la mano. Perala *Setas* 79: *Boletus erythropus.* Mataparientes. Pie rojo.

matapeces *m* Belesa (planta). | FQuer *Plantas med.* 517: Belesa. (*Plumbago europaea* L.) Sinonimia cast[ellana], .. matapeces.

mataperrada *f* (*reg*) Travesura propia del mataperros. | F. Gutiérrez *Van* 7.4.78, 32: "Es Picasso", dicen, como si se tratara de un niño que hiciera su acostumbrada mataperrada.

mataperros *m* (*reg*) Muchacho callejero y travieso. | Nácher *Guanche* 55: Felipillo crecía suelto y hecho un mataperros, vegetando a su antojo por las tranquilas calles de Bañaderos.

matapiojos *m* **1** Majuelo o espino albar (*Crataegus monogyna*). | FQuer *Plantas med.* 339: Espino albar. (*Crataegus monogyna* Jacquin.) Sinonimia cast[ellana], espino blanco, .. matapiojos.

2 Albarraz (planta). | FQuer *Plantas med.* 219: Albarraz. (*Delphinium staphisagria* L.) Sinonimia cast[ellana], .. mat[a]piojos. [*En el texto,* matarpiojos.]

matapolilla (*tb* **matapolillas**) *adj* [Producto] que sirve para matar polillas. *Frec n m.* | *Abc* 16.5.58, 18: El equipo de limpieza doméstica Electrolux. El cepillo para pisos. Matapolilla. Berlanga *Recuentos* 33: Píter olía el frasco con el mismo hociquito con que luego ad lib husmear sus nuevas vestimentas, atufantes de una mezcolanza pastosa de matapolillas, espliego y humedad.

matapollo *m* Torvisco o matagallina (planta). | FQuer *Plantas med.* 388: Torvisco. (*Daphne gnidium* L.) Sinonimia cast[ellana], torbisco, .. matapollo, matagallina.

matapolvo (*tb* **matapolvos**) *m* Lluvia o riego muy breves y escasos. | CBonald *Ágata* 271: Un vientecillo tórrido de poniente había rociado a la sazón sobre el parque una suerte de matapolvo que, apenas caído, fue vorazmente succionado. J. SEgea *Abc* 7.6.70, 34: Hay un refrán que dice "agua de junio, infortunio"; pero más bien se refiere a las tremendas tormentas normales en este mes que a este matapolvos de ahora que, más que nada, ha servido para refrescar la atmósfera y lavar las plantas.

matapulgas *f* **1** Mastranzo común (planta). | FQuer *Plantas med.* 707: Mentastro. (*Mentha rotundifolia* L.) Sinonimia cast[ellana], .. matapulgas.

2 Yezgo (planta). | FQuer *Plantas med.* 755: Yezgo. (*Sambucus ebulus* L.) Sinonimia cast[ellana], .. matapulgas.

mataquintos *m* (*humoríst, hoy raro*) Cigarrillo de tabaco de mala calidad y sabor muy fuerte. | DCañabate *Andanzas* 148: Encendía un mataquintos, del que aspiraba el humo con la delectación misma que si fuera exquisito veguero del cogollo de la Vuelta Abajo habanera. Coll *D16* 15.1.77, 18: Fumábamos "mataquintos" a los doce añitos .. Un paquete de "mataquintos" costaba una peseta, lo que nos parecía un abuso, y además lo era.

matar (*en acep 1 a veces se usa* MUERTO *como part*) **I** *v* **A** *tr* **1** Quitar la vida [a un ser (*cd*)]. *Tb abs, esp referido a animales para el consumo.* | Arce *Testamento* 14: "No es posible que vayan a matarme", pensé. Torrente *DJuan* 164: Conservaba el aire de forajido montaraz, las armas de guerra con las que le habían muerto. SLuis *Doctrina* 86: El Quinto Mandamiento: "No matarás". *Rue* 22.12.70, 15: Y llegamos ya a la hora de matar. Si el toro ha sido bien lidiado. Moreno *Galería* 219: La matanza .. Había que levantarse a matar cuando "rayara el día". **b)** Quitar la vitalidad a [un órgano corporal (*cd*)]. | *Fam* 1.11.70, 12: Este nuevo descubrimiento .. mata la raíz del vello.

2 (*lit*) Destruir o aniquilar [algo inmaterial]. | Cunqueiro *Un hombre* 202: ¿Cómo voy a poderme casar .. si me matan los amores no bien nacen?

3 Hacer que [algo, esp. el hambre, la sed o el polvo] deje de existir total o parcialmente. | Delibes *Mundos* 154: Las lluvias que se recogen en la isla nunca serán suficientes para matar la sed de sus plataneras. F. Vargas *Ade* 27.10.70, 16: No ha llovido siquiera para matar el polvo.

4 Apagar [la llama o su luz, o el fuego]. | Buero *Sueño* 201: Leo, mata esa luz. (Leocadia apaga las llamas del velón.) Delibes *Ratas* 58: Llegada la noche, el tío Ratero mataba la llama, pero dejaba la brasa, y al tibio calor del rescoldo dormían los tres sobre las pajas. Landero *Juegos* 361: Al anochecer mató el fuego, para no alertar a los curiosos.

5 Quitar la fuerza [al yeso o a la cal (*cd*)] echándoles agua. | * Es preciso matar la cal.

6 Apagar o atenuar [algo, esp. el brillo o el color]. | Aldecoa *Gran Sol* 125: La niebla mata los resplandores de los focos. Marcos-Martínez *Física* 529: Puede ocurrir que la intensidad quede reducida en tal grado que el orador no sea oído por todo el auditorio. Se dice entonces que el local "mata el sonido". Landero *Juegos* 211: Vio por allí unos decorados idílicos y pidió al fotógrafo que le retratase con ellos al fondo .. En todas [las fotografías] se sobrepuso de perfil y medio cuerpo, y ordenó matar el fondo para que no se advirtiera el artificio.

7 Hacer que sean menos agudos [un borde, una arista o algo similar (*cd*)]. | PCarmona *Burgos* 67: La sección horizontal de la torre .. es un octógono, o mejor un cuadrado con los ángulos matados por lados más pequeños, recordando algo al cuerpo de luces de Frómista. *Inf* 21.10.69, 30: Explica después "el proceso de fabricación", especialmente el envejecimiento de las monedas con un bombo con perdigones encargados de rayar las revueltas con sílice, que mataba las rayas para darles la suavidad de un desgaste por el uso.

8 Inutilizar con una marca adecuada [un sello de correos, un timbre o una póliza] para que no pueda usarse de nuevo. | *Ya* 22.11.75, 16: Numerosas personas han desfilado ayer por la estafeta de correos de las Cortes pidiendo les "mataran" allí sellos de Correos con la efigie de Franco.

9 Entretenerse [alguien] para que [el tiempo (*cd*)] no se haga largo. | Ferres-LSalinas *Hurdes* 123: El hombre, que es viejo y al parecer no sabe cómo matar el tiempo, acompaña a los viajeros hasta donde los ríos confluyen. Grosso *Capirote* 95: Faltaban dos horas para el toque de silencio. En grupo[s] de afinidades se unían los hombres para matar los minutos que faltaban al sueño.

10 (*Naipes*) Echar una carta superior [a otra (*cd*)]. *A veces el cd expresa el poseedor de la carta matada. Tb abs.* | Delibes *Siestas* 24: Yo no tenía para matar al rey aunque tenía triunfo. Corral *Cartas* 9: Los dos últimos están obligados a asistir al palo de la carta que echó el mano, pero no a matar.

11 (*Parchís*) Comer [una ficha]. *A veces el cd expresa el poseedor de la ficha comida.* | Salom *Cita* 265: Cuento diez, mato a Felipe y la otra ficha también a casa. He terminado.

12 (*col*) Quitar la salud [a alguien (*cd*)]. *Frec con intención ponderativa.* | * Este trabajo me está matando. * Me matas a disgustos.

13 (*col*) Causar [a alguien (*cd*)] un perjuicio grave. *Con intención ponderativa.* | * Nos has matado con llegar tarde, ya no tenemos entradas. **b) no (me) mates.** (*col*) *Fórmula con que se expresa asombro, incredulidad o rechazo ante lo que se acaba de oír.* | MGaite *Ataduras* 117: –Estás más gorda. –¿Más gorda? No me mates. Sastre *Taberna* 94: –Hoy corre la sangre en este barrio; y si no al tiempo. –(Incrédulo.) No me mates. –Ya lo verás. GHortelano *Gente* 94: –¿Y qué hacemos? –Podríamos ir al cine –dijo Julita. –No me mates .. Para cines estamos. **c) nos ha matado**, *o* **¿no te mata?** (*col*) *Fórmulas con que se expresa rechazo o asombro ante algo.* | Sastre *Taberna* 125: –¿También tú? –Ah, yo no digo nada. –¡Pues si no dices nada, no digas nada, no te mata! * Nos ha matao, así cualquiera.

14 (*col*) Molestar o fastidiar intensamente. | GHortelano *Momento* 523: Habíamos salido a cenar en cuadrilla, y yo les tengo repetido que me mata cenar en pandillona.

15 (*col*) Conquistar o enamorar completamente [a una pers.]. | Aldecoa *Gran Sol* 19: Tú crees que a las mujeres las matas; eso se cree a tus años, porque no las matas ¿Las miras y las matas...? ¡Que te crees tú!

16 ~las callando. (*col*) Actuar [alguien] según su conveniencia fingiendo bondad y comedimiento. | FReguera-March *Boda* 215: –¿A qué me dedico? –A matarlas callando.

17 que me maten + *prop condicional*. (*col*) *Fórmula con que se asevera enfáticamente lo contrario de lo expresado por la prop.* | * Que me maten si entiendo algo.

18 aunque (*o* **así**) **le maten.** (*col*) *Fórmula con que subraya enfáticamente una negación.* | * No lo dirá así le maten.

B *intr pr* **19** Producirse [alguien] la muerte indirecta e involuntariamente. *Frec con intención ponderativa.* | Sampedro *Sonrisa* 103: Se mató en una obra; era albañil. | Grandes *Lulú* 234: Yo no voy a poder andar con esto .. En serio, que no me conocéis, pero yo me mato, fijo que yo con estas botas me mato.

20 Pelear a muerte. *Frec fig, con intención ponderativa.* | * Me mato con cualquiera por defender la verdad. * En el metro, se matan por un asiento.

21 Desvivirse [por alguien o algo]. | MGaite *Visillos* 116: –Está por él que se mata –resumió Isabel cuando salieron–. Ya veis lo nerviosa que se pone en cuanto le preguntamos cosas. * Se mata por llegar la primera.

22 Morirse [por algo] o desear[lo (*compl* POR)] vivamente. | Berenguer *Mundo* 315: El amo, tú lo sabes, matado está por tenerte con él de guarda.

23 Esforzarse mucho o realizar un trabajo muy intenso [haciendo algo (*ger* o A + *infin*)]. *Con intención ponderativa. A veces se omite el compl por consabido. Tb fig.* | Arce *Testamento* 112: Yo me maté con la razón tratando de explicarle toda suerte de detalles. Buero *Hoy* 73: Me mato a coser casi sin provecho, y noto que mi salud flaquea. Halcón *Monólogo* 51: El andaluz se distingue de los que no lo son en que siempre trabajan igual, sin matarse ni pararse. VMontalbán *Soledad* 126: –¿Buena propina? –No se mató, no. Diez duros.

II *loc n* **24 mátalas callando** (*tb* **matalascallando**). *m. y f* (*col*) Pers. que las mata callando [16]. | SSolís *Camino* 142: Todas las monjas del Colegio coincidían en alabar su suavidad, devoción, educación y comedimiento, salvo la Madre Asunción, que, en una junta calificadora, salió con que a ella le parecía "una buena zorramplina, una matalascallando".

III *loc adv* **25 a ~.** (*col*) Con gran tirantez u hostilidad. *Gralm en constrs como* ESTAR, *o* LLEVARSE, A ~ [dos perss. o una con otra]. | Marsé *Montse* 259: La viuda está a matar con ellos. * Se llevan a matar.

26 para ~lo, *o* **~la.** (*col*) Muy mal. *Referido al comportamiento o al aspecto de una pers. Con el v* ESTAR. | Halcón *Monólogo* 29: Buena estaría la Matallana con estos pantalones. Para matarla. Con el *derrière* tan bajo que tiene.

27 que se mata (**me mato**, *etc*). (*col*) Bien o en situación ventajosa. *Con intención irónica. Con el v* IR. | Diosdado *Anillos* 2, 162: Si no llegas a hablar de la cuna, con un kilo de pasteles vas que te matas. Burgos *SInde* 12.8.90, 6: Por favor, no compares al boler[o] con Bécquer. Con Campoamor va que se mata.

28 que se mata (**te matas**, *etc*). (*col*) Mucho. *Con vs de movimiento.* | * Corre que se mata.

matarife *m* Hombre encargado de matar y descuartizar reses. | Cuevas *Finca* 218: Le despenó los cinco mejores novillos de la ganadería con una navaja barbera. Los había escogido durante toda la noche y, luego, realizó la operación con la tranquilidad de un matarife. *Abc* 5.8.70, 79: La otra cara de la fiesta. No torean, pero trabajan. Es las Ventas .. Desolladero (cinco matarifes, un mondonguero, un encargado y tres repartidores). **b)** (*col*) Hombre que mata perss. | Montero *Reina* 31: Era jefe de sala [en el Tropicana de Cuba]. O sea, jefe de matones. Siempre se me ha dado bien eso, ser matarife. Lo único que he hecho bien en mi vida ha sido matar.

matarile I *m* **1** Cierta canción infantil que tiene como estribillo "matarile, rile, rile" y que acompaña a un juego de niñas. | J. Sampelayo *Abc* 19.8.70, 11: Todos se unen en una democracia orgánica de risas y de chillidos de alegría, y cánticos al compás del "matarile" o de la "Suite" del Gran cañón.

II *loc v* **2 dar ~** [a alguien]. (*jerg*) Matar[lo]. | *Ya* 7.5.88, 28: Venero dijo en su declaración que oyó al comisario decir que a Corella le "habían dado matarile".

mataronense *adj* Mataronés. *Tb n.* | *País* 19.12.82, 57: La firma estadounidense .. contrató los servicios del mataronense Josep Serra Carbó.

mataronés -sa *adj* De Mataró (Barcelona). *Tb n, referido a pers.* | *Barcelona* 64: Mataró .. fue la segunda población de España que tuvo ferrocarril, que fue construido por un gran mataronés, Biada, en 1848.

matarratas *m* **1** Sustancia venenosa para matar ratas. | *Abc* 6.1.68, sn: Con matarratas Nogat, en polvo y pasta fosforada, exterminará rápidamente y sin molestias toda clase de ratas.

2 (*col*) Aguardiente muy fuerte y de mala calidad. *A veces referido a otras bebidas alcohólicas.* | DCañabate *Paseíllo* 89: Me endilgó una bofetá, sin venir a cuento, porque no me cumplía atizarme al coleto un sorbo de matarratas. Lera *Olvidados* 296: Cuando acudió el dependiente, don Jesús pidió dos copas de coñac. –¿De cuál? .. –Matarratas.

matarrubia (*tb con la grafía* **mata rubia**) *f* Coscoja (árbol). | FQuer *Plantas med.* 108: Otros nombres castellanos de la coscoja son matarrubia, carrasquilla.

matasanos *m y f* (*col, humoríst*) Médico. | Gironella *Millón* 352: –Acompáñame al quirófano. –¿Qué pasa? –¡Quiero hacerle una pregunta al matasanos!

matasellado *m* Acción de matasellar. *Tb su efecto.* | *NRi* 22.5.64, 2: De interés para los filatelistas. El sello con el escudo de Logroño y su matasellado. A. MGonzálvez *Abc* 2.5.74, 49: Se abrieron las ventanillas en las instalaciones de Correos, comenzando el matasellado de los sobres "Primer Día de Emisión".

matasellar *tr* Poner el matasellos [a un sello, una carta o un envío postal]. | A. Semprún *Abc* 6.12.70, 19: El correo ordinario ha llevado a las manos del cónsul general de la República Federal Alemana en Bilbao, señor Schmitt, una carta matasellada en Vitoria. E. Quesada *Inf* 20.11.82, 22: Se denomina sello usado –matasellado, inutilizado u obliterado– a aquel efecto postal que ha cumplido la finalidad para la que fue emitido: servir de franqueo para la correspondencia postal.

matasellos *m* Estampilla para inutilizar los sellos postales. *Tb la marca o dibujo correspondiente.* | *ByN*

31.12.66, 119: Reproducimos dos matasellos utilizados el pasado octubre, en Granada y Badalona.

matasiete *m (col)* Hombre bravucón. | FReguera-March *Cuba* 348: Ella tiene su apaño. Es un chulo de mala sombra, un matasiete que ya lleva encima varias condenas.

matasuegras *m* Objeto de broma que consiste en un tubito de papel arrollado en espiral, que se desenrosca bruscamente al soplar por un extremo. | Medio *Andrés* 244: El que no tiene en las manos una zambomba enorme se ha apoderado de unas tapaderas. Dos o tres tienen un matasuegras o un Nicanor.

matatías *m y f (col)* Prestamista o usurero. | *STie* 14.8.76, 7: Uno de los espectáculos de la pobreza y la miseria andaluza de estos años es el que se montaba ante el Ayuntamiento de Sevilla con motivo de una entrega de dinero para el desempeño de las ropas, entregadas en prenda a usureros y matatías para poder ir comiendo algo mientras tanto.

match *(ing; pronunc corriente,* /máĉ/; *pl normal,* ~s o ~ES) *m (Dep)* Enfrentamiento o encuentro deportivo. | M. Olías *HLM* 26.10.70, 35: Luego del último "match" que sostuviera el 22 de enero de 1967 frente a Zora Folley, .. retorna de nuevo [Cassius Clay] a las actividades que le erigieron en la máxima figura del pugilismo mundial. Sailom *HLM* 26.10.70, 33: Su triunfo .. fue terminante al acabar el "match" con el claro 22-12. Gironella *SAbc* 9.2.69, 21: Últimamente se han celebrado también *matchs* [de ajedrez] por radio.

match-ball *(ing; pronunc corriente,* /máĉ-ból/; *pl normal,* ~s) *m (Tenis)* Tanto que decide el final de un partido. | A. SPrieto *Abc* 4.6.72, 65: Atacó Gimeno en el "match-ball" y Metreveli echó fuera el "passing-shot".

match-play *(ing; pronunc corriente,* /máĉ-pléi/; *tb con la grafía* **match play**) *adj invar (Golf)* **1** [Modalidad] en que el tanteo se basa en el número de hoyos ganados y perdidos. *Se opone a* MEDAL-PLAY. *Tb n m*. | *SYa* 24.9.90, x: El galés Ian Woosnam conquistó ayer .. el campeonato del mundo en la modalidad match-play. *Abc* 22.9.90, 92: Hasta cierto punto, en "match-play", los resultados obedecen a una lógica.
2 Que se juega en la modalidad match-play [1]. | *DLP* 8.10.90, 60: Los resultados de la modalidad "scratch", en sus primeros puestos –que clasifican para disputar una eliminatoria "match play"–, son. *Abc* 22.9.90, 92: Golf: Mundial match-play. El verdugo de Ballesteros y Nick Faldo, fuera de combate.

mate¹ *adj* Que carece de brillo. *Tb fig, referido a sonido*. | CNavarro *Perros* 24: Nunca podría pasar por la carretera .. sin ver aquella cara sin expresión, aquellos ojos mates. *Tel* 15.6.70, 91: Mirad .. con atención un cutis viejo: su color mate y su superficie cuarteada recuerdan a la reseca arena del desierto.

mate² *m (Ajedrez)* Lance que pone término a la partida, por estar amenazado y sin posibilidad de defensa uno de los reyes. *Tb* JAQUE ~. *Tb fig, esp en la constr* DAR JAQUE ~. | Gironella *SAbc* 9.2.69, 22: Otra variedad es la de los problemas, verdaderos crucigramas ajedrecísticos, en los que se facilita una posición determinada de las piezas y se anuncia que existe un mate "forzoso" en dos, tres o más jugadas. *Abc Extra* 12.62, 66: Nuestro Pomar, desde muy niño, da jaque mate a campeones. *Sáb* 10.9.66, 10: El "Club Marbella" del príncipe Alfonso .. comenzó a dar el jaque mate a las Costas Azul y Riviera.

mate³ *m* Árbol propio de América del Sur, cuyas hojas, secas y tostadas, se usan para preparar infusiones (*Ilex paraguayensis*). *Tb las hojas y esp la misma infusión*. | ZVicente *Traque* 12: Don Facundo se quedó lelo, con los paquetes de toronjil, de poleo, de cantueso y de mate, en la mano.

mate⁴ *m* **1** (*Balonc*) Encaste que se consigue al depositar la pelota en la cesta, apoyando gralm. la muñeca en el aro. | *Abc* 31.12.85, 84: A modo de prólogo, se efectuó por vez primera en Europa un concurso de mates.
2 *(Tenis, Ping-pong y Balonvolea)* Smash. | *Ya* 12.4.92, 32: Voleibol, el espectáculo del "mate".

mate⁵ *m (raro)* **1** Acción de matar [a un animal para consumo]. | SFerlosio *Jarama* 46: –He matado una cabra esta mañana .. –¿Esta mañana? ¿Y cómo, si no era día de mate?
2 *(col)* Tute o paliza. *Con el v* DAR. | Berenguer *Mundo* 197: Cuando salí de lo blando, me di un mate de correr y de andar ligero que hasta el barro se me despegaba de la cara con los sudores.

mate⁶ → MATES.

mateado *m (E)* Transformación [de algo brillante] en mate¹. | *GTelefónica N*. 950: Gutiérrez, Luis. Rótulos. Pinturas. Publicitaria de coches. Rotulación. Grabado y mateado de cristal. Serigrafía.

matear *tr (E)* Hacer mate¹ [algo]. | * Para matear el vidrio se usa arena o ácido.

matemáticamente *adv* De manera matemática [1 y 2]. | Torrente *Saga* 447: Cuando algo no era matemáticamente inteligible, se lo explicaban por la teología. *Sp* 19.7.70, 13: ¿Por qué la información internacional en TVE está circunscrita casi matemáticamente a los países donde existen corresponsales?

matematicismo *m* **1** Tendencia a aplicar a otras ciencias métodos matemáticos. | GÁlvarez *Filosofía* 2, 36: El matematicismo de Galileo no tiene aún significación ni alcance filosóficos. P. Carrero *Íns* 6.79, 10: El microscopio de su atención se dirige siempre .. hacia aquel aspecto que la moderna especulación lingüística, presa de modas terminológicas o de un excesivo matematicismo, suele olvidar con facilidad: el uso.
2 Condición de matemático [2]. | *Ciu* 15.3.75, 4: Los análisis pueden tener, ocasionalmente, algún error. Es imposible pedir un matematicismo absoluto a esta parcela de la ciencia.

matematicista *adj* De(l) matematicismo o que lo implica. | GÁlvarez *Filosofía* 1, 436: Es el tributo que tenía Escoto que pagar a su formación en el espíritu matematicista de Oxford. *Sp* 21.6.70, 54: No es de extrañar que, a partir de Debussy y Strawinsky, todas las corrientes modernas a la hora de ser atacadas hayan recibido el título de "matematicistas", anatema que se recrudeció cuando el dodecafonismo aventuró algunas simples explicaciones de orden numérico y combinatorio.

matemático -ca I *adj* **1** De (las) matemáticas [4]. | Marcos-Martínez *Aritmética* 7: Lograr que los alumnos asimilen las verdades matemáticas con el menor esfuerzo posible. DPlaja *Literatura* 405: Descolló [Echegaray] en la ciencia matemática y en la política. **b)** *(Lógica)* [que utiliza métodos y símbolos matemáticos]. | Aranguren *Marxismo* 135: La lingüística estructuralista es la primera de las ciencias humanas que se ha organizado con un rigor comparable al de la lógica matemática.
2 Exacto. *Con intención ponderativa*. | *GacNS* 2.8.74, 10: Con precisión matemática cercaron todo el abigarrado sector de callejas y callejuelas. J. Duva *Ya* 4.5.84, 34: Acudían a su puesto de trabajo con puntualidad matemática. **b)** *(col)* [Cosa] que se produce de un modo cierto y necesario. | CPuche *Paralelo* 65: Los nuevos datos estaban saltando sobre la mesa. Y fue matemático. Tal como Genaro lo había presentido: la suerte cambió.
II *n* **A** *m y f* **3** Especialista en matemáticas [4]. | *Tri* 5.12.70, 34: Un matemático declaró .. que "no hay conflicto entre la Biblia y las Ciencias Naturales". J. Zor *TCR* 2.12.90, 30: Zerah Colburn, también famosa matemática, presentaba un signo de degeneración: un dedo suplementario en cada mano.
B *f* **4** Ciencia que trata de la cantidad. *Más frec en pl*. | F. Blázquez *SYa* 10.6.73, 11: Hacia 1635, Blas Pascal .. toma contacto con la geometría .. Según sus biógrafos, más que aprender la matemática lo que hizo fue inventarla. Laforet *Mujer* 41: Ella daba clase de matemáticas para vivir.

matematización *f* Acción de matematizar. | GÁlvarez *Filosofía* 2, 235: Entre sus más acusadas características se encuentran: 1) la seguridad en la validez absoluta de la ciencia; .. 5) la tendencia a la matematización al mecanicismo.

matematizar *tr* Dar formulación o tratamiento matemáticos [a algo (*cd*)]. | Rábade-Benavente *Filosofía* 187: Siempre que se pueda, se intenta matematizar o expresar de forma matemática la ley. G. Casino *SElM* 22.4.93, 6:

Resulta absurdo empecinarse en matematizar un acto tan cotidiano como el comer.

mateño -ña *adj* De Las Matas (Madrid). *Tb n, referido a pers.* | *PinR* 15.4.90, 13: Como ya anunciábamos en nuestro anterior número de *El Pinar*, el barrio mateño se viste, una vez más, de gala.

mateo -a *adj* [Feria o fiesta] de San Mateo, de Logroño. | J. CGastón *Rio* 2.10.88, 41: Cuando finalizaba la feria matea hubo una reunión, muy taurina, en La Merced. *Rio* 2.10.88, 11: Magdalena ha lucido tripa y sonrisa en Logroño durante algunos días de las fiestas mateas. **b)** De (la) feria matea. | F. MLosa *SSe* 18.9.88, 9: A la puntualidad de las corridas del cartel mateo en la plaza de toros hay que sumar a la fiesta la semana gastronómica.

materia I *f* **1** Componente de los cuerpos, dotado de masa y volumen. | Marcos-Martínez *Física* 1: Estados en que se presenta la materia. **b)** *(Filos)* En la teoría hilemorfista: Principio indeterminado que recibe determinación de la forma. | Gambra *Filosofía* 91: La materia es así, para Aristóteles, un principio o causa del ser que, comunicándose, fundiéndose con la forma, da lugar al ser existente o sustancia.
2 Cuerpo o realidad física. *Se opone a* ESPÍRITU. | * La materia se impone al espíritu en el mundo industrializado.
3 Elemento físico o acción constitutivos [de algo]. | * Las palabras son la materia de un poema. * Tal acción es materia constitutiva de delito. **b)** *(Rel catól)* Cosa o acción, gralm. sensibles, a las que se aplican las palabras rituales [de un sacramento]. | SLuis *Doctrina* 129: En cada Sacramento hay dos elementos: Materia: cosa sensible que se utiliza en él: pan, agua, vino. Forma: palabras con las cuales se aplica ese Sacramento a un fin sobrenatural. SLuis *Doctrina* 142: Materia [de la penitencia]: los actos del penitente, contrición, confesión y satisfacción.
4 Materia [1] caracterizada por sus propiedades. | Navarro *Biología* 7: Depende de las materias disueltas en el agua celular. **b)** ~ **prima**, *o* **primera** ~. Cosa destinada a ser transformada por la actividad técnica. | *Sp* 19.7.70, 23: La importación de materias primas .. se mantiene en un nivel inferior al 10 por ciento del coste de los buques. J. M. Moreiro *SAbc* 9.2.69, 43: La industria salmantina habrá de pensar en sus primeras materias, y estas son la agricultura y la ganadería. **c)** ~ **gris**. Inteligencia. | M. Á. Calles *Rev* 11.70, 7: Norteamérica consiguió llevar a cabo, en aquellos años, una de las simbiosis más productivas: la del dólar con la materia gris.
5 Pus. | Cela *Mazurca* 31: Va por la vida envuelto en una nube de moscas .., se conoce que tiene las carnes dulces y la materia de los granos de mucho alimento.
6 Asunto o tema. | M. GSantos *SAbc* 29.9.68, 12: Allí se podía sentar uno apaciblemente, sin prisa, entreteniendo la espera con la revisión visual de los libros, ordenados cuidadosamente por materias. *Mad* 3.1.70, 3: Los Acuerdos con Estados Unidos .. y el apoyo a la causa árabe han sido los principales puntos abordados en materia internacional. **b)** Tema de estudio o de enseñanza. | DPlaja *Literatura* 6: El hecho de que los cuestionarios oficiales se refieran, esquemáticamente, a las literaturas orientales y las clásicas greco-latinas nos obliga a anteponer unas lecciones conteniendo estas materias.
II *loc v* **7 entrar en** ~. Empezar a tratar un asunto después de un preámbulo. | Hoyo *Pequeñuelo* 104: Ya que he entrado en materia, quiero salir al paso de ciertos reproches.
III *loc prep* **8 en ~ de**. En lo relativo a. | M. BTobío *Atl* 1.90, 53: No se podía pensar en algo más disuasor en materia de alianzas militares.

material I *adj* **1** De (la) materia [1, 2, 3 y 4]. | Navarro *Biología* 5: El agua es el medio que se interpone entre las partículas materiales orgánicas. RMorales *Present*. Santiago V*Parga* 4: Año Santo, .. toda la metafísica –entendamos con ello el alejamiento de lo material– del verdadero cristianismo está ahí. Valcarce *Moral* 9: El objeto material [de la moral] lo constituyen los actos humanos. **b)** Que tiene los caracteres de la materia [1]. | Gambra *Filosofía* 135: El alma sensitiva de los animales, de suyo, por su esencia, no es material.
2 Real o efectivo. | L. Contreras *CCa* 23.5.71, 9: Prácticamente no hay tiempo material para su discusión.

II *m* **3** Cosa que se emplea [para algo *(compl especificador)*]. *A veces se omite el compl por consabido. Tb fig, referido a pers.* | GTelefónica *N.* 326: Fernández. Materiales de construcción. Halcón *Manuela* 39: Nos casamos Manuela y yo, y no tenemos dónde meternos. Los muros los voy haciendo ya de material, pero la techumbre tiene que ser de junco. * El material humano deja mucho que desear. **b)** Conjunto de máquinas, utensilios y otros objetos utilizados [en una actividad *(compl de posesión)*]. *Frec se omite el compl por consabido.* | SLuis *Doctrina* 83: Pecan contra el cuarto Mandamiento .. d) Los obreros y subordinados que no cuidan razonablemente el material de trabajo. B. González *Abc* 21.5.67, 69: Ante los tinglados, sobre plataformas, ya se encuentra preparado el material que va a ser lanzado.
4 Cuero curtido. | M. F. Lucas *Nar* 6.77, 11: Los instrumentos auxiliares que utiliza [el alfarero] son: "tiradera" .. "Alpañata". Trozo de material para suavizar las paredes.
5 *(jerg)* Droga. | Tomás *Orilla* 55: ¿Me puedes pasar un poco de material?
III *loc v* **6 arrimar**[le] ~ [a una pers.]. *(jerg)* Restregarse lascivamente [contra ella un hombre]. | Campmany *Abc* 17.12.93, 23: A mí el testimonio de esa niñera judoka y políglota que quiere contar bajo precio si el falso conde se pasea en pelota por el pasillo de su casa, o le zurra la badana a la "otra", o intentaba arrimarle material a la propia judoka, me tiene al fresco.

materialidad *f* **1** Cualidad de material. | Gambra *Filosofía* 135: Supone [el alma sensitiva] un grado superior al de la pura materialidad corpórea. Payno *Curso* 106: Los hechos con la amada llevan sobre su materialidad algo más, que es el verdadero placer.
2 Aspecto material. | * No podemos quedarnos solo con la materialidad del mensaje evangélico.
3 Cosa o conjunto de cosas materiales. | N. Carrasco *MHi* 7.69, 23: El camino –impreciso y equívoco a veces como un ruido lejano– comienza normalmente en la materialidad de una carpeta. Rábade-Benavente *Filosofía* 268: Reparemos que la realidad concebida así abarca por igual el ámbito de la materialidad y el de la espiritualidad.

materialismo *m* **1** Actitud o tendencia caracterizada por la valoración única o preferente de los bienes materiales. | Laforet *Mujer* 277: No tienes derecho a engañarme a mí, a dejarme con mi incredulidad, mi materialismo y mis desesperaciones.
2 *(Filos)* Doctrina que no admite más sustancia que la materia. | Gambra *Filosofía* 136: El materialismo fue defendido en la antigüedad por Demócrito y los epicúreos. **b)** ~ **dialéctico**, *o* **histórico**. Marxismo (doctrina). | Aranguren *Marxismo* 107: La filosofía –mera interpretación– piensa Marx que toca a su fin. A lo que ha de sustituirla no lo llamó él, naturalmente, marxismo. Lo llamó materialismo dialéctico .. La palabra "materialismo" es muy desafortunada y normalmente nos haría pensar en una reducción de la realidad a materia.

materialista *adj* **1** Que tiene o muestra materialismo [1]. *Frec n, referido a pers.* | Alfonso *España* 76: La heredada belleza de este país contribuye más que cualquier otra cosa a nivelar nuestra balanza de pagos, si queremos adoptar un enfoque meramente materialista. * Es un materialista; solo piensa en el dinero.
2 *(Filos)* De(l) materialismo [2]. | *Ya* 24.1.89, 39: El profesor Bueno .. viene construyendo desde hace más de veinte años un sistema filosófico materialista capaz de interpretar, situar y criticar las representaciones intelectuales de nuestra época. **b)** Adepto al materialismo [2]. *Tb n.* | Palacios *Juicio* 189: Cosa que no alcanzan con tanto rigor .. los autores germanos, adversarios también de los filósofos materialistas del siglo XVIII. Gambra *Filosofía* 136: Los materialistas consideran que el hombre no es más que un agregado de átomos.

materializable *adj* Que se puede materializar. | Tamames *Economía* 127: Este plan ha servido como programa a largo plazo, materializable paulatinamente en la medida en que lo fueron permitiendo las circunstancias.

materialización *f* Acción de materializar(se). | Alfonso *España* 123: El bien jurídicamente protegible casi nunca suscita la materialización tuitiva del Derecho hasta que no hay un perjuicio efectivo. Torrente *Saga* 40: Me había ofrecido muchas veces tenerme gratis en la posada si me prestaba a transmitir mensajes de los espíritus y a promocionar materializaciones y otras experiencias de parecida dificultad.

materializar *tr* **1** Dar carácter o realidad material [a algo (*cd*)]. | Mingarro *Física* 103: Se pueden materializar las líneas de fuerza de un campo pegando dos laminitas de papel de estaño sobre un vidrio seco. Salvador *Haragán* 10: Para materializar mi presentimiento necesito quitarme años. VMontalbán *Pájaros* 225: Las ostras fueron regadas con una botella de cerveza, a pesar de los esfuerzos del chófer por materializar el loco deseo de Carvalho de encontrar un Chablis. **b)** *pr* Tomar [algo] carácter o realidad material. | Torres *País* 2.8.83, 40: ¿Cuál no sería mi desasosiego, mi bergmaniano cavilar sobre el de dónde vengo y a dónde voy .., sin esa guía principesca, ese exquisito faro de sabiduría que cada siete días se materializa en letra impresa ante nuestras plebeyas narices? J. M. Reverte *Méd* 20.11.87, 82: De su fama por sus curaciones o por los espíritus materializados en sus ceremonias dependerá la clientela que irán haciendo.
2 Dar carácter materialista [1] [a alguien o algo (*cd*)]. | *Faro* 7.8.75, 5: Hay que rechazar en absoluto ese humo de Satanás, esa infiltración, en exceso y a sabiendas tolerada, que pretende materializar al mundo. **b)** *pr* Hacerse materialista [1]. | *Hora* 14.5.77, 10: Se trata de crear, en este mundo materializado y en la vorágine de la vida, mayor afición a la poesía por medio de la juventud. * Se ha materializado mucho en los últimos años.

materialmente *adv* **1** En el aspecto material. | M. BTobío *Atl* 1.90, 51: Antes de pensar en una acción militar –para la que no estaban preparados ni psicológica ni materialmente–, elaboraron planes de contención del comunismo.
2 Realmente o de hecho. *Con intención ponderativa.* | L. Contreras *Mun* 26.12.70, 10: Al día siguiente, la plaza de Oriente y zonas aledañas estaban materialmente sembradas por tales octavillas. *HLM* 26.10.70, 11: El conductor del camión .. no advirtió la presencia de la niña, que estaba materialmente debajo del vehículo.
3 De manera material o física. | Onieva *Prado* 159: *Las tentaciones de San Antonio Abad* .. Los monstruos repugnantes, representativos de los vicios y pecados, no figuran en el motivo central de la composición .., y solo queda un mono burlón que conspira a hacer caer materialmente al ermitaño.

matérico -ca *adj* (*Pint*) Que utiliza como medio de expresión, además de los materiales tradicionales, fragmentos de otras materias. | Areán *Raz* 5/6.89, 289: Francisco Gutiérrez Cossío .. había sido en París uno de los precursores del informalismo matérico y de las mezclas anómalas. *Ya* 24.3.89, 30: La mujer en la pintura. Carmen Calvo y sus paisajes matéricos.

maternal *adj* **1** De la madre. | *Abc* 14.5.68, sn: Para la futura Mamá, secciones maternales especializadas de confección, géneros de punto y lencería. Abella *Vida* 1, 221: Trance indeleble que se pasaba con murmullo de últimos Sacramentos y estallido de dolor maternal en aquella mujer de pueblo llegada para el último suspiro del hijo. **b)** Propio de la madre. | MMariño *SVoz* 8.11.70, 4: El gallego piensa en volver a la tierra, pero no para redimirla, sino para acabar en ella sus días, rodeado del hechizo de su maternal regazo.
2 [Establecimiento educativo] para niños de dos a seis años, atendido por personal femenino. *Tb n f.* | *Abc* 16.12.70, 51: Se construirá la Ciudad Juvenil, que constará de un centro de educación especial con capacidad para cuatrocientas plazas; un hogar-cuna, con escuelas maternales y de párvulos. J. Arroyo *Ya* 15.4.64, 13: La princesa Sofía visitó el hogar-cuna Carmen Franco y el jardín maternal y guardería. A. Sorel *Sáb* 8.3.75, 49: Tampoco están totalmente resueltos los problemas de enseñanza: faltan maternales y hay déficit en primaria.

maternalmente *adv* De manera maternal [1]. | Delibes *Ratas* 86: Doña Resu .. le puso al Nini una mano en el hombro: –Mira, Nini –le dijo maternalmente–, tú tienes luces naturales, no el cerebro hay que cultivarlo.

maternidad *f* **1** Condición de madre. | PRivera *Discursos* 16: Con excesivo feminismo piensan que [la mujer] es igual al hombre, o que su fin más importante consiste en ser activa en la sociedad, olvidando deberes primordiales inherentes a la vida matrimonial y a la maternidad. Palomino *Torremolinos* 196: Se acaricia discretamente la curva de su maternidad próxima.
2 Centro hospitalario en que se atiende a las parturientas. | *Abc* 14.5.70, 40: En estos terrenos podr[á] edificarse el conjunto de maternidad y residencia infantil.
3 (*Arte*) Representación de una mujer con sus hijos. | Fa. Gutiérrez *Día* 23.6.76, 22: A estas gamas cálidas en María del Carmen del Toro se une la delicadeza de unos temas: maternidades en sufrimiento, ensueños de juventud.

maternizar *tr* Dar [a una leche (*cd*)] las cualidades propias de la materna. | Carnicer *Castilla* 141: Se anunciaban en grandes carteles "leche maternizada para terneros" y "piensos sintonizados".

materno -na *adj* **1** De (la) madre. | *Compil. Navarra* 77: Parientes llamados .. Serán elegidos uno de la línea paterna y otro de la materna. **b)** [Pariente] de la línea de la madre. | Mihura *Maribel* 43: Estos cuadros son de sus antepasados .. Este señor era el abuelo materno.
2 [Lengua] primera que aprende a hablar una pers. | Alvar *Regiones* 131: La transculturación empieza por la lengua .. Por eso en el proyecto tarasco se atendió principalmente a .. 1) alfabetización en lengua materna antes que en español; 2) empleo de la lengua indígena en la explicación de materias elementales.

materno-infantil *adj* De (los) recién nacidos y sus madres. *Frec referido a hospital.* | *Ya* 15.4.64, 5: Asistencia a cancerosos y mayor higiene materno-infantil. X. M. ABoo *TMé* 14.1.83, 16: Indicó asimismo que se culminarán las obras pendientes en el hospital materno-infantil.

maternología *f* (*Med*) Higiene fisiológica y patológica de la maternidad. | *HLM* 26.10.70, 19: Empezó hablando del moderno concepto de la puericultura social y sus relaciones con la maternología y la pediatría.

maternólogo -ga *m y f* (*Med*) Especialista en maternología. | *NRi* 4.6.64, 9: García Amo. Maternólogo del Estado por oposición .. Jefe del Servicio Provincial de Maternología por oposición.

mates (*tb* **mate**) *f pl* (*argot, Enseñ*) Matemáticas. | Goytisolo *Recuento* 54: De mates voy pez. *SYa* 24.5.79, 4: El profe de mate no ha pillado con una chuleta.

matidez *f* (*lit o Med*) Cualidad de mate[1]. *Esp referido a sonido.* | Gironella *Millón* 643: Sorprendía la matidez de los ruidos, como envueltos en caucho, y lo bien que la nieve olía, la limpieza del aire. FCruz *Salud* 211: Clínicamente, se observa la existencia de un tórax dilatado en su diámetro anteroposterior y transversal, con una limitación de la matidez en su percusión.

matiego -ga *adj* De Mata de Alcántara (Cáceres). *Tb n, referido a pers.* | J. L. Galán *Hoy* 10.8.76, 20: Mata de Alcántara .. Han llegado y siguen llegando numerosos matiegos .. a pasar las vacaciones veraniegas a este su pueblo natal.

matihuelo *m* (*raro*) Tentetieso (muñeco). | Cela *Escenas* 33: Ampliado Carrascalejo .., domador de matihuelos de trapo, invita a agua de cebada a los espectadores.

matilde *f* (*col*) Acción de la Compañía Telefónica Nacional de España. | *DLi* 4.3.78, 6: La Telefónica ganó 16.000 millones. Para las "matildes" no hubo crisis. *Ya* 13.7.85, 19: Economía. Éxito de las "matildes" en Londres y París.

matinal *adj* De (la) mañana. *Frec n f, referido a sesión de espectáculo.* | Cunqueiro *Un hombre* 9: Las golondrinas salían de sus nidos .. para el primer vuelo matinal. *Sol* 24.5.70, 8: Cartelera .. Atlántida .. 12, matinal, "Un león en mi cama". Montero *SPaís* 5.3.78, 12: Son los antiguos *rockers* que iban encuerados a las matinales musicales de Price de hace quince años. *SLín* 15.8.75, 2: El día 10 se desarrolló la gran matinal de juegos populares (frente a la pescadería de la playa), cucaña acuática, carreras de sacos, rompeollas, etcétera.

matinalmente *adv* (*raro*) Por la mañana. | MSantos *Tiempo* 27: Matinalmente emergía con dolores lucinios.

matiné *f (hoy raro)* Sesión matinal de un espectáculo. | Umbral *Trilogía* 190: Se iba a los mítines de Ortega, al cine, como a una matiné del *Acorazado Potemkim* [sic].

matinée *(fr; pronunc corriente,* /matiné/) *f (hoy raro)* Matiné. | Sampedro *Octubre* 107: Pablo salía de una *matinée* del Teatro Real; Hipólito Lázaro .. y Ofelia Nieto habían cantado *Aida*. *Ale* 25.8.83, 33: Cine los Ángeles. Hoy: A petición de numeroso público, a las 11,30, *matinée*.

matiz *m* **1** Gradación de las posibles en un color. | *Lab* 10.73, 12: Las hojas, como se ve en la fotografía, en distintos matices de verde. M. GRonda *SGacN* 20.4.75, 9: No se ha subestimado ninguno de los matices que utilizaba Juan Gris.
2 Carácter o cualidad que sirve para diferenciar, pero que no afecta a la esencia de la cosa en cuestión. | S. Jiménez *Abc* 21.5.67, 47: La izquierda ha permanecido coherente y unida, si bien haya de registrar, como un matiz, que los diputados comunistas no aplaudieron a Mendès-France. F. Garfias *Abc* 27.8.75, sn: Hay evidentes diferencias de matices en estos dos latidos de fe o de falta de fe. Unamuno es "gesticulante" .. Machado es silencioso. **b)** Carácter o rasgo distintivo. | *Abc* 1.5.76, 10: La Policía intervino en numerosas ocasiones para retirar banderas de diverso matiz, así como carteles de carácter subversivo, en todos los centros de la Universidad Complutense de Madrid.

matizable *adj* Que se puede matizar. | G. VGómez *PapD* 2.88, 217: Expresiones tales .. son, a mi juicio, perfectamente matizables.

matización *f* Acción de matizar. | T. Rabanal *Hoy Extra* 12.69, 62: Un cuarteto de límpidas sonoridades, medida exigente y matización muy inspirada. L. Contreras *Inf* 16.4.70, 7: El señor Lucena, rector de la Universidad de Salamanca, aportó otra interesante matización: en la ficha deben ser incluidos tan solo los datos de valor permanente.

matizadamente *adv* De manera matizada[1] [2a]. | FMora *Abc* 12.9.68, sn: La defensa de la institución virreinal, .. y el señalamiento de la ruptura que existe entre el arte precolombino y el arte colonial, tan matizadamente probado por Marco Dorta, son, desde distintas riberas, nuevas confirmaciones de que el hiato que marca la aparición de España en el continente americano no es de crisis, sino de desarrollo.

matizado[1]-da *adj* **1** *part* → MATIZAR.
2 Que tiene matices. | Serrahima *Des* 12.9.70, 10: Mauriac habló para todos y yo casi no dije nada: me limité a escuchar su voz sorda, pero matizada. *Van* 2.4.78, 54: Una de las especialidades de "La Fromagerie" que más nos seducen es esta "mousse" de berenjenas, exquisita, delicada, con un matizado sabor de la hortaliza escalibada. **b)** *(Bot)* Que presenta matices de color, por naturaleza o por enfermedad. | M. Sierra *Pro* 20.8.75, 22: Se encuentra [sic], por otra parte, cepas matizadas que están exentas de anomalías morfológicas.

matizado[2] *m* **1** Acción de matizar [1a y 2]. *Tb su efecto.* | *Lab* 2.70, 14: Las flores, perfiladas a pespunte y con matizados a punto artístico.
2 *(Bot)* Presencia de matices de color, por naturaleza o por enfermedad. | M. Sierra *Pro* 20.8.75, 22: Frecuentemente asociado a los síntomas antes descritos, el matizado no es, sin embargo, un componente constante de la degeneración infecciosa.
3 *(Bot)* Virosis en que los órganos afectados presentan matices de color, con gradaciones del verde al amarillo. | M. Sierra *Pro* 20.8.75, 22: El matizado se caracteriza por amarillo total o parcial de las hojas, de los sarmientos, de los racimos y de los zarcillos.

matizador -ra *adj* Que matiza. *Tb n, referido a pers.* | R. RRaso *Rev* 12.70, 6: Han resultado siempre innegables la gracia al dibujar gestos y situaciones, la sensibilidad matizadora y la gentileza de buena ley al contar, describir o insinuar. J. M. Llanos *VNu* 16.9.72, 39: Desde hace siglos la Iglesia ha venido sosteniendo frente a no pocos impugnadores y "matizadores" la doctrina acerca de la presencia real de Jesús en el sacramento y cena eucarística.

matizar *tr* **1** Dotar [a algo (cd)] de matices. | DPlaja *El español* 106: En Madrid, como en gran parte de España, la Soberbia y el Orgullo se matizan con la frivolidad. **b)** Concretar el matiz o matices [2a] [de algo (cd)]. *Frec se usa para indicar rectificación.* | C. Vaca *Ya* 15.5.75, 8: Algunas afirmaciones que expresaron los participantes en la mesa redonda necesitarían matizarse. *País* 18.11.82, 12: Se vierten algunos conceptos y términos que juzgo necesario matizar y rechazar.
2 Armonizar [matices o colores]. | *Lab* 6.81, 90: Flores bordadas a puntos intercalados y matizando varios tonos azules.

mato *m (reg)* **1** Mata (planta leñosa o herbácea de poca altura). | Delibes *Parábola* 38: El coche vira entre cárcavas y matos de roble. Delibes *Guerras* 145: Tumbarse en un mato de ortigas, tal como lo oye, doctor.
2 Huerto pequeño. | Grosso *Invitados* 120: Vete al mato y corta un par de melones.

matojal *m (raro)* Terreno cubierto de matojos. | J. RMateo *Abc* 2.2.58, 11: De la purpúrea corona florecida del más alto de los espinosos tallos, bajó hasta el tembloroso grupo la voz acariciadora del apiñado matojal.

matojo *m* Mata (planta) pequeña. | Benet *Aire* 128: A duras penas crecían unos matojos que probablemente carecían de registro en los cuadernos de taxonomía.

matón[1] *m (desp)* **1** Hombre bravucón y pendenciero que amenaza o intimida a sus oponentes. *Tb adj.* | Medio Andrés 197: Para que aprenda a meterse con los muchachos, el matón ese... Se le ha acabado ya el gallear y el asustar a los niños. GHortelano *Amistades* 219: Te has encariñado con el papel de hombre sereno y matón.
2 Guardaespaldas. | *Cam* 25.12.89, 15 (A): En un principio se llamaban matones o gorilas. Luego se les conoció como guardaespaldas.

matón[2] *m* Mata (planta) grande. | Berenguer *Mundo* 59: Las lluvias descarnaron el piso alrededor y llegó a quedar como un matón de anea en medio de la laguna.

matonería *f* Matonismo. | GHortelano *Amistades* 219: Te has encariñado con el papel de hombre sereno y matón. Ahí es donde te duele a ti: que estás confundiendo el valor con la matonería.

matonesco -ca *adj* Propio de(l) matón[1]. | CAssens *Novela* 2, 166: Surgió del fondo del café Goy de Silva, alto, severo, imperativo, impuso silencio con los guasones de aire matonesco.

matonismo *m* Actitud o comportamiento de matón[1]. | GBiedma *Retrato* 151: Sigue complicándose Suez .. Nasser habla bien, pero su matonismo me desagrada.

matorral *m* Terreno cubierto de matas y maleza. | Cendrero *Cantabria* 174: Abundan en la zona superior de las lomas y montes .. los pastizales y matorrales atlánticos, sin que apenas exista presencia del matorral mediterráneo. **b)** Conjunto espeso de matas. | Arce *Testamento* 23: Detrás de los fresnos crecían matorrales.

matorro *m (reg)* Matojo. | Soler *Caminos* 44: Escondido detrás de un árbol, de un cañar, o tendido entre los matorros, no advertía si los bueyes pacían hacia arriba o hacia abajo.

matraca I *f* **1** Instrumento de madera, propio de la Semana Santa, constituido por un aspa o un tablero y mazos, que al girar suena con ruido fuerte y desapacible. | GLuengo *Extremadura* 127: A partir de los oficios del Jueves no suena sino la matraca o la carraca. CBonald *Casa* 210: Se escuchó el estruendo de matraca de un palo golpeando velozmente contra los barrotes de una reja. **b)** *Se usa en constrs de sent comparativo para ponderar la pesadez y reiteración de alguien.* | Cunqueiro *Crónicas* 24: ¡Ya sabemos que vas ahí, Guy Parbleu! ¡Parece la matraca de Vennes en Cuaresma!
2 *(col)* Cosa fastidiosa o molesta. | DCañabate *Paseíllo* 72: Con todo y con eso baila puro y no te atosiga con la matraca del cariño disfrazao de lo que todas sabemos. ZVicente *Traque* 218: No me apetece nada, nada, lo que se dice nada, tener que escuchar al señor de física ahora, a lo mejor nos sale con uno de esos rollos de electricidad y venga matraca. **b)** Cosa en que se insiste de forma reiterada. | GPavón *Reinado* 73: Ahí sigue el Aurelio con su matraca de que el muerto es don Ignacio.

matraco – matrimoniar

3 (*argot, Enseñ*) Matemáticas. *Gralm en pl.* | *SYa* 24.5.79, 4: La hora de matraca me cansa.
4 (*jerg*) Porra (arma). | L. L*Sancho Abc* 12.3.85, 18: Jamás se practican redadas en los tugurios, que todos conocen, donde la peor gallofa se cambia "canutos", consulta al "perista" .., compra-vende pistolas, estiletes, matracas.
II *loc v* **5 dar** (**la**) **~.** (*col*) Fastidiar o molestar [a alguien con algo, esp. con una petición reiterada]. *Tb sin compl.* | Berlanga *Gaznápira* 104: Catorce años más tarde, el Cristóbal ya no se atrevería a darte la matraca con la casilla. * Niño, deja ya de dar la matraca.
6 darle a la ~. Darle vueltas a un asunto o insistir reiteradamente en él. | Diosdado *Anillos* 2, 92: La vida hay que ir haciéndola todos los días... Además, no sigas dándole a la matraca, ¿quieres? Tú no estabas contenta, ni yo tampoco.

matraco -ca *adj* (*reg*) [Pers.] rústica. *Tb n.* | Lázaro *Gac* 4.1.76, 5: Fray Canuto .. ha obtenido las mejores calificaciones en el examen de condiciones físicas a que se le ha sometido .. Lo codician todas, pero hay una picarona, Angelita, con quien el matraco se empareja en mutuo tilín.

matraz *m* Recipiente de cristal o de barro, redondo o aovado y de cuello largo, que se usa en laboratorios. | Marcos-Martínez *Física* 97: Un matraz contiene 8 litros de aire a 90 centímetros de presión.

matreramente *adv* (*raro*) Con matrería. | Arce *Testamento* 38: El Bayona me observaba y reía matreramente.

matrería *f* (*raro*) Perspicacia suspicaz. | Arce *Testamento* 14: El Bayona me miró con matrería.

matriarca *f* (*Sociol*) Mujer que ejerce un papel preponderante en una sociedad o en un grupo. | *Ya* 23.11.83, 1: Jacqueline Kennedy Onassis .. y la matriarca del clan, Rose Kennedy .., permanecieron ayer juntas en su casa de Cape Cod. M*Reviriego D16* 8.7.90, 52: A la espera del 92 .., la matriarca otoñal aguarda. [*Imelda Marcos.*]

matriarcado *m* (*Sociol*) Régimen u organización social en que la mujer ejerce un papel preponderante. *Tb la sociedad o grupo en que se da.* | Pericot *Polis* 12: El matriarcado es una institución curiosa, de la que han quedado vestigios en las culturas superiores. En ella, la herencia sigue la línea materna, y .. la mujer ocupa el lugar primordial. *Ya* 8.11.70, 46: Polémica sobre los "derechos de la mujer". Superación, no ansias de matriarcado.

matriarcal *adj* (*Sociol*) De (la) matriarca o de(l) matriarcado. | Pericot *Polis* 12: Otras sociedades han seguido un camino distinto, dando a la mujer una posición dominante en la sociedad. Son las sociedades matriarcales. Vernet *Mahoma* 33: Su actividad máxima, durante diez años, se centró tal vez en la meditación y análisis de las religiones que había conocido .. y las costumbres que separaban a los clanes patriarcales y los matriarcales.

matriarcalismo *m* (*raro*) Tendencia al régimen matriarcal. | Aguirre *Tri* 24.4.71, 45: A ello ha contribuido el patriarcalismo (o matriarcalismo) familiar.

matricaria *f* Planta compuesta, semejante a la manzanilla, usada como antiespasmódico y para provocar la menstruación (*Chrysanthemum parthenium*). | F*Vidal Duero* 67: La dorada matricaria, la inmaculada jara, el retamón y el brezo dificultan el lento caminar.

matricería *f* (*E*) Matrices o conjunto de matrices [2]. | G*Telefónica N.* 686: Caime. Matricería. Utillaje.

matricero -ra *m y f* (*E*) Especialista en la fabricación de matrices [2]. | *Ya* 6.5.70, 25: Se precisa para industria .. Delineante proyectista de utillaje. Ajustador matricero. Tornero.

matricial *adj* (*Mat e Informát*) De (las) matrices [5]. | An. Miguel *Abc* 21.2.58, 3: Esta contabilidad multilateral, vertida teóricamente en fórmulas matriciales sencillas, alcanza [e]n la práctica proporciones tan colosales que solo con la ayuda de cerebros electrónicos pueden resolverse y calcularse. *País* 27.10.87, 23: La [calculadora] HP-28C realiza operaciones aritméticas y matriciales. **b)** (*Informát*) [Impresora] que dibuja e imprime los caracteres punto por punto gracias a un conjunto de agujas. | *País* 13.11.89, 11: Solo Canon podía lanzar la impresora Laser más pequeña del mundo, con la máxima calidad y las prestaciones más avanzadas. Para olvidar, definitivamente, las viejas impresoras matriciales, su ruido, su lentitud.

matricida *adj* (*Der*) Que comete matricidio. *Frec n, referido a pers.* | Moix *Viajes* 39: La venganza de Orestes (y su posterior persecución a cargo de las Erinias, diosas encargadas de castigar a los matricidas).

matricidio *m* (*Der*) Acción de matar a la propia madre. | *País* 29.3.92, 29: Se edita en España 'La tierra caliente', relato sobre el matricidio y el destino de los viajeros.

matricio -cia *adj* (*lit*) Que tiene carácter de madre o matriz [3]. | P*Lozano Ya* 10.10.74, 17: Los ojos de Jesucristo, como los pensara el Greco, tenían todo un lenguaje .., como si dijese: "Aquí estoy de nuevo, con vosotros. Esta vez no he salido a los caminos con turbonadas de polvo de mi tierra matricia, es vuestro tiempo". Cruz *NBurgalés* 4: Cuando estas comarcas adquieren su sentido definitivamente matricio e imborrable es al convertirse en cuna de Castilla.

matrícula *f* **1** Lista oficial en que se inscriben, con un número de orden, los alumnos [de un centro de enseñanza] o los barcos o vehículos automóviles [de una demarcación administrativa]. *Tb el conjunto de perss o vehículos inscritos.* | *Hora* 20.3.77, 17: El turismo "Seat 132" de la matrícula de León, número 3005-C, .. colisionó frontalmente con la furgoneta "Renault 4-F" de la matrícula de Oviedo, número 105954. J*Gregorio Jara* 66: La matrícula total en ese año es de 3.730 alumnos, en preescolar, general básica y especial.
2 Número de orden en una matrícula [1] [de un barco o un vehículo automóvil]. *Frec la placa en que consta.* | F*Quintana-Velarde Política* 121: Es esta una zona que expulsa capital, pudiendo encontrarse en las zonas Atlántica norte y del Estrecho gran cantidad de barcos con matrícula vasca. C*Navarro Perros* 16: La calle .. se abría ante ellas llena de vehículos con matrícula de distintas nacionalidades.
3 Acción de matricular. | *Inf* 30.8.77, 1: Las tasas de matrículas universitarias han subido en un 18 por 100.
4 ~ de honor. Distinción especial añadida a la nota máxima, y que da derecho a matricularse gratuitamente en una asignatura del curso siguiente. *Tb simplemente ~.* | *Abc* 10.1.71, 31: No solamente no ha suspendido jamás ninguna asignatura, sino que a lo largo del Bachillerato ha recibido un premio extraordinario y 40 matrículas de honor.

matriculación *f* Acción de matricular. | A*Paz Circulación* 25: Esta prescripción no se aplica a la luz blanca o amarilla de marcha atrás cuando la legislación nacional del país de matriculación del vehículo permite el uso de dichas luces. *HLM* 26.10.70, 19: Jardín de Infancia Andersen .. Matriculación abierta (incluso sábados).

matricular *tr* Inscribir en una matrícula [1]. | Hornedo *Coloma* XI: Su padre le matriculó tan solo en tres asignaturas. C*Navarro Perros* 164: La mayoría de sus compañeras se habían matriculado en el Instituto británico. Goyo V*Al* 28.7.76, 5: Este es el caso del petrolero "Campante", el mayor buque matriculado en Almería. *Odi* 19.7.64, 15: En los primeros cuatro meses del año se matricularon cerca de doce mil "Vespas".

matrimonial *adj* De(l) matrimonio. | S*Luis Doctrina* 154: Si el matrimonio pudiera disolverse por algún motivo, se extendería la costumbre de buscar pretextos para disolverle en cuanto aparecieran las primeras discrepancias en la vida matrimonial. Laforet *Mujer* 134: Abrió las ventanas de la alcoba matrimonial.

matrimonialista *adj* [Abogado] especialista en causas matrimoniales. *Frec n.* | G*Telefónica 83* 1, 12: Pérez-Villar, Javier. Abogado matrimonialista. *Inf* 23.10.70, 9: Su ejercicio como matrimonialista no se limita al asesoramiento jurídico. **b)** [Despacho] de abogado matrimonialista. | Diosdado *Anillos* 2, 294: ¿Un despachito matrimonialista, sin gran predicamento, que ella ha puesto como otras ponen una *boutique*?

matrimonialmente *adv* De manera matrimonial. | Lázaro *Gac* 21.3.76, 13: Sesé, un jovencito manflorita, como por mi tierra los llamamos, vive matrimonialmente (?) con su amigo Víctor.

matrimoniar (*conjug* **1a**) *intr* (*lit*) **1** Casar o contraer matrimonio [con alguien]. *Tb sin compl.* | Lázaro J*Zorra* 35: Aquí el Celso, que dice que en su casa, cuando matri-

monie con la Feli, va a mandar él. Mariequis *Caso* 12.12.70, 16: Como se ha alargado tanto la edad de envejecer y de matrimoniar, no se puede decir que sus años sean muchos.
2 (*raro*) Casar o armonizar [una cosa con otra]. | GLuengo *Extremadura* 170: Suelen [las modernas arquitecturas] ofrecerse en calles anchas .. Lo cual matrimonia bien .. con el resto de la ciudad.

matrimonio I *m* **1** Unión legítima entre un hombre y una mujer. *Tb fig, referido a cosas.* | Laforet *Mujer* 47: Víctor pensaba .. que un amancebamiento así a las claras tenía tantos inconvenientes como el matrimonio.
2 (*Rel crist*) Sacramento mediante el cual un hombre y una mujer se unen con arreglo a las prescripciones de su Iglesia. | SLuis *Doctrina* 152: El Matrimonio es el Sacramento que santifica la unión del hombre y la mujer y les da la gracia para que vivan en paz y críen hijos para el cielo.
3 Ceremonia civil o religiosa del matrimonio [1 y 2]. | *Compil. Navarra* 123: Es válida la renuncia anticipada del usufructo de fidelidad otorgada en escritura pública, antes o después del matrimonio.
4 Conjunto formado por un hombre y una mujer casados entre sí. | Laforet *Mujer* 13: El matrimonio .. había mirado hacia el castillo.
II *loc adj* **5 de ~**. [Cama] grande en la que pueden dormir dos perss. | *Lab* 1.72, 44: Ventajas que ofrece [la sábana-funda] para las camas de matrimonio. **b)** Propio de la cama de matrimonio. | *Ya* 19.12.74, 17: Liquidación gigante en mueble rústico. Cabecero matrimonio de 2,50 m. Cómoda de 90 cm.
III *loc v* **6 contraer ~** → CONTRAER.

matritense *adj* (*lit*) Madrileño. | Escobar *Itinerarios* 219: Acuden .. hasta desde Cebreros, y aun de las viñas matritenses de San Martín de Valdeiglesias, Navalcarnero y Arganda.

matriz *f* **1** *En las hembras de los animales vivíparos*: Órgano de la gestación en que se desarrolla el feto. *Tb fig.* | Cañadell *Salud* 181: El útero o matriz es un órgano impar, situado en la parte baja del abdomen, entre la vejiga urinaria y el recto. *Rev* 11.70, 3: Para su portavoz, los centauros de la contracultura son la matriz en donde se está formando una alternativa futura.
2 (*E*) Molde, gralm. hueco, para fundir, grabar o recortar diversos objetos. | Huarte *Tipografía* 60: Las llamadas máquinas de componer verifican no solo la composición, sino la fundición de los tipos mediante las matrices correspondientes. C. Bellver *SInf* 14.4.76, 4: Con este proceso se obtiene la matriz de la moneda, es decir, el negativo del tema que debe figurar en ella. A partir de esta matriz, única mientras la moneda esté en circulación, se sacan unos pocos punzones –positivo esta vez de la moneda– que serán los que darán lugar a los troqueles. **b)** Copia metálica de un disco fonográfico, de la que se sacan las copias comerciales. | Quiñones *Viento* 92: Por fin, la matriz de la segunda pieza ha salido, y los primeros discos acabados han empezado a salir a las ocho menos diez. [*En un estudio de grabación.*]
3 Cosa que es origen [de otra (*compl de posesión*)]. *Tb sin compl. Frec en aposición. Normalmente dicho de cosas con n f.* | Alfonso *España* 67: La cultura del campo es la básica, matriz del idioma y de lo distintivo de cada pueblo. GPavón *Reinado* 89: A la derecha de la ruta, aguas quietas, matriz del Guadiana. L. I. Parada *Mun* 14.11.70, 29: El 35 por ciento de las acciones de la compañía matriz son propiedad de los ingleses. Gambra *Filosofía* 17: Por encima de esta inmensa y necesaria elaboración de ciencias independientes, subsiste la filosofía como tronco matriz. **b)** (*Anat*) Materia básica de la que se deriva algo. *Frec con un adj o compl especificador.* | Navarro *Biología* 64: La estructura de los cromosomas es la siguiente: son unos cuerpos alargados formados por una sustancia fundamental o matriz en cuyo interior se encuentra un filamento arrollado en espiral denominado cromosoma.
4 Parte que queda en un talonario o bloque al separar cada talón o recibo. | * Por la matriz puedes comprobar si te has dado o no el cheque.
5 (*Mat*) Conjunto de números o signos algebraicos colocados en líneas horizontales y verticales y dispuestos en forma de rectángulo. | Valdés-Santos *Matemáticas* 147: El determinante de una matriz de segundo orden es igual al producto de términos de la diagonal principal menos el producto de

términos de la diagonal secundaria. **b)** (*Informát*) Disposición rectangular de puntos de imagen potenciales. *Frec ~ DE PUNTOS.* | *SYa* 17.1.90, 3: Las impresoras matriciales, caracterizadas por un mecanismo de impresión formado por una matriz de pequeñas agujas que golpean el papel a través de una cinta entintada, tienen una gran versatilidad y permiten imprimir tanto letras como gráficos.

matrizar *tr* (*E*) Labrar [piezas] mediante matrices [2]. | *GTelefónica N.* 469: Forjas Vizcaínas, S.A. Forja y estampación de piezas matrizadas en hierro, latón, etc.

matrona *f* **1** Mujer madura y corpulenta. | S. Flores *Sáb* 19.8.78, 22: La convivencia playera hace nuevas amistades .. La matrona alemana cotillea –señas mediante– con la chispeante madrileña.
2 (*Arte*) Figura de mujer madura. | GNuño *Madrid* 13: Los diez niños cantores de la base, las matronas laterales, efigies de las virtudes .., son muy ricos, suaves y delicados de talla.
3 (*lit*) Madre de familia. | PRivera *Discursos* 16: De aquel concepto de principios de siglo de la mujer matrona cuya única misión era tener hijos .. a la mujer actual que estudia .. va un abismo.
4 Comadrona. | CBonald *Ágata* 213: Había allí hasta seis mujeres, sin contar a Rosalía y Manuela, la cual a duras penas podía ejercer su improvisado oficio de matrona.
5 Mujer encargada de registrar a otras en una oficina policial. | M. Torres *Abc* 4.12.70, 33: Nos registraron y cachearon concienzudamente. Las mujeres eran registradas por matronas.

matronal *adj* De (la) matrona [1, 2 y 3]. | CBonald *Noche* 214: Subió doña Herminia con un empaque lento y matronal, fija la memoria en la última imagen de la hija. Vera *Lecturas* 278: Delante de esta bella composición aparece, sentada, coronada de laurel, una hermosa figura matronal tallada en mármol de Carrara, que representa a la Historia contemplando con serenidad augusta la trágica escena.

matronil *adj* De (la) matrona [1]. | CBaroja *Baroja* 74: Era una mujer alta, gruesa, corpulenta, morena, con el pelo blanco, vestida de negro y con vestigios de belleza matronil. **b)** Que tiene aspecto o carácter de matrona [1]. | J. Aldebarán *Tri* 7.2.70, 5: Lord Russell, heredero de una familia histórica, radical y puritana, educado por una abuela firme y matronil.

matujo *m* Mata (planta) pequeña. | Santamaría *Paisajes* 45: En amplias zonas de pastos es posible ver todavía pequeños rodales y matujos aislados de encinas y chaparros. CPuche *Sabor* 73: Todo rebosante de matujos altos, lo mismo ortigas que albahaca.

maturranga *f* (*raro*) Prostituta. | Faner *Flor* 46: Luego, mientras la marinería bailaba al son de caramillos y adufes, y Sir Geoffrey sesteaba entre dos maturrangas exuberantes, Mr. Weekdale inspeccionó la costa en una falúa.

matusa *m y f* (*jerg*) Viejo (pers. de mucha edad). | FSantos *Cuentos* 349: Menos mal que papá no llegó a enterarse, si no ya se sabe: un discurso sobre los jóvenes de ahora, con esa especie de rencor de los matusas por no ser jóvenes ya.

matusalén (*frec con mayúscula*) *m y f* Pers. de mucha edad. *Tb fig, referido a animales.* | Campmany *Abc* 2.10.86, 17: Estos alevines de socialistas hablan y se comportan como si fueran Matusalenes. Berlanga *Gaznápira* 86: Entonces su edad te parecía la eternidad, una matusalén, más vieja que la torre .. con un resto de otro siglo visto desde tu orilla de 1967. *Med* 6.10.61, 97: Los matusalenes son raros en el mundo de los animales.

matute *m* **1** Contrabando (introducción ilegal de mercancías). *Tb fig. Frec en la constr* DE ~. | *Ya* 20.3.75, 7: Ese "modelo" tendrá que ofrecer los cauces para que participen auténticamente en él todos los españoles dispuestos a entenderse y transigir, dentro de un código en que ni la trampa ni el matute sean posibles. FReguera-March *Cuba* 173: Creo que han metido joyas y otros objetos de matute entre los comestibles. Cela *Pirineo* 197: A Llir [perro] hubo de colarlo de matute porque el reglamento es el reglamento.
2 Género de contrabando. *Tb fig.* | GPavón *Reinado* 199: Me fui al Cementerio para localizar bien el nicho y estudiar

por qué parte sería más fácil meter el matute. Delibes *Cazador* 154: Colé esta tarde a la madre [en el cine] .. Fermín dejó que la acomodara y luego me dijo que Quintín le había dicho que estaba colando matute todos los días.

matutear *intr* Hacer matute [1]. | Faner *Flor* 98: Diodor navegaba en la goleta de su propiedad .. Efectuaron dos salidas y lograron nueve presas. Y aun matutearon en puertos exóticos.

matutero -ra *m y f* Contrabandista. | Buero *Sueño* 198: No voy a cruzar los Pirineos como un matutero. Gala *Hotelito* 75: –Menuda matutera estás tú hecha. –Si no hubiera malas leyes no habría matutes.

matutino -na *adj* De la mañana. | *Abc* 18.12.70, 29: Una manifestación .. ha sido suspendida, según anuncio que aparece en los periódicos matutinos.

maula[1] (*col*) **A** *m y f* **1** Pers. holgazana, inútil o que no cumple sus obligaciones. *Frec usado como insulto. Tb adj.* | Aldecoa *Gran Sol* 91: Vaya maula que tenéis por jefe, muchachos. Ese tío ha nacido para mandar una hamaca, no las máquinas de un barco. Para mandar una hamaca, y todavía estaría cansado de trabajar.
2 Pers. tramposa o engañadora. *Frec usado como insulto. Tb adj.* | Gala *Hotelito* 46: Tu industrial es capaz de meternos en un saco y vendernos al peso a la extranjera. Menudo maula está. ZVicente *Mesa* 69: A la legua se te ve la medianía, se te ve en el gesto sonriente y melifluo e hipocritón .., grandísimo maula, que no has debido hacer daño ni nada con tu inacabable, tu insaciable deseo de notoriedad y tu falsa modestia, tu engañosa bonhomía burguesa.
B *f* **3** Trampa o engaño. | Acquaroni *Abc* 23.3.71, 7: Esa que se expone nos tememos que resulte una lista paridora de listas .. Como no andamos ya, pobres víctimas de tanta maula, en suficientes listas...
4 Tontería o cosa sin importancia. | Berlanga *Barrunto* 88: En el "Metro" pensé explicarles la verdad .. Pero Moncho no estaba para maulas. Para mí que le sentó a cuerno quemado lo de los coches.

maula[2] *m* (*hist*) *Durante la dominación árabe en España:* Cristiano siervo o prisionero que alcanza la libertad por profesar el islamismo. | GTolsá *HEspaña* 1, 203: Los apóstatas solían ser hombres libres, que buscaban en el cambio de religión un ventajoso establecimiento, no siempre logrado (renegados), o siervos visigodos que, según la ley coránica, adquirían la libertad al convertirse (maulas). Villapún *Iglesia* 72: Maulas. Eran los cristianos que estando en las cárceles fingían renunciar a sus principios religiosos para conservar la vida o para salir de las prisiones.

maulería *f* (*raro*) Engaño o fingimiento. | Marsé *Tardes* 278: Qué extraña y ajena resultaba entonces la ciudad, amor mío, qué recelosa parecía la gente, qué maulería en las voces, en el acento catalán, en las calles iluminadas.

maullar (*conjug* **1f**) *intr* Emitir [el gato] la voz que le es propia. *Tb referido a otros felinos, y* (*desp o humoríst*) *referido a pers.* | Paso *MHi* 12.70, 49: Yo había cogido un gato escuálido, que maullaba confidencialmente. MSantos *Tiempo* 193: –¡Jaime...! –maulló suavemente a poco de sentada en el diván.

maullido *m* Acción de maullar. *Frec su efecto.* | ZVicente *SYa* 14.5.72, 22: El gato le bufó de lo lindo .. Yo le echaba siempre que podía las raspas de las sardinas en el comedor; me lo pedía con un maullido tan lastimero. Rodríguez *Monfragüe* 100: Puede emitir [el lince ibérico] maullidos y bufidos muy característicos.

maúllo *m* Maullido. | CBonald *Ágata* 154: Solo acertó a ordenar su rabia al oír un sordo maúllo .. Se volvió .. y ya escapaba fuera de la alcoba el cachorro de lince.

maulón -na *adj* (*Taur*) [Res] cobarde y desigual en las acometidas. *Tb n.* | Em. Martínez *País* 7.4.91, 28: Semejantes maulones no solo barbeaban de continuo, sino que, para domeñarlos, eran necesarias cantidades industriales de arcanos táuricos y experiencia.

mau-mau (*pl normal, invar*) *adj* Perteneciente al Mau-Mau (sociedad secreta africana de carácter político, de los años 50, cuyo fin era expulsar de Kenia a los europeos). *Frec n, referido a pers.* | P. Maisterra *Van* 11.4.71, 39: Beben gin con los hombres kikuyus que antes fueron guerrilleros mau-maus y que hoy visten esmoquin blanco y zapatos de charol. E. Haro *Tri* 15.9.73, 6: El Tercer Mundo .. es difícilmente identificable consigo mismo, con los guerreros ardientes de la independencia, desde los mau-mau hasta los tupamaros.

mauriceño -ña *adj* Mauriciano. *Tb n.* | F. RFuente *Act* 12.4.73, 85: Los ingleses conquistan Mauricio en 1810, pero no consiguen influir básicamente sobre la lengua y las costumbres francesas, extraordinariamente arraigadas entre los mauriceños.

mauriciano -na *adj* De la isla Mauricio. *Tb n, referido a pers.* | C. Laredo *Abc* 25.10.70, 25: Y hace poco más de tres meses el Gobierno mauriciano firmó un Acuerdo con Rusia.

mauritano -na *adj* De Mauritania. *Tb n, referido a pers.* | *Inf* 9.6.70, 12: Se facilitará todo el apoyo técnico para que los mauritanos puedan poner las bases de un sector náutico-pesquero.

mauro -ra *adj* (*hist*) Moro. *Tb n.* | J. Rubio *SAbc* 16.2.69, 35: Vespasiano la concede [a Málaga] constitución municipal, hasta que la conquista Leovigildo, y después, bajo los mauros, llega a capital de un reino de Taifas.

máuser *m* Fusil de repetición inventado por el alemán Guillermo Mauser en 1872. | Salom *Casa* 293: Un tiro de máuser. Han encontrado su cadáver en una avanzadilla. Pemán *Abc* 10.10.71, 3: Por una mayoría abrumadora aprobaba este país la dialéctica de los cañones y de los máuseres.

mausoleo *m* Sepulcro monumental y suntuoso. | *HLM* 26.10.70, 6: El féretro será trasladado al cementerio general y será inhumado en el mausoleo del Ejército.

maxi *adj* **1** [Abrigo, vestido o falda] largos hasta el tobillo. *Tb n: f, referido a falda; m, referido a abrigo o vestido.* | *Nue* 8.11.70, 7: La piel para vestir con libertad. Chaquetones y prendas largas (midi o maxi) de corte entallado y extraordinariamente atractivo. *Nue* 24.1.70, 1: Puede decirse que la tónica general es de la falda "maxi". P. SMartín *Nue* 24.1.70, 21: Siguen ganando terreno los maxis hasta el suelo, siempre a juego con minis.
2 (*Mar*) *En regatas:* De las máximas dimensiones. *Tb n m, referido a barco.* | P. Sardina *Abc* 25.9.93, 95: Esta será la última Vuelta al Mundo en la que naveguen los barcos de la clase maxi. J. López *Ya* 11.12.88, 31: Los pequeños veleros de la clase E se están librando de momento de la encalmada, y no navegan tan al norte como lo[s] maxis .. El Font Vella .. se encuentra navegando a una media fenomenal, en torno a los cinco nudos, en relación a la que mantienen los maxis.

maxi- *r pref* Denota dimensiones grandes, o mayores que las que se tienen por normales. | *Por ej:* *Ya* 28.7.89, 35: El maxicatamarán francés *Jet Services V* consiguió ayer su segunda victoria de etapa, en la prueba Regata de Europa. *Tel* 15.6.70, 3: Minicoches para las maxiciudades. *Abc* 29.12.90, 9: Nadie tiene todos sus trajes al mismo precio. Milano, sí .. Maxi-horario único: de 9 a 9, abierto a mediodía. L. Contreras *Mun* 10.10.70, 11: La organización de "citas parlamentarias" de procuradores familiares en diversos lugares de la geografía española, con maxipublicidad y minidebate. F. Fidalgo *Ya* 11.10.70, 10: El miércoles mismo, en toda Francia se habían vendido 120.000 ejemplares. Dos días después se había agotado la primera edición. Caso único de maxiventa rápida. *SYa* 11.8.90, 3: Rally de "maxiyates". **b)** *Referido a prendas de vestir, denota longitud hasta los tobillos.* | *Por ej:* J. Carabias *Ya* 5.12.70, 8: La que llegó conmigo se había despojado del "maxigabán" y de una especie de tabardo a juego con los pantalones. Á. Río *SYa* 4.6.72, 22: Las jovencitas solían acudir muy de temprano al Retiro. Iban ataviadas con sus maxivestidos de espumosos encajes.

maxiabrigo *m* Abrigo que llega hasta los tobillos. | *Inf* 4.5.70, 11: Hallándose dotado el centro con instalaciones para la producción de maxiabrigos, estolas y cuellos y puños de piel.

maxifalda *f* Falda que llega hasta los tobillos. | Delibes *Año* 59: El público esperaba que hablase del desarrollo, los semáforos, las maxifaldas y todo eso.

maxila *f* (*Anat*) *En los artrópodos:* Pieza bucal situada inmediatamente detrás de la mandíbula. | Ybarra-Cabe tas *Ciencias* 353: En la cabeza posee [la araña] los ojos y la boca provista de unas maxilas.

maxilar *adj* (*Anat*) **1** De (la) mandíbula. *Tb n m, referido a hueso*. | Alvarado *Anatomía* 55: El [hueso] que queda libre es el maxilar inferior .., articulado por sus dos extremos (cóndilos maxilares) en las cavidades glenoideas de los temporales.
2 De (la) maxila. | Ybarra-Cabetas *Ciencias* 354: En la cabeza posee [la araña] los ojos, y la boca provista de unas maxilas .., que por su parecido con patas se les denomina palpos maxilares.

maxilípedo *m* (*Anat*) *En los crustáceos:* Apéndice cefálico en forma de pata, situado a continuación de la maxila. | Ybarra-Cabetas *Ciencias* 337: Los maxilípedos se parecen bastante a las patas locomotoras.

maxilofacial (*tb* **maxilo-facial**) *adj* (*Med*) De las mandíbulas y el rostro. | *GTelefónica* 9: Clínica dental y cirugía maxilo-facial. | *Ya* 30.4.70, 43: Los doctores Sada y Pifarré hablaron .. de la cirugía oral y maxilofacial.

máxima *f* **1** Frase breve y concisa que encierra un pensamiento de carácter doctrinal o moral. | RPeña *Literatura* 254: Su obra más conocida es *Fábulas morales*. Son máximas morales, disfrazadas con el agradable artificio de la fábula.
2 Norma personal de conducta. | * Mi máxima es no meterme donde no me llaman.

maximalismo *m* Tendencia a considerar una idea o doctrina como algo monolítico e inalterable que ha de aceptarse totalmente y sin concesiones. *Esp en política.* | Umbral *Voz* 6.11.70, 10: Lo que más me molesta de ese libro es el tono, el maximalismo, el estilo inquisitorial. Delibes *Cartas* 67: Los jóvenes de hoy todo lo simplifican, propenden a la iconoclastia o al maximalismo.

maximalista *adj* **1** De(l) maximalismo o que lo implica. | Aranguren *Marxismo* 112: Un cierto escepticismo en cuanto a la interpretación maximalista y a corto plazo del marxismo se expande por Europa occidental. **b)** Adepto al maximalismo. *Tb n.* | Delibes *Voto* 14: Dani es así como un poco maximalista.
2 (*hist*) Bolchevique. | FReguera-March *España* 339: Las disensiones entre Korniloff y Kerenski son patentes, y con ello solo ganan los maximalistas o bolcheviques.

máximamente *adv* De manera máxima (→ MÁXIMO [1]). | Gambra *Filosofía* 218: Él es el supremo bien y, por lo tanto, el máximamente amado. C. Castro *Ya* 24.12.70, 8: El peso del trabajo será suyo .., pero el fruto del trabajo también será máximamente disfrutado por usted.

maximización *f* (*E*) Acción de maximizar. | *Van* 20.3.75, 5: Resulta una simplificación excesiva y seguramente injusta el intento de identificar Banca privada y discriminación, pues el propio mecanismo de maximización del beneficio aporta una guía más franqueable a la obtención de crédito y a la no discriminación que la que proporcionan las valoraciones emitidas bajo influjos ideológicos, políticos y burocráticos.

maximizar *tr* (*E*) Hacer que [una magnitud (*cd*)] alcance su máximo valor. *Tb fig, fuera del ámbito técn.* | G. Campos *Cua* 11.12.76, 47: La explotación intensiva del negro no planteaba ningún problema de costos, pues era preferible para los hacendados una mayor y más rápida explotación de los esclavos que maximizase sus rendimientos a corto plazo.

máximo -ma **I** *adj* **1** Más grande que ninguno de su especie, en tamaño, cantidad, calidad o intensidad. | Delibes *Cinco horas* 244: Un guardia .. en esas circunstancias, la máxima autoridad, que tú me dirás sin ellos, el caos. Marcos-Martínez *Álgebra* 86: Máximo común divisor de expresiones algebraicas. *DLi* 3.3.78, 20: Nuestro campeón de Europa de los máximos pesos defenderá su corona ante el británico Billy Aird. **b)** (*Geom*) [Círculo] que tiene por centro el de la esfera. | Zubía *Geografía* 20: Meridianos: Son círculos máximos que pasan por los polos.
2 Muy grande en calidad, cantidad o intensidad. *Con intención ponderativa.* | *Abc* 12.9.68, 48: Autolandia .. Máxima atención para su vehículo.
3 de máxima. [Termómetro] que mantiene marcada la temperatura máxima [1] a que ha estado expuesto. | Marcos-Martínez *Física* 102: Un termómetro de máxima muy empleado es el termómetro clínico.
II *n* **A** *m* **4** Cantidad, límite o punto máximos [1]. | J. Gabaldón *DíaCu* 20.7.84, 22: Está claro que la intención era sacar el máximo de la propia Cantera [de jugadores]. Gironella *Millón* 657: Entre la tripulación de este último figuraba Sebastián Estrada, cuya emoción alcanzaba al máximo al ver de lejos la costa barcelonesa.
B *f* **5** Valor máximo [1] [de una cantidad variable, esp. la temperatura]. | M. Toharia *Inf* 6.12.73, 29: Máxima prevista para hoy: Alrededor de 12 grados.
III *loc adv* **6 como ~.** Siendo [algo] el máximo [4] previsible o calculado. | * Habría 500 personas como máximo.

máximum (*pl normal,* ~s) *m* Máximo [4]. | *Ya* 25.4.75, 15: El máximum de cumplimiento de la condena del culpable no podrá exceder del triplo del tiempo por que se le impusiere la más grave de las penas en que haya incurrido.

maxiproceso *m* (*col*) Proceso en que hay muchos acusados. | *País* 18.4.89, 9: El fiscal del 'maxiproceso' de Palermo dimite en protesta por la absolución de jefes mafiosos.

maxisingle (*ing; pronunc corriente,* /maksisíngel/) *m* Disco microsurco de duración intermedia entre el sencillo o single y el de larga duración o elepé. | J. Flo *País* 5.12.88, 40: Las previsiones apuntan las siguientes cifras: los referidos 450.000 singles, 1.300.000 maxisingles .., 16 millones de elepés, unos 22 millones de casetes y, finalmente, entre dos y tres millones de compactos.

maxmordón *m* (*desp, raro*) Hombre torpe o pasmado. | C. RGodoy *Cam* 16.12.74, 48: Sepa usted, calvo-maxmordón-zamacuco, viejo chocho pavitonto y apantallado, que yo soy el general De Gaulle y el general Foch reencarnados.

maxura → MACSURA.

maxwell (*ing; pronunc corriente,* /máswel/; *pl normal,* ~s) *m* (*Fís*) *En el sistema cegesimal:* Unidad de flujo magnético, equivalente a una cienmilésima de weber. | Mingarro *Física* 126: Se ha definido una unidad de flujo de inducción llamada maxwell: es el flujo de inducción que atraviesa la superficie de 1 cm² colocada normalmente a las líneas de fuerza de un campo magnético uniforme de 1 gauss de inducción magnética.

maya[1] *f* **1** Vellorita (planta). | Remón *Maleza* 25: *Bellis perennis* L. Nombre común: Margarita menor, Bellorita o Vellorita, Maya .. Es, sin duda alguna, la invasora más tenaz de nuestros prados.
2 Copla popular de exaltación de la primavera que se canta durante el mes de mayo. *Normalmente en pl.* | GArnau *SAbc* 13.12.70, 85: La mayor parte de las composiciones primitivas en lengua romance, tales como la "balada", .. las "mayas", .. son poesías líricas sagradas y profanas, con gran diversidad de temas y formas métricas.
3 Muchacha que preside los festejos populares en las fiestas de mayo. | *Abc* 2.5.93, 97: Las "mayas" de este año, guapísimas y muy serias. [*En Colmenar Viejo, Madrid.*] Mercader-DOrtiz *HEspaña* 4, 247: Lo religioso era solo el barniz o pretexto, como en los casos de antiguas costumbres supersticiosas o paganas cristianizadas (hogueras de San Juan, mayas). La maya era una muchacha a la que engalanaban y obsequiaban los vecinos el 1 de mayo, con acompañamiento de baile, bebidas y otros esparcimientos. Desde 1700 aproximadamente, la maya fue substituida por la Cruz de Mayo.
4 (*reg*) Mayo (árbol o palo). | Cancio *Bronces* 40: El patrón del *San Cristóbal* era alto y erguido como una maya.

maya[2] **I** *adj* **1** [Individuo] de una gran familia indígena, compuesta por más de veinte tribus, que habita principalmente en la península del Yucatán y regiones adyacentes. *Tb n.* | Torrente *Saga* 159: Tenía ante mí .. una serie de nombres .. que figuran como protagonistas de varias narraciones pertenecientes a las culturas más distintas y distantes: de los mayas, de los comanches, de los iroqueses, de los

pirenaicos, de los hititas. **b)** De los mayas. | GNuño *Madrid* 108: El máximo interés de esta sala reside en los dos códices mayas.
2 De(l) maya [3]. | Tovar *Mataco* 2: La entrada de elementos gramaticales del español en dialectos mayas .. prueba esas relaciones.
II *m* **3** Familia de lenguas de los mayas [1]. | Lapesa *HLengua* 345: Los yucatecas .. pronuncian su español con las "letras heridas" del maya. Buesa *Americanismos* 338: Del maya, fragmentado en numerosas lenguas y dialectos .., se han conservado como reflejo de su importante cultura tres manuscritos y numerosos bajorrelieves llenos de inscripciones jeroglíficas.

mayador -ra *adj* (*reg*) Que maya². *Tb n, referido a pers.* | *Impreso* 4.68: De la sidra el inventor fue un humilde mayador. Beba sidra Mayador.

mayal *m* Instrumento formado por dos palos desiguales unidos por una cuerda, que sirve para desgranar los cereales, esp. el centeno. | J. F. Álvarez *Nar* 6.77, 27: Fueron [los trillos romanos] sistemas progresivos, probablemente nacidos del deseo de aumentar el rendimiento obtenido por el simple pisoteo de los animales o por la utilización del mayal.

mayar¹ *intr* Maullar. | Ardanuy *Cod* 2.2.64, 13: El gato presenta una cabeza, es decir, ese chisme redondo que le sale por delante del cuerpo y que sirve para mayar. CBonald *Ágata* 156: Corrió [el lince] arrastrando las patas traseras, mayando angustiosamente.

mayar² *tr* (*reg*) Majar. | *NEs* 24.11.74, 11: Las manzanas habrá que triturarlas, mayarlas o prensarlas, y el jugo obtenido .. trasegarlo a los toneles y allí sí que podrá obtenerse la sidra por fermentación alcohólica.

mayear *intr* **1** Hacer [en un mes (*suj*)] un tiempo propio del mes de mayo. | * Abril mayea.
2 Presentar [el campo] el aspecto verde y florido propio del mes de mayo. | Berlanga *Gaznápira* 33: El campo mayea reverdecido y oliendo a tierra que abre sus carnes cuando bajas del coche del Marranchán.

mayeque *m* (*hist*) *En la América colonial*: Indio al servicio personal de un español. | Céspedes *HEspaña* 3, 385: El desarrollo de la propiedad rural de los españoles a costa de las tierras antes explotadas por los indios fue causa básica de un enorme aumento del número de yanaconas y mayeques.

mayero -ra *adj* (*raro*) Del mes de mayo. | L. LSancho *Abc* 14.5.67, 3: ¿Qué tienen hoy que ver con todo ese remoto y pagano origen las fiestas mayeras de Madrid? GPavón *Rapto* 62: Una moza sentada en la ribera muerde con nostalgia la última hierba sobre la que fue montada una noche mayera.

mayestáticamente *adv* De manera mayestática. | *Fam* 15.11.70, 35: Tan mayestáticamente iba desplazándose el vapor por el Polo que los osos no pudieron resistirse a su embrujo.

mayestático -ca *adj* Majestuoso (que tiene o denota majestad). | Delibes *Madera* 11: Los nietos le llamaban papá León, del mismo modo que Crucita, la primogénita, había llamado siempre mamá Obdulia a su esposa, mujer robliza y de actitudes mayestáticas. **b)** (*Gram*) [Plural] usado por un papa o un soberano para nombrarse a sí mismo en primera pers. | Academia *Esbozo* 203: Con el valor de *yo* (plural mayestático) se ha usado y se usa [*nos*] en escritos, cartas, decretos emanados de los monarcas o de los altos dignatarios de la Iglesia.

mayeta *f* (*reg*) Fresa silvestre. | Arce *Testamento* 67: Paladeamos grumos, mayetas y arándanos.

mayeto *m* (*reg*) **1** Viñador de escaso caudal. | *Abc Extra* 12.62, 21: Ícaro, que era como un mayeto de Baco, se encuentra .. con un macho cabrío sollamando su viña en flor.
2 Labrador. | Pemán *Andalucía* 302: Cultiva Rota unas sabrosas calidades de tomates y melones que los mayetos –denominación local de sus labradores– obtienen de forma inverosímil en un terreno arenoso cuidado con perfección de jardinería.

mayeuta *m y f* (*lit, raro*) Maestro que ayuda a pensar o investigar. | Chamorro *Sin raíces* 207: Un grupo de jóvenes inquietos que tuvieron la enorme fortuna de contar con un Sócrates avivador, un Mayeuta, un partero que ayudaba a salir sus inconcretas apetencias ideales. FMora *Pensamiento* 1964 212: Manuel García Blanco es el investigador devoto y fiel que todo escritor querría encontrar para que le sirviera de mayeuta historiográfico.

mayéutico -ca (*Filos*) **I** *adj* **1** De (la) mayéutica [2]. | * Sigue el método mayéutico. **b)** Que utiliza la mayéutica [2]. | SFerlosio *Ensayos* 2, 205: "¿Conforme, señor Mairena, en este punto?" (Don Marcelino se ponía mayéutico.) "Conforme" –dijo Mairena.
II *f* **2** Método socrático de alumbrar, mediante el diálogo con el alumno, nociones que este posee sin saberlo. | DPlaja *Literatura* 28: Sócrates emplea dos métodos para llegar a la verdad: la ironía .. y la mayéutica.

mayido *m* Maullido. | Soler *Caminos* 306: Me avisaron antes de que yo saliese a escena, advirtiéndome que colaboraban en la comedia con chacotas, con mayidos, con interrupciones más de arroyo que de palco.

mayismo *m* Palabra o giro propios de la lengua maya o procedentes de ella. | Buesa *Americanismos* 339: Entre los abundantes mayismos del español del Yucatán se encuentran *acalché* 'terreno bajo húmedo' y *cenote* 'depósito profundo de agua'.

mayista *adj* (*Pol*) Adepto al espíritu de la revolución de mayo de 1968, en París. *Tb n*. | P. Pardo *SPaís* 10.4.83, 36: Si los hoy lustrosos *mayistas* españoles están hechos de una mezcla boticaria de *jipismo*, de antiautoritarismo sesentayochista, .. es indudable que los *punkis* son su última xerocopia generacional.

mayo *m* **1** Quinto mes del año. *Se usa normalmente sin art.* | Olmo *Golfos* 135: Nos conocimos el siete de mayo de mil novecientos cuarenta.
2 Árbol o palo alto y adornado que en el mes de mayo se pone en una plaza o lugar público en que han de celebrarse fiestas. | Moreno *Galería* 312: Gobernando maromas, .. echando alguna vez las manos a la zona más baja del mayo, llega a pingarse y a mantenerse en equilibrio vertical. M. E. SSanz *Nar* 1.76, 28: Las "tres mujeres" visten a la Virgen, y, mientras, los hermanos cortan el "mayo", que simboliza la producción de los frutos .. Este "mayo" no es sino una rama, la más grande, de uno de los árboles de la zona (olmo, álamo). **b)** *Frec se usa en constrs de sent comparativo para ponderar la altura de una pers.* | * Tiene unos hijos que parecen mayos.
3 Copla que cantan los mozos a las mozas en la última noche de abril. *Normalmente en pl.* | Torrente *Saga* 178: La Sociedad lírica Santa Lilaila de Barallobre .. congregaba a todos los poetas y músicos de la ciudad, preparaba los versos de los mayos y sostenía una nutrida rondalla de pulso y púa.
4 Ramo o adorno que se pone a la puerta de las jóvenes solteras. | Lera *Clarines* 335: En cuanto llega el mes de mayo, ya está el Raposo organizando los "mayos". ¡Les pinta cada burrada a las mozas en las puertas y en las paredes de sus casas!

mayólica *f* Loza con esmalte metálico. | *Abc* 25.2.58, 10: Florero cristal tallado, 19 ptas. Centro mayólica decorado flores, 23 ptas.

mayonesa *adj* [Salsa] hecha con huevo y aceite crudos, batidos hasta tomar consistencia. *Frec n f*. | Bernard *Verduras* 9: Se prepara una mayonesa abundante.

mayor I *adj* **A** *Comparativo de* GRANDE. *El segundo término comparado va introducido por* QUE *o* DE (*con semiculto*, A); *a veces se omite*. **1** Más grande. | Hoyo *Caza* 41: Su cansancio era mayor que la rabia que les daba el Borro con su destemplanza. LTena *Abc* 11.5.75, sn: Todo en él [el Conde de Barcelona] es mayor a lo imaginado: su estatura, su corpulencia, la anchura de su mano y su sonrisa. Arce *Testamento* 20: Cada paso era mayor el sofoco.
2 [Pers.] de más edad. *Tb* (*col*) MÁS ~. | F. Martino *Ya* 20.12.75, 14: Las fracturas del cuello del fémur ocurren más comúnmente en las personas mayores de cincuenta años. *Pue* 22.4.66, 20: –Fui, repito, una chica normal, a la que le gustaban los chicos mucho más mayores que ella .. –¿Y te siguen gustando los chicos mayores? –Claro. –¿Muy mayores? –Más mayores que yo. Olmo *Golfos* 46: Yo no sé si usted habrá visto a un niño .. llamando, inútilmente, a su hermano mayor.

B *No comparativo. Frec en contraposición con* MENOR. **3** Grande. **a)** [Res] grande (p. ej., buey, mula, yegua). *Tb dicho del ganado compuesto por estas reses o cabezas.* | *VozC* 30.1.55, 4: El ganado mayor ramonea ya en los jugosos herbazales. * Es una enfermedad de las reses mayores. **b)** [Caza] de animales grandes (p. ej., jabalí, ciervo, lobo). *Tb, más raro, dicho del cazador de estas fieras.* | Laforet *Mujer* 26: La empleaban [la casa] como refugio para caza mayor. **c)** (*Filos*) *En un silogismo:* [Término] que tiene mayor extensión. | Gambra *Filosofía* 56: Su situación [del término medio] determina, a su vez, la de los otros términos, puesto que el término mayor ha de estar en el punto que queda vacante en la premisa mayor. **d)** (*Filos*) [Premisa] que contiene el término mayor. *Tb n f.* | Gambra *Filosofía* 56: En la primera [figura del silogismo], el término medio ocupa el puesto del sujeto en la premisa mayor, y el de predicado, en la premisa menor. Gambra *Filosofía* 57: En la cuarta [figura del silogismo] .. se presenta el término medio como predicado de la mayor y sujeto de la menor. **e)** (*Mar*) [Palo] más alto del buque y que sostiene la vela principal. | J. A. Padrón *Día* 28.5.76, 19: Aquellas dos chimeneas –entre los dos palos trinquete y mayor– le daban [a la fragata] una magnífica estampa. **f)** *Se usa como especificador de algunas especies botánicas:* CENTAURA ~, SIEMPREVIVA ~, VALERIANA ~, *etc.* (→ CENTAURA, SIEMPREVIVA, VALERIANA, *etc.*)
4 (*Der*) De larga duración. **a)** [Pena de reclusión] que dura desde 20 años y 1 día hasta 30 años. | *Código Penal* 35: La pena de muerte, cuando no se ejecute, y la de reclusión mayor, llevarán consigo interdicción civil del penado. **b)** [Pena de presidio o de prisión] que dura desde 6 años y 1 día hasta 12 años. | *Código Penal* 36: Las penas de prisión mayor, presidio y prisión menores y arresto mayor llevarán consigo la suspensión de todo cargo público. *Abc* 24.5.58, 53: La Audiencia .. impuso a ambos seis años y un día de presidio mayor. **c)** [Pena de arresto] que dura desde 1 mes y 1 día hasta 6 meses. | *Inf* 8.1.74, 28: Los procesados son Juan Illarramendi Areizaga, condenado a dos años de prisión menor, tres años de presidio menor y tres meses de arresto mayor, .. y Jesús María Elcoro.
5 Adulto. *Dicho esp de perss y de ganado vacuno. Referido a pers, tb n y frec en pl.* | *Economía* 151: Si las personas mayores entran donde están charlando o merendando las niñas, estas se pondrán de pie para saludarlas. E. Pablo *Abc* 28.12.75, 42: Vacuno mayor, a 40-43; añojos, a 82-86. Matute *Memoria* 18: Flotaba en el ambiente .. un algo excitante que influía en los mayores y que daba a sus vidas monótonas un aire de anormalidad. **b)** [Pers.] que ha llegado a la mayoría de edad. *Tb* ~ DE EDAD. *Tb n y fig.* | *Compil. Navarra* 43: Para estos actos, [el menor de edad] requerirá el consentimiento del padre o, .. en su caso, de los parientes mayores. Fraile *Pról. Vida Lagos* X: El toque para saber si el poeta es mayor de edad o no, es su prosa. **c)** [Pers.] de edad avanzada. | SRodríguez *Gac* 7.3.76, 44: Trabajo para dejar cosas publicadas .., porque, en fin, ya soy muy mayor, no creo que viva mucho tiempo. Diosdado *Anillos* 2, 203: ¡Que voy a tomar algo! Que estoy muy mayor yo ya para estos sustos.
6 Principal. | F. Pablos *Faro* 3.8.75, 15: ¡Albricias, vigueses: llega la fiesta mayor de la ciudad! Peña-Useros *Mesías* 180: Presbiterio. Es la parte reservada a los presbíteros o sacerdotes, en la cabecera del templo, junto al altar mayor. *Sol* 24.5.70, 7: El hermano mayor de la Cofradía del Cautivo le entregó un álbum de fotografías. **b)** *Dicho de ciertos cargos, como* PORTERO ~, NOTARIO ~, *etc.* | Cunqueiro *Un hombre* 46: Teodora, .. viuda del sacristán mayor de carros de autos sacramentales, había tomado la costumbre de acudir los martes a la tarde. **c)** [Oficial] ~ → OFICIAL. **d)** [Misa] principal de una parroquia en día de precepto, que suele ser oficiada por el párroco. | Ribera *Misal* 16: Misa conventual es la que se celebra cada día en las iglesias obligadas al coro ..; Misa parroquial o mayor, la que el Párroco suele aplicar por el pueblo en los días mandados. **e)** (*Rel catól*) [Órdenes sagradas] de presbítero, diácono y subdiácono. *Tb n f pl, gralm en la constr* ORDENAR(SE) DE ~ES. | SLuis *Liturgia* 2: Unos han recibido solo la tonsura .. Otros reciben, además, las Órdenes Mayores. Torrente *Saga* 229: Estaba a punto de desbaratar el noviazgo de una buena muchacha .. con un seminarista en trance de ordenarse de mayores. **f)** (*Rel catól*) [Excomunión] que consiste en la privación activa y pasiva de los sacramentos y sufragios comunes de los fieles. | H. Arenas *AbcS* 20.3.75, 19: Ya a principios del siglo XVII fue necesario llamar al orden a los cofrades para evitar posibles pleitos, medida que habría de repetirse en distintas ocasiones y bajo pena de excomunión mayor.
7 [Causa o motivo] importante. | CBaroja *Inquisidor* 33: Dado lo que .. se conoce de procesos levantados a animales .. no hay motivo mayor para dudar de que don Fernando fulminara contra los ratones.
8 [Meses] últimos del embarazo de una mujer. | Cela *Izas* 85: Marta .. está no más que preñada y, a lo que se barrunta, .. en los meses mayores, que son también los más cómodos y llevaderos. **b)** (*Agric*) [Meses] inmediatamente anteriores a la cosecha. | J. C. Luna *VozC* 10.7.55, 4: Rematada la siembra, las tierras de pan sembrar apenas si requieren otra ayuda que la de la Naturaleza .. Pasan los meses mayores, y la sementera, ya en berza y del color de la esmeralda, se espiga y comienza a granar.
9 (*Com*) [Libro] en que el comerciante lleva sus cuentas por debe y haber sujetándose a riguroso orden de fechas. *Frec n m.* | Cuevas *Finca* 89: Instaló .. la mesa de trabajo, que llenó de libros por partida doble, mayores y estadillos. *Inf* 16.11.73, 32: Multicashbank, diario mayor múltiple de caja y bancos.
10 (*Mús*) [Tono o modo] en el que la tercera nota dista dos tonos de la primera. | Casares *Música* 99: Se buscan tonalidades fáciles y simples, con preferencia de los tonos mayores sobre los menores. **b)** [Nota] primera de una escala musical en tono mayor. | Torrente *Off-side* 59: Una batuta brillante conduce el *allegretto* de la sinfonía núm. 7 en la mayor, opus 92, de Beethoven.
11 [Aguas] ~**es**, [arte] ~, [colegio] ~, [estado] ~, [fuerza] ~, ~ [edad], [marca] ~, [palabras] ~**es**, [plana] ~, [seminario] ~, → AGUA, ARTE, COLEGIO, ESTADO, FUERZA, EDAD, MARCA, PALABRA, PLANA, SEMINARIO.
II *m* **12** (*lit*) *En pl:* Ascendientes o antepasados. | S. Lorenzana *Pap* 1.57, 41: Una permanencia de año y medio en la tierra de sus mayores, cuando era ya sexagenario.
13 (*Mil*) *En algunos países:* Jefe con empleo equivalente al de comandante. | *Mad* 2.3.70, 1: Un avión reactor .. se estrelló a muy pocos metros de la cabecera de la pista principal de la base conjunta de Torrejón de Ardoz, muriendo el mayor que lo pilotaba.
14 ~ **que.** (*Mat*) Signo en figura de ángulo con el vértice a la derecha y que, colocado entre dos cantidades, indica que la segunda es menor. *Tb se usa, fuera del ámbito matemático, con otros valores.* | Huarte *Tipografía* 17: Cuando se supla deficientemente un signo, por carecer de él la máquina o no haber salido bien dibujado, se consignará su nombre al lado .., por ejemplo: "asterisco", "signo de mayor que", etc.
III *loc v* **15 llegar** (*o* **pasar**, *o* **ir**) **a ~es.** (*col*) Llegar [en un asunto] a consecuencias graves. | Delibes *Cinco horas* 110: O la gresca con Fito .. Si, en definitiva, aquello no te gustaba, .. pudiste decirlo de buenas maneras, con educación, pero nunca pasar a mayores, haciéndoles cara. Delibes *Voto* 108: Por aquellos entonces, más de uno y más de dos marcharon a la mili y no regresaron. Luego, la cosa fue a mayores. **b) llegar a ~es.** Llegar a tener relaciones sexuales. | Lera *Bochorno* 186: Cuando hay que atontar a alguien para un negocio de los suyos, me echa a mí por delante... Entonces tengo que jugar con fuego, pero sin llegar a mayores. FGómez *Bicicletas* 120: Tú estás estupenda y te gustan, como es lógico y natural, los hombres, y Luisito ya lo es .. Antes de que prosiga... ¿Habéis llegado a mayores?
IV *loc adv* **16 al por ~** (*más raro,* **por ~**). (*Com*) En cantidad grande. *Tb fig. Tb adj.* | *Economía* 178: No comprar al por mayor si no se tiene práctica en ello. FQuintana-Velarde *Política* 68: Suelen elaborarse dos clases de índices de precios: el que expresa las variaciones de los precios al por mayor y el que recoge las variaciones de los precios al por menor. *Impreso* 12.79: Bernabé Gobantes Arriola. Vinos por mayor .. Laredo (Santander).
17 a ~es. (*reg*) Además. | Ero Van 15.5.75, 32: No está debidamente acondicionada esta calzada y presenta, a mayores, recodos, cruces y puentes peligrosos para el automovilista ávido de velocidad. Benet *Otoño* 126: Había asistido a un curso en una academia de baile .. y presumía de que su manera de marcar el vals no tenía par en nuestra generación. A mayores, en cualquier momento podía dar el giro a la izquierda, si la señorita era de tobillo fino y se dejaba llevar. **b)** Mayormente. *Usado expletivamente.* | Delibes *Guerras*

mayoral – mayoría

171: –Algún arrepentimiento sí sentirías luego, ¿verdad? –A mayores, ninguno, no señor.

18 de ~ a menor. En un orden decreciente o que comienza por lo mayor [1] y termina por lo menor. | CBonald *Dos días* 22: En el escaparate de la droguería estaban expuestos en forma de pirámide unos botes de pintura, de mayor a menor.

19 por ~. (*reg*) Mayormente o especialmente. | Delibes *Guerras* 16: –¿Cuál era la economía del pueblo? .. –Mire, en el vallejo, por mayor, frutales.

mayoral -lesa A *m* **1** Vaquero principal [de una ganadería]. *Tb sin compl.* | S. RSanterbás *Tri* 11.4.70, 21: Eran hijos o parientes de toreros, apoderados, mayorales de ganaderías. DCañabate *SAbc* 16.2.69, 35: Les reciben el dueño de la finca, ganadero de reses bravas, acompañado del mayoral y de un vaquero.

2 Pastor principal [de un rebaño]. *Tb sin compl.* | Romano-Sanz *Alcudia* 83: El mayoral divide el rebaño en hatajos, entregando a cada pastor trescientas ovejas, y le asigna una zona determinada para pastar.

3 Capataz de una cuadrilla de trabajadores del campo. | MCalero *Usos* 44: Cada cuadrilla estaba compuesta por un cabeza que lo decían mayoral, seguido de cuantos fueren en ella, y varios zagalillos, que agavillaban lo segado.

4 (*hist*) *En una diligencia u otro carruaje de caballos:* Hombre que gobierna el tiro de caballerías. | FReguera-March *Fin* 34: Al llegar a la plaza del Ángel, le añadían [al tranvía de mulas] una mula delantera que ayudaba a subir, galopando, la calle de Jaime I hasta la plaza de San Jaime, animada por los gritos y latigazos del mayoral, que corría a su lado.

B *m y f* **5** (*reg*) Hermano mayor [de una cofradía]. *Tb sin compl.* | C. GCasarrubios *Nar* 11.77, 12: Estos danzantes son ocho más el "mairal" o mayoral. *NEsH* 18.7.72, 2: Fiestas en Albalatillo en honor de Santa Margarita .. El Coro local cantará la misa, y explicará la homilía el celebrante, quien dará noticia del nombramiento de las nuevas "mayoralesas".

mayoralía *f* Cargo de mayoral [1 y 2]. *Tb fig.* | Campmany *Abc* 21.4.90, 21: Chaves, a la presidencia del cortijo. Sí, ya sé que todo el mundo sabe que Chaves no quiere la mayoralía.

mayorana *f* Mejorana (planta). | FQuer *Plantas med.* 697: La esencia de mayorana tiene color amarillento o verdoso y es muy aromática.

mayorazgo -ga A *m* **1** Institución que perpetúa en una familia la posesión de determinados bienes. | CBaroja *Inquisidor* 34: Fue un jurista muy competente .., como lo atestigua su libro acerca de los mayorazgos.

2 Conjunto de bienes vinculados mediante mayorazgo [1]. | Cuevas *Finca* 44: Don Santiago propuso marcharse a "San Rafael", una finca olvidada de su mayorazgo.

B *m y f* **3** Pers. dueña de un mayorazgo [2]. | Cuevas *Finca* 12: Hará unos cinco años que llegaron al pueblo, por la misma época en que el Mayorazgo, don Santiago, decidió también venirse de la ciudad. **b)** Pers. heredera de un mayorazgo [2]. | Cunqueiro *Crónicas* 70: Mi tía de Bayeux hizo al infante mayorazgo de Bayeux en la Cámara Noble. **c)** Primogénito. | Torrente *Sombras* 185: Para lo cual poseía también un secreto, heredado de su familia y transmitido por rigurosa línea de mayorazgas.

C *f* **4** Mujer de(l) mayorazgo [3]. | Cuevas *Finca* 80: Tienen ustedes que estar atentas a doña Carmen, la Mayorazga.

mayorazguista *m y f* (*raro*) Pers. dueña de un mayorazgo [2]. | Mercader-DOrtiz *HEspaña* 4, 23: Los gobiernos de Carlos IV insistieron en el proyecto de que los mayorazguistas invirtieran el valor de sus bienes en la Caja de consolidación de vales.

mayordomía *f* **1** Cargo de mayordomo [1, 2 y 5]. | Moreno *Galería* 324: Fue para ellos etapa inolvidable el año que desempeñó la "mayordomía". [*De una cofradía.*] RPeña *Hospitales* 87: En 1693 era mayordomo de este Hospital Francisco Jiménez de Porras .. Aunque algunos años aparecen en blanco, pensamos que, o bien fue el antecesor el que continuó con la mayordomía, o se han perdido los documentos que nos hubieran servido para completar la lista.

2 (*hist*) Oficina del mayordomo [2]. | FReguera-March *Dictadura* 1, 466: La comisión .. la obtuvo [la invitación] acudiendo a la Mayordomía Mayor de Palacio. **b)** *En un palacio:* Conjunto de estancias del mayordomo. | J. Balansó *SAbc* 16.6.68, 32: Una silenciosa muchedumbre rodea Palacio .. y llena los salones de mayordomía, donde están expuestos los últimos partes facultativos.

mayordomo -ma I *n* **A** *m* **1** Criado principal, encargado del gobierno de una casa. | L. LSancho *Abc* 12.9.68, 75: La nota más alta de técnica interpretativa la da Guillermo Marín, añadiendo quilates de humor, de humanidad, a ese mayordomo que sale de lo prototípico por especiales rasgos de ingenio del autor.

2 (*hist*) Individuo encargado del gobierno y administración [de algo, esp. de una casa o hacienda]. *A veces sin compl.* | Vesga-Fernández *Jesucristo* 97: Parábola del mayordomo astuto .. Érase un hombre rico y tenía un administrador. RPeña *Hospitales* 87: En 1693 era mayordomo de este Hospital Francisco Jiménez de Porras. Bermejo *Estudios* 52: Han surgido a su lado otros oficios de mayor relevancia institucional. Tal es el caso del mayordomo y receptor de los bienes y propios del concejo. **b) ~ de fábrica.** Recaudador del derecho de fábrica. | FSantos *Catedrales* 74: La [flora decorativa de la catedral] los arquitectos, pedreros, maestros de obras, canteros, jaspistas, tracistas, mayordomos de fábrica, veedores de obras y pincernas tardaron en concluir casi dos siglos.

3 (*reg*) Capataz. | Nácher *Guanche* 33: Se quejaba el hombre al capataz, de la ladronera que mantenía .. Pero hoy don Miguel estaba de buenas. Dando al mayordomo un cigarro de lo mejor de La Palma, lo mandó al almacén para vigilar el empaquetado.

4 (*Mar*) Jefe o encargado del personal y de los servicios de cocina de un barco. | MHidalgo *HyV* 10.71, 77: La distribución del casco de popa a proa es la siguiente: 1. Gabón o cámara del capitán. 2. Escandelar .. 3. Escandelarete. 4. Despensa (cámara del mayordomo). **b)** Despensa de un barco. | Delibes *Madera* 402: Controlaba con disimulo sus paseos por cubierta, sus esporádicas visitas a las taquillas, sus incursiones al mayordomo.

B *m y f* **5** *En una congregación o cofradía:* Pers. encargada del gobierno y la administración. | Cunqueiro *Un hombre* 10: ¡El mayordomo de los santos no estará de parto! *CoZ* 28.3.75, 2: Por la mañana desfiló la Cofradía de Damas de la Virgen de la Esperanza .. Las esposas de las primeras autoridades provinciales, las mayordomas y centenares de damas zamoranas .. rindieron homenaje de amor y devoción a la Virgen de la Esperanza.

C *f* **6** Mujer del mayordomo [1, 2 y 5]. | Moreno *Galería* 324: No faltó nunca en ellas el recuerdo del traje de paño que estrenó el alcalde y la falda de pliegues de la señora "mayordoma".

II *adj* **7** [Salsa] que se prepara con mantequilla batida con perejil y otros condimentos. *Tb n f.* | *Cocina* 767: Salsa mayordoma. *Cocina* 456: Entrecote a la mayordoma.

mayorgano -na *adj* De Mayorga (Valladolid). *Tb n, referido a pers.* | Robador *Tierra* 49: A mala hora viene usté. Ha estao por aquí el Mayorgano.

mayoría *f* **1** Mayor parte [de un conjunto de perss. o cosas]. *Frec se omite el compl por consabido. Frec en constrs ponderativas como* LA GRAN ~ *o* LA INMENSA ~. | CApicius *TCR* 16.11.90, 30: Para la inmensa mayoría de los españoles apenas hay más setas que los níscalos y las setas de cardo. CNavarro *Perros* 15: Como la mayoría de los ricos, encontraba cierto placer en las cosas de los pobres. *Sp* 19.7.70, 17: Se dejó bien sentado por la mayoría que no había que hacer reparos al control de la natalidad. **b)** (*semiculto*) Mayor parte [de algo único o no numerable]. | Lera *Trampa* 1112: Estoy sola la mayoría del tiempo. Basanta *SAbc* 26.2.93, 10: Estas cartas .. enriquecen el perspectivismo de la novela, que, en su mayoría, está contada por un narrador omnisciente. **c)** Mayor número de votos favorables. | PRivera *Discursos* 11: Al ser propuestos por Franco .. votamos todos en aplastante mayoría. **d) ~ silenciosa.** Conjunto mayoritario de ciudadanos que no manifiestan públicamente sus opiniones políticas. | Areilza *Artículos* 277: Ahora son también los negros .. los que pueden sumarse masivamente a la disidencia. Nixon habla de la "mayoría silenciosa" y probablemente tiene, todavía, razón.

2 Condición de la pers. que ha cumplido la edad establecida por la ley para que pueda disponer de sí y de sus bienes.

Frec ~ DE EDAD. *Tb fig.* | Arenaza-Gastaminza *Historia* 273: Narváez .. inaugura la mayoría de edad de Isabel II a los trece años. *SAbc* 16.2.69, 35: Los pitones intactos, la edad (su mayoría de edad) la refleja su aspecto. *Inf* 11.11.71, 32: La Comisión de Vulcanología señala en su último informe que el Teneguía "aparentemente ha comenzado a entrar en la etapa de su mayoría de edad". **b)** Condición de la pers. que ha llegado al estado adulto. | Delibes *Guerras* 66: Los trances de la abuela Benetilde empezaron con la mayoría, ya ve, que por entonces, ni casada, ni nada.

3 (*Mil*) Oficina administrativa de un acuartelamiento. | Goytisolo *Recuento* 125: El capitán Cantillo .., meditando tal vez en la Escalilla o tal vez, simplemente, matando el tiempo, en tanto que a dos pasos, en Mayoría, se doblaba como si nada la paga extraordinaria de julio.

mayoridad *f* Mayoría de edad. *Tb fig.* | Lorenzo *Abc* 6.7.75, sn: Cada discurso .. consigue una Constitución, o la mayoridad de una reina niña, o tumba un gobierno. Lapesa *HLengua* 202: La mayoridad de las lenguas modernas coincidía con la plenitud del Renacimiento.

mayorista *adj* [Comercio] que se realiza al por mayor. | J. J. RAlcaide *SurO* 18.8.76, 2: Tenemos .. un déficit de quince mil millones en el sector del comercio mayorista. **b)** De(l) comercio mayorista. | L. Calvo *Abc* 12.6.73, 42: El índice de precios mayoristas y minoristas subió el año último un 39,4 por 100. **c)** Que se dedica al comercio mayorista. *Tb n, referido a pers.* | *Sáb* 17.3.76, 25: Los almacenes mayoristas .. han visto cómo whisky de las mismas marcas que ellos ponen en el mercado se ofrece a precios infinitamente más bajos que el autorizado. J. M. Moreiro *SAbc* 9.2.69, 46: Dentro de diez meses la capital contará con el primer mercado de mayoristas. **d)** [Agencia de viajes] que organiza grandes recorridos, los cuales vende después a las pequeñas agencias. *Tb n f.* | *Ya* 26.8.90, 10: He tenido la experiencia de visitar hace unos días Túnez en un viaje malorganizado por la agencia mayorista "Iberojet". *SPaís* 21.1.90, 17: Contratamos el viaje con la mayorista Travelplan, que utilizaba los servicios de Antillana de Navegación.

mayoritariamente *adv* De manera mayoritaria. | P. Berbén *Tri* 8.8.70, 17: Los exhibicionistas clínicos o penales son muy mayoritariamente hombres. *Inf* 4.4.70, 9: Se celebró una Asamblea ante la Sala del Jurado, en la cual se acordó mayoritariamente por los trabajadores asistentes a la misma mantener sus peticiones.

mayoritario -ria *adj* **1** De (la) mayoría [1]. | *Mun* 23.5.70, 48: El cristianismo llegó a ser religión mayoritaria.

2 Que constituye una mayoría [1]. | *Abc* 20.7.65, 31: La crisis griega anuncia la ruptura entre el Rey, unido a una extensa y posiblemente mayoritaria parte de la opinión, y el señor Papandreu.

3 [Socio o accionista] que posee la mayoría de las acciones de una empresa. *Tb n.* | Halcón *Monólogo* 125: Tengo una ocasión única de meterme en algo, hacerme mayoritario en un negocio claro.

mayormente *adv* Principal o especialmente. | Gironella *Millón* 27: Lo que mayormente irritaba a los tres militares era lo que ellos llamaban la "angelical inconsciencia" del Comité. **b)** (*pop*) En gran parte. | GPavón *Rapto* 39: Desde chica le tomó aparencia a la Sabinilla. Y la crió mayormente. Umbral *Tierno* 118: La primera vez que fueron escritores a la Zarzuela, Don Juan Carlos me dijo: –Tú a estos los conocerás a todos. –Mayormente, Majestad. **c)** (*pop*) Mucho o de manera notable. | Cela *Judíos* 19: La parte de las Tabladillas .. está casi deshabitada, cosa que al vagabundo, para su afición, no le importa mayormente. Pinilla *Hormigas* 143: La carne desfigurada .. se nos aparece. Pero ni aun entonces se altera mayormente mi hermana. **d)** (*pop*) Se usa expletivamente. | Delibes *Guerras* 229: –¿No volvieron a encontrarte nada sospechoso en los pulmones? –Mayormente, no señor. Campmany *Abc* 6.5.89, 17: Lo mismo que te digo una cosa te digo otra, y yo mayormente te digo mi verdad, que ni tanto ni tan calvo.

mayúsculo -la *adj* **1** [Letra] más grande que la común y gralm. de distinto trazado. *Tb n f. Se opone a* MINÚSCULA. | *Unidades* 12: Si los símbolos se derivan de nombres propios, se utilizarán los caracteres romanos mayúsculos (para la primera letra). DPlaja *El español* 65: La Guerra, con mayúscula, presupone una reunión de voluntades.

2 Sumamente grande o importante. *Esp referido a cosa no material.* | Aldecoa *Gran Sol* 127: La borrachera que te agarraste fue mayúscula. GNuño *Madrid* 197: Otra sala se dedica .. al mayúsculo pintor bilbaíno que fue Juan de Echevarría.

maza *f* **1** Utensilio formado por un mango que se prolonga en un ensanchamiento cilíndrico y que se usa para golpear. | *SAbc* 7.9.75, 47: Para hacer el gazpacho es imprescindible contar con un mortero de mármol y una maza de madera.

2 Martillo grande. | Gr. Fernández *Ya* 12.9.88, 14: La moderna maquinaria ha sustituido a los punteros, las gavías, la maza y la bujarda, sus herramientas de trabajo. Su ilusión es crear una escuela de canteros. **b)** *En el martillo o martinete:* Pieza que sirve para golpear. | *Pue* 3.11.70, 30: Estaba yo clavando un clavo así –se pone de espaldas y clava sobre la pared un clavo teórico, empuñando un martillo imaginario– y se me salió la maza y le dio en la cabeza. *DVa* 29.2.76, 21: En Vitoria se precisan estampadores para Martillo de caída libre de 800 kgs. de maza y Forjadores preparadores.

3 (*hist*) Arma antigua en forma de maza [1], de hierro o de madera guarnecida de hierro. | Riquer *Amadís* 78: Nuestra novela recoge una tradición muy arraigada en los romans caballerescos franceses, en los cuales la maza es arma de villanos.

4 Insignia de dignidad, semejante a una maza [3]. | *DCá* 16.4.76, 8: Los Divinos Oficios del Jueves Santo se celebraron con gran solemnidad .. Asistió la Corporación Municipal bajo mazas, presidida por el alcalde.

5 (*reg*) Cubo de la rueda del carro. | F. Carpio *GacR* 31.3.91, 16: Las partes que entran en la formación del carro son la pértiga, .. radios, pinas, mazas y mozo.

mazacote -ta I *adj* **1** (*col*) Amazacotado. | Goytisolo *Recuento* 44: En las plazoletas [del jardín] había bancos mazacotes, hechos de obra, imitando troncos partidos. Pániker *Testamento* 252: Era [la Escuela de Ingenieros] un tanto acalambrada y mortecina, mazacota.

II *m* **2** Masa apelmazada. | Cela *Viaje andaluz* 86: En la plazuela de Rosado, un maestro confitero cubre, con una tarlatana verde, el mazacote dulce de la carne de membrillo.

3 Construcción o mueble de aspecto pesado y tosco. | Laforet *Mujer* 139: Cerca de su casa se levantaba un mazacote de viviendas. Cancio *Bronces* 34: El cuartel general de "Pantocazos" no tiene otras armas que un par de maltrechos mazacotes con ínfulas de estantería y mostrador, unas mesas de nogal viejo .., unos bancos.

mazacotudo -da *adj* (*raro*) Amazacotado. | A. MMoreno *Méd* 3.2.89, 100: Solo ha conocido una espesura mixta de hayas, pinos y acebos, y la mole mazacotuda de la ermita de Lomos de Orio.

mazagrán *m* Refresco de café con hielo, limón, azúcar y ron u otro licor. | CBaroja *Baroja* 233: Otras veces le veía en la biblioteca escribiendo sus artículos madrileñistas o municipalistas. Durante el verano, con un vaso de "mazagrán" delante. Diosdado *Anillos* 2, 145: ¡Pase usted también y le doy un poquito de mazagrán!

mazajón *m* (*reg*) Mejillón (molusco). | Cancio *Bronces* 94: A saltar de roca en arenal en busca de lapas, muergos, mazajones, y cuanto pueda significar unas monedas para acallar .. el hambre y la sed.

mazapán *m* Pasta de almendras molidas y azúcar, cocida al horno, que gralm. se presenta en forma de figuritas. | *Ya* 23.3.75, 25: En caramelos, chicles, turrones, mazapanes y galletas se emplean 90.000 toneladas [de azúcar]. *Prospecto* 11.82: Estuche (200 g.) Mazapán "Delaviuda". **b)** Figurita de mazapán. | Medio *Bibiana* 139: Teresa trae una caja grande de mazapanes. Llamazares *Río* 24: –Y sin cobrar un duro .. –Hombre, claro. Por un mazapán.

mazapanero -ra I *adj* **1** De(l) mazapán. | * En Toledo tiene mucha importancia la industria mazapanera.

II *m y f* **2** Fabricante de mazapán. | G. Comín *Not* 10.12.70, 20: Sus ciudadanos eran unos muñequitos como aquellos del hueso dulce que en Madrid llamaban a los de los mazapaneros de Toledo.

mazar *tr* (*reg*) **1** Batir [leche o manteca]. | Carnicer *Cabrera* 89: –Además bebemos leche mazada .. –El suero que sobra de hacer la mantequilla –aclara Laureano. Lueje *Picos* 48: Invernales de Pandébano. Mazando la manteca.
2 Golpear o machacar. | Cunqueiro *Crónicas* 93: El lino, señor escribano, nació para ser mazado. *Voz* 6.11.87, 43: En el tema de la gastronomía los sabrosos platos se obtienen si el pulpo está bien "mallado", pero las nuevas técnicas culinarias desprecian el sistema de mazar el cefalópodo y se sirven de la congelación para ablandarlo.

mazarambreño -ña *adj* De Mazarambroz (Toledo). *Tb n, referido a pers.* | Je. Martín *YaTo* 2.7.81, 46: Mazarambroz .. Desde estas líneas quiero .. agradecer a los mazarambreños su asistencia.

mazarí *adj* (*hist*) [Ladrillo o baldosa] de forma cuadrada para pavimentar suelos. *Tb n m.* | Faner *Flor* 124: Los franchutes habían interrogado a Moza .. Un jayán la agarró por la melena y, aupándola, la botó sobre los cochambrosos mazaríes de la celda.

mazarico *m* (*reg*) Se da este *n* al correlimos común (*Calidris alpina*), al zarapito fino (*Nomenius tenuirostris*) y a otras especies similares. | Noval *Fauna* 115: Con el nombre general de mazaricos se conocen en Asturias un grupo de pájaros que frecuentan los estuarios de rías, playas y pedreros .. El más numeroso de todos es el Correlimos común (*Calidris alpina*). Castroviejo *Paisajes* 118: Sobre los brezos purpúreos gritan los mazaricos al ocaso su melancólica queja.

mazarrón[1] *m* Almazarrón (almagre). | AAlcalde *Hucha* 2, 143: El zaguán tenía el zócalo pintado de mazarrón.

mazarrón[2] *adj* (*hist, reg*) Que defrauda al fisco dejando de pagar el peaje u otro derecho de pasaje. | MCalero *Usos* 37: No eran mazarrones y pagaban sus cargas, las alcabalas de las transacciones, gabelas y otros impuestos, al alguacil que recaudaba para las arcas del concejo.

mazarronero -ra *adj* De Mazarrón (Murcia). *Tb n, referido a pers.* | *SLín* 15.8.75, 9: Un mero de 17 kilos capturado en Mazarrón .. Imaginamos que el "constructor" habrá hecho un monumento al mero en cuestión, una de las piezas mayores sacadas en los últimos meses en aguas mazarroneras.

mazas *adj invar* (*jerg*) Fuerte y musculoso. | K. Castellano *SPaís* 21.7.91, 34: Incluso el guardaespaldas de la puerta, un mozo muy mazas, se despide abriendo el ascensor: "¿Qué tal? ¿No es verdaderamente estupenda?".

mazazo *m* Golpe dado con un mazo o una maza. | Lera *Bochorno* 115: El muchacho, involuntariamente, asentía a sus palabras, tal como si ellas fueran mazazos sobre su cabeza. **b)** Golpe moral muy fuerte. | *Ya* 29.10.84, 3: El asesinato del reverendo Popieluszko, un mazazo para el pueblo polaco.

mazdeísmo *m* (*Rel*) Religión de los antiguos persas, que afirma la existencia de un principio del bien y otro del mal. | Fernández-Llorens *Occidente* 33: El mazdeísmo se convirtió en la religión oficial del imperio persa.

mazdeísta *adj* (*Rel*) De(l) mazdeísmo. | Tejedor *Arte* 20: El culto mazdeísta consistía en oraciones y ritos. **b)** Adepto al mazdeísmo. *Tb n.* | Vernet *Mahoma* 52: Dicen que los versículos de la "equivocación" fueron un invento posterior de los mazdeístas.

mazmorra *f* Prisión o calabozo subterráneos. | *Sol* 24.5.70, 15: "Hotel El Fuerte." Terraza con restaurante .., y durante la noche su grill instalado recientemente en el bodegón del Hotel, restos de la mazmorra del Fuerte San Luis. **b)** *Frec se emplea en constrs de sent comparativo para ponderar lo lóbrego de un lugar.* | * Esta casa es una mazmorra.

mazo *m* **1** Martillo grande, frec. de madera. | R. Casado *Nar* 6.77, 24: Lo primero que hace es eliminar las abolladuras con un mazo de madera y rematar la "boca" del caldero. **b)** *En algunas máquinas o utensilios:* Pieza que sirve para golpear. | Cela *Pirineo* 79: En la plaza de Alins duerme su último e inútil sueño un recio mazo de forja. Cuevas *Finca* 33: Una piedra redonda de molino que había servido de mazo en un batán destruido en el Salado.

2 Conjunto [de cosas] unidas formando grupo. | CSotelo *Inocente* 147: El Secretario .., con un mazo impresionante de folios en la mano, se pone en pie. Salom *Viaje* 520: Aparece el Señor Patapluf, con un mazo de globos. Delibes *Castilla* 127: He tenido gallos que entre plumas de lomo y colgaderas me han dejado más de veinte mazos. Y si cada mazo tiene doce plumas y las pelas se hacen cada tres meses, eche usted cuentas. Berenguer *Leña* 11: El puente, el mazo de chumberas a lado y lado de la colada .., cada cosa en su sitio.

mazonado -da *adj* (*Heráld*) [Figura] que representa una obra de sillería con las líneas que separan los sillares de distinto color. | GMacías *Relatos* 171: La ciudad .. luce en su escudo plateado, en cuyo centro campea un castillo mazonado, .. la más honrosa divisa. Em. Serrano *Sáb* 12.10.74, 79: Sus armas. Traen, en campo de azur, una villa de plata, mazonada de sable y aclarada de gules.

mazonería *f* (*Arquit o reg*) Obra de fábrica. *Tb fig.* | Ridruejo *Pról. Cela* 11: Los tres géneros que entran en el retablo [de la obra de Cela] son las novelas .., las estampas y relatos breves y los libros de viajes .. La mazonería del retablo podrían constituirla las notas críticas de lectura o meditación.

mazonero *m* (*reg*) Albañil. | PCarmona *Burgos* 14: Dedicamos la primera parte a la arquitectura, la cual hemos separado de la escultura, que suele estudiarse conjuntamente con aquella, como auxiliar de ella y obra frecuentemente de los mismos mazoneros. Filgueira *Ya* 9.1.83, 28: Los mazoneros de la basílica cerraban con presteza, a cal y canto, la puerta santa.

mazorca *f* Panoja de maíz. | CNavarro *Perros* 229: La decoración era de un gusto detestable, con muchas pinturas reproduciendo el mar, y adornada con ristras de mazorcas.

mazorral *adj* **1** (*lit*) Tosco o grosero. | G. Sierra *Abc* 4.3.75, 15: ¿Hay algo más pobre, torpe y mazorral que tratar de hacer política con el tape y el destape? Umbral *País* 23.6.83, 28: Lo que hay que hacer, troncos, es dar en primera la noticia de que a Sócrates lo mató el PSOE, y no dejar esa *cover story* perdida entre la prosa mazorral de un colaborador *underground*.
2 (*Impr*) [Composición] que carece de párrafos, líneas cortas o blancos. | * La composición mazorral ahuyenta al lector.

mazorralidad *f* (*raro*) Cualidad de mazorral. | Laín *Abc* 3.5.74, 36: La mazorralidad de sus dos gruesos volúmenes no es logro literario fácilmente igualable.

mazorralismo *m* (*raro*) Cualidad de mazorral. | Huarte *Diccionarios* 15: Un exceso de ahorro en elementos gráficos puede llevar al mazorralismo que ahuyente lectores.

mazudo -da *adj* (*Bot*) De (la) maza [1]. | Ybarra-Cabetas *Ciencias* 251: Se forman en los anteridios situados generalmente en el extremo de los tallos y cuya forma es globosa o mazuda. **b)** Que tiene forma de maza [1]. | Alvarado *Botánica* 44: El espádice es una espiga mazuda y carnosa con flores minúsculas.

mazueco -ca *adj* De Mazuecos (Guadalajara). *Tb n, referido a pers.* | Cela *Judíos* 195: El peregrino hablaba con cariño .. de sus días mazuecos.

mazuela *adj* [Variedad de uva] negra, que produce vinos muy ácidos, cultivada frec. en la Rioja. *Tb n f.* | PComa *SInf* 2.12.70, 16: El Reglamento .. establece las variedades de uva con que exclusivamente podrán ser elaborados los vinos de Rioja. Estas variedades serán el tempranillo, la garnacha, el graciano y la mazuel[a] para los vinos tintos, y la malvasía, la garnacha blanca y la viura, para los blancos. [*En el texto,* mazuele.]

mazuelo *m* Mazuela (uva). *A veces en aposición.* | *Abc* 25.5.75, sn: Llegará octubre y llegarán las vendimias. Entonces, las uvas "tempranillo", "garnacho" y "mazuelo" .. se acarrean a las Bodegas Barberana.

mazurca (*tb con la grafía* **mazurka**) *f* Danza de origen polaco y compás ternario, propia del s. XIX. *Tb su música.* | RIriarte *Muchacha* 333: Un organillo que tocaba todas las mañanas pasodobles, chotis y mazurcas. DCañabate *Abc* 4.2.73, 49: Que yo no entro en el Fortín de la calle del

Barco "pa" bailar el chotis y la mazurka con una penitente de Semana Santa.

mazut *m* (*Quím*) Fuel. | Bosque *Universo* 186: Quedan, además, tres residuos [de la destilación del petróleo], el coque de petróleo, las breas o alquitranes y el fuel-oil o mazut.

me → YO.

mea culpa *fórm* or Reconozco mi culpa o mi error. *Frec se sustantiva como n m.* | Laín *Universidad* 88: Nunca hasta ahora, debo confesarlo, he protestado pública y formalmente contra todo ello. Quienes me lo imputen, digan lealmente, en relación con este tema, cuál es hoy su opinión y cuál ha sido antes su proceder. Yo me limito a decir: *mea culpa*. J. DHerrera *Día* 27.4.76, 8: Don Juan Domínguez de Toro entonó el "mea culpa" y manifestó que uno de los temas por los que el Ayuntamiento se ha preocupado muy poco .. ha sido el de las "zonas verdes de equipamiento". Marsé *Montse* 217: Conforme pasan las horas todo se está violentando ..: las conferencias son cada vez más chillonas .., y las confesiones públicas más groseras y sórdidas, los mea culpa más cargados de satisfacción y vanidad.

meada *f* (*vulg*) Acción de mear. *Frec su efecto.* | Cela *SCamilo* 73: Te da miedo ir hasta el urinario, el estupor llega más tarde, después de la primera meada. CPuche *Paralelo* 380: Tía Rafaela, a ver si echamos la meadita. LPacheco *Central* 15: Varios cerdos .. se revuelven, sin dejar de gruñir, en los charcos de meadas de bueyes.

meadero *m* (*vulg*) Lugar destinado o usado para mear. | Cela *Alcarria* 51: El viajero prefirió salir al fresco aire de la noche ..; antes entró en el meadero. Cela *Pirineo* 79: En tiempos cantarina y orgullosa ferrada y hoy meadero de canes.

meadita *f* (*vulg*) **1** *dim de* MEADA.
2 Cantidad muy pequeña [de un líquido]. | Cela *Alcarria* 51: Después se la cuece con cebolla ..; cuando deja de hervir se le pone una meadita de vinagre, casi nada.

meado *m* (*vulg*) Orina. *Frec en pl.* | CPuche *Conocerás* 204: Tenía que mear, o dejar correr el meado por el pantalón caqui abajo. GPavón *Hermanas* 18: Cuánta blusa, calzón de pana, .. chorretones de meaos muleros y dientes amarillos.

meaja *f* (*hist*) Antigua moneda de vellón equivalente a medio dinero. | Sobrequés *HEspaña* 2, 81: Como monedas de menor valor .. existían en Cataluña y Aragón los óbolos y mallas (miajas), iguales a medio dinero, y en Castilla y León los dineros burgaleses de vellón (90 de los cuales constituían un maravedí de oro) y los pepiones, óbolos o meajas (mitad de un burgalés).

meandrinoso -sa *adj* (*raro*) Que tiene meandros o curvas. | Alvarado *Anatomía* 56: Generalmente la línea de sutura es meandrinosa.

meandro *m* **1** Curva de un río. *Tb fig.* | Ortega-Roig *País* 33: El río que serpentea formando meandros es el Ebro. GEspina *HLM* 26.10.70, 40: Se hunde en esos meandros dialogales de profundidad esquiva a la penetración de la sonda del pensamiento.
2 (*Arte*) Decoración de líneas sinuosas. | GNuño *Escultura* 70: Los ornamentos suelen ser de los acostumbrados meandros, espirales, volutas y divertimientos florales. GNuño *Escultura* 66: Un profuso y amplio elenco de formas en las que predominan la estrella, la roseta, el meandro.

meandroso -sa *adj* (*raro*) Que tiene curvas o meandros. *Tb fig.* | GHortelano *Momento* 32: Así se cimentaba ya una consideración en torno a mis asuntos privados .., para desembocar ambos, por un estuario meandroso de gritos, en la depresión.

meano *adj* (*Taur*) [Toro] que tiene blanca la piel que cubre el bálano, siendo más oscuro el vientre. | PLuis *HLM* 26.10.70, 36: Era su primero, bizco y meano, un buen toro.

meapilas *adj* (*col, desp*) [Pers.] que frecuenta la iglesia y los actos de piedad externa y cuya mentalidad se atiene estrictamente a la moral religiosa tradicional. *Frec n.* | Cela *SCamilo* 312: Leopoldo es medio meapilas y tampoco tiene buenas inclinaciones. Delibes *Guerras* 161: De don Alfaro no se fiaba, que ella, la Candi, digo, decía de él que era un meapilas. **b)** (*raro*) Propio de la pers. meapilas. | ZVicente *Mesa* 109: Habrá que usar como abono o como mecha la literatura meapilas. GBiedma *Retrato* 78: Dio una tarde con una de esas revistillas meapilas por el estilo de *Todos Misioneros*.

mear (*vulg*) **A** *intr* ➤ **a** *normal* **1** Orinar (expeler la orina). | CPuche *Paralelo* 386: Genaro y Miguelín no eran más que las espaldas de dos hombres que mean arrimados a la pared. Medio *Bibiana* 192: Yo cuido al perro. Yo le saco a mear para que no te ensucie la casa. **b) ser de** (*o* **para**) ~ **y no echar gota**, ~ **fuera del tiesto** → GOTA[1], TIESTO[1].
➤ **b** *pr* **2** Expeler la orina involuntariamente. *Frec con un compl* EN *o con el adv* ENCIMA. | GBiedma *Retrato* 140: Tanto nos inculcaron que está mal mearse en la cama, de pequeños, que el acto nos produce instintivamente una sensación de involuntariedad: estamos meando, pero es como si nos estuviéramos meando. AMillán *Damas* 80: –¡Qué problema! No he hecho pis .. –Pues ahora te aguantas .. –Es que me meo. –¡Te aguantas! Y sé más fina, coño.
3 Expeler la orina voluntariamente. *Gralm con un compl* EN *o con el adv* ENCIMA. | Lera *Boda* 618: Nada más aparecer en cualquier pueblo de alrededor, nos mojarán la oreja y hasta se nos mearán encima.
4 Morirse [de risa]. *Tb sin compl. Tb en constrs de sent comparativo.* | Alós *Hogueras* 76: Con lo que ella ha pasado en su vida, y ahora ponerse a temblar por eso. Como una cría. Es para mearse de risa. Quiñones *Viento* 234: Lo salao que era El Friti, de mearse, y la de chistes que sabía ese hombre. Goytisolo *Recuento* 276: Bueno, era como para mearse .., me parece que nunca he llegado a reírme tanto.
B *tr* **5** Orinar (expeler por la uretra). | Cela *Alcarria* 51: Nunca es desperdicio mear el sobrante. **b) ~ agua bendita** → AGUA.
6 Orinar u orinarse [sobre alguien o algo (*cd*)]. | Aldecoa *Gran Sol* 103: Échate en la litera de Manolo, pero no se la mees.
7 ¿no te mea? ¿No te fastidia? *Frec con entonación exclamativa.* | Sastre *Taberna* 120: –Pero venir a la taberna, eso sí, ¿verdad? Venirse a la taberna, eso sí vale. –¡Como si a usted no le gustara, no te mea¡ Me hace gracia mi padre.

meato *m* **1** (*Anat*) Conducto, u orificio de un conducto. | Bustinza-Mascaró *Ciencias* 90: Fosas nasales. Cornetes, meatos y ramificaciones del nervio olfativo. C. INavarro *SYa* 27.3.77, 14: Uretritis que se inicia con una emisión acuosa mínima, clara, filante en el meato uretral.
2 (*Bot*) Espacio intercelular del parénquima. | Navarro *Biología* 102: Si dejan entre ellos espacios intercelulares o meatos, reciben el nombre de parénquimas lagunares.

meca[1] (*con mayúscula en acep 2 y a veces en acep 1*) *f* **1** Lugar que es el centro principal [de una actividad], o que atrae [a los que la practican (*compl de posesión*)]. | *Mun* 23.5.70, 40: Wall Street, la meca del capitalismo, comparte las ideas pacifistas de los melenudos "hippies". GAmat *Conciertos* 52: El país británico se había convertido en la Meca de los músicos.
2 de la Ceca a la ~ → CECA[1].

meca[2] *f* (*reg*) Piedrecita que se usa para jugar. *Frec en pl, designando el juego.* | MGaite *Cuarto* 109: Jugábamos a tantas cosas en aquella plaza, a los dubles, al pati, a las mecas.

mecá *interj* (*col*) Mecachis [2]. | Lera *Boda* 618: –Nada más aparecer en cualquier pueblo de alrededor, nos mojarán la oreja y hasta se nos mearán encima. –¡Así es, mecá! Medio *Andrés* 83: ¡Mecá!... Como sea cierto... ¡Mecá!...

mecachis (*col*) **I** *fórm or* **1 ~ en** + *sust. euf por* ME CAGO EN + *sust.* | ZVicente *Traque* 56: Con las ilusiones que él se traía a cuestas, mecachis en la mar. Aristófanes *Sáb* 17.3.76, 52: Mecachis en diela, que las revistas de tías en pelota picada lo están pasando mal últimamente.
II *interj* **2** Expresa disgusto o sorpresa. | Delibes *Parábola* 61: Tiró de bloc y bolígrafo y "nombres, nombres" .., quiénes eran los que decían que sumaban señoritas en camisón, mecachis, que no sabía decir otra cosa.

mecánicamente *adv* **1** De manera mecánica [2 y 3]. | Huarte *Tipografía* 28: La composición no ha sido hecha a mano con tipo móvil, sino mecánicamente. Olmo *Golfos* 106: El cobrador, mecánicamente, repitió la insulsa y rutinaria operación.

mecanicismo – mecanografiar

2 En el aspecto mecánico [2]. | *GTelefónica* N. 688: Juan García Mozo .. Fabricación de maquinaria y herramental especial y todos cuantos elementos le ayuden a mejorar mecánicamente su industria.

mecanicismo *m* (*Filos*) Doctrina o actitud según la cual cualquier fenómeno puede explicarse por las leyes mecánicas [1]. | GÁlvarez *Filosofía* 1, 62: Los átomos se mueven por su propia naturaleza. Esta doctrina constituye el mecanicismo. Rábade-Benavente *Filosofía* 38: Parece que deba exigirse a la conducta que "exprese" de algún modo un "psiquismo". De lo contrario entraríamos en un burdo mecanicismo, es decir, en concebir a los seres vivos .. como puras máquinas que realizan actos automáticos de adaptación al medio.

mecanicista *adj* (*Filos*) De(l) mecanicismo. | Pinillos *Mente* 74: Lo que la ciencia actual encuentra cada vez más en el comportamiento del hombre es un fondo de espontaneidad que difícilmente puede ser explicable en términos mecanicistas. **b)** Adepto al mecanicismo. *Tb n*. | Gambra *Filosofía* 154: Las causas finales son negadas por los filósofos mecanicistas.

mecánico -ca I *adj* **1** De (la) mecánica [8]. | * Las leyes mecánicas. **b)** De(l) movimiento y sus efectos físicos. | Marcos-Martínez *Física* 38: La energía cinética y la potencial son dos formas o manifestaciones de la llamada energía mecánica. Ybarra-Cabetas *Ciencias* 80: Se forman así rocas que por originarse en virtud de un proceso mecánico de destrucción se llaman de origen mecánico.

2 De (las) máquinas. | Ortega-Roig *País* 111: Las industrias mecánicas utilizan el hierro y el acero que se obtienen en los altos hornos para fabricar máquinas, herramientas y utensilios de toda clase. *Abc Extra* 12.62, 56: Dibujo mecánico, Lineal y Geométrico. **b)** Que se hace con máquina(s). | A. Marazuela *Nar* 6.77, 3: Del folklore popular musical auténtico queda poquísimo .. Empezó a perderse por la llegada de la música mecánica. **c)** Que funciona mediante una máquina. | *GTelefónica* N. 415: DServitja. Auto-escaleras mecánicas. **d)** De motores de vehículos automóviles. | *GTelefónica* N. 691: Talleres Isabelo Hnos. Talleres mecánicos y chapa de automóviles.

3 Automático o no reflexivo. | Medio *Bibiana* 78: Todo mecánico, bien aprendido de memoria, dicho con la entonación precisa.

4 (*Med*) [Asfixia] causada por obstrucción interna o externa de las vías respiratorias. | *Abc* 19.11.72, 40: Cuando dio a luz a la criatura, una niña, que nació normalmente, hizo que muriera por sofocación, que le produjo asfixia mecánica.

5 (*hist*) [Trabajador o trabajo] manual. *Tb n, referido a pers.* | Mercader-DOrtiz *HEspaña* 4, 96: Algunas de estas corporaciones [plateros, pintores, impresores, etc.] .. se esforzaron en probar que su profesión no era vil ni mecánica, porque apenas empleaban las manos, siendo su principal mérito de orden intelectual o artístico.

II *n* **A** *m y f* **6** Pers. que se dedica a la reparación o mantenimiento de máquinas, y a veces también a su fabricación o manejo. | Laiglesia *Tachado* 69: Objetó Su Alteza, sintiendo un escalofrío al imaginar los casinos burlones invadidos por un enjambre de torneros, mecánicos y albañiles. Olmo *Golfos* 43: –¿Sabes qué haré cuando sea mecánico? –Sí, sí lo sé. –¿Qué? –Te harás un auto. **b)** Chófer particular. | *Cam* 17.5.76, 8: Solo su chófer de confianza –Eleuterio Tello, que es su mecánico desde hace más de veinte años– sabía que habría de estar en la puerta de su despacho a la siete menos cuarto de la tarde.

7 ~ **dentista.** Pers. especializada en la fabricación de prótesis dentales. *Tb, simplemente, ~.* | *GTelefónica* 83 2, 159: Mecánicos dentistas.

B *f* **8** Ciencia que estudia la acción de las fuerzas sobre los cuerpos y los movimientos que producen. | Gambra *Filosofía* 74: Es el llamado espacio absoluto, noción que sirvió de base a la mecánica clásica. Mingarro *Física* 34: La Dinámica comprende casi toda la Mecánica: desde este punto de vista la Estática es solo un caso particular de la Dinámica: aquel en el cual la fuerza actuante es nula.

9 Técnica de la construcción y funcionamiento de las máquinas. | *GTelefónica* N. 691: Talleres Marco. Mecánica en general. Trabajos en serie de torno y fresa.

10 Conjunto de piezas destinado a producir, transmitir o transformar un movimiento. *Tb su funcionamiento. Tb fig.* | *Bal* 21.3.70, 33: De lo que es capaz un 600. Usted conoce ya .. que su mecánica no tiene complicaciones y que su manejo es sencillísimo. Alfonso *España* 122: En el siglo XIX, la mecánica implacable del capitalismo liberal termina provocando el socialismo.

mecanismo *m* **1** Conjunto de piezas u órganos que producen o transforman un movimiento. | *Mad* 8.1.70, 1: Una batería para accionar el mecanismo de apertura de la puerta.

2 Modo de producirse [una actividad, una función o un fenómeno (*compl de posesión*)]. | *Puericultura* 53: Tuberculosis .. Mecanismo de contagio. FQuintana-Velarde *Política* 28: Las decisiones económicas básicas pueden adoptarse en toda sociedad por cualquiera de estos tres métodos: la costumbre, la autoridad, el mercado .. En lo que ha dado en llamarse el mundo occidental, el mecanismo del mercado es el dominante.

mecanizable *adj* Que se puede mecanizar. | Tamames *Economía* 64: En las zonas de secano mecanizable de la meseta Norte la unidad mínima de cultivo debería situarse en las 175 hectáreas.

mecanización *f* Acción de mecanizar(se). | Ortega-Roig *País* 104: Nuestra agricultura plantea los serios problemas de la falta de regadíos y abonos, la pobre mecanización del campo.

mecanizado[1] -da *adj* **1** *part* → MECANIZAR.

2 (*Mil*) Que dispone de vehículos oruga acorazados. | *DBu* 26.5.64, 7: Tras solicitar permiso de Su Excelencia, el capitán general de la primera región abandonó la tribuna y se puso al frente de la agrupación de unidades mecanizadas, acorazadas y blindadas.

mecanizado[2] *m* (*Metal*) Operación mediante la cual se labra una pieza quitándole material. | *GTelefónica* N. 15: Sandvik Española, S.A. Aceros suecos .. Barras Perf para mecanizado. *BOE* 2.6.69, 8579: La firma "Industrias Subsidiarias de Aviación, S.A.", ha solicitado el régimen de admisión temporal para la importación de piezas en bruto de estampación y complementarias para su mecanizado y posterior reexportación como piezas para cajas de cambio de automóviles.

mecanizar *tr* **1** Dotar de máquinas [al campo, a la industria o al ejército (*cd*)]. | Ortega-Roig *País* 105: De los 11 millones de personas activas .. casi la mitad eran campesinos. Esto demuestra que el campo español está poco mecanizado. *RegO* 21.7.64, 13: El mejor y más honrado consejo que se le puede dar a todo labrador que quiera prosperar es que compre tractor, .. mecanice sus fincas y realice todas las labores con el mismo.

2 Dar carácter mecánico [2 y 3] [a algo (*cd*)]. | Grosso *Invitados* 112: Taller de reparaciones de todo tipo de vehículos agrícolas que mecanizan el ciclo completo de las labores. Espinosa *Escuela* 42: Descubrió los conceptos polares y la posibilidad de mecanizar el discurso. **b)** *pr* Pasar a tener [algo] carácter mecánico. | Gambra *Filosofía* 205: El hábito en general .. se forma de movimientos voluntarios en su origen, que con su repetición se mecanizan, haciéndose más fáciles, ágiles y eficaces, a la vez que menos conscientes.

mecano (*alguna vez con la grafía* **meccano**; *n comercial registrado*) *m* Juego de construcción, gralm. de piezas metálicas. | *Abc Extra* 12.62, 49: ¿Cómo no nos dábamos cuenta que no había cristales rotos por los que hubiera pasado el balón de reglamento, el mecano, el caballo con balancín? P. Narvión *Pue* 16.12.70, 2: A sus hermanos les traen los Reyes .. los laboratorios del "pequeño químico" o el "meccano" del futuro arquitecto.

mecanografía *f* Técnica de escribir a máquina. | *Reg* 22.11.66, 5: Enseñanza de Mecanografía al tacto.

mecanografiado *m* Acción de mecanografiar. | *Ya* 13.1.81, 59: Mecanografiado eléctrico.

mecanografiar (*conjug* **1c**) *tr* Escribir [algo] a máquina. *Frec en part.* | Huarte *Tipografía* 13: Habrá que temer un aumento de erratas en la composición, dado que normalmente se cometen aun trabajando sobre originales mecanografiados. MMolina *Jinete* 250: Tenía una máquina de escribir donde mecanografiaba con lentitud y paciencia recuerdos de su vida.

mecanográfico -ca *adj* De (la) mecanografía. | J. Ramos *Act* 22.3.73, 33: Lo mismo ocurre con los cabellos, la escritura mecanográfica, las falsificaciones, etcétera. *ASeg* 14.11.62, 2: Preparación de calculadores mecanográficos al servicio de Concentración Parcelaria.

mecanógrafo -fa *m y f* Especialista en mecanografía. | Olmo *Golfos* 165: Era rara la vez que sonreía ante alguna mecanógrafa. MMolina *Jinete* 250: Alcanzó el puesto de cabo mecanógrafo.

mecanorreceptor *m* (*Fisiol*) Receptor sensorial de los estímulos mecánicos, como el tacto o la presión. | E. Sanz *ByN* 5.9.93, 91: Hacen de la piel en su conjunto un órgano sensorial más: percepción de estímulos térmicos y mecanorreceptores para las sensaciones de tacto y presión.

mecanoterapia *f* (*Med*) Tratamiento de las enfermedades mediante aparatos que someten al cuerpo a un movimiento activo o pasivo. | *Abc* 4.2.75, 37: Venga a buscar su salud al Balneario de Archena .. Mecanoterapia: Servicio de rehabilitación funcional y adelgazamiento de partes concretas del cuerpo con los más eficaces aparatos científicos.

mecanotubo *m* Tubo metálico dispuesto en piezas que se atornillan para formar diversas construcciones. | *Van* 17.4.73, 74: Estucado de fachadas, torres, escaleras, etc., con mis andamios de mecanotubo.

meccano → MECANO.

mecedor *m* **1** Instrumento para mecer [2]. | G. GHontoria *Nar* 6.77, 32: Para las secciones de Trabajos agrícolas se ha adquirido .. Palo para remover el vino, llamado "calcón", de Villadecanes (León), y otro llamado "mecedor" de vino, para removerlo cuando aún está este con la madre, de Chozas de Canales (Toledo).
2 (*raro*) Columpio. | *Abc Extra* 12.62, 25: En la provincia de Granada esas canciones las llamaron "bambas", nombre, con el de "mecedores", que terminó por aplicársele al columpio.
3 (*raro*) Mecedora. | Berenguer *Leña* 35: La voz morada de Simona, en el mecedor de mimbre, adormilada siempre y sin dormir.

mecedora *f* Silla con brazos apropiada para mecerse [1]. | CNavarro *Perros* 104: Montse miraba la mecedora donde la abuela solía pasar la mayor parte del día.

mecenas *m y f* Pers. rica o poderosa que ayuda económicamente a uno o más artistas o intelectuales. | ZVicente *Traque* 254: Me daban diez, quince o veinte céntimos para que echara sólidos fundamentos a mi biblioteca. Eran gente rumbosa, preocupada, verdaderos mecenas. Lera *Abc* 22.10.70, sn: Los editores que convocan estos concursos no son mecenas puros.

mecenazgo *m* Condición de mecenas o actuación propia de un mecenas. | *Tri* 7.2.70, 44: La vizcondesa de Noailles ejerció en nuestro tiempo la antigua función del mecenazgo.

mecénico -ca *adj* (*raro*) Que tiene carácter de mecenas. | Iparaguirre-Dávila *Tapices* 78: La Corte hacía tiempo que había dejado de ser mecénica para las bellas artes.

mecenismo *m* (*raro*) Mecenazgo. | Borrás *SAbc* 15.5.58, 55: Lázaro Galdiano es la figura señera del mecenismo.

mecer *tr* **1** Mover [algo o a alguien] acompasadamente y con movimiento de vaivén. *Tb fig.* | Halcón *Manuela* 35: Tenía apretada la criatura contra el pecho, meciéndole para cortarle el llanto. Salvador *Haragán* 59: Mi padre, cerrados los ojos, mecido por los sones que arrancan de sus instrumentos aquellos aficionados, continúa. **b)** *pr* Moverse [alguien o algo] acompasadamente y con movimiento de vaivén. | Halcón *Manuela* 70: Mira cómo se mecen los trigos. Y mira los maizales.
2 Agitar [un líquido]. | R. Rubio *Abc* 18.12.70, 23: El mosto había que mecerlo; es decir, remover la "brisa" o "madre".

mecetas *f pl* (*reg*) Fiestas patronales. | J. Pernaut *Pen* 20.8.74, 14: No podemos olvidarnos de las mecetas de esos jóvenes organizadores .. que año tras año, edición tras edición, hacen posible esa semana importante en el calendario tafallés y navarro.

mecha¹ **I** *f* **1** Cordón o conjunto de hilos que, impregnados de una sustancia combustible, se destinan a arder. | Moreno *Galería* 173: Los quinqués y lámparas .., preparados con depósito, llave para la mecha, .. resultan curiosos utensilios. GPavón *Hermanas* 18: Cuánta blusa, calzón de pana, .. chisqueros de mecha .. y dientes amarillos.
2 Cordón combustible que sirve para dar fuego a una carga explosiva. *Tb fig.* | GClares *Ava* 7.12.68, 21: Un alumno de tercer curso de Políticas es expulsado de la Facultad, al grito de "¡Fuera Policía de la Universidad!", coreado por unos trescientos jóvenes. La mecha está prendida.
3 Tira de gasa o de tela que se introduce en una herida o fístula para facilitar la salida de humores o evitar la cicatrización prematura. | * Le han puesto una mecha en la herida.
4 Mechón. | CBonald *Ágata* 230: Le caían las mechas del pelo trigueño a un lado. **b)** Mechón de cabello teñido de distinto color que el resto. *Gralm en pl. Tb el mismo tinte.* | Berlanga *Pólvora* 24: Chon siguió tomando apuntes, y el Rácano intuyó de reojo que llevaba mechas. Mora *Sem* 26.4.75, 77: El mismo color del cabello, sea natural (que raramente lo es) o sea el adquirido por tintes, decoloraciones, mechas, etcétera, .. es una línea en la que se combinará el peinado, su corte .., etc.
5 (*col*) Tema o materia de que hablar. *En constrs como* HABER, TENER *o* QUEDAR ~. | CPuche *Paralelo* 166: Pues a lo que íbamos, que todavía queda mecha .., "... el pueblo americano...".
6 (*Mar*) Espiga con que se encajan algunas piezas. | M. FMiranda *His* 8.77, 51: Los tablones que forman la base del casco [del navío] van unidos mediante mechas de madera que se afianzan con clavijas, también de madera, y se disponen escalonadamente.
II *loc v* **7 aguantar ~.** (*col*) Sufrir resignadamente una situación penosa o desagradable. | Lera *Trampa* 1006: No habrá tenido más remedio que aguantar mecha, porque, si no, ya estaría aquí hace tiempo. J. Carabias *Ya* 24.5.72, 8: Lo que hacía era un viento siberiano. Contra eso hay forma de luchar en diciembre. Pero en mayo no queda más remedio que aguantar mecha y luego ponerse antibióticos.
III *loc adv* **8 a toda ~.** (*col*) A toda prisa o a toda velocidad. | Chamorro *Sin raíces* 52: Los muchachos formaron en dos filas paralelas simulando un callejón .. –¡Sal a toa mecha!
9 a toda ~. (*col*) Con la máxima potencia. | Sopeña *Inf* 22.11.76, 20: En la obra de Patino se nos presenta esa "constante" de ruido que el español necesita para huir de su intimidad .., era la radio a toda mecha y el cruce en los patios estrechos del cantar de las criadas.

mecha² *f* (*jerg*) Procedimiento de hurto que consiste en llevarse objetos de las tiendas ocultándolos entre las ropas o en los bolsos. | *Bal* 4.3.70, 4: Enrique Pérez .. se había dedicado a su especialidad: la "mecha" en establecimientos de licores.

mechado *m* (*Coc*) Guiso de carne mechada [1]. | *PaísE* 11.3.90, 46: Para mechados en salsa: redondo, contra y tapa, todo en una pieza.

mechar *tr* **1** Introducir tiras de jamón o tocino [en una carne (*cd*) que se va a cocinar]. | *Cocina* 465: Se limpia y se mecha el solomillo.
2 Entreverar o entremezclar [una cosa con otra (*compl* DE)]. | Delibes *Madera* 350: Había escrito una carta a Malena Abad mechada de adjetivos rutilantes.

mechero¹ *m* **1** Encendedor (aparato que sirve para encender llama). | CNavarro *Perros* 94: Fidel quiso fumar y sacó el mechero.
2 Utensilio provisto gralm. de mecha¹ [1] y utilizado para producir luz o calor. | Kurtz *Lado* 67: Lucía Roura vivía .. en una de esas casas .. sin ascensor, con descansillos en los rellanos .. y algún que otro mechero de gas inutilizado. Laín *Descargo* 87: En torno a los mecheros de Bunsen de aquellos pobres laboratorios de Farmacia y Ciencias nos enamoramos.
3 *En determinados aparatos:* Boquilla que da salida al combustible y en la cual se produce la llama. | *SInf* 4.7.70, 21: El propano está adquiriendo cada vez mayor importancia en la industria de la cerámica, merced también a la ausencia de azufre y a su llama limpia. La obstrucción de los me-

mechero – medersa

cheros es prácticamente imposible. *BOE* 3.12.75, 25183: La antorcha deberá tener estabilidad y anclaje suficiente para no constituir peligro. En su base deberá tener un depósito de purga con cierre hidráulico para evitar arrastres de líquidos y retornos de llama, y en su extremo superior un mechero piloto de funcionamiento continuo.

mechero² **-ra** *m y f (jerg)* Ladrón de tiendas por el procedimiento de la mecha². | *Nue* 31.1.70, 3: La Policía ha detenido a dos "mecheros" y dos "descuideros" que se apropiaron de artículos valorados en más de medio millón de pesetas. ZVicente *Traque* 281: Siempre temo que me tomen por una ladronzuela, por una mechera, como dice Clotilde, que es la que me lee el periódico.

mechinal *m* **1** Agujero que se deja en un muro para empotrar los travesaños del andamio. | Halcón *Monólogo* 70: Los pájaros dándose el pico y cantando que se las pelan en las ramas, en las vigas, en los mechinales.
2 Habitación muy pequeña. | Torrente *Saga* 301: Hallaba [el patrón] más equitativo que siguiera ocupando el mismo mechinal, tan cerca, por otra parte, de las estrellas, y comiendo la misma bazofia.

mechón *m* Conjunto de cabellos o pelos que se distingue del resto por su posición, forma o color. | R. Nieto *Gac* 1.6.63, 54: Él no cesa de agitarse en la butaca, de remolinear con los brazos y de echarse hacia atrás los testarudos mechones de pelo. Dossan *SLan* 7.1.79, 4: Este tipo de sarna produce unos picores muy intensos, lo que obliga a la oveja a rascarse contra los rastrillos, en las cercas, en las paredes .. Cuando se lleva a cabo una observación de los mechones, se ve lo que se denomina "sarpullido de la sarna".

mecida *f* Acción de mecer(se). | Lagos *Vida* 48: Aquella mecida, más fuerte que las anteriores, volteó la mecedora. Grosso *Capirote* 175: –¡Que la carga más fácil será para ellos –señaló a los [costaleros] veteranos– yo soy el primero en reconocerlo! .. Pero ellos son los que saben del volteo y de la mecida.

meco -ca *adj (reg)* Que carece de vello púbico. | Cela *Viaje andaluz* 168: El vagabundo, en Almodóvar del Río .., almuerza de lo que le dan .. por recitar un romance que compuso, hace ya tiempo, en loor de una mocita meca (sin pelo donde lo debe haber) a la que el viento impúdico delató.

meconio *m* Primer excremento de los niños recién nacidos. | *Puericultura* 9: Tiene [el calostro] un efecto laxante que facilita la expulsión del meconio.

meda *f (reg)* Hacina o montón de forma cónica, de mies, paja o hierba. | MCalero *Usos* 46: Al no poder echar en la era el bálago, no tenían más remedio que hacer un montón con él a la vera, y se decía meda o hacina.

medalla I *f* **1** Pieza de metal con una imagen sagrada, que se lleva colgada por devoción. | CNavarro *Perros* 99: Los trabajadores llevaban camisa abierta hasta la cintura y al través se veía el pecho sudoroso, el vello y la sombra minúscula de las medallas. CNavarro *Perros* 134: El viejo cerró el breviario y sacó un rosario lleno de medallas.
2 Pieza de metal, gralm. redonda, con una imagen o inscripción, que constituye un premio, una distinción honorífica o el distintivo de una corporación. *Tb el premio o la distinción*. | GNuño *Arte s. XX* 340: Ese año tuvo lugar la primera Exposición Nacional de Bellas Artes posterior a la guerra .. No se concedió medalla de honor, y las primeras de pintura fueron obtenidas por Julia Minguillón, Francisco Núñez Losada y José Suárez Peregrín. *Cero Cod* 17.5.64, 2: Concediendo a don Remigio GarcíLópez Barruste la medalla de 2ª clase con floripondio multicolor de la Orden de la Circulación Urbana. SCantón *Guillén* 51: En las Academias .., al correr del tiempo, cada medalla campea sobre pechos de muy diverso temperamento.
3 Pieza de metal acuñada en honor de un personaje o como recuerdo de un acontecimiento. | Camón *LGaldiano* 280: El medallista .., cuya concepción .. hace que sus medallas en gran formato tengan a veces apariencia escultórica, es Hans Reinhart. A. GSantos *Ya* 4.1.83, 16: Federico ha sido también el autor del diseño de la medalla en bronce conmemorativa de la visita de Su Santidad el Papa Juan Pablo II a Segovia.
II *loc v* **4 ponerse** (o **colgarse**) **~s**. Atribuirse méritos. | VMontalbán *Delantero* 43: Todos me comentan: qué suerte tiene tu jefe al contar con un ayudante como tú. Y no me pongo medallas, pero es verdad que he aprendido mucho a su lado. VMontalbán *Pianista* 188: No quiero colgarme medallas, pero la acción que emprendimos "los Seis" .. y especialmente la gran estatura cultural de Satie .. ayudaron mucho a crear un nuevo clima.

medallar *tr* Premiar o condecorar [a alguien] con una medalla [2]. | SCantón *Guillén* 51: Hijo del notable pintor D. Heliodoro Guillén –discípulo de Plasencia, compañero en Roma de los más famosos de su tiempo, y medallado en exposiciones–.

medallería *f* Conjunto o colección de medallas, *esp* [3]. | *Lugo* 56: Las salas son amplias, bien iluminadas; pintura y escultura, antiguas; sala de retratos; medallería.

medallero *m* **1** Colección de medallas [3]. | *Van* 29.3.74, 53: Una serie más, la numismática, se verá facilitada por los numerosos repertorios ya establecidos y los ricos monetarios y medalleros existentes en colecciones barcelonesas.
2 (*Dep*) Conjunto de medallas [2] conseguidas. | *Abc* 28.8.75, 39: Medallero: Francia: 13 de oro, 11 de plata y seis de bronce. Italia: 8-9-11.

medallista *m y f* **1** Fabricante o grabador de medallas. | Camón *LGaldiano* 280: El medallista más original de esta primera mitad del siglo XVI, cuya concepción, de un fastuoso gótico naturalista de la mayor opulencia, hace que sus medallas en gran formato tengan a veces apariencia escultórica, es Hans Reinhart.
2 (*Dep*) Deportista que ha ganado una medalla [2]. | M. Carmona *Ya* 3.2.88, 33: A última hora, el medallista mundial Juan Fernández, del Zahor, enfermo, fue sustituido por José María Palacín.

medallístico -ca I *adj* **1** De (las) medallas, *esp* [3]. | *Alc* 31.10.62, 12: El objeto de esta sociedad es fomentar el arte medallístico español y la difusión e incremento de la medalla nacional en cualquiera de sus aspectos.
II *f* **2** Ciencia que trata del estudio de las medallas [3]. | Vicenti *Peseta* 99: Series conmemorativas y "proof" .. 1958: Acuñación conmemorativa de la I Exposición Iberoamericana de Numismática y Medallística.

medallón *m* **1** Medalla grande. | N. Figueroa *Abc* 30.5.71, 15: Los camareros .. visten muy a la moda: pantalones de ante o de pana, de colores preciosos; camisas de flores y dibujos, botas, medallones, collares.
2 Joya en forma de cajita en cuyo interior se guardan retratos, rizos u otros recuerdos. | * Siempre llevaba un medallón con nuestros retratos.
3 Motivo decorativo oval o circular, que gralm. encierra una pintura o un relieve, usado en arquitectura y en diseño textil. | GNuño *Madrid* 18: Queda el arco con medallones, un buen friso plateresco y la ventana con pináculos y frontón triangular. Penélope *Ya* 15.4.64, 10: Hay un conjunto rosa .., realizado en una sensacional seda brochada con medallones en relieve.
4 Pintura, dibujo o relieve de forma circular u oval. | CSotelo *Poder* 226: Me han mandado algunos medallones de la princesa Andreína .. Lo grave en estos asuntos es el cotejo, cuando llega la hora de comparar los ojos del medallón con los de la princesa y el cutis del esmalte con el verdadero.
5 (*Coc*) Filete redondo u ovalado. | MFVelasco *Peña* 26: Dudaba yo si .. echarle también .. la fiambrera con unos medallones de redondo mechado que llevaba. E. PHervada *SVoz* 8.11.70, 16: Medallones de solomillo de ternera al whisky.

medal-play (*ing; pronunc corriente,* /medal-pléi/; *tb con la grafía* **medal play**) *adj invar* (*Golf*) [Modalidad] en que el tanteo se basa en el número total de golpes dados. *Tb n m. Se opone a* MATCH-PLAY. | *Abc* 4.10.70, 69: El Torneo se jugará sobre 36 hoyos, modalidad "medal-play", señoras y caballeros. *Abc* 19.10.91, 94: Que hay que entender el "match-play" como una especialidad distinta a esa otra del "medal-play" en la que hubieran terminado por delante de los ayer clasificados.

médano *m* Duna. | Torrente *Sombras* 241: Atravesó otra vez médanos y lagunas, páramos y sembrados.

medersa *f* (*hist*) Madraza² (escuela musulmana de estudios superiores). | Angulo *Arte* 1, 454: Muy favorecidas [las medersas] por califas y emires, ya desde el siglo XI son lugar preferido para construir sus mausoleos. A medida que

media – mediano

el tiempo avanza, estos mausoleos adquieren desarrollo y lujo tales que terminan por empequeñecer la medersa misma.

media[1] → MEDIO.

media[2] *m pl* Medios de comunicación de masas. | Aranguren *Ética y polít.* 64: Estos *media* no son más que eso, "medios". Torres *Ceguera* 30: Quiero borrar esa imagen de ogro que a diario generan de mí los media.

mediación *f* Acción de mediar [3, 4 y 5]. | SLuis *Doctrina* 42: La Mediación universal de María no es dogma de fe. *Economía* 257: Aquellos alimentos se buscan de tal modo que por su composición no lesionen los órganos alterados con los productos de desecho, que, al ser eliminados, como en el caso del riñón, por su mediación pudieran irritarlo o forzarlo en su función.

mediador -ra I *adj* **1** Que media [3, 4 y 5]. *Tb n*, *referido a pers.* | Salvador *Haragán* 29: Soy un poder mediador y esos poderes no dan la razón a nadie. J. Benito *Mar* 24.1.68, 1: Un mediador en traspasos futbolísticos había ofrecido al Atlético de Bilbao diez millones por su guardameta internacional Iríbar. **2** De (la) mediación. | A. Zúñiga *Van* 4.11.62, 13: La Unión Soviética cumple con su promesa de desmantelar las bases .. aceptando el papel mediador de la Cruz Roja.
II *m* **3** (*Quím*) Sustancia que actúa como intermediaria en determinadas funciones. | F. J. FTascón *Ya* 30.6.74, 25: El intento de comprender no solo la acción de los mediadores humorales de la inmunidad y la inflamación, .. sino a esas células linfocitarias timodependientes.

mediados *m pl* Período central [de una unidad de tiempo no inferior a la semana]. *Gralm en la constr* A ~. | VParga *Santiago* 9: El monasterio .. era, a mediados del siglo X, un brillante foco de cultura. *Agenda CM* 54: Desde este momento hasta mediados de verano sembraremos en semillero, entre las plantas de flor, tagetes, aquilegias, prímulas.

mediafuente (*tb con la grafía* **media fuente**; *pl normal*, ~s *o* MEDIAS FUENTES) *f* (*reg*) Fuente (recipiente para el servicio de mesa). | J. Carabias *Ya* 24.12.74, 8: Otro tanto ocurre con las mediafuentes, salseras, soperas y demás objetos. Escobar *Itinerarios* 34: Acabo de echarme al coleto una media fuente de magro con níscalos. Moreno *Galería* 219: Ya estaban oliendo a gloria .. los torreznos de entrealma, frescos y crujientes, en las medias-fuentes de porcelana.

medial *adj* **1** De(l) medio. | Albalá *Periodismo* 63: La relación sujeto-objeto solo es posible gracias al vínculo medial del signo. **b)** Que se halla en el medio. | Tejedor *Arte* 81: Ventana geminada o partida en dos por una columna medial. LEstrada *Lit. medieval* 395: La parte medial [de la canción de amor] es casi siempre otra redondilla, con rimas diferentes de las usadas en la parte inicial. **c)** [Letra] que se halla en el interior de una palabra. | Huarte *Diccionarios* 33: Quien ha de consultar diccionario o enciclopedia en lengua extranjera debe ir prevenido contra las asechanzas de la ortografía, y no dejar de buscar, por ejemplo, bajo *K*, *Z*, *Ph*, *Ch*, *Y*, lo que tendería a esperar en la *C*, *F*, *Q* o *I*, y no solo iniciales sino también mediales.
2 (*Gram*) [Voz] media (→ MEDIO). *Tb n f*. | Alcina-Blecua *Gramática* 912: El sujeto de la medial es mínimamente un sujeto activo, se presenta como el sujeto en el que la idea verbal ocurre sin intervención de la voluntad, como un proceso que se realiza u ocurre en él.

mediana → MEDIANO.

medianamente *adv* De manera mediana (→ MEDIANO [1]), esp. en calidad o intensidad. | Medio *Bibiana* 208: En estos bares de barrio las cosas funcionan medianamente. Cuando no se olvidan de uno se olvidan de otro. DPlaja *El español* 151: Si una pareja llega al cine y al lado del asiento que ella iba a ocupar está sentado un hombre medianamente joven, el novio tomará ese lugar. CSotelo *Muchachita* 267: –¿Cómo andamos de personal auxiliar? –Medianamente.

medianería *f* **1** Pared o división común a dos edificios o terrenos contiguos. *Tb fig.* | Alfonso *Abc* 3.12.70, 19: Tal proyección .. quedará allí como santo con pistolas o avestruz en corral ajeno, viéndose como "telón" las medianerías de las fincas de detrás. Areilza *Abc* 6.12.70, 3: Peña de Francia. ¡Qué singularidad toponímica! En plena medianería de las Castillas, una cordillera bautizada con el nombre del vecino país.
2 Condición de medianero [2]. | Ramírez *Derecho* 66: Entre ellas [servidumbres de inmuebles], caben ser citadas las que regulan la materia de aguas .., la de paso, la de medianería.

medianero -ra I *adj* **1** [Cosa] que está en medio de otras dos. | Cela *Judíos* 267: Por las tres Iruelas –cimera, medianera y bajera– el vagabundo se dejó caer como un atropellador suspiro.
2 [Pared u otra división] común a dos edificios o terrenos contiguos. *Tb n f.* | *Compil. Aragón* 627: Las disposiciones relativas a apertura de huecos en pared propia o medianera .. serán también aplicables a las ya construidas. *VozC* 2.1.55, 5: Podrán construirse subidas de humo en el interior de muros de un espesor de asta y media como mínimo, excepto si el muro es medianero. *País* 21.1.79, 19: Autobanco. Cercano a las Torres de Jerez, Antonio Perpiñá y Luis Iglesias realizaron este edificio, doble respuesta a unos nuevos servicios bancarios desconocidos aquí hasta ahora, y a la composición de volúmenes en orden abierto entre medianeras. **b)** [Casa o propiedad] que tiene pared o división común con otra u otras. *Tb, referido al propietario.* | *Tri* 8.4.72, 39: Compraron por 40.000 pesetas tres casas medianeras, y de ellas hicieron una.
3 Mediador [1]. *Tb n.* | SLuis *Doctrina* 41: Es [María] Medianera Universal entre Jesús y nosotros. Bermejo *Derecho* 104: Los conocimientos jurídicos de Fernando de Rojas se han puesto, una vez más, del lado de Celestina. Y todo lo que venimos diciendo guarda relación con la idea del oficio que se ha formado la calculadora medianera.
II *m y f* **4** Mediero o aparcero. | Chamorro *Sin raíces* 69: Antiguos medianeros del padre, casi olvidados, llegaban después de la cena para velar al enfermo y condolerse.

medianía *f* **1** Cualidad de mediano [1], esp. en calidad o importancia. | * La clase se mantiene en una decorosa medianía.
2 Pers. mediana o que no destaca en su campo. | Cela *Judíos* 110: El [torero] burgalés Domingo Mendívil .. no pasó de medianía hace ya un siglo.
3 Parte o zona media. | CBonald *Dos días* 22: Los muros se juntaban en la medianía del túnel más de lo normal y había que ir rozando los altos zócalos de granito. MHidalgo *HyV* 10.71, 79: Las tres secciones o cuarteles en que se dividía el conjunto de bancos: proa, desde la corulla al palo mayor; medianía, desde el palo mayor al fogón, y popa, desde el fogón a la espalda. D. Múgica *Abc* 30.11.93, 20: Amanecidas las cumbres, en la medianía de octubre, la brisa depurativa de ese otoño va ralentizándose o acelerando, a la orden de un dictado arbitrario. **b)** Zona intermedia entre la costa y la montaña. | GSosa *GCanaria* 111: La isla de Gran Canaria se considera dividida en tres grandes zonas de personalidad bien diferenciada: La zona costera (hasta los 300 metros), las medianías (desde los 300 a los 950) y la zona de cumbre (a partir de esta última altitud).
4 (*reg*) Medianería [1]. | Grosso *Capirote* 15: Los segadores, inclinados sobre la besana, castigaban las espigas con las hoces .. Segada hasta la penúltima parcela, aligeraban el paso, empujándose las cuadrillas camino de la medianía para cerrar la peonada antes que el sol cayera sobre la otra orilla.

medianil *m* Pared o división medianera. | *VozC* 5.7.55, 3: Hundimiento en una casa de Lerma .. La presión de aquella .. arrastró una viga y derrumbó el medianil, irrumpiendo los escombros en el taller y exposición de aparatos de radio. Cancio *Bronces* 58: Toño y Joseón llevan un prado en renta cada uno .., dos fincas colindantes .. Toño aprovecha la parte inferior, mas he aquí que casi todos los años se le va la mano, medianil arriba, al venturao.

mediano -na I *adj* **1** Intermedio en tamaño, cantidad, calidad o intensidad. *Con un compl especificador que frec se omite por consabido. A veces con intención eufemística o irónica.* | GPavón *Hermanas* 48: Lo más visible de cada pared estaba cubierto de pequeñas y medianas fotografías enmarcadas. N. Retana *SInf* 16.12.70, 3: Un sujeto de mediana edad se queja con frecuencia de disnea. Ramos-LSerrano *Circulación* 181: Un arranque brusco, a saltos, calando el motor y con acelerones en vacío, es inadmisible en un mediano conductor. Bernard *Verduras* 34: Se introduce en el

medianoche – mediatizar

horno mediano, durante diez minutos. * El susto fue mediano, ¿sabes?
II *f* **2** (*Geom*) Recta que une un vértice de un triángulo con el punto medio del lado opuesto. | Gironza *Matemáticas* 150: Dibujar un triángulo semejante al anterior, cuyas medianas sean los 3/4 de las medianas de aquel.
3 Seto o construcción de pequeña altura que divide longitudinalmente una calzada. | *VozR* 15.2.75, 1: Nada más pasar la gasolinera de Segura, hay esa mediana en la carretera: está despintada, deslucida. *Abc* 15.5.73, 57: La superficie total de zonas ajardinadas de la calle alcanza los 165.000 metros cuadrados .. En la mediana central existen también dos estanques decorativos y su jardinería está constituida, principalmente, por una gran masa arbórea de flor.
4 (*reg*) Pan redondo más pequeño que la hogaza. | Escobar *Itinerarios* 136: Ha de estar allí el pan, la mediana o la hogaza, sobre el mantel o la tabla limpia.
5 (*reg*) Pan hecho con harina que contiene algo de salvado. | Escobar *Itinerarios* 67: Otras se acomodaban en cualquier cantón o asiento de la plaza y allí tiraban de la mediana o del pan blanco que previamente habían adquirido.
III *adv* **6** Medianamente. | Cela *Escenas* 151: Don Ildefonso discurría mediano, tirando a mal.

medianoche (*en acep 1, tb* **media noche**; *en acep 2, el pl normal es* MEDIASNOCHES) *f* **1** Hora en que el Sol está en el punto opuesto al de mediodía. | Delibes *Guerras* 75: Allá estuvimos todo el vecindario aguardando orilla el agujero hasta la media noche, doctor, que dar las doce y empezar el chapoteo y el arrastrar de cadenas fue todo uno. **b)** Parte central de la noche. | L. Monje *Abc* 3.2.74, 41: Guadalajara ha tributado esta tarde un emotivo homenaje a la memoria del que fue su cronista oficial, el ilustre poeta y autor teatral José Antonio Ochaíta, fallecido el pasado verano dramáticamente cuando actuaba en un recital.
2 Variedad de bollo suizo pequeño que se emplea para hacer bocadillos. | Payno *Curso* 30: Andaban unos y otros de aquí para allá, comistreando de las bandejas llenas de sandwiches, mediasnoches y tapas de aperitivos. SSolís *Camino* 122: Los pastelillos de carne y pescado, las medianoches, los emparedados de queso y jamón .. desaparecían como por magia.

mediante (*con pronunc átona en acep 1*) **I** *prep* **1** Por medio de. | M. Calvo *MHi* 12.70, 14: Un programa de análisis espectrométrico mediante calculadoras electrónicas ha resultado aplicable a la investigación médica.
II *adj* **2** *n* + ~ = ESTANDO POR MEDIO + *el mismo n*. | A. Aricha *Caso* 26.12.70, 24: Es difícil distinguir, maxifalda mediante, la princesa altiva de la que pesca en ruin barca. **b) Dios ~** → DIOS.

mediantín -na *adj* (*reg*) Que tiene escasos medios económicos. *Tb n, referido a pers*. | Moreno *Galería* 185: Vecinos "mediantines" o pobres había cuya media yunta era un solo borrico.

mediar (*conjug* **1a**) **A** *intr* **1** Llegar [algo] a su mitad. *Frec en part*. | Laforet *Mujer* 98: Mediaba febrero. DCañabate *Andanzas* 167: Media una mañana otoñal. J. A. Donaire *Inf* 19.6.70, 33: Mediado el día .. pueden hacerse buenas capturas a la mosca.
2 Existir [entre dos o más perss. o cosas]. *A veces se omite el compl por consabido*. | CNavarro *Perros* 25: Montse clavó los ojos en la carretera, como si quisiera acortar la distancia que mediaba entre San Pol y Canet. *DEs* 22.10.76, 2: De lo que parece a lo que luego resulta median a lo mejor quinientas pesetas. FVidal *Duero* 183: Por poca que sea la confianza que medie o que le otorguen. **b)** Ocurrir [algo entre dos momentos]. *A veces se omite el compl por consabido*. | * Iban a regresar el lunes, pero medió el accidente y tuvieron que retrasar la vuelta. **c)** Producirse [una comunicación entre dos perss.]. *A veces se omite el compl por consabido*. | A. MPeña *Hoy Extra* 12.69, 46: Sin mediar más palabras, el niño sacó cuantos objetos venían en el automóvil. **d)** Transcurrir [un intervalo de tiempo entre dos sucesos o momentos]. *A veces se omite el compl por consabido*. | Ramírez *Derecho* 99: Que en el tiempo que medie hasta que se verifique el parto o se adquiera la certidumbre de que no tendrá lugar, se constituya la herencia en administración.
3 Intervenir para poner de acuerdo [a dos o más perss. (*compl* ENTRE)]. | * Tienes que mediar entre ellos; de lo contrario, nunca se reconciliarán.
4 Intervenir [en un asunto]. *A veces se omite el compl por consabido*. | *HLM* 26.10.70, 14: Se trata, por tanto, de una superchería, aunque la autora de la misma sea irresponsable de sus actos, pues parece indudable que no media su voluntad.
5 Interceder [por alguien]. | *Abc* 29.7.67, 32: Senghor se niega a mediar por Tshombe.
B *tr* **6** Llegar a la mitad [de algo (*cd*)]. *Frec en part*. | Aparicio *Retratos* 89: Iturmendi acabó la última cerveza, mientras que Vidal mediaba la suya. FCid *MHi* 5.64, 63: Cuando en 1940 se iniciaron los conciertos en el María Guerrero, docenas de personas .. constituían el público. Al abrirse las series del Palacio de la Música en 1944 apenas se mediaba la sala.
7 (*raro*) Existir [entre dos o más perss. o cosas (*cd*)]. | J. Vidal *SPaís* 21.12.93, 16: La solución alternativa es comprarla [la lotería] en la Puerta del Sol, preferentemente en la fachada que media Arenal y Mayor.
8 (*raro*) Intervenir [en algo (*cd*)]. | *Ya* 19.1.86, 3: La alteración ha sido inicialmente atribuida a disfunción hepática, estando actualmente pendiente, por estudio bioquímico, deslindar lo estrictamente lesional del componente metabólico mediado por alguno o algunos de los fármacos que vienen empleándose en su tratamiento.

mediastino *m* (*Anat*) Espacio comprendido entre ambas pleuras, en la línea media de la caja torácica. | *Salud* 79: Las pleuras forman dos hojas ..; a nivel del mediastino ambas hojas se unen.

mediatamente *adv* De manera mediata. | GÁlvarez *Filosofía* 2, 188: La razón, en su uso lógico, puede ser definida como la facultad de concluir mediatamente (a diferencia de la deducción inmediata, que es función del entendimiento).

mediateca *f* Colección de soportes de información correspondientes a distintos medios. *Tb el lugar en que está instalada*. | J. Oliva *Ya* 12.1.92, 24: El público podrá acceder, asimismo, a una "mediateca" con datos sobre programas de conservación de áreas naturales y de especies americanas y europeas, representadas por las españolas.

mediatez *f* (*raro*) Cualidad de mediato. | J. Pasquau *Abc* 21.5.67, 29: Los impulsos motores y las actividades reflejas se producían más por mediatez lógica que por conexión próxima con las cosas.

mediático -ca *adj* De (los) medios de comunicación. | G. Medina *Ya* 22.1.91, 11: La guerra en curso está caracterizada, además de por la electrónica y la informática, por el empleo de recursos mediáticos y psicológicos. Millán *SPaís* 4.12.93, 28: Un tratamiento mediático tan dispar es objeto de un análisis de Agustín Thiam.

mediatización *f* Acción de mediatizar. | E. Valero *SAbc* 11.1.70, 31: Las barreras que se alzaban entre el Oriente y el Occidente cristiano –prejuicios seculares, .. mediatización de la U.R.S.S., y atonía espiritual general– se están desmoronando con el curso de los últimos acontecimientos.

mediatizador -ra *adj* **1** Que mediatiza. *Tb n, referido a pers*. | D. Benavides *VNu* 6.7.74, 26: Sobre los sindicatos católicos madrileños pesó siempre una fuerte influencia patronal. El Marqués de Comillas, a través de su fiel colaborador Carlos Martín, fue su gran protector, pero a la vez el gran mediatizador.
2 De (la) mediatización. | P. GMartín *His* 5.85, 35: La captación del comercio exterior de la lana por los bilbaínos a finales del XVII llevaría a la burguesía de negocios del norte a interesarse por una gestión directa de las explotaciones trashumantes, y ese papel mediatizador sería asumido por los navarros, que toman posiciones muy sólidas en la Corte.

mediatizar *tr* Intervenir o influir en el comportamiento [de una pers. o institución (*cd*)] coartando o limitando su libertad. | Fernández-Llorens *Occidente* 137: El papado se ve mediatizado por la monarquía francesa y es obligado a residir en Aviñón. Alfonso *España* 110: Los ayuntamientos no tienen medios, no tienen autoridad, se hallan mediatizados en su gestión por mil respetos y presiones. **b)** Influir [en algo (*cd*)] modificando su carácter o tendencia natural. | FQuintana-Velarde *Política* 239: Cada ciudadano debe tener un poder en su propia voluntad, que en gran medida está mediatizada y limitada por el poder económico. GNuño *Escultura* 96: He aquí como una vida alegre y en to-

mediato – medida

tal libertad .. quedaba mucho más vinculada al repertorio de la fresca Iberia que a cualquier otro siglo de los que fueron mediatizando y oscureciendo la ingenuidad hispana. Lapesa *HLengua* 137: El castellano desterró los dialectos leonés y aragonés, mediatizó al gallego y al catalán y procuró de este modo la moderna unidad lingüística española.

mediato -ta *adj (Filos o lit)* [Hecho o circunstancia] que se produce o se presenta dependiendo de un elemento intermedio. | Gambra *Filosofía* 51: Estas inferencias tienen poca esfera de aplicación en el progreso del saber, contrariamente a lo que ocurre con los razonamientos mediatos. VParga *Santiago* 21: Recordaremos por aun la independencia de Portugal se ha querido interpretar como una consecuencia mediata de ella.

mediator *m (Naipes)* Cierto juego semejante al tresillo. | Chamorro *Sin raíces* 113: El hombre de mediana o alta posición, honorable y puritano, se reunía en la casa del amigo a jugar la partida de mediator.

mediatriz *f (Geom)* Perpendicular trazada en el punto medio de un segmento de recta. | Marcos-Martínez *Aritmética* 179: Todo punto de la mediatriz equidista .. de los extremos del segmento.

medible *adj* Que se puede medir. | M. Aguilar *SAbc* 26.4.70, 54: Pávlov demostró la gran importancia del reflejo condicionado, que se puede considerar como el más elemental eslabón psicológico, medible objetivamente.

medicación *f* **1** Acción de medicar. | GBiedma *Retrato* 139: Mañana al análisis, pasado al especialista, y planes de medicación, reposo.
2 Conjunto de medicamentos con que se medica a una pers. | MChacón *Abc* 27.12.70, 16: Es previsible que si el señor Beihl estaba en España se le suministrarían medicaciones francesas.

medical *adj (raro)* Médico [1]. | Ero *Van* 25.4.71, 31: Sin prescripción medical, decido recortar la ración tabaquista.

medicalización *f* Acción de medicalizar. | *DMé* 30.3.93, 14: En otros países se está produciendo una medicalización progresiva de los equipos de rescate, pero nosotros, por el momento, solo hacemos rescate.

medicalizar *tr* Dotar de servicio médico [a algo (cd)]. | *Voz* 4.9.90, 20: El objeto del convenio es establecer una base operativa experimental de transporte sanitario urgente mediante un helicóptero medicalizado. *DMé* 30.3.93, 1: El rescate en montaña debe medicalizarse.

medicalmente *adv (raro)* Médicamente. | *Abc* 4.7.58, 18: Este remedio moderno, científicamente compuesto y médicamente comprobado, es absolutamente inofensivo para una piel normal.

médicamente *adv* **1** De manera médica[1] [1]. | E. Montes *Abc* 23.2.75, 22: El Tribunal añade que el peligro para la mujer gestante debe ser comprobado médicamente.
2 En el aspecto médico[1] [1]. | R. ASantaella *SYa* 13.3.83, 33: No todas las articulaciones tienen la misma movilidad, y según la misma reciben médicamente nombres más o menos bizarros.

medicamento *m* Sustancia empleada para curar, aliviar o prevenir enfermedades, dolores o daños físicos. | Laforet *Mujer* 30: Se había organizado aquella caravana para llevar algunos víveres y medicamentos.

medicamentoso -sa *adj* **1** De(l) medicamento. | Mascaró *Médico* 160: La resistencia globular disminuye .. en las quemaduras y en las intoxicaciones medicamentosas.
2 Que tiene carácter o propiedades de medicamento. | *Economía* 283: En sus vegetales se encuentran la mayor parte de las sustancias medicamentosas útiles a la Humanidad.

medicar *tr* Tratar [a alguien o algo] con medicamentos. *A veces con un compl* CON. | *SD16* 21.10.90, x: Actualmente, solo se medica a un 80 por 100 de los epilépticos. F. BMusoles *Pro* 10.8.88, 18: Cuando una madre embarazada es medicada con diuréticos, estos actúan sobre el riñón del feto aumentando su producción urinaria. *Ciu* 8.74, 29: Sugiere a sus lectores que primero se cambien de marca de champú. Si esto no da resultado .., que prueben una marca barata medicada.

mediceo -a *adj (lit)* De la poderosa familia florentina de los Medici o Médicis (pralm. ss. XV-XVIII). | J. CCavanillas *Abc* 13.12.70, 10: Sus afiligranadas columnas y su reverente inclinación –que posteriormente se hubiera calificado de medicea por elegante–.

medicina *f* **1** Ciencia que trata de la prevención y curación de las enfermedades humanas. *A veces con un adj o compl especificador.* | *Economía* 236: La medicina es cada día una ciencia de mayor base científica. Vilaltella *Salud* 437: La Medicina psicosomática concibe las crisis asmáticas como crisis de miedo.
2 Medicamento. | Laforet *Mujer* 31: Los excursionistas le llevaron a José un gran cajón de medicinas que le enviaba otro de los Vados, Joaquín, .. que era médico. **b)** Remedio curativo. | *SAbc* 15.5.58, 9: Carlos II .. buscaba en el ejercicio venatorio distracción a su siempre conturbado ánimo y medicina para su débil naturaleza.

medicinal *adj* De (la) medicina. | Laiglesia *Tachado* 26: No es lo mismo decir en casa: "Me voy quince días a jugarme las pestañas en un casino" que "Me voy dos semanas a curarme el estómago en un balneario". Esta disculpa medicinal deja la conciencia más tranquila. **b)** Curativo. | *Ya* 15.10.76, 10: La aleta de tiburón tiene un alto poder medicinal. *SInf* 3.12.75, 1: Las plantas medicinales se han tecnificado.

medicinar *tr* Medicar. | RPeña *Hospitales* 106: Creemos que era su función primordial medicinar y curar a los enfermos.

medición *f* Acción de medir. | Ybarra-Cabetas *Ciencias* 19: La medición debe hacerse con la precaución de que las reglas apoyen bien sobre las caras. MGaite *Usos* 163: Ante el fantasma de aquellos pros y contras, cuya medición era indispensable para no equivocarse, el desconcierto se incubaba ya en la etapa anterior al noviazgo.

médico[1] -ca *(a veces, en acep 3, se usa la forma m con valor de f)* **I** *adj* **1** De (la) medicina [1] o de los médicos [3]. | M. Aguilar *SAbc* 16.6.68, 39: Huyendo de las palabras técnicas médicas, denominaremos a estos cuadros .. calambres por el calor. P. Rocamora *Abc* 22.10.70, sn: Feijoo defiende las experimentaciones contra el dogmatismo médico.
2 de(l) ~. *(col)* [Visita] sumamente breve. | * ¿Ya te vas? Hija, la visita del médico.
II *n* **A** *m y f* **3** Pers. que ha hecho la carrera de medicina [1]. | Arce *Testamento* 45: El médico me aconsejaba reposo. Montero *Reina* 105: Ahora las mujeres iban y venían solas a todas partes, y eran médicas, y abogadas, y hasta guardias de la porra. GHortelano *Amistades* 220: Esa mujer es médico, la ha reconocido y ha encontrado que a Julia no puede sucederle nada grave.
B *f* **4** *(col)* Mujer del médico [3]. | Lera *Boda* 595: Vas a ser una señora principal, más señora que la médica y que la maestra, y quién sabe si más también que la mujer del gobernador.

médico[2] -ca *adj (hist)* De los medos. | A. Garrigues *Abc* 27.12.74, 3: La autocracia persa fue inferior a la democracia griega en las "guerras médicas".

medida I *f* **1** Acción de medir. | Ybarra-Cabetas *Ciencias* 35: La medida del índice de refracción se hace en los laboratorios mineralógicos por procedimientos rápidos. **b)** Expresión numérica del resultado de medir. | *HLM* 12.5.75, 9: Barra de acero perforada. Diámetros de 32 a 610 mm. Espesores hasta 50 mm. Calidad ST52 (medidas hasta 914,4 mm. bajo demanda). **c)** *(TLit)* Número y clase de sílabas de un verso. | Amorós-Mayoral *Lengua* 186: Tenemos aquí tres versos. Vamos a ver qué medida tienen .. Los tres tienen la misma medida: once sílabas.
2 Unidad para medir longitudes, superficies, líquidos o áridos. *Tb fig.* | GGual *Novela* 332: Al saber que la ciudad era presa del hambre, Apolonio ofreció al pueblo 100.000 medidas de trigo como pago de su hospitalidad. Pinillos *Mente* 89: Decía un viejo sofista griego, Protágoras de Ábdera, que el hombre es la medida de todas las cosas, de las que son y de las que no son. **b)** Objeto que corresponde a una determinada medida y que se utiliza para medir [1]. | Ridruejo *Des* 1.3.75, 11: Entramos en la tienda, pequeña y blanca, con su mostrador de zinc, sus alacenas de obra con papeles rizados, sus cántaras y medidas de estaño, todo pul-

medido – medio

quérrimo. **c)** Criterio para juzgar. | SLuis *Doctrina* 59: Con la misma medida con que midas serás medido.
3 Grado o intensidad. | Tamames *Economía* 28: Las capitales de provincia actúan también, en mayor o menor medida, como focos de atracción respecto de los pueblos comprendidos en sus límites.
4 Moderación o mesura. | C. Sentís *Abc* 3.6.58, 23: Hasta Mendès-France, que ayer pronunció el mejor discurso de oposición –con medida, y al estilo de la oposición de Su Majestad–, ha aplaudido.
5 Disposición encaminada a prevenir una contingencia o a hacer frente a las consecuencias de un hecho. *Frec en pl y tb como cd de* TOMAR *o* ADOPTAR. | J. T. Menchero *Inf* 7.9.70, 5: Francia ha prometido estudiar las medidas que puedan calmar las inquietudes de los países africanos. | Arce *Testamento* 76: Armó mucho jaleo aquello, y el alcalde llamó a consejo y se tomaron medidas.
II *loc v* **6 colmar la ~.** Rebasar el límite de lo tolerable. | * Esta ofensa ya colma la medida.
7 tomarle las ~s [a alguien o algo]. Estudiar[lo] para conocer[lo] a fondo. | Delibes *Cazador* 138: Pasé la tarde tomando las medidas a la sala [del cine]. Fermín me daba una fila y un número, y yo los buscaba. MGaite *Nubosidad* 150: Aspiro a que me acoja, a entrar sin miedo en su recinto sagrado, en vez de estarlo acosando desde fuera, defendiéndome de él, tomándole las medidas.
III *loc adv* **8 a (la) ~.** De acuerdo con las medidas [1] adecuadas a la pers. o cosa a que se destina. *Tb adj. Tb fig.* | Laiglesia *Tachado* 188: La ropa a la medida .. necesita por lo menos un par de pruebas. *Van* 20.12.70, 75: Armarios o frontis a medida. *Inf* 22.5.75, 26: La corrida de hoy. Paco Camino, con toros a su medida. **b) sobre ~.** (*semiculto*) A la medida. | GTelefónica *N.* 806: Abad. Triciclos y coches para inválidos, con o sin motor, sobre medida.
IV *loc prep* **9 a la ~ de.** De acuerdo con, o en correspondencia con. | * Todo salió a la medida de nuestros deseos. * Gasto a la medida de mis posibilidades.
V *loc conj* **10 a ~ que.** Expresa la progresión paralela de las acciones expresadas en el v pral y en la prop. | Matute *Memoria* 91: Allí estaban otra vez las grandes flores, como un veneno, a medida que entrábamos en el jardincillo.
11 en la ~ en que. En tanto en cuanto. | L. Contreras *Sáb* 17.5.75, 10: Esa contradicción [admitir la huelga sin modificar la normativa sindical] se patentiza más en la medida en que la normativa del Decreto-Ley procura alejar artificiosamente el momento de la ruptura entre las partes.

medido -da *adj* **1** *part* → MEDIR.
2 (*lit*) [Cosa] ponderada o discreta. | J. M. Caparrós *Mun* 23.5.70, 56: Lo más importante .. no está .. en la cinta como tal, sino en la puesta en escena de Gene Kelly, en la medida realización del veterano maestro del género. A. Iglesias *Inf* 31.5.75, 26: Tan solo nos resta unirnos al aplauso medido que el público dispensó a esta representación de "Las golondrinas".

medidor -ra *adj* Que mide. *Tb n m, designando pers o aparato.* | S*Inf* 16.12.70, 2: El equipo que ha sido empleado para estos estudios comprende desde sencillos dispositivos medidores de esfuerzos límites a un complejo equipo electrónico de cálculo y registro. Escobar *Itinerarios* 249: No tenía oficio determinado. Era recadero, medidor, cargador. GHortelano *Tormenta* 39: –Déme usted el chisme ese del aire.– Mientras Leoncio aplicaba a las ruedas el medidor de presión, me quedé mirando el jardín. G. GHontoria *Nar* 3.77, 36: Con apariencia de una cinta métrica corriente, un especializado "medidor" de mulas.

mediero -ra *m y f* Pers. que va a medias en una explotación rural. | *Hoy* 22.11.70, 12: La lluvia arrecia, y el mediero, entre sueños, piensa: si sigue así mañana, podremos deshojar el tabaco.

medieval *adj* De la Edad Media. | CBaroja *Inquisidor* 13: Allí aparece, en efecto, el doctor Torralba, sobre el que cargó una vieja leyenda medieval.

medievalidad *f* Cualidad de medieval. | Pániker *Memoria* 173: La estrecha calle Pukka Mahal de la ciudad sagrada, donde hay una tienda junto a otra, hasta su remate en el Golden Temple, con su inmundicia y su fuerte olor, su pura medievalidad, ¿no es también la calle más hermosa de la tierra?

medievalismo *m* **1** Carácter o espíritu medieval. | Criado *MHi* 11.63, 22: Nuestros temas literarios serán los que penetren en las escuelas de Amberes y Bruselas impregnadas hasta su misma raíz de medievalismo y literatura.
2 Estudio de la Edad Media. | Cela *Pirineo* 275: El condado de Ribagorza, para algunos peritos en medievalismos, quedaba a poniente del Noguera Ribagorzana.

medievalista I *adj* **1** De(l) medievalismo o que lo implica. | Aristófanes *Sáb* 5.4.75, 45: ¿No habrá llegado ya la hora de que la autoridad religiosa ponga en cintura los excesos por una y otra punta? ¿Los excesos medievalistas de los que se zurran las carnes? Carnicer *Castilla* 14: No se ha comentado, que yo sepa, la inspiración medievalista de la hotelería nacional al poner nombre a sus establecimientos.
II *m y f* **2** Especialista en temas medievales. | C. Yanes *Rev* 12.70, sn: Waler, estudioso medievalista, se basa en datos concretos.

medievalizante *adj* Que tiende a medieval. | Mercader-DOrtiz *HEspaña* 4, 151: Después de la Guerra de Sucesión, Felipe V se encontró ante una situación jurídica y real prácticamente medievalizante. GNuño *Arte s.* XIX 281: Otros arquitectos medievalizantes de Cataluña prosiguen la tendencia mezclando el historicismo con un profundo conocimiento de la monumentalidad de la región.

medievalizar *tr* Dar carácter medieval [a alguien o algo *cd*]. | * Propenden a medievalizar nuestro período clásico. **b)** *pr* Tomar [alguien o algo] carácter medieval. | L. Pancorbo *Ya* 24.7.75, 7: A lo mejor es que ya se van homologando, y medievalizando, todos los pueblos.

mediévico -ca *adj* (*lit, raro*) Medieval. | E. A. GCaballero *Abc* 26.11.88, sn: Las dos farmacias de la zona suelen agotar sus existencias de *Quellada* y *Yacutín*, insecticidas específicos contra la sarna y las ladillas, enfermedades mediévicas que han rebrotado con fuerza.

medievo *m* (*lit*) Edad Media. | A. Alférez *Abc* 29.12.70, 13: Ya no hay monjes que reciban a los peregrinos de hoy como los del Medievo.

medina *f* **1** Barrio antiguo o no europeo [de una ciudad del norte de África perteneciente a una antigua colonia europea]. | Fernández-Llorens *Occidente* 104: El zoco o mercado de una ciudad islámica suele encontrarse en la parte vieja o medina. Vega *Cocina* 135: Me lo sirvieron en un restaurante chino de la medina de Túnez.
2 (*lit*) Ciudad musulmana. | Cela *Viaje andaluz* 174: El rey moro de Granada saqueó Palma del Río, villa de fieles cristianos. El carlista Gómez le copió quinientos años más tarde, sin la disculpa .. de que Palma fuese medina que rezaba a Alá y a Mahoma su profeta.

medinense *adj* Medinés. *Tb n.* | RMencía *VozC* 25.7.70, 9: El Ayuntamiento de Medina de Pomar .. ha querido dar un rasgo especial a estas jornadas que reunirán en torno a las famosas torres medinenses a millares de visitantes burgaleses. Ál. Fernández *Nor* 11.10.89, 10: Llegó a Medina del Campo la expedición procedente de Madrid. Fueron recibidos en el Ayuntamiento por el alcalde, .. los concejales medinenses, y por Ovidio Fernández.

medinés -sa *adj* De alguna de las poblaciones denominadas Medina. *Tb n, referido a pers.* | *Ya* 2.12.73, 7: Es hacia 627-629, en el período medinés de su vida, cuando el Profeta lleva a cabo la arabización y nacionalización del Islam. Cela *Judíos* 166: Las mujeres de Medina tienen fama de hermosas y enamoradoras; ya lo canta el refrán: cuando vieres mujer medinesa, mete a tu marido detrás de la artesa. J. Salgado *Abc* 22.12.74, 17: Cinco series del 12.176 han ido a parar a Medina de Pomar, ciudad burgalesa .. Gracias a la gentileza de las señoritas de la Telefónica en Burgos pudimos hablar con el centro medinés.

mediní *adj* De Medina (Arabia Saudí). *Tb n, referido a pers.* | Vernet *Mahoma* 10: En cuanto al Profeta recibía una revelación, en especial durante el período mediní, llamaba a sus secretarios, quienes la escribían en pedazos de cuero. Vernet *Mahoma* 12: El califa .. ordenó a un mediní de veinte años .. que preparase una edición íntegra de *El Corán*.

medio -dia (con *pronunc* átona en acep 27) **I** *adj* **1** [Cosa] de la que se toma o considera solo una mitad. *Antepuesto al n.* | Villarta *Rutas* 21: El centro de cada una

medio – medio

de estas fachadas y los resaltos o pabellones de los ángulos están adornados de medias columnas estriadas de orden jónico compuesto. Arce *Testamento* 19: Sería peligroso que intentara dar media vuelta. **b)** *Antepuesto al n de determinadas medidas:* Que equivale a la mitad de la medida expresada por el n. correspondiente. | Moreno *Galería* 136: Celemines, medios celemines y cuartillos, para los cereales, legumbres y otros frutos secos. Para algunos de estos, .. también los litros, medios litros, cuartillos y medios cuartillos. **c)** Gran parte. *Con intención enfática.* | *Cam* 2.2.76, 77: Alberto .. revive hoy en España y en medio mundo gracias a la Fundación Alberto. **d)** [Pensión] que incluye la comida de mediodía, pero no la cena. *Referido a establecimientos hoteleros y colegios. Normalmente antepuesto al n.* | *GTelefónica N.* 851: Alcázar Regis. Pensión completa. Media pensión. **e) media** (*sin n*). Media hora. *Normalmente en la constr* LA(S) + *número* + Y MEDIA. *Tb n f.* | DCañabate *Paseíllo* 123: El domingo, sobre las once y media de la mañana, comparecían Miguel y Pablo en los corrales de la plaza para ver el apartado. Torrente *Vuelta* 185: El reloj dio la media. **f) ni ~.** Se usa para expresar enfáticamente la ausencia total de perss o cosas. | SFerlosio *Jarama* 26: –¿Pues no querías que te trajeran también la comida? –Calla; es lo mismo. No se te ocurra decirlas ni media palabra.

2 Incompleto o imperfecto. *Antepuesto al n.* | Grosso *Capirote* 31: Se tranquilizó con una media sonrisa. J. Carabias *Ya* 19.9.74, 8: Se vistió de gris –medio luto–.

3 Mediano o intermedio (en posición, calidad, intensidad, nivel, etc.) entre los dos extremos. | Bustinza-Mascaró *Ciencias* 32: Cada mano tiene cinco dedos: Meñique, anular, medio, índice y pulgar. Fraile *Pról. Vida Lagos* X: La amenidad puede ser altísima, alta, media o inexistente. *Sp* 19.7.70, 13: El tráfico es escaso y compuesto en su mayor parte de vehículos de medio y poco peso. Santamaría *Paisajes* 39: El monte medio es el que se desarrolla a partir del monte bajo. FQuintana-Velarde *Política* 14: Unamuno .. señalaba como la enseñanza de la Economía en los estudios medios, que él propugnaba, era torpedeada por las clases más ricas. *Luc* 2.9.64, 5: Instituto de Enseñanza Media. *Ya* 11.9.85, 30: El "retorno de lo liso", con una profunda influencia de los años 50 para esta media melena. **b)** *Referido a determinados ns que expresan cantidad:* Que corresponde a la media [24] o promedio. | Zubía *Geografía* 270: Es [Méjico] una gran meseta de 1.500 metros de altitud media. **c)** [Edad histórica] que abarca desde la caída del Imperio Romano hasta la del Imperio Bizantino (476-1453). | Ubieto *Historia* 57: Durante la Edad Media una mayoría de la población peninsular practicó la religión musulmana. **d)** (*Dep*) [Línea] que ocupa una posición intermedia entre la defensa y la delantera. *Tb n f.* | L. LSancho *Abc* 3.12.57, 51: Daucik .. ha superado sus mejores marcas de Bilbao. Tiene ya .. a dos interiores, Peter y Chuzo, en la línea media. Vizcaíno *Posguerra* 110: El Deportivo de la Coruña contaba con un trío defensivo muy sólido, Acuña-Pedrito-Portugués, y en la media tenía al veterano Cuqui Bienzobas. **e)** (*Caza*) [Liebre o conejo] mayor que gazapo pero menor que adulto. | Delibes *Cazador* 59: Al concluir la mano, se me arrancó de los pies una media liebre. **f)** *Antepuesto a determinados ns de tiempo o de acción* (MAÑANA, TARDE, NOCHE, COMIDA, CLASE, *etc*): Parte central [de ellos]. *Gralm en la constr* A ~ + *n*. | Escobar *Itinerarios* 250: Desde media tarde su temperatura iba ascendiendo hacia lo tórrido. * A media comida me avisaron por teléfono. **g)** (*Filos*) *En un silogismo:* [Término] por intermedio del cual se ponen en relación los términos mayor y menor. | Gambra *Filosofía* 53: El término que sirve de enlace y con el que se comparan los otros dos se llama término medio; los que se comparan con este reciben el nombre de extremos. **h)** (*Fon*) [Vocal] cuya articulación no es palatal ni velar. | Veres *Lengua* 2º 197: Son [palatales] la *e* y la *i* .. Son [velares] la *o* y la *u*. La *a* es una vocal media. **i)** (*Gram*) [Voz, o construcción pronominal] en que se denota al ser nombrado en el sujeto le ocurre lo que el verbo expresa, sin intervención activa de aquel y sin alusión a un agente determinado (por ej., "El puente se vino abajo"). | Alcina-Blecua *Gramática* 912: El castellano emplea la misma marca reflexiva para la voz media y la reflexiva.

4 Que corresponde a los caracteres más generales de su grupo. | CNavarro *Perros* 15: El hombre medio americano rara vez habla consigo mismo.

5 (*Dep, esp Boxeo*) [Peso] cuyo límite superior es de 72,5 kg. *Tb referido al deportista de ese peso; en este caso, frec como n m en pl.* | *Lan* 15.10.64, 6: Juegos Olímpicos .. Final de halterofilia (pesos medios). F. Yagüe *Inf* 17.6.71, 27: Boxeo: .. por la tarde, veremos las dos semifinales de moscas, plumas ..; y por la noche, las dobles semifinales d[e] minimoscas, gallos, ligeros, welters, medios y pesados.

6 (*Cine y TV*) [Plano] que recoge la figura humana desde la cabeza hasta la cintura aproximadamente. | RGualda *Cine* 312: El plano medio es el equivalente del *Medium Shot*, americano.

7 (*raro*) Mellizo o gemelo. | GPavón *Hermanas* 52: Y muy buenas que son las señoritas .. Como son medias, piensan igual y hacen igual. Yo, muchas veces, sobre todo vistas en camisón, no sé cuál es una y cuál es otra.

8 [Aguja o punto] **de media**, [clase] **media**, **media** [anata], **media** [lengua], **media** [luna], **media** [luz], **media** [naranja], **medias** [palabras], **medias** [tintas], ~ [punto], ~ [relieve] → AGUJA, PUNTO, CLASE, ANATA, LENGUA, LUNA, LUZ, NARANJA, PALABRAS, TINTA, PUNTO, RELIEVE.

II *n A m* **9** Ambiente, o conjunto de factores externos que condicionan biológicamente a los seres. *Frec ~* AMBIENTE. | Bustinza-Mascaró *Ciencias* 25: El hombre .. es capaz de vivir en climas y medios muy variados. Marías *Delibes* 76: Al tratar estos temas del medio ambiente .., al enfrentarse con complejos problemas económicos, sociales, biológicos, demográficos, Delibes penetra, como un cazador arriesgado, en un tremedal. **b)** *Tb en sent moral, referido a perss.* | J. PIriarte *Mun* 23.5.70, 18: El escritor [Sergio Pitol] procede de un medio agrario .. En este medio ambiente siguen siendo vivos todavía muchos elementos del pasado precolombino. Castilla *Humanismo* 24: Vivimos en un mundo en donde la ley rectora y reguladora es la competencia. Somos, los hombres que en este medio habitamos, meros seres competitivos.

10 Sustancia en que se desarrolla un fenómeno determinado. | Marcos-Martínez *Física* 144: Se llama índice de refracción de un medio al cociente entre las velocidades de la luz en el aire y en dicho medio.

11 Círculo o ámbito. *Gralm en pl*. | Castilla *Alienación* 26: Se ve privado de acceso a determinados medios merced a la irrelevancia social de la esposa. *Nue* 24.1.70, 9: En medios vaticanos ha[n] pasado a ocupar un primer plano las relaciones entre España y la Santa Sede.

12 Parte [de una cosa] que equidista de los extremos. | Torrente *Vuelta* 263: Un grupo discutía si sería mejor encender fuegos y sacar a los pesqueros al medio de la ría. **b)** *Esp en sent moral. Frec precedido del adj* JUSTO. | J. Carrera *SYa* 15.6.75, 54: En el justo medio está la virtud. Tan poco aconsejable resulta para un vehículo –y valga la metáfora– estar tuerto como ver demasiado.

13 (*Taur*) *En pl*: Tercio correspondiente al centro del ruedo. | Corrochano *Clarín* 73: Le recibió [al toro] con unos pases tan por bajo .. que resultaron de rodillas .. Así, luego, le sacó a los medios, como si le llevara atado a la muleta.

14 (*Dep*) Jugador que forma parte de la línea media [3d]. | Cela *Rosa* 44: De mis compañeros de entonces, el único que se hizo famoso fue Perico Regueiro, que era medio derecha del Madrid F.C.

15 (*Naipes*) *En el tresillo:* Jugador que ocupa el primer lugar a la derecha del mano. | Corral *Cartas* 62: Para hablar, los jugadores seguirán el orden siguiente: 1º el mano; 2º el medio; 3º el pie o postre.

16 (*Mat*) Término de los dos de una proporción aritmética que no son extremos. | Gironza *Matemáticas* 96: Proporción numérica es la igualdad de dos razones numéricas. Los términos de ambas razones se distinguen con los nombres de extremos, el antecedente de la primera razón y el consecuente de la segunda, y con el de medios los otros dos términos.

17 (*Mat*) Media [24]. | Gironza *Matemáticas* 105: Para dos números como 14 y 22, la media aritmética es $(14 + 22) : 2 = 18$, y se cumple que $18 - 14 = 22 - 18$, por lo que el número 18 se dice que es un medio diferencial o medio aritmético. Gironza *Matemáticas* 99: El término que se repite se llama media proporcional, o medio proporcional entre los dos términos distintos.

18 (*Mat*) Mitad de uno. | Marcos-Martínez *Aritmética* 60: Si el denominador es un 2, 3, 4 .., las unidades fraccionarias se llaman medios, tercios, cuartos.

19 Cosa que sirve para un determinado fin. *Gralm con un compl especificador*. | *Tri* 8.8.70, 2: Nuestros Cheques de

Viaje son aceptados en todas partes como medio de pago. GPavón *Hermanas* 40: Ustedes tienen otras técnicas y medios que no conocemos. **b) ~s de comunicación, informativos**, o **de información** (*frec simplemente* **~s**). Prensa, radio y televisión. *A veces incluye tb el cine*. | GHortelano *Momento* 432: Media hora más de soliloquio, y, como único lazo de unión con mis semejantes, solo dispondría yo de los medios audiovisuales. Tamames *Economía* 313: Los protagonistas del sector de la publicidad son las agencias publicitarias y lo que en el *argot* de este sector se conoce con el nombre de "medios", es decir, la prensa, la radio, el cine. *Mad* 27.4.70, 5: Algunos medios de información belgas han venido hablando durante los últimos días de que los socialistas .. estarían sondeando las posibilidades de una alianza con los liberales.

20 *En pl:* Dinero o hacienda. *Tb* ~S ECONÓMICOS. | *CoE* 22.8.75, 3: –¿Qué número de botellas tiene usted? –Unas trescientas. Ya sé que son muchas menos que las de la colección de Chicote o de otros muchos aficionados con más medios que los míos.

21 (*reg*) Vaso de vino. | Grosso *Zanja* 91: Nunca te faltaron las dos o tres pesetas para tomar un "medio" por la tarde. R. Fraile *Ade* 14.10.91, 14: La taberna o la bodega eran su ateneo, allí se hablaba y se discutían las situaciones del momento, tras unos medios de vino.

22 (*reg*) Medida de capacidad para áridos equivalente a dos cuartillos o medio almud, según los lugares. *Tb el recipiente con que se mide.* | R. M. FFuentes *Nar* 10.76, 33: Para sostener esta cofradía quedamos obligados a pagar un medio de trigo y de centeno. Cuevas *Finca* 53: Un cuarto de hora más, y las mulas estaban amarradas a los pesebres, con un medio largo de cebada delante de los hocicos.

B *f* **23** Prenda de punto que cubre el pie y la pierna, gralm. hasta la parte superior del muslo. | Laforet *Mujer* 142: El problema de la señora había sido .. el de si Paulina llevaba o no llevaba medias. Sampedro *Sonrisa* 104: –¡Si no son medias! Son calcetines, para que no me rocen las botas.– Levanta la bata hasta descubrir la rodilla desnuda. "Así iban aquellas mozas de Roccasera en mis tiempos", explica a Simonetta, "solo que a eso ellas le llamaban medias, porque no las había más largas".

24 (*Mat*) Cantidad que representa el promedio de varias otras. *Frec con un adj especificador:* ARITMÉTICA, GEOMÉTRICA o PROPORCIONAL. *Sin adj, gralm designa la aritmética*. | Gironza *Matemáticas* 105: Si hallamos la media aritmética y la media proporcional, también llamada geométrica, de dos números, comprobamos que la media aritmética es mayor que la media geométrica. *Abc* 28.8.66, 72: Esta vuelta se ha realizado en treinta y cinco minutos cuarenta y cuatro segundos, a una media horaria de 38 kilómetros 300 metros.

25 (*reg*) Medida para áridos equivalente a media fanega. *Tb el recipiente con que se mide.* | Moreno *Galería* 136: Fanegas, medias, celemines .., para los cereales, legumbres y otros frutos secos. Gerardo *NAl* 22.9.89, 19: Y más detrás del granero: la media, el celemín, la fanega, el rasero.

26 (*Naipes*) *En el mus: En pl:* Jugada que consiste en tener tres cartas del mismo número. | Corral *Cartas* 35: El mus .. Consta de las siguientes jugadas: 1ª Grande. 2ª Chica. 3ª Pares. 4ª Medias.

III *adv* **27** No del todo. | Escobar *Amor* 314: La mira intensamente, medio sonriendo. **b) a** ~ + *infin* = SIN + *infin* + DEL TODO. | Matute *Memoria* 32: Allí estaban .. la *Joven Simón*, la *Margelida*, con su nombre a medio borrar en el costado. ZVicente *Traque* 244: Salimos con lo puesto, a medio vestir. **c) ni ~.** Nada. *Con intención enfática.* | ZVicente *Traque* 272: No, eso no estaría ni medio bien, qué había de estarlo.

28 a medias. No del todo. *Tb adj.* | Escrivá *Conversaciones* 160: Me repugna el sensacionalismo de algunos periodistas, que dicen la verdad a medias. *SInf* 20.9.75, 1: No es tiempo de rumores, tampoco es el momento de las verdades a medias. El país está serio.

29 a medias. A la mitad. *Referido a acciones.* | GPavón *Hermanas* 52: Cuando iban a medias con el jamón y la cerveza .. empezó Plinio su interrogatorio.

30 a medias. En cooperación a partes iguales entre dos (a veces más) seres. | Zunzunegui *Camino* 264: ¿Es que vamos a ir a medias en el negocio?

31 de ~ a ~. Completamente. *Con el v* EQUIVOCARSE *u otro equivalente.* | Ramírez *Derecho* 20: Pero si así piensas te equivocas de medio a medio. ZVicente *Traque* 183: Pues ya ve usted, se cuela de medio a medio. Eran juegos muy decentes.

32 en ~. En la parte central. *Tb* EN EL ~. *Tb* (*reg*) EN (EL) ~ Y ~. | * La estatua está en medio de la plaza. Cunqueiro *Crónicas* 129: Cogía flores de una mata de camomila que medraba en el medio del prado. Cunqueiro *Un hombre* 51: La Polaca se tumbó en el medio y medio de la reunión. Cunqueiro *Merlín* 97: Estaba don Merlín con José del Cairo poniendo en medio y medio de la cámara la tina grande de la colada. **b)** En posición intermedia. | J. Carabias *Ya* 11.10.70, 8: Si ustedes quieren pronunciar el apellido del premio Nobel tal como lo pronuncian en Rusia .., deberán decir Sol-ye-nít-sin, sin complicarse la vida tratando de poner en medio una "jota". **c)** Mezclándose [con una serie de perss. o cosas (*compl* DE)] o estando rodeado [de ellas]. *Tb sin compl.* | Vesga-Fernández *Jesucristo* 33: Al cabo de tres días lo hallaron en el Templo sentado en medio de los doctores. **d)** Estorbando u obstruyendo el paso. *Tb* POR ~, POR EN ~ o POR EL ~. | * No te pongas en medio, que no dejas pasar. MGaite *Retahílas* 83: Que los operarios tardan siglos en venir, que no puede ver tanto chisme por el medio, que las criadas son muy burras. **e)** Sin recoger y fuera del sitio debido. | MGaite *Ritmo* 72: Mi padre, cuando lo supo, porque yo había dejado alguno de aquellos poemas por el medio, me llamó. **f) en ~ de todo** → TODO.

33 entre medias (*tb con la grafía* **entremedias**), *o* **por entremedias.** En el espacio intermedio entre dos perss. o cosas. *Tb referido a tiempo.* | I. Millán *DMo* 1.8.74, 3: A primeros de septiembre empezarán los exámenes de los ¡ay! suspendidos. Entre medias queda un mes y pico nada más. Alfonso *España* 140: Entremedias se repasan la avaricia y la gula. SFerlosio *Jarama* 212: Atravesaron los niños de Ocaña por entremedias de los que bailaban. MGaite *Retahílas* 20: Esas viñetas de entremedias [de la revista] se me quedaron encoladas para siempre a las paredes del desván que tenemos detrás de la retina.

34 por ~, de por ~, o (*raro*) **entre ~.** En el espacio intermedio entre dos perss. o cosas. *Tb referido a tiempo.* | CBonald *Dos días* 293: El Troncho seguía hablando con el hijo de Onofre, la tabla del mostrador de por medio. Cuevas *Finca* 57: Hay cinco años de por medio. *Lab* 2.70, 36: Se da una puntada diagonal, .. dejando entre medio unos cuatro hilos.

35 por ~, por el ~, *o* **por en ~.** Por la mitad. | Torrente *Señor* 407: Por el medio del atajo corría el agua de la lluvia. Ferres *Tierra* 142: Detrás viene un grupo de chicas .. con el letrero de la fábrica en una pancarta; desfilan por en medio de la calzada.

36 por ~, de por ~, *o* **por en ~.** Interviniendo. | Zunzunegui *Camino* 213: Desde el primer momento, le rechazaste precisamente por estar ella por medio. M. Casas *Tri* 28.9.74, 20: Bien triste le resultará ahora que, sin que de por medio existan complejos intereses .., sea el mismo Ayuntamiento .. el que proceda sin el menor rubor a una destrucción innecesaria.

IV *loc prep* **37 por ~ de.** Sirviéndose de. | Villapún *Dogma* 201: Por ella se perdona la pena temporal debida por nuestros pecados que fueron ya perdonados en cuanto a la culpa y pena eterna por medio de la confesión.

V *loc v* **38 poner tierra por ~,** *o* **quitar del ~** (*o* **de en ~**) → TIERRA, QUITAR.

medioambiental *adj* De(l) medio ambiente. | M. Toharia *Inf* 5.3.79, 16: Desde que la contaminación y la ecología pasaron a ser moneda corriente de tertulias, .. la preocupación .. ha ido creciendo, hasta alcanzar un estado de prehistería medioambiental, a todas luces exagerado. A. Bourgon *DMo* 21.8.87, 48: Todos estos productos, que se propagarían a grandes distancias, provocarían graves daños medioambientales.

mediocampista *m y f* (*Dep*) Centrocampista. | E. Teus *SYa* 24.10.78, 5: Los mediocampistas madrileños se hundieron, acusando tanto Guerini como Jensen su falta de fondo físico.

mediocre *adj* De calidad mediana, tirando a baja. *A veces usada como euf por* MALO. | Laforet *Mujer* 289: Blanca, muy joven, en traje de gala y reproducida por un pintor mediocre, era irreconocible. Benet *Nunca* 15: Lo que mi mediocre triunfo me proporcionó con más satisfacción fue la indis-

mediocremente – meditable

cutida capacidad para aguantar imperturbable la mirada de mi tía Juana.

mediocremente *adv* De manera mediocre. | J. M. Kindelán *Cam* 11.5.81, 61: Es posible que el Instituto funcione mediocremente en algunos aspectos.

mediocridad *f* **1** Cualidad de mediocre. | Aranguren *Marxismo* 83: "Burgués" pasa ahora a significar .. hombre prosaico .., satisfecho en su mediocridad.
2 Pers. o cosa mediocre. | CBaroja *País* 23.12.77, 7: Un hombre puede ser mal opositor y competente, y un número uno es, a menudo, según dicta la experiencia, un perfecto melón o una mediocridad. DPlaja *Literatura* 312: Tiene tal fuerza dramática y está escrita con tanto fuego que se destaca entre todas las mediocridades de su época.

mediocrización *f* Acción de mediocrizar. | Pla *Cataluña* 118: Los llamados "santos de Olot" .. han contribuido a la mediocrización del gusto y de la sensibilidad religiosa en todos los ambientes hasta donde han llegado.

mediocrizar *tr* Dar carácter mediocre [a alguien o algo (*cd*)]. | *SYa* 1.12.88, 1: La fórmula de selección del profesorado no es satisfactoria porque "el uniformismo de la universidad estatal tiende a mediocrizarla y estandarizarla".

mediodía *m* (*tb, reg, f, en acep 1*) **1** Hora en que el Sol está en el punto más alto de su elevación sobre el horizonte. | Ortega-Roig *País* 10: El Sur .. es el lugar en que se halla el Sol al mediodía, o sea cuando este se encuentra en el punto más alto del horizonte. **b)** Tiempo del día que transcurre entre la jornada laboral de la mañana y la de la tarde, esp. la hora de comer. | Laforet *Mujer* 302: Toda la mañana estuvo disgustada con ella misma y a mediodía observó mucho al chico. MCalero *Usos* 44: La primera [comida] era antes de salir el sol. La otra, la del almuerzo. La seguía la de la mediodía.
2 Sur (punto cardinal). | Ortega-Roig *País* 10: El Sur, o Mediodía, es el lugar en que se halla el Sol .. cuando este se encuentra en el punto más alto del horizonte. **b)** Parte [de un territorio] que está hacia el Sur. | *Nue* 6.1.76, 12: Esta epidemia [de rabia] se halla actualmente en el mediodía francés.

medioeval *adj* (*lit*) Medieval. | Escobar *Amor* 297: Va quedando, por obra y gracia de la toca y el manto, convertida en una auténtica dama medioeval.

medioevo *m* (*lit*) Medievo. | Valcarce *Moral* 204: Ha fomentado el nacimiento de .. los gremios y cofradías del medioevo, los sindicatos verdaderamente profesionales.

mediofondista *m y f* (*Dep*) Deportista especializado en carreras de medio fondo. | TLarrea *CoE* 17.8.75, 40: John Walker, fuerte mediofondista neozelandés .., mejoró en un segundo y 6 décimas el anterior primado. *Ya* 26.4.88, 56: Mayte Zúñiga es, con sus espléndidos veintidós años, una de nuestras más experimentadas mediofondistas.

mediofondo *m* (*Dep*) Medio fondo (→ FONDO). | *DMa* 17.5.89, 29: Atletismo .. Martín Velasco habló del mediofondo y fondo.

mediometraje *m* (*Cine*) Película de duración comprendida entre media y una hora. | J. M. Caparrós *Mun* 17.10.70, 58: Doce fueron los países participantes, con nada menos que dieciocho filmes largometrajes, seis cortos y tres mediometrajes. *Inf* 19.12.73, 31: Estreno exclusivo de *La muerte en el jardín* (color) y *Él*. Además, el mediometraje *Huerto cerrado*.

mediomundo (*tb con la grafía* **medio mundo**) *m* Arte de pesca propio del Cantábrico, consistente en una bolsa de red sostenida por un aro de alambre del que parten cordeles que se atan al extremo de un palo. | J. Teira *Faro* 1.8.85, 32: Más tarde vino la llamada trainera, .. con ella vino el arte del cerco .., vino también el mediomundo y el palangre. *Animales marinos* 45: Pejerreyes .. Procedimiento de pesca: Chirretera, medio mundo.

mediooriental (*tb* **medio-oriental** *y* **medioriental**) *adj* De(l) Oriente Medio. | D. Giménez *Mun* 7.11.70, 21: La 25 Asamblea General de las Naciones Unidas debatía .. sobre las posibilidades de solución al conflicto medio-oriental. B. Mostaza *Ya* 6.6.72, 5: En el último año [Rusia] ha concertado pactos de cooperación con Egipto y con Irak y ha sustituido en parte a los países occidentales en la explotación petrolífera mediooriental.

mediopalatal *adj* (*Fon*) [Articulación o sonido] que se realiza en el centro del paladar. *Tb n f.* | Lapesa *HLengua* 332: La *k* y la yod de esta última forma se funden en una articulación africada sorda mediopalatal.

mediopensionado *m* **1** Régimen de(l) mediopensionista. | *GMundo* sn: Colegio Alamán .. Conviven en fraternal camaradería españoles, hispanoamericanos y extranjeros, en régimen de internado y mediopensionado.
2 Colegio, o residencia aneja a él, para alumnos mediopensionistas. | *ASeg* 13.11.62, 2: El pasado día 4, .. se ha llevado a cabo en Lérida la III reunión anual de la Colonia segoviana y amantes de Segovia, en los locales del Mediopensionado del Santo Ángel de la Guarda.

mediopensionista *adj* [Pers., esp. estudiante] que vive en régimen de media pensión. *Tb n.* | Goytisolo *Recuento* 21: Recogían el plumier, los libros y cuadernos, la cartera. Gomis era mediopensionista y por la tarde salía con los del autocar. Sampedro *Octubre* 206: Trabajaba en Larousse, en la rue Montparnasse, allí mismo, frente a un colegio de mediopensionistas.

medioriental → MEDIOORIENTAL.

mediquillo -lla *m y f* (*desp*) Médico indocto. | SSolís *Blanca* 106: Se murió sin volver a ejercer, arrastrándose enfermo a vender productos farmacéuticos a mediquillos que habían sido alumnos suyos.

medir (*conjug* **62**) *tr* **1** Determinar el valor [de una magnitud (*cd*)] por comparación con otra magnitud constante de su misma especie, tomada como término de referencia. *Tb fig, referido a cosas no físicas.* | Marcos-Martínez *Aritmética* 118: Para medir una longitud basta ver cuántas veces contiene esta al metro. CNavarro *Perros* 23: Sus brazos se balanceaban como alas rotas, igual que péndulos que midieran el tiempo. Escrivá *Conversaciones* 146: Yo la solidaridad la mido por obras de servicio. **b)** Determinar el tamaño o la cantidad [de algo (*cd*)] por medio de la unidad de medida correspondiente. *Más raro, referido a estatura de perss.* | Marcos-Martínez *Aritmética* 130: Las unidades de capacidad son las que sirven para medir líquidos y ciertas materias secas (cereales, legumbres...). * Voy a medir al bebé. **c)** (*TLit*) Establecer la medida [de un verso (*cd*)]. | Amorós-Mayoral *Lengua* 36: Las sinalefas .. no sabemos contarlas. Sin embargo, es muy importante saber hacerlo, sobre todo para medir bien los versos.
2 Poner a competir la fuerza o la valía [de alguien o algo (*cd*) frente a otra pers. o cosa (*compl* CON)]. *A veces el cd es refl. Con suj pl, hay un compl único que es cd.* | J. M. HPerpiñá *Zar* 27.1.69, 17: Había medido sus puños con siete campeones del mundo. *Hie* 19.9.70, 10: Participan, en peleas a la americana, Aisa, que se medirá con Neches. F. APeratoner *DBu* 18.7.64, 5: El Dato tuvo que medirse con el destructor Alcalá Galiano, que le superaba en todo. **b)** Confrontar [cosas no materiales, esp. fuerzas o ingenios]. | J. M. Castaños *SYa* 28.9.75, 7: Tan próximos llegaron a estar ambos bandos que se observaban a simple vista y hacían maniobras de dispersión, como si ninguno pretendiera medir las fuerzas.
3 Considerar o calcular la importancia [de algo (*cd*)]. | R. Frühbeck *SAbc* 20.9.70, 11: Problemas son estos que hay que tener en cuenta, medirlos y pesarlos con cuidado.
4 Usar moderación y prudencia [en algo (*cd*)]. *Tb, más raro, con cd refl, referido a pers.* | Fraga *Pue* 20.12.75, 5: Mido, pues, cuidadosamente mis palabras, como mediré mis hechos. *Sáb* 10.9.66, 31: Ahora hace seriales de televisión. Pero midiéndose mucho, para no cansar.
5 Recorrer [un espacio limitado] reiteradamente de un extremo a otro. | * Medía a grandes pasos la habitación. **b) ~ las costillas, las espaldas, el lomo, el suelo** → COSTILLA, ESPALDA, LOMO, SUELO.
6 Tener [un cuerpo (*suj*)] por medida [cierto número de unidades métricas]. *A veces la medida se expresa de modo aproximado por medio de un cuantitativo.* | Marcos-Martínez *Aritmética* 125: El túnel Simplón que atraviesa los Alpes mide 18 Km. * Esta finca mide bastante.

meditable *adj* Que se puede meditar [1]. | *Ya* 28.5.75, 7: Siguen estos consejos, que serían meditables por viejos tanto como por cristianos del manantial mismo.

meditabundo – medroso

meditabundo -da *adj* [Pers.] que medita. | Vitinowsky *Cod* 9.2.64, 7: Se continuá con el interminable monólogo del meditabundo Rodríguez. **b)** Propio de la pers. que medita. | Onieva *Prado* 200: El primero [de los fragmentos] es una media figura de mujer puesta de perfil, con rostro meditabundo y un brazo bien visible que es por sí solo una obra maestra.

meditación *f* Acción de meditar. | Olmo *Golfos* 133: Aunque su modo de estar parecía el de un meditador, no era[n], no podían ser meditaciones lo que así la tenía.

meditadamente *adv* Con meditación. | Espriu *ByN* 17.7.76, 5: Mi sintaxis es muy clara, muy meditadamente sencilla.

meditador -ra *adj* Que medita. *Tb n, referido a pers.* | Olmo *Golfos* 133: Su modo de estar parecía el de un meditador.

meditante *adj* (*lit*) Que medita. | C. Lama *Abc* 21.5.67, 6: Golmayo tiene ochenta y cuatro años tranquilos, meditantes.

meditar A *tr* **1** Pensar larga y detenidamente [sobre algo (*cd*)]. | J. Aldebarán *Tri* 11.4.70, 16: Kitchener tuvo un gesto salvaje, pero meditado.
B *intr* **2** Pensar larga y detenidamente [sobre algo (*compl* SOBRE o EN)]. *Frec sin compl, esp referido a temas religiosos.* | Arce *Testamento* 71: Meditando sobre las pocas posibilidades de éxito que pudiera tener una intentona semejante, di en pensar en cómo se les había ocurrido raptarme. Arce *Testamento* 16: Meditaba en todo ello, cuando Enzo apareció. Matute *Memoria* 67: Se confesaba tres o cuatro veces por semana, y luego meditaba largo rato con la cabeza entre las manos, cara al altar.

meditativo -va *adj* **1** Dado a la meditación. | L. Sagrera *SAbc* 2.8.70, 47: Pasa la mitad del año en la Universidad de Har[v]ard como profesor y la otra mitad en Benares, viviendo como un anacoreta meditativo.
2 De (la) meditación. | GPavón *Reinado* 157: Con aire meditativo quedó mirando la ventana abierta. *Santander* 7: Llegó en 1556, cargado de marchitos laureles, .. para encerrarse en la soledad meditativa de Yuste.

mediterraneidad *f* Cualidad de mediterráneo [1]. | R. Manzano *Arte* 4.72, 63: He aquí una pintura vieja y nueva, rezumando mediterraneidad.

mediterráneo -a I *adj* **1** De(l) mar Mediterráneo, o de la zona bañada por él. | Zubía *Geografía* 133: 1. Zona atlántica: bosques de hoja caduca, praderas. 2. Zona mediterránea: árboles de hoja perenne. Palomino *Torremolinos* 83: Por la ventana del cuarto de baño entra la luz mediterránea, reveladora y despiadada. **b)** [Clima] caracterizado por veranos secos y calurosos y una estación lluviosa en invierno. | Ortega-Roig *País* 48: La zona .. que da sobre el Mar Mediterráneo [tendrá] clima mediterráneo. **c)** [Pueblo] de raza blanca, caracterizado por estatura media y cabellos y ojos oscuros, que se extiende por las costas europeas y africanas del Mediterráneo. | Zubía *Geografía* 87: Pueblos de raza blanca: germanos, eslavos, mediterráneos.
2 (*Geogr*) [Mar o aguas] que están rodeados total o casi totalmente de tierra. | Zubía *Geografía* 43: Los mares .. Pueden ser: Continentales o mediterráneos .. Litorales .. Cerrados.
II *m* **3 el Mediterráneo**, o **un ~**. Algo muy conocido por todos. *Con el v* DESCUBRIR *o algún derivado suyo; usado irónicamente.* | VNu 5.6.71, 5: No creemos descubrir ningún mediterráneo si señalamos la distancia que había entre los modos de enfocar los problemas de *Vida Nueva* y algunas de las posiciones adoptadas en los penúltimos años por don Casimiro. G. Estal *SYa* 12.10.75, 3: Es difícil saber enseñar. Pero hay reglas de valor eterno. Conocer algunas impide la tentación, tantas veces seguida por profesores noveles, de descubrir mediterráneos y caer en el peligro de desconcertar al alumno.

médium (*pl normal, ~s*) *m* y *f* (*Parapsicol*) Pers. a la que se considera con facultades para actuar de intermediaria en comunicaciones con los espíritus. | Salvador *Haragán* 69: Quizá pueda usted convertirse en una médium de buena calidad. Prego *Teatro 1959* 316: Esta vez López Rubio se ha encontrado realizado el escenario, y sobre él ha instalado a un psiquíatra y varios "médiums".

mediúmnico -ca *adj* (*Parapsicol*) De(l) médium. | Torrente *Saga* 40: El Espiritista me atribuía, desde el principio de nuestra amistad, grandes aptitudes mediúmnicas.

mediumnidad *f* (*Parapsicol*) Facultad del médium para comunicarse con los espíritus. *Tb la práctica correspondiente.* | J. M. Reverte *Méd* 27.11.87, 72: No todo en el vudú es espiritualidad, curación, invocación a los buenos *loas*, ofrendas, cantos y danzas, mediumnidad y ceremonias religiosas.

mediumnismo *m* (*Parapsicol*) Carácter o condición de médium. | JLozano *Tri* 25.5.72, 29: En las perturbaciones vertebro-medulares se han observado frecuentemente manifestaciones de un cierto "mediumnismo".

medo -da *adj* (*hist*) De Media (antigua región de Asia). *Tb n, referido a pers.* | Arenaza-Gastaminza *Historia* 19: En la meseta del Irán, los iranios forman también dos grupos: Los medos .. Y los persas. **b)** De (los) medos. | Arenaza-Gastaminza *Historia* 20: El Imperio medo se formó hacia el siglo VIII.

medra *f* Medro o crecimiento. | Cunqueiro *Un hombre* 20: Aunque le gusta subir hasta el palacio con la mano derecha apoyada en tu hombro, ya con sus medras no va cómodo. SSolís *Camino* 130: Tampoco ha crecido mucho, aunque todavía puede dar un estirón, pero no creo .. Mari Pili, en cambio, lleva buena medra, va a ser altísima.

medrador -ra *adj* Que medra. *Tb n, referido a pers.* | *Ya* 19.11.89, 21: Las actuaciones poco o nada éticas de los que tergiversan o manipulan la voluntad popular merecen ser castigadas .. para evitar que su mal ejemplo no [*sic*] cunda en otros avispados medradores.

medraje *m* (*raro*) Medro. | J. M. García *Ya* 16.12.91, 3: El baloncesto es un ídolo con pies de barro porque así lo han querido unos descerebrados y vividores mandatarios que han hecho de la figuración y el medraje la asignatura de su vida.

medrana *f* (*jerg*) Miedo. | P. J. Rey *Sur* 25.8.88, 10: Y ella, la Uli, que nunca tuvo cosas de esas, temblaba de medrana.

medrar *intr* **1** Crecer [un ser vivo]. | F. Martino *Ya* 22.11.75, 16: En el intestino suele haber otros organismos que medran a expensas de los anteriores. Delibes *Ratas* 131: Los topos le minaban el huerto e impedían medrar las acelgas y las patatas.
2 Prosperar, o mejorar de posición, esp. en el aspecto económico. | Valcarce *Moral* 109: Este deber de los alumnos no es acusitismo, porque el móvil del denunciante no es medrar, sino sano interés por el descarriado.
3 estar medrado. Estar arreglado o apañado. *En sent irónico. El part se antepone al v. Normalmente en la fórmula* MEDRADOS ESTAMOS. | * Como siga este ministro, medrados estamos. Valencia *Mar* 23.11.70, 3: Si redacta sus informes tan mal como defiende las notas enviadas por la FIFA, medrado está este organismo, bien en pleno, bien cuando usurpa su nombre una patrulla arbitral.

medro *m* Acción de medrar. | F. Martino *Ya* 21.5.75, 42: Las raíces del vegetal absorben de este agua lo que les conviene para su medro, cosa que no puede hacer el hombre con el agua que ingiere. Escrivá *Conversaciones* 161: La información verdadera .. no se deja llevar por motivos de medro.

medrón *m* (*Caza*) Nudo o anillo de la cuerna de la cabra montés. | Cela *Judíos* 265: El montés es de color rojizo, con los costados, las patas y las nalgas negros, áspera crin al cuello y medrones rugosos y potentes.

medrosamente *adv* (*lit*) De manera medrosa. | Benet *Nunca* 70: El suelo se había vencido en el centro, y los grandes aparadores y trincheros parecían vacilar medrosamente.

medrosidad *f* (*lit*) Cualidad de medroso. | *País* 15.2.77, 8: El afán por el secreto puede obedecer a móviles múltiples, desde el interés a la medrosidad. GLuengo *Extremadura* 60: La fresca resonancia del pozo parece atraer a veces con una oscura medrosidad.

medroso -sa *adj* (*lit*) **1** Que siente temor. *Tb fig.* | García *Abc* 27.3.75, 3: Nos angustian la deserción y el aban-

médula – megafonía

dono, aunque sean transitorios, de sus discípulos, medrosos. GPavón *Hermanas* 21: Bandadas de rebuscadores pasaban minuciosos entre los hilos, husmeando .. el racimo medroso bajo el sobaco de la cepa.
2 Que denota o implica temor. | Buero *Lázaro* 100: Mirándola con ojos medrosos, articula con esfuerzo. Delibes *Madera* 27: Atendía al niño con medroso distanciamiento, como a algo santo o diabólico.
3 Que produce temor. | Lera *Boda* 736: La ventana daba al corral, oscuro y medroso en aquellas altas horas.

médula (*tb, raro,* **medula**) *f* **1** Sustancia grasa, blanca o amarillenta, que se halla dentro de algunos huesos. | Trévis *Extremeña* 55: En el medio litro de leche se empapa la miga de pan, a la que se le añade el tocino graso picado menudamente y la médula de vaca.
2 Prolongación del cerebro situada en el interior de la columna vertebral. *Tb* (*Anat*) ~ ESPINAL. | Torrente *Off-side* 10: La voz dengosa de Sarita Montiel deja el aire transido de cachondeces insinuadas que alcanzan al mismo tiempo la medula de Moncha y ese lugar secreto de su alma donde yacen los deseos reprimidos. Bustinza-Mascaró *Ciencias* 37: Todas las vértebras tienen un agujero más o menos perfecto por donde pasa la médula espinal.
3 (*Anat*) Porción central [de un órgano]. *Se opone a* CORTEZA. | Cañadell *Salud* 362: La médula suprarrenal produce adrenalina.
4 (*Bot*) Parte interior de la raíz o el tallo de las plantas fanerógamas, usada a veces en cestería. | Alvarado *Botánica* 21: El parénquima central [en la raíz] se llama médula .., y las porciones parenquimáticas, que partiendo de él separan unos de otros los haces conductores, se denominan radios medulares. Marcos-Martínez *Física* 303: El algodón, el papel de filtro, la medula de saúco, etcétera, están constituidos de celulosa casi pura. GTelefónica *N.* 268: Cestería "La Concordia". Especialidad en sillerías de Manila. Junco. Mimbre y Médula. Cestería en general.
5 Parte esencial [de algo]. | P. VSanjuán *Abc* 28.8.66, 60: Las figuras de Unamuno, Menéndez Pidal y Marañón .. son la médula del libro.

medular[1] *adj* De (la) médula. | Navarro *Biología* 80: Los canales de Havers son espacios medulares muy reducidos. Pinillos *Mente* 74: En el hombre, la transformación automática de las excitaciones sensoriales en acciones reflejas no se realiza, por lo general, a nivel exclusivamente medular. Bustinza-Mascaró *Ciencias* 233: Entre esos haces de vasos [de la raíz] hay células formando los radios medulares. Torbado *En el día* 203: Dedicó la parte medular de su discurso a insultar agriamente a algunos miembros del gobierno.

medular[2] *tr* Constituir la médula [5] [de algo (*cd*)]. | Al. MAlonso *Cam* 11.5.81, 41: A través de ellos se define la condición de miembro, .. sus posibilidades de pasar de la base a los órganos de diverso nivel que medulan el partido, que son el partido. Aldecoa *Cuentos* 2, 306: Hablaría de cualquier cosa .. De cualquier cosa, pero con la temida corriente interior medulando todas sus frases, cargándolas de intención.

medularmente *adv* Esencialmente. | Laín *Descargo* 79: Esplendían allí el saber médico, el señorío, la bondad, el espíritu medularmente liberal .. del maestro. P. Urbano *Abc* 17.9.83, 21: Negarle "el papel" a la oposición y la "representación social" a los escaños no socialistas, es algo tan, tan grave que atenta medularmente contra la esencia de nuestra democracia.

meduloso -sa *adj* (*raro*) Que tiene médula. | Espinosa *Escuela* 223: Cagones, untuosos, .. farragosos y medulosos. ¡Esto sois!

medusa *f* Celentéreo transparente y gelatinoso, en forma de sombrilla o campana bajo la cual se encuentran la boca y los tentáculos. | Bustinza-Mascaró *Ciencias* 114: Una medusa es una forma libre, flotante, como una campana invertida.

meeting (*ing; pronunc corriente,* /mítin/; *pl normal,* ~s) *m* Mitin (político o deportivo). *Hoy raro in sent político.* | Alfonso *España* 166: Entenderlo [el progreso] de forma más estrecha y materialista resulta propio de un *meeting* del tiempo del charlestón. J. Morera *Van* 11.4.71, 30: Aunque la temporada internacional natatoria ha empezado ya en algunas partes, y por lo que respecta a España, con la participación en los meetings abiertos .., la verdadera temporada internacional se inicia en estos días. *Ya* 13.6.90, 59: La Comunidad de Madrid se replantea seriamente su "meeting" de atletismo. *Ya* 8.8.86, 34: Quiniela hípica. Comienza el "meeting" de la Semana Grande.

mefistofélicamente *adv* (*lit*) De manera mefistofélica. | E. Romero *Imp* 4.1.78, 1: ¿Qué es el Centro –bien mirado– sino una pura homosexualidad ideológica? O se está (aunque sea civilizadamente) con la derecha, o se está (aunque sea mefistofélicamente) con la izquierda.

mefistofélico -ca *adj* (*lit*) Diabólico. | J. J. Garcés *Abc* 20.9.70, 45: Drogadictos, sádicos más o menos mefistofélicos y demás fauna ¿no son el nombre "pericolo[s]o" de que nos hablaban los italianos?

mefítico -ca *adj* [Aire o gas] nocivo y maloliente. | Delibes *Pegar* 200: El aire libre va dejando de serlo; va dejando de ser libre y puro para convertirse en aire estancado, mefítico. L. Calvo *SAbc* 16.3.69, 18: Diríase que efunden a su alrededor un vaho mefítico que ampara su aislamiento y previene el acceso a prójimos y semejantes. **b)** Fétido o maloliente. | CBonald *Ágata* 106: Dejó en la superficie un cerco oblongo de aguas inmundas, velozmente succionadas hacia el mefítico lecho de fango en que se hundía el cadáver.

mega *m* (*Informát*) Megabyte. | *SPaís* 5.5.93, 8: El modelo 300 incluye una memoria de 32 megabytes, disco de 1054 *megas* y monitor en color de 16 pulgadas.

mega- *r pref* **1** (*E*) Un millón. *Antepuesta a ns de unidades de medida, forma compuestos que designan unidades un millón de veces mayores.* | *Por ej: Unidades* 37: Factor por el que se multiplica la unidad: 1.000.000 = 10^6. Prefijo: mega. Símbolo: M. M. RElvira *SPaís* 16.1.83, 16: En el proceso de fusión se obtienen partículas alfa que se convierten luego en helio, con una energía de cuatro megaelectronvoltios (MeV), y neutronos. *DMa* 17.5.89, 14: Esta subestación se proyectará para una potencia de sesenta mega-voltio-amperios (MBA), y contará con dos transformadores de 30 MBA cada uno.
2 *Denota magnitud o dimensiones extraordinarias.* | *Por ej:* J. Berlanga *Abc* 8.10.93, 89: La operación la financia un megamillonario excéntrico. *Ide* 30.8.91, 6: Su poder de convocatoria solo puede ser eclipsado por la megapopularidad del trío Mecano. J. A. Padrón *Día* 23.9.75, 12: Los ya denominados megatanques que, de más de 500.000 toneladas, pronto superarán a los "Ultra" del Boleo. L. I. Parada *Abc* 21.3.93, 45: En ninguno de ellos aparece nada que se refiera a las megatendencias, esas fuerzas que transforman la economía, los negocios, la tecnología, la sociedad y el mundo.

megabit (*pl,* ~s) *m* (*Informát*) Unidad de información que equivale a un millón de bits. | RJiménez *Tecnologías* 15: Se anuncia la entrada en el mercado de las [memorias] de 1.000.000 de bits, o un megabit.

megabyte (*ing; pronunc corriente,* /megabáit/ o /megabíte/) *m* (*Informát*) Unidad equivalente a 1.048.576 bytes. | *Can* 4.10.91, 59: Se vende PC Philips. 640 K de RAM, 40 megabytes de disco duro.

megacariocito *m* (*Anat*) Célula gigante de la médula ósea. | Navarro *Biología* 112: La mayor parte de los histólogos consideran a las plaquetas como el resultado de la fragmentación del citoplasma de células gigantes o megacariocitos de la médula roja de los huesos.

megaciclo *m* (*Fís*) Unidad de frecuencia equivalente a un millón de ciclos. | *Navarra* 85: "Radio Requeté de Navarra" .. Emite en frecuencia modulada en 99,1 megaciclos, y en onda media en 1.394 kilociclos, equivalentes a 215 metros.

megacolon *m* (*Med*) Tamaño anormalmente grande del colon. | M. Aguilar *SAbc* 4.1.70, 54: Hay defectos anatómicos como el dolicocolon y el megacolon.

megaesófago *m* (*Med*) Dilatación grande del esófago. | Alcalde *Salud* 306: Las dilataciones del esófago pueden ser difusas (megaesófago) o circunscritas (divertículo).

megafonía *f* **1** Técnica de aumentar el volumen del sonido. | *Inf* 2.5.74, 9: Intervino la Policía, que detectó un sistema de megafonía, con una cinta magnetofónica, que emitía la proclama a través de unos amplificadores.

2 Sistema o conjunto de aparatos de megafonía [1]. | *Ide* 13.8.89, 6: Esta construcción se remata con una torreta con reloj electrónico y megafonía cuya amplitud interior ha permitido situar el archivo municipal.

megafónico -ca *adj* De (la) megafonía. | *Abc* 9.2.68, 46: En la planta baja se encuentran la portería, central telefónica y megafónica, vestíbulo.

megáfono *m* Bocina, a veces provista de micrófono, que se aplica a la boca para reforzar la voz. | Pemán *Abc* 26.12.70, 3: Algunos creen que "persona" viene de la bocina o megáfono que añadían a sus máscaras los actores griegos. FSantos *Catedrales* 119: Esta tercera catedral tiene aún más cerca el mar, está tan próxima que desde sus cornisas pueden verse arrimar a los barcos al malecón del puerto, a fuerza de gritos, maromas, megáfonos y voces.

megahercio *m* (*Fís*) Unidad de frecuencia equivalente a un millón de hercios. | *SPaís* 5.5.93, 8: Este pequeño equipo incorpora el microprocesador de bajo consumo de Intel 386-SL de 3,3 voltios a 25 megahercios.

megahertz (*pl invar*) *m* (*Fís*) Megahercio. | Catalá *Física* 36: También se usan los múltiplos Kilo y Megahertz, equivalentes al Kilociclo o Megaciclo por segundo, respectivamente.

megalítico -ca *adj* (*Prehist*) [Construcción] de grandes piedras sin labrar. | Pericot *Polis* 26: Los grandes sepulcros megalíticos, como la Cueva de Menga, en Antequera, son, sin duda, sepulturas de linajes reales. **b)** De (la) construcción megalítica. | Arenaza-Gastaminza *Historia* 11: Las culturas neolíticas en la Península: .. La cultura de Almería .. La cultura megalítica.

megalitismo *m* (*Prehist*) Cultura megalítica. | Pericot-Maluquer *Humanidad* 153: Desde la isla de Córcega, el megalitismo llega al sur de Francia y el Pirineo catalán.

megalito *m* (*Prehist*) Monumento megalítico. | P. Losán *Ya* 10.4.75, 45: La hipótesis se refuerza con la analogía entre restos arqueológicos hallados en diferentes latitudes. Como ejemplo puede servir lo que se ha dado en llamar la civilización de los megalitos.

megalocefalia *f* (*Med*) Macrocefalia. *Tb fig, fuera del ámbito técn.* | J. Pasquau *Abc* 14.12.75, sn: Hoy el miedo es pensar que, a lo mejor, la civilización futura va a ser quasimodesca. ¿Va a tener, pues, la giba, los miembros deformes, la megalocefalia grotesca de un monstruo?

megalomanía *f* Manía de grandeza. | Aparicio *HLM* 27.5.74, 3: El conde duque de Olivares puso fin a su enorme pasión de mandar, víctima de su megalomanía y de las intrigas de Francia.

megalómano -na *adj* Que tiene megalomanía. | FMora *Abc* 30.12.65, sn: Frente al Valle-Inclán megalómano, bohemio, histriónico y fantástico .. Sender aporta un testimonio personal. **b)** Propio de la pers. megalómana. | MPuelles *Hombre* 97: Si la presunta dignidad del hombre es tan solo el emblema de una arrogancia que se nutre de su propia afirmación, todo podría quedar en un puro y simple gesto megalómano.

megalopólico -ca *adj* (*raro*) De (la) megalópolis. | Vega *Corazón* 70: Frente al hecho megalopólico se han ofrecido y se ofrecen soluciones urbanísticas protectoras o preventivas.

megalópolis *f* Ciudad gigantesca. | Areilza *Artículos* 146: Esa España está hoy sustancialmente asentada en ciudades .. de crecimiento rápido, impresionante, que las convertir[á] pronto en megalópolis americanizadas.

megapólico -ca *adj* (*raro*) De (la) megápolis. | Aparicio *HLM* 27.5.74, 3: Las tesis de algunos economistas .., que propugnan .. la agonía del campo, la despoblación de la naturaleza bucólica e interior, en beneficio de las conurbaciones megapólicas.

megápolis *f* Megalópolis. | Delibes *Pegar* 199: Yo me he aproximado a las pequeñas comunidades, dominado por la idea de que la megápolis uniformaba al hombre.

megapolitano -na *adj* (*raro*) De (la) megápolis. | FCruz *Abc* 22.3.73, 3: En las más pequeñas ciudades y aldeas, y en las ciudades de tipo megapolitano con millones de habitantes, la actitud de los hombres y mujeres es análoga.

megárico -ca *adj* (*hist*) De Megara (antigua ciudad griega). *Esp referido a la escuela filosófica de Euclides. Tb n, referido a pers.* | GÁlvarez *Filosofía* 1, 134: Los escépticos se vinculan a los sofistas y a los megáricos.

mégaron *m* (*hist*) Sala rectangular con hogar en el centro y rodeada por cuatro pilares, propia del período prehelénico. | Tejedor *Arte* 53: El atrium, correspondiente al mégaron griego, era un verdadero santuario.

megaterio *m* (*Zool*) Gran mamífero fósil de las eras terciaria y cuaternaria, propio de América del Sur (*gén. Megatherium*). | L. Calvo *SAbc* 12.4.70, 10: Llegaron los "prodigiosos españoles" a Zuni –cruzando la Arizona yerma y tupida, tupida de cactus espantables, cuaternarios, como megaterios–.

megatón *m* (*Fís*) Unidad de potencia equivalente a la energía desprendida por una carga de un millón de toneladas de trinitrotolueno. *Se emplea para expresar la potencia de bombas o proyectiles nucleares.* | *Van* 4.11.62, 12: Rusia ha detonado hoy un artefacto nuclear con potencia de cuatro megatones, en la atmósfera, sobre la zona de Nueva Zembla.

megatonelada *f* (*Fís*) Megatón. | *Ya* 26.10.62, 10: Rusia posee bombas de una potencia que oscila entre 10 y 60 megatoneladas.

megatónico -ca *adj* (*Fís*) De(l) megatón o de (los) megatones. | MCampos *Abc* 18.3.73, 3: Hablan de armas estratégicas –o de cabezas megatónicas– cuando se refieren a la actuación recíproca y directa que puede resultar de la escalada impuesta por los Estados Unidos a sus aliados del O.T.A.N.

megavatio *m* (*Electr*) Unidad de potencia eléctrica equivalente a un millón de vatios. | J. M. Moreiro *SAbc* 25.1.70, 47: Pronto será terminada la central térmica de La Robla, para entrar en funcionamiento con un primer grupo que contará con una potencia instalada de 250 megavatios.

mego -ga *adj* (*raro*) Manso o apacible. | Espinosa *Escuela* 527: Nosotros, los adjuntos y anexados, .. megos, cencerros de amén, .. alzamos, envidiosos, esta merecida celebración.

mehala *f* (*hist*) Cuerpo del ejército regular marroquí. | Ero *Van* 14.7.74, 30: Me chocaba contemplar el césped ocupado por una concentración de mujeres moras, que debían tener algo que ver con los marroquíes encuadrados en los tabores de regulares y en las mehalas jalifianas.

meiba → MEYBA.

meigallo *m* (*reg*) Embrujamiento o hechizo. | Torrente *Señor* 13: Desde entonces se concretó como profesional del *meigallo* científico. J. F. Janeiro *País* 23.3.79, 18: El uso de reliquias tiene su exponente máximo en el Corpiño, santuario situado a cuarenta kilómetros de Santiago de Compostela, al que diariamente son llevadas personas para curar el *meigallo* o mal de ojo.

meigo -ga (*reg*) **A** *m y f* **1** Brujo. *Gralm designando mujer.* | *Tri* 5.12.70, 44: La agonía, la violencia, la decrepitud, entre meigas y mortajas, de "Romance de Lobos" se nos hace ornamento.

B *f* **2** Gallo (pez). | *Voz* 8.11.70, 3: En cajas de 40 kilos, la actividad fue la siguiente: 1 de abadejo, a 430 [pesetas]; .. 2 de meigas, a 1.540.

meila *f* (*reg*) Manzana silvestre. | I. Cicero *Ale* 30.6.85, 28: En la coldra lleva a veces zumo de manzanas silvestres machacadas, que en Liébana se llaman maíllas y en Polaciones meilas.

meiosis *f* (*Biol*) Mitosis en que el número de cromosomas se reduce a la mitad. | Navarro *Biología* 67: La meiosis es un proceso reduccional.

meiótico -ca *adj* (*Biol*) De la meiosis. | Navarro *Biología* 209: La primera división de maduración es reduccional o meiótica.

meistersinger (*al; pronunc corriente*, /maistersínger/) *m pl* Poetas músicos alemanes de los ss. XIV al XVI, que organizados en corporaciones, hacen una poesía formalista y alegórica de tema pralm. moral. | Tejedor *Arte* 126: Los *meistersinger* alemanes, el inglés Chaucer, los españoles Pero López de Ayala y Arcipreste de Hita .. marcan a la vez su lado medieval y su interés por la antigüedad clásica.

mejanero -ra *adj* De la Mejana (isla que forma el Ebro en Tudela, Navarra). *Tb n, referido a pers.* | J. M. Busca *VozR* 19.7.75, 33: Conversaba con un mejanero que había asado unos tomates a la vera de mis chuletas. GSerrano *Madrid* 182: Se ha olvidado de poner a Pamplona .. Veo a la España turística despojada de San Fermín, el encierro, la corte de Estella .., Leyre y la Oliva, la jota mejanera.

mejicanada (*tb con la grafía* **mexicanada**) *f* Cosa que presenta exagerado, falseándolo, el carácter mejicano. | PLozano *SYa* 3.12.72, 23: Mario Moreno (Cantinflas) será Sancho Panza .. Uno le temía, la verdad, a la posible "mejicanada".

mejicanidad (*tb con la grafía* **mexicanidad**) *f* Condición de mejicano. | MGalván *Tri* 15.9.73, 49: La mexicanidad hiriente de José Luis Cuevas lo convierte siempre en un expresionista.

mejicanismo (*tb con la grafía* **mexicanismo**) *m* **1** Palabra o rasgo idiomático propios de la lengua mejicana o procedentes de ella. | Laín *Gac* 5.10.75, 19: En nuestro diccionario .. hay a corto y como quinientos quechuismos, bastantes menos guaranismos y .. una cantidad de mexicanismos que ni con mucho corresponde a la auténtica realidad social del idioma común.
2 Condición de mejicano, esp. amante de lo mejicano. | MGalván *Tri* 15.9.73, 49: No hablo de "mexicanismo", que puede ser un hecho deliberado; hablo de "mexicanidad".

mejicano -na (*tb con la grafía* **mexicano**) **I** *adj* **1** De Méjico. *Tb n, referido a pers.* | Arenaza-Gastaminza *Historia* 179: Desembarcó [Cortés] en el litoral mejicano, donde fundó Veracruz. *Hie* 19.9.70, 3: Se celebró el enlace matrimonial de la señorita Inmaculada .. con el joven ingeniero químico mexicano Jaime Porres.
II *m* **2** Español hablado en Méjico. | Delibes *Año* 78: Una película norteamericana debe exhibirse en inglés .., una francesa en francés y una mexicana en mexicano.
3 Nahua (idioma). | Tovar *Español* 519: Se refiere a cátedras de cakchiquel y mejicano en Guatemala.

mejilla *f* Parte carnosa de las dos que hay a los lados de la cara. | Cunqueiro *Un hombre* 12: Mantenía las palmas mojadas contra las soleadas mejillas durante unos instantes.

mejillón *m* Molusco lamelibranquio de concha negra por fuera y azulada por dentro, que vive en grandes grupos fijos en los escollos (*Mytilus edulis*). | Bernard *Salsas* 42: Si esta salsa acompaña mejillones, se utiliza el agua de cocer estos.

mejillonada *f* Comida que consiste básica o exclusivamente en mejillones. | *Faro* 29.7.75, 18: Tendremos una mejillonada única y exclusivamente para el personal, el sábado día 2, en los comedores de la empresa.

mejillonero -ra *adj* De(l) mejillón. | *Hora* 16.1.77, 15: Caótica situación del sector mejillonero. **b)** Dedicado a la explotación del mejillón. *Tb n: m y f, referido a pers; f, referido a barca, plataforma o empresa.* | *Inf* 16.5.74, 11: En Santiago de Compostela se constituyó ayer la Sociedad Mejillonera de Galicia (SOMEGA), para explotación de mejillones. G. GMartín *País* 2.10.76, 35: Mejilloneros de las rías de Pontevedra, Arosa y Vigo han decidido solicitar a la administración medidas que garanticen una reducción del 50 por 100 en la producción del bivalvo. *Barcelona* 201: Embarcaciones dedicadas a la pesca .. Mejilloneras, 101. J. J. Perlado *Alc* 14.12.59, 10: Cerca de las orillas, las mejilloneras tensan sus cuerdas, amparan las larvas, sobre ellas crecen las mejores especies.

mejilludo -da *adj* (*raro*) De grandes mejillas. | Goytisolo *Recuento* 433: La sensación que pudiera provocarnos, por ejemplo, la aparición de un payés mejilludo con los labios pintados de rouge.

mejor **I** *adj* (*comparativo de* BUENO) **1** Más bueno. *El segundo término comparado va introducido por* QUE *o* DE. | *Sp* 19.7.70, 53: La Orquesta de París .. en un tiempo récord se ha situado entre las mejores de Europa. **b)** *A veces se omite el segundo término.* | *Alc* 1.1.55, 3: Periodistas y escritores que .. sean, a través de sus colaboraciones .., como la llama viva del mejor espíritu. **c) lo ~.** Lo más selecto. *Seguido de un compl* DE. | DCañabate *Paseíllo* 116: Ahí estarán amontonando dinero para no disfrutarlo, y yo a la corrida de la Beneficencia, a pintarla entre lo mejorcito de Madrid.
II *loc v* **2 ir a ~.** Mejorar [5]. | * El enfermo parece que va a mejor.
III *adv* (*comparativo de* BIEN[1]) **3** Más bien, de manera más buena o conveniente. *El segundo término comparado va introducido por* QUE *o* DE. | Hoyo *Glorieta* 60: En el colegio daba las lecciones .. mejor que ninguno, pero al revés. * Las cosas salieron mejor de lo que yo creía. **b)** *A veces se omite el segundo término.* | Cunqueiro *Un hombre* 11: Se levantó .., y dio unos pasos para mejor poder contemplar la curva de la muralla.
4 Con preferencia. *El segundo término comparado va introducido por* QUE. | Grosso *Capirote* 138: A la derecha quedaba el barrio de chabolas .. Deseó vivir allí mejor que en el Vacíe General. **b)** *A veces se omite el segundo término.* | Delibes *Cinco horas* 190: Para pasar malos ratos mejor me quedo en casa.
5 *En final de frase o como réplica, expresa aprobación, a veces irónicamente.* *Tb* TANTO ~, ~ QUE ~ (*enfático*). | Cela *Rosa* 118: –Camilo José, tú eres un culo de mal asiento. –¡Mejor! Salom *Delfines* 403: –¡Soy así, pienso así! –Mejor que mejor. Eres inteligente, apasionado, persuasivo. Me gustas.
6 a lo ~. (*col*) Quizá. *Con v en ind.* | Medio *Bibiana* 15: ¿Qué sabemos nosotros de las cosas de los chicos de ahora? .. Nada. A lo mejor, ni ellos mismos saben lo que quieren.
7 a más y ~ → MÁS; **~ dicho** → DECIR.
8 ~ o peor. De una manera o de otra. | * Mejor o peor, el caso es que lo ha hecho.

mejora *f* **1** Acción de mejorar [1, 2 y 5]. *Tb su efecto.* | C. SBeato *Rev* 7/8.70, 18: Personas beneficiadas por su amistad se podría citar a muchas. Su mismo padre, iniciado por ella en la oración mental y en la mejora de vida. *Tel* 15.6.70, 56: Se ocupa del estudio y promoción en la mejora de la vivienda.
2 (*Der*) Porción de bienes que, además de la legítima, deja el testador a un descendiente. | Ramírez *Derecho* 49: El adoptado .., si concurre con hijos legítimos y la sucesión es testada, no puede percibir por mejora más que el hijo legítimo menos favorecido.

mejorable *adj* Que puede o debe ser mejorado [1]. | *Inf* 4.7.74, 7: La historia de la expropiación viene de largo, .. concretamente desde 1970, en que el entonces I.N.C., aplicando la ley de Fincas Manifiestamente Mejorables, .. decidió la expropiación de la misma.

mejorador -ra *adj* Que mejora [1]. | *Jaén* 68: Han dado [los sementales] un excelente resultado como mejoradores de la población ovina indígena.

mejoramiento *m* Acción de mejorar [1 y 5]. | Aranguren *Marxismo* 112: Las "leyes sociales" .. empujan al marxismo a luchar por el mejoramiento, mediante bien medida presión política, de la situación proletaria. *VozC* 12.7.55, 2: Mejoramiento físico y sana formación logran las niñas españolas en los Albergues de Juventudes de la Sección Femenina.

mejorana *f* Planta herbácea aromática de la familia de las labiadas, utilizada en farmacia y en perfumería (*Origanum majorana*). | ZVicente *Traque* 11: Todos escuchan admirados las virtudes del ruibarbo, de la ruda, de la mejorana.

mejorante *adj* Mejorador. | GTelefónica *N*. 307: Comercial Boaya .. Productos mejorantes y conservantes para panaderías, bollerías y confiterías.

mejorar A *tr* **1** Hacer mejor [a alguien o algo]. *Tb abs.* | Miguel *Mun* 12.12.70, 40: Un resultado prometedor .. es el reciente éxito de las cosechas de cereales con simiente mejorada a través de una continua y aplicada investigación bioagronómica. SFerlosio *Jarama* 50: Mely se había retirado un poco y estaba, por su cuenta, haciendo esfuerzos para mejorarse en su manera de nadar. Umbral *Ninfas* 51: Un modelo incita, mejora, ennoblece, despierta el sentido emulativo. **b)** Poner mejor [a alguien o algo]. | * El descanso no le ha mejorado nada. **c) mejorando lo presente.** (*pop o humorísm*) Fórmula de cortesía con que se da a entender que el elogio o la ofensa dirigidos a alguien o algo ajenos no suponen desprecio al interlocutor o a lo que es suyo. | ZVicente *Traque* 251: Claro, usted tiene letras, y la gente de letras no se da cuenta de nada, perdóneme usted, suelen ser algo memos, mejorando lo presente.

2 Superar o rebasar [una cosa (cd)] con otra de la misma naturaleza. | CPuche SYa 10.11.63, 15: Si no hay quien mejore la oferta, las remataremos [las tazas] en venticinco pesetas. DNa 24.8.74, 11: En los 200 m. espalda femeninos, la mejor nadadora canadiense, miss Cook, mejoró en un segundo el récord americano dejándolo en 2 18 21.

3 Ser [una pers. o cosa] mejor [que otra (cd)]. | Lagos Vida 36: Si bueno me ha salido el Lorenzo, mi Andrés tira a mejorarle.

4 (Der) Dejar en el testamento una mejora [2] [a alguien (cd)]. | Ramírez Derecho 91: Cuando [los hijos naturales] concurran con hijos legítimos, la legítima de cada uno será la mitad de la que corresponda a cada uno de los hijos legítimos no mejorados.

B intr **5** Hacerse mejor. | * El chico ha mejorado mucho este año. **b)** Ponerse mejor. Tb pr. Frec referido a salud. | Abc 15.4.76, 6: Mejora el herido por la policía municipal. Ya 6.12.75, 20: Para este largo fin de semana el tiempo se presenta inseguro en general, aunque con tendencia a mejorar en el comienzo de la nueva semana.

mejoreño -ña adj De Mejorada del Campo (Madrid). Tb n, referido a pers. | Abc 24.4.83, 26: Elecciones Municipales .. Mejorada del Campo .. Grupo Ind[e]pendiente Mejoreño.

mejoría f **1** Acción de mejorar [5]. Tb su efecto. Frec referido a salud. | Tierno Inf 9.4.76, 4: En el orden de la convivencia se ha notado una gran mejoría, puesto que ahora se pueden decir cosas que antes estaban prohibidas. Laforet Mujer 174: Había seguido paso a paso su evolución, su mejoría. Había intentado .. el recurso de leerle vidas de santos en su convalecencia.

2 (raro) Mejora [2]. | CBonald Ágata 174: Araceli había aportado al matrimonio, con independencia de la dote, muy considerables bienes parafernales procedentes de mejorías.

mejunje m (desp) Líquido o ungüento resultante de la mezcla de varios ingredientes. | Torrente Pascua 419: Debe tener el cuerpo magullado. Le daré un mejunje para que lo friccione. Escobar Itinerarios 249: Los "cognacs" y demás mejunjes y enjuagues químicos resultan vinos adulterados.

mela f (Rel) Festival religioso hindú. | L. Calvo Abc 2.1.72, 18: Esta noche fronteriza del 71 al 72 no es noche de "melas" en la existencia de la India.

melado -da I adj **1** part → MELAR.

2 De color de miel. | Seseña Barros 148: Las vasijas de Níjar han tenido una gran difusión en los ajuares domésticos de la zona de Lorca (Murcia), donde se han encontrado fuentes circulares con motivos florales estarcidos en amarillo sobre fondo melado.

II m **3** Jarabe que se obtiene por evaporación del jugo de la caña de azúcar. | Abellán GacCo 4.93, 9: En efecto, el pueblo boricua está empeñado en una secular lucha por la defensa de un ámbito cultural y lingüístico, y eso lo ha hecho en colaboración con la miel de la caña de azúcar, que es el melao.

meladucha adj [Manzana] de una variedad dulce pero poco sustanciosa, propia de la vega del Jalón. | ZVicente Hojas 111: Ir reconociendo las especies de frutas, una familiaridad vegetal, manzanas de verde doncella, reinetas, asperiegas, meladuchas.

melamina f (Quím) Sustancia obtenida por polimerización de la cianamida y usada como materia prima de plásticos endurecidos y resinas sintéticas. Tb el plástico o la resina fabricados con ella. | GTelefónica N. 890: Plásticos Majadahonda, S.A. .. Moldeo de plásticos fenólicos resistentes al calor, aplicaciones eléctricas, ureas, melamina, etc. País 22.3.83, 26: Mobiliario oficina, madera, melamina, metálico.

melancolía f **1** Tristeza o abatimiento. | DPlaja Literatura 355: La realidad se presenta como un ejemplo constante de desilusión. De ahí esta melancolía, esta desesperación que sorprendemos en casi todos los escritores románticos. **b)** (Med) Estado patológico caracterizado por una profunda tristeza, depresión y pesimismo. | * Estuvo varios meses en una clínica por una crisis de melancolía.

2 Pensamiento o actitud que denota melancolía [1a]. | GPavón Hermanas 43: A medida .. que el camarero preparaba los racimos de percebes, don Lotario perdió sus melancolías.

3 Carácter de lo que inspira melancolía [1a]. | * La melancolía del atardecer.

melancólicamente adv De manera melancólica. | Abc Extra 12.62, 15: Por lo menos la mitad de los carros que aún ruedan melancólicamente por el país tienen las ruedas fabricadas así.

melancólico -ca adj **1** Que tiene melancolía [1a]. | N. Figueroa Abc 30.5.71, 11: ¡Qué espectáculo el de Pic[c]adilly a partir de las ocho de la tarde! .. Corros de jovencitos fumando, melancólicos. **b)** Propenso a la melancolía [1a]. | M. D. Asís Rev 12.70, 14: Es melancólico, escribe mucho y habla poco. Pinillos Mente 151: Las personas inestables e introvertidas serían .. las melancólicas.

2 [Cosa] que denota o implica melancolía [1a]. | Torrente Sombras 258: Lord Jim la miró largamente con ojos melancólicos.

3 [Cosa] que produce melancolía [1a]. | DPlaja Literatura 421: La amada muerta, .. el paisaje melancólico y solitario, la infelicidad de su destino son sus temas predilectos.

melancolizar tr (lit) Hacer melancólico [a alguien o algo]. | A. M. Campoy Abc 30.8.66, 7: No vemos otra naturaleza que la del escaso cielo que nos techa, ni más mundos celestiales que los del fiero sol y las lejanas estrellas que melancolizan más aún nuestras noches.

melanesiano -na adj (raro) Melanesio. Tb n. | Ya 26.11.84, 10: Hay en este territorio de 19.000 kilómetros cuadrados 61.000 melanesianos, 54.000 habitantes de origen francés, más unos 35.000 de origen diverso.

melanésico -ca adj Melanesio. Tb n. | Fernández-Llorens Occidente 150: Algunos autores .. consideran que su origen es oceánico, melanésico concretamente.

melanesio -sia adj De Melanesia. Tb n, referido a pers. | Gac 11.5.69, 58: Son fiestas pagano-religiosas, entroncadas con la más antigua cultura melanesia. Zubía Geografía 295: Melanesia .. Son islas montañosas y volcánicas .. Las habitan los papúas o melanesios.

melánico -ca adj (Biol) De (la) melanina. | Corbella Salud 455: Las manchas oscuras de la piel, que van desde un color marrón suave hasta una tonalidad casi negra, son debidas a acumulaciones locales del pigmento melánico.

melanina f (Biol) Pigmento negro o pardo oscuro de ciertas células de los vertebrados. | Navarro Biología 73: Algunas células conjuntivas, los melanocitos, acumulan un pigmento negro o melanina que determina el oscurecimiento de la piel y los lunares.

melanito -ta adj (Mineral) [Variedad de granate] negro. Tb n f. | Ybarra-Cabetas Ciencias 57: Son especies importantes [de granates]: Piropo .. Almandino .. Melanito.

melanocito m (Biol) Célula que contiene melanina. | Navarro Biología 73: Algunas células conjuntivas, los melanocitos, acumulan un pigmento negro o melanina que determina el oscurecimiento de la piel y los lunares.

melanóforo m (Biol) Célula que contiene melanina. | MSantos Tiempo 65: La gama ultravioleta penetra hasta una profundidad de cuatrocientas micras de interioridad corpórea activando provitaminas, capilares y melanóforos dormidos.

melanoma m (Med) Tumor caracterizado por la presencia de melanina. | Corbella Salud 458: Solo en el caso del melanoma, de los tumores malignos de origen pigmentario, el pronóstico es gravísimo.

melanosis f (Med) Acumulación anormal de melanina en los tejidos, esp. en la piel. | Aparicio Mono 131: ¿Recuerdas a aquel colega italiano que para hacer un reportaje sobre el mundo de los negros americanos se hizo pasar por uno de ellos provocándose una melanosis?

melar tr Endulzar con miel. Gralm en part. | FQuer Plantas med. 92: No es prudente usar el aguarrás o esencia de trementina como no sea a dosis muy pequeñas .., batido en agua azucarada o melada.

melariense adj (lit) De Fuente Obejuna o Fuente Ovejuna (Córdoba). Tb n, referido a pers. | Cór 14.8.92, 27:

Fuente Obejuna, de nuevo, "todos a una" .. Con la obra de Lope, los melarienses se enfrentan a su propia historia.

melastomatácea *adj* (*Bot*) [Planta] dicotiledónea, herbácea o arbustiva, tropical, perenne, de hojas enteras y opuestas, flores bisexuales y fruto comestible. *Frec como n f en pl, designando este taxón botánico.* | S*Abc* 18.6.78, 10: Solo han aparecido siete volúmenes, el último de los cuales, dedicado a las Melastomatáceas, está en prensa.

melaza *f* Líquido que queda como residuo en la fabricación del azúcar de caña o de remolacha. | Aleixandre *Química* 160: El alcohol se obtiene por destilación del vino o de los líquidos hidroalcohólicos obtenidos por fermentación de las melazas de azúcar de caña.

melazar *tr* Incorporar melaza [al alimento del ganado (*cd*)]. | *Jaén* 4.9.74, 11: Piensos compuestos Provimi .. Alimentos sintonizados para todo tipo de animales, concentrados, correctores, piensos para truchas, piensos para perros, alfalfa deshidratada y piensos melazados.

melcocha *f* Miel que se calienta y se echa después en agua fría, sobándola hasta que se pone muy correosa. *Tb el dulce preparado con ella.* | CBonald *Ágata* 49: Dejó al niño que aún chupaba la melcocha junto al fardo de pieles.

meldar *tr* (*lit, raro*) Leer. | *Sem* 24.1.76, 13: A Agatha Christie, sin duda una de las autoras más leídas de todos los tiempos, le debemos gratos momentos vividos en el absorto meldar de sus narraciones.

melé (*frec con la grafía* **melée**) *f* (*Rugby*) Jugada en que varios jugadores de ambos equipos, agrupados, presionan para conseguir el balón, que está en el suelo debajo de ellos. | Á. JVázquez *As* 30.12.70, 26: La figura del encuentro fue su medio de "melée", Bayvel. Rivadulla *Mar* 1.3.71, 26: Rugby .. La delantera del Canoe .. sacó casi todas las melés. **b)** (*Fút*) Aglomeración de jugadores ante la portería. | G. García *As* 14.12.70, 3: Parece que apreció falta al portero, en la melé general que se organizó .., en el saque de esquina. *As* 7.12.70, 31: Un centro de Jerónimo hace que se forme una mélée ante la puerta de Febrer.

melena[1] **I** *f* **1** Pelo largo y suelto. | Laforet *Mujer* 145: La joven .. habló con otra muchacha de ojos azules y melena graciosamente cortada. **b)** *En pl:* Greñas. | * A ver si te arreglas el pelo, que llevas unas melenas que da grima verte. **2** Crin del león. | Bustinza-Mascaró *Ciencias* 202: El león .. El macho tiene una melena más oscura, que no posee la hembra. **II** *loc v* **3 soltarse** [alguien] **la ~.** (*col*) Dejar de mostrarse cohibido o reprimido, pasando a actuar con soltura y libertad. | N. Preciado *SMad* 13.12.69, 1: Carmen Sevilla estaba vestida de profesora provinciana, pero creo que al final .. se suelta la melena y se pone minifalda.

melena[2] *f* Yugo (de campana). | Quiñones *Viento* 115: Una carne copiosa y tumefacta, como apaleada, brotaba arriba, desde la melena de leño, y se abría hacia abajo y en redondo, ajustándose a la forma de la campana hasta componer, con nitidez, mejillas, labios, encías, dientes desaforados.

melena[3] *f* (*Med*) Deposición de sangre negra, sola o con excrementos, debida a una hemorragia en el tubo digestivo. | Mascaró *Médico* 43: La hemorragia por el extremo terminal del tubo digestivo o ano recibe el nombre de melena.

melenchón *m* (*reg*) Cierto baile popular en rueda, propio de la provincia de Jaén. *Tb su música y letra.* | *Jaén* 93: En esta fiesta mozos y mozas, en la capital y algunos pueblos de la provincia, danzan junto a la hoguera y cantan los típicos "melenchones", cantares populares humorísticos.

melenudo -da *adj* Que tiene abundante melena[1] [1]. *Gralm desp, referido a hombre.* | *Caso* 14.11.70, 1: Lolita López Gallego .. fue cobardemente agredida por una banda de melenudos.

melera *f* Enfermedad de los melones caracterizada por manchas negras en la corteza. | F. Ángel *Abc* 14.3.58, sn: Polvo nicotinado "Medem" .. Es de acción fulminante contra .. Pulgón de las habas .. Melera de los melonares.

melastomatácea – melillense

melero -ra I *adj* **1** De (la) miel. | Cunqueiro *Un hombre* 225: La cera melera daba su aroma cálido. JGregorio *Jara* 48: La Jara fue antaño un gran país melero. **II** *m y f* **2** Pers. que se dedica a la industria o comercio de la miel. | Landero *Juegos* 48: Vestido como siempre con blusón de melero.

melgar *m* Terreno poblado de mielgas o alfalfa. | FQuer *Plantas med.* 368: Se cría [la mielga] en los melgares, porque esta planta se cultiva en grandes extensiones en la Península.

melgarense *adj* Melgareño. *Tb n.* | *DBu* 8.5.64, 10: Contendieron en las pistas de "El Vivero" numerosos muchachos melgarenses.

melgareño -ña *adj* De Melgar de Fernamental (Burgos). *Tb n, referido a pers.* | *DBu* 19.9.70, 10: El melgareño Puebla quería descifrar el origen de aquella tradición de la Virgen Blanca.

melgarés -sa *adj* De Melgar de Arriba o de Melgar de Abajo (Valladolid). *Tb n, referido a pers.* | Torbado *Tierra* 36: Los melgareses nada saben de los corvicordios, del general Slade, de los lagos prehistóricos.

melgo -ga *adj* (*reg*) Mellizo o gemelo. *Tb n.* | ZVicente *Ya* 20.1.85, 6: No estaba más que .. una cartulina con los datos de la sepultura de los melgos, que se fueron los dos en un suspiro. MCalero *Usos* 49: Tenían muy buenos rebaños de ovejas .., que criaban un buen cordero, y a veces .. muchas de ellas traían melgos.

melguero -ra *adj* De Villafruela (Burgos). *Tb n, referido a pers.* | *DBu* 7.8.93, 27: Allá donde hemos tenido que ir los melgueros, .. siempre hemos llevado en el corazón a Villafruela.

meliácea *adj* (*Bot*) [Planta] dicotiledónea, arbórea o arbustiva, de hojas alternas, flores en panoja, fruto en cápsula y madera dura y fragante. *Frec como n f en pl, designando este taxón botánico.* | GCabezón *Orotava* 38: Caobo o árbol de la caoba .. Meliácea, América tropical.

mélico -ca *adj* (*TLit*) En la antigua Grecia: [Poesía lírica] destinada a ser cantada y que expresa sentimientos íntimos del poeta. | DPlaja *Literatura* 21: La poesía mélica, cantada con la lira, expresaba sentimientos personales del poeta.

melidés -sa *adj* De Mélida (Navarra). *Tb n, referido a pers.* | M. B. Ferrer *Ya* 26.3.75, 22: La antigua casa de los Jasos fue vendida en el siglo pasado a otra familia melidesa.

melífero -ra *adj* (*lit o E*) Que produce miel. | Ballester *Guadalajara* 123: La Alcarria .. alterna en su cobertura las plantas olorosas y melíferas con los cereales. A. Reinoso *Río* 12.4.84, 19: Cuando hablamos de insectos polinizadores pensamos en primer lugar en la abeja melífera.

melificar A *intr* **1** (*E*) Hacer miel [las abejas]. | * Las abejas melifican en primavera y verano. **B** *tr* **2** (*lit*) Dulcificar. | SRobles *Pról. Teatro 1956* 16: Buero Vallejo, fiel a tal realismo, puede solo melificarlo con dosis de poesía y ternura.

melífico -ca *adj* (*lit o E*) Que produce miel. | PAyala *Abc* 22.6.58, 3: Para una gota de miel, la abeja se está largo tiempo zumba que zumba, en tanto de aquí y de allá defrauda sustancia melífica a las flores.

melifluamente *adv* De manera meliflua. | Delibes *Ratas* 43: Ella decía melifluamente [a los pájaros]: "¿a ver quién es el primero que me da un besito?".

melifluidad *f* Cualidad de melifluo. | J. Menéndez *Abc* 11.2.66, 13: Venus, hija de la espuma, representa la blandura, la melifluidad. Porcel *Catalanes* 41 (G): Brota la voz con un punto de melifluidad.

melifluo -flua *adj* Muy dulce y suave. *Dicho esp de pers. o de su expresión. A veces con intención desp, denotando exceso o afectación.* | A. Aricha *Caso* 26.12.70, 24: La abnegada princesa se hacía acompañar de un supuesto clérigo, sumiso y melifluo.

melillense *adj* De Melilla. *Tb n, referido a pers.* | J. Peláez *Sol* 24.5.70, 13: Los festivales melillenses .. ya tienen señaladas las fechas de su celebración.

meliloto – melo

meliloto *m* Planta herbácea leguminosa de hojas trifoliadas y flores pequeñas en racimo (gén. *Melilotus*). A veces con un compl especificador: ~ BLANCO (*M. alba*), ~ OFICINAL (*M. officinalis*), etc. | FQuer *Plantas med.* 368: Meliloto. (*Melilotus officinalis* Medikus.) .. Por la cumarina que contiene, el meliloto se emplea para combatir la tos. FVidal *Ayllón* 250: El sendero .. se adorna las bordas con arambeles y engañifas y se hace crecer flores y melilotos a su vera.

melindre *m* **1** Palabra, actitud o gesto que denota una delicadeza afectada. *Gralm en pl.* | Halcón *Monólogo* 118: Sonrojarme por los melindres que he podido decirle a Dios en el apuro. CBonald *Ágata* 211: Se instaló en la embarazada una alarma tan pronto sofocante y depresiva como hecha de melindres directamente copiados de Araceli.
2 Delicadeza afectada en palabras, actitudes o gestos. | FReguera *Bienaventurados* 94: Decía a cada instante con mucho cuido y melindre: "¡Perdón!" "Con permiso".
3 Pers. melindrosa. *Tb adj. Tb fig.* | Grosso *Capirote* 89: No .. porque fuera melindre en las comidas, sino porque presentía que una sola cucharada hubiera sido suficiente para hacerle vomitar allí mismo. GPavón *Reinado* 87: Tampoco se resentía el melindre Guadiana de los regantes y pantanos.
4 Golosina hecha con miel. | Cunqueiro *Un hombre* 48: Me traía melindres de yema y vino dulce.

melindrear *intr* Hacer melindres [1]. | MSantos *Tiempo* 225: Dora iba toda preocupada o haciendo como que estaba preocupada, melindreando con la florecita primorosa de su hija que se la iba a llevar aquel bárbaro.

melindrero -ra *adj* Melindroso. | Ferres-LSalinas *Hurdes* 52: Solo tengo esta. Favor que la hace usté llamándola guapa; si no fuera tan melindrera...

melindro *m* (*reg*) Melindre [1 y 4]. | Grosso *Capirote* 165: Nada de hacer feos ni de sentirse humillado por tan poca cosa. Vivir que son dos días y dejarse de chaladuras y de melindros. Alós *Hogueras* 58: Un mundo almibarado los envolvía a todos mientras comían melindros con chocolate.

melindroso -sa *adj* [Pers.] que muestra una delicadeza afectada en palabras, actitudes o gestos. *Tb n.* | DCañabate *Paseíllo* 72: Guapilla sin ser una belleza. Finita sin ser melindrosa. Escobar *Itinerarios* 198: Allí están .. las cestas con los alimentos y la bota con vino de dos o tres hojas –años– para reavivar a los viejos, y la que guarda el "doncel" o suave para las melindrosas. **b)** Propio de la pers. melindrosa. | CBonald *Casa* 206: –Otro invento de Epifanio –terció Marianita con un mohín que quería ser adusto y no pasó de melindroso.

melinita *f* Sustancia explosiva cuyo componente principal es el ácido pícrico. | Marcos-Martínez *Física* 273: Con el fenol, [el ácido nítrico] forma el ácido pícrico, base de un explosivo denominado melinita.

meliorativo -va *adj* Que implica una valoración positiva de aquello de que se habla. *Se opone a* PEYORATIVO. | P. Berbén *Tri* 12.12.70, 38: Muchos creen que la palabra "selección" es inadecuada por meliorativa. Ridruejo *Memorias* 47: Era .. un "monstruo", en el sentido meliorativo en que esa palabra se usó siglos atrás.

melis *m* Variedad de pino negral, muy rica en resina y de madera amarillenta, muy apreciada para obras de carpintería. *Tb su madera. Tb* PINO –. | Kurtz *Lado* 13: Techos abovedados en la planta y con vigas de melis en el piso de arriba. Gala *Suerte* 674: Los muebles de mi casa eran de pino todos... De pino meli[s], casi color naranja. [*En el texto*, meli.]

melisa *f* Planta labiada, con olor de limón, que se usa en medicina como antiespasmódico y estimulante gastrointestinal (*Melissa officinalis*). *Con un adj especificador, designa otras especies:* ~ BASTARDA *o* SILVESTRE (*Melittis melissophyllum*), ~ DE CANARIAS (*Cedronella triphylla*). | Mascaró *Médico* 18: Los verdaderos medicamentos a incluir en el botiquín son: un antihistamínico, en pastillas y gotas; .. alcohol de melisa o agua del Carmen. FQuer *Plantas med.* 667: Toronjil silvestre. (*Melittis melissophyllum* L.) Sinonimia cast[ellana], toronjil de monte, melisa silvestre, melisa bastarda.

melisana *f* Licor preparado con melisa y aguardiente, usado como remedio en afecciones estomacales. | VMontalbán *Pájaros* 322: Palabras tan propias de un perdido universo de sensaciones como las personas que las pronunciaban, su abuela, su tía abuela, primas lejanísimas, ceregumil, agua del carmen, melisana.

melisma *m* (*Mús*) Serie de notas cantadas sobre una sola sílaba. | Pinell *Horas* 265: La melodía es muy simple, casi un recitado, pero termina con un breve melisma cada una de las frases. C. Murillo *SAbc* 14.12.69, 31: El arte "jondo" .. es un arte joven .. Sus melismas propios no tenían cabida en el pentagrama.

melismático -ca *adj* (*Mús*) De(l) melisma. | Fuster *País Valenc.* 46: Comparada con Castilla, Andalucía tiene una traza agarena, melismática e indolente. **b)** [Estilo gregoriano] que se caracteriza porque a cada sílaba le corresponden más de tres notas. | Casares *Música* 29: Se dividirá [el gregoriano] en tres grandes estilos: Silábico .. Neumático .. y Melismático.

melito *m* (*Med*) Jarabe preparado con miel. | *BOE* 12.3.68, 3770: Formas farmacéuticas: Jarabes, melitos, pociones, tisanas. Limonadas.

melkita → MELQUITA.

mella I *f* **1** Rotura o hendidura en el borde de algo, esp. de un arma o herramienta. | Olmo *Golfos* 69: –Y ¡mira que navaja! –Tiene mellas. –Solo una.
2 Vacío o hueco dejado por algo que falta de su sitio. | Montero *Reina* 134: Reía imbécilmente, enseñando sus dientes amarillos y esparcidos, disparando perdigones de saliva por las mellas. *SPaís* 1.5.77, 15: Unos estantes enseñan las mellas de los libros que las autoridades le han retirado por considerarlos "lectura improcedente".
II *loc v* **3 hacer ~.** Causar impresión o efecto. | *Cam* 4.8.75, 30: Tanta admonición, a la vista de los resultados, no parece haber hecho mella en el dubitativo MFA. **b)** Causar daño o efecto negativo. | J. M. Massip *Abc* 9.10.70, 21: La agresividad .. del enemigo norvietnamita y Vietcong ha descendido ostensiblemente. Los persistentes y colosales bombardeos de la aviación americana .. han hecho mella. *País* 23.11.93, 20: Todo estaba riquísimo, hasta que llegó la noche. Diarreas, vómitos, fiebre. Algo hizo mella en los estómagos de medio centenar de degusta[d]ores.

mellado -da *adj* **1** *part* → MELLAR.
2 Que tiene mellas [1 y 2]. | Hoyo *ROc* 8/9.76, 91: Las gentes, al verlos, .. les salían al paso con sus cacerolas, con sus calderos, con sus cuchillos mellados de la matanza. Medio *Andrés* 7: Tina da un codazo a su hermano y se ríe, enseñando la boca mellada.

melladura *f* Mella [1 y 2]. *Tb fig.* | CPuche *Paralelo* 166: Le asomaba una espesa salivilla por las melladuras de los dientes. CSotelo *Abc* 15.4.75, 11: Un día .. subirá al Trono el Príncipe de España, Don Juan Carlos, heredero de Don Alfonso XIII por línea directa, con la melladura intermedia del Conde de Barcelona.

mellar *tr* **1** Hacer mellas [en algo (*cd*)]. | Delibes *Parábola* 132: La muerde [la rama] con las tijeras, la mella con el serrucho. MGaite *Búsqueda* 75: El "logos" .. languidece y se embota por desuso, mella su filo contra tanta barbarie. **b)** *pr* Pasar [algo] a tener mellas. | DCañabate *Paseíllo* 23: Se han mellado las navajas.
2 Menoscabar o dañar. | R. Villapadierna *Abc* 11.7.87, 98: Que explicaran algo de esa droga que se ha distribuido allí para mellar cierta militancia.

mellizo -za *adj* **1** [Pers. o animal] nacidos del mismo parto que otro u otros. *Tb n.* | *Abc* 26.2.58, 40: Una mujer, que es abuela a los treinta y tres años de edad, da a luz dos mellizos.
2 [Cosa] idéntica a otra con la que gralm. forma pareja. | Aldecoa *Cuentos* 1, 154: La bombilla, al reflejarse en el cristal, borraba las cuatro flechas de colores, unidas y mellizas.

mellotron (*ing; pronunc corriente,* /melotrón/) *m* Melotrón. | *Prospecto* 11.80: *Tragicomedia del Serenísimo Príncipe Don Carlos* .. Composición musical ..: Gustavo Ros. Sintetizador S.H. 1.000. Piano eléctrico Rhodes. Solina A.R.P. Mellotron programado con voces humanas y órgano.

melo *m* (*Cine*) Melodrama. | Sánchez *Cine* 2, 251: Frank Perry .. trató el caso Christine de *David y Lisa* con lirismo y poesía que evitaban al tema su continuo riesgo de caer en el "melo" y en el didactismo médico.

melocotón I *m* **1** Fruta redonda, de color amarillo anaranjado, piel aterciopelada, carne muy jugosa y aromática y semilla en un hueso grande y duro. | Calera *Postres* 22: 4 bonitos melocotones, 4 kilos de hielo, 4 naranjas.
2 (*jerg*) Copa de bebida alcohólica. | Oliver *Relatos* 67: Son un pasante de notario y un fonta, vecinos suyos y colegas míos del colegio, que querían tomarse unos melocotones con nosotros.
3 (*jerg*) Borrachera. | * ¡Vaya melocotón que has pillado!
4 (*jerg*) Lío o enredo. | Umbral *Hijo* 93: Dionisio Ridruejo, que estuvo en todo el melocotón, ha designado a Giménez Caballero como "creador del fascismo español". *SAbc* 19.9.82, 25: Mira, yo he tenido oportunidades. El Cesáreo González ese estuvo en mi casa..., pero yo no entendía muy bien el melocotón, y aquello me sonaba a un mundo de mariquitas.
II *adj invar* **5** [Color] amarillo anaranjado propio del melocotón [1]. *Tb n m.* | M. P. Ramos *Inf* 1.2.75, 25: Los tonos preferidos por Pedro Rodríguez han sido, ante todo, el verde .., el cereza, el melocotón y el albaricoque.
6 (*Taur*) [Res] de color rubio claro. | C. Rojas *SInf* 16.5.70, 3: Han decepcionado los toros de Osborne .. Número 137. "Gruñón", melocotón, ojo de perdiz. 485 kilos.

melocotonar *m* Terreno plantado de melocotoneros [2]. | Cunquero *Sáb* 13.8.75, 23: En los huertos de Provenza .., en las viñas del Rosellón, en los melocotonares de California, sigue habiendo armenios.

melocotonero -ra I *adj* **1** De(l) melocotón [1]. | J. Pol *CoE* 3.8.74, 1: Se han producido nuevas escaramuzas en lo que se refiere a la guerra frutera o melocotonera.
II *m* **2** Árbol que produce el melocotón [1] (*Prunus persica*). | ZVicente *Traque* 258: Por Getafe, donde yo tengo una casita de recreo con noria y melocotoneros.

melodía *f* **1** (*Mús*) Sucesión ordenada de sonidos, gralm. de distinta altura, dotada de sentido musical. | RÁngel *Música* 47: Una serie de sonidos, generalmente de distinta altura y duración, que expresa una idea musical, es lo que podríamos definir como melodía. RÁngel *Música* 48: Una melodía vocal es aquella que se ha hecho expresamente para la voz.
2 Cualidad musical derivada de la adecuada ordenación de los sonidos. | * Es una canción carente de melodía. * Es una prosa llena de melodía.
3 Canción o pieza musical. | A. Olano *Sáb* 10.9.66, 6: Ver amanecer y escuchar aún las últimas melodías de Gianni Alex.

melódicamente *adv* **1** De manera melódica. | Marquerie *Pue* 27.10.70, 15: Mario Alex y Julio Muñoz .. fueron los intérpretes de la obra, unas veces dialogada "en seco" y otras sobre fondos musicales graciosamente fraseados melódicamente por José Bohr. Aguirre *Aranda* 10: Estas actitudes fundacionales son las que han solicitado, melódicamente, mi atención al ser llamado por vosotros.
2 En el aspecto melódico [1]. | F. FÁlvarez *NEs* 26.8.79, 2: Hay una canción melódicamente cursi que habla de la primavera del mar.

melódico -ca I *adj* **1** De (la) melodía. | P. Darnell *VNu* 13.7.74, 27: No es fácil hablar de Bach, de su estilo o estilos, de sus estructuras melódicas y rítmicas. C. L. Álvarez *ByN* 31.12.66, 122: La esencia poética no tiene nada que ver con los aspectos melódicos.
2 [Música] de carácter suave y melodioso. *Tb referido a quien la interpreta.* | SVozC 25.7.70, 2: Todos los días, animado baile con orquesta y cantante melódica.
II *f* **3** Instrumento musical a modo de flauta de pico, usado para enseñar música a los niños. | *HLM* 18.4.66, 26: La melódica, que tiene un cierto parecido con la armónica, resulta mucho más fácil de tocar porque la nota no depende del soplo, sino de la nota que se pulsa.

melodioso -sa *adj* Dulce y agradable al oído. | E. Serrano *Med* 8.7.59, 4: El español es un bigotudo galán, portador de una guitarra y dueño de una voz grave y melodiosa. *Lan* 12.8.64, 3: A las 2 horas. Melodiosas dianas por el bando de música, que recorrerá las principales calles de la población.

melodismo *m* (*raro*) Condición de melodista o de melódico. | FCid *Música* 167: En Donizetti nos seduce el melodismo virtuosista, apto para el lucimiento de bellas voces. FCid *Ópera* 46: El "Va pensiero", por la grandeza y la emoción del melodismo, resta para siempre como ejemplo de número coral afortunado.

melodista *m y f* Músico con especiales dotes para crear melodías, o en cuya obra destaca esencialmente la melodía. | Alfonso *Música* 208: Caballero .. era un gran melodista, fluido y elegante, conocedor, como pocos, de los secretos del arte lírico.

melodrama *m* **1** Obra dramática o cinematográfica en que se exageran los rasgos sentimentales y patéticos. *Gralm. con intención desp.* | Á. Zúñiga *Des* 12.9.70, 21: "Tristana" solo es melodrama que hubiera hecho las delicias de los admiradores de Bette Davis en los años treinta.
2 (*hist*) Drama musical. | Mercader-DOrtiz *HEspaña* 4, 254: Fernando VI fue el único Borbón realmente apasionado por el teatro, no por el tradicional, sino por el melodrama italiano.

melodramáticamente *adv* De manera melodramática. | DCañabate *Paseíllo* 83: Lo dijo melodramáticamente.

melodramático -ca *adj* De(l) melodrama. | A. Amo *Cua* 6/7.68, 49: La Historia se margina, toma un camino alejado del héroe melodramático, quien permanece al margen. **b)** Exageradamente sentimental y patético. | R. DHochleitner *Fam* 15.11.70, 49: El tema se presta a las interpretaciones puritanas, a los desleces melodramáticos.

melodramatismo *m* **1** Cualidad de melodramático. | SRobles *Pról. Teatro* 1956 19: El humor vale para quitar melodramatismo a un argumento policíaco. Torrente *Isla* 69: Estoy abreviando lo que me gustaría contarte por lo menudo y con el necesario patetismo o, ¿quién sabe?, el melodramatismo inevitable.
2 Rasgo melodramático. | SRobles *Pról. Teatro* 1963 17: Aun cuando no falten en él las exageraciones de cartelón pintado con tonos crudos y ásperos, ni los melodramatismos con "cierto aire echegarayesco".

melodramatización *f* Acción de melodramatizar. | A. Assía *Ya* 21.7.83, 8: ¿Cómo es posible, empero, que lo que el señor Mella dijo haya provocado, en la Casa Real, poco inclinada a la melodramatización, una "defensa" de la personalidad del doctor García Sabell?

melodramatizar *tr* Dar carácter melodramático [a algo (*cd*)]. *Tb abs.* | SRobles *Pról. Teatro* 1969 XIX: La obra, asainetada a momentos, melodramatizada en ocasiones, de Alonso Millán, está construida magistralmente. Torrente *Nuevos cuad.* 224 (G): Unas veces la melodramatizan [la realidad] y otras la esperpentizan. GHortelano *Amistades* 241: –Tú tampoco quieres comprender que Julia se te puede morir en los brazos. –No melodramatices.

melojar *m* Terreno poblado de melojos. | P. MRuipérez *Ya* 14.12.87, 37: Al igual que sus congéneres (robledales, melojares y quejigares) ha sufrido históricamente [el encinar] fuertes e[nv]ites.

melojo *m* Roble negral (→ ROBLE). | Cendrero *Cantabria* 223: La influencia mediterránea se deja sentir en la presencia de manchas extensas de melojo (*Quercus pyrenaica*).

melólogo *m* (*hist, TLit y Mús*) Composición en que la declamación de un texto literario es seguida de un acompañamiento musical. | GAmat *Conciertos* 97: Este *Pygmalion* [de Rousseau] está considerado como la primera producción en un género que se ha llamado "melólogo", y que se caracteriza, según Subirá, en la combinación del drama hablado y su comentario orquestal.

melomanía *f* **1** Pasión por la música. | * No sabía que su melomanía fuera tan acusada.
2 Conjunto de los melómanos. | FCid *MHi* 7.68, 41: La Orquesta Nacional, .. la Orquesta de la RTVE .. han forjado una melomanía bien alimentada.

melómano -na *m y f* Pers. apasionada por la música. | A. GPintado *MHi* 11.63, 33: Allá se casó, no hace mucho, con una señorita del país, melómana apasionada.

melón[1] -na I *n* A *m* **1** Planta cucurbitácea de flores amarillas y fruto grande, oval, comestible, de piel verde o amarilla y pulpa blanca o amarillenta (*Cucumis melo*). *Frec su fruto.* | Legorburu-Barrutia *Ciencias* 290: Cucurbi-

melón – membrana

táceas: calabaza, melón, sandía, pepino. *Cocina* 694: Helado de melón. **b) ~ de agua.** (*reg*) Sandía. | GPavón *Cuentos rep.* 182: Por todas partes se veían ir y venir gentes con melones de agua.
2 (*col*) Cabeza. | * ¡Qué melón tiene el angelito! * Tú no andas bien del melón.
3 (*col*) *En pl:* Pechos grandes de mujer. | *Papus* 13.8.77, 21: Y ropa fuera, ¡sí!, ¡fuera!... ¡Y melones y pandero y cacha y yo qué sé! Tomás *Orilla* 302: Eran sus pechos lo que más llamaba la atención. Eran desorbitados para aquella anatomía. –¡Vaya par de melones!
B *f* **4** (*reg*) Melón [1a] redondo. | GMacías *Abc* 30.6.74, 34: Los melones de Holguera cabe clasificarlos en amarillos, negros, verdejos y melonas verdejas.
II *adj* **5** (*col*) [Pers.] tonta o necia. *Tb n.* | ZVicente *Traque* 255: Bien es verdad que a veces desbarra, es algo tozudo, o sea, vamos, algo melón. CBaroja *Baroja* 69: Periódicamente, desde que empezó a escribir [Baroja] hasta después de la muerte, se nos sirve la caracterización monda y lironda por el melón de turno.
III *loc v y fórm or* **6 empezar** (*o* **comenzar**) **el ~.** (*col*) Empezar el asunto de que se trata. | Lera *Banderas* 138: Cuando se marchó al frente me dijo: "No lo hemos querido nosotros. Han sido ellos los que han empezado el melón. Veremos ahora quién se come la última tajada". GSerrano *Macuto* 335: La institución del comisariado [político] es soviética y estuvo muy de moda en España entre 1936 y 1939 .. El primer regimiento cipayo, llamado el Quinto, empezó el melón, y entre todos se lo comieron sin que puedan excusarse ni socialistas ni republicanos burgueses.
7 ~ y tajada en mano. (*reg*) Se usa para comentar irónicamente la impaciencia de alguien. | Gala *Señorita* 867: La gente se impacienta, tiene prisa, todos somos un poco de melón y tajada en mano.

melón[2] *m* Meloncillo o mangosta (mamífero). | Berenguer *Mundo* 33: También perdía mucho el tiempo en juegos que nada daban, como poner cepos a los gandanos y melones.

melonada *f* (*col*) Tontería o bobada. | CBaroja *Baroja* 65: Hubo otro escritor que años después escribió una tanda de melonadas sobre el "Lyceum". GSerrano *Macuto* 285: Poco antes de las primeras Navidades de la guerra .., las emisoras rojas comenzaron a hacer mucha propaganda de la Noche Popular. Con tan sublime melonada querían sustituir los marxistas a la vecina y melancólica Nochebuena.

melonar *m* **1** Terreno sembrado de melones[1] [1]. | Halcón *Manuela* 48: Era el proveedor de melones, recovero de los melonares del pago.
2 (*col, raro*) Conjunto de melones[1] [5]. | CBaroja *Baroja* 69: ¡Qué melonar! Un escritor [Baroja] que escribe durante cincuenta años más de cien volúmenes, queda caracterizado por lo que pensó de algunos de estos un crítico de sus comienzos o poco después. Luego, con repetir o glosar juicios, basta.

meloncillo *m* Mangosta (mamífero). *Tb su piel.* | P. Moreno *SInf* 13.8.75, 5: Parque Nacional de Doñana .. Fauna. Gamo, ganso, jabalí, lince, meloncillo, pato. P. Romero *Inf* 16.9.82, 15: Toda la gama de pincelería para óleo, cerámica y acuarela en cerda natural, marta, oreja de buey, meloncillo.

melonero -ra I *adj* **1** De(l) melón[1] [1]. | *Hoy* 8.8.75, 11: Ayer mismo nos lo decía José Ortiz .., melonero durante la época melonera y ajero durante el resto del año.
II *m y f* **2** Pers. que cultiva o vende melones[1] [1]. | Olmo *Golfos* 127: El melonero estaba solo, sentado en un cajón de madera. Umbral *MHi* 11.63, 79: La melonera lee una novelita en la esquina que marca el camino hacia el hotel Felipe II. GPavón *Cuentos rep.* 181: Cuando el melonero abría la sandía y salía bien roja, la enseñaba a todo el mundo, orgulloso.

melopea *f* **1** Canto o música monótonos. | FReguera-March *Cuba* 222: Le pareció que todos los misteriosos seres de sus cuentos infantiles habían empezado a cantar una extraña melopea. Lera *Bochorno* 209: Dominaba un silencio de bisbiseos donde sonaba, como remotamente, una música dulzona, casi una melopea. **b)** (*raro*) Cantinela. | P. Narvión *Pue* 16.12.70, 2: Desde que la niña se tiene sobre sus dos pies y comienza a jugar a las muñecas, las madres van destilándole la melopea cinegética.
2 (*col*) Borrachera. | Arce *Testamento* 61: Estábamos ya con una buena melopea.

melopeico -ca *adj* De (la) melopea [1]. | CAssens *Novela* 1, 275 (G): Empieza a recitar, con voz monótona y melopeica, su famoso soneto.

melosamente *adv* De manera melosa. | Vicent *País* 8.4.79, 40: Una voz femenina, acompañada con música de Vivaldi, susurra melosamente que te fumigues el sobaco con un desodorante de hondo sabor a pino.

melosidad *f* Cualidad de meloso. | Lera *Trampa* 1065: La voz de Elena sonó con melosidad. CPuche *Conocerás* 75: Cogiéndola por el brazo, con una melosidad afectada empezó a empujarla hacia la puerta.

meloso -sa *adj* Muy dulce y cariñoso. *Dicho esp de pers o de su expresión. A veces con intención desp, denotando exceso o afectación. Tb n, referido a pers.* | Gala *Strip-tease* 327: (Melosa.) ¿Cómo se llama usted? G. Valverde *Ya* 25.5.75, 9: Un hombre muy viejo y pequeño, bien vestido, con la voz melosa y el pelo gris. GPavón *Reinado* 154: Yo le caí bien, y ya sabe usted, que nos pusimos melosos. Buero *Sueño* 171: Desde hace diez años le pinta esa acémila de Vicente López, ese chupacirios, ese melosico.

melotrón *m* (*Mús*) Instrumento electrónico programado para imitar los sonidos de los instrumentos orquestales. | SIdG 10.8.75, 9: Da un giro a la melodía para dejar solos a la batería y al melotrón, los cuales terminan con el tema.

melquita (*tb con la grafía* **melkita**) *adj* (*Rel*) [Cristiano] de rito bizantino y lengua árabe, de los patriarcados de Alejandría, Jerusalén y Antioquía. *Tb n.* | *Van* 4.11.62, 14: El Patriarca griego-melquita de Antioquía, respondiendo a unas preguntas formuladas acerca de la unidad de los cristianos, ha dicho. S. LTorre *Abc* 2.1.66, 69: Los asirios, kurdos de raza, pero cristianos, y todas las modalidades del cristianismo: caldeos, armenios del rito gregoriano, .. sabeos y melkitas. **b)** De (los) melquitas. | *Van* 4.11.62, 5: Las misas conciliares .. se han celebrado en los ritos diversos .. La última lo fue en rito melquita, y en las lenguas griega y árabe.

melsa *f* (*reg*) Calma o flema. | GPavón *Abc* 27.6.71, 11: Desde luego tienes una melsa. Berlanga *Gaznápira* 112: Tú continúas "con esa melsa que Dios te ha dado" .. mirando lejana el chisporroteo de los tizones.

melting-pot (*ing; pronunc corriente,* /méltin-pot/; *pl normal,* ~s) *m* Lugar en que se produce una mezcla y asimilación de diversos elementos étnicos, sociales o culturales. *Tb el mismo proceso.* | J. M. Massip *Abc* 24.8.66, 23: Las grandes concentraciones urbanas en Estados Unidos .. atraviesan una grave crisis de orden racial, económico, .. por la tensión supermecanizada y superpoblada de sus monstruosas concentraciones humanas en pugna consigo mismas, a muy diferentes niveles económicos y étnicos, en abierta contradicción con los "slogans" del "Melting Pot".

melton (*pl normal,* ~s) *m* Variedad de tejido de lana, de aspecto semejante al de la franela. | *HLM* 26.10.70, 5: Inmensa variedad de Retales .. De cheviots, franelas y meltons para confecciones de caballeros y niños.

melva *f* Pez muy semejante al bonito (*Auxis thazard*). | Noval *Fauna* 421: Deben citarse especies que no se reproducen aquí y son de gran interés comercial cuando en el verano pasan por la costa. Así, el Atún .. El Bonito ..; la Melva (*Auxis thazard*). L. Ramos *Abc* 13.12.70, 37: La pesca básica de la isla debe estar en la captura de petos, .. melvas, rabiles.

membrana *f* **1** Lámina delgada, gralm. porosa y elástica, interpuesta entre dos elementos. | Bustinza-Mascaró *Ciencias* 19: Esta experiencia nos demuestra que la membrana de pergamino artificial deja pasar a su través al agua y al azúcar en ella disuelto. *Med* 3.4.60, 3: Maquinaria para industrias cerámicas; químicas, obras públicas, trituradores, machacadoras, filtros, prensa, bombas membrana. **b)** (*Mús*) Piel que constituye la parte esencial de los instrumentos de percusión del tipo del tambor. | Perales *Música* 1º

175: Tambor .. Cilindro sobre cuyos extremos se anuda un parche o membrana tensa.

2 (*Biol*) Capa delgada que envuelve o separa órganos, cavidades o células. | Alvarado *Anatomía* 32: Las vísceras están envueltas por unas membranas de doble pared, denominadas serosas. Navarro *Biología* 45: En muchas células, especialmente en las de los vegetales, existe otra membrana celular más gruesa que la citoplasmática y que les presta una gran protección.

membranófono *adj* (*Mús*) [Instrumento] que produce sonidos por percusión de una membrana [1b]. *Tb n*. | Perales *Música 1º* 175: Tambor. Nombre genérico con el que se denominan los instrumentos membranófonos.

membranoso -sa *adj* De (la) membrana. | Bustinza-Mascaró *Ciencias* 28: El tejido conjuntivo llamado membranoso forma las llamadas membranas serosas. **b)** Que tiene naturaleza de membrana. | Laforet *Mujer* 115: Creía ver alas membranosas en la noche. **c)** Que tiene apariencia de membrana. | *Fam* 15.11.70, 52: El verdadero y bueno [vinagre] producido por la fermentación del vino debido a la acción de un hongo membranoso, llamado comúnmente "madre".

membranza *f* (*raro*) Remembranza. | Lorenzo *SAbc* 8.9.74, 9: Leguas a la redonda convoca el rebato de la fortaleza octógona de Badajoz; el paisaje le lleva membranzas africanas: chumbo, datilera.

membrete *m* Nombre o título de una pers. o de una entidad, impreso o grabado en su papel de correspondencia. | GPavón *Hermanas* 17: Llegó el primer correo, consistente .. en una carta en cuyo membrete se leía: Dirección General de Seguridad.

membrilla *f* Fruto de una variedad de membrillo [1], de carne más dulce y jugosa que la del común. | FQuer *Plantas med.* 335: Hay algunas variedades de membrillero que dan frutas menos austeras, como la llamada membrilla, que tiene carne más dulce y jugosa.

membrillar *m* Terreno plantado de membrillos [1]. | Cela *Viaje andaluz* 142: Puente Genil es villa de membrillar y olivar.

membrillato -ta *adj* De Membrilla (Ciudad Real). *Tb n, referido a pers.* | Gool *Lan* 23.6.74, 7: Membrilla .. En este mismo bar, desde hace algún tiempo, un membrillato .. tiene su rincón propio.

membrillero -ra **I** *adj* **1** De(l) membrillo [1]. | *Ya* 16.10.64, 6: En estos últimos años la industria membrillera ha crecido notablemente.
II *m* **2** Membrillo (planta). | Cela *Rosa* 171: El abuelo tenía un vivero de árboles frutales .. y una propicia sombra de membrilleros aromáticos.

membrillo **I** *m* **1** Árbol rosáceo de fruto amarillo, ovalado e irregular, de pulpa áspera y muy aromática y que se consume esp. en confitura (*Cydonia vulgaris* o *C. oblonga*). *Frec su fruto.* | Llamazares *Río* 117: Los frutales de los antiguos huertos –los cerezos, los guindos, los manzanos, los membrillos, los nogales–. CNavarro *Perros* 74: Se gustaba la boca áspera, como si terminara de comer un membrillo a medio curar. **b)** ~ **del Japón.** Arbusto cultivado como ornamental (*Chaenomeles speciosa*). | Loriente *Plantas* 37: *Chaenomeles speciosa* (Sweet) Nakai, "Membrillo del Japón". Arbusto o arbolito utilizado como ornamental.

2 Carne de membrillo (→ CARNE). | * Me encanta el queso con membrillo.

3 (*col*) Pers. ingenua y fácil de engañar. *Tb adj.* | AMillán *Cuéntalo* 20: –¿No te importa darme otras cinco para el taxi de vuelta a casa? –¿Otras cinco mil pesetas? ¡Oye!... ¡A mí, no! ¡Tú a mí no me tomas por... un membrillo! *SYa* 23.1.83, 14: El hombre por lo general es "el membrillo" de las carnicerías; cuando aparece le venden lo peor y más caro.

4 (*col*) Pers. tonta o boba. *Tb adj.* | *Nor* 2.11.89, 11: En opinión de algunos de los participantes [en el Campeonato de Mus], hay buenas parejas en lugares difíciles, y "membrillos" aupados a mejores puestos de los de sus merecimientos. *Ya* 27.10.91, 12: Los que le han asesorado en este caso me parece a mí que son un poquito membrillos.

5 (*jerg*) Confidente o chivato. | J. A. Zorrilla *D16* 18.9.83, 40: El protagonista [policía] intenta resolver el enigma como se suelen resolver estos en la vida real: recurriendo a chivatos, chotas y membrillos.

6 (*jerg*) Matón. | *Pro* 21.5.88, 11: La red dispone también de "membrillos", en su argot, equivalentes a los "matones" de las organizaciones mafiosas.

II *loc adj* **7 del ~.** [Sol] otoñal. | Delibes *Señora* 122: El sol del membrillo filtrándose entre las acículas le agradaba.

membrudo -da *adj* De miembros robustos. | Faner *Flor* 86: Tenía allá una mora predilecta, verdadera beldad escultural. Pagaba por ella y por un negro membrudo que la custodiaba como esclavo. Fraile *Cuentos* 25: La noche era un can membrudo, manso, oscuro y quieto.

memento *m* **1** (*Rel catól*) Parte del canon de la misa en que se ruega por los fieles o por los difuntos. *Gralm con un compl especificador.* | Vesga-Fernández *Jesucristo* 100: Segunda parte del Canon: "Memento" de los difuntos; pequeña elevación.

2 (*lit, raro*) Recuerdo (acción de recordar). | *DBu* 7.7.55, 4: Todo el pueblo se viste de gala. Misa solemne oficiada por los tres hermanos sacerdotes. Predica el mayor .. Gracias al Altísimo que les ha proporcionado tanta dicha, un memento por los padres y parientes difuntos y muchas bendiciones para sus compoblanos.

3 (*lit, raro*) Recuerdo (cosa destinada a recordar algo). | E. Pastor *SYa* 28.9.75, 23: Con el brazo izquierdo estrecha [Eloy Gonzalo] una prosaica lata de petróleo con el que alimentará ese fuego en el que se consumirá su anonimato, y arrollada a su cuerpo se ve una cuerda que es un memento. Con ella podrá, en el caso probable de su muerte, ser rescatado su cadáver.

memez *f* **1** Cualidad de memo. | GBiedma *Retrato* 142: Mi madre echándonos una bronca era un espectáculo tan efectivamente elocuente que uno vacilaba entre la conciencia de la propia memez y la satisfacción estética.

2 Hecho o dicho memo. | Kurtz *Lado* 138: Deja de hacer memeces. Cela *Judíos* 226: El vagabundo no sabe, ni le importa, quién fue capaz de jurar semejante grandilocuente memez.

3 Tontería o cosa sin importancia. | Diosdado *Anillos* 1, 111: ¡Con la ilusión que había ido yo a comprar estas memeces!

memo -ma *adj* [Pers.] tonta o simple. *Tb n. Frec usado como insulto.* | CNavarro *Perros* 41: ¿Por qué no le hablas de Dios y de los angelitos, so memo? **b)** Propio de la pers. mema. | Ballesteros *Abc* 18.8.72, 11: Me habían parecido siempre bastante memos esos comentarios que suelen hacerse en las visitas a propósito del parecido de los niños con sus padres.

memorable *adj* Digno de ser recordado. | Landero *Juegos* 367: Creo que es lo único memorable de mi vida.

memoración *f* (*lit, raro*) Acción de memorar. | J. A. Cánovas *Abc* 27.5.75, sn: El intervalo de las dos generaciones vacantes .. vino a mi ánimo con respeto, veneración y emocionado recuerdo, que quiero hacer constar, por lealtad a tales generaciones, siempre dignas de memoración.

memorando *m* Memorándum. | *Ya* 24.2.87, 24: El actual director de la CIA también intervino en la venta de armas a Irán. En 1985 envió un memorando apoyando a la Casa Blanca.

memorándum (*pl normal, invar o ~s*) *m* **1** Comunicación diplomática, gralm. no firmada, en que se recapitulan datos importantes para una negociación u otro asunto. | *Nue* 28.6.70, 3: Han publicado los países del Pacto de Varsovia un memorándum sobre la convocatoria de una conferencia de seguridad.

2 Nota en que se exponen datos que deben tenerse en cuenta para un determinado asunto. | Aguilar *Experiencia* 1035: Hace años, adopté la medida de enviar a los autores de las obras que estoy a punto de publicar, un memorándum rogándoles que acudan a la imprenta para comprobar la tirada de su obra.

memoranza *f* (*lit, raro*) Recuerdo o remembranza. | J. M. Llanos *Ya* 12.10.77, 20: Una fiesta más [la del Pilar] bien antigua, bien alcanzada y llevada a cabo bajo la inimitable memoranza de María.

memorar – memorista

memorar tr (lit, raro) Recordar. | F. PMarqués Hoy 26.12.75, 12: En el blanco muro, empotrada, está la piedra epigráfica, romana, que memora a Lucio Valerio.

memorativo -va adj (lit, raro) Que sirve para recordar. | Lorenzo Extremadura 157: A la descubierta de piedras memorativas, al encuentro de insignes, doy con este otro bronce: don José Moreno Nieto, natural de Siruela. Laín Descargo 9: Este libro quiere ser .. una exploración memorativa de mi propia realidad.

memoria I f **1** Facultad de recordar. | Arce Testamento 27: Yo procuraba, a medida que ascendíamos, dejar huella del camino en la memoria. Payno Curso 140: Un vagón entero y dos medios vagones .. con jardineras y arreos que traían a la memoria una película del Oeste. **b)** En una máquina o aparato: Dispositivo, gralm. electrónico, en que se almacenan datos o instrucciones para ser utilizados posteriormente. | Palomino Torremolinos 218: Su nombre entró en la memoria del computador. SYa 10.11.63, 36: Multiplicadora impresora superautomática; tres operaciones, un totalizador y una memoria.
2 Recuerdo (hecho de recordar, o cosa recordada). | CNavarro Perros 25: Un sábado del que guardaría memoria. Sampedro Sonrisa 82: La mano recuerda, y desata una explosión de memorias en el hombre. **b)** En pl: Escrito extenso en que alguien narra recuerdos de su vida. | F. Bonamusa Tri 1.12.73, 18: En estos últimos años de su vida lo ha intentado al escribir sus Memorias, con el título genérico puesto por él mismo de Recuerdos. **c)** (hist) Obra pía instituida en recuerdo de un difunto. | Bermejo Estudios 191: Número aproximado de presos: 100 a 110. Dotación: a base de un conjunto de memorias de benefic[e]ncia y de una participación en el importe de las sisas y el repeso de la villa.
3 Informe escrito. | L. Espina Ya 15.10.67, sn: Para ultimar los detalles de la memoria gráfico-informativa que se está preparando. Prospecto 2.92: Magníficos pisos .. Memoria de calidades: Ladrillo visto con cámara de aire .. Cubierta de pizarra. **b)** Estudio o disertación escritos, gralm. breves, destinados a la obtención de un título o dirigidos a una entidad científica. | BOE 15.1.73, 759: Los aspirantes presentarán sus solicitudes dentro del plazo de quince días hábiles, .. acompañadas del currículum vitae .. así como Memoria comprensiva del plan de trabajo a desarrollar en la cátedra. **c)** ~ **testamentaria.** (Der, hist) Escrito simple a que se remite el testador como aclaración o complemento de su testamento. | Compil. Cataluña 763: El testador podrá ordenar legados en testamento, codicilo y, en su caso, en memoria testamentaria.
II loc adj **4 de feliz ~.** (lit) Se usa tras la mención del n de un personaje difunto para expresar afecto hacia él. Tb DE SANTA ~, referido a un personaje religioso. | GPavón Reinado 134: Al final de la Dictadura del General Primo de Rivera, de feliz memoria, comenzó a mostrarse peligrosamente inquieto.
III loc v **5 hacer ~.** Intentar recordar. | J. Carabias Ya 7.6.72, 8: ¿Te acuerdas del marido de Tinucha? ¡Haz memoria!... Aquel tripón del que tanto nos reíamos en S'Agaró. **b)** Recordar. | Lera Trampa 1087: –¿Quién me regaló esto?– En vano intentaba hacer memoria.
6 saberse [algo o a alguien] **de ~.** (col) Conocer[lo] muy bien. | Marsé Tardes 238: Les quiero mucho pero les tengo muy vistos. Y estas reuniones en el bar de Encarna me las sé de memoria.
IV loc adv **7 de ~.** Sirviéndose solo de la memoria [1a]. Con vs como HABLAR o CONTESTAR. Tb adj. | Lera Olvidados 117: Sus apuros .. empezaban cuando sus alumnos le preguntaban algo de la vista. Entonces el examinando era él y casi siempre contestaba hablando de memoria, sin saber bien lo que decía y, sobre todo, sin creer en sus propias palabras. PLozano Ya 27.6.74, 18: Buque aún joven –cito de memoria, pero que creo que fue botado en 1935 ó 1936, cuando su gemelo el "Baleares" estaba sin terminar–. **b)** Con posibilidad de repetir exactamente. Con vs como SABER o APRENDER. Tb adj. | Zunzunegui Camino 225: Le dio un epítome de la Real Academia para que se fijase en las reglas. –Estas, si las estudia de memoria, será mucho mejor.

memorial I adj **1** De (la) memoria [1]. | X. Domingo Cam 11.5.81, 81: El arte de degustar vino consiste en llevar el líquido a esos puntos, que transmiten sensaciones al córtex, en donde se pone en funcionamiento la máquina memorial y analítica. Espinosa Escuela 342: Es el límite de una indefinida progresión de sentires intelectuales, estéticos, memoriales y éticos.
II m **2** (hoy raro) Escrito dirigido a una alta autoridad, en que se hace una petición alegando los motivos en que se funda. | MPérez Comunidad 132: En este caso, es un memorial dirigido al Virrey de México, sobre el estado caótico de los dominios indianos.
3 Monumento conmemorativo. | Pue 15.5.65, 6: Homenaje a Kennedy en Inglaterra. Un pedazo de tierra, con memorial de piedra de siete toneladas, es regalado a Estados Unidos. Torrente Isla 126: No se suele acumular la piedra y darle después forma solemne para memorial de un fantasma.
4 (Dep) Prueba en memoria de alguien. | Abc 6.2.83, 53: Yo perdí un Memorial con "Takala", que tenía una buena punta de velocidad, porque me encerraron durante toda la carrera.
5 (Rel catól) Acto por el que se evoca y hace presente [un acontecimiento pasado (compl de posesión)]. | Catecismo catól. 314: Debemos considerar la Eucaristía .. como memorial del sacrificio de Cristo y de su Cuerpo .. La Eucaristía es el memorial de la Pascua de Cristo.

memorialismo m Actividad de memorialista [3]. | Pániker Memoria 7: Quizá hago memorialismo debido a que la ambigüedad suprema la encuentro en lo que de verdad pasó.

memorialista m y f **1** (hoy raro) Autor de un memorial [2] o de memoriales. | MPérez Comunidad 132: Es un memorial dirigido al Virrey de México .., Aranda o quien sea propone el establecimiento de tres monarquías en América ..; quizás pesara[n] también en el ánimo del memorialista las dificultades que .. arrancaban de la rivalidad entre Lima y Buenos Aires.
2 (hoy raro) Pers. que tiene por oficio escribir cartas u otros documentos por encargo. | Lázaro JZorra 11: La Matilde, la mayor, no salió de la capital más que para irse a la América del Sur, así nos lo mandó decir por un memorialista de una calle que dicen Ribera de Curtidores.
3 Autor de memorias [2b]. | País 14.9.88, 29: "La aventura de la conciencia es el pasado", dice el memorialista Carlos Barral. Senabre SAbc 13.3.92, 9: Lo más importante de sus páginas no es que nos descubran una novelista –y ni siquiera una memorialista–, sino una escritora agudamente sensible.

memorieta. de ~. loc adv (col) De memoria [7b]. | SFerlosio Ensayos 1, 344: Antiguos métodos pedagógicos de parvulario, como el que se aplicaba para inculcar de memorieta la tabla de multiplicar.

memorión m (col) **1** Memoria [1a] muy buena. | VMontalbán Rosa 165: ¿Ha visto usted qué memorión tiene?
2 Individuo que tiene muy buena memoria [1a]. Tb adj. | Cantera Enseñanza 172: El sistema de oposiciones, todavía demasiado memorístico, nos descubre al opositor con mayor preparación científica y al más memorión. **b)** (hist) Individuo de memoria excepcional que actúa como transmisor de textos oídos. | Vernet Mahoma 11: Algunos pasajes coránicos quedaron confiados a la pura retentiva de los memoriones.

memorioso -sa adj Que tiene buena memoria [1a]. Tb (lit) fig, referido a cosa. | ZVicente SYa 14.5.72, 22: Se ve que no les interesaba que uno fuera memorioso. Pemán Abc 14.7.74, 3: La línea paralela pero de dirección contraria a la imaginación creadora, que es lo rutinario y repetido, es tenaz y memoriosa. Landero Juegos 34: Luego una larga nota musical empezaba a zumbar muy adentro de la memoriosa oreja.

memorismo m Práctica pedagógica en que se da importancia primordial a la memoria. | E. Domínguez Mad 12.9.70, 15: El memorismo es un sistema de enseñanza que todo lo fía a la memoria.

memorista I adj **1** De(l) memorismo. | Camón Abc 13.7.75, sn: La memoria se convierte, cuando a ello nos obligan las reacciones del espíritu, en un "recuerdo actualizado". Y este espíritu se enriquece con la asimilación memorista.
II m y f **2** Pers. que practica o propugna el memorismo. | Pemán Almuerzos 229: El tipo del empollón, del memorista, del primero en clase, recibía más objeción que reverencia.

3 Autor de memorias [2b]. | GNieto *SAbc* 28.1.89, v: La memoria [en un libro de memorias] es dueña de escoger .. Debería haber pasado un poco de tiempo para que, ya todos calvos, estuviéramos un tanto distanciados de vecindades y de pequeñeces de tertulia. Otros escritores, otros memoristas .., están llamados a detenerse en estos tratamientos.

memorísticamente *adv* De manera memorística [2]. | Chamorro *Sin raíces* 50: Era un lugar a donde se iba para repetir, memorísticamente, números y palabras.

memorístico -ca *adj* **1** De (la) memoria [1a]. | Camón *Abc* 13.7.75, sn: La memoria convierte en cosa viva –es decir, en cosa íntima– los conceptos más abstractos. Y el bien y el mal se articulan en la tabla de nuestros valores por las aportaciones memorísticas.
2 Que se basa fundamentalmente en la memoria [1a]. | Cantera *Enseñanza* 172: El sistema de oposiciones, todavía demasiado memorístico, nos descubre al opositor con mayor preparación científica y al más memorión.

memorizable *adj* Que se puede memorizar. | VMontalbán *Laberinto* 109: Hablaba haciendo un balance no memorizable de todo lo sucedido. *Catecismo catól.* 17: Estos "resúmenes" tienen como finalidad ofrecer sugerencias para fórmulas sintéticas y memorizables en la catequesis de cada lugar.

memorización *f* Acción de memorizar. | Rábade-Benavente *Filosofía* 178: Para facilitar su memorización, los lógicos inventaron unas curiosas palabras mnemotécnicas.

memorizador -ra *adj* Que memoriza. *Tb n, referido a pers.* | S. Sans *Des* 12.9.70, 34: Llamamos actores a simples memorizadores de letra que se pasean por las tablas con cierta soltura. VMontalbán *Pájaros* 285: Los rostros de Ernesto y su abuela se sobreponían en su imaginación memorizadora como una razón para proseguir la búsqueda.

memorizar *tr* Fijar [algo] en la memoria [1a]. *Tb abs.* | Marín *Enseñanza* 219: Estudiar .. las preguntas 1 a 6. Memorizar pregunta a pregunta. Rábade-Benavente *Filosofía* 67: La repetición de un párrafo implica la retención de sus palabras, quizá de sus frases; y esto es memorizar mecánicamente. **b)** Incluir [un dato] en una memoria [1b]. | A. Blasco *SYa* 17.3.74, 7: En los bancos se han instalado cerca de 2.000 sistemas automatizados. Algunos son simples cajas registradoras que, adicionalmente, cuentan con un código para las tarjetas de crédito y una combinación numérica memorizada que recoge las perforaciones de las tarjetas del cliente y las traslada a su ficha.

mena *f (Min)* Mineral metalífero que se beneficia para extraer el metal que contiene. *Tb fig.* | Ybarra-Cabetas *Ciencias* 60: Es la blenda uno de los sulfuros más importantes por ser la mena del cinc. Benet *Otoño* 68: La sociedad –repito– no tiene en muchos campos criterio ni medida para distinguir y separar la ganga de la mena.

ménade *f (hist)* Bacante. | GGual *Novela* 21: Mientras el rey Orodes y su hijo asistían a una representación de las *Bacantes*, de Eurípides, los actores blandieron, en lugar de la mítica máscara de Penteo, destrozado por las ménades, la sangrienta cabeza del romano Craso. **b)** *(lit) En constrs de sent comparativo se usa para designar a una mujer frenética.* | Torrente *Isla* 52: Proyectada con palabras precisas .. el porvenir de una Agnesse ya adulta, .. que intentó más tarde imaginar, especie de ménade frenética unas veces, perseguidora y perseguida, otras. L. A. Villena *País* 23.6.83, 35: Rocío [Jurado] tiene en escena mucha fuerza sibila.

ménage à trois *(fr; pronunc corriente,* /menás-a--truá/ *o* /menáʒ-a-truá/; *pl normal,* MÉNAGES À TROIS*) m* Comunidad sexual constituida por tres perss. | R. Rodríguez *Rev* 7/8.70, 27: Truffaut .. se encarga de analizar el porqué de la existencia de una ética de las relaciones y de convencernos con *Jules et Jim*, a través de un "ménage à trois", imposible de mantenerse, que las normas de la moral (liberada de mitos) no son gratuitas. **b)** Cópula sexual en que intervienen tres perss. a la vez. | *Int* 14.7.82, 109: De ahí que bajo los buenos oficios de una especie de director se monten orgías "happenings", "ménages-à-trois".

menaje *m* **1** Conjunto de utensilios de mesa y esp. de cocina empleados en una casa. | *Tel* 15.6.70, 67: Adopte para su hogar menaje con la marca Brabantia.
2 Conjunto de muebles y accesorios de una casa u otro recinto. | Cossío *Confesiones* 200: En un ángulo de la celda descubro la cama; en otro, una mesa; un taburete y un lavabo completan el menaje de aquel pequeño recinto.
3 Material pedagógico de una escuela. | FQuintana-Velarde *Política* 12: Repasa .. los menajes y dotaciones de muchas escuelas públicas.

menarquia *(tb* **menarquía***) f (Fisiol)* Primera aparición de la menstruación. | A. Criado *País* 30.5.87, 30: Si sigue sin aparecer [la regla] entre los 16 y los 18 años, se considera que hay una menarquia tardía. O. Aparicio *SPue* 17.10.70, 8: La niña de hoy es mujer, tiene la menarquía, varios años antes que una niña de hace treinta o cuarenta años.

mencal *m (Constr)* Molde para adobes o tejas. | MCalero *Usos* 25: Cuando consideraban que estaba bastante pisada [la masa de adobes] .. se volcaba sobre un mencal.

mencey *m (hist)* Cacique guanche. | Manfredi *Tenerife* 87: Alonso de Lugo, gobernador de la conquista, .. se lanza en busca del mencey, reyezuelo o cacique, como que[r]amos llamarle, de Taoro.

menchevique *adj (hist)* Del ala moderada del Partido Socialdemócrata ruso. *Tb n, referido a pers.* | Fernández-Llorens *Occidente* 227: Consigue [Kerensky] el apoyo de los mencheviques, socialistas moderados o blandos.

mencía *adj (Agric)* [Uva o vid] de una variedad propia de León y Galicia. *Tb n f.* | *Nor* 12.12.89, 17: Los vinos del Bierzo amparados por la denominación de origen se elaboran, en el caso de los tintos, a partir de la variedad autóctona "Mencía". *SPaís* 1.9.91, 14: Do Ribeiro tienen ya listos para su embotellado 30.000 litros de un vino personalísimo con la marca Alen, elaborado exclusivamente con variedades autóctonas: caíño, ferrón, brancellao y mencía, fundamentalmente.

menciano -na *adj* De Doña Mencía (Córdoba). *Tb n, referido a pers.* | Rafagar *Cór* 13.9.64, 7: La mujer menciana es guapa, guapísima.

mención *f* **1** Acción de nombrar o citar. *Frec en la constr* HACER ~ DE *(o, semiculto,* A*).* | Gimferrer *Aleixandre* 18: Volveré, pues, hecha mención de tan venturosa particularidad, a mi viaje de antaño. PRivera *Discursos* 16: En esta incorporación de la mujer a la vida activa debo hacer también una mención a la Alcaldesa de Bilbao y a la Directora General de Enseñanza Media. **b)** *En un premio o concurso:* Distinción que consiste en nombrar a alguien o algo como destacado a continuación de los premios. *Frec* ~ DE HONOR, *u* HONORÍFICA *o* ESPECIAL. | *SYa* 15.3.75, 7: Con este programa .. ha participado Televisión Española en el reciente Festival de Montecarlo. La verdad es que no se llegó a obtener "premio gordo", pero sí algunas menciones.
2 *(reg)* Ademán. *Frec en la constr* HACER ~. | MFVelasco *Peña* 28: Apenas dejaba el cebo y hacía mención de retirarme, amblaba agudo [el oso] hacia el comedero.

mencionable *adj* Digno de ser mencionado. | Cruz *Burgos* 42: Bajo un mismo signo agrícola, se distinguen aquí algunas subcomarcas mencionables.

mencionar *tr* Hacer mención [1a] [de alguien o algo *(cd)*]. | Medio *Bibiana* 283: Si primero se menciona al rey de Roma, primero asoma. *Alc* 1.1.55, 3: Esta ayuda se aplicará en la creación de fuerzas defensivas en los mencionados Estados.

menda **I** *pron* **1** *(col)* Yo. *Con v en 3ª pers. Frec* MI ~, ESTE ~, EL ~ LERENDA. | DCañabate *SAbc* 16.2.69, 36: ¿No crees que me debía llevar el diez por ciento de los millones que se embaulan esos aprovechaos gracias a mi menda? Medio *Bibiana* 168: ¿Quién tiene que hacer las cosas? Esta menda.
II *m* **2** *(juv)* Individuo. *Tb* ~ LERENDA. | Tomás *Orilla* 21: Me enamoré de un menda, y me engañó. McMacarra *Pue* 25.2.83, 18: El caso, monda, es que sigan cobrándote un riñón. J. Altable *DLi* 7.3.78, 5: Aunque Cascorro pareciera algo achaparrado, mirando desde la "esquinita" el menda lerenda consume más de tres metros de la punta del "calco" al ocaso de la bayoneta.

mendacidad *f (lit)* Cualidad de mendaz. | Marías *Gac* 11.5.69, 24: Aunque al final se descubre la impostura de

mendarés – menegilda

la niña, su malicia y mendacidad, el desenlace es muy dramático. J. Baró *Abc* 16.12.70, 35: Uno de los hombres que más han hecho por demostrar muy serena y probadamente la mendacidad de tales asertos.

mendarés -sa *adj* De Mendaro (Guipúzcoa). *Tb n, referido a pers.* | Egaña *VozE* 28.8.74, 16: Mendaro .. En Éibar, donde residía, cristianamente falleció a la edad de 72 años nuestro buen amigo y querido mendarés don Fructuoso Irusta.

mendaviés -sa *adj* De Mendavia (Navarra). *Tb n, referido a pers.* | J. MEsproncedo *DNa* 27.8.66, 6: Mendavia .. Como mendaviés siente este corresponsal gran satisfacción ante la promoción y desarrollo de las vocaciones sacerdotales.

mendaz *adj* (*lit*) Mentiroso o embustero. *Tb n, referido a pers.* | Nerva *Teatro 1958* 8: En todo instante trata de evitar lo fácil, lo mendaz y chabacano. Vizcaíno *Noro* 9.8.78, 24: Algún mendaz, malintencionado y torvo comentó con cierto asombro el hecho curioso de que don Adolfo tenga las mismas aficiones, durante su veraneo, que el anterior Jefe de Estado.

mendelevio *m* (*Quím*) Elemento transuránico radiactivo, de número atómico 101, obtenido a partir del einstenio. | RGómez *Física* 274: Relación alfabética de los elementos y sus símbolos .. Mg: Magnesio. Mn: Manganeso. Md: Mendelevio.

mendeliano -na *adj* (*Biol*) De Mendel o del mendelismo. | Alvarado *Biología* 34: Los resultados del mendelismo se sintetizan en tres reglas o leyes denominadas leyes de Mendel o leyes mendelianas. Ybarra-Cabetas *Ciencias* 223: Los caracteres mendelianos residen principalmente en los cromosomas.

mendelio *m* (*raro*) Mendelevio. | Aleixandre *Química* 10: Los elementos 93 al 103, que son, respectivamente, el neptunio, plutonio, americio, curio, berquelio, californio, einstenio, fermio, mendelio, nobelio y laurencio, han sido obtenidos sintéticamente y reciben el nombre de transuránicos. Aleixandre *Química* 225: Tabla de pesos atómicos .. Mendelio: Me .. (250).

mendelismo *m* (*Biol*) Conjunto de las leyes de la herencia formuladas por Mendel († 1884). | Alvarado *Biología* 34: Para estudiar la transmisión de los caracteres hereditarios a través de las generaciones ideó el genial agustino moravo Gregorio Mendel el método de la hibridación, que se conoce con el nombre de mendelismo.

mendi *m* (*juv*) Menda. *Tb pron. Tb ~ LERENDI.* | Aristófanes *Sáb* 14.9.74, 45: ¿Digo que mi mendi lerendi suscribe la tal opinión? Dicho queda. McMacarra *Cassettes* 147: Y estaba tan contento, er mendi.

mendicante *adj* Que mendiga. *Tb n, referido a pers.* | J. M. Robles *Hoy* 28.9.75, 20: Era el manirroto de la hogaza de pan para los pobres mendicantes, que a las puertas del convento hacían cola para saciar su hambre. Villarta *Rutas* 204: Hay otro hospital, bajo la advocación de María Magdalena, en el que se hospedan los mendicantes que van de un lugar a otro. **b)** [Orden religiosa] que tiene por regla vivir de limosnas. | Villapún *Iglesia* 104: Las Órdenes mendicantes, cuyo distintivo especial era la pobreza. **c)** [Pers.] que pertenece a una orden mendicante. *Tb n.* | Correa *Introd.* Gracián XXVII: Pide licencia para pasarse a otra orden, la de los monacales o mendicantes.

mendicidad *f* Actividad de mendigo. | R. VZamora *Des* 12.9.70, 26: La mendicidad no existe oficialmente [en Rusia], pero la hay. **b)** Condición de mendigo. | S. RSanterbás *Tri* 11.4.70, 21: Habían conocido la miseria, la mendicidad, la cárcel.

mendigador -ra *adj* (*raro*) Que mendiga. *Tb n.* | Cela *Judíos* 272: Se queda [el vagabundo] sin la romería, llevándose, a cambio y a cuestas, las ganas de haber sido romero y mendigador de las amables gracias de Nuestra Señora.

mendigar **A** *intr* **1** Pedir limosna. *Tb fig.* | Laiglesia *Tachado* 320: ¿Cómo va a mendigar, si todos somos mendigos?

B *tr* **2** Pedir [algo] como limosna. *Tb fig.* | CNavarro *Perros* 97: Por favor: lo mendigo de sus buenos sentimientos cristianos. Si no fían de mi palabra, aquí tienen mis alhajas.

MGaite *Fragmentos* 79: Ahora parece que le van a dar no sé qué, a base de mendigar entrevistas y de ir a fiestas.

mendigo -ga *m y f* Pers. que pide limosna habitualmente. | Cunqueiro *Un hombre* 12: Un mendigo se le acercaba, sonriéndole.

mendocino -na *adj* De Mendoza (Argentina). *Tb n, referido a pers.* | MHi 8.66, 15: Confección de mapas geológicos en Mendoza y Neuquén. Examen de piedras y tierra en el laboratorio mendocino.

mendrugo *m* **1** Trozo de pan duro. | Laiglesia *Tachado* 156: Anduvo toda su vida por las calles del pueblo haciendo recados, comiendo mendrugos.

2 (*col*) Pers. bruta o de pocos alcances. *Tb adj.* | FReguera-March *Cuba* 225: Son los suficientes para hacernos papilla si no salimos pronto de aquí, ¡Carbonell, mendrugo!

menduna. mi ~ (*o* **su ~**). *loc pron* (*jerg*) Yo. *Con v en 3ª pers.* | C. GSCecilia *SPaís* 20.11.88, 9: No empecemos, Judas... Aquí el único que va de kíe es mi menduna. Si no camelas el remo gordo, tírate al agua y aligúerate pa tu gachi, tío. Sastre *Taberna* 127: –Te daba así. –Eso era antes .. Ahora su menduna es un hombre, papá.

meneado -da *adj* **1** *part* → MENEAR.

2 (*Taur, hoy raro*) [Res] que ya ha sido toreada con anterioridad. | DCañabate *Paseíllo* 61: ¿Tú sabes la diferencia que hay de torear un toro meneao a uno que no haya olido un capote en su vida?

meneador -ra *adj* (*raro*) Que menea. *Tb n, referido a pers.* | J. Monleón *Tri* 1.11.69, 29: Fue un "meneo" polémico, estimulante, de los que rara vez se dan en nuestros teatros .. Recuerdo aún que, a mi lado, un grupo de jóvenes gritaba a los "meneadores": "¡A la muralla, a la muralla!".

menear **I** *v* **A** *tr* ➤ **a** *normal* **1** (*col*) Mover o cambiar de posición [algo o a alguien]. | Olmo *Golfos* 93: Nosotros la llamábamos miss Culito, porque al andar lo meneaba con mucha gracia. R. Castilla *VNu* 2.9.72, 41: –El ajedrez –argue el santo– es un juego de azar .. Pedro Damián –que no sabe menear un peón– insiste y arranca del Obispo la promesa formal de no volver a jugar. **b)** Remover [algo] haciendo que sus componentes o partes cambien de posición. | X. Domingo *Cam* 26.12.77, 147: Se colocarán [las ostras] sobre lecho de una cucharada de café de mostaza inglesa, otra de salsa mahonesa, otra de zumo de limón, otra de alcaparras y otra de nata, todo bien meneado y bien amalgamado.

2 (*col*) Mover o remover [un asunto]. | * Prefiero que no menees este asunto. **b) peor es meneallo**; **mejor es no meneallo**, *o* **más vale no meneallo**. *Fórmulas con que se comenta la conveniencia de no remover un asunto desagradable y que ya no tiene solución.* | GTabanera *Abc* 8.9.66, 9: Asunto este que más vale no meneallo, pues si siguiéramos por este camino, más de uno intentaría justificarse. Payno *Curso* 122: Le dieron el trato que las señoras de cierta edad dan a los desliceses sexuales de sus hijas: mejor es non [*sic*] meneallo.

3 (*argot, Escén*) Patear. | * Iban dispuestos a menear la obra.

➤ **b** *pr* **4** **~sela** [alguien a un hombre]. (*vulg*) Masturbar[le]. *Frec el ci es refl.* | Cela *SCamilo* 130: Paca .. no va a las tapias de la casa de fieras a ejercer su oficio, ¡esta noche no se la meneo ni a mi padre! Cela *SCamilo* 226: Paquito es flaco y tose continuamente, eso es mismo de meneársela. **b)** **~sela** [alguien o algo a un hombre]. (*vulg*) Traer[le] sin cuidado, o no importar[le] en absoluto. | ASantos *Estanquera* 46: –¡Te voy a matar! –¡A mí tú, madero! ¡Tú a mí ni me meneas! Goytisolo *Recuento* 130: Los montes me la menean. Todo a la vista y nada a mano.

B *intr pr* **5** (*col*) Actuar con prontitud y diligencia. | P. J. Rey *Sur* 25.8.88, 10: Si yo, casi como, con cualquier cosa... ¡¡Pues menéate, Tere!!

II *loc adj* **6 de no te menees.** (*col*) *Se usa, pospuesta a un n de cosa, para ponderar lo expresado por este.* | Medio *Bibiana* 141: Entonces ve ella y me da un plantón de no te menees. ZVicente *Traque* 175: Tiene un asma de no te menees.

menegilda *f* (*col, hoy raro*) Criada de servicio. | Zunzunegui *Hijo* 89: Vamos, que un hombre como usted no se va a poner ahora a regatear como una menegilda. DCañabate *Andanzas* 10: ¿Dónde se va a comparar la garganta de una de aquellas menegildas que no perdían nunca el aire rústico nativo .. con un altavoz de los de ahora?

meneo *m* **1** (*col*) Acción de menear [1 y 5]. | * Con el meneo del tren se quedó dormido. SFerlosio *Jarama* 183: –¡Pero estáte ya quieta, hija mía! .. –¡Ay, mamá, no me des esos meneones! C. Maguna *Hie* 19.9.70, 9: Partido de mucho "meneo" el que se va a tramar en la cancha guerniquesa.
2 (*col*) Golpe dado a alguien o algo. | *SYa* 10.12.72, 4: Como hoy el mendigo no infunde mucho respeto, pudiera recibir un meneo a la menor impertinencia que se permita. * ¡Vaya meneo que le has dado a la mesa!
3 (*argot, Escén*) Pateo. | MRecuerda *Salvajes* 37: ¡Esas nos preparan un meneo y nos quitan medio teatro!
4 (*jerg*) Fornicación, o cópula sexual. | Montero *Reina* 77: Lo tuyo no es sano, a tu edad y sin estrenarte todavía, estoy segura de que esos arrechuchos que te dan no son ni menopausias ni monsergas, que lo que a ti te pasa es que te hace falta un buen meneo.

menés -sa *adj* Del valle de Mena (Burgos). *Tb n, referido a pers.* | Cruz *Torres* 57: El Valle se erizó de torres, algunas de las cuales siguen recortando el delicado paisaje menés. E. Nava *DBu* 21.7.81, 19: ¿O es que Burgos limita al Norte con el Valle de Mena? El colmo..., ¡y los meneses sin enterarnos!

menescal *m* (*reg*) Veterinario. | Sobrequés *HEspaña* 2, 263: Las [manufacturas] relacionadas con el armamento y la caballería, en las que se llegó a una gran especialización: espaderos, ballesteros .., guarnicioneros, correeros, menescales y herradores.

menesiano -na *adj* De la Congregación de Hermanos de la Instrucción Cristiana, fundada por Jean-Marie de la Mennais en 1819. *Tb n, referido a pers.* | J. M. Pérez *Rio* 21.3.89, 14: Ese mismo día, a las once de la mañana, un grupo de jóvenes comienza la Pascua en el Colegio de los Menesianos en Santo Domingo.

menester (*lit o rur*) **I** *m* **1** Ocupación o trabajo. | Cela *Pirineo* 230: El Pierre se había ido ya, camino de la iglesia, a ayudar al párroco en su espiritual menester. GPavón *Rapto* 96: Famoso porque jamás trabajó en oficio, profesión, pesca ni caza. Que su exclusivo menester fue la delectación del cuerpo.
2 (*raro*) *En pl:* Necesidades fisiológicas. | Azorín *Recuadros* 1358: En la casa que habitan Lázaro y el hidalgo no existen más muebles que una infame cama y... un zambullo, en lo alto, en el cual el hidalgo hace sus menesteres.
II *loc v* **3 haber ~** [una cosa]**.** Necesitar[la]. | Torrente *Señor* 416: Metió en el bolso del dinero de la limosna y algo más, por si lo había menester.
4 ser ~ [una cosa]**.** Ser necesaria. | Aranguren *Marxismo* 106: Para comprender el sentido de la evolución será menester volver a empezar por Marx. GPavón *Reinado* 70: Sería menester una grúa.

menesterosamente *adv* (*lit*) De manera menesterosa. | Aguirre *Aranda* 13: El pobre Duque de Alba, a quien se había incluso privado de pasaporte, no pasaba de ser el más notorio representante de una España menesterosamente liberal y monárquica.

menesterosidad *f* (*lit*) Cualidad de menesteroso. | Rábade-Benavente *Filosofía* 280: Es esta presencia y aceptación del misterio lo que afecta al hombre de tal manera y le hace sentir hasta tal punto su menesterosidad e insuficiencia.

menesteroso -sa *adj* (*lit*) **1** Pobre o necesitado. *Tb n, referido a pers.* | Bustinza-Mascaró *Ciencias* 101: Las medidas preventivas más eficaces son aquellas que tienden a mejorar la vida de las clases llamadas menesterosas. CBonald *Ágata* 259: Rememoraba .. su menesterosa época de baratero de pieles. L. Calvo *Abc* 15.10.70, 30: Los impuestos, que suben para los menesterosos y se atenúan para otros estados sociales.
2 Falto o necesitado [de algo]. | Marías *Experiencia* 9: La negación del alcance de la experiencia es sobre manera rara y menesterosa de justificación.

menestra *f* Guiso compuesto de hortalizas variadas con trozos de carne o jamón. | *Cocina* 73: Comida. Menestra de verduras. Cordero asado.

menestral -la (*como adj, solo en la forma* MENESTRAL) **I** *m y f* **1** Pers. que vive de un oficio, esp. en la pequeña industria o el pequeño comercio. *Tb adj.* | GPavón *Hermanas* 29: Llenaban el coche .. menestrales, chicas de servicio, soldados y otras criaturas poco viajadas. Laforet *Mujer* 166: La señora tenía aire de menestrala. S. Adame *HyV* 10.71, 38: Allí [en el Teatro Real] .. la buena gente menestrala, curiosos y vagos .. afrontaban inclemencias meteorológicas para contemplar la entrada y salida de cada función.
II *adj* **2** De(l) menestral [1]. | *Van* 14.11.74, 53: La raíz mercantil, menestral, de Barcelona, el todavía próximo determinante rural de nuestros prohombres .. contribuían a abonar tales estudios.

menestralía *f* Conjunto de (los) menestrales. | Aguilar *Experiencia* 210: En mis años barceloneses fui descubriendo las virtudes y las capacidades de la buena menestralía para crear y sostener un hogar en lucha contra las dificultades del corto salario.

menestrete *m* (*Carpint*) Barra de hierro para sacar las cabezas de los clavos. | Zunzunegui *Hijo* 14: Le enseñó a aflorar las cabezas de los clavos con el menestrete.

menfita *adj* (*hist*) De Menfis (ciudad del antiguo Egipto). *Dicho esp del período histórico en que la capital era Menfis. Tb n, referido a pers.* | Angulo *Arte* 1, 33: Como en su historia política [de Egipto], suelen distinguirse en la artística tres grandes períodos: el menfita, el tebano y el saíta, así llamados por las ciudades donde radica la capitalidad del imperio faraónico. GNuño *Escultura* 167: Una solidaridad clarísima y no necesitada de muchas explicaciones para con sus tan lejanos antepasados menfitas y tebanos.

mengajo *m* (*reg*) Pingajo o jirón. *Tb fig.* | Campmany *Abc* 21.4.88, 33: ¿Habráse visto mayor descaro y desvergüenza que la de este mengajo de seductor? ¿Pero quién le habrá dado vela en este entierro? GPavón *Rapto* 112: El día estaba entre nubes. Nubes mengajo, pero que a cada nada bigoteaban el sol.

mengano -na (*gralm con mayúscula*) *m y f Se usa, sin art y solo en sg, para sustituir al n propio de una pers que no se quiere o no se puede precisar. En contextos en que ha aparecido el n* FULANO. *Frec en la forma dim* MENGANITO, *con valor expresivo.* | DPlaja *El español* 148: –¡Figúrate! .., yo sé que ha sido la amante de Fulano .. –Y de Mengano... y de Zutano. SSolís *Blanca* 9: Si invitas a fulanita, tienes que invitar también a menganita, y si viene menganita, se enfadará perenganita, porque la haces de menos, y perenganita no va a ir sin zutanita.

mengibareño -ña *adj* De Mengíbar (Jaén). *Tb n, referido a pers.* | Vor *Jaén* 22.7.64, 10: Los mengibareños han puesto de manifiesto su inquebrantable adhesión al Gobierno y a Franco.

mengua *f* Disminución o menoscabo. | *Ya* 15.10.67, 3: Una organización que permita solucionar los períodos de interinidad de trabajo y los trasvases de unos a otros sectores sin mengua apreciable de la situación material de esos obreros.

menguadamente *adv* (*lit*) De manera menguada [2 y 3]. | An. Miguel *Abc* 9.12.64, 56: La palabra "salario" nos recuerda aquella migaja misericordiosa, casi limosna, abonada en sal a los esclavos de la antigüedad para sazonar menguadamente su mísera existencia.

menguado[1] -da *adj* **1** *part* → MENGUAR.
2 (*lit*) Insignificante o mezquino. | Tamames *Economía* 232: Las causas de lo menguado del mercado interior son demasiado profundas. MSantos *Tiempo* 32: –¿Son esas las chabolas? –preguntó .. señalando unas menguadas edificaciones.
3 (*lit*) Cobarde o falto de valor. *Tb n, referido a pers. Tb usado como insulto.* | * Eres un menguado, por eso no le contestas como merece.
4 [Prenda de punto] que tiene menguados[2]. | *Act* 25.1.62, 37: Jersey de Shetland menguado con cuello cisne.
5 [Hora] **menguada** → HORA.

menguado[2] *m* Acción de menguar puntos en una labor. *Tb su efecto.* | *Lab* 2.70, 9: Hacer 1 menguado simple, cada 2 v[ueltas] 5 veces.

menguante I *adj* **1** Que mengua [1]. *Tb fig.* | Landero *Juegos* 261: Y si acaso no hubiese ya remedio, pensar entonces que dentro de veinte o treinta años todos calvos, mirar alrededor aquellos cuerpos menguantes caminando por la corteza del planeta. L. LSancho *Abc* 8.10.75, 4: La comunicación creciente origina, paradójicamente, un entendimiento menguante. Goytisolo *Afueras* 54: El humo del cigarrillo se alzaba en mansas formas retorcidas que luego se desvanecían enturbiando la atmósfera quieta, la luz triste y menguante. Valencia *GacR* 27.10.70, 12: Hoy los extranjeros que restan son unos veteranos menguantes al estilo de nuestros Suárez y del Sol. **b)** [Fase lunar] en que disminuye la superficie visible desde la Tierra. *Tb n m.* | CNavarro *Perros* 172: La luna estaba en cuarto menguante. Delibes *Voto* 109: Si el agua no aprieta, la remolacha no fija .. Y en menguante, como debe ser.
II *m* **2** (*Heráld*) Figura de media luna con las puntas hacia abajo. | Em. Serrano *Sáb* 29.3.75, 71: En cada uno de los jefes del escudo, en los ángulos diestro y siniestro, un menguante de plata con las puntas abajo.

menguar (*conjug* **1b**) **A** *intr* **1** Disminuir [algo] en tamaño, cantidad, importancia o intensidad. *Tb pr.* | Buero *Diálogo* 74: Me parece como si Aracne hubiese menguado otro poco. *Mun* 23.5.70, 61: Las lesiones musculares menguan, y el equipo efectúa una muy aceptable segunda vuelta de la Liga. Arce *Testamento* 63: La llamita del carburo se había menguado considerablemente. **b)** Disminuir la parte iluminada y visible [de la Luna (*suj*)]. | Landero *Juegos* 24: Yo fui entonces y le ofrecí la luna (me acuerdo que menguaba).
B *tr* **2** Hacer que [algo (*cd*)] disminuya en tamaño, cantidad, importancia o intensidad. *Tb abs, referido a puntos de una labor.* | Escudero *Capítulo* 165: Una obediencia plena .. no solo no mengua la dignidad de la persona humana, sino que la lleva a madurez. *Lab* 1.80, 30: Empezar a sisar cada 2 v[ueltas] 5-4-3-2-1, seguir recto en la sisa, y menguando en el escote.

mengue *m* (*col*) Diablo o demonio. | LTena *Alfonso XII* 136: ¡Que me lleven los mengues si no digo verdá! Veo..., "¡veo una corona de Reina!".

menhir *m* (*Prehist*) Monumento megalítico consistente en una piedra larga hincada verticalmente en el suelo. | Pericot *Polis* 23: En Bretaña (Francia) los menhires están agrupados en círculos o *cromlechs*.

meninge I *f* **1** (*Anat*) Membrana de las que envuelven el encéfalo y la médula espinal. | Bustinza-Mascaró *Ciencias* 73: El sistema nervioso está formado por células nerviosas o neuronas, .. y por envolturas membranosas de protección, las meninges, localizadas alrededor de los centros nerviosos.
II *loc v* **2** **estrujarse las ~s.** (*col, humoríst*) Pensar o discurrir. | * No hay que estrujarse mucho las meninges para hacer eso.

meníngeo -a *adj* (*Anat*) De (la) meninge. | Alvarado *Anatomía* 67: El cuarto ventrículo, situado en la base del cráneo, está cubierto solo por una delicada telilla meníngea.

meningítico -ca *adj* (*Med*) **1** De (la) meningitis. | Mascaró *Médico* 57: En general, los comas pueden dividirse en dos grandes grupos: nerviosos y tóxicos. Entre los primeros cabe incluir los de naturaleza traumática, apoplético, meningítico.
2 [Pers.] que padece meningitis. *Tb n.* | *Abc* 21.3.75, 58: Mejoran lentamente los dos niños meningíticos de Sabadell. **b)** [Pers.] que presenta secuelas de haber padecido meningitis. *Tb n. Frec fig, aludiendo a deficiencia mental.* | Marsé *Dicen* 141: Se presentó en el Centro cojeando y con la mano loca que no podía sujetar .., un cuasimodo, chicos, un meningítico como el del Cottolengo. Delibes *Cinco horas* 216: Ya ves Nacho Cuevas, el hermano de Transi, la misma historia, le movilizaron a la mitad de la guerra, y como era algo retrasado mental, o meningítico o eso, le pusieron en servicios auxiliares.

meningitis *f* Inflamación de las meninges. | Bustinza-Mascaró *Ciencias* 100: Enfermedades producidas por bacterias. Son las más numerosas, y entre ellas están: la tuberculosis, .. la meningitis, la escarlatina.

meningococo *m* (*Med*) Diplococo que causa la meningitis cerebroespinal epidémica. | Navarro *Biología* 248: Los compuestos denominados sulfamidas .. tienen una fuerte acción bacteriostática sobre gran número de gérmenes patógenos, como los estreptococos, neumococos y meningococos.

meningoencefalitis *f* (*Med*) Inflamación simultánea de las meninges y del encéfalo. | *Inf* 25.5.74, 15: Un 15 por 100 debían su enfermedad a malformaciones congénitas; un 8 por 100, a meningoencefalitis.

menino -na *m y f* **1** (*hist*) Niño noble que está al servicio de la reina o de los infantes. | D. Meseguer *Abc* 29.6.58, 35: Sus contactos sociales se iniciaron en 1521, cuando Francisco, a los once años, fue enviado a Tordesillas como "menino" de la infanta Catalina. Buero *Tres maestros* 74: La menina Sarmiento no puede verse en el espejo menor.
2 (*lit, raro*) Muchacho. | GHortelano *Momento* 608: Brillaba una de las ventanas del piso superior de la farmacia, que se abrió a mi segundo toque de palmas. Me fue franqueado el paso al establecimiento propiamente dicho por un menino en edad alborotada.

meniscal *adj* (*Anat*) De(l) menisco. | B. Beltrán *Ya* 30.12.91, 3: Son precisamente los deportistas los que ingresan día tras día en los centros de traumatología, afectos de lesiones meniscales y ligamentosas.

menisco *m* **1** (*Anat*) Cartílago situado entre dos superficies articulares que no ajustan perfectamente. *Gralm con un compl especificador. Sin compl, esp referido al de la rodilla.* | Ybarra-Cabetas *Ciencias* 387: Entre vértebra y vértebra hay un disco cartilaginoso, menisco intervertebral, que a veces se calcifica. *Pue* 20.1.67, 23: Operado satisfactoriamente del menisco, volvió a la práctica del fútbol.
2 (*Fís*) Superficie libre, cóncava o convexa, de un líquido contenido en un tubo estrecho. | Mingarro *Física* 78: Si .. la adhesión A es muy grande, la forma del menisco será cóncava.
3 (*Ópt*) Lente con una cara cóncava y la otra convexa. | * Definir un menisco convergente.

menjunje *m* (*raro*) Mejunje. | Ortega *Americanos* 112: Escanciaba el complicado menjunje en la copa aquella.

menjurje *m* (*raro*) Mejunje. | MMariño *Abc* 22.6.58, 5: Era gran sabidor de virtudes de hierbas, hidroterapias y menjurjes para curar las más varias dolencias.

mennonita → MENONITA.

menologio *m* (*Rel crist*) Martirologio de los cristianos griegos, ordenado por meses. | S. Páramo *CoZ* 28.3.75, 4: Orígenes y S. Juan Crisóstomo afirman que [la mujer de Pilato] se hizo cristiana después de la muerte de Jesús, y el menologio griego la cuenta entre las santas.

menomini I *adj* **1** De(l) pueblo amerindio de la familia algonquina que habita actualmente entre el lago Superior y el Míchigan. *Tb n, referido a pers.* | * Es un gran conocedor de la cultura menomini.
II *m* **2** Lengua de los indios menominis. | RAdrados *Lingüística* 313: En menomini hay una clase de nombres animados que comprende también plantas.

menonita (*tb* **mennonita**) *adj* (*Rel crist*) Disidente anabaptista que sigue la doctrina de Mennon (reformador holandés, † 1561). *Tb n.* | *Agromán* 67: Solo se relaciona con los predicadores menonitas, a cuya secta pertenece. J. L. Orosa *SInf* 24.7.76, 9: La objeción [de conciencia] se presenta ya .. en la doctrina eclesiástica como una alternativa del cristiano que hasta entonces monopolizaban, prácticamente, anabaptistas, cuáqueros, testigos de Jehová, mennonitas, etc.

menopausia *f* Cese natural de la menstruación. *Tb la edad en que se produce.* | M. Aguilar *SAbc* 29.9.68, 54: Muchas veces puede .. reproducirse; por ejemplo, en las mujeres, en la edad de la menopausia. Vega *Salud* 547: Esta misma madre cuando llega a la menopausia puede presentar alteraciones menstruales de significación mucho más grave, a las que no concede ningún interés.

menopáusico -ca *adj* **1** De (la) menopausia. | Torrente *Isla* 92: Lesbianas gloriosas aunque en trance menopáusico.
2 [Mujer] que está en la menopausia. *Tb (lit) fig.* | Moncada *Juegos* 337: ¡La señora Martínez saca humo de la má-

quina a cuatrocientas pulsaciones por minuto, menopáusica y todo! VMontalbán *Dardé* 159: Eran pobres retóricos, menopáusicos sin acción. GPavón *Hermanas* 20: Las viñas .. lloran menopáusicas y añoraban del fruto perdido. Fraile *A la luz* 97: Se oían desde ella [la caja del bar] las grotescas y desbocadas voces de las tertulias menopáusicas, las frases encendidas y frescas de los estudiantes.

menor I *adj* **A** *Comparativo de* PEQUEÑO. *El segundo término comparado va introducido por* QUE *o* DE *(semiculto* A); *a veces se omite*. **1** Más pequeño. | Marcos-Martínez *Física* 33: Los recipientes vacíos tienen menor estabilidad que llenos, por su menor peso. *Ya* 22.10.64, sn: Motores de potencia menor a 1 c.v. * A medida que se avanzaba, el espacio era menor.

2 [Pers.] de menos edad. | Laforet *Mujer* 45: La madre de Paulina había sido la menor de siete hijos. Cierva *Gac* 4.1.76, 51: La mayoría de los oficiales y sargentos provisionales .. se incorporan a las tareas de la vida civil, para lo que encuentran, en bastantes casos, privilegios profesionales superiores a los de sus hermanos menores.

B *No comparativo. Frec en contraposición con* MAYOR. **3** Pequeño. **a)** [Res] pequeña (p. ej., oveja, cabra). *Tb dicho del ganado compuesto por estas reses o cabezas*. | * En esta comarca abunda el ganado menor. **b)** [Caza] de animales de poca alzada (p. ej., liebres) o de aves. *Tb dicho del cazador de estas piezas*. | Cela *Viaje andaluz* 286: Almonte es un poco el paraíso de Alá de los cazadores. En el coto de Doñana .. sobran los ciervos y los jabalíes .. La caza menor de pelo y pluma es, entre almonteños, tarea buena para doctrinos y niños de la catequesis. **c)** *(Filos) En un silogismo:* [Término] que tiene menor extensión. | Gambra *Filosofía* 55: De dos premisas afirmativas no cabe deducir conclusión negativa: Si el término mayor y el menor convienen con el medio, es obvio que no pueden sino convenir entre sí. **d)** *(Filos)* [Premisa] que contiene el término menor. *Tb n f*. | Gambra *Filosofía* 56: En la primera [figura del silogismo], el término medio ocupa el puesto de sujeto en la premisa mayor, y el de predicado, en la premisa menor. Gambra *Filosofía* 57: En la cuarta [figura del silogismo], .. se presenta el término medio como predicado de la mayor y sujeto de la menor. **e)** *Se usa como especificador de algunas especies botánicas y zoológicas:* CENTAURA ~, CONSUELDA ~, SIEMPREVIVA ~, PICO ~, *etc* → CENTAURA, CONSUELDA, SIEMPREVIVA, PICO¹, *etc*.

4 *(Der)* De corta duración. **a)** [Pena de reclusión] que dura desde 12 años y 1 día hasta 20 años. | *Inf* 17.12.75, 32: En el sumario abierto contra Alejandro Finisterre, el fiscal solicitaba, según nuestras noticias, un año y seis meses de reclusión menor y multa de 20.000 pesetas. **b)** [Pena de presidio o de prisión] que dura desde 6 meses y 1 día hasta 6 años. | *Abc* 29.12.70, 15: Por un delito de falsificación y sustitución de matrícula de vehículo de motor, seis años de presidio menor. *Inf* 19.12.73, 8: Fue condenado a seis meses y un día de prisión menor y 5.000 pesetas de multa. **c)** [Pena de arresto] que dura desde 1 hasta 30 días. | *Código Penal* 32: La duración de las penas será la siguiente: .. La de arresto menor, de uno a treinta días.

5 No adulto. *Dicho esp de perss y de ganado vacuno. Referido a pers, tb n y frec en pl*. | CBaroja *Inquisidor* 39: Se admitían como testigos los excomulgados, criminosos, infames, cómplices, perjuros, herejes, domésticos, familiares, parientes, mujeres y menores. **b)** [Pers.] que no ha llegado a la mayoría de edad. *Tb ~* DE EDAD. *Tb n*. | *Compil. Navarra* 42: Capacidad del menor casado o emancipado. El menor de edad casado o emancipado puede realizar toda clase de actos, excepto comparecer en juicio.

6 De importancia o categoría secundarias. | Valverde *Literatura* 196: El censo de los personajes menores [de "La Regenta"] es interminable. N. Luján *NotB* 18.4.73, 5: El tomillo en vino producía una decocción sanadora de úlceras y heridas menores. **b)** *(Rel catól)* [Fraile] de la orden de San Francisco. *Tb n m*. | J. A. Corte *Odi* 3.7.68, 4: Posteriormente llegan al convento los hijos del humilde de Asís, los padres franciscanos, hombres sencillos, humildes, religiosos, los frailes menores.

7 *(Rel catól)* [Órdenes sagradas] de ostiario, lector, exorcista y acólito. *Tb n f pl, gralm en la constr* ORDENAR(SE) DE ~ES. | SLuis *Liturgia* 12: Unos han recibido solo la tonsura .. Otros han recibido ya algunas Órdenes Menores. Cunqueiro *Crónicas* 13: Cuando quedó vacante la sochantría con menores de Pontivy, lo presentaron para cubrirla sus primos se-

gundos. * Se ordenó de menores en 1570. **b)** *(Rel catól)* [Excomunión] que consiste en la privación pasiva de los sacramentos. | * La excomunión puede ser mayor y menor.

8 *(Mús)* [Tono o modo] en que la tercera nota dista de la primera un tono y un semitono. | A. Marazuela *Nar* 6.77, 3: Cantos .. con mezcla de tonos mayores y menores de forma intercalada. **b)** [Nota] primera de una escala musical en tono menor. | Subirá-Casanovas *Música* 73: La Novena [Sinfonía], en re menor, cuyo coral ofrece la particularidad de incluir en su último movimiento la voz humana.

9 el ~. Ninguno. *En frases negativas y con intención enfática*. | Arce *Testamento* 59: No hice el menor comentario.

10 [Aguas] **~es**, [arte] **~**, [colegio] **~**, ~ [edad], [paños] **~es**, [ropas] **~es**, [seminario] **~** → AGUA, ARTE, COLEGIO, EDAD, PAÑO, ROPA, SEMINARIO.

II *m* **11 ~ que**. *(Mat)* Signo en figura de ángulo con el vértice a la derecha y que, colocado entre dos cantidades, indica que la segunda es mayor. *Tb se usa, fuera del ámbito matemático, con otros valores*. | * Me cuesta mucho distinguir el "mayor que" del "menor que".

III *loc adv* **12 al por ~** *(más raro,* **por** *~). (Com)* En cantidades pequeñas. *Tb fig. Tb adj*. | Tamames *Economía* 304: Es de gran interés el detalle de si el productor al facilitar la mercancía al comerciante al por menor se la entrega con un precio "impuesto" o sin él. FQuintana-Velarde *Política* 68: Suelen elaborarse dos clases de índices de precios: el que expresa las variaciones de los precios al por mayor y el que recoge las variaciones de los precios al por menor. Torrente *Saga* 184: Lo que pudiera parecer casualidad no es más que Fatalidad al por menor.

13 al por ~, *o* **por ~**. *(raro)* Con detalle. | Correa *Introd*. Gracián XXIII: La contestación de Gracián es virulenta y rigurosa, pues va rebatiendo al por menor, con maestría erudita, las impropiedades y solecismos, los hispanismos del romance latino, la pobreza de expresión y el prosaísmo del poema castellano.

14 de ~ a mayor. En un orden creciente o que comienza por lo menor [1] y termina por lo mayor. | Marcos-Martínez *Aritmética* 14: Escribir de menor a mayor .. los números siguientes.

menorah *f* Candelabro hebreo de siete brazos. | C. Rica *SYa* 3.4.77, 20: Frente al Parlamento, que cobija un cuerpo legislativo de ciento veinte miembros, un bellísimo candelabro de bronce labrado: es la Menorah, que regaló el Parlamento británico al israelí.

menorero -ra *adj* [Pers.] que gusta tener relaciones sexuales con menores, esp. adolescentes. *Tb n*. | *SAbc* 10.2.85, 20: Romance [de Liz Taylor] con un menorero. JLosantos *Abc* 23.5.89, 34: Aquellos universitarios .. tienen, doce años después, el mentón redondillo, la tripa feliz, la ojera puesta, el gesto de cuarentón menorero y el ademán del hortera instaladísimo. Umbral *Gente* 17: Todos los menoreros de España hemos estado enamorados de Marisol.

menoría *f (raro)* Minoría de edad. | Arenaza-Gastaminza *Historia* 271: Durante la menoría de Isabel II hubo dos regencias: la de María Cristina, la Reina Gobernadora, y la del general Espartero.

menoridad *f (raro)* Minoría de edad. | Arenaza-Gastaminza *Historia* 188: Carlos II (1665-1700). Durante su menoridad se encargó de la regencia su madre Mariana de Austria.

menorquín -na *adj* De Menorca. *Tb n, referido a pers*. | Torbado *Ya* 28.5.67, 12: Esto respondió en catalán una muchacha, menorquina de origen. Sobrequés *HEspaña* 2, 100: El conde de Ampurias aporta a la campaña menorquina de Alfonso el Franco 200 infantes.

menorragia *f (Med)* Menstruación excesiva. | Mascaró *Médico* 47: La pérdida excesiva de sangre en el curso de la menstruación recibe el nombre de menorragia.

menos *(con pronunc tónica. En la acep* 13 *se pronuncia átono. Como adv y adj, gralm se antepone a la palabra a que se refiere (excepto si esta es v); pero con* NADA, ALGUNO, UNO, *se pospone)* **I** *adv* **1** Denota disminución o inferioridad en una comparación. *El segundo término comparado va introducido por* QUE *y a veces por* DE. | *Inf* 13.12.73, 12: La situación es hoy menos optimista que hace unos meses. **b)** *A veces se omite el segundo término, por consabido*. | * Procura llegar un poco menos tarde. **c)** *A veces toma la forma* EN ~

con vs que significan apreciación. | * Valora en menos la inteligencia que la belleza.
2 Con mayor motivo. *Siguiendo a una frase negativa a la que refuerza.* | * No lo haré; menos, si me lo pide él. Torrente *Off-side* 89: No lo hemos encontrado. Y que suelte la pasta por delante, menos.
3 al ~, por lo ~, *o (raro)* **a lo ~.** Siquiera, o aunque solo sea. | Matute *Memoria* 139: Que el mundo sea atroz, no lo sé: pero al menos, resulta incomprensible. Medio *Bibiana* 14: A uno de ellos, por lo menos a uno de ellos, no hay que ponerle sobre los altares. Matute *Memoria* 136: Nos pidió la barca para llevar el cuerpo de su padre (asesinado por los amigos o, a lo menos, partidarios de mi abuela).
4 al ~, o **por lo ~.** *Introduce una restricción a la afirmación que se acaba de hacer.* | ZVicente *Traque* 204: Estábamos, bueno, pues así, arrejuntados, que no se llevaba entonces tanto, o que, por lo menos, parecía muy mal a aquellas señoras que se empeñaron en llevarnos a la iglesia.
5 de lo ~. Sumamente poco. *Precediendo a un adj o a un adv.* | Delibes *Mundos* 32: Este desbordamiento verbal, trasladado a la política, resulta de lo menos simpático.
6 en ~. En cantidad o importancia inferior a la que se toma como referencia. | *Prospecto* 11.73: Ministerio de Industria. Delegación Provincial. Barcelona. El presente termómetro clínico .. corresponde a un tipo aprobado, y su error máximo no sobrepasa a [sic] una décima en más o en menos.
7 lo ~, *o* **por lo ~.** Como mínimo. | Arce *Testamento* 61: Cuando salimos de la taberna éramos lo menos quince.
8 ~ mal. *Fórmula con que se pondera un hecho que hace que las cosas sean mejores de lo que parecen o de lo que se teme. Puede ir seguida de una prop introducida por* QUE. *A veces se usa como or independiente.* | Matute *Memoria* 16: La sombra forjada, detrás de mi cabeza, .. me daba una sensación de gran inseguridad. Menos mal que llevé conmigo .. mi Pequeño Negro de trapo. Lagos *Vida* 41: Marcó las tres cifras y esperó sentado al borde de la cama. "Menos mal", dijo poniendo en hora el reloj.
9 nada ~. → NADA.
10 más o ~, ni más ni ~, *n* + **más** + *el mismo n* + **~** → MÁS.
11 ni mucho ~. De ningún modo. | Laforet *Mujer* 22: –No os habéis enfadado, ¿verdad? –¡Por Dios, Alfonso, ni mucho menos!
12 poco ~ que, por ~ de nada ~ → POCO, NADA.
II *prep* **13** *Indica que de la cantidad que precede se resta la que sigue.* | Lagos *Vida* 42: Miró el reloj de nuevo. Las once menos cinco. **b)** *Indica que lo que se enuncia a continuación se excluye de lo ya enunciado.* | Fraile *Cuentos* 67: Dentro, con las ventanas abiertas, menos una al fondo que era imposible abrir, hacía calor.
III *loc conj* **14 a ~ que.** A no ser que. *Con v en subj.* | LRubio *Manos* 55: No era posible que un señor como él, a menos que hubiese perdido el juicio...
IV *pron* **15** *Designa pers o cosa inferior en cantidad o en importancia. El segundo término comparado va introducido por* QUE *o* DE. | *Inf* 19.12.73, 11: El coste de un litro de leche no puede ser menos de 13,20 pesetas. * Tu papá es menos que el mío. **b)** *A veces se omite el segundo término, por consabido.* | Hoyo *Pequeñuelo* 11: Nosotros también tendríamos alguna [obligación] y, sin embargo, nos íbamos. No sería ella menos.
16 Situación peor o inferior en cantidad o importancia. *En constrs con* VENIR, IR, *o* LLEGAR, A ~. | Arce *Testamento* 113: Me enteré por Antonino de que don Juan había ido a menos. J. L. FRúa *SVozC* 29.6.69, 19: Hay quien le gusta evocar el pasado con un falso halo de grandeza, como esas familias venidas a menos. Cuevas *Finca* 165: El agua que brotaba del pozo .. cedió y volvió a su nivel. –Es una buena señal. El agua va a menos.
17 de ~. Cantidad inferior a la debida. | * Te han dado de menos en el peso.
18 el que más y el que ~, quien más, quien ~ → QUE¹, QUIEN.
V *adj* **19** *Denota inferioridad en cantidad o en importancia. El segundo término comparado va introducido por* QUE *o* DE. | CBonald *Ágata* 274: Manuela se incorporó con menos dificultades de las mínimamente presumibles. **b)** *A veces se omite el segundo término, por consabido.* | Hoyo *Glorieta* 27: El aire había parado .. Hacía menos calor.
20 de ~. Que falta. | Cuevas *Finca* 23: Comenzaron a morirse hace dos días y vienen ya cuarenta y dos de menos.
21 de poco más o ~ → POCO.
22 en ~. Inferior en cantidad o importancia respecto a lo que se toma como referencia. | Marcos-Martínez *Física* 6: Se llama error absoluto la diferencia (en más o en menos) entre el valor hallado y el valor exacto de la cantidad medida.
23 lo ~. La cosa más pequeña o de menor importancia. *Normalmente seguido de una prop adj.* | Torre *Caña* 91: Es lo menos que se puede hacer por un falso pariente.
24 los ~. La menor parte. *Gralm sustantivado, seguido de un compl* DE. | CSotelo *Pról. Epist. Armenteras* 7: Son muchos los que superan esa terrible prueba y mantienen su amor aun a pesar de ello, pero son los menos. **b)** *Con el n* VECES, *tb* LAS ~ VECES. | * Llegaba puntual las menos veces.
VI *m* **25** Signo de la resta, que se representa por una raya horizontal. | Marcos-Martínez *Aritmética* 28: El signo de la sustracción es una rayita horizontal (-), que se lee *menos*.
26 (*Fís y Mat*) Signo de la cualidad de negativo. | Marcos-Martínez *Álgebra* 3: Número entero negativo es el natural precedido del signo menos. **b)** Sentido negativo. *Tb adj.* | Marcos-Martínez *Álgebra* 2: Se acostumbra a tomar uno cualquiera de los sentidos como más (+), o positivo, y el otro como menos (-), o negativo.
27 sus más y sus ~ → MÁS.
VII *loc v* **28 echar de ~, hacer de ~, no poder (por) ~** → ECHAR, HACER, PODER¹.
29 no ser para ~. Haber razón sobrada [para el hecho de que se trata]. | * Aquel día hubo fiesta en la casa. No era para menos.
30 tener a, *o* **en, ~** → TENER.

menoscabar *tr* Restar valor, importancia o perfección [a alguien o algo (*cd*)]. | Lapesa *HLengua* 260: No es de extrañar que desde el Cantar de Mio Cid haya ejemplos reveladores de un nuevo criterio, que menoscaba la distinción casual para reforzar la genérica. Delibes *Madera* 248: Las cobardes conductas de los rufianes no menoscaban las acciones excelsas.

menoscabo *m* Acción de menoscabar. *Frec su efecto.* | Escrivá *Conversaciones* 29: La existencia de estas asociaciones, en efecto, de ninguna manera supone .. un menoscabo del vínculo de comunión y dependencia que une a todo Presbítero con su Obispo. Benet *Nunca* 20: Luego .. es el laconismo, toda la combustión interna dedicada a .. la producción de ternura e intimidad en menoscabo de las virtudes sociales.

menospreciable *adj* Digno de menosprecio. | Riquer *Caballeros* 148: Johan Tolsá no era un caballero menospreciable.

menospreciador -ra *adj* Que menosprecia. *Tb n, referido a pers.* | L. LSancho *Abc* 27.3.87, 18: Tienen que acudir a la vieja ágora, a la calle, para hacerse oír directamente por unos ministros menospreciadores del discurso y acatadores de la violencia.

menospreciar (*conjug* **1a**) *tr* **1** Conceder [a alguien o algo (*cd*)] menos valor o importancia de los que merece. | Criado *MHi* 11.63, 22: Se menosprecia el hecho de que a lo largo de muchos años fue flamenca la corte española y españoles los gobernadores de Flandes.
2 Tratar con desprecio o desdén [a alguien o algo]. | * No hay por qué menospreciar a nadie, ni menos públicamente.

menospreciativo -va *adj* Que denota o implica menosprecio. | Aldecoa *Gran Sol* 135: La risa de Juan Arenas era compasiva y acaso un punto menospreciativa.

menosprecio *m* Acción de menospreciar. *Tb su efecto.* | J. Baró *Abc* 15.12.70, 28: Se metieron devotos en la iglesias también. Aquí para dar culto a Dios, pues otra cosa es menosprecio de la casa del Padre.

mensafónico -ca *adj* De(l) mensáfono. | *Ya* 20.11.79, 25: Cuotas de conexión y abono mensual de los equipos telefónicos .. Cuota de cada mensaje de 15 segundos o fracción enviado en el servicio mensafónico: 9 impulsos

mensáfono *m* Aparato de bolsillo que permite recibir mensajes telefónicos. | M. Calvo *SYa* 1.2.76, 11: Podrían citarse también las líneas de desarrollo basadas en videoteléfono, .. mensáfono, avisador.

mensaje *m* **1** Comunicación que se envía o transmite. | Vesga-Fernández *Jesucristo* 22: Envió Dios al ángel Gabriel a Nazaret a dar un mensaje a María. **b)** *(TComunic)* Conjunto de señales, signos o símbolos que son objeto de una comunicación. | Bustos *Lengua* 10: El uso de esta facultad [del lenguaje] supone la existencia de un mínimo de tres factores: un hablante o emisor que pretende comunicar algo, un mensaje que se manifiesta por medios sensibles para que puedan ser percibidos por un oyente o receptor a quien se dirige la comunicación. **c)** ~ **genético.** Información transmitida en el código genético. | *TMé* 24.2.84, 10: Cómo se lee el mensaje genético. **d)** ~ **publicitario.** Texto, imagen, o conjunto de ambos, destinados a la propaganda comercial. | *Ide* 19.8.92, 36: De cada cien mensajes publicitarios solo quince impactan entre los espectadores.
2 Idea o conjunto de ideas transmitidas [por una pers., una entidad, una doctrina o una obra (*compl de posesión*)]. | Laforet *Mujer* 216: Hay mucho que hacer, Paulina. Este es el mensaje que el Papa nos da a todos. **b)** Idea o conjunto de ideas que inspiran una obra literaria o artística, o que subyacen en ella, y que su autor dirige al público. | LTena *Abc* 12.7.83, 3: ¿Cuál es el mensaje de su última obra?
3 Discurso dirigido al pueblo por un alto personaje político o religioso. | *Alc* 1.1.55, 3: Pronunció [Franco] anoche por Radio Nacional el siguiente mensaje de fin de año. **b)** Discurso dirigido por un jefe de estado al poder legislativo. | *Ya* 25.11.75, 15: La prensa barcelonesa subraya el tono del mensaje de la Corona.

mensajería *f* **1** Agencia privada encargada de repartir correspondencia y paquetes. | *NotB* 8.10.75, 20: Agrupación de cobradores de giros, mensajerías, corresponsales no banqueros y asesorías de inversión y financiación. VMontalbán *Galíndez* 115: Llega un insecto de cuero con casco en la cabeza y gafas oscuras. Sobre el casco la credencial de la mensajería de la Compañía.
2 Sistema de transmisión de mensajes [1a]. | *Ya* 27.10.91, 3: 2.500 líneas telefónicas a disposición de delegados y periodistas: 800 en el Palacio de Oriente con un servicio de mensajería electrónica y radiobúsqueda.
3 (*hist*) Cargo u oficio de mensajero [1]. | Sobrequés *HEspaña* 2, 120: Muchos [segundones] entraron al servicio .. de los magnates laicos y eclesiásticos, que les confiaron .. procuradurías de carácter administrativo o político (representaciones en Cortes, mensajerías, oficialazgos de curias episcopales).

mensajero -ra I *adj* **1** Que lleva mensajes [1a]. *Tb n*. | Ybarra-Cabetas *Ciencias* 381: Se conocen varias razas de palomas domésticas, destacándose .. sobre todo la paloma mensajera. *Abc* 27.12.70, 13: El señor Beihl ha escrito a sus familiares y amigos numerosas misivas. Ello ha exigido el desplazamiento de los correspondientes mensajeros. Jemigo *Med* 2.4.60, 4: No hay rosa sin espina, y el rosal del Concurso [de colombicultura] tuvo la suya, lamentable, en la presencia a media tarde de dos mensajeros. **b)** *(Biol)* Que transmite el mensaje genético. *Tb n m.* | Moraza *Ya* 4.12.74, 36: La cadena ribosómica puede tener una u otra proteína, según las instrucciones del ácido ribonucleico mensajero. *País* 14.10.93, 24: El flujo de información genética va del ADN a las proteínas pasando por la molécula mensajera ARN. *SPaís* 16.6.93, 2: Curso de Verano sobre Transducción de señales celulares: segundos mensajeros y fosforilación de proteínas.
2 *(lit)* Que anuncia [algo (*compl de posesión*)]. *Frec n.* | Hoyo *ROc* 8/9.76, 91: Ellos eran mensajeros del buen tiempo.
II *m y f* **3** Pers. que tiene por oficio llevar a su destino cartas y paquetes. | VMontalbán *Galíndez* 115: Aquí abajo hay un mensajero. Muy importante ha de ser el mensaje, porque ya son las dos de la madrugada. Me ha despertado .. ¿Le digo que suba?
III *loc v* **4 matar al ~.** *(Per)* Hacer responsable de algo a quien es tan solo informador de ello. | VMontalbán *País* 13.2.89, 56: Este hombre es disciplinado y, a pesar de sus convicciones más demostrables, si quien puede hacerlo le ordena que mate al mensajero, lo mata.

menstruación *f* Evacuación de sangre procedente de la matriz, que se produce mensualmente en las mujeres y algunas hembras de mamíferos. | Gironella *Millón* 652: Se rumoreaba que los nabos ocasionaban avitaminosis y afectaban peligrosamente la menstruación. **b)** Sangre evacuada durante la menstruación. | Torrente *Pascua* 296: Era una reina llamada Jezabel, puta ella, en quien los Santos Padres han visto prefigurada a la Gran Prostituta de Babilonia, la reina del Apocalipsis, cuya menstruación será tan pútrida que de ella saldrán pestes bubónicas y otras catástrofes sanitarias.

menstrual *adj* *(Fisiol)* De(l) menstruo. | Mascaró *Médico* 47: Ordinariamente la sangre menstrual no debe coagularse.

menstruante *adj* *(Fisiol)* Que menstrúa. | MSantos *Tiempo* 29: La ternura de corazón .. de sus dos retoños ya menstruantes.

menstruar *(conjug 1d) intr (Fisiol)* Tener menstruación. | Vega *Salud* 547: Cuando la niña empieza a menstruar los primeros meses.

menstruo *m* Menstruación. | Cela *SCamilo* 39: Los retretes de los cines .. podrían devolver de todo .., sangre del menstruo o de los pulmones. CBonald *Ágata* 182: Sospechó esta, en razón de los cuatro meses pasados sin evacuar el menstruo, que estaba en estado de gestación.

mensual *adj* **1** De un mes. *Con idea de duración.* | * El periódico nació como diario, pero luego pasó a tener periodicidad mensual.
2 Que corresponde a cada mes o se produce cada mes. *Tb n m, referido a periódico.* | *Economía* 174: Si los ingresos son mensuales se hará el presupuesto para el mes. *País* 1.12.76, 19: Ayer se presentó a los medios informativos el primer número de *Lui*, mensual de amplia difusión y prestigio en Europa.

mensualidad *f* Cantidad que se paga, cobra o recibe mensualmente. | L. Moreno *Abc* 13.12.70, 37: Se titulará "Colegio Virgen del Camino", y alojará seiscientos huérfanos en régimen de internado más quinientos alumnos externos con mensualidades mínimas. Buero *Música* 71: –Es casi mi único medio de vida. –Pero recibirá alguna mensualidad de sus padres.

mensualización *f (raro)* Acción de dar carácter mensual [a algo (*compl de posesión*), esp. un pago]. | *SInf* 25.4.70, 7: La mensualización de los salarios en Francia acaba de ganar una importante batalla .. Percibir los salarios mensualmente lleva consigo una continuidad salarial con efectos muy acusados sobre el equilibrio presupuestario del trabajador.

mensualmente *adv* De manera mensual [2]. | Marín *Enseñanza* 297: Por lo que hace a las calificaciones de los escolares, se establece que el maestro o director envíe nota de ellas a la familia por lo menos mensualmente.

mensuario *m (Per)* Publicación periódica que aparece una vez al mes. | *Inf* 17.4.74, 10: Se hace pública la solicitud de la empresa Eslar, S.A., de inscribirse en el Registro de Empresas Periodísticas .. como trámite para la edición del mensuario "La Avispa".

ménsula *f (Arquit)* Elemento, perfilado con diversas molduras, que sobresale del plano vertical y sirve de apoyo a algo. | GNuño *Madrid* 43: La cornisa .. con soberbios pares de ménsulas y debajo pilastras.

mensurable *adj (lit)* Medible. | J. Zaragüeta *Abc* 23.12.70, 3: La cantidad continua o mensurable es abordada por la Geometría, con sus puntos.

mensuración *f (lit)* Acción de mensurar. | Castilla *Humanismo* 10: Con la aparición del pensamiento científico moderno, que yo caracterizaría no solo en lo que respecta a la mensuración, sino a la predicción de los fenómenos, el hombre se va desprendiendo paulatinamente de ese sentimiento de criaturidad.

mensurante *adj (lit)* Que mensura. | MPuelles *Filosofía* 1, 273: Es posible abarcar cuanto llevamos dicho sobre el tiempo (sucesión mensurante) en la compendiosa definición aristotélica.

mensurar *tr (lit)* Medir (determinar las medidas [de algo (*cd*)]). | CBonald *Ágata* 135: Fue el propio Pedro Lambert .. quien mensuró y trazó sobre el terreno la trayectoria del pétreo muro de contención.

menta I *f* **1** Planta herbácea aromática de la que se extrae una esencia de sabor picante que se usa en pastelería, licorería, medicina y perfumería (*Mentha piperita*). *Tb* ~ PIPERITA. *Frec con un adj o compl especificador, designa otras especies similares del gén Mentha u otros*: ~ ACUÁTICA o DE AGUA (*M. aquatica*), ~ ROMANA (*M. viridis*), ~ SILVESTRE (*M. sylvestris*), ~ DE GATO (*Nepeta cataria*), ~ DE LOBO (*Lycopus europaeus*). | Cunqueiro *Un hombre* 20: Era un hombre .. siempre calzado con bota enteriza y excusándose por estar afónico, lo que le obligaba a chupar hojas de menta. J. M. Moreiro *SAbc* 25.1.70, 45: Su principal riqueza es la agricultura: cereales, vid, .. lúpulo, menta piperita. Cendrero *Cantabria* 71: En cuanto a las especies de fanerógamas y pteridófitas que pueblan estos aguazales .., tenemos .. : *Mentha aquatica*: Menta. Mayor-Díaz *Flora* 259: *Mentha longifolia* (L.) Hudson. "Menta silvestre", "Mastranzo silvestre". (Sin. *M. sylvestris* L.) Mayor-Díaz *Flora* 258: *Lycopus europaeus* L. "Marrubio acuático", "Menta de lobo".

2 Licor de menta [1]. | VMontalbán *Mares* 159: Ana pidió un café. Carvalho una menta con hielo.

II *adj invar* **3** [Color verde] fuerte y brillante. *Tb n m.* | M. P. Ramos *Inf* 1.2.75, 24: Los tonos preferidos por Pedro Rodríguez han sido, ante todo, el verde en tonos limón, musgo, esmeralda, menta, jade, turquesa y botella; los tostados, los azules profundos, el blanco.

mental *adj* De (la) mente [1]. | Laforet *Mujer* 141: Hizo un esfuerzo mental para recordar. CNavarro *Perros* 119: El hijo .. consiguió un documento donde se afirmaba la incapacidad mental de la madre. **b)** (*Rel*) [Oración] que se realiza dirigiéndose a Dios sin pronunciar palabras. | SLuis *Doctrina* 125: La Oración puede ser: Pública .. Privada .. Vocal .. Mental. **c)** [Restricción] ~ → RESTRICCIÓN.

mentalidad *f* Modo de pensar característico [de una pers. o de una colectividad]. | *Ecc* 16.11.63, 25: Reformar la curia según la mentalidad del Papa actual. Escrivá *Conversaciones* 148: Sería preferible dedicar esos años a .. formar una mentalidad social.

mentalismo *m* **1** (*Psicol*) Tendencia a dar importancia primordial a la introspección. | Pinillos *Mente* 65: El puro mentalismo, esto es, el reducir la psicología a la introspección de una conciencia desencarnada, ha pasado para siempre a la historia.
2 (*Ling*) Doctrina o actitud que da importancia fundamental a los procesos mentales o de contenido, frente a los aspectos formales. | Alcina-Blecua *Gramática* 117: Esta doble posición ante la inclusión del significado en la estructura de la lengua suele estar íntimamente conectada con la posibilidad de que el lingüista recurra a explicaciones relacionadas con procesos mentales en el hablante, mentalismo, o se crea capaz de describir el sistema lingüístico sin recurrir a estos procesos, antimentalismo.
3 (*Parapsicol*) Actividad de mentalista [2]. | *Hoy* 2.9.75, 9: En él [el concurso de magia] hay unos apartados anexos como son faquirismo, mentalismo y ventriloquía.

mentalista **I** *adj* **1** (*Psicol y Ling*) Del mentalismo [1 y 2], o que lo implica. | Rábade-Benavente *Filosofía* 73: Durante bastante tiempo la Psicología .. descuidó el estudio de la imaginación, por considerar que utilizaba conceptos demasiado subjetivos y "mentalistas". Lázaro *Lengua* 2, 99: La gramática chomskyana es mentalista. **b)** Adepto al mentalismo. *Tb n.* | * Chomsky es un mentalista.
II *n* **m** y **f 2** (*Parapsicol*) Pers. que adivina el pensamiento. | F. J. Peña *Inf* 29.8.75, 13: La mayoría de las personas que han acudido a los múltiples brujos, magos, astrólogos, mentalistas, adivinadores y demás profesionales del anticipo eran mujeres demandando sobre la fidelidad de sus amados.

mentalización *f* Acción de mentalizar(se). | M. María *Arr* 22.10.70, 24: Una buena sustitución de actividades y, sobre todo, una conveniente mentalización sobre las razones auténticas de la retirada, constituirán la mejor terapéutica.

mentalizador -ra *adj* Que mentaliza. *Tb n, referido a pers.* | *Tri* 27.5.72, 43: Harto, hartísimo de denunciadores de profundas realidades .. Harto, hartado de mentalizadores de inhumanas injusticias.

mentalizar *tr* **1** Hacer que [alguien (*cd*)] tome conciencia [de algo (*compl* DE o SOBRE)]. *Frec se omite el 2º compl por consabido*. | *Inf* 9.6.70, 10: Congreso Internacional de la Mujer. "Mentalizar urgentemente a la mujer sobre sus capacidades." Delibes *Voto* 22: El pueblo está alienado después de cuarenta años sin abrir el pico, de acuerdo. Entonces, si queremos mentalizarle, lo que hay que darle no son latiguillos sino argumentos. **b)** *pr* Tomar [alguien] conciencia [de algo (*compl* DE o SOBRE)]. *Frec el compl se omite por consabido.* | Alfonso *España* 172: Convendría "mentalizarse" también en esa actual dirección de inquietud por las novísimas dictaduras.
2 Preparar o predisponer la mente [de alguien (*cd*)] de un modo determinado. *Frec con un compl* PARA. | Llovet *Tartufo II* 81: Parece que van a venir por usted... O sea, que los ha mentalizado el macarra ese del Tartufo. *Abc* 19.3.72, 38: Lleva nueve años explicando su filosofía y en 1972, Maharishi, este doctor hindú, que mentalizó a los Beatles, Mia Farrow y Rolling Stones, .. se retirará al Rishikesh.

mentalmente *adv* **1** De manera mental. | Laiglesia *Tachado* 59: Llevaba la cuenta mentalmente de todo lo que se comían.
2 En el aspecto mental. | Pinillos *Mente* 49: Averiguar si, en efecto, las razas "de color" o las "clases bajas" son mentalmente inferiores a la raza blanca y a las clases altas.

mentar (*conjug* 6) *tr* **1** Nombrar o mencionar. | GPavón *Hermanas* 49: Lo acaba usted de mentar hace un momento. Delibes *Castilla* 85: El cronista mienta el tirón de la patria chica, y Ángel asiente con ardor.
2 (*col*) Mencionar insultando gravemente [a los padres o a la familia del interlocutor]. *Frec* ~ (A) LA MADRE. | Aldecoa *Cuentos* 1, 142: –¿Qué se te ocurre a ti de un forastero que cometa esa grave infracción? –Le miento la madre y leña por todo lo alto, señor alcalde.

mentastro *m* Mastranzo común (planta). | FQuer *Plantas med.* 707: El mentastro es una menta de pura cepa, sin mestizaje alguno, frecuente en los humedales de nuestro país.

mente *f* **1** Pensamiento, o facultad intelectiva. | Pinillos *Mente* 11: En el orden natural, todo procede de algo. La mente humana no escapa tampoco al dictado de esta férrea ley. *Van* 21.3.74, 31: Nos viene en cambio a la mente el segundo de los gestos, el de plantar un árbol. E. Sancho *SAbc* 7.9.75, 49: El nombre de Atatürk .. no solo está en los libros y en los folletos; está en la mente y en la boca de la mayoría de los turcos.
2 (*raro*) Pensamiento o intención. | *Ecc* 16.11.63, 25: Los obispos deben colaborar con la Curia romana no solo como miembros o consultores de las congregaciones, sino también según la mente de Su Santidad.

mentecatada *f* Hecho o dicho propio de la pers. mentecata. | Campmany *Abc* 25.9.93, 23: Dicen mentecatadas, sansiroladas y estupideces con una seguridad en sus propias palabras que le dejan a uno estupefacto y entristecido.

mentecatez *f* Necedad o tontería. | Laiglesia *Ombligos* 290: Preferir quedarse junto a su chimenea en compañía de un buen libro, a zascandilear por los cafés diciendo y escuchando mentecateces.

mentecato -ta *adj* Tonto o necio. *Tb n, referido a pers.* | Laforet *Mujer* 161: He tomado al chico porque me conviene, ¡mentecata! CNavarro *Perros* 35: Cualquier mentecato podía avergonzarme.

mentidero *m* Lugar donde se reúne la gente para charlar e intercambiar noticias o rumores. *Tb fig.* | Cossío *Confesiones* 92: A las doce del día se convertía aquel lugar [el soportal] en mentidero, centro donde acudían las noticias locales y se hacían comentarios sobre las que traían los periódicos. Albalá *Periodismo* 103: Hacer de una institución social folletín o mentidero no es, en modo alguno, hacer un periódico.

mentido -da *adj* **1** *part* → MENTIR.
2 Falso o no verdadero. | CBonald *Ágata* 104: El grito cercano de un garzón aminoró la violencia imprecatoria de aquella mentida plañidera.

mentidor -ra *adj* (*lit, raro*) Que miente [2]. | GNieto *Abc* 13.6.71, 3: Se inventa un canon de belleza, y pronto viene, para mayor o menor acomodación de todos, la contrapartida de la trampa. Los piadosos –y gananciosos– mentidores del vestido se encargan de que determinados cortes de tela hagan que la figura se compadezca con los principios impuestos.

mentir (*conjug* **60**) **A** *intr* **1** Decir algo que no es verdad, con intención de engañar. | Arce *Testamento* 89: Yo le dije que ignoraba lo que pudiera pasar .. No mentía al decir aquello. **b)** Decir algo que no es verdad, sin intención de engañar. *Gralm en la forma* MIENTO, *usada para rectificar cuando uno se da cuenta de que se ha equivocado*. | Llamazares *Lluvia* 39: 1961, si mi memoria no mentía. CPuche *Paralelo* 375: Yo solo le he visto dos veces. Miento, tres veces.

B *tr* **2** (*lit*) Fingir o simular. | F. PMarqués *Abc* 22.12.74, 13: El barro, pintado y ennoblecido, tiene aquí [en el belén] valor de mentira. Miente el serrín una tierra ocre, y el moco de fragua espolvoreado de bórax, una montaña nevada.

3 (*raro*) Decir [algo que no es verdad]. | MMolina *Jinete* 325: Aunque hubiera encargado a su doble que .. se interesara afectuosamente por la salud de su esposa y le mintiera que seguía buscando una casa adecuada en la ciudad.

mentira I *f* **1** Acción de mentir [1]. | SLuis *Doctrina* 105: Si quieres que todos te abandonen y desprecien, no encontrarás camino más corto que la mentira, el robo y la impureza.

2 Cosa contraria a la verdad, dicha con intención de engañar. | SLuis *Doctrina* 103: Estás obligado a no decir la más mínima mentira. **b)** Cosa que no es verdad. | Fraile *Cuentos* 98: Era una cosa inventada, una "mentira" de cualquier libro de literatura. **c)** (*col*) *Se usa en forma exclamativa como réplica para protestar porque se considera falso lo que se acaba de oír. Frec con un incremento expresivo:* COCHINA, PODRIDA, (Y) GORDA. | SSolís *Blanca* 31: Dicen que los cafés solos quitan el hambre, ¡mentira podrida! Marsé *Dicen* 281: ¿Eso dicen que prometió Java .., y que esa catequista nos oyó secundarle en el juramento?, pues mentira y gorda.

3 (*col*) Manchita blanca de la uña. | * Tienes las uñas llenas de mentiras.

II *loc adj* **4 de ~**. Falso o que no es verdadero. *Tb adv*. | CPuche *Inf* 22.4.71, 3: La desmoralización que supone el desfile de los veteranos en Washington, queriendo llegar hasta el Tribunal Supremo, luciendo sus condecoraciones de mentira. * Lo dices de mentira, ¿no?

III *loc v* **5 parecer ~** [algo]. Resultar increíble. Con intención ponderativa. | Arce *Testamento* 33: Me parecía aún mentira encontrarme donde me hallaba.

mentirijillas. de ~. *loc adj* (*col*) De mentira [4]. *Tb adv*. | DCañabate *Paseíllo* 98: Cae dentro de una farsa teatral interpretada por ridículas y extravagantes figuras, como son un toro de mentirijillas y un torero fingido. CPuche *Paralelo* 242: Uno se ponía a boxear de mentirijillas, metiéndole los puños a otro en el estómago.

mentiroso -sa *adj* **1** Que miente [1a], esp. por costumbre. *Tb n*. | Salvador *Haragán* 40: No es cierto. No puede ser cierto, mentirosa.

2 Que denota o implica mentira [1]. | *País* 7.8.77, 8: Los siete rehenes depusieron con lágrimas a su secuestrador .. "Yo no pasé miedo –dice Yolanda Fuentes, de diez años de edad, con una sonrisa mentirosa–. Me dormí en esta cama." MMolina *Jinete* 30: Me invaden y me poseen las otras palabras, las mentirosas, las triviales. **b)** Falso o engañoso. | TMurillo *Van* 5.6.75, 42: Desde el Bondone hasta el final quedaban 74 kilómetros, 50 de rapidísima bajada y el resto de una subida mentirosa, para terminar descendiendo hasta el lago Delle Piazze.

mentís *m* Negativa categórica y pública a un aserto. *Frec con el v* DAR. | MGaite *Cuento* 97: Ana Ozores o Emma Bovary estaban, de paso, dando un mentís a quienes creen tener tan separados el terreno de la vida y el de la literatura. DPlaja *El español* 121: Algunas veces el refranero español parece dar un mentís a la teoría de la generosidad innata del español.

mentol *m* Alcohol que se extrae de la esencia de menta, de propiedades analgésicas y antisépticas. | FQuer *Plantas med.* 705: La menta es tónica y estimulante, estomacal y carminativa. Sus propiedades hay que atribuirlas a la esencia y, primordialmente, al mentol.

mentolado -da *adj* Que contiene mentol. | Mascaró *Médico* 101: El tratamiento inmediato consiste en la aplicación local de compresas empapadas con agua y vinagre o de una pomada calmante mentolada.

mentón *m* Barbilla (parte de la cara). | CNavarro *Perros* 94: El labio inferior temblaba, y el mentón aparecía firme y cuadrado. SIdG 10.8.75, 14: Visón (*Lutreola lutreola*) .. Su color es castaño, con una mancha blanca en el mentón y en el labio superior. **b) doble ~**. Papada o doble barbilla. | *Sem* 15.3.75, 13: Lifting Biologique Clarins .. Para reafirmar las facciones, retener y reabsorber la relajación de la piel y suprimir el doble mentón.

mentoniano -na *adj* (*Anat*) De(l) mentón. | Alvarado *Anatomía* 55: Por delante presenta el maxilar inferior una apófisis mentoniana, que forma el mentón o barbilla.

mentor -ra *m y f* (*lit*) **1** Consejero o guía. | DCañabate *Paseíllo* 95: Desde entonces se constituye en su mentor. Gestiona con Dominguín que le saque en Tetuán, plaza de la que era empresario.

2 Educador o maestro. | Delibes *Madera* 176: Aunque muchos alumnos siguieran a sus mentores a Portugal, la expulsión de los jesuitas redundó en un incremento del alumnado en el Colegio de Todos los Santos.

mentridano -na *adj* De Méntrida (Toledo). *Tb n, referido a pers*. | *VozT* 20.9.78, 26: En sus copas escanciaban el vino mentridano.

menú *m* **1** Conjunto de platos que constituyen una comida. | Benet *Otoño* 70: Para mortificar a los que ya paladeaban el menú acostumbraba a tamborilear con las puntas del tenedor.

2 *En un restaurante*: Carta. | J. Sampelayo *Abc* 27.12.70, 11: Los camareros de la Maison Lhardy, que sirve el almuerzo –perdón, el "déjeuner" reza en los menús–.

3 *En un restaurante u hotel*: Comida de precio fijo, con posibilidad limitada de elección. *Tb ~* DEL DÍA. | *CoE* 12.3.75, 12: Restaurante Bérriz .. Especialidad chuletas parrilla. Besugo a la plancha. Entre toda su extensa experiencia y junto con un menú de 100 pesetas, variable de lunes a viernes. *VAl* 2.9.75, 6: La mayor parte de los restaurantes de Almería están en "offside": falta de cartas selladas como prescribe la Ley, .. servicio pobre, sin menú del día y un montón de cosas más.

4 (*Informát*) Conjunto de opciones que aparecen en pantalla para que el operador seleccione una de ellas. | *D16* 18.11.91, 7: Nuevos PC's HP Vectra .. Un nuevo menú de configuración, muy intuitivo, le guiará con seguridad para prepararlos como usted desee.

5 Conjunto de posibilidades entre las que se puede elegir. | F. Bastida *PapD* 2.88, 191: Igualmente, con el menú de materias de estudio que se ofrezca, debe introducirse una metodología activa que cambie de raíz la manera de trabajar en la escuela.

menuarria *f* (*reg*) Desperdicio que queda tras una selección. *Tb fig*. | Gala *Días* 362: ¡Ah, ya! Vivir. (Desencantada.) ¡Qué menuarria!

menudamente *adv* De manera menuda [1a]. | Trévis *Extremeña* 20: Añadidle una cucharadita de pimentón y la guindilla cortada menudamente.

menudear A *intr* **1** Ocurrir o producirse [algo] con frecuencia. | J. Baró *Abc* 13.12.70, 23: Menudearon, como en la primera semana del Consejo de Guerra, los "bulos" o falsos rumores.

B *tr* **2** Realizar [algo] con frecuencia. | GPavón *Reinado* 165: La gente se reía y menudeaba las compras. J. M. Gironés *Mun* 12.12.70, 26: Este concordato alabado comenzó a mostrar sus fisuras y deficiencias y a ser blanco de ataques cada vez más menudeados desde los distintos sectores católicos.

menudencia *f* **1** Cosa menuda [1a y 2]. | *GTelefónica N.* 52: Compro pisos completos. Muebles. Antigüedades. Menudencias. *Van* 19.6.75, 54: Se ocupa de cuestiones tan poco analizadas en otros tratados como los lugares de representación; .. el tipo de público que asistía, e incluso menudencias, no por ello menos significativas, como el precio del espectáculo, la duración, los productos que se consumían durante la representación. Alfonso *España* 100: Hace poco no era fácil conseguir atención, a un cierto nivel, para determinadas "menudencias". Pero una de esas menudencias –la polución atmosférica– terminó por desencadenar incidentes graves.

2 (*raro*) Escrúpulo o exactitud. | C. Carrasco *SYa* 17.1.74, 19: En fuentes hemerográficas hay que buscar su perfil, su silueta, su hacer laborioso y su respuesta a tanta menudencia de la época, a tanta charla inútil y crítica estéril.

menudeo – meón

3 *En pl:* Despojos o partes pequeñas de las reses o aves de consumo. | *GTelefónica N.* 437: Compañía Hispana, S.A. Empresa de Comercio Internacional y Distribución .. Importación de carnes de vacuno y cerdo, congeladas, refrigeradas, despiezadas, menudencias, etc.

menudeo I *m* **1** Acción de menudear. | Ma. Gómez *Ya* 5.2.91, 12: La singularidad del parque de la Fuente del Berro .. reside en su vitalidad decadente; un encanto marcadamente romántico que procede de la ancianidad de sus árboles y del menudeo de plantas, paseos, estanques y zonas umbrosas.
2 Venta al por menor. | Vega *Cocina* 111: Me refiero al chateo, al menudeo, porque [vinos] embotellados los hay de todas partes.
3 Conjunto de cosas de poco valor o importancia. | *Ya* 23.5.72, 17: Se logró llegar a la cantidad global de cuatro millones de pesetas, que es un buen paso inicial si se tiene en cuenta que lo subastado es el menudeo. *Int* 25.8.82, 97: Nos llevamos la caja .. Recuerdo que repartimos cuarenta talegos para cada uno y un menudeo que alcanzaba los cincuenta.
II *loc adv* **4 al ~.** Al por menor. *Tb adj.* | LRubio *Noche* 28: ¿Empezar a vender joyas al menudeo, por cuatro cuartos? SSolís *Jardín* 84: Calles fangosas, sin asfaltar, surtidas de chigres y tiendecillas al menudeo.
5 al ~. Por menudo o detalladamente. | GSerrano *Ya* 17.11.63, 3: Ahí lo tienen ustedes en Italia, tan campante, dispuesto a explicarnos su experiencia, al menudeo, práctica y ejemplarmente, a todos los españoles.

menudico *m* (*reg*) Conjunto de entrañas, patas y sangre de un cordero lechal o un cabrito. *Tb el guiso preparado con él.* | V. M. Arbeloa *DNa* 9.7.87, 52: Tienen pollo, codornices, morcilla, truchas a la navarra, menudico.

menudillo *m* **1** Menudo [7] [de un ave]. | Mascaró *Médico* 148: Puede tomar pescado blanco .. Nada de sesos, hígado ni menudillos.
2 *En los cuadrúpedos:* Articulación entre la caña y la cuartilla. | *Mirador Ya* 14.6.72, 40: Cerca de la meta, [la potra] se fracturó un menudillo, quedando con muy pocas probabilidades de sobrevivir y ninguna de seguir en el hipódromo.
3 (*reg*) Salvado muy fino. | *DEs* 20.10.76, 22: Lonja de Reus .. Salvados. Harina 2ª B, 12,75 .. Menudillo, 8,80.

menudo -da I *adj* **1** Pequeño de tamaño. | Penélope *Ya* 15.4.64, 10: Modelos de chaqueta, sobrios y bien cortados, confeccionados en preciosas telas estampadas en menudo dibujo. **b)** [Pers.] pequeña y delgada. | GPavón *Hermanas* 26: Había .. dos furcias masticando chicle, y pelona una de ellas, la más menuda. Cuevas *Finca* 256: Era una mujer menudita, morena. **c) gente menuda, letra menuda** → GENTE, LETRA.
2 De poca importancia. | Halcón *Ir* 125: Tengo estudiado hasta el más menudo detalle de mi escapada. J. Pol *Inf* 27.12.69, 14: Hay una cincuentena de menudas empresas que explotan algo más de doscientos parques.
3 [Moneda] pequeña o de poco valor. | Berenguer *Mundo* 70: Hasta el dinero menudo escaseaba.
4 [Carbón] cuyos trozos oscilan entre 10 y 20 mm. *Tb n m.* | Laiglesia *Tachado* 56: Es mi carbonero. Gracias a un saco de menudo que me envió esta mañana, podré encender la estufa un par de días.
5 *Se usa exclamativamente con intención irónica para ponderar una cualidad de alguien o algo, esp la magnitud o la importancia.* | Medio *Bibiana* 266: Menudo frigorífico os han traído. SFerlosio *Jarama* 76: A mí me aburre. Es un latazo andar así a cada momento. Menudo plan. Diosdado *Anillos* 2, 164: ¡Que ha ido a verle hasta allí? ¿La espiritual? Pues no le des más vueltas. ¡Menuda es esa!
II *m* **6** Conjunto de las tripas [de un animal, esp. del cerdo]. | Moreno *Galería* 218: Pelar y chamuscar al cerdo muerto; abrirlo y sacarle la entrealma y el menudo.
7 Conjunto de las vísceras [de un ave]. | Castroviejo *Van* 20.12.70, 15: Ya están, por fin, los tentadores capones sobre la blancura del lino, .. ya están sus menudos .. esperando la amiganza de arroz.
8 (*reg*) Guiso del intestino y extremidades de la vaca. | Cela *Viaje andaluz* 245: La señorita Gracita Garrobo y el vagabundo se tomaron unas tapas de menudo gitano –dos o tres platillos cada uno– y unas gambas con gabardina.

III *adv* **9** Poco. *Con intención ponderativa.* | Medio *Bibiana* 35: José sí que está bien. ¡Menudo bien!
10 Con gotas menudas [1]. *Con el v* LLOVER. | Torrente *Decano* 137: Llovía menudo, como si una cortina tenue velase el paisaje.
11 a ~. Con frecuencia. | Í. Arazcoy *Ciu* 8.74, 48: El problema de los contratados en las instituciones del Estado es algo que clama al cielo, saltándose a menudo todas las normas sobre salarios.
12 por ~ (*tb* **al por ~**). Detallada o pormenorizadamente. *Tb adj.* | Romano-Sanz *Alcudia* 179: Don Manuel duda todavía y empieza a preguntar por menudo sobre el viaje y los viajeros. Cela *Judíos* 65: El cuento de la historia de Roa, al por menudo, es algo así como el cuento de nunca acabar.
IV *interj* **13 menuda** (*tb, más raro, ~*). *Expresa admiración.* | Delibes *Cinco horas* 189: Los hombres es una suerte como yo digo, si no estáis bien a los veinte no tenéis más que esperar otros veinte, menuda, quién pudiera. SSolís *Camino* 253: Se les quitó un poco el complejo desde que ascendieron con la boda de Candidina ..; ¡menuda cómo viven, hija!

menuzo *m* (*raro*) Pedazo pequeño. | FVidal *Ayllón* 220: Saca un menuzo de pan, se lo pone en la palma y me dice: –Aquí hay pan para todos.

meñique *adj* **1** [Dedo] más pequeño de la mano o del pie. *Tb n m.* | CNavarro *Perros* 167: Cogía la copa con dos dedos, dejando el meñique muy separado de los demás.
2 (*raro*) Pequeño. | Cela *Pirineo* 238: La partida –jamás, en la historia del Pirineo, sospechara nadie una partida más meñique y en cuadro– se metió por el senderillo.

meo[1] -a *adj* Del pueblo aborigen que habita en el sudoeste de China y en el norte de Vietnam, Laos y Tailandia. *Tb n, referido a pers.* | *Inf* 26.2.70, 1: Este muchacho .. es un guerrillero meo de los que ocuparon .. la Llanura de los Jarros.

meo[2] *m* Planta herbácea, umbelífera, de olor fuerte y penetrante, cuya raíz se usa en medicina (*Meum athamanticum*). | Mayor-Díaz *Flora* 354: *Meum athamanticum* Jacq. "Meo", "Hinojo ursino".

meo[3] *m* (*vulg, reg*) Meado. *Gralm en pl.* | Cela *SCamilo* 175: Las muertes de las moscas son muy variadas, las hay que se ahogan .. en un orinal lleno de meos.

meódromo *m* (*col, humoríst*) Retrete público. | Mendoza *Laberinto* 110: El teléfono está allí, junto al meódromo.

meollada *f* (*reg*) Sesos de una res. | Berenguer *Leña* 143: La Patro vaciando el mercado de carne .. Meolladas, riñones, morros, abomaso y asadura .. en una carretilla, cuesta arriba, camino de la Patro.

meollo *m* **1** Parte sustancial o esencial [de algo]. | M. Aznar *SAbc* 16.6.68, 6: ¿En dónde está el meollo del problema negro-norteamericano?
2 Seso (masa nerviosa). | AAzpiri *Abc* 18.5.58, 30: Esta visita es una de tantas registradas en el hilo magnetográfico que procuro llevar siempre, dispuesto en el meollo.
3 Médula [de los huesos o de la espina dorsal]. | Torrente *DJuan* 87: Comenzó a explicar la muerte que le daría, tirando del meollo del espinazo hasta arrancar todos los nervios del cuerpo.

meón -na I *adj* **1** (*vulg*) Que mea mucho. | P. Pardo *SPaís* 10.4.83, 36: Estos mayistas .. echan pestes de estos adolescentes sin ideales, tan toscos, tan bruscos, tan meones.
2 (*col*) [Cosa] que deja caer agua u otro líquido. | CNavarro *Perros* 83: El cielo está de un meón que asusta. Pombo *Relato* 88: En aquella ciudad había dos vientos .. Uno era el viento meón de las lloviznas. Olmo *Golfos* 188: Un panzudo tonel que, espita franca, se ofrece meón.
3 (*col*) [Lluvia] muy menuda. *Tb n f.* | Alvar *Envés* 16: Una lluvia meona enturbiaba el ambiente. Landero *Juegos* 124: Bultos sombríos ahincaron el paso bajo la meona otoñal, despejando la calle.
II *m y f* **4** (*col*) Niño muy pequeño. | Umbral *País* 7.3.79, 40: Yo es que era meón sin cristianar, cuando la República, y no me enteraba bien de lo que pasaba en las iglesias. Soler *Caminos* 100: El padre Mera, el maestro de los meones, era cabo .. Y el señor Padre Rector era el general.

meperidina *f (Med)* Narcótico sintético de propiedades analgésicas y sedantes similares a las de la morfina. | MNiclos *Toxicología* 113: Englobamos en el Opio sus distintos alcaloides .. y productos de síntesis con acción similar a la morfina (Metadona, Dromorán, Amidona, Miadona, Fenazocina, Meperidina, etc.).

mequés -sa *adj* De La Meca (Arabia Saudí). *Tb n, referido a pers.* | Castillo *Polis* 171: Sus primeros adeptos [de Mahoma] fueron sus familiares ..; pero la mayoría de los mequeses le tomaron por un impostor o un visionario.

mequetrefe -fa *m y f (col)* Pers. entrometida y sin fundamento. *Tb adj.* | Olmo *Golfos* 116: ¡Fuera de aquí! ¡Mequetrefes! VMontalbán *Galíndez* 82: –Tú sí que eres un zascandil. –¿Un qué? –Un zascandil .. Ligero de cascos, chiquilicuatre, tarambana, tontiloco .. Mequetrefe, botarate .. Yo me limito a darte todos los sinónimos de zascandil.

mequí *adj* De La Meca (Arabia Saudí). | Vernet *Mahoma* 42: Primer período mequí (610-615).

mequinenzano -na *adj* De Mequinenza (Zaragoza). *Tb n, referido a pers.* | C. Estruga *DLér* 16.7.69, 11: Esperemos que llegue un día en que Mequinenza no solo albergue a los que hoy se han ido, sino también a muchos de los que deseen vivir felices y con hermandad con los mequinenzanos.

meracho -cha *adj* De Miera (Cantabria). *Tb n, referido a pers.* | *Ale* 21.8.82, 4: Zona de Pas: Brumas y neblinas, de madrugada, en el valle de Soba. Estancamiento de capas nubosas en las altas laderas merachas y pasiegas.

meraklón *(n comercial registrado) m* Fibra textil sintética de origen italiano, a base de polipropileno. | *GTelefónica N.* 48: Moquetas, lana y naylon. Meraklón. Sisal liso y escocés. *Ya* 26.6.74, 3: Práctica cama-nido "Rodeo". De haya vaporizada con acabado de nogal y tapizado de meraklón escocés. [*En los textos, sin tilde.*]

meramente *adv* Única o estrictamente. | Torrente *Off-side* 44: Las relaciones meramente laborales entre dos hombres .. pueden desbaratarse mediante proposiciones tentadoras.

merca *f (rur)* Acción de mercar. | MCalero *Usos* 37: Todo le había llegado bien por partición e hijuela, y otras por la compra o merca.

mercachifle *m (desp)* Comerciante de poca importancia. | J. G. Manrique *MHi* 11.63, 13: Ese noble y espacioso edificio viste de rigurosa etiqueta las burdas contrataciones que mercachifles y arrieros llevaban a cabo a lo largo de las aceras de Gobernación.

mercachiflería *f (desp)* **1** Actividad del mercachifle. | Marlasca *Abc* 3.12.70, 49: Otros tipos de la mercachiflería callejera han tenido que hacer mutis por el foro .., el barquillero aún sobrevive.
2 Mercancía propia del mercachifle. | Aldecoa *Cuentos* 1, 338: Los cuatro juglares soñaban .. Rapiñador envuelto, ocultando, se le iba la siesta el buhonero por los paquetes de mercachiflerías, por las columnas de monedas, por los castillos de billetes.

mercadante *m (raro)* Mercader. | Faner *Flor* 52: El capitán Dasi financiaba muchas de sus empresas, así como una peña de mercadantes.

mercadear **A** *intr* **1** Comerciar. | Faner *Flor* 57: Diodor continuaba mercadeando en su jabeque. Despachaban en la isla lo que traían de afuera.
B *tr* **2** Comprar o vender [algo] o comerciar [con ello (*cd*)]. | Diógenes *Ya* 14.12.91, 1: El *Churruca* muere en el mar, igual que el héroe que le dio nombre. No se mercadeará como chatarra.

mercadeo *m* Acción de mercadear. | Agreste *Abc* 11.2.66, sn: La avicultura organizada es la única rama ganadera que, en su vertiente de producción huevera, se ha mantenido firme en una norma correcta de mercadeo. *DMo* 14.8.87, 17: Al acudir estos [los familiares] tres horas después, ya no quedaba sino rescatar un cadáver. Ello no impidió que el cuerpo de la joven continuara siendo objeto de mercadeos de toda índole. Dos trabajadores .. requirieron la suma de ochenta yuanes por su rescate.

mercader -ra I *m y f* **1** *(el f es raro)* Pers. que se dedica al comercio. *Gralm referido a épocas pasadas. Referido a la actual, lit o desp.* | Vesga-Fernández *Jesucristo* 48: Jesús expulsa a los mercaderes del templo. DCañabate *SAbc* 16.2.69, 35: Todos los caballistas contemplan a los toros con ojos de mercader que examina una mercancía.
II *loc v* **2 hacer oídos de ~ → OÍDO.**

mercadería *f* Mercancía. *Gralm referido a épocas pasadas. A veces en sg con sent colectivo.* | Guillén *Lenguaje* 21: Los puertos del mar del Norte, adonde transportaban las clásicas mercaderías castellanas: lana, hierro, vino y cera. GLuengo *Extremadura* 182: El mercado de los martes está animadísimo, y se puede observar, además de la mercadería alimenticia, gentes de los pueblos y campos del fértil Valle.

mercaderil *adj* De(l) mercader. | MMontávez *SAbc* 26.5.90, IV: Se mueve también con frecuencia acicatado por la algarabía, el desconcierto y la improvisación derivada del objetivo estrictamente mercaderil.

mercadillo *m* Mercado [1] de escasa entidad y carácter secundario, que se celebra al aire libre y gralm. un día a la semana. | DCañabate *Paseíllo* 110: Charlamos en el mercadillo de la calle de Santa Isabel.

mercadista *adj* **1** De(l) mercado. | *ByN* 26.7.75, 35 (T): ¿Por qué un simple rumor .. puede afectar .. a los precios mercadistas de Chicago?
2 De(l) Mercado Común Europeo. | A. Barra *Abc* 22.9.74, 15: El arma reservada para la Europa mercadista o la sometida a cuarentena en nombre de pretextos muy románticos es trabajar en régimen de sesión continua y sin levantar cabeza en beneficio de los nuevos amos del mundo. **b)** Partidario del Mercado Común Europeo. *Tb n, referido a pers.* | A. Assía *Ya* 20.3.75, 11: Aún puede ser imaginado que .. la Cámara de los Comunes, con los votos de los conservadores, los liberales y los mercadistas del laborismo, se niegue a aprobar la ley indispensable para que el abandono del Mercado Común pueda ser llevado a cabo.

mercado I *m* **1** Reunión pública, en días y lugares señalados, para la compra y venta de determinados productos. | Cuevas *Finca* 111: A las dos en punto, el mercado terminaba, y las miles de bestias expuestas al sol desaparecían. Cunqueiro *Un hombre* 12: Habían llegado más mujeres con sus cestas de cebollas y jarrillos de barro blanco llenos de miel, y un pequeño mercado se hacía bajo los soportales de la plaza.
2 Lugar donde se celebra un mercado [1]. | X. Ribera *Mad Extra* 12.70, 14: Todavía conserva cierto aire medieval de los "burgos" o ciudades "mercado" que vivían en plena interdependencia con el medio agrícola que las rodeaba. **b)** Lugar cubierto y dividido en puestos en el que se venden esp. productos alimenticios. | Umbral *Ninfas* 97: Entré en el mercado por las puertas ya entrecerradas .. y me dirigí a la pescadería de María Antonieta. **c)** Lugar en que se negocian las transacciones [de determinado producto]. | FQuintana-Velarde *Política* 175: A veces se han formado mercados, como el del algodón en Barcelona, con sus corredores especialistas, que son un preludio de una Bolsa de Mercancías.
3 *(Econ)* Actividad relativa a la compraventa de bienes o servicios. | FQuintana-Velarde *Política* 28: Las decisiones económicas básicas pueden adoptarse en toda sociedad por cualquiera de estos tres métodos: la costumbre, la autoridad, el mercado.
4 *(Econ)* Conjunto de compradores potenciales, o de posibilidades de venta o de demanda de un producto o de un servicio. | *Nue* 28.6.70, 2: Meyjes es un experto en estudios de mercado y comercialización. *SInf* 21.11.70, 1: El "Mystère-10", un avión con amplio mercado.
5 ~ negro. Tráfico clandestino de mercancías prohibidas, o de mercancías escasas a precios superiores a los legales. | CPuche *Paralelo* 420: Hay quien dice que a lo que se dedica esa familia es al mercado negro.
II *loc adj* **6 de ~.** *(Econ)* [Economía] basada en la ley de la oferta y la demanda. | FQuintana-Velarde *Política* 28: Sabemos ya en parte cómo funciona la economía de mercado.

mercadología *f (Econ)* Estudio de mercados [4]. | *SInf* 5.3.75, 7: Residuos sólidos urbanos e industriales: inventario, modelos de gestión, .. ensayos sobre pirólisis y mercadología de subproductos.

mercadotecnia – mercerizado

mercadotecnia f (Econ) Marketing. | D16 29.10.79, 11: Técnicos en Comunicación Social y Mercadotecnia, S.A. Voz 26.9.86, 16: Según dijo Juan Hermoso, jefe de mercadotecnia del Corte Inglés, sus almacenes .. dejaron de venderlas.

mercadotécnico -ca adj (Econ) De (la) mercadotecnia. | Ya 7.2.75, 22: Química Mercadotécnica, Sociedad Anónima.

mercaduría f (raro) Mercancía o mercadería. | Faner Flor 61: Allí .. cambiaron algunas de sus mercadurías por algodón, tabaco y arroz.

mercancía f Cosa mueble que es objeto de comercio. Tb fig, referido a cosas inmateriales. | DCañabate SAbc 16.2.69, 35: Todos los caballistas contemplan a los toros con ojos de mercader que examina una mercancía.

mercancías m Tren de mercancías. | SFerlosio Jarama 19: Terminó de pasar el mercancías y apareció todo el grupo de bicicletas.

mercante I adj **1** [Barco, marina o marino] que se dedica al transporte de mercancías y viajeros. Tb n m, referido a barco. | GTelefónica N. 5: Academia de Marina Mercante .. Alumnos de Náutica. Pilotos y capitanes. Faro 31.10.70, 2: Chocan a la altura de Corcubión un mercante japonés y otro alemán.
2 (rur) Que merca. Tb n, referido a pers. | Carnicer Castilla 74: Junto a los cajones [de los cerdos] y sus mercantes hay hombres que vienen a observar.
II m **3** (raro) Mercader o comerciante. | CBonald Ágata 114: Una emancipación cuyas causas nada tenían que ver con aquella otra inicial ruptura del joven mercante de curtidos.

mercantil adj De(l) comercio. | Luc 2.4.64, 2: La empresa y el profesor mercantil. "Los titulares mercantiles tiene una función importantísima que cumplir en las empresas."

mercantilismo m **1** Espíritu mercantil. Frec con intención desp. | Fe. Delgado SCór 1.8.93, III: Nuestro conjunto de valores se ha contagiado del mercantilismo. En nuestra sociedad vale más lo que cuesta más dinero.
2 (hist) Doctrina política, propia esp. de los ss. XVI y XVII, que da importancia primordial al comercio exterior y a la acumulación de reservas metálicas. | FQuintana-Velarde Política 223: España abandona en el último tercio del siglo XVIII la intervención estatal pormenorizada y abusiva característica del mercantilismo.

mercantilista adj **1** De(l) mercantilismo. | FQuintana-Velarde Política 222: De este parecer fue toda la doctrina mercantilista. **b)** Partidario del mercantilismo. Tb n. | Aranguren Moral 16: La riqueza no consiste en los metales preciosos, como en el plano de la teoría habían pensado los mercantilistas.
2 [Pers.] experta en derecho mercantil. Tb n. | Delibes Año 79: En su casa conocí a hombres importantes, como .. el mercantilista Garrigues, el primer jurista literato con quien topé en mi vida.

mercantilizable adj Que se puede mercantilizar. | J. Monleón Tri 9.12.72, 41: La utilización de los Evangelios como materia argumental mercantilizable cuenta en los Estados Unidos con una larga tradición.

mercantilización f Acción de mercantilizar. | Aranguren Moral 119: La disociación de la personalidad, el individualismo .. y .. la mercantilización de la vida, compensada por el fariseísmo, constituyen los rasgos esenciales de la moral moderada.

mercantilizar tr Dar carácter mercantil [a alguien o algo]. | M. Falces SPaís 11.6.78, XI: John Edwin Mayall mercantilizaba sus daguerrotipos para la ilustración de poesías.

mercantilmente adv **1** De manera mercantil. | G. L. DPlaja Tri 8.5.71, 19: No se puede organizar mercantilmente la explotación del Derecho.
2 En el aspecto mercantil. | Castilla Humanismo 24: A veces junto a la producción de algo mercantilmente valioso se obtiene también algo por otro concepto objetivamente válido.

mercaptano m (Quím) Compuesto orgánico de los varios derivados de los alcoholes por sustitución de un átomo de oxígeno por uno de azufre, caracterizado por su olor desagradable. | SInf 4.7.70, 20: Lleva [el propano comercial] 0,04 gramos por metro cúbico de merca[p]tano, compuesto sulfurado, que le da un olor característico que permite detectar rápidamente su presencia en caso de fuga. [En el texto, mercatano.]

mercar tr (rur o lit) Comprar o adquirir. | Cela Judíos 274: El paciente pastor .. vino de la majada a mercarse unas abarcas con los reales del queso que le mercaron. Landero Juegos 276: Distraídamente se detuvo en una tienda de comestibles, donde mercó pan, embutido y una lata de anchoas.

merced I f **1** (lit) Gracia o favor. | Villapún Moral 92: Orar, dice el Catecismo, es levantar el corazón a Dios y pedirle mercedes. **b)** Gracia concedida por un soberano. | Ya 26.11.75, 3: Se concede a la excelentísima señora doña Carmen Polo y Martínez-Valdés la merced nobiliaria del señorío de Meirás con grandeza de España.
2 vuestra ~, o **vuesa ~** (tb con la grafía **vuesamerced**), o **su ~.** (hist) Tratamiento de cortesía equivalente aproximadamente al actual usted. | C. Murillo Abc 4.5.74, 90: Poco sabe vuesamerced de los cambios que ha sufrido la villa y corte.
3 ~ de Dios. (hist) Fritada de huevos y torreznos con miel. | DPlaja Sociedad 38: Con el salpicón .. el español de entonces probará duelos y quebrantos .., Merced de Dios .. y las suplicaciones o barquillos.
II loc adv **4 a (la) ~** [de alguien]. A [su] capricho. Tb fig, referido a cosa. | Tri 26.8.72, 41: Los inéditos ríos de lava .. arrastran todo lo que hallan a su paso y lo transforman a su merced. **b)** Dependiendo de la voluntad [de alguien]. | Laforet Mujer 234: Parecía que le agradase tenerle enfermo, a su merced. **c) a ~.** A voluntad. | DNa 14.5.77, 30: Remolque autocargador, que recoge y tr[o]cea el forraje a merced, con descarga automática.
III loc prep **5 ~ a.** Gracias a. | Castilla Humanismo 23: Esta forma de humanismo capitalista ha podido verificarse merced a dos índoles de vectores que han condicionado el comportamiento.

mercedario -ria adj De la orden de Santa María de la Merced. Tb n, referido a pers. | Abc 18.12.70, 40: Un rayo ha causado daños de importancia en el santuario mercedario de la localidad de San Ramón, próxima a Cervera. GNuño Madrid 89: Es pieza interesante la imagen de la mercedaria Beata Mariana de Jesús.

mercenariamente adv De manera mercenaria [2]. | Torbado En el día 101: Decidió conceder una pensión vitalicia a cuantos hubieran intervenido no mercenariamente en acciones de guerra.

mercenario -ria adj **1** [Pers., esp. soldado] que actúa o trabaja solo por dinero. Tb n. | Inf 9.6.70, 6: Un cambio estratégico: Tropas mercenarias para las zonas de conflicto.
2 [Cosa] que se realiza a cambio de dinero. | Puericultura 22: Solo debía permitirse la lactancia mercenaria cuando el hijo de la nodriza haya muerto.

mercenarismo m (Mil) Sistema de utilización de mercenarios [1]. | MCampos Abc 18.2.68, 3: Los factores que inducían a alistarse eran la fama del condotiero y el éxito probable. Eran tiempos, incluso, en que los desamparados acudían de buen grado al propio jefe mencionado, dando lugar, de esta manera, a un creciente mercenarismo.

mercería f **1** Tienda en que se venden artículos para costura y labores. | Umbral Ninfas 63: Una especie de calle comercial, con muchas mercerías y tiendas de comestibles.
2 Actividad comercial relativa a los artículos para costura y labores. | DCañabate Paseíllo 150: Mira, Esteban, tú en lo tuyo, en el ramo de la mercería, eres Lepe, Lepijo y su hijo, pero te sacan de ahí y no ves tres en un burro.
3 Conjunto de artículos para costura y labores. | GTelefónica N. 694: Casa Villota. Almacén de mercería. Fornituras para sastres.

mercerizado m (Tex) Acción de mercerizar. | Castalla 130: Cortés Hermanos, S.L. Mercerizado. Blanqueo. Tinte. Apresto.

mercerizar *tr* (*Tex*) Tratar [hilo o tejido de algodón] con una solución de sosa cáustica, para darles brillo y mayor resistencia. | *Abc* 15.6.58, 4: Canastilla de París .. Camisetas-juboncitos algodón mercerizado.

mercero -ra *m y f* Comerciante de mercería. | Medio *Bibiana* 315: Como dice Fermina, la mercera: si la chica muere envenenada, a ver con quién se casa el dueño de la plantación. CBaroja *Baroja* 65: Don Jacinto Benavente, el cual tenía por entonces el raro privilegio de producir la admiración de todos los drogueros, perfumistas y merceros de la corte.

merchandiser (*ing; pronunc corriente*, /mérchandáiser/; *pl normal*, ~s) *m y f* (*Com*) Especialista en merchandising. | *Rio* 10.9.89, 55: Rodier Hommes .. necesita escaparatista-merchandiser.

merchandising (*ing; pronunc corriente*, /mérchandáisin/) *m* (*Com*) Conjunto de técnicas y actividades destinadas a la promoción de un producto en su punto de venta. | *Ya* 18.9.74, 18: En cuanto a los distribuidores existentes, sus tareas consistirán en .. entrenamiento de sus vendedores, "merchandi[s]ing" y en general prestarles la asistencia técnica y comercial necesaria. [*En el texto*, merchandizing.] SPaís 1.9.91, 12: Cursos: Marketing Básico y Superior, Formación General de Vendedores, Jefe de Producto, Jefe de Ventas, Merchandising, Escaparatismo.

merchant bank (*ing; pronunc corriente*, /mérchan-bánk/; *pl normal*, MERCHANT BANKS) *m* Banco cuya función principal es la financiación de empresas comerciales. | *Ya* 17.1.89, 30: La junta de accionistas de H. Capital ha decidido crear en España un *merchant bank* o banco de negocios, así como un fondo de inversión.

merchante *m* (*reg*) Comerciante que no tiene tienda fija. | CBonald *Ágata* 78: Decidióse Perico Chico trasladarse como único huésped a una cumplida posada que solo lo era para merchantes en épocas de la corta del mimbre.

merchero *m* (*jerg*) Quinqui. | MFerrín *Tri* 6.11.71, 19: Los mercheros viven al margen de las reglas estructurales de la sociedad española. Lute *ByN* 22.11.78, 29: Puedo contribuir a un acercamient[o] de "payos" y "mercheros".

mercromina (*n comercial registrado*) *f* Antiséptico mercurial de color rojo, usado para desinfectar heridas. | Marsé *Tardes* 25: Un charco en el que chapotean niños con los pies descalzos: rosa púrpura de mercromina en nerviosas espinillas soleadas, en rodillas mohínas, en rostros oliváceos.

mercurial[1] **I** *adj* **1** De(l) mercurio. | Alvarado *Anatomía* 176: Su tratamiento [de la sífilis] se hace con ciertos preparados mercuriales o arsenicales.
2 (*raro*) Vivo e inquieto. | Miquelarena *Abc* 7.3.58, 57: Heynes fue reducido a lo errátil en su infructuosa búsqueda de huecos para su juego mercurial. J. L. Gutiérrez *D16* 14.7.90, 16: Más aspectos del caso García. Ciertamente, el conocido y mercurial comentarista deportivo no es un ejemplo de prudencia y cautela expositivas.
II *n* **A** *m* **3** (*Med*) Preparado de mercurio. | MNiclos *Toxicología* 106: Desde tres puntos de vista diferentes deb[e] considerarse la intoxicación por mercuriales.
B *f* (*o m*) **4** Planta herbácea de la familia de las euforbiáceas, usada en medicina como purgante (gén. *Mercurialis*, esp. *M. annua*). *A veces con un adj especificador:* ~ BLANCA (*M. tomentosa*), ~ PERENNE (*M. perennis*). | Remón *Maleza* 74: Las mercuriales son plantas euforbiáceas sin látex. Su género comprende plantas dioicas, con las hojas opuestas. M[*ercurialis*] *annua* es la especie más común entre las españolas. Remón *Maleza* 11: Algunos hierbajos pueden contener (caso del mercurial –"*Mercurialis annua*"– ..) venenos peligrosos o mortales para el ganado. Cendrero *Cantabria* 92: Estrato herbáceo .. *Mercurialis perennis* L.: Mercurial. Mayor-Díaz *Flora* 553: *Mercurialis perennis* L. "Mercurial perenne".

mercurial[2] *f* (*hist*) Tabla semanal de los precios de las mercancías vendidas en un mercado público. | Mercader-DOrtiz *HEspaña* 4, 163: Los primeros periódicos .. editaron hojas sueltas semanales (mercuriales) y almanaques anuales, con resúmenes estadísticos.

mercúrico -ca *adj* (*Quím*) [Compuesto] de(l) mercurio bivalente. | Marcos-Martínez *Física* 239: Escribir las fórmulas de los óxidos de litio, radio, .. mercurioso, mercúrico.

mercurio *m* Metal, de número atómico 80, de color y brillo de plata, líquido a la temperatura ambiente y muy pesado. | Ybarra-Cabetas *Ciencias* 65: De los yacimientos de minerales de mercurio, son los españoles los más importantes.

mercurioso -sa *adj* (*Quím*) [Compuesto] de(l) mercurio univalente. | Marcos-Martínez *Física* 239: Escribir las fórmulas de los óxidos de: litio, radio, .. mercurioso, mercúrico.

mercurocromo (*n comercial registrado*) *m* Antiséptico mercurial de color rojo, usado para desinfectar heridas. | MNiclos *Toxicología* 106: Puede tener lugar [la intoxicación] con dosis correctas de calomelanos, diuréticos mercuriales e incluso con pincelaciones de mercurocromo en superficies extensas. GHortelano *Momento* 600: Unos y otros se atarearían en vendarle a Mary los antebrazos sanguinolentos .. Andrés, aplicando mercurocromo a litros, advertía .. de las consecuencias a sufrir cuando se pide una ambulancia.

merdé *m* (*reg*) Desorden o confusión. | Marsé *Montse* 318: –Una idiotez.– El vino empieza a desatarme la lengua. –Tanto pendoneo, coño, tanto merdé. Goytisolo *Recuento* 135: Dijo que en la cantina había un merdé de espanto y que los oficiales, al brindar, hacían el saludo comunista.

merdellón -na *m y f* (*lit, raro*) Criado sucio o deseado. | Cela *Viaje andaluz* 21: –Dios haga a vuestra merced muy venturoso caballero –hubiera dicho, circunspecta y solemne, doña Tolosa, por boca de la merdellona del mesón. **b)** (*reg*) Pers. sucia o desaseada. *A veces usado como insulto.* | Gala *Días* 366: –Háblele usted más alto, que es sordo .. –Podías haberlo dicho antes de que me embalara, merdellona.

merecedor -ra *adj* Que merece. | Palacios *Juicio* 304: Consúltese el capítulo nono de la *Poética*, en una edición merecedora de confianza.

merecer (*conjug* **11**) **I** *v* **A** *tr* **1** Estar [alguien] moralmente en situación de deber recibir [un premio o castigo] por su conducta o sus cualidades. | J. M. Cabodevilla *SYa* 8.12.74, 3: Merecen eterna condenación todos los hombres que, sin haber hecho ningún mal a nadie, se abstuvieron de hacer el bien. **b)** Estar [algo] en situación de deber ser objeto [de algo positivo o negativo (*cd*)] por sus cualidades. | CNavarro *Perros* 29: Ella no dejaba de mirarle, esperando encontrar algún signo que le aclarase si el hecho merecía su aprobación o no. J. G. Manrique *Ya* 5.6.73, 7: Parece un hecho cierto, que ha merecido la atención de más de un tratadista, el de que la belleza de la especie humana no es una circunstancia casual. * ¿Qué opinión te merece este asunto? **c) no las merece.** (*hoy raro*) *Fórmula de cortesía con que se responde a la palabra* GRACIAS. | Mihura *Maribel* 69: –Desde luego vas a hacer una esposa modelo. Y aquí don Marcelino, también, porque es muy majo. –Gracias. –No las merece. **d)** ~ **la pena** → PENA.
2 (*raro*) Conseguir [alguien] con su acción [algo para otro (*ci*)]. | SLuis *Doctrina* 11: El cristiano es Hijo de Dios. Posee la vida divina que Jesucristo nos mereció con su sangre.
B *intr* **3** (*Rel*) Conseguir méritos [1b]. | Gambra *Filosofía* 184: Por las buenas acciones, el sujeto moral merece.
II *loc adj* **4** [Edad] **de** ~, [estado] **de** ~ → EDAD, ESTADO.

merecidamente *adv* Con merecimiento. | M. GAróstegui *SAbc* 2.2.69, 36: Ganó merecidamente porque jugó más que el Boca, dominó más y marcó un gol más.

merecido -da I *adj* **1** *part* → MERECER.
II *m* **2** Castigo merecido (→ MERECER [1]) [por alguien (*compl de posesión*)]. | MPuelles *Persona* 49: El bien de todos pide ciertamente que quien posee un bien particular con detrimento de los demás hombres reciba su merecido.

mereciente *adj* (*raro*) Que merece. *Tb n, referido a pers.* | Espinosa *Escuela* 427: Tan inesperados hechos aterraron a nuestros merecientes, que temieron por el costo de sus virtudes.

merecimiento *m* Acción de merecer. *Frec su efecto.* | RValcárcel *Pue* 22.12.70, 4: Este pueblo español que acaba de ofrecernos .. la impresionante lección de su mereci-

merendar – meridiano

miento y de su personalidad. Torrente *Off-side* 17: ¿Han importado alguna vez los merecimientos en este país?

merendar *(conjug* 6*)* **A** *intr* **1** Tomar la merienda [1]. | *Economía* 151: Si las personas mayores entran donde están charlando o merendando las niñas, estas se pondrán de pie para saludarlas. Delibes *Emigrante* 46: Merendamos en un bar del Barrio Chino, y a las seis, al muelle.
B *tr* ▶ **a** *normal* **2** Tomar [algo] como merienda [1]. *Tb pr.* | Carnicer *Cabrera* 139: Más tarde, meriendo los restos de la comida. * Se ha merendado un bocadillo enorme.
▶ **b** *pr* **3** *(col)* Comer. *Tb fig.* | Aldecoa *Gran Sol* 54: Ha servido de jaula a una paloma anillada hasta que se la merendó Macario Martín. J. M. Moreiro *SAbc* 8.3.70, 53: Ha puesto hombre sin "h": la deformación profesional de merendárselo todo en seguida. Faner *Flor* 144: Se metió en cama con el doncel. Doña Catalina abrió los ojos con espanto al descubrirlo. Pero no dijo nada. Optó por retirarse. —Como esa me las meriendo yo de un bocado –dijo Moza. Torrente *Sombras* 200: Podía .. mostrarle unos cuantos ejemplares destinados a dos repúblicas africanas, furiosamente rivales y dispuestas a merendarse la una a la otra cuanto antes.
4 *(col)* Vencer o derrotar fácilmente [a alguien]. | CPuche *Paralelo* 154: Cuando se ponen a hacer trampas, llega un pardillo de pueblo .. y se los merienda en medio minuto. *Ya* 12.11.89, 52: Balonmano .. El Cajamadrid, sin apenas esfuerzo, se "merendó" a los suizos.
5 *(col)* Adueñarse o apoderarse [de algo *(cd)*]. | *DLi* 16.3.78, 6 (C): Israel se merienda 600 kilómetros del Líbano.

merendera *f (reg)* Tartera o fiambrera. | SFerlosio *Jarama* 178: –Yo me parece que debe de quedarme una empanada o dos –dijo Lucita–. Alárgame la merendera que lo veamos. C. Manzano *Hoy* 18.6.75, 21: En las proximidades del indicado lugar se había hallado flotando aorillada en la margen del río su merendera de plástico.

merendero *m* Quiosco con mesas situado en un parque o en el campo, en el que se sirven bebidas y algunas cosas de comer. | *VozC* 8.7.55, 4: Véndese o traspásase, por retirarse propietario, finca "El Paraíso", en León, susceptible establecer varios negocios simultáneos, aparte su actual pista, merendero, restaurante, hotel. **b)** Lugar en el campo, con mesas, fuente y a veces servicios, destinado a que las perss. que van de viaje o excursión descansen y coman. | * En el pinar han puesto un merendero.

merendola *f* Merienda abundante y festiva entre varias perss. | CPuche *Paralelo* 27: Lugares de algo más que de bailoteo y merendola.

merendona *f* Merendola. | Escobar *Itinerarios* 80: No pasó de ser un plato rural de merendona o comilona campesina.

merengar *tr* **1** Añadir merengue [a algo *(cd)*]. *Gralm en part.* | *Cocina* 700: Leche merengada. *Ama casa* 1972 393: Manzanas merengadas.
2 *(col)* Fastidiar. *Gralm en la constr* NOS HA MERENGADO. | Torbado *En el día* 62: Ahora resultaba que Largo Caballero era de derechas. Y que Gil Robles de. –¡Pues nos ha merengao!

merengue **I** *m* **1** Dulce hecho con clara de huevo batida a punto de nieve con azúcar y cocido al horno. | *Cero Cod* 2.2.64, 2: Solicitud de licencia de fabricación de moldes para hacer merengues. **b)** *A veces se emplea en constrs de sent comparativo para ponderar la excesiva delicadeza de alguien o algo.* | * Este niño es de merengue.
2 Clara de huevo batida a punto de nieve. | Calera *Postres* 29: Se baten a punto de merengue una o más claras.
3 Baile popular del Caribe, de ritmo muy movido. | VMontalbán *Galíndez* 54: ¡A ver, esos pendejos de la orquesta! .. ¿Se saben el merengue *Y seguiré a caballo*?
4 *(hist)* Gorro blanco semejante al de los marineros, de moda hacia 1935. *Tb en aposición.* | FGómez *Bicicletas* 82: ¿Qué quieres hacer? ¿Ponerte otra vez el gorrito merengue y el pañuelo y salir a la calle cantando el chíbiri?
II *adj (col)* **5** Del club de fútbol Real Madrid. *Tb n, referido a pers.* | M. GAróstegui *SAbc* 27.4.69, 30: No iba muy bien el equipo merengue y precisamente el rival de turno era el Barcelona.

meretricio -cia *(lit)* **I** *adj* **1** De (las) meretrices. | Benet *Nunca* 193: Meretricios tapices de samaritanas portadoras de ánforas y pechos desnudos con fondo de oasis y camelleros.
II *m* **2** Prostitución, o actividad de meretriz. | L. Calvo *Abc* 13.2.72, 19: La política británica es de tolerancia. Si la burguesía mayoritaria pide protección contra la criminalidad y el meretricio, aumenta los efectos policíacos.
3 Conjunto de (las) meretrices. | GPavón *Cuentos rep.* 163: Amainaron los llantos perrunos del meretricio jubilado.
4 Prostíbulo. | CAssens *Novela* 2, 109: Vidal y Planas es una especie de Jesús en los meretricios.

meretriz *f (lit)* Prostituta. | Umbral *Ninfas* 71: Me gustaba el mercado por fuera, con su aglomeración de obreros, meretrices, encantadores de serpientes.

mergo *m (reg)* Serreta (ave). | Castroviejo *Caza* 42: Una pareja de mergos, de rojo pico en forma de sierra (mergos [*sic*] serrator), acaba de levantarse con estrépito.

merguez *f* Salchicha pequeña y especiada, de carne de buey o de cordero. *Tb en aposición.* | *Hola* 16.11.85, 194: Para seis personas: Seis tomates medios, cuatro pimientos verdes, seis salchichas merguez (salchichas fuertes).

mérgulo *m* Ave marina de pequeño tamaño, cuello y pico cortos y plumaje blanco y negro (*Plautus alle*). *Tb* ~ MARINO. *Con un adj especificador, designa otras especies similares:* ~ CRESTADO (*Aethia cristatella*), ~ LORITO (*Cyclorrhynchus psittacula*). | Noval *Fauna* 111: El Mérgulo marino (*Plautus alle*) y el Frailecillo (*Fratercula arctica*) son pequeños pájaros marinos.

mericarpio *m (Bot)* Fragmento de un fruto polispermo que se divide en la madurez. | Alvarado *Botánica* 50: Esquizocarpios. Frutos polispermos que a la madurez se fragmentan en trozos monospermos que parecen aquenios y se llaman mericarpios.

merideño -ña *adj* De Mérida (Venezuela). *Tb n, referido a pers.* | T. Rabanal *Hoy* 2.9.75, 13: Pongamos el testimonio del historiador venezolano-merideño Tulio Febres Cordero .. Los actos programados eran de importancia, a saber: .. Terminación de las obras e inauguración del edificio de la Universidad merideña.

meridianamente *adv* Con claridad meridiana [1b]. | *Inf* 7.8.75, 13: Rossana Yanni, ejemplo vivo de la importancia de los atributos físicos en el cine, posa generosamente en el último "Indiscreto semanal" para convencernos meridianamente del contexto de sus declaraciones.

meridiano -na I *adj* **1** De(l) mediodía (hora). | Torrente *Vuelta* 10: Aquella mañana esperaban con ansia el toque meridiano de la sirena para salir a la calle y desahogarse. **b)** [Luz o claridad] muy intensa. *Frec fig, con intención ponderativa.* | E. Corral *Abc* 4.10.70, 70: Abad sabe desentrañar y exponer con claridad meridiana, gracias a la profundidad de su dirección.
2 *(Astron)* De(l) meridiano [3]. | *Anuario Observatorio 1967* 71: Si se determina, por ejemplo, la altura meridiana del Sol, bien sencillo es deducir de ella y de la declinación del astro la latitud del lugar. *Anuario Observatorio 1967* 111: El simple examen de las horas de los pasos meridianos en días sucesivos hace ver que el retardo o retraso en 24 horas de la Luna es fuerte y variable. **b)** [Plano] determinado por el eje de rotación de la Tierra y la vertical de un lugar. | * El Sol corta el plano meridiano al mediodía y a media noche. **c)** [Línea] de intersección del plano meridiano y el plano horizontal [de un lugar]. *Tb n f.* | *Anuario Observatorio 1967* 206: Sabido es lo que debe entenderse por línea meridiana, y explicado queda en páginas anteriores el modo de trazarla. *Anuario Observatorio 1967* 206: Trazado de la meridiana. **d)** Que sigue un meridiano [3]. | *Santander* 52: De Madrid la separan 396 kilómetros por carretera y 503 por ferrocarril; esta última distancia se acortará notablemente con la línea meridiana del ferrocarril Madrid-Burgos.
II *n* **A** *m* **3** *En la esfera celeste o terrestre:* Círculo máximo que pasa por los polos. *Tb (lit) fig.* | Ortega-Roig *País* 12: También podremos trazar círculos perpendiculares al Ecuador, desde el Polo Norte al Polo Sur: serán los meridianos. Alanis *MHi* 7.68, 76: ¿Cree Borges que algún país de América aceptaría la idea de que el meridiano cultural está o pasa por algún otro país de América? **b)** ~ **magnético.** Círculo máximo que pasa por los polos magnéticos del Globo. | Marcos-Martínez *Física* 178: El meridiano magnético se determina en la práctica por la dirección de la aguja imanta-

da de una brújula. **c)** Media circunferencia que pasa por un lugar dado y va hasta los polos. *Con un compl de posesión.* | *Anuario Observatorio 1967* 65: Las horas de los pasos del Sol por el meridiano de Madrid están expresadas en tiempo universal.
4 (*Geom*) Sección hecha en una superficie de revolución por un plano que pasa por el eje de la misma. | Gironza *Matemáticas* 203: Las distintas posiciones de la semicircunferencia, como la AC'B, dan lugar a los llamados meridianos de la superficie esférica.
5 *En acupuntura:* Línea de distribución de la energía vital por el cuerpo. | *SCCa* 5.3.72, 7: Según los principios chinos de la acupuntura, los meridianos son las líneas que "canalizan" la energía vital. Son catorce, siete a cada lado de la columna vertebral.
B *f* **6** (*hist*) Canapé con dos cabeceras, propio de principios del s. XIX. | GHortelano *Momento* 484: Estoy repasando la relación de vocablos incorrectos .. y las reglas del buen decir, que ennegrecieron mi infancia .. No diga bufet, diga ambigú. No diga chaise longue, diga meridiana.

meridional *adj* Del sur. *Tb n, referido a pers.* | Ortega-Roig *País* 26: La Meseta Septentrional es más elevada que la Meseta Meridional. DPlaja *El español* 68: Se dirá que tan españoles son los norteños como los meridionales. **b)** Propio de los meridionales. | Benet *Nunca* 21: Lo último en lo que yo pensaba era en aquella joven –con una mezcla considerable de turbulencia meridional y alpina–.

meridionalismo *m* **1** Carácter o condición meridional. | Fuster *País Valenc.* 46: Comparado con Cataluña, el País Valenciano ofrece, en cambio, un matiz distinto: .. se podría parangonar al de Nápoles frente a la Italia del Norte .. El típico meridionalismo mediterráneo: parlanchín, gesticulante, voluptuoso, colorinesco.
2 Palabra o rasgo idiomático propios de la región meridional o procedentes de ella. | Lapesa *HLengua* 325: El habla andaluza reúne todos los meridionalismos enumerados.

meriedría *f* (*Mineral*) Meroedría. | Ybarra-Cabetas *Ciencias* 31: Tales formas de simetría inferior reciben el nombre de formas meroédricas o meriédricas, y el fenómeno, meroedría o meriedría.

meriédrico -ca *adj* (*Mineral*) Meroédrico. | Ybarra-Cabetas *Ciencias* 31: Tales formas de simetría inferior reciben el nombre de formas meroédricas o meriédricas.

merienda *f* **1** Comida ligera que se toma por la tarde. | Moreno *Galería* 278: Pasaba la vianda al plato de barro o loza para servir de increíble y sabrosa merienda a los chicos que acababan de venir de la escuela.
2 Comida que se lleva al trabajo o cuando se va de viaje o excursión. | Laforet *Mujer* 308: Don Jacinto dijo que tenía en su casa las veinte bolsas con las meriendas para los niños.
3 ~ de negros. (*col*) Confusión o desorden en que nadie se entiende. | Pemán *Abc* 16.2.75, 3: Cuando nuestros convecinos pasan apuros podemos decir que "están negros", y cuando la tertulia se encrespa y llegan a tirarse los ceniceros se convierte en una "merienda de negros".

merindad *f* Demarcación territorial, propia hoy de algunas regiones, esp. Burgos, que agrupa a varios pueblos o aldeas y que antiguamente correspondía a la jurisdicción de un merino^2. | *ByN* 31.12.66, 123: En la provincia de Burgos .., el descubrimiento de otro campo petrolífero en un pequeño pueblo perteneciente a la merindad de Montija. Carnicer *Castilla* 217: Villarcayo se encuentra en la antiquísima merindad de Castilla la Vieja, centro a su vez de otras seis merindades primitivas. E. GChico *Abc* 19.11.64, sn: Aparecen los nombres de Juan de Nates, Juan del Ribero, .. oriundos de la merindad de Trasmiera. GHerrero *Segovia* 355: En el área de cada provincia persistían las antiguas y abigarradas subdivisiones: merindades, adelantamientos, corregimientos, hermandades, comunidades.

merindano -na *adj* (*reg*) De alguna de las merindades históricas de Navarra. *Tb n, referido a pers.* | *VozR* 19.7.75, 31: Ha cobrado [Tudela] unas facetas nuevas de contenido industrial que han servido para casi duplicar nuestro censo municipal, porque gracias a las mismas la llegada de merindanos para fijar su residencia entre nosotros es de una gran consideración.

merinero -ra *adj* [Pastor] de ovejas merinas. *Tb n.* | MFVelasco *Peña* 171: Si [la persona] se planta inmóvil, por valiente y fiero que sea el perro, no se abalanzará sobre ella. Yo mismo lo he comprobado media docena de veces con los mastinazos de los merineros. **b)** Propio del pastor merinero. | Moreno *Galería* 290: La "caldereta merinera" mantiene sus componentes de carne de oveja gorda, machorra o carnero, y patatas enteras.

meriní *adj* (*hist*) Benimerín. *Tb n.* | Angulo *Arte* 1, 458: La formación del reino nazarita .. da lugar a un nuevo florecimiento del arte hispanoárabe, que llega a su máximo esplendor en el siglo XIV y deja sentir su influencia en el africano contemporáneo de los meriníes.

merinida *adj* (*hist*) Meriní. *Tb n.* | J. Monleón *Tri* 12.9.70, 14: El [siglo] XIII y el XIV señalan el nacimiento de un nuevo Fez, .. con el gran palacio de los merinidas y un esplendor que alcanzó también a la vieja Medina.

merino^1 -na *adj* **1** [Oveja] de hocico grueso y ancho y lana muy fina, corta y rizada. *Tb n m y f.* | DCañabate *Abc* 29.10.70, 15: Los miraba el muchacho labrador como a las ovejas merinas. Moreno *Galería* 155: La indumentaria o atavío de los pastores de churras y merinas. Ortega-Roig *País* 91: Los merinos producen una lana de excelente calidad. **b)** De (las) ovejas merinas. | Delibes *Castilla* 109: En cuanto a raza, yo me pienso que aquí, en Castilla, la mejor de todas es la churra .. Y la peor de todas, la merina. Grosso *Invitados* 11: Un charco de sangre que no había logrado empapar el colchón de lana merina. Cela *Judíos* 60: Dios pinta rebaños merinos con las nubes.
2 [Paño] de cordoncillo fino hecho con lana escogida y peinada. *Tb n m.* | Cunqueiro *Un hombre* 200: También sueño que ando vestido de paño merino. Lorenzo *SAbc* 8.9.74, 9: Alto es el moño, el pañuelo de merino.

merino^2 *m* (*hist*) *En la Edad Media:* Delegado del rey, conde o señor, con atribuciones administrativas, económicas, fiscales, judiciales y militares. *A veces con un adj especificador:* MAYOR o MENOR. | Lapesa *HLengua* 120: En Toledo, Sahagún, Oviedo, Avilés y otros puntos los "francos" llegaron a tener jueces y merinos especiales. Sobrequés *HEspaña* 2, 120: Este *cursus honorum*, al servicio del rey, llevó a muchos hidalgos al desempeño de cargos de mayor importancia (adelantados y merinos mayores, gobernadores generales, justicias de Aragón). Cruz *NBurgalés* 4: Esta tierra se sacralizó al amasar nuestra personalidad, al crear nuestras instituciones (concejo abierto, juicios abiertos, cortes abiertas, comunidad de villa y tierra, fuero, merinos mayor y menor, etc.).

meristemático -ca *adj* (*Bot*) De(l) meristemo. | Bustinza-Mascaró *Ciencias* 229: Los parénquimas. Están formados por células vivas meristemáticas que han perdido su carácter proliferativo.

meristemo *m* (*Bot*) Tejido de crecimiento, constituido por células embrionarias que se reproducen activamente originando nuevos tejidos. | Navarro *Biología* 101: La actividad de estos meristemos origina los tejidos necesarios para el crecimiento en espesor del vegetal.

meritado -da *adj* (*admin*) Susodicho. | *BOE* 4.12.75, 25325: Ha sido favorablemente votado el convenio tal y como ha quedado modificado por el acreedor don Juan Sanahuja Recasens, y que es de ver en los meritados autos en los que obra.

meritísimo -ma *adj* **1** De mucho mérito. | *Abc* 8.9.66, 13: El cine americano produce obras meritísimas.
2 Muy merecido. | Sanjulián *VozA* 8.10.70, 22: La representación enviada por San Claudio .. alcanzó un meritísimo cuarto puesto.

mérito I *m* **1** Acción o cualidad que hace [a una pers. (*compl de posesión*)] merecedora de premio o aprecio. | Laforet *Mujer* 18: Era rico sin ninguna clase de mérito propio. FSalgado *Conversaciones* 167: Estoy seguro de que estos incidentes son provocados por ambiciosos que desean hacer méritos para un futuro no lejano. **b)** Derecho a un premio o recompensa, que se logra como resultado de una acción. | SLuis *Doctrina* 119: En virtud de los méritos de Cristo: por eso, nuestra Gracia es cristiana, porque fue Él quien la ganó para todos nosotros.

meritocracia – mero

2 Valor o importancia [de una cosa o de una pers.]. *Frec en la constr* DE ~. | Paso *Isabel* 234: Y hay una mesa del siglo dieciséis; tiene mucho mérito porque no sé qué maldito rey de esos que mataban moros apoyó el codo en ella. Salom *Viaje* 483: Este era un circo maravilloso. Con una lona preciosa, blanca y roja, camellos, caballos amaestrados, artistas de gran mérito..., ¡qué sé yo!
3 *Forma parte de la denominación de determinadas condecoraciones civiles y militares.* | GPavón *Hermanas* 22: Usted es además comisario honorario y tiene la cruz del mérito civil y policíaco. *Alc* 13.11.70, 14: Fermín Cabal, .. cuarenta y siete años y medalla de plata con ramas de roble al Mérito en el Trabajo.
4 (*Der*) Prueba o razón [de un proceso]. | *Abc* 24.3.74, sn: Solana García, Juan .., llamado por requisitoria .. en mérito de la Causa número 6-74, por presunto delito de Deserción y Fraude.
II *loc v* **5 hacer ~** [de alguien o algo]. (*lit, raro*) Hacer mención [de ellos]. | CBaroja *Judíos* 1, 33: Aun cuando se constituya [el barrio judío] en la segunda mitad del siglo XIX y en ciudades modernas .., pronto adquiere aquella sordidez de aspecto de que se hace mérito.

meritocracia *f* (*Pol*) Gobierno de las perss. más capacitadas, seleccionadas por sus méritos personales. *Tb la sociedad así gobernada. Frec con intención irónica.* | Rof *Abc* 10.2.74, 3: La "meritocracia", esto es, el gobierno de los tecnólogos y de los intelectuales. Aranguren *Ética y polít.* 262: El país que ha hecho de la planificación el principio fundamental de su organización, la Unión Soviética, es .., según expresiones de Douglas Jay, .. "una meritocracia" y el "Incentive State *par excellence*". **b)** Sistema de selección y valoración basado en el mérito personal. | *País* 10.11.91, 50: Giovanni Alberto Agnelli .. "Soy partidario de la meritocracia a todos los efectos".

meritoriaje *m* Hecho de trabajar como meritorio [2]. *Tb el tiempo que dura. Tb fig.* | J. M. Moreiro *SAbc* 6.12.70, 46: López Rubio lo llamó para que hiciera el meritoriaje en el Español. Cela *Judíos* 93: Un servidor, que ya había hecho el meritoriaje del humilde, le respondió. SFerlosio *Ensayos* 1, 245: Si en el origen de la pasión por los actos, culturales o no .., está la motivación interna del meritoriaje burocrático .., aún agrava el fenómeno la influencia, a mi entender palmaria, del espíritu de la publicidad.

meritoriamente *adv* **1** De manera meritoria [1]. | A. Aradillas *SVozC* 25.7.70, 2: El trato con personas de distintas creencias ha supuesto también meritoriamente el descubrimiento de los valores positivos encerrados en sus cuadros morales.
2 Por méritos [1]. | VMontalbán *Rosa* 219: Estoy en situación de ventaja, meritoriamente, es decir, esta situación de ventaja me la he ganado a pulso.

meritorio -ria I *adj* **1** Que merece premio o aprecio. | Gambra *Filosofía* 184: La conducta moral se dice que es meritoria. FQuintana-Velarde *Política* 84: Meritorios trabajos privados precedieron al cálculo efectuado por el Servicio de Estudios del Banco de Bilbao en 1955. Bermejo *Derecho* 194: Lope .. invierte los términos de algún modo al considerar a los españoles tan independientes y meritorios como las figuras de más renombre.
II *m y f* **2** Pers. que trabaja sin sueldo con el fin de hacer méritos para obtener una plaza remunerada. *Gralm referido a teatro.* | GCarrión *Ver* 10.9.75, 5: José María Rodero empezó a trabajar en el teatro como meritorio en 1942. Cossío *Confesiones* 151: De los periodistas que nos reuníamos en torno de aquella mesa, el que más ganaba eran veinte duros, y el sueldo corriente seis. Y aún había meritorios que trabajaban en la redacción gratuitamente. **b)** Pers. que trabaja de manera desinteresada. | Benet *Aire* 13: A lo que tres años antes le habría empujado a una acción desinteresada e inmediata, ahora replicaría con un condescendiente y mal disimulado desdén .. Con todo y con eso, el capitán no era tan solo un meritorio.

merlón[1] *m En una fortaleza:* Trozo de parapeto situado entre dos troneras. | Rabanal *Reja* 6.4.75, 7: León, que es "legión", hubiera podido llamarse limpiamente "Castilla". Le sobran almenas y merlones para anticiparse, en la adopción del topónimo "castellano", a la patria de Fernán González.

merlón[2] *m* (*reg*) Se da este *n* a varios peces marinos, esp *Labrus merula* y *L. pavo*. | *Voz* 5.11.87, 53: Cedeira. Abadejo, de 600 a 750 pesetas kilo; .. maragota, de 260 a 350; merlón, de 400 a 600; merluza, de 800 a 1.200.

merlot *m* Variedad de uva negra propia del sudoeste de Francia. *Tb el vino correspondiente.* | *SPaís* 1.9.91, 14: Se ha decidido a plantar dos hectáreas de Merlot para "reforzar" su vino tinto monovarietal de mencía, iniciando, al mismo tiempo, una experiencia en barrica de roble francés con el merlot.

merlucero -ra *adj* De (la) merluza. *Tb n m, referido a barco.* | *País* 9.12.77, 39: La Cofradía de Mareantes de Fuenterrabía ha completado los expedientes de crisis de sesenta barcos merluceros. *Abc* 19.12.70, 48: El merlucero "Blanca Paloma" .. se hundió.

merlúcido *adj* (*Zool*) [Pez] de la familia de la merluza. *Frec como n m en pl, designando este taxón zoológico.* | *Animales marinos* 154: Familia 47. Merlúcidos.

merlucilla *f* (*reg*) Merluza de mediano tamaño. | *Voz* 8.11.70, 3: Las especies de mayor rendimiento fuero[n] cigala, con 1.230 kilos y 241.140 pesetas; .. merlucilla, con 640 kilos y 59.190 pesetas.

merluza *f* **1** Pez marino, de color gris plateado, de hasta un metro de longitud y muy apreciado por su carne (*Merluccius merluccius*). *A veces con un adj o compl especificador designa otras especies del mismo gén:* ~ MAURITANA (*M. cadenati*), ~ SENEGALESA (*M. senegalensis*), ~ DEL CABO (*M. capensis*), *etc.* | Medio *Bibiana* 227: Sardinas... Póngame tres cuartos... Los ojos de Bibiana Prats se van tras de la merluza.
2 (*col*) Borrachera. | Payno *Curso* 128: ¡Coges cada merluza!

merluzo -za *adj* (*col*) [Pers.] tonta o estúpida. *Tb n.* | SFerlosio *Jarama* 50: Venga, marcharos ya de aquí, merluzos, no me deis la tabarra. ZVicente *Mesa* 39: ¡Mi cuellecito de encaje ..! Pues ya ve, este merluzo... Sí, menos mal que será lavable.

merma *f* **1** Acción de mermar(se). *Tb su efecto.* | Laiglesia *Tachado* 14: La merma de unos cuantos kilos anatómicos no me parece motivo suficiente para desear separarme de mi amada. L. Calvo *Abc* 10.11.70, 29: Willy Brandt tiene en el Bundestag tan exigua mayoría que la más ligera merma podía apurarla.
2 Menoscabo. | CSotelo *Pról. Epist. Armenteras* 7: No creo, en verdad, sin merma del buen aire con que todas ellas estaban redactadas, que ninguno de los galanes de hoy se atrevieran a reproducirlas.

mermado -da *adj* **1** *part* → MERMAR.
2 (*reg*) Tonto o bobo. *Tb n.* | Delibes *Emigrante* 66: Bueno, pues lo que yo le digo a la Anita, por voces que dé, no deja de ser un mermado. MFVelasco *Peña* 266: En lo que lo cuento, la Nela estaba nuevamente de parada. Como es perra que no rompe una muestra hasta que se le manda, la tuve puesta durante un cuarto de hora, para ver si el mermado del perro terminaba por comprender de qué iba el asunto.

mermar A *intr* **1** Disminuir [algo] en cantidad o volumen. *Tb pr.* | Delibes *Ratas* 57: A medida que se adentraba el invierno, el pajero del común iba mermando. Los hombres .. acarreaban la paja hasta sus hogares. J. GMontero *Abc* 23.4.58, 15: Las viejas aceñas de las riberas del Guadiana, el Záncara y el Cigüela se habían inmovilizado al mermarse el agua de estos ríos en tan prolongada sequía que fueron convirtiéndose en una serie de charcos.
B *tr* **2** Hacer [algo (cd)] merme [1]. | FVidal *Señas* 15: Dejaba pasar las ventolinas álgidas sin exigirles nada, sin mermarles la fuerza o el he[l]or.

merme *m* (*reg*) Merma. | Berlanga *Gaznápira* 115: Esta carne de ahora tiene mucho merme desde que las atiforran de piensos compuestos.

mermelada *f* Conserva de fruta cocida con azúcar, de consistencia pastosa. | CNavarro *Perros* 107: Montse .. encargó unas botellas de agua mineral, un par de latas de espárragos y un bote de mermelada.

mero[1] **-ra** *adj* Puro o simple. *Normalmente referido a cosas inmateriales. Siempre antepuesto al n.* | DPlaja *El español* 89: La mera posibilidad de la burla ajena lanza al español a la violencia. Castilla *Humanismo* 24: Las voces más alertadas, y no solo la de los meros marxistas, han llamado .. la atención sobre el carácter alienador del tipo de producción capitalista. **b)** ~ **imperio** → IMPERIO.

mero[2] *m* Pez marino de hasta 1 m de largo, color amarillento oscuro y cabeza grande algo rojiza, muy apreciado por su carne (*Serranus guaza*). | *Abc* 21.4.70, 43: En el Mercado Central de Pescados destacaron .. las alzas de las cotizaciones de angulas, besugo .., bajando el bacalao, la caballa, los carabineros, los gallos y el mero.

meroblástico -ca *adj* (*Biol*) [Segmentación] parcial. | Ybarra-Cabetas *Ciencias* 213: En los huevos telolecitos la segmentación es parcial o meroblástica.

merodeador -ra *adj* Que merodea. *Tb n.* | Lera *Olvidados* 58: Entre ambos formaban una cadena de intermediarios y merodeadores, sucios y voraces como las sanguijuelas.

merodeante *adj* Merodeador. | VMontalbán *Pájaros* 175: Las miradas de los hombres merodeantes la expulsaron calle arriba.

merodear A *intr* **1** Vagar [alguien por el campo] viviendo de lo que coge o roba. | *Gac* 9.8.70, 8: Turbas harapientas de campesinos sin tierras han merodeado por los campos de Bengala.
2 Vagar [por un sitio] o moverse [por los alrededores de alguien o algo] buscando o curioseando. | Arce *Testamento* 86: Varias moscas de alas metálicas y tripa verdosa merodeaban golosas sobre el excremento del día anterior.
B *tr* **3** (*semiculto*) Merodear [2] [por un lugar o por los alrededores de alguien o algo (*cd*)]. | VMontalbán *Pájaros* 159: La tozudez del hombre lo llevó a merodear la zona de Malasya [*sic*] una y otra vez. Lera *Olvidados* 192: La ciudad invita a subir a su goce, como una cortesana .. Y la merodean con ojos ávidos, prontos a saltar sobre ella como tigres.

merodeo *m* Acción de merodear. | Hoyo *ROc* 8/9.76, 91: Algunas familias salieron del apuro dejando el antiguo trajín, dedicándose al merodeo o a mercar por los pueblos los heredados calderos de carne de la matanza o de la colada. CBonald *Ágata* 27: El normando, a poco de andar de merodeo por los alrededores, vino a escuchar palabras no del todo irreconocibles.

meroedría *f* (*Mineral*) Simetría que afecta solo a algunos elementos de un cristal. | Ybarra-Cabetas *Ciencias* 31: Tales formas de simetría inferior reciben el nombre de formas meroédricas o meriédricas, y el fenómeno, meroedría o meriedría.

meroédrico -ca *adj* (*Mineral*) De (la) meroedría. | Ybarra-Cabetas *Ciencias* 32: Ejemplos de formas meroédricas.

meroedro *m* (*Mineral*) Forma meroédrica. | Alvarado *Geología* 7: Las clases de simetría menor de cada sistema se llaman Clases meroédricas, y sus formas, meroedros.

merostoma *m* (*Zool*) Artrópodo marino con esqueleto quitinoso, cuyos fósiles se conocen desde el Cámbrico. *Frec en pl, designando este taxón zoológico.* | Ybarra-Cabetas *Ciencias* 157: Período silúrico .. Había igualmente merostomas gigantescos y hasta esqueletos de peces.

merotomía *f* (*Biol*) División, natural o experimental, en segmentos. | Navarro *Biología* 45: Estos experimentos, denominados de merotomía celular, han demostrado que un citoplasma sin su núcleo degenera rápidamente y muere.

merovingio -gia *adj* (*hist*) [Pers.] de la dinastía franca que reinó en la Galia desde el año 481 hasta el 751. *Tb n.* | Arenaza-Gastaminza *Historia* 87: Pipino el Breve .. depuso al último rey merovingio. **b)** De (los) merovingios. | GNuño *Escultura* 54: El arte merovingio continuó esta hermosa tradición de libertad. Lapesa *HLengua* 67: Germanus aparece sustituyendo a *frater* en textos merovingios.

merseguera *adj* [Variedad de uva] del alto Turia con la que se elabora un vino blanco seco. *Tb n f.* | Delgado *Vino* 47: En el Alto Turia, con clima más frío, la variedad "merseguera" da origen a blancos secos, muy finos y de gran frescura.

mes *m* **1** Parte de las doce en que se divide el año. | Laiglesia *Tachado* 77: El mes pasado, cuando el hijo pequeño empezó a ir al colegio, los otros niños le llamaron "boche". **b)** Serie de días consecutivos desde uno dado hasta la misma fecha del mes siguiente. | Arce *Testamento* 91: Sería una pena morirse y dejar el capital para que la mujer de uno se casase a los dos meses con el que más la llenase el ojo.
c) (*Com*) Serie de 30 días consecutivos. | Marcos-Martínez *Aritmética* 2ª 113: Calcular el interés que producirán 8540 pesetas prestadas al 4 por 100 durante un año y tres meses.
d) Suma de 30 días. | * Entre Navidad y Semana Santa, ha estado en casa un mes. **e)** ~ **lunar**. (*Astron*) Tiempo que tarda la Luna en dar una vuelta completa alrededor de la Tierra. | * El mes lunar dura aproximadamente 28 días.
2 Salario de un mes [1a]. | * Entrega a su mujer todo el mes.
3 (*col*) Menstruación. | GPavón *Reinado* 251: No había salido a trabajar [la Ingri] porque estaba con el mes.

mesa I *f* **1** Mueble formado esencialmente por una superficie lisa sostenida por uno o varios pies y que sirve para distintos usos, esp. comer o escribir. *Frec con un compl especificador.* | Torrente *Off-side* 72: Al fondo, .. una enorme mesa de despacho. Laforet *Mujer* 34: Aquella misa .. con el ara sobre una mesa de pino. Torres *Ceguera* 55: Se deleitó admirando el conjunto de divanes adamascados, mesillas marroquíes, tapices indonesios. **b)** ~ (**de**) **camilla** → CAMILLA.
2 Mesa [1] dispuesta con lo necesario para comer sobre ella. | Armenteras *Epistolario* 65: Espero que aceptes el sentarte también a mi mesa esa noche. **b)** (*lit*) Comida que se sirve a la mesa. | Torrente *Off-side* 18: Tu mesa ha bajado de calidad desde que murió tu cocinera. **c)** **la sagrada** ~, *o* **la** ~ **del Señor**. (*Rel catól*) El sacramento de la Eucaristía. | *ASeg* 13.11.62, 2: Se acercó a la sagrada mesa un gran número de fieles. Escudero *Capítulo* 220: Fortalézcanse en la mesa del Señor, den gracias a Dios, aprendan a ofrecerse a sí mismos, al ofrecer la hostia inmaculada.
3 *En una asamblea o corporación:* Conjunto de perss. que la dirigen. | *Ya* 26.11.75, 10: Su Majestad el Rey don Juan Carlos I recibió ayer por la mañana en el palacio de La Zarzuela a los componentes de la Mesa de las Cortes.
4 (*Geol*) Capa de roca horizontal que ha quedado a un nivel superior al del terreno circundante. | Lorenzo *Extremadura* 242: Son aldeas de monte olivero, crestones de madroña, mesas de castaño enzo. **b)** Cima plana de una meseta. | Cossío *Montaña* 102: Desde Piedras Luengas y rodeando la mesa de la Peña Labra puede llegarse asimismo.
5 (*jerg*) Tortura en que la víctima yace boca arriba sobre una mesa, con la cabeza colgando hacia el suelo. | *Ya* 4.5.88, 23: El testigo dijo que reconocía al comisario Francisco Javier Fernández Álvarez como la persona que ordenó hacerle *la mesa* y torturarla.
6 ~ **de noche**. Mesilla [2]. | Fraile *Cuentos* 69: Cogió una novellila manoseada que había en la mesa de noche y se puso a leer.
7 ~ **redonda**. Reunión de distintas perss. para comer, mezcladas y sin preferencias en los asientos. | Ferres-LSalinas *Hurdes* 130: Los del camión y los viajeros hacen mesa redonda; charlan de las cosas de costumbre. **b)** (*hist*) En una fonda o pensión: Mesa común para todos los comensales o huéspedes. | Cossío *Confesiones* 289: Entre los [restaurantes] económicos, también era curioso uno con mesa redonda, en el *faubourg* Montmartre, como en los hoteles del siglo pasado, y en el que se sirve cada uno a discreción de la fuente que le pasa una camarera con cofia blanca. **c)** Reunión de perss. especializadas en una materia, para discutir sobre ella sin jerarquía entre los participantes. | *Nue* 24.1.70, 14: Mesa redonda sobre los problemas de los operados cardiacos.
II *loc adj* **8 de** ~. Destinado a ser colocado sobre una mesa [1] u otra superficie similar. | *Economía* 70: Despacho o cuarto de trabajo. Iluminación central o indirecta, lámpara de mesa portátil, con pantalla preferentemente de pergamino.
9 de ~. [Ropa o utensilio] destinado a ser usado en la mesa [2]. | *Economía* 200: Los juegos de mesa corrientes y los de desayuno y té pueden ser de color. **b)** [Alimento o bebida] destinados a ser consumidos en la mesa [2]. | Ortega-Roig *País* 179: En los "campos" se producen excelentes uvas de mesa.

mesada – mesianismo

III *loc v* **10 poner la ~.** Disponer la mesa con todo lo necesario para comer sobre ella. | * Ve poniendo la mesa mientras caliento esto.

11 quitar (recoger, alzar *o* **levantar) la ~.** Retirar de la mesa todo cuanto se ha dispuesto para comer en ella. | Lera *Boda* 534: La vieja comenzó a recoger la mesa y el señor Tomás a liar un cigarrillo. Lera *Boda* 534: Yo alzaré la mesa y barreré un poco. Lapesa *HLengua* 37: En las cortes medievales se llamaba *çatiquero* al criado que levantaba la mesa de los señores.

12 sentar [una pers. a otra] **a su ~.** (*lit*) Invitar[la] a comer en su casa. | * Sentó a su mesa a los personajes más importantes de la época.

IV *loc adv* **13 a ~ puesta.** Sin preocuparse en absoluto de preparar la comida o de ganársela. | Delibes *Emigrante* 15: Ella dice, y no le falta razón, que entre vivir aquí mirando la peseta o allí a mesa puesta no hay duda.

mesada *f* Sueldo o ingresos de un mes [1a]. | Romano-Sanz *Alcudia* 214: Muchas veces, cuando se agota la mesada, sin tiendas ni crédito, hay que salir a buscar cardillos y criadillas al campo. Mercader-DOrtiz *HEspaña* 4, 66: A cada nombramiento canónigo el rey se reservaba el cobro del primer mes (mesada) de la correspondiente pensión.

mesamiento *m* (*lit, raro*) Acción de mesar. | J. Hermida *Ya* 11.6.90, 72: Yo, de haberme pasado, estaría a tales horas en plena cabalgata de las walkirias desesperadas y allí serían el mesamiento de cabellos, el crujir de las muelas y el coro, chirriante, de mis lamentaciones.

mesana *f* (*Mar*) *En un barco de tres o dos palos:* Mástil más cercano a popa. *Tb la vela correspondiente.* | CBonald *Noche* 105: Las aguas cabrilleaban levemente en torno al cuello del palo mayor .. La pequeña mesana no se veía, solo ese vestigio, ese extremo de mástil a flor de agua con algo de señalización fúnebre.

mesapio -pia *adj* (*hist*) De un pueblo antiguo habitante de la región de Apulia (Italia). *Tb n, referido a pers.* | Villar *Lenguas* 115: Quinto Ennio, otro de los primeros escritores, es mesapio de origen, pero la influencia griega en él resulta indudable.

mesar *tr* (*lit*) Arrancar [el pelo o la barba] con las manos, o tirar [de ellos (*cd*)]. *Gralm con ci refl.* | MGaite *Fragmentos* 109: Pablo Valladares empezó a mesarse el pelo, como siempre que se ponía algo nervioso.

mesca *f* (*jerg*) Mescalina. | Tomás *Orilla* 233: Me invitaron a una mesca y me la metí. Es un flash muy parecido a la coca.

mescal *m* Aguardiente mejicano que se obtiene de la pita o maguey. | C. B. Runner *SYa* 16.2.90, 4: Sirven especialidades mexicanas (tequila, mescal...) además de toda clase de whiskies, cerveza de barril y café.

mescalina *f* Alcaloide que se obtiene del peyote y produce efectos alucinatorios. | Alfonso *Abc* 3.12.70, 19: En Goya, otra distinta catadura de fachadas termina de producir esa sensación de haber tomado mescalina que sufre quien contempla aquel paraje. Tomás *Orilla* 233: El otro día me chuté mescalina.

mescolanza *f* Mezcolanza. | Torrente *Pascua* 381: Mozos de las derechas y mozos de las izquierdas fueron tras él: primero, distanciados; después, a la misma altura; por último, en mescolanza ruidosa.

meseguero *m* (*reg*) Guarda de las mieses. | MCalero *Usos* 45: Hubo un tiempo en que los duendes parece que anduvieron por estas gavillas .. y acordaron no salir al acarreo hasta el toque de campanas. Así los trasgos quedaron tranquilos .., y el meseguero quedó en paz y fuera de toda duda.

mesenio -nia *adj* (*hist*) De Mesenia (región de la antigua Grecia). *Tb n, referido a pers.* | Estébanez *Pragma* 21: Esparta sufrió una grave crisis que trató de solucionar mediante .. el sometimiento de sus vecinos los mesenios en el s. VII.

mesentérico -ca *adj* (*Anat*) De(l) mesenterio. | Navarro *Biología* 166: De la aorta descendente nacen también la arteria mesentérica superior .., las renales .. y finalmente la mesentérica inferior.

mesenterio *m* (*Anat*) Repliegue del peritoneo que une el intestino con las paredes abdominales. | Ybarra-Cabetas *Ciencias* 174: Distinguiéndose en esta función el tejido celular subcutáneo, el mesenterio y el epiplón mayor.

meseño -ña *adj* De Las Mesas (Cuenca). *Tb n, referido a pers.* | J. M. Cubillas *DíaCu* 22.7.84, 2: Las esperanzas a corto plazo son que esta llegada de comerciantes ajenos se produzca rápidamente, y que vengan dispuestos a primar esta calidad que el ajo meseño posee.

mesero -ra *m* y *f* (*raro*) Camarero de un bar u otro establecimiento similar. | Burgos *Andalucía* 35: La Costa del Sol ha venido a ser como el paraíso de España, sótanos con meseras dispuestas a admitir profesionalmente el pellizco, apartamentos alquilados todo el año por inequívocos cuarentones. I. RQuintano *Abc* 16.5.87, 100: Madrid es otra historia, y sus camareras, muy decentes .. Al fin y al cabo, las meseras madrileñas no tienen la culpa de que los hombres inventaran el perfume cincuenta y cinco siglos antes de descubrirse la circulación de la sangre.

meseta *f* **1** Llanura elevada sobre el nivel del mar. | Laforet *Mujer* 124: Ni un ser humano entre todos aquellos kilómetros de meseta.

2 Rellano o descansillo. | ZVicente *Examen* 120: El [escalera de Palacio] que venía a veces en las revistas ilustradas, la que una vez el cine nos enseñó, boquiabiertos, grandes bóvedas altísimas, cuadros .., y la inevitable cita de Napoleón en la meseta central. Ferres-LSalinas *Hurdes* 78: Cuestas arriba del pueblo, subiendo calles en escalón, con la techumbre del escalón de abajo a la altura de las rodillas, los viajeros suben una meseta y otra, hasta coronar la alquería.

3 ~ del toril. *En una plaza de toros:* Parte plana del tendido situada sobre la puerta del toril. *Tb las localidades correspondientes.* | Cossío *Confesiones* 54: Fui a los toros, a una localidad de sol, en la meseta del toril.

mesetario -ria *adj* De (la) meseta [1]. | Cela *Pirineo* 22: Tierras que .. los visigodos mesetarios –ya separados en el siglo VII– llamaban Galia.

meseteño -ña *adj* Mesetario. | Goytisolo *Recuento* 110: Estaba orientado a cierzo, sobre .. un paisaje quieto, inhabitado, cerrado en la distancia por aquel macizo montañoso que se alargaba como un horizonte, plano, meseteño, de pobre vegetación.

mesetón *m* Mesa grande. | GPavón *Cuentos rep.* 52: Sirvieron la comida en un mesetón muy grande. **b)** *En una biblioteca:* Mesa o mueble similar destinados a la petición de libros. | *Impreso* 5.72: Devuelva esta hoja, con su extremo superior muy visible, dentro del libro, al mesetón de "Servicios de Libros".

mesiánicamente *adv* De manera mesiánica. | *SPaís* 28.1.79, 15: –Asistió entonces a la euforia, a ese convencimiento de que se podía cambiar el mundo. –Sí, sí; yo también había llegado a creerlo, más o menos vagamente, un poco mesiánicamente.

mesiánico -ca *adj* **1** De(l) mesías. | Peña-Useros *Mesías* 29: Historia de las promesas mesiánicas.

2 De(l) mesianismo. | Pinillos *Mente* 169: Las clases bajas propenden a aceptar con facilidad las ideologías mesiánicas.

3 Que tiene o muestra mesianismo. | Lera *Pestaña* 267: Preveía la encarnizada lucha que le esperaba contra el dogmatismo y el fanatismo de los mesiánicos militantes de la FAI. Aranguren *Marxismo* 37: Un marxismo de este tipo, menos mesiánico y apocalíptico, más "enfriadamente" pragmático, puede movilizar también al proletariado.

mesianidad *f* (*raro*) Condición de mesías. | C. Gutiérrez *Med* 15.4.60, 3: La mesianidad de Cristo culminó en la cruz con el exacto cumplimiento de cuanto se había profetizado.

mesianismo *m* **1** Creencia en la venida del Mesías o de un mesías. | Aranguren *Marxismo* 26: El marxismo es convertido .. en un mesianismo, en un mensaje profético que, a través de una apocalipsis revolucionaria, promete la liberadora redención.

2 Doctrina mesiánica [1]. | R. Roquer *Van* 20.12.70, 32: La primera lectura de la última dominica de Adviento es una perícopa del profeta Miqueas .. Además de su incuestionable mesianismo, este texto contiene alusiones trinitarias.

mesías *m* **1** (*Rel jud*) Hombre enviado por Dios para liberar al pueblo judío. | Peña-Useros *Mesías* 173: Muchos judíos esperaban equivocadamente un Mesías temporal, gran dominador, que sacudiera el yugo de los romanos. **b)** (*Rel crist*) Hombre enviado por Dios para liberar a la humanidad. *Gralm con mayúscula, designando a Jesucristo.* | Peña-Useros *Mesías* 30: Esta historia de las promesas mesiánicas, es decir, de los anuncios y profecías del futuro Mesías, el Ungido de Dios y Salvador de los hombres, es lo que estudiamos en este libro.
2 Hombre enviado por Dios para liberar a un pueblo o un país. *Tb fig.* | J. Aldebarán *Tri* 11.4.70, 16: Un mahdí, en la religión islámica, es .. un mesías. MGaite *Búsqueda* 65: Cada uno de los cuales [los españoles] pretende detentar méritos suficientes para ser el mesías de un país que va de mal en peor.

mesidor *m* (*hist*) Décimo mes del calendario revolucionario francés, que va del 19 de junio al 18 de julio. | Arenaza-Gastaminza *Historia* 268: Los nombres de los meses era[n] .. Mesidor, Termidor y Fructidor (Verano).

mesilla *f* **1** *dim* → MESA.
2 Mueble pequeño, gralm. con cajones, que se coloca a la cabecera de la cama. *Tb ~ DE NOCHE.* | GPavón *Hermanas* 45: En las alcobas, mesillas de noche altísimas, mesillas en cueros.

mesinés -sa *adj* De Mesina (Italia). *Tb n, referido a pers.* | Ainaud *Grabado* 286: La plancha .. está fechada en 1628, y al pie corre una larga dedicatoria italiana de Giovanni Orlandi al noble mesinés Giuseppe Balsamo.

mesmérico -ca *adj* (*raro*) Hipnótico. | Mendoza *Misterio* 57: Debo admitir que los buenos modales, a los que tan poco acostumbrado estoy, ejercen sobre mí un efecto mesmérico, y las palabras del comisario Flores y la delicadeza con que fueron pronunciadas casi hicieron acudir lágrimas a mis ojos.

mesmerismo *m* (*Med*) Método de hipnotismo de Mesmer († 1815). *Tb la doctrina correspondiente.* | A. Yáñez *Abc* 25.11.80, 28: El espiritismo data de la más remota antigüedad y tuvo su forma más caracterizada en el siglo XVIII con los fenómenos del "mesmerismo".

mesmerización *f* (*raro*) Hipnosis. | E. Haro *Tri* 2.2.74, 6: Semejante alienación tiene escasos ejemplos en la historia precedente. Es más bien una mesmerización, una hipnosis colectiva.

mesnada *f* (*hist*) Conjunto de gente de armas al servicio de un rey o señor. *Tb (lit) fig.* | Riquer *Caballeros* 134: Efectuaron un desembarco que fue seguido de un encuentro, en el cual exhibió su temerario heroísmo un arquero inglés .. de la mesnada del caballero castellano. VMontalbán *Rosa* 137: Fotografías con las mesnadas del Barcelona F.C. y del Real Madrid.

mesnadero *m* (*hist*) Hombre perteneciente a una mesnada. | Cela *Viaje andaluz* 55: Chinches arrojadas y belicosas como los mesnaderos del conde de Orgaz.

mesoamericano -na *adj* (*E*) De Mesoamérica (región comprendida entre Méjico capital y Honduras y Nicaragua). | Pericot-Maluquer *Humanidad* 130: Este [Teotihuacán] era uno entre los varios grandes centros culturales y políticos que los toltecas y otros pueblos vecinos organizaron en lo que se llama la etapa clásica de la cultura mesoamericana.

mesocarpio *m* (*Bot*) Capa media de las tres que forman el pericarpio. | Ybarra-Cabetas *Ciencias* 277: Este último [el pericarpio], en muchos frutos, consta de tres zonas, que por su situación se denominan, de fuera a dentro, epicarpio, mesocarpio y endocarpio.

mesocarpo *m* (*Bot*) Mesocarpio. | Bustinza-Mascaró *Ciencias* 260: En él [el melocotón] observamos la piel, o epicarpo, la parte carnosa o mesocarpo, y la parte interior dura, hueso o endocarpo.

mesocefalia *f* (*Anat*) Condición de mesocéfalo. | Fatás *Her* 21.2.93, 24: Lo que se dice del cachirulo puede decirse de la mesocefalia.

mesocéfalo -la *adj* (*Anat*) De cráneo de proporciones intermedias entre braquicéfalo y dolicocéfalo. | *SInf* 9.12.70, 12: El 23 por 100 de los judíos ingleses son dolicocéfalos; el 24,3 por 100, mesocéfalos y el 47,4 por 100, braquicéfalos. **b)** De (la) pers. mesocéfala. | Ybarra-Cabetas *Ciencias* 428: El cráneo humano responde a tres tipos: 1º, dolicocéfalo; 2º, braquicéfalo; 3º, mesocéfalo.

mesocracia *f* (*lit*) Clase media. | Escobar *Itinerarios* 18: En Madrid .. disfrutó del cocido de gran popularidad, en su condición de alimento de la mesocracia y del pueblo llano.

mesócrata *adj* (*raro*) De (la) mesocracia. *Tb n, referido a pers.* | Torrente *Off-side* 346: Se trata de una mesócrata de mentalidad pequeñoburguesa, partidaria, seguramente, del Gobierno establecido.

mesocrático -ca *adj* (*lit*) De (la) mesocracia. | Laín *Descargo* 14: Hijo de médico y descendiente por ambas ramas de familias mesocráticas de la provincia española.

mesodérmico -ca *adj* (*Biol*) De(l) mesodermo. | Pinillos *Mente* 157: Sheldon ha adscrito incluso un origen embriológico definido –mesodérmico– a su tipo muscular.

mesodermo *m* (*Biol*) Capa comprendida entre el ectodermo y el endodermo. | Ybarra-Cabetas *Ciencias* 214: Ectodermo, mesodermo y endodermo son los tejidos embrionarios a expensas de los cuales se han de formar todos los restantes que se diferencian en el animal adulto.

mesófilo -la *adj* (*Bot*) **1** [Planta] propia de ambientes con temperatura y humedad de tipo medio. | * En esta zona abundan las plantas mesófilas. **b)** De (las) plantas mesófilas. | C. Asencio *VSi* 7.89, 40: El bosque de frondosas, de carácter mesófilo, establecido en las umbrías más húmedas del Alto Escabas, presenta una riqueza florística singular.
2 [Tejido] comprendido entre las dos epidermis de una hoja. *Tb n m.* | Ybarra-Cabetas *Ciencias* 259: Parénquima clorofílico o mesófilo.

mesófito -ta *adj* (*Bot*) Mesófilo. *Tb n f, designando planta.* | Bustinza-Mascaró *Ciencias* 292: Comunidad mesófita. Está formada por plantas que crecen en sitios con una cantidad media de agua. Bustinza-Mascaró *Ciencias* 295: Las plantas terrestres pueden ser: higrófitas .., xerófitas .., tropófitas .. y mesófitas.

mesoglea *f* (*Zool*) *En los celentéreos y espongiarios:* Sustancia gelatinosa situada entre el ectodermo y el endodermo. | Ybarra-Cabetas *Ciencias* 315: La pared del cuerpo de la hidra se compone de dos clases de tejidos, el ectodermo y el endodermo, y entre ellos hay una sustancia que se denomina mesoglea.

mesolítico -ca *adj* (*Prehist*) [Período] intermedio entre el paleolítico y el neolítico. *Tb n m.* | Pericot *Polis* 15: Un período intermedio entre Paleolítico y Neolítico se suele reconocer con el nombre de Mesolítico. **b)** De(l) período mesolítico. | Pericot-Maluquer *Humanidad* 120: Los grupos mesolíticos residuales acampaban principalmente en las propias orillas de los ríos.

mesomería *f* (*Quím*) Resonancia. | Aleixandre *Química* 173: En las sales .. no se pueden producir los fenómenos de mesomería y asociación.

mesomorfia *f* (*Psicol*) Tipo de constitución humana caracterizado por estatura media y complexión vigorosa. | Pinillos *Mente* 165: La locura maníaco-depresiva correlaciona negativamente con la ectomorfia (leptosomia) y positivamente con la endomorfia (picnosomia), aunque también lo haga con la mesomorfia.

mesomorfo -fa *adj* (*Psicol*) [Pers. o tipo de constitución] de estatura media y complexión vigorosa. | Pinillos *Mente* 154: Entre ambos extremos [los leptosomáticos y los apoplético] a menudo aparece un tipo intermedio, que unas veces es denominado muscular o atlético, y otras, simplemente, mesomorfo o tipo intermedio.

mesón[1] *m* **1** Establecimiento típico en que se sirven comidas y bebidas. | J. M. Moreiro *SAbc* 20.4.69, 33: Cuando el "quinqui" trama algo, frecuenta tabernas y mesones para ponerse en contacto con sus compinches.
2 (*hist*) Hospedaje público para viajeros y caballerías. | Vesga-Fernández *Jesucristo* 25: No encontraron posada ni entre sus parientes ni en el mesón.

mesón² *m* (*Fís*) Partícula de masa intermedia entre la del electrón y la del nucleón. | F. Martino *Ya* 10.12.72, 6: Lo que impacta con el hombre que habita en la superficie terrestre es la radiación cósmica secundaria, que es la causada por los productos resultantes del impacto, que son protones, neutrones, etc., y mesones o partículas nucleares de tamaño intermedio entre el electrón y protones y neutrones.

mesonero -ra I *adj* **1** De(l) mesón¹. | Comino *Gac* 6.8.78, 60: Otros platos son las sopas de ajo .., salmonetes al horno .., pollo mesonero .., dorada a la sal.
II *m y f* **2** Pers. que posee y atiende un mesón¹. | Escobar *Itinerarios* 26: Es un secreto profesional tan bien guardado por la mesonera que no lo sabe ni el mismo mesonero.

mesopotámico -ca *adj* (*hist*) De Mesopotamia (antigua región comprendida entre el Tigris y el Éufrates). *Tb n, referido a pers.* | Tejedor *Arte* 16: La fusión sumero-acadia creó en Caldea la exquisita cultura mesopotámica. Pericot *Polis* 46: Los mesopotámicos carecían de piedra.

mesosiderito *m* (*Geol*) Meteorito de composición intermedia entre lititos y siderito. | Alvarado *Geología* 64: Atendiendo a su composición química y mineralógica, se clasifican los meteoritos en tres grupos: 1º Sideritos .. 2º Lititos .. 3º Litosideritos, es decir, meteoritos de composición intermedia entre los anteriores (mesosideritos).

mesotelioma *m* (*Med*) Tumor maligno de las superficies serosas. | L. López *Ya* 11.2.86, 18: La inhalación del polvo que contiene fibras de asbesto puede causar la asbestosis propiamente dicha, u otras complicaciones, como el cáncer broncopulmonar o el mesotelioma.

mesoterapeuta *m y f* (*Med*) Especialista en mesoterapia. | *Mes* 6.87, 3: Esta publicación quiere ser, a su vez, un vehículo de formación continuada para los profesionales mesoterapeutas .. Nos proponemos también solicitar, en algunos casos, la colaboración de destacados mesoterapeutas internacionales para publicar sus trabajos y conferencias.

mesoterapéutico -ca *adj* De (la) mesoterapia. | *Mes* 6.87, 3: "Mesoterapia", como Boletín informativo de la SEM, quiere ser también el archivo, en el tiempo, de trabajos mesoterapéuticos españoles.

mesoterapia *f* (*Med*) Tratamiento mediante múltiples inyecciones intradérmicas con pequeñas dosis de medicamento en la zona afectada. | *Mes* 6.87, 3: En este primer número de la revista "Mesoterapia" como Boletín Informativo de la Sociedad Española de Mesoterapia, les presentamos una serie de trabajos sobre esta metodología terapéutica.

mesoterápico -ca *adj* (*Med*) De (la) mesoterapia. | *TMé* 27.1.89, 16: V Congreso Internacional de Mesoterapia. Los tratamientos mesoterápicos reducen las dosis de fármacos. L. GPaz *SYa* 6.5.90, XII: La cantidad que te llega es pequeña comparada con la que habrías puesto por vía de la técnica mesoterápica.

mesotermal *adj* (*E*) De temperatura media. | Llamazares *Río* 106: Aguas mesotermales, mineralizadas, bicarbonatadas.

mesotórax *m* (*Zool*) En los insectos: Segmento medio del tórax. | Legorburu-Barrutia *Ciencias* 165: El tórax: está formado por tres anillos: protórax, mesotórax y metatórax.

mesozoico -ca *adj* (*Geol*) Secundario. | Alvarado *Geología* 143: Se distinguen en la Era Mesozoica tres períodos: Triásico, Jurásico y Cretácico. Ybarra-Cabetas *Ciencias* 393: Los insectívoros derivan de insectívoros primitivos mesozoicos.

messidor (*fr; pronunc corriente,* /mesidór/) *m* (*hist*) Mesidor. | M. Calvo *HLM* 22.12.75, 20: El primer prototipo del metro .. fue depositado en los archivos del imperio francés el 4 Messidor del año VII de la República francesa (22 de junio de 1799).

mesta *f* (*reg*) Reunión o confluencia [de dos ríos]. | Lueje *Picos* 60: Cruzados los terrenos de Potes, para pasar a adentrarse por los de Valdebaró, aparece cerca, en la mesta del Mancabro con el Deva, Turieno.

mesteño -ña *adj* De la Mesta (agrupación de los pastores de Castilla, existente hasta 1836). | J. J. SJar-que *Ya* 19.3.75, 41: Mermados los derechos de la Mesta en 1813 .., quedó extinguida la propiedad mesteña.

mester *m* (*TLit*) **1 ~ de clerecía.** Género de poesía medieval propio de los clérigos y de las perss. cultas, caracterizado por el uso de la cuaderna vía. | DPlaja *Literatura* 75: El mester de clerecía no se limita a narrar los combates fronterizos como hace el juglar.
2 ~ de juglaría. Género de poesía medieval propio de los juglares, caracterizado por la rima asonante y los temas guerreros. | DPlaja *Literatura* 49: Los primeros monumentos literarios llegados hasta nosotros pertenecen al mester de juglaría, es decir, al oficio o menester de los juglares.

mestización *f* Mestizaje. | J. L. Rubio *MHi* 10.60, 29: Una impresionante mestización se pone en marcha al volcarse los pueblos ibéricos por el mundo.

mestizaje *m* **1** Cruzamiento de razas. | *SInf* 16.12.70, 4: Existen aún infranqueables barreras para que la hibridación, el mestizaje total de la especie humana acabe con las diferencias raciales.
2 Mezcla de elementos de origen diverso. *Gralm referido a cultura.* | Castiella *MHi* 11.63, 60: Llegaron a producir a lo largo de siglos de vida común un maravilloso mestizaje cultural. *Abc Extra* 12.62, 15: Aun conservado tal como se inventó .., el aro ha sufrido muchos mestizajes. J. Á. González *DGa* 13.3.88, 35: Amantes del jolgorio y el mestizaje musical, ellos mismos [se] definen como "country punk".

mestizar *tr* Hacer mestizo. | MPérez *Comunidad* 104: Esa aportación demográfica española .. se ha seguido cruzando en el último siglo y medio, se ha seguido mestizando. J. L. Rubio *MHi* 10.60, 29: Este grupo humano se asienta geográficamente en los cinco continentes –por más que alguna zona, no suficientemente mestizada, pueda perderse–.

mestizo -za *adj* **1** [Pers., animal o planta] que procede de individuos de distinta raza. | Ybarra-Cabetas *Ciencias* 435: Cruzamiento o práctica de la reproducción entre individuos de distinta raza, siendo ambas líneas puras; los hijos se denominan mestizos. *DNa* 14.5.77, 29: Vendo vaca holandesa primer parto recién parida, y otra mestiza, a punto de parir. Chamorro *Sin raíces* 57: Un extraño árbol mestizo, quimera vegetal, pues del mismo tronco salían dos hermosas ramas y la una daba limones y la otra naranjas. **b)** *Esp:* [Pers.] nacida en Hispanoamérica de indio y española. *Frec n.* | N. LPellón *MHi* 7.69, 17: Un hijo del Cuzco, el inca Garcilaso de la Vega, el más auténtico mestizo de América. HSBarba *HEspaña* 4, 282: De este modo surgieron las "castas coloniales" ..: español e india, mestizo; mestizo y española, castizo. **c)** Propio de (los) mestizos, *esp* [b]. | Zubía *Geografía* 271: América Central .. Tiene 10 millones de habitantes, de raza mestiza y blancos.
2 Que presenta una mezcla de elementos de origen diverso. | Aldecoa *Gran Sol* 17: El veraneante caprichoso de lo pintoresco, el emboscado de la Lonja, el mestizo de bahía y alta mar bebían y daban al diente. B. Mostaza *SYa* 24.6.73, 11: Esos microclimas .. permiten convivir la tunera y el pino .. Y árboles, muchos árboles en juntanza mestiza: almácigos y sabinas, .. membrilleros y granados.

mesto¹ *m* Árbol mestizo de alcornoque y encina. | Romano-Sanz *Alcudia* 199: Las encinas alternan con numerosos quejigos. José señala otro árbol: –Mirar, un mesto. Esos no dan bellotas.

mesto² *m* (*argot, Med*) Médico especialista sin título oficial. | *DMé* 13.7.93, 1: La CESM intenta sentar juntos a mestos, maequis, interinos y MIR.

mesto³ -ta *adj* (*reg*) Espeso o denso. | Cunqueiro *Fantini* 121: Tuvo hijos y vio nietos, y algunos de ellos, con gran contento suyo, salían verdaderos Saltimbeni de Siena, con el pelo rojo mesto y las orejas puntiagudas.

mesturero -ra *adj* (*lit, raro*) Cizañero o chismoso. *Tb n, referido a pers.* | *VozC* 27.7.55, 1: No se anduvo el Conde con remilgos para señalar a quienes cómodamente esperaron en el extranjero el final de una Cruzada .., para luego regresar al hogar del que huyeron, incluso con murmuraciones de mestureros.

mesura *f* **1** Cualidad de mesurado. | Medio *Bibiana* 283: Con parsimonia, sin salirse de su habitual mesura, sonríe, carraspea.

2 (*raro*) Medida. | F. Costa *Sáb* 21.12.74, 67: En ninguna otra ciudad española hay tantos puestos callejeros de piñones. Se venden a recipiente de mesura, con la cáscara en ranura y con un clavito de punta machacada para acabarlos de abrir. M. FMiranda *His* 8.77, 53: El resto de los materiales está formado por .. una serie de ponderables de distintas mesuras.

mesurable *adj* (*raro*) Que se puede mesurar. | Fe. Delgado *SCór* 1.8.93, III: El cuadro puede que cueste más, pero no vale lo mismo. El valor del hombre no es mesurable.

mesuradamente *adv* De manera mesurada. | Matute *Memoria* 46: Hablaba despacio y mesuradamente, con una voz sin brillo.

mesurado -da *adj* **1** *part* → MESURAR.
2 Moderado o comedido. *Tb n, referido a pers.* | Torrente *DJuan* 60: Lo más importante de Sonja era su modo de moverse y de estar quieta, a la vez natural y mesurado. Campmany *Abc* 28.3.85, 17: Los moderados, los prudentes, los mesurados, los pacíficos y, naturalmente, los descolocados, hablaban de "revolución".

mesurar *tr* (*raro*) Medir [algo], o determinar la medida [de algo (*cd*)]. | J. Pla *Pue* 22.10.70, 12: Ella escribe guiones para las fotonovelas. Ha dicho, quizá sin mesurar el alcance, que ella escribe y otro firma.

meta A *f* **1** Punto señalado como final del trayecto de una carrera. | *SInf* 23.3.70, 8: Lo que le impide disputar con éxito el sprint a Tagg, que cruza la meta con dos segundos de ventaja. E. Teus *Ya* 4.4.75, 60: Presenciamos dos jornadas casi sin incidentes, con solo el aliciente de la disputa de las metas volantes.
2 Lugar a que se quiere llegar. | *ByN* 31.12.66, 58: Otras ciudades extranjeras que, como Praga, son metas del turismo internacional.
3 Fin u objetivo. | Torrente *Des* 22.2.75, 17: [A Gonzalito] se le proponían, a sus cinco, a sus seis años, como metas, la de ingeniero de Caminos y la [de] vista de Aduanas. MGaite *Ataduras* 36: La meta de sus ensueños era bajar a la ciudad a ver el río.
4 (*Dep*) Portería. | CBandera *As* 7.12.70, 14: Destacaremos igualmente la gran intervención de Paco, despejando de puño a córner situaciones de verdadero peligro para su meta.
5 (*reg*) Pila de hierba de forma cónica, con un palo como eje central. | Areilza *Artículos* 94: El acantilado se eleva bruscamente hasta encontrar la verde meseta de pastizal, en la que destacan las "metas" piramidales con el heno prensado.
B *m* **6** (*Dep*) Portero. | *Nue* 31.1.70, 3: El meta ex murciano José Luis no formó parte anoche de la expedición madridista a Bilbao.

meta- *pref* **1** Denota situación más allá o trascendencia. | *Por ej*: Bueno *Tri* 26.12.70, 12: Todos estos debates sobre temas de "lingüística no lingüística" propenden mucho más hacia la "cuestión alfa" de lo que podían haber sido como metaciencia de la "lingüística-lingüística". *Abc* 27.4.74, 71: Ambos pares de confrontación dialéctica fueron explicados más bien como tensiones metapolíticas y metaeclesiásticas. J. L. GTello *SArr* 27.12.70, 15: Para guardar la objetividad hay que hacer un poco de metahistoria sobre los móviles de la "Westpolitik" del Kremlin. M. Pont *Van* 21.3.74, 35: No obstante el carácter metajurídico que claramente ofrece su mencionado Fallo, ha llegado a desbordar esa barrera extrínseca de la "controversia". Areán *Raz* 5/6.89, 292: Luego realizó [José Caballero] una figuración casi intemporal y poco más tarde una abstracción de factura y color suculentos y sugerencias metarreales.
2 (*Quím*) Se aplica a un compuesto polímero o más complicado respecto al considerado. | *Por ej*: R. Armas *Día* 26.9.75, 13: Se deja el mosto en el lagar o lagareta sulfitando fuertemente a razón de 50 a 100 gramos de metabisulfito potásico por 100 litros de mosto. Ybarra-Cabetas *Ciencias* 57: Esmeralda o berilo. Es un metasilicato con cloro, glucinio y aluminio. *Voz* 25.4.86, 31: Este vino, si se recoge de una uva sana para su elaboración, no tiene que llevar más que una pequeña cantidad de metasulfito de potasa.

metabólico -ca *adj* (*Fisiol*) De(l) metabolismo. | Bustinza-Mascaró *Ciencias* 70: Un organismo vivo es una estructura en la cual tienen lugar de modo continuo .. cambios y transformaciones complejas de índole química que constituyen el metabolismo o procesos metabólicos.

metabolimetría *f* (*Med*) Medición del metabolismo basal. | *VozC* 3.7.55, 2: V. Ojeda Carcedo. Aparato digestivo y nutrición. Análisis clínicos. Rayos X. Metabolimetría.

metabolímetro *m* (*Med*) Aparato para medir el metabolismo basal. | *TMé* 27.4.90, 20: Compro .. metabolímetro.

metabolismo *m* (*Fisiol*) Conjunto de transformaciones químicas y biológicas que se producen en un organismo. | Bustinza-Mascaró *Ciencias* 46: La excreción tiene por objeto eliminar los productos de desecho resultantes del metabolismo celular. Nolla *Salud* 119: La insulina .. regula el metabolismo de los hidratos de carbono; las hormonas tiroideas estimulan el metabolismo, etc. **b) ~ basal** → BASAL.

metabolito *m* (*Fisiol*) Sustancia producida por metabolismo. | P. Salvá *Pue* 9.5.74, 30: Estas aguas facilitan la diuresis y el arrastre de metabolitos tóxicos.

metabolizar *tr* (*Fisiol*) Transformar por metabolismo. *Tb* (*lit*) *fig*. | *SInf* 11.11.70, 5: Parte [de las grasas] son metabolizadas por el hígado para aprovechar su energía. VMontalbán *Pigmalión* 137: –Me da miedo la tortilla. –¿Por qué? –No metabolizo la cebolla. *País* 20.5.79, 10: No es imposible que los fallos de la organización socialista para metabolizar la avalancha de nuevos militantes y los millones de votos recogidos en las urnas puedan ser rectificados.

metacarpiano -na *adj* (*Anat*) De(l) metacarpo. *Frec n m, referido a hueso.* | *Ya* 7.11.70, 33: Grande padece fractura de un metacarpiano.

metacarpo *m* (*Anat*) Parte del esqueleto de la mano, comprendida entre el carpo y los dedos. | Alvarado *Anatomía* 48: El esqueleto de la mano se compone de tres regiones: el carpo .., el metacarpo .. y los dedos.

metacarpofalángico -ca (*tb con la grafía* **metacarpo-falángico**) *adj* (*Anat*) Del metacarpo y las falanges. | *IdG* 10.8.75, 18: En accidente del trabajo se ocasionó esguince metacarpo-falángico del dedo pulgar de la mano izquierda.

metacentro *m* (*Fís*) Punto en que se cortan la recta que une el centro de gravedad y el centro de empuje, cuando el cuerpo está en equilibrio, con la vertical que pasa por el centro de empuje, cuando el cuerpo se inclina. | Marcos-Martínez *Física* 76: Para que un cuerpo flotante esté en equilibrio estable es necesario que su metacentro caiga por encima de su c. d. g.

metacrilato *m* Plástico ligero, fuerte y transparente, usado frec. para muebles y objetos de adorno y como sustituto del cristal en equipos de laboratorio. | *SYa* 21.12.69, 23: Microscopio "RD-45" .. Espejo cóncavo orientable, en met[a]crilato. [*En el texto*, metracrilato.] J. Sola *Mun* 9.11.74, 59: En la más pura esencia de lo que es un múltiple, o edición repetida en un número concreto de la misma pieza, construye el primero unos ensamblajes de piezas de latón, o unas construcciones a base de metacrilato con láminas superpuestas y cortes, que permiten "múltiples" juegos. G*Telefónica 93* 1198: Arplas .. Muebles de metacrilato .. Cualquier diseño y medida. Regalos de empresa y publicidad.

metadona *f* Compuesto químico sintético de propiedades analgésicas y estupefacientes semejantes a las de la morfina, usado en curas de desintoxicación de drogadictos. | MNiclos *Toxicología* 113: Productos de síntesis con acción similar a la morfina (Metadona, Dromorán). *Ya* 15.1.90, 20: Te quitan de la heroína, pero te dan otra droga; es decir, te facilitan una cosa a la que llamamos obús, que son unas cápsulas de metadona.

metafase *f* (*Biol*) Segunda fase de la mitosis. | Navarro *Biología* 62: División indirecta .. comprende cuatro fases sucesivas: profase, metafase, anafase y telofase.

metafísicamente *adv* De manera metafísica. | T. Melendo *Raz* 5/6.89, 366: Las tesis capitales del acto de ser tomista y de la participación platónica permiten a Cardona cimentar metafísicamente, en los dos capítulos iniciales, las líneas de fuerza imprescindibles de una poderosa ética.

metafísico -ca I *adj* **1** De (la) metafísica [4 y 5]. | Gambra *Filosofía* 145: Argumentos metafísicos, fundados en la esencia misma del ser espiritual. **b)** [Imposibilidad] que implica contradicción. *Frec con intención ponderativa, expresando el carácter absoluto de tal imposibilidad.* | * Hay imposibilidad metafísica de que nadie tenga dos trabajos en el mismo horario.
2 Espiritual o no sensible. | DPlaja *El español* 43: Me gusta que esté allí [la iglesia], es una especie de reserva metafísica para cuando haga falta.
II *n* **A** *m y f* **3** Pers. que se dedica a la metafísica [4 y 5]. | Tierno *Abc* 27.5.76, 95: Heidegger es uno de los últimos, quizá el último gran metafísico europeo. S. RSanterbás *Tri* 11.4.70, 18: La lidia es, a fin de cuentas, una lucha ritual entre el hombre y la fiera, o, como dicen algunos metafísicos del toreo .., entre la inteligencia humana y la fuerza bruta del animal.
B *f* **4** (*Filos*) Parte que trata del ser en cuanto tal y de sus causas primeras. | Gambra *Filosofía* 20: La concepción básica que se tenga del ser en la metafísica general determina las posteriores visiones de la cosmología, la psicología, la ética, etc.
5 Estudio o consideración de carácter especulativo y profundo [sobre algo (*compl especificador*)]. *A veces el compl se omite por consabido. Frec con intención irónica.* | Diosdado *Usted* 30: Que te puedes ahorrar la metafísica, la entrevista la haremos después.

metafonía *f* (*Fon*) Modificación del timbre de una vocal bajo la influencia de una vocal próxima. | Lapesa *HLengua* 403: Metafonía vocálica en asturiano central.

metáfora *f* (*TLit*) Figura que consiste en designar una cosa con el término que designa otra con la que tiene una relación de semejanza. | DPlaja *Literatura* 503: Su forma poética [de Lorca] es el verso corto, la copla o el romance popular, si bien el poeta añade audaces metáforas.

metafóricamente *adv* (*TLit*) De manera metafórica. | Riquer *Caballeros* 63: El "bon roi René d'Anjou", el elegante escritor tan dado a alegorías y metáforas, y que también metafóricamente reinó en Jerusalén .., organizó .. el Pas de la Joyeuse Garde.

metafórico -ca *adj* (*TLit*) De (la) metáfora o que la implica. | GLópez-Pleyán *Teoría* 46: El nombre metafórico –perlas– dado a la realidad –dientes muy bellos– es en este momento la única expresión posible para dar a entender la sensación de extraordinaria belleza que el poeta pretende comunicarnos.

metaforización *f* (*TLit*) Acción de metaforizar. | Salvador *Deslealtad* 177: Las metaforizaciones antropomórficas han llevado, por asociación, a aplicar a la consideración de las lenguas el concepto de igualitarismo.

metaforizador -ra *adj* Que metaforiza. | Salvador *Deslealtad* 176: Si a los sociolingüistas metaforizadores unimos algunos sociólogos .. no resulta ya tan extraño que un tipo así de deslealtad lingüística haya podido surgir.

metaforizar **A** *tr* Representar metafóricamente. *Tb fig.* | Torrente *Cuadernos* 41: Una de las tesis de mi trabajo sobre el "Quijote" .. es que el personaje actúa metafóricamente, que metaforiza la realidad. Andrés *Hartzenbusch* XI: Un lenguaje cristiano que permitía metaforizar una vuelta al mundo a través de una muerte nacional, que no física.
B *intr* Crear metáforas. | Umbral *Mortal* 87: En el remolino del horror .. nace, como una flor en la roca, la imaginación, la metáfora metaforizando sobre la enfermedad.

metagénesis *f* (*Biol*) Alternancia de generación. | Bustinza-Mascaró *Ciencias* 117: Hay pues, en la reproducción de esta medusa lo que se llama alternación de generaciones o metagénesis, es decir, que se observa una fase sexual .. y una fase asexual.

metagnómico -ca *adj* (*Parapsicol*) De(l) metagnomo. | LRubio *Diana* 319: Helenio. Sujeto receptor de radiaciones psíquicas muy considerable[s], que ve perturbadas sus facultades metagnómicas por ciertos motivos de peso.

metagnomo -ma *m y f* (*Parapsicol*) Pers. dotada de poderes paranormales de conocimiento, como la adivinación o la clarividencia. | *Sáb* 14.9.74, 49: El metagnomo, en procedimiento sucedáneo, puede reproducir posteriormente su premonición.

metagrama *m* Enigma de varias respuestas, que se diferencian por el cambio de una letra que ocupa siempre la misma posición. | *SAbc* 13.4.69, 55: Pasatiempos .. Metagrama.

metahemoglobina *f* (*Quím*) Producto de la oxidación incompleta de la hemoglobina, en el que el hierro ha perdido su capacidad de fijar oxígeno. | MNiclos *Toxicología* 17: La presencia de metahemoglobina se debe a los venenos .. como anilinas, nitritos, clorato potásico, etc.

metahemoglobinemia *f* (*Med*) Presencia anormal de metahemoglobina en la sangre. | MNiclos *Toxicología* 64: En el caso de presentarse metahemoglobinemia .. utilizaremos oxígeno.

metal I *m* **1** (*Quím*) Elemento buen conductor del calor y de la electricidad, de brillo característico y que en combinación con el oxígeno forma óxidos. | Marcos-Martínez *Física* 216: Clasificación de los elementos ..: metales y metaloides. **b) no ~.** Metaloide. | Bustinza-Mascaró *Ciencias* 7: Los cuerpos simples pueden ser: no metales y metales.
2 Materia que tiene naturaleza de metal [1] o está hecha con metales. | *Hacerlo* 18: Limas y escofinas ..: la primera sirve para limpiar metales, mientras que la segunda se utiliza para raspar madera. **b)** Latón (aleación de cobre y cinc, de color amarillo claro y susceptible de gran brillo y pulimento). | *Economía* 38: Objetos de metal o plata. Se pueden limpiar con agua hirviendo carbonatada. **c)** (*Impr*) Aleación de plomo y antimonio que se usa para fabricar caracteres y planchas. *Tb* ~ DE IMPRENTA. | Huarte *Tipografía* 45: El impresor necesita hacer cuanto antes la tirada para emplear el metal en otra obra. **d)** *Con un adj o compl especificador, designa diversas aleaciones:* ~ BLANCO (*estaño, plomo, bismuto y cobre u otros metales*), ~ DE DARCET (*bismuto, estaño y plomo*), ~ DE LA REINA (*estaño, antimonio y bismuto*), *etc.* | Marcos-Martínez *Física* 296: El metal de soldar es una aleación de estaño y plomo. Alcolea *Artes decorat.* 230: En el campo de las aleaciones se usaron el similor .., el metal de la Reina, que era una aleación de estaño, antimonio y bismuto, el oro de Mannheim, el metal Leblanc y algunos otros.
3 vil ~. (*col, humoríst*) Dinero. | * La culpa de todo la tuvo, como siempre, el vil metal.
4 (*Mús*) Conjunto de los instrumentos de viento de metal [2]. *Se opone a* MADERA. | FCid *ByN* 31.12.66, 115: Las "Sinfonías", escritas para un grupo muy amplio de profesores de metal.
5 Timbre [de la voz]. | Cela *Judíos* 54: Aún piensa con simpatía en su amigo de aquella noche, el amigo que no sabe cómo se llama y del que aun hoy no conoció ni el metal de la voz.
II *loc adj* **6 de los ~es.** (*Prehist*) [Edad] prehistórica caracterizada por el descubrimiento y uso de los metales [2]. | Tejedor *Arte* 2: Edad de los Metales: Edad del Bronce. Edad del Hierro.

metalengua *f* (*Ling*) Uso de la lengua destinado a estudiar la misma lengua. | Hernández *Diccionarios* 53: Muchos de los problemas .. surgen de la dificultad para resolver cuestiones como "qué decir en la definición" y "cómo decirlo". Estos problemas se plantean desde el momento en que la lengua natural es una metalengua para el estudio y la descripción de la propia lengua natural.

metalenguaje *m* (*Ling*) Uso del lenguaje destinado a estudiar el mismo lenguaje. | Academia *Esbozo* 41: En el uso lingüístico, lo que se llama en lógica "lenguaje de segundo grado" o "metalenguaje", cualquier palabra .. puede constituir un grupo fónico.

metalgráfico -ca *adj* (*Impr*) De (la) reproducción mediante láminas metálicas. | *Ya* 22.10.64, sn: Equipo metalgráfico portátil.

metálicamente *adv* De manera metálica. | *Sie* 14.12.91, 4: Debieran existir en todos los pueblos unos cementerios vallados metálicamente para todos los animales que mueren.

metálico -ca I *adj* **1** De(l) metal [1 y 2]. | Marcos-Martínez *Física* 267: Los últimos poseen propiedades metálicas cada vez más acentuadas, hasta el punto de que el bismuto suele estudiarse entre los metales. **b)** Que tiene naturaleza de metal [1] o está hecho con metales [1 y 2]. | Marcos-Martínez *Física* 393: Elementos metálicos o metales y elementos no metálicos o metaloides. FQuintana-Velarde

metalífero – metamatemática

Política 179: La moneda metálica solo se utiliza como dinero fraccionario para los pagos menores. **c)** [Dinero] que se presenta en monedas de metal [2]. *Tb n m.* | *SPaís* 23.2.92, 1: Las reinas del dinero metálico, entre los aficionados al juego, son las *chocolatinas*. *SPaís* 23.2.92, 1: La mayoría de los fabricantes procuran sacar al mercado solo las [máquinas] que aceptan todo el metálico. **d)** Que tiene el brillo o el sonido propios del metal [1 y 2]. | Arce *Testamento* 16: Zumbaban por allí dos moscardones metálicos. SFerlosio *Jarama* 45: Hervía toda una dislocada agitación de cuerpos a lo largo del río, con la estridencia de las voces y el eco, más arriba, de los gritos agigantados y metálicos bajo las bóvedas del puente. **e)** [Patrón] ~ → PATRÓN.
II *m* **2** Dinero en efectivo. *Frec en la constr* EN ~. | CBonald *Ágata* 159: Obras de caridad en especies y en metálico.

metalífero -ra *adj* (*Mineral*) Que contiene metal [1]. | Bustinza-Mascaró *Ciencias* 376: El relleno constituye un filón, que si es metalífero puede tener importancia económica.

metalingüísticamente *adv* (*Ling*) De manera metalingüística. | Lázaro *Abc* 10.4.83, 3: La lengua española está siendo vapuleada con más saña que nunca por el Ente. Y, a veces, con plena deliberación, metalingüísticamente.

metalingüístico -ca *adj* (*Ling*) De(l) metalenguaje. | Lázaro *Lengua* 1, 9: Metalingüístico. Actúa esta función cuando utilizamos el lenguaje para hablar del lenguaje.

metalista *m y f* Pers. que trabaja en metales [1 y 2]. | GNuño *Escultura* 70: Otros objetos de equipo personal, como las placas y hebillas de cinturón, han sido obtenidas en excavaciones en número y calidad suficientes para deducir el óptimo trabajo de los metalistas ibéricos.

metalistería *f* **1** Arte u oficio de metalista. | *Van* 20.12.70, 84: Aprendices se necesitan en importante taller de metalistería.
2 Conjunto de obras u objetos en metal. | Lapesa *HLengua* 14: Las monedas y metalistería .. demuestran hasta qué punto acertaron los hispanos primitivos a asimilarse influencias extrañas dándoles sentido nuevo. GTelefónica *N.* 54: Carpintería de aluminio. Metalistería en general.

metalización *f* Acción de metalizar. | *SInf* 9.12.70, 2: Por metalización en vacío de esta superficie se obtiene una red por reflexión.

metalizado¹ -da *adj* **1** *part* → METALIZAR.
2 Propio del metal [1 y 2]. *Dicho esp de brillo o sonido.* | Me. Torres *Not* 9.12.70, 18: Fue pensado [el maquillaje] en su colorido perlado e iridiscente para aumentar en la mirada femenina los destellos metalizados. **b)** Que tiene el brillo o el sonido propios del metal [1 y 2]. | Berlanga *Acá* 12: El cielo le parecía de un azul playa metalizado. J. Clemente *Abc* 11.2.89, 44: El ingenio evita que la voz se escuche como si fuera metalizada.
3 Que da valor preferente a lo económico. | CSotelo *Inocente* 131: No se puede ser tan cínico, tan metalizado como usted.

metalizado² *m* Acción de metalizar [1]. *Tb su efecto.* | GTelefónica *N.* 695: Construcciones mecánicas y metálicas. Metalizado por proyección y chorro de arena. Berlanga *Acá* 10: El metalizado de luxe color azul playa.

metalizar *tr* **1** Recubrir con una capa de metal. *Frec en part.* | *Abc* 15.6.58, 19: Somier tubular metalizado.
2 Conferir brillo metálico [a algo (*cd*)]. | * El sol, al filtrarse por la persiana, metalizaba las superficies.
3 Dar carácter excesiva o exclusivamente económico [a algo o a alguien]. *Frec en part.* | *SAbc* 1.6.69, 24: Otras casas [de discos], en cambio, están más metalizadas. Su objeto, más que una actividad humana, es un producto comercial. A. Mercé *Des* 12.9.70, 46: Las competiciones .. entrarán ya dentro de la rutina deportiva, con el triste fútbol del país, el metalizado baloncesto. **b)** *pr* Tomar [alguien o algo] un carácter excesiva o exclusivamente económico. *Frec en part.* | Halcón *Jr* 95: Encontró muy metalizada la tierra del Quijote. En la boca de los andaluces reinaba la cifra tanto como en la de los catalanes.

metalmecánica *f* (*Mec*) Aplicación de los metales a la mecánica. | *Inf* 9.5.74, 17: Los cinco sectores que este año estarán presentes en la Feria de Barcelona son: Muebles, lámparas y elementos afines; metalmecánica; manutención y almacenaje.

metalófono *m* Xilófono de láminas metálicas. | Valls *Música* 34: El *gamelang* presenta la particularidad de estar integrado en su mayoría por instrumentos de percusión (*gongs* de diversas medidas, metalófonos, xilófonos, tambores, etc.). [*En el texto, sin tilde.*]

metalogenético -ca *adj* (*Geol*) De (la) metalogenia. | M. Carabias *Ya* 18.11.89, 52: El Instituto, en la actualidad, elabora el Mapa Geológico Nacional (MAGNA) a diferentes escalas y cartografías temáticas –metalogenética, hidrogeológica–.

metalogenia *f* (*Geol*) Estudio del origen de los depósitos minerales. | *SYa* 23.3.89, 8: El profesor Jorge Monseur Lespagnard, catedrático de Metalogenia de la Universidad Autónoma de Madrid.

metalogénico -ca *adj* (*Geol*) De (la) metalogenia. | *BOE* 20.1.69, 964: El Instituto Geológico y Minero de España ha promovido solicitud de reserva provisional a favor del Estado para investigación de toda clase de minerales .. en una zona del Sur de la provincia de Murcia, con base en sus antecedentes mineros y características geológicas y metalogénicas.

metalografía *f* Estudio de la estructura, composición y propiedades de los metales. | Aleixandre *Química* 120: Los metales poseen estructura reticular, que se pone de manifiesto corroyendo con ciertos líquidos .. la superficie pulimentada de un metal, y observándola luego al microscopio aparece una figura semejante a un panal. (Fundamento de la metalografía.)

metalográfico -ca *adj* De (la) metalografía. | *Ya* 22.10.64, sn: Máquinas para preparaciones metalográficas y petrográficas.

metaloide *m* (*Quím*) Elemento que carece de brillo propio, es mal conductor del calor y la electricidad y posee carácter eléctrico negativo. | Marcos-Martínez *Física* 233: Ya que los metaloides tienen una valencia variable con el oxígeno, formarán con él diversos anhídridos.

metalóidico -ca *adj* (*Quím*) De (los) metaloides o que los contiene. | *BOE* 12.3.68, 3771: Temario de Bromatología y Toxicología .. Venenos metálicos y metalóidicos.

metaloplástico -ca *adj* **1** Que reúne las características de un metal y una materia plástica. | GTelefónica *N.* 692: Tamec. Muebles metaloplásticos.
2 [Junta hermética] constituida por una hoja de amianto envuelta en una chapa fina de cobre, y que se usa esp. para temperaturas elevadas. | GTelefónica *N.* 917: Fábrica y Reparación de radiadores para automóviles. Juntas metaloplásticas de encargo. Olaya.

metalurgia *f* Conjunto de técnicas y operaciones para extraer los metales de los minerales que los contienen. | Marcos-Martínez *Física* 280: Se emplea mucho [el carbón de cok] como reductor en metalurgia. Ybarra-Cabetas *Ciencias* 58: Por las malas cualidades que el azufre comunica al hierro, no puede utilizarse la pirita para su metalurgia.

metalúrgico -ca *adj* **1** De (la) metalurgia. *Tb n f, referido a empresa.* | Ortega-Roig *País* 109: Industrias metalúrgicas son las dedicadas a la obtención de los diversos metales. *VAl* 18.7.76, 31: Metalúrgica Saguntina precisa director de sucursal para su delegación en Murcia.
2 Que trabaja en la industria metalúrgica [1]. *Frec n.* | *Not* 18.12.70, 8: Obreros metalúrgicos la emprendieron a golpes y acusaron de marxistas a un grupo de estudiantes que .. pretendieron dar vivas a los "montoneros". Pericot *Polis* 13: Entre los pueblos que no poseen historia escrita, algunos alcanzan una etapa cultural elevada y llegan a ser expertos metalúrgicos.

metalurgista *m y f* (*raro*) Pers. que trabaja en la industria metalúrgica. | *SMad* 22.11.69, 9: Con el propósito de atenderle con la máxima celeridad y eficacia, hemos destacado un técnico metalurgista en todas y cada una de nuestras delegaciones.

metamatemática *f* (*Mat*) Estudio de la estructura y propiedades formales de la matemática. | Payno *Cur-*

metamería – metasecuoya

so 240: Planea la vida en la misma forma que esquematiza la metamatemática.

metamería *f* (*Zool*) División en metámeros. | Bustinza-Mascaró *Ciencias* 106: Ejemplos de animales con metamería son: el ciempiés, la lombriz de tierra y las abejas.

metaméricamente *adv* (*Zool*) De manera metamérica. | Bustinza-Mascaró *Ciencias* 106: La metamería es también externa, pero hay determinados órganos internos que también se presentan dispuestos metaméricamente.

metamérico -ca *adj* (*Zool*) De(l) metámero o de (los) metámeros. | Alvarado *Zoología* 22: El sistema excretor de la lombriz de tierra es típicamente segmentario. Se compone .. de una serie metamérica de pares de tubos uriníferos.

metamerización *f* (*Zool*) División en metámeros. | Ybarra-Cabetas *Ciencias* 325: Jamás presentan [los nematelmintos] el menor vestigio de metamerización ni apéndices.

metamerizado -da *adj* (*Zool*) Que se compone de metámeros. | Ybarra-Cabetas *Ciencias* 325: Tienen el cuerpo prolongado y blando, metamerizado, es decir, dividido en anillos o segmentos.

metámero *m* (*Zool*) *En los gusanos o artrópodos:* Segmento o anillo. | Bustinza-Mascaró *Ciencias* 106: Metamería. La tienen aquellos animales cuyo cuerpo aparece exteriormente dividido por surcos transversales en diversas partes que se llaman anillos, segmentos o metámeros.

metamórfico -ca *adj* **1** De (la) metamorfosis. | Quiñones *Viento* 120: Su nombre es una paradoja, como lo es el conjunto de su mito. Los fenómenos metamórficos cobran en él perfiles algo más modestos que en el de la *Antigua*. **2** (*Geol*) De(l) metamorfismo. | Bustinza-Mascaró *Ciencias* 319: En los procesos metamórficos los componentes existentes en el mineral pueden distribuirse de otro modo. **3** (*Geol*) [Mineral o roca] que ha sufrido metamorfismo. | Bustinza-Mascaró *Ciencias* 335: Las rocas metamórficas proceden de las eruptivas o de las sedimentarias por transformaciones producidas por agentes físicos y químicos.

metamorfismo *m* (*Geol*) Modificación física o química de un mineral o una roca, debido a la presión, la temperatura u otros agentes internos. | Ybarra-Cabetas *Ciencias* 47: El metamorfismo se acentúa con la profundidad.

metamorfizante *adj* (*Geol*) Que metamorfiza. | Bustinza-Mascaró *Ciencias* 319: El metamorfismo. Así se llama el proceso en virtud del cual las rocas y los minerales han sufrido alteraciones en su composición química y en su estructura por la acción de los agentes de metamorfismo o metamorfizantes.

metamorfizar *tr* (*Geol*) Transformar por metamorfismo. | Ybarra-Cabetas *Ciencias* 155: Dichos materiales están profundamente transformados, metamorfizados.

metamorfoseante *adj* Que metamorfosea. | Umbral *Ninfas* 75: Pasé de largo .. meditando sobre el poder metamorfoseante del amor.

metamorfosear *tr* Transformar, o someter a metamorfosis. | FReguera *Bienaventurados* 158: Así metamorfoseaba el recuerdo de José Luis .. con un pueril y desesperado escamoteo. MSantos *Tiempo* 139: Penetró la madre en aquel mismo salón tan bruscamente metamorfoseado. **b)** *pr* Transformarse, o sufrir metamorfosis. | Torrente *Sombras* 253: Al metamorfosearse [Sherlock Holmes] en algo equivalente y por supuesto semejante a una computadora.

metamorfósico -ca *adj* De (la) metamorfosis. | Torrente *Fragmentos* 26: Si renacuajo al entrar, ¿qué sucedió dentro de mí para que saliese rana? Dentro de mí, precisamente: toda la operación metamorfósica, de la cual, sin embargo, no había tenido conciencia ni constancia.

metamorfosis *f* Transformación. | Torrente *Sombras* 286: Volvían a relatarse las antiguas historias, fábulas de ríos divinizados y de metamorfosis, Apolo por aquí, por allá Dafne. **b)** (*Zool*) Cambio o transformación que sufren determinados animales durante su desarrollo, por los cuales pierden o adquieren órganos o toman una forma totalmente distinta a la original. | Bustinza-Mascaró *Ciencias* 110: Las hembras del *Anopheles* ponen sus huevos en las aguas estancadas, y allí vive la larva y tiene lugar la metamorfosis.

metanal *m* (*Quím*) Gas incoloro constituido por aldehído de metilo, de olor irritante, usado en la fabricación de materias plásticas y que disuelto en agua constituye el formol. | Ybarra-Cabetas *Ciencias* 171: El anhídrido carbónico y el vapor de agua, merced a ciertas radiaciones solares y a la acción catalítica de la clorofila en presencia, reaccionan en los tejidos del vegetal, desprendiendo oxígeno y formando aldehído metílico (metanal).

metanero *adj* (*Mar*) [Buque] destinado al transporte de metano licuado. *Tb n*. | *SInf* 7.11.70, 4: Arribó a este puerto el metanero "Esso Portovenere".

metanífero -ra *adj* (*Quím*) Que contiene o produce metano. | M. Á. Velasco *Ya* 11.10.74, 11: En una localidad, a unos treinta kilómetros de Milán, ha sido hallado un imponente yacimiento metanífero.

metano *m* (*Quím*) Hidrocarburo saturado gaseoso, incoloro, inodoro e inflamable mezclado con el aire, que se desprende de las minas de carbón y del cieno de los pantanos. | Bustinza-Mascaró *Ciencias* 323: La aireación perfecta es .. el mejor medio de proteger al minero contra el grisú, que es una mezcla de hidrocarburos en la que domina el denominado metano.

metanoia *f* (*lit*) Conversión espiritual. | GRuiz *Sp* 21.6.70, 47: Lo primero que nosotros los cristianos, aquí reunidos, tenemos que hacer es pedir perdón y comprometernos en un verdadero camino de arrepentimiento, de "metanoia", de cambio revolucionario.

metanoico *adj* (*Quím*) [Ácido] fórmico. | Marcos-Martínez *Física* 302: H-COOH, ácido metanoico o fórmico.

metanol *m* (*Quím*) Alcohol metílico. | *Van* 25.4.74, 10: El farmacéutico de Chinchón .. había descubierto la existencia de metanol en una partida de alcohol procedente de Sevilla y destinado a una fábrica de anises.

metaplasia *f* (*Med*) Transformación de un tejido diferenciado en otro. | C. INavarro *SYa* 10.4.77, 26: El tabaco y especialmente los cigarrillos producen una metaplasia bronquial precancerosa con sus hidrocarburos.

metaplásico -ca *adj* (*Med*) De (la) metaplasia. | F. Gálvez *TMé* 12.11.82, 5: Cuando su diámetro [del pólipo] no rebasa los diez milímetros suele corresponder a una lesión benigna de crecimiento lento, inflamatoria o metaplásica.

metapolítico -ca *adj* (*Pol*) De política teórica. | Alfonso *España* 145: El mero hecho de vivir en una población se está convirtiendo hoy en uno de los primeros y más grandes problemas del ser humano. Un problema metapolítico, traído por el paso de los tiempos.

metapsicología *f* (*Psicol*) Psicología cuyo objeto está más allá de los datos de la experiencia. | * El primero que habló de metapsicología fue Freud.

metapsicológico -ca *adj* (*Psicol*) De (la) metapsicología. | MSantos *Tiempo* 190: Como en una plasmación metapsicológica, apareció ante él.

metapsicólogo -ga *m y f* (*Psicol*) Especialista en metapsicología. | Carandell *Celtiberia* 166: Un metapsicólogo español residente en América del Sur .. ha demostrado científicamente la inmortalidad del alma.

metapsíquicamente *adv* (*Psicol*) De manera metapsíquica. | LRubio *Diana* 365: –Aprende del doctor, que lo hace muy suavemente, así, por la cintura.. –¡Mira!... –Metapsíquicamente.

metapsíquico -ca (*Psicol*) **I** *adj* **1** De (la) metapsíquica [2]. | LRubio *Diana* 350: En toda la escena se repite este juego de la espontaneidad de Diana contenida por el influjo metapsíquico de Gonzalo. **II** *f* **2** Parapsicología. | LIbor *Pról. Antología* XXI: La Metapsíquica nació impulsada por un Premio Nobel: Carlos Richet.

metasecuoya *m* (*raro*) Árbol de la familia de las coníferas, de origen chino (*Metasequoia glyptostroboides*). | Loriente *Plantas* 14: *Metasequoia gly[p]tostroboides* Hu & Cheng, "Metasecuoya". Procedente del SO de China, solo hemos visto un bellísimo ejemplar.

metastásico -ca *adj* (*Med*) De (la) metástasis. | Á. SJuan *Sáb* 13.8.75, 18: La medicina nuclear se utiliza en el tratamiento de cáncer a término, con el fin de paliar los dolores o los crecimientos metastásicos desordenados.

metástasis *f* (*Med*) Cambio de localización de un foco morboso, esp. canceroso, o aparición de un foco secundario. *Tb* (*lit*) *fig, fuera del ámbito técn.* | Pau *Salud* 291: A menudo permanece ignorado [el carcinoma bronquial] durante largo tiempo, y la enfermedad se descubre solo por una complicación o una metástasis. M. Mancebo *Inf* 9.5.74, 22: El entorno de la ciudad constituye todavía un magnífico patrimonio sobre el que poder programar una actuación coherente, evitando la metástasis suburbial que se advierte en algunas zonas.

metastatizar *intr* (*Med*) Producir metástasis. | *Ya* 8.12.85, 29: Es un tumor que tiene una agresividad impresionante con una capacidad de metastatizar no solo por vía linfática, sino también a través de la sangre.

metatarsalgia *f* (*Med*) Dolor de metatarso. *Tb la enfermedad caracterizada por dicho dolor.* | *Impreso* 9.84: Ofrezco mis zapatos de serie para .. Pie plano .. Metatarsalgias, etc.

metatarsiano -na *adj* (*Anat*) De(l) metatarso. *Frec n m, referido a hueso.* | Bustinza-Mascaró *Ciencias* 205: Los dos dedos de cada pata [de la vaca] se articulan por arriba a un hueso, la caña, formada por soldadura de los metacarpianos o metatarsianos correspondientes.

metatarso *m* (*Anat*) Parte del esqueleto del pie, comprendida entre el tarso y los dedos. | Bustinza-Mascaró *Ciencias* 38: En el pie se distinguen los huesos del tarso, los del metatarso y los de los dedos.

metate *m* (*raro*) Piedra rectangular y algo cóncava en su parte superior, que se usa para moler a mano. | C. Aganzo *SYa* 16.4.89, 12: La pasta [de cacao] se trabajaba sobre la "silleta" o "metate", una piedra cóncava sobre la que actuaba el "rollo" o "refinadera", otra piedra larga y cilíndrica para labrar, a brazo, el chocolate.

metaterio *adj* (*Zool*) [Mamífero] marsupial. *Tb n.* | Ybarra-Cabetas *Ciencias* 409: Los Mamíferos metaterios. El canguro.

metátesis *f* (*Fon*) Cambio de lugar de un sonido en una palabra. | RAdrados *Lingüística* 702: Tenemos metátesis, por ejemplo, en *Veneris* > esp. *viernes*.

metatizar *tr* (*Fon*) Someter a metátesis [un sonido]. | Lapesa *HLengua* 404: *N* verbal de tercera persona, repetida o metatizada tras pronombre enclítico.

metatórax *m* (*Zool*) *En los insectos*: Segmento posterior del tórax. | Legorburu-Barrutia *Ciencias* 165: El tórax: está formado por tres anillos: protórax, mesotórax y metatórax.

metazoo *adj* (*Zool*) [Animal] constituido por numerosas células diferenciadas. *Frec como n m en pl, designando este taxón zoológico.* | Pinillos *Mente* 83: Los reflejos aparecen más tarde, en los metazoos.

meteco *m* **1** (*lit, desp*) Individuo extranjero establecido en el país. | Umbral *Hijo* 7: Rubén había estado en París como diplomático, meteco y oyente. **b)** Individuo forastero o extranjero. *Frec en pl.* | Burgos *SAbc* 13.4.69, 43: Joaquín Romero Murube –el escritor que desde su atalaya del Alcázar tiene el dolor de cumplir el oficio de exegeta de la Sevilla que se va y zahorí de las tropelías que en la ciudad cometen los metecos–.
2 (*hist*) *En la antigua Grecia*: Extranjero libre establecido en una ciudad mediante el pago de un tributo y sin derechos de ciudadanía. *Gralm en pl.* | Caloñge *Tucídides* 12: Antes de que Pericles hiciera aprobar la ley sobre el derecho de ciudadanía de 451, si un ciudadano se casaba con la hija de un meteco o de un extranjero, los hijos adquirían la ciudadanía del padre.

metedor -ra *adj* Que mete [1]. *Frec n: m y f, referido a pers; m, referido a aparato.* | CBonald *Dos días* 212: Los trabajos de la vendimia se hacen a destajo. Los pisadores y tiradores de uva rinden hasta cinco carretadas por día, unas tres toneladas y media; los mosteadores y maquineros, igual, cinco carretadas, y los metedores, diez.

metedura *f* (*col*) Acción de meter la pata. *Tb ~ DE PATA.* | Peraile *Ínsula* 21: –Pero ¿no íbamos a tomar un café? –Mira mi taza, niño, lo acabo de acabar. –Pues una copa. "Si no enmiendo la metedura rápido esta pega la espantá." Payno *Curso* 84: Por desgaste de roce –a través de trato, desilusiones, sofiones, meteduras de pata, desplantes ..– aquel mundo ideal pasará al archivo de recuerdos.

metelinense *adj* De Medellín (Badajoz). *Tb n, referido a pers.* | García *Hoy* 18.1.79, 11: Ya están en la calle los programas de las próximas fiestas metelinenses.

metementodo (*pl invar*) *m y f* (*col*) Metomentodo. *Tb adj.* | Medio *Bibiana* 270: Siempre metiéndose en lo que no le importa... Te voy a quitar la cara por metementodo. Mendicutti *Palomo* 56: Le tenían mucha tirria a Reglita Martínez porque era una metementodo y una chivata.

metempírico -ca *adj* (*Filos*) No verificable por la experiencia. | MPuelles *Filosofía* 1, 209: La entidad de las cosas físicamente móviles, de que se ocupa la filosofía de la naturaleza, es, en cuanto tal, algo de carácter metempírico, irreductible al tratamiento de las ciencias positivas.

metempsicosis (*tb* **metempsícosis**) *f* (*Rel y Filos*) Doctrina según la cual las almas, después de la muerte, transmigran a otros cuerpos. | Delibes *Siestas* 74: Yo no creo esas paparruchas de la metempsicosis, la transmigración y demás. Gambra *Filosofía* 137: Puede [el alma] incluso transmigrar a otro cuerpo de hombre o de animal (teoría de la metempsícosis).

metemuertos *m* (*raro*) Individuo entrometido. | FVidal *Ayllón* 157: En mi lugar me gustaría ver a esos metemuertos y a esas mozcorras.

meteóricamente *adv* De manera meteórica [2]. | N. Carrasco *MHi* 7.69, 25: La comercialidad que las lanza meteóricamente para embelesar a las masas las cosifica.

meteórico -ca *adj* **1** De(l) meteoro. | Ybarra-Cabetas *Ciencias* 87: Entre estos [los meteoritos], se consideran tres grupos: 1º Los lititos o piedras meteóricas .. 2º Los sideritos o hierros meteóricos .. 3º Los litosideritos.
2 Muy rápido o vertiginoso. | J. Balansó *SAbc* 20.10.68, 39: Su carrera meteórica en los negocios sería detenida por un acontecimiento español: el Alzamiento del 18 de julio.

meteorismo *m* (*Med*) Abultamiento del vientre por gases acumulados en el tubo digestivo. | Alcalde *Salud* 338: La hipertensión portal repercute sobre los capilares esplácnicos, disminuyendo la absorción de gases del intestino, y da lugar a un meteorismo muy acusado y en ocasiones molesto.

meteorítico -ca *adj* (*Astron*) De(l) meteorito. | Cunqueiro *Un hombre* 115: Venía a ofrecer un anillo con piedra meteorítica, bueno para el reuma.

meteorito *m* (*Astron*) Fragmento de cuerpo celeste que penetra en la atmósfera y cae sobre la Tierra. | Bustinza-Mascaró *Ciencias* 324: También hay hierro nativo procedente de algunos meteoritos o fragmentos despedidos de otros astros y que caen en la Tierra.

meteorización *f* (*Geol*) Fragmentación o modificación de las rocas por la acción de la intemperie. | Ybarra-Cabetas *Ciencias* 103: La destrucción del relieve terrestre. La meteorización de las rocas.

meteorizar *tr* (*Geol*) Fragmentar o modificar [las rocas (*cd*) los elementos climáticos]. | Santamaría *Paisajes* 18: Los distintos elementos del clima actúan sobre la roca disgregándola, transportándola, meteorizándola y creando, a partir de ella, la cobertura en la que se desarrolla la vida vegetal.

meteoro (*tb, raro,* **metéoro**) *m* **1** Fenómeno atmosférico. | Zubía *Geografía* 52: Meteoros .. Pueden ser de diversas clases: Acuosos .. Luminosos .. Eléctricos.
2 (*Astron*) Cuerpo celeste que atraviesa la atmósfera terrestre. | F. J. Álvarez *Abc* 22.12.70, 27: Los pequeños meteoros se presentan en la atmósfera bajo la forma de rayos transitorios de luz.

meteorología *f* **1** Ciencia que estudia los meteoros [1]. | *Ya* 18.12.74, 44: A lo largo de dicha Asamblea se habrán presentado ciento veinte comunicaciones sobre temas de las siete secciones ..: Geodesia, Sismología .., Meteorolo-

gía y física del aire, Geomagnetismo y aeronomía, .. Vulcanología.
2 Conjunto de los meteoros [1]. | Burgos *SAbc* 13.4.69, 44: Ha sufrido en los últimos años los destructores efectos de los años y la meteorología, o de la especulación del suelo.

meteorológicamente *adv* En el aspecto meteorológico. | A. Linés *Van* 21.3.74, 5: El invierno ha querido despedirse meteorológicamente ofreciendo un panorama de fuertes vientos, lluvias y nevadas.

meteorológico -ca *adj* De (la) meteorología. | Laiglesia *Tachado* 27: Había también .. un sanatorio para los enfermos del pulmón, un observatorio meteorológico y el único túnel de todo el país.

meteorologista *m y f (raro)* Meteorólogo. | E. Pablo *Abc* 4.5.75, 31: La evolución climatológica, si nos atenemos a las previsiones de los meteorologistas, "nos pon[e]" a salvo de ese riesgo.

meteorólogo -ga *m y f* Especialista en meteorología. | *HLM* 26.10.70, 17: *La Sequía* .. Por Lorenzo García de Pedraza (Meteorólogo). *Ya* 11.4.90, 64: El *Daily Mirror* pasa revista a las sucesivas amigas del príncipe de las que se tiene conocimiento: una meteoróloga, una estudiante universitaria, una modelo, una asesora financiera y una actriz.

metepatas *m y f (col)* Pers. que mete la pata con frecuencia. *Tb adj.* | GHortelano *Momento* 492: Soy una metepatas, lo reconozco.

meteprisas *m y f (col)* Pers. que acostumbra a meter prisa. *Tb adj.* | Berlanga *Acá* 73: A los presurosos y mandones les cobraba según el tamaño del coche que dejaban a la puerta, y a los muy meteprisas únicamente les ofrecía una tortilla a la francesa con huevos del frigo.

meter I *v* **A** *tr* **1** Hacer que [una pers. o cosa (*cd*)] pase a estar dentro [de un lugar (*compl* EN) o en medio [de otras perss. o cosas (*compl* ENTRE)]. *Tb fig. Frec el cd es refl.* | CNavarro *Perros* 23: Se preguntaba .. si era realmente ella la que ayudaba a meter el exánime cuerpo de la abuela en la trasera del coche. CBonald *Dos días* 96: –¿Cuánto tiempo estuviste en chirona? .. –Usted lo sabe mejor que yo: dos años menos cuarenta y dos días. –¿Y por qué? –Me metieron al terminar la guerra, como a los demás. Pemán *Abc* 9.10.74, 3: Lozano mete en una columna toda esa actual inquietud planetaria. Medio *Andrés* 190: La vieja Benita grita más fuerte y hasta quiere meterse entre los dos. Ramos-LSerrano *Circulación* 181: Siempre hay que estar pendiente del niño que inconscientemente es capaz de meterse entre las ruedas detrás de una pelota. **b)** *pr* Pasar a estar [una cosa] dentro [de otra (*compl* EN)] o en medio [de otras (*compl* ENTRE)]. | Pemán *Abc* 13.4.58, 3: Cádiz es una ciudad que se ha metido por arrecife en el mar y se ha sentado sobre una peña.
2 (*col*) Meter en la cabeza [algo a alguien] (→ CABEZA). | * No hay quien le meta que tiene que hacer la declaración de la renta.
3 Hacer que [algo, esp. un instrumento (*cd*)] ejerza su acción [sobre alguien o algo (*ci o compl* EN)]. | Delibes *Guerras* 17: Al cabo, Padre metió el tractor en los perdidos y puso en siembra también más de tres mil hectáreas. Aldecoa *Gran Sol* 160: Que metan el salabardo pronto, que se cargan el arte.
4 Hacer que [alguien o algo (*cd*)] pase a estar [en determinada situación]. *Frec el cd es refl.* | Gala *Campos* 68: En menudo lío nos has metido a todos. Los guardias lo saben. Medio *Andrés* 126: Bueno, ¿qué le pasa a Eloy? ¿En qué lío se ha metido? CBonald *Dos días* 132: ¿Tú sabes que si yo lo denuncio en el cuartelillo lo meten preso? **b)** *pr* Pasar a estar [algo, esp. el tiempo, en determinada situación] de un modo continuado. | Delibes *Guerras* 16: Si la primavera se metía en hielos, se encojonaba el zarzagán entre Las Puertas, y cosa perdida. GPavón *Cuentos rep.* 75: La noche estuvo metida en viento.
5 Hacer que [una cantidad de dinero (*cd*)] pase a estar [en un banco o en una cuenta]. *Tb abs.* | J. Carabias *Ya* 26.6.74, 8: Lo que sobra, siempre sobra bastante en el papel, lo meteremos en la cartilla de ahorros.
6 Emplear [dinero o bienes en una empresa]. *Tb fig.* | G. Vidal *Sáb* 19.8.78, 17: Gran Bretaña está recelosa y teme por el dinero metido en Chrysler Reino Unido. * Hay muchas horas de trabajo metidas en ese libro.

7 Estrechar o acortar [una prenda de vestir o alguna parte de ella]. *Tb abs.* | * Hay que meter la falda, te está ancha. **b)** *pr* Estrecharse o acortarse [una tela o una prenda]. | * Esta tela se mete al lavarla.
8 Dedicar [a una pers. (*cd*)] a una profesión u oficio (A + *infin*, o DE (*pop*, A *y a veces sin prep*) + *el n del que ejerce dicha profesión*)]. *Frec el cd es refl.* | CBonald *Dos días* 211: El tío Felipe me había dicho que lo de la Universidad era una cosa que convenía, que no lo negaba, pero tal como estaba el cotarro lo mejor era meterse a ganar dinero con los negocios. Carandell *Madrid* 63: Tienen que hacer oposiciones o meterse de empleado. SFerlosio *Jarama* 9: Vamos, que ahora ese nos va a meter a todos a señores. **b)** *Referido a profesión sacerdotal o religiosa, el n va sin prep* (*pop, con* A). | Torrente *SInf* 25.4.74, 12: Después del sepelio se metió monja. Ferres-LSalinas *Hurdes* 30: De modo que quieres meterte a cura.
9 Hacer que [alguien (*cd*)] pase a formar parte [de un grupo (*compl* EN) o intervenga [en una acción o una actividad]. *Frec con cd refl. Tb sin compl* EN, *por consabido.* | *Faro* 9.8.75, 3: Me preocupa mucho su úlcera de estómago ..; me consta que la tiene desde que se metió en "ETA". L. Calvo *Abc* 25.8.66, 25: Los muchos grupos que en Indonesia pretenden meterse en la vida pública. Medio *Andrés* 118: Si no meten a otro chico para la barra, es fácil, casi seguro, que él sustituya a Eloy cuando se vaya al servicio.
10 Hacer que [una cosa (*cd*)] rodee [a otra (*compl* EN)] o la encierre en su interior. | *Tel* 15.6.70, 75: Bolas grandes, negras y naranjas, metidas en el cordón elástico. **b)** Poner o vestir [a alguien (*ci*) una prenda que rodea o encierra en su interior una parte del cuerpo]. *Frec el ci es refl.* | Laforet *Mujer* 248: Se fue a su tumbona en el balcón. Las noches ya no estaban tan cálidas. Se metió un jersey.
11 Producir u ocasionar [algo no material, esp. ruido]. *Sin ci.* | Arce *Testamento* 23: Entre sus ramas más bajas revoloteaban los verderones, y en las copas los malvises metían gran bulla. DCañabate *Paseíllo* 175: Aquellos toreros que metían miedo, fuertes, musculosos, .. perdonaban la vida a los transeúntes. * Se pasa el día cotilleando y metiendo chismes con las vecinas.
12 Hacer que [alguien o algo (*ci*)] reciba o sufra [determinado efecto (*cd*)]. | Berenguer *Mundo* 288: Al chozo que tenías allá abajo, junto al pozo de la cañada, le metieron fuego esta mañana. R. M. FFuentes *Nar* 10.76, 31: Este canto [del chotacabras] también lo usan las madres para meter miedo a los niños. **b)** *pr* Recibir o sufrir [determinado efecto]. | * ¡Menudo susto se metieron!
13 Hacer que [alguien (*ci*)] reciba [algo (*cd*)] contra su voluntad o [lo] acepte con engaño. | R. MGandía *Mar* 24.1.68, 5: Le metieron cinco hermosos goles. Cuevas *Finca* 79: Se acerca y les mete un puñetazo en la cara. DCañabate *Abc* 21.11.70, 7: Engañar al que quiere engañarme a mí. Esa es la labor fina de un verdadero chalán, porque meterle un matalón a un infeliz adornándolo con pesquis es coser y cantar. **b)** **~sela doblada** [a alguien]. Engañar[le]. | Campmany *Abc* 6.9.92, 19: Dice Redondo en seguida que la bola no se traga, y que el hijo de su madre no sirve de tragaldabas, ni vale de tragabolas ni se la meten doblada.
14 ~la. (*col*) Meter la pata (→ PATA¹). | * Estuve a punto de meterla; menos mal que me avisaste.
15 ~la. (*jerg*) Fornicar. | Tomás *Orilla* 69: Lo hicimos a oscuras y te juro que lo pasé fatal .. El muy cabrón solo quería eso, meterla.
16 ~se [alguien algo] **(por) donde le quepa.** (*col*) *euf por* METÉRSELO EN EL CULO (→ CULO). | ASantos *Bajarse* 104: Pues no te las voy a dar [las pesetas], para que te enteres. No las tengo, pero si las tuviera no te las daría. Y ya te puedes ir metiendo a Alberto por donde te quepa.
17 ~ la cabeza, ~ la pata, ~ el remo, ~ la nariz (*o* **las narices**)**, ~ prisa,** *etc* → CABEZA, PATA¹, REMO, NARIZ, PRISA, *etc*.

B *intr* ➤ **a** *normal* **18** (*jerg*) Fornicar. | Oliver *Relatos* 109: Se quedó para adelante, después de meter con él en un pajar cuando las fiestas.
➤ **b** *pr* **19** Inmiscuirse o entrometerse. *Frec con compls como* DONDE NO LE LLAMAN, EN LO QUE NO LE IMPORTA. | CBonald *Dos días* 38: Esto me pasa por Monterodilla andan buscando cortadores. Se lo digo por si le interesa, usted dispense si me meto. Diosdado *Anillos* 1, 127: –Yo creo que tú no te deberías meter. –¿Y por qué? .. ¿No se mete tu madre en lo que haces tú? Medio *Bibiana* 270: Siempre metién-

dose en lo que no le importa. **b)** ~**se en camisa de once varas** → CAMISA.
20 Aventurarse [en una acción (A + *infin* o *n del que realiza esa acción*)] sin estar capacitado. | P. Franco *IdG* 10.8.75, 2: Es un hombre inteligente y trabajador. Lo que no me meto ya es a juzgarlo como político. Cela *Judíos* 294: Mientras el chófer y el arriero se enzarzaron a palos, el vagabundo .. siguió por su camino sin meterse a redentor.
21 Empezar a realizar [una acción (A + *infin*)]. | Zunzunegui *Camino* 227: Le tomó una mano y se metió a bailar con él gozosa. MGaite *Usos* 60: Era una ciencia que solo se aprendía de verdad metiéndose a ejercitarla.
22 Atacar o censurar [a alguien o algo (*compl* CON)]. | CNavarro *Perros* 82: Conmigo puedes hacer lo que te plazca. Pero guárdate de meterte con Mario. FSalgado *Conversaciones* 79: Se metió con unas estatuas que por lo visto existen en la entrada del estadio oficial del Partido, condenando que estuviesen muy desnudas.
23 Empezar a trabajar [en algo (*compl* CON)]. | CBonald *Dos días* 35: –Cuando esté todo listo me avisas, ¿eh? –Descuide usted, don Andrés. Lo dicho, ya mismo me meto con eso.
24 Dedicarse [a algo (*compl* EN)]. | * Si no estás muy metido en tu trabajo quisiera hacerte una pregunta.
25 Tener influencia o ascendiente [con una pers. o en un lugar]. *Frec en part, en la constr* ESTAR METIDO. | FSalgado *Conversaciones* 479: Contesto al Caudillo que si bien es verdad que [Barroso] está muy metido en Estoril, me había manifestado que cuando el Caudillo le necesite no vacilará en ponerse al lado de él. VMontalbán *Rosa* 96: –Trabaja en el Banco Central, y los Rodríguez de Montiel están muy metidos en eso. –Muy metidos. ¡Metidísimos! Como qué don Luis era o es incluso consejero.
26 Ponerse u ocultarse [el Sol]. | MGaite *Nubosidad* 356: Era un atardecer de verano, iba a meterse el sol, y yo .. sentía mucha emoción.
27 (*reg*) Cobrar amor o cariño [por alguien]. *Gralm en la constr* ESTAR METIDO. | Aldecoa *Cuentos* 2, 342: Vaya, lo que es el amor .. No sabía que estuvieras tan metida por él. SSolís *Juegos* 12: Alvarito, cada vez más metidín por su mami del alma y más "niño Vicente", con su rayita en el pelo y su corbatita.
II *loc adv* **28 a todo ~.** (*col*) Con la máxima intensidad. | Cela *SCamilo* 398: Don León pone la radio a todo meter. **b)** Con la máxima velocidad. | CBonald *Dos días* 237: De la otra parte de la calle se acercaba a todo meter un motocarro de tosco y desencajado armazón. **c)** Con todo lujo u opulencia. | DCañabate *Andanzas* 158: A los veinte años se queda huérfano, en posesión de una buena fortuna, y en cuanto se ve dueño de ella se aplica a deslumbrar a la Corte. Se instala a todo meter en la casa de la Cruzada.

metete *m y f* (*reg*) Metomentodo. *Tb adj.* | *País* 12.3.82, 17: "No son unos acusicas. Son ustedes unos metetes", declaró en Albacete, y refiriéndose a los periodistas, el capitán general de la III Región Militar. Pombo *Héroe* 162: Estaba claro que María del Carmen era una metete que, encima, con la vejez, se iba volviendo chismosa y mal pensada.

metical *m* (*hist*) Mitcal (moneda). | Torbado *Peregrino* 96: Solía negociar el cambio de meticales sarracenos, dinares acuñados en oro, por pepitas de oro y plata.

meticón -na *adj* (*col*) Entrometido. *Tb n.* | Lera *Clarines* 363: Es usted tan meticona. Mendoza *Misterio* 133: ¿Le gustan las mujeres? No, no me tome por un meticón. Es que le he visto hojear una revista de desnudismo.

meticonería *f* (*col*) Cualidad de meticón. | Torrente *Saga* 221: La Tabla Redonda acordó, en sesión ordinaria .., propinar a don Acisclo Azpilcueta una buena paliza en tanto incurso en el delito de meticonería con reincidencia.

meticulosamente *adv* De manera meticulosa. | MGaite *Visillos* 22: Cogió el programa de las ferias y con una tijera de bordar le empezó a hacer dientes y adornos por todo el filo meticulosamente.

meticulosidad *f* Cualidad de meticuloso. | Pla *Cataluña* 218: En el pueblo parece flotar alguna forma de su espíritu [de Prat de la Riba], su sentido del orden, de la meticulosidad, de la calidad, de la prudencia.

meticuloso -sa *adj* Que se preocupa hasta de los mínimos detalles. | *Abc Extra* 12.62, 45: En la estremecedora "Odisea", tan meticulosa que sabemos que una cuerda de arco, distendida, suena como el chillido de una golondrina, no se comenta, sin embargo, el oscuro restallar de los bolos. DLér 25.7.69, 7: La hostelería de Balaguer satisface las exigencias del turista más meticuloso.

metida *f* **1** Acción de meter. | * La metida de datos es muy lenta. J. T. Salas *D16* 17.3.85, 2: Mire usted por dónde me ahorré una metida de pata.
2 (*col*) Metido² [2]. | Mateo *Babia* 95: "Pan siento no darles ..", les advierte Tomás. "Siendo la carne tan buena, ni falta hace", le contestan ellos. Y metida va, metida viene, hasta que el borrego va quedando en los huesos.

metido¹ -da *adj* **1** *part* → METER.
2 (*col*) Abundante. *Seguido de los compls* EN CARNES *o* EN AÑOS. | Payno *Curso* 32: Piti tenía la estatura que aquí se llama media: es decir, baja. Algo metida en carnes, solía llevar escotes en pico. CBonald *Dos días* 28: Lo guiaba una mujer ya metida en años, de carnes fofas y movedizas.

metido² *m* (*col*) **1** Golpe que se da acometiendo. | Cela *Judíos* 77: Oiga usted, Jumilla, si me levanta usted la voz, le doy semejante metido que le hundo la boca. **b)** Empujón. | Delibes *Guerras* 29: En estas, la señora Dictrinia se arrancó a reír, pegó un metido a Madre, ¿oyes, Delgadina? ¡Jesús qué criatura!
2 Acometida o ataque que se da a algo, esp. una tarea o un producto de consumo. | * Le has pegado un buen metido al pastel. * Le he sacudido un buen metido a la tesis.

metijón -na *adj* (*col*) Meticón. *Tb n.* | ZVicente *Traque* 211: También apareció por allí Margarita .., ya ves, no tenía nada que ver con nosotras, pero es una metijona .., ahí tienes la prueba, hombre, venirse a Aranjuez con unas chicas más jóvenes que ella. Berlanga *Gaznápira* 86: La Abuela seguía sacudiendo la vara de la campanilla para espantar al gato metijón.

metilamina *f* (*Quím*) Gas inflamable y de fuerte olor amoniacal, usado frec. en la fabricación de tintes e insecticidas. | *Pue* 9.5.74, 18: La presencia de ERT en el polo de desarrollo de Huelva se afianza con la constitución de tres nuevas sociedades: Titanio, S.A. ..; ERTISA, con ICI, para la fabricación de metilamina, derivados y fenol.

metilcelulosa *f* (*Quím*) Sustancia derivada de la celulosa y utilizada esp. para fabricar colas. | M. D. PCamarero *Rev* 6.69, 26: La cola a emplear la venden ya preparada en polvo .. Es preferible la de metilcelulosa, que se echará poco a poco sobre un recipiente con agua.

metileno *m* (*Quím*) Radical bivalente derivado del metano por supresión de dos átomos de hidrógeno. | Bustinza-Mascaró *Ciencias* 288: Agregar unas gotas de una disolución acuosa de azul de metileno al 1 por 100.

metílico -ca *adj* (*Quím*) De metilo. | Ybarra-Cabetas *Ciencias* 171: El anhídrido carbónico y el vapor de agua .. reaccionan en los tejidos del vegetal, desprendiendo oxígeno y formando aldehído metílico (metanal). **b)** [Alcohol] obtenido por destilación de la madera. | MNiclos *Toxicología* 44: Alcohol metílico. La intoxicación por esta sustancia ofrece siempre caracteres muy graves.

metilo *m* (*Quím*) Radical univalente constituido por un átomo de carbono y tres de hidrógeno. | Bustinza-Mascaró *Ciencias* 11: Son cuerpos [los ácidos] que tienen un sabor agrio, que ponen rojo el papel azul de tornasol y la tintura de anaranjado de metilo.

metimiento *m* Influencia o ascendiente. | *Gac* 25.4.76, 94: Tico Medina tiene algo que ver con El Palmar de Troya. Como que un tío suyo .. es uno de los que más metimiento tiene en todo este asunto. L. Calvo *Abc* 25.8.66, 25: Los muchos grupos que en Indonesia pretenden meterse en la vida pública o que tienen en ella notorio metimiento.

metionina *f* (*Quím*) Aminoácido natural, esencial para el desarrollo, presente en la mayoría de las proteínas. | Mascaró *Médico* 145: El organismo exige .. los aminoácidos y grasas que el cuerpo humano no sabe sintetizar (metionina, triptófano, ácido linolénico, etc.).

metisaca *m* **1** (*Taur*) Estocada en la que el diestro vuelve a sacar el acero al retirar la mano. | C. Rojas *Inf* 12.4.75, 24: Cada día está mejor Bohórquez, y en él ha cala-

metódicamente – métrico

do la seriedad del toreo a caballo. Dio la vuelta al ruedo después de matar de un metisaca.
2 (*jerg*) Acto sexual. | GLedesma *Crónica* 133 (G): Un metisaca con todas las chicas, todas, del programa *Un, dos, tres*.

metódicamente *adv* De manera metódica [1]. | Bustinza-Mascaró *Ciencias* 221: Las hembras destinadas a la producción de leche deben ser seleccionadas, .. y ordeñadas a fondo y metódicamente para estimular la secreción láctea.

metódico -ca I *adj* **1** Que se ajusta a un método. | M. GAróstegui *SAbc* 27.4.69, 28: Sus amagos, su visión para desmarcarse, no puede afirmarse que fuesen producto de una enseñanza previa, de unas instrucciones de los entrenadores, de un aprendizaje metódico y sistematizado.
II *f* **2** Metodología [2]. *Gralm con un compl especificador*. | *HLM* 26.10.70, 21: "Metódica de los reconocimientos médicos", del profesor López-Areal.

metodismo *m* **1** Tendencia a ajustarse a un método. | DVillegas *MHi* 12.57, 20: Comienza este [siglo] con la campaña manchuriana entre rusos y japoneses. Prevalece en ella la importancia de la fortificación contra el fuego, el exceso de metodismo.
2 (*Rel*) Secta protestante fundada en Inglaterra por John Wesley († 1791). | Miret *STri* 13.11.71, 22: El doctor Outler .. les llama a estos jóvenes .. "extraños pájaros", cuya presencia puede ser precursora del tercer renacimiento religioso en las Iglesias (el primero fue –según él– el del Nuevo Testamento, y el segundo, el del inglés Wesley, fundador del metodismo en el siglo XVIII).

metodista *adj* (*Rel*) De(l) metodismo [2]. *Tb n, referido a pers.* | *Sp* 19.7.70, 40: El 66 por ciento de sus habitantes son protestantes (en su mayoría presbiterianos .. y metodistas).

metodización *f* Acción de metodizar. *Tb su efecto*. | Aguilar *Experiencia* 487: Andaban ya .. grupos de alemanes que habían organizado y sistematizado la caza de garzas reales y aves del paraíso. Difícil hubiera sido competir con la metodización germana y sus medios.

metodizar *tr* Someter o ajustar [algo] a método. | GAlonso *Alc* 1.9.56, 4: Guido Mónaco .. enseñó a cantar a los cantores, a componer a los músicos y a copiar a los amanuenses, introduciendo la pedagogía en el arte de los sonidos, disciplinando la polifonía con leyes y normas y, en fin, metodizando la transcripción musical.

método *m* Procedimiento o conjunto de procedimientos que se usan habitualmente para hacer algo. *Frec con un adj o compl especificador*. | L. Calvo *Abc* 22.12.70, 47: Cotejaban los métodos policíacos y judiciales de Francia con los de nuestro país. Gambra *Filosofía* 69: Existen métodos especiales, apropiados para cada ciencia, tal como el método matemático, el fisiconatural, el histórico. **b)** Modo ordenado o sistemático de actuar. | * Tienes que trabajar con método, si quieres conseguir algo. **c)** Conjunto de principios normativos en que se basa la enseñanza de algo. *Gralm con un compl especificador. Tb el manual correspondiente o el conjunto de este y otros elementos complementarios.* | *Van* 25.4.74, 92: En el mundo triunfa Monitor de idiomas AAC .. "El único método para quien tenga urgencia en dominar un idioma."

metodología *f* **1** Ciencia del método. | Gambra *Filosofía* 30: La lógica especial o metodología se reserva el estudio de ciertas estructuras o métodos más complejos y precisos que son propios del pensamiento científico y no del vulgar.
2 Conjunto de (los) métodos. *Gralm con un compl especificador*. | MGaite *Cuento* 288: Una pesquisa que se dirige a hurgar en el taller del escritor y a arrancarle un resumen tajante de sus trucos o de su metodología.

metodológicamente *adv* **1** De manera metodológica. | Albalá *Periodismo* 78: Es importante .. establecer esta diferenciación si queremos fijar metodológicamente la función del lenguaje en los *mass-media*.
2 En el aspecto metodológico. | Tamames *Economía* 364: Metodológicamente presentan fallos a todas luces importantes.

metodológico -ca *adj* De (la) metodología. | Bueno *Tri* 26.12.70, 11: La "cuestión alfa" está también por completo en el horizonte de libros como el de Carlos Moya *Sociólogos y Sociología* .. en cuanto plantea .. cuestiones metodológicas.

metomentodo (*pl invar*) *m y f* (*col*) Pers. entrometida. *Tb adj*. | Buero *Hoy* 75: Yo soy un poco observador. Y metomentodo. Usted se está pasando el día en la azotea. Lera *Boda* 658: Las suegras tenemos fama de metomentodo.

metonimia *f* (*TLit*) Figura que consiste en designar una cosa con el término que designa otra con la que tiene una relación necesaria, como efecto por causa, parte por todo o continente por contenido. | Delibes *Año* 56: En diez renglones de "El camino" ha encontrado dilogías, metonimias y sinécdoques para llenar un camión.

metonímico -ca *adj* (*TLit*) De (la) metonimia. | Torrente *Saga* 333: Golpeó con dos puños como dos sinécdoques, aunque con intención claramente metonímica, el antepecho del púlpito.

metopa (*tb, raro,* **métopa**) *f* (*Arquit*) Espacio comprendido entre los triglifos. | GNuño *Madrid* 24: Cada patio consta de dos pisos sobre arcos de orden toscano con triglifos y metopas.

metraje *m* Medida en metros. | *Lab* 9.70, 2: Se presenta en un moderno carrete de plástico, pequeño, pero con 100 metros de hilo. Metraje garantizado. *GTelefónica N*. 1071: Transportes Sánchez .. Transportes de maquinaria y mercancía de largo metraje. **b)** *Esp:* Longitud de una película cinematográfica. | *Mad* 23.12.70, 16: Pueden optar a estos premios las empresas productoras encuadradas e inscritas en el registro sindical, con películas nacionales de largo o corto metraje.

metralla *f* **1** Munición menuda de las piezas de artillería, proyectiles, bombas y otros explosivos. | *Abc Extra* 12.62, 13: Existen soldados heridos, caídos hacia atrás, con el impacto de la bala o la metralla.
2 Conjunto de cosas inútiles o desechadas. | * ¡Cuánta metralla puede llevar este niño en los bolsillos!

metrallazo *m* Disparo de artillería. | Delibes *Europa* 61: Durante la última guerra .., Milán quedó entre dos fuegos: sometida a los metrallazos de tirios y troyanos.

metralleo *m* Ruido repetitivo semejante al de los disparos de metralleta. | Umbral *Ninfas* 77: Claustros tranquilos adonde no llegaban los gritos del mercado ni el metralleo de las máquinas de escribir de mi oficina.

metralleta *f* Arma de fuego, individual, portátil y que repite automáticamente los disparos. | *Mad* 8.1.70, 1: Se efectuó un despliegue de fuerzas de la Policía gubernativa y Guardia Civil con metralletas.

metrar *tr* (*E*) Medir [algo] o determinar la medida [de algo (*cd*)]. | Benet *Penumbra* 101: Tuve la premonición de lo que había de venir: un lapso ilimitado de soledad tan solo metrado por la convicción de que un día u otro intentaría volver a mí.

métricamente *adv* (*TLit*) En el aspecto métrico [2]. | Academia *Esbozo* 61: Las tres clases de terminaciones .. se equivalen métricamente.

métrico -ca I *adj* **1** [Sistema de medidas] que tiene por base el metro [1]. | Marcos-Martínez *Aritmética* 116: El sistema métrico se llama así porque su unidad fundamental es el metro. **b)** [Quintal o tonelada] del sistema métrico. | Marcos-Martínez *Aritmética* 2º 87: La principal unidad de peso es el gramo .. Múltiplos: El decagramo .. El hectogramo .. El quintal métrico .. La tonelada métrica.
2 (*TLit*) De (la) métrica [3 y 4]. | Quilis *Métrica* 13: El estudio métrico comprende tres partes fundamentales: el poema, la estrofa y el verso. Amorós-Mayoral *Lengua* 38: A esta licencia métrica que consiste en deshacer un diptongo para aumentar una sílaba al verso se le llama diéresis.
II *f* **3** (*TLit*) Estudio de la medida y estructura de los versos, de sus variedades y de sus combinaciones. | Quilis *Métrica* 13: La métrica, como estudio de la versificación, es la parte de la ciencia literaria que se ocupa de la especial conformación rítmica de un contexto lingüístico.

4 (*TLit*) Sistema de versificación. | DPlaja *Literatura* 75: En cuanto a la forma, el mester de clerecía tiene unas reglas precisas –la "cuaderna vía"– para su métrica.

metritis *f* (*Med*) Inflamación de la matriz. | C. INavarro *SYa* 27.3.77, 14: Hay cólicos abdominales, irregularidades menstruales o incluso abdomen agudo, por metritis o salpingitis.

metro^1 *m* **1** *En el sistema métrico decimal:* Medida de longitud equivalente a la diezmillonésima parte del cuadrante del meridiano que pasa por París. | CNavarro *Perros* 40: El aire, unos metros más abajo, columpiaba las copas de los árboles. **b)** Instrumento en que va marcado un metro, gralm. subdividido en centímetros, y que se emplea para medir. *Tb fig.* | Marcos-Martínez *Aritmética* 118: Medición de longitudes .. Suelen emplearse para ello el metro plegable, el decámetro de cinta, el metro metálico o de madera, las reglas graduadas, los dobles o sencillos decímetros, etc. Torrente *Isla* 32: Con ese metro riguroso, reducido a media docena de principios, mide Claire varios cientos de obras históricas concernientes a Bonaparte.
2 ~ cuadrado. Unidad de superficie equivalente a la de un cuadrado cuyo lado mide un metro [1]. | *Bal* 6.8.70, 24: Solar para chalet .. A 350 pesetas metro cuadrado.
3 ~ cúbico. Unidad de volumen equivalente al de un cubo cuya arista mide un metro [1]. | Gironza *Matemáticas* 11: La unidad principal de volumen es el metro cúbico.
4 (*TLit*) Verso, en cuanto sometido a una medida. *Tb la misma medida.* | S. Lorenzana *Pap* 1.57, 45: Con ocasión de la muerte de Felipe V .. se publicaron diversos poemas en varias lenguas. Y Sarmiento, que disponía de muchísimas voces y frases gallegas, pretendió coordinarlas en un metro pueril y claro.

metro^2 *m* Tren metropolitano [1c]. | Cantera *Enseñanza* 45: A cada paso se hace alusión al autobús y sobre todo al metro como medios de comunicación o de transporte urbano.

metrología *f* Ciencia que tiene por objeto el estudio de los sistemas de pesas y medidas. | *Ya* 20.10.70, 15: La exposición .. encierra la historia .. de la astronomía, geodesia .., fotogrametría, cartografía .., metrología.

metrológico -ca *adj* De (la) metrología. | *Unidades* 25: Las determinaciones metrológicas fundamentales de los prototipos internacionales y nacionales del metro y del kilogramo han sido ejecutadas con todas las condiciones de garantía y de precisión que permite el estado actual de la ciencia.

metrónomo *m* (*Mús*) Instrumento, gralm. de péndulo, que sirve para indicar a los músicos el compás en una interpretación. | Gironella *Millón* 141: También le habló .. de unos armarios empotrados, con cabina para una persona, en los que sonaban sin cesar, turnándose, una campana y un metrónomo.

metrópoli (*tb, raro,* **metrópolis**) *f* **1** Ciudad principal y de grandes dimensiones. | Miguel *Mad* 22.12.69, 13: Las nuevas capas sociales que vienen de los pueblos y acceden a las modernas metrópolis.
2 (*Rel crist*) Ciudad cabeza de una provincia eclesiástica, a cuyo frente está un arzobispo. | Pinell *Horas* 241: La metrópolis sevillana .. continuaría siendo la iglesia madre de un rito bastante peculiar.
3 Estado central, respecto a sus colonias o posesiones. | *Sp* 19.7.70, 25: Aparece un buque .. para .. poder llevar, hacia la metrópoli, mayor cantidad de riquezas en cada viaje.

metropolita *m* (*Rel crist*) **1** *En la iglesia ortodoxa:* Dignatario de categoría intermedia entre la de patriarca y la de arzobispo. | J. M. Javierre *Gac* 25.1.76, 15: El pasado día 14 de diciembre Pablo VI invitó a su misa .. al metropolita Meliton, delegado del Patriarca ecuménico de Constantinopla, Dimitrios I.
2 (*raro*) Arzobispo metropolitano [1b]. | A. Pelayo *Ya* 30.6.92, 28: El arzobispo español, después de la escisión de Madrid-Alcalá en tres nuevas diócesis, pasó a ser metropolita.

metropolitano -na *adj* De (la) metrópoli. | R. DHochleitner *Fam* 15.11.70, 48: Los emigrados del campo siguen dispuestos a cambiar la vida campesina, no ya por la comodidad urbana, sino por la sordidez suburbana de arrabales que ciñen a los centros metropolitanos. CBaroja *Inquisidor* 41: Durante diez años fue, en efecto, procurador de las iglesias catedrales y metropolitanas de España en Roma. HSBarba *HEspaña* 4, 288: No se concedían mitayos para el cultivo de determinadas plantas consideradas dañinas o superfluas, como la coca, el añil, el olivo y hasta la viña, cuyo cultivo hubiese perjudicado los intereses metropolitanos. **b)** [Arzobispo] que está al frente de una metrópoli [2]. *Frec n m.* | M. G. SEulalia *VNu* 25.12.71, 15: Maxim Maermaniuk, arzobispo metropolitano de los católicos ucranianos en Canadá. *Abc* 6.1.68, 36: El metropolitano de Salónica, obispo Panteleimon, se halla bajo arresto domiciliario. **c)** [Ferrocarril] de tracción eléctrica, total o parcialmente subterráneo, que comunica los distintos barrios de una gran ciudad. *Frec n m.* | *Barcelona* 207: Número de viajeros transportados en el año 1961: tranvías, 259.232.395; trolebuses, 48.845.276; autobuses, 99.607.853; metropolitano, 172.556.619.

metrorragia *f* (*Med*) Hemorragia de la matriz fuera de la menstruación. | Vega *Salud* 549: La hemorragia por genitales que no proviene de la menstruación y sí de otras causas recibe el nombre de metrorragia y es de tratamiento inexcusable.

meublé (*fr; pronunc corriente,* /meblé/) *m* Casa de citas. | Cela *SCamilo* 373: A las tres y media Toisha se presenta en el meublé de la Merceditas.

meuca *f* (*reg*) Prostituta. | Marsé *Dicen* 322: Las meucas regresan a la barra meneando frenéticamente las ancas.

mexcalina *f* (*raro*) Mescalina. | FCruz *Abc* 22.3.73, 3: A la inconformidad y a la rebeldía se le une la ingestión de la droga blanda (benzedrina, .. mexcalina, marihuana y el hashish).

mexica (*pronunc,* /meʃíka/) *adj* (*hist*) De(l) grupo indígena nahua que a principios del s. XIV fundó la actual ciudad de Méjico. *Tb n, referido a pers.* | MPérez *Comunidad* 81: Los métodos de catequización que se emplean con los moriscos granadinos .. se utilizan también con los mexicas.

mexicanada, mexicanidad, mexicanismo, mexicano → MEJICANADA, MEJICANIDAD, MEJICANISMO, MEJICANO.

meyba (*n comercial registrado; tb con la grafía* **meiba**) *m* Bañador masculino en forma de calzón de deporte. | Delibes *Cinco horas* 223: Yo recuerdo en la playa .., cualquier cosa menos tumbarte al sol y broncearte, Mario, que estabas tan blanquito, y luego con el meyba hasta las rodillas y las gafas, daba grima verte. FVidal *Duero* 212: Los bañistas masculinos con *meiba* corto.

mezcal *m* Mescal. | R. Serna *Abc* 2.3.58, 12: Darse entonces una vuelta por la Alcaicería al atardecer, aquello sí que era pasarlo recontento, con relajo y enchiladas, con mezcal y el sombrero ladeado.

mezcalina *f* Mescalina. | E. Haro *Tri* 26.12.70, 4: Necesito de los experimentos con mezcalina y otras drogas.

mezcla *f* Acción de mezclar(se) [1, 2 y 4]. *Frec su efecto.* | Marcos-Martínez *Aritmética* 2° 126: Con frecuencia los comerciantes se ven obligados a hacer mezclas de azúcar, café, vino, etcétera, de diferentes calidades y precios. *Cocina* 624: Cuando la leche hierve, se añade la mezcla anterior y se deja hervir cinco minutos. CPuche *Paralelo* 78: Hablaban una mezcla extraña de castellano e inglés. Quiñones *Viento* 92: –La mirada de la segunda cara estaba bien, y los primeros discos acabados han empezado a salir .. –¿Las mezclas? –pregunté. [*En un estudio de grabación.*] **b)** (*Constr*) Argamasa. | Cuevas *Finca* 169: Los albañiles pegaban los ladrillos con la mezcla. **c)** (*Quím*) Unión de varios cuerpos en proporción variable y cuyos componentes pueden ser separados por medios físicos. | Marcos-Martínez *Física* 223: El aire es una mezcla. **d)** (*Tex*) Tejido que resulta de mezclar [1] hilos de distinto color o de diferente fibra. | * Chaqueta de mezcla a juego con pantalón gris.

mezclable *adj* Que se puede mezclar. | J. Pardo *SInf* 3.12.75, 6: Los técnicos discuten si la caña de azúcar es o no preferible a la mandioca como productor de alcohol mezclable con gasolina.

mezcladamente – mezzo

mezcladamente *adv* (*raro*) De manera mezclada. | J. Salas *Abc* 30.12.65, 71: Está, pues, en una tradición en la que forman mezcladamente el Dante, Savonarola, los Médicis.

mezclado¹ -da *adj* **1** *part* → MEZCLAR.
2 Que tiene mezcla. | Romano-Sanz *Alcudia* 233: El otro [perro], mezclado de lobo y con el rabo cortado, es más remolón.

mezclado² *m* Acción de mezclar [1]. | *BOE* 3.12.75, 25178: Entre las operaciones de mezclado y adición de productos químicos con el fin de obtener otros que cumplan especificaciones comerciales, destacan por su peligrosidad las instalaciones de adición de alquilos de plomo.

mezclador -ra *adj* Que mezcla [1 y 2]. *Tb n, m y f, referido a pers o a máquina o dispositivo*. | *HLM* 26.10.70, 17: Después de madurar [los whiskies] es cuando, uno a uno, van siendo incorporados entre sí por la sabia mano del maestro mezclador Perth. *Abc* 4.10.70, 31: Tuvo la desgracia de caer a una máquina mezcladora de piensos, siendo arrollado por las aspas. C. Planchuelo *SD16* 26.11.87, VII: Durante los últimos años, el mezclador monomando ha sido el protagonista de la industria de la grifería. Buero *Música* 69: Ha instalado un taller con dos ordenadores, con cámaras de cine y de vídeo, ampliadoras, mezcladoras, qué sé yo. **b)** Que sirve para mezclar [1 y 2]. | J. M. Hermida *SPaís* 25.9.88, 101: Una gota de vermú seco en un océano de ginebra servido en copa de cóctel, previo enfriamiento en vaso mezclador.

mezclar **A** *tr* **1** Juntar [dos cosas o una (*cd*) con otra (*compl* CON, EN *o ci*)] de modo que formen un todo homogéneo. *Tb sin el 2º compl*. | Marcos-Martínez *Física* 223: Obteniendo químicamente oxígeno, nitrógeno y demás constituyentes del aire, y mezclándolos en la misma proporción que tienen en este, se obtiene un gas de propiedades enteramente análogas a las del aire. *Cocina* 623: Se muelen las nueces y se mezclan en un plato con la mantequilla sobrante. *TEx* 28.6.71, 30: La Brigada de Investigación Criminal detuvo a un almacenista acusado de mezclar el persulfato en las harinas que suministraba a los detallistas. Gala *Suerte* 588: Lo hago [el tabaco] con mondas de patata y hojas secas .. Y le mezclo, ¿sabe usted qué?: un tronquito de plátano picado. Remet *SInf* 16.12.70, 14: El "F-310", en efecto, es un aditivo que hay que mezclar en proporción.
2 Juntar [a una pers. o cosa con otras] sin que formen un todo homogéneo. *A veces con intención desp, ponderando la idea de confusión*. | Solís *Ateneo* 20: ¿Y por qué esta obsesión ateneísta por mezclar, no obstante, la política con la literatura y el arte? *Ya* 29.6.74, 5: Nixon se mezcla con una masa de 300 ciudadanos soviéticos en la plaza Roja de Moscú. Al detenerse el automóvil presidencial, Nixon se adentró en la muchedumbre, que le ovacionaba. **b)** *pr* Juntarse [una cosa con otras] sin formar un todo homogéneo. | * Al caerse al suelo se mezlaron todos los caramelos.
3 Hacer que [alguien o algo (*cd*)] intervenga o tome parte [en un asunto]. | J. A. Corte *Odi* 3.7.68, 4: Hubo algunas dificultades en las que mezcló sus intereses el duque de Medinaceli. **b)** *pr* Intervenir o tomar parte [en un asunto]. | *País* 10.6.80, 27: Eleuterio Sánchez .. recibió una compensación económica que parece que le ha inducido a mezclarse en el mundo giratorio del microsurco. E. Haro *Tri* 20.3.71, 5: ¿Era una maniobra de los "servicios especiales" de Demirel? .. ¿Era una provocación de los golpistas para iniciar su acción? ¿Era un montaje de la C.I.A. para provocar el estallido? ¿Se mezclaban dos o más de estos elementos en el suceso?

B *intr* ➤ **a** *normal* **4** Juntarse [una cosa con otra u otras] formando un todo homogéneo. *Frec pr*. | *Abc* 23.8.64, sn: Su Cuba libre, soda o Ginger Ale estará mejor con una copa de Fundador, el coñac seco y suave que mejor mezcla con su refresco preferido. Navarro *Biología* 145: Las secreciones de las glándulas salivales junto con la secreción de mucus de la mucosa bucal se mezclan en la boca originando un líquido o saliva, incoloro, viscoso y de pH alcalino.
➤ **b** *pr* **5** Tener relación o trato [con alguien o algo]. | R. Serrano *SYa* 11.12.88, 65: Las dominicas de Santa Catalina no volverán a mezclarse con el praliné, las guindas y el anís hasta las nueve del día siguiente.
6 Inmiscuirse o entrometerse [en algo]. *Tb sin compl*. | Escudero *Capítulo* 171: Nadie se mezclará en asuntos de la formación o de las formandas en cuanto tales, sino las Superioras a quienes competa según derecho. Diosdado *Anillos* 2, 220: –Yo no puedo mezclarme, compréndelo. –¡Caray! ¡Pues bien que te mezclaste aquel día, en Zaragoza! "Tienes que conocer a mi hermana... Quiero presentarte a mi hermana..."

mezclilla *f* (*Tex*) Mezcla [1d], esp. de poco cuerpo. | FVidal *Señas* 15: Un chaleco de mezclilla, lana y fibra artificial, poliestireno o no sé.

mezcolanza *f* (*desp*) Mezcla [1a]. | Alfonso *España* 74: Lo peor no es .. que se construya en estilos funcionales, sino anárquicamente, en desaire con el contorno o en fea mezcolanza con lo antiguo. CNavarro *Perros* 15: A Susi le entusiasmaba .. aquella mezcolanza de cuadros y de personas.

mezquinamente *adv* De manera mezquina. | FReguera-March *Boda* 42: Juzga usted mezquinamente a Canalejas. Laforet *Mujer* 200: Sufría yo tan absurdamente, tan mezquinamente.

mezquindad *f* **1** Cualidad de mezquino. | Laiglesia *Ombligos* 80: No caigan en la inocente tentación de llevárselas como recuerdo. (Lo cual es una prueba de mezquindad indignante.) P. Comas *Van* 28.3.74, 36: El año pasado, debido a la rigurosa sequía, surgieron los espárragos con mezquindad. Mercader-DOrtiz *HEspaña* 4, 113: Las comarcas cantábricas tuvieron siempre fama de pobres y estériles .. El renombre de mezquindad de estas tierras, junto con su gran proporción de hidalgos, les permitieron escapar en gran medida a la implacable fiscalidad de los Austrias.
2 Cosa mezquina. | AMillán *Juegos* 135: Cuando la venganza es aislada y solitaria resulta un acto de bandidaje y una mezquindad.

mezquinería *f* (*raro*) Mezquindad. | *CoA* 1.4.75, 3: Deseando que allí donde llegue nuestra noticia llegue también nuestra llamada a la reflexión, a la decisión de abandonar los pequeños problemas económicos, la mezquinería del subir un poco más alto.

mezquino -na *adj* **1** Falto de generosidad y nobleza, esp. por excesivo apego al interés material. | CNavarro *Perros* 88: Eres más mezquino y pusilánime de lo que pensaba. **b)** Tacaño (reacio a dar o gastar). | Ribera *Misal* 1476: Gastan y malgastan el dinero en mundanidades y son mezquinos para las obras de piedad.
2 [Cosa] muy pequeña o insignificante. | MSantos *Tiempo* 12: Vivir con la parva adición de propinas .. al sueldo mezquino. J. C. Luna *VozC* 10.7.55, 4: Pocas horas de duro viento solano o marismeño; la terquedad de la niebla pegajosa; unos soplos helados sobre la escarcha pueden paralizar la granazón o arrutanarla, haciéndola mezquina.
3 (*lit*) Pobre o miserable. | Aparicio *César* 64: Vio siempre el mismo llanto de niños en los que la muerte se ceba, el mismo linaje perdido, separado del mundo, que nace, que vive, que muere encerrado en la campiña mezquina de unos lóbregos valles.
4 (*raro*) Desdichado o infeliz. | Laforet *Mujer* 105: Me acordé de mi madre, siempre metida en la iglesia, siempre suspirante y mezquina. –He conocido personas muy creyentes y sufriendo siempre.

mezquita *f* **1** Edificio consagrado al culto musulmán. | *Van* 4.11.62, 5: La catedral de Argel ha sido convertida en mezquita.
2 (*euf, col*) Urinario. *Tb* – DE BENAMEAR. | * Necesito ir a la mezquita.

mezquite *m* Árbol leguminoso de la América tropical, de fruto comestible y cuya corteza exuda una goma de uso industrial (*Prosopis juliflora*). | GCabezón *Orotava* 122: Mezquite, *Prosopis juliflora*, D.C. .. Planta de las zonas desérticas, que en medio más favorable se desarrolla en árbol hasta de unos 15 metros. Las legumbres son utilizadas para el ganado y algo para la alimentación humana.

mezzo (*it; pronunc corriente,* /métso/) *f* (*Mús*) Mezzosoprano [2]. | FCid *Abc* 13.6.58, 13: El conglomerado fabuloso de un conjunto austriaco, un tenor italiano, una "mezzo" americana, una obra francesa, un tema español y un director alemán, consiguió un espectáculo inolvidable. GAmat *Conciertos* 88: Después del imaginativo cuarteto, aparece una preciosa cavatina de la mezzo, que está entre lo mejor de todo Rossini.

mezzosoprano (*tb con la grafía* **mezzo-soprano**; *it; pronunc corriente,* /metsosopráno/) (*Mús*) **A** *m* **1** Voz femenina intermedia entre la de soprano y la de contralto. *Gralm* VOZ DE ~. | * Tiene voz de mezzosoprano. * Su voz nos pareció un mezzosoprano de mucha fuerza.
B *f* **2** Cantante que tiene voz de mezzosoprano [1]. | *Abc* 21.5.67, 106: El premio a la mejor interpretación nacional correspondió a la mezzosoprano Anna Ricci. L. Alberdi *DBu* 27.12.70, 3: La mezzo-soprano Margarita Fábregas.

mi¹ → MÍO.

mi² *m* Tercera nota de la escala musical. | Valls *Música* 31: Una escala integrada por siete sonidos que llamamos notas ..: do, re, mi, fa, sol, la, si.

mi³ (*tb con la grafía* **my**) *f* Letra del alfabeto griego que representa el sonido [m]. (V. PRELIM.)| Estébanez *Pragma* 43: Alfabeto griego: .. mi, ni, xi, ómicron.

mí → YO.

miagar *intr* (*reg*) Maullar. | Mateo *Babia* 108: Los pobres [gatos] en el camino no tenían donde miagar, y miagaban como desesperados cuando olían una villa. Cuando pasábamos por Belmonte o por Salas, a miagar el gato .. Algunas noches les sigo oyendo miagar.

miaja¹ (*pop*) **I** *f* **1** Cantidad pequeña [de algo]. | DCañabate *Paseíllo* 50: Ni sabéis lo que es dormir las noches de invierno arrimao a la pared del horno de una tahona pa hacerte la ilusión de que sentías una miaja de calor.
II *pron* **2** (*reg*) Poco. | Nácher *Guanche* 135: –Pedirá también. Yo no soy el banco. –No es, pero miajita le falta.
III *adv* **3 una ~** (*tb, reg, ~*). Un poco. | * Ese sitio queda una miaja lejos, no digas. Nácher *Guanche* 106: El pozo quea miajita lejos.

miaja² *f* (*hist*) Meaja (moneda). | Sobrequés *HEspaña* 2, 81: Como monedas de menor valor, las más abundantes, desde luego, y las corrientes en las pequeñas transacciones cotidianas, existían en Cataluña y Aragón los óbolos y mallas (miajas), iguales a medio dinero.

miajadeño -ña *adj* De Miajadas (Cáceres). *Tb n, referido a pers*. | F. Ruiz *Hoy* 4.1.77, 2: Miajadas .. La realización de este festival agrupó a un centenar de miajadeños.

miajón *m* (*reg*) Miga o sustancia. | M. GManzano *Rev* 12.70, 19: Cada vocablo exacto y medido ofrece al lector "el miajón", la pasión por la tierra.

mialgia *f* (*Med*) Dolor muscular. | *TMé* 24.12.82, 33: Indicaciones: .. Artrosis, poliartritis, mialgias.

miamense *adj* De Miami (EE.UU.). *Tb n, referido a pers*. | G. ÁLimeses *Abc* 16.2.68, 24: Un paisaje de Everglades, el viejo lugar del antiguo puerto miamense, en donde pudo desembarcar Ponce de León.

miar (*conjug* **1c**) *intr* (*reg*) Maullar. | Faner *Flor* 98: En casa de Diodor la rubita se mostraba entre bastidores, miando como gata maula.

miasis *f* (*Med*) Afección producida por moscas o larvas de mosca. | Bustinza-Mascaró *Ciencias* 153: La mosca verde de la carne es verde y con reflejos metálicos. Puede también producir miasis cutánea e intestinal.

miasma *m* (*tb, raro, f*) Emanación dañina que se desprende de cuerpos enfermos, materias en descomposición o aguas estancadas. *Gralm en pl*. | *Economía* 15: Los miasmas, olores y humo de los demás vecinos se lleva el aire antes de llegar hasta ellos. CBonald *Ágata* 62: Sintió que la rodeaba la impregnación tenebrosa de la marisma, con sus miasmas inyectadas en la tupida urdimbre de la humedad. Paso *Sirvientes* 19: Aquí hay mucho coche y mucho miasma.

miasmático -ca *adj* De (los) miasmas. | E. A. GCaballero *Abc* 26.11.88, sn: El 60 por 100 de la prostitución en la zona Centro padece "al menos una enfermedad sexual" .. La calle es una lotería miasmática.

miastenia *f* (*Med*) Astenia muscular. | L. Pancorbo *Ya* 26.3.75, 8: Onassis .. se enfermó de miastenia, una rarísima enfermedad que provoca una progresiva debilidad de los músculos.

mezzosoprano – micénico

miasténico -ca *adj* (*Med*) De (la) miastenia. | Paso *Gac* 26.3.72, 24: La enferma, por una predisposición miasténica, estaba respirando con el diafragma solamente.

miau I *interj* **1** *Imita la voz del gato. A veces se sustantiva como n m*. | Olmo *Golfos* 13: El gato, alegre o triste, siempre dice ¡miau!, y el niño no. CPuche *Sabor* 124: Tía Matilde empezó a imitar a la gata y a soltar unos "miau", "miau" espantosos.
2 *Se usa, con intención burlesca, para negar o expresar incredulidad. A veces se sustantiva como n m*. | Lera *Boda* 615: –Pero ¿en cueros de verdad? .. –Como las parió su madre. –¡Huy! .. –Hay que reconocer que en eso están más adelantados que nosotros .. Aquí, si no te casas, ¡miau! GPavón *Rapto* 29: Sí, sí..., y que no se enojaba, y que en cualquier monte... ¡Miau! GPavón *Hermanas* 27: Después de echar un ¡miau! a lo de "hombre", le dijo muy afable: "No te pongas así, hombre de Dios".
II *m* **3** (*infantil*) Gato (animal). *Tb humoríst, fuera del ámbito infantil*. | Cunqueiro *Sáb* 10.12.75, 31: Yo podía hablarle a mi amiga de la probada actuación erótica de estos gatos en los harenes de Constantinopla y de Siria, pero no lo hice por respeto al dolor que sentía por la muerte de su miau eunuco.

mibor *m* (*Econ*) Precio del dinero en el mercado interbancario de Madrid. | *Ya* 8.2.83, 26: Caja Madrid ha sido la que ha sindicado el crédito más importante, concedido a Seat por importe de 18.000 millones de pesetas y firmado en dos tramos sobre mibor e interés fijo.

mica *f* Mineral de estructura hojosa, fácilmente exfoliable y buen aislante eléctrico, que es uno de los constituyentes fundamentales del granito. | Ybarra-Cabetas *Ciencias* 55: Grupo de las micas. Son ortosilicatos ácidos que se caracterizan por su fácil exfoliación, dando láminas flexibles, elásticas y muy brillantes.

micáceo -a *adj* (*Mineral*) **1** De (la) mica. | Bustinza-Mascaró *Ciencias* 317: Entre los diversos tipos de estructura [de los minerales] están: la laminar, que la presentan los minerales de aspecto tabular, .. micáceo, escamoso o pizarroso; la fibrosa.
2 Semejante a la mica. | Ybarra-Cabetas *Ciencias* 59: El oligisto se presenta a veces en láminas (hierro especular) o escamas de color gris acerado e intenso brillo (oligisto micáceo).

micacita *f* (*Mineral*) Roca metamórfica compuesta de cuarzo y mica, de estructura pizarrosa y color verdoso. | Bustinza-Mascaró *Ciencias* 345: Micacitas. Son rocas de aspecto pizarroso (pizarras cristalinas) y están compuestas principalmente de mica y cuarzo.

micción *f* (*lit o Fisiol*) Acción de orinar. | Delibes *Hoja* 141: El viejo Eloy empezó a notar frecuencia en las micciones y un pasajero escozor. Bustinza-Mascaró *Ciencias* 72: Las paredes de la vejiga son elásticas, y de vez en cuando hay que vaciarla mediante el acto de la micción.

miccionar *intr* (*lit, raro*) Orinar. | *Ya* 13.2.87, 21: Aluden los vecinos a que dichos individuos miccionan, vomitan y defecan en calles, jardines y cabinas telefónicas.

micela *f* (*Biol*) Agregado de moléculas de una disolución coloidal. | Navarro *Biología* 12: Las partículas de los coloides orgánicos pueden estar formadas por agregados de moléculas, denominados micelas, o por grandes moléculas (macromoléculas).

micelar *adj* (*Quím*) De (las) micelas. | Navarro *Biología* 12: A los primeros se los denomina coloides micelares.

micelio *m* (*Bot*) Talo de los hongos. | Bustinza-Mascaró *Ciencias* 283: El aparato vegetativo [del hongo campesino] está formado por filamentos tabicados y ramificados, los cuales se hallan en el interior de la tierra rica en materias orgánicas formando el llamado micelio o blanco del hongo.

micénico -ca (*hist*) **I** *adj* **1** De Micenas (antigua ciudad griega). *Tb n, referido a pers*. | Pericot-Maluquer *Humanidad* 141: Su posesión [de Chipre] fue disputada sucesivamente por egipcios, hititas, micénicos, fenicios, asirios y griegos. **b)** De la cultura que tuvo por centro Micenas en los ss. XV al XII a.C. | Pericot-Maluquer *Humanidad* 114: En las culturas del occidente de Anatolia y de la Creta minoica renacerá con gran fuerza para trasmitirse al mundo

micer – micro-

micénico y al arte arcaico griego. Estébanez *Pragma* 15: Argólide, zona importante en la época micénica.
II *m* **2** Lengua indoeuropea del grupo griego, propia de la civilización micénica [1]. ǀ Villar *Lenguas* 125: La dialectología griega en general y el micénico en particular resultan ser hoy uno de los terrenos más fecundos para la investigación en el campo de la filología griega.

micer *m* (hist) *Tratamiento honorífico de los letrados en los estados de la Corona de Aragón.* ǀ Cunqueiro *Un hombre* 39: Tadeo le había pedido permiso a micer Celedonio para que lo acompañase un forastero.

michelín *m* (col) *Pliegue de grasa en el cuerpo.* ǀ Laiglesia *Ombligos* 25: El hecho de que conservemos ese cratercillo inútil en el árido paisaje abdominal, desierto solo interrumpido por la duna adiposa de algún "michelín", indica que el ombligo cumple también una misión importante en la edad adulta. Palomino *Torremolinos* 92: Las mejillas se pliegan en michelines y los ojillos sonríen, también rodeados de arruguitas.

michi *m* (reg) *En el juego de bolos:* Bolo *más pequeño.* ǀ G. GHontoria *Nar* 7.76, 26: Las piezas adquiridas en todos estos viajes son de gran interés .. Juego de bolos palentinos, con el bolo pequeño, que llaman allí "michi".

michino -na *m y f* (col) *Gato (animal). Gralm se usa para llamarlo.* ǀ * Se oía la voz de la abuela llamando al gato: –Michino, michino.

michirón *m* (reg) *Haba cocida con sal, pimienta, laurel y ajo.* ǀ *Ama casa* 1972 12b: Platos típicos regionales .. Murcia. Michirones. Zarangollo. Longaniza blanca.

micho -cha *m y f* (col) *Gato (animal). Gralm se usa para ahuyentarlo.* ǀ * Alguien se encargaba de echar al gato de la cocina: ¡Micho!

michoacano -na *adj* De Michoacán (estado de Méjico). *Tb n, referido a pers.* ǀ R. Ruiz *País* 28.2.89, 60: Los dibujos son de Alvar; los textos, de los indígenas mexicanos. Uno de ellos recuerda el asesinato, el pasado 31 de diciembre, de Elpidio Domínguez Castro, uno de los principales dirigentes michoacanos en la lucha por la integridad de las tierras comunales.

micifuz *m* Gato (animal). ǀ Cunqueiro *Sáb* 10.12.75, 31: Cuando mi amiga me ve atento a sus explicaciones, y que me conduelo de la muerte de su micifuz, se sosiega y me explica que se trataba de un gato persa blanco, de ojos azules.

mico I *m* **1** Mono de cola larga. ǀ Legorburu-Barrutia *Ciencias* 225: Los dos grupos de simios: platirrino: mico, monos arañas. Catarrino: mona de Gibraltar, mona común.
2 (col) Pers. pequeña. *Frec se usa como insulto cariñoso, esp dirigido a niños.* ǀ ZVicente *Examen* 51: Qué coño se habrán creído estos micos, para ellos todo es regalo y sanseacabó. DCañabate *Paseíllo* 77: –Oye, tú –increpa ella, descompuesta–, mico, que eres un mico enfatuao, que no soy una buscona tus cuatro perras.
II *loc v* **3 volverse ~.** (col) Poner gran interés y dedicación [para algo, que gralm. no se consigue]. ǀ VMontalbán *Mares* 26: Vas al quiosco y no encuentras nada. El dueño se vuelve mico para encontrar algo.

micoderma *m* (Bot) Hongo que transforma el alcohol etílico en agua y anhídrido carbónico (gén. *Mycoderma*). ǀ C. Llaguno *SYa* 4.11.73, 17: Las virutas frescas o virutas calentadas hasta destruir el "Micoderma" presente en la superficie eran incapaces de convertir el alcohol en acético, por lento que se hiciera el flujo de la solución de alcohol sobre ellas.

micofágico -ca *adj* (lit) Que tiene costumbre de comer setas. ǀ N. Luján *Gac* 28.9.75, 21: Tiene España dos regiones singularmente micofágicas, que son el País Vasco y Cataluña.

micófago -ga *adj* (lit) Que come setas. *Tb n, referido a pers.* ǀ X. Domingo *Cam* 11.10.76, 79: Lo único que puede salvar la vida del goloso micólogo –del micófago– en su arriesgado placer es una larga experiencia, buenas y abundantes lecturas y el estudio de los hongos.

micófilo -la *adj* (raro) Aficionado a las setas. ǀ CApicius *TCR* 16.11.90, 30: No es ningún secreto que, aparte de Cataluña y el País Vasco, este país es poco micófilo: para la inmensa mayoría de los españoles apenas hay más setas que los níscalos y las setas de cardo.

micología *f* Estudio de los hongos. ǀ Navarro *Biología* 233: Microbiología .. Comprende cuatro ramas: Bacteriología .., Virología .., Protozoología .. y Micología.

micológico -ca *adj* De (la) micología. ǀ Delibes *Castilla* 84: Las setas están destinadas a una sociedad micológica .. para ser analizadas.

micólogo -ga *m y f* Especialista en micología. ǀ Perala *Setas* 35: Al cual [*Entoloma lividum*] se deben, según algunos micólogos franceses, el 80 por 100 de los envenenamientos producidos por setas.

micorriza *f* (Bot) Asociación simbiótica del micelio de un hongo con las raíces de algunas plantas. *Tb el mismo hongo.* ǀ Navarro *Biología* 276: Las fanerógamas que presentan micorrizas son muy variadas. Ybarra-Cabetas *Ciencias* 245: La caries del trigo es producida por un Ustilagal (*Tilletia caries*) que ataca a los granos, produciendo grave daño. Son también sumamente perjudiciales las micorrizas.

micosis *f* (E) Enfermedad causada por hongos. ǀ Corbella *Salud* 459: Las micosis cutáneas .. se encuentran en fase de crecimiento.

micótico -ca *adj* (E) [Enfermedad] causada por hongos. ǀ V. Mundina *Ya* 12.9.85, 31: El geranio es bastante sensible a las enfermedades micóticas, es decir, producidas por hongos.

micra *f* Unidad de longitud equivalente a la milésima parte del milímetro. ǀ Bustinza-Mascaró *Ciencias* 18: El tamaño de las partículas en los solutoides es menor que una milésima de micra.

micro *m* (col) **1** Micrófono. ǀ Medio *Bibiana* 84: Espero que ante el micro no te confundas.
2 Microbús. ǀ Marlasca *Abc* 14.5.70, 45: Tomemos al azar dos líneas cualquiera de microbuses .. El que otee con inquisidora mirada el "micro" de sus necesidades en la calle de Orense terminará ciego perdido.
3 (raro) Microordenador. ǀ *Ya* 3.7.86, 2: El "micro" no es un "electrodoméstico" cualquiera: si se desconecta de la red, aunque solo sea un instante inapreciable, quedará borrado todo lo [que] se haya introducido en su memoria hasta ese momento.
4 (argot de laboratorio) Microscopio. ǀ MSantos *Tiempo* 159: Lo único que le gusta es estar mirando por el micro a los ratones.

micro- *r pref* **1** Denota tamaño diminuto o microscópico. ǀ *Por ej:* C. INavarro *SYa* 27.3.77, 14: El chancroid o chancro blando .. de bordes netos blandos despegados a veces, enmarcados por una franja carmín, de fondo sucio, sanioso, con microabscesos purulentos. Pericot-Maluquer *Humanidad* 91: Raspadores circulares o unguiculares, microburiles. Al. Gómez *Ya* 17.5.90, 65: Los microconectores de silicona, idóneos para reparar heridas sangrantes. *Impreso* 1.88: Hacen que el suelo bajo la encina esté bien abonado y se cree un microecosistema, caracterizado además por una menor cantidad de luz y un microclima más moderado respecto del exterior. R. ÁBerciano *País* 12.5.89, 82: El telespectador solo tiene que dejarse espiar –sistemas de aparatos infrarrojos para detectar la presencia de espectadores [ante] el aparato, sensores térmicos, microemisores, etcétera–. *Libro agrario* 89: Microfactores en nutrición animal. *ByN* 23.12.90, 84: Azul evasión, a la izquierda, para este conjunto en microfibra de poliamida. *Ya* 4.2.92, 22: La multinacional Sony ha anunciado el lanzamiento este mes de la menor micrograbadora del mundo. A. Garrido *Abc* 29.7.67, 61: Hizo asimismo una detenida exposición del fotocromismo y las microimágenes mediante las películas que no requieren desarrollo o procedimientos químicos. *SYa* 3.1.90, 3: Las fotografías .. fueron cedidas por el doctor Ramón Singla, de Barcelona, especialista en microinjerto de pelo natural. *MOPU* 7/8.85, 70: Algunos micromamíferos, como el lirón gris, tienen gran interés ecológico. Al. Gómez *Ya* 17.5.90, 65: La capacidad de manipulación de estas partículas amplía el potencial de la nanotecnología y sus micromáquinas. Cabezas *Abc* 23.12.70, 22: Se venden ramas forestales y materiales geológicos, para construir los micromundos de los "Belenes". *Nue* 24.1.70, 13: Situación de las microparroquias en relación con la disponibilidad futura de sacerdotes. A. Villa-

microalga – microelectrónico

nueva *Abc* 12.9.68, 65: Es admirable que el hombre –esa micropartícula del cosmos– vaya descubriendo, con la luz del alma, las fuentes de energía. J. L. Aguilar *Ya* 22.3.89, 16: La microplanta, recién salida de su recipiente de cultivo en gel, se pone por primera vez en contacto con la tierra. V. A. Pineda *Des* 12.9.70, 18: El contacto de Athos Magnani con ese micro-universo .. le lleva a conocer a los supervivientes de entonces.
2 (*E*) Millonésima parte. *Antepuesta a ns de unidades de medida, forma compuestos que designan unidades un millón de veces menores.* | *Por ej: Unidades* 37: Factor por el que se multiplica la unidad: .. 10^{-6}. Prefijo: micro. Símbolo: μ.

microalga *f* Alga microscópica. | *NLu* 6.11.89, 9: Microalgas transformadas en harina, futuro de la alimentación.

microanálisis *m* (*Quím*) Análisis efectuado con una cantidad extremadamente pequeña de materia. | C. Nicolás *SAbc* 14.12.69, 21: Con los microanálisis durante el parto, se pueden detectar sufrimientos fetales, mucho antes de lo que era posible hasta ahora.

microbacteria *f* (*Bot*) Bacteria muy pequeña. | *Tri* 15.7.72, 32: Piedex, protege eficazmente sus pies contra hongos y microbacterias.

microbiano -na *adj* **1** De (los) microbios [1]. | Bustinza-Mascaró *Ciencias* 365: La proporción de microbios es menor si el suelo es de clima seco .. En primavera es mayor el contenido microbiano que en verano y que en invierno.
2 Producido por microbios [1]. | Alvarado *Anatomía* 154: Adquisición de las enfermedades microbianas.
3 Que tiene carácter de microbio [1]. | Bustinza-Mascaró *Ciencias* 96: Para que la enfermedad se produzca, el agente microbiano tendrá que llegar hasta el organismo e instalarse en él.

microbicida *adj* (*E*) Que mata los microbios [1]. *Tb n m, referido a agente o producto.* | Alvarado *Anatomía* 158: La práctica médica de tratar las enfermedades microbianas por substancias microbicidas se conoce con el nombre de quimioterapia. | Alvarado *Anatomía* 181: Los rayos solares son un excelente microbicida.

micróbico -ca *adj* (*raro*) Microbiano. | *Sur* 5.8.89, 47: En la Unión Soviética ya [se] está empleando el llamado "abono micróbico", consistente en microorganismos que fijan el nitrógeno.

microbio *m* **1** Ser unicelular microscópico, esp. patógeno. | Bustinza-Mascaró *Ciencias* 90: Debemos exagerar las precauciones higiénicas con las manos, pues en ellas pueden depositarse toda clase de microbios.
2 (*col, humoríst*) Pers. muy pequeña. | * Ven aquí, microbio, y deja de dar la lata.

microbiología *f* Ciencia que estudia los microbios [1]. | Navarro *Biología* 233: El estudio de los microbios está a cargo de la Microbiología. Comprende cuatro ramas: Bacteriología .., Virología .., Protozoología .. y Micología.

microbiológico -ca *adj* De (la) microbiología. | Navarro *Biología* 233: La Bacteriología y la Virología son las dos ciencias microbiológicas que tienen más importancia.

microbiólogo -ga *m y f* Especialista en microbiología. | P. Crespo *Abc* 16.6.74, 49: Dos microbiólogos americanos .. comunicaban que algunos tipos de bacterias .. eran capaces de lograr la hasta ahora imposible biodegradación del DDT.

microbús *m* Autobús de tamaño y número de plazas inferiores a los normales. | Marlasca *Abc* 19.5.70, 43: La empresa de microbuses, como servicio público, tiene .. derecho .. a gozar de análogos privilegios críticos.

microcasete *m o f* Casete (cinta) de dimensiones muy reducidas. | *Prospecto* 11.92, 162: El Corte Inglés .. Contestador: graba hasta una hora de mensaje en un microcasete.

microcefalia *f* (*Med*) Desarrollo insuficiente del cráneo, frec. asociado con retraso mental. | *Ya* 12.3.83, 27: Casuística de malformaciones y anomalías fetales en 11.512 niños .. Microcefalia: 4. Hidrocefalia: 9.

microcéfalo -la *adj* (*Med*) Que tiene microcefalia. *Tb n.* | CBonald *Casa* 86: Una muchacha de cuerpo robusto y más bien microcéfala .. iba montada a horcajadas en la mula.

microchip (*pl normal, ~s*) *m* (*Electrón*) Chip. | *Ya* 7.4.90, 51: Crean y aíslan un átomo de xenón en laboratorio. El proceso puede suponer una revolución para el "microchip".

microcima → MICROZIMA.

microcircuito *m* (*Electrón*) Circuito integrado. | *Cam* 11.5.81, 176: El resultado ha sido la puesta a punto de un instrumento electrónico a base de microcircuitos de silicio.

microcirugía *f* (*Med*) Cirugía que se realiza mediante microscopio. | *Tri* 15.8.70, 12: Un grupo de investigadores .. se hallan ocupados en perfeccionar los métodos de la microcirugía mediante la utilización de rayos láser.

microcirujano -na *m y f* (*Med*) Especialista en microcirugía. | M. Calvo *Ya* 18.4.75, 40: El oftalmólogo desempeña una misión importante en la patología general y se ha transformado en un experto en fisiología que al mismo tiempo es un oftalmólogo, un bioquímico y un microcirujano.

microclima *m* (*Ecol*) Clima local [de un lugar pequeño]. | M. Toharia *SInf* 16.12.70, 9: En este aspecto, el tiempo se muestra como un aliado, pues el microclima urbano, caracterizado por un incremento de la temperatura respecto a las zonas de los alrededores, es cada vez menos propicio a las grandes nevadas.

microclimático -ca *adj* (*Ecol*) De(l) microclima. | J. Benzal *VSi* 7.89, 21: Durante las horas de reposo .. los murciélagos se albergan en lugares que, reuniendo unas condiciones microclimáticas adecuadas, les permiten, mientras permanecen en ellos, estar aislados del medio externo.

micrococo *m* (*Biol*) Microbio esférico. | Navarro *Biología* 234: Los cocos son inmóviles y pueden estar dispuestos .. en racimos (micrococos y estafilococos).

microcomputador *m* Microordenador. | *Pue* 9.11.70, 8: Microcomputadores con perforador de cinta.

microcomputadora *f* Microordenador. | *Cam* 11.5.81, 176: Esta microcomputadora es una placa de silicio de solo 2 cm., por lo que es muy fácil disimularla en joyas y relojes pulsera.

microcósmico -ca *adj* De(l) microcosmos. | *Tri* 26.8.72, 46: Tuvo en cambio ese éxito para su gran obra novelesca, especialmente para el largo fresco microcósmico de "Los hombres de buena voluntad".

microcosmos *m* (*Filos o lit*) Ser o entidad considerados como una imagen reducida del universo. *Se opone a* MACROCOSMOS. | Gambra *Filosofía* 136: Se ha dicho que [el hombre] es un resumen o compendio del Universo, un microcosmos (un mundo en pequeño). *SInf* 25.11.70, 4: El origen de la reproducción hemos de buscarlo en ese maravilloso microcosmos celular sobre el que se estructura el mundo orgánico.

microcristalino -na *adj* (*Mineral*) Formado por cristales microscópicos. | Aleixandre *Química* 113: Otras veces [las variedades de sílice] se presentan en masas compactas de superficies curvas, constituyendo los minerales ónix, ágata, jaspe, etc., los cuales no forman cristales microscópicos, sino que tienen estructura microcristalina.

microeconomía *f* (*Econ*) Parte de la economía que estudia el comportamiento individual de los factores productivos. *Se opone a* MACROECONOMÍA. | Al. Valverde *SPaís* 23.3.80, 7: El volumen .. se presenta como un esfuerzo por aplicar la microeconomía a la gestión empresarial.

microeconómico -ca *adj* (*Econ*) De (la) microeconomía. | Velarde *Raz* 5/6.89, 266: Resolver el problema plantea cuestiones microeconómicas un tanto diferentes.

microelectrónico -ca I *adj* **1** De (la) microelectrónica [2]. | Al. Gómez *Ya* 17.4.90, 5: Se tratará de viviendas unifamiliares, con jardín, piscina, etc., para que las últimas técnicas microelectrónicas demuestren que todo puede integrarse.
II *f* **2** Parte de la electrónica que se refiere a los circuitos integrados. | G. Lorente *Abc* 9.4.67, 18: Es la microelectrónica la tercera generación, la nieta por línea directa de

microelemento – microgranudo

aquella electrónica que vino al mundo el año 1907, cuando se inventó el triodo.

microelemento m (*Biol*) Elemento químico que se encuentra en cantidades mínimas en los organismos animales y vegetales y que es esencial en algunos procesos fisiológicos. | Bustinza-Mascaró *Ciencias* 21: Se dividen [los bioelementos] en elementos mayores, por entrar en mayor cantidad, y elementos menores o microelementos, que entran en pequeña proporción.

microencefalia f (*Med*) Microcefalia. | *Ya* 15.2.90, 20: Un alcalde "que está rodeado por una corte de andalucistas aduladores y cuya característica más acentuada es la microencefalia".

microespacio m (*RTV*) Programa de corta duración que se enmarca dentro de otro más amplio. | *Ya* 13.11.91, 17: Cada día a las 15 horas se emitirá el microespacio *Cumple ya* en el programa de Luis Herrero "Noticias", de Antena 3 Televisión.

microfacies f (*Geol*) Facies considerada a escala microscópica. | *SInf* 5.3.75, 6: Estudios geológico-analíticos, que comprenden la preparación de muestras; la estratigrafía (macrofósiles, foraminíferos, ostrácodos, microfacies, etc.).

micrófago adj (*Biol*) **1** [Glóbulo blanco] que fagocita pequeñas células. Tb n m. | Alvarado *Anatomía* 35: Los más abundantes son los neutrófilos (71 por 100), llamados también micrófagos.
2 [Animal] que se alimenta de pequeñas partículas o microorganismos. Tb n m. | *Voz* 1.11.89, 1: Las salpas, micrófagos que aparecen en el plancton, parecen ser la causa más posible de la mortandad de marisco.

microfaradio m (*Electr*) Unidad de capacidad eléctrica cuyo valor es la millonésima parte del faradio. | Mingarro *Física* 108: Por lo general, las capacidades se expresan en microfaradios.

microfauna f (*Biol*) Fauna microscópica. | Pericot-Maluquer *Humanidad* 31: El estudio de la fauna menor e incluso de la microfauna, y en especial de las conchas, constituye un elemento esencial para el conocimiento de los cambios climáticos.

microficha f Ficha de tamaño normal que contiene, en soporte transparente, la reproducción fotográfica muy reducida de un texto. | *Antibióticos* 81: El movimiento anual de microfichas, o documentos científicos microfilmados, supera las 4.000 unidades.

microfilm (pl normal, ~s) m Microfilme. | F. Oliván *Abc* 30.12.65, 19: En su mesa de despacho .. ocultaba una diminuta cámara fotográfica para microfilms.

microfilmación f Acción de microfilmar. | *Abc* 15.11.68, sn: Se ha hecho mención a la importancia de la microfilmación en la Empresa actual.

microfilmado m Microfilmación. | *Abc* 15.11.68, sn: Hoy viene a esta misma sección otra de las más famosas marcas mundiales cuyos aparatos cubren la segunda fase de este proceso de microfilmado, que se ha impuesto en la casi totalidad de los archivos, de centros oficiales, universidades, bibliotecas, hospitales, etc.

microfilmador -ra adj Que microfilma. Tb n f, referido a máquina. | *Sp* 1.3.65, 43: Recordak tiene los aparatos, tanto microfilmadores como lectores, apropiados para ayudar a su empresa a resolver sus problemas de archivo.

microfilmar tr Reproducir en microfilme. | *Inf* 13.5.70, 22: Los documentos de nuestros archivos, microfilmados.

microfilme m Película para impresionar en tamaño muy reducido libros, documentos o cosas similares, cuya lectura ha de realizarse mediante la posterior ampliación en proyección o fotografía. | *HLM* 29.11.82, 11: Se ha acondicionado, dotando al edificio con amplias salas para lectores e investigadores, laboratorio de microfilme, biblioteca técnica de periodismo.

microfísica f Parte de la física que trata de los átomos, núcleos y partículas. | E. Novoa *Abc* 17.4.58, 9: Einstein dedicó los últimos años de su vida a tratar de armonizar esa contradicción, buscando la expresión del campo unificado, que fuese común a las magnitudes fundamentales y aplicable en la microfísica.

microflora f (*Biol*) Flora microscópica. | R. Casares *SYa* 6.12.70, 7: La microflora, aquellos vegetales microscópicos como las bacterias, las levaduras y ciertas algas, es la que también nos puede proporcionar recursos insospechados.

microfonía f (*Med*) Uso de micrófono. | *MMé* 15.6.87, 13: Utilizando técnicas de grabación intrauterina, mediante hidrofonía y microfonía sin tensión de polarización, ha medido, en herzios y decibelios, diferentes tipos de ruidos captados dentro del habitáculo uterino.

microfónico -ca adj De(l) micrófono. | *Abc* 30.5.58, sn: Alquiler máquinas de escribir nuevas. Mecanografía tacto, dictado microfónico.

micrófono m Aparato que transforma las ondas sonoras en modulaciones de una corriente eléctrica que permite amplificar los sonidos, grabarlos o reproducirlos a distancia. | Medio *Bibiana* 78: El hombre, un locutor de radio posiblemente, parece que está hablando ante un micrófono.

microfósil m (*Geol*) Fósil microscópico. | *Abc* 10.7.93, 63: Los microfósiles prueban que la vida en la Tierra surgió hace 4.000 millones de años.

microfotografía f Fotografía que se realiza mediante microscopio. | Navarro *Biología* 111: Microfotografía de sangre en la que se puede observar: a la derecha, un leucocito polinuclear neutrófilo; a la izquierda, un monocito.

microfotográfico -ca adj De (la) microfotografía. | E. Corral *Abc* 23.3.75, 55: Lo que en el filme canadiense es majestad faunesca e investigación de laboratorio, con abundantes secuencias microfotográficas, en "Prisioneros del bosque" son espacios abiertos con lujo de fauna agresiva, ibérica, majestuosa.

microfundio m Minifundio de muy pequeña extensión. | *Hoy* 18.9.74, 14: Atacando uno de los males endémicos de la agricultura: el del microfundio.

microfundista adj De(l) microfundio. | FQuintana-Velarde *Política* 116: Existe otra España con mínimas parcelas, divididas y subdivididas infinidad de veces: la España minifundista –incluso microfundista–.

microgameto m (*Biol*) Gameto masculino. | Alvarado *Botánica* 7: En la inmensa mayoría [de los vegetales] la reproducción sexual es anisogada, esto es, mediante microgametos (masculinos) y macrogametos (femeninos). J. Botella *SAbc* 4.1.70, 30: Pronto empezamos a ver en especies más perfeccionadas un macrogameto, que será el esbozo del óvulo, y un microgameto, que será el esquema del espermatozoide.

microglia (tb **microglía**) f (*Anat*) Tejido constituido por células pequeñas emigrantes y encargadas de fagocitar los productos de desintegración del sistema nervioso. | Alvarado *Anatomía* 28: Dos tipos celulares de naturaleza no nerviosa que forman la neuroglia y la microglia. Navarro *Biología* 100: Microglía .. Está formada por diminutas células, muy numerosas en la sustancia gris, y escasas en la blanca.

micrografía f Estudio o descripción de objetos vistos con el microscopio. Tb fig. | MPuelles *Hombre* 205: Con un vicioso circularismo que la hace incapaz de trascender, de salir de esa micrografía del bien particular, no hay tampoco plenitud de la dignidad de la persona humana.

micrográfico -ca adj De (la) micrografía. | Aleixandre *Química* 106: En ella [la hulla] aún se puede reconocer su origen vegetal por el análisis micrográfico.

microgramo m Unidad de peso equivalente a una millonésima de gramo. | MNiclos *Toxicología* 114: Se ha ensayado la N-aliloxomorfona, a dosis de cinco microgramos por Kilogramo.

microgranito m (*Mineral*) Roca de igual composición que el granito, pero de estructura microgranuda. | GTelefónica N. 234: Pablo y Solans, Crispín de. Grandes construcciones. Obras y vías férreas. Canteras de granito y microgranito.

microgranudo -da adj (*Mineral*) Formado por cristales microscópicos. | Ybarra-Cabetas *Ciencias* 75: Por el tamaño de los cristales, pueden [las rocas] ser macrogranudas y microgranudas.

microgravedad *f (Fís)* Estado en que la fuerza de la gravedad es insignificante, aunque no nula. | F. Castell *Ya* 16.1.90, 19: Una de las experiencias de crecimiento de cristales en microgravedad, que hubo de ser abandonad[a] a causa de la rotura de una pequeña ampolla, ha podido ser restablecid[a].

microinformático -ca I *adj* **1** De (la) microinformática [2]. | *SPaís* 10.3.91, 38: Técnico de soporte microinformático .. Requisitos: Diplomado en Informática. Amplios conocimientos del entorno microinformático.
II *f* **2** Informática de microordenadores. | *Pro* 14.6.88, 79: Para no ser "una más", Proinformática se ha dotado de los medios necesarios para dar una respuesta clara en los sectores de la microinformática más conflictivos.

microinyectar *tr (Biol)* Inyectar [algo] con ayuda del microscopio. | *SPaís* 16.4.89, 25 (A): Una vez microinyectados, los embriones se dejan una noche en cultivo y después se transfieren mediante microcirugía al óvulo de una hembra cruzada y hormonada.

microlente *f (raro)* Lentilla. | J. Hernanz *ASeg* 13.12.62, 7: Así mismo con el uso de microlentes se consigue el obtener la visibilidad binocula[r] en los casos de gran diferencia de refracción de ambos ojos, cosa que con las gafas ordinarias no era posible.

microlentilla *f* Lentilla. | Vizcaíno *Mancha* 99: El empleado de banca es hombre que apenas rebasará la treintena, muy cortés y mesurado .. En vez de gafas, usa microlentillas.

microlítico -ca *adj* **1** *(Mineral)* Que contiene microlitos [1]. | Bustinza-Mascaró *Ciencias* 337: Esa pasta puede ser vítrea y llevar en su seno pequeños cristales o microlitos (estructura microlítica).
2 *(Prehist)* De (los) microlitos [2]. | Pericot-Maluquer *Humanidad* 60: Hacia el sur, a lo largo de los ríos Angara y Selenga, siguen las industrias microlíticas, que perduran hasta el Neolítico.

microlitismo *m (Prehist)* Condición de microlítico [2]. | Pericot-Maluquer *Humanidad* 96: En la Península Ibérica, el microlitismo o geometrismo de las formas pétreas .. está muy difundido.

microlito *m* **1** *(Mineral)* Cristal microscópico de las rocas eruptivas. | Bustinza-Mascaró *Ciencias* 337: Esa pasta puede ser vítrea y llevar en su seno pequeños cristales o microlitos (estructura microlítica).
2 *(Prehist)* Instrumento prehistórico de piedra de pequeño tamaño. | Tejedor *Arte* 4: La cultura Capsiense .. se subdivide en dos períodos: el Inferior .. y el Superior, extendido por el Mediterráneo .. y caracterizado por su finísima industria lítica de tipos pequeños –los microlitos–.

micrometeorito *m (Astron)* Meteorito microscópico o muy pequeño. | J. J. Plans *SYa* 7.5.70, 3: Cotidianamente, aunque no nos enteremos, salvo en casos excepcionales, del cielo nos llueven 750.000 billones –¡billones!– de micrometeoritos.

micrométrico -ca *adj (Fís)* De (la) medición de dimensiones muy pequeñas. | Mingarro *Física* 14: El palmer .. consiste en un tornillo micrométrico, cuyo paso es de 1 mm, que gira dentro de una tuerca, la cual es de forma especial en U. Mingarro *Física* 194: Para poder estudiar cómodamente un espectro es necesario fijar la posición de cada color, lo cual se logra proyectando en el anteojo, por reflexión sobre la cara AC del prisma, una escala micrométrica de vidrio.

micrómetro *m* **1** *(Fís)* Instrumento para medir cantidades lineales o angulares muy pequeñas. | *Abc* 26.9.70, 15: Teodolito taquímetros T-202, de doble círculo, con micrómetro óptico y colimación automática.
2 Medida de longitud equivalente a la millonésima parte del metro. | M. J. Cañizares *Abc* 10.7.93, 63: Schopf, experto en este tercer método, asegura que hace 3.500 millones de años, estos microfósiles –cuyas células miden entre 0,5 y 20 micrómetros– ya tenían la capacidad de realizar la fotosíntesis.

microgravedad – micropene

micromilímetro *m* Unidad de medida equivalente a una millonésima de milímetro. | Torrente *Saga* 305: La verdadera dificultad no estaba en la síntesis, sino en lograr que el germen artificialmente conseguido fuese del tamaño justo, y no una millonésima de micromilímetro más.

microminiaturización *f (Electrón)* Reducción extremada de las dimensiones y del peso de los dispositivos electrónicos. | M. Calvo *MHi* 12.70, 13: Las industrias .. se han visto obligadas a hacer frente a increíbles exigencias de peso mínimo, microminiaturización y fiabilidad, en los sistemas y en las piezas.

micromódulo *m (Electrón)* Circuito miniaturizado que forma parte de determinados aparatos electrónicos, como la calculadora. | A. Garrido *Abc* 29.7.67, 61: Con el fin de reducir también el tamaño de las máquinas se ha creado el micromódulo, formado sobre una superficie un poco mayor de un centímetro cúbico.

micromotor *m (Mec)* Motor de pequeña potencia. | *GTelefónica 83* 1, 778: K. Kelvin S.L. Micromotores síncronos y asíncronos incluso con regulador de velocidad a par constante.

micrón *m* Micra. | Alvarado *Anatomía* 13: Para medirlas se emplea como unidad la micra o micrón.

micronesio -sia *adj* De Micronesia. *Tb n, referido a pers.* | *Cam* 18.8.75, 29: En 1668, los jesuitas se hicieron cargo de la educación de los indígenas micronesios [de las islas Marianas].

micronización *f (Fís)* Acción de micronizar. | *GTelefónica N.* 645: Técnica de Procesos, S.A. .. Micronización. Clasificación y separación de aire.

micronizar *tr (Fís)* Pulverizar [un producto] reduciendo sus partículas al tamaño de micrones. *Frec en part.* | F. Ángel *Abc* 25.3.58, 11: Azufre mojable "Medem". Contiene un 80 por 100 de azufre puro, de tipo micronizado.

micronúcleo *m (Zool)* Núcleo menor de los dos que tienen los protozoos ciliados, y del cual depende la reproducción. | Bustinza-Mascaró *Ciencias* 107: Tiene [el paramecio] dos núcleos: uno mayor, o macronúcleo, y otro más pequeño, o micronúcleo.

micronutriente *m (Biol)* Sustancia que, en cantidades minúsculas, es esencial para el desarrollo de un organismo. | M. Bacardí *Rio* 2.10.88, 34: Muchos ancianos están bajo tratamiento con fármacos, y existen interacciones entre estos y algunos micronutrientes, en perjuicio de la absorción y función de estos últimos. *Abc* 6.7.75, 35: Siendo sometidos a estudio los siguientes factores: .. La nutrición mineral del cultivo en sus varios aspectos: dosis de abono nitrogenado ..; fertilizantes .. y micronutrientes.

microonda *f (Fís)* Onda electromagnética de longitud comprendida entre un milímetro y un metro. | *Mad* 10.9.70, 18: El "B.O. del Estado" número 208, del día 31 de agosto próximo pasado, inserta anuncio convocando concurso para la adquisición de dos enlaces móviles de microondas para TVE en Barcelona.

microondas *adj invar* [Horno] de cocina muy rápido que funciona con microondas (→ MICROONDA). *Frec n m.* | *Sur* 7.8.88, 19: Horno microondas: 21.900. *Sur* 23.8.87, 37: Frimaco, S.A. Máquinas café, cocinas, freidoras, microondas, vitrinas frigoríficas.

microordenador *m* Ordenador de pequeñas dimensiones cuya unidad central es un microprocesador. | *País* 19.11.81, 7: Microordenadores. Relojes electrónicos. *Ya* 25.9.82, 33: Un microordenador controla todas las funciones de la máquina.

microorgánico -ca *adj* De (los) microorganismos. | J. A. Donaire *SInf* 12.5.71, 8: El oxígeno atmosférico queda aislado del agua, por lo que el pla[n]cton se transforma y se descomponen las colonias microorgánicas.

microorganismo *m* Ser solamente visible al microscopio. | *Inf* 29.5.70, 24: Si hay vida extraterrestre es solo a nivel de microorganismos.

micropene *m (Med)* Pene escasamente desarrollado. | *SPaís* 14.6.88, 3: Patología genital y sexológica .. Malformaciones del pene y testículos, intersexualidad, micropene.

micrópilo (*tb* **micropilo**) *m* (*Bot* y *Zool*) Orificio del óvulo de las plantas y de algunos animales, por el que penetra el elemento masculino. | Alvarado *Botánica* 41: La parte principal de los óvulos .. es una masa parenquimatosa, llamada nucela o nuececilla, envuelta por uno o dos tegumentos en forma de copa, cuya boca poriforme se llama micropilo.

microprocesador *m* (*Electrón*) Circuito integrado muy complejo, que funciona como unidad central de proceso de un ordenador. | Dátile *Ya* 29.5.81, 6: ¿Estará detrás de todo esto alguna multinacional del vídeo y el microprocesador?

micropropagación *f* (*Bot*) Producción de plantas a partir de una pequeña porción de tejido cultivada en un medio nutriente. | J. L. Aguilar *Ya* 22.3.89, 16: Esta sociedad está poniendo a punto e industrializando las técnicas de micropropagación de nuevas especies vegetales.

micropropagar *tr* (*Bot*) Producir por micropropagación. | *Pro* 13.5.88, 51: ¡¡Fruticultor!! Plante ahora el GF-677, ya injertado, en cualquier época (micropropagado "in vitro").

microquirúrgico -ca *adj* (*Med*) De (la) microcirugía. | *Ya* 24.9.91, 23: El tratamiento clásico consiste en una intervención microquirúrgica.

microscopia (*tb* **microscopía**) *f* Investigación o examen mediante el microscopio. | *Ya* 30.5.64, 31: La m[i]croscopia electrónica, asociada a la biopsia intestinal .. y al cultivo de virus, ha permitido el nacimiento de una nueva patología intestinal. [*En el texto*, miscroscopia.] S. Obrador *Abc* 14.9.68, 62: Están muy interesados en los estudios de microscopia electrónica y de bioquímica cerebral.

microscópicamente *adv* De manera microscópica [1]. | DCañabate *Abc* 10.12.72, 47: Analizar microscópicamente los microbios que anidan en un beso de mujer.

microscópico -ca *adj* **1** Que se realiza u obtiene mediante el microscopio. | Navarro *Biología* 240: La observación microscópica requiere la tinción de las bacterias. Mingarro *Física* 210: Este resultado es consecuencia de los estudios de Abbe acerca de la formación de la imagen microscópica.
2 Que solo es visible al microscopio. | Bustinza-Mascaró *Ciencias* 94: Eran producidas [las fermentaciones] por determinados seres microscópicos. **b)** Sumamente pequeño. *Con intención ponderativa*. | M. Pizán *Mad* 29.4.70, 14: Si la letra es microscópica o no, .. si alguien coge el libro .., se convencerá por sí mismo.

microscopio *m* Instrumento óptico que, merced a una combinación de lentes, permite observar, muy aumentadas, cosas muy pequeñas, o invisibles a simple vista. | Bustinza-Mascaró *Ciencias* 21: Cuando se aplica el microscopio al estudio de los seres vivos se llega a la conclusión de que están constituidos por unos cuerpecillos de forma diversa.

microsegundo *m* Unidad de tiempo equivalente a una millonésima de segundo. | L. LSancho *Agromán* 6: Llegamos mediante delicados artificios de cuarzo y de luz a medir el microsegundo.

microsismo *m* (*Geol*) Sismo imperceptible por los sentidos y que solo se registra en los sismógrafos muy sensibles. | Bustinza-Mascaró *Ciencias* 370: Microsismos. Así se denominan los terremotos de tan poca intensidad que solo se tiene noticias de ellos por ser registrados en los sismógrafos muy perfeccionados.

microsmático -ca *adj* (*Zool*) Que tiene poca agudeza olfativa. | Alvarado *Anatomía* 78: Entre los mamíferos los hay de gran olfato (macrosmáticos) ..; de pequeño olfato (microsmáticos) .., y carentes de olfato (anosmáticos).

microsoma *m* (*Biol*) Elemento granuloso muy pequeño del protoplasma celular. | Navarro *Biología* 43: Aparte de estos orgánulos existen una infinidad de diminutas granulaciones o microsomas y unos espacios o cavidades llamados vacuolas.

microspora *f* (*Bot*) Espora de pequeño tamaño que produce pretalos masculinos. | Alvarado *Botánica* 70: Los helechos acuáticos .. tienen la interesante particularidad de .. producir dos clases de esporas: microsporas .. y macrosporas.

microsporangio *m* (*Bot*) Esporangio productor de microsporas. | Alvarado *Botánica* 70: Los esporangios de las primeras [las microsporas] se llaman microsporangios; los de las segundas [las macrosporas], macrosporangios.

microsporofila *f* (*Bot*) Esporofila que lleva microsporangios. | Alvarado *Botánica* 71: En los casos de heterosporia, se distinguen dos clases de esporofilas, a saber: microsporofilas .. y macrosporofilas.

microsurco *adj* [Disco gramofónico] de surcos muy estrechos y juntos, que gira a velocidad reducida y tiene una gran capacidad de grabación. *Gralm n m*. | *Med* 6.4.60, 2: Los evangelios grabados en microsurco .. Los cuatro evangelios han sido impresionados en discos microsurcos.

microtaxi *m* Taxi pequeño y de tarifa reducida. | Tachín *Abc* 10.10.65, 92: En lo sucesivo .. Pepita no volverá a su casa sino en taxi. O en microtaxi, quizá.

microtecnología *f* Tecnología basada en la microelectrónica. | Al. Gómez *Ya* 17.5.90, 65: En 1988 la Fundación Nacional de la Ciencia de Estados Unidos hizo pública una lista de posibles aplicaciones de las técnicas de esta microtecnología.

microteléfono *m* Elemento del aparato telefónico consistente en una pieza que se coge con la mano y en cuyos extremos están el auricular y el micrófono. | *GTelefónica* 83 1, 8: Para establecer estas llamadas, descuelgue el microteléfono y espere el tono de invitación a marcar.

micrótomo (*tb* **microtomo**) *m* (*E*) Instrumento para cortar los objetos que se han de observar al microscopio. | *Ya* 22.10.64, sn: De la firma R. Jung: Micrótomo congelación. Micrótomo Minot. *Ya* 22.10.64, sn: Microscopios. Micrótomos. Delineascopios para enseñanza.

microtono *m* (*Mús*) Intervalo de duración inferior a un semitono. | F. RCoca *Ya* 17.4.89, 41: El sitar produce un sonido dulce, con portamentos para microtonos deslizantes, sobre unos ritmos asimétricos, que, en conjunto, recuerdan vagamente nuestro cante jondo.

microtraumatismo *m* (*Med*) Traumatismo microscópico. | F. ACandela *SAbc* 25.1.70, 21: Poseer una constitución especial que permita conseguir la sensibilidad y habilidad manual necesaria para evitar los microtraumatismos en áreas tan delicadas como las del oído medio e interno.

microtúbulo *m* (*Anat*) Túbulo visible solamente con microscopio electrónico. | *SSe* 27.5.90, 18: Determinadas proteínas, especialmente la denominada tubulina, la cual compone los llamados microtúbulos del cerebro, por los que circulan gran cantidad de substancias.

microvascular *adj* (*Anat*) De (los) vasos sanguíneos más pequeños. | *MMé* 15.6.87, 9: El simposio arrojará luz sobre .. los avances de la cirugía microvascular.

microvoltio *m* (*Electr*) Unidad de potencial equivalente a una millonésima de voltio. | F. Martino *Ya* 9.3.75, 6: Estas corrientes son muy pequeñas —del orden de microvoltios—, pero suficientemente amplificadas y transformadas devienen capaces de mover una aguja inscriptora.

microzima (*tb con la grafía* **microcima**) *f* (*Biol*) Micela. | J. RVillanueva *Ya* 22.9.82, 6: Las aportaciones personales del doctor Asensio junto con el doctor Fernando Baquero, del centro Ramón y Cajal, en el campo de las microci[m]as, le habían hecho cosechar grandes éxitos. [*En el texto*, microcinas.]

midi *adj* **1** [Abrigo, vestido o falda] que llega hasta más abajo de la rodilla. *Tb n*. | *SArr* 18.10.70, 31: Después, las rodillas se tapan por completo. Los modelos son midis, ondulantes como campos de hierba. Berlanga *Acá* 42: Vistieron a las dos niñas con sus blusas de organdí y vainica, las mismas falditas midi, los mismos lazos. Umbral *Española* 123: Iba de midi. Y podrán ustedes creerme que estaba *sexy* con la midi.
2 De tamaño intermedio. | *Prospecto* 11.92, 99: Kenwood. UD-900 M. Sistema mini con control remoto .. M-76. Sistema midi con control remoto. [*Cadenas musicales*.]

midriasis *f* (*Med*) Dilatación anormal y persistente de la pupila. | MNiclos *Toxicología* 16: Encontramos midriasis en los envenenamientos por cocaína.

midriático -ca *adj (Med)* Que produce midriasis. | T. GYebra *Ya* 9.3.90, 70: Beleño blanco (vasodepresor, narcótico y midriático).

miedica *m y f (col)* Pers. muy miedosa [1]. *Tb adj.* | GPavón *Reinado* 238: Venga, ven y abre, miedica. Alfonso Caso 5.12.70, 15: Otros, los más miedicas, se conformaban "para no meternos en líos en un día tan señalado".

mieditis *f (col, humoríst)* Miedo [1]. | Lera *Clarines* 327: –Este yo creo que no ha podido pegar el ojo en toda la noche. –Mieditis, ¿eh, Filigranas?

miedo I *m* **1** Temor (sentimiento). | Medio *Bibiana* 286: Bibiana Prats siente también sobre su carne el miedo del niño. **b) más ~ que vergüenza.** *(col)* Mucho miedo. | Cela *Viaje andaluz* 204: El vagabundo, en equilibrio en el traspuntín de la motocicleta y agarrándose a su amigo por la barriga, para no caerse, salió con más miedo que vergüenza por el camino de Sevilla.
II *loc adj* **2 de ~.** *(col)* Impresionante. *Con intención ponderativa. Tb adv.* | Laforet *Mujer* 207: Este es un roña de miedo. MGaite *Visillos* 153: Es un león, desde luego, para las mujeres. ¿Os fijasteis Angelita? Se le dan de miedo. MGaite *Visillos* 116: –Él desde luego está de miedo –dijo Goyita–. Es extranjero, ¿no?
III *loc v y fórm or* **3 dar**, *o* **meter**, **~.** Impresionar profundamente. *Con intención ponderativa.* | * Me presenta unas cuentas de luz que meten miedo. * Tiene una mala cara que da miedo.
4 ¿quién dijo ~? *(col) Se usa para incitar a actuar venciendo la indecisión.* | * –No sé qué hacer con el asunto del coche. –¿Quién dijo miedo? Cámbialo ya.

miedoso -sa *adj* **1** Que tiene miedo. | Olmo *Golfos* 32: Cuando se supo cerca, miró, miedoso, y no vio nada.
2 Que denota miedo. | *Ya* 8.7.72, 12: El ponente dijo que no se atrevía a llamar a esas miedosas enmiendas fantasmas.
3 *(raro)* Que provoca miedo. | GPavón *Cuentos rep.* 15: Se desataba [el predicador] a decir cosas miedosísimas de las ánimas que están en el Purgatorio.

mieja *f (reg)* Miaja[1]. | GPavón *Cuentos rep.* 174: La linde de la viña era un lomazo bien trepado de hierba nueva, con su mieja de amapolas y margaritas tempranas.

miel I *f* **1** Sustancia viscosa, amarillenta y muy dulce elaborada por las abejas. | Cunqueiro *Un hombre* 12: Habían llegado más mujeres con sus cestas de cebollas y jarrillos de barro blanco llenos de miel. **b)** *Se usa frec en constrs de sent comparativo para ponderar la dulzura.* | * Estos melones son pura miel.
2 Jarabe de caña de azúcar. | Abellán *GacCo* 4.93, 9: El pueblo boricua está empeñado en una secular lucha por la defensa de un ámbito cultural y lingüístico, y eso lo ha hecho en colaboración con la miel de la caña de azúcar, que es el melao.
3 *(lit)* Dulzura. *Frec en pl.* | Kurtz *Lado* 74: Ahora goza con las mieles del desquite. Gamallo *MHi* 12.70, 23: Desde entonces a hoy no todo fueron mieles .., pero el saldo ha sido muy favorable y positivo. **b) la ~ en los labios.** El comienzo del disfrute de algo grato. *Normalmente en las constrs* DEJAR, *o* QUEDARSE, CON LA ~ EN LOS LABIOS. | Palacios *Juicio* 121: Esta superfluidad .. crea también un clima de codicia, y pone la miel en los labios de los económicamente débiles, engendrando deseos que no pueden satisfacer.
II *adj invar* **4** [Color] dorado oscuro propio de la miel [1]. *Tb n m.* | Prospecto 4.93: Armario de melamina en color miel .., 9.895. F. Alejandro *MHi* 5.64, 42: El color blanco se presenta como rey, en competencia con el color paja y toda la gama de los amarillos, incluso el miel y el tostado.
5 de ~. Muy dulce. *Frec fig.* | Campmany *Abc* 12.3.93, 23: "Ustedes son la caverna", les decía a los populares el ministro José Borrell, boquita de miel. **b)** [Luna] **de ~** → LUNA.
III *loc v y fórm or* **6 hacerse** [alguien] **de ~**, *o* **hacerse ~es.** Mostrarse excesivamente amable. | SSolís *Juegos* 85: Si te haces de miel con ellos, te comerán las moscas. Son unos pedigüeños insaciables. Salom *Espejo* 167: Se pone furiosa solo de verme. En cambio, con Tina, hecha mieles.
7 ~ sobre hojuelas. Fórmula con que se comenta que una cosa viene a mejorar otra que ya era buena. | DCañaba

te *Abc* 21.5.67, 97: Y si a los borregos los torea "El Viti", miel sobre hojuelas.

mielado -da *adj* Que tiene el color o el sabor de miel [1]. | VMontalbán *Mares* 88: Los ojos picoteando en las cabezas lejanas en busca de los cabellos mielados de Yes. S. Araúz *Ya* 21.10.71, sn: Se despliegan algunos bancales, contados, rayados de líneas de frutales que descuelgan ciruelas claudias mieladas y bermejas manzanas terrosas.

mielero -ra I *adj* **1** De (la) miel [1]. | *Ya* 5.12.73, 42: Cada día las poblaciones solicitan mayores suministros mieleros.
II *n* **A** *m y f* **2** Pers. que se dedica a la industria o comercio de la miel [1]. | ZVicente *Examen* 113: Los pregones de la calle eran más próximos. La florista, el mielero, el lañador iban, venían, gritaban una vez y otra en las esquinas. MGaite *Nubosidad* 48: Cayetano Trueba es de un pueblo de la Alcarria, de familia de mieleros.
B *f* **3** Vasija para la miel [1]. | Seseña *Barros* 112: Las piezas fabricadas son pucheros .., mieleras con dos asas, que se venden en grandes cantidades en la zona de Despeñaperros y la Mancha.

mielga¹ *f* Alfalfa (planta). *Frec designa la silvestre.* | S. Araúz *Inf* 20.1.76, 17: El cazador de hurga .. conoce dónde hay en cada finca pradetes de mielgas golosas.

mielga² *f* Pequeño tiburón que tiene un aguijón robusto delante de las aletas dorsales (*Squalus acanthias*). | Aldecoa *Gran Sol* 82: Se vertía la red con los escuelos de gatunos ojos: mielgas de agujones en las aletas dorsales y caudales, pequeños tolles de duros dientes.

mielina *f (Anat)* Sustancia grasa que recubre las fibras nerviosas. | Alvarado *Anatomía* 29: La mayoría de las fibras nerviosas están protegidas por una envuelta de una substancia de naturaleza grasa, llamada mielina, de color blanco brillante, aisladora de la corriente nerviosa.

mielinado -da *adj (Anat)* Que está recubierto de mielina. | *Cam* 24.12.84, 133: Este instrumento emite impulsos eléctricos a través de electrodos colocados en la piel y estimula los grandes nervios mielinados que cierran la "puerta" al dolor.

mielínico -ca *adj (Anat)* **1** De (la) mielina. | *Ya* 29.11.70, 45: Presentaron el aspecto bioquímico y farmacológico de la actividad nerviosa por el estudio de las catecolaminas y fármacos psicoactivos y de la estructura molecular de la barrera mielínica.
2 Que tiene mielina. | Navarro *Biología* 99: Según tengan o no envoltura de mielina se dividen en fibras mielínicas y fibras amielínicas.

mielinización *f (Anat)* Acción de mielinizarse. | Vilaltella *Salud* 418: Después del nacimiento sigue el proceso de mielinización.

mielinizarse *intr pr (Anat)* Recubrirse de mielina [las fibras nerviosas]. | E. Rey *Ya* 5.12.74, 54: El cerebro adopta una superficie lisa, con circunv[olu]ciones apenas esbozadas, y las fibras nerviosas no están mielinizadas.

mielitis *f (Med)* Inflamación de la médula espinal. | Sales *Salud* 411: Actualmente se admite que la mielitis es solo un síndrome que puede corresponder a diversas etiologías.

mielografía *f (Med)* Radiografía de la médula espinal. | *DMé* 27.4.93, 20: La mielografía tomográfica computada reveló que la fractura no comprimía la médula espinal.

mielograma *m (Med)* Estudio de las características celulares de la médula ósea, obtenido gralm. por punción del esternón. | GTelefónica 13: Álvarez López, E. Análisis clínicos. Metabolismo Basal. Mielogramas y Estudios Hematológicos.

mieloide *adj (Anat)* De (la) médula ósea o espinal. | *Hoy* 7.3.79, 7: Garrigues sufre esplenomegalia mieloide.

mieloma *m (Med)* Tumor de la médula ósea o de células de la médula ósea. | T. La Rosa *Van* 4.4.74, 5: Se supo que Georges Pompidou padecía de mieloma.

mielopatía *f (Med)* Enfermedad o alteración de la médula, esp. de la espinal. | *Abc* 1.6.74, 88: He aquí algunas de las afecciones para las que son especialmente indicadas

mielosis – mierda

las aguas de Termas Pallarés: Reumatología .. Neurología. Secuelas de encéfalo y mielopatías.

mielosis f (*Med*) Afección o alteración de la médula ósea o espinal. | MNiclos *Toxicología* 50: El síndrome tóxico, conocido con el nombre de latirismo, consiste en una mielosis funicular.

miembro A m **1** *En las perss y en los animales:* Extremidad. | CNavarro *Perros* 13: Sus manos tanteaban aquí y allá, como si quisieran convencerse de que los miembros continuaban en los sitios de siempre.
2 *En el hombre y en los mamíferos de sexo masculino:* Órgano de la copulación. *Referido al hombre, tb ~* VIRIL. | Goytisolo *Recuento* 529: La cólera de ese médico de pueblo que, al proceder al examen del miembro del paciente, descubre que la pretendida enfermedad venérea se reduce a una simple irritación local debida a la falta de higiene. *País* 27.10.77, 8: Un presunto violador, al comparecer ante un juez barcelonés, cortó su miembro viril y lo arrojó sobre el estrado.
3 Parte diferenciada [de un todo]. | Amorós-Mayoral *Lengua* 55: Cuando una enumeración tiene tres o más miembros, estamos obligados a poner una coma detrás de cada uno. Academia *Esbozo* 36: De los fonemas sonantes, los nasales forman también una serie de tres miembros. **b)** Pers. o grupo que forma parte [de un conjunto, una corporación o una comunidad]. *A veces en aposición. Tb fig, referido a cosa.* | V. Gállego *ByN* 31.12.66, 43: Ha liquidado su presencia después de anunciar a los otros catorce miembros asociados que se retiraba de la organización. *Ya* 22.5.74, 11: España cooperará .. para la realización de proyectos específicos que beneficiarán a los países miembros del Pacto Andino. *SYa* 22.6.75, 31: Un miembro de la familia de los Mirage, acompañado del material bélico que es capaz de transportar. **c)** (*Mat*) Parte [de una igualdad o de una desigualdad]. | Marcos-Martínez *Aritmética* 38: Si a los dos miembros de una igualdad se multiplica por el mismo número, se obtiene otra igualdad.
B f **4** (*raro*) Mujer miembro [3b]. | *País* 26.1.83, 23: Una presunta miembro del PCEr reconoce ante el juez a sus supuestos torturadores.

mientes I f pl **1** Mente o pensamiento. *En las constrs* PASAR POR LAS ~, O VENIR (O TRAER) A LAS ~. | DCañabate *Paseíllo* 80: Lo primero que le vino a las mientes fue la Tere.
II loc v **2** parar ~ [en algo]. Fijarse [en ello] o prestar[le] atención. | MGaite *Nubosidad* 293: Yo de las nubes de Eduardo siempre he sabido muy poco, no me ha interesado parar mientes en ellas.

mientras (*con pronunc tónica en la acep 1a, y átona en las restantes*) **I** adv **1** En el tiempo que tarda en realizarse el hecho de que se habla. | Laforet *Mujer* 14: Sacó su cartera y ..escogió unos billetes grandes. Mientras, iba hablando. **b)** ~ tanto → TANTO.
II prep **2** Durante. *Precediendo a un n de acción.* | Berlanga *Recuentos* 20: En la parte de atrás del coro había restos de los mozos que fuman mientras misa.
III conj **3** Al mismo tiempo que. *Con v en ind.* | *Tel* 15.6.70, 9: Para sentirse protegido necesita tener su "frazadita" .. junto a la oreja izquierda, mientras se chupa el dedo gordo de la otra mano. **b)** *Frec con sent adversativo. Tb ~* QUE. | *Inf* 19.12.73, 8: El resultado de la votación fue favorable al presidente de la Diputación de Barcelona por tres votos, mientras el cuarto era en blanco. *Inf* 6.12.73, 1: 49 de los 100 encuestados aceptarían .. la reducción voluntaria de gasolina, mientras que otros 40 solo aceptan las medidas si se las imponen.
4 Durante el tiempo que. *Con v en ind. Tb, más raro, ~* QUE. | Salom *Casa* 41: ¿Puedo sentarme mientras espero? **b)** *Con v en subj tiene matiz condicional.* | Torrente *Señor* 236: Al quedar usted a mi cuidado, quedo implícitamente libre del rezo en común; mientras que esté usted aquí, se entiende.
5 Hasta que llega el momento en que. *Con v en ind.* | CPuche *Paralelo* 61: Cinco mil pesetas serían suficientes para que él pudiera llegar a Francia y salvar el primer mes mientras encontrara trabajo. **b)** *Con v en subj tiene matiz condicional.* | Laforet *Mujer* 88: Eulogio no volvería mientras las cosas no se serenasen.
6 Con tal que. *Con v en subj.* | Salom *Playa* 456: –No quiero verle nunca más .. –Pues dejaré los víveres por ahí .. –Haga lo que quiera, mientras no aparezca. Salom *Espejo* 194: Hace una hora que ha salido del hotel y está ahí, a tres manzanas. No me explico. ¡Mientras no le haya ocurrido nada...!
7 (*reg*) Cuanto. *Precediendo a un término comparativo.* | Laforet *Mujer* 164: Mientras más dinero, más agarradas. CBonald *Dos días* 224: Hay que ahuecar el ala. Y mientras antes, mejor.

miera f **1** Brea del enebro. | FQuer *Plantas med.* 85: Por destilación seca de su madera [del oxicedro o enebro de la miera], se obtiene una especie de brea llamada miera o aceite de cada.
2 Trementina del pino. | Bustinza-Mascaró *Ciencias* 265: De algunos pinos se obtienen trementinas o mieras y de estas por destilación la esencia de trementina o aguarrás y la colofonia, ambas de gran interés industrial.

miércoles m Cuarto día de la semana (o tercero, según el cómputo popular). | CBaroja *Inquisidor* 29: Se reunía el Consejo (que era uno de los grandes del reino) los lunes, miércoles y viernes por la mañana.

mierda (*vulg*) **I** f **1** Excremento (materia de desecho de la digestión). | Lute *SPaís* 8.5.77, 16: Hay un retrete lleno de mugre y mierda. No hay agua. **b)** Porción de excremento. | * Has pisado una mierda.
2 Suciedad o porquería. | *DLi* 17.2.78, 10 (C): Puente de los Tres Ojos (Vallecas): Personas y mierda.
3 Pers. o cosa despreciable. *A veces en la forma expresiva* UNA ~ PINCHADA EN UN PALO. | Cela *Inf* 11.2.77, 24: Al lado de la dentadura de tío Pergentino, q.e.p.d., mi pieza de quita y pon es una mierda de pieza. J. GArnau *D16* 1.5.85, 4: Las televisiones libres italianas [son], según en qué canales y a qué horas, una mierda pinchada en un palo. Olmo *Golfos* 20: Luisito, según el Pecas, es una mierda pinchada de [sic] un palo.
4 *Frec se emplea en constrs de sent comparativo para ponderar el mal estado físico o moral.* | * Llevo unos días hecho una mierda; no valgo con mi alma.
5 Vacía de significado, se emplea para reforzar o marcar la intención desp de la frase. | Palomino *Torremolinos* 228: Le han preguntado que quién mierdas es, pregunta impropia entre gentes que trabajan en un gran hotel de lujo. Torres *Él* 168: Es tarde, dónde mierda se habrá metido esta tía. Marsé *Dicen* 70: Por qué mierda me traen a estas bledas muertas de hambre. * Ni película ni mierda, a estudiar.
6 Borrachera. | Sastre *Taberna* 76: Estoy borracho .. Qué mierda tengo, madre mía. **b)** (*jerg*) Estado producido por el consumo de drogas. | Tomás *Orilla* 306: Un porro sucedía a otro .. –Soy un ángel de Dios... Puedo volar, si quiero. –La virgen, vaya mierda que ha agarrado .. Le ha sentado el ácido fatal.
7 (*jerg*) Hachís. | V. Mora *Baz* 3.78, 95: Se había enrollado con unos tíos que traían mierda de la buena, mierda afgana. **b)** Droga. | Montero *Reina* 23: Consigue el caballo soplando a los maderos. Y le dan mierda, mierda cortada con bicarbonato.
8 (*jerg*) Enfermedad venérea. | Marsé *Dicen* 165: La mastresa le miraba fijamente, ahora preocupada: –Oye, ¿te ha pegado alguna mierda? –No, no. –Ah, me extrañaría. Porque es muy limpia.
II loc pr **9 una ~.** Nada. *Con intención ponderativa. Tb adv. Frec con los vs* IMPORTAR *o* VALER. | Tomás *Orilla* 242: –Hombre, Califa, tampoco nos vamos a poner a rular aquí. –Me importa todo una mierda. Grosso *Zanja* 65: Que no vales una mierda; que no parece sino que tienes un cristalino y estás changao por los cuatro costaos.
III adj **10** [Pers.] despreciable e insignificante. *Frec n.* | Torrente *Saga* 67: Me llamaba tío mierda. Cela *SCamilo* 331: Paquito es un mierda, y de los mierdas, claro es, se olvida todo el mundo.
11 de (la) ~. Despreciable. | CPuche *Paralelo* 78: ¿Quién va a ser? Unos españoles de mierda... que protestan. GPavón *Reinado* 152: Vamos a ver, Anacleto de la mierda, y tú, Matías ..; contestadme con mucho cuidado a las preguntas que os voy a hacer.
IV loc v y fórm or **12 (no) comerse una ~.** No conseguir lo que se pretendía. | Tomás *Orilla* 168: –¿Qué quería el de verde? .. –Que si sabía lo que había pasado y todo eso. –¿Y qué tal? –Nada. De mí se ha comido una mierda. –Pues habrá cogido un cabreo como un enano.

13 cubrirse de ~. Ponerse en ridículo. | * Te has cubierto de mierda con semejante salida.
14 irse a la ~, mandar a la ~ –> IR, MANDAR. **b) a la ~.** Fórmula que expresa rechazo. | Umbral *Mortal* 9: He dejado de interesarme por mis sueños. A la mierda con Freud. S*País* 4.10.81, 43: Yo pondría un centro día y noche .., de forma que .. te ofrezcan la posibilidad de una terapia. Y luego, si fallas, a la mierda, es tu vida.
15 pisar ~. (*reg*) Tener mala suerte. | VMontalbán *Prado* 33: –A lo mejor me dan la subdirección de "El cura Merino". –No se va a hacer .. No hay pasta. –He vuelto a pisar mierda.
16 (y) una ~. Fórmula con que se pondera lo inadmisible de una pretensión o afirmación que se acaba de mencionar. | Lera *Boda* 614: –¡Calla, ño, que pareces una señorita! .. –¡Una mierda! Umbral *Trilogía* 317: Los hippies tardíos de la plaza y sus pensiones habían huido hacía mucho tiempo .. Eran los que iban a cambiar la Historia. Y una mierda.
V *interj* **17** *Expresa contrariedad o rechazo.* | * ¡Mierda! ¡Me he vuelto a confundir!

mierdacruz *f* Planta de la familia del torvisco, de flores amarillas, usada a veces como purgante (*Thymelaea tinctoria*). | Cela *Alcarria* 143: En una mata de mierdacruz, vegetal que quizá sea pariente del torvisco, hace gimnasia la tarántula. FQuer *Plantas med.* 392: Bufalaga. (*Thymelaea tinctoria* Endlicher) Sinonimia cast[ellana], .. mierdacruz.

mierdecilla *m y f* (*vulg*) Pers. insignificante y pusilánime. | Olmo *Golfos* 192: Era un mierdecilla; lloraba por nada.

mierdero -ra *adj* (*vulg*) Despreciable o asqueroso. *Tb n, referido a pers.* | Lázaro J*Zorra* 68: Alfredo y yo decimos que aquello no es un río, que es un arroyo mierdero. CPuche *Paralelo* 167: ¿Quién puede ser él, más que él, el mierdero de Ike, el chocho espada número uno de Ike, el soplagaitas de Ike?

mierdoso -sa *adj* (*vulg*) Despreciable o asqueroso. *Tb n, referido a pers.* | Lera *Banderas* 181: Les hicimos taparse las insignias para que algún mierdoso no metiera la pata, y los llevamos con nosotros.

mierense *adj* De Mieres (Asturias). *Tb n, referido a pers.* | Voz*A* 8.10.70, 11: Algunas amas de casa mierenses se quejaban de la falta de peso reglamentario en las barras de pan.

mies *f* **1** Conjunto de plantas de cereales. *Frec en pl.* | *Abc Extra* 12.62, 17: Llamaba .. a la primavera el tiempo en que las mieses van creciendo y granando.
2 (*reg*) Conjunto de sembrados [de un valle]. *Frec en pl.* | Cossío *Montaña* 71: Abandonamos este valle para seguir hacia el que llaman de Río Nansa. | Su mies se une con la de Cosío.

miga I *f* **1** Parte interior y blanda del pan. | Bernard *Verduras* 30: Se le añade el jamón bien picado y la miga de pan mojada en leche.
2 (*col*) Contenido o sustancia [de algo, esp. no material]. | Berenguer *Mundo* 7: A lo primero la ley no era como ahora .. Yo me sé la miga de la de antes aunque no me sepa algunas palabras. **b)** Importancia o trascendencia. | Delibes *Cinco horas* 232: Anda que no tiene miga ni nada la frasecita esa. **c)** Sustancia o sensatez. | Grosso-LSalinas *Río* 131: El ventero es un hombre de miga, su discurso es de razón y fundamento cuando cuenta a los viajeros sus pesares y esperanzas.
3 Trocito muy pequeño [de pan u otro alimento]. | Sampedro *Octubre* 78: "¿No hay un poco de tufo [en el brasero], Miguelito?" .. "Sería una miguita de pan." Lo era; yo mismo la había dejado caer. Sampedro *Octubre* 180: Me da a beber [la taza] sujetándome la nuca .., el té ya frío, miguitas de galleta en el brebaje. * Migas de bonito.
4 *En pl:* Guiso hecho con pan picado, humedecido y frito. | GPavón *Hermanas* 52: Yo les hago de cuando en cuando gachas, galianos, migas con uvas.
II *loc v* **5 hacer ~s** [algo o a alguien]. (*col*) Destrozar[lo]. *Tb fig.* | *Ya* 23.11.88, 3: Al lado del coche bomba .. El coche, un Renault 11, estaba hecho migas. * Si llegas tarde me haces migas. **b) hacerse ~s** [alguien o algo]. Destrozarse. *Tb fig.* | * El cenicero se hizo migas al caer. GHortelano *Amistades* 69: Tienes pinta de estar hecho migas .. ¿Por qué no te acuestas un rato?

6 hacer buenas (*o* **malas**) **~s** [una pers. con otra]. Llevarse bien (o mal) [con ella]. *Tb sin compl, con suj pl. Tb fig, referido a cosa.* | Laforet *Mujer* 161: Al pronto [Julián] hizo muy buenas migas con el aprendicillo Martín. Delibes *Hoja* 119: Con el Picaza no hacía malas migas. Nuria S*Ya* 10.10.76, 27: Le doy la razón a la abuela, pero, claro, ¡como el arroz hace tan buenas migas con todo! **b) hacer ~s.** Hacer buenas migas. | Kurtz *Lado* 53: Mauricio nada abandonaba salvo un hato de viejos estúpidos y charlatanes con los que nunca hizo migas. SFerlosio *Jarama* 62: Vámonos fuera. Pocas migas me parece que hacéis el agua y tú. No tienes que tenerle tanto miedo, mujer.

migaja *f* Trozo muy pequeño [de pan u otro alimento] que se desprende al partir o queda como desperdicio. *Tb fig.* | CNavarro *Perros* 91: Fidel estaba jugando desde hacía rato con las migajas de pan que habían caído sobre la mesa. Vesga-Fernández *Jesucristo* 96: Deseaba [Lázaro] hartarse de las migajas que caían de la mesa del rico. FQuintana-Velarde *Política* 132: El resultado final fue .. que nuestro país, en conjunto, no obtuviese, asombrosamente, más que unas migajas del gran pastel que endulzó la vida de la Inglaterra victoriana. **b)** Trozo muy pequeño [de algo]. | Laiglesia *Tachado* 34: Vino entonces Cirilo I a ocupar aquella migaja de la herencia imperial, y la convirtió en una nacioncita muy apañada.

migajo *m* Miga [1] de pan. | Vega *Cocina* 155: Agréguense un buen migajo de pan rebozado, un par de tomates.

migajón *m* Miga [1] de pan. | Chamorro *Sin raíces* 149: Las papas de migajón con aceite crudo se les daba [*sic*] [a los niños] desde los primeros meses.

migar *tr* **1** Desmenuzar [pan u otro alimento]. | Medio *Bibiana* 258: Bibiana toma su taza de malta caliente, migando en ella un poco de pan. Delibes *Hoja* 30: Vázquez migaba coco en el estanque del parque para envenenar a los peces de colores.
2 Echar migas de pan u otro alimento similar [en un líquido (*cd*)]. | Landero *Juegos* 21: Comían sin hablar, sin mirarse, el tío chapoteando en su tazón de leche migada.

migoso -sa *adj* De mucha miga [1 y 2]. | Escobar *Itinerarios* 136: Pan, .. amplio o reducido, migoso o acortezado, de trigo. Escobar *Itinerarios* 111: No hay patatas tan sabrosas y migosas como las burgalesas. Delibes *Castilla* 72: El trigo de Campaspero .. lo rifaban .. Pues porque era de páramo, y ya es sabido que el trigo de páramo tiene más harina, es más migoso, la granazón sale más tiesa, más dura. MFVelasco *Peña* 55: Lo más es piedra lavada o praderilla pobre, salvo algún asiento de tierra migosa en los abrigaños.

migote *m* (*col*) Miga [3] grande de pan. | Ferres-LSalinas *Hurdes* 103: También hay muchas moscas en Casares; se comen los migotes de pan y beben las gotas de vino.

migración *f* **1** (*Geogr*) Movimiento de población para establecerse fuera del lugar de origen. | Ortega-Roig *País* 72: Los campesinos, en todas partes, marchan hacia las ciudades .. Estos movimientos de población se llaman migraciones interiores.
2 (*Zool*) Desplazamiento periódico de los animales, por causas climáticas o de reproducción. *Tb fig, referido a pers.* | Navarro *Biología* 306: Además de las aves, otros animales realizan migraciones periódicas. Muchos peces las realizan para desovar en lugares adecuados. Benet *Aire* 63: Allí más o menos la fecha fija solían acampar los gitanos muleros de La Mancha –en su migración primaveral hacia las ferias gallegas y asturianas–.
3 (*Bot*) Hecho de trasladarse las plantas de un territorio a otro por la dispersión de sus frutos o semillas. | *BOE* 12.3.68, 3771: Temario de Botánica ecológica .. La migración. Sus condiciones. Movilidad. Órganos de la diseminación y expansión en frutos y semillas.
4 (*E*) Cambio de lugar. | G. Monti S*Abc* 20.10.68, 26: En su laboratorio de Montreal había precisado el mecanismo de la migración del calcio que provoca en los ancianos la fragilidad de los huesos.

migrador -ra *adj* (*Zool*) [Animal, esp. ave] que realiza migraciones. | S*Inde* 24.12.89, 11: Avetoro (*Botaurus stellaris*). Carácter: Reproductora. Migradora muy escasa. S*Inde* 24.12.89, 11: Esturión (*Acipenser sturio*). Carácter: Especie autóctona, migradora anadroma.

migrante – mil

migrante *adj* (*Zool*) Migrador. | *Ale* 6.8.77, 4: Esta petición se hacía dentro de una campaña lanzada por el Consejo de Europa sobre la necesidad de protección a las aves migrantes.

migraña *f* (*Med*) Jaqueca. | Marsé *Montse* 100: Ibas con la moral en los talones y devorado por la migraña.

migrañoso -sa *adj* (*Med*) **1** De (la) migraña. | Sales *Salud* 393: La cefalea de origen vascular se expresa de dos formas: la cefalea de tipo migrañoso y la no migrañosa.
2 Que padece migraña. *Tb n.* | M. Carreras *Min* 5.87, 12: Dando por válidas la mayoría .. de estas correspondencias en el plano psicológico del paciente migrañoso o cefalálgico.

migrar *intr* (*lit*) Emigrar. | Alvar *España* 269 (G): La lengua migró con los hombres y enraizó en otros suelos.

migratorio -ria *adj* **1** De (la) migración. | J. L. MRedondo *Act* 25.1.62, 37: Está en estudio una operación migratoria, según oferta presentada a las autoridades españolas, en la que participarían 5.000 obreros agrícolas. CBonald *Ágata* 30: Tras una ausencia cuyo término coincidió con los primeros indicios migratorios de las aves invernizas.
2 (*Zool*) [Animal, esp. ave] que realiza migraciones [2]. *Tb fig, referido a pers.* | HLS 3.8.70, 8: Períodos hábiles de caza .. Palomas migratorias en pasos tradicionales. Desde el día 1 de octubre hasta el día 30 de noviembre. Bustinza-Mascaró *Ciencias* 156: En general las langostas realizan emigraciones en grandes bandadas, y son especialmente temibles la de la langosta migratoria. *Ya* 16.9.91, 60: Jubilados migratorios. Está de moda cambiar de sitio a los viejos.
b) De (los) animales migratorios. | *Libro agrario* 67: Estudio sobre la biología migratoria del orden anseriformes (Aves) en España.

miguelete[1] *m* **1** Individuo de la antigua milicia foral de Guipúzcoa. | E. La Orden *SYa* 10.6.71, 7: San Adrián se ha quedado solitario allá en la altura, visitado solamente por las ovejas merinas, por los migueletes guipuzcoanos que tienen su cuartelillo a poca distancia hacia el norte y por los romeros del valle de Cegama.
2 (*hist*) Miembro de cierta milicia ciudadana de la primera mitad del s. XIX, destinada a perseguir a los bandidos. | Jo. Cruz *SJaén* 26.1.92, X: Así murió el bandido del Burgo (Málaga) tiroteándose con la Guardia Civil, como los viejos bandidos del XIX, que primero lo hicieron con los "migueletes" y más tarde con estas fuerzas.

miguelete[2] **-ta** *adj* De Miguel Esteban (Toledo). *Tb n, referido a pers.* | J. MNicolás *SYa* 13.7.75, 11: Durante muchos duros inviernos, el miguelete ha madrugado con el alba .. y ha salido con su carro de patatas a los mercados de Quintanar, de Criptana o Alcázar.

miguelino -na *adj* (*reg*) [Fruta, esp. higo o ciruela] que madura por San Miguel. | Cunqueiro *Un hombre* 130: De postre un higo por cabeza, miguelino reventado, que derramaba sus azúcares por la corteza verde y rosa.

miguelturreño -ña *adj* De Miguelturra (Ciudad Real). *Tb n, referido a pers.* | *SYa* 2.2.86, 34: Los miguelturreños celebran uno de los carnavales más animados de la meseta castellana.

mihrab *m* En una mezquita: Nicho u hornacina que señala el sitio adonde han de mirar los que oran. | VParga *Santiago* 20: También había arquerías trilobuladas, como las de la entrada del mihrab de la mezquita de Córdoba.

mijeño -ña *adj* De Mijas (Málaga). *Tb n, referido a pers.* | *Sur* 26.8.89, 33: La portada de este primer número es la reproducción de una obra pictórica del artista mijeño Pedro Escalona.

mijilla *f* (*reg*) Mijita. | P. J. Rey *Sur* 25.8.88, 10: Una mijilla de agua, que estoy seco.

mijita *f* (*col*) Cantidad muy pequeña [de algo]. *Frec sin compl.* | DCañabate *Andanzas* 50: Considero preciso hacer su mijita de historia. *Ya* 13.3.92, 4: ¿Hubo información privilegiada? No. Ni mijita.

mijo *m* **1** Planta gramínea de flores en panoja y semilla pequeña, redonda y amarillenta (*Panicum miliaceum*). *Tb su semilla.* | B. Andía *Ya* 15.10.67, sn: La vista puede contemplar las palmeras de Mandou, una ciudad deslumbrante que se extiende sobre campos de mijo y de algodón. Matute *Memoria* 70: Antonia estaba junto a la ventana, con el periquito Gondoliero, dándole mijo de su mano.
2 Con un adj o compl especificador, designa otras plantas: ~ DE(L) SOL (*Lithospermum officinale* y *L. arvense*), ~ SILVESTRE (*Polypogon monspeliensis*), ~ TURQUESCO (*Zea mays*), etc. | Remón *Maleza* 66: *Lithospermum arvense* (L.) (*L. officinale* L.). Nombre común: Mijo del sol, Granos de amor, Cornicabra .. Está presente en tierras cultivadas, huertas, ribazos y terrenos baldíos. Mayor-Díaz *Flora* 459: *Buglossoides arvensis* (L.) J. M. Johnston. "Mijo del sol", "Cornicabra". (Sin. *Lithospermum arvense* L.) Mayor-Díaz *Flora* 568: *Lithospermum officinale* L. "Mijo de Sol" .. Tiene propiedades diuréticas. Mayor-Díaz *Flora* 228: *Polypogon mo[n]speliensis* (L.) Desf. "Mijo silvestre". FQuer *Plantas med.* 945: Maíz. (*Zea mays* L.) Sinonimia cast[ellana], maíz de Indias, mijo turquesco.

mikado *m* Emperador del Japón. | Anson *Oriente* 96: La religión sintoísta explica que Izanagui e Izamani crearon las islas y las divinidades, entre ellas el sol Amaterasu, del que desciende el emperador o mikado.

mil I *adj* **1** *Precediendo a susts en pl:* Novecientos noventa y nueve más uno. *Puede ir precedido de art o de otros determinantes, y en este caso sustantivarse. Un numeral delante lo multiplica; detrás, no se suma.* | Olmo *Golfos* 42: –¿Tiene muchos pelos un bigote? –Según. Berto dice que el de su padre pasa de los mil. *Abc* 25.2.58, sn: Servirán de tipo para la subasta las siguientes cantidades ..: tres mil quinientas pesetas para la primera finca; .. ochocientas, para la decimoctava.
2 *Precediendo o, más raro, siguiendo a susts en pl:* Muchísimos. | CSotelo *Muchachita* 290: Hace mil años que no veo "Rigoletto". Alfonso *España* 171: Para alcanzar también a esto, a ese futuro sorprendente y espantoso, de maravillas y horrores mil, que nos está tocando hacer. **b)** ~ y **un.** *Antepuesto al n, con carácter enfático.* | Delibes *Castilla* 44: Conoce a fondo el mundo de la avutarda (sus querencias, costumbres .., los mil y un procedimientos para cazarlas). Subirá-Casanovas *Música* 79: El piano [en Schubert] .. deja de ser mero acompañamiento .. Está siempre situado en un "primer plano", atento a realzar las mil y una sensaciones diversas.
3 *Precediendo o siguiendo a ns en sg* (o, *más raro, en pl):* Milésimo [1a]. *Frec el n va sobrentendido.* | Valls *Música* 41: Antes del año mil .. vivieron y transitaron por este trozo de tierra pueblos de las más diversas castas.
II *pron* **4** Novecientos noventa y nueve más una perss. o cosas. *Referido a perss o cosas mencionadas o consabidas, o que se van a mencionar.* | Torrente *Vuelta* 185: Fue después al escondite del dinero, cogió la caja de lata y contó los billetes. Cien, doscientas..., mil, dos mil...
5 por ~. *Precedido de un numeral (que a veces es sustituido provisionalmente por el pron* TANTO), *expresa que de un todo que se supone dividido en mil partes se toma o considera el número de ellas indicado por el numeral.* | MGaite *Retahílas* 225: Estoy harto .. de imprecisiones y de balbuceos, de manejar un uno por mil de las palabras del castellano y que las demás se vean como rareza de anticuario.
III *n* **A** *m* **6** Número de la serie natural que sigue al novecientos noventa y nueve. *Frec va siguiendo al n* NÚMERO. | * El número premiado es el mil.
7 ~ por ~. Cien por cien. *Con carácter enfático.* | * Ha triunfado en un mil por mil.
8 En pl: Millares. | *Van* 21.3.74, 48: La floreciente economía turística de la zona, en cuyas instalaciones y servicios hay invertidos muchos miles de millones de pesetas. **b)** Cantidades [de perss. o cosas de una misma especie] que han de contarse por millares. | RMorales *Present. Santiago* VParga 6: Los peregrinos han seguido llegando a miles a Compostela.
B *f pl* **9** las ~, las ~ y quinientas, las ~ y gallo o las ~ y pico. (*col*) Una hora que se considera demasiado tardía. | Torrente *Pascua* 302: Juan se acuesta tarde y se levanta a las mil, y en una casa donde se trabaja hay que espabilarse. GPavón *HPlinio* 37: –Luego vendré para que demos una vuelta. –Mejor por la mañana, porque esto acabará a las mil y quinientas. Berlanga *Gaznápira* 115: El tío de esta nos llevaba y nos traía al Ramiro y a mí hasta las mil y gallo.
IV *loc adv* **10 a ~.** (*col*) A cien (en estado de gran excitación o de gran irritación). *Gralm con los vs* ESTAR *o* PONER. |

Delibes *Voto* 68: –¿Tanto te importa? –Todo .. –¿Y eso? –¡Qué sé yo! Me pone a mil, no lo puedo remediar.

milady (*pronunc corriente,* /miléidi/) *f* Se usa como tratamiento dirigido a una lady. | Torrente *Sombras* 187: ¿Se refiere milady a Rosalinda? **b)** (*raro*) Lady. | SSolís *Blanca* 45: Me intimida, me acompleja, con esa *délicatesse* y ese señorío de *milady* que se gasta la tía.

milagrado -da *adj* [Pers.] que ha sanado por un milagro [1]. *Tb n.* | I. Muñoz *ElM* 16.6.93, 29: Hugo Galli es un "milagrado". O, según la Ciencia, un enfermo que sanó de la noche a la mañana.

milagrear *intr* Hacer milagros [1]. | Marlasca *Abc* 15.12.70, 49: A lo mejor los nuevos ediles milagrean y lo que no han conseguido sus antecesores lo logran ellos a fuerza de tesón y de muchas horas en el gabinete de trabajo.

milagrería *f* (*desp*) Tendencia a considerar hechos naturales como milagros [1a]. | P. Rocamora *Abc* 22.10.70, sn: Toda su obra es una exaltación contra la milagrería y los mitos sociales.

milagrero -ra *adj* **1** Que hace milagros [1a]. | DPlaja *El español* 47: Explicarle a un extranjero por qué la Macarena es más guapa y más milagrera que la Virgen de los Siete Dolores es algo realmente difícil. Gal *Cod* 2.2.64, 5: La publicidad .. crea una imagen falsa de la vida y finge ignorar que el demonio se esconde en las pócimas milagreras. **b)** (*desp*) [Pers.] que finge milagros [1a]. *Tb n.* | CBaroja *Inquisidor* 51: No anduvieron faltas de trabajo las inquisiciones provinciales, más con asuntos de iludentes y milagreros que con otra clase de negocios.

2 (*desp*) Que tiende a considerar hechos naturales como milagros [1a]. | Cela *SCamilo* 203: Este es un país muy nervioso y milagrero.

milagro I *m* **1** Hecho extraordinario, contrario a las leyes de la naturaleza y debido a una intervención sobrenatural. | CNavarro *Perros* 133: Fue acordándose de todo cuanto guardaba relación directa con Cristo. Su Pasión, su vida, sus milagros. **b)** Cosa extraordinaria que se produce en contradicción con lo lógico o esperable. *Frec con intención ponderativa.* | PRivera *Discursos* 11: Dos generaciones sacrificadas y entusiastas .. han hecho posible el milagro español de la elevación del nivel de vida. Umbral *Memorias* 174: Ocurrían por entonces diversos milagros en Europa. El milagro alemán, el milagro italiano, el milagro sueco. **c)** Pers. o cosa que representa o supone un milagro [1a y b]. | Torrente *Sombras* 309: La miraban como una especie de milagro, y, probablemente, de todos los dioses del grupo, era la única que hubiera podido .. decir sencillamente: "Soy Palas Atenea", y la hubieran creído. **d) vida y ~s** → VIDA.

2 (*reg*) Exvoto. | G. GHontoria *Nar* 6.77, 32: Forman un grupo muy importante las [piezas] correspondientes al apartado de Vida religiosa, con una colección de exvotos de cera de Santiago de Compostela. Y otros realizados en láminas de plata que, llamados "milagros", se ofrecen al Cristo de las Misericordias, en Jaén.

3 (*TLit*) Drama sacro medieval, esp. francés, sobre algún milagro [1a]. | RPeña *Literatura* 59: Entre los milagros, el más importante es uno de Rutebeuf, titulado el *Miracle de Théophile.*

II *loc v* **4 hacer ~s.** (*col*) Conseguir algo que parece imposible para los medios de que se dispone. | Delibes *Cinco horas* 39: Una mujer solo para ti, de no mal ver, que con cuatro pesetas ha hecho milagros, no se encuentra a la vuelta de la esquina.

III *loc adv* **5 de ~.** Por pura casualidad. *Con intención ponderativa.* | MGaite *Visillos* 22: –También es raro, ¿verdad?, que nunca nos hayamos conocido .. –No me extraña: si nosotras la conocemos de milagro. Sopeña *Defensa* 53: No me suspendió de milagro. **b)** Con grandes dificultades o penalidades. *Gralm con el v* VIVIR. | Cela *Judíos* 309: El vagabundo .. piensa en los niños que viven de milagro, en los flacos chavales gitanos que, cuando lleguen a hombres .. a lo mejor se hacen ricos con el tratillo.

milagrosamente *adv* De manera milagrosa [1]. | Lagos *Vida* 38: Milagrosamente salieron de aquello sin un rasguño casi.

milagroso -sa *adj* **1** De(l) milagro [1]. | * Se pone en tela de juicio el carácter milagroso de tal curación. **b)** Que tiene carácter de milagro [1]. | Vesga-Fernández *Jesucristo* 53: La pesca milagrosa.

2 Que hace milagros [1a]. | Carandell *Inf* 12.11.74, 25: Tuvo [fray Pedro Regalado] fama de milagroso, y de él se cuenta uno de los pocos milagros relacionados con las corridas de toros. GPavón *Hermanas* 33: Se largaba [la vida] sin tener donde asirse, sin un remedio de fuente milagrosa y sempiterna que nos vuelva a aquellas lozanías.

milamores *f* Planta herbácea de la familia de la valeriana, de propiedades medicinales, con flores rosadas o blancas que forman ramillete en la cima, y que se cría en lugares pedregosos (*Centranthus ruber*). | FQuer *Plantas med.* 760: La milamores es una planta vivaz con la cepa bastante desarrollada.

milana *f* (*reg*) Águila marina (pez). | Barral *País* 8.12.87, 15: Muchos lectores recordarán .. aquellos fantasmas encañados .. Eran en mis costas rayas, milanas, lijas y cazones.

milanés -sa I *adj* **1** De Milán (Italia). *Tb n, referido a pers.* | Arce *Anzuelos* 21: Me presenté en la delegación milanesa de la editorial.

II *n* **A** *m* **2** Dialecto de Milán. | *Abc* 8.10.82, 25: En Europa, países tan democráticos como Alemania, Francia, Italia, Suecia... solo reconocen un idio[m]a oficial en las escuelas y Universidades .., dejando para el ámbito familiar hablas tan importantes y extendidas como el bajo alemán .., o el catalán .., o .. albanés, milanés, piamontés.

B *f* **3** Filete de carne empanado. | E. Montes *Abc* 5.5.74, 23: La ley promulgada por el Gobierno italiano enumera los pocos productos eximidos de tal rigor .. Esto no significa que el turista llegado a este país no pueda comer una milanesa en un restaurante.

milano *m* Ave rapaz diurna de mediano tamaño, color pardo rojizo más o menos oscuro y cola escotada o ahorquillada (gén. *Milvus*). *Frec con un adj especificador:* ~ REAL (*M. milvus*) *o* ~ NEGRO (*M. migrans*). | *HLS* 3.8.70, 8: Queda prohibida en todo el territorio nacional la caza de .. toda clase de águilas, milanos, halcones. Noval *Fauna* 174: El Milano real (*Milvus milvus*) es un ave de presa grande. Noval *Fauna* 175: En las rías asturianas abunda hace años el Milano negro (*Milvus migrans*).

milara *f* (*reg*) Utensilio a modo de cuchara de mango muy largo, con que se recoge la cochinilla de la tunera. | E. Calduch *Ant* 25.5.86, 8: Cuando la cochinilla llegue a adulta habrá llegado también la época de la recolección, realizada por los lanzaroteños con la milara.

mildeu *m* Mildiu. | M. SRivero *Nar* 10.76, 7: Los principales trabajos que se realizan en un viñedo: .. la poda, en enero .. .; floración y tratamiento, para evitar enfermedades tales como el oídio y el mildeu, que se atacan con sulfatos.

mildio *m* Mildiu. | F. Ángel *Abc* 1.5.70, sn: En una sola operación se puede hacer el tratamiento contra el mildio de la viña. *VozC* 6.10.68, 6: Se recomiendan .. para combatir las siguientes enfermedades: Tizón de los cereales; Mildio medio del trigo.

mildiu (*tb* **mildiú** *o* **mildíu**) *m* Enfermedad de varias plantas cultivadas, esp. la vid y la patata, que está causada por hongos ficomicetos que cubren las partes afectadas de un velo blanquecino. *Tb el hongo correspondiente.* | Legorburu-Barrutia *Ciencias* 310: Los hongos parásitos causan graves daños, sobre todo, a las plantas. Se pueden citar los siguientes: el mildiu y el oídium, que son dos enfermedades de la vid producidas por hongos que destruyen las hojas y los frutos. Bustinza-Mascaró *Ciencias* 287: Mostrarles sobre hojas de vid las manchas producidas por el mildiú.

milefolio *m* Milenrama (planta). | FQuer *Plantas med.* 803: Milenrama. (*Achillea millefolium* L.) Sinonimia cast[ellana], cientoenrama, milefolio.

milenariamente *adv* Por mil o más años. *Gralm con intención ponderativa.* | PAyala *Abc* 22.6.58, 3: La raigambre de este vigente árbol se extiende milenariamente a través de lo más selecto y puro del espíritu tradicional español. Aguilar *Experiencia* 819: Me cogió [la guerra] tan desprevenido como un sismo a los seres humanos que duermen tranquilamente fiados en un suelo milenariamente tranquilo.

milenario – miliárea

milenario -ria I *adj* **1** Que tiene mil años. | Escrivá *Conversaciones* 18: En la historia dos veces milenaria de la Iglesia. **b)** Que tiene más de mil años. | *SAbc* 18.5.69, 5: La situación en el continente negro no es tan grave como en algunos puntos de Asia, ni la miseria real, incluso en los países menos afortunados, tan acusada como, por ejemplo, en la India milenaria y desheredada.
2 Del milenio [2]. | GCaballero *Abc* 29.12.70, 3: ¿Es que vuelve a poseer Compostela luces jubilares de amanecer, ahora que todo parece regresar a la noche, al terror milenario?
II *m* **3** Día o año en que se cumple un milenio [1] [de un acontecimiento]. *Tb sin compl, por consabido*. | *Sit* 9.4.74, 17: La obra está concebida como homenaje al Abad Oliba en la celebración del milenario.
4 Milenio [2]. | Sampedro *Octubre* 131: Viena y París contadas por él. Dos finales de un mundo, capitales de un segundo milenario.

milenarismo *m* **1** Doctrina de los que creían que el fin del mundo ocurriría en el año mil. *Tb fig*. | GRuiz *Sáb* 13.8.75, 24: Al cumplirse el primer milenario del cristianismo se desencadenó una fiebre .. apoyada en la ingenua lectura de los textos del Apocalipsis, donde se habla de los "mil años", transcurridos los cuales vendría el reino de Dios .. El milenarismo supuso una especie de colapso en aquella sociedad.
2 Doctrina de los que creían que Jesucristo reinaría en la tierra mil años antes del juicio final. *Tb fig*. | Mercader-DOrtiz *HEspaña* 4, 204: En el fondo de estos hombres en apariencia fríamente racionales hay un milenarismo, una creencia apasionada, casi mística, en la posibilidad de llegar a crear un paraíso terrestre. S. Nadal *Act* 25.1.62, 17: Esta teoría va acompañada de un consolador "milenarismo": en un futuro indeterminable, pero "científicamente" cierto, el comunismo se impondrá en el mundo entero.

milenarista *adj* De(l) milenarismo. | J. M. Alfaro *Abc* 9.3.75, 3: Bien sé, como antes señalaba al aludir a los espantos y premoniciones milenaristas, que el ser humano siempre sintió la disconformidad y padeció el pavor. **b)** Adepto al milenarismo. *Tb n*. | L. M. Panero *SAbc* 1.8.87, 85: Perdidos entre el humo de los siglos el terror y los éxtasis del cristianismo primitivo, o la acracia salvaje de Thomas Munztter [sic] y de los milenaristas, solo nos queda la revolución para recuperar, entre otras cosas, la salud mental. Rof *Abc* 25.11.73, 3: Los "milenaristas" esperan un porvenir mejor, pero en forma difusa, imprecisa.

milengrana *f* Planta medicinal de hojas pequeñas y flores verdosas en pequeñas espigas, usada como diurética (*Herniaria glabra*). | FQuer *Plantas med*. 169: Herniaria. (*Herniaria glabra* L.) Sinonimia cast[ellana], hierba de la piedra, .. milengrana.

milenio *m* **1** Período de mil años. | Castilla *Humanismo* 20: La persistencia durante milenios de esta forma de alienación del hombre .. conducía a su conciencia minusvalorada.
2 el ~. El año mil. | RMorales *Present. Santiago* VParga 5: Alrededor del año 1000, los "terrores del milenio" aniquilan toda energía.

milenrama *f* Planta herbácea y aromática, con hojas muy divididas y flores en capítulos blancos o rosados, propia esp. de praderas y ribazos (*Achillea millefolium*). | Cunqueiro *Gente* 21: Lo miraba con respeto, digo, sentados ambos en Pacios, en el puente, viendo pasar el río, las aguas verdes, verdes, sobre la milenrama que crecía feliz en el fondo.

milenta *adj* (*col*) Mil [2]. *Con intención ponderativa*. | GPavón *Hermanas* 189: He levantado ese cuadro al hacer la limpieza milenta veces en mi vida.

milésimo -ma I *adj* **1** Que ocupa un lugar inmediatamente detrás o después del noningentésimo nonagesimonoveno. | * Está en el puesto milésimo de la serie. **b)** Que ocupa un lugar sumamente avanzado en la serie. *Con intención enfática*. | * Te lo diré por milésima vez.
2 [Parte] que es una de las mil en que se divide o se supone dividido un todo. | MUgartemendía *Cálculo* 199: 1 dm^3 = 0,001 m^3 (milésima parte del m^3). **b)** [Parte] sumamente pequeña. *Con intención enfática*. | * Ha escrito solo una milésima parte de lo que piensa.

II *n* A *f* **3** Parte de las mil en que se divide una unidad, esp. de medida. | Bustinza-Mascaró *Ciencias* 18: El tamaño de las partículas en los solutoides es menor que una milésima de micra. CNavarro *Perros* 212: El párpado se cierra unas milésimas.
B *m* **4** Parte de las mil en que se divide una unidad. | *CCa* 31.12.70, 11: A la finca descrita .. se le asigna una pensión de tres pesetas, cuatro céntimos, un milésimo.

milesio -sia *adj* **1** (*hist*) De Mileto (antigua ciudad griega del Asia Menor). *Tb n, referido a pers*. | Fernández-Llorens *Occidente* 56: Una tradición no confirmada habla de ochenta colonias milesias en el mar Negro. Pericot-Maluquer *Humanidad* 183: Un focense, milesio o samio se convierte en un "jonio" (equivalente a griego) ante los mercaderes fenicios.
2 (*TLit*) [Fábula o relato] cuyo único fin es distraer. | Mas-Mateu *Literatura* 47: Cervantes distinguía así los cuentos literarios de los folklóricos: existen dos clases de fábulas, las milesias, que están hechas para distraer, producto de una mente individualizada, y aquellas que corren de boca en boca, llamadas apólogas y que enseñan deleitando.

milhojas *m* **1** Pastel rectangular hecho con hojaldre y merengue. | ZVicente *Traque* 185: Se bebía tintorro .. y copitas de Chinchón dulce con alfajores de Estepa. Y milhojas.
2 Milenrama (planta). | Remón *Maleza* 17: *Achillea millefolium* L. Nombre común: Milhojas, Milenrama, Hierba de carpintero, Filigrana .. Abunda en las praderas, hasta en la montaña.

milhombres *m* (*col, humoríst*) Hombre pequeño que alardea de fuerte y activo. | VMontalbán *Prado* 153: –Corra, corra, Carvalho, se le escapa la presa. –Se la cedo, comisario .. –Le advierto una vez más, Carvalho. Métase en lo suyo y no se haga el milhombres. Palomino *Torremolinos* 83: –Milhombres. –Mande. –Sube una garrafa de tinto; si puedes.

mili[1] *f* (*col*) Servicio militar. | Delibes *Historias* 103: Al Gasparín, cuando anduvo en la mili, le tuvieron una semana en el calabozo, solo porque .. se quedó dormido en la garita.

mili[2] I *adj* **1** (*col*) Militar (del ejército). | *DLi* 4.4.78, 6 (C): Viviendas mías más caras.
II *m* y *f* **2** Miembro de la rama militar de la organización terrorista ETA. | *ByN* 1.8.79, 21: Los llamados "polis-milis", tan criminales como los "milis", quieren demostrar que, trayendo la guerra a Madrid, ellos no tienen por qué emprenderla a bombazos con "los que consideran sus equivocados y casi traidores padres" del PNV.

mili- *r pref* Milésima parte. *Antepuesta a ns de unidades de medida, forma compuestos que designan unidades mil veces menores*. | *Por ej*: *Unidades* 37: Factor por el que se multiplica la unidad: 0,001 = 10^{-3}. Prefijo: mili-. Símbolo: m. Mingarro *Física* 140: Calcular la f. e. m. de autoinducción en valor y sentido creada en un arrollamiento de 35 milihenry.

miliamperímetro *m* (*Electr*) Amperímetro graduado en miliamperios. | Mingarro *Física* 173: La intensidad de la corriente se mide con un miliamperímetro.

miliamperio *m* (*Electr*) Unidad de intensidad de la corriente que equivale a la milésima parte de un amperio. | Ma. Rodríguez *Int* 31.8.83, 35: El pequeño "shock" eléctrico es solo de cinco miliamperios.

miliar[1] *adj* (*Med*) Caracterizado por la formación de lesiones semejantes a los granos de mijo. | F. J. FTascón *SYa* 17.4.77, 26: En la piel, eritema anular de Yehndorf-Leiner, .. o erupción miliar. *Agromán* 46: Otro tanto cabe decir de la diabetes y la tuberculosis mi[liar]. [*En el texto, mirial.*]

miliar[2] *adj* (*hist*) [Piedra o columna] que señala la milla (medida romana). | *Agromán* 21: Todas las distancias [de las carreteras romanas] estaban señaladas con piedras "miliares".

miliárea *f* Unidad de medida agraria equivalente a una milésima de área, o 10 centímetros cuadrados. | *Lan* 2.11.64, 7: Las fincas que se vendan son las siguientes: 1ª Un plantío de vides .. 9ª Plantío al sitio de la Ravera, de caber ocho fanegas o cinco hectáreas, quince áreas, dieciséis centiáreas y cuarenta y nueve miliáreas.

miliario -ria *(hist)* **I** *adj* **1** [Piedra o columna] que señala la milla (medida romana). | Pemán *Andalucía* 168: Pasamos ahora al interior de la Mezquita por la puerta principal o de las Palmas .. A ambos lados hay dos columnas miliarias romanas procedentes de la Vía Augusta.
II *m* **2** Piedra miliaria [1]. | Ubieto *Historia* 48: "Tercia", etc., surgió en relación con la existencia del tercer miliario de distancia.

milibar *m* (*Meteor*) Unidad de medida de la presión atmosférica, que equivale a la milésima parte de un bar. | Medina *Meteorología* 5: Los consabidos 760 milímetros de la presión normal al nivel del mar equivalen a 1.013,3 milibares.

milicia *f* **1** Profesión o actividad de soldado. | Villapún *Iglesia* 127: El retiro forzoso que le impuso en su casa solariega [a S. Ignacio] la herida .. hizo cambiar totalmente el rumbo de su vida, decidiendo abandonar su vida de milicia temporal por la milicia espiritual de Jesucristo. E. Romero *Imp* 4.1.78, 1: Donde parece que no pueden estar [los homosexuales] es en la Milicia, a nivel de los cuadros de mando. **b)** ~ **universitaria.** Servicio militar especial para universitarios. *Frec en pl, con sent sg. Tb, simplemente,* ~(s). | Vizcaíno *Posguerra* 190: Se había creado también la Milicia Universitaria. Tenía por objeto facilitar a los estudiantes de grado superior el cumplimiento de sus deberes militares .. Las Milicias universitarias usaron, en sus primeros años, un uniforme gris claro.
2 Arte o actividad de la guerra. | M. Cayón *Abc* 30.8.66, 43: De este campamento militar ("castra") .. todavía quedan grandes vestigios en la ciudad como testimonio de la sabiduría que en cosas de milicia tenían los romanos.
3 Cuerpo armado, gralm. de carácter paramilitar. *Frec con un adj especificador:* BURGUESA, POPULAR, PROVINCIAL, NACIONAL, *etc*. | Abella *Vida* 2, 17: Las Milicias, aparecidas por generación espontánea y como fruto de un reflejo defensivo vibrante y combativo, eran entidades capacitadas para extender vales.
4 *(lit)* Ejército. | Arenaza-Gastaminza *Historia* 171: San Ignacio de Loyola. Capitán de los ejércitos del Emperador, primero, y de la milicia de Cristo, después.

milicianada *f* *(desp, hoy raro)* Conjunto de (los) milicianos [2]. *Esp referido a la Guerra Civil (1936-1939).* | An. Miguel *HLM* 5.10.70, 20: El Alcázar toledano .. se encontró un día bloqueado y puesto en peligro por el asedio de la milicianada comunista.

miliciano -na I *adj* **1** De (la) milicia [3]. | HSBarba *HEspaña* 4, 300: Se distribuyeron tierras al cacique de los indios, a los gobernadores, soldados de las compañías milicianas y a cada particular que fuese cabeza de familia.
II *m y f* **2** Pers. perteneciente a una milicia [3]. | *Van* 4.11.62, 11: Intentó abandonar el país .., pero los milicianos cubanos, sin justificar por qué, se lo impidieron. Benet *Aire* 96: La guerra acabó con toda la vida activa del doctor. Lo primero que liquidó fue el Morris, que, tras una breve juerga entre milicianas, monos y mosquetones, terminó sus días arrumbado en un repecho de Socéanos.

milico *m* *(desp)* Militar[1] [2]. | Barral *Memorias* 1, 271: Los milicos yankys no circulaban espesamente por la vieja ciudad, y casi se podía hacer un esfuerzo por ignorarlos. [*En el texto,* mílicos.]

miliequivalente *m* (*Quím*) Número de gramos de cuerpo disuelto correspondiente a 1 ml de solución normal. | *Abc* 11.11.75, 1: La indicación fundamental de la hemodiálisis está representada por la presencia de una cifra alta de potasio en sangre, es decir, de una concentración de potasio en el plasma por encima de seis miliequivalentes por litro.

milieu *(fr; pronunc corriente,* /miliö/) *m* Ambiente social. | VMontalbán *Mares* 81: –¿Qué se cuenta por ahí de su muerte? –No ejerzo. Apenas si me veo con gente del *milieu*.

miligramo *m* Unidad de peso equivalente a una milésima de gramo. | O. Aparicio *MHi* 7.68, 28: Tan pronto como se certificó la muerte de Denise se le inyectaron dos miligramos de heparina intravenosa.

mililitro *m* Unidad de capacidad equivalente a una milésima de litro. | Gironza *Matemáticas* 11: Las unidades secundarias [de capacidad] son .. decilitro, centilitro y mililitro, para los submúltiplos.

milimetrar *tr* Dividir o graduar [algo] en milímetros. *Frec en part.* | Mingarro *Física* 58: Es aconsejable construir la gráfica sobre papel milimetrado.

milimétricamente *adv* De manera milimétrica. | *Ya* 10.12.72, 6: El vuelo del "Apolo 17" a la Luna marcha milimétricamente perfecto.

milimétrico -ca *adj* **1** De(l) milímetro. | M. GSantos *SAbc* 25.1.70, 21: Permite abordar regiones como la platina del estribo, el nervio facial y el conducto auditivo interno, cuyas dimensiones son milimétricas. **b)** Que está dividido en milímetros. | * Usa la escala milimétrica. **c)** Sumamente pequeño. *Con intención ponderativa.* | *Abc Extra* 12.62, 9: Nada falta, regiamente reproducido, ni siquiera la pluma de ave milimétrica en la mesa de escritorio.
2 Que se ajusta o coincide con total exactitud. | MSantos *Tiempo* 183: ¿Qué toro llevamos dentro que nos hace desear el roce, el aire, el tacto rápido, la sutil precisión milimétrica según la que el entendido mide, no ya el peligro, sino –según él– la categoría artística de la faena?

milímetro I *m* **1** Unidad de superficie equivalente a la milésima parte del metro. | *Mad* 18.11.70, 6: 5.000 toneladas de algodón .. de treinta y tres a treinta y cinco milímetros de longitud de fibra.
2 ~ **cuadrado.** Unidad de superficie equivalente a la de un cuadrado cuyo lado mide un milímetro [1]. | Gironza *Matemáticas* 10: Las unidades secundarias [de superficie] son .. decímetro cuadrado, centímetro cuadrado y milímetro cuadrado, para los submúltiplos.
3 ~ **cúbico.** Unidad de volumen equivalente al de un cubo cuya arista mide un milímetro [1]. | Gironza *Matemáticas* 11: Las unidades secundarias [de volumen] se llaman .. decímetro cúbico, centímetro cúbico y milímetro cúbico, para los submúltiplos.
II *loc adv* **4 al ~.** Con toda exactitud. *Tb adj.* | Landero *Juegos* 249: Es lo que dura mi relato. Veinticinco minutos. Lo tengo al milímetro. *SAbc* 29.11.70, 39: En números redondos .. muy cerca de veinte mil titulados habrá, y perdone que no le ofrezca datos al milímetro.

milimicra *f* Unidad de longitud equivalente a una milésima de micra. | Navarro *Biología* 240: Virus .. Para medirlos se emplea la milimicra.

milirem (*pronunc,* /milirém/; *pl normal,* ~s) *m* (*Fís*) Unidad de radiación equivalente a una milésima de rem. | J. FMoral *D16* 19.9.88, 42: A esa radiación natural .. hay que sumarle los efectos de una creciente y, a veces, desconocida radiación artificial, cuya cuantificación actual en los países desarrollados está alcanzando cantidades muy similares a las naturales en recepción "per cápita", del orden de los 130 milirem/año. *País* 2.1.90, 14 (A): Un escape radiactivo que, medido en milirems, da una cifra muy superior a la legalmente permitida.

milisegundo *m* Unidad de tiempo equivalente a una milésima de segundo. | *DBu* 6.1.55, 3: Con este método se utilizan cargas de explosivos de baja velocidad en barrenos alternados en combinación con detonadores de retardación en milisegundos.

militancia *f* Condición de militante [1a]. *Esp en política.* | Goytisolo *Recuento* 453: La militancia [en el partido] no era solo cuestión hereditaria o de medio familiar y social. Delibes *Voto* 33: El pueblo nos votará o no nos votará, eso está por ver, pero se resiste a la militancia.

militante *adj* Que milita[2] [1 y 2]. *Tb n, referido a pers.* | MCachero *AGBlanco* 67: Como crítico militante actuó asimismo en veladas y controversias públicas. Llovet *Tartufo II* 61: Razona usted como lo que es..., un militante histórico. Aranguren *Marxismo* 77: Marx .. se desentiende del comunismo primitivo .., para dotarle de precisión "científica", basándole en la Economía política .. y haciéndolo militante, revolucionario. *Hora* 31.12.76, 24: El Ademar-Pepsi se enfrentará al Rubiera Covadonga, de Gijón, militante en la división de honor de balonmano. **b)** (*Rel catól*) [Iglesia] formada por los fieles que viven en la fe católica. | SLuis *Doctrina* 53: Iglesia militante: formada por fieles de la Tierra.

militantemente *adv* De manera militante. | *Cua* 10.68, 6: Importa destacar .. la reacción muy favorable ante este documento de los sectores agnósticos, no creyentes e, incluso, de los militantemente ateos.

militantismo - millcayac

militantismo m (raro) Actitud de quienes militan activamente en una organización. | J. M. Fontana *Pue* 28.12.70, 3: De nada servirían las campañas y propósitos del militantismo de la "sinistra" laica.

militar¹ -ra *(la forma f* MILITARA, *solo en aceps 3 y 4)* **I** adj **1** De(l) ejército o de la milicia. | Olmo *Golfos* 148: Sus andares eran airosos, pero tranquilos: como de marcha militar en cámara lenta. Laiglesia *Tachado* 94: Al conde Otto von Fritz le acompañaba un séquito compuesto por una docena de agregados: el militar, .. el municipal, el musical, el tal y cual... **b)** [Pascua] ~ → PASCUA.
II n **A** m y f **2** Pers. que pertenece al ejército. | *Abc* 2.2.91, 4: Melissa Rathbun-Nearly .. es la "marine" desaparecida durante la batalla de Jafyi. La militar .. es la primera mujer del cuerpo de "marines" que desaparece en combate. **b)** Pers. que pertenece al ejército como profesional. | Benet *Nunca* 16: A los veintitrés, siendo prometida de un brillante militar .., tuvo que ver cómo el Destino se lo arrebataba de este suelo miserable la misma víspera de la boda.
B f **3** *(col)* Esposa de militar [2] de graduación. | Carandell *Madrid* 137: Doña Rafaela, la militara, da un poquito más. Cinco duros al mes.
4 *(col, humoríst)* Mujer militar [2]. | Gala *Hotelito* 32: –Pues ni que viniera a pasarnos revista, la marrana. –¿Es militara, o qué? S. Perinat *D16* 27.10.88, 13: No es serio este tejemaneje con las mujeres militares .. Puede que también sea inevitable que acaben casándose con el coronel. Pero con las "militaras" es distinto. No se sabe claramente para qué han ingresado.

militar² intr **1** Pertenecer [a una agrupación política o ideológica *(compl* EN)]. *Tb fig.* | Ridruejo *Memorias* 26: Militaba en el Partido Comunista. Montarco *Abc* 15.12.70, 3: Estos ponderados sindicatos laborales saben lo que conviene mejor a los obreros que en ellos militan. * Como poeta nunca militó en el simbolismo.
2 *(lit)* Combatir o luchar. *Frec con un compl* EN. *Tb fig.* | * En la guerra militó a las órdenes del General Franco. R. Navarro *HLM* 26.10.70, 33: Se han encontrado en este partido dos jugadores que militan en categorías distintas: "amateur", Santana, y profesional, Laver.
3 *(lit)* Actuar o influir [una cosa a favor o en contra de alguien o algo]. | * Son muchas las razones que militan a su favor.

militarada f Golpe o sublevación militar¹. | Iparaguirre-Dávila *Tapices* 93: Otro sector que pensaba sacar provecho de la "militarada" fue el de los grandes comerciantes catalanes.

militarismo m **1** Preponderancia del elemento militar¹ en una nación. | Aranguren *Marxismo* 125: ¿Y no hay, por debajo de esa "buena conciencia" de sentirse amigos de Israel, un oscuro racismo .. y un gusto por el militarismo?
2 Condición de militarista. | Fuster *SInf* 16.1.75, 9: Monsieur Giscard ha sabido escoger. Hará de "La Marsellesa" una pieza sinfónica potable, eliminando las reminiscencias del "Tantum ergo", las de la ira revolucionaria, las del militarismo local.

militarista adj De(l) militarismo [1]. | Aranguren *Marxismo* 126: La instauración [en Argelia] de un régimen militarista .. le ha hecho perder su prestigio. **b)** Partidario del militarismo [1]. *Tb n.* | GTolsá *HEspaña* 1, 222: El sistema califal quedó convertido en dictadura militar por el hagib Almanzor, quien estableció su poder durante más de treinta años, en los cuales el partido militarista dio días de gloria al califato.

militarización f Acción de militarizar. | M. Á. Cruz *Ya* 17.3.90, 19: El temor a una orden que estableciera la militarización del colectivo rondaba ayer por las sedes de los dos principales sindicatos de clase.

militarizar tr **1** Dar carácter militar [a alguien o algo *(cd)*]. | J. Aldebarán *Tri* 11.4.70, 17: Hay asociaciones políticas militarizadas. Fuster *SInf* 16.1.75, 9: Tampoco debe gustarle "La Marsellesa" militarizada, bonapartista, colonialoide y tecnocrática.
2 Someter a disciplina militar¹. *Tb fig.* | ZVicente *Balcón* 78: En cuestión de enfermedades no nos va mal, porque, como las van pasando todos seguidos, podemos utilizar mejor las medicinas y restringir las visitas del médico, y hasta ahora el sarampión, y la escarlatina, y la varicela, toditos, toditos con mucho orden. Militarizados.

militarmente adv **1** De manera militar¹. | GPavón *Hermanas* 11: El guardia de puertas le saludó militarmente.
2 En el aspecto militar¹. | Laiglesia *Tachado* 44: ¿Y qué puede darle Burlonia? Militarmente, treinta gendarmes con treinta porras y treinta bicicletas.

militarote m *(desp)* Militar¹ [2b]. | MSantos *Tiempo* 97: ¡Al fin! ¡Ríete en la tumba, militarote altivo!

mílite m *(lit)* Militar¹ o soldado. | Carnicer *Castilla* 257: Se asoma al esplendor dorado del templo y echa un vistazo a la tumba del mílite liberal [Espartero]. Lapesa *Santillana* 245: La lectura de un tratado .. ha atraído su atención sobre los juramentos que se exigían a los mílites romanos.

milivoltímetro m *(Electr)* Voltímetro graduado en milivoltios. | *Ya* 22.10.64, sn: De la firma Ch. Braibe: Cartulinas para test .. Milivoltímetro.

milivoltio m *(Electr)* Unidad de diferencia de potencial y de fuerza electromotriz que equivale a una milésima de voltio. | R. Alvarado *Abc* 30.10.84, 3: Este potencial se puede medir, y la medida, que es del orden de milivoltios, resulta asombrosamente casi pareja (o sin casi) en células vegetales y animales y, por supuesto, humanas.

miliweber *(pronunc corriente,* /milibéber/; *pl normal,* ~s) m *(Fís)* Unidad de flujo magnético equivalente a una milésima de weber. | Mingarro *Física* 141: Por un solenoide de 100 espiras para un flujo de 5 miliweber que se ha tardado en establecer 0,002 s.

milk *(ing; pronunc corriente,* /milk/) f Leche. *Usado como euf humoríst.* | Yrissarri *HLP* 6.10.75, 9: Deje a su vecino con sus devaneos, que los suyos nos importan tres botes de mala milk. Aristófanes *Sáb* 7.9.74, 40: Mi amigo Manolo, como estaba cargadísimo de razón, me ha puesto de una "milk" de todos los demonios. Aristófanes *Sáb* 31.8.74, 49: Han sacado un "elepé" que es la "milk".

milla I f **1** Unidad internacional para medir distancias en la navegación marítima o aérea, equivalente a 1852 m. *Tb* ~ MARINA, *o* NÁUTICA. | Marcos-Martínez *Aritmética* 120: Se dice, por ejemplo, que la velocidad de un barco es 20 nudos, cuando recorre 20 millas marinas en una hora. **b)** ~ **náutica inglesa.** Medida equivalente a 1853,1824 m. | *Mad* 30.12.69, 1: Las cinco lanchas .. tienen cuatro motores Diesel .. capaces de un máximo de 40 millas náuticas inglesas por hora.
2 Medida de longitud terrestre usada en los países anglosajones y que equivale a 1760 yardas (1609,34 m). | Ortega *Americanos* 44: Un [automóvil] "Falcon-62" puede ponerse a 65, a 70 y hasta, en caso de apuro, a 75 millas a la hora.
3 *(hist)* Medida de longitud romana equivalente a 1000 pasos (1479 m). | Ubieto *Historia* 48: Todos los [topónimos] que han registrado se encuentran siempre a tres millas romanas de un núcleo urbano importante.
II *loc v* **4 tirar ~s.** *(col)* Correr en un vehículo. *Tb fig.* | * Vamos, coge tu Panda y tira millas. Umbral *Gente* 157: La movida madrileña fue un sutilísimo invento madrileño de Tierno Galván para ganarse al gentío y tirar millas.

millar m **1** Conjunto de mil unidades. *Gralm seguido de un compl* DE. *Frec solo con sent aproximativo.* | Benet *Nunca* 13: Su fortuna le permitía acudir allí con cierto desprecio hacia la actitud frenética de aquel millar de examinandos.
2 *En pl:* Cantidades [de perss. o cosas de una misma especie] que han de contarse por conjuntos de mil. *Gralm seguido de un compl* DE. *Frec con intención ponderativa.* | Laforet *Mujer* 293: Veía Paulina los picos de la Sierra de Guadarrama, blancos, brillando debajo de esa otra oleada de millares de mundos incandescentes.
3 *(hist)* Espacio de dehesa en que se pueden mantener 1000 ovejas. | Romano-Sanz *Alcudia* 173: El valle de Alcudia se dividió en 162 millares, repartidos en grandes propiedades llamadas quintos.

millcayac m *(hist)* Lengua hablada por los indios habitantes de la actual provincia de Mendoza (Argentina). | Tovar *Español* 512: Estas dos lenguas, Allentiac y Millcayac, se extinguieron en seguida.

millenero -ra adj De Millena (Alicante). Tb n, referido a pers. | Ximet InA 20.3.75, 30: Que conste que no estoy acusando a Millena de un pueblo que nunca ha tenido un "duro" para su fiesta .. Quizás en esto no sean ni los propios "milleneros" los que tengan la culpa.

millero[1] **-ra** m y f (Dep) **1** Caballo especializado en carreras de una milla [2]. | C. Miguel Ya 24.10.91, 52: El Premio del Ayuntamiento de Madrid es la carrera más importante de las que se disputan el domingo en el hipódromo de La Zarzuela. La prueba presenta un lote de milleros, dividido en dos grandes grupos.
2 Corredor especializado en carreras de 1500 m o de una milla [2]. | A. Salinas Ya 2.12.85, 32: Si hay que destacar a alguien, no cabe más remedio que resaltar el carrerón hecho por el "millero" Javier Pascual.

millero[2] m (reg) Pinzón real (ave). | Cela Viaje andaluz 273: En su jaula de alambre y en su florida ventana silbó el millero, delicado flautista. Por Sevilla y su campo dicen millero al pinzón real.

millo m (reg) Maíz (planta y semilla). | Nácher Guanche 30: Por ocho días seguidos, al alba, te andarás un campo de millo por tres veces. Alvar Islas 34: Dar vueltas a la leche en el tocio o tabajoste y pilar millo en el mortero.

millón I m **1** Cantidad de mil millares [1]. Gralm seguido de un compl DE (sin DE cuando se interpone otro número). | Zubía Geografía 267: Nueva York .. alcanza incluso los 13 millones de habitantes. A. Aricha Caso 26.12.70, 24: Dos milloncejos de pesetas. M. CDiego Ya 12.3.74, 17: La nueva instalación eléctrica .. alcanzará la cifra de un millón quinientas mil pesetas.
2 En pl: Cantidades [de perss. o cosas de una misma especie] que han de contarse por miles de millares. Frec con intención ponderativa. | Areilza Tri 16.2.74, 12: Yo lo imagino repartiendo saludos .. y escribiendo millones de cartas a sus presuntos electores. Gac 28.9.75, 3: –Mira, acaba de pasar un coche más grande que la catedral. –¡Cuqui: te tengo dicho treinta millones de veces que no me gusta que exageres!
3 (hist) En pl: Impuesto sobre el consumo, que en principio gravaba la carne, el vino, el vinagre, el aceite, el jabón, el azúcar y las velas de sebo. | Mercader-DOrtiz HEspaña 4, 66: En Castilla, el clero pagaba el impuesto de millones.
II loc adj **4 del ~**. [La pregunta] más difícil de contestar. | D16 26.7.92, 72: –¿Cómo se consiguen esos fines, cuál es la fórmula? –Esa es la pregunta del millón.
III loc adv **5 a ~**. (col) A un precio muy elevado. | Crémer Hora 11.12.76, 12: Se vende el turrón a millón.

millonada f (col) Cantidad de dinero del orden de un millón o varios millones. Frec fig, con intención ponderativa. | SFerlosio Jarama 112: Jardines de lujo, con surtidores y azulejos, que valen una millonada.

millonariamente adv (raro) Millones de veces. | S. Cámara Tri 20.3.71, 5: El poder uniformador de la "tele" alcanza al mundo entero, serán dos rostros millonariamente repetidos en las conciencias de todos los espectadores.

millonario -ria adj **1** De millones. Esp referido a dinero. | D. Jalón Sáb 3.12.66, 3: Las industrias de magnitud millonaria, en su producción y en sus beneficios, son las que permiten la participación más considerable de los obreros en la ya clásica "tarta". Umbral Mortal 174: Todo está montado sobre la explotación, desde mi convalecencia humilde a los cruceros de placer en yates millonarios.
2 [Pers.] cuya fortuna es de muchos millones. Tb fig. Frec n. | Laforet Mujer 27: Pensó divorciarse .. para poder casarse con una millonaria histérica. GBiedma Retrato 141: La vida en cama sigue, sin que la costumbre le quite nada de su agrado, pero ya no me siento millonario en tiempo. Los días pasan muy aprisa.

millonésimo -ma adj [Parte] que es una del millón de partes en que se considera dividida la unidad. Tb n f. | Ya 13.4.89, 13: Mediante la llamada espectrometría de masas, por ejemplo, puede encontrarse un nanogramo, esto es, la milésima de una millonésima parte de un gramo de una substancia. Navarro Biología 240: Virus .. Para medirlos se emplea la milimicra .., que equivale a la millonésima de milímetro.

milloneti adj (col, humoríst) Millonario [2]. Tb n. | Mendicutti Palomo 183: Era natural que volviese locas a todas las gachises que se le pusieran por delante, y también a todas las señoras de buena familia y millonetis.

milmarqueño -ña adj De Milmarcos (Guadalajara). Tb n, referido a pers. | NAl 11.9.82, 21: Se encontraba el frontón abarrotado de milmarqueños .. A continuación, se soltaron las vaquillas en la plaza, para disfrutar de esta tradición taurina tan arraigada en Milmarcos.

milmillonésimo -ma adj [Parte] que es una de los mil millones de partes en que se considera dividida la unidad. | MUgartemendía Cálculo 199: 1 mm^3 = 0,000000001 m^3 (milmillonésima parte del m^3). L. Villena Ya 22.10.64, sn: Paralelamente se detectan intervalos de tiempo inferiores a la milmillonésima de segundo.

milocha f (reg) Cometa (juguete). | CPuche Conocerás 202: Me quedaba paralizado entre los niños que volaban las milochas en lo alto del Malecón.

milonga f **1** Canción popular propia del Río de la Plata, de compás de 2 por 4, y que se acompaña con la guitarra. Tb su música y su baile. | Barrios CoA 2.11.75, 35: Huelva está cercada por los mejores vientos de la flamenquería brava .., y, por el mar, le llegan las bonanzas melosas de las vidalitas, .. las milongas.
2 Canción popular andaluza relacionada con el flamenco y derivada de la milonga [1]. | A. Moncayo HLM 26.10.70, 40: Siguieron estas figuras con "Amor gitano", de León y Solano –¡qué bien lo dijo Rocío!–, y tras esto, "Se dice de mí", una bellísima milonga de F. Canard y Peláez.
3 (col) Mentira. | SAbc 19.9.82, 25: Yo le contaba milongas piadosas: que si contratos por aquí, por allí...

milord (pronunc corriente, /milór/; pl normal, MILORES) m **1** Se usa como tratamiento dirigido a un lord. | * ¿Desea algo más, milord? **b)** (raro) Lord. | Torrente Sombras 299: Zeus, el divino padre, bajo las ropas de un milord, y la divina Hera, trasmudada en milady por el capricho imaginativo de aquel Patricio.
2 (hist) Coche de caballos, de cuatro ruedas, con capota plegable, un asiento de dos plazas en la parte posterior y otro más elevado para el conductor. | Cuevas Finca 102: En la puerta de la casa había un milord de alquiler.

milpa f Tierra destinada al cultivo de maíz y a veces de otras semillas. Normalmente referido a países americanos. | Alvar Envés 14: El recuerdo de la modesta librería y el de los años de la guerra y del verano de milpas junto al mar. E. RGarcía MHi 3.61, 39: El caballo se puede detener al borde de la milpa de maíz. [En Méjico.]

milpiés m Se da este n a un grupo numeroso de miriápodos caracterizados por tener dos pares de patas en cada segmento. | Artero Invertebrados 86: Vulgarmente se les llama "milpiés" o "cardador" a unos Miriápodos vegetarianos, con dos pares de patas por anillo, que viven en la tierra húmeda. Bustinza-Mascaró Ciencias 167: Animales parecidos a la escolopendra. Son varias las especies que se conocen con el nombre vulgar de ciempiés o milpiés.

milrayas (frec con la grafía **mil rayas**) adj [Tejido o prenda de vestir] de rayas muy finas y juntas. Tb n m, referido a traje o tejido. | Marsé Dicen 322: Paseaba inquieto con su fresco traje milrayas. Halcón Ir 292: Unos pantalones mil rayas. Umbral Gente 107: El milrayas ya no se lleva, mi general.

mimado -da adj **1** part → MIMAR.
2 [Pers.] caprichosa y exigente por exceso de mimo[1] [1]. Esp referido a niños. | SSolís Blanca 9: Papá y mamá hubieran querido muchos hijos, pero mamá tuvo varios abortos, y, claro, fui un poco mimada, bueno, muy mimada. **b)** [Niño] ~ → NIÑO.

mimar[1] tr Tratar [a alguien] con mimo[1] [1]. | Laforet Mujer 46: Era [la abuela] la persona de su familia que más había mimado a Paulina. Sáb 10.9.66, 39: Las revistas ilustradas publicaban extensos reportajes para describirnos la dicha de aquel hogar formado entre un par de criaturas mimadas por la fortuna.

mimar[2] tr Imitar [una acción] mediante gestos. | Buero Sueño 182: Le señala a él y mima la acción de golpear. **b)** Imitar o remedar [algo o a alguien]. | Torrente

Isla 267: Representó .. la ocasión en que Danae había sido mojada por la lluvia de oro, mimada en este caso por un chal de tisú dorado. Barral *Memorias* 1, 234: Entró en casa del filósofo mimando grotescamente a Byron.

mimbar *m En una mezquita:* Púlpito. | Tejedor *Arte* 91: El *mimbar* o púlpito, desde donde dice las preces el imán o sacerdote.

mimbral *m* Terreno poblado de mimbres [2]. | M. ÁChirveches *Abc* 30.12.65, 27: La Alcarria, bien representada en Cañamares, con su vega y sus parcelas de mimbral y hasta con el pueblo rebosante de poesía.

mimbrazo *m* Golpe dado con un mimbre [1a] o algo similar. | MFVelasco *Peña* 76: Julián .. me tiene sacudidos no sé la de mimbrazos.

mimbre *m o f* **1** Varita larga, fina y flexible de la mimbrera, que se usa en labores de cestería. | Cunqueiro *Un hombre* 12: Un mendigo se le acercaba, sonriéndole, mostrándole una jaula de mimbres pintados de verde y de rojo. MCalero *Usos* 30: Guardaban el pan .. en nasas de mimbre blanca. **b)** (*lit*) Elemento con que se teje o construye algo. | Delibes *Pegar* 207: Carmen Laforet, con esta novela, compuesta de retazos, realiza por primera vez en España la experiencia de incorporar al lector a la creación; esto es, le facilita unas mimbres y una estructura para que él las rellene y complete. *Abc* 17.8.85, 56: Hay un excelente ambiente en la plantilla. Todos están trabajando a gusto; tenemos mimbres para hacer un magnífico equipo.
2 Mimbrera. | Cuevas *Finca* 110: Adelantó un paso apartando los mimbres .. –Buenas tardes. ¿Qué haces aquí? –Vengo a pescar.

mimbreño -ña *adj* Flexible como un mimbre [1a]. | Zunzunegui *Camino* 466: Era un pelotari mimbreño, fino, elegante.

mimbrera *f* Arbusto de la familia del sauce, cuyas ramas son los mimbres y que abunda en lugares húmedos (*Salix viminalis*). *Tb se da este n a otras especies del gén Salix*. | CBonald *Ágata* 25: Las mimbreras habían sido taladas poco antes. Loriente *Plantas* 20: *Salix fragilis* L., "Mimbrera". No es corriente.

mimbreral *m* Terreno poblado de mimbreras. | CBonald *Ágata* 49: El mimbreral de Malcorta bullía de taladores.

mimbrero *m* (*reg*) Mimbrera. | Halcón *Ir* 222: Un mimbrero frondoso debía su corpulencia a vivir junto al caño maestro de riego.

mimeografiar (*conjug* **1c**) *tr* Reproducir por multicopista. | * Tenemos el texto mimeografiado de su conferencia.

mimeográfico -ca *adj* De (la) multicopista. | GBiedma *Retrato* 84: No tiene un céntimo [el pintor] y trabaja en lo primero que le viene a mano. Hay una Anunciación muy graciosa pintada en papel de periódico, dibujos sobre papel mimeográfico.

mimesis (*tb* **mímesis**) *f* (*lit*) Imitación. *Frec en el ámbito de la literatura*. | Goytisolo *Recuento* 358: Los Ángeles [novela] no pasaba de ser una mimesis sublimada de las circunstancias personales de Adolfo. Aranguren *Marxismo* 27: La superestructura intelectual .. del aparato de poder .. tiende a la mímesis de todo lo angloamericano.

miméticamente *adv* De manera mimética [1]. | Aranguren *Moral* 119: El "vivir en falso", adoptando miméticamente usos extranjeros que no corresponden a la auténtica realidad española.

mimético -ca *adj* **1** De (la) mimesis o de(l) mimetismo [2]. | R. M. Pereda *SInf* 17.10.74, 5: No aciertan a inscribirse en la polémica, todavía viva, entre la obra de imaginación y la mimética, entre el realismo y la literatura fantástica. Umbral *Ninfas* 140: Era posible que un mimetismo secreto le hubiese llevado a repetir mi amor con María Antonieta en su amor con Tati, pues las leyes miméticas son mucho más profundas de lo que imaginamos.
2 Que tiene o muestra mimetismo [1]. | Ybarra-Cabetas *Ciencias* 412: Se llaman animales miméticos los que se confunden con el medio en que viven. Cela *Pirineo* 194: Hay .. pobres muy ridículos y miméticos, que copian al poderoso y remedan sus gestos y sus aficiones.

mimetismo *m* **1** Propiedad que poseen determinados animales y plantas de asemejarse al medio en que viven a fin de pasar inadvertidos. *Tb fig*. | Ybarra-Cabetas *Ciencias* 412: El mimetismo se da preferentemente en los invertebrados. Delibes *Ratas* 30: La liebre, como las casas del pueblo, en prodigioso mimetismo, formaba un solo cuerpo con la tierra. Porcel *Des* 12.9.70, 14: Tiene [el hombre] tanta necesidad de fundirse, de mimetismo, como de esconderse y agredir.
2 Tendencia imitativa. | Umbral *Ninfas* 140: Era posible que un mimetismo secreto le hubiese llevado a repetir mi amor con María Antonieta en su amor con Tati.

mimetista *adj* (*raro*) De(l) mimetismo. | A. Assía *Ya* 25.4.75, 10: Cuantas veces se repita serán pocas si queremos huir de una interpretación mimetista.

mimetización *f* Acción de mimetizar(se). | *Ya* 16.12.87, 21: Ante el agotamiento del discurso socialista tradicional hay que rechazar reacciones de mimetización política.

mimetizador -ra *adj* Que mimetiza. | Umbral *Ninfas* 63: Eran o éramos fieles mimetizadores de las costumbres y los gustos de las clases altas.

mimetizar A *tr* **1** Imitar. | Savater *Infancia* 37: La novela .. es un género descentrado, excéntrico, que mimetiza de algún modo el despliegue mecánico de las fuerzas materiales, carentes de proyecto. Umbral *Hijo* 144: Mimetizaba a d'Ors incluso en la presencia, en la voz.
B *intr pr* **2** Adaptarse por mimetismo. | Cuevas *Finca* 254: La chicharra no tenía otro medio de defensa que quedarse quieta, mimetizada en el suelo. F. P. Velázquez *Rev* 11.70, 9: Empezaron a no saber conformarse con la realidad de su existencia y trataron de mimetizarse, según la medida de una sociedad de consumo que crea necesidades estúpidas.

mímicamente *adv* De manera mímica. | Gambra *Filosofía* 36: Estas [palabras] pueden expresarse oral, gráfica o mímicamente.

mímico -ca I *adj* **1** De(l) mimo². | GGual *Novela* 41: La comedia de Terencio no responde ya a los intereses de un público que prefiere las farsas mímicas.
2 De (la) mímica [3]. | Cossío *Confesiones* 283: Era emocionante presenciar estos diálogos mímicos, en los que el orangután adquiría naturaleza humana. **b)** De(l) gesto. | Navarro *Biología* 136: Las mejillas están formadas por una pared muscular que contiene la mayor parte de los músculos mímicos y el músculo de la masticación, masetero.
II *f* **3** Expresión mediante gestos. | Cossío *Confesiones* 283: Por simples señas, en una mímica expresiva, se entendían perfectamente. **b)** Conjunto de gestos que acompañan o suplen al lenguaje oral. | CNavarro *Perros* 156: La situación se hacía cómica, a fuerza de reiteraciones, y la protagonista odiosa, a causa de tanta mímica cursi.

mimo¹ *m* **1** Trato sumamente cariñoso y complaciente dado a una pers. | F. Martino *Ya* 30.10.74, 42: El niño es inmerso en el baño templado, donde continúan las caricias de las manos del comadrón, que al mismo tiempo lo lavan y asean; todo despacio, todo suave, todo con mimo. **b)** Trato muy delicado y cuidadoso dado a una cosa. | Marlasca *Abc* 19.5.70, 43: Sentó [el duende] sus reales en la linotipia de mi compañero .. y se la jugó, colocando en el plomo, que él con tanto mimo compone, "reserva" por "re-ver-sa".
2 Caricia o gesto de cariño. | Salom *Cita* 268: ¿Pero no se te ocurre nunca llamarme preciosidad o hacerme un mimo?
3 Capricho que se concede a una pers. a quien se trata con mimo [1]. | Laforet *Mujer* 111: Esta pareja criaba a sus hijos con mimos, con lujos de institutrices y preceptores. *VNu* 18.12.71, 30: Lloraba así de fuerte por los mimos que le dan sus padres y la maestra.
4 Actitud caprichosa y exigente propia de la pers. a quien se trata con mimo [1]. *Frec en pl*. | *VNu* 18.12.71, 30: La tenemos que aguantar los mimos. Y así aprenderá.
5 (*reg*) Merengue (dulce). | GMacías *Hoy Extra* 12.75, 23: El capítulo de dulces cacereños es asaz interesante. Mencionemos la "sopa de almendra", .. el "mimo", dulce típico de las bodas.

mimo² *m* **1** Actor que se vale exclusiva o preferentemente de gestos y movimientos corporales. | Torres *País*

16.2.83, 29: Tres personajes que son al mismo tiempo payasos, mimos y actores. **b)** (*hist*) *Entre los antiguos griegos y romanos:* Actor bufo hábil en imitaciones. | MercaderDOrtiz *HEspaña* 4, 250: Entre los furiosos detractores [del teatro] era una especie de axioma que la grey teatral era *de iure* infame, y consideraban vigentes las disposiciones del Derecho Romano sobre los mimos.
2 Pantomima (representación teatral). | *Des* 12.9.70, 5: Existe un grupo de mimo, "Els Joglars", internacionalmente conocido. Torres *País* 16.2.83, 29: Se sumará hoy la presentación del mimo *Manicomic*, por el grupo El Tricicle, de Barcelona. **b)** (*hist*) *Entre los antiguos griegos y romanos:* Representación teatral corta y burlesca basada pralm. en la expresión corporal. | Balasch-Roquet *Acrópolis* 331: Una palabra todavía acerca de este género teatral en tono menor que es el mimo: obras muy breves, cómicas, pero arrancadas de la vida cotidiana. El que parece haber inventado el género es Sofrón, quien, junto con Jenarco, es el autor más considerable de mimos.

mimodrama *m* Pantomima (representación teatral). | J. Monleón *Tri* 21.11.70, 44: Los polacos han presentado .. "El vestido", mimodrama basado sobre leyendas japonesas.

mimosamente *adv* De manera mimosa [2]. | E. Bayo *Des* 12.9.70, 23: Es difícil hallar en aquellas tierras mimosamente trabajadas una mata del peor enemigo de los abonos.

mimoso -sa I *adj* **1** [Pers. o animal] a quien gusta que le hagan mimos^1 [2]. | Zunzunegui *Hijo* 127: Fingió habíase torcido el tobillo y se paró mimosona y quejana. Castellanos *Animales* 153: El conejo es fiel y mimoso. **b)** [Pers.] que tiene mimo^1 [4]. | * ¡Qué niño tan mimoso y repelente!
2 Que implica o denota mimo^1 [1 y 4]. | SFerlosio *Jarama* 62: –Pues claro... –le contestaba con un tono mimoso. *Ya* 20.11.75, 21: Con el mimoso hablar asturiano, me respondió: "Sí, ya te veo en la televisión".
II *f* **3** Se da este n a varios árboles o arbustos tropicales o subtropicales, frec espinosos y con inflorescencias gralm en cabezuelas amarillas, cuyas hojas presentan a veces sensibilidad al tacto (*géns Mimosa* y *Acacia*). | Goytisolo *Recuento* 26: En los floreros de la cómoda había ramilletes de mimosa. Bustinza-Mascaró *Ciencias* 268: Hay plantas que no son papilonáceas y que tienen también el fruto en legumbre como, por ejemplo: la mimosa, la acacia. Loriente *Plantas* 42: *Acacia dealbata* Link, *Acacia farnesiana* (L.) Willd., *Acacia longifolia* (Andrews) Willd., *Acacia melanoxylon* R. Br., *Acacia retinodes* Schlecht, "Mimosas". La primera y la cuarta, bastante comunes como arbolitos o árboles ornamentales.

mina^1 *f* **1** Yacimiento de mineral útil para su explotación. | Bustinza-Mascaró *Ciencias* 320: El explorador de minas aplica sus conocimientos de Geología. **b)** Conjunto de excavaciones e instalaciones para la explotación de un yacimiento de mineral. | Laforet *Mujer* 11: Había unas minas a unos pocos kilómetros del pueblo, y el mineral lo llevaban hasta allí en camiones.
2 Pers., animal o cosa que proporciona gran provecho o utilidad. | Delibes *Guerras* 154: Lo único, la avaricia, ya ve, que a cada rato me decía: Pacífico, aviva, esto del gallinero puede ser una mina. Lera *Olvidados* 29: El animalito este es una mina. Me gana un jornal casi como el mío.
3 Galería subterránea. | M. L. Nachón *Inf* 18.6.75, 21: Desde el citado paseo hasta la explanación del antiguo ferrocarril de Extremadura, donde acaba la obra, se construirán tres pequeños tramos en mina, y el resto, a cielo abierto. **b)** Galería debajo de una superficie que no es la terrestre. | *Abc* 6.4.75, 53: A su llegada, la larva se encuentra siempre en el primer estadio, penetra en el parénquima de las hojas y vive en fase minadora .. Después, la oruga abandona su mina y enrolla el borde de las hojas con hilos de seda, viviendo así hasta el final del quinto estadio.
4 Barrita de grafito que va en el interior del lápiz. | *ByN* 31.12.66, 58: Lápices de color de renombre mundial con minas de gran resistencia.
5 Artificio explosivo provisto de espoleta, que se entierra o camufla para que estalle al ser rozado por una pers. o un vehículo. | J. Aldebarán *Tri* 11.4.70, 16: El "Hampshire", en que navegaba a Rusia, fue tocado por una mina alemana.
6 Manantial de agua. | P. Comas *Van* 14.7.74, 44: La primera de las innovaciones fue la elevación del precio del agua, la cancelación de los derechos de los antiguos propietarios de caudales, con el pretexto de que los antiguos pozos y las primitivas minas ya no manaban.

mina^2 *f* (*hist*) Moneda griega equivalente a 100 dracmas. | V. Borreguero *ASeg* 17.3.86, 2: Compró [Alcibíades], por la nada despreciable cifra de sesenta minas, un precioso perro al que paseó por la ciudad de Atenas.

minado *m* Acción de minar. *Tb su efecto.* | *Inf* 9.5.72, 3: Comienza el minado .. Aviones de la Marina americana han comenzado a minar los puertos norvietnamitas. M. Moreno *País* 3.12.86, 25: Los montes de robles se salpicaban de inmensos minados de más de 100 metros de profundidad.

minador -ra *adj* Que mina. *Tb n: m y f, referido a pers; m, referido a aparato o a buque.* | *Ya* 26.4.74, 16: En algunas calles del casco urbano de Mequinenza ya se han producido los primeros socavones a causa del efecto minador de las aguas que se filtran. *Ya* 12.2.75, 37: Debe estudiarse la rentabilidad del oro astur .. Los primeros minadores fueron las poblaciones autóctonas, y sus métodos de explotación serían ampliados y perfeccionados por los romanos. *SInf* 8.10.74, 13: Esta empresa .. completará con sus productos la gama de perforadoras pesadas producidas por Compair, extendiendo al mismo tiempo las zonas de actuación a otros campos que le son peculiares (minadores continuos, cargadoras para trabajos subterráneos, etc.). Delibes *Madera* 381: En cabeza, los crucero, flanqueados por los viejos destructores de carbón; a popa, minadores y cañoneras.

minar A *tr* **1** Hacer minas^1 [3] [en un lugar (*cd*)]. | Ybarra-Cabetas *Ciencias* 390: Los campos donde vive este animal [el topo] se hallan verdaderamente minados en todas direcciones por galerías. **b) ~ el terreno** → TERRENO.
2 Poner minas^1 [4] [en un lugar (*cd*)]. | C. Tamayo *Ya* 28.5.67, 1: Ha sido cerrado este golfo y minado para todo barco israelí que lleve materias estratégicas al puerto judío de Eilath.
3 Destruir o debilitar poco a poco. | CNavarro *Perros* 45: La sed, la ignorancia y la sensualidad minan al hombre desde sus comienzos. C. LServiá *Mad* 23.12.70, 13: Esta carga pútrida elimina el oxígeno del agua, minando la vida de su fauna. **b)** *pr* Destruirse o debilitarse poco a poco. | A. Barra *Abc* 13.9.70, 13: La autoridad de los Gobiernos árabes se iría minando hasta que los grupos más extremistas lograran imponerse.
B *intr* **4** Hacer minas^1 [3] [en un lugar]. | Berenguer *Mundo* 250: Me puse a escarbar con las uñas y con la navaja .. Miné allí más que un conejo.

minarete *m* **1** Alminar (torre de mezquita). | S. Galindo *Ya* 15.10.70, 35: Mezquitas .. hay innumerables. Su grandiosidad y poderío se mide por el número de minaretes.
2 Torre de observación. | Delibes *Parábola* 19: Darío Esteban, el celador, acodado en el balaustre de su minarete de palo campeche, en el centro de la gran sala circular, enfoca los prismáticos.

mincha *f* (*reg*) Bígaro (molusco). | *Voz* 28.11.85, 17: Minchas, kg. 240. Pulpo, kg. 400.

minchar *tr* (*reg*) Comer. *Tb abs.* | GPavón *Liberales* 97: Los dientes siguen clavados en la calavera como si fueran eternos, como si esperasen todavía minchar.

mindango -ga *adj* (*reg*) Gandul o vago. *Tb n.* | Espinosa *Escuela* 569: De descuidarnos, el mindango hubiera arramblado con las alforjas y las voluntades.

mindoniense *adj* De Mondoñedo (Lugo). *Tb n, referido a pers.* | MMariño *Abc* 12.6.58, 15: El licenciado Molina –canónigo mindoniense, malagueño de nación, "enano de estatura" y largo de sabiduría– dice.

mindundi *m y f* (*col, desp*) Pers. insignificante o sin categoría. | Laiglesia *Ombligos* 134: En Rusia cualquier mindundi comunista tiene un coche del partido a su disposición. Salom *Cita* 240: Yo tengo demasiada personalidad para llevar el pelo como cualquier mindundi.

mineral I *adj* **1** De (los) minerales [5]. | Ybarra-Cabetas *Ciencias* 9: Como toda la materia, la mineral es también discontinua. **b)** Procedente de los minerales [5]. | Marcos-Martínez *Física* 298: Están entre ellos la parafina .. y

mineralero – minero

otros aceites minerales, usados como lubricantes o como carburantes en los motores Diesel.
2 Que tiene carácter de mineral [5]. | Legorburu-Barrutia *Ciencias* 40: Están formados [los huesos] de dos clases de sustancias: una sustancia orgánica: la osteína .., y diversas sustancias minerales: fosfato de calcio, carbonato de calcio, agua. Legorburu-Barrutia *Ciencias* 58: Hay alimentos minerales, como el agua, la sal común, etc. Otros son orgánicos, es decir, producidos por seres vivos, animales o plantas. **b)** [Carbón] constituido por vegetales fosilizados. | Ybarra-Cabetas *Ciencias* 83: Se distinguen las siguientes especies de carbones minerales o naturales: antracita, hulla, lignito y turba.
3 [Agua] que contiene sustancias minerales [2a]. | CNavarro *Perros* 107: Montse .. encargó unas botellas de agua mineral.
4 (*lit*) Que denota o implica la ausencia total de vida o de sensibilidad característica de los minerales [5]. | GPavón *Rapto* 227: –¡Hermana! –le gritó Plinio con tal voz que la que guisaba, que era sorda mineral, como si hubiera oído un ruidete volvió la cabeza lentamente. MMolina *Jinete* 199: Miraban el cielo en espera de lluvia y la estatua del general y el reloj de la torre con una paciencia mineral. Lera *Olvidados* 219: Resignación y hasta indiferencia mineral ante la desgracia. Delibes *Santos* 107: No dijo esta boca es mía, un silencio mineral, hostil.
II *m* **5** Sustancia natural inorgánica, de propiedades físicas y composición química determinadas. | Cañadell *Salud* 161: Los minerales, igual que las vitaminas, no suministran energía, pero tienen importancia en la regulación de todas las funciones vitales .. Sodio. Forma el 90% de los cationes de los líquidos extracelulares .. Potasio. El potasio es un constituyente muy importante de las células animales y vegetales .. Hierro. El hierro forma parte esencial de la hemoglobina. **b)** *Esp:* Sustancia sólida inorgánica de la corteza terrestre. | Legorburu-Barrutia *Ciencias* 344: Realizar excursiones a zonas donde hay abundancia de minerales y rocas y hacer colección de los mismos, utilizando ejemplares pequeños, aunque bien característicos. **c)** Parte que se beneficia de una explotación minera. | Laforet *Mujer* 11: Había unas minas a unos pocos kilómetros del pueblo, y el mineral lo llevaban hasta allí en camiones.
6 (*reg*) Petróleo. | Berenguer *Mundo* 82: Cuando se hacía oscuro, con un pelotón de estopa mojado en mineral y una lata brillante, hacía un farol para encandilar la dormida.

mineralero -ra *adj* De (los) minerales [5c]. | *SInf* 12.8.70, 4: Parque de minerales junto al puerto mineralero más importante de España: Gijón. **b)** [Barco] destinado al transporte de minerales [5c]. *Tb n m.* | J. Dorao *SInf* 5.12.70, 3: La construcción de grandes petroleros .. y la tendencia paralela en los mineraleros .. está creando problemas no solo de saturación, sino de insuficiencia de calados.

mineralización *f* Acción de mineralizar(se). *Tb su efecto. Tb fig.* | A. Núñez *País* 19.3.81, 21: Según su descubridor, las mineralizaciones de este último metal [el uranio] deben aparecer en forma de pirámide. Navarro *Biología* 46: Las principales modificaciones observadas en la membrana vegetal son las siguientes: cutinización .., y mineralización. P. Salvá *Pue* 9.5.74, 30: Las aguas oligometálicas o de débil mineralización poseen una serie de propiedades. L. LSancho *Abc* 26.2.75, 16: Cree sinceramente que la fórmula de perfección reside en esa capacidad, en ese amor al anquilosamiento, a la mineralización de lo que de suyo es flexible.

mineralizador -ra *adj* Que mineraliza. | X. Domingo *Cam* 6.12.82, 125: Constituye [el ácido oleico] un fundamental elemento mineralizador y recalcificador. CBaroja *Laberinto* 68: El hombre moderno es "mineralizador" por excelencia.

mineralizar *tr* **1** Dar carácter mineral [a algo (*cd*)]. | Bustinza-Mascaró *Ciencias* 366: Los microorganismos mineralizan la materia orgánica del suelo. CBaroja *Baroja* 440: La miseria del pastor o del agricultor no tiene este carácter destructivo, que ahora también tienen las industrias turísticas y de la construcción, que pronto terminarán con los ámbitos físicos y mineralizarán, también de modo miserable, los paisajes. **b)** *pr* Tomar [algo] carácter mineral. *Tb fig.* | Bustinza-Mascaró *Ciencias* 252: El nitrógeno de los restos orgánicos, tanto animales como vegetales, que al suelo van a parar, por la acción de diversos microbios, se mineraliza, es decir, pasa de nitrógeno orgánico a nitrógeno mineral amoniacal. Delibes *Parábola* 125: Jacinto continúa observando; parece mineralizado en su inmovilidad. GSerrano *Madrid* 308: El cielo se va mineralizando, y chispea levemente, amorosamente.
2 Impregnar de sustancias minerales. | F. Presa *MHi* 2.64, 44: Los cultivos pueden escalonarse en sus diferentes alturas .. Y no solo los cultivos del suelo, sino el laboreo del subsuelo, aún poco estudiado en esta rica zona contenida aún dentro de la cordillera andina, muy mineralizada toda ella. **b)** *pr* Impregnarse [el agua o las membranas vegetales] de sustancias minerales. | Navarro *Biología* 103: Algunas veces [las membranas] se recubren con cera .. y otras se mineralizan. *Abc* 29.10.74, 9: Las aguas [de una sima] están muy mineralizadas y contienen grandes cantidades de dióxido de carbono.

mineralocorticoide *m* (*Biol*) Corticoide que controla la proporción de líquido en el cuerpo, aumentando la retención de sodio. | Cañadell *Salud* 360: Los mineralocorticoides. Aumentan la reabsorción de sodio y estimulan la eliminación de potasio en la orina .. El mineralocorticoide suprarrenal es la aldosterona.

mineralogía *f* Parte de las ciencias naturales que trata de los minerales [5]. | Kurtz *Lado* 83: Dijo que tenía una clase de Mineralogía.

mineralógicamente *adv* En el aspecto mineralógico. | *Almería* 17: La sierra de Gata .. es muy interesante mineralógicamente, siendo de señalar los yacimientos de cuarzo aurífero.

mineralógico -ca *adj* De (la) mineralogía. | Ybarra-Cabetas *Ciencias* 35: La medida del índice de refracción se hace en los laboratorios mineralógicos por procedimientos rápidos. **b)** Concerniente al objeto de la mineralogía. | Bustinza-Mascaró *Ciencias* 335: Al estudiar una roca hay que apreciar sus caracteres externos, sus propiedades físicas (dureza, densidad, etc.), su composición mineralógica, su estructura.

mineralogista *m y f* Especialista en mineralogía. | REscorial *Lecturas* 158: Fue profesor de alta valía; .. naturalista de los primeros entre los de la especialidad, destacado como botánico, zoólogo y mineralogista.

mineralogo -ga *m y f* Mineralogista. | Marías *Almas* 62: Entre los segundos se hallaban .. la empelucada doctora Wetenhall y el mineralogo horrendo.

mineralurgia *f* Conjunto de técnicas y operaciones para el aprovechamiento de los minerales [5c]. | *SInf* 5.3.75, 6: La Empresa Nacional Adaro de Investigaciones Mineras, S.A. creó en 1964 el Servicio de Mineralurgia.

minería *f* **1** Explotación de minas[1] [1a]. | Ybarra-Cabetas *Ciencias* 46: La clasificación de Lapparent ha tenido su principal aplicación en la ciencia aplicada y concretamente en la Minería.
2 Conjunto de (las) minas[1] [1b]. | *Nue* 31.1.70, 3: El ministro delegado nacional de Sindicatos informó sobre los conflictos laborales, en especial el que afecta a la minería asturiana de carbón.

minero -ra I *adj* **1** De (las) minas[1] [1]. | DPlaja *El español* 108: Si la ciudad o pueblos son feos se elogia su riqueza minera.
II *n* **A** *m y f* **2** Pers. que trabaja en una mina[1] [1b]. | CNavarro *Perros* 112: El policía le miró con el mirar frío de los guardias que jamás pensaron en ser guardias, sino campesinos, picapedreros, mineros, mecánicos. *País* 14.1.85, 48: Ana Isabel López Lada, la joven asturiana que está a punto de convertirse en la primera mujer minera de Europa, ha dirigido una carta al presidente de Hunosa. *Abc* 3.12.85, 9: Quieren ser mineras.
3 Pers. que posee o explota una mina[1] [1]. | *Ya* 4.10.90, 7: El cambio de calderas en Madrid alarma a los mineros de León .. Originará pérdidas a los empresarios mineros leoneses por valor de 7.000 millones de pesetas.
4 Pers. que abre minas[1] [3] en busca de agua. | S. MMartínez *VAl* 3.9.75, 8: Nuevo caudal de agua en la "Galería de «Los Herreros»" .. El productor Juan P. Egea Ruiz observó que brotó sobre él un fuerte chorro de agua .. Acto seguido, los señores mineros regresaron a la localidad.

minero- – miniado

B *m* **5** (*lit*) Fuente de donde surge o se toma [algo (*compl de posesión*)]. | RMoñino *Poesía* 45: Quede, pues, esta muestra romancística del *Cancionero* .. como minero donde han de ir a buscar textos otros recopiladores.

C *f* **6** Cante andaluz típico de los mineros [2], de ritmo arrastrado y triste. | *AbcS* 20.3.75, 68: Enrique Morente ha lanzado al mercado su disco "Se hace camino al andar", con tangos, seguiriyas, fandangos, soleares, tientos, tarantos, alegrías y mineras.

minero- *r pref* Mineral. | *Por ej: Lan* 11.2.92, 9: Son las únicas grandes empresas de los complejos Petroquímico y Mineroeléctrico de Puertollano que negociarán convenio este año. *Huelva* 4: Sin estar constituidas por una especie mineralógica única, constituyen, sin embargo, una innegable unidad minerogeológica. *Abc* 2.1.66, 91: Siguen, pues, reflejando la difícil situación que atraviesan varios sectores industriales del país. Y concretamente los de sociedades minerometalúrgicas, químicas y textiles. R. Barros *SIdG* 10.8.75, 14: Se aplicará sobre la región [de la herida] una compresa impregnada con agua minerovegetal o con una solución concentrada de sal común o con simple agua fría.

mineromedicinal *adj* [Agua] mineral que tiene propiedades medicinales. | Bustinza-Mascaró *Ciencias* 309: Las [aguas] que por los compuestos disueltos, por su temperatura, etc., pueden servir para el tratamiento de alguna enfermedad se llaman minerales o mineromedicinales.

minerva *f* **1** (*lit*) Inventiva. *Normalmente en la constr* DE PROPIA ~. | Aguirre *Aranda* 31: Publicó, en 1785, una refutación de su propia minerva.

2 (*Impr*) Pequeña máquina de imprimir, de presión plana y platina vertical. | Aguilar *Experiencia* 781: Lo que entonces se entendía por imprenta modesta podía estar constituido por una linotipia, una máquina plana de imprimir, una minerva. *Inf* 16.4.70, 32: Con una minerva clandestina .. confeccionaba el grupo propaganda de su partido.

3 (*Med*) Aparato ortopédico o vendaje enyesado para mantener erguida la cabeza. | *GacR* 21.7.79, 8: Herniado .. Corsés, lumbostatos, minervas.

minerval *adj* (*hist*) De la diosa Minerva. | Cunqueiro *Fantini* 142: Disertaba ante el Claustro y Gremio de la Universidad en fiesta minerval en honor del Código de Eurico.

minervista *m y f* (*Impr*) Pers. que maneja una minerva [2]. | *Van* 17.4.73, 80: Se necesita operario minervista.

minestrone *f* Sopa italiana de legumbres y verduras, con o sin arroz o pasta. *Frec* SOPA ~. | Savarin *SAbc* 8.2.70, 48: La "minestrone" es una sopa de la cocina italiana. CPuche *Paralelo* 422: –¿Querrías leernos el menú? –Sopa minestrone, pollo frito a la Maryland, .. fruta fresca y chicle.

minga *f* (*vulg*) Pene. | Olmo *Golfos* 56: –¡Marrano! ¡Es para lo único que te sirve! –le gritó a Juan, el Mollas, quien, con la minga en la mano, se desternillaba de risa.

mingamuerta *m* (*vulg*) Hombre sexualmente impotente. | Torrente *Saga* 169: Admirar .. las enormes tragaderas eróticas de la señora de Del Río, el pelanas aquel mingamuerta.

mingitorio *m* (*lit*) Urinario, esp. situado en la vía pública. | Miquelarena *Abc* 20.4.58, sn: El Puente Alberto, de Chelsea, una obra de hierro del florido victoriano, aplicado, en virutas de fundición, como en las farolas y en los mercados de abastos de la época y en los mingitorios de París. Carnicer *Castilla* 63: Al volver del mingitorio, por explicable asociación, el de la bragueta sale hablando de cerveza.

mingo I *m* **1** (*Billar*) Bola que al empezar una mano se coloca en la cabecera de la mesa. | Peraile *Arr* 2.2.75, 19: Alguna vez ha presenciado, al borde mismo de ese aprendiz de ring, las fintas del mingo, la esgrima del pasabolas para evitar el K.O. del retruque.

II *loc v* **2 poner el ~.** (*col*) Destacar o sobresalir. | Delibes *Cinco horas* 103: Que los italianos serán el no va más, que allí donde van ponen el mingo. DCañabate *Paseíllo* 63: Después de cenar fueron al baile. Marquitos puso el mingo.

mini I *adj* **1** [Abrigo, vestido o falda] que cubre hasta más arriba de la rodilla. *Tb n: f, referido a falda; m, referido a abrigo o vestido*. | P. SMartín *Nue* 24.1.70, 20: Ledespain presentó .. un vestido mini de charol blanco con chaleco. P. SMartín *Nue* 24.1.70, 21: Siguen ganando terreno los maxis hasta el suelo, siempre a juego con minis. GHortelano *Momento* 240: –Oye, ¿es que llevas mini? –¿Quién, yo? Sí, hijo. ¿Por qué? –Porque se te ven las braguitas, cielo.

2 De pequeño tamaño. | *País* 31.5.92, 9: Exposición de electrodomésticos "minis", pensados para espacios pequeños.

3 De precio reducido. | *Ya* 2.9.91, 35: La compañía Iberia .. multiplicó por cinco el número de billetes con tarifa mini para tratar de incentivar al usuario. So. Rodríguez *Ya* 2.9.91, 35: Este año la compañía decidió ampliar el número y hasta el 29 de agosto puso a la venta 85.423 billetes minis.

II *m* **4** (*juv*) Vaso muy grande de cerveza para beber en grupo. | L. M. Montero *Ya* 21.12.91, 12: La prohibición municipal de vender alcohol fue ignorada en algunos locales, que vendieron "minis" a 450 pesetas.

mini- *r pref* Denota dimensiones pequeñas, o menores que las que se tienen por normales. | *Por ej:* M. Velázquez *Sie* 14.12.91, 5: La tendencia en las construcciones es fomentar el chalé pareado y no adosado y las edificaciones en minibloques. *Abc* 21.5.67, 72: Pistas para minibólidos. SSolís *Juegos* 74: Yo solo uso minibraga, ni sostén siquiera. GHortelano *Momento* 107: Tub y su tirante caído .. Tub, en minicamisero. *Mad* 13.1.68, 20: Minicamisón en dralón, bordado con motivos azules. *PinR* 15.11.91, 9: Ayreman, S.L. Compresores, Rodillos, Hormigoneras, Grupos electrógenos, Minicargadoras, etc. *D16* 8.7.91, 63: El factor de ocupación en pasajeros de Iberia es el segundo entre las líneas europeas (solo le supera un *minicarrier* del tamaño de Air Malta). *ByN* 13.5.90, 90: Minicasete de bolsillo. *Abc* 21.5.67, 72: Pistas para minibólidos. Realizamos un estudio gratis de la instalación de un Minicircuito en su local. *Tel* 15.6.70, 3: Minicoches para las maxiciudades. A. Barra *Abc* 29.7.67, 33: Los poderes ejecutivos, legislativos y judiciales de la minicolonia [Gibraltar]. G. GEspina *HLM* 26.10.70, 40: Esta noche, en el café teatro Stéfanis, se estrena la primera minicomedia de Alfonso Paso, con el título de "Domesticar a una mujer". *Hoy* 21.11.70, 2: Que .. se pudiesen reunir en una especie de minicomisión y discutir el texto de la ponencia. *Act* 22.10.70, 63: Se trataba de una regata de la minicopa de otoño. M. Toharia *SInf* 16.12.70, 8: Este minicopo de vine es pequeñísimo. L. Contreras *Mun* 10.10.70, 11: Un fenómeno caracterizado por la organización de "citas parlamentarias" de procuradores familiares en diversos lugares de la geografía española, con maxipublicidad y minidebate. D. González *SYa* 2.9.91, VIII: El Real Madrid, con un solitario gol del argentino Esnaider en claro fuera de juego, se llevó el primer *miniderby* de la temporada. SGuarner *Mad Extra* 12.70, 62: Demasiadas editoriales, .. y todas, naturalmente, minimpresas. *MHi* 7.68, 72: Se tiende a considerar esos organismos como subregionales, que aspiran a una miniintegración. V. Ferrer *Pro* 11.6.88, 44: El nuevo programa de Campsa prevé la implantación de 200 minimercados en otras tantas estaciones de servicio. *Abc* 12.10.91, 50: El complejo "Biosfera II" .. contiene una mezcla de elementos vitales propios de la Tierra, como un bosque tropical hecho por el hombre, un desierto, un miniocéano y terrenos pantanosos. *Abc* 18.5.91, 30: El "Conselh Generau" será un "miniparlamento" compuesto por trece consejeros. J. L. Aguado *Inf* 18.12.69, 36: Ajedrez. En la minipartida que traemos hoy vemos cómo el maestro Fuentes trató de poner en práctica una innovación. C. Osete *Rev* 12.70, 10: Se trata de una minirreforma comunal. GPicazo *Mad* 27.5.70, 17: Un aceptable decorado .., un minisofá improcedente y una discreta dirección de García Toledano. T. Berrueta *Rev* 12.70, 28: Hacedle ver que .. admiráis su capacidad creadora con una máquina de escribir portátil, un minitelefono, un magnetófono. L. LSancho *Abc* 15.10.70, 26: La jovencita es de líneas andróginas. Apenas curva el seno su minitraje de color muy claro.

miniado[1] **-da** *adj* **1** *part* → MINIAR.

2 De(l) miniado[2]. | MGalván *Tri* 5.12.70, 40: Sabe hacer uso y aliar las técnicas miniadas con las propiamente pictóricas.

miniado[2] *m* Acción de miniar [1]. *Tb su efecto*. | Canilleros *Cáceres* 170: Guadalupe es museo de miniaturas; sus ochenta y seis Libros Corales .. van del siglo XV al XVIII, toda la historia del miniado. Villarta *Rutas* 85: Enormes cantorales en pergamino con finos miniados.

miniar (conjug **1a**) tr **1** Pintar con miniaturas [1]. *Frec en part.* | Tejedor *Arte* 99: Este arte .. presenta aún dentro del siglo X dos notables ejemplos de Beatos: el de Valladolid, miniado por Oveco, y el de Gerona. Perales *Música* 29: Abundantes y ricas fuentes de investigación organográfica ofrecen la imaginería, la pintura y el dibujo en los códices miniados.
2 Pintar con minio. | Delibes *Madera* 371: Un mercante negro, desportillado, de alta borda, los fondos miniados de un rojo sucio, deslucido.

miniatura f **1** Pintura minuciosa y de pequeño tamaño, que frec. sirve de decoración e ilustración a libros o manuscritos. | Tejedor *Arte* 125: La pintura gótica española .. tiene como principales manifestaciones: la vidriería, con muestra más destacada en la catedral de León; la miniatura, con ejemplo en las de las Cantigas de Alfonso el Sabio. GTelefónica *N.* 58: Compraventa toda clase de objetos de arte antiguos y modernos. Abanicos .. Miniaturas.
2 Reproducción muy pequeña [de algo]. *A veces en aposición y frec en la loc* EN ~. | J. L. Calleja *Abc* 30.12.70, 7: Y preguntarle curiosamente por qué nos da el parte psicoemocional en cartulina doble, multicolor, con la miniatura de un lienzo del Tiépolo. Romero *Gac* 3.10.64, 51: Cadaqués se está convirtiendo en un Hollywood miniatura. FVidal *Duero* 111: Se detiene ante una explanada natural –un circo en miniatura que conforma la estribación sudeste de la meseteta del Caranzo–.
3 Cosa muy pequeña. *A veces en aposición.* | Casares *Música* 115: Surgen en cambio nuevos géneros cuya cualidad más clara es que son diminutos .. Dice Einstein que una de las peculiaridades del hombre romántico es el gusto por la miniatura. * Tiene un reloj miniatura.

miniaturesco -ca adj De (la) miniatura, esp [1 y 2]. | R. Faraldo *Ya* 14.12.74, 33: Hay obras notabilísimas .. Una tras otra, diversas, en su pequeñez, individualizadas como personillas tratadas a veces con amor miniaturesco, otras dejadas en mancha o apuradas como tarjetas postales, producen la impresión extraña de un alquimista enclaustrado y caprichoso.

miniaturista I adj **1** De (la) miniatura, esp [1 y 2]. | ILaguna *Abc* 12.11.70, sn: Arte miniaturista que se complace en la mera exposición .. del herir fugazmente la sensibilidad.
II m y f **2** Pers. que hace miniaturas [1 y 2]. | Tejedor *Arte* 91: Dedicó [Alhaquén II] su mejor atención .. a la reunión en su corte de un cuerpo de copistas, encuadernadores y miniaturistas con los que formó una biblioteca palatina que sumó hasta 400.000 volúmenes. *Sol* 24.5.70, 9: El señor Bueno es .. socio fundador de la Agrupación Española de Miniaturistas Militares.

miniaturístico -ca adj De (la) miniatura, esp [1 y 2]. | *Faro* 3.8.75, 20: Domina, como en la propia literatura de Castelao, un preciosismo miniaturístico.

miniaturización f Acción de miniaturizar. | G. Lorente *Abc* 9.4.67, 18: Semejante grado de miniaturización ha sido logrado gracias a la nueva técnica.

miniaturizar tr Reducir [algo, esp. un mecanismo] a un tamaño sumamente pequeño. *Frec en part.* | Torrente *Sombras* 190: A él le llegaba a través de un receptor igualmente clandestino, además de miniaturizado, que le habían colocado hábilmente detrás de la badana del sombrero. GNuño *Escultura* 172: En estas piezas menudas basta con miniaturizar ese poderío sintetizándolo en muy pocos rasgos de agilidad y aplomo.

minibar m Nevera con bebidas de una habitación de hotel. | Mendoza *Gurb* 39: Sin causa aparente revienta el minibar. Dedico media hora a recoger botellines.

minibásket (tb con las grafías **mini-básket** y **minibásquet**) m Variedad de baloncesto adaptada para niños de hasta 12 años. | *VozC* 29.6.69, 9: Se celebraron diversas competiciones deportivas –fútbol, minibásket, jimkhana [sic] infantil, etc.– pruebas en las que mostraron una excelente preparación física. A. GOrantos *Reg* 22.11.66, 5: Mini-básket .. Es un Baloncesto infantil, para niños y niñas de 8 a 12 años. M. GAróstegui *SVozC* 31.12.70, 10: España ha acogido a lo largo del año .. los congresos mundiales de boxeo, balonmano, minibásquet. [*En los textos, sin tilde.*]

minibús m (raro) Microbús. | *Ya* 9.10.90, 25: Con el grupo de kuwaitíes recién llegados, que entraron en Irán con 429 vehículos privados y seis minibuses, son ya 5.297 los refugiados de Kuwait que pasaron a territorio persa en la última semana.

minicadena f Cadena de alta fidelidad de pequeñas dimensiones. | J. Duva *País* 22.4.89, 27: El matrimonio está acusado de tener en su poder una minicadena musical que, pese a que funcionaba perfectamente, escondía tres *ladrillos* de cocaína.

minicine m Local de cine de dimensiones muy reducidas. | *Abc* 21.6.86, 80: Cines .. Minicine Majadahonda .. Peter Pan, de Walt Disney.

minicrisis f (*Pol*) Crisis gubernamental que afecta a muy pocos ministerios. | *Tiem* 6.7.92, 18 (A): En esta tormenta política provocada por el viaje del Rey ha sido determinante que la ausencia haya coincidido con la minicrisis desatada en el Ejecutivo con el cambio de titular en dos carteras.

minicumbre f (*Pol*) Cumbre de muy pocos participantes. | *Ya* 11.9.91, 21: La potenciación de la presencia del Ejército en los montes .. y la creación de la[s] plantas de energías renovables .. son algunas de las medidas propuestas en la minicumbre mantenida por altos cargos de la Administración.

minifalda f Falda que cubre hasta más arriba de la rodilla. | *ByN* 11.6.66, 52: Las bellas de Europa eligen la minifalda.

minifaldero -ra adj **1** Que usa minifalda. | Miguel *Mad* 22.12.69, 14: Aún puede verse el espectáculo deprimente .. de la señorita minifaldera sentada y con la rebeca (azul claro) por las rodillas.
2 De (la) minifalda. | D. Martínez *Abc* 10.10.87, 39: Vestía un traje de chaqueta negr[o] casi minifaldero.

minifundio m **1** Finca rústica de pequeña extensión. | FQuintana-Velarde *Política* 116: Podemos decir que los minifundios, la parcelación excesiva, suele[n] darse en la zona cantabroatlántica, Castilla la Vieja, Navarra.
2 Minifundismo. *Tb fig.* | J. M. Torres *Van* 20.12.70, 19: Es casi un tópico de tan sabido y propagado el alto índice de minifundio existente en la industria española.

minifundismo m Sistema socioeconómico basado en el minifundio [1]. *Tb fig.* | Vicens-Nadal-Ortega *HEspaña* 5, 90: Esta consideración explica que sea preciso proceder con mucha cautela al hablar de los estragos del minifundismo, los cuales solo son realmente tales en las provincias de la España árida no fertilizadas por los regadíos. Tamames *Economía* 23: Prácticamente la mitad de la superficie del territorio nacional alberga una mínima parte de la población. En contraste con ese acentuado "minifundismo municipal", nos encontramos con que los 61 municipios españoles de más de 50.000 habitantes reúnen un total .. de 11 millones de habitantes. **b)** División en minifundios. | Carnicer *Cabrera* 136: Las tierras de labor situadas encima del camino son de una pequeñez inconcebible. Todo parece fragmentado en un minifundismo atroz.

minifundista adj **1** De(l) minifundismo. | FQuintana-Velarde *Política* 116: Junt[o] con esas grandes explotaciones existe otra España con mínimas parcelas, divididas y subdivididas infinidad de veces: la España minifundista –incluso microfundista–.
2 [Pers.] que es propietaria de uno o varios minifundios [1]. *Tb n.* | J. A. Pascual *Sur* 29.8.89, 16: Este proyecto, además de beneficiar a unos cien agricultores minifundistas, creará unos 80 puestos de trabajo. Vicens-Nadal-Ortega *HEspaña* 5, 90: El doctrina[r]ismo liberal .. facilitó la sucesiva segregación de la propiedad castellana por vía de herencia. De aquí la legión de minifundistas que .. domina en buena parte de España.

minigabinete m (*Pol*) Gabinete ministerial con reducido número de miembros. | F. Jáuregui *Ya* 11.1.91, 15: Esta es, a grandes rasgos, la posición española tras la primera reunión celebrada ayer por un minigabinete de crisis integrado por Felipe González y los ministros de Exteriores, Defensa y la portavoz.

minigolf (*tb con la grafía* **mini-golf**) *m* Variedad de golf que se juega en un campo muy pequeño en el que se imitan artificialmente los obstáculos del campo de golf normal. | *Abc* 20.8.66, 28: Jardines. Campos minigolf. Piscina. *Abc* 25.2.68, 102: Campos de tenis y mini-golf. Jardines. **b)** Campo de minigolf. | VMontalbán *Soledad* 163: Luego le enseñaré la bodega. La piscina cubierta. El pequeño minigolf que tengo en la ladera este.

minimal (*ing; pronunc corriente,* /mínimal/; *tb con la grafía* **mínimal**) *adj invar* (*Arte*) [Arte] abstracto que reduce al máximo sus medios de expresión. *Tb n m.* | Delibes *Pegar* 52: Buena parte de este arte se pliega a unos cánones de notoria sencillez que puede llamarse primitivismo o pintura no figurativa, escultura abstracta o minimal, o funcionalismo arquitectónico. E. LChavarri *Pro* 11.6.88, 21: Ni el abstracto, ni el minimal, ni... son la última palabra. **b)** De(l) arte minimal. | M. Á. Trenas *Méd* 15.4.88, 36: Las obras corresponden en su totalidad a artistas americanos, fundamentalmente, escultores minimal.

minimal art (*ing; pronunc corriente,* /mínimal-árt/) *m* (*Arte*) Arte mínimal. | Pániker *País* 22.1.86, 9: Religión en un suelo cultural exquisitamente relativizado. Religión en el pluralismo. Religión como *minimal art*.

minimalismo *m* **1** (*Arte*) Tendencia que reduce al mínimo sus medios de expresión. | J. M. Bonet *ByN* 24.6.90, 57: El planteamiento [del pintor Navarro Baldeweg] era cercano al minimalismo.
2 Tendencia intelectual que busca la expresión de las ideas mínimas. | *Ya* 11.6.90, 16: Don Cogito y el minimalismo .. El padre de don Cogito, llamado Herbert, dedicó largos años de su existencia a buscar la expresión mínima de la idea pura.

minimalista *adj* De(l) minimalismo. | M. FCid *D16* 20.6.90, 25: Nota destacable, y anunciada, la presencia activa de quienes, desde posiciones minimalistas o cercanas, se empeñaron en despojar al arte de sus accidentes. Aranguren *Ética y polít.* 44: Derecho natural, religión natural y derecho político tienen el sentido y cumplen la función de abrir un ámbito minimalista de convivencia general. **b)** Adepto al minimalismo. *Tb n.* | J. RFernández *Ya* 4.1.90, 55: Van Tieghem .. fue alumno de Jim Preiss, miembro de la orquesta del gran compositor minimalista Steve Reich.

mínimamente *adv* **1** De manera mínima [1 y esp. 2]. | DPlaja *El español* 74: Cuando la sociedad ayuda mínimamente a razonar esa soberbia, las consecuencias son extremas.
2 Como mínimo. | CBonald *Ágata* 274: Manuela se incorporó con menos dificultades de las mínimamente presumibles. J. Baró *Abc* 10.12.70, 29: Se retratan en actitudes impropias del momento y de la cordura mínimamente exigible en determinados actos de la vida.

minimización *f* Acción de minimizar. | Aranguren *Ética y polít.* 255: Lo que nos importa del liberalismo por su reverso es su aspecto político de minimización del Estado.

minimizador -ra *adj* Que minimiza. | J. M. RGallardón *Abc* 27.4.75, 50: Por supuesto, no todas las versiones que Josep Meliá ofrece en su libro me convencen ni las comparto .. Pero sería tarea minimizadora y hasta estéril descender al detalle.

minimizante *adj* Que minimiza. | D. Benavides *VNu* 6.7.74, 24: De nada sirvieron las intervenciones de la Santa Sede en aquel pleito; .. la prensa integrista las sometía a una exégesis torturadora y minimizante hasta desvirtuarlas por completo.

minimizar *tr* Reducir al mínimo el valor o la importancia [de alguien o algo (*cd*)]. | Delibes *Cartas* 127: Prefiere destruir mi imagen, desprestigiarme, .. cualquier cosa con tal de minimizarme ante tus ojos. *Sp* 19.7.70, 37: El Foreign Office había, deliberadamente, minimizado el incidente. **b)** Reducir al mínimo [el valor o la importancia de alguien o algo]. | Huarte *Diccionarios* 117: Pueden equivocarse al minimizar la importancia que los usuarios vayan a dar a la omisión de una lista de nombres de pila.

mínimo -ma I *adj* **1** Más pequeño que ninguno de su especie, en tamaño, cantidad, calidad o intensidad. | Marcos-Martínez *Física* 102: El extremo del índice más alejado del depósito marca la temperatura mínima. Marcos-Martínez *Álgebra* 87: Mínimo común múltiplo de expresiones algebraicas. *Tel* 15.6.70, 45: Sport Coupé, un deportivo donde hasta el mínimo detalle está calculado para aumentar su eficacia.
2 Muy pequeño en tamaño, cantidad, calidad o intensidad. *Con intención ponderativa.* | GNuño *Arte* 144: Como el encapitelamiento es mínimo de masas, sin interrumpir la verticalidad de lo constructivo, la catedral de León merece ser considerada a la cabeza de las catedrales de inspiración francesa. **b) el más ~.** El mínimo [1], esp. en calidad o intensidad. | Arce *Testamento* 93: Sin saber cómo ni por qué, mi frente se llenaba .. con los detalles más mínimos de mi vida de muchacho. **c) el más ~.** Ninguno. *Con intención ponderativa.* | Escrivá *Conversaciones* 148: Si en un país no existiese la más mínima libertad política, quizá se produciría una desnaturalización de la Universidad.
3 (*Rel catól*) [Religioso] de la orden fundada por San Francisco de Paula en el s. xv. *Frec n.* | Mercader-DOrtiz *HEspaña* 4, 194: Los *Diálogos filosóficos en defensa del atomismo*, que bajo el nombre de Avendaño publicó el mínimo Juan de Nájera. Grau *Lecturas* 203: El problema se resolvió en 1844 al destinarse para teatro el que hasta pocos años antes había sido convento de los Mínimos de la Victoria.
4 de mínima. [Termómetro] que mantiene marcada la temperatura mínima [1] a que ha estado expuesto. | Marcos-Martínez *Física* 102: El termómetro de mínima tiene un índice de marfil .., y el líquido termométrico es alcohol.
II *n* **A** *m* **5** Cantidad, límite o punto mínimo [1]. | L. GPedraza *HLM* 26.10.70, 17: Nuestros inclementes ríos registraron en aquella época marcados mínimos en su caudal.
B *f* **6** Valor mínimo [1] [de una cantidad variable, esp. la temperatura]. | Nimbus *ElM* 9.9.93, 38: El tiempo .. Galicia. (Máxima: 23 / Mínima: 14.)
III *loc adv* **7 bajo ~s.** En condiciones meteorológicas que no alcanzan los mínimos [5] exigibles para garantizar la seguridad de aterrizaje y despegue en un aeropuerto. | Cabezas *Abc* 5.1.75, 42: Ellos [los Reyes de Oriente], como no viajan en los aviones de Iberia, no temen encontrar el aeropuerto de Barajas "bajo mínimos". **b)** En condiciones que no alcanzan los mínimos [5] exigibles. | JLosantos *Abc* 6.6.93, 24: Por la situación bajo mínimos en que se halla el prestigio y el crédito social del felipismo.
8 como ~. Siendo [algo] el mínimo [5] previsible o calculado. | CNavarro *Perros* 79: Un hombre tendría que vivir un par de veces como mínimo para dar a cada cosa y a cada persona su valor preciso.
9 lo más ~. En absoluto. *En frases negativas.* | *SD16* 21.7.90, 8: Toda una gama .. que ha sido ideada para no dañar lo más mínimo al cabello.

minimosca *adj* (*Dep, esp Boxeo*) [Peso] cuyo límite superior es de 48,9 kg. *Tb referido al deportista de ese peso; en este caso, frec como n m en pl.* | *Abc* 7.9.75, 62: El pugilista paraguayo Rafael Lobera peleará el 13 de este mes contra el venezolano Luis "Lumumba" Estaba por el título mundial del peso minimosca. Villuendas *Ya* 13.4.77, 38: Los dos primeros clasificados de cada peso fueron: Minimosca: Navarro (Balear) y Blanco (Castellana). [*En taekwondo.*] F. Yagüe *Inf* 17.6.71, 27: Por la noche, las dobles semifinales d[e] minimoscas, gallos, ligeros, welters, medios y pesados. [*En boxeo.*]

mínimum (*pl normal,* ~s) *m* Mínimo [5]. | Aranguren *Marxismo* 115: El sistema del Plan .. es .. la intención de programar desde la economía misma, reduciendo al mínimum el Derecho.

minino -na **A** *m y f* **1** (*col*) Gato (animal). | J. SMoral *SJaén* 26.1.92, v: Con los medios de transporte en aquella época .. las sardinas llegarían a Jaén oliendo a catufo. O sea, no aptas para los mininos. F. Márquez *SAbc* 1.8.87, 81: Su gato sin nombre seducía a maullidos quedos a una mínima forastera.
B *f* **2** (*jerg*) Pene. | GPavón *Rapto* 14: No mueren [los gorriones] por el pico, como los peces, sino por el abuso feroz de la minina.

minio I *m* **1** Pigmento de color rojo anaranjado, constituido por óxido de plomo y muy utilizado en pinturas. | GTelefónica *N.* 1: Real Compañía Asturiana de Minas, S.A. Cinc. Plomo. Albayalde y Minio. Bustinza-Mascaró *Ciencias* 329: Para evitar esta alteración se protegen las planchas de hierro dándoles una capa de pintura de minio.

miniordenador – ministro

2 Pintura de minio [1], usada esp. para proteger el hierro contra la oxidación. | Cuevas *Finca* 158: Don José obtuvo su primera trilladora mecánica .. Pintada en minio rojo.
II *adj invar* **3** [Color] rojo anaranjado. | Benet *Nunca* 127: Se ocultaba una caldera abandonada color minio y unas aletas de automóvil.

miniordenador *m* (*raro*) Ordenador de reducidas dimensiones. | *Ya* 22.11.90, 24: En este campo se incluyen los microprocesadores, los superordenadores, los miniordenadores.

minipimer (*n comercial registrado; pronunc corriente,* /minipímer/) *m o f* Batidora eléctrica de varilla. | Mendoza *Gurb* 88: Ayer, sin ir más lejos, con solo poner en marcha el minipimer, me rompí el fémur en tres trozos.

minipull (*pronunc corriente,* /minipúl/; *pl normal, ~s*) *m* (*hoy raro*) Jersey ajustado que llega solo a la cintura. | *Abc* 24.10.93, 134: En el campo de batalla de la moda han quedado las etiquetas ilustres sobre prendas que parecen recién salidas de un mercadillo callejero: jerseys hechos a mano dos o tres tallas más grandes, mangas y cuellos desbocados, "minipulls" con aspecto envejecido.

miniserie *f* (*TV*) Serie de muy pocos capítulos. | *YaTo* 27.8.81, 32: Telenoticias. Charles Manson, en una miniserie.

mini-short (*pronunc corriente,* /minisórt/; *tb con la grafía* **minishort**; *pl normal, ~s*) *m* Pantalón femenino muy corto. | N. Figueroa *Abc* 30.5.71, 11: ¡Qué espectáculo el de Pic[c]adilly a partir de las ocho de la tarde! .. Montones de chicas con "mini-short". GHortelano *Momento* 373: –¿Solo llevas esos minishorts? –En la portería dejé el equipaje.

ministerial *adj* **1** De(l) ministerio [1 y 2] o de los ministerios [1]. | Carrero *Pue* 22.12.70, 6: Logradas las políticas más eficaces en cada Departamento ministerial y conseguida la más perfecta coordinación de todas ellas. Escrivá *Conversaciones* 25: Ningún sacerdote que cumpla este deber ministerial suyo podrá ser nunca acusado .. de meterse en política.
2 (*hist*) [Siervo] personal de un señor feudal, que ejerce determinados oficios o ministerios [2]. | Arenaza-Gastaminza *Historia* 94: En él [el pueblo llano] se distinguían a su vez: los burgueses ..; los villanos ..; los siervos de la gleba ..; los siervos ministeriales, o servidores personales del señor.

ministerialismo *m* (*raro*) Cualidad de ministerialista. | FAlmagro *Historia* 3, 37: No obstante el ministerialismo de *El Correo*, órgano personal de Sagasta, su elogio de la autonomía fue muy tasado y condicional.

ministerialista *adj* (*raro*) Partidario del gobierno. | P. GAparicio *HLM* 26.10.70, 3: Debe servir para la reflexión de aquellas fuerzas más o menos posiblemente ministerialistas que la hacen figurar [la violencia] en sus programas o en sus sistemas de acción.

ministerialmente *adv* De manera ministerial [1]. | F. Molina *Abc* 7.9.66, 50: Cuando los sacerdotes actúan ministerialmente han de usar siempre el traje talar.

ministerio *m* **1** Departamento del gobierno de una nación. *Gralm con un compl especificador.* | J. F. Herrera *SArr* 27.12.70, 21: El Subsecretario del Ministerio de Comercio, señor Fernández-Cuesta, viajó en noviembre a Budapest. **b)** Edificio en que tiene su sede un ministerio. | GSerrano *Madrid* 152: Santa Cruz y Provincia forman una ele .. cuyo palo largo se apoya en la fachada del Ministerio para llegar hasta la calle de Atocha.
2 Tarea o función. | *Rev* 7/8.70, 23: No se ha contentado con el ejercicio estricto de su ministerio misional. CBaroja *Inquisidor* 21: El inquisidor llegaba a aquella magistratura después de bastantes años de experiencias previas relacionadas con su ministerio.
3 ~ público, o **fiscal.** (*Der*) Representación de la ley y de la causa del bien público ante los tribunales de justicia. | *Ley Orgánica* 87: El Ministerio Fiscal, órgano de comunicación entre el Gobierno y los Tribunales de Justicia, tiene por misión promover la acción de la Justicia.

ministrable *adj* Que puede ser nombrado ministro [1]. *Tb n.* | Carandell *Madrid* 150: Siendo hijos de familias ilustres, con nombres ministrables, se quejan de la explotación a que están sometidos. Cándido *Pue* 14.10.70, 2: La autocensura del ministrable.

ministrante *m y f* (*hoy raro*) **1** Practicante, o pers. que realiza actividades médicas elementales. | Delibes *Guerras* 28: –¿Quién era esa señora, Pacífico? –Ande, ¿quién iba a ser? La que me cogió, la ministrante. Moreno *Galería* 85: Se igualaban los vecinos .. con el vaquero y el cabrero; .. el "ministrante", que así llamaban al practicante; el herrero.
2 Pers. que ejerce un oficio o ministerio. | GNuño *Madrid* 80: Lienzo de Francisco de Goya, *La última comunión de San José de Calasanz* .. La casulla del ministrante sigue siendo una briosa llamarada cromática. FVidal *Duero* 112: El caminante interpreta la pregunta en sentido correcto, es decir, si la visita debe ir acompañada de recitación por parte de la ministrante o no.

ministril *m* (*hist*) Músico que toca un instrumento de viento o de cuerda. | Riquer *Caballeros* 35: La Sale describe toda la suntuosidad de las lizas .., la actuación de reyes de armas, heraldos, persevantes, trompetas y ministriles. Fuster *Van* 19.5.74, 15: De pronto, las bóvedas del santuario se vieron conmovidas por unos enérgicos clarinazos. El reverendo en cuestión tenía escondido[s], entre unas cortinas, a un par de ministriles, que sonaron su instrumento.

ministro -tra A *m y f* (*a veces se usa la foma m con valor de f*) **1** Pers. que tiene a su cargo un ministerio [1a]. | CNavarro *Perros* 46: ¿Qué te pasa a ti, Jumillano? .. A ti tenían que haberte escogido para ministro. E. Canals *País* 3.7.77, 1: Federica Montseny, ministra de Sanidad en la II República, se refirió al excesivo costo de las pasadas elecciones. *Inf* 3.6.68, 3: La primera ministro francesa. Marie-Madeleine Dienesch es la primera mujer ministro .. Su cargo es secretaria de Estado para Educación Nacional. **b) primer ~.** Presidente de un consejo de ministros. | *Alc* 1.1.55, 3: El primer ministro Nerhu [*sic*] es esperado hoy también aquí. *Ya* 18.3.90, 65: Lituania nombró ayer primera ministra.
2 ~ sin cartera. Pers. que forma parte de un gobierno sin tener a su cargo ningún ministerio [1a]. | B. Mostaza *Ya* 6.4.75, 12: El mismo partido socialista, al igual que el popular demócrata (de cuerpo presente con ministros sin cartera en el Gobierno), están un poco desplazados de los centros de la decisión política.
3 ~ plenipotenciario. Agente diplomático de rango inmediatamente inferior al de embajador. | *Inf* 18.12.69, 7: En 1930 ascendió a ministro plenipotenciario de primera clase y [fue] nombrado cónsul general.
4 ~ residente. Agente diplomático de rango inmediatamente inferior al de ministro plenipotenciario. | *His Extra* 5.85, 16: Harold Macmillan .. Durante la guerra fue subsecretario de Estado del Ministerio de Colonias (1942), ministro residente en África del norte y ministro del Aire (1945).
5 (*Rel catól*) *En algunas órdenes religiosas:* Superior de un convento o una provincia. | *Abc* 26.7.70, 21: Nuevos superiores de los capuchinos de Andalucía .. Los superiores son el padre Joaquín de Antequera .., como ministro provincial, y los padres Mariano de Sanlúcar de Barrameda .. y Miguel Ángel Díez Pedrosa .., como consejeros provinciales.
B *m* **6** (*Rel catól*) Pers. que administra [un sacramento (*compl de posesión*)]. | SLuis *Doctrina* 131: Ministro ordinario [del bautismo] es el sacerdote.
7 ~ del altar, del Señor, de Dios, o **de la Iglesia.** (*Rel catól, lit*) Sacerdote. | MPuelles *Persona* 118: Son muchas y muy distintas las especies y formas de trabajar que la sociedad requiere, desde la labor del gobernante hasta la del obrero, .. sin que pueda dejarse en el olvido la de los ministros del altar. Ribera *Misal* 90: La elección y ordenación de los Ministros de la Iglesia.
8 (*Rel catól*) *En la Compañía de Jesús:* Religioso que cuida del gobierno económico de una casa o de un colegio. | Hornedo *Coloma* XLI: Su vida en el Colegio se deslizaría tranquila. Era Rector el P. Rabanal, a quien había conocido en Poyanne de Ministro de la casa.
9 (*lit, raro*) Criado o servidor. | Vesga-Fernández *Jesucristo* 115: Entonces dijo el rey a sus ministro[s]: –Atadle de pies y manos y arrojadle fuera, a las tinieblas.
C *f* **10** Mujer de(l) ministro [1, 2, 3 y 4]. | CSotelo *Muchachita* 278: Esa es la ministra de Cultura Pública. Fue primero mecanógrafa y acabó casándose con el ministro. Palomino *Torremolinos* 40: Las ministras no dicen ni ven ni sí

minisubmarino – minueto

ni que no. Irían a esa fiesta con toda su alma, pero ignoran si los ministros la considerarán peligrosa para su reputación.

minisubmarino *m* Submarino de pequeño tamaño. | *Ya* 7.12.91, 32: Un minisubmarino dispara dos torpedos contra los buques.

minitalla *f* (*Pesca*) Especie piscícola cuya captura está permitida con talla superior a los 8 cm. | J. A. Donaire *Inf* 19.6.70, 32: Especies piscícolas: salmón, trucha, barbo, boga, carpa, carpín, tenca, lucio, black-bass y minitallas.

minitallero -ra *adj* (*Pesca*) De (la) minitalla. | J. A. Donaire *Inf* 27.6.74, 25: Esto por lo que se refiere a los ejemplares [de cangrejo] que superan los ocho centímetros de talla mínima .., ya que los "minitalleros", capturados en el más flagrante furtivismo, se venden entre las 150 y las 200 pesetas. *Inf* 1.10.82, 35: Las especies menores o minitalleras, entre las que se encuentra el gobio, la lamprehuela .., pueden animar las jornadas otoñales de pesca.

minivacación *f* Vacación de corta duración. *Frec en pl.* | R. Escamilla *SYa* 17.4.77, 46: Reforzando estos servicios en jornadas especiales, como en la recién [sic] minivacación de Semana Santa. M. Piquero *Ya* 28.6.92, 18: Si es usted de los afortunados que se ha ido este fin de semana en unas minivacaciones aprovechando el sol, no se despiste.

minivestido *m* Vestido cuya falda cubre hasta más arriba de la rodilla. | A. Castro *SAbc* 8.11.70, 13: Algún baile en minivestido y ciertas escenas e insinuaciones no ceden en audacia .. a lo que se ve en los teatros europeos. Diosdado *Anillos* 1, 69: Ante el altar, Sonia y Carlos. Ella, con su minivestido .. Carlos lleva un traje normal.

minoano -na *adj* (*hist, raro*) Minoico. | Tejedor *Arte* 26: La [cultura] cretense .., también conocida como minoica o minoana por el título de sus reyes, "los minos de Creta".

minoico -ca *adj* (*hist*) De la antigua Creta. | Villar *Lenguas* 124: Las tablillas más antiguas estaban escritas en una especie de jeroglífico o escritura pictográfica que se creyó correspondía a la cultura minoica. **b)** De la cultura desarrollada en Creta entre los años 3000 y 1100 a.C. aproximadamente. | Pericot-Maluquer *Humanidad* 114: En las culturas del occidente de Anatolia y de la Creta minoica renacerá con gran fuerza para trasmitirse al mundo micénico y al arte arcaico griego.

minoración *f* (*lit o E*) Acción de minorar. | J. Antón *País* 16.12.79, 50: La finalidad de esta norma consiste, precisamente, en evitar que la financiación de la adquisición de la vivienda se realice con patrimonio, lo que se pondría de manifiesto con la minoración de este.

minorado -da *adj* **1** *part* → MINORAR.
2 (*raro*) [Pers.] disminuida. | *Alcoy* sn: La debilidad mental en el niño .. Un caudal de ideas valiosas y una perspectiva de esperanza para la eficaz educación de los minorados.

minorador -ra *adj* (*lit o E*) Que minora. *Tb n m, referido a producto*. | *Prospecto* 6.93: Piscinas .. Productos químicos .. Minorador pH. Incrementador pH.

minorar *tr* (*lit o E*) Disminuir o reducir. | L. Calvo *Abc* 15.10.70, 29: ¿No quedarían minoradas o contraídas las relaciones de la Unión Soviética con Francia? *Compil. Cataluña* 769: A los efectos de minorar esta extinción, se imputará al heredero o coheredero su legítima.

minoría *f* **1** Menor parte [de un conjunto de perss. o cosas]. *Frec se omite el compl por consabido*. | * La mayor parte de los casos son sencillos, pero siempre hay una minoría que tiene complicaciones. **b)** Conjunto de perss. que difiere de la mayoría o se opone a ella. | Laiglesia *Tachado* 78: El Reich no puede tolerar que sus minorías residentes en el extranjero sufran vejaciones.
2 Condición de la pers. que no ha cumplido aún la edad establecida por la ley para que pueda disponer de sí y de sus bienes. *Frec* ~ DE EDAD. *Tb fig.* | Escobar *Itinerarios* 104: En su palacio de la toledana villa de Ugena, construido en la minoría de edad del Rey Carlos II, disfrutaba a sus anchas. **b)** Condición de la pers. que no ha llegado al estado adulto. | Medio *Bibiana* 304: Esta misma infantilidad, esta eterna minoría, es, posiblemente, lo que le ha conservado entera su estimación.

minoridad *f* Minoría de edad. *Tb fig*. | Arenaza-Gastaminza *Historia* 300: La minoridad de Alfonso XIII se caracteriza: por las guerras coloniales, por la agitación social .. y el problema catalán. L. LSancho *Abc* 15.10.70, 26: No es posible seguir sometiendo a todos los adultos de un país a una situación de minoridad intelectual.

minorista *adj* [Comercio] que se realiza al por menor. | *Inf* 16.6.70, 14: Comercio minorista de productos cárnicos. **b)** De(l) comercio minorista. | L. Calvo *Abc* 12.6.73, 42: El índice de precios mayoristas y minoristas subió el año último un 39,4 por 100. **c)** Que se dedica al comercio minorista. *Tb n, referido a pers.* | Tamames *Economía* 303: Su venta al público se hace por los establecimientos minoristas. Tamames *Economía* 137: Para reducir los márgenes de asentadores y minoristas .. no caben más que dos soluciones.

minorita *adj* (*Rel catól*) [Religioso] franciscano. *Tb n m.* | S. GPalou *Ya* 14.10.76, 39: Fueron examinadas sus obras –de manera especial el "Libre de contemplació en Déu"– por el teólogo minorita fray Beltrán Berenguer.

minoritariamente *adv* De manera minoritaria. | ILaguna *Ateneo* 35: El Ateneo de 1835 piensa "civilizar mediante la difusión de las luces" (minoritariamente, pues no cabe de otro modo). *País* 6.4.78, 14: El período en que nació la Segunda República y en que el PSOE aceptó formar parte del Gobierno minoritariamente.

minoritario -ria *adj* **1** De (la) minoría [1]. | Umbral *Españolas* 63: La mujer blanca, pálida, blanquísima, translúcida, es un lujo minoritario para exquisitos. P. Corbalán *SInf* 27.11.69, 1: No había publicado sino poemas sueltos en algunas minoritarias revistas de la época.
2 Que constituye una minoría [1]. | *Pue* 20.1.67, 16: Un sector minoritario, quizá muy minoritario, de nuestra Prensa .. abusa de su representatividad católica.

minoxidil *m* (*Med*) Compuesto vasodilatador usado en el tratamiento de la hipertensión y para provocar el crecimiento del cabello. | F. FBayo *País* 30.5.87, 30: La alopecia androgénica, calvicie común en los hombres, puede tener remedio mediante su tratamiento con minoxidil.

minucia *f* **1** Cosa pequeña o de poca importancia. | *MHi* 3.61, 46: Una original perspectiva desde el kiosco donde se venden minucias en lo alto de la escalinata. Laforet *Mujer* 266: Su matrimonio lo había convertido en un hombre afectado y vacío, preocupado por minucias idiotas.
2 (*raro*) Minuciosidad. | E. Beladíez *SAbc* 9.3.69, 47: Aquel visitante de chalina y sombrero de amplias alas que estudiaba con minucia los mil matices de gris.

minuciosamente *adv* De manera minuciosa. | Medio *Bibiana* 299: Bibiana despliega la actividad de una enfermera en un quirófano y cura a Manuel minuciosamente.

minuciosidad *f* Cualidad de minucioso. | CNavarro *Perros* 30: Lo miraba todo como si temiera dudar después de la minuciosidad de su búsqueda.

minucioso -sa *adj* Que se ocupa hasta de los menores detalles. | CNavarro *Perros* 116: Sus ademanes denunciaban la presencia de un hombre minucioso. DCañabate *SAbc* 16.2.69, 35: Escudriñan a los toros con escrupulosidad minuciosa.

minué *m* (*hist*) Danza francesa de compás ternario y movimiento moderado, de moda en los ss. XVII y XVIII. *Tb su música*. | Casares *Música* 83: El músico francés busca y ofrece una música deleitable, con repeticiones de danzas como el minué, la gavota. Fuster *SInf* 16.1.75, 9: En la hipótesis litúrgica, en vez del clavecín funcionaría el órgano. Reducida al pequeño instrumento de tecla burgués, la canción tiene un jovial aire de minué o de chacona.

minuendo *m* (*Mat*) Cantidad de la que se resta otra. | Marcos-Martínez *Aritmética* 28: El minuendo ha de ser siempre mayor que el sustraendo.

minueto *m* **1** Composición instrumental para minué o con ritmo de minué, que frec. constituye uno de los tiempos de la suite, la sonata o la sinfonía. | Valls *Música* 27: Al escuchar hoy en día, en un concierto, la sinfonía Júpiter de Mozart, ¿nos hemos parado en considerar que el minueto (tercer movimiento) .. procede de la antigua suite? *Abc Extra* 12.62, 19: Jean y Annette Farkas son los padres de un Mo-

minúsculo – miño

zart de liliput. Al darle cuerda toca el minueto de "Don Giovanni".

2 (*hist*) Minué (danza). | VMontalbán *Tri* 9.1.71, 16: Islotes coloreados de "pop" en un mar ocre y caqui quedan como harenes llenos de preciosas ridículas, de burgueses gentilhombres recién descubridores de la peluca y el minueto en un contexto de lustrosas calvas y jotas saltarinas.

minúsculo -la *adj* **1** [Letra] de tamaño y forma común en la escritura corriente. *Tb n f. Se opone a* MAYÚSCULA. | *Unidades* 12: Los símbolos de las unidades se expresarán en caracteres romanos, en general minúsculo; no obstante, si los símbolos se derivan de nombres propios, se utilizarán los caracteres romanos mayúsculos. Academia *Esbozo* 145: En la poesía moderna es frecuente encabezar los versos con minúscula.

2 Sumamente pequeño. | Alvarado *Botánica* 44: El espádice es una espiga mazuda y carnosa con flores minúsculas. Aitona *CoE* 19.9.74, 34: El minúsculo Retegui II anuló completamente al tremebundo guetariano, a quien sobran kilos y falta intuición pelotística. FQuintana-Velarde *Política* 79: Resulta evidente la minúscula importancia que va teniendo la minería y el rápido auge, en cambio, de la producción de energía.

minusvalía *f* **1** (*Econ*) Disminución de valor. | Dátile *SYa* 17.6.73, 51: Las monedas ocultas van sudando anualmente sus "minusvalías" y al cabo de cierto tiempo no tienen valor más que como curiosidad numismática.

2 Invalidez parcial. | F. Cebolla *Tri* 26.8.72, 22: El Instituto Nacional de Previsión .. realizó un censo, que quiso ser completo, de los centros y plazas de toda España para toda clase de minusvalías.

minusválido -da *adj* [Pers.] que tiene invalidez parcial. *Tb n. Tb fig.* | *BOE* 1.12.75, 25016: El ingreso de los trabajadores para sí se ajustará a las normas legales sobre colocación de trabajadores y a las especiales para los trabajadores minusválidos. A. J. GMuñiz *HLM* 26.10.70, 10: Derechos de la mujer, atención social a los minusválidos. Valencia *Mar* 23.11.70, 3: La indefensión de su colaborador, largo de pluma cuanto minusválido para defender lo que sostiene con ella, ha movido a "Pueblo" a echarle una mano.

minusvaloración *f* Acción de minusvalorar. | Castilla *Alienación* 9: Pienso que los organizadores de estas charlas –y sin que ello signifique una minusvaloración para los que me han precedido ..– saben muy bien a dónde van.

minusvalorar *tr* Valorar menos de lo debido. | F. Cortina *Mad* 23.12.70, 22: Se trata de encontrar a toda costa al poeta y se minusvalora al narrador. *País* 15.9.81, 8: Se minusvalora la importancia de los hechos.

minuta *f* **1** Nota de los honorarios [de un abogado o, más raro, de otro profesional]. | P. Urbano *Abc* 31.8.83, 17: Yo me limité a indicar que tenía noticia de que el citado tándem de ilustres ex ucederos había intervenido en esa operación de compra y habí[a] cobrado una sustanciosa minuta. VMontalbán *Pájaros* 40: La apoteosis a cargo del viejo dispuesto a amortizar la minuta de Carvalho asumiendo el primer papel. Diosdado *Anillos* 1, 180: La minuta del doctor. Si tiene la bondad de...

2 Menú (conjunto de platos que constituyen una comida). | *Cocina* 756: Recetario. Minutas diarias de comidas y cenas propias de cada estación. Huarte *Exlibris* 30: Hay quienes coleccionan envoltorios de los caramelos .., cajas de cerillas, minutas de banquetes.

3 Menú o carta [de un restaurante]. | N. Luján *Sáb* 25.12.76, 3: Pasamos de prohibir que los menús del restaurante llevaran el nombre de menú, para poner el clásico nombre de minuta, a redactar todas estas minutas en cuatro o cinco idiomas.

4 (*raro*) Borrador o apunte [de un escrito]. | Quintanilla *Pintor* 261: Han desaparecido las cartas de él, pero hay algunas minutas que revelan su estado de ánimo. **b)** Borrador original [de un escrito o documento] que queda como constancia en la oficina que lo expide. | A. Barra *Abc* 18.3.75, 31: Según las minutas oficiales de Po[ts]dam, Churchill advirtió que no era precisamente un enamorado del régimen español. **c)** (*Topogr*) Dibujo que sirve de borrador de un mapa. | *Alc* 15.10.70, 5: Estos aparatos, además de proporcionar una visión en relieve del paisaje, dibujan lo que llamamos "minuta" automáticamente. Realizado el dibujo, se fotografía, se dibujan los originales definitivos y finalmente se imprimen los mapas.

5 (*raro*) Nota (breve comunicación escrita). | Delibes *Cartas* 9: Yo solamente hojeaba la revista por encima, pero, al transitar por la página que inserta su minuta, algo tiró de mí, se diría que aquellas líneas estaban imantadas.

minutada *f* (*Dep*) Cantidad considerable de minutos. | J. Redondo *Ya* 27.6.85, 33: Si el de Ávila logra superar con cierta holgura –no perder una "minutada" ..– las siete primeras etapas, entonces habrá que pensar en él otra vez en tono ganador.

minutado *m* Acción de minutar^2. *Tb su efecto.* | *País* 5.12.76, 9: Emilio Arribas, que destaca dentro de Radiotelevisión Española en Canarias por su actividad sindical, afirma que él se atuvo estrictamente al minutado que le pasó programación, y en él .. no aparecía para nada la intervención del señor Piñar López.

minutaje *m* Minutado. | *País* 26.10.82, 10: Protegidos de réplicas y de discusiones tras la barrera de un orden del día y de un minutaje estrictos.

minutar^1 *tr* Cobrar la minuta [1] [de algo (*cd*)]. *Tb abs.* | P. Urbano *Abc* 31.8.83, 17: Es lógico y respetable que un despacho de abogados minute sus trabajos. Carandell *Madrid* 64: Solamente los pobres cometen delitos, y entonces no hay modo de minutar.

minutar^2 *tr* Determinar los minutos que ha de durar [algo (*cd*), esp. una actuación o una emisión]. | Areilza *Memorias* 149: Parecían haber surgido por arte de magia del mismo suelo, pero lo habían hecho, hábilmente, saliendo de diversas bocas del Metro en una operación minuciosamente minutada.

minutero -ra I *adj* **1** (*hoy raro*) Que hace fotografías al minuto. *Tb n, referido a pers.* | GRuano *Abc* 9.7.58, 19: Se las ve amarillear en el cajón del fotógrafo minutero. SVigil-Durán *Madrid* 67: El minutero, fotógrafo experto en conversaciones con paseantes, cuenta sus peripecias a los muchachos del barrio. *Inf* 27.11.82, 17: La vieja máquina "minutera" no podía faltar en una exposición de antigüedades.

II *n* **A 2** *En el reloj:* Dispositivo que señala los minutos. | Rof *Abc* 15.9.74, 3: Las revistas que redactan físicos distinguidos han adelantado .. el minutero en el reloj que señala la destrucción atómica.

B *f* **3** (*reg*) Minutero [2]. | Barral *Memorias* 2, 46: Controlaban las incidencias, supongamos que técnicas, de la marcha a punta de minutera.

minuto^1 I *m* **1** Porción de tiempo correspondiente a una de las sesenta partes iguales en que se divide la hora. | Arce *Testamento* 29: Estuve caído en el suelo varios minutos. **b)** Porción muy breve de tiempo. *Frec en las formas* UN ~, DOS ~S, CINCO ~S. | MGaite *Retahílas* 143: Nunca usaba champú, con jabón de cocina y fuera, en un minuto, cantando, haciendo bromas.

2 (*Geom*) Parte de las sesenta en que se divide el grado sexagesimal. | Gironza *Matemáticas* 163: Realizada la medida del ángulo central en grados, minutos y segundos .., la circunferencia queda descompuesta al propio tiempo en arcos parciales, que reciben el nombre de grados, minutos y segundos de arco o de circunferencia. Ridruejo *Castilla* 2, 198: Entre la punta septentrional de esa frontera con el pico Grado .. y la punta Sur de la misma frontera con Madrid hay una diferencia de setenta minutos de grado de latitud hacia el Oeste.

II *loc adj* **3 al ~.** Que se hace muy rápidamente. | *Cocina* 760: Minuta octava: Lombarda a lo San Quintín .. Besugo al minuto. GPavón *HPlinio* 176: Era un retrato "al minuto".

minuto^2 -ta *adj* (*lit*) Menudo o muy pequeño. | Umbral *País* 22.12.76, 23: Me imagino que para una mentalidad caraqueña debe resultar una minuciosa y minutísima catástrofe la supresión de una temporada de ópera en Madrid.

miñambre *adj* (*reg*) [Pers.] flaca o enclenque. *Tb n.* | Escobar *Itinerarios* 253: He observado que .. los miñambres comen más que bastantes obesos.

miño *m* (*reg*) Red semejante al trasmallo. | P. Pascual *MHi* 8.66, 46: Los botes a motor, más grandes, ya pueden ir al marisco mayor .. bien con nasas o con el miño, un tipo de

miñoca – miopatía

miñoca f (reg) Lombriz de tierra. | Torrente *Fragmentos* 86: La plaza de los magnolios .. pululará de indios .., que se escurrirán unánimes hacia una dirección desconocida. Como miñocas debajo de una piedra.

miñón m Individuo de la milicia foral de Álava y Vizcaya. | Zunzunegui *Camino* 415: Se montó en aquella parte de la vía un servicio de vigilancia a cargo de una pareja y un cabo del cuerpo de miñones.

miñorano -na adj Del valle de Miñor (Pontevedra). *Tb n, referido a pers.* | Peches *Faro* 29.7.75, 19: Gracias por su atención y prestancia singulares de las gentes miñoranas. Peches *Faro* 30.7.75, 15: El mismo *Faro de Vigo* ya adelantó .., la proximidad de la impar romería miñorana de la Virgen de la Salud.

miñosa f (reg) Lombriz de tierra. | Delibes *Vida* 140: Lanzando la boya con la miñosa al rompeolas, conseguimos docena y media de lubinas.

miñoto -ta adj Del río Miño. | F. Ramos *Sáb* 20.8.75, 40: De la riqueza que otrora contuvieron las aguas miñotas resulta prueba evidente la anécdota histórica protagonizada en el siglo XVI por los jornaleros de los monjes de Ribadavia. C. Parada *Voz* 13.9.88, 72: De aquel árbol salieron .. todos los esquejes que dieron origen a los que hoy hay en la comarca miñota. **b)** De la región gallega o portuguesa del Miño. *Tb n, referido a pers.* | Cunqueiro *Sáb* 23.7.75, 23: Siendo el Miño que pasa por Ribadavia fértil en lampreas, yo osé escribir una vez que acaso sa receta de la lamprea a la bordelesa fue originalmente miñota, y que la habría llevado a Burdeos la abuela Sol del autor de los "Ensayos". Torrente *SInf* 14.8.75, 8: Su poder [de Pedro Madruga] se extendió por estas tierras meridionales gallegas y por las portuguesas miñotas, de cuya villa de Camiña era conde.

mío -a (*cuando va delante del n del cual es adjunto, se usa la forma* MI *–en pl* MIS–, *que se pronuncia átona*) adj De mí. | Cunqueiro *Un hombre* 168: Y ahora mismo .. subiré a mi biblioteca. **b)** (Mil) Se usa, antepuesto al n del cargo, para dirigirse a un superior. | Delibes *Madera* 398: A sus órdenes, mi comandante. **c) lo ~** (he trabajado lo mío); **los ~s** (eres de los míos); **mi** + *n propio* (mi Juan); **delante** (detrás, *etc*) **~; ser muy ~** → SUYO. **d) hacer** (**una**) **de las mías; salirme con la mía** → HACER, SALIR.

mioca f (reg) Miñoca (lombriz de tierra). | C. Caño *RegO* 1.8.64, 15: Hasta hace poco el problema piscícola de Tres Ríos giraba en torno a la escasez de truchas, pero ahora se ha agravado con la casi inexistencia de las "miocas".

miocardial adj (Anat) Miocárdico. | S. Reverter *D16* 5.1.92, 13: El proyecto pretende presentar modelos del corazón en tres dimensiones y apoyar esta visualización con una medida exacta del grosor de las arterias, el nivel de perfusión miocardial y otros parámetros médicos.

miocárdico -ca adj (Anat) De(l) miocardio. | Vega *Corazón* 46: El enfermo que padece alcoholismo cronificado tiene un estado permanente de despolarización miocárdica.

miocardio m (Anat) Músculo del corazón. | Navarro *Biología* 164: El miocardio es delgado al nivel de las aurículas y grueso en los ventrículos.

miocardiopatía f (Med) Enfermedad del miocardio. | *Ya* 11.2.87, 38: El corazón de José Luis Martín Gómez .. ha sido trasplantado hoy en la clínica Puerta de Hierro a José Luis A., que padecía miocardiopatía en estado terminal.

miocarditis f (Med) Inflamación del miocardio. | C. INavarro *SYa* 27.3.77, 15: Como manifestaciones generales resaltan la febrícula o fiebre, .. lesiones cardiovasculares –miocarditis, insuficiencia aórtica, enfermedad coronaria, etc.– y las meningitis.

miocastor m Coipo (roedor). | R. Alvarado *Abc* 8.5.84, 3: Azara y Humboldt fueron zoólogos expertos que dieron insuperables descripciones de nuevas especies; verbigracia, el primero, del miocastor, al que llamó coipo.

miocénico -ca adj (Geol) De(l) Mioceno. | *Abc* 10.10.65, 95: Los restos del gigantesco animal, que vivió en el período miocénico, aparecieron a unos 10 metros de profundidad. *SPaís* 5.5.93, 3: Muchos acuíferos españoles están situados en arenas miocénicas muy profundas.

mioceno -na adj (Geol) [Período] intermedio de la Era Terciaria. *Tb n m. En este caso, gralm con inicial mayúscula.* | Ybarra-Cabetas *Ciencias* 162: Período mioceno .. Durante este período los sedimentos son sometidos de nuevo a la actividad orogénica. Cela *Judíos* 14: El lector debe percatarse de que hablar del mioceno o del gótico .. es algo que está al alcance de cualquiera que no sea rigurosamente un asno. **b)** Del período mioceno. | Benet *Volverás* 54: Toda su esperanza a la hora del ocaso se cifrará en esa banda roja que a través de la espesura define las colinas miocenas que circundan la vega.

mioclonia (*tb* **mioclonía**) f (Med) Contracción muscular brusca, breve e involuntaria, secundaria a una disfunción o lesión de cualquiera de las estructuras que participan en la función motora. | MNiclos *Toxicología* 101: La fibrilación se transforma en mioclonias, se origina una intensa hipocalcemia, convulsiones y coma. *Abc* 24.9.91, 56: En pacientes con crisis atónicas, en las que el enfermo cae al suelo bruscamente, en las mioclonías, en las crisis generalizadas, .. está indicada .. una intervención denominada callosotomía.

miodinia f (Med) Dolor muscular. | MPisón *Ya* 25.3.90, 14: La medicina se ha propuesto combatir el dolor físico .. Palabras como miodinia y pleurodinia pasarán del uso infrecuente al más completo desuso.

mioeléctrico -ca adj (Med) [Prótesis] que utiliza la electricidad generada por los músculos. | *Impreso* 9.84: Fabricación ortopédica, a medida, del miembro inferior exclusivamente. Piernas a cualquier altura: mecánicas, mioeléctricas, etcétera.

miofibrilla f (Anat) Fibrilla muscular. | Navarro *Biología* 86: Las fibras musculares son células alargadas surcadas de miofibrillas en toda su longitud.

mioglobina f (Fisiol) Sustancia roja de los músculos, de características similares a las de la hemoglobina. | Mascaró *Médico* 80: No son raras las manifestaciones patológicas renales determinadas por la precipitación (y consiguiente obturación) en los túbulos o canalículos del riñón de productos resultantes de la destrucción muscular (mioglobina) y hemática (hemoglobina).

miógrafo m (Anat) Aparato que registra las contracciones musculares. | Navarro *Biología* 90: La contracción muscular puede ser estudiada por observación directa o mediante el miógrafo.

miograma m (Anat) Gráfico de una contracción muscular, obtenido mediante un miógrafo. | Navarro *Biología* 90: El miógrafo es un aparato que registra sobre un cilindro, que gira uniformemente, la gráfica de la contracción muscular o miograma.

miolítico -ca adj (Prehist) Mesolítico. *Tb n m.* | Pericot-Maluquer *Humanidad* 56: Se ha intentado simplificar el nombre de Paleolítico superior llamándolo Paleolítico a secas en oposición a Arqueolítico, aplicado a los períodos más antiguos, Leptolítico (piedra más ligera) o Miolítico.

miollo m (reg) Miga de pan. | Landero *Juegos* 130: Cada vez que me asomaba estaba más oscuro y se oían menos ruidos, pero él no parecía adelantar en la cena. Al final quedaba un montón de pellejos, huesos y miollos.

miología f Parte de la anatomía que estudia los músculos. | *Act* 8.10.70, 94: Todo el secreto está en una fórmula estudiada y preparada en laboratorios especializados en miología (estudio de los músculos).

mioma m (Med) Tumor formado por elementos musculares. | Vega *Salud* 556: Mioma y fibroma de útero. Son tumoraciones benignas que pueden crecer desmesuradamente y pesar varios kilos. Las denominamos mioma o fibroma, según el tipo de tejido, más o menos fibroso, que forme el tumor.

miopatía f (Med) Afección muscular. | Vega *Corazón* 79: La enfermedad muscular degenerativa del cerdo .. ha pasado a ser la situación normal del cerdo de la actualidad (miopatía que jamás se ve en el jabalí). *Abc* 3.6.75, 33: Venga a buscar su salud al Balneario de Archena .. Secuelas de encefalopatías, miopatías, neuritis.

miope *adj* **1** [Ojo o pers.] que padece miopía [1]. *Tb n, referido a pers.* | Umbral *Ninfas* 80: Tenía los ojos entrecerrados, miopes, con una miopía sin gafas que quería ser penetración. Cunqueiro *Un hombre* 20: Era un hombre pequeñito y obsequioso .., miope declarado. **b)** Propio del ojo o de la pers. miope. | *Hoy* 20.7.74, 32: "¿Qué os parece esto?", nos dijo con la mirada miope abierta al bosque.
2 Corto de miras o de perspicacia. | Alfonso *España* 161: Otros sitios estropeados en holocausto a un miope e ilusorio "progresismo". MGaite *Cuento* 143: Yo creo que semejante interpretación es bastante miope y adolece de fariseísmo.

miopía *f* **1** Defecto óptico por el que se perciben confusamente los objetos lejanos, debido a que la imagen se forma en un punto anterior a la retina. | Bustinza-Mascaró *Ciencias* 82: La miopía se manifiesta por la visión borrosa de lejos. **b)** Visión borrosa de un telescopio. | *Abc* 13.12.91, 77: La NASA ha adjudicado ya a una compañía norteamericana la construcción de un mecanismo que corrija la "miopía" que afecta actualmente al observatorio. Afortunadamente, expertos en informática han logrado un sistema que permite corregir casi totalmente las imágenes borrosas que el "Hubble" envía.
2 Cortedad de miras o de perspicacia. | P. A. Pedreño *Ya* 29.6.75, 27: Su conservadurismo en el tema implicaría una fuerte miopía sobre el futuro.

miópico -ca *adj* (*Med*) De (la) miopía [1]. | Dolcet *Salud* 486: En los astigmatismos simples: hipermetrópico y miópico, el ojo es emétrope en uno de los meridianos.

miorrelajante *adj* (*Med*) [Producto o medicamento] que produce relajación muscular. *Tb n m.* | MNiclos *Toxicología* 125: Es a su vez [este preparado] un buen miorrelajante al inhibir los reflejos espinales.

miosina *f* (*Fisiol*) Proteína de los músculos, cuya función principal es la contracción. | Aleixandre *Química* 200: Globulinas .. También la miosina (globulina de los músculos) pertenece a este grupo.

miosis *f* (*Med*) Contracción permanente de la pupila del ojo. | MNiclos *Toxicología* 16: Hay miosis con las sustancias que bloquean la colinesterasa.

miosota *f* Picagallina (planta). | FQuer *Plantas med.* 170: Álsine. (*Stellaria media* Villars.) Sinonimia cast[ellana], pamplina .., picagallina, .. miosota.

miosotis *m o f* Nomeolvides (planta). | Benet *Volverás* 15: Surgen allí, espaciadas y delicadas de color, esas flores de montaña de complicada estructura, cólchicos y miosotis, cantuesos, azaleas de altura. A. Obregón *Abc* 12.5.74, 43: La vista se recrea de tanto fulgor y tan buena tapicería colorista. Cinerarias, miosotis, narcisos, claveles.

miotomía *f* (*Med*) Operación que consiste en cortar los músculos. | F. Valladares *TMé* 8.6.84, 13: Son válidos dos procedimientos, que pueden ir solos o asociados: diverticulectomía y miotomía cricofaríngea.

miquelete *m* (*hist*) Miembro de una milicia especial reclutada por diputaciones y juntas de guerra de Cataluña. | *Van* 20.1.77, 43: En el aciago verano de 1835, cuando los miqueletes perseguían encarnizadamente a los monjes, estos hallaron refugio, socorro y salvoconducto .. en la casa de los Carulla.

MIR (*sigla; pl invar*) *m y f* Médico interno que ha obtenido su plaza por oposición. | C. Vicente *Cam* 21.7.75, 31: El conflicto de los MIR ha servido para que sus protagonistas se hayan convencido para siempre de que la organización médica colegial les sobra.

mira I *f* **1** Objetivo o intención. *Frec en pl.* | Bal 29.3.70, 39: Leía a Dumas a los ocho años .. De los catorce años en adelante elevé la mira y me interesé por la arqueología y las biografías. Lagos *Vida* 36: Trabajador y honrado como pocos, sin malgastar una peseta y sin más miras que su casa y sus padres. N. Luján *Sáb* 16.7.75, 3: Ningún diario serio ha tomado estos debates con la gravedad que convenía a las altas miras con que se planteraron.
2 Dispositivo que sirve para hacer puntería en un arma de fuego. *Tb* PUNTO DE ~ (→ PUNTO). *Tb fig.* | *Abc* 30.6.76, 24: Fueron incautadas sus ametralladoras, .. miras telescópicas, cargadores y gran cantidad de detonadores de granadas de mano.
3 (*Topogr*) Regla graduada que se coloca verticalmente en los distintos puntos del terreno que se quiere nivelar. | *GTelefónica N.* 1035: Hijo de Isidoro Sánchez. Alquiler y reparación de aparatos topográficos. Trípodes y miras de todos los sistemas.
II *loc adj* **4 de ~**. [Punto] desde el que se mira [1a y 4a]. *Tb fig.* | Villarta *Rutas* 126: Cualquier punto de mira es bueno para la contemplación de la muralla.
III *loc adv* **5 a la ~**. Al cuidado [de una pers. o cosa]. | Peraile *Ínsula* 68: Laura .. me ayuda a limpiar el nicho y me dice: "He venido con mi hijo a la mira del traslado de los restos de su padre, que vencen ahora".
6 con ~s [a algo]. Teniéndo[lo] por objetivo. | *SInf* 16.6.76, 7: Emilio de Villota y .. Nacho Medina han formado el primer equipo español con miras a concursar en los Grandes Premios.

mirabel *m* **1** Planta herbácea anual, semejante a un pequeño ciprés, cultivada como ornamental (*Kochia scoparia*). | Benet *Nunca* 127: Jardines italianos trazados con macizos de boj y mirabel.
2 Variedad europea de ciruelo cultivada en Galicia, de fruto pequeño y amarillo. *Tb el fruto.* | C. Parada *Voz* 13.9.88, 72: El mirabel, un árbol que posiblemente no exista en otra parte de España, comenzó a cultivarse en la comarca de O Rosal, después del año 1935, cuando un soriano .. importó dos plantas de la Selva Negra. C. Parada *Voz* 13.9.88, 72: En el convento de las Carmelitas envasan los mirabeles que cultivan en su huerto y los venden a través del torno.

mirabolano *m* Variedad de ciruelo de fruto ácido, usado como patrón de injerto de otros ciruelos (*Prunus cerasifera*). | C. Parada *Voz* 13.9.88, 72: Son cientos las personas que están plantando mirabeles, pero a una gran producción no se llegará hasta dentro de unos años, ya que los árboles nuevos son muy jóvenes y la mayoría se han propagado por injerto de púa realizado en invierno sobre mirabolano.

mirabrás *m* Cante flamenco, semejante a la calesera y el fandanguillo. *Tb su baile.* | Cela *Viaje andaluz* 266: El vagabundo escuchó cantar, mientras bebía, y vio bailar, mientras siguió bebiendo, por finas solearillas, por remotas farrucas y por mirabrás.

miracielos *m* (*raro*) Flor de pascua (planta). | GCabezón *Orotava* 12: Flor de pascua o miracielos, *Euphorbia pulcherrima*, Wild., Euforbiácea, Méjico. Arbusto muy decorativo por sus hermosas brácteas rojas.

mirada I *f* **1** Acción de mirar [1a y b, 3 y 4a]. | Arce *Testamento* 15: Enzo y El Bayona cambiaron una rápida mirada.
2 Modo de mirar [1a]. | M. Mérida *SAbc* 6.7.75, 13: Josep Pla es inefable cuando se enfada. Su cuerpo algo encorvado ya, sus ojillos penetrantes y acerados, su mirada maliciosa y profunda.
3 Mira (objetivo o intención). | A. SGijón *SYa* 8.6.75, 10: Para el Estado español lo urgente era la resolución favorable de la sucesión al marquesado de Saluzzo, que gravitaba en la órbita francesa, pero sobre el que el ascendente duque de Saboya, Carlos Manuel, tenía puestas sus miradas.
II *loc v* **4 sostener la ~** ≈ SOSTENER.

miradero *m* (*raro*) Mirador [3]. | Zunzunegui *Hijo* 19: Desde lo alto del parapeto .. solía contemplar .. la entrada y salida de los barcos. Era un miradero maravilloso. GPavón *Rapto* 13: Natalio abrió con tiento las puertas de un ventanuco apaisado .. Chistó a sus huéspedes para que guardaran silencio y les ofreció sillas frente al miradero.

mirado -da *adj* **1** *part* → MIRAR.
2 [Pers.] respetuosa y comedida en su trato o comportamiento. *Gralm con los advs* MUY, TAN, MÁS *o* MENOS. | Umbral *País* 10.12.78, 22: Las papelas las da el personal por aprobadas, mayormente cuando han pasado por las Cortes y el señor Fontán, que es tan mirado.
3 [Pers.] cuidadosa o escrupulosa. *Gralm con un compl* EN, PARA *o* CON. | Benet *Nunca* 88: –Era una mujer humilde que no pensaba más que en su casa y en los suyos .. –Sería muy mirada para el dinero. Torrente *Pascua* 87: –Y mi tía, ¿sabía lo de esa mujer? .. –No sé. No lo creo. Tu tía era muy mirada con esas cosas. De saberlo, no hubiera confiado en Carlos.

mirador -ra I *adj* **1** (*raro*) Que mira [1a y 4a]. | Aparicio *Retratos* 43: En medio de la faena pasó el *pelines* ,

con ellas dentro, con sus caras blancas y sus ojos miradores tras los cristales. **II** *m* **2** Balcón cerrado con cristales. | Ortega-Roig *País* 77: En las regiones frías, las casas tienen miradores encristalados para tomar el sol.
3 Lugar desde donde se observa un amplio panorama. | Arce *Precio* 153: Habíamos subido a un alto desde donde se dominaba el mar .. Charo, junto al borde del mirador, parecía una figura de piedra.

mirafloreño -ña *adj* De Miraflores de la Sierra (Madrid). *Tb n, referido a pers.* | I. Montejano *Abc* 4.8.78, 16: Desde el mirador de Begoña, que el entusiasmo de Reyzabal dedicó a Miraflores, hay una bella panorámica del pueblo para el que el mirafloreño Gonzalo Perales consiguió la conservación a ultranza, en las nuevas edificaciones, del estilo serrano.

miraguano *m* Materia algodonosa, muy suave y ligera, que se extrae del fruto de la palmera *Thrinax parviflora*. *Tb la misma palmera.* | Pemán *Abc* 17.6.58, 3: El coche de "segunda" tenía cojines de paño azul rellenos de miraguano.

miramamolín *m* (*hist*) Califa, esp. almohade. | Fuster *Inf* 22.11.73, 16: El imperialismo islámico fue desde un principio mucho más enérgico y depredador que el de las Doce Tribus. La Península Ibérica y sus adyacentes islas baleares fueron escenario del asunto, sin contar las zonas difícilmente certificables de África y de Asia donde los miramamolines entraron a sangre y fuego.

miramelindo (*tb* **miramelindos**) *m* Balsamina (planta). | Marta *SYa* 3.4.77, 15: En estas condiciones pueden cultivarse geranios, petunias, miramelindos.

miramiento *m* **1** Respeto o consideración a otros en el obrar. *Frec en pl.* | Alfonso *España* 89: No estamos hechos a conllevarnos a tener un mínimo de miramientos. ZVicente *Ya* 27.12.70, sn: Y venga miramiento... Ay, que le digo males que usted no puede percibir la finura, la educación, los modales de corte que tenía este pueblo.
2 (*raro*) Acción de mirar [1a]. | GPavón *Reinado* 216: A ver si le dais sepultura última para que descanse de tanto miramiento y alteración. [*Se refiere a un cadáver expuesto al público para su identificación.*]

miranda *f* **1** Mirador [3]. | Cunqueiro *Pontevedra* 120: El monte se alza sobre la desembocadura del padre Miño y el Océano, y es miranda espléndida. CBonald *Ágata* 120: No eran otros de los curtidores, madre e hijo, a quienes halló tiempo atrás en una miranda de la marisma.
2 (*col*) Pers. que está sin hacer nada, como no sea mirar lo que hacen otros. *Frec en la constr* ESTAR DE ~. | *Inf* 31.7.82, 15: Esta terraza, recientemente abierta, se ha convertido en el sitio más puesto de todo Madrid: ejecutivos con vocación de modernizarse, rockeros, mirandas, punkies finos de pelas, actrices, escritores, farándula, etcétera. Sastre *Taberna* 118: —Danos de beber tú, Luis. (Luis sirve a los dos.) —(Ofendido.) ¿Y yo qué? ¿De miranda?
3 (*jerg*) Vigilante o espía. | VMontalbán *Prado* 75: No vale la pena que vaya de miranda. No va a sacar nada.

mirandés -sa I *adj* **1** De Miranda de Ebro (Burgos), o de alguna de las poblaciones españolas denominadas Miranda. *Tb n, referido a pers.* | Tinín *VozC* 29.6.69, 7: El jurado citado eligió "Diana Cazadora" nacional 1969 a la bellísima señorita mirandesa Rosa Araceli.
2 De Miranda do Douro (Portugal). *Tb n, referido a pers.* | *DBu* 31.8.92, 12: La fiesta fue definida por el alcalde de Miranda do Douro como "un encuentro popular".. El alcalde portugués .. citó la música, la gastronomía, la cultura, como los mejores cauces de conocimiento entre mirandeses y arandinos.
II *m* **3** (*Ling*) Dialecto leonés hablado en Miranda do Douro (Portugal) y alrededores. | ZVicente *Dialectología* 154: La palatalización es típica del mirandés.

mirante *adj* (*raro*) Que mira. *Tb n, referido a pers.* | Espinosa *Escuela* 478: Me suspende constatar que, entre novecientos millones, hayamos de coincidir y agregarnos los mirantes de Azenaia.

mirar I *v* **A** *tr* **1** Dirigir los ojos [hacia alguien o algo (*cd*)], con intención de verlo. *Tb abs.* | GPavón *Hermanas* 47: Jiménez, impaciente, miró el reloj. ZVicente *Ya* 27.12.70, sn: Subíamos. Llamábamos. Se miraba siempre por la mirilla. **b)** Examinar con los ojos. | *Tel* 15.6.70, 91: Mirad .. con atención un cutis viejo. * Me han mirado la maleta. **c)** ~ **mal** [a alguien (*cd*)]. Tener[le] aversión. | L. Reyes *SPaís* 16.7.78, 13: Sus compatriotas los miran mal por seguir al servicio de un ejército extranjero. **d) poderse** ~ [alguien en una cosa, esp. el suelo]. (*col*) Estar [esa cosa] sumamente limpia y brillante. | Gala *Hotelito* 16: En los suelos se puede mirar una.
2 Pensar o considerar. | *HLM* 9.6.75, 40: Sorpresas, según se mire. Delibes *Cinco horas* 255: Elviro era una bellísima persona, y José María, lo mires por donde lo mires, un tipo de cuidado. * Mira si será rico que va a comprar el Prado. * Mira bien lo que haces. **b) mira.** (*col*) *Se emplea con intención enfática para llamar la atención sobre un hecho, o sobre lo que se va a decir.* | Matute *Memoria* 104: Mira, tenía el oro amonedado en un armario. ¡Cartuchos y cartuchos de oro! Goytisolo *Recuento* 270: Es la clásica persona que a base de ir siempre a lo suyo, a lo fácil, no llega a ninguna parte. Y mira que le quiero muchísimo, pero la verdad, la verdad verdadera, es que Gregorius es un comodón y un egoísta como él solo. Delibes *Guerras* 186: Mire, doctor, si yo suelto el mirlo entonces, me hubieran dicho que estaba chalado. Delibes *Cinco horas* 136: Sí, ya lo sé, vas a decirme que no interesa, lo de la zorra, no están maduras, lo de siempre, mira que eres. **c) mira** + *prop con* QUE SL. (*col*) *Indica la suposición de que suceda el hecho improbable expresado en la prop.* | F. A. González *Ya* 8.4.75, 60: El agraciado con un piso que sorteó la Caja de Ahorros Municipal de Pamplona no aparece .. Mira que si don Fulano, pluriempleado, con tantos hijos que no le caben en el pasillo de la breve casa, tiene en algún rincón de su olvido la papeleta del piso nuevo. **d) mira** *o* **mira tú.** (*col*) *Se emplea exclamativamente para hacer aparecer como absurdo lo que alguien acaba de decir o hacer.* | CPuche *Paralelo* 265: —Creo que no le han echado el guante todavía .. —Ese debía de ser un chalao. ¿Qué va a hacer con las armas? —Las pensará vender, mira tú. **e) mira por dónde**, *o* **mira por cuánto.** *Se usa para ponderar el carácter sorprendente de lo que se dice a continuación.* | MGaite *Retahílas* 120: Fue él quien me dio sus señas por si necesitaba algo, y yo las había guardado por guardar .., pero mira por dónde no las perdí, de esas casualidades, y no te figuras lo bien que me vino. Umbral *País* 22.6.77, 23: Ya en tiempos de Franco, los jóvenes pálidos .. hacíamos siempre un ensayo sobre la rebelión de las máquinas .. Y mira por cuánto las máquinas eran franquistas. **f) mira quién habla** (*o* **quién fue a hablar**) → HABLAR.
3 Tener [algo] como objetivo de la acción. | Villapún *Moral* 127: Por parte de los súbditos se requiere obediencia y fiel cumplimiento en dichas leyes, mirando ante todo el bien de la Patria. **b)** Procurar [algo (*prop con v en subj*)]. | Landero *Juegos* 357: —¿No baja? —Después. Mira que no te cojan, hijo. Y si necesitas dinero, o lo que sea, dímelo.

B *intr* ➤ **a** *normal* **4** Dirigir los ojos [hacia alguien o algo (*compl adv*)]. *Normalmente con un compl* A, HACIA *o* PARA. | Medio *Bibiana* 54: Marcelo .., seguía, obstinadamente, mirando al techo. Hoyo *Caza* 42: El Borro miró a su alrededor. **b)** Examinar con los ojos [algo (*compl de lugar*)] buscando. | * Mira en mi bolso, a ver si está el bonobús. **c)** Estar orientado [algo (*suj*) hacia algún punto]. *Normalmente con un compl* A, HACIA *o* PARA. *Tb fig.* | DPlaja *Sociedad* 67: La golilla .. daba a la cabeza cierto aire de decapitada en un plato, pues miraba para arriba. Halcón *Ir* 246: La oreja derecha de Bruno miraba a las estrellas.
5 Cuidar [de una pers. o cosa (*compl* POR)]. | *FaC* 21.3.75, 17: Está casado y tiene tres hijos y tiene que mirar por ellos. Delibes *Emigrante* 47: Pusimos las maletas junto a las otras, pero allí no había nadie al quite y le dije a Melecio si le importaba mirar por ellas. **b)** (*reg*) Tratar [de hacer algo]. | Goytisolo *Recuento* 206: En tanto miraba en vano de descubrir a Aurora, pudo ver cómo dos o tres policías sacaban a Federico casi a rastras.

➤ **b** *pr* **6** **-se** [alguien en una pers. o cosa]. Tener[la] en gran aprecio o estima. | GBiedma *Retrato* 134: Hace dos días que estampané el automóvil nuevo de mi padre –se está mirando en él– contra la furgoneta de una absurda fundación.

mirasol – mirmecófilo

II *m* **7** Modo de mirar [1a]. | Cunqueiro *Un hombre* 12: Pese al mirar amistoso, los delgados labios no parecían dados a la sonrisa.

III *loc adj* **8 de mírame y no me toques.** (*col*) Sumamente delicado, o fácil de estropear. | Lagos *Vida* 51: Lo blanco es muy poco *agradesío*. De mírame y no me toques.

IV *loc adv* **9 si bien se mira**, *o* **bien mirado.** Considerando detenidamente el asunto en cuestión. | Lera *Bochorno* 47: Si bien se mira, ganan más que nosotras. Matute *Memoria* 26: Bien mirado, había algo simiesco en Borja.

V *interj* **10** (*col*) Expresa admiración. | LRubio *Nunca* 249: –¿Y qué es lo que va a hacer? –Expresiones metálicas. –(Admirada.) ¡Mira!

mirasol *m* (*reg*) Girasol (planta). | GPavón *NHPlinio* 137: En el jardín de la fábrica hacían reverencias los mirasoles.

miríada *f* (*lit*) Cantidad muy grande e indefinida. | *País* 11.10.77, 6: Se trata .. de la primera pelea de una velada en la que participarán, además, confederaciones patronales y centrales sindicales, con el trasfondo de una miríada de empresarios independientes y trabajadores que no tienen militancia política ni sindical.

miriagramo *m* Unidad de peso equivalente a 10.000 kg. | Marcos-Martínez *Aritmética* 132: Las unidades [de peso] secundarias son: El decagramo .. El hectogramo .. El kilogramo .. El miriagramo.

mirialitro *m* Unidad de capacidad equivalente a 10.000 l. | Gironza *Matemáticas* 11: Las unidades secundarias [de capacidad] son el decalitro .. y mirialitro, para los múltiplos.

miriámetro *m* **1** Unidad de longitud equivalente a 10.000 m. | Marcos-Martínez *Aritmética* 117: Las unidades secundarias son: Múltiplos: El decámetro .. El hectómetro .. El kilómetro .. El miriámetro.

2 ~ cuadrado. Unidad de superficie equivalente a la de un cuadrado cuyo lado mide un miriámetro [1]. | Gironza *Matemáticas* 10: Las unidades secundarias [de superficie] son el decámetro cuadrado, hectómetro cuadrado, kilómetro cuadrado y miriámetro cuadrado.

3 ~ cúbico. Unidad de volumen equivalente al de un cubo cuya arista mide un miriámetro [1]. | Gironza *Matemáticas* 11: Las unidades secundarias [de volumen] se llaman decámetro cúbico, hectómetro cúbico, kilómetro cúbico y miriámetro cúbico, para los múltiplos.

miriápodo *adj* (*Zool*) [Artrópodo] de cuerpo alargado, dividido en segmentos semejantes, con uno o dos pares de patas cada uno, con la cabeza provista de un par de antenas y que respira por tráqueas o mediante respiración cutánea. *Frec como n m en pl, designando este taxón zoológico.* | Bustinza-Mascaró *Ciencias* 379: En el ámbar .. quedaron aprisionados insectos, arañas, pequeños moluscos, miriápodos. Legorburu-Barrutia *Ciencias* 180: Los Artrópodos se dividen en: Crustáceos .. Insectos .. Arácnidos .. Miriápodos.

mírido *adj* (*Zool*) [Insecto] de una familia de pequeño o mediano tamaño y cuerpo relativamente blando, constituida en su mayoría por chinches fitófagas. *Frec como n m en pl, designando este taxón zoológico.* | *Libro agrario* 66: Contribución al conocimiento de los insectos míridos de Navarra.

mirífico -ca *adj* (*lit*) **1** Admirable o asombroso. | CBonald *Ágata* 70: Prefería cambiar las más miríficas visiones del universo por una basura de poblacho.

2 Que denota o implica admiración o asombro. | Cela *Judíos* 196: –Oiga usted, Cirio, ¡se ha hecho usted muy fino!– Inicial Barbero Barbero puso un gesto mirífico. –Pues sí. Delibes *Madera* 19: Tratando de destruir el clima mirífico que se iba creando en la reunión.

mirilla *f* **1** Pequeña abertura hecha esp. en las puertas y que permite ver lo que hay al otro lado. | Torrente *Off-side* 57: La luz del alba entraba por la mirilla de la puerta. *Abc Extra* 12.62, 79: Jugábamos todavía con los zootropos, como sombreros de copa con mirillas. Delibes *Historias* 97: Yo nunca había cazado perdices con reclamo .. En un periquete, sobre estas mismas piedras, hizo él un tollo con cuatro jaras y nos encerramos los dos en él, yo con la escopeta, vigilando .. Y la hembra, enjaulada a veinte pasos de la mirilla, hacía a cada paso: "Co-re-ché, co-re-ché".

2 (*col*) *En pl*: Ojos. | Aristófanes *Sáb* 30.11.74, 61: Ya que hemos enfocado las mirillas en eso de los sueldos, sigamos mirando el país en la susodicha dirección, majetes.

miriñaque *m* **1** (*hist*) Armadura de tela almidonada o de aros de metal, usada por las mujeres para ahuecar la falda a la altura de las caderas. | Torrente *Off-side* 29: Hace como si apuntase con una carabina a la dama del miriñaque plateado que figura en el cuadro.

2 (*reg*) Bastidor supletorio de madera para dar mayor amplitud al carro por su parte superior. | GPavón *Rapto* 129: Galeras con miriñaque volador para llevar mieses.

miriófilo *m* Planta acuática propia de aguas dulces y tranquilas (gén. *Myriophyllum*). | Castellanos *Animales* 144: Para los peces que desovan en las plantas tupidas .. se recomienda un acuario con una capacidad aproximada de 50 litros .. Plántese en uno de los lados miriófilo.

miriónimo -ma *adj* (*lit, raro*) De innumerables nombres. | GGual *Novela* 383: Se le aparece perfumada y resplandeciente, la santa y mirióníma Isis, que le da consejos para la recuperación de su forma humana.

miristicina *f* (*Quím*) Principio activo de la nuez moscada. | A. Castilla *SPaís* 23.2.92, 9: Su principio activo guarda importantes analogías con el de la nuez moscada (miristicina).

mirlado -da *adj* (*raro*) **1** *part* → MIRLARSE.

2 Afectadamente grave o digno. *Tb n, referido a pers.* | Salvador *Letra Q* 13: La expresión la lexicalizará Gracián, desarrollándola, en la crisi cuarta de la tercera parte de *El Criticón*: *qutildeque* es el afectado, el presumido, el mirlado .. y otros muchos de esa laya.

mirlarse *intr pr* (*raro*) Afectar gravedad o dignidad en el rostro. | Aldecoa *Cuentos* 1, 58: Juan, seguido de Ignacio, salió a cubierta. Subió ágilmente por la escalerilla de acceso al puente. Mirlándose compuso un gesto altivo antes de entrar en el mirador de la bitácora.

mirliflor *m y f* (*raro*) Pers. vanidosa o presumida. *Tb adj.* | Borrás *Madrid* 75: Todos atentos, pollos mirliflores y cloróticas señoritas.

mirlo *m* **1** Pájaro de unos 25 cm, de plumaje totalmente negro en el macho y con pico amarillo, y que es fácilmente domesticable y capaz de imitar sonidos (*Turdus merula*). *Tb ~ COMÚN.* | Cunqueiro *Un hombre* 12: Un mendigo se le acercaba, sonriéndole, mostrándole una jaula .., dentro de la que volaba un mirlo. Cendrero *Cantabria* 64: Aves. *Turdus merula*: Mirlo común. **b) ~ acuático.** Pájaro robusto de unos 18 cm, de color negruzco con el pecho blanco, que nada y bucea (*Cinclus cinclus*). | *Inf* 8.2.79, 19: Para dar caza y alimentarse de estos invertebrados, un ave y un mamífero se han adaptado perfectamente a la vida acuática. Se trata del mirlo acuático y el desmán de los Pirineos. **c) ~ capiblanco**, *o* **de collar.** Ave semejante al mirlo común, pero algo mayor y con una mancha blanca en el pecho y los bordes de las alas pálidos (*Turdus torquatus*). | *VSi* 7.89, 44: Al mirlo capiblanco se le puede observar durante el invierno en las altas laderas, donde se alimenta principalmente de bayas de sabina. Noval *Fauna* 244: Un pájaro muy parecido al Ñerbatu es el Mirlo de collar (*Turdus torquatus*) .. Es un pájaro con las mismas actitudes que el Mirlo común, pero más tímido.

2 ~ blanco. Ser excepcionalmente raro o difícil de encontrar. | Arce *Anzuelos* 19: El doctor Silva .. después de aquella inesperada propuesta empezaba a parecerme un mirlo blanco. CPuche *Paralelo* 247: –Yo lo que busco no lo encuentro. –Buscarás un mirlo blanco. –Te equivocas. Yo lo que busco es un tío de verdad, un hombre. CBonald *Dos días* 185: –¿Qué te pareció la Mercedes? .. –De primera. –Y sin estrenar, un mirlo blanco.

3 (*col*) Lengua. *Gralm en las constrs* SOLTAR, *o* ACHANTAR, EL ~. | Delibes *Guerras* 186: Mire, doctor, si yo suelto el mirlo entonces, me hubieran dicho que estaba chalado.

4 (*raro*) Hombre ingenuo al que se engaña fácilmente. | RIriarte *Adulterio* 342: ¡No sabe nada! Es un mirlo.

mirlona. curruca ~ → CURRUCA.

mirmecófilo -la *adj* (*Bot*) [Planta] apta para que en ella habiten hormigas. | Ybarra-Cabetas *Ciencias* 418: En este caso se encuentran las plantas llamadas mirmecófilas, que atraen a las hormigas con sus nectarios.

mirobolán *m* Mirabolano (planta). | Loriente *Plantas* 39: *Prunis cerasifera* Ehrh. Variedad *pissardii* (Carrière) L. H. Bailey, "Cerezo de Pisardi"; "Ciruelo colorado o purpúreo"; "Mirobolán"; "Pruno". Arbolito muy utilizado en parques y jardines, como ornamental.

mirobrigense *adj* De Ciudad Rodrigo (Salamanca). *Tb n, referido a pers.* | M. Salamanca *MHi* 10.60, 46: El mirobrigense, aventurero y soñador, lleva siempre dentro el recuerdo de su pueblo.

mirón -na *adj* (*desp*) Que mira [1a] mucho o con curiosidad. *Más frec n m, referido a pers.* | Barquerito *D16* 20.8.90, 35: El novillo de Lafita, el tercero, fue mirón e incierto, desparramó mucho la vista y cortó la embestida poco a poco. S. Sans *Des* 12.9.70, 34: El crítico no es .. ni un maestro, ni tampoco un mirón pasivo y desinteresado. Goytisolo *Recuento* 81: Sonaba una sirena progresivamente próxima, penetrante, y el tránsito se interrumpió a golpes de silbato. De la cafetería salieron dos o tres mirones. **b)** [Pers.] que se complace en la contemplación de escenas eróticas o de desnudos. *Gralm como n.* | Cela *Viaje andaluz* 73: El niño .. suspendió sus industrias por atender –atónito y pasmado– a los fallidos esfuerzos amatorios del perrillo ruin. La madre, sin previo aviso, le pegó un capón .. La cabeza del niño mirón sonó, retumbadora, a hueca. CBonald *Ágata* 223: Salió .. de la alcoba .. y llamó a capítulo al orífice, preguntándole sin más si sabía algo del intento de violación del único reducto casero vedado a contertulios, personal de servicio y demás curiosos ocasionales ..; por aquí no hay mirones sueltos que yo sepa; ¿y a Esclaramunda, no se le habrá ocurrido a Esclaramunda meter la nariz? **c)** [Pers.] que observa cómo los demás juegan o trabajan. *Gralm como n.* | Cela *Rosa* 42: Se iba a un cafetín próximo .. donde se jugaba al monte. Mi padre solía quedarse de mirón y rara vez se interesaba en el juego. Cossío *Confesiones* 9: El ajedrecista no sabe nunca por qué se ha distraído en una jugada funesta: es el mirón quien lo advierte. Laforet *Mujer* 154: Julián resultaba raro en el taller .. Nada, un simple mirón que trabajaba cuando estaba don Paco delante. **d)** [Pers.] que está sin hacer nada, como no sea mirar lo que hacen otros. *Frec en la constr* ESTAR DE ~. | * ¿Qué haces ahí de mirón toda la tarde? Coge un libro o una labor.

mironismo *m* Condición o comportamiento de mirón [1b]. | P. Berbén *Tri* 8.8.70, 16: Nuestras sociedades actuales favorecen la expansión y la multiplicación de los mirones y del mironismo.

mirra *f* Resina aromática, roja, semitransparente y brillante, producida por el árbol *Commiphora myrrha* y otros semejantes, que crecen en Arabia y Abisinia. | Vesga-Fernández *Jesucristo* 32: Abiertos sus cofres, le ofrecieron sus dones: oro, incienso y mirra.

mirtácea *adj* (*Bot*) [Planta] dicotiledónea aromática, de la familia cuyo tipo es el mirto. *Frec como n f en pl, designando este taxón botánico.* | GCabezón *Orotava* 11: Poma rosa, *Eugenia Jambos* Linn., Mirtácea, Indias Orientales. Árbol con abundante follaje y flores vistosas. Navarro *Biología* 307: Faltan muchas familias de fanerógamas que son muy abundantes en especies en las zonas tropicales (Cactáceas, Palmáceas, Mirtáceas, Begoniáceas, etc.

mirtillo *m* Arándano (arbusto). | Cela *Pirineo* 148: El arándano o mirtillo .. nada tiene que ver con la adelfa.

mirto *m* Arrayán (arbusto). | Alós *Hogueras* 208: Hay mirto y unos lentiscos jóvenes. Empieza el bosque de la Torre.

miruella *f* (*reg*) Mirlo (pájaro). | Cancio *Bronces* 51: Amarillenta serenidad del otoño montañés .., cuando pía la miruella en los helgueros con un dejo sutil de íntima amargura.

miruello *m* (*reg*) Mirlo (pájaro). | Lama *Aves* 93: Un precioso ejemplar de Mirlo (Turdus merula), sano y fuerte, de lustroso plumaje totalmente azabache ..; así es el Mirlo, Miruello o Tordo negro, que con todos estos nombres se le conoce en Cantabria.

misa **I** *f* **1** (*Rel catól*) Ceremonia en que el sacerdote ofrece a Dios el sacrificio del cuerpo y sangre de Jesucristo bajo las especies de pan y vino. *Frec con un adj o compl especificador:* CANTADA, DE CAMPAÑA, DE CUERPO PRESENTE, DEL GALLO, DE RÉQUIEM, GREGORIANA, REZADA, *etc* (→ CANTAR, CAMPAÑA, *etc*). | Vesga-Fernández *Jesucristo* 19: La Santa Misa es el mismo sacrificio de la Cruz. Lera *Boda* 661: Iluminada no era la muchacha que todos ellos habían visto en la fuente y en la era, en misa y en el baile. Vesga-Fernández *Jesucristo* 158: Hay diversas Misas de Difuntos, según sean de entierro, de aniversario o la diaria. *HLM* 26.10.70, 20: Las misas gregorianas darán comienzo en dicha parroquia el día 1 de noviembre, a las nueve horas, y las misas rezadas que se dirán en la basílica del Pilar (Zaragoza) el día 24 y siguientes se aplicarán a su eterno descanso. **b)** **~ de los catecúmenos.** Parte de la misa que precede a la misa de los fieles. | Vesga-Fernández *Jesucristo* 35: La Santa Misa consta de las siguientes partes: .. 1º La antemisa o Misa de los catecúmenos (introducción, oraciones). 2º Misa sacrificial o Misa de los fieles .. 3º Últimas oraciones. **c)** **~ sacrificial,** *o* **de los fieles.** Parte de la misa que comprende el ofertorio, la consagración y la comunión. | Vesga-Fernández *Jesucristo* 35: La Santa Misa consta de las siguientes partes: .. 1º La antemisa o Misa de los catecúmenos .. 2º Misa sacrificial o Misa de los fieles .. 3º Últimas oraciones. **d)** **~ de (los) presantificados.** Rito de la comunión en el oficio de Viernes Santo. | Ribera *SSanta* 91: Se llamaba Misa de los presantificados. No es una Misa, sino parte del rito de la comunión.

2 **~ negra.** Parodia sacrílega de la misa [1a], realizada como práctica de magia negra. | CBaroja *Brujas* 318: Yo no dudo –por ejemplo– de que hoy se celebren misas negras y otras cosas semejantes y que ocurra tal cual caso de Demoniolatría.

3 Conjunto de composiciones musicales sobre los textos de los cánticos litúrgicos de la misa [1a]. | Subirá-Casanovas *Música* 28: Por docenas se pueden contar las misas compuestas con el tema de la canción *L'home armé*.

II *loc adj* **4 de ~.** (*col*) [Día] de precepto. | * Mañana es día de misa.

5 de ~. [Libro] que usan los fieles para seguir la celebración de la misa [1a]. | GPavón *Hermanas* 46: Nadie volvería a .. mirar los recordatorios incluidos en los libros de misa.

6 de ~ y olla. (*Clérigo o fraile*] de cortos estudios y poca autoridad. | CPuche *Conocerás* 53: Lo muy más abundante [en el seminario] era el basamento de futuros curas de misa y olla.

III *loc v y fórm or* **7 allá** (*o* **ya**) **te** (**se,** *etc*) **lo dirán de ~s.** (*hoy raro*) Fórmula con que se amenaza a alguien, advirtiéndole que llegará el momento de pagar lo que hace. | * Tú sigue, sigue, que ya te lo dirán de misas.

8 cantar ~. Decir su primera misa [1a] [un sacerdote recién ordenado]. | Zunzunegui *Camino* 304: Ha sido seminarista. Dejó la carrera..., mejor dicho la terminó, pero no cantó misa.

9 decir (*o* **cantar**) **~.** (*col*) Se usa en fórmulas como PUEDE DECIR ~, *o* QUE DIGA ~, *para ponderar desinterés o incredulidad ante lo que alguien dice.* | Delibes *Cinco horas* 57: A mí no me la dais, que podéis decir misa, pero a mí no hay quien me saque de la cabeza que hablabais de mujeres. Delibes *Ratas* 107: –Luego vienen los turistas y salen con que vivimos en cuevas los españoles, ¿qué le parece? –Los turistas, los turistas..., ¡déjeles que digan misa! Delibes *Emigrante* 87: La chavala se ha llevado un desengaño de órdago, por más que ella diga misa. SFerlosio *Jarama* 173: Yo que tú, no sé las cosas, ¿verdad?, pero vamos, que respecto a la familia, me liaba la manta a la cabeza y podían cantar misa.

10 ir a ~ [*lo que alguien dice*]. (*col*) Ser absolutamente cierto. *Con intención enfática.* | ZVicente *Traque* 122: Si usted no parece creerse nada de lo que le estoy diciendo, aunque lo que yo digo va a misa, ¿por qué ese interés en el asunto? **b)** Cumplir o rajatabla o con exactitud. | Mihura *Modas* 36: Pues sí que me lo niega, hijo .. En cambio, al señor Sánchez le concede todo lo que pide .. Que en ese taller, o en cualquier otro, lo que dice el señor Sánchez va a misa.

11 no saber de la ~ la media (*o* **la mitad**). (*col*) Desconocer el asunto de que se trata. | Lera *Bochorno* 191: No, claro. Tú, dale que dale, a estudiar: que si esto, que si lo otro .. Créeme, tú no sabes, de la misa, la media; yo sí. *Ya* 24.3.84, 50: Calviño no sabe de la misa la media. E. LGuevara *Cór* 24.8.89, 3: Habría que decirles que no saben de la misa la mitad.

IV *loc adv* **12 como en ~.** (*col*) En silencio y con profundo respeto. | * En clase los niños están como en misa.

misacantano – miseria

misacantano *m* **1** Sacerdote que celebra su primera misa [1a]. *Tb* (*lit*) *fig*. | *Abc* 1.8.70, 28: Misacantano becario de Auxilio Social .. Don Teófilo Cortés Benito celebró su primera misa en su villa natal. Umbral *Ninfas* 237: Era la caligrafía .. de Darío Álvarez Alonso, invitándome al acto de su ingreso oficial en la Sociedad de Amigos de la Casa de Quevedo, como miembro de número .. Darío Álvarez Alonso, el misacantano, iba a ir directamente al Casino, lugar de la ceremonia.
2 (*reg*) Fiesta que se celebra con motivo de la primera misa [1a] de un sacerdote. | Cossío *Confesiones* 93: Volví [a Sepúlveda] al misacantano de don Blas.

misal *m* Libro que contiene las oraciones y lecturas de la misa y las indicaciones litúrgicas correspondientes. | FSantos *Hombre* 99: Todas las tardes, .. cogía su misal y se largaba monte arriba de paseo.

misantropía *f* Odio al género humano, que se manifiesta por aversión al trato con los demás y tendencia a la soledad. | L. Calvo *Abc* 23.10.70, 25: Propende a sutilizarlo todo, rastreando amargura, misantropía y odio, odio feroz a las normas sociales.

misantrópico -ca *adj* **1** De (la) misantropía o de(l) misántropo. | Goñi *Sáb* 1.10.75, 10: Tengo inclinaciones misantrópicas y placer por la soledad.
2 [Pers.] que muestra misantropía. | Marías *Almas* 36: Cuanto más misantrópico, independiente, solitario o misterioso sea un oxoniense, más información sobre los otros se supondrá que suministra a esos mismos otros.

misántropo -pa *m y f* Pers. que manifiesta aversión al trato con los demás. *Tb adj*. | Ortega *Americanos* 58: Usted se está convirtiendo en un misántropo. MMolina *Jinete* 28: En la Sierra vivían unas criaturas mitad hombre y mitad caballo que eran feroces y misántropas.

misar *intr* (*reg*) Decir misa [1a]. | Lugo 34: Un sacerdote misaba en la solitaria capilla.

misceláneo -a I *adj* **1** [Conjunto] formado por una mezcla de cosas distintas. | Torrente *Off-side* 229: Primero pensé incluirlo [el ensayo] en un volumen misceláneo. Benet *Volverás* 85: Aquella miscelánea "landsturm" española, formada por campesinos, muy pocos obreros, viejos anarquistas y gente de doctrina, comunistas de nuevo cuño, tres o cuatro militares de carrera.
II *f* **2** Mezcla de cosas diferentes. *Frec referido a escritos*. | Delibes *Señora* 102: Detestaba, por contra, las glorietas de recibo, los arriates ostentosos, la miscelánea de los parterres. *Abc* 24.1.59, 35: Hoy .. el Centro de Iniciativas y Turismo proyectará la "I miscelánea holandesa", formada por los siguientes documentales ..: "Encuentro en Holanda", "Ritmo de Rotterdam" y "Rembrandt".

miscible *adj* (*Quím*) Mezclable. | Navarro *Biología* 11: Si las partículas de la dispersión grosera son líquidos no miscibles con el medio dispersante, se llaman emulsiones.

mise (*fr; pronunc corriente, /mis/*) *f* (*raro*) Modo de vestir o de arreglarse. | V. M. Cortezo *SYa* 13.4.75, 41: Juanito, como Luis, era muy "dandy", muy esmerado en su "mise", atildado e impecable en extremo.

mise en plis (*fr; pronunc corriente, /mís-an-plís/*) *f* (*o m*) Líquido que se aplica al cabello antes de marcarlo, para que dure más el peinado. | *Sem* 23.11.74, 72: Nuevo Mise en Plis Sunsilk, con proteínas para nutrir su cabello al marcarlo.

mise en scène (*fr; pronunc corriente, /mís-an-sén/*) *f* Puesta en escena. *Frec fig*. | J. M. Terrón *Abc* 2.1.66, 7: Allí se procedió a la "mise en scène" de una cita extraterrestre. Torrente *Off-side* 40: Tiene usted que concederme un margen de indiscreción, que no lo es precisamente, sino... un poco de curiosidad intelectual, y también la necesidad de desmontarle a usted la *mise-en-scène*, que conmigo está de más.

miserabilidad *f* (*raro*) Miseria [1, 4 y 5]. | D. Galán *Tri* 15.5.71, 51: "El muchacho" es una disección de diversos mundos que van desde el propio, cerrado, imaginativo, del chico que busca la realización de un mundo de poderes ocultos .. para liberarse de su miserabilidad cotidiana, hasta el de esa misma miserabilidad, encar[n]ada por la monótona y primitiva vida familiar. *País* 2.1.90, 36 (A): Es preciso tenerla en cuenta para amansarla y sacar de ella la energía más aprovechable, sin ignorar todas las miserabilidades que comporta.

miserabilismo *m* **1** (*Arte y TLit*) Tendencia a tratar insistentemente los aspectos más pobres o miserables de la sociedad. | Halcón *Monólogo* 7: Mis compañeros de oficio se han ido de una manera resuelta al campo del "miserabilismo".
2 (*raro*) Cualidad o condición de miserable [3]. | C. Boyero *SD16* 10.6.88, 9: Habla [el director en su película] del miserabilismo, de las trampas que se tiene que inventar para sobrevivir la gente a la que le ha sido negado casi todo.

miserabilización *f* Rebajamiento a una condición ínfima. | Castilla *Alienación* 18: De todos aquellos que .. se encuentren .. en el extremo de la miserabilización .. no se puede esperar nada. A. Catalá *PapD* 2.88, 133: La inexistencia de incompatibilidades para la función docente no universitaria en general es una declaración demasiado clara del valor que se concede a este trabajo y un paso más en la miserabilización del mismo.

miserable *adj* **1** Indigno o despreciable. *Tb n, referido a pers*. *Frec usado como insulto*. | Laforet *Mujer* 285: Más valdría que no hiciese usted esa farsa de la Misa .., ¡miserable! Olmo *Golfos* 59: ¡Eres un miserable y un gallina!
2 Despreciable o insignificante. | Palomino *Hucha* 2, 39: Su Santidad padecía una enfermedad miserable: estornudos.
3 Sumamente pobre. | Laforet *Mujer* 29: Pepe .. era sacerdote párroco de Las Duras y otras aldeas de los contornos, aldeas perdidas, miserables.
4 Tacaño. *Tb n*. | Halcón *Ir* 58: Fuera del amor no fui largo en suministrar elementos necesarios como el dinero y la alegría. Hipólito me lo confirmó: "No poseo capacidad para gastar dinero". Algo miserable corre por mis venas.
5 (*lit*) Desgraciado o digno de piedad. | Halcón *Ir* 67: Solo el recuerdo de esta realidad no me dejará ya nunca sentirme plenamente desgraciado ..; ¿quién que ama y es amado así puede sentirse miserable? J. Landeira *Voz* 6.11.87, 3: Sucumbió en estado miserable de congoja y pesadumbre.

miserablemente *adv* De manera miserable. | *Hie* 19.9.70, 5: Cientos de personas, que invirtieron su capital en una Compañía dedicada a la cría de cerdos, fueron miserablemente engañados.

mísere *adj* (*reg*) Mísero o miserable. | J. Alejo *Tri* 22.12.73, 43: El riesgo de pasar del "mísere" ser al "miserere" no es solo ociosa ironía de seguir la antecedente imagen musical.

miserere I *m* **1** (*Rel crist*) Salmo 50, que comienza con la palabra "miserere". | Villapún *Iglesia* 118: Condenado por fin a muerte, le cortaron la cabeza mientras rezaba el miserere.
2 Composición musical para el canto del miserere [1]. | Casares *Música* 93: Escribirá [el P. Soler] obras de teatro .. y varias obras para la liturgia del Escorial, como misas, lamentaciones, misereres, etc.
3 (*Rel catól*) Ceremonia religiosa de cuaresma en que se canta el miserere [1]. | Moreno *Galería* 232: También los viernes había otra función, entrañable y nocturna: el Miserere.
II *adj* **4** [Cólico] ~ → CÓLICO.

miseria I *n* **A** *f* **1** Pobreza extrema. | Laiglesia *Tachado* 61: Aunque no lleguemos a alcanzar la prosperidad de los años anteriores a la guerra, estos huéspedes paliarán la miseria que nos agobia. **b)** Estrechez económica. *Frec en pl*. | Zunzunegui *Hijo* 31: Pensó, en momentos de decaimiento, casarse con Dolores y resignarse a ser un buen carpintero de ribera, con miserias y prole numerosa.
2 Tacañería. | * Te da las cosas con una miseria que hasta produce vergüenza.
3 Condición de miserable [1 y 2]. | Lera *Olvidados* 218: –Dime por qué no trabajas.– .. Romualdo levantó otra vez la cabeza .. Admitía su propia miseria, confesaba su suprema inhabilitación.. –No valgo para el trabajo.
4 Cosa miserable o insignificante. *Frec con intención ponderativa*. | Lera *Olvidados* 89: Lo que ganaba así era una miseria. Benet *Aire* 45: –¿Has hecho testamento, Tinacia? –Las cuatro cosas que quedan, una miseria. **b)** ~ **y compañía**. (*col*) Se usa para ponderar la insignificancia de lo que se acaba de nombrar. | Marsé *Dicen* 235: Muchas patatas y garbanzos, nada, miseria y compañía.

5 Desgracia o infortunio. *Frec en pl.* | SLuis *Doctrina* 17: Atributos divinos .. Misericordia: se compadece y remedia todas las miserias de los que aceptan su ayuda paternal.
6 Flaqueza o falta. *Frec en pl.* | Laforet *Mujer* 105: Yo no tengo la confesión para ir a contarle a un hombre mis miserias y... todo depende de mí misma.
7 (*euf*) Piojos. | Hoyo *Pequeñuelo* 47: A lo mejor está ahora .., ¿quién sabe?, en una trinchera, cubierto de miseria. **b)** Suciedad, esp. con presencia de parásitos. | Halcón *Ir* 169: Sobre todo el mulo "Morisco" ..; este tenía más moscas porque tenía más lágrimas, más miseria en la piel.
B *m y f* **8 ~(s)**. (*col*) Pers. miserable [2, 4 y 5]. | Mendoza *Misterio* 56: ¿Pretendes decirme, miseria, que todavía no me has averiguado nada de la niña desaparecida? FReguera-March *Filipinas* 470: Turrón, pavo, champaña .. Eso lo he comido yo en cantidad. Yo no soy un miserias como vosotros.
II *loc v* **9 hundir en la ~** [a alguien]. (*col*) Hacer que [esa pers.] sienta complejo de inferioridad o se sienta humillada. | A. Pavón *Inde* 15.12.89, 48: Son .. altas y fuertes, con los pechos macizos y mirando al cielo, como los de la camarera que el verdiales de Peñafiel nos saca en la portada del próximo dominical para hundirnos en la miseria.

misericorde *adj* (*lit*) Misericordioso. | CPuche *Paralelo* 358: Parecían mulas viejas .. que se amontonan en los corrales esperando la mano cruel o misericorde que las ha de convertir en chorizo. *Caso* 14.11.70, 19: El Tribunal entiende más pertinente apreciar el motivo de recurso que se formula para reducir la pena, haciéndola también más compatible con un criterio misericorde.

misericordia **I** *f* **1** Inclinación a ayudar a alguien en su desgracia. | Vesga-Fernández *Jesucristo* 96: Jesús propuso esta parábola para los ricos que no saben tener misericordia para con los indigentes. SLuis *Doctrina* 71: Las obras de misericordia. **b)** Generosidad o benevolencia para con el que está en falta. | Villapún *Moral* 82: Proviene [la desesperación] o del terror que nos infunde la gravedad de nuestros pecados, .. o de la implacabilidad de la justicia divina, haciendo caso omiso de la misericordia.
2 (*lit, raro*) Acto de misericordia [1]. | Cela *Pirineo* 225: El Pierre, que era hombre de tierno corazón, entendió las razones del comensal de misericordias y dijo que bueno.
3 *En los asientos de los coros de iglesia*: Saliente que permite estar sentado dando la impresión de estar de pie. | FVidal *Duero* 52: Se detiene ante el coro y admira sus audaces misericordias.
II *loc adj* **4 de (la) ~**. Benéfico. *Dicho de determinados establecimientos, como hospitales o asilos*. | Abc 3.12.70, 45: Sus fines inmediatos serán la prestación del servicio de basuras mediante su incineración en hornos crematorios y la organización de los servicios de recogida, .. casa de misericordia y asilo comarcal.

misericordiosamente *adv* De manera misericordiosa [2]. | A. Campo *Pue* 16.12.70, 26: Personajes plebeyos encarnando a veces alegorías abstractas de las debilidades humanas que los envaguecían misericordiosamente.

misericordioso -sa *adj* **1** [Pers.] que tiene misericordia [1]. *Tb n.* | Laforet *Mujer* 61: No moriría en pecado porque Dios es misericordioso. Vesga-Fernández *Jesucristo* 63: Bienaventurados los misericordiosos, porque ellos alcanzarán misericordia.
2 Que denota o implica misericordia [1]. | Palacios *Juicio* 293: Este destierro y abandono del hombre en el mundo .. le arranca una emoción misericordiosa hacia todo lo humano.

miserioso -sa *adj* (*raro*) Miserable [3 y 4]. | Espinosa *Escuela* 131: Somos tan miseriosos que no nos importa cambiar de amo.

mísero -ra (*superl* **misérrimo**) *adj* (*lit*) Miserable [2 a 5]. | *Tri* 9.1.71, 25: El sueldo es muy mísero. Salom *Cita* 237: Como si fuera una cocina de casa misérrima. GPavón *Hermanas* 39: Eran mujeres de vida normal y recogida. Muy míseras, como usted dice. Con pocas y buenas amistades. *Ecc* 16.11.63, 31: Han vivido después en misérrima condición. Paso *Pobrecitos* 246: Hace dos días yo era un mísero. Ahora voy a estrenar, voy a casarme y me fumo cada habano que atonta.

misgeta *adj* (*hist*) De un antiguo pueblo prerromano del nordeste de la Península Ibérica. *Tb n, referido a pers.* | GNuño *Escultura* 27: Parece ser que la primera fuente histórica que ya utiliza conscientemente el nombre de iberos y el de otras varias tribus incursas en el mismo complejo racial –tartesios, .. ilergetes y misgetas– es Hecateo.

misil *m* (*Mil*) Proyectil autopropulsado y dirigido durante toda su trayectoria o durante una parte de ella. | *Inf* 16.4.70, 6: Grecia es la base más importante de misiles americanos en Europa.

misino -na *adj* Del Movimiento Social Italiano, partido neofascista. *Tb n, referido a pers.* | M. Á. Velasco *Ya* 19.6.74, 10: Cerdeña ha dado un voto de, podríamos decir, petición de renovación. Republicanos y liberales han perdido. Misinos han perdido en relación a las políticas del 72.

misión *f* **1** Acción encomendada a una pers. | Medio *Bibiana* 92: Cumplida su misión, el locutor la aparta suavemente del micrófono. **b)** Función que realiza una pers. o cosa. | Bustinza-Mascaró *Ciencias* 72: La misión de las glándulas sudoríparas es algo similar a la de los riñones.
2 Acción evangelizadora en un lugar de infieles. *Frec en pl.* | Villapún *Iglesia* 148: La preocupación y amor por las misiones se ha extendido por todas partes. Varias publicaciones dan a conocer a los fieles los problemas misionales y la labor desarrollada por los misioneros. **b)** (*hoy raro*) Predicación de sacerdotes o religiosos por distintos pueblos, esp. durante la Cuaresma. | DPlaja *Literatura* 206: Murió [San Juan de la Cruz] en una de sus misiones, en Úbeda (1591). Delibes *Guerras* 35: En las misiones de los pueblos no vea las colas que se armaban, donde don Próshoro, para confesarse.
3 Conjunto de perss., esp. religiosos, que realizan su misión [2a] en un lugar dado. *Tb el mismo lugar y su sede*. | *Abc* 4.10.70, 34: Participan en esta Asamblea delegados elegidos por las 84 provincias, viceprovincias y misiones de la Orden ignaciana.
4 Conjunto de perss. encargadas de una misión [1a] de carácter científico en un territorio despoblado o salvaje. *Tb ~ científica*. | * Mañana sale la misión para Siberia. **b)** Operación o expedición espacial. | *Inf* 19.7.69, 4: Las autoridades espaciales soviéticas continúan su silencio sobre la misión del "Luna 15".
5 Conjunto de perss. enviadas por un estado o un organismo internacional con una misión [1] de representación o de trabajo en una determinada circunstancia. | *Sáb* 24.5.75, 13: La misión de la ONU, a la que España ha concedido un ilimitado margen de movilidad y de investigación, se lleva la impresión de encontrarse ante un problema con dos vertientes. *Gac* 9.8.70, 7: En Los Jerónimos estaban presentes también las Misiones extraordinarias extranjeras.
6 Representación diplomática. *Tb ~ diplomática*. | CSotelo *Muchachita* 285: Él haría un director general estupendo, pero la Jefatura de Misión no es lo suyo.

misional *adj* De (la) misión o de las misiones [2]. | Villapún *Iglesia* 148: Con el fin de que todos los fieles puedan ayudar a los misioneros con sus oraciones y limosnas, se han fundado tres asociaciones misionales.

misionar A *tr* **1** Evangelizar. | HSBarba *HEspaña* 4, 269: El investigador norteamericano Willcox no incluye en su cálculo [de población] a los indios misionados y en estado salvaje. Anorba *Reg* 22.11.66, 6: También en pleno corazón de este mundo supercivilizado hay que levantar chozas con una cruz, porque está muy necesitado de ser misionado. **b)** Adoctrinar [a alguien]. | Umbral *España* 82 (G): En ningún momento ha tratado de misionarme para que me convierta a la causa fraguista. Pemán *Almuerzos* 26: Don Miguel quería aprovechar para misionar un poco a aquellos catecúmenos paisanos.
2 (*raro*) Encomendar [a alguien (*cd*)] una misión [1]. | *Sáb* 24.5.75, 13: La misión de la ONU .. se lleva la impresión de encontrarse ante un problema con dos vertientes bien definidas .. Los misionados han podido comprobar que la solución estaría en un fide[i]comiso del Sáhara confiado a España.
B *intr* **3** Ir de misiones [2]. | GBiedma *Retrato* 74: Esto [el fraile] no es algo de la Orden envía a misionar. Carnicer *Castilla* 173: Decidió recluirse en el convento de los dominicos, de donde salió a misionar por Castilla. **b)** Predicar. | GSerrano *Macuto* 461: Lo del padre Dreyer es más breve. Era valiente .. Misionaba entre la pólvora y mandaba los hombres en el combate.

misionerismo – misogínico

misionerismo m Actividad misionera. | *Ya* 11.10.70, 23: Laicos y religiosos deben sentirse misioneros .. El misionerismo de hoy tiene miedo de presentar sus actividades espirituales.

misionero -ra I *adj* **1** De (la) misión o de las misiones [2a]. | Arenaza-Gastaminza *Historia* 197: El franciscano Fray Junípero Serra destaca por su obra colonizadora y misionera en tierras de California. **b)** (*raro*) De (la) evangelización o predicación. | Torrente *DJuan* 190: Le había exagerado el cuento de mi aventura para que don Miguel [de Mañara], de quien conocía el fervor misionero, viniera a recriminarla.
II *m y f* **2** Pers. que se dedica a la evangelización de infieles. | Villapún *Iglesia* 148: Actualmente trabajan 30.000 misioneros católicos en los países del Japón, China, África, etc.

misionología *f* (*Rel catól*) Estudio sobre las misiones de infieles. | RMencía *VozC* 31.12.70, 10: Se inician las jornadas de la Semana de Misionología y las preside el Nuncio de Su Santidad.

misiva *f* (*lit*) Carta (comunicación escrita). | DPlaja *El español* 109: Si un día, al final de un párrafo encomiástico, decía, por ejemplo: "Lástima que esa belleza quede empañada por el estado de las calles del pueblo"..., recibía misivas indignadas.

mismamente *adv* (*pop*) **1** Precisa o justamente. | GPavón *Hermanas* 13: Junto a la pared, mismamente en el lado de la cafetera, estaban ya Braulio el filósofo y don Lotario el veterinario. **b)** Cabal o exactamente. | CPuche *Paralelo* 16: Este primer bloque americano era mismamente la giba de un inmenso camello.
2 Lo mismo o igualmente. | GPavón *Reinado* 211: Bastaba la presencia de un brasero o mismamente que me diese el sol.

mismidad *f* (*Filos*) Condición de ser alguien o algo él mismo. | Rábade-Benavente *Filosofía* 262: La mismidad de la persona tiene su mejor campo de expresión en las relaciones con los otros miembros de la comunidad.

mismo -ma I *adj* **1** Precediendo al *n* y con *art* EL o UN o demostrativo, indica que la pers o cosa designada por el *n* es una sola, aunque esté vista en circunstancias diferentes. A veces con un compl de comparación con QUE. | Marcos-Martínez *Física* 17: Fuerzas dirigidas en la misma dirección. Pueden ocurrir dos casos: 1º Que las fuerzas tengan el mismo sentido .. 2º Que las fuerzas tengan sentido contrario. *Van* 6.1.74, 11: El presidente .. suspendió la sesión en señal de duelo por el asesinato del almirante Carrero, ocurrido aquella misma mañana. Grosso *Capirote* 55: Como si animal y hombre .. fueran una misma cosa. Marcos-Martínez *Física* 17: De ordinario hay una fuerza única que produce el mismo efecto que el conjunto de las componentes del sistema. **b)** *Tb sustantivado, con el art* EL (LA, LO). | Lagos *Vida* 120: El cielo no es siempre lo mismo. Hay noches que nos cuelgan de su silencio. CPuche *Paralelo* 149: Hace tiempo que yo me vengo diciendo que usted no es el mismo de antes. Berlanga *Gaznápira* 50: Le decía que, en habiendo uno, la escuela debería seguir abierta. Lo mismito pensaba el Royo. **c)** *A veces indica enfáticamente la gran semejanza entre dos perss o cosas*. | García Flórez 13: Hasta físicamente es posible encontrar entre esas dos grandes figuras rasgos y perfiles caracterizantes .. Vedles: la misma figura demacrada y monacal ..; la misma cabeza, noble, reposada, y el mismo perfil .. biselado por la oración y el estudio. **d) el ~ que viste y calza** → VESTIR.
2 Precediendo al *n* y con *art* EL o demostrativo, indica que la pers o cosa designada por el *n* es la mencionada antes. | * Estuvieron en una cafetería. Después dieron un paseo. Al final volvieron a la misma cafetería. **b)** *Sustantivado, con el art* EL (LA, LO): Él, el citado. | *Alc* 1.1.55, 4: El radiomensaje .. ofrece .. interesantísimos aspectos .. Late, a través de las declaraciones .. que en el mismo se contienen, una orientación de futuro.
3 Precediendo o siguiendo al *n* y con *art* EL, tiene valor enfático, insistiendo en que se trata de la pers o cosa designada por el *n*, y no de otra. | * Han quedado citados en la misma notaría para firmar la escritura. S. Lorenzana *Pap* 1.57, 33: El padre [había nacido] en las puertas mismas de la tierra de Montes. **b)** *Siguiendo a un pron pers o demostrativo*. | Cunqueiro *Un hombre* 14: El oscuro vino del país, cuando hubo llenado los vasos, se coronó a sí mismo con cincuenta perlas iguales. Arce *Testamento* 33: Ella misma firmó los talones. **c)** *Con un n abstracto de cualidad, indica que esta es atribuida en su grado más alto*. | Goytisolo *Recuento* 254: Jaime .. era la generosidad y el arrojo personificados, era la grandeza misma. **d) los mismísimos** (*o, más raro,* **las mismísimas**). *euf por* LOS COJONES *o* LAS PELOTAS. *En constrs como* ESTAR HASTA LOS MISMÍSIMOS *o* SALIRLE [a uno] DE LOS MISMÍSIMOS. | CBonald *Casa* 30: Estoy de lo más calmado, perdone .. Lo que pasa es que ya me tienen hasta los mismísimos don Ismael y todas esas estupideces.
4 Precediendo o siguiendo al *n* y con *art* EL o posesivo, indica que la pers o cosa designada por el *n* participa tb en la acción, a pesar de que ello no era esperable. | * Lo saben los mismos empleados. * Sus mismos hijos lo dicen.
5 Precediendo o siguiendo al *n*, o siguiendo a un *pron*, indica que se elige una entre varias posibilidades sin que haya motivo de preferencia. | SFerlosio *Jarama* 73: –¡Va bola, señores! –dijo Miguel–. ¡Tira, Lucita; saca ya el primero! –Ya está .. ¿Para quién? –Pues para Tito mismo. MGaite *Retahílas* 40: Uno de esos, ese mismo delgaducho que se da tantos aires, .. podría yo decir y no estaría mintiendo que ha sido más que Dante y Faulkner para mí.
II *adv* **6** *Siguiendo a un adv o compl adv*, tiene valor enfático, insistiendo en que se trata de la circunstancia indicada, y no de otra. | FSantos *Catedrales* 185: –¿Y ahí vives tú? –Ahí mismo; al otro lado de la tapia. CSotelo *Muchachita* 292: Mañana mismo te deposito en el primer avión que toque en Valladolid.
7 *Siguiendo a un adv o compl adv*, indica que se elige una entre varias posibilidades sin que haya motivo de preferencia. | GHortelano *Tormenta* 214: –¿Dónde pongo la taza? –En la pila mismo. * –¿Cuándo vienes? –Cualquier día. Mañana mismo, si quieres.
8 (*reg*) Justamente. *Precede a la palabra de la que es compl*. | Cela *SCamilo* 91: Encontré unas [gafas] mismo junto al cadáver, bueno, el agonizante. Cunqueiro *Un hombre* 23: Se abrió la cabeza contra una cureña y quedó parte de su sesada mismo encima del escudo real.
9 (*reg*) Incluso. *Precede a la palabra de la que es compl*. | Cunqueiro *Un hombre* 111: Yo huelo mismo los disfraces.
10 con las mismas. (*col*) Inmediatamente. | * Le dio la noticia y con las mismas se marchó.
11 en las mismas. En el mismo estado o actitud de antes. *Gralm con* vs *como* ESTAR *o* SEGUIR. | * Si viene tarde pero se queda esta tarde, estamos en las mismas. * Papá sigue en las mismas; no hay quien le convenza.
12 lo ~. Igual o de la misma manera. *Si lleva expreso el segundo término de la comparación, este va introducido por* QUE. | Medio *Bibiana* 11: Lo mismo que los chicos... Marcelo es como un chico. **b) lo ~... que** (*raro,* **como**)... Tanto... como... | MFVelasco *Peña* 244: Todo lo hacía como sonámbulo, lo mismo levantar los pies que pinarme cuando caía. Ramírez *Derecho* 120: Por la prenda y la hipoteca se afectan específica y realmente determinados bienes al cumplimiento de una obligación .. Lo mismo si la obligación está asumida por el propietario .. como si está asumida por un tercero.
13 lo ~. (*col*) A lo mejor. | Delibes *Cinco horas* 30: Inclusive llegué a tener ciertas esperanzas, que me decía, "lo mismo no está muerto". Montero *Reina* 195: Lo mismo se creía que yo podía enamorarme de él, con esa facha.
III *loc v y fórm or* **14 ser**, *o* **dar**, **lo ~.** Ser indiferente. | MGaite *Ritmo* 123: Déjalo, es lo mismo. * A mí todas estas cosas me dan lo mismo. **b) qué ~ da.** (*reg*) Qué más da. | ASantos *Bajarse* 108: –¡Alberto! –¿Sí, qué? –No, nada. Déjalo. Qué mismo da.
15 tú ~. (*col*) *Fórmula que expresa afirmación o conformidad*. | FReguera *Bienaventurados* 252: –También digo que estoy majareta por ti. –Vas a hacer que acabe por creerlo. –Tú misma. Tomás *Orilla* 51: –Me pescaron dentro de un coche, con un colocón de la leche .. –Entonces le han echado un tráfico encima. –Tú misma. –Pues ándate con cuidado.

misoginia *f* (*lit*) Aversión a las mujeres. | *País* 8.9.76, 15: Misoginia en la Iglesia.

misogínico -ca *adj* (*lit*) De (la) misoginia o que la implica. | E. Amezúa *SInf* 25.4.74, 1: La línea del Arcipreste de Talavera .. será la matriz de un furor individualista, neurótico y misogínico.

misógino -na *adj* (*lit*) **1** [Pers.] que siente aversión por las mujeres. *Tb n.* | *Des* 12.9.70, 37: Un Pi de la Serra punzante, misógino a lo Brassens.
2 Que denota o implica misoginia. | Andrés *Hartzenbusch* XI: El cluniacense Bernard[o] de Morlas, autor del misógino *De contemptu mundi* .., no alcanzó a implantar sus teorías.

misoneísmo *m* (*lit*) Aversión a las novedades. | G. Sierra *Abc* 27.4.74, 29: Hay que ser muy retrógrado o muy "snob" para afiliarse incondicionalmente al misoneísmo o a la neofilia.

misoneísta *adj* (*lit*) Hostil a las novedades. | JLozano *SInf* 31.1.76, 12: Este catolicismo político es .. xenófobo, antiintelectual, belicoso y misoneísta.

misquito -ta I *adj* **1** Del pueblo indio que habita en la zona costera atlántica de Honduras y Nicaragua. *Tb n, referido a pers.* | LTena *Abc* 6.3.83, 38: Más tarde el helicóptero. El viaje a León. Su encuentro con los indios misquitos.
II *m* **2** Lengua de los misquitos [1]. | RAdrados *Lingüística* 519: En misquito hay una palabra que designa animales y plantas.

miss (*ing; pronunc corriente,* /mis/; *es átono precediendo a un n propio; pl normal,* ~ES) *f* **1** Señorita. *Usado normalmente como tratamiento dirigido a una mujer de un país de lengua inglesa.* | *Alc* 31.10.62, 12: Para Méjico salió miss Corine Riley, miembro del Congreso de los Estados Unidos por el Estado de Carolina.
2 Institutriz de habla inglesa. | SSolís *Camino* 29: Por el jardín solía acompañarla la miss, una inglesa pecosa que se sentaba a leer mientras la niña jugaba al aro o a la comba, sola o con amiguitas.
3 Mujer ganadora en un concurso de belleza. *Gralm precediendo al n del lugar al que representa.* | MChacón *Abc* 3.9.68, 49: Las verbenas, con sus "misses", sus majas y sus damas de honor. *Sáb* 3.12.66, 9: Marilú Tolo .. Proclamada "miss Italia" hace tres años, consideraba tan difícil ser estrella como un viaje a la Luna.

missi dominici (*lat; pronunc,* /mísi domíniki/ *o* /mísi domíniθi/) *m pl* (*hist*) *En la época carolingia:* Inspectores reales encargados de visitar las provincias. | Tejedor *Arte* 96: Como inspectores de condes y marqueses estaban unos emisarios imperiales, los *missi dominici*.

missile (*ing; pronunc corriente,* /mísil/) *m* (hoy raro) Misil. | *Abc* 16.4.58, 39: Todo se habría resuelto, paulatinamente, en contra nuestra, hasta la derrota final, sin lanzar un solo "missile".

missing (*ing; pronunc corriente,* /mísin/) *adj* Desaparecido o que no se encuentra. | J. L. Carrasco *Ya* 24.9.92, 8: "Felipe, missing" .. Sobre el jefe del Ejecutivo comentó que "está *missing*, no aparece; no sabemos dónde se encuentra el presidente de España".

mistela *f* Licor que se obtiene agregando alcohol al mosto de uva, sin fermentación. | Vizcaíno *Mancha* 269: Otras bebidas propias de la localidad [Alcázar de San Juan] son el jarrete y la mistela; el primero es una mezcla de vino blanco y gaseosa, y la segunda, de mosto y alcohol (dos partes de mosto y una de alcohol).

míster (*es átono precediendo a un n propio*) *m* **1** Señor. *Usado normalmente como tratamiento dirigido a un hombre de un país de lengua inglesa.* | Cela *Viaje andaluz* 209: Le contó a este sus conversaciones con un inglés que quería convertirlo a la religión anglicana. –Al final tuve que pararle los pies: mire usted, míster, yo no me hago de eso. Aldecoa *Gran Sol* 99: Cuando terminó la BBC el parte marino, Orozco comenzó lentamente a masticar. Paulino Castro preguntó con la voz tomada de un dejo de ansiedad: –¿Qué dice el míster?
2 (*Fút*) Entrenador. | Salvador *Atracadores* 235: El míster siempre les decía lo mismo: "No llenar demasiado la barriga".
3 Hombre ganador en un concurso de culturismo o de belleza masculina. *Gralm precediendo al n del lugar al que representa.* | *SAbc* 2.5.82, 16: "Existe una idea equivocada del culturismo", reconoce Leo Nieto, culturista, ex míster España y actual monitor en Centro-2000. [*En el texto, sin tilde.*]

mistérico -ca *adj* (*lit*) De(l) misterio [1 y 2]. | Albalá *Periodismo* 15: La lingüística supone y exige desde la vibración mistérica de la palabra hasta la depurada abstracción científica. A. Montero *Ecc* 15.12.62, 22: Así quedan expresados, con admirable densidad, los elementos cardinales de la Iglesia: su dependencia de Cristo, .. su carácter exterior y orgánico, y a la vez espiritual y mistérico. Goytisolo *Recuento* 586: Solicitar la entrada en el partido .., una organización de excitante carácter mistérico tanto por la doble personalidad de sus miembros como por la ubicuidad subterránea de su presencia. Sampedro *Sirena* 423: Riéndose enumera los templos y las advocaciones: helénicos, fenicios, asirios, maniqueos, zoroástricos, mistéricos, judíos.

misterio I *m* **1** Cosa desconocida o secreta y difícil o imposible de conocer. | Fernández-Llorens *Occidente* 61: La religiosidad griega no .. pretendía resolver el problema del misterio de lo que hay después de la muerte. GGual *Novela* 75: También la introducción (el manuscrito hallado en una tumba) es un detalle típico, de gran éxito, de las novelas de misterio. **b)** (*hist*) Rito religioso secreto, al que solo son admitidos los iniciados. *Normalmente en pl.* | Fernández-Llorens *Occidente* 61: Tales son las religiones de los Misterios (como los del culto a Dionisos, los que se celebraban en la ciudad de Eleusis o los cultos Órficos).
2 Cosa incomprensible o inexplicable. | GPavón *Hermanas* 53: Esto [la desaparición de las hermanas] es un misterio más grande que el de la Encarnación. **b)** (*Rel crist*) Dogma revelado, inaccesible a la razón. | SLuis *Doctrina* 18: En el Bautismo de Jesús es revelado el Misterio de la Santísima Trinidad.
3 Condición de misterioso. | RPeña *Literatura* 263: El romanticismo .. buscaba el misterio a través de la fantasía, de los sueños. *Gar* 15.9.62, 30: El joven Aga Khan los había citado con gran misterio en el restaurante de Val de Cuers.
4 (*col*) Valor o importancia. | Delibes *Voto* 186: –Apuesto a que este queso lo ha hecho usted .. –A ver, ya ve. ¿Qué misterio tiene eso? Delibes *Voto* 121: La [ermita] que yo le digo está arriba, orilla del camposanto. Esa sí que tiene misterio.
5 (*Rel crist*) Pasaje de la vida de Jesús, considerado aisladamente. | Ribera *SSanta* 70: Toda la liturgia de este día se dedica a la conmemoración de los misterios dolorosos. **b)** *En el rosario:* Parte constituida por la mención de un misterio y el rezo de un padrenuestro, diez avemarías y un gloria. | Marín *Enseñanza* 261: Rezo de un Misterio del Rosario, explicando primero su significado.
6 Representación en imágenes de un pasaje de las Sagradas Escrituras. *Frec referido al nacimiento de Jesús en el portal de Belén.* | García *Abc* 24.12.75, sn: Los pastores ocupan un lugar preferente y significativo entre las figuras animadas que intervienen en la noche de Belén al pie del Misterio.
7 (*TLit*) Drama sacro medieval, propio de Navidad y Pascua de Resurrección, sobre algún pasaje bíblico. | Valls *Música* 27: En las representaciones sacras de la Edad Media (misterios, autos, etc.) .. tenemos unas situaciones típicas de música puesta al servicio de otras manifestaciones culturales.
8 (*Rel catól*) *En pl:* Ceremonias del culto. *Normalmente referido a la misa.* | * Al celebrar estos sagrados misterios, reconozcamos nuestros pecados.
II *loc adj* **9 que tiembla el ~.** (*col*) Muy grande. *Con intención ponderativa.* | DCañabate *Paseíllo* 66: ¿Ves esta tranca? Pues arrea ca palo que tiembla el misterio.

misteriosamente *adv* De manera misteriosa. | Laforet *Mujer* 33: Algo que dejó al descubierto aquel abrazo de Pepe Vados, que estaba misteriosamente unido a esta dicha de haber encontrado al amigo. Arce *Precio* 156: El mar siseaba misteriosamente. Sampedro *Octubre* 37: Al salir Jimena a por la silla su madre quedaba en casa hablando misteriosamente a doña Flora.

misteriosidad *f* (*lit, raro*) Cualidad de misterioso. | Torrente *SInf* 17.10.74, 16: A partir de entonces creo que el surrealismo perdió para mí su misteriosidad.

misterioso -sa *adj* **1** Que implica o denota misterio [1 y 2]. | Cela *Pirineo* 304: Bohí es pueblo callado y misterioso, quieto y de color de nube. DCañabate *Paseíllo* 73: Escuchaba, ¡qué raro!, como si le hablara su madre. Más aún, como si escuchara una voz misteriosa que no le entraba por los oídos. *Gar* 15.9.62, 30: Nadie sabe lo que dije-

ron a Karim los misteriosos emisarios que le visitaron la semana pasada en Cannes.
2 [Pers.] dada a los misterios [1a]. | Cela *Inf* 4.3.77, 18: El universo mundo se ha movido empujado por los curiosos y los misteriosos, esas dos suertes de abnegados remeros que desprecian –o ignoran, ¿qué más da?– el peligro. **b)** Que actúa con cautela y reserva extremas. | * Se acercó a mí muy misterioso para decirme que saliera.

misteriosófico -ca *adj (raro)* Mistérico. | CBaroja *Brujas* 303: Las religiones misteriosóficas no son la ensalada de maldades que puede imaginar un hombre que no las ha estudiado profundamente. F. Almazán *Tri* 13.11.71, 98: "Rito y geografía del cante" (título todavía entre misteriosófico y flamencológicamente erudito, sábados UHF, 21,55) es lo mejor que en la materia se nos ha ofrecido hasta ahora desde la pequeña pantalla.

misterismo *m (raro)* Tendencia al misterio [1]. | Goytisolo *Recuento* 528: Lo importante es salirse de esta vida cotidiana .. De ahí el sacerdote que con su labor de apostolado se salva en primer término a sí mismo. El hincha amparado en los colores del club. El militante ínsito en los misterismos de su ideología.

mística → MÍSTICO[1].

místicamente *adv* De manera mística [1 y 5b]. | GÁlvarez *Filosofía* 1, 176: Trátase de una peregrinación siempre ascendente hacia lo Uno, siempre trascendiendo hacia el Principio hasta reabsorberse místicamente en el Absoluto. Ribera *Misal* 35: Místicamente [el amito] nos puede recordar que hemos de defendernos de los enemigos de nuestras almas.

misticeto *adj* [Mamífero] cetáceo sin dientes, de notables dimensiones y propio de mares fríos, del suborden de la ballena. *Frec como n m en pl, designando este taxón zoológico.* | *VozC* 12.1.55, 3: Nadie sabe exactamente de qué clase de pez se trata .. Es misticeto, no tiene dientes, pese a su estado adulto. *SDBu* 12.8.90, 12: Los cetáceos son mamíferos que viven en el agua. Los que no tienen dientes, sino barbas, se llaman misticetos.

misticismo *m* **1** Condición de místico. | DPlaja *Literatura* 206: Su misticismo [de San Juan de la Cruz], en cambio, difiere algo de Santa Teresa. Umbral *Ninfas* 23: El misticismo se iba trocando en lirismo y el devoto se iba trocando poeta.
2 Tendencia a una religiosidad o una espiritualidad muy profundas. | Ó. Esplá *Abc* 18.6.58, 3: Un viejo misticismo que se cierne, otra vez, sobre el área de la estética, viene a confundir nociones que, a mi juicio, deben escindirse de raíz.
3 (*Filos y Rel*) Doctrina que admite el conocimiento intuitivo de la divinidad. | * El misticismo es una reacción contra el escepticismo.
4 Literatura mística. | DPlaja *Literatura* 200: Dentro del misticismo español pueden señalarse tres períodos.

místico[1] -ca I *adj* **1** De (la) mística [6 a 9]. | DPlaja *Literatura* 199: La literatura ascética es mucho más abundante que la mística, reservada solo a espíritus muy escogidos. DPlaja *Literatura* 200: El lenguaje místico es, generalmente, difícil. F. Borciqui *Fam* 15.11.70, 18: Los Beatles tienen una crisis mística y van a orillas del Ganges para hablar con el santón indio Maharishi Yogi.
2 [Pers.] que tiene un conocimiento intuitivo de la divinidad y que normalmente escribe acerca de ello. *Tb n.* | DPlaja *Literatura* 200: La experiencia que el místico tiene que contar con palabras pertenece al reino de lo inefable.
3 [Pers.] muy espiritual o religiosa. *Tb n. Frec con intención desp, ponderando afectación o exceso.* | * Como es tan mística seguro que le regala un rosario.
4 [Pers.] que siente un idealismo exaltado y casi religioso [respecto a algo (*compl especificador*)]. *Tb n. Tb sin compl, por consabido.* | Lera *Trampa* 1126: Y papá, ya sabes... Para él soy un revolucionario y un místico. J. Hermida *Ya* 8.11.90, 56: Esa compañía, comunión según los místicos de la naturaleza, que nos dan las jaras.
5 Que encierra misterio [1 y 2]. | Gambra *Filosofía* 11: La palabra filosofía sugiere .. la idea de algo arcano y misterioso, un saber místico, un tanto impregnado de poesía, que hunde sus raíces en lo profundo de los tiempos. **b)** (*Rel*) Simbólico. | Ribera *Misal* 35: Sabido es que estos ornamentos no tienen, históricamente hablando, el significado exclusivamente espiritual que les atribuyen algunos devocionarios; pero no podrá negarse tampoco que puede dárseles un significado místico, exterior y sensible. Villapún *Moral* 92: La oración .. es como una escalera mística por medio de la cual subimos hasta Dios. **c)** (*Rel crist*) [Cuerpo] constituido por Cristo y todos sus fieles. | SLuis *Doctrina* 52: La Iglesia, Cuerpo Místico de Cristo .. En ese Cuerpo Místico, Jesús es la Cabeza y nosotros los miembros.
II *f* **6** Unión del hombre con la divinidad mediante un conocimiento intuitivo. | Castilla *Humanismo* 22: Nuestra época es esencialmente descreída .. No confiere a la mística poder gnoseológico alguno.
7 Literatura que trata de la mística [6]. | DPlaja *Literatura* 199: Muchos escritores tienen en su obra ejemplos de ascética y de mística.
8 Misticismo [1 y 2]. | Casares *Música* 77: Ese carácter extrovertido y cortesano de su música que contrasta con la mística e intimismo en que se mueve gran parte de la música de Bach. Halcón *Ir* 103: Creo que sí, que sabré ser pobre, que lo soy ya, antes de saber explicar el sentido de esta pobreza que carece de mística, indevota.
9 Conjunto de actitudes y creencias de carácter idealista exaltado o casi religioso [acerca de algo que se considera trascendental (*compl especificador*)]. | Castilla *Alienación* 12: Hay aquí, .. y apenas que se ahonde, la caída en la forma más elemental de fariseísmo, a través de una mística de la feminidad. Politikón *Mad* 20.1.70, 3: La aplicación de la mística revolucionaria del general Velasco Alvarado lesiona intereses diversos.

místico[2] *m (hist)* Embarcación con dos o tres palos y con velas latinas, propia del Mediterráneo. | Cela *Viaje andaluz* 297: San Juan del Puerto es pueblo de arrieros y de marineros. Unos traen las ristras de ajos y las arrobas de vino, y los otros, en el falucho o en el místico, se las llevan, Dios sabrá dónde, por la mar adelante.

mistificación (*tb con la grafía* **mixtificación**) *f* Acción de mistificar. *Tb su efecto.* | Mateo *Babia* 84: Esconde la dorada corteza un jugoso interior, y en el exquisito paladar imperan las dulces y suaves hermandades de las migas y la mantequilla, el regalo de algún antiguo sabor ajeno a la más leve mistificación. Escobar *Itinerarios* 219: Cada año el legendario y divino mosto va siendo desplazado por bebidas de cebada, lúpulo, jarabes, regaliz y otras mixtificaciones más o menos alcohólicas o insulsas.

mistificado -da (*tb con la grafía* **mixtificado**) *adj* **1** *part* → MISTIFICAR.
2 Que implica o denota mistificación. | Castilla *Humanismo* 14: A mí todo esto me parece una forma mistificada, pseudoprofunda a expensas de la irracionalidad, de rehuir los problemas verdaderamente reales.

mistificador -ra (*tb con la grafía* **mixtificador**) *adj* Que mistifica. *Tb n, referido a pers.* | B. Seoane *SVoz* 8.11.70, 8: La última campaña electoral del Presidente Nixon ha sido mistificadora en muchos aspectos. GNuño *Escultura* 167: Lo interesante de la cuestión .. es que ese falsario .. había inventado esculturas totalmente espúreas, pero que mantuvieron en vilo y en alarma a los arqueólogos durante largo tiempo, pues el mixtificador .. era un perfecto íbero.

mistificar (*tb con la grafía* **mixtificar**) *tr* Falsear o falsificar. *Tb abs.* | *VozC* 25.7.70, 6: El más bello y completo cuadro de ese Madrid castizo y sin mistificar. Salom *Delfines* 400: No sabes lo libre que uno se siente cuando ya nada le une a nada... Cerraron todo a mi alrededor, lo mixtificaron, lo ensuciaron. GNuño *Escultura* 80: Menos por afán de lucro que por pueril deseo de enredar y mixtificar, recogió no pocas esculturas ibéricas y las retalló y enmendó.

mistral *m* Viento del norte o del noroeste que sopla en el valle del Ródano y en el golfo de León. | Zubía *Geografía* 51: Locales: Son los vientos propios de una región determinada .. Ejemplos: .. El Mistral, del valle del Ródano, frío y seco. Delibes *Madera* 375: El crucero, baqueteado por el mistral .., fue perdiendo estabilidad.

mistress (*ing; pronunc corriente,* /mísis/; *es átono precediendo a un n propio*) *m* Señora. *Usado normalmente como tratamiento dirigido a una mujer de un país de lengua inglesa.* | Ridruejo *Memorias* 49: Conocí en las casas de mistress Fromkes, de Segovia o Madrid, a mujeres maduras, como la escultora Pérez Peix.

misuriano -na *adj* Del estado de Missouri (Estados Unidos). *Tb n, referido a pers.* | M. Aznar *Van* 21.3.71, 21: Al cabo de un cuatrienio, midió otra vez sus armas presidenciales contra Truman, el astuto misuriano.

mita *f* (*hist*) *En la América colonial:* Reparto, hecho por sorteo, de los indios destinados a trabajos públicos. | HSBarba *HEspaña* 4, 288: Vino a convertirse la mita, como había sido la encomienda, en un medio de conseguir prácticamente [gratis] la mano de obra.

mitad I *f* **1** Parte de las dos iguales en que se divide [un todo (*compl de posesión*)]. | CNavarro *Perros* 21: El cabello ocultaba la mitad de la cara.
2 Parte [de un todo] equidistante de los extremos. *Frec sin art.* | Delibes *Cinco horas* 85: Le diste en mitad de la espalda. | Se marchó en mitad de la fiesta.
3 cara ~. (*lit*) Consorte o cónyuge. | Faner *Flor* 30: En carnaval, la cara mitad del caballerizo se puso un bonito vestido de seda roja, que le regaló el capitán.
II *adv* **4 (la) ~.** En su mitad [1]. *En la constr* (LA) ~ + *adj o n*, (Y) (LA) ~ + *adj o n.* | Torres *País* 3.3.83, 56: Esto nos ocurre por ser el nuestro un pueblo mitad monje y mitad soldado. A. Pelayo *Ya* 30.3.75, 43: Se trata de una cantata o, si se prefiere, de un potencial oratorio .., sobre un texto, mitad citas evangélicas y mitad comentario personal.
5 ~ y ~, *o* **(~) por ~.** En dos mitades [1]. | Torrente *Saga* 378: Lo de siempre, café y coñac, mitad y mitad. Lo que se dice un vulgar carajillo. Delibes *Ratas* 40: La última cuarta parte se la distribuían, mitad por mitad, el Pruden y los treinta vecinos del lugar. Ramírez *Derecho* 32: Mediante la sociedad de gananciales, el marido y la mujer hacen suyos, por mitad, .. los beneficios obtenidos indistintamente por cualquiera de los cónyuges.

mitayo *m* (*hist*) *En la América colonial:* Indio destinado a trabajos públicos por la mita. | HSBarba *HEspaña* 4, 288: No se concedían mitayos para el cultivo de determinadas plantas consideradas dañinas o superfluas.

mitcal *m* (*hist*) Maravedí de oro de Alfonso VIII. | Sobrequés *HEspaña* 2, 80: Hacia 1215 .. las monedas circulantes eran en Castilla los dinares y medios dinares de oro almorávides .. y los morabetines o mitcales de oro alfonsíes.

mitena *f* (*reg*) Guante largo y sin dedos propio del traje regional catalán. | *Gerona* 75: Las dos prendas características del traje regional gerundense son: para los hombres, la barretina, de color encarnado o morado, y para las mujeres, el *gipó* y las mitenas, especie de corpiño y guantes de brazo.

míticamente *adv* De manera mítica. | Torrente *Saga* 155: El ojo, ambicioso de mundo y de paisaje, se situó en mitad de la frente, que halló vacía, como lo prueba el recuerdo de Polifemo míticamente guardado por los antiguos. Laín *Marañón* 14: Esta fascinadora experiencia infantil –trato con hombres míticamente ilustres, amistosa tolerancia entre ellos–.

mítico -ca *adj* De(l) mito[1]. | DPlaja *Literatura* 48: Personajes y episodios se suceden con enorme rapidez, así como cambia constantemente el tono, unas veces mítico y otras basado en la realidad histórica, como en el caso de la invasión de los hunos. **b)** Que tiene carácter de mito[1]. | J. M. Terrón *SAbc* 9.2.69, 36: Cada uno de los míticos héroes que circundó el astro que ilumina las tinieblas de la Tierra, recitó a la Humanidad "su" versículo del Génesis.

mitificación *f* Acción de mitificar. | Aranguren *Marxismo* 22: Esta carga emocional, esta mitificación del término ["marxismo"], puede ser de signo negativo o positivo.

mitificador -ra *adj* Que mitifica. *Tb n, referido a pers.* | GCaballero *Cabra* 46: Ese algo más y de otro orden que el "ingenio técnico" del ingeniero agrónomo sería: un ingenio poético, mitificador. M. Ordóñez *ByN* 6.5.90, 28: Al [club] Temporal le sobraban mitificadores.

mitificar *tr* Convertir [algo o a alguien] en mito[1] [2b]. *Tb abs.* | Arce *Precio* 29: Mitificar el existencialismo o mitificar el desarrollo era para él la misma cosa. GPavón *Reinado* 157: La historia olvida sin piedad o mitifica.

mitigación *f* Acción de mitigar(se). | Fuster *Van* 19.3.72, 13: Hay que tener miedo .. frente a unas cuantas conminaciones físicas o morales drásticas: el tornado, el cáncer, la tiranía .. Son miedos elementales. A los que hay que poner mitigaciones, en la medida de lo posible.

mitigadamente *adv* De manera mitigada. | *NAl* 7.3.81, 14: Los marqueses, a mediados del siglo XVIII, todavía eran dueños de Mondéjar, aunque más mitigadamente que al principio.

mitigado -da *adj* **1** *part* → MITIGAR.
2 Moderado o poco intenso. | V. Salaner *Inf* 19.8.74, 3: Los expertos militares conceden una importancia mitigada a esta "ruptura".

mitigador -ra *adj* Que mitiga. | P. Álvarez *SVozC* 29.6.69, 22: Si pájaros y flores fueron las señales precursoras del buen tiempo, preventivas, mitigadoras, domésticas, son las del calor.

mitigamiento *m* Mitigación. | L. MDomínguez *Ya* 17.11.63, 1: Tampoco el limitado acuerdo atómico de Moscú, unido a otros indicios leves de mitigamiento de tensiones, induce en Wáshington a prematuros abandonos.

mitigante *adj* Que mitiga. | J. GArnau *SAbc* 15.3.70, 43: En la ideología del "beatnik" no existe ninguna circunstancia mitigante hacia lo que él denomina "gregarismo social".

mitigar *tr* Moderar o atenuar [algo negativo, esp. doloroso o molesto]. | CNavarro *Perros* 157: Andrés sabía cómo interrumpir un diálogo y ofrecer la mitad de su cigarro para mitigar el dolor que dicho diálogo pudiera motivarle. S. LTorre *Abc* 23.8.66, 30: Pusieron 3.000 millones de dólares a disposición de la Banca de Inglaterra, muy útiles para mitigar los golpes lanzados contra la libra. **b)** *pr* Moderarse o atenuarse [algo negativo, esp. doloroso o molesto]. | * Poco a poco fue mitigándose el dolor.

mitilenio -nia *adj* (*hist*) De Mitilene (hoy Lesbos, isla del mar Egeo). *Tb n, referido a pers.* | GGual *Novela* 270: Los mitilenios saquean Metimna en revancha del ataque anterior, pero se concluye la paz.

mitilicultura *f* (*E*) Cría de mejillones. | Legorburu-Barrutia *Ciencias* 153: Las ostras y los mejillones se cultivan en grandes cantidades en zonas de la costa acomodadas al efecto, y constituyen dos industrias prósperas: la ostricultura y la mitilicultura.

mitin I *m* **1** Reunión pública organizada de carácter político, en que una u varias perss. pronuncian discursos. | Laforet *Mujer* 81: Ha habido tiroteo y jaleos del demonio. Han venido a dar un mitin. Los mineros eran los que alborotaban. **b)** Discurso que se pronuncia en un mitin. | *Abc* 9.8.81, 9: José Ramón Saiz Fernández pronunciará un mitin de afirmación regionalista. **c)** Comentario apasionado, frec. sobre cuestiones políticas o sociales, hecho en tono polémico o de propaganda. *Frec en la constr* DAR EL (*o* UN) ~. | *Not* 4.5.70, 13: Si vengo a la misa de precepto no es para oír mítines trasnochados. VMontalbán *Rosa* 216: He tratado de hacerlo, pero se ha puesto un tipo maleducado al teléfono que me ha hecho un mitin .. Ha sido imposible razonar con él.
2 (*Dep*) Reunión deportiva de exhibición o de competición, compuesta de varias pruebas. | A. Clemente *D16* 5.8.87, 23: Para los responsables técnicos del mitin .., esta contrariedad, sumada a las bajas de González y Abascal, han obligado a reprogramar las especialidades que constituían el eje central de aquel. [*Un Gran Premio de atletismo.*] P. Gabilondo *DVa* 11.2.89, 52: Deportes .. Simón ganó a Lewis, alborotó el tartán, casi "salvó" un mitin.
II *loc v* **3 dar** (*o* **armar**, *u otro v equivalente*) **el** (*o* **un**) **~.** (*Taur*) Armar un escándalo al obtener un éxito o un fracaso rotundos. | J. Carabias *Ya* 22.6.74, 8: Miguel acababa de cortar dos orejas, mientras que el lío en su toro anterior solo había cortado una. El muchacho quería "dar el mitin" en el último toro que le quedaba. P. VGarcía *SInf* 27.5.70, 2: Pocos toreros harán el paseíllo con tanta ilusión como lo va a hacer esta tarde Andrés Vázquez .., que hace poco menos de un mes armó el "mitin" en las Ventas toreando auténticos toros. J. M. Núñez *Ade* 15.10.90, 40: Siguió con los tironazos, tropezones y otras lindezas, antes de pegar un mitin también con el estoque.

mitinear *intr* (*raro*) Pronunciar mítines [1b y c]. | *Ya* 2.9.92, 1: Mientras González "mitinea" en Francia: Los

mitinero – mitósico

españoles no saben qué es Maastricht y piden un referéndum.

mitinero -ra *adj* De(l) mitin [1a y b]. | P. Urbano *Ya* 26.10.89, 4: Se desgañitan los líderes en el tabladillo mitinero transmitiendo mensajes tan sofisticados como "si quieren ustedes sacudirse el yugo socialista, no voten a Ruiz-Mateos, sino al PP". **b)** [Pers.] que pronuncia un mitin [1b]. *Tb n.* | *YaTo* 26.7.81, 47: "¿Qué tal mitinero es el alcalde de Toledo?", pregunta Suárez a Arias-Salgado. *Ya* 27.11.86, 6: Ardanza, Garaicoechea, Benegas o cualquiera de los "mitineros" de Euskadi están aportando al ambiente previo [a las elecciones] todo menos claridad.

mitinesco -ca *adj* De(l) mitin [1a y b]. | Delibes *Voto* 144: La voz de Rafa se fue haciendo, progresivamente, más cálida, hasta alcanzar un tono mitinesco.

mito[1] *m* **1** Relato fabuloso tradicional de carácter simbólico o religioso, y protagonizado por divinidades o héroes. | Tejedor *Arte* 12: Los egipcios contaban sobre sus dioses una serie de mitos, sobre todo para explicar algunos fenómenos cuyas causas desconocían. Marquerie *Abc* 16.5.58, 19: Reviven los ventrílocuos el mito de Pigmalión y Galatea. **b)** Relato poético que sirve para la exposición de una doctrina. | * El mito de la caverna de Platón es muy sugerente. **2** Imagen o concepto magnificado [de alguien o algo real]. | Pozuelo *Tri* 12.8.72, 10: Había tocado el bien arraigado mito de la frialdad y la sosería de las inglesas. **b)** Pers. o cosa sobre la que se ha forjado un mito. | Lera *Boda* 661: Iluminada no era la muchacha que todos ellos habían visto en la fuente y en la era, en misa y en el baile .. Iluminada era el mito. El mito que andaba y se movía como una sombra irreal. Gimferrer *Des* 12.9.70, 29: Lévi-Strauss era simplemente un notorio antropólogo y no el mito cultural en que se ha convertido ahora. **3** Cosa fabulosa e inexistente. | *Pue* 2.2.67, 5: A estas alturas el bloque monolítico soviético .. es un mito. VMontalbán *Prado* 174: La experiencia matrimonial l[a] había llevado a la conclusión de que el ardor de los latinos era un mito.

mito[2] *m* Pájaro de pequeño tamaño, de plumaje negruzco, blanco y rosado y larga cola blanca y negra (*Aegithalos caudatus*). | Noval *Fauna* 324: El Rabullargu o Mito (*Aegithalos caudatus*) es un minúsculo pájaro que, como su nombre asturiano indica, tiene una cola muy larga.

mitocondria *f* (*Biol*) Corpúsculo redondeado del citoplasma celular. | Ybarra-Cabetas *Ciencias* 181: El conjunto de mitocondrias y condriocontes constituye el condrioma.

mitógeno -na *adj* (*Biol*) Que induce o estimula la mitosis. | *Maj* 6.86, 19: Ayudaría en gran parte a la Administración que comunicasen a las autoridades sanitarias los estudios, evaluaciones toxicológicas, pruebas complementarias de carcinogénesis, embriotoxicidad, efectos mitógenos, etc.

mitografía *f* **1** Expresión o representación de mitos[1] [1] en arte o literatura. | *Abc* 10.9.68, 48: Pronunció una conferencia sobre "Orden y caos en la mitografía de Vicente Risco" el escritor Álvaro Cunqueiro. **2** Colección de mitos[1] [1 y 2]. | GGual *Novela* 89: En su parodia mezcla sin distinción detalles con alusiones a las creencias pitagóricas y las prácticas mágicas de su tiempo, con los de las viejas mitografías.

mitográfico -ca *adj* De (la) mitografía. | Calonge *Tucídides* 30: Con Hecateo, por su extensa producción, se consagró la prosa como medio para la exposición de temas geográficos, etnográficos, genealógicos, mitográficos, etc. J. RPadrón *Día* 21.9.75, 39: Se está avalando como ejemplar una mitología: la mitología del llanto, del lamento, de la melancolía del trasterrado .. No me parece tampoco muy acertada esta otra incondicional exaltación mitográfica.

mitógrafo -fa *m y f* Pers. que escribe sobre los mitos[1] [1]. | Cossío *Montaña* 80: Los seres míticos, de mitologías rurales y no ligadas a estudios de humanistas y mitógrafos, aparecen en las páginas de Llano con todo el lujo de detalles.

mitología *f* **1** Conjunto de mitos[1] [1] [de un pueblo o civilización]. *Tb sin compl, referido a la grecorromana.* | Tejedor *Arte* 30: Personificaban estos dioses las fuerzas naturales .. o las actividades humanas, y de todos contaban los griegos hechos extraordinarios o mitos, el conjunto de los cuales constituye la mitología griega. GNuño *Escultura* 116: Los toros y las bichas constituían un costado extraordinariamente importante en la mitología ibérica. Lapesa *Santillana* 86: Alguna ["complainte"] de Machaut se asemeja, en los temas, en el tono retórico y en el profuso aprovechamiento de la mitología, a los decires líricos de Santillana. **2** Conjunto de mitos[1] [2] [relativos a un tema o propios de una pers. o colectividad (*compl especificador*)]. | Aldecoa *Gran Sol* 56: De los barcos de velas se sabe que el viento, en un mal calculado impulso de gigante, .. rompía los equilibrios milagrosos de las naves .. En los barcos de motor no hay mitología de la fuerza. Ridruejo *Memorias* 31: El director de la Academia preparatoria de Ingenieros, Alonso Misol, figura que ha quedado en mi mitología infantil. **3** Estudio de los mitos[1] [1]. | * La mitología tiene pocos cultivadores en España. **4** (*Arte*) Tema o motivo de la mitología [1]. *Gralm en pl.* | GNuño *Madrid* 21: La casa de la Panadería .. fue decorada .. por Claudio Coello con mitologías y guirnaldas decorativas.

mitológicamente *adv* De manera mitológica. | MPuelles *Filosofía* 1, 33: En la teoría platónica del Eros hay a su modo, mitológicamente formulada, una profunda alusión a nuestro ser.

mitológico -ca *adj* De (la) mitología [1, 2 y 3]. | Tejedor *Arte* 150: Tiziano .. se distinguió por su poderosa fecundidad, por sus pinturas religiosas y mitológicas. Aranguren *Marxismo* 141: La "redundancia" del lenguaje mitológico permite .. descubrir su "gramática". Para ello es menester .. "afinar" y .. "concordar" .. los mitos.

mitologista *m y f* Mitólogo. | Chumy *Tri* 27.2.71, 42: –También –prometió el mitologista Bonifacio–, también desaparecerán los sabañones.

mitologización *f* Acción de mitologizar. | M. Alba *SYa* 15.6.74, 27: Todavía no se ha decidido si la personalidad cinematográfica crea los significados y los mitos o es una hábil técnica de manipulación comercial la que, a partir de la mitologización, crea la personalidad cinematográfica. Savater *Infancia* 51: El carácter iniciático de las novelas de aventuras que tienen un viaje por argumento es ampliamente reconocido incluso por los críticos más reacios a la mitologización de la narrativa.

mitologizar *tr* Dar carácter mitológico [a algo (*cd*)]. | GÁlvarez *Filosofía* 1, 174: Todo vuelve a mitologizarse; tendrán que llegar los neoplatónicos propiamente dichos para someter esa doctrina a cánones racionales.

mitólogo -ga *m y f* Especialista en mitología [3]. | SDragó *SInf* 1.2.79, 4: No soy ni historiador, ni psicólogo, ni mitólogo, ni nada que se le asemeje.

mitomanía *f* **1** (*Psicol*) Tendencia patológica a la mentira y a la fabulación. | Goytisolo *Recuento* 160: Parece que todo eso de las torturas y las corrientes eléctricas es pura mitomanía, dijo Federico. Les han cascado mucho menos que a Leo y casi todos han contado lo poco que sabían. **2** (*raro*) Gusto exagerado por los mitos[1] [2]. | VMontalbán *Tri* 27.2.71, 27: Cuando un industrial de la mitomanía enmarca al "Che" en un "poster" y lo pone en circulación, le ha convertido en Billy el Niño.

mitómano -na *adj* **1** (*Psicol*) [Pers.] que padece mitomanía [1]. *Tb n.* | Paso *Isabel* 266: Mi vida, eres una enferma mitómana. Te lo dijo bien claro. Vamos, una embustera esencial. CBaroja *Brujas* 310: El mitómano, aunque mienta deliberadamente, llega al fin a creer la mentira que ha dicho, y esta clase de embusteros se dan con máxima frecuencia entre niños y débiles mentales. **2** (*raro*) [Pers.] que tiene mitomanía [2]. *Tb n.* | D. Galán *País* 1.2.84, 28: Aunque en los planos elegidos por el director figuren con frecuencia y en primer término las poco atractivas manos de la estrella: un buen mitómano trataría de disimularlas.

mitón *m* Guante que deja al descubierto los dedos. | Torrente *Off-side* 13: La viuda arruga la frente, frunce los ojos y adelanta la mano con mitones.

mitósico -ca *adj* (*Biol*) De (la) mitosis. | Navarro *Biología* 68: Al estado pluricelular se llega a partir de una sola célula, desde el germen o huevo, por sucesivas divisiones mitósicas.

mitosis *f (Biol)* División celular indirecta, en la cual el núcleo se divide en dos núcleos hijos dotados del mismo número de cromosomas que el original. | Bustinza-Mascaró *Ciencias* 24: Las células pueden reproducirse .. por un proceso más complicado llamado división indirecta, mitosis o cariocinesis.

mitra *f* **1** Gorro usado en las grandes solemnidades por los arzobispos, obispos y algunas otras dignidades eclesiásticas, y que en la Iglesia católica está compuesto de dos secciones triangulares rígidas. | GNuño *Madrid* 13: Muestra en el arcosolio al Prelado, de rodillas sobre un altar; su capellán, el licenciado Barragán, está a su derecha, y detrás otros dos acólitos portan la cruz y la mitra. **b)** *(hist) Se da este n a diversas prendas de cabeza usadas por distintos pueblos, frec como signo de jerarquía.* | GNuño *Escultura* 85: Otras oferentes llevan la misma copa, y el rostro les queda apesadumbrado bajo la altura de la mitra. Onieva *Prado* 210: Entre otras piezas de valor .. destaca la famosa *Dama de Elche* .. Pertenece al arte ibérico, es de piedra caliza tenuemente policromada y aparece prodigiosamente exornada con mitra, rodetes y collares.
2 Dignidad de obispo o de arzobispo. *Tb la pers que la ostenta.* | CSotelo *Proceso* 366: A él le debo el haber ido al Concilio de Trento y el ofrecimiento de la mitra de Canarias. CBaroja *Inquisidor* 50: El favor le dio también la mitra arzobispal. ZVicente *Traque* 108: Nos contó las dificultades entre la mitra y las bellas artes, entre restauradores locales y arquitectos ministeriales.
3 Territorio sometido a la jurisdicción de un obispo o arzobispo. | VParga *Santiago* 25: Entre Ponferrada y Villafranca, el camino coincide esencialmente con la carretera actual, pasando por Cacabelos, lugar de la mitra compostelana.
4 *(Zool)* Rabadilla [de ave]. | Cunqueiro *Cocina* 234 (G): De la oca .. lo mejor son las alas, y el summum, la mitra.

mitrado -da *adj* Que lleva mitra [1]. *Tb n m, referido a arzobispo u obispo.* | GNuño *Escultura* 85: Los ejemplos más bellos de la serie serán las cabezas mitradas. **b)** Que tiene derecho a llevar mitra. *Tb n m, referido a arzobispo u obispo.* | *Ya* 23.9.70, 22: Se dio cuenta, en Roma, al abad mitrado del monasterio, don Pedro Alonso.

mitral *adj (Anat)* [Válvula] situada entre la aurícula y el ventrículo izquierdos del corazón. | Bustinza-Mascaró *Ciencias* 58: La válvula aurículo-ventricular derecha se llama tricúspide y la válvula aurículo-ventricular izquierda se llama mitral. **b)** De la válvula mitral. | *Hoy* 13.11.75, 5: El enfermo presentaba un cuadro de estenosis mitral.

miura *m* Toro de la ganadería de Miura, famosa por su bravura y peligrosidad. | DCañabate *Abc* 30.8.66, 53: ¡A la tarde veremos, señores miuras, en qué queda tanto alarde de poderío! **b)** *Frec se usa en constrs de sent comparativo para ponderar la mala intención de una pers o la dificultad o peligrosidad de una cosa.* | ZVicente *Ya* 27.12.70, sn: Tenía una intención que válgame Dios. Un miura el angelito. *País* 18.2.90, 54 (A): Durante este período Andreu ha tenido que hacer frente fundamentalmente a dos miuras.

miurada *f (Taur)* Corrida de miuras [1a]. | *Ya* 3.7.75, 59: Paco Camino toreará la miurada de la feria bilbaína.

miureño -ña *adj* [Res] de la ganadería de Miura. | S. RSanterbás *Tri* 11.4.70, 18: Aquel malvado "Perdigón", miureño colorao ojo de perdiz. **b)** Propio de la res miureña. | DCañabate *Abc* 30.8.66, 53: ¡A la tarde veremos, señores miuras, en qué queda tanto alarde de poderío! En el apartado su comportamiento ha sido miureño puro.

mixedema *m (Med)* Síndrome producido por insuficiencia tiroidea y caracterizado por la infiltración de una sustancia mucosa en el tejido subcutáneo, que produce un edema duro. | Navarro *Biología* 201: En la infancia el mixedema se manifiesta por un insuficiente desarrollo del esqueleto (enanismo) y del cerebro (cretinismo). Alvarado *Anatomía* 136: La dermis se hincha por acumulación de mucus (mixedema).

mixedémico -ca *adj (Med)* De(l) mixedema. | Navarro *Biología* 202: A veces la degeneración de los folículos va acompañada de hipertrofia del tejido conjuntivo tiroideo, lo que determina un bocio típico (bocio mixedémico).

mitosis – mixto

mixofito -ta *(tb* **mixófito)** *adj (Bot)* Mixomiceto. *Frec como n f en pl, designando este taxón botánico.* | Navarro *Biología* 52: Hongos: Mixomicetos (Mixofitas). Ficomicetos. Eumicetos.

mixomatosis *f* Enfermedad infecciosa del conejo, caracterizada por tumefacciones en la piel y las mucosas. | Delibes *Año* 60: La novedad .. es .. la resurrección espectacular del conejo tras el grave y prolongado bache de la mixomatosis.

mixomatoso -sa *adj* Que padece mixomatosis. | Lozano *SYa* 5.6.73, 28: Ahora se restablece el uso de armas de fuego en los acotados para la caza de los conejos, lo que permitirá la extinción de los mixomatosos.

mixomiceto *adj (Bot)* [Hongo] saprofito y parásito, cuyo cuerpo vegetativo está constituido por una sola masa protoplasmática desnuda y con varios núcleos. *Frec como n m en pl, designando este taxón botánico.* | Ybarra-Cabetas *Ciencias* 192: Los sincicios se verifican entre células desprovistas de membranas pertenecientes a la misma especie. Se dan frecuentemente en los hongos mixomicetos.

mixteco -ca I *adj* **1** [Indio] mejicano de los estados de Oaxaca, Guerrero y Puebla. *Tb n.* | * Conoce varios indios mixtecos. **b)** De (los) indios mixtecos. | Pericot-Maluquer *Humanidad* sn: Placa de oro representando una divinidad de la cultura mixteca.
II *m* **2** Lengua de los indios mixtecos. | RAdrados *Lingüística* 137: La escala de los tonos puede ser lineal; por ej., .. el yoruba, senadi y mixteco, con agudo, medio y bajo.

mixtificación, mixtificado, mixtificador, mixtificar → MISTIFICACIÓN, *etc.*

mixtilíneo -a *adj (Geom)* Formado por líneas rectas y curvas. | GNuño *Madrid* 12: Su arco mixtilíneo se inventó cuando la restauración.

mixto -ta I *adj* **1** Formado por dos o más elementos diferentes. | APaz *Circulación* 12: Circulación mixta de peatones, ciclistas y vehículos. **b)** Que participa de dos o más condiciones distintas. | Bustinza-Mascaró *Ciencias* 27: Las glándulas se llaman mixtas o de secreción doble cuando son abiertas y de secreción interna al mismo tiempo. *Compil. Cataluña* 697: El heredamiento mixto es un heredamiento puro con donación singular de presente. **c)** De perss. de ambos sexos. *Referido gralm a enseñanza.* | *Abc* 8.10.72, 41: El ministro de Educación inauguró en La Robla (León) el Instituto Mixto de Bachillerato. JGregorio *Jara* 66: A mediados del siglo XIX todos los lugares o villas cabezas de Ayuntamiento tienen, al menos, dos escuelas unitarias y una mixta. **d)** [Matrimonio] de perss. de distinta raza o religión. | Cossío *Confesiones* 143: El matrimonio tenía que ser mixto, pues él no era católico y su novia sí. GTolsá *HEspaña* 1, 203: La frecuencia de los matrimonios mixtos hizo nacer [en la España musulmana] una tercera clase que recibió el nombre de *muwalladun* (muladíes, es decir, adoptados). **e)** [Tren] de viajeros y mercancías. *Tb n.* | Torbado *En el día* 162: El tren mixto se había ido parando a capricho en pueblos y campo abierto. **f)** *(Geom)* [Línea] que se compone de una parte recta y otra curva. | Marcos-Martínez *Aritmética* 154: Las líneas pueden ser rectas, curvas, quebradas y mixtas. **g)** *(Mat)* [Número] compuesto de entero y quebrado. | Gironza *Matemáticas* 48: Se llama número mixto a la suma de un número entero y de una fracción pura. **h)** *(Mat)* [Expresión periódica] cuyo período empieza más allá de la primera cifra decimal. | Marcos-Martínez *Aritmética* 2º 65: Las expresiones decimales periódicas se clasifican en puras y mixtas. **i) ~ imperio** → IMPERIO.
2 [Pájaro] resultante de un cruce. *Tb n.* | Delibes *Castilla* 152: Puede usted cruzar canaria con jilguero, y en ese caso sale jilguero, el mixto que llaman, que canta como jilguero y no vale para criar.
II *m* **3** *(hoy raro)* Cerilla o fósforo. | Berlanga *Rev* 3.69, 27: Volqué las briznas de tabaco que traía en la caja de mixtos.
4 Trocito de cartón con una mezcla de fósforo, usado por los niños para hacerlo explotar en las pistolas de juguete o por simple frotamiento. | ZVicente *Estampas* 13: Todos los chiquillos del barrio comprábamos a la señora Vicenta las bolas para jugar a las canicas, los mixtos y los garbanzos de pega. CPuche *Paralelo* 305: Al principio no traían más que pipas, caramelos y mixtos de trueno.

5 (reg) Casquete metálico con fulminante, que en las escopetas de pistón produce la explosión de la pólvora al percutirlo el gatillo. | Berenguer *Mundo* 101: Lo más malo fue que no había mixtos y hacer el yunque y la cazoleta de un mixto, aun teniendo manos de dulce, es muy castañoso.
6 (hist) Cuerpo compuesto. | S. Lorenzana *Pap* 1.57, 40: Sueña con ir a recoger mixtos de la Historia Natural a los que él denomina países patrios.
III loc v **7 hacer ~s.** (col, hoy raro) Hacer migas [a alguien o algo]. *Tb* fig. | * Cayó un rayo sobre la antena y la hizo mixtos. GHortelano *Tormenta* 206: Yo estaba hecha mixtos, sin saber por qué. Amadeo y Santiago pretendían que necesitaba casarme.

mixtura f (lit) Mezcla (acción y efecto de mezclar). | Lapesa *HLengua* 139: Según los preceptistas árabes, la mixtura de extranjerismos constituía uno de los atractivos de esta clase de poemas. Torrente *Señor* 409: Rezaba por lo bajo, hacía cruces sobre la mixtura, canturreaba latines. Delibes *Mundos* 104: Traslucen, al par que una sed de horizontes amplios, desengaño, sumisión, animosidad y fatiga. Una extraña mixtura.

mixturar tr (lit, raro) Mezclar. | Torrente *Isla* 269: Dejaron al paso un fuerte olor a almizcle y a ancianidad perfectamente mixturado.

mízcalo m Níscalo (hongo). | Mayte *Sáb* 3.12.66, 44: Almuerzo: Mízcalos a la catalana. Aleta de ternera rellena.

mizo -za adj Del pueblo que habita en la región de Mizoram, al este de la India. *Tb* n, referido a pers. | *Ya* 14.2.75, 6: Mizoram: una guerra olvidada. La Unión India heredó de los británicos un territorio que le había cedido Birmania. Miles de mizos han muerto luchando por la independencia.

MKSA (pronunc corriente, /éme-ká-ése-á/; *tb* **MKS**) adj (E) [Sistema] de medidas cuyas unidades fundamentales son el metro, el kilogramo-masa, el segundo y el amperio. | Mingarro *Física* 8: Durante muchos años se ha utilizado el llamado sistema cegesimal, o sistema C.G.S. .., pero en la actualidad tiende a generalizarse, con evidentes ventajas, el sistema Giorgi, o sistema M.K.S.

mnemónico -ca (*tb*, más raro, con la grafía **nemónico**) adj Mnemotécnico. | Gironella *SAbc* 9.2.69, 21: Capacidad de concentración, de atención (abarcar todo el tablero), de asociaciones mnemónicas y combinativas y, por supuesto, de astucia. MPuelles *Filosofía* 1, 272: En la música, por ejemplo, este apoyo mnemónico se hace perceptible si se advierte que se trata de un arte eminentemente temporal.

mnemotecnia (*tb*, más raro, con la grafía **nemotecnia**) f Técnica para aumentar la capacidad de la memoria. | MPuelles *Filosofía* 2, 59: La memoria humana se deja imperar por la voluntad; el entendimiento puede, de alguna forma, regularla y dirigirla. (El arte que establece las normas de esta dirección es la "mnemotecnia.") Cossío *Confesiones* 7: Con todos estos efectos que refuerzan, en virtud de una nemotecnia, nuestra evocación del pasado, hay en él lagunas que interrumpen nuestra vida.

mnemotécnico -ca (*tb*, más raro, con la grafía **nemotécnico**) adj De (la) mnemotecnia. | Gambra *Filosofía* 29: Los escolásticos .. prolongaron la lógica de Aristóteles .. creando un ingenioso método expositivo y mnemotécnico para su enseñanza. **b)** Que sirve para ayudar a recordar. | Gambra *Filosofía* 58: Para poder recordar estos modos, los medievales forjaron unas palabras mnemotécnicas. Marcos-Martínez *Física* 185: Para recordar el lado hacia el que se desvía el polo norte de la aguja se aplica la siguiente regla nemotécnica.

moabita adj (hist) Del pueblo bíblico habitante de la región de Moab, al este del mar Muerto. *Tb* n, referido a pers. | * Los moabitas fueron vencidos por Saúl.

moañés -sa adj De Moaña (Pontevedra). *Tb* n, referido a pers. | *Faro* 7.7.73, 22: Entre los concursantes ha tomado parte el moañés Xil Ríos.

moaré m Muaré (tejido). *Tb* adj. | GNuño *Madrid* 173: La buena reina Amalia de Sajonia, con su rostro inteligente enmarcado en moarés y blonda. P. Urbano *ElM* 20.7.93, 9: Entre una lluvia, chaparrón, de "estúpidos", "mezquinos" .. y otros insultos satinados de seda moaré.

moaxaja (pronunc corriente, /moasáχa/) f (TLit) Poema lírico hispanoárabe o hispanohebreo del mismo tipo formal que el zéjel, pero de carácter más elevado. | Lázaro-Tusón *Lengua* 73: Las jarchas son unas cancioncillas breves que algunos poetas árabes y hebreos, oyéndolas cantar a los cristianos, engastaban en las poesías (moaxajas) que escribían en sus propias lenguas.

mobiliar adj (Arte y Arqueol) [Arte] de objetos muebles. | Pericot *Polis* 20: En el arte mobiliar, o sea en objetos de uso corriente, esculpidos o grabados sobre piedra o hueso, sobresalen algunos yacimientos.

mobiliario -ria I adj **1** [Efecto o valor] mueble. | J. G. Manrique *MHi* 11.63, 15: La verdad es que el hombre de la calle sabe muy poco de Bolsa. Sabe que es el mercado de los valores mobiliarios. **b)** De bienes o valores muebles. | Estébanez *Pragma* 15: Gentes de la costa que se enriquecerán con la aparición de la moneda y la riqueza mobiliaria.
II m **2** Conjunto de muebles [de una habitación u otro lugar]. *Frec sin compl, por consabido*. | Laforet *Mujer* 136: No había un solo detalle del mobiliario que le descansase los ojos.
3 ~ urbano. Conjunto de enseres o instalaciones situados en espacios públicos, como papeleras, relojes, jardineras o marquesinas. | *Ya* 12.11.82, 13: Se reunió en el Ayuntamiento una numerosa comisión informativa para estudiar la posible convocatoria de un concurso público para renovar el mobiliario urbano de Madrid.

moblaje m Mobiliario [2]. | ARíos *Tri* 13.4.68, 30: El zaguán es amplio, de moblaje pobre.

moca¹ f (col, raro) Moquita. | Mendoza *Laberinto* 197: ¿No ve que estoy llorando? ¡Suéneme, que me cuelga la moca!

moca² → MOKA.

mocador m (reg) Pañuelo. | P. Molinero *Pro* 19.8.75, 19: Bétera: Feria y Fiestas .. Las obreras, con sus sombrilleros, van dando vueltas y más vueltas enseñando su precioso atuendo de valenciana y ellos su bonito mocador al cuello y su sombrilla.

mocán m Árbol propio de Canarias, de flores blanquecinas en racimo y fruto comestible (*Visnea mocanera*). | *MOPU* 7/8.85, 64: La laurisilva .. forma bosques intrincados en La Gomera, donde también se encuentran viñátigo, mocán, palmera canaria, barbusano, sabugo, higuera.

mocar tr (reg) Limpiar los mocos [a alguien]. | A. Senillosa *País* 22.10.78, 7: A un conejo recién muerto había que hacerle orinar apretándole el vientre, y a las perdices era preciso mocarlas introduciéndoles una rama.

mocárabe m (Arte) Labor típica del arte musulmán, formada por la combinación geométrica de prismas acoplados, cuyo extremo inferior se corta en forma de superficie cóncava. | Angulo *Arte* 1, 460: El capitel .. se cubre con la decoración vegetal .. o con mocárabes.

mocarrera f (col, raro) Abundancia de mocos [1]. | ZVicente *Examen* 64: Las señoras .. aquí lloraban a grifo abierto, sorbían la mocarrera con estrépito, se les amasaban los polvos de arroz de la cara con los lagrimones.

mocasín m **1** Zapato de piel suave, sin cordones, cuya parte superior tiene forma de U y frec. va unida a los laterales con pequeños frunces. | Fraile *Cuentos* 3: Pascualín tuvo siempre trabajo, nunca dinero, usó corbata, tuvo mocasines, gemelos, sombrerito.
2 Calzado propio de los indios norteamericanos, de piel blanda y sin curtir, cuya suela se prolonga por los lados y se une a la parte superior en forma de U. | L. Cappa *Ya* 3.12.89, 24: Los indios norteamericanos caminaban sobre cómodos "mocasines".

mocear intr Comportarse de manera propia de la gente moza. | Sampedro *Sonrisa* 266: Cuando empezábamos a mocear .., nos gustaba salir de la taberna para ir a mear detrás de la escuela. Lera *Clarines* 412: –Y digo yo, Román: ¿hasta cuándo va a estar moceando el Raposo? –Pues ya lo sabe usted, don Primitivo: hasta que salga otro mozo con menos años y más agallas que él.

mocedad *f* **1** Juventud (condición de joven). | Lera *Boda* 566: Cada uno tiene lo que tiene: ellos, mocedad; yo, dinero. Acquaroni *Abc* 29.7.67, 6: Sería poco menos que insultante, pese a sus cuatrocientos años, hacerla pasar por otro arco que no fuese el que da acceso al hermoso, envidiable estado de una plena mocedad.
2 Juventud (período de la vida). *A veces en pl, con intención enfática.* | Ballesteros *Señas* 37: Nada los años pasados .. Nada la mocedad fugaz. E. Acebal *Mar* 10.7.59, 8: Y en la academia ha estado Pepe Luis (al que ni en sus mocedades se le ha pedido más) con un arte asombroso. **b)** *En pl:* Hechos de la época juvenil [de una pers.]. | Lapesa *HLengua* 143: El poema de *Mainete* o mocedades de Carlomagno nació en Toledo.
3 Juventud (conjunto de jóvenes). | Cunqueiro *Un hombre* 59: La mocedad, en los últimos años, había perdido la afición al arte, y prefería pasar las tardes en el pichón.

mocejón *m* (*reg*) Mejillón (molusco). | Mann *DMo* 26.8.85, 2: Al mejillón le damos en Cantabria el nombre de "mazajón", a excepción de la zona de Castro Urdiales, donde se le denomina "mocejón".

moceril *adj* De(l) mozo o de (los) mozos. | Zunzunegui *Camino* 358: Los días siguientes, su pensamiento se abatió sobre el hombre caído que fue su ilusión moceril. Moreno *Galería* 189: Costumbres tan inveteradas que venían a adquirir la calidad de auténtica legislación municipal y moceril.

mocerío *m* Conjunto de (los) mozos. | Sampedro *Octubre* 150: Pues no vea usted en el verano, con tanto mocerío medio en pelotas. Delibes *Guerras* 123: Yo, conforme me vi en aquel barullo, que había mocerío hasta de Bilbao, dése cuenta, no sabía ni qué hacer.

mocero -ra *adj* (*raro*) **1** De (la) mocedad [2]. | GPavón *Nacionales* 315: A cada cual se le para la cabeza en una edad, y la suya quedó en aquellos trances moceros.
2 [Hombre] dado a la lascivia y al trato de las mujeres. | Reglá *HEspaña* 3, 66: Abundaban los clérigos amancebados y los frailes alegres y moceros.

mocete -ta *m y f* (*reg*) Muchacho o mozalbete. | Aldecoa *Gran Sol* 24: Uno de los hijos del contramaestre Afá entró en el bar .. Le seguían dos mocetes.

mocetón -na *m y f* Pers. joven, alta y corpulenta. | Umbral *Ninfas* 189: Un gañán poderoso y contenido, un mocetón estallante.

mocha *f* **1** (*col*) Cabeza (parte del cuerpo). | Delibes *Príncipe* 97: La Domi jugaba con Cristina .. y le daba en la mochita.
2 (*reg*) Cima [de un cerro]. | Hoyo *Caza* 41: Erguido en la mocha del un cerro, miraba fijo el camino real.

mochalero -ra *adj* De Mochales (Guadalajara). *Tb n, referido a pers.* | *NAl* 12.8.83, 30: Mochales es, en estos días, una explosión de sana diversión, juntamente con algo mucho más importante y trascendente, como es el auténtico y positivo sentido de hermandad que une a los mochaleros.

mochales *adj* (*col*) Loco o chiflado. | CPuche *Paralelo* 97: Se volvió hacia los carros poniendo un dedo en la sien para indicar que lo consideraba mochales. DCañabate *Andanzas* 168: Una alegría que ni cuando te acariciaba la primera chavala a la que dijiste que estabas mochales por sus pedazos.

mochalez *f* (*col*) Locura o chifladura. | GPavón *Rapto* 242: Su mochalez, como yo digo, debe venir de ahí, de cuando se dio cuenta que era pitifino.

mochar *tr* **1** Topar o embestir con la cabeza. *Tb abs.* | Delibes *Príncipe* 41: –¿Y el demonio tiene cuernos? –Sí. –¿Y mocha?
2 Desmochar o dejar mocho [1a] [algo]. | Lorenzo *Extremadura* 180: Los tejados rasan chapiteles y palacios: sin cornisa, al gusto de la reina que mandó mochar los torreones arrogantes.

mochazo *m* Golpe dado con el mocho [4]. *Tb fig.* | VMontalbán *Rosa* 113: Y les dan suspiros, .. rosquillas, confituras y buenos "mochazos" de aguardiente, coñac o anís.

moche *adj* (*hist*) Mochica. | *Abc* 27.4.74, 77: Los antiguos habitantes del Perú fueron excelentes tratadores de los metales .. En la cultura Moche, 2.300 años antes de Cristo, el cobre blíster (es decir, en bruto) era tratado ya según métodos que tienen mucho que ver con los procedimientos actuales.

mocheta *f* (*Constr*) Ángulo entrante formado al encontrarse el plano superior de un miembro arquitectónico con la base de un paramento vertical. | * Se cayeron los baldosines de la mocheta del baño.

mochica *adj* (*hist*) De un pueblo preincaico de la zona costera septentrional de Perú. *Tb n, referido a pers.* | Pericot *Polis* 143: En la vertiente pacífica .. hallamos .. a los mochicas y yuncas del Perú y a los araucanos de Chile.

mochila I *f* **1** Bolsa, gralm. de lona, que se carga a la espalda y sirve para llevar equipo y provisiones en las excursiones, viajes y otros desplazamientos. | Laforet *Mujer* 30: Eulogio había recordado sus excursiones a pie, hechas en la adolescencia .. Pepe Vados y él, con calzones cortos y mochila a la espalda.
2 Bolso o cartera que se lleva a la espalda. | *Ide* 25.8.89, 5: Para empezar el curso con ilusión, la Caja Provincial regala a los estudiantes de EGB una práctica mochila cargada de material escolar.
3 Utensilio para llevar niños a la espalda. | *Abc* 22.4.86, 5: Doña Sofía recibe el saludo de una congresista que acudió al acto con su hija de corta edad en una mochila.
4 *Se usa en aposición para designar distintos objetos destinados a ser llevados a la espalda.* | *Prospecto* 9.85: El Corte Inglés .. Bolsas-mochila de colegial. Pequeña: 1.375 Pts.
II *loc adj* **5 de ~**. [Cosa] destinada a ser llevada a la espalda. | J. Vega *DBu* 11.7.64, 4: Los técnicos de las emisoras de la Base de Zona movilizan en el acto los equipos de extinción de incendios –"jeeps" motobombas–, formados por su correspondiente número de bomberos especialmente pertrechados con extintores de mochila.

mochilero -ra I *adj* **1** Que viaja con mochila [1]. *Gralm. n. Frec con intención desp, designando al turista pobre.* | A. Barra *Abc* 20.2.75, 23: Un influyente sector de la Prensa occidental presenta a Portugal como el ejemplo de una democracia mochilera, con las botas del caminante que va seguro y feliz hacia el paraíso de todas las libertades ortodoxas. Cela *Judíos* 38: Al vagabundo le viene a la memoria el refrán que escuchó, por aquellas tierras de Ayllón, de boca de un mochilero cantista. *SD16* 6.8.87, 1: Venecia ha perdido la "guerra contra los mochileros", y no porque los jóvenes con la mochila a cuestas hayan librado batalla, sino porque el turismo internacional ha reaccionado en forma negativa.
II *m* **2** (*reg*) Contrabandista de a pie. | Berenguer *Mundo* 64: Por la gente del contrabando empecé yo a tomarle querencia al vedado, porque, en los viajes de vuelta de los mochileros y los caballos, les gustaba aprovechar el salto y meter dinero fresco en reses y cochinos.
3 (*reg*) Individuo que sale disfrazado en las comparsas de Navidad. | L. Mendoza *Cór* 31.8.91, 15: Son típicos los mochileros en Navidad, que van vestidos con disfraces de plumas de pavo y carrizos.

mocho -cha I *adj* **1** Que carece de punta o del remate normal. *Dicho esp de animal cornudo, árbol o torre.* | Moreno *Galería* 65: Aquellos morruecos de gran estampa, vitalidad y clase: cornudos .. unos, y mochos otros. Berlanga *Rev* 4.68, 25: Mi casa es la que hay junto al caño, pasada la acacia mocha, camino del castillo. Cela *Judíos* 46: La cigüeña voló sobre los tejados, camino de su torre mocha. Berenguer *Mundo* 133: Aquella escopeta bien me castigó el apego que le tomé. Era mocha, de dos cañones y pletinas largas. **b)** Más corto de lo normal. | Delibes *Parábola* 21: Sus manos, aunque mochas, son grandes y cuidadas. **c)** [Trigo] que no tiene aristas. | Torbado *Tierra* 43: Hoy el campo de Mayorga está recién segado de trigo mocho o en barbecho estéril.
2 (*raro*) [Monje] lego. *Tb n.* | Cela *Pirineo* 254: Antes de la guerra había sido mocho del monasterio de Montserrat.
3 (*raro*) Torpe o tonto. | SFerlosio *Jarama* 18: –No, no te rías. ¿De qué te ríes? –De ti. Que estás un poco mocho esta mañana.
II *m* **4** Remate grueso y romo [de algunos utensilios o herramientas]. | Eslava *Unicornio* 274: Entró un hombre embozado y le dio en la cabeza un gran golpe con el mocho de una ballesta que traía. CPuche *Paralelo* 102: Después de taparlo todo [el carro de la basura] muy bien, ponen una escoba en alto, el mocho cubierto con un trapo colorado, como si

mochuelo – modal

fuera la bandera de la cochambre. *Ya* 11.6.78, 31: Recambio fregasuelos .. Mocho de fibra sintética. No deja pelusa.
5 (*reg*) *En el juego de la pita o tala:* Palo con que se golpea. *Tb el mismo juego*. | MMolina *Jinete* 46: Entre las voces .. de los niños que juegan al rongo, a tite y cuarta, al mocho.

mochuelo *m* **1** Ave rapaz nocturna de pequeño tamaño, plumaje pardo oscuro moteado y ojos amarillos (*Athene noctua*). | Legorburu-Barrutia *Ciencias* 208: Las aves carniceras o rapaces .. Unas son nocturnas, como la lechuza, el búho, mochuelo, etc. .. Otras son diurnas. Noval *Fauna* 198: El Mochuelo común (*Athene noctua*) tiene aspecto de búho pequeño. **b)** *Se usa en constrs de sent comparativo para ponderar la fealdad de una pers o su gusto por la actividad nocturna*. | Landero *Juegos* 165: Estás fachoso. Pareces un mochuelo, con esas gafas y el sombrero. Landero *Juegos* 118: –¿Qué haces? .. –Cosas del trabajo. –Pareces un mochuelo. A estas horas con la luz. –Anda, duérmete .. Ya apago.
2 (*col*) Asunto enojoso del que nadie quiere encargarse. *Gralm en la constr* CARGAR (CON) EL ~. | Solís *Siglo* 242: –Hacen falta médicos y no puedo renunciar [a ir con el batallón]. –¿A que tu amigo Cayetano no va? .. –¿Qué tiene eso que ver? –Pues que todos se zafan y te cargan a ti con el mochuelo. **b)** Responsabilidad. *Gralm en la constr* CARGAR (CON) EL ~. | Torrente *DJuan* 304: La gente no lo ha creído nunca, me cargan el mochuelo de su deshonra. CPuche *Paralelo* 392: –Tomás en cierto modo es inocente, pero va a cargar con el mochuelo. –¿Qué es el mochuelo? –Digo que Tomás cargará con culpas que no tiene. Areilza *Memorias* 150: El presidente .. quiere, además, implicar a los partidos políticos de su gobierno en la responsabilidad de sus actos. El partido socialista; el MRP .., todos tratan en una misma forma de sacudirse el mochuelo, con declaraciones altisonantes de discrepancias y oposición.
3 (*Impr*) Omisión de palabras o líneas. | Huarte *Tipografía* 48: Un expediente práctico para vigilar los mochuelos –así llaman los tipógrafos a las faltas de líneas enteras– es superponer la prueba antigua a la nueva.

moción *f* **1** Proposición hecha en una asamblea deliberante por alguno de sus miembros. | *Ya* 21.10.64, 9: Moción de Censura contra el Gobierno francés.
2 (*lit, raro*) Inspiración o impulso. | Escrivá *Conversaciones* 29: Cada uno es libre de seguir en su vida espiritual y ascética y en sus actos de piedad aquellas mociones que el Espíritu Santo le sugiera. Cossío *Montaña* 105: No es de extrañar que el gran escritor montañés tradujera al verso esta moción lírica y la diera perfil y palabra.
3 (*Gram*) Variación de la terminación de un sustantivo para indicar el género. | Alcina-Blecua *Gramática* 518: La existencia de moción en los nombres de animales se justifica por el interés de hacer la distinción de sexo.
4 (*Ling*) *En las lenguas semíticas:* Vocal. *Tb el signo correspondiente*. | * En árabe solo se usan las mociones en los textos coránicos.

mocito -ta *m y f* **1** Muchacho. | ZVicente *Traque* 180: Ya de mocitas, éramos útiles, habilidosas, nos enseñaban a gobernar la casa.
2 (*reg*) Pers. soltera. *Más frec referido a mujer*. | * Tiene tres hijas casadas y una mocita. **b)** Pers. virgen. | CBonald *Dos días* 131: –¿Qué te hizo? –Que me perdió, que ya no soy mocita, ¿te parece poco?

moco I *m* **1** Secreción de las mucosas de la nariz. *Frec en pl*. | Laiglesia *Tachado* 193: Esos días os ponen mandiles limpios, os suenan los mocos. **b)** Porción de moco más o menos seca. | * Se sacó un moco de la nariz.
2 Sustancia orgánica fluida y viscosa similar al moco [1]. | Legorburu-Barrutia *Ciencias* 148: En invierno y cuando hace calor, [el caracol] se encierra en su concha, tapona la boca con moco endurecido y queda escondido entre la hojarasca. C. INavarro *SYa* 27.3.77, 15: El contagio .. por los humores del organismo, y especialmente la orina, el moco vaginal y el líquido espermático. *Anticonceptivo* 19: El cuello uterino produce el moco cervical, que en el momento de la ovulación es semejante a la clara de huevo.
3 Escoria que sale del hierro en la fragua. | F. PMarqués *Abc* 22.12.74, 15: Miente el serrín una tierra ocre, y el moco de fragua espolvoreado de bórax, una montaña nevada.

4 Apéndice carnoso que el pavo tiene sobre el pico. | CPuche *Sabor* 164: Nunca había visto pavos con un moco tan grande.
5 ~ de pavo. (*col*) Cosa de poca importancia. *Normalmente en la constr* NO SER ~ DE PAVO. | Kurtz *Lado* 9: Lo que me pides, Ricardo, no es moco de pavo. *Pue* 22.3.66, 10: Un visón –y azul– no es moco de pavo.
II *loc v* **6 tirarse el ~.** (*jerg*) Presumir. | J. Berlanga *Abc* 18.5.91, 133: A ver cómo convencen a un colegiilla de Usera, que solo aspira a tirarse el moco para ir a un concierto "heavy", de que lo que procede es un recital de organillo.
III *loc adv* **7 a ~ tendido.** (*col*) De manera muy intensa y aparatosa. *Con el v* LLORAR. | ZVicente *Traque* 157: Como decía su tiita Sagrario, llorando a moco tendido, que, anda, cogió buena perra.

mocoso -sa *adj* **1** Que tiene mocos [1]. | Lera *Olvidados* 221: Al ver al médico, un grupo de pequeñuelos corrió hacia él, rodeándole. Mocosos, desgreñados, descalzos.
2 (*desp*) [Muchacho joven] atrevido e inmaduro. *Usado frec como insulto. Frec n*. | CPuche *Paralelo* 357: Muchachitos españoles más o menos mocosos con el pelo cortado a navaja .. que, hasta de noche, llevaban gafas de sol. Olmo *Golfos* 95: Tienes que crecer, ¡so mocoso! Laiglesia *Ombligos* 101: ¡Me habían desplazado unas mocosuelas sin talento ni misterio! Ridruejo *Memorias* 31: Lo del teatro era un gran recurso para el buen señor, que no sabía bien de qué hablar con un mocoso de mi talla.

mocosuena *adv* (*col, humoríst*) Atendiendo solo al sonido de las palabras y no a su sentido. *Normalmente repetido y con el v* TRADUCIR. | * Traducía el latín mocosuena, mocosuena.

mod (*ing; pronunc corriente,* /mod/; *pl normal,* ~s) *m y f* Joven de un grupo surgido en los años sesenta y caracterizado por el esmero en el vestir. *Gralm contrapuesto a* ROCKER. | *Luc* 17.9.64, 3: Los "Mods" y los "Rockers" son chicos inteligentes de los que sus padres no se ocupan. L. C. Buraya *Ya* 31.5.87, 37: Nadie sabe cómo nació la curiosa rivalidad entre rockers y mods.

moda I *f* **1** Gusto, uso o costumbre, o conjunto de ellos, propios de un lugar o un tiempo determinados. *Frec con un adj o compl especificador*. | DPlaja *Literatura* 378: El afrancesamiento, que empezó siendo una moda literaria, se convierte en una devoción política. Cunqueiro *Un hombre* 21: Los de pena de muerte con el nudo catalino de la horca, que es de cuatro cabos, según la moda inglesa. **b)** *Esp:* Hábito o conjunto de hábitos colectivos y pasajeros en el vestido y arreglo personal. | *Economía* 323: Cuando las modas son llamativas, no conviene ser la primera ni la segunda en llevarlas. Pero si son prácticas y el uso las consagra .., es muy difícil sustraerse a ellas. Así, por ejemplo, la moda de los pantalones para determinados deportes. *Tel* 15.6.70, 3: Las crónicas de moda dicen que vuelve [el sombrero].
2 Conjunto de prendas de vestir de moda [1b]. *Frec en pl, esp en denominaciones de casas comerciales*. | GTelefónica *N.* 700: Rocamar. Confecciones señora y caballero. Moda joven. GTelefónica *N.* 701: Blanquita. Modas infantiles y futura mamá. GTelefónica *N.* 700: Modas Fradi.
II *loc adj* **3 de ~,** *o* **a la ~.** Que se ajusta a la moda [1]. | GPavón *Hermanas* 25: Su único traje de paisano, color azul marino .. resultó casi a la moda de Serrano.
III *loc adv* **4 a la ~.** Según la moda [1]. | C. Villarreal *VozAl* 5.1.56, 4: Eran muñecas vestidas a la última moda.
5 de ~. En uso conforme a la moda [1]. *Con vs como* ESTAR, PONER(SE) *o* PASAR(SE). | Cunqueiro *Un hombre* 13: Estuvo prohibido [el cantar] muchos años, y se puso de moda cuando suprimieron la censura.

modal I *adj* **1** De(l) modo. | *Música Toledo* 34: Hindemith .. sienta las bases para su futura armonía, basada en un diatonismo modal. *Academia Esbozo* 541: Oraciones modales. Corresponden los adverbios de modo. *Academia Esbozo* 542: La locución modal *como para* seguida de infinitivo indica adecuación a un fin o consecuencia reales o supuestos.
II *m pl* **2** Conjunto de actitudes habituales [de una pers.] en el trato con los demás. *Frec con un adj calificador*. | *Fam* 15.11.70, 3: ¿Puede una buena muchacha presentarse a un joven con su canastito de buenos modales y de candor? **b)** *Sin adj:* Buenos modales. | * A ver si aprendes modales.

modalidad *f* Forma o variante [de algo]. *Tb sin compl, por consabido.* | CBaroja *Inquisidor* 21: La diferencia de criterio quedó como expresión de la modalidad inquisitorial italiana frente a la española. *VozT* 4.10.78, 19: Los atletas talaveranos que consiguieron triunfos en los pasados campeonatos provinciales quedaron a una altura considerable, dado que estaban en inferioridad de técnica y de tiempo en esta modalidad de las pesas.

modalismo *m* (*Rel crist*) Doctrina que considera las personas de la Trinidad como simples modos de manifestarse una única persona divina. | J. Grau *VNu* 14.10.72, 26: Preferimos el énfasis que la Teología Oriental ha puesto en las propiedades peculiares de las personas divinas al larvado modalismo de la Teología Escolástica u Occidental.

modelación *f* Acción de modelar. | GNuño *Escultura* 81: Y en todo ello una gran calidad de escultura mayor de edad, segura de procedimientos y de modelaciones, rotunda y solemne. *SYa* 12.3.89, 41: Gimnasia de modelación muscular con aparatos. Morales *Isabel* 19: Otro aspecto en la formación, en la modelación ascendente del alma de Isabel, es la comprensión vital de los súbditos.

modelado *m* **1** Acción de modelar. *Tb su efecto.* | Marín *Enseñanza* 146: En la distribución semanal de actividades hay solo un espacio en el que se ha de atender a modelado, plegado y recortado. Camón *Abc* 20.8.66, 3: La técnica de su elaboración (el tallista con una azuela va socavando y realzando los rasgos principales) provoca un modelado escultórico que ha revolucionado el arte europeo.
2 Figura modelada. | Delibes *Siestas* 93: Por las paredes, muchos cuadros, bocetos, pequeños modelados de yeso y algunos grabados de plumilla.

modelador -ra *adj* Que modela. *Tb n: m y f, referido a pers; m, referido a aparato.* | Can 4.10.91, 59: Gimnasia modeladora. J. J. Perlado *SAbc* 23.3.69, 19: Es [Rodin] .. el modelador nato. SSolís *Jardín* 172: No lo hace mal .. Como modeladora es muy estimable, pero no trabaja mármol ni madera. Solo arcilla. *Abc* 15.4.58, 56: Adapte a su cuerpo el novísimo modelador masculino Jumar "modelo 1958", el que le hará conservar todo el dinamismo y la línea de la juventud.

modelaje *m* Acción de modelar. *Normalmente fuera del ámbito artístico.* | *País* 4.4.83, 40: Joan Miró le felicitó por el acertado modelaje de sus creaciones confiteras. *Des* 12.9.70, 42: Confía en sus esmerados cuidados en el modelaje facial.

modelar *tr* **1** Formar [una figura (*cd*) en cera, barro u otra materia blanda]. *Tb abs. Tb sin compl* EN. | Angulo *Arte* 1, 16: El procedimiento usual .. es que el artista lo modele [la escultura] en barro o yeso y después la copie en piedra. *ByN* 31.12.66, 58: Plastiline. Nueva pasta para modelar de calidad hasta ahora desconocida. SCantón *Escultura s. XVIII* 257: Los grandes relieves, sobre fondo blanco, desarrollan escenas variadas y graciosas, moldeadas con raro primor. **b)** Dar forma [a una materia blanda (*cd*)]. | Bustinza-Mascaró *Ciencias* 334: Las arcillas llamadas plásticas forman también con el agua una masa plástica, a la que se puede dar la forma que se desee (modelar). **c)** Dar forma [a algo (*cd*)]. *Tb fig.* | Fernández-Llorens *Occidente* 132: La escultura adquiere una mayor perfección técnica y alarga las figuras y las modela de un modo más natural. *País* 7.1.77, 6: La sociedad española contemporánea ha sido modelada, en sus realidades y en sus ausencias, por el conflicto fratricida que estalló hace más de cuarenta años.
2 (*Arte*) Formar en bronce o en mármol]. | GNuño *Arte* 321: Fue llamado [Martínez Montañés] a la corte para modelar el busto de Felipe IV y hacer fiel la estatua ecuestre de Tacca.

modélicamente *adv* De manera modélica. | *IdG* 10.8.75, 27: Las tres sanciones fueron convertidas, modélicamente, por el internacional brasileño.

modélico -ca *adj* Que constituye un modelo [1b]. | Salom *Baúl* 114: Usted boicoteaba nuestra causa, cortejando indecentemente a la modélica esposa de nuestro más eficiente colaborador.

modeling (*ing; pronunc corriente*, /módelin/) *m* (*Cosmética*) Acción de modelar [1c]. | *SYa* 12.3.89, 41: Todos los tratamientos actuales conjuntados: Liposucción .. Modeling.

modelismo *m* Arte o técnica de la fabricación de modelos [4]. | *Ya* 29.4.83, 45: Se establecen dos categorías: una para menores de catorce años .. y otra para mayores de catorce años, que abarca los temas de aviación, modelismo naval, vehículos.

modelista *m y f* Pers. especializada en la fabricación de modelos [2a y b y 4]. | *GTelefónica N.* 701: Isidro Ferradas. Modelista. Taller de modelos para fundiciones. *InA* 8.7.75, 28: La moda en el zapato .. Queda suelta la imaginación de los modelistas e industriales para dar vida a sus creaciones. *Van* 20.12.70, 90: Modelista patronista para moda infantil.

modelización *f* (*E*) Acción de modelizar. | *Libro agrario* 94: De la epidemiología clásica a la modelización sanitaria.

modelizar *tr* (*E*) Establecer el modelo [5] [de algo (*cd*)]. | *Cono* 9.91, 95 (A): El IPCC (Panel Internacional para el Cambio Climático), organismo internacional que estudia los cambios en la climatología y el efecto invernadero, ha modelizado un calentamiento de la Tierra con un aumento medio de la temperatura en el globo de 0,3 grados centígrados.

modelo A *m* **1** Pers. o cosa que se imita o se debe imitar. | Villapún *Moral* 39: Jesucristo, nuestro modelo en la vida. *Ya* 15.4.64, 12: Pida programa con modelo de instancia. **b)** Pers. o cosa perfecta o digna de imitación. *Con un compl* DE *o en aposición.* | PLuis *HLM* 26.10.70, 36: Se mostró seguro y buen estoqueador –su último volapié fue perfecto: un modelo de coraje y buena ejecución–. Lera *Trampa* 1008: A que nos va a resultar Álvaro un marido modelo...
2 Cosa que se concibe y construye o realiza para que sirva de modelo [1a] a otras idénticas o similares. *A veces siguiendo a un n en aposición.* | *GTelefónica N.* 701: Taller de modelos para fundiciones. Modelos de madera, metálicos y plásticos. * Han establecido aquí una granja modelo. **b)** Prenda de vestir que es creación [de un modista o una casa de costura]. *Tb sin compl.* | *Ya* 15.4.64, 7: Vestidos de Enkalene .. Modelos exclusivos. **c)** Clase o variedad [de objetos fabricados según un determinado modelo]. | *GTelefónica N.* 130: Automóviles Valdeón .. Todos modelos. Entrega rápida.
3 Pers. u objeto cuya imagen se reproduce. | Quintanilla *Pintor* 251: Por las noches, estuvo matriculado durante doce años en la Academia de San Fernando, con puntual asistencia a las clases de Modelo del Antiguo, Modelo Vivo y Perspectiva. **b) ~ vivo** → VIVO.
4 Objeto que es reproducción reducida [de otro] y que gralm. funciona como él. *Frec* ~ REDUCIDO. | * Tiene varios modelos reducidos de avión.
5 Esquema teórico [de un sistema o una realidad compleja]. | VMontalbán *Galíndez* 234: La izquierda padece la misma falta de modelos que en cualquier otro lugar de la tierra. *Tri* 15.9.73, 7: Otros países europeos han copiado más o menos el "modelo sueco", y de esta forma hay regímenes parecidos en los países vecinos, Finlandia y Dinamarca, en Bélgica y en Holanda.
B *m y f* **6** Pers. que posa como modelo [3] para algún artista. | L. E. Siles *Abc* 14.11.82, 97: Los modelos consideran distinto posar en un aula llena de gente, que hacerlo en el estudio particular de un artista. **b)** Pers. que actúa como modelo [3] en publicidad. | C. Castroviejo *HLM* 26.10.70, 18: No se trata de un "fulano de tal" o su equivalente femenino, sino del camarero, .. la modelo publicitaria, el extra de cine.
7 Pers. encargada de exhibir creaciones de moda. | CPuche *Paralelo* 437: La mejor manera de juntar fondos para la causa es buscarse una linda modelito, o varias lindas modelitos, y se las pone a traer estupefacientes para los burgueses.

módem (*frec con la grafía inglesa* **modem**) *m* (*Informát*) Dispositivo que transforma señales digitales en otras transmisibles por una línea de telecomunicación, y viceversa. | J. B. Terceiro *Abc* 21.3.88, 43: Cualquier español que disponga de un ordenador personal, software de comunicaciones, un modem, un teléfono, una cuenta y password, puede, a través del News/Retrieval de Dow Jones, seguir las co-

modenés – modernidad

tizaciones en tiempo real de la Bolsa de Nueva York. *Inde* 15.7.90, 10: Compaq SLT/286 y LTE/286 .. Entre sus opciones incluye un teclado numérico, un módem interno de 2.400 bbs, un módulo de almacenamiento externo y una unidad de cinta backup.

modenés -sa *adj* De Módena (Italia). *Tb n, referido a pers.* I *Abc* 11.12.74, 91: El promotor modenés Franco Bertolani se ha declarado dispuesto a organizar el combate.

moderable *adj* Que se puede moderar [1]. I J. P. Campo *Abc* 19.1.75, 65: El frenado de socorro debe permitir detener el vehículo en una distancia razonable en caso de fallo del freno de servicio. Su acción debe ser moderable.

moderación *f* **1** Acción de moderar(se) [1 y 3]. I *Ya* 23.10.74, 26: No es posible una situación estable de precios sin una moderación de las rentas salariales y no salariales.
2 Cualidad de moderado. I Villapún *Moral* 171: La intemperancia consiste en la falta de moderación en el comer y en el beber.

moderadamente *adv* De manera moderada. I SEgea *Abc* 21.5.67, 68: Se instauran así los días buenos de mayo, que al principio se sostendrán moderadamente frescos al soplar los vientos de componente norte. R. Marichalar *Inf* 16.4.70, 24: Quienes más moderadamente viven el prólogo a acontecimientos como la gran final de Sabadell suelen ser los entrenadores.

moderado -da *adj* **1** *part* → MODERAR.
2 Intermedio o no extremado. I *Coc* 12.66, 11: Flamee, raspe y lave los pies de cerdo y cuézalos a fuego moderado. A. Linés *Ya* 19.2.78, 4: Soplarán vientos moderados del Oeste y del Suroeste. **b)** (*Mús*) Moderato. I Casares *Música* 59: Corelli ordena sus movimientos [de la sonata] así: 1º Grave. 2º Allegro en estilo fugado. 3º Moderado. 4º Vivo en estilo fugado u homofónico.
3 [Pers.] que en sus actitudes o comportamiento muestra equilibrio o falta de exceso. I MGaite *Macanaz* 97: Su moderada y maternal amante [de Luis XIV], la beata señora Maintenon, fue manejada hábilmente por los jesuitas. **b)** Propio de la pers. moderada. I * Habla siempre en un tono tan moderado y conciliador que es imposible discutir con él.
4 No extremista. *Esp en política. Tb n, referido a pers.* I S. LTorre *Abc* 2.1.66, 69: En 1958 el Irak nos ofrecía en su catálogo nacionalistas árabes apasionados, que debemos llamar unionistas; .. monárquicos, y socialistas del Baas, divididos .. en moderados e intransigentes. **b)** (*hist*) Liberal conservador. *Tb n, referido a pers. Esp referido al partido que gobernó en España durante buena parte del reinado de Isabel II.* I Vicens *Aproximación* 164: El régimen moderado sucumbió a causa de la falta de grandeza en sus ideales internos y externos. Jover *Historia* 623: En España y en Portugal, la peculiar burguesía que se instala en el poder –"moderados" españoles, "ordeiros" (es decir, amigos del orden) portugueses– habrá de apoyarse nuevamente en el ejército para hacer frente a las revueltas campesinas. **c)** (*hist*) De (los) moderados, o de(l) régimen moderado. I Aranguren *Moral* 119: El "vivir en falso" .. y .. la mercantilización de la vida .. constituyen los rasgos principales de la moral moderada.

moderador -ra I *adj* **1** Que modera [1]. *Tb n m, referido a mecanismo o a sustancia.* I L. Mira *SVozC* 31.12.70, 9: Nasser .. había mantenido una posición moderadora. Alcántara *Ya* 17.11.63, sn: Lo recuerdo todo. Desde el mecanismo moderador del bromuro que se infiltraba en las comidas de un modo subrepticio, hasta la clientela asidua de la cantina. **b)** (*Fís*) [Sustancia] que frena los neutrones emitidos al desintegrarse los núcleos atómicos. *Tb n m.* I A. Villanueva *Abc* 12.9.68, 66: Las reacciones nucleares que tienen lugar en el combustible .. deben mantenerse para sostener la reacción en cadena. Esto se consigue retardando los neutrones emitidos en un material moderador: el grafito, por ejemplo. Aleixandre *Química* 25: Será preciso interponer en la masa de uranio un moderador que les haga alcanzar por choques sucesivos la velocidad óptima de captura antes de chocar con el núcleo escindible próximo.
II *m y f* **2** Pers. que preside y dirige [una reunión, un coloquio o un debate]. I *Ya* 6.5.70, 46: Intervinieron en la sesión de ayer, aparte del propio doctor Flórez Tascón, como moderador, el doctor don Antonio Aznar Reig .., y como ponentes, los doctores Schuller Pérez .. y .. Santa Úrsula.

moderante *adj* (*raro*) Que modera [1]. I Cantarero *ByN* 22.11.75, 6: Después ya hemos visto las declaraciones moderantes de Willy Brandt y la actitud rectificante, en el mismo sentido, de otras figuras de la izquierda democrática.

moderantismo *m* (*hist*) Partido político de los moderados [4b]. *Tb la ideología correspondiente.* I Seco *Abc* 17.12.74, 17: De vez en cuando, como pausa entre combates, surgieron frustrados intentos de síntesis. El primero lo planteó el moderantismo, afanoso de conciliar .. el trono con la libertad. J. M. FUrbina *His* 2.83, 25: Bravo Murillo .., en su papel de portavoz de los sectores más cerriles del moderantismo liberal, se dispuso desde el primer día de su gobierno a recortar aún más al ya precario régimen liberal en nombre de la eficiencia estatal.

moderantista *adj* (*hist*) De(l) moderantismo. I Vicens *Aproximación* 161: En otros aspectos resulta mucho más interesante la actuación de la generación moderantista isabelina.

moderar A *tr* **1** Hacer moderado o más moderado [2 y 3] [algo]. I Ramos-LSerrano *Circulación* 195: Cuando vea la señal de piso deslizante, modere la velocidad. *País* 12.7.77, 12: El Gobierno considera necesario que los salarios moderen sus tasas actuales de crecimiento en un proceso programado, suave y que garantice, en todo caso, el poder de compra de los trabajadores modestos. **b)** Contener o refrenar. *Frec el cd es refl.* I * Modera tus impulsos o te llevarás un disgusto. SVerdeguer *Raz* 2/3.84, 268: Donoso hubo de moderar un tanto a Ríos: cuando indicó que desearía que la cuestión de la tutela estuviera todo el mes de septiembre no había que tomarlo literalmente. Espinosa *Escuela* 73: –Debería callar y desatenderte, Cara Pocha; debería encaminarte hacia lobos o precipicios ..– Luego se moderó y narró con esta parsimonia.
2 Actuar como moderador [2] [de una reunión, un coloquio o un debate (*cd*)]. I *Ecc* 16.11.63, 23: Moderaba aquella sesión.
B *intr* **3** Hacerse moderado o más moderado [2]. *Tb pr.* I Aldecoa *Gran Sol* 74: Soplaba viento duro del suroeste rolando al noroeste y moderando.

moderato *adj* (*Mús*) [Ritmo] moderadamente rápido. I FCid *Piano Brahms* 27: Un Allegro moderato a ritmo de 4/4 se presenta con dobles características de forma sonata y de rondó.

modería *f* (*raro*) Moda [1]. I GPavón *Abc* 19.3.71, 9: En todos estos primeros planos de la memoria aparecía siempre completamente solo, atento a sus atuendos y moderías, saludando muy fino y muy distante.

modernamente *adv* En época moderna [4]. I Alvarado *Botánica* 59: Solo modernamente, gracias al hipermicroscopio o microscopio electrónico, con el cual se logran aumentos de 12.000, 36.000 y aun más diámetros, han podido ser fotografiados [los virus]. **b)** En este tiempo. I *Abc Extra* 12.62, 41: Modernamente, la simple presión del niño desata un mecanismo por el cual el caballo anda.

modernez *f* (*col, desp*) Modernismo [1, 2 y 3]. I P. Pardo *SPaís* 10.4.83, 35: Ahora prefieren que las moderneces no pasen de afeites y los echan a coces en cuanto empiezan a bailar como ellos lo hacen. R. Villacastín *Ya* 14.6.90, 72: La obra fue un éxito de crítica y público. Los trajes de Jesús del Pozo volvieron locas a las mujeres. Una modernez que no gustará.

modernidad *f* **1** Cualidad de moderno. I Castilla *Humanismo* 11: Cualquier intento de prescindir de estos momentos ha llevado consigo la pérdida de la conciencia histórica, el desfase con nuestra propia modernidad, la pérdida del tren de nuestro instante. CBaroja *Inquisidor* 16: No faltan otras con mayores pretensiones de modernidad y de rigor crítico.
2 Cosa moderna [5]. I Pla *Cataluña* 542: Lo que conviene es no caer .. en el confort meramente teórico, en las modernidades y monerías que envejecen con una rapidez espeluznante.
3 Edad Moderna [4b]. I Vicens *Polis* 350: En Padua, cerca de Venecia, se origina una corriente muy importante en la Modernidad: el materialismo de Pomponazzo, que se inspira en el filósofo hispanojudío Averroes.

modernismo *m* **1** Gusto por lo moderno [5]. *Frec con intención desp.* | Alfonso *España* 196: Una tendencia pésima es el modernismo y la extranjerización hueros y superficiales. **2** Cualidad de moderno [5]. *Frec con intención desp.* | Mihura *Maribel* 32: En esta época, a pesar de tanto modernismo, las mujeres son tan decentes como en nuestros tiempos. **3** (*desp*) Cosa moderna [5]. | Suárez *Monedas* 275: –Has dicho "los dioses". (A los otros.) Por lo menos, no es cristiano. –¡Lo que me faltaba: a mi edad con esos modernismos! **4** (*Arte y TLit*) Movimiento artístico y literario de finales del s. XIX y principios del XX, caracterizado por una actitud esteticista y un gusto por lo decorativo y brillante. | J. M. Llompart *Pap* 1.57, 83: Un rápido esquema del desarrollo de la poesía catalana .. podría trazarse así: romanticismo, modernismo, novecentismo, madurez. Tejedor *Arte* 219: A fines del siglo, dentro ya del modernismo .., surge la original personalidad de Antonio Gaudí. **5** (*Rel catól*) Movimiento religioso de fines del s. XIX y principios del XX, que preconiza una nueva interpretación de la doctrina cristiana de acuerdo con el pensamiento moderno y con la nueva exégesis bíblica. | Villapún *Iglesia* 153: San Pío X .. Condenó los errores del modernismo en la encíclica *Pascendi*.

modernista *adj* **1** (*E*) De(l) modernismo [4 y 5]. | ZVicente *Asedio* 14: Es muy acusado el contraste entre el Valle Inclán puramente embarcado en la circunstancia modernista y el subsiguiente. Ridruejo *Memorias* 27: A Unamuno me lo había recomendado el verano anterior, cosa curiosa, un canónigo de Burgo de Osma, algo vencido hacia la heterodoxia, que me hizo leer también las novelas "modernistas" –modernismo religioso, no estético– de Palacio Valdés. **b)** Adepto o partidario del modernismo [4 y 5]. *Tb n.* | GLópez *Lit. española* 587: Poetas propiamente modernistas son Juan Ramón Jiménez .., M. Machado, Villaespesa, Valle Inclán, etcétera. **2** (*raro*) Partidario de lo moderno [5]. | J. Balansó *SAbc* 24.3.74, 21: Los modernistas se mostraron partidarios de acceder a sus deseos. Los conservadores creyeron soñar. **3** (*hoy raro*) Moderno [5]. | Mihura *Maribel* 76: Creen que somos chicas modernistas, que hemos venido de Week-end, y están encantadas, porque dicen que a esta casa lo que le hace falta es mucho "Week-end".

modernizable *adj* Que puede modernizarse. | Torrente *DJuan* 16: Manón no es una figura moderna ni modernizable.

modernización *f* Acción de modernizar. | *Sp* 19.7.70, 41: Se conceden subvenciones para la modernización de viviendas.

modernizador -ra *adj* Que moderniza. *Tb n*, referido a pers. | J. M. Alfaro *Abc* 4.5.75, 50: ¿Qué le condujo a Gasulla .. a recordar a Bioy Casares? .. ¿Lo hizo quizá para demostrar que no desconocía la complejidad de las aventuras modernizadoras –cual en la circunstancia del "monólogo interior"–, aunque prefiriera otras andanzas? J. R. Alonso *Sáb* 1.10.75, 8: Los modernizadores –Olavide y Campomanes .., Ortega y Laín– se dan de bruces contra dificultades que hacen imposible su tarea.

modernizante *adj* Que moderniza o tiende a modernizar. | *Cam* 6.1.75, 12: Desde su vero inicio la Falange tuvo un ímpetu igualitarista y modernizante.

modernizar *tr* Hacer moderno [5] [a alguien o algo]. | J. Rubio *SAbc* 9.2.69, 11: Para bailar las chaconas de Juan Sebastián, como la Ossona, o modernizar a Víctor Hugo, como el Roland Petit. *Sol* 19.9.76, 15: Las ayudas se solicitarán para equipar y modernizar la pequeña y mediana empresa comercial.

moderno -na I *adj* **1** Que existe desde hace poco tiempo. | *As* 7.12.70, 17: Todos habíamos visto esta clase de relojes en grandes formatos murales (aeropuertos, modernas estaciones de ferrocarril, .. etc.). GTelefónica *N*. 888: Faberplast. Fabricados en plástico. Moldeado y manipulado de los más modernos materiales plásticos. **2** [Pers.] que está desde hace poco [en un puesto, un lugar o una situación]. *Tb n. Tb sin compl.* | * Yo soy bastante moderno en la empresa. **3** Que se sitúa cerca en el tiempo, o que ha existido u ocurrido hace pocos años. | * La ampliación de la fábrica es un acontecimiento moderno, de 1950. Ybarra-Cabetas *Ciencias* 165: Era Cuaternaria .. Se distinguen tres períodos: antiguo, medio y moderno. **4** [Tiempo] que abarca el presente. | * En la época moderna han ocurrido las grandes revoluciones. **b)** [Edad] que abarca desde la caída del Imperio Bizantino (1453) hasta la Revolución Francesa (1789) o hasta nuestros días. | Reglá *Historia* 288: El Renacimiento equivale al resurgir de la antigüedad clásica, grecorromana, que inaugura la llamada Edad Moderna en el Occidente europeo. **c)** De la época moderna. | Gambra *Filosofía* 256: Una escuela económica moderna –el socialismo– pretende resolver el problema social mediante la supresión de la propiedad privada. **d)** De la Edad Moderna. | *BOE* 25.4.89, 12070: Se nombra a don Fernando Jesús Bouza Álvarez Profesor titular de Universidad del área de conocimiento "Historia Moderna". **5** De este tiempo o del tiempo de que se habla. | *Alc* 31.10.62, 26: Bailes modernos, cha-cha-chá, rock and roll, twist. CBaroja *Brujas* 133: Durante el Renacimiento tuvo gran vigencia una peculiar mezcla de supersticiones antiguas y supersticiones modernas. **b)** Que está a la altura de su propia época. | Vicens *Polis* 397: Durante el reinado de José I .. hace su aparición en Portugal un político innovador, el marqués de Pombal .., quien de 1750 a 1779 llevó a cabo gran número de reformas de todo orden, procurando convertir el país en un Estado moderno y progresivo.

II *loc adv* **6 a la moderna.** A la manera moderna [4c y 5]. *Tb adj.* | * En la segunda parte el personaje aparece vestido a la moderna.

modern style (*ing; pronunc corriente,* /módern-estáil/) (*Arte*) I *m* **1** Modernismo [4]. | GNuño *Arte s.* XX 31: El modernismo. Con esta fea denominación, que tantos desagradables equívocos acarrea en labios de personas poco enteradas de cuestiones artísticas, se conoce en castellano al estilo que en otros países se denominó "Art Nouveau", "Modern style" y "Jugendstil".

II *adj* **2** Modernista. *Tb fig, fuera del ámbito artístico.* | J. Castro *SInf* 3.1.74, 11: Es un espectáculo expositivo no frecuente .. Un espectáculo de arte "modern style", de arte funcional, de arte "racional", de arte "kitsch".

modestamente *adv* De manera modesta. | M. Pizán *Mad* 29.4.70, 14: Me parece que .. había que intentar aclarar algunas cosas. Modestamente, espero haberlo podido conseguir.

modestar *tr* (*raro*) Dar carácter modesto [a algo (*cd*)]. | Zunzunegui *Camino* 526: El seminario educa y conforma hasta físicamente; disciplina la mirada, la modesta y la hace cauta.

modestia I *f* **1** Cualidad de modesto. | Alarcos *Abc* 1.12.87, 3: Él, con modestia simpar, se consideraba solo humilde neogramático. Delibes *Cinco horas* 77: Más vale una modestia digna que un confort alcanzado a cualquier precio. DPlaja *Sociedad* 52: Los bailes son malísimos porque el movimiento está en contra de la dignidad, sobre todo de la modestia con que debe mostrarse cualquier dama.

II *loc adv* **2 en su** (**mi, nuestra,** *etc*) **~.** (*col*) Modestamente. *Usado como fórmula de cortesía.* | *Tri* 5.12.70, 34: Uno, en su modestia, opina que en vez de crear dificultades disuasorias en el centro (grúas, zona azul, multas), sería mejor acometer .. grandes vías de circunvalación.

modesto -ta *adj* **1** Humilde o falto de engreimiento. | *VozC* 12.1.55, 3: –No desorbite uste[d] "mi cosa". No me gustaría mucha publicidad.– Y es que Matías Tejela Fragoso .. es modesto integral. Muy modesto. **2** De posición social o económica relativamente baja. *Tb n, referido a pers.* | GPavón *Hermanas* 29: Llenaban el coche gentes modestas en su mayor parte. Cossío *Abc* 26.8.66, 9: Afirmando una personalidad que llegaba a los modestos y a los encumbrados. **3** De poca categoría o importancia. *Frec antepuesto al n.* | PCarmona *Burgos* 221: Hasta el modesto entallador del claustro alto de Silos, llamado probablemente Domingo, tiene un imitador. *Sp* 19.7.70, 35: Era completamente normal verle .. salir el modesto piso que ocupó tantos años. E. La Orden *SYa* 30.3.75, 4: Están a la vista las ruinas de León Viejo ..; unas ruinas modestísimas, de ladrillos y adobes. **b)** *Antepuesto al n, se emplea frec en frases de cortesía para re-*

modicidad – modo

ferirse a las cosas de uno mismo. | M. Aguilar *SAbc* 9.11.69, 54: En mi modesta opinión, .. puedo asegurar que los comas por año, en ellos, pueden contarse con los dedos de una sola mano.
4 Moderado o discreto. | *GacNS* 11.8.74, 3: Realismo financiero: las soluciones que se proponen son relativamente modestas.
5 (*hoy raro*) Honesto y recatado. *Referido esp a mujer.* | *Economía* 323: Para ir en bicicleta es muy conveniente el uso de la falda-pantalón, que, conservando la línea y gracia femenina, permite toda serie de movimientos. Nunca se arrepentirán las muchachas de ser modestas.

modicidad *f* (*raro*) Cualidad de módico. | Merceder-DOrtiz *HEspaña* 4, 102: El abate .. se quedó estupefacto al ver que se le acercaban militares no mal portados a solicitar un pequeño donativo; cuando les reprochó su conducta, se excusaron con la modicidad de sus pagas.

módico -ca *adj* Moderado o no extremado. *Gralm referido a precio o cantidad de dinero.* | CNavarro *Perros* 72: Unos, llevados por la lástima, y otros, por la comodidad y lo módico del precio, accedieron a cambiar a sus hijos de colegio. CBonald *Noche* 302: Simulaba mirar con módica atención los boneteros del jardín.

modificable *adj* Que se puede modificar [1]. | Marín *Enseñanza* 291: El desarrollo conseguido .. obedece a condiciones naturales que unas veces son modificables y muchas no.

modificación *f* Acción de modificar(se). *Tb su efecto.* | Ybarra-Cabetas *Ciencias* 261: Las hojas pueden sufrir numerosas modificaciones. Amorós-Mayoral *Lengua* 128: Cuando [el adverbio] modifica a un verbo y la modificación es de lugar, tiempo, modo o cantidad, el adverbio funciona como un complemento circunstancial del verbo.

modificador -ra *adj* Que modifica. *Tb n.* | Valcarce *Moral* 22: Estas circunstancias modificadoras del obrar humano se llaman impedimentos. Borrás *MHi* 7.68, 70: –¡Olé! –gritaban las comparsas contratadas para los olés. –¡Ollé! –repetían los extranjeros, modificadores del idioma de las plazas.

modificante *adj* Que modifica. | Gambra *Filosofía* 183: El proceso del acto voluntario puede sufrir influencias modificantes que oscurecen su libertad. Lapesa *HLengua* 52: El orden vulgar prefería situar juntas las palabras modificadas y las modificantes.

modificar *tr* **1** Alterar o cambiar [algo], sin afectar a la esencia. | Ybarra-Cabetas *Ciencias* 32: Al formarse el cristal, si sobre la materia en que lo constituye obran fuerzas capaces de modificarlo en un punto, tal modificación ocurrirá en todos los puntos que tengan idénticas propiedades físicas y geométricas. **b)** *pr* Alterarse o cambiarse [algo]. | Bustinza-Mascaró *Ciencias* 241: Los órganos esenciales de la flor, estambres y carpelos, .. son hojas modificadas a las que se les da el nombre de hojas florales.
2 (*Gram*) Servir de adjunto o complemento [una palabra a otra]. | Amorós-Mayoral *Lengua* 128: Cuando [el adverbio] modifica a un verbo y la modificación es de lugar, tiempo, modo o cantidad, el adverbio funciona como un complemento circunstancial del verbo. Lapesa *HLengua* 52: El orden vulgar prefería situar juntas las palabras modificadas y las modificantes .. Tras un lento proceso, el hipérbaton acabó desapareciendo en la lengua hablada.
3 (*raro*) Moderar o limitar. | Villapún *Moral* 60: Los remedios contra la gula son: considerar los pésimos efectos de la gula en el cuerpo y en el alma; modificarse al comer.

modificativo -va *adj* Que modifica o sirve para modificar [1]. | Ybarra-Cabetas *Ciencias* 31: Algunas formas primitivas pueden originar formas derivadas por ciertos procesos modificativos. Valcarce *Moral* 59: Las circunstancias modificativas de los actos humanos pueden también anular la obligación, suspenderla o atenuarla.

modificatorio -ria *adj* Que modifica [1]. | *Abc* 31.7.76, 12: La Comisión de Defensa Nacional de las Cortes Españolas ha aprobado la moción modificatoria de varias leyes referentes a diferentes grupos y escalas de las Fuerzas Armadas.

modillón *m* (*Arquit*) Saliente que sostiene o simula sostener un alero o cornisa u otro elemento volado. | GNuño *Madrid* 36: Suntuosa cornisa de modillones en parejas sosteniendo, muy en voladizo, el balaustre.

modio *m* (*hist*) Medida romana y medieval de capacidad, esp. para áridos, equivalente a 8,75 l. | Cruz *Torres* 28: Pagaba, además, todo el concejo 18 modios (celemines) de cebada. Torbado *Peregrino* 438: Contenían [las cubas], juntas las dos, modios de vino suficientes como para saciar a todos los sedientos.

modis *f* (*hoy raro*) Modistilla. | DCañabate *Andanzas* 183: Las modis nunca dejaban de ser pueblo; en cambio, las segundas tiples en seguida adoptaban usos y costumbres del señoritismo. GSerrano *Macuto* 265: Madrid quedaba lejos o, sin embargo, estaba cerca, "apretao", como las "modis" esas de los chotis castizales.

modismo *m* Expresión o sintagma fijos, propios de una lengua. | *Pap* 1.57, sn: En este *Diccionari* .. se dan .. modismos y refranes explicados. Ras *Abc* 1.12.70, 56: A los españoles de España .. les resultan extrañas y a veces ridículas las maneras de hablar, los modismos característicos de estas regiones de América.

modista *m* y *f* Pers. que tiene por oficio hacer ropa de vestir de mujer o de niño. | Laiglesia *Tachado* 94: Desde el principio de la guerra nadie había podido encargar a sastres y modistas galas nuevas. Cunqueiro *Un hombre* 21: Y así entró Eusebio en los consejos y archivos, después de pasar un mes en la casa de una modista de niñas. **b)** Creador de moda femenina. | Tono *Sem* 20.12.69, 17: Los modistas españoles .. van ganando terreno día a día en el mercado internacional.

modistería *f* **1** Oficio de modista. | DCañabate *Paseíllo* 29: Sus dos hermanas mayores ya ganaban sus jornalitos, la una en la modistería y la otra con la plancha.
2 Conjunto de prendas de vestir de mujer o de niño. | *Lab* 2.70, 37: Los ojales llamados de lencería suelen hacerse con una presilla a cada lado, mientras que los que se emplean para modistería se hacen con una sola.

modisteril *adj* De las modistas o los modistas. | Ballesteros *Abc* 31.10.70, 3: De París vienen la cosmética, la corsetería, las más exquisitas creaciones del mundo modisteril.

modistilla *f* (*hoy raro*) Aprendiza u oficiala de modista [1a]. | Laiglesia *Ombligos* 157: Una modistilla quiso llamar a un gendarme para librarse de él.

modisto *m* Modista, *esp* [1b]. | FReguera-March *Fin* 228: Todos sus paseos terminaban, invariablemente, en la rue de la Paix, sede de los grandes modistos.

modo I *m* **1** Circunstancia variable en que se produce o puede producirse un hecho. | Olmo *Golfos* 111: El cajón cayó de tal modo que el ruido que hizo nos pareció igual que el que hacen las bombas al estallar. Arce *Testamento* 15: Era molesto sentirse observado de aquel modo. Escrivá *Conversaciones* 149: Es necesario un estatuto que regule el modo de que esta tarea se realice con eficacia. **b)** ~ **de ser.** Carácter [de una pers.]. | * Cada cual tiene su modo de ser.
2 Actitud externa respecto a los demás. *Normalmente en pl y con un adj calificador.* | CBaroja *Inquisidor* 54: El muchacho fue a dar las gracias al gran inquisidor, quien con rostro y modos cariñosos se limitó a decirle: "¡Hola, muchacho! ¿Conque ves esos libros? Pues ¡cuidado!". *Cua* 4.12.76, 28: Más de treinta chicas de dieciocho a veinte años han sido despedidas de malos modos por los ejecutivos franceses que dirigen en España la empresa Venca. **b) mal ~.** (*raro*) Comportamiento indebido o descortés. | CSotelo *Muchachita* 269: –En "La Voz de la Democracia" cada día se nos recuerda lo del indio Jocamozú. –¿Qué fue eso? –Un mal modo que hubo, al parecer, en mil quinientos cuarenta y cuatro de parte del capitán Oria, y del que salió empitonado el indio Jocamozú.
3 (*Gram*) Actitud del hablante ante el hecho significado por el verbo. | Amorós-Mayoral *Lengua* 80: Puede [el verbo] variar de forma para expresar el número, la persona, el tiempo y el modo. **b)** Forma o conjunto de formas que expresan un modo. | Academia *Esbozo* 253: La flexión comprende tres modos verbales: indicativo, subjuntivo e imperativo. El indicativo comprende cinco tiempos simples .. El subjuntivo, tres tiempos simples.

4 (Gram) Locución. *Seguido de los adjs* ADVERBIAL, PREPOSITIVO *o* CONJUNTIVO. | Alonso *Lengua* 165: Hay gran número de adverbios constituidos por frases llamadas locuciones o modos adverbiales.
5 (Mús) Disposición de los intervalos dentro de una escala. | Casares *Música* 32: Los griegos son los que inventan los ocho modos .. El Gregoriano va a tomar estos modos.
6 (Filos) Tipo de silogismo, dependiente de la naturaleza de las proposiciones que lo componen. | Gambra *Filosofía* 57: Si se hacen con estas cuatro clases de proposiciones todas las combinaciones posibles en las tres proposiciones de un silogismo, resultan sesenta y cuatro modos diferentes para cada figura del silogismo.
7 (Der) Encargo unido a una donación que obliga al adquirente. | *Compil. Cataluña* 771: El albaceazgo universal de realización de herencia facultará al albacea para vender bienes .., pedir el cumplimiento de los modos, pagar legítimas.
8 un a ~ de + *n* – UNA ESPECIE DE | *el mismo n.* | Gambra *Filosofía* 91: Comprender algo es, como veremos, una a modo de iluminación de su forma que realiza el entendimiento.
II *loc v* **9 no haber ~.** (col) No ser posible [algo (DE + infin o DE QUE + subj)]. *A veces sin compl.* | MSantos *Tiempo* 225: Tuvo que resignarse y llevarlas a la verbena. Para verbenas estaba él. Pero no hubo modo.
III *loc adv* **10 a mi (tu,** *etc*) **~.** Según mi (tu, etc.) propio estilo o costumbre. | Olmo *Golfos* 28: Ya en la orilla, descansan a su modo.
11 a mi (tu, *etc*) **~ de ver.** En mi (tu, etc.) opinión. | N. Luján *Sáb* 31.5.75, 3: Ello tiene, a nuestro modo de ver, una causa.
12 a ~. (col) Adecuadamente, o como debe ser. *Tb adj. Frec con intención ponderativa.* | Salvador *Atracadores* 18: Contestar a modo significaría un esfuerzo demasiado grande. CBonald *Noche* 148: Habrá que dar una batida a modo por toda esa parte de la Mirandilla. Cela *Viaje andaluz* 282: El vagabundo, como no fue reprendido por abusar (señal de que no abusaba), aprovechó para hartarse y se puso la barriga a modo. **b)** Mucho o intensamente. | Cela *SCamilo* 397: La señora .. a quien la Amanda quemó la cara .. no se le borra la cicatriz, se conoce que el café estaba muy caliente y le alcanzó a modo. Aristófanes *Sáb* 5.4.75, 45: A lo mejor será que aquí el personal se lo pasa fenómeno .. durante todo el año, y para compensar .. se arrean estopa y se jiban a modo durante la Semana Santa.
13 de cualquier ~. Sin ningún esmero. | * Aquí lo hacen todo de cualquier modo, y así funciona todo tan mal.
14 de cualquier ~, *o* **de todos ~s.** Sea como fuere o en cualquier caso. | * Entiendo tus razones; pero, de cualquier modo, debo irme.
15 de ningún ~, *o* (lit) **en ~ alguno.** Se emplea, siguiendo al v, como refuerzo enfático de un enunciado negativo; precediendo al v, como negación enfática. *Tb sin v, respondiendo negativamente a una pregunta.* | Laforet *Mujer* 315: –¿Tiene usted prisa, padre? –De ningún modo. Forges *Forges* 43: Según la estadística oficial, al 96,72 por ciento no le interesa en modo alguno la política.
16 de otro ~. De no ser así. | * Habrá que ir; de otro modo se sentirá ofendido.
17 en cierto ~, *o* **de algún ~.** Parcialmente o en algún aspecto. | A. Montero *Ecc* 15.12.62, 22: Se da, en cierto modo, en la Iglesia el mismo carácter. *Abc* 3.12.70, 22: Fuerzas de la Policía están rastreando diversas zonas guipuzcoanas que .. podrían estar de algún modo relacionadas con el secuestro del cónsul alemán en San Sebastián.
IV *loc prep* **18 a ~ de.** Como, o en calidad de. | Bermejo *Estudios* 82: Para cumplimentar las primeras diligencias, a modo de sumario, se dio comisión a un alcalde de corte, que empezó sus pesquisas. Arce *Testamento* 100: Le vi cómo se ponía las manos a modo de visera y atisbaba los alrededores.
V *loc conj* **19 del mismo** (*o* **de igual) ~ que.** Introduce la enunciación de un hecho paralelo que ayuda a explicar o justificar lo que pralm se desea exponer. | Laiglesia *Tachado* 18: Del mismo modo que en los parques se ponen carteles que ordenan "Respetad las plantas", pondría otros en las calles que ordenasen: "Respetad a los hombres".
20 de ~ que. Y por tanto. *Seguido de v en ind. Expresa consecuencia del hecho que acaba de enunciarse. Tb* (pop) DE ~ Y MANERA QUE *y* DE ~ ES QUE. | * Las autoridades detuvieron a los organizadores, de modo que el acto no pudo celebrarse.
21 de ~ que. De la manera adecuada para que. *Seguido de v en subj.* | Medio *Bibiana* 14: Marcelo dobla la almohada hacia adelante, de modo que le permita sostener la cabeza en alto.

modorra *f* **1** Somnolencia. *Tb fig.* | APaz *Circulación* 151: El calor favorece la modorra. MGaite *Usos* 75: *La Codorniz* había cosechado tantos adictos en un amplio sector de la juventud ansiosa de estímulos contra la modorra, como detractores entre la gente que tenía a gala tomarse la vida en serio.
2 Cenurosis (enfermedad del ganado). | E. Carmona *Hoy* 17.9.76, 18: A veces hay que llegar al sacrificio forzoso, tal es el caso de la cenurosis de los ovinos (vulgarmente modorra).

modorrera *f* (reg) Modorra [1]. | Moreno *Galería* 61: El sol les producía una especie de modorrera –los pastores decían que el rebaño se "aturraba"–.

modorrez *f* (raro) Cualidad de modorro [2]. | E. Chamorro *Tri* 15.5.71, 27: El paulatino conocimiento de la general modorrez, superficialidad y desidia de sus contemporáneas .. le llevó a una actitud escéptica y amargada con respecto al verdadero valor de las mismas [las mujeres].

modorro -rra I *adj* **1** Que tiene modorra. | GPavón *Reinado* 222: Plinio oía hablar a sus contertulios un poco distante y modorro. El cansancio y sus meditaciones lo tenían fuera del corro. Berlanga *Gaznápira* 115: Lo encontrasteis en lo que fue carnicería municipal, desollando una oveja modorra con la soltura de quien quita un jersey mojado.
2 Atontado. *Tb n, referido a pers.* | Berlanga *Recuentos* 11: Era ya noche cerrada cuando desperté en la cama de la Abuela, la cabeza modorra y las entrañas aún rebullendo, pero más aliviadas tras la vomitera. R. Villacastín *SSe* 6.6.93, 106: Cada vez que oigo decir eso de que detrás de cada hombre importante hay una mujer inteligente, no puedo por menos que pensar en la cantidad de modorros que hay por esos mundos de Dios.
3 [Fruta] que pierde el color y empieza a fermentar. | * Estas peras están modorras.
II *m* **4** (reg) Jarro para vino. | Escobar *Itinerarios* 45: Apurar la jarra o el modorro, trago va y trago viene.
III *loc v* **5 cogerla modorra.** (reg) Ponerse pesado. | Delibes *Cinco horas* 143: Hijo de mi alma, que la has cogido modorra con el dinero.

modosamente *adv* De manera modosa. | F. Mugueta *Abc* 18.10.73, 21: De pronto, llama Juan, modosamente, en una casita de las afueras.

modosidad *f* Cualidad de modoso. | SSolís *Camino* 15: Ni siquiera cuando acudía con la niñera al vecino parque de San Lorenzo se atrevía Carmina a descuidar las cortapisas propias de su condición y sexo, y procuraba portarse con modosidad y recato.

modoso -sa *adj* Que guarda compostura. *Tb* (lit) *fig. Frec en la forma* MODOSITO, *a veces con intención irónica.* | Pemán *MHi* 72.8.68, 11: No creo deba darse por resuelto que los hispano-americanos son como unos "niños terribles" frente a unos niños modositos del Norte. Cela *Pirineo* 306: La iglesia de San Juan Bautista de Bohí es más modosa y sin afeites.

modulable *adj* Que se puede modular[1]. | *Abc* 6.11.74, 2: 4.500 m^2 disponibles de oficinas diáfanas .. Techos modulables con iluminación. *País* 8.10.76, 38: Urbis: Oficinas y locales (modulables).

modulación *f* Acción de modular[1]. *Tb su efecto.* | LIbor *SAbc* 17.11.68, 11: La libertad de la persona se fragua en su interior, en la modulación creadora de sus ardores íntimos. GNuño *Escultura* 152: El heroísmo y las virtudes cívicas y guerreras no han de ir necesariamente aparejados con las mejores modulaciones estéticas. Mingarro *Física* 179: Modulación. Radiotelefonía. A la onda fundamental producida por el circuito oscilante entretenido se superpone la onda sonora transformada en impulsos eléctricos por un micrófono ..; ambas se componen para dar una onda llamada modulada. RÁngel *Música* 51: Uno de los procedimientos más usados en la música tonal es el de la modulación, que es el paso desde una tonalidad establecida a una nueva. **b) ~ de amplitud.** (Radio) Variación de la amplitud de las ondas

modulado - modus vivendi

portadoras de acuerdo con la amplitud de la señal, manteniendo constante la frecuencia. *Tb el sistema que la utiliza.* | *SYa* 10.11.63, 24: Este fono-radio portátil de 11 transistores, de modulación de amplitud y modulación de frecuencia .. es un artículo muy reciente. **c) ~ de frecuencia.** (*Radio*) Variación de la frecuencia de las ondas portadoras de acuerdo con el potencial de la señal, manteniendo constante la amplitud. *Tb el sistema que la utiliza.* | *SYa* 10.11.63, 24: Este fono-radio portátil de 11 transistores, de modulación de amplitud y modulación de frecuencia .. es un artículo muy reciente.

modulado -da *adj* **1** *part* → MODULAR[1].
2 [Frecuencia] **modulada** → FRECUENCIA.
3 Que se presenta en módulos [2a]. | *GTelefónica N.* 248: La Compañía de Maderas, S.A. Cercos desmontables. Carpintería modulada. Trabajos especiales. *GTelefónica N.* 889: Plastiplex. Elementos modulados para clasificación y archivo. Envases.

modulador -ra *adj* Que modula[1]. *Tb n m, referido a dispositivo.* | Laín *Marañón* 209: En la persona de Marañón cobraron realidad la libertad de aceptación, la libertad de creación fáctica y la libertad de creación moduladora. *Ya* 6.5.70, 46: En la eminencia media del hipotálamo se puede afirmar que existen factores superhormonales moduladores de hormonas. *Ya* 25.9.82, 23: Nuevo coche eléctrico basado en el Panda .. Está equipado con baterías de plomo de 220 voltios y un motor de siete kilovatios, frenado regenerativo y control mediante chopper y modulador.

modulante *adj* (*Mús*) Que modula [4]. | Casares *Música* 100: Introducción: modulante; a) I tema: en el tono principal; b) puente: modulante; c) II tema: en un tono vecino.

modular[1] **A** *tr* **1** Emitir o producir [un sonido o una melodía] dándole la entonación adecuada. | Buero *Fundación* 153: Lino modula, muy quedito, sus canturrías. Cunqueiro *Crónicas* 150: El sochantre pasó de jueves a sábado .. modulando una serenata que se llamaba en el papel "Laura sorride".
2 Ajustar a un módulo [1] u organizar con arreglo a un módulo [1]. | Halcón *Ir* 67: No sabrá que para mí están todas [las mujeres] en el cuerpo de una niña. Que es la que modula para mí a las demás mujeres. *Reforma* 161: Las actuaciones de los equipos psicopedagógicos se modulan, principalmente, según cuál sea la etapa educativa sobre la que se proyecta su intervención. **b)** Adaptar o regular [algo] a voluntad. | *ByN* 9.12.90, 131: ¿Por qué no me compro una cadena *midi* de JVC? Con su especial sistema de ecualización podré modular el sonido a mi gusto. **c)** Dar forma [a algo (*cd*)]. | *Ya* 27.5.87, 30: La biotecnología .. es una ciencia tan vieja como la civilización .. Lo nuevo es su intento de optimizar o modular de una forma consciente las características de los organismos vivos para fines bien definidos, en lugar de esperar pacientemente dentro de un proceso evolutivo a que sea la propia naturaleza la que efectúe tal modulación.
3 (*Electr*) Modificar [una corriente eléctrica, una onda o alguna de sus características, esp. la frecuencia]. *Tb abs.* | Mingarro *Física* 181: La onda producida en ese instante se verá modulada por la superposición del impacto producido por la célula fotoeléctrica. G. Lorente *Abc* 9.4.67, 18: Desempeñan en los circuitos de los aparatos electrónicos las mismas funciones que las clásicas válvulas o lámparas de radio. O sea, amplificar, rectificar, oscilar, modular.
B *intr* **4** (*Mús*) Cambiar de tonalidad. | RÁngel *Música* 52: Los procedimientos tradicionales exigían que después de modular se reposara nuevamente, al terminar, en la tonalidad de origen.

modular[2] *adj* De(l) módulo [1 y 2]. | MGalván *Tri* 7.2.70, 45: Lo que nos ofrece Tomás García es una ideología modular. La posibilidad de una interdependencia de formas, basada en una confluencia rítmica y en una equivalencia dimensional. *Abc* 20.4.75, 70: Prefabricados Modulares necesita persona responsable para sección de montajes, con dotes de mando.

modularidad *f* **1** Cualidad de modular[2]. | *Ya* 2.11.88, 20: El edificio .. va aumentando el papel activo, convirtiéndose en una máquina que debe acumular un complejo de servicios, garantizando eficacia, seguridad, modularidad y flexibilidad.
2 (*Informát*) Posibilidad de modificar componentes individuales dejando inalterado el resto. | *SD16* 27.2.91, 36: Pascal, PL-M, C. Son lenguajes de alto nivel, muy estructurados, en los que es posible utilizar programas como parte de otros programas permitiendo una gran modularidad.

modulatorio -ria *adj* (*Mús*) Que sirve para modular[1] [4]. | Valls *Música* 36: La música .., al no estar conformada por el sistema de contraste de tonos propi[o] de la tonalidad y al carecer, en consecuencia, de nuestra función modulatoria, resulta (es) monótona. GAmat *Conciertos* 110: La riqueza armónica desemboca en un juego modulatorio que, fuera de la línea melódica, es el más efectivo elemento de variedad.

módulo *m* **1** Medida que convencionalmente se toma como norma o regla. *Tb fig.* | Angulo *Arte* 1, 15: La medida que se usa para fijar las proporciones de los elementos arquitectónicos y de la totalidad de la obra es el módulo. En la arquitectura de tipo clásico ese módulo es el radio del fuste en su parte inferior. *SVozC* 25.7.70, 7: Hemos hallado dos módulos distintos de cornisas. Valls *Música* 35: El racionalismo inherente a la conciencia europea determinó que .. aplicara sus módulos mentales a la estimación de las manifestaciones culturales de los pueblos donde arriba[b]a. Albalá *Periodismo* 103: Una noticia hipertrofiada evidencia siempre el índice de calidad de un periódico. Y el módulo es, en todo momento, el interés general, no el privado y patológico de determinados grupos de lectores.
2 Elemento, esp. construcción o mueble, que, siendo independiente, está concebido para formar serie o conjunto con otros. | *Inf* 27.5.70, 36: Participan .. 151 firmas editoriales, .. las cuales ocupan los 205 módulos o casetas instaladas. *Ya* 21.3.75, 4: Gran oferta de muebles en marzo .. Gran variedad en módulos. Lacados en blanco y azul y en otros colores. **b)** Elemento que forma parte de un vehículo espacial y que puede operar independientemente. | *VAl* 21.7.76, 17: El "Vikingo I", separado el módulo orbital del módulo descendente y entrado en las capas altas de la atmósfera del planeta [Marte] a unos 250 kilómetros de altura, entró en "[a]terrizaje" fue frenado por ocho cohetes. **c)** (*Enseñ*) Unidad educativa de las que constituyen una serie o un conjunto. | *Reforma* 127: Estos programas formativos estarán constituidos por créditos o unidades didácticas, convalidables tanto para seguir otros módulos profesionales como para cursar el Bachillerato.
3 (*Fís*) Coeficiente [de una determinada propiedad]. | Mingarro *Física* 85: El módulo de elasticidad es una constante característica de cada sustancia, que expresa la fuerza que sería preciso ejercer sobre un alambre para que se alargase hasta longitud doble.
4 (*Mat*) Cantidad que expresa la longitud [de un vector]. | Mingarro *Física* 154: Lo corriente es tomar para módulo del vector, no el valor máximo de la amplitud, sino el valor eficaz.
5 (*Mat*) Valor absoluto [de un número complejo]. | Mingarro *Física* 155: El módulo del producto de dos complejos es igual al producto de sus módulos.

modus *m* (*Ling*) Actitud manifestada por el hablante frente al contenido de su enunciado. | Academia *Esbozo* 454: En varias ocasiones hemos distinguido el contenido de lo que se dice (*dictum*) de cómo lo presentamos en relación con nuestra actitud psíquica (*modus*).

modus operandi (*lat; pl invar*) *loc n m* Manera particular de actuar. | Goytisolo *Recuento* 587: La reunión fue propuesta por los socialistas, a fin de establecer un modus operandi, como dijo su enlace, de cara al boicot a los transportes públicos que se preparaba.

modus vivendi (*lat; pl invar*) *loc n m* **1** Acuerdo o solución transitoria entre partes en litigio. | Torrente *Pascua* 280: Hemos llegado a un *modus vivendi*. Él prepara la comida y yo la cena. Así podemos mantener la independencia. J. M. Massip *Abc* 17.8.65, 25: Establecer un "modus vivendi" nacional entre los ciento ochenta millones de blancos y los veintitantos millones de negros.
2 Medio de ganarse la vida. *Frec con intención desp.* | Miguel *Perversión* 54: La gente del común ha decidido que *modus vivendi* es algo así como "manera de vivir", o mejor, "manera que tiene uno para ganar un dinero".

mofa f Burla que expresa desprecio. | Ferres-LSalinas *Hurdes* 111: –¡Qué cosas cuenta Palomares! –dice el joven con mofa. –Usted ríase .. La naturaleza tiene muchos misterios.

mofar A *intr pr* **1** Hacer mofa [de alguien o algo]. | DPlaja *El español* 40: Don Luis se mofa de su humillación. **B** *tr* **2** (*lit, raro*) Hacer mofa [de alguien o algo (*cd*)]. | Ribera *Misal* 1662: Es mofado [Jesús] como falso rey.

mofeta f **1** Mamífero carnicero de pequeño tamaño, que, al verse amenazado, lanza un líquido fétido segregado por sus glándulas anales (*Mephitis mephitis*). *Tb se da este n a otras especies de los géns Mephitis y Spilogale*. | Chamorro *Sin raíces* 209: La calumnia es un gusano rastrero que por donde pasa va dejando un nauseabundo olor de mofeta.
2 (*Geol*) Emanación de gas carbónico que se produce en las regiones volcánicas. | Ybarra-Cabetas *Ciencias* 143: Mofetas. Son emanaciones de gas carbónico, a veces mezclado con vapor de agua.

moflete m Carrillo gordo y abultado. *Gralm en pl.* | Payno *Curso* 161: Era un niño pequeño, regordito, con mofletes y gafas.

mofletudo -da *adj* Que tiene mofletes. | Laiglesia *Tachado* 41: Tampoco estaba obligado a tener un perfil borbónico, puesto que no era Borbón, hecho que le permitía ser chato y mofletudo.

moflo m (*reg*) Capa esponjosa de musgo o algas. | M. Castanedo *Ale* 22.8.87, 14: El moflo no permite la oxigenación adecuada de la playa, provocando la muerte de moluscos existentes bajo la arena.

mogataz *adj* (*hist*) [Moro] que sirve como soldado de España en los presidios de África. *Tb n.* | Areilza *Abc* 6.12.70, 3: La iglesia en que se venera Nuestra Señora de Francia, cuya imagen no había llegado allí con los expedicionarios franceses de Carlos X, sino ... quizá en tiempo de los mogataces de Cisneros.

mogate. de medio ~. *loc adv* (*reg*) Con descuido o de mala manera. | * Hace las cosas de medio mogate.

mogentino -na *adj* De Mogente (Valencia). *Tb n, referido a pers.* | L. Gorques *Lev* 12.8.77, 25: Durante todo el curso del encuentro pusieron de manifiesto el entusiasmo que reina en toda la juventud mogentina por este deporte tan valenciano.

mogol -la (*tb se usa la forma* MOGOL *para el f*) *adj* Mongol. *Tb n.* | Angulo *Arte* 1, 455: La extensión del poderío mogol al norte de la India crea una nueva provincia del arte islámico persa. Vicens *Universo* 366: Desde el siglo III el Norte de China ha estado continuamente amenazado por los pueblos de la estepa (turcos, mogoles, manchúes). *Agromán* 125: Las familias de lenguas son muy ricas: las indoeuropeas, .. turcas, mogoles. RAdrados *Lingüística* 598: En mogol el imperfectivo tiene variantes según el deseo del que habla.

mogólico -ca *adj* Mongólico. | Vicens *Universo* 358: Habitan Indochina pueblos de raza mogólica, emparentados con los chinos, que durante la Edad Media crearon singulares culturas. Torrente *Señor* 43: Quizá Pueblanueva no fuese tan medieval como siempre había creído, a pesar de todos aquellos rostros, casi mogólicos, que llenaban la plaza.

mogollón (*col*) **I** m **1** Cantidad grande. *Frec sin art.* | SPaís 4.10.81, 39: Yo comencé tragando caballo blanco de Amsterdam, un mogollón, y los pedos eran monumentales. Mendoza *Gurb* 120: ¿Qué alternativa le ves? Bueno, pues quedarnos en este [planeta]. ¿Y hacer qué? Uf, mogollón de cosas. **b)** Masa o montón de gente. *Frec en la constr* EN ~. | Umbral *Gente* 232: Allá que nos vamos, en mogollón, a verla bailar desnuda.
2 Lío o jaleo. | *Cam* 26.10.81, 10: Alfonso Cabeza hablaba, como es habitual, por los codos, pero nadie le escuchaba por el mogollón reinante. J. M. Ullán *SPaís* 28.6.81, 53: Se resigna a ser suave, a ir de compras, arreglar el piso y todo el mogollón clásico. Umbral *País* 21.6.83, 29: Los niños de la guerra .. somos nosotros, o sea que estamos aquí mismo, los que nacimos cuando el mogollón. **b)** Confusión o complicación. | ASantos *Bajarse* 63: Menudo jaleo con mi padre, chica. Está rarísimo. Serio, formal... Estuvo una hora ahora preguntándome por todo. Yo no sé qué decirle. Menudo mogollón. Oliver *Relatos* 77: La otra bostezando .., diciendo que aquella noche no era la suya, ¡ni la nuestra, no te jode con la tía!, un mogollón de puta madre, que no sabíamos qué hacer ni qué decir.
II *adv* **3** Muchísimo. | MGaite *Nubosidad* 370: Comunicas mogollón .., ¡qué vibraciones tan guay!
4 a ~. En gran cantidad. | Carandell *Tri* 12.8.72, 30: Por decirlo con expresión popular, hay "blusas a barullo" o "camisas a mogollón".
5 de ~. Gratis o de balde. *Tb fig.* | GSerrano *Gloria* 118: Aprobó de mogollón gracias a su destreza para meter goles. **b)** De gorra o sin ser invitado. | Campmany *Abc* 25.9.93, 23: De vez en cuando, llega una tertulia digna y refrescante, bien es verdad que con algún político de mogollón y algún intelectual de "melée".

mogón -na *adj* [Res vacuna] que carece de un asta o la tiene rota por la punta. | J. Vidal *País* 13.5.77, 48: La mayoría [de los toros] son de desarrolladas defensas .., pero predominan los romos o mogones.

mogota f (*reg*) Mogote. | Cela *Judíos* 257: El Cervunal es prado, y también mogota, en cuyo nombre gusta de distraer su pensamiento el vagabundo.

mogote m **1** Montículo. *Tb fig.* | P. Sagrario *Sáb* 1.3.75, 26: La geología hecha geografía se ha encaprichado en un juego de cerros, mogotes y pequeñas gargantas, que configuran la mayor parte de la zona como un laberinto calizo y arenoso. J. C. Luna *Abc* 18.12.59, 67: Anoto, en mi contra, que el tema no tiene nada de ruin. A la vista está, encaramado en el más alto y refulgente de los mogotes sociales.
2 Cosa elevada o sobresaliente a modo de montículo. | SSolís *Jardín* 49: El primer día de pose fue un tanto decepcionante, porque Olalla se redujo a tomarme unas medidas y a preparar un mogote de arcilla. Carnicer *Castilla* 97: Hacía mucho que no venía a Soria. Contemplo otra vez el atroz mogote monumentario de la plaza principal, rematado por dos águilas de piedra. **b)** Montón de piedras. | L. Calvo *Abc* 16.4.72, 19: Se luchó desesperadamente en la ciudad, que se ha convertido en un gran mogote de escombros.

mogrebí *adj* Magrebí. *Tb n, referido a pers.* | *Inf* 13.6.70, 2: No se producirá ningún nuevo acontecimiento importante .. hasta la conferencia tripartita mogrebí –Mauritania, Argelia y Marruecos–. Azúa *Diario* 39: El espeso maquillaje de los ojos le da un aire mogrebí y falangista.

mogrebino -na *adj* (*raro*) Magrebí. *Tb n, referido a pers.* | *Luc* 14.8.64, 4: La mujer mogrebina lucha contra el velo. B. Mostaza *Ya* 4.7.65, 6: En cuanto al África mogrebina y líbica, también se está centrando sobre sí misma. GTolsá *HEspaña* 1, 201: A lo largo del siglo VIII existió una constante corriente inmigratoria de mogrebinos (bereberes).

moguereño -ña *adj* De Moguer (Huelva). *Tb n, referido a pers.* | *Odi* 2.7.68, 4: Las autoridades moguereñas asistieron al acto.

mohair (*ing; pronunc corriente,* /moér/) m **1** Tejido de pelo de cabra de angora. | *Ya* 17.11.63, 11: Vestidos en Cachemire y Mohair.
2 Lana para labores, de pelo muy suave. | *Lab* 11.82, 39: Materiales: 10/11 ovillos "14 Ardilla Mohair" en verde.

mohajir *adj* Pakistaní de origen indio musulmán. *Tb n.* | *DBu* 1.6.90, 64: La primera ministra Benazir Bhutto ha pospuesto el viaje .., tras la muerte de más de 200 personas .. en uno de los más graves disturbios entre nativos mohajires, emigrantes indios de habla urdu.

mohatra (*raro*) **I** f **1** Fraude o engaño. | Bermejo *Estudios* 174: Muerto en manos de un rival en amoríos, tuvo que confesar en los últimos momentos los muchos engaños y mohatras que había urdido en su estancia en la corte.
II *loc adj* **2 de ~.** Falso o fingido. | L. Calvo *SAbc* 26.4.70, 18: Según iban surgiendo minas, se agolpaban, con los mineros, los tahúres, los tratantes, los pistoleros, los policías de mohatra, los venteros.

mohatrero -ra m y f (*raro*) Pers. que hace mohatras. | Bermejo *Estudios* 174: Y aún tuvo que tomar mohatras, como uno de tantos mohatreros.

mohawk (*ing; pronunc corriente,* /moxók/; *pl normal,* ~s o ~) *adj* De un pueblo indígena norteamericano que en la actualidad habita a ambos lados del río San Lorenzo, en la frontera canadiense. *Tb n, referido a pers.* | R. Sierra *Abc*

moheda – mojar

20.5.65, 28: Al igual que en el puente de Verrazano de Nueva York, .. había trabajado en la colocación de los cables de Lisboa un equipo especial de indios "mohawk", canadienses, insensibles al vértigo. A. Montagut *País* 13.5.90, 8: Los indios mohawks están en pie de guerra .. Pese a la intervención oficial, los vientos de guerra continúan soplando sobre las tierras mohawks.

moheda *f* Monte de árboles con matas y arbustos. | CBonald *Ágata* 130: Gruñía la raposa de vuelta a la moheda. FVidal *Duero* 163: La calcinada arenisca que circunda a Aranda de Duero se cubre la desnudez con alguna sabina o con mohedas de enebro.

mohedal *m* Moheda. | Cela *Pirineo* 81: Por el mohedal de Falledo un cazador rastrea la perdiz.

mohicano -na *adj* De un pueblo indígena norteamericano habitante del valle del Hudson. *Tb n, referido a pers.* | Torrente *Saga* 536: Su mente permanecía alerta, como el mohicano que observa al rostro pálido desde la cresta nítida y austera.

mohín *m* Mueca o gesto. | Laiglesia *Ombligos* 20: Recordaba también .. el delicioso mohín que hizo al excusarse por el encontronazo. Olmo *Golfos* 82: Con un mohín de "¡allá él!" se dirigió hacia la cocina.

mohínamente *adv* De manera mohína [1]. | CPuche *Paralelo* 93: Genaro miraba .. aquel ejército en derrota de los basureros, que avanzaban mohína y avergonzadamente junto al lujo y la vistosidad de escaparates, tiendas, casas y coches.

mohíno -na **I** *adj* **1** Disgustado o descontento. | Torbado *En el día* 57: –Hombre, seguro que él lo sabe .. –¿Por qué ese? –preguntó Serena mohíno. **b)** Mustio o tristón. | GPavón *Rapto* 141: Cuando mis hijos eran pequeños .., en los ratos que se ponían muy mohínos y tabarristas, yo les decía: "Vamos si no a ver el loro". Y así los distraía una miaja. Marsé *Dicen* 305: Java soltó al chico, que se acercó a su amigo con ojos mohínos.
2 [Caballería o res vacuna] que tiene el pelo muy negro, esp. en el hocico. | GLuengo *Extremadura* 209: El ruido de la fragua, los sones del hierro batido, eran muy característicos, igual que la operación de herrar a las mulas castañas, mohínas, tordas, bayas.
II *f* **3** Disgusto o descontento. | C. Sentís *Inf* 31.12.71, 17: Si en lugar de desembarcar Livanos en la Cros lo hubiera hecho su ex yerno Onassis, habría hoy menos mohína.

moho *m* **1** Capa de hongos minúsculos que se forma sobre materias animales o vegetales. *Tb los mismos hongos. Frec con un adj especificador:* ~ AZUL (*Penicillium italicum*), ~ BLANCO (*P. candidum*), ~ COMÚN (*Mucor mucedo*), *etc*. | Bustinza-Mascaró *Ciencias* 271: Se las pulveriza con DDT al objeto de que las bacterias, los mohos y los insectos no las estropeen. E. JRey *Reg* 25.8.70, 1: Sin esa consideración del precio del tabaco, las pérdidas de su cultivo han sido manifiestas y agravadas por las epidemias de moho azul y de los nematodos. **b)** *Frec designa distintas enfermedades de plantas producidas por mohos.* | VozC 6.10.68, 6: Se recomiendan .. para combatir las siguientes enfermedades: Tizón de los cereales; .. Moho de las espigas del trigo. F. Ángel *Abc* 25.3.58, 11: Fungirol combate con éxito el Mildeo, Mancha, Atabacado, Moho, Lepra, Herrumbre, etc., de la patata, tomate, judía y calabaza.
2 Capa que se forma sobre la superficie de un cuerpo por alteración química de su materia debida a la humedad. | Laforet *Mujer* 95: Se decidió a abrir el oscuro salón del piso bajo, lleno de moho.

mohoso -sa *adj* Que tiene moho. *Tb fig.* | Abc 21.3.58, 59: No podrán ser objeto de comercio legal las partidas [de café] que contengan materias extrañas, granos mohosos o más de un 18 por 100, en peso, de defectos. PLozano *SYa* 10.11.63, 29: Mâle .. escudriñaba los archivos mohosos. Delibes *Madera* 339: Su rostro plano, asentado, se correspondía con su voz, mohosa, sin disonancias.

moiré (*fr; pronunc corriente,* /muaré/) *m* (*raro*) Muaré (tejido). *Tb adj.* | ByN 16.12.90, 79: Para meter los pañuelitos de papel, este saquito de moiré y encaje.

moisés *m* **1** Cuna de mimbre para niños recién nacidos. | *Abc* 14.5.68, sn: Cunitas y moisés elegantemente vestidos.
2 Cuna portátil con asas, gralm. de lona o plástico. | *Ya* 12.11.70, 19: Objetos hallados .. Moisés de coche de niño. Diosdado *Anillos* 2, 273: En nuestro coche no cabe más que el moisés. [*Salen de un bautizo.*]

mojable *adj* Que se puede mojar [1 y 2]. | F. Ángel *Abc* 25.3.58, 11: Cuando, al mismo tiempo que [e]l Oídio hay que combatir el Mildeo, se agrega el Azufre Mojable "Medem" al Caldo Bordelés.

mojada *f* **1** Acción de mojar(se). *Tb su efecto.* | *ASeg* 11.5.92, 4: Las "mojadas" consisten en introducir en el agua de la "fuente santa" de Caballar las urnas con las reliquias. F. Vargas *Ade* 27.10.70, 16: El menguante comienza el 22, y es cuando pudiera iniciarse el cambio completo para una buena mojada, incluso con algún trueno pequeño. J. Navarro *Abc* 19.6.75, sn: Me invitó a tomar "una mojadita" de la ensalada y un trago.
2 (*jerg*) Puñalada. | Sastre *Taberna* 57: ¡Eh, Luis, que te la juegas; que a mí no me mienta nadie a la familia! .. Que saco el churi y te doy una mojada que te avío.

mojado -da *adj* **1** *part* → MOJAR.
2 Húmedo, o que está impregnado de agua u otro líquido. | Matute *Memoria* 79: En los rincones de la nave, había el mismo viento mojado.
3 (*Fon*) [Sonido] que se pronuncia con un contacto relativamente amplio del dorso de la lengua contra el paladar. | RAdrados *Lingüística* 90: Palatalización. Simultáneamente con la articulación, la punta de la lengua se coloca en posición próxima a la de la *i*. Estas consonantes se llaman también mojadas.
4 [Papel] ~ → PAPEL.

mojador -ra *adj* Que moja, *esp* [1 y 2]. | Cela *Viaje andaluz* 122: El [viento] que se mete entre poniente y mediodía es también mojador.

mojadura *f* Acción de mojar(se). *Tb su efecto.* | Laiglesia *Ombligos* 296: Esta ilusión solía terminar en una mojadura colosal que degeneraba en el consiguiente catarrazo. Escobar *Itinerarios* 202: Cortad del colgajo y un buen rescaño de hogaza antes de la mojadura, que "Dice el tocino al vino, bien vengáis, amigo".

mojama *f* Cecina de atún. | ZVicente *Traque* 57: Soy solamente un empleado de Stein und Fisch, conservas vegetales, productos alimenticios, jamón cocido y mojama. **b)** *Frec se usa en constrs de sent comparativo para ponderar la sequedad física de una pers.* | MSantos *Tiempo* 236: Amojamado hombre de la meseta, puesto a secar como yo mismo para que me haga mojama en los buenos aires castellanos. * Estás más seca que la mojama.

mojamé *m* (*col, humoríst*) Moro (del Norte de África). | Marsé *Dicen* 255: –Tiniente, terminemos primero con su hermano –dijo un mojamé.

mojaquero -ra *adj* De Mojácar (Almería). *Tb n, referido a pers.* | RMorales *Abc* 23.8.64, sn: Se puso mal lo de Argelia, y empezaron a volver de allí los mojaqueros.

mojar A *tr* **1** Entrar [agua u otro líquido] en contacto [con algo (*cd*)] penetrando en su interior o quedando adherido a su superficie. *Tb abs.* | Osorio *Hucha* 1, 67: Corrí hacia el mar .. El mar me mojó los pies. Mingarro *Física* 82: Relacionando esto con lo dicho acerca de los meniscos, vemos que para valores del ángulo de conjunción menores de 90° el líquido no moja al sólido. Mingarro *Física* 82: ¿Cómo son los meniscos cuando el líquido moja? ¿Y cuando no moja? **b)** *pr* Entrar [algo] en contacto con agua u otro líquido (*compl* CON *o* DE)] penetrando estos en su interior o quedando adheridos a su superficie. *Frec sin compl.* | * No conviene que el cuero se moje.
2 Hacer que [agua u otro líquido (*compl* EN *o* CON) moje [1] [a alguien o algo (*cd*)]. *Tb sin compl.* | Medio *Bibiana* 57: Domi .. moja los dedos en el Mildeo. Carandell *Madrid* 88: En Madrid, el croasán, la ensaimada, .. el churro y la porra se mojan. Cuando se pide un café con leche la camarera pregunta: –¿Y para mojar? **b)** Impregnar pan [con una salsa o algo similar (*cd*)]. | Ferres-LSalinas *Hurdes* 78: –¿Podrían hacernos algo de comer? .. Freír unos huevos, aunque sea .. –Teníamos uno y lo mojó mi hijo. ¿Si quieren algo de pan...? **c) estar para ~ pan**, *o* **de toma pan y moja** → PAN. **d)** Orinarse [en algo, esp. en la cama (*cd*)]. | L. Riesgo *SYa* 5.5.74, 7: El mojar otra vez la cuna, el negarse a

comer solo cuando nace un hermanito, ¿qué otra cosa son sino intentos de volver a ser centro de unas atenciones y un amor .. que el pequeño ve en peligro?
3 (*col*) Celebrar [algo] bebiendo. | RMéndez *Inocentes* 174: Eh .., que hay que mojar esto. Hay que mojarlo por todo lo grande.
B *intr* ➤ **a** *normal* **4** Mojar [2] pan [en una salsa o algo similar, o en el lugar en que está]. *Tb fig.* | *Ya* 17.1.90, 38: No mojamos en el caldero de nadie.
5 (*col*) Conseguir algo positivo. | *VozA* 8.10.70, 22: Fue obra de Paquín [el único tanto]; el resto de los delanteros no lograron "mojar" en esta ocasión. *Ya* 23.12.78, 14: Lotería nacional. Trescientos millones, muy repartidos, en Reina Victoria. Córdoba, Lugo y Gran Canaria también "mojaron".
6 (*col*) Beber. | Escobar *Itinerarios* 119: Por donde pasa, en el regreso, moja; es decir, en cada taberna del trayecto de vuelta apura el morapio, hasta que .. sale el líquido por sus poros.
7 (*vulg*) Realizar [el hombre] el acto sexual. *Tb* ~ (EN) CALIENTE. | Oliver *Relatos* 133: No llevaba nada debajo del vestido. Aquello me gustó y sobre todo al notar que la tía estaba a cien. De sobra sabéis vosotros que cuando eso ocurre se acaba mojando con la tronca. Cela *SCamilo* 22: Tú tuviste amores con una criadita joven ..; después, cuando se decidió a cortar por lo sano .., te mandó a la mierda y te quedaste sin poder mojar caliente de balde.
➤ **b** *pr* **8** Llover [sobre alguien o algo (*suj*) o en un período de tiempo (*suj*)]. | * ¡Qué nubes! Nos vamos a mojar. F. Tapiola *Sit* 10.4.74, 9: Este cambio de tiempo ha abierto la esperanza de la industria turística, que durante la pasada semana temían unas mojadas vacaciones.
9 Orinarse involuntariamente. *Frec en part.* | * Este niño se sigue mojando por las noches. Prandi *Salud* 609: También será útil [para evitar los celos del hermano] mencionar los defectos del bebé: "siempre está llorando", "siempre va mojado", "no sabe comer solito".
10 (*col*) Comprometerse o tomar partido. *Frec con un compl* EN. | L. Blanco *Ya* 7.4.77, 13: Los mismos que exigen la independencia de la Iglesia del Estado acorralan al cardenal pidiéndole que se "moje" precisamente en temas temporales. *D16* 12.3.81, 2: El proyecto de ley llegará la próxima semana al Pleno, y no queda otro remedio que mojarse. **b)** Arriesgarse. | *SHoy* 17.2.79, 15: Los promotores y las casas discográficas no se "mojan" con gente nueva.

mojardón *m* Hongo comestible de color blanco grisáceo (*Clitopilus prunulus*). | Cela *Pirineo* 84: El minúsculo y dorado moixarnó (al que los aragoneses llaman mojardón, en su castellano). Lotina *Setas* SN: *Clitopilus prunulus* .. Mojardón, Molinera.

mojarra *f* **1** Pez marino de la familia del besugo, de cuerpo comprimido, flancos plateados y carne apreciada (*Diplodus vulgaris*). | Cela *Viaje andaluz* 302: La mojarra como mejor está es frita. Pinilla *Hormigas* 74: Pescar .., marchando con la larga y resistente caña de mojarras.
2 (*jerg*) Lengua. *Frec con el v* SOLTAR. | Berenguer *Mundo* 159: Esto no es baba que yo tenga, ni mucha mojarra que suelte por soltar, que desde el párroco a los civiles lo han escuchado mentar como yo lo digo.

moje *m* **1** Salsa o caldo de un guiso. | * Le encantan los platos con mucho moje. **b)** (*reg*) *Designa distintos platos con salsa o caldo para mojar.* | GLuengo *Extremadura* 108: Algunos de los platos más conocidos de la cocina extremeña en general .. son las migas, el moje, el cocido, el guiso de cordero. Romano-Sanz *Alcudia* 27: —Voy a preparar el moje.— El m[o]je, simples patatas guisadas, será la cena de Adelita. [*En el texto*, monje.]
2 Acción de mojar [2 y 7]. | GPavón *Rapto* 220: Todos preferimos que en nuestra comida nadie haya metido el moje antes que nosotros... Y si eso pasa con la comida .., cómo no va a pasar con la mujer propia.

mojete *m* (*reg*) Moje [1b]. | Zenón *SYa* 5.1.86, 46: A lo largo y ancho de las provincias manchegas se elaboran platos comunes a todas ellas, como el cordero al horno o en "caldereta", .. el "mojete" o asadillo de pimientos, versión manchega de la escalivada catalana.

mojeteo *m* (*reg*) Moje [1b]. | GMacías *Hoy Extra* 12.75, 23: Habría que mencionar los ricos pistos, "el rinrán", el mojeteo.

mojicón *m* **1** Bollo de bizcocho de forma troncocónica. | Cela *SCamilo* 359: Un chocolate a la española, un vaso de leche fría y un par de mojicones. Landero *Juegos* 84: Exhumó sus útiles de dulcera y dedicó las tardes del sábado a llevar a su punto perrunillas de vino, .. mojicones y buñuelos de viento.
2 Golpe que se da en la cara con la mano. | Ribera *SSanta* 15: Le escupieron en la cara, y le dieron mojicones.

mojiganga *f* **1** (*TLit*) Obra dramática muy breve, con personajes ridículos y extravagantes, destinada a hacer reír. | A. Campo *Pue* 16.12.70, 26: Que fueran bautizadas [estas obritas] con nombres tan varios —entremeses, .. jácaras, mojigangas...— nos hace pensar que no eran menos plurales sus intenciones.
2 Cosa hecha para burla o diversión. | DCañabate *Paseíllo* 98: Si se resta la fiereza del toro, ¿en qué queda el denuedo del hombre, en qué la gallardía de la fiesta? Sin duda, en una mojiganga.

mojigatería *f* **1** Cualidad de mojigato. | A. Barra *SAbc* 2.2.69, 10: Este criterio desmiente la leyenda de mojigatería que desde el extranjero han elaborado algunos historiadores en torno a nuestros reyes.
2 Acción o actitud mojigata. | Ynduráin *SAbc* 6.7.85, III: El acontecer novelesco denuncia ñoñeces y gazmoñerías, mojigaterías incluso, de una educación sometida a convenciones formularres bajo el decoroso velo de religiosidad.

mojigato -ta *adj* [Pers.] que muestra una moralidad afectada o hipócrita. *Tb n. Frec usado como insulto.* | Laforet *Mujer* 224: ¿Sabes lo que me pareces? Una histérica mojigata. Salom *Espejo* 195: Huye como un ladrón, sin tener siquiera la valentía de enfrentarse conmigo, y tú lo sabías muy bien .. ¡Mojigata, farsante! Supongo que estarás contenta .. Ya que no puede ser para ti, tienes por lo menos la satisfacción de que tampoco sea para mí. **b)** Propio de la pers. mojigata. | Espinosa *Escuela* 260: —Puesto que las dignísimas autoridades han ordenado que toda farándula sea conformista, he aquí nuestro gesto aquiescente y mojigato —dijo. Y pergeñó un signo obsceno entre la risa de los espectadores.

mojín *m* (*jerg*) Trasero. | Oliver *Relatos* 147: La tía estaba de alucine. Con unas bolas, unas caderas y un mojín que te quedabas agilipollado.

mojino *m* (*reg*) Rabilargo (ave). | Romano-Sanz *Alcudia* 47: Por el cielo vuelan unos pájaros azules de larga cola. —Y esos pájaros, ¿los conoces? —Son mojinos.

mojito *m* Cóctel de ron, azúcar y hierbabuena. | VMontalbán *Pájaros* 129: Podemos tomar un gimlet o un mojito en el Boadas. Basta subir Rambla arriba.

mojo^1 *m* (*reg*) Salsa hecha con aceite, ajos, pimienta y pimentón o perejil. | *Ama casa 1972* 12*b*: Platos típicos regionales .. Canarias. Puchero de las siete carnes .. Tollos al mojo. Salcocho. Nácher *Guanche* 86: En el Pagador, poco o mucho, siempre había un mojo hecho en casa; por lo menos, su gofio o mojo picón para llenar la barriga cuando volvían del trabajo.

mojo^2 **-ja** *adj* De un pueblo indígena boliviano que habita en el valle medio del río Mamoré. *Tb n, referido a pers.* | MPérez *Comunidad* 18: El segundo al que citaría es a Leandro Tormo, que simultanea sus estudios sobre el archipiélago [de Filipinas] .. con sus trabajos sobre los mojos y chiquitos bolivianos.

mojón^1 *m* **1** Piedra o señal que marca el límite entre dos propiedades o dos términos geográficos. | Cela *Judíos* 51: Después de pasar el mojón que separa las provincias y antes de llegar a Zurones, al vagabundo le cogieron los mares del cielo.
2 Piedra o señal que en un camino o carretera indica las distancias. | Cunqueiro *Un hombre* 19: El oficial de forasteros tenía un tío en las postas reales .. al cual correspondía el revisado de mojones de legua, que estaba ordenado que siempre tuviesen la numeración clara: "A Tebas, doce leguas".
3 (*col*) Excremento. | Burgos *D16G* 13.8.93, 18: Hijo, es que en mi casa el agua no solamente sale a mojones, sino hasta a papel La Pajarita. Berenguer *Leña* 222: Aquí lo que sobra es sol y mojones de perro.

mojón^2 *m* (*reg*) Trozo de pan u otra cosa similar que se moja [2]. | Berlanga *Barrunto* 48: Me sorbí en un voleo el tazón de café sin mojones, mientras mi madre me ponía el bocadillo.

mojonar *tr* (*reg*) Servir de límite o mojón[1] [a dos términos o propiedades (*cd*), o a uno (*cd*) con otro]. | *DNa* 24.7.64, 4: La villa de Cortes inauguró hace unos días 80 viviendas .. La villa que mojona Navarra con Aragón crece porque tiene unas posibilidades excelentes.

mojonera *f* Límite marcado por mojones[1] [1]. | Moreno *Galería* 37: Pleitearon por rayas, términos municipales y mojoneras.

moka (*tb, raro, con la grafía* **moca**) **I** *m* **1** Variedad de café procedente de Moka (Yemen). | Torrente *Vuelta* 438: –Excepcional .. Yo no consigo un café así. –Mi señora. Es un secreto de mi señora. Ella lo mezcla: caracolillo, Moka, Puerto Rico... Todo consiste en las proporciones. Bernard *Combinados* 23: Unos trocitos de hielo picado y limpio, Unas gotas de crema de moka.
II *adj* **2** [Color] marrón oscuro, propio del café. *Tb n m.* | *Impreso* 10.80: Vajilla 21 piezas con banda color moka: 2.195 Pts. *Ya* 24.2.90, 55: En cuanto a los colores de la temporada, estos se enfocan hacia los mundos animal, vegetal y mineral: camello, cuero, moka, ciruela, bronce, rubí y, en contraste, el negro.

mol *m* (*Quím*) *En el sistema internacional:* Molécula gramo. | Ybarra-Cabetas *Ciencias* 240: Para reducir un mol de anhídrido carbónico se necesita la sexta parte.

molar[1] *adj* Apto para moler. *Frec n m, designando muela de la boca.* | Moreno *Galería* 112: Porque se trataba del impuesto –un impuesto en piedra molar a la cerca y al mayorazgo–, usando sus picardías la fabricó más pequeña. J. Calle *DíaCu* 13.9.84, 7: Cabe destacar .. una gran cantidad de dientes de roedores, piezas molares de rinocerontes, huesos de jiráfidos, mastodontes, castores. Alvarado *Zoología* 105: La muela carnicera es el cuarto premolar de la mandíbula superior y el primer molar de la mandíbula inferior.

molar[2] *intr* (*juv*) Gustar. | *GMu* 2.75, 11: El L.P. va bien, como era de esperar. Pero el single es el que mola. Umbral *País* 17.8.76, 15: –Que me ha dicho Nadiuska que Adolfo Suárez y tú sois los más machos del país. –No acabo de creérmelo. –Pues sí, que le moláis cantidad. Delibes *Voto* 21: Lo siento, pero a mí ese tipo de propaganda no me mola.

molar[3] *adj* (*Quím*) De(l) mol. | Marcos-Martínez *Física* 241: Volumen molar es el ocupado por un mol de cualquier gas, en condiciones normales de presión y temperatura.

molareño -ña *adj* De El Molar (Madrid). *Tb n, referido a pers.* | I. Montejano *Abc* 24.8.91, 34: Este pueblo [El Molar] .. cuenta desde hace tres años con un monumento levantado en homenaje al doctor Carlos Jiménez Díaz, que era hijo de molareña.

molaridad *f* (*Quím*) Número de moles de cuerpo disuelto en un litro de disolución. | Aleixandre *Química* 212: ¿Qué es normalidad y molaridad de una disolución?

molasa *f* (*Mineral*) Variedad de arenisca rica en caliza y pobre en cuarzo. | Bustinza-Mascaró *Ciencias* 341: La molasa es una arenisca de cemento calcáreo, y en ella, asociados a los granos de cuarzo, hay restos de moluscos.

molave *m* Árbol filipino cuya madera se usa en construcción naval (*Vitex geniculata*). *Tb su madera.* | FReguera-March *Filipinas* 105: La inagotable variedad de la flora filipina desplegaba sus verdes banderas: el ébano, el molave, el tíndalo, el acle, el baticubí, la narra... L. Mariñas *Ya* 25.11.71, sn: El material de la talla es narra y molave, maderas ambas nativas de Filipinas.

moldavo -va I *adj* **1** De Moldavia (región del Este de Europa, correspondiente en parte a Rumanía y en parte a la antigua URSS). *Tb n, referido a pers.* | SCabarga *Abc* 28.8.66, 76: Entre los cuadros representados han alcanzado los máximos honores .. una "suite" de danzas moldavas, y otra guerrera-cosaca de sorprendente espectacularidad. M. Rojas *Inde* 25.8.89, 13: También ayer llegaba a Tiraspol el primer secretario del Comité Central del Partido Comunista moldavo.
II *m* **2** Lengua románica de Moldavia. | *Ide* 25.8.89, 14: El soviet supremo de Moldavia tiene prevista una sesión el próximo martes para declarar el moldavo, que es una lengua romance, idioma oficial de la República.

molde I *m* **1** Recipiente o dispositivo que lleva en hueco determinadas formas, las cuales se reproducen echando en él una masa líquida o pastosa y dejándola solidificar. | Medio *Bibiana* 265: Saca las bandejas y el molde para los cubitos de hielo.
2 Instrumento que sirve para estampar o para dar forma a algo que se le aplica externamente. | Huarte *Tipografía* 53: La letra o tipo .. es un molde de plomo .. que tiene en su base superior un relieve llamado ojo. **b)** (*Impr*) Forma ya preparada para la impresión. | *País* 12.6.77, 29: En el momento de practicar la orden del secuestro, en la redacción de *Diario 16* solo quedaban 382 ejemplares y las tejas o moldes de la página, que fueron puestas a disposición judicial.
3 Forma o modelo establecidos. *Frec en pl.* | Fraile *Pról. Vida Lagos* X: Tratan de llevar a la prosa .. la atmósfera y los moldes retóricos que manejan en sus versos.
II *loc v* **4 romper ~s.** Ser innovador o salirse de lo rutinario. | PRivera *Discursos* 13: El hombre es más responsable de sus propios actos y al menos ha tenido la audacia de saber romper moldes.
5 (*col*) *Se usa en constrs como* LO HICIERON Y ROMPIERON EL ~ *para ponderar la extraordinaria rareza de alguien o algo.* | SSolís *Blanca* 29: La cabezota, con estos hombros de cargador de muelle que me regaló la divina providencia, que no sé en qué pensaba cuando me fabricó, que no habrá roto el molde, pero no le faltaría mucho.
III *loc adj* **6 de ~.** [Letra] impresa. | Cela *Sueños* 307: Uno vive de esto de la letra de molde.
7 de ~. [Pan] esponjoso de forma alargada y que se presenta en rebanadas más o menos cuadradas. | VMontalbán *Galíndez* 97: Metió el cuchillo en el tarro .. y lo sacó repleto de la farsa que distribuyó sobre una rebanada de pan de molde.
IV *loc adv* **8 de ~.** Bien o adecuadamente. *Con intención ponderativa.* | MGaite *Búsqueda* 101: Como dice un refrán en mi tierra, me parece que viene como de molde para terminar, "Papas y sorber no puede junto ser".

moldeabilidad *f* Cualidad de moldeable. | *SPaís* 29.1.78, VIII: Las diferencias de edad, cargo y capacitación no les impide[n] tener una habilidad común: su gran moldeabilidad para subsistir e incluso para ascender cuando cambian los directores generales.

moldeable *adj* Que se puede moldear. | Bustinza-Mascaró *Ciencias* 334: El caolín forma con el agua masa plástica fácilmente modeable.

moldeado[1] **-da I** *adj* **1** *part* → MOLDEAR.
2 Que se hace con molde [1 y 2]. | *Abc* 1.12.74, 6: Botas industriales .. Fabricación moldeada.
II *m* **3** Objeto fabricado con molde [1 y 2]. | *GTelefónica N.* 38: Moldeados de vidrio para la construcción. Aisladores de vidrio para la baja y alta tensión.

moldeado[2] *m* **1** Acción de moldear. | *GTelefónica N.* 888: Faberplast .. Moldeado y manipulado de los más modernos materiales plásticos. Parabere *ByN* 14.11.93, 111: El Idiazabal es un queso graso .. La cuajada se somete a cortes sucesivos .. El moldeado se lleva a cabo en moldes cilíndricos.
2 Rizado artificial del cabello, más suave que la permanente. | * Voy a hacerme un moldeado.

moldeador -ra *adj* Que moldea. *Tb n, referido a pers y a máquina o producto.* | *Her* 11.9.88, 10: Espuma moldeadora cabello: 285. J. M. Moreiro *SAbc* 13.4.69, 30: Aunque por aquel entonces comenzara a trabajar como moldeador en una fábrica. MGaite *Usos* 216: La juventud española .. se atrevía a formular reproches a sus moldeadores de conciencia. *Ya* 2.1.75, 2: Moldeador secador Braun HLD-5. Precio neto Ivarte 1.540 p.

moldear *tr* **1** Dar forma [a algo (*cd*)] con un molde [1 y 2]. | Aleixandre *Química* 208: Estos plásticos deben moldearse antes de la polimerización total. *GTelefónica N.* 59: Letras sueltas moldeadas en plexiglás, para iluminar con tubo de Neón.
2 Modelar o dar forma. *Frec fig.* | Payno *Curso* 106: Ponen escotes amplios, jerseys que moldean bien el busto, andar coqueto, y piensan atraer así al macho. Laforet *Mujer* 201: No merecía ella el moldear el espíritu de su hijo. Tejedor *Arte* 195: Esta ideología racionalista moldeó entonces todas las maneras e instituciones del siglo, y las consecuencias así de tal influjo son los otros caracteres generales del XVIII.

moldeo *m* Acción de moldear. | Aleixandre *Química* 208: Los polímeros .. se reblandecen por el calor llegando a fundir, así que permiten el moldeo por fusión y colada.

moldista *m y f* Especialista en moldes [1 y 2]. | *Van* 20.12.70, 86: Se precisa moldista especializado en moldes de yeso para látex.

moldura *f* (*Arquit y Carpint*) Adorno longitudinal de perfil constante. | Camón *Abc* 25.9.70, 3: Se crea ahora un tipo de templo .. Molduras de clásica sencillez, paramentos de mampuesto. *SYa* 28.3.71, 45: Dormitorio de 6 Piezas .. Macizos de haya vaporizada. Lacado en color marfil con molduras doradas.

molduración *f* (*Arquit y Carpint*) Acción de moldurar. *Frec su efecto.* | GNuño *Arte s. XIX* 151: Muy sencilla la molduración de las ventanas bajas, los balcones, dispuestos entre pilastras corintias, quedan más ornados en delicadísimo Renacimiento italiano. *VozC Extra* 1.1.55, 6: El resto de las molduraciones de los diferentes pisos .. podrán ser de piedra natural caliza blanca.

molduraje *m* (*Arquit y Carpint*) Molduración. | GNuño *Arte* 296: Alberto de Churriguera .. hizo también la iglesia de San Sebastián, de Salamanca, y en ella se mostró más revolucionario al trazar puertas con molduraje retorcido y encrespado.

moldurar *tr* (*Arquit y Carpint*) Adornar con molduras. *Frec en part.* | *SVozC* 25.7.70, 6: Son pequeños puentes de tres ojos con contrafuertes y tajamares, de muy bella cantería, apoyadas las pilastras en basamento moldurado. Benet *Nunca* 90: La sombra de aquel gran trinchero moldurado .. decoraba la pared del fondo.

moldurera *f* Garlopa para hacer molduras. | *Van* 17.4.73, 69: Ebanista, vendo moldureras .. Sierras todo tamaño.

moldurón *m* Moldura muy ancha o llamativa. *Frec con intención desp.* | A. Varo *Cór* 10.8.89, 12: El interior del templo llama la atención por su imponente blancura, bien matizada por las geométricas formas de los moldurones de sus columnas y frisos.

mole[1] *f* Cuerpo pesado y de grandes dimensiones. *Frec con intención humoríst, referido a pers.* | GMora *Van* 28.8.70, 8: El llamado Sacro Convento y Castillo de Calatrava la Nueva nos ofrece aún hoy su tremenda mole roquera. Laforet *Mujer* 275: Todas sus exclamaciones .. estaban dirigidas a un individuo que debía de estar al otro lado de ella, oculto por su mole.

mole[2]. **huevos ~s** → HUEVO.

molécula *f* (*Quím*) Partícula constituida por átomos, que representa la mínima cantidad [de un cuerpo] que puede existir en estado libre. | Legorburu-Barrutia *Ciencias* 12: Fórmula es la expresión escrita de una molécula. **b) ~ gramo.** Masa de la molécula [de un cuerpo] expresada en gramos. | Marcos-Martínez *Física* 240: Se denomina molécula-gramo de una substancia .. a una masa en gramos igual al número que expresa su peso molecular.

molecular *adj* **1** (*Quím*) De (la) molécula. | Legorburu-Barrutia *Ciencias* 15: El peso de una molécula se llama peso molecular. Se halla sumando los pesos de sus átomos. N. Retana *Inf* 3.1.70, 19: Investigaciones fundamentales en el campo de la biología molecular.
2 (*Filos*) [Proposición] compuesta por dos o más proposiciones simples. | Rábade-Benavente *Filosofía* 142: Las proposiciones se dividen en dos grupos fundamentales: a) Simples o atómicas .. b) Compuestas o moleculares.

molecularmente *adv* (*Quím*) De manera molecular [1]. | F. Martino *Ya* 19.2.78, 36: Un golpe de suficiente intensidad en la cabeza produce .. una "conmoción" que remueve digamos molecularmente la masa encefálica.

moledera *f* Piedra que sirve para moler [1]. | *SCór* 1.8.92, 2: Algunos de estos materiales son hachas de piedra pulida, que tienen una duración entre el final del Neolítico y el Bronce Final, lo mismo que los molinos de mano y las mazas o moledoras.

moledero *m* (*reg*) Estercolero. | *Ale* 20.8.77, 22: En relación con la propuesta de cerramiento de los moledores municipales en el pago de Valdeseñor, se acordó convocar concurso para la realización de la obra.

moledor -ra *adj* Que muele, esp [1]. *Tb n f, referido a máquina.* | Pemán *Abc* 17.6.59, 3: El tostador, además del moledor de café y la cafetera –todo eléctrico–, dormían en la alcoba conyugal. *Ya* 22.10.64, sn: Moledoras de laboratorio, sacamuestras de agua.

moler (*conjug* 18) *tr* **1** Reducir [algo] a polvo o a pequeños fragmentos, esp. por presión o frotamiento. *Tb abs.* | Moreno *Galería* 23: Consistía [la maquila] en reservarse el propio molinero, del cereal ya molido o sin moler, una parte. CPuche *Paralelo* 50: El cerebro es como una piedra de moler: a fuerza de dar vueltas a las cosas hace harina de ellas.
2 Cansar o fatigar mucho. *Frec en part.* | Kurtz *Lado* 229: –¿Sigue con sus paseos? –Igual. Capaz de moler a quien le acompaña. Ortega *Americanos* 24: Terminadas las conferencias, .. estábamos realmente molidos.
3 Destrozar o dejar maltrecho. *Gralm en la constr* ~ A PALOS. | DCañabate *Paseíllo* 152: Aunque tenga que molerle a palos, le quito la afición.
4 (*col*) Fastidiar. | ZVicente *Traque* 234: La señora, por principio y por moler, se despepita por las canciones blancas.

molestador -ra *adj* Que molesta. | Cela *Viaje andaluz* 158: Le miran a uno con disimulo discreto: jamás impertinente o molestador.

molestamente *adv* De manera molesta [1]. | *SYa* 15.4.79, 4: La afluencia de turistas en estos años, cuya presencia se interfería molestamente entre el culto y la contemplación de la obra y viceversa.

molestar A *tr* **1** Causar incomodidad o malestar, físicos o morales, [a alguien (*cd*)]. *Frec en fórmulas de cortesía.* | Medio *Bibiana* 78: ¿La molesta el humo? Arce *Testamento* 35: Yo tenía dos años menos y, sin embargo, al lado de ella parecía un niño. Esto me molestaba. Arce *Testamento* 19: Puede seguir andando si no le molesta. **b)** Doler ligeramente. | * Me molesta la espalda.
2 Estorbar u obstaculizar. *Tb abs.* | J. Lara *SYa* 14.3.74, 5: En la plaza de la Armería podría introducirse un gran espejo –o lámina de agua– alargado de norte a sur, rodeado de bordura verde .., que en nada molestarían a las ceremonias palatinas. M. L. Nachón *Inf* 17.12.70, 16: Comencemos por los vehículos mal aparcados, que en ocasiones constituyen realmente un obstáculo para la circulación, pero que, en otras, no molestan en absoluto.
3 Ofender levemente. | Moreno *Galería* 23: Había un dicho frecuente ..: "De molinero cambiarás, pero de ladrón no te escaparás". Dicho sea sin ánimo de molestar a nadie.
B *intr pr* **4** Hacer [alguien algo (*compl* EN)] que le molesta [1] o podría molestarle]. *Frec el compl se omite por consabido. Frec en fórmulas de cortesía.* | Laiglesia *Tachado* 222: Le agradezco mucho que siga molestándose en venir a visitarme. Gala *Señorita* 868: –Nuestros regalos por su aniversario. –Qué amables. Si no necesito nada, ¿por qué se han molestado?
5 Considerarse ligeramente ofendido. | J. Sampelayo *Ya* 22.10.74, 23: Los marxistas se molestaron por su brillante refutación de la interpretación materialista de la historia.

molestia I *f* **1** Acción de molestar(se) [1, 2 y 4]. *Esp su efecto.* | Laforet *Mujer* 30: A Eulogio le producía molestia oír hablar de Pepe. **b)** Dolor ligero. | Arce *Testamento* 70: Seguía resentido por los golpes recibidos .. Noté incluso que al pasar la saliva me dolía. ¿Por qué? Había cenado sin la menor molestia.
2 Cosa que molesta [1 y 2]. | * No deja de ser una molestia ir todos los días allí.
II *loc v* **3 tomarse la ~** [de algo (*infin*)]. Molestarse [4] [en ello]. | * Si se tomase la molestia de preguntar, no le pasaría esto.

molesto -ta *adj* **1** Que causa molestia(s). | Arce *Testamento* 15: Era molesto sentirse observado de aquel modo. V. RRozas *Caso* 5.12.70, 10: En el piso del nuevo y molesto inquilino se debía estar produciendo algún incidente.
2 Que siente molestia(s). | *Abc Extra* 12.62, 15: En el otro pregunta molesto: "¿Por qué este anillo chillón se pasea acá y allá?".

moleta *f* (*Mec*) Disco o rueda, gralm. de metal y con estrías, que se usa para agujerear, pulir, moler, arrancar

molibdeno – molinista

chispas o trabajar materias duras. | *Sáb* 4.3.72, 41: Un nuevo sistema de encendido. Sin pilas. Sin piedra. Sin moleta. Molectric. El encendedor Piezo-Eléctric de Colibrí. A. Vega *Día* 29.8.72, 19: Corta las piedras como queso (sierra dentada y con diamantes). Endurece las puntas de las moletas con un batido de aceite y polvo diamantino.

molibdeno *m* (*Quím*) Metal, de número atómico 42, difícil de fundir y semejante al plomo en color y brillo, y que se usa en la fabricación de aceros. | Vicens *Universo* 391: El molibdeno (90 por ciento mundial) procede de Colorado, y el mercurio, de California y Oregón.

molibdomancia *f* (*raro*) Adivinación mediante la observación de los movimientos de plomo fundido. | *Méd* 20.5.88, 123: Todos los tuareg son supersticiosos .. Consultan al *taklit* o adivino para averiguar el futuro, el resultado de una cacería o el diagnóstico de una enfermedad, y este funde plomo en una cuchara y lo va virtiendo [*sic*] gota a gota en un vaso de agua (molibdomancia).

molicie *f* Excesiva comodidad y regalo en la forma de vivir. | U. Buezas *Reg* 20.10.70, 4: Aposentarse en este ámbito, favorecido por la debilidad y el marasmo a que habían llegado sus pobladores a causa de sus vicios y molicie, que habían mermado su anterior fortaleza física y moral.

molido[1] *m* Acción de moler [1]. | Marcos-Martínez *Física* 294: Las operaciones mecánicas tienen por fin separar la mena de la ganga. Pueden consistir en el apartado a mano de los trozos de mineral puro o casi puro, o en el molido del mineral.

molido[2] *m* (*reg*) Protección a modo de rodete o almohadilla que se coloca para evitar que una carga lastime a la pers. o animal que la lleva. | Torrente *Señor* 357: Se colocaban [las aldeanas] las cestas en la cabeza, sobre un *molido* húmedo, y salían rápidas.

molienda *f* **1** Acción de moler [1]. | Moreno *Galería* 22: Ellos no cobraban por moler o molturar, que también se llamaba así la molienda de los costales de grano.

2 (*col*) Fastidio. | ZVicente *Traque* 104: Socavón por aquí, remiendo por allá, dirección prohibida por el otro lado... Una perdición. Hombre, no me diga, qué molienda.

moliente. corriente y ~ → CORRIENTE.

molimiento *m* Cansancio o fatiga grande. | Aristófanes *Sáb* 5.4.75, 45: Ahí está el caso de los "empalaos" de Valverde de la Vera (Cáceres); .. van de esa guisa arrodillándose en cada estación, y terminan con moretones, magulladuras y un molimiento general que dura semanas.

molinar *adj* De(l) molino [1 y 2]. | F. Valentí *Van* 28.4.72, 36: La dificultad estriba en el desnivel que existe entre las dos plazas, y la solución prevista es: espacios verdes con talud, unas escaleras en el centro y en su vértice una cascada aprovechando el agua de la acequia molinar.

molinense *adj* De Molina de Segura (Murcia). *Tb n*, *referido a pers.* | J. Maeso *Lín* 15.8.75, 20: Podemos asegurar que serán muchos los aficionados que se desplazarán para ver en acción a su equipo, aparte de los veraneantes molinenses actualmente en Mazarrón.

molinería *f* **1** Industria molinera. | Sobrequés *HEspaña* 2, 262: Aparte las [industrias] alimenticias (molinería, aceites, vinos, quesos, etc.) .., una de las más notorias fue la cerera.

2 Conjunto de (los) molinos [1]. | *Abc* 20.5.75, 47: Para nosotros supone una enorme satisfacción este reconocimiento a la calidad de nuestras instalaciones de silos, secadoras, seleccionadoras, limpiadoras de granos, molinería de arroz.

molinero -ra I *adj* **1** De(l) molino [1 y 2]. | SFerlosio *Jarama* 27: El agua estaba remansada en un espacioso embalse, contra el dique de cemento de una aceña molinera o regadía. A. Trujillo *Día* 25.6.76, 4: Casas de campo y patios en que resplandece todavía la piedra molinera, asentada a hueso.

2 (*reg*) [Casa] de un solo piso. | Delibes *Perdiz* 149: A mano derecha, pegando a la iglesia, está la casa del Barbas. Es una casita molinera, de adobe, con dos pequeñas ventanas y la boquera de la cuadra al lado.

II *n* **A** *m y f* **3** Pers. que tiene a su cargo un molino [1 y 2] o trabaja en él. | Moreno *Galería* 24: Los molineros eran una estampa, no solo blanca, sino sonora. D. Frades *Hoy* 9.11.75, 22: Va a la caja de desecho una gran cantidad de kilos, que se ven, con aceituna chica, verde, que paga el molinero a duro. *VozC* 10.7.55, 5: El asunto es el ya conocido de la bella y pícara molinera.

B *f* **4** Hongo comestible de color blanco grisáceo (*Clitopilus prunulus*). | Lotina *Setas* sn: *Clitopilus prunulus* .. Mojardón, Molinera.

molinés -sa *adj* De Molina de Aragón (Guadalajara). *Tb n, referido a pers.* | Vega *Cocina* 99: Quien más sabe es el verdaderamente erudito escritor molinés José Sanz. *NAl* 26.12.70, 1: Don Alfredo Sánchez Bella, hijo ilustre de Tordesilos. El Ayuntamiento de la villa molinesa fue recibido por el ministro.

molinete *m* **1** Aparato que funciona con movimiento de rotación y que gralm. está dotado de hélice o aspas. | Marcos-Martínez *Física* 71: Molinete hidráulico, empleado a veces para regar macizos de hierba. Berlanga *Barrunto* 25: En el molinete de la puerta por donde entran a comprar sellos me veo la facha. **b)** Molinillo (juguete). | Lorenzo *Rev* 12.70, 19: El molinete de gamonita y papel de seda que, a la noche, a la mesa, hoy mismo se pondrá a hacer. **c)** (*Mar*) Máquina empleada para virar cabos y cadenas, esp. para levar anclas. | *Sp* 19.7.70, 26: Los buques .. vienen siendo equipados con maquinaria de cubierta electrohidráulica (molinetes, cabrestantes, chigres). VMontalbán *Rosa* 83: Ya estaba revisando el molinete para cuando llegara el momento de virar el ancla.

2 Movimiento circular hecho con una espada, un bastón o algo similar, para atacar al contrario o parar sus golpes. | Cunqueiro *Un hombre* 59: Yo lo que tengo .. es que veo muy bien el cuello de mi contrario, jugando la espada ancha de doble filo, y voy a él de corte .. y tajo con medio molinete como verdugo con hacha. C. Nonell *Nar* 4.76, 25: Forman una cadena que se cruza y entrecruza, rodeando al santo, que se defiende y los acomete con los molinetes de su bastón. VMontalbán *Pájaros* 13: Las bofetadas incitan a Celia a un ataque ciego contra la mujer, un ataque a manotazos .. Los golpes caen sobre Celia con la voluntad de aniquilarla, y la barrera de los brazos cruzados nada puede contra los molinetes cargados de odio. Lera *Clarines* 417: Ha hecho [el toro] un molinete con la cabeza y los ha enganchado.

3 (*Taur*) Pase en que el torero gira en sentido contrario al de la embestida del toro. | *HLM* 26.10.70, 36: En su primero realizó una faena con pases al natural de rodillas, derechazos y molinetes.

molinillo *m* **1** Instrumento pequeño para moler [1]. | *Cocina* 27: Utensilios de cocina imprescindibles en una casa: .. 1 chocolatera y molinillo. 1 molinillo de café.

2 Juguete consistente en un palito en cuya punta va una cruz o estrella de papel que gira con el viento. | ZVicente *Balcón* 57: Los pregones de la castañera .., del vendedor de lotería, del hombre que vende molinillos de papel, todos se estrellan .. contra las cornucopias, contra el repostero, contra las porcelanas.

3 (*Taur, raro*) Molinete [3]. | R. VPrada *Her* 12.9.92, 46: En banderillas también fue ovacionado, sobre todo al clavar un par haciendo el molinillo.

4 ~ de oración. (*Rel*) *En el budismo:* Cilindro que encierra bandas de papel con fórmulas sagradas que se repiten como oración. | *SSe* 25.2.90, 62: Los pacíficos monjes budistas de la isla de Sri Lanka, antes Ceilán, abandonaron sus molinillos de oración y sus templos para unirse, como unos ciudadanos más, a las reivindicaciones anti-indias de sus compatriotas.

molinismo *m* (*Rel crist*) Doctrina teológica de Luis de Molina († 1600). | Valbuena *Teatro* 112: Un Fausto-Don Juan .. arraigado en la tradición de la "comedia de Santos" y la leyenda medieval. E impregnado de cierta predestinación bañesiana .. Y al lado opuesto de la libertad a ultranza del "molinismo" predominante en el resto de nuestro teatro, evidente, si no es a ojos miopes, en *El condenado por desconfiado*.

molinista *adj* (*Rel crist*) Del teólogo Luis de Molina († 1600), o de su doctrina sobre la gracia y el libre albedrío. | GÁlvarez *Filosofía* 2, 369: El segundo [grupo] lo forman casi todos los tomistas de la Compañía de Jesús, que injertan en el tomismo determinadas tesis molinistas. **b)** Partidario de Luis de Molina o de su doctrina. *Tb n*. | Rábade-Benavente *Filosofía* 113: Con mucha razón se opusieron a este tipo de concurso Suárez y los molinistas, puesto que entonces la voluntad humana sería un mero instrumento de Dios.

molino *m* **1** Máquina o instalación para moler [1]. *Frec con un adj o compl especificador. Tb el edificio en que se encuentra.* | Arce *Testamento* 16: Me pareció estar viendo aquel remanso del río, más arriba de la presa del molino. CBonald *Dos días* 211: El tío Felipe me aconsejó que me pusiera a trabajar con él, ayudándolo en el asunto de los molinos harineros. S*Inf* 4.7.70, 18: Equipos auxiliares de calderas. Molinos de carbón pulverizado. Hogares refrigerados. S*Inf* 4.7.70, 13: Los molinos de la C.I.P. consumen 30 millones de metros cúbicos de madera por año, destinados a una diversa gama de productos, como pulpa y distintas variedades de papel. **b)** Máquina, gralm. de movimiento giratorio, destinada a estrujar, laminar, estampar u otros usos. | Galache *Biografía* 44: Establecer, por instrucciones del Rey Felipe II, un ingenio nuevo de acuñación de moneda en el río Manzanares y según los modernos adelantos, a base de molino y de volante.
2 Instalación destinada a aprovechar la energía del viento, del agua corriente o de las mareas y transformarla en energía mecánica para un molino [1], una bomba de agua, u otros usos. | Zubía *España* 59: Abundan en La Mancha las aguas subterráneas. Para hacerlas subir se han empleado los famosos molinos de viento.
3 ~ gástrico. (*Zool*) *En los malacostráceos*: Estómago constituido por piezas quitinosas o calcáreas y destinado a triturar el alimento. | Ybarra-Cabetas *Ciencias* 338: El aparato digestivo [del cangrejo de río] se compone de la boca, un esófago, un estómago revestido de piezas quitinosas o calcáreas, llamado molino gástrico, que completa la trituración de los alimentos, y un intestino.

molinología *f* Estudio de los molinos [1 y 2]. | *Lan* 4.11.65, 4: Más sobre los molinos de viento. El primer congreso de molinología del mundo. Fuyma *DBu* 20.8.91, 23: Tiempos pasados Belorado y su comarca presentaba excedente acuoso. Así nos lo atestigua la Molinología, ciencia auxiliar para la historia agraria.

molla *f* **1** Carne magra y sin hueso. | A. Barra *Abc* 11.7.74, 30: Los políticos comunitarios han tenido que ponerse ahora el pantalón a cuadros y rechazar el proyecto de venta a Rusia de las mollas sobrantes en el "Club de los Nueve" .. Gracias al legislador británico, los únicos países comunitarios que pueden suministrar carne mollar a los súbditos de Su Majestad son Dinamarca e Irlanda. Los demás miembros de la Comunidad conservan la carne con el hueso.
2 (*col*) Bíceps. | Olmo *Golfos* 50: El golfo .. dobló su brazo derecho y sacando la molla se la enseñó. **b)** *En pl*: Músculos. | FSantos *Catedrales* 88: El estudiante, también con su perro a cuestas, que no le deja nunca si no es .. para hacer gimnasia, con frío o con sol, cabeza abajo o sacando pecho, luciendo bien las mollas, presumiendo delante de esa andaluza que no se habla con nadie. **c)** Abultamiento redondeado de carne o grasa en el cuerpo de una pers. *Gralm en pl.* | Cela *SCamilo* 407: Las redondeces están para que se noten, no para disimularlas, la gente no quiere disimulos sino mollas bien distribuidas.
3 (*reg*) Carne o pulpa de la fruta. | Cela *RMoñino* 148: Distinguiendo el oropel del tuétano –o al revés: el cuesco de la molla–, pero tampoco con excesivo rigor.
4 (*reg*) Miga de pan. | Cela *Viaje andaluz* 143: El salmorejo se hace sobando y resobando molla de pan con ajos bien majados, sal y aceite.

mollar *adj* **1** Blando o fácil de partir. *Dicho esp de variedades de fruta.* | J. M. Pagador *Hoy* 19.7.75, 12: Las otras variedades principales [de cereza] son: la Aragón, la Mollar, la Pico Negro y la Pico Colorado. *DEs* 22.10.76, 29: Mercado de Valls .. Almendra mollar y Rof, rendimiento, a 123, grano. Mollar blanca, cosecha nueva, a 61 ptas. Delibes *Historias* 42: No es [el teso] de tierra calcárea, sino de piedra, una piedra mollar e ingrávida que se divide con el serrucho como el queso. *Abc* 15.6.85, 77: El cangrejo "mollar", un excelente cebo para la captura del barbo. **b)** [Carne] magra y sin hueso. | A. Barra *Abc* 11.7.74, 30: Gracias al legislador británico, los únicos países comunitarios que pueden suministrar carne mollar a los súbditos de Su Majestad son Dinamarca e Irlanda. Los demás miembros de la Comunidad conservan la carne con el hueso, práctica que la sanidad inglesa rechaza como un pecado grave.
2 (*reg*) Blando o mullido. | Delibes *Cartas* 44: La misma meticulosa ternura ponía en el mullido del almohadón, cargando los extremos de miraguano y dejando el centro, donde reposo la cabeza, más ligero y mollar.
3 [Tierra] de gran fertilidad. | S. Araúz *Inf* 16.11.74, 17: De ahí que las escasas veguillas mollares suscitasen pobres envidias.
4 [Cosa] fácil o sencilla. | Torrente *Cuadernos* 190: La elegancia es más difícil de imitar que las exuberancias pilosas, y la vitola del general Spínola, bastante inimitable. Un monóculo, sin embargo, además de barato, es de uso mollar. *HLM* 26.10.70, 2: No tiene nada de extraño que en el primer contacto de nuestos vinos con el mercado comunitario .. las cosas no estén aún tan mollares como se creía.
5 [Cosa] buena o grata. | Delibes *Voto* 35: Aquí estuvo Juanjo hace tres días y encontró un ambiente bastante mollar.
6 [Pers., esp. mujer] atractiva o de buena presencia. | * El nuevo jefe está mollar. * ¡Mollar! ¡Guapa!

mollate *m* (*reg*) Vino común. | CBonald *Dos días* 35: –Te noto como desmejorado .. –Los años... –¿Los años? El mollate. –No, no crea usted, de verdad, ahora ni lo huelo.

molleja *f* **1** Estómago muscular de las aves, que les sirve para triturar el alimento. *Tb* (*lit*) *fig, referido a pers.* | Ybarra-Cabetas *Ciencias* 378: En la base del cuello, el esófago se dilata constituyendo el buche .. Después .. se vuelve a dilatar para formar un estómago de paredes glandulares llamado ventrículo subcenturiado. A continuación esta dilatación se hace mayor, formando un órgano de paredes musculosas que es la molleja. Cela *Judíos* 91: Entraron a .. beberse el par de vasos que habrían de ayudar al parvo almuerzo a bailar el suelto en la molleja.
2 Excrecencia carnosa de las reses, formada gralm. por infarto de una glándula y que es comestible apreciado. | *Cocina* 490: Mollejas de ternera empanadas.

mollejón -na *adj* (*col, desp*) [Pers.] floja, o débil de genio. | Delibes *Hoja* 14: Era un hombre mollejón y sedentario.

mollera *f* (*col*) Cabeza (parte del cuerpo). *Tb fig.* | L. Calvo *Abc* 1.12.70, 30: No será fácilmente perforada la mollera de Walter Ulbricht. Buero *Diálogo* 116: Te advierto que tengo la mollera muy clara. Lagos *Pap* 11.70, 163: Quítate eso de la mollera, chaval, que no estás ya en edad de creer en paparruchas.

mollerusense *adj* De Mollerusa (Lérida). *Tb n, referido a pers.* | M. PSilvestre *Van* 10.1.74, 35: Es natural, pues, que la idea de construir allí un edificio sin motivos relevantes de ninguna clase haya decepcionado a los mollerusenses.

mollet (*fr; pronunc corriente,* /molét/; *pl normal,* ~s) *adj* (*Coc*) [Huevo] cocido en su cáscara el tiempo preciso para que se cuaje la clara y quede blanda la yema. | *Cocina* 367: Huevos mollets a la alicantina.

molleta *f* Pan redondo y esponjoso. | Umbral *SPaís* 29.5.77, 19: Fernández Ordóñez se lleva tres molletas, que tiene familia numerosa.

mollete *m* Panecillo redondo y esponjoso. | Escobar *Itinerarios* 137: Pan blanco y brillante; tortas de aceite, de anís, molletes, bodigos..., una variedad atractiva y apetitosa del pan.

molletense *adj* De Mollet (Barcelona). *Tb n, referido a pers.* | Alguer *Van* 27.12.70, 29: En la Biblioteca Popular de la Diputación fue inaugurada una exposición filatélico-pictórica presentada por el artista molletense don Pedro Soler Isart.

mollinato -ta *adj* De Mollina (Málaga). *Tb n, referido a pers.* | M. Cerezo *Sur* 11.8.89, 18: Desde sus comienzos encontró [la feria] un cálido cobijo en los hogares mollinatos.

mollón *m* (*raro*) Molla grande. | ZVicente *Traque* 161: Quedaban las pechugas, los muslos, los mollones de los brazos.

molón[1] -na *adj* (*juv*) Que mola[2]. | Umbral *País* 31.3.83, 19: L[o] más molón de todo es eso de que Mara-

molón – momia

vall/ministro está forzando a la enseñanza privada a ser clasista. I. RQuintano *Abc* 26.3.83, 39: En cuanto liga un barrio molón, va y se lo queda.

molón² *m* (*reg*) Muela (piedra de molino). | J. GMontero *Abc* 23.4.58, 15: La cítola .. regula ese movimiento y hace oscilar temblando a la tolva y moverse a los molones, de piedra estriada, que trituran el grano.

molondra *f* (*reg*) Cabeza (parte del cuerpo). | Torbado *SPaís* 14.11.76, 3: Ahora los anopluros se asientan lo mismo en las molondras de los niños pobres que en las de los niños ricos. Campmany *Abc* 21.9.91, 17: Todo estaba previsto en la iluminada molondra de don Alfonso Guerra.

molondro -dra *adj* (*reg*) Torpe y perezoso. *Tb n*, *referido a pers*. | Espinosa *Escuela* 482: –¡Putas incendiarias! .. –exclamaron los soldados ingenuamente. –¡Cuidado!, molondros, que están protegidas. Cuevas *Finca* 195: Era un tejón gordo, molondrón, canoso.

molotov. cóctel ~ –> CÓCTEL.

molturación *f* Acción de molturar. | *Economía* 30: La harina es el producto de la molturación del trigo puro.

molturador -ra *adj* Que moltura. *Tb n*, *referido a pers*. | *ASeg* 15.11.62, 3: Un muerto y un herido grave al ser arrollados por una máquina molturadora de piensos.

molturar *tr* Moler [1]. *Tb abs. Tb fig*. | FQuintana-Velarde *Política* 35: El trigo es un bien de tercer orden: ha de molturarse y panificarse. JGregorio *Jara* 62: El aumento de la producción de aceituna lleva aparejado [*sic*] la instalación de nuevas fábricas para molturarlas. Zunzunegui *Hijo* 109: Lo miró en catador, como el contramaestre de una fábrica de molturar remolacha el azúcar a la salida de la turbina. Moreno *Galería* 22: Ellos [los molineros] no cobraban por moler o molturar. Halcón *Ir* 367: Bruno palpaba esta enfermiza inclinación y veía en ello materia a molturar en el cerebro.

moluquense *adj* Moluqueño. *Tb n*. | *Hoy* 28.5.77, 1: Los moluquenses liberaron a los 104 niños.

moluqueño -ña *adj* De las islas Molucas. *Tb n*, *referido a pers*. | *Nue* 3.12.75, 1: Un grupo independentista moluqueño ha secuestrado un tren en Holanda.

moluqués -sa *adj* Moluqueño. *Tb n*. | *Inf* 5.12.75, 1: Los terroristas moluqueses siguen matando rehenes .. Ayer, cumpliendo sus terribles promesas, los moluqueses mataron a un nuevo rehén de los cincuenta que retienen.

moluria *f* (*Med*) Concentración molecular de la orina. | *BOE* 9.1.75, 429: Exploración del aparato renal (examen de la orina recientemente emitida), en la que se investigan densidad (moluria), albúmina, glucosa (cualitativos) y sedimentos (cilindros).

molusco *m* Animal invertebrado de cuerpo blando, no segmentado, desnudo o encerrado en una concha calcárea y gralm. con simetría bilateral. *Frec en pl, designando este taxón zoológico*. | CNavarro *Perros* 15: Sus padres .. se afanaban en arrancar al mar un puñado de moluscos. Ybarra-Cabetas *Ciencias* 330: Los moluscos son animales de cuerpo blando e insegmentado, protegido generalmente por una concha de forma variada.

molviceño -ña *adj* De Molvízar (Granada). *Tb n*, *referido a pers*. | J. R. Prados *Ide* 10.8.90, 11: Apuntes molviceños. En mi pueblo [Molvízar], casi todos los días del año son azules.

moma *f* (*reg*) Pintarroja (pez). | Aldecoa *Gran Sol* 152: Sabía anzuelar con muergo para el pancho, la moma, el chaparrudo.

momentáneamente *adv* **1** De manera momentánea. | Valls *Música* 15: Dejemos momentáneamente estas especulaciones.
2 (*raro*) De manera inmediata. | F. Martino *Ya* 6.6.75, 46: Químicamente es [el chicle] un polisacárido .. hidrófobo y, por ende, no soluble momentáneamente en la saliva.

momentaneidad *f* (*raro*) Cualidad de momentáneo. | Camón *Abc* 26.11.70, 3: La belleza no es sino la perpetuación en la momentaneidad.

momentáneo -a *adj* Que dura solo un breve espacio de tiempo. | Laforet *Mujer* 68: Llegó con un momentáneo gozo.

momento I *m* **1** Porción muy pequeña de tiempo. *Frec se usa hiperbólicamente*. | Olmo *Golfos* 113: ¿Me quieres dejar un momento? **b) un ~.** *Formando frase independiente, se usa para interrumpir al que estaba hablando e introducir una objeción o pregunta gralm breves, o para pedirle que espere*. | Delibes *Guerras* 31: –Conforme me venía la tiritona, yo le decía a Madre: Madre, el Hibernizo está para echar las yemas .. –Un momento, Pacífico: ¿quieres insinuar que tú sentías por el árbol? Palomino *Torremolinos* 79: –En la mañana de hoy ha fallecido míster Nash. –¿Míster? –Nash ..; ene, a, ese, hache. –Sí. Un momento... Nash... Nash... Muy bien... Mís-ter-Nash-fa-lle-ci-do.
2 Punto determinado en el tiempo. | Arce *Testamento* 19: El sol llegaba desde aquel momento libre de arbolado, al descubierto. Laforet *Mujer* 27: Había tenido ocasión de enriquecerse en dos o tres momentos. CBaroja *Inquisidor* 44: Pero cuando actúan en los grandes momentos, la cosa se presenta distinta. **b)** Época en que se habla o de que se habla. *Precedido de* EL. | *Van* 7.4.78, 44: *El Papus*. La revista con los mejores humoristas del momento. *SAbc* 29.6.75, 31: Prácticamente todos los grandes autores del momento –Benavente, los Quintero, Guimerá, Linares Rivas...– le prometían nuevas obras. **c) buen** (o **mal**) **~.** Circunstancia favorable (o desfavorable). *En forma comparativa,* MEJOR (o PEOR) ~. | P. Franco *Inf* 11.7.75, 7: Estoy segura que está esperando el mejor momento para la sucesión. **d)** *Precedido de un posesivo o seguido de un compl* DE *o* PARA: Buen momento. | Fanlo *Inf* 31.7.75, 24: España busca hoy la consolidación de su futuro, por lo que no es momento de componendas.
3 (*lit*) Importancia o trascendencia. *Gralm en la constr* DE POCO ~. | Campmany *Abc* 18.12.91, 19: Alguien habla demasiado y dice cosas de poco sentido y de poco momento.
4 (*Fís*) Producto de un vector por su distancia a un punto o a una recta. | Marcos-Martínez *Física* 42: El momento de una fuerza mide su aptitud para producir una rotación.
II *loc v* **5 no ver el ~** [de algo (DE + infin)]. (*col*) Desear[lo] con impaciencia. | Lagos *Vida* 65: Al morir mi Antonio .., yo no veía el momento de casar a Isabel.
III *loc adv* **6 a cada ~.** De manera repetida y frecuente. | MGaite *Retahílas* 21: No sabes qué viaje, a cada momento sobresaltada que dónde tenía el baúl, empeñada en que lo había perdido.
7 al ~. Inmediatamente, o en el momento [1] inmediato. | Ridruejo *Castilla* 2, 280: Cuando lo llevaban preso, y al pasar por esta calle, una vieja echó, desde la ventana, una soga para que lo ahorcasen al momento.
8 de un ~. (*reg*) En un momento [1]. | Delibes *Hoja* 174: Marce, guapa, ¿me enseñas de un momento a hacer la vainica?
9 de un ~ a otro. De manera inminente. | Gironella *Millón* 346: La guerra será larga, me temo que de un momento a otro llamarán a tu quinta.
10 en todo ~. Constantemente. | *Cam* 4.8.75, 51: Dado el elevadísimo grado de espíritu liberal y democrático de que hace usted gala en todo momento, espero confiadamente que la libertad que me tomo .. l[a] considere usted como uso legítimo del derecho de todos y cada individuo de exponer libremente sus ideas.
11 por el ~, o **de ~.** Indica que lo expresado por el *v* es válido para el momento de referencia, implicando la posibilidad de que no lo sea en un momento posterior. | *HLM* 30.6.75, 1: Su estado, por el momento, continúa siendo grave. Medio *Bibiana* 10: De momento, no conviene que el señor Massó se entere de lo de la fiesta.
12 por ~s. De manera rápida y progresiva. | *Abc* 19.7.75, 59: Perdía facultades por momentos.
IV *loc conj* **13 desde el ~ (en) que.** Puesto que. | Ja. Aguado *Pro* 23.7.77, 4: El impacto causado por el durísimo comentario editorial del "Wall Street Journal" parece que ha cedido también desde el momento en que se apunta hacia los dirigentes de "un Banco .." como incitador[es] del texto.

momia *f* Cadáver que, natural o artificialmente, se deseca con el transcurso del tiempo sin entrar en putrefacción. | GNuño *Madrid* 109: Expone variados objetos ..; importante sobre todos la momia peruana de Paracas. **b)** *Frec* se emplea en constrs de sent comparativo para ponderar la delgadez o la inmovilidad. | Marsé *Dicen* 262: Un fideo, sí, un pellejo que hedía a vinagre, una momia pero muy pintada y teñida. Medio *Bibiana* 158: ¿Qué haces ahí parada, como una momia?

momificación *f* Acción de momificar(se). *Tb su efecto*. | Tejedor *Arte* 13: Lograron [los egipcios] un completo conocimiento del cuerpo humano por la práctica de la momificación. Mendoza *Gurb* 73: En algunos bancos todavía pueden verse los ancianitos abandonados el verano pasado, en avanzado estado de momificación.

momificar *tr* Convertir en momia [un cadáver]. | Tejedor *Arte* 13: Para tal reencuentro era preciso que el cuerpo no se hubiese descompuesto, por lo que era embalsamado y momificado. **b)** *pr* Convertirse en momia. | F. Martino *Ya* 22.11.75, 16: Siguiendo el método indicado, llega un momento en que el cuerpo se momifica, pudiendo llegar a conservarse muchos años en este estado.

momio -mia **I** *adj* **1** [Carne] momificada. | MMolina *Jinete* 567: Una mujer de carne momia que casi parecía estar viva. **2** [Carne u otro alimento] limpio o que no tiene desperdicio. *Tb n m*. | Delibes *Voto* 98: Esto lo echa el cárabo por la boca. Todo lo que no es momio lo escupe, para que me entienda, huesecillos y pellejos por lo regular. **II** *m* **3** (*col*) Cosa conveniente que se consigue con poco esfuerzo. | Halcón *Ir* 379: Un alto empleado a quien él le había hecho renunciar años antes a un momio del Estado que no le correspondía. **b)** Cosa muy buena o extraordinaria. | Delibes *Parábola* 46: Si les enseñas [a tus hijos] a devorar les estás educando para ser verdugos, que tampoco es un momio que digamos. Gala *Sáb* 5.5.76, 5: En algunos países existió –no creo que ya goce ninguno de semejante momio– un precepto consuetudinario sano e incluso ecológicamente loable.

momo *m* Gesto hecho como burla o para hacer reír. | Moreno *Galería* 151: Acababan sus queridos nietos de dedicarle cuatro burlas y otros momos de menor respeto. **b)** Gesto o visaje. | FVidal *Ayllón* 257: Ahora oigo las risas de ocultis y los momos de llantina por parte de la chica. M. Á. Gozalo *D16* 19.5.93, 73: Como Borrell solo quería hablar de infraestructuras y de lo bien que va el AVE, a veces caía en el fuera de juego y se quejaba al árbitro, Campo Vidal, con los mismos momos y aspavientos con que lo hace Maradona.

mon (*pl normal*, ~ o ~s) **I** *adj* **1** De un pueblo del sur de Birmania y oeste de Tailandia. *Tb n, referido a pers.* | * Los mon tuvieron su antigua capital en Pegu. **II** *m* **2** Lengua de los mon [1], perteneciente a la familia mon-jemer. | Moreno *Lenguas* 94: Lenguas mon-jemer (Mon-Khmer) .. Vietnamita .., jemer (Khmer) .., mon .., nicobarés.

mona[1] → MONO[1].

mona[2] *f* Dulce propio de Pascua de Resurrección, consistente en una rosca con huevos cocidos o en una artística construcción de chocolate, característico esp. de Cataluña. *Gralm* ~ DE PASCUA. | Goytisolo *Recuento* 33: El domingo de Pascua llegaba la mona que Gregorius había encargado para Felipe. Una casita de crocant con huevos de chocolate alrededor y huevo hilado por encima.

monacal *adj* De (los) monjes. | Villapún *Iglesia* 108: Los escolásticos comenzaron enseñando en las escuelas episcopales y monacales.

monacato *m* **1** Institución monástica. | Villapún *Iglesia* 78: Constituyeron [las órdenes militares] una admirable fusión del Monacato y de la Caballería. **2** Estado monacal. | Torrente *Señor* 238: No sé quién había sido el padre Hugo en el mundo, pero sí que entró tardíamente en el monacato.

monacillo *m* (*reg*) Monaguillo. | Grosso *Capirote* 183: Poco más o menos así me vas a ver esta tarde: con mi sobrepelliz almidonado y mi sotana colorada de monacillo. MAbril *Ya* 22.6.75, 8: Da gusto leer y escuchar a los verdaderos maestros. Nos da gusto a los que no somos sino unos aprendices o monacillos.

monada *f* (*col*) **1** (*desp*) Gesto o acción afectados con que se trata de atraer la atención o la simpatía de los demás. | D. Plata *Abc* 7.3.58, 47: Con un artículo .. le ha puesto contra la pared al señor James de Coquet .. Estas monaditas, director, la verdad es que no hacen más que retrasar los graves y esperados momentos de la verdadera unión de Europa. * No me vengas con monadas, que estoy enfadadísima contigo. **2** Acción graciosa de un niño o un animal. *Tb* (*humoríst*) *referido a adultos*. | DCañabate *Abc* 16.7.72, 56: Ahora los alguaciles debían estar ahí y hacer monadas, porque sus caballos eran tan buenos como esos de los rejoneadores. **3** Pers. o cosa mona (bonita o atractiva). *Más frec en lenguaje femenino. Frec usado como vocativo, con intención cariñosa o irónica*. | Laforet *Mujer* 184: Dijo [Amalia] que si su Ernesto hubiese vivido, .. aquella monada de criatura siempre estaría bien atendida en su casa. MSantos *Tiempo* 193: –Preséntame a esta monada –exigió Matías. Arce *Precio* 181: Vuestra generación tuvo suerte..Os lo dieron todo hecho, como en bandeja .. Ahí tenéis, monadas; podéis estudiar tranquilos, haceros ricos.

mónada *f* (*Filos*) Unidad simple e indivisible del ser. *Esp en la filosofía de Leibniz* († *1716*). *Tb* (*lit*) *fig, fuera del ámbito filosófico*. | Gambra *Filosofía* 137: La materia es un agregado de mónadas; el alma es también una mónada. DPlaja *El español* 107: Mientras no le toquen a él precisamente, lo que ocurra a otros le tiene sin cuidado. Y los demás piensan lo mismo, cada uno es una "mónada", una unidad al margen de la colectividad.

monadelfo -fa *adj* (*Bot*) [Estambre] que está soldado a otros por el filamento formando un solo haz. *Gralm en pl. Tb dicho de la flor o planta que tiene este tipo de estambres*. | Alvarado *Botánica* 40: Cuando los estambres se sueldan en un haz por los filamentos se dice que son monadelfos.

monádico -ca *adj* (*Filos*) De (las) mónadas o del monadismo. | GÁlvarez *Filosofía* 2, 56: El racionalismo continental se inicia con Renato Descartes .. Alcanza su nivel conclusivo en el pluralismo monádico de signo espiritualista con Godofredo Guillermo Leibniz.

monadismo *m* (*Filos*) Sistema de Leibniz († 1716), basado en las mónadas. | Tejedor *Arte* 196: Leibnitz .., creador del sistema filosófico conocido por el monadismo, que admite la mónada como elemento intermedio entre el espíritu y la materia.

monadofito -ta *adj* (*Biol*) [Organismo] flagelado que presenta caracteres autótrofos. *Tb n.* | Navarro *Biología* 52: Algas: Flageladas (Monadofitas).

monadología *f* (*Filos*) Teoría de las mónadas. | GÁlvarez *Filosofía* 2, 255: Viene a caer Lotze en una especie de monadología panteísta.

monago *m* Monaguillo. | ZVicente *Traque* 105: Y la sacristía, cerrada con llave. Ni cura, ni sacristán, ni monago.

monaguillo *m* **1** Niño que ayuda al sacerdote en la misa y en otros actos de culto. | Laforet *Mujer* 32: Cuatro o cinco mocosos de la aldea, a quienes José estaba amaestrando .. para futuros monaguillos, les seguían a todas partes. **2** Acólito o seguidor. | Tomás *Orilla* 112: Del otro hombre solo destacaba su espesa barba negra .. A todas luces, era un monaguillo de Cara Cortada. Campmany *Abc* 4.3.89, 21: Se agradece que un ministro hable de vez en cuando como un monaguillo de Ramón Gómez de la Serna.

monaquismo *m* Monacato. | A. Aradillas *SPue* 8.3.74, 2: Su grandioso templo .. quedó convertido en un gigantesco y sacral jardín, con piscinas y con exquisitos detalles florales, que dan la impresión de encontrarnos ante una fantasmagórica tumba del monaquismo y de otros valores religiosos.

monarca *m* **1** Jefe de estado en una monarquía. | VParga *Santiago* 9: El monarca asturiano Alfonso II .. consigue afianzar en Oviedo la capital de su reino. **2** (*semiculto*) *En pl:* Reyes (monarca y su consorte). | *Inf* 24.3.83, 6: Posteriormente los monarcas suecos se dirigieron al palacio del Congreso, donde fueron recibidos por los presidentes de ambas Cámaras.

monarquía *f* **1** Régimen de gobierno hereditario ejercido por una sola persona. | Zubía *España* 239: El Estado español ha establecido, en 1947, la Monarquía tradicional como forma de gobierno. **b)** (*raro*) Gobierno de una sola per-

monárquico – móndida

sona. *Tb fig.* | Gambra *Filosofía* 251: Son formas justas de gobierno la monarquía (gobierno de uno solo), la aristocracia (gobierno de los mejores) y la democracia (gobierno de todo el pueblo). GPavón *Abc* 11.8.64, 3: Salvo Andalucía, .. las demás regiones perdieron el fuero del teatro breve, para quedar sucintado en Madrid, que se alzó para siempre con la monarquía del sainete.
2 Estado cuya forma de gobierno es la monarquía [1a]. | Umbral *Gente* 245: Don Juan tenía consigo el resguardo [sic] de las democracias europeas y las monarquías parlamentarias, frente a Franco.

monárquico -ca *adj* De (la) monarquía. | Fernández-Llorens *Occidente* 258: En el África tradicional se ha preferido como forma de gobierno la monárquica. SLuis *Doctrina* 53: La Iglesia es sociedad monárquica. **b)** Partidario de la monarquía. *Tb n, referido a pers.* | Fuster *SInf* 16.1.75, 9: De Gaulle era monárquico.

monarquismo *m* **1** Cualidad de monárquico. | LTena *Triste* 22: Igual le ocurre a Cánovas, y por eso su patriotismo y su monarquismo no le hacen caer jamás en la adulación.
2 (*Pol*) Doctrina o tendencia que propugna la monarquía [1a] como forma de gobierno. | Umbral *Ninfas* 90: Gratamente perfumado todo esto de monarquismo alfonsino.

monarquizante *adj* Que tiende a monárquico. | Vicens-Nadal-Ortega *HEspaña* 5, 153: El federalismo andaluz sucumbió ante las fuerzas del gobierno de la República, acaudilladas por militares monárquicos o monarquizantes. FSalgado *Conversaciones* 326: Solo una monarquía no "monarquizante" es viable.

monasterial *adj* De(l) monasterio. | *Lugo* 54: Son notables también los monumentos que constituyen la iglesia monasterial de Villanueva de Lorenzana y la de Villabad. Pinell *Horas* 206: Comprende las horas diurnas .. y algunos ritos monasteriales no litúrgicos.

monasterio *m* Convento, esp. situado fuera de poblado. | CBaroja *Inquisidor* 46: El gran inquisidor Abad .. fue recluido en un monasterio castellano.

monasti. nasti. ~ → NASTI.

monásticamente *adv* De manera monástica. | A. Aradillas *SPue* 8.3.74, 2: Finca de recreo de una familia que desde entonces disfruta de tal belleza arquitectónica y de tales recuerdos, religados monásticamente a los más gloriosos capítulos de la historia de España.

monástico -ca *adj* De (los) monjes o de(l) monasterio. | Villapún *Iglesia* 57: Se llama vida monástica a la vida que hicieron muchos cristianos, y que hacen hoy día, apartándose del mundo y entregándose a Dios. S. Lorenzana *Pap* 1.57, 40: Sarmiento pasa toda su vida .. en su convento .. En su retiro monástico suspira únicamente por la tierra distante.

monastrell *adj* (*Agric*) [Variedad de uva] procedente del Ampurdán. *Tb n m o f.* | Am. Nieto *SYa* 11.12.88, 73: Las variedades de uva autorizadas para la elaboración de espumosos son las blancas viura, macabeo .. y subirat o malvasía riojana y las tintas garnacha y monastrell.

moncheta *f* (*reg*) Judía o alubia. | *Ama casa* 1972 12*b*: Platos típicos regionales .. Cataluña. Escudella (cocido) .. Monchetas. Butifarra con setas.

monclovita *adj* (*humoríst*) Del palacio de la Moncloa (residencia del Presidente del Gobierno). | VMontalbán *Almuerzos* 218: La *mousse* monclovita respondía a un clásico saber hacer culinario. A. Pavón *ElM* 16.11.93, 9: Cabe una reacción inesperada por los analistas monclovitas.

monda *f* **1** Piel o cáscara que se quita a un fruto al mondarlo [1]. | Umbral *Voz* 11.11.70, 12: Los virtuosos pelaban la naranja de un tirón .. y luego, con la monda, hacían una cosa. Delibes *Hoja* 122: A ratos, cuando él caminaba escupiendo distraídamente mondas de girasol, ella le observaba con disimulo.
2 Acción de mondar. | C. Payá *Abc* 23.10.70, 14: Además del concurso intercomarcal de la "monda del azafrán", hay otros actos interesantes. Gerardo *NAl* 6.10.89, 15: Muchas otras cosas que saldrán en su momento: a la era, .. a la poda o la monda, la caza, la matanza o al carnaval.

3 Exhumación de restos para conducirlos a la fosa o al osario. | Cela *Inf* 11.3.77, 16: Quienes tienen los años que yo tengo .. podrán recordar las puntuales y amargas mondas de los cementerios.
4 (*reg*) Terreno sin árboles. | Delibes *Guerras* 278: O me volvía por donde había venido, o me arrancaba por la monda.
5 la ~. (*col*) Pers. o cosa que causa mucha risa. *Gralm con el v* SER. | GPavón *Reinado* 201: Junto a la escalera de la cueva hallaron a Braulio congestionado por la risa. –¿Pero qué te pasa, hombre? –Esto es la monda. Vengan corriendo y verán qué espectáculo.
6 la ~. (*col*) El colmo. *Gralm con el v* SER. | Lera *Bochorno* 142: –Te digo que este verano tos tengo que apabullar. –Tienes unas ocurrencias.. –Es que son la monda, mamá. FReguera *Bienaventurados* 52: Bailo que es la monda. El tango, el vals .., lo que me echen.

mondadientes *m* Pequeño utensilio acabado en punta y gralm. de madera, que sirve para limpiarse los dientes de las partículas de comida. | DPlaja *El español* 90: Se paseaba con el mondadientes en la boca para fingir que había comido. Alcolea *Artes decorat.* 229: Piezas menores [de joyería] fueron los botones, los mondadientes de oro o plata.

mondador -ra *adj* Que monda [1]. *Tb n f, referido a máquina.* | *As* 7.12.70, 6: Solenry S.A. Cortadoras de fiambres, picadoras de carne, mondadoras y cortadoras de patata y verdura.

mondadura *f* Monda [1]. | *ByN* 11.11.67, 92: Los doscientos participantes lo cubren [el féretro] con sus ofrendas: plumas de pavo real, mondaduras de naranja.

mondaoídos *m* (*hist*) Utensilio en forma de cucharilla para limpiar los oídos. | FVidal *SYa* 5.7.88, 7: Este objeto precioso era un mondaoídos de plata, acabado en punta ligeramente curva y que servía para extraerse el cerumen de los oídos.

mondar A *tr* **1** Quitar la piel o la cáscara [a algo, esp. un fruto]. | Lagos *Vida* 71: Pacientemente le enseñaba a mondar la fruta. *Cocina* 141: Nueces mondadas: 50 gramos. Moreno *Galería* 219: Colgarlo luego [al cerdo] y ahuecarlo, para su oreo, encajándole un palo mondado.
2 Limpiar [algo] quitándole lo superfluo o extraño. *Tb fig. Frec con un compl* DE. | Carnicer *Castilla* 185: El cura de Itero debe de aguardar el milagro de unos ángeles barrenderos que monden de suciedad la iglesia de Castrillo. J. M. Llanos *Ya* 20.5.77, 23: Estos prójimos tan tales y sus instituciones y estructuras, las que ninguna "cracia", por justa que sea, acaba de mondar de la injusticia humana.
3 Pelar o rapar. *Tb fig.* | Payno *Curso* 216: Traía barba negra de grueso pelo enmarañado y el cráneo mondado. Barral *País* 8.12.87, 15: El arrastre mecánico .. iba arrasando los algueros, desmantelando los biotopos, mondando los fondos de la plataforma.
B *intr pr* **4** (*col*) Reírse mucho. *Tb ~*SE DE RISA. | Delibes *Cinco horas* 268: Vaya parrafito, no me digas, ni aposta, que Valen se mondaba.

mondarizano -na *adj* De Mondariz (Pontevedra). *Tb n, referido a pers.* | Almirante *Voz* 10.6.81, 36: La jornada madruga en Mondariz .. Las campanas repican por la llegada de la "Fariñeira" mondarizana.

mondejano -na *adj* De Mondéjar (Guadalajara). *Tb n, referido a pers.* | F. Cancho *Nar* 1.76, 24: Con certero orgullo, muestran los mondejanos sus dos obras de arte.

mondeño -ña *adj* De Monda (Málaga). *Tb n, referido a pers.* | Rurban *Sur* 16.4.76, 25: El presidente de la hermandad .. pronunció unas elocuentes palabras de gratitud a cuantos de alguna manera vienen colaborando por el esplendor de la Semana Santa mondeña.

móndida *adj* (*reg*) [Mujer] que representa a una de las vírgenes entregadas a los cabecillas moros por los cristianos de la región de San Pedro Manrique (Soria). *Tb n f, frec en pl, designando la fiesta conmemorativa.* | Moreno *Galería* 337: Era dicho públicamente .. por las mismas serranas, esas "mozas móndidas", en la plaza aldeana. Moreno *Galería* 337: En San Pedro Manrique, como metrópoli, y en Taniñe, Palacios, Valdemoro, etc., en cuyos lugares también se desarrollaba la fiesta llamada de "Móndidas" al alba de la mañana de San Juan.

mon Dieu (fr; pronunc corriente, /mon-dié/) interj (humoríst) Dios mío. | Torres *Ceguera* 242: *Mon Dieu*, no estaban todos reunidos.

mondo -da adj Totalmente limpio o pelado. *Frec en la constr ~ Y LIRONDO.* | Lera *Hombre* 39: Algunos se las comían [las naranjas] con cáscara, a bocados, y otros, después de mondas, se las aplastaban contra la boca y la nariz. DPlaja *Sociedad* 37: Lo colocará [el osero] respetuosamente junto a la persona real, para que este [el Emperador] pueda echar en él los huesos mondos. Lera *Olvidados* 242: La calva entonces exudaba abundantemente como si se le derritieran todos los humores sebáceos del cuero cabelludo, mondo y lirondo. Delibes *Ratas* 115: Sus pupilas se habían elevado de nuevo y se clavaban en los mondos cerros grises que cerraban el horizonte. **b)** Pelado o que carece de cualquier aditamento. *Frec en la constr ~ Y LIRONDO.* | Laiglesia *Ombligos* 145: Solo quedaban las vetustas edificaciones mondas y lirondas.

mondonga f (desp, raro) Criada zafia. | Soler *Caminos* 438: Le dije a mi nuevo patrón que podía despedir a la mondonga, pues lo que ella hacía yo podía hacerlo mejor.

mondongo m **1** Intestinos [de un animal, esp. del cerdo]. *Alguna vez en pl.* | DCañabate *Paseíllo* 90: El caballo se derrumba .. –¡Ahí está el mondongo! Bien limpio se lo ha sacao. Lázaro *JZorra* 47: En una larga mesa .. se alineaban los barreños para recoger la sangre de los que rendirían con ella la vida y los mondongos. **b)** (col) Intestinos [de una pers.]. | Cela *Pirineo* 48: La bajada hasta Sort .. sirve al viajero para ir estibando el xolís por los mil entresijos del mondongo.
2 Relleno para las morcillas y otros embutidos. *Tb los mismos embutidos.* | MCalero *Usos* 30: Allí se hacían matanzas y preparaban buenos mondongos. Laiglesia *Tachado* 28: Para dar suculencia al cocido con algún trozo de carne, tocino o mondongo, no faltaban tampoco algunas cabezas de ganado que disponían de pastos tan tiernos como abundantes.

mondonguería f **1** Tienda en que se venden mondongos [1a] y a veces otros despojos. | Cabezas *Madrid* 418: En este callejón reinaban en tiempos las casquerías y mondonguerías. *VAl* 27.7.76, 8: Puestos de ventas en el mercado de carnes .. Mondonguería (cabezas y patas). Mondonguería (panzas y estómagos).
2 *En un matadero:* Lugar en que se limpian y preparan los mondongos [1a]. | L. Altable *Inf* 6.1.83, 11: Con la renovación emprendida en el matadero, la mondonguería se instalará al lado de las salas de desvisceración.

mondonguero -ra I adj **1** De(l) mondongo. *Tb n f, referido a vasija.* | *Tri* 26.1.74, 36: De izquierda a derecha: Aceitera en barro oscuro vidriado de Codos (Zaragoza) .. "Cazuela mondonguera", de la provincia de Huesca.
II m y f **2** Pers. encargada de preparar el mondongo [1a y 2]. | *Abc* 5.8.70, 79: La otra cara de la fiesta. No torean, pero trabajan. En las Ventas .. Desolladero (cinco matarifes, un mondonguero, un encargado y tres repartidores). Lázaro *JZorra* 47: Ya les habían precedido [para la matanza] las mujeres, a las que iba a dirigir la señora Vicenta, experimentada mondonguera, con buena mano para las morcillas.

mondragonés -sa adj De Mondragón (Guipúzcoa). *Tb n, referido a pers.* | Azcárate *VozE* 28.8.74, 15: Mondragón .. Los mondragoneses aguantaron bien a los muchachos que entrena y prepara Echeandía.

monecillo m (reg) Monaguillo. | L. Cuenca *VozAl* 6.12.80, 7: Don José .. en su juventud fue monecillo.

moneda I f **1** Pieza de metal en forma de disco y acuñada por ambas caras, que, por su valor efectivo o por el que se le atribuye, sirve de medida para el precio de las cosas y para facilitar los cambios. | CNavarro *Perros* 14: Alguien había echado una moneda en la gramola.
2 Signo material o imaginario del valor de las cosas, aceptado oficialmente para hacer efectivos contratos y cambios. | F. J. Saralegui *Abc* 22.6.74, 25: Los monetaristas subrayan el papel de la moneda; para ellos la mejor forma de luchar contra la subida de precios es disminuir la masa monetaria en circulación. Mercader-DOrtiz *HEspaña* 4, 27: El sistema monetario español era todavía harto confuso: por encima de las piezas últimamente acuñadas y de su valor legal, existían monedas de cuenta, como la libra catalana, la aragonesa y la levantina. **b)** Unidad monetaria [de un país]. | *ByN* 11.11.67, 4: Forma de pago .. Desde el Extranjero: Solo por envío de un cheque, en cualquier moneda.
3 (raro) Dinero o caudal. | Cunqueiro *Un hombre* 13: –Tendrás que declarar tus posibles. ¿Qué moneda traes?– El extranjero, o lo que fuese, metió la mano derecha .. en el bolsillo interior del jubón.
4 ~ corriente. Cosa habitual o acostumbrada. *Gralm con el v SER.* | P. GAparicio *HLM* 6.1.75, 5: Por desgracia, las agresiones .. son moneda corriente en las relaciones internacionales. Alonso *Góngora* 116: Esas ideas eran de antiguo moneda corriente entre algunos doctos.
II loc v **5 pagar** [a alguien] **con** (o **en**) **la misma ~.** Comportarse [con él] de manera acorde con su propio comportamiento. | F. J. Saralegui *Ya* 11.5.74, 7: Se califica al discrepante –con facilidad– de heterodoxo. Y él paga en la misma moneda.

monedero -ra I adj **1** (raro) De (la) moneda [1 y 2]. | Grau *Lecturas* 181: En 1869, por orden superior, el Ingenio de la Moneda quedó cerrado para siempre, enmudeciendo troqueles y máquinas. Toda una tradición monedera de muchos siglos había finado para Segovia.
II m **2** Bolsa pequeña para llevar monedas [1]. | Laforet *Mujer* 197: Paulina .. buscaba un monedero para darle unas monedas.
3 Fabricante de moneda [1 y 2]. | Cela *Judíos* 135: La románica iglesia de San Sebastián fue el punto de reunión de los monederos en los siglos XV, XVI y XVII. **b) ~ falso.** Falsificador de moneda. | Aguilar *Experiencia* 196: Las gentes del barrio señalaban a fugitivos de la justicia, monederos falsos y terroristas.
4 *En una máquina que funciona con monedas:* Ranura por la que se introducen las monedas [1]. | *SPaís* 23.2.92, 1: Otro empresario .. ha decidido que todas las máquinas que compre traigan los monederos preparados para no rechazar ninguna calderilla.

monegasco -ca adj De Mónaco. *Tb n, referido a pers.* | *Inf* 1.8.70, 1: Con el príncipe monegasco [Rainiero] .. estarán allí muchos de los miembros del "jet set" internacional.

monegrino -na adj De los Monegros (comarca aragonesa). *Tb n, referido a pers.* | *Abc* 17.6.58, 24: Desde allí hasta El Temple son 15 los pueblos sembrados en la geografía monegrina.

monema m (Ling) Unidad mínima dotada de forma y sentido. | RAdrados *Lingüística* 162: Algunos estudiosos (sobre todo Martinet) hablan de monema en vez de morfema.

monería f **1** (col) Monada. | Hache *Cod* 15.3.64, 5: En cuanto sale un toro de verdad se acabaron las monerías, los saltitos. CNavarro *Perros* 91: Cierto modelo .. solía hacer monerías con un perrito de color canela. Mihura *Maribel* 34: Un niño y una niña, los dos rubios, rubios, que son una verdadera monería. *Gac* 11.5.69, 79: Una novela que era una monería, que se llamaba "Te amo". GPavón *Rapto* 242: No te molestes, monería. Sigue con el solitario.
2 Acción graciosa propia de un mono[1] [1]. | F. A. González *Ya* 25.5.73, 60: A un mono se le tiene enjaulado por sus monerías, para que haga gracia.

monetal adj (E) De las monedas [1]. | GNuño *Escultura* 156: Estas monedas son acuñadas conforme al sistema helénico de dracmas y tríobolos, esto es, la unidad monetal del mundo mediterráneo y uno de sus divisores, ambas monedas de plata.

monetariamente adv De manera monetaria. | R. Ríos *Inf* 8.7.74, 11: Quedan por compensar monetariamente los gastos causados por el traslado de sus nuevas residencias de los habitantes afectados por la construcción del embalse de Riaño.

monetario -ria I adj **1** De (las) monedas [1 y 2a]. | CBonald *Ágata* 12: Donde estuvo depositada durante siglos la plata tartésica, convertida luego en metal monetario fenicio. Alfonso *España* 166: Corremos el riesgo de una nueva forma de atraso consistente en un concepto demasiado simplista y monetario del progreso.
II m **2** Colección de monedas [1]. *Tb el mueble en que se instala.* | GNuño *Madrid* 110: La colección arqueológica de

monetarismo – moniliasis

la Academia no es muy numerosa, pero sí repleta de ejemplares sobresalientes; su monetario es cuantiosísimo.

monetarismo *m* (*Econ*) Teoría que otorga al dinero un papel preponderante en las fluctuaciones económicas y que propugna la reducción de la masa monetaria para combatir la inflación. *Tb la política correspondiente.* | *Abc* 9.1.72, 53: El nuevo monetarismo, visto por varios especialistas. La importancia del dinero en la génesis de las oscilaciones coyunturales que registra la economía mundial. Umbral *País* 8.4.83, 24: Vivimos el liberalismo monetarista de Friedman, para qué engañarse. Y concéntrico a ese monetarismo, dicen que hay un *psocialismo*.

monetarista *adj* (*Econ*) De(l) monetarismo. | Umbral *País* 8.4.83, 24: Vivimos el liberalismo monetarista de Friedman, para qué engañarse. **b)** Partidario del monetarismo. *Tb n.* | Pániker *Van* 16.10.70, 11: Ni los keynesianos ni los monetaristas supieron contener la inflación galopante del mundo occidental.

monetizable *adj* (*Econ*) Que se puede monetizar. | Tamames *Economía* 156: Se le fijaron como ingresos las subvenciones consignadas por el Estado (en su mayor parte hasta 1958), provenientes de la emisión de Deuda pública monetizable.

monetización *f* (*Econ*) Acción de monetizar. | FQuintana-Velarde *Política* 191: Los adversos efectos de esta monetización de la Deuda Pública han obligado a finalizar con la misma.

monetizar *tr* (*Econ*) Transformar en moneda [1 y 2]. | FQuintana-Velarde *Política* 190: La Deuda Pública se monetizaba (esto es, se convertía en dinero) a través de la operación de la pignoración. J. Aldaz *Abc* 15.12.70, 69: El Banco de España, .. al comprar activos no monetarios (letras, divisas ..) los monetiza, porque al recibir algo (activo) anota que lo debe a alguien (pasivo).

money (*ing; pronunc corriente,* /mónei/) *m* (*col*) Dinero. | *Int* 25.8.82, 95: La mujer, por tirada que esté, .. sabe que tiene un patrimonio entre las piernas y se espabila para levantar alguien con money.

monfí *m* (*hist*) Después de la Reconquista: Moro o morisco de Andalucía perteneciente a una cuadrilla de salteadores. | J. M. Rodríguez *His* 10.76, 49: La Sierra Nevada, que los árabes llamaban Sulaira, se llenó de numerosas partidas de asaltadores moriscos de gran rudeza y salvajismo, los monfíes.

monfortino -na *adj* De Monforte de Lemos (Lugo). *Tb n, referido a pers.* | *Lugo* 25: El Conde de Lemos, ilustre prócer monfortino, coopera con sus gestiones a la resolución de muchos problemas regionales.

mongol -la (*tb se usa la forma* MONGOL *para el f*) **I** *adj* **1** De Mongolia (región del Asia central). *Tb n, referido a pers.* | XSandoval *MHi* 12.70, 76: Leningrado es la única ciudad del viejo continente donde no dejaron huellas los griegos, los romanos, los visigodos, los bizantinos, los árabes, los tártaros o los mongoles. Ybarra-Cabetas *Ciencias* 429: Pertenecen al tronco amarillo, entre otras, las siguientes razas: mongola (Asia septentrional), siamesa (Siam, etc.). **b)** De la república de Mongolia. *Tb n, referido a pers.* | I. LMuñoz *País* 14.1.78, 11: El embajador de España .., tras unas palabras de saludo en la plaza de la Revolución de Ulan Bator, mantuvo con el jefe de Estado mongol .. una entrevista de casi una hora. **c)** De los mongoles [1a]. | Alvarado *Zoología* 136: Tiene [la raza amarilla] cráneo braquicéfalo, .. ojos pequeños con un llamado pliegue mongol. **II** *m* **2** Lengua de los mongoles [1]. | Moreno *Lenguas* 81: El mongol propiamente dicho se habla en Mongolia y en China.

mongolfier → MONTGOLFIER.

mongólico -ca *adj* **1** Mongol [1a y c]. | U. Buezas *Reg* 20.10.70, 4: Aquella raza de progenie netamente mongólica, denunciada somáticamente por sus abultados y salientes pómulos, color cetrino. Marsé *Tardes* 195: ¿Cómo escapar, viendo estas manos oscuras y fuertes, esta cara de facciones dulces y a la vez duras, casi mongólicas? **b)** [Raza] amarilla. | Alvarado *Zoología* 135: Raza amarilla o mongólica. Tiene cráneo braquicéfalo, piel más o menos amarillenta, cara aplanada, nariz corta, ojos pequeños con un llamado pliegue mongol. **2** De(l) mongolismo. | Navarro *Biología* 224: El mongolismo o idiotez mongólica se caracteriza por retraso mental. **3** Que padece mongolismo. *Tb n.* | MGaite *Retahílas* 214: Después de cumplidos los cuarenta hay mucho más riesgo de abortos y hasta de parir un hijo mongólico.

mongolismo *m* Anomalía congénita que se manifiesta por el aspecto mongoloide del rostro y un retraso mental que puede llegar hasta la idiotez. | Navarro *Biología* 224: Se ha demostrado que los que padecen mongolismo poseen un cromosoma supernumerario.

mongoloide *adj* Que presenta alguno o algunos de los caracteres de la raza mongólica [1]. *Tb n, referido a pers.* | *SInf* 9.12.70, 12: Los individuos serán negroides, caucásicos o mongoloides, porque habrán heredado de sus padres una serie de genes que les conformarán físicamente de un modo determinado. *SInf* 16.12.70, 5: El antropólogo británico Boyd propuso en 1953 una clasificación extraordinariamente simplificada: a) Blancos o caucásicos. b) Negroides. c) Mongoloides.

mongoloidismo *m* Condición de mongoloide. | Pericot-Maluquer *Humanidad* 60: Los problemas de mayor o menor mongoloidismo de las gentes de estas culturas y sus relaciones con los protoamericanos han de quedar, por ahora, sin resolver.

moni (*tb, raro, con la grafía* **mony**) *m* (*col*) Dinero. | Gala *Suerte* 654: (Entran un turista y una turista típicos. Los actores les hacen palmas alrededor y les ofrecen cosas:) –Anillo... ¡De oro puro! .. –¡Mony! ¡Que pa ti no es na y pa mí, mucho!

moniato *m* (*pop*) Boniato (planta y tubérculo). | *Ya* 17.11.63, 28: Precios en los mercados centrales .. moniatos, 3,50; naranjas, 7, 5 y 2.

monicaco -ca *m y f* (*col*) Monigote [2]. *Esp referido a niños, con intención cariñosa.* | Diosdado *Anillos* 2, 282: ¡Anda, anda, si no te puedes acordar! Si eras un monicaco que no levantaban la palmo del suelo. Buero *Tragaluz* 139: No es un pobre diablo más, corriendo tras su televisión o su nevera; no es otro monicaco detrás de un volante, orgulloso de obstruir un poco más la circulación. GPavón *Reinado* 11: Si te dejas llevar, hacen de ti un monicaco.

monición *f* (*Rel crist*) Advertencia hecha por una autoridad eclesiástica. | A. Vázquez *SNue* 14.6.70, 17: Después de cinco años de continua reforma de ritos, textos, misales, homilías y moniciones .., el mercado está saturado de manuales "para uso de los fieles".

monifato *m* (*reg, desp*) Monigote [2]. | J. Isla *Día* 29.5.76, 5: Otro cualisquiera, un monifato lambido de esos de ahora, que parece que todo lo saben y no saben nada, se hubiera agarrado una calentura y hubiera pegado a decir cosas de mí.

monigote *m* **1** Muñeco pintado o modelado sin arte. | Olmo *Golfos* 28: –¿Hacemos un monigote? –¡Venga, sí! –Tú y yo, gordo, a por barro. Pombo *Héroe* 23: Encima ir a elegir el monigote más estrafalario de todas las jugueterías de Europa, una especie de trapecista chillón descoyuntado encima de un trapecio que ni siquiera se balanceaba. **2** Pers. insignificante. *Frec usado como insulto, a veces cariñoso.* | SFerlosio *Jarama* 68: –¡Valiente monigote! –dijo Mauricio–. Estos chavales en cuanto tienen dos letras, ya se creen con el derecho de subírsele a la parra a todo el mundo. Delibes *Voto* 170: –Tú te quedas aquí hasta que yo diga –dijo. –Joder, Laly. –Nada de joder, monigote. *VNu* 18.12.71, 30: Cuando veo un niño acercarse al confesonario, pienso: ¿Qué pecados confesará ese monigote? **b)** Pers. que se deja manejar por los demás. | C. GBayón *SVoz* 8.11.70, 1: Un concejal no puede aspirar a ser un elemento decorativo, ni un bulto, ni un monigote.

monigotear *intr* (*reg*) Hacer el tonto o el monigote [2a]. | Clarasó *Van* 9.10.75, 82: Me dio la impresión de que monigoteaba un poco. Se mostró reservado, cauteloso, circunspecto, cauto. A todo me contestaba con murmullos, sin articular, y así no saqué nada en claro.

moniliasis *f* (*Med*) Infección causada por hongos del género *Monilia*. | J. Félix *Ya* 2.4.75, 40: Los antibióticos tomados por vía digestiva producen generalmente estomatitis, moni[l]iasis urinarias y digestivas. [*En el texto,* monidiasis.]

monillo[1] *m* (*Mar*) Instrumento de calafate que sustituye a la pitarrasa donde esta no puede aplicarse. | Zunzunegui *Hijo* 55: Andrés se quitó la chaqueta, cogió el monillo y se puso a pitarrasear en las costuras del alefriz.

monillo[2] *m* (*reg*) Prenda femenina sin mangas, que cubre de los hombros a la cintura y sirve para ajustar el pecho. | Berenguer *Leña* 38: Niña Violeta .., el monillo para apretarse el pecho amelonado, nuevo y vencido ya.

monimiácea *adj* (*Bot*) [Planta] dicotiledónea leñosa, propia de Australia, Polinesia y Sudamérica, de la familia del boldo. *Frec como n f en pl, designando este taxón botánico.* | GCabezón *Orotava* 37: Té del Brasil, *Siparuna Thea,* A.D.C., Monimiácea, Brasil.

monín[1] *m* (*Naipes*) Comodín. | Corral *Cartas* 54: Los Doses hacen de monín, o sea que tienen la propiedad de substituir cualquier carta.

monín[2] -na → MONO[2].

monis *m* (*col*) Dinero. | ZVicente *Traque* 218: Iremos quizá a Barcelona, a Ginebra, a Milán, y, si queda monis, a Roma un par de días.

monises *m pl* (*col*) Dinero. | DCañabate *Paseíllo* 71: Tiene figura, labia, simpatía, monises. | Gala *Campos* 15: O traes monises o te aguantas con lo que sea.

monismo *m* (*Filos*) Sistema o doctrina que admite un único principio o sustancia. | Gambra *Filosofía* 281: Monismo (se admite un solo principio, del cual derivan todas las cosas). | Rábade-Benavente *Filosofía* 121: En buena medida, todo el conductismo psicológico más radical, que ve en el lenguaje una forma de comportamiento observable –sonidos–, se identificaría con este monismo extremo de la identidad de pensamiento y lenguaje.

monista *adj* (*Filos*) De(l) monismo. | Gambra *Filosofía* 136: Las concepciones sobre el ser del hombre se dividen, ante todo, en monistas y dualistas. **b)** Partidario del monismo. *Tb n.* | * Los monistas admiten una única sustancia de la que todo deriva.

monístico -ca *adj* (*Filos*) De(l) monismo. | MPuelles *Filosofía* 2, 178: El idealismo absoluto se subdivide en "monístico" y "pluralístico", según que, respectivamente, aúne a todos los objetos en una sustancia única o, por el contrario, deje inconexa la multitud de ellos y de sus conocimientos.

mónita *f* (*lit, raro*) Astucia con suavidad y halago. | L. Calvo *Abc* 14.10.70, 32: Ha habido empeño de unos y otros, soviéticos y franceses, en echar la paternidad del viaje y sus logros en el haber del consorte, y así nadie aparece como solicitante ni como favorecido. Sutilísima mónita diplomática, transposición al objeto del "primus inter pares" aplicado siempre al sujeto.

monitor[1] -ra **A** *m y f* **1** Pers. que enseña determinadas disciplinas, esp. educación física o deportes. *Frec con un compl especificador.* | *GacNS* 6.8.70, 17: Monitora de educación física se necesita. *Van* 20.12.70, 83: Una monitora y cuatro oficialas 1ª precisa Sardá Hermanos, S.A., para taller de confección de prendas exteriores de señora. C. Rigalt *SD16* 6.8.87, II: Isabel recorrió con los monitores las dependencias del centro, en plan primera dama. [*En un colegio para niños "especiales".*]

B *m* **2** (*E*) Dispositivo electrónico visual o acústico, que permite seguir el desarrollo de un fenómeno o proceso, o el funcionamiento de un aparato o de un órgano fisiológico. | *Ya* 22.10.64, sn: Equipo para contaje de isótopos Victoreen. Monitor portátil Radgum Victoreen. *Reg* 27.2.68, 10: Vendo molino de piedras con motor eléctrico Siemens de 7'5 hp. Deschinadora. Satinadora. Monitor. **b)** Receptor de televisión que toma las imágenes directamente de las instalaciones filmadoras y sirve para seguir la transmisión. | * El locutor tenía sobre la mesa un monitor.

3 (*Informát*) Pantalla de ordenador. | *SD16* 19.6.91, 17: Tulip PC Compact 2: Disco Duro .. Monitor monocromo. Teclado.

monitor[2] *m* (*Mar, hist*) Buque blindado de poco calado y armado de cañones, usado para bombardeo de costas y como barco fluvial. | FReguera-March *Cuba* 317: La escuadra volante .. formada por los acorazados *Massachusetts* y *Texas* .. y el monitor *Katahdin*.

monitorio -ria *adj* Que advierte o amonesta. | Lorenzo *SAbc* 20.12.70, 5: En el silencio del taller han rebotado rotundas, monitorias, estas otras palabras: –Nunca serás buen pintor.

monitorización *f* (*E*) Acción de monitorizar. | *CoA* 31.10.75, 12: Clínica Sagrado Corazón .. Unidad de cardíacos agudos. Servicio médico permanente y monitorización continua. *SD16* 3.5.89, VI: Impulso aeroespacial .. El segmento terreno tendrá un solo centro dotado con una estación de telemetría y telecomando, un centro de monitorización de la carga útil y equipos auxiliares de supervisión general del sistema y de control.

monitorizar *tr* (*E*) **1** Seguir o controlar [algo] mediante monitor[1] [2]. | A. Moles *Ya* 22.1.86, 20: El corazón no falla, la respiración se puede hacer monitorizada por un sistema que mecánicamente hace entrar y salir el aire de los pulmones .. Por último, está la monitorización del corazón, que trata de que "aguante" el impulsor central de la sangre por todo nuestro cuerpo.

2 Dotar de monitor[1] [2] [a algo (*cd*)]. *Frec en part.* | Pi. Ortega *Ya* 20.9.90, 41: Estos sistemas de alta tecnología .. consisten en un microscopio monitorizado, que incorpora una cámara de vídeo conectada a un ordenador.

3 Realizar [algo] con ayuda de monitor[1] [2]. *Frec en part.* | Vega *Corazón* 44: Durante una de mis estancias en los Estados Unidos presencié las exploraciones monitorizadas que se realizaban en aquellos días por los cardiólogos de cierta compañía de Seguros de Chicago, en todos los conductores de taxis de la capital.

mónitum *m* (*Rel crist*) Monición (advertencia). | Sopeña *Defensa* 111: Dos cardenales .. intervienen a través de un "mónitum" para prohibirle [al P. Casado] el ejercicio de la pintura. [*En el texto, sin tilde.*]

monje -ja **I** *m y f* **1** Pers. perteneciente a una orden religiosa. | VParga *Santiago* 10: El monje Gómez .. nos ha conservado la primera noticia de autenticidad indubitable sobre la peregrinación. Laforet *Mujer* 22: Se empeñó Blanca en que la acompañase a visitar a sus amigas, esas monjas raras de la fundación del Altozano.

II *loc adj* **2** [Buitre] ~, [foca] ~, [oreja] **de** ~ → BUITRE, FOCA, OREJA.

3 de monja. [Pellizco] muy doloroso que se da cogiendo muy poca carne y retorciéndola. | Vega *País* 6.1.78, 11: Aunque a veces nos sintamos irritados por pellizquitos de monja, el Ejército debe mantenerse sereno y cumplir con su misión profesional.

mon-jemer *adj* [Grupo de lenguas] del sudeste asiático, que incluye como lenguas principales el mon y el jemer. | Moreno *Lenguas* 94: Lenguas mon-jemer (Mon-Khmer) .. Vietnamita .., jemer (Khmer) .., mon .., nicobarés.

monjil *adj* **1** De (la) monja o de (las) monjas. | Halcón *Monólogo* 210: Ya llega madre Sacré Coeur, tan fea y tan arrogante en sus pliegues monjiles. Cela *Judíos* 180: Fray Luis pidió .. unos polvitos de misteriosa y monjil receta, para espantarse las melancolías.

2 [Paloma] de color gralm. blanco, que tiene en la cabeza unas plumas grises que le caen por los lados. | Ybarra-Cabetas *Ciencias* 381: Se conocen varias razas de palomas domésticas, destacándose la monjil o de capuchón .. y sobre todo la paloma mensajera.

monjío *m* **1** Estado de monja. | DCañabate *Abc* 22.10.75, sn: Pero qué guapísima estás, Lolita, y qué bien te sienta el convento y el monjío.

2 Entrada de una mujer en religión. | Delibes *Ratas* 146: Ellos se rascaban la cabeza y preguntaban al fin: "¿Y puede saberse para qué necesitas un carro y un borrico para el monjío?". La Sime contestaba sin vacilar: "Para el dote".

mono[1] -na **I** *n* **A** *m* **1** Animal simio. *A veces con un adj especificador de las distintas especies:* ~ ARAÑA (*gén Ateles*), ~ AULLADOR (*gén Alouata*), ~ NEGRO *o* CAPUCHINO (*gén Cebus*). *Tb designa solo el macho.* | Laforet *Mujer* 94: Una vez, había entrado en su cuarto trepando como un mono por la hiedra. Bustinza-Mascaró *Ciencias* 215: Otros, como el mono araña y el tití –el más pequeño de todos los monos– poseen una cola larga y prensil. **b)** Piel de mono. | M. P.

Común *Van* 5.12.74, 48: Destacó un traje de noche en mono de Madagascar y los adornos de bellísimos plumajes.
2 Pers. que imita a otra. *Frec* ~ DE IMITACIÓN. | P. Diéguez *Pue* 2.11.70, 12: Es un monstruo del arte, y su enseñanza, he descubierto al verle dar unas cuantas clases, consiste en hipnotizar a sus discípulos y ponerles en trance, convirtiéndoles en monos de imitación de sus movimientos.
3 (*col*) Dibujo grotesco o sin arte. *A veces con intención afectiva*. | J. CCavanillas *Abc* 28.8.66, 15: Ingresa en el Real Colegio .. para cursar el Bachillerato, pero sin dejar de pintar "monos" en todo papel que encuentra propicio. *Rev* 7/8.70, 25: Han dicho de sus "monos" [de Chumy Chúmez] que son el sentido trágico del humor. FReguera-March *Boda* 151: Me prestó las perras y compré en el Rastro unos carteles con monos: *El crimen de don Benito*, el del *Huerto del Francés* .. El Rámila me enseñó las historias.
4 (*col*) Síndrome de abstinencia de un drogadicto. *Tb fig, fuera del ámbito de las drogas*. | S*País* 4.10.81, 38: Yo solía ir a comer a casa de mis viejos una vez por semana, y te juro que cuando estás con el *mono* esa mínima relación resulta horrorosa. A. Calvo *SD16* 21.10.90, II: Otro paso más es ingerir sustancias psicoactivas para poder aguantar el *mono*, los efectos de la carencia de alcohol. N. Carrasco *SSe* 15.7.90, 27: Uno piensa que por esta comarca más de alguno sentirá "el mono del "rafting"". *Ya* 17.12.90, 53: Tengo verdadero "mono" de mis horas de biblioteca en la facultad.
5 (*jerg*) Guardia o policía. | *DLi* 21.2.78, 7: Cuando pasamos por la glorieta de Cuatro Caminos iba delante de nosotros un Z. Entonces uno de ellos me dijo: "Cambie usted de carril y deje a un lado a esos «monos»".
6 (*Taur*) Monosabio. | DCañabate *SAbc* 29.9.68, 53: Nadie vio cómo se produjo la cornada mortal. Los "monos" consiguieron levantar al caballo.
7 el último ~. (*col*) La pers. más insignificante o de menos categoría en un lugar. | *Ya* 4.8.84, 18: Estamos hartos de que se nos trate como al último mono.
B *f* **8** Hembra del mono [1]. | T. Auñón *Ya* 10.7.74, 18: La Policía pudo avisar al personal del zoo, que recogió al mono, mejor dicho mona, de la especie "macaco bigotudo". **b)** *Frec se usa como término de comparación para ponderar enfado o vergüenza*. | CPuche *Paralelo* 209: Tomás no había devuelto la petaca .. El dueño de la petaca disimulaba, aunque estaba corrido como una mona. * Se puso más cabreado que una mona.
9 Simio catarrino que vive salvaje en el Peñón de Gibraltar y en África noroccidental (*Macacus innus*). *Gralm* MONA DE GIBRALTAR. | Bustinza-Mascaró *Ciencias* 215: Otros monos tienen .. unas callosidades isquiáticas, como el mandril y el zambo de África, el macaco de Asia y la mona de Gibraltar.
10 (*Naipes*) Juego en que se reparten todas las cartas menos una y que consiste en emparejar el resto. *Tb la carta que queda desparejada*. | Delibes *Parábola* 40: Doña Palmira, muy aficionada a las cartas, propuso jugar a la mona y al que perdiera darle el repelús. MGaite *Cuento* 363: ¿Cuál de los jugadores tendrá "la mona"?
11 (*col*) Borrachera. | LAlba *Voz* 6.11.70, 3: Se marchó a dormir la "mona".
C *m y f* **12** (*col*) Pers. insignificante. *Frec usado como insulto, a veces cariñoso*. | Delibes *Guerras* 29: La señora Dictrinia lo echó a broma, ¡qué mono este! Medio *Bibiana* 49: Tu hija..., la mona esa.
II *loc v* **13 irse a freír monas, mandar a freír monas** → IR, MANDAR.
14 pintar la mona. (*col, raro*) Presumir. | Burgos *D16* 15.8.91, 44: Me hubiera encantado que el señor obispo de Jerez .. hubiera denunciado los alquileres que se están pagando en Vistahermosa para pintar la mona.
15 tener ~s en la cara. (*col*) *Se usa gralm en forma negativa o interrogativa para comentar las miradas insistentes de alguien o protestar por ellas*. | FReguera *Bienaventurados* 100: ¿Qué es lo que miras tanto? ¿Es que tengo monos en la cara? ZVicente *Traque* 211: Bueno, ya está mirando ese otra vez. Debo de tener monos en la cara.
III *loc adv* **16 de ~s.** (*col*) En situación de enfado. *Referido a una pareja, esp de novios*. | Delibes *Emigrante* 22: La chavala seguía de monos cuando llegué. Ya le dije que con los trabajos tiene, enfadarse y desenfadarse.

mono² **-na** (*dim* MONÍN) *adj* (*col, gralm en boca de mujeres*) Bonito. | Mihura *Ninette* 65: –En ropa interior para mujer tenemos maravillas... –¡Ah!, ¿sí? –Sí, unas prendas monísimas. ZVicente *Traque* 266: ¿Usted ha visto alguna persona bien que diga que duerme en el tren? No hace mono eso. **b)** Cuidado o arreglado en su aspecto. | Medio *Bibiana* 31: Ellos .. quieren ver a sus mujeres muy monas, muy bien vestidas. **c)** [Mujer o niño] gracioso y atractivo. | GHortelano *Amistades* 32: –¿Cómo se te da esa? –se interesó Jovita. –Bah. –Es mona. Cela *Viaje andaluz* 202: Tenían ya un niño y una niña que .. eran muy monos y hermosos y estaban muy sanitos. **d)** *Más o menos vacío de significado, se emplea frec como vocativo dirigido a una mujer o a un niño*. | MGaite *Visillos* 31: Uy, por Dios, mona. **e)** *En vocativo, se emplea frec con intención irónica, dirigido a niños o a adultos*. | *¡Mira qué mono, el se va y me deja a mí con el lío!* RIriarte *Carrusell* 296: ¡Qué terca eres, monina!

mono³ *m* Prenda de vestir de trabajo, que consta de pantalones y cuerpo en una sola pieza. | CPuche *Paralelo* 13: Aquel mono (de trabajo) ya le había salvado un par de pantalones, por lo menos. **b)** Prenda de vestir femenina que consta de pantalones y cuerpo en una sola pieza. | P. SMartín *Nue* 24.1.70, 20: Ledespain presentó cuatro creaciones de Pertegaz. Un abrigo y mono en anilina color coral.

mono⁴ *adj invar* (*col*) Monoaural. *Tb n*. | *SYa* 10.11.63, 24: Se pueden utilizar discos de 33 1/3 t y 45 t, sea en mono, sea utilizando los auriculares o un altavoz.

mono- *r pref* **1** Que tiene un solo elemento. | *Por ej*: *País* 30.3.80, 2: Una gran fidelidad de reproducción gracias a un tambor de Cadmio, y el "toner" monocomponente, que reproducen únicamente lo que hay en el original y con todos sus matices. F. Cubedo *Act* 22.10.70, 78: El pedal del embrague es muy suave. Advertimos que es monodisco, con mando hidráulico. J. J. FSuárez *SAbc* 28.6.70, 43: El precio de un par de esquíes normales oscila entre las 1.500 y las 3.500 pesetas. Un monoesquí bueno, de 3.000 a 4.000. Salvador *Letra Q* 29: Lo cierto es que, aparte el valor monofonemático o bifonemático que pudiera tener y que resulta arduo de decidir, fonéticamente, al menos, *qu* y *c* latinas estaban claramente diferenciadas. *Odi* 12.7.64, 9: Nada se puede hacer contra las costumbres, aunque algunas extranjeras intente[n] implantar el monopieza y todas esas innovaciones antifemeninas. E. RGarcía *MHi* 10.60, 12: Iberoamérica ha quedado dividida en sectores de monocultivo o de monoproducción. *Van* 3.10.74, 14: Tostador de pan. Metálico, con mango manual. Monotensión. *Abc* 21.5.67, 16: Generadores de vapor monotubulares inexplosibles. *SPaís* 1.9.91, 14: Se ha decidido a plantar dos hectáreas de Merlot para "reforzar" su vino tinto monovarietal de mencía.
2 (*Quím*) Que contiene un solo átomo. | *Por ej*: J. PSalas *Luc* 18.9.64, 2: Esta riqueza fosforada se encuentra, en su mayor parte, en forma soluble al agua (fosfato monocálcico), de muy rápida acción. M. Aguilar *SAbc* 16.3.69, 54: Álcalis cáusticos (y sinonimias). .. Monohidrato de sosa. Bustinza-Mascaró *Ciencias* 245: Se disuelven las tres primeras sales en el agua y luego se agrega agitando el fosfato monopotásico. Ma. Pineda *ByN* 7.11.93, 98: Zushi .. Ingredientes: Dos tacitas de arroz .. Una cucharadita de glutamato monosódico (de venta en la sección de especias).

monoandria *f* (*Sociol*) Monogamia de la mujer que está casada, o tiene relación sexual, con un solo hombre. | Cela *Oficio* 41: El celibato, la monogamia del hombre, la monoandria de la mujer son frutos en cuyo cuesco se guarece la culebrilla.

monoatómico -ca *adj* (*Quím*) [Molécula] formada por un solo átomo. | Bustinza-Mascaró *Ciencias* 6: Las moléculas pueden estar formadas por un solo átomo y se las llama moléculas monoatómicas.

monoaural *adj* [Sistema de reproducción o transmisión de sonidos] que tiene un solo canal y no permite obtener el relieve sonoro. *Se opone a* ESTEREOFÓNICO. *Tb n*. | *SAbc* 12.4.70, 7: Elegante presentación .. Brazo extraligero, con dispositivo para discos estereofónicos y monoaurales.

monobikini *m* Traje de baño femenino consistente en una especie de braga de tamaño muy reducido. | *DCu* 1.7.64, 1: Tres periódicos atenienses que publican fotografías con mujeres en monobikinis han sido acusados de atentar a la moral pública.

monobloc (*pl normal,* ~s) *adj* De una sola pieza. *Tb n m*. | *SYa* 30.11.75, 18: Un frigorífico Corberó se conoce en los detalles .. Cuba monobloc de chapa de acero esmaltada. *Arte* 4.72, 39: Citaremos, entre las más destacadas novedades: Monoblocs de plástico en mesas enanas, mesas y sillas para la cocina, pequeños muebles para guardar la ropa.

monocable *adj* (E) Que funciona con un solo cable. Tb *n*, referido a transportador aéreo. | *Abc* 30.5.58, sn: Tranvía Aéreo. Se vende monocable de cinco Km.

monocarpelar *adj* (Bot) De un solo carpelo. | Alvarado *Botánica* 41: Los gineceos pueden ser monocarpelares, cuando constan de un único carpelo, como ocurre en las leguminosas (p. ej., guisante); o policarpelares, cuando tienen varios.

monocarril *adj* Que funciona con un solo carril. Tb *n m*, referido a ferrocarril o transportador. | *SArr* 27.9.70, 4: El mejor zoo de Europa, en Madrid .. Instalaciones varias .. Entrada al recinto .. Monocarril. *Abc* 31.5.58, 11: Monocarriles. Cabrias. Planos inclinados. Reductores de engranajes .. Rogelio Fernández, S.A. Construcciones metálicas y de maquinaria.

monocasco **I** *adj* **1** (E) [Célula de avión o carrocería de automóvil] con revestimiento reforzado con el fin de contribuir a la resistencia mecánica del bastidor. Tb *n m*. | J. PGuerra *SInf* 3.4.71, 8: Consiste [el autogiro] en un aparato triplaza y lugar para equipaje; lleva fuselaje metálico, monocasco con cabina de gran visibilidad, rotor suspendido elásticamente.
II *m* **2** (Dep) Barco de vela con un solo casco. | *Impreso* 8.88, 16: Los multicascos pasarán por un control cercano a las costas de San Salvador .. Los monocascos navegarán directamente hacia la capital de la República Dominicana.

monocerote *m* Unicornio (animal mítico). | Campmany *Abc* 21.8.92, 15: Son seres imaginarios, monstruos de la fantasía, como las quimeras, los centauros o los monocerotes.

monociclo *m* Aparato de locomoción constituido por un caballete que se apoya sobre una sola rueda movida por pedales. | Diosdado *Anillos* 2, 315: Se cruzan con una señora que lleva un perro en un cochecito de niño, muy serios los dos, y más tarde con un joven que se pasea en un monociclo, también muy convencido y satisfecho de la vida.

monocilíndrico -ca *adj* (Mec) De un solo cilindro. | *Abc* 19.3.75, 29: La fabricación de Condiesel comprende bombas en línea, bombas rotativas, bombas monocilíndricas y bicilíndricas, filtros para el combustible.

monocito *m* (Biol) Leucocito mononuclear de gran tamaño. | Navarro *Biología* 111: Leucocitos mononucleares .. Los de mayor tamaño (15 a 40 μ) se denominan macrófagos o monocitos.

monoclínico -ca *adj* (Mineral) [Sistema cristalino] que tiene tres ejes oblicuos, dos de los cuales son iguales entre sí. | Ybarra-Cabetas *Ciencias* 24: Con un eje binario: Sistema Monoclínico. **b)** De(l) sistema monoclínico. | Aleixandre *Química* 85: A temperaturas más bajas la variedad monoclínica [del azufre] se transforma espontáneamente en la variedad rómbica.

monoclonal *adj* (Biol) [Anticuerpo] específico contra un solo antígeno. | *Ya* 28.10.87, 28: Los biosensores que está investigando su equipo en Valencia utilizan los anticuerpos monoclonales para recibir las señales biológicas.

monocolor *adj* De un solo color. | A. Arévalo *SAbc* 6.4.75, 25: Son muchos más los sellos españoles en los que se reproduce pintura en sus más diversos estilos .. Unos reproducidos en huecograbado, monocolor o a todo color. **b)** (Pol) De un solo partido o tendencia. | A. Ballarín *Mun* 23.5.70, 66: La dinámica creada por el Gobierno monocolor conduce inevitablemente a la creación de algo que yo no llamaré oposición, sino alternativa. Pemán *Almuerzos* 330: –Ahora se habla mucho de que [Franco] nombrará un equipo monocolor. –¿De qué color? –Tecnócratas.

monocorde *adj* **1** De sonido monótono y reiterado. | CBonald *Ágata* 162: El monocorde rozamiento del esparto contra el mármol.
2 Monótono o falto de variación. | Umbral *Pról. Delibes* 7: Observación profunda de lo monocordes y monocromos que son ciertos seres.

monocordemente *adv* De manera monocorde. | Cela *Oficio* 79: En la corte infernal un coro de voces blancas salmodiaba monocordemente. N. Valdés *Tri* 15.12.79, 22: Excesivamente largo y monótono sería hacer una recopilación incluso somera de estas declaraciones que monocordemente vienen repitiendo .. desde el ministro de Educación .. hasta los boletines parroquiales.

monocotiledónea *adj* (Bot) [Planta] cuyo embrión posee un solo cotiledón. Frec como *n f* en *pl*, designando este taxón botánico. | Ybarra-Cabetas *Ciencias* 288: Las plantas monocotiledóneas tienen una gran utilidad para el hombre.

monocracia *f* (Pol) Gobierno de uno solo. | *Épo* 2.10.89, 37 (A): Felipe no es el culpable de este estado de cosas, de este monopolio de la razón y de esta monocracia absoluta sin controles, ni objeciones, ni críticas, ni contrapoderes.

monocrático -ca *adj* (Pol) De (la) monocracia. | *Cua* 1.72, 11: Solo la Iglesia contó con la oportunidad de ejercer los derechos de reunión, de asociación y de expresión del pensamiento, amparada por la carta de oficialidad que el Estado le había otorgado, en la certeza de que nunca se desviaría de la línea monocrática y autoritaria.

monocristal *m* (Mineral) Cristal simple o elemental, cuya red cristalina es perfecta. | A. M. Yagüe *Ya* 22.2.89, 21: [Técnica] consistente en la formación de monocristales a partir de amorfos por recristalización de láser.

monocristalino -na *adj* (Mineral) De(l) monocristal o de (los) monocristales. | M. Toharia *D16* 15.12.91, 18: Esta energía, comúnmente denominada fotovoltaica, se consigue gracias a unas pequeñas células de silicio monocristalino.

monocromático -ca *adj* (Fís) Monocromo. | Mingarro *Física* 200: Si se lograse una radiación exactamente monocromática de aquella longitud de onda, el rendimiento sería 645 lúmenes/W. **b)** Que solo deja pasar los rayos luminosos correspondientes a un color del espectro. | *Unidades* 52: Los principales instrumentos .. son el termómetro de resistencia de platino .. y el pirómetro óptico monocromático.

monocromatizador *m* (Fís) Dispositivo óptico para aislar radiaciones monocromáticas. | *Unidades* 50: El utillaje anexo necesario comprende: .. un monocromatizador (para aislar la radiación) o filtros interferenciales especiales.

monocromía *f* **1** Cualidad de monocromo. | GNuño *Madrid* 188: Los disciplinantes, la casa de locos .., constituyen una serie vívida y apasionada, oscilando entre la expansión multicolor hasta la fantasía demencial, casi novísima por su monocromía de paleta. Delibes *Año* 56: Hoy publicamos un editorial sobre la absoluta indiferencia pública en torno a las elecciones municipales. Esto no significa crisis de las ideologías, sino fracaso de la monocromía.
2 (Pint) Utilización de un solo color. | Angulo *Arte* 1, 20: Se abandona la monocromía, llegando a crearse obras de cierta riqueza colorista.

monocromo -ma *adj* De un solo color. Tb fig. | Pericot *Polis* 21: Se da una variante del arte rupestre, en la que las figuras son más pequeñas y en general monocromas. *País* 1.6.88, 27: Características técnicas [del IBM-XT 286]: .. Pantalla monocroma opcional PS/2 8503. Tarjeta gráfica opcional VGA estándar. Umbral *Pról. Delibes* 7: Observación profunda de lo monocordes y monocromos que son ciertos seres.

monocular *adj* (E) De un solo ojo. | J. DEspinosa *Ya* 10.4.74, 24: Todo esto se refiere, en general, a las afaquias binoculares (operados de cataratas de ambos ojos), porque en l[a]s monoculares (operados de un ojo) los problemas que se plantean son mayores. GGual *Novela* 65: En la narración de Ulises se mezlan las noticias casi históricas con las míticas, .. o con relatos folclóricos, como .. el encuentro con el Cíclope, el ogro monocular de los cuentos. **b)** [Instrumento óptico] que sirve para mirar con un solo ojo. | *Ya* 22.10.64, sn: Microscopios binoculares y monoculares Medicus.

monóculo -la I *adj* **1** (raro) Que tiene un solo ojo. | Cunqueiro *Sáb* 25.12.76, 29: Yo les había inventado, hace algunos años, a los griegos, la curiosidad de saber cómo vi-

monocultivo – monohíbrido

vían ciertas tribus animales, los centauros, por ejemplo, y los casi humanos cíclopes monóculos. Torrente *Saga* 156: La clase dirigente de aquel tiempo era monócula frontal.
II *m* **2** Lente para un solo ojo. | Laiglesia *Tachado* 48: Hizo siempre todo lo posible para parecerse a un diplomático inglés. Y lo consiguió del todo cuando se puso un monóculo atado a la solapa con un cordoncillo.

monocultivo *m* Cultivo único o predominante de una especie vegetal. | E. RGarcía *MHi* 10.60, 12: Iberoamérica ha quedado dividida en sectores de monocultivo o de monoproducción, a escala de las grandes compañías internacionales.

monodia (*tb* **monodía**) *f* (*Mús*) Canto a una voz, con o sin acompañamiento. | Valls *Música* 26: La melodía gregoriana (monodia) sirve para alabar al Señor. Casares *Música* 57: Habrá una [voz] principal y las demás la sirven con el acompañamiento armónico, esto se llama monodia acompañada, y este acompañamiento lo realiza el Bajo Continuo. Peña *Música* 64: Todas las transcripciones existentes de monodías griegas que se conocen, y su posible interpretación, son muy posteriores a la creación de nuestro sistema.

monodiálogo *m* Monólogo en que la pers. que habla dialoga con alguien cuya respuesta es imposible. | Fraile *Pról. Vida Lagos* XIV: Un fondo esbozado, o borroso, de seres y objetos, que apenas arropa la introspección o el monodiálogo del protagonista.

monódico -ca *adj* (*Mús*) De (la) monodia. | Valls *Música* 36: Esta música de la zona de Argelia es fundamentalmente monódica, y en su elaboración .. no participa función armónica alguna.

monodrama *m* (*TLit*) Obra dramática para un solo actor. | SRobles *Pról. Teatro 1959* XXX: En el teatro Español, el monodrama de Eladio Verde *Un hilo al exterior*.

monofásico -ca *adj* (*Electr*) [Corriente] alterna de una sola fase. | Mingarro *Física* 160: Se montan en serie para ser recorridos por corriente alterna monofásica .. los dos circuitos. **b)** De corriente monofásica. | *Ya* 2.6.74, 4: Filtros diatomeas hasta 60.000 lts. .. Motor de 220 v. y 1/2 HP. Monofásico con toma a tierra.

monofilamento *m* (*Tex*) Hilo de resina sintética que consta de una sola fibra. | *BOE* 12.3.68, 3810: Cuerda de polietileno en monofilamentos de 4 a 60 milímetros de diámetro.

monofilético -ca *adj* (*Biol*) Que procede de un origen único. | MPuelles *Filosofía* 2, 122: Distínguese, en este punto, entre la evolución "monofilética" (a partir de una sola especie) y la "polifilética" (a partir de varias).

monofisismo *m* (*Rel crist*) Doctrina monofisita. | *Mun* 23.5.70, 48: Al condenar el monofisismo .. enseñó [el Concilio de Calcedonia] cómo existen en Jesucristo dos naturalezas en una sola persona.

monofisista *adj* (*Rel crist*) Monofisita. | Vernet *Mahoma* 31: Posiblemente .. tuviese contactos esporádicos con los cristianos, pues monofisistas y nestorianos andaban desperdigados por la Península.

monofisita *adj* (*Rel crist*) Que niega la existencia de dos naturalezas en Jesucristo. *Tb n, referido a pers.* | Tejedor *Arte* 84: Recordemos de aquellas herejías: la monofisita, que negaba las dos naturalezas de Cristo; la monotelita, que admitía las dos naturalezas, pero una sola voluntad divina. Fernández-Llorens *Occidente* 85: Su mujer Teodora tiene ya mentalidad bizantinista; no sabe hablar latín, es monofisita.

monofisitismo *m* (*Rel crist*) Monofisismo. | A. Montero *Ecc* 15.12.62, 22: Un nestorianismo que separa lo humano de lo divino, y un monofisitismo –ora místico, ora laico– que confunde los dos elementos o se queda tan solo con uno.

monofito -ta *adj* (*Bot*) De una sola especie de plantas. | M. GRollán *ASeg* 7.4.78, 13: Como medidas preventivas [contra la armillaria] citemos: Eliminación de árboles viejos .. Sustitución periódica de unas especies forestales por otras, prefiriendo bosques mixtos a monofitos.

monofónico -ca *adj* (*Acúst*) Monoaural. | *Act* 17.12.70, 32: Puede seleccionar entre siete canales de música monofónica y estereofónica el tipo de programa más de su gusto.

monogamia *f* Condición o estado de monógamo [1]. *Tb el régimen familiar correspondiente.* | Pemán *Abc* 26.12.70, 3: Hay, en cualquier caso, la monogamia idealista de Beatriz para Dante y Laura para Petrarca. L. Falcón *Tri* 24.4.71, 25: En el reparto de funciones bíblicas siempre le había tocado la mejor parte. Por algo también la monogamia es un invento masculino.

monogámico -ca *adj* Monógamo, *esp* [3]. | LIbor *SAbc* 17.11.68, 11: Con la mayor libertad aparece la mayor necesidad de fidelidad y de relación monogámica. Guzmán *Sp* 21.6.70, 14: Es algo .. de más "clase" que ser un buen marido monogámico con prole.

monógamo -ma *adj* **1** [Pers.] que está casada o mantiene relación sexual con una sola pers. *Más frec referido a hombre. Tb n.* | Pemán *Abc* 26.12.70, 3: Marañón sentó que en la mayor hondura de su psicología el hombre es "monógamo". Pozuelo *Tri* 16.8.75, 9: La República fue un régimen de grandes monógamos, como don Niceto o don Manuel.
b) [Animal] que se aparea con una sola hembra. | C. Alonso *SNEs* 24.11.74, 2: Este cisne .. es monógamo.
2 De (las) perss. o animales monógamos [1]. | Gambra *Filosofía* 225: Sociología de la familia monógama. Navarro *Biología* 273: La familia puede ser monógama, como la de las palomas, donde una pareja vive con las crías, o polígama, como la formada por el gallo y las gallinas.
3 De (la) monogamia. | Pemán *Abc* 26.12.70, 3: El agua clara de lo contractual y legal puede también convertirse, dentro del mismo cauce monógamo, en el vino ardiente de una gran pasión ilusionada.

monogástrico -ca *adj* (*Zool*) [Animal] que tiene un solo estómago. | M. Calvo *Ya* 19.3.75, 42: Para suministrar a un animal monogástrico –gallinas ponedoras, cerdos, pollos de engorde– su ración proteica, se ha intentado, como se hace en los poligástricos, utilizar la urea.

monografía *f* Estudio extenso y detallado sobre un tema concreto y relativamente restringido. | MCachero *AGBlanco* 118: Es más lo positivo que lo defectuoso en estas monografías de "La Novela Corta". *ByN* 31.12.66, 58: Esta monografía será seguida por otros reportajes dedicados a otras ciudades extranjeras.

monográficamente *adv* De manera monográfica. | Alvarado *Anatomía* 2: Estudiaremos monográficamente la anatomía y la fisiología de los distintos aparatos y sistemas orgánicos de nuestro cuerpo.

monográfico -ca *adj* **1** De (la) monografía. | Correa-Lázaro *Lengua* 4° 78: Pertenecen al género didáctico .. los artículos, también de tema monográfico, pero de menor extensión.
2 De tema particular o único. *Tb n: m, referido a número de revista o a estudio; f, referido a exposición de arte.* | Mezquida *Van* 28.8.70, 24: El primitivo museo de la ciudad con el ingreso de nuevas piezas ha permitido desglosar sus fondos en museos monográficos. C. Aguilera *Ya* 4.2.87, 51: Una de las piezas, la de mayor tamaño y kilataje, aparece en la portada de un monográfico sobre esmeraldas editado por el citado Instituto. *Ya* 17.6.89, 51: Durante dos meses, en el museo Rath, de Ginebra. Primera monográfica internacional de la obra de Antonio Saura.

monografista *m y f* Autor de una monografía. | GNuño *Escultura* 60: Un monumento tan reducido de dimensiones cual es este .. plantea, en cambio, multitud de problemas que ni su primer monografista .. ni posteriores estudiosos han podido agotar.

monograma *m* Enlace de letras que representa abreviadamente un nombre. | Tejedor *Arte* 63: La pintura representa escenas del Antiguo y Nuevo Testamento, el crismón o monograma del nombre de Cristo, o bien figuras simbólicas.

monohíbrido -da *adj* (*Biol*) Híbrido cuyos generadores solo difieren en un carácter. *Tb n m.* | Navarro *Biología* 215: Cuando se cruzan dos individuos que difieren por solo un rasgo constitucional .. a los hijos se les llama monohíbridos.

monoico -ca *adj* **1** (*Bot*) [Planta] que tiene flores unisexuales masculinas y femeninas en un mismo pie. | Ybarra-Cabetas *Ciencias* 273: Cuando las flores son unisexuales, puede ocurrir que en el mismo individuo existan las dos clases de flor, como ocurre en el maíz, y entonces la planta se llama monoica, o que un individuo posea solo flores masculinas y otro las femeninas, y entonces la planta es dioica.
2 (*Zool*) Que presenta órganos masculinos y femeninos en un mismo individuo. | Navarro *Biología* 207: En algunos animales inferiores .. y gran número de plantas superiores, puede tener cada individuo los dos sexos ..; se denomina a estos organismos hermafroditas y a la especie monoica.

monokini *m* Monobikini. | Aristófanes *Sáb* 20.8.75, 55: Esta España gloriosa se ha llenado de macizas en monokini.

monolingüe *adj* **1** Que habla una sola lengua. *Tb n, referido a pers.* | Lázaro *Inf* 23.12.76, 18: Nuestro país sigue siendo el más monolingüe de Europa.
2 Que está en una sola lengua. | Hernández *Diccionarios* 36: Antes de centrarnos en los diccionarios monolingües actuales haremos un breve repaso histórico.

monolingüismo *m* Condición de monolingüe [1]. | Marías *Cataluña* 104: En una situación de estricto monolingüismo, la lengua es como el aire que se respira, y apenas se repara en ella; cuando una lengua convive con otras, el hablarla es siempre una opción.

monolingüístico -ca *adj* De(l) monolingüismo. | Diego *Abc* 21.8.66, 3: No desean se precipite hacia una disolución en otras lenguas más poderosas o en una síntesis monolingüística universal.

monolíticamente *adv* De manera monolítica. | Alfonso *España* 65: Aquí estamos metiéndonos como nadie, monolíticamente, en la deificación de las modas y el consumo.

monolítico -ca *adj* De(l) monolito. *Tb fig.* | CNavarro *Perros* 130: Poncio carecía de variantes. Su estructura era monolítica. **b)** Constituido por un solo bloque de piedra. | Tejedor *Arte* 78: Una torre cilíndrica rematada por una gran cúpula monolítica de 12 metros de diámetro y de uno y medio de espesor. **c)** Constituido por elementos fuertemente unidos y homogéneos. *Esp en política. Gralm con intención peyorativa.* | Pániker *Conversaciones* 42: Detrás de su fachada monolítica se esconde una estructura de valores relativamente antitéticos. Aranguren *Marxismo* 56: ¿Quién servirá mejor a este entendimiento ético-político, un marxismo cerrado, monolítico, escolástico, u otro crítico, abierto, problemático?

monolitismo *m* Condición de monolítico, *esp* [1c]. | L. Contreras *Mun* 5.12.70, 9: Se ha confundido este monolitismo en la presentación y defensa de intereses con la supresión práctica de vida asociativa. Laín *Descargo* 10: En nuestro país, tan socialmente dominado por el hábito de confundir la dignidad con el monolitismo, aquella, sin la menor mengua de su fortaleza, es perfectamente compatible con un leal ejercicio de la palinodia.

monolito *m* Bloque grande de piedra, que gralm. constituye por sí mismo un monumento. | Tejedor *Arte* 7: El menhir .. es un monolito de 2 a 3 metros de altura, colocado verticalmente sobre el suelo. GNuño *Madrid* 86: Dos muy estrechas naves laterales separadas de la central por soberbias columnatas con fustes de monolitos graníticos. **b)** *Se usa a veces en constrs de sent comparativo para ponderar la rigidez, la falta de flexibilidad o la homogeneidad estricta.* | ANavarro *País* 23.4.77, 9: En las reuniones de la Comisión mixta, el único que estaba hecho un monolito y no se avenía a razones era Girón.

monologal *adj* De(l) monólogo. | R. LIzquierdo *HLM* 29.4.74, 55: Se diluye, a juicio nuestro, lo verdaderamente teatral para integrarse en una exposición de sentimientos aislada y monologal en la que el peso recae exclusivamente en un solo personaje.

monologalmente *adv* De manera monologal. | Laín *Descargo* 442: Monologalmente debe hablar ahora el hombre que yo soy.

monologante *adj* Que monologa. *Tb n.* | Aldecoa *Gran Sol* 184: Monologaban indistintamente, y solamente quedaba de la conversación la atención a los labios del monologante de turno.

monologar *intr* Hablar solo, o con otros como estando solo. | Aldecoa *Gran Sol* 57: Los compañeros estarán tumbados, oyendo a alguno de popa, que les visita para charlar, pero que monologa. Umbral *Ninfas* 88: Los discípulos son un espejo vivo, parlante, actuante, un espejo con el que se puede dialogar monologando .., como Darío Álvarez Alonso monologaba conmigo, fingiendo dialogar.

monólogo *m* **1** Hecho de hablar una pers. sin dialogar con otra. | CNavarro *Perros* 16: El monólogo es algo privativo de los países latinos, donde nadie escucha a nadie. **b)** (*Escén*) Parlamento dicho por un personaje sin dialogar con otro. | DPlaja *El español* 89: Ha oído [Rosaura] el monólogo en que [Segismundo] se lamentaba de su suerte. **c) ~ interior.** (*TLit*) Técnica narrativa en que, en forma de largo monólogo, se pretende reproducir el fluir de los pensamientos y sentimientos del personaje. | CNavarro *Perros* 15: Se comentaba .. la ineficacia del monólogo interior, salvo en las novelas de William Faulkner.
2 (*TLit*) Obra dramática en que habla un solo personaje. | GLópez-Pleyán *Teoría* 139: El monólogo .. es la pieza dramática más simple. En él habla un solo personaje, y su extensión es mínima.

monologuismo *m* (*raro*) Tendencia al monólogo [1a]. | Van 5.12.74, 53: Una vez que, por los vientos foranos, el inveterado y nostral monologuismo derivó al diálogo.

monologuista *adj* (*raro*) Partidario del monólogo [1a]. *Tb n.* | J. M. Alfaro *Inf* 10.7.75, 18: Quien no titubea, quien no ansía contrastaciones y cotejos, es incapaz de diálogo; forma en esa masa de los monologuistas solemnes o erizados, para quienes la palabra acuerdo viene a representar un sinónimo de la traición más abyecta.

monomando *adj* [Grifo] que con una sola palanca regula la cantidad y la temperatura del agua. *Tb n m.* | *País* 1.4.80, 18: Grifería Roca. Monomando. Grifo de larga vida. C. Planchuelo *SD16* 26.11.87, VII: Durante los últimos años, el mezclador monomando ha sido el protagonista de la industria de la grifería.

monomanía *f* Manía que se limita a una sola idea o a un solo orden de ideas. | ILaguna *Ateneo* 42: A menudo se critica la falta de preparación y la monomanía temática de los noventayochistas.

monomaniaco -ca (*tb* **monomaníaco**) *adj* Que tiene una monomanía. *Tb n.* | *Abc* 10.10.57, 36: Al estilo del jurado aquel con las pinturas, casi monomaniaco, sobre si tenían o no tenían "bastante de Cezanne".

monómero -ra *adj* (*Quím*) [Compuesto] constituido por moléculas simples. *Tb n m. Se opone a* POLÍMERO. | Aleixandre *Química* 202: Los [polímeros] que se forman por adición de dos o más clases de moléculas monómeras reciben el nombre de copolímeros. Aleixandre *Química* 202: Se llama monómero a la unidad molecular química que se polimeriza.

monometálico -ca *adj* (*Econ*) [Sistema monetario] basado en un patrón único. | HSBarba *HEspaña* 4, 314: Si se acuña a la vez moneda de oro y de plata, el valor de las monedas acuñadas será más constante que en un sistema monometálico.

monomio -mia (*Mat*) **I** *adj* **1** (*raro*) Que consta de un solo término. | Gironza *Matemáticas* 73: Podemos sacar o separar el exponente común a los factores o divisores de un producto, cociente o expresión monomia (en que solo entran multiplicaciones y divisiones).
II *m* **2** Expresión algebraica que consta de un solo término. | Marcos-Martínez *Álgebra* 49: Dos monomios son semejantes cuando tienen la misma parte literal.

monomotor *m* Avión de un solo motor. | *ByN* 31.12.66, 18: En el campo del Real Aero Club de España se ha presentado en vuelo el monomotor de cuatro plazas .. "MFI-10 Vipan".

mononuclear *adj* (*Biol*) Que tiene un solo núcleo. | Navarro *Biología* 111: Leucocitos mononucleares. Reciben este nombre por tener un núcleo simple, redondeado.

mononucleosis f (Med) Exceso de leucocitos mononucleares en la sangre. | Umbral Abc 24.10.70, 7: Aquella muchacha yanqui era puritana y había padecido mononucleosis.

monoparental adj [Familia] que no cuenta con el padre y la madre, sino solo con uno de ellos. | N. SMartín Ya 22.9.89, 15: Un ejemplo de cómo la estructura familiar evoluciona en Europa es que el 10 por 100, y sigue aumentando, de las familias con hijos son monoparentales (solo existe un progenitor).

monopartidista adj (Pol) De un solo partido. | Abc 3.10.93, 38: La alternativa a Fraga es plural y no monopartidista.

monopatín m Juguete que consiste en una tabla con cuatro ruedecillas sobre la que se patina apoyando alternativamente uno o los dos pies. | Med 4.5.79, 11: Año Internacional del Niño. Exhibición de monopatines. Ya 30.12.89, 22: Hoy sábado, de 10 a 18 horas, se celebrará en Ciudad Lineal la gran fiesta del patín y el monopatín.

monoplano m Avión con un solo par de alas que forman un mismo plano. | Aguilar Experiencia 662: En un monoplano de ocho plazas .. salí para París.

monoplaza adj [Vehículo] de una sola plaza. Tb n m. | Gilera Abc 9.4.67, 108: Del coche "Sport" de turismo para los "rallyes" a estos bólidos monoplazas va un abismo. Ya 14.2.88, 29: Juegos Olímpicos de Invierno. Programa de hoy. Luge (monoplaza, hombres, primera y segunda mangas).

monopolar adj (E) Que tiene un solo polo. | Navarro Biología 98: La forma de las neuronas es extremadamente variable, pero se pueden reducir a tres tipos: neuronas multipolares, bipolares y monopolares.

monopolio m Régimen económico en que una empresa o grupo de empresas explota en exclusiva una industria o comercio. Tb la misma empresa. | FQuintana-Velarde Política 32: La misión de las decisiones de la autoridad es entonces restaurar la competencia cortando las situaciones de monopolio. Ya 16.2.77, 24: En la marcha de los índices parciales mejoran 3,28 bancos comerciales, .. 2,06 monopolios. **b)** Disfrute exclusivo [de algo]. | G. Estal Ya 19.5.74, 7: El monopolio de la coerción corresponde a la comunidad política.

monopolismo m Sistema de(l) monopolio. | Miret Tri 13.2.71, 43: El profesor Barberena .. pidió .. que en materia de educación se evitase el monopolismo de los centros religiosos.

monopolista adj De(l) monopolio. | F. J. Carrillo Cua 6/7.68, 20: La prosperidad, la productividad y la tecnología al servicio de la política monopolista se han tocado directamente. **b)** Que tiene un monopolio. Tb n. | FQuintana-Velarde Política 32: Se dice que un empresario es monopolista cuando disfruta de esta situación, esto es, cuando resulta ser lo bastante importante para influir en los precios de los bienes que vende. L. Lozano VozA 8.10.70, 28: ¿Fueron los últimos guerrilleros ... los que trazaron una imagen peligrosa para los grupos monopolistas del estaño?

monopolísticamente adv De manera monopolística. | E. Borrás HLM 14.12.70, 17: Originó una real orden suprimiendo definitivamente el antiguo reglamento, con lo que el actual quedó monopolísticamente instaurado.

monopolístico -ca adj De(l) monopolio. | FQuintana-Velarde Política 222: La legislación posterior de 1813 confirmó el principio de libertad industrial, aboliendo los privilegios monopolísticos señoriales.

monopolización f Acción de monopolizar. | E. RGarcía MHi 8.60, 31: Poco ha hecho Norteamérica para evitar los desastrosos efectos de la monopolización del mercado del cobre por sus negociantes.

monopolizador -ra adj Que monopoliza. Tb n, referido a pers. | CBonald Ágata 142: Convertía a Ojodejibia en dómine exclusivo del joven monopolizador de fortunas por nadie explicadas. CPuche Paralelo 354: Los americanos lo que querían era aprovecharse estratégicamente de la península, pero sin vincularse al mandato de los monopolizadores del poder.

monopolizar tr Tener el monopolio [de algo (cd)]. | Arenaza-Gastaminza Historia 191: Sevilla y Lisboa monopolizan la actividad económica con las colonias de Ultramar. RegO 3.7.64, 7: Mis padres eran buenos aficionados. Poseían el teatro, el casino, la sala de conferencias, monopolizaban toda la cultura. Escrivá Conversaciones 20: Una institución que corriese el peligro –tan fácil– de llegar a ser monopolizada o instrumentalizada de hecho por un grupo o grupito de católicos oficiales.

monopolo m **1** (Fís) Partícula magnética o eléctrica dotada de un solo polo. | A. Farras Ya 29.4.87, 35: Blas Cabrera saltó al primer plano de la actualidad científica mundial en febrero de 1982, cuando uno de sus detectores dio, al parecer, con una de las partículas subatómicas más buscadas por los sabios: el monopolo.
2 (Radio) Antena de radio aérea que consiste en una barra con una conexión en uno de sus extremos. Tb ANTENA ~. | A. Calvo SD16 21.10.90, XII: España ha contribuido también .. con la construcción por la empresa Sener de dos antenas filiales extensibles de 35 metros cada una y una antena monopolo desplegable de 7,5 metros.

monopoly (n comercial registrado) m Palé (juego). | Ya 17.9.87, 15: Ese argumento es más falso que los billetes del monopol[y]. [En el texto, monopoli.]

monoptongación f (Fon) Paso de un diptongo o un triptongo a un monoptongo. | Alarcos Fonología 213: Cuando se generalizó la monoptongación de ae, apareció un fonema /ẹ̄/.

monoptongo m (Fon) Vocal que no cambia de timbre en el transcurso de su emisión. Se opone a DIPTONGO y TRIPTONGO. | Alarcos Fonología 213: Los tres diptongos empezaban a realizarse como monoptongos.

monorquidia f (Anat) Existencia de un solo testículo en el escroto. | * No son raros los casos de monorquidia.

monórquido adj (Anat) Que tiene un solo testículo. | J. Parra Ya 6.12.86, 60: No pueden inscribirse gatos de menos de tres meses; .. gatos monórquidos (con un solo testículo) y gatos ciegos.

monorraíl adj [Tren] que funciona con un solo raíl. Tb n m. | Ya 23.6.92, 25: El tren monorraíl, uno de los atractivos de la muestra, a su paso por la Avenida de Europa. Umbral Tierno 99: Carmen le sugería ideas para el futuro: un monorraíl para Madrid, por ejemplo.

monorreactor adj [Avión] de un solo reactor. Tb n m. | D. Vecino Ya 25.5.75, 35: El Mirage monorreactor y el Phantom birreactor son aviones potentísimos.

monorrefringencia f (Fís) Cualidad de monorrefringente. | Ybarra-Cabetas Ciencias 36: Coincidiendo el eje de simetría principal con la dirección de monorrefringencia.

monorrefringente adj (Fís) Que produce una refracción simple. | Ybarra-Cabetas Ciencias 37: Los cuerpos monorrefringentes no varían la dirección del rayo extraordinario.

monorrimo -ma adj (TLit) [Estrofa o composición] de una sola rima. | DPlaja Literatura 75: El mester de clerecía utiliza para su obra el tetrástrofo monorrimo. Quilis Métrica 99: El Modernismo .. usa de nuevo este tipo de estrofa, pero, generalmente, no monorrima.

monorrítmico -ca adj De un solo ritmo. | M. Zuasti Ya 21.12.69, 1: Tengo aquí .. mi pequeña esperanza entretenida, el anhelo que acaso fenecerá mañana con los sones de la monorrítmica tonadilla.

monosabio m (Taur) Mozo que ayuda al picador en la plaza. | Inf 31.3.70, 40: Ha fallecido en Valencia el popular "Pepet", el mejor monosabio que pisó los ruedos en los últimos treinta años.

monosacárido m (Quím) Azúcar que no se puede descomponer en otro más simple por hidrólisis. | Alvarado Anatomía 5: Según el número de azúcares sencillos que forman el sacárido, se clasifican los glúcidos en monosacáridos, disacáridos y polisacáridos.

monosémico -ca adj (Ling) [Palabra o morfema] que solo tiene un sentido. | Salvador Semántica 50: Los lexemas puente son monosémicos. **b)** De (la) palabra o (el) morfema monosémicos. | GYebra *Traducción* 130: El préstamo tiene, al menos inicialmente, carácter monosémico. Se introduce la palabra para una designación precisa, aunque sea polisémica en la lengua de origen.

monosilábico -ca *adj* **1** Monosílabo. | Torrente *Saga* 339: Mis morfemas y mis semantemas son siempre monosilábicos.
2 Que consta exclusiva o fundamentalmente de monosílabos. | CNavarro *Perros* 196: Sus conversaciones eran monosilábicas. **b)** (*Ling*) [Lengua] en que la mayoría de los morfemas léxicos y gramaticales son monosílabos. | RAdrados *Lingüística* 209: En las lenguas monosilábicas desaparece en principio el concepto de morfema ligado.
3 [Pers.] que se expresa predominantemente con monosílabos. *Gralm con intención ponderativa*. | Diosdado *Anillos* 2, 134: ¡Ay, hija, qué monosilábica eres!

monosilabismo *m* Predominio del uso de monosílabos. | *Ya* 20.4.86, 6: El inglés muestra un batiburrillo de palabras romances y germánicas, aparte de la fonética muy complicada, y la tendencia al monosilabismo.

monosílabo -ba *adj* De una sola sílaba. *Tb n m, referido a palabra*. | Amorós-Mayoral *Lengua* 43: Las palabras monosílabas no llevan tilde. Medio *Bibiana* 271: Cuando le hablan contesta con monosílabos.

monospermo -ma *adj* (*Bot*) Que solo contiene una semilla. | Alvarado *Botánica* 48: Por su pericarpio pueden ser [los frutos] secos y carnosos. Por el número de semillas, monospermos y polispermos.

monote *m* (*raro*) Riña o alboroto. | Cela *Izas* 71: A Margot, que no tiene buen vino, le enseña la oreja la mala baba en cuanto empieza a ver doble o confuso .. Un día armó tal monote que vino la bofia y cayeron lo menos veinte mujeres en la redada.

monoteísmo *m* Creencia en un solo dios. | Pericot *Polis* 12: Al monoteísmo original sucede un politeísmo grosero.

monoteísta *adj* **1** De(l) monoteísmo. | Pericot *Polis* 13: En ellos predomina la tendencia monoteísta y cierta elevación moral.
2 Que cree en un solo dios. *Tb n, referido a pers*. | Tejedor *Arte* 88: El mahometismo es una religión monoteísta.

monoteístico -ca *adj* (*raro*) Monoteísta [1]. | SDragó *SInf* 1.2.79, 4: Roma nos dio una religiosidad centralista, monoteística, que violaba totalmente nuestros arquetipos, que son de pluralismo.

monoteleta *adj* (*Rel crist*) Monoteíta. *Tb n*. | Villapún *Dogma* 106: En Jesucristo hay dos voluntades: divina y humana. Esta verdad fue negada por los monoteletas.

monotelita *adj* (*Rel crist*) Que admite dos naturalezas en Jesucristo, pero una sola voluntad divina. *Tb n, referido a pers*. | Tejedor *Arte* 84: Recordemos de aquellas herejías: la monofisita, que negaba las dos naturalezas de Cristo; la monotelita, que admitía las dos naturalezas, pero una sola voluntad divina. Cunqueiro *Un hombre* 231: Encargó en Tracia un muleto que tuviese alas en los cascos, para hacerlo salir en un milagro que confundiese a los monotelitas.

monotema *m* Tema único. *A veces con intención desp*. | FMora *Pensamiento 1964* 218: El estudio de Riopérez versa sobre el tema de España, que casi es el monotema de Azorín. Umbral *Gente* 123: Todo lo que ha pintado después [Modesto Roldán] .. no es sino una recomposición de aquello hecho a lo largo de toda una vida. El sexo con encajes. Es su tema. Su monotema.

monotemáticamente *adv* De manera monotemática. | J. E. Aragonés *Arte* 4.72, 64: El III Festival Internacional de Teatro de Madrid .. bien podría anunciarse como el I Festival Monográfico Internacional. En efecto, se va a dedicar, monotemáticamente, a espectáculos de mimo y pantomima.

monotemático -ca *adj* De un solo tema. *A veces con intención desp*. *Tb fig*. | Casares *Música* 94: Es importante ver cómo transforma la sonata Barroca a cuatro partes en sonatas bitemáticas (a dos partes) e incluso monotemáticas (a una parte). GSerrano *Macuto* 583: Fue obsequiado con una comida curiosa y reveladora, ya que "todos los platos que se sirvieron eran platos de huevos fritos, escalfados, cocidos, tortillas ..". He oído hablar infinidad de veces de esta comida, con mil versiones distintas, pero todas coincidían en el menú monotemático.

monotipia *f* (*Impr*) Máquina de componer que funde los caracteres uno a uno. *Tb la técnica de componer con esa máquina*. | Huarte *Tipografía* 61: La monotipia .. es máquina de coste mucho más elevado que la linotipia. Huarte *Tipografía* 28: Cuando la composición no ha sido hecha a mano con tipo móvil, sino mecánicamente (linotipia, monotipia), puede haber unas erratas peculiares al procedimiento empleado.

monotipo *m* (*Arte*) Técnica de estampa consistente en pintar al óleo sobre una plancha de cobre, vidrio o materia plástica, y luego aplicar la plancha a presión sobre el papel, obteniendo un ejemplar único sin posibilidad de copias. *Tb la obra obtenida con esta técnica*. | F. Gutiérrez Van 21.3.71, 49: Este esencialismo poético de la obra de Bea nos muestra un quehacer –pintura, dibujo, grabado, litografía o monotipo– escandid[o] según un arte métrica plástica que se manifiesta en infinitas maneras sensibles. *DBu* 30.6.90, 7: Amadeo Gabino: esculturas, collages, monotipos, grabados.

monótonamente *adv* De manera monótona [1b y 2]. | Aranguren *Marxismo* 83: "Burgués" pasa ahora a significar .. hombre prosaico .., de vida monótonamente ordenada. Sopeña *Defensa* 23: Ese frío .. me puso en trances graves de salud, y sin la compensación de adelgazar, porque las comidas eran monótonamente feculentas.

monotonía I *f* **1** Cualidad de monótono. | CNavarro *Perros* 19: Las masías iban perdiendo personalidad, para quedar como una mancha más, un adorno o un alarido de blancura en la monotonía del paisaje.
II *loc adj* **2 de ~**. (*Mat*) [Ley] monótona [3]. | Ríos-RSanjuán *Matemáticas* 14: Esta operación no puede realizarse si es $c < a$, pues, por la llamada ley de monotonía, será siempre $c < a + b$.

monotonizar *tr* (*raro*) Dar carácter monótono [2] [a algo (*cd*)]. | *Mad* 10.9.70, 17: Quizá los nervios, un mal entendido con la orquesta .. y, desde luego, la selección de las canciones, que monotonizó mucho su actuación.

monótono -na *adj* **1** [Sonido] que carece de variaciones de tono. | Lera *Boda* 645: El agua caía con monótono son en la fuente. MGaite *Retahílas* 15: –Sácate de ahí –susurró la mujer con voz monótona a la vaca. **b)** Que implica sonido monótono. | P. Darnell *VNu* 13.7.74, 29: Dificultades en el planteamiento, análisis y práctica del canto gregoriano –canto moderno, modesto, como predica la Iglesia–.
2 [Pers. o cosa] que carece de variaciones. *Frec con intención ponderativa*. | Olmo *Golfos* 27: La mujer, bien mirada, es como una peonza que gira, monótona, sobre el mismo agujero. Lera *Clarines* 365: El campo aparecía amarillento también, raso, uniforme, monótono.
3 (*Mat*) [Ley o propiedad] según la cual, si a los dos miembros de una desigualdad se les somete a la misma operación con el mismo número, se mantiene el mismo sentido de la desigualdad. | Marcos-Martínez *Álgebra* 15: Ley monótona. Si a los dos miembros de una desigualdad se suma un mismo número, se obtiene otra desigualdad del mismo sentido. Gironza *Matemáticas* 72: Si tenemos una desigualdad .., resulta análoga desigualdad entre sus potencias .. (Propiedad monótona).

monotrema *adj* (*Zool*) [Mamífero] ovíparo, con pico y con un solo orificio para el recto y los conductos urinarios y genitales, cuya hembra posee glándulas mamarias carentes de pezón. *Frec como n m en pl, designando este taxón zoológico*. | Navarro *Biología* 308: La totalidad de los monotremas (ornitorrincos y equidnas) .. y casi todos los marsupiales .. pertenecen a esta región.

monovalente *adj* **1** (*Quím*) Que tiene valencia 1. | Bustinza-Mascaró *Ciencias* 9: La valencia del cloro es uno, o sea que el cloro es monovalente.
2 (*Med*) [Suero o vacuna] que solo sirve para una especie o enfermedad determinada. | *D16A* 12.8.89, 5 (A): Una vez que se determine el serotipo exacto del virus responsable de la muerte de tres yeguas en Sotogrande, se procederá a la revacunación de todos los animales de la zona con la vacuna monovalente que corresponda.

monovero -ra *adj* De Monóvar (Alicante). *Tb n, referido a pers.* | SGuarner *Mad Extra* 12.70, 62: El inconformismo lo acentuaron considerablemente casi todos los poetas nacidos después de 1936 –Lluis Alpera .., el monovero Ródenes Marhuenda–.

monoviga *adj* (*E*) Monorraíl. *Tb n m.* | *Ya* 11.12.90, 3: El prototipo del Eurotrén Monoviga a su paso por la M-30.

monovolumen *adj invar* [Automóvil] en que el capó y el portaequipajes siguen la línea de los cristales, sin los habituales salientes. *Tb n m.* | Ja. Fernández *SSe* 15.9.91, 26: De ahí la creciente aceptación, no solo de los todo terreno sino también de los vehículos monovolumen. **b)** De(l) automóvil monovolumen. | *SVan* 29.10.89, 1: Su carrocería es del tipo "monovolumen".

monoxeno -na *adj* (*Biol*) [Parásito] de un solo huésped. | Navarro *Biología* 278: La vida del parásito se puede desarrollar sobre un único huésped, llamándose por ello monoxeno.

monóxido *m* (*Quím*) Óxido cuya molécula posee un solo átomo de oxígeno. | Remet *SInf* 16.12.70, 14: Se limita modestamente a mantener en los coches casi el mismo índice de monóxido de carbono que tenían cuando eran nuevos. Marcos-Martínez *Física* 232: Monóxido de cobre.

monóxilo -la *adj* (*Mar*) [Embarcación] de una sola pieza. | MHidalgo *Van* 26.1.77, 30: Al lado de la madera, tan empleada aún para labrar canoas monóxilas o construir buques a vela o motor, resultan ridículos los doscientos años de nuevo rico del hierro.

monrealense *adj* De Monreal del Campo (Teruel). *Tb n, referido a pers.* | *Luc* 6.8.64, 6: Nuestra enhorabuena a los familiares de estos nuevos monrealenses.

monrealero -ra *adj* Monrealense. *Tb n.* | *Luc* 9.9.64, 6: El señor De las Peñas y acompañantes emprendieron el viaje de regreso a Teruel, renovándose en la despedida por parte de autoridades monrealeras y vecindario las manifestaciones de entusiasmo y gratitud por la visita.

monroviano -na *adj* De Monrovia. *Tb n, referido a pers.* | L. JMarhuenda *Opi* 30.10.76, 76: Los fernandinos son nativos de Fernando Poo de ascendencia nigeriana, monroviana o de otros países fuera de la costa de influencia británica.

monseñor *m* Tratamiento propio de los prelados, y de algunos otros eclesiásticos por concesión papal. | *Ya* 15.4.64, 13: Al acto asistieron el arzobispo preconizado de Madrid, monseñor Morcillo; el arzobispo de Barcelona. **b)** Pers. que tiene tratamiento de monseñor. | *Cam* 21.7.75, 13: Una respuesta-resumen de la mayoría de monseñores que han atendido a la consulta podría representarla la del obispo de Jaén, Miguel Peinado Peinado.
2 Tratamiento dado en Francia al delfín y a otras perss de alta dignidad. | S. Otto *Ya* 20.11.88, 11: Alfonso de Borbón, como descendiente más directo de Luis XIV, es el heredero de la corona francesa .. De hecho, hasta ahora, el primo del Rey de España recibe en Francia el tratamiento de monseñor.

monserga *f* (*desp*) Exposición oral o escrita fastidiosa y que no merece atención. | Arce *Testamento* 54: –Me gustaría ir a Nueva York –dijo. Yo no le hice caso. Comenzaba a aburrirme su monserga. **b)** Asunto fastidioso. | GPavón *Reinado* 237: Cuando apiolen los de Madrid o los de Barcelona al Rufilanchas, se concluyó la monserga.

monstruizar *tr* Convertir en monstruo [a alguien o algo]. *Tb abs.* | Umbral *Tierno* 85: Tarde cualquiera de la vida, monstruizada de pronto por la invasión de la gente y la Historia. X. Domingo *Tri* 19.12.70, 33: La mayor parte de la gente .. se contenta .. con la hermosa foto del maestro fotógrafo de la esquina, que retoca para embellecer y dulcificar y no para afear y monstruizar.

monstruo -trua (*la forma* MONSTRUA, *rara, solo se aplica a mujer en aceps 2, 3 y 4*) **I** *n* **A** *m* **1** Ser fantástico, gralm. de apariencia temible. | GNuño *Escultura* 116: Estos animales nos laten siempre en la sangre meridional de las redondas Españas como una prolongación del paisaje, cual si los toros, caballos y monstruos fueran minerales o vegetales de carne y sangre caliente. J. J. Plans *Ya* 3.12.71, 7: El monstruo del Loch Ness comenzó a contar con una popularidad que no ha ido disminuyendo. **b)** Animal real espantoso, esp. por sus dimensiones gigantescas. | * La ballena es un monstruo marino. * Ese perro es un monstruo. **c)** Pers. o cosa cuya fealdad causa horror. *Frec con intención ponderativa.* | * Le hizo reacción la vacuna y se puso hecha un monstruo. * ¡Qué monstruo de niña!

B *m y* (*raro*) *f* **2** Ser que presenta anomalías o desviaciones notables respecto a su especie. | Onieva *Prado* 200: El gusto por ciertos seres deformes se ha extendido desde Antonio Moro hasta Zuloaga .. Con lo que existe en los Museos y en colecciones particulares, podría formarse una interesante Galería española de monstruos. GNuño *Madrid* 181: De tal porte son los retratos del juglar Bazán, de la monstrua Vallejo y del embajador ruso Ivanovitch Potemkin.
3 Pers. que por su crueldad o por su maldad causa horror. *Con intención ponderativa.* | CBaroja *Inquisidor* 50: Llorente no fue el monstruo que se ha dicho.
4 Pers. sobresaliente o extraordinaria. *Con intención ponderativa. Frec con un compl especificador de la actividad en que se sobresale.* | Ridruejo *Memorias* 47: Era, según Bleiberg, un "monstruo", en el sentido meliorativo en que esa palabra se usó siglos atrás. N. Vidal *As* 9.12.70, 2: Se lo merecían tanto o más que ellos .. otros monstruos del balón. **b)** ~ **sagrado.** Pers. que se ha convertido en mito dentro de una actividad, normalmente artística. | C. Pujol *Van* 6.12.73, 57: La biografía de Lacouture arroja un poco más de luz sobre uno de los últimos mo[n]struos sagrados de la literatura del siglo presente [Malraux]. [En el texto, mostruo.] GCarrión *Ver* 10.9.75, 5: José María Rodero es uno de los pocos actores españoles a los que se califica de monstruo sagrado de la escena. Laín *Descargo* 79: En 1930 .. con la gran fama nacional de un Instituto hospitalario y, por si todo esto fuera poco, con su altísimo crédito como escritor y ensayista, Marañón había llegado a ser uno de nuestros máximos monstruos sagrados.

II *adj invar* **5** Muy grande o enorme. | Ortega *Americanos* 27: Una convención no es necesariamente una reunión monstruo con *majorettes* frenéticas.

monstruosamente *adv* De manera monstruosa. | Salvador *Haragán* 24: Te quedaste sin habla, con los ojos monstruosamente abiertos.

monstruosidad *f* **1** Cualidad de monstruoso. | J. Tomeo *Abc* 30.10.93, 18: Pasa a hablarme de los terneros que, de vez en cuando, nacen con cabeza de hombre, y de las gallinas que, mucho más modestas en su monstruosidad, se limitan a tener dos dedos en lugar de uno en las patas traseras.
2 Cosa monstruosa. | ILaguna *Ateneo* 34: Se vuelca desde el comienzo en lo literario y artístico e ignora monstruosidades como la desamortización.

monstruoso -sa *adj* **1** De(l) monstruo o de (los) monstruos [1 y 2]. | *Ya* 30.7.74, 16: El pasado viernes fue divisado sobre las aguas un extraño ser de características monstruosas, que se deslizaba por la superficie a gran velocidad. **b)** Que tiene carácter de monstruo [1 y 2]. | Bustinza-Mascaró *Ciencias* 188: Los hubo [reptiles] .. terrestres y de variados tamaños, algunos monstruosos, como los Dinosaurios.
2 Extremadamente contrario a la razón o a la moral. *Con intención ponderativa.* | * Eso que tratan de hacer con él me parece monstruoso.
3 Muy grande o enorme. *Con intención ponderativa.* | * La monstruosa manifestación se produjo sin incidentes.

monta[1] *f* **1** Acción de montar [2, 3 y 15]. | Merlín *HLM* 26.10.70, 34: Nuevamente Carudel hizo una monta magistral, ratificando su puesta a punto. Labor meritoria de la yegua "Katimba". Ferres-LSalinas *Hurdes* 110: ¡Cómo se nota que estás soltero y maullado como un gato antes de la monta!
2 Valor o importancia. *Gralm en la constr* DE POCA ~. | DCañabate *Paseíllo* 59: La Juncal puede ser un estorbo de monta. Cela *Judíos* 48: Soto de San Esteban es pueblecito de poca monta. Delibes *Madera* 122: Las voces de tío Vidal eran ya de tal monta que los cimientos de la casona se estremecían.

monta[2] *m* (*col*) Montacargas o montaplatos. | Palomino *Torremolinos* 74: El teléfono de Cafetería pone en movimiento a Paco Jerez. –Soy Herminia. Mándame por el monta una tila, que la Nati se ha puesto mala.

montacamillas *m* Ascensor destinado a transportar camillas. | *Abc* 8.3.58, 26: Ahora les hacen falta .. un autoclave, un montacamillas.

montacargas *m* Ascensor destinado esp. a transportar pesos. | Delibes *Príncipe* 35: Sintió detenerse el montacargas y .. justo en el momento que abría la puerta encristalada, Santines arrastraba el cajón con el pedido hasta el descansillo.

montacoches *m* Ascensor para transportar automóviles. | *GTelefónica 83* 1, 207: Ascensores especiales de alta y baja velocidad. Montacargas y montacoches.

montado -da I *adj* **1** *part* → MONTAR.
2 (*Mil*) [Policía, guardia o artillería] que se desplaza a caballo. | A. Montagut *País* 13.5.90, 8: Los indios mohawk están en pie de guerra. Esta vez los enemigos no son los casacas rojas de la Policía Montada del Canadá. ZVicente *Traque* 203: Recogía moñigos por la carretera, después de que había pasado la caballería, o la artillería montada. **b)** [Plaza] **montada** → PLAZA.
3 (*Moda*) [Manga] que va cosida al borde exterior del hombro. | Villarta *SYa* 3.11.74, 25: Chaqueta hasta la cadera, con cinturón, mangas montadas y cuello pequeño.
II *m* **4** Tapa de cocina consistente en una rebanada pequeña de pan con un filete de lomo de cerdo o algo similar. *Frec* ~ DE LOMO, *o* MONTADITO (DE LOMO). | Carandell *Madrid* 93: El "montao" es más grande [que el pincho] y se suele preparar con bocados más caros y apetecibles, como jamón o lomo de cerdo. Después del montao viene en categoría el bocadillo y después el pepito. Carandell *Madrid* 52: A ver cuatro montaos de lomo. Miguel *Mad* 22.12.69, 13: Todas las gradaciones de aperitivos ..: tapas, pinchitos, banderillas o pinchos, montaditos.

montador -ra *adj* Que monta [6 y 7]. *Tb n, referido a pers.* | *Alc* 31.10.62, 21: La determinación de los industriales proveedores de colaborar estrechamente con la industria montadora. *Abc* 27.11.84, 70: Ha falleci[d]o en Madrid .. José Luis Peláez .. Su labor callada, como montador cinematográfico, deja una obra importantísima.

montaje *m* **1** Acción de montar [6, 7, 8 y 9]. *Tb su efecto.* | Mora *Sem* 23.11.74, 96: Línea general de espaldas metidas, montaje de mangas pronunciado, amplitud en las faldas. M. O. Faría *Rev* 7/8.70, 20: Muchas veces la idea del tiempo en una película viene dada por el montaje. Marcos-Martínez *Física* 195: El montaje de las lámparas ordinarias del alumbrado se hace en derivación o en paralelo. PRivera *Discursos* 15: Planteamiento de una nueva titulación para dirigentes de juventudes, montaje de Escuelas de Asistentes Sociales y Ayudantes Técnicos Sanitarios. *Alc* 31.10.62, 24: Se puso en marcha el gran montaje de los Seis Días de Madrid, después del pistoletazo de la inauguración. F. Osuna *Pri* 11.67, 19: Ni en "¿Quién teme a Virginia Woolf?", ni en "La Celestina" .., he tenido que dispersarme en tantos y en tan distintos matices de interpretación y montaje. **b)** Fotografía o grabación que se monta [6] mezclando otras varias. | * Esa fotografía no es real, es un montaje.
2 Acción preparada con el fin de engañar o confundir. | MGaite *Fragmentos* 170: Todo en un plan tan incoherente que parecen puras fantasías, montajes suyos para darme celos. E. Haro *Tri* 20.3.71, 5: Poco después, los "terroristas" entregaban, sanos y salvos, a los cuatro secuestrad[o]s, renunciando al secuestro .. ¿Era un montaje de la C.I.A. para provocar el estallido?
3 (*raro*) Cantidad total a que asciende una cuenta. | *BOE* 26.7.74, 15463: Computados ambos incrementos resulta una media ponderada proporcional del 14,20 por 100 sobre el montaje global de las retribuciones.

montalbanense *adj* De Montalbán (Teruel). *Tb n, referido a pers.* | Jaraba *Luc* 8.5.64, 2: El comercio montalbanense tiene vida propia.

montalbeño -ña *adj* De Montalbán de Córdoba (Córdoba). *Tb n, referido a pers.* | J. L. Piñol *Cór* 8.8.89, 33: El pasado lunes la caseta municipal montalbeña contó con la actuación de la banda donostiarra *La Dama se Esconde*.

montanchego -ga *adj* De Montánchez o de la sierra de Montánchez (Cáceres). *Tb n, referido a pers.* | F. GSánchez *Hoy* 8.9.76, 16: Nos disponemos a celebrar del 9 al 13 del corriente mes nuestras Fiestas Patronales animados del deseo de felicidad para los montanchegos. Canilleros *Cáceres* 144: En la tierra montanchega .. destaca como localidad más importante Alcuéscar.

montanera *f* **1** Monte o dehesa de robles, encinas o hayas donde pastan los cerdos. | CBonald *Ágata* 214: Conducía a las piaras a las montaneras de Benalmijar.
2 Aprovechamiento de los pastos de montanera [1]. *Tb el tiempo que dura.* | MCalero *Usos* 97: Pasada la virgen de diciembre empezaban los montes a cobrar vida, pues era la época en que empezaban las montaneras. **b)** Sistema de pasto de montanera [1]. | Ybarra-Cabetas *Ciencias* 299: Como en el caso de la encina, aprovechada por los cerdos en el mismo monte (aprovechamiento en montanera). *Abc* 13.12.70, 40: Los piensos necesarios para el engorde de los cerdos de montanera, dada la mala cosecha de bellotas.

montanero *m* (*hist*) Guarda de monte. | J. C. Llorente *ASeg* 28.2.78, 8: Entre los oficiales del Concejo, podemos citar como los más importantes los siguientes: El Juez , Los Pregoneros, los Alguaciles, los Montaneros (encargados de los montes), los Deheseros, los Sexmeros.

montanismo *m* (*Rel crist*) Doctrina de Montano (s. II) que sostiene la inminente venida del Espíritu Santo y el reinado milenario de Cristo. | GÁlvarez *Filosofía* 1, 202: En conexión con los gnósticos debemos citar otros movimientos heterodoxos, como el marcionismo y el montanismo.

montanista *adj* (*Rel crist*) Adepto al montanismo. *Tb n.* | GGual *Novela* 111: En muchas sectas, entre los Coliridianos, Montanistas, Naasenses y Nicolaítas, el Espíritu Santo era considerado como el Principio Femenino.

montano -na *adj* De(l) monte. | FSantos *Cabrera* 200: Unos lloran, otros caen de rodillas .. Como halcones montanos, buscan escondites, pero su afán es vano. L. Monje *Van* 25.4.74, 9: Desde lo alto de aguileras rocas, castillos roqueros .. otean sus amplios horizontes; otros, los castillos montanos de Galve de Sorbe, Cifuentes, vigilan sus valles menos incómodamente desde la cumbre de sus montes.

montante *m* **1** Cantidad a que asciende una cuenta. | F. Vega *SInf* 5.12.70, 4: La masiva compra de armas por parte de los federales nigerianos .. hizo declinar drásticamente el montante de sus reservas exteriores.
2 Importancia o valor a que llega [algo (*compl de posesión*)]. | *Abc* 10.9.74, 18: Esa rebelión en la capital de Mozambique, .. seguida después por graves disturbios en Beira, ilustran sobradamente sobre el montante real de tales dificultades y escollos en el desguazamiento del Imperio lusitano en África.
3 Ventana, fija o abatible, que se pone sobre una puerta. | Laforet *Mujer* 235: El cuarto trastero .. no tenía ventilación directa, solo la puerta del pasillo y su montante.
4 Listón o columna pequeña que divide el vano de una ventana. | CBonald *Ágata* 283: Pedro se apoyó contra el carcomido montante del ventanal.
5 (*E*) Elemento vertical de un aparato o armazón, que sirve de soporte o refuerzo. | D. Vecino *Ya* 17.5.75, 35: Sintiendo silbar [el piloto] el viento en los montantes y los tensores de su biplano.
6 (*raro*) Flujo o pleamar. | CBonald *Ágata* 220: Irrigación de humores emparentados con la fetidez de los lucios y los montantes de las mareas.
7 (*hist*) Espada grande que ha de esgrimirse con ambas manos. | GNuño *Madrid* 132: Entre las armas merecen mención especial los montantes que pertenecieron a Sancho Dávila.

montaña I *f* **1** Elevación grande del terreno. | Zubía *Geografía* 75: Valles: Son las zonas hundidas que quedan entre las montañas.
2 Zona o región de montañas [1]. | Pemán *Testigos* 249: Este campo .. es un paisaje bravo de montaña .. Un primer plano al fondo, picachos muy agrestes. Otro, más lejano, de altas cimas con nieve. FReguera-March *Caída* 329: El teniente coronel Beorlegui, jefe del batallón de Montaña.
3 Cantidad muy grande [de algo]. *Con intención ponderativa.* | *Alc* 1.1.55, 3: Aquí estamos, ante el lector, como todos los días, con nuestra pequeña carga de noticias y nuestra montaña de esperanzas. CBaroja *Inquisidor* 44: Resulta terrible que, para aclarar si las proposiciones que hizo un

montañero – montar

hombre docto en libros o lecciones eran heréticas o no, .. se escribieran montañas de papel.
4 ~ rusa. Artefacto de feria con rieles y grandes altibajos, por el que se desliza un vehículo a gran velocidad. | ZVicente *Traque* 38: Aquello sí que fue un golpe de veras, insensatos, irse a la montaña rusa, al Tibidabo.
II *loc adj* **5 de ~.** [Bicicleta] ligera, resistente y de neumáticos gruesos y muy estriados, especial para terrenos accidentados o escabrosos. | *Prospecto* 4.91: Continente .. Bicicleta montaña BH, 18 velocidades, 32.995. *Prospecto* 2.92: Alcampo .. Bicicleta de montaña Longway .. 54.995.
III *loc v* **6 hacer** [de algo] **una ~.** Exagerar su dificultad o su importancia. | * Cuando está deprimido hace una montaña de cualquier simpleza. Delibes *Voto* 184: Lo peor de estas cosas es la prensa, los periodistas son la pera. De una cosa pueril, como es agarrarse una mierda, a lo mejor mañana, una montaña.

montañero -ra I *adj* **1** De (la) montaña [1 y 2]. | Escobar *Itinerarios* 80: Este habitante fluvial gusta de las corrientes montañeras. Pemán *Testigos* 249: Hombre dado a la vida montañera: caza, pesca, ascensiones.
II *m y f* **2** Pers. que practica el montañismo. | C. PTudela *Tri* 27.11.71, 11: Creen que se puede escribir sobre todo, e incluso de alpinismo, hablando simplemente con algunos montañeros. *Ya* 10.9.91, 23: La montañera cayó en el interior de una gruta inundada y murió ahogada.

montañés -sa I *adj* **1** De (la) montaña [1 y 2]. *Tb n, referido a pers.* | Galache *Biografía* 145: Otro testimonio histórico apunta que la parroquia fue repoblada por gallegos, asturianos y montañeses de León y Rioja.
2 De Cantabria, esp. de la zona de la Montaña. *Tb n, referido a pers.* | CBaroja *Inquisidor* 27: El mote del linaje familiar es típicamente norteño, montañés o vizcaíno. J. M. Páramo *VozC* 25.7.70, 7: Los asturianos y montañeses, por ejemplo, acuden a más de cinco y siete kilómetros por considerarlo de verdadera obligación.
II *m* **3** (*reg*) Tabernero. | Cela *Pirineo* 132: Por aquí llaman murcianos a los peones de la construcción, en el mismo sentido traslaticio que el que usan los sevillanos al llamar gallego al mozo de cordel o montañés al tabernero.
4 (*hist*) *En la Revolución Francesa:* Convencional de la Montaña (grupo exaltado que ocupaba los escaños más altos de la Asamblea). | Fernández *Historia* 36: En la nueva Asamblea, denominada Convención, los girondinos .. constituyen la derecha; los montañeses, que se apoyan en los sansculottes, .. la izquierda.

montañesismo *m* Condición de montañés, esp. amante de lo montañés [2]. | Cossío *Montaña* 68: El carácter, cada vez más difundido por obra de la novela de Pereda, de montañesismo de esta casa ha atraído a ella .. a muchos y muy egregios visitantes.

montañeta *f* Montaña [1] pequeña. | Salvador *Haragán* 11: Una calle .. ha nacido en su interior y ahora es una cinta sinuosa que contornea la sedimentada baja ladera de la montañeta.

montañismo *m* Deporte que consiste en escalar montañas [1]. | L. Gallego *Mad* 20.11.70, 30: Las cosas, para mal del montañismo, están llegando muy lejos, a puntos excesivamente críticos.

montañón *m* Montaña [1] grande. | A. Biarge *NEsH* 9.7.72, 3: Quien ha dejado viajar sus ojos .. sobre el paisaje de olivares y huertecillos, cercados por montañones en lo[s] que se recortan los castillos, .. sabe bien que Calasanz es lugar de gracias abundantes.

montañoso -sa *adj* **1** De (la) montaña o (las) montañas [1]. | Ortega-Roig *País* 30: Sierra Morena. Más que un sistema montañoso es un escalón por el que se desciende de la elevada Meseta al valle del Guadalquivir. **b)** Abundante en montañas [1]. | Zubía *Geografía* 170: Suiza .. Es el país más montañoso de Europa.
2 (*Mar*) [Mar] con olas de altura excepcional (9 a 14 m). | J. L. Ron *País* 3.7.88, 38: Esa borrasca dará temporal duro del Norte en todo el oeste del Reino Unido, con mar montañosa, temporal del Noroeste con mar muy gruesa en las zonas marítimas de Gran Sol, Vizcaya, Cantábrico y norte de Finisterre.

montaplatos *m* Pequeño montacargas para transportar alimentos u otros artículos desde la cocina al comedor. | *Abc* 9.2.68, 46: En cuanto a los servicios, pueden citarse los de comunicaciones verticales por una amplia escalera, ascensor, montacamillas, montaplatos, barbería.

montar I *v* **A** *tr* **1** Poner [a una pers. o cosa encima de otra (*compl adv*)]. *Tb sin compl adv con cd pl.* | Hoyo *Glorieta* 12: Los aeroplanos salían de allí, montados en grandes camiones. Carandell *Madrid* 93: Una conferencia con Soria es un chorizo montado en una rebanada de pan. Delibes *Siestas* 25: Goyo montó los pulgares en cruz y se los mostró insistentemente a el [sic] Senderines .. –Lo he jurado por estas. **b)** Poner [una cosa (*compl* CON) sobre otra (*cd*)]. | Torrente *Sombras* 252: *Lord Jim* se había acomodado en el césped, y parecía dormitar. *Rosalinda*, despierta y a su lado, le montaba el cuello con la cabeza quieta y veía caer el agua de la cascada. **c)** Hacer subir [a alguien (*cd*) a una caballería o a un vehículo (*compl* EN)]. | F. Peña *SDBu* 24.8.91, V: La maestra monta a varios dulzaineros en su coche y se los lleva.
2 Subirse [a una caballería o a un vehículo, esp. una bicicleta o motocicleta (*cd*)]. | CBonald *Ágata* 105: La montó como pudo [a la mula] sobre el cerón mal encinchado, arreándola a todo andar. Delibes *Siestas* 13: Se fue, empujando la bicicleta del sillín, camino arriba. Nunca la montaba hasta llegar a la carretera. **b)** Ir [sobre una caballería o un vehículo, esp. una bicicleta o motocicleta (*cd*)]. | F. Jaquotot *SInf* 15.6.70, 2: En la última carrera del programa, el hándicap Bolívar, sobre 2.200 metros, se dio una bonita victoria de "Miss Tily", montada por Herranz.
3 Cubrir [el animal macho a la hembra]. | Arce *Testamento* 58: A ti te dio vergüenza cuando viste que el toro iba a montar a la vaca, ¿verdad? **b)** (*vulg*) Realizar [una pers.] el acto sexual [con otra (*cd*)] poniéndose sobre ella. | Cela *SCamilo* 426: ¿Te imaginas a don Cándido Nocedal montando a su paisana Carolina Otero? Grandes *Lulú* 106: Me hizo girar bruscamente hasta colocarme enfrente de él, me soltó un momento para romperme las bragas, estirando la goma con las manos, y me obligó a montarle.
4 Importar [una cuenta determinada cantidad]. | Torrente *Vuelta* 316: La avisaré cuando venga el notario. Que tenga los papeles preparados. Los derechos reales y demás gastos, de su cuenta .. Para que no monte mucho haremos la escritura por la mitad.
5 Batir [claras o nata] hasta poner[las] esponjosas y consistentes. | Bernard *Verduras* 74: Se agrega la leche caliente, poco a poco, las dos yemas de huevo, y una de las claras, bien montada.
6 Poner en el lugar adecuado [una pieza (*cd*) o el conjunto de las piezas de algo (*cd*)]. | *Lab* 2.70, 5: Coser las mangas y montarlas. * El niño se entretenía montando un puente con su mecano. **b)** Unir ordenadamente las distintas secuencias [de una película (*cd*)]. | RGualda *Cine* 34: Estoy montando un Especial Deportes. *Sp* 19.7.70, 50: Son lecciones de cine; lecciones de cómo se debe narrar una historia, de cómo se debe montar. **c)** Engastar [una piedra preciosa en un metal]. | * La sortija era un zafiro montado en oro.
7 Instalar (establecer [algo] en un sitio). *Tb sin compl de lugar.* | Matute *Memoria* 94: Era sábado, y detrás de Santa María montaban los tenderetes de mercado. Escrivá *Conversaciones* 152: Montar un colegio o una universidad no es un privilegio, sino una carga. **b)** Instalar (dotar [a un local o edificio (*cd*)] de los enseres y servicios necesarios). | *Ya* 14.6.74, 23: El dinero sustraído lo invirtieron en montar su casa.
8 Organizar (crear o formar [algo]). | GNuño *Escultura* 164: Los autores de la investigación han pretendido .. montar complicadas e ingeniosas teorías tendentes a encadenar esta plástica con muchísimos factores geográficamente muy lejanos. Delibes *Voto* 156: Vaya numerito que nos han montado los pijos esos. **b)** *pr* Organizarse o formarse [algo]. | * Con la explosión se montó un lío tremendo.
9 Organizar (preparar la ejecución o desarrollo [de algo (*cd*)]). | L. Cantero *Int* 25.8.82, 94: ¿Y cómo te montas tú lo del sexo? **b)** Preparar u organizar la representación [de una obra de teatro (*cd*)]. | Cossío *Confesiones* 113: Gastó su patrimonio en montar las obras de su repertorio con un lujo y propiedad escenográfica como no llegaba a hacerlo ninguna otra compañía. **c) ~selo.** (*col*) Organizar [alguien] su vida o sus actividades. | ASantos *Bajarse* 72: No te lo montes así, tío, de verdad, que así no vas a ningún lado. Romeu *SPaís*

27.12.81, 62: Cómo se lo montaba ETA para localizar a sus víctimas.
10 Poner [un arma] en disposición de disparar. | ZVicente *Traque* 13: La vieja escopeta de caza, herrumbrosa, de don Facundo soltó un polvillo negruzco al ser montada de nuevo.
11 (*Naipes*) Matar. *Tb abs.* | Delibes *Siestas* 25: Yo sí tenía triunfo .. aunque no pudiera montar al rey. *Naipes españoles* 27: Es obligado: Asistir a la salida y montar. Asistir solamente si no se puede montar.
12 ~ tanto [una cosa] **como** [otra]. Ser igual o equivalente [a ella]. *Frec* TANTO MONTA, MONTA TANTO. | Cela *Judíos* 74: Castro, en castellano, vale por campamento, por real militar, y castrillo, de la mano viene, tanto monta como campamentillo. Vega *Cocina* 104: Tanto monta, monta tanto, una cocina como la otra. **b) tanto monta.** Es igual o da lo mismo. | Delibes *Mundos* 95: Nada más congruente para decorar un volcán que un lago; nada mejor para decorar un lago que un volcán .. Tanto monta.
13 ~ guardia → GUARDIA.
B *intr* ▶ **a** *normal* **14** Estar [una cosa] total o parcialmente [sobre otra]. | *VozC Extra* 1.1.55, 6: No tendrán los escaparates elemento alguno que muestre sobre las pilastras de cantería. **b)** (*Juegos*) *En el juego de echar a pies:* Quedar [el pie que corresponde echar] sobre los otros dos. (→ acep. 21.) *Normalmente no se menciona el suj.* | Ca. Llorca *SPaís* 31.5.81, 52: La elección se echaba a pies .., y al llegar, si tu pie podía subir sobre el del contrario y cabía también en horizontal se decía *monta y cabe*.
15 Subirse [a una caballería o a un vehículo (*compl* EN)]. *Tb pr. A veces se omite el compl por consabido.* | Lera *Clarines* 460: No le ha faltado más que montarse en él [en el toro]. CPuche *Paralelo* 14: Los obreros preferían subir por las rampas .. a montarse en el horripilante ascensor. Arce *Precio* 178: –Te acompaño hasta el coche –ofreció .. Esperó a que montara y se apoyó sobre la puerta. **b)** Ir [sobre una caballería o un vehículo (*compl* EN)]. Referido a caballería, frec ~ A CABALLO. *Frec se omite el compl por consabido.* | Cunqueiro *Un hombre* 9: Un labriego con un azadón al hombro, montado a mujeriegas y a pelo en un asno ruano. Arce *Testamento* 86: Venía a cortejarla desde Pancar montado en bicicleta. Cela *Mazurca* 39: Los zapateiros no montan a caballo. Olmo *Golfos* 68: –¿Me dejas dar una vuelta [en la bicicleta]? –No .. –¡Anda, hombre, si ya sé montar! **c)** Ir sobre una caballería. *Sin compl.* | Laiglesia *Tachado* 59: Iré a la verdulería vestida con pantalones y botas de montar. Halcón *Monólogo* 55: Tendremos que montar. Allí no llegan los coches.
16 Ascender [una cuenta a determinada cantidad]. | GNuño *Madrid* 21: El coste montó a un millón de escudos.
17 (*raro*) Subir o ascender. | FReguera-March *Cuba* 500: Los incendios montaban ya por encima de las cofas.
18 (*vulg*) Fornicar. | A. Pavón *Inde* 2.2.90, 48: En fin, Maruja, a ver qué te pones, y no me copies el modelito. Por cierto, ¿montas mucho? A mí los caballos me dan pavor, pero un potrito de vez en cuando, ¡vaya!
19 ~ en cólera → CÓLERA[1].
▶ **b** *pr* **20** (*col*) Enriquecerse. *Frec en part y en la constr* ESTAR MONTADO (EN EL DÓLAR, *o* EN ORO). | Grandes *Lulú* 220: Un tío de Alicante que se ha montado vendiendo apartamentos a jubilados alemanes y belgas. Tomás *Orilla* 56: –Si no sueltas la pasta por delante, no hay nada de nada. –Tranquilo, Ladillas, que estoy montado. AMillán *Damas* 21: –¡Si no fuera por esto! –Usted puede dejarlo. Debe estar montadísima en el dólar. –Todo son impuestos, Consuelo. Tomás *Orilla* 147: Te dan el santo de amigos suyos que están montados en oro.
II *loc n m* **21 monta y cabe.** (*Juegos*) Juego de echar a pies. (→ 14b.) | MGaite *Cuarto* 109: Jugábamos a tantas cosas en aquella plaza, a los dudos, al pati, .. al monta y cabe.

montaracía *f* (*raro*) **1** Cualidad de montaraz. | M. Sayans *Reg* 19.11.74, 4: Poco cuesta preparar en su entorno [de los arcos del acueducto] un suelo ajardinado con plantas de pocas exigencias, de montaracía, como son ellos.
2 Acción o actitud montaraz [2c]. | Rabanal *Ya* 26.9.74, 6: Como era un bendito de Dios, todos sus asaltantes lo tomaban a broma, sin que el cándido "carabinero" consiguiera robar nada. Así que no tardó en retirarse de sus montaracías, volviendo a sus aperos de labranza.

montaraz I *adj* **1** [Animal o planta] que se cría salvaje en el monte. | Laforet *Mujer* 35: Una oscuridad completa le envolvió. Un olor a hierba montaraz.
2 [Pers.] que vive libremente en el monte. | L. Bettonica *Van* 23.4.77, 52: Perseguía sin tregua, impaciente, a campesinas rollizas y pastoras montaraces. **b)** [Pers.] que no se somete a las normas convencionales. *Tb fig, referido a cosa.* | CBonald *Noche* 247: Fue secundado de inmediato por buena parte de los escuadristas a sus órdenes que limpiaran en su día la comarca de gente montaraz. L. Calvo *SAbc* 16.3.69, 18: El más armonioso, el más proporcionado y atrayente edificio anárquico, libre, montaraz, exento de ataduras. L. Apostua *Ya* 16.11.78, 16: Vamos a ver, por una parte, un rostro de la derecha montaraz, negada a la Constitución. **c)** Propio de la pers. montaraz. | Cela *Judíos* 29: El niño tiene los ojos verdes, .. el habla espabilada, de campanita la voz y el aire montaraz.
II *m* **3** (*reg*) Guarda de monte o de heredad. | MCalero *Usos* 31: En derredor del hogar .. se sentaban el montaraz, los mayorales y rabadanes. I. Montejano *Hoy* 2.8.74, 12: Su abuelo paterno era montaraz; el materno, cirujano de pueblo. Su padre, labrador y ganadero acomodado.

montarral *m* (*reg*) Matorral alto y espeso. | Cela *Viaje andaluz* 295: La moza y el garzón .. se perdieron, montarral abajo, en busca del áspero y saludable nido de hacer las cochinadas.

montazgo *m* (*hist*) Tributo pagado por pasar el ganado por un monte, o por pastar en él. | Mercader-DOrtiz *HEspaña* 4, 135: La R[eal] C[édula] de 1758, suprimiento el impuesto de servicio y montazgo que recaudaba y pagaba la Mesta por un arancel en la situación de la lana, fue el más duro golpe que sufrió dicha institución.

montblanquense *adj* De Montblanc (Tarragona). *Tb n, referido a pers.* | L. M. Mezquida *Abc* 22.9.74, 38: El [órgano] montblanquense es uno de los mejores de Cataluña.

monte I *m* **1** Elevación grande del terreno. | Arce *Testamento* 18: Pero cuando llegamos a la falda del monte me volví rápidamente. Ortega-Roig *País* 24: Formas accidentadas [del relieve]: el monte o la montaña, que es una elevación del terreno.
2 Formación vegetal de árboles, arbustos y matas, que gralm. se encuentra en un monte [1]. *Frec con un compl especificador:* ALTO, BAJO, CERRADO, PARDO. *Tb el terreno en que se encuentra.* | Delibes *Emigrante* 27: Allí existente estaba el monte del común, casi negro. *Compil. Cataluña* 798: También podrá el usufructuario disponer del monte bajo, haciendo cortas periódicas según costumbre de la comarca. *Reg* 26.8.75, 8: Otro incendio en Villanueva de la Vera .. Se ha quemado monte pardo, se han quemado olivos, higueras y robles.
3 (*Naipes*) Juego en que el jugador que corta descubre cuatro cartas y sobre ellas se hacen las apuestas. | Torrente *Saga* 365: Acababa de pedir un duro prestado a mi abuelo Patricio y se lo iba a jugar al monte.
4 (*Juegos*) Conjunto de cartas o de fichas de dominó que quedan para robar después de repartir las correspondientes a cada jugador. | Corral *Cartas* 5: El tresillo .. El que da tiene obligación de contar las tres restantes que constituyen la llamada baceta o monte.
5 ~ de piedad. Establecimiento benéfico, gralm. combinado con una caja de ahorros, en que se hacen préstamos sobre prendas y a interés módico. *Tb simplemente* ~. | *Ya* 29.6.74, 35: Caja de Ahorros y Monte de Piedad de Madrid. *Prospecto* 7.83: Gran Vía, 31, quinto piso. Compra oro y plata .. Papeletas del monte negociadas al momento.
6 ~ de Venus. Pubis de la mujer. | *Anticonceptivo* 15: Los órganos genitales externos de la mujer están situados bajo el Monte de Venus. **b)** Pequeña elevación en la palma de la mano, en la raíz de cada dedo. | * Observaba la raya de la vida, el monte de Venus, cada repliegue de su mano.
7 ~ nevado. (*reg*) Merengue (dulce). | Vega *Cocina* 54: Era la época de las "carolinas" .. y de los "montes nevados". Los pasteles se vendían por docenas.
II *loc adj* **8 de ~.** [Cuchillo] de caza. | Olmo *Golfos* 80: Se jugaban una pistola mataperros y un cuchillo de monte.
9 [Lagartija] **de ~**, [oreja] **de ~** → LAGARTIJA, OREJA.
III *loc v* **10 echarse** (*o* **tirarse**) [alguien] **al ~.** Alzarse en rebeldía yéndose a vivir fuera de poblado. *Tb fig.* | Benet

montea – montgolfier

Nunca 26: Cuando los realistas queman el establo y se llevan todo el ganado, su padre se echa al monte.

11 ser todo el ~ orégano. Ser todo facilidades o ventajas. *Gralm con los vs* CREER O PENSAR. | Medio *Bibiana* 124: Hay algunos que creen que todo el monte es orégano. ZVicente *Traque* 266: Pero no es todo el monte orégano, no se vaya a creer. He tenido muy serias dificultades.

montea *f (Arquit)* Dibujo a tamaño natural de un elemento arquitectónico, para tenerlo a la vista cuando se construye o para sacar plantillas. | F. Mirón *Reg* 11.8.70, 6: Se tallaron las monteas de arranque, y el oficial intentó sacar las pechinas con ayuda de una escuadra.

montealegrino -na *adj* De alguna de las poblaciones denominadas Montealegre. *Tb n, referido a pers.* | PLozano *SYa* 17.3.74, 9: Uno, señora, que ya es montealegrino de vocación y afecto, vino a esta tierra como forastero. [*Cádiz*.]

montear A *tr* **1** Perseguir [caza] en el monte. *Tb abs.* | Berenguer *Mundo* 243: Las montearon [las reses] con los perros y pudieron matar una para ver qué era lo que tenía. J. C. Redondo *SYa* 15.2.76, 17: Nueve han sido las especies animales que han sido objeto de montería en España .. En la actualidad solo cuatro de ellos siguen monteados: venado, jabalí, corzo y gamo. J. C. Redondo *SYa* 15.2.76, 17: Reúne este libro ["Libro de la montería"] todo el saber cinegético de una época que crea y lega perfectamente acabado el arte de montear. **b)** Cazar [en un monte (*cd*)]. | *Abc* 20.1.84, 20: El coto nacional Selladores-Contadero lleva cuatro años sin "montear", por lo que abunda la caza en la zona, sobre todo los ejemplares de ciervos.
B *intr* **2** (*reg*) Ir [el ganado] al monte. | Arce *Testamento* 27: Pero como en nuestro cerro crecía una hierba fina y fresca, muy lechera además, el ganado no monteaba demasiado.

montefrieño -ña *adj* De Montefrío (Granada). *Tb n, referido a pers.* | GMolina *Ide* 19.8.69, 7: La procesión de la Virgen de los Remedios, Patrona de Montefrío, constituyó un año más la cita vibrante y multitudinaria de los montefrieños.

montehermoseño -ña *adj* De Montehermoso (Cáceres). *Tb n, referido a pers.* | Lorenzo *SAbc* 8.9.74, 9: Su campiña toda en la plaza [de Plasencia], bajo los soportales: zahoneros de Cabezavellosa, .. montehermoseñas de sombrero y espejuelo.

montenegrino -na *adj* De Montenegro (república federada de Yugoslavia). *Tb n, referido a pers.* | J. Redondo *Ya* 19.5.77, 66: El montenegrino [Miljanic] asegura que continuará en su cargo.

monteo *m* (*raro*) Acción de montear [1]. | Pastor *Abc* 20.5.76, sn: Otro recuerdo imborrable fue el del año 1928, cuando monteé en el coto de "Los Alarcones" con el Rey Don Alfonso XIII, .. y luego el monteo con el Caudillo.

montepío *m* Institución que recibe las aportaciones de los individuos de un cuerpo o profesión para distribuir en su momento pensiones u otras ayudas. *Frec con un compl especificador.* | Villapún *Iglesia* 112: Estos gremios enseñaban sus oficios, tenían sus escuelas y creaban montepíos para ayudar a los pobres de su oficio. Bellón *SYa* 21.7.74, 26: La última corrida que eligió Joselito personalmente, pocos días antes de morir en Talavera, fue la del Montepío de Toreros, en 1920.

montera I *f* **1** Gorro del traje de torero, negro y con borlas a ambos lados. | DCañabate *Paseíllo* 17: El capote de paseo es un lujo fugaz, mientras que la montera forma parte permanente del indumento torero.
2 Gorro de piel o paño. | Cunqueiro *Gente* 28: ¡Ya podías comprarme una montera para el invierno! Cossío *Confesiones* 48: Yo hice el protagonista, Andrés Torrejón, y vestido con una capa parda y una montera recité sin equivocarme un torrente de versos patrióticos. Torbado *D16* 19.8.89, 6: En Asturias andan vendiendo la montera picona –un gorro tradicional de aquella tierra– a fin de reforzar las economías vaticanas. Alvar *ByN* 7.11.93, 10: Me hizo ir al Cuzco, y en aquella solemne planicie que se extiende ante Sacsahuamán, unas indias –montera roja o sombrero blanco– cuidaban de sus llamas.
3 Cubierta de cristales [de un patio o galería]. | GPavón *Reinado* 56: La luz refina que se filtraba por los cristales esmerilados de la montera .. cuajaba un ambiente suave.
II *loc v* **4 ponerse el mundo por ~.** (*col*) Despreocuparse de las opiniones ajenas. *A veces el término* MUNDO *se sustituye por otros como* GENTE O VIDA. | Goytisolo *Recuento* 275: A veces lo he pasado bien, y ahora solo siento que no haya sido más a menudo, no haberme puesto el mundo por montera, que es lo que hubiera hecho de no ser por Monsina, por mi responsabilidad de madre. SSolís *Jardín* 212: La gente todo lo observa y se fija si llevas dos o tres años seguidos lo mismo. Yo, de jovencita, era esclava de estas bobadas .. Bueno, pues yo ahora me pongo a la gente por montera, porque eso, como se dice, ya lo tengo superado. Berlanga *Gaznápira* 48: Él se pone la vida por montera, tanto se le da lo que digan. **b) ponerse** [algo] **por ~.** Despreocuparse o hacer caso omiso [de ello]. | * Este se pone a las leyes por montera y hace lo que le parece. *Hoy* 18.6.75, 15: ¡Esas bolsas de basura...! .. No faltan amas de casa que, poniéndoselo todo por montera, hacen caso omiso de tal disposición y ponen en la acera, en el quicio de la puerta (la ajena si puede ser), en cualquier parte de la calle, a deshoras, su dichosa bolsita.

monterero -ra *m y f* Pers. que hace o vende monteras [1 y 2]. | M. Orozco *Ide* 14.9.90, 15: Siempre Granada al fondo .. y los eternos humildes canarios de los talleres de bordado, el zapatero o el monterero.

montería *f* **1** Caza de animales grandes, esp. jabalíes o venados. | D. QLosada *Abc* 7.11.70, 23: El marqués de Viana, gran aficionado a la montería, había salido desde Riofrío para Madrid.
2 Cacería de animales grandes. | Pemán *Testigos* 251: Algunas pieles que vendía en la ciudad, producto de sus monterías por estos picos. J. DDuvos *Pue* 17.12.70, 16: En esta zona existe tal densidad de corzos que si hoy pudiéramos cazarlos libremente se obtendrían monterías de un número de piezas superiores a cien por año.

montero -ra I *adj* **1** De (los) monteros [2]. | F. LSerrano *SYa* 9.3.75, 57: Las armadas –en el argot montero, partidas de cazadores que ocupan una determinada línea del terreno– se dirigen a sus respectivos puestos.
II *m y f* **2** Pers. que participa en una montería [2]. | Halcón *Ir* 347: Como montero, conscientemente, no sirvió para hacer el mal, porque lo había hecho convencido de que la muerte menos cruel de un animal montuno es la del rifle. Pastor *Abc* 20.5.76, sn: La Infanta doña Alicia, la primera montera de España.

monterrosino -na *adj* De Monterroso (Lugo). *Tb n, referido a pers.* | *Voz* 17.3.87, 25: La Corporación monterrosina acordó solicitar .. construir en régimen de colaboración las obras de traíd[a] de aguas desde el río Ulla al depósito de Castro.

montés (*alguna vez tb* MONTESA *para el f*) *adj* [Animal o planta] que se cría salvaje en el monte. *Normalmente como especificador con* CABRA, GATO O PUERCO. | Cela *Mazurca* 40: La provincia de Orense es la que menos caballos monteses tiene de toda Galicia. Cela *Judíos* 307: Aquella cebra [de la tradición] era una cabra montés, en el castellano del tiempo. *Sáb* 25.9.76, 38: Se encuentra en dificilísima situación la cabra montesa o capra hispánica. Cuevas *Finca* 49: Los pastores contaban que bajaban .. los gatos monteses. Cela *Pirineo* 34: Un conde de Pallars .., que andaba al puerco montés por estas fragas, tal pasión puso en la caza y tal frenesí que se cayó. FQuer *Plantas med.* 871: Lechuga silvestre. (*Lactuca virosa* L.) Sinonimia cast[ellana], lechuga montés. **b)** [Macho] ~ → MACHO[1].

montesino -na *adj* De(l) monte [1 y 2]. | Cela *Pirineo* 80: Este río Tor de la Vall Ferrera nace de los montesinos amores de dos arroyos, el Sufraién y el Rabassa. Cela *Pirineo* 280: En el valle de Biciberri no habita el hombre, que viven .. la yerba montesina y la flor silvestre. **b)** [Escribano] ~ → ESCRIBANO.

montevideano -na *adj* De Montevideo. *Tb n, referido a pers.* | Torbado *Rev* 6.69, 4: Los montevideanos se habían asustado ante la "Humanae vitae".

montgolfier (*fr; pronunc corriente,* /mongolfiér/; *tb con la grafía* **mongolfier**; *pl normal,* ~ES O ~S) *m* Aeróstato de aire caliente. *A veces en aposición.* | Cela *Inf*

1.4.77, 18: Esto de querer convertir a otro en un globo montgolfier es divertido, de eso no hay duda, pero también encierra sus peligros. GSerrano *Macuto* 27: Las bolsas de costado se hinchan como mongolfieres a la hora de atesorar cosas que ya ni se recuerdan.

montgomery *(ing; pronunc corriente, /mongómeri/)* m *(hoy raro)* Prenda de abrigo semejante a la trenca[1]. | Marsé *Tardes* 76: La señorita en la puerta de la Universidad, con *montgomery* y bufanda a cuadros y libros bajo el brazo.

montículo m Monte [1] pequeño y gralm. aislado. | J. MSalud *SYa* 21.7.74, 4: Paredes a medio caer rodeando montículos de hierba, matojos y basura; eso era todo.

montieleño -ña *adj* De Montiel o del Campo de Montiel (Ciudad Real). *Tb n, referido a pers.* | GMora *Ya* 2.8.83, 10: A partir de entonces, la cabecera de la comarca montieleña fue Villanueva de los Infantes.

montijano -na *adj* De Montijo (Badajoz). *Tb n, referido a pers.* | *Hoy* 4.9.76, 15: Hemos querido charlar con la primera autoridad montijana.

montilla m Vino fino de la región de Montilla (Córdoba). | Savarin *SAbc* 1.2.70, 22: Mientras estudiamos la carta nos obsequia la casa con unas copas de montilla.

montillano -na *adj* De Montilla (Córdoba). *Tb n, referido a pers.* | J. M. Luque *Cór* 11.8.89, 14: El público montillano ha sabido reconocer la meritoria labor de Manuel González a lo largo de su trayectoria profesional.

montisonense *adj (lit)* Monzonés. *Tb n, referido a pers.* | *Her* 15.7.82, 16: Como una auténtica bomba sentó ayer en los medios futbolísticos montisonenses la noticia de que su equipo había sido excluido a última hora de la edición de este año del Torneo Alto Aragón.

montmorillonita *f (Mineral)* Mineral constituido por silicato de aluminio hidratado, que contiene pequeñas proporciones de magnesio y sirve para depurar aceites. | Bustinza-Mascaró *Ciencias* 366: Arcillas hay en los suelos en mayor o menor cantidad, pudiendo referirse a dos grupos principales: el de las kaolinitas, .. y el de las montmorillonitas, con más poder de hidratación.

monto m Cantidad total a que asciende una cuenta. | DCañabate *Paseíllo* 46: A esto se añade un desenfrenado mercantilismo, que ha desorbitado el monto de los honorarios de los toreros y los toros. FQuintana-Velarde *Política* 84: Dividiendo sencillamente el monto de la renta nacional por el número de habitantes del país.

montón **I** m **1** Conjunto [de cosas] puestas unas encima de otras, gralm. desordenadamente. | Olmo *Golfos* 127: Me tiré al suelo ocultándome detrás del montón de sandías. Laiglesia *Tachado* 19: Por mi parte, sé perfectamente lo que haré en cuanto ponga la palabra "Fin" en la última cuartilla del montón que tengo delante.
2 Cantidad grande [de algo]. | Medio *Bibiana* 284: Por la mente de Bibiana Prats .. cruzan ahora, veloces, un montón de ideas.
3 *(reg) En pl:* Banca (juego de cartas). | Moreno *Galería* 368: Las mozas jugaban al julepe ..; los que se jugaban las pestañas, a las siete y media y a los montones, que era la denominación de la banca.
II *loc adj* **4 del ~.** *(col)* Corriente o que no destaca. | DCañabate *Andanzas* 59: Como torero en la plaza fue poca cosa. Torero del montón. Delibes *Cinco horas* 70: Físicamente eras del montón, ya lo sabes, pero tenías algo.
III *loc adv* **5 a ~es.** *(col)* En gran cantidad. | L. Calvo *SAbc* 12.4.70, 11: A Tucson llegan a montones todos los años, por invierno, centenares de turistas del Norte gélido.
6 un ~. *(col)* Mucho. *Tb ~ES.* | Delibes *Voto* 72: –¿Tampoco te gusta Cuco Sánchez? –¡Un montón! SSolís *Jardín* 173: Me aburrí montones en la primera comida.

montonera f **1** *(col)* Montón [1 y 2]. | Berlanga *Gaznápira* 133: Gabriela llevaba ya cinco días .. enfrascada con la montonera de libracos que el curita le había permitido elegir del armario de don Dimas. Aldecoa *Cuentos* 2, 141: –De modo que Ayalde se pringa, y la ley no interviene .. –Hombre, Ayalde estaba bien relacionado, y la montonera de años que ha cumplido como un cabestro para algo le habían de servir.
2 *(Dep) En una carrera:* Conjunto de participantes caídos en montón [1]. | J. Redondo *Ya* 10.7.88, 30: En el seno del pelotón se produjo una caída multitudinaria. Las gargantas francesas se vieron estranguladas al comprobar que entre la montonera estaba Jean Françoi[s] Bernard, quien no sufrió mal alguno. *SD16* 3.5.93, IX: Los nervios y la inexperiencia originaron una montonera gigante en la Castellana.

montonero -ra *adj* De la organización guerrillera urbana peronista Montoneros, surgida en Argentina hacia 1970. *Tb n, referido a pers.* | *Not* 18.12.70, 8: Obreros metalúrgicos la emprendieron a golpes y acusaron de marxistas a un grupo de estudiantes que .. pretendieron dar vivas a los "montoneros". *Ya* 8.9.74, 10: Dos policías "ejecutados" por los montoneros .. Dos suboficiales de la Policía fueron "ejecutados" por la organización Montoneros, según un "parte de guerra" d'esta agrupación guerrillera peronista.

montoreño -ña *adj* De Montoro (Córdoba). *Tb n, referido a pers.* | T. Coronado *Cór* 24.8.90, 10: El Ayuntamiento montoreño ha diseñado un programa de actos de lo más variado.

montoso -sa *adj (raro)* De(l) monte [1 y 2]. | JGregorio *Jara* 50: A finales del siglo XIX se inicia la parcelación de algunas zonas montosas, de las rañas y de las sierras.

montpellierense *(pronunc corriente, /mompelierénse/) adj* De Montpellier (Francia). *Tb n, referido a pers.* | Sobrequés *HEspaña* 2, 28: Las zonas más densamente repobladas fueron las de Alcira, donde se asentaron un centenar de catalanes y aragoneses .., y el valle de Valldigna .., con cerca de doscientos veinte catalanes y montpellierenses.

montrealés -sa *adj* De Montreal (Canadá). *Tb n, referido a pers.* | A. Mercé *Abc* 20.7.76, 54: El equipo soviético logró el primer puesto por equipos en los ejercicios obligatorios, que enloquecieron al público que llenó por cuatro veces seguidas los amplios graderíos del foro montrealés.

montserratense *adj* Montserratino. *Tb n.* | *Van* 15.1.76, 43: Los artículos que la montserratense "Serra d'Or" insertaba en su número de enero.

montserratino -na *adj* De la montaña o de la abadía de Montserrat (Barcelona). *Tb n, referido a pers.* | Pericot-Maluquer *Humanidad* 122: La característica más importante de estas poblaciones es el desarrollo de la cerámica montserratina, llamada así por haberse localizado por primera vez en las cuevas del macizo de Montserrat.

montuno -na *adj* **1** De(l) monte [1 y 2]. | Cela *Viaje andaluz* 201: Cerca de este rincón montuno se ven aún los restos del castillo moro de La Atalaya. Sampedro *Sonrisa* 195: Yo de chiquillo no entendía su habla, ¡era tan distinta de los ruidos montunos, arriba con el ganado!
2 [Animal] montés o montaraz. | Berenguer *Mundo* 7: Los bichos montunos son de todos y de nadie: del que los trinca. **b)** [Puerco] ~ ~ PUERCO.
3 *(reg)* [Pers.] montaraz. *Tb n.* | CBonald *Noche* 147: El Cipriani .., ese montuno marismeño.

montuosidad f **1** Cualidad de montuoso. | * Son zonas de gran montuosidad.
2 Lugar montuoso. | F. PMarqués *Hoy* 27.8.75, 13: Cerca de este lugar, traspasadas las montuosidades del Castelar, bullía en Zafra una especie de corte renacentista a la sombra de los Suárez de Figueroa.

montuoso -sa *adj* Montañoso. *Tb fig.* | Onieva *Prado* 185: En un campo, a la orilla de un río .., cuatro plantíselas y cinco jóvenes juegan a la gallina ciega. Fondo montuoso. Alfonso *España* 30: Demasiado influidos acaso por las circunstancias naturales, nuestra predisposición a lo contradictorio resulta con frecuencia demasiado montuosa.

montura f **1** Animal sobre el que se monta. | Pericot-Maluquer *Humanidad* 136: En realidad, no sabemos cuándo los animales empezaron a utilizarse como montura. **b)** Vehículo en que se monta. | H. Larroc *Abc* 26.6.58, 63: Peña Motorista Barcelona facilitó la lista de inscritos para las XXIV Horas de Montjuich .. Los hombres que pilotarán esas monturas son auténticas figuras. *SInf* 16.6.76, 7: Villota y Zapico, conduciendo coches poco competitivos, realizaron tiempos muy próximos a los de hombres con más experiencia y perfeccionadas monturas.

monturqueño - moñiga

2 Conjunto de arreos propios de un animal de silla. | GTelefónica N. 336: Guarnicionero. Monturas y Equipos Militares.

3 Armadura o soporte en que se coloca el elemento principal [de algo, esp. de una joya, de unas gafas o de un instrumento óptico]. | Junzunegui *Hijo* 51: La montura [del pendentif] es muy moderna. Romano-Sanz *Alcudia* 124: Lleva lentes de montura moderna y usa boina. *Inf* 15.8.74, 11: La montura de este telescopio le permite moverse de Este a Oeste a una velocidad que compensa la rotación de la Tierra de Oeste a Este.

monturqueño -ña *adj* De Monturque (Córdoba). *Tb n, referido a pers.* | F. Luque *Cór* 26.8.89, 17: Antonio Raya Amo, primer edil del Ayuntamiento de Monturque, .. tiene muy claro que es, primero, un monturqueño al servicio de su pueblo.

monumental *adj* **1** De(l) monumento o de (los) monumentos [1, 2 y 3]. | *Jaén* 19.4.64, 9: Se inauguró .. la exposición de fotografías que han de figurar en el Catálogo Monumental y Artístico de Jaén. **b)** Que tiene carácter de monumento. | Cela *Judíos* 21: La Granja es un pueblo muy monumental.

2 Grandioso por su magnitud. | Tejedor *Arte* 21: Lo mejor de esta son los palacios, y de ellos los monumentales de Susa y Persépolis. *Abc* 3.12.70, 47: El Museo Picasso .., tras la ampliación, .. ha adquirido proporciones monumentales. **b)** *(col)* Muy grande. *Con intención ponderativa.* | Torrente *Saga* 89: Según se ordenen los distintos fragmentos narrativos y según la clave que apliquemos a los seudónimos, el lío resultante es monumental.

3 *(col)* Excepcional en su línea. *Con intención ponderativa.* | *Lan* 11.9.65, 3: Monumental novillada en la que se lidiarán siete magníficos novillos-toros.

monumentalidad *f* Cualidad de monumental. | Cela *Judíos* 22: La Granja es un pueblo muy monumental, pero .. de una monumentalidad muy oficial y cuidada. Tejedor *Arte* 52: La arquitectura romana presenta muy otros caracteres. Son los principales: la monumentalidad y la solidez. *Inf* 27.7.70, 8: Todas las impresiones de gigantismo y monumentalidad .. han quedado barridas por la contemplación del "C-5".

monumentalismo *m* Tendencia a lo monumental [2a]. | Goytisolo *Recuento* 218: La ciudad cristianizante del Bajo Imperio, con tal muralla por todo monumentalismo, imponente presencia cerrada en torno a un núcleo urbano disminuido y pobre.

monumentalista *adj* Que tiende a lo monumental [2a]. | V. D'Ors *SAbc* 15.5.58, 39: Dos grandes corrientes gemelas se disputan la hegemonía: una, la ecléctica ..; otra, la de los estilos regionales .. Con la prepotencia de los arquitectos vascos y la impronta monumentalista de un titánico gallego.

monumentalización *f* Acción de monumentalizar. | SFerlosio *Ensayos* 1, 237: Al igual que el fotógrafo, que a todo el que se le plante ante la cámara, indistintamente, le dirá que sonría, así a todo lo que tenga semejanza de castillo, la monumentalización le hará poner cara de "típico castillo medieval".

monumentalizar *tr* Dar carácter monumental [a algo (cd)]. | Pemán *Andalucía* 254: Las escenas del Descubrimiento .. han sido allí pintadas con una técnica dura donde el color apenas turba la primacía casi escultórica de aristas y volúmenes. Esto monumentaliza toda la realidad humana de aquellas modestas escenas. Cela *SCamilo* 145: El hombre monumentaliza lo infinito, lo hace enorme y respira creyendo que acierta. SFerlosio *Ensayos* 1, 236: La patrimonialización cultural que monumentaliza las ciudades es capaz de convertir toda una *cerchia antica* en una inmensa y satisfecha plasta heráldica. **b)** *pr* Tomar carácter monumental. | Lorenzo *Extremadura* 122: Princip[i]an las ofrendas del amanecer: a los pies de Ceres van las muchachas levantándose, van dejando .. adelfas del río, lentiscos de los eriales, bellotas del carvallo de oro, palomas que se monumentalizan en los mármoles.

monumentera *f* *(reg)* Cierto dulce propio de Alcántara (Cáceres). | GLuengo *Extremadura* 108: De dulces, debe añadirse .. tortas de Arroyo de la Luz, bollos de Villanueva de la Sierra, "monumenteras" de Alcántara.

monumento *m* **1** Obra arquitectónica o escultórica erigida en recuerdo de alguien o algo. | DPlaja *El español* 150: Hay un monumento en Madrid .. del que la gente ignora bastante sobre el general representado.

2 Edificio o construcción de notable interés artístico, arqueológico o histórico. | Arenaza-Gastaminza *Historia* 59: Principales monumentos de la España romana. M. Jiménez *Ya* 21.2.76, 15: El Consejo de Ministros celebrado ayer ha declarado monumento histórico artístico el antiguo cuartel de Conde Duque. **b) ~ nacional** → NACIONAL.

3 Obra artística, científica o literaria de mérito excepcional. | DPlaja *Literatura* 69: El primer monumento de nuestra poesía lírica es de principios del siglo XIII.

4 *(E)* Objeto o documento de utilidad para el estudio de la historia o de la prehistoria. | Arenaza-Gastaminza *Historia* 2: Otras ciencias auxiliares de la Historia son: La Etnografía o estudio de las razas humanas .. La Arqueología o estudio de los monumentos antiguos.

5 *(Rel catól)* Altar decorado con flores y luces en el que se reserva el Santísimo Sacramento desde los oficios del Jueves Santo hasta los del Viernes. | Goytisolo *Recuento* 31: Por Jueves Santo recorrían unas cuantas iglesias de Sarriá y Bonanova, comparaban monumentos, los altares enmarcados por cascadas de flores.

6 *(col)* Mujer muy hermosa y atractiva. | Aparicio *Retratos* 57: Ha venido la mamá, es un monumento.

mony → MONI.

monzón *m* o *(más raro)* *f* Viento periódico, propio esp. del Océano Índico, que sopla durante seis meses del mar a la tierra y otros seis de la tierra al mar. *Frec en pl*. | Bustinza-Mascaró *Ciencias* 303: Son vientos periódicos los monzones, que soplan en las costas de Asia, Australia y África durante seis meses del continente al mar y a la inversa en los otros seis meses. Meteor *Ya* 15.7.56, 1: Ya han comenzado las lluvias torrenciales de la estación –de la "monzón"– en la India.

monzonés -sa *adj* De Monzón (Huesca). *Tb n, referido a pers.* | Cela *Pirineo* 266: El viajero y su amigo Pedro Puyuelo Cazcarra, Perico, paladín monzonés y de muy nobles sentimientos y temperamentos, pasearon bajo la lluvia en soledad.

monzónico -ca *adj* De (los) monzones. | Bosque *Universo* 153: El Asia monzónica obtiene alrededor del 40 por 100 mundial [de tabaco]. **b)** *(Meteor)* [Clima] determinado por los monzones, de veranos lluviosos e inviernos secos. | Zubía *Geografía* 207: China .. El clima es continental al Norte y cálido y monzónico al Sur.

moña[1] *f* **1** Adorno de cintas, borlas o flores que se pone en la cabeza. | Grosso *Invitados* 211: Se coloca una moña de jazmines en el pelo. Lorenzo *SAbc* 8.9.74, 10: Una moña de lana multiplica la borlería a la altura de la frente. CBonald *Casa* 187: A los caballos les habían colgado unas moñas negras de la frontalera. **b)** Adorno en forma de lazo o pompón. | *Hola* 12.11.87, 13: Forras la mesa con papel de regalo .. El efecto regalo se completa con la cinta y la gran moña decorativa. La que hemos elegido es de 5 cms. de ancho.

2 *(Taur)* Adorno de cintas o flores que se coloca al toro en lo alto del morrillo. | *SAbc* 15.5.58, 7: El mayoral, con su pica, impone la divisa o moña a la res, próxima a salir a la arena.

moña[2] *f* *(col)* Borrachera. | Armiñán *Juncal* 204: En aquel barrio las moñas no se aprecian, porque lo cierto es que estábamos rodeados de borrachos.

moña[3] *f* *(reg)* Muñeca (juguete). | Berlanga *Barrunto* 39: Yo no era su madre. Si ella hubiera estado le habría hecho una muñeca de paja de centeno, como la funda del porrón, o una moña cocida en la amasada del horno, con dos agujeros por ojos y un cuerpecillo duro a base de coscojas de la artesa.

moñarse *intr pr (reg)* Emborracharse. | SSolís *Blanca* 81: –¿Un coñac? –Hombre, de ese francés, desde luego, no me resisto... Basta, basta, que no quiero moñarme mientras trabajo.

moñiga *f* *(pop)* Boñiga. | CPuche *Sabor* 82: Entre las moñigas de las caballerías y las cagarrutas de las cabras podía verse la humedad enrojecida de la sangre. Cancio *Bron-*

moñigo - moraco

ces 62: En todo el campizal de la feria el olor a moñiga, a guisote de figón y a vinazo de taberna se había hecho ya irresistible.

moñigo *m (pop)* Boñiga. | ZVicente *Traque* 203: Recogía moñigos por la carretera, después de que había pasado la caballería, o la artillería montada. Berlanga *Gaznápira* 38: Ir con la cesta tras la yegua para que, apenas levantara la cola, recogiera al vuelo los humeantes y pajizos moñigos.

moño I *m* **1** Cabellera, o porción de ella, arrollada y sujeta, esp. en la parte posterior de la cabeza. | Laforet *Mujer* 93: La asistenta .. se peinaba con un moño enorme. M. Mora *Act* 25.1.62, 47: Solo en una ocasión hemos visto, sobre su melena algo alborotada, .. el aditamento de un moño.
2 *En las aves:* Grupo de plumas que sobresale en la cabeza. | Carnicer *Cabrera* 114: Las abubillas, de plumaje y moño multicolores, son finas, melindrosas.
3 Lazo de adorno hecho con cintas. | ZVicente *Traque* 165: Bueno, claro que no es de mucho luto [la funda de la televisión), pero la Fátima le ha hecho un moñito negro, de terciopelo, y se lo ha cosido en el centro.
4 *(col) euf por* COÑO. *Se usa para reforzar o marcar la intención desp de la frase, o como interj.* | Payno *Curso* 57: –¡Te digo que es un épsilon de cero a ene! –¡Qué moño, un épsilon! Es eta. Cancio *Bronces* 81: –¿Y dónde *moños* está? –En la taberna de Miguelón.
II *loc v* **5 estar hasta el ~.** *(col)* Estar hasta la coronilla. | Zunzunegui *Hijo* 135: Te lo digo ahora porque estoy ya de ti y de tus fanfarronadas hasta el moño.
6 ponerse ~s. *(col)* Presumir o pavonearse. | Berenguer *Mundo* 63: Vicente me dio dos duros: uno por el macho y otro por la hembra, y yo me fui tan contento a contárselo a la Manuela para ponerme moños.

moñón -na *adj* [Ave] que tiene moño [2]. | Cela *Viaje andaluz* 293: ¿Por qué el cielo no canta como el cuco moñón?

moñudo -da I *adj* **1** [Ave] que tiene moño [2]. | G. GHontoria *Nar* 3.77, 36: Tienen pesos y medidas .. Y, luego, objetos para cazar, como ballestas para pájaras "moñudas", perdices o palomas. **b)** [Porrón] ~ → PORRÓN³.
2 [Animal] que tiene lana o pelo en la cabeza. | Berenguer *Mundo* 136: Tenía unos brazos como jamones y el mismo cuello que un toro moñudo.
II *f* **3** *(reg)* Cogujada (ave). | GMacías *Relatos* 17: Uno [un pájaro] que aquí en esta región llamamos coguta –en la espléndida comarca de La Vera recibe el nombre típicamente extremeño de *La moñúa*–, cuya denominación científica es cogujada.

moog *(n comercial registrado; ing; pronunc corriente,* /mug/; *pl normal*, ~s) *m (Mús)* Sintetizador que produce una variedad de sonidos. | SIdG 10.8.75, 9: El moog empieza a darnos unos sonidos de violines, que poco a poco van fundiéndose con la batería para culminar con un sonido trepidante, cargado de potencia, donde la conjunción de todos los instrumentos es perfecta.

mopa *f* Utensilio para limpiar suelos en seco, constituido por un palo largo y un soporte forrado de tejido o hilos gruesos. *Tb este mismo soporte.* | *Impreso* 10.80: Jumbo .. Mopa "Vileda": 110 Pts.

moqueante *adj* Que moquea. | Aldecoa *Cuentos* 1, 43: Junto a ella jugaban unos chiquillos medio desnudos, sucios y moqueantes.

moquear *intr* Echar mocos. | Chuchi *VozT* 2.4.75, 14: La mayoría de los asistentes, incluso muchos de los bien dotados físicamente, salieron tosiendo y moqueando a más y mejor.

moquero *m (col)* Pañuelo de nariz. | Zunzunegui *Hijo* 44: Cogió un moquero y lo partió en varios pedazos.

moqueta *f* Tejido fuerte de textura aterciopelada, que se usa para cubrir suelos y paredes. | ZVicente *Traque* 153: No mordió a nadie ni se hizo ninguna guarrería en la moqueta.

moquetar *tr (raro)* Enmoquetar (cubrir de moqueta). | *Pro* 5.7.75, 15: Logró hallar un salón limpio, moquetado, con una mesa preciosa.

moquete *m (col)* Golpe dado en la cara con el dorso de la mano. | Delibes *Guerras* 22: –Y ¿qué hizo tu bisabuelo? –Ya ve qué iba a hacer el hombre. Sacudirla un moquete y buscar él la habitación.

moquillanto *m (raro)* Lloriqueo o gimoteo. | Zunzunegui *Camino* 433: Tenía ganas de reír y ganas de llorar la mujer entre suspiros y moquillantos.

moquillo *m* Enfermedad catarral de algunos animales, esp. perros y gatos. | Goytisolo *Recuento* 39: La Chispa había muerto de moquillo. **b)** *(col, humoríst)* Catarro, esp. de nariz. | DCañabate *Abc* 16.2.75, 43: No pudo continuar porque un fuerte golpe de tos se lo impidió... Y dijo la pobre: "Vaya, me entró el moquillo".

moquita *f* Moco claro que fluye de la nariz. | Lera *Olvidados* 66: Se le veía muchas mañanas de invierno, dando paladitas para no congelarse, con la moquita a veces goteándole.

moquitear *intr* **1** Segregar moquita. | Laforet *Mujer* 331: El hombre moquiteaba y se limpiaba con su pañuelo.
2 Lloriquear, esp. sonándose. | Cancio *Bronces* 55: Hay que tener más entereza .. Ya ves; su padre soy yo y no me apuro tanto, ni moquiteo de ese modo. Delibes *Emigrante* 33: Ella, en cuanto que oyó América, lo de siempre, empezó a moquitear.

mor. por ~ de. *loc prep (lit)* Por causa de. | Montero *Reina* 191: Hube de dirigirme al domicilio de esta en busca de mi jefe, por mor de una urgencia laboral.

mora¹ *f* Fruto de la morera, del moral o de la zarza, pequeño, blando, constituido por agregación de pequeños glóbulos y de color morado, negro o blanco. | Arce *Testamento* 67: Hicimos sangría con el jugo de moras negras, maduras y dulcísimas.

mora² *f (Der)* Tardanza en cumplir una obligación. | Ramírez *Derecho* 109: Incurre en mora el obligado a entregar o a hacer alguna cosa, desde que el acreedor le exige su cumplimiento.

morabetí *m (hist)* Maravedí (moneda). | Sobrequés *HEspaña* 2, 81: Las grandes conquistas del siglo XIII aumentaron en todas partes la circulación de las monedas de oro y plata musulmanas, especialmente la de los dinares, morabetís o maravedís almorávides.

morabetín *m (hist)* Maravedí (moneda). | Sobrequés *HEspaña* 2, 80: Hacia 1215 .. las monedas circulantes eran en Castilla los dinares y medios dinares de oro almorávides .. y los morabetines o mitcales de oro alfonsíes (o simplemente alfonsíes), exactamente iguales a los dinares almorávides, acuñados por Alfonso VIII.

morabito *m* **1** Ermitaño o santón musulmán. | Fuster *Van* 3.2.74, 15: La cosa sigue tan turbia como al principio. No todo podía echarse sobre las espaldas de los jeques y los morabitos.
2 Ermita de un morabito [1]. | Cuevas *Finca* 46: Los pozos cercanos: el de la Niña, redondo como un morabito. E. La Orden *SYa* 27.4.75, 9: Se trata de una iglesia pintoresquísima, abarrocada en un hastial, con grandes contrafuertes y una cúpula del morabito. Su interior es francamente mudéjar.

morácea *adj (Bot)* [Planta] dicotiledónea, leñosa, de hojas alternas, flores pequeñas y unisexuales en inflorescencias cimosas y fruto en aquenio o drupa. *Frec como n f en pl, designando este taxón botánico.* | GCabezón *Orotava* 10: Higuera imperial o del Himalaya, *Ficus Roxburghii*, Wall, Morácea, India.

moracho¹ -cha *adj* De Mora (Toledo). *Tb n, referido a pers.* | E. Camino *Ya* 27.6.75, 18: La romana .. ha dejado de fabricarse en Mora .. Los morachos debieron ser, antiguamente, muy entendidos en romanas.

moracho² -cha *adj (raro)* Morado poco intenso. | Cela *Gavilla* 170: A la madre de Narciso le gusta llevar siempre de punta en blanco y muy bien puesta a .. la niñera: .. con el rígido cuello del uniforme a listas morachas y topos indios del tamaño de huevos de paloma.

moraco -ca *adj (col, desp)* [Pers.] mora (del Norte de África). *Gralm n.* | GSerrano *Macuto* 678: Los moros, los morancos, los moránganos, los moracos, los mojamés, los jamidos, caen bien.

morada *f* (*lit*) **1** Lugar en que se mora. | N. LPellón *MHi* 7.69, 13: Fue [el Cuzco] morada de los incas y de su fastuosa corte. **b) última ~.** (*lit*) Cementerio. *Gralm con un compl de posesión.* | A. IAlbalat *Pro* 5.7.75, 22: Tantas y tantas facetas hay en su vida de amor a sus semejantes que, cuando la muchedumbre le acompañaba a su última morada, el comentario en susurreo era el siguiente.
2 Acción de morar. | Cossío *Montaña* 480: Decidieron trasladarla a España .. A su arribo, hizo morada algún tiempo en San Cebrián de Mazote, en tierras de Valladolid.

morado -da I *adj* **1** [Color] intermedio entre rojo y azul. *Tb n m.* | Ribera *Misal* 38: El color morado significa penitencia, mortificación, tiempo de oración y de ayuno. *Inf* 31.10.70, 14: "Prêt-à-porter." Loewe 70-71 .. Colores. El morado en sus diversas gamas, el berenjena y el ciruela. **b)** Que tiene color morado. | M. Sorá *Abc* 4.12.70, 21: También los usan [pañuelos] negros y morados. **c)** Acardenalado. *Dicho esp de ojo.* | ZVicente *Examen* 111: Ha salido huyendo descalabrado, arañado, abollado .. Un ojo morado, sangre en los labios. Gala *Campos* 12: Una noche se me cayó mi hijo mayor encima y se partió un brazo. Yo estuve morada dos meses.
II *m* **2** Cardenal (mancha de la piel). | *País* 3.3.93, 29: "Para que se lo crean has de salir llena de morados", afirma la denunciante de una violación no admitida por un tribunal.
III *loc v* **3 pasarlas moradas.** (*col*) Pasar grandes apuros o dificultades. | GAmat *Conciertos* 50: Para ciertos espíritus poco abiertos resultan simpáticos los genios que las han pasado moradas hasta su muerte. Goytisolo *Recuento* 533: Un poco cansado, ¿verdad? Pues como te vea mover un pelo las vas a pasar moradas.
4 ponerse ~. (*col*) Darse un hartazgo [de algo (*compl* DE o A), esp. muy apetecido]. | Palomino *Torremolinos* 65: Me he puesto morado de paté. Y luego, el champán. Diosdado *Olvida* 34: Se van a poner moradas a hablar del asunto en cuanto se enteren.

morador -ra *adj* (*lit*) Que mora. *Tb n.* | CBaroja *Inquisidor* 49: Aun en la edición española se dice morador en la capital de Francia. MGaite *Fragmentos* 122: Todo se resolvía en reproches e incomprensiones, agravados por el estado de agresividad en que solía pisar él esta casa en plan de juez que pide cuentas a sus moradores.

moradura *f* Cardenal (mancha de la piel). | J. Hermida *Act* 25.1.62, 21: Los eslabones de la cadena dejarían moraduras en la carne blanca.

moraga *f* (*reg*) **1** Asado [de frutas secas o pescado, esp. sardinas] hecho al aire libre. | Pemán *Andalucía* 360: Tampoco es grano de anís la sardina de Estepona. Quisiera que estas sardinas las comierais en su ambiente peculiar, que es el de una "moraga" sobre la playa. Almanzor *VozT* 8.11.78, 22: Anualmente y coincidiendo con las faenas de recolección de la cosecha de castaña, tiene lugar en Arenas de San Pedro la antiquísima "moraga" .. Centenares de mis convecinos proceden al tradicional asado de castañas. **b)** Magro de cerdo frito al ajillo que se come en las matanzas. | JGregorio *YaTo* 24.12.81, 42: La madre, ayudada por las hermanas, ha preparado con tiempo y con esmero la suculenta cena: la sopa, el besugo, el capón en pepitoria, las tiernas moragas de guarro, y los postres cargados de mieles y de azúcar.
2 Gavilla de mies alrededor de la cual bailan los segadores el último día de siega. | Moreno *Galería* 325: Yo no logré ya, durante los años de la infancia, .. ver bailar "la moraga". La moraga, sin embargo, se hacía, aunque no se bailaba.
3 Manojo de hoces que forman los espigadores. | A. Corral *Alc* 10.11.70, 2: Resulta punto menos que imposible el intento de espigar en esta feraz haza labrantía para poder ofrecer a los lectores la macolla, la moraga y el haz.

moral[1] I *adj* **1** Relativo al comportamiento humano en cuanto a su calidad de bueno o malo. | Gambra *Filosofía* 202: Los actos humanos pueden ser .. buenos o malos, según que se ajusten o se aparten de la norma moral. Aranguren *Marxismo* 14: Se ha escrito mucho sobre marxismo, pero poco desde el punto de vista moral. **b)** Que tiene por objeto educar el comportamiento humano. | DPlaja *Literatura* 97: Poesía moral: Don Sem Tob. Villapún *Moral* 50: Virtud moral es aquella que tiene por objeto ordenar las costumbres del hombre.
2 Que se ajusta a las normas morales [1]. | Escrivá *Conversaciones* 160: Eso ni se puede llamar información, ni es moral. **b)** Que se ajusta a las normas morales [1] establecidas para la relación entre los sexos. | GPavón *Reinado* 115: El hotel era muy moral. **c)** Que está sometido a normas o principios morales [1]. | Rábade-Benavente *Filosofía* 220: El hombre es moral por ser libre; o, si se prefiere: su conciencia de libertad le obliga a dar un sentido a su vida y a sus actos.
3 Que se basa en el sentido de bueno o malo de la propia conciencia. | D. GMaeso *País* 11.3.77, 8: El que subscribe .. se cree también con derecho, por no decir deber moral, de salir a la palestra para redargüir a J. L. A.
4 Subjetivo, o que no se basa en datos objetivos. | S. Cámara *Tri* 24.11.73, 27: Aunque los ingleses estén un tanto desencantados, porque se ha filtrado la noticia de que la princesa ha pasado más de un fin de semana a solas con su novio, tienen en cambio la seguridad moral de que fueron "rencontres" no oficiales.
5 Relativo a la conciencia o al espíritu. *Se opone a* MATERIAL *o* FÍSICO. | DPlaja *Literatura* 93: El Canciller Ayala –gran conocedor del Imperio Romano– sueña con un Estado fuerte presidido por una firme autoridad moral. *Ya* 26.10.74, 7: Solo así, argumentábamos, las autoridades académicas tendrán fuerza moral suficiente para cuidar de que cada problema se aborde y se debata en su marco propio. **b)** Que tiene efectos psicológicos y no tangibles. | *Hora* 17.12.76, 19: El preparador .. está con unas ganas locas de ofrecer la primera victoria a la afición leonesa y asimismo espera poder contar con el aliento moral. E. Haro *Tri* 24.11.73, 15: Los estudiantes y los obreros de Atenas han conseguido una gran victoria moral, al obligar al desenmascaramiento de una situación que no correspondía a la realidad.
II *f* **6** Conjunto de (las) normas o principios morales [1a]. | Villapún *Moral* 9: La voluntad de Dios está claramente manifestada en la Moral cristiana.
7 Ética (estudio del comportamiento humano en cuanto a su calidad de bueno o malo). | Gambra *Filosofía* 175: La ética (o moral) no es .. un mero estudio descriptivo de las costumbres vigentes en la sociedad, sino que trata de las buenas costumbres en lo que tienen de buenas o rectas.
8 Estado de ánimo. *Gralm con los adjs* BUENA *o* MALA, ALTA *o* BAJA, *o vs como* SUBIR *o* BAJAR. | MGaite *Visillos* 249: Le había tomado un gran afecto y me había dado cuenta de lo fácil que era animarle, subirle la moral. **b)** Ánimo o disposición para afrontar algo. *Gralm con los adjs* BUENA *o* MALA, ALTA *o* BAJA, *o vs como* SUBIR *o* BAJAR. | Fielpeña *Ya* 26.5.74, 37: La campaña del Madrid ha sido floja en la Liga, y el equipo de hoy todavía va más debilitado .. Su moral dista de ser buena. FSantos *Catedrales* 189: Lo malo es para mí, que después de las nueve, cuando se echa el cierre en el taller, me baja la moral pensando si volver a casa o no. **c)** *Sin compl:* Moral buena o alta. | *Nue* 28.6.70, 1: Un Real Madrid pletórico de moral disputará esta tarde la final de Copa.
III *loc v* **9 comerle** [a alguien] **la ~.** (*col*) Desmoralizar[le] o dejar[le] sin ánimo. *Frec* TENERLE COMIDA LA ~. | Cela *Rosa* 214: Manuel Cajaravilla, aquel día, le comió definitivamente la moral a Filoteo. SFerlosio *Jarama* 171: Os tenemos comida la moral y por eso protestáis. SSolís *Juegos* 89: Tiene comida la moral desde que dejó de ser el director espiritual de las conciencias de la crema de Fontán.

moral[2] *m* **1** Árbol cuyo fruto es una mora negra muy jugosa (*Morus nigra*). *Tb ~* NEGRO *o* COMÚN. | GLuengo *Extremadura* 133: Echo de menos mil aspectos de la vida barridos por los años .. Tales como el estilo .. de la relación humana ..; como las sombras de las parras, de las higueras, de los morales. **b) ~ blanco.** Morera (*Morus alba*). | FQuer *Plantas med.* 120: Morera. (*Morus alba* L.) Sinonimia cast[ellana], morera blanca, moral blanco.
2 ~ papelero, o **de la China.** Morera del papel. | GCabezón *Orotava* 184: Moral papelero, *Broussonetia papyrifera*, Vent., Morácea, China y Japón. Loriente *Plantas* 26: *Broussonetia papyrifera* (L.) Vent., "Moral de la China"; "Morera del Japón"; "Morera del papel".

moraleja *f* Enseñanza que se deduce de un cuento o fábula, o de un suceso. | Correa-Lázaro *Literatura* 260: He aquí algunas moralejas de las fábulas. Gilera *Abc* 9.4.67,

108: La moraleja en cuanto a la participación española es la misma de siempre.

moralejano -na *adj* De Moraleja (Cáceres). *Tb n, referido a pers.* | *Hoy* 8.3.77, 26: Varios moralejanos heridos en el accidente ferroviario de Barcelona.

moraleño -ña *adj* De Moral de Calatrava (Ciudad Real). *Tb n, referido a pers.* | *Lan* 12.8.64, 3: Comercial agrícola "Moraleña".

moralidad *f* **1** Cualidad de moral[1] [2a y b]. | Gambra *Filosofía* 13: La norma de moralidad es doble: objetiva y subjetiva. Rábade-Benavente *Filosofía* 221: La valoración supone unas "normas" .. que son las que establecen la moralidad o inmoralidad de nuestros actos.
2 Moral[1] [6]. | DPlaja *El español* 156: En España .. la moralidad oficial es infinitamente más estricta que la privada.
3 (*TLit*) Pieza de teatro medieval, corta, gralm. alegórica y de carácter moral[1] [1b]. | DPlaja *Literatura* 105: Las dos direcciones del teatro religioso medieval. Misterios y Moralidades.
4 (*raro*) Ejemplo o enseñanza moral[1] [1b]. | Lafuente *Pról. Iparaguirre-Dávila* 14: Los tapices .. servían para ilustrar escenas sagradas, moralidades o alegorías alusivas a la vida espiritual.

moralina *f* (*desp*) Moral[1] [6] superficial o hipócrita. | CPuche *Paralelo* 192: –Yo creo que hay más maricas que nunca. –Eso también lo da el régimen. Tanta moralina tiene que acabar así. SSolís *Juegos* 53: Había cazado a su confesor por la vía rápida del embarazo .. ¡Pues no dieron pequeña campanada, para venir ahora con moralinas!

moralismo *m* Tendencia a dar importancia predominante a la moral[1] [6]. | Aranguren *Marxismo* 60: El marxismo como moral .. no se debe basar en el sentimiento. Si así acontece se cae en fanatismo .., y, cuando menos, esa forma especial de sentimiento fanático que es el moralismo.

moralista I *adj* **1** De(l) moralismo. | Aranguren *Marxismo* 14: Hoy .. nos damos cuenta del fuerte ingrediente moral [del marxismo] –e incluso, como en la China de estos últimos tiempos, moralista–.
II *m y f* **2** Tratadista de moral[1] [6]. | DPlaja *Sociedad* 74: Hasta fines del siglo XVIII habrá tapadas, con gran indignación de moralistas y teólogos. **b)** Pers. que se propone la enseñanza moral[1] [1b]. | DPlaja *Literatura* 93: Ayala es un moralista. Ataca los defectos de la sociedad en que vive.

moralización *f* Acción de moralizar. | Aranguren *Ética y polít.* 92: El criterio del poder o interés es el único válido en la política exterior, que debe renunciar a los sueños idealistas de moralización del mundo.

moralizador -ra *adj* **1** Que moraliza. *Tb n, referido a pers.* | DPlaja *Literatura* 91: A pesar de lo desenvuelto de su lenguaje, el Arcipreste se nos quiere mostrar como un moralizador.
2 De (la) moralización. | DPlaja *Literatura* 91: Cuya despreocupación contrasta muchas veces con esta intención moralizadora.

moralizante *adj* Moralizador. | Aranguren *Marxismo* 113: La doctrina anarquista, como "preciencista", es más expresamente moralizante. SRobles *Pról. Teatro 1959* XXI: Ni del todo moral, ni con intención moralizante, este cuento escénico. **b)** Que tiende a moralizar. | *SInf* 28.4.83, 3: Luis del Val, escritor moralizante y simplista, como su maestro Escrich.

moralizar A *tr* **1** Dar carácter moral[1] [2a y b] [a alguien o algo (*cd*)]. | Sobrequés *HEspaña* 2, 146: Varios concilios .. trataron de moralizar las costumbres y enderezar la disciplina de sus eclesiásticos. *Abc* 10.4.92, 36: Fujimori promete moralizar Perú y acabar con el terrorismo.
B *intr* **2** Dar enseñanza moral[1] [1b]. | DPlaja *Literatura* 91: A lo largo de su obra .. moraliza, si bien lo hace al compás de su alegre sátira.

moralmente *adv* En el aspecto moral[1], *esp* [1]. | Escrivá *Conversaciones* 150: Considero la libertad personal necesaria para todos y en todo lo moralmente lícito. Laforet *Mujer* 13: Eulogio .. tenía la convicción de que no podía impedir a Paulina nada de lo que ella quisiera hacer. Ni moral ni legalmente podía. Laforet *Mujer* 170: Mariana era peligrosa, y moralmente detestable.

moralo -la *adj* De Navalmoral de la Mata (Cáceres). *Tb n, referido a pers.* | *Hoy* 26.11.75, 16: Dos anécdotas para la gran historia. Franco, en Navalmoral .. Los moralos recuerdan ahora esas anécdotas.

moranco -ca *adj* (*col, desp*) [Pers.] mora (del Norte de África). *Gralm n.* | Marsé *Dicen* 255: –Tú misiano, paisa –dijo un moro–. Pero no tener huivos. –Prueba, moranco asqueroso.

morángano -na *adj* (*col, desp*) [Pers.] mora (del Norte de África). *Gralm n.* | Berlanga *Gaznápira* 130: En la capital .. andaban negros desde que unos moránganos habían soltado una catalina yendo en tren por encima de un río.

morañego -ga *adj* De la Moraña (comarca de Ávila). *Tb n, referido a pers.* | Escobar *Itinerarios* 116: La multitud alegre de los frutales arraiga en esta tierra quebrada de Ávila, hasta que rinde sus armas ante la llanura morañega del buen trigo.

morañés -sa *adj* De Moraña (Pontevedra). *Tb n, referido a pers.* | GCamiño *Faro* 2.8.75, 20: La siempre populosa parroquia de San Salvador de Sayáns, municipio morañés, prepara sus fiestas patronales.

morapio *m* (*col*) Vino tinto. | DCañabate *Andanzas* 211: En casi todas [las tabernas] el morapio se dejaba beber.

morar *intr* (*lit*) Vivir o residir. | W. Mier *MHi* 11.63, 23: Anglada Camarasa .., que hasta su muerte moró en aquel Formentor cuyos pinos inmortalizó en uno de sus mejores lienzos.

moratallero -ra *adj* De Moratalla (Murcia). *Tb n, referido a pers.* | J. J. SMartínez *Ver* 16.6.76, 10: El jurado .. concedió los siguientes galardones: .. Prosa, primer premio, a Francisco Gómez Ortín ..; segundo, para Donaciano García Guirao, moratallero .. residente en Madrid.

morateño -ña *adj* De Morata de Tajuña (Madrid). *Tb n, referido a pers.* | I. Montejano *Abc* 21.6.81, 23: Como monumentos, Morata ofrece el templo .., que los morateños dicen siempre "que aunque es grande y es interesante, está sin terminar".

moratón *m* (*col*) Cardenal (mancha de la piel). | Delibes *Cinco horas* 165: Te caíste, lógico, por eso te salió aquel moratón en la cara. J. M. Amilibia *Pue* 26.2.74, 36: Tiene todavía el susto en la cara, y los brazos llenos de moratones producidos por la cantidad de agujas de inyecciones que han entrado en él.

moratoria *f* Prórroga que se concede para el pago de una deuda, esp. tributaria, ya vencida. | DPlaja *El español* 141: Dado el gran número de pecadores, parece .. que se concederá una moratoria, como hace el Estado cuando los que han dejado de pagar sus deudas son demasiado numerosos para meterlos en la cárcel. **b)** Prórroga de un plazo. | *ASeg* 27.10.84, 7: Esas negociaciones pueden ser entabladas desde el momento en que EE.UU. acepte la vigencia de una moratoria a las pruebas y emplazamiento de armas espaciales y sistemas antimisiles. *País* 1.2.89, 23: Un comité gubernamental de ingeniería genética ha rechazado conceder una moratoria a las investigaciones sobre genes humanos con fines terapéuticos.

moravo -va *adj* De Moravia (región de la República Checa). *Tb n, referido a pers.* | Alvarado *Biología* 34: Para estudiar la transmisión de los caracteres hereditarios a través de las generaciones ideó el genial agustino moravo Gregorio Mendel el método de la hibridación.

mórbidamente *adv* (*lit*) De manera mórbida. | Goytisolo *Recuento* 134: Las tiendas destacaban mórbidamente, lívidas lonas infladas, con honduras como bocas de horno, humeantes, encendidas.

morbidez *f* (*lit*) **1** Cualidad de mórbido. | Payno *Curso* 65: María Rosa apareció en el portal .. Se fijó de nuevo .. en la potencia de su cuerpo, en la morbidez turgente de sus carrillos, y en los ojos, tan vivos.
2 Carne mórbida [1]. | SRobles *Abc* 15.5.58, 27: Ahora soy como un personaje sensacional, pero al que .. ni los planes del más soberbio urbanismo pueden evitar las tristezas, las arrugas, las fofeces y morbideces.

morbididad – morcillero

morbididad *f* (*Med*) Morbilidad. | H. Pardell *SMedC* 7.87, 16: Morbididad respiratoria asociada al hábito de fumar.

mórbido -da *adj* (*lit*) **1** Blando y delicado. *Gralm referido a las formas del cuerpo femenino, implicando sensualidad.* | Calín *Cod* 2.2.64, 8: "Ahueca, Billy", digo cogiendo a la rubia por el mórbido brazo. *Fam* 15.11.70, 35: Hacen mucho contraste las plumas mórbidas que le rodean la base del cuello. Casanovas *Des* 12.9.70, 36: Hay .. infinidad de ejemplos de voces hermosas, de timbre mórbido.
2 (*Med o lit*) Morboso [1 y 3]. | *DMé* 5.5.93, 11: Las obesidades mórbidas afectan gravemente a la salud psíquica y física del obeso. Torbado *Corrupciones* 22: Fray José Antonio entrecerró los ojos para pensar muy deprisa que él haría cosas mejores .. Acarició la pluma con delectación mórbida.

morbífico -ca *adj* (*Med*) Que causa enfermedad. | Mendoza *Laberinto* 148: El estómago de la periodista se sublevó y la liberó, por muy grosero procedimiento, de las morbíficas sustancias que en él se alojaban.

morbígeno -na *adj* (*Med*) Que causa enfermedad. | MSantos *Tiempo* 29: Las células gaméticas .., dotadas de ilimitada inmortalidad latente, saltan al vacío entre las generaciones e incluyen su plasma íntegro –con sus inclusiones morbígenas– en el límite-origen, en el huevo del nuevo ser.

morbilidad *f* **1** (*Estad*) Número de casos de enfermedad en una población y período determinados. | GOrcoyen *Ya* 15.4.64, 6: Puede conducirnos a la preerradicación de la tuberculosis en nuestro país, alcanzando las cifras de morbilidad más bajas que puedan encontrarse en cualquier otra nación.
2 (*Med*) Estado de enfermedad. | * No se aprecia morbilidad en él.

morbiliforme *adj* (*Med*) Semejante al sarampión. | M. Aguilar *SAbc* 3.5.70, 54: En el latín culto se llamaba "morbili" al proceso total [del sarampión] .. La palabra culta se reserva únicamente para apellidar a los cuadros que no son sarampión, sino enfermedades parecidas, denominadas procesos "morbiliformes".

morbo *m* **1** (*Med o lit*) Enfermedad. *Tb fig.* | Van 9.6.71, 19: El agente colérico .. produce una propagación rápida del morbo, tanto más cuanto que la incubación del "vibro" en el organismo es breve. *Abc* 2.1.66, 72: El morbo del "gamberrismo" occidental .. ha hecho presa en la juventud proletaria de la U.R.S.S. **b)** ~ **gálico.** (*Med*) Sífilis. | Mendoza *Misterio* 43: A lo largo de la carrera de Cándida .. jamás ha habido síntoma alguno de gonorrea, blenorragia, morbo gálico ni variedad conocida del mal francés. **c) cólera** ~ → CÓLERA².
2 Alteración enfermiza de carácter psicológico. | CBonald *Ágata* 208: Apreturas que podían resultar escabrosas (y que no eran sino el producto de un morbo sonámbulo). **b)** Afición o inclinación exagerada [a algo (*compl de posesión*)]. | S. Cámara *Tri* 29.5.71, 12: Al llegar a la escurialense plaza de la Moncloa, los colores goyescos de las afueras lejanas me han distraído, y este vencimiento aún me ha exasperado más, porque ha revelado el morbo del esteticismo que me corroe. **c)** Gusto o atracción por lo prohibido, inconfesable o truculento. | Halcón *Ir* 113: A la Juana aquella humillación le levantó cierto morbo .. Sintió casi contento de tener cerca a alguien a quien mover guerra. Tomás *Orilla* 82: -¡Para qué quieres esos recortes? –Me gusta guardarlos. Casi todos se refieren a cosas hechas por mí. –Vaya morbo. Un atraco allí, un robo allá... No pensarás que te van a dar una medalla.
3 Atractivo propio de lo prohibido, inconfesable o truculento. | *País* 4.5.83, 37: Mamen se quedó colgada a los 15 años de Lovecraft y ahora está entusiasmada con Apollinaire y sus 11.000 vergas: "Eso es lo que ahora me gusta, los libros con morbo". **b)** Atractivo o encanto. | Grandes *Lulú* 186: ¿Ese es tu marido? .. Ah, pues está muy bueno, con esas canas, me gusta mucho, los hombres mayores tienen un morbo especial.
4 Morbosidad. | MGaite *Retahílas* 218: Habíamos hecho un paquete cada uno con nuestras cartas y nos habíamos estado enseñando algunas, por cierto que es una sensación muy rara volver a leer cosas tuyas que escribiste en un trance determinado .., y precisamente por el morbo que tiene la cosa le había dicho: "nada, nada, fuera, no sigo leyendo, ahora nos queremos, pues qué más da".

morbosamente *adv* De manera morbosa [3]. | Aranguren *Marxismo* 12: Hablaré no como hombre de partido –que no lo soy–, sino como intelectual que preserva celosamente –morbosamente mejor, dirán quienes tienen la pasión de enrolarse– mi independencia.

morbosidad *f* Cualidad de morboso [2 y 3]. | P. Losán *Ya* 3.4.75, 44: Novela aguda, sin concesiones en su lenguaje, con la virtud de tratar lo escabroso sin caer en la morbosidad.

morboso -sa *adj* **1** De(l) morbo. | *Gar* 28.7.62, 6: El síntoma clínico de la forma morbosa en cuestión [cataratas] es la disminución de la vista, en forma lenta y progresiva.
2 Que tiene morbo [2 y 3]. *Tb n, referido a pers.* | Diosdado *Usted* 71: Oye, que eso a mí me da igual, yo no soy una morbosa. Como si aquí me pidiesen que bailara desnuda. GHortelano *Apólogos* 218: En dejando de crecer, cuando se acabaron los estirones de la estatura, se me puso a mí un cuerpo muy morboso.
3 Que denota o implica morbo [2 y 3]. | Salvador *Haragán* 156: Vinieron los policías .. La riada de la compasión ajena, mezclada con morbosos sentimientos.

morcajo *m* Mezcla de trigo y centeno y a veces otros granos. | MCalero *Usos* 46: Se barría el solar [de la era] con escobas de brezo, del que salía un buen morcajo.

morcella *f* Chispa que salta del pabilo de una luz. | CBonald *Ágata* 169: Centelleaba en lo oscuro la llovizna como las morcellas de un pabilo.

morciguillo *m* (*reg*) Murciélago. | Peraile *Ínsula* 97: La chiquillería buscanidos los atrapaba [los murciélagos] en una cueva, por lo general; les encendía el cigarro y les aplastaba el pecho. El animalito sopla su asfixia, y el cigarro humea. "¡Fuma, morciguillo!"

morcilla **I** *f* **1** Embutido hecho con sangre y especias y frec. cebolla, arroz, pan o piñones. | Arce *Testamento* 74: Se hacían chorizos y morcillas con las tripas de vaca. **b)** *Se usa en constrs de sent comparativo para ponderar la gordura o la hinchazón de una parte del cuerpo.* | Delibes *Vida* 136: El veraneante miró la mano deformada de mademoiselle Catherine, los dedos como morcillas de mi esposa y mi hijo.
2 (*col*) Añadido que se improvisa al decir o leer un texto, esp. de teatro. | *País* 3.7.76, 20: Perla Cristal .. fue detenida, y clausurado el teatrito donde actuaba, por meter *morcillas* –subversivas, a juicio de los funcionarios policiales– en el libreto de la obra. V. Piniés *Gac* 29.5.77, 42: Para no extralimitarse, los discursos se escribían y, por lo general, se introducían pocas "morcillas" a la hora de leerlos.
3 (*jerg*) Pene. | Campmany *Abc* 30.10.93, 17: ¡Pues no es para tanto, hija! Es una morcillita del montón.
4 (*reg*) Almohadilla cilíndrica que los costaleros llevan arrollada a la cabeza. | Sampedro *Octubre* 421: Me llenan el oído los tambores .. bajo el paso procesional .., y de repente el grito de la saeta .., y el paso deteniendo sus patas en el suelo .., aprovechar para arreglarse la *morcilla* de tela protectora.
II *loc v* **5 dar ~** [a alguien]. (*col*) Fastidiar[le]. *Normalmente en la constr* QUE TE (LE, *etc*) DEN ~, *usada como fórmula de rechazo o desprecio.* | DCañabate *Paseíllo* 54: ¿Valía la moza una corná? Ya había sacado de ella un buen rato. ¡Que la den morcilla! Salom *Playa* 413: Anda y que os den morcilla, gordas. Cela *SCamilo* 200: El teléfono está siempre comunicando y Paquita se harta de llamar, ¡anda ahí, que le den morcilla!

morcillero -ra **I** *adj* **1** De (la) morcilla [1]. | I. RQuintano *SAbc* 17.1.82, 43: Las mondongueras, sin manguitos, matarán la tarde haciendo corro a la caldera morcillera.
II *m y f* **2** Pers. que fabrica morcillas [1]. | *CoE* 12.3.75, 9: Ya está en marcha el III Concurso de Chorizos y Morcillas caseras .. Será un concurso abierto .., es decir, que podrán acudir todos los choriceros y morcilleros que lo deseen.
3 (*col*) Actor que acostumbra a añadir morcillas [2]. | *Ya* 11.12.83, 2: Carlos III prohíbe las "morcillas" teatrales .. Decidió acabar con las "morcillas" y los morcilleros, si bien con no mucho éxito.

morcillo[1] *m* Carne de la parte alta de las patas de los bovinos. | Calera *Potajes* 47: 300 gramos de morcillo de buey, dos cuellos de gallina.

morcillo[2] **-lla** *adj* [Caballo] de color negro rojizo. | Galache *Biografía* 73: Desengancha las varas de la carreta, y el potro morcillo, que se ve libre, arranca a correr por la ronda de San Mamés.

morcillón[1] *m* **1** Morcilla [1] gruesa, hecha esp. con el estómago del cerdo u otro animal. | Delibes *Año* 103: Las morcillas las haremos de arroz y mucha cebolla y, por supuesto, embucharemos el lomo. Pasado mañana comeremos las chichas y el morcillón.
2 (*reg*) Mejillón (molusco). | Vega *Cocina* 154: Podéis sustituir las almejas por mejillones –que en Andalucía llaman morcillones–, pero no es lo mismo.

morcillón[2] **-na** *adj* (*col*) Gordo o grueso. | Cela *Pirineo* 65: Les acompañan unas inverosímiles mujeres, morcillonas, aparatosas y gritadoras. Mendoza *Año* 69: El techo, decorado con púdicas alegorías que sostenían flores y frutos en sus brazos morcillones.

morcilludo -da *adj* (*reg*) Morcillón[2]. | Castroviejo *Paisajes* 16: La mar "asosiega", me decía dando un prolongado chupe a su cigarro morcilludo.

morcón *m* **1** Embutido hecho con las tripas más anchas. *Tb la misma tripa*. | Cela *Viaje andaluz* 310: El Jabugo, en la sierra de Aracena, cría unos jamones y unos morcones de lomo dignos del rey. Moreno *Galería* 275: Las morcillas y morcones se cocían a ritmo lento o más agitado, según la carga de aliagas. Moreno *Galería* 275: Luego .., a embutir: morcillas estrechas, morcillas gordas, morcones, culares y la tripa cagalar.
2 (*reg*) Pers. pasmada. | Zunzunegui *Hucha* 1, 86: –¿Qué te pasa que estás ahí hecho un morcón? .. –Que gritando durante el partido animando al Madrid me ha entrado un dolor horroroso.

mordacidad *f* Cualidad de mordaz. | J. M. Moreiro *SAbc* 1.12.68, 36: Bernard Shaw .. conoció al género humano como pocos y tenía una mordacidad implacable.

mordaga *f* (*col*) Borrachera. | DCañabate *Abc* 5.1.75, 42: Con la escalera se comprueba quién ha pillao la mordaga antes de tiempo y hay que cerrarle la espita del pellejo.

mordaz *adj* Que ataca moralmente con aguda o ingeniosa malignidad. | L. Villalonga *CCa* 3.10.71, 5: Se hablaba ya por entonces del peligro amarillo, y Anatole France, mordaz, objetaba que la frase era reversible y que los amarillos no andarían desencaminados hablando del peligro blanco. Kurtz *Lado* 177: El gesto, la palabra más inocente pueden desencadenar en el comentarios tan exasperantes y mordaces que no hay quien le aguante.

mordaza *f* **1** Pañuelo u otro objeto que se pone en la boca para impedir hablar. *Frec fig*. | Laforet *Mujer* 295: La buena señora soltó una andanada de tacos cuando la liberaron de la mordaza. *Ya* 4.6.74, 11: Ni mordaza ni parche; los tres mil millones de pesetas concedidos últimamente a Galicia para la continuación de las obras de accesos significan una clara manifestación de nuestra idea de seguir ayudando a esta región.
2 (*Mec*) Dispositivo formado por dos piezas que aprietan fuertemente un objeto, para sujetarlo o quebrarlo. | M. E. SSanz *Nar* 3.77, 15: Se empozan las varas en unas pilas con bastante agua para conseguir que el mimbre se ponga en savia y vuelva a echar hoja, tras de lo cual pasa a los peladores (mordaza de hierro).
3 (*Mec*) Zapata de freno. | GTelefónica *N*. 106: Comercial Boiz, S.A. Materiales de fricción. Forros de freno, discos de embrague, cinta tejida, piezas especiales, mordazas de freno.

mordazmente *adv* De manera mordaz. | GMacías *Relatos* 55: Hay que tener caridad y saber decir las cosas para no herir al prójimo tan mordazmente.

mordedor -ra *adj* Que muerde [1]. | *Abc* 30.4.58, 33: Todo va .. a ir creando desigualdades legales o políticas en materia de piernas mordidas y perros mordedores. | CPuche *Paralelo* 457: Mientras él cabalgaba a aquella loca mordedora, porque lo cierto es que mordía.

mordedura *f* Acción de morder [1 y 2]. *Tb su efecto*. | *Inf* 23.3.73, 25: El niño de tres meses Pedro José Ramón Asensio ha muerto a consecuencia de mordeduras de rata. Navarro *Biología* 260: El período de incubación [de la rabia] varía según la distancia a que se encuentre del centro nervioso la mordedura. Cela *Pirineo* 65: Lavarse, en las aguas del río, la mordedura del cepo de hierro. *Ya* 6.3.76, 37: Cómo calmar la mordedura de los Callos .. Sumerja sus pies en agua bien caliente. P. Urbano *Abc* 3.7.77, 85: Uno y otro [Franco y Suárez] han conocido la mordedura de dificultades familiares. *Ya* 4.7.75, 39: Dólares que valen unas 57 pesetas, de las pesetas españolas de 1974, que a su vez han sentido la fuerte mordedura de su propia inflación interna.

mordente *m* (*Mús*) Ornamento consistente en la rápida alternación de la nota escrita y la inmediatamente inferior. | S. RSanterbás *Tri* 19.6.71, 43: El niño se ve forzado a asimilar una adusta teoría de "intervalos", "inversiones", .. "silencios", "mordentes".

morder (*conjug* **18**) *tr* **1** Clavar los dientes [en alguien o algo (*cd*)]. *Tb abs*. | Medio *Bibiana* 287: Te tiras a él como un lobo, y le arañas, y le muerdes, y le pataleas. **b)** Producir [algo a alguien (*cd*)] un dolor semejante al del mordisco. *Tb fig*. *Tb abs*. | SFerlosio *Jarama* 59: Como tuviera usted una úlcera, o una gata, como muy propio lo dice aquí el señor Lucio, entonces mordería por dentro, entonces ya me lo diría usted. Á. Zúñiga *Van* 2.4.78, 3: He visitado tantas veces la primera ciudad que me mordían las prisas por terminar el vuelo cuanto antes. Alós *Hogueras* 100: El dolor propio ya no mordía. Ya no era nada. **c)** ~ **el polvo**, (**no**) **~se la lengua** → POLVO, LENGUA.
2 Quitar pequeñas porciones [de algo (*cd*)]. *Tb fig*. | *Ya* 21.3.90, 5: El Consejo de Gobierno regional ha aprobado la construcción de dos túneles bajo el monte de El Pardo "para no morder esta reserva natural a causa del paso de la M-40 por esta zona". *Ya* 10.10.70, 4: El dinero que se queda aislado, sin colocar, va valiendo cada vez menos .., mordido por la inflación.
3 (*col*) Manifestar [alguien] gran enojo. *Gralm en las constrs* QUE MUERDE *o* A ~. | SSolís *Camino* 71: Muy amiga mía antes de la guerra, pero, a la hora de dar la enhorabuena, la última, y solo de dientes para afuera, que la conozco, que estaba que mordía. Aldecoa *Gran Sol* 69: Él y el patrón me sacan de misa, me ponen a morder. ZVicente *Traque* 234: Total, que no acudió ninguna al muelle. Y nuestro sabio a morder. Parece que se ha calmado con unas cuantas portuguesas.
4 (*col*) Besar con intención erótica. *Tb abs*. | PGarcía *Sáb* 15.3.75, 77: ¡Ay de mí! Mientras Asmodeo sufre vicisitudes por ser periodista, yo me dedico a *morder* a sus espaldas. ¿Qué clase de mujer soy?
5 (*jerg*) Conocer. | Fraile *Cuentos* 25: Es el Abate, el Poeta... Ese, ni "muerde" ni "diquela" na... Los otros son nuevos. Tomás *Orilla* 296: –Le estamos vigilando .. –Se le puede poner un rabo. –Ya lo hacemos. Pero es difícil, porque los ambientes que frecuenta son de chusma, y te muerden en seguida.

mordida *f* **1** Mordisco [1]. | Alvar *Islas* 44: ¿Ha bebido vino de tea? .. Le pone un buen enyesque de burgaos, santorra y pata de cochino, y trago va, mordida viene, hasta que el cristiano se entulle.
2 (*col*) Comisión ilegal. | Grosso *Invitados* 183: Ni una palabra a nadie, te juegas la mordida. P. Urbano *Ya* 4.6.89, 4: Mi conclusión "provisional" es que este *broker*, con léxico de hampón, actuaba "a lo que saliese": como francotirador que cobraría su "mordida".

mordiente I *adj* **1** Que muerde [1 y 2]. *Tb n, referido a pers*. | Torrente *Isla*[1]208: El señor de los mares se dedicó a mordisquearle apasionadamente los muslos a Anfitrite, lo cual, si se explica por la calidad de lo mordido y quizá también por las ansias del mordiente .., no por eso justifica semejante publicidad.
2 Agresivo o hiriente. | CPuche *Paralelo* 51: Rebosaba alegría, una alegría insensata y mordiente. Escuchar aquello de labios de una española le había producido el mismo efecto que si se hubiera tomado un copazo. Lera *Boda* 674: Aquel lejano pitido había provocado un nervioso cabeceo entre los asistentes .. La inquietud y el miedo llegaron en alas de aquel mordiente sonido. **b)** Mordaz (que ataca moralmente con aguda o ingeniosa malignidad). | DCañabate *Paseíllo* 15: En cuanto se descuidaban, ya tenían encima el dicterio, la frase mordiente que los ridiculizaba. Olmo *En-*

mordiscar – morería

glish 15: –Ande, sírvame un doble y la tapita. –(Mordiente.) ¡La tapita del féretro te voy yo a servir a ti!
3 Enérgico y eficaz. I *Gac* 11.5.69, 27: Las unidades comunistas de Vietnam del Sur estaban en la brecha, llevando a cabo innumerables ataques con morteros y mordientes intentos rápidos sobre el suelo.
II *m* **4** Carácter de mordiente [1, 2 y 3]. *Tb fig*. I ARíos *Tri* 13.4.68, 30: Hábilmente y con dureza el viejo le va metiendo la cuerda en la carne. Busca una respiración suficiente a medida que le sube la presión, el envaramiento, la picazón hasta que el mordiente de la soga le toca las clavículas. Goytisolo *Recuento* 563: Sus excelentes cualidades organizativas [de las mujeres de la burguesía], sus dotes administradoras, su perfecto control del ropero y la despensa, sus llaves. Y su conciencia del valor del dinero .. Claro que .. hay siempre unas familias que suben y otras que bajan. Y es en el seno de estas .. donde esa aptitud y ese mordiente, contrariamente a lo que cabría suponer, empiezan a embotarse.
5 Carácter de lo que excita o atrae el interés o la curiosidad. I FCid *Abc* 20.9.70, 70: Podrá cantar una soprano lírica papeles dramáticos, pero el "mordiente" previo que penetra y conmueve no existirá. E. Haro *País* 9.3.86, 31: Quienes le han visto [a Darío Fo] en otras ocasiones echaban de menos el mordiente de sus antiguas historias.
6 Agente corrosivo empleado para atacar la superficie de los metales. I * Los grabadores usan mordientes.
7 Sustancia utilizada para fijar colores o panes de oro. I * El uso de mordientes facilita la fijación de los colores.
8 (*Mec*) Mordaza para sujetar o apretar. I *Abc* 21.10.70, 63: Les presentamos al "racor de presa" RMT .. Tiene una dentadura de mucho cuidado (el potente anillo "P" de doble mordiente) y cuando atenaza el tubo .. nada alterará su perfecto hermetismo impidiendo toda fuga de fluido.

mordiscar *tr* (*raro*) Mordisquear. I Lera *Olvidados* 151: Lo tomó [el bocadillo] del platillo y lo mordiscó sin ganas. FReguera-March *Caída* 61: –¿Ah, sí? –dijo Ignacio empezando a mordiscarse las uñas.

mordisco *m* **1** Acción de morder [1a, 2 y 4]. *Tb su efecto*. I Olmo *Golfos* 98: Cabrito saltaba de un lado para otro propinando mordiscos, patadas. Aldecoa *Gran Sol* 138: Cuando yo cobre .., me vuelo del mundo dos días. Les voy a meter un buen mordisco a las perras. MChacón *SAbc* 21.9.75, 23: La tenaz acción artillera iba demoliendo primero los torreones y después, mordisco a mordisco, toda la estructura del baluarte.
2 Trozo que se arranca al morder [1a y 2]. I * El perro huyó llevándose el mordisco.

mordisquear *tr* Dar mordiscos pequeños y reiterados [a algo (*cd*)]. I Arce *Testamento* 42: Me puse a mordisquear una hierba.

mordisqueo *m* Acción de mordisquear. I Castellanos *Animales* 57: El gato nos quiere apasionadamente; lo malo es que nosotros no poseemos un buen pelaje, sino únicamente una piel muy delicada y fina que nos hace sentir como dolorosos los ardientes "abrazos" y mordisqueos de nuestro gato.

mordoré *adj invar* (*raro*) Marrón rojizo con reflejos dorados. I Umbral *Trilogía* 182: Tenía un palacio lleno de cosas, desde las cornucopias mordoré a lo abstracto de Manuel Viola.

mordvo *m* Lengua del grupo fino-ugrio hablada en la región del medio Volga. I RAdrados *Lingüística* 200: El samoyedo yurok, el mordvo, etc., tienen una conjugación objetiva con objeto definido.

moré *m* Lengua principal de la región del Alto Volta. I RAdrados *Lingüística* 518: En moré (Alto Volta) no hay verbo 'llevar' y sí seis distintos que corresponden a especies de nuestro concepto.

moreda *f* Morera [1]. I F. RMonteoliva *Ide* 11.8.90, 11: Frente a los 176 olivos inventariados, había 352 moredas y más de 19.000 morales.

morellano -na *adj* De Morella (Castellón). *Tb n, referido a pers*. I J. Valenzuela *País* 26.12.82, 18: Los morellanos viven del cordero, el turismo y la trufa.

morena[1] *f* Pez marino muy feroz, semejante a la anguila, de color pardo con manchas amarillentas y con una sola aleta dorsal que va de la cabeza al ano (*Muraena helena*). I Aldecoa *Cuentos* 1, 35: Contar a los hermanos cómo una morena le tiró un muerdo.

morena[2] *f* Montón de mies o hierba que se hace en la tierra donde ha sido segada. I Torbado *Tierra* 32: Sobre los campos segados reposan las morenas de mies, aquí y allá, recogidas por invisibles manos. **b)** (*reg*) Montón. I Cunqueiro *Merlín* 13: Los molinos de Pontigo son ahora dos morenas de piedra negra.

morenero *m* Hombre encargado del moreno [3] en un esquileo. I Romano-Sanz *Alcudia* 292: Es el morenero, llamado así porque en el bote tiene polvo de fragua para restañar las heridas del esquileo .. –¡Moreno! –llama una voz. –¡Voy! –grita el muchacho del bote. Se acerca al esquilador y pone un poco de polvo negro sobre la herida ocasionada a la oveja.

morenez *f* Cualidad de moreno. I CPuche *Sabor* 142: Aquella gente que veíamos en mangas de camisa, con la morenez de la tierra en las manos y en el cuello.

moreno -na **I** *adj* **1** [Color] oscuro que tira a negro. *Gralm referido al de la piel. Tb n. m.* I A. ÁCadenas *Reg* 11.8.70, 8: La obsesión por el color moreno es colectiva. **b)** Que tiene color moreno. I Zubía *Geografía* 93: La raza blanca se caracteriza por tener la piel blanca, rosada o morena. **c)** [Pers]. de pelo castaño o negro. *Tb n.* I Cela *Judíos* 98: Paquita .. era una jamona morenaza, garrida, de buen ver y de mejores carnes. Laiglesia *Tachado* 80: La cotorra era francamente rubia, y el Führer intensamente moreno. **d)** [Cosa] que presenta una tonalidad oscura dentro de su especie. I Ramos-LSerrano *Circulación* 196: Se conserva también sin empañarse, frotando el parabrisas con una solución de jabón, alcohol desnaturalizado y azúcar morena. Moreno *Galería* 140: Harinas blancas, para pan candeal; harinas de centeno, para pan moreno. Huarte *Diccionarios* 102: Unos libros en cartoné llamados *Enciclopedia escolar*, de papel moreno. Peraile *Ínsula* 68: Las ramas altas del cerezo se asoman por lo alto del tapial y contemplan los trigos morenos a punto.
2 (*col*) [Pers]. negra. *Tb n.* I *As* 9.12.70, 24: Bonavena embiste a Clay, pero no logra llegar con sus puños hasta la cara del moreno.
II *n* **A** *m* **3** Masa de carbón molido y vinagre usada por los esquiladores para curar las cortaduras al ganado. I Romano-Sanz *Alcudia* 292: –¡Moreno! –llama una voz. –¡Voy! –grita el muchacho del bote.
B *m y f* (*hoy raro*) **4** (*Taur*) Espectador de sol en una plaza de toros. I DCañabate *Paseíllo* 174: En las plazas andaluzas, y singularmente en Cádiz, los "morenos" eran casi todos partidarios del Gordito.
5 (*Escén*) Espectador que silba o patea una obra de teatro. I Borrás *Madrid* 109: Al caer el telón del segundo acto, con escándalo en la sala, apareció el autor, y la sorpresa hizo que los "morenos" se quedaran en silencio.
III *fórm or* (*col*) **6 como no, morena.** *Se usa para negar enfáticamente la posibilidad futura que se acaba de mencionar.* I ZVicente *Traque* 48: De concursos en la tele me van a hablar a mí ahora. Como no, morena...
7 y lo que te rondaré, morena → RONDAR.

morense *adj* De Mora de Ebro (Tarragona). *Tb n, referido a pers*. I C. Biarnés *DEs* 8.9.71, 10: Mora de Ebro .. Esos jóvenes morenses están dando una estupenda lección a todos los otros jóvenes.

morera *f* **1** Árbol cuyo fruto es una mora blanca o rojiza y cuyas hojas se usan para alimentar gusanos de seda (*Morus alba*). *Tb ~ BLANCA o COMÚN.* I Alvarado *Botánica* 74: Otras Apétalas interesantes son: la ortiga; el moral y la morera. Loriente *Plantas* 27: *Morus alba* L., "Morera blanca". **b) ~ negra.** Moral[2] (*Morus nigra*). I Mayor-Díaz *Flora* 533: *Morus nigra* L. "Morera negra".
2 ~ del papel, o **del Japón.** Árbol ornamental de origen asiático, de cuya corteza se extraen fibras para hacer papel (*Broussonetia papyrifera*). I Loriente *Plantas* 26: *Broussonetia papyrifera* (L.) Vent. "Moral de la China"; "Morera del Japón"; "Morera del papel".

morería *f* (*hist*) **1** Barrio destinado a los moros. I Seseña *Barros* 46: Los alfares estuvieron emplazados en la "morería", extramuros de la ciudad, lo que indica que era labor de moriscos.

2 País de moros. | Lapesa *Santillana* 30: Garci Fernández de Gerena, tras malvivir en la morería, regresaba a tierra cristiana para acabar oscuramente sus días.

mores *m* (*raro f*) *pl* (*Sociol*) Costumbres asumidas como norma de comportamiento por un grupo. | Aranguren *Moral* 9: Llamo moral social, tomando la expresión en una acepción sumamente amplia, al estudio de los *mores* o formas de vida colectiva. Los *mores*, es decir, el comportamiento efectivo y real, me interesan mucho más que las teorías morales. Miguel *Madrid* 171: El cambio más espectacular se ha producido en América en las mores sexuales.

moretón *m* Cardenal (mancha de la piel). | Gala *Strip-tease* 323: Y de respetuosa, pregúntele a su marido, que me tenía las nalgas .. que daba pena verlas. Año y medio me duraron los moretones.

morfa *f* (*jerg*) Morfina. | Umbral *País* 5.2.81, 23: Tú, tus almuerzos, y yo, mis enrolles y morfas.

morfema *m* (*Ling*) **1** Parte de una palabra que indica la función gramatical de esta. | Alcina-Blecua *Gramática* 774: El verbo *saber* toma el lexema /sé/, que .. se presenta sin morfema auxiliar, como lexema puro.
2 Unidad mínima de significado. | RAdrados *Lingüística* 156: Un sector importante de la Lingüística moderna ha preferido tomar el morfema como elemento morfológico fundamental.

morfemático -ca *adj* (*Ling*) De(l) morfema. | Academia *Esbozo* 43: En el primer caso, el límite silábico no coincide con el límite morfemático.

morfina *f* Alcaloide que se extrae del opio y se emplea como soporífero y anestésico. | Alvarado *Anatomía* 126: Las [drogas] más empleadas son la morfina y la cocaína, alcaloides de maravillosas propiedades anestésicas.

morfinomanía *f* Adicción a la morfina. | Alvarado *Anatomía* 126: El resultado es la cocainomanía o la morfinomanía, que acaban por embrutecer totalmente al paciente.

morfinómano -na *adj* Que padece morfinomanía. *Tb n.* | Payno *Curso* 37: –¿Sabía que eran morfinómanos? –Sospechaba que lo era el padre.

morfo *m* (*Ling*) Realización sustancial de un morfema. | RAdrados *Lingüística* 162: Con esto hemos pasado del morfo o ejemplo individual al morfema. Un morfema es, por ejemplo, en esp[añol] la preposición *para* ..; un morfo, cada uno de los usos individuales de *para*.

morfofonología *f* (*Ling*) Morfonología. | RAdrados *Lingüística* 153: Los hechos que los lingüistas americanos conocen con el nombre de morfo(fo)nología.

morfogénesis *f* (*Biol y Geol*) Origen y desarrollo de los caracteres morfológicos. | N. Rubio *Abc* 17.12.72, 57: Gredos tiene extraordinaria importancia científica .. Tiene igual morfogénesis y morfología glaciar, a otra escala, que el Parque Nacional del Valle de Yosemite.

morfogenético -ca *adj* (*Biol y Geol*) De (la) morfogénesis. | Navarro *Biología* 36: Condicionan el crecimiento óseo y la aparición de los caracteres sexuales secundarios (acción morfogenética).

morfología *f* **1** (*Biol*) Estudio de la forma o estructura [de un ser o de sus partes]. | Navarro *Biología* 39: Citología e histología .. Morfología celular.
2 (*Gram*) Estudio de la forma de las palabras. | Academia *Esbozo* 165: Al estudio de los morfemas trabados, sus clases y su organización en el cuerpo de las palabras atiende en lo esencial la morfología. **b)** Conjunto de normas que rigen la forma y estructura de las palabras de una lengua. | Amorós-Mayoral *Lengua* 5: Las lenguas de una misma familia tienen .. caracteres semejantes: son parecidas las palabras, .. pero, además, se parecen bastante la morfología y la sintaxis.
3 Forma o estructura [de algo]. | Ybarra-Cabetas *Ciencias* 309: Zoología. La amiba. Morfología y estructura celular. Cendrero *Cantabria* 38: Las cabeceras de los ríos alcanzan cotas entre los 1.400 y los 2.000 metros de altitud. En ellas el modelado de muchas áreas está fuertemente influido por la morfología glaciar, desarrollada durante la última época glaciar. Perales *Música* 37: Su forma externa [de la viola de gamba] habría de sufrir muchos cambios, hasta que los violeros del siglo XVII impusieron su morfología definitiva. MGaite *Cuento* 69: Había dejado a medias un libro .. sobre la morfología del cuento.

morfológicamente *adv* En el aspecto morfológico. | Navarro *Biología* 101: Cuando en un vegetal pluricelular sus células se especializan en determinadas misiones, diferenciándose morfológica y funcionalmente, forman tejidos.

morfológico -ca *adj* De (la) morfología. | Alvarado *Botánica* 45: El hermafroditismo floral es solo morfológico. RAdrados *Lingüística* 156: Un sector importante de la Lingüística moderna ha preferido tomar el morfema como elemento morfológico fundamental. J. M. Bosch *Van* 19.5.74, 49: Su misión es determinar la identidad de una piedra que por su aspecto morfológico, color, etcétera, puede ser confundida con otra especie gemológica.

morfonología *f* (*Ling*) Estudio de la estructura fonológica de los morfemas. | RAdrados *Lingüística* 153: Existen luego los hechos que los lingüistas americanos conocen con el nombre de morfo(fo)nología, y que nosotros, siguiendo la tradición europea, estudiamos dentro de la Morfología. Se trata del análisis y clasificación de la forma fonológica de los morfemas y otras unidades significativas.

morfopsicólogo -ga (*tb* **morfosicólogo**) *m y f* Pers. especializada en el estudio de las relaciones entre la morfología y la psicología humanas. | C. GNoya *SAbc* 17.1.82, 19: De las investigaciones del morfosicólogo Corman es de donde parte más directamente Tina C. Roig.

morfosintáctico -ca *adj* (*Ling*) De (la) morfosintaxis. | Marcos *Gramática* 8: El estructuralismo acoge tres grandes planos: el fonológico, el morfológico (o morfosintáctico) y el sintáctico.

morfosintaxis *f* (*Ling*) Estudio combinado de las formas y las funciones gramaticales. | Lázaro *Lengua* 2, 115: Algunos .. hablan de Morfosintaxis, basándose en que la forma de un signo es solidaria de su función.

morga *f* (*reg*) Gordolobo, planta (*Verbascum thapsus*). | Mateo *Babia* 74: La Vega Chache aparece moteada en los ardores primaverales por el color y el aroma de las manteaqueras, las flores marzas, las margaritas, los anises, las morgas y las flores de sapo.

morganáticamente *adv* De manera morganática. | FReguera-March *España* 14: Estaba casado morganáticamente [el príncipe heredero] con la condesa de Chotek.

morganático -ca *adj* [Matrimonio] contraído entre una pers. de estirpe real y otra que no lo es, en el cual cada cónyuge conserva su condición anterior. *Tb fig.* | CSotelo *Muchachita* 302: Trátase de una criatura incitante y bellísima, bastante llamativa, que justifica con su sola presencia la boda morganática que la ha unido a su esposo, el ministro de Cultura. **b)** De(l) matrimonio morganático. | CSotelo *Poder* 215: ¡Toma energías, que los amores morganáticos consumen mucha leña! **c)** [Pers.] que ha contraído matrimonio morganático. *Tb n.* | Torrente *Isla* 98: La gente no tenía reparos en admitirlo, a condición, naturalmente, de que la acompañase un rey consorte, o al menos, un marido morganático. FReguera-March *España* 15: Recordaba al rey Alejandro y a la reina Draga, otra morganática, asesinados también por los servios en Belgrado.

morganita *f* (*Mineral*) Variedad de berilo de color rosado. | *SAbc* 14.10.84, 15: El berilo verde hierba es esmeralda ..; si es rosa, morganita.

morgue *f* Depósito de cadáveres. | R. Castleman *Cod* 1.9.74, 14: Yo ando detrás de un chulo pistolero. Pero no hay clientes en la morgue. PReverte *Maestro* 204: Jamás había visitado antes una morgue, ni imaginó tampoco que su aspecto fuese tan desolador y tétrico.

morguera *f* (*reg*) **1** Navaja (molusco). | G. Ortiz *Abc* 14.8.70, 31: Se pueden tomar centollos, gambas, percebes y en especial las deliciosas navajas o morgueras cocidas al vapor y con limón.
2 Varilla metálica terminada en un cono pequeño, usada para pescar morgueras [1] o muergos. | *Animales marinos* 194: Navajas .. Procedimiento de pesca: En marea baja, con morguera.

moribundez – morisco

moribundez *f (col)* Estado de moribundo. | Torrente *Off-side* 540: ¡Quieres quitarme hasta el consuelo de arrastrar por las calles mi moribundez!

moribundo -da *adj* Que está muriendo. *Tb fig. Tb n, referido a pers.* | Medio *Bibiana* 283: Bibiana Prats la acaricia, pasándole los dedos suavemente, muy suavemente. Como se acaricia al hijo moribundo. Laforet *Mujer* 276: Estoy casado con una moribunda. *País* 22.1.77, 6: Como consecuencia de las negociaciones del Gobierno con los procuradores de las moribundas Cortes y con la neofranquista Alianza Popular, su mayor o menor eficacia [del voto] dependerá de su lugar de residencia y empadronamiento.

moridero *m* Lugar adonde se retira un animal para morir. *Tb fig, referido a pers.* | Umbral *Van* 15.5.75, 12: Las ideologías están en crepúsculo, y los elefantes, los grandes sistemas políticos y paquidérmicos, hacen ruta camino de su moridero secreto. Delibes *Señora* 61: Él respondió que las residencias de ancianos, acogedoras o no, eran morideros.

moriego -ga *adj (raro)* Moro (del norte de África). *Tb n, referido a pers.* | CBonald *Ágata* 28: Se mercó –al precio de latrocinio estipulado por uno de los moriegos– unos alpargates de caucho.

morigerable *adj* Que se puede morigerar. | S. Araúz *Ya* 20.5.73, 8: No se trata de un factor fatal, sino de una tendencia morigerable y corregible.

morigeración *f* Moderación en las costumbres y modo de vida. | Valdeavellano *Burguesía* 25: Obedece a ciertos principios y reglas de conducta .., como son .. el amor al trabajo, la morigeración y el respeto de las convenciones sociales.

morigerado -da *adj* **1** *part* → MORIGERAR.
2 [Pers.] moderada en sus costumbres y modo de vida. | S. RSanterbás *Tri* 11.4.70, 24: Coexisten pacíficamente el vetusto aficionado y el rebelde jovenzuelo .., el morigerado caballero católico y la rubicunda turista luterana. **b)** Propio de la pers. morigerada. | Delibes *Mundos* 64: Esta actitud morigerada en el exceso tiene su contrapartida en el buen humor. Mercader-DOrtiz *HEspaña* 4, 244: Lo que se observa conforme avanza el siglo no es una relajación de costumbres, que siguen siendo morigeradas, sino el paulatino abandono de ciertas prácticas externas.

morigerar *tr* Moderar [algo, esp. las costumbres o el modo de vida]. | * Hay que morigerar las costumbres. **b)** Moderar las costumbres o modo de vida [de alguien (cd)]. *Frec el cd es refl.* | * Tienes que morigerarte.

moriles *m* Vino fino de la región de Moriles (Córdoba). | ZVicente *Traque* 57: Se come unas gambas bien mojadas en moriles.

morilla *f* **1** Colmenilla (seta). | Perala *Setas* 42: Ninguna morilla es venenosa.
2 *(reg)* Vasar o repisa sobre el hogar. | Moreno *Galería* 24: En la misma cocina labradora, sobre la plataforma de la "morilla", un poco lateral, en el mismo hastial de la chimenea –la campana de la chimenea–, se acostumbraba a tener cubierto con una placa de hierro, con su asa, el horno.

morillo *m* Caballete de hierro para sujetar la leña en un hogar o chimenea. | Moncada *Juegos* 316: Coge uno de los troncos apilados, lo coloca encima de los morillos y aviva el fuego con el atizador y el fuelle.

morio *m (reg)* Pared de mampostería seca. | Cancio *Bronces* 66: Seguía el ábrego parafraseando gemidos y lamentaciones por entre morios, cañadas y matorrales del somonte a la marisma.

moriondo -da *adj* [Animal ovino, esp. oveja] que está en celo. | Moreno *Galería* 73: Para expresar que una vaca estaba en celo, se decía que la vaca había salido "torionda"; si era la cerda, "varrionda", y si las ovejas, "moriondas".

morir **I** *v (conjug 52) intr* ➤ **a** *normal* **1** Dejar de vivir. *En part, referido a pers, frec se usa como n.* | *Inf* 23.9.75, 5: Ha muerto el poeta St. John Perse. Delibes *Guerras* 144: Pues ¿qué andas han de ser?, las del ataúd, mire. Donde entierran en los pueblos a los muertos. **b)** *(Rel crist)* Verse privado de la salvación. *Tb ~ ETERNAMENTE.* | *Hie* 19.9.70, 3: Morirá eternamente quien no está dispuesto a abnegarse por Cristo. **c) ni muerto.** *(col) Se usa para enfatizar la ne-*gativa absoluta a hacer algo. | MMolina *Jinete* 459: A lo mejor él no se iba y proponía otra copa, ni muerto, me juré.
2 Acabarse o terminarse [una cosa (suj)]. *Tb pr.* | Grosso *Capirote* 187: Moría lenta y vibrante la tarde del Miércoles Santo. Cela *Judíos* 49: El [camino] del norte muere a una legua de nacer, en Bocigas. *Abc* 25.2.68, 16: Su batería está acumulando depósitos..., las planchas se están descomponiendo y su batería se está muriendo.
3 muera. *Seguido de un n de pers o cosa, expresa rechazo u odio hacia ellas. Se emplea normalmente como grito político. A veces se sustantiva (como n m).* | Cela *SCamilo* 273: Por la calle de Alcalá abajo pasan grupos armados dando vivas y mueras, viva la república, viva la revolución social, vivan las milicias del pueblo, muera el fascismo, mueran los carcas, mueran los militares traidores.
4 a ~ (por Dios). *(col) Fórmula con que se manifiesta que todo está perdido o que no hay nada que hacer.* | Delibes *Cinco horas* 128: Si no te tomas dos copas, y entonces te propasas .., te quedas solo, empiezas a mirar torcido, sin decir oste ni moste, y a morir por Dios.
➤ **b** *pr* **5** *(col)* Morir [1] de muerte natural. | Delibes *Guerras* 102: Los dolores no vinieron, y Madre se murió sin avisar. **b) que me muera.** *(col) Se usa en fórmulas de juramento para ponderar la veracidad de lo que se dice. Frec seguido de una condicional con SI.* | Sastre *Taberna* 104: –Cuenta el dinero y luego no me digas que si tal. –Ya me habrás guindado algo. ¿O no? –Que me muera. No tengo ni lata. Berenguer *Mundo* 289: Que nos muramos ahora mismo si fuimos nosotros. **c) muérete**, *o* **que se muera.** *(col) Se usa para manifestar rechazo a alguien.* | GHortelano *Momento* 421: –Mary te ha obligado a pensar como no pensabas desde hace tiempo. A eso le llamo yo los retrocesos históricos. –Muérete.
6 *(col)* Tener o sentir intensamente [algo (compl DE). *A veces sin compl, por consabido.* | F. HGil *Hoy* 28.9.75, 16: Antes en Extremadura se moría uno de hambre, pero no se rebajaba al punto de trabajar. Delibes *Cinco horas* 255: Muerto de miedo es lo que estaría y rezando el Señormiojesucristo. **b)** Reírse mucho. *Gralm ~SE DE RISA.* | Neville *Vida* 389: –¿Has visto qué gracioso es? –(Seca.) Es morirse de risa.
7 *(col)* Desear vivamente [algo (compl POR)]. | *SPaís* 28.8.77, 8: Hay otra mucha gente .. que se mueren por ser travestís, pero que no se atreven a salir a un escenario. **b)** *(col)* Sentir amor intenso [hacia alguien (compl POR)]. | * Está que se muere por esa chica.
II *loc adj* **8 de** *(o* **para) ~se.** *(col)* Extraordinario. *A veces seguido de un compl DE + adj.* | VTurcios *Arte* 4.72, 36: El lujo de la casa es la lámpara de Artiluce, que vale 19.000 pesetas, pero que tampoco es para morirse. MGaite *Retahílas* 112: Juana ha sido de morirse de guapa, pregúntaselo a tu padre, yo no creo que ninguna mujer le haya levantado de cascos como ella.
III *loc adv* **9 a ~.** Muy mal o en grave peligro de muerte. *Con vs como ESTAR O PONER(SE). Frec con intención ponderativa.* | * Me sentó mal la cena y me puse a morir.
10 a ~. Mucho o intensamente. *Con el v QUERER.* | * La quiere a morir.
11 que te mueras. *(col)* Muy bien o estupendamente. *Tb adj.* | AMillán *Cuéntalo* 40: –¿Y por qué lo van a contar? –Yo no, mi amiga lo cuenta que te mueras.

morisco -ca *adj* **1** *(raro)* Moro o moruno. | *Sol* 24.5.70, 15: Los Naranjos. Restaurante principal del Marbella Hilton con su patio interior .. Lujoso ambiente al estilo morisco. Onieva *Prado* 171: *La Visitación* .. Fondo: construcciones de carácter meridional, casi oriental, con ventanas moriscas. **b)** *Se usa como especificador de algunas variedades de plantas o de animales.* | Mi. Borges *Día* 13.5.76, 4: Otro día, Dios mediante, puede que me tome la tarantela de volver a hablar de nuestro "trigo morisco". *Ya* 27.11.74, 43: La técnica de reconversión varietal por injerto se utiliza fundamentalmente en las zonas olivareras de Andalucía occidental y Extremadura, .. utilizándose como patrón las variedades más idóneas existentes en cada comarca, tales como la zorzaleña para gordal, la verdial para la manzanilla y la morisca para la carrasqueña.
2 *(hist)* [Moro] bautizado que permanece en España, tras la Reconquista, hasta 1609. *Tb n.* | Arenaza-Gastaminza *Historia* 185: Hubo de sofocar dentro de España la insurrección religiosa de los moriscos de las Alpujarras. **b)** De (los)

moriscos. | * La sublevación morisca fue capitaneada por Aben Humeya.
3 (*hist*) [Pers.] nacida en América de español y mulata, o de mulato y española. *Tb n*. | HSBarba *HEspaña* 4, 282: De este modo surgieron las "castas coloniales" ..: español e india, mestizo; .. española y negro, mulato; mulata y español, morisco.

morisma. la ~. *f* (*hist*) Los moros. *Referido a la época de la Reconquista.* | FRius *HEspaña* 1, 377: La finalidad de reconquista del territorio ocupado por la morisma se mantuvo cada vez más vigorosa como programa indispensable de la sociedad y del reino. Llamazares *Río* 28: Ese puente es mucho más antiguo. Por lo menos, por lo menos, de cuando la morisma.

morisqueta *f* **1** Mueca o visaje. | Landero *Juegos* 31: A Gregorio lo hacía dormir a sus pies .. y a veces para divertirlo le hacía cosquillas, se inventaba morisquetas o imitaba sin gracia la voz de los animales domésticos. Delibes *Pegar* 11: Como complemento del baile, otras escenas en la escalinata de piedra, donde se suponía que unas máscaras llegaban a la fiesta y otras se ausentaban, y entre las que subían y las que bajaban se cruzaban morisquetas y chanzas en una confusión inimaginable.
2 (*raro*) Arroz cocido sin sal. | FReguera-March *Filipinas* 52: Neneng estaba preparando la morisqueta.

morito *m* Ave zancuda de plumaje muy oscuro y lustroso y pico curvo, que vive en zonas pantanosas (*Plegadis falcinellus*). | HLS 3.8.70, 8: Queda prohibida en todo el territorio nacional la caza de las siguientes especies: .. tarro canelo o blanco, focha cornuda, gaviota picofina, morito.

morlaco *m* (*Taur*) Toro de gran tamaño. | *Abc* 29.7.67, 19: El morlaco le tiró un derrote al señor Manuel Domínguez, por mal nombre "Desperdicios", dejándole vacía la cuenca orbital y el ojo colgado.

mormojear *intr* (*reg*) Refunfuñar. | Zunzunegui *Camino* 120: Se pasaba el día mormojeando y protestando de todo.

mormón -na *adj* (*Rel crist*) [Individuo] perteneciente a la Iglesia de Jesucristo de los Santos de los Últimos Días, fundada en Estados Unidos por Joseph Smith en 1830. *Tb n*. | *Act* 8.10.70, 42: Los mormones se ayudaban mucho entre sí. VMontalbán *Galíndez* 73: He conseguido localizarte gracias a tu hermana Dorothy, la de Salt Lake, que como toda mormona es desconfiada. **b)** De (los) mormones. | *Inf* 16.3.78, 35: Esta madrugada fue atracada la iglesia mormona situada en la madrileña calle de San Telmo.

mormónico -ca *adj* (*Rel crist*) De (los) mormones. | Ortega *Americanos* 73: Dos o tres sinagogas, la iglesia maronita, el templo mormónico, los cuáqueros.

mormonismo *m* (*Rel crist*) Iglesia mormónica. *Tb su doctrina*. | VNu 27.9.74, 26: La plana mayor del mormonismo: David O. McKay, en el centro, con Tanner y Brown.

moro -ra I *adj* **1** Del norte de África, esp. de Marruecos. *Tb n, referido a pers*. | Lera *Boda* 540: Trasteé por tierra de moros .. hasta que me hablaron de un país que llamaban Angola. Delibes *Guerras* 50: No hicieron más que poner pie en Annual .. y ni tiempo de presentarse. O sea, los moros adictos, como les decían, se revuelven y a tiro limpio con ellos.
2 Musulmán. *Tb n. Esp referido a los que ocuparon parte de la Península Ibérica durante la Edad Media.* | Arenaza-Gastaminza *Historia* 110: El Cid guerreó unas veces a favor del rey moro de Zaragoza, otras veces por su cuenta. Se apoderó de Valencia .. y la defendió .. hasta su muerte. Después pasó de nuevo al poder de los moros. CNavarro *Perros* 188: Susi puso una canción basada en un conocido romance. Se trataba de unas morillas de Jaén y de unos campos coloreados por manzanas a punto de ser mordidas por un rey musulmán. **b)** Musulmán de Mindanao (Filipinas) u otra isla de Malasia. *Tb n*. | FReguera-March *Filipinas* 13: Gran parte de esta tropa hallábase en Mindanao, donde los irreductibles y belicosos moros mantenían una hostilidad casi constante.
3 (*col*) [Pers.] no bautizada. | Cela *Mazurca* 115: Se prepara cociendo unto de niño moro o sin bautizar en agua de rosas. **b)** [Vino] no aguado. | GCastillo *NAl* 1.8.70, 15: Un yantar sencillo y nutritivo puede gustarse en Pastrana .., el pollo a la morisca (frito y rebozado con miel), el vino moro (sin bautizar).
4 (*col*) [Hombre] que tiene muy sometida a su mujer. *Tb n*. | Berlanga *Gaznápira* 21: Un calzonazos, que no hay otro palabro para él, tan moro que no la dejaba ni resollar. AMillán *Mayores* 411: ¡Qué cosa más celosa es él!... ¡Moro, más que moro!
5 [Animal] de color negro o muy oscuro. *Frec en la forma* MORITO. | V. Zabala *Abc* 25.8.83, 47: El de Alicante intentó por todos los medios meterlo en el trapo rojo, pero el morito se negaba. Cela *Viaje andaluz* 148: El peñón de los Enamorados, por el que sube la cigüeña mora.
6 [Hierba] **mora**, [langosta] **mora**, [lechuza] **mora** → HIERBA, LANGOSTA, LECHUZA.

II *m* **7 el ~.** (*col*) Marruecos. | Berenguer *Mundo* 349: Yo nunca había visto el moro más que desde la batería, los días buenos, cuando hice el servicio. Estuvimos en un sitio que se llama Tetuán. J. M. Costa *SPaís* 4.10.81, 31: En España se consigue generalmente hachís del moro, o sea, de Marruecos (y también de Guinea).
8 Dialecto de Mindanao (Filipinas). | Alvar *Abc* 5.3.83, 33: Aparte debemos considerar una lengua criolla de gran arraigo en Filipinas: el chabacano. Español con mil modificaciones producidas por el tagalo (en Cavite y Ternate) y por el bisayo, el iloco y el moro, en Zamboanga (Mindanao).
9 el ~ Muza. (*hoy raro*) *En frases de negación o rechazo, designa a una pers imaginaria de gran importancia, para dar énfasis al rechazo.* | DCañabate *Andanzas* 30: Cuando a una muchacha se la despedía, antes de irse era preciso que la señora se convirtiera en carabinero, y ordenaba imperiosa: "A ver, abra usted el baúl mundo, a ver lo que se lleva" .. –¿Esta puntilla es de usted? Me parece a mí que no. –Está usted en lo cierto. Esta puntilla es del moro Muza, que es primo mío por parte de padre.
10 ~s y cristianos. Judías pintas con arroz. | *ByN* 26.8.90, 96: Los mejores platos .. Moros y cristianos .. Truchas encebolladas.

III *loc v* **11 haber ~s en la costa.** Existir peligro de que alguien no deseado vea o escuche algo. | CPuche *Paralelo* 219: Ni siquiera se dio cuenta de la presencia del negro. Dijo: –¿Sabéis que hay moros en la costa?

morocho[1] -cha *adj* (*col*) [Pers.] morena. *Tb n*. | Torrente *Fragmentos* 261: Una morocha bajita dice a una rubiales opulenta: "Mírale, es el hombre más guapo de Villasanta".

morocho[2] -cha *adj* (*reg*) Mocho (chato o romo). | CBonald *Dos días* 271: La moto se detuvo en la linde de las higueras morochas.

morón -na *adj* [Variedad de aceituna] semejante a la manzanilla, pero más basta y desabrida y de mayor hueso. | GCaballero *Cabra* 45: Las aceitunas salvarían el oro de nuestro olivo. Aunque solo fuera por sus nombres de delicia: moronas, carrasqueñas, verdiales, aloreñas.

morondanga *f* (*desp, raro*) Cosa inútil o molesta. | Gala *Suerte* 610: –Aún estamos en guerra. –¡Hasta la coronilla estoy de tanta morondanga! Pero ¿tú qué te crees, quijotillo de mierda: que te han parido héroe?

moronense *adj* De Morón de la Frontera (Sevilla). *Tb n, referido a pers*. | Burgos *D16* 7.2.91, 60: Vienen y van los bombarderos por los cielos de Andalucía, con la misma naturalidad con la que pasaba por la Vega de Carmona la diligencia de los romances del Ochocientos del moronense Fernando Villalón.

morónido *adj* (*Zool*) [Pez] de cuerpo alargado y esbelto, con aletas provistas de radios espinosos, de la familia de la lubina. *Frec como n m en pl, designando este taxón zoológico.* | *Animales marinos* 53: Familia 21. Morónidos.

morosamente *adv* De manera morosa. | Ridruejo *Memorias* 21: Acaso haber gozado como rara aventura un recorrido de 50 kilómetros en coche de mulas –morosamente– .. sea una preparación excelente para caer un día .. sobre Venecia.

morosidad *f* **1** Cualidad de moroso. | Ramírez *Derecho* 109: Los obligados que incumplen sus obligaciones, o incurren en dolo, negligencia o morosidad, quedan sujetos a indemnizar los daños y perjuicios causados. Lapesa *HLengua* 346: El mejicano abrevia nerviosamente las no acentua-

moroso – morriñento

das .., mientras el argentino se detiene con morosidad antes del acento y en la sílaba que lo lleva.
2 Actitud morosa. | Lera *Boda* 687: Los hombres se quitaban las parejas unos a otros con una simple seña, que era atendida sin regateos ni morosidades.

moroso -sa *adj* **1** Que se retrasa en un pago. *Tb n, referido a pers.* | P. GOrtiz *País* 14.1.79, 33: Los créditos fallidos se clasifican en función del tiempo que llevan "aparcados" en el cajón de "morosos" o "dudoso cobro".
2 Lento o reposado. | Lera *Bochorno* 32: Se besaban con morosa delectación. SRobles *Pról. Teatro 1963* 21: Un tema impresionante: el moroso examen de los propios sentimientos reflejados en las vidas ajenas. CBaroja *Inquisidor* 28: No se imagina uno .. que en tiempos de Felipe II hubiera traductores de Apuleyo y lectores morosos de textos renacentistas entre los señores del Tribunal contra la herética pravedad.
3 Que tarda o se retrasa. | APaz *Circulación* 166: Se impacienta porque otro coche no le cede paso en el acto y, alocado, se lanza a adelantarlo rozando la cuneta y vuelve la cabeza para verter su indignación con gestos e insultos sobre el chófer moroso. J. J. PBenlloch *Inf* 2.4.71, 10: Una respuesta negativa o, al menos, tan morosa no concuerda con la excelente acogida oficial y abundantes apoyos pr[i]vados que ha merecido el primer Congreso de Historia del País Valenciano.

morquera *f* Ajedrea (planta). | FQuer *Plantas med.* 686: Ajedrea. (*Satureja montana* L.) Sinonimia cast[ellana], .. morquera.

morra[1] *f* **1** (*raro*) Parte superior de la cabeza. | Delibes *Madera* 20: Los pasmados ojos de los asistentes .. no repararon en .. el despeluzamiento progresivo de las templas y la morra.
2 Cerro redondeado. | M. LCamarena *SPue* 31.10.70, 3: Todos, ricos y pobres, .. esperan .. la llegada del sábado o del domingo, bien de mañana, para echarse al monte o a las suaves morras con la ilusión de regresar a casa con una buena caza. **b)** (*reg*) Cerro de cumbre plana y paredes verticales. | Lueje *Picos* 19: Siguen .. más y más Torres, agujas, cumbres, picos, cabezas y morras, cubriendo profusamente por todos los ámbitos y lindes.

morra[2] *f* Juego semejante al de los chinos, consistente en acertar el número total de dedos levantados que presentan los jugadores. | S. Álvarez *Rio* 2.10.88, 16: Dentro del programa se anuncia la celebración del concurso de "morra" que organiza la Asociación de Amigos de Arnedo.

morrada *f* (*col*) Golpe en la cara. | Cela *Alcarria* 83: Ser niño es un buen oficio en Brihuega, a veces cae alguna morrada, es verdad; o algún capón. **b)** Golpe por caída o choque. | Zunzunegui *Hijo* 70: La vida es una cucaña, y hay que colocarse de modo que sean otros los que le quiten a uno el sebo y se lleven las morradas.

morral *m* Bolsa, gralm. de lona, usada por caminantes, pastores y cazadores para llevar provisiones y echar la caza. | Cela *Viaje andaluz* 99: El vagabundo .. atrapa .. tres cachuelos grandecitos .. que echa al morral. Hoyo *Caza* 12: Rebullí en mi escondite, abrí el morral y saqué la fiambrera. Buero *Diálogo* 115: –¿Dónde vas a dormir? –Se duerme en cualquier parte. Ya he dejado mi morral ahí fuera. M. M. Vías *Ya* 24.12.75, 31: Les saluda un pastorcillo bien provisto de morral, montera y chisquero. **b)** Cantidad de caza cobrada en una jornada por un cazador. | Delibes *Mundos* 88: Hoy existe una ancha faja en torno a las urbes populosas, donde la caza y la pesca hay que buscarlas, lo que no es obstáculo para que en la mayor parte del territorio sudamericano todavía sea posible hacer un morral jamás soñado para un europeo.

morralada *f* Cantidad que cabe en un morral. | MFVelasco *Peña* 80: Reuní una morralada [de setas] la mar de curiosa.

morralero -ra *m y f* Pers. que acompaña a un cazador para ayudarle. | Delibes *Perdiz* 145: El señor .. dedicaba sus ocios a la caza .. El plebeyo .. no era sino un morralero.

morralla *f* **1** (*col*) Conjunto de perss. o cosas despreciables o sin valor. | ZVicente *Traque* 196: A jorobar no hay quien gane a esta morralla. Que vayan a la oficina. *Abc* 8.9.66, 13: Es una gravísima afrenta a la lengua de Cervantes emplearla como envoltura de tanta morralla filmada.
2 Conjunto de pescados menudos y revueltos. | *Ide* 17.8.83, 11: Denuncias en Motril y Almuñecar por pesca de "morralla" y chanquetes. *VerA* 16.3.75, 6: Pescado: Atún, 280; .. morralla, 80 (100-48).

morrazo *m* (*reg*) Morrada. | Medio *Bibiana* 103: Natalia pica muy alto... Lo malo será que se dé un morrazo.

morrear A *intr* **1** (*col*) Besarse en la boca [dos perss. o una con otra]. *Gralm pr.* | Oliver *Relatos* 133: Yo me puse a morrear con la mía, y enseguida noté su mano hurgando de forma halagadora en la cremallera de mi pantalón. GHortelano *Momento* 461: La bellísima muchacha y Bert se morreaban sin prisas con José Luis. Sampedro *Octubre* 602: Me gustaría abrazarle muy fuerte. La gente me reprime. Soy tonta: más allá una pareja se morrea. ¡Son nuestros besos tan distintos!
B *tr* **2** (*col*) Besar [a alguien] en la boca. | Torres *Él* 168: Se acercó Lucas, le echó los brazos al cuello y se puso a morrearlo estrepitosamente.
3 (*reg*) Beber a morro [algo o de un recipiente (*cd*)]. *Tb abs.* | Berlanga *Gaznápira* 137: No querías aguardarla sola [a la muerte] y menos aún morreando una botella de anís.

morrena *f* (*Geol*) Montón de piedras y otras materias arrastradas y depositadas por un glaciar. | Ybarra-Cabetas *Ciencias* 129: Por su posición, las morrenas pueden ser laterales y centrales.

morrénico -ca *adj* (*Geol*) De (la) morrena. | Ybarra-Cabetas *Ciencias* 129: En el extremo de la lengua se forman depósitos morrénicos en forma de anfiteatro.

morreo *m* (*col*) Acción de morrear. | *DLi* 6.3.78, 11 (C): Morreo amoroso. [*Pie de foto.*] *Ya* 18.9.87, 51: Discos .. Lógico es que se reediten *oldies* con destino a los sectores adultos del mercado, permanentemente nostálgicos y de cuando en cuando decididos a recordar antiguas tardes de morreo en el guateque.

morrilla *f* Alcachofa (planta). | FQuer *Plantas med.* 843: Alcachofera. (*Cynara scolymus* L.) Sinonimia cast[ellana], alcarchofa .., alcaucil .., morrilla.

morrillo *m* **1** Porción carnosa de las reses en la parte anterior y superior del cuello. *Tb fig, referido a pers.* | Torrente *Pascua* 404: Como si espada que busca el morrillo para matar a volapié. Grosso *Capirote* 174: Ya me dirás cuando llegue la noche si no has agachado más de una vez el morrillo porque te parecía que se te iba a acabar la vida.
2 Canto rodado. | FSantos *Hombre* 14: Apenas se distinguía vagamente la fuente en su centro y el suelo cubierto de morrillos rotos, residuos del primitivo pavimento. Carnicer *Cabrera* 127: El camino avanza en suave pendiente, la del río, que corre a la izquierda, cada vez con menos agua pero muy alborotador en su cauce de peñas y morrillos.
3 (*reg*) Grava. | Torrente *Vuelta* 476: Esperó a que pasasen la sombra de un hombre, con ruido de zuecos contra el morrillo del camino, y el esquileo de unas cabras.

morrina *f* (*reg*) Peste mortífera, esp. entre el ganado. | LAparicio *Ya* 2.4.89, 16: Hasta ahora [los conejos] se habían muerto de "morrina" –la mixomatosis–, pero esta enfermedad nueva tiene peor leche que la otra.

morriña *f* Tristeza, esp. por nostalgia de la tierra natal. *Gralm referido a gallegos.* | MMariño *SVoz* 8.11.70, 4: El gallego añora a su tierra como nadie: por ella llora, sufre y no puede vivir en el éxodo, hasta el punto de que el sentimiento de la "morriña" y sobre todo la saudade, son notas distintivas de nuestra alma. Antolín *SYa* 23.5.74, 11: Nos cuenta que hay en Madrid ciento veinte mil asturianos y que gracias a esto se aguanta la morriña, "que dicen que la tienen los gallegos y yo creo que los asturianos la tenemos todavía más grande".

morriñento -ta *adj* (*reg*) **1** Que tiene morriña. | Torrente *Fragmentos* 368: Esta mañana me he levantado animoso, después de dos días decaído y morriñento.
2 Que denota o implica morriña. | J. Santos *Faro* 29.7.75, 12: Vengo a tener por ventura esta mi vista distante de Bouzas y no para que sea morriñenta cántiga veraniega, sino para reavivar mis empeños de servicio.

3 Triste o enfermizo. | Cela *Mazurca* 132: El caballo Caruso aguanta bien, es la única bestia no morriñenta de toda la casa.

morriñoso -sa *adj* **1** Que tiene morriña. | Torrente *Saga* 333: Barallobre, que aquella mañana estaba un poco morriñoso a causa de un sueño en que se presagiaba su muerte. Antolín *Gata* 114: En Navidad se puso morriñoso.
2 Que denota o implica morriña. | Cobo *RegO* 16.7.64, 14: Junto a los compases modernos se oirán las notas morriñosas de nuestra tradicional gaita.

morrión[1] *m* (*hist*) **1** Casco esférico y ligero, de bordes elevados en punta por delante y por detrás. | Onieva *Prado* 66: *El dios Marte* .. Velázquez lo ha puesto solo, sentado y pensativo, tocado con un morrión y desprovisto de armadura y escudo, que yacen a sus pies.
2 Gorro militar cilíndrico y con visera. | Buero *Sueño* 227: No traen fusiles; tan solo sus sables al cinto. Las carrilleras de sus morriones enmarcan aviesas sonrisas.

morrión[2] *m* (*reg*) Colina sobresaliente en una montaña o sierra. | Mateo *Babia* 76: Piedrafita está situado a una altitud de mil ciento noventa y ocho metros, tendido en el recuesto de unos morriones.

morris *m* (*raro*) Sillón extensible. | GHortelano *Amistades* 196: Leopoldo, tendido en uno de los "morris", dormía en el porche.

morro I *m* **1** Hocico [de un animal]. | CNavarro *Perros* 48: Las caballerías daban grandes cabezadas para coger el pienso del saco que habían atado a su morro. Bernard *Salsas* 94: Un trozo de oreja o morro de cerdo salado.
2 (*col*) Labios, esp. gruesos, [de una pers.]. *Frec en pl*. | C. SMartín *MHi* 3.61, 59: Su idioma no era más que un farfulleo lleno de carcajadas cortas y sin convicción, de guiños de los ojos saltones y de muecas que encogían o estiraban su morro peludo. Montero *Reina* 92: En la mesa de enfrente había una mujer muy guapa .. Grandes ojos negros, piel tostada, morros tentadores. Berlanga *Gaznápira* 63: Te pondrás zapatos de medio tacón .., bolso de tafilete, morrete pintado de carmín más allá del borde de los labios.
3 (*col*) Cara [de una pers.]. *En constrs como* CAERSE DE ~S, PARTIR(SE) LOS ~S, ROMPER(SE) LOS ~S, DAR EL ~. | Berenguer *Mundo* 26: Cuando me arañaba las patas o me veía en lo alto de las piedras, a pique de romperme los morros, nunca me ayudaba. GHortelano *Gente* 47: ¡Si no te callas, te parto los morros! Lera *Boda* 635: A nosotros nos tocará dar el morro los primeros, pero ya nos acompañarán los amigos y los otros.
4 (*col*) Gesto de enfado. *Tb el mismo enfado. Frec en pl y en la forma* MORRITO(S). | Olmo *Golfos* 94: —Y no... quieres a otra... —A ninguna, sois muy tontas. —¿En serio que no? —Tan en serio como tu morrito. —¡Tonto...! SSolís *Blanca* 130: ¡Y cuando Gabriel la vio aparecer en casa? ¡Qué gesto!, ¡qué morros! Sampedro *Octubre* 261: La muchacha pone morritos, que refuerza fácilmente con su tristeza de hace un momento. SSolís *Juegos* 84: Le contesté ásperamente: "No tuve ganas". Ella palideció y me dirigió una mirada dolorida. Pensé: "Vamos a tener morros por fin".
5 (*col*) Caradura o frescura. *Frec en la constr* TIENE UN ~ QUE SE LO PISA. | VMontalbán *Galíndez* 88: El tío tiene el morro de pedir cincuenta millones para el montaje. ASantos *Bajarse* 44: Echándole morro a la vida, que si no te comen. R. Solla *Ya* 12.2.87, 45: Como dicen los chavales y Pedrito Ruiz, tiene un "morro" que se lo pisa el bueno de Diego Armando Maradona.
6 Parte delantera y saliente [de un vehículo, esp. un coche]. | VMontalbán *Pájaros* 295: Estaban junto al coche .. El francés pegó una patada contra una rueda y luego se sentó en el morro. Berlanga *Barrunto* 49: Hicimos con dos hojas del cuaderno de dictado unos aviones que caían en picado por más que les echásemos aliento en el morro. *D16* 28.3.91, 17: El avión pudo frenar con el tren trasero y el morro del aparato.
7 Punta o saliente redondeado [de algo]. | Pombo *Héroe* 197: La motora de los Prácticos dobló el morro del malecón.
b) Cabo (accidente geográfico). | Alós *Hogueras* 21: Una carretera que llevará a numerosos núcleos más alejado de la bahía.
8 Monte o peñasco redondeado. | Delibes *Historias* 103: Al concluir el verano se puso a trabajar en una especie de pluma para izar las caballerías a la meseta. Para octubre ..

armó la pluma en el morro y subió las caballerías entre el asombro de todos.
II *loc v* (*col*) **9 arrugar**, *o* **torcer**, **el ~**. Poner mala cara. *Tb fig*. | Delibes *Cazador* 31: Le pregunté qué tal y Melecio arrugó el morro. Torrente *Isla* 111: Como he visto que torcías el morro ante las espaldas zurradas, te quiero compensar del espectáculo. ZVicente *Mesa* 94: Si te dicen que tienes cáncer la familia tuerce el morro y está deseando que palmes.
10 asomar [alguien] **el ~**. Aparecer [por un lugar]. | Lera *Boda* 618: Si lo consentimos sin hacer una muy sonada, ya no podremos asomar el morro por ninguna parte.
11 calentársele [a alguien] **el ~**. Calentársele la boca. | Tomás *Orilla* 255: Se pasaba con el caballo y, cuando estaba a gusto, se le calentaba el morro.
12 dar en los ~s [a alguien]. Fastidiar[le] haciendo ostentación de algo. | Berlanga *Recuentos* 22: Basilio dijo que eso eran figuraciones suyas y fanfarroneó para darle en los morros al Deme. —Si es por latines, me sé el confíteor.
13 darse el ~. Besarse en la boca. | Diez 27.8.93, 51: Dos enamorados dándose el "morrito".
14 pasar [algo] **por los ~s**. Hacer ostentación [de ello] para fastidiar. | Zunzunegui *Hijo* 77: A Manu le enfurecía aquella suficiencia y seguridad, y aquel "pasarle el inglés que sabía por los morros".
15 sobar [a alguien] **el ~**, *o* **los ~s**. Pegar[le] o golpear[le]. | Montero *Reina* 212: Mira, imbécil, te voy a sobar los morros... No te atrevas a contestarme, que todavía te vas a ganar una patada en el culo, so cabrón.
III *loc adv* (*col*) **16 a ~**. Aplicando directamente los labios al líquido o a la botella. *Con el v* BEBER. | Torrente *Pascua* 418: Cayetano bebía a morro el coñac de una botella ante la mirada del muchacho del bar.
17 de ~(s). En situación de enfado. *Frec con los vs* ESTAR *o* PONERSE. | DCañabate *Andanzas* 104: —Ande, señorito, cómprele a su novia este manojillo de clavellinas .. —No. No. Déjanos, que vamos de morros.
18 por el ~. Gratis o por la cara. | Tomás *Orilla* 110: Es que el menda va de listo y quería hacerlo conmigo por el morro. Y de eso, nada.

morrocotudo -da *adj* (*col*) Extraordinario. *Con intención ponderativa*. | Torrente *Off-side* 59: Me ha dado un susto morrocotudo.

morrón[1] *m* (*col*) Golpe por choque o caída, esp. de frente. | DCañabate *Abc* 27.10.74, 45: Al volver una esquina me di de bruces con una mujer ya entrada en años .. —Amos, mira que es casualidad pegarnos un morrón de frente al cabo de medio siglo bien corrido. Cela *Rosa* 211: A Manuel Cajaravilla, una mañana, haciendo gimnasias, se le rompió la cadena del pozo y se dio un morrón considerable.

morrón[2] *adj* [Pimiento] rojo, dulce y muy carnoso. | GMacías *Abc* 30.6.74, 34: En la geografía cacereña, se come mucho la tomatada, "entomatá", ensalada de pimientos asados del país, los pimientos morrones y los tomates redondos y de pera.

morrongo -ga *m y f* (*col*) Gato (animal). *Tb fig, referido a pers como apelativo cariñoso*. | *Ya* 9.6.72, 14: ¿Guardas todavía las cartas de amor que te escribió papá cuando erais novios hace un montón de años? .. ¿Guardas todavía aquella carta en la que te llama "morronguito mío"?

morrosco -ca (*tb con la grafía* **morrosko**) (*reg*) **I** *adj* **1** Huraño. | Aldecoa *Cuentos* 1, 146: Volvió la cabeza hasta el punto en que su perfil fosco, tosco, morrosco, quedó recortado en el chorro de luz.
II *m y f* **2** Mocetón. | Campmany *Abc* 22.11.93, 20: Le llama luego "morrosko de Portugalete" .. "Morrosko" le va como anillo al dedo a Perurena el levantapiedras.

morrudo -da *adj* Que tiene morro [1, 2 y 4]. | Olmo *Golfos* 88: Al llegar Cabrito a su lado le preguntó: —¿Hoy?— Cabrito, morr[u]do, seco, le contestó: —¡Pues claro! [*En el texto,* morruido.]

morsa *f* Mamífero carnívoro de gran tamaño, de cuerpo macizo y caninos superiores muy desarrollados, propio de los mares árticos (*Odobaenus rosmarus*). | M. Aba *SAbc* 16.2.69, 17: Llevaba un curioso brazalete de colmillo de morsa que le regaló un agradecido esquimal de Alaska.

morsana *f* Planta herbácea perenne, propia de sitios incultos y usada como vermífuga (*Zygophyllum fabago*). |

morse – mortificación

FQuer *Plantas med.* 422: La morsana forma una mata ramosa, poco leñosa, de 2 a 3 palmos de altura, con las hojas encontradas .. Se cría en los ribazos y sitios incultos de tierra baja.

morse *(frec con mayúscula) m* Sistema de telegrafía electromagnética que utiliza un alfabeto formado por combinación de puntos y rayas. *Frec en aposición. Tb fig.* | Mingarro *Física* 178: El sistema Morse, empleado todavía en la radiotelegrafía. GRuano *Abc* 19.11.64, 20: Ese morse de los tacones. **b)** Alfabeto propio del sistema morse. *Frec en aposición.* | Mingarro *Física* 178: Es posible producir trenes de ondas más o menos largos, que pueden interpretarse como puntos y rayas del alfabeto Morse.

mortadela *f* Embutido tierno y grueso, hecho con carne de cerdo y de vaca mezcladas con tocino. | *Ama casa 1972* 105: Entre los embutidos que se hacen con ella [carne de cerdo] citaremos: las salchichas, .. el lomo embuchado, la mortadela.

mortaja[1] *f* Sábana u otra prenda con que se envuelve el cadáver antes de enterrarlo. | GNuño *Madrid* 118: En ningún caso puede ser omitida la mención de la riquísima mortaja .. del Arzobispo don Rodrigo Ximénez de Rada.

mortaja[2] *f (E)* Hueco hecho en una cosa para encajar otra. | *Abc* 25.6.72, sn: Ferretería Gran Vía .. Tornillos mortaja cruzada.

mortajar *tr (E)* Hacer mortajas[3] [en algo *(cd)*]. *Tb abs.* | *BOE* 1.12.75, 25024: Carpinteros. Son los operarios con capacidad para leer e interpretar planos o croquis de construcción en madera y realizar con las herramientas de máquina correspondientes las operaciones de trazar, aserrar, cepillar, mortajar .. y demás operaciones de ensamblaje.

mortal **I** *adj* **1** [Ser] que está destinado a morir. | Gambra *Filosofía* 56: Todo hombre es mortal; Juan es hombre; Luego Juan es mortal. **b) restos ~es** → RESTO.
2 [Cosa] que causa o puede causar la muerte. *Frec (col) con intención enfática.* | *Gac* 19.10.75, 104: Las dos escenas pertenecen a "Las lluvias de Ranchipur". Un tigre ataca a Michael Rennie y lo hiere. En la versión española, el ataque fue mortal, y el posterior adulterio de la esposa se convirtió en devaneo de viuda. *Mar* 24.1.68, 4: Realizan la triple pirueta en los trapecios, con escalofriantes pasadas de doble salto mortal. Laforet *Mujer* 74: El pueblo le producía un tedio mortal. **b)** *(Rel crist)* [Pecado] que priva al alma de la vida de la gracia. | Valcarce *Moral* 137: Puede ser pecado venial, pero no mortal, si su causa no está del todo justificada.
3 [Odio u otro sentimiento similar] implacable. | J. M. Moreiro *SAbc* 5.10.69, 23: Calle Libreros. Librerías de lance, de aquellas a las que Pío Baroja tenía un odio mortal.
4 *(raro)* Que parece muerto o próximo a morir. | ZVicente *Traque* 169: Esto no es de su mal, quia, Dios mío, si ruge. Está mortal, lo que se dice... ¡Cierra ese ojo, condenada! ¿Eh? ¿Que se ha muerto?
II *m* **5** Ser humano. | Alfonso *España* 92: Un poco más de humanidad para los restantes mortales.
III *fórm or* **6 las señas son ~es** → SEÑA.

mortalidad *f (Estad)* Número de defunciones en una población y período determinados. | E. RGarcía *MHi* 8.60, 30: Se llama tasa de crecimiento a la diferencia que existe entre la tasa bruta de natalidad y la tasa bruta de mortalidad.

mortalmente *adv* De manera mortal, *esp* [2]. | *Ya* 9.6.68, 2: Robert Kennedy fue herido mortalmente. SLuis *Doctrina* 78: Peca mortalmente, si no asiste por lo menos a las tres partes principales: Ofertorio, Consagración y Comunión.

mortandad *f* Multitud de muertes causadas por una epidemia o un hecho violento. | Peña-Useros *Mesías* 100: Los madianitas huyeron despavoridos, matándose unos a otros. Gedeón les persiguió, causándoles una gran mortandad.

mortecinamente *adv* De manera mortecina [1]. | CSotelo *Herencia* 297: Luis. (Mortecinamente.) Me alegro mucho, mamá.

mortecino -na *adj* **1** Que carece de viveza o vigor. | Benet *Nunca* 9: Llegó a decir –.. en el curso de cualquiera sabe qué mortecina, nocturna e interminable conversación– que no éramos sino unos pobres "deterrent". FSantos *Hombre* 32: La luz de la lámpara daba un relieve mortecino a los dos hombres. Alvarado *Anatomía* 136: Los ojos, hundidos en las órbitas, presentan mirada mortecina.
2 Que está casi muriendo. *Tb fig.* | Torrente *Filomeno* 312: Había entrado en la Asociación de Vinateros de la región, entidad mortecina a la que había que impulsar, convirtiéndola en una modesta cooperativa.

mortera *f (reg)* Cuenco de madera. | G. GHontoria *Nar* 7.76, 25: Entre las piezas que forman esta colección canaria hay objetos de madera, como una ratonera en haya o una mortera para hacer el mojo y para comer el potaje en una preciosa materia como es la madera de viñático.

morterada *f* Morterazo. *Tb fig.* | I. RQuintano *Abc* 20.6.86, 60: Butragueño .. cuatro veces intentó recorrer los palacios que guardaba Hogh, pero cuatro veces renunció, ahuyentado por las morteradas de Morter Olsen. Elkjaer hacía cundir el pánico con otro fogonazo que abrasó las manos de Zubizarreta.

morterazo *m* Disparo de mortero[2]. | Salom *Casa* 335: Se oyen muy cerca los obuses, las detonaciones de los morterazos, las bombas de mano.

morterete[1] *m* Mortero[1] [1] de metal. | Moreno *Galería* 154: A veces también piezas de hierro: picaderas, raederas, morteretes, candiles y asadores.

morterete[2] *m* Utensilio que sirve para disparar salvas en las festividades. *Tb la salva.* | *Caudete* 46: Al amanecer, volteo general de campanas, morteretes y Diana, por la Banda de Música de la Comparsa La Antigua.

mortero[1] *m* **1** Recipiente de madera, piedra o metal que sirve para machacar cosas en él. | Bernard *Verduras* 41: Filetes de anchoa machacados en el mortero. Carandell *Madrid* 20: Mientras [Velázquez] mezclaba las tierras en el mortero, pensaba "Yo a lo mío".
2 *(Mar)* Recipiente cilíndrico o semiesférico con tapa de cristal, en cuyo interior se aloja la rosa de los vientos o la aguja magnética. | Aldecoa *Gran Sol* 146: Castro movió la rueda a estribor. La rosa osciló en el mortero.

mortero[2] *m* **1** Pieza de artillería que se carga por la boca y es capaz de efectuar tiros de trayectoria muy curva y de corto alcance. | *Van* 4.11.62, 5: La India ha pedido que los primeros envíos estén compuestos por armas automáticas, morteros medios y pesados y determinado equipo de comunicación de campaña. *Inf* 17.6.70, 3: Arrojó 30 granadas de mortero contra un campamento militar.
2 Morterete[2]. | *Lan* 26.8.64, 3: Programa oficial de festejos .. A las 11: Gran función infantil de fuegos artificiales y disparo de morteros, conteniendo caramelos y juguetes.

mortero[3] *m (Constr)* Masa de cemento o cal con arena y agua. | Marcos-Martínez *Física* 37: Supongamos que un obrero ha subido 30 kg de mortero hasta el primer piso de una casa en construcción en 2 minutos.

morteruelo *m* Guiso pastoso hecho con hígado de cerdo machacado, especias y pan rallado. | VMontalbán *Rosa* 98: Guiso sabio de exclusivo empeño popular, como el morteruelo, engrudo excelso .. que tiene en Cuenca su Vaticano y en todas las Castillas su memoria de derivado de la olla podrida. VMontalbán *Pájaros* 321: A él le gustaría morir en un sillón relax, con una botella de vino blanco en un cubo lleno de hielo al lado y un canapé de caviar o morteruelo en una mano. Vega *Cocina* 99: Ya se encargarían de plagiárnosla los franceses, como hicieron con el morteruelo, al que llamaron *foie gras*.

mortíferamente *adv* De manera mortífera. | Romano *Abc* 3.4.83, 33: Más bien la provocación surgió del mismo procesado, como se desprende del relato de los hechos, cuya violencia inició él mismo y terminó mortíferamente cuando su rival estaba "sujetado".

mortífero -ra *adj* [Cosa] que causa o puede causar la muerte, *esp* a muchos seres. | Camón *LGaldiano* 21: La única arma mortífera es la del Amor, que dispara la flecha. J. P. Vera *Reg* 4.8.70, 6: Fue tan mortífera [la epidemia] que dejó viva solamente a la cuarta parte de la población de Europa.

mortificación *f* Acción de mortificar(se). *Tb su efecto.* | Miret *Tri* 26.12.70, 14: La mortificación, la lectura

espiritual y tantos otros procedimientos ascéticos del pasado nada dicen ya a la mayoría de los clérigos españoles.
mortificador -ra *adj* **1** Que mortifica [1]. | E. Romero *Pue* 12.11.70, 3: Teje su existencia a base de organizar legítimamente admirables enredos a sus adversarios, y si fuera preciso, pequeñas, ocurrentes, mortificadoras, mortales o veniales traiciones a sus amigos.
2 De (la) mortificación. | Aparicio *Año* 153: –Y también conveníamos –añadió Alberto Castañón, con indudable intención mortificadora– que no debe ser el de escritor oficio para gentes vulgares.
mortificante *adj* Que mortifica [1]. | Laforet *Mujer* 332: Todo era más sencillo y para ella más profundamente mortificante de lo que había supuesto.
mortificar A *tr* **1** Causar pesadumbre o disgusto [a alguien (*cd*)]. | DPlaja *El español* 136: No ve en esa exhibición una costumbre extranjera, sino la intención de mortificarle. Salom *Culpables* 35: Si supieras que esto es lo que más me mortifica... ¡Si llegaran a descubrirlo...! **b)** Causar sufrimiento, esp. físico, [a una pers. (*cd*)], con una intención ascética o espiritual. *Frec el cd es refl.* | Gar 21.12.63, 69: ¡Cuán heroicos nos parecen los anacoretas que se retiraban al desierto a mortificar los sentidos con duras penitencias y colaciones a base de raíces y de langostas... de tierra! M. H. SOrtega *His* 9.79, 46: La enseñaba, como padre espiritual, que para agradar a Dios la convenía mortificarse y hacer puntualmente cuanto él la decía.
B *intr pr* **2** (*Med*) Gangrenarse o necrosarse. | Mascaró *Médico* 70: Eliminar [de la herida] todos los colgajos y tejidos muertos o mortificados que constituyen un foco latente de infección.
3 (*Coc*) Sufrir [la carne] un comienzo de descomposición. | Trévis *Extremeña* 44: Si el cabrito es recién muerto, colgadla [la pierna del animal] en la despensa para que se mortifique (permanezca colgada allí) dos días en verano y tres o cuatro en invierno.
mortificativo -va *adj* Mortificador. | MGalván *Tri* 15.9.73, 49: Cuevas sí es mexicano .. No por circunstancias mortuorias, sino por una cultura mortificativa, raigalmente mexicana.
mortinatalidad *f* (*Estad*) Número de nacimientos de niños muertos en una población y período determinados. | *Puericultura* 8: El trabajo excesivo de la mujer .. ejerce una influencia francamente perjudicial, aumentando la mortalidad y la mortinatalidad.
mortinato -ta *adj* (*Med*) [Criatura] que nace muerta. *Tb n.* | P. Anievas *Ya* 12.3.83, 27: Complicaciones de la amniocentesis .. Fetales: Mortinato, mortalidad neonatal, inmadurez.
mortis causa (*lat; pronunc,* /mórtis-káusa/) *loc adj* (*Der*) [Donación o transmisión] que ha de tener efecto después de la muerte de quien la hace. *Tb adv.* | *Compil. Aragón* 603: La donación "mortis causa" de bienes singulares tendrá el carácter de pacto sucesorio. *EOn* 10.64, 31: Los derechos reales y sobre transmisión de bienes "mortis causa" quedan reemplazados por el impuesto general sobre sucesiones.
mortuorio -ria I *adj* **1** De(l) muerto. | *HLM* 26.10.70, 25: La conducción del cadáver tendrá lugar hoy .. desde la casa mortuoria .. al cementerio de Carabanchel Alto. CBaroja *Inquisidor* 27: Un hombre con traje talar yace sobre la urna mortuoria. **b)** [Cámara] **mortuoria** → CÁMARA.
II *m* **2** Lugar, en un hospital, destinado a depositar los cadáveres antes de que sean llevados a enterrar. | J. Bayerri *Van* 17.4.73, 34: En la planta semisótanos se sitúa el centro de rehabilitación, servicio de urgencia con quirófano y sala de curas, anatomía patológica, mortuorios, vestuarios y servicios generales.
moruchada *f* (*Taur*) Corrida de moruchos[2]. | DCañabate *Paseíllo* 170: El empresario compró una moruchada.
morucho[1] -cha *adj* (*col*) [Pers.] morena. *Tb n.* | Torres *Él* 144: Una secretaria morucha con los pechos prácticamente a la altura de las cejas, le sonrió como un piano.
morucho[2] -cha *adj* (*Taur*) [Res] de media casta brava, propia del campo de Salamanca. *Tb n.* | Cela *Escenas*

mortificador – mosaico

73: Doña Caralipa .. era propietaria de una vacada de ganado morucho, de ese que unas veces embiste y otras no. *Ade* 27.10.70, 3: Se está creando en nuestros campos una nueva raza de vacuno, la que resulta del cruce del charolés de importación con el morucho salmantino.
morueco *m* Carnero destinado a la reproducción. | Romano-Sanz *Alcudia* 84: De los corderos nacidos, se deja aproximadamente un veinte por ciento para renovar el rebaño, se seleccionan los moruecos, y los restantes .. se venden. **b)** *A veces se usa en constrs de sent comparativo para ponderar la testarudez.* | Sampedro *Sonrisa* 205: Son más tercos que un morueco.
morugo -ga *adj* (*reg*) **1** [Pers.] callada y huraña. | Delibes *Santos* 145: Tu hermano, digo, niña, el Quirce, ¿puedes decirme por qué es tan morugo?
2 Pers. bruta o de cortos alcances. | Delibes *Guerras* 265: Demoraban más de la cuenta y el Buque se ponía de malas, que era muy morugo el Buque.
mórula *f* (*Biol*) Estadio del desarrollo del huevo fecundado en que este presenta el aspecto de una mora. | Ybarra-Cabetas *Ciencias* 214: No tarda en aparecer, en el centro de la mórula, una pequeña cavidad.
morular *adj* (*Biol*) De (la) mórula. | Ybarra-Cabetas *Ciencias* 214: No tarda en aparecer, en el centro de la mórula, una pequeña cavidad que .. convierte a la masa morular en una vesícula.
moruno -na *adj* **1** De(l) moro [1]. | Laiglesia *Tachado* 29: ¿Qué ha sido de aquellas horripilantes babuchas morunas, que nos trajo de Marruecos un amigo que desde entonces dejó de serlo?
2 [Pincho de cocina] constituido por varios trozos de carne adobada pinchados en una varilla metálica y asados a la plancha. | GPavón *Abc* 27.6.71, 10: La turista .. había conseguido meterle el diente al pincho moruno.
3 [Langostino] **~,** [perdiz] **moruna** → LANGOSTINO, PERDIZ.
mosaico[1] I *m* **1** Obra decorativa de muros y pavimentos, hecha por yuxtaposición de trocitos de mármol, piedra, vidrio o cerámica que forman figuras. | Tejedor *Arte* 57: Con igual sentido decorativo, se desarrolló en Roma el arte del mosaico. **b) ~ de madera.** Entarimado hecho con tablitas de diferentes maderas o matices. *Tb simplemente ~.* | GTelefónica *N.* 829: Parquesite, S.L. Parquet. Mosaico de madera. GTelefónica *N.* 828: Pavesán, S.A. 14 años de experiencia en fabricación de parquets tipo hidráulico y mosaico. **c) ~ de madera.** Taracea. *Tb simplemente ~.* | SSur 7.8.88, 10: Detalles de los dibujos arabescos del mosaico de una guitarra.
2 Baldosa o baldosín. | GTelefónica *N.* 705: Mosaicos de gres para revestimiento de fachadas y pavimentación.
3 Conjunto de elementos variados yuxtapuestos. | F. Lara *Tri* 12.12.70, 27: López Vázquez ha ido creando una gama de personajes, de "tipos", de apuntes, que podrían componer un mosaico tal que nos acercaría .. a un material irreemplazable de sugerencias.
4 (*Bot*) Enfermedad de las plantas causada por virus, que gralm. produce manchas irregulares en las hojas. | Ybarra-Cabetas *Ciencias* 229: Algunas enfermedades de determinadas plantas, por ejemplo el mal del mosaico del tabaco, .. hay que considerarlas provocadas por virus filtrables. *Libro agrario* 96: Estudios de campo sobre el mosaico de la caña de azúcar en España (1982).
II *adj invar* **5** (*E*) [Filtro o efecto] que presenta una imagen dividida en numerosos cuadritos a manera de mosaico [1]. *Tb n m.* | *País* 13.11.89, 69: Los efectos digitales Zoom, Mosaico y Pintura se pueden situar en cualquier lugar de la pantalla y con tres tamaños diferentes de esta. *Prospecto* 5.89: Vídeo Sharp 806 .. Estr[o]boscopio y mosaico: 89.995.
mosaico[2] -ca *adj* De Moisés (profeta hebreo que dio a los israelitas la ley revelada por Dios). | F. J. FTascón *SYa* 26.5.74, 9: El destape y el desnudo prohibidos, castigo y pecado en la ley mosaica. **b)** Que sigue la ley de Moisés. *Tb n, referido a pers.* | P. Narvión *Pue* 8.3.74, 5: Cannon y Kung-Fu son héroes universales, que entran de visita y son ocasión de las conversaciones cotidianas de familias .. católicas, protestantes, islámicas, mosaicas. Fuster *Inf* 22.11.73, 16: La fimosis –la operación de la fimosis– sacramental afec-

mosaiquista – moscarda

ta a unos y a otros: a los mosaicos de estricta observancia y a la variante mahomética.

mosaiquista *m y f* Pers. que hace mosaicos[1] [1]. | *CoA* 10.3.64, 15: Arte. Exposiciones de Mauri, Almansa y de tres mosaiquistas sevillanos.

mosaísmo *m* Religión mosaica. | CBaroja *Judíos* 1, 39: El converso volvía con los suyos, es decir, con los judíos ortodoxos .., y volvía al Mosaísmo.

mosaísta *m y f* Pers. que hace mosaicos[1] [1]. | Halcón *Campo* 14: Los mosaístas romanos se inspiraron con frecuencia en modelos alejandrinos. *Abc* 13.6.73, sn: Isabel Roldán, mosaísta de gran personalidad .. Los mosaicos de Isabel Roldán tienen una técnica laboriosa.

mosano -na *adj (Arte)* [Arte] desarrollado durante la Edad Media en el valle medio del Mosa. | Camón L*Galdiano* 10: Una placa con el martirio de San Esteban es una muestra muy representativa del arte mosano. **b)** De(l) arte mosano. | Camón L*Galdiano* 20: La [placa] que efigia a un ángel es renana o mosana, muy arcaica, del siglo XII.

mosca[1] **I** *f* **1** Insecto díptero de pequeño tamaño, negro y de alas transparentes, muy común en el verano, esp. en los lugares en que hay animales y suciedad *(Musca domestica)*. | Medio *Bibiana* 281: Ellos tan frescos .., mirando por la ventanilla a ver cómo vuelan las moscas. **b)** *Se da este n a otros muchos insectos dípteros de aspecto semejante al de la mosca común. Gralm con un adj o compl especificador:* ~ AZUL *(Calliphora vomitoria)*, ~ BORRIQUERA *(Hippobosca equina)*, ~ DE LA CARNE *(Sarcophaga carnaria)*, ~ DEL VINAGRE *(Drosophila melanogaster)*, ~ VERDE *(gén Lucilia)*, ~ TSE-TSE *(gén Glossina), etc.* | Bustinza-Mascaró *Ciencias* 153: La llamada mosca azul .. tiene su trompa blanda como la mosca común, y la hembra pone los huevos en la carne. FQuintana-Velarde *Política* 93: El asombro de los economistas ha sido grande cuando han comprobado que los biólogos observan que el crecimiento de ciertas colonias de animales –por ejemplo, la mosca del vinagre, *Drosophila melanogaster*– seguía también una curva logística. Cuevas *Finca* 152: Colocaba sobre el burro las pieles cruzadas .. y, luego, seguido de las moscas verdes, .. desaparecía. Cela *SCamilo* 184: A la Enriqueta parece que le ha picado la mosca tse-tse. J. J. Plans *SYa* 15.6.73, 13: Planteamos batallas biológicas. Arañas voraces contra la mosca blanca, estorninos contra gusanos. *Abc* 12.10.91, 48: La extremadamente peligrosa mosca asesina u "homini vorax" (devoradora de hombres) ha quedado exterminada en el norte de África. **c)** ~ **cojonera.** Mosca que se sitúa sobre los genitales de las caballerías causándoles gran desazón. *Frec en constrs de sent comparativo para ponderar el carácter molesto o inquietante de una pers*. | Berlanga *Gaznápira* 8: Le echó unas cuantas moscas cojoneras a su burra y la pobre brincaba y coceaba como una posesa. *Eres como una mosca cojonera. **d)** Cebo de pesca hecho con plumas de colores que imita a una mosca. *Tb* ~ ARTIFICIAL. | Delibes *Castilla* 124: De ahí también el jubileo que esas plumas [de gallo] provocan, bien de pescadores que gustan de manufacturarse sus engaños, bien de los fabricantes de moscas. **e) pájaro** ~ → PÁJARO.

2 Mancha pequeña y oscura que, por defecto visual, se ve delante de los ojos. *Gralm en pl.* | * Llevo unos días que veo muchas moscas.

3 Porción de barba que se deja entre el labio inferior y el comienzo de la barbilla. | Cela *Judíos* 23: El maestro se llama don Mamerto de la Alameda y gasta mosca, como los alabarderos, cuando los había.

4 *(col)* Dinero. *Frec con los vs* AFLOJAR *o* SACUDIRSE. | ZVicente *Examen* 57: Lástima que no podamos ser futbolistas, hay que ver la mosca que se embolsa Zamora, el portero. Cela *SCamilo* 54: Nunca falta un señor de provincias con ganas de darse un verde y de aflojar la mosca. **b)** *(raro)* Moneda. | Cuevas *Finca* 152: Compraba las pieles de los animales sacrificados y las regateaba encarnizadamente, mosca a mosca.

5 *(col)* Borrachera. | * ¡Vaya mosca que lleva!

6 *(Zool)* Larva del saltamontes en la fase intermedia entre mosquito y saltón. | Legorburu-Barrutia *Ciencias* 165: Las larvas [del saltamontes] salen en primavera, pasando por las fases de mosquito (al salir del huevo), mosca y saltón.

7 ~ **muerta.** *(col)* Pers. de apariencia mansa o apocada que encubre malicia. *Más frec* MOSQUITA MUERTA. | Marsé *Dicen* 120: Parece que la Fueguiña ya lo sabía, la mosca muerta. [*En el texto,* moscamuerta.] Medio *Bibiana* 35: A ese le ha puesto los puntos la mosquita muerta. ZVicente *Traque* 96: Menuda mosquita muerta estás tú hecho.

8 la ~ **en** (*o* **detrás de**) **la oreja.** *(col)* Recelo o desconfianza. *En constrs como* ESTAR CON LA ~ EN LA OREJA, TENER LA ~ EN LA OREJA, *o* PONÉRSELE [a alguien] LA ~ EN LA OREJA. | VMontalbán *Pianista* 111: Un realquilado nuevo. Un tío más raro que no hay que ver .. Mi madre primero tenía la mosca en la oreja, porque se pasa muchas horas solo en la habitación. Diosdado *Anillos* 2, 92: ¿Tienes la mosca detrás de la oreja, *milady*?... Estás preocupada por el químico, ¿eh? Kurtz *Lado* 159: Al ver que esta rehusaba toda ayuda económica, se le puso la mosca en la oreja. ¿De dónde salía el dinero?

II *adj* **9** *(col)* [Pers.] recelosa. *Normalmente como predicat con vs que indican estado*. | CBonald *Dos días* 259: –El precio es lo que me tiene mosca. –Tampoco es una ganga. –No es que sea una ganga, pero .. a eso se le podía sacar más jugo. –Le hará falta el dinero. Marsé *Tardes* 162: Un poco mosca, Manolo seguía frotándose la solapa con el pañuelo .. –Puede que yo sea un señorito. Sobre todo cuando se me trata mal, cuando me queman.

10 *(Dep, esp Boxeo)* [Peso] cuyo límite superior es de 50,8 kg. *Tb referido al deportista de ese peso; en este caso, frec como n m en pl.* | *DVa* 15.3.75, 18: La selección [de halterofilia] de Guipúzcoa estará formada por: Manuel Grijalba en el peso mosca del C. D. Zarauz; Juan Pedro Pérez, pluma, La Salle de Irún. R. W. González *Ya* 13.9.88, 29: El caso más grave fue el protagonizado por el taekwondista Emilio Azofra, peso mosca. *As* 9.12.70, 25: El filipino Salavarría, nuevo campeón mundial de los mosca.

11 (de) ~. [Bigote] muy pequeño. | Marsé *Dicen* 166: Se volvió a mirarle y vio el parche en el ojo, las sienes canosas, la boca amarga bajo el bigote-mosca. Alós *Hogueras* 118: Telmo Mandilego .. –aire pulcro, ojos de alfiler, bigote de mosca– mira al periodista levantando la cabeza.

III *loc v y fórm or (col)* **12 átame esa** ~ **por el rabo.** *Fórmula con que se comenta un despropósito*. | Campmany *Abc* 9.10.83, 21: Es natural, porque se trataba de una cuestión moral, ética y religiosa, y ya estamos en libertad. Y átame usted esa mosca por el rabo.

13 matar una ~. Hacer el más mínimo mal a nadie. *En constrs como* NO MATAR, *o* NO SER CAPAZ DE MATAR, UNA ~. | FReguera-March *Boda* 107: Usted es incapaz de matar una mosca.

14 no oírse (*u otro v equivalente*) **una** ~ (*o* **el vuelo de una** ~). No oírse nada. *Con intención ponderativa*. | Lera *Boda* 735: No se oye una mosca. ¿Tú no crees que si hubiera habido tiros estaría ya la gente en la calle?

15 papar ~**s.** Estar embelesado o sin hacer nada, con la boca abierta. *Frec en ger*. | * ¿Qué haces ahí papando moscas?

16 ¿qué ~ **te** (le, *etc*) **ha picado?** ¿Qué te (le, etc.) ocurre, o qué te inquieta, para que actúes así? | Medio *Andrés* 15: ¡Anda, este!... ¿Qué haces aquí? ¿Qué mosca te ha picado?

17 sacudirse (*o* **espantarse**) [alguien] **las** ~**s.** Librarse de problemas o compromisos. | * Tienes que aprender a sacudirte las moscas; de lo contrario no te dejarán en paz. Delibes *Cazador* 207: Aquí todo el mundo se espanta las moscas, y si la casa está abandonada y uno tiene telarañas hasta detrás de las orejas, que se aguante.

IV *loc adv (col)* **18 como** ~**s.** En gran cantidad. *Con vs como* CAER, MORIR *o* ACUDIR. | Aize *DNa* 14.5.77, 25: A esas zonas cómodas acuden cañistas como moscas, y unos por otros no pesca ninguno. J. Parra *Ya* 28.7.86, 44: Al convertirse la ambiciosa biviuda en princesa consorte, los multimillonarios norteamericanos volverían como moscas a Mónaco.

19 por si las ~**s.** Por si acaso. | Laiglesia *Ombligos* 32: Amenaza que obligó a Napoleón a llevar desde entonces una mano en la región estomacal, por si las moscas.

mosca[2] *adj* Chibcha o muisca. *Tb n, referido a pers*. | Alvar *Libertad* 284: La gramática mosca de fray Bernardo de Lugo. Alvar *Libertad* 284: Las moscas son los 'indios de Bogotá y de Tunja', según los viejos cronistas.

moscada. nuez ~ → NUEZ.

moscarda *f* Mosca[1] [1b] grande y zumbadora que pone sus huevos en la carne *(Sarcophaga carnaria, Calliphora vomitoria* y *gén. Lucilia)*. *Tb* ~ DE LA CARNE, ~ AZUL *y* ~ VER-

DE, *respectivamente*. | Berlanga *Gaznápira* 116: Volvió a la res .. tras espantar la moscarda que choqueteaba de nuevo por el cuartucho. Aldecoa *Cuentos* 1, 138: Se sentía pegado a la gutapercha del sillón, y el agua del vaso estaba caliente, y una moscarda zumbaba por el despacho.

moscardón *m* **1** Moscarda. | Arce *Testamento* 16: Zumbaban por allí dos moscardones metálicos.
2 (*col*) Moscón [2]. *Gralm referido al hombre que asedia a una mujer con pretensiones amorosas*. | ZVicente *Traque* 216: Bueno, ya hay otro moscardón ahí mirando. Qué tendrá una. Payno *Curso* 86: A la salida todas comentaron jocosas el incidente hasta que empezaron a llegar los chicos. Unos eran novios de algunas; otros, simples moscardones que buscaban serlo.

moscardonear *intr* Mosconear. | ZVicente *Mesa* 56: Los pelotilleros que moscardonean a su alrededor todos dicen lo contrario.

moscardoneo *m* Mosconeo. | Aldecoa *Gran Sol* 193: A mediodía murió Simón Orozco, cuando los partes de la BBC se oían en el puente como un moscardoneo sin sentido.

moscarrón *m* (*raro*) Moscardón [1]. | Caba *Ruta* 215: Muy atontados están los moscarrones. Hoy no los ahuyenta por muchas patadas que les tire con el rabo.

moscatel[1] (*pl*, ~ *o* ~ES) *adj* **1** [Uva] grande, blanca y muy dulce y aromática. *Tb n m. Tb referido a la vid que la produce*. | *Ama casa 1972* 426: Cena. Sopa puré de guisantes. Pastelitos de queso. Higadillas salteados. Uva moscatel. A. García *País* 16.10.83, 32: Las uvas frescas son muy apreciadas como fruta de mesa .., especialmente las llamadas moscateles. M. Izquierdo *Pro* 6.10.74, 72: Uvas moscatel.
2 [Vino] dulce fabricado con uva moscatel. *Frec n m*. | *Ama casa 1972* 119: Se les echa por las cortaduras un chorrito de vino moscatel. DCañabate *Abc* 23.3.75, 32: De paso nos beberemos unas copas de un moscatel superior que me han regalado.

moscatel[2] *adj* (*reg*) Tonto o pazguato. | Mendicutti *Palomo* 51: Anda, niño, no seas moscatel, menudo es tu tío Ramón.

mosco *m* (*Pesca*) Mosca[1] [1d] artificial. | Delibes *Inf* 2.6.76, 19: El pez, bien prendido en el mosco teja, aguardó los diez minutos que duró la operación hasta que pude llegar a él y desanzuelarlo. Delibes *Castilla* 124: El gallo de Boñar (León) .. es un gallo de pluma lustrosa y jaspeada, apropiada para fabricar mosquitos para la pesca de salmónidos .. De ahí que el mosco de Boñar se cotice más alto que el mosco de otros pueblos y regiones.

moscóforo *m* (*Arte*) Escultura de un hombre que lleva sobre los hombros un animal para el sacrificio. | Angulo *Arte* 1, 97: A veces el *kuroi* aparece representado con un carnero o becerro sobre los hombros –moscóforo–, es decir, probablemente en el momento de acudir al sacrificio.

moscón *m* **1** Moscardón [1]. | Arce *Testamento* 30: Varios moscones se habían posado sobre las latas vacías de las conservas. **b) pájaro** ~ → PÁJARO.
2 (*col*) Pers. que se mueve alrededor de otra asediándola con sus pretensiones. *Tb adj*. | DCañabate *Paseíllo* 77: Tengo muy buenas manos pa ganarme la vida y pa sacudirme los moscones que van a lo suyo sin reparar en quién es quién. CBonald *Noche* 200: ¿Cuándo se van a ir esos moscones? .. No aguanto tanta hipocresía junta. Payno *Curso* 18: Luis hubiera propuesto sentarse los tres juntos; pero no deseaba parecer un moscón. Berlanga *Gaznápira* 60: Cuando se despidieron en la lechería –el Caguetas tan moscón y fanfarria– te entró un remusguillo fofo.

mosconear *intr* **1** Producir un zumbido de moscardón [1]. | GHortelano *Momento* 643: En el vestíbulo, cuando Sagrario subía los primeros escalones, mosconeó el monótono poso de una voz que leía o rezaba. * Los aviones mosconeaban incesantemente.
2 (*col*) Moverse [una pers. alrededor de otra] asediándola con sus pretensiones. | Lera *Boda* 671: Un grupo de mozalbetes mosconeaba alrededor de Martín .. –Tire otro, señor Martín, ande... –Luego, luego.
3 (*col*) Importunar o ser pesado. | ZVicente *SYa* 6.7.75, 23: Pues mire, que lo cuenten en su casa, que también deben de saberlo, no voy a ser yo solito el que mosconee siempre con la historia del español piojoso, ¿no?

mosconeo *m* Acción de mosconear. *Tb su efecto*. | Lera *Boda* 553: Sonaba en la sombra el mosconeo de un discreto roncar. Berlanga *Gaznápira* 88: Quedaba su mosconeo de tábano acosándote en el baile. CBonald *Ágata* 49: A lo que respondió Manuela .. que qué era lo que andaba buscando con tanto mosconeo. MGaite *Búsqueda* 41: Tuve que interrumpir la lectura .., porque el mosconeo de aquella tácita pregunta llegó a producirme un malestar que me impedía seguir leyendo.

moscorra *f* (*reg*) Borrachera. | Campmany *Abc* 17.1.86, 17: A su alrededor, todo es triunfalismo y arrogancia, jumera, moscorra y cogorza de poder.

moscoso *m* (*col*) Día libre para asuntos propios, de los varios de que puede disponer un funcionario. *Tb fuera del ámbito de la Administración*. | *País* 31.12.88, 4: Se recuerda a todos los funcionarios que el día 2 deben estar en sus puestos de trabajo y que a partir de entonces no habrá *moscosos* para nadie.

moscote *m* (*reg*) Tursio (cetáceo). | J. Delgado *País* 6.7.86, 27: Podría tratarse de tursios, denominados moscotes en Castro Urdiales y arguajes de Santander a San Vicente de la Barquera.

moscovita[1] *adj* **1** De Moscú. *Tb n, referido a pers*. | PRioja *Abc* 25.11.70, 22: Al aterrizar en el aeropuerto moscovita .. el termómetro marcaba siete grados.
2 De(l) gobierno ruso o del régimen de la URSS. | *Nue* 22.12.70, 3: El comunismo .. llega a la imbecilidad cómplice, ungida, a veces, de angelismos beatos, pasando por la pura ortodoxia moscovita.

moscovita[2] *f* (*Mineral*) Mica blanca. | Ybarra-Cabetas *Ciencias* 56: Sus especies más notables son la moscovita o mica blanca .. y la biotita o mica negra.

mosén *m* **1** (*reg*) Tratamiento dado a los clérigos. | J. Sabaté *Des* 12.9.70, 41: Podían verse desde el ex rector de la Universidad de Barcelona .. hasta Artur Bladé i Desumvila, o mosén Muntanyola. **b)** Cura o sacerdote. | Berlanga *Gaznápira* 95: El sacristán es respetuoso y ni en la sacristía .. ni en casa del mosén se tomará una confianza.
2 (*hist*) Tratamiento dado a un noble de segunda clase en la corona de Aragón. | Riquer *Caballeros* 27: Gonzalo de Guzmán ya se había distinguido en 1428 al vencer al caballero navarro mosén Luis de Falces.

mosqueado -da *adj* **1** *part* → MOSQUEAR.
2 Que tiene pintas. | Berenguer *Mundo* 103: Tenía una collera: la Ja y el Jo, que eran color hígado, con las orejas como las hojas de una col y así mosqueados por el lomo. *DBu* 28.3.56, 2: Pérdida de una yegua mosqueada, con crin, lleva cabezada.

mosqueante *adj* (*col*) Que mosquea [1 y 2]. | Fraile *Cuentos* 26: La arrancada del coche les dejó sin música hasta los huesos y un silencio en el aire mosqueante, repentino, demasiado brusco.

mosquear *tr* (*col*) **1** Causar recelo [a alguien (*cd*)]. | PGarcía *Ya* 3.5.74, 6: Lo que más mosquea a los investigadores del Watergate es que el Presidente Nixon, en vez de presentar cintas magnetofónicas, ha presentado cintas *magnetoafónicas*. **b)** *pr* Sentir recelo. | Delibes *Cinco horas* 177: Me apuesto lo que quieras a que la celebración no se terminó con la cerveza y las gambas .. Dime tú, a ver si no es para mosquearse. Herrero *Balada* 26: Desde este momento, Gino, mosqueado, la mira de reojo.
2 Causar enojo o enfado. | Oliver *Relatos* 118: Un madero, con la porra en la mano, quiso sujetar al de la hoz .., pero tuvo que soltarle para que la hoz no le diese a él en el cuello. Eso debió de mosquearle, porque, de inmediato, empezó a darle hostias con la porra. **b)** *pr* Enfadarse o sentir enojo. | *DLi* 14.3.78, 5 (C): Los legionarios cesados se mosquean. GPavón *Reinado* 48: Plinio, a pesar de estar tan acostumbrado a las bromas de la Rocío, que tanto le quería, esta vez quedó un poco mosqueado.
3 (*raro*) Responder [alguien algo] resentido o molesto. | SRobles *Abc* 13.4.58, 22: Estalló una risita de la abuela Jacoba. –¡La verdad, mamá, que no sé de qué se ríe! –mosqueó mi padre. –Me ha hecho gracia la divisa, hijo.

mosqueo – mostacho

mosqueo m (col) **1** Acción de mosquear(se) [1 y 2]. *Frec su efecto.* | Palomino *Torremolinos* 50: Cuando aparece un señor así, con síntomas de mosqueo, no se le puede poner frente al director en caliente, hay que decirle que no está.
2 Tomadura de pelo. *Frec en la constr* UNA (DOS, *etc*) DE ~. | L. Torres *Imp* 13.12.77, 25: La televisión .. enmudecerá poco antes de las once de la noche. Política de austeridad .. El chocolate del loro. En definitiva, una de mosqueo. Forges *Inf* 28.2.78, 16: Desea ser recibida una comisión de la Asociación de Degolladores de Altos Cargos. ¿Les hago pasar, o se arroja V.I. por el balcón?... Dos de mosqueo; ha sido un ingenioso chascarrillo. *País* 4.5.83, 36: –Estoy de la Prensa hasta las tetas –insiste Mamen–. Yo, otro mosqueo como el del viernes no lo paso. Nos hicieron tantas entrevistas que yo ya tenía ganas de llorar.

mosquera f (reg) **1** Fleco que se pone a los animales en la cabezada o bajo el yugo para espantarles las moscas[1]. | MCalero *Usos* 18: Mosqueros o cernejas en frontalera que se movían al paso de marcha o de andadura. G. GHontoria *Nar* 3.77, 36: También era muy rico el capítulo de ganadería con sus "aciales" de madera para el morro de las mulas durante el herraje .., sus mosqueras de cáñamo para que no les piquen las moscas en el pecho. [*Cuenca*.]
2 Arbusto espinoso de hojas persistentes y coriáceas y flores blancas con cinco pétalos, en corimbos (*Rosa sempervirens*). | Mayor-Díaz *Flora* 542: *Rosa sempervirens* L. "Mosquera".

mosquero m (reg) Fleco que se pone en la cabezada de una caballería para espantarle las moscas[1]. | Halcón *Manuela* 69: Tomó [la jaca] el airoso paso castellano .. Y las tiras del mosquero iban al compás, sobre la frente alucerada.

mosquerola adj Mosqueruela. | ZVicente *Hojas* 111: Ir reconociendo las especies de frutas, una familiaridad vegetal, manzanas de verde doncella .., las peras de agua, verdiñales, mosquerolas, de muslo de monja.

mosqueruela adj [Pera] redonda, de color rojo oscuro y verde amarillento y carne dulce y granulosa. | Cela *Judíos* 285: El ruiseñor, aquella noche, había cantado sus romanticismos en el copudo y casi maternal regoldo, .. en el manso peral de la pera ahogadiza, de la redondita y montuna pera mosqueruela.

mosqueta[1] f Se da este n a varias especies de rosales: *Rosa sempervirens, R. damascena, R. canina y R. moschata*. | J. M. Bermejo *Ya* 9.1.87, 40: La mañana del 24 de agosto de 1635, Lope salía por última vez al jardín, a regar sus lirios .., sus mosquetas, las tudescas .., los tulipanes.

mosqueta[2] f (reg) Hemorragia nasal producida por un golpe. *Tb el mismo golpe.* | Berenguer *Mundo* 202: Me solté una hostia que se me quitaron todos los pensamientos .. Yo me estaba limpiando la cara con el faldón de la camisa porque se me hizo la mosqueta.

mosquete m (hist) Arma de fuego antigua, semejante al fusil, pero de mayor calibre, que se dispara apoyándola en una horquilla. | Camón *LGaldiano* 180: De arte alemán y talleres de Nuremberg del siglo XVII es el magnífico mosquete con decoración de marfil y nácar. Moreno *Galería* 143: Polvorines en los que conservar la pólvora para cargar con ellos trabucos y mosquetes.

mosquetería f (hist) Tropa de mosqueteros [1]. | Valbuena *Calderón* 2, 103: Merecen recordarse algunos episodios, como el de la tienda principal hundida por una bala de cañón, y el del percance del freno del caballo del general arrancado por un tiro de la mosquetería enemiga.

mosqueteril adj De(l) mosquetero [1]. *Tb fig.* | Aguilar *Experiencia* 329: Teníamos, cada uno según su carácter, un aire mosqueteril. J. M. MJovellar *As* 9.12.70, 31: Un valiente gato, calzado con botas mosqueteriles .., pelea a su lado.

mosquetero I m (hist) **1** Soldado armado con mosquete. | DPlaja *Sociedad* 34: Esta es la paga mensual corriente para el soldado menos técnico, el piquero. Los coseletes cobraban un ducado más, y los mosqueteros tres ducados de sobrepaga.
2 *En los ss XVII y XVIII:* Espectador teatral que asiste de pie en la parte posterior del patio. | GLópez *Lit. española* 302: El público ocupaba diversas localidades: a) los balcones que daban al patio ..; b) los bancos situados ante el escenario; c) el espacio desde donde los ruidosos "mosqueteros" contemplaban de pie la representación, y d) la "cazuela", local reservado a las mujeres.

II adj **3** [Guante] que se ensancha notablemente en la parte del puño. *Tb* DE ~. | *ByN* 22.9.91, 74: Los guantes mosqueteros con dados de adorno, al igual que los pendientes, son de Isabel Cánovas.

mosquetón[1] m Arma de fuego semejante al fusil, pero más corta. | Goytisolo *Recuento* 103: En torno a la base del mástil, en el armero, había once mosquetones dispuestos verticalmente.

mosquetón[2] m Anilla o gancho que cierran mediante un muelle. | *VozC* 8.7.55, 5: Aparte de estos doscientos ochenta metros de cuerdas se emplearán, asimismo, sesenta metros de escalas de aluminio, veinticinco mosquetones y otras tantas clavijas. *Abc* 30.5.58, 35: Saco de lona cauchutada, con bolsillo grande, cordón grueso con mosquetón .. Ptas. 50.

mosquitería f (raro) Conjunto de (los) mosquitos [1]. | *Ya* 12.10.86, 11: Coto de Doñana. Guerra rechaza "las locuras" que atribuyen la epidemia al "mundo de la mosquitería".

mosquitero -ra I adj **1** De (los) mosquitos [1]. | Cunqueiro *Fantini* 67: Probablemente volaban [los murciélagos] hasta el cauce seco del afluente del Secchia, donde tras los días de lluvia se formarían pequeñas charcas mosquiteras. **b)** [Tela] destinada a evitar el paso de los mosquitos [1]. | Berlanga *Barrunto* 77: Buscó algo, hacia el aire, a través de la tela mosquitera del ventanuco. **c)** [Curruca] **mosquitera** → CURRUCA.

II n **A** m **2** Pabellón de gasa o tejido similar, que se pone sobre la cama para evitar las picaduras de mosquito. | Herrero *Ya* 14.4.71, 7: Estabas en la cama con el mosquitero puesto. De pronto, por encima del mosquitero se paseaba un ratón con la mayor tranquilidad.
3 Pájaro de color verdoso y amarillo que habita gralm. en los bosques (*Phylloscopus collybita*). *Tb* ~ COMÚN. *Con un adj especificador, designa otras especies del mismo gén:* ~ MUSICAL (*P. trochilus*), ~ PAPIALBO (*P. bonelli*), ~ SILBADOR (*P. sibilatrix*), *etc.* | Delibes *Año* 15: Tras de la casa .. hay un nido de chochín y, al costado, en el santo suelo, .. otro de mosquitero. Noval *Fauna* 226: En los bosques asturianos vive el Mosquitero musical (*Phylloscopus trochilus*), el Mosquitero papialbo (*Phylloscopus bonelli*) y el Mosquitero silbador (*Phylloscopus sibilatrix*) .. El Mosquitero musical .. se confunde fácilmente con el Mosquitero común (*Phylloscopus collybita*).

B f **4** Mosquitero [2]. | Marsé *Tardes* 322: Era agradable imaginar a sus padres durmiendo en su gran lecho (a ser posible con mosquiteras amarillas).

mosquito I m **1** Insecto díptero de pequeño tamaño, cuerpo delgado, patas largas y finas y alas transparentes (gén. *Culex* y otros). | Laforet *Mujer* 30: Le picaron todos los mosquitos. Navarro *Biología* 264: Las larvas, ninfas y los insectos adultos del mosquito anofeles se distinguen perfectamente de los mosquitos corrientes (especies del género Culex).
2 (Zool) Larva de saltamontes en la fase inmediata a su salida del huevo. | Legorburu-Barrutia *Ciencias* 165: Las larvas [del saltamontes] salen en primavera, pasando por las fases de mosquito (al salir del huevo), mosca y saltón.

II loc v **3** tener sesos de ~, o menos sesos que un ~ → SESO[1].

mosso d'esquadra (cat; pronunc corriente, /móso-deskuádra/) m Miembro de la policía autónoma catalana. *Tb simplemente* MOSSO. *Frec en pl, designando el cuerpo.* | *Cór* 6.8.91, 46: Los Mossos d'Esquadra vigilan a 32 sospechosos de provocar incendios. *País* 26.9.89, 14: El Gobierno ha ofrecido a la Generalitat catalana, que preside Jordi Pujol, un despliegue progresivo de la policía autonómica que le permitiría llegar a los 1.500 *mossos* en 1992.

mostacero m Tarro para servir la mostaza [2]. | *SYa* 14.3.74, 13: 2 vinagreras, 2 saleros y 2 mostaceros, todo en vidrio irrompible y tallado, muy prácticos. Oferta especial, 88.

mostacho m Bigote grande. | *Caso* 14.11.70, 10: El aspecto del visitante era de lo más serio que imaginarse pueda: impecable traje, bastón, sombrero cuidado, mostacho.

mostachón *m* Cierta torta de harina y huevo. | Burgos *Tri* 5.12.70, 11: Hay mostachones, los mostachones de Utrera; para la familia, mostachones. Cela *Alcarria* 253: El viajero desayuna huevos fritos con panceta y un vaso de tinto del país, café con leche con mantecados .., mostachones y rosquillas fritas.

mostachudo -da *adj* Que tiene mostacho. | Kurtz *Lado* 178: Susan con Mauricio, mostachudo, sin calva, elegantón y apuesto. Más fotos de Susan. C. SMartín *MHi* 3.61, 58: Se suma a sus prodigios lingüísticos su cara de Celestina barbuda, mostachuda y desdentada.

mostacilla *f Se da este n a las plantas herbáceas Thlaspi alliaceum y T. perfoliatum. Tb* ~ BRAVA *o* SALVAJE. | Mayor-Díaz *Flora* 439: *Thlaspi alliaceum* L. "Mostacilla brava", "Mostacilla silvestre".

mostagán[1] *m* (*col*) Vino. | Aldecoa *Cuentos* 1, 137: Los cuatro sepultureros .. se comieron una tortilla de patatas, un pan tremendo y se bebieron dos botellas de mostagán.

mostagán[2] *m* (*reg*) Hombre vago y algo bruto. *Tb adj.* | Moreno *Galería* 147: Armaba una algarabía contra la Cecilia .. o contra la colección de mostaganes y mozuelas de sus hijos.

mostajo *m* Árbol de la familia de las rosáceas, de fruto elíptico pardo o rojo, cuya madera se usa en ebanistería (gén. *Sorbus*, esp. *S. aria*). | Cendrero *Cantabria* 44: En las laderas situadas a umbría .. se instalarían los bosques monoespecíficos de haya .., apareciendo muy de vez en cuando algún mostajo o serbal (*Sorbus* sp.) en forma de ejemplares aislados. Loriente *Plantas* 41: *Sorbus aria* (L.) Crantz, "Mostajo". Arbolito o árbol utilizado muy ocasionalmente para adornar y para dar sombra.

mostayal *m* (*reg*) Mostajo, árbol (*Sorbus aria*). | Mayor-Díaz *Flora* 545: *Sorbus aria* (L.) Crantz. "Mostellar", "Mostayal", "Mosteyal".

mostaza I *f* **1** Planta herbácea de flores amarillas en racimo y fruto en silicua con numerosas semillas pequeñas, de olor irritante y sabor picante, que se emplean en cocina y medicina (*Brassica nigra*). *Tb* ~ NEGRA. *Otras especies se distinguen por medio de adjs o compls:* ~ BLANCA (*Sinapis alba*), ~ DE LOS CAMPOS (*Sinapis arvensis*), ~ SALVAJE (*Thlaspi arvense*), *etc*. | Alvarado *Botánica* 35: Algunas [raíces], como las de la mayoría de las crucíferas (col, mostaza, etc.), son fototrópicamente negativas. Loriente *Plantas* 33: *Brassica nigra* (L.) Koch, "Mostaza negra". Herbácea anual que se cultiva en muy pequeña cantidad. Se usan sus semillas como condimento. Remón *Maleza* 104: S[inapis] alba L. Nombre común: Mostaza blanca. La mostaza blanca es una planta anual que en algún tiempo y lugar se cultivó como forrajera. Remón *Maleza* 105: S[inapis] arvensis L. Nombre común: Mostaza de los campos, Mostaza silvestre, Mostaza negra, Alhelí amarillo, Rábano silvestre .. Es planta muy común, frecuente en lugares cultivados, en los que constituye maleza en terrenos incultos y caminos. Remón *Maleza* 115: *Thlaspi arvense* L. Nombre común: Taburete, Hierba de los caballos, Mostaza salvaje, Talaspico .. Es una mala hierba anual o hibernante, propia de tierras cultivadas y terrenos baldíos, bastante extendida.
2 Salsa preparada con semillas de mostaza [1]. | Bernard *Verduras* 36: A quien le guste la mostaza, puede añadir media cucharadita a la salsa.
3 ~ **nitrogenada.** (*Med*) Compuesto químico del grupo de los homólogos del gas mostaza, que se emplean en el tratamiento de las leucemias y otras enfermedades. | M. Aguilar *SAbc* 30.11.69, 54: Algunos tóxicos que pueden dar agranulocitosis .. Leodin. Mostaza nitrogenada.
II *adj* **4** [Color] amarillo oscuro propio de la mostaza [2]. *Tb n m.* | *Sáb* 3.12.66, 36: Cuenco y ánfora de cerámica de Talavera, dibujados en verde y mostaza. **b)** De color mostaza. | *ByN* 10.12.89, 98: Jersey mostaza, 10.280.
5 [Gas] ~ → GAS.

mosteador *m* (*reg*) *En las bodegas de vinos:* Ayudante del arrumbador. | CBonald *Dos días* 59: Cobeña se había puesto a hablar con uno de los mosteadores que trasegaban el vino de la tina a la bota.

mostellar *m* (*reg*) Mostajo (árbol, *Sorbus aria*). | Mayor-Díaz *Flora* 545: *Sorbus aria* (L.) Crantz. "Mostellar", "Mostayal", "Mosteyal".

mosteyal *m* (*reg*) Mostajo (árbol, *Sorbus aria*). | Mayor-Díaz *Flora* 545: *Sorbus aria* (L.) Crantz. "Mostellar", "Mostayal", "Mosteyal".

mostillo *m* Dulce hecho con mosto [1] o aguamiel, harina, especias y a veces frutos secos o trozos de fruta. | GPavón *Cuentos rep.* 58: El verdadero propósito de nuestra excursión, aparte de merendar un pollo frito, arrope con letuario y mostillo con almendras, era cazar pájaros. Berlanga *Gaznápira* 164: Pone mostillo de postre, cargado de anises, como a ti te gusta, mientras confiesa que será el último que haga porque ya nadie espuma las alzas de las colmenas.

mosto *m* **1** Zumo de la uva, antes de fermentar. | GPavón *Hermanas* 18: Allí hervían los mostos en octubre y se curaban bestias todo el año.
2 (*E*) Mezcla de materias vegetales y agua que sirve para fabricar alcohol o bebidas alcohólicas. | *Día* 27.6.76, 14: El malteado de la cebada no es más que una imitación de la germinación en la naturaleza: conversión de los componentes del grano en alimento asimilable por la futura planta. Tan solo que en cervecería ese alimento va a parar posteriormente al mosto.

mostoleño -ña *adj* De Móstoles (Madrid). *Tb n, referido a pers*. | *País* 13.1.80, 12: El único motivo fue hacer patentes las innumerables anomalías de la anterior Corporación mostoleña.

mostoso -sa *adj* **1** (*raro*) [Vino] poco fermentado. | Escobar *Itinerarios* 196: Si sobraba caldo, para que un tabernero cualquiera .. le despachase, mostoso, en modorro o jarrilla, y ya hecho, en vasos bizcocheros.
2 (*reg*) [Fruta, esp. uva] pringosa o pegajosa. | * Nos vendieron unos melocotones mostosos y malísimos.

mostra (*it; pronunc corriente,* /móstra/) *f* Muestra (exposición o exhibición). *Referido a las celebradas en Italia.* | L. LSancho *Abc* 26.8.72, 51: Si se opta por el segundo criterio, las mostras, los festivales, habrán desaparecido. Habrán sido sustituidos por certámenes de propaganda política.

mostrable *adj* Que se puede mostrar. | Cela *Inf* 5.11.76, 20: El tonto metafísico .. lleva la característica pintada en la cara –y quizá también en el culo, parte del organismo más recoleta y menos habitualmente mostrable y descarada–.

mostración *f* (*lit*) Acción de mostrar. | Gambra *Filosofía* 158: Para ellos no es precisa una demostración racional de la existencia de Dios, puesto que basta una mostración de lo que es por sí mismo evidente. Lázaro *Gac* 28.12.75, 15: Pudo hallarse otro motivo [en la obra] .. para conseguir lo mismo: la mostración de una conciencia progresivamente irritada en los pobres, y la espera de una ocasión vindicatoria.

mostrador *m* **1** *En determinados establecimientos públicos, esp tiendas o locales de bebidas:* Tablero o mueble alargado que separa al cliente de la pers. que le atiende. | L. Álamo *HLM* 26.10.70, 9: En la taberna de Fernando hay un mostrador bien fregado. Medio *Bibiana* 274: Se encuentra ante un vestíbulo circular, rodeado de grandes ventanillas o mostradores.
2 *En una cocina:* Tablero o mueble alargado que gralm. separa dos ambientes. | Diosdado *Anillos* 1, 102: Rosa va a dejar las botellas sobre el mostrador de la cocina.
3 (*col*) Pechos (de mujer). | Carandell *Madrid* 105: Chicas con el pecho alto, chicas con mucha delantera, chicas con mucho mostrador.

mostrar (*conjug* 4) **A** *tr* **1** Enseñar (poner [algo (*cd*) ante alguien (*ci*)] de manera que lo vea). *A veces se omite el ci.* | Olmo *Golfos* 107: Se metió la mano en el bolsillo interior de su chaqueta para mostrar .. el carnet. **b)** Tener visible [algo]. | Lera *Boda* 605: El muchacho, con la camisa remangada y abierta, mostraba al descubierto el redondo pecho. **c)** Tener [algo que se ve o puede ser visto]. | *DLér* 4.7.69, 4: Se asistió a Enrique Sardá Godia, de 11 años de edad, .. el cual mostraba herida incisa en el brazo izquierdo, producid[a] al cortarse con un cristal.
2 Hacer ver [algo abstracto (*cd*) a alguien (*ci*)]. | Pániker *Conversaciones* 207: La crítica de libros .. la concibo, pues, como una función modesta, que consiste en mostrar los valores de un libro, en hacérselos llegar a la gente. **b)** Manifestar o dejar ver [un hecho]. | Ero *Van* 14.7.74, 30: Vivía a sal-

mostrativo – motete

to de mata y mostraba especial predilección por el naipe y la caza de pajarillos con armadillo.
3 (*Caza*) Hacer [un perro] la muestra [de algo (*cd*)]. *Tb abs.* | MFVelasco *Peña* 266: Medio minuto tardó la Nela en mostrar la segunda codorniz. MFVelasco *Peña* 267: Ni le reñí [al perro], no fuera el diablo que no volviera a mostrar y cobrar en lo sucesivo.
B *copulat pr* **4** Aparecer o presentarse [de una determinada manera (*adj predicat*)]. | *País* 22.1.77, 17: Nuestra obligación profesional es recabar siempre que sea posible todas las versiones de un mismo hecho para completar así toda información. En muchas ocasiones son los organismos oficiales los que se muestran reticentes al facilitarla.

mostrativo -va *adj* Que muestra. | GÁlvarez *Filosofía* 1, 108: La ciencia es el conocimiento de las cosas por sus causas y principios. Supera el grado del saber puramente mostrativo para hacerse conocimiento demostrativo. Pániker *Conversaciones* 207: La mía es una crítica mostrativa.

mostrencamente *adv* De manera mostrenca [2]. | A. M. Campoy *Abc* 19.11.64, sn: No es esta .. una naturaleza copiada mostrencamente, sino un paisaje real subjetivo sutilmente.

mostrenco -ca *adj* **1** Que no tiene dueño conocido. | RMoñino *Poesía* 56: Como en bien mostrenco, se entraba por las páginas de la compilación [el Cancionero General] y, floreando lo que más convenía, se daba cuerpo y contenido a un libro de la extensión deseada. MCalero *Usos* 68: Se iba sin [h]errar .. y aparecería muy lejos, sin amo. La llamarían después res mostrenca.
2 Indefinido o sin carácter propio. | P. Crespo *Abc* 23.3.78, 39: Con estos elementos, Michael Anderson ha hecho una película mostrenca, relativamente bien hilvanada. Rábade-Benavente *Filosofía* 206: La sociedad humana no es, como las "sociedades" animales, un simple grupo mostrenco, en el que el individuo queda anulado y pierd[e] su personalidad.
3 [Pers.] torpe o de cortos alcances. | MFVelasco *Peña* 65: La Antonia es fea y mostrencona, más áspera que un cardo, y, no siendo el penco de Córdulo, que a saber qué vio en ella, ni de moza la ha mirado nadie con intención.

mota¹ *f* **1** Partícula redondeada [de algo]. | Torbado *En el día* 330: Hizo un gesto para que bebiera y después rozó su barbilla con un dedo, como si estuviese quitándole una mota de polvo.
2 Mancha o dibujo pequeños y redondeados. | * El vestido es blanco con motas azules.
3 (*reg*) Cantidad mínima de dinero. *En constrs negativas de intención ponderativa*, como NO TENER UNA ~, o NI ~. | FReguera-March *Filipinas* 110: No te dejaré ahorrar ni una mota.
4 (*Mar, hist*) Participación en la financiación de una expedición comercial, cuyos beneficios se liquidan al término de esta. | Mercader-DOrtiz *HEspaña* 4, 163: Coexisten la sociedad de la mota (simple cuenta en participación de un negocio marítimo, propio de inversiones múltiples de tipo popular) con la sociedad privilegiada por acciones.

mota² *f* Eminencia del terreno de poca altura. *Frec en la forma dim* MOTILLA. | Carnicer *Castilla* 187: En el cerro del castillo, que algunos viejos dicen mota, había un barrio judío al que llamaban Mota de los Judíos. Berenguer *Mundo* 33: Al calentar el verano empezaron a desmontar las motillas de la Casa del Fraile pegándoles fuego. *Abc* 3.10.71, 37: Estas obras comprenden la apertura de cauces entre el puente de la carretera de San Pedro Pescador y quinientos noventa metros en la margen izquierda, formado por una mota de forma trapezoidal, de 2,60 metros en la coronación y 8,50 metros en la base.

motacilla *f* Lavandera (ave). | Lama *Aves* 57: El vuelo de un enjambre de pájaros con infernal piar, formado principalmente por Lavanderas (Motacillas).

motano -na *adj* De Mota del Marqués (Valladolid). *Tb n, referido a pers.* | Carnicer *Van* 17.7.75, 50: Los de Mota del Cuervo son moteños, y motanos los de Mota del Marqués.

motard (*fr; pronunc corriente*, /motár/; *pl normal*, ~s) *m y f* Motorista o motociclista. | *Ya* 4.7.88, 9: ¡Yo pararé, "motards"! *Ya* 4.7.88, 9: No se le puede hacer esto a nadie. Y menos a una *motard* genuina.

mote *m* **1** Apodo, frec. de carácter despectivo. | Olmo *Golfos* 93: Las chicas le llamaban *el Guapo*, mote que no le caía mal.
2 Texto muy breve que figura como leyenda en un escudo. | CBaroja *Inquisidor* 27: Un ángel sostiene el blasón de la familia .. El mote del linaje familiar es típicamente norteño, montañés o vizcaíno: "adelante por más valer los del Corro".
b) (*hist*) Texto usado como empresa en las justas y torneos. | Lapesa *HLengua* 192: En la misma obra figura la descripción de unas justas en que intervienen caballeros de la alta sociedad barcelonesa: los motes que sacan son coplas castellanas con más o menos mezcla de catalán.
3 Cita que encabeza un libro o una composición literaria. | Tovar *Gac* 9.8.81, 11: Como mote y explicación del libro van dos o tres extractos del periódico de cualquier día.
4 (*TLit*) Texto, gralm. de un solo verso, que sirve de cabeza a una glosa. | RMoñino *Poesía* 92: Las formas [de las canciones] son muy diversas, pero tienen en común su característica de glosar un pie de tres o cuatro versos en varias estrofas en las cuales se desarrolla el tema central y se repite, como de costumbre, una parte del mote.

moteado¹ **-da** *adj* **1** *part* → MOTEAR.
2 Que tiene motas¹ [2]. | Delibes *Ratas* 94: Parió la perra; echó seis cachorrillos moteados y uno de pelaje canela. Laforet *Mujer* 154: Julián lo veía todo con unos ojos azules, moteados de puntos amarillos.

moteado² *m* **1** Acción de motear. *Tb su efecto.* | Berenguer *Mundo* 35: Desde el mismo río sube el monte con mucha pasta con un moteado de lentisco muy limpio.
2 Enfermedad del peral producida por el hongo *Venturia pirina* y que se caracteriza por la aparición de manchas oscuras en hojas, ramas y frutos. | F. Ángel *Abc* 25.3.58, 11: Cupreclor. Es una sal de cobre especialmente preparada para combatir el Mildeo de la vid y enfermedades similares, como Roña, Moteado, Lepra, etc., de los árboles frutales.

motear *tr* Salpicar [algo] de motas¹ [2]. | Hoyo *Caza* 36: Como es otoño, un dorado cálido, el de los carrascos, motea la mancha parda del encinar del cerro. Lera *Boda* 582: Ligeras nubecillas, como guedejas de algodón, moteaban el rutilante azul.

motejar *tr* **1** Dar [a alguien (*cd*)] la denominación o calificación despectiva [que se expresa (*compl* DE)]. | DCañabate *Abc* 29.10.70, 19: Tengo la pluma en la mano para motejar de borregos a los toros.
2 Poner [a alguien (*cd*)] un mote [1]. | Millás *Visión* 80: Quien no se deja motejar hace de su propio nombre el peor de los motes.

motel *m* Establecimiento hotelero situado fuera de los núcleos urbanos y en las proximidades de las carreteras, con alojamiento en departamentos con entrada independiente desde el exterior y garaje o cobertizo. | Pemán *Andalucía* 363: Toda esta costa acrecienta por años su cupo de hoteles, moteles, paradores.

moteño -ña *adj* De Mota del Cuervo (Cuenca). *Tb n, referido a pers.* | E. Riquelme *DíaCu* 15.7.84, 6: El Ayuntamiento moteño .. ha enviado a todos los vecinos una circular informativa. E. DUceta *Ya* 12.9.86, 51: Lo curioso es que la alfarería moteña no está hecha por hombres, sino por mujeres.

motero -ra (*col*) **I** *adj* **1** De (las) motos o de (los) motoristas. | R. Torres *Ext* 17.6.91, 5: Escribo desde la desesperación de una ciudad tomada por miles de motocicletas venidas de toda España. Se trata de una gran concentración motera en torno al circuito del Jarama.
II *m y f* **2** Motorista o motociclista. | R. Torres *Ext* 17.6.91, 5: Me consta que las máquinas de los buenos motoristas son silenciosas y cívicas .. Precisamente esos buenos moteros, para salvar su reputación, deberían luchar contra esos vándalos. Burgos *D16* 11.9.92, 4: Los moteros nos adelantan como una exhalación por la autopista.

motete *m* Breve composición musical, de carácter religioso o profano, a dos o tres voces, cada una de las cuales canta una letra diferente. | CSotelo *Poder* 213: La catedral estaba preciosa. Cantaron unos motetes de Monteverdi. J. C. Villacorta *HLM* 26.10.70, 15: Música extraña y hermosa de motetes no religiosos, escritos con expresiva y compleja estructura rectilínea y polivocal.

moth Europa (*pronunc corriente*, /móθ-európa/) *m* (*Dep*) Yate de regatas con una vela mayor triangular y sin foque. | L. Espejo *Sáb* 30.11.74, 91: La Federación Española de Vela cuenta en sus ficheros con 11.312 licencias federativas pertenecientes a otros tantos regatistas que a su vez disponen de 4.913 embarcaciones de las clases "Snipe", "Vaurien", "Optimist", "Moth Europa".

motil *m* (*reg*) Muchacho cocinero en un barco. | Cancio *Bronces* 76: Apenas si se oye ya otra voz que la del motil del patache.

motilidad *f* (*Med*) Movilidad. | Mascaró *Médico* 57: Se conoce con el nombre de coma un estado caracterizado por la pérdida de la conciencia, sensibilidad y motilidad, con conservación relativa de la respiración y circulación.

motilla → MOTA².

motillano -na *adj* De Motilla del Palancar (Cuenca). *Tb n, referido a pers.* | E. Cuéllar *DíaCu* 22.9.84, 2: No les nieguen a los motillanos el riato.

motillón *m* Mota² o motilla grande. | Berenguer *Mundo* 270: La pequeña de Pablo, la Francisca, tenía el encargo de quedarse en el motillón alto de lo Romeral que da a la cañada.

motilón¹ -na *adj* **1** Pelón (que no tiene pelo o lo tiene muy escaso o muy corto). | Delibes *Madera* 279: La preocupación de Gervasio en estos días no estaba en su cabeza motilona sino en la autorización paterna.
2 Del pueblo indígena americano de la familia caribe que vive en la región de la Sierra de Perijá, en la frontera entre Colombia y Venezuela, y que se caracteriza por su corte de pelo en forma de casquete. *Tb n, referido a pers.* | J. Cazorla *Abc* 6.2.58, 17: Hay indios motilones, los más representativos de Venezuela. *Luc* 11.8.64, 2: Los motilones viven en la miseria sobre un lago de petróleo de riqueza incalculable. Un grupo de estos indios colombianos se ha incorporado a la civilización en lamentable estado de necesidad.
3 (*Rel catól*) *En un convento*: Lego. *Tb n.* | Cela *Alcarria* 64: El tío Fraile, que era motilón retirado y hombre de hechuras muy corpulentas, vendía telas de adorno. Torbado *Peregrino* 157: Por su gusto, se hubiera quedado en Pamplona, aun como criada de algún gran señor o como motilona o andera de algún convento.

motilón² -na *adj* (*reg*) [Pers.] corpulenta. | Aldecoa *Gran Sol* 75: Estaba creciendo mucho el chico. Iba a ser un gran mozo, un motilón como... como él había sido.

motín *m* Movimiento colectivo de protesta, de ámbito limitado, en forma tumultuosa y violenta y gralm. espontáneo, contra una autoridad. | CBaroja *Inquisidor* 54: Arce no era gran inquisidor ya cuando se afranceró, .. aunque lo fuera desde la entrada de los franceses en Madrid hasta el famoso motín de Aranjuez.

motivación *f* **1** Acción de motivar, *esp* [4]. | Pinillos *Mente* 124: La falta o el exceso de motivación perjudican el rendimiento intelectual.
2 Motivo¹ o conjunto de motivos [1]. | Laforet *Mujer* 297: Tenía una motivación válida aquel dolor sentido al apartarse de Antonio. Pániker *Conversaciones* 218: En la sociedad juvenil, juegan otro tipo de motivaciones.

motivacional *adj* (*Psicol*) De (la) motivación. | Rábade-Benavente *Filosofía* 95: La conducta motivada no lo es siempre en un modo positivo .. Vamos a ver también .. esta "cara negativa" de los procesos motivacionales.

motivadamente *adv* Con motivación. | X. Torres *PapD* 2.88, 184: Contribuirá [la metodología] decisivamente a que esos estudiantes lleguen a trabajar más motivadamente sobre cuestiones cotidianas, de su entorno, etc.

motivador -ra *adj* Que motiva. *Tb n, referido a pers.* | V. RRozas *Caso* 5.12.70, 11: Este ruido molesto cesó antes de que protestaran de alboroto ante su supuesto motivador. Marín *Enseñanza* 275: Ofrecer incentivos motivadores. Se ha comprobado con todo rigor científico que los escolares aumentan su eficacia cuando conocen los resultados obtenidos en su aprendizaje.

motivar *tr* **1** Ser el motivo¹ [1] [de algo (*cd*)]. | *Abc* 16.10.70, 29: El estruendo .. motivó que cundiese el pánico. *VozC* 7.7.55, 2: Motivado por un descuido de un niño de siete años, se produjo un violento incendio en un corral.
2 Explicar los motivos¹ [1] [de algo (*cd*)]. | *SPaís* 25.11.77, v: El Senado .. puede, mediante mensaje motivado, poner su veto al proyecto aprobado por el Congreso de los Diputados.
3 Mover o incitar [a alguien a algo (*compl* PARA)]. | I. Fuente *País* 17.10.78, 16: Estos últimos [los oficiales] pusieron de manifiesto al señor Nicolás que la causa presumible de los incidentes era el grave estado anímico en que viven los policías y sus familiares. Esto motivó al director general para ordenar los traslados forzosos.
4 Despertar el interés o el deseo de actividad [de alguien (*cd*)]. | *SPaís* 1.3.81, 3: Cada uno es muy dueño de desear ver las películas que más le motiven, sean de los Marx, de Eisenstein o de Estrellita Castro. MGaite *Nubosidad* 374: Desde luego lo has dejado alucinado, se nota que lo motivas. Bueno, y él a ti lo mismo, tenéis un rollo parecido los dos.

motívico -ca *adj* (*Mús*) De(l) motivo¹ [3]. | *ONE* 13.11.87, 10: El fragmento que .. hoy se interpreta ha hecho carrera como pieza orquestal autosuficiente .. Puede reprochársele .. su exigua parquedad motívica, no su expresividad exaltada.

motivo¹ I *m* **1** Causa [de una acción o de una actitud]. | PRivera *Discursos* 11: El Príncipe don Juan Carlos .. juró .. servir a los Principios del Movimiento y fidelidad a los motivos que promovieron el 18 de Julio. Medio *Bibiana* 16: No hay motivo para que Marcelo esté tan preocupado. **b)** Causa que mueve a actuar. | DPlaja *El español* 113: Los nobles del lugar son gente que no da motivos a la justicia.
2 Figura, gralm. repetida, que sirve de elemento decorativo. *Frec* ~ DECORATIVO *u* ORNAMENTAL. | *Lab* 2.70, 17: Para dar un tono alegre .. añadimos a las toallas un bello motivo bordado. J. MSalud *SYa* 21.7.74, 5: Tiene esta iglesia una portada románica con capiteles y archivoltas, decoradas con motivos vegetales y geométricos. Onieva *Prado* 205: Dejó [Pedro Brueghel el Viejo] dos hijos: Pedro Brueghel d'Enfer, así llamado por las diablerías que proliferan en sus lienzos, y Juan Brueghel de Velours, por la delicadeza aterciopelada que imprimía a sus motivos decorativos.
3 (*Mús*) Tema característico que se repite a lo largo de una composición. *Tb fig, fuera del ámbito musical.* | Puente *Música* 192: El empleo del "motivo conductor" (*leitmotiv*) es la característica más saliente y aparente de la forma de expresión del compositor [Wagner].
II *loc prep* **4 con ~ de.** A causa de. | *CAlb* 12.91, 1: Con motivo de la finalización del "Año Mozart" .., Cultural Albacete ha organizado dos conciertos con obras del músico salzburgués.

motivo² -va *adj* (*E*) Que mueve o sirve para mover. | GÁlvarez *Filosofía* 1, 368: Consideran la razón, respectivamente, en su función aprehensiva, judicativa y motiva.

moto¹ I *f* **1** Motocicleta. | CNavarro *Perros* 17: Las motos sorteaban temerariamente a los automóviles. **b)** *Con un compl especificador como* DE AGUA *o* DE NIEVE, *designa otros vehículos similares a la motocicleta pero adecuados para el medio que se expresa.* | *Abc* 10.10.93, 45: Soldados israelíes atacaron la pequeña embarcación de los radicales árabes, que intentaron huir posteriormente a bordo de motos de agua. Pi. Ortega *Ya* 9.1.92, 20: Un equipo de geólogos de la Universidad de Barcelona ha experimentado por primera vez dos motos de nieve en las zonas glaciares.
II *loc v* **2 vender la ~** [a alguien). (*col*) Engañar[le]. | Torbado *Inde* 8.9.90, 9: El Ministerio de Información iraquí intenta a diario "vendernos" la moto a los periodistas extranjeros.
III *loc adv* **3 como una ~.** (*col*) En estado de gran excitación, frec. por consumo de drogas o alcohol. *Gralm con vs como* ESTAR, IR *o* PONERSE. | AMillán *Damas* 84: (Maruja esnifa.) .. ¡Qué cosa más buena, madre! ¡Me he puesto como una moto! AMillán *Damas* 15: ¡Pues anda! Que lo del disc-jockey de anoche .. ¡Menos mal que no se puede fumar las agujas del equipo, si no...! ¡Va como una moto y un día se va a cegar y es capaz de poner a Perales! Torres *Ceguera* 73: Crédula y tonta .. Lo que nos conviene. Está como una moto con la teleserie dichosa, será cera en nuestras manos.

moto² *m* (*lit*) **1** Lema (frase que condensa un ideal de conducta o de acción). | *País* 9.11.82, 15: Las de los institutos seglares se habían agrupado en un lateral del Palacio, en cuya parte más alta pendía una de las raras pancartas en el recinto, con el moto *Totus Tuus*.

2 Mote (cita que encabeza un libro o una composición literaria). | LIbor *Pról. Antología* XX: Aldous Huxley ha publicado recientemente un ensayo sobre este punto. Lleva como "moto" estas palabras de Blake.

moto-[1] *r pref* De motor. | *Por ej: Abc* 6.1.68, 48: Los motobuques "Ernesto Anastasio" y "Vill[a] de Madrid". *Med* 20.9.63, 6: Tractores y Palas Cargadoras .. Motofresadora. *Her* 18.8.90, 27: Honda industrial: Carretillas todo terreno, motosoldaduras. *Sur* 3.8.89, 4: Otros despachos de salida. Mototanque español "Alcudia", para Tarragona en lastre. *Abc* 31.3.73, 32: Importante empresa constructora necesita .. maquinistas. Mínimo de dos años de experiencia en Bulldoz[e]rs D-8 / D-9 y mototraíllas.

moto-[2] *r pref* De (la) motocicleta. | *Por ej:* R. Valenzuela *SCór* 27.8.93, 12: Una interesante cita servida por el Motoclub de la mencionada localidad, que ha organizado .. una prueba de Trial Indoor. H. Larroc *Abc* 30.5.58, 62: Del Gran Premio de España del Real Moto Club de Cataluña, columna inconmovible sobre l[a] que se asentara y definiera indudablemente la primacía motodeportiva de la Ciudad Condal.

motoazada *f* (*Agric*) Vehículo agrícola de pequeñas dimensiones provisto de un dispositivo para excavar la tierra. | *Caudete* 131: Motoazadas de 2 y 6 H.P. Motocultores Diesel de 12 y 14 H.P.

motobomba *f* (*E*) Bomba aspirante e impelente que funciona por medio de un motor. | Cuevas *Finca* 241: Cuando el agua escasee, tendremos el agua del Pozo de la Niña con una motobomba de gasolina.

motocarro *m* (*alguna vez f*) Vehículo de tres ruedas, con motor, destinado al transporte de cargas ligeras. | *Ya* 21.3.59, 6: Una motocarro, aprisionada entre los tranvías en Ventas. Delibes *Cinco horas* 285: Petardea, abajo, en la calle estrecha, el primer motocarro.

motocicleta *f* Vehículo automóvil, gralm. de dos ruedas, cuyo motor está unido a una estructura que soporta a la vez una de las ruedas y el asiento del conductor. | *Caso* 21.11.70, 19: Regresaba a su casa con una motocicleta que le habían dado para arreglar.

motociclismo *m* Deporte de la motocicleta. | *Alc* 31.10.62, 19: En Bruselas ha tenido lugar el Congreso de Otoño de la Federación Internacional de Motociclismo.

motociclista I *adj* **1** De (las) motocicletas o de(l) motociclismo. | Caporte *Ya* 15.4.64, 28: Se inclinó a favor de nuestra firma motociclista. Repollés *Deportes* 165: La Federación Motociclista consiguió en 1962 que el Gran Premio Motorista de Barcelona sea puntuable para el Campeonato Mundial de Velocidad.

II *m y f* **2** Pers. que practica el motociclismo. | M. GAróstegui *SVozC* 31.12.70, 10: El motociclista Ángel Nieto .. merece los honores de ser el primer citado.

3 Pers. que conduce una motocicleta. | Cela *Viaje andaluz* 125: Un hombre rubio .. que hurga .. en una motocicleta averiada. Al cabo de un rato, otro motociclista .., que vio a su compañero en trance tan apurado, paró el motor, descabalgó y se acercó al grupo.

motociclístico -ca *adj* (*raro*) Motociclista [1]. | *País* 5.7.91, 52: El super-cross es una especialidad motociclística que tiene una popularidad enorme en Estados Unidos.

motociclo *m* (*admin*) Motocicleta. | APaz *Circulación* 214: Solo autoriza [el carnet de tercera] la conducción de vehículos de la primera categoría, o sean motociclos y en general vehículos automóviles de dos o tres ruedas .. con cilindrada superior a 50 centímetros cúbicos.

motocine (*tb con la grafía* **moto-cine**) *m* Cine al aire libre en que los espectadores ven la proyección desde sus vehículos. | *MHi* 6.60, 44: Muchos cines al aire libre para espectadores que contemplan la proyección desde sus automóviles, o motocines, han encontrado una fuente de ingresos suplementaria. Ortega *Americanos* 42: Johnny .. está hecho a .. besar a las muchachas .. en los moto-cines.

motocompresor *m* (*E*) Compresor que forma cuerpo con su propio motor. | *Ya* 30.5.64, 42: Electrógenos, motobombas, motocompresores.

moto-cross (*pronunc,* /motokrós/; *tb con la grafía* **motocross**) *m* Variedad de deporte motociclista practicada en terreno accidentado. *Tb la prueba de este deporte.* | *GacNS* 16.8.74, 16: Mendívil, vencedor del moto-cross de Llodio. *VozC* 29.6.69, 5: A las once y media, en el circuito de San Isidro, prueba de motocross.

motocultivador *m* (*Agric*) Motocultor. | *Ya* 23.4.70, 16: Bertolini, S.A. Máquinas agrícolas .. Atadoras. Motocultivadores.

motocultor *m* (*Agric*) Arado provisto de motor y de manceras para dirigirlo. | Burgos *SAbc* 13.4.69, 47: En el campo no solamente los motocultores han sustituido a las caballerías, sino que los carruajes de vistosos enganches han dejado paso .. al "jeep" y al tractor.

motofurgón *m* Motocarro cubierto. | *Abc* 25.4.58, 14: Los demás acertantes recibirán, como siempre, una opción al sensacional Pegaso y al motofurgón Lambretta.

motonauta *m y f* Pers. que practica la motonáutica [2]. | *Ext* 29.8.72, 1: Franco con los motonautas .. Su Excelencia el Jefe del Estado, a bordo del "Azor", presenció las pruebas de motonáutic[a].

motonáutico -ca I *adj* **1** De (la) motonáutica [2]. | Cos-Estrada *Ya* 21.10.64, 30: Las Seis Horas motonáuticas de París fueron para el equipo británico.

II *f* **2** Deporte consistente en la navegación en pequeñas embarcaciones de motor. | *Abc* 30.12.65, 104: Los Campeonatos Mundiales de Motonáutica de 1966 se celebrarán en Bañolas.

motonave *f* Buque propulsado por un motor de explosión o eléctrico, y no de vapor. | Marcos-Martínez *Física* 139: Los motores de explosión encuentran gran aplicación en automóviles, aviones, tractores, motonaves, etcétera.

motoneurona *f* (*Anat*) Neurona motora. | MSantos *Tiempo* 8: En el momento de la emigración de las motoneuronas hacia el córtex.

motoniveladora *f* (*Constr*) Vehículo automóvil dotado de dispositivo adecuado para nivelar el suelo. | *Abc* 18.4.58, 46: ¿Quiere comprar Excavadoras Dumper .., Traíllas, Motoniveladoras, etc.?

motopesquero *m* Barco pesquero propulsado por motor. | *Voz* 8.11.70, 3: Las operaciones de salvamento y rescate de los tripulantes del motopesquero "La Isla".

motopropulsor -ra *adj* (*Mec*) [Grupo, o conjunto de órganos] que mueve un vehículo. | *Inf* 27.7.70, 9: El grupo motopropulsor está constituido por dos turbohélices.

motor -ra (*tb f* **motriz** *en acep 1*) I *adj* **1** Que produce movimiento. *Tb fig. Tb n m, referido a elemento o principio.* | Pinillos *Mente* 81: Estos impulsos .. no parten sin más y de una vez desde la corteza motora a los músculos. Alfonso *España* 33: Ya sea vertiginosa o tarda la fuerza motriz, en cualquier caso, debe ir delante. J. Massot *Gar* 6.10.62, 23: La vida tiene su ley, su ley que es el principio motor de la continuidad. Gambra *Filosofía* 161: La primera vía ["hay cosas que se mueven"] concluye: "luego existe un Primer Motor", a lo que llamamos Dios. L. Arnaiz *As* 14.12.70, 8: Les ha faltado acierto en Alberto, motor del centro del campo.

2 [Lancha] que tiene motor [4]. *Tb n f.* | *Inf* 4.1.72, 31: Ochenta personas que ocupaban una lancha motora .. se teme que hayan perecido. MTeresa *Ya* 1.2.75, 20: La mencionada motora viene a sustituir a la otra, ya deteriorada por el largo uso, con el fin de brindar mayor comodidad al público que visita el estanque.

3 (*Fís*) [Trabajo] equivalente al producto de la potencia por su espacio recorrido. | Marcos-Martínez *Física* 40: En toda máquina el trabajo motor es igual al trabajo resistente.

II *m* **4** Máquina que transforma en movimiento una energía. *A veces con un compl especificador.* | CNavarro *Perros* 14: El ruido del motor del coche ahogó una exclamación de Mario. Marcos-Martínez *Física* 139: Motores de explosión. *Alc* 31.10.62, 22: Una firma belga está vendiendo el coche con motor Diesel más barato del mundo.

III *loc v* **5 calentar ~es.** Prepararse para el comienzo de una actividad. | *Ale* 28.8.85, 11: 106.000 "pelas", para un ama de casa con buena estrella .. ¡Calentando motores! *ElM* 13.8.90, 3: El Partido Popular calienta motores.

motórico -ca *adj* (*Fisiol*) De(l) sistema motor [1]. | *Tri* 26.8.72, 25: Podrán concederse [ayudas] a los escolares afectados por deficiencias sensoriales, como "sordera total, hipoacústica, ambliopía, problemas especiales de la salud y alteraciones motóricas".

motorismo *m* Deporte del automóvil o esp. de la motocicleta. | A. LPrado *Abc* 24.8.66, 45: Patinaje artístico, motorismo, tenis. *DíaCu* 7.9.84, 13: El piloto catalán Sito Pons no tomará parte en la próxima prueba del Campeonato de España de Motorismo, en la categoría de 250 c.c.

motorista I *adj* **1** De(l) motorismo. | Repollés *Deportes* 165: La Federación Motociclista consiguió en 1962 que el Gran Premio Motorista de Barcelona sea puntuable para el Campeonato Mundial de Velocidad. *OrA* 26.8.78, 15: Han establecido allí sus "cuarteles" de verano, con la instalación de campings, exhibiciones nudistas y "rallyes" motoristas.
II *m y f* **2** Pers. que practica el motorismo. | Repollés *Deportes* 165: España cuenta con excelentes motoristas y con magníficas máquinas.
3 Pers. que conduce una motocicleta. | CNavarro *Perros* 17: Las acompañantes de los motoristas sonreían llenas de orgullo.
4 Mecánico encargado de la reparación y mantenimiento de motores [4]. | Aldecoa *Gran Sol* 42: –Yo mando en las máquinas y él manda en el barco .. –Macario Martín terminó con las razones vagamente jurídicas del patrón de costa, con las afirmaciones del motorista. *País* 13.1.89, 23: La Compañía Iberia .. precisa cubrir diversos puestos .. en las siguientes especialidades profesionales: Mecánica (Motoristas y Montadores de Avión); Aviónica (Electricistas de Avión).

motorístico -ca *adj* De(l) motorismo. | A. Rubio *Ya* 25.3.90, 11: El pasado día 4 de marzo se llevó a cabo una competición motorística .. El gobierno municipal concedía permisos para realizar las pruebas motociclistas.

motorizable *adj* (*Mil*) [Unidad de infantería] que no dispone de vehículos, pero está entrenada para ser motorizada. | *Inf* 27.10.70, 36: Don Manuel Saavedra Palmeiro, coronel de Infantería del Servicio de Estado Mayor, jefe del Regimiento de Infantería Motorizable Saboya núm. 6.

motorización *f* **1** Acción de motorizar(se). | Carnicer *Cabrera* 126: Después de la motorización y la obtención industrial del lino [?], el prestigio cortesano y burgués de las truchas es de un anacronismo absoluto.
2 Tipo de motor [4] de que está dotado un vehículo. | *D16* 26.11.90, 11: Un vehículo que le ofrece cuatro motorizaciones que van desde los 90 CV a los 120 CV en las versiones de gasolina y 92 CV de potencia en la versión Turbo diesel.

motorizado -da *adj* **1** *part* → MOTORIZAR.
2 (*Mil*) [Unidad de infantería] que dispone de los vehículos necesarios para su propio transporte. | *Inf* 27.10.70, 36: Don Luis Cámara Molina, coronel de Artillería del Servicio de Estado Mayor, jefe del Estado Mayor de la División de Infantería Motorizada Maestrazgo núm. 3. Arenaza-Gastaminza *Historia* 290: Las columnas motorizadas del mariscal Rommel .. llegaron al Canal de la Mancha.

motorizar *tr* **1** Dotar de vehículos automóviles [a alguien o algo (*cd*)]. | * Hay que motorizar el ejército. **b)** *pr* Pasar a tener vehículo automóvil. *Frec en part.* | Olmo *CoE* 8.8.75, 9: La convivencia ciudadana .. se ha ido poco a poco evaporando, al mismo ritmo en que nos hemos ido, poco a poco, motorizando. *Act* 30.10.69, 3: La sección de coches .. Creemos haber logrado unas páginas de verdadero interés para todos los lectores, motorizados o no.
2 Dotar de motor [a algo (*cd*)]. *Frec en part.* | *DCu* 18.7.64, 7: Comal, S.A. .. Fabrica además: Fresadoras, Azadas Motorizadas, Guadañadoras. *Pue* 26.10.70, 1: Con un cierto desaliño, con su cámara motorizada al hombro, – Manuel Benítez Pérez (El Cordobés) partió ayer hacia Londres. *Abc* 9.12.89, 4: Nuevas videocámaras VHS Thomson .. Objetivo: Macro, Zoom X6 (motorizado).

motorola (*n comercial registrado*) *f* Teléfono móvil. | Landrú *ElM* 1.5.91, 12: He cubierto mi cuota parte de la motorola de Txiki.

motorship (*ing; pronunc corriente*, /mótorʃip/; *tb con la grafía* **motor ship**; *pl normal*, *~s*) *m* (*Mar*) Motonave. | J. A. Padrón *Día* 8.5.76, 5: Mientras los nuevos "motor ships" iniciaban sus singladuras interinsulares.

moto-scooter (*pronunc corriente*, /motoskúter/; *pl normal*, *~s*) *m* Scooter. | *Ya* 6.12.74, 29: Moto-scooter espacial. A pilas, tiene dispositivo salvaobstáculos.

motosegadora *f* Máquina segadora movida por motor de explosión. | *Ya* 23.4.70, 16: Motosegadora Bertolini 1970 .. ¡¡Modelo especial para leguminosas!!

motoserrista *m* Obrero que trabaja con una motosierra. | *Libro agrario* 52: Manual del motoserrista.

motosierra *f* Sierra portátil accionada por motor, esp. para cortar árboles. | *DBu* 27.12.70, 14: Elija entre los distintos modelos de Motosierras Mcculloch.

motosierrista *m* Motoserrista. | *DCu* 3.7.64, 1: Va a celebrarse en nuestra capital el concurso nacional de motosierristas.

motovelero (*tb con la grafía* **moto-velero**) *m* Velero con motor auxiliar. | Aldecoa *Cuentos* 2, 330: En el muelle viejo estaban atracados tres motoveleros. *Med* 5.4.60, 4: Línea Castellón-Palma Mallorca-Ibiza y viceversa. Servicio decenal con moto-veleros. L. F. Durán *SPaís* 29.3.93, 3: Estaba pilotando .. un motovelero, denominado J5, de la empresa Aerojaén, perteneciente al aeródromo de Cuatro Vientos.

motricidad *f* (*Fisiol*) Propiedad de los centros nerviosos de provocar la contracción muscular. | Pinillos *Mente* 78: El pensamiento, la capacidad de decisión y hasta la motricidad y la actividad perceptiva pueden .. verse sensiblemente alterados por las actividades de ese sistema autónomo.

motril *m* (*reg*) Muchacho que sirve de pastor o criado. | Llamazares *Río* 126: A los ocho años vino de motril aquí y por eso ha levantado en Valdeteja este albergue de verano.

motrileño -ña *adj* De Motril (Granada). *Tb n, referido a pers.* | Vega *Cocina* 175: En la costa granadina encontramos platos típicos, como, por ejemplo, la moraga de sardinas a la motrileña.

motriz *adj* **1** *forma f de* MOTOR.
2 (*invar en gén*) (*semiculto*) Motor. | *Cam* 7.11.77, 46: Sistema motriz.

motto (*it; pronunc corriente*, /móto/) *m* Moto[2] o lema. | Pinillos *Mente* 173: Sobre la puerta de la pintoresca Academia Gould .. debería figurar como *motto* el título certero que Pedro Laín pusiera hace años a uno de sus libros: *Ejercicios de comprensión*.

motu propio *loc adv* (*semiculto*) Motu proprio [1]. *Gralm* DE ~. | MGaite *Cuento* 313: Podrás quedarte sin oyentes, bueno; pero los que vengan lo harán de "motu propio". T. GBallesteros *SNue* 21.9.75, 7: Algunos párrafos del documento no hubieran sido capaces [sic] de sacarlos de "motu propio" ningún profesional de la información.

motu proprio (*lat; pronunc*, /mótu-próprio/) **I** *loc adv* **1** Libre y espontáneamente. *Tb* (*semiculto*) DE ~. | Bermejo *Estudios* 60: Unas veces es el propio concejo el que "motu proprio" tiene a bien nombrar un bachiller o licenciado para el cargo de letrado. S. Arteche *VNu* 11.11.72, 18: De "motu proprio", y sin necesidad de que mis amables comunicantes me inviten a ello, recojo aquí con mi nueva información en la mano el "mentís" de doña Irene a la revista.
II *m* **2** Bula apostólica expedida por propia iniciativa. | M. Á. Velasco *Ya* 28.2.73, 20: Por la carta apostólica "Quo aptius" que, en forma de "motu proprio", ha firmado Pablo VI, deja de existir la Cancillería apostólica. *CoA* 29.1.64, 1: "Motu proprio" de Su Santidad sobre Sagrada Liturgia.

mountain bike (*ing; pronunc corriente*, /móntan-báik/ *o* /mónten-báik/; *pl normal, invar o ~s*) *f* Bicicleta de montaña. | P. MPita *ByN* 17.6.90, 70: De esta manera nacieron las primeras "mountain bike".

mousse (*fr; pronunc corriente*, /mus/) *f* Plato preparado con nata o claras de huevo batidas a punto de nieve. | C.

mouton – moviente

Cortés *SAbc* 22.2.70, 49: Mousse de ventresca de atún. *Lab* 3.83, 107: La elaboración de las "mousses" no es difícil.

mouton (*fr; pronunc corriente*, /mutón/) *m* (*Peletería*) Piel de cordero. | *Nue* 24.1.70, 1: Se ha celebrado un desfile de modelos de ante, napa y mouton de once firmas peleteras españolas.

movedizamente *adv* (*raro*) De manera movediza [1a]. | Matute *Memoria* 205: La sombra de mi abuela y su bastoncillo de bambú se recortaron movedizamente en el suelo.

movedizo -za *adj* **1** Que se mueve [1] mucho. | Lera *Trampa* 1012: Las parejas quedaban envueltas en el velo gris de unas sombras tenues y movedizas. Cunqueiro *Crónicas* 121: Era Mezidon un jorobeta movedizo, de brazos desmedidos. Goytisolo *Recuento* 265: Gallinas movedizas .., apretando a correr, escapando. Arce *Testamento* 42: Formaba [el manantial] un pequeño pozo .. En el fondo había arena; había una arena casi blanca y movediza .. Recordé entonces el manantial de Rugarcía .. También tenía un lecho arenoso, casi blanco y movedizo. **b)** [Arena] que, por la humedad y la forma de sus granos, constituye una masa en que pueden hundirse los cuerpos. *Frec con el n en pl. Tb fig.* | A. Albertano *Abc* 27.6.93, 96: Fue allí donde se toparon con un enemigo desconocido: arenas movedizas. Una trampa que los secuestró de la vida, pero los conservó para la Historia. Ju. Cruz *Día* 28.9.75, 35: El pavo real del turismo .. arrancó de las manos del campo a aquellos seres y ahora los ha arrojado hacia las arenas movedizas del desempleo, del fracaso y del hastío. **c)** [Terreno] inseguro o poco firme. | Carandell *Tri* 16.1.71, 22: El subsuelo de Sevilla es movedizo.

2 [Pers.] inconstante o variable. | Lagos *Vida* 92: No hay por qué ser movedizos y tornaveleros.

mover (*conjug* 18) **A** *tr* **1** Cambiar [algo o a alguien] de posición o de situación. *Tb abs, referido a fichas de juegos.* | P. Páramo *Gac* 10.12.72, 15: Mueve con soltura el tenedor entre variadas guarniciones de un plato combinado. A. SGijón *SYa* 8.6.75, 9: Cuando había que mover tropas, simplemente se las hacía pasar por barco o a la fuerza por territorio neutral u hostil. Lera *Bochorno* 202: ¿Quién mueve el dinero? Los hombres como yo, no le dé usted vueltas. M. Leguineche *Cór* 29.8.90, 18: Es una partida de ajedrez llena de silencios, ofensivas, algunas marrullerías .. ¿A quién le toca mover a partir de ahora? **b)** *pr* Cambiar [alguien o algo] de posición o de situación. | Arce *Testamento* 19: No me moví del sitio.

2 Cambiar o alterar [algo no material]. *Gralm en constr neg.* | Delibes *Príncipe* 74: Esto es así y no hay quien lo mueva. **b)** (*Filos*) Cambiar o alterar. | Gambra *Filosofía* 90: Supuesto que la materia es por sí inerte y no puede moverse a sí misma, este mundo en movimiento ha de ser movido por un primer motor inmóvil –acto puro–. **c)** *pr* Cambiar o alterarse. | MPuelles *Filosofía* 2, 260: Consta a nuestro sentido que hay cosas que se mueven, es decir, tomando el movimiento en su acepción más amplia, cosas que cambian.

3 Causar [que alguien experimente [1], agitación o violencia]. | L. Blanco *Ya* 18.5.77, 17: Demostrar hasta qué punto los fermentos revolucionarios que han movido el oleaje popular están desconectados de la base. Halcón *Ir* 113: Sintió casi contento de tener cerca a alguien a quien mover guerra.

4 Inducir o impulsar [a alguien (*cd*) a algo]. *Tb abs.* | Gambra *Filosofía* 85: El primer problema que movió a los hombres a buscar una explicación filosófica fue el del cambio. *Mad* 12.9.70, 16: Mueve a lástima ver cómo existen muchos laboratorios .. absolutamente desaprovechados. **b)** Inducir o impulsar [a algo (*cd*)]. | Halcón *Ir* 94: En Francia .. el problema sexual es el que más ha movido el éxodo de la población rural a las grandes ciudades.

5 Actuar para que [un asunto (*cd*)] se resuelva con prontitud o no quede detenido. | *Abc* 17.7.66, 7: Del pantano yo no sé nada .. En Vegas están "Las Riscas", donde va a ir la presa, y don Paco, el alcalde de Vegas, es el que anda "de la ceca a la meca", moviéndolo todo.

6 ~ la lengua, ~ el vientre → LENGUA, VIENTRE.

B *intr pr* **7** Actuar o desenvolverse. *Con compl de lugar.* | CPuche *SYa* 10.11.63, 17: Siempre nos movemos dentro de la más estricta legalidad en todo.

8 Actuar con diligencia y prontitud. | Delibes *Mundos* 165: Para empezar, Canarias necesita multiplicar por cuatro sus alojamientos .. En resumen, hay que moverse.

9 Resultar desenfocada o poco clara [una fotografía o una imagen dentro de ella]. *Gralm en la constr* SALIR MOVIDO. | Umbral *SPaís* 29.5.77, 25: Los siete de Alianza, que en la foto han salido cinco, porque a Alberto siempre se le mueven las fotos.

movible *adj* **1** Que se puede mover [1]. | Ybarra-Cabetas *Ciencias* 392: La cabeza es corta .. y tus orejas largas y movibles. Tejedor *Arte* 42: Arquímedes, creador de inventos como el tornillo sin fin, la polea movible. **b)** (*Rel catól*) [Fiesta] que no se celebra todos los años en el mismo día. | Ribera *Misal* 63: La Pascua es el centro alrededor del cual van girando una multitud de fiestas movibles.

2 (*raro*) Que se mueve [1]. | Alós *Hogueras* 270: Mira el sol, el humo, la media docena de pinos, la palmera –movible, acompasada, verde–. Arce *Testamento* 17: El sol entraba por entre las ramas de los árboles y trenzaba sobre la hierba dibujos movibles y delicados.

moción *f* (*pop*) **1** Movimiento [1]. | GPavón *Reinado* 40: Empezó a menear el caldo. Cuando consideró que ya era bastante moción, metió el vaso y se lo ofreció a don Lotario. Caba *Arcipreste* 209: Le olisquearon [los lobos] y, de que vieron que había perdido la moción, le taparon con ramas.

2 Aborto (acción de abortar). | Cela *Alcarria* 252: A la Encarna .. la despidieron porque tuvo una moción, y la señora de don Ladislao .. descubrió que el feto se parecía mucho a su marido.

movida *f* (*juv*) **1** Suceso o hecho irregular o fuera de lo habitual. | E. García *País* 14.10.79, 23: O aprovechar su clase y la buena facha para hacer movidas de droga y que ella las pase.

2 Fiesta o juerga. | MGaite *Nubosidad* 367: –¿Sabes dónde hay vasos? .. –No sé si habrá alguno en el salón. Esta noche con la movida se han roto unos cuantos. Escarcena *Sur* 11.8.84, 14: Hoy se inician las fiestas de Sabinillas .. Programa .. Diez y media, comienzo de la movida en la caseta oficial y actuación de la orquesta Talismán.

3 Lío o alboroto. | Umbral *País* 24.2.83, 26: En el Parlamento hubo movida, que yo estaba en la tribuna de Prensa, y Varela tuvo que dejar su regiduría manchega.

4 Movimiento sociocultural al margen de los valores establecidos. | *SPaís* 1.11.81, 33: Barcelona y su revista "Star" fueron los que, en el año 1974, desencadenaron toda la "movida" [de la prensa marginal]. **b)** Ambiente cultural y festivo propio de la juventud de los años 80. *Frec referido a Madrid.* | Umbral *Gente* 157: La movida madrileña fue un sutilísimo invento madrileño de Tierno Galván para ganarse al gentío y tirar millas. La salida y apoteosis de la movida fue el entierro del propio Tierno. Pániker *Memoria* 208: Era junio de 1966 .. Los *happenings* (la *movida* de los sesentas), donde la distinción entre actor y espectador quedaba abolida: todos participaban en un único y variable festín.

movido -da *adj* **1** *part* → MOVER.

2 [Cosa] que tiene o implica agitación o movimiento notables. *Frec fig.* | Lorenzo *SAbc* 22.9.74, 11: En los claros del encinar también arden las hogueras del piconeo. La charabasca en la llama quiere un aire no echado; tampoco, no, movido. GNuño *Escultura* 61: Esta gallarda cerámica ibérica pintada cumple .. el cometido de ofrecernos un amplio y movido panorama de la pintura hispánica. **b)** [Ritmo] rápido. *Frec referido a la música o baile que lo tienen.* | ZVicente *Balcón* 37: Seguro que va cantando algo de eso tan movido, como en inglés, eso que cantan ahora los muchachos. Candel *Hucha* 2, 172: Colocó un LP de música movida. **c)** Que tiene o implica muchas incidencias o hechos notables. | M. Lozano *Agromán* 16: Movida, muy movida, ha sido la temporada [taurina] de 1969. **d)** Que tiene o implica discusiones o altercados. | Torres *País* 7.10.87, 68: ¿En qué consejo de ministros especialmente movido, en qué discusión atroz con Redondo perdió el señor González sus míticos piernámenes?

3 [Pers.] activa e inquieta. | GPavón *Hermanas* 52: Muy buenas que son las señoritas .. Y movidicas, muy movidicas.

moviente *adj* **1** Que se mueve [1]. | Aparicio *Año* 152: La ribera se erizaba en forma de arbustos y mimbreras,

móvil – movimiento

una melena cardada cayendo a los lados del rostro moviente del río.

2 (*Heráld*) [Pieza] que sale de los flancos, del jefe o de la punta del escudo. *Frec con un compl* DE. | Em. Serrano *Sáb* 26.10.74, 97: Traen, en campo de azur, un brazo armado de plata, moviente del flanco siniestro del escudo, sosteniendo una vela de plata con la llama de oro. Em. Serrano *Sáb* 3.12.75, 92: En campo de gules, una caldera de sable sobre llamas de fuego viroladas de oro colgada por el asa de una cuerda de plata moviente del jefe.

móvil I *adj* **1** Que se puede mover [1 y 2]. | Ramos-LSerrano *Circulación* 219: Todas las piezas móviles sometidas a rozamientos precisan ser engrasadas con lubricantes adecuados. *Alc* 31.10.62, 30: Se instalarán radioteléfonos en los servicios móviles municipales. Gambra *Filosofía* 89: La experiencia nos ofrece cambio y permanencia estrechamente fundidos en la realidad del ente móvil. **b)** [Teléfono] portátil incorporado a una red de transmisores de alta frecuencia. *Tb se aplica a la telefonía correspondiente.* | *Prospecto* 11.90, 161: Expoelectrónica '90. El Corte Inglés .. El Explorer I de Amper es un teléfono móvil (ergonómico) diseñado especialmente para que Vd. lo disfrute en su automóvil .. Un accesorio especial lo convierte en portátil para que Vd. lo lleve donde quiera. *GTelefónica 91* 1958: Instalación. Venta. Conservación. Centralitas y redes telefónicas .. Teléfonos móviles .. Telyco Distrib. oficial. *GTelefónica 91* 1957: El mayor stock en telefonía móvil celular. Distribuidores de Nec, Panasonic, Motorola, Indelec, Ericsson, etc. .. Radio Automóvil S.A. **c)** [Sello o timbre] que se pega en el papel. *Tb n m.* | * La instancia lleva además un móvil de peseta.

2 Que se mueve. | Mingarro *Física* 64: Se llama péndulo todo cuerpo pesado, indeformable, móvil alrededor de un eje que no pasa por su centro de gravedad. J. A. Castro *Ya* 21.12.74, 7: Los hay así como dejados, desgalichados .. Peor son los nerviosos y los móviles por el aquel de su "sanvito", tesonero y tozudo. **b)** (*Fís*) [Polea] que cambia de posición subiendo o bajando. | Marcos-Martínez *Física* 46: En la polea móvil la potencia es la mitad de la resistencia.

3 [Parque] ~ → PARQUE.

II *m* **4** (*Fís*) Cuerpo en movimiento [1a]. | Marcos-Martínez *Física* 8: Trayectoria. Es la línea descrita por el móvil.

5 (*Arte*) Conjunto formado por varios elementos ensamblados de forma que cambian de posición a causa del viento u otra circunstancia. | *Arte* 4.72, 41: A la izquierda, una cómoda de tipo barco lacada en blanco dibujada en negro con gracia. Blanco y negro también el móvil que cuelga del techo sobre la mesa larga del fondo.

6 Cosa que mueve [4]. | *Inf* 16.2.78, 21: Una empleada de tintorería, gravemente herida .. Por el momento, se desconocen los móviles del caso. CNavarro *Perros* 27: Miraba insistente, como si las explicaciones, los móviles que su hija Susi esgrimía tratando de justificar su determinación .. pudiera[n] encubrir alguna intención ajena a sus propios intereses.

movilidad *f* Cualidad de móvil [1a y 2]. | Bustinza-Mascaró *Ciencias* 204: La boca es amplia y sus labios tienen bastante movilidad. G. García *As* 14.12.70, 4: Marañón trabajó más que el madrileño, con más movilidad, fuerza y tiro. Alfonso *España* 40: Si la movilidad social dentro de la Universidad es muy escasa (solo estudian en ella un 1% de hijos de obreros), fuera resulta todavía menor.

movilista *adj* **1** [Colmena] dotada de cuadros móviles para los panales. *Tb n f.* | *DBu* 6.5.64, 10: En Revillarruz se venden quince colmenas movilistas vacías y extractor. Delibes *Guerras* 17: Allí, al amparo de la humedad, pusieron los del pueblo las colmenas, ¿sabe?: hornillos y movilistas.

2 (*Geol*) [Teoría] según la cual los movimientos tectónicos han proseguido durante el Cuaternario. | Bustinza-Mascaró *Ciencias* 377: Según otras [teorías], las masas continentales han derivado las unas de las otras, variando su disposición primitiva; a estas se las denomina movilistas.

movilizable *adj* Que se puede movilizar. | L. I. Parada *Abc* 12.11.86, 63: En solo dos días los periódicos españoles han publicado tantas novedades informativas como en los últimos dos años. He aquí algunos ejemplos: "holding circulante", "créditos movilizables", "market makers". RPGuerrero *Inde* 26.1.90, 8: Posteriormente, y de forma progresiva, se van agotando las proteínas movilizables.

movilización *f* Acción de movilizar(se). | *Inf* 30.7.70, 1: No ha sido necesaria la movilización general. Cañadell *Salud* 359: La movilización del calcio óseo origina hipercalcemia y una desmineralización progresiva del esqueleto. Tamames *Economía* 83: Con la organización del Servicio se trató de ordenar la producción y distribución del trigo y sus derivados principales y regular su adquisición, movilización y precios.

movilizador -ra *adj* Que moviliza. | Aranguren *Ética y polít.* 64: En la actual sociedad de masas son los *mass media* de comunicación .. los más importantes movilizadores del poder social para ponerlo al servicio de una causa pública.

movilizar *tr* **1** Poner en pie de guerra [a un ejército o a sus componentes]. *Tb abs.* | *Abc* 6.5.78, 17: El Gobierno de Angola ha movilizado a su Ejército a fin de combatir contra los cazadores paracaidistas sudafricanos que atacaron una ciudad. GSerrano *Macuto* 371: ¿Tú qué eras antes de movilizarte? FReguera-March *España* 93: Rusia .. declaró que no podía permanecer indiferente y empezó a movilizar. **b)** Hacer que [alguien o algo (*cd*)] intervenga en una lucha. *Tb fig.* | *Ya* 16.2.78, 6: Nuevamente vuelven las centrales sindicales a decir que el patrimonio sindical es suyo. Y amenazan con movilizar a las masas. Fraga *Ya* 6.10.77, 8: Hay que movilizar las fuerzas productivas e inversoras en vez de rechazarlas, importunarlas y acobardarlas.

2 Poner [algo o a alguien] en movimiento. | A. ÁBarrios *Abc* 10.11.73, sn: El armón de artillería tuvo que ser movilizado por soldados porque una epidemia de bedsoniasis había reducido a la mitad los caballos. Mingarro *Física* 180: La llegada de la radiación moviliza electrones.

movimentista *adj* Movimientista. *Tb n.* | G. Estal *Ya* 2.3.75, 7: La voz del Código Penal, en su triple texto de esta época movimentista –"refundido" en 1944, "revisado" de 1963 y "refundido" de 1973–, .. es aquí resuelta y sabia.

movimientista *adj* De(l) Movimiento [6c]. | *Abc* 20.6.75, sn: En cuanto a lo del carácter movimientista de Unión del Pueblo Español (U.P.E.), es indiscutible. **b)** Adepto al Movimiento [6c]. *Tb n.* | Humberto *Sáb* 1.2.75, 56: Véase de paso cómo los valladolices no solo paren movimientistas o revolucionarios de la pendiente, caramba.

movimiento (*con mayúscula en acep 6b y c*) *m* **1** Acción de mover(se) [1]. | Marcos-Martínez *Física* 9: En el movimiento uniforme los espacios recorridos son proporcionales a los tiempos empleados. Ribera *Misal* 63: La Pascua es el centro alrededor del cual van girando una multitud de fiestas movibles .. Este movimiento puede durar desde enero o febrero hasta últimos de noviembre con los domingos de Pentecostés. **b)** Posibilidad de moverse o de ser movido [1]. | *Ya* 10.7.74, 19: Un niño italiano recupera el movimiento en Lourdes.

2 Hecho de haber [en un lugar] perss. o vehículos que van y vienen, o entran y salen. | J. G. Manrique *Ya* 24.10.74, 5: El "Bon Vivant" atraca en Civitavecchia, puerto natural de Roma que polariza una gran atención turística con gran movimiento de "ferries" de Tirrenia y visitas frecuentes de transatlánticos. **b)** Actividad [en un establecimiento]. | * En agosto suele haber poco movimiento en las peleterías. **c)** Conjunto de entradas y salidas [de dinero, mercancías u otras cosas]. | G. L. DPlaja *Tri* 5.8.72, 26: Naturalmente que la potencia autóctona es extraordinaria y que juega un papel de árbitro en los gigantescos movimientos monetarios del capital financiero e industrial. GMorales *Hoy* 9.10.75, 9: El cartucho que más se vende, pese a ser el más caro, es el del calibre 12. También se vende mucho el del calibre 16. Los calibres pequeños tienen poco movimiento.

3 Cualidad que expresa o denota movimiento [1]. | * Es una poesía llena de movimiento, viva. * El movimiento de una escultura gótica. * A este peluquero le gusta dar movimiento al peinado.

4 (*Mús*) Parte extensa [de una composición] en que predomina un determinado ritmo. | Casares *Música* 100: La sinfonía proviene de la Obertura Operística, que tenía tres movimientos. Marín *Enseñanza* 215: Audición musical. Pri-

moviola – mozo

mer movimiento de la sinfonía número 6, Pastoral, de Beethoven.
5 Cambio o alteración [de algo no material, esp. un valor]. | Tamames *Economía* 21: El movimiento de nuestra población absoluta a lo largo de los doce Censos oficiales realizados hasta ahora lo registra el Cuadro 2-1. **b)** (*Filos*) Cambio o alteración. | Gambra *Filosofía* 85: En sentido filosófico, se entiende por movimiento todo cambio operado en un ser material.
6 Acción colectiva tendente a producir un cambio de ideas y de actitudes en el terreno artístico, cultural o político. *Tb la organización que la realiza*. | Tejedor *Arte* 213: Difusión del movimiento romántico. Gambra *Filosofía* 256: La forma más conocida y extrema de socialismo es el marxismo, movimiento fundado por el alemán Carlos Marx (1818-83). **b)** Alzamiento militar. *Normalmente designa el español de 1936, tb llamado ~ NACIONAL.* | Arenaza-Gastaminza *Historia* 303: El Movimiento Nacional fue una reacción patriótica frente a la crisis política, social, económica y religiosa española. **c)** Partido único surgido en España tras el Alzamiento Nacional. | Ferrer *Estructura* 112: El Movimiento Nacional es la comunión de los españoles en los ideales que dieron vida a la Cruzada. Ferrer *Estructura* 112: El Presidente del Gobierno, en nombre del Jefe del Estado, ejerce la Jefatura Nacional del Movimiento.
7 (*E*) Conjunto de mecanismos de un reloj. | *GTelefónica 91* 1749: Junghans. Relojes de todas clases. Movimientos a cuarzo.

moviola (*n comercial registrado*) *f* Aparato de proyección que permite regular el movimiento de la película, y que se usa en montaje y en transmisiones deportivas. *Tb fig.* | *Sáb* 3.12.66, 21: Sigamos con la moviola. Jorge Grau, el joven y gran director español, prepara una "bomba" cinematográfica. Torrente *Isla* 175: Después, en el humo, me llegaron imágenes en tumulto, como en una moviola loca.

moxa *f* (*Med*) Pequeño cono o cilindro de material blando y combustible, esp. preparado con hojas de artemisa, destinado a ser quemado sobre la piel como medio de cauterización. *Tb la misma cauterización.* | E. Rey *Ya* 26.2.75, 30: El tratamiento por medio de la acupuntura se realiza esencialmente mediante pinchazos o punciones. En algunos casos las agujas son sustituidas por cauterios o "moxas", que consisten en la combustión lenta de artemisia seca sobre la piel.

moxibustión *f* (*Med*) Procedimiento terapéutico basado en el uso de moxas. | *País* 9.10.76, 27: Expresión corporal y yoga terapéutico .. Instituto Español Médico de Acupuntura y Moxibustión.

moyo *m* (*reg*) Medida de capacidad equivalente a 16 cántaras. | MCalero *Usos* 33: Medían el vino por cántaras y medias de ellas, y cuando contaban doce lo decían un alquez, y al decir dieciséis de estas ya era moyo. LSalinas-Alfaya *País Gall.* 53: Yo creo que andará el Ribero cerca de los doscientos mil mo[y]os, y cada mo[y]o son ciento treinta y dos litros. [*En el texto*, mollo(s).]

moyuelo *m* Salvado muy fino que se obtiene al limpiar perfectamente la harina. | MCalero *Usos* 108: Tamiz y cedazos para separar la harina del moyuelo. Berlanga *Recuentos* 17: El tío Goyetes echa moyuelo a la harina.

mozada *f* Conjunto de (los) mozos [1, 2 y 4]. | V. Iriarte *Nor* 13.11.89, 4: Enfrente, unos policías que custodiaban la entrada del CPR y los sorteados .. Horas después, cuando la plaza perdió todo interés, la mozada más impulsiva, bien bebida y desocupada de la metrópoli todavía recorría las calles gritando "Pucela", "Pucela".

mozalbete -ta (*el uso f es raro*) *m y f* (*desp*) Muchacho. | CNavarro *Perros* 41: Aparecieron cuatro o cinco mozalbetes. GHortelano *Momento* 522: Ese bar nuevo, un petardo de sitio .., lleno de mozalbetes y mozalbetas que podrían ser mis nietos.

mozalbillo *m* (*raro*) Mozalbete. | Faner *Flor* 112: En cierta ocasión cayó un obús a su lado. Despedazó a un mozalbillo rubio.

mozallón -na *m y f* Pers. joven y corpulenta. | Lera *Boda* 694: Isabelo ya no intentaba romper el cerco y se dejaba llevar casi en volandas por los vehementes mozallones.

mozambicano -na *adj* Mozambiqueño. *Tb n.* | J. Salas *Abc* 10.9.74, 19: Se sabe que Samora Machel, jefe del Frelimo, ha dirigido una alocución a los mozambicanos.

mozambiqueño -ña *adj* De Mozambique. *Tb n, referido a pers.* | J. Urrutia *Act* 7.7.66, 63: A estos maestros les añadimos el mozambiqueño Ricardo Chibanga.

mozancón -na *m y f* Pers. joven y corpulenta. | Cela *Pirineo* 292: El jeep iba tripulado por un mozancón gordo y caritativo.

mozárabe I *adj* **1** (*hist*) Habitante cristiano de la España musulmana. *Tb n.* | Lapesa *HLengua* 95: Cunden relatos épicos sobre el fin de la monarquía goda y personajes mozárabes relevantes. **b)** De los mozárabes. | Tejedor *Arte* 98: El arte mozárabe. Lapesa *HLengua* 118: Los dialectos mozárabes no debieron de permanecer al margen de este cambio. *ByN* 31.12.66, 126: Ayora. Valencia .. Parroquia de Santa María la Mayor, monumento mozárabe del siglo X. Villarta *Rutas* 54: Hay testimonio en el Código Veronense de rito mozárabe.
2 De(l) mozárabe [3]. | Lapesa *Andaluz* 179: Tenemos .. una pronunciación mozárabe yeísta documentada .. probablemente ya en el siglo X.
II *m* **3** Lengua romance hablada por los mozárabes [1]. | Lapesa *HLengua* 129: Parecida era la repartición de *mb* y *m*; el grupo latino se mantenía en mozárabe.

mozarabía *f* Conjunto de (los) mozárabes [1]. | Lázaro *Crónica* 25: No se ve, por tanto, que la Academia tuviera entonces una noticia clara del papel de Castilla en la formación del idioma: pensaba que Asturias, León y la mozarabía, cuando menos, habían asistido con superiores títulos a su constitución.

mozarabismo *m* **1** Cualidad de mozárabe. | VParga *Santiago* 21: El aislamiento de nuestra Península y su mozarabismo pudieron haberse prolongado hasta términos insospechados. Tejedor *Arte* 98: De transición entre los dos tipos es la iglesia de San Salvador de Valdediós, con ecos de mozarabismo.
2 Palabra y rasgo idiomático propios de la lengua mozárabe o procedentes de ella. | Lapesa *HLengua* 136: No hay muestras de diptongo en los mozarabismos del Vocabulista atribuido a Ramón Martí.
3 (*Arte*) Tendencia mozárabe. | GNuño *Arte* 50: Si el arte califal fue la más feliz improvisación hispana de tipos arquitectónicos extranjeros, .. el mozarabismo significó la fijación del mismo arte en el sentir y necesidades litúrgicas cristianas.

mozarabista *m y f* Pers. que estudia la lengua y la cultura mozárabes. | Pinell *Horas* 230: No compartimos la opinión del ilustre mo[zar]abista Dom L. Brou. [*En el texto*, morazabista.]

mozarela *f* Mozzarella. | J. Albert *Ya* 20.12.92, 4: Se pierden los espaguetis con salsa boloñesa, los tallarines carbonara, los escalopines con salsa de limón, los pasteles de mozarela.

mozarrón -na *m y f* Pers. joven y corpulenta. | FReguera *Bienaventurados* 250: Otro, un mozarrón de estatura gigantesca, lo zarandeaba como un conejo.

mozcorra *f* (*raro*) Prostituta. | FVidal *Ayllón* 157: En mi lugar me gustaría ver a esos metemuertos y a esas mozcorras.

mozo -za I *adj* **1** (*pop o lit*) [Pers.] joven. *Tb n. Tb* (*lit*) *referido a cosa.* | Berlanga *Gaznápira* 68: Ella tan mayor, habiendo otras más mozas, y tan así, tan, y usted me perdone, tan beaturrona. Cunqueiro *Un hombre* 22: Sería un falso Orestes .. Hubo varios. Aquel que le murió el caballo a la puerta del mesón de la Luna. Era muy mozo. Buero *Sueño* 168: Don Francisco ha sido muy apasionado... Uno de esos hombres que se conservan mozos hasta muy mayores. GPavón *Reinado* 87: El río siempre mozo y remozado .. pasaba ignorante de las viejas aceñas. **b)** (*pop*) [Pers.] adolescente. *Tb n. Frec con intención ponderativa, referido a niños.* | Delibes *Príncipe* 12: El Quico ya es un mozo; no se ha meado la cama. **c)** (*hist*) *Sigue al n propio o al apellido de una pers para diferenciarla de su homónima de más edad. Se opone a* VIEJO. | GNuño *Arte* 362: Todavía en la escuela sevillana .., Francisco de Herrera el Mozo, desordenado como su padre, traduce los desgaires de este a un barroquismo cuaja-

do de desenfrenos. **d)** De (la) juventud. *Gralm referido a años.* | A. GRayo *SYa* 15.5.77, 53: Los jubilados tampoco han olvidado las películas que por sus años mozos vieron en esas barracas modernistas.
2 (*pop*) [Pers.] soltera. *Tb n.* | Grosso *Capirote* 85: –¿Edad? –Veintiséis años. –¿Casado? –Mozo. Arce *Testamento* 35: Todos los domingos acudía a cortejarla, en su bicicleta, un mozo de Pancar. **b)** [Pers.] virgen. | Torrente *Saga* 141: A las que entraban en el Palanganato, si eran solteras y mozas, se les quitaba el virgo con un cabo de vela. Salom *Casa* 295: –¿Cómo iba a conformarse con uno solo, después de haber conocido a tantos? –¿Y eso qué tiene que ver? Una mujer puede casarse y empezar de nuevo como si fuera moza.
3 (*reg*) [Árbol] alto y bien desarrollado. | Á. Plaza *Nor* 2.3.92, 11: Cualquier persona interesada puede medir las extraordinarias dimensiones del Pino de Carranza: 5,65 metros de altura de troza hasta las primeras ramas, en una consideración de pinos bien mozos. GPavón *Rapto* 60: A veces los labradores, seducidos por el espejismo lontano, se salen del surco y echan a andar besana adelante pensando llegar a un oasis de aguas y flores, de casas albas y árboles mocísimos.
II *n* **A** *m y f* **4** Pers. que sirve al público o a una pers., normalmente en una casa o en un establecimiento. *Gralm con un compl especificador:* DE CUERDA (*o* CORDEL), DE ESTOQUES, DE ESTRIBO, DE MULAS, *etc* (→ CUERDA, ESTOQUE, *etc*). *Frec el compl se omite por consabido.* | *CoE* 9.8.74, 31: Se necesitan mozos para frutería, en Las Arenas. MSantos *Tiempo* 235: Saben que son mozos de cuerda. Rue 22.12.70, 14: Picador y mozo de estribo toman el olivo y dejan el caballo abandonado a su suerte. ZVicente *Traque* 289: En mi casa había mozos de comedor. *HLM* 26.10.70, 22: César aprendió pronto varios idiomas y mostró una firme decisión de dedicarse a mozo de hotel. *Bal* 6.8.70, 26: Hotel de lujo necesita mozo de habitación. *Van* 4.11.62, 6: Inocencio Gutiérrez Gómez y Marcelino Díaz, jefe y mozo del tren que hacía ruta a Madrid. Diosdado *Anillos* 2, 254: Antonio, nervioso, está comprobando que el mozo de estación sube los equipajes a su compartimento. Reglá *HEspaña* 3, 150: En 1593 Felipe II fijó los precios siguientes: alquiler de bestias, dos reales diarios ..; el mozo acompañante percibía cuatro reales diarios.
5 buen, *o* **real, ~.** (*col*) Pers. alta, fuerte y gralm. de buena presencia. *Tb adj.* | Hoyo *Pequeñuelo* 60: En mi tiempo hasta los quintos eran esmirriados .. Hay que ver ahora qué buenos mozos son los mozos. Sampedro *Sirena* 351: Una vestal .. se escapó con un limpiador de cloacas que había entrado en el templo a hacer unas reparaciones. "Bien es verdad .. que era un real mozo."
B *m* **6** Hombre sometido al servicio militar, desde que es alistado hasta que entra en la caja de reclutamiento. | Villarta *Rutas* 200: En los tiempos en que los mozos se redimían con metálico del servicio militar, la Sociedad de Cosecheros de Chinchón, La Mojona, libraba a todos los quintos nacidos en el pueblo.
7 Tentemozo (puntal o palo del carro). | R. FPombo *Ya* 19.6.75, 35: Aquellos abuelos .. que en los finales del XIX tenían "echados al camino", caminos de Levante, de Andalucía, más de cuatrocientos carros –varas, adrales, galgas, cubos, mozos y tentemozos– capaces de transportar cada uno 120 ó 130 arrobas de aguardiente del de 40, 50 y hasta 60 grados.
C *f* **8 moza de fortuna** (o **de(l) partido).** (*lit*) Prostituta. | A. Barra *Abc* 29.6.79, 48: La Policía ha recomendado a las mozas de fortuna que practiquen las virtudes domésticas, a domicilio, durante la noche. Torrente *DJuan* 306: ¡No tienes arrogancia más que para las mozas de partido! L. Calvo *SAbc* 26.4.70, 18: Según iban surgiendo minas, se agolpaban, como los mineros, los tahúres .., las mozas del partido, los coimes y coimas.
9 moza de quiñón. (*reg*) Mujer que trabaja como ayudante de los pescadores en algunas labores secundarias de tierra. | Cancio *Bronces* 36: Esta moza de quiñón es, como todas las de su especie, una desventurada mujer, tan olvidada del amor como perseguida por la miseria, que sala el cebo, cuida del combustible del farol de tope, remienda los encerados, contrata y ayuda a las adobadoras interinas de las redes y hace otra serie de servicios de menor cuantía por un mezquino cuarto de soldada.

III *loc v* **10 ser moza** [una jovencita]. (*pop*) Tener por primera vez la menstruación. | Grosso *Capirote* 148: –Hoy ha sido tu hija moza. –¿Y qué? –Nada, hombre, para que lo sepas. Ya puedes tener nietos.

mozón -na *m y f* (*reg*) Pers. soltera y de edad madura. | Delibes *Abc* 22.9.84, 31: Y mozos ponga usted poco o quince. Y luego esos mozones ya viejos, como yo digo, de cuarenta para arriba, que igual hay una docena de ellos.

mozzarella (*it; pronunc corriente,* /modsaréla/) *f* Queso fresco italiano típico de la Campania, preparado originariamente con leche de búfala. | Alvar *España* 49 (G): Llevó búfalas para que los italianos aprendieran a hacer mozzarella.

mu[1] **I** *interj* **1** Imita el mugido. | J. A. Medrano *SYa* 28.5.67, sn: –¡Muuu! –dijo "Murguito" para reforzar su presencia .. –¡Una vara, una vara! –urgían los picadores.
II *loc pr* **2 ni ~.** (*col*) Absolutamente nada. *Gralm con vs como* DECIR *o* ENTENDER. | VMontalbán *Prado* 78: Nunca le dijo ni mu. Aunque se la comía con los ojos. Fraile *Hucha* 2, 36: Yo no entiendo ni mu.

mu[2] *f* (*jerg*) Mui (lengua). | ASantos *Estanquera* 17: –Vamos a atarle ahora la mu antes que se despierte y se ponga otra vez a cantar la traviata. –Déjala; a ver si se va a ahogar.

mu[3] → MUCHO.

mua *interj* (*col*) Imita el sonido del beso. | Umbral *País* 31.10.76, 18: Llega Saritísima y se abre el visón: –Mua, mua. Mira cómo me han dejado la línea.

muaré *m* Tejido de ligamento acanalado que presenta aguas o visos. *Tb adj.* | Salvador *Haragán* 62: Se fueron .. entre frufrús de sedas y muarés.

muble *m* (*reg*) Lisa (pez). | Cancio *Bronces* 97: Pondera hasta la saciedad la redomada picardía del cabracho, de la lubina, del anguilacho trasnochador y, sobre todo, del muble anegrado.

mucamo -ma *m y f* (*raro*) Sirviente o criado. | CBonald *Casa* 54: Le había perdonado al marido todos sus jolgorios y trapisondas, menos que no la dejara traerse a una niña negra que, aparte de otros servicios como futura mucama, muy bien podría haber decorado de modo inimitable sus paseos en el landó. Faner *Flor* 125: El mucamo quiso despacharle, a una orden de Laclermeille, pero Diodor, más corpulento, le dejó en el sitio.

mucarna (*tb con la grafía* **mukarna**) *f* (*Arte*) Mocárabe. | Angulo *Arte* 1, 454: En su fachada se abre gran pórtico, formado por un monumental arco apuntado con media bóveda de mucarnas. Angulo *Arte* 1, 453: Desde el punto de vista decorativo, su principal novedad [del arte seldyucí] consiste en el empleo y difusión de la mukarna, o prisma cortado en su parte inferior en forma curva.

muceta *f* Esclavina abotonada por delante, propia del traje de doctores, licenciados, prelados y algunos eclesiásticos. | Marías *Vida* 1, 96: El discurso inaugural lo pronunció Luis Jiménez de Asúa, catedrático de Derecho Penal, con muceta roja y voz cascada.

muchachada *f* Conjunto de (los) muchachos [1a y b]. | Aguilar *Experiencia* 332: El mío [el duelo], desde el principio, revistió carácter bufo. La muchachada –lo escribo sin comillas, porque me gusta este neologismo argentino– de *El Pueblo* tuvo bastante responsabilidad en el lance. F. Montero *Abc* 9.4.67, sn: El tercer domingo de mayo la muchachada celebra la segunda jornada de sus fiestas primaverales.

muchachear *intr* (*raro*) Comportarse como muchacho [1a y b]. | Espinosa *Escuela* 501: Cuando yo muchacheaba, aprendí allí: "El amor no es solo emoción".

muchachería *f* Muchachada. | Pemán *Abc* 14.10.70, 3: En medio de toda la bullente muchachería, la veteranía con afición de Pastor Serrador.

muchachez *f* Adolescencia. | Ero *Van* 28.7.73, 25: Durante mi infancia y muchachez, las Hurdes constituyeron una sombría pesadilla.

muchachil *adj* De(l) muchacho [1a y b]. | GBiedma *Retrato* 77: Fornido, chaparro, los ojos redondos, el pelo ás-

muchacho – muco-

pero estriado de blanco que le cae en mecha –casi de un modo muchachil– .., da una agradable sensación de virilidad.

muchacho -cha A *m y f* **1** Pers. adolescente. *Tb adj.* | Arce *Testamento* 16: Enzo tenía un pecho sonrosado, como el de un muchacho. Cela *Judíos* 237: Un pastor muchacho .. se entretenía en tirar lejos su cachava para que el perrillo se la trajese. **b)** Pers. joven. *Tb adj.* | Cunqueiro *Un hombre* 9: Eran cuatro, una vieja .. y tres muchachas. Las jóvenes llevaban el cabello suelto .. Era la moda labriega del país para solteras. Torrente *DJuan* 181: Eres todavía demasiado muchacho para campar por tu cuenta. **c)** *En conversación, se usa, a veces expletivamente, como vocativo dirigido a un adulto, en tono de familiaridad.* | Vesga-Fernández *Jesucristo* 154: Se apareció Jesús en la ribera, pero los discípulos no conocieron que fuese Él. Y Jesús les dijo: –Muchachos, ¿tenéis algo que comer? GPavón *Reinado* 132: –Sí, señor, está buena, y además se tima la jodía –insistió Maleza. –Tú sueñas, muchacho.
2 Niño de corta edad. | GPavón *Reinado* 57: Estuve de vela por el puñetero del muchacho, que lloró hasta el amanecer.
3 Pers. que pertenece [a una cuadrilla o equipo (*compl de posesión*)] o está bajo las órdenes [de alguien]. *Tb fig.* | Isidro *Abc* 22.2.62, 55: Hay quienes dicen que, si los muchachos del Oviedo se hubieran cargado también a Di Stéfano, Puskas y Peris, el Real Madrid hubiera tenido un entradón de miedo.
B *f* **4** Sirvienta o criada. | Laforet *Mujer* 296: No tenía muchacha y, además, daba unas clases.

muchamiel *adj invar (Agric)* [Variedad de tomate] originaria de Muchamiel (Alicante). | *Abc* 28.1.73, 48: Para las hortalizas, los precios más altos se han asignado a las alcachofas y a los tomates muchamiel. *Ya* 30.10.74, 52: Tomates. Aumento de la producción en la zona de Nerja, con buena oferta y demanda. Variedad muchamiel, precios más frecuentes, entre las 8-10 pesetas kilo en corridas.

muchedumbre *f* Multitud [de perss. o animales]. | Vesga-Fernández *Jesucristo* 77: Vio Jesús congregada a la muchedumbre que venía hacia él.

mucho -cha (*tb* **muy**, *pop* **mu**, *en el grupo III*) **I** *adj (normalmente antepuesto al sust)* **1** Que está en gran cantidad o número. | *Tel* 15.6.70, 3: Es un invento que va a traer mucha paz y mucho sosiego. *Pue* 20.1.67, 32: En esta nueva ocasión aclararemos muchísimas cosas. **b)** *Con sent adv, ante los adjs* MÁS *o* MENOS (mucha más gente = gente en cantidad mucho mayor), *a veces tb ante otros adjs comparativos.* | * Hay este año mucha mayor alegría. * Londres tiene mucha más población que Roma.
2 Intenso. *Gralm con ns de sensación o de emoción.* | * Tengo mucho dolor en el brazo. Aldecoa *Gran Sol* 197: El viento sigue aumentando. Fuertes lluvias y mucha mar.
3 *(col) Pondera admirativamente la calidad o la importancia de una pers o cosa.* | DCañabate *SAbc* 15.5.58, 17: Con los Madriles no podrá el oro. Tenlo por seguro. ¡Es mucho Madrid para que prendan en él costumbres de fuera!
4 Excesivo en cantidad, en intensidad o en calidad. *Gralm seguido de un compl* PARA. | Chamorro *Sin raíces* 73: Era mucho hombre para vivir en los engaños y trapisondas. * Esta es mucha comida para mí.
II *pron* **5** *En pl, en forma m o f, designando seres ya mencionados o aludidos:* Gran cantidad o número. *Frec con compl* DE. | RIriarte *Noche* 132: Me dejaron la llave .. por si a alguien le interesa la casa..., que, hasta ahora, la verdad, no han sido muchos. * Muchas de las nuevas no saben escribir a máquina.
6 *En pl m, sin referencia a un ser mencionado o aludido:* Mucha gente. | Buero *Soñador* 250: Raras revoluciones que sorprenden los ánimos de muchos.
7 *En sg, en forma m:* Muchas cosas. *Frec con compl* DE. | * Espero mucho de todos vosotros. * Mucho de lo que hay aquí es trigo. **b)** Gran cantidad (de una cosa). *Frec sin compl por consabido, esp referido a tiempo o dinero.* | * Mucho de lo molido era trigo. * Hace mucho que no te veo. Mihura *Carlota* 348: –¿Qué te ha costado? ¿Mucho? –Dos chelines con siete peniques. **c)** Pers. o cosa excesiva en cantidad, en tamaño, en intensidad o en calidad. *Gralm con compl* PARA. | * Esto es mucho para mí. * Un médico era mucho para una chica como ella; no podía aspirar a tanto.

III *adv (toma la forma* MUY *cuando precede inmediatamente a un adj o a otro adv, excepto los comparativos* MAYOR, MENOR, MEJOR, PEOR, MÁS, MENOS, ANTES, DESPUÉS) **8** Intensamente o en alto grado. *A veces repetido con intención enfática.* | Cunqueiro *Un hombre* 10: La madre fue una señora muy fina. GPavón *Hermanas* 23: Que muy bien, Manuel, pero que muy bien. Chamorro *Sin raíces* 35: Con la prisa de traerlo venía la jaca muy corriendo. LRubio *Manos* 26: Sería mucho mejor que encontrarnos lejos el uno del otro. Ferres-LSalinas *Hurdes* 53: Es mu triste la miseria. * El chocolate que gusta mucho, mucho. *Ya* 12.10.65, sn: Los muebles de Tucasa, S.A. son muy, muy españoles... también son muy, muy modernos. **b) muy ~.** (*lit*) Muchísimo. | Cunqueiro *Un hombre* 20: ¡Estos pequeños cuidan muy mucho la presentación!
9 Con frecuencia. | * Se visitan mucho. * Estos días salgo mucho.
10 como ~. A lo sumo o como máximo. | J. L. Calleja *Abc* 21.5.67, 3: Aquello podría ser polvo de talco cocido o, como mucho, engrudo a la goma arábiga.
11 con ~. *Se usa para reforzar la expresión de una diferencia.* | Delibes *Mundos* 54: Los cerros de San Cristóbal y Santa Lucía .. son otros tantos elementos decorativos espontáneos que superan con mucho a los manufacturados. **b) ni con ~.** En absoluto o de ninguna manera. *Reforzando una negación, expresa o implícita.* | Quiñones *Viento* 26: Hay bastante gente .., pero la Plaza no está llena ni con mucho.
12 ni ~ menos. *Fórmula enfática de negación o de refuerzo de una negación.* | Laforet *Mujer* 285: Pepe, como tú sabes, siempre ha sido un hombre magnífico, no es cosa de ahora ni mucho menos.
13 ni poco ni ~. → POCO.
14 un ~. (*lit*) Mucho [8]. *Frec en contraposición a* UN POCO. | M. Pont *Van* 21.3.74, 35: Su inserción [de los Jurados Tributarios] en el esquema general de órganos jurisdiccionales .. resulta un mucho forzada.
IV *interj* **15** (*col*) Expresa aplauso. | SFerlosio *Jarama* 178: –Alárgame la merendera que lo veamos. –Mucho, Lucita. ¿Cuál es la tuya? Umbral *Gente* 22: Con sus chistes de la guerra, [Gila] estaba haciendo ya antifranquismo, sin que nadie se diese cuenta. Mucho lo tuyo, Miguel. Olmo *Camisa* 50: –Te condecoro con... con .. –¡Con el gran globo de la ilusión! –¡Mucho, cartucho!

muciana *adj (Der, reg)* [Presunción] según la cual los bienes adquiridos por la mujer durante el matrimonio se consideran donados por el marido. | Ramírez *Derecho* 168: Los bienes adquiridos por la mujer, constante el matrimonio .. se presumen donados por el marido. A esto se le llama presunción muciana.

mucilaginoso -sa *adj (CNat)* **1** De(l) mucílago. | Ybarra-Cabetas *Ciencias* 371: La piel es lisa y resbaladiza por las numerosas glándulas mucilaginosas que contiene.
2 Que contiene mucílago, o tiene su viscosidad o consistencia. | Bustinza-Mascaró *Ciencias* 178: En primavera las hembras [de la rana común] ponen en el agua muchos huevos envueltos en una sustancia mucilaginosa. Zunzunegui *Camino* 306: La noche empezó a poblarse de rumores y de murciélagos mucilaginosos y tontos.

mucílago (*tb, raro,* **mucilago**) *m (CNat)* Sustancia viscosa que se encuentra en algunos vegetales o se prepara disolviendo goma en agua. | Navarro *Biología* 107: Por lo general [el látex] está formado por emulsión de aceites esenciales con glúcidos, prótidos, fermentos y mucílagos. FQuer *Plantas med.* 606: Su acción farmacológica queda justificada por la presencia de las saponinas y de cierta cantidad de mucílago.

mucina *f (Quím)* Proteína que se encuentra en determinados líquidos viscosos de procedencia animal. | Navarro *Biología* 24: Glucoproteídos .. El más importante es la mucina o mucus con le encuentra en la saliva, bilis, etc.).

muco- *r pref (Med)* De(l) mucus o de (las) mucosas. | *Por ej: Abc* 19.11.57, 49: Convocatorias para hoy .. Don Francisco Gallart Monés, "Anatomía patológica de la rectocolitis mucohemorrágica". MNiclos *Toxicología* 77: Cloro .. Ya a concentraciones muy débiles produce lagrimeo .. A concentraciones más altas, conjuntivitis, tos penosa con expectoración mucosanguinolenta.

mucociliar *adj (Med)* De la mucosa y los cilios de las vías respiratorias. | C. INavarro *SYa* 10.4.77, 26: El tabaco, y especialmente los cigarrillos .. deprimen las defensas inmunitarias y la actividad detergente mucociliar con lo que se hace inevitable la bronquitis.

mucocutáneo -a *adj (Med)* De la mucosa y la piel. | F. Valladares *SYa* 4.3.90, 8: Sus formas [de esta zoonosis] más características son la leishmaniosis visceral o kala-azar ('fiebre negra', en indostano), la úlcera cutánea o botón de Oriente y, entre estos dos extremos, la forma mucocutánea.

mucoide I *adj* 1 *(Med)* Semejante al mucus. | X. M. ABoo *TMé* 6.1.84, 17: En el Krukenberg destaca, junto a las características de secreción mucoide, la riqueza de colágeno.
II *n* 2 *(Quím)* Proteína similar a la mucina. | Aleixandre *Química* 201: En el grupo de los glicoproteídos se estudia la mucina de la saliva y diversos exudados, y los mucoides de huesos, cartílagos, tendones, etc.

mucolítico -ca *adj (Med)* Que disuelve la mucosidad. *Tb n m, referido a producto.* | *TMé* 26.11.82, 22: Abrió las sesiones el doctor Garau Alemany .. con el tema "Antibióticos en patología respiratoria"; doctor Sánchez Aguadí .. con "Terapéutica broncodilatadora y mucolítica". *TMé* 16.9.88, 19: Motosol. Algo más que un mucolítico.

mucomembranoso -sa *adj (Med)* De las membranas mucosas. | MNiclos *Toxicología* 32: Si es ingerido, determina una enérgica irritación gástrica y vómitos mucomembranosos.

mucopolisacárido *(tb con la grafía* **muco-polisacárido***) m (Quím)* Polisacárido complejo que contiene nitrógeno en su molécula. | X. M. ABoo *TMé* 14.1.83, 17: El hialuronato sódico está fundamentalmente constituido por mucopolisacáridos con un peso molecular de 1.000.000. M. Aguilar *SAbc* 29.11.70, 54: Hay múltiples factores influyentes, como emociones, disgustos, nerviosismo, hormonas, ingestión de tóxicos habituales, etc., provocando una excesiva polimerización de ciertos constituyentes llamados muco-polisacáridos (complejo químico constituido de cuerpos parecidos a las proteínas y los azúcares).

mucopurulento -ta *adj (Med)* De moco y pus. | R. ASantaella *SYa* 17.4.83, 41: Los dos primeros días puede haber fiebre, después tos irritativa, persistente, y ulteriormente esputos catarrales mucopurulentos.

mucosidad *f (E o lit)* Sustancia mucosa [1]. | CBonald *Ágata* 223: Creyó descubrir el rastro de una mucosidad que corría entre la puerta y la zona más húmeda del piso.

mucoso -sa *adj (Anat)* 1 Semejante al mucus. | Bustinza-Mascaró *Ciencias* 39: Inicialmente los huesos en el embrión están formados por tejido conjuntivo: es la llamada fase o estado mucoso.
2 [Membrana] que segrega mucus y tapiza alguna de las cavidades animales que están en contacto con el exterior. *Tb n f.* | Alvarado *Anatomía* 77: En la lengua la mucosa bucal se llama mucosa lingual. **b)** De la membrana mucosa. | *Abc* 4.10.70, 73: Mendaco trabaja a través de las vías bronquiales disolviendo rápidamente la congestión mucosa.

mucrón *m (Bot)* Punta. | FQuer *Plantas med.* 269: Son [las hojas] entre aovadas y lanceoladas .., a menudo terminadas en una puntita o mucrón.

mucronado -da *adj (Bot)* Que termina en punta. | Mayor-Díaz *Flora* 449: *Erodium malocoides* (L.) L'Her. "Malva de África" .. Sépalos mucronados.

mucus *m (Anat)* Sustancia fluida y viscosa segregada por determinadas glándulas animales. | Bustinza-Mascaró *Ciencias* 26: Epitelio secretorio o glandular. Puede estar formado por células aisladas, como las caliciformes, en forma de copa o de cáliz, que segregan el mucus.

muda *f* 1 Acción de mudar, esp [1, 2 y 5]. *Normalmente referido a pluma, piel o voz.* | Bustinza-Mascaró *Ciencias* 156: Al cabo de algunos días nacen cucarachitas que se mueven rápidamente, y que primero son blancas, oscureciéndose poco a poco a medida que van sufriendo mudas hasta alcanzar su tamaño definitivo.
2 Conjunto de prendas, esp. interiores, que se mudan [1] periódicamente. | Kurtz *Lado* 168: Mosén Vidal le compró dos mudas, un traje nuevo, unas botas y además del pasaje le dio veinte duros.
3 *(hist)* Cierto afeite para el rostro. | DPlaja *Sociedad* 71: Se adoban las manos, se ponen mudas en las caras, se blanquean estas con solimán.

mudable *adj* 1 Que muda [5] con facilidad. | Escrivá *Conversaciones* 18: Difícil es toda aplicación de principios a la mudable realidad de lo contingente.
2 Que se puede mudar [1, 2, 3 y 4]. | Alvar *Abc* 30.5.87, 51: El mundo es mundo porque lo vemos con cristalitos mudables que lo apartan de la fría serenidad de las estrellas. Escudero *Capítulo* 12: El carácter jurídico de este código de normas mudables no excluye que en él se encuentren ideas teológicas y ascéticas, exhortaciones, etc.

mudada *f (reg)* Acción de mudar [2]. | Romano-Sanz *Alcudia* 92: –Lo primero que hacemos [los trashumantes] es soltar las ovejas hacia las diez o las once, según la época, para dar la mudá. –¿La mudá? –Quiero decir recorrer la linde de la finca por la mojonera hasta el terreno que cada hatajo tiene. Desde las dos ya se deja a las ovejas pastar libremente. Luego se muda la red para cambiar la dormida.

mudadizo -za *adj* Mudable [1]. | *Pap* 1.57, 4: Volvió a girar la rueda del año mudadizo. Delibes *Madera* 430: De pronto, el ronquido de un motor (mudadizo, creciente) le oprimió el pecho.

mudamente *adv (raro)* Callada o silenciosamente. | R. A. Calle *SYa* 18.11.73, 4: Millares y millares de personas sufren mudamente, con resignación admirable.

mudamiento *m (raro)* Acción de mudar. | Bermejo *Derecho* 88: Cambiaron de chaqueta, o mejor .., mudaron de color, al estilo de los camaleones. Mena utiliza los esquemas de la fidelidad de los vasallos para con el señor, al hacer una dura crítica de tales mudamientos.

mudanza *f* 1 Acción de mudar(se). | Torres *Ceguera* 57: Estaba acostumbrada a las caprichosas mudanzas de carácter de su ama. Gala *Sáb* 10.12.75, 7: Hay ocasiones en que si uno mira hacia atrás –gesto que no conviene repetir con demasiada frecuencia y que acarrea, por tradición bíblica, la mudanza en estatuas de sal–, tiene la impresión de estar andando un camino equivocado. M. Aznar *SAbc* 16.6.68, 9: Suponiendo que no .. se produzcan mudanzas importantes o alteraciones sustanciales en las estructuras sociales y en la vida. **b)** *Esp:* Cambio de casa. | Olmo *Golfos* 49: Vino un camión de las mudanzas. *GTelefónica* I: Mudanzas Zarza. Guardamuebles.
2 *(Danza, hist)* Conjunto de movimientos dotados de cierta unidad. | Gala *Sáb* 24.3.76, 5: Los dos o tres pasos dados hacia adelante, como en una mudanza de rigodón, se volverían a dar en seguida para atrás.

mudar A *tr* 1 Cambiar [una cosa por otra]. *Frec se omite el segundo compl por consabido.* | *Puericultura* 14: El cubremantillas va abierto por delante para que sea más fácil mudar el pañal. Alvarado *Anatomía* 169: Es necesario aislar completamente a los niños escarlatínicos .. hasta que la piel haya sido totalmente mudada.
2 Cambiar [a alguien (cd) de algo]. *Frec el cd es refl. Frec se omite el compl* DE, *referido a ropa o casa. Referido a lugar, a veces con un compl* A, *que expresa el nuevo.* | Medio *Bibiana* 272: Se dirige a su habitación para mudarse de ropa. *Inf* 28.4.73, 16: Me pasé once días defendiendo el pueblo, de día y de noche, sin apenas comer ni beber, sin mudarme ni lavarme. DCañabate *Abc* 29.12.70, 9: Mira, un piso desalquilado. ¿Quieres que, por curiosidad, subamos a verlo? Subieron. Les encantó y a los pocos días se mudaron a él.
3 Cambiar [algo o a alguien) dándo[les] una situación, condición o apariencia diferentes. | * Los sufrimientos le han mudado el carácter.
4 Cambiar [una cosa en otra]. | * Mudar la alegría en tristeza.
B *intr* 5 Cambiar (pasar a tener otra situación, condición o apariencia). *Tb pr.* | FSantos *Catedrales* 10: La catedral, al cabo del tiempo, mudó poco, quedó esbelta por fuera pero pobre por dentro. Bustinza-Mascaró *Ciencias* 155: Come con avidez productos vegetales y muda de piel varias veces, creciendo en cada uno de estos cambios. Payno *Curso* 175: Lo serio empieza cuando, al rajar una cortina como tantas otras, abren sus ojos a un panorama sin medida. Las cosas se han mudado.

mudéjar *adj* (*hist*) Habitante musulmán de la España cristiana. *Tb n*. | Cela *España* 23: La existencia de los mozárabes .. rezando a Cristo en territorio moro, y la de los mudéjares invocando a Mahoma a la sombra de las banderas cristianas, es un hecho histórico tan conocido como incontrovertible. **b)** De los mudéjares. | Vega *Cocina* 31: En una ocasión, por Navidades, me enviaron unos mazapanes, un turrón de guirlache –que es el más delicioso anacronismo mudéjar, con sus anisitos de colores– y una canasta de frutas de Aragón. **c)** [Estilo arquitectónico] que integra en los estilos cristianos materiales y ornamentación típicamente árabes. *Tb n m*. | Tejedor *Arte* 136: El arte mudéjar es una consecuencia natural de la larga convivencia en la Edad Media de dos distintas Españas: la musulmana y la cristiana .. Resultó así el mudéjar .. un arte eminentemente nacional. **d)** De(l) arte mudéjar. | Tejedor *Arte* 137: Mudéjares son también algunos de los más bellos castillos de España. *Ya* 8.5.70, 37: Acaba de ser trasladado al Museo Arqueológico Nacional .. un artesonado mudéjar del siglo XV.

mudejarismo *m* Tendencia mudéjar, esp. en arte. | GNuño *Arte s*. XIX 282: Conviene fijar la atención en este desaparecido edificio, conocido por viejas y abundantes fotografías .., porque era el más perfecto exponente del mudejarismo bien entendido. Alarcos *SLe* 6/7.87, 7: Los *Proverbios* son, pues, muestra patente de ese mudejarismo de la cultura de Castilla en el siglo XIV, en el que tanto insistió el maestro Américo Castro.

mudejarista *adj* De(l) mudejarismo. | Ridruejo *Castilla* 1, 332: Se revela [en la catedral] sucesivamente la influencia de Normandía, la Champaña, el Rin y Borgoña, a las que hay que añadir la tardía y claramente española, que tiene implicaciones renacentistas y mudejaristas.

mudez *f* Condición de mudo, *esp* [1]. | Campmajó *Salud* 498: Especial interés merece la sordera infantil, sobre todo la de tipo congénito, puesto que comporta la mudez. Cela *Pirineo* 283: El viajero, ante la mudez a que le obliga su ignorancia, pide perdón por no haber estudiado para boticario. Lera *Olvidados* 85: Pasaron así los años, unos cuantos años de mudez y de rutina .. Procuraba no hablar nunca con su padrastro.

mudo -da *adj* **1** [Pers.] que, por defecto físico, no puede hablar. *Tb n*. | CNavarro *Perros* 166: El marinero sacó un billete y se lo entregó a la muda. **b)** Que, por efecto de una emoción, no puede hablar. *Gralm con un compl* DE *que expresa la emoción*. | CNavarro *Perros* 29: Su padre observaba sin ver; .. entreabierta la boca, muda de asombro. **c)** Que está callado o silencioso. *Tb fig*. | J. Cardús *SHer* 25.4.76, 13: Hasta los perros que nos acompañan andan mudos, como intuyendo el desastre que se avecina. * Las campanas quedaron mudas. **c)** [Cisne] ~ –> CISNE.

2 [Cosa] que se expresa sin palabras o sonidos. | Berlanga *Gaznápira* 48: Su silencio atento será como una pregunta muda. **b)** (*Ling*) [Letra] que no se pronuncia. | Cantera *Enseñanza* 89: Nos ocurre en ocasiones .. que, para evitar algunas faltas de ortografía, cometemos nosotros otras en la lectura: pronunciación de consonantes mudas .., y de *e* caducas y mudas.

3 Que no va acompañado de palabras o sonidos. | GPavón *Cuentos rep*. 158: Pensaron que fuera la Rondalla .. Pero estaba de Dios que el entierro del pobre ciego quedara mudo. **b)** [Cine o película] que carece de registro del sonido. | FSantos *Catedrales* 176: Las parejas, de pronto, van despacio como en esas películas antiguas del cine mudo.

4 [Mapa] que no tiene escritos los nombres de los lugares que representa. | Ortega-Roig *País* 213: Señala Torrelavega. ¿Qué industrias posee? Dibújalas con cuidado en tu mapa mudo.

mueblaje *m* Mobiliario o moblaje. | CBonald *Dos días* 36: Don Andrés dirigió una fugaz y displicente mirada por entre los complicados pasadizos del mueblaje.

mueble I *adj* **1** [Bien] que puede trasladarse de una parte a otra. | Ramírez *Derecho* 62: Lo primero que hago es clasificar los bienes en muebles e inmuebles. **b)** Propio del bien mueble. | *Compil. Cataluña* 682: La mujer que entregue bienes parafernales de naturaleza mueble a su marido para que los administre podrá exigir la constitución de hipoteca en garantía de su devolución.

II *m* **2** Objeto transportable, frec. de madera, que sirve para hacer habitable o decorar una casa u otro lugar. | Berenguer *Mundo* 71: No encontraban la forma de hacerle más daño que quemarle la ermita, romperle los muebles de la casa y molestar a la gente que vivía allí. *GTelefónica N*. 777: Tolder .. Fábrica de muebles para jardín y terraza. **b)** *Se usa en constrs de sent comparativo para ponderar la inmovilidad o inactividad de alguien*. | * Se pasa el día como un mueble, sin hacer nada.

3 mueble-bar. (*pl normal*, MUEBLES-BAR(ES)) *m* Mueble [2a] destinado a contener botellas y otros utensilios para servir bebidas. | Laforet *Mujer* 212: En la salita comedor un "mueble-bar" dejaba ver por las noches, al abrirse, la camita turca de Martín.

4 mueble-cama (*tb con la grafía* **mueble cama**; *pl normal*, MUEBLES-CAMA(S)) *m* Mueble [2a] que contiene una cama abatible o plegable. | *GTelefónica N*. 775: Casa Hogar .. Librerías. Muebles-cama. Sofás-cama. *GTelefónica N*. 287: Gran surtido en colchones: espuma cunas; sofás; muebles camas.

mueblería *f* **1** Establecimiento en que se fabrican o venden muebles [2a]. | *HLS* 3.8.70, 12: La mueblería de ayer, de hoy y de siempre. Muebles Ramos. Berlanga *Gaznápira* 127: En las mueblerías de las ciudades vendían sillones con un agujero enmedio para poder hacerlo sentado.

2 Industria del mueble [2a]. | Carnicer *Castilla* 267: Hay en Nájera cuarenta fábricas y talleres dedicados a la mueblería.

mueblero -ra *adj* De (los) muebles [2a]. | Carnicer *Castilla* 267: En Nájera .. se halla en marcha una fuerte y autóctona industria mueblera.

mueblista *m y f* Pers. que fabrica o vende muebles [2a]. | LRubio *Diana* 320: El tributo al último estilo ha sido pagado con creces, en casa de un buen mueblista.

mueca *f* Gesto violento o anormal del rostro. *Gralm con un compl especificador. Sin compl, frec referido a burla*. | Olmo *Golfos* 194: Una mueca de dolor desfigura la cara del viejo. Laforet *Mujer* 54: Atendió a Paulina con la misma solicitud que hubiese tenido para una pariente anciana. Con una mueca como de burla en la boca.

muecín (*tb con la grafía* **muezín**) *m* (*Rel musulm*) Musulmán encargado de convocar a los fieles a la oración desde el alminar. | CSotelo *Muchachita* 263: Pero, hija mía, Radio Bilbao la oyen en Deusto con dificultades... Tiene el alcance de la voz del muecín y poco más. Cela *Judíos* 193: Cuando la cigüeña vuelva, aún el mirar del invierno hecho a los minaretes y todavía el oído puesto en la salmodia del muezín, el vagabundo .. andará ya muy lejos. [En el texto, *sin tilde*.]

mueco *m* (*Taur*) Pilar de madera en que se sujeta al toro para determinadas operaciones, esp. para afeitarle o embolarle los cuernos. | Molés *Pue* 5.2.83, 22: La corrida estuvo un par de veces a punto de anunciarse para corridas de a pie, pero le pedían [al ganadero] que la pasara por el mueco –o sea, que la afeitara–, ya que, siendo Aleas, sonaba a dura y difícil. Eulogio y sus hermanos .. se negaron a la vergüenza del mueco y se jugaron su futuro.

muega *f* (*reg*) Planta vivaz de tallo hueco y robusto y flores rojizas, propia de cañaverales y riberas (*Scrophularia auriculata*). | Mayor-Díaz *Flora* 259: *Scrophularia auriculata* L. "Escrofularia acuática", "Muega".

muela I *f* **1** Diente de la parte posterior de la boca, ancho y de corona aplastada, que sirve para triturar los alimentos. | Bustinza-Mascaró *Ciencias* 47: Hay tres tipos de dientes: incisivos, .. caninos .. y muelas.

2 Piedra de molino. | Moreno *Galería* 24: El agua represada del río hacía mover el pesado mecanismo de las muelas de trigo y las muelas de pienso.

3 Rueda de asperón o de materias abrasivas conglomeradas, que se utiliza para afilar instrumentos cortantes o labrar metales o materias duras. | *GTelefónica N*. 792: Norton, S.A. Muelas de rectificado y corte, discos, segmentos, muelas de diamante, piedras de afilado, etcétera.

4 Cerro de cima plana. | GPavón *Rapto* 246: Aquel es campo raso, de llanura sin pliegues, muelas, gajos, motas y ni siquiera tetas que alzasen una cuarta el nivel del camino. S. Araúz *SYa* 16.2.75, 15: Hacia ese mismo viento se recorta la "muela del Conde".

muelense – muerte

5 Almorta. | Cela *Judíos* 101: Fuente el Olmo cultiva el yero, la muela y el garbanzo. SSolís *Camino* 69: Tomamos un vaso de leche, o unas patatas cocidas .. A veces cocemos castañas, o muelas.
II *loc v* **6 echar** [alguien] **las ~s.** (*col*) Sentir gran disgusto o enfado. *Gralm en la constr* ESTAR [alguien] QUE ECHA LAS ~S. | Aparicio *Año* 203: Ha embaucado también .. a don Manolín Peralta, que está que echa las muelas con el libro ese del alma.
7 reírse las ~s. (*col*) Desternillarse de risa. | Delibes *Cazador* 27: Dijo que parecía tuerto del lado izquierdo, y todos se rieron las muelas.

muelense *adj* De Muel (Zaragoza). *Tb n, referido a pers.* | J. M. Doñate *Abc* 26.12.70, 53: Los primeros años de nuestro siglo sepultaron prácticamente la brillante condición artesana de los muelenses.

muelle¹ *m* **1** Pieza elástica, gralm. de metal, que puede soportar grandes deformaciones y recobrar después su forma. | Olmo *Golfos* 20: Daban la impresión de esas cajas que, cuando se abren, sueltan un puño impulsado por un muelle. **b)** [Pañí] **de ~** → PAÑÍ.
2 (*col, humoríst*) Esfínter. *Gralm en la constr* TENER LOS ~S FLOJOS. | Cela *Pirineo* 273: Gracias sean dadas a San Cirilo, santo mártir a quien los gentiles vaciaron el vientre y patrono de estitiqueces, flojera de muelles y otros torcijones y trastornos.

muelle² *m* **1** Obra hecha en la orilla del mar, de un lago o de un río para permitir el atraque de barcos y facilitar su carga y descarga. | *Sol* 24.5.70, 8: Los pasajeros tienen que presentarse en el muelle tres cuartos de hora antes de la salida del buque.
2 Andén alto destinado a la carga y descarga de mercancías. | J. Torres *Lan* 15.7.65, 5: No iba a los trenes a esperar a familiar alguno .. Si puedo, algún día escrib[i]ré alguna monografía de mis años de ayudante de cargador de muelle. *Hoy* 28.7.74, 6: Se fijan los precios máximos de venta de las leches higienizada y concentrada .. sobre muelle de central lechera y centro de higienización convalidado. VMontalbán *Pájaros* 19: Esta era la impresión que recibía Carvalho cuando recorría el ámbito de los almacenes y los muelles de descarga [de Toldos Daurella, S.A.].

muelle³ *adj* (*lit*) Blando y cómodo. | Fernández-Llorens *Occidente* 243: En su tren no viajan aristócratas sentados en muelles asientos. **b)** Blando y agradable. | Cuevas *Finca* 262: La tierra arada, abierta, muelle, .. de "San Rafael". Lera *Trampa* 1051: Goya también era generosa a su manera: dejando ver su muelle y abundante pechuga. **c)** Delicado y suave. | MSantos *Tiempo* 238: Siento un placer muelle en este arcaico instrumento.

muellemente *adv* (*lit*) De manera muelle³. | FReguera-March *Boda* 94: Pedro Acosta se recostó muellemente. Gaos *Poesía* 11: Los hombres, la mayoría de las veces, somos abandonados, mezquinos, muellemente cuerdos.

muelo *m* (*reg*) Montón [de algo]. | Escobar *Itinerarios* 121: Alrededor de la Nochebuena montaban en la plaza pública sus muelos de castañas y nueces. **b)** Montón de grano que se recoge en la era después de limpio. | Lázaro *JZorra* 9: Que no cruces el arroyo, que esperes a que baje la corriente, le dijeron, y como si nada, él lo quiso cruzar por ver de salvar lo que pudiera del muelo y de la parva del día, que era el pan del año.

muequear A *intr* **1** Hacer muecas. | Castroviejo *Van* 23.6.74, 15: Surgió Tronöen en su Calvario. Alumbradas con una linterna de bolsillo, las figuras de piedra .. adquirían proporciones extrañas; abrían la boca, muequeaban cansados los ladrones.
B *tr* **2** (*raro*) Hacer [determinada mueca]. | GHortelano *Amistades* 227: Leopoldo .. muequeó una sonrisa.

muera → MORIR.

muérdago *m* Planta perenne de hojas coriáceas y fruto en baya traslúcida, que vive semiparásita en los troncos y ramas de los árboles (*Viscum album*). | E. Vicente *Abc* 31.10.70, 8: Las vigentes tradiciones del abeto navideño y del ramillete de muérdago no son sino reliquias de viejos cultos germanos y celtas.

muerdo *m* **1** (*pop*) Mordisco (acción de morder con los dientes). | SFerlosio *Jarama* 55: –Todos los perros acaban pareciéndose a los amos –terciaba Lucio–; en todavía tengo yo la señal del muerdo que me atizó uno negro que tuvo mi cuñada. **b)** (*jerg*) Beso erótico. | Oliver *Relatos* 133: Estaba dándose un muerdo acojonante con una de las periquitas.
2 (*reg*) Bocado (porción de comida). | Delibes *Ratas* 45: El Virgilio .. distribuyó entre la concurrencia unos muerdos de pan tostado y unas copas de aguardiente.

muergo *m* (*reg*) Navaja (molusco). | Aldecoa *Gran Sol* 152: Sabía anzuelar con muergo para el pancho, la moma, el chaparrudo. Cancio *Bronces* 94: Y terminado este calvario, .. a saltar de roca en arenal en busca de lapas, muergos, mazajones y cuanto pueda significar unas monedas. Mendicutti *Palomo* 112: Ella estaba ya hecha un muergo engurruñido.

muermera *f* Clemátide, planta (*Clematis vitalba* y *C. flammula*). *La segunda esp tb* HIERBA ~. | FQuer *Plantas med.* 228: Clematide flámula. (*Clematis flammula* L.) Sinonimia cast[ellana], .. muermera y hierba muermera. FQuer *Plantas med.* 226: Clemátide. (*Clematis vitalba* L.) Sinonimia cast[ellana], .. muermera (porque las gentes del campo la usan para combatir el muermo).

muermo *m* **1** Enfermedad de las caballerías caracterizada por ulceración y flujo de la mucosa nasal e infarto de los ganglios linfáticos próximos. | I. RQuintano *Abc* 6.2.83, 52: La crisis .., cuando entra en una cuadra es peor que el muermo, y no valen todas las herraduras juntas del hipódromo para espantarla.
2 (*col*) Catarro o resfriado. | Cela *Inf* 15.4.77, 16: Una señora con muermo siempre desluce y despierta la aprensión, pero una señora con alergia suele ser una alta dama a quien le gusta la música de Debussy.
3 (*col*) Decaimiento físico o moral. | *Ya* 2.10.83, 35: De las atletas que salen conmigo hay muchas que corren bien y perfectamente me pueden ganar. Por otra parte, me puede dar el "muermo", que a mí me suele dar a menudo, y a lo mejor me tengo que retirar. Cela *Alcarria* 98: El viajero, para espantar el muermo del alma, se para al pie de un árbol de buen sosiego y escucha a sus juglares. **b)** Aburrimiento. | Antolín *Gata* 138: Habías espantado el muermo de algunas siestas imaginándola sin ropa de un lado para otro.
4 (*col*) Pers. o cosa que aburre. *Tb adj* (*a veces invar*). | Berlanga *Gaznápira* 136: No soporto los llorones ni los muermos, esos que se te pegan como lapas contándote cuánto les castró su mamá. Oliver *Relatos* 86: Yo les dije que el pab aquel era un muermo y que por qué no nos íbamos a seguir el cachondeo en otro sitio. Pombo *D16* 22.10.87, 2: Tan pronto como [los hombres públicos] se reconocen "públicos", hasta el más soso y muermo pierde el culo por hablar. MGaite *Nubosidad* 374: Le ha dado por beber y por escribir poesías muermo.

muerte I *f* **1** Hecho de morir. *Tb fig.* | GRuiz *Cristianismo* 11: El proyecto humano queda, a todas luces, inacabado por la muerte. S*Abc* 12.10.75, 31: El 28 de febrero Inglaterra y Francia reconocían al Gobierno de Burgos. Era un tanto fundamental para la España de Franco y algo así como la muerte oficial del Gobierno republicano. **b)** Personaje imaginario que simboliza el hecho de morir y que habitualmente se representa como un esqueleto humano con una guadaña. *Normalmente escrito con inicial mayúscula y precedido de* LA. | GLópez *Lit. española* 101: La literatura española tan solo conserva una anónima *Danza de la Muerte* .. En ella la Muerte increpa a diversos personajes que representan jerarquías religiosas y políticas, clases sociales, estados.
2 Acción de matar. | Sueiro *Tri* 20.2.71, 12: De las cuatro o seis muertes que casi a ciencia cierta se le pueden cargar hasta ahora, .. salta ante todo la evidencia de que para este hombre son muy borrosos los contornos de lo que solemos entender por dignidad humana.
3 (*col*) Cosa sumamente ingrata o insufrible. *Precedido de* LA *o* UNA *y normalmente con el v* SER. *A veces* ~ PELONA. | * Las clases de este señor son la muerte.
4 (*Pesca*) Saliente puntiagudo de la parte interior de la punta del anzuelo. | *Voz* 6.11.87, 51: Lograda la penetración con una afilada punta, no cuenta con el rejón o muerte en perfectas condiciones, el pez se soltará.
5 ~ chiquita. (*col*) Estremecimiento o convulsión instantáneos, frec. motivados por una sensación de frío. | Be-

muerto – muerto

renguer *Mundo* 223: Al verlo allí, con tanta luz, tantísimo lujo y una cara tan seria, me entró la muerte chiquita.
6 ~ civil. (*Der*) Privación de los derechos civiles. ǀ Ramírez *Derecho* 160: En cierta forma, [la quiebra] sigue siendo una especie de muerte civil, ya que el quebrado no puede ejercer el comercio ni puede tener cargo ni intervención directa administrativa o económica en compañías mercantiles o industriales.
7 ~ súbita. (*Tenis*) Tie-break. ǀ *Abc* 7.12.88, 8: Becker, campeón al filo de la "muerte súbita".
II *loc adj* **8 a ~.** [Lucha] que no se abandona hasta que muere uno de los contendientes. *Tb fig. Tb adv.* ǀ C. Nonell *Abc* 22.10.67, 11: ¿Y esa fabulosa y homérica levantada del atún en las almadrabas cercanas al Estrecho, corrida de toros que alcanza una emoción indescriptible en la lucha a muerte entre el hombre y el atún? Pla *América* 197: Perón y el peronismo llevaron a cabo una guerra a muerte contra los que doña Evita llamaba los oligarcas. *País* 12.2.77, 10: Antes había dicho que el PC(r) estaba enfrentado a muerte con todos los grupos sindicales y políticos a la izquierda del Partido Comunista Español. **b) a ~** (*tb, raro*, **de ~**). Implacable. *Con ns como* ODIO, PERSECUCIÓN. *Tb adv.* ǀ * Juró odio a muerte al enemigo. * Se odian a muerte.
9 de mala ~. (*col*) [Cosa] de muy poco valor o importancia. ǀ VMontalbán *Rosa* 114: No se sirve a los oficiales como si se sirviera en un tugurio de mala muerte.
10 [Lecho] **de ~** → LECHO.
11 de ~. (*Taur*) [Toro] destinado a ser lidiado y muerto en el ruedo. ǀ GLuengo *Extremadura* 122: Una plaza cuadrangular, de fuente en medio, donde se celebran las capeas, en las que tampoco suele faltar algún toro de muerte.
12 de ~. Capaz de causar la muerte [1]. *Frec* (*col*) *usado hiperbólicamente.* ǀ Delibes *Cinco horas* 148: Le pegué una paliza de muerte. **b)** (*Taur*) [Rejón] usado en el último tercio de la lidia para matar al toro. ǀ P. Llamas *Ver* 22.9.72, 6: Abrió plaza el rejoneador Juan Manuel Landete. Clavó cuatro pares de banderillas, dio dos rejones de muerte y despachó finalmente a pie de estocada y descabello.
13 de ~. (*col*) Enorme o extraordinario. *Con intención ponderativa. Tb adv.* ǀ Umbral *Trilogía* 273: Me ha dejado el apartamento para esta noche, Umbrales, por última vez. Allí nos pegamos un homenaje de muerte. MGaite *Fragmentos* 33: Las películas de misterio me aburren de muerte.
III *loc v* **14 dar ~** [a alguien (*ci*)]. Matar[le]. ǀ Castroviejo *Abc* 25.3.58, 23: Dio muerte en su vida a muchos lobos.
IV *loc adv* **15 a la ~.** A punto de morir. *Con vs como* ESTAR, PONER, TENER. ǀ Berenguer *Mundo* 57: Enganchó una cachava y le metió una soba que lo puso a la muerte. Cómo sería, que lo tuvo en casa curándolo una temporada.
16 a ~. (*raro*) Para ser destruido. *Tb adj.* ǀ *Abc* 4.2.58, sn: A las doce .. tendrá lugar .. el acto de subasta para la enajenación del aprovechamiento resinación de 70.414 pinos a vida, .. 59.126 pinos nuevos a muerte y 18.347 antiguos a muerte.
17 a ~. (*col*) De manera total o absoluta. ǀ AMillán *Damas* 15: –¿Sigue lo tuyo con Chema? .. –A muerte, tía. –Me alegro, se le ve tan buen muchacho. Tan educado. –Es un hijo de puta, pero me va. Umbral *Trilogía* 252: Ahora nos vamos tú y yo solos .. a la cosa tropical del Viaducto, a bailar a muerte.
18 a vida o ~, **entre la vida y la ~** → VIDA.

muerto -ta I *adj* **1** *part con función adj o sust* → MORIR y MATAR.
2 (*col*) Sumamente cansado. *Tb* MEDIO **~**. ǀ *Hora* 16.5.76, 22: ¡Voy muerto! Tengo una "pájara terrible". No puedo más. **b) más ~ que vivo**. Maltrecho o en condiciones físicas lamentables. ǀ Medio *Andrés* 196: ¡Hijo!... Cómo te han puesto... Estás como un eccehomo... ¡Jesús, Jesús!... Criatura... Si vienes más muerto que vivo. **c) más ~ que vivo.** (*col*) Embargado por el miedo. ǀ * Fui al examen más muerto que vivo.
3 Inerte o que no tiene vida. ǀ * La materia se divide en viva y muerta. **b)** [Seto] constituido por palos entretejidos, y no por plantas vivas. ǀ *BOE* 30.1.81, 2153: El arrendatario puede hacer desaparecer las paredes, vallados, setos vivos o muertos. **c) ni vivo ni ~** → VIVO.
4 [Cosa] que no tiene actividad o funcionamiento. ǀ Payno *Curso* 14: Las ausencias de los catedráticos fueron regularmente frecuentes. En esos tiempos muertos no había donde poder ir. En la biblioteca no ocurría pensar. FQuintana-Velarde *Política* 160: Se ven en el interior kilómetros y kilómetros de carreteras sin tránsito, casi muertas. **b)** [Cosa] no útil o no utilizada. ǀ Millás *Visión* 166: La habitación, por otra parte, tenía abundantes espacios muertos. **c)** [Lengua] que no está en uso en el momento de que se trata. ǀ Torrente *SInf* 19.2.76, 16: Reconozco y confieso mi alegría al escuchar a estos prestes que saben el alemán y las lenguas muertas.
5 Poco vivo o intenso. ǀ * ¡Qué color más muerto! **b)** [Marea] de mínima intensidad, por contrarrestarse las atracciones del Sol y de la Luna. ǀ Zubía *Geografía* 66: Las mareas: .. Pueden ser vivas o muertas, según que se sumen o no las atracciones conjuntas del Sol y la Luna.
6 [Agua] estancada. *Normalmente en pl.* ǀ *Abc* 6.1.68, 42: El autocar, que se dirigía a Francia, cayó al lecho del río, que no tiene profundidad, estrellándose en un gran charco de aguas muertas. *DLér* 30.7.69, 9: Sobre las aguas muertas del lago se han programado pruebas piragüísticas.
7 [Cal o yeso] a los que se ha añadido agua. ǀ Bustinza-Mascaró *Ciencias* 333: Al agregar agua a la cal viva se transforma en cal muerta o apagada, desprendiéndose mucho calor. **b)** [Yeso] que ha perdido su eficacia. ǀ *Hacerlo* 78: Ante todo, hay que abrir la grieta para que se desprenda el yeso "muerto"; luego se empasta con yeso recién hecho. **c)** [Yeso] calentado a una temperatura superior a 160°, que no se fragua ni se endurece. ǀ B. Berasategui *Abc* 3.2.74, 42: Cruzando la cola del embalse de Alarcón se llega, por carreteras secundarias, al pueblo conquense de Valera de Abajo .. El pueblo entero es invitado por los generales a los "puñaos": garbanzos turrados mezclados con avellanas y yeso muerto.
8 (*Dep*) En baloncesto: [Tiempo] solicitado por el entrenador de un equipo para hablar con sus jugadores y que no cuenta como tiempo de juego. *Tb fig, fuera del ámbito deportivo.* ǀ G. Pérez *SYa* 31.12.90, XII: Brabender tuvo que pedir su primer tiempo muerto para colocar a sus jugadores en una defensa zonal 2-3 que, a la postre, resultó decisiva para la remontada del Madrid. *Faro* 3.8.75, 12: Los afectados por Autopistas del Atlántico solicitan "tiempo muerto".
9 [Ángulo] **~**, [horas] **muertas**, [letra] **muerta**, [mano] **muerta**, [manos] **muertas**, [mosca (o mosquita)] **muerta**, [naturaleza] **muerta**, [obra] **muerta**, [peso] **~**, [punto] **~**, [vía] **muerta** → ÁNGULO, HORA, LETRA, MANO, MOSCA, NATURALEZA, OBRA, PESO[1], PUNTO, VÍA.
II *n* **A** *m y f* **10 ~ de hambre.** (*col*) Pers. a la que se desprecia por su pobreza o por su insignificancia. ǀ Olmo *Camisa* 62: No me gusta que salgas con Nacho. Tú no estás pa novios toavía .. Ni con Nacho ni con ningún muerto de hambre del barrio, ¿me oyes?
B *m* **11** (*col*) Asunto sumamente enojoso. ǀ CPuche *Paralelo* 355: Bien merecido se tenían lo que les estaba cayendo encima, que todavía no era nada. Mayores muertos les iban a caer, y no les iba a dar tiempo de sacudírselos. **b)** Responsabilidad. *Gralm en constrs como* ECHARLE [a uno] EL ~, CARGAR [uno] CON EL ~, CARGARLE [a uno] CON EL ~. ǀ Umbral *Tierno* 81: La Gual dejó el buga en una calle estrecha, mal aparcado contra otro y con la puerta abierta, el que se lo lleve ahora que cargue con el muerto. PLozano *Ya* 27.4.74, 19: Lo que nadie duda es que las "grandes hermanas" –compañías– se están forrando y que el muerto se lo cargan a los árabes.
12 (*col*) Pers. aburrida o pesada. ǀ * ¡Qué pareja de muertos, no hay quien los aguante!
13 (*Mar*) Boya fondeada provista de un argollón para que a él se amarren las embarcaciones. ǀ Zunzunegui *Hijo* 70: Una luna forraba de estaño los botecillos y balandras amarrados a sus "muertos".
III *loc v* **14 hacer el ~.** (*col*) Ponerse flotando en el agua boca arriba. ǀ Cela *Viaje andaluz* 321: El Guadiana .. forma ya dos esteros: el de la Nao, donde se bañan los niños huertanos, y el de la Sardina, en el que se chapuza, con su enagüilla pegada al cuerpecito, la niña de las barcias. –¿Sabes hacer el muerto? –No, señor.
15 no tener dónde caerse ~ → TENER.
16 resucitar a un ~ [algo]. (*col*) Ser sumamente reconfortante o estimulante. ǀ ZVicente *Traque* 157: Esto resucita a un muerto. Otro poquito [de anís].
IV *loc adv* **17 como un ~.** (*col*) Totalmente callado o inactivo. *Con vs como* CALLAR o QUEDARSE. ǀ MPrieto *D16* 9.7.91, 64: Le voy a vender yo .. un código moral para los parlamentarios españoles, gentecilla que vive muy bien, ele-

gida en listas cerradas, leales a sus partidos como perros, callados como muertos.

18 en ~. (*raro*) Sin vida. | F. Costa *Sáb* 21.12.74, 66: Se adelantan a la zambomba y a los tenderetes de figuras navideñas esos puestos de árboles de Noel, en muerto o en vivo, procedentes de limpias y aclareos.

19 por tus (**mis**, **sus**, *etc*) **~s.** (*col*) Refuerza enfáticamente una afirmación o una petición. Frec con vs como JURAR, ASEGURAR o PEDIR. | ZVicente *Traque* 116: Es que no se lo va usted a creer, hombre, y le aseguro por mis muertos, por estos labios que se ha de comer la tierra, que no había oficio mejor pagado. GPavón *Rapto* 53: No me empuerque usted la tierra, por sus muertos, señor bestiario.

V *interj* **20 tus ~s.** (*col*) *Expresa desprecio.* | Marsé *Tardes* 247: Manolo estaba silencioso. –Manolo, estás muy importante –dijo Luis con sorna. Tus muertos, pensó él.

muesca *f* **1** Hueco que se hace en una cosa para que encaje con otra. | ZVicente *Traque* 282: Llavecitas de muebles o cajas que ya no existen .., mire usted esta, tan bonita, dorada, con tres muescas, era de una caja de marquetería con hueso.

2 Corte hecho en un borde o en una superficie, quitando una pequeña parte de materia. | MCalero *Usos* 67: Hacía, con buena navaja, la señal en orejas, que muesca y hendido tenían por ello en esta casa. *Lab* 9.70, 49: Sobre este papel copiar nuestro diagrama 5, marcando la posición del doble y de la muesca. *Tri* 11.4.70, 10: Echan piedrecitas blancas o hacen muescas en las cortezas de los árboles.

mueso *m* (*reg*) Meningitis. | Berenguer *Leña* 188: Padecieron de mueso de la cabecita y les dieron palmito y clara de huevo.

muestra I *f* **1** Porción o unidad [de algo, esp. una mercancía] que sirve para dar a conocer sus cualidades. | *Tri* 10.4.71, 6: Le ofrecemos gratis una muestra de Lectric Shave de Williams, para que su máquina eléctrica le afeite mucho más apurado. Benet *Nunca* 21: Me preguntó de súbito, dando vueltas distraídamente al pisapapeles, una muestra de mármol artificial. **b)** Porción [de una materia] que permite el análisis y determinación de sus características físicas, químicas o mecánicas. | MNiclos *Toxicología* 17: La toma de una muestra de sangre es de suma importancia. Pebetero *DBu* 18.6.64, 8: Sorprendido por la presencia de aquel filón superficial [de carbón], recogió unas muestras y se las llevó a su amigo. *Inf* 19.7.69, 4: El "Luna 15" es una "excavadora lunar", destinada a traer a la Tierra muestras del suelo de nuestro satélite. **c)** Parte o elemento [de un conjunto] considerado como representativo del mismo. | Cunqueiro *Un hombre* 20: Eustaquio hizo delante de Egisto una muestra de letras y señas en una pizarra, y el rey mandó que desde aquel punto y hora solamente el señor Eustaquio pondría el título en los papeles reales. *Ya* 12.6.77, 14: Según una nueva encuesta, 147 escaños serían para el Centro .. La muestra seleccionada estaba compuesta de 5.100 individuos. GGual *Novela* 307: El magnánimo y justo Hidaspes, muestra de etíope patriarcal, y Tíamis, el bandido generoso, .. son elementos de un *stock* novelesco.

2 Cosa que se usa como modelo para un trabajo. | Castañeda *Grafopsicología* 16: El niño atraviesa por distintas etapas en el aprendizaje de la escritura .. Logra dominar el lápiz y es capaz de repetir muestras y caligrafías.

3 Exposición o exhibición artística o técnica. | MDescalzo *Inf* 31.12.69, 25: Una mañana había ido a una exposición de Bot[t]icelli y, por la tarde, a una muestra gigante de Picasso.

4 Señal o indicio. | CNavarro *Perros* 51: Miraba la hora en su reloj dando crecientes muestras de impaciencia. VParga *Santiago* 10: El monasterio de San Martín de Albelda .. era .. un brillante foco de cultura, de que da muestra el célebre códice conciliar Albeldense.

5 Primera señal de fruto que se ve en las plantas. *Tb el primer fruto.* | E. Pablo *Abc* 25.7.76, sn: Se considera que [la próxima cosecha de aceituna] puede ser muy aceptable, a pesar de que la muestra de fruto es muy variable no solo dentro de una provincia, sino en el ámbito de municipio y aun en una misma finca. GPavón *Cuentos rep.* 113: Siempre le traía él algún presente: las primeras muestras de la viña, unas amapolas adelantadas.

6 (*Caza*) Detención que hace el perro al acecho de la caza para levantarla a su tiempo. | Delibes *Perdiz* 116: El perro .. está viejo y sordo .. Pero aún rastrea y se pica y, si la pieza aguarda, hasta hace una muestra tosca y desangelada. MFVelasco *Peña* 266: Como es perra que no rompe una muestra hasta que se le manda, la tuve puesta durante un cuarto de hora.

7 (*raro*) Rótulo de una tienda. | *VozC* 8.1.55, 3: Solo podrán autorizarse en las fachadas de las casas salientes de alineación oficial las obras de revoco, .. portadas y muestras de tienda, cuando detrás de ellas no se oculten tirantes.

II *loc adj* **8 de ~.** (*Caza*) [Perro] capacitado para la muestra [6]. | Delibes *Año* 107: La "Dina", la perrita .., me gustaría que a la próxima temporada se presentase al Campeonato de Caza con Perro de Muestra.

9 de ~s. [Feria] en que se exhiben muestras [1a] de productos, esp. manufacturados. | *Jaén* 21.4.64, 16: El complemento .. será la visita que se planea a la Feria de Muestras de Sevilla, para estudiar y hacerse cargo de los adelantos técnicos en maquinaria y útiles de trabajo.

III *loc v* **10 hacer la ~** [de una acción]. (*col*) Realizar[la] mínimamente para dar la sensación de que se realiza. *Tb sin compl por consabido.* | Aldecoa *Gran Sol* 53: Podíamos haber subido algún rato [a trabajar], aunque solo fuera para hacer la muestra.

IV *loc adv* **11 ni para ~.** (*col*) Se usa para ponderar la falta total de algo. | Marsé *Dicen* 59: Hacía más de un año que no se veía un gato ni para muestra.

muestral *adj* (*Estad*) De (la) muestra [1c]. | Miguel *Mad* 22.12.69, 14: Trabajan "haciendo encuestas" de marketing sin demasiados escrúpulos muestrales, porque se trata de empresas capitalistas, la alienación del consumidor, etc.).

muestrario *m* Conjunto de muestras [1 y 2]. | Huarte *Tipografía* 13: Una vez elegida la imprenta que va a encargarse del trabajo, se escoge la familia de la letra sobre un modelo impreso en ese mismo taller, o sobre el muestrario de que dispone. M. Porter *Des* 12.9.70, 33: El libro [la "Enciclopedia Ilustrada del Cine"] se convierte en un verdadero muestrario de la opinión del país sobre el cine. Medio *Maestra* 26: Viejos libros de lectura, con su moraleja. Cuadernos y muestrarios de letra gótica y redondilla. Revistas de labores para poner a prueba la paciencia de las niñas. Láminas de historia.

muestrear *tr* (*raro*) Seleccionar muestras [1c] [de algo (*cd*)] para estudiar las características [de ello]. | *Nue* 28.9.75, 12: Muestrean y analizan los productos básicos de consumo. Máquinas de defensa para el consumidor. **b)** Seleccionar [algo o a alguien (*cd*)] como muestra [1c]. | L. Romasanta *Ya* 27.12.91, 4: Una encuesta de una Fundación privada revela que casi la mitad de la población muestreada justifica mentir a Hacienda.

muestreo *m* Selección de muestras [1c] para estudiar las características de un conjunto. *Esp en estadística.* | *Abc* 21.5.67, 64: Farmacéutica .. Deberá conocer .. Técnicas de muestreo diversas para control de calidad. *SMad* 12.9.70, 4: Según lo obtenido a través de un breve muestreo, pues breves son las noticias [de] que aún se disponen [*sic*], podemos anticipar lo que tienen en cartera "firmas" como las de Juana Mordó, Biosca y Kreisler. Madrid *Cam* 6.12.82, 128: Solo el 1,2 por 100 de los que opinan de esta manera son individuos sin estudios, mientras que con el muestreo con sujetos de estudios medios y superiores los porcentajes suben hasta el 17 por 100.

muestrero -ra *m y f En la industria azucarera:* Operario encargado de tomar muestras de remolacha en los distintos lugares de recepción. | *BOE* 1.12.75, 25023: Personal obrero .. Muestrero. Es el operario encargado de tomar muestras de remolacha en los lugares de recepción, para llevarlas a los departamentos, en las condiciones que especifique el contrato de cultivos correspondiente.

muezín → MUECÍN.

muezzin (*ár; pronunc corriente,* /mueθín/) *m* Muecín. | GNuño *Arte* 61: Conviene borrar de la imagen [de la Giralda] el actual coronamiento e imponerlo liso o con una leve torrecilla, desde donde en el siglo XIII se llamaba a los sevillanos en el nombre de Allah. Otros muezzines coreaban desde las restantes mezquitas sevillanas.

muffin (*ing; pronunc corriente,* /máfin/; *pl normal,* ~s) *m* Bollito de pan que se toma normalmente tostado y con mantequilla. | *Cocina* 586: Muffins .. Cuando se van a comer se parten por la mitad, se tuestan y se sirven para el té acompañados de mantequilla o mermelada.

mufla *f (Cerámica)* Recipiente o recinto cerrado que se coloca dentro del horno principal para proteger los objetos de la acción directa del fuego, o de la oxidación. | Seseña *Barros* 20: En fábricas de importancia hay ya muflas eléctricas y pirómetros que controlan la temperatura.

muflón[1] **-na A** *m* **1** Mamífero rumiante salvaje, de la familia de los ovinos, propio de Córcega y Cerdeña (*Ovis musimon*). *Tb* designa solamente al macho de la especie. | *Ya* 16.2.63, 6: El muflón, nueva especie exótica de caza mayor, recientemente introducida en España. Berenguer *Mundo* 97: También se había traído unos borregos montunos que les decían muflones.

B *f* **2** (*raro*) Muflón hembra. | Berenguer *Mundo* 96: ¿Conque tú has matado la muflona?

muflón[2] *m* (*raro*) Tejido de abrigo, de pelo largo e irregular. | *Pin* 1.3.86, 14: Trapos. Telas exclusivas: Franelas, .. Dobles telas, Muflón, etc.

muftí *m Entre los musulmanes:* Jurisconsulto con funciones religiosas y judiciales. | GTolsá *HEspaña* 1, 230: El jefe supremo religioso fue el califa de Damasco o de Bagdad .. Personajes importantes eran los alfaquíes y muftíes, intérpretes de la doctrina. R. Cunill *Gac* 18.3.61, 28: En el extenso imperio oriental espiritual del Islam debe haber llegado la hora de los ulemas y de los muftíes, que son los doctores y los canonistas del mundo musulmán.

muga *f (reg o lit)* **1** Mojón (piedra o señal que marca el límite entre dos propiedades o dos términos geográficos). | *DNa* 14.7.64, 4: Un momento de la firma del acta sobre la misma muga o piedra de San Martín. Los roncaleses van vestidos con atuendo típico y los franceses con una banda tricolor.

2 Límite o frontera. | Zunzunegui *Camino* 307: –Va –le aceptó un contrabandista que pasaba mulas a Francia por las mugas navarras. Vega *Cocina* 143: No tengo inconvenientes que oponer a que las mugas arroceras sean ampliadas, ya que este manjar merece la mayor difusión.

mugante *adj (reg)* Limítrofe. | Filoteo *DNa* 24.8.74, 8: No terminaban ahí sus correrías taurinas, que en alas de su afición le llevaban a los cosos de las capitales mugantes.

mugar *intr (reg)* Limitar o lindar. | Aize *DNa* 24.8.74, 13: Como mugaban con tierras aragonesas, fácilmente las escopetas se "pasaban".

mugardés -sa *adj* De Mugardos (La Coruña). *Tb n, referido a pers.* | *Voz* 26.5.87, 26: Con Rosa Gómez Limia van como candidatos socialistas mugardeses R. Toimil Saavedra, J. A. Martínez Carpente .. y M. R. Aneiros Gómez.

múgel (*tb con la grafía* **mújel**) *m (reg)* Lisa o mújol (pez). | *Faro* 30.7.75, 15: También se instalarán puestos de empanada de raxo, empanada de maíz con múgel del Ulla. Cunqueiro *Pontevedra* 152: Pesca del salmón y de la trucha en los meses sin veda, y todo el año en la dulzura de las rías, la de la robaliza, múgel, del mújel.

mugido *m* Acción de mugir. *Tb su efecto.* | Laforet *Mujer* 62: Aquel día estaba en su elemento .. en aquel pueblo lleno de mugidos de vacas. Gala *Petra* 791: (Ante casi un mugido de Tadeo.) Claro que tienes hambre, corazón.

mugidor -ra *adj* Que muge. | Merino *SYa* 17.2.85, 32: Un pueblo-pueblo, apenas poblado, con su abrevadero, su vaca mugidora, su caz cantarín. Gala *Sáb* 30.11.74, 9: Todos estamos hartos de esa distribución de epítetos imbéciles como en un chascarrillo: andaluces fuleros, .. gallegos cazurros y vascos mugidores.

mugiente *adj* Que muge. | Carnicer *Castilla* 18: Al cabo de media hora .., mugiente, rendido, dando tumbos, el toro era llevado al corral.

múgil (*tb con la grafía* **mújil**) *m (reg)* Lisa o mújol (pez). | Cunqueiro *Pontevedra* 175: Pesca Marítima. Lubinas o robaliza, múgiles, sargos. Noval *Fauna* 421: Las lisas o muiles abundan extraordinariamente, y se distinguen varias especies, como el Corcón o Múgil común (*Mugil chelo*) .. y el Muil de roca (*Mugil auratus*). Huerta *Pesca* 126: Desde tierra es posible que, con la excepción de las lisas (mújiles) y de las herreras (mabres), pocas sean las especies que pue-

dan ser motivo determinante de una específica jornada de pesca. [*En el Atlántico andaluz.*]

mugílido *adj (Zool)* [Pez] de la familia de la lisa o mújol. *Frec como n m en pl, designando este taxón zoológico.* | *Animales marinos* 46: Familia 18. Mugílidos.

mugir *intr* Emitir [un animal bovino] la voz que le es propia. *Tb (lit) fig, referido al viento, al mar o a una pers.* | Pinilla *Hormigas* 43: Las dos vacas mugen continuamente, porque sus pesebres están vacíos. Castroviejo *Abc* 28.8.66, 33: Mejor aún es imaginárselas bajo la quilla del buque y sobre las grandes olas, que mugen como vacas por las amuras.

mugre *f* Suciedad. *Tb fig.* | Arce *Testamento* 94: Con el lavadero siempre había pleitos .. A veces no se ponían de acuerdo y discutían, y nadie quería adelantar su turno. Y entonces el lavadero comenzaba a llenarse de mugre. Lera *Trampa* 1063: Dicen .. que soy una... Las cuatro letras, ¿entiende? Como si una no tuviera derecho a salir de aquí, a escapar alguna vez de toda esta mugre. **b)** Suciedad grasienta característica de la lana. | Delibes *Abc* 19.6.83, 3: Su carne [de la merina] tiene algo de gusto a esto, ¿cómo le decimos?, ¡mugre! Tira un poco a mugre la merina, sí señor.

mugriento -ta *adj* Que tiene mugre. | Olmo *Golfos* 180: Se quita la mugrienta chaqueta para envolver al rapaz. DPlaja *El español* 23: Por debajo de los más humildes españoles, .. de los más mugrientos, había todavía alguien.

mugrón *m* Rama que, sin cortarla de su planta, se entierra para que eche raíces. | A. Valle *SYa* 21.9.75, 41: *Aralia sieboldi* .. Se reproduce por mugrón de cabeza, que es un segmento de rama que se entierra sin separar de la planta madre.

muguasaja *f (TLit)* Moaxaha. | Alonso *Siglos oscuros* 30: La "jarcha", que era la última estrofa de la "muguasaja", a diferencia de las otras estrofas solía estar en lengua vulgar, árabe o hispánica.

muguet[1] *m (Med)* Afección causada por el hongo *Candida albicans* y caracterizada por la aparición de placas blanquecinas en las mucosas de la boca y la faringe. | Alcalde *Salud* 298: Muguet. Se denomina así a una infección micótica que puede afectar no solamente la cavidad bucal, sino también la faringe.

muguet[2] (*fr; pronunc corriente,* /mugé/) *m* Muguete. | J. López *Abc* 28.8.66, 10: *Eau de Fraîcheur* es una mezcla, maravillosamente equilibrada, de flores (jazmín, rosa, muguet) y frutas.

muguete *m* Planta herbácea propia de bosques y zonas umbrías, con hojas lanceoladas y flores blancas en racimo, usada en perfumería y medicina (*Convallaria majalis*). | Espinosa *Escuela* 307: Didipo no hiló, .. ni cultivó muguetes, ni sajó lipomas.

mui (*tb con la grafía* **muy**) (*jerg*) **I** *f* **1 la ~.** La lengua. *Gralm en constr* IRSE DE LA ~. | Sastre *Taberna* 100: Vamos, yo creo que la muy la tenemos para hablar. Gala *Suerte* 675: A esos que se ponen violentos, el día que yo me vaya de la mui les puede dar calambre.

II *loc v* **2 achantar la ~.** Callarse. | Delibes *Emigrante* 57: La vida está organizada de esta manera y uno tiene que achantar la mui y bailar al son que le tocan. ZVicente *Traque* 91: Lo del cuarto oscuro es para asustar, o sea, a ver si achanta la muy.

muidera *f (reg)* Lugar en que se ordeñan las ovejas y se elabora el queso. | *DNa* 22.7.64, 6: Las muideras son los lugares típicos en los que se obtiene el queso roncalés. Hace medio siglo, más o menos, todos los vecinos roncaleses tenían muideras.

muil *m (reg)* Lisa o mújol (pez). | J. Caridad *Prog* 8.8.75, 3: Lenguado, de 331 a 348 pesetas, el kilogramo; .. muil, a 38. Noval *Fauna* 421: Las lisas o muiles abundan extraordinariamente, y se distinguen varias especies, como el Corcón o Múgil común (*Mugil chelo*) .. y el Muil de roca (*Mugil auratus*).

muiñeira *f (reg)* Muñeira. | Cunqueiro *Pontevedra* 18: Cambados. Danza de las patelas y muiñeira, en el parque del pazo de Bazán, en la fiesta del Albariño.

muir (*conjug* **48**) *tr* (*reg*) Ordeñar. | Cela *Pirineo* 96: El viajero, para reponer fuerzas, desayunó un balde de leche aromática, espesa y recién muida.

muisca *adj* Chibcha. *Tb n: m y f, referido a pers; m, referido a lengua.* | Tejedor *Arte* 184: La civilización chibcha o muisca tuvo por escenario las actuales tierras de Costa Rica, Panamá y Colombia. Buesa *Americanismos* 339: La [lengua] más importante de este tronco es el chibcha o muisca de Bogotá.

mujaidín *m* Muyahidín. *Tb adj.* | *Ya* 17.1.89, 12: Velayati discutió con los mujaidines la formación de un gobierno en Kabul. *Abc* 3.12.88, 36: El jefe de la alianza de siete partidos mujaidines .. abandonó ayer Islamabad.

mújel → MÚGEL.

mujer I *f* **1** Ser animado racional del sexo femenino, esp. adulto. | Medio *Bibiana* 14: Las mujeres, a su juicio .., entienden poco de estas cosas. **b)** (*col*) Precedido de LA, se emplea con matiz afectivo para referirse a una mujer citada o consabida. | Delibes *Guerras* 100: –Y ¿de qué murió tu madre, Pacífico? .. ¿Qué le dolía? –De primeras, la mujer empezó con algo de flato y molestias de vientre. **c)** Mujer dotada de las cualidades que tradicionalmente se consideran específicas de su sexo, esp. la afectividad y el orden. *Tb adj, frec con un adv de intensidad.* | *Economía* 324: Mientras menos utilicemos los pantalones será mejor .. En general, favorecen menos que las faldas, sobre todo a la contextura de la mujer española, muy mujer y con formas muy acusadas, que no encajan con la línea recta, varonil, del pantalón. * Ella es muy mujer y sabe organizarse, que si no, con ese sueldo... **d)** (*euf*) Prostituta. *Normalmente en las constrs* CASA DE ~ES *o* IRSE DE ~ES. | Cela *SCamilo* 22: La casa del Espíritu Santo no tiene mujeres, es tan solo casa de citas. **e) mala ~.** Mujer que ejerce la prostitución o que tiene un comportamiento sexual que no se ajusta a la moral admitida. | FGómez *Bicicletas* 156: Esa mujer que tengo ahí en casa, la novia de mi hijo Pedrito, es una mala mujer .. Es... es una mujer de la calle. **f) buena ~.** (*hoy raro*) *Se usa para dirigirse con intención de cordialidad a una mujer desconocida de clase social inferior.* | * Oiga, buena mujer, ¿hay una farmacia por aquí? **g) ~-objeto.** (*pl normal,* ~ES-OBJETO) Mujer considerada solo como objeto de placer sexual. | Delibes *Guerras* 150: La Candi, con toda seguridad, aludiría a la mujer-objeto, ¿no? **h) ~ de la calle, ~ de la vida, ~ de su casa, ~ fatal, ~ pública** → CALLE, VIDA, CASA, FATAL, PÚBLICO.

2 Esposa. | *Tel* 15.6.70, 9: Vive .. con su mujer, sus hijos y su perro.

II *loc v* **3 ser ~** [una jovencita]. Tener por primera vez la menstruación. | *Gac* 28.3.76, 12: En Andalucía somos mujeres a los once años... A las tontas las hacen un niño. A los quince, la que no ha estado con uno es porque es una marimacho o una burra. **b)** Tener [una jovencita] la menstruación. | Diosdado *Anillos* 2, 62: –Lo primero que me dio a tomar mi madre fue una copita de licor de moras .. –¿Para la jaqueca? .. –¡Cuando empecé a ser mujer!

III *loc adv* **4 de ~ a ~.** [Hablando dos mujeres] con toda franqueza y sin intermediarios. | * Tengo que hablar contigo de mujer a mujer.

IV *interj* (*col; dirigida a mujeres y gralm en boca de mujeres*) **5** *Expresa afecto o intención persuasiva.* | MGaite *Visillos* 18: ¿Qué te pasa, mujer, estás llorando? Delibes *Príncipe* 88: Mamá y tía Cuqui .. se enzarzaron en animada conversación sobre cocina. Y se decían: "Tienes que darme la receta, mujer".

6 *Expresa protesta o reproche.* | Olmo *Camisa* 67: –¡Si pudiera irme embalá y a porte debido! (Ríe de nuevo nerviosamente.) –No te rías así, mujer.

7 *Expresa duda o reserva.* | * Mujer, no sé qué te diga; a mí no me parece tan malo.

mujeriego -ga I *adj* **1** [Hombre] muy aficionado a las mujeres [1a]. *Tb n.* | CBaroja *Inquisidor* 56: Un gran inquisidor, arzobispo, masón y mujeriego.

2 (*raro*) De (la) mujer [1a]. | J. Abarca *Ya* 26.3.75, 8: Poniéndose uno al lado de la mujer .., aunque con calor todo cuanto se haga para promocionarla durante el año internacional ese, y en unos futuros años, que deseamos también muy mujeriegos. Que se realicen todo cuanto puedan.

II *loc adv* **3 a la mujeriega,** *o* **a mujeriegas.** Cabalgando con las dos piernas sobre el mismo lado. | Halcón *Monólogo* 62: El primer día cansa mucho el caballo, y más a la mujeriega como has ido hoy; vendrás reventada. Cunqueiro *Un hombre* 9: Un labriego con un azadón al hombro, montado a mujeriegas y a pelo en un asno ruano.

mujeril *adj* De (la) mujer [1a]. | DCañabate *Paseíllo* 65: Los alaridos mujeriles cañonean su estridencia. **b)** Femenino o propio de mujer [1a]. | Kurtz *Lado* 18: La casa no era lujosa, pero tenía un no sé qué bien dispuesto. Ninguna nota discordante o mujeril.

mujerío *m* (*col*) Mujeres, o conjunto de mujeres [1a]. | Zunzunegui *Camino* 303: –Y de mujerío, ¿cómo andas? .. –Todas en la edad para no tener líos. DCañabate *Paseíllo* 120: ¡Vaya mujerío que había esta tarde en los toros!

mujerzuela *f* (*desp*) Prostituta. | MSantos *Tiempo* 61: Algunas mujerzuelas de aspecto inequívoco se estacionaban en las aceras o tomaban café con leche en turbios establecimientos con dorados falsos.

mujik (*tb, raro, con la grafía* **mujic**; *pl normal,* ~S) *m* Campesino ruso. | Laiglesia *Tachado* 292: No era extraño, por tanto, que al regresar uno a su casa .. se encontrara a una familia ucraniana acampada en el salón, a un "mujik" roncando dentro de la bañera. Umbral *Ninfas* 202: Aquel mujik ruso que echó uno de sus hijos a los lobos perseguidores para salvar a los otros hijos en el trineo. FCid *Ópera* 65: Todo lo veremos en la escena, lo sentiremos plasmado en la partitura: los mujics, el rasgar de la pluma de Pimen, el viejo cronista, las alucinaciones de Boris.

mújil → MÚGIL.

mújol *m* (*reg*) Lisa (pez). | Vega *Cocina* 138: Consiste en un guiso de pescados en que se introducen pan, arroz, pimientos o pimienta, boga y mújol alicantinos, con tonalidades doradas o encarnadas que les dan los pimientos secos. Delibes *Vida* 143: ¡Íbamos a conseguir un botín de mújoles como no se había conocido en la historia!

mukarna → MUCARNA.

mula → MULO.

muladar *m* Estercolero. *Tb fig.* | CPuche *Paralelo* 16: A lomo de la pelada llanura que subía y bajaba entre charcas, muladares y casitas pobres, este primer bloque americano era mismamente la giba de un inmenso camello. **b)** Lugar en que se tiran o amontonan desechos. | MMolina *Jinete* 408: Una calle larga, con hamburgueserías, con ferreterías, con muladares de coches desguasados. JLozano *Inf* 23.3.78, 18: El cura comenzará quizá, en ese caso, a considerar a ese muladar de muertos civiles tan bendito como el cementerio católico.

muladí *adj* (*hist*) *En la España musulmana:* Hijo musulmán de un matrimonio mixto. | Villapún *Iglesia* 72: Muladíes. Se llamaban a los hijos de los matrimonios celebrados entre cristianos y musulmanes. **b)** Cristiano convertido al islam. *Tb n.* | GTolsá *HEspaña* 1, 203: La frecuencia de los matrimonios mixtos hizo nacer [en la España musulmana] una tercera clase que recibió el nombre de *muwalladun* (muladíes, es decir, adoptados). Muy pronto esta denominación englobó a todos los hispanos convertidos al Islam.

mular *adj* De (las) mulas (→ MULO [2a]). | Moreno *Galería* 185: La "dula", en Soria, tenía un sentido concreto, era el ganado mular.

mulata *f* (*reg*) Cangrejo de color casi negro, propio del Cantábrico (*Pachygrapsus marmoratus*). | Cendrero *Cantabria* 84: *Pachygrapsus marmoratus,* Mulata.

mulato -ta *adj* **1** [Pers.] nacida de blanco y negra, o de negro y blanca. *Tb n.* | HSBarba *HEspaña* 4, 282: De este modo surgieron las "castas coloniales" ..: español e india, mestizo; mestizo y española, castizo; castiza y español, español; española y negro, mulato. A. GRamos *HLM* 26.10.70, 37: El mejor espada peruano ha sido el mulato Ángel Valdés. **b)** De (los) mulatos. | M. Aznar *SAbc* 16.6.68, 6: Americanísimas son las tierras de Brasil, .. de Puerto Rico, por no citar sino países de gran población negra o mulata.

2 Que presenta una tonalidad oscura dentro de su especie. | Vega *Cocina* 100: Se llaman migas canas aquellas a las que se agrega leche al tostarlas, y migas mulatas o negras si lo que se les añade es chocolate. Aldecoa *Gran Sol*

mule – mullir

62: Por el este, horizonte corinto. Por el oeste, horizonte mulato.

3 (*Taur*) [Toro] de color negro mate y parduzco. | *SInf* 16.5.70, 5: El toro iba marcado con el 7, y era negro y mulato.

mule *m* (*reg*) Lisa o mújol (pez). | Mann *Ale* 31.7.81, 2: Muchos pescadores .. utilizan el grampín .., y cuando pescan un mule, .. dejan morir el pez inservible en la orilla. Pombo *Héroe* 196: El agua toda verde, se puso toda verde botella, subían a respirar las porredanas, los mules se les veía el lomo de platino de refilón al irse otra vez abajo.

mulé. dar ~. *loc v* (*jerg*) Matar [a alguien (*ci*)]. | J. A. Castro *SYa* 22.6.75, 25: Pues sí, me dieron mulé cuando volvía yo de las ferias de Talavera.

muleño -ña *adj* De Mula (Murcia). *Tb n*, *referido a pers*. | P. Llamas *Ver* 17.8.75, 10: No existe en estos días ni un solo muleño ni habitante de la comarca que no viva permanente[mente] el grave problema que suscita la pretendida supresión del Juzgado de Instrucción de Mula.

mulero -ra I *adj* **1** De (las) mulas (→ MULO [2a]). | GPavón *Hermanas* 18: Cuánta blusa, calzón de pana .., chorretones de meaos muleros y dientes amarillos. Aguilar *Experiencia* 61: Nos acostábamos sobre un saco relleno de paja, con una pieza de tela por almohada y arropados en mantas muleras.

II *m y f* **2** Pers. encargada de cuidar mulas (→ MULO [2a]). | Lázaro *JZorra* 76: El Seve le ha dicho a mi padre que me va a llevar con él un día, de mulero.

3 (*reg*) Pequeño propietario o colono que posee una yunta con que hace labores a jornal. | MMolina *Jinete* 45: Es el hombre más rico de la plaza y tiene grandes olivares y muleros que le hablan sin levantar la cabeza cuando los recibe.

muleta¹ *f* **1** Bastón con un soporte para la mano y otro para la axila o la parte posterior del brazo, que se usa para apoyarse al andar. *Tb fig*. | Gironella *Millón* 175: El otro hijo se llamaba Javier y había regresado del frente a casa, pero con muletas. | E. Haro *País* 16.11.93, 57: Esta búsqueda de muletas de Felipe González, sea con burgueses catalanes o vascos, o con rientes Aznares, indica muy bien dónde están sus pactos posibles.

2 (*Taur*) Palo que lleva pendiente un trapo rojo, usado por el torero para engañar al toro. | V. Zabala *Nue* 19.4.70, 35: El quinto toro era menos aparatoso. Beca lo lanceó sin apreturas. Empezó la faena de muleta con unos ayudados por alto, aceptables.

muleta² → MULETO.

muletada *f* Conjunto de mulas (→ MULO [2a]) y otras caballerías. | * Después de recoger la parva se soltaba la muletada.

muletazo *m* (*Taur*) Pase dado con la muleta¹ [2]. | A. Navalón *Inf* 16.4.70, 23: Con el capote y con la muleta estuvo dentro de una escuela de buen tono y buen gusto, acompañando muy bien con la capa y gustándose en los muletazos.

muletear *tr* (*Taur*) Torear con la muleta¹ [2]. | HLM 5.10.70, 36: A su segundo lo muleteó aguantando derrotes peligrosos y lo mató de una estocada.

muleteo *m* (*Taur*) Acción de muletear. | J. Vidal *País* 4.6.77, 42: El último [novillo] .. resultó manejable, y el muleteo salió aseado.

muletería *f* (*raro*) Actividad de muletero¹ [1]. | NAl 16.4.93, 26: José Ramón López de los Mozos: Posibles orígenes de la muletería maranchonera.

muleteril *adj* (*Taur*) De (la) muleta¹ [2]. | A. Navarro *Rue* 17.11.70, 10: Curro inició la faena muleteril con pases altos ejecutados con quietud.

muletero¹ -ra I *m y f* **1** Traficante de mulas (→ MULO [2a]). | Carnicer *Castilla* 438: Trilleros, ganaderos, muleteros y vendedores de todo lo habido y por haber salían y salen de Cantalejo a las ferias y mercados de toda España.

2 Pers. que cuida las mulas (→ MULO [2a]) y otras caballerías. | * Mañana te toca ir de muletero a la dehesa.

II *adj* **3** (*raro*) De(l) muletero [1]. | A. Herrera *NAl* 16.4.93, 26: Nos ofrece una visión diacrónica de la dedicación "muletera" de sus gentes [de Maranchón].

muletero² -ra *adj* (*Taur*) **1** De (la) muleta¹ [2]. | G. Carvajal *Pue* 7.9.68, 17: Fue el quehacer muletero de S. M. [el Viti] premiado con una oreja.

2 [Torero] diestro en el toreo de muleta¹ [2]. *Tb n*. | PLuis HLM 26.10.70, 36: Algunos [toros] acusaron blandura de remos y deslucieron el nombre de la divisa y la tarea de los muleteros.

muletilla *f* Palabra o frase que se repite con frecuencia, de manera mecánica y normalmente innecesaria. | Miguel *Perversión* 110: Lo que asombra es que el *por supuesto* se haya convertido en muletilla tan vacía de contenido. **b)** Fórmula de forma fija o casi fija que se utiliza con frecuencia. | Berlanga *Ya* 1.4.75, 13: "Cuando se cumplan las previsiones sucesorias" es casi una muletilla en la mayoría de las declaraciones de políticos y similares. **c)** Lugar común o idea manida que se repite con frecuencia. | M. Morillas *Jaén* 9.11.76, 11: Siempre oímos a nuestros mayores la muletilla de que ya no llueve como antes.

muletillero -ra *m y f* Pers. que usa muletillas. | L. Herrero *Ya* 11.3.92, 8: Lo que más delata su origen patricio [de Sartorius] son las manos. No las mueve como un agitador de masas ni como un torpe muletillero.

muleto -ta *m y f* Mulo [1a] joven. | Romano-Sanz *Alcudia* 165: Una yegua alazana .. pace tranquila con su muleto. Berlanga *Barrunto* 37: Si el año había sido bueno, .. compraba unas cabezadas para la "Roya", una muleta bien maja que va a parir.

muletón *m* **1** Tela gruesa y afelpada, de algodón o lana. | *Van* 21.3.71, 2: Mesa planchar "CEL" tubo cromado, forrada muletón blanco.

2 Manta o pieza de muletón [1]. | MÁngela *Alc* 30.11.59, 20: En el momento de usarla para planchar se la cubrirá [la mesa] con dos muletones de algodón y una sabanilla sin costuras.

múlido *adj* (*Zool*) [Pez] de la familia del salmonete. Frec como n m en pl, designando este taxón zoológico. | *Animales marinos* 83: Familia 27. Múlidos.

mulilla *f* (*Taur*) Mula de las que sacan del ruedo los toros o los caballos muertos. Gralm en pl. | Hache *Cod* 2.2.64, 5: Con Joselito se divertía uno desde que salía el toro del chiquero hasta que se lo llevaban las mulillas.

mulillero *m* (*Taur*) Hombre encargado de las mulillas. | J. A. Medrano *SYa* 28.5.67, sn: Los picadores .. probaban sus cabalgaduras .. camino de la puerta de caballos, al tiempo que los mulilleros enfilaban la de arrastre.

mullar *tr* (*jerg*) Matar. | GSerrano *Macuto* 359: Los cipayos malagueños se inventaron –el diablo sabe de dónde– esta palabreja: mullar. Se mullaba a porrillo. "Vamos a mullar a Fulano", decían los tipos patibularios en cualquier freiduría.

mullido -da I *adj* **1** *part* → MULLIR.

2 [Cosa] blanda y esponjosa que produce una sensación grata al pisarla o al sentarse o tumbarse sobre ella. | DPlaja *El español* 154: Para muchos españoles que viven en casas antiguas, [el cine] equivale a sillones mullidos, calor en invierno y refrigeración en verano.

II *n* **A** *m* **3** Materia mullida [2] que hace blando y confortable algo, esp. un asiento o un lecho. | Umbral *Mortal* 202: La mecedora en la sombra, con brazos de mullido y bamboleo de la madera sobre el parquet.

B *f* **4** (*reg*) Mullido [3]. | Carnicer *Cabrera* 70: –¿Sabe usted lo que es un *leito*? –Algo de decir. –Pues es una gran cajón de madera. Le ponen dentro una mullida de paja, y con una manta encima duerme allí el matrimonio.

mullir (*conjug* 53) *tr* **1** Poner [algo] blando y esponjoso, de modo que produzca una sensación grata al pisarlo, o al sentarse o tumbarse sobre ello. | Paso *Cosas* 262: Se atusa el bigote y se pone a mullir el sofá. Ybarra-Cabetas *Ciencias* 305: Logrando esta [aireación] con las labores preparatorias que ha usado para mullir el suelo.

2 Cavar alrededor [de una cepa (*cd*)] para ahuecar la tierra. | Foxá *Abc* 25.5.58, 19: Contemplaban mulas enjaezadas como para mullir las viñas.

3 (*reg*) Preparar la cama [al ganado (*cd*)] con hierbas o paja. | Medio *Andrés* 198: Va a dar una vuelta por el establo para mullir el ganado y darles un verde.

mulo – multicopista

4 (*jerg*) Pegar o golpear. | Lera *Perdimos* 353: Como no digas la verdad te vamos a mullir y no te va a conocer después ni la madre que te parió.

mulo -la I *n* A *m* y *f* **1** Animal hijo de burro y yegua o de caballo y burra. | Laforet *Mujer* 30: Antonio les llevó en coche hasta el último pueblo con carretera .. Desde allí, cinco horas en mulos, bosques arriba. Moreno *Galería* 186: Llegaron hasta el pueblo .. las abundantes dulas de mulas o de machos labradores. **b) ~ romo** → ROMO. **c)** *Frec se usa en constrs de sent comparativo para ponderar la fuerza física o la falta de inteligencia.* | Umbral *Trilogía* 61: Esto de estar hecho un mulo se lo había oído por la radio a Toni Leblanc. Berenguer *Mundo* 104: Aunque don Fermín, el alguacil, se piense que soy un mulo, de los que estábamos allí era el que mejor letra tenía. **d) ~ de carga.** (*col*) Pers. que carga con el trabajo más duro. | MReverte *Demasiado* 16: Llevo casi tres años aquí [en el periódico], haciendo de mulo de carga unas veces y pasando desapercibido otras.
B *f* **2** Animal hijo de burro y yegua o de caballo y burra, sin distinción de sexo. | DPlaja *Sociedad* 236: La salida de la diligencia es como un [*sic*] apoteosis de estruendo y movimiento. Las seis mulas son puestas de acuerdo a latigazos. Chasquean las herraduras contra el pésimo empedrado, el zagal agarra un mulo del timón y le hace iniciar la marcha. **b)** *Frec se usa en constrs de sent comparativo para ponderar la terquedad, el esfuerzo en el trabajo, o el trato brusco y desabrido.* | * Eres más terco que una mula. Diosdado *Anillos* 2, 266: Ah, la ha puesto [la demanda] ella, claro. No me extraña. Es monísima. No puede estar enamorada de esa mula. Diosdado *Anillos* 1, 44: ¡Si es que los españoles somos...! .. ¿Se estila la buena educación? ¡Más simpáticos que nadie! .. Pero se estila ser mula, como ahora...
3 (*jerg*) Pers. que pasa droga de un país a otro. | J. C. Azcue *ByN* 6.8.89, 21: Según las autoridades colombianas, para los traficantes todo resulta mucho más sencillo en nuestro país, debido a la facilidad del idioma y a la posibilidad de organizar redes terrestres y aéreas desde España con "mulas".
4 mula (*o* **mulita**) **mecánica.** Motocultor. | Boni *DBu* 2.5.64, 4: El ganado mular y caballar tiende a desaparecer ante la imposición de las "mulas mecánicas" que dominan claramente ya los trabajos agrícolas. Grosso *Invitados* 121: La casa de máquinas es también taller completo de reparaciones de todo tipo de aperos agrícolas y donde se alinean remolques, tractores, cosechadoras, mulitas mecánicas.
II *loc adj* **5 de mulas.** (*hist*) [Mozo] encargado de las mulas [2a] de coche o de labranza. | J. JHernándes *DÁv* 6.7.90, 12: La Princesa tenía 18 años cuando se casó con el mozo de mulas, que resultó ser Fernando de Aragón.

multa *f* Castigo pecuniario que se impone por contravenir una ley o mandato. | APaz *Circulación* 71: Las autoridades municipales tienen facultades para la imposición de multas por infracciones al Código de Circulación.

multar *tr* **1** Poner una multa [a alguien (*cd*)]. | Mercader-DOrtiz *HEspaña* 4, 222: Control del personal eclesiástico, lo cual se conseguía por el control de presentación de los prelados .. y por la vigilancia que sobre ellos ejercía el Consejo Real, que podía amonestarlos, multarlos o desterrarlos.
2 Castigar [algo] con una multa. | * El exceso de velocidad se multa con 5.000 pts.

multazo *m* (*col*) Multa grande. | ZVicente *Balcón* 43: ¿Y cómo dejan pisar el verde? Aquí, en cuanto te descuidas, ¡multazo!

multi- *r pref* Denota multiplicidad. | *Por ej:* F. Mas *Ya* 26.4.91, 17: Las llamadas pueden ser captadas por un receptor de radio multibanda. Torrente *Isla* 252: La Francia de hoy, o permanece acéfala .., o su multicefalia proclamada es absolutamente incalculable. S. LTorre *Abc* 2.1.66, 69: Levantar un país unificado y moderno sobre esta base multiconfesional y plurirracial representa una tarea diabólica. Nolla *Salud* 251: Este complicado aparato, denominado multidetector, es utilizado para localizar tumores cerebrales. *Sp* 19.4.70, 9: Al no poder conseguir los métodos, .. controles aventajados y originales que cambien el crecimiento lineal en geométrico y multidireccional, estaremos ante quizás el mayor conflicto que fue posible concebir. *MMé* 15.6.87, 8: Se impone .. la inclusión de la laringe en la lista de los multido-nantes. *Pue* 2.5.66, 40: Concurría en ambos delitos la agravante de multirreincidencia, por las dos condenas anteriores. Mendoza *Gurb* 114: Me persono en el museo de Arte Moderno. Cerrado por obras. La directora me explica que la autoridad responsable ha decidido actualizar el museo o convertirlo en un centro multisectorial. *Abc* 3.10.93, 77: Una empresa privada proyecta convertir el Cerro de la Plata en un área multiservicio. Albergaría aparcamientos, oficinas, industrias, restaurantes. *Abc* 27.5.92, 82: Las multivacunas de acción retardada inmunizarán contra varias enfermedades.

multicable *adj* (*E*) Que tiene varios cables o que funciona con varios cables. | *Act* 8.10.70, 66: Torre GHH para extracción multicable automática por "skips" en una instalación central.

multicanal *adj* (*E*) Que tiene varios canales. | *MHi* 6.60, 42: Centrales y Centralitas automáticas y manuales. Sistemas multicanales. *HLM* 26.10.70, 23: Entre las nuevas aportaciones técnicas con que cuenta la clínica de Puerta de Hierro hay que destacar el analizador multicanal, tanto para uso de investigación como clínico.

multicasco *m* (*Dep*) Barco de vela con varios flotadores o cascos paralelos. | *Pro* 8.10.88, 52: El trimarán "Biscuits Cantreau" .. resultó ayer vencedor de la primera regata del Gran Premio de España de Fórmula 40 .. Con rumbo 240, los seis multicascos se dirigieron a la boya de barlovento, tomándola en primer lugar el "Biscuits Cantreau".

multicelular *adj* (*Biol*) Compuesto de numerosas células. | F. J. FTascón *SYa* 7.5.70, 9: Se habla de enfermedad de los organismos multicelulares.

multicéntrico -ca *adj* Que se realiza en varios centros. | M. J. Díez *NEs* 22.10.87, 14: El estudio realizado en Granada y Barcelona ha servido para determinar los posibles fallos en el muestreo antes del inicio de un trabajo de investigación multicéntrico en el que participarán durante año y medio equipos de especialistas pertenecientes a medio centenar de hospitales españoles.

multicentro *m* Centro comercial compuesto por numerosas tiendas independientes. | Torbado *SInde* 23.8.90, 3: Los joyeros del Bazar [de Estambul], que son la mitad de los mercaderes de este fantástico multicentro, no encuentran razón para alegrarse.

multicine *m* **a** Sala cinematográfica de pequeñas dimensiones, adosada a otra u otras análogas. *Gralm en pl.* | *Abc* 21.6.86, 80: Espectáculos .. Multicines Madrid. **b)** Local cinematográfico que consta de varias salas independientes. | Mendoza *Gurb* 99: Me meto en un multicine a ver la última película de Arnold Schwarzenegger. Me sorprende (con agrado) advertir que la película ha sido financiada por la Generalitat de Catalunya y que transcurre íntegramente en Sant Llorenç de Morunys. No excluyo la posibilidad de que me haya equivocado de sala.

multicolor *adj* De muchos colores. | Carnicer *Cabrera* 114: Las abubillas, de plumaje y moño multicolores, son finas, melindrosas.

multicopia *f* Procedimiento de reproducción mediante multicopista. *Tb la copia así obtenida.* | Delibes *Hoja* 122: Los soldados permanecían .. inmóviles, los pulgares prendidos en el negro cinturón, a los lados de la hebilla, como hechos a multicopia. *Lan* 16.7.74, 12: Fotocopias en el acto. Multicopias hasta una peseta unidad.

multicopiador -ra *adj* (*raro*) Multicopista. | *Hoy* 28.4.76, 10: En tal lugar fue ocupada una máquina multicopiadora.

multicopiar (*conjug* **1a**) *tr* Reproducir [algo] mediante multicopista. *Tb fig.* | MReverte *Pue* 9.10.70, 2: Tenemos delante la respuesta al alarmismo que hizo correr por el país una carta multicopiada de la que hablamos hace pocos días. C. GCampo *SAbc* 27.4.69, 35: A partir de un insignificante pellizco en la piel, se podrán derivar cien personas genéticamente idénticas a su progenitor. Nada menos que la posibilidad de multicopiar a todo genio que demuestre merecerlo.

multicopista *adj* [Máquina] que permite hacer numerosas copias de un escrito o dibujo realizado previamente en un cliché o en papel estucado. *Frec n f.* | *Abc* 14.9.68, 54: Nuevos modelos de máquinas de oficinas. Grabadora de cli-

multidimensional – multípara

chés y a la vez fotocopiadoras de documentos en seco .. de importación japonesa, graban cualquier texto, dibujo, fotografías, etc., para posterior tirada de ejemplares en máquina multicopista de tinta. M. Torres *Abc* 4.12.70, 33: Traslada una multicopista a Bermeo para imprimir publicaciones clandestinas.

multidimensional *adj* (*Filos*) Que tiene muchas dimensiones de conocimiento o de experiencia. I Castilla *Natur. saber* 47: Ser científico, en el sentido auténtico que ahora se propugna, es ser hombre multidimensional. Laín *Descargo* 138: Hacer en el nivel de 1936 y de una manera multidimensional y sistemática lo que cuarenta años antes había hecho Bergson en *Matière et mémoire*.

multidisciplinar *adj* Pluridisciplinar (que se refiere o extiende a varias disciplinas). I J. GPalacio *Act* 5.11.70, 11: Se podrán atacar los problemas que requieren enfoques multidisciplinares y las Universidades cambiarán de estructura.

multidisciplinariamente *adv* De manera multidisciplinaria. I Vega *Corazón* 61: Las neurosis cardíacas .. son insoslayables .. Para luchar contra ellas habrá o habrá que actuar multidisciplinariamente.

multidisciplinario -ria *adj* Multidisciplinar. I *Ya* 4.9.85, 2: Frente a todos estos efectos, y ante la irresistible ascensión de las pantallas en los puestos de trabajo, se situó entonces la ergonomía, término que ha sido definido como actividad multidisciplinaria. *PapD* 2.88, 49: En el ciclo cuatro-seis años, esta labor será ejercida exclusivamente por maestros, siempre bajo la supervisión de un equipo multidisciplinario constituido por médicos, psicólogos, pedagogos, asistentes sociales.

multidivisa *adj invar* (*Econ*) Que se efectúa en varias divisas. I *Ya* 14.2.91, 32: Sevillana de Electricidad ha firmado un préstamo multidivisa con un grupo de bancos extranjeros por un importe de 4.095 millones.

multifacético -ca *adj* De múltiples facetas. I M. Concha *MHi* 7.68, 67: Es esta la causa profunda que ha generado un pueblo que se caracteriza por la multifacética personalidad de sus componentes. Areilza *Artículos* 14: También rendía homenaje a la Prensa como testimonio, como espejo multifacético y variopinto de una sociedad.

multifactorial *adj* Que se debe a numerosos factores. I F. J. FTascón *SYa* 7.5.70, 9: Los cánceres son un grupo de numerosas enfermedades y su causación es evidentemente multifactorial.

multifloro -ra *adj* (*Bot*) De muchas flores. I Marta *SYa* 17.4.77, 35: Algunas variedades son: Enanas multifloras .. Petunias bicolores.

multifocal *adj* (*Ópt*) Que tiene varios focos o distancias focales. I *Cam* 21.7.75, 5: Hay que destacar el equipo de contactólogos especializados en cada tipo de lente y la variedad de materiales y lentes empleados (blandos, bifocales, multifocales).

multiforme *adj* Que tiene muchas formas. I Lera *Olvidados* 213: Dolor y placer, hermosura y fealdad, sombras y luz, constituyen la misma cosa: la vida, que es polifacética, multiforme, contradictoria.

multifunción *adj invar* Multifuncional. I *Prospecto* 11.92, 22: Mando infrarrojos multifunción de fácil uso. El Corte Inglés. [*Televisor*].

multifuncional *adj* De varias funciones. I L. Rojo *VSi* 7.89, 36: Dentro de los elementos que configuran esta aproximación, se pueden destacar, como más relevantes, el establecimiento de zonas de peligro y la construcción de diques multifuncionales. *ByN* 24.11.91, 22: Nissan Primera .. Asientos anatómicos y multifuncionales.

multigrado *adj invar* [Aceite lubricante] cuya viscosidad se mantiene dentro de unos límites amplios de temperatura. I *Sp* 19.4.70, 6: El aceite Repsol multigrado 20 W-40 es un aceite detergente.

multilateral *adj* (*Pol y Econ*) De varias partes. I V. Gállego *ByN* 31.12.66, 43: El propósito de crear una fuerza nuclear multilateral.

multilateralidad *f* (*Pol y Econ*) Multilateralismo. I Tamames *Economía* 247: Solo cuando nuestro comercio pareció que iba a tomar nuevos rumbos y entrar en un régimen de multilateralidad y liberalización se hizo sentir la necesidad de volver a pensar en el arancel como instrumento de la política comercial.

multilateralismo *m* (*Pol y Econ*) Cualidad de multilateral. I Pániker *Conversaciones* 25: Ya los otros países habían conseguido controlar la situación, pasando al multilateralismo y a la convertibilidad de monedas.

multilateralización *f* (*Pol y Econ*) Acción de dar carácter multilateral [a algo (*compl de posesión*)]. I Tamames *Economía* 264: En la Europa de la posguerra, el proteccionismo fue laboriosamente erosionado entre 1948 y 1956 por medio de la cooperación económica; liberalización del comercio, multilateralización de los pagos y reducciones arancelarias considerables en el marco del GATT.

multilingüe *adj* Plurilingüe. I Pániker *Conversaciones* 214: Díaz-Plaja: "España es un país multilingüe". Huarte *Diccionarios* 100: Supone una ventaja aplicada a un diccionario bilingüe o a uno multilingüe.

multimedia (*pl normal, invar*) *adj* Que utiliza en forma combinada varios medios de comunicación. Tb *n m, referido a sistema*. I *D16* 15.2.90, 65: Artista multimedia .. El espacio "Metrópolis" dedicará esta noche su tiempo al artista español Francesc Torres, uno de los creadores de instalaciones multimedia más importantes y sugerentes del mundo .. Su trabajo elabora una gramática y un lenguaje complejos, utilizando elementos tan diversos como el vídeo, la escultura, la pintura, objetos, la holografía o el cine. *Ya* 18.11.90, 44: Las 'estrellas' de este SIMO giran en torno a los ordenadores portátiles y domésticos, las nuevas arquitecturas de sistemas y las redes de ordenadores, los entornos gráficos de usuarios y los programas multimedia. Berlanga *Recuentos* 69: Cuando Ramón Cruz explicó a María que gracias a los multimedia de mi suegro se había podido rodar *Sueños imposibles*, ella arqueó la boquita.

multímetro *m* (*Electr*) Instrumento medidor de tensión, intensidad y resistencia. I *GTelefónica N.* 399: Denver Metrología Electrónica. Reparación y calibración de Osciclógrafos. Multímetros. Osciladores.

multimilenario -ria *adj* Varias veces milenario. I Torrente *Saga* 526: Una profundidad de sombras abigarradas: de olivo multimilenario, de raíz de mandrágora, de bosque calcinado.

multimillonario -ria *adj* **1** Que posee muchos millones. Tb *n, referido a pers*. I *HLM* 26.10.70, 14: Uno de los mejores ventrílocuos mundiales es el norteamericano Edgar Bergen, creador del muñeco "Charlie McCarthy", con el cual se ha hecho multimillonario. Sancho *Inf* 27.6.70, 31: Un multimillonario español que reside habitualmente en Norteamérica vuelve a Madrid a pasar unos días.
2 Que asciende a muchos millones. I R. MRituerto *SPaís* 21.1.90, 18: Una firma .. que hoy da trabajo a más de 200 personas, con proyectos multimillonarios en cartera. *Ya* 18.6.92, 1: El multimillonario fraude de las pensiones de invalidez.

multimotor *adj* (*Aer*) [Avión] propulsado por varios motores. Tb *n m*. I *País* 22.12.91, 15: Curso de piloto profesional. Incluye título de Piloto comercial y calificaciones IFR-H24 y Multimotor.

multinacional *adj* **1** Que se refiere o se extiende a muchas naciones. I *SInf* 5.12.70, 5: Se resuelven las dificultades internacionales, a largo plazo, en el marco de acuerdos multinacionales.
2 [Empresa o grupo] que, teniendo su centro en un determinado país, desarrolla importantes actividades productivas, comerciales o financieras en diversos países. Frec *n f*. I Torrente *SInf* 31.10.74, 12: Entienden de petróleo, o de empresas multinacionales, o de terrorismo. *SInf* 8.10.74, 12: Esta contrariedad .. obliga a una dependencia total del exterior, al estar en manos de los grandes grupos multinacionales. *Voz* 2.3.86, 35: La resolución del gobierno, de evitar el relanzamiento de la actividad extractiva, es una decisión meramente política y obedece a favorecer a las multinacionales, toda vez que quedó patente la rentabilidad técnica y social.

multípara *adj* **1** (*Zool y Fisiol*) [Hembra] que tiene varios hijos en un solo parto. I *País* 2.9.83, 44: María

García, madre multípara. La joven cordobesa .. perdió a sus nueve hijos en un parto prematuro.
2 (*Fisiol*) [Mujer] que ha tenido varios partos. *Tb n*. | Umbral *Españolas* 188: España es un país de mujeres multíparas .. Somos país de multíparas, y la multípara es una señora que se gana los premios de natalidad como quien lava.

multipartidario -ria *adj* (*Pol*) Multipartidista. | M. Salvatierra *Abc* 20.12.91, 39: En el camino de esta Conferencia multipartidaria, al igual que en el buen clima de diálogo abierto entre De Klerk y Mandela, se ha interpuesto de forma amenazadora e inquietante el estallido de la violencia en los guetos o "townships" negros.

multipartidismo *m* (*Pol*) Existencia de numerosos partidos. | Pániker *Conversaciones* 302: Se necesitará un estatuto de partidos políticos para evitar el multipartidismo *ad infinitum*.

multipartidista *adj* (*Pol*) De(l) multipartidismo o que lo implica. | *Voz* 13.6.90, 5: Los argelinos acudieron ayer entusiasmados a las urnas en unas elecciones municipales y regionales que marcan los primeros comicios multipartidistas en la nación norteafricana.

múltiple *adj* **1** Compuesto de varios elementos. *Se opone a* SIMPLE. | Ybarra-Cabetas *Ciencias* 280: Estos frutos se llaman múltiples, y entre ellos está la fresa. *Inf* 16.6.71, 27: Los dos nacidos supervivientes del parto múltiple de Sydney continúan su lucha por la vida. Landero *Juegos* 15: Perdido en la selva amazónica con una caja de zapatos y una navaja múltiple.
2 *En pl*: Muchos o numerosos. | *Alc* 1.1.55, 4: El radiomensaje .. ofrece múltiples e interesantísimos aspectos a la consideración y al comentario. DPlaja *El español* 251: Las anécdotas sobre la pereza española son múltiples.

múltiplemente *adv* De manera múltiple. | Aparicio *Año* 24: La risa parecía un duende invisible que les golpease con sus puños múltiple y sucesivamente.

multiplete *m* (*Fís*) Conjunto de varias rayas afines y muy próximas en un espectro de emisión o de absorción. | R. Velasco *SYa* 28.5.67, sn: Con su descubrimiento de los llamados "multipletes de rayas espectrales" permitió [M. A. Catalán] que la estructura de los átomos más complejos pueda llegar a conocerse con tanta exactitud como la del sencillo hidrógeno.

múltiplex *m* **1** (*E*) Sistema que permite establecer varias comunicaciones independientes por una sola línea o canal. | *Ya* 18.11.90, 45: Si su problema son las comunicaciones, ITECESA tiene "su" solución personalizada .. Radioenlaces y Múltiplex Telefónicos.
2 (*RTV*) Sistema que permite comunicarse por radio o televisión, a través de un estudio central, a varios interlocutores situados en puntos distantes entre sí. | *Ya* 26.11.90, 56: Alain Delon vende parte de su colección pictórica .. La licitación fue retransmitida .. por múltiplex a cinco ciudades japonesas.

multiplexor *m* (*E*) Dispositivo con que funciona un sistema de múltiplex. | *Abc* 11.5.74, 39: El grupo recorrió detenidamente las instalaciones del Centro, en el que pudo observar .. un conjunto de nuevos productos en tecnología de comunicaciones de datos, tales como multiplexores y concentradores.

multiplicable *adj* Que se puede multiplicar. | MPuelles *Filosofía* 2, 284: El ente que tenga el ser por otro será necesariamente compuesto y, en cuanto tal, multiplicable.

multiplicación *f* Acción de multiplicar(se). | Marcos-Martínez *Aritmética* 83: Multiplicación de una fracción por un entero. Vesga-Fernández *Jesucristo* 77: Milagro que figura la Eucaristía: la multiplicación de los panes. Bustinza-Mascaró *Ciencias* 158: Cada insecto tiene sus enemigos naturales que contribuyen más o menos a limitar su multiplicación.

multiplicador -ra I *adj* **1** Que multiplica o sirve para multiplicar. *Tb n, m o f, referido a máquina o aparato*. | Mingarro *Física* 132: Para aumentar la sensibilidad del aparato [galvanómetro] debemos variar H .. Además, la espira se sustituye por una bobina plana formada por muchas espiras (cuadro multiplicador). *Sp* 19.7.70, 27: Se pondrá el acento en .. el lanzamiento de nuevos productos .. para obtener un esfuerzo multiplicador en otros sectores industriales. *SYa* 10.11.63, 36: Multiplicadora impresora superautomática. *Unidades* 50: Este utillaje comprende, entre otros: un oscilador de cuarzo, multiplicadores y sintetizadores de frecuencia.
II *m* **2** (*Mat*) Número por el que se multiplica otro. | Gironza *Matemáticas* 72: El producto es mayor o menor que el multiplicando, según que el multiplicador es mayor o menor que 1.
3 (*Econ*) Coeficiente que, multiplicado por la variable de un fenómeno, da la medida de la variación de otro fenómeno relacionado con el primero. | Tamames *Economía* 365: La estimación de José A. Vandellós para 1923 está basada en el método de los multiplicadores, ideado por su maestro el profesor Gini, de la Universidad de Padua.

multiplicando *m* (*Mat*) Número que se multiplica por otro. | Gironza *Matemáticas* 72: El producto es mayor o menor que el multiplicando, según que el multiplicador es mayor o menor que 1.

multiplicante *adj* (*raro*) Multiplicador. | *Abc* 4.8.72, 31: El tanteo 4-1, factor multiplicante, que cuadruplicaría este año la aportación de los empresarios, es muy difícil de encajar por estos.

multiplicar A *tr* **1** (*Mat*) Sumar [un número] tantas veces como indica [otro (*compl* POR)]. *Tb abs*. | Marcos-Martínez *Aritmética* 83: Para multiplicar una fracción por un entero, se multiplica su numerador por dicho entero. Marcos-Martínez *Aritmética* 43: Para este caso se usa la tabla de multiplicar.
2 Hacer que [algo (*cd*)] aumente en número o cantidad. | CNavarro *Perros* 90: A Cochelin le repugnaban las manchas de grasa, y los empleados, conscientes de ello, procuraron ir multiplicándolas hasta conseguir quince minutos para desayunar en el café de al lado.
B *intr pr* **3** Aumentar [algo] en número o cantidad. | *Sp* 19.7.70, 51: Las dificultades se van multiplicando día a día.
4 Reproducirse [un ser vivo]. | Ybarra-Cabetas *Ciencias* 314: Los protozoos se multiplican de tres maneras: por bipartición, gemación y esporulación. CNavarro *Perros* 37: ¿Crees que tanto la mujer como el hombre no tienen otra finalidad que esa de procrear y multiplicarse?
5 Realizar [alguien] una actividad desbordante para atender muchas cosas a la vez. | Cuevas *Finca* 210: Jeromo se multiplicaba durante el día.

multiplicativo -va *adj* **1** De (la) multiplicación. | Aleixandre *Química* 25: El número de neutrones liberados es de uno a tres por cada átomo de uranio escindido, y, por tanto, es posible la reacción en cadena para obtener escisiones en forma multiplicativa.
2 (*Gram*) [Palabra] que expresa el número de veces en que se considera el objeto o la acción a que se hace referencia. *Tb n m, designando adj o sust*. | Academia *Esbozo* 247: La serie de los numerales multiplicativos terminados en *-ble*, *-ple* .. es solo un poco más reducida que la serie latina originaria. Academia *Esbozo* 247: Desaparecidos los adverbios latinos multiplicativos, la única fórmula española para significar el número total de ocurrencias en el tiempo es la palabra *vez, veces*. Academia *Esbozo* 247: Tanto en función adjetiva como en función sustantiva los multiplicativos pueden acumular los complementos de la comparación. **b)** De las palabras multiplicativas. | Academia *Esbozo* 247: Fórmula que, por otra parte, suple los términos que faltan en la serie multiplicativa: siete, ocho, nueve... veces más.

multiplicidad *f* Condición de múltiple. | Tamames *Economía* 262: Frente a la multiplicidad de los cambios creada por las primas y los retornos, se estableció la paridad de oro de la peseta en el FMI. Pániker *Memoria* 205: Hace meses, en Oriente, compuse un memorándum que tenía que ver con la multiplicidad politeísta de las cosas en contraste con la pureza inverosímil del desierto.

múltiplo *m* **1** (*Mat*) Cantidad que contiene un número exacto de veces [a otra (*compl de posesión*)]. *Frec la unidad de medida que corresponde a esa cantidad*. | Gironza *Matemáticas* 41: Se llama mínimo común múltiplo de dos o más números al menor de los múltiplos comunes a dichos números. Bustinza-Mascaró *Ciencias* 115: Alrededor de la boca [de las actinias] hay muchos tentáculos cuyo número es

un múltiplo de seis. Marín *Enseñanza* 333: Preséntense cuatro cuestiones que impliquen el conocimiento de los múltiplos y divisores de las unidades de longitud.
2 (*Gram*) [Adjetivo numeral] que expresa multiplicación. *Tb n m.* | Amorós-Mayoral *Lengua* 73: Múltiplos: indican multiplicación. Ejemplos: "doble boda", "triple salto".

multipolar *adj* **1** (*Electr*) Que tiene varios polos. | Mingarro *Física* 162: Los alternadores se construyen .. dejando fijo el inducido y haciendo moverse el inductor multipolar.
2 (*Biol*) [Neurona] que tiene numerosas ramificaciones. | Navarro *Biología* 98: Las principales neuronas multipolares están en la médula espinal y en el cerebro.

multipremiado -da *adj* Que ha recibido muchos premios. | J. GPalacio *Act* 17.12.70, 10: Es hoy un autor multipremiado y consagrado.

multiprocesador (*Informát*) **I** *adj* **1** [Sistema] que puede ejecutar simultáneamente varios programas, esp. mediante dos o más procesadores que comparten una única memoria. | *CSo* 18.11.75, 7: En la provincia canadiense de Quebec, los cazadores de alces se seleccionan en un sorteo público, utilizando un Sistema Multiprocesador Univac 1106.
II *m* **2** Ordenador dotado de sistema multiprocesador [1]. | *SD16* 27.2.91, 42: Este multiprocesador ofrece indiscutibles ventajas como servidor de red.

multiprofesional *adj* De profesionales de distintas especialidades. | J. Sánchez *PapD* 2.88, 158: Los centros de educación infantil deberían de contar con un equipo multiprofesional de dirección y supervisión de los centros.

multipropiedad *f* (*Der*) Forma de copropiedad, esp. de viviendas de vacaciones, en que el uso del bien por cada copropietario está limitado a una parte del año. | C. Garrido *Ya* 13.2.89, 34: En España, el fenómeno de la multipropiedad es relativamente novedoso, aunque las costas españolas son lugar de destino preferente para las promotoras extranjeras.

multipunto *adj invar* Que funciona o actúa en muchos puntos a la vez. | A. Montenegro *Ya* 27.3.90, 26: Este acuerdo establece pautas de cooperación entre ambas compañías en servicios de correo electrónico, videoconferencias multipunto. *Ya* 15.11.91, 7: Motores catalizados de inyección Multipunto, con más potencia por cm³.

multirracial *adj* De muchas razas. | Castiella *MHi* 11.63, 62: Construir dentro de sus fronteras metropolitanas y ultramarinas una sociedad multirracial e igualitaria.

multirregulable *adj* Que se puede regular de muchas formas. | *Voz* 12.2.88, 41: Lunas delanteras con dispositivo eléctrico, asiento del conductor multirregulable.

multirrepetido -da *adj* Repetido muchas veces. | Salvador *Haragán* 113: Se ajustaban a un patrón multirrepetido.

multirriesgo *adj invar* [Seguro] que cubre varios riesgos con un solo contrato. | *SYa* 1.12.90, VII: El seguro multirriesgo, cada vez más popular.

multisecular *adj* De muchos siglos. | *Abc* 11.12.74, sn: Siguiendo una multisecular tradición .., recorren los caseríos vestidos con paja y máscaras.

multiseguro *m* Seguro múltiple. | *SSur* 31.3.91, 6: Finisterre, S.A. Compañía de seguros. Multiseguro familiar. Planes de jubilación.

multitarea *f* (*Informát*) Trabajo con varios programas a la vez. | *Abc* 26.2.88, 10: El Commodore Amiga 500 trabaja en multitarea rodando varios programas al mismo tiempo. *SD16* 7.6.89, III: El sistema operativo .. hace posible la multitarea y rentabiliza su tiempo.

multitud *f* Cantidad grande [de perss. o cosas]. *Frec sin compl, referido a pers.* | Vesga-Fernández *Jesucristo* 77: Vio Jesús congregada a la muchedumbre que venía hacia Él y tuvo compasión de aquella multitud porque no había comido en varios días. J. Vera *Ya* 13.6.73, 21: En multitud de ocasiones había golpeado a su hija con un cinturón. M. Xandró *SYa* 10.6.73, 39: Es .. un hombre discutido, que arrastra multitudes enfervorizadas o aullantes.

multitudinariamente *adv* De manera multitudinaria. | M. Aznar *Van* 20.12.70, 9: Resolvió confirmar y definir con su presencia .. un acto de alcance nacional como quizá no se haya dado tan multitudinariamente.

multitudinario -ria *adj* De (la) multitud o de (las) multitudes. | Tierno *Humanismo* 44: La multitud o lo multitudinario repugna al subjetivismo humanista. L. Calvo *Abc* 30.12.70, 22: El triste juego político que llevaba el partido comunista .. sigue desde "L'Humanité", pero no tiene coro multitudinario. Diosdado *Anillos* 1, 262: Como de costumbre, Javier y Ramón comen en una mesa multitudinaria del bar de Pepe.

multitudinoso -sa *adj* (*lit, raro*) Multitudinario. | M. Daranas *Abc* 15.4.58, 40: Veinticuatro horas más tarde (martes, 14 de abril) la Realeza se iba y la II República se proclamaba bajo una onda de estupor invisible y sobre una ola multitudinosa de alegría general.

multiuso *adj invar* Apto para varios usos diferentes. | GGarrido *Año* 106: Monssen sacó de un fanal un queso blando, con una navaja de bolsillo multiuso. *Ya* 16.12.87, 33: Varios países han comenzado a experimentar barcos SWATH sobre zancos, más maniobrables, silenciosos y con plataformas multiuso.

multiválvulas *adj* (*Mec*) De muchas válvulas. *Tb n m, referido a motor.* | *D16* 14.7.91, 29: Él soñaba con un gran coche .. Motor multiválvulas.

multivisión *f* Sistema de proyección simultánea de diapositivas sobre varias pantallas. | *Voz* 21.12.89, 33: Internacional Sex-shop .. Cabinas multivisión con 12 canales (100 ptas.).

munda *adj* (*invar en subacep b*) [Individuo] aborigen, no indoeuropeo, de la India, de alguna de las tribus que en la actualidad habitan zonas del centro y del este. *Tb n.* | Villar *Lenguas* 83: Los descendientes de los aborígenes no indoeuropeos, drávidas y mundas, probablemente conservaron su lengua. **b)** De (los) mundas. *Esp referido a lengua.* | RAdrados *Lingüística* 218: En sora (una lengua munda) uno de los paradigmas verbales lleva sufijos de origen pronominal. Villar *Lenguas* 87: Las lenguas neoindias son habladas actualmente en un vasto territorio cuyos límites son: al noroeste, lenguas iranias; al norte y noreste, lenguas tibeto-birmanas; al este, lenguas munda; al sur, lenguas dravídicas.

mundanal *adj* (*lit*) Mundano [3]. *Frec en la constr* EL ~ RUIDO. | Acevedo *Cod* 11.8.74, 6: Lejos de las falsas pompas y vanidades mundanales. Chamorro *Sin raíces* 55: También fue, él, fugitivo del mundanal ruido.

mundanalidad *f* Cualidad de mundanal. | VMontalbán *Transición* 154: Se justificaba Luciani de su mundanalidad y le recordaba a Cristo que él había hablado también de personajes de consumo sentimental, moral, histórico.

mundanería *f* (*raro*) Mundanidad. | Pemán *Andalucía* 95: Al perpetuarse la leyenda de Mañara, modelo de Don Juan Tenorio, no se perpetúa un casual error histórico, se perpetúa la propia humildad de don Miguel; la inflación sincera y contrita de sus leves mundanerías.

mundanidad *f* **1** Cualidad de mundano. | Millán *Fresa* 38: Deberá mostrar las dosis mínimas de ingenio y mundanidad que son de rigor.
2 Cosa mundana [3]. | Ribera *Misal* 1476: Los ricos examinarán .. si gastan y malgastan el dinero en mundanidades y son mezquinos para las obras de piedad.
3 Ambiente mundano [2]. | J. L. Torres *Inf* 2.12.70, 7: El centro de la mundanidad australiana, donde se dan las reuniones hípicas más importantes de todo el hemisferio, perdió sus cartelones y sus "boxes" de apuestas para convertirse en templo.

mundanismo *m* Cualidad de mundano. | Umbral *Ninfas* 89: No había caído en el ruralismo del de las patillas, ni en el mundanismo del pequeño Alfonso XIII.

mundanización *f* Acción de mundanizar(se). | Umbral *ByN* 22.11.75, 38: La mundanización de los curas no es mala en sí misma, pero es el síntoma de que el siglo se escapa.

mundanizar *tr* Hacer mundano [3]. | Ju. Iglesias *Abc* 15.6.74, 21: Autor es ese hombre que nos exhorta a la mejor manera de brega. A la brega del alma –achicada, mediatizada, mundanizada– por las regiones de la sola libertad verdadera.

mundano -na I *adj* **1** [Pers.] dada a los placeres y frivolidades de la vida social. | MPuelles *Hombre* 264: El miedo a ser mundanos puede hacer que quienes siguen en el mundo se sitúen en él de un modo retraído y vergonzante.
2 [Cosa] del gran mundo [4c] o de la vida social. | *Jaén* 16.4.64, 6: Ecos Mundanos. Enlace López Sánchez-Berrios Contreras .. Enlace Bellido Navas-Barrionuevo Morente .. Traslado.
3 Del mundo [3]. | GRuiz *Cristianismo* 11: El cristianismo .. asume todo lo profano, lo mundano.
II *f* **4** (*raro*) Prostituta. | Cossío *Confesiones* 229: A primera hora de la tarde, concurrían [a los cafés de París] todos los tipos excéntricos, inadaptados, revolucionarios .. Así las mundanas viejas, los príncipes destronados y aun los fundadores de nuevas religiones.

mundaria *f* (*raro*) Prostituta. | Faner *Flor* 128: Da-si vestía a sus furcias con trajes vistosos .. Ofendía la faz corroída de los espejos, la gravedad de los retratos con desfiles de mundarias emperifolladas.

mundial *adj* De todo el mundo [6]. *A veces con intención ponderativa.* | Cisneros *Geografía* 31: La población mundial, que llegará a 6.000 millones de personas para fines del siglo XX, está creando al planeta Tierra graves problemas. Repollés *Deportes* 91: De la época antigua fueron Samitier y Zamora los que alcanzaron un enorme prestigio mundial. **b)** De gran parte de los países del mundo. | Arenaza-Gastaminza *Historia* 296: Con las capitulaciones de Alemania y del Japón terminaba la segunda guerra mundial. **c)** (*Dep*) [Campeonato] en que participan deportistas o equipos de prácticamente todo el mundo. *Tb n m.* | Repollés *Deportes* 182: Golf. Campeonato mundial .. Roberto de Vicenzo (Argentina) se proclama campeón en 1970. M. Vidal *As* 29.11.70, 14: La experiencia "mundialista" de Bélgica en Méjico –tras dieciséis años de ausencia de un Mundial– ha traído consigo consecuencias desagradables.

mundialismo *m* (*Pol*) Tendencia a la colaboración entre todos los países del mundo para solucionar los problemas de la humanidad y a la creación de un gobierno mundial. | S. Blanco *VNu* 16.9.72, 24: Casi un millón de personas ha escogido ya el mundialismo.

mundialista *adj* **1** (*Pol*) De(l) mundialismo. | S. Blanco *VNu* 16.9.72, 26: En 1963, en el curso de una reunión internacional .. los representantes de diversos movimientos mundialistas deciden organizar un Congreso de los Pueblos. **b)** Adepto al mundialismo. *Tb n.* | S. Blanco *VNu* 16.9.72, 23: El "Pacto de los ciudadanos del mundo", que todos los mundialistas hacemos nuestro en el momento de la inscripción, dice así.
2 (*Dep*) De(l) mundial o de (los) mundiales [1c]. | M. Vidal *As* 29.11.70, 14: La experiencia "mundialista" de Bélgica en Méjico –tras dieciséis años de ausencia de un Mundial– ha traído consigo consecuencias desagradables. A. Salinas *Ya* 20.9.91, 34: El reciente medalla de oro en los Mundiales de Ciclismo .. ha podido positivo en el control anti-dopaje que se realizó en una carrera que se disputó en Italia unos días más tarde de subir al podio mundialista. **b)** [Pers.] que participa en un campeonato mundial [1c]. *Tb n.* | *DíaTo* 21.12.93, 3: No quiero jugar con ningún mundialista en esta fase de entrenamiento.

mundialización *f* Hecho de dar carácter mundial [a algo (*compl de posesión*)]. | E. RGarcía *Tri* 20.5.72, 10: Los satélites de difusión directa .. instaurarán, en ese campo, la mundialización de las noticias. A. Espantaleón *Ide* 7.8.93, 13: Por el salario de una hora en Francia tenemos a un obrero filipino trabajando un día y medio. Este es el resultado de la mundialización de la economía y de los adelantos tecnológicos y de las comunicaciones que permiten distribuir y producir las mercancías desde cualquier lugar del planeta. **b)** Cooperación política de todos los países del mundo en forma de un gobierno mundial. | S. Blanco *VNu* 16.9.72, 24: Por eso decimos no a la soberanía absoluta de los Estados, a la carrera de armamentos .. Solamente en la supranacionalidad, en la mundialización, tendrán solución global todos estos problemas de la humanidad.

mundialmente *adv* En todo el mundo [6]. | *Nue* 22.12.70, 25: No es una empresa más .. Es una potencia económica, reconocida mundialmente.

mundificar *tr* (*lit, raro*) Limpiar. | L. Calvo *Abc* 7.9.66, 29: Se han remozado y mundificado los bulevares.

mundillo[1] *m* (*col*) Conjunto de perss. que constituyen el ambiente [de una determinada actividad (*adj o compl especificador*)]. | M. MBurgos *CoA* 8.2.64, 11: A la inauguración asistieron periodistas y todo el mundillo artístico de Madrid.

mundillo[2] *m* Almohadilla para hacer encaje de bolillos. | G. GHontoria *Nar* 4.76, 32: Los [objetos] que se usaban en las casas por las mujeres, como la almohadilla o "mundillo" para hacer encaje de bolillos.

mundillo[3] *m* Arbusto propio de los bosques húmedos y lugares pantanosos, con flores blancas en corimbo, cultivado a veces como ornamental (*Viburnum opulus*). *Frec en pl con sent sg.* | Loriente *Plantas* 68: *Viburnum opulus* L. "Mundillos". Arbusto no corriente. Ornamental en parques y jardines.

mundo (*frec con mayúscula en aceps 6a y 7b*) I *m* **1** Conjunto de todo lo que tiene existencia material. | SLuis *Doctrina* 15: La Sagrada Escritura nos habla a cada paso de Dios .. Unas veces nos muestra al Señor en acción, como cuando crea el mundo.
2 Conjunto de todos los seres humanos. | SLuis *Doctrina* 38: El Espíritu Santo .. les enseñó "toda verdad" y les dio valor intrépido para proclamar ante el mundo sus creencias. **b) todo el ~.** Toda la gente. *Frec con intención ponderativa.* | Delibes *Cinco horas* 254: Quien más, quien menos, todo el mundo tiene un montón de lágrimas por derramar en la vida. Arce *Precio* 242: –¿Cómo te has enterado? .. –Lo sabe todo el mundo. **c) medio ~.** Una gran cantidad de gente. | ZVicente *Traque* 247: Nadie quiso echarme una mano, y, lo que pasa, todavía hay que dar gracias a Dios y a medio mundo, si serán hijos de su madre.
3 Sociedad humana. | Delibes *Año* 30: Hablamos también de Santo Domingo y de la influencia norteamericana. Está visto que tal como está el mundo uno no puede vivir su vida. Tiene que elegir y echarse en los brazos de un amo. **b)** (*Rel*) Vida en medio de la sociedad humana. *En contraposición a la vida monástica.* | Torrente *Señor* 237: No sé quién había sido el padre Hugo en el mundo, pero sí que entró tardíamente en el monacato. Villapún *Moral* 63: Muchas son las tentaciones que el mundo nos pone, siendo las principales: Los espectáculos .. Las malas lecturas. Los placeres del mundo. Las vanidades.
4 Parte de la sociedad humana [caracterizada por alguna cualidad o circunstancia (*compl especificador*)]. | L. GSeara *Cam* 28.7.75, 19: Nuestro mundo oficial anda disconforme con que algunos españoles lleven a cabo comportamientos originales. *Cam* 26.4.76, 51: Política y bolsa .. El mundo de los intereses va desprendiéndose de la habitual dialéctica confusa y retórica. **b)** Ambiente (conjunto de circunstancias en que se desarrolla la vida de las perss.). *Con un compl especificador.* | Cuevas *Finca* 252: Penetró, de pronto, en ese mundo mágico de los niños del cortijo. **c) el gran ~.** La sociedad distinguida. *Tb, raro, simplemente ~.* | Halcón *Monólogo* 43: Pepita aún no ha subido al golf, .. ni ha sido invitada a una cena de buenos candelabros, .. ni a nada de nada del gran mundo. Ridruejo *Memorias* 49: Para mí la casa de mistress Fromkes fue el umbral y también la escuela de eso que suele llamarse "el mundo", cuando estas palabras, nacidas para designar lo más amplio, designan lo más reducido.
5 Arte de desenvolverse en el trato con los demás. | Buero *Hoy* 71: Tenemos que llevarle un día por ahí, a que aprenda mundo. **b)** Experiencia de la vida y del trato social. *Gralm en constrs como* TENER ~, SER [pers.] DE ~. | Umbral *País* 19.6.76, 40: Don Jaime de Mora .. es hombre de mundo y el único español que se barbillea con la jet-society internacional.
6 el ~. La Tierra. *Frec se usa con intención ponderativa, siguiendo a una expr superlativa. Tb, en exprs de carácter religioso o moral,* ESTE ~ (*en contraposición a* EL OTRO ~; → acep. 8). | *Alc* 1.1.55, 1: La gran urbe, hoy a la altura de cualquiera de las principales capitales del mundo. MGaite *Visillos* 237: –Me he puesto triste de verla. Me parece que no

mundología – mundología

es muy feliz. –Nadie es feliz del todo en este mundo, hija. Cada uno lleva su cruz. * Es la mujer más bella del mundo.
b) medio ~. Numerosos países. | ZVicente *Traque* 75: Había una montaña muy alta, a la que subió y todo. Creo que es una cosa bárbara, se ve desde allí medio mundo, todas las islas, y África, y España, y Sevilla.
7 Parte de la Tierra. *Normalmente con un compl especificador.* | DPlaja *Literatura* 143: Una serie de fenómenos coincidentes dan lugar a esta seguridad, a este orgullo del hombre renacentista: se descubren mundos; la imprenta populariza el saber; se realizan hallazgos arqueológicos y paleográficos. *País* 15.5.77, 8: Hay dos variantes de esta fórmula: a) neutralismo activo, como si España fuese un país no alineado, desolidarizado del mundo occidental, y b) neutralidad, como Irlanda. **b) tercer ~.** Conjunto de los países subdesarrollados. | Vicens *Polis* 514: Ambas tendencias [rusa y china] pugnan por extender su influencia en los nuevos regímenes socializantes del Tercer Mundo mediante la ayuda técnica y económica y el apoyo diplomático.
8 el otro ~. (*Rel*) El lugar donde viven las almas después de la muerte corporal. | Torrente *Vuelta* 247: Esto de ahora .. le pasará, y es lo que habrá ganado .., porque, al importarle menos las cosas del otro mundo, aprenderá a andar con más cuidado por este.
9 Astro, esp. habitado. | Miret *País* 25.7.76, 27: Esto era perfectamente posible para que lo divino estuviera cerca no solo del hombre terrestre, sino de los pobladores posibles de otros mundos. **b) otro ~.** Lugar totalmente distinto de otro que se toma como referencia. | Ferres-LSalinas *Hurdes* 23: Es por el Portillo de la Cruz por donde los viajeros penetran en otro mundo. Hasta allí sube la carretera ..; todo el paisaje se asoma a un mar de montañas, a un mundo casi irreal donde se pierde toda idea de la medida del hombre.
10 Conjunto complejo e importante de cosas. *Frec en la constr* ES UN ~. | Alcolea *Segovia* 134: En el mundo de figuras que pueblan los frondosos jardines de La Granja ocupan importante lugar los niños y los animales. * ¿Has visto la estación de Chamartín? Aquello es un mundo.
11 (*hoy raro*) Baúl de grandes dimensiones. *Tb* BAÚL ~. | Grosso *Capirote* 142: Envuelta en papeles de seda, dentro de un mundo, se encontraba la túnica de penitencia. CBonald *Ágata* 109: Se presentó con un baúl mundo estibado entre los asientos laterales de la tartana.
12 medio ~ → MEDIOMUNDO.
II *loc pr* **13 un ~.** (*col*) Mucho. *Con el v* VALER, *referido a pers.* | Halcón *Monólogo* 126: Es nuestra primera *snob*, aunque vale un mundo.
III *loc adj* **14 del otro ~.** (*col*) Extraordinario o de gran importancia. *Frec como compl de* COSA *o de* NADA. | Tri 20.5.67, 7: Si gana o pierde un poco poniendo en marcha un Teatro Popular Español, esto no sería una cosa del otro mundo. *Odi* 2.11.76, 12: El Athlétic de Bilbao recibe al Basilea en San Mamés, equipo que tampoco es nada del otro mundo.
IV *loc v y fórm o* **15 arreglar el ~.** (*col*) Comentar asuntos políticos o de interés general. | Berlanga *Recuentos* 92: Dentro del antro el humazo se puede cortar a serrucho ..; al fondo arreglan el mundo cinco o seis desconocidos.
16 caerse el ~ → HUNDIRSE EL ~ [24].
17 comerse (*o, raro,* **tragarse**) [alguien] **el ~.** (*col*) Lograr grandes cosas. | AMillán *Revistas* 76: Había vuelto a enamorarme de ti y estaba dispuesta a comerme el mundo. Halcón *Manuela* 44: Si formarais pareja de cante y baile os tragabais al mundo. **b) parecer que** [alguien] **va a comerse el ~.** (*col*) Dar [alguien] muestras o hacer alarde de grandes ímpetus. | Cela *Alcarria* 39: ¿Te acuerdas del teniente Palomarejos, que parecía que se iba a comer el mundo y acababa ciscándose por la pierna abajo? DCañabate *Paseíllo* 51: Allí estaban los toreros. ¡Chicos, qué fachendosos! Había que verlos, que parecía que se iban a comer el mundo.
18 correr ~ → VER ~ [32].
19 echar al ~ → TRAER AL ~ [28].
20 echarse al ~ [una mujer]. (*euf, col*) Hacerse prostituta. | * La hija mayor se echó al mundo.
21 el ~ al revés. Fórmula que se usa para comentar una situación en que está invertido el orden normal o habitual de las cosas. *Tb en las constrs* ESTAR, *o* ANDAR, EL ~ AL REVÉS. | Diosdado *Olvida* 55: No te puedes figurar el "shock" que provocamos cuando dijimos que queríamos casarnos por la Iglesia, pero no por lo civil. Todavía estoy viendo al curilla de mi parroquia .. decir con los brazos en alto: "¡El mundo al revés! ¡El mundo al revés!".
22 enviar al otro ~ → MANDAR AL OTRO ~ [26].
23 hacer un ~ [de una cuestión]. Considerar[la] como un asunto grave o difícil, sin serlo. | * De cualquier discusión haces un mundo. Delibes *Cinco horas* 74: A ver qué de particular tiene que un niño te pregunte si es verdad que tú y yo .. y todos nos vamos a morir, que tú, habías que verte, un mundo .., "bueno, dentro de muchísimos, muchísimos años".
b) hacérsele [a alguien una cosa] **un ~.** Presentársele como muy ardua, sin serlo. | Grosso *Germinal* 40: Quiso nuestra buena estrella que antes del año se casara, y con mujer señorita y empingorotada de las que un mundo se les hace gobernar una casa. Diosdado *Anillos* 2, 36: La pobre lleva poco aquí, y todo se le hace un mundo.
24 hundirse (*u otro v equivalente*) **el ~.** (*col*) Ocurrir un cataclismo. *Normalmente se usa en sent fig, con intención ponderativa.* | Arce *Precio* 124: Debes hablar con tío Arturo. Dile que no se hunde el mundo por una cosa semejante. Torrente *Off-side* 314: –No sea boba .. –Me da mucha vergüenza .. –¿Ve usted? No se ha caído el mundo. –Pero, ¿qué dirán de usted si alguien me reconoce? **b)** *En constrs de sent concesivo, se usa para manifestar seguridad o decisión.* | MGaite *Nubosidad* 21: Que se hunda el mundo, yo a lo mío. **c) hundírsele** [a alguien] **el ~,** *o* **venírsele** (*o* **caérsele**) **el ~ encima.** Sentirse abrumado ante una situación lamentable o muy difícil y angustiosa. | DCañabate *Paseíllo* 63: Cuando la Emeteria le vio salir, se le hundió el mundo. CPuche *Conocerás* 170: Nos sentíamos como en una barquichuela a la deriva, faltos de costumbre, se nos venía el mundo encima. Cela *Mazurca* 119: Cuando murió mi madre yo era una chiquilla, tenía trece años y sentí que el mundo se me caía encima.
25 irse al otro ~. (*col*) Morirse. | Diosdado *Anillos* 2, 23: No quiero irme al otro mundo con el remordimiento.
26 mandar (*o* **enviar**) **al otro ~.** (*col*) Matar. | Arce *Testamento* 84: Es capaz de matarme... Este es capaz de mandarme al otro mundo con un par de tiros. Torrente *Sombras* 319: Un virus mortal de necesidad que envió al otro mundo a todos los reclusos.
27 ponerse el ~ por montera → MONTERA.
28 traer (*o, pop,* **echar**) **al ~** [a alguien una mujer]. Parir[lo] o dar[lo] a luz. | CBonald *Ágata* 216: Un secreto inveteradamente sellado, .. pero evidenciado ya con la sola iniciación de Blanquita después de haber oído el sufriente clamor de Alejandra mientras echaba al mundo a su hijo. **b) traer al ~** [a alguien un hombre]. Dar[le] vida. | Goytisolo *Recuento* 93: Papá decía que para él fue un desgarro, pero que no dejaba de ser un consuelo haber traído al mundo un pastor de almas.
29 tragarse el ~ → COMERSE EL ~ [17].
30 venir al ~. Nacer. | Fraile *Cuentos* 3: Pascualín Porres vino al mundo, llegó a 1,60 de estatura y creyó, hasta su muerte, que estaba entre personas.
31 venírsele [a alguien] **el ~ encima** → HUNDIRSE EL ~ [24].
32 ver (*o* **correr**) **~.** Viajar por países extranjeros. *Tb con otros vs de sent semejante.* | ZVicente *Traque* 310: Se lo llevaron a una colonia de niños evacuados. Por lo menos ha visto mundo. J. C. Villacorta *Abc* 5.5.74, sn: A veces pienso si el ímpetu trajinante de la maragatería y su afán de correr mundo no venía de un cierto entusiasmo por Homero.
V *loc adv* **33 como vino al ~,** *o* **como su madre le trajo al ~.** En completa desnudez. | * Se bañaba en la playa como su madre le trajo al mundo.
34 desde que el ~ es ~. Desde siempre. | Cossío *Confesiones* 271: He aquí un fenómeno constante, desde que el mundo es mundo.
35 por esos ~s (de Dios). (*col*) Por diversas tierras. *Frec con intención peyorativa.* | J. Montini *VozC* 25.7.70, 6: Aretha Franklin va por ahí –por esos mundos de Dios– con su voz característica.
36 por nada del ~. Se usa como refuerzo de una frase que expresa la negativa a hacer algo. | ZVicente *Traque* 301: No lo querría por nada del mundo.

mundología *f* (*col*) Mundo [5]. *Gralm con intención humoríst.* | Medio *Bibiana* 246: Bibiana Prats no tiene el talento, la "mundología" de Josefina. CSotelo *Inocente* 108: Por cierto, antes de que se vaya... El día en que usted entró fue testigo, por casualidad, de algo que otro cualquiera sin su mundología podría interpretar torcidamente.

mundólogo -ga *m y f (raro)* Pers. que tiene mundología. | Medio *Bibiana* 245: La tía Gisbert decía que Josefina era una "mundóloga".

mundovisión *f* Sistema de transmisión de imágenes de televisión de un continente a otro mediante satélites. | M. Gordon *Ya* 19.3.83, 48: Centenares de millones de personas de los cinco continentes participarán a través de Mundovisión .. en la solemne ceremonia de la apertura de la Puerta Santa.

munición **I** *f* **1** Conjunto de proyectiles y cargas de las armas de fuego. *Tb en pl con sent sg. Tb fig.* | Laiglesia *Tachado* 35: Bajo los toldos de sus cubiertas no viajaban viejos señores con la cartera repleta de billetes, sino jóvenes soldados con las cartucheras llenas de munición. | Delibes *Guerras* 89: Los hielos cuarteaban el Crestón, la roca, ¿sabe?, de forma que ellos, los del Otero, tenían munición en abundancia [para la cantea]. *País* 1.6.80, 10: El Gobierno y su grupo parlamentario consideraron oportuno utilizar municiones de todos los calibres para preparar en el Congreso la discusión del Estatuto de Centros Escolares.
II *loc adj* **2 de ~**. [Cosa] que el Estado suministra a la tropa para su manutención y equipo. | * El pan de munición típico es el chusco.
3 de ~. [Artículo de consumo] de baja calidad. | Zunzunegui *Hijo* 111: Sacó la petaca con tabaco negro de munición, y le ofreció al contratista, para empujarle a que sacase su tabaco rubio. Clarasó *Van* 21.11.74, 92: En nuestras panaderías venden varios tipos distintos de pan. Que recuerde ahora, estos: pan redondo .. Y el pan de munición, y el pan llamado de Viena.

municionamiento *m* Acción de municionar. *Tb su efecto.* | J. M. Moreiro *Ya* 21.1.76, 16: Tanto de víveres como de municionamiento y combustible [los polisarios] están, hoy por hoy, abastecidos para seis meses.

municionar *tr* Proveer de medios de subsistencia y de defensa, esp. de munición [1] [al ejército o a una plaza]. *Tb abs.* | GSerrano *Macuto* 489: El Gobierno de Méjico era amigo del rojo y le suministraba y municionaba con indiscutible generosidad. FReguera-March *Cuba* 445: Vara de Rey aprovechó la tregua para retirar a los heridos y municionar a sus hombres. FReguera-March *Filipinas* 376: Cruzó una columna que iba a municionar.

municipal *adj* De(l) municipio. *Tb n, referido al guardia o policía.* | Gambra *Filosofía* 238: La sociedad municipal se encuentra profundamente vinculada al origen histórico de la sociedad política o civil. *Ya* 26.4.70, 24: Dos policías municipales que se encontraban en las proximidades iniciaron la persecución del carterista. Summers *SAbc* 15.5.83, 14: Solo se interrumpía el partido cuando pasaba un coche o llegaba un municipal .. que practicaba la represión franquista llevándose la pelota.

municipalidad *f* Ayuntamiento (organismo rector del municipio). *Tb el mismo municipio.* | Pemán *MHi* 7.68, 10: La democracia castellana, la juridicidad leonesa y aragonesa, las municipalidades, fueron escuelas superiores de convivencia.

municipalismo *m (Pol)* Tendencia que propugna la primacía de la administración municipal frente a la central. | L. LSancho *Abc* 22.10.70, 22: Hay actualmente brillantes teóricos del municipalismo.

municipalista *adj* De(l) municipalismo. | HSBarba *HEspaña* 4, 415: Puede señalarse la sublevación de los llamados Comuneros de Paraguay, dirigida por José Antequera y más tarde por Fernando Mompó, con un carácter municipalista, puesto que la dirección verdadera la ostentó el cabildo de Asunción. **b)** Adepto al municipalismo. *Tb n.* | *Barcelona* 11: La población .. forma *de facto* lo que los municipalistas ingleses denominan *conurbation*.

municipalización *f* Acción de municipalizar. | M. Vigil *Ya* 15.10.67, 8: Hacia la municipalización de las antenas de radio y televisión.

municipalizar *tr* Hacer que pasen a depender del municipio [bienes o servicios de propiedad particular (cd)]. | Gironella *Millón* 452: El anarquista García-Oliver, ministro de Justicia, había .. anunciado su decisión de municipalizar la vivienda en todo el territorio. *SVozC* 25.7.70, 8: Dentro de la ciudad funciona un servicio municipalizado de autobuses.

municipalmente *adv (raro)* En el aspecto municipal. | R. LIzquierdo *HLM* 26.10.70, 24: La Campsa está ya sirviendo este medio siglo extendido de residuos peligrosos para la salud, con el que se cumplirá además lo municipalmente previsto en la lucha contra la polución de la atmósfera.

munícipe *m y f (lit)* Miembro de un ayuntamiento. | Alfonso *España* 153: Luego han ido reapareciendo los bocinazos, incluso por la noche, olvidando los munícipes lo que ellos mismos tienen dispuesto.

municipio *m* Unidad administrativa constituida por una o varias poblaciones y determinada extensión de terreno, regida toda ella por una misma corporación. | Gambra *Filosofía* 238: El municipio típicamente español –el castellano-leonés– tiene su primer desarrollo en el siglo X.

munificencia *f (lit)* Generosidad o liberalidad. | S. RSanterbás *Tri* 11.4.70, 22: El padre, enternecido por la munificencia del apoderado .., suelta el dinero necesario para cubrir los "gastos".

munificente *adj (lit)* Generoso o liberal. | MSantos *Tiempo* 101: El interés que el munificente antes citado Don Pedro había mostrado por la cría de ratones. Delibes *Madera* 279: Ante tan ardua alternativa, el muchacho optó por una decisión munificente: sacrificar su cabello.

munífico -ca *adj (lit)* Munificente. *Tb n, referido a pers.* | DPlaja *Abc* 10.7.75, sn: Si partimos del Renacimiento .. observamos esta doble vertiente: la del munífico, que otorga su amparo, y la del que, menesteroso, lo recibe.

muniqués -sa *adj* De Múnich (Alemania). *Tb n, referido a pers.* | Torrente *Señor* 182: Imaginaba largas conversaciones con mi amigo, el poeta muniqués.

munir *tr (raro)* Proveer o pertrechar [a alguien de algo]. | Mendoza *Laberinto* 65: En previsión de que hubiera algún villano munido de hacha, guadaña o destral tras cualquier mueble .., empecé a recorrer la morada.

muñeca[1] → MUÑECO.

muñeca[2] *f* Parte del cuerpo humano en que se articula la mano con el antebrazo. | Laforet *Mujer* 56: Tenía las muñecas finas .. A sus manos les era imposible levantar pesos.

muñeco -ca A *m y f* **1** Figura de pers., hecha gralm. de trapo, plástico o goma, que se usa como juguete o adorno. | GPavón *Hermanas* 57: Estaba [el armario] totalmente lleno de muñecos y muñecas de distintos tamaños, épocas y calidad. Todos limpios, bien trajeados. *GTelefónica* N. 588: Talleres de Arte Fuste. Especialidad en muñecas de arte. Fábrica de muñecas.
2 Niño o joven muy guapo y atractivo. *Referido a un hombre joven, tiene intención desp. A veces usado como vocativo, con intención cariñosa o irónica.* | N. Carrasco *MHi* 7.69, 23: Marilyn Monroe, la "bella muñeca americana". Mihura *Modas* 34: Pisos, no. De eso, nada, muñeco.
3 Pers. que se deja manejar por los demás. | * Piensa que somos unos muñecos a quienes puede gobernar a su antojo.
B *m* **4** Figura de animal, hecha gralm. de trapo, plástico o goma, que se usa como juguete o adorno. | *GTelefónica* N. 588: Muñecos huecos de látex y muñecos diversos. **b)** (Caza) Figura de ave usada como reclamo. | Delibes *Castilla* 45: Muñeco le decimos nosotros a un coto donde prende usted la cabeza, la cola y las alas de una avutarda para engañarlas .., que crea[n] que es una de ellas.
C *f* **5** Lío de trapo, pequeño y redondeado, que se usa para barnizar. *Frec en la constr* A ~. | Hacerlo 86: El barnizaje a muñeca es uno de los oficios que requieren más habilidad.
6 *(raro)* Rayuela (juego de niñas). | Ca. Llorca *SPaís* 31.5.81, 51: El juego de la rayuela (también se denomina truque, avión, muñeca o infernáculo) se relaciona con los mitos sobre el tránsito de la tierra al cielo.

muñeira *f* Danza popular gallega, de compás de seis o tres por ocho, que se acompaña con gaita y pandero. *Tb su música.* | DPlaja *El español* 67: Los españoles cantan normalmente a coro y bailan en grupos la muñeira gallega.

muñequera – murar

muñequera *f* **1** Tira elástica o de cuero con que se sujeta la muñeca[2]. | Marsé *Montse* 141: Me aguardabas en el Club, sentada en una silla al borde de la pista central y rodeada de algunos atractivos jovenzuelos de blanca muñequera y músculo dorado. SFerlosio *Jarama* 57: Enseñaba una muñequera de cuero en el pulso de la mano derecha.
2 (*raro*) Pulsera [de reloj]. | GPavón *Rapto* 244: Pero Manuel, ¿tú con reloj de muñequera?

muñequería *f* **1** Conjunto de muñecos [1 y 4]. | Villarta *Rutas* 48: Primores de artesanía, lo mismo que en encajes, abanicos y muñequería. ZVicente *Asedio* 14: Ante los ojos del lector .. se aguzaban las muecas desorbitadas de los nuevos personajes .., resolviéndose muchas veces en muñequería triste y gesticulante.
2 Arte o industria de fabricar muñecos [1 y 4]. | IdG 10.8.75, 5: Los trabajos que se exponen en la Feria corresponden a los siguientes oficios: alfarería, .. modistería, muñequería, orfebrería.

muñequerío *m* (*col*) Conjunto de muñecos [1 y 4]. | GPavón *Hermanas* 57: Estaba [el armario] totalmente lleno de muñecos y muñecas .. Plinio contemplaba aquel muñequerío con ternura.

muñequero -ra I *adj* **1** De(l) muñeco [1 y 4]. | *Onil* 139: Víctor Jerro Míguez. Fabricación y transformación textil al servicio de la industria muñequera.
II *m y f* **2** Fabricante de muñecos [1 y 4]. | Isidro *Abc* 25.4.58, 49: A la alegría unamos las sonrisas de esas tres mil y pico de muñecas construidas para la Tómbola Diocesana de la Vivienda, por centenares de mujeres y niñas madrileñas. ¡Qué lástima que no se premie a todas y cada una de esas muñequeras!

muñequilla *f* Muñeca (lío de trapo, pequeño y redondeado, que se usa para barnizar). *Frec en la constr* A ~. | C. Padilla *Nar* 3.77, 22: Una vez realizada toda la estructura de la guitarra, se procede a barnizarla y pulirla. Esta operación se repite aproximadamente unas cuatro veces, y la última se hace dándole el brillo final a muñequilla.

muñequillar *tr* Barnizar a muñequilla. *Tb abs*. | *BOE* 1.12.75, 25024: Realizará [el pintor] las labores de preparar las pinturas .., barnizar, brochar o muñequillar, patinar, dorar y pintar letreros.

muñidor -ra *m y f* Pers. hábil y activa para amañar o muñir [algo (*compl especificador*), esp. elecciones]. *Tb adj*. | Cossío *Confesiones* 107: Aquellas elecciones mías me dieron la medida del sufragio universal. Era una máquina que funcionaba a voluntad de un experto .. Las tabernas abiertas, los muñidores electorales recorriendo los colegios, armados de fuertes garrotes, y adquiriendo la mayoría aquel que dispusiera de mayor influencia. E. Haro *País* 27.9.83, 29: El aún más poderoso muñidor de combates y apuestas. Delibes *Cartas* 39: Baldomero .. recomendó el caso a un viejo conmilitón, .. hombre activo y muñidor, políticamente situado, quien hizo la vista gorda de mi condición subalterna .. y cuatro meses más tarde me remitía el carné.

muñir (*conjug* 53) *tr* **1** Amañar o preparar [algo] con habilidad y gralm. por medios poco honrados. *Frec en política*. | P. Urbano *Abc* 26.3.84, 22: Aquella "operación de los críticos", acoso y derribo de Suárez, que muñeron Alzaga y Miñón.
2 (*raro*) Llamar o convocar. | *Lugo* 67: Aquí es donde tiene valor el muñir de la campana.

muñón *m* Parte [de un miembro amputado] que permanece adherida al cuerpo. *Tb fig*. | Laiglesia *Ombligos* 8: Hace desfilar la vergonzosa giba de su tía Rafaela, el muñón de la pierna que su padre perdió en África. MHerrera *Abc* 19.12.70, 27: Serán entonces los ramajes escuetos, los muñones de los tamarindos, .. los que ganen de nuevo la clámide primaveral.

muón *m* (*Fís*) Partícula elemental inestable del género de los leptones, cuya masa en reposo es unas 207 veces la del electrón. | * El muón es común en las radiaciones cósmicas.

muónico -ca *adj* (*Fís*) De(l) muón. | F. ASánchez *Ya* 26.10.88, 21: El premio Nobel de Física 1988 ha sido concedido a los físicos estadounidenses Lederman, Schuartz y Steinberger por sus contribuciones al desarrollo del método de haces de neutrinos y a la demostración de la estructura de doblete de los leptones gracias al descubrimiento del neutrino muónico.

muradano -na *adj* De Muros (La Coruña). *Tb n, referido a pers*. | J. M. Sande *Voz* 10.5.87, 21: Trasladado el joven al centro de salud muradano, se decidió conducirlo al Hospital Provincial.

muraje *m* Planta herbácea anual de tallos tendidos y flores rojas o azules, usada en medicina (*Anagallis arvensis*). *Frec en pl con sent sg*. | Remón *Maleza* 19: *Anagallis arvensis* L. Nombre común: Murajes, Muraje rojo, Muraje azul .. Esta planta humilde, llamativa por el color de sus flores, cuya altura máxima apenas alcanza los 30 cm., se presenta en dos subespecies, de flor roja (ladrillo) y azul. Alvarado *Botánica* 49: Fig. 83. Pixidio de muraje: c, cáliz; s, semillas.
b) *Con un adj o compl especificador, designa otras especies*: ~S AMARILLOS (*Lysimachia nemorum*), ~ DE HOJA ESTRECHA, o DE HOJA DE LINO (*Anagallis linifolia*), ~ DE LOS PÁJAROS (*Stellaria media*). | Mayor-Díaz *Flora* 566: *Lysimachia nemorum* L. "Mura[j]es amarillos" .. Flores amarillas .. Toda Asturias. Alisedas, lugares húmedos. [*En el texto*, murages.] Remón *Maleza* 113: *Stellaria media* (L.) Villars. Nombre común: Álsine, Pamplina, Hierba de los pájaros .., Muraje de los pájaros .. Es, acaso, la más conocida maleza de muchas de nuestras tierras por lo común y abundante.

mural I *adj* **1** De(l) muro o pared. | Tejedor *Arte* 109: Produce también retablos y frontales .. y realiza pinturas murales. **b)** Destinado a ser colocado en un muro o pared. | *Pue* 2.2.67, 5: Las milicias locales .. han sido dispersadas .. según dicen los carteles murales. *DíaCu* 14.5.89, 12: A las diecinueve treinta .. se procedía al inicio de los sagrados ritos: aspersión, sepultura de las reliquias, crismación del ara y las cruces murales, fuego e incensación.
II *m* **2** Pintura o decoración mural [1]. | *Des* 12.9.70, 38: El artista Fornells-Pla acaba de realizar un importante y espectacular mural de grandes dimensiones.
3 Cartel mural [1]. | *Pue* 2.2.67, 5: El corresponsal en Pekín de la agencia japonesa Kiodo cita murales de Pekín como fuente de sus noticias.
4 Mueble destinado a cubrir una pared. | GTelefónica 83 2, 264: Genil. Industrias del mueble. Murales y comedores estilo inglés.

muralismo *m* (*Arte*) Arte y técnica del mural [2]. | S. Cuevas *País* 9.10.82, 30: Nombrado profesor de pintura de la Escuela Nacional de México, repite el muralismo, que ya había iniciado como arma de resistencia en el Madrid cercado.

muralista (*Arte*) **I** *adj* **1** De(l) mural [2]. | La. Álvarez *Voz* 2.3.86, 41: Formas imprecisas componen el cuadro de claro sentido muralista.
II *m y f* **2** Artista que hace murales [2]. | A. M. Campoy *Abc* 19.11.64, sn: Profesor de artes plásticas, grabador, dibujante y muralista.

muralla *f* Muro defensivo que rodea un lugar, esp. una población o fortaleza. | Cunqueiro *Un hombre* 11: Dio unos pasos para mejor poder contemplar la curva de la muralla. **b)** Pers. o cosa que actúa como defensa u obstáculo. *Tb* ~ CHINA, *con intención ponderativa*. | P. Narvión *Pue* 1.10.70, 18: A la hora de la muerte de Nasser, los israelíes comprenden el papel de muralla de primer orden que el Presidente egipcio representó frente a los extremistas árabes. *Rue* 22.12.70, 14: Un toro que tiene verdadera bravura desmonta la muralla china de las actuales defensas equinas.

murallón *m* Muro o muralla grande y fuerte. | Marcos-Martínez *Física* 63: Un observador y un cuerpo sonoro están en los extremos de la base de un triángulo isósceles cuyo vértice se encuentra en un murallón que produce la reflexión del sonido. FVidal *Duero* 45: Los murallones de la fortaleza están reforzados por cubos cuadrados.

murano *m* Cristal de Murano (Italia). | M. F. Ruiz *Pue* 7.11.70, 8: Los barrocos salones –tapices y oros, lámparas de murano y cuadros de firmas ilustres– del Quirinal.

murar *tr* Cercar [algo] con muros o murallas. *Gralm en part*. | GMacías *Relatos* 11: Había contratado a unos naveros .. para cuanto tenían que llevar a cabo en el cortijo: murar determinadas parcelas, hacer charcas para la recogida de aguas .., etc. Cela *Judíos* 91: Fue villa murada y de cierta historia.

murchantino -na *adj* De Murchante (Navarra). *Tb n, referido a pers.* | M. B. Ferrer *Ya* 24.6.75, 23: El gobernador civil de Navarra se personó en Tudela, que es la ciudad más próxima a Murchante, y allí tuvo una reunión con el alcalde y los concejales murchantinos.

murcianismo *m* **1** Palabra o rasgo idiomático propios del murciano [2] o procedentes de él. | Lázaro *Crónica* 26: Ya el 13 de Mayo de 1714, el P. Alcázar comparece con un lote de murcianismos. **2** Condición de murciano [1], esp. amante de lo murciano. | I. Galiana *Abc* 6.11.74, 53: Los lectores de *Abc* conocían su estilo pulcro y trabajad[o], con resonancias poéticas y de acendrado murcianismo.

murciano -na I *adj* **1** De Murcia. *Tb n, referido a pers.* | Ortega-Roig *País* 183: La falta de agua convierte a la costa murciana en una región árida. **II** *n* **A** *m* **2** Dialecto de Murcia. | Amorós-Mayoral *Lengua* 7: Algunos de los [dialectos actuales] más importantes son el leonés, el aragonés, el andaluz, el murciano, el extremeño y el canario. **3** (*reg, desp*) Inmigrante en Cataluña procedente de una región española que no es de lengua catalana, esp. meridional. *Frec n.* | Alós *Hogueras* 119: –Aquí los llamamos forasteros .. –En Cataluña les llaman charnegos o murcianos. Marsé *Tardes* 16: Él no ignoraba que su físico delataba su origen andaluz –un *xarnego*, un murciano (murciano como denominación gremial, no geográfica: otra rareza de los catalanes)–. **b)** (*reg*) Peón de la construcción. | Cela *Pirineo* 132: Por aquí llaman murcianos a los peones de la construcción, en el mismo sentido traslaticio que el que usan los sevillanos al llamar gallego al mozo de cordel o montañés al tabernero. **B** *f* **4** Modalidad de fandango propia de la región de Murcia. | Cela *Viaje andaluz* 262: En el corazón de la granaína –como en el de la jabera, y la rondeña, y la cartagenera, y la murciana, y los verdiales, y las tarantas, y, en general, todo el estilo de levante– vive, agazapada y avergonzada, la familia sin fin de los fandangos.

murciar (*conjug* 1a) *tr* (*jerg*) Robar. | Forges *Forges* *nº 4* 220: –José María: me han murciado la piedra-sandía de mi más definitivo bodegón. –Es que hay mucho chorizo por doquier.

murciélago *m* Mamífero quiróptero. *Diversas especies se distinguen por medio de compls o adjs:* ~ COMÚN (*Pipistrellus pipistrellus*), ~ BIGOTUDO (*Selysius mystacinus*), ~ DE BOSQUE (*Barbastella barbastellus*), ~ DE HERRADURA (*gén Rhinolophus*), ~ HORTELANO (*Vespertilio serotinus*), ~ RATERO (*Myotis myotis*), ~ TROGLODITA o DE CUEVA (*Miniopterus schreibersii*), *etc.* | Ybarra-Cabetas *Ciencias* 390: El murciélago hace su aparición a la caída de la tarde. Bustinza-Mascaró *Ciencias* 214: Hay varios [murciélagos] en España que difieren del descrito en algunos caracteres, como el murciélago orejudo, .. el murciélago de herradura, el de oreja de ratón, etc. Noval *Fauna* 78: Los más abundantes son el *Rhinolophus ferrumequinum* o Murciélago de herradura grande y el *Rhinolophus hipposideros* o Murciélago pequeño de herradura .. El Orejudo (*Plecotus auritus*) .. lleva este nombre por sus grandes orejas .. El Murciélago común (*Pipistrellus pipistrellus*) es el más pequeño .. De mucho mayor tamaño .. son el Murciélago hortelano (*Vespertilio serotinus*) y el Nóctulo común (*Nyctalus noctula*). Rodríguez *Monfragüe* 106: Murciélago ratero (*Myotis myotis*). *SInde* 24.12.89, 18: Murciélago de cueva (*Miniopterus schreibersi* [sic]).

murcielaguina *f* Estiércol de murciélago. | CBonald *Ágata* 152: Todo el floreciente terreno de la quinta .. yacía confundido en un vertedero de heces con aspecto de murcielaguina.

murecada *f* (*reg*) Rebaño de moruecos. | Moreno *Galería* 65: Con todos ellos [los sementales] se hacía un rebaño nuevo que se llamaba "murecada".

mureco *m* (*reg*) Moruevo. | Berlanga *Gaznápira* 74: Es la primera vez que le ocurre al Capador: –Pero, ¡¿usted no tiene murecos .. ni cerdo ni nada que yo le pueda aliviar?!

murénido *adj* (*Zool*) [Pez] de cuerpo largo, cilíndrico y gralm. sin escamas, de la familia de la morena. *Frec como n m en pl, designando este taxón zoológico.* | *Animales marinos* 36: Familia 14. Murénidos.

murense *adj* De Muros (La Coruña), de Muros de Nalón (Asturias) o de Muro (Mallorca). *Tb n, referido a pers.* | *VozA* 13.6.85, 18: Muros de Nalón celebra sus fiestas patronales .. Una vez más, gracias por la colaboración prestada por todos los murenses.

murete *m* Muro poco elevado y de poco espesor. | *BOE* 3.12.75, 25188: Cada depósito debe estar separado de los próximos por un terraplén o murete. Cela *Alcarria* 167: En el cruce de Chillarón se alza un murete en el que se lee, en azulejos nuevecitos, lo siguiente.

múrex *m* Múrice. | Pericot-Maluquer *Humanidad* 182: Se les atribuyen también establecimientos temporales pesqueros que explotaban los bancos de múrex en Cos y otras islas para la obtención de la púrpura.

murga I *f* **1** Conjunto de músicos de poca calidad que toca por las calles. | LTena *Triste* 58: Suenan los compases de una "Marcha real" no muy bien ejecutada por una murga. **b)** Banda o conjunto musical de baja calidad. | DCañabate *Paseíllo* 63: Pronto todo el baile estuvo pendiente de sus pasos y sus giros .. Cuando la murga dejó de tocar resonó una ovación. **c)** Grupo que canta canciones satíricas, típico de los carnavales de Cádiz y Canarias. | *País* 9.10.84, 21: Quien difundió la información desconoce nuestro carnaval [de Santa Cruz de Tenerife] y el carácter de los integrantes de las murgas, a los que cualquier tipo de control motivaría para sacar nuevos latiguillos y, literalmente, quitar la piel a tiras al tipo político que lo intentase. **2** (*col*) Cosa fastidiosa o molesta por su ruido o su repetición. | Ero *Van* 26.9.74, 28: Son asimismo ideas de concejal la cursilería de llamar al litoral levantino, costa del azahar; la murga de decir que en La Coruña nadie es forastero. **II** *loc v* **3 dar (la)** ~. (*col*) Fastidiar o molestar. | Salvador *Haragán* 44: Estábamos campando por nuestra cuenta, fuera de la presencia admonitoria de tantos padres, tíos y primos con derecho a dar la murga. ZVicente *Traque* 65: Qué más dará que sea de ahí que de la calle de Carranza, digo yo, también es gana de dar murga. Delibes *Voto* 115: El Rosauro no hacía más que tocar la flauta, que buena murga nos daba.

murgón *m* Cría del salmón. | G. Riera *SInf* 17.4.70, 3: Los salmones se reproducen en agua dulce .. Los alevines venidos al mundo hacen el mismo género de vida que la trucha, hasta convertirse en "murgones".

murguista I *adj* **1** De (la) murga [1]. | J. Sesmero *SSur* 7.2.88, 20: Sería conocido en Málaga como Diego "el Bollero", conductor y creador de todo un estilo murguista .. La murga del Bollero era .. la más representativa del barrio. **II** *m y f* **2** Pers. que forma parte de una murga [1]. | M. MLafuente *Ide* 17.8.83, 19: En los carnavales .. el pueblo se lanzaba a la calle con una gracia sin par; los murguistas y comparsistas se reían hasta de su sombra.

muriato *m* (*Quím*) Clorhidrato. | Mann *DMo* 14.8.87, 4: La primera [fuente] contenía carbonato de hierro y de cal, muriato y sulfato de magnesia ..; la de El Astillero contenía muriato y sulfato de magnesia.

múrice *m* Molusco gasterópodo marino del que antiguamente se extraía la púrpura (gén. *Murex*). | CBonald *Ágata* 23: Hacía reventar [los camaleones] sobre una estameña empapada en el jugo escarlata del múrice. Tejedor *Arte* 25: Este [tinte de púrpura], obtenido del múrice, un marisco muy abundante en sus propias costas.

múrido -da *adj* (*Zool*) [Roedor] de la familia del ratón y de la rata. *Frec como n m en pl, designando este taxón zoológico.* | E. BSoriano *HLM* 10.2.75, 30: Múridos (roedores) .. pueblan el mundo entero. **b)** De (los) múridos. | C. E. López *SInf* 5.5.76, 4: Tuberías de baja calidad, fábricas mal rematadas o alcantarillas antiguas terminan por ceder a la tenaz labor de zapa que sobre ellas efectúa una tan nutrida colonia múrida.

muriente *adj* (*lit*) Que muere. | Goytisolo *Recuento* 128: Se mantenían firmes hasta que cesaba el último largo de corneta, la vista fija en el bajo sol muriente. **b)** Propio de la pers. o cosa que muere. | Sampedro *Sonrisa* 329: Dos figuras humanas en estado naciente, en estado muriente.

murillense *adj* De Murillo de Río Leza (Rioja). *Tb n, referido a pers.* | M. D. Ramírez *Rio* 11.8.93, 18: El espec-

murino – musa

táculo resultó tan brillante que podemos decir que ha sido la admiración de los murillenses.

murino -na *adj* (*Zool*) [Roedor múrido] de la subfamilia del ratón y de la rata. *Frec como n m en pl, designando este taxón zoológico.* | * La rata común es un murino. **b)** De (los) murinos. | Moraza *SYa* 12.5.74, 39: En los monos "rhesus" afectos de neoplasia mamaria se han encontrado partículas semejantes a las observadas en las especies murina y humana .. Se ha visto que el suero sanguíneo de las enfermas de cáncer de mama tenía anticuerpos capaces de neutralizar el virus de los tumores murinos.

múrmel *m* (*Peletería*) Piel de marmota, gralm. teñida, cuyo aspecto recuerda el del visón. | *Ya* 9.1.83, 24: Es el momento de cambiarse de chaqueta, chaquetón o de abrigo. Ante, napa, .. lince, múrmel, marmota, lobo. [*En el texto, sin tilde.*]

murmujear *intr* (*raro*) Murmurar. *Tb tr.* | Faner *Flor* 52: La metió en el jabeque, de cocinera. La gente empezó a murmujear. | Sampedro *Sonrisa* 167: ¡Es tan bonito achuchar ese cuerpecito contra uno y oírle murmujear como un palomo amansado! Faner *Flor* 151: Emilia bailaba descalza sobre las almenas .. Incluso murmujeaba una canción.

murmujeo *m* (*raro*) Acción de murmujear. *Tb su efecto.* | Soler *Caminos* 267: Cada ademán suyo era un agravio, y el murmujeo que se traía cuando se le pedía algo sabíamos que alcanzaba a la familia que tuviese cada uno de los españoles que lo sufríamos.

murmullear *intr* (*raro*) Murmurar [1 y 3]. *Tb tr.* | GHortelano *Momento* 80: En la terraza murmulleaban cuatro o cinco voces. GHortelano *Amistades* 66: –Para lo que guste mandar –murmulleó Carmen.

murmulleo *m* (*raro*) Acción de murmullear. *Tb su efecto.* | GHortelano *Momento* 570: Sobre el murmulleo de la chimenea .. sonó el motor.

murmullo *m* Ruido continuado, confuso y poco intenso, causado esp. por voces o por el agua o el viento. | MMolina *Jinete* 47: Un ruido metálico abolía las voces o las amortiguaba hasta el murmullo. L. Contreras *Mun* 5.12.70, 11: El discurso fue oído entre murmullos y comentarios de desaprobación. Á. Zúñiga *Van* 19.9.74, 26: Los arcos naturales resaltan en forma casi mágica sobre las paredes del Cañón Pine Creek, con arroyuelos escondidos y susurrantes. El murmullo de las fuentes, de los ramajes alborotados por la locura cardinal del viento.

murmuración *f* Acción de murmurar [2]. *Tb su efecto.* | SLuis *Doctrina* 105: Una forma vil de la cobardía y la envidia es la murmuración. DCañabate *Andanzas* 12: "La Panta", siempre que contaba una murmuración, guiñaba un ojo y asentaba que lo sabía de buena tinta.

murmurador -ra *adj* Que murmura [1 y 2]. *Tb n, referido a pers.* | CBonald *Dos días* 270: Los hombres arrastraban los pies, remisos y murmuradores. No se decidían a marcharse. J. Salas *Abc* 6.4.75, 24: En el ámbito adverso a la actual situación, estas cosas cuentan y son objeto de la crítica murmuradora. MCampos *Abc* 9.6.66, 3: Los infaustos murmuradores clasifican las etapas con arreglo a su conveniencia.

murmurante *adj* (*lit*) Que murmura. | C. D. Vega *CoZ* 16.5.64, 6: Discurre [el Duero] murmurante a lo largo de un cauce ya eterno. Umbral *Van* 10.10.74, 10: Bien está abrir la alameda de Osuna a la mayoría silenciosa o murmurante.

murmurar A *intr* **1** Hablar en voz baja o entre dientes, esp. manifestando queja o protesta. | Aldecoa *Gran Sol* 66: Cuando José Afá salió a la cubierta ya no barbarizaba. Cuando subió por la escalerilla el espardel ya no murmuraba. Cuando abrió la puerta del puente tenía una mirada humilde y preguntó: –Señor Simón, ¿me manda?
2 Hablar (alguien ausente o de algo) criticándo[lo]. *Tb sin compl.* | FSalgado *Conversaciones* 72: Llegan a mí murmuraciones, no sé si con fundamento o no, sobre la creación del Banco de Madrid, cuyo presidente es el consuegro de S.E. .. A mi juicio no resulta oportuno ni favorece al Caudillo el que se den motivos para que la gente murmure.
3 (*lit*) Producir murmullo [algo, esp. el viento o el agua]. | * El viento murmuraba entre las hojas.

B *tr* **4** Decir [algo] murmurando [1 y 2]. | MMolina *Jinete* 99: Se despertó cuando la voz le murmuraba al oído su nombre. * ¿Qué murmuran de mí?
5 Rumorear. | Septimio *HLSa* 23.9.74, 12: Se murmuraba que, desde "arriba", se proyectaba una "revisión de capitales".

murmurear *intr* (*raro*) Murmurar, *esp* [3]. | VMontalbán *Tatuaje* 158: Caminó hasta el borde donde murmureaba la anochecida espumilla de las olas varadas. Mendicutti *Palomo* 115: Lo que hacía era un runrún sin descanso y lleno de tiritonas que a mí me recordó .. el murmullo de las palomas de tío Ricardo, pero como si las palomas, además de murmurear, estuvieran pegándose, a escondidas, picotazos.

murmureo *m* (*raro*) Acción de murmurear. *Tb su efecto.* | Torrente *Señor* 233: El murmureo del agua quizá perturbe el trabajo. Es bueno, en cambio, para la oración. Borrás *Madrid* 53: –¿Habéis visto a don Santiago? –les preguntaba a los compadres de murmureo y bureo. Peraile *Insula* 95: Enristra dichos y sentencias y murmureos hasta dormirse.

murmurio *m* (*lit*) Murmullo. | Lera *Bochorno* 106: Al esfumarse ese rumor es cuando empezó a percibir el murmurio de la canción de moda. Azorín *Ejercicios* 1350: En la Mancha hay arroyos, con el dulce murmurio de las aguas. Torrente *Isla* 144: Árboles y árboles, el color apagado, las mil lenguas dejando oír su murmurio.

muro *m* **1** Pared, esp. gruesa y destinada a soportar cargas o empujes o cerrar un espacio. | GPavón *Hermanas* 44: Se sucedían las habitaciones grandísimas, con .. anchísimos balcones, gruesos muros. Laforet *Mujer* 81: Vio que se encaramaba a la tapia del huerto .. Por un extremo, el balcón de Paulina caía sobre aquel muro.
2 (*Min*) Cara inferior de un yacimiento. | Ybarra-Cabetas *Ciencias* 84: Se presenta la hulla en estratos alternando con otras rocas más o menos carbonosas que reciben los nombres de muro o yacente la inferior y techo o pendiente la superior.

murria *f* (*col*) Tristeza o abatimiento. | SSolís *Camino* 229: Carmina estaba pálida, ojerosa, triste .. Doña Pura, otra vez en Salinero, se desvivía por disipar las murrias de Carmina.

murriar (*conjug* **1a**) *tr* (*reg*) Poner murrio. | Berlanga *Gaznápira* 137: Presentía el recuerdo de Alfonso revoloteando, murriándose.

murrio -rria *adj* (*col*) **1** Que tiene o muestra murria. | Delibes *Emigrante* 42: Melecio se vino conmigo. ¡Qué murrio está este hombre!
2 Que denota o implica murria. | Palacios *Juicio* 114: La naturaleza vence con estos ejemplos a la murria filosofía del egoísmo.

murrioso -sa *adj* (*reg*) Murrio. | Antolín *Gata* 132: Venga, chiguita, no estés tan murriosa. CNavarro *Perros* 132: Los faroles se erguían murriosos. Berlanga *Recuentos* 58: Si la noche era murriosa y yo andaba deshabitado, prefería acercarme hasta la moqueta de Bea.

murta *f* Mirto o arrayán. | GMorell *Abc* 13.4.58, 43: Caminamos por entre frutos, fuentes, cuadros de murta, brótano y tomillo.

mus[1] *m* **1** Juego de envite que se juega con baraja española de 40 cartas entre dos, cuatro o seis jugadores, con cuatro cartas cada uno y con posibilidad de descartes. | DPlaja *El español* 83: El español prefiere los juegos "de salón" .. como dominó, tute, mus.
2 *En el juego del mus* [1]: Descarte. | *Naipes españoles* 57: En el momento que un jugador, al llegarle su turno de juego, corta el mus diciendo: "No hay mus", ninguno podrá descartarse.

mus[2]. **ni ~.** *loc pr* (*col*) Ni mu, o absolutamente nada. | Delibes *Emigrante* 22: La chavala seguía de monos cuando llegué. Ya le dije que dos trabajos tiene, enfadarse y desenfadarse, pero ella ni mus. Lera *Boda* 690: –Pero ¿no lo sabes tú?– Isabelo denegó con la cabeza. –¿Es posible? .. –Pero .. –Que ni mus, hombre. ¡De verdad!

musa *f* **1** (*Mitol clás*) Divinidad de las nueve protectoras de las artes liberales. | Alonso *Góngora* 280: Talía, que luego se convierte en la musa de la comedia, fue primeramente la de la poesía pastoril.

2 (*lit*) Inspiración artística, esp. poética. *Frec en la constr* SOPLAR [a alguien] LA ~. *Tb fig.* | Delibes *Año* 98: La temperatura de creación –que algunos llamaron musa, e inspiración otros– no puede negársenos. * La conferencia ha sido aburrida; hoy no le ha soplado la musa. **b)** Mujer o cosa que inspira a un artista, esp. a un poeta. | GMorell *Lit. española* 2, 247: Solo después de muertos los condes de Gelves el divino poeta sevillano se decide a publicar algunos de sus versos .. Ya entonces la veneración y la pasión no han sido solo platónicas: Fernando de Herrera y su musa han gozado las delicias del amor. **c)** Mujer que se presenta como emblema de un movimiento político o cultural. | Umbral *Gente* 119: De ser la musa del PCE a ser la más vendida de El Corte Inglés.

musaca (*frec con la grafía* **musaka**) *f* Plato típico de Grecia y las zonas limítrofes, compuesto básicamente de berenjenas y carne picada gratinadas al horno. | VMontalbán *Comité* 116: He hecho una musaca que estaba para chuparse los dedos. VMontalbán *Laberinto* 35: Recuperar unas macilentas berenjenas, hacerse una musaka .. Una musaka de lujo que poco se parece a los adoquines cúbicos que suelen servirte en las tabernas y chiringuitos populares de Grecia.

musáceo -a *adj* (*Bot*) [Planta] dicotiledónea tropical, de hojas penninervias muy grandes e inflorescencias vistosas en panoja o espiga, de la familia del bananero. *Frec como n f en pl, designando este taxón botánico.* | GCabezón *Orotava* 17: Plátano de Abisinia, *Musa Ensete*, Geml., Musácea. **b)** De (las) musáceas. | Cela *País* 5.11.78, 44: Miguel Lotito, al decir de las crónicas, digiere mejor el hierro y la baquelita que los carnosos frutos musáceos del bananero.

musaka → MUSACA.

musaraña I *f* **1** Mamífero insectívoro de pequeño tamaño, semejante al ratón y con hocico puntiagudo (géns. *Sorex, Crocidura, Neomys* y otros). *A veces con un compl especificador:* ~ COMÚN (*Crocidura russula*), ~ ACUÁTICA (*Neomys fodiens*), ~ CAMPESINA (*Crocidura suaveolens*), ~ DE COLA CUADRADA (*Sorex araneus*), ~ ENANA (*Sorex minutus*), etc. | Delibes *Parábola* 70: Su arrobo iba en aumento .., con la particularidad de que era suficiente una musaraña, .. una calandria o una musaraña. Noval *Fauna* 65: Tres géneros de musarañas se han identificado con seguridad en Asturias: *Sorex, Neomys* y *Crocidura*, y uno dudoso, *Suncus* .. La más grande de todas es la llamada Musaraña de cola cuadrada (*Sorex araneus*) .. La Musaraña enana (*Sorex minutus*) tiene la coloración más clara y es muy pequeña .. La Musaraña campesina o de jardín (*Crocidura suaveolens*) tiene el color del pelaje muy variado .. La Musaraña común (*Crocidura russula*) es marrón grisácea.

II *loc v* (col) **2 pensar en las ~s**, o **mirar a las ~s**. Estar distraído sin atender a lo que se debe. | GCandau *Ya* 20.5.72, 35: Las tres horas y doce minutos de juego fueron el mejor recurso para pensar en las musarañas.

musarañita *f* Musaraña diminuta cuyo peso no sobrepasa los 2 g (*Suncus etruscus*). | Rodríguez *Monfragüe* 104: En el Parque, [la musaraña] solo coincide con la musarañita (*Suncus etruscus*), especie muy pequeña que se distingue, además, por carecer de partes inferiores blancas.

muscardina *f* (E) Enfermedad del gusano de seda, causada por un hongo parásito. | Ybarra-Cabetas *Ciencias* 353: Cuyos trabajos fueron coronados por el éxito al puntualizar las causas de las enfermedades denominadas pebrina .. y muscardina, ocasionada por un hongo.

muscardino *m* Roedor semejante a un ratón pequeño, de pelaje leonado, propio de los bosques de coníferas (*Muscardinus avellanarius*). | I. RQuintano *SAbc* 30.12.84, 27: Después del muscardino asado con miel y de los picados de simiente de adormidera, los satisfechos convidados tenían la oportunidad de embeberse con los notables cuentos del anfitrión.

muscarina *f* (*Quím*) Sustancia tóxica propia de la seta *Amanita muscaria*. | Ybarra-Cabetas *Ciencias* 244: Entre los venenosos citaremos: *Amanita muscaria*, de sombrerillo rojo, muy tóxico por contener muscarina.

muscarínico -ca *adj* (*Quím*) De la muscarina. | MNiclos *Toxicología* 127: El síndrome muscarínico .. se caracteriza por comienzo precoz.

muscimol *m* (*Quím*) Alcaloide alucinógeno que se halla en la *Amanita muscaria* y otros hongos. | C. Fuentes *Abc* 20.9.75, 59: Otras setas frecuentes pero no mortales son la "amanita muscaria" (falsa oronja) o seta de los enanitos, y la "amanita pantherina", cuyos venenos son la muscarina y el musci[m]ol. [*En el texto,* muscinol.]

muscínea *adj* (*Bot*) Briofita. *Frec como n f en pl, designando este taxón botánico.* | Alvarado *Botánica* 67: *Riccia Bischofii* (Muscínea inferior: hepática). Alvarado *Botánica* 10: Briofitas o Muscíneas. Plantas arrizofitas pluricelulares cuyos gametos femeninos se forman en arquegonios.

muscogi *adj* De un pueblo indio norteamericano del sudeste de los Estados Unidos. *Tb n, referido a pers.* | Fernández-Llorens *Occidente* 151: Pueblos indígenas de la América Precolombina: Iroqueses. Muscogis. [*En un grabado.*]

musculación *f* Acción de muscular(se). *Tb su efecto.* | *ByN* 4.2.90, 30: Dispone de un gimnasio para musculación.

musculado -da *adj* **1** *part* → MUSCULAR[2].
2 De músculos [1] fuertes y pronunciados. | Marsé *Montse* 19: La entrenadora suplente sigue el juego de cerca con sus torcidas piernas de musculadas pantorrillas. VMontalbán *Pájaros* 162: Era un hombre veterano pero musculado.

muscular[1] *adj* **1** De(l) músculo o de (los) músculos [1]. | Bustinza-Mascaró *Ciencias* 29: El tejido muscular forma los músculos.
2 (*Psicol*) [Pers.] de estatura media y complexión musculosa. | Pinillos *Mente* 154: Frente a los biotipos alargados, longilíneos, leptosomáticos, etc., aparecen siempre los "obesos por naturaleza" o apoplético de Hipócrates, los gruesos o pícnicos. Entre ambos extremos, a menudo aparece un tipo intermedio, que unas veces es denominado muscular o atlético, y otras, simplemente, mesomorfo o tipo intermedio.

muscular[2] *tr* Dotar de músculos fuertes y desarrollados. | Sampedro *Sirena* 275: Krito contempló al muchacho que, vistiendo solo un sucinto paño a la cintura, presentaba un seductor cuerpo adolescente, bronceado por el viento y suavemente musculado por las tareas a bordo. **b)** *pr* Pasar a tener músculos fuertes y desarrollados. | A. Petit *SGacN* 25.8.74, 3: Tres piensos diarios .. recibirá el potro, al que se le hace recorrer entre los 4 y los 5 kilómetros cada jornada. El objetivo final es bien sencillo: el animal [h]a de muscularse y hacer pulmones. Delibes *Castilla* 109: La oveja se cansa, se le seca la leche, se muscula de más.

muscularidad *f* (*Psicol*) Cualidad de muscular[1] [2]. | Pinillos *Mente* 165: Eysenck pretende .. que los pacientes histéricos y los psicópatas propenden a la extroversión y, consecuentemente, a la aurimorfia (que probablemente engloba los conceptos de picnosomía y muscularidad).

muscularmente *adv* **1** De manera muscular[1] [1]. | J. LSellés *Lev* 22.2.75, 18: Aquí se ha de correr "con la inteligencia", que no quiero pensar en absoluto si es más fácil o más difícil que correr muscularmente.
2 En el aspecto muscular[1] [1]. | J. M. Calle *HLM* 14.7.75, 31: Sus piernas no están mal desarrolladas muscularmente, pero sí son lentas.

musculatura *f* Conjunto de los músculos [1]. | F. Martino *Ya* 3.12.72, 43: Si sus dientes no transforman en papilla el alimento, tal transformación correrá a cargo de la musculatura del estómago. **b)** Complexión muscular. | Laiglesia *Tachado* 47: Zulú, a cuya corpulencia había que añadir el refuerzo de su musculatura, sabía hacerse respetar.

músculo *m* **1** Órgano compuesto por fibras contráctiles y encargado de producir el movimiento y mantener la posición de las partes del cuerpo humano o animal. | Olmo *Golfos* 167: Permaneció inmóvil, sin que un solo músculo de su cuerpo se moviese. Navarro *Biología* 176: A los músculos lisos de las arterias y arteriolas les llegan dos nervios vasomotores.
2 (*col*) Musculatura [1b]. *Usado con intención enfática para ponderar la fortaleza física. Tb en pl con sent sg.* | Arce *Testamento* 13: Le miré a los ojos abiertamente y le dije que no estaba cansado. –Presume de músculo –se chanceó El Bayona.

musculoso -sa *adj* **1** Dotado de músculos [1]. | Bustinza-Mascaró *Ciencias* 72: La vejiga es una bolsa musculosa donde se almacena la orina.
2 De músculos fuertes y pronunciados. | Laiglesia *Tachado* 40: Sustituyó las clásicas cariátides .. por musculosos mozos de cuerda.

museable *adj* Digno de figurar en un museo [1a]. | *Abc Extra* 12.62, 43: Los modelos iniciales son museables; luego se hacen en serie. Delibes *Caza* 109: Las tablas de Daimiel .. constituyen un biotopo inapreciable para que en ella[s] se reúnan .. no pocos ejemplares de esa especie ya casi museable del bigotudo, tan escaso en otras latitudes.

museal *adj* De(l) museo [1]. | GSerrano *Madrid* 188: Nos rezagamos un poco, traspasamos los cordones museales y, adelante, nos sentamos [en el trono real]. Ridruejo *Castilla* 1, 60: Es frecuente que los viejos monumentos se envuelvan en la misma ambientación que hace siglos, cuando no llegan a constituir, como Santillana o Carmona, ámbitos casi museales.

musear *tr* Conservar [algo] en un museo [1a]. *Frec en part.* | A. Cobos *Ya* 10.10.74, 33: La colección española museada en El Escorial consta de 140 piezas.

museísticamente *adv* En el aspecto museístico. | M. Sánchez *GacR* 21.7.79, 7: El Museo se ha hecho con la aportación voluntaria de los comarcanos .. Museísticamente sería de desear una selección.

museístico -ca *adj* De(l) museo [1]. | *Inf* 12.8.70, 26: Este complejo museístico comprende salas de exposiciones, biblioteca, talleres de restauración y demás instalaciones para mantener activa la vida artística de la Fundación Miró. VMontalbán *Rosa* 134: Se fue a estirar las piernas por la calle Tejares, donde sobrevivía lo que aún quedaba de la arquitectura manchega de Albacete. Era como una concesión museística a la historia de la vivienda.

muselina[1] *f* **1** Tejido de algodón, lana o seda, claro, fino, ligero y gralm. con apresto. | Mercader-DOrtiz *HEspaña* 4, 158: Holanda .. vendía a España sedas y muselinas auténticas de Oriente.
2 Pieza o prenda de muselina [1]. | *Ama casa 1972* 53: Lavad las vendas de crepé, las muselinas y otros vendajes.

muselina[2] *adj* (*Coc*) [Salsa] holandesa a la que se añade crema o claras batidas. | *Cocina* 382: Si se sirve caliente [la lubina], con salsa holandesa, muselina, blanca, etc.

museo I *m* **1** Lugar en que se reúnen y clasifican numerosos objetos de interés artístico, científico, histórico o cultural, para su conservación y estudio y para exponerlos al público. | Cela *Judíos* 282: El vagabundo siente que los museos se le caen encima. **b)** Lugar lleno de objetos artísticos o curiosos. *A veces en aposición.* | * Su casa es un museo. * Burgos, ciudad museo.
2 (*hist*) Lugar destinado al estudio de las ciencias, las letras y las artes. | Tejedor *Arte* 42: Favoreció aquel desarrollo científico la protección real, creadora de instituciones como el Museo de Alejandría, centro de trabajo donde muchos sabios encontraron toda clase de medios para su actividad.
II *loc adj* **3 de ~.** Digno de figurar en un museo [1a]. *Con intención ponderativa.* | Aldecoa *Cuentos* 2, 230: Son lechugas —según uno de sus esmerados cuidadores— de exposición o de museo, ni se sabe. Soler *Caminos* 140: Yo estaba gozándola con una eme que me había salido de museo.

museografía *f* Técnica de la organización y funcionamiento de los museos [1a]. | *SYa* 28.4.74, 15: Esperamos próximamente .. dejar completa constancia de nuestra incipiente actividad, participando no solo en cuanto a conservación de las colecciones de museos de Historia Natural, sino en proyectos nuevos de exhibición de las piezas, contando para ello con los datos que nos proporcionan la museología y museografía más actuales.

museográfico -ca *adj* De (la) museografía. | *HLM* 22.4.74, 17: Uno no puede contemplar estas obras sin interesarse por un tema forzando la atención mucho más hacia lo político que a lo puramente museográfico.

museología *f* Estudio de los conocimientos y técnicas relativos al montaje y organización de museos [1a]. | J. Castro *SInf* 21.10.70, 1: Todavía hoy los museos no han llegado a extremos semejantes, pero ya la cuestión ha empezado a tomar forma en los congresos internacionales de museología.

museológico -ca *adj* De (la) museología. | Carandell *Tri* 22.12.73, 24: El profesor Bonet habló de los aspectos museológicos del tema. *TribAl* 1.2.90, 8: El proyecto .. supondrá la dotación de un almacén capaz y suficiente para cumplir con las tareas museológicas y m[u]seográficas.

museólogo -ga *m y f* Especialista en museología. | Diego *Abc* 22.7.72, 13: Un gran amigo, sincerísimo amigo del poeta fue siempre .. el archivero-bibliotecario y últimamente museólogo José Tudela. C. Castro *Ya* 29.6.75, 8: Además de gran saber de museóloga, tenía Pilar un seguro sentido de la belleza.

musequí *m* (*hist*) Parte de la coraza que cubre la espalda. | A. Maciá *VozC* 6.1.55, 4: Ir de punta en blanco .. era llevar alpargatas, cota de malla, .. canilleras, gre[b]as, musequíes.

muserola *f* Parte de la brida que pasa sobre la nariz de la caballería y sirve para asegurar la posición del bocado. | CBonald *Noche* 176: Vio a una mujer todavía irreconocible que intentaba sujetar por la muserola a la jaca de Lorenzo.

muserón *m* (*raro*) *Se da este n a las setas comestibles* Lyophyllum georgii *y* Clitocybe geotropa. | X. Domingo *Cam* 17.5.76, 91: Con la primavera llega el tiempo de ir a Vitoria a comer los sabrosos perrechicos .. En castellano se llaman setas de ordua, setas de San Jorge, setas de piedra y, por antonomasia, muserones. Perala *Setas* 64: *Lyophyllum Georgii.* Muserón. Seta de piedra. Perala *Setas* 71: *Clitocybe geotropa.* Plateras. Muserón de otoño. Cabezas de fraile.

musgaño *m* Musaraña acuática (*Neomys fodiens* y *N. anomalus*). *Tb ~* PATIBLANCO *y ~* DE CABRERA, *respectivamente*. | Murciano *SYa* 3.8.86, 25: Esa flor .. atrae a las cicindelas y a los musgaños. Noval *Fauna* 65: La Musaraña o Musgaño patiblanco (*Neomys fodiens*), también llamada acuática, es de color negro con una mancha blanca detrás de los ojos .. La Musaraña o Musgaño de Cabrera (*Neomys anomalus*) también es acuática, pero se ve más a menudo en praderas húmedas.

musgo[1] **I** *m* **1** Planta briofita, gralm. de color verde, pardo o amarillento, que crece formando masas mullidas sobre el suelo, las piedras o las cortezas de los árboles. *Gralm en sg con sent colectivo. A veces en pl, designando esta clase de plantas.* | Arce *Testamento* 42: La tierra, húmeda, estaba alfombrada con un musguillo corto, brillante y aterciopelado. Bustinza-Mascaró *Ciencias* 25: En el reino vegetal hay muchas algas y muchos hongos que son pluricelulares, y lo son también: los musgos, los helechos y las plantas con flores o fanerógamas.
2 ~ de platino. (*Quím*) Masa esponjosa de platino metálico usada como catalizador. | Marcos-Martínez *Física* 264: Esta reacción ha de verificarse en presencia de un catalizador de musgo de platino.
II *adj invar* **3** [Color verde] semejante al verde oliva, pero más claro. *Tb n m.* | M. P. Ramos *Inf* 1.2.75, 24: Los tonos preferidos por Pedro Rodríguez han sido, ante todo, el verde en tonos limón, musgo, esmeralda, menta, jade, turquesa y botella; los tostados, los azules profundos, el blanco. Villarta *SYa* 27.10.74, 41: No escatima color, si bien el triunfador es el negro. Y le siguen, de más a menos, beige, color piedra .. Verde esmeralda y verde musgo.

musgo[2] **-ga** *adj* (*raro*) Pardo oscuro. | Landero *Juegos* 342: Dos puñados de pelo musgo le circuían el cráneo, calvo.

musgoso -sa *adj* **1** De(l) musgo[1] [1]. | Delibes *Madera* 284: Aquel musgoso olor a agua muerta de su primera infancia.
2 Que tiene musgo[1] [1]. | Hoyo *Caza* 37: Cansados ya, nos sentamos en medio de una gran piedra musgosa y seca.
3 De aspecto o consistencia de musgo[1] [1]. | Ybarra-Cabetas *Ciencias* 63: Plata nativa. Aunque a veces se presenta cristalizada, es más corriente en masas reticulares o musgosas.

música → MÚSICO.

musicación *f* Acción de musicar. *Tb su efecto.* | VMontalbán *Prado* 71: Viene, las lee [las letras de canciones] .. y se va hasta que le ofrecemos una musicación. M.

Sierra *DMo* 8.8.87, 28: Que fuera capaz, con solo oír la correspondiente partitura al piano, de traspasar esas notas a su rabel, para la musicación de la película.

musical *adj* **1** De (la) música. | Casares *Música* 21: Los instrumentos musicales se suelen dividir en grandes familias.
2 [Género u obra teatral o cinematográfica] en que la música desempeña un papel fundamental. | *Tel* 15.6.70, 9: Los mundialmente famosos personajes de Charles Schulz .. han pasado al cine en un largometraje musical. **b)** [Comedia teatral o cinematográfica] ligera, en que alternan el diálogo, las canciones y los bailes, enlazados por una trama sencilla. Tb *n m*. | *MHi* 7.69, 21: María Luisa Merlo ha hecho teatro y cine ligeros, incluso comedia musical. J. M. Caparrós *Mun* 23.5.70, 56: Muchos son los "musicales" que nos ha servido la Meca del cine.
3 Que posee alguno de los caracteres esenciales de la música (→ MÚSICO [3a]). | Ridruejo *Memorias* 47: Bleiberg .. empezó a traerme .. sus propios *Sonetos amorosos*, que –a decir verdad– no eran anteriores a los míos, aunque sí más castigados y musicales.
4 [Mosquitero] ~ → MOSQUITERO.

musicalidad *f* Cualidad de musical [3]. | Umbral *Ninfas* 85: Haciendo unas reseñas de libros franceses que firmaba con su nombre sonoro y sus dos apellidos vulgares que, encabalgados uno sobre el otro, perdían vulgaridad y ganaban musicalidad.

musicalización *f* Acción de musicalizar. | J. Monleón *Tri* 9.12.72, 39: La "musicalización" teatral de Nueva York, sin embargo, y más allá de los límites de Broadway, es tal que son raros los espectáculos en los que la canción y la coreografía no desempeñan un papel expresivo fundamental.

musicalizar *tr* **1** Dar carácter musical [2 y 3] [a algo (*cd*)]. | L. Riber *DBu* 28.3.56, 6: Fray Josepo .. musicalizó el habla de Castilla hasta una dulzura infinita. Su pluma era como un plectro sobre el cordaje de un arpa.
2 Dotar de música (→ MÚSICO [3b]) [a algo (*cd*)]. *Frec en part*. | R. Faraldo *SYa* 3.3.74, 17: Estaríais aquí, escri[bi]endo sobre ese ser absurdo, genial, humanizado y musicalizado como ciertas cajitas que trinan al abrirse.
3 Musicar [1]. | E. Borrás *HLM* 9.6.75, 31: ¿Qué predestino tendrá Salamanca en Madrid, cuando La Latina emplaza perenne fundación en el municipal distrito, musicalizada por Tomás Bretón, salmanticense como ella, al escenificarse la asendereada "Verbena"?

musicalmente *adv* En el aspecto musical. | Valls *Música* 13: No se pretende educar musicalmente al lector.

musicante *adj* Que toca un instrumento músico. Tb *n*. | Campmany *Abc* 26.9.78, 9: Volvió a sentarse cuando comprobó que sus compañeros de partido se quedaban sentaditos, como serafines musicantes tocando el violón del limbo parlamentario. DCañabate *Andanzas* 143: Se había unido a la orquesta de ciegos impulsada por su desatinado amor a uno de los musicantes.

musicar *tr* **1** Poner música (→ MÚSICO [3b]) [a algo]. | J. R. Pardo *Abc* 12.5.74, sn: Hay .. dos poemas de la propia María del Mar que son precisamente los dos musicados en exclusiva por Camacho. Sampedro *Octubre* 156: La radio del local había retransmitido, en la voz de Montserrat Caballé, seis canciones castellanas musicadas por Toldrá.
2 Acompañar [algo] con música (→ MÚSICO [3a y b]). | *HLM* 26.10.70, 36: Ayer se rompió la costumbre de no "musicar" las faenas en la plaza de toros de Madrid. E. Iparraguirre *SAbc* 1.6.69, 24: A los quince años trabajaba en Alemania musicando "strip-teases".

musicasete *f* (*a veces m*) Casete (cinta) de música. | Rio 17.3.89, 26: Se recogen las acciones legales emprendidas en los sectores de confección, electrónica, relojería, alimentación, marroquinería, musicasetes y vídeos.

musicassette (*ing; pronunc corriente*, /musikasét/) *m of* Musicasete. | *SAbc* 3.5.70, 24: Utilizando una *Musicassette*, usted podrá escuchar la música grabada como si se tratase del mejor disco. *Día* 25.6.76, 29: Un musi-casette [*sic*] magistralmente interpretado por los Hermanos Aparicio.

music-hall (*ing; pronunc corriente*, /miúsik-χól/; *pl normal*, ~s) *m* Establecimiento destinado a espectáculos de variedades. | *Alc* 31.10.62, 11: La superfamosa bailarina española Silvia Ivars .., que, al volver de una larga gira por los mejores "music-halls" de Europa, reaparece en España. **b)** Género de variedades propio del music-hall. | CPuche *Paralelo* 44: Parecían artistas de music-hall o campeones de algún deporte.

músico -ca I *adj* **1** De (la) música [2]. | Perales *Música* 27: Las más antiguas tradiciones del pueblo hindú hacen referencia a instrumentos músicos que han llegado hasta nosotros.
II *n* **A** *f* **2** Arte de combinar armónicamente los sonidos, según unas reglas dadas. | Tejedor *Arte* 199: El siglo XVII tiene en la historia de la música una brillante significación. **b)** Conjunto de obras de música. *Gralm con un adj o compl especificador*. | Casares *Música* 133: Sus melodías son de un gran valor, y su armonía es una síntesis de los estilos de Liszt y el impresionista Debussy, lo que da a su música un carácter muy personal.
3 Conjunto de sonidos ordenados armónicamente. | Medio *Bibiana* 273: Por la puerta de la sala se escapa un raudal de música, como de alguna película que se estuviera pasando. Casares *Música* 35: Una de las grandes preocupaciones de músicos y teóricos de la Edad Media fue la manera de escribir la música. **b)** Composición musical, gralm. destinada a acompañar a un texto. | Perales *Música 1º* 19: Tanto el *Ramayana* como el *Mahabharata* .. citan frecuentemente instrumentos y músicas. A. Marazuela *Nar* 6.77, 2: A esto había que ponerle música, y seguramente al mismo que se le ocurrió la letra le puso la música. **c)** (*col*) *Se usa en constrs como* NI QUE TUVIERA ~, *o* ¿TIENE ~?, *para ponderar el precio excesivo de algo*. | * ¿Cuánto dices que vale? Ni que tuviera música.
4 (*col, desp*) Asunto que se desvía de lo fundamental o de lo que interesa. *Gralm en pl*. | * Déjate de músicas y a trabajar. * Tira para casa y menos música. **b)** ~ **celestial**. (*col*) Palabras que se escuchan sin interés o con escepticismo. | Kurtz *Lado* 262: Conmigo no le importaba repasar aquellos años. Los otros se los sabían de memoria, y le sonaba [*sic*] a música celestial. P. Barceló *SYa* 9.11.75, 9: No faltará tampoco quien piense que todo eso de Minerva, Atenas, el Mediterráneo y las postrimerías son músicas celestiales.

B *m y f* **5** Pers. que ejecuta o compone música [3]. | Cunqueiro *Un hombre* 12: ¡Ya que no hay músicos en la ciudad, llevémosles a los hermanos médicos un cantor! GNuño *Escultura* 89: La música o *auletrís* viste túnica hasta los pies .. y tañe su *tibicina* con expresión muy atenta. Tejedor *Arte* 200: En el siglo XVIII conoce Alemania una serie de grandes músicos. El primero Bach.

III *loc adj* **6** [Caja] **de ~** → CAJA.

IV *loc adv* **7 con la ~ a otra parte**. (*col*) A otra parte. *Gralm con los vs* IR *o* MARCHAR. Tb *fig*. | Cela *Judíos* 189: Hoy se fue [la posada] con la música a otra parte, quizás al otro mundo.

musicografía *f* Conjunto de escritos acerca de la música (→ MÚSICO [2]). | J. L. Legaza *SYa* 1.2.75, 12: La musicografía en torno a Beethoven insiste acordemente en mantener que la "Novena sinfonía" era un viejo anhelo de su autor.

musicógrafo -fa *m y f* Pers. que escribe obras acerca de la música (→ MÚSICO [2]). | Sopeña *Defensa* 40: Una generación que si por algo se distinguía del panorama general de los musicógrafos era por el intento de apertura de horizontes "culturales".

musicología *f* Estudio de la teoría y la historia de la música. | *MHi* 7.68, 8: Deberán ser enviadas [las solicitudes] al Instituto de Cultura Hispánica (Departamento de Musicología).

musicológico -ca *adj* De (la) musicología. | X. Montsalvatge *Van* 20.12.70, 59: Los citados autores integraban el programa de Anne Perret y Rodrigo de Zayas, quien, antes de cada obra, dio una pequeña explicación musicológica.

musicólogo -ga *m y f* Especialista en musicología. | Cossío *Abc* 26.8.66, 9: Apasionado por la música, en la que era una autoridad, como musicólogo y como ejecutante del piano. *TCR* 25.11.90, 31: La musicóloga Grete Wehme-

musicomanía – mustio

yer afirma que toda la música clásica debe interpretarse más despacio.

musicomanía f Afición exagerada por la música. | Ama casa 1972 36: Es funesta la "musicomanía" de algunas personas, en la actualidad, que no pueden prescindir de ese ruidillo armonioso de fondo para la conversación.

musicoterapeuta m y f Especialista en musicoterapia. | VAl 17.6.75, 14: Los cerebros médicos más famosos de Polonia .. decidieron que no solo debían ser médicos, sino también sociólogos, psicólogos, maestros y musicoterapeutas.

musicoterapia f Tratamiento de determinadas enfermedades mediante la música. | Ya 7.11.70, 41: Una costumbre que se está perdiendo y que no debería perderse es el que las madres canten a sus hijos pequeñas canciones de cuna. Lo dijo ayer .. doña Serafina Poc, experta en musicoterapia.

músico-vocal (tb con la grafía **musicovocal**) adj [Conjunto] musical cuyos componentes tocan instrumentos y cantan. | VAl 4.10.75, 8: Gran verbena popular en la Plaza del Generalísimo, amenizada por el conjunto músico-vocal "Anochecer". Abc 28.3.58, 14: Molino Rojo .. La mundialmente famosa pareja internacional de baile acrobático Marianne and Walt Marowa. El conjunto musicovocal Trío Siboney.

musiquero m Mueble para partituras y libros de música. | Torrente Pascua 104: –Suena bien. Es un buen piano .. ¿Te molesta que toque? –Por ahí hay un musiquero con partituras.

musiquilla f (desp) **1** Música fácil y ramplona. | A. Míguez Mad 10.9.70, 3: Esa frase o esa musiquilla que se nos mete en los entresijos del alma y no la podemos vomitar.
2 Sucesión más o menos armoniosa de sonidos. | Amorós-Mayoral Lengua 12: El español de América .. Quizá el rasgo que más fácilmente lo caracteriza es la entonación; es decir, esa musiquilla especial con que pronunciamos las frases.

musista m y f Jugador de mus¹. | DCañabate Paseíllo 146: Presumía de ser el más ferviente amante de Madrid, el más hábil musista.

musitación f Acción de musitar. | Academia Esbozo 66: En la musitación y el bisbiseo, al desaparecer la voz desaparece el relieve melódico, pero no el ritmo.

musitante adj Que musita. | CNavarro Perros 148: La voz .. se escuchó allá arriba, suspendida y musitante.

musitar A intr **1** Hablar en voz baja o entre dientes. | GPavón Rapto 221: –¿Pero qué entredice usted, padre? –le preguntó la hija al oírle musitar.
B tr **2** Decir [algo] en voz baja o entre dientes. | Delibes Cinco horas 13: Antonio tan solo dijo: "Se mueren los buenos y quedamos los malos", y, en realidad, no lo dijo; lo musitó.

musivario -ria adj (Arte) [Arte o artista] de(l) mosaico. | GNuño Arte 42: Alhaquem rogó al emperador bizantino Nicéforo Phocas el envío de obreros musivarios; efectivamente, son finísimos mosaicos bizantinos .. los que enmarcan el mihrab.

musivo -va adj (Arte) [Obra] de mosaico. | Van 29.3.74, 53: Me refiero al volumen en cuarto mayor que .. contiene el corpus de las "Inscripciones romanas de Barcelona", lapidarias y musivas, establecido por el latinista Sebastián Mariner Bigorra, catedrático de la Complutense.

muslada f (col) Muslos. Referido a mujer. | PGarcía Sáb 15.3.75, 77: ¿Hablar de eso mientras luces la muslada?

muslamen m (col) Muslos. Normalmente referido a mujer. A veces en pl expresivo. | Cela Inf 1.8.75, 16: Mi tía Purita .. tenía el muslamen muy robusto. Torres País 7.10.87, 68: De aquel morenazo lustroso que le daba fuego a Suárez exhibiendo unos contundentes muslámenes .., a este señor con sienes pero sin adornos eróticos visibles hay un largo trecho.

muslari m y f (reg) Musista. | Ya 21.3.92, 24: No pertenezco, y lo considero una carencia personal, a la familia de los muslaris o musistas.

muslera f **1** Parte del pantalón correspondiente al muslo. | Pinilla Hormigas 201: Miró al padre, frotándose las manos en las musleras de sus toscos pantalones.
2 Venda o pieza que cubre el muslo. | Van 20.12.70, 13: Disponemos también rodilleras, tobilleras, musleras y pantorrilleras.

muslim adj (lit) Musulmán. Tb n, referido a pers. | V. Armesto Inf 9.5.74, 19: Las recientes excavaciones arqueológicas en la catedral de Santiago de Compostela revelan que ya allí fue venerado un gran personaje antes de producirse la invasión muslim. Lapesa Estudios 135: Cristiano sobrevivió como designación de los españoles siempre que estos tuvieron que oponerse a muslimes o a gentes de otras creencias.

muslime adj (lit) Musulmán. Tb n, referido a pers. | JGregorio YaTo 22.7.81, 39: Desde el castillo de la Peña Negra, cerca de Mora, ataca a Calatrava, bastión muslime en la llanura manchega.

muslímico -ca adj (lit) De (los) muslimes. | Ya 2.12.73, 7: Mahoma murió en junio del 632, décimo año muslímico.

muslo m Parte de la pierna comprendida entre la cadera y la rodilla. | Arce Testamento 63: Eché una mirada al catre, me palpé los muslos y los tenía doloridos. Cocina 16: Si el ave es grande, con los muslos y la pechuga se pueden hacer varias partes.

musmé f (hoy raro) Muchacha japonesa. | CAssens Novela 2, 392: Pareces una japonesita, una musmé... Yo te haría un poema en hai-kais.

must (ing; pronunc corriente, /must/; pl normal, ~s) m Cosa imprescindible o absolutamente necesaria para estar al día. | SPaís 13.12.86, 5: La posesión de estos productos de lujo se ha convertido para los alemanes occidentales con dinero .. en un verdadero must. C. Pascual SPaís 10.3.91, 20: Ferias, museos y bienales de todo el mundo atraen a los numerosos aficionados al arte moderno .. Determinados centros se han consolidado como auténticos musts, etapas inexcusables de la peregrinaje casi iniciático.

mustang (pl normal, ~s o invar) m Caballo salvaje americano de las llanuras de Méjico y California. | C. HMorales Con 1/2.89, 16: Los mustang. Son esos pequeños pero fuertes caballos que antaño pastaron libremente por las praderas del norte de América.

mustélido adj (Zool) [Mamífero] carnívoro de cuerpo alargado y ágil, hocico puntiagudo, patas cortas y piel gralm. estimada, de la familia de la nutria y el visón. Frec como n m en pl, designando este taxón zoológico. | Navarra 115: También se dan especies en las familias de los mustélidos, como la marta, fuina, nutria, etc., y toda una extensa gama de aves de rapiña.

musteriense adj (Prehist) [Cultura o período] del Paleolítico medio, cuyos principales vestigios corresponden a Moustier (Francia). Tb n m. | Tejedor Arte 2: La Musteriense, cultura también de lascas y de hachas. Viñayo Asturias 11: Además del asturiense aparecen .. restos del aziliense .. y también del musteriense. **b)** De(l) período musteriense. | GNuño Madrid 5: Se superponen los tres niveles musterienses del Manzanares y evoluciona el habitante paleolítico.

mustiamente adv De manera mustia. | Morales Isabel 28: En este juego de consonancias, si la Reina nació en Madrigal, su marido murió mustiamente en Madrigalejo.

mustiar (conjug 1a) **A** tr **1** Hacer que [algo (cd)] se mustie [2]. | Agenda CM 54: Con la aparición de la primavera habremos comenzado a practicar una cuidadosa vigilancia de los semilleros, para evitar que los primeros calores del año mustien las plantitas.
B tr pr **2** Ponerse mustio. | SSolís Jardín 9: El parque y el jardín estaban arrasados, habían desaparecido muchos árboles, y se mustiaban polvorientos los brillantes macizos de tulipanes o gladiolos. Vizcaíno Pro 6.10.74, 52: Lo malo son .. las cuarentonas que parecen sexagenarias, quizás porque se mustian prematuramente con su diaria manía de los años que van sumando. Salom Cita 207: Hasta el flequillo se le mustia.

mustio -tia adj **1** Marchito o falto de lozanía. Dicho esp de plantas. | Ama casa 1972 262: Endibias Tártara. Suprimir las hojas mustias. VVigo Hucha 2, 90: Se miró en el espejo, colgado sobre la cómoda. Vio un rostro un poco mustio, unas cuantas canas entre el cabello castaño

2 Ajado o deslucido. | Laiglesia *Tachado* 94: Estas galas, a fuerza de estar guardadas en armarios y baúles, tenían un aspecto deslucido y bastante mustio.
3 Triste o melancólico. | Benet *Nunca* 61: Fue al principio un viaje mustio, con un tiempo de perros. Laforet *Mujer* 228: Paulina estaba aún sin vestir. Mustia. Con dolor de cabeza.

musulmán *adj* Que profesa la religión de Mahoma. *Tb n.* | Ortega-Roig *País* 60: Romanos y musulmanes construyeron ya, para aprovecharlos [los ríos], canales y acequias. **b)** De (los) musulmanes. | Arenaza-Gastaminza *Historia* 85: El Califato de Córdoba representa la independencia total política y religiosa de la España musulmana.

mutabilidad *f (lit)* Cualidad de mutable. | Alcina-Blecua *Gramática* 131: El signo presenta .. los principios, aparentemente paradójicos, de mutabilidad e inmutabilidad, que se basan en los deslizamientos que se producen a lo largo de la historia de una lengua, en el primer caso, mientras que en el segundo se insiste en el carácter inmutable desde el punto de vista sistemático. E. Corral *Abc* 28.4.74, 77: El arte es una abstracción rígida frente a la inconsistente mutabilidad humana.

mutable *adj (lit)* Mudable. | F. Bernacer *SInf* 27.3.75, 1: La realidad solo existe para él como mera apariencia mutable.

mutación *f* Cambio o alteración. | Pániker *Conversaciones* 138: La vida es movimiento, y el movimiento es mutación. **b)** *(Escén)* Cambio de escena en que se varían el telón y los bastidores. | CSotelo *Proceso* 217: Quizá el empresario trató de ahorrarse un decorado o, para no creerle demasiado tacaño, una mutación. **c)** *(Biol)* Alteración brusca producida en la estructura o en el número de los genes de un organismo vivo, que se transmite por herencia. | Ybarra-Cabetas *Ciencias* 217: Las mutaciones radican en el germen y por ello son transmisibles por herencia.

mutacional *adj (Biol)* De la mutación [1c]. | Alvarado *Biología* 34: Se denominan alelos las distintas formas mutacionales que puede presentar un determinado gen.

mutagénesis *f (Biol)* Producción de mutaciones [1c]. | *SPaís* 10.3.91, 40: Responsable del sector de Cancerogénesis y Mutagénesis de las substancias químicas en el ámbito del proyecto ECDIN (Banco de datos computadorizado). *País* 14.10.93, 24: Gracias al método de Smith se puede reprogramar el código genético y de esta manera cambiar los aminoácidos específicos de las proteínas. Esto se denomina mutagénesis dirigida.

mutante *adj (Biol)* [Gen u organismo] producido por mutación. *Gralm n m.* | J. Zor *TCR* 2.12.90, 30: Nosotros, los seres de una inteligencia media y normal, no somos más que unos restos de la herencia de tales portentosos seres mutantes que nos visitaron hace cientos de miles de años. Palomino *Torremolinos* 25: Cuando los elementos se desmelenan de esa forma, los seres vivos las pasan moradas y mueren en grandes masas. Algunos sobreviven encanijados, descaecidos, pero, mientras, aparecen unos bastardos ágiles y resistentes, los mutantes, que tienen algo de sus padres pero son otros.

mutar A *tr* **1** *(lit)* Mudar o transformar. | V. Pastor *Abc* 8.5.80, 27: Hay que mutar el onomástico castellano por otro catalán.
B *intr* **2** *(lit)* Mudar o transformarse. | Pániker *Conversaciones* 138: Vivir es mutar. *NAl* 29.3.91, 1: Por aquello de que los tiempos cambian y con ellos costumbres y tradiciones, hemos visto cómo van mutando algunas costumbres típicas. **b)** *(Biol)* Sufrir mutación [1c]. | *Abc* 23.4.93, 76: Los genes de los hombres mutan más que los de las mujeres.

mutarrotación *f (Quím)* Cambio de la actividad óptica que se produce con el paso del tiempo en las soluciones de determinados compuestos, esp. azúcares. | Aleixandre *Química* 183: La disolución recientemente preparada de azúcar de uva tiene a 20º centígrados un poder rotario de 105º; pero, pasadas veinticuatro horas, desciende a 52,3º. Este fenómeno recibe el nombre de mutarrotación.

mutatis mutandis *(lat; pronunc,* /mutátis-mutándis/) *loc adv (lit)* Cambiando lo que se debe cambiar. | *Faro* 30.7.75, 24: "Mutatis mutandis", ¿no acontecía esto mismo entre Galdós y Menéndez Pelayo o entre Pereda y Clarín?

mutilación *f* Acción de mutilar. | Laiglesia *Tachado* 15: No hay mutilación lo bastante seria para arrebatarme mis ganas de estar vivo. Arenaza-Gastaminza *Historia* 285: Bulgaria sufrió algunas mutilaciones territoriales.

mutilador -ra *adj* Que mutila. *Tb n, referido a pers.* | Torrente *Saga* 505: Lo castraron .. El Preboste de París tuvo que reprimir el alboroto, porque los estudiantes .. quisieron matar a los mutiladores. Savater *Infancia* 72: El dominio que perpetúa una vida escindida entre la acogedora ternura de la familia y la libre camaradería de los amigos .. Esta escisión se propone como inexorable y fuerza a una elección mutiladora.

mutilante *adj (lit o E)* Que mutila. | O. Aparicio *SPue* 17.10.70, 8: Disminuye [la senografía] el número de las terapéuticas mutilantes. Gala *Sáb* 22.6.74, 7: Junto a limitaciones de libertad aterradoras, mutilantes y gregarias, se alza .. la estatua de la Libertad moral.

mutilar *tr* **1** Cortar [a un ser vivo] una parte externa del cuerpo. | *Abc* 18.12.70, 27: Los caballeros mutilados ofrecen de nuevo sus mutilaciones por España. **b)** Cortar [a un ser vivo *(ci)* una parte externa del cuerpo *(cd)*]. | DCañabate *Paseíllo* 30: ¡Hoy .. se mutilan los pitones a los toros con el pretexto de humanizar la fiesta!
2 Cortar o quitar una parte [de algo o de alguien *(cd)*]. *Tb fig.* | *Hoy* 28.7.74, 15: Hay .. una biblia de Guadalupe del siglo XV, pero está mutilada, le han arrancado las hojas que tenían miniaturas .. Mutilar una obra única, como es esta, de gran valor artístico, es un atentado contra todos los cacereños. Savater *Infancia* 71: Guillermo es perfectamente consciente de sus raíces y les está agradecido .., pero no está dispuesto a permitir que eso le inmovilice o le mutile.

mutil-danza *(tb con la grafía* **mutil-dantza**) *f* Danza típica navarra en que los mozos forman rueda alrededor del chistulari. | J. MTorres *DNa* 18.7.64, 6: Los mozos bailarán la mutil danza. J. MTorres *DNa* 21.7.64, 16: Los baztaneses pedían mutil-dantza.

mutis I *m* **1** *(Escén)* Salida de escena de un actor. *Tb fig, fuera del ámbito teatral.* | *Alc* 31.10.62, 28: El público aplaudió diversos pasajes y mutis, y la representación transcurrió con el beneplácito general de los espectadores que acudieron al teatro Cómico. Aldecoa *Cuentos* 1, 113: El coronel y el comandante se apartaron de los capitanes en un breve mutis.
2 Silencio guardado por una pers. | Diosdado *Anillos* 1, 291: Mirando hacia todos lados, con miedo de que la excentricidad de Jorge haya podido alertar a alguien, Alicia vuelve a encerrarse en su mutis. *Ya* 19.1.90, 7: Mutis de González y Guerra. Tanto el presidente del Gobierno, Felipe González, como el vicepresidente, Alfonso Guerra, se negaron ayer a hacer ningún tipo de declaraciones.
II *loc v* **3** hacer ~. *(Escén)* Desaparecer de escena. *Frec fig, fuera del ámbito teatral y gralm en la constr* HACER ~ POR EL FORO. | AMillán *Día* 145: Hace mutis con el canario por la puerta de la calle. Marlasca *Abc* 3.12.70, 49: Otros tipos de la mercachiflería callejera han tenido que hacer mutis por el foro, arrumbados ante el embate de nuevas golosinas preferidas por los chavales. Benet *Otoño* 70: Empezó por no dejarse ver en los lugares que frecuentaba y un día –sin previo aviso– hizo mutis por el foro, por lo que alguno, pasadas unas semanas, llegó a suponer que le podía haber ocurrido alguna desgracia. **b)** Callarse o guardar silencio. | *D16* 5.7.77, 3: La oposición hace mutis .. Solo el PSP, de los partidos parlamentarios de la oposición .., ha hecho público un comunicado sobre la formación del tercer Gobierno.
III *interj (col)* **4** *Se usa para mandar callar.* | Grosso *Capirote* 44: –Pero ¿qué dices? –Mutis y no me digas nada.

mutismo *m* Actitud, voluntaria o impuesta, de completo silencio. | Arce *Testamento* 87: Habíamos tomado el desayuno en un completo mutismo.

mutón *m (raro)* Mouton. | MSantos *Tiempo* 77: Pasaban a su lado mujeres morenas gruesas bajo abrigos de mutón doré oscuro. Torrente *Off-side* 155: La mujer gorda de pantalón vaquero y abrigo de mutón recoge del suelo el baratillo.

mutoscopio *m (hist)* Aparato óptico en que pueden verse una serie de fotografías o dibujos en movimiento, a través de una abertura y girando un mango situado en uno de sus lados. | M. Segura *SInde* 12.8.90, 23: En las primeras salas se pueden ver los juguetes ópticos –mutoscopios, kinetoscopios, fenitoscopios– basados en el fenómeno, ya conocido en el siglo XVIII, de la persistencia retiniana.

mutua → MUTUO.

mutual I *adj (Der)* **1** Mutuo. | Ramírez *Derecho* 169: Se llama heredamiento a la institución contractual de heredero .. a favor .. de los contrayentes entre sí con carácter mutual.
2 De (la) mutualidad. | *Leg. contencioso-adm.* 255: El importe de los sellos de la Mutualidad son [sic] parte integrante de los recursos económicos de la misma .. Este Decreto declara obligatorio el reintegro de escritos con la póliza mutual.
II *f* **3** Mutualidad. | *Abc* 22.8.71, 22: La Dirección General de la Seguridad Social ha reconocido los estatutos de la Mutual del Clero español.

mutualidad *f* Asociación basada en un régimen de prestaciones mutuas. | FQuintana-Velarde *Política* 252: Los seguros de tipo profesional tienen su máxima importancia con las Mutualidades Laborales.

mutualismo *m* Régimen o sistema de (la) mutualidad. | Gambra *Filosofía* 253: Eran [los gremios] al mismo tiempo cofradías religiosas y organismos de previsión bajo la forma de mutualismo.

mutualista I *adj* **1** De (la) mutualidad. | *Cod* 17.5.64, 6: Está asegurado en una aseguradora de tipo mutualista. **b)** Que tiene carácter de mutualidad. | *VozC* 25.7.70, 2: Se venía solicitando por las representaciones sindicales de los mismos y por los órganos corporativos de las entidades mutualistas.
II *m y f* **2** Pers. perteneciente a una mutualidad. | *Alc* 31.10.62, 9: Los mutualistas de la hostelería visitan al ministro del Trabajo.

mutualización *f* Acción de mutualizar. | *Act* 7.7.66, 5: ¿Qué inconveniente habría .. para no descartarlas [a las entidades aseguradoras] de la nombrada mutualización?

mutualizar *tr* **1** Dar carácter de mutualidad [a algo (*cd*)]. | *Act* 7.7.66, 5: El ministro .. dijo recientemente que no se trataba de nacionalizar, sino de mutualizar el "Seguro de Accidentes del Trabajo".
2 Inscribir en una mutualidad. | S. Cuevas *D16* 7.7.88, 8: Disponía la jubilación a los setenta años de los funcionarios civiles del Estado, con la excepción de notarios y registradores, mutualizados aparte.

mutuamente *adv* De manera mutua. | Medio *Bibiana* 81: Todas empezaron a contarse mutuamente algo relacionado con la radio.

mutuo -tua I *adj* **1** Recíproco, o correspondiente a cada uno de varios sujetos. | Benet *Nunca* 13: Él era el amigo rico .. Llegamos a conocer nuestro mutuo apellido.
II *f* **2** Mutualidad. | *GTelefónica N.* 980: Previsión Sociedad. Mutua de seguros generales.

muwassaha *(pronunc corriente, /muasáχa/; tb, raro, con las grafías* **muwaschaha** *o* **muwaxaha***) f (TLit)* Moaxaja. | DPlaja *Literatura* 68: La tesis de un influjo árabe en la poesía romance se inició ya en los estudios de J. Ribera, quien, al analizar el *Cancionero de Aben Guzmán*, encontró una serie de composiciones llamadas *zéjeles* y *muwassahas*, escritos en el idioma romance que se continuaba hablando por las clases populares, aun después de la invasión musulmana. GLópez *Lit. española* 41: El origen de esta lírica castellana desaparecida ha sido aclarado con los recientes estudios de unas cincuenta y tantas estrofillas en romance mozárabe *(jarchas)*, colocadas al final de otras tantas *muwaschahas* árabes y hebreas de los siglos XI, XII y XIII. Alvar *Lit. española* 1, 292: Los versitos finales de ciertos poemas cultos (las *muwaxahas* hebraicas) no estaban escritos en hebreo, sino en romance.

muy[1] → MUCHO.

muy[2] → MUI.

muyahidin *(ár; pronunc corriente, /muyaχidín/)* I *m pl* **1** Muyahidines [1]. | G. Higueras *País* 27.11.88, 6: Los últimos enfrentamientos entre el Ejército afgano y los *muyahidin* han bloqueado la carretera internacional que conecta Peshawar, capital paquistaní del noroeste, y Kabul.
II *adj invar* **2** De los muyahidines [1]. | *País* 6.11.88, 1: Firmeza de la guerrilla afgana .. Uno de los líderes de la alianza *muyahidin*, Sibgatulá Mojadidi, restó ayer importancia a la decisión de la URSS de congelar su retirada de ese país.

muyahidín *(tb con la grafía* **muyaidín***)* I *m* **1** Guerrillero fundamentalista de algunos países musulmanes, esp. Afganistán. Gralm en pl. | *Ya* 30.4.92, 5: Afganistán .. Un muyahidín ejecuta a un ex policía secreta comunista.
II *adj* **2** De los muyahidines [1]. | *Ya* 3.6.92, 7: Un atentado fallido contra el ministro de Justicia del Gobierno interino afgano, Jalaluddin Haqqani, fue el origen de los enfrentamientos ocurridos ayer entre las dos facciones rivales muyaidines.

my → MI[3].

N

n → ENE.

na → NADA.

naba f Planta herbácea de raíz grande y comestible, hojas radicales, grandes, y flores pequeñas, blancas o amarillentas, que se consumen como hortaliza (*Brassica campestris* o *B. rapa*). *Tb su raíz.* | Remón *Maleza* 27: B[rassica] *campestris* (= *B. rapa*) L. Nombre común: Nabo silvestre, Naba .. Esta maleza .. se halla muy extendida en toda clase de terrenos .. Se llama también nabo gallego.

nabab (pl normal, ~s) m **1** Gobernador de una provincia de la India musulmana. | L. Calvo *Abc* 2.1.72, 17: A los príncipes –Maharajaes, Rajaes, Nizams, Nababs...– se les despoja desde hoy de todos sus títulos, subvenciones, exenciones y prerrogativas.
2 Hombre muy rico o poderoso. | N. Luján *Sáb* 27.8.75, 3: Se filma sobre la juventud de Marilyn Monroe, y se proyecta también una película en la que se evoca el Hollywood de sus grandes obras: la biografía del nabab Irving Thalberg, el gran productor.

nabal I *adj* **1** (*raro*) De(l) nabo o de (los) nabos [1]. | Fieramosca *Ya* 15.10.87, 72: Quizá si estableciéramos una eficaz cooperación entre Defensa y Agricultura y lleváseemos de nabos nuestras renqueantes unidades no tendríamos una buena fuerza naval, pero sí una buena fuerza nabal.
II *m* **2** Tierra sembrada de nabos. | Castroviejo *Caza* 61: Con calor hay que inspeccionar los montes rasos cerca de los pastos y los barbechos, los maizales, sobre todo si en ellos existen habas, y en el invierno las regatas, los nabales y las huertas con berza.

nabateo -a *adj* (*hist*) De un pueblo nómada árabe de la zona comprendida entre el mar Rojo y el río Éufrates. *Tb n, referido a pers.* | Sampedro *Sirena* 90: ¡Calla, descreído nabateo! *País* 10.10.79, 26: La Reina inaugura hoy una exposición de arte nabateo. T. Alcoverro *Van* 21.3.74, 26: Tanto Amra como otro castillo, este más antiguo, ya que data del tiempo de los nabateos y de los romanos, Azrac, están cerca de un oasis con su palmeral polvoriento.

nabí (pl, ~s o ~ES) m (*Pint*) Pintor de un grupo surgido en Francia a fines del s. XIX, que se caracteriza por su contraposición al naturalismo y al impresionismo y por la yuxtaposición de colores. *Frec en pl.* | Casares *Música* 157: Si examinamos el campo del arte plástico tenemos que hasta 1940 surgen nada menos que las siguientes tendencias: Postimpresionismo, Simbolismo, .. Fovismo, Nabís, Cubismo.

nabina f Semilla del nabo [1]. | Lama *Aves* 58: En cautividad se alimenta con alpiste, mijo, cañamones, nabina y otros varios granos.

nabiza f **1** Hoja tierna del nabo [1a y b]. | Savarin *SAbc* 22.2.70, 49: Los grelos que con él [el lacón] se sirven contrarrestan, con el ligeramente agrio de la nabiza, la grasa de la carne porcina.
2 Raíz de la naba o nabo silvestre. *Tb la planta.* | *Inf* 11.3.78, 24: Unos niños de la localidad zamorana de Perilla de Castro han muerto por ingerir unas raíces conocidas con el nombre de "nabos del diablo". El nabo, la nabiza, de sobra conocidos, no son tóxicos, como no lo son muchas raíces y rizomas.

nabizal m (*reg*) Tierra sembrada de nabos [1a y b]. | Cunqueiro *Crónicas* 23: Desde la altura resultaba muy alegre de ver la vega del Blavet, toda una pradería en el centro, y en las rodadas nabizales y plantíos de avena.

nabo m **1** Planta herbácea de raíz carnosa, blanca o amarillenta, comestible, hojas grandes y flores amarillas (*Brassica napus*). *Frec su raíz y tb su semilla.* | Legorburu-Barrutia *Ciencias* 241: Almacena [la raíz] sustancias de reserva: azúcar en la remolacha; fécula y azúcar en el rábano, en el nabo. Trévis *Extremeña* 28: Tendréis los nabos (que serán tiernos) bien raspados y lavados. Lama *Aves* 67: Debemos darles, aparte del alpiste, mijo, cañamón, nabo y otras semillas. **b)** ~ **gallego** (o **silvestre**). Naba. | Remón *Maleza* 27: B[rassica] *campestris* (= *B. rapa*) L. Nombre común: Nabo silvestre, Naba .. Se llama también nabo gallego, y en Galicia obtienen del cultivado los tallos y hojas tiernas para consumo humano; son los conocidos "grelos". **c)** ~ **del diablo.** Planta tóxica, de tubérculos alargados y flores blancas o rosadas en umbela (*Oenanthe crocata*). *Tb su raíz.* | Mayor-Díaz *Flora* 254: *Oenanthe crocata* L. "Nabo del diablo" .. Planta muy tóxica. *Inf* 11.3.78, 24: Unos niños de la localidad zamorana de Perilla de Castro han muerto por ingerir unas raíces conocidas con el nombre de "nabos del diablo".
2 (*jerg*) Pene. | Pombo *Héroe* 139: Sobre todo, lo otro .., el nabo, el género masculino, muy buen género, los hombres de mi casa todos con una polla como burros.

naboría (*tb* **naboria**) f (*hist*) Repartimiento de indios al servicio personal de un conquistador español. | Céspedes *HEspaña* 3, 384: Los [grupos sociales indios] más humildes .. quedaron también al servicio directo de los conquistadores y se incorporan pronto a las ciudades de estos, en las que constituyen el núcleo inicial de masa proletaria hispanizada (llamados, según regiones, yanaconas, tlalmatecas, mayeques y luego también naborias o laboríos).

nácar m **1** Sustancia dura, de color blanco brillante con reflejos irisados, que reviste el interior de algunas conchas. | Bustinza-Mascaró *Ciencias* 132: De la concha de muchos moluscos marinos se usa el nácar, utilizado para botones. **b)** Adorno de nácar. | J. Sampelayo *Abc* 4.3.75, 47: Variaba el mobiliario, pero no solía faltar un velador con nácares y un estante para los retratos familiares.
2 (*lit*) Color blanco brillante con reflejos irisados, propio del nácar. | Castroviejo *Abc* 12.11.70, sn: El raso primaveral del cielo se ennoblecía con nácares y liquidámbares.

nacarado -da *adj* De(l) nácar. | Bustinza-Mascaró *Ciencias* 132: Tiene [el nautilus] concha nacarada arrollada en espiral y dividida en cámaras por tabiques transversales. Ybarra-Cabetas *Ciencias* 53: El prototipo de ellos es el feldespato ortosa, de coloraciones claras .. y brillo vítreo o nacarado. **b)** De color o brillo de nácar. | Aldecoa *Gran Sol* 13: En el cielo del atardecer se apretaban las nubes como un racimón de mejillones, cárdeno y nacarado.

nacarina f Materia que imita el nácar, usada frec. para botones. | *GTelefónica N.* 193: Artística Madrileña.

Fábrica de botones de nacarina. Cela *Escenas* 49: Este otro [crucifijo], de nacarina, es más barato, pero no se lo recomiendo.

nacedero -ra I *adj* **1** Que puede nacer. | Ramírez *Derecho* 169: Por el segundo [testamento], el heredante instituye heredero entre sus hijos nacidos o nacederos.

II *m* **2** Lugar en que nace [2] [algo (*compl de posesión*), esp. una corriente de agua]. | Ridruejo *Castilla* 1, 99: Casi en el mismo nacedero del río hay que elegir camino. GSerrano *Macuto* XII: Es bonito rastrear estas palabras, seguir su pista, encontrar o no su nacedero.

nacedizo -za *adj* (*reg*) [Piedra o canto] fijos en el suelo. | *GacCo* 9.90, 9: En esta época los amojonamientos se hacían tomando como referencia mojones antiguos, piedras nacedizas, viejos robles, arroyos.

nacedor -ra *adj* (*lit, raro*) Que nace [6]. *Tb fig.* | J. Menéndez *Abc* 11.2.66, 13: El aspaviento volcánico, nacedor de geografías insulares, es una inflamación agresiva, una apoteosis de malignidad destructora y constructora a la vez.

nacedura *f* (*reg*) Hecho de nacer [1a], esp. las plantas. *Tb su efecto.* | GPavón *Hermanas* 21: La sequía de muchos meses mantenía los surcos abiertos, custrios, sin asomo de nacedura.

nacela *f* (*Arquit*) Moldura cóncava correspondiente al cuarto de círculo. | PCarmona *Burgos* 79: Estos arcos monolíticos .. se apoyan por una parte en ménsulas alargadas con moldura de nacela.

nacencia *f* (*pop o lit*) Nacimiento [1]. | Candel *Catalanes* 17: Los [inmigrantes] .. tuvieron .. hijos y nietos catalanes, ¡qué duda cabe!, si no de costumbres, sí de nacencia. Escobar *Itinerarios* 181: Al contestarle que su nacencia [del vino] estaba a la mano izquierda de la calzada que va desde Tudela de Duero a Peñafiel, a la mañana siguiente, sin pedir más explicaciones, comenzaría su caminata. GLuengo *Extremadura* 48: En Fuente de Cantos lo primero que sin duda viene a las mientes es la nacencia de Zurbarán.

nacer (*conjug* 11) **A** *intr* ➤ **a** *normal* **1** Salir [un ser vivo] del vientre de la madre, o del huevo, o de la semilla. | Vesga-Fernández *Jesucristo* 29: ¿Qué sucedió a los 8 días de nacer Jesús? Legorburu-Barrutia *Ciencias* 25: Célula es la más pequeña parte de materia viviente que tiene vida propia, es decir, que nace, crece, se multiplica y muere. **b)** Salir [un ser vivo (*suj*) del vientre de la madre, del huevo o de la semilla (*compl* DE)]. | Vesga-Fernández *Jesucristo* 22: El Espíritu Santo descenderá sobre ti, y la virtud del Altísimo te cubrirá con su sombra; por la cual, el santo que de ti ha de nacer será llamado Hijo de Dios. Bustinza-Mascaró *Ciencias* 178: A los cinco o seis días, de estos huevos nacen unas larvas con forma completamente distinta a la de las ranas. **c)** (*col*) Salir indemne de un peligro de muerte. *Con un compl de tiempo. Frec* VOLVER A ~, ~ DE NUEVO *o* ~ OTRA VEZ. | *Ya* 4.2.90, 7: El matrimonio .. logró salir del vehículo segundos antes de que este se conv[i]rtiese en pasto de las llamas .. "Hemos vuelto a nacer. Creímos que se trataba de una bomba." *Ya* 27.6.73, 22: La evacuación de los enfermos de la clínica San Francisco. "Hemos nacido otra vez." **d) haber nacido.** (*col*) Existir. *En frases desafiantes como* NO HA NACIDO QUIEN... | Arce *Testamento* 53: No me gusta que me tomen el pelo. ¡No ha nacido hijo de madre que me tome el pelo a mí! **e) haber nacido cansado.** (*col*) Ser holgazán. | DCañabate *Paseíllo* 37: ¿Qué va a ser, si ha nacío cansao? **f) haber nacido de pie** → PIE.

2 Pasar a existir [algo]. | *Inf* 9.3.77, 19: Nace una nueva técnica de falsificación de moneda. *Inf* 2.11.72, 14: Posiblemente está naciendo una estrella. Los radioastrónomos se encuentran ante el espectáculo más sorprendente. **b)** Tener [una pers. o cosa] su origen [en otra (*compl* DE)]. | Bustinza-Mascaró *Ciencias* 239: Las hojas distribuidas a lo largo del tallo principal o de las ramas nacen siempre de la yema terminal. *Economía* 361: Amabilidad. Nace de la bondad de corazón o de la virtud. **c)** Tener principio [una cosa en otra]. | Zubía *España* 195: Duero: Nace en los Picos de Urbión. Cruza las altas tierras de Soria. Berenguer *Mundo* 394: Tenía cortada la mano donde nace el dedo gordo. Cela *Pirineo* 101: Frente al cruce de Estarón y a la mano contraria nace el caminejo de Arestuy.

3 Aparecer [el Sol] en el horizonte. | S. Díaz *NAl* 14.8.70, 2: Guiados por el sol recién nacido, andamos de un lado para otro en la geografía local de Peralejos de las Truchas.

4 Aparecer en el exterior [de una pers. o cosa (*compl* EN *o ci*) algo que procede del interior]. | * Le nacen pelos en el bigote.

➤ **b** *pr* **5** Deshilarse [una tela, una prenda o una costura (*suj*)] por estar cosida muy a la orilla. | * Se han nacido las costuras del pantalón. * Debes sobrehilar rápidamente; esta tela se nace toda.

6 (*reg*) Estropearse o enmohecerse [una sustancia, esp. un alimento]. | Grosso-LSalinas *Río* 140: Al rato sale con un papelillo, un trozo de periódico, donde hay envuelta media tableta de aspirina. –No sé si estará buena, a lo mejó está nacía –dice. –Aquí hay mucha humedá y to se echa a perder –comenta el marido.

B *tr* **7** (*lit*) Hacer nacer [1a y 2a]. *Tb fig.* | Zunzunegui *Camino* 246: Cuando me desperté a la vida lo primero que vi fue un Cristo así, claro que en un papelito, mi cuitada madre era muy pobre, clavado con una chinche sobre el catre donde me nació. Delibes *Pegar* 197: De niño, en mi piso urbano, donde mis padres me nacieron, yo vivía desazonado. VMontalbán *Galíndez* 293: Es un hombre maduro pero tímido o tal vez se haya sentido demasiado abrumado por la historia a la que le han nacido. Ussía *Abc* 4.5.88, 16: "El Quijote" está traducido a todos los idiomas .. Los españoles .. tenemos la fortuna de poder leerlo tal y como lo nació Cervantes.

naci → NAZI.

nacianceno -na *adj* (*hist*) De Nacianzo (antigua ciudad de Capadocia, en Asia Menor). *Tb n, referido a pers.* | Villapún *Iglesia* 53: San Gregorio Nacianceno (328-389). San Gregorio nació en Nacianzo, pueblo de Capadocia.

nacido -da *adj* **1** *part* → NACER.

2 bien (*o* **mal**) ~. [Pers.] noble (o malintencionada) en su manera de comportarse. *Tb n.* | Matute *Memoria* 50: Ya te dije que era un mal nacido, un mal nacido.

naciente I *adj* **1** Que nace, *esp* [2 y 3]. *Frec referido al Sol. Tb fig.* | LMuñoz *Tri* 26.12.70, 6: A partir de 1960, merced .. a la naciente utilización de técnica y capital extranjero, tiene lugar .. una cierta recuperación de ese retraso técnico. *MOPU* 7/8.85, 158: Lagunas de Tayola .. Única zona lacustre de aguas nacientes de la provincia con gran riqueza biológica. Grosso *SPaís* 30.1.77, 3: El denominado Palmar de Troya .. es hoy lugar poblado, al margen de sus vecinos, por multitudes foráneas y cosmopolitas, que desde el sol naciente a la madrugada .. van y vienen del pueblo a la iglesia y de la iglesia al pueblo. **b)** (*Herald*) [Figura] de la que solo aparece en el escudo la parte superior. | Em. Serrano *Sáb* 11.1.75, 63: En campo de plata, una torre de azur, aclareada de oro, y un brazo armado de sable, con una espada de azur en la mano, naciente del homenaje. **c)** Propio de la pers. o cosa que nace. | Sampedro *Sonrisa* 329: Dos figuras humanas en estado naciente, en estado muriente.

2 (*Quím*) [Cuerpo] que se está formando en el curso de una reacción, y que se caracteriza por una actividad muy intensa. | Aleixandre *Química* 103: El hidrógeno naciente reduce al ácido nítrico, dando amoniaco. **b)** (*Quím*) [Estado] propio del cuerpo naciente. | Alvarado *Anatomía* 178: Desprende oxígeno en estado naciente y actúa, por tanto, igual que el ozono.

II *m* **3** (*lit*) Este u oriente (punto cardinal). | Cela *Judíos* 31: Hacia el sur y un poco a naciente, en el camino de Cantalojas, queda el puerto de Infantes.

nacimiento I *m* **1** Hecho de nacer [1 a 4]. | Vesga-Fernández *Jesucristo* 30: Dios quiso anunciar a los gentiles el nacimiento de Jesús en Belén y lo hizo por medio de una estrella maravillosa que apareció en Oriente. *Puericultura* 6: La Historia nos enseña cómo en los países decadentes disminuye el número de nacimientos. Arce *Testamento* 23: También se escuchaba un gluglú monótono y apagado semejante al nacimiento de un manantial.

2 Lugar en que nace [2c] [algo, esp. una corriente de agua]. | Zubía *España* 195: Guadiana: Nace en las lagunas de Ruidera, desapareciendo en el suelo para reaparecer a los 40 kilómetros en los "Ojos del Guadiana". Según otra opinión, su verdadero nacimiento está en los "Ojos del Guadiana". CPuche *Paralelo* 432: Al llegar a su casa, la cubana todavía no se había levantado, pero en seguida apareció con su

nación – nacionalmente

despampanante batín, que dejaba al descubierto el nacimiento de los senos.
3 Representación, esp. escultórica, del nacimiento [1] de Jesús, constituida básicamente por las figuras de la Virgen, el Niño, san José, el buey y la mula. | Laforet *Mujer* 288: Ella preparó las guirnaldas, el árbol y hasta el nacimiento. *HLM* 26.10.70, 22: Se han puesto en circulación bonitos sellos con sagradas familias o nacimientos, pictóricos o escultóricos, de Goya, Velázquez, Pedro de Mena.
II *loc adj* **4 de ~**. [Peculiaridad] que se tiene desde el momento de nacer. *Tb adv*. | Vesga-Fernández *Jesucristo* 91: Curación de un ciego de nacimiento. Gala *Sáb* 5.5.76, 5: ¿Se nos convencerá de que el Consejo Nacional –totalitario de nacimiento– va a descender de su azotea y hacerse peatón?

nación *f* **1** Grupo humano que, asentado sobre un territorio definido y con una autoridad soberana, constituye una unidad política. | *País* 13.11.76, 10: El Rey, antes de sancionar una ley de reforma constitucional, deberá someter el proyecto a referéndum de la nación. Zubía *España* 237: La España primitiva no llegó a constituir una nación. Roma, el año 38 antes de Jesucristo, impuso la unidad. **b)** Territorio de una nación. | Laforet *Mujer* 17: Los Nives eran una especie de masonería desparramada por la nación.
2 Grupo humano, gralm. amplio, de origen étnico, lengua y tradiciones comunes. | *País* 12.7.77, 11: En el área mediterránea, manifiesta [el Gobierno] su voluntad de favorecer la seguridad y el entendimiento entre los ribereños, reitera la política de amistad con la nación árabe, cuyas justas causas comparte.
3 (*pop*) Nacimiento [1]. *Normalmente en la constr* DE ~. | Berlanga *Recuentos* 20: Deme andaba garrihueco como su madre la Manquilla, que era algo falta, ya de nación. *Lugo* 36: Es Lugo la que regala a Pontevedra una de sus mejores ríos, aparte sea el padre Miño, ya que el Ulla es de nación luguesa. Moreno *Galería* 15: Mi pasión por Soria, por "nación" y ejercicio en ella.

nacional *adj* **1** De la nación [1 y 2]. *Tb n, referido a pers*. | *Van* 4.11.62, 1: Se celebró la solemne inauguración de la I Feria Técnica Nacional de Maquinaria Textil. Arenaza-Gastaminza *Historia* 43: Los griegos celebraban diversas fiestas panhelénicas o nacionales .. Dichas fiestas o juegos tuvieron el privilegio de suspender las guerras. DPlaja *El español* 120: Si esto pasara solo con extranjeros, podría darse como explicación el carácter de orgullo y anotarle en el ansia de quedar bien .. Pero lo mismo ocurre entre nacionales. **b)** [Monumento] que el Estado toma bajo su protección. | J. PGállego *SPaís* 31.10.76, 21: No hablemos ya de ese contrasentido de los monumentos nacionales de propiedad particular. **c)** [Fiesta] ~, [lotería] ~, [parque] ~ → FIESTA, LOTERÍA, PARQUE.
2 (*hist*) *En la Guerra Civil de 1936:* Del bando defensor de las ideas conservadoras y antimarxistas. *Tb n, referido a pers*. | Laforet *Mujer* 71: Al entrar los nacionales en Barcelona, había vuelto también a la ciudad el abogado Andrés Nives. **b)** Propio de los nacionales. | Arenaza-Gastaminza *Historia* 303: Desde el principio se dividió España en dos zonas: la roja, donde cundió la desorganización y anarquía, .. y la nacional, con un jefe prestigioso e indiscutible: Francisco Franco.

nacionalcatolicismo *m* (*hist*) Vinculación estrecha entre la Iglesia católica y el poder político. *Tb la tendencia correspondiente. Esp referido a la época de Franco*. | GRuiz *Religión* 173: El anticlericalismo español, a partir sobre todo del siglo XVIII, ha intentado enterrar a Recaredo, creador del "nacionalcatolicismo". Umbral *Hijo* 171: Tanto los jesuitas como el nacionalcatolicismo eran movimientos clericales con una vanguardia seglar.

nacionalcatólico -ca *adj* (*hist*) De(l) nacionalcatolicismo. | GRuiz *Religión* 176: La fuerza de esta revancha "nacionalcatólica" se mostró pujante cuando en octubre de 1934 triunfó la coalición de la CEDA. Umbral *Gente* 245: La España cristianofascista, nacionalcatólica y autoritaria de los Calvo Sotelo.

nacionalidad *f* **1** Condición de perteneciente a una nación [1]. | CNavarro *Perros* 16: La calle .. se abría ante ellas llena de vehículos con matrícula de distintas nacionalidades.
2 Condición de nación [1]. | Arenaza-Gastaminza *Historia* 145: La Edad Moderna. Caracteres generales .. Consolidación de las nacionalidades .. Formación de los grandes imperios coloniales.
3 Nación [2]. | P. Bonet *País* 4.3.88, 4: Los alemanes soviéticos son, como los judíos, una de las nacionalidades soviéticas afectadas por una emigración masiva .. Las más de 100 nacionalidades que integran la URSS forman un conjunto variopinto con orígenes étnicos, tradiciones culturales, religiones, grado de sofisticación y actitudes respecto al poder soviético muy divergentes entre sí. **b)** *En los años inmediatamente posteriores al franquismo:* Región que aspira a la autonomía. | *País* 4.2.77, 1: Santiago Carrillo .. ha sido designado miembro de la comisión negociadora de la Oposición que tratará con el presidente del Gobierno acerca del problema de las nacionalidades y regiones.

nacionalismo *m* **1** Sentimiento apasionado hacia la propia nación y cuanto le pertenece, gralm. acompañado de xenofobia y de afán de aislamiento. *Tb la doctrina política basada en este sentimiento*. | Escrivá *Conversaciones* 25: El aumento del clero autóctono es un problema de primordial importancia para asegurar el desarrollo –y aun la permanencia– de la Iglesia en muchas naciones, especialmente en aquellas que atraviesan momentos de encornado nacionalismo. **b)** Tendencia estética, esp. musical, de exaltación de la cultura, el folclore o la historia de la nación propia. | Subirá-Casanovas *Música* 97: El nacionalismo es un fenómeno estético casi contemporáneo, ya que cuenta poco más de un siglo de existencia y puede estimarse vigente en buena parte.
2 Aspiración de un grupo humano a constituirse como nación [1]. | Vicens *Polis* 454: El Imperio otomano, que en el siglo XVIII había salido casi incólume del ataque de las grandes potencias, se deshizo en el transcurso del siglo XIX a causa del desarrollo del nacionalismo entre los pueblos de los Balcanes.

nacionalista *adj* De(l) nacionalismo. | Arce *Precio* 61: Creo que es suicida pensar en una economía de carácter nacionalista. Subirá-Casanovas *Música* 100: Iniciado por Glinka en el ardor nacionalista, fomentó en seguida estos ideales entre los compañeros de grupo. Vicens *Polis* 454: La agitación nacionalista continuó muy activa [en los Balcanes], en particular fomentada por Servia y apoyada por Rusia. **b)** Partidario del nacionalismo. *Tb n*. | Castillo *Polis* 158: Ataúlfo .. salió de Italia .., entró en España y se estableció en Barcelona (414). Una reacción del partido nacionalista produjo el asesinato de Ataúlfo. Pla *Des* 12.9.70, 24: Tito .. es un gran patriota y un nacionalista yugoslavo integral.

nacionalización *f* Acción de nacionalizar(se), *esp* [2]. | *Abc* 27.1.70, 14: Se impone, por vía de compensación y solución, una socialización, nacionalización o estatalización de esas empresas.

nacionalizador -ra *adj* Relativo a la acción de nacionalizar [2]. | *Abc* 27.11.70, 28: Allende anuncia que en breve plazo se promulgarán las leyes nacionalizadoras.

nacionalizar *tr* **1** Hacer [a alguien (*cd*) ciudadano de una determinada nación (*predicat o, más raro, compl de lugar*)]. *Gralm el cd es refl*. | Kurtz *Lado* 58: ¿No se ha nacionalizado argentino? FSalgado *Conversaciones* 433: Allí [en Cuba] viven muchísimas familias españolas, y otras que, sin estar nacionalizadas en nuestra Patria, están compuestas de hijos o descendientes de españoles.
2 Hacer que pasen a depender del estado [bienes o servicios de propiedad particular (*cd*)]. | T. La Rosa *Van* 4.11.62, 12: El partido .. laborista .. reconoce que no todo debe ser nacionalizado.
3 Dar [a algo (*cd*)] carácter nacional [1]. | Tejedor *Arte* 52: Por su frecuente uso, los romanos nacionalizan y hacen suyo el orden corintio. Camón *Abc* 10.10.57, 13: Son artistas extranjeros los que aquí nacionalizan sus estilos, si bien con un desmesuramiento y radicalismo que no alcanzan en su país natal.

nacionalmente *adv* **1** En el aspecto nacional [1]. | Palacios *Abc* 16.4.76, sn: Nunca como hoy ha sido tan necesaria una lengua nacionalmente neutra para el comercio espiritual de los hombres.
2 En toda la nación [1]. | *Reg* 18.2.75, 5: El profesor Barbero ha desarrollado una excepcional labor científica y académica, nacional e internacionalmente reconocida.

nacionalsindicalismo – nada

nacionalsindicalismo *m* Doctrina politicosocial, de base falangista, asumida en 1939 como programa de gobierno por el régimen de Franco. | Gironella *Millón* 216: Solo en dos o tres ocasiones había pretendido catequizar a Manolín, hablándole de la Falange como si el chico pudiera comprender el significado del nacionalsindicalismo y del sentido jerárquico de la existencia.

nacionalsindicalista *adj* De(l) nacionalsindicalismo. | *Sp* 21.6.70, 9: No debe producirnos sorpresa .. el que existan discrepancias y diversidad de criterios, incluso dentro de lo que podríamos llamar principios inamovibles del actual sistema nacionalsindicalista español. Marsé *Dicen* 234: Ahora quiere sacarse el carnet nacionalsindicalista. **b)** Partidario del nacionalsindicalismo. *Tb* n. | VMontalbán *País* 23.1.89, 48: Atravesó el desierto a lomos de buey gallego y volvió a intentarlo, esta vez con nacionalsindicalistas y opusdeístas mejor disimulados.

nacionalsocialismo *m* (*hist*) Movimiento político alemán surgido después de la primera Guerra Mundial y caracterizado por el racismo, el anticomunismo y el afán imperialista. | Laiglesia *Tachado* 76: Y cuando el nacionalsocialismo subió al poder, fue nombrado Ministro de Asuntos Exteriores.

nacionalsocialista (*tb, raro, con la grafía* **nacional-socialista**) *adj* (*hist*) De(l) nacionalsocialismo. | Vicens *Polis* 489: Sus métodos de acción fueron copiados del fascismo italiano: creencia mística en el jefe (*Führer*); exclusividad del partido único: Partido Nacionalsocialista obrero Alemán, o generalmente naci. Arenaza-Gastaminza *Historia* 288: La ruina económica y la ocupación francesa de la cuenca del Ruhr favorecieron la agitación nacionalista dirigida por Adolfo Hitler, jefe del partido Nazi o Nacional-Socialista, que en 1933 subió al poder. **b)** Partidario del nacionalsocialismo. *Tb* n. | Laiglesia *Tachado* 69: Los obreros fascistas y nacionalsocialistas vendrán a Karabí a pasar sus vacaciones.

nacismo, nacista → NAZISMO, NAZISTA.

naco -ca *adj* (*reg*) Pequeño. | Cela *Alcarria* 126: –Oiga, usted, ¿naco significa pequeño? –Pues, la verdad, no sé; así a primera vista puede parecer que sí.

nacra *f* Molusco lamelibranquio de unos 80 cm, con la superficie de la concha rugosa e interior nacarado, propio del Mediterráneo (*Pinna nobilis*). | Alós *Hogueras* 277: Unos peces pequeños se pasean en grupos por el agua transparente, y en el fondo se ve un bote de hojalata tumbado, y una nacra a la que falta un trozo de la valva.

nada (*tb, pop*, **na**) **I** *pron* (*invar*; siempre funciona como *m sg*. Cuando en la or se presenta después del v, este ha de ir normalmente precedido de una palabra negativa, excepto en las aceps 5 y 6) **1** Ninguna cosa. *Tb, enfáticamente,* ~ DE ~. | Buero *Hoy* 97: No sabía qué hacer... Y esperaba que... no tocase nada. Sampedro *Río* 228: No había más que veros las caras a los dos, a ti y a ella. Mucho pico y na más. ¡Pero que na de na! Palomino *Torremolinos* 19: La mujer ha sido sexy siempre .. Ahora empiezan los trucos: falda cortísima con medias negras ..; camisetón de punto, ajustado, y debajo nada de nada de nada.

2 Ninguna cosa importante. *Tb, enfáticamente,* ~ DE ~. | Torre *Caña* 109: ¿Cómo es posible que haya personas que hablen tanto, para no decir nada, al fin y al cabo? Zunzunegui *Camino* 308: Este antes de la guerra no era nada, un contable de una casa naviera. **b)** Ninguna cosa suficiente. *Seguido de un compl* PARA. | * No te he hecho nada para que te pongas así. **c) ~ entre dos platos** → PLATO.

3 Ninguna cantidad. *Gralm seguido de un compl* DE. *A veces, enfáticamente,* ~ DE ~. | * No tengo nada de dinero. **b)** *Se usa como exclusión enfática*. | Buero *Hoy* 59: Hoy, por ejemplo, haré natillas .. Con sus bizcochos y su leche de primera; nada de polvos.

4 Casi ninguna cantidad, esp. de espacio o de tiempo. | Berlanga *Gaznápira* 48: El agua sobrará en cuanto metan las conducciones en las casas, dicen que para dentro de nada, en cuanto pase el verano. Aristófanes *Sáb* 21.12.74, 40: Se soluciona la cosa echando mano de materiales de segunda o tercera, con lo cual, a la vuelta de nada, los pisos están que se vienen abajo. Goytisolo *Recuento* 258: Un hombre de costumbres frugales como yo, que no tiene necesidades, vive con nada.

5 Cualquier cosa insignificante. *Tb, enfáticamente,* ~ DE ~. *Frec precedido de* POR, *esp en la loc* POR MENOS DE ~. *Tb* (*pop*) POR ~ Y NO ~. | Medio *Bibiana* 97: Si fuera Francisca la que llorara, santo y bueno, porque la chica llora por nada. Pero esto de que Manuel llore a moco tendido... Delibes *Cinco horas* 46: Los hombres, a nada, unos mártires. *Economía* 98: Los encajes blancos antiguos .. son tan delicados que se rompen por menos de nada. Berlanga *Gaznápira* 75: Se matan como chinches por na y no na.

6 Algo. *Se usa con intención enfática en interrogs retóricas cuya respuesta esperable sería "nada"*. | CBonald *Dos días* 93: –Tú dirás lo que quieras, pero me siento fatal. –¿Y quién te dice nada?

II *f* **7 la ~**. El no ser. | Delibes *Año* 102: Umbral .. sabe sacar algo de la nada. **b)** Posición oscura o insignificante [de una pers.]. | Umbral *País* 13.7.76, 19: El párrafo referido a la amnistía fue el que le censuraron al presidente Suárez en Prado del Rey. Él, que prácticamente les había enseñado a censurar, a los chicos de la tele, y les había sacado de la nada como si dijéramos. **c)** *En contraposición con los objetos materiales*: El aire o el vacío. | Delibes *Cinco horas* 35: Valentina se inclina, y ambas cruzan las cabezas, primero del lado izquierdo, luego del lado derecho, y besan con indolencia al aire, a la nada.

III *loc adj* **8 de ~**. Insignificante o sin ninguna importancia. | A. Sáez *Inf* 12.12.73, 25: Se repite otra vez el tema con cuatro o cinco variantes de nada. Ferres-LSalinas *Hurdes* 68: También vosotros vendéis el carbón más caro. Por un chivatillo de na pedís veinte duros.

IV *fórm or* **9 ahí es ~**, *o* **casi ~**. *Se usa, frec en forma exclam, para ponderar la importancia de algo*. | CSotelo *Muchachita* 282: ¡La patria, de excusa, ahí es nada! Perich *Autopista* 37: En uno de esos carteles que ahora se suelen colocar en la ventanilla trasera de los coches, leí ayer uno que decía: "Zoy español..., casi na".

10 de ~. Fórmula de cortesía con que se responde a una frase de agradecimiento. | Paso *Pobrecitos* 215: –Es una idea. Gracias, Luisa. –De nada.

11 ~. Precede a una or que expresa la conclusión o resumen de lo observado o expuesto antes. | Paso *Pobrecitos* 240: –Nos casamos pasado mañana .. –Pues nada, mi enhorabuena. CSotelo *Muchachita* 314: ¡Mercedes! ¡Merce...! Nada, es inútil.

12 *Se usa para negar validez a una objeción o quitar importancia a un problema. A veces* ~, ~. | Cela *Judíos* 196: –Doce vasos bebidos y doce que tengo que pagar .. ¡No sigo! –¡Pero, hombre, ahora que la suerte se te iba a cambiar! –¡Nada, que no sigo! Neville *Vida* 394: –Que voy a tener un disgusto. –Nada, nada; la he traído a Madrid para esto.

13 ~ de eso; **de eso ~**. (*col*) *Se usa como negación enfática. En lugar del pron* ESO *puede ir un sust o un adj. A veces* (*humoríst*) DE ESO ~, MONADA. | Mihura *Carlota* 378: –Si prefiere usted que me marche... –No, nada de eso. MGaite *Visillos* 89: Todo que lo resuelva yo sola, tú molestarte, de eso nada. Delibes *Voto* 27: De vacilón, nada, macho... Él tiene que dar la cara.

14 ~ más. *Se usa para dar por terminado un asunto*. | Matute *Memoria* 102: ¡Él, que fue siempre un traidor, y nada más! Hoyo *Glorieta* 78: Y nada más, amigo del alma. Adiós.

15 no es por ~. *Se usa irónicamente para introducir una objeción o una advertencia*. | * No es por nada, pero me estás cansando.

V *adv* (*en las aceps* 16 *y* 17, *y a veces en la* 20, *cuando en la or se presenta después del v, este ha de ir normalmente precedido de una palabra negativa*). *Tb, enfáticamente,* ~ DE ~. | Buero *Hoy* 51: No se llevan nada bien. * No estoy nada satisfecho; pero nada de nada. **b)** *Como simple negación, con ligero matiz enfático*. | Delibes *Príncipe* 41: –¿No vino la Seve? –Nada, ya ve. **c) para ~**. (*col*) En absoluto. | Diosdado *Anillos* 1, 155: –Lo entiendo perfectamente .. –No lo entiendes para nada. *País* 13.3.86, 10: Podría pensarse que termina uno de los episodios más controvertidos y esquizoides de la nueva democracia española. Para nada es eso. * –¿Estás contento? –Para nada.

17 Con muy poca intensidad o en muy poca cantidad. *Tb, enfáticamente,* ~ DE ~. | * Ese coche no corre nada. Buero *Soñador* 218: Solo un minuto, "prego". No te entretengo nada.

18 a cada ~. Con suma frecuencia. | GPavón *Cuentos rep.* 30: Mentaban a cada nada a las madres de los "visitantes".

19 como si ~. (*col*) Con indiferencia, o sin acusar ninguna reacción ante algo que debiera provocarla. | Fraile *Cuentos* 20: Ella estaba allí sin moverse, como si nada, con aparente aire distraído. Mihura *Carlota* 348: ¡Mira que les tengo dicho que el piano debe estar cerrado! ¡Pues como si nada!

20 ~ más. Solamente. *Tb, en comienzo o interior de frase,* ~ MÁS QUE. | CPuche *Paralelo* 425: La primera [vez] han estado unos tres o cuatro días, nada más. LRubio *Manos* 59: –¿Qué puede haber ya entre nosotros? –Esto. Nada más que esto cada hora. MGaite *Visillos* 19: ¿Por qué te crees tú que reñimos Antonio y yo? Pues por eso, nada más que porque no me daba la gana de hacer lo que él quería.

21 ~ menos. *Pondera la importancia de lo que se expresa. Tb, en interior de frase,* ~ MENOS QUE. | Cuevas *Finca* 24: Luego, se compensaba aquello con la buenaventura de la preñez de las yeguas –¡treinta y dos, nada menos, aquel año!–, y se olvidaban los disgustos. CSotelo *Muchachita* 294: Te niegas a hacer los honores nada menos que al canciller.

22 ~ más y ~ menos. Ni más ni menos (→ MÁS). *Normalmente seguido de* QUE. | E. Barrenechea *Inf* 30.4.74, 2: El proceso revolucionario portugués es nada más que un intento de puesta al día con las estructuras socio-políticas vigentes en la Europa occidental. Nada más, y nada menos.

23 ~ más (*raro,* ~ **más que**) + *v en infin, o* ~ **más que** + *v en ind* = TAN PRONTO COMO + *v en ind*. | Buero *Hoy* 46: Nada más entrar, se vuelve. Torrente *Saga* 455: Nada más que poner los pies en el suelo, empecé a girar sobre mí mismo. Cela *Judíos* 194: Pues yo, amigo mío, nada más que lo vi, me dije: ¡ya está aquí aquel! **b)** ~ **más** + *part* = TAN PRONTO COMO + *v en ind en forma pr* (nada más celebrada la reunión = tan pronto como se celebró la reunión). | Alfonso *España* 19: Nada más hecha la unidad, ya se produjo una expansión imperial.

24 ni ~. *Remata enfáticamente, a modo de resumen, un enunciado negativo. A veces* NI ~ DE ~. | Buero *Hoy* 45: –Mujer, todos trabajamos. Pero como hoy es fiesta... –No será para mí. Y nunca una comida la de hoy, que no es de guardar ni nada. Delibes *Parábola* 15: No te creas lo que lo echa en falta, ni se preocupa, ni se indispone, ni nada de nada. **b)** *Frec en expresiones de carácter ponderativo o a veces irónico.* | Paso *Pobrecitos* 242: ¡Que no está guapo ni nada el coronel con el traje que le elegí yo ayer!

25 por menos de ~. A la mínima ocasión u oportunidad, o por el mínimo motivo. | ZVicente *Traque* 285: Ni a mis hermanas ni a mí nos agrada ese bullebulle de los periodistas, que por menos de nada se plantan aquí, y venga fotografías, y preguntas y que si fue y que si vino.

nadada *f* (*reg*) Acción de nadar [1] durante un rato. | SPaís 3.2.80, 10: Nado poco .. Me asusta que pueda darme un calambre .. Doy una nadadita.

nadador -ra I *adj* **1** Que nada [1]. | Bustinza-Mascaró *Ciencias* 112: Son [las larvas de los Espongiarios] nadadoras, por tener células ciliadas. **b)** Adaptado para nadar. | Ybarra-Cabetas *Ciencias* 352: Patas de un insecto: A y B, patas saltadoras .. D, pata nadadora.

2 Relativo a la acción de nadar. | Rodríguez *Monfragüe* 102: Nutria .. Desarrolla gran actividad nadadora, buceando con soltura y pescando directamente bajo la superficie.

II *m y f* **3** Pers. que se dedica al deporte de la natación. | Abc 20.7.76, 87: El nadador español David López Zubero batió el récord de España de los 200 metros libres, con un tiempo de 1-54-88.

nadante *adj* (*Heráld*) Que nada [1]. | Em. Serrano *Sáb* 30.11.74, 86: En campo de plata, sobre agitadas olas de azur y plata, un delfín nadante de azur.

nadar A *intr* **1** Sostenerse avanzando en el agua mediante el movimiento del cuerpo. | Laforet *Mujer* 162: Había ido a una piscina hacía poco .., pero la experiencia aquella no le agradó. En primer lugar no sabía nadar. **b)** ~ **y guardar la ropa** → ROPA.

2 Flotar [una cosa] en un líquido, o mantenerse sin hundirse. | * Quico miraba cómo los papelillos nadaban en la bañera.

3 Tener [alguien] gran abundancia [de algo (*compl* EN)]. | * Se piensa que nadamos en dinero. **b)** ~ **en la abundancia** → ABUNDANCIA.

B *tr* **4** Recorrer nadando [1] [una distancia (*cd*)]. | F. Tejevo *SYa* 26.5.73, 36: El niño debe aprender a equilibrarse en el agua, e incluso aunque pueda mantener su respiración y nadar una cierta distancia.

nadería *f* Cosa sin importancia. | CPuche *Paralelo* 27: Todo esto era hasta hace muy poco simple descampado, refugio de .. pobres gentes que vivían con cuatro naderías en una casucha de madera y latas.

nadie (*tb, rur,* **naide**) I *pron* (*invar; siempre funciona como m sg. Cuando en la or se presenta después del v, este ha de ir normalmente precedido de una palabra negativa*) **1** Ninguna pers. | Medio *Bibiana* 14: Natalia y Xenius son los dos hijos que más se le parecen en lo reservados. Nadie sabe jamás lo que están pensando. Ferres-LSalinas *Hurdes* 69: Aquí no traen [periódicos], a más casi naide sabe leer.

2 Ninguna pers. de alguna importancia. | Cunqueiro *Un hombre* 237: Para él los inmortales griegos no eran nadie, y solamente el señor Edipo le ponía respeto. Marsé *Tardes* 266: ¿Y si le hablara claro de una vez, ahora, aquí mismo, y si le confesara que no soy nada ni nadie, un pelado sin empleo, un jodido ratero de suburbio? **b)** Ninguna pers. capacitada o autorizada. *Seguido de un compl* PARA. | * Tú aquí no eres nadie para mandarnos esto. **c)** Ninguna pers. útil o válida. | Diosdado *Anillos* 1, 281: –Yo, hasta que no pasa la hora del café, es que no soy nadie.

3 (*lit*) Alguien. *Se usa con intención enfática en interrogs retóricas cuya respuesta esperable sería "nadie".* | * ¿Vio nadie una cosa semejante?

II *m* **4 un don ~.** Un individuo insignificante. | Delibes *Príncipe* 73: Si Quico quiere ser yo, Quico no es nada; un don nadie, un pobre diablo sin nombre ni apellidos.

III *form or* **5 no es ~.** *Se usa para ponderar la importancia de alguien. Gralm seguido de una expresión de modo o tiempo que expresa el aspecto o la cualidad en que destaca esa pers.* | * ¡No es nadie presumiendo el niño! * ¡No eres tú nadie cuando quieres ser rumboso!

6 no somos ~. *Se usa, frec humoríst, para ponderar la fragilidad de lo humano.* | Cela *Pirineo* 289: ¡Hay que ver qué cosas pasan!, ¿eh? ¡No somos nadie!

nadificarse *intr pr* (*Filos*) Convertirse en nada. | Umbral *España* 20 (G): Y le vimos [a Sartre] en *Play boy* explicando eso de que la nada se nadifica y de que el hombre es un compromiso burgués.

nadir *m* (*Astron*) Punto de la esfera celeste diametralmente opuesto al cenit. *Tb* (*lit*) *fig*. | Van 20.2.75, 44: Cuando el terreno no es plano, también es posible obtener una proyección cenit-nadir de él. J. R. Alonso *Sáb* 1.10.75, 9: Víctimas de nuestra propia dialéctica desde hace casi cuarenta años, hemos llegado al más triste y desolador nadir de nuestra diplomacia.

nado. a ~. *loc adv* Nadando [1]. | Alfonso *España* 165: Aguas famosas internacionalmente por el "descenso" a nado, que es una de las mejores y más concurridas pruebas.

nafta *f* **1** Fracción ligera del petróleo usada como combustible y disolvente. | Bal 21.3.70, 14: Se esperan todavía unos lotes de madera levantados en Rijeka y otros de nafta cargada en Canarias.

2 Petróleo. | Legorburu-Barrutia *Ciencias* 363: En Mesopotamia y otras regiones el petróleo se utilizó en pequeñas cantidades para el alumbrado, pero la fiebre de la nafta empezó en 1859.

naftaleno *m* (*Quím*) Naftalina. | Aleixandre *Química* 154: Los productos de la destilación [de la hulla] contienen, además del gas del alumbrado, amoniaco, alquitrán, naftaleno.

naftalina *f* Hidrocarburo sólido, blanco, cristalino y aromático, que se emplea esp. contra la polilla y como desinfectante. | Laforet *Mujer* 134: Paulina .. subió a su piso, que olía a bolas de naftalina.

naftol *m* (*Quím*) Fenol derivado de la naftalina, que se emplea en la fabricación de antisépticos, colorantes, perfumes e insecticidas. | Alcoy sn: El Júcar, S.L. .. Servicio directo con Alcoy. Especialidad en tinturas con colorantes: Indantren. Felisol. Naftoles.

naga *adj* De la región de Naga (India). *Tb n, referido a pers*. | Abc 30.12.65, 69: Nagalandia .. está situada en la

nagra – namibio

frontera noroccidental de la Unión India .. Los "nagas", sin embargo, no han aceptado la integración.

nagra (*n comercial registrado*) *m* (*RTV*) Magnetófono profesional que registra los sonidos con control de modulación. | A. Pavón *Inde* 24.8.89, 32: Los reporteros y presentadores de Antena 3 van a ser autosuficientes. Les van a dar un macuto con el vídeo, el micrófono, el nagra, la cámara y los polvitos del maquillaje.

nahua I *adj* (*hist*) **1** [Individuo] de la gran familia indígena que en el momento de la conquista española ocupaba la altiplanicie mejicana y parte de América Central. *Tb n.* | Fernández-Llorens *Occidente* 152: Un segundo período se caracteriza por una gran emigración hacia Yucatán y por el contacto con los nahuas. **b)** De los indios nahuas. | Ballesteros *HEspaña* 1, 496: La historia mixteca .. está vinculada tradicionalmente a la de los pueblos nahuas.
2 De(l) nahua [3]. | Lapesa *HLengua* 347: Es crecidísimo el número de palabras indígenas familiares en América y desconocidas en España: así los arahuacos *ají* .. e *iguana*; .. los nahuas *guajolote* .. o *sinsonte*.
II *m* **3** Idioma de los nahuas, que aún es hablado en algunas zonas mejicanas. | Laín *Gac* 5.10.75, 19: Su notoria similitud fonética .. obliga a plantearse el problema de si aquellos y estos [términos] se hallan en alguna relación mutua, no obstante proceder unos del nahua y otros del quechua.

náhuatl *adj* Nahua. *Tb n, referido a pers y a idioma.* | Pericot-Maluquer *Humanidad* 130: Unos belicosos inmigrantes, los aztecas o náhuatls, acabarán por dominar las viejas tierras de cultura y montarán su imperio. Tovar *Español* 524: Un antiguo historiador nos cuenta del gran diccionario náhuatl de Fray Bernardino de Sahagún. [*En los dos textos, sin tilde.*] Buesa *Americanismos* 336: A partir del XVIII, el náhuatl comenzó a retroceder ante el español; hoy se escribe en algunos círculos intelectuales restringidos.

nahuatlismo *m* Palabra o giro propios de la lengua náhuatl o procedentes de ella. | ZVicente *Dialectología* 393: La zona más abundante en nahuatlismos es el altiplano mejicano. Laín *Gac* 5.10.75, 19: Pablo Antonio Cuadra .. apuntaba la existencia de ciertos nahuatlismos sintácticos en Rubén Darío.

naide → NADIE.

naïf (*fr; pronunc corriente,* /naíf/; *pl normal,* ~) *adj* (*Arte*) [Arte o artista] que representa la realidad afectando la ingenuidad de la sensibilidad infantil. *Tb n, referido a pers.* | J. Castro *SInf* 24.5.73, 9: Después de la exposición mundial de arte naïf en el verano de 1970, es esta la segunda Trienal que se celebra en Zagreb y Hlebine. VMontalbán *Tri* 11.4.70, 45: Hay una cierta falsa ingenuidad de "naïf". La inteligencia del "naïf" consiste precisamente en convertirnos en sorprendente lo que ya creíamos que no podía sorprendernos. VMontalbán *Galíndez* 236: Para los pintores *naïfs* haitianos, los blancos solo son compradores de sus cuadros. **b)** Propio del arte o del artista naïf. | Torrente *SInf* 28.10.76, 12: Nada más lejos de la visión plástica de Valle Inclán que lo *naïf*, es decir, lo ingenuo. Lo que resalta en las acotaciones descriptivas revela una mirada sabia y muy usada, una mirada que está de vuelta .. Esa no es una visión *naïf*, sino cubista.

nailon *m* Resina sintética del grupo de las poliamidas, usada esp. en la fabricación de distintos tipos de tejidos. *Tb la fibra correspondiente.* | *Lab* 2.70, 11: Materiales: .. cinta de nailon azul pálido.

naipe I *m* **1** Carta de la baraja. | Arce *Testamento* 56: Le dije que no había cogido unos naipes en la vida, y él me miró incrédulo. **b)** Baraja (conjunto completo de las cartas). | Corral *Cartas* 27: A fin de que la baraja sea divisible por tres, se retiran del naipe los doses.
2 (*Naipes*) Suerte. *Frec en la constr* TENER BUEN (*o* MAL) ~. | Torrente *Vuelta* 284: El juez repartía cartas. Don Baldomero abatió las suyas con rabia. –¡Qué naipe, Dios! –No se queje. Mala suerte en el juego, pronto se quedará viudo.
3 (*col*) Humor o estado de ánimo. *Frec en la constr* TENER BUEN (*o* MAL) ~. | Buero *Hoy* 79: Puede que le acompañe. Veremos qué tal naipe tiene luego mi marido. MGaite *Nubosidad* 361: Por culpa de una discusión tan tonta como esa o más, se le podía torcer el naipe para toda la tarde o para dos días.

II *loc v* **4 darle** [a una pers.] **el** ~ [por una cosa]. (*col*) Tomar [esa pers.] afición o manía [por ella]. | DCañabate *Paseíllo* 148: Le ha dao el naipe por querer ser torero.

naipero -ra *m y f* Pers. que fabrica naipes [1]. | *Abc Extra* 12.62, 86: En el XVI había, en Sevilla, barnizando los puntos, más de 70 familias de naiperos.

naira *f* Unidad monetaria de Nigeria. | *Ya* 5.11.74, 14: Un empleado nigeriano al que se acusó de haber ofrecido un much[a]cho de diecisé[i]s años en venta como esclavo, por la suma de 3.000 nairas, ha sido sentenciado a siete años de trabajos forzados.

naja. de ~ (*o, más raro,* **de** ~**s**). *loc adv* (*jerg*) Huyendo o corriendo. *Gralm en la constr* SALIR DE ~. | Cela *Pirineo* 178: La reja de San Andrés se forjó con las espadas y lanzas y otros hierros que abandonó el conde de Saint-Girons en el campo de batalla cuando prudentemente puso pies en polvorosa y, volviendo grupas al honor, salió de naja y como alma que lleva el diablo. FReguera-March *Cuba* 72: Llega un general, el muchacho se cuadra, le da el susto, y la gallina sale de naja. Sastre *Taberna* 112: Ahora ando de najas por la muerte de un jundo, el cual por mi padre que no tengo ni idea.

najarse *intr pr* (*jerg*) Marcharse, esp. precipitadamente. | CBonald *Dos días* 97: –Un consejo –volvió a decirle el alcalde–: yo, en tu caso, me najaba del pueblo mañana mismo. Sastre *Taberna* 78: O te vas al entierro .., o te najas a Arganda.

najerano -na *adj* De Nájera (Rioja). *Tb n, referido a pers.* | *Ya* 7.4.86, 14: Estudiar la conveniencia de solicitar la denominación de origen para los pimientos morrones de Calahorra, los najeranos, el de cristal, el pimiento cuerno de cabra y el de pico.

najerense *adj* Najerano. *Tb n.* | *Rio* 7.10.88, 8: Las clases .. han significado una vez más un reto de adaptación por parte de la industria najerense.

najerino -na *adj* Najerano. *Tb n.* | L. Royo *Rio* 6.10.88, 12: Una especie de prólogo fue para las ferias najerinas de San Miguel la inauguración, en la carretera a Huércanos, del matadero comarcal.

nalga *f* Parte, carnosa y redondeada, de las dos situadas entre el final de la columna vertebral y el nacimiento del muslo. *Frec en pl, designando la parte del cuerpo constituida por ambas nalgas.* | GPavón *Hermanas* 27: Se dio una manotada en la nalga. Laforet *Mujer* 64: Don Pedro .. dio un pellizco en las nalgas de la chica.

nalgada *f* **1** Golpe dado en la nalga. | Campmany *Abc* 9.12.85, 17: ¡Que le vengan a mi Felipe con la monserga de los Tratados internacionales! Se los echa a la espalda, se da una nalgada con la mano izquierda, y él, ¡jaspe!
2 Golpe dado con la nalga. | FVidal *Ayllón* 45: Enfilamos la carretera .. enlazados del brazo, arrumacados, dándome ella, a posta, estoy seguro, de vez en vez, nalgadas y golpetones de cadera en mi muslo derecho.

nalgario *m* (*reg*) Nalgatorio. | Cunqueiro *Fantini* 143: Podía comenzar [a alimentarse de su propio cuerpo] por las nalgas .. Con un asado de nalgario y un potaje mixto le bastaría para vivir en conserva mientras ensayase la introducción y los tres primeros puntos.

nalgatorio *m* Conjunto de ambas nalgas. | FVidal *Ayllón* 163: Si vuelve usted por aquí, ya sabe dónde encontrarme: lavándole a ese mi nalgatorio.

nalguear *intr* Mover exageradamente las nalgas. | Soler *Caminos* 298: Había que oír a la Serena y verla nalguear de arriba abajo.

nalgueo *m* Acción de nalguear. | Soler *Caminos* 70: Mi padre miraba únicamente a la tendera, la cual salía poco después con un nalgueo más pronunciado que las demás veces.

nalorfina *f* (*Med*) Compuesto cristalino blanco derivado de la morfina, usado esp. como estimulante respiratorio en envenenamientos con morfina y otros opiáceos. | MNiclos *Toxicología* 23: Nalorfina y Daptazol. Ambas sustancias se emplean en la intoxicación por opio.

namibio -bia *adj* De Namibia. *Tb n, referido a pers.* | G. GCalvo *Inf* 29.5.75, 17: Siguió diciendo que no reconocería .. a la Organización de los Pueblos del Suroeste Africano (SWAPO) como único representante de la población namibia.

nana I f **1** Canto con que se arrulla a un niño. | Cunqueiro *Des* 12.9.70, 27: La "planta bebé" se mete .. en la cuna donde duerme un niño .. y se adhiere a él hasta tomar su forma, lloriqueando para que acuda la mamá a cantarle una nana. Manfredi *Cante* 128: La nana es un fandanguillo acompasado al balanceo de la cuna, para dormir a los pequeños.
2 Saco pequeño, abierto longitudinalmente con una cremallera, que sirve para envolver y abrigar a los niños de pecho. | * Le acabo de comprar una nana preciosa al niño.
II *loc adj* **3** [El año] **de la ~** (o **nanita**) → AÑO.

nanay (*tb con la grafía* **nanái**) *interj* (*col*) Expresa negación más o menos vehemente de lo que se acaba de oír o de decir. Tb ~ DE LA CHINA. | Marsé *Dicen* 98: –Seguro que lleva un carnet de Afare, mi padre tiene uno... –Nanay, cortó Sarnita. Laiglesia *Fulana* 91: –¡Pues claro que nos casaremos! .. Cuando tú seas algo mayor y lo tengamos todo: el ajuar, el piso... –...y el niño, ¿verdad? ¡Nanái! *SPaís* 12.12.93, 63: Mi padre no me dejó [ir a Bellas Artes] ..; cuando vio todas las melenas que había, dijo que nanay de la China, que de eso nada.

nanismo m (*Med*) Enanismo. | Alvarado *Anatomía* 137: La hipófisis o cuerpo pituitario .. es la glándula endocrina más rica en hormonas .. Su atrofia en los primeros años de la vida (hipopituitarismo) ocasiona nanismo o infantilismo (el sujeto queda toda la vida en estado infantil).

nano -na (*reg*) **I** *adj* **1** Enano. Tb n, *referido a pers*. | FVidal *Duero* 92: Se encuentra en la plaza, con su templete para músicas .., sus arbolitos nanos y malformados. Campmany *Abc* 4.5.89, 29: Ya que no era posible ver a Boyer procesado por el birle de Rumasa y Galerías Preciados, birle que a Birlibirloque deja convertido en nano, se querella por injurias y le lleva hasta el Juzgado.
II m y f **2** Chico o niño. *Gralm usado como vocativo.* | Marsé *Dicen* 133: Llorando como un niño pero fumándose un habano, así era él, y su chico abrazado a sus piernas y llorando de verle llorar. Tranquilo, nano, esto no va a durar. Tomás *Orilla* 221: Aún está en el hospital .. Le abriste la cabeza, nano, y tiene la cara rajada desde la frente hasta la boca.

nano- r *pref* (*E*) Milmillonésima parte. *Antepuesta a ns de unidades de medida, forma compuestos que designan unidades mil millones de veces menores.* | *Por ej: Unidades* 37: Factor por el que se multiplica la unidad: .. 10^{-9}. Prefijo: nano. Símbolo: n.

nanogramo m (*E*) Unidad de medida equivalente a la milmillonésima parte del gramo. | *Ya* 13.4.89, 13: Mediante la llamada espectrometría de masas, por ejemplo, puede encontrarse un nanogramo, esto es, la milésima de una milmillonésima parte de una substancia.

nanoingeniería f (*E*) Ingeniería que opera con dimensiones del orden del nanómetro. | *Cam* 15.3.93, 111: Esta disciplina, conocida como nano-ingeniería, se ocupa de objetos que no superan unas pocas decenas de nanómetros, medida un millar de veces inferior al grosor de un cabello humano.

nanómetro m (*E*) Unidad de medida equivalente a la milmillonésima parte del metro. | *Ya* 1.2.89, 21: Se fabricaron [los circuitos] .. utilizando técnicas avanzadas de un grosor de tan solo siete nanómetros.

nanosegundo m (*E*) Unidad de medida equivalente a la milmillonésima parte del segundo. | Á. Luna *SAbc* 7.12.69, 46: La velocidad de trabajo que alcanzan las máquinas actuales ha obligado a crear una nueva unidad de tiempo: el nanosegundo.

nanotecnología f (*E*) Tecnología que opera en escalas del orden del nanómetro. | *Ya* 1.2.89, 21: Este desarrollo supone un importante avance en la futurista "nanotecnología" (de dimensiones de nanoésimas de micra) en la que investigan prestigiosos laboratorios de todo el mundo. Al. Gómez *Ya* 17.5.90, 65: La nanotecnología resume la habilidad para dar forma a nuevos materiales en escalas más microscópicas que los átomos.

nansa f (*reg*) Nasa. | M. E. SSanz *Nar* 3.77, 15: Las piezas tradicionales en la cestería de Priego y en la de Villalba de la Sierra han sido: nansa; cesta de la compra; canasto para el estiércol.

nansouk (*fr; pronunc corriente,* /nansúk/; *pl normal,* ~s) m Tela de algodón, ligera y de aspecto sedoso, que se emplea esp. en lencería. | *Economía* 89: Algodón; percal, cretona, muselina, .. batista, nanso[u]k, linon. [*En el texto,* nansonk.]

nao f **1** (*lit*) Nave (embarcación). | Angulo *Arte* 1, 42: Osiris es el dios solar que ha recorrido el firmamento navegando en su nao.
2 (*Mar, hist*) Nave de alto bordo, con castillo a proa y con aparejo redondo en el trinquete y mayor y latino en bauprés y mesana. | Fernández-Llorens *Occidente* 144: Fueron los portugueses los creadores de las dos embarcaciones apropiadas para la navegación de altura: la nao y la carabela.

naonato -ta *adj* Nacido en un barco durante la navegación. Tb n, *referido a pers*. | GArnau *Inf* 23.1.78, 18: Cada vez son mayores las posibilidades de que yo tenga un hijo naonato, lo cual, si es novelísticamente muy bonito, para la madre no es enteramente agradable. Aguilar *Experiencia* 321: Azzati .. era un naonato. Nació en un buque que se dirigía a Valencia desde las costas italianas.

naos f (*o* m) (*Arquit*) En los templos clásicos, esp griegos: Sala destinada a la divinidad. | Tejedor *Arte* 37: Suya [de Fidias] era, en efecto, la estatua criselefantina o de oro y marfil de Atenea Partenos en la naos del templo. M. Benzo *Ya* 19.9.74, 7: El templo griego conduce a lo sagrado proyectando al fiel al misterio del cosmos. Lo más importante en él no es el naos .. sino el paisaje que se ve a través de sus columnas.

napa f **1** Piel suave, gralm. de cordero o cabra, usada esp. para guantes y prendas de vestir. | *Nue* 24.1.70, 1: En el Palacio de Exposiciones y Congresos .. se ha celebrado un desfile de modelos de ante, napa y moutón de once firmas peleteras españolas.
2 Capa [de una materia] que recubre o protege. | *Ya* 8.5.75, 61: ¡Un colchón de calidad! Tapizado de Damasco de gran calidad. Napas de algodón de gran grosor. Superficie con acolchado total.

napalm m Gasolina gelificada por medio de sales de sodio o de aluminio y que se emplea en la fabricación de bombas incendiarias. | L. Molla *Mun* 26.12.70, 57: Los bombardeos con napalm .. no pueden dejar de alarmar a la sociedad consumista americana.

napar tr (*Coc*) Cubrir o recubrir. | Zenón *SYa* 9.6.85, 52: Se napa el pescado con algo de salsa holandesa y se gratina con un poco de queso gruyere rallado.

nápel m Piel artificial que imita la napa. | *Van* 20.12.70, sn: Botina nápel y charol en color y negro.

napelo m Acónito (planta, *Aconitum napellus*). | Mayor-Díaz *Flora* 327: *Aconitum napellus* L. "Napelo" .. El "Napelo" es una de las plantas más tóxicas de Europa.

napias f pl (*col, humoríst*) Narices [1a]. | ZVicente *Traque* 150: Seguramente traen alguna vieja butanizada, o sea, vamos, que le han reventado la bombona en las napias. ZVicente *Mesa* 83: Me da en las napias que es un chantajista de mierda. DCañabate *Abc* 25.5.75, sn: Yo soy trapero de nacencia y por lo tanto me pirro por meter las napias en toas partes pa fisgar lo que haiga.

napies f pl (*col, humoríst*) Napias o narices. | MSantos *Tiempo* 46: Viene con el vaso de sifón y me lo pone en las napies y yo lo bebo.

napiforme *adj* (*Bot*) [Raíz] muy gruesa y desarrollada por almacenar sustancias de reserva. | Legorburu-Barrutia *Ciencias* 240: Si [las raíces] son gruesas, por almacenar sustancias de reserva, se llaman napiformes. Ej.: el nabo.

napo -pa *adj* De un pueblo indio habitante de la región del Napo, en Ecuador. *Frec n, referido a pers*. | T. GYebra *Ya* 22.2.90, 62: Junto a ellos se suceden las tribus amazónicas de la[s] montañas peruanas y ecuatorianas (napo, canelo, záparo, etc.).

napoleón m (*hist*) **1** Moneda francesa de oro con la efigie de Napoleón I o de Napoleón III, con valor de 20 francos. | ZVicente *Hojas* 84: Aprieto mi moneda de oro con fuerza .., y no quiero cambiarla .., no, mi napoleón de oro.

2 Moneda francesa de plata con la efigie de Napoleón I, con valor de 5 francos, y usada en España como unidad efectiva de pago hasta 1848, con un valor aproximado de 20 reales. | Vicens-Nadal-Ortega *HEspaña* 5, 98: En 1842 el dinero extranjero constituía la mitad del numerario total español. La unidad efectiva de pago, en lugar de la peseta o real, era el napoleón, moneda francesa que valía unos veinte reales españoles.

napoleónico -ca *adj* **1** De Napoleón Bonaparte († 1821). | CBaroja *Inquisidor* 47: En Madrid estaban, pues, hacia 1811, Goya, Moratín y Llorente puestos a secundar los designios napoleónicos. **b)** Partidario de Napoleón Bonaparte. *Tb n, referido a pers.* | Aparicio *Año* 145: Llegan los napoleónicos, a pie y a caballo, con los fusiles apuntando al pueblo, con los sables desnudos.

2 [Cosa] que tiene carácter propio de la administración creada por Napoleón Bonaparte. | *País* 22.2.77, 24: Profesores, en definitiva, que tratan de desechar el oscuro modelo de Universidad napoleónica, cómodamente asimilada por la franquista.

napoleonismo *m* Cualidad de napoleónico, *esp* [2]. | Mortes *Inf* 31.3.70, 9: Las tres últimas décadas de este siglo han de marcar el triunfo de la imaginación sobre la rutina .., de la multiversidad sobre el napoleonismo universitario.

napolitano -na I *adj* **1** De Nápoles (Italia). *Tb n, referido a pers.* | GNuño *Madrid* 31: Un *Cristo yacente* firmado en 1690 por el napolitano Miguel Perronius.

II *m* **2** Dialecto italiano propio de Nápoles y zonas circundantes. | Villar *Lenguas* 117: Comprende [el grupo italiano] gran número de dialectos. En el norte, el piamontés, el lombardo, etc.; .. en el sur, el napolitano, los dialectos de Calabria, Sicilia, etc.

nappa (*it; pronunc corriente,* /nápa/) *f* (*raro*) Napa (piel). | GTelefónica *N.* 57: Creaciones en ante y nappa, señoras y caballeros .. Prendas a medida en 8 horas.

naque *m* (*Escén*) Ñaque (compañía de dos actores). | V. FAsís *Teatro 1964* 360: *Mayores con reparos* .., estrenada en el Reina Victoria por una compañía de dos, a saber: Analía Gadé y Fernando Fernán-Gómez, un verdadero naque o ñaque, como algunos dicen.

naranja I *f* **1** Fruto del naranjo, de forma redondeada y color característico entre amarillo y rojo. *Diferentes variedades se distinguen por medio de compls o adjs:* GRANO DE ORO, SANGUINA, WASHINGTON, *etc.* | Medio *Bibiana* 228: Bibiana compra las naranjas en un puesto de la planta alta. *Ya* 6.5.70, 25: La producción de naranja variedad verna se calcula en 1.501.000 quintales métricos .., la variedad Valencia late .. supera asimismo a la de la campaña anterior ..; la variedad comuna-tardía .. sufre una disminución. *Ya* 17.11.63, 28: Precios .. Naranjas, 7, 5 y 2; ídem grano de oro, 7, 6 y 5; ídem Wáshington, 10, 7 y 3.

2 media ~. (*col, humoríst*) Esposo o novio [de una pers. (*compl de posesión*)]. *Más frec referido a la mujer.* | Castellano *SAbc* 1.12.68, 35: El no menos digno padre montó en cólera. Gracias a Dios le fallaron los estribos por obra de la pesada bofetada que le propinó su media naranja.

3 media ~. (*Arquit*) Bóveda semiesférica. | Angulo *Arte* 1, 12: El movimiento del arco de medio punto sobre sí mismo origina la bóveda semiesférica, o media naranja .., que tiene que ser recibida por un muro circular. **b)** Cúpula. | FSantos *Catedrales* 33: La catedral entera es como una cárcel mayor .. Y sin embargo allá, detrás de aquellos rasgados ventanales de la torre, debajo de la media naranja que la corona, está la madre echando de comer al cerdo su bazofia.

4 ~ de mar. (*Zool*) Espongiario cuya forma y color son semejantes a los de la naranja [1]. | Bustinza-Mascaró *Ciencias* 112: Ejemplos de espongiarios .. Las naranjas de mar .. y el pan de gaviota.

II *adj* **5** [Color] propio de la naranja [1]. *Tb n m.* | *Lab* 2.77, 28: Proseguir la labor de las flores alternando el violeta y el naranja; llegados al largo necesario, hacer el orillo de remate. **b)** De color naranja. | APaz *Circulación* 27: Indicadores de dirección .. De posición fija y con luz destellante naranja.

6 de ~. [Piel] que presenta aspecto granulado, típica de la celulitis. | M. PMendiola *DMa* 17.5.89, 2: He aplicado con amorosa entrega, diariamente, sobre mi piel de naranja −ese piadoso y celulítico eufemismo− cuantas cremas venden a precio de flor de azafrán.

III *interj* **7 ~s.** (*col*) Expresa negación más o menos vehemente de lo que se acaba de oír o de decir. *Frec en la forma* ~S DE LA CHINA. | ZVicente *Traque* 147: Es aún muy joven, una estudiante, o sea que no ha tenido aún tiempo de maliciarse. Porque todo eso que cuentan por ahí de los estudiantes... ¡Naranjas! DCañabate *Paseíllo* 122: Esas tres horas se las tiraban discutiendo acerca de los tres temas que en el viejo Madrid acaparaban las conversaciones de multitud de hombres: las mujeres, la política y los toros. Todo lo demás, naranjas de la China.

naranjada *f* Bebida refrescante hecha con zumo de naranja, agua y azúcar. | *Cocina* 747: Naranjada .. Se exprimen las naranjas y se pasa el zumo por un colador.

naranjado -da *adj* Anaranjado, o de color naranja. | FVidal *Duero* 165: Fija la mirada en uno de los arbolitos de la plaza .. alrededor del cual desgrana su inquietud una gran mariposa naranjada.

naranjal *m* Terreno plantado de naranjos. | Ortega-Roig *País* 167: En la foto veis un gran naranjal valenciano, con campos cuadriculados en los que podéis adivinar las líneas de naranjos.

naranjazo *m* Golpe dado con una naranja [1]. | Faner *Flor* 30: La damisela le atinó en el hocico con agrio naranjazo, pues era costumbre arrojar las hembras naranjas a sus galanteadores durante el antruejo.

naranjel *m* (*reg*) Naranjal. | M. M. Vías *Ya* 24.12.75, 31: El romancillo popular que habla de la sed del Niño y el "naranjel" que la alivió se recuerda en la huida.

naranjero -ra I *adj* **1** De (la) naranja [1]. | *Inf* 25.5.70, 12: El comercio naranjero no ha tenido la menor ayuda.

2 (*col*) [Fusil] de gran calibre. *Tb n m.* | J. Losada *Sáb* 17.5.75, 47: Un hombre empuñaba un fusil "naranjero". Marsé *Dicen* 246: Dos agentes le vienen de cara con el naranjero bajo el brazo. J. Peñafiel *Inde* 13.8.89, 45: Lo que no he olvidado fue el momento en que Villaverde arrebató el fusil ametrallador al Guardia Civil que tenía más próximo .. y comenzó a disparar con el "naranjero" contra un blanco invisible.

II *m y f* **3** Pers. que cultiva o vende naranjas [1]. | A. Assía *Van* 10.1.74, 6: A los naranjeros valencianos en particular, y en general a los levantinos, se les pagarían sus naranjas entre el 15 y el 25 por ciento menos que a los "naranjeros" de las provincias de Santander, Vizcaya, La Coruña o Navarra. Onieva *Prado* 185: *La merienda a orillas del Manzanares*. Cinco jóvenes sentados, bebiendo, brindando y fumando; en el suelo, platos, botellas, comida, etc. En pie, una naranjera.

naranjo *m* Árbol de 4 a 6 m de alto, tronco liso y ramoso con copa abierta y hojas ovaladas, duras, lustrosas y siempre verdes (*Citrus aurantium*). *Tb su madera.* | CBonald *Dos días* 262: La calle desembocaba en una anchurosa avenida sombreada de naranjos.

narbonense *adj* (*hist*) De Narbona (ciudad de la Galia prerromana y romana). *Frec n, referido a pers.* | Tovar *Lucha* 34: Nacido el catalán en las regiones más orientales de los Pirineos, .. en las tierras con monedas e inscripciones ibéricas de indigetes y narbonenses .., se comprende que la influencia occitana haya sido muy fuerte.

narbonés -sa *adj* De Narbona (Francia). *Tb n, referido a pers.* | Sobrequés *HEspaña* 2, 33: En cuanto a su procedencia [de la población], es generalmente castellana, no faltando algunos núcleos de extranjeros, genoveses, narboneses, portugueses.

narcisismo *m* Complacencia en la propia perfección física o moral. | *Ya* 23.4.70, 7: Demasiados hombres actuales padecen de narcisismo.

narcisista *adj* **1** De(l) narcisismo. | Aranguren *Marxismo* 88: Actitudes .. puramente estéticas .., narcisistas, autocomplacidas de encontrarse moralmente bellas, sublimes.

2 [Pers.] que tiene o muestra narcisismo. *Tb n.* | Palomino *Torremolinos* 38: Todo el mundo sabe que la estrella solo se volverá a casar si atrapa a uno de esos millonarios norteamericanos, derrochones y narcisistas, provincianos con aire vaquero y dólares fáciles. *Ya* 23.4.70, 8: Para el narcisista, "realizarse" es pura y simplemente "salirse con la suya".

narciso[1] *m* Planta herbácea bulbosa, de flores blancas o amarillas, muy olorosas, que se cultiva frec. en los jardines (gén. *Narcissus*). *Diversas especies se distinguen por medio de adjs o compls:* ~ BLANCO O POÉTICO (*N. poeticus*), ~ TROMPÓN, DE LOS PRADOS O DE LECHUGUILLA (*N. pseudonarcissus*), *etc.* | Legorburu-Barrutia *Ciencias* 295: De caracteres parecidos [al jacinto] son: el tulipán, la azucena, lirio, narciso, cebolla .. Todas ellas forman la Familia de las Liliáceas. Cendrero *Cantabria* 101: Estrato herbáceo .. *Narcis*[s]*us pseudonarcis*[s]*us*: Narciso. Mayor-Díaz *Flora* 512: *Narcissus pseudonarcissus* L. "Narciso de los prados", "Narciso trompón". Mayor-Díaz *Flora* 412: *Narcissus asturiensis* (Jord.) Pugsley. "Narciso de Asturias."

narciso[2] *m* Hombre que se autocomplace en su perfección física o moral. | Torrente *Isla* 140: Se conforma como un narciso con verse rodeado de muchachas que lo adoran.

narco[1] *m y f* Narcotraficante. | *Abc* 2.9.89, 21: Colombia: detienen a otro "narco" reclamado por EE. UU. *ElM* 12.8.90, 3: Los abogados de los presuntos narcos insisten en que Portabales, el hombre que implicó a Guerra en el blanqueo, es un "fabulador".

narco[2] *m* Narcotráfico. | *ElM* 12.8.90, 3: La figura del "lavado" de dinero procedente del narco no estaba aún tipificad[a] en el Código Penal.

narco- *r pref* De los narcóticos o las drogas. | *Por ej:* F. J. FTascón *SAbc* 7.6.70, 22: Hay actualmente en U.S.A. .. 125.000 narcoadictos. Marlasca *SYa* 14.1.90, 7: Las narcopesetas o los narcodólares servirán para seguir produciendo coca. *Abc* 5.3.88, 44: Ha sido condenado en el llamado "sumario de la narcovalija" a ocho años y cuatro meses de prisión y 17.600.000 pesetas de multa, por tráfico de drogas y contrabando.

narcodinero *m* Dinero procedente del narcotráfico. | *ElM* 12.8.90, 3: El juez Garzón ha abierto diligencias para esclarecer la presunta relación de Guerra con blanqueo de "narcodinero".

narcodólar *m* Dinero procedente del narcotráfico. *Frec en pl.* | *Ya* 1.12.88, 20: La organización disponía de una amplia cobertura para sus operaciones de distribución y lavado de los narcodólares. *ByN* 6.8.89, 21: El lavado del "narco-dólar" es otro aspecto de esta guerra que se está llevando a cabo en los umbrales del año 2000.

narcolepsia *f* (*Med*) Estado morboso caracterizado por accesos irresistibles de sueño profundo. | *Ya* 6.6.87, 47: Los médicos le habían diagnosticado "narcolepsia", una clase de sueño en el que caía a veces, pero nunca más de tres horas.

narcosis *f* (*Med*) Sueño producido por un narcótico o un anestésico. *Tb fig.* | Alvarado *Anatomía* 141: En el diafragma de un conejillo de Indias que despertaba de una narcosis contó Krogh .. los siguientes capilares abiertos. Laín *Gac* 15.2.76, 5: La libertad y la imaginación, dos atributos de la naturaleza humana que, por lo visto, pueden ser sometidos indefinidamente al sueño o a la narcosis.

narcoterrorismo *m* Terrorismo vinculado con el narcotráfico. | *Ya* 21.2.90, 36: Nuevo golpe del Gobierno de Barco al narcoterrorismo.

narcoterrorista *adj* De(l) narcoterrorismo. | M. Mediavilla *Ya* 21.2.90, 36: El servicio secreto colombiano DAS asegura haber desbaratado un audaz plan narcoterrorista. **b)** [Pers.] perteneciente a una organización narcoterrorista. *Frec n.* | *Abc* 20.1.90, 36: Barco continuará la lucha armada contra los narcoterroristas.

narcótico -ca *adj* **1** [Sustancia] que produce sopor, relajación muscular y embotamiento de la sensibilidad. *Frec n m.* | *Abc* 13.12.70, 29: El Gobierno griego ha adoptado hoy la condena de cadena perpetua para aquellos que estén implicados en el contrabando y venta ilegal de narcóticos a muerte.
2 [Planta] de la que se extrae una sustancia narcótica [1]. | *Abc* 6.6.67, 13: El cultivo del café, tradicional en el país, está dando paso al "qat", un arbusto narcótico.

narcotización *f* Acción de narcotizar. | R. Pi *Ya* 2.4.89, 3: El desarrollo acelerado de los hechos en estos últimos siete días está produciendo una dinámica de narcotización social progresiva que se percibe hora a hora.

narcotizante *adj* [Sustancia] que narcotiza [1a]. | G. Estal *Abc* 27.4.74, 23: Marxismo y cristianismo tratan de hacerle libre [al hombre], sin opios narcotizantes y sin composturas deformadoras. **b)** Propio de la sustancia narcotizante. | MNiclos *Toxicología* 44: A su acción narcotizante [del alcohol metílico] se une la acidótica.

narcotizar *tr* Producir narcosis [a alguien (*cd*)]. *Tb fig.* | Grosso *Invitados* 41: Otra cosa bien distinta sería .. que el inconfundible olor del hachís .. escapara filtrándose por los resquicios de las emplomadas ventanas y pudiera narcotizar los gorriones, los jilgueros y los petirrojos. **b)** Administrar narcóticos [a alguien (*cd*)]. | *Pue* 20.1.67, 32: Le había tocado a ella, aquella noche, ser narcotizada. MMolina *Jinete* 69: Esta joven no se resistió al emparedamiento. ¿La encerraron aquí después de narcotizarla?

narcotraficante *m y f* Pers. que se dedica al narcotráfico. | *Abc* 17.3.74, 33: Las autoridades de esta ciudad del sureste de Méjico rastrean los campos en busca de aproximadamente 200 cadáveres que se supone son las víctimas de una banda de narcotraficantes.

narcotráfico *m* Tráfico de drogas, esp. a gran escala. | *Pro* 21.5.88, 11: Pertenecía a una red que financiaba la guerrilla en Oriente Medio con el narcotráfico.

nardo *m* Planta liliácea de flores blancas muy olorosas, esp. de noche, que se cultiva en jardines y es muy empleada en perfumería (*Polianthes tuberosa*). *Tb su flor.* | Bustinza-Mascaró *Ciencias* 91: Hay distintos tipos de olores, tales como el del amoníaco, olor amoniacal; .. el de las esencias o aromático, con sus múltiples matices (a violeta, a rosa, a clavel, a nardo, etc.). **b)** *Con un adj o compl especificador, designa otras plantas:* ~ CORONADO O MARINO (*Pancratium maritimum*), ~ DE MONTE O MONTANO (*Valeriana montana y V. tuberosa*), *etc.* | Mayor-Díaz *Flora* 200: *Pancratium maritimum* L. "Nardo marino" .. Flores blancas, muy grandes y olorosas. Mayor-Díaz *Flora* 371: *Valeriana tuberosa* L. "Nardo montano" .. Flores rosas .. Pastizales y fisuras de rocas calizas.

narguile *m* Pipa oriental en la que el humo que se aspira pasa antes por un pequeño recipiente de agua perfumada. | A. Pascual *MHi* 12.57, 7: Se llega buscando el narguile, que resume un mundo de voluptuosidades orientales, y se encuentra la bombilla del mate.

narigón -na *adj* Narigudo. *Tb n, referido a pers.* | Buero *Sueño* 180: ¡No le pediré nada a ese narigón de mierda, a ese asesino!

narigudo -da *adj* Que tiene la nariz [1a] grande. *Tb n, referido a pers.* | Goytisolo *Recuento* 13: La Quilda se inclinaba sobre el hogar, negra y nariguda como una bruja.

narinal *adj* (*lit*) De la nariz [1a]. | S. Cámara *Tri* 27.11.71, 11: Se atusa un incipiente mostacho Terence Stamp que le sale blanquinegro y amarillo bajo las espadas protectoras de hirsutos pelos narinales.

nariz I *n* **A f 1** *En el hombre:* Parte saliente de la cara, entre la frente y la boca, con dos orificios en su parte inferior y que tiene función olfativa y respiratoria. *Frec pl con sent sg.* | Legorburu-Barrutia *Ciencias* 81: Higiene del aparato respiratorio. 1º Respirar por la nariz. Torrente *Pascua* 343: Tres manotazos la habían rubricado [la frase], y los tres habían rozado las narices de Carreira. **b)** *En los animales:* Parte de la cabeza con situación y funciones equivalentes a las de la nariz humana. | Torrente *Saga* 158: Comprendí que no buscaba en vano al tropezarme con el cuento jíbaro de la oropéndola que tenía un solo ojo encima de la nariz. **c)** *En determinadas cosas:* Saliente puntiagudo cuya forma recuerda la de la nariz humana. | *Sur* 11.8.89, 36: Cae a tierra un avión estadounidense .. La gigantesca nave tomó tierra con "la nariz" y el resto del aparato se desplomó sobre el piso.
2 Sentido del olfato. | * Tiene una nariz increíble; distingue a la perfección el aroma de cada plato.
3 (*raro*) Orificio de la nariz [1]. | GPavón *Reinado* 133: Después de .. expeler el humo por ambas narices con absoluta simetría, comenzó.

4 (col) *En pl:* Valor o coraje. | * Me admira que tenga las narices suficientes para eso.

5 (col) *En pl y vacía de significado, se emplea para reforzar o marcar la intención desp de la frase. En constrs como* NI + *n* + NI + NARICES, *o* QUÉ NARICES. | * Ni tebeos ni narices, a trabajar ahora mismo. SSolís *Blanca* 153: Dirían que qué ley ni qué narices, que eso son pijadas. *DLi* 1.3.78, 13 (C): No sabemos qué narices le pasa a TVE para no poner teatro.

B *m* **6** *En la industria del perfume:* Individuo experto en la identificación y clasificación de perfumes por el olfato. *Tb* HOMBRE ~. | Montero *Reina* 44: Si hubiera podido terminar su carrera en químicas ahora sería un oledor profesional, un "hombre nariz" contratado por alguna prestigiosa firma de perfumes. **b)** Creador de perfumes. | A. Gaybor *SSe* 9.8.92, 57: Los narices –expertos fabricantes de perfumes– tienen muy en cuenta los gustos de sus seguidores.

II *loc adj* **7 de las narices.** (col) *Se emplea siguiendo a un n o adj sustantivado para marcarlos despectivamente.* | Diosdado *Anillos* 2, 78: ¡Toma, los gemelos de las narices! ZVicente *Traque* 259: Digo salón, no livinggg, como mis cuñadas, que son unas cursis de las narices. ZVicente *Balcón* 95: Esos chicos de los pueblos, cazurros de las narices .., no quieren trabajar y se buscan una colocación en la capital.

8 de (tres pares de) narices. (col) Extraordinario o sumamente grande. *Tb adv intensificador.* | J. Martínez *D16* 6.4.78, 28: Unos .. se lo tomarán con filosofía disfrutando del espectáculo, y otros montarán un número de tres pares de narices. Marsé *Tardes* 55: Buen chaval Bernardo .., amigo de verdad, compañero chimpancé, feo de narices él.

III *loc v y fórm or* **9 asomar las narices (o la ~).** (col) Aparecer [en un lugar], esp. para curiosear. | C. Alonso *SNEs* 24.11.74, 2: Tiene [este cisne] un carácter muy belicoso; donde él construye su nido no hay criatura silvestre que se atreva a asomar la nariz. * Durante nuestra conversación, Pepe asomó las narices un par de veces.

10 dar [algo a alguien] **en la ~ (o en las narices).** (col) Presentárse[le] como sospecha. | RBuded *Charlatán* 179: Me da a mí en la nariz que ese es catedrático. Torrente *DJuan* 90: Dejó para más tarde la curiosidad, porque le dio en las narices que el ejemplar humano que tenía delante valía la pena.

11 dar [a alguien] **en las narices.** (col) Desairar[le] o fastidiar[le]. | *Ya* 26.12.86, 4: Los tres altos cargos de RTVE que Pilar Miró puso en la calle y a los que el PSOE ha nombrado consejeros de RTVE para dar en las narices a la directora general.

12 dar(se) de narices [con, contra o en una cosa]. (col) Estrellarse [contra ella]. | * Se dio de narices contra un escaparate. Isidro *Abc* 3.12.57, 45: En la avenida del Generalísimo han puesto los raíles que la cruzan al desnudo y en la minúscula zanja así formada fue a dar de narices un muchacho extranjero. **b) darse de narices** [con una pers. o cosa]. (col) Encontrarse inesperadamente [con ella]. | Laiglesia *Tachado* 182: Tantas ganas tenía de ir al cielo que la Providencia le envió el medio de transporte más rápido para hacer el viaje: un artefacto le hizo salir volando por el aire, hasta darse de narices con San Pedro.

13 hinchársele [a alguien] **las narices.** (col) Perder [alguien] la paciencia, o enfurecerse. | GPavón *Hermanas* 27: –No le hagas caso –dijo Plinio al Faraón, que empezaban a hinchársele las narices.

14 importar [algo] **tres narices** [a alguien]. (col) No importar[le] en absoluto. | Diosdado *Olvida* 55: –No, no. Hay cosas que se hacen y cosas que no se hacen. Vivimos en una sociedad .. –Precisamente ese era el caso. Que la sociedad nos importaba tres narices.

15 meter [alguien] **la ~ (o las narices)** [en algo]. (col) Entrometerse [en ello]. | MSantos *Tiempo* 103: Dos o tres curiosos siempre dispuestos a meter la nariz en todo. Salom *Noche* 575: Siempre anda metiendo las narices en todas partes.

16 no haber más narices. (col) No haber más remedio. | SFerlosio *Jarama* 302: Para uno ganarse los cuartos .., no hay más narices ni más procedimiento que doblar la bisagra.

17 no ver [alguien] **más allá de sus narices.** (col) Ser muy corto de vista. *Frec fig.* | A. HVázquez *NAl* 19.12.70, 7: Desde su juventud usa gafas, porque desde los treinta años no ve más allá de sus narices. L. Pancorbo *Ya* 14.12.75, 7: Hay gente que se pasa aquí una vida sin lograr más que echar pestes de esta ciudad .. Para ellos es igual estar en Estocolmo que en Bangkok. Nunca logran ver un palmo más allá de sus narices.

18 pasar (restregar, refrotar o refregar) [algo a alguien] **por las narices.** (col) Mostrár[selo] o repetír[selo] con insistencia para fastidiar[le], humillar[le] o dar[le] envidia. | VMontalbán *Galíndez* 25: Eso es lo que me jode de los que te pasan por las narices aquellos tiempos de la guerra y la postguerra llena de héroes de una pieza. Berenguer *Mundo* 146: Yo no me atrevía a levantar la vista, no fuera que don Gumersindo se pensara que quería refrotarle por las narices lo que le había dicho de mañana. Salvador *Van* 19.12.70, 15: Ustedes, los mayores, nos las refriegan por las narices [las anécdotas de guerra].

19 romper las narices [a alguien]. (col) Golpear[le] en la cara. *Gralm en frases de amenaza.* | * Como vuelvas a hacerlo te rompo las narices. **b) romperse** [alguien] **las narices.** (col) Darse un golpe de frente o estrellarse. | * No dejará de hacer monadas con la bici hasta que se rompa las narices.

20 salirle [algo a alguien] **de las narices.** (*euf, col*) Antojárse[le]. | ZVicente *Traque* 89: ¡Leñe, tartamudea lo que te salga de las narices, pero di qué te pasa!

21 tiene (o manda) narices. (col) *Fórmula que expresa admiración ante algo negativo.* | Medio *Andrés* 270: Jolín, ya tiene narices eso de que el 107 pida una cosa y tú bajes diciendo que no sabes lo que ha pedido.

22 tocar las narices. (col) Molestar o fastidiar. | Torres *Ceguera* 95: Sin que ello interfiera en el curso de la acción, lo cual me tocaría mucho las narices.

23 tocarse las narices. (col) No hacer nada de provecho. | * Se piensan que vienen a la oficina a tocarse las narices. **b)** *En imperativo, se usa para manifestar rechazo despectivo a alguien.* | Palomino *Torremolinos* 153: No estoy para bromas, abuelo, oscile con su reloj y tóquese usted las narices.

IV *loc adv* **24 como una patada en las narices, con un palmo (o tres palmos) de narices** → PATADA, PALMO.

25 en (o delante de) las narices [de alguien]. (col) En [su] presencia. | Medio *Bibiana* 10: No solo hemos de consentir que los muchachos se diviertan en nuestras propias narices, sino que, además, tenemos que organizarles las juergas y pagarlas de nuestro bolsillo. **b) en las narices** [de una pers. o cosa]. (col) A muy poca distancia [de ella]. | D. Merino *VozC* 3.7.63, 7: El mérito de nuestro guerrillero estriba precisamente en que, a diferencia de otros, tenía que actuar, como vulgarmente se dice, en las propias narices del invasor, en su propio recinto-clave. L. MDomínguez *Ya* 17.11.63, 1: Es posible hoy un proyectil capaz de llevar una bomba atómica hasta las mismas narices de otro proyectil en ataque.

26 hasta las narices. (col) En situación de hartura total. *Gralm con el v* ESTAR. | Diosdado *Anillos* 1, 205: Lo que quieres decir es que estás hasta las narices, pero que a ver qué remedio, ¿verdad? Salom *Casa* 287: Arroz y lentejas, lentejas y arroz..., ¡estoy hasta las narices!

27 por narices. (col) A la fuerza o porque sí. | Torrente *Saga* 468: Lo que le diferenciaba de los restantes colegas era su convicción de hallarse en posesión de la verdad y su propósito de imponerla a los demás por narices. SFerlosio *Jarama* 315: Ellos son los primeros que les toca fastidiarse por narices.

V *interj* (col) **28 narices,** *o* **qué narices.** *Expresa enfado o protesta.* | DPlaja *Abc* 23.2.58, 5: Ahora son los peatones los que esperan el paso libre .. Cuando ve la señal de atención, se precipita esquivando los coches que siguen pasando. ¡Está en su derecho, narices!

29 narices, *o* **unas narices.** *Expresa negación con desprecio a lo que se acaba de oír.* | Lera *Boda* 588: –Puede que la Ricarda sepa muchas cosas. A ella sí le habla. –¡Narices! Ni ella. * –Te han suspendido otra vez. –Unas narices.

30 tócate las narices (o manda narices). *Expresa admiración ante algo negativo.* | Aristófanes *Sáb* 15.2.75, 63: ¡Manda narices, vaya manera de perder las cerillas la cabeza en cuanto se las pasa por el rascador!

narizón *m* (col) Nariz [1a] grande. | SSolís *Jardín* 125: ¿Dónde se había quedado aquella adolescente desgalichada, de pelo liso y frente corta, de boca abierta .., y el narizón, y las cejas casi unidas?

narizotas *m y f* (*humoríst*) Pers. que tiene la nariz grande. | Borrás *SAbc* 15.5.58, 55: La riqueza de las reales colecciones de pintura impele a Fernando, el "Narizotas", a dedicar el palacio de la huerta de San Jerónimo a la exhibición de aquel logro de la Monarquía.

narpias *f pl* (*col, humoríst*) Narices o napias. | DCañabate *Andanzas* 35: Eso se llama vestir como para que la coja un húngaro y le apriete las narpias con una argolla y con una cadena pendient[e] de ella la saque a pasear.

narra *m* Árbol filipino de la familia de las papilionáceas, de flores blancas y fruto en vaina casi circular, cuya madera, dura y de color rojo vivo, es usada en ebanistería (*Pterocarpus santalinus*). *Tb su madera.* | GBiedma *Retrato* 52: Las casas de la Compañía son espléndidas, enteramente construidas en madera de narra. L. Mariñas *Ya* 25.11.71, sn: Un examen reciente demostró que el material de la talla es narra y molave, maderas ambas nativas de Filipinas.

narrable *adj* (*lit*) [Hecho] que puede ser narrado. | Laín *Gac* 22.2.70, 8: Buero .. ha hecho verosímil lo que ya era verdadero. Lo verdadero, el "hecho bruto", el puro suceso que como realidad visible y narrable .. podría en este caso consignar o describir un cronista o un gacetillero.

narración *f* Acción de narrar. *Frec su efecto.* | DPlaja *Literatura* 77: *La Estoria del Sennor San Millán* ofrece caracteres análogos .. La narración tiene también un interés histórico: se alude a la expedición de Abderramán. E. Corral *Abc* 22.11.70, 66: Concha Cuetos ha sido alma y vida de esa narración, dirigida y realizada con mucha temperatura por José Luis Tafur.

narrador -ra *adj* Que narra. *Frec n, referido a pers.* | Berlanga *Recuentos* 82: Me preocupa más el cómo que el quién narrador. DPlaja *Literatura* 76: El aspecto más personal de la obra de Berceo es el de narrador de las vidas de santos.

narrar *tr* (*lit*) Referir o contar [un hecho, real o ficticio]. | DPlaja *Literatura* 80: *El libro de Apolonio* .. Narra las aventuras novelescas de Apolonio, rey de Tiro. *Sp* 19.7.70, 50: En cada plano, son lecciones de cine; lecciones de cómo se debe narrar una historia.

narrativo -va I *adj* **1** De (la) narración. | DPlaja *Literatura* 77: Carácter narrativo dentro de la misma influencia provenzal ofrece el *Libre dels tres reys d'Orient*, que refiere un episodio piadoso de la huida a Egipto. **b)** [Obra] de carácter narrativo. | DPlaja *Literatura* 70: Otro poema narrativo de gran influencia francoprovenzal es la "Vida de Santa María Egipciaca", la gran pecadora arrepentida. **II** *f* **2** Literatura narrativa [1]. | *Rev* 7/8.70, 24: Esta novela es un testimonio de la actualidad y el buen oficio de la narrativa inglesa.

narria *f* Cajón de carro, a propósito para llevar arrastrando cosas de gran peso. | C. MQuemada *Nar* 10.76, 10: El carro chillón .. parece representar uno de los estadios más primitivos en la creación y evolución del carro, después del trineo o narria de arrastre que, sin duda, debió precederle.

nártex *m* (*Arquit*) *En la basílica cristiana:* Parte del atrio destinada a los catecúmenos. | Tejedor *Arte* 64: Las basílicas tenían dos partes: el atrio o patio porticado, al fondo del cual se hallaba el nártex o vestíbulo para los catecúmenos, y el interior.

narval *m* Cetáceo de unos 6 m de largo, cuerpo robusto, blanco con manchas pardas, cabeza grande y boca pequeña dotada solo de dos dientes incisivos, uno de los cuales se desarrolla horizontalmente, en los machos, hasta cerca de 3 m (*Monodon monoceros*). | Bustinza-Mascaró *Ciencias* 216: El segundo grupo comprende las ballenas .. y narvales, cuyo cuerpo tiene forma de pez, careciendo de extremidades posteriores y teniendo las anteriores transformadas en aletas.

nasa *f* Arte de pesca que consiste en un cilindro de juncos entretejidos o una manga de red ahuecada de forma circular por medio de aros de madera. | *Animales marinos* 3: Procedimiento de pesca: Redes y nasas.

nasal *adj* **1** De la nariz [1a y b]. *Tb n m, referido a hueso.* | Navarro *Biología* 177: La lámina cribosa del etmoides ocupa la cavidad nasal de la cavidad craneana. Legorburu-Barrutia *Ciencias* 222: Su cabeza [de la ballena] es muy grande y tiene las fosas nasales en la parte superior de la misma. Legorburu-Barrutia *Ciencias* 42: Huesos de la cara ..: dos nasales, en el lomo de la nariz; dos unguis, en el ángulo interno del ojo. **2** (*Fon*) [Articulación o sonido] en cuya pronunciación el aire espirado sale total o parcialmente por la nariz. *Tb n f, referido a consonante.* | Alcina-Blecua *Gramática* 230: Es muy importante la acción del velo del paladar, que puede adoptar una posición de cierre del aire hacia las fosas nasales, articulaciones de tipo oral, o, por el contrario, permitir el paso de dicha corriente hacia las fosas nasales, con lo que el sonido se convierte en una articulación nasal. Alarcos *Fonología* 75: Aparte de la combinación de este rasgo con la localización, suele llevar como concomitante la sonoridad; pero esta solo es pertinente con las nasales raras veces. **b)** De sonido nasal. | Delibes *Madera* 55: Gervasio repetía .. lo que mamá Zita le apuntaba, en tanto los motetes nasales .. de las monjitas maceraban su espíritu.

nasalidad *f* (*Fon*) Condición de nasal [2]. | Alarcos *Fonología* 74: Las nasales añaden un matiz acústico especial gracias al co-resonador formado por las fosas nasales. Esta oposición forma normalmente una correlación de nasalidad, existente en casi todas las lenguas, pero raramente neutralizable. Valencia *HLM* 9.6.75, 31: Domingo .. canta muy bien muchas óperas, pero en "Carmen" tiene dos afinidades "naturales": el carácter ancho, que armoniza con algunos aspectos baritonales de su timbre, y el leve matiz de nasalidad de la declamación cantante francesa.

nasalización *f* (*Fon*) Acción de nasalizar(se). *Tb su efecto.* | ZVicente *Dialectología* 323: Estamos acostumbrados a desdeñar el estudio de la nasalización de los dialectos, cegados por el claro timbre oral del español medio.

nasalizar *tr* (*Fon*) Convertir en nasal [un sonido o fonema oral]. | Alcina-Blecua *Gramática* 291: Vocales nasalizadas. En algunos casos la consonante nasal impregna de nasalidad a la vocal anterior. A. M. Campoy *Abc* 30.11.69, 11: Ni la fotografía, ni los olores siquiera, tienen el poder de evocación de la música que nasalizan tiernamente los viejos gramófonos. **b)** *pr* Convertirse en nasal [un sonido o fonema oral]. | Academia *Esbozo* 28: En determinados contornos donde aparecen consonantes nasales, las vocales en español se nasalizan más o menos plenamente.

nasardo *m* (*Mús*) Registro del órgano, que produce un sonido nasal. | J. PGállego *SPaís* 10.7.77, 33: Hasta que no se ha escuchado un tiento o una sonata de Antonio de Cabezón en los clarines, címbalos, trompetas, octavas, tapadillos y nasardos del impar órgano de Covarrubias, no puede decirse que se ha oído música castellana de órgano en su propia salsa.

nascencia *f* (*Agric*) Nacimiento [de una planta]. | Ybarra-Cabetas *Ciencias* 306: Igualmente procurará [el agricultor] que la temperatura que ha de encontrar la planta en su nascencia y en épocas posteriores sean las [*sic*] que corresponden a la especie vegetal que siembre. MCalero *Usos* 95: Hacían [la semencera] con buen tempero, y ahora a esperar la nascencia.

nascente *adj* (*lit*) Que nace. | GÁlvarez *Filosofía* 1, 85: Sobre las cosas nascentes y perecederas tenemos conocimiento sensible.

nasciturus *m* (*Der*) Pers. que va a nacer. | *Ya* 27.2.83, 3: Con el empleo de la expresión "todos" se limita la posibilidad de una ley que permitiera el aborto, al otorgarse constitucionalmente protección al "nasciturus" sin necesidad de que haya adquirido por el nacimiento la condición de persona.

naso *m* (*lit, raro*) Nariz [1a]. | GPavón *Abc* 3.10.71, 15: Temes que un momento a otro te guiñe el ojo que guiñaba toda la vida, se rasque el naso.

nasofaríngeo -a *adj* (*Anat*) De la nariz y la faringe. | Mascaró *Médico* 34: El contagio ocurre principalmente durante el período llamado "prodrómico", de síntomas iniciales no característicos (catarro ocular y nasofaríngeo).

nasogástrico -ca *adj* (*Med*) Que va de la nariz al estómago. *Gralm referido a sonda.* | B. Beltrán *SSe* 28.10.90, 69: Según la cuantía de la pérdida hemorrágica el facultativo podrá adoptar una pauta de espera y tratamiento medicamentoso, además de la colocación de una sonda nasogástrica.

nasolabial – nativo

nasolabial adj (Anat) De la nariz y los labios. | MVictoria *Ya* 18.5.75, 63: Una cosa que se acentúa mucho es el surco nasolabial, que es la línea que parte de las dos comisuras de la nariz y baja a los costados de la barbilla.

nasserismo m Doctrina o actitud política propia de Gamal Abdel Nasser (presidente egipcio, † 1970). | VMontalbán *Almuerzos* 122: Circulan por Madrid nuevos rumores de golpe ..; esta vez es nasserismo; es decir, jóvenes oficiales que quieren una tercera vía, nacionalista y en cierto sentido revolucionaria.

nasti adv (col, humoríst) Nada. *Frec en la constr* ~, MONASTI, o ~ DE PLASTI. | Aristófanes *Sáb* 4.1.75, 40: Como no hay una Ley de Radio, las iniciativas dependen del talante .. de unos señores que cortan el bacalao ..; y así, de libertad de expresión, de derechos del oyente y de capacidad de información, nasti, monasti. Llovet *Tartufo II* 35: –¡Qué bien hablas! –Es que tengo las vértebras en su sitio..., que tú nasti de plasti.

nastia f (Bot) Movimiento de repliegue de las hojas o flores de una planta debido a un estímulo externo, esp. la falta de luz o un choque. | Alvarado *Botánica* 36: Las nastias son encorvamientos, acodamientos o plegamientos de órganos vegetales de naturaleza foliar, que se realizan bajo la influencia de un estímulo exterior.

nata f **1** Sustancia espesa y untuosa de color blanco amarillento que se forma sobre la leche cuando se deja en reposo. | *Cocina* 28: Una vez cocida y enfriada la leche .., se recoge la nata formada con una espumadera y se echa en un tazón de loza. **b)** Nata de leche cruda batida con azúcar hasta convertirla en una masa esponjosa. | *Ama casa 1972* 328: Almuerzo: Arroz con conejo. Buñuelos de sesos. Ensalada mixta. Frambuesas con nata.
2 Capa más espesa que se forma sobre una sustancia más o menos líquida. | *Cocina* 539: Se pone a enfriar la salsa, moviendo para que no forme nata. Umbral *Ninfas* 246: Quizá este era el yo nuevo que estaba empezando a cuajar ya en mi superficie, como una nata.
3 (jerg) Semen. | Berenguer *Mundo* 165: Los machos con puntas los mataban todos, o estaban plomeados de las batidas, y el que podía dar el salto no le quedaba nata.

natación f Acción de nadar (sostenerse avanzando en el agua mediante el movimiento del cuerpo). | Bustinza-Mascaró *Ciencias* 114: Algunas medusas tienen un velo o repliegue en el borde inferior de la umbrela, que al contraerse facilita la natación. **b)** Deporte que consiste en nadar. | *Economía* 312: Entre los deportes, .. podemos decir, en general, que los más convenientes para la mujer son el tenis y la natación.

natal adj [Lugar] en que se ha nacido. | Laín *España* 23: La tierra natal, un dulce y bello regazo donde podían descansar del áspero cuidado de ser españoles.

natalicio -cia (lit) **I** adj **1** (raro) Del día del nacimiento [de una pers.]. | Ribera *SSanta* sn: Credo. Solo se dice en los domingos, fiestas de 1ª clase, en las fiestas del Señor y de la Virgen y en las natalicias de Apóstoles y Evangelistas.
II m **2** Nacimiento. *Siempre referido a pers.* | *Abc* 30.12.65, 90: Natalicio. La señora de Saldaña .. ha dado a luz un varón.

natalidad f **1** (Estad) Número de nacimientos en una población y período determinados. | *Puericultura* 6: La vitalidad de un pueblo depende de la disminución de la mortalidad infantil, por una parte, y del aumento de la natalidad, por otra.
2 (admin) Premio que se concede a un empleado por haber tenido un hijo. | *HLSa* 9.11.70, 2: Sus prestaciones (jubilación, viudedad, natalidad, nupcialidad, defunción, invalidez y becas) son compatibles con cualquie[r]a otras.

natalista adj Que tiende a favorecer el aumento de la natalidad [1]. | PLozano *Ya* 11.6.74, 8: La Iglesia no es natalista; no dice a cada cristiano que debe tener cuantos hijos pueda. *PMé* 10.10.88, 7: Alianza Popular propone una política natalista.

natatorio -ria adj **1** De (la) natación. | V. Díez *Ya* 15.11.70, 41: Con la llegada del frío se inicia una casi total paralización de las prácticas natatorias de nuestros deportistas.
2 *En los peces:* [Vejiga] que sirve para mantener el equilibrio a un nivel determinado. | Bustinza-Mascaró *Ciencias* 173: Carecen [los tiburones] de vejiga natatoria, ese órgano para la flotación que tiene la sardina.

natero -ra I adj **1** De (la) nata [1]. *Tb n f, referido a vasija.* | Seseña *Barros* 53: Fabrica [el alfarero de Villafeliche] pucheros de siete tamaños, llamados de doce, presero .., viudo, miajero, ventidoseno, natero y boliche. R. M. FFuentes *Nar* 10.76, 31: Las nateras: consiste en robar las vasijas de barro que contienen leche. [*En Valle Gordo, León.*] Mateo *Babia* 180: A eso unían algunos estropicios: la natera llena de agujeros, dos carros de leña seca que había aparecido mojada por la mañana.
II m y f **2** Pers. que elabora o vende nata [1]. | R. Serrano *SYa* 11.12.88, 65: Un grupo de dominicas elabora figuritas de mazapán .. Sor María Ester .. atiende a Elías, el "natero", que acaba de hacer acto de presencia en el obrador.

natillas f pl Dulce de consistencia cremosa, hecho con yemas de huevo, leche, azúcar y frec. harina. | Vega *Cocina* 61: Otros productos de la repostería alavesa son los vasquitos, .. natillas del Zadorra.

natío -a adj (lit, raro) Nativo [2]. | GCaballero *Cabra* 33: La Fuente del Río es otro parque, en la carretera de Monturque a Alcalá la Real. Era el paseo frecuente de Valera para recordar su niñez y acariciar su paisaje natío.

natividad f (lit) Nacimiento. *Referido gralm a la Virgen, San Juan Bautista y esp a Jesucristo.* | F. SSampedro *Abc* 30.12.65, 88: Hubo profusión de fuegos de artificio anunciando la natividad del Niño. Ribera *Misal* 1291: 8 de setiembre. La natividad de la Santísima Virgen. Torrente *Panorama* 241: D'Ors prefirió, por afinidad espiritual, la [cultura] italiana y la francesa, cuya vecindad e influencia recogió seguramente en sus catalanes años mozos. La natividad catalana tiene un sentido de fortuna o destino en el desarrollo del pensamiento dorsiano.

nativismo m **1** (Filos) Innatismo. | * El nativismo defiende la existencia de ideas innatas.
2 Política que protege o favorece a los nativos de un lugar. *Referido esp a EE.UU.* | F. Blázquez *Ya* 15.2.75, 10: En los estados del Sur se inició en seguida y de manera más virulenta, si cabe, una nueva campaña de "nativismo". "Que los negros se queden en el lugar que les corresponde", decía uno de las originales "slogans".

nativista adj De(l) nativismo. | * La doctrina nativista. * Se le acusa de seguir una política nativista. **b)** Adepto al nativismo. *Tb n.* | Pinillos *Mente* 48: La disputa entre nativistas y empiristas ha ocupado siempre un destacado lugar. Nativistas como Descartes creían que el hombre venía a la vida dotado de ciertas ideas innatas.

nativo -va adj **1** Nacido [en un lugar (compl DE)]. *Frec referido a individuos de pueblos poco civilizados. Tb n.* | J. Hermida *Act* 25.1.62, 23: La jerarquía nativa del Congo de Leopoldville y Katanga comprende seis arzobispos, veintisiete obispos. Goytisolo *Recuento* 588: En la Costa Brava .., los nativos, la gente de los pueblos, tardó incluso años en enterarse de que los primeros turistas llegados a sus playas no eran forzosamente unos potentados.
2 [Lugar] en el que ha nacido [una pers. u otro ser vivo (compl de posesión)]. | DPlaja *Literatura* 486: Manuel Machado .. Hermano de Antonio, da a sus versos, de factura modernista, los temas musicales de su Andalucía nativa. L. Riber *DBu* 28.3.56, 6: En sus nativos riscos y asperezas, en la esquividad y en el apartamiento ignorado del Mundo, el brezo abre una flor menuda llena de gracia. **b)** Propio del lugar nativo. | CBonald *Ágata* 82: No tardó demasiado Perico Chico, haciendo uso de sus nativas prácticas marismeñas, en dar con la difícil pista del normando. * Nunca olvidó las costumbres ni la lengua nativas.
3 Innato. | Gambra *Filosofía* 119: El hábito no es nativo ni específico, sino que se adquiere individualmente con la reiteración y el aprendizaje.
4 [Metal o mineral] que se encuentra en la naturaleza sin estar combinado con otros. | Ybarra-Cabetas *Ciencias* 63: Plata nativa. Aunque a veces se presenta cristalizada, es más corriente en masas reticulares o musgosas. **b)** Propio del metal o mineral nativo. | Alvarado *Geología* 28: Figura como primer grupo [en la clasificación de los minerales] el

nato – natural

llamado Elementos, formado por los cuerpos simples que se encuentran en estado nativo (oro, platino, mercurio, etc.).

nato -ta *adj* **1** Siguiendo a un n que designa pers que ejerce un cargo: Que es [lo expresado por el n.] en razón de su condición o empleo. | Tamames *Economía* 399: El gobernador del Banco es al propio tiempo el presidente nato de los consejos generales del Instituto de Crédito a Medio y Largo Plazo y del Instituto de Crédito de las Cajas de Ahorro.
2 *Siguiendo a un n que designa pers que posee una condición moral:* Que es [lo expresado por el n.] de manera innata. | Umbral *Ninfas* 53: Le dijo que yo era un escritor nato. PFerrero *MHi* 7.69, 70: Valle-Inclán era un señor nato.

natoso -sa *adj* (*lit, raro*) De nata o como de nata [1]. | Aparicio *Mono* 40: Un dedo meñique se movía, .. un dedo meñique blanquísimo, con aspecto blando, natoso y corcovado que se movía haciendo insólitas señas.

natura (*lit*) **I** *loc adj* **1 contra ~**. Antinatural. Referido frec a la relación homosexual. | C. SFontenla *Sáb* 8.3.75, 76: Que cuando se habla de "apertura" resulte que esta consiste, para algunos, en sugerir unas relaciones de las llamadas "contra natura" .. es algo altamente significativo. Goytisolo *Recuento* 577: Tras una adolescencia libertina en la que se entregaba al juego y a los pequeños hurtos y a pensamientos y prácticas concupiscentes, sin excluir aquellas contra natura, .. acabó pervertidor y pervertido. *Ya* 27.11.86, 8: Se formaría una oposición regionalista más fuerte que dicho gobierno de coalición, que por cierto sería contra natura. [*En el texto*, contranatura.]
II *loc adv* **2 de ~**. Por naturaleza. | Umbral *País* 4.11.76, 20: Ya de natura se es de izquierdas o de derechas, que lo da la cuna.

naturaca *adv* (*col, humoríst*) Naturalmente [2]. | GPavón *Reinado* 14: –¿Yo podré ir también? .. –Naturaca. ZVicente *Mesa* 123: Dijo que esperaba que muy prontito el abuelo echase las inmundicias por la boca .. Pero, naturaca, se columpió.

natural I *adj* **1** Propio de la naturaleza [1]. | Gambra *Filosofía* 114: El desarrollo de los seres vivos, que es su vida, se cumple tendiendo hacia aquellos otros seres que convienen a ese desarrollo y valiéndose de ellos para su perfeccionamiento o cumplimiento de sus potencias naturales. Gambra *Filosofía* 118: El estímulo natural, para la secreción de saliva es, en un animal, el olor del alimento. Medio *Bibiana* 11: Bibiana se fija en sus ojos, cerrados obstinadamente, demasiado apretados los párpados para fingir la relajación natural del sueño. **b)** Espontáneo o instintivo. | Delibes *Perdiz* 144: La caza empezó a dejar de ser un hecho natural y pasó a ser un hecho reglamentado. **c)** Esperable o lógico. | Olmo *Golfos* 75: Tres patatas cayeron desde el saco al suelo. La primera vino a parar delante de mis pies, tocándolos, como si la cosa fuera lo más natural del mundo. **d)** (*Ling*) [Lengua] que se ha desarrollado históricamente como medio de comunicación de una colectividad. *Se opone a* ARTIFICIAL. | Alcina-Blecua *Gramática* 116: El método deductivo lleva consigo la necesidad de comprobar las teorías en su adecuación a la realidad de las lenguas naturales.
2 Relativo a la naturaleza [2, 3 y 4]. | Legoburu-Barrutia *Ciencias* 3: Quisiéramos repetir unas sugerencias que ya apuntábamos en nuestros libros de Ciencias Naturales para los dos primeros años de Bachillerato. Gambra *Filosofía* 71: Filosofía natural. VIII. El espacio. **b)** Producido por la naturaleza sin intervención del hombre. | Legoburu-Barrutia *Ciencias* 23: Los seres naturales. Con los seres que nos rodean formados por la acción de Dios, como son el Sol, la Tierra, los animales, las plantas. Los seres o cosas que fabrica el hombre son seres artificiales.
3 Tal como se produce en la naturaleza, o sin elaboración o transformación especial. | *Economía* 97: Los guantes de piel color natural .. se pueden limpiar con cualquiera de los líquidos que se venden en el comercio para limpiar pieles incoloras. **b)** [Muerte] que se produce por enfermedad y no por accidente o violencia. | *País* 2.3.77, 40: Para los querellantes no es posible hablar de una muerte natural o un ensencadenamiento casual de la enfermedad. **c)** (*Mús*) [Nota] no modificada por sostenido ni bemol. | FCid *Abc* 18.2.68, 35: "¿Se ha dado cuenta del transporte?" "¡El «la» natural, lo convirtió en bemol!" **d)** (*admin*) [Día] hábil o inhábil, indistintamente. *Se opone a* HÁBIL. | *BOE* 18.1.77, 1178: Los aspirantes presentarán sus solicitudes .. dentro del plazo de veinte días naturales, contados a partir del siguiente a la publicación de esta convocatoria. **e)** (*col, humoríst*) [Tamaño] muy grande. *Frec en la constr* DE TAMAÑO ~. | ZVicente *Traque* 192: Tienen esas cocinas .., y neveras de tamaño natural, ya sabes que la suegra se le quedó dentro de una. **f)** [Parque] ~, [persona] ~ → PARQUE, PERSONA.
4 Que se muestra tal cual es, sin afectación. | CNavarro *Perros* 48: Ambos procuraron parecer lo más naturales posible. Salvador *Agitador* 173: Se acercó a él, obligando a toda la sangre de sus venas, a toda su capacidad de fingimiento, para hacer naturales sus movimientos. **b)** [Cosa] que produce impresión de verdad o de simplicidad. | *Sp* 19.7.70, 50: Son obras más sencillas. Más naturales. Más espontáneas. Cunqueiro *Un hombre* 10: Me llevaron .. ofrecido a los santos fraternos con unas orejas postizas de masa de bollo suizo .., y aquí estoy ahora con ellas, bien naturales.
5 [Pers.] nacida [en un lugar (*compl* DE)]. *Tb n.* | GPavón *Hermanas* 32: El marido de doña María Remedios, natural de Tarancón, murió después de la guerra. GNuño-Marco *Soria* 147: Los naturales del pueblo se descalzan, los pies desnudos pisan parsimoniosamente las brasas litúrgicas.
6 [Hijo o descendiente] nacido de padres no unidos en matrimonio. *Tb se dice de los parentescos que se crean en esta forma.* | GLuengo *Extremadura* 94: Don Alfonso Téllez de Meneses, casado con doña Teresa Sánchez, hija natural de Sancho I de Portugal. Ramírez *Derecho* 29: Tampoco pueden contraerlo [matrimonio] entre sí: 1) los ascendientes y descendientes, legítimos o naturales. *Compil. Navarra* 44: La acción para obtener la declaración judicial de la paternidad o maternidad natural podrá ser promovida: 1. Por el hijo durante su vida.
7 [Ley] basada exclusivamente en la razón individual y que constituye los primeros principios de moralidad. | Gambra *Filosofía* 196: La ley natural no es suficiente, muy a menudo, para regular en concreto la vida de los hombres .., por consistir en principios muy generales que requieren ser adaptados a la vida concreta. **b)** [Derecho] basado en la ley natural. | Gambra *Filosofía* 216: Derecho natural es aquel que dimana de la recta razón fundada en la ley natural. **c)** [Religión o teología] basada exclusivamente en la razón. | Gambra *Filosofía* 19: La [metafísica] especial se divide en cosmología, psicología y teología natural o teodicea.
8 (*Mat*) [Número] entero positivo. | Marcos-Martínez *Aritmética* 11: El número natural expresa cuántas unidades contiene una colección de objetos distintos. Al número natural también se le llama número entero positivo. **b)** De (los) números naturales. | Marcos-Martínez *Aritmética* 13: Los números uno, dos, tres, cuatro, cinco, seis, siete, ocho, nueve .., colocados en este orden, forman la serie natural de los números.
9 (*Taur*) [Pase] en que el torero despide al toro por el mismo lado de la mano en que tiene la muleta. *Frec n m.* | DCañabate *Abc* 26.8.66, 47: Le toreó con la derecha, salvo dos o tres frustrados naturales.
10 (*hist*) *En el régimen feudal:* [Señor] bajo cuyo dominio ha nacido un siervo, o que, por su linaje tiene derecho al señorío. | Vicens *HEspaña* 1, 268: El mismo Occidente dio siempre gran valor a la condición de "señor natural", o sea aquel bajo cuya protección se había nacido. DPlaja *Literatura* 56: Frente a esta concepción germanista del derecho vigente en León, Castilla opone un criterio romanista .., según el cual el rey es el señor natural, que obliga a un vínculo de vasallaje.
II *m* **11** Condición o carácter [de una pers.]. | GPavón *Reinado* 33: Aquí la gente es muy llana y de buen natural. Cela *Viaje andaluz* 313: Los negros de Gibraleón (¿doscientos?) son de espigada facha y natural muy honesto y sosegado.
12 (*Arte*) Modelo constituido por la pers. o cosa misma que es tema de la obra. *Normalmente en la constr* DEL ~. | Camón *LGaldiano* 290: Su rostro no parece copiado del natural. Y, según Lafuente Ferrari, es obra póstuma, con la mascarilla del poeta como modelo.
13 (*hist*) *En el régimen feudal:* Súbdito por naturaleza. | CBonald *Ágata* 125: Apareció un día en el poblado una polícroma banda de peregrinos de raza no aria, mandada por dos prebostes .. a los que acompañaban en número de medio centenar .. sus naturales y vasallos.

naturaleza – naturalizar

III *adv* **14** (*col*) Naturalmente [2]. | Olmo *Golfos* 113: –Yo que tú le había sacao a ese un duro. –¡Natural! ¡Pero es‑ te es un vaina!
15 al ~. En estado natural [3a], o sin transformación o elaboración especial. *Tb adj.* | I. Lerín *SPaís* 30.1.77, 18: El buen café tiene cuatro cualidades: el color, la fuerza, el sa‑ bor y el aroma. Ningún café los posee al natural. Ma. Pineda *ByN* 14.11.93, 112: Una lata de melocotón al natural.
16 al ~. (*Heráld*) Con sus colores propios. *Tb adj.* | *Abc* 8.3.80, 70: Entado en punta, de plata, y una granada al na‑ tural, rajada de gules, tallada y hojada de dos hojas de sino‑ ple, que es de Granada.
17 de ~. Naturalmente o por naturaleza. | A. Casanovas *ByN* 31.12.89, 94: Retama de Jerusalén. Se trata de un árbol de pequeñas dimensiones .. Podemos mantenerlo en for‑ ma de arbusto mediante una poda severa. De natural tiene una forma extendida.

naturaleza (*frec con mayúscula en aceps 2^a y 4^a*) *f* **1** Conjunto de caracteres que constituyen la esencia de un ser. | Gambra *Filosofía* 15: Este problema, radical, sobre la na‑ turaleza del ser y sobre su origen y sentido, constituye el ob‑ jeto formal de la filosofía. Cunqueiro *Un hombre* 23: En el pensamiento de Orestes, la espada tendría la naturaleza del rayo. SLuis *Doctrina* 32: Decir que Jesucristo tiene doble na‑ turaleza es lo mismo que decir que es verdaderamente Dios y hombre a la vez. SLuis *Doctrina* 29: El pecado personal de Adán es, en nosotros, pecado original, es decir, de origen o de naturaleza, como el tener dos manos, etc. **b) segunda ~.** Conjunto de hábitos cuya fuerza es semejante a la de los instintos. | Gambra *Filosofía* 119: Sin el hábito, la vida se‑ ría imposible, por su extrema dificultad y consciencia mo‑ triz. De aquí que se haya calificado al hábito de segunda naturaleza.
2 Principio activo que crea y organiza según un cierto or‑ den todo lo existente. *Tb* (*lit*) LA MADRE ~. | Castillo *Polis* 155: Las divinidades germánicas eran representación antro‑ pomórfica de las fuerzas de la Naturaleza. Olmo *Ayer* 89: ¿Pobriña tú? ¿Con esos jamones que la madre naturaleza te ha dao?
3 Conjunto de leyes o causas físicas o fisiológicas que de‑ terminan el funcionamiento de un organismo. | * Llega una edad en que la naturaleza empieza a ceder y luego todo es caer en picado. **b)** Constitución o contextura física [de una pers.]. | *País* 11.1.77, 6: Me siento cansada y vieja, sin serlo del todo, pero las penas también minan las mejores natura‑ lezas, y eso me pasa a mí. **c)** Carácter o temperamento. | Cela *Inf* 27.5.77, 23: Siempre fui bastante partidario de los remedios caseros .. De mi tía segunda doña Luftolde recibí muy sabios ejemplos, pero pienso que, a lo mejor, mi natura‑ leza no es propensa a las terapéuticas heroicas.
4 Conjunto de todo lo que existe o se produce sin inter‑ vención del hombre. | Delibes *Caza* 71: Hay que conservar la perdiz roja para todos .. Todavía, creo, estamos en condi‑ ciones de hacer parir a la naturaleza libre; no la hemos este‑ rilizado. FQuintana-Velarde *Política* 41: La tierra o natura‑ leza es el segundo de los factores de producción .. Por tierra o naturaleza se entiende el conjunto de bienes económicos utilizados en la producción, tal y como el hombre los encuen‑ tra en el medio que habita. **b)** Campo. *Se opone a* POBLA‑ CIÓN. | Legorburu-Barrutia *Ciencias* 4: La lección debe de‑ senvolverse sobre los gráficos correspondientes .. Claro que mejor sería desarrollarlas [las ideas] sobre la realidad de las cosas y en plena Naturaleza, pero esto no es posible todos los días ni en todos los sitios. **c) ~ muerta.** Pintura que re‑ presenta seres inanimados o animales muertos. | Savarín *SAbc* 8.2.70, 48: En las paredes cuelgan cuadros del pintor Andrés Parladé. Naturaleza muerta de caza.
5 Condición de natural [1]. | Chamorro *Sin raíces* 45: Nadaban desnudos. Sin rubores .. Vivían en estado de naturaleza.
6 Condición de natural [5] de un lugar. *Normalmente en lenguaje admin.* | *DBa* 28.9.75, 3: Los certificados de defun‑ ción se han unido a la causa, cuyo instructor tiene un plazo de veinticuatro horas para expedir una certificación en la que consten la naturaleza, filiación y otras circunstancias del reo. RMoñino *Poesía* 40: Apenas si podemos decir de él sino lo que se desprende del prólogo, su naturaleza cas‑ tellana y la residencia en tierras levantinas. **b) carta de ~** → CARTA.

naturalidad *f* Cualidad de natural [4]. | Laforet *Mujer* 21: Sonrió para cargar de naturalidad las últimas fra‑ ses. Arce *Testamento* 19: Cuando se incorporó preguntó a su compañero con naturalidad: –¿Le pego?

naturalismo *m* **1** (*TLit*) Corriente del s. XIX que tiende a retratar la realidad en sus más crudos aspectos con una ideología determinista. | DPlaja *Literatura* 454: "La cuestión palpitante." Con este título publicó doña Emilia Pardo Bazán un libro sobre el naturalismo francés que, acau‑ dillado por Emilio Zola, influía sobre nuestros escritores.
2 (*Arte*) Tendencia a la representación realista de la na‑ turaleza. | Angulo *Arte* 1, 50: Dentro del estilo uniforme te‑ bano, forma un paréntesis por su intenso naturalismo la es‑ cultura de tiempos de Amenotes IV, el faraón revolucionario del culto del Sol.
3 (*Filos*) Doctrina que atribuye a la naturaleza valor ab‑ soluto, excluyendo lo sobrenatural. | Valcarce *Moral* 206: El naturalismo pedagógico, que excluye todo elemento sobrena‑ tural en la formación de la juventud.

naturalista I *adj* **1** (*E*) Del naturalismo. | DPlaja *Literatura* 433: El jefe de la escuela naturalista francesa y su mejor teorizador es, sin duda, Emilio Zola. Angulo *Arte* 1, 46: La vena naturalista del escultor egipcio, oprimida cada vez más por el arte oficial, produce todavía ahora varias obras capitales de este tipo. J. Vasallo *Bal* 21.3.70, 25: De‑ ben reformarse los Seminarios en forma procedente, para que se les eduque con equilibrio entre las corrientes natura‑ listas y la práctica del recogimiento y la piedad. **b)** Adepto al naturalismo. *Tb n.* | Vicens-Nadal-Ortega *HEspaña* 5, 394: El valenciano Vicente Blasco Ibáñez (1867-1928), que intervino en política en el campo republicano, fue el últi‑ mo naturalista.
2 Basado en la naturaleza [2 y 4]. | Castillo *Polis* 154: En cuanto a la religión germánica, era naturalista, basada en el animismo, con muchos puntos de contacto con la indogermá‑ nica en general.
3 (*raro*) De (las) ciencias naturales. | *Abc* 4.12.70, 94: Museo naturalista Critikian .. Exposición y venta: acua‑ rios, peces.
II *m y f* **4** Especialista en ciencias naturales. | Mercader‑ DOrtiz *HEspaña* 4, 192: El citado polígrafo [Feijoo] confe‑ saba que solo conocía la doctrina newtoniana a través de un compendio de S'Gravesande. Había naturalistas, pero ello no compensaba la atrofia de las disciplinas matemáti‑ cas y físicas.

naturalísticamente *adv* En el aspecto natura‑ lístico. | PAyala *Abc* 25.5.58, 3: Como genitor y procreante que fue de las ciencias naturales y de la biología, Aristóteles considera al hombre naturalísticamente, como un animal, pero un animal político y racional.

naturalístico -ca *adj* De (la) naturaleza [1, 2, 3 y 4]. | GÁlvarez *Filosofía* 1, 129: En el Peripato posterior se acentúa la interpretación naturalística de Aristóteles y se impulsa la investigación en el campo de las ciencias expe‑ rimentales.

naturalización *f* Acción de naturalizar(se). | An. SHaro *Ya* 18.6.75, 8: Se edificará, pues, una nueva ciudad sobre Les Halles .. El tiempo, que es el alcalde honorario de todas las ciudades, irá asimilando a la imaginación y a la memoria colectivas este trozo de París 1980. Y habrá un mo‑ mento en que, silenciosamente, promulgará su edicto de na‑ turalización. Lapesa *HLengua* 253: Al siglo XVI corresponde la naturalización del superlativo en *-ísimo*.

naturalizar *tr* **1** Admitir como natural [a un ex‑ tranjero]. | *País* 12.12.76, 8: La pérdida de la nacionalidad no es aplicable más que a extranjeros naturalizados. **b)** *pr* Adquirir [un extranjero] los derechos y deberes de los natu‑ rales de un país. *Frec con un compl* EN. | Gambra *Filosofía* 274: Los indios habían negado a los españoles los derechos que les correspondían, como miembros de la comunidad uni‑ versal, a residir en América y, naturalizarse en dichas tie‑ rras. Mercader-DOrtiz *HEspaña* 4, 7: Se dieron facilidades también a los extranjeros para establecerse en España y naturalizarse.
2 Admitir como propia de un país o de un lugar [una cosa extranjera]. | L. LSancho *Abc* 20.7.75, 4: No hacen autori‑ dad los editores, norteamericanos, de ese diccionario. Inclu‑

yen en sus lexicones muchos vocablos todavía no naturalizados por la Academia.
3 Hacer que [una especie animal o vegetal (*cd*)] adquiera las condiciones necesarias para vivir y perpetuarse en un lugar distinto de aquel de donde procede. | *TSeg* 1.11.79, 24: Bajo los árboles aparecen numerosos arbustos: lágrimas de la virgen y forsitias naturalizadas, mimbreras, zarzamoras.
4 Dar carácter natural [a algo (*cd*)]. | C. Lázaro *SAbc* 4.11.84, 45: En un jardín naturalizado se puede elegir un árbol de porte irregular, y un árbol regular si el jardín es geométrico. Basanta *SAbc* 26.2.93, 10: El mareo por haber ido leyendo palabras en el diccionario .. en el coche con su padre y la debilidad por el poco dormir a causa del estudio naturalizan su imaginario encuentro con un caballero andante.
5 Disecar [animales]. *Tb abs.* | F. Mora *Inf* 2.4.71, 29: Destacamos las [prohibiciones] más importantes: Cazar en época de veda .. El empleo no autorizado de rapaces nocturnas (vivas o naturalizadas). MFVelasco *Peña* 122: Envió [al Museo] solamente la piel y la cabeza descarnada; todo ello bien rociado de desinfectantes. Lo quieren para naturalizar y por eso piden un buen ejemplar.

naturalmente *adv* **1** De manera natural [1]. | DPlaja *Literatura* 334: Rousseau .. Su filosofía se basa en la afirmación revolucionaria de que el hombre es naturalmente bueno. Es la sociedad la que le pervierte. Cunqueiro *Un hombre* 10: Creciendo todo mi cuerpo naturalmente y mi cabeza a compás. **b)** Lógica o consecuentemente. | Arce *Testamento* 47: Naturalmente, no respondí.
2 Indica que lo que se acaba de decir es algo irrefutable o fuera de toda duda. *Frec se emplea como fórmula de afirmación o asentimiento*. | Olmo *Golfos* 143: ¡Hace unos días! ¡Naturalmente que hace unos días eso valía una peseta! Pero, hijito, las cosas suben.

nature (*fr; pronunc corriente,* /natǘr/) *adj invar* Natural (tal como se produce en la naturaleza, sin elaboración o transformación especial). *Referido a vinos. Tb n m.* | *Sur* 4.8.89, 17: Aumentará la producción ante la creciente demanda del Brut "nature". *Cam* 11.5.81, 107: Un brut está en su momento ideal a los cuatro años, y un nature de cinco p[ara] arriba.

naturismo *m* **1** Doctrina que preconiza el empleo exclusivo de los agentes naturales para la conservación de la salud y el tratamiento de las enfermedades. | *GTelefónica* 17: Médicos .. Naturismo. Dr. Palafox S.
2 Doctrina que preconiza la vuelta a la naturaleza en la manera de vivir. | FMora *Abc* 12.9.68, 21: La relajación sexual o, si se quiere, el retorno al naturismo genésico del hombre primitivo, es la clave del mestizaje americano.

naturista *adj* **1** De(l) naturismo. | Delibes *Madera* 154: Tío Jairo continuaba saliendo al campo con papá Telmo, aunque con intermitencias cada vez más frecuentes. Las exigencias de la vida naturista empezaban a fastidiarle. **b)** Partidario del naturismo. *Tb n.* | Delibes *Madera* 128: Así que papá Telmo declaró "el estreñimiento no es problema de vientre sino de cabeza", su alborozo se desbordó, y .. cuando papá Telmo se refirió al "suculento placer de andar descalzo sintiendo bajo las plantas de los pies el magnetismo de la tierra" era ya un ferviente naturista.
2 Que practica el naturismo [1]. *Tb n.* | *Van* 10.2.77, 20: La discrepancia entre los socios surgió al examinarse la cuestión planteada por un grupo de titulados naturistas, que publicaron en los periódicos un llamamiento para la creación de playas destinadas exclusivamente a la práctica del nudismo total. *DMé* 23.11.93, 1: Basta ser ATS. El Constitucional confirma que el naturista no tiene que ser médico.

naturópata *m y f* (*Med*) Especialista en naturopatía. | G. Monti *SAbc* 20.10.68, 25: He aquí .. la descripción hecha de estos experimentos por un naturópata actual. *TMé* 12.10.90, 12: Condenado un naturópata mallorquín que se hacía pasar por médico.

naturopatía *f* (*Med*) Tratamiento de enfermedades mediante el uso de agentes naturales, con exclusión de drogas y cirugía. | *Rio* 2.10.88, 34: Acupuntura. Naturopatía. Homeopatía. Laserterapia.

naufragar *intr* **1** Hundirse o destruirse [una embarcación] por un accidente marítimo. | Arenaza-Gastaminza *Historia* 164: Luego se descubrieron Cuba .. y Haití, denominada La Española. Allí construyó el fuerte de Navidad con los restos de la Santa María, que había naufragado. **b)** Sufrir [alguien] el hecho de naufragar la embarcación en que viaja. | GGual *Novela* 294: Ella y Teágenes .. se dirigían a Delfos para cumplir con el año consagrado a su cargo religioso, cuando naufragaron.
2 Fracasar [algo, esp. una empresa o negocio). | *País* 5.3.77, 6: La prohibición del partido que dirige Santiago Carrillo arrastraría hacia la inhibición electoral a otros grupos de la Oposición, y haría naufragar los vivos deseos de homologarse con Europa del sistema. I. Fuente *País* 23.6.83, 26: El matrimonio había naufragado prácticamente a los seis meses. **b)** Fracasar [alguien en algo, esp. en una empresa o negocio]. | Gironella *SAbc* 22.2.70, 10: Un escritor fenomenal como Sartre, capaz de sacar partido de la nada y de la náusea, en su ensayo "¿Qué es la literatura?" naufraga como un principiante.

naufragio *m* **1** Acción de naufragar. | Laiglesia *Ombligos* 103: Unos nuevos tirantes para los pantalones de la Marina, que ayudan a flotar en caso de naufragio, porque son de goma. CSotelo *Muchachita* 263: –Porque usted lleva ya muchos años en la Legación, ¿verdad? –Ya he perdido la cuenta... Desde el naufragio de la Cardona. –¿¡Naufragio...? –Bueno, de alguna manera ha de llamarse.
2 (*raro*) Desgracia o desastre. | Aldecoa *Gran Sol* 115: –Dejadle que se emborrache. –Armará un naufragio –dijo Sas–. Hay que ir a buscarle.

náufrago -ga *adj* Que ha naufragado [1]. *Frec n, referido a pers. Tb fig.* | Laiglesia *Tachado* 54: Y sus habitantes tenían la sensación de ser un puñadito de náufragos en un islote de paz. Mendoza *Ciudad* 155: El caballo que montaba .. resoplaba en forma entrecortada. Este se me muere ahora de las piernas y me quedo aquí, náufrago, se dijo Onofre con aprensión.

naumaquia *f* (*hist*) **1** *Esp entre los romanos:* Espectáculo consistente en un combate naval. | Holgado-Morcillo *Leng. latina* 317: La primera naumaquia fue organizada por César en el año 46 a. de C. Luego se dieron con cierta frecuencia.
2 Lugar destinado a la celebración de naumaquias [1]. | Carnicer *Castilla* 236: Quedan [en Calahorra] restos de una muralla ciclópea y de una posible naumaquia.

nauplio *m* (*Zool*) *En algunas especies de crustáceos:* Larva provista de un solo ojo y tres pares de apéndices. | Ybarra-Cabetas *Ciencias* 340: Nace [el percebe] en forma de nauplio.

nauplius (*lat; pronunc corriente,* /náuplius/) *m* (*Zool*) Nauplio. | Bustinza-Mascaró *Ciencias* 161: Los Entomostráceos son de organización sencilla, sin apéndices abdominales, y nacen en forma de larva libre llamada *Nauplius*.

náusea I *f* **1** Malestar producido gralm. por dilatación estomacal y que va acompañado de ansias de vomitar y abundante segregación de saliva. *Frec en pl.* | Arce *Testamento* 85: Tuve una náusea, después una arcada y vomité un juguillo aceitoso esparcido con trocitos de conserva.
2 Repugnancia o aversión. | * La gente como él me produce náuseas.
3 (*Filos*) *En el existencialismo francés:* Reacción instintiva del individuo frente al disgusto provocado por lo extraño y absurdo del mundo. | Marsé *Montse* 233: ¿Qué hay sino la nada, la náusea y la muerte en esa entrepierna sartriana?
II *loc adj* **4 de ~**. Repugnante. | Aldecoa *Cuentos* 1, 160: El Metro estará imposible, de náusea.
III *loc adv* **5 hasta la ~**. Hartando hasta el extremo de provocar repugnancia. *Referido a cosas exageradamente repetidas. Tb adj.* | Cierva *Raz* 5/6.89, 339: La convivencia política de los españoles está amenazada .. por algo peor: la entrega cultural a la izquierda .. de la Cultura, con la exaltación hasta la náusea de Alberti, Lorca y un solo Machado.

nauseabundo -da *adj* Que produce náuseas. | CBonald *Ágata* 87: Perico Chico se agachó al lado de Manuela y notó un calor nauseabundo saliendo de la carne del normando. Umbral *Ninfas* 70: El mercado era para mí un sitio nauseabundo, donde creía reconocer las miradas reticentes e irónicas de las vecinas.

nausear *intr* (*raro*) **1** Tener náuseas [1]. | Berlanga *Rev* 3.69, 27: Basilio le cebó de tabaco, que la urraca sacudió en dos meneos .. Las comimos [las patatas] sin sal, sin quitar ojo a la urraca, que nauseaba.

nauseoso – navarca

2 Sentir náusea [2]. | MGaite *Ritmo* 238: Yo, en esa época, estaba tan amargado y nauseado de todo que me así como a una tabla redentora a su comprensión.

nauseoso -sa *adj* (*Med*) De la náusea [1] o que la implica. | Alcalde *Salud* 338: Cuando la anorexia es muy marcada, suele asociarse a un estado nauseoso que incluso puede llegar al vómito.

nauta *m* (*lit*) Navegante. | GSosa *GCanaria* 158: Una isla quimérica, móvil y esquiva, que solía emerger de pronto en el confín oceánico, tentando a los nautas con su secreto siempre inédito. ZVicente *Examen* 116: Cargan y descargan la barquilla [del globo] empujando a los nautas a puñados, y, ¡hala, a los cielos!

náuticamente *adv* De manera náutica [1]. | L. Espejo *Sáb* 19.10.74, 43: Las respuestas .. tienen que ser muy significativas. Por el momento, y mientras no se solucione el caso, quedarán, náuticamente hablando, "pendientes de un cabo".

náutico -ca **I** *adj* **1** De (la) navegación. | * Deportes náuticos. **b)** De (la) navegación de recreo. | *Abc* 6.1.68, 68: Salou contará con un club náutico. * Salón Náutico. **c)** [Milla] **náutica**, [rosa] **náutica** → MILLA, ROSA.

2 [Zapato] semejante al mocasín pero sujeto con un cordón. *Frec n m.* | *Prospecto* 3.92, 46: El Corte Inglés .. Zapatos náuticos de piel, colores marino o cuero. A. Montenegro *SYa* 5.8.90, 3: El monarca se lanzó al agua con bañador y náuticos para sacar las velas. *Prospecto* 4.91, 58: El Corte Inglés .. Náutico en piel con piso de casco .. Mocasines en napa con piso de suela.

II *f* **3** Ciencia o arte de navegar. | GTelefónica *N.* 5: Academia de Marina Mercante .. Alumnos de Náutica. Pilotos y capitanes. Guillén *Lenguaje* 17: Marino, que es quien se ejercita en la náutica y el que sirve en la marina.

nautiloideo *adj* (*Zool*) [Cefalópodo] de concha externa muy desarrollada y dividida por tabiques lisos. *Frec como n m en pl, designando este taxón zoológico.* | Alvarado *Geología* 134: La flora [de la Era Primaria] se caracteriza por la abundancia y tamaño que alcanzaron las criptógamas vasculares ..; la fauna, por la riqueza en Crinoideos fijos, Corales, Braquiópodos, Cefalópodos nautiloideos y ammonoideos. Bustinza-Mascaró *Ciencias* 132: Animales semejantes al nautilus, con la concha externa, existieron muchos en pasadas épocas geológicas: los Nautiloideos, aparecidos en la Era primaria, tenían los tabiques de separación de las cámaras lisos.

nautilus *m* Cefalópodo dotado de cuatro branquias y gran número de tentáculos y provisto de una concha dividida interiormente en celdas (gén. *Nautilus*, esp. *N. pompilius*). | Alvarado *Zoología* 34: En los océanos Pacífico e Índico vive un cefalópodo excepcional llamado Nautilus .., en el cual la masa visceral está encer[r]ada en una larga concha cónica ar[r]ollada en espiral. Torrente *Sombras* 37: El gigantesco nautilus, que se alimenta de ballenas.

nava *f* Tierra baja y llana, a veces pantanosa, situada gralm. entre montañas. | Delibes *Perdiz* 119: En la frente, bajo la boina, se le dibujan al Juan Gualberto unos surcos profundos, paralelos, como los de la nava, abajo, en derredor del Castillo.

navaja *f* **1** Cuchillo cuya hoja puede doblarse sobre el mango para que el filo quede guardado. | Laforet *Mujer* 32: El hombre raspaba con su navaja la cazoleta de la pipa.

2 *En algunos animales, esp el jabalí:* Colmillo. | *Hoy* 24.11.74, 14: Me atacó un jabalí cuando estaba de montería .. El cochino se dió media vuelta y me atacó clavándome sus largas "navajas" en el antebrazo derecho y pierna izquierda.

3 *Se da este n a distintos moluscos lamelibranquios de cuerpo y concha muy alargados, que viven hundidos en la arena, cerca de la costa, sobre todo a las especies Solen vagina, S. siliqua y Ensis ensis.* | Bustinza-Mascaró *Ciencias* 130: Animales parecidos al mejillón ..: las almejas, .. las navajas o cuchillos.

navajada *f* Navajazo. | Delibes *Guerras* 172: –¿Qué dijo el forense? –Pues que sí, que había muerto de la navajada, o sea que yo le había matado.

navajazo *m* Golpe dado con una navaja [1]. *Frec la herida producida.* | CPuche *Paralelo* 50: Madrid quedaba allá, blanco, apetitoso, derramado, como el pastel de una boda frustrada, como la sidra vertida en una juerga que termina a navajazos.

navajear *tr* Dar navajazos [a alguien (*cd*)]. | Campmany *Abc* 20.2.85, 21: Uno no sabe .. cuándo verá cómo le desvalijan, le atracan o le navajean.

navajeo *m* Acción de navajear. | * El atraco y el navajeo están a la orden del día. **b)** (*col*) Ataque verbal o maniobrero. | *Ya* 25.4.93, 5: Está habiendo mucho 'navajeo', sobre todo en las circunscripciones pequeñas, en las que tal vez solo obtengamos un escaño, para figurar como cabeza de lista. Carnicer *Castilla* 128: Recomendaba a los españoles, como fórmulas mágicas del progreso, la industrialización y (su navajeo consiguiente) la competencia.

navajero[1] -ra **I** *adj* **1** De (la) navaja [1]. | Aldecoa *Cuentos* 1, 147: En el fondo de la habitación estaban .. varios escudos de madera pintados de azul celeste con la Virgen descalza sobre el filo de una media luna navajera ornada de estrellas. * Albacete es famosa por su industria navajera.

2 De (los) navajeros [4]. | *D16* 26.2.81, 40: Dos matones, denominados en el argot navajero como "capitanes", fueron también detenidos.

II *m* **3** Fabricante de navajas [1]. | *Asturias* 90: Aún quedan algunos talleres de navajeros. Esta artesanía .. ha pasado por fases de esplendor, pues las navajas de Taramundi fueron famosas allende Pajares.

4 Delincuente que utiliza habitualmente la navaja como arma. | VMontalbán *Mares* 180: Hay un navajero por cada habitante. Tenemos clasificadas unas cuantas bandas, pero cada día salen nuevas.

navajero[2] -ra *adj* De Navajas (Castellón de la Plana). *Tb n, referido a pers.* | E. Bonet *Luc* 22.9.64, 4: Llegamos a Navajas .. La mole de la Iglesia, con su cúpula y esbelta torre, se halla colgada sobre una gran peña, presidiendo la vida religiosa de los navajeros.

navajo[1] -ja **I** *adj* **1** [Indio] de una de las principales tribus que habitaban en el oeste de los Estados Unidos y que hoy viven en reservas en los estados de Utah, Arizona y Nuevo Méjico. *Tb n.* | *Fam* 15.12.70, 11: Los navajos, cuya reserva se extiende por los territorios desérticos y los campos de pastoreo de los Estados de Utah, Arizona y Nuevo Méjico. **b)** Propio de los navajos. | Umbral *MHi* 7.68, 34: La representante de Estados Unidos, una piel-roja apócrifa y bellísima, paseó por la ciudad del Ebro sus collares navajos y su falda de flecos.

II *m* **2** Idioma de los navajos [1]. | RAdrados *Lingüística* 268: Hay lenguas que marcan sus relaciones gramaticales principalmente al comienzo (tales el khmer, el navajo y el apache).

navajo[2] *m* Lavajo. | C. Otero *Abc* 9.3.79, 47: Muchos ánsares rezagados .. se reparten para reposar y recobrar fuerzas, en navajos, embalses, ríos y lagunas.

navajudo -da *adj* (*raro*) Que lleva navaja [1]. | Goytisolo *Verdes* 78: Estrecha en general, moñuda, navajuda, de rompe y rasga.

navajuela *f* Molusco semejante a la navaja [3] (*Tagelus dombeii* y *Ensis* o *Solen macha*). | *Prospecto* 4.88: Lata 145 grs. neto, navajuelas al natural. *Ya* 26.1.89, 32: Los servicios municipales del área de Sanidad y Consumo han procedido a inmovilizar varios lotes .. de navajuelas chilenas gigantes marca Co-ba.

naval *adj* **1** De (las) naves o embarcaciones. | Arenaza-Gastaminza *Historia* 161: Las causas de los grandes descubrimientos. Además de los conocimientos geográficos de que hemos hablado se pueden señalar: Los progresos técnicos, como la brújula, la cartografía y la construcción naval.

2 De (la) navegación. | *Sp* 19.7.70, 26: Ninguna gran actividad naval .. puede alcanzar metas importantes sin el concurso de una poderosa industria auxiliar.

navalqueño -ña *adj* De Navalcán (Toledo). *Tb n, referido a pers.* | Em. Jiménez *YaTo* 31.7.81, 40: La actuación de este grupo .. terminó con unas jotas populares castellanas y extremeñas que enardecieron a los navalqueños asistentes.

navarca *m* (*hist*) Jefe de una armada griega. | Sampedro *Sirena* 92: Él justifica sus cenas como relaciones públicas, para cultivar el trato con el navarca, los jefes de los gremios, los poderosos banqueros.

navarra → NAVARRO.

navarrés -sa *adj* De Nava del Rey (Valladolid). *Tb n, referido a pers.* | E. GHerrera *SLib* 26.3.75, 25: Fueron muchos los navarreses que, voluntariamente, formaron en las filas de los Ejércitos de la toma de Granada.

navarrismo *m* Condición de navarro, esp. amante de lo navarro. | C. C. Ridruejo *Inf* 12.4.79, 5: Al parecer, la línea más liberal de U.C.D. pretendía llevar a la presidencia de la Corporación a una persona menos caracterizada por su navarrismo a ultranza como era el caso de Lasunción.

navarrización *f* Acción de navarrizar(se). | Ubieto *Historia* 124: La navarrización de la corte leonesa continuó –por entonces se introdujo la "curia regia"–.

navarrizar *tr* Dar carácter navarro [a algo (cd)]. | A. Otazu *Tri* 9.1.71, 28: No hace mucho que un político preclaro o un conocido comentarista, no recuerdo bien, nos hablaba de que había que "navarrizar" España. **b)** *pr* Tomar carácter navarro. | Ubieto *Historia* 120: Esta serie de cargos fue llevada por los reyes pamploneses a la corte de León, cuando esta se navarrizó.

navarro -rra I *adj* **1** De Navarra. *Tb n, referido a pers.* | Arenaza-Gastaminza *Historia* 115: Ni los navarros ni los aragoneses aceptaron el testamento [de Alfonso I]. **2** Propio del navarro [3]. | Alvar *Español* 71: Las grafías *yn, ynn, uo* .. tiene[n] un inalienable carácter navarro. **II** *n* **A** *m* **3** Variedad navarra [1] del navarroaragonés [3]. | Alvar *Español* 57: En cuanto a la terminación *azo*, creo que es la misma palabra que el vasco moderno *atso*, que en la lengua común significa 'anciana' y en bajo navarro 'abuela'. **B** *f* **4** (*Taur*) Lance de capa en que el torero se coloca frente al toro y, una vez pasada la cabeza, gira en dirección contraria a la del toro para quedar de nuevo frente a él. | PLuis *HLM* 26.3.79, 38: Se lució Patrick con el capote en un quite por navarras.

navarroaragonés -sa (*tb con la grafía* **navarro-aragonés**) I *adj* **1** De Navarra y Aragón. *Tb n, referido a pers.* | ZVicente *Dialectología* 254: También aparecen *lur, lures* en el Noroeste de Castilla, en Campoo, en documentos judíos del XIII. Menéndez Pidal piensa en una colonia de judíos navarroaragoneses. **2** Propio del navarroaragonés [3]. | Alvar *Español* 53: Algunas grafías del documento son navarras .. o responden a evolución fonética navarro-aragonesa. **II** *m* **3** Dialecto romance de Navarra y Aragón. | Alvar *Español* 73: Las fuerzas cooperantes del castellano y el navarro-aragonés determinan la normalización riojana.

navazo *m* **1** Nava pequeña. | Ridruejo *Castilla* 1, 44: Hay también [en Castilla] –claro es– altiplanicies, navazos y vegas llanas ribereñas. **2** (*reg*) Huerto situado en los arenales inmediatos a las playas. | CBonald *Ágata* 214: Escarbaba entre plantones de tomates y acelgas regados con el agua salobre de los navazos.

nave I *f* **1** Embarcación. *Frec fig, esp en la fórmula* ~ DEL ESTADO. | Arenaza-Gastaminza *Historia* 24: Los egipcios, los asirios y otros pueblos de las riberas del Mediterráneo utilizaban las naves fenicias para su incipiente comercio. Sánchez *Pról. Quijote* 14: Se despliega ahora la España del abúlico y piadoso Felipe III, entregado en cuerpo y alma a sus validos o privados, que buscan arbitrios o soluciones más o menos estrafalarias para sanear el empobrecido erario público y llevar a buen puerto la zozobrante nave del Estado. **b)** (*hist*) Embarcación a vela de gran porte y con cubierta. | A. Maura *SAbc* 7.2.88, 14: Reunió el turco una escuadra de 160 galeras, 60 fustas y galeotas, 8 mahonas, 6 naves y gran número de bajeles menores. **2** Aeronave. *Frec en la constr* ~ ESPACIAL. | V. Gállego *ByN* 31.12.66, 46: El "Proyecto Apolo" norteamericano, que ha de llevar a la Luna una nave tripulada, costará no menos de 70.000 millones de dólares. **3** *En grandes edificios:* Espacio interior longitudinal delimitado por los muros o arcadas o pilares. | Tejedor *Arte* 98: Características de la [arquitectura] asturiana son: la planta basilical de tres naves, el arco de medio punto, la bóveda de medio cañón, las ventanas con celosías .. y los contrafuertes exteriores adosados a los muros. **b)** Local amplio y no dividido destinado esp. a usos industriales. | V. Royo *Sp* 19.7.70, 19: La situación actual de Confecciones Gibraltar es la de una de tantas industrias .. La actividad laboral continúa en sus naves.

II *loc v* **4 quemar las ~s**. Tomar una decisión arriesgada e irreversible. | F. LAgudín *SInf* 12.2.77, 3: Este Consejo de ministros ha quemado las naves que hubiesen permitido un viaje de ida y vuelta a la dictadura.

navegabilidad *f* Cualidad de navegable. | F. Presa *MHi* 2.64, 45: Empezaría la carretera donde termina la navegabilidad de los ríos. FQuintana-Velarde *Política* 170: Ya en el siglo XIX los [astilleros] de Bilbao producían a menos coste y con mejores condiciones de navegabilidad que los británicos.

navegable *adj* Que se puede navegar [5 y 6]. *Esp referido a ríos.* | Ortega-Roig *País* 56: A causa del relieve montañoso de la Península .. sus ríos deben salvar frecuentes desniveles, y eso impide que sean navegables. * Solo tres de las embarcaciones eran navegables en aquel momento.

navegación *f* **1** Acción de navegar. | Cunqueiro *Un hombre* 21: Había leído el parte detallado de la navegación y arribo de una nave con pasas de Corinto. Ridruejo *Memorias* 37: A Ponce no solo le veíamos en el café de mediodía, sino también, de vez en cuando, en nuestras navegaciones nocturnas. **2** Ciencia o arte de navegar. | Arenaza-Gastaminza *Historia* 24: Fenicia fue un pueblo "botado al mar por su geografía". La navegación y el comercio fueron pronto su casi exclusiva actividad. Tejedor *Arte* 163: Leonardo da Vinci, un genial precursor y excepcional hombre de ciencia en diversos trabajos, como los relativos a la navegación aérea y submarina.

navegador -ra *adj* Navegante. *Tb n.* | Cela *Viaje andaluz* 316: Cartaya es tierra de marismas, como Huelva; estos países en los que la tierra y el mar se casan, o se aconchaban .., suelen ser cuna de buenos navegadores. García *Abc* 9.11.75, sn: Fray Luis tenía un alma navegadora y navegante. Era un marinero en tierra.

navegante *adj* Que navega [1 y 2]. *Frec n, referido a pers.* | VMontalbán *Pájaros* 255: Estaba allá como jefe de la oficina de contratación de barcas navegantes por los canales. Pericot *HEspaña* 1, 41: Hay que pensar en navegantes tartesios y mediterráneos en general. *D16* 6.8.85, 10: Un piloto veterano de la segunda guerra mundial, que sirvió como navegante en el avión que el 9 de agosto de 1945 dejó caer sobre Nagasaki (Japón) la segunda bomba atómica de la historia.

navegar **A** *intr* **1** Moverse en el agua [una embarcación]. *Tb fig.* | Aldecoa *Gran Sol* 73: El barco navegaba con dificultad, acortando su andar. Pla *América* 21: Un grupo de ballenatos, pequeñas ballenas que navegaban lanzando su surtidor de agua con una confianza y tranquilidad perfectas. **b)** Viajar [alguien] por el agua en una embarcación. | *Abc* 19.12.70, 51: Ordenaron a los patrones Justo Rodríguez y Fernando Romero que navegaran hasta Agadir. **2** Moverse en el aire [algo, esp. un aparato aéreo]. | CBonald *Ágata* 62: Era la noche penúltima de los orióndas, y todo el cielo aparecía surcado de culebrinas, con una fulguración de lago visto desde dentro y a la vez desde una imperial altura de ave que navegara verticalmente. Hoyo *Glorieta* 23: Por el cielo navegaban papeles, sin saber adónde, como si huyeran del frenesí del aire. **b)** (*raro*) Viajar [alguien] en un aparato aéreo. | * Sueña con navegar en una nave espacial. **3** Errar o andar de un lado para otro. | Marsé *Tardes* 181: Teresa le llevaba al Carmelo en su coche, y acostumbraban parar en algún bar para tomar un refresco. Luego navega[ba]n un poco a la deriva por las Ramblas y el barrio chino. [*En el texto,* navegaron.] **4** Marchar o funcionar. | Aldecoa *Gran Sol* 107: Cuando baja el patrón a dar ánimos las cosas no deben navegar muy bien. Buero *Tragaluz* 72: ¡Ahora sí que vamos a navegar con viento de popa!... No. De la nueva colección, el de más venta es el de Eugenio Beltrán. **B** *tr* **5** Navegar [1 y 2] [a través de un lugar (*cd*) o a lo largo de una distancia (*cd*)]. | Torrente *DJuan* 307: ¿Ha averiguado alguien por qué es inmensa la mar, y misteriosa? Sin embargo, nos bañamos en ella, y a veces conseguimos navegarla. Marcos-Martínez *Física* 14: Un barco que navega

navego – nazareno

60,5 kilómetros en 5 horas y 1/2 parte 9 horas antes que otro que navega 197,6 kilómetros en 10 horas 24 minutos.
6 Navegar [1] [en una embarcación (*cd*)]. | DPlaja *Abc* 24.9.83, 39: Nuestro barquito blanco de la Transmediterránea fue hundido durante la guerra civil .. Ahora navegamos otras naves y otros sueños.

navego *m* (*reg*) Actividad o movimiento. | Berlanga *Gaznápira* 107: Aunque sea la única tienda que queda en el pueblo, no hay mucho navego. Se nota en que no mengua el tarro de los caramelos.

nável *adj* [Naranja] de una variedad caracterizada por su jugosidad, por la ausencia de pepitas y por tener un ombligo bastante desarrollado. *Tb n f.* | *Pro* 7.4.74, 22: Prevalecía la firmeza del mercado de naranja, cotizándose la sanguina y la nável de 63 a 65 pesetas.

navero -ra *adj* De alguno de los pueblos denominados (La) Nava o (Las) Navas, como Las Navas del Marqués (Ávila) o Nava de la Asunción (Segovia). *Tb n, referido a pers.* | I. Montejano *Abc* 5.8.78, 18: De esos, aproximadamente, 15.000 veraneantes [de Las Navas del Marqués], un 75 por 100 son propietarios y sentimentalmente se sienten naveros. Amaruarri *ASeg* 13.5.92, 6: Nava de la Asunción .. Radioaficionados de esta localidad y de toda la provincia .. se dieron cita en este municipio navero a fin de dar a conocer la actividad que desarrollan. *YaTo* 17.7.81, 53: Los naveros que residen en el pintoresco pueblo de La Nava de Ricomalillo y los que residen fuera del mismo celebrarán las llamadas fiestas del Molino.

naveta *f* **1** (*Rel catól*) Recipiente, gralm. en figura de nave pequeña, destinado a guardar el incienso en las iglesias. | Peña-Useros *Mesías* 186: Este [el incienso] se guarda en la naveta, que es una cajita en forma de nave.
2 (*Arqueol*) Monumento funerario prehistórico cuya forma semeja una nave. | Pericot-Maluquer *Humanidad* 160: Otro de los monumentos menorquines de gran interés son las navetas o construcciones sepulcrales utilizadas para inhumaciones desde el comienzo de la cultura talayótica en los primeros siglos del II milenio.

naveto -ta *adj* De Nava (Asturias). *Tb n, referido a pers.* | I. Piquero *VozA* 24.8.79, 11: Este santo está presente hoy a través de la historia, en las fiestas que se celebran en estas fechas en la Villa de Nava, con motivo de lo cual se escribe esta muy resumida historia, con esperanza de dejar constancia del importante pasado naveto.

navicular *adj* (*Anat*) [Hueso] escafoides. *Tb n m.* | Alvarado *Anatomía* 47: Hueso trapezoide. Hueso escafoides o navicular. [*En una fotografía del esqueleto de la mano.*] Alvarado *Anatomía* 51: Hueso cuneiforme I .. Escafoides o navicular. [*En un grabado del esqueleto del pie.*]

Navidad *f* **1** Día en que se conmemora el nacimiento de Jesús. | SLuis *Liturgia* 5: La fiesta de Navidad conmemora el Nacimiento de Jesús en Belén. Ese día los sacerdotes pueden decir tres misas. Una de ellas suele ser la tradicional Misa del Gallo, en la medianoche del 24 al 25 de diciembre, día de Navidad.
2 Período de tiempo comprendido entre el día de Navidad y el día de Reyes. *Frec en pl con sent sg.* | SLuis *Liturgia* 4: Tiempo de Navidad .. Este tiempo dura desde el día de Navidad hasta la víspera de Epifanía. N. Luján *HyV* 1.75, 63: *Les neules* han sido, durante siglos, postre obligado en las Navidades catalanas, mallorquinas y valencianas.

navideño -ña *adj* De (la) Navidad. | N. Luján *HyV* 1.75, 58: El postre español navideño por excelencia es el turrón, que disputa al "Christmas pudding" inglés su carácter de golosina navideña nacional.

naviego -ga *adj* De Navia (Asturias). *Tb n, referido a pers.* | *NEs* 7.6.87, 51: Es la ría la que condiciona la vida naviega.

naviero -ra I *adj* **1** De (la) navegación. *Tb n f, designando compañía o empresa.* | Ortega-Roig *País* 221: Santa Cruz de Tenerife y Las Palmas son escala en las líneas navieras internacionales. *SInf* 29.4.77, 11: Las posibilidades de transporte de las navieras son en mucho superiores a la carga. **b)** De (las) compañías o empresas navieras. | Zunzunegui *Camino* 157: Les ofrecían a Rafa, su hermano, y a él los valores navieros, entonces muy bajos.
2 (*raro*) De (la) nave o embarcación. | Dávila *Abc* 10.10.71, 45: La electrónica ayudará sistemáticamente a evitar las colisiones marítimas .. El maquinista naviero podrá observar en el cuadro de mandos los ecos radáricos que emiten otros buques.
II *m y f* **3** Pers. dueña de uno o más buques mercantes o pesqueros. | Arce *Precio* 21: Como todo señor que se preciara de serlo (y si era naviero, con mayor motivo), su padre había enviado a la abuela a casa de unos amigos ingleses.

naviforme *adj* (*lit*) Que tiene forma de nave [1]. | Pericot *HEspaña* 1, 33: Molinos de mano de tipo naviforme serían los utilizados en esta primera fase agrícola.

navío *m* Embarcación grande, esp. la dotada de más de una cubierta. | Camón *LGaldiano* 283: En el anverso se efigia el busto de María de Médicis .., y en el reverso un navío entre la tempestad gobernado por la Reina. *SInf* 21.11.70, 8: El resto [de los pescados] .. no se ve afectado por la actual situación originada por el accidente de un navío sudanés con cargamento tóxico. **b)** ~ **de línea** → LÍNEA.

naya *f* (*reg*) *En una plaza de toros:* Galería descubierta. | *Abc* 10.3.85, 65: Corridas de Fallas .. Precios .. Delantera Palco 1ª Naya .. Silla delantera palco 2ª Naya .. Delantera 2ª Naya .. Asiento palco 2ª Naya .. Graderío 2ª Naya.

náyade *f* (*Mitol clás*) Ninfa de los ríos y de las fuentes. | MMariño *Abc* 12.6.58, 15: Después, al llegar las legiones romanas, se admirarían de aquellos chorros cálidos y edificarían a su vera unas termas pobladas de ninfas y de náyades.

nazareno -na I *adj* **1** De Nazaret (antigua Palestina). *Tb n, referido a pers. Normalmente dicho de Jesucristo.* | Vesga-Fernández *Jesucristo* 144: Decía la inscripción: Jesús Nazareno, Rey de los judíos. Vesga-Fernández *Jesucristo* 53: Los nazarenos rechazan a Jesús.
2 [Imagen de Jesucristo] vestida con túnica morada. *Tb n m.* | *DBu* 30.3.56, 1: De la iglesia de las Catalinas hizo su salida procesional la Hermandad de Nuestro Padre Jesús Nazareno de Viñeros. *Hoy* 17.4.87, 3: Vía crucis que presiden unas toscas imágenes del Nazareno y la Dolorosa.
3 *En las procesiones de Semana Santa:* [Pers.] que asiste como penitente vestida con túnica, gralm. morada. *Frec n m.* | *DBu* 1.4.56, 6; Como nota singular hay que citar el hecho de que en este año no salieran mujeres nazarenas, según lo dispuesto por la Real Hermandad. Burgos *SAbc* 13.4.69, 46: Ahora, las cofradías viven uno de los mejores momentos de su historia. Nunca habían formado tantos nazarenos en sus filas. **b)** De (los) nazarenos [3a]. | Á. Pineda *Cór* 24.8.90, 8: La imagen del "Rescatado" .. arrastra tras sí a varios centenares de devotos agradecidos por gracias recibidas, lo que hace que, en esta procesión, se vea alterado el orden normal de las comitivas nazarenas.
4 (*raro*) Cristiano. | SLuis *Doctrina* 10: Los judíos llamaban nazarenos a los primeros cristianos. Vega *Cocina* 160: Es el único que conozco que cite a Jaén desde la vertiente nazarena. Los otros son todos o xudiegos o morunos.
5 (*Pint*) De un grupo alemán de hacia 1810, establecido en Roma e inspirado en Durero y Rafael. *Tb n, referido a pers.* | *Ya* 2.4.89, 40: Fue [Fortuny] discípulo de Claudi Lorenzale y asistió a la Escuela de la Lonja, dominada por la doctrina nazarena.
6 De Dos Hermanas (Sevilla). *Tb n, referido a pers.* | *AbcS* 2.11.75, 31: Atañe a mi querido pueblo de Dos Hermanas .. Creo que en una calle tan céntrica se debiera cuidar más la reputación de la juventud nazarena.
II *m* **7** (*jerg*) Estafador que toma géneros a crédito y los revende sin pagar al proveedor. *Tb la estafa correspondiente. Frec en la constr* EL TIMO DEL ~. | * Le dieron el timo del nazareno. Tomás *Orilla* 291: En sus años jóvenes había ido por la espada; más tarde se pasó al grupo de los timadores. En un nazareno tuvo mala suerte y cayó de marrón. Conocía todas las cárceles de España.
8 *En pl:* Planta herbácea de flores azul oscuro (*Muscari atlanticum* o *racemosum* y *M. comosum*). *Tb se da este n a la planta Acanthus mollis, llamada a veces* ~S DE ANDALUCÍA. | Mayor-Díaz *Flora* 200: *Muscari atlanticum* Boiss. & Reuter. "Nazarenos." (Sin. *M. racemosum* auct.) Santamaría *TSeg* 1.11.79, 24: Uno irá un día y verá cañas secas y yerbas agostadas, pero irá otro y verá verbascos y tapsias florecidos, juncos cimbreantes, crujientes nazarenos y quitameriendas vistosos.

nazaretano -na *adj* De Nazaret (antigua Palestina). *Tb n, referido a pers.* | J. M. Llanos *Ya* 19.3.74, 19: Jesús nos llega hasta nosotros no tan solo por "obra del Espíritu Santo" y el sí de María, la Virgen nazaretana. Alonso *Abc* 19.3.75, 19: José, en el taller nazaretano, era un joven sano de alma y de cuerpo.

nazarí *adj* Nazarita. *Tb n, referido a pers.* | GTolsá *HEspaña* 1, 251: La construcción [de la Alhambra] comenzó con el primer rey nazarí, que intentó hacer una residencia real y una fortaleza. *SAbc* 20.3.92, 27: Espada jineta del período nazarí .. Arma atribuida al Rey Boabdil.

nazarita *adj* [Pers.] de la dinastía musulmana que reinó en Granada del s. XIII al XV. *Tb n.* | *Jaén* 50: Es [el castillo] una edificación árabe –el antiguo "Abehuí", contruido por el nazarita rey Alhamar, el mismo que hizo la Alhambra de Granada–. **b)** De los nazaritas. | Angulo *Arte* 1, 458: La formación del reino nazarita en la segunda mitad del siglo XIII .. da lugar a un nuevo período de florecimiento del arte hispanoárabe. GNuño *Madrid* 115: Varias espadas .. con leyendas en el pomo y arriates que traducen la divisa nazarita.

nazca *adj* (*hist*) [Individuo] de la tribu india que en la época de la conquista del Perú ocupaba la región sur del litoral, cerca de Nazca. *Tb n.* | *Ya* 22.4.75, 10: La revista norteamericana "National Geographic" dedica un extenso artículo sobre [sic] la cultura de los nazcas en Perú y las "líneas" misteriosas que todavía figuran trazadas sobre el suelo de la pampa peruana. **b)** De (los) nazcas. | GNuño *Madrid* 109: Es también muy bella la cerámica chimú, la nazca y la de la cultura de Tihuanaco.

nazi (*tb, raro, con la grafía* **naci**) *adj* Nacionalsocialista. *Tb n, referido a pers.* | Arenaza-Gastaminza *Historia* 288: La ruina económica y la ocupación francesa de la cuenca del Ruhr favorecieron la agitación nacionalista dirigida por Adolfo Hitler, jefe del partido Nazi o Nacional-Socialista. Vicens *Polis* 491: Sometió por la fuerza a los socialistas sublevados en Viena, pero en julio del mismo año fue asesinado por los nacis.

nazismo (*tb, raro, con la grafía* **nacismo**) *m* Nacionalsocialismo. | Arenaza-Gastaminza *Historia* 288: La Gestapo o policía secreta del nazismo y los campos de concentración se encargarán de eliminar toda oposición. Vicens *Polis* 489: Dado su sentido biologista y anticatólico, el nacismo alemán resultó mucho más revolucionario y corrosivo que el fascismo italiano.

nazista (*tb con la grafía* **nacista**) *adj* (*raro*) Propio del nazismo. | R. Roig *Ya* 27.12.70, 7: Socialmente se equivocó Herodes asesinando a niños, uno de los crímenes nacistas más repugnantes de la historia.

názuras *f pl* (*reg*) Requesón. | Romano-Sanz *Alcudia* 128: El suero se cuece para sacar requesón .. Aquí se le llama zurrapas, nazurón y názuras... De las tres maneras.

nazurón *m* (*reg*) Requesón. | Romano-Sanz *Alcudia* 128: El suero se cuece para sacar requesón .. Aquí se le llama zurrapas, nazurón y názuras... De las tres maneras.

ndowe (*pronunc corriente,* /endóbe/) **I** *adj* **1** De cierto pueblo habitante de Guinea Ecuatorial. *Tb n, referido a pers.* | *Inde* 24.8.89, 24: Una colección de cuentos de la etnia guineana Ndowe, transmitidas hasta ahora por vía oral, ha sido compilada y publicada en lengua ndowe y catalán por Jacint Creus y Adelina Kola Ipuwa. A. Orejas *SYa* 9.7.89, 36: En Malabo conviven "criollos", "fernandinos", "bubis", "fangs", "annoboneses" y "ndowes".
II *m* **2** Lengua ndowe. | A. Camacho *SPaís* 8.9.91, 16: Los saludos brotan en fang, bubi, ndowe o pichin.

nea *f* (*reg*) Anea o enea (planta). | Pemán *Halcón* 41: Halcón se sale de la carretera asfaltada del habla urbana y se va por la trocha de sus retahílas arábigo-andaluzas: la arveja, la zancuda, el conejito, la nea, la zarzamora.

neandertalense (*tb, más raro, con la grafía* **neanderthalense**) *adj* (*Prehist*) De Neandertal (Alemania). *Tb n m, referido al hombre primitivo allí aparecido.* | Pericot-Maluquer *Humanidad* 45: Mi admirado colega profesor Clark, de Cambridge, ha supuesto un millón de "musterienses" o "neandertalenses" pueblan el orbe.

nébeda *f Se da este n a varias plantas herbáceas de la familia de las labiadas, esp Nepeta cataria, N. nepetella y Satureja calamintha.* | FVidal *SYa* 3.7.88, 15: En los praderíos se alzan también las medicinales manzanillas, .. los racimos de las nébedas que oscilan a la brisa, mostrando unos blancores de inaudita inocencia en nuestro mundo humano.

nebí *m* (*raro*) Neblí. | Cela *Viaje andaluz* 295: Es ya el día muy alto, y el neblí, aún más alto, vuela pegado al aire. La gente piensa que neblí, que algunos dicen nebí, quiere decir nebleño. El vagabundo .. cree que no.

neblí *m* Halcón común. | Lera *Olvidados* 74: Se estremeció involuntariamente como una paloma ante la presencia del neblí.

neblina *f* Niebla ligera y baja. *Tb fig.* | Laforet *Mujer* 270: La noche estaba húmeda y llena de neblina. Payno *Curso* 258: Ahí estaban, en la neblina del recuerdo. Él mismo y todos sus amigos.

neblinoso -sa *adj* Que tiene neblina. *Tb fig.* | Aguilar *Experiencia* 368: El grisáceo y neblinoso Liverpool se convirtió para mí en ciudad risueña. Umbral *Ninfas* 126: En el anochecer morado y neblinoso, cuando yo salía de la oficina, me encaminaba hacia la calle estrecha y larga donde estaba la iglesia. Cela *Judíos* 27: Al "camina y Dios dirá" de su cabeza en su sitio, atropella, en los horrores de la digestión, un confuso, un neblinoso "párate y guarda para mañana".

nebreda *f* Enebral. | E. G. SMontero *Ya* 10.9.86, 5: Hasta hace poco, [los incendiarios] solo se atrevían con bosques de coníferas, robledales, nebredas y otras especies resinosas muy combustibles.

nebrina *f* Fruto del enebro. | FQuer *Plantas med.* 84: La ginebra .. es el alcohol, generalmente de granos, destilado con nebrinas.

nebrisense *adj* (*lit*) **1** De Lebrija (Sevilla). *Tb n, referido a pers.* | * El Ayuntamiento nebrisense celebra junta extraordinaria.
2 Del gramático Antonio de Nebrija († 1522). | Alonso *Góngora* 161: Góngora tendría la idea nebrisense de la *v* labiodental.

nebulización *f* (*Med o lit*) Acción de nebulizar. *Tb fig.* | Mascaró *Médico* 112: El tratamiento consiste en nebulizaciones del ambiente en el que se coloca al paciente con una solución de bicarbonato sódico al 5%. R. Hernández *SYa* 6.7.75, 7: Asistimos a una nebulización del capital, ingrediente a tener en cuenta en todo cambio social.

nebulizador *m* (*Med*) Instrumento que sirve para nebulizar. | *Ya* 8.12.70, 32: La Casa del Médico .. Humidificadores, pulverizadores y nebulizadores ultrasónicos.

nebulizar *tr* (*Med o lit*) Pulverizar [un líquido (*cd*) o algo (*cd*) con un líquido]. | Goytisolo *Verdes* 63: También como hoy regresé por la playa, por el paseo marítimo, aunque no con este fuerte viento .., sin las salpicaduras, sin la espuma nebulizada que levantaba el viento.

nebulosa → NEBULOSO.

nebulosidad *f* (*lit*) **1** Cualidad de nebuloso. | * La nebulosidad del paisaje es equiparable a la de su pensamiento.
2 Cosa nebulosa [2]. | GSabell *SLe* 4.89, 6: Quizá sea pensable que aún podemos disponer de un asidero real, de un soporte objetivo frente a las nebulosidades del yo pensante.

nebuloso -sa I *adj* **1** Que tiene niebla. | Faner *Flor* 134: Al frente el acantilado que cercaba la cala, nebuloso, expectante, como titán mitológico. MGaite *Fragmentos* 137: Se insinuaba una mañana nebulosa y turbia.
2 Falto de claridad o nitidez. *Gralm fig.* | Cuevas *Finca* 97: Había un punto nebuloso, y era su matrimonio, que .. cortaba todos los proyectos de Gregorio.
II *f* **3** Masa de materia cósmica celeste, difusa y luminosa, que presenta aspecto de nube. | *Anuario Observatorio 1967* 201: En el cuadro .. se dan las posiciones aproximadas de los principales cúmulos y nebulosas visibles desde nuestras latitudes.

necátor *m* Nematodo que vive parásito en el intestino delgado del hombre, alimentándose de la sangre que mana de las heridas producidas en la mucosa intestinal por sus dientes (*Necator americanus*). | Alcalde *Salud* 331: En otras latitudes tienen mucha importancia [entre los nema-

necedad – necróforo

telmintos] la triquina, la filarina, las anguílulas y el necátor americano, entre otros.

necedad *f* (*lit*) **1** Cualidad de necio. | L. Calvo *Abc* 19.12.70, 39: La necedad, que es cuerpo fluido y aeriforme, nunca resbala: se escabulle.
2 Hecho o dicho necio. | * No hace más que necedades.

necesaria → NECESARIO.

necesariamente *adv* De manera necesaria. | Laforet *Mujer* 327: La gente no tenía que ser necesariamente desgraciada para ser profunda y buena. Gambra *Filosofía* 162: La experiencia nos dice que hay cosas contingentes. Es decir, que no poseen el ser necesariamente.

necesariedad *f* Cualidad de necesario. | R. Bardo *Inf* 29.8.75, 7: Basó su defensa en la afirmación de que su patrocinado no había sido cómplice, sino precómplice, y que los actos de este no tenían carácter de necesariedad, sino de utilidad para la realización de los propósitos terroristas. Palomo *Valera* XXIV: Al final de la obra, el supuesto editor vuelv[e] a dirigirse al lector para advertirle de la necesariedad relativa del Epílogo.

necesario -ria I *adj* **1** [Pers. o cosa] sin la cual no es posible la existencia, la actividad o el buen estado [de otra (*compl* PARA) o la realización [de algo (*compl* PARA)]. *Frec se omite el compl por consabido.* | Medio *Bibiana* 13: Bibiana no deja de hablar porque le crea dormido, sino porque la pausa es necesaria para cobrar fuerzas y volver al ataque. Legorburu-Barrutia *Ciencias* 59: Las vitaminas .. son sustancias necesarias para el normal funcionamiento del organismo. Medio *Bibiana* 59: –Te acompaño hasta el segundo. –No es necesario. **b)** [Cosa] que debe realizarse. *Frec en la constr* SER ~ + *infin o* QUE + *subj*. | *CoA* 17.3.64, 17: Es necesario seguir el ejemplo de Norteamérica.
2 Que ha de ser o suceder de manera inevitable. | Gambra *Filosofía* 163: Las cinco vías nos han probado que existe un Primer Motor, una Causa Primera, un Fin Último, un Ser Necesario y un Ser Perfectísimo. Todos estos son nombres filosóficos de una misma realidad: Dios.
II *f* **3** (*raro*) Letrina. *Normalmente en pl.* | FVidal *Ayllón* 59: Sin Dios, la vida es una asquerosa letrina. Una necesaria, como nos decían los celadores del seminario.

neceser *m* Estuche para guardar utensilios, esp. de aseo. | *Abc* 25.2.58, 10: Neceser caballero completo, 45 ptas. **b)** Maletín de mujer para llevar en un viaje los objetos más indispensables. | *Economía* 355: En este "neceser" o maletín, además del camisón, las zapatillas, un par de pañuelos y un paquete pequeño de algodón en rama, se debe llevar también una plancha eléctrica pequeña.

necesidad I *f* **1** Hecho de ser necesario [alguien o algo (*compl* DE)]. *Tb sin compl.* | *Ya* 20.11.75, 3: El entonces líder de la C.E.D.A. dio absoluta preferencia a la necesidad de reconstruir el Ejército. Rábade-Benavente *Filosofía* 131: Se adjetivan de "lógicos" aquellos pensamientos que muestran una cierta ilación, una interna necesidad.
2 Hecho de sentir [algo (*compl* DE)] como necesario [1]. | Arce *Testamento* 85: Tenía necesidad de ocultarme a su mirada. Benet *Nunca* 19: Entonces, como siempre, habíamos sido empujados por una necesidad acuciante de pasión.
3 Situación en que se necesita ayuda. | * Solo se acuerdan de él en la necesidad. **b)** Situación apurada por la falta o escasez de medios para vivir. *A veces en pl con sent sg.* | Hoyo *ROc* 8/9.76, 91: Nunca padecieron necesidad, ni tuvieron que robar gallinas con anzuelo, .. ni cuatrear burros y teñirlos para venderlos. * En los primeros años pasaron muchas necesidades. **c)** Estado de debilidad causado por la falta prolongada de alimento. | Delibes *Mundos* 109: Una mujer desgreñada, con la mortecina luz de la necesidad en los ojos, grita con acritud desde una ventana.
4 Cosa necesaria. | * Lo que para mí es un lujo para él es una necesidad. *Economía* 167: Les ayudaréis aportando a la renta familiar el producto de vuestro trabajo o parte de él, según las necesidades.
5 Evacuación de orina o de excrementos. *Frec en pl. Gralm con el v* HACER. | Arce *Testamento* 42: ¿Es que me va a seguir cada vez que tenga que hacer una necesidad? Olmo *Golfos* 55: En más de una ocasión hicimos las necesidades juntos. Chamorro *Sin raíces* 45: Se desnudaban al amparo de zarzales y acebos. Realizaban las necesidades en compañía.
II *loc adj* **6 de ~**. [Herida o mal mortal] sin remedio. | Lera *Clarines* 458: ¡Era una cornada mortal de necesidad! Torrente *Sombras* 319: Un virus mortal de necesidad que envió al otro mundo a todos los reclusos.
7 de primera ~. [Cosa] imprescindible. | Delibes *Cinco horas* 186: Hoy un coche es un artículo de primera necesidad.

necesitado -da *adj* **1** *part* → NECESITAR.
2 Que necesita [algo (*compl* DE)]. | *YaTo* 13.9.81, 49: Su misión es solucionar el problema del agua domiciliaria, del [sic] que este pueblo está muy necesitado.
3 [Pers.] que está en una necesidad [3b]. *Tb n.* | Delibes *Emigrante* 33: La chalada de mi hermana que si me pinta allá no la eche en olvido, ya que cada día que pasa está más necesitada. Villapún *Iglesia* 9: La misión principal de estos diáconos o servidores era repartir las limosnas entre los pobres, servir la comida a los necesitados.

necesitar A *tr* **1** Tener [a alguien o algo] como necesario [1]. | Arce *Testamento* 36: Fue entonces, y de esta manera, como empecé a necesitar a Ángeles. *Ya* 14.7.72, 4: Pijama en punto nylón .. No necesita plancha.
B *intr* **2** Tener [a alguien o algo (*compl* DE)] como necesario [1]. | Medio *Bibiana* 12: Un chico casi viejo, pero un chico, como los otros, que necesita, como ellos, de sus cuidados.

neciamente *adv* (*lit*) De manera necia. | RPiquer *Ya* 3.12.72, 7: Sensibles como los españoles somos a las intromisiones en nuestra soberanía, no desdeñemos neciamente la similar sensibilidad de los otros.

necio -cia *adj* (*lit*) [Pers.] tonta o de poco seso. *Tb n.* | Palacios *Abc* 30.12.65, 3: Los honores provienen en su mayor parte de personas necias o lisonjeras. **b)** Propio de la pers. necia. | Halcón *Monólogo* 160: Dice Querol que ser duquesa oscuramente es necia vanidad, que hay que serlo con esplendor.

nécora *f* Crustáceo marino muy apreciado, semejante a un cangrejo, de unos 25 cm de ancho (*Portunus puber* y *P. corrugatus*). | R. SOcaña *Inf* 20.11.70, 40: Se ignora si la nécora, la centolla .., el camarón, etc., han sufrido las consecuencias.

necrodactilar *adj* (*Med*) De las huellas dactilares de un cadáver. | *Pro* 30.4.88, 13: Diversos tatuajes y, finalmente, la reseña necrodactilar llevaron a la identificación de Manuel Jiménez Raigal.

necrofagia *f* Hecho de comer cadáveres. | CBaroja *Brujas* 227: Los brujos y brujas de Zugarramurdi realizaban otras acciones que entran dentro de un orden más universal en la historia de la Magia y Hechicería. Tales como .. Vampirismo y necrofagia.

necrófago -ga *adj* Que come cadáveres. | Alvarado *Anatomía* 79: Los insectos necrófagos .. son atraídos desde grandes distancias por el olor que despide el cuerpo de un simple ratón recién muerto.

necrofilia *f* **1** Afición por la muerte y cuanto se relaciona con ella. | Delibes *Guerras* 214: –El Buque padecía eso que en mi pueblo le dicen "mal de muertos" .. –¿Quieres decir que sufría necrofilia?
2 Perversión sexual que consiste en procurarse placer erótico con cadáveres. | A. Alfageme *SPaís* 29.12.93, 1: Tenía, además, predilección sexual por los cadáveres, lo que se denomina necrofilia.

necrofílico -ca *adj* De (la) necrofilia. | Cabezas *Abc* 27.4.74, 64: El palacete fue escenario de una leyenda madrileña que pudo inspirar uno de sus folletines necrofílicos a Edgar Poe. Van 4.9.75, 11: Al parecer, el homicida mutiló a su víctima, incurriendo en supuestos actos necrofílicos.

necrófilo -la *adj* [Pers.] dada a la necrofilia. *Tb n.* | A. ÁVillar *SYa* 2.12.73, 15: Mezcla de sádico y de necrófilo, [el vampiro] concita estos fermentos psicopatológicos que todos llevamos en el fondo de nuestro inconsciente. **b)** Propio de la pers. necrófila. | Cabezas *Abc* 17.11.74, 48: Los románticos eran muy dados a lo funeral y necrológico .. Fue frecuente encontrar en los malos y hasta en los buenos poetas versos más o menos necrófilos.

necróforo *m* Insecto coleóptero que entierra los cadáveres de otros animales para depositar en ellos sus huevos (gén. *Necrophorus*). | Espinosa *Escuela* 273: ¿Te hicieron daño esos piojos resucitados?, ¿te molestaron esas chinches?, ¿te maltrataron esos necróforos?

necrolatría *f (Rel)* Culto a los muertos. I * En algunos pueblos primitivos se da la necrolatría.

necrolátrico -ca *adj (Rel)* De (la) necrolatría. I GLuengo *Extremadura* 40: En su zona centro occidental [de Badajoz] resulta característica la aparición de placas-dioses o necrolátricas, probablemente pectorales de pizarra.

necrología *f* **1** Semblanza en honor de alguien fallecido recientemente. I Sopeña *Inf* 14.3.77, 10: No basta, no, con el tópico del "sentido pésame" por la muerte de Odón Alonso, padre del director de la orquesta de la RTV .. Si traigo la necrología aquí .., es para hacer una llamada.
2 Noticia acerca de la muerte de una pers. I *IdG* 31.10.70, 17: Necrología. Entierro de don Antonio Facal Pérez.

necrológico -ca *adj* De (la) necrología. *Tb n f, referido a nota o comentario.* I RMoñino *Poesía* 13: La obligada tarea de evocar sus merecimientos fue realizada ya por un fraternal amigo suyo en el discurso necrológico con que en nombre de la Corporación despidió al compañero desaparecido. Landero *Juegos* 242: Estaba tapizado con unas hojas de diario amarillas, donde venían avisos necrológicos. Delibes *Pegar* 143: Tampoco necesitaba don Joaquín mi necrológica, ni apologías de ninguna clase, ya que estos hombres esenciales no se van nunca.

necrólogo -ga *m y f* Autor de necrologías [1]. I Umbral *País* 30.11.82, 27: Uno es buen necrólogo de vivos, no porque los mate, sino porque los salva.

necromancia *(tb* **necromancía)** *f* Adivinación por evocación de los muertos. I CBaroja *Brujas* 56: Reputada como maga, .. se dedicaba a la necromancia, invocando a los antepasados. Valcarce *Moral* 80: Así ocurre en la astrología, que se funda en la posición y aspecto de los astros; .. la necromancia, la invocación de los muertos.

necromanía *f (Med)* Necrofilia. I Areilza *Artículos* 556: Su cementerio humilde es quizá el que visitara Bécquer en su etapa de necromanía romántica.

necrópolis *f (lit)* Cementerio, esp. de grandes dimensiones y de carácter monumental. I *Ya* 1.11.55, 1: Madrid tiene cubierto el riesgo de la carencia de sepulturas en sus cementerios, aunque en este momento cesasen de repente las construcciones que actualmente se llevan a cabo en las necrópolis de la capital. *SPaís* 29.12.93, 7: El Consejo de Administración de Cementerio Jardín de Alcalá de Henares .. acordó el pasado jueves destituir a Javier Ruiz, director gerente de la necrópolis de lujo. **b)** *(Arqueol)* Conjunto de enterramientos de una población. I Tejedor *Arte* 67: La cultura del vaso campaniforme (de la necrópolis de Ciempozuelos, Madrid) se caracteriza por un tipo de vasija de forma acampanada.

necropsia *f (Med)* Autopsia. I Y. Valladares *SInf* 25.2.76, 5: Las necropsias de todos los sujetos de setenta años de edad en adelante .. indican que el 1 por 500 padece cáncer de próstata.

necrópsico -ca *adj (Med)* De (la) necropsia. I *Inf* 9.5.74, 24: Los doctores .. han manifestado en una carta enviada a los medios informativos que al paciente "no se le ha practicado un estudio necrópsico".

necrosamiento *m (Med y Biol)* Acción de necrosar(se). *Tb (lit) fig.* I *Abc* 31.10.75, 88: Pueden sintetizarse [los riesgos] .. en hemorragias intestinales .. y peligro cierto de necrosamiento, muerte, de los tejidos. Goytisolo *Recuento* 374: Tras toda época de atomización indivisa y de necrosamiento de los lazos familiares, también acaba por imponerse la conveniencia de que la propiedad revierta finalmente a un solo propietario responsable.

necrosar *tr (Med y Biol)* Producir necrosis [en una parte (cd)]. I Nolla *Salud* 535: El sufrimiento de los enfermos que ingieren cáusticos, especialmente ácidos, es espantoso. Estos productos necrosan todas las mucosas con las que entran en contacto. **b)** *pr* Pasar a sufrir necrosis. I *Abc* 30.10.75, 1: Cuando se presentan estos problemas, el vientre se encuentra rígido, la sangre no puede circular por las asas intestinales y los tejidos se necrosan, es decir, mueren prácticamente. MSantos *Tiempo* 197: El protoplasma circundante .. seguía desarrollándose .., consumiendo sangre del mismo ser que era él mismo y hasta necrosándose in vivo.

necrosis *f (Med y Biol)* Muerte de células, tejidos u órganos. *Tb (lit) fig.* I Navarro *Biología* 244: Cuando un objeto cortante hiere la piel, una aguja por ejemplo, y penetran microbios multiplicándose debajo de ella, se producen necrosis celulares debidas a las toxinas bacterianas. Mendoza *Ciudad* 22: Encontró casos de clorosis, cianosis, gota serena, necrosis, tétanos. Goytisolo *Recuento* 204: Esta catedral de lobregueces sepulcrales y crípticas oscuridades, piedra bajo piedra bajo la que no hay sino necrosis y repliegues de ceniza.

necrótico -ca *adj (Med y Biol)* **1** De (la) necrosis. I MNiclos *Toxicología* 74: Ocasiona [la cantaridina] graves lesiones necróticas de las mucosas.
2 Que padece necrosis. I *Ya* 9.6.74, 11: Dicho instrumento permitirá las más delicadas intervenciones de alta cirugía con las siguientes ventajas: el tiempo operatorio será reducido al eliminar la mayoría de los vasos sangrantes; la reducción de tejido necrótico y hematoma de la herida disminuiría la infección.

néctar *m* **1** Jugo azucarado [de las flores]. I Bustinza-Mascaró *Ciencias* 137: Esta [la lengüeta] puede ser fácilmente introducida en las flores para buscar el néctar.
2 Bebida preparada con zumo y pulpa de fruta. I *BOE* 24.12.79, 29457: Aditivos autorizados para uso en la elaboración de zumos, néctares y cremogenados.
3 *(Mitol clás)* Bebida de los dioses. *Frec fig, con intención ponderativa.* I Anson *Oriente* 64: Wu Gang, pues, termina ofreciendo a Yang Kai-hui y a Liu tibio vino de la flor de la casia, la bebida de los "inmortales", a la manera del néctar y la ambrosía que Ganímedes, garzón de Ida, servía en la copa del Zeus occidental. * Nos preparó una combinación que era puro néctar.

nectarífero -ra *adj (Bot)* Que segrega néctar [1]. I Navarro *Biología* 107: En los parénquimas y en la epidermis es frecuente encontrar células secretoras, como por ejemplo los pelos de las ortigas, las células nectaríferas de las flores, etc.

nectarina *f* Fruta que resulta del injerto de ciruelo y melocotonero. I *Inf* 4.7.74, 1: La prohibición tendrá vigencia hasta el próximo 11 de julio y afecta a todas las variedades de melocotón, salvo a la nectarina. *DMo* 14.8.92, 7: Nectarina. El kilo, 119.

nectario *m (Bot)* Glándula que segrega el néctar [1]. I Bustinza-Mascaró *Ciencias* 269: Dentro del tálamo acopado hay una superficie de color anaranjado, que es el nectario floral.

necton *m (Biol)* Conjunto de organismos acuáticos capaces de nadar por su propio impulso. I Artero *Plantas* 133: Son [los seres pelágicos] individuos de dos tipos: los que pueden nadar libremente, y se llaman en conjunto necton, tales como peces de todas clases y tamaños, ballenas y tortugas, y los que solo pueden flotar, y se llaman en conjunto plankton.

nectónico -ca *adj (Biol)* [Animal] perteneciente al necton. I Ybarra-Cabetas *Ciencias* 426: Los animales nectónicos no suelen llegar a las zonas afóticas. **b)** Propio de los animales nectónicos. I Navarro *Biología* 296: Región pelágica .. Son animales típicos de esta región: protozoos, medusas, sifonóforos, entre los seres planctónicos; cetáceos, tortugas marinas y numerosísimos peces .., entre los de vida nectónica.

neerlandés -sa I *adj* **1** Holandés. *Tb n, referido a pers.* I *Abc* 7.9.66, 28: Nació en una aldea cercana de Amsterdam, en la época de la guerra de los escasos, pero enérgicos "boers" –de [a]scendencia neerlandesa–. Onieva *Prado* 163: Alberto Durero .. *Autorretrato* .. El pincel ha ido trabajando pacientemente cabello a cabello, pliegueçillo a pliegueçillo, recamo a recamo, con la minuciosidad de un neerlandés.
II *m* **2** Lengua germánica hablada en los Países Bajos y de la que son dialectos el holandés y el flamenco. I *País* 16.1.93, 6: El ministro belga de Defensa quiere que en el Euroejército se hable neerlandés.

nefandario -ria *adj (raro)* Sodomita. I Cela *Escenas* 33: En Valladolid, antes de la guerra, había un cura muy culto que a los bardajes les llamaba nefandarios.

nefando -da *adj* (*lit*) Repugnante moralmente. | CBaroja *Inquisidor* 28: En un período relativamente corto de la actuación del inquisidor abjuraron más de veinte mil herejes del nefando crimen de herejía. **b) pecado ~** → PECADO.

nefario -ria *adj* (*lit*) Indigno o malvado. *Tb n, referido a pers.* | CBonald *Ágata* 194: Ya desbancadas desde hacía tiempo las nocivas connivencias con don Juan Crisóstomo Centurión –tan seguro colega de rosacruces como de nefarios–, su otrora encandilado discípulo fue poco a poco desentendiéndose de tantos sacrílegos aprendizajes.

nefas. por fas o por ~ → FAS.

nefasto -ta *adj* **1** Que causa o lleva consigo males. | CNavarro *Perros* 75: Cada vez que uno de sus hijos volvía con unas copas de más, pensaba en el alcohol como se piensa en un amigo cuya amistad se cree nefasta. Cunqueiro *Un hombre* 216: Lo querían poner a él de tirano, diciendo cuándo había que vendimiar y si el eclipse era fasto o nefasto.
2 (*col*) Desastroso o sumamente malo. | Delibes *Mundos* 31: Esto no es obstáculo para que Perón, en muchos aspectos, haya realizado una obra .. Lo peor, lo verdaderamente nefasto del sistema, ha sido su inconsecuencia.

nefelibata *adj* (*lit*) [Pers.] soñadora. *Tb n.* | L. Luis *Inde* 15.7.90, 9: El destino es algo vagoroso e incierto que idealistas y nefelibatas remiten al laberinto de las estrellas, cuando en verdad suele motivarse por realidades próximas y tangibles de injusticia.

nefelina *f* (*Mineral*) Mineral constituido por silicato de aluminio y sodio, que cristaliza en el sistema hexagonal. | Ybarra-Cabetas *Ciencias* 78: Basaltos .. En España los más abundantes son: los plagioclásicos .. y los nefelínicos, formados por nefelina, augita y olivinos, con o sin plagioclasa.

nefelínico -ca *adj* (*Mineral*) Que contiene nefelina. | Ybarra-Cabetas *Ciencias* 78: Basaltos .. En España los más abundantes son: los plagioclásicos .. y los nefelínicos, formados por nefelina, augita y olivinos, con o sin plagioclasa.

nefelismo *m* (*Meteor*) Conjunto de caracteres que presentan las nubes. | Alcántara *Ya* 20.3.83, 7: Su desazón no se deriva de los índices pluviométricos, sino de los comandos etarras. No es, pues, el nefelismo lo que más nos apasiona, sino las medidas de control policial.

nefrectomía *f* (*Med*) Extirpación de riñón. | *Sur* 18.8.89, 29: Se le ha practicado una nefrectomía y ligadura de la vena hepática.

nefridio *m* (*Anat*) En los animales de simetría bilateral: Órgano excretor de tipo tubular. | Bustinza-Mascaró *Ciencias* 71: Los moluscos y anélidos poseen aparato excretor formado por los nefridios.

nefrita *f* (*Mineral*) Variedad compacta de anfíbol, de color blanco, gris amarillento o verde oscuro. | *SAbc* 14.10.84, 16: Las dos variedades más importantes del jade son la nefrita y la j[a]deíta.

nefrítico -ca *adj* (*Med*) **1** Del riñón. | Nolla *Salud* 463: Dolores a nivel de las regiones renales o de las vías urinarias, ya sean de tipo continuo, ya sean en forma de cólico nefrítico.
2 Que padece nefritis. *Tb n.* | SRobles *Abc* 28.8.66, sn: Les era imprescindible entender de la absoluta etiología y de la absoluta terapéutica y atender por igual al tuberculoso y al diabético, al cardiaco y al prostático, al nefrítico y al urémico.

nefritis *f* (*Med*) Inflamación renal. | Bustinza-Mascaró *Ciencias* 73: La inflamación de los tubos uriníferos se llama nefritis y es enfermedad grave, pues altera la permeabilidad renal.

nefroblastoma *m* (*Med*) Tumor renal constituido por elementos embrionarios. | C. INavarro *SYa* 17.4.77, 27: Les siguen, por orden de frecuencia, los linfomas malignos ..; el nefroblastoma o tumor de Wilms, que es un cáncer renal, y los sarcomas de partes blandas.

nefrología *f* (*Med*) Estudio de las enfermedades de los riñones. | *Abc* 5.11.75, 5: Es factible que los cirujanos, aconsejados por el doctor Sánchez Silicia [*sic*], especialista en Nefrología, dejaran un catéter .. para practicar, si el caso lo requiriera, una diálisis peritoneal.

nefrológico -ca *adj* (*Med*) De (la) nefrología. | *TMé* 1.6.84, 16: Han tenido lugar en Madrid las Jornadas Nefrológicas de Sanidad Castrense. *Ya* 24.9.91, 23: El profesor José Luis Rodicio, uno de los más relevantes expertos del área nefrológica y cardiovascular, preside el comité organizador de este evento.

nefrólogo -ga *m y f* (*Med*) Especialista en nefrología. | O. Aparicio *MHi* 7.68, 27: Un equipo de cirujanos completado por inmunólogos, cardiólogos, gastroenterólogos, hematólogos, nefrólogos.

nefropatía *f* (*Med*) Enfermedad de los riñones. | Nolla *Salud* 467: En las uremias crónicas de las nefropatías bríghticas son muy importantes las normas dietéticas.

nefrosis *f* (*Med*) Enfermedad renal en la que predominan las lesiones degenerativas de los tubos, con poca o ninguna inflamación del resto del órgano. | Nolla *Salud* 469: En la nefrosis predominan las lesiones renales degenerativas sobre las inflamatorias.

nefrostoma *m* (*Anat*) Porción inicial más ensanchada de un nefridio. | Alvarado *Zoología* 22: Se compone [el sistema excretor de la lombriz] .. de una serie nemamérica de pares de tubos uriníferos, llamados nefridios .., que se abren al exterior por un poro, y en la cavidad celómica del metámero precedente por una especie de trompeta, llamada nefrostoma .., revestida de cilios vibrátiles.

nefrótico -ca *adj* (*Med*) De (la) nefrosis. | Nolla *Salud* 469: La nefrosis crónica .. es una forma o una fase evolutiva especial de ciertas glomerulonefritis crónicas; debido a ello, es más adecuado hablar de síndrome nefrótico que de nefrosis.

nefrotóxico -ca *adj* (*Med*) Tóxico para el riñón. | *TMé* 1.6.84, 16: Las dosis de fármacos nefrotóxicos deben ajustarse a la función renal de cada sujeto.

negación *f* **1** Acción de negar. | Amorós-Mayoral *Lengua* 96: También se necesita el adverbio para expresar la negación o la duda y para reforzar la afirmación. Vesga-Fernández *Jesucristo* 135: Negaciones de Pedro.
2 Palabra o sintagma que sirve para negar. | Academia *Esbozo* 356: Las negaciones que se usan juntas son siempre de distinta naturaleza. Así, *nada*, negativo de cosa, junto a *nadie*, negativo de persona.
3 Pers. o cosa totalmente opuesta [a otra (*compl de posesión*)]. *Precedido de* LA. | * Felipe es la negación de la prudencia.
4 (*col*) Pers. inepta. *Con intención ponderativa.* | * En estas cosas manuales soy una auténtica negación.

negado -da *adj* **1** *part* → NEGAR.
2 (*col*) Inepto. *Si lleva compl, este va introducido por* PARA. *Frec n.* | MSantos *Tiempo* 33: Él es un negao que nunca habría sabido encontrarse el conqué. Salom *Viaje* 488: No he visto a nadie más negado para el circo.

negador -ra *adj* Que niega. *Tb n, referido a pers.* | Ciudadano *Pue* 17.12.70, 3: El separatismo constituye una posición contra corriente, negadora de la modernidad. García *Abc* 27.3.75, 3: Los nuevos negadores le escamotean a Cristo y le desfiguran con sus razonamientos acomodaticios.

negar (*conjug* 6) **A** *tr* **1** Decir que [algo (*cd*)] no es verdad o que no existe. | Castillo *Polis* 194: El nestorianismo negaba que María fuese madre de Dios. Gambra *Filosofía* 163: De Dios negamos todo lo que signifique imperfección en los seres de este mundo.
2 No dar [a alguien (*ci*)] algo que ha pedido o a que tiene derecho]. | Delibes *Cinco horas* 264: Porque lo dice la ley ya te piensas que todos de rodillas, y si te niegan el piso, un pleito, recurrir, ya ves qué bonito. Cuevas *Finca* 124: El agua no se le niega a ningún cristiano.
3 No reconocer públicamente [a una pers.]. | Vesga-Fernández *Jesucristo* 136: Pedro se acordó entonces de que Jesús le había profetizado que le negaría tres veces, y saliendo fuera lloró amargamente.
B *intr* ➤ **a** *normal* **4** Decir que no. *Gralm como respuesta a una pregunta.* | Arce *Testamento* 60: –¿Es que le conocías? –inquirió él, curioso. Negué con la cabeza.

negativa – negligir

➤ **b** *pr* **5** No aceptar [algo (A + *infin*, *n de acción o prop con* QUE)]. *Tb sin compl*. | Pemán *Abc* 20.3.58, 3: Los Garcilasos y los Góngoras de hoy no se conforman fácilmente con el desvío de una sociedad que se niega a hacerlos capitanes o racioneros. *Inf* 2.1.75, 7: Sevilla: la Asociación Española contra el Cáncer se niega a la admisión del director del Centro Oncológico. *Van* 20.1.77, 3: La Diputación de Vizcaya se niega a que sea izada [la ikurriña] en centros oficiales. LTena *Alfonso XII* 177: Si lo que desea el Gobierno es que yo escriba a mi madre para reñirla, me niego en redondo.

negativa → NEGATIVO.

negativamente *adv* De manera negativa, *esp* [1, 6 y 8]. | Castiella *MHi* 11.63, 62: ¿Se acusa a Portugal de la ilegitimidad de su presencia en África? La Historia responde negativamente a esa acusación. Marcos-Martínez *Física* 190: ¿Y una barra de ebonita o de resina, que al frotarla se carga negativamente?

negatividad *f* Cualidad de negativo [1a y b]. | Torrente *Off-side* 306: Mi inspiración se nutre del inconformismo, del mundo insuficientemente explorado, de la negatividad y de la nada.

negativismo *m* Actitud negativa o de rechazo. | J. M. Massip *Abc* 12.9.68, 33: La intransigencia de Lyndon Johnson –sostenida en este momento por .. el negativismo del general De Gaulle– se basa en la opinión de sus comandantes militares.

negativista *adj* De(l) negativismo o que lo implica. | *Inf* 29.4.71, 23: Su actitud ante la vida se presenta unas veces esforzada y agresiva, con fondo negativista y destructivo, y otras es una postura pasiva, de no colaboración.

negativo -va **I** *adj* **1** De (la) negación [1]. | Amorós-Mayoral *Lengua* 81: No tiene forma negativa [el imperativo]. Gambra *Filosofía* 163: Conocimiento analógico de Dios .. A) El método de negación (vía negativa). De Dios negamos todo lo que signifique imperfección en los seres de este mundo. **b)** Que niega. | Gambra *Filosofía* 43: Atendiendo a la cualidad, las proposiciones se dividen en afirmativas .. y negativas. **c)** [Orden o precepto] en que se prohíbe hacer algo. | Villapún *Moral* 189: En cada Mandamiento podemos distinguir dos partes: La positiva, que manda. La negativa, que prohíbe.
2 [Cosa] que no se produce o que no tiene lugar. | *Puericultura* 63: Cuando el resultado de la vacunación sea negativo, se debe repetir algunas semanas después. Valcarce *Moral* 15: Los [actos humanos] positivos tienen por objeto la realización de un acto, mientras que los negativos tienen por objeto una omisión.
3 [Prueba fotográfica] en que los claros y oscuros salen invertidos. *Frec n m*. | Marcos-Martínez *Física* 171: Para obtener la fotografía positiva se dispone sobre el cliché negativo un papel fotográfico .. y se encierra el conjunto en un chasis-prensa. Expuesto a la luz, esta atraviesa las partes transparentes del negativo, ennegreciendo el papel positivo. **b)** (*E*) [Molde] en que los relieves y concavidades aparecen invertidos. | Cabezas *Abc* 12.3.72, 49: El cronista descubre bajo unas naves espaciosas los hornos, los crisoles, las muflas, los grandes moldes negativos y positivos –escayola, cera, barro refractario y, por fin, bronce– de cada pieza que ha sido o va a ser fundida. **c)** (*Arte*) [Pintura] realizada por el procedimiento de proteger una parte de la superficie, de un agente que ha de actuar sobre las zonas contiguas. *Tb* EN ~. | *Amé* 4.6.85, 21: Solían decorar sus figurillas y recipientes cerámicos en forma de cuenco con base pedestal, con la técnica de la pintura negativa o en reserva, en negro sobre rojo. Seseña *Barros* 48: La temática –musulmana– incluye círculos unidos, piñas enrejadas, zonas con motivos vegetales en reserva o negativo, pájaros y zancudas.
4 [Movimiento] que supone un avance en sentido contrario al positivo. *Tb se dice del sentido mismo*. | Marcos-Martínez *Álgebra* 5: Llevando el mismo segmento OU en el sentido negativo, obtendremos los puntos -1, -2, -3. Legorburu-Barrutia *Ciencias* 264: El tallo tiene geotropismo negativo, siempre crece hacia arriba.
5 Que supone imperfección. | * El egoísmo es una cualidad negativa.
6 Pernicioso o nocivo. | *Van* 19.5.74, 13: –¿Cuáles son las consecuencias legales de las separaciones de hecho? –Las hay de dos clases: unas negativas y otras positivas. J. Suevos *Cór* 29.8.76, 2: El anarquismo fue un movimiento claramente negativo .. Solo aspiraba a destruir. **b)** Que se limita a criticar sin aportar soluciones. | * ¡Qué negativo vienes!
7 (*Mat*) Menor que cero. | Marcos-Martínez *Álgebra* 3: Los números que miden cantidades positivas se llaman números positivos, y los números que miden cantidades negativas se denominan números negativos. Roderico *Mad* 23.12.70, 20: A las diez de la mañana nuestro termómetro todavía señalaba cuatro grados negativos. **b)** [Signo] propio de las cantidades negativas. | * Sumar dos términos con signo negativo. **c)** Que tiene signo negativo. | Marcos-Martínez *Álgebra* 25: Para prever el signo del producto buscado solo nos interesa el número de factores negativos.
8 (*Fís*) [Electricidad] del electrón. | Marcos-Martínez *Física* 203: Estos iones se forman del siguiente modo: el átomo pierde un electrón, cuya electricidad es negativa, quedando el átomo cargado positivamente. **b)** De (la) electricidad negativa. | Marcos-Martínez *Física* 184: El polo positivo se suele indicar con el signo +, y el negativo con el signo -. Ybarra-Cabetas *Ciencias* 295: Existe una capa aniónica cuyas cargas negativas originan la formación de una capa mucho más externa de cationes.
9 (*Fút*) [Punto] perdido en el propio terreno. *Frec n*. | *Abc* 26.11.76, 56: La Unión Deportiva acaba de conseguir su primer punto fuera de casa, lo que le ha permitido enjugar el negativo que tenía en la clasificación.
II *f* **10** Acción de negar(se) [2, 4 y 5]. | Halcón *Manuela* 38: El descontento de la madre se manifestó en la negativa a que el matrimonio viviese en su casa.

negatorio -ria **I** *adj* **1** Que niega o sirve para negar. | VMontalbán *Balneario* 55: Ametralló el coronel al joven quesero con una ráfaga de mirada negatoria. *Leg. contencioso-adm*. 96: Poseen igual trascendencia jurídica los actos expresos .. que los presuntos derivados del silencio administrativo, desde el momento que tienen un significado negatorio de lo instado por cualquier interesado directo.
II *f* **2** (*Der*) Acción real que compete al dueño de una finca libre, para oponerse a quien pretende tener sobre ella alguna servidumbre. | *Leg. contencioso-adm*. 23: Los actos sobre apertura y alineaciones de calle pueden ser revisados por esta Jurisdicción contencioso-administrativa sin perjuicio de plantearse otras acciones (interdicto de obra nueva, negatoria de servidumbre, etc.) en la vía ordinaria.

negligé (*fr; pronunc corriente*, /negližé/ o /negližé/) *m* **1** Bata ligera femenina para estar en casa. | * Salió a recibirle en negligé.
2 (*raro*) Falta de esmero o de atildamiento en el vestir. | M. P. Comín *Van* 18.7.74, 33: Lo adlib, como ya dijimos, no es privativo de España .. Le veo antecedentes en la "contouche" de la Regencia versallesca, .. en el "negligé" inglés y en el popularismo español.

negligencia *f* **1** Cualidad de negligente. | * La negligencia es el rasgo principal de su personalidad.
2 Actuación negligente. | Castellanos *Animales* 62: El gato es, por naturaleza, un animal aseado. Cualquier irregularidad en este sentido es únicamente achacable a una negligencia por parte de su amo.

negligente *adj* [Pers.] que actúa con poco cuidado o sin interés, esp. en aquello a lo que está obligado. | J. M. Soler *Villena* 65: Será sin duda una labor ardua y costosa, pero que alguna vez habrá de ser realizada si no queremos que se nos tache de negligentes e insensibles al quehacer histórico. **b)** Propio de la pers. negligente. | APaz *Circulación* 33: Por conducir vehículos automóviles de modo negligente o temerario, la multa es de 500 pesetas.

negligentemente *adv* De manera negligente. | Onieva *Prado* 64: Negligentemente suspende el guante por uno de sus dediles.

negligible *adj* (*lit, raro*) Que no merece tenerse en cuenta. | Benet *Penumbra* 50: Qué puedo decirte sino que .. para el amor todo son facilidades y comprensión y que los resultados de su intrínseco poder de devastación son por doquier recibidos como negligibles accidentes.

negligir *tr* (*lit, raro*) Descuidar [algo] o no prestar[le (*cd*)] atención. | Valls *Música* 12: Unos supuestos .. generalmente marginados en las historias del arte del sonido, escamoteados en los tratados de estética musical .. y negligidos en los de sociología.

negociabilidad *f* Cualidad de negociable. | SFerlosio *Ensayos* 1, 194: Cualquier nueva negociación [sobre Gibraltar] .., al ser la negociabilidad precisamente lo que prueba y confirma su concepción territorial, no haría sino renovarle una vez más la condición de territorio.

negociable *adj* Que se puede negociar [2 y 3]. *Tb n m, referido a efectos bancarios.* | VMontalbán *España* 118: Era el primer norteamericano que llegaba al aeropuerto de Madrid con algo negociable en las maletas. Ramírez *Derecho* 132: Las sociedades .. han de tener un capital determinado, dividido en participaciones iguales, acumulables e indivisibles, las cuales no pueden incorporarse a títulos negociables ni denominarse "acciones". *VozC* 5.7.55, 5: Los cultivadores [de remolacha] .. aspiran también a que el pago de las raíces se efectúe al contado mediante un sistema de negociables, similar al que rige en el Servicio Nacional del Trigo.

negociación *f* Acción de negociar [2 y 3]. | Marcos-Martínez *Aritmética 2* 121: Valor actual de un efecto es el valor nominal menos el descuento; también es el valor del efecto el día de la negociación. A. Assía *Van* 4.11.62, 15: Veinticuatro horas de negociaciones y forcejeos en los que no pudo ser alcanzada una fórmula de arreglo.

negociadamente *adv* Mediante negociación o discusión. | *Ya* 13.2.91, 25: Hamadi indicó que había pedido a Irán que todas las divergencias con respecto a la situación de Kuwait se solventen negociadamente tras lograrse un alto el fuego.

negociado *m En una organización administrativa:* Dependencia destinada a despachar [determinados asuntos (*compl especificador*)]. *Tb sin compl.* | Umbral *Ninfas* 42: En aquella oficina enorme, estaban los pisos de empleados, despachos, ventanillas, negociados, público, ordenanzas .. y mamparas turbias. **b) jefe de ~ →** JEFE.

negociador -ra *adj* **1** [Pers.] que negocia [3]. *Frec n.* | *Sp* 19.7.70, 36: Nixon .. hizo público el nombramiento de un nuevo negociador para la mesa de París.
2 De (la) negociación. | *Abc* 9.3.75, 27: Estos contactos, aparentemente oficiosos, cuentan con un fondo más profundo, como podría ser el comienzo de una nueva fase negociadora para la revisión del Concordato de 1953.

negociante *adj* [Pers.] que negocia [1 y 2]. *Frec n.* | CBaroja *Inquisidor* 49: La dama Robillot parece que era .. ardiente, constitucional y negociante en objetos de moda, aunque en escala exigua. Laiglesia *Tachado* 56: Codeándose con la flor y nata de la sociedad podían verse artistas, negociantes, politicastros y otras gentes de mal vivir.

negociar (*conjug* 1a) **A** *intr* **1** Realizar un negocio [1a] [con algo (*compl* EN o CON)]. *Tb sin compl.* | *Hoy* 9.9.76, 3: –¿Negocia con las monedas que compra? –No, en absoluto; son para mí.
B *tr* **2** Realizar un negocio [1a] [con algo (*cd*)]. | Moreno *Galería* 134: Todo este instrumental y este mobiliario va pasando .. a manos de anticuarios, que lo compran a peso, muy barato, y luego lo negocian para apliques o adornos, a precio de oro. *Abc* 25.2.58, sn: Vendo o negocio patente invención máquina sembradora. **b)** realizar una operación [con un valor bancario o bursátil (*cd*)]. | Marcos-Martínez *Aritmética 2* 125: Un banquero ha entregado 7328'62 pesetas por un pagaré, después de deducir 55'38 pesetas de descuento al 5%. ¿Cuánto tiempo antes del vencimiento fue negociado este pagaré?
3 Tratar o discutir las condiciones [de un asunto (*cd*)]. *Tb abs.* | J. Prieto *País* 24.11.76, 10: Las claves del problema son, entre otras, quién negocia con el Gobierno, qué es lo que va a poder negociarse, y qué cabe esperar de la negociación.

negocio I *m* **1** Actividad mercantil en que se persigue una ganancia. | GPavón *Hermanas* 37: Al Central se va para bodas y entierros, para enfermos y negocios. B. Cuadra *País* 8.12.76, 11: Se dedica al negocio de joyería. **b)** Local destinado a un negocio. | CBonald *Dos días* 213: Lo único que iba a hacer era pedirle al tío Felipe lo poco que me quedaba y poner algún negocio de tonelería o de alcoholes, si es que daba para eso.
2 Actuación de la que se obtiene un provecho o ganancia. *Frec con los adjs* BUENO *o* MALO. | Arce *Testamento* 34: Si .. no sería todo ello porque él era el único que podía comprar las tierras que dejó mi madre, y porque hacía un buen negocio comprándolas. J. Carabias *Ya* 18.11.77, 6: Economizar diez pesetas en un metro de terciopelo o dos mil reales en un mueble era un mal negocio, porque "no hay nada que salga más caro que lo barato". * ¡Bonito negocio has hecho pidiendo el traslado! **b) mal ~.** Cosa de la que se derivan consecuencias desagradables. | * Mal negocio si a los dos días ya han discutido así. * –Han surgido complicaciones cardiacas. –Mal negocio.
3 Utilidad o ganancia. | DPlaja *Sociedad* 77: Para conseguir el matrimonio está el casamentero, que va de allá para acá hilando su tela por el que el negocio que le reporta.
4 Trabajo u ocupación. | Aldecoa *Gran Sol* 87: Ya estaba todo el bacalao preparado. Salarlo era negocio de la gente del rancho de proa.
5 Asunto o cuestión. | L. Contreras *Sáb* 22.3.75, 18: La diplomacia española estuvo sobre ascuas, preocupada por demostrar .. que cuanto había acontecido al otro lado de la frontera era negocio absolutamente ajeno a Madrid.
II *loc v* **6 hacer ~.** Obtener ganancia. | DCañabate *Abc* 28.1.73, 47: La Prensa se vendía como rosquillas. El tío de la lista también hacía su negocio. Y eso que la lista estaba llena de errores, puesto que los números se tomaban al oído.
7 ir [alguien] **a su ~,** *o* **hacer su ~.** Actuar mirando solo el propio interés. | * Aquí cada cual va a su negocio. * Él hace su negocio y lo demás le trae sin cuidado.

negocioso -sa *adj* (*raro*) [Pers.] diligente y cuidadosa en sus negocios. *Tb n.* | Espinosa *Escuela* 666: La Corrupción es monopolio de mandarines y sus espontáneos lacayos los enmucetados, .. los alcaldes, los legos y los negociosos.

negral I *adj* **1** Que tira a negro. *Usado como especificador de algunas especies botánicas:* PINO ~, ROBLE ~, SABINA ~ → PINO[1], ROBLE, SABINA. | Delibes *Castilla* 145: En esta tierra tiene usted pino negral y pino albar, o, por mejor decir, pino resinoso y pino piñonero. *MOPU* 7/8.85, 25: La provincia comparte con otras andaluzas una vegetación típicamente mediterránea: alcornoque, coscoja, sabina negral, pino piñonero. **b)** De pino negral. | Cela *Judíos* 157: A más de la mitad del camino de Coca, se presenta Nava de la Asunción, .. con tantas carreteras como dedos tiene una mano: la que el vagabundo trae y la que el vagabundo llevará, .. la de Migueláñez, con sus pinares negral y albar.
II *m* **2** Pino negral. | Ridruejo *Castilla* 2, 529: Los sotos de pobos y negrales, las manchas de robledo y de castaño, dan fuerza y amenidad a toda la comarca.

negrales *adj* (*col, raro*) Negro [3b]. | DCañabate *Paseíllo* 90: Valgo yo mucho pa hacer el pelele delante de un toro. Yo te toreo a ti, negrales.

negramente *adv* (*raro*) De manera negra. | Peraile *Cuentos* 12: El camposanto alza negramente su túmulo incensado por el incienso silvestre del monte. E. Serrano *Alc* 12.11.70, 32: Todo el Occidente europeo está colmado, de norte a sur, de Prusia a Holanda, de puentes, diques y castillos, construidos, mágica y negramente, por el diablo.

negreante *adj* (*lit*) Que negrea [1]. | Hoyo *Caza* 45: Sobre los carrascos negreantes, los chotacabras se alzaban y batían con pesadez sus alas.

negrear A *intr* **1** Tener o mostrar color negro o que tira a negro. | Matute *Memoria* 67: Sobre su labio negreaba una repugnante pelusa. Delibes *Ratas* 139: Las espigas se combaban, cabeceando, con las argayas cargadas de escarcha, y algunas empezaban ya a negrear.
B *tr* **2** Hacer que [algo (*cd*)] negree. | Goytisolo *Recuento* 92: Una mañana, Raúl advirtió una gran humareda que cegaba la falda del Tibidabo, y al día siguiente pudo ver la huella del incendio negrando una vaguada todavía humeante, como braseada.

negrería *f* Negros [2a], o conjunto de negros. | Cela *Viaje andaluz* 313: Gibraleón es la capital de los morenos andaluces, el corazón de la ceceante negrería huelveña. .. Los negros de Gibraleón (¿doscientos?) son de espigada facha.

negrero -ra *adj* **1** Dedicado al tráfico o comercio de esclavos negros [2a]. *Tb n, referido a pers.* | M. C. Portela *Rev* 2.69, 5: Se vive con angustioso interés toda la tragedia de hombres, mujeres y niños africanos hacinados, o más bien almacenados, en los barcos negreros. VMontalbán *Galíndez* 203: La visión del mar desde la terraza le indujo a informarle sobre .. el caso de las mujeres martinicanas lan-

zadas al mar .. por un capitán negrero dedicado al tráfico de inmigrantes. Torrente *Sombras* 73: ¡No pienses en ese hombre, que ha sido pirata y negrero y vive contra la ley de Dios! **b)** De (los) esclavos negros. | MPérez *Comunidad* 101: El problema de la extinción o del retroceso .. de la población indígena ..; las naturalizaciones de extranjeros; el tráfico negrero, etc.
2 (*col*) [Pers.] que explota a sus subordinados. *Frec n.* | ZVicente *Balcón* 85: Su nietecito, ya ya, su nietecito, le veo barriendo la tienda del suegro, ese tío negrero.

negreta *adj* [Avellana] de una variedad pequeña y oscura. | *DEs* 20.10.76, 22: Los precios practicables hoy son: Avellana negreta de buen tamaño a partir de 50,50.

negrete *adj* [Variedad de trigo] de grano largo y oscuro y harina dulzona. *Tb n m.* | R. Pozo *DCu* 5.8.64, 8: Vimos un galgo errante. Rastrojos de chamorro, rastrojo de negrete.

negrez *f* (*raro*) Negrura [1] | I. Álamo *Alc* 5 11 70, 28: Este que viaja en la butaca frontera es senegalés, joven, cejijunto y de una retinta negrez.

negri- *r pref* Negro. | *Por ej:* R. Franquelo *Día* 19.6.76, 21: En su obra pictórica se nota un cambio radical a partir del verano del 75, en que abandona las gamas negriblancas para dedicarse a experimentar con grabados sobre cristal de un lirismo cromático ilimitado. Aldecoa *Gran Sol* 164: Los peces menores de la redada .. manchaban de colores la plata blanca, la plata negra, la plata negriverde de los pescados de gran marea.

negrilla → NEGRILLO.

negrillera *f* Lugar poblado de negrillos [4]. | MCalero *Usos* 12: Se distribuían los pastos y quiñones de tierra de propios que tenía con largueza .., además de buen monte y frondosa negrillera.

negrillo -lla I *adj* **1** *dim* → NEGRO.
2 (*Impr*) [Letra] negrita. *Tb n f.* | *Inf* 5.1.80, 3: Lo subrayado o en negrillas es opinión personal del autor del artículo.
3 [Álamo] ~ → ÁLAMO.
II *n* **A** *m* **4** *Se da este n a varios árboles, esp al álamo negro* (*Populus nigra*) *y al olmo* (*Ulmus campestris y U. carpinifolia*). | MCalero *Usos* 106: A lo largo del caz había buena arboleda de negrillos. Benet *Volverás* 97: El sol empezaba a declinar sobre la colina de negrillos y encinas.
5 Cierto grano usado como alimento de pájaros. | Delibes *Castilla* 153: La dieta ideal para un canario adulto consiste en una envuelta de alpiste, cañamones, nabina, negrillo y avena.
B *f* **6** Hongo microscópico que vive parásito en las hojas del olivo y otras plantas (géns. *Capnodium y Limacinia*). *Tb la enfermedad que produce.* | F. Ángel *Abc* 18.4.58, 17: Tienen especial cuidado [las hormigas] en protegerlos [a los pulgones y cochinillas] .. Tal ocurre con el "Cotonet", del naranjo, .. e incluso con la "Negrilla", que es un hongo que se desarrolla a expensas de los mismos jugos azucarados.
7 Hongo comestible con sombrerillo negruzco (*Tricholoma terreum y T. portentosum*). | Perala *Setas* 66: *Tricholoma portentosum.* Negrillas. Capuchinas. Ratones. Pretenciosas. Perala *Setas* 67: *Tricholoma terreum.* Ratones. Negrillas.

negrito -ta I *adj* **1** *dim* → NEGRO.
2 (*Impr*) [Letra] gruesa que se destaca de los tipos ordinarios. *Frec n f.* | Huarte *Tipografía* 14: La letra negrita se pide con una línea ondulada. *País* 29.10.77, 46: Los valores en negrita son los que tienen ponderación para el índice general.
3 [Individuo] de alguno de los pueblos de tez oscura y talla reducida que habitan en el archipiélago malasio, esp. en Filipinas. *Tb n.* | Alvarado *Zoología* 138: Los pigmeos .. son enanos (estatura 125 a 140 cm); tienen el pelo crespo y escaso, y un color variable, si bien predomina el negro .. Parecidos son los negritos de Filipinas.
II *m* **4** Tiburón de pequeño tamaño y color oscuro (*Etmopterus spinax*). | Noval *Fauna* 415: El Negrito (*Etmopterus spinax*) es un pequeñísimo tiburón de no más de 30 ó 40 cm. de longitud .. Se le conoce con el nombre de Morena por su piel muy oscura.

negritud *f* (*lit*) Mundo negro [2b]. | Anson *Abc* 30.9.65, 3: El conjunto de expresiones culturales de los negros de la diáspora .. y de los negros de África forma la "negritud".

negrizo -za *adj* (*raro*) Negruzco. | Goytisolo *Recuento* 197: Había viejas piedras en el césped .. y negrizas colgaduras de hiedra en los muros.

negro -gra (*superl,* NEGRÍSIMO *o, lit,* NIGÉRRIMO) **I** *adj*
1 [Cosa] que no presenta ningún color, por ausencia total de luz o porque absorbe todas las radiaciones luminosas. | Laforet *Mujer* 13: Desde la estación, el pueblo se veía esta tarde como un aguafuerte. Gris y negro. Marcos-Martínez *Física* 158: Un cuerpo negro absorbe todos los colores que recibe y no emite ninguno. **b)** [Color] propio de las cosas negras. *Tb n m.* | Olmo *Golfos* 46: Pasaba un señor de negro.
2 [Pers.] cuyos caracteres raciales son piel oscura, labios gruesos, nariz achatada, pelo negro [1a] y crespo y prognatismo. *Frec n.* | CPuche *Paralelo* 74: El primer descubrimiento de Genaro con los americanos era que los negros, justamente por ser negros .., no eran de la misma categoría de ciudadanos que los blancos. **b)** De (los) negros. | Valls *Música* 38: Otro aspecto que interesa considerar referente a la música negra es el de un particular carácter social. M. Aznar *SAbc* 16.6.68, 6: Americanísimas son las tierras de Brasil, .. de Puerto Rico, por no citar sino países de gran población negra o mulata.
3 [Cosa] muy oscura o más oscura de lo normal. | CBonald *Dos días* 247: Se había puesto negro el fondo del cielo por la parte del sur, que era la mala en setiembre. GTelefónica *N.* 637: Mantequería Alemana. Especialidad en pan negro y fiambres alemanes. **b)** [Pers.] morena. *Tb* (*hoy raro*) *usado como piropo dirigido a una mujer.* | Olmo *Ayer* 89: Se vuelve y se dirige, chulapa, hacia la salida. Entonces, varias voces exclaman: –¡Mambo! –¡Eso es carne y no la congelá! –¡Vaya un meneo, negra!
4 [Cosa o animal] que presenta la tonalidad más oscura dentro de su especie. *Tb n m, referido a tabaco o cigarrillo.* | Marcos-Martínez *Física* 262: Es [el azufre] uno de los componentes de la pólvora negra. GTelefónica 83 2, 1030: Y.E.C.E.S.A. Fábrica de yeso blanco y negro. MMolina *Jinete* 310: Le ha gustado .. percibir ese olor a pana, a tabaco negro y a tapicería sintética que hay dentro del coche. Arce *Testamento* 50: Cuando estoy en Francia siempre fumo tabaco americano. Pero aquí me gusta más la picadura. A los que somos fumadores de verdad nos gusta más el negro. **b)** *Se emplea, siguiendo a ns, pralm de animales o plantas, para designar especies caracterizadas por su tonalidad negra, que las diferencia de otras especies semejantes a ellas.* | Santamaría *Paisajes* 33: *Populus nigra,* álamo negro: es de tronco irregular. Ybarra-Cabetas *Ciencias* 54: Para muchos autores son variedades del cuarzo: las ágatas ..; los jaspes ..; el jaspe negro o lidita, que es el usado como piedra de toque en joyería. **c)** [Carretera] de asfalto. | Vicens *Aproximación* 199: Los rápidos y sensacionales triunfos que logró [Cataluña] en el espacio de un decenio, tanto en el terreno artístico como en el de la construcción de "carreteras negras" (de asfalto). **d)** (*reg*) [Vino] tinto. | FReguera-March *España* 45: El maître los escanciaba [los vinos] con una gran solemnidad. Los blancos los sacaba de un cubo lleno de hielo. Los negros los servía apoyada la botella en una cestita de mimbre.
5 [Café] solo, o que no va acompañado de leche. | Diosdado *Anillos* 1, 37: Se sirve un café negro que acaba de preparar en la cocina de su pequeña buhardilla.
6 (*Taur*) [Banderilla] de doble lengüeta, más larga y gruesa que la de ordinario, con el palo revestido de negro [1b] y que se utiliza en los toros que no toman las varas reglamentarias. | C. Rojas *Inf* 16.5.74, 28: Destacando el tercero, que fue condenado a banderillas negras sin haber llegado al caballo ni una sola vez.
7 Pesimista. | MSantos *Tiempo* 79: Prefiero que haga lo que hizo la madre .. Pero no. No seamos tan negros. Todavía ha de picar. *Inf* 28.3.77, 32: Negro porvenir de la selección española.
8 [Cosa] sumamente desgraciada o triste. | *SVozC* 31.12.70, 7: Junto a las dos catástrofes señaladas, que por sí solas califican a 1970 de "año negro" en la historia de los sucesos, los secuestros aéreos. J. MPadilla *Van* 3.2.74, 22: El recuerdo de la acción holandesa, hasta bien entrado el siglo XX, con su "política colonial étnica", constituye una página negra, dura y pobre. MMolina *Jinete* 568: Sabía menos de mujeres de lo que sabe ahora cualquier chiquillo de catorce,

a ver, con la vida tan negra que llevábamos. **b)** Maldito. *Usado como calificativo despectivo.* | Aldecoa *Gran Sol* 187: Los ecos de dolor de Simón Orozco hacían maldecir la distancia de la costa. "¡Qué setenta millas negras!" .. "¡Qué setenta millas putas!" **c)** Tremendo u horroroso. *Frec referido a frío.* | MGaite *Usos* 191: No siempre eran los cines locales confortables o acogedores .. y solo el calor transmitido por las escenas contempladas era capaz de contrarrestar el frío negro que se padecía a veces en aquellos templos profanos.

9 (*lit*) Relativo a la muerte. | M. LPalacios *Caso* 26.12.70, 3: En nuestro constante deambular por el mundillo de las crónicas negras nos encontrábamos con hechos como el que vamos a relatar. **b)** [Punto] ~ → PUNTO. **c)** [Humor] basado en la muerte o en las desgracias físicas. | *Opi* 11.12.76, 9: Ante estos dos ejemplos que cito del humor negro de don Ricardo, su falta de seriedad habrá eclipsado no poco, entre sacerdotes y falangistas, el prestigio de nuestro egregio escritor. **d)** [Novela o película] que trata de crímenes. *Tb referido al género correspondiente.* | M. D. Asís *Rev* 7/8.70, 6: Deliberadamente no ha cabido en ellos la "novela negra", llena de crueldad y de sexo. Á. FSantos *SPaís* 23.11.90, 3: Iconos privativos de las películas de gánsteres y otras variantes del género negro.

10 (*col*) [Pers.] irritada o exasperada. *En constrs como* ESTAR ~, PONER(SE) ~ *o* TENER ~. | Medio *Bibiana* 57: ¡Quita ese disco!... Me pone negra. Delibes *Emigrante* 37: Me pone negro y la voceé que qué pintaban las pingos esas en mi casa. **b)** [Pers.] excitada sexualmente. *En constrs como* ESTAR ~ *o* PONER(SE) ~. | Delibes *Cazador* 174: Estuve con Anita en la Cerve. No perdimos baile. Cada día me pone más negro la chavalina esta.

11 (*col*) [Asunto] difícil de conseguir. *En constrs como* ESTAR ~, PONER(SE) ~ *o* TENERLO ~. | * Cada día tienes más negro el asunto del piso.

12 Clandestino e ilegal. | FQuintana-Velarde *Política* 173: Si no se regula bien [el racionamiento], origina la paralela existencia del mercado negro o estraperlo. *Ya* 16.10.86, 1: Empleo negro .. Solchaga esgrimió las conclusiones de su informe, que asegura que más de un millón seiscientos mil españoles trabajan "sumergidos". **b)** Que escapa al control fiscal. *Esp referido a dinero.* | J. GValcárcel *Ya* 12.1.86, 5: Los contribuyentes no tienen más remedio que aceptar el dinero negro o incluso heroicamente a dichos ingresos. J. C. Azcue *ByN* 6.8.89, 21: Mientras tanto, la ventanilla "negra" en el Banco de Colombia sigue funcionando. *Ya* 30.6.90, 48: El actual seleccionador del equipo francés de fútbol, Michel Platini, fue condenado ayer a cuatro meses de prisión condicional .. por su implicación en el caso de la "caja negra" del club AS Saint Étienne. **c)** [Escopeta] furtiva. *Designando a un cazador.* | Delibes *Caza* 120: Salvo para las escopetas negras .., la caza resultaba un deporte caro, una actividad selecta, prohibitiva.

13 [Magia] en que interviene el demonio. | Villapún *Moral* 109: Magia .. Puede ser: 1º Magia blanca, o prestidigitación, que no es mala, sino entretenida .. 2º Magia negra, en la que interviene el demonio y supone un pacto con él; esto es pecado mortal.

14 [Lista], gralm. secreta, de personas o entidades consideradas sospechosas o peligrosas, esp. la confeccionada por un gobierno u una organización. *Tb fig.* | *País* 29.3.77, 4: Ni los *jusos* colaborarán con los comunistas en el "Comité para el desarme", ni la oficina de defensa de la competencia en la República Federal de Alemania colocará en la lista negra a la empresa Volkswagen. *Sig* 20.9.93, 3: España puede figurar muy pronto en la lista negra de las multinacionales por la rigidez de su normativa laboral. MGaite *Ritmo* 204: Desde hoy .. ya me puedes borrar de la lista negra de tus motivos de sufrimiento.

15 [Helada] que produce quemadura en las plantas. | Delibes *Ratas* 92: El agua, o el nublado, o el pulgón, o la helada negra, siempre venían a trastornarlo todo.

16 [Aguas] residuales de las poblaciones. | *Inf* 10.11.70, 2: ¿Cómo van los trabajos .. para el tratamiento de las aguas negras en los principales puntos costeros –y turísticos– de Mallorca? **b)** [Pozo] destinado a recoger las aguas inmundas. | Pinilla *Hormigas* 185: El padre concluyó la zanja, que unía el mismo borde del pozo negro con la campa inclinada que arrancaba de la puerta de la cuadra.

17 (*hist*) [Pers.] liberal y partidaria de la constitución de 1812. *Tb n. Usado a veces como insulto.* | Buero *Sueño* 169: Francho es un liberal, un "negro", y en España no va a haber piedad para ellos en muchos años. Buero *Sueño* 201: ¡Hereje!... ¡Masón!... ¡Te colgaremos a ti y a esa zorra! ¡Negro! **b)** (*hist*) Cristino (defensor o partidario de Isabel II durante la regencia de María Cristina, frente al pretendiente Carlos de Borbón). *Tb n, referido a pers.* | FReguera-March *Cuba* 24: Los "negros" acababan de zumbarnos la pandereta y nos venían pisando los talones.

18 [Leyenda] **negra**, [misa] **negra**, [oreja] **de negra**, [oro] ~, [pena] **negra**, [peste] **negra**, [pie] ~, [pies] ~**s**, [viruela] **negra**, [vómito] ~ → LEYENDA, MISA, OREJA, ORO, PENA, PESTE, PIE, VIRUELA, VÓMITO.

II n **A** m y f **19** Esclavo. *Normalmente en sent fig y esp en la comparación* COMO UN ~. | Aldecoa *Cuentos* 1, 57: Voy a decirle [al patrón] que tengo derecho a tres horas de franquía por tarde y puerto. Le voy a poner las cosas muy claras para que se entere de que no me puede tener de negro por veinte duros más. Kurtz *Lado* 274: ¿Y Luciano? ¿Acaso no ha trabajado como un negro? **b)** (*col*) Pers. que realiza un trabajo, esp. de carácter literario, que luego es firmado por otro. *Tb* ~ LITERARIO. | Torrente *Off-side* 42: Entre usted en la vida de Anglada y averigüe quién le escribe los libros, porque estoy convencido de que se vale de un "negro". MCachero *AGBlanco* 22: González-Blanco fue algún tiempo "negro" literario de Carmen de Burgos.

B m **20** ~ **animal**. Carbón obtenido por calcinación de materias animales, esp. de huesos, y usado como decolorante. | Aleixandre *Química* 108: El negro animal resulta de la destilación seca de materias animales (sangre, huesos, etc.).

21 ~ **de humo**. Materia colorante obtenida de los humos de materias resinosas, cuyo color se considera el más cercano al negro puro. | Aleixandre *Química* 107: El negro de humo se forma en la combustión incompleta de sustancias muy ricas en carbono.

22 ~ **de platino**. (*Quím*) Platino finamente dividido, que se obtiene por precipitación de una disolución de una sal de platino con un agente reductor. | Aleixandre *Química* 122: El electrodo normal de hidrógeno está formado de una lámina de platino, recubierto de platino finamente dividido (negro de platino).

23 el ~ **de una uña**. (*col*) La cantidad mínima. *En frases ponderativas. Gralm con el v* FALTAR. | Medio *Andrés* 232: No faltó el negro de una uña para que yo naciera al pie del andamio.

C f **24** (*Mús*) Nota cuyo valor es la mitad de una blanca. | RAngel *Música* 46: 1 negra vale 2 corcheas o 4 semicorcheas.

25 la negra. (*col*) La desgracia o la mala suerte. | *Caso* 12.12.70, 16: Y es que hay días que, sin saberse por qué, le acecha a uno la negra.

III loc v **26 estorbarle** (*u otro v equivalente*) [a alguien] **lo** ~. (*col*) No tener [esa pers.] hábito de leer. | DCañabate *Andanzas* 177: La vida me fue enseñando lo poco que sé; bueno, la vida y también los libros, porque a mí nunca me ha estorbado lo negro. Salvador *Abc* 1.4.87, 3: La afición a la lectura no ha sido nunca excesiva entre nosotros, donde abundan notablemente esos a los que no les molesta lo negro, según la expresión popular. **b)** (*col*) No saber leer. | Sastre *Taberna* 142: ¿Qué haces con una carta, si te estorba lo negro?

27 pasarlas negras. (*col*) Pasar grandes apuros o dificultades. | Lagos *Pap* 11.70, 164: Eso de la riqueza del campo, fanfarronadas de cuatro señoritos; te lo digo yo, que las he pasado negras.

28 verse [alguien] ~ [para algo]. (*col*) Encontrar graves dificultades [para ello]. | Laiglesia *Ombligos* 306: Me he visto negro para llenar esos renglones justificativos de nuestra suculenta nómina.

IV loc adv **29** ~ **sobre blanco**. (*lit*) Por escrito. | Laín Marañón 139: ¿Sumarse a los que han ejercitado su ingenio, acaso su crueldad, frente a las lacras morales de un hombre que tuvo la valentía de ponerlas, negro sobre blanco, en las páginas al fin delatoras de un "Diario"?

negroafricano -na (*tb con la grafía* **negro-africano**) *adj* Del África negra [2b]. | Anson *SAbc* 18.5.69, 5: El resultado de la experiencia política negro-africana no ha podido ser más desolador. G. GCalvo *SSe* 28.1.90, 38: Lo africano, y más concretamente lo negroafricano, parece que empieza a despertar en nuestro país un interés algo más que exótico.

negroide *adj* Que presenta alguno o algunos de los caracteres de la raza negra [2b]. *Tb n, referido a pers.* | Alós *Hogueras* 102: Veía a Sibila con un hombre negroide, gigantesco, al que llamaban Rosso. J. M. Izquierdo *Méd* 17.2.89, 112: El Julán. La isla antes de su conquista, fue habitada por tres razas diferentes: una de hombres fuertes y rubios, otra semita y, la tercera, de raza oscura o negroide. *Ya* 10.4.75, 44: Los rasgos étnicos de la momia (izquierda) encontrada en la tumba de Amenofis no son negroides.

negrón -na I *adj* **1** De color negro o casi negro. *Dicho esp de animales.* | CBonald *Ágata* 39: El normando se fue aquel mismo mediodía para Zapalejos, no volviendo hasta una semana después .. en compañía de un mozo que resultó ser alarife y de un carro tirado por un muleto negrón. **b)** [Pato] de plumaje totalmente negro y con una mancha amarilla en el pico (*Melanitta nigra*). *Frec n m. Con un adj especificador, designa otras especies:* ~ CARETO (*M. perspicillata*), ~ ESPECULADO (*M. fusca*). | Delibes *Inf* 15.1.76, 17: Muchas de las especies que conviven en Doñana necesitan el mar, las playas y las dunas como esparcimiento. ¿Qué sería de los vuelvepiedras, los cormoranes y los patos negrones sin ellas? Noval *Fauna* 103: Estos nombres se aplican también al Negrón común (*Melanitta nigra*), pato marino de color negro uniforme, que no cría en Asturias. Noval *Fauna* 104: El Negrón especulado (*Melanitta fusca*) es muy escaso.
II m 2 (*Mineral*) *En el granito:* Mancha grande de biotita. | Ybarra-Cabetas *Ciencias* 77: El granito .. Su color es generalmente blanco o blanco rosado, con manchas negras de biotita, que si son grandes se llaman gabarras o negrones.
3 (*Agric*) *Se da este n a varias enfermedades de la patata, cebolla y otras plantas, producidas por hongos de los géns Alternaria y Pleospora.* | F. Ángel *Abc* 28.3.58, 15: La mezcla debe hacerse en la proporción de 40 por 100 de Polvo Cúprico "Medem" y 60 por 100 de Azufre, pudiéndose emplear esta misma mezcla para prevenir el Atabacado y el Negrón, de la patata.

negror *m* (*lit*) Negrura [1]. | Hoyo *Caza* 13: La calva [del monte], ahora, se veía perfectamente. El negror de la vegetación que la rodeaba hacía que se destacase con cierta claridad.

negro spiritual (*ing; pronunc corriente,* /négro-espirituál/; *pl normal,* ~s) *m* Espiritual (canto religioso de los negros norteamericanos). | C. Murillo *SAbc* 14.12.69, 31: Toda la vida me han asombrado los enormes puntos de contacto entre el "jazz" (o el ñáñigo o el "negro spiritual") y el flamenco.

negrucio -cia *adj* (*desp*) Negruzco. | CBonald *Dos días* 144: Onofre se dirigía ahora a uno de los hombres, negrucio y canijo, los pantalones cogidos con unas pinzas de montar en bicicleta.

negrura *f* **1** Cualidad de negro. | Laín *Tie* 14.8.76, 32: Gracia. Visiblemente nos la muestran los conjuntos urbanos del llano o de la sierra .. y el geranio que brota y se enciende entre la blancura de la cal y la negrura de la reja. **b)** Oscuridad o falta de luz. | Laforet *Mujer* 25: Se vio cómo la luz de los faros del "Cadillac" iluminaba la oscura tarde, aumentando la negrura alrededor.
2 Cosa negra, *esp* [7 y 8]. | DCañabate *Paseíllo* 75: Entonces me echo p'alante y me se olvidan las negruras, y así estoy tan pronto esperanzado como acoquinao.

negrusco -ca *adj* (*raro*) Negruzco. | Bustinza-Mascaró *Ciencias* 211: El jabalí y el cerdo. Tienen el cuerpo recubierto de pelo fuerte, de color pardo negrusco o grisáceo.

negruzco -ca *adj* Que tira a negro. | Bernard *Verduras* 33: Se raspan para quitarles la piel negruzca y se lavan.

neguilla *f* Planta herbácea anual abundante en los sembrados y cuyas semillas son pequeñas bolitas negras (gén. *Nigella*, esp. *N. arvensis* y *N. sativa*). *A veces con un adj especificador:* ~ DAMASCENA o DE DAMASCO (*N. damascena*), ~ DE ESPAÑA (*N. hispanica*), ~ HORTENSE (*N. sativa*). *Tb su semilla.* | Halcón *Campo* 19: La zulla de flor morada, la neguilla de flor lila. Castellanos *Animales* 92: Semillas oleaginosas: .. Neguilla: administración racionada .. Un 40% de grasa. Engorda y da un especial brillo al canario.

neguillón *m* Neguilla (planta). | FQuer *Plantas med.* 178: Neguilla .. Sinonimia cast[ellana], .. neguillón.

negundo *m* Árbol ornamental de la familia del arce (*Acer negundo*). | C. Asencio *VSi* 7.89, 40: En laderas más secas, pero bien conservadas, aparecen álamo blanco, fresno, avellano, negundo, sanguino y chopo.

negus (*frec con mayúscula*) *m* **1** Emperador de Etiopía. | G. González *SYa* 31.3.74, 5: La moderna historia de Etiopía se abre con la proclamación del ras Tafari Makonnen como negus (rey) en 1928. *Abc* 28.8.66, 45: El Negus ha dispensado a De Gaulle un gran recibimiento.
2 (*hist*) Avión de reconocimiento. | GSerrano *Macuto* 66: ¿Por qué demonios llamábamos "el Negus" a un solitario aparato enemigo que nos sobrevolaba en Somosierra, generalmente en tareas de observación? Lo pintoresco del caso es que en casi todos los frentes, de manera simultánea, hubo un Negus por aquellos tiempos.

neis (*pl invar*) *m* (*Mineral*) Gneis. | Bustinza-Mascaró *Ciencias* 345: Neis. Es roca metamórfica ácida cuya composición mineralógica se asemeja a la del granito. Alvarado *Geología* 33: También es cuarzo petrogénico el que se encuentra en las rocas metamórficas, como los neis.

nema *f* (*raro*) Cierre de una carta. | Zunzunegui *Camino* 153: El sobre llevaba esta dirección. "Para la hermosa de las gafas oscuras. En el Hotel París." Rasgó la nema y se encontró con una ristra de piropos.

nematelminto *adj* (*Zool*) [Gusano] de cuerpo cilíndrico o alargado, no segmentado, desprovisto de apéndices locomotores y con tegumentos impregnados de quitina. *Frec como n m en pl, designando este taxón zoológico.* | Bustinza-Mascaró *Ciencias* 125: Nematelmintos o Gusanos cilíndricos, como lombrices intestinales y triquina. Ybarra-Cabetas *Ciencias* 325: Los nematelmintos estaban antiguamente incluidos dentro de los gusanos, pero hoy forman un grupo independiente.

nematocida *adj* Que destruye nematodos. *Tb n m, referido a producto.* | *Día* 28.5.76, 23: Nematocidas en platanera.

nematocístico -ca *adj* (*Zool*) De(l) nematocisto. | Ybarra-Cabetas *Ciencias* 421: El Pagurus se halla .. protegido del ataque de sus enemigos gracias a las defensas nematocísticas del pólipo.

nematocisto *m* (*Zool*) *En los celentéreos:* Órgano urticante contenido en las células epiteliales. | Bustinza-Mascaró *Ciencias* 114: Cuando el cnidocilo roza con algún objeto, el filamento se proyecta bruscamente al exterior, y un líquido urticante que hay en el nematocisto sale por el interior del filamento.

nematodo *adj* (*Zool*) [Nematelminto] con aparato digestivo consistente en un tubo recto que se extiende a lo largo del cuerpo entre la boca y el ano. *Frec como n m en pl, designando este taxón zoológico.* | Nolla *Salud* 229: La triquinosis es causada por un gusano nematodo, la *Trichinella spirallis*. [*En el texto,* nemátodo.] Alcalde *Salud* 330: Destacan, por su importancia, las subclases de cestodos (tenias y botriocéfalos) y la de los nematodos.

nemeo -a *adj* (*hist*) De Nemea (Grecia). *Tb n, referido a pers. Gralm referido a los juegos que se celebraban en esta ciudad.* | Tejedor *Arte* 31: Los más importantes juegos fueron: los Píticos, en Delfos y en honor de Apolo; los Ístmicos, en Corinto y en honor de Poseidón; los Nemeos, en Nemea y en honor de Zeus, y, sobre todos los Olímpicos, en Olimpia y también en honor de Zeus.

némesis *f* (*lit*) Venganza. | Goytisolo *Recuento* 278: Infortunada civitas. ¿Cuál fue su mala estrella en el firmamento profundo? ¿O fue acaso la enemiga divina, némesis violenta, despiadada?

nemine discrepante (*lat; pronunc,* /némine-diskrepánte/) *loc adv* (*lit*) Unánimemente o sin oposición de nadie. | FReguera-March *Caída* 247: Se planteó en primer lugar la cuestión de la presidencia del Gobierno, que recayó en Alcalá Zamora, *nemine discrepante*.

nemónico → MNEMÓNICO.

nemoral – neocapitalista

nemoral *adj* (*Bot*) De(l) bosque. | Mayor-Díaz *Flora* 514: Cuando la "aliseda" se encuentra bien desarrollada, la techumbre nemoral es cerrada.

nemoroso -sa I *adj* **1** (*lit*) Que tiene apariencia de bosque. | Cela *Viaje andaluz* 140: El Genil, por Jauja, no es de miel ni de leche .., y no ofrece las fuentes de las confituras, sino las lozanas huertas y las nemorosas frutedas que brindan, en bandeja eterna, el jugoso y dulce corazón del campo.
II *f* **2** Anemone de los bosques (*Anemone nemorosa*). | Cendrero *Cantabria* 97: Flora: .. Estrato herbáceo .. *Anemone nemorosa* L.: Nemorosa.

nemotecnia, nemotécnico → MNEMOTECNIA, MNEMOTÉCNICO.

nene -na A *m y f* **1** (*col*) Niño pequeño. *A veces se usa, con intención afectiva o humorist, designando a perss de más edad.* | Marlasca *Abc* 3.12.70, 49: A mí me gusta tropezarme de vez en cuando con este simpático vendedor callejero, cuya mercancía hace las delicias de los nenes. Marsé *Dicen* 292: –Pero entonces .. aún no se veía el final de la guerra, ni siquiera te habían avisado para participar en lo del meublé, ¿de qué estás hablando?, ¿de cuándo? –No recuerdo, nena, debió ser antes.
2 el ~, o la nena. (*col, humorist*) Yo. | * –¿Quién dice eso? –La nena. ¿Pasa algo?
B *f* **3** *En lenguaje masculino, se usa para designar a una mujer joven.* | Palomino *Torremolinos* 29: Con las mujeres, en cambio, no tiene tan buen toque. Ahora, después de apuntarse el tanto de la sonrisa de Sara Lithwood, se siente inseguro. Mira al conserje de medio lado y enrojece. –Esa nena quiere guerra.
4 *En lenguaje masculino:* Prostituta. *Frec en la constr* IR DE NENAS. | GSerrano *Macuto* 725: Aparte de los [nombres] conocidos de sobra, para unos fueron las baldomeras y para otros las bizcochas .., y también las nenas, las niñas, las lobas y las palomas.

neno -na *m y f* (*reg*) Nene. | Mateo *Babia* 107: Aquí los había que cargaban las banastras de nenos, ¿usted sabe lo que son banastras, esas banastras que se ponían a los caballos?, pues en ellas los metían.

nenúfar *m Se da este n a varias plantas de los géns Nuphar y Nymphaea, esp Nuphar luteum* (~ AMARILLO) *y Nymphaea alba* (~ BLANCO). *Tb su flor.* | Artero *Plantas* 135: La charca .. El medio biológico .. La flora .. 1, plantas de los bordes. Sus hojas emergen y en realidad no pertenecen al biotipo de la charca. 2, plantas de fondo. Nenúfares: sus hojas flotantes tapan la luz. Gironella *SAbc* 28.12.69, 23: Existe la luna zoológica (el pez-luna), la luna botánica (la luna de agua, o nenúfar blanco), la luna psíquica (se está de buena o de mala luna). ASáez *Abc* 24.8.66, 16: Manías de la "belle époque": la curva parabólica, guirnalda de frutales, crisantemos y nenúfar.

neo[1] *m* Neón (gas) | Artero *Inerte* 52: Los gases inertes responden a los nombres de Argo, Kripto, Neo, Xeno y Helio.

neo[2] **-a** *adj* (*hist, desp*) Neocatólico. *Tb n, referido a pers.* | R. SGarcía *His* 3.87, 22: Se practicaron numerosas detenciones, recayendo inicialmente las sospechas sobre el clero y el partido neo, de tradicional arraigo en Burgos. LMiranda *Ateneo* 101: Eran, en realidad, los progresistas y los "neos" de nuestras antiguas partidas nacionales de raíz inextirpable.

neo- *r pref* Nuevo, o que se presenta con una nueva forma. | *Por ej:* Tamames *Economía* 345: El actual desarrollo económico español puede ser calificado de neoautárquico, en el sentido de que la expansión industrial se dirige casi únicamente a atender el mercado interior. A. M. Campoy *Abc* 6.6.67, 38: Un refinado colorista, compositor de bellos ritmos y formas de un geometrismo dulce y decorativo, con "grafismos que nada dicen" y texturas de una exquisitez esteticista típicamente neoburguesa. Ja. Fernández *Ya* 22.9.88, 22: Las comunidades neocatecumenales se proponen recuperar el fervor de la Iglesia antigua. Aranguren *Marxismo* 157: El estructuralismo marxista se sitúa en el polo opuesto del voluntarismo. Al hacerlo así cae en ciencismo, o, si se prefiere, en neociencismo. An. Miguel *Abc* 25.8.66, 3: Ello representa un ocaso posible del neocomunismo asiático. Fernández-Llorens *Occidente* 271: Su código del honor militar es de un extraordinario rigor y en él se confunden los valores feudales y el neoconfucianismo. *SYa* 4.11.73, 41: El estructuralismo, el geometrismo, el neoconstructivismo son ajenos a la mentalidad oriental. A. MAlonso *Arr* 11.11.70, 2: El "neocristianismo" de Teilhard .. significa para él .. una reinterpretación con categorías extrañas al Cristianismo evangélico. GNuño *Madrid* 45: El retablo mayor, neodórico, es de Gregorio Ferro. Aguilera *Arte* 89: No es menos inconexo el censo de quienes –con evidente arbitrariedad– unimos bajo el equívoco epígrafe de neofigurativismo. Nolla *Salud* 346: En las osteodistrofias .. existen, por una parte, zonas del hueso con excesiva destrucción, siendo sustituido por tejido fibroso, y zonas con neoformación de hueso. Vega *Salud* 555: Recibe el nombre de neoplasia toda tumoración que se forma y crece a expensas de tejidos neoformados tanto en vulva como en vagina. Laín *Universidad* 64: Alberga en su seno .. las siguientes orientaciones del saber: el neopositivismo, el existencialismo, .. varios "neos" más o menos pujantes (neoescolasticismo, .. neokantismo, neohegelianismo). Lázaro *Abc* 16.9.89, 3: El neohispano, la lengua con que vamos a comparecer ante el mundo con un "look" guay en las jornadas gloriosas de 1992, crece con tal prisa que ni alargando el brazo se pueden medir sus estirones. Aranguren *Marxismo* 151: ¿Cómo ha sido recibida esta forma de neomarxismo [el marxismo estructuralista] por los otros marxistas? MHerrera *Abc* 6.6.67, 43: También el teatro sintió repercusiones ondulatorias y floridas en un neomisticismo que se deshace en declarado decadentismo. R. RSastre *Mun* 12.12.70, 43: En otras palabras, ha vuelto del neoproteccionismo al viejo proteccionismo. J. M. Llanos *VNu* 5.8.72, 41: Necesitamos de imitadores suyos .. para impedir que en el campus de la Iglesia penetre una vez más toda esa fiebre radical y tiránica de la tecnocracia, del neorracionalismo, de las programaciones y proyectivismos. C. Moret *Rev* 12.70, sn: Julio Mathías revive en el espíritu del lector lo que fueron los últimos retazos del neorromanticismo español. A. Yáñez *SAbc* 16.3.86, 15: Las sectas que de algún modo se aproximan a la demonología –neosatanistas y luciferianos– están aumentando en toda Norteamérica. E. Haro *Tri* 26.12.70, 4: Los neototalitarismos afectan en primer lugar a su libertad de pensar [de los súbditos]. Marco *Lit. española* 4, 175: Su segundo libro, *La amante*, dentro de la línea neotradicionalista que empleara en el primero, aunque con colores más agrios y más contrastados.

neoántropo *m* (*Prehist*) Tipo humano fósil correspondiente al Paleolítico superior. | Pinillos *Mente* 21: Por su cerebro más desarrollado .., este hombre nuevo, el neoántropo, produjo una cultura que se desarrolló relativamente poco durante los 100.000 años del Paleolítico superior.

neoártico -ca *adj* (*Geogr*) [Región] que comprende toda América del Norte, desde el centro de Méjico hasta el círculo polar ártico. | Navarro *Biología* 306: Existen seis regiones geográficas con características faunísticas y florales propias. Son: la región Paleártica, Neoártica, Neotrópica, Oriental o Indomalaya y la Australiana.

neobarroco -ca *adj* (*Arquit*) [Estilo], propio de la segunda mitad del s. XIX, que imita el barroco. *Tb n m.* | * Del estilo neobarroco hay pocas muestras en la ciudad. **b)** De(l) estilo neobarroco. | Cabezas *Abc* 29.7.67, 53: Van a quitar el templete neobarroco de la Red de San Luis.

neobizantino -na *adj* (*Arquit*) [Estilo], propio de finales del s. XIX, que se inspira en el bizantino. | * Una iglesia de estilo neobizantino. **b)** De(l) estilo neobizantino. | J. Valenzuela *SPaís* 4.8.91, 10: Fachadas neobizantinas o neofaraónicas que no ocultan que infinidad de talleres se han adueñado de los pisos burgueses.

neocapitalismo *m* (*Econ*) Forma de capitalismo caracterizada por la intervención del Estado en la economía y por la progresiva concentración del poder en las grandes sociedades. | Aranguren *Marxismo* 56: La masa .. necesita consumir mitos privados (*status-symbols* en el neocapitalismo) o públicos (en el comunismo).

neocapitalista *adj* (*Econ*) De(l) neocapitalismo. | L. Calvo *Abc* 1.12.70, 30: Si la Unión Soviética, computando beneficios, opta por sacar adelante el Pacto con la Alemania Federal, y Varsovia el suyo, .. abonan el escorzo al Occidente neocapitalista (que llaman).

neocatolicismo *m* (*hist*) En el último tercio del s XIX: Doctrina que aspira a restablecer en todo su rigor las tradiciones católicas en la sociedad y en el gobierno. | * El neocatolicismo tenía cierta fuerza en la época de Galdós.

neocatólico -ca *adj* (*hist*) De(l) neocatolicismo. | Pedraza-Rodríguez *Literatura* 7, 375: Sus contemporáneos polemizaron en torno a su postura "neocatólica". **b)** Partidario del neocatolicismo. *Tb n*. | Cierva *Triángulo* 247: A fines de abril se firmó por fin el concordato entre el gobierno de Isabel II y la Santa Sede, por impulso de los neocatólicos.

neocelandés → NEOZELANDÉS.

neoclasicismo *m* (*Arte y TLit*) Movimiento dominante en Europa en la segunda mitad del s. XVIII y caracterizado por la vuelta a los gustos y las normas de la antigüedad clásica. | Valverde *Literatura* 179: Neoclasicismo. Durante el siglo XVIII y principios del XIX, la literatura española pasa, sin gran convicción, al predominio de los ideales neoclasicistas.

neoclasicista *adj* (*Arte y TLit*) De(l) neoclasicismo. | Valverde *Literatura* 179: La literatura española pasa, sin gran convicción, al predominio de los ideales neoclasicistas irradiados sobre todo de Francia.

neoclásico -ca *adj* (*Arte y TLit*) De(l) neoclasicismo. | Tejedor *Arte* 191: Este estilo neoclásico o nuevo clasicismo vuelve a lo equilibrado y sencillo, con fórmulas concretas y universales que apagan e impiden cualquier manifestación nacional. DPlaja *Literatura* 316: La plenitud de la poesía neoclásica española viene marcada por el grupo de poetas que caracteriza la llamada primera escuela salmantina del siglo XVIII. **b)** Adepto al neoclasicismo. *Tb n*. | CBaroja *Inquisidor* 31: A despecho de lo que dijeran los neoclásicos, es cosa fría y triste.

neocolonialismo *m* Predominio e intervención en los asuntos internos de países subdesarrollados, por parte de grandes países capitalistas, esp. a través del control de la economía. | V. A. Pineda *Des* 12.9.70, 19: El frenético latido de un mundo que en su violencia se opone a la violencia del colonialismo o del neocolonialismo.

neocolonialista *adj* De(l) neocolonialismo. | *ByN* 11.11.67, 77: Lo importante en el contrato es la supresión de la palabra "concesión", considerada neocolonialista.

neocórtex *m* (*Anat*) Parte mayor y más reciente de la corteza cerebral, situada en la región dorsal de esta. | Pinillos *Mente* 77: La vida afectiva del hombre, con sus emociones, sentimientos y deseos, lleva hasta cierto punto una vida independiente de las actividades cognoscitivas y voluntarias en que consiste la vida de relación regida por el neocórtex, o cerebro "nuevo".

neocortical *adj* (*Anat*) Del neocórtex. | Pinillos *Mente* 79: Consecuentemente a esta falta de sincronía evolutiva entre las estructuras neocorticales .. y las estructuras más primitivas del cerebro interno .., se produjo en el hombre una falta de coordinación entre ambos estratos de la actividad mental.

neodadaísmo *m* (*Arte*) Corriente de mediados del s. XX, continuadora del dadaísmo. | Areán *Rev* 2.71, 28: Nos limitaremos a la llamada nueva configuración, al pop-art, al neodadaísmo.

neodadaísta *adj* (*Arte*) Del neodadaísmo. | Areán *Raz* 5/6.89, 319: Su vigor es alucinante y alcanza su clímax en sus objetos neodadaístas y en sus ambientaciones de esculturas pintadas y fuertemente expresivas. **b)** Cultivador del neodadaísmo. *Tb n*. | Areán *Rev* 2.71, 30: El nombre de Rauschenberg vuelve a surgir entre los de los grandes creadores del pop, de igual manera que el [de] Jasper Johns, aunque sea en principio pop, aparezca entre los de los neodadaístas.

neodarwinismo *m* (*Biol*) Teoría evolucionista que sintetiza la doctrina de Darwin y los nuevos descubrimientos genéticos. | * El neodarwinismo tiene muchos seguidores.

neodarwinista *adj* (*Biol*) De(l) neodarwinismo. | * La teoría neodarwinista goza de muchos adeptos. **b)** Adepto al neodarwinismo. *Tb n*. | C. Hoyo *SD16* 7.6.89, VIII: Ferviente y ortodoxo neodarwinista, para Dawkins "los individuos de educación media .. tienen un conocimiento asombrosamente bajo de la teoría evolucionista".

neodimio *m* (*Quím*) Metal del grupo de las tierras raras, de número atómico 60, de color blanco y que es fácilmente corroído por el aire. | MMunicio *Abc* 22.8.90, 3: Los "elementos" hacían cola para situarse en el lugar debido de estas representaciones; pero, antes, los químicos, para nombrarlos, hubieron de .. distinguir los mellizos de praseodimio y neodimio.

neoescolasticismo *m* (*Filos*) Doctrina filosófica, surgida en el s. XIX, que trata de incorporar a la de Santo Tomás las adquisiciones de la ciencia moderna. | Laín *Universidad* 64: Alberga en su seno .. las siguientes orientaciones del saber: el neopositivismo, el existencialismo, .. varios "neos" más o menos pujantes (neoescolasticismo, neokantismo, neohegelianismo).

neoescolástico -ca *adj* (*Filos*) De(l) neoescolasticismo. | CBaroja *Inquisidor* 16: Del alegato histórico-jurídico del canónigo Llorente .. al neoescolástico de Ortí y Lara hay la misma distancia que existe entre las ideas de Menéndez Pelayo y las de los diputados reformistas de las Cortes de Cádiz.

neoestalinismo *m* (*Pol*) Neostalinismo. | G. Medina *Inf* 2.4.71, 6: Los problemas de la Unión Soviética y los contrastes entre dirigentes .. habían de desembocar .. en el retorno a un sistema de conceptos stalinistas adaptados a las circunstancias de hoy: a un "neo-estalinismo".

neoexpresionismo *m* (*Pint y TLit*) Tendencia que supone una evolución o renovación del expresionismo. | MSantos *Tiempo* 69: Este caballero .. solo de pintura quería hablar .. e insistir en que su pintura era un neoexpresionismo. Doménech *Lit. española* 4, 424: Del neorrealismo o social-realismo al neoexpresionismo .. Tal es, en efecto, el proceso estético que resulta común a gran parte de los dramaturgos.

neoexpresionista *adj* (*Pint y TLit*) De(l) neoexpresionismo. | Doménech *Lit. española* 4, 426: Con *El tintero* .., el dramaturgo se orienta hacia un estilo expresionista o neoexpresionista. **b)** Cultivador del neoexpresionismo. *Tb n*. | MSantos *Tiempo* 71: –¡No, no, no! –gritó el pintor neoexpresionista.

neofascismo *m* Movimiento político italiano, posterior a la segunda Guerra Mundial, que defiende la doctrina fascista. | *Inf* 6.5.71, 3: El general De Lorenzo se pasa al neofascismo.

neofascista *adj* De(l) neofascismo. | L. Molla *Mun* 14.11.70, 37: En la calle también, mangas remangadas y gesto fiero, los comandos neofascistas, tan amigos del orden centralista. **b)** Adepto al neofascismo. *Tb n*. | * El atentado fue atribuido a los neofascistas.

neofilia *f* (*raro*) Inclinación o gusto por lo nuevo. | G. Sierra *Abc* 27.4.74, 29: Hay que ser muy retrógrado o muy "snob" para afiliarse incondicionalmente al misoneísmo o a la neofilia.

neófito -ta *adj* **1** [Pers.] recién incorporada a una religión. *Tb n*. | SLuis *Doctrina* 131: Elementos del bautismo .. Padrinos: son personas que se comprometan a asegurar la educación del neófito si faltasen sus padres. J. M. ÁRomero *MHi* 11.63, 72: Herrera elevó las bóvedas, entre el asombro de los tagalos, sobre los frágiles techos de nipa de sus viviendas, con el concurso fervoroso de la neófita cristiandad.

2 [Pers.] recién incorporada a una colectividad o a una actividad. *Tb n*. | Lapesa *Necrol. Gili Gaya* 196: En el curso de Doctorado conoció a don Ramón Menéndez Pidal, quien le dio entrada en el Centro de Estudios Históricos .. El neófito inició en 1918 su colaboración en la "Revista de Filología Española". *Act* 25.1.62, 50: –¿Cómo se ve una ciudad grande desde un coche de servicio público? –Muy complicada. Hay mucho neófito conduciendo por esas calles.

neógeno -na *adj* (*Geol*) [Período o sistema] correspondiente a la segunda mitad de la Era Terciaria. *Tb n m*. | Ybarra-Cabetas *Ciencias* 162: Era Terciaria o Neozoica .. Comprende esta Era dos sistemas denominados Paleógeno y Neógeno. *SInf* 7.11.70, 5: Estas [formaciones geológi-

neogótico – neón

cas] son: El neógeno, de Murcia y Alicante .. El albense, de Cuenca. El wealdense, del este de Albacete.

neogótico -ca *adj (Arquit)* [Estilo], propio del s. XIX, que se inspira en el gótico. | *SVozC* 25.7.70, 2: Merecen verse en la ciudad las murallas romanas, la catedral, el palacio episcopal, de estilo neogótico. **b)** De(l) estilo neogótico. | GNuño *Arte s. XIX* 152: De otras dedicaciones del gran arquitecto –las neogóticas– nos ocuparemos en otro momento.

neografía *f (E)* Estudio de la escritura moderna. *Se opone a* PALEOGRAFÍA. | *Ya* 19.2.74, 39: La Escuela de Ciencias del Grafismo .. ha inaugurado el curso 1974 con arreglo al programa de tres años de estudios, impartiendo las enseñanzas de grafonomía, neografía, caracterología.

neogramático -ca *adj (Ling)* [Escuela] de finales del s. XIX, caracterizada por conceder importancia primordial a las leyes fonéticas. | Villar *Lenguas* 259: Su hallazgo [de las sonantes indoeuropeas] es una de las importantes contribuciones de la escuela neogramática a nuestra ciencia. **b)** De la escuela neogramática. *Tb n, referido a pers.* | Alcina-Blecua *Gramática* 107: Existen otros aspectos en las obras de los neogramáticos de importancia decisiva para la evolución teórica posterior.

neogranadino -na *adj (hist)* De Nueva Granada (antiguo nombre de Colombia). *Tb n, referido a pers.* | HSBarba *HEspaña* 4, 384: Pueden señalarse tres zonas predominantemente comerciales: la norteña, constituida especialmente por el virreinato de Nueva España ..; la venezolana o neogranadina, con Caracas y Cartagena de Indias; y la meridional, en la que destaca .. el mercado monopolizador de Lima. HSBarba *HEspaña* 4, 415: Vicente de Aguiar y Dionisio Contreras, neogranadinos, fueron a Londres con idénticas peticiones.

neoguineano -na *adj* De Nueva Guinea. *Tb n, referido a pers.* | Torrente *Saga* 159: Narraciones pertenecientes a las culturas más distantes y distantes: de los mayas, de los comanches .., de los neoguineanos, de los hotentotes.

neoimpresionismo *m (Pint)* Técnica basada en la yuxtaposición de colores, sin mezclarlos en el cuadro. | * Pissarro es un representante del neoimpresionismo.

neoimpresionista *adj (Pint)* De(l) neoimpresionismo. | * Técnica neoimpresionista. **b)** Cultivador del neoimpresionismo. *Tb n.* | *MHi* 3.61, 40: El cubismo utiliza con frecuencia los valores autónomos del color y de la mancha o el punto, poniendo a contribución la técnica de los neoimpresionistas.

neokantiano -na *adj (Filos)* De(l) neokantismo. | J. M. RGallardón *Abc* 17.12.70, sn: La tesis neokantiana que asimila al juez a cualquier otro funcionario. **b)** Adepto al neokantismo. *Tb n.* | * Los neokantianos.

neokantismo *m (Filos)* Doctrina que propugna el retorno a Kant, por oposición al positivismo y al materialismo. | Aranguren *Marxismo* 111: En Alemania ha surgido el neokantismo, que, pese a su fundamental preocupación gnoseológica, no podía sustraerse a los problemas éticos.

neolatino -na *adj (Ling, hoy raro)* [Lengua] románica. | Alvarado *Eslavismos* 403: En el español o castellano, como lengua neolatina, la inmensa mayor parte del léxico procede del latín.

neolector -ra *m y f* Pers. que ha sido alfabetizada recientemente. | *Jaén* 24.4.64, 10: Como complemento de la campaña de alfabetización, ha comenzado en esta semana a funcionar una escuela de neolectores para cada sexo.

neoliberal *adj (Econ y Pol)* De(l) neoliberalismo. | Cándido *Int* 17.7.85, 33: La áspera seriedad izquierdista de Guerra no podía soportar fácilmente la sonrisa neoliberal de Boyer, la sonrisa del neocapitalismo. **b)** Partidario del neoliberalismo. *Tb n.* | *Inde* 25.9.91, 1: Los neoliberales emergentes dicen velar por los bolsillos del contribuyente y repudian todo tipo de proteccionismo.

neoliberalismo *m (Econ y Pol)* Forma del liberalismo que admite una intervención limitada del Estado. *Tb fig, fuera del ámbito técn.* | ILaguna *Ateneo* 46: Pedro Rocamora, nuevo presidente, orienta la Casa hacia un "neoliberalismo" sin los resabios del antiguo.

neolingüística *f (Ling)* Escuela que afirma el carácter individual o poético de las innovaciones lingüísticas, incluidas las fonéticas. | Tovar *Latín* 13: Esta teoría, combinada con las geográficas de la escuela italiana de la neolingüística, tal como la han expuesto M. Bartoli y más recientemente G. Bonfante, nos orienta muy bien sobre los aspectos léxicos.

neolítico -ca *adj (Prehist)* [Período] segundo y último de la Edad de Piedra. *Frec n m; en este caso, gralm con inicial mayúscula.* | Fernández-Llorens *Occidente* 152: Podríamos considerar a estos pueblos todavía dentro de una etapa neolítica. Pericot *Polis* 14: Una segunda etapa conoce el pulimento de la piedra, además de una serie de nuevas técnicas ..: es el Neolítico. **b)** Del período neolítico. | Arenaza-Gastaminza *Historia* 11: Las culturas neolíticas en la Península.

neología *f (Ling)* Proceso de formación de palabras nuevas. | M. SYubero *Ya* 18.10.74, 54: Está visto que el vocabulario soez y la neología desmesurada han hecho época sin remisión.

neológico -ca *adj (Ling)* De (la) neología o de(l) neologismo. | GYebra *Traducción* 111: Una cosa es la libertad de mi acto neológico y otra la aceptación de su resultado por un número suficiente de usuarios de mi lengua. Ridruejo *Castilla* 1, 25: Aparte de aquel habla neológica, diferenciada del romance más generalizado que hablaban leoneses, gallegos, aragoneses y mozárabes .., presenta la primera sociedad de Castilla otros caracteres.

neologismo *m* Vocablo o uso nuevo en una lengua. | FRamírez *Lengua* 32: Los naturalistas quieren .. refrenar el uso de los neologismos científicos.

neologista *adj (Ling)* Que usa muchos neologismos. *Tb n, referido a pers.* | DPlaja *Literatura* 310: El lenguaje de Feijoo es razonador y sencillo; magnífico para la vulgarización científica y, desde luego, limpio de exageraciones neologistas.

neomaltusianismo *(tb con la grafía* **neomalthusianismo**) *m (Econ)* Teoría y práctica del control de la natalidad basadas en el maltusianismo. | VMontalbán *Tri* 17.6.72, 9: Sobre las conferencias planeaba el ángel negro del ya famoso Informe del Club de Roma y el espectro ideológico del neomalthusianismo.

neomicina *f (Med)* Antibiótico obtenido de cultivos del *Streptomyces fradiae*, usado en infecciones locales, esp. de piel y ojos. | *Abc* 21.1.68, 17: Ha aparecido en España *Tirocetas*, la bitableta que contiene Antibióticos (Tirotricina y Neomicina), Vitamina C, Antitusivo, Balsámicos.

neomongol -la *adj* De un pueblo de raza amarilla caracterizado por redondez de facciones y al que pertenecen chinos, japoneses y coreanos. *Tb n, referido a pers.* | Alvarado *Zoología* 136: Se distinguen dos tipos diferentes [en la raza amarilla], a saber: 1º, los paleoasiáticos, de facciones angulosas a causa de lo pronunciado de los pómulos .., y 2º, los neomongoles, de cara redondeada.

neomudéjar *adj (Arquit)* [Estilo], propio del s. XIX español, que se inspira en la arquitectura arabigoespañola. | GNuño *Arte s. XIX* 285: El abuso de la arquitectura neomusulmana y neomudéjar llegó a prender hasta en el profesional que más lejos parecía andar de sus principios. **b)** De(l) estilo neomudéjar. | Terán *Madrid* 212: Otras [fachadas], con sus desnudos revocos o su rugoso ladrillo recocho de tejar, alegrado con cornisas o cenefas de arte neomudéjar.

neomudejarismo *m (Arquit)* Estilo neomudéjar. | *SInf* 5.2.70, 1: Es una admirable pieza del neomudejarismo de la ciudad.

neón (*tb, raro,* **neon**) *m* **1** Gas noble, de número atómico 10, que se encuentra en pequeñas cantidades en la atmósfera terrestre. | CPuche *Paralelo* 14: Habían caído las primeras sombras sobre los recién plantados árboles y los bien recortados setos, produciendo falsos coágulos de noche bajo la luz de los faroles de neón. Ybarra-Cabetas *Ciencias* 89: La composición química de la atmósfera .. es la siguiente: oxígeno, nitrógeno, anhídrido carbónico, vapor de agua, gases raros (neon, argon, xenon, cripton y helio).

2 Luz de neón [1]. | VMontalbán *Rosa* 43: Narcís atraviesa la tienda iluminada por los neones.

neonatal *adj* (*Med*) De(l) neonato. | *Ya* 3.3.63, 12: La íntima colaboración entre el obstetra y el pediatra como base eficaz de una mejor asistencia neonatal. *Abc* 27.6.71, 53: La primera [parte] se dedicó a estos trastornos aparecidos en los niños y en la edad neonatal.

neonato *m* (*Med*) Criatura recién nacida. | F. Martino *Ya* 3.4.75, 56: En lo que se refiere a las anomalías congénitas del corazón y aparato circulatorio del neonato, los progresos han sido extraordinarios.

neonatología *f* (*Med*) Rama de la pediatría que se ocupa de los neonatos. | *País* 19.10.78, 21: La niña fue trasladada a la Casa de Salud Santa Cristina, donde fue ingresada en el departamento de n[e]onatología. [*En el texto*, nonatología.] *Ya* 29.3.83, 21: Uno de los cuatrillizos .. falleció a las veinticuatro horas de su alumbramiento en la sección de cuidados intensivos del departamento de neonatología de dicho centro sanitario.

neonatológico -ca *adj* (*Med*) De (la) neonatología. | *Abc* 21.12.91, 48: Más de un centenar de especialistas participaron en la II Reunión interdisciplinar sobre poblaciones de alto riesgo de deficiencias, organizada por el Grupo de Estudios Neonatológicos de Madrid (GENMA) y la Asociación Nacional de Pediatría.

neonazi *adj* (*Pol*) De(l) neonazismo. | * Se imponen las ideas neonazis. **b)** Partidario del neonazismo. *Tb n.* | E. Haro *Tri* 12.12.70, 4: Incluso las protestas de la oposición democristiana y neonazi contra el tratado .. sirven a ese propósito.

neonazismo *m* (*Pol*) Movimiento que defiende la doctrina nacionalsocialista con posterioridad a la segunda Guerra Mundial. | *Ya* 8.12.92, 2: El neonazismo hace temblar a Europa.

neopaganismo *m* Tendencia social al abandono de los principios morales del cristianismo y a la adopción de aspectos morales del paganismo. | J. Hermida *Act* 25.1.62, 24: Colonialismo y anticolonialismo. Neopaganismo materialista y caridad cristiana. Problemas, muchos, que hay que resolver.

neopitagorismo *m* (*Filos*) Movimiento alejandrino de los ss. I a.C. a II d.C. consistente en doctrinas pitagóricas contaminadas con la tradición platónica y aristotélica. | GÁlvarez *Filosofía* 1, 43: Pueden .. señalarse en el proceso del pitagorismo tres momentos generales: .. el tercero está formado por el neopitagorismo.

neoplasia *f* (*Med*) Formación anormal de un tejido cuyas células sustituyen a las de los tejidos normales. | Mascaró *Médico* 48: Avisar al médico para que, al explorar a la paciente (aunque sea soltera), descarte la posibilidad de una neoplasia (tumor) o un aborto en curso.

neoplásico -ca *adj* (*Med*) De (la) neoplasia. | Mascaró *Médico* 46: Ante una hemorragia urinaria que, a menos que sea de origen neoplásico o tumoral, .. reviste generalmente poca gravedad, se impone el reposo absoluto.

neoplateresco -ca *adj* (*Arquit*) [Estilo], propio del s. XIX, que se inspira en el plateresco. *Tb n m.* | GNuño *Madrid* 94: Alfonso XII pone en 1884 la primera piedra del edificio del Banco de España, en grato neoplateresco de Eduardo Adaro.

neoplatónico -ca *adj* (*Filos*) De(l) neoplatonismo. | *Abc* 25.2.68, 79: De la escuela peripatética derivó la ecléctica o neoplatónica, fundada por Ammonio de Saccas. GLópez *Lit. española* 197: Las poesías de amor [de Herrera] dan la nota más acusada del petrarquismo en el siglo XVI y se hallan dedicadas a doña Leonor de Milán, a quien tributa un culto neoplatónico, considerándola como un reflejo de la belleza suprema. **b)** Adepto al neoplatonismo. *Tb n.* | Gambra *Filosofía* 142: Estas teorías emanatistas fueron sostenidas en la antigüedad por los filósofos neoplatónicos, sobre todo por Plotino (204-270). Cunqueiro *Un hombre* 37: El agua de una fuente prodigiosa te mantiene en la perfecta edad, que son los treinta y tres años, según .. los neoplatónicos florentinos.

neoplatonismo *m* (*Filos*) Doctrina surgida en Alejandría hacia el s. III y basada en la filosofía de Platón. | Gambra *Filosofía* 286: Neoplatonismo. El último sistema metafísico de gran estilo de la Filosofía antigua. Sánchez *Pról. Quijote* 26: La [literatura] pastoril, netamente renacentista y de oriundez italiana, alcanza su esplendor en la España de Felipe II .., junto al extraordinario florecimiento de la literatura religiosa, que alcanza la cota más alta del neoplatonismo amoroso en la Ascética y la Mística.

neopopularismo *m* (*TLit*) Tendencia poética española, surgida entre 1920 y 1930, que se inspira en los temas y formas de la poesía popular y tradicional. | DPlaja *Literatura* 502: El neopopularismo. Como reacción contra esta literatura puramente descriptiva y fría, un grupo de poetas andaluces vuelve los ojos a la literatura popular y recoge sus giros y estrofas .. Se apoya también en la poesía tradicional y refinada de los Cancioneros del siglo XV.

neopopularista *adj* (*TLit*) De(l) neopopularismo. | Gaos *Antología* 34: En la poesía de Alberti hay que distinguir las siguientes etapas: La neopopularista .., inspirada en nuestro cancionero tradicional y en el folklore andaluz .. La neogongorina y vanguardista. **b)** Adepto al neopopularismo. *Tb n.* | * Los poetas neopopularistas.

neopositivismo *m* (*Filos*) Doctrina, propia del s. XX, de carácter esencialmente lógico-científico. | Aranguren *Marxismo* 30: Para el neopositivismo no había más que un lenguaje: el .. de la lógica .. y el .. de la ciencia positiva.

neopositivista *adj* (*Filos*) De(l) neopositivismo. | * La dirección neopositivista. **b)** Adepto al neopositivismo. *Tb n.* | Aranguren *Marxismo* 47: La filosofía marxista de la historia .. –contra lo que pensaría un neopositivista– constituye un lenguaje .. provisto de sentido.

neopreno (*n comercial registrado*) *m* Caucho sintético de gran resistencia, frec. usado en objetos impermeables. | GTelefónica *N.* 336: Abrasivos y Exclusivas, S.A. Correas planas de goma y lona. Correas trapezoidales de goma y lona o neopreno.

neoprofesional *adj* (*Dep*) Profesional que actúa por primera vez. *Tb n.* | SPaís 11.2.91, 1 (A): El corredor neoprofesional Roberto Lezaun se adjudicó la Vuelta a Andalucía. *Ya* 29.4.92, 50: Vuelta a España. Clasificaciones .. Primer español: Ruiz Cabestany. Primer neoprofesional: Tieteriouk.

neorrealismo *m* Movimiento cinematográfico que nace en Italia después de la segunda Guerra Mundial y que se caracteriza por tratar los temas más humanos de la vida de una manera sencilla, con valor documental y con intención de denuncia social. | Moix *Des* 12.9.70, 12: La experiencia del neorrealismo italiano .. demostró cómo podían llevarse hasta la saturación unas formas de lo popular. **b)** Movimiento literario de características semejantes a las del neorrealismo cinematográfico. | Barrero *Cuento* 20: El neorrealismo narrativo español (coetáneo de otro ilustre neorrealismo, el cinematográfico italiano) admitía, en su relativa uniformidad formal, caminos variados.

neorrealista *adj* De(l) neorrealismo. | Sancho *Inf* 27.6.70, 31: La película que se ofrece está considerada como neorrealista de tono romántico y tierno. Doménech *Lit. española* 4, 423: Graves obstáculos que, literalmente, impidieron la renovación del teatro español en aquella prometedora línea neorrealista o social-realista. **b)** Adepto al neorrealismo. *Tb n.* | * Los neorrealistas italianos han dado una nueva idea de lo que puede ser el cine.

neorrománico -ca *adj* (*Arquit*) [Estilo], propio del s. XX, que se inspira en el románico. | * Una iglesia de estilo neorrománico. **b)** De(l) estilo neorrománico. | GNuño *Arte s. XX* 281: Hacer templos neorrománicos en 1940 es ocurrencia sobre la que está de más cualquier discusión.

neosalvarsán (*n comercial registrado*) *m* (*Med*) Medicamento derivado del salvarsán, con las mismas aplicaciones que este, pero diferente de él por ser de reacción neutra, más soluble y menos tóxico. | Cela *SCamilo* 97: Bella Turquesa se alimenta de pernod y de neosalvarsán.

neostalinismo *m* (*Pol*) Sistema que se propone adaptar a las circunstancias modernas el autoritarismo stalinista. | G. Medina *Inf* 2.4.71, 6: No es extraño que entre neostalinismo y militarismo haya una relación directa.

neostalinista *adj* (*Pol*) De(l) neostalinismo. | * Implantar una dictadura neostalinista. **b)** Partidario del neostalinismo. *Tb n.* | G. Medina *Inf* 2.4.71, 6: La tesis de

neotenia – nertobrigense

los "neostalinistas" afirma sustancialmente que las posturas "iconoclastas" del XX Congreso .. abrieron un período de debilitación del comunismo soviético.

neotenia *f* (*Biol*) Persistencia de caracteres larvarios o juveniles en el estado adulto. | RVentós *Laberinto* 46: La precocidad y eficacia con que se imponen aquellas estructuras legales y administrativas modernas [en América] ., es lo que operará luego como freno de las nuevas estructuras mercantiles y liberales. En el mundo animal este fenómeno se conoce como neotenia o crecimiento prematuro.

neotérico -ca *adj* (*hist*) *En la Roma antigua:* De una escuela poética innovadora, del s. I a.C., que se inspira en los autores alejandrinos. *Tb n, referido a pers.* | *BOE* 22.1.65, 1257: Latín .. La helenización consciente de la lengua en la poesía neotérica y augustea. Alcina *Ovidio* XIII: Nuestro poeta, como Propercio, aunque este es un poco más viejo, se siente heredero de los neotéricos y de la estética helenística.

neoterismo *m* (*lit*) Afán de modernidad. | Lapesa *ROc* 5.66, 301: Quizá convenga, sin embargo, destacar como hispanoamericano general el acentuado neoterismo progresista.

neotestamentario -ria *adj* (*lit*) Del Nuevo Testamento. | M. O. Faría *Rev* 12.70, 3: Los autores neotestamentarios, Mateo especialmente, los Apóstoles, .. han leído el A. T. como un libro de profecía concerniente a Jesús.

neotrópico -ca *adj* (*Geogr*) [Región] que comprende América Central y América del Sur, hasta el círculo polar antártico. | Navarro *Biología* 306: Existen seis regiones geográficas con características faunísticas y florales propias. Son: la región Paleártica, Neoártica, Neotrópica, Oriental o Indomalaya y la Australiana.

neoyorquino -na (*tb con la grafía* **neoyorkino**) *adj* De Nueva York (Estados Unidos). *Tb n, referido a pers.* | Delibes *Caza* 24: El americano, ò más estrictamente el neoyorquino, trata de compaginar su civilización refinada con su afición a dar gusto al dedo. Pinillos *Mente* 174: En el [grupo] mío .. figuraban un manager de una industria neoyorkina, un político, un directivo sindical.

neozelandés -sa (*tb con la grafía* **neocelandés**) *adj* De Nueva Zelanda. *Tb n, referido a pers.* | Anson *Oriente* 110: En la conquista del Everest fracasaron los hombres más audaces del mundo .. hasta que un apicultor neozelandés y un nepalí inmutable consiguieron humillarle. *HLS* 5.8.74, 15: El veterano neocelandés Dennis Hulme, que se hallaba tras él, colisionó, y su coche perdió la rueda izquierda trasera.

neozoico -ca *adj* (*Geol*) Terciario. | Bustinza-Mascaró *Ciencias* 384: Era terciaria. Llamada también neozoica o de los animales nuevos.

nepa *f* Escorpión acuático (insecto). | Navarro *Biología* 300: Los insectos acuáticos, como los zapateros, patinan por las aguas o viven en ellas (ditiscos, nepas e hidrófilos).

nepalés -sa I *adj* **1** De Nepal. *Tb n, referido a pers.* | *Gac* 25.8.74, 37: Danzas nepalesas. En Nepal no hay día en el año que no se celebre alguna fiesta.

II *m* **2** Idioma de Nepal. | Villar *Lenguas* 88: El nepalés, que limita con el área tibeto-birmana, cuenta con dos millones de hablantes.

nepalí *adj* Nepalés. *Tb n.* | Fernández-Llorens *Occidente* 42: El fundador del budismo .. nació a mediados del siglo VI a.C. en Kapilavastu, una pequeña aldea nepalí. Anson *Oriente* 110: En la conquista del Everest fracasaron los hombres más audaces del mundo .. hasta que un apicultor neozelandés y un nepalí inmutable consiguieron humillarle.

nepente (*tb* **nepentes**) *f* Planta propia de Malasia cuyas hojas se prolongan en un zarcillo terminado en un receptáculo dotado de tapadera en el que atrapa y digiere insectos y otros animalillos. (gén. *Nepenthes*.) | Legorburu-Barrutia *Ciencias* 265: La Nepentes es una planta que trepa entre el follaje exuberante que bordea los ríos tropicales.

neperiano -na *adj* (*Mat*) [Logaritmo] que tiene por base el número 2,718281, también llamado base *e*. | Aleixandre *Química* 18: El número de átomos, *x*, descompuestos al cabo del tiempo *t* está dado por la fórmula .., en la cual *e* es la base de los logaritmos neperianos.

nepote *m* (*lit*) Pariente protegido. | Campmany *Abc* 19.4.85, 17: Podría tener contentos a sus amigos, nepotes, protegidos.

nepótico -ca *adj* (*lit*) De(l) nepote o de(l) nepotismo. | J. M. Javierre *Gac* 19.10.75, 42: El reconocimiento de la historiografía actual para los aciertos político-religiosos de Alejandro VI no ha disipado el recuerdo amargo de la atmósfera sensual y nepótica de su corte.

nepotismo *m* Preferencia dispensada a los parientes para los empleos públicos. *Tb fig, referido a amigos.* | Arenaza-Gastaminza *Historia* 168: Causas generales de la Reforma protestante: .. La relajación moral y el debilitamiento de la fe .. La falta de disciplina en la Iglesia, al estar ocupados muchos cargos por simonía o por nepotismo. Alfonso *España* 67: Por supuesto, el cacique es, en realidad, una cuña impuesta por la otra cultura, la urbana, y su frecuente nepotismo.

neptunio *m* (*Quím*) Elemento transuránico radiactivo, de número atómico 93, obtenido artificialmente a partir del uranio. | Aleixandre *Química* 10: Los elementos 93 al 103, que son, respectivamente, el neptunio, plutonio, americio .. y laurencio, han sido obtenidos sintéticamente.

nequáquam (*lat; pronunc corriente,* /nekuákuam/) *adv* (*col, hoy raro*) Nada. *Usado como negación enfática.* | Humberto *Sáb* 28.9.74, 53: Uno pensaba que .. sería una publicación muy sorprendente, nacida bajo los nuevos aires aperturistas. Pero "nequáquam", se trata de fotonovelas. *SYa* 30.12.84, 28: Si no hubiese tenido esta fe, que me ha dado la alegría de vivir y serenidad para afrontar las dificultades de la vida, "nequáquam". Las hubiera palmado ha tiempo.

nereida *f* (*Mitol clás*) Ninfa del mar. | Villarta *Rutas* 26: Entran en la composición Diana, .. Galatea en el mar con nereidas y tritones.

nereis *m* Gusano anélido dotado de tentáculos bien desarrollados y de sedas flexibles por todo el cuerpo (gén. *Nereis*). | Artero *Invertebrados* 104: [Anélidos] corredores, como el nereis, con penachos de branquias en los primeros anillos y pares de sedas flexibles por todo el cuerpo, que a primera vista recuerda a un Miriápodo, y que corre ágilmente por las playas en las horas de la marea baja.

nerio -ria *adj* (*hist*) De un pueblo prerromano habitante de la región comprendida entre La Coruña y Finisterre. *Tb n, referido a pers.* | J. GAtienza *His* 8.77, 35: Ya muy cerca de Noya, en los arenales de Duyo, en Finisterre, estuvo la primitiva capital de los nerios, llamada Dugium por Roma.

nerítico -ca *adj* (*Biol*) [Zona] marina correspondiente a la plataforma continental. | Ybarra-Cabetas *Ciencias* 426: La zona nerítica es toda ella iluminada. **b**) De (la) zona nerítica. | Alvarado *Geología* 103: Sedimentos litorales o neríticos. Se depositan en la plataforma continental y están formados predominantemente de materiales terrígenos.

nerjeño -ña *adj* De Nerja (Málaga). *Tb n, referido a pers.* | J. A. Pascual *Sur* 17.8.89, 10: Se entremezclaron fandangos, verdiales y zánganos de las sierras de Tejada y Almijara con jotas de Lorca y parrandas murcianas, que llenaron de un duende bensadiano la noche mediterránea nerjeña.

nerolí (*tb* **neroli**) *m* Esencia que se obtiene destilando las flores de azahar. | Alvarado *Botánica* 75: La esencia de azahar o nerolí se extrae de los pétalos.

nerón *m* Hombre cruel. | F. J. FCigoña *Raz* 5/6.89, 331: Lo malo de Las Casas es que lo lean necios, porque entonces la mezcla es explosiva: los conquistadores resultan nerones, y el fraile un traidor a la patria para unos y un benemérito de la humanidad para otros.

nertobrigense *adj* (*hist*) De Nertóbriga (antigua ciudad celtibérica, hoy Calatorao, Zaragoza). *Tb n, referido a pers.* | Tovar-Blázquez *Hispania* 53: Los de Nertóbriga (Calatorao) pidieron la paz, y Marcelo no les exigió más que la entrega de 100 jinetes como auxiliares. Como luego los nertobrigenses atacaron la retaguardia de Marcelo y saquearon sus acémilas, el general desarmó a aquellos jinetes y los trató como prisioneros.

nervado -da *adj* (*E*) Que tiene nervios [5 y 7]. | GNuño *Madrid* 6: El primer tramo de la Epístola se cubre con bóveda gótica nervada del siglo XV. *GTelefónica N.* 345: Uralita. Placa Granonda-110 para cubiertas, medianiles, etc. .. Placa nervada.

nervadura *f* (*Arquit y Bot*) **1** Conjunto de nervios [4 y 5]. | CBonald *Dos días* 14: Lucas arrancó una hoja y se quedó mirándola. La hoja estaba guarecida de una liviana película de polvo, y se veía resaltar su nervadura como las estrías de un vidrio rasgado.
2 Nervio [4 y 5]. | Perala *Setas* 11: Pliegues. Nervaduras similares a láminas gruesas, poco eminentes, ramificadas y decurrentes. GNuño *Arte* 82: Las propias cúpulas de la mezquita cordobesa habían evolucionado en manos almohades, adelgazadas de nervios en el patio de banderas del Alcázar sevillano, hasta llegar así a las posteriores decoradas con tracería de yeso, en que las nervaduras originan composiciones de lazo.

nervatura *f* **1** (*Arquit y Bot*) Nervadura. | Ridruejo *Castilla* 2, 45: La bóveda del crucero lleva nervaturas cruzadas que descansan en ménsulas esculpidas, y su sistema de despiezamiento revela los modelos franceses del gótico inicial.
2 (*lit*) Conjunto de nervios [9]. | Anson *Abc* 11.10.74, 3: En el futuro .. habrá que contar con la izquierda para completar y fortalecer la nervatura de la política nacional. Umbral *Ninfas* 228: La noche estaba enervada de grillos, del canto y el quejido de todos los seres minúsculos que la poblaban y que eran como la nervatura sonora del campo y el cielo.

nervense *adj* De Nerva (Huelva). *Tb n, referido a pers.* | Carandell *Tri* 19.6.71, 65: El Ayuntamiento nervense ha adquirido últimamente un camión para la recogida de basuras.

nérveo -a *adj* (*Anat*) De los nervios [1, 3 y 4]. | Alvarado *Anatomía* 67: La médula espinal es un largo cordón de materia nérvea, que presenta dos profundos surcos longitudinales.

nerviación *f* **1** (*Bot*) Nervadura. | Alvarado *Botánica* 19: Las [hojas] palminervias o de nerviación palmada, en las cuales hay nervio medio, pero de su base salen divergiendo los nervios laterales. Bustinza-Mascaró *Ciencias* 231: Los vasos leñosos sirven fundamentalmente para transportar la savia mineral desde las raíces hasta los brotes terminales aéreos, ramificándose también en las hojas, por intermedio de sus nerviaciones.
2 (*Anat*) Conjunto de nervios [1a y 3]. | Hoyo *Caza* 74: Las camas de sus ojos le dolían hasta sentirlas con sus suaves curvas y sus nerviaciones, cubiertas de la rosada vida.

nerviado -da *adj* (*Anat*) Que tiene nervios [3 y 4]. | Legorburu-Barrutia *Ciencias* 173: Neurópteros (alas muy nerviadas, masticadores): hormiga león.

nervino -na *adj* (*Med*) Que afecta al sistema nervioso. *Tb n m, referido a agente o medicamento.* | *Ciu* 10.78, 7: Desde el punto de vista químico, el café pertenece a la categoría de los "nervinos", sustancias que actúan a nivel del sistema nervioso.

nervio I *m* **1** *En los animales:* Cordón blanquecino filamentoso que actúa como transmisor de los impulsos sensoriales y motores. | Navarro *Biología* 97: Los nervios están constituidos por fascículos de filamentos que pueden disociarse fácilmente con ayuda de una aguja; son fibras nerviosas que proceden de neuronas. Alvarado *Anatomía* 84: El punto de salida del nervio óptico de cada ojo es insensible. **b)** *En pl se usa para referirse a los nervios* [1a] *como reflejo de la capacidad de reacción de una pers ante tensiones o excitaciones internas o externas.* | * Tiene nervios de acero. **c)** *En pl* Excitación nerviosa. | Olmo *Ayer* 113: –¡He preguntado que qué os pasa! –¡Te repito que nada, mamá! .. –¡Nervios, mamá! ¡Los malditos nervios!
2 Tendón. | *Cocina* 10: Los filetes se limpian de nervios y de gordo y se cortan del grueso de dos centímetros.
3 (*Zool*) Saliente con forma de hilo o cordón de las alas de los insectos. | Espinosa *Escuela* 415: Danos nervios de mosca, patitas de ciempiés.
4 (*Bot*) Haz fibroso que en forma de hilo o cordoncillo se percibe esp. en el envés de las hojas. | Ybarra-Cabetas *Ciencias* 259: Los haces líbero-leñosos citados se denominan nerviaciones o nervios y se aprecian fácilmente a simple vista, sobre todo por la parte del envés.
5 (*Arquit*) Elemento saliente y corrido del intradós de una bóveda. | Tejedor *Arte* 119: Elementos arquitectónicos del gótico. Los dos esenciales son la bóveda de crucería, obtenida por el cruce de arcos apuntados u ojivales, los nervios de la bóveda, y por el relleno luego de los espacios entre ellos, el plemento, que ejerce sobre los arcos su empuje, y los arbotantes.
6 (*Encuad*) Cordel transversal del lomo de un libro. *Tb el saliente correspondiente.* | *Abc* 19.3.58, 12: Los ejemplares, encuadernados en piel, van orlados con el retrato y el escudo de Cervantes en relieve, lomo con nervios, filetes y florones, cantos dorados.
7 (*E*) Refuerzo en forma de cordón o barra. | * Los nervios aumentan la resistencia de las viguetas.
8 Fuerza o vigor. *Tb fig.* | Pinilla *Hormigas* 194: Fue necesario trepar a las cartolas y bajar la última capa de sacos, operación que realizó Cosme, echándole mucho nervio a la cosa, sin que nada indicase que solo había dormido tres horas en casi cuarenta. *Ya* 8.6.72, 3: El Simca 1000 GLS tiene el mismo nervio y la misma agilidad que han hecho famoso al Simca 1000. GPavón *Reinado* 132: Paloma, como un boceto sin nervio de su hermana Ángela, miraba inexpresiva.
9 Línea maestra o punto clave [de algo]. | J. M. Massip *Abc* 3.6.70, 21: En este punto –nervio de toda la cuestión– se pregunta el editorialista del "Post".

II *loc v* **10 alterar, atacar** *o* **crispar,** [a alguien] **los ~s,** *o* **poner**[le] **los ~s de punta.** (*col*) Poner[le] excitado o irritado. *Tb sin compl de pers.* | *SYa* 16.2.75, 25: Ahora que se acaba de atacar una vez más injustamente al automóvil, cuando condiciones atmosféricas adversas crisparon algunos nervios, es hora de pedir medidas que agilicen el tráfico. MGaite *Búsqueda* 118: Es que ataca los nervios Vicenta con su impasibilidad y sus ojos de rana. **b) alterársele,** *o* **crispársele,** [a alguien] **los ~s,** *o* **ponérsele los ~s de punta.** (*col*) Excitarse o irritarse [esa pers.]. | Medio *Bibiana* 88: Se le alteran los nervios al pensar en el escenario.
11 perder los ~s. Perder la calma o la serenidad. | Grosso *Invitados* 204: No perdamos los nervios.
12 ser (**un**) **puro ~.** (*col*) Ser muy activo e inquieto. | * Es un puro nervio, no está quieto ni un minuto.

nerviosamente *adv* De manera nerviosa [5]. | Delibes *Ratas* 39: El Pruden esta noche parecía soliviantado. Tomó al Nini nerviosamente por el pescuezo y le explicó confusamente algo sobre un plan de regadío de que hablaba el diario.

nerviosidad *f* Nerviosismo. | Alós *Hogueras* 17: Reconoció de pronto aquella nerviosidad que la llevaba de una habitación a otra.

nerviosismo *m* Estado de nervioso [4]. | Laforet *Mujer* 271: No existía aquel seco nerviosismo que ella tuvo cuando Antonio llegó de Villa de Robre.

nervioso -sa I *adj* **1** De (los) nervios [1]. | Bustinza-Mascaró *Ciencias* 29: Tejido nervioso. Está formado por células diferenciadas llamadas neuronas. Delibes *Ratas* 19: Se le cerró la boca y no había manera de hacerle comer. Don Ursinos, el médico de Torrecillórigo, dijo que el mal era nervioso y que le pasaría. **b)** (*Anat*) [Sistema] transmisor de los impulsos sensoriales y motores. | Bustinza-Mascaró *Ciencias* 129: El mejillón .. El sistema nervioso es ganglionar.
2 Que tiene nervios [2]. | * La carne era dura y nerviosa.
3 [Pers. o animal] que tiene los nervios muy excitables. | *Puericultura* 44: Cuando se inicia la enfermedad, se hace huraño, triste, pierde la risa; en otras ocasiones, se hace irritable, nervioso, llora por todo. **b)** [Pers. o animal] incapaz de permanecer quieto mucho tiempo. | * ¡Qué nervioso eres! ¡Para quieto un minuto, hombre!
4 [Pers. o animal] que tiene los nervios excitados. | Medio *Bibiana* 44: Bibiana está nerviosa. Berlanga *Gaznápira* 33: La Abuela está más acelerada que de costumbre, y Quico [la urraca] también anda nerviosete.
5 Propio de la pers. o animal nerviosos [3 y 4]. | Marsé *Dicen* 283: Oíamos .. su risa nerviosa. Delibes *Ratas* 26: El Nini, sentado junto a él en el poyo de la puerta, no reparaba en sus movimientos nerviosos.

nervosera – neumatolítico

6 (*raro*) Fuerte o vigoroso. | Lapesa *HLengua* 233: Otro aspecto del conceptismo quevedesco es el estilo concentrado y nervioso de sus obras graves. *Abc* 25.2.68, 2: El Chronostop Omega está provisto de un pulsador que acciona una nerviosa y precisa manecilla que registra el quinto de segundo.

7 (*Mil*) [Gas] tóxico, usado en la guerra química, mortal por su efecto paralizante sobre el sistema nervioso [1b]. | *Rio* 3.4.84, 12: El Gobierno Federal de Bonn desmintió ayer, categóricamente, que se haya enviado gas nervioso a Irak.

II *m* **8** (*reg*) Ataque de nervios. | Arazo *Maestrazgo* 100 (G): Les entraba el nervioso y echaban espuma por la boca.

nervosera *f* (*raro*) Nerviosismo. | J. A. Blázquez *AbcS* 1.4.75, 36: Los extremos de esta segunda fase hacían buen fútbol de acompañamiento, pero sin la decisión necesaria para penetrar por los costados y romper un sistema defensivo que mostraba escandalosamente su nervosera.

nervosidad *f* (*raro*) Nerviosidad. | *ByN* 11.11.67, 49: Su nervosidad se traduce en los esfuerzos incesantes encaminados a ejercer una presión continua sobre Hanoi.

nervosismo *m* (*raro*) Nerviosismo. | Laiglesia *Ombligos* 241: El nervosismo general era idéntico al que precede a los eclipses.

nervudo -da *adj* Que tiene muy marcados los músculos y las venas. | Pinilla *Hormigas* 30: Sus antebrazos –no demasiado musculosos, sino más bien secos y nervudos– colgaban apoyados en las caderas delgadas. **b)** Que tiene fuerza física. | J. C. Clemente *SCCa* 26.10.75, 5: Los coches más lujosos se mezclan con las bicicletas y riskas [*sic*], carritos de dos ruedas tirados por delgados y nervudos chinos de todas las edades.

nesca (*tb con la grafía* **neska**) *f* (*reg*) Muchacha o moza. | Aldecoa *Gran Sol* 26: Si estuviera aquí tu nesca, otra cosa sería, ¿eh?

nescafé (*n comercial registrado*) *m* Café soluble. | *Cocina* 560: Se agrega la leche previamente hervida y a continuación dos cucharadas de nescafé.

nesciencia *f* (*lit*) Ignorancia o falta de ciencia. | A. MAlonso *HLM* 13.5.74, 3: Son verbificantes de la filosofía los profesionales de la economía, de la política, .. que de filosofía no tienen otra idea que la que les depara la tentación de la nesciencia.

nesciente *adj* (*lit, raro*) Ignorante o falto de ciencia. | Campmany *Abc* 25.9.93, 23: Empiezan a salir por allí mamachichos, comparsas, .. concursantes nescientes.

nesga *f* (*Lab*) Pieza de forma triangular que da vuelo a una prenda de vestir. | MGaite *Cuarto* 80: Investigando el intríngulis de aquellos frunces, nesgas, bieses, volantes, pinzas y nidos de abeja que se veían en el dibujo.

nesgado -da *adj* **1** *part* → NESGAR.
2 Que tiene nesgas. | * Vuelven a llevarse las faldas nesgadas.

nesgar *tr* (*Lab*) Dar [a algo] forma de nesga. | * Esa pieza te quedaría mejor si la nesgases un poco.

neska → NESCA.

nestorianismo *m* (*Rel, hist*) Herejía de Nestorio (s. v), según la cual en Jesucristo había dos personas, siendo María madre de la persona humana solamente. | Castillo *Polis* 194: El nestorianismo negaba que María fuese madre de Dios.

nestoriano -na *adj* (*Rel, hist*) De(l) nestorianismo. | Cossío *Montaña* 20: Este, que se había opuesto a la herejía nestoriana, incurrió en errores dogmáticos que se comprendieron bajo el nombre de adopcionismo. **b)** Partidario del nestorianismo. *Tb n.* | Tejedor *Arte* 62: Entre las primeras [herejías] recordaremos: la de los maniqueos .., la de los nestorianos.

net (*ing; pronunc corriente,* /net/; *pl normal,* ~s) *m* (*Tenis*) Servicio nulo por haber tocado la red. | Gilera *Abc* 30.12.65, 101: Santana se apunta el segundo juego, a pesar de un "net" que resulta un churro a favor de Emerson.

netamente *adv* De manera neta. | MGaite *Búsqueda* 26: Algo que ya no tiene nada que ver con ese afán placentero que motivó el Eureka jubiloso de Arquímedes, circunscrito netamente a la alegría de la razón que ha encontrado en soledad la expresión que buscaba.

neto -ta *adj* **1** Que queda después de deducir todo lo que le es extraño. | *Mun* 23.5.70, 25: Los laboristas han registrado una ganancia neta de 443 escaños. *Inf* 22.4.72, 32: Estos precios son para peso neto. FQuintana-Velarde *Política* 60: Se denomina producto nacional neto al valor del producto nacional menos la cantidad destinada a la amortización.

2 Preciso o sin aproximaciones. | *Abc* 31.7.77, 44: Monzón y Valdés se estudian .. Un cuerpo a cuerpo sin golpes netos. Marcos-Martínez *Física* 142: El contorno de la sombra .. es menos neto: hay rodeándola una penumbra. Umbral *Ninfas* 12: Uno, hacia esa edad, .. se siente neto, definitivo, frente a la ambigüedad fundamental de las grandes figuras históricas.

neuma (*tb con la grafía* **pneuma**) *m* (*Mús, hist*) Signo propio del canto gregoriano, que representa únicamente las inflexiones de la línea melódica o los sonidos que deben emitirse en un solo aliento. | Subirá-Casanovas *Música* 15: Estas melodías se fijaban inicialmente por escrito mediante una serie de signos convencionales denominados neumas, que consistían en una especie de evocación gráfica de la línea melódica en sus principales inflexiones. Valls *Música* 45: No existían notas, como en la actualidad, indicadoras de la altura de cada sonido, sino unas figuras (pneumas) que representaban los sonidos que debían emitirse en un solo aliento.

neumático[1] -ca (*tb, lit y raro,* **pneumático**) **I** *adj* **1** [Cosa] que funciona con (el) aire. | *Abc* 19.12.70, 51: Los primeros hombres desembarcaron de balsas neumáticas. **b)** (*Fís*) [Máquina] destinada a extraer el aire u otros gases de un recipiente cerrado. | Marcos-Martínez *Física* 58: Se coloca un timbre eléctrico o un despertador en el interior de una campana de vidrio, y a continuación se hace el vacío dentro de la misma mediante una máquina neumática. **c)** [Correo] entre varias oficinas locales o entre distintos puntos de un edificio, mediante una red de tuberías y por aspiración o compresión de aire. | *Abc* 19.6.75, sn: El complejo sistema de gabinetes de adaptación de lentes y prótesis oculares, gabinetes de prácticas, laboratorios de control general, .. todo ello coordinado a base de correo neumático interior y red de intercomunicadores, constituye un modelo de organización. **d)** [Transporte] continuo a través de un sistema de tuberías mediante succión. | *IdG* 31.10.70, 7: Entre esta moderna maquinaria destaca un transporte neumático de cajetillas.

2 Que contiene aire. | Ybarra-Cabetas *Ciencias* 384: Los huesos [de las aves] son pneumáticos; es decir, que poseen cavidades llenas de aire.

II *n* **A** *m* **3** Pieza formada por una cubierta de caucho y una cámara de aire envuelta y protegida por aquella, y que se monta en la llanta de las ruedas de un vehículo. | CNavarro *Perros* 16: El ruido de los neumáticos llegaba un tanto amortiguado.

B *f* **4** Ciencia que estudia el movimiento de los gases. | C. Piedras *Ya* 27.2.92, 24: El técnico en domótica debe controlar una serie de materias, como son la electrónica, la electricidad, la neumática, electromecánica e informática, principalmente.

5 (*E*) Maquinaria neumática [1a]. | *GTelefónica N.* 293: Compresores de aire Usinair. Usos industriales del aire. Instalaciones. Automatismos. Estudios. Neumática en general.

neumático[2] -ca (*tb con la grafía* **pneumático**) *adj* (*Mús, hist*) De(l) neuma. | P. Darnell *VNu* 13.7.74, 29: Otros buscan las bases de una métrica en el interior mismo de la anotación neumática o de los modos melódicos del canto. **b)** [Estilo gregoriano] que se caracteriza porque a cada sílaba le corresponden dos o tres notas. | Casares *Música* 29: Se dividirá [el gregoriano] en tres grandes estilos: Silábico .., Neumático .. y Melismático.

neumatolítico -ca (*tb* **pneumatolítico**) *adj* (*Geol*) [Mineral] originado mediante emanaciones gaseosas de los magmas eruptivos. | Alvarado *Geología* 26: Minerales pneumatolíticos o de emanación. Se originan mediante las emanaciones gaseosas .. destiladas de los magmas eruptivos, bien en el seno mismo de las rocas, bien en los volcanes.

neumococo *m (Med)* Microorganismo que produce ciertas neumonías (*Diplococcus pneumoniae*). | Alvarado *Anatomía* 166: Puede producirse [la neumonía] por varios microbios .. Pero el agente típico es el *Diplococcus pneumoniae*, llamado corrientemente neumococo.

neumoconiosis (*tb* **pneumoconiosis**) *f (Med)* Enfermedad broncopulmonar causada por la inhalación de polvos orgánicos o inorgánicos. | Benet *Aire* 151: Estaba jubilado desde hacía años, desde un diagnóstico de neumoconiosis en tercer grado. *País* 13.11.87, 33: Este tipo de prueba [rayos X] solo se realizará, según el decreto, en los casos en que sea necesaria la prevención y control de las pneumoconiosis u otras enfermedades profesionales de tipo respiratorio.

neumoencefalografía *f (Med)* Radiografía del encéfalo con inyección de aire u otro gas. | Delibes *Señora* 104: Lo procedente era someter a tu madre a una nueva exploración bastante desagradable: una neumoencefalografía.

neumogástrico *adj (Anat)* [Nervio] vago. *Tb n m.* | Bustinza-Mascaró *Ciencias* 76: Son [los nervios craneales]: I, Olfatorios; II, Ópticos; .. X, Vagos o neumogástricos. MNiclos *Toxicología* 78: En el curso de las anestesias podía tener lugar un paro cardíaco .. por excitación del neumogástrico.

neumología *f (Med)* Estudio de las enfermedades de los pulmones o de las vías respiratorias. | *Abc* 1.5.76, 10: Solo cincuenta y siete hospitales españoles tienen servicios especializados de neumología.

neumológico -ca *adj (Med)* De (la) neumología. | *TMé* 26.11.82, 22: La conferencia de clausura estuvo a cargo del profesor Ramiro Ávila .., desarrollando el tema "Perspectivas inmunológicas en la terapéutica neumológica".

neumólogo -ga *m y f (Med)* Especialista en neumología. | B. Beltrán *Ya* 31.12.91, 7: La Reina estaba acompañada de sus hijas y del doctor Zurita, neumólogo y miembro de la Familia Real.

neumomediastino *m (Med)* Presencia de aire en el mediastino. | *Ya* 1.5.89, 15: El doctor Gutiérrez Romero le diagnosticó u[n] neumomediastino o perforación del pulmón.

neumonectomía *f (Med)* Extirpación total o parcial de un pulmón. | Nolla *Salud* 251: Ya en 1933 Evarts Graham curó por primera vez el cáncer de pulmón mediante la neumonectomía (extirpación de un pulmón).

neumonía *f (Med)* Pulmonía. | Alvarado *Anatomía* 166: La neumonía o pulmonía es una inflamación de los pulmones que puede producirse por varios microbios que habitualmente se encuentran en la boca.

neumónico -ca *adj (Med)* **1** De(l) pulmón. | E. Villar *NEs* 20.8.78, 1: Las causas de la mortalidad [de los terneros] son dos: en invierno, enfermedades neumónicas y últimamente, por [sic] un defecto en la leche que les sirve de alimento.
2 Que padece neumonía. *Tb n.* | Abella *Vida* 1, 221: Era la legión de neumónicos, de pleuréticos y de congelados aportados por el Jarama, por Asturias, por Teruel.

neumonitis *f (Med)* Neumonía. | MNiclos *Toxicología* 18: Indicaciones. Fiebre tifoidea, .. afecciones respiratorias (incluso neumonitis virásicas).

neumopatía *f (Med)* Enfermedad de los pulmones. | *TMé* 14.1.83, 7: Las alteraciones respiratorias en el STE se resumen cuantitativamente en una neumopatía intersticial aguda, presentada por el 61 por 100 de los enfermos.

neumostoma (*tb* **pneumostoma**) *m (Anat)* En los moluscos gasterópodos terrestres: Orificio respiratorio. | Legorburu-Barrutia *Ciencias* 148: Entre el manto y el cuerpo [del caracol] hay una cavidad, la cavidad paleal, que hace de pulmón y comunica con el exterior por un orificio respiratorio o neumostoma. Bustinza-Mascaró *Ciencias* 133: En ejemplares muertos [de caracol], romper la concha, ver la masa visceral, distinguir el pneumostoma.

neumotórax *m (Med)* Entrada anormal de aire o gas en la cavidad de la pleura, frec. realizada quirúrgicamente con fines terapéuticos. | Torrente *Vuelta* 53: –Estoy muriendo .. –No será tanto, mujer. ¡Si me hubieras hecho caso! Vengo diciéndote hace un siglo que fueras a Santiago. Un neumotórax a tiempo... Pau *Salud* 295: El neumotórax espontáneo se origina a causa de la comunicación patológica de la cavidad pleural con el exterior.

neura[1] *f (col, humorist)* Neurastenia. | GHortelano *Momento* 31: Saldré contigo, te aguantaré la neura. Aristófanes *Sáb* 6.8.75, 53: Se compraba o alquilaba uno o le arreaba la neura.

neura[2] *adj (col, humorist)* Neurasténico. | GHortelano *Momento* 142: –Yo creo .. que no está sano. –O sea, mentalmente enfermo. –Todos estamos neuras.

neural *adj (Med)* De (los) nervios o del sistema nervioso. | GHortelano *Momento* 290: Cuando mi sistema neural perdió el primer gusto por el cuerpo de Mary. Vega *Corazón* 46: Síndromes hiperquinéticos de corazón irritable con intenso fondo neural.

neuralgia *f (Med)* Dolor intenso a lo largo de un nervio y de sus ramificaciones. | Sales *Salud* 415: La neuralgia facial más frecuente es la llamada neuralgia del trigémino, o tic doloroso de la cara.

neurálgico -ca *adj* **1** *(Med)* De (la) neuralgia. | *TMé* 10.2.84, 21: A.A.S. comprimidos. Ácido acetilsalicílico .. Igualmente se indica como analgésico en dolores de cabeza, musculares y neurálgicos.
2 [Punto o lugar] clave o de gran interés. | Reglá *HEspaña* 3, 283: La ciudad de Cádiz era el centro neurálgico del comercio extranjero en España. J. CAlberich *Mun* 23.5.70, 38: Pudieron evacuar las zonas neurálgicas antes de la llegada del adversario.

neurastenia *f* Enfermedad nerviosa caracterizada por el abatimiento físico y la tristeza. | Vilaltella *Salud* 424: Aparece [la fatiga] sobre todo en las neurosis de componente depresivo, en las neurastenias y en las hipocondrías. Alós *Hogueras* 87: Se estaba apoderando de él una neurastenia melancólica que lo tenía pálido y suspirante.

neurasténico -ca *adj* **1** De (la) neurastenia. | *Alc* 8.5.81, 7: No es la hora de sesiones neurasténicas bajo el apremio de la urgencia antiterrorista.
2 [Pers.] que padece neurastenia. *Frec (col) con intención desp, para indicar que alguien no es psíquicamente normal. Tb n.* | Laforet *Mujer* 241: La portera había charlado por los codos. Había dicho que era algo neurasténica.

neurinoma *m (Med)* Tumor sobre un nervio, esp. periférico. | Delibes *Señora* 103: Se trataba de un tumor, probablemente un neurinoma.

neurita *f (Anat)* Prolongación filiforme de la neurona, que entra en contacto con otras células. | Navarro *Biología* 98: Neuronas multipolares. El cuerpo de estas neuronas es voluminoso, poliédrico o estrellado; poseen dos clases de ramificaciones, unas muy numerosas y ramificadas dicotómicamente, denominadas dendritas .., y otra filiforme y más larga que las dendritas, cilindroeje o neurita.

neurítico -ca *adj (Anat)* De (la) neurita. | Navarro *Biología* 98: Neurona bipolar. Polo dendrítico. Polo neurítico. [*En un gráfico.*]

neuritis *f (Med)* Inflamación de un nervio, gralm. acompañada de dolor y pérdida de función. | Mascaró *Médico* 65: Manifestaciones nerviosas. Las principales son debilidad, .. hemiplejías por edema cerebral y neuritis múltiples con dolores.

neuro- *r pref (Anat y Med)* De los nervios o del sistema nervioso. | *Por ej:* Tri 8.4.72, 55: Proseguimos estudios: .. de neurobioquímica, sobre la función de esta enzima y de este ciclo en el cerebro. A. Yagüe *Ya* 26.11.83, 32: El trauma fisiológico en el momento del parto, que produce más de un 40 por 100 del retraso mental en la mayor parte de las afecciones de tipo neuromotor, ha sido otro de los estudios realizados. *Abc* 3.12.70, 50: Es necesario .. fundar servicios de neurología independientes para crear centros de diagnóstico neuropediátricos adecuados. *Abc* 21.12.91, 48: Cien expertos debatieron las deficiencias neuropsicológicas. *Méd* 29.1.88, 49: IV Curso Monográfico del Doctorado de Rehabilitación: Neuror[r]ehabilitación. [*En el texto,* neurorehabilitación.] Rábade-Benavente *Filosofía* 43: En el hipotálamo, unas células neurosecretoras segregan unas sustancias a los conductos sanguíneos que conducen a la hipófisis.

neuroanatomía *f* (*Anat*) Anatomía del sistema nervioso. | A. Yébenes *Sáb* 4.3.72, 6: Neuroanatomía: Constituye un loable intento de enseñanza coordinada de la fisiología y anatomía del sistema nervioso.

neuroanatómico -ca (*Med*) **I** *adj* **1** De la neuroanatomía. | * Estudios neuroanatómicos.
II *m y f* **2** Especialista en neuroanatomía. | *Inf* 1.12.70, 26: El inmenso desarrollo de las diferentes disciplinas y técnicas que se pueden agrupar bajo el nombre de neurociencias hace necesario el intercambio de información entre neuroanatómicos, neurofisiólogos, bioquímicos .., psicólogos y psiquiatras.

neurobiología *f* (*Biol*) Biología del sistema nervioso. | M. Ojanguren *Ya* 24.5.70, sn: El doctor José Manuel Rodríguez Delgado, profesor de Fisiología y jefe del Departamento de Neurobiología de la Universidad de Yale (Estados Unidos).

neurobiológico -ca *adj* (*Biol*) De (la) neurobiología. | Vilaltella *Salud* 430: Pueden existir diversos factores: genéticos, biotipológicos, psicotípicos de predisposición, neurobiológicos.

neurobiólogo -ga *m y f* (*Biol*) Especialista en neurobiología. | *Ya* 1.3.90, 20: Francisco Mora. Neurobiólogo y escritor.

neuroblasto *m* (*Anat*) Célula nerviosa embrionaria. | MSantos *Tiempo* 9: Con correcta emigración de neuroblastos hasta su asentamiento ordenado en torno al cerebro electrónico de carne y lípidos complejos.

neuroblastoma *m* (*Med*) Tumor maligno formado en los neuroblastos. | C. INavarro *SYa* 17.4.77, 27: Les siguen, por orden de frecuencia, los linfomas malignos ..; el neuroblastoma, que es un cáncer originado en el tejido nervioso simpático.

neurociencia *f* (*Biol*) Rama de la biología que estudia la anatomía, la fisiología, la bioquímica o la biología molecular de los nervios y del tejido nervioso. *Tb cada uno de esos estudios*. | *Inf* 1.12.70, 26: El inmenso desarrollo de las diferentes disciplinas y técnicas que se pueden agrupar bajo el nombre de neurociencias hace necesario el intercambio de información entre neuroanatómicos, neurofisiólogos, bioquímicos, neurofarmacólogos, neurólogos. Ma. Gómez *Ya* 4.1.91, 2: Seguirán las exposiciones "Supervivientes del edén" y "La máquina del pensamiento: del arte de la memoria a la neurociencia".

neurocirugía *f* (*Med*) Cirugía del sistema nervioso. | J. R. Alfaro *HLM* 26.10.70, 23: Con los profesores Rodríguez Delgado y Cooper trabajará el doctor Gonzalo Bravo, jefe del Servicio de Neurocirugía de Puerta de Hierro.

neurocirujano -na *m y f* (*Med*) Cirujano especialista en neurocirugía. | O. Aparicio *MHi* 7.68, 29: Intervinieron el doctor Obrador Alcalde, neurocirujano, .. y el profesor Figueras.

neurocráneo *m* (*Anat*) Porción del esqueleto de la cabeza que contiene el cerebro. | *Sp* 19.4.70, 5: Aunque Delattre y Fenart se inclinen por que la evolución del hombre ha terminado ya debido a la "posición erecta" que "acercan el neurocráneo al esplacnocráneo", no dejan de admitir la continuidad de esta en "un aumento global del volumen del cráneo".

neurodegenerativo -va *adj* (*Med*) De (la) degeneración nerviosa o que la implica. | M. RElvira *País* 26.9.89, 30: El tratamiento de otras enfermedades neurodegenerativas, como la de Alzheimer, no se ha aplicado todavía en personas.

neuroendocrinología *f* (*Med*) Estudio de las relaciones entre el sistema nervioso y las glándulas endocrinas. | *TMé* 19.11.82, 47: Esta nueva edición incorpora .. numerosas innovaciones en cuanto a actualización y revisión de diversos temas (neuroendocrinología, sueño, farmacopsiquiatría, etc.).

neuroesqueleto *m* (*Anat*) Esqueleto interno propio de los vertebrados. | Ybarra-Cabetas *Ciencias* 436: El esqueleto de los animales puede ser externo, o dermatosqueleto, e interno, o neuroesqueleto .. El neuroesqueleto se llama así porque protege el sistema nervioso central, y es propio de los vertebrados.

neurofarmacología *f* (*Med*) Estudio de la acción de los fármacos sobre el sistema nervioso. | J. Portugal *TMé* 1.6.84, 33: Se trata de un libro que reúne en perfecto ensamblamiento nuestros conocimientos actuales de neurofisiología clínica y neuropatología con los de neurofarmacología básica.

neurofarmacólogo -ga *m y f* (*Med*) Especialista en neurofarmacología. | *Inf* 1.12.70, 26: El inmenso desarrollo de las diferentes disciplinas y técnicas que se pueden agrupar bajo el nombre de neurociencias hace necesario el intercambio de información entre neuroanatómicos, neurofisiólogos, bioquímicos, neurofarmacólogos.

neurofibrilla *f* (*Anat*) Filamento de los que forman una red extendida en todas direcciones dentro del citoplasma del cuerpo de la célula nerviosa. *Tb la red formada por estos filamentos*. | Navarro *Biología* 97: Empleando coloraciones especiales aparecen granulaciones pigmentarias .. y finos filamentos denominados neurofibrillas, que son elementos característicos de las células nerviosas.

neurofibromatosis *f* (*Med*) Deformación congénita en diversas partes del cuerpo, esp. en el sistema nervioso central. | *Ya* 16.7.90, 55: Dos equipos de científicos estadounidenses han identificado al gen causante de la neurofibromatosis, más conocida como "enfermedad del hombre elefante".

neurofisiología *f* (*Med*) Fisiología del sistema nervioso. | J. R. Alfaro *HLM* 26.10.70, 22: Hace más de cuarenta años llegó a Madrid para estudiar neurofisiología al lado de Cajal.

neurofisiológico -ca *adj* (*Med*) De (la) neurofisiología. | Rábade-Benavente *Filosofía* 64: Esta huella .. constituye, en parte al menos, la base neurofisiológica de la memoria.

neurofisiólogo -ga *m y f* (*Med*) Especialista en neurofisiología. | Pinillos *Mente* 114: Lo mismo que ocurrió con el análisis de la sensibilidad hecho por los neurofisiólogos.

neurógeno -na *adj* (*Med*) De origen nervioso. | Nolla *Salud* 342: La artritis neurógena suele localizarse en las rodillas.

neuroglia (*tb* **neuroglía**) *f* (*Anat*) Tejido especial que rellena los espacios comprendidos entre las neuronas y que realiza una función trófica. | Alvarado *Zoología* 7: Tejido nervioso .. Se distinguen en él dos clases de elementos nerviosos: células nerviosas y fibras nerviosas, más dos tipos celulares de naturaleza no nerviosa que forman la neuroglia y la microglia. Navarro *Biología* 97: El tejido nervioso posee además una sustancia intersticial denominada neuroglía.

neuróglico -ca *adj* (*Anat*) De (la) neuroglia. | Alvarado *Anatomía* 30: Está formada [la neuroglia] por un conjunto de células especiales llamadas células neuróglicas.

neurohipófisis *f* (*Anat*) Porción nerviosa del lóbulo posterior de la hipófisis. | Cañadell *Salud* 352: Está formada [la hipófisis] por dos lóbulos, el anterior o adenohipófisis y el posterior o neurohipófisis, que en realidad constituyen dos órganos independientes.

neuroléptico -ca *adj* (*Med*) Que calma la agitación y la hiperactividad neuromuscular. *Tb n m, referido a medicamento*. | *Gac* 10.12.72, 9: Un psiquiatra húngaro .. dijo que con muy pocos neurolépticos y mucha psicoterapia conseguía curar no solo al "pobre enfermo" sino, sobre todo, a todos los que a su lado –familia, compañeros, jefes– contribuían a su enfermedad.

neurología *f* Estudio del sistema nervioso y sus enfermedades. | Castilla *Natur. saber* 27: En lo fundamental, no se distingue la doctrina de la neurona, de Cajal, de la cual está viviendo, todavía hoy, la neurología contemporánea, de los asertos de Marx.

neurológicamente *adv* Desde el punto de vista neurológico. | L. Daufi *Van* 6.1.74, 51: De este modo el cerebro se halla neurológicamente aislado, pero tiene suficiente aporte sanguíneo, metabólico y hormonal.

neurológico -ca *adj* De (la) neurología. | O. Aparicio *MHi* 7.68, 29: Desde un punto de vista neurológico,

neurólogo – neurovegetativo

tenemos que centrar la vida del hombre en el cerebro y no en el corazón.

neurólogo -ga *m y f* Especialista en neurología. | *Abc* 3.12.70, 50: La relación con los subnormales deben entablarla neurólogos, no psiquiatras.

neuromuscular *adj (Anat)* De los nervios y los músculos. | R. GTapia *SAbc* 2.2.69, 19: Estas reacciones neuro-musculares han sido objeto de nuevos estudios.

neurona *f (Anat)* Célula nerviosa. | Navarro *Biología* 119: Las neuronas se conectan unas con otras, pero son independientes entre sí. **b)** *(col)* Se usa para aludir al cerebro o a la inteligencia. | MGaite *Nubosidad* 151: Por favor, ponga a funcionar la neurona.

neuronal *adj* **1** *(Anat)* De (la) neurona. | Alvarado *Anatomía* 63: Constitución neuronal del sistema nervioso. RJiménez *Tecnologías* 41: Para que una máquina se comporte de forma inteligente no es preciso que reproduzca exactamente el sistema neuronal del cerebro humano.
2 *(Informát)* [Computadora] que imita el funcionamiento del cerebro humano. | *NLu* 6.11.89, 8: Computadoras neuronales: la última frontera de la tecnología inteligente.

neuropatía *f (Med)* Afección nerviosa. | Cañadell *Salud* 375: La neuropatía diabética tiene cierta predilección por las extremidades inferiores y es causa de sensaciones de hormigueo, calambres o intens[a] quemazón. P. LGFranco *TMé* 6.1.84, 8: Fase de intoxicación franca: alteración del estado general, anemia, alteraciones digestivas, neuropatía periférica, encefalopatía.

neuropático -ca *adj (Med)* De (la) neuropatía. | *Abc* 12.4.58, 48: Sanatorio Neuropático Dr. Lois Asorey.

neuropatología *f (Med)* Patología de las enfermedades del sistema nervioso. | J. ÁSierra *HLM* 22.4.74, 26: Eran los tiempos del gran esplendor de la medicina alemana y del triunfo de la Escuela Francesa de Neuropatología.

neuropléjico -ca *adj (Med)* Capaz de suprimir determinadas funciones nerviosas. | *Ya* 24.1.91, 24: Las fuerzas israelíes .. Un centenar de ojivas nucleares. Gas mostaza y neuropléjico.

neuropsiquiatra *m y f (Med)* Especialista en neuropsiquiatría. | Mariequis *Caso* 12.12.70, 16: ¿Acudió a la consulta de algún neuropsiquiatra?

neuropsiquiatría *f (Med)* Rama de la medicina que trata de los casos a la vez neurológicos y mentales. | J. L. Bugallal *Abc* 12.9.68, 44: Se celebró en La Coruña la XII Reunión Nacional de Neuropsiquiatría Infantil.

neuropsiquiátrico -ca *adj (Med)* De (la) neuropsiquiatría. | Laín *Descargo* 79: En tres centros se fijó principalmente mi atención: el Instituto Marañón en el Hospital General, la Cátedra de Jiménez Díaz en San Carlos y el servicio neuropsiquiátrico de Sanchís Banús, también en el Hospital General. *Abc* 9.4.67, 78: Se encuentra actualmente bajo observación en una clínica neuro-psiquiátrica de la Universidad de Roma.

neuropsíquico -ca *adj (Anat)* Del sistema nervioso y del psiquismo simultáneamente. | Vilaltella *Salud* 420: Otro sistema funcional neuropsíquico es la actividad de la conciencia.

neuróptero *adj (Zool)* [Insecto] masticador con cuatro alas membranosas muy nerviadas. *Frec como n m en pl, designando este taxón zoológico.* | Ybarra-Cabetas *Ciencias* 352: Se clasifican [los insectos] de la siguiente manera: Odonatos, Ortópteros, Neurópteros, Coleópteros, Himenópteros, Hemípteros, Dípteros, Lepidópteros.

neuroquirúrgico -ca *adj (Med)* De (la) neurocirugía. | *Ya* 29.11.70, 45: Se clausuró ayer el XI Simposio Neuroquirúrgico Anual, organizado, como en años anteriores, por el departamento de Neurocirugía del profesor don Sixto Obrador.

neurorradiología *f (Med)* Radiología del sistema nervioso. | *Not* 18.12.70, 22: Analizó sucesivamente todos los descubrimientos que desde 1950 han supuesto un adelanto trascendente en la radiología diagnóstica: intensificador de imagen, .. neurorradiología.

neurósico -ca *adj (Med)* Neurótico [1]. | *Abc* 28.6.70, 51: Hizo un estudio de los síntomas digestivos y neurósicos que experimenta el habituado al uso del tabaco cuando intenta dejar de fumar.

neurosis *f (Med)* Afección funcional del psiquismo, que se manifiesta con síntomas diversos que no presentan desorganización importante de la personalidad y de cuyo carácter patológico es consciente el enfermo. | Vilaltella *Salud* 425: El gran problema de las neurosis reside en su explicación etiológica, sobre la que existen diversas teorías.

neuróticamente *adv* De manera neurótica. | MGaite *Nubosidad* 84: Parpadeaba neuróticamente y el moño lo tenía medio deshecho.

neurótico -ca *adj* **1** De (la) neurosis. | Goytisolo *Recuento* 321: Ofrecían, aunque distintamente caracterizado, un cuadro neurótico, más propiamente depresivo en Leo, más bien de ansiedad o angustia en Raúl.
2 Que padece neurosis. *Tb n.* | Vilaltella *Salud* 426: Hay psiconeurosis más sencillas, que se desencadenan a causa de hechos penosos .. en individuos predispuestos a la neurosis o ya neuróticos. *Mad* 22.12.69, 13: El primero produce una sociedad de autoritarios reprimidos, y el segundo, una sociedad de neuróticos. **b)** Propio de la pers. neurótica. | Buero *Tragaluz* 132: Con rapidez casi neurótica enfunda la máquina. MMolina *Jinete* 291: No parecía .. que tuviera otra vida fuera del cuartel ni más aficiones que el cumplimiento neurótico de las ordenanzas.

neurotismo *m (Med)* Actitud o comportamiento neuróticos. | L. GNúñez *Ya* 28.5.82, 43: En el caso de Nieves Soldevilla, el dictamen aclara que era una persona normal de inteligencia, pero con una personalidad inmadura y con signos depresivos, con rasgos de neurotismo.

neurotización *f* Acción de neurotizar(se). | E. Merino *HLC* 2.11.70, 12: ¿Tiene algo que ver la neurotización de las gentes actuales con los avances de la técnica? V. Riva *Tri* 19.6.71, 41: El niño llega así a una neurotización de sus relaciones afectivas.

neurotizante *adj* Que neurotiza. | P. Páramo *Gac* 10.12.72, 16: Se ve obligado a comer en diez minutos, empezar a digerir en un taxi y culminar la digestión en un ambiente de trabajo neurotizante.

neurotizar *tr* Hacer neurótico [a alguien o algo *(cd)*]. | A. Yáñez *SAbc* 16.3.86, 15: La creencia en la magia es algo más que una respuesta de nuestra sociedad neurotizada por la angustia ante unas circunstancias socio-económicas agresivas. **b)** *pr* Volverse neurótico. | Vilaltella *Salud* 438: Esos enfermos, en vez de llorar, sufren una crisis de asma; .. en vez de neurotizarse, mueren.

neurotóxico -ca *adj (Med)* De acción tóxica sobre el sistema nervioso. | M. Pijoán *SPaís* 2.9.87, 1: Se utiliza el componente neurotóxico de los venenos sobre todo en los estudios experimentales sobre la transmisión neuromuscular.

neurotoxina *f (Med)* Toxina que ataca al tejido nervioso. | J. R. Alfaro *SInf* 25.11.70, 2: Con el nombre genérico de neurotoxina se designa a muchas sustancias activas de los venenos, que atacan solamente al sistema nervioso.

neurotransmisión *f (Biol)* Transmisión de impulsos nerviosos. | *Ya* 4.2.90, 11: Áreas de investigación; .. Neurociencias: neurotransmisión.

neurotransmisor -ra *adj (Biol)* [Sustancia o producto] que transmite los impulsos nerviosos. *Tb n m.* | *Abc* 19.3.75, 56: Las sesiones del Simposio .. se dividirán en seis mesas de trabajo sobre los siguientes temas: .. Mecanismos de regulación de la secreción, neurotransmisores y su efecto sobre la secreción de hormonas hipotalámicas, y Utilidades clínicas y conclusiones.

neurótropo -pa *adj (Biol)* [Agente químico o microorganismo] que afecta al tejido o al sistema nervioso. | Navarro *Biología* 260: El virus de la rabia es de tipo neurótropo, así llamado por afectar a los órganos del sistema nervioso.

neurovegetativo -va *(tb, más raro, con la grafía* **neuro-vegetativo***) adj (Anat)* [Sistema nervioso] de la vida vegetativa. | F. Vargas *Ade* 27.10.70, 16: Que no venga de golpe el frío seco, sino con cierto grado de humedad que ellos asimilan por el pulmón, la piel y todo el sistema neuro-

neutral – neutro

vegetativo interior. Navarro *Biología* 129: El sistema nervioso neuro-vegetativo .. inerva los órganos de la nutrición. **b)** Del sistema neurovegetativo. | R. GTapia *SAbc* 2.2.69, 18: Toda excitación sonora desagradable y prolongada determina una distonía neuro-vegetativa.

neutral *adj* **1** Que no se inclina a favor de ninguna de las partes en lucha u oposición. *Tb n, referido a pers.* | Vicens *Polis* 491: Todos los Estados europeos sufrieron más o menos las consecuencias de la crisis mundial [después de 1918]. En los Países Escandinavos, que se habían mantenido neutrales, ocuparon el poder los demócratas y los socialistas. **b)** Propio de la pers. o el estado neutral. | E. Haro *Tri* 26.12.70, 5: Las conversaciones de limitación de armas nucleares .. han proseguido .. con la indiferencia neutral del ciudadano.
2 Que no es de ninguna de las partes en cuestión. | *SPaís* 21.6.77, 17: No pensaban volver a pelear en España, aunque estaban dispuestos a que Sansak se enfrente otra vez a Perico en un país neutral que designe el Consejo Mundial de Boxeo.

neutralidad *f* **1** Condición de neutral. | Laiglesia *Tachado* 43: ¿Qué actitud quiere que adoptemos? La neutralidad, naturalmente.
2 (*Quím*) Cualidad de neutro [2]. | Navarro *Biología* 112: La sangre tiene .. una reacción próxima a la neutralidad.

neutralismo *m* **1** Doctrina política que preconiza la neutralidad [1]. | Pla *Des* 12.9.70, 24: Formuló [Tito] .. su política exterior, basada en un neutralismo total.
2 Tendencia a la neutralidad [1]. *Tb la actitud correspondiente.* | Van 4.11.62, 11: El fin del neutralismo indio es, prácticamente, un hecho en vías de irreversible marcha.

neutralista *adj* De(l) neutralismo. | Pla *Des* 12.9.70, 25: Tito ha de ser considerado como el formulador y el realizador en la práctica del sistema neutralista en Europa. **b)** Partidario del neutralismo. *Tb n.* | FReguera-March *España* 197: Toda esta maniobra económica contra el neutralista gobierno de Dato no es más que una artimaña. *Abc* 5.9.61, 17: Los neutralistas hacen un llamamiento a Kennedy y Kruschef para que conferencien.

neutralizable *adj* Que se puede neutralizar. | Alarcos *Fonología* 181: El carácter nasal .. los coloca aparte de los fonemas orales y establece entre ellos oposiciones neutralizables.

neutralización *f* Acción de neutralizar(se). | *Abc* 1.12.70, 31: La transigencia y la apertura de Bonn incoa la posibilidad de una neutralización eficaz de tales tensiones. Alarcos *Fonología* 180: Los casos de neutralización de los fonemas consonánticos españoles ocurren, sobre todo, en posición final de sílaba. Areilza *Artículos* 253: Todos los aliados sinceros de Estados Unidos deben cooperar en su esfuerzo a buscar la transacción y, si es posible, la neutralización de la zona. Aleixandre *Química* 64: Si se hace reaccionar un ácido con una base se obtiene una sal y agua. Esta reacción se llama neutralización.

neutralizador -ra *adj* Que neutraliza. | Mascaró *Médico* 30: El aumento de la actividad normal bactericida .. de la sangre o neutralizadora de las toxinas microbianas. Aldecoa *Gran Sol* 50: Las guardias .. hacen que un hombre exprese su pensamiento hablando, combatiendo con las palabras el son monótono y neutralizador del pensamiento que da el motor.

neutralizante *adj* Que neutraliza. | *Economía* 100: Las sustancias neutralizantes se usarán con mucha cautela, porque decoloran fácilmente.

neutralizar *tr* **1** Anular o contrarrestar [algo]. | Marcos-Martínez *Física* 69: A toda fuerza F se opone otra igual y contraria F' que la neutraliza. Vilaltella *Salud* 425: Cualquier cosa, persona o situación puede representarle la seguridad total, y ello le sirve para neutralizar la angustia. **b)** *pr* Anularse. | Alarcos *Fonología* 98: En griego moderno, las oposiciones o/u, e/i se neutralizan en posición inacentuada.
2 Anular la acción o la capacidad de acción [de alguien (*cd*)]. | Marías *Corazón* 61: Flaxman hizo amago de trasladarse en persona a una de las cabinas .. Fue neutralizado cuando ya andaba por el pasillo. VMontalbán *Balneario* 59: Ahora es necesario concentrarnos en la hora, en el momento justo en que la cocina quede vacía o dotada de elementos de vigilancia mínimos que podamos neutralizar.
3 Hacer neutral. | * Estados Unidos trata de neutralizar la zona.
4 (*Quím*) Hacer neutra [2] [una sustancia]. | Marcos-Martínez *Física* 236: Si a la tintura de tornasol, enrojecida por un ácido, le echamos una base, vuelve a su color primitivo. Esto indica que el ácido y la base se neutralizan entre sí. **b)** *pr* Hacerse neutra [una sustancia]. | Aleixandre *Química* 215: 20 cm³ de una disolución de NaOH necesita para neutralizarse 22,5 cm³ de otra normal de ClH.
5 (*Cicl*) No contabilizar el tiempo [de una etapa o trayecto (*cd*) o de los participantes (*cd*)]. | *RegO* 12.7.64, 14: Ciclismo .. La salida se dará a las diez de la mañana frente a la Delegación provincial de Sindicatos, desde donde marcharán neutralizados los corredores hasta la Avenida de Zamora, donde tendrá lugar la salida oficial.

neutrino *m* (*Fís*) Partícula elemental eléctricamente neutra, cuya masa es prácticamente nula y que se mueve a la velocidad de la luz. | *Abc* 10.10.65, 83: Una partícula atómica nueva, de increíbles características físicas, el neutrino, ha sido descubierta por científicos surafricanos.

neutro -tra *adj* **1** Que carece de características o de significación definidas. | Benet *Nunca* 14: Una voz trasera y desolada seguía llamando un nombre con intolerable insistencia en un timbre agudo, pero neutro, impersonal. Hoyo *Bigotillo* 12: Los huesecitos de sabor neutro, ni dulce ni amargo, eran los de aviso y prudencia. **b)** Que no toma partido por ninguna de las opciones posibles. *Esp en política. Tb n, referido a pers.* | *Abc* 3.5.58, 15: Los ingredientes del guiso eran las Casas del Pueblo, con sus "chíviris", 15.000 hombres instruidos militarmente .. Arriba, en el Gobierno, dantoncillos de lectura y robespierres de balduque, más unos tránsfugas de la Monarquía, añadidos a la bobaliconeríade los neutros. **c)** Inexpresivo. | MGaite *Nubosidad* 46: Amelia puso una cara neutra. **d)** [Color o tono] que no destaca. *Tb n m.* | M. G. SEulalia *HLM* 31.1.72, 19: Se abre paso también la claridad en la [ropa] del hombre, si bien no se ha resuelto nadie a preferir los tonos neutros, grises y beige, de tanta tradición en los armarios de caballero. Buero *Diálogo* 98: La luz se degrada hacia los neutros. **e)** (*Ling*) [Término o palabra] que carece de connotación. | * "Suciedad" es un término neutro frente a "guarrería".
2 (*Quím*) Que no es ácido ni básico. | Bustinza-Mascaró *Ciencias* 336: Por su contenido en sílice, se distinguen tres categorías de rocas eruptivas: ácidas, .. básicas .. y neutras, en las que la proporción de sílice es entre el 50 y el 60 por 100.
3 (*Fís*) Que no presenta fenómeno alguno eléctrico o magnético. | Marcos-Martínez *Física* 174: Si espolvoreamos sobre la mesa limaduras de hierro y colocamos encima una barra imantada .. de cualquier forma que sea, observaremos, al levantarla, que la atracción es máxima en los extremos y nula en la parte media. Aquellos se llaman polos, y esta, línea neutra. **b)** (*Electr*) Que no tiene electricidad positiva ni negativa. | Marcos-Martínez *Física* 184: Para mayor seguridad, los grandes generadores de corriente tienen su segundo polo (el denominado por los electricistas polo neutro) conectado a tierra.
4 (*Gram*) [Género] que no es masculino ni femenino. *Tb n m.* | Amorós-Mayoral *Lengua* 61: El sustantivo carece de género neutro. **b)** [Sustantivo o adjunto] de género neutro. *Tb n m.* | Academia *Esbozo* 228: Los indefinidos neutros poseen la propiedad, lo mismo que el artículo neutro *lo*, de poder regir nombres adjetivos. **c)** Propio del género neutro. *Tb n m, designando la forma.* | Academia *Esbozo* 228: Las formas neutras suelen diferenciarse por su función de las formas no neutras con las que fonéticamente coinciden. Las formas no neutras actúan como pronombres sustantivos, como los neutros, pero reproducen un término del contexto.
5 (*Gram, raro*) Intransitivo. | Guillén *Lenguaje* 32: El verbo *tomar* .. cobra insospechados matices, tanto en el sentido neutro y absoluto como en los significados comunes.
6 (*Zool, raro*) Que no tiene sexo. *Tb fig, fuera del ámbito técn.* | * Las abejas obreras son animales neutros. R. Villacastín *Ya* 20.6.90, 64: Willi, que es cuarto y mitad de hombre y el resto de neutro, intenta poner de moda un baile, el "vogueing".

neutrofilia *f (Med)* Aumento del número de leucocitos neutrófilos en la sangre. | F. J. FTascón *SYa* 17.4.77, 26: Entre los datos de laboratorio, los que testimonian la presencia de una inflamación reumática aguda como la anemia, la leucocitosis con moderada neutrofilia.

neutrófilo -la *adj (Anat)* [Leucocito] que fija colorantes neutros. | Navarro *Biología* 111: Microfotografía de sangre en la que se puede observar: a la derecha, un leucocito polinuclear neutrófilo. **b)** De (los) leucocitos neutrófilos. | MNiclos *Toxicología* 128: El hemograma suele ofrecer leucocitosis neutrófila con marcada desviación a la izquierda.

neutrón *m (Fís)* Partícula fundamental del núcleo atómico, desprovista de carga eléctrica. | Artero *Inerte* 37: Hoy se han localizado estrellas de rayos X que son estrellas de neutrones.

neutrónico -ca *adj (Fís)* De(l) neutrón. | M. Calvo *SYa* 28.11.73, 24: Se producen "agujeros negros" en los cuales hay sitio para cuasares, nubes de gas cósmico y estrellas neutrónicas.

nevada *f* Hecho de nevar. *Tb su efecto.* | Ortega-Roig *País* 49: El clima oceánico .. Son poco frecuentes las heladas y nevadas.

nevadilla *f* Planta herbácea perenne que se cría en terrenos arenosos o pedregosos, considerada diurética y astringente (*Paronychia argentea*). | FQuer *Plantas med.* 167: No tenemos ningún dato acerca de la composición química de la nevadilla.

nevado -da *adj* **1** *part* → NEVAR.
2 (*Taur*) [Res] que, sobre capa de color uniforme, tiene pequeñas pintas blancas. | Hoyo *Lobo* 42: Cuatro vacas nevadas pacían en silencio. J. Vidal *País* 13.5.77, 48: Por lo general, el toro pío es un berrendo, un capirote, un nevado, hasta un bragao.
3 [Mastranzo] ~ → MASTRANZO.

nevadón *m* Nevada grande. | GSerrano *Macuto* 220: Aquel famoso parte ... que desmintió no la situación táctica, sino el nevadón que en aquel momento comenzó a caer.

nevar (*conjug* 6) **A** *intr impers* **1** Caer nieve. | *Not* 30.12.70, 8: Comenzó a nevar ayer por la tarde.
B *tr* **2** Cubrir [una cosa (*cd*) con algo que imita a la nieve]. | DPlaja *SAbc* 13.12.70, 27: No podemos acogernos, para empezar, a la ternura lírica de nuestros belenes nevados de harina.
3 (*raro*) Hacer caer [algo] como nieve. | Montero *Reina* 219: Un pisapapeles de cristal que nevaba virutas de algodón sobre la torre Eiffel.

ne varietur (*lat; pronunc,* /né-bariétur/) *loc adj* (*Bibl*) [Texto] definitivo o que no debe alterarse. *Tb adv.* | Vernet *Mahoma* 11: Nunca se atrevió a fijar en vida un texto *ne varietur* de *El Corán.* Vernet *Mahoma* 10: El sistema gráfico .. carecía de los elementos necesarios para fijar, *ne varietur,* obras de carácter altamente literario.

nevasca *f (raro)* Nevada. | GPavón *Cuentos rep.* 111: Al hablar del cierzo, la nevasca, la helada, la tormenta o el granizo, los personalizaba como criaturas inmensas de bien troquelado carácter.

nevatilla *f* Aguzanieves (ave). | Cela *Judíos* 217: El vagabundo .. aprendió, del gorrión, a poner buena cara al mal tiempo; .. de la nevatilla, a vivir del aire.

nevazo *m* Nevada, esp. grande. | FVidal *Ayllón* 82: Su rostro, quemado por el sol y los nevazos, posee aire de zumba.

nevazón *f (raro)* Nevada. | GPavón *HPlinio* 54: Cubierta de nieve y entre una nevazón lenta pero persistente, avanzaba la tartana grande de doña Carmen.

neverita *f (reg)* Nevatilla o aguzanieves (ave). | JGregorio *Jara* 13: El ruiseñor, mirlo, oropéndola y alondra pueblan las alamedas. El chorlito, cuco, .. gorrión, neverita y goyería.

nevero -ra A *m* **1** Lugar donde se acumula la nieve conservándose durante todo el año. *Tb la nieve allí acumulada.* | Cela *Judíos* 223: Se vacían en el Tormes la roza de Navamojados y el fragüín de Guijuelos, que vienen de los neveros de la serrotilla del Bohoyo.
2 (*reg*) Pinzón común (ave). *Tb* PICO ~. | Lama *Aves* 58: Resultando por los colores descritos [el pinzón común] un pájaro ciertamente bonito, llamado también en Cantabria Gorrión pinto, Nevero y Pión.
B *f* **3** Mueble revestido de materia aislante destinado a mantener frías determinadas cosas, esp. alimentos. | Laforet *Mujer* 227: Dejó el grifo abierto... No tenía hielo en la nevera y quería que el agua saliese fresca. **b)** Cámara frigorífica. | Aldecoa *Gran Sol* 16: Pensaba en las tretas del primer patrón de pesca .. Malos los tiempos, mala la pesca .. Todo malo y la nevera llena.
4 Lugar en que se conserva nieve. | Benet *Aire* 52: Se decidió trasladarlo [el cadáver] aquella misma noche a la nevera del camino del cementerio, la más alta, donde al decir de Cuadrado aún quedaba un poco de hielo con el que se podría cubrirlo para conservarlo fresco hasta la llegada de la autoridad. *DSo* 12.10.90, 4: Se han descubierto hasta el momento un aljibe-nevera de sillería, un muro y varias tumbas monolíticas.
5 Lugar muy frío. *Con intención ponderativa.* | MMolina *Jinete* 265: Había encendido su estufilla eléctrica, que le calentaba los pies en aquella nevera donde nunca daba el sol.
C *m y f* **6** (*hist*) Hasta principios del s XX: Pers. que vende nieve. | R. GMontero *Abc* 18.2.73, 43: Era en la época de "los neveros", hombres fuertes que nacían y vivían en los pueblos de la sierra.

nevisca *f* Nevada corta y de copos menudos. | E. Pablo *Abc* 30.3.75, 39: Esa convulsión meteorológica ha estado acompañada en casi todo nuestro territorio peninsular, por lluvias, lloviznas, neviscas y nevadas.

neviscar *intr impers* Nevar ligeramente. | JLozano *Mudejarillo* 137: Hacía mucho frío en esta tierra, neviscaba, y luego una neblina no dejaba ver nada a dos pasos.

neviza *f* Nieve compacta de estructura granuda que se forma en las alturas de nieves perpetuas. | Ybarra-Cabetas *Ciencias* 127: Estas grandes acumulaciones de nieve, neviza o hielo, localizadas generalmente en las altas montañas, constituyen los glaciares.

nevoso -sa *adj* [Tiempo] de nieve. | J. Oroz *Ya* 19.12.82, 35: El tiempo ha sido nevoso.

nevus *m (Med)* Malformación circunscrita y congénita de la piel, en forma de mancha de color marrón o azulado. | Corbella *Salud* 455: Problema importante de algunos nevus es su posibilidad de degeneración neoplásica.

new age music (*ing; pronunc corriente,* /niú-éic-mítsi/) *f (Mús)* Estilo de música moderna, pralm. instrumental, surgido a mediados de los años ochenta y caracterizado por la suavidad melódica y la improvisación. *Frec* NEW AGE. | J. RFernández *Ya* 20.1.90, 54: A mediados de la década de los ochenta surgió el nombre "new age music", que venía a recoger en un único apartado toda una larga serie de estilos musicales dispersos y variados. C. Galilea *SPaís* 17.12.89, 100: Parece resignado a responder por enésima vez a la pregunta de si su obra se puede encuadrar o no dentro de la *new age*, si es música para *yuppies* como la denominan algunos despectivamente.

new deal (*ing; pronunc corriente,* /niú-díl/) *m* **1** (*Pol*) Programa de recuperación económica y reforma social propuesto por Roosevelt en Estados Unidos en los años treinta. *Tb la época correspondiente.* | M. Monzón *Ya* 17.7.92, 5: La mezcla izquierdista/romántico/idealista del *new deal* rooseveltian[o] y el *happening* californiano, la reunión de Keynes y Dylan o Ga[il]braith y Spock parece haber llegado a su fin.
2 (*Econ*) Programa económico inspirado en el new deal [1]. *Tb la época en que se desarrolla.* | C. Fresneda *ElM* 11.7.93, 70: La "nueva credibi[li]tà" –el "new deal" a la italiana– era la carta que llevaba Ciampi en la manga y, a juzgar por los resultados, ha sabido cómo y cuándo jugarla. L. Romasanta *Ya* 23.12.91, 4: A lo mejor el 92 es el *new deal* celtibérico.

new look (*ing; pronunc corriente,* /niú-lúk/) *m* **1** (*Moda y Pol*) Nuevo estilo. *A veces en aposición.* | *Abc* 22.11.75, 18: No es de esperar que el alma en pena de André Marty altere esa unidad del comunismo "new look". M. BTobío *Atl* 1.90, 50: No se puede decir que a Churchill le sorprendiera este *new look* soviético. L. C. Buraya *Ya* 31.5.87, 37: El *new look* heavy se impone rápidamente en todo el mundo.

2 Nuevo aspecto [de una pers.] en lo relativo a su arreglo o atuendo. | L. LSancho *Abc* 26.5.87, 22: Rodríguez Sahagún .. está causando impacto con su "new look" capilar.

newton (*ing; pronunc corriente,* /niúton/; *pl normal,* ~s) *m* (*Fís*) *En el sistema MKSA:* Unidad de fuerza equivalente a la fuerza necesaria para imprimir a la masa de un kilogramo la aceleración de un metro por segundo cada segundo. | Medina *Meteorología* 5: Los físicos suelen emplear también otra unidad de presión, el pascal (Pa), que es la presión ejercida por un newton actuando sobre un metro cuadrado de superficie.

newtoniano -na *adj* **1** Del físico inglés Isaac Newton († 1727). | Mercader-DOrtiz *HEspaña* 4, 192: El citado polígrafo [Feijoo] confesaba que solo conocía la doctrina newtoniana a través de un compendio de S'Gravesande.
2 (*Fís*) Relativo a las leyes de Newton. | Mingarro *Física* 103: Calcular .. la fuerza eléctrica de repulsión entre dos protones .. y compárese con la que ejerce en sentido contrario su atracción newtoniana.

new wave (*ing; pronunc corriente,* /niú-wéib/) *f* (*Mús*) Música rock de finales de los años setenta, frec. con letra agresiva o de protesta. | Fermín *GOc* 24.11.80, 35: El local es un portento, una catedral subterránea de la new-wave.

nexo *m* Elemento que sirve para unir una cosa con otra. | Amorós-Mayoral *Lengua* 113: Cuando un sustantivo unido directamente a otro, sin ningún nexo intermedio, aclara o precisa la significación del primero, se dice que está en aposición con él. VParga *Santiago* 21: Podemos decir con verdad que el camino de Santiago fue uno de los nexos más fuertes que unieron a España al Occidente cristiano.

ni[1] (*con pronunc átona*) **I** *conj* **1** *Une ors, palabras o sintagmas enunciados negativamente.* | *Abc* 1.9.66, 17: Un idioma .. no puede vivir circunscrito en una área cerrada, como tras una muralla china, ni defendido por un glacis de incomunicación absoluta.
2 (*lit*) *Y no. Une dos ors, de las cuales solo la segunda es negativa.* | * Salió sin despedirse; ni podía ser de otro modo conociendo sus modales.
II *adv* **3** *No. Con valor enfático, precede al primero de los miembros coordinados por la conj* NI [1]. | Delibes *Cinco horas* 31: Los médicos, por regla general, ni sienten ni padecen. **b)** *Es expletivo cuando la or se ha iniciado ya en forma negativa.* | FSantos *Catedrales* 74: La villa no era ni muy poderosa ni muy rica.
4 *Negación enfática referida a un hecho que se supone lo mínimo que cabría esperar. A veces seguida de* AUN, SIQUIERA *o* TAN SIQUIERA. | Cunqueiro *Un hombre* 24: ¿No sería hora de acabar con aquel asunto? Ni se sabía si Orestes era rubio o moreno. Laforet *Mujer* 170: Mariana ni sospechaba siquiera los asuntos amorosos de Paulina y Antonio. **b)** *Seguido de diversos advs o locs advs, vs o constrs vs, expresa negación rotunda:* ~ A TIROS, ~ HABLAR, ~ LO PIENSES, ~ LO SUEÑES, ~ MUCHO MENOS, ~ PENSARLO, ~ POR CUANTO, ~ POR ESAS, ~ POR PIENSO, ~ REMOTAMENTE, ~ SOÑARLO, *etc.* | Medio *Bibiana* 50: –Gracias, José. Quiero invitaros yo .. –Ni hablar. Es usted nuestro invitado. **c)** ~ **caso** → CASO.
5 ~ **que.** (*col*) *Introduce un comentario exclam que expresa en forma hipotética algo cuya realidad se niega enfáticamente. El v va siempre en pret o antepret de subj.* | Urbina *Carromato* 124: Mira que tiene cosas: "cuántos somos a comer". Ni que esto fuera un hotel.

ni[2] (*tb con la grafía* **ny**) *f* Letra del alfabeto griego que representa el sonido [n]. (V. PRELIM.) | Estébanez *Pragma* 43: Alfabeto griego: .. mi, ni, xi, ómicron.

niacina *f* (*Quím*) Ácido nicotínico. | Quimikus *Ya* 18.6.75, 61: Igualmente hay que mencionar la vitamina PP o niacina.

niágara *m* (*lit, raro*) Catarata. *Tb fig.* | J. F. Lequerica *MHi* 3.61, 64: Allí está .. lo más digno de flotar de aquel período. La pequeña y bella plataforma sobre los niágaras frenéticos de una parte y de otra. J. M. Massip *Abc* 30.8.66, 27: A la noche, teatros, cines, bares, cabarets, baile y niágaras de alcohol.

niala (*tb con la grafía* **nyala**) *m* Antílope africano con cuernos en espiral (*Tragelaphus angasi*). | N. Rubio *Abc* 29.10.72, 48: Si nos dieran a elegir entre un secretario (el comedor de ofidios africano) y un urogallo, no tendríamos ninguna duda, al igual si la elección fuera entre un antílope nyala y un rebeco.

niara *f* Almiar de paja. | Soler *Muertos* 9: Muros macizos, trojes y establos holgados, almiares y niaras, portales en herradura.

nica *adj* (*col, raro*) Nicaragüense. *Tb n.* | *País* 15.1.87, 8: Miami, un negro exilio para los "nicas".

nícalo *m* (*reg*) Níscalo. | Delibes *Ratas* 52: –¿De dónde vienes, bergante? –De coger nícalos.

Nicanor → DON NICANOR.

nicaragüense *adj* De Nicaragua. *Tb n, referido a pers.* | Cela *SCamilo* 120: El único que cree esta historia es el nicaragüense.

nicaragüeño -ña *adj* Nicaragüense. *Tb n.* | Jover *Historia* 893: Es preciso tomar como punto de partida la presencia, en los umbrales del siglo XX, del poeta nicaragüeño Rubén Darío.

nicense *adj* De Niza (Francia). *Tb n, referido a pers.* | L. LSancho *Abc* 3.6.75, 6: El mismo día en que esa información aparecía en el periódico nicense.

nicho *m* **1** Concavidad hecha en un muro, gralm. en forma de semicilindro, destinada a colocar en ella una estatua o un objeto de adorno. | HSBarba *HEspaña* 4, 420: Las calles y plazas estaban limitadas por los inmensos muros de los conventos, los atrios de los templos o las presuntuosas fachadas de las casas, con sus nichos de santos. *Arte* 4.72, 36: En el muro de la chimenea hay un nicho, pequeño, muy bien iluminado, para un libro de anatomía de Durero. **b)** *En un cementerio:* Hueco hecho en un muro para colocar en él un cadáver o sus cenizas. | GPavón *Hermanas* 33: La quietud del cielo nublado y la desgana de los árboles le hacían recordar .. nombres que ya están escritos en nichos.
2 (*Ecol*) Hábitat que proporciona los elementos necesarios para la existencia de un organismo o especie. | R. ASantaella *SYa* 14.8.83, 33: A ella [la ecología] pertenecen la alimentación, hábitat, distribución geográfica, clima y nicho ambiental. **b)** Situación de un organismo o especie en una comunidad o en un ambiente dados. | Delibes *Año* 60: Los nichos ecológicos de ambas especies [el conejo y la liebre] se interfieren, aunque no parezca haber motivo para ello.

nicobarés -sa I *adj* **1** De Nicobar (archipiélago asiático dependiente de la India). *Tb n, referido a pers.* | *Fam* 15.11.70, 37: El nombre de Dios en 50 idiomas .. Islas de Nicobar: nicobareses: Gnallach.
II *m* **2** Lengua de las islas Nicobar. | Moreno *Lenguas* 94: Lenguas mon-jemer (Mon-Khmer): .. Vietnamita .., jemer .., mon .., nicobarés.

nícol (*tb* **nicol**) *m* (*Ópt*) Prisma de espato de Islandia que forma par con otro constituyendo un instrumento con que se obtiene luz polarizada para estudiar las propiedades ópticas de los cuerpos. | Alvarado *Geología* 24: Los nícoles o prismas de Nicol consisten en dos romboedros de exfoliación de espato de Islandia dispuestos convenientemente para eliminar el rayo ordinario y hacer que solo emerja el extraordinario. Ybarra-Cabetas *Ciencias* 38: Polarizada así la luz, se analiza por el segundo romboedro de espato ..; estos romboedros reciben el nombre de nicoles.

nicolaísmo *m* (*Rel, hist*) **1** Herejía de carácter agnóstico y liberal surgida en s. I en las iglesias de Éfeso y Pérgamo. | * El nicolaísmo fue una de las primeras herejías.
2 Disfrute de cargos eclesiásticos por hombres sin vocación, para usufructuar sus rentas. | Castillo *Polis* 218: La Iglesia .. fue influida por el ambiente feudal .. Las consecuencias fueron la simonía y el nicolaísmo.

nicolaíta *adj* (*Rel, hist*) De(l) nicolaísmo. | * La herejía nicolaíta surge en las iglesias de Éfeso y Pérgamo. **b)** Seguidor del nicolaísmo. *Tb n.* | GGual *Novela* 111: En muchas sectas, entre los Coliridianos, Montanistas, Naasenses y Nicolaítas, el Espíritu Santo era considerado como el Principio Femenino.

nicotina *f* Alcaloide de las hojas de tabaco, líquido, venenoso e incoloro, que se vuelve amarillo en contacto con el aire. | Laforet *Mujer* 71: Se acababa de consumir el cigarrillo de Paulina, dejando .. una huella amarilla de nicotina.

nicotinado -da *adj* Que contiene nicotina. | F. Ángel *Abc* 25.3.58, 11: Tanto Fungirol como Azufre Mojado "Medem" pueden ser mezclados con los "Productos Nicotinados Medem" para combatir igualmente los insectos chupadores.

nicotinamida *f* (*Quím*) Amida del ácido nicotínico, usada contra la pelagra. | *Quimikus Ya* 18.6.75, 61: Igualmente hay que mencionar la vitamina PP o niacina, que, en forma de ácido nicotínico o bien de nicotinamida, es necesaria para combatir la pelagra.

nicotínico -ca *adj* **1** De (la) nicotina. | J. Manzanares *IdG* 31.10.70, 11: Se someten .. a sesiones de cinco horas de transpiración nicotínica procedente de los cigarros habanos. **b)** (*Quím*) [Ácido] que forma parte del complejo de la vitamina B y cuya carencia ocasiona la pelagra. | Bustinza-Mascaró *Ciencias* 51: El ácido nicotínico, o vitamina P.P., evita la enfermedad llamada pelagra o mal de la rosa. **2** Impregnado o manchado de nicotina. | Goytisolo *Recuento* 90: Un tipo con bigotes y largas patillas rizosas, dientes nicotínicos y ojos morunos.

nicotinizar *tr* Someter [a alguien o algo (*cd*)] a los efectos de la nicotina. | A. Tapiador *GacN* 2.8.75, 9: Si ellas quieren nicotinizar sus tráqueas y pulmones .., peor para todos. | **b)** *pr* Sufrir [alguien o algo] los efectos de la nicotina. | A. Tapiador *GacN* 2.8.75, 9: Se explica también que la revista "Actualidad Tabaquera" .. haya podido registrar que el 60 por 100 de las mujeres de todo el mundo fuman y que, en nuestro país, por cada 65 hombres fumadores haya 53 hembras nicotinizadas. R. Castleman *Cod* 1.9.74, 14: Pese a ser moreno, el bigotillo nicotinizado se le había puesto rubio.

nictaginácea *adj* (*Bot*) [Planta] dicotiledónea propia de las regiones cálidas, con hojas gralm. opuestas, flores rodeadas por brácteas, que frec. tienen colores vivos, y fruto seco e indehiscente. *Frec como n f en pl, designando este taxón botánico.* | GCabezón *Orotava* 15: Buganvilea .., Nictaginácea, Suramérica. Planta trepadora muy ornamental.

nictálope *adj* (*Fisiol*) Que ve mejor de noche que de día. | GGual *Novela* 75: Mezcla de noticias sobre pueblos extraños (como esos vascos dedicados a labores femeninas con mujeres belicosas y esos iberos nictálopes).

nictemeral *adj* (*Biol*) De(l) espacio de tiempo que comprende un día y una noche consecutivos. | J. Benzal *VSi* 7.89, 21: Los murciélagos .. son animales que manifiestan una marcada alternancia en cuanto a la actividad de su ciclo diario o nictemeral.

nictinastia *f* (*Bot*) Nastia producida por el cambio del día a la noche. | Alvarado *Botánica* 37: Las nictinastias .. son los movimientos que realizan las hojas de muchas plantas, como la judía, que de día tienen una posición .., mientras que de noche adquieren otra.

nictinástico -ca *adj* (*Bot*) Que presenta nictinastia. | Alvarado *Botánica* 37: Esta planta [*Mimosa pudica*] y otras muchas sensitivas son también nictinásticas y pliegan sus hojas de noche.

nictitante *adj* (*Zool*) *En las aves:* [Membrana] transparente que constituye el tercer párpado. | Ybarra-Cabetas *Ciencias* 379: El globo del ojo [de las aves] está protegido por tres párpados: uno superior, otro inferior y uno transversal llamado membrana nictitante.

nidada *f* Conjunto de huevos o de crías que están en un nido [1a y b]. | Delibes *Emigrante* 41: Esto no sería malo si no anunciase nublados para julio, y si es así las nidadas de perdiz se las va a llevar la trampa. M. Naranjo *Tie* 14.8.76, 20: Pregunto cómo se libran de los mosquitos: una especie de azote en estas playas paradisíacas .. Hay que fumigar las playas y destruir a tiempo las posibles nidadas de larvas.

nidal *m* **1** Lugar destinado a que las aves domésticas pongan sus huevos. | Pinilla *Hormigas* 43: En seguida veo en la cuadra la cesta de los huevos que voy buscando. Está bajo los nidales. **2** Lugar al que acuden aves salvajes a poner sus huevos. | FVidal *Duero* 68: En las cuevas inferiores .. anidan a miles las grajadas familiares, y con ellas se divierten los mozos de Ucero, puesto que acuden al inmenso nidal una vez cada año. **3** Nido [1a y b]. | A. Custodio *Hoy* 21.8.75, 14: Una nube de grajos dijeron adiós a sus nidales, camino de la Isla. Rodríguez *Monfragüe* 106: Lirón careto .. Se instala en agujeros de troncos preferentemente. Suele construir un nidal muy confortable, a base de musgo, plumas, hierba, lana, etc. **4** Lugar que sirve de refugio o escondite. | Cierva *Triángulo* 16: Sus quebradas cubiertas de bosque .. albergaban .. un enjambre de guerrillas entre las que más de una vez figuró, para gloria de las demás, la mismísima del Empecinado, al que jamás se atrevió a aquistar hasta tan peligrosos nidales la división del general Hugo. F. Costa *Sáb* 15.3.75, 75: El buen tiempo da la salida a las truchas, las bogas .. y demás ejemplares de peces a los que los grandes fríos en el agua hacen que se escondan en los nidales de la ribera.

nidificación *f* (*Zool*) Acción de nidificar. | *Gac* 30.8.70, 50: Las bandadas .. corresponden a una especie de ganso silvestre norteamericano .. Tienen sus lugares de nidificación entre los Estados Unidos y el centro de Canadá.

nidificador -ra *adj* (*Zool*) Que nidifica. | F. Ferrer *Van* 1.7.73, 3: El mirlo común .., el carbonero común .. son frecuentes nidificadores en árboles y muros.

nidificante *adj* (*Zool*) Nidificador. | J. L. Aguado *SInf* 31.3.76, 6: Reproducción: Se refiere este apartado a todos los datos sobre pollos, nidos o aves inmaduras, bien comprobados. Algunas especies se citan como probables nidificantes.

nidificar *intr* (*Zool*) Construir [un ave] su nido. | F. Ferrer *Van* 1.7.73, 3: El número de especies que a lo largo del año se pueden observar en la ciudad, bien sea porque son sedentarias, porque están de paso, porque invernan o porque vienen en verano a nidificar, supera con creces las cincuenta.

nidífugo -ga *adj* (*Zool*) [Ave] que nace con el desarrollo suficiente para poder abandonar inmediatamente el nido. | Artero *Vertebrados* 112: Otros [polluelos] .. nacen mucho más desarrollados, cubiertos de plumón, ven y oyen bien y son capaces de dejar el nido inmediatamente, aunque solo corren y todavía no vuelan: son los nidífugos.

nidio -dia *adj* (*reg*) Suave. | Lueje *Picos* 28: Son cerca de veinte kilómetros de fragosidades y estrechuras .., resultando un impresionante y bellísimo desfiladero, pero más nidio y clareado, de más ordenada y amable factura, que la de los otros famosos desfiladeros de Los Picos.

nido I *m* **1** Construcción fabricada por las aves para depositar sus huevos y cuidar sus crías. | Cunqueiro *Un hombre* 9: Las golondrinas salían de sus nidos. **b)** Refugio en el que procrean [algunos animales (*compl de posesión*)]. | Hoyo *Bigotillo* 28: En el prado y su contorno había toda clase de materiales para preparar y adecentar los nidos de las covecillas. [*Ratones*.] Ybarra-Cabetas *Ciencias* 408: El gorila se encuentra en Guinea y es sociable .. Generalmente, dentro de cada banda hay familias y cada una construye su nido. **c)** (*lit, frec humorist*) Hogar [de una pers. o, más frec., de una pareja, esp. de recién casados]. *Frec en la forma* NIDITO (DE AMOR). | *Caso* 19.12.70, 14: En Barcelona también se preparó un nidito por todo lo alto. **2** *En una maternidad:* Lugar en que se tiene a los recién nacidos. | *Abc* 14.9.75, 75: La infección, al parecer, se halla circunscrita en el ámbito del nido de la maternidad de la clínica Malzoni de Avellino. **b)** *En una guardería:* Lugar en que se tiene a los bebés. *Tb el servicio correspondiente.* | *Con* 1/2.89, 32: Guardería-Escuela Infantil La Casa de la Pradera .. Para los bebés, un precioso nido atendido por personal especializado. Abierto todo el año. *Ya* 1.12.74, 29: Educación preescolar-nido Tanguy. Ampliación. Nido, de 40 días a 11 meses, 6 plazas. **3** Lugar en que surge o se desarrolla [algo (*compl* DE), esp. negativo]. | Cruz Torres 36: La familia de los Lara detentó la fortaleza hasta 1255 .. Antes había servido repetidas veces como nido de aviesas intrigas de los nobles del reino. Fernández-Llorens *Occidente* 57: Superpobladas [las ciudades] por gente procedente del campo .., eran nidos de problemas económicos y sociales. **4** Lugar en que se reúnen pers. o cosas que se consideran nefastas. | J. M. ÁRomero *MHi* 11.63, 74: En las islas del caribe establecían nidos de ataque y contrabando los bucaneros y pechelingües. *País* 7.6.79, 1: El atentado estaba

nidoblasto – nife

más que justificado, por haber sido California 47 "un nido de fascistas".

5 Escondrijo. | * El otro día por casualidad descubrí dónde tiene el nido de los globos.

6 (*Mil*) Lugar protegido, ocupado por un pequeño grupo de soldados y dotado de armas automáticas. *Gralm en la constr* ~ DE AMETRALLADORAS. | FGómez *Bicicletas* 47: Esto podría ser un buen campo de batalla .. También habría nidos de ametralladoras. Delibes *Madera* 411: –¡Listos para tiro de superficie!– Pero algo no marchaba en los nidos de apuntadores: ni Javier Medina ni el cabo Pita acertaban a coger blanco.

7 (*Geol*) Yacimiento mineral aislado, de pequeño tamaño y forma más o menos aovada. | Alvarado *Geología* 27: Otros [minerales] se encuentran en masas, que según su forma reciben diferentes nombres: lentes, bancos, bolsadas, nidos, geodas, nódulos.

8 Conjunto formado por dos camas, o tres o cuatro mesas, que se guardan unas debajo de otras. *Frec en aposición en la forma* CAMA ~ *o* MESA ~. | DCañabate *Paseíllo* 135: Ni que decir tiene que el piso donde habitan es propio, lleno de aparatos de lo más electrodomésticos posibles, con camas-nidos y sofás-camas. *Ya* 19.12.74, 17: Liquidación gigante en mueble rústico. Cabecera matrimonio de 2,50 m. .. Mesa nido.

9 ~ de abeja. (*Lab*) Bordado que forma un entramado semejante al de los panales de las abejas. | MGaite *Cuarto* 81: Investigando el intríngulis de aquellos frunces, nesgas, bieses ... y nidos de abeja que se veían en el dibujo. **b)** (*E*) Estructura que recuerda la forma de los panales de las abejas. | * El coche lleva radiador de nido de abeja.

10 ~ de ave, *o* **de pájaro.** Planta vivaz, rosada, que vive parásita en las raíces de los árboles y cuyas fibras radicales tienen el aspecto de un nido de pájaro (*Neottia nidus-avis*). | Mayor-Díaz *Flora* 591: *Neottia nidus-avis* (L.) L.C. Rich. "Nido de pájaro".

11 ~ de golondrina. (*Mil, hist*) Garita pequeña y circular situada en lo alto de las murallas para disparar desde ellas con seguridad. | Cruz *Torres* 22: Dos recios cubos y cuatro torrecillas sobre "nidos de golondrinas" con sus almenas y saeteras, defienden los tres cuerpos centrales.

II *loc v* **12 caer(se)** (*o* **haber(se) caído**) **del** (*o* **de un**) **~.** (*col*) Ser sumamente inocente o crédulo. | LTena *Luz* 13: ¿Por qué le quiero yo tanto? Porque se ha caído de un nido y es más cándido que un arcángel. Ridruejo *Memorias* 33: Yo era demasiado tierno y caído del nido para entrar en tales análisis. **b)** Enterarse de la verdad, o tomar conciencia de una realidad evidente para otros. | SSolís *Jardín* 161: –Como andan mal de fondos... Ya sabes, ¿no? –¡No! –yo, asombrada, como caída de un nido.

nidoblasto *m* (*Zool*) Cnidoblasto. | Ybarra-Cabetas *Ciencias* 314: Están provistos [los tentáculos de la hidra] de células sensitivas y también de células de defensa llamadas nidoblastos.

nidófilo -la *adj* (*Zool*) [Ave] que nace sin el desarrollo preciso para poder abandonar el nido, y debe permanecer en él hasta alcanzarlo. | Artero *Vertebrados* 112: Unos polluelos nacen débiles y ciegos, teniendo que permanecer en el nido hasta que le[s] salen las plumas y aprenden a volar: son los nidófilos.

niebla *f* **1** Suspensión de gotitas de agua en el aire, en la parte de la atmósfera que está en contacto con el suelo, que dificulta más o menos la visión. | Cunqueiro *Un hombre* 9: La niebla abandonaba lentamente la plaza. Se podía ver ya la alta torre de la ciudadela sobre los rojos tejados.

2 Situación de falta de claridad o nitidez. *Gralm fig.* | GNuño *Escultura* 47: De orígenes totalmente sumidos en la niebla.

3 (*Fís*) Suspensión de partículas de líquido en un gas. | APaz *Circulación* 262: El motor se hace girar más o menos de prisa según la cantidad de aire carburado (mezcla de aire y niebla de gasolina) que se le suministre por el carburador.

4 (*Agric*) Se da este n a varias enfermedades de las plantas, esp el tizón de los cereales o el mildiu de la vid, cuyo desarrollo se ve favorecido por el ambiente húmedo. | VozC 6.10.68, 6: La enfermedad que combate "Azoguejo", en primer término, es el Tizón, Niebla, Añublo o Caries del trigo. F. Ángel *Abc* 28.3.58, 15: Polvo cúprico "Medem" .. Puede ser mezclado con Azufre de tipo micronizado "Medem", curando con esta mezcla la "Ceniza" (Oídio), a la vez que se previene la "Niebla" (Mildio).

nieblero -ra *adj* De Niebla (Huelva). *Tb n, referido a pers.* | *Odi* 10.7.64, 10: Niebla. Niebleros en viaje de turismo.

nieblina *f* (*pop*) Neblina. | MCalero *Usos* 10: En lontananza ya se veía el alcor y su castillo .., un tanto esfumado por la nieblina del atardecer.

nielado *m* Acción de nielar. *Frec su efecto.* | Alcolea *Artes decorat.* 268: Como una variante de los esmaltes han de considerarse los nielados, o sea las incrustaciones de color negro sobre metal pulido combinadas con aplicaciones de oro y plata.

nielar *tr* Adornar [un metal precioso] mediante una labor en hueco rellena de un esmalte negro hecho de plata y plomo fundidos con azufre. | GNuño *Arte* 49: La más caracterizada es la arqueta de la catedral de Gerona, en plata dorada, nielada y repujada, con motivos florales esquematizados.

nietastro -tra *m y f* Hijo del hijastro o de la hijastra [de una pers.]. *Tb sin compl.* | SPaís 4.10.93, 7: Singular trama familiar entre la abuelastra, su hijastra y el nietastro. Una mujer de 22 años, acusada de envenenar al nieto de su marido.

nieto -ta *m y f* Hijo del hijo o de la hija [de una pers.]. *Tb sin compl.* | Laforet *Mujer* 46: Su nieta .. la consideraba también a ella como a una niña muy pequeña. Zunzunegui *Camino* 164: Tenía una hija casada en Madrid con un profesor andaluz de Instituto, que no le había dado nietos, que hubieran sido la alegría de doña Paca. **b) sobrino ~** → SOBRINO.

nieve I *f* **1** Agua helada que cae de las nubes formando copos blancos. | Ybarra-Cabetas *Ciencias* 125: Las altas montañas durante el invierno se cubren de nieve. **b)** *Frec se usa en constrs de sent comparativo para ponderar la blancura.* | VozAl 9.4.82, 10: Blanco, como la nieve, según se destaca, es el símbolo de vejez con sus canas. **c) agua ~** → AGUANIEVE. **d) ~s perpetuas.** Nieve [1a] que cubre permanentemente las cumbres de las montañas altas. | Ybarra-Cabetas *Ciencias* 126: Las masas de nieve que caen año tras año en regiones superiores al límite de las nieves perpetuas se acumulan en depresiones del terreno denominadas circos.

2 *En pl:* Nevadas. | Ortega-Roig *País* 49: El interior de España tiene inviernos largos y fríos, con abundantes nieves y heladas.

3 (*raro*) Hielo. | Aldecoa *Gran Sol* 14: –Habrá que salir, de todas maneras. Mañana a las once tiene que estar hecha la nieve... –¿No hay hielo aquí, patrón?

4 (*jerg*) Droga blanca (heroína o esp. cocaína). | *Van* 17.7.75, 47: Se las ingeniaba para proporcionar a este los papelitos de la imprescindible "nieve". Tomás *Orilla* 300: –¿Traes la mercancía? –quiso saber Carlos. –Polvo y algo de chocolate .. Es nieve pura.

5 ~ carbónica. Anhídrido carbónico sólido que forma una masa blanca como hielo. | Marcos-Martínez *Física* 284: Anhídrido carbónico .. Al evaporar el líquido produce un intenso frío que solidifica el resto del líquido, formando la llamada nieve carbónica. Esta, al disolverse en éter, produce temperaturas muy bajas de hasta –140°.

II *loc adj* **6 de ~.** [Punto] de la clara de huevo batida en que esta queda blanca y consistente. | *Cocina* 31: En algunos preparados de repostería se puede sustituir la nata por claras de huevo batidas a punto de nieve.

7 de ~. (*hist*) [Pozo] destinado a almacenar nieve para el verano. | Fegube *Inde* 18.8.90, 47: Así surgieron los llamados "pozos de nieve", a los que se les cubría de paja y cualquier otro material aislante. A quienes se dedicaban a esta industria se les llamaba neveros.

8 [Pajarita] **de las ~s** → PAJARITA.

NIF (*sigla*) *m* Número de identificación fiscal. | *Ya* 27.3.90, 25: El PP pide proteger la intimidad ante el NIF.

nife *m* (*Geol*) Núcleo central de la Tierra, que se cree formado de níquel y hierro. | Bustinza-Mascaró *Ciencias* 315: El sima .. forma una envoltura continua alrededor de la llamada capa intermedia .., que envuelve a su vez al núcleo central, o nife, de unos 3.470 kilómetros de espesor hasta el centro de la Tierra.

nigeriano – ninfa

nigeriano -na *adj* De Nigeria. *Tb n, referido a pers.* | Palomino *Torremolinos* 59: Se marchó a Londres, a un hospital en el que le trataron como a un enfermero pakistaní o nigeriano.

nigerino -na *adj* Del Níger. *Tb n, referido a pers.* | *Van* 18.4.74, 24: No se tiene noticia de que ningún país .. haya hecho alguna declaración pública sobre el golpe de Estado nigerino.

nigérrimo → NEGRO.

night-club (*ing; pronunc corriente,* /náit-klúb/; *pl normal, ~s*) *m* Sala de fiestas. | Palomino *Torremolinos* 38: Se casará, sexagenaria y pimpante, el día de mañana, con un músico de night-club modesto.

nigromancia (*tb* **nigromancía**) *f* **1** Arte de adivinar el futuro invocando a los muertos. | Villapún *Moral* 108: Formas de adivinación. 1ª La astrología .. 3ª La [n]igromancia o arte de adivinar las cosas invocando a los muertos. [*En el texto*, migromancia.]
2 (*raro*) Acción nigromántica. | J. M. Alfaro *SAbc* 21.4.74, 17: Fueron sus siglos de apoteosis, alzados sobre poderes mágicos y presencias en aquelarres, sabatinas, misas negras, alquimias y nigromancias.

nigromante *m* y *f* Pers. que practica la nigromancia. | Torrente *Saga* 200: Me vi en la necesidad de establecer una lista de los Jota Bes con su nombre y un tercer elemento caracterizador ..: Jerónimo Bermúdez, obispo; Jacobo Balseyro, nigromante.

nigromántico -ca I *adj* **1** De (la) nigromancia. | *Gac* 11.5.69, 11: A pesar de sus atributos nigrománticos, la astrología ha tenido siempre adeptos.
II *m* y *f* **2** Nigromante. | J. M. Rollán *SAbc* 1.12.68, 27: Si a la Humanidad se le cayeran las manos de repente, los primeros en sufrir las consecuencias de esta catástrofe, a escala profesional, serían los nigrománticos, los malabaristas.

nigrosina *f* (*Quím*) Azul negro de anilina. | *Abc* 12.6.58, 16: Importación y exportación de productos químicos .. Colorantes a la tinta. Nigrosinas.

nigua *f* Insecto afaníptero, propio de África y de América tropical, semejante a la pulga pero de menor tamaño, cuya hembra penetra bajo la piel de los animales y del hombre, produciendo picazón y úlceras (*Tunga penetrans*). | CBonald *Ágata* 136: ¿Has visto el bullir de las niguas por dentro de la piel ulcerada?

nihilismo *m* (*Filos*) Doctrina o creencia según la cual no existe nada absoluto. | Torrente *SInf* 27.1.77, 12: Las conclusiones que pueden derivarse de la frase, cuando no conducen al nihilismo, invitan a la humildad. **b)** (*Pol, hist*) Doctrina anarquista revolucionaria surgida en Rusia a mediados del s. XIX y que se basa en la negación de los valores sociales y morales. | C. Yanes *Rev* 11.70, 8: Se habla continuamente de alienación, de nihilismo, de colectividad opresora.

nihilista *adj* (*E*) De(l) nihilismo o que lo implica. | Sánchez *Pról. Quijote* 14: Quevedo juega con el lenguaje .. entre dos extremos discordantes: los deliquios amorosos .., de un lado, de otro, la sátira flageladora y nihilista. **b)** Partidario del nihilismo. *Tb n*. | Vicens *Polis* 454: La lucha política [en Rusia] se envenenó con la aparición de los nihilistas, partidarios de emplear métodos terroristas para destrozar el armazón social del zarismo.

nihil obstat (*lat; pronunc corriente,* /níil-óbstat/) Fórmula con que la censura eclesiástica manifiesta su aprobación para la publicación de un libro. *Frec sustantivado como n m.* | *Inf* 22.12.73, 21: El dictamen previo de la Comisión Episcopal de Enseñanza considera principalmente la orientación pedagógico-catequética del texto escolar, sin que en ningún caso prejuzgue la normativa canónica referente al "Nihil obstat" del correspondiente ordinario.

niki (*tb con las grafías* **niky** *o* **niqui**) *m* Jersey o camisa de punto de tejido fresco y gralm. de manga corta. | Marsé *Tardes* 9: El joven (pantalón tejano, zapatillas de básquet, niki negro con una arrogante rosa de los vientos estampada en el pecho) rodea con el brazo la cintura de la elegante muchacha. Grosso-LSalinas *Río* 66: Van vestidos con "nikys" de algodón y pantalones azules de canutillo. Delibes *Voto* 134: Se sacó el niqui por la cabeza, dejando al descubierto un torso enteco y pálido.

nilón (*tb con la grafía* **nylon**) *m* Nailon. | Bosque *Universo* 173: El nilón se obtiene en los Estados Unidos a partir del fenol contenido en los alquitranes de hulla. Ortega-Roig *País* 112: Más importante es la fabricación de tejidos artificiales, como rayón y nylon. MMolina *Invierno* 176: Suele ponerse detrás. Con un hilo de nilón.

nilota *adj* (*lit*) Nilótico. | Cunqueiro *Sáb* 3.9.77, 31: Un asunto sobre lo que Manuel González nos deja *in albis* es en cuál figura ha nacido en la aldea nilota el Anticristo.

nilótico -ca *adj* **1** Del río Nilo. | Tejedor *Arte* 10: El Nilo los fundió con su fuerza unificadora. La civilización nilótica fue el resultado de la fusión.
2 De un grupo étnico de los valles alto y medio del Nilo y zonas limítrofes, caracterizado por su gran estatura. *Tb n, referido a pers.* | G. González *SYa* 31.3.74, 5: Etiopía es un variopinto retablo de razas, integrado por tres grandes grupos étnicos: abisinios o semitas .., camitas .. y nilóticos.

nimbar *tr* Rodear [a alguien o algo] de un nimbo [1]. *Frec fig.* | Delibes *Madera* 36: Dada su intensa palidez y el rubicundo cabello nimbándola, la faz del pequeño recordaba la Santa Hostia dentro de una flamígera custodia de oro. Cela *Pirineo* 108: A la borda de Fort la nimba una aureola de sosiego, de rumorosa y cadenciosa paz.

nimbo *m* **1** Aureola, o círculo luminoso que rodea la cabeza de una imagen o representación, esp. sagrada. *Tb fig.* | Castrum *Castalla* 24: En Castalla, desde tiempo inmemorial, una mujer puede ser Capitana de Moros o de Cristianos, lo que vale tanto como alcaldesa de romance con nimbos de gesta.
2 (*Meteor*) Nube baja de color oscuro uniforme que suele dejar caer lluvia, nieve o granizo. | Zubía *Geografía* 53: Hay varias clases de nubes: cirros .., cúmulos .., nimbos .., estratos.

nimbus *m* (*Meteor*) Nimbo [2]. | Grosso *Invitados* 231: Los nimbus de formación vertical cuelgan como turbantes de las crestas azules del Atlas.

nimiedad *f* (*lit*) **1** Cualidad de nimio. | M. M. Meseguer *Abc* 12.6.75, 1: Hizo hincapié en la nimiedad de unos enfrentamientos armados que para otros países y en semejantes circunstancias se habrían convertido en verdaderas sangrías.
2 Cosa nimia. | Cossío *Confesiones* 29: En el curso de estos años los recuerdos se multiplican y se suceden, constituyendo un ciclo de nimiedades y detalles que no merecen la pena.

nimio -mia *adj* (*lit*) **1** [Cosa, esp. no material] insignificante o que tiene poca importancia. | Alfonso *España* 65: Tanto en lo más nimio como en lo de mayor nivel, mentar el ejemplo extranjero para denunciar algo español constituía una audacia.
2 Minucioso o escrupuloso. | Lapesa *HLengua* 216: Herrera .. atiende con nimio cuidado a la pompa y majestad de la forma. M. H. SOrtega *His* 9.79, 45: Ella, a pesar de la dependencia que parecen poner de manifiesto las nimias consultas que hacía a su confesor, se negó.
3 Excesivo o exagerado. | MPuelles *Hombre* 186: No querría parecer bizantino ni escrupuloso en grado nimio.

ninchi *m* y *f* (*jerg, hoy raro*) Niño. *Normalmente usado como vocativo afectivo.* | DCañabate *Paseíllo* 109: Oye, ninchi, no presumas de esa conformidad, que no es pa tanto. RMéndez *Flor* 130: Tira, ninchi.

ninfa *f* **1** (*Mitol clás*) Deidad femenina de rango inferior que habita en los ríos, las fuentes, el mar, las montañas o los bosques y que se representa como una joven hermosa. | J. G. Manrique *Abc* 3.9.68, 11: En un tiempo podría suponerse a una ninfa o a un fauno perdidos en la umbría. **b)** ~ **Egeria.** (*lit*) Pers. que dicta secretamente las decisiones y la conducta de otra. | L. Calvo *Abc* 14.8.70, 15: Despunta otra Europa en el horizonte, simbolizada en una ninfa Egeria, autocrática y teutónica pura, que se llamó Catalina la Grande.
2 (*jerg*) Chica o muchacha. | PGarcía *Sáb* 29.3.75, 65: –¿Y si lo ligo y me dejo a Asmodeo? ..– Pero el tío ya ha conectado con otra ninfa.

3 (jerg) Prostituta. | Marsé Tardes 59: Cuatro americanos borrachos discutían con una ninfa flaca y enana.

4 (Zool) En la metamorfosis de los insectos: Animal en la fase siguiente a la de larva. | Bustinza-Mascaró Ciencias 140: La ninfa, pasados veintiún días desde la puesta del huevo, se transforma en insecto perfecto.

5 Hongo comestible de color pardo tostado, que nace en la hierba (Marasmius oreades). | Perala Setas 75: Marasmius oreades. Ninfas. Muchardinas.

ninfea f Nenúfar (planta). | FQuer Plantas med. 236: Nenúfar blanco (Nymphaea alba L.). Sinonimia cast[ellana], .. ninfea. FQuer Plantas med. 237: Nenúfar amarillo (Nuphar luteum Sibthorp et Smith). Sinonimia cast[ellana], ninfea amarilla.

ninfeácea adj (Bot) [Planta] dicotiledónea acuática, de hojas y flores flotantes, de la familia del nenúfar y el loto. Frec como n f en pl, designando este taxón botánico. | FQuer Plantas med. 236: La familia de las ninfeáceas está constituida por un centenar de especies de plantas acuáticas o de los lugares encenagados.

ninfeo m (Arte) **1** Templo dedicado a las ninfas. | GNuño Arte 22: Se ha considerado cristiano .. el edificio subterráneo .. de Santa Eulalia de Bóveda; .. no se trata sino de un ninfeo o de un templo de algún dogma asiático. [En el texto, nínfeo.]

2 Fuente monumental dedicada a las ninfas, frec. situada en las cercanías de las termas. | Angulo Arte 1, 230: Con pila de grandes proporciones en el centro para verificar en ella el bautismo por inmersión, se ha visto su origen en los ninfeos o baños de los palacios romanos. Moix Peso 179: El gladiador .. descubría entre las sombras de la noche las suntuosas formas de un jardín patricio. Permanecía embobado en la contemplación de las hermosas estatuas del ninfeo cuando una de ellas empezó a tomar vida.

ninfo m (lit, raro) Narciso (hombre que se autocomplace en su perfección física o moral). | GCaballero Cabra 16: Representaba "pasillos" con la gente y mozas que traía, vistiéndose de ninfo de tonelete, de majo para el Bolero que nombre le daba, de gitanilla para el vito.

ninfómana adj (lit o Med) [Mujer] que padece ninfomanía. Tb n f. | Barral Memorias 2, 161: La Luz, doncella de profesión y probablemente ninfómana, o por lo menos, según mi experiencia, exhibicionista. CAssens Novela 2, 237: Debes moderarte, Edwards... Sobre todo, deja a Teresa, que es una ninfómana insaciable, .., una vampiresa.

ninfomanía f (lit o Med) Exageración patológica del deseo sexual en la mujer. | J. E. Aragonés Ya 19.10.75, 46: La Nausica de Antonio Gala es una "hippy" de diecinueve años, de acusada ignorancia y más perceptible aún proclividad a la ninfomanía.

ninfomaníaco -ca (tb **ninfomaniaco**) adj (lit o Med) **1** De (la) ninfomanía o que la implica. | Goytisolo Verdes 79: Ella: .. aspecto de falsa frígida .., apariencia que suele encubrir una acusada personalidad ninfomaníaca a duras penas controlada.

2 [Mujer] que padece ninfomanía. Tb n f. | AMillán Mayores 357: Es este un teatro que podríamos denominar de retaguardia, sin alcohólicos, parricidas, ninfomaníacas ni humor negro.

nínfula f (lit) Muchacha muy joven. | A. Orzán Voz 6.11.70, 20: Santos Fandiño .. iba conduciendo un cupé azul avioletado. Le acompañaba una jovencilla, una nínfula.

ningún → NINGUNO.

ningunear tr Ignorar [a alguien (cd)] o mostrar una actitud de menosprecio [respecto a él (cd)]. | MReviriego D16 3.6.90, 54: La bella ninguneada al prometido promotor y dice de él: –Es demasiado pegajoso y celoso. Campmany Abc 14.4.93, 21: Las únicas fuerzas políticas que aún le restan las utiliza [don Felipe] para empequeñecer y ningunear al adversario político.

ninguneo m Acción de ningunear. | * Es imperdonable el ninguneo al que someten al director.

ninguno -na (cuando en la or se presenta después del v, este ha de ir normalmente precedido de una palabra de sent negativo) **I** adj (rara vez usado en pl; la forma m NINGUNO se convierte en NINGÚN cuando va seguida delante del n del cual es adjunto, y tb cuando entre los dos se interpone algún adj. La forma f NINGUNA se convierte normalmente en NINGÚN cuando el n al que precede inmediatamente comienza por /a/ tónica: ningún aula) **1** Indica la ausencia o no existencia de perss o cosas de la especie designada por el n. | Pue 3.5.66, 4: Ningún arma nueva en el desfile militar. SFerlosio Jarama 146: Tiene que ser a condición de que no vuelva a molestarse ya más con regalos ningunos.

2 Se usa como refuerzo enfático de una negación. | FSantos Catedrales 50: El padre ya no era ningún mozo, ya el reuma le pegaba.

II pron (solo usado en sg) **3** Indica la ausencia o no existencia de perss o cosas de una especie aludida. | * –¿Tienes hermanos? –Ninguno.

ninivita adj (hist) De Nínive (ciudad del Asia antigua). Tb n, referido a pers. | G. OZárate DBu 30.3.56, 4: El día del juicio, se levantarán [las mujeres], en frase de Cristo, a protestar, como los Ninivitas y los de Tiro y Sidón, de que el sexo fuerte no les dio el ejemplo que debiera.

ninja (jap; pronunc corriente, /nínya/) m Guerrero japonés especializado en ninjutsu. | Ya 19.1.90, 22: La Audiencia Provincial de Barcelona ha condenado a más de un siglo de cárcel cada uno a dos jóvenes de Sabadell, como autores de varias violaciones que realizaron disfrazados de ninjas –guerreros japoneses–. Mendoza Gurb 99: Decido adoptar la apariencia de Gilbert Bécaud vestido de ninja. Salgo a la calle sembrando admiración y espanto.

ninjutsu (jap; pronunc corriente, /ninyútsu/) m Arte marcial japonés del espionaje. | Prospecto 9.88: Kamakura. Especialistas. Material artes marciales. Aikido .. Full contact. Ninjutsu.

ninot (pl normal, ~s) m Muñeco de una falla. | M. Fernández Abc 15.3.68, 29: Toda la gran nave .. está llena de húmedos cartones desechados, de latas de pintura, de tablas y listones para sostener los "ninots". RMéndez Flor 179: La mecha encendida. Arderá como el ninot de una falla.

niñato -ta m y f (desp) Joven inmaduro y frec. petulante. | Buero Música 79: ¿No comprendes que es de todo eso de lo que quiero huir? ¡Y de tus aburridísimas fiestas sociales, y de todos esos niñatos que me insinúas como posibles maridos! DCañabate Andanzas 166: Nos quejamos de las niñatas de ahora. Antes, por aquí, por los barrios bajos, te encontrabas con cada ejemplar con más púas que un peine.

niñería f Dicho o hecho que por su poca trascendencia o importancia se considera propio de niños [1a]. | Buero Hoy 72: Pero si vas a decir que son niñerías, ¿para qué hablarte?

niñero -ra I adj **1** [Pers.] a quien le gustan los niños [1a]. | Delibes Vida 20: Mi padre no era muy niñero, ni dado a demostraciones convencionales de cariño.

II f (y, más raro, m) **2** Pers. que se dedica a cuidar niños [1a]. | Ortega Americanos 53: Traté de acordarme del nombre de aquella famosa niñera. Sampedro Sonrisa 81: Los dos solos [abuelo y nieto]: esa idea le encanta .. Pero entonces..., ¿niñero? .. "¡No, lo mío será otra cosa! ¡Maestro, eso es, su maestro!" **b)** (humoríst) Pers. que cuida a una pers. mayor como si fuese un niño. | Sampedro Sonrisa 298: Andrea se empeñaba en que me acompañara Simonetta a la mandado a paseo. ¡Figúrate! ¿Iba yo a venir a tu casa con niñera?

niñez f **1** Período de la vida humana comprendido entre el nacimiento y la adolescencia. | Arce Testamento 67: Fue como un preludio al suelo en el cual hice una especie de recuento emocional de mi niñez.

2 Condición de niño [1 y 3]. | Olmo Golfos 104: Os voy a contar cómo el Cucha, aquel chisporroteante amigo, perdió su niñez. Delibes Santos 167: El Azarías continuaba tironeando, un-dos, un-dos, un-dos, a ver, por niñez, por enredar.

3 Niños o conjunto de (los) niños [1a]. | Landero Juegos 36: Eran leales entre sí pero burlones con los extraños, temibles para las muchachas .. pero condescendientes con la ancianidad y la niñez.

niño -ña I n **A** m y f **1** Pers. que se encuentra en la niñez [1]. Tb adj. Tb fig, referido a cosa. | Arce Testamento 15: Sus ojos parecían, a veces, los de un niño. Cunqueiro Un hombre 10: Cuando yo era niño, .. se me quedaban las orejas chiquitas. Laiglesia Tachado 34: Ocupaba ese alto cargo desde que el siglo era niño, pues otra ventaja de los pueblos ricos y dichosos es su estabilidad política. **b)** Se emplea como

tratamiento para dirigirse o referirse a un niño cuyo n se ignora o no se quiere mencionar. | * Por favor, niño, ¿sabes dónde está esta calle? **c)** Hijo de corta edad. | MGaite *Visillos* 236: También le dijo que no se encontraba bien porque esperaba el segundo niño para abril.
2 Pers. joven o que tiene pocos años. *Tb adj.* | VMontalbán *Pájaros* 252: Ya no era ninguna niña, ya era una mujer como yo, de cuarenta para arriba. Cossío *Confesiones* 142: De modo, don Cristóbal, que le ha dado usted al niño el coche y mil pesetas..., y con mil pesetas y el coche, ¿tiene usted la pretensión de que el niño venga pronto? **b)** (*col o reg*) *A veces se emplea como vocativo para referirse afectivamente a una pers adulta.* | Peraile *Ínsula* 21: –Pero, ¿no íbamos a tomar un café? –Mira mi taza, niño, lo acabo de acabar. –Pues una copa. Lera *Olvidados* 77: Interrumpía muchas veces a su marido cuando cantaba .. –Pero ¿se puede saber por qué te molesta, niña? Nácher *Guanche* 26: –¿Qué le pasa, mi niño?– .. Don Salvadorito se puso en pie, acercándose a ella con los dedos puestos en los párpados. –Mira, pa que veas cómo tengo los ojos. **c)** ~ **bitongo**, ~ **gótico**, ~ **pitongo**, ~ **prodigio**, ~ **zangolotino**, *etc* → BITONGO, GÓTICO, PITONGO, PRODIGIO, ZANGOLOTINO, *etc*.
3 (*col*) Pers. adulta cuyo comportamiento es el propio de un niño [1a], esp. por su ingenuidad o falta de madurez. *Tb adj.* | Olmo *Golfos* 37: Vamos, no sea niño, dígame su nombre.
4 (*reg*) Pers. soltera. | * En el cortijo viven el matrimonio y las tres niñas, la menor de 35 años.
5 ~ **bonito.** (*col*) Pers. que recibe un trato privilegiado. *Tb fig.* (→ BONITO.) | SFerlosio *Jarama* 75: ¿Cómo lo vamos a dejar que se salga con la suya y nada más que porque sí? ¡Va a ser aquí el niño bonito! *NotM* 9.1.84, 12: El INSALUD no es un monstruo como dicen; es la niña bonita de la asistencia sanitaria del país.
6 ~ **de la guerra.** Pers. que vivió una guerra siendo niño. | Delibes *Europa* 91: De este espíritu colectivo .. participan, aunque no en bloque, los jóvenes italianos, los niños de la guerra que hoy tienen veinte o veintitantos años.
7 ~ **mimado.** (*col*) Pers. más considerada o favorecida. (→ MIMADO.) | Cossío *Confesiones* 224: Salvador María Vila, el estudiante, es el niño mimado de la deportación.
B *f* **8** Pupila [del ojo]. | Bustinza-Mascaró *Ciencias* 80: Este disco, denominado iris, tiene un agujero central llamado pupila o niña del ojo. **b)** *Frec se usa en constrs de sent comparativo para ponderar el cariño o el aprecio hacia alguien o algo.* | MSantos *Tiempo* 225: Nunca más estaría con la madre que la había criado a sus pechos y para la que era más querida que la niña de sus ojos si así puede decirse. Sopeña *Defensa* 24: El Obispo mandaba inexorablemente [sobre los seminaristas], pero desde lejos ..; nos llamaba las niñas de sus ojos.
9 (*col*) Prostituta. | Torrente *Señor* 438: "¿A dónde irá a estas horas Cayetano?" "Ahora que no tiene querida, se irá de niñas." F. Izquierdo *Sáb* 24.9.75, 30: Mi perplejidad ha sido mayúscula .. ante el hecho de comprobar cómo se anuncia y cómo se promociona [en Las Vegas] un casino de juego o una casa de niñas.
10 la niña bonita. (*col*) *En la lotería de cartones:* El número quince. | ZVicente *Traque* 201: Me pasaba a la rebotica a jugar a la lotería casi toda la tarde, tan calentito, venga a cantar Los-dos-patitos, El quince-la-niña-bonita.
II *adj* **11** [Pájaro] ~ → PÁJARO.
III *fórm or* **12 qué** + *n* + **ni qué** ~ **muerto.** (*col*) *Manifiesta rechazo vehemente hacia lo que se acaba de oír.* | Delibes *Cinco horas* 108: Qué rey ni qué niño muerto.
IV *loc adv* **13 como** ~ **con zapatos nuevos** → ZAPATO.

niobio *m* (*Quím*) Metal blanco, dúctil, de número atómico 41, siempre asociado en la naturaleza con el tantalio, y que se usa en aleaciones. | *BOE* 29.7.77, 16943: Propuesta para la declaración de una zona de reserva provisional a favor del Estado, para exploración e investigación de yacimientos minerales de estaño, volframio, niobio, tántalo, litio, titanio y oro.

nipa *f* Árbol de la familia de las palmeras, propio de la región indomalaya, con hojas grandes y casi circulares, que se emplean frec. para techumbres (*Nipa fruticans*). *Tb su hoja.* | FReguera-March *Filipinas* 47: Todos los edificios en que se había alojado la tropa eran sumamente endebles: de caña y nipa o de tabla y argamasa. J. M. ÁRomero *MHi* 11.63, 72: Herrera elevó las bóvedas, entre el asombro de los tagalos, sobre los frágiles techos de nipa de sus viviendas.

niobio – níspero

nipis *m* Tela fina, casi transparente y de color amarillento, fabricada con las fibras más tenues del abacá y que es propia de Filipinas. | *Economía* 95: Los tejidos finos (nipis, batista, tul, etc.) se lavan con agua jabonosa y se dejan en un recipiente cerca del fuego.

nipo- *r pref* Japonés. | *Por ej:* L. Pereña *Ya* 15.4.64, 17: Interesante relato histórico sobre la guerra nipo-americana.

nipón -na *adj* (*lit*) Japonés. *Tb n, referido a pers.* | *Sp* 19.7.70, 24: Estos navíos podrán compararse, en tonelaje, a los mayores petroleros del mundo salidos de los astilleros nipones. Laiglesia *Tachado* 89: El nipón hizo una reverencia profunda.

níquel *m* **1** Metal de número atómico 28, de color blanco argentino, dúctil, maleable, magnético y muy duro, usado frec. en aleaciones para dar dureza, ductilidad y resistencia a otros metales. | CNavarro *Perros* 205: Las mismas americanas con botones dorados o de níquel.
2 Adorno de níquel [1]. | Halcón *Ir* 400: Un coche no igual, sino más pomposo aún, con más níqueles.
3 Moneda de níquel [1]. | N. Luján *Sáb* 1.3.75, 3: En lo que va de siglo se ha visto desaparecer la moneda de dos céntimos, de cinco y de diez de cobre, los níqueles de real y de [d]os reales. Moreno *Galería* 177: En ella [la bolsa] calderilla, níquel, plata y hasta papel moneda.
4 Moneda estadounidense de cinco centavos. | M. Segura *SInde* 12.8.90, 23: Buscaban en el cine un rato de distracción al abrigo de las bajas temperaturas por el módico precio de un níquel.

niquelado *m* Acción de niquelar. *Tb su efecto.* | Marcos-Martínez *Física* 190: Este es el procedimiento empleado para el plateado, dorado o niquelado de objetos. Torrente *Off-side* 12: A lo largo de las hojas [de las tijeras] ha caído el niquelado.

niquelador -ra *m y f* Pers. que tiene por oficio niquelar. | *Ya* 3.3.63, 39: Necesítanse entalladores, pulidores, niqueladores, torneros.

niqueladura *f* Acción de niquelar. | GTelefónica *N.* 343: Cromados .. El Dorado Inglés .. Pátinas diversas en electrólisis. Niqueladuras.

niquelar *tr* Cubrir [un metal o un objeto de metal] con un baño de níquel [1]. *Frec en part, a veces sustantivado.* | Bustinza-Mascaró *Ciencias* 327: Hoy día se protege al aluminio cromándolo o niquelándolo. Laforet *Mujer* 212: Otra alcoba, con una cama niquelada "de cuerpo y medio". Arce *Precio* 241: Tres grandes coronas ocultaban el negro furgón brillante de niquelados.

niqui → NIKI.

nirvana *m* **1** (*Rel*) *En el budismo:* Bienaventuranza total, consistente en la fusión del individuo con la esencia divina y en la carencia de deseo. | Anson *Oriente* 21: "El nirvana" es la expresión definitiva del hombre inmóvil.
2 (*lit*) Estado de felicidad con olvido o ignorancia de la realidad. | FReguera-March *España* 174: Seguramente era feliz sumida en el nirvana de un hogar lleno de hijos.

nirvánico -ca *adj* (*lit*) De(l) nirvana. | GHortelano *Apólogos* 264: Desde muy tempranas horas hay que buscar el lugar del sueño .. Los templos los deseché por sus aromas nirvánicos.

níscalo *m* Hongo comestible de color anaranjado o rojizo muy abundante en los pinares (*Lactarius deliciosus*). | Vega *Cocina* 13: La butifarra hace una excelente combinación con los níscalos.

niso *m* (*reg*) **1** Variedad de ciruelo de flores blancas (*Prunus insititia*). | Mayor-Díaz *Flora* 547: *Prunus domestica* L. "Ciruelo", "Prunu" .. La subsp. *insititia* (L.) C. K. Schneider ("Niso"), de flores blanco puro, se cultiva con profusión.
2 *Se da este n a diversas variedades de ciruelas, esp silvestres.* | Mayor-Díaz *Flora* 547: *Prunus spinosa* L. "Endrino" .. Drupas ("perroschochos" o "nisos") pequeñas.

níspero *m* **1** Arbolito de hojas elípticas, flores solitarias blancas y fruto globoso, pardo y peloso que, una vez cogido, se deja fermentar hasta hacerse dulce y comestible (*Mespilus germanica*). *Tb* ~ COMÚN. | Cela *Rosa* 99: En el jardín de la abuela teníamos muy buenos frutales: perales, manzanos, cerezos, melocotoneros, nísperos y ciruelos. Loriente

níspola – nitrófilo

Plantas 39: *Mespilus germanica* L., "Níspero de Europa o común". Arbolito o árbol que podemos ver salpicado por toda la región. **b) ~ del Japón.** Árbol de hojas grandes y coriáceas, flores blancas en espiga cubiertas por un denso tomento rojizo y fruto globoso amarillento y comestible (*Eriobotrya japonica*). | Loriente *Plantas* 38: *Eriobotrya japonica* (Thunb.) Lindley, "Níspero del Japón". Arbolito o árbol bastante utilizado, de una manera aislada, como ornamental.
2 Fruto del níspero [1]. | Laiglesia *Tachado* 65: La "zusta" es un aguardiente de ciruelas y nísperos.

níspola *f* (*reg*) Níspero [2]. | Gala *Sáb* 2.6.76, 5: El día de mercado en Murcia se ha adelantado a hoy .. Veo toda la rica dádiva de la huerta: níspolas, albaricoques, ajos, cebollas, limones, rábanos, berenjenas.

nispolero *m* (*reg*) Níspero [1]. | Campmany *Abc* 27.5.89, 17: ¡Toma níspero!, cada uno de ellos peso medio kilo ..; cogen estos chicos .. un nispolero de estos y no lo sueltan ni aunque les des en los nudillos con un fresno.

nistagmo *m* (*Med*) Movimiento espasmódico del globo ocular. | R. ASantaella *SYa* 29.5.77, 23: El nistagmo es un síntoma de gran valor en la exploración del sistema nervioso.

nistagmus *m* (*Med*) Nistagmo. | FQuintana-Velarde *Política* 129: Algunas de tales dolencias –silicosis, asbestosis, nistagmus de los mineros ..– constituyen una verdadera plaga para estos trabajadores.

nistatina *f* (*Med*) Antibiótico obtenido de cultivos del *Streptomyces noursei* y usado en el tratamiento de infecciones de ciertos hongos, esp. *Candida albicans*. | *Antibióticos* 29: Antibióticos más importantes: .. Penicilina-G .. Nistatina.

nítidamente *adv* De manera nítida. | Alfonso *España* 111: Quizás está claro en esos pueblos de Castilla donde el caserío linda nítidamente con los trigales.

nitidez *f* Cualidad de nítido. | Laiglesia *Tachado* 64: A lo lejos, libre de brumas, podía verse con nitidez el perfil de Borlava.

nítido -da *adj* **1** [Cosa] que se percibe con precisión o claridad. | Laforet *Mujer* 337: Su alma se sumergió hasta el fondo de un sereno dolor. De un dolor que para nada borraba su nítida percepción de las cosas.
2 (*lit*) Limpio o puro. | Castilla *Humanismo* 44: Pretenden tener una conciencia más nítida, porque se consideran no utópicos, y en realidad adoptan una falsa conciencia.

nitración *f* (*Quím*) Acción de nitrar. | *BOE* 27.5.59, 7595: Se autoriza el traslado y modernización de las instalaciones de nitración de glicerina y de la fabricación de explosivos.

nitrado -da *adj* (*Quím*) **1** *part* → NITRAR.
2 [Compuesto] que contiene el grupo constituido por un átomo de nitrógeno y dos de oxígeno. | Aleixandre *Química* 103: Con las materias orgánicas [el ácido nítrico] produce derivados nitrados.

nitrador *m* (*Quím*) Recipiente adecuado para nitrar. | *BOE* 27.5.59, 7595: Las secciones de que constará este taller serán las siguientes: Una instalación frigorífica ..; un nitrador de 900 kilogramos de producción horaria de nitroglicerina; un separador principal.

nitrante *adj* (*Quím*) Que nitra. Tb *n m, referido a agente o sustancia*. | Marcos-Martínez *Física* 273: El ácido nítrico tiene propiedades nitrantes, o sea, que introduce el grupo NO_2 (nitrilo) en las moléculas de algunas substancias orgánicas. Marcos-Martínez *Física* 273: El ácido nítrico actúa .. como nitrante enérgico.

nitrar *tr* (*Quím*) Reemplazar [en un compuesto (*cd*)] uno o más átomos de hidrógeno por otros tantos grupos formados por un átomo de nitrógeno y dos de oxígeno. | Aleixandre *Química* 164: Fenol .. Se disuelve en el agua y al propio tiempo disuelve a esta. Se nitra con facilidad; su derivado trinitrado es el ácido pícrico.

nitratina *f* (*Mineral*) Nitro de Chile. | Alvarado *Geología* 48: La nitratina, llamada también nitro de Chile y nitro del Perú, es el nitrato sódico.

nitrato *m* (*Quím*) Sal del ácido nítrico. *Frec con un adj o compl especificador.* | Bustinza-Mascaró *Ciencias* 15: Las sales del ácido nítrico se llaman nitratos. Marcos-Martí-

nez *Física* 274: El nitrato de plata se descompone por el cobre y da lugar al nitrato de cobre. Ybarra-Cabetas *Ciencias* 70: Nitro o salitre. Es el nitrato potásico. **b)** (*col*) *Sin compl*: Nitrato de plata. | ZVicente *Balcón* 28: Se acaricia .. una verruga que le crece, ostensiblemente y a pesar del nitrato, debajo del lóbulo de la oreja.

nitrería *f* Lugar en que se recoge y beneficia el nitro. | An. Miguel *HLM* 24.4.67, 7: Después de los descubrimientos de las potasas de Stassfurt y de las nitrerías de Chile.

nítrico -ca *adj* (*Quím*) **1** De(l) nitrógeno. | Bustinza-Mascaró *Ciencias* 15: Las sales del ácido nítrico se llaman nitratos.
2 [Bacteria] que transforma el ácido nitroso en ácido nítrico. | Navarro *Biología* 237: Las bacterias nítricas .. oxidan el ácido nitroso transformándolo en ácido nítrico.

nitrificación *f* (*Quím*) Transformación del amoniaco y de las sustancias nitrogenadas orgánicas en nitratos o en nitrógeno mineral por la acción de bacterias especiales. | Alvarado *Botánica* 56: La nitrificación se verifica por la colaboración de dos tipos de bacterias: las bacterias nitrosas .., las bacterias nítricas.

nitrificante *adj* (*Quím*) [Bacteria] que produce la nitrificación del amoniaco y de las sustancias nitrogenadas. | Navarro *Biología* 237: Las bacterias nitrificantes utilizan compuestos nitrogenados procedentes del catabolismo de los prótidos, transformándolos por oxidación en nitratos.

nitrilo *m* (*Quím*) **1** Compuesto en cuya molécula existe un triple enlace de carbono con hidrógeno. | MNiclos *Toxicología* 24: Resultan muy eficaces .. el nitrilo de amilo y la novocaína.
2 Radical constituido por un átomo de nitrógeno y dos de oxígeno. | Marcos-Martínez *Física* 273: El ácido nítrico tiene propiedades nitrantes, o sea que introduce el grupo NO_2 (nitrilo) en las moléculas de algunas substancias orgánicas.

nitrito *m* (*Quím*) Sal del ácido nitroso. | Navarro *Biología* 15: La mayoría de las plantas solo pueden utilizar el nitrógeno cuando se encuentra en forma de nitratos, nitritos y sales amoniacales. L. C. Buraya *Ya* 10.5.87, 26: Dentro del abanico de las drogas veloces, se hallan el *popper* y el nitrito de amilo, que se ingieren por aspiración y que llevan consigo una sintomatología que en algunos casos termina en congestión cerebral o parada cardíaca.

nitro *m* **1** Nitrato potásico, que se presenta en forma de agujas o de polvillo blanquecino en la superficie de los terrenos húmedos y salados. | CBonald *Ágata* 22: Aquellas venerandas semillas .. germinaron muy luego en la extensión baldía y provisoriamente hurtada a la mordedura del nitro. Alvarado *Geología* 48: El nitro, llamado también salitre, es el nitrato potásico.
2 ~ de Chile, o **del Perú.** Nitrato sódico, que se presenta frec. en masas blancas o grises, usado frec. como abono. | Ybarra-Cabetas *Ciencias* 71: Nitratina, nitro de Chile, nitro del Perú. Es el nitrato sódico.

nitrobenceno *m* (*Quím*) Líquido amarillento y oleoso, derivado nitrado del benceno, que se usa esp. en perfumería y en la industria de los colorantes. | MNiclos *Toxicología* 15: El olor a almendras amargas hará pensar en el ácido cianhídrico y cianuros, así como en el nitrobenceno.

nitrocelulosa *f* (*Quím*) Nitrato de celulosa, usado esp. en explosivos. | Marcos-Martínez *Física* 273: Con la celulosa forma [el ácido nítrico] la nitrocelulosa, base de las pólvoras sin humo. MNiclos *Toxicología* 81: Los esmaltes de uñas se preparan con colodión, nitrocelulosa, hidrocarburos aromáticos y resinas.

nitrocelulósico -ca *adj* (*Quím*) De (la) nitrocelulosa. | GTelefónica N. 172: Central de pinturas industriales .. Esmaltes nitrocelulósicos sintéticos.

nitrocompuesto *m* (*Quím*) Compuesto nitrado [2]. | Aleixandre *Química* 152: Reaccionan [los hidrocarburos cíclicos] directamente con el ácido nítrico concentrado, dando derivados nitrados o nitrocompuestos.

nitrófilo -la *adj* (*Bot*) [Planta] que requiere para su desarrollo suelos ricos en nitrógeno. | C. Ledesma *Hoy* 15.11.70, 25: La citada planta es silicícola y algo nitrófila. *BOE* 12.3.68, 3772: Temario de Botánica ecológica .. Comunidades nitrófilas.

nitrogenado -da *adj* Que contiene nitrógeno. | Alvarado *Botánica* 27: Cuando estos [los nitratos del suelo] escasean, los agricultores incorporan a los campos abonos nitrogenados. Cela *Pirineo* 288: Las hay [aguas] frías y calientes, radiactivas, .. nitrogenadas y ferruginosas. **b)** [Mostaza] **nitrogenada** → MOSTAZA.

nitrogénico -ca *adj* (*Quím*) De(l) nitrógeno o que lo contiene. | Aparicio *HLM* 6.1.75, 15: En cuyo quid reside .. el auge o la ruina de la agricultura, a merced de los abonos superfosfatados y nitrogénicos.

nitrógeno *m* Metaloide gaseoso, incoloro, inodoro, insípido, de número atómico 7, que constituye el 78% del aire y es elemento fundamental en la composición de los seres vivos. | Bustinza-Mascaró *Ciencias* 252: El nitrógeno es elemento indispensable para todos los vegetales.

nitrogenoideo *adj* (*Quím*) [Elemento] del grupo constituido por el nitrógeno, fósforo, arsénico, antimonio y bismuto. *Tb n m*. | Marcos-Martínez *Física* 267: Elementos nitrogenoideos. Aleixandre *Química* 96: El grupo XV del sistema periódico, llamado también de los nitrogenoideos, está constituido por el nitrógeno, fósforo, arsénico, antimonio y bismuto.

nitroglicerina *f* Líquido aceitoso, amarillento, venenoso y sumamente inestable, que resulta de la acción de los ácidos nítrico y sulfúrico sobre la glicerina y que se emplea esp. en la fabricación de explosivos. | Alvarado *Geología* 57: Trípoli .. Se emplea, como absorbente de la nitroglicerina, para preparar la dinamita.

nitrosilo *m* (*Quím*) Radical formado por un átomo de nitrógeno y otro de oxígeno. | Aleixandre *Química* 103: El ácido nítrico concentrado oxida al ácido clorhídrico, también concentrado, con desprendimiento de cloro y producción de cloruro de nitrosilo.

nitroso -sa *adj* (*Quím*) **1** Que contiene nitrógeno. | Aleixandre *Química* 91: Los vapores nitrosos .. pasan a unas torres llamadas de Gay-Lussac.
2 [Compuesto oxidado del nitrógeno] que posee menor cantidad de oxígeno que el ácido nítrico. | Navarro *Biología* 237: Las bacterias nítricas .. oxidan el ácido nitroso transformándolo en ácido nítrico.
3 [Bacteria] que oxida el amoniaco convirtiéndolo en ácido nitroso. | Navarro *Biología* 237: Hay dos tipos de bacterias nitrificantes, las bacterias nitrosas .. y las bacterias nítricas.

nitruro *m* (*Quím*) Compuesto formado por la combinación del nitrógeno con otro elemento, esp. un metal. | Aleixandre *Química* 97: A temperaturas elevadas [el nitrógeno] se combina con algunos otros elementos, tales como el calcio, magnesio, silicio, etc., dando los nitruros correspondientes.

nival *adj* (*E*) De (la) nieve. *Frec usado como especificador de algunas especies zoológicas:* BÚHO ~, PERDIZ ~ (→ BÚHO, PERDIZ). | Alvarado *Geología* 75: Clima nival. Las precipitaciones caen exclusiva o predominantemente en forma de nieve.

nivea (*n comercial registrado*) *f* Crema para suavizar y proteger la piel. | SFerloso *Jarama* 87: Lo que te puedo hacer es untarte de nivea; eso sí.

nivel **I** *m* **1** Altura [de una línea o de un plano] con respecto a un plano horizontal y paralelo. | Zubía *Geografía* 36: Las curvas de nivel unen los puntos que están en el mismo plano. Zubía *Geografía* 66: Las mareas: Son elevaciones y descensos periódicos del nivel del agua del mar. **b)** Altura [de una cosa tomada como referencia (*compl de posesión*)]. | Ridruejo *Castilla* 2, 528: La plaza queda baja respecto al nivel del palacio. **c) ~ del mar.** Altura cero, con referencia a la cual se miden las altitudes geográficas. | Zubía *Geografía* 76: Mesetas: Son llanuras, pero elevadas en relación con el nivel del mar.
2 Altura o grado [de algo no material]. | Tamames *Economía* 332: Por razones obvias de contigüidad geográfica y de nivel de renta. **b)** Grado jerárquico. | *Inf* 16.1.75, 7: Las relaciones entre La Habana y Madrid se llevan a nivel de primer secretario de Embajada. *Inf* 28.1.77, 2: Los Gobiernos de España y de la República Popular de Bulgaria han acordado establecer relaciones diplomáticas a partir del día de hoy .., a nivel de Embajada. **c) ~ de vida.** Grado de bienestar material [de una colectividad o de un individuo]. *Tb sin compl*. | PRivera *Discursos* 11: Dos generaciones sacrificadas y entusiastas .. han hecho posible el milagro español de la elevación del nivel de vida.
3 Instrumento que sirve para determinar la horizontalidad de una superficie. | *Hacerlo* 20: El nivel es conveniente que sea metálico. Marcos-Martínez *Física* 71: Nivel de agua. Son dos tubos verticales unidos mediante otro horizontal, y el conjunto montado sobre un trípode.

II *loc adj* **4 a ~.** [Paso] en que un ferrocarril se cruza con una carretera o camino al mismo nivel [1a]. | R. Escamilla *DPa* 3.9.75, 3: Todo paso a nivel, en efecto, con o sin barrera, con o sin guarda, está previamente señalizado tres veces.

III *loc adv* **5 a ~.** A la misma altura. *Tb fig*. | * Hay que poner a nivel esos cuadros. **b)** Horizontal. | Borrás *Abc* 23.3.58, 18: Tomó una pala, cargaba con ferocidad su carro puesto a nivel con el tentemozo.

IV *loc prep* **6 a(l) ~ de.** A la altura de. | Navarro *Biología* 164: El miocardio es delgado al nivel de las aurículas y grueso en los ventrículos. Alvarado *Anatomía* 127: La parte esencial .. son los dos riñones, situados a derecha e izquierda de la columna vertebral, a nivel de la región lumbar. **b) a ~ de.** (*semiculto*) *Con matices diversos: "en o con el grado de", "entre", "en el ámbito de", "desde el punto de vista de", "en el aspecto de".* | Alfonso *España* 92: El extranjero .. no puede por menos de notar las muchas irregularidades de nuestra convivencia colectiva. Ello, a nivel de una España zarzuelera y pintoresca, podí[a] tener hasta gracia. *Mun* 8.3.69, 10: *Adivina quién viene esta noche*, de Stanley Kramer, ha abordado el tema de la integración racial a nivel de historia sentimental protagonizada por la burguesía liberal.

nivelación *f* Acción de nivelar(se). *Tb su efecto*. | J. M. Moreiro *SAbc* 12.10.69, 46: Hoy el barrio de Miraflores .. es un laberinto de alineación y hasta de nivelación de los solares. J. M. Massip *Abc* 6.12.70, 29: La Administración Nixon trata de hacer rápidamente marcha atrás en sus promesas de nivelación presupuestaria.

nivelador -ra *adj* **1** Que nivela. *Tb n f, referido a máquina*. | J. Rey *Abc* 15.1.65, 41: La maquinaria .. es impresionante; destaca de ella el número de 35 tractores, otro número parecido de máquinas niveladoras. Pemán *Abc* 12.10.55, 3: Hacia las playas de Rota, perforadoras y niveladoras .. diseñan "bases" estratégicas para la salvaguardia del mundo occidental. Gambra *Filosofía* 205: Para la lucha contra esas desviaciones se precisa una fuerza interior (virtud) que mantiene una tensión niveladora de la voluntad.
2 De (la) nivelación. | Pemán *Cádiz* 3: La "provincia" tenía los mismos efectos niveladores que el Código Civil tuvo con respecto al fuero.

nivelar *tr* **1** Poner horizontal [un plano o una superficie]. | I. Montejano *Hoy* 15.12.74, 23: Se procedía a una excavación para descubrir el terreno firme .. Se nivelaba y perfilaba la superficie cuidadosamente.
2 Poner [una cosa] al mismo nivel [1 y 2] [que otra (*compl* CON)]. *Tb sin compl, con un cd pl o colectivo*. | * Procura nivelar el espejo con los apliques. * Tienes que nivelar esos armarios, el del centro sobresale. **b)** *pr* Pasar a estar [una cosa] al mismo nivel [que otra (*compl* CON)]. *Tb sin compl, con un suj pl o colectivo*. | Zubía *Geografía* 81: Con el tiempo, las montañas se van desgastando y los valles y el fondo de algunos mares se van rellenando, con lo que los continentes se van nivelando, y el relieve desaparece.
3 Poner al mismo nivel las distintas partes o aspectos [de una cosa (*cd*)]. | Kurtz *Lado* 87: Ella no podía optar a trabajos que nivelaran su presupuesto. **b)** *pr* Pasar a estar al mismo nivel las distintas partes o aspectos [de una cosa (*suj*)]. | Fielpeña *Ya* 22.10.64, 27: Parece un encuentro muy nivelado. * Se ha nivelado la balanza de pagos.

níveo -a *adj* (*lit*) De (la) nieve. | J. A. Fernández *SAbc* 2.2.69, 48: Una hilera de 500 somormujos lavancos .. era la única nota gris en el níveo panorama. **b)** Blanco como la nieve. | CBonald *Ágata* 142: Tenía una boca como desangrada y de dientes imprevisiblemente parejos y níveos.

nivoso *m* (*hist*) Cuarto mes del calendario revolucionario francés, que va del 21 de diciembre al 19 de enero. | Arenaza-Gastaminza *Historia* 268: Los nombres de los meses era[n] Vendimiario, Brumario y Frimario (Otoño); Nivoso, Pluvioso y Ventoso (Invierno).

nizam – noblejano

nizam m (*hist*) Soberano de Haiderabad (India). | L. Calvo *Abc* 2.1.72, 17: A los príncipes –Maharajaes, Rajaes, Nizams, Nababs...– se les despoja desde hoy de todos sus títulos, subvenciones, exenciones y prerrogativas.

nizardo -da adj De Niza (Francia). *Tb n, referido a pers.* | *Van* 22.5.75, 51: Por séptima vez se ha celebrado en Niza el Festival Internacional del Libro .. El de la Gran Águila de Oro, de dotación nizarda, .. recayó en la joven novelista sudafricana, y contestataria, Nadine Gordimer.

nízcalo m (Níscalo (hongo). | Ybarra-Cabetas *Ciencias* 244: El rovellón o nízcalo (*Lactarius deliciosus*) es muy buscado.

no[1] I adv **1** *Indica la falta del hecho, cualidad o circunstancia expresados por la palabra o sintagma a que se refiere.* | Medio *Bibiana* 10: De momento, no conviene que el señor Massó se entere de lo de la fiesta. **b)** *Delante de un n, expresa la supresión o ausencia de lo designado por este.* (→ NO-.) | *Pue* 1.6.66, 1: Rusia propone: No bases militares en la Luna. [*Titular.*] **c)** *Se usa en forma interrog, al final de una frase, pidiendo confirmación de esta.* | MGaite *Retahílas* 55: Es como un maleficio, como lo de *El ángel exterminador* de Buñuel .., habrás visto la película, ¿no?, pues lo mismo. **d)** ¿~? (*col*) *Se intercala en la exposición para pedir la conformidad a la atención del oyente.* | * Íbamos por la calle, ¿no?, y se nos acercaron dos guardias. **e)** *En frases interrogs se usa a veces enfáticamente, implicando la certidumbre de lo preguntado, que es presentado como argumento.* | Hoyo *Pequeñuelo* 47: ¿Y por qué no ha de vivir aún? ¿No vivo yo? **f)** *En frases interrogs se usa a veces reforzando la idea de mandato expresada por una interrog.* | * ¿No te callarás? **g)** (*col*) *Se usa irónicamente en ors exclams.* | Paso *Pobrecitos* 242: ¡Que no está guapo ni nada el coronel con el traje que le elegí yo ayer! **h)** ~ **más.** Nada más. *Precediendo a la palabra a que se refiere, tb* ~ MÁS QUE. | Nácher *Guanche* 9: –Es una ballena muerta ..–No sé .. Yo diría que no más es un madero. Cela *Pirineo* 317: –¿Está usted triste? –No; estoy no más que moribundo. **i)** ~ **sin** → SIN.

2 *Se usa como réplica para expresar rechazo o disconformidad con respecto a lo que se acaba de oír.* | Medio *Bibiana* 10: ¡He dicho que no, y que no!

3 *Precede necesariamente a un v que va seguido de un suj o compl de sent negativo* (NADIE, NADA, NINGUNO, NUNCA, JAMÁS, EN ABSOLUTO, EN MODO ALGUNO, EN MI VIDA...). | FSantos *Cabeza* 219: ¿Tú eres de esos españoles que no hablan mal nunca de España?

4 *Se usa expletivamente:* **a)** *Siguiendo a la conj* QUE *en el segundo término de una comparación.* (→ QUE[2].) | Cela *Judíos* 293: El oficio que practica más horas tiene verdes que no maduras, y más lenguas amargas que no dichosas. **b)** *Siguiendo a vs o locs vs que expresan temor.* | * Tengo miedo que no le vaya a pasar algo. * Temo no le vaya a pasar algo. **c)** (*lit*) *Con intención enfática, en ors exclams.* | Arce *Precio* 69: ¡Cuánto no habíamos odiado su engreída feminidad! **d)** (*col*) *Introduce, sin valor negativo, una réplica en el diálogo.* | Millás *Visión* 66: –¿Cómo dice? –No, que yo trabajo en una oficina de seguros, y al contar a los compañeros... –Espere, espere a que yo le pregunte.

5 ~ **bien.** (*lit*) Apenas. *Seguido de una prop introducida por* CUANDO. | * No bien había amanecido cuando todos se pusieron en marcha.

6 ~ **solo** (o ~ **tan solo**, ~ **solamente**, ~ **únicamente**, ~ **exclusivamente**, ~ **ya**; *a veces simplemente* ~)... **sino** (o **sino que**, o **mas**)... *Constr utilizada para destacar enfáticamente la acumulación de dos circunstancias o dos hechos.* | Medio *Bibiana* 10: Y nosotros, los padres, no solo hemos de consentir que los muchachos se diviertan en nuestras propias narices, sino que, además, tenemos que organizarles las juergas y pagarlas de nuestro bolsillo. **b)** *A veces se omite* SINO (o SINO QUE). | * Habría no ya cinco, hasta quince.

II *conj* **7** (*col*) *Para evitar que. Frec* ~ SEA QUE *o* ~ VAYA A SER QUE. | ASantos *Bajarse* 35: Me tengo que ir, no se den cuenta.

8 ~ **bien.** (*lit*) Tan pronto como. | Cunqueiro *Un hombre* 68: Orestes entraba nocturno en la ciudad, y no bien llegaba, ya hacía que Ifigenia tuviese conocimiento.

III m **9** Negativa. *Tb el gesto o palabras con que se expresa.* | Torrente *Pascua* 347: El telegrama del gobernador civil prohibiendo las procesiones de Semana Santa llegó .. el viernes de Pasión .. El párroco releía el oficio ..–El no ya lo tenemos. Torrente *Pascua* 84: Germaine, anhelante, seguía con la mirada sus gestos, el moverse de los ojos tras los cristales de las gafas, los síes y los noes de su cabeza.

no[2] (*tb con la grafía* nô) m Drama lírico japonés de carácter tradicional, en que se combinan la música, la danza y el recitado y cuyos actores, todos hombres, visten a la usanza del s. XIV. *A veces en aposición.* | Valls *Música* 30: Ello no nos autoriza a negligir .. las densas sugerencias de los *râgas* hindúes o la música del teatro nô japonés.

no- Uso pref del adv NO. *Se une con guión a un n o a un adj. A veces se escribe separado del n, sin guión.* | *Por ej*: Gironella *SAbc* 22.2.70, 12: Después de escribir [Ganivet] sus Cartas a los jueces de Granada, eligió voluntariamente el no-ser y se sumergió en unas aguas cercanas. Aranguren *Marxismo* 133: Signo y sonido son independientes del significado. Esta comprensión no-semántica de la *langue* permite .. operar con elementos puramente lingüísticos.

nobel (*sueco; pronunc corriente,* /nóbel/ *o, más raro,* /nobél/; *pl normal, invar*) m y f Pers. que ha recibido un premio Nobel. | Rábade-Benavente *Filosofía* 29: Las investigaciones del Nobel español Severo Ochoa .. han aclarado, cada vez más, los complejísimos mecanismos del código genético.

nobelio m Elemento transuránico radiactivo, de número atómico 102, obtenido artificialmente a partir del curio. | Aleixandre *Química* 10: Los elementos 93 al 103, que son, respectivamente, el neptunio, plutonio, .. nobelio y laurencio, han sido obtenidos sintéticamente y reciben el nombre de transuránicos.

nobiliario -ria I adj **1** De (la) nobleza [2]. | Halcón *Monólogo* 160: A muchas de mi dorada burguesía les da rabia que subsista todo este viejo tinglado nobiliario.

II n **A** m **2** Libro o catálogo que trata de la nobleza y genealogía de las familias. | J. Atienza *MHi* 11.63, 70: No encuentro en ningún Nobiliario vasco el apellido Arrañaga.

B f **3** Estudio de la nobleza y genealogía de las familias. | J. L. Aguado *Inf* 1.3.72, 20: Don Emilio de Cárdenas Piera, diplomado en Genealogía, Heráldica y Nobiliaria.

noble adj **1** [Pers.] honrada, leal y generosa. *Tb fig, referido a animal o cosa.* | Salvador *Haragán* 86: Todo sucedía en las grandes llanuras del Este, entre verdes praderas, caminos a la par de ríos y posadas llenas de nobles traficantes. J. Vidal *País* 15.5.77, 42: El festejo fue lo que se preveía. Toros desiguales, muy serios, fuertes, .. varios broncos o reservones, otros nobles. **b)** Propio de la pers. o el animal nobles. | A. Gabriel *Abc* 23.8.66, 16: Fue jurado Rey de Castilla, .. para cuyo cometido de alta responsabilidad es notorio reunía nobles cualidades y adecuado carácter.

2 [Pers.] que por nacimiento o gracia particular pertenece a una clase privilegiada. *Tb n.* | Arenaza-Gastaminza *Historia* 130: En los Reinos Orientales existen las clases sociales de la Europa feudal: nobles, villanos-libres y siervos. **b)** De los nobles. | Halcón *Monólogo* 160: La verdad es que ni mi prima ni yo dejamos de merecer un ascenso al estado noble.

3 Superior en calidad a los otros seres u objetos de su especie. | Alvarado *Geología* 38: Corindón .. Las variedades nobles son transparentes y muy estimadas en joyería. *Act* 7.7.66, 59: Majestuoso hall de entrada, decorado con .. maderas nobles. Palomino *Torremolinos* 12: El coloso [el gran hotel] no está dormido, no: miles de kilovatios, ríos de agua, arroyos de fuel-oil, cientos de criaturas bullen entre sus fachadas nobles de piedra labrada. **b)** *En una vivienda o local similar:* [Zona] destinada al uso de las perss. más importantes, y esp. todo lo que no son servicios. | CBonald *Casa* 155: No pocas habitaciones de uso prescindible pasaron así a constituir la zona noble destinada a la dirección de la empresa. Palomino *Torremolinos* 44: Siempre que el ascensor [del hotel] llega a la Planta Noble, Luis sale de la cabina con aprensión.

4 (*Quím*) [Gas] químicamente inactivo. | Legorburu-Barrutia *Ciencias* 325: Composición del aire .. Oxígeno .. Nitrógeno .. Dióxido de carbono .. Argon y otros gases nobles. **b)** (*Quím*) [Metal] resistente a la oxidación. | Marcos-Martínez *Física* 226: ¿Ataca el oxígeno del aire al oro, plata y platino, llamados metales nobles?

noblejano -na adj De Noblejas (Toledo). *Tb n, referido a pers.* | *YaTo* 23.12.80, 23: Noblejas .. Ochenta noblejanos estrenaron el sábado con éxito "El huésped del Sevillano".

noblemente *adv* De manera noble [1b]. | *Abc* 21.5.67, 54: Nosotros combatimos noblemente.

nobleza *f* **1** Cualidad de noble, *esp* [1 y 2]. | *SVozC* 25.7.70, 8: Hay una serie de constantes fundadas en la abundancia de la historia y arte, en la riqueza paisajística, en la nobleza de las gentes. DCañabate *SAbc* 16.2.69, 37: Esta comodidad radicaba en la nobleza, en la bravura de ciertas prestigiosas ganaderías. *SPaís* 1.3.92, 25: Los periodistas especializados han alabado su fiabilidad. Su nobleza de comportamiento. Su conducción ágil y deportiva.
2 Conjunto de los nobles [2a]. | Arenaza-Gastaminza *Historia* 136: Don Enrique de Trastamara contaba con la nobleza castellana y la ayuda de Aragón y Francia.

nobuk *m* Piel bovina, esp. de ternera, de superficie aterciopelada. | *ByN* 3.2.91, 75: Chaquetón largo con vuelo en nobuk color mandarina (140.000 pesetas).

nocedal *m* Lugar plantado de nogales. | Cela *Pirineo* 313: El caserío se mira en las quietas aguas de su embalse y se enseña entre praderas y pomaradas, peraledas y nocedales.

noceo *m* (*reg*) Nogal. | Mayor-Díaz *Flora* 529: *Juglans regia* L. "Nogal", "Nozal", "Noceo".

noche I *f* **1** Tiempo que transcurre desde la puesta del Sol hasta el amanecer. | Cunqueiro *Un hombre* 14: Una noche, un mosquetero licenciado .. salió vestido con la piel de la fiera. **b)** *En el verano de las regiones nórdicas:* Tiempo durante el cual el Sol se mantiene parcialmente oculto tras el horizonte. *Tb* ~ BLANCA. | XSandoval *MHi* 12.70, 77: Cuando llegué a Leningrado habían pasado ya las "noches blancas" del mes de junio. **c)** Tiempo meteorológico que hace en la noche [1a] de que se habla. | GPavón *Reinado* 83: Luego de unas palabras de ambientación sobre la noche tan buena que hacía y otras nonadas. **d) media** ~ → MEDIANOCHE, MEDIO. **c) primera**, *o* **prima**, ~. (*lit*) Primeras horas de la noche [1a]. | A. Zoido *Hoy* 2.3.75, 23: Se pasa largas horas silenciosas en la madrugada y prima noche, meditativo en su taller. **f)** ~ **buena**, ~ **vieja** → NOCHEBUENA, NOCHEVIEJA.
2 la ~ **de los tiempos.** (*lit*) La más remota antigüedad. | * Eso se remonta a la noche de los tiempos.
3 el día y la ~ → DÍA.
II *adj invar* **4** [Azul] oscuro. | *SAbc* 3.5.70, 53: A la derecha, un rincón del vestíbulo tapizado en azul noche.
III *loc v y fórm o* **5 buenas** ~**s.** *Fórmula de saludo y despedida que se emplea por la noche* [1a]. | Mihura *Maribel* 26: ¡Mi querida doña Paula! Buenas noches, señores... Beso a usted la mano, doña Matilde. **b) dar las buenas** ~**s.** Despedirse al irse a dormir por la noche. | * Se fue a la cama sin darnos las buenas noches.
6 hacer ~. Quedarse de noche [11] [en un sitio]. | Benet *Nunca* 32: Hacíamos noche en los vados.
7 hacerse de ~. Anochecer. | * En invierno se hace de noche muy pronto.
IV *adv* **8** Por la noche [1a]. *Esp en la constr* AYER ~. | *Nue* 27.9.75, 24: Una multitud de manifestantes atacó ayer noche el Consulado español.
9 como de la ~ **al día**, *o* **como del día a la** ~ → DÍA.
10 de la ~ **a la mañana.** En un espacio de tiempo inesperadamente breve. | Salom *Tiempo* 645: Solo ha habido una primera conversación, pero puede cambiar el panorama de la noche a la mañana.
11 de ~. Después de ponerse el Sol, o antes de salir. | * Llegó de noche. * Era de noche cuando llegaron.
12 ~ **y día**, *o* **de** ~ **y de día** → DÍA.

nochear *intr* (*col*) Andar vagando a altas horas de la noche [1a], gralm. en diversiones. | CPuche *Paralelo* 52: Eso de nochear, como dicen los castizos, o noctambulear, como dicen los muy castizos, está desapareciendo.

nochebuena (*tb, más raro, con la grafía* **noche buena**; *frec con mayúscula*) *f* Noche que precede al día de Navidad. *Tb el día correspondiente; frec* DÍA DE ~. | V. L. Agudo *Ya* 9.6.68, sn: Todas las nochebuenas .. oyen en una humilde misa esa vieja canción. Torrente *Señor* 16: Por estos días, antes de Nochebuena, hacía muy mal tiempo. * Mañana es el día de Nochebuena.

nocheriego -ga *adj* Nocherniego. | Marsé *Tardes* 320: El tradicional vértigo de la carrera no podría explicarlo todo, no contenía toda la realidad del impulso inicial (demasiado nocheriego, excesivamente estival y verbenero). Torrente *Off-side* 382: Ingleses nocheriegos gitanean por la Plaza Mayor.

nocherniego -ga *adj* (*lit*) Nocturno o de (la) noche [1a]. | Cunqueiro *Fantini* 26: De las primeras visitas nocherniegas logró Fanto una cadena de oro y un pagaré contra los Strozzi. **b)** Noctámbulo. | * Los bares estaban llenos de estudiantes nocherniegos.

nochero -ra *adj* (*raro*) De la noche [1a]. | Zunzunegui *Camino* 432: Penetra a borbotones una nochera dulzura. Daniel la respira con ansia.

nochevieja (*tb, más raro, con la grafía* **noche vieja**; *frec con mayúscula*) *f* Noche [1a] de fin de año. *Tb el día correspondiente; frec* DÍA DE ~. | *Van* 27.12.70, 54: Pase con nosotros, en esta "Dacha" de la antigua Rusia, la Nochevieja. Vega *Cocina* 38: La nochevieja, para el Amaica Lagún, cae el 31 de diciembre.

nochizo *m* Avellano silvestre. | FQuer *Plantas med.* 101: Avellano (*Corylus avellana* L.). Sinonimia cast[ellana], avellanero .., y el silvestre, nochizo.

nociceptor *m* (*Fisiol*) Receptor de estímulos de dolor. | Pinillos *Mente* 65: [Los sentidos del interior del propio cuerpo] reciben nombres diversos, según la función que desempeñen: interoceptores si informan del estado de las vísceras, propioceptores si informan sobre los movimientos del cuerpo, y nociceptores si lo hacen sobre el dolor.

noción *f* Idea o conocimiento [de algo]. | Laforet *Mujer* 316: Tengo que enseñar a mi hijo la noción del bien y del mal. *Tar* 23.9.75, 2: Desde que la tuve en mis manos y miré aquella bola pequeña de fuego perdí la noción del tiempo. Gambra *Filosofía* 32: En lógica se trata el concepto como noción o idea, es decir, como algo objetivo, independiente del espíritu que lo capta o aprehende. **b)** Conocimiento elemental [de algo]. *Frec en pl. En frases negativas se emplea para ponderar ignorancia.* | Peraile *Cuentos* 92: Nociones de Aritmética, capítulo sexto, líquidos y áridos. * No tenía ni noción de tal cosa.

nocional *adj* De la noción. | Marín *Enseñanza* 201: Lograr las adquisiciones nocionales comprendidas en los programas, poniendo en juego todos los poderes de acción del escolar.

nocivamente *adv* De manera nociva. | Mascaró *Médico* 121: Los líquidos corrosivos actúan nocivamente sobre el tubo digestivo.

nocividad *f* Cualidad de nocivo. | M. Toharia *Inf* 12.12.73, 29: Da lugar a nieblas y neblinas que potencian el negativo efecto de muchos contaminantes, por un efecto sinérgico de potenciación de la nocividad.

nocivo -va *adj* Perjudicial o dañino. | Alvarado *Anatomía* 126: La mayor parte de los alimentos sufren con el tiempo alteraciones que los hacen nocivos.

no comment (*ing; pronunc corriente,* /nóu-kóment/) *fórm or* Sin comentarios. *Se usa como respuesta a una pregunta que no se quiere contestar, o para marcar el carácter llamativo o chocante de lo que se acaba de mencionar.* | E. MValle *Cua* 8/9.70, 40: Afirmó que los defoliantes continuarían empleándose .. No comment. *Ya* 16.3.91, 41: Tendillo y el Barça: "No comment".

noctambulear *intr* (*raro*) Actuar como noctámbulo. | CPuche *Paralelo* 52: Eso de nochear, como dicen los castizos, o noctambulear, como dicen los muy castizos, está desapareciendo.

noctambulismo *m* Cualidad de noctámbulo. | Horus *Sáb* 26.10.68, 41: Podría llegar a predisponerla al noctambulismo y a ciertas experiencias sentimentales poco felices. DCañabate *Andanzas* 96: El noctambulismo de la vida madrileña era por los años diez todavía muy intenso.

noctámbulo -la *adj* [Pers.] que anda vagando a altas horas de la noche, gralm. en diversiones. *Frec n.* | A. D. Galicia *Sáb* 10.9.66, 12: Los ritmos trepidantes de Pepe Moreno, parada y fonda de todos los noctámbulos que en Marbella somos. **b)** Trasnochador. | J. A. Castro *Ya* 8.5.75, 6: Luego están los mil trabajadores de la noche; laborales noctámbulos forzados. **c)** Propio de la pers. noctámbula. |

noctiluca – noético

Marsé *Dicen* 167: Comía con su cachaza noctámbula, en el altillo, sin fijarse en nada.

noctiluca *f* Protozoo marino flagelado de cuerpo esférico y fosforescente (*Noctiluca scintillans*). | Cancio *Bronces* 25: Millones de noctilucas centelleaban bajo el lomo palpitante de las olas. [*En el texto*, noctílucas.]

noctívago -ga *adj* (*lit*) Noctámbulo. *Tb n*, *referido a pers.* | Alfonso *España* 155: Televisión Española se rige por la escasa minoría madrileña noctívaga, no por la gran masa de ciudadanos.

noctuido *adj* (*Zool*) [Insecto] lepidóptero de medianas dimensiones, cuerpo macizo, librea gris o parda y costumbres nocturnas, perjudicial para la agricultura. *Frec como n m en pl, designando este taxón zoológico.* | *Libro agrario* 69: Noctuidos españoles.

nóctulo *m* Murciélago de gran tamaño, orejas amplias y pelo denso de color pardo rojizo (*Nyctalus noctula*). *Tb se da este n a otras especies del mismo gén.* | Noval *Fauna* 79: De mucho mayor tamaño .. son el Murciélago hortelano (*Vespertilio serotinus*) y el Nóctulo común (*Nyctalus noctula*). J. Benzal *VSi* 7.89, 24: Es, por ejemplo, el caso de los orejudos (*Plecotus*) o las tres especies del género *Nyctalus* (nóctulos).

nocturnal *adj* (*lit*) Nocturno [1a y b]. | MSantos *Tiempo* 82: La inmediata proximidad de los lugares de celebración de los nocturnales ritos órficos se adivina en ciertos signos inequívocos.

nocturnamente *adv* De manera nocturna [1b]. | Miret *Tri* 27.2.71, 16: París es también .. la pobreza .. de los alcoholizados –o alcoholizadas– que vagabundean nocturnamente por las calles.

nocturnidad *f* (*Der*) Circunstancia agravante de un delito y que consiste en haber sido cometido durante la noche. | *Abc* 29.12.70, 16: Por un delito de terrorismo, con la concurrencia de nocturnidad, despoblado y con dos o más personas, treinta años de reclusión.

nocturno -na **I** *adj* **1** De (la) noche [1a]. | Moreno *Galería* 61: El horario cómodo para pacer la ganadería era el nocturno. **b)** Que se produce o realiza por la noche. *Tb n f, referido a corrida de toros.* | Y. Zubillaga *Nav* 12.10.90, 17: Por unos pocos días se dejarán de lado las preocupaciones para centrarse en la animación, la música, las actividades deportivas y la juerga nocturna. *Luc* 2.9.64, 5: Bachillerato radiofónico, Estudios nocturnos. Cela *SCamilo* 231: En la tertulia se habla de la nocturna goyesca que está anunciada para hoy. **c)** [Local de diversión] que funciona de noche. | Laforet *Mujer* 206: Se habían encontrado de juerga los dos, en un local nocturno. **d)** Que actúa de noche. | Torrente *Filomeno* 20: Lo mismo yo que Belinha habíamos descubierto que el maestro acudía, nocturno, a las habitaciones de la *miss*. **e)** [Animal o planta] que desarrolla sus principales funciones o actividades durante la noche. | Legorburu-Barrutia *Ciencias* 208: Las aves carniceras o rapaces .. Unas son nocturnas .. Otras son diurnas.

2 (*lit*) Melancólico y triste. | Delibes *Madera* 338: Fue su laconismo, la nocturna tristeza de su rostro, lo primero que llamó la atención de Gervasio.

II *m* **3** (*Mús*) Pieza, gralm. para piano, de carácter lírico y melancólico. | Subirá-Casanovas *Música* 83: Los nocturnos, scherzos, polonesas, estudios y valses [de Chopin] .. son creaciones únicas en la historia de la Música. Cunqueiro *Un hombre* 240: Dio [el mozo del laúd] un concierto a doña Clitemnestra, todo de nocturnos.

4 (*Rel catól*) Oficio de los varios de maitines. | SLuis *Liturgia* 3: Durante la noche se rezan: Maitines, con uno o tres nocturnos, integrados por salmos y lecturas.

5 el ~. (*lit*) La noche [1a]. | DPlaja *Literatura* 328: Jovellanos prefiere cantar en sus versos la amistad, el nocturno, la tristeza, la soledad. Lera *Olvidados* 49: Dejó que le entrara por las pupilas la visión estremecedora del nocturno.

nodal *adj* **1** (*lit*) De(l) nudo. | D. Font *THi* 6.75, 62: La tarea que .. se propusieron .. fue la de instaurar la fecha de 1909 .. como base nodal de un discurso histórico.

2 (*Econ*) [Centro] que cuenta con ventajas estratégicas en los costes de distribución y de transporte de productos primarios, pudiendo convertirse en zona de transformación industrial. | R. RSastre *Mun* 28.11.70, 47: Hay tendencia a concentración en la periferia y en los tres centros nodales internos (Madrid, Valladolid y Zaragoza) similarmente a la distribución de la renta provincial.

3 (*E*) De(l) nodo o de(l) nódulo. | Navarro *Biología* 165: El tejido nodal se acumula en el llamado nódulo sinusal situado en la aurícula derecha.

nodo^1 *m* **1** (*Astron*) Punto en que la órbita de un astro corta la eclíptica. | *Anuario Observatorio 1967* 120: Esos datos fundamentales están clasificados en seis cuadros, y comprenden: El primero los referentes a la inclinación respectiva de las órbitas con relación al plano de la eclíptica, la longitud del nodo ascendente y la longitud del perihelio.

2 (*Fís*) Punto que permanece fijo en un cuerpo vibrante. | Catalá *Física* 402: La distancia entre un nodo y un vientre consecutivo es la cuarta parte de la longitud de onda.

nodo^2 (*n comercial registrado; tb con las grafías* **No-Do** *y* **no-do**) *m* Durante la época de Franco: Noticiario cinematográfico español. | ZVicente *Balcón* 63: Llega, alta, la musiquilla del cine .. Poco después .. se vomita la música inaugural del Nodo. Lera *Bochorno* 240: Siempre nos perdemos el No-Do por tu culpa. Pemán *Gac* 30.4.66, 15 (G): Tanto como la fiesta en sí importa su fotografía, su noticia radiada, su "no-do", su "revista ilustrada".

nodriza *f* **1** Mujer que cría a sus pechos a una criatura ajena. *Tb fig, referido a animales.* | *Puericultura* 21: Esta lactancia natural puede ser llevada a cabo por la madre o por una nodriza. *Agromán* 125: También se ha solucionado el problema de la nodriza: "Catalina", una ballena del acuárium, le ha acogido [al narval] como si fuera realmente su madre.

2 Avión o buque dotado de combustible y de los dispositivos necesarios para aprovisionar a otros en vuelo o en alta mar. *En aposición con* AVIÓN, BUQUE *u otro término equivalente.* | *País* 11.12.77, 9: Las facilidades de Rota para la fuerza estratégica submarina norteamericana se concretan en un buque nodriza que atiende las necesidades de los submarinos nucleares que recalan en aguas de la base.

nódulo *m* **1** (*Anat y Med*) Concreción o agrupación celular, gralm. de pequeño tamaño. | Navarro *Biología* 165: Del nódulo aurículo-ventricular nace el fascículo de His, que discurre por el tabique interventricular, ramificándose finalmente. Bustinza-Mascaró *Ciencias* 100: Tuberculosis. Enfermedad muy frecuente, llamada así porque los órganos infectados por la bacteria que la produce se presentan como salpicados de nódulos amarillentos de muy diferente tamaño, llamados tubérculos.

2 (*Mineral*) Concreción de forma esférica o arriñonada y de pocos centímetros de tamaño, contenida en algunas rocas sedimentarias. | Alvarado *Geología* 27: Otros [minerales] se encuentran en masas, que según su forma reciben diferentes nombres: lentes, bancos, bolsadas, nidos, geodas, nódulos. **b)** Concreción polimetálica formada en el fondo del mar. | *Van* 18.4.74, 79: Los nódulos submarinos son un tesoro sin propietario: un billón y medio de toneladas de pedruscos polimetálicos duermen en el fondo de los océanos.

nodular *adj* (*Med*) Formado por nódulos [1]. | Cañadell *Salud* 357: El bocio simple no se acompaña de ninguna alteración evidente del tiroides; puede ser liso o nodular.

Noé. arca de ~ → ARCA.

Noel *m* (*hoy raro*) Navidad. *Gralm en la constr* ÁRBOL DE ~. | F. Costa *Sáb* 21.12.74, 66: Se adelantan a la zambomba y a los tenderetes de figuras navideñas esos puestos de árboles de Noel.

noema *m* (*Filos*) Objeto del pensar. *Se opone a* NOESIS. | Gambra *Filosofía* 32: Ocho personas piensan en un triángulo: hay ocho noesis y un solo noema.

noemático -ca *adj* (*Filos*) De(l) noema. | GÁlvarez *Filosofía* 2, 67: La intuición cartesiana, en efecto, no va más allá de los límites del ámbito noemático.

noesis *f* (*Filos*) Pensamiento (acción de pensar). *Se opone a* NOEMA. | Palacios *Juicio* 192: Este piélago no se refiere solo ni principalmente a los conceptos subjetivos, a las noesis: se refiere, sobre todo, a los conceptos objetivos, a los noemas.

noético -ca (*Filos*) **I** *adj* **1** De (la) noesis. | Marín *Enseñanza* 201: Lograr las adquisiciones nocionales .. po-

niendo en juego todos los poderes de acción del escolar, desde los estrictamente sensomotores hasta los abstractos o noéticos.
II f **2** Ciencia del pensar. | GÁlvarez *Filosofía* 2, 67: Basta tener en cuenta el desarrollo general de la noética cartesiana.

nogada f Salsa cuyo componente principal es la nuez. | Vega *Cocina* 139: La cocina de Morella goza de merecida fama, que se extiende a las de todas las del Maestrazgo: la nogada con patatas y nueces, el flaón.

nogal m Árbol de unos 15 m de altura, tronco robusto, copa amplia y redondeada, hojas compuestas de hojuelas ovales y puntiagudas, cuyo fruto es la nuez y cuya madera, dura, homogénea y de color pardo rojizo, es muy apreciada en ebanistería (*Juglans regia*). *Tb su madera*. | Cuevas *Finca* 261: El viento .. sacudía los chopos y los nogales. GPavón *Hermanas* 44: En los descansillos de cada piso había un banco antiguo, de nogal barnizado. **b)** *Con un adj o compl especificador designa otras especies del gén Juglans:* ~ NEGRO o AMERICANO (*J. nigra*), ~ DE CUBA (*J. cinerea*), *etc.* | Loriente *Plantas* 21: *Juglans nigra* L., "Nogal negro o americano". Algo raro. Usado como ornamental .. De América del Norte. GCabezón *Orotava* 52: Nogal de Cuba, *Juglans cinerea*, Linn., Juglandácea, América.

nogala f (*reg*) Nogal [1a] (árbol). | Delibes *Historias* 24: La tía Bibiana, desde que trazaron el tendido, no volvió a probar una nuez de su nogala porque decía que daban corriente.

nogalina f Sustancia extraída de la cáscara verde de la nuez y que se emplea para dar a la madera un color similar al del nogal. | Delibes *Parábola* 110: Hay treinta y tres tarimas coloreadas de nogalina.

noguera f Nogal [1a] (árbol). | Cela *Pirineo* 80: Antes de llegar a Noris, el viajero se tumba a descansar un rato a la sombra de una noguera maternal y copuda.

nogueral m Lugar plantado de nogales. | Cela *Pirineo* 29: En frente, .. el robledal del valle, el nogueral de la húmeda y rumorosa umbría.

nojeño -ña adj De Noja (Cantabria). *Tb n, referido a pers*. | *Ale* 13.8.77, 29: Helgueras es un barrio nojeño sito en la playa de Tr[e]gandín, casi a tiro de piedra del campo de fútbol.

noluntad f (*Filos*) Acto de no querer. | Laín *Universidad* 97: Desde 1939, nuestras Facultades de Filosofía han vivido, si se me permite decirlo así, en permanente "noluntad de orteguismo". No se han limitado a desconocer a Ortega; es que no han querido conocerle. Más aún: es que han querido evitarle.

nómada adj [Individuo o grupo] que vive errante y no tiene domicilio fijo. *Tb n. Se opone a* SEDENTARIO. | Ortega-Roig *País* 224: Los saharauis no tienen residencia fija: son nómadas. **b)** Propio de los nómadas. | Zubía *Geografía* 244: En el África Austral viven también los pigmeos. Son de muy pequeña estatura. Se dedican a la caza y llevan vida nómada.

nomadear **A** intr **1** Practicar el nomadismo. *Tb fig*. | CBaroja *Baroja* 497: A veces también decían que [al cocinero saharaui] le entraba una especie de morriña, y dejando comidas especiales, recetas y cacerolas se iba a nomadear con los suyos.
B tr **2** (*raro*) Practicar el nomadismo [por un lugar (*cd*)]. *Tb fig*. | *Voz* 21.7.90, 25: *Nomadeando playas y secanos. Sálvora. Por Carlos García Bayón.*

nomadeo m Acción de nomadear. *Tb fig*. | Pericot-Maluquer *Humanidad* 142: El cazador paleolítico había limitado su nomadeo al de los animales que constituían su sustento. Goytisolo *Recuento* 173: El jubiloso acomodamiento a las características del piso finalmente concedido, uno cualquiera de cualquier bloque de viviendas para obreros, sintiéndose a sus anchas entre aquellas cuatro paredes tras tantos años de nomadeo hacinado, de realquileres, de barracas.

nomádicamente adv De manera nomádica. | Pinillos *Mente* 35: Las sociedades recolectoras .. solo podían soportar un escaso número de miembros en una gran extensión de terreno que recorrían nomádicamente.

nomádico -ca adj De (los) nómadas o de(l) nomadismo. | Pinillos *Mente* 34: El período nomádico y recolector del Paleolítico duró varios cientos de miles de años.

nomadismo m Vida nómada. | Pericot *Polis* 22: Los cultivadores tienden al sedentarismo y los pastores practican el nomadismo dentro de ciertos límites.

nomadizar intr Nomadear. *Tb fig*. | J. M. Rodríguez *His* 9.77, 109: "Retirarse" a él [el Islam] equivalía .. a nomadizar espiritual y físicamente en el mundo más inmediatamente sensible de Allah.

no man's land (*ing; pronunc corriente,* /nóu--máns-lánd/) f Tierra de nadie. | L. Calvo *Abc* 20.8.69, 17: Los contornos de la estatua (o "no man's land", intramuros de Praga) han sido dados en feudo a la Policía mientras dure la alarma.

nombrable adj Que puede ser nombrado. | Cela *Viaje andaluz* 214: La gracia y el ángel pudieran distinguirse del duende en que este .. no es exigible. Y su concepto contrapuesto, por tanto, no es nombrable.

nombradía f Fama o renombre. | R. Pieltáin *Abc* 18.4.58, 15: Ninguno gozó de tanta nombradía como el capitán general don Francisco Javier Castaños y Aragorri.

nombrado -da adj **1** part → NOMBRAR.
2 Renombrado o famoso. | DCañabate *Abc* 16.2.75, 43: Una noche iba yo con una cupletera muy nombrada, que no me acuerdo cómo se llamaba.
3 Que tiene el nombre [que se indica]. | Escobar *Itinerarios* 90: Este hombre, nombrado Mariano el Pescador, estaba casado con una mujer rolliza, blanca y sosa.

nombramiento m Acción de nombrar [2]. *Tb su efecto*. | Torrente *Off-side* 17: ¿Qué hay de eso de tu Embajada, Nando? Me ha dicho alguien que esperas el nombramiento de un momento a otro. ZVicente *Traque* 143: Me la han engatusado con condecoraciones, diplomas, nombramientos de hija adoptiva. **b)** Documento en que consta un nombramiento. | *BOE* 29.1.76, 1903: Por el Ministro del Departamento se extenderán los correspondientes nombramientos a favor de los interesados.

nombrar tr **1** Decir el nombre [1] [de alguien o algo (*cd*)]. | Matute *Memoria* 138: La abuela tampoco les quería, pero por lo menos no les nombraba nunca.
2 Designar (señalar [a alguien (*cd*)] para que sea [el que desempeñe (*predicat*) un cargo o función]). | Gironella *Millón* 185: Se llamaba Núñez Maza e iba a ser nombrado jefe nacional del Servicio de Propaganda. **b)** Asignar [a alguien (*cd*) una condición (*predicat*)]. | *NAl* 10.11.89, 1: El Ayuntamiento de Peñalver ha acordado por unanimidad nombrar al reciente Premio Nobel, Camilo José Cela, Hijo Predilecto de la villa.
3 Dar nombre [1 y 3] [a alguien o algo (*cd*)]. | Marcos-Martínez *Física* 232: La nomenclatura química tiene por fin dar reglas sencillas y fáciles para nombrar los cuerpos compuestos. **b)** Dar [a alguien o algo (*cd*)] el nombre [que se indica (*predicat*)]. | Payno *Curso* 162: Quienes se sentasen varias veces juntos y charlasen entre sí eran nombrados novios.

nombre I m **1** Palabra o grupo de palabras que sirve para designar a un ser distinguiéndolo de los de la misma especie. | Cunqueiro *Un hombre* 13: Si eres extranjero, tienes que ir al juez de forasteros, al que dirás tu nombre. *Registro Mercantil* 659: La inscripción primera de las aeronaves contendrá, además de las generales, las siguientes circunstancias: .. Marca de fábrica; nombre, si lo tuviere. **b)** Palabra o grupo de palabras que sirve para designar a una pers. distinguiéndola de las que llevan el mismo o los mismos apellidos que ella. *Tb* ~ DE PILA. | Arce *Testamento* 19: Ya sabes mi nombre: Lorenzo. GPavón *Hermanas* 30: A este .., cuando le pusieron María de segundo nombre, no creáis que no fue adivinación? Van 4.7.74, 47: El color que al Juan de esas elegías diera apellido artístico, nuestro pintor lo formó cabalmente con las primeras letras de los nombres de pila de sus padres. **c) mal ~.** Apodo. *Frec en la constr* POR MAL ~, *acompañando al apodo*. | Halcón *Manuela* 87: No me gusta de llamar a nadie por el mal nombre. GPavón *Reinado* 190: En una vive Federico Gotera, el Mealiebres por mal nombre. **d)** **~ artístico**, **~ de guerra** → ARTÍSTICO, GUERRA.
2 Fama o prestigio. | Laforet *Mujer* 179: Rafael trabajaba en una oficina y tenía cierto nombre como poeta. **b)**

nomenclador - nominalismo

Honorabilidad o buena reputación. *Frec* BUEN ~. | Zunzunegui *Camino* 274: Lo que más vale en la vida son la fama y el nombre, y tú adrede vas a tirarlos en ese lodazal. Marlasca *Abc* 28.11.71, 41: No estaría de más que por el buen nombre y prestigio de la Corporación los capataces celaran la pulcritud del atuendo de sus cuadrillas.

3 Palabra que sirve para designar todas y cada una de las cosas (reales o abstractas) que pertenecen a una misma especie o categoría. | Legorburu-Barrutia *Ciencias* 209: Los pájaros. Bajo este nombre se agrupan las aves pequeñas y de caracteres poco definidos.

4 (*Gram*) Palabra sustantiva con contenido semántico estable. *Opuesto a* PRONOMBRE. *Tb* (*raro*) ~ SUSTANTIVO. | Amorós-Mayoral *Lengua* 56: El nombre en vocativo va entre comas si va en medio de la oración. Academia *Esbozo* 172: Por el género, los nombres sustantivos se dividen en español en masculinos y femeninos.

5 ~ **adjetivo.** (*Gram, raro*) Adjetivo. | Academia *Esbozo* 190: El empleo como atributo es la función más importante del nombre adjetivo.

II *loc v* **6 no tener** ~ [una cosa]. Ser incalificable. | Goytisolo *Recuento* 260: A nosotros nos robaron las joyas, la plata, todo lo que pudieron. Lo que fue aquello es algo que no tiene nombre.

III *loc adv* **7 a** ~ [de una pers. o entidad]. Figurando [esa pers. o entidad] como propietaria o destinataria. | Torrente *Pascua* 126: Cuatrocientas veinticinco mil pesetas de las que yo te di están en una cuenta corriente a nombre del hijo de doña Mariana.

8 en ~ [de alguien]. En representación [suya]. | *Ya* 20.11.75, 3: En nombre de los militares presentes, Franco pronunció estas palabras. Castillo *Polis* 158: Los ostrogodos .. se apoderaron de Italia (493). Teodorico, su rey, gobernó el país en nombre del Imperio de Oriente. **b) en** ~ [de una cosa]. Invocándo[la] o tomándo[la] como fundamento moral. | García *Abc* 22.10.67, 3: Lo que urge es demoler, desacreditar la ley y a no sé con unos determinados criterios y en nombre de no sé qué exigencias de renovacionismo.

nomenclador *m* (*raro*) Nomenclátor. | *BOE* 7.11.61, 15894: Se concedió .. a "Medical S.A." .. la marca "Asmosona" para distinguir productos y especialidades químicas y farmacéuticas de todas clases, de veterinaria, desinfectantes, sueros y vacunas (número cuarenta del Nomenclador oficial).

nomenclátor *m* Lista de nombres. | RMartín *Mad Extra* 12.70, 7: Aparte de la reforma indispensable en el nomenclátor de calles y zonas de la ciudad.

nomenclatura *f* **1** Conjunto de las voces técnicas [de una ciencia o de una actividad]. | DPlaja *El español* 48: Los españoles usan la nomenclatura de la religión para las más profanas de las situaciones.

2 Conjunto de reglas y principios para la denominación inequívoca de los términos [de una ciencia]. | Marcos-Martínez *Física* 232: La nomenclatura química tiene por fin dar reglas sencillas y fáciles para nombrar los cuerpos compuestos.

3 (*Pol*) Nomenklatura. | A. Pelayo *Ya* 24.2.91, 23: Los exiliados albaneses residentes en Italia reciben noticias inquietantes sobre la posibilidad de una "marcha sobre Tirana" a fin de restablecer el orden, es decir, confirmar en el poder a la vieja nomenclatura del Partido Comunista. J. Vidal *País* 21.12.88, 80: Hay tecnócratas de la nomenclatura que dicen *prime rate* y viven en el lujo de la *jet set*.

nomenklatura *f* (*Pol*) Clase privilegiada por razones políticas. *Normalmente referido a la antigua URSS y otros países del Este. Frec con intención desp.* | Alcántara *Ya* 12.2.82, 4: Los taxidermistas enviados por la Nomenklatura hicieron un gran trabajo. BQuirós *Ya* 30.7.87, 14: Gorbachov ha lanzado una ofensiva de encanto .. Nadie, excepto la *nomenklatura*, tiene derecho a hablar. JLosantos *Abc* 11.5.91, 16: En la inicua reforma de la Ley de Enjuiciamiento Criminal se consagró la práctica impunidad de los parlamentarios y otros miembros de la "Nomenklatura" nacional.

nomeolvides (*tb con la grafía* **no me olvides**) *m* (*o, raro, f*) **1** Planta herbácea de flores azules y hojas ásperas (gén. *Myosotis*, esp. *M. alpestris* y *M. palustris*). *Tb su flor*. | *Lab* 2.77, 4: Los azules "no me olvides" encadenados en una redecilla verde esmeralda.

2 Pulsera de metal en forma de cadena con una placa en la que se suele grabar el nombre de una pers. o algún dato referido a ella. | CNavarro *Perros* 205: Se empeñaban en ser originales, y todos terminaban pareciéndose ..; las mismas americanas con botones dorados o de níquel, mocasines italianos y *nomeolvides*. FReguera-March *España* 271: Aquel año, por Navidad, le envió un "no me olvides" de oro, con su nombre y la fecha en que la había conocido. Acompañó el regalo con un ramo de flores.

nómina *f* **1** Lista de nombres propios de perss. o cosas. | SGuarner *Mad Extra* 12.70, 62: La nómina [de escritores] que antecede, en la que no faltan las grandes figuras, permite, pues, afirmar la susodicha capacidad relativa de las letras valencianas actuales. J. Castro *SInf* 10.6.76, 13: Todavía habremos de adicionar a la nómina de nuestras galerías una galería más, la Rosales.

2 Relación de los nombres de las perss. que cobran sueldo en un lugar de trabajo, en la cual se expresan los haberes respectivos y donde, al cobrarlos, firman los interesados. | Laforet *Mujer* 155: Le parecía más cómodo a don Paco tener al chico un año en observación, sin entrar en nómina, y poder despedirlo en cualquier momento. **b)** Sueldo que se cobra por nómina. | Diosdado *Anillos* 2, 168: Estaba esperando a que me ingresaran la nómina para poder recoger la moto de mi hijo.

3 Cierto amuleto. | Gala *Cítaras* 537: Cómo no va a llorar el angelito, si no tiene las nóminas. Doce nóminas me dio no hará ni un mes la priora de las Bernardas.

nominación *f* Acción de nominar. | Sánchez *Pról. Quijote* 37: Don Quijote ha sabido bautizarla con un nombre sonoro, "peregrino y significativo", Dulcinea del Toboso .. Los antecedentes más próximos de su nominación se encuentran en uno de los libros de pastores de la biblioteca de don Quijote. *Abc* 21.5.67, 54: Únicamente reafirman su oposición a la nominación de Johnson a la reelección para presidente.

nominador -ra *adj* (*lit*) Que nomina. *Tb n, referido a pers.* | Aldecoa *Cuentos* 1, 26: El quinto, al que llaman desde que se les unió, sencillamente, "El Quinto", por un buen sentido nominador.

nominal *adj* **1** De(l) nombre o de (los) nombres [1, 3 y 4]. | Gironella *SAbc* 22.2.70, 10: Los mitos nominales se desflecan —así empieza a ocurrir con John Kennedy–. Torrente *Isla* 174: La edición de que dispongo viene provista de relación nominal: sir Ronald no aparece, aunque sí Byron. **b)** [Cosa] que se hace con expresión de nombre o nombres. | Carrero *Pue* 22.12.70, 5: Por ley de 22 de julio de 1969 aprobada, tras votación nominal y pública, por la inmensa mayoría de estas Cortes. **c)** (*Gram*) Propio del nombre. | Alvar-Mariner *Latinismos* 18: Hay que reducir .. esta influencia morfológica del latín a la flexión nominal. **d)** (*Gram*) [Predicado] en que el verbo va acompañado de predicativo. (→ PREDICADO.) | Alcina-Blecua *Gramática* 859: Se oponía así el predicado verbal, cuya palabra fundamental era un verbo, al predicado nominal, cuya palabra fundamental era un nombre unido por un verbo al sujeto.

2 Que tiene el nombre [1 y 3] [que se expresa], pero que, en todo o en parte, no es realmente lo significado por él. | GNuño *Arte* 41: Abderrahman III .. rompió solemnemente su dependencia nominal de Bagdad, adoptando el título de califa. **b)** (*Econ*) [Valor] que figura escrito en una cosa y que es independiente de su precio efectivo. *Tb n m.* | Gironza *Matemáticas* 124: Además de los nombres de las personas interesadas, del concepto del pago, de la fecha del compromiso y de la del vencimiento, figuran la cantidad a pagar, o valor nominal del efecto. *Abc* 15.12.70, 66: Ha acordado aumentar el capital social de la Compañía .. mediante la emisión de 520.124 acciones ordinarias, al portador, de 500 pesetas nominales cada una. *Alc* 31.10.62, 30: En el acto de la suscripción se desembolsará el 50 por 100 del nominal de las acciones suscritas.

3 (*Econ*) [Capital] escriturado o autorizado en la constitución de una sociedad anónima. | FQuintana-Velarde *Política* 39: Se llama a esta cantidad de dinero, que toda empresa necesita para marchar, capital nominal.

nominalismo *m* (*Filos*) **1** Doctrina que niega la existencia objetiva de los universales, considerándolos como meros nombres. | Gambra *Filosofía* 123: El universal se reduce para ellos a un mero nombre (de aquí nominalismo).

nominalista – noneto

2 Cualidad de nominalista. | Torrente *SInf* 15.1.76, 12: Hoy no comparto enteramente el pensamiento de Guardini, acaso a causa de mi nominalismo difuso.

nominalista *adj* (*Filos*) Del nominalismo. | Rábade-Benavente *Filosofía* 124: La defensa a ultranza de que todo nuestro pensamiento tiene que valerse de un lenguaje con denotaciones imaginativas ha sido –y es– el caballo de batalla de todas las posturas nominalistas. **b)** Partidario del nominalismo. *Tb n.* | FMora *Abc* 24.3.66, 45: Más que nominalista, es escéptico.

nominalizar *tr* (*Gram*) Dar carácter nominal [a un elemento del discurso (*cd*)]. | Lázaro *Inf* 4.12.75, 18: Nuestras posibilidades para aludir a lo que los franceses llaman *élite* quedan reducidas a los nombres *crema* y *flor* y *nata*, aunque podemos expresarlo también mediante las construcciones nominalizadas *lo selecto* o *lo más selecto* (o distinguido).

nominalmente *adv* De manera nominal. | Riquer *Caballeros* 168: La lectura de estos libros .. mantiene vivos los principios de honor, valentía, fidelidad, sin los cuales, por lo menos nominalmente, el concepto mismo de la caballería se resquebrajaría en sus fundamentos.

nominar *tr* **1** (*lit*) Dar nombre [a alguien o algo (*cd*)]. | Fraile *Cuentos* XIII: Encuentro acéfalo, arbitrario y viejo nominar un conjunto de cuentos con el título del primero. Torrente *Isla* 9: El poeta se encuentra en estado similar al de aquellas mujeres favorecidas de los dioses con su amor y su simiente, madres de héroes destinadas a nominar constelaciones.
2 Proclamar o proponer oficialmente [a alguien] como candidato. *Frec con un compl* PARA. | *Mun* 8.3.69, 55: Nominado por segunda vez para el "Oscar", Alan Arkin es actualmente uno de los artistas preferidos de Hollywood.

nominátim *adv* (*lit*) Nominalmente. | *Ya* 28.5.88, 17: Está tratando de hacerse con uno de los planos confidenciales que se repartirán *nominátim* y exclusivamente entre ujieres de confianza.

nominativamente *adv* De manera nominativa [1]. | Marquerie *Teatro 1969* 309: Sentimos que por no haber repartido programas nos sea imposible mencionar nominativamente a las actrices y actores. *Compil. Cataluña* 701: Será directo si el heredante designa al instituido nominativamente o mediante expresión de sus particulares circunstancias.

nominativo -va *adj* **1** Nominal [1b y 2a]. | *País* 10.1.79, 8: Las estructuras generales de la seguridad del Estado han sufrido con la democracia reformas poco más que formales y nominativas. **b)** (*Com*) [Título] que se tiende haciendo constar el nombre de la pers. que ha de ser su poseedora. | Ramírez *Derecho* 131: Las acciones .. pueden ser al portador o nominativas. *Ale* 23.8.79, 1: El pago de la subvención .. se efectuará mediante talón nominativo del Banco de España.
2 Que sirve para nombrar. | Torrente *Sombras* 246: No es necesario describir escenarios ni movimientos, porque el uno y el otro no pasan de entidades abstractas .., meras palabras nominativas. P. VSanjuán *Abc* 26.7.70, 29: Ha hecho este u otro Municipio .. algo .. también plausible: El añadir a las placas nominativas de las calles la condición y calidad del ciudadano honrado.
3 (*Gram*) [Caso] que corresponde a la función de sujeto. *Más frec como n m; entonces puede designar tb el sust que va en dicho caso.* | Academia *Esbozo* 421: Pronombres personales .. Formas acentuadas. Caso nominativo. Academia *Esbozo* 208: Todas las formas del pronombre personal de 1ª y 2ª persona que no sean exclusivamente formas de nominativo .. pueden entrar en la construcción reflexiva.

nominilla *f* Extracto personal de una nómina, que se entrega al trabajador al recibir su paga. | *País* 27.7.77, 6: El trabajador está coaccionado por la empresa porque esta en cualquier momento puede suprimirle lo que cobra en nominilla.

nomo *m* (*hist*) *En el antiguo Egipto:* División administrativa semejante a la provincia. | Arenaza-Gastaminza *Historia* 14: Vivían los egipcios dedicados a la agricultura, divididos en nomos o provincias.

nomoteta *m* (*hist*) *En la antigua Grecia:* Legislador. | Estébanez *Pragma* 156: La Asamblea designaba también la comisión de nomotetas que se encargaba de la revisión de las leyes.

nomotético -ca *adj* (*Filos*) Que formula leyes. | GÁlvarez *Filosofía* 2, 314: Las ciencias de la naturaleza son nomotéticas, enunciadoras de leyes, y proceden por generalizaciones sucesivas.

non I *adj* **1** [Número] impar. *Tb n.* | Laiglesia *Ombligos* 255: Si ponía una ficha a un número par, salía un non. Si la ponía a un non, salía un par. Y si la ponía a caballo sobre un par y un non, salía el cero.
II *loc v* **2 jugar**, *o* **echar**, **a pares y ~es** → PAR.
III *adv* **3 ~es.** (*col*) No. *Normalmente formando prop con* QUE *y dependiendo del v* DECIR. | Delibes *Ratas* 10: Te doy una casa por veinte duros y tú que nones. DCañabate *Paseíllo* 56: Empezó a hacerme señas de que saliera a torear ..; me dije con la mano que nones.
4 de ~. Sin pareja. *Normalmente con los vs* ESTAR *o* QUEDAR. | Cela *SCamilo* 398: Don Vicente .. no falta ningún sábado, llega, hace un poco de comedor con las encargadas o con alguna señorita que esté de non, se ocupa, paga y se va. Gerardo *NAl* 22.9.89, 19: Por ahí pasan la mohína y la roana, y el macho tordo que está de non y que para el carro completa la reata.

nona → NONO.

nonada *f* (*lit*) Cosa sin ninguna entidad o importancia. | Gala *Sáb* 21.12.74, 11: El tiempo apenas si es una convención; treinta y cinco años son nonada.

nonagenario -ria *adj* [Pers.] de edad comprendida entre los noventa y los cien años. *Tb n.* | Cossío *Confesiones* 96: Mi gran amigo el actor, ya nonagenario, don Enrique Borrás.

nonagésimo -ma *adj* (*lit*) Que ocupa un lugar inmediatamente detrás o después del octogesimonoveno. *Seguido de los ordinales* PRIMERO *a* NOVENO, *forma los adjs ordinales correspondientes a los números 91 a 99.* | *Abc* 14.4.74, 16: Homenaje internacional al poeta León Felipe en el nonagésimo aniversario de su nacimiento. J. Hermida *Ya* 26.12.91, 52: Músicas y mensajes en honor y alabanza y gloria de la nonagésima segunda calenda del siglo veinte en vías ya de ruidosa extinción.

nonagesimo- *r pref* (*lit*) Unida sin guión a los ordinales PRIMERO *a* NOVENO (*o* NONO), *forma los adjs ordinales correspondientes a los números 91 a 99.* | *Por ej:* * El nonagesimoquinto aniversario.

nonano *m* (*Quím*) Hidrocarburo saturado cuya molécula contiene nueve átomos de carbono. | Aleixandre *Química* 145: Las bencinas se componen principalmente de hidrocarburos inferiores al nonano.

nonato -ta (*tb con la grafía* **nonnato**) *adj* No nacido aún. *Tb fig, referido a cosa.* | Torrente *Saga* 205: Me hallaba ante la serie entera de los Jota Be pasados, presentes y futuros; de los reales y de los posibles, de los que ya habían andado por el mundo y de los nonnatos. Jover *Historia* 721: El final de los pronunciamientos, de las explosiones revolucionarias seguidas de cambios de régimen, de las Constituciones nonatas o de corta vigencia, no es un fenómeno exclusivamente español. **b)** No nacido naturalmente, sino extraído del claustro materno. | Halcón *Monólogo* 199: Debajo de las sábanas, una piel finísima de ternera nonata que le aísla de la lana.

non bis in idem (*lat; pronunc corriente,* /nón-bís-in-ídem/) *fórm or* (*Der*) No dos veces por el mismo hecho. | Fe. Rueda *Ya* 17.6.86, 12: El abogado del coronel De Meer considera que nadie puede ser sancionado dos veces por un mismo hecho, conforme al principio jurídico de "non bis in idem" establecido por el Tribunal Constitucional.

nonchalance (*fr; pronunc corriente,* /nonʃaláns/) *f* (*lit*) Indolencia o desgana. | GHortelano *Momento* 368: No hablaban, apesadumbradas por su hermetismo, conscientes de cuán apetitosas la nonchalance las mostraba.

nonchalante *adj* (*lit*) Indolente o desganado. | Torrente *Fragmentos* 243: Ya veis cómo camina, con ese dengue nonchalante que ya han perdido las mujeres y que solo los más ancianos recordamos.

noneto *m* (*Mús*) **1** Conjunto de nueve instrumentos. | *CAlb* 12.91, 23: Presenta en sus conciertos no solo obras pa-

noningentésimo – noria

ra todo el noneto, sino que aprovecha también la variabilidad que ofrece este conjunto de cámara incluyendo en sus programas numerosas obras de cámara como son octetos, septetos, quintetos y cuartetos.

2 Composición para nueve instrumentos. | J. M. Franco *Ya* 21.10.64, 35: El "Noneto", escrito, como es lógico, para nueve instrumentos, puede ser tocado por más instrumentistas.

noningentésimo -ma *adj* (*lit*) Que ocupa un lugar inmediatamente detrás o después del octingentésimo nonagesimonoveno. | * El noningentésimo aniversario.

nonius *m* (*Fís*) Dispositivo que permite efectuar medidas con precisión mayor que la de menor graduación de la escala de un instrumento. *Tb fig.* | Mingarro *Física* 13: El nonius encuentra aplicación en distintos aparatos empleados por la industria y el laboratorio. J. M. Campoamor *Abc* 12.9.78, sn: Proporciona íntimo regodeo de superioridad el analizar la conducta de Zutano mediante nuestro infalible nonius de bolsillo.

nonnato → NONATO.

nono -na I *adj* (*lit*) **1** Noveno, o que ocupa el lugar siguiente al octavo. | Valcarce *Moral* 102: Pueden concebirse como específicos del cuarto Mandamiento los que brotan .. de las diversas clases de justicia, menos de la conmutativa, que se dejan para el séptimo y nono Mandamientos.

II *f* **2** (*Rel catól*) Hora canónica que se reza después de sexta. | SLuis *Liturgia* 4: Las horas menores (tercia, sexta y nona), formadas por un himno, tres salmos, capítula, responsorio y oración.

3 (*hist*) *Entre los antiguos romanos:* Última de las cuatro partes en que se dividía el día artificial, y que duraba desde media tarde hasta la puesta del Sol. *Tb* HORA NONA. | C. Gutiérrez *Med* 15.4.60, 3: Desde la hora de sexta hasta la hora de nona quedó toda la tierra cubierta de tinieblas. Vesga-Fernández *Jesucristo* 104: Saliendo después cerca de la hora de tercia (9 de la mañana) y de la hora nona (3 de la tarde) hizo lo mismo.

4 (*hist*) *Entre los antiguos romanos:* Día 7 [de marzo, mayo, julio u octubre], o día 5 [de los demás meses]. | Cierva *Abc* 10.3.86, 3: Los otros puntos de referencia son las calendas .. y la nona, que indica [e]l día séptimo de marzo, mayo, julio y octubre, y el quinto de los demás.

non plus ultra (*lat; pronunc corriente,* /nón-plús-últra/) *m* Grado máximo de perfección. *Con intención ponderativa.* | DCañabate *Paseíllo* 134: Si hablaras de toros como hablas de esto serías el non plus ultra de los aficionaos.

non sancto -ta (*pronunc corriente,* /nón-sánto/) *adj* (*euf, humoríst*) No santo o no decente. | MSantos *Tiempo* 61: El limón exprimido para disimular lo que pudiera haber de non sancto le recordó la limonada agria que había tomado días atrás.

non-stop (*ing; pronunc corriente,* /nón-estóp/) *adj* Que no tiene interrupción. | GTelefónica *N.* 958: El Último Cuplé. Restaurante musical romántico. Cupletistas. Cantantes. Espectáculo musical non-stop. Desde 10 a 3 madrugada.

noología *f* (*Filos*) Ciencia del espíritu. | Alvar *Abc* 2.2.85, 3: Esto lleva a la noología o ciencias del espíritu, que bien conviene a la poética.

noológico -ca *adj* (*Filos*) De (la) noología. | MPuelles *Filosofía* 1, 178: Distinguiendo [Ampère] el mundo material y el mundo moral –en correspondencia con la oposición entre lo sensible y lo espiritual– establece dos grandes grupos de ciencias: las "cosmológicas" y las "noológicas".

nopal *m* Se da este n a distintas plantas cactáceas del gén Opuntia, esp a la chumbera. | CBonald *Ágata* 49: Salieron a una hijuela orillada de nopales, ya a trasmano de las últimas casuchas.

nopalería *f* Plantación de nopales. | HSBarba *HEspaña* 4, 375: En el año 1799 se exportaron por Veracruz 45.000 arrobas de cochinillas .., cultivad[a]s en las nopalerías, algunas establecidas en haciendas con más de 50.000 nopales.

nopi *adv* (*col, hoy raro*) No. | DCañabate *Andanzas* 152: ¡Anda, vente conmigo! "Nopi."

noque *m* Pila o estanque pequeño en que se ponen a curtir pieles. | Galache *Biografía* 113: Dos hombres se abalanzaron sobre él y .. con premura y tino le arrojaron al noque donde entre ácidos se curtían las pieles.

noqueador *m* (*Boxeo*) Boxeador que noquea a sus contrarios. | J. J. Vázquez *VozA* 8.10.70, 23: La sufrida afición, entretanto, sigue leyendo "folletines" hasta que el "terrible" noqueador se vaya a la caza de la codorniz.

noquear *tr* (*Boxeo*) Dejar [al contrario] fuera de combate. | *Hoy* 13.5.77, 37: Hace un mes, Muangsurin revalidó su título al noquear al japonés Ishimatsu.

nor- *r pref* Del norte. | *Por ej:* Aldecoa *Gran Sol* 163: Las nubes, negras, grandes, procesionales, llegaban de sus nidos tormentosos del extremo noratlántico. L. Servio *DBu* 21.7.81, 15: En el pantano noreuropeo de Duven se ha encontrado un remo de siete milenios de antigüedad.

norabuena *adv* (*lit, raro*) Enhorabuena. | *Sáb* 22.2.75, 45: Norabuena, agricultores de la ibérica agricultura, que al fin vuestro llanto .. ha provocado una reacción *chez* la tecnocracia.

noradrenalina *f* (*Fisiol*) Sustancia segregada por la médula suprarrenal, de efectos biológicos semejantes a los de la adrenalina. | M. Aguilar *SAbc* 6.12.70, 54: A la substancia química que primeramente se creía interviene en la transmisión de los impulsos nerviosos, la acetilcolina, se añaden otras como adrenalina, noradrenalina, serotonina y dopamina.

noray (*pl normal,* ~s) *m* (*Mar*) Poste que sirve para afirmar las amarras. | Aldecoa *Gran Sol* 14: Observaba la mar .. El pie izquierdo en el noray de las amarras de popa. CBonald *Noche* 237: Procedieron a encapillarlas [las amarras] con hábiles manejos en los norays.

norcoreano -na *adj* De Corea del Norte. *Tb n, referido a pers.* | *Abc* 27.12.70, 24: La radio norcoreana de Pyongyang acusó a Estados Unidos.

nordés (*frec con mayúscula*) *m* (*reg*) Nordeste. | Torrente *Vuelta* 241: El viento venía del Sudoeste, en rachas violentas, y empujaba las nubes oscuras .. Las miraban atravesar el cielo y perderse en la tierra del Nordés, por encima de los montes renegridos. C. GBayón *Voz* 14.8.87, 3: El nordés .. segó durante tres días y tres noches los frutos.

nordeste (*frec con mayúscula*) *m* **1** Punto del horizonte situado entre el norte y el este, a igual distancia de ambos. *Tb en aposición.* | Zubía *Geografía* 9: La Vía Láctea .. Tiene la forma de una mancha blanquecina alargada y cruza el cielo de nordeste a suroeste.

2 Parte [de un territorio o lugar] que está hacia el nordeste [1]. *Frec en aposición.* | *Inf* 17.6.70, 3: Zona situada al nordeste de Damasco.

3 Viento que sopla del nordeste [1]. *Tb* VIENTO ~. | Arce *Precio* 41: En la lejanía, sobre el arenal de Somo, el nordeste deshacía la espuma de las olas al romper.

nórdico -ca *adj* **1** Del norte. | Zubía *Geografía* 155: Lección 17. Europa Nórdica.

2 Del norte de Europa, esp. de Escandinavia. *Tb n, referido a pers.* | *Van* 4.11.62, 13: El rey de Noruega .. ha regresado a Oslo .. La visita oficial que el monarca nórdico efectuó al Reino Unido .. ha sido prolongada.

nordista *adj* (*hist*) *En la guerra de Secesión de los Estados Unidos (1861-1865):* Partidario de la Unión. *Frec n.* | Vicens *Polis* 459: Los sudistas, mejores militares, fueron derrotados por la superioridad numérica y material de los nordistas.

noreste (*frec con mayúscula*) *m* Nordeste. | Zubía *Geografía* 24: Puntos cardinales .. Son cuatro: Norte .. Sur .. Este .. Oeste .. Hay además otros intermedios: Noroeste, Sudoeste, Sudeste y Noreste. Arenaza-Gastaminza *Historia* 110: La zona catalana del noreste se libera muy pronto del yugo musulmán. Plans *Geog. universal* 59: Días de viento Noreste: 7.

noria *f* **1** Máquina para sacar agua de un pozo, compuesta de una rueda horizontal, movida por una palanca, y otra vertical, que se engrana en la primera y que mueve una cadena sin fin de recipientes que suben el agua. *Tb el conjunto formado por el pozo y la noria.* | Salvador *Haragán* 66: En cierta ocasión en que falló el suministro de agua, uncimos a *Viajero* a la noria. **b)** *Frec fig, designando cosa que supone dar vueltas sin fin, sin cambio, sin posibilidad de sa-*

lida, o sin un resultado positivo. | Lera *Olvidados* 209: Había obtenido su carta de ciudadanía en aquel mundo anárquico, sujeto, no obstante, a la ley de noria de los días: la costumbre. Alfonso *España* 133: Bien puede decirse que [las carabinas de aire comprimido] van invadiendo el país y que han entrado en la noria de la sociedad de consumo.

2 Aparato de verbena consistente en una gran rueda vertical y giratoria de la que penden unas barquitas en las que se colocan las perss. | Manoli *Pro* 24.7.77, 24: La presentación de este nuevo salón [del peinado] se hizo en el Parque de Atracciones .. Unas vueltas en la noria nos hicieron comprobar la calidad de los cortes.

3 (*hoy raro*) Paseo que se realiza yendo y viniendo repetidamente a lo largo de un espacio determinado. | S. Adame *HyV* 10.71, 40: Entre abril y septiembre [la manuela], incorporada a la "noria" que iba y venía por el Paseo de Coches del Retiro y la Castellana, servía de estuche a quienes gustaban ver cómo las propietarias de carretelas intercalaban saludos. DCañabate *Andanzas* 107: Para que la noria paseante funcionara cada mañana se utilizaba uno de los andenes [del paseo].

norirlandés -sa *adj* De Irlanda del Norte. *Tb n, referido a pers.* | *Các* 7.10.74, 15: El Gobierno de Londres .. h[a] empezado a prestar menos atención a los asuntos norirlandeses.

norma *f* **1** Principio que determina cómo debe hacerse una cosa, o cómo debe ser o suceder. *Tb su formulación.* | SLuis *Doctrina* 101: Esta restitución se sujeta a las siguientes normas: 1. Si el daño causado fue grave, la obligación de restituir también lo es .. 2. Esta restitución obliga a quien robó.

2 Conjunto de (las) normas [1]. | Gambra *Filosofía* 193: La ley como expresión de la norma moral.

normal I *adj* **1** Que se ajusta a la norma. | RAdrados *Lingüística* 620: El concepto de norma .., para la teoría del estilo en nuestro sentido, es poco útil. Y no solo .. porque también lo normal .. interesa en el estilo, sino también porque la distinción entre lengua y habla se con frecuencia sumamente dificultuosa. **b)** Que carece de modificación patológica. *Frec referido a la capacidad mental.* | *Abc* 3.8.72, 39: Al cabo de tres semanas de tratamiento, su tibia se endureció notablemente .. y la pierna adquirió un aspecto totalmente normal. * El niño es totalmente normal. **c)** Corriente o habitual. *A veces con intención de modestia.* | GPavón *Hermanas* 39: Eran mujeres de vida normal y recogida. Arce *Testamento* 26: Las cañaveras eran altas; más altas que la estatura de una persona normal. Tomás *Orilla* 46: –Tienes un apartamento muy puesto –Normalito.

2 [Escuela] destinada a la formación de maestros de primera enseñanza. *Tb n f.* | Ridruejo *Castilla* 2, 297: La plaza de San Esteban es irregular y algo pendiente; un grupo de caserones viejos –en uno de los cuales estuvo la Normal de Maestros– le come un lado. **b)** (*raro*) [Maestro] de primera enseñanza. | MCachero *AGBlanco* 13: Breve fue .. la existencia de Andrés González-Blanco Gutiérrez, hijo del maestro normal don Andrés González Blanco.

3 (*Geom*) [Línea o plano] perpendicular. *Tb n f, referido a línea.* | Catalá *Física* 59: De las dos fuerzas normales entre sí en que puede descomponerse el peso, P, del cuerpo, solo la componente paralela al plano .. actúa arrastrando al cuerpo, mientras la normal .. es contrarrestada por la reacción de la superficie del plano. Marcos-Martínez *Física* 146: Ángulo de incidencia es el formado por el rayo incidente y la normal.

4 (*Quím*) [Disolución] que contiene un equivalente-gramo de sustancia disuelta por litro. | Aleixandre *Química* 36: Una disolución normal es la que contiene un equivalente gramo por litro.

II *adv* **5** (*col*) Normalmente. | FSantos *Hombre* 121: Poder salir y entrar y hablar normal y, sobre todo, escuchar con libertad.

normalidad *f* **1** Cualidad de normal [1]. | Laiglesia *Tachado* 218: Todas las actividades de los tipos más diversos se reanudaron en el principado con absoluta normalidad.

2 Situación normal. | *País* 18.5.77, 6: Normalidad en la jornada electoral israelí.

3 (*Quím*) Número de equivalentes-gramo de cuerpo disuelto que contiene un litro de disolución. | Aleixandre *Química* 71: Volúmenes iguales de disoluciones reductoras y oxidantes de la misma normalidad reaccionan exactamente entre sí.

normalista *adj* De (la) escuela normal. *Frec n, referido a pers.* | ZVicente *Balcón* 24: Hay que ver esa Angustias la normalista. [*Es profesora titular en la Escuela Normal.*]

normalización *f* Acción de normalizar(se). | *Música Toledo* 5: Se trata de una reunión técnica de gran alcance que pretende unificar criterios sobre la normalización del diapasón y su empleo. FQuintana-Velarde *Política* 125: La llegada de los árabes supone la normalización del trabajo en muchas zonas mineras. Alvar *Español* 73: Las fuerzas cooperantes del castellano y el navarro-aragonés determinan la normalización riojana. Miguel *Perversión* 211: Una consecuencia social o política es lo que se llama "normalización lingüística" en las regiones bilingües. Por tal se entiende el esfuerzo de los poderes públicos en promover la enseñanza y difusión de la lengua particular o propia de esas regiones en detrimento del castellano.

normalizado -da *adj* **1** *part* → NORMALIZAR.

2 Que se ajusta a unas normas establecidas. | Tamames *Economía* 306: Esto puede suceder, por ejemplo, en la fabricación de envases normalizados, de piezas cerámicas uniformes.

normalizador -ra *adj* Que normaliza. | *Abc* 12.9.68, 65: Antiácido Salud .. Normalizador de la acidez. Tamames *Economía* 455: La Dictadura del general Primo de Rivera .. no supo encontrar una salida normalizadora.

normalizante *adj* (*lit*) Normalizador. | *ByN* 11.11.67, 28: La crema Absolue rodea su rostro de los cuidados más completos .. Absolutamente normalizante, regulariza las secreciones de la piel.

normalizar *tr* **1** Hacer que [algo (*cd*)] tenga una norma. | SGuarner *Mad Extra* 12.70, 3: La doctrina gramatical de Pompeu Fabra, que normalizaba la lengua literaria, no se impuso en Valencia plenamente hasta los años veinte.

2 Hacer que [algo (*cd*)] sea normal [1]. | *Abc* 21.8.77, 1: Washington quiere normalizar sus relaciones con China. **b)** *pr* Pasar [algo] a ser normal [1]. | Tamames *Economía* 77: Solo cuando los suministros de abonos minerales se fueron normalizando comenzaron a aproximarse los rendimientos por hectárea a los de preguerra.

normalmente *adv* De manera normal [1]. | DPlaja *El español* 151: Hasta tal punto vive la mujer pendiente y temerosa de lo que el hombre pueda intentar contra ella que normalmente no contesta ni siquiera a quien le pregunta una dirección.

normando -da *adj* **1** De Normandía (región de Francia). *Tb n, referido a pers.* | ZVicente *Traque* 256: Se nota enseguidita que los procedimientos de reproducción gráfica están bastante atrasados en esa región normanda.

2 (*hist*) [Individuo] de los pueblos escandinavos que entre los ss. VIII y XI atacaron las costas del oeste y sur de Europa. *Tb n.* | Arenaza-Gastaminza *Historia* 90: Los normandos, hombres del Norte (daneses y noruegos), invadieron en el siglo IX las costas de la Mancha y las del Mediterráneo. **b)** De los normandos. | Arenaza-Gastaminza *Historia* 90: Guillermo, duque de Normandía, .. invadió Inglaterra y estableció una nueva dinastía normanda.

normar *tr* (*raro*) **1** Dotar de norma [a algo (*cd*)]. | *País* 28.12.77, 8: Una Constitución .. es .. el resultado de un compromiso entre fuerzas políticas y sociales reales, que se dan un instrumento jurídico para normar su convivencia.

2 Servir de norma [a algo (*cd*)]. | *D16* 8.7.83, 2: Lo único que había que tratar de salvar a toda costa era el impecable cumplimiento de los principios jurídicos que norman nuestra convivencia ciudadana.

normativa → NORMATIVO.

normatividad *f* **1** Cualidad de normativo. | *Leg. contencioso-adm.* 115: Lo jurídico no se encierra y circunscribe a las disposiciones escritas, sino que se extiende a los principios y a la normatividad inmanente en la naturaleza de las instituciones. GGual *Novela* 24: G. Lukács .. señala la madurez de la novela frente a la normatividad infantil de la epopeya.

normativismo – norvietnamita

2 (*raro*) Normativa. | *Nue* 24.1.70, 13: Situación de las microparroquias en relación con la disponibilidad futura de sacerdotes y la normatividad pastoral en toda la provincia.

normativismo *m* Tendencia abusiva a dictar normas. | E. Amezúa *SInf* 25.4.74, 2: Una ética igualmente optimista, amplia y abierta, sin los horizontes del normativismo degradado. Marsé *Amante* 110: Yo empiezo a estar hasta el gorro del normativismo baduladge en el que ha caído el idioma catalán.

normativo -va I *adj* **1** De (la) norma. | Academia *Esbozo* 5: Por su carácter, pues, de simple proyecto, el presente *Esbozo* carece de toda validez normativa. ZVicente *Traque* 54: Baja solemnemente, .. el folleto normativo en la mano. **b)** Que establece normas [1] o tiene carácter de norma [2]. | Alcina-Blecua *Gramática* 42: Los estudios gramaticales de la Antigüedad .. no harán distinción entre lo que posteriormente se denominará gramática descriptiva y gramática normativa. * El público quiere un diccionario normativo, que le diga lo que debe usar y lo que no.
II *f* **2** Conjunto de normas. *Frec con un compl especificador*. | Albalá *Periodismo* 60: Sin una normativa adecuada .. no habrá jamás eficacia informativa.

normotenso -sa *adj* (*Med*) [Pers.] que tiene tensión arterial normal. *Tb n*. | M. Á. Cruz *Ya* 27.5.87, 28: Los hipotensos no reciben tratamiento con la fórmula de Monoxidil al 2 por 100. Los normotensos sí, y en los hipertensos se ha empleado incluso a mayor concentración.

noroccidental *adj* Del noroeste. | *Santander* 38: En el ángulo noroccidental de la región se alzan los Picos de Europa.

noroeste (*frec con mayúscula*) *m* **1** Punto del horizonte situado entre el norte y el oeste, a igual distancia de ambos. *Tb en aposición*. | Ortega-Roig *País* 11: Además de los cuatro puntos cardinales, se pueden considerar otros intermedios; por ejemplo, el Noroeste, entre el Norte y el Oeste.
2 Parte [de un territorio o lugar] que está hacia el noroeste [1]. *Frec en aposición*. | CNavarro *Perros* 35: Las nubes iban acumulándose hacia el noroeste. * Vivo en la zona noroeste de la ciudad.
3 Viento que sopla del noroeste [1]. *Tb* VIENTO ~. | Aldecoa *Gran Sol* 24: Lo que importa es el viento. Peor fuera un noroeste.

nororiental *adj* Del nordeste. | A. RPicazo *D16* 29.12.76, 16: El tiempo .. Inestable con chubascos en el cuadrante nororiental de la Península y Baleares.

nortada *f* Viento fresco del norte que sopla de manera continuada. | FVidal *Duero* 61: Imaginar las nortadas de invierno pone la piel aún más estremecida de lo que uno la tiene.

norte (*frec con mayúscula*) I *m* **1** Punto cardinal situado enfrente de un observador a cuya derecha está el este. | Ortega-Roig *País* 10: El punto opuesto al Sur es el Norte o Septentrión.
2 Parte [de un territorio o lugar] que está hacia el norte [1]. | *Alc* 1.1.55, 3: Los habitantes del norte del Vietnam y los del sur del mismo país decidirán lo que se haya de hacer. Benet *Nunca* 10: Al norte de Flensburgo: las vacas color leña por los suaves declives de Dinamarca.
3 Viento que sopla del norte [1]. *Tb* VIENTO ~. | Delibes *Ratas* 31: Aprendió que la liebre .., si sopla norte, se acuesta al sur del monte o del majuelo. Torrente *Pascua* 177: El muelle estaba barrido del viento Norte.
4 (*lit*) Cosa que guía u orienta. | Mercader-DOrtiz *HEspaña* 4, 221: No por asalto de una clase enemiga, sino por derrumbamiento interior, se desplomó el castillo de las convicciones seculares que habían sido el norte de las clases dirigentes.
II *adj* (*invar*) **5** [Cosa] que está hacia el norte o que corresponde al norte [1]. | GNuño-Marco *Soria* 94: No es sencilla cosa de traer cuenta .. de todas las bonituras que atesora la Catedral de Osma .. Así, las soberbias rejas .. Y la capilla norte del crucero. Zubía *Geografía* 23: Cuando el Polo Norte está en la máxima oscuridad es en el Solsticio de Invierno. Zubía *Geografía* 24: Las estaciones son opuestas en los hemisferios Norte y Sur. **b)** [Polo] de la aguja imantada que señala aproximadamente el Polo Norte [1] geográfico. | Marcos-Martínez *Física* 175: Dicho polo del imán se denominó polo norte magnético, y su opuesto, polo sur magnético. **c)** [Polo magnético] de la Tierra, próximo al Polo Sur geográfico, que atrae al polo sur de la aguja imantada. | Marcos-Martínez *Física* 177: El polo norte magnético N' se encuentra próximo al polo sur geográfico S. **d)** (*Fís*) *En el imán*: [Polo] positivo. | Mingarro *Física* 162: Imaginemos un alternador construido con seis polos, tres norte y tres sur.
III *loc v* **6 dar ~.** (*reg*) Dar orientación o información [de algo o de alguien]. *Tb sin compl*. | Izquierdo *Alpujarra* 169 (G): Arrojará al agua de las acequias una flor amarilla, como recuerdo, gesto que le vio hacer muchas veces. Y del que jamás dio norte. Berenguer *Mundo* 40: Ya no me acuerdo de lo que pasó, pues estuve tres días y tres noches traspuesto, sin dar norte de mí. Berenguer *Mundo* 89: Los señores no podían hablar con guardas, ni llevar gente con ellos que pudiera darles nortes y ventajas.

norte- *r pref* Nor-. | *Por ej*: Pericot-Maluquer *Humanidad* 172: Desde estas tierras se inicia un movimiento que remonta el valle del Ebro y que lleva al pueblo de las urnas a la ocupación de la Rioja navarra y alavesa, donde confluyen con otros pueblos nortepirenaicos llegados por el oeste del Pirineo.

norteafricano -na *adj* Del norte de África. *Tb n, referido a pers.* | Pericot *Polis* 25: Alcanzaban la Península influencias del Mediterráneo oriental a lo largo de la costa norteafricana.

norteamericanización *f* Acción de norteamericanizar(se). | Lázaro *Lengua* 2, 59: A su incremento [del español] se oponen los partidarios a ultranza de la norteamericanización de Filipinas.

norteamericanizar *tr* Dar carácter norteamericano [a alguien o algo (*cd*)]. | A. M. Campoy *Abc* 8.9.66, 3: Sin él no era posible norteamericanizar bien este país. **b)** *pr* Pasar [alguien o algo] a tener carácter norteamericano. | Lázaro *Lengua* 2, 59: La mayor parte de los filipinos, fuertemente norteamericanizados, no puede leer a sus antepasados. * Nuestras costumbres se han norteamericanizado.

norteamericano -na I *adj* **1** De los Estados Unidos de América. *Tb n, referido a pers.* | Delibes *Cinco horas* 157: Lo de alquilar habitaciones a estudiantes norteamericanos es de buen tono.
II *m* **2** Inglés hablado en los Estados Unidos de América. | Delibes *Emigrante* 52: Vimos una película en norteamericano.

nortear *intr* (*raro*) **1** Señalar el norte [1]. | J. LDepetre *Abc* 23.3.58, 29: En ese buscar lo nuevo, ir adelante, lo ancestral se lleva dentro, como brújula que nortea en el nuevo sendero.
2 (*Mar*) Declinar [el viento] hacia el norte [1]. | Guillén *Lenguaje* 33: Resulta curioso el considerar que, tratando de vientos, todos se pueden conjugar: nortear, lestear.

norteño -ña *adj* Del norte [2]. *Tb n, referido a pers.* | CBaroja *Inquisidor* 27: El mote del linaje familiar es típicamente norteño. DPlaja *El español* 68: Se dirá que tan españoles son los norteños como los meridionales.

norteoccidental *adj* Noroccidental. | Tamames *Economía* 478: Puede ser el caso de los países norteoccidentales de Europa.

norteoriental *adj* Nororiental. | * El cuadrante norteoriental de la Península.

noruego -ga I *adj* **1** De Noruega. *Tb n, referido a pers.* | Zubía *Geografía* 159: Reúne fotografías de los fiordos noruegos. Arenaza-Gastaminza *Historia* 90: Los normandos, hombres del Norte (daneses y noruegos), invadieron en el siglo IX las costas de la Mancha y las del Mediterráneo.
II *m* **2** Idioma de Noruega. | Goytisolo *Recuento* 635: Solo alguna pareja más: turistas, casi siempre. Mejor. Que hablen holandés, noruego.

norvietnamés -sa *adj* (*raro*) Norvietnamita. *Tb n*. | L. Calvo *Abc* 23.4.72, 25: Los norvietnameses y el Vietcong invaden y casi arrollan a los camboyanos con armas venidas de la Unión Soviética.

norvietnamita *adj* De Vietnam del Norte. *Tb n, referido a pers.* | Pemán *Gac* 11.5.69, 21: Nadie dice la verdad profunda. Empezando por los sudvietnamitas y norvietnamitas.

nos¹ → NOSOTROS.

nos² *(con pronunc tónica) pron pers pl* Lo emplea en ocasiones solemnes el jerarca eclesiástico para referirse a sí mismo. Se pronuncia átono cuando funciona como cd o ci sin prep. | *Van* 27.12.70, 24: –Nos querríamos –agregó el Pontífice– alzar hoy la voz y hacernos oír en el profundo secreto de cada conciencia.

noseana *f (Mineral)* Mineral incoloro o de color blanco, gris o azulado, presente en las rocas eruptivas y constituido por la combinación de un silicato de aluminio y sodio con un sulfato de sodio. | *SAbc* 14.10.84, 16: Es [el lapislázuli] un agregado de varios minerales: auyna, sodalita, nos[e]ana lazurita, con inclusiones de calcita, pirita y mica. [*En el texto*, nosheana.]

nosocomial *adj (lit o Med)* De(l) nosocomio. | RPeña *Hospitales* 19: Siempre es muy interesante el estudio de las instituciones nosocomiales de un pueblo. *TMé* 15.1.93, 7: Del 6 al 14 por ciento de los enfermos ingresados en un hospital de agudos desarrollan una infección nosocomial.

nosocomio *m (lit o Med)* Hospital. | *BOE* 30.12.74, 26403: Oficial de hospitales. Es el empleado destacado cerca de un determinado nosocomio.

nosografía *f (Med)* Clasificación y descripción de las enfermedades. | Vilaltella *Salud* 417: Durante todo el siglo XIX la psiquiatría fue fundamentalmente anatómico-clínica. A principios del siglo XX aparece ya una reacción contra la nosografía clásica.

nosográfico -ca *adj (Med)* De (la) nosografía. | Vega *Corazón* 54: Las neurosis y las enfermedades psicosomáticas cardiovasculares son entidades nosográficas raras en el ambiente rural.

nosología *f (Med)* Parte de la medicina que tiene por objeto describir y clasificar las enfermedades. | Rabanal *Ya* 3.12.70, sn: Gracias a Alcmeón y los hipocráticos pasó a ser "nosología" lo que naciera siendo "nosogonía", esto es, entendimiento mítico del morbo.

nosológico -ca *adj (Med)* De (la) nosología. | Pinillos *Mente* 152: La ignorancia que todavía impera respecto a las causas verdaderas de estas enfermedades y rasgos de personalidad hace .. que todas las categorías nosológicas de la psiquiatría .. se resientan aún de una inevitable imprecisión.

nosotros -tras I *pron pers pl* **1** Designa dentro de la frase al propio ser que la enuncia, cuando se asocia con otro u otros. Toma la forma NOS *(que se pronuncia átona)* cuando funciona como cd o ci sin prep; cuando nos va inmediatamente después del v, se escribe unido a él en una sola palabra. | Olmo *Golfos* 153: ¡Es tan difícil liberarnos de nosotros mismos! Landero *Juegos* 69: Habíamos ido de excursión y jugábamos a la orilla de un río, la superiora de gallinita ciega y nosotras asomándonos de medio cuerpo por detrás de los árboles. Delibes *Mundos* 75: Tal identificación nos llevaría a conclusiones absurdas.
2 *(lit)* A veces lo emplea el escritor para referirse a sí mismo. Solo en la forma m. | Olmo *Golfos* 149: Pagamos los cafés y el camarero nos indicó: –Vaya usted al número quince.
II *loc adv* **3 entre ~.** Confidencialmente [entre las perss. que dialogan]. *Tb* PARA ENTRE ~ *y frec precedido de* AQUÍ. | Grosso *Capirote* 43: Aquí entre nosotros, .. que me has desencantado, palabra.

nostalgia *f* Tristeza causada por la lejanía o la ausencia [de alguien o algo querido]. | CNavarro *Perros* 97: Marilú había venido a la madre patria para coger el aire de sus antepasados y se moría de nostalgia. Laforet *Mujer* 74: Víctor no significaba nada en su vida, .. lo olvidaría sin la menor nostalgia.

nostálgicamente *adv* De manera nostálgica [1]. | J. R. Alonso *Sáb* 1.10.75, 8: Somos liberales en 1820 .., belicosos en 1898 .. y nostálgicamente liberales desde 1931.

nostálgico -ca *adj* **1** De (la) nostalgia o de la que implica. | L. LSancho *Abc* 8.12.70, 18: Hace "camp" gustar de esas canciones suyas que flotan como una niebla nostálgica sobre los recuerdos de nuestra posguerra.
2 Que siente nostalgia. | GBiedma *Retrato* 136: Sigo nostálgico de Filipinas –es muy posible que la esté idealizando y el próximo viaje sea una desilusión–.

nostalgioso -sa *adj (raro)* Nostálgico. | Zunzunegui *Hijo* 27: Quedóse contemplando el espacioso terreno colgado, en el cantil, con nostalgiosa seguridad. AMarcelo *Abc* 12.5.93, 3: Los candidatos a la Presidencia del Gobierno, José María Aznar y Felipe González (o viceversa), han recordado el pasado inmediato con alma nostalgiosa.

nostramo *m (Mar)* Contramaestre. | Faner *Flor* 40: A mitad del trayecto el nostramo, que sesteaba a proa, .. bostezó.

nota I *n* **A** *f* **1** Señal escrita en un lugar para llamar la atención sobre él. | * Pon una nota indicando desde dónde debo copiar.
2 Comentario o aclaración sobre lo dicho en un párrafo de un escrito y que se escribe en su margen. | * Don Rafael te devolvía los exámenes plagados de notas. **b)** Aclaración o ampliación que, precedida de su correspondiente llamada, figura a pie de página o al final del capítulo o del libro. | Huarte *Tipografía* 62: Las notas irán en la parte final del libro cuando sean muy largas y muy numerosas; en otro caso es preferible colocarlas al pie de página.
3 Breve comunicación escrita. | *DBa* 12.12.76, 3: A las doce y veinte de la noche de ayer, la dirección general de Seguridad hizo pública una nota oficial. **b)** Escrito entre embajadas, o entre un embajador y el gobierno ante el que está acreditado. | Laiglesia *Tachado* 77: Su antesala se llenaba de embajadores airados, que le traían enérgicas notas de protesta. **c) ~ verbal** → VERBAL.
4 Apunte gráfico y esquemático [sobre algo *(compl* DE*)*]. | Clarasó *Van* 14.11.74, 92: Mientras veía el partido se me ocurrían cosas. No las recuerdo todas. No tomar nota de las ocurrencias pasajeras conduce a olvidos.
5 Factura [de un restaurante o de otro establecimiento similar]. | DPlaja *El español* 90: El español paga, apenas sin leerla y con aire indiferente, la nota del restaurante. Diosdado *Anillos* 1, 183: Un camarero se acerca y presenta la nota. [*En una cafetería.*]
6 Calificación [de un examen o de una evaluación]. | Laiglesia *Ombligos* 55: La sangre de sus antepasados diplomáticos .. daba a sus réplicas la fluidez y exactitud precisas para obtener las mejores notas. **b)** Buena nota. | Payno *Curso* 179: Había sido buen estudiante en el bachillerato, de los que sacan nota.
7 Calificación o consideración [de algo negativo que se expresa]. | Escudero *Capítulo* 247: Terminado el tiempo concedido, debe [el exclaustrado] volver, o no ser que intervenga una prórroga; de lo contrario, incurriría en la nota de apóstata o fugitivo, según el Derecho.
8 Signo con que se representa un sonido musical. *Tb el sonido mismo.* | Valls *Música* 45: No existían notas, como en la actualidad, indicadoras de la altura de cada sonido, sino unas figuras (pneumas) que representaban los sonidos que debían emitirse en un solo aliento. Valls *Música* 18: Terpandro fijó ya las relaciones entre los múltiples grados (las notas actuales) que se originan por la diversa altura de los sonidos.
9 Carácter (rasgo peculiar [de una pers. o cosa]). | SLuis *Doctrina* 47: Notas de la verdadera Iglesia .. La Iglesia verdadera tiene que ser: 1º Una .. 2º Santa .. 3º Católica .. 4º Apostólica. **b)** Detalle o elemento. | Laforet *Mujer* 271: Él escuchaba encantado la nota de broma que Paulina había dado a su voz. A. Gaybor *SSe* 9.8.92, 57: Lo ideal es adquirir algún perfume en cuya composición se encuentren notas de rosa, jazmín o lavanda. Por el contrario, en la playa se deberá optar por aromas con notas de especias. **c) ~ dominante.** Característica más destacada [de algo]. | * La tensión ha sido la nota dominante de estos días. **d) ~ discordante.** Elemento que rompe la armonía [de un conjunto]. | SCabarga *Abc* 26.8.66, 42: ¿Estos alevines de rascacielos son notas discordantes del paisaje?
B *m* **10** *(jerg)* Tipo o individuo. | Llovet *Tartufo II* 35: ¡Que te enrolles con Tartufo! .. Que el nota ese es una oportunidad buenísima.
II *adj* **11** *(juv)* Pasmado o estupefacto. *Frec con el v* QUEDARSE. | Berlanga *Recuentos* 92: Desde la barra escucho al lado cómo la chiquita le dice al chico que el tío se quedó nota cuando le montó un pollo. MacMacarra *D16* 25.2.90, 19: Oye, la tía, me se queda mirando completamente nota, o sá, transepuessta.

notabilidad – notebook

12 (*juv, desp*) [Pers.] que llama la atención. *Tb n.* | * ¡Qué tío más nota, tú! * Ese es un nota.
13 de mala ~. [Casa o mujer] de mala fama. | Laforet *Mujer* 156: El angelito había vivido sus vacaciones en casas de mala nota. Arce *Precio* 212: Ocho meses antes había ocurrido lo mismo con una chica de mala nota.
14 de ~. (*lit*) [Pers.] notable o destacada. | Carnicer *Cabrera* 27: Se aposentaron en aquellos valles San Genadio, San Fortis y otros varones de nota.
15 de ~, o para ~. (*col*) [Pers. o cosa] excepcional o sobresaliente. *Frec con intención irónica.* | Grandes *Lulú* 104: Me concentré en hacerle una mamada de nota, tenía que ser de nota, porque quería que Ely me viera. * Eso que me pides ya es para nota.
16 de primera ~. (*lit, raro*) De primera calidad o categoría. | Onieva *Prado* 140: Al arresto personal que le caracterizaba unía un alma de artista de primera nota.
III *loc v* **17 dar** [alguien] **la ~.** Llamar la atención por lo inadecuado de su comportamiento. | CBonald *Dos días* 237: –Dio la nota, ¿eh? –¿Quién? –Joaquín .. –¿Y qué pasó? Ya me he enterado que hubo bronca. –Nada, que le hizo daño algo que se tomó .. Si no nos bebimos ni media botella.
18 exagerar (*u otro v equivalente*) **la ~.** Exagerar. | CAssens *Novela* 1, 100 (G): Es que estos chicos extreman ya la nota... Todo tiene un límite.
19 tomar (**buena**) **~** [de una cosa]. Fijarse bien [en ella]. | Umbral *Van* 4.12.75, 10: Hagamos votos por la salud de monseñor Cantero Cuadrado y tomemos nota de lo duros que son siempre los cambios históricos en este país.

notabilidad *f* Pers. o cosa muy notable. | Mihura *Maribel* 32: ¿Y qué te ha parecido el doctor? Simpatiquísimo, ¿verdad? Y además un médico estupendo. Una verdadera notabilidad.

notable **I** *adj* **1** Superior a lo normal en cantidad, calidad o importancia. | Legorburu-Barrutia *Ciencias* 208: Las corredoras. Son las mayores entre las aves .. Las más notables son: el avestruz, el casuario (Australia), el ñandú. **b)** [Pers.] destacada o importante. *Frec n.* | Delibes *Año* 68: Al acabar, nos fuimos .. a "Oliver". Estuvimos charlando y viendo notables hasta las tantas. *País* 18.5.77, 1: Las últimas constituciones elaboradas en nuestro país antes de la guerra civil fueron encargadas por los respectivos Gobiernos a comisiones de notables.
2 (*raro*) Que se puede notar. | J. M. Llompart *Pap* 1.57, 87: Sin gran esfuerzo hallaremos en los dos libros de *Estances* bellísimas reminiscencias ausiasmarquianas, como en estos dos versos, donde es incluso notable la cesura en la cuarta sílaba, a la manera tradicional.
II *m* **3** (*Enseñ*) Calificación inmediatamente superior al aprobado o al bien. *Tb fig.* A *veces referido a la pers que obtiene esa calificación.* | *DBu* 19.9.70, 8: La expresión del nivel en ella alcanzado será objeto de las calificaciones siguientes: sobresaliente, notable, bien, suficiente .., insuficiente y muy deficiente. J. Zaragüeta *Abc* 23.12.70, 3: Cuando se califica a un alumno como aprobado, notable o sobresaliente, se apoya uno, a menudo, en una puntuación que de matemática no tiene más que la apariencia.

notablemente *adv* De manera notable [1a]. | GArnau *SAbc* 15.3.70, 42: Lo desconocido les llama notablemente más la atención que lo conocido.

notación *f* (*E*) **1** Acción de representar mediante signos o símbolos. *Tb su efecto.* | Gironza *Matemáticas* 34: Se facilita la escritura o notación de productos de factores iguales, escribiendo uno solo de ellos e indicando el número de tales factores. Estébanez *Pragma* 42: La notación de las vocales .. es obra del pueblo griego. Rábade-Benavente *Filosofía* 164: El complemento de la clase A es no A, y se escribe así Ā (algunos prefieren la notación A'). **b)** Representación por medio del dibujo. | Areán *Raz* 5/6.89, 300: Realizó asimismo algunas pinturas de notación precisa, compatible con una ponderada disolución de algunas de sus imágenes.
2 Sistema de signos convencionales. | Gironella *SAbc* 9.2.69, 21: Un jugador envía a otro, por carta, la jugada, y el adversario, también por carta –y utilizando la notación descriptiva o la algebraica–, le contesta. Aleixandre *Química* 63: Sörensen propuso una nueva notación, introduciendo el concepto de pH.
3 Escritura musical. | Peña *Música* 64: Esa será la gran aportación de occidente al mundo de los sonidos: la notación.

notado -da *adj* **1** *part* → NOTAR.
2 (*lit*) Destacado o notable. | Vega *Cocina* 103: Hemos llegado al cochinillo asado, el florón más notado de la culinaria de la alta Castilla. GGual *Novela* 306: Heliodoro .. ha aprovechado, sin duda, el eco que tienen los etíopes como pueblo piadoso, de notada generosidad en hecatombes hacia los dioses.

notar *tr* **1** Percibir o sentir [algo o, más raro, a alguien]. | Arce *Testamento* 15: Y noté cómo se me vino la sangre a las mejillas con ímpetu de bofetada. Payno *Curso* 252: Divisó una chica muy mona que hasta entonces no había notado. **b) hacerse ~.** Destacar o llamar la atención. *Frec con intención desp.* | * Su afán por hacerse notar es insufrible.
2 Señalar o advertir. | E. Miguel *Raz* 2/3.84, 372: Las posturas episcopales confluirían, como nota la profesora Rodríguez Aisa .., en la clamorosa y casi unánime adhesión al Movimiento Nacional de la Iglesia española.
3 (*E*) Representar mediante signos o símbolos. | Estébanez *Pragma* 42: Los griegos .. llevaron a cabo una auténtica recreación del alfabeto fenicio, ya que este solo notaba las consonantes.

notaría *f* **1** Cargo o función de notario [1]. | J. LMartínez *Ya* 11.7.76, 43: Hizo oposiciones a notario, ejerciendo inicialmente en Valdepeñas. Pero la notaría no enfrió sus entusiasmos literarios. Cela *Judíos* 281: Ahora me anda mucho en la cabeza presentarme a notarías.
2 Oficina del notario [1]. | Delibes *Historias* 83: Pozal de la Culebra es la cabeza, y allí está el Juzgado, el Registro, la Notaría y la farmacia.

notariado *m* **1** Cargo o función de notario [1]. | * No le interesa ni la judicatura ni el notariado.
2 Cuerpo constituido por los notarios [1]. | *Abc* 20.7.67, 50: Novedades Jurídicas. Anales de la Academia matritense del Notariado. Tomo XV. Precio: 425 ptas.

notarial *adj* **1** De(l) notario [1]. | Benet *Nunca* 135: Eran ocho o diez, sin acompañamiento notarial, que estimaron oportuno retirarse y volver a guardar sus pagarés cuando Rosa abrió la puerta.
2 Hecho o autorizado por el notario. | Ramírez *Derecho* 139: Se llama protesto al acta notarial acreditativa de la falta de aceptación o de pago [de la letra]. **b)** Propio de lo notarial. | I. Rupérez *Abc* 23.12.70, 33: Todo tenía en la sesión del sorteo un aire notarial, muy serio.

notarialmente *adv* De manera notarial. | *Compil. Cataluña* 752: El inventario se formalizará notarial o judicialmente. J. M. Rollán *SAbc* 1.12.68, 26: He recordado la estampa de los chalanes castellanos de blusa y cayado, que rubrican notarialmente su palabra con un apretón de la diestra.

notariar (*conjug* **1a**) *tr* Autorizar con fe notarial. | J. Hermida *Ya* 13.3.90, 64: Son .. treinta .. Debidamente catalogados, registrados, notariados y certificados.

notariesco -ca *adj* (*raro*) Propio de(l) notario. | Laín *Abc* 3.5.74, 36: Lo haré .. mediante una notariesca enumeración ordinal de todos ellos [los juicios].

notario -ria **A** *m y f* **1** Pers. autorizada oficialmente para dar fe de los contratos, testamentos y otros actos extrajudiciales. | CBaroja *Inquisidor* 10: Un notario o un coronel de 1930 debían leer cosas serias, no "noveluchas". *Ya* 25.11.75, 11: Una de las actas de defunción fue levantada por el ministro de Justicia, don José María Sánchez-Ventura y Pascual, como notario mayor del Reino.
B *m* **2** (*Rel catól*) Funcionario eclesiástico autorizado para dar fe en los documentos públicos y redactar las actas de las sesiones celebradas. | CBaroja *Inquisidor* 24: Además de algunos vicarios foráneos, deben disponer de un notario que redacte las actas de las sesiones.
C *f* **3** Mujer del notario [1]. | Pemán *Abc* 8.11.63, 3: La notaria había intentado todo por evitar el éxodo algodonero de su servicio.

notarizar *tr* Notariar. | Mendoza *Ciudad* 183: A su paso por Bassora hizo notarizar el contrato.

notebook (*ing; pronunc corriente,* /nóutbuk/; *pl normal, ~s o invar*) *m* (*Informát*) Ordenador portátil de pequeño tamaño y poco peso. | *SPaís* 23.6.91, 5: Toshiba amplía hoy su gama con dos nuevos notebooks. *PCM* 6.91, 144: La au-

noticia – nouvelle cuisine

sencia de precios nos impid[e] poder evaluar comparativamente este modelo con respecto a sus competidores que luchan por el mercado de los Notebook.

noticia I *f* **1** Información [sobre alguien o algo (*compl* DE *o* SOBRE), esp. sobre un suceso reciente y nuevo]. *Frec sin compl.* | *Alc* 1.1.55, 3: Aquí estamos, ante el lector, como todos los días, con nuestra pequeña carga de noticias. VParga *Santiago* 9: Prescindiendo de las noticias históricas que nos hablan de la iglesia ..., existió .. una cruz de oro dedicada a Santiago. Cunqueiro *Fantini* 32: Algunos viajeros .. preguntaban en secreto la condición de este. El signor Capovilla se hacía rogar, al fin guardaba la moneda, y contaba .. La noticia del joven pasaba de oído a boca y de boca a oído por el mesón. **b)** Suceso del que se informa. | * La noticia surge en cualquier parte.
2 Conocimiento, esp. elemental o superficial [de algo]. *Frec con el v* TENER. | Clarasó *Van* 10.2.77, 69: Es nada menos que presidente de los Cofrades de la Buena Mesa .. Había tenido noticias de la existencia de la Cofradía. Lázaro *Crónica* 25: No se ve, por tanto, que la Academia tuviera entonces una noticia clara del papel de Castilla en la formación del idioma. **b)** Recuerdo. *Gralm con los vs* GUARDAR *o* CONSERVAR. | J. M. Moreiro *Ya* 1.9.74, 10: Kurdo fue uno de los hombres más feroces de que la historia guarda noticia: Saladino.
II *loc v* **3 ser ~** [una pers. o cosa]. Ser objeto de una noticia [1] destacada en los medios de comunicación. | *Alc* 31.10.62, 7: Seis personas que son noticia.

noticiable *adj* Que merece ser objeto de una noticia [1]. | J. Baró *Abc* 4.12.70, 35: Muchos fueron ayer los hechos noticiables.

noticiario *m* **1** Espacio dedicado a noticias [1] en un medio de comunicación, esp. radio o televisión. | CPuche *Paralelo* 241: Había comprado en el economato un transistor y se pasaba las horas tumbado oyendo música. Cuando ponían noticiarios, discursos o consignas, apagaba.
2 Película cinematográfica de noticias [1]. | Paso *Pobrecitos* 204: Jamás vi el mar. En el noticiario, sí.

noticierismo *m* (*raro*) Afán excesivo por las noticias [1]. | Altabella *Ateneo* 105: El Ateneo .. fue un ascua periodística variopinta, .. que iba desde el editorial oral de su gran cátedra, hasta el rumor gacetillero de los pasillos .., animado por el exotismo de cronistas viajeros o rebajad[o] por los diablos cojuelos del más golfo y bohemio de los noticierismos.

noticiero -ra I *adj* **1** De noticias o que da noticias [1]. | Landero *Juegos* 104: Comenzó así a deslizar, entre los dictados comerciales y los informes noticieros, episodios sangrantes de su vida. RMoñino *Poesía* 73: El hecho .. está narrado en un romance noticiero, con rima en *ía*, de tan poco valor poético como casi todos los de su género.
II *m* **2** Noticiario [2]. | ZVicente *Balcón* 63: De la fachada [del cine] .. se vomita la música inaugural del Nodo. Las señoras aprovechan el reclamo del noticiero para exponer sus ideas sobre los artistas de cine.

notición *m* (*col*) Noticia [1a] extraordinaria. | Laiglesia *Ombligos* 308: Los periodistas .. corrieron a los teléfonos para comunicar este sensacional notición: "Rusia vota y no veta". GHortelano *Amistades* 169: Se me presenta, como si nada, y a las dos horas de estar juntos va y me suelta el notición.

noticioso -sa *adj* **1** De (la) noticia [1]. | Albalá *Periodismo* 33: Todo lo que cae fuera de esa actividad informativa no es propiamente periodismo, sino publicidad o patología noticiosa.
2 Que tiene noticia [2] de algo (*compl* DE). | J. Balansó *SAbc* 22.11.70, 22: Béthencourt, noticioso de las productivas expediciones a las fabulosas Canarias, .. determinaría .. establecerse formalmente en aquellas tentadoras tierras.

notificación *f* Acción de notificar. | Cero *Cod* 9.2.64, 2: Los interesados deberán proveerse del nuevo impreso verde de notificación por sextuplicado. **b)** Documento en que se realiza una notificación. | * Debes presentar la notificación.

notificar *tr* **1** Hacer saber oficialmente [una cosa]. | CNavarro *Perros* 23: Notificarán el suceso de casa en casa. **b)** (*col*) Hacer saber [una cosa]. | * Te notifico que mañana no voy a estar en casa.
2 Notificar [1] [algo (*compl* DE) a alguien (*cd*)]. | *País* 21.12.78, 21: La directora y el jefe de estudios fueron notificados de que el juez instructor .. les sancionaba con seis días sin percibir haberes.

notificativo -va *adj* De (la) notificación. | Albalá *Periodismo* 142: Lo que desde un punto de vista literario o axiológico pudiéramos llamar su intensificación expresiva exige aquí una "reducción" formal y, por tanto, genérica, fenómeno al que podríamos llamar pura y exclusivamente notificativo.

notificatorio -ria *adj* Notificativo. | *Leg. contencioso-adm.* 86: Los supuestos defectos notificatorios no puede resolverlos esta jurisdicción cuando quepa recurso ante la propia Administración para decidir sobre los mismos.

notocorda *f* (*Zool*) Notocordo. | Alvarado *Zoología* 66: Debajo del sistema nervioso se encuentra en el anfioxus un cordón esquelético que se extiende del extremo anterior al posterior del cuerpo. Es la notocorda o cuerda dorsal.

notocordo *m* (*Zool*) *En los cordados:* Eje esquelético de naturaleza conjuntiva que sirve de sostén a la médula espinal. | Ybarra-Cabetas *Ciencias* 360: Es igualmente otro carácter fundamental y común [de los procordados] el estar sostenido este sistema nervioso por la cuerda dorsal o notocordo.

notonecta *f* (*Zool*) Insecto hemíptero que nada de espaldas (gén. *Notonecta*, esp. *N. glauca*). | *Agenda CM* 78: En una charca sin contaminar viven en equilibrio las algas, .. predadores como los zapateros que caminan sobre la superficie del agua, o las notonectas.

notoriamente *adv* De manera notoria. | Delibes *Voto* 27: La voz de Dani volvió a sonar contundente, notoriamente alterada.

notoriedad *f* Cualidad de notorio. | Ramírez *Derecho* 57: En el hombre se castiga el hecho de tener "querida" o "amante", o sea manceba permanente y con notoriedad. Agustí *Abc* 4.12.70, 3: Algunos alcanzan la notoriedad política, otros tienen una dimensión financiera.

notorio -ria *adj* **1** Conocido públicamente. | Gimferrer *Des* 12.9.70, 29: Lévi-Strauss era simplemente un notorio antropólogo.
2 Evidente o que no ofrece duda. | PComa *Inf* 10.6.77, 24: Gault .. prosiguió sus búsquedas con un éxito cada vez más notorio.

nótula *f* (*lit, raro*) Pequeña nota o glosa. | L. LSancho *Abc* 29.9.74, 14: Viendo, mirando, oyendo, elabora ese escritor que confiesa que no le gusta escribir, sino haber escrito, las nótulas que componen este pliego suelto de "La Estafeta".

noumenal *adj* (*Filos*) De(l) nóumeno. | GÁlvarez *Filosofía* 2, 189: La unidad incondicionada habrá de hallarse .. en el ámbito de los "objetos pensados", en el área de lo noumenal, de lo trascendente.

nóumeno *m* (*Filos*) **1** Cosa pensada, objeto de la razón o de la intuición no sensible. *Se opone a* FENÓMENO. | Palacios *Juicio* 204: Con su desmedida dilatación de la esfera fenoménica ha hecho olvidar un problema filosófico fundamental: la discriminación entre el fenómeno y el nóumeno (Kant).
2 Cosa en sí. | Gambra *Filosofía* 75: Lo exterior a mí, la cosa en sí (el nóumeno) es, según Kant, incognoscible como tal.

nouveau roman (*fr; pronunc corriente,* /nubó-ŕomán/) *m* (*TLit*) Tendencia de mediados del s. XX en la novela francesa, la cual, reaccionando contra la novela tradicional, se caracteriza pralm. por la descripción objetiva y el rechazo del análisis psicológico. | Delibes *Año* 49: El "nouveau roman" es un género híbrido, nacido de las circunstancias, al que no hay por qué echarle a reñir con la novela. Son cosas distintas.

nouvelle cuisine (*fr; pronunc corriente,* /nubél-kuisín/) *f* (*Coc*) Tendencia surgida en Francia en los años 70, caracterizada por el empleo escaso de harina y grasas y por las salsas ligeras y los alimentos frescos de temporada. |

Ju. Echevarría *Ya* 29.11.90, 40: ¿Te das cuenta? ¡Platos congelados con extrañas salsas de *nouvelle cuisine*!

nouvelle vague *(fr; pronunc corriente,* /nubél-ból-/) *(Cine)* **A** *f* **1** Tendencia francesa de mediados del s. XX, caracterizada por la abstracción y el simbolismo y por la experimentación en la técnica fotográfica. | R. Rodríguez *Rev* 7/8.70, 28: Aunque en algunas entrevistas más recientes Truffaut haya hablado de sus preferencias por Renoir (el padre de la "nouvelle vague") .., no puede negar que fue discípulo de Rossellini. Sánchez *Cine* 1, 112: Lo que llamamos cine "nouvelle vague" nació en 1959.
B *m y f* **2** Realizador adepto a la nouvelle vague [1]. | Sánchez *Cine* 1, 112: Los "nouvelle vague" contribuyeron a desmontar los falsos prestigios; han creado un nuevo lenguaje.

nova *f (Astron)* Estrella que temporalmente adquiere un brillo superior al que le es habitual. | Artero *Inerte* 34: Novas. Cuando una estrella roja estalla, su luminosidad aumenta espectacularmente hasta más de 200.000 veces la anterior, regresando luego poco a poco a su condición anterior.

novac → NOVAK.

nova cançó *(cat; pronunc corriente,* /nóba-cansó/) *f* Tendencia musical de finales de los 60 en las regiones de habla catalana o valenciana, caracterizada por el empleo de la lengua vernácula y el carácter contestatario de las canciones. | E. Iparraguirre *SAbc* 1.6.69, 24: Y en la "nova cançó", Serrat. SGuarner *Mad Extra* 12.70, 68: Otros jóvenes protestatarios, para influir sobre la masa, se valen de la "nova cançó". El jativano Raimon, su principal figura, ha hecho escuela.

novachord *(n comercial registrado; pronunc corriente,* /nobakórd/) *m (Mús)* Instrumento electrónico de teclado de 6 octavas. | Casares *Música* 22: Instrumentos electrónicos .. El Novachord. Es un instrumento de teclado.

novaciano -na *adj (Rel crist)* Seguidor de la herejía de Novato (s. III), que negaba a la Iglesia el poder de perdonar los pecados cometidos después del bautismo. *Tb n.* | Tarradell *HEspaña* 1, 177: San Paciano forma parte de la tradición patrística, y como tal sus obras fueron dedicadas a refutar herejías –en especial la de los novacianos, que negaban el perdón de los pecados–.

novación *f* **1** *(Der)* Sustitución de una obligación por otra. | Ramírez *Derecho* 108: La novación se produce cuando una obligación se sustituye por otra, ya variando su objeto o sus condiciones principales, ya sustituyendo la persona del deudor, ya subrogando a un tercero en los derechos del acreedor. Compil. *Aragón* 571: Celebrado el matrimonio, la novación de capítulos requeriría la concurrencia de los ascendientes que hayan asistido al otorgamiento de aquellos.
2 *(lit)* Innovación o renovación. | Villegas *Arte* 19: En este mundo real .. ha nacido el cinema, una de sus más bellas creaciones .. El gran instrumento de esta novación es la ciencia, con su técnica y sus aparatos.

novador -ra *adj (lit)* Renovador o innovador. *Tb n, referido a pers. Esp referido a los que en la primera mitad del s XVIII propugnaron una renovación de los estudios.* | Berenguer *Lit. española* 4, 226: A nivel de la creación dramática, el radicalismo se manifiesta en una investigación formal que, partiendo de una actitud realista novadora, vehiculará una conciencia trágica, a veces expresionista –*Luces de Bohemia* (1920)–, en ocasiones revestida de una simplicidad clásica –*Fedra* (1910-1911)–. Mercader-DOrtiz *HEspaña* 4, 190: Los ilustrados, mucho más numerosos que los novadores, con influencia y aspiraciones políticas de que aquellos carecían, presentan una gran amplitud de preocupaciones.

novak *(tb, raro, con la grafía* **novac**) *m* Nobuk. | GTelefónica *N.* 58: Creaciones ante-napa y novac Manlord, S.L. *Ya* 4.12.75, 4: Distíngase... con un atractivo abrigo Sears a Precio de Oferta .. Abrigos de novak, rectos, mangas pegadas. GTelefónica *93* 1349: Peletería M. Augusto Álvarez, S.L. Confección ante, napa, novak.

novar *tr (Der)* Sustituir [una obligación]. *Tb abs.* | Espinosa *Escuela* 307: Didipo no hiló, .. ni tocó la dulzaina, ni novó contratos, ni cultivó mugueres. * Es necesaria la intención de novar.

novatada *f (col)* **1** Broma o burla que hacen al novato sus compañeros veteranos. *Frec con el v* GASTAR. | G. Ortí *Ya* 28.2.88, 14: El recrudecimiento y generalización de las novatadas en los cuarteles está llegando en los últimos días a adquirir tintes trágicos. *SPaís* 6.10.93, 6: Tres estudiantes defenestran a una chica por una novatada.
2 Contratiempo debido a la propia inexperiencia. *Frec con el v* PAGAR. | M. Mancebo *Inf* 1.4.78, 22: El concejal Puig Maestro-Amado .., después de echar una pequeña reprimenda al delegado en tono paternal, concluyó con esta frase, que tampoco tiene desperdicio: "Antonio, has pagado la novatada saliéndote de madre".

novato -ta *adj (col)* [Pers.] nueva [en un lugar o situación] e inexperta. *Frec sin compl. Frec n.* | Laiglesia *Tachado* 68: Aquel embajadorcillo novato, enjaezado y con sus mejores arneses, ofrecía un aspecto impresionante. **b)** [Cosa] propia del novato. | GPavón *Hermanas* 26: La corbata, .. por la endeblez del nudo novato, se le aflojaba a cada paso.

novator *m (hist)* Novador. | ÁMiranda *BFM* 12.92, 6: Aparece [el marqués de Villena] como un acabado "novator" con inquietudes enciclopédicas.

novecentismo *m (Arte y TLit)* **1** Movimiento intelectual y estético español surgido hacia 1900 y caracterizado por su tendencia europeizante, el sentido lúdico del trabajo intelectual y un cierto clasicismo. | J. M. Llompart *Pap* 1.57, 83: Un rápido esquema del desarrollo de la poesía catalana .. podría trazarse así: romanticismo, modernismo, novecentismo, madurez.
2 Siglo XX. | GNuño *Escultura* 172: Estas figurillas no han nacido en el novecentismo, sino que precisamente durante él están muriendo.

novecentista *adj (Arte y TLit)* **1** De(l) novecentismo [1]. | J. M. Llompart *Pap* 1.57, 84: El camino del "divino balbuceo" .. habría de conducir a la justificación de todo género de mediocridad .. La reacción novecentista permitió sortear el escollo. **b)** Partidario o cultivador del novecentismo [1]. *Tb n.* | ILaguna *Ateneo* 34: Estos jóvenes, que piden una España mejor, menos retórica y más pragmática –noventayochistas y novecentistas–, son estetas.
2 Del siglo XX. | GNuño *Escultura* 12: Los valores del arte ibérico se imponen por su sola presencia. Ante sus creaciones, el espectador consciente y novecentista ha de hallar el misterio y el hermetismo.

novecientos -tas *(tb, pop,* **nuevecientos**) **I** *adj*
1 *Precediendo a susts en pl:* Ochocientos noventa y nueve más uno. *Puede ir precedido de art o de otros determinantes, y en este caso sustantivarse.* | * Vale novecientas pesetas.
2 *Precediendo o siguiendo a ns en sg (o, más raro, en pl):* Noningentésimo. *Frec el n va sobrentendido.* | *Sp* 19.7.70, 24: Los países nórdicos, con sus drakars, .. cruzaron en incursiones los mares del Norte allá por el año novecientos de la era cristiana. * El noveciento aniversario.
II *pron* **3** Ochocientas noventa y nueve más una perss. o cosas. *Referido a perss o cosas mencionadas o consabidas, o que se van a mencionar.* | Delibes *Cazador* 72: Con mil ochocientas mensuales, pagando novecientas de piso, no puede hacer milagros.
III *m* **4** Número de la serie natural que sigue al ochocientos noventa y nueve. *Frec va siguiendo al n* NÚMERO. | * El número premiado es el novecientos.
5 Siglo XX. | GNuño *Arte* 417: Transcurridos dos tercios y pico de nuestro siglo, es tiempo sobrado para que nos permita delinear lo que el novecientos ha substanciado de nuevo.

novedad **I** *f* **1** Cualidad de nuevo (que acaba de hacerse o de aparecer). | *Tri* 11.4.70, 44: El ambiente madrileño en que Plinio y su amigo don Lotario deben establecerse se halla perfectamente reflejado en virtud del contraste entre la personalidad rural de los protagonistas y la novedad o "modernosidad" de algunos escenarios de sus trabajos.
2 Cosa nueva. *Esp en sent no material.* | Cunqueiro *Un hombre* 20: El hombre de palacio estudió en qué podría servirle el sobrino, y cayó en la cuenta de que en los lazos de cintas para atar los legajos, no lo que sería novedad para el rey. Mercader-DOrtiz *HEspaña* 4, 192: Su superioridad [de los médicos] no dimanaba de una sólida formación, sino de haber ingerido menos dosis de palabrería y tener menos aversión a las novedades. *Prospecto* 4.91, 1: Precios fantásticos

en las últimas novedades de la temporada .. El Corte Inglés. **b)** Cosa nueva que suscita el interés o la curiosidad general. | Cabezas *Abc* 4.10.70, 48: Fue [el gas] la gran novedad en las candilejas de los teatros, cuando se estrenaban los melodramas del duque de Rivas y de García Gutiérrez.

3 Suceso reciente. *Tb su noticia.* | * ¿Tienes alguna novedad que contarnos? GPavón *Reinado* 258: Se corrió la novedad entre los que estaban en la capilla, y todos miraban hacia la puerta para ver tan inesperada visita. **b)** Suceso anómalo digno de ser contado. | Cunqueiro *Un hombre* 14: –¿Qué es de los reyes? .. –Nada, no hay novedad. Salvador *Haragán* 56: Mis restantes primos nacieron sin mayor novedad. **c)** (*Mil*) Noticia que, reglamentariamente y a manera de saludo, da un inferior a un superior sobre el estado de una unidad o de un puesto. | Aldecoa *Cuentos* 1, 112: Jadeante, formó en el pelotón, esperando en posición de firme la novedad del sargento al alférez.

II *loc adv* **4 sin ~.** En perfecta normalidad. | GPavón *Hermanas* 11: Al llegar al Ayuntamiento, el guardia de puertas le saludó militarmente, pero en flojo: –Sin novedad, Jefe. * La tarde transcurrió sin novedad.

novedosamente *adv* (*raro*) De manera novedosa. | J. Castro *SInf* 26.12.74, 9: Teresa Gancedo, nueva en Madrid, expositora en Ovidio, una de las galerías distinguidas por este informador en la capitanía novedosamente expositiva de Madrid.

novedoso -sa *adj* [Cosa] que destaca por su novedad. | Mariequis *Caso* 5.12.70, 17: Deseo de alcanzar un fin soñado, afición a todo lo novedoso que ofrezca algo útil y razonable.

novel *adj* [Pers.] nueva en una actividad. *Tb n.* | J. Balansó *SAbc* 18.5.69, 21: Esta suma [de dinero] viene a ser como una bendición para el novel autor. *Abc* 23.8.66, 57: Ha hecho un buen partido, considerando que es un Segunda División, con varios noveles.

novela *f* Obra literaria en prosa, de alguna extensión, en la que se narran hechos total o parcialmente imaginarios presentados como componentes de una unidad. *Diversos géneros se distinguen por medio de compls o adjs:* DE AVENTURAS, DE CABALLERÍAS, PICARESCA, POLICIACA, ROSA, *etc* (→ AVENTURA, CABALLERÍA, *etc*). | DPlaja *Literatura* 434: Sus novelas [de Tolstoy] son amplios cuadros descriptivos, llenos de calor y de interés dramático. DPlaja *Literatura* 237: Añadió [Lope] una obra más a la lista de las novelas pastoriles con su *Arcadia*. VMontalbán *Mares* 55: Unas cien personas dispuestas a demostrar que sabían más sobre novela negra que la siete u ocho que componían la mesa. GLópez *Lit. española* 256: Ninguna de las intrigas por él [Cervantes] imaginadas se halla en la novelística italiana, que hacia aquella época constituía .. la fuente directa de la novela corta española.

novelable *adj* Que se puede novelar [1]. | Halcón *Monólogo* 13: Esto parece tema de novela erótica. Pero buena tontería es rechazar de plano lo novelable.

novelador -ra I *m y f* **1** Novelista. | MCachero *AGBlanco* 123: Hermosa frase .. pero incompleta, ya que en ella parece haberse olvidado al novelador.

II *adj* **2** (*raro*) Relativo a la acción de novelar. | S. Melero *Nor* 15.1.80, 36: Es de suma importancia constatar este hecho, porque de él irradia el sistema novelador de Martin du Gard.

novelar A *tr* **1** Narrar o tratar [algo] en forma de novela. | MGaite *Nubosidad* 188: Si me había sentido impulsada recientemente a novelar ese amor antiguo la causa había sido tu reaparición. **b)** Convertir [a alguien] en personaje de novela. | Zúñiga *His* 8.77, 131: Llega a España como un personaje, adinerado y ocioso, de los que noveló Hemingway.

B *intr* **2** Escribir novelas. | Laiglesia *Ombligos* 6: Creemos firmemente que la novela debe nacer de la imaginación pura. Y nunca de la vulgar realidad llena de impurezas. Novelar es inventar.

noveldense *adj* De Novelda (Alicante). *Tb n, referido a pers.* | G. Verdú *VerAl* 18.11.75, 10: Con motivo de la entrega de las Palmas Rojas, concedidas por el jefe nacional del Movimiento a los familiares de los cuatro noveldenses caídos con José Antonio .., la Jefatura Local del Movimiento ha organizado diversos actos.

novelería *f* (*desp*) Cosa novelesca o fantástica. | MGaite *Retahílas* 211: Ya pasé a novelerías sobre ese presunto reencuentro, imaginando escenarios, actitudes y circunstancias que lo embellecían. **b)** Bobada propia de novela. | Torres *Ceguera* 75: Un matrimonio y tres hijos .. más alguna que otra experiencia ocasional .. no eran lo suficiente para autorizarle a hablar de sentimientos. De esas novelerías prefería prescindir.

novelero -ra *adj* (*desp*) [Pers.] aficionada a novelerías. | Cunqueiro *Un hombre* 47: Y fue el propio Lino, que era algo novelero, quien le preguntó a Malena. **b)** Propio de la pers. novelera. | Grosso *Invitados* 46: Solo quiso impresionar a su amiga por conocer bien su temperamento apasionado y novelero.

novelescamente *adv* De manera novelesca. | *Gac* 5.10.75, 13: Novelescamente, pero también verídica y valerosamente, un anónimo muchacho negro .. se deshizo del mordisco mortal de un cocodrilo.

novelesco -ca *adj* De (la) novela. | Torrente *DJuan* 12: Esta "historia" tiene estructura novelesca, y a escribirla apliqué mi oficio de novelista. DPlaja *Literatura* 442: Este doble aspecto ideológico de su vida [de Alarcón] se refleja en sus obras novelescas. **b)** Propio de la novela. *Frec ponderando el carácter fantástico o de aventura de algo.* | GLópez *Lit. española* 306: Sin llegar al terreno de lo maravilloso, muchas de sus comedias [de Lope de Vega] –las de capa y espada, por ejemplo– desarrollan con habilidad una acción puramente novelesca que mantiene la expectación con inesperadas incidencias.

novelista *m y f* Pers. que escribe novelas. | CBaroja *Inquisidor* 17: Solo los novelistas con instinto certero han hablado de él.

novelísticamente *adv* **1** De manera novelística. | Serrahima *Des* 12.9.70, 10: Este intento de encarnar novelísticamente al pecador no era de fácil solución.

2 En el aspecto novelístico. | CNavarro *Perros* 212: Tú y tus esbirros os dedicabais a darnos el objetivismo como la última .. palabra novelísticamente hablando.

novelístico -ca I *adj* **1** De (la) novela. | MCachero *AGBlanco* 133: Contrahaciendo un dicho tópico afirmaríamos que la experiencia .. es la madre de la ciencia novelística.

II *f* **2** Género novelístico [1]. | GLópez *Lit. española* 256: Ninguna de las intrigas por él [Cervantes] imaginadas se halla en la novelística italiana, que hacia aquella época constituía .. la fuente directa de la novela corta española.

novelización *f* Acción de novelizar. | *Ya* 22.3.75, 44: Novelización de textos bíblicos .. La trama se centra en la figura de Poncio Pilato .. Se novelíza su vida.

novelizar A *tr* **1** Dar forma o carácter novelesco [a algo (*cd*)]. | Riquer *Caballeros* 36: La empresa del brazalete, que sirvió a Anthoni de Mont Aperto .. para novelizar sus reales afanes caballerescos, ha servido a Antoine de la Sale para dar una nota de realismo a las aventuras de su fingido Jehan de Saintré. VMontalbán *Transición* 95: Adolfo "ha novelizado su papel en exceso y sigue tendiendo a novelizarlo".

2 Novelar [1] [algo]. | *Ya* 22.3.75, 44: la trama se centra en la figura de Poncio Pilato .. Se novelíza su vida.

B *intr* **3** Novelar [2]. | Gimferrer *SPaís* 17.3.85, 7: A trechos noveliza con el brío desgarrado de color del folletín por entregas.

novelón *m* (*desp*) Novela extensa y de carácter recargadamente melodramático. | SSolís *Juegos* 47: Amparo me riñó afectuosamente por lo mucho que la había hecho llorar con mi último novelón radiofónico.

novembrino -na *adj* De noviembre. | ZVicente *Navarro* 424: En ese minuto preciso de la tarde novembrina, todos estamos absolutamente igualados por la locura envolvente.

novena → NOVENO.

novenario *m* Ejercicio devoto que se practica durante nueve días seguidos, esp. en sufragio de un difunto. | Delibes *Hoja* 96: Cuando ella murió .. la dije un novenario de misas. CSotelo *Proceso* 376: Hace unos meses, ya os lo dijeron, en Toledo se rezó un novenario por vuestras intenciones.

noveno – novillo

noveno -na I *adj* **1** Que ocupa un lugar inmediatamente detrás o después del octavo. *Frec el n va sobrentendido.* | VParga *Santiago* 9: Es curioso que ninguna de las dos crónicas asturianas, redactadas en el siglo noveno, diga nada.
2 [Parte] que es una de las nueve en que se divide o se supone dividido un todo. | * Tocamos a una novena parte de la finca.
II *n* A *m* **3** Parte de las nueve en que se divide o se supone dividido un todo. *Gralm seguido de un compl* DE. | Marcos-Martínez *Aritmética* 59: A los dos hermanos mayores les toca dos novenos de tableta, mientras al pequeño le corresponde un noveno.
B *f* **4** Ejercicio devoto que se practica durante nueve días seguidos en honor de Dios, la Virgen o algún santo. | Castellano *SAbc* 1.12.68, 35: ¡Acelere, que me pierdo la novena de San Ginés!
III *adv* **5** En noveno lugar. | *VozC* 25.7.70, 5: Tras larga y detenida deliberación, se acuerd[a] por unanimidad .. Noveno. Conceder los premios "Patronato para la Mejora de la Vivienda Rural".

noventa I *adj* **1** *Precediendo a susts en pl:* Ochenta y nueve más uno. *Puede ir precedido de art o de otros determinantes, y en este caso sustantivarse.* | Olmo *Golfos* 142: Los noventa céntimos que logró reunir.
2 *Precediendo o siguiendo a ns en sg (o, más raro, en pl):* Nonagésimo. *Frec el n va sobrentendido.* | Ley P. *Administrativo* 67: Artículo noventa. Torrente *Señor* 148: En mil ochocientos noventa y tantos, la cosa no era para tomarla a broma.
II *pron* **3** Ochenta y nueve más una perss. o cosas. *Referido a perss o cosas mencionadas o consabidas, o que se van a mencionar.* | GNuño *Arte* 157: Es preciso imaginar una masa pétrea de ciento cuarenta metros de larga, noventa de ancha y treinta y seis de alta para entender el esfuerzo de la catedral de Sevilla. * Lo dividió en noventa. * Noventa de los invitados no acudieron.
III *m* **4** Número de la serie natural que sigue al ochenta y nueve. *Frec va siguiendo al n* NÚMERO. | * El número premiado es el noventa. **b)** Cosa que en una serie va marcada con el número noventa. | * Le han calificado con un noventa.
5 los (años) ~, o, más raro, **los (años) ~s**. Último decenio de un siglo, esp. del XX. | Diosdado *Ochenta* 98: Los noventa son nuestros. Feliz mundo nuevo a todos.

noventayochista *adj (TLit)* De la Generación de 1898. *Tb n, referido a pers.* | MCachero *AGBlanco* 140: Noventayochistas y promoción de "El Cuento Semanal" .. suceden a los narradores realistas y naturalistas del último tercio del siglo XIX.

noventón -na *adj (col)* [Pers.] de edad comprendida entre los noventa y los cien años. *Tb n.* | * El señor Andrés es un noventón casi centenario.

novesano -na *adj* De Novés (Toledo). *Tb n, referido a pers.* | F. Til *YaTo* 13.8.81, 38: La acogedora población toledana de Novés abre una vez más las puertas a la cultura gracias al entusiasmo .. que los novesanos sienten hacia su patria chica.

noviaje *m (reg)* Noviazgo. | CPuche *Paralelo* 270: También era suerte perra la suya; ahora, además de todo este asunto de las armas .., la cantinela del noviaje de Tomás.

noviajo *m (col)* Noviazgo. *A veces con intención desp.* | Umbral *Memorias* 113: Había señoritas que, metidas ya en noviajos, seguían con la afición entre infantil y pecaminosa de la bicicleta.

noviazgo *m* Relación de novio [1]. *Tb el tiempo que dura.* | Laforet *Mujer* 46: La abuela ocultó al padre de Paulina .. el largo noviazgo de Paulina con un joven licenciado en Filosofía y Letras. Gullón *Abc* 1.10.87, 3: El Espíritu Santo, Rimbaud, .. la corrida de Beneficencia, el noviazgo del dictador con Niní Castellanos .. y muchos más temas saltaban a la mesa del café.

noviciado *m* **1** Condición de novicio. *Tb el tiempo que dura.* | Hoyo *Gracián* XVII: Durante el noviciado de Gracián, la casa de probación tarraconense estuvo gobernada por el padre Crispín López. CSotelo *Muchachita* 273: Mira, Mercedes; estos sobresaltos se te pasarán pronto. Forman parte de tu noviciado, pero te aclimatarás en seguida. E. Corral *Abc* 22.11.70, 66: El noviciado del personaje le restó, sin duda, brío y fuerza.
2 Residencia o casa de novicios [1]. | GNuño *Madrid* 15: El retablo, procedente del noviciado de Jesuitas .., supone un trozo arquitectónico importante.
3 Conjunto de (los) novicios [1]. | Escudero *Juniorado* 17: En sentido estricto, entendemos [por juniorado] el tiempo dedicado de propósito a continuar la formación del noviciado en casas destinadas al efecto.

novicio -cia *m y f* **1** Pers. que ha tomado el hábito en una orden religiosa y no ha profesado todavía. | DPlaja *El español* 51: Es la historia de una monja –no ya novicia– a la que enamora un caballero. Laforet *Mujer* 143: Unos novicios jugaban a la pelota en el gran patio central.
2 Principiante. *Frec con un compl* EN *o* DE. | CSotelo *Proceso* 340: En mil quinientos cincuenta y cinco ya andaba Ginesillo Dueñas ayudando al Alguacil Mayor de Valladolid. Llevo, por tanto, cuatro años, y no soy un novicio. Marín *Enseñanza* 231: El alumno de cuarto curso ya no es un mero novicio en el trabajo escolar. *Gac* 11.5.69, 70: Junto con las novicias del paracaidismo subieron al avión .. el piloto Rolando Longoni, el instructor Walter Ruch.

noviear *intr (col)* Tener relación de novio [1] [con alguien]. *Tb sin compl.* | GSerrano *Madrid* 169: En el 18 de la calle de Atocha está la entrada de artistas del Calderón, como saben todos los aficionados a noviear con vicetiples.

noviembre *m* Undécimo mes del año. *Se usa normalmente sin art.* | Laforet *Mujer* 313: ¿Te acuerdas de la niña de Micaela, mujer? .. La aplastó el camión de la serrería en noviembre.

novieo *m (col)* Acción de noviear. | Goytisolo *Recuento* 133: Rememora los buenos malos ratos pasados, el novieo con las novias y el puteo con las putas.

noviero -ra *adj (col)* [Pers.] enamoradiza o que ha tenido muchos novios. | DCañabate *Andanzas* 216: Fue muy noviera y terminó casándose con un chulín de baile.

noviete -ta *m y f (col)* Novio [1] no formal. | Burgos *D16* 19.8.91, 52: Alguien podrá decir que igual que el Príncipe tiene libertad para elegir novieta, por qué los españoles no vamos a tener libertad para elegir Jefe del Estado.

novillada *f* Corrida de novillos. | Medio *Bibiana* 120: Un día fui a ver una novillada. **b)** Conjunto de novillos que se lidian en una novillada. | A. Gómez *País* 3.2.83, 31: La ganadería comprada está compuesta por setenta vacas y cerca de cuarenta novillos, entre los que hay ya una novillada hecha para ser lidiada esta temporada.

novillería *f* Conjunto de novilleros [1]. | T. Medina *MHi* 8.60, 22: Es la figura de la novillería de nuestro tiempo. Muy pronto tomará la alternativa.

novilleril *adj* De(l) novillero o de (los) novilleros [1]. | *Abc* 10.12.74, 98: Cayetano Ordóñez .. realizó brillantes campañas en el escalafón novilleril.

novillero -ra *m y f* **1** Pers. que lidia novillos [1]. | *Rue* 7.3.63, 5: Un novillero afortunado puede hacerse millonario en dos temporadas. *CoE* 17.8.75, 17: La rubia novillera Ángela resultó cogida por el primer novillo que le correspondió lidiar en la feria de Huesca.
2 Pers. que cuida novillos [1]. | G. Ferrari *MHi* 8.66, 34: Tiene [el mayoral] la responsabilidad de la vacada. Hay también vaqueros, novilleros, pastores y zagales.
3 *(col)* Pers. que hace novillos [2]. *Tb adj.* | DCañabate *Andanzas* 127: Este optimismo, este contento, llegaban hasta los tristes claustros del viejo caserón de la Universidad .. con el cosquilleo de la apetencia de hacer novillos .. Cierta mañana, uno de los novilleros propone. *Ya* 6.2.92, 8: El Congreso delatará a los "novilleros". J. L. Carrasco *Ya* 6.2.92, 8: Pretenden que el castigo a imponer a los "diputados novilleros" tenga un carácter económico.

novillo -lla A *m y f* **1** Toro o vaca de tres a cuatro años. | Cuevas *Finca* 22: Se domaban novillas y mulas cada año.
B *m* **2** *(col) En pl:* Falta injustificada a clase. *Gralm en la constr* HACER **~s**. *Tb fig, referido a cualquier obligación.* | Olmo *English* 33: –¿Qué os parece? ¿Declaramos hoy día de novillos? –¡Qué novillos ni qué puñetas! ¡Se acabó el baile!

Olmo *Golfos* 28: –¿Hacemos novillos? –¿Qué toca hoy? –Del verbo. –¡Pa su padre! Campmany *Abc* 26.3.88, 17: Tendrá que esperar otra ocasión, en que sus señorías no hagan novillos y los pupitres estén más poblados.

novilunio *m* (*Astron*) Conjunción de la Luna con el Sol. | *Anuario Observatorio 1967* 214: En la columna sexta se da la edad de la Luna, o sea el número de días transcurridos desde el último novilunio.

novio -via I *m y f* **1** Pers. que mantiene relaciones amorosas formales [con otra (*compl de posesión*)] con intención de casarse con ella. *Tb sin compl, en pl.* | Laforet *Mujer* 46: A su novio, Víctor, Paulina le exigía una comedia entera, delante de la abuela. **b)** Pers. que mantiene relaciones amorosas [con otra (*compl de posesión*)]. *Tb sin compl, en pl.* | ZVicente *Balcón* 38: Anda anda, con esos novios que se quedan ahí ya anochecido. GPavón *Reinado* 222: A don Lupercio y a su *novio* los he enviado a Alcázar.
2 Pers. que se casa o acaba de casarse. | Delibes *Año* 185: Obviar el traje de novia era en 1946 casi, casi, un sacrilegio, pero nosotros lo cometimos. *País* 5.5.77, 22: Pasan su viaje de novios por España. **b)** *Se usa en constrs de sent comparativo para ponderar la elegancia de un hombre.* | Olmo *Golfos* 150: ¡Vaya, qué elegante! ¡Quedó hecho un novio!
3 (*col, humorist*) Aspirante a la posesión [de algo]. | CSotelo *Muchachita* 299: Quinientos mil barriles de uva de Almería, sin novia, a punto de pudrirse en el puerto, y los alemanes, que no y que no. GPavón *Reinado* 218: Y luego el invierno, cuando los vinos ya están posados y les salen novios.
II *loc adj* **4 compuesta y sin ~** (*o* **compuesto y sin novia**). (*col*) Sin algo que se esperaba y para lo que se habían hecho los preparativos oportunos. *Normalmente con los vs* QUEDARSE *o* DEJAR. | Campmany *Abc* 26.3.88, 17: Total, que entre todos dejaron a don Roberto compuesto y sin novia. Tendrá que esperar otra ocasión, en que sus señorías no hagan novillos.

no-violencia (*tb con la grafía* **no violencia**) *f* (*Pol*) Renuncia, por principio, al uso de la fuerza física para la consecución de los objetivos propuestos. *Tb el mismo principio.* | Marías *Españoles* 85 (G): Tuvo y mantuvo muchas lealtades, a la amistad, a la no-violencia, al decoro intelectual. R. Torres *Arr* 23.9.58, 31: Enseñó y practicó la no violencia y murió a manos de un violento.

novísimo -ma I *adj* **1** *superl* → NUEVO.
II *m* **2** (*Rel catól*) Postrimería. *Normalmente en pl.* | SLuis *Doctrina* 56: Los novísimos o verdades eternas son: la Muerte, el Juicio, el Infierno y el Cielo.

novocaína (*n comercial registrado*) *f* (*Med*) Procaína. | MNiclos *Toxicología* 24: Resultan muy eficaces .. el nitrilo de amilo y la novocaína.

novocaínico -ca *adj* (*Med*) De (la) novocaína. | Caldas *SAbc* 1.12.68, 39: En Rumania una doctora utilizaba un preparado novocaínico que, inyectado, eliminaba ciertos trastornos y ciertos achaques de la vejez.

noxa *f* (*Med*) Influencia o agente nocivo. | Rof *Rev* 7/8.70, 13: El que reciban suficiente amor, amor de verdad, desinteresado, diatrófico, les indispensable para que se desarrollen con normalidad psicológica, con capacidad para amar a los demás y hasta con una normal resistencia contra las noxas exteriores.

noyés -sa *adj* De Noya (La Coruña). *Tb n, referido a pers.* | *Abc* 7.9.66, 36: Es evidente el interés de infinidad de gentes, incluso extranjeras, por disfrutar de la vacación en lugar de tanta riqueza monumental, tan hermosa naturaleza y tan espléndidas playas como es la comarca noyesa.

nozal *m* (*reg*) Nogal. | Mayor-Díaz *Flora* 529: *Juglans regia* L. "Nogal", "Nozal", "Noceo".

nozaleda *f* (*reg*) Nogueral. | Lueje *Picos* 35: Bajando hacia la línea de los caseríos, de las aldeas y pueblos, se prolonga la rica y espléndida fronda de los castañedos, y siguiendo, metida por las cuencas de los ríos, la no menos valiosa de las nozaledas.

nuba *f* **1** Cierta canción popular norteafricana. *Tb su música.* | Vega *Cocina* 160: Entre todas las ciudades andaluzas, la más citada en los romancillos judíos que cantaban las muchachas sefarditas en las azoteas, era Jaén, a quien también se nombraba en la nuba afro-hispánica que comienza: "Ya despertaron".
2 Música militar de tambores y chirimías propia del Norte de África. | GSerrano *Macuto* 183: Los sones de la nuba se suben a la cabeza y se adentran dulcemente en las entretelas del corazón.

nubada *f* Golpe abundante de agua que cae de una nube en un lugar determinado. | FVidal *Ayllón* 53: Un mal tablón anuncia "Pico de Grado" con pintura azul, difusa ya por ventiscas invernales y nubadas de estío.

nubado -da *adj* Coloreado en figura de nubes [1a]. | Aldecoa *Gran Sol* 155: El arrendote tenía una baba de sangre en el pico .. Todavía la suciedad de la cubierta no manchaba su nubada pechuga.

nubarro *m* (*raro*) Nubarrón. | Aldecoa *Cuentos* 1, 162: Cuando la señorita Sánchez y Antonio Guerra bajaron en Ventas, el sol poniente cobreaba el piso alto de la plaza de toros. La cola del nubarro, teñida del color de las uvas podridas, desaparecía por los altos de la carretera de Aragón.

nubarrón *m* Nube [1a] grande y densa de color oscuro, que amenaza tormenta. *Tb fig.* | Delibes *Ratas* 102: Un nubarrón cárdeno y sombrío se asentó sobre la Cotarra Donalcio y fue desplazándose paulatinamente hacia el sudeste. *Abc* 21.5.67, 99: Negros nubarrones sobre el cielo de la capital rumana durante todo el partido de dobles, y negros nubarrones sobre las posibilidades españolas después de este resultado imprevisto.

nubazo *m* (*reg*) Nube de tormenta. | Delibes *Voto* 147: Una brisa muy fina había barrido el nubazo que ahora relampagueaba vivo sobre las crestas de poniente.

nube I *f* **1** Masa de vapor de agua suspendida en la atmósfera. | Aldecoa *Gran Sol* 13: En el cielo del atardecer se apretaban las nubes como un racimón de mejillones, cárdeno y nacarado. **b)** Masa [de humo, gas o polvo] en forma de nube. *Con un compl especificador.* | Olmo *Golfos* 142: Una nube de polvo se levanta alrededor de las monedas que van cayendo.
2 Agrupación muy numerosa [de aves, insectos u objetos que vuelan juntos]. | Bustinza-Mascaró *Ciencias* 289: Muchas aves forman bandadas ..; determinados insectos, como la langosta, nubes. Arce *Testamento* 27: A su paso se levantaban nubes de vilanos. **b)** Gran cantidad [de perss. o cosas]. | CBaroja *Inquisidor* 25: Indicaremos que en la Sevilla del siglo XVI los tres inquisidores en ejercicio estaban asistidos por un fiscal .. y una nube de subalternos.
3 Mancha blanquecina que se forma en la parte exterior de la córnea del ojo. | Laforet *Mujer* 166: Tenía una nube en un ojo. Con el otro fulminaba, la muy lagarta.
4 Nube [1a] de tormenta. *Tb la misma tormenta.* | Delibes *Inf* 10.1.77, 14: Un nubarrón color barriga de topo dejó caer unas gotas que provocaron en el río una animación desacostumbrada .. Cuando de nuevo tuvo la escampada disponible, la nube había pasado, volvió a brillar el sol, y el río retornó a su inicial pasividad. **b) ~ de verano.** Lluvia tormentosa repentina y breve. *Tb fig.* | * Nos cogió una de esas nubes de verano, y tuvimos que ir a casa a cambiarnos de pies a cabeza. A. Aricha *Sáb* 12.10.74, 74: El toreo femenino no pasó nunca de ser algo así como esas nubes de verano que causan más perjuicios que beneficios y se esfuman sin dejar rastro. **c)** Enfado pasajero. *Tb ~ DE VERANO.* | * No le hables hasta que se le pase la nube. * –¿Está muy enfadado? –No; solo ha sido una nube de verano.
II *loc v* **5 poner** [a una pers. o cosa] **por las ~s.** (*col*) Alabar[la] mucho. | Lera *Clarines* 500: Que si tienes estilo, que si conoces los toros .. Ya te digo que te ha puesto por las nubes. Ridruejo *Memorias* 42: Le leí una docena de sonetos .., y los puso por las nubes.
6 ponerse [alguien] **por las ~s.** (*col*) Enfadarse mucho. | * Se puso por las nubes solo por nombrárselo.
III *loc adv* **7 en** (*o* **por**) **las ~s.** (*col*) Fuera de la realidad o sin enterarse de lo que sucede. *Frec con los vs* VIVIR, ESTAR *o* ANDAR. | SRobles *Abc* 28.8.66, sn: ¡Ay, Germán, tú vives en las nubes! Medio *Bibiana* 17: Nunca te enteras de nada. Siempre andas por las nubes.
8 por las ~s. (*col*) A un precio elevadísimo. *Normalmente con los vs* ESTAR *o* PONERSE. | Lera *Bochorno* 32: –Nosotros necesitamos una querida; cuanto más golfa, mejor. –Pero ahora esas mujeres están por las nubes. *Abc*

núbil – nuclear

Extra 12.62, 9: Hasta 1739 los moldes se rompen, y a ello obedece que los objetos en escala ínfima .. se pusieran por las nubes.

núbil *adj* (*lit*) [Pers., esp. mujer] que está en edad apta para contraer matrimonio. | FVidal *Duero* 104: Viajero, mozuela núbil y magnetofón pasan de dependencia en dependencia del templo. **b)** Propio de la pers. núbil. | Marsé *Tardes* 103: La núbil languidez de sus movimientos era solo aparente.

nubilidad *f* (*lit*) Condición de núbil. *Tb la edad en que se alcanza esa condición.* | Gala *SPaís* 3.12.78, 6: La sexualidad consiste en un poder, una función y un apetito congénitos que, a partir de un momento –pubertad, nubilidad–, todo ser humano está capacitado y facultado para ejercer y satisfacer.

nubio -bia *adj* (*hist*) De Nubia (región de África). *Tb n, referido a pers.* | R. Griñó *HyV* 1.75, 66: Cuando ocurrió [en Egipto] lo contrario (como en la dinastía XXV, nubia, y en la XXVII, persa), el pueblo depositó sus esperanzas en aquellos dioses de carne y hueso que no le defraudaron. Ubieto *Historia* 108: Las nubias eran las negras más apreciadas como concubinas.

nublado I *m* **1** Acumulación de nubes en el cielo, esp. de tormenta. | Medina *Pue* 24.12.69, 2: Viene un frente de carácter frío .. Con él se producirán en esas regiones nublados y chubascos. **b)** Tormenta. *Tb fig.* | Delibes *Historias* 67: Una vez, el nublado sorprendió a Padre de regreso de Pozal de la Culebra .. Y como dicen que la piel de los animales atrae las exhalaciones, todos en casa .. andábamos intranquilos. * Parece que ya pasó el nublado; le he visto reírse.

II *loc v* **2 temer** [a alguien o algo] **más que a un ~**, *o* **tener**[le] **más miedo que a un ~**. Temer[lo] muchísimo. | MGaite *Cuento* 381: Lo teme más que a un nublado. Romano-Sanz *Alcudia* 252: Aquí hay muchas supersticiones. Se tiene más miedo al mal de ojo que a un nublao.

nublar A *tr* **1** Ocultar u oscurecer [las nubes (*suj*)] el cielo o la luz del Sol o de la Luna]. *Tb fig.* | *Reg* 26.6.79, 5: Miles de estos ejemplares .. nublan una buena parte del cielo. **b)** Ocultar u oscurecer [las nubes (*suj*)] el cielo [de un lugar (*cd*)]. | *Ya* 13.7.74, 1: Una aparatosa y breve tormenta nubló ayer tarde Madrid. **c)** *pr* Ocultarse u oscurecerse tras las nubes [un astro o su luz]. | C. Gutiérrez *Med* 15.4.60, 3: De repente el sol se nubla, la tierra se cubre de tinieblas.

2 Hacer que (algo (*cd*)] pierda su claridad o nitidez. *Tb fig.* | Laiglesia *Ombligos* 27: Cuando la cólera nuble sus mirada, baje sus ojos hasta posarlos en el ombligo de su contrincante. MGaite *Nubosidad* 296: Las lágrimas empezaron a nublarme los ojos. SLuis *Doctrina* 95: Nublan el ideal y matan la personalidad. **b)** *pr* Perder [algo] su claridad o nitidez. *Tb fig.* | DCañabate *Paseíllo* 38: Los ojos de Araceli se nublaron con unas lagrimitas.

3 Ofuscar [a una pers. o su mente]. | Landero *Juegos* 289: Gregorio, nublado por el anís, fue tanteando el rumbo hacia la pensión. Laforet *Mujer* 84: Tenía el cerebro nublado por la idea de Paulina. **b)** *pr* Ofuscarse [una pers. o su mente]. | * Su mente se nubló a consecuencia del alcohol.

4 (*lit*) Entristecer o ensombrecer. | * La angustia nubló su rostro. **b)** *pr* (*lit*) Entristecerse o ensombrecerse. | Buero *Diálogo* 79: Se le nubla el rostro.

B *intr* ➤ **a** *personal pr* **5** Llenarse de nubes [el cielo o el tiempo]. | Laforet *Mujer* 133: Se estaba nublando ligeramente el cielo con el velo gris del polvo canicular. Halcón *Ir* 319: Como si se nublase el día, quedó barrido todo indicio de familiaridad.

➤ **b** *impers* **6** (*raro*) Llenarse de nubes el cielo o el tiempo. *Frec pr.* | GBiedma *Retrato* 184: Estos últimos días ha nublado. * Parece que se nubla por el Oeste.

nublazo *m* (*reg*) Nube grande de tormenta. | Aldecoa *Gran Sol* 21: Cuando esté todo listo avisas, que quiero que salgamos pronto. Se está echando un nublazo.

nublo -bla (*pop o lit*) **I** *adj* **1** Nublado, o cubierto de nubes. | Landero *Juegos* 176: La luz de afuera –de tarde nubla– no daba para alumbrar a todos.

II *m* **2** Nublado [1]. | CBonald *Ágata* 89: Empezó a caer una lluvia pajiza y caliente .. Temió entonces Manuela que Perico Chico también se hubiese podido resbalar hacia la estribación del peligro, y lo buscó por lo más opaco del nublo sin advertir que era él quien la buscaba.

nubloso -sa *adj* (*raro*) Nublado, o cubierto de nubes. | Matute *Memoria* 63: Las noches transparentes bebía licor de naranja, .. y Pernod los días nublosos.

nubosidad *f* Cualidad de nuboso. *Tb fig.* | DMa 29.3.70, 32: Favorece la desaparición de dicha nubosidad la existencia a través de la mitad septentrional de la península de una prolongación del anticiclón de las Azores. MGaite *Nubosidad* 249: Lo entendí de lejos y sin daño, con la extraña nubosidad mezclada de certeza con que a veces se entienden las cosas en sueños o se ve una ciudad a nuestros pies cuando empieza a subir el avión.

nuboso -sa *adj* [Cielo o tiempo] que tiene nubes. | Ortega-Roig *País* 49: El clima oceánico .. se caracteriza por la abundancia de lluvias .., cielos nubosos y temperaturas suaves.

nuca *f* Parte posterior de la cabeza en que esta se une al cuello. | CNavarro *Perros* 138: Las manos las tenía cruzadas bajo la nuca a manera de almohada. *Abc* 19.11.72, sn: Maravillosos abrigos de piel auténtica .. Modelos en nucas de Kid moteado. Rodríguez *Monfragüe* 64: Águila imperial .. Los individuos adultos muestran todo el plumaje pardo muy oscuro, casi negro, salvo la nuca y los hombros, que son blancos.

nucela *f* (*Bot*) Parte central y principal del óvulo. | Alvarado *Botánica* 41: La parte principal de los óvulos .. es una masa parenquimatosa, llamada nucela o nuececilla, envuelta por uno o dos tegumentos en forma de copa.

nucleación *f* Acción de nuclear[2]. *Tb su efecto.* | GCaballero *Ya* 5.12.74, 45: ¿Por anastomosis, como una nucleación biológica, en un "triunfo del instinto gregario del hombre", pronosticado por Frank Ll[oy]d Wright?

nucleado -da *adj* **1** *part* → NUCLEAR[2].
2 (*Biol*) Provisto de núcleo [2]. | Navarro *Biología* 62: La célula madre sufre, dentro de la membrana, escisiones sucesivas del núcleo que más tarde van acompañadas por las del citoplasma, terminando por hacerse independientes estos fragmentos nucleados al romperse la membrana de la célula madre.

nucleador -ra *adj* Que nuclea. | *País* 15.9.81, 8: Cuerpos especiales bien dotados de apellidos ilustres, nucleadores de no pocas instancias de poder.

nucleamiento *m* Acción de nuclear[2]. *Tb su efecto.* | L. Apostua *Ya* 12.6.74, 13: Si tomamos con cierta perspectiva los últimos acontecimientos políticos, veremos cómo surgen los nucleamientos de las futuras asociaciones o partidos políticos del país.

nuclear[1] *adj* **1** De(l) núcleo [1, 2 y 3]. | Castilla *Alienación* 9: Cualesquiera sean los problemas tratados anteriormente, todos ellos convergen en el problema más general, nuclear, que es el de la alienación de la mujer. Navarro *Biología* 44: Membrana nuclear.
2 [Energía] procedente de la ruptura del núcleo del átomo. | *Alc* 1.2.56, 3: El presidente Eisenhower y el primer ministro británico .. terminan hoy sus conversaciones con una conferencia dedicada a energía nuclear. **b)** De (la) energía nuclear. | V. Gállego *ByN* 31.12.66, 43: En cuestiones atómicas .., el convenio sobre la supresión parcial de las pruebas nucleares. **c)** Que utiliza la energía nuclear. | *País* 15.11.81, 3: Francia construirá dos nuevos submarinos nucleares. *Abc* 30.5.71, 53: Se refirió más tarde al alcance de la medicina nuclear. **d)** De (las) armas nucleares [2c]. | V. Gállego *ByN* 31.12.66, 42: China hará una nueva demostración de que desarrolla y perfecciona su arsenal nuclear. FSalgado *Conversaciones* 494: China desconocía estos secretos y sin embargo hoy está muy adelantada en esta materia, siendo considerada como potencia nuclear. **e)** [Resonancia] ~ → RESONANCIA.
3 (*Sociol*) [Familia] constituida exclusivamente por la pareja y sus hijos. | *Faro* 6.8.75, 11: Hoy esta [la familia] se reduce a los cónyuges y sus hijos menores, a la llamada familia "nuclear".

nuclear[2] *tr* **1** Ser núcleo [1a y b] [de algo (*cd*)]. | E. Romero *Pue* 1.10.70, 3: No se conocen los programas políticos de que aspiran a nuclear una oposición no institucio-

nalizada en la legalidad. J. P. Quiñonero *Inf* 9.4.76, 18: Madariaga permanece fiel al sustrato ideológico que nuclea toda su obra: defensa del individuo frente al ascenso piramidal de poderes del Estado moderno.
2 Organizar [algo (*cd*) alrededor de un núcleo [1a y b]]. *Tb sin compl.* | Valencia *Teatro 1963* 32: Sería de interés decisivo para juzgar su teatro penetrar en su "manera" de nuclear sus comedias de gran éxito. R. Conte *SInf* 1.4.71, 3: "Las catedrales" –narraciones nucleadas en torno a varios templos–.

nuclearista *adj* Partidario de la nuclearización. *Tb n, referido a pers.* | L. LSancho *Abc* 19.3.87, 77: Una pacifista frente a un militar nuclearista convencido.

nuclearización *f* Acción de nuclearizar. | E. Haro *Tri* 20.2.71, 4: El mismo Nixon no ha vacilado en calificar este paso de "modesto". Tiende, sobre todo, como las anteriores prohibiciones, a limitar la nuclearización de otros países. Miguel *Perversión* 54: Lo que puede suceder es algo que conviene admitirlo, sea el nudismo en las playas, el consumo generalizado de drogas alucinógenas o la nuclearización de los ejércitos.

nuclearizar *tr* Establecer el uso de la energía nuclear con fines civiles o militares [en un lugar (*cd*)]. | *Ya* 10.2.81, 22: Margaret Thatcher, decidida a nuclearizar Gran Bretaña.

nuclearmente *adv* De manera nuclear[1]. | Alfonso *España* 57: No será necesario decir que la cultura como fin es, muy nuclearmente, la cultura humanística.

nucleasa *f* (*Biol*) Enzima que desintegra los ácidos nucleicos. | Navarro *Biología* 153: La nucleasa desintegra a los ácidos nucleicos en sus componentes: ácido fosfórico, pentosa y base nitrogenada, completando así la acción de la tripsina pancreática.

nucleico -ca *adj* (*Biol*) [Ácido] constituido por una purina, un azúcar y un ácido fosfórico y que es fundamental en la vida de los seres. | Navarro *Biología* 25: Nucleoproteidos .. El grupo prostético, denominado ácido nucleico, está formado por la asociación de los tres cuerpos siguientes: ácido fosfórico, una pentosa .. y una base nitrogenada denominada purina.

nucleínico -ca *adj* (*Biol*) Nucleico. | Bustinza-Mascaró *Ciencias* 244: El P entra en la constitución de los ácidos nucleínicos que son componentes de los cromosomas del núcleo celular.

núcleo *m* **1** Parte central o fundamental [de algo]. | Amorós-Mayoral *Lengua* 106: Dentro del sujeto ["un enorme gato negro"], veis que hay un sustantivo principal: "gato". Ese es el núcleo del sujeto. Academia *Esbozo* 13: En la cima compuesta, la vocal de mayor perceptibilidad se denomina núcleo o vocal silábica. **b)** Parte principal [de un conjunto] alrededor de la cual se organizan los demás elementos. | * El núcleo cultural de la región era precisamente este salón de conferencias. **c)** Parte central [de la Tierra]. | Ybarra-Cabetas *Ciencias* 5: Puesto que el radio de la Tierra es de 6.367 kms., y los geólogos admiten como límite máximo de profundidad de la Litosfera el de 1.200 kms., queda entre esta profundidad y la del comienzo del núcleo (2.900 kms.) una zona intermedia. **d)** Parte más densa y brillante [de un astro]. | Zubía *Geografía* 12: Partes del Sol: .. 1º Núcleo: de tamaño y composición desconocidos. 2º Fotosfera .. 3º Cromosfera .. 4º Corona. Zubía *Geografía* 16: Cometas .. Constan de una parte central, llamada núcleo o cabeza; es luminosa y brillante; una aureola luminosa que la rodea y que se llama cabellera; una ráfaga de luz difusa en dirección opuesta al Sol, llamada cola.
2 (*Biol*) *En la célula:* Corpúsculo redondeado u ovoide contenido en el citoplasma y que rige las funciones de nutrición y reproducción. | Alvarado *Anatomía* 15: La mayoría de las células poseen durante toda su vida un solo núcleo.
3 (*Fís*) *En el átomo:* Parte central, de carga positiva, formada de protones y neutrones. | Catalá *Física* 812: Rutherford estableció el primer modelo racional del átomo; según este, los electrones giraban alrededor del núcleo en órbitas de radios muy grandes.
4 (*Electr*) Pieza de materia magnética sobre la cual se devana el hilo de las bobinas, inductores y otros circuitos. | *GTelefónica N.* 918: Sociedad Industrial de Electromagnetismo, S.L. Fabricación de Núcleos H.F. y Conmutadores para Radio y TV.
5 Agrupación de perss. unidas por algo común. | *Alc* 1.1.55, 3: *El Alcázar* quiere formar en torno suyo un núcleo de periodistas y escritores. Céspedes *HEspaña* 3, 337: La política de reducciones, dirigida a fijarlos [a los indios] en nuevos núcleos urbanos, fracasa en parte por defectos de realización.
6 (*Prehist*) Piedra de sílex u otra materia semejante, trabajada para obtener lascas. | Pericot-Maluquer *Humanidad* 33: Con gran ingenio, el hombre del Paleolítico fue descubriendo las mejores maneras de obtener lascas u hojas de tamaño y forma conveniente preparando los núcleos o guijarros y luego, con hábil retoque, obtenía la pieza deseada.

nucléolo (*tb* **nucleolo**) *m* (*Biol*) Corpúsculo esférico que se encuentra en el interior del núcleo celular. | Navarro *Biología* 44: Nucléolos. Son uno o varios corpúsculos esferoidales muy refringentes que se tiñen por los colorantes ácidos, debido a que tienen reacción básica. Desaparecen al dividirse el núcleo. Bustinza-Mascaró *Ciencias* 22: En el núcleo se distingue además: uno o más corpúsculos llamados nucleolos.

nucleón *m* (*Fís*) Partícula (protón o neutrón) componente del núcleo atómico. | *Inf* 16.5.70, 21: En el choque de un electrón contra un protón nace un protón o un neutrón (a ambas partículas se les da el nombre genérico de nucleón).

nucleónico -ca *adj* (*Fís*) [Física] del núcleo atómico. *Tb n f.* | *Act* 25.1.62, 40: Entre los productos especiales de Oerlikon figuran .. dispositivos especiales para laboratorios, como electroimanes de ciclotrón para la física nucleónica. **b)** De (la) física nucleónica. | *Ya* 22.10.64, sn: Equipo nucleónico. Osciloscopios. Un estroboscopio.

nucleoproteido *m* (*Quím*) Componente proteico del núcleo de las células, constituido por la combinación de una proteína con un ácido nucleico. | Navarro *Biología* 25: Nucleoproteidos. Son los componentes proteicos del núcleo de las células, aunque también se encuentran en el citoplasma.

nucleótido *m* (*Quím*) Producto de la hidrólisis del ácido nucleico por la nucleasa, constituido por una base nitrogenada, un azúcar y un grupo fosfato. | C. GCampo *SAbc* 27.4.69, 35: Cuatro moléculas orgánicas de carácter ácido que genéricamente se denominan nucleótidos.

núclido *m* (*Fís*) Átomo definido por su número atómico, su número de masa y su estado de energía nuclear. | *Unidades* 21: La unidad de masa atómica (unificada) es igual a 1/12 de la masa de un átomo del núclido ^{12}C.

núcula *f* (*Bot*) Aquenio cuya semilla es libre. | Alvarado *Botánica* 48: Se llaman núculas o aquenios propiamente dichos cuando la semilla es libre (bellota, avellana).

nudillo *m* **1** Parte exterior de las articulaciones de los dedos de la mano. | ZVicente *Balcón* 42: Una resurrección dolorosa que les hace a todas más hondas las arrugas de la cara, más salientes los abultados nudillos.
2 (*Arquit*) Viga pequeña horizontal que une por su parte central dos pares que forman tijera. | Angulo *Arte* 1, 9: Para evitar el pandeo o inflexión de los pares en su parte central, se dispone a esa altura, entre cada pareja de pares o tijera, una viga pequeña horizontal o nudillo, dando lugar a la armadura de par y nudillo.

nudismo *m* Práctica de mostrarse desnudo en público, esp. por razones higiénicas, estéticas o religiosas. *Tb la doctrina que la preconiza.* | Miguel *Perversión* 54: Lo que puede suceder es algo que conviene advertirlo, sea el nudismo en las playas, el consumo generalizado de drogas alucinógenas o la nuclearización de los ejércitos. *Sáb* 10.9.66, 25: Ahora impera el "ye-ye" y el "nudismo" .. Nunca necesité salir desnuda para que me admirasen. F. J. FTascón *SYa* 26.5.74, 9: Tras el advenimiento del cristianismo en la vida, el temor a lo concupiscente y el nudismo como herejía entre los adamitas, que hacían del desnudarse un acto feliz de libertad.

nudista *adj* De(l) nudismo. | *OrA* 26.8.78, 15: Han establecido allí sus "cuarteles" de verano, con la instalación de campings, exhibiciones nudistas y "rallyes" motoristas. **b)** Adepto al nudismo. *Tb n.* | Areilza *SAbc* 15.2.70, 29: Un día, acaso, descubran los más osados nudistas que los ojos de Dulcinea sirven de mejor estímulo que las intimidades físicas procaces.

nudo[1] *m* **1** Entrelazamiento hecho en una cosa flexible, o entre dos, de manera que, cuanto más se tira de sus extremos, más apretado queda. *Diversas modalidades se distinguen por medio de compls o adjs:* CORREDIZO, MARINERO, DE TEJEDOR, *etc.* | GPavón *Hermanas* 26: La corbata, .. por la endeblez del nudo novato, se le aflojaba a cada paso. Cunqueiro *Un hombre* 21: Llevarle cada mañana un legajo con lazo de pompón, otro con lazo de flor, y los de pena de muerte con el nudo catalino de la horca, que es de cuatro cabos. Laiglesia *Tachado* 72: Los escalones del primero están cubiertos por una alfombra de nudo por la que se asciende con zapatos de charol. **b)** ~ **en la garganta.** Opresión que impide hablar y que es motivada por una emoción fuerte. | Cela *SCamilo* 40: En los trances de agobio a los hombres una de dos, o se les hace un nudo en la garganta o se les sube la sangre a la cabeza.
2 Lugar en que se cruzan, o de donde parten, varias líneas [de comunicación (*adj o compl* DE)]. | Ortega-Roig *País* 162: Alsasua .. es un importante nudo ferroviario. Reglá *HEspaña* 3, 150: Los dos nudos de comunicaciones más importantes del itinerario de Villuga eran Medina del Campo .. y Toledo.
3 *En las plantas:* Punto de donde brotan las ramas o las hojas. | Legorburu-Barrutia *Ciencias* 293: El trigo .. El tallo es herbáceo, hueco y con nudos. **b)** *En la madera:* Parte más oscura y dura, de forma redondeada, que corresponde al nacimiento de una rama. | SFerlosio *Jarama* 10: Macas, muescas, nudos, asperezas, huellas de vasos, se dibujaban en el fregado y refregado mostrador de madera. **c)** Ensanchamiento que presenta a distintas alturas [un cuerpo cilíndrico (*compl* DE)]. | Delibes *Siestas* 126: Con frecuencia, Nilo, el joven, sorprendía a su padre con el astroso pantalón remangado contemplando atentamente los nudos, cada vez más deformados, de sus rodillas.
4 Punto esencial [de algo]. | Medio *Bibiana* 15: El viaje. Aquí está el nudo de todas las cavilaciones de Marcelo. **b)** (*TLit*) *En una obra dramática o en una narración:* Parte central que conduce la acción a su punto culminante. | DPlaja *Literatura* 443: Como cuento .. debe considerarse la divertidísima narración de *El sombrero de tres picos* .. El nudo de la historieta está ya en Boccaccio. **c)** ~ **gordiano.** Cuestión de dificultad extrema o insoluble. | DPlaja *El español* 56: Ya veremos .. lo fácil que resulta al español deshacer los nudos gordianos que se le ponen por delante en la dialéctica.
5 (*Mar*) Medida de velocidad que equivale a una milla marina por hora. | Marcos-Martínez *Aritmética* 120: La velocidad de un barco se mide en nudos. Se dice, por ejemplo, que la velocidad de un barco es 20 nudos cuando recorre 20 millas marinas en una hora.

nudo[2] **-da** *adj* **1** (*lit*) Desnudo. *En sent fig.* | Laín *Marañón* 149: Deberes que atañen a la nuda condición humana, al mero hecho de ser hombre. Umbral *Memorias* 159: Llega el momento en que cada uno de los mitos se descongela, .. se convierte en su cruda y nuda realidad.
2 (*Der*) [Propiedad o propietario] de un bien sobre el cual otra pers. tiene derecho de usufructo. | Ramírez *Derecho* 65: Cuando el propietario pierde el derecho a los frutos, por corresponder estos a un usufructuario, se le llama nudo propietario, en lugar de propietario a secas.

nudosidad *f* Abultamiento en forma de nudo [3]. | Alvarado *Botánica* 28: Las leguminosas benefician el nitrógeno atmosférico gracias a una bacteria especial .. que se encuentra espontánea en el suelo e infecciona las raíces de las plantas, determinando la formación de unas nudosidades características. MVictoria *Ya* 6.4.75, 63: Los dedos .. deben ser delgados y no presentar nudosidades desagradables.

nudoso -sa *adj* Que tiene nudos [3]. | J. Torres *Abc* 4.12.64, sn: En todas las tierras .. crece .. esa planta sarmentosa, vivaz y trepadora, con tronco retorcido y vástagos muy largos, flexibles y nudosos. Olmo *Ayer* 239: Nudosos, trabajados, los dedos, erectos, siguen elevándose.

nuececilla *f* (*Bot*) Nucela. | Ybarra-Cabetas *Ciencias* 272: En el interior [del óvulo] hay una masa parenquimatosa denominada nucela o nuececilla.

nuégado *m* Dulce hecho con una pasta de harina, miel y nueces, u otro fruto seco, cocida al horno. | ZVicente *Examen* 128: Quico no trajo nunca nuégados, ni turrones, ni candelilla.

nuera *f* Esposa del hijo [de una pers.]. | *Caso* 21.11.70, 9: Rosario Teruel observa atentamente a su nuera.

nuero *m* (*reg o humoríst*) Yerno. | ASantos *Pirueta* 43: Señor Director, en nombre de mis compañeros, en el de mi mujer y en el mío propio, reciban usted, su hija y futuro nuero nuestros parabienes.

nuerza *f* (*reg*) Nueza (planta). | Mayor-Díaz *Flora* 559: *Bryonia cretica* L. .. "Nueza", "Nuerza", "Brionia".

nuestro -tra (*cuando va delante del n del cual es adjunto, se pronuncia átono*) **I** *adj* **1** De nosotros. | Medio *Bibiana* 10: Y nosotros, los padres, no solo hemos de consentir que los muchachos se diviertan en nuestras propias narices, sino que, además, tenemos que organizarles las juergas y pagarlas de nuestro bolsillo. **b)** (*lit*) *A veces lo emplea el escritor para referirse a sí mismo.* | Gironza *Matemáticas* 5: Ciertos retoques .. contribuyen a que ofrezcamos una vez más nuestra labor con el sincero deseo de que sea un útil eficiente de trabajo a los alumnos de nuestras clases de Matemáticas .. El Autor. **c) lo** ~ (hemos trabajado lo nuestro); **los** ~**s** (es de los nuestros); ~ + *n propio* (nuestro Juan); **delante** (**detrás**, *etc*) ~; **muy** ~**s** → SUYO.
2 De nos[2]. | * –Nuestro deber –dijo el obispo– es velar por nuestra diócesis.
II *loc v* **3 hacer** (**una**) **de las nuestras**; **salirnos con la nuestra** → HACER, SALIR.

nueva → NUEVO.

nuevamente *adv* De nuevo. | E. FMesa *Abc* 16.5.58, 23: Una vez en el Museo, hay que proceder a limpiar, restaurar, tratar nuevamente los huesos y, por último, montar el ejemplar.

nuevaolero -ra *adj* De la nueva ola (→ OLA). *Tb n, referido a pers.* | *Abc* 21.11.86, 91: Joe Jackson, un viejo "nuevaolero", actúa por segunda vez en España. J. RFernández *SYa* 20.10.90, 10: Solo la mala suerte .. ha impedido que el gran público se dé cuenta de la enorme fuerza de una música de inequívoca raíz nuevaolera.

nueve I *adj* **1** Precediendo a susts en pl: Ocho más uno. *Puede ir precedido de art o de otros determinantes, y en este caso sustantivarse.* | Laforet *Mujer* 61: Podía dar gracias a Dios de tener un marido creyente, que había hecho los nueve primeros viernes.
2 Siguiendo a susts en sg: Noveno. *Frec el n va sobrentendido.* | SInf 10.3.75, 6: Ocho minutos después, Urbano obtuvo el empate, y en el ochenta y nueve, Mané el [gol] de la victoria.
II *pron* **3** Ocho más una perss. o cosas. *Referido a perss o cosas mencionadas o consabidas, o que se van a mencionar.* | Cuevas *Finca* 23: –Comenzaron a morirse [los cerdos] hace dos días .. –Quedan ciento sesenta y nueve. * Lo partió en nueve. * Nueve de los invitados no acudieron.
III *n* **A** *m* **4** Número eque en la serie natural sigue al ocho. *Frec va siguiendo al n* NÚMERO. | Delibes *Parábola* 50: Ensayó .. con los seises, los ochos y los nueves y con cierta perplejidad comprobó que las curvas ceñidas de estas cifras no le ocasionaban ningún trastorno. **b)** Cosa que en una serie va marcada con el número nueve. | *Naipes extranjeros* 31: El compañero, al llegarle su turno, puede añadir cartas correlativas por ambos extremos: un as o un Tres, un Diez y un Nueve. **c)** ~ **largo** (**o corto**). Calibre 9 de arma de fuego con proyectil largo (o corto). *Tb se llama así la pistola que tiene ese calibre.* | Grosso *Invitados* 10: Un candado que el cabo comandante, desenfundando también su nueve largo, hizo saltar de un disparo. A. Semprún *Abc* 26.3.75, 81: Fue el disparo que él mismo se hizo pegando el cañón de su pistola, una Star del 9 corto, .. el que, al parecer, acabó con su vida.
B *f pl* **5** Novena hora después de mediodía o de medianoche. *Normalmente precedido de* LAS. | *Ya* 21.12.73, 5: Serían las nueve y media y unos minutos de la mañana. *Ya* 21.12.73, 5: El señor Carrero Blanco asistía a misa de nueve.

nuevecientos → NOVECIENTOS.

nuevo – nulidad

nuevo -va (*superl*, NOVÍSIMO) **I** *adj* **1** [Cosa] que acaba de hacerse o de aparecer. | J. M. Moreiro *SAbc* 13.9.70, 50: Tal vez sea el [paseo marítimo] más limpio, bello y nuevecito de España. Cunqueiro *Un hombre* 12: ¡Doce reales nuevos, señoría! **b)** [Producto agrícola] de la última cosecha. | Vega *Cocina* 142: El hígado a la Almenara es de ternera y se acompaña de patatas nuevas. CApicius *Voz* 12.2.88, 39: Finalmente, en sección aparte, están los vinos nuevos, es decir, los que han llegado al mercado durante 1987. **c)** [Año] ~, **nueva** [ola] → AÑO, OLA.
2 [Pers.] que está desde hace poco en un lugar o situación. *Frec n.* | MSantos *Tiempo* 34: Vendió al nuevo un gato con los alambritos y se vino abajo todo el pastel. **b)** [Pers.] que actúa o se presenta por primera vez [en un lugar]. | * El tercer torero es nuevo en esta plaza. J. Castro *SInf* 26.12.74, 9: Teresa Gancedo, nueva en Madrid, expositora en Ovidio, una de las galerías distinguidas por este informador. **c)** (*hist*) [Cristiano] converso o que no es hijo de cristianos. *Tb se aplica a sus descendientes. Se opone a* VIEJO. | Arenaza-Gastaminza *Historia* 158: Algunos [judíos] se convirtieron sinceramente ..; otros, solo en apariencia; se les llamó judaizantes o cristianos nuevos, y fueron mal vistos siempre por los cristianos viejos. **d)** ~ [rico] → RICO.
3 [Cosa] que aún no se ha empezado a usar. | YaTo 7.7.81, 63: Compramos .. Alhajas nuevas, usadas, rotas; cubiertos, etc. **b)** (*reg*) [Mujer] virgen. | Buero *Música* 125: –Debiste casarte. –Ni lo pretendí. Entonces daba mucho reparo no ir nueva al matrimonio. Quiñones *Viento* 144: Al final se había estado quieta, y claro que no era nueva.
4 [Cosa] que no está deteriorada por el uso. *Frec en la constr* COMO ~. | * ¿Cómo vas a tirar esa falda, si está nueva? TMe 10.12.82, 34: Se vende ortopantomógrafo Siemens prácticamente nuevo por muy poco uso. CPuche *Paralelo* 157: Hasta se ponía unos zapatos casi completamente nuevos que le había regalado la mujer del comandante. **b)** (*col*) [Pers.] que ha recuperado su perfecto estado físico o moral. *Frec en la constr* COMO ~. | AMillán *Damas* 47: (Ha terminado de fumar [el porro].) Bueno..., ya estoy nueva. Delibes *Cinco horas* 249: Hazte cuenta de lo que yo habré pasado con mis jaquecones .., pero no, naturalmente, eso no tenía importancia, "con un par de optalidones, mañana como nueva". Torres *Ceguera* 138: Cuando estoy harto del ministerio, pillo el coche, me voy a la M-30 y me doy un baño de velocidad. Como nuevo.
5 [Pers. o cosa] que se añade a las ya existentes o conocidas, o las sustituye. | *Abc* 28.11.71, 34: El director general de Aeropuertos, coronel García Conde, ha visitado los terrenos donde será ubicado el nuevo aeropuerto Sur de Tenerife. Cela *Viaje andaluz* 23: Desde el puerto de Velate y su fuerte .. el vagabundo se dio con tres nuevas ventas. **b)** [Pers. o cosa] que tiene los mismos caracteres [que otra (*n propio*)]. *Antepuesto al n.* | * Hitler quiso ser un nuevo Napoleón. * Roma es una nueva Babilonia. **c)** ~ [Testamento] → TESTAMENTO.
6 (*reg*) [Pers. o animal] de corta edad. | GRamos *Lit. Canarias* 1, 94: El mejor perro del mundo; había que verle de "nuevillo". J. MLázaro *Hoy* 31.7.75, 20: De San Juan a Santiago los cigüeños nuevos han estado haciendo prácticas de vuelo. Nácher *Guanche* 7: Si el tiempo le daba salud, ya se vería todo cuando creciese el hijo nuevo que mantenía en brazos María Candelaria. **b)** [Pers.] joven. | Alvar *Islas* 48: Tiene noventa años y, no crea, ella conserva todo: la foto del marido, las andaderas de los rapaces, el corpiño de cuando era nueva.
7 [Luna] que, por estar en conjunción con el Sol, no es visible desde la Tierra. | Zubía *Geografía* 14: Se distinguen en ella [la Luna] cuatro fases ..: Luna nueva .. Cuarto creciente .. Luna llena .. Cuarto menguante.
II *f* **8** (*lit*) Noticia o información. | Cunqueiro *Un hombre* 69: Llegaban las nuevas más dispares de parte de los agentes secretos. **b) la buena nueva.** (*Rel crist*) El Evangelio. | Villapún *Iglesia* 8: Al instante se sentaron llenos del Espíritu Santo; es decir, iluminados, inspirados y resueltos para difundir la buena nueva y predicar la fe de Cristo.
III *loc v* **9 cogerle** (o **pillarle**) [algo a alguien] **de nuevas.** (*col*) Sorprender[le] sin tener previa sospecha de ello. | * La noticia del cierre me cogió de nuevas.
10 hacerse [alguien] **de nuevas.** (*col*) Afectar desconocimiento de algo que le comunican. | Delibes *Guerras* 113: –¿Es que en tu pueblo robaban a las abejas? –En mi pueblo y en lo que no es mi pueblo, ande, no se haga ahora de nuevas. Arce *Testamento* 86: Antonino es un cuco: me dirá que él no sabe nada; se hará de nuevas en el asunto.
IV *loc adv* **11 de** ~. Otra vez. *Expresa la repetición de la acción enunciada por el v, o denota que esta acción es inversa de otra anterior.* | Arce *Testamento* 15: Me hice la pregunta muchas veces antes que Enzo hablase de nuevo.

nuevorriquismo *m* (*raro*) Actitud propia de nuevo rico (→ RICO). | *Abc* 17.7.93, 17: Si la imagen de la renovación encarna en una figura tan inquietante como la de Mohedano .., acabado modelo de conducta del más insultante "nuevorriquismo", apaga y vámonos.

nuez I *f* **1** Fruto del nogal, consistente en una drupa ovoide de unos 3 cm de diámetro, con el pericarpio verde, liso y caedizo y el endocarpio lignificado y rugoso, en cuyo interior se encuentra la semilla, dividida en cuatro gajos, que es oleaginosa, comestible y muy sabrosa. *Tb la semilla.* | Delibes *Siestas* 125: De vez en cuando, le llamaban para escucar nueces. *Cocina* 644: Se baña el bizcocho, .. se adorna con las nueces y se coloca en un plato sobre servilleta.
2 *Se da este n a otros frutos diferentes pero que se semejan a la nuez* [1] *en su forma o tamaño.* **a)** ~ **moscada.** Fruto del árbol *Myristica fragans*, semejante a una nuez pequeña, de color oscuro y que se emplea como especia. | Bernard *Verduras* 21: Sal, pimienta molida y un poco de nuez moscada también rallada. **b)** ~ **vómica.** Fruto del árbol *Strychnos nux vomica*, de forma redondeada y aplastada y color gris, muy venenoso y que se emplea en medicina como febrífugo. | J. L. Aguado *SInf* 3.12.75, 3: Fuera de Europa cabe citar la temible nuez vómica del sur y sureste de Asia. **c)** ~ **de coco.** Fruto del cocotero. | Bosque *Universo* 147: La nuez de coco y su pulpa, copra, constituyen el alimento básico de muchos pueblos de Oceanía e Insulindia. **d)** ~ **de cola.** Fruto o semilla de la cola[3] (planta). | *SInf* 3.12.75, 1: Hace milenios de años, los hechiceros descubrieron el té en Asia, el café y nuez de cola en África, la coca en América del Sur.
3 Prominencia que forma el cartílago tiroides en la parte anterior del cuello del hombre. *Tb* ~ DE ADÁN. | Laforet *Mujer* 163: Martín .. tragó saliva con un gran movimiento de su nuez. Lera *Boda* 572: Por su enjuto y largo cuello .. subió y bajó precipitadamente la nuez de Adán.
4 Trozo [de una sustancia] del tamaño de una nuez. | Trévis *Gallega* 37: Desleí una nuez de mantequilla en la que rehogaréis la harina.
5 (*raro*) Parte posterior del muslo [de la ternera]. | *Inf* 15.6.76, 5: Consomé de ave frío, salmón del Sella ahumado, nuez de ternera al asador con guarnición de champiñones frescos y patatas avellana .. será el menú que se sirva.
II *loc v y fórm or* **6 ser más el ruido que las nueces,** o **mucho ruido y pocas nueces** → RUIDO.

nueza *f* **1** Planta herbácea de hojas y zarcillos semejantes a los de la vid, flores verdosas, fruto en baya roja del tamaño de un guisante y raíz gruesa de la que se extrae un glucósido usado como purgante violento (*Bryonia dioica*). *Tb* ~ BLANCA. | Mayor-Díaz *Flora* 559: *Bryonia cretica* L. subsp. *dioica* (Jacq.) Tutin. "Nueza", "Nuerza", "Brionia". (*Sin. B. dioica* Jacq.; *B. sicula* (Jan.) Guss.)
2 ~ **negra.** Planta herbácea de tallos trepadores, hojas acorazonadas, flores de color verde amarillento y fruto en baya roja del tamaño de un garbanzo, usada en medicina para resolver derrames y eliminar cardenales (*Tamus communis*). | Mayor-Díaz *Flora* 591: *Tamus communis* L. "Nuez[a] negra", "Brionia negra". [*En el texto*, nuez.]

nulamente *adv* De manera nula. | Salvador *Haragán* 123: Algo tremendo para el pobre Nadamiro, nulamente dotado para los artificios mundanos.

nulense *adj* De Nules (Castellón). *Tb n, referido a pers.* | Herrero *Med* 21.4.60, 5: Como complemento se anuncia una prueba corta para corredores juveniles en la que participarán .. los nulenses Bernat y Caballer.

nulidad *f* **1** Cualidad de nulo. | Ramírez *Derecho* 30: El matrimonio, salvo en los casos de nulidad de que te hablaré luego, solo se disuelve por la muerte de uno de los cónyuges. CBaroja *Inquisidor* 24: El cargo de notario era de tal responsabilidad que en alguna ocasión se llegó a declarar la nulidad de un acta redactada por un oficial que no lo era. MMolina *Jinete* 289: Podía distinguir grados en su nulidad o

nulípara – numérico

en su estupidez. **b)** Hecho de ser declarado nulo un matrimonio. | SSolís *Blanca* 139: Él seguirá casado por la Iglesia, y no creo que haya pedido la nulidad, ni siquiera el divorcio.

2 (*col*) Pers. inepta. | Gironella *Millón* 157: Sabía por experiencia que cada soldado estaba sujeto a atracciones y repulsiones que podían hacer de él un hombre útil o una nulidad.

nulípara *adj* (*Fisiol*) [Mujer] que no ha tenido hijos. *Tb n f.* | *Anticonceptivo* 49: Existen unos [DIU] muy pequeños destinados a las mujeres con matriz infantil o nulíparas, y otros un poco mayores para las mujeres que ya han tenido algún hijo.

nuliparidad *f* (*Fisiol*) Condición de nulípara. | B. Cía *TMé* 24.12.82, 30: La nuliparidad es otro factor de riesgo, y también existe el criterio contrario, el tener mucha descendencia favorece la aparición del cáncer de endometrio.

nullius (*lat; pronunc,* /nulíus/) *adj* [Abad] de poderes equiparables a los del obispo y que en ocasiones gobierna un territorio independiente de toda diócesis. | Torrente *SInf* 31.10.74, 12: El otro, abad *nullius* de un monasterio inexistente y con cargo vaticano, era de esos clérigos cargados de experiencia y con sonrisa de sabérselo todo. **b)** [Abadía] de(l) abad nullius. | Cruz *Burgos* 27: Don Francisco mimó a su villa; construyó palacios y conventos; instituyó una audiencia y la abadía "nullius".

nulo -la *adj* **1** Falto de validez. | CBaroja *Inquisidor* 41: Consideraba nulas la mayoría de las testificaciones.

2 (*col*) Inepto. *Gralm con un compl* PARA. | * Para los juegos fue siempre nulo.

3 [Cosa] inexistente o que no tiene lugar. | CNavarro *Perros* 133: Su fe era prácticamente nula. J. A. Alonso *Sie* 11.86, 19: Con este mismo material se pueden construir "carillas" que cubren totalmente la cara exterior de las piezas dentarias y así, con un nulo desgaste del diente se obtiene el mismo efecto estético que una "corona" o funda.

numantinismo *m* Actitud numantina [2b]. *Tb fig.* | GSerrano *Macuto* 488: En noviembre de 1936 había caballeros que después de escribir ardorosos artículos encomiando la resistencia y el numantinismo, pasaban la noche en una Embajada amiga .. Tenían miedo de dormirse en zona roja y despertarse en zona nacional. *ElM* 20.7.93, 3: El numantinismo de la peseta.

numantino -na *adj* **1** (*hist*) De Numancia (antigua ciudad en la actual provincia de Soria). *Tb n, referido a pers.* | Arenaza-Gastaminza *Historia* 57: La guerra numantina. La ayuda prestada por los celtíberos a los lusitanos encendió la guerra de Numancia.

2 [Pers.] que defiende algo heroicamente, resistiendo hasta el límite de su vida. *Tb n. Frec con intención ponderativa.* | Salvador *Haragán* 32: Por otra parte, tú resistías como una numantina. **b)** Propio de los numantinos. | Pemán *MHi* 11.63, 9: La Contrarreforma tuvo que ser así numantina: con mucha vida sacrificada al límite defensivo.

number one (*ing; pronunc corriente,* /nómber-wán/) *m y f* Pers. o cosa que es el número uno en su especie o en su grupo. *A veces en aposición.* | *Ya* 26.4.91, 1: Benegas dice que el problema es el "number one" (González). *Ya* 30.4.91, 30: Sergio, "number one" en Montecarlo. AMillán *Damas* 102: Haremos la mejor discoteca de la Costa del Sol. ¡La number one!

numen *m* **1** (*lit*) Inspiración. | Agustí *SAbc* 22.11.70, 18: Orgiásticas explosiones del numen creador en unos años transidos de vigor naturalista.

2 (*Rel*) *En las creeencias paganas:* Deidad que preside una actividad o un lugar determinados. | CBaroja *Brujas* 54: Invoca la hechicera, al empezar, a sus númenes protectores, la Luna y Diana. CBaroja *Baroja* 112: El hombre que va camino de su rincón familiar una noche estrellada, por un valle rodeado de montañas .., se siente sobrecogido por otras emociones, y poco le faltará siempre para creer en viejos y humildes númenes de los árboles, de las aguas, de las rocas.

numerable *adj* Que se puede numerar. | J. Zaragüeta *Abc* 23.12.70, 3: Además de la cantidad extensiva de la Geometría, se da la cantidad intensiva de las cualidades, que es registrable por grados, pero no estrictamente numerabl[e]. [*En el texto,* numerables.]

numeración *f* **1** Acción de numerar. *Tb su efecto.* | Cunqueiro *Un hombre* 19: Estaba ordenado que [los mojones] siempre tuviesen la numeración clara.

2 Sistema de los números. *Frec con un adj especificador.* | Marcos-Martínez *Aritmética* 19: La numeración romana sirve aún en nuestros días para escribir las fechas de los monumentos, .. las cifras de los relojes, etcétera.

numerador -ra I *adj* **1** Que sirve para numerar [2]. *Tb n, m o f, referido a aparato o máquina.* | GTelefónica *N.* 514: Grabados San Martín .. Numeradores y fechadores automáticos. Sellos en seco.

II *m* **2** (*Mat*) Número que, en un quebrado, indica cuántas partes de la unidad contiene. | Gironza *Matemáticas* 19: Si el multiplicador es una fracción bastará multiplicar por el numerador y dividir el producto obtenido por el denominador.

numeral *adj* **1** De(l) número. | Huarte *Tipografía* 41: Al margen se pone la serie numeral empleada en secuencia normal (1 2 3 4).

2 (*Gram*) Que expresa cantidad numérica o hace referencia a los números. *Tb n m, referido a adjetivo o pronombre.* | Alonso *Lengua* 63: Muchas veces el adjetivo numeral ordinal se sustituye por el cardinal. Academia *Esbozo* 243: Los numerales ordinales pertenecen a la categoría del nombre. **b)** (*Gram*) De los numerales. | M. Alonso *Lengua* 62: Cuadro de formas numerales.

3 (*Impr*) [Folio] que indica el número de la página. | Huarte *Diccionarios* 24: Los llamados folios explicativos (líneas en cabeza de las páginas, tipográficamente ligadas a la paginación constituida por los folios numerales) .. en los diccionarios se llaman guías.

numerar *tr* **1** Expresar numéricamente [una cantidad]. | J. Zaragüeta *Abc* 23.12.70, 3: La Geometría analítica trata de traducir las cantidades numeradas por un sistema de coordenadas.

2 Marcar con un número [a alguien o algo (*cd*)]. | Marcos-Martínez *Aritmética* 20: Para numerar las páginas de un libro se emplean 408 caracteres de imprenta. ¿Cuál es el número de páginas de dicho libro?

numerario -ria I *adj* **1** Perteneciente a una corporación compuesta por un número limitado de perss. *Normalmente siguiendo al n del título o cargo correspondiente, esp* PROFESOR *o* CATEDRÁTICO. | *Ava* 7.12.68, 25: Ha sido nombrado catedrático numerario de la Escuela de Ingeniería Técnica de Telecomunicación de Madrid don Alfonso Giménez de los Galanes y Figueroa. **b)** (*Rel catól*) [Miembro del Opus Dei] que observa el celibato, se dedica con su máxima disponibilidad a las empresas de apostolado y vive ordinariamente en las sedes de la orden. *Tb n.* | *País* 11.7.91, 25: Me puse en contacto con otros ex numerarios o supernumerarios del Opus.

2 (*raro*) De(l) numerario [3]. | Torrente *Saga* 301: Él, José Bastida, necesitaba disponer de algún excedente numerario, al menos durante los primeros meses, para hacerse un traje y comprarse alguna ropa interior.

II *m* **3** Dinero efectivo. | Tamames *Economía* 46: El volumen de la indemnización se satisfacía, en parte, en numerario, y el resto en títulos de Deuda especial amortizable en cincuenta años. **b)** Moneda acuñada. | GNuño *Escultura* 46: Las imitaciones de este numerario en cecas del interior caen pronto en extremas deformaciones.

numerero -ra *adj* (*col*) [Pers.] dada a montar números [6b]. | Gala *Petra* 845: –Si ya no va a poder una ni hablar en esta casa, dímelo en seguida para que me tire por una ventana y me desnuque. –No te pongas trágica, numerera.

numéricamente *adv* De manera numérica. | Gironza *Matemáticas* 144: Hacer la descomposición, gráfica y numéricamente, de un segmento que mide 12 cm, en partes proporcionales a 3, 4 y 5.

numérico -ca *adj* De(l) número. | J. M. Terrón *SAbc* 9.2.69, 34: El régimen abecedario de la Palabra cósmica responde a esta clave numérica. Vicens *Polis* 459: Los sudistas, mejores militares, fueron derrotados por la superioridad numérica y material de los nordistas. **b)** Compuesto o realizado con números. | Gironza *Matemáticas* 38: Interesa en el cálculo numérico considerar no solo los distintos divisores de cada número, sino los divisores comunes a dos o más números.

número I *m* **1** Expresión de las unidades que contiene un conjunto. | Marcos-Martínez *Aritmética* 11: Contar es hallar el número de objetos de una colección. Marcos-Martínez *Aritmética* 11: Un número es concreto cuando indica la naturaleza de la unidad .. Un número es abstracto cuando no indica la naturaleza de la unidad. **b)** (*Mat*) Número positivo abstracto. | Marcos-Martínez *Aritmética* 15: El número que sigue al nueve en la serie natural se llama diez. Marcos-Martínez *Aritmética* 17: Valor relativo de una cifra es el que le corresponde por el lugar que ocupa en el número. **c)** *En un sorteo:* Número [1b] que entra en suerte. | Medio *Bibiana* 80: Se le regalará .. un vale con cinco números para el sorteo de la magnífica lavadora. **d)** **~ redondo**, **~s rojos** → REDONDO, ROJO.
2 Cifra (signo de los que se emplean para representar los nueve primeros números [1a y b] y el cero). | * Las fechas suelen escribirse en números.
3 Cantidad [de perss. o cosas]. | *Puericultura* 6: En los países decadentes disminuye el número de nacimientos.
4 Número [1b] o señal en cifras que se atribuye a una pers. o cosa para distinguirla de sus semejantes o para clasificarla en una serie. | CNavarro *Perros* 49: Hizo como si quisiera comprobar el número de la casa. *Sp* 19.7.70, 52: "Cecilia", número dos de las listas de ventas españolas. *Lab* 2.77, 29: Materiales: Tridalia núm[ero] 5, en los colores siguientes: rojo, amarillo y verde; ganchillo número 8. **b)** Pers. o cosa marcada o distinguida [por el número que se expresa]. *Frec en aposición.* | Olmo *Golfos* 149: Vaya usted al número quince. **c)** **~ uno**. Pers. o cosa principal o más importante. *Normalmente en aposición.* | *Hola* 30.9.78, 42: Hasta hace muy poco se consideraba a Farrah Fawcett-Majors .. como la *pin-up* número uno de Estados Unidos. SFerlosio *Jarama* 89: No me convence la vida de los pueblos, lo siento; debe de ser el tostón número uno. **d)** Edición [de una publicación periódica] marcada con el número correlativo correspondiente. | *Alc* 1.1.55, 3: Este número de *El Alcázar* va acompañado de un suplemento. **e)** **~ atómico** → ATÓMICO.
5 Individuo raso [de la Guardia Civil, de la Policía o en gral. de una guardia]. | Hoyo *Pequeñuelo* 61: El número, que está en camisa, como el sargento, se acerca a mirar las rosas. [*De la Guardia Civil.*] *Mad* 27.5.70, 1: Dos jóvenes han sido detenidos por números de la Policía Armada.
6 Actuación que forma parte de un programa circense, musical o de variedades. | CPuche *Paralelo* 82: La muchacha giró sobre sí fuera una figura puesta sobre pedestal giratorio. La muchacha sonrió largamente al sargento y este le hizo una mueca lasciva. Todavía no había terminado el número. **b)** (*col*) Espectáculo dado por una pers. ante los que lo notar. *Frec en la forma* NUMERITO. *Frec con los vs* MONTAR, ORGANIZAR *o* HACER. | GPavón *Rapto* 197: –Déjeme a mí contar la cosa con el copero debido –le cortó a su vez el Bolado, que parecía dispuesto a que su número luciera de verdad. S. RSanterbás *Tri* 28.2.70, 34: Instantes más tarde, el anónimo palmeador repitió su numerito. Delibes *Voto* 156: Vaya numerito que nos han montado los pijos esos. Diosdado *Anillos* 2, 216: Venga, Conchi, siéntate y no organices ahora el número. **c)** (*col*) Pers. o cosa que llama la atención por lo espectacular o grotesco. | Arce *Precio* 49: No estaría muy bebido. Cuando bebe es todo un número. **d)** **~ de fuerza.** Acción difícil en que se hace gala de una gran destreza. *Frec fig.* | Cossío *Confesiones* 114: Federico Santander había preparado un número de fuerza. Se propuso llevarlo [al poeta] hasta el hotel en un coche, acompañado por dos filas de antorchas.
7 (*Gram*) Categoría que expresa, en los sustantivos y en las palabras que con ellos conciertan, unidad o pluralidad de los objetos designados por aquellos. | Amorós-Mayoral *Lengua* 61: El número indica si nos referimos a un ser o a más de uno. Los números son dos: singular y plural.
8 (*TLit y Mús*) Cadencia o medida proporcional que hace armoniosos los períodos musicales y los poéticos o retóricos. | Torrente *Fragmentos* 171: De los [poetas] de hoy se diría que han renunciado al número y a la armonía.
II *loc adj* **9 de ~**. Perteneciente a una corporación compuesta por un número limitado de perss. *Normalmente siguiendo al n del título o cargo correspondiente, esp* ACADÉMICO. | Camón *LGaldiano* 292: Está retratado con traje académico, pues en este año ingresa en la Academia de San Fernando como individuo de número. *Nue* 22.12.70, 18: Solemne acto académico, que se celebrará con motivo de la toma de posesión de su plaza de número, del excelentísimo señor don José Manuel González-Valcárcel. Bermejo *Estudios* 23: Escritura pública ante escribano de número.
10 sin ~. (*lit*) Innumerable. *Siguiendo al n.* | * Tenía posesiones sin número en aquella zona.
III *loc v* **11 hacer** (*o* **echar**) **~s**. Calcular las posibilidades del dinero disponible. | Laforet *Mujer* 136: Desde el día siguiente Eulogio empezó a hacer números, y menos de un mes tardó en encontrar este pisito amueblado. SSolís *Camino* 107: Doña Pura echaba números: la diadema y los demás gastos de los Juegos Florales iban a desnivelar su presupuesto.
12 tomar [a alguien] **el ~ cambiado.** (*col*) Equivocarse [respecto a él]. *Tb sin ci. Tb, más raro,* EQUIVOCARSE DE ~. | AMillán *Mayores* 398: ¿Será egoísta el gachó? Tú me has tomado a mí el número cambiado. Tú me has tomado a mí por el Seguro de Enfermedad. ZVicente *Traque* 229: ¿Cómo? ¿Que te preste...? ¿Que te adelante para tu boda? Pero... Oye, macho, tú has tomado el número cambiado. CBonald *Dos días* 67: –Todo el santo día detrás de una, a mí ya me estás dejando tranquila. –Me gustas. –Pues nanai de la China, te has equivocado de número. Conmigo no vas a conseguir nada de lo que tú quieres.

numerología *f* Estudio del significado oculto de los números y de su influencia en la vida humana. | Humberto *Sáb* 27.4.74, 20: Suscríbase a la revista *Mandrágora*, que .. le ofrece así, de un golpe, ensayos sobre Futurología y Astrología .., amén de Psiquismo, Numerología.

numerólogo -ga *m y f* Especialista en numerología. | *ByN* 31.3.91, 26: Manejan otro tipo de información: la elaborada por un grupo cada vez más numeroso de videntes y adivinos, quiromantes y numerólogos, sin cuyos datos los "brokers" no se atreven a dar un paso.

numerosidad *f* (*lit, raro*) Cualidad de numeroso. | Borrás *Jaén* 18.3.64, 5: El diccionario es hijo de la numerosidad de la cultura. Umbral *Abc* 19.9.93, 3: Que salga Tejero, oyes, y aprenda en el parvulario de las gentes, en la numerosidad de las flores.

numeroso -sa *adj* **1** Que incluye gran número de perss. o cosas. | *Alc* 1.1.55, 3: *El Alcázar* agradece .. la asistencia, cada vez más numerosa y entusiasta, de sus lectores.
2 *En pl:* Muchos. | Tejedor *Arte* 40: Tales pinturas .. tienen, además de su valor artístico, un gran interés histórico por las numerosas escenas representadas.

numerus clausus (*lat; pronunc,* /númerus-kláusus/; *pl invar*) *m* (*lit*) Número limitado establecido por norma. *Frec referido a la limitación discriminatoria establecida en ciertos centros o cuerpos.* | *País* 28.7.77, 17: Se establece así el *numerus clausus* en las facultades de Medicina y se deja la puerta abierta a que dicha medida restrictiva frene el ingreso en otros centros cuando se considere conveniente. Tamames *Economía* 301: La fuerza de los asentadores, que casi siempre son *numerus clausus* en los mercados centrales de las grandes ciudades.

númida *adj* (*hist*) De Numidia (antigua región del norte de África). *Tb n, referido a pers.* | Pericot *Polis* 102: Logró [Cartago] dominar las comarcas vecinas y constituir un extenso dominio, aunque los indígenas, los númidas, con frecuencia se sublevasen y lo pusiesen en peligro. **b)** De (los) númidas. | Tovar-Blázquez *Hispania* 22: Quedó así expuesto a los ataques de la caballería númida de Masinisa.

numídico -ca *adj* (*hist*) [Cosa] númida. | Manfredi *Tenerife* 21: Unos hombres canarios de hace cuatro o cinco mil años escribían con signos que se pueden identificar directamente con la escritura líbica de las inscripciones numídicas de la época púnica y romana.

numinoso -sa *adj* (*lit*) De (la) divinidad. | Tierno *Humanismo* 119: Quienes han analizado el fenómeno numinoso como algo común a toda experiencia religiosa no han concedido importancia al hecho de que el cristianismo es la religión ambigua. **b)** Sagrado. | JLozano *Inf* 8.12.75, 14: La sociedad burguesa desacralizó funciones o figuras como las del médico, el poeta o el sacerdote, que eran respetables y hasta cierto punto numinosas en la Edad Media.

numisma – nurse

c) Religioso. | Pániker *Memoria* 102: Si se pierde el referente numinoso, todo se achata. Sigo creyendo que el animal humano es un sistema abierto a lo trascendente, y que quien se cierra a lo trascendente .. amputa su vida. Torrente *Sombras* 284: Ese escandaloso predominio de lo racional sobre lo numinoso que debemos sobre todo al influjo de Palas Atenea. **d)** Mágico o misterioso. | CBaroja *Brujas* 57: Hay que pensar que los ungüentos, etc., tienen un valor puramente "numinoso".

numisma *m* (*Numism*) Moneda. *A veces f, en uso humoríst.* | Alfonso *Abc* 29.3.73, 17: A Camba la literatura le importaba un pitoche .. En los paréntesis en que "apaleaba la numisma", ya no daba golpe, sumido en el "dolce far niente".

numismata *m y f* Numismático [2]. | Ubieto *Historia* 131: Faltan estudios de la proporción de metal noble que tienen las monedas de época taifa: los numismatas aluden siempre a que son de oro bajo.

numismático -ca I *adj* **1** De (las) monedas. | GNuño *Escultura* 54: Tanto desde las dracmas de Ampurias como desde las de Marsella, la fantasía y el prurito anticlásico de ambos pueblos se van cebando con los prototipos numismáticos. A. Álamo *Abc* 16.12.70, 55: Merece destacarse la colección numismática. **b)** De (la) numismática [3]. | * Realizó estudios numismáticos en Berlín.
II *n* **A** *m y f* **2** Experto en numismática [3]. | Umbral *Ninfas* 33: Hablamos .. como dos que se descubren filatélicos, numismáticos o drogadictos.
B *f* **3** Ciencia que trata del estudio de las monedas y de las medallas, esp. antiguas. | Arenaza-Gastaminza *Historia* 2: Otras ciencias auxiliares de la Historia son: La Etnografía o estudio de las razas humanas .. La Numismática o estudio de las monedas.

nummulites *m* (*Zool*) Protozoo foraminífero fósil del período eoceno, de caparazón calcáreo similar a una moneda (gén. *Nummulites*). | Artero *Inerte* 182: Entre los animales destaca un invertebrado que será fósil característico [de la Era Terciaria]: el Protozoo nummulites, que pese a ser unicelular llegó a alcanzar hasta 10 cm. de diámetro.

nummulítico -ca *adj* (*Geol*) De (los) nummulites. | Bustinza-Mascaró *Ciencias* 108: En la Era terciaria existieron con mucha abundancia los *Nummulites*, cuyos caparazones, en forma de lenteja o de moneda, constituyen en muchos sitios potentes depósitos de caliza nummulítica. **b)** [Período] paleógeno. *Tb n m.* | Ybarra-Cabetas *Ciencias* 162: El paleógeno se llama también Nummulítico por el gran desarrollo que adquieren durante él estos foraminíferos, y comprende a su vez dos períodos: Eoceno y Oligoceno.

nunca *adv* **1** En ningún momento. *A veces seguido de* JAMÁS, *con intención enfática, esp referido al fut.* | Medio *Bibiana* 12: Claro, vienes cansado de trabajar... ¡Jesús!, y que uno no pueda descansar nunca. Gala *Petra* 797: –Como no salgo nunca... –¿Nunca, nunca? –Nunca jamás, que es peor.
2 De ningún modo. *Se usa rechazando enfáticamente una propuesta.* | * –¿Por qué no vas a pedirle perdón? –¡Nunca!
3 Alguna vez. *Se usa en interrogs (directas o indirectas) cuya respuesta más probable sería "nunca".* | * ¿Quién vio nunca cosa igual?

nunchaco *m* (*Dep*) Bastón de madera dura que, unido a otro mediante una correa o una cuerda de nailon, se usa en artes marciales. *Más frec en pl.* | *Ya* 15.6.82, 40: La Policía les ha intervenido numerosos efectos de todo tipo: un automóvil Mercedes 300-D, .. un estuche de "nunchacos" (palos de artes marciales).

nunchaku *m* (*Dep*) Nunchaco. | *Abc* 29.8.83, 39: El kobudo es una modalidad conocida en Europa por el uso de los nunchakus.

nunciatura *f* **1** Cargo o dignidad de nuncio [1]. *Tb el tiempo que dura.* | F. Escribano *VozR* 19.7.75, 35: Al otro lado de la "cazuela" de Tudela .. se alza el monumento al Corazón de María, bella réplica del Sagrado Corazón de Jesús, llevada a cabo por el magistral don Tomás Gambra durante la nunciatura del cardenal Antoniutti.
2 Sede en que el nuncio realiza sus funciones. | Benet *Otoño* 95: A principios de cada mes se personaba en la Nunciatura (cuando la Nunciatura estaba en la calle del Nuncio).

nuncio I *m* **1** Representante diplomático del Papa. *Tb* ~ DE SU SANTIDAD, *o* ~ APOSTÓLICO. | C. Debén *SAbc* 16.6.68, 37: Que hace solo un mes escaso tuviera lugar su inauguración oficial, con la asistencia del nuncio de Su Santidad. **b)** (*col*) *En frases de negación o rechazo, designa a una pers imaginaria de gran importancia, para dar énfasis al rechazo.* | * Si viene tu padre como si viene el nuncio, te acabas eso ahora mismo. **c)** (*col*) *En frases de deseo, designa pers imaginaria de gran importancia, propuesto como sujeto u objeto de una acción en que el hablante se niega rotundamente a participar.* | * Cuéntaselo al nuncio. * Que lo haga el nuncio.
2 (*raro*) Mensajero. | CBaroja *Inquisidor* 24: Otros empleados de la máxima confianza eran el receptor o tesorero del Santo Oficio y sus subalternos. Y aún quedan los porteros y nuncios, los empleados en las prisiones, con los alcaides a la cabeza, y los médicos.
3 (*reg*) Pregonero. | Soler *Caminos* 22: Me recordaba aquella porrada de críos y de mujeres cada vez que el nuncio, después de un trompetazo con floreos que enternecían, anunciaba a las comadres que había llegado "sardina fresca".
4 (*lit*) Anuncio o augurio. | Tejedor *Arte* 159: Juan Fernández de Navarrete .., autor del *Entierro de San Lorenzo*, nuncio del tenebrismo español. A. Cobos *SYa* 2.12.73, 9: En el ámbito de nuestras nacionales de Bellas Artes ganó sus primeros lauros, con una tercera medalla y una segunda medalla en los años 1890 y 1892, que fueron nuncio de las dos primeras, que logró en 1901 y 1910.
II *loc v* **5 recibir la visita del ~.** (*col*) Tener [una mujer] la menstruación. | * Me dijo aliviada que acababa de recibir la visita del nuncio.

nuncupatorio -ria *adj* (*lit*) [Escrito] en el que se dedica a alguien una obra, se le nombra heredero o se le confiere un empleo. | Sánchez *Pról. Quijote* 21: Estos versos no figuran en el prólogo, ni entre los poemas preliminares o nuncupatorios, sino bien adentro de la citada novela picaresca.

nupcial *adj* De (las) nupcias. | *Act* 25.1.62, 56: La ceremonia no dura más de diez minutos y se han suprimido los ritos y la misa nupcial. **b)** [Teas] ~es → TEA.

nupcialidad *f* **1** (*admin*) Condición de contrayente. *Frec el premio que se concede a un empleado por este motivo.* | MGaite *Usos* 52: Mediante préstamos a la nupcialidad y los famosos subsidios y leyes de protección a las familias numerosas, Franco se había propuesto remediar el estrago demográfico de aquel millón de muertos. *HLSa* 9.11.70, 2: Sus prestaciones (jubilación, viudedad, natalidad, nupcialidad, defunción, invalidez y becas) son compatibles con cualquie[r]a otras.
2 (*Estad*) Número de matrimonios en una población y período determinados. | Tamames *Economía* 27: Evolución de la natalidad, mortalidad y nupcialidad en la población española.

nupcias *f pl* (*lit*) Casamiento. | PFerrero *MHi* 12.70, 50: Mateo Morral arrojó la bomba a los reyes Alfonso XIII y Victoria Eugenia el día de sus nupcias.

nuraga *f* (*Arqueol*) Construcción prehistórica, peculiar de Cerdeña, en forma de torre cónica truncada. | Angulo *Arte* 1, 26: Construcciones de tipo análogo a los talayotes son las nuragas de Cerdeña, que, como ellos, se consideran lugares de refugio y defensa de la población en caso de peligro.

nurágico -ca *adj* (*Arqueol*) De (las) nuragas. | Pericot *HEspaña* 1, 43: Muchos otros rasgos de esta cultura balear son mal conocidos, pero siempre se adivina en ellos la relación con el Mediterráneo, con claros paralelos en la cultura nurágica de Cerdeña.

nuremburgués -sa *adj* De Nuremberg (Alemania). *Tb n, referido a pers.* | Camón *LGaldiano* 259: La medalla de oro fechada en 1754 y firmada por el medallista nuremburgués Laniers representa al Emperador Francisco I.

nurse *f* (*raro*) Niñera extranjera. | Arce *Precio* 21: El cuarto de plancha donde .. se encañonaban las cofias de las doncellas y los delantales de nuestras nurses.

nursery (*ing; pronunc corriente,* /nurserí/; *pl normal,* NURSERIES) *f* (*raro*) Guardería infantil. | *Abc* 19.9.64, 45: Colegio Belén. Jardín de infancia. Nursery. Idioma.

nutación *f* **1** (*Astron*) Oscilación periódica del eje de la Tierra, causada por la atracción del Sol y, en mayor proporción, por la de la Luna. | *Anuario Observatorio 1967* 73: Así como el tiempo solar medio se deduce del verdadero teniendo en cuenta la ecuación de tiempo, del mismo modo se deduce el tiempo sidéreo medio del verdadero teniendo en cuenta la nutación en ascensión recta.
2 (*Bot*) Cambio de dirección de los órganos vegetales a causa del crecimiento. | Alvarado *Botánica* 33: Tanto los tallos como las raíces se alargan describiendo con sus vértices vegetativos una hélice. De este modo las raíces se hunden en tierra como un sacacorchos. Este movimiento recibe el nombre de nutación.

nutka I *adj* **1** De la tribu indígena que habita en la costa oeste de la isla de Vancouver (Canadá). *Tb n, referido a pers*. | RAdrados *Lingüística* 614: En la poesía nutka y paiute existen fonemas que no solo son los de la lengua ordinaria.
II *m* **2** Idioma de los nutkas [1]. | RAdrados *Lingüística* 213: El nutka cambia t-, tl- en hl- en sufijos verbales para indicar repetición.

nutria *f* Mamífero carnicero que habita en las orillas de ríos y arroyos, de cuerpo alargado, cabeza aplastada, patas cortas con los dedos unidos por una membrana, y pelaje muy espeso y suave de color pardo rojizo (*Lutra lutra*). *Tb su piel*. | Hoyo *Caza* 37: Aquí las zarzas son .. espesas .. Es sitio difícil y recogido e, indudablemente, alguna nutria vive en él. *NAl* 14.11.70, 4: La libre elegancia de la Piel .. Originales combinaciones a base de Zorro, Nutria, Gato Salvaje.

nutricio -cia *adj* Que nutre o sirve para nutrir [1 a 4]. | Cela *Viaje andaluz* 54: El escarabajillo merdero moldeó, mejor que jamás lo hiciera, su nutricia bolita. Alvarado *Anatomía* 106: Penetran vasos sanguíneos y un nervio sensitivo por un orificio nutricio que perfora el extremo de la raíz. DPlaja *Des* 12.9.70, 40: El alto espíritu de ciudadanía y de amor a la tierra nutricia que supone el noble gesto que ha tenido Mariano Andreu. Ridruejo *Memorias* 28: Había una isla confortante y nutricia: el Casino. Además de calefacción tenía una buena biblioteca.

nutrición *f* Acción de nutrir(se) [1 y 2]. *Tb su efecto*. | Cañadell *Salud* 151: Son [las proteínas] la unidad química esencial del organismo, indispensables para su nutrición. Bustinza-Mascaró *Ciencias* 252: La savia elaborada .. se acumula encima de la zona descortezada, determinando una nutrición más activa del fruto próximo.

nutricional *adj* De (la) nutrición. | *NSa* 31.12.75, 25: No debe [la mujer] quedar en estado hasta gozar de una buena salud nutricional.

nutricionalmente *adv* En el aspecto nutricional. | *ByN* 22.9.91, 95: Las cocinas preparadas utilizando microondas deben ser, en general, nutricionalmente comparables o mejores que las preparadas por métodos convencionales.

nutricionista *m y f* (*Med*) Especialista en nutrición. | *Ciu* 8.74, 28: Los pelos quebradizos y con poca elasticidad pueden ser el resultado de una ligera deficiencia proteica, según los nutricionistas. *DMé* 27.4.93, 22: La nutricionista colombiana .. ha indicado que es necesario que la sociedad actual cambie de educación respecto a la práctica deportiva.

nutrido -da *adj* **1** *part* → NUTRIR.
2 Numeroso o abundante. | ILaguna *Ateneo* 44: Cada vez acuden más curiosos a las tertulias de Ortega, Valle-Inclán y Unamuno. La más nutrida es la de don Miguel. **b)** [Aplauso] general e intenso. | Torrente *Isla* 268: El aplauso, nutrido, se interrumpió bruscamente.

nutridor -ra *adj* (*raro*) Que nutre [2 y 4]. *Tb n, referido a pers.* | HSBarba *HEspaña* 4, 364: Sus intereses [de los indios] estaban vinculados a este estrecho horizonte vital, del que era muy difícil que escapasen, puesto que eran los nutridores, junto con los negros, de la mano de obra.

nutriente *adj* Que nutre [1 y 2]. *Tb n m, referido a sustancia*. | Alicia *Fam* 15.11.70, 50: El cuidado que se tiene con el rostro debería extenderse también al cuello: cremas nutrientes y emblanquecedoras. *Ciu* 8.74, 28: El pelo está const[it]uido por proteínas, y este nutriente tiene que estar presente adecuadamente en la dieta para mantener la salud del cabello.

nutrimental *adj* (*raro*) Que sirve de nutrimento. | Palacios *Juicio* 32: Si los espíritus no requieren materia nutrimental, tienen también la suerte de eludir el movimiento.

nutrimento *m* Nutrimiento. | *GTelefónica N.* 52: Gallina Blanca Purina, S.A. Fábrica nutrimentos para aves y ganado.

nutrimiento *m* **1** Acción de nutrir(se). | J. Pujadas *Van* 30.3.74, 38: [Los escombros] impiden un normal nutrimiento de las mismas [aguas] que a través de las diferentes capas de arenas y gravas se van filtrando.
2 Sustancia nutritiva. | A. ÁVillar *SYa* 17.3.74, 3: Los tejidos dejan de recibir la misma dosis de oxígeno y de nutrimientos que antes.

nutrir *tr* **1** Servir [una sustancia] para que [un ser vivo (*cd*)] repare, al asimilarla, las pérdidas sufridas en su actividad vital. *Tb abs*. | Ybarra-Cabetas *Ciencias* 262: Esta savia alcanza los vasos liberianos, por los que desciende a todas las células del vegetal para nutrirlas. * El cacao nutre.
2 Proporcionar [a un ser vivo (*cd*)] sustancias que le nutran [1]. | Abella *NoE* 5.2.77, 29: Así se explica que .. entre 1940 y 1946 murieran en España veinte mil personas de inanición. Eran aquellos a quienes su indigencia no les permitía nutrirse a precios de mercado negro. **b)** *pr* Tomar [un ser vivo (*suj*)] sus sustancias nutritivas [de alguien o algo (*compl* DE *o* CON)]. | Legorburu-Barrutia *Ciencias* 26: Las células de nuestro cuerpo se nutren de los alimentos que lleva la sangre.
3 Servir [una pers. o cosa] para que [algo (*cd*)] exista o funcione. | HSBarba *HEspaña* 4, 292: El elemento humano que nutría estas expediciones fue, esencialmente, popular. *País* 15.10.77, 6: Debe servirle para alimentar proyectos pacíficos de convivencia hacia el futuro y no para nutrir rencores hacia el pasado.
4 Proporcionar [a algo (*cd*)] lo necesario para que exista o funcione. | * Nutre la nueva asociación con elementos de la anterior. **b)** *pr* Tomar [una cosa (*suj*) de otra (*compl* DE *o* CON)] lo necesario para existir o funcionar. | A. GPérez *País* 31.7.76, 32: Las técnicas actuales han permitido alumbrar mantos cautivos que se nutren de agua procedente de grandes distancias. SLuis *Doctrina* 137: El amor se nutre y aviva con la presencia física.
5 Cubrir [una necesidad (*cd*)]. | M. Jiménez *Ya* 6.6.75, 61: Ahora se realiza un tratamiento de aguas por cloración. Abastecimiento propio de agua, que nutre las necesidades de la población hasta agosto, tomando el resto de la Confederación de la sierra.

nutritivamente *adv* En el aspecto nutritivo. | M. Callaved *SYa* 28.4.74, 47: Se han incorporado a nuestra alimentación nuevos elementos, algunos nutritivamente valiosos y otros no.

nutritivo -va *adj* **1** Que sirve para nutrir [1]. | Bustinza-Mascaró *Ciencias* 111: Las sustancias nutritivas se reparten luego por todo el cuerpo. J. PSalas *Luc* 10.9.64, 2: Es evidente que, si los terrenos eran pobres en este principio nutritivo [el ácido fosfórico], lo seguirán siendo. Bernard *Verduras* 87: Es [el puré de lentejas] extraordinariamente nutritivo.
2 De (la) nutrición. | Cañadell *Salud* 168: Los hábitos nutritivos no solo varían según países, sino que suelen ser diferentes en las distintas familias. M. Callaved *SYa* 28.4.74, 47: Estamos abandonando platos de gran valor nutritivo.

nutrología *f* (*Med*) Parte de la medicina que trata de la nutrición. | *HLS* 8.8.77, 7: Francisco Grande Covián es uno de los más importantes fisiólogos de nuestro tiempo. Cercano varias veces al Nobel por sus investigaciones en Nutrología.

nutrólogo -ga *m y f* (*Med*) Especialista en nutrología. | Nuria *SYa* 15.2.76, 31: Los nutrólogos recomiendan que, hasta la edad de dos años, el niño debe consumir un litro [de leche] por día.
ny → NI².
nyala → NIALA.

nylon (*n comercial registrado; ing; pronunc corriente, /náilon/*) *m* Nailon. | *Economía* 96: Lavado de tejidos de fibras artificiales .. Nylon y perlón. Soportan muy bien el lavado con jabón y agua templada. Se evitará el retorcer las prendas al aclararlas.
nylón → NILÓN.

Ñ

ñ → EÑE.

ñaclo -cla m y f (reg) Niño pequeño. | GPavón *Liberales* 153: ¿Pero quién le manda a esta tía venir a parir aquí? .. Que la clientela no acude a ver ñaclos, sino al esparcimiento de la ingle.

ñajo -ja adj (jerg) Pequeño. *Tb n, referido a pers.* | VMontalbán *Galíndez* 213: Hasta con mis sentimientos por los locos y los ñajos hace escarnio.

ñame m **1** Planta herbácea cultivada frec. en los países intertropicales por sus tubérculos, semejantes a la batata (*Dioscorea batatas*). *Tb su raíz.* | FReguera-March *Cuba* 78: Se alimentan de plátanos, raíces de ñame o tallos tiernos de palmera.
2 Planta herbácea ornamental, de hojas grandes y rizoma grande y comestible (*Colocasia antiquorum*). *Tb ~ DE CANARIAS. Tb su raíz.* | Alvar *Islas* 57: Por la ventana entraba el salitre del mar, y los ojos se prendían en las hojas carnosas de unos ñames.

ñamera f (reg) Ñame (planta). | GSosa *GCanaria* 114: Es tierra de maizales y castaños .., de ñameras y chopos, de árboles de fruta sabrosa o de húmeda sombra.

ñandú m Ave corredora de la región sur de Sudamérica, similar al avestruz, de plumaje grisáceo y pies con tres dedos (*Rhea americana*). | Bustinza-Mascaró *Ciencias* 198: Algunas aves hay que, como el avestruz, tienen el esternón sin quilla, carecen, por tanto, de pechuga y no pueden volar. Tales son: el ñandú, de América del Sur; el emú, de Australia.

ñáñigo -ga adj [Pers.] perteneciente a una antigua sociedad secreta formada por negros en Cuba. *Tb n.* | Torrente *Off-side* 182: Oye maracas y bongós .. y voces graves de ñáñigos que cantan sortilegios con música de Haendel acomodada al ritmo afrocubano. **b)** De (los) ñáñigos. *Tb n m, referido a música.* | Torrente *Sombras* 61: A los de la Santa Compaña añadía a las veces memorias de ritos ñáñigos. C. Murillo *SAbc* 14.12.69, 31: Toda la vida me han asombrado los enormes puntos de contacto entre el "jazz" (o el ñáñigo o el "negro spiritual") y el flamenco.

ñaque m **1** (*Escén., hist*) Compañía constituida por dos hombres. *Tb, raro, modernamente, designando en gral compañía de dos actores.* | Pedraza-Rodríguez *Literatura* 4, 111: Puede confeccionarse un cuadro en que se señalen las denominaciones de las diversas agrupaciones [teatrales], sus componentes y su repertorio aproximado .. Bululú: 1 solo hombre: una loa y una comedia. Ñaque: 2 hombres: un entremés, un auto, tres loas, una comedia. V. FAsís *Teatro 1964* 360: *Mayores con reparos* .., estrenada en el Reina Victoria por una compañía de dos, a saber: Analía Gadé y Fernando Fernán Gómez, un verdadero naque o ñaque, como algunos dicen.
2 (*raro*) Conjunto de cosas inútiles o despreciables. | FVidal *Ayllón* 117: Vuelvo la vista atrás, hacia Santibáñez de Ayllón .. Desde el altozano, el ñaque de sus casas parece de tal manera montado sobre sí mismo que no se distinguen las terrazas consecutivas que lo conforman.

ñipa f Arbusto chileno de olor muy fuerte y desagradable (*Escallonia illinata*). | Delibes *Mundos* 47: Otro superviviente es la ñipa, cuyo aroma penetrante se va desvaneciendo a medida que uno se aproxima a la planta que lo exhala.

ñiquiñaque m (*raro*) Pers. o cosa despreciable. | Mendoza *Laberinto* 176: Me dieron de puñetazos y puntapiés y me llamaron colilla, paria, buñuelo, zarramplín, basura, ñiquiñaque y otros epítetos que he olvidado.

ñire m Árbol de la familia del haya, con flores solitarias y hojas profundamente aserradas, propio de la región austral chilena (*Nothofagus antarctica*). | C. Calandre *Méd* 27.5.88, 140: El interior de los bosques es muy intrincado, y junto con la lenga crecen el guindo y el ñire. [*En los Andes Australes.*]

ño interj (reg) euf por COÑO. | Lera *Boda* 549: ¡Tiene razón el Felipe, qué no! J. J. Romero *SDLP* 8.10.90, 34: ¡Ño, estás calvo perdío...!

ñoñada f (*desp*) Ñoñería [2]. | Campmany *Abc* 6.9.92, 19: El lenguaje sindical admite pocas ñoñadas.

ñoñería f (*desp*) **1** Cualidad de ñoño. | Zunzunegui *Camino* 483: Yo estoy con ellos [los jesuitas] porque en aquel momento simbolizan un concepto avanzado y liberal de la vida frente a la ñoñería y fanatismo brutal de los jansenistas.
2 Hecho o dicho ñoño. | Laforet *Mujer* 102: He conocido órdenes religiosas que hacen verdaderas ñoñerías.

ñoñez f (*desp*) **1** Cualidad de ñoño. | Zunzunegui *Camino* 447: Si tú quieres dejarlo..., muy bien..., lo seguiré yo. No me explico esa exagerada ñoñez tuya... a estas alturas.
2 Hecho o dicho ñoño. | FVidal *Señas* 21: Llegaba la madre, con sus ñoñeces y sus estúpidas ternezas, me besaba la mejilla, me abrazaba.

ñoño -ña adj (*desp*) **1** [Pers.] timorata o pacata. *Tb n.* | Halcón *Monólogo* 81: Por supuesto que las sevillanas no iban nada ñoñas, pero ninguna como yo, que llevaba traje estrict. **b)** Propio de la pers. ñoña. | M. Mora *Act* 25.1.62, 44: Sus vestidos presentan también la constante de unos escotes redondos, hasta un poco ñoños.
2 [Cosa] sosa o falta de gracia y desenvoltura. | R. Frühbeck *SAbc* 20.9.70, 10: La consideraban [el "Elías" de Mendelssohn] algunos de los "entendidos" .. como una obra convencional, pasada de moda, ñoña, aburrida, "sin mensaje". Losada *CBranco* XVIII: A través de los años se fue creando una imagen ñoña de esta obra.

ñoqui m Bola de una pasta compuesta fundamentalmente de harina, huevos, queso y especias, que suele prepararse al horno. | *Cocina* 337: Ñoquis de patatas y jamón .. Bien mezclados todos los ingredientes, se hacen unas bolitas, que se aplastan un poco por ambos lados con un tenedor .. Hechos todos los ñoquis, se pone en el fuego una cacerola o cazo con agua y, cuando rompe a hervir, se echan los ñoquis.

ñora[1] f (reg) Noria. | Lorenzo *SAbc* 8.9.74, 10: En la aridez, unos moros habían trasplantado este ingenio: la ñora; álabes de palo que suben el agua y la tienden a las acequias.

ñora – ñusta

ñora[2] *f (reg)* **1** Pimiento pequeño y redondo. | VMontalbán *Rosa* 98: Una brandada a lo popular con su patata, su ajo y su bacalao, y su aceite, no remachado en este caso con la ñora cocida y mojada al uso murciano.
2 Guindilla (pimiento picante). | *Ya* 8.5.88, 1: Se había utilizado el helicóptero de la Moncloa .. con el fin de comprar en Melilla un ingrediente, ñora, que era necesario para condimentar el caldero marinero con arroz que prepararon para comer.

ñu *m* Antílope africano de gran tamaño, con pelo pardo y con cuernos tanto en el macho como en la hembra (gén. *Connochaetes*). | N. Rubio *Abc* 29.10.72, 48: Todo el mundo conoce a las cebras por haberlas visto en circos o películas, y nadie las confunde con un kudu o un ñu, pongamos por ejemplo.

ñudo *m (reg)* Nudo. | * Se ha desatado el ñudo de la cuerda.

ñudoso -sa *adj (reg)* Nudoso. | Sampedro *Río* 36: No tenía la capacidad de los gancheros para individualizar cada palo entre todo un grupo .. Les brotaba en el acto el apelativo certero: el recio, el escuadrao, el corto, el mordido, el pelao, el cortezudo, el ñudoso.

ñusta *f (hist)* Princesa virgen de los antiguos incas. | N. LPellón *MHi* 7.69, 17: Las ñustas –vestales del Sol– son las escogidas, las primogénitas de la raza, las que dan a los actos un hálito de misterio.

O

o¹ *(con pronunc átona. Toma la forma* U *ante palabra que comienza por el fonema /o/. Entre cifras, se suele escribir* ó: 4 ó 5) *conj* **1** Une ors, palabras o sintagmas denotando que de las nociones expresadas por ellos solamente una puede alcanzar efectividad. Tb, a veces, ~ BIEN. | Berenguer *Mundo* 400: ¿Es o no es? Arce *Testamento* 30: Él se reía o bien me llamaba inútil con gran coraje. **b)** *Se repite con carácter enfático ante el primero de los miembros coordinados. Tb, a veces,* ~ BIEN. | R. Orad *Cod* 2.2.64, 3: Si don Juan no se hubiera precipitado, el Comendador le habría dicho lo de siempre: "O se casa, o lo mato". **c)** *A veces se emplea para dar énfasis a una afirmación, equivaliendo a* TANTO... COMO... | * Aquí o en mi patria, estoy siempre a sus órdenes.
2 *Entre adjs o prons numerales, denota aproximación.* | *Sp* 19.7.70, 49: Un 70 u 80 por ciento de esas salas .. tenían una refrigeración de segundos.
3 *Une palabras o sintagmas denotando que las nociones expresadas por ellos son equivalentes.* | Valverde *Literatura* 13: La lengua castellana –o española por antonomasia– se forma en la primera época de la Reconquista. **b)** **~ sea** → SER¹.

O² *I* **f** **1** Letra del alfabeto (o, O), que en español corresponde al fonema /o/. (V. PRELIM.) *A veces tb se llama así el fonema representado por esta letra.* | Delibes *Parábola* 56: Usted no escribe ceros sino oes.
II *loc v* **2 no saber (ni) hacer la ~ con un canuto.** (col) Ser muy ignorante. | Campmany *Abc* 21.4.88, 33: Cualquier ignaro de esos que no saben hacer la "o" con un canuto se pone a hablar de cosmología. Sastre *Taberna* 112: No sé ni hacer la O con un canuto.

oasis *m* **1** Paraje con agua y vegetación, aislado en el desierto. | Ortega-Roig *País* 49: La palmera .. se da en los oasis del desierto porque resiste bien calor y sequedad. **b)** Lugar agradable aislado en medio de un terreno agreste o inhóspito. | Ridruejo *Castilla* 2, 68: Este valle es también pastoril .. Los abrigos de este oasis son la sierra de Cebollera, que le protege al Norte, y la de Calcaño, que se desprende de la otra para guardarle por el Sur.
2 Lugar o momento de descanso en medio de una situación de lucha o de agobio. | R. Roquer *Van* 20.12.70, 32: El oasis de Belén, del que ya el rey salmista sentía la futurición, al cantar: "Estás cerca, oh Señor", se hace ecuménico.

oaxaqueño -ña *(pronunc,* /oaʃakéɲo/) *adj* De Oaxaca (ciudad y estado mejicanos). *Tb n, referido a pers.* | *Abc* 21.7.74, 30: Muchos de los oaxaqueños remedian con alcohol su carencia alimenticia.

obcecación *f* Acción de obcecar(se). *Tb su efecto.* | Laforet *Mujer* 257: Paulina .. creía que todo lo que le pasaba a Luisa era culpa suya, por aquella cerril obcecación.

obcecadamente *adv* Con obcecación. | Delibes *Ratas* 161: "Date a razones, ¡coño!" Pero el Ratero mascullaba palabrotas y murmuraba obcecadamente: "Las ratas son mías. Las ratas son mías".

obcecamiento *m (raro)* Obcecación. | J. M. Alfaro *Abc* 21.4.74, 3: Tiene ese noble talante de los que no se pueden sacudir la congoja española, sabiendo de sus ingratas extremosidades y de sus pendulares obcecamientos.

obcecante *adj (lit, raro)* Que obceca. | Zunzunegui *Camino* 354: Le entró una obcecante vergüenza por todo lo sucedido.

obcecar *tr* Cegar u ofuscar [a una pers. o su razón (cd)]. | D. Sueiro *País* 21.6.81, 28: De cara a una televisión más crítica y libre, se impone distinguir entre aquello que estimula a la razón y aquello que la obceca. **b)** *pr* Cegarse u ofuscarse [una pers. o su razón]. | Delibes *Cinco horas* 167: Si de entrada te vas derecho a Filgueira y le dices sin más, "pues tiene usted razón, me he obcecado", todo hubiera cambiado.

obedecer *(conjug* **11**) **A** *tr* **1** Hacer [alguien] lo que le manda [una pers., una indicación o un precepto (cd)]. *Tb abs. Cuando el cd designa cosa, frec lleva la prep* A. | Arce *Testamento* 14: –¡Siéntate! –masculló. Yo obedecí fastidiado. CBaroja *Brujas* 39: ¿Qué pactos son los que hacen que los dioses se sientan tan obligados? ¿Les resulta placentero obedecer a los conjuros? **b)** Funcionar [una cosa] de acuerdo [con una exigencia o deseo (cd) o con la pers. que los tiene o muestra (cd)]. | D. García *Mun* 12.12.70, 65: Un freno que no obedezca normalmente a las exigencias del conductor es causa de un frenazo a destiempo. Matute *Memoria* 198: Miré su espalda, sus piernas que apenas le obedecían.
B *intr* **2** Reaccionar de manera adecuada [una pers. o cosa (suj) ante un agente o una acción (compl* A) que obra sobre ella]. | * El enfermo no obedece al tratamiento. * El dolor no obedece a los analgésicos. * El freno no obedece a la presión del pie.
3 Ser [algo] debido [a una causa]. | *Ya* 15.4.64, 13: El hundimiento de la acera parece ser que obedece a una fuga subterránea de agua.

obediencia *f* **1** Hecho de obedecer [1]. | RMorales *Present. Santiago VParga* 6: El Occidente .. guarda aún obediencia al Pontífice.
2 Cualidad de obediente. | Peña-Useros *Mesías* 46: En premio a tan gran obediencia, Dios le confirmó [a Abraham] con juramento las promesas.

obediente *adj* Que obedece, *esp* [1]. | *ByN* 31.12.66, 78: Jacquelene es una chica obediente y dulce, pero siempre ha tenido "sus ideas". *Abc Extra* 12.62, 23: Locomotoras eléctricas sin un fallo, obedientes al simple control de unos botones. Mingarro *Física* 35: Supongamos para ello que a un cuerpo en reposo inicial .. se le aplica una fuerza *f*: obediente a ella, se pone en movimiento. GNuño *Escultura* 76: Aunque en algún momento acompañen a otras volutas jónicas, ofrecen una nueva sensación de formas obedientes a un repertorio yerto. **b)** Propio de la pers. obediente. | * En todo momento su actitud fue obediente y sumisa.

obedientemente *adv* De manera obediente. | *País* 31.12.77, 8: El error de establecer un sistema bicameral .. fuerza al Senado a elegir entre dos opciones igualmente penosas: secundar obedientemente las decisiones del Congreso o discutir enfadosamente las mismas cuestiones con iguales resultados.

obelisco – objetar

obelisco *m* Monumento en forma de pilar alto, de cuatro caras iguales ligeramente convergentes y rematado por una pirámide achatada. | Ridruejo *Castilla* 2, 62: Se alzan allí [en Numancia] un par de pequeñas construcciones y un obelisco que retiene los nombres de Retogenes y de los otros régulos y caudillos numantinos.

óbelo *m* (*raro*) Señal que se pone en el margen de un libro para llamar la atención sobre determinado punto. | GYebra *En torno* 63: Sería largo exponer cuánto añadieron de su cosecha y cuánto omitieron, lo cual está señalado en los ejemplares de la Iglesia con óbelos y asteriscos.

obencadura *f* (*Mar*) Conjunto de obenques. | Cancio *Bronces* 73: Hoy ha entrado en el puerto un patache, un velero humilde de burdo casco y ruin obencadura.

obenque *m* (*Mar*) Cabo o cable que sirve para sujetar los mástiles y masteleros para que puedan soportar los esfuerzos laterales. | *Sol* 24.5.70, 13: Se produjeron .. averías en timones, obenques y trapas que motivaron la retirada de los barcos que las sufrieron.

obertura *f* (*Mús*) **1** Pieza instrumental que constituye la introducción de una ópera, un oratorio, una opereta o una suite. | Subirá-Casanovas *Música* 87: De toda aquella brillantísima producción [de Rossini] solo han quedado las dos óperas citadas y las oberturas de las restantes.
2 Pieza instrumental breve e independiente, a veces a manera de pequeño poema sinfónico. | Subirá-Casanovas *Música* 100: Iniciado por Glinka en el ardor nacionalista, [Balakirev] fomentó en seguida estos ideales entre los compañeros de grupo, y su exaltado folklorismo le inspiró, entre otras obras, una *Obertura española* que forma juego con otras dos oberturas, la *Checa* y la *Rusa*.

obesidad *f* (*lit o Med*) Cualidad de obeso. | Laforet *Mujer* 312: Su obesidad era causa para él de una terrible mortificación.

obeso -sa *adj* (*lit o Med*) [Pers.] excesivamente gruesa. *Tb fig, referido a cosa.* | Cañadell *Salud* 379: Las compañías aseguradoras solo admiten el contrato de seguros de vida en los obesos mediante sobreprima. Vega *Cocina* 30: Resplandecen un plato de lomo de cerdo a la montañesa y las magras al estilo de Huesca, con tomate, que conviene sean obesas y desaladas con leche.

obi *m* Faja ancha de seda que forma parte del vestido tradicional japonés. | GSanchiz *Ya* 15.4.64, 5: La familia americana no aceptaría que la mamá llevase en ese gran lazo dorsal, el "obi" de los quimonos, a su bebé.

óbice *m* (*lit*) Impedimento u obstáculo. *Gralm en la constr* NO SER ~. | Delibes *Caza* 58: Desgraciadamente a la rabona no le vale de nada su mimetismo con las gentes rurales .. Esto no es óbice para que la liebre continúe fiándose de su invisibilidad.

obispado *m* **1** Dignidad o autoridad de obispo. | Torrente *DJuan* 91: No puede, lógicamente, resignarse a preste de misa y olla, sino que pensará hacer carrera y alcanzar a lo menos un obispado.
2 Territorio sometido a la jurisdicción de un obispo. | HSBarba *HEspaña* 4, 365: Durante el siglo XVIII fueron organizándose los territorios de Hispanoamérica en archidiócesis .. En total 9 arzobispados y 34 obispados constituían los ejes de la vida eclesiástica.
3 Sede episcopal. | Tarradell *HEspaña* 1, 195: Junto a la frontera de la Bética existe un grupo de ciudades que son a la vez obispados y cecas. **b)** Edificio donde están instaladas las oficinas del obispo. | Amable *Sáb* 10.9.66, 44: Existe, sí, el impedimento llamado de mixta religión; pero fácilmente se dispensa acudiendo a la curia del Obispado.

obispal *adj* De(l) obispo. | *Béj* 21.8.70, 3: Servirá como puesta en marcha de forma definitiva a lo que hasta ahora ha venido haciéndose por mor de la concesión obispal.

obispillo *m* **1** Muchacho que en algunas iglesias visten de obispo por la fiesta de San Nicolás de Bari, y que así vestido asiste a las solemnidades religiosas. | *HLM* 28.12.70, 12: La elección y gobierno del obispillo, en la catedral y en los dos monasterios españoles citados, se produce dentro de unos cauces de respeto.
2 *En las aves:* Rabadilla. | Delibes *Historias* 92: La avutarda estaba podrida y empezaba a oler. Pero al animal no le quedaban más plumas que las del pescuezo y el obispillo, y tampoco era cosa de disecarla así.
3 (*reg*) Embutido grueso en forma de morcilla. | Cela *Rosa* 107: En mi alimentación de entonces, estaban desterrados por decreto los gozos y los gustos del chorizo y de la salchicha .., del obispillo y de la sobrasada.

obispo -pa (*en acep 2 a veces se usa la forma* OBISPO *referida a mujer*) **A** *m* **1** (*Rel catól*) Hombre que ha recibido las órdenes sagradas en su grado máximo y puede administrar los sacramentos del orden y de la confirmación. | SLuis *Doctrina* 152: Ministro del Sacramento del Orden es el obispo.
B *m y f* **2** (*Rel crist*) Pers. que gobierna una diócesis o a un grupo de sacerdotes. | *Ya* 27.3.89, 1: Jerarcas anglicanos rechazan la ordenación de la obispa Barbara Harris. *País* 7.4.92, 60: Una pastora progresista y feminista es la primera obispo de la Iglesia protestante alemana.

obiter dicta (*lat; pronunc,* /óbiter-díkta/) *loc n m pl* Opiniones dichas de pasada. | Sopeña *Defensa* 93: A un Colegio Mayor debo .. una primera y dolorosa denuncia ..: en la misa de apertura del Congreso de catedráticos de Letras yo había citado en mi homilía al cardenal Newma[n] –¡oh, todavía los "obiter dicta"!–, a Ortega y Gasset y a Laín.

óbito *m* (*lit*) Fallecimiento. *Tb fig, referido a cosa.* | CBonald *Ágata* 198: Había encomendado .. que, en llegando el no temido momento del óbito, solo dieran aviso a Araceli y al arcipreste. ILaguna *Ateneo* 86: ¿A qué se debió el óbito brusco de la revista?

obituario *m* **1** Libro parroquial en que se anotan las partidas de defunción. | Cela *País* 9.12.78, 44: Cuando a don Clodo se le enfriaron las magras, las mucosas y los cartílagos, el clérigo don Serafín mandó inscribirlo en el obituario. **b)** Registro de defunciones. | Cela *Mazurca* 149: Se fueron a Buenos Aires cuando don Jesús Manzanedo apuntó en su obituario particular a Inocencio Solleiros Nande, nº 37, 21 oct. 36, empleado de banca, Alto del Furriolo, murió confesado (no es verdad).
2 Nota necrológica. | I. Carrión *D16* 25.8.87, 4: La viuda y los amigos del general Viveash, a quien el diario "The Times" dedicó un obituario, esperan alguna aclaración.

objeción *f* **1** Acción de objetar. *Frec su efecto.* | L. Contreras *Mun* 5.12.70, 10: Merecedoras [las palabras] de una objeción fundamental: su autor no ha sido coherente.
2 ~ **de conciencia.** Negativa a cumplir el servicio militar, por razones de conciencia. *Tb, simplemente,* ~. | *Abc* 4.4.76, 11: El motivo principal de esta manifestación ha sido apoyar la petición de libertad para los objetores detenidos, y un estatuto que reconozca y regule el derecho a la objeción de conciencia. J. L. Carrasco *Ya* 25.1.91, 17: La censura de estos partidos se refiere, fundamentalmente, a la ausencia en el texto legal de cualquier referencia a la "objeción sobrevenida".

objetable *adj* Que puede ser objetado [2]. | Aranguren *Ética y polít.* 284: Desde el punto de vista de la Economía política, el marxismo rígido es no menos objetable hoy que sociológica y psicosociológicamente. P. Crespo *Abc* 14.5.75, 11: Si diplomáticamente el subsecretario es objetable, no lo son sus palabras posteriores.

objetal *adj* (*lit*) De(l) objeto o de (los) objetos. | F. Prieto *Tri* 19.6.71, 36: Esta forma de comunicarse reiterada establece la necesidad de gratificación y la condición necesaria para que la relación objetal –llamada así por los psicoanalistas– quede instaurada.

objetante *adj* Que objeta. *Tb n, referido a pers.* | Pemán *Abc* 20.7.65, 3: Es justo, pues, corresponder a esa proclamación de la evolución prudente con aquella admonición que una de esas hojas volanderas, de muy extrema procedencia, hacía a los objetantes.

objetar A *tr* **1** Decir [algo] como argumento que se opone a lo dicho. | Delibes *Año* 191: A los dos días, sin advertirnos, se presentó él en Valladolid. "Don Américo –le dijimos–, esto no era lo convenido. Usted tiene ochenta años." Pero él objetó rápido: "De acuerdo; pero ustedes son dos".
2 Oponer reparo [a algo o a alguien (*cd*)]. | *Abc* 3.6.70, 32: El Gobierno regulará .. la prestación del servicio militar .. por aquellos a quienes sus convicciones religiosas les hagan objetar el normal cumplimiento del servicio militar.

Pemán *Halcón* 43: Cuando nuestro tan citado Valera ocupaba esa posición de señorío, de aristocracia, de humanismo, aunque ya empezaba a estar objetado por grandes corrientes revolucionarias, no estaba aún del todo desasistido.
B *intr* **3** Negarse a cumplir el servicio militar, por razones de conciencia. | J. L. Carrasco *Ya* 25.1.91, 17: La ley no contempla la posibilidad de objetar cuando el interesado desee, incluido el período de prestación del servicio militar.

objetivable *adj* Que puede ser objetivado. | Marín *Enseñanza* 290: En la apreciación tiene que entrar el subjetivismo, pero habrá de evitarse cargando la atención sobre los aspectos más objetivables.

objetivación *f* Acción de objetivar(se). | Tierno *Humanismo* 64: La pretensión de objetivar tiene justificación plena en la ciencia, porque el científico opera desde la objetivación sobre el mundo conociéndolo, pero el humanista se aleja y lo desconoce más y pierde la concreción construyendo quimeras estéticas o bien obras de queja y crítica.

objetivador -ra *adj* Que objetiva. | J. M. Alfaro *Abc* 23.3.75, 3: Cervantes será el conductor de ese empalme, que reiterará sus mareas sobre el ánimo objetivador y analítico del novelista.

objetivamente *adv* **1** De manera objetiva [1a y 2]. | Vega *Corazón* 64: Exista o no una enfermedad objetivamente detectable.
2 En el aspecto objetivo [1a y 2]. | Castilla *Humanismo* 24: A veces junto a la producción de algo mercantilmente valioso se obtiene también algo por otro concepto objetivamente válido.

objetivar A *tr* **1** Dar carácter objetivo [1a y 2] [a algo (*cd*)]. | Gambra *Filosofía* 187: Toda ética de este género ha de enfrentarse, antes de nada, con el problema de objetivar el placer, hacer de él algo objetivo que pueda erigirse en fin concreto y norma para todos los hombres. **b)** *pr* Tomar [algo] carácter objetivo. | Albalá *Periodismo* 54: El "paso" de verdad a mensaje, de la verdad objetiva a la subjetiva, exige a toda costa, para objetivarse nuevamente en la comunicación, sinceridad, un asidero en la verdad moral.
B *intr pr* **2** (*Med*) Manifestarse o exteriorizarse [una cosa]. | *Abc* 1.11.75, 12: En la evolución escalonada de las complicaciones digestivas la hemorragia no se ha objetivado desde el último parte.

objetividad *f* Cualidad de objetivo, *esp* [1]. | *Tri* 11.4.70, 9: Cuando uno se ha pronunciado tan inequívocamente, queda, creemos, casi inhabilitado para la objetividad. Aranguren *Marxismo* 144: Del "ser envuelto" al "ser disuelto" el individuo subjetivo en la objetividad de la estructura no hay más que un breve .. paso.

objetivismo *m* (*lit*) Tendencia a dar primacía a lo objetivo sobre lo subjetivo. | CNavarro *Perros* 15: Algún crítico .. antes admirador .. de los alemanes y ahora del objetivismo.

objetivista *adj* (*lit*) [Pers.] que practica el objetivismo. | *Tb n*. | Pemán *Abc* 23.8.66, 3: El sargento, que era un objetivista, le replica.

objetivizar *tr* Objetivar [1a]. | Goytisolo *Recuento* 573: La emoción se embarga en el curso del acto de entrega [de la medalla], culminación de un proceso dialéctico por cuanto objetiviza la doble relación entre realidad de hecho y sublimación de esa realidad, entre magnificación del objeto poseído y custodia celosa del objeto magnificado. R. Llidó *Abc* 9.6.66, 25: Los españoles no hicieron sino "objetivizar" el honor, dándole un contenido exento de chauvinismos. **b)** *pr* Objetivarse [1b]. | GBarrientos *Pról. Buero* 51: La visión subjetiva parece desligarse del personaje que la sustenta, se objetiviza y se confronta con la visión propiamente objetiva.

objetivo -va I *adj* **1** Que no depende de los sentimientos de la pers. o no está basado en ellos. | CBaroja *Inquisidor* 15: Para cantidad de personas, la existencia prolongada del Santo Oficio ha sido el obstáculo más difícil de salvar en un examen objetivo del Catolicismo. **b)** [Pers.] que en sus juicios o valoraciones no se deja arrastrar por sus sentimientos. | Castilla *Humanismo* 22: Nuestra época .. parece caracterizarse por la pérdida casi general del sentido religioso, lo cual es algo que ha sido señalado por los más objetivos espectadores. **c)** (*Enseñ*) [Examen o prueba] en los que el examinando ha de responder a cuestiones que solo admiten una respuesta correcta, y en los que, por tanto, la evaluación no deja lugar a ningún criterio subjetivo por parte de los que califican. | *RegO* 10.7.64, 13: En total se presentaron 127 alumnos, dedicándose toda la mañana a la labor de examinarlos con arreglo a las pruebas objetivas que para esta modalidad preparó el ministerio de Educación.
2 Que existe fuera del sujeto pensante o actuante o con independencia de él. | * La realidad objetiva. **b)** (*Med*) [Síntoma] que está al alcance de la observación del médico. | FCruz *Salud* 205: La enfermedad se revela por la aparición de ciertos fenómenos reaccionales o síntomas, en parte accesibles a la observación del médico (síntomas objetivos) y en parte accesibles tan solo al examen introspectivo del propio enfermo (síntomas subjetivos).
3 (*Filos*) De(l) objeto [4]. | Valcarce *Moral* 12: En todo acto humano cabe distinguir un elemento objetivo, aquello sobre lo cual se ejercita la actividad, y otro subjetivo.
4 (*Gram*) De(l) objeto [5a]. | Alcina-Blecua *Gramática* 944: La Gramática ha distinguido entre lo que llamaba genitivo subjetivo .. y el genitivo objetivo, que equivalía al complemento directo de dicha acción.
II *m* **5** Cosa que se trata de conseguir o a la que se dirige una acción. | Delibes *Caza* 106: Hacer de la Naturaleza un medio artificial parece ser el objetivo de algunos de nuestros técnicos.
6 (*Mil*) Punto o zona que se ha de atacar. | Abella *Vida* 1, 394: El objetivo se aparecía ya claro, delimitado. Cataluña quedaba sitiada .. Toda la España nacional entendía que el ataque decisivo sería cuestión de poco.
7 (*Ópt*) Lente o sistema de lentes colocadas en el extremo de un microscopio o de un anteojo, en la parte más próxima al objeto examinado. | Artero *Inerte* 31: La distancia del foco al objetivo se llama distancia focal y es la que determina la longitud total del anteojo.
8 (*Fotogr*) Lente que han de atravesar los rayos luminosos antes de penetrar en la cámara oscura. | Marcos-Martínez *Física* 170: Cámara fotográfica .. Es una cámara obscura que en la parte delantera lleva una lente convergente, denominada objetivo, y en el fondo un vidrio deslustrado.

objeto I *m* **1** Cosa material perceptible por los sentidos. | Alvarado *Anatomía* 87: El mecanismo del funcionamiento del ojo difiere del de la máquina fotográfica en la forma de realizar el enfoque de los objetos que se desean mirar. **b)** Cosa sólida e inerte. | Arce *Testamento* 84: El Bayona estaba sentado al sol y algo tenía en sus manos que relucía. Parecía muy absorto en aquel objeto que limpiaba al parecer con el pañuelo.
2 Cosa que se trata de conseguir o a la que se dirige una acción. | Medio *Bibiana* 255: La policía está convencida de que Bibiana no tiene la menor idea del objeto de la manifestación. **b) hombre ~, mujer ~** → HOMBRE, MUJER.
3 Pers. o cosa sobre la que versa [algo (*compl de posesión*)]. | Gambra *Filosofía* 15: Cada ciencia parte de unos postulados o axiomas que no demuestra, y ateniéndose a ellos trata su objeto. **b)** Pers. o cosa que recibe [un hecho (*compl de posesión*)]. | CBaroja *Inquisidor* 48: Llorente replicó con una carta en nombre de sus correligionarios y los presentó como objeto permanente de la venganza de un tribunal perverso: el del Santo Oficio.
4 (*Filos*) Ser externo al sujeto, sobre el cual recae el pensar o el actuar de este. | Gambra *Filosofía* 129: Toda tendencia se dirige .. hacia un objeto que perfecciona al sujeto de la misma.
5 ~ directo. (*Gram*) Complemento directo. *Tb, simplemente,* ~. | Academia *Esbozo* 371: Llamamos complemento u objeto directo al vocablo que precisa la significación del verbo transitivo, y denota a la vez el objeto .. en que recae directamente la acción expresada por aquel. **b) ~ indirecto.** (*Gram*) Complemento indirecto. | Academia *Esbozo* 371: Se designa con el nombre de complemento u objeto indirecto el vocablo que expresa la persona, animal o cosa en que se cumple o termina la acción del verbo transitivo ejercida ya sobre el objeto directo.
II *loc v* **6 hacer** [a alguien o algo] **~** [de un hecho]. Dár[selo] o dedicár[selo]. | * Le hizo objeto de duras críticas. **b) ser** [alguien o algo] **~** [de un hecho]. Recibir[lo]. | CBaroja *Inquisidor* 13: Supongo que por ello seré objeto de críticas severas.

7 tener ~ [algo]. Ser útil o servir de algo. *En constr neg o en interrog retórica.* | * ¿Qué objeto tiene protestar ahora, si ya has firmado? * No tiene objeto protestar ahora.

III *loc prep* **8 con** (**el**) **~ de** (*o, semiculto,* **al ~ de**). Para. *Normalmente seguida de prop de infin o con* QUE *+ subj.* | Lera *Clarines* 427: Detrás del toro .. corrían Rafa y el Aceituno dando voces y patadas en la arena, con objeto de llamar la atención del animal. A. Andújar *Abc* 30.12.65, 87: Ha hecho un estudio muy detallado al objeto de establecer unas adecuadas tarifas.

objetor -ra I *adj* **1** Que objeta. *Tb n, referido a pers.* | *Raz* 2/3.84, 259: La razón es ambiciosa porque tiene pretensiones de exhaustividad, y parece impertinente porque es objetora y crítica. Aparicio *Retratos* 97: Se negó a trabajar: se declaró objetor de túneles y obras públicas.

II *m* **2** Hombre que declara objeción de conciencia. *Frec ~* DE CONCIENCIA. | Delibes *Año* 138: Los objetores de conciencia no tratan de eludir un servicio en favor de la comunidad, sino transformarlo. *Abc* 4.4.76, 11: El motivo principal de esta manifestación ha sido apoyar la petición de libertad para los objetores detenidos, y un estatuto que reconozca y regule el derecho a la objeción de conciencia.

objetual *adj* (*lit*) **1** De(l) objeto. | M. J. Cordero *Tri* 17.11.73, 59: Doña Inés tiene una misión objetual, de objeto. Primero es aldabón, y por último hará oficio de polea para elevar pesos. Ridruejo *Castilla* 2, 251: Para que pueda gozarse bien de esa condición objetual, completa, de obra de arte no pensada sino resultante, que es la ciudad .., Segovia ofrece la ventaja de un camino de circunvalación.

2 Objetivo [1a y 2a]. | FMora *Inf* 25.5.74, 16: No usaré de la argumentación "ad hominem" .., que nunca demuestra nada objetual.

objetualizar *tr* (*lit*) Dar carácter objetual (a alguien o algo (*cd*)). | Torrente *Fragmentos* 241: Existe en los varones .. la tendencia, quizá innata, a convertir en objeto a la persona con quien comparte[n] el amor, en tanto que las mujeres, al menos las normales, requieren la participación de otra persona a la que no solo no objetualizan, sino que no les serviría objetualizada. Nieva *GChico* 20: Sin esa particular forma de estilización, sin esos movimientos codificados, objetualizados, no hay tales géneros.

oblación *f* (*lit*) Ofrenda, esp. hecha a Dios. | Valcarce *Moral* 74: El sacrificio es la adoración ofrecida en forma de culto externo con la oblación por un ministro competente de algo sensible que se destruye.

oblada *f* Pez marino de la familia del besugo, de color azulado y con una mancha negra en el comienzo de la cola, frecuente en acantilados y muelles del Mediterráneo (*Oblada melanura*). | Huerta *Pesca* 152: Para el final hemos dejado la pesca al currícan de superficie de las obladas –allí [en Levante] llamadas dobladas–.

oblata → OBLATO.

oblatividad *f* (*Psicol*) Actitud de entrega a los demás sin esperar nada a cambio. | *Van* 25.7.74, 34: La violencia no es, a su vez, sino el reverso de la posible oblatividad; es decir, del amor como don y donación.

oblativo -va *adj* (*lit, raro*) De (la) ofrenda u oblación. | Zunzunegui *Camino* 319: "He aquí mi corazón, Dios mío. He aquí la intimidad de mi corazón." Le hizo temblar el gesto oblativo.

oblato -ta I *adj* **1** [Religioso] de determinadas congregaciones que se dan a sí mismas la denominación de "oblatos" (ofrecidos). *Tb n.* | *Ya* 15.4.64, 13: Nos lo presenta un conocido padre perteneciente a los misioneros oblatos.

2 [Religiosa] de la Congregación del Santísimo Redentor, orden fundada para librar a las jóvenes del peligro de la prostitución. *Frec n.* | CBonald *Ágata* 123: Tuvo como final resultante .. la de acelerar unas bodas, con visos de clandestinas pero de católicos fueros, celebradas en un convento de oblatas próximo a la Tabla del Condado.

3 [Pers.] seglar acogida en un monasterio a cambio de determinados trabajos o servicios, o de la ofrenda de sus bienes. *Frec n.* | *D16Bu* 27.8.90, 3: Se considera burgalés [el nuevo abad] por cuanto reside en la abadía desde que ingresase en ella como oblato a la edad de once años. FRius *HEspaña* 1, 353: El monasterio acogía bajo su sombra a diversas personas, aparte de sus monjes, como los oblatos u obnoxados. Eran estos, individuos generalmente ancianos, desvalidos, sin familia, o incluso menores presentados por sus padres, que se ofrecían a una iglesia o monasterio con la entrega de su cuerpo y de sus bienes, bajo pacto de recibir sustento en el mismo durante su vida a cambio de prestar allí determinados trabajos y servicios.

II *f* **4** (*Rel catól*) Pan y vino que se ofrecen en la misa. | Ribera *Misal* 23: Llámase oblata (cosas ofrecidas) el pan y vino que se ofrecen en la Misa.

oblea *f* **1** Hoja delgada de pan ácimo. | *SVozC* 25.7.70, 2: Turrones, almíbares, obleas y dulces. CNavarro *Perros* 134: Andrés .. continuaba con los ojos clavados en la Hostia. Le excitaba pensar que aquel trozo de oblea pudiera ser Cristo, hecho sangre. **b)** *Frec se usa en constrs de sent comparativo para ponderar la delgadez o el aplastamiento.* | Cela *Escenas* 221: La pilló un taxi y la dejó como una oblea.

2 (*hist*) Trocito de una lámina preparada con goma arábiga o con harina y agua, usado para cerrar cartas. | Cossío *Confesiones* 23: Había una mesa grande, con escribanía de plata, en la que no faltaban la salvadera ni la caja de obleas.

oblicuamente *adv* De manera oblicua [1 y 2]. | Arce *Testamento* 41: El sol caía oblicuamente, pero la atmósfera estaba sofocante. Aguilar *Experiencia* 273: El señor Ossorio y Gallardo, con su drástica manera de solucionar algunos conflictos, me prestó, oblicuamente, un servicio.

oblicuar (*conjug* **1b**) *tr* Dar disposición oblicua [1a] [a algo (*cd*)]. | GHortelano *Amistades* 36: Jovita se sentó en el umbral del balcón y oblicuó las piernas, juntas. GNuño *Escultura* 107: La que parece mitra, sobre su cabeza, oblicuándola graciosamente hacia atrás, no es sino una mantilla elevada sobre peineta cogida en la cabellera.

oblicuidad *f* **1** Cualidad de oblicuo, *esp* [1]. | Pinillos *Mente* 52: La capacidad de todas ellas [las razas] parece ser básicamente la misma, a despecho del color de la piel o de la oblicuidad de los ojos.

2 (*Astron*) Ángulo que forma la eclíptica con el ecuador. | *Anuario Observatorio 1967* 38: Sol .. Oblicuidad media de la eclíptica para el año 1967: 23° 26' 36",87.

oblicuo -cua *adj* **1** Que se aparta de la horizontal o de la vertical. | Alvarado *Zoología* 136: Raza amarilla o mongólica. Tiene cráneo braquicéfalo, piel más o menos amarillenta, cara aplanada, nariz corta, ojos pequeños con un llamado pliegue mongol, en el borde externo del párpado superior, que hace que los ojos parezcan oblicuos. **b)** (*Anat*) [Músculo] de fibras oblicuas. *Tb n m.* | *Abc* 21.5.67, 98: Don Álvaro Domecq Romero sufre herida en la región inguinal izquierda que alcanza pared abdominal, con una trayectoria de quince centímetros, que interesa aponeurosis del oblicuo mayor. **c)** (*Geol*) [Pliegue] cuyo plano axial no es vertical. | Bustinza-Mascaró *Ciencias* 375: El pliegue se llama erguido o derecho, si el plano axial es vertical; oblicuo, si está más o menos inclinado. **d)** (*Geom*) [Ángulo] que no es recto ni llano. | Marcos-Martínez *Aritmética* 169: Todos los ángulos agudos y obtusos son oblicuos. **e)** (*Geom*) [Plano o línea] que al cortar a otros no forman con ellos un ángulo recto. | Marcos-Martínez *Aritmética* 177: El borde de la pared con el del toldo del comercio son rectas oblicuas. **f)** (*Geom*) [Cilindro o cono] cuyo eje no es perpendicular a la base. | Marcos-Martínez *Matemáticas* 181: Cono oblicuo es aquel en que el eje VC es oblicuo al plano de la base. **g)** (*Geom*) [Prisma] cuyas aristas no son perpendiculares a la base. | Gironza *Matemáticas* 193: Trataremos el caso en que aquella pila de baldosas se incline y dé lugar a prismas oblicuos.

2 Indirecto o que no se produce de manera directa. | MSantos *Tiempo* 137: Preguntó la otra a su compañera y al mismo tiempo a él aunque de modo oblicuo y desinteresado.

3 (*Gram*) [Caso] que no es nominativo, ni acusativo, ni vocativo. | Alcina *Ovidio* XXXI: Un mismo nombre puede hacerse derivar del nominativo en un verso y en el mismo pasaje puede aparecer derivado del caso oblicuo.

obligación *f* **1** Hecho de estar obligado. | SLuis *Doctrina* 92: Tenemos obligación de respetar la dignidad de nuestro cuerpo. **b)** Hecho de obligar. | Escudero *Capítulo* 36: Tales normas son obligatorias con algún modo de obligación. Un Derecho no obligatorio es absurdo.

2 Cosa que se está obligado a hacer. | Laforet *Mujer* 15: Pequeñas obligaciones que su madre le había hecho considerar sagradas. **b)** *En pl:* Perss. o cosas a las que se está obligado a atender. | * Usted, como padre de familia, tiene unas obligaciones.

3 (*Com*) Título al portador y con interés fijo, que representa una suma prestada a la entidad que lo emitió. | *Nue* 24.1.70, 11: Emisión de obligaciones convertibles en acciones.

obligacionista *m y f* (*Com*) Portador o tenedor de obligaciones [3]. | *Ya* 22.10.64, 18: Las obligaciones se emiten a la par (1.000 pesetas por título), libres de gastos para el suscriptor, y devengarán un interés anual del 6,3259 por 100, con impuestos a cargo del obligacionista.

obligadamente *adv* De manera obligada. | FQuintana-Velarde *Política* 30: La cantidad pagada por cada sujeto, por ser obligadamente decretada para satisfacer la necesidad pública, se denomina impuesto.

obligado -da I *adj* **1** *part* → OBLIGAR.
2 [Cosa] que implica obligación [1]. | *Abc* 31.3.73, 41: Se aprueban las normas básicas de instalaciones de gas en edificios habitados, o viviendas, que serán de obligado cumplimiento en todo el territorio nacional. **b)** [Cosa] inevitable, o que no se puede eludir. | *Alc* 1.1.55, 4: El radiomensaje .. ofrece múltiples e interesantísimos aspectos a la consideración y al comentario, a los que será obligado referirse en días sucesivos. J. Balansó *SAbc* 16.3.69, 36: Visita obligada para todo turista que acude a Londres es la famosa "Torre" sobre el Támesis.
II *m* **3** (*Mús*) Parte tocada o cantada como principal por un solista, acompañado por los demás instrumentos o voces. | FCid *Abc* 19.3.78, 26: ¡Curioso "Miserere" este! .. Típico producto italianizante, de un músico dueño de un oficio seguro .. Cantantes, coros, orquesta con abundosos "obligados": de clarinete, violín, fiscorno.
4 (*hist*) Individuo encargado de abastecer de determinados géneros a una población. *Frec con un compl especificador*. | Mercader-DOrtiz *HEspaña* 4, 122: Después de ser muchos años regidores, discutir interminablemente sobre el aprovechamiento de la dehesa boyal y poner posturas al obligado de la carne y los regatones de verduras, podían ascender a alcaldes mayores.

obligar A *tr* **1** Hacer que [alguien (*cd*)] haga o deje de hacer [algo (*compl* A)], sin dejarle otra posibilidad. *Tb abs y sin el 2º compl*. | Laín *Gac* 5.10.75, 19: Su notoria similitud fonética .. obliga a plantearse el problema de si aquellos y estos [términos] se hallan en alguna relación mutua. SLuis *Doctrina* 107: Estos Mandamientos obligan en conciencia, es decir, el que falta deliberadamente contra ellos peca.
2 Vencer por la fuerza la resistencia [de una cosa (*cd*)]. | GPavón *Reinado* 102: Obligó la manivela. No cedía.
3 (*Der*) Sujetar [bienes (*cd*) a un pago u otra prestación (*compl* A)]. | * La casa que compró estaba obligada a tal pago, y él debe asumirlo.
B *intr pr* **4** Comprometerse [a algo] o contraer [una obligación (*compl* A)]. *Tb sin compl*. | FQuintana-Velarde *Política* 187: Normalmente, A acepta el documento mercantil llamado letra de cambio, con lo cual se obliga a pagar unas 1.000 pesetas habitualmente al cabo de tres meses. *Compil. Cataluña* 688: Para poder ordenar heredación a favor de los contrayentes y convenir heredamiento mutual, será necesaria la capacidad para contratar y obligarse.

obligativo -va *adj* (*raro*) Obligatorio. | Huarte *Diccionarios* 7: Ni el placer es absoluto, sino que lleva en sí lo espinoso de ser obligativo, ni lo doloroso del trabajo deja de estar suavizado por lo placentero de una actividad ejercida con gusto. Alonso *Lengua* 112: El verbo *tener* .. da al verbo a que se une un valor obligativo.

obligatoriamente *adv* De manera obligatoria. | Marlasca *Abc* 16.12.70, 61: La entrada a ella ha de hacerse obligatoriamente por la calzada lateral o de servicio.

obligatoriedad *f* Cualidad de obligatorio. | *Abc* 13.9.70, 14: Parecía que las reglas de oro de la higiene formaban ya parte de la conducta comercial y que su obligatoriedad era universalmente aceptada.

obligatorio -ria *adj* [Cosa] que obliga o implica obligación. | SLuis *Doctrina* 136: La Comunión es obligatoria una vez al año.

obliteración *f* (*lit o Med*) Acción de obliterar(se). | F. Martino *NotB* 8.10.75, 26: Este tipo de traumatismo suele determinar .. el cese de su circulación por obliteración traumática del conducto que lo contiene. Alfonso *Inf* 14.9.74, 17: Su música, en tal hipótesis, y pese al propio Wagner, no podría tener ese carácter precursor de maximalismos u obliteraciones de índole política.

obliterante *adj* (*Med*) [Arteriosclerosis] que produce obliteración progresiva de las arterias. | *Rio* 7.10.88, 16: José Revuelta Mirones. Angiología y Cirugía Vascular. Varices. Arteriosclerosis obliterante.

obliterar *tr* **1** (*Med*) Cerrar [un conducto o una cavidad]. | * La arteriosclerosis oblitera las arterias. **b)** *pr* Cerrarse [un conducto o una cavidad]. | Alvarado *Anatomía* 57: En el hombre se da este caso en los huesos del cráneo, cuyas suturas se obliteran en la senectud.
2 (*lit*) Anular o tachar. | E. Quesada *Inf* 20.11.82, 22: Se denomina sello usado –matasellado, inutilizado u obliterado– a aquel efecto postal que ha cumplido la finalidad para la que fue emitido.
3 (*lit*) Anular o borrar. | F. Toscano *NHi* 8.77, 92: También sabemos que impensables circunstancias transforman los nombres originarios en apellidos que obliteran o modifican su elemental sentido primitivo.

oblongado -da *adj* (*Anat*) Oblongo. *Referido a la parte superior de la médula espinal*. | Alvarado *Anatomía* 68: El bulbo raquídeo, llamado también médula oblongada .., se halla situado en la base del cráneo.

oblongamente *adv* (*lit*) De manera oblonga. | Umbral *Ninfas* 9: La habitación era cuadrada, o rectangular, u oblonga, o quizás fuese oblongamente rectangular.

oblongo -ga *adj* (*lit*) [Cosa] más larga que ancha. | GNuño *Arte* 37: Se trata de un robusto y grandioso ejemplar de iglesia cruciforme, totalmente abovedada con medios cañones, y, en el crucero, cúpula hemiesférica algo oblonga.

obnubilación *f* (*lit*) Acción de obnubilar(se). *Tb su efecto*. | Valcarce *Moral* 24: Esta sobreexcitación puede provocar una disminución proporcional de la advertencia intelectual y también en la libertad y voluntariedad superior, atraídas estas no por mera ignorancia u obnubilación en la mente, sino por el impulso redundante de aquella. Camón *Abc* 26.11.70, 3: En la actitud mística hay una sumersión en el océano de la divinidad, una obnubilación de los sentidos.

obnubilante *adj* (*lit*) Que obnubila. | Apicio *Sáb* 24.3.76, 35: En estos temas interviene siempre, como factor determinante, obnubilante y desorientador, un chovinismo estéril que todo lo confunde y desbarata.

obnubilar *tr* **1** (*lit*) Ofuscar o turbar [las facultades mentales o los sentidos]. | Zunzunegui *Hijo* 135: La sombra de un tercero, de ese amante de corazón que él suponía, le obnubilaba el juicio. Torrente *DJuan* 145: Dios les obnubila la inteligencia cuando están a punto de comprender la vida en su esencia más secreta. **b)** Ofuscar [a una pers.]. | CBonald *Ágata* 155: El cuarto estaba vacío y allí se metió el lince no sin titubeos, entrando detrás Manuela y cerrando la puerta con esa vandálica urgencia por maltratar que obnubila repentinamente a los maltratados. **c)** *pr* Ofuscarse o turbarse. | Valcarce *Moral* 25: Puede subir a tal grado de sobreexcitación que llegue a obnubilarse la mente.
2 (*raro*) Nublar u oscurecer. *En sent fig*. | MGaite *Cuento* 65: Yo desconfío bastante de los resúmenes sobre un trabajo en gestación, porque arrojan una luz artificial, escamoteadora de la misma confusión que obnubila el asunto.

obo *m* (*Mar*) Buque mercante acondicionado para el transporte de mineral y petróleo. | *Inf* 7.5.73, 15: El buque-obo "Eulalia del Mar" de 118.000 toneladas de peso muerto ha sido botado en los astilleros .. de la Bazán .. Este nuevo obo es un granelero que combina la carga de petróleo con las de carbón, cereales y mineral.

oboe (*tb, semiculto*, **óboe**) **A** *m* **1** Instrumento músico de viento, hecho de madera, con embocadura cónica y lengüeta doble. *Variantes de este instrumento se distinguen por medio de compls*: D'AMORE, DA CACCIA. | Perales *Música* 38: Del período barroco proceden la mayor parte de los instrumentos de viento en sus variedades de lengüeta y boquilla .. Así, el "oboe", instrumento de lengüeta doble, es quizá el más importante de los integrantes de esta gran familia. Subirá-Casanovas *Música* 65: La segunda de estas obras ["Música para los reales fuegos artificiales"] fue estrenada

oboísta – obrar

con una formación instrumental bastante extravagante: veinticuatro óboes, doce fagotes, nueve trompas y trompetas y tres juegos de timbales. *Música Toledo* 60: Oboe, oboe d'amore, oboe da caccia: Gerhard Koch, Hedda Rottweiler.
B *m y f* 2 Pers. que toca el oboe [1]. | FCid *Abc* 6.12.70, 74: Lo mejor de la obertura .. fue el trabajo admirable del primer oboe.

oboísta *m y f* Pers. que toca el oboe. | L. Aguado *D16* 15.12.76, 23: Se trata del valenciano Luis Antonio García Navarro, treinta y cinco años, antiguo oboísta y pianista.

óbolo *m* **1** (*lit*) Donativo en dinero. | Laiglesia *Ombligos* 27: Si al dar una limosna se le pasara a usted por la imaginación que el infeliz pedigüeño tiene un ombligo idéntico al suyo, duplicaría automáticamente el volumen de su óbolo. **b)** **~ de San Pedro.** (*Rel catól*) Colecta con que las diócesis del mundo ayudan a las necesidades de la Santa Sede. | MDescalzo *Abc* 15.4.73, 32: El tercer capítulo de ingresos vendría del llamado "Óbolo de San Pedro"
2 (*hist*) Moneda de plata de la antigua Grecia, equivalente a un sexto de dracma. | B. M. Hernando *Inf* 22.12.70, 2: Cristo .. admitió a la viuda el pequeño óbolo. **b)** *En la Edad Media:* Moneda de vellón equivalente a medio dinero. | Sobrequés *HEspaña* 2, 81: Como monedas de menor valor .. existían .. en Castilla y León los dineros burgaleses de vellón (90 de los cuales constituían un maravedí de oro) y los pepiones, óbolos o meajas (mitad de un burgalés).

obra **I** *f* **1** Cosa hecha [por alguien o algo (*compl de posesión*)]. *Tb sin compl. Tb en sg con sent colectivo.* | Villapún *Moral* 22: Dios no puede recompensar las obras malas. Arenaza-Gastaminza *Historia* 195: La obra de España en América. **b)** Producto artístico. *Tb en sg con sent colectivo.* | Pericot *Polis* 95: La escultura [helenística] ha dejado innumerables obras, que siguen la tradición de las escuelas de Lisipo y Scopas, acentuando el realismo. J. G. LGuevara *Ide* 9.10.75, 4: José Aguilera .. es un artista .. Sus figuras nos sitúan ante un espacio atemporal. ¿Somos nosotros, los espectadores de su obra, los que descendemos a un mundo medieval? **c)** Producto literario. *Tb en sg con sent colectivo.* | GLópez *Lit. española* 137: La Celestina puede considerarse como la obra capital de la literatura europea hacia 1500. DPlaja *Literatura* 231: Una obra extraordinaria: Fecundidad de Lope. **d)** **~ de arte, ~ de romanos, ~ maestra** → ARTE, ROMANO, MAESTRO.
2 Trabajo de construcción de un edificio. *Tb el lugar donde se realiza.* | CNavarro *Perros* 12: La puerta de la valla que protegía la obra se abrió, y los obreros se pusieron a mirar. CPuche *Paralelo* 13: El hierro de otras obras resonó a lo lejos. **b)** *En gral:* Trabajo de construcción. *Frec en las constrs* EN ~S *o* DE ~S. | Carnicer *Cabrera* 76: La ermita es una obra pobrísima, de hiladas de piedra seca. APaz *Circulación* 52: Cuando en una vía se estén ejecutando obras de reparación, los vehículos .. marcharán por el sitio señalado al efecto. **c)** **la ~ de El Escorial.** (*col*) Cosa que tarda mucho en terminarse. | Delibes *Señora* 48: Aquello fue la obra de El Escorial. Pero había que ambientar los rincones.
3 Trabajo de albañilería. | *Abc* 16.11.75, 26: León: Más de tres millones de pesetas para obras de consolidación en la catedral. **b)** Técnica de albañilería. | Hoyo *Caza* 44: Andresillo le señaló el convento. Una tapia de obra le cercaba. VMontalbán *Pájaros* 242: Le conduce hacia el pabellón más grande construido en obra.
4 Institución. *Referido a las de carácter benéfico o social.* | Vesga-Fernández *Jesucristo* 98: Eso lo has de saber hacer empleando los bienes materiales en hacer limosnas a obras de caridad y a las misiones. A. Barra *Abc* 15.10.70, 32: Cuando fue detenido se pudo comprobar que no había rastro de aquella familia y de sus obras pías. Borrajo *Política* 98: La función asistencial .. cuida de la educación moral, física y profesional, así como de la previsión y auxilio de los elementos de la producción; y se ejerce, fundamentalmente, a través de las llamadas "Obras Sindicales".
5 *En un alto horno:* Parte inmediatamente superior al crisol. | Aleixandre *Química* 126: La zona inferior de los atalajes [en los altos hornos], a la altura de las toberas (conductos por los que se inyecta aire), se llama obra, y el fondo, crisol.
6 ~ muerta. (*Mar*) Parte del casco del barco que está por encima de la línea de flotación. | Zunzunegui *Hijo* 14: Tenía [la gabarra] mucho arreglo, sobre todo en la obra muerta y en los fondos.
7 ~ viva. (*Mar*) Parte sumergida de un barco. | L. Espejo *Sáb* 19.10.74, 41: Hubo quien se ofreció voluntario .. para ir con un equipo de buceo hasta la obra viva del buque y abrir una vía de agua que anegara las salas de máquinas y generadores.
II *loc adj* **8** [Mano] **de ~**, [maestro] **de ~s** → MANO, MAESTRO.
9 de ~ prima. [Zapatero] de nuevo. | Mercader-DOrtiz *HEspaña* 4, 97: En 1777 .., los zapateros de obra prima de Santiago acudieron al Consejo de Castilla.
III *loc v* **10 poner manos a la ~** → MANO.
11 poner por ~. Realizar o llevar a cabo [una idea o un proyecto]. | * No tardó en poner por obra su idea.
IV *loc adv* **12 a pie de ~** → PIE.
13 de ~. De manera material. *Con vs como* MALTRATAR *u* OFENDER. *Tb adj, con ns como* TRATO *u* OFENSA. | * Le maltrataron de palabra y de obra. * Malos tratos de obra.
V *loc prep* **14 por ~ de.** Por la acción de. | CPuche *Paralelo* 27: Poco a poco las humildes casas y las chabolas habían ido cayendo por obra de la piqueta municipal. **b)** **por ~ y gracia de.** Gracias a. | RMartín *Mad Extra* 12.70, 7: Las mismas zonas edificables que antes admitían alturas desaforadas han quedado reducidas por obra y gracia de una imposición racional. Á. NVelduque *SIde* 11.8.89, II: Con el paso del tiempo, el marquesado fue dividido por obra y gracia de su dueña en dos partes.

obrada *f* **1** Medida agraria castellana equivalente a 53,832 áreas (en Palencia), 39,303 (en Segovia) o 46,582 (en Valladolid). | Cela *Judíos* 30: El campo de Riaza .. guarda la dehesa del Alcalde, con sus quinientas obradas. Delibes *Cartas* 23: Mi huerto es chico, media obrada a todo tirar.
2 (*hoy raro*) Labor que hace en un día un hombre o una yunta en una tierra. | MCalero *Usos* 78: La obrada era lo que alzaba una huebra un día de obrar.

obrador -ra **I** *adj* **1** (*raro*) Que obra [5]. *Tb n, referido a pers.* | Miret *Tri* 19.12.70, 20: Los "mansos" .. además son .. los "verdaderos hacedores de paz". Serán los obradores aquí ya de un mundo nuevo.
II *m* **2** Taller de trabajo manual. | GNuño *Escultura* 61: Pudieron encontrarse, anejas al horno, otras dependencias de la misma industria, como el taller de torneado, los obradores de amasado y decantación de las arcillas. DCañabate *Paseíllo* 80: La esperó a la puerta del obrador de plancha. Cunqueiro *Crónicas* 178: No quieren hacerse traje en los obradores de arriba. *CoE* 25.8.76, 3: Como algunos conductores no efectuaran su reparto, los consumidores tuvieron que acercarse al obrador para adquirir el pan.

obraje *m* (*hist*) Taller de tejido. | Céspedes *HEspaña* 3, 470: Las haciendas .. dedicadas a ganado menor, con frecuencia ovejas, estaban asociadas a obrajes o talleres de hilados y tejidos. **b)** *En gral:* Factoría. | HSBarba *HEspaña* 4, 285: La población industrial .. incluye los trabajadores empleados en los obrajes, especialmente azucareros y telares, localizados de modo preferente en Nueva España y Perú.

obrante *adj* (*lit*) Que obra. | M. Palacios *Abc* 3.8.75, 4: Según los antecedentes judiciales, obrantes en mi poder, .. el contenido de dicha nota no se ajusta a la verdad.

obrar A *intr* **1** Actuar (realizar acciones). | *Caso* 14.11.70, 10: El sistema se fundamenta en un acuerdo privado entre el recaudador y los contribuyentes, quienes, obrando de buena fe, se ven privados de todo documento que pueda garantizar la peregrina operación de pago. Villapún *Moral* 47: Virtud es un hábito o disposición que nos inclina a obrar bien. **b)** Actuar o producir su efecto [una medicina]. | * Hay que dejar obrar a las medicinas. E. Castellá *RegO* 8.7.64, 10: Se está discutiendo el mecanismo de acción [del cobre], y parece obrar por su acción eupéptica, es decir, incrementando el apetito del animal.
2 Trabajar (actuar de manera continuada y con esfuerzo, para obtener un resultado útil). | MCalero *Usos* 78: La obrada era lo que alzaba una huebra un día de obrar. Faner *Flor* 74: Una ciudad provista de escuelas, herreros y aperadores, que obraban para campesinos y mineros.
3 Encontrarse [algo en un lugar]. *En la constr* ~ EN PODER + *compl de posesión*. | *Hie* 19.9.70, 5: Ha sido detenido y

puesto a disposición del Juzgado de guardia, junto con algunos objetos que obraban en su poder.
4 (*lit*) Evacuar el vientre. | Goytisolo *Recuento* 305: Los detalles que caracterizan la evolución de la enfermedad .., dificultades para obrar y efectuar la micción, imposibilidad de ingerir alimentos sólidos.
B *tr* **5** Hacer [algo abstracto]. | *YaTo* 4.9.81, 44: Se remonta [la devoción a San Bartolomé] a varios siglos, por los milagros que, según parece, obró en la cura de niños herniados. A. Prades *Med* 15.4.60, 3: Dios tiene que obrar en el corazón del Hombre una maravillosa transformación. **b)** *pr* Producirse [algo abstracto]. | Villapún *Iglesia* 8: Todo el pueblo, viéndole andar, quedó admirado del prodigio que se había obrado en él.
6 Hacer o elaborar [algo material]. | C. Castro *Nar* 7.76, 24: ¿No sería estupendo tener abejas obrando su miel en la Universidad? SFerrer *CAlb* 7/8.88, 5: De ella [la técnica de las alfombras] depende en muchas ocasiones la posibilidad de fijar la zona .. en la que fueron obradas. Bermejo *Estudios* 183: La Sala de Alcaldes consideraría que se trataba de un hecho en el que debía intervenir, para lo cual era necesario el envío de los autos originales obrados al efecto. **b)** (*raro*) Construir o edificar. | GNuño *Arte* 157: Una obra de tal porte necesitó casi exactamente un siglo para ser obrada, y desde 1401 a 1498 se trabajó intensamente en este descomunal edificio.

obrería *f* (*raro*) Conjunto de (los) obreros. | Ero *Van* 11.7.74, 28: Los corresponsales entre la obrería emigrada le harían constantes reclamos barruntándoles amplias colectas. Carnicer *Castilla* 74: Los cinco números de la Guardia Civil que tenemos en Berlanga bastan para contener a la obrería.

obrerismo *m* **1** Movimiento de defensa de los derechos del obrero. | Vicens-Nadal-Ortega *HEspaña* 5, 157: A partir de 1880 otras regiones conocerán el desarrollo de una conciencia proletaria (País Vasco y Asturias), mientras que en distintas ciudades se constituirán grupos de teóricos del obrerismo, apoyados en sectores industriales marginales (como en Madrid y Valencia).
2 Clase obrera. | Halcón *Monólogo* 85: Tina sostiene que la gente bien y el obrerismo son las dos únicas clases que pitan.
3 Condición de obrero [2]. | VMontalbán *Rosa* 43: Escasas antaño las tarjetas de crédito en aquel barrio mesocrático dentro de su obrerismo.

obrerista *adj* Del obrerismo. | FReguera-March *Fin* 71: Y el movimiento obrerista le imitaba porque iba contra un orden establecido, un orden sobre el cual se asentaba su propia seguridad. Halcón *Ir* 303: –¿Por qué ha dado a su destino el carácter de bohemia? –Diga usted más bien obrerista. –¿En este hotel? –Aquí se alojan diputados laboristas.

obrerizas *f pl* (*reg*) Trabajos personales que los vecinos aportan al municipio. | Cela *Judíos* 26: En una calleja, los vecinos de las obrerizas emborrillan, silenciosa y desganadamente, la calzada.

obrero -ra I *adj* **1** Que trabaja como obrero [3]. | Umbral *Ninfas* 63: Éramos algo así como los delfines de la pequeña burguesía del barrio, admirados por las gentes obreras y por los porteros.
2 De (los) obreros [3]. | Gambra *Filosofía* 256: Así se formaron sindicatos obreros de ideologías diversas.
II *m y f* **3** Trabajador manual, esp. en la industria. | Villapún *Moral* 200: Al decir trabajadores no se pretende limitar esta cuestión [social] a los obreros (aunque ellos sean los más afectados), sino que comprende a todos los que con su trabajo se ganan el sustento. *Lan* 24.9.64, 6: Obrera muerta por una chispa eléctrica.
4 (*Zool*) En los insectos sociales: Individuo encargado del trabajo de la sociedad. *A veces en aposición.* | Legorburu-Barrutia *Ciencias* 156: Cuando aparece una nueva reina, la antigua abandona el nido con una mitad de las obreras formando un enjambre. Legorburu-Barrutia *Ciencias* 162: Los termes tienen una perfecta organización entre las distintas clases sociales ..: la reina y el rey ..; los obreros, machos y hembras, encargados de todos los trabajos que exige la comunidad; y los soldados, también machos o hembras.

obrizo *adj* [Oro] muy puro y de muchos quilates. *Tb n m.* | FVidal *Ayllón* 48: Es buena chica, obrizo puro.

obscenamente *adv* De manera obscena. | Lera *Bochorno* 76: Alejandro, que se contoneaba obscenamente en torno a Pacita, .. la cogió de pronto por un brazo.

obscenidad *f* **1** Cualidad de obsceno. | CBaroja *Brujas* 64: Los cristianos pudieron acusar a los paganos .. poniendo de relieve la insensatez de algunos de sus mitos y ritos, según lo que una moral filosófica podía dictar, ya en la Antigüedad, contra su obscenidad, su brutalidad y su aire grotesco.
2 Hecho o dicho obsceno. | *Caso* 14.11.70, 11: A estas [las niñas] las sigue y trata de ligar conversación con ellas, pero sin propasarse nunca, tan solo alguna obscenidad o alguna vergonzante proposición.

obsceno -na *adj* Que ofende al pudor deliberadamente. | DPlaja *El español* 107: Este desahogo es puramente verbal, y .. el español, después de haber contado con tajantes y casi siempre obscenas palabras sus ideas sobre la materia, termina con ello su protesta cívica. *Abc* 18.4.58, 33: Allí mató Teseo al Minotauro, que por el monstruoso artificio del propio Dédalo nació de la obscena Pasifae.

obscuramente, obscurantismo, obscurantista, obscurecer, obscurecida, obscureciente, obscurecimiento, obscurícola, obscuridad, obscuro → OSCURAMENTE, OSCURANTISMO, *etc.*

obsecuencia *f* (*lit*) Cualidad de obsecuente. | *Inde* 15.9.91, 52: Si por obsecuencia se quiere poner en catalán lo que tiene palabra castellana, allá quienes decidan eso.

obsecuente *adj* (*lit*) Complaciente. | GSerrano *Alc* 5.9.77, 3: Si la perspicacia política del señor Hernández Gil alcanza a prever esta inmediata circunstancia histórica, su sacrificio es ejemplar y yo me convierto en su obsecuente y seguro admirador.

obsedente *adj* (*lit, raro*) Obsesionante. | Umbral *País* 5.2.81, 23: Todas nuestras guerras civiles han sido guerras de religión o de ingle: en definitiva, todas de ingle, tema obsedente de los religiosos.

obseder *tr* (*lit, raro*) Obsesionar. | Diego *Abc* 25.2.68, 17: ¿Qué es más que un carnaval trágico, escatológico, la Danza de la Muerte que obsede a los siglos finales de la Edad Media en el arte plástico como en el teatral?

obsequiador -ra *adj* (*lit*) Que obsequia. *Tb n, referido a pers.* | Umbral *Memorias* 124: Luego volvía a ser, trabajosamente, el representante farmacéutico obsequiador de legumbres.

obsequiar (*conjug* 1a) *tr* (*lit*) **1** Hacer un regalo [a alguien (*cd*)]. | *Abc* 30.12.65, 107: Todos los espectadores serán obsequiados con las clásicas uvas y botellines de coñac Hispano De la Riva. **b)** Regalar [algo a alguien]. | Vicenti *Peseta* 8: Tan solo se hicieron algunos ejemplares de muestra que fueron obsequiados a las más altas personalidades del Gobierno.
2 Agasajar [a una pers.] o tener atenciones [con ella (*cd*)]. | *Economía* 149: El día del santo es una buena ocasión para invitar a las amigas a pasar la tarde y obsequiarlas con una merienda.
3 Galantear [a una mujer]. | Cela *Mazurca* 100: Don Claudio también tiene que ver con Castora, la criada a la que a su vez obsequia don Cristóbal.

obsequio (*lit*) **I** *m* **1** Acción de obsequiar. | * Vamos a hacerte un obsequio.
2 Cosa que se regala. | Laforet *Mujer* 263: –Te traeré de París los regalos de Navidad.– Pensaba, honradamente, volver cargado de obsequios caros, exquisitos.
II *loc v* **3** hacer[le a alguien] **el ~** [de algo (DE + *infin*)]. (*hoy raro*) Hacer el favor o tener la amabilidad [de ello]. *Gralm en forma imperat, como ruego cortés.* | * Háganme el obsequio de pasar por aquí.
III *loc prep* **4 en ~ de,** *o* **en ~ a.** En atención a, o en homenaje a. | M. Barbero *His* 9.77, 24: Abolida el hacha para las ejecuciones dentro de Roma, la cruz fue el modo ordinario de imponer la pena de muerte .. Fue abolida por Constantino en obsequio al cristianismo. Valcarce *Moral* 89: La obligación de la Misa es anterior a la mortificación que podamos lícitamente imponernos en obsequio del Señor.

obsequiosamente – obseso

obsequiosamente *adv* De manera obsequiosa. | Cierva *Ya* 7.1.83, 6: Radio Nacional del PSOE .. cede obsequiosamente a la consigna soviética de silencio.

obsequiosidad *f* Cualidad de obsequioso. | Medio *Bibiana* 207: Lo único que puede reprocharle al señor Massó es su obsequiosidad, su afán de complacerla.

obsequioso -sa *adj* [Pers.] muy dispuesta a hacer la voluntad de otra. | Cuevas *Finca* 41: Se mostraba obsequioso, cortés. CBaroja *Inquisidor* 60: Se mostró débil y obsequioso con el poder real en varios casos. **b)** [Cosa] propia de la pers. obsequiosa. | *Economía* 153: La galantería es acción o expresión obsequiosa y cortés.

observable *adj* Que puede ser observado, *esp* [1, 2 y 3]. | Mingarro *Física* 211: Forma la imagen definitiva sobre una pantalla fluorescente, observable a través de la mirilla lateral. Alfonso *España* 13: Este libro es una ojeada a algunos de los aspectos más inmediatos y observables de la España actual.

observación *f* **1** Acción de observar [1, 2 y 3]. | GSerrano *Ya* 17.11.63, 3: Lo posible es que esté en un manicomio, sometido a observación. FCid *SAbc* 24.11.68, 35: Los músicos pueden hacer compatible, y lo hacen siempre, la lectura de los papeles pautados que tienen frente a sí y la observación, con el rabillo del ojo, de forma instintiva, del maestro, del movimiento de la batuta.
2 Frase, comentario o exposición con que se hace observar [3] algo. | *Abc* 30.12.65, 91: El concejal señor Del Valle defendió los tres votos particulares presentados al presupuesto y sus apéndices, formulando, por escrito, reparos y observaciones.

observador -ra **I** *adj* **1** [Pers.] que observa [1, 2 y 3]. *Tb n.* | Goytisolo *Recuento* 346: Tumultuosa concentración que un observador superficial, o una persona extraña a las costumbres de la ciudad, bien pudiera tomar por una manifestación o un mitin político. *Ext* 19.10.70, 6: Como "acto de débiles resultados" consideran los observadores políticos la concentración peronista habida en la ciudad de Córdoba. *BOE* 26.7.74, 15454: Se crea el Cuerpo Especial de Observadores de Meteorología. **b)** *Esp:* [Pers.] con dotes especiales para observar [3]. *Tb n.* | * La chica es muy observadora. E. Corral *Abc* 21.5.67, 108: José María Rodríguez Méndez es un observador nato; un espíritu analista, un escritor finísimo. **c)** Propio de la pers. observadora. | ZVicente *Traque* 216: ¿No te has fijado? ¿Que no? Pues, mona, no sé en qué piensas cuando vas en autobús. Yo tengo dotes observadoras, y la vista es la que trabaja. Mariequis *Caso* 12.12.70, 16: Su carácter .. le obliga a protegerse bajo una máscara para ocultarse de la mirada observadora de los demás.
II *n* **A** *m y f* **2** Pers. admitida oficialmente a un congreso o reunión, sin derecho a participar y con el único objeto de tomar nota de lo tratado. | * En el congreso había varios observadores europeos.
B *m* **3** (*hist*) Auxiliar de navegación de un vehículo aéreo, encargado de la exploración y reconocimiento. | SCantón *Guillén* 51: Hizo, con lucimiento, la carrera de la Armada; luego se especializó en piloto de Dirigible y en observador de Aviación Naval.

observancia *f* **1** Acción de observar [5]. | Alfonso *España* 122: Adquiriendo el peso mayor la protección de la libertad y la igualdad ante la Ley y la garantía y legitimidad en todo lo concerniente a promulgación de normas obligatorias y a su observancia.
2 Ley, precepto o costumbre que se observa [5]. | Villapún *Iglesia* 15: Comprendió que las observancias judaicas no eran ya estrictamente obligatorias para los cristianos. **b)** (*Der, reg*) Uso o costumbre recogidos y autorizados con fuerza de ley por una compilación oficial. | Bermejo *Estudios* 24: En Aragón exiten varios tipos de procesos ejecutivos. El más antiguo, el pignoraticio, basado en la Observancia 19 *de pignoribus*.

observante *adj* Que observa [5]. | *Abc* 4.3.58, 33: No pueden consentir que los ciudadanos, meros observantes de esas leyes, padezcan en la consideración pública y vean lesionada su condición moral.

observar *tr* **1** Mirar o considerar atentamente [algo o a alguien] para conocer sus características o su estado. *Tb abs.* | Arce *Testamento* 15: El Bayona me seguía mirando socarronamente. Era molesto sentirse observado de aquel modo. R. Roig *Ya* 13.6.72, 7: El niño de derechas nunca pudo entender por qué hubo una guerra .. Como no tenía ideas, se alimentaba de datos. Como pasaba hambre, observaba agudamente. **b)** Estudiar, con instrumentos adecuados, los movimientos o la evolución [de los astros o del tiempo (*cd*)]. | *Anuario Observatorio 1967* 121: Conviene observar los planetas durante la oposición y en los períodos que la preceden y la siguen.
2 Mirar [algo o a alguien] con atención y disimulo. *Tb abs.* | Hoyo *Caza* 11: Haciendo el menor ruido posible, fue abriéndose un boquete que le sirviera para observar.
3 Notar [una cosa] o darse cuenta [de ella (*cd*)]. | Olmo *Ayer* 241: Observa, jubiloso, cómo de abajo llegan centenares, miles, millones de manos sobre cuyas palmas vienen centenares, miles, millones de hombres. *Ya* 30.9.71, 43: Dijo haber observado que trabajaban en el lugar del siniestro la víspera del mismo, sin poder precisar más detalles.
4 Decir [algo] como observación o comentario. | Laiglesia *Tachado* 23: –Esta región –observaban los turistas al cruzar la campiña de Burlonia– está muy poco poblada.
5 Practicar [una ley, un precepto o una costumbre]. *Tb abs, referido a preceptos religiosos.* | Cunqueiro *Un hombre* 154: ¡Me gustan las gentes que observan los ritos! Lapesa *HLengua* 328: El Norte de las provincias de Huelva y Córdoba .. y casi todo el Este de la de Granada observan la distinción entre *s* y *z*, con islotes de ceceo y seseo. Halcón *Monólogo* 167: Me encanta que seas religiosa, que observes, que tengas escrúpulos.

observatorio *m* Lugar adecuado para observar [1 y 2]. | *MOPU* 7/8.85, 145: Espacios naturales de interés .. Isla Colleira .. Buen observatorio de aves emigrantes. * La vieja, desde su observatorio, controla las entradas y salidas de sus vecinos. **b)** Instalación destinada a la observación astronómica o meteorológica. | Laiglesia *Tachado* 27: Había también, a distintas alturas y en diversos pliegues de su falda, un sanatorio para los enfermos del pulmón, un observatorio meteorológico y el único túnel de todo el país.

obsesión *f* Idea o imagen que se impone a la mente con persistencia. | Aranguren *Marxismo* 24: El nombre .. de Marx constituye para ellos [los ricos], y, gracias a la propaganda anticomunista, para muchos que no son ricos también, una continua obsesión. **b)** Deseo, que tiene carácter de idea fija, [de hacer algo (DE o POR + *infin*)]. | Delibes *Caza* 106: El progreso que en su día consistió en domeñar la Naturaleza, en salvar los obstáculos que oponía la convivencia, se ha convertido hoy en una obsesión por destruirla.

obsesionador -ra *adj* Obsesionante. | Cela *Viaje andaluz* 254: La toná es cante solemne y lento, serio y obsesionador.

obsesionante *adj* Que obsesiona. | Laiglesia *Ombligos* 321: Estas imágenes obsesionantes .. le persiguieron también durante el sueño.

obsesionar *tr* Producir obsesión [en alguien (*cd*)]. | J. J. Perlado *SAbc* 8.3.70, 27: Los actores y las actrices aparecen en "La invitación al castillo", .. en "Pobre Bitos" y ahora en "Cher Antoine". ¡Anouilh está obsesionado por ellos! **b)** *pr* Pasar a tener obsesión. | * No te obsesiones con la idea de la muerte.

obsesivamente *adv* De manera obsesiva. | J. Cienfuegos *Hoy Extra* 12.69, 3: Obsesivamente, nos viene a las mientes el recuerdo.

obsesivo -va *adj* **1** De (la) obsesión o que la implica. | Laforet *Mujer* 64: Paulina fue creciendo con la idea obsesiva de ser absolutamente lo contrario de lo que habían sido sus padres. Vilaltella *Salud* 425: En la neurosis obsesiva siempre existe una gran conciencia de enfermedad.
2 Que padece obsesión. *Tb n, referido a pers.* | Pinillos *Mente* 151: Las personas inestables e introvertidas serían, en cambio, las melancólicas o, en términos de Eysenck, los distímicos (angustiados, obsesivos, etcétera).

obseso -sa *adj* [Pers.] que padece obsesión. *Tb n.* Frec (*col*) referido a *lo sexual.* | Arce *Precio* 54: No era el mismo Pedro de Madrid. Nadie hubiera podido tampoco identificarlo con aquella especie de loco obseso .. que trataba de hacerme entender en Milán los "pretextos visuales" de un

Santomaso. Olmo *Golfos* 167: Como un obseso, rompía en pedazos la foto lanzándome estos contra el rostro.

obsidiana *f (Mineral)* Roca volcánica vítrea de color negro o muy oscuro. | ZVicente *Balcón* 9: Sigue su inspección implacable, disponiendo los floreros .. y las piedras de rayo que coleccionaba Alfonso, junto a cabecitas de barro azteca y cuchillos de obsidiana.

obsolecer *(conjug* **11***) intr (raro)* Caer en desuso. | Alonso *Pról. Lorenzo* 10: La lengua es como una cinta que se fuera destrabando por uno de sus extremos (los puntos donde obsolece) y urdiéndose por el otro (por donde se innova).

obsolescencia *f (lit)* Cualidad de obsolescente. | VMontalbán *Pájaros* 88: Chalets minimodernistas, minifuncionalistas, o modernistas de cintura para arriba y racionalistas de cintura para abajo, o ni lo uno ni lo otro sino todo lo contrario, vejez, abandono y sobre todo obsolescencia del veraneo de medio pelo.

obsolescente *adj (lit)* Que está volviéndose obsoleto. | D. Vecino *Ya* 30.10.74, 59: Hay planteada una gran batalla comercial iniciada por la formación de un consorcio internacional entre Bélgica, Holanda, Dinamarca y Noruega, que busca —si es posible— un tipo único de caza polivalente para reemplazar sus obsolescentes F-104-G.

obsoleto -ta *adj (lit)* Anticuado o pasado de moda. | CBonald *Ágata* 240: Sin que ellos lo percibieran más que por algún indirecto vestigio del deterioro, había algo en aquellos trajes ajados y obsoletos que se correspondía con la ostensible decrepitud del casal.

obstaculista *m y f (Dep)* Deportista especializado en carreras de obstáculos [1b]. | TLarrea *CoE* 21.8.74, 34: Para actuar en la pista milagrosa de Zurich (Suiza) marcharon los velocistas Sánchez Paraíso, Sarasqueta, .. y para Edimburgo (Escocia) lo hicieron los obstaculistas Llovera, Zapata y el vizcaíno Gerardo Calleja.

obstaculización *f* Acción de obstaculizar. | *Sit* 5.1.64, 9: Quedó resuelta la obstaculización del cañaveral existente en el cruce de carreteras.

obstaculizador -ra *adj* Que obstaculiza. | Aranguren *Moral* 182: La influencia del Plan General de Estudios francés, fundamentalmente literario, y el prestigio, en este caso obstaculizador, del humanismo clásico de Menéndez Pelayo, no impidieron que las gentes más avisadas se diesen cuenta de la necesidad de dar a la juventud una formación profesional.

obstaculizar *tr* **1** Poner obstáculos [a alguien o algo *(cd)*]. | * Trata de obstaculizar la buena marcha del proyecto.
2 Ser [alguien o algo] un obstáculo [para algo *(cd)*]. | L. Blanco *Ya* 10.10.70, 5: La circulación se ha hecho caótica en muchos lugares, obstaculizando las tareas de socorro.

obstáculo *m* **1** Cosa que estorba o dificulta el paso. | APaz *Circulación* 54: Todo vehículo que encuentre cualquier obstáculo en su camino que le obligue a desplazarse a su izquierda, no lo hará si con ello impide el libre paso de otro vehículo. **b)** *(Dep)* Dificultad que se pone en la pista en que se desarrollan determinadas carreras. *Frec se usa en aposición con una medida de longitud, para indicar que esta se corre con interposición de obstáculos.* | Fielpeña *Ya* 22.10.64, 27: La XVIII Olimpíada se está liquidando. El sábado será la clausura, tras la última prueba, una en l[a] que todavía confía España, el salto de obstáculos en hípica. Repollés *Deportes* 95: Unas variedades muy espectaculares de las carreras son las llamadas de vallas o de obstáculos y las de relevos. *Faro* 5.8.75, 19: Los gimnásticos Barragans (9.08,6 en 3.000 m. obstáculos y 14.33 en 5.000) y José Figueiro (14º en 5.000 m. con 14.40) mejoraron sus marcas personales.
2 Pers. o cosa que estorba [una acción o un propósito *(compl* PARA *o* A)]. | Laforet *Mujer* 126: Muchos hombres son obstáculos conscientes para que sus hermanos no sientan y no contemplen el amor. Escrivá *Conversaciones* 151: Vigilar no es poner obstáculos, ni impedir o coartar la libertad.

obstante. no ~. *(lit)* **I** *loc adv* **1** Sin embargo. | A. M. Campoy *Abc* 13.9.66, 15: Es posible que entonces hubiera algo así como un estilo de los barrios bajos. Advirtamos, no obstante, que las sicalípticas no hacían por allí la carrera.
b) esto *(o* **ello***)* **no ~.** A pesar de esto (o de ello). | Torrente *SInf* 13.12.73, 16: La lógica dramática se impone así a nuestra simpatía por este personaje en contra de aquel. Esto no obstante, conviene recordar que la razón pública o de Estado tiene también sus razones.
II *loc prep* **2** A pesar de. | *Inf* 25.7.74, 4: No obstante su cautiverio, pudo trabajar en la ionización que se produce al oxidarse el fósforo. Laín *Gac* 5.10.75, 19: Su notoria similitud fonética .. obliga a plantearse el problema de si aquellos y estos [términos] se hallan en alguna relación mutua, no obstante proceder unos del nahua y otros del quechua. **b)** *Rara vez seguida de una prop con* QUE. | L. Barga *Ya* 4.5.62, 3: No obstante que los votos necesarios para ser designado presidente fuesen ya 428, .. ningún candidato ha alcanzado esta meta.

obstar *intr (lit)* Estorbar o ser obstáculo [para un hecho]. | J. L. LCabanela *SAbc* 15.2.70, 26: Aunque los casos reunidos en este escrito son anecdóticos, aislados y a veces fugitivos, no obsta para que se pueda hablar del hecho como constante histórica.

obstativo -va *adj (raro)* Que obsta. | Ramírez *Derecho* 119: Hay que impedir su resolución [del contrato] a menos que se patentice de modo indubitado .. un hecho obstativo que de un modo absoluto, definitivo e irreformable lo impida.

obstetra *m y f (Med)* Especialista en obstetricia. | *Ya* 3.3.63, 12: La íntima colaboración entre el obstetra y el pediatra como base eficaz de una mejor asistencia neonatal.

obstetricia *f (Med)* Especialidad de la medicina que se ocupa de la gestación, el parto y el puerperio. | Ubieto *Historia* 113: La parte más famosa l[a] constituyen los tres libros dedicados a cirugía, destacando más que nada los capítulos de obstetricia, ojos, oídos y dientes.

obstétrico -ca *adj (Med)* De (la) obstetricia. | Lorén *Salud* 56: Pudo explicarse la diferencia, hasta entonces irrazonable, de la mortalidad tan diferente entre los dos departamentos de maternidad, por el hecho de que desde 1840 hacían en el primero sus prácticas obstétricas los estudiantes de medicina.

obstinación *f* Hecho de obstinarse. *Tb su efecto.* | Carandell *Madrid* 12: Como resultado de la obstinación de aquel monarca solitario, Madrid cuenta hoy con dos millones y medio de habitantes.

obstinadamente *adv* De manera obstinada. | Medio *Bibiana* 11: Bibiana se fija en sus ojos, cerrados obstinadamente, demasiado apretados los párpados para fingir la relajación natural del sueño. MSantos *Tiempo* 202: Repetir obstinadamente: "Él no fue".

obstinado -da *adj* **1** *part* → OBSTINARSE.
2 [Pers.] que se obstina. | Ridruejo *Castilla* 2, 58: La dureza del clima .. hizo estragos entre las tropas, que no estaban tan endurecidas como sus obstinados adversarios [los numantinos]. **b)** Propio de la pers. obstinada. | Ridruejo *Castilla* 2, 316: El "Alcaide" [del Alcázar de Segovia] Luis Felipe de Peñalosa .. lleva veinte años de obstinado laboreo, como un cirujano de estética a la cabecera de una paciente bellísima que acaba de tener un accidente.
3 [Cosa] insistente o reiterada. | *MHi* 12.57, 12: Todo empezó en unas obstinadas lluvias que durante breves días cayeron torrencialmente sobre la comarca.

obstinarse *intr pr* Mantenerse [alguien en una actitud u opinión] sin dejarse vencer por razones u obstáculos. | DCañabate *Paseíllo* 93: El manso se obstinaba en desprenderse de ellas.

obstrucción *f* Acción de obstruir(se). *Tb su efecto.* | Campmajó *Salud* 504: Por hipertrofiarse o aumentar de tamaño, [los cornetes] ocasionan la rinitis hipertrófica, causa asimismo de obstrucción nasal. *Abc* 21.8.66, 49: El Movimiento Democrático Brasileño, partido de la oposición, ha decidido promover la obstrucción total de los trabajos parlamentarios, como recurso para forzar al Gobierno a ampliar las garantías democráticas.

obstruccionar *tr* Obstruir [2]. | Burgo *Mun* 28.11.70, 8: Quede, pues, bien claro que "caloctavismo" no "obstruccionó" la política del señor Fal Conde. L. LSancho *Abc* 6.10.79, 3: Resulta que los concejales de UCD "obstruc-

obstruccionismo – obviedad

cionan" la labor de sus queridos colegas, los concejales socialistas y comunistas.

obstruccionismo *m* Actitud que se propone obstruir [2]. *Esp en política.* | *País* 28.9.76, 6: Hace falta .. paz en la calle y que los partidos de la oposición no se empeñen en una labor de permanente obstruccionismo.

obstruccionista *adj* De(l) obstruccionismo. | LMuñoz *Tri* 11.4.70, 8: Con la empresa pública la política fue obstruccionista. **b)** Que practica el obstruccionismo o es partidario de él. *Tb n, referido a pers.* | S. Aguilera *YaTo* 1.7.81, 43: Después de que el partido mayoritario acusara a la oposición de obstruccionistas, se procedió a la votación.

obstructivo -va *adj* De (la) obstrucción o que la implica. | *Abc* 20.11.64, 75: Habló sobre la etiopatogenia y tratamiento de las distonías obstructivas y pseudobstructivas del intestino.

obstructor -ra *adj* Que obstruye. | FMora *Abc* 20.7.67, 22: Al propio tiempo, D'Ors hace una "labor obstructora" a los trabajos de fijación ortográfica del catalán.

obstruir (*conjug* **48**) *tr* **1** Impedir el paso [por un conducto, un orificio o un camino (*cd*)]. | Bustinza-Mascaró *Ciencias* 213: Si a un murciélago se le tapan los ojos, vuela y caza insectos con la misma habilidad que si los tuviera destapados. Si se obstruyen sus oídos, es incapaz de soslayar los obstáculos, tropezando en ellos, e igual sucede si se le tapa la nariz o la boca. **b)** *pr* Quedar impedido el paso [por un conducto, un orificio o un camino (*suj*)]. | * Se ha obstruido la arteria.
2 Impedir u obstaculizar [una acción]. | *Abc* 21.8.66, 49: La oposición brasileña obstruirá todos los trabajos parlamentarios.

obstruyente *adj* (*Fon*) [Consonante] no sonante. | Academia *Esbozo* 18: El término *obstruyentes* agrupa a todas las consonantes no sonánticas.

obtención *f* Acción de obtener. *Tb su efecto.* | Bustinza-Mascaró *Ciencias* 223: Si los animales domésticos pueden ser considerados como máquinas transformadoras de productos vegetales en animales, es lógico pensar que la obtención y elección de la "máquina" sea un problema de vital importancia. *Ya* 22.10.74, 14: Proyecto de ley de las Obtenciones Vegetales.

obtener (*conjug* **31**) *tr* Llegar a tener [algo que se desea o que se merece]. | *Ade* 27.10.70, 14: Obtuvo el citado galardón este año por sus trabajos en Méjico para conseguir la mejora de cereales. **b)** Pasar a tener [algo] como resultado de una acción u operación. *Frec con un compl* DE, *que expresa procedencia.* | Payno *Curso* 214: Te decía que derivaras, igualaras a cero, obtuvieras las raíces y sustituyeras en la ecuación. Legorburu-Barrutia *Ciencias* 344: Se llama mena a la parte del mineral que se utiliza para obtener algún metal.

obtenible *adj* Que puede ser obtenido. | B. Mesanza *CoE* 12.3.75, 26: Atendiendo fuera del horario laboral a las "huertas familiares" como fuente de salud y tranquilidad, además de alguna ayuda económica de ellas obtenible.

obtentor -ra *adj* Que obtiene. *Tb n, referido a pers.* | *Ya* 22.10.74, 14: Proyecto de ley de Protección de las Obtenciones Vegetales .. La consecuencia de la existencia de una protección de los derechos del obtentor ha de suponer un positivo impacto sobre la economía del país.

obturación *f* Acción de obturar. | J. A. Recio *SVozC* 31.12.70, 6: Lo esencial de la máquina es, por consiguiente, el mecanismo de arrastre de la cinta y el mecanismo de obturación o tapadera.

obturador -ra I *adj* **1** Que obtura. | Mascaró *Médico* 23: Es necesario comprobar además que la lengua se halla en su posición normal y no vuelta hacia atrás, doblada, ya que en este caso obraría como cuerpo extraño obturador. SLeón *SYa* 21.5.72, 15: Me fastidian los depositarios ilegítimos del dogma de la decisión, los intermediarios del integrismo, los obturadores del contraste de pareceres.
II *m* **2** Dispositivo que sirve para obturar. | Marcos-Martínez *Física* 66: Se toma un tubo abierto por sus dos extremos .., uno de los cuales se cierra mediante un obturador AB que se sujeta con una cuerda. **b)** *En una máquina fotográfica:* Dispositivo destinado a hacer que la luz atraviesa el objetivo impresione la superficie sensible en el momento deseado. | *Abc* 30.12.65, 28: Las cámaras que con fidelidad absoluta captarán esos momentos alegres y felices .. Para película de 35 mm. Objetivo Schneider-Reomar f: 2'45 mm. Obturador Prontor con velocidades hasta 1/250 de segundo. **c)** (*Cine*) *En un proyector:* Dispositivo que interrumpe el paso de la luz mientras se mueve la película. | Marcos-Martínez *Física* 170: El segundo problema [impedir el paso de la luz cuando la película está en movimiento] se resuelve mediante un obturador O .., que gira delante del sistema proyecto PP'.

obturar *tr* Tapar o cerrar [una abertura o un conducto]. *Tb fig.* | Ybarra-Cabetas *Ciencias* 142: Las masas de lava viscosa que obturaban el conducto de salida fueron lanzadas a la atmósfera. MSantos *Tiempo* 172: Este ventanillo, aunque obturado por tres barrotes de hierro, permite una perfecta inspección. Laín *Universidad* 98: Otra forma –bien curiosa, por cierto– de obturar posibles fuentes de la enseñanza propia; en definitiva, de restringir el área de la propia libertad intelectual.

obtusángulo *adj* (*Geom*) [Triángulo] que tiene obtuso uno de sus ángulos. | Gironza *Matemáticas* 150: Dibujado un triángulo obtusángulo cualquiera, aplicar las condiciones del primer caso de semejanza para construir otro triángulo con razón de semejanza a aquel de 4/5.

obtuso -sa *adj* **1** (*Geom*) [Ángulo] mayor que el recto. | Laforet *Mujer* 234: Aquella habitación .. no era cuadrada, sino que hacía un caprichoso ángulo obtuso.
2 [Cosa] roma o sin punta. | Mascaró *Médico* 74: Se llama contusión a la lesión traumática producida en los tejidos vivos por el choque violento con un objeto obtuso.
3 Torpe o sin penetración intelectual. | Salom *Viaje* 527: Parece mentira que, a sus años, el ser humano siga siendo tan obtuso. Alfonso *España* 31: Debiéramos tener precaución con un cierto anarquismo insocial que padecemos, obtuso y carente de ideales.

obús *m* **1** Pieza de artillería cuya longitud con relación al calibre es menor que la del cañón. | Cela *SCamilo* 324: Tomás tiene una astra del nueve corto y veinticinco o treinta peines, el arma no es ningún obús alemán pero para defenderse ya sirve.
2 Proyectil de un obús [1]. | ZVicente *Traque* 180: Mi hermano Tolo, que se murió en la guerra, lo mató un obús cuando iba en un tranvía.

obvención *f* Retribución periódica al margen del sueldo. *Gralm en pl.* | Mercader-DOrtiz *HEspaña* 4, 64: Desde los altos dignatarios de la Iglesia española hasta los simples congruistas del bajo clero rural había, naturalmente, diferencias en el reparto de obvenciones entre los distintos escalones de la jerarquía eclesiástica.

obvencional *adj* [Derecho] que se percibe periódicamente, al margen del sueldo. *Tb n m en pl.* | *País* 6.11.76, 7: Su precedente se encuentra en los llamados "derechos obvencionales" que el Ministerio repartía a los funcionarios legalmente cada semestre. ZVicente *Balcón* 75: Cuando cobre los obvencionales y la extraordinaria .. la voy a mandar a Francia.

obviable *adj* Que puede ser obviado. | Alvar-Mariner *Latinismos* 18: El conflicto con el sistema era fácilmente obviable.

obviamente *adv* De manera obvia. | Aranguren *Marxismo* 29: Marxismo es, obviamente, la doctrina de Marx.

obviar (*conjug* **1a**) *tr* Esquivar o dejar a un lado [una dificultad]. | LMuñoz *Tri* 26.12.70, 9: Dificultades que solo podrán ser obviadas, en parte, con la apertura de nuevos mercados. **b)** Dejar de lado [a alguien o algo] o no tener[los] en consideración. | *Ya* 15.2.86, 6: Tengo que manifestar mi perplejidad ante las declaraciones de Enric Canals, director de TV-3, que asegura a voces haber sido obviado por Guillermo Galeote y por mí. S. Codina *Mun* 23.5.70, 60: Sin obviar el hecho cierto de que el sistema memorístico .. cerró el camino hacia el diploma de preparador nacional a antiguos futbolistas.

obviedad *f* **1** Cualidad de obvio. | Delibes *Parábola* 64: Al degradar a Genaro Martín no hacía sino facilitarle el retorno a formas humanas más elementales, o sea, al origen, o sea, al estado de naturaleza, o sea, a la obviedad instintiva, o sea, por decirlo en una palabra, al estado de felicidad.

2 Cosa obvia. | Laín *Gac* 14.12.75, 48: ¿Cómo no ver .. la diferencia entre Boston y Nueva Orleans, o entre el bávaro y el hanseático, o entre el siciliano y el lombardo? Sí; puras obviedades.

obvio -via *adj* [Cosa] clara o evidente. | DPlaja *El español* 103: Cuando por obvios motivos el español no puede saber más que el interlocutor, ¿admitirá el fallo en su cultura? No.

oc. lengua de ~. *loc n f* Occitano (lengua). | DPlaja *Literatura* 45: Al producirse el descenso del latín, el territorio francés quedó dividido en dos grupos lingüísticos: al norte del Loire, la lengua de *oïl*, y al sur, la lengua de *oc*.

oca[1] *I f* **1** Ganso (ave). | VMontalbán *Mares* 65: Ahora han descubierto la oca con peras y el vino embotellado.

2 Juego con dados que se desarrolla sobre un cartón donde están pintadas diversas figuras en 63 casillas dispuestas en espiral. | ZVicente *Traque* 240: El profesor se confesó .. gran jugador de oca, de parchís, y aficionado a las lentejas.

3 la ~. *(col)* Una cosa exagerada o disparatada. *Se usa normalmente como predicat con* SER, *referido a pers o cosa*. | Delibes *Emigrante* 42: Estos extranjeros son la oca. Hasta plaza de toros van a tener los barcos con el tiempo.

II *loc adj* **4 de la ~.** *(Mil)* [Paso] que se realiza levantando la pierna hasta formar ángulo recto. | GSerrano *Macuto* 339: El mono es la zona roja lo que las gaitas a las tropas escocesas, el paso de la oca al viejo ejército alemán ..; es decir, algo que caracteriza.

oca[2] *f* Planta americana, de hojas compuestas de tres hojuelas ovales, flores amarillas y raíz con tubérculos comestibles (*Oxalis tuberosa*). | HSBarba *HEspaña* 4, 372: Es considerable la extensión de la patata, con otras plantas de raíz nutritiva, como la oca, la batata.

ocal *adj* Muy gustoso y delicado. *Referido esp a frutas*. | An. Fernández *Hoy* 27.10.74, 39: Los molinos de pimentón no se hallan aún en pleno apogeo. Las variedades, según su distinta graduación, son principalmente tres: dulce, ocal y picante.

ocalito *m* *(reg)* Eucalipto (árbol). | Mayor-Díaz *Flora* 559: *Eucaliptus globulus* Labill. "Eucalipto", "Ocalito".

ocañense *adj* De Ocaña (Toledo). *Tb n, referido a pers*. | YaTo 5.8.81, 39: El marco de nuestra típica y monumental Plaza Mayor, una de las mejores de España, orgullo de todos los ocañenses, nos lo exige.

ocapi → OKAPI.

ocarina *f* Instrumento músico de aliento, de carácter popular, hecho de barro cocido, de forma ovoide más o menos alargada y con varios orificios. | E. La Orden *SYa* 23.11.75, 19: Las cerámicas son impresionantes, muy variadas en formas y colores, con ollas, cuencos, trípodes, incensarios, estatuillas y hasta ocarinas.

ocasión **I** *f* **1** Momento acompañado de determinadas circunstancias. | CBaroja *Inquisidor* 16: Hay que aceptar los escritos como están y cargar la responsabilidad de ellos tanto sobre sus autores como sobre la ocasión en que escribieron. Olmo *Golfos* 55: En más de una ocasión hicimos las necesidades juntos. **b) las grandes ~s.** Los actos sociales importantes. | * Se compró una corbata para las grandes ocasiones.

2 Momento favorable o propicio [para algo (*compl* DE *o* PARA)]. *Frec sin compl*. | Arce *Testamento* 18: Más tarde comprendí que acaso pude aprovechar entonces la ocasión y huir, escapar. **b)** *(Rel catól)* Riesgo de pecar. | Cela *Inf* 28.1.77, 23: Yo me voy a dormir a la fonda, porque Su Alteza, que por regla general es muy correcto, cuando se embriaga se vuelve muy tocón. Comprenda usted que una dama debe evitar las ocasiones. *Catecismo* 4 103: Para evitar el pecado debemos pedir la ayuda de Dios por medio de la oración, luchar contra las tentaciones y evitar las ocasiones peligrosas.

3 Condiciones especialmente favorables de precio en que se ofrece a la venta algo. | *Van* 4.9.75, 41: Ventas pisos .. ¡Ocasión! Entrada desde 50.000 ptas. Resto 16 años y medio. 3 y 4 dormitorios. **b)** Cosa que se ofrece a la venta en condiciones muy favorables de precio. | * Ese piso es una ocasión, no lo dejes.

4 Justificación o punto de partida [de un determinado comportamiento]. | PAyala *Abc* 19.6.58, 3: Por lo que no pasaba la Inquisición era que, tomando ocasión de esta teoría, .. se pusiese acaso en tela de juicio y hasta se pensase en aniquilar el contenido de verdad esencial.

II *loc adj* **5 de ~.** [Objeto] que se vende rebajado, gralm. por ser de segunda mano. *Tb se aplica a la pers que habitualmente vende estos objetos, o a su tienda. A veces tb usado como adv*. | Tamames *Economía* 233: La distribución hasta el lector la realizan unos 1.300 libreros de nuevo y 500 de libros de ocasión. * Librero de ocasión. * Librerías de ocasión. * Lo he comprado de ocasión.

6 de ~. Ocasional [1]. | *Prog* 31.7.76, 2: Las patatas mantienen su precio anterior, 13 pesetas el kilo. Nos referimos a los puestos habituales. Los vendedores de ocasión, en principio, trataron de superar quizá esta marca. *MOPU* 7/8.85, 124: Algunos problemas de regulación del agua embalsada en mil lugares, algunos basureros incontrolados y el poco civismo de muchos turistas de ocasión son todos sus problemas ambientales.

III *loc adv* **7 en ~es.** A veces. | ARíos *Tri* 13.4.68, 30: En Valverde el agua corre por el centro de las calles, porque el pueblo está suavemente recostado y la sierra .. arroja sobre él la abundancia de sus manantiales. En ocasiones, salta por los caños de una fuente, y en otras, se desata sobre un caz.

IV *loc prep* **8 con ~ de.** En la circunstancia de. | DPlaja *El español* 103: Me contaba López Rubio que con ocasión de traer a España un coche rojo deportivo .. oyó a un mozalbete desharrapado decir a otro curioso: "¡Tenía uno igual y lo tiré!".

ocasionado -da *adj* **1** *part* → OCASIONAR.

2 *(lit, raro)* Dado o inclinado [a algo negativo]. | GMacías *Relatos* 34: Una vecina, por cierto muy ocasionada a dar encargos, le pidió que le llevase un cántaro para el agua.

ocasional *adj* **1** Que actúa o se produce en una ocasión aislada. | J. CAlberich *Mun* 23.5.70, 31: Ha sido profesor en Harvard y asesor ocasional de los presidentes Eisenhower, Kennedy y Johnson. Laforet *Mujer* 92: Salía de paseo o a ocasionales viajes.

2 Hecho para una ocasión determinada. | MCachero *AGBlanco* 115: Ocasional y muy divagatorio resulta lo escrito a propósito de algunos libros de Bunge.

ocasionalidad *f* Cualidad de ocasional. | P. Orive *Pue* 4.12.70, 7: Frente a la ocasionalidad lamentable de los sucesos comentados, hemos de ser conscientes de la urgencia de eliminar de la mente de los universitarios .. la constante consciencia de sufrir una violencia que impide su realización como personas y como estudiantes.

ocasionalismo *m* *(Filos)* Doctrina según la cual no existen en el mundo de las criaturas causas eficientes, sino solamente ocasionales. | Gambra *Filosofía* 153: Dios pone de acuerdo –sincroniza– las dos sustancias [cuerpo y alma], produciendo en el alma sensaciones con ocasión de los hechos físicos, y movimientos en el cuerpo con ocasión de voliciones en el alma. De aquí el nombre de ocasionalismo con que se conoce a esta teoría.

ocasionalista *adj* *(Filos)* De(l) ocasionalismo. | * Malebranche es el creador de la doctrina ocasionalista. **b)** Partidario del ocasionalismo. *Tb n.* | Gambra *Filosofía* 152: Otros filósofos han negado también, por distinto camino, la causalidad eficiente, pero solo en las criaturas o seres de este mundo, al reservarla exclusivamente a Dios. Son estos los ocasionalistas y los panteístas de la escuela cartesiana o iniciada por Descartes.

ocasionalmente *adv* De manera ocasional. | CBonald *Ágata* 195: Ojodejibia .. seguía merodeando por Malcorta ya reincorporado, a falta de otras prebendas, a sus viejas industrias de ensalmador y ayudándose también ocasionalmente con las ventas de tumbagas. Diego *Abc* 25.2.68, 17: En la literatura, en el teatro español no faltan los asuntos en que central u ocasionalmente se desarrollan escenas de carnaval.

ocasionar *tr* **1** Ser causa [de algo (*cd*)]. | R. Frühbeck *SAbc* 20.9.70, 11: El problema de los sueldos que merecen los profesores no deja de ocasionar momentos de crisis. *Hoy* 27.9.74, 21: Si se suman los kilómetros de costa interior que ocasionan todos los pantanos, .. resulta que Cáceres, tierra de secano, ofrece .. algo así como 1.300 kilómetros de costa.

2 (*lit, raro*) Exponer [algo o a alguien (*cd*) a una contingencia]. *Frec en part.* | Palacios *Juicio* 304: En dicho capítulo se establece la diferencia entre historia y poesía de una manera que no me parece tan ocasionada a objeciones como pensaron nuestros dos críticos.

ocaso *m* **1** (*lit o Astron*) Puesta del Sol. | Umbral *MHi* 11.63, 79: El Escorial .. es un pueblo y un fulgor. El fulgor de estos muros con el resol del ocaso. J. A. Donaire *Inf* 19.6.70, 32: Tiempos fijados en el calendario como orto y ocaso. **b)** (*Astron*) Puesta [de un astro]. | *Anuario Observatorio 1967* 110: Los ortos y ocasos de la Luna experimentan un retardo considerable.

2 (*lit*) Decadencia o declinación. | Alfonso *España* 161: Robert Jungk .. anuncia un drástico e inevitable ocaso general del automóvil para antes de fin de siglo. *País* 4.2.77, 40: Ocaso del comercio de artículos religiosos.

occidental *adj* Del oeste. | Ortega-Roig *País* 19: La Península Ibérica .. es .. la más occidental de las tres penínsulas que Europa tiene en el Mediterráneo. B. R. Mallol *País* 21.12.76, 31: En Galicia, nuboso con lluvias que irán .. extendiéndose al resto de la vertiente atlántica y Cantábrico occidental. **b)** De(l) occidente [2b, c y d]. *Tb n, referido a pers.* | D. Valcárcel *País* 19.12.76, 11: Si el Gobierno se reclama de los principios de la moral cristiana y del humanismo occidental, ha de actuar como si la vida humana fuera un valor absoluto. Arenaza-Gastaminza *Historia* 286: El desastre de la guerra ruso-japonesa y la industrialización del país, con la consiguiente inmigración de obreros occidentales de ideas democráticas, habían provocado la revolución de 1905. *CoZ* 21.5.64, 2: Espionaje ruso. Micrófonos clandestinos en las Embajadas Occidentales en Moscú.

occidentalidad *f* Occidentalismo [1]. | Pemán *Cádiz* 8: La ribera de Cádiz .. se sabe extremo de Europa, con su occidentalidad en precario, con África casi al alcance de la mano.

occidentalismo *m* **1** Cualidad de occidental [1b]. | A. Vélez *Inf* 18.4.74, 3: El "curriculum vitae" político del señor Mitterrand no contiene aspectos dudosos en cuanto a su latinismo y su occidentalismo.

2 (*Ling*) Palabra o giro propios de una lengua de la región occidental, o procedentes de ella. | Galmés *Dialectalismos* 311: Los textos hoy conservados de dicha obra [la "Demanda del Santo Grial"] presentan abundantes occidentalismos.

occidentalista *adj* Partidario de occidente [2d]. *Tb n.* | L. Calvo *Abc* 25.8.68, 25: Hace pensar a "Pravda" de Moscú que el pueblo estaba armado, y armado por la reacción capitalista y occidentalista, que tenía preparada la contrarrevolución burguesa. *Van* 4.11.62, 5: Al lado de Ben Bella, el rey de Marruecos y sobre todo el tunecino Burguiba hacen figuras de occidentalistas.

occidentalización *f* Acción de occidentalizar(se). *Tb su efecto.* | Fernández-Llorens *Occidente* 271: La occidentalización se acomete en el Meiji, era de las luces, con un golpe de estado del jovencísimo emperador Mutsu-Hito. VMontalbán *Galíndez* 44: Eran vistos [en Polonia] como agentes de una cultura extranjera, y aparece la figura de un represor, casi un policía, que les odia por su occidentalización.

occidentalizante *adj* De tendencia occidental [1b]. | C. Sentís *Inf* 11.9.75, 16: Entre esta masa alfabetizada en distinto grado se cuentan los lectores de periódicos y se integra también en ella la "élite" que interpreta el pensamiento indio, tanto el tradicional como el moderno y occidentalizante.

occidentalizar *tr* Dar [a alguien o algo (*cd*)] carácter occidental [1b]. | Arenaza-Gastaminza *Historia* 289: En Turquía estalló una revolución acaudillada por Mustafá Kemal, quien occidentalizó el país con reformas radicales, convirtiéndolo en una república democrática. VMontalbán *Pájaros* 149: Se servía cocina asiática occidentalizada y cocina occidental asiatizada. **b)** *pr* Tomar [alguien o algo] carácter occidental [1b]. | GSanchiz *Ya* 15.4.64, 6: Se occidentalizan las ciudades y su población [en el Japón].

occidentalmente *adv* (*raro*) **1** De manera occidental [1b]. | F. Giles *Alc* 21.10.70, 28: Hay tontos bien alimentados, bien cebados .. Comen. Carne y leche, mantequilla y pan. Son occidentalmente libres.

2 Desde el punto de vista occidental [1b]. | R. Castleman *Cod* 1.9.74, 14: Hay muchas formas de considerar el suicidio. Occidentalmente, es un agravio al Ser Supremo.

occidente (*frec con mayúscula, esp en aceps 2b, c y d*) *m* **1** Oeste (punto cardinal). | Ortega-Roig *País* 10: El Oeste, llamado también Occidente y Poniente, es el lugar por donde el Sol se pone.

2 Parte [de un territorio] que está hacia el oeste. | Lapesa *HLengua* 314: La zona más arcaizante está constituida por el Occidente de Asturias y León. **b)** Conjunto de naciones que están en el oeste de Europa. | Peña *Música* 64: Esa será la gran aportación de occidente al mundo de los sonidos: la notación. Fernández-Llorens *Occidente* 271: A mediados del siglo XIX era indiscutible la superioridad de Occidente, cuyas potencias obligan a China y Japón a firmar "tratados desiguales". **c)** Conjunto de países que participan de la cultura originaria del occidente de Europa. | * En la India es bastante conocida la literatura de occidente. **d)** (*Pol*) Bloque de las naciones capitalistas. | Goytisolo *Recuento* 81: De unos años a esta parte, Occidente no va sino que [*sic*] de claudicación en claudicación; primero los asiáticos, luego los africanos y así hasta los papúes.

occiduo -dua *adj* (*Astron*) De(l) ocaso. | *Anuario Observatorio 1967* 78: Se dan en el cuadro de la página 80 las amplitudes ortivas y occiduas del Sol.

occipital *adj* (*Anat*) Del occipucio. | *Abc* 7.6.70, 39: A consecuencia del atropello, Julia sufrió .. conmoción cerebral, herida en región occipital. Navarro *Biología* 122: La médula espinal es un tallo cilíndrico de unos 45 cm. de longitud, que se continúa por el bulbo raquídeo a través del atlas y del orificio occipital del cráneo. **b)** [Hueso] del cráneo, correspondiente al occipucio. *Frec n.* | Alvarado *Anatomía* 52: Los huesos impares son: el frontal ..; el etmoides .., y el occipital.

occipucio *m* Parte de la cabeza por donde esta se une con las vértebras del cuello. | Pemán *Abc* 19.9.64, 3: Eran frecuentes los perros flemonosos con pañuelo en los maxilares, atados en nudo sobre el occipucio.

occisión *f* (*Der*) Muerte violenta. | A. Soroa *Abc* 23.4.72, 3: Ni podrán penetrar las prácticas abortivas para matar el germen de vida con la deliberada intención directa de la occisión.

occiso -sa *adj* (*Der*) Muerto violentamente. *Frec n.* | Cela *Inf* 1.4.77, 18: Mi sobrinito Deogracias .. le aplicó un bombín de hinchar bicicletas al sieso de un compañero de colegio .. y lo mandó para el otro mundo .. La familia del infante occiso lo tomó muy a mal y nos retiró el saludo a todos.

occitánico -ca *adj* Occitano. | Alvar *Regiones* 27: El aluvión occitánico venido al asedio de Zaragoza era el que llevaba en sí todos los posibles [nombres] *Españoles*. Lapesa *Estudios* 46: Las formas occitánicas predominan sobre las francesas del Norte.

occitanismo *m* **1** Palabra o giro propios de la lengua occitana o procedentes de ella. | *Van* 17.4.75, 47: Nuestro patriarca anuncia para estas fechas "El català Rosselló", de Pere Verdaguer, volumen que supone una primera ordenación de galicismos, occitanismos y rosellonismos del catalán que se habla allá de las Alberas.

2 Adopción de occitanismos [1]. | Lapesa *Comunicación* 218: *Control* .. ha acrecido el tipo de *español*, *caracol*, *pañol*, *perol*, introducidas siglos atrás por occitanismo o catalanismo.

occitano -na I *adj* **1** De Occitania (antigua región del sur de Francia). *Tb n, referido a pers.* | Tovar *Lucha* 35: Dada la historia política del país [catalán], que es liberado por los reyes francos (Ludovico Pío toma Barcelona), se comprende que la influencia occitana haya sido muy fuerte.

2 Del occitano [3]. | Cano *Español* 13: En la *Fazienda de Ultramar*, un relato de viajes por Tierra Santa, mezclado con traducciones bíblicas, se dan cita elementos occitanos, catalanes y aragoneses.

II *m* **3** Lengua, o conjunto de dialectos, de la zona meridional de Francia, que se caracteriza por el uso del adverbio

oceánicamente – ochenta

de afirmación *oc*, a diferencia del antiguo francés del norte, en que se usaba *oïl* (actual *oui*). | *Inf* 28.6.77, 23: El Instituto .. reivindica .. la programación regular de emisiones de televisión en occitano. Cano *Español* 64: Aquellos [documentos] que presentan curiosas mezclas de lenguas (occitano y romance autóctono).

oceánicamente *adv* De manera oceánica [3]. | Nieva *GChico* 15: Antes de entrar definitivamente en el tema, sería prudente advertir del punto en que hoy estamos al extremo de una rápida evolución teatral que nos separa oceánicamente del género chico.

oceánico -ca *adj* **1** De(l) océano, esp. del Atlántico. | Ortega-Roig *País* 41: En las regiones que sufren la influencia de los vientos oceánicos procedentes del Atlántico llueve mucho más. **b)** [Clima] determinado por la proximidad al océano Atlántico y caracterizado por la presencia de lluvias y la moderación de temperaturas en todas las estaciones. | Ortega-Roig *País* 48: La zona que da sobre el Océano Atlántico tendrá clima oceánico, y la que da sobre el Mar Mediterráneo, clima mediterráneo.
2 De Oceanía. | Pericot *Polis* 12: Encontramos el régimen matriarcal en muchos pueblos oceánicos y otros de la India. Fernández-Llorens *Occidente* 150: Algunos autores .. consideran que su origen es oceánico, melanésico concretamente.
3 Muy grande. *Con intención ponderativa.* | E. Montes *Abc* 19.11.72, 57: Los periódicos están dedicados al Congreso Socialista de Génova. Todas sus páginas son pocas para recoger oceánicos discursos de este, de aquel y de otro. GSerrano *Macuto* 33: Solté una carcajada oceánica, interminable.

oceánide *f* (*Mitol clás*) Ninfa del mar. | Faner *Flor* 48: En la boca del endriago apareció una doncella joven y atractiva, de cuerpo esbelto, ceñido de sedas rojas, sobre las que destacaba su cabello de oro. La oceánide descargó en la jeta del inglés un fluido corrosivo que le dejó totalmente deformado.

océano *m* **1** Mar (masa total del agua salada que cubre gran parte de la Tierra). | Alvarado *Geología* 79: El nombre de fosas se da a depresiones estrechas y alargadas, en las cuales la sonda alcanza profundidades superiores a seis mil metros .. Se supone que tales depresiones se han formado en fecha geológicamente reciente, como consecuencia de fracturas del margen del océano.
2 Masa muy extensa de agua salada que separa dos o más continentes. *Gralm con un adj especificador que funciona como n propio. Tb fig.* | Alvarado *Geología* 79: La mayoría de las fosas se encuentran en el Océano Pacífico, principalmente bordeando las guirnaldas de islas que le jalonan por occidente. MSantos *Tiempo* 70: Dispuestos a embarcarse en la nave del expresionismo y a franquear con ella el océano incierto de la noche.

oceanografía *f* Ciencia que estudia el mar en sus aspectos físico y biológico. | Alvarado *Geología* 76: En la "Zoología" y en la "Botánica" estudiamos una porción de hechos pertenecientes a la Oceanografía biológica. Aquí daremos algunos pertenecientes a la Oceanografía física.

oceanográfico -ca *adj* De (la) oceanografía. | Ybarra-Cabetas *Ciencias* 96: España no ha permanecido al margen de estas cuestiones, y hoy cuenta con laboratorios oceanográficos en Santander, Málaga, Canarias y Madrid.

oceanógrafo -fa *m y f* Especialista en oceanografía. | Alvarado *Geología* 78: Las observaciones de los oceanógrafos han demostrado que los continentes no terminan realmente en la línea de la costa.

ocelado -da *adj* (*Zool*) **1** Que tiene ocelos [2]. | Aldecoa *Gran Sol* 82: Tras la florafauna aparecieron los discos ceniciento de las rayas, las pintarrojas oceladas. **b)** [Lagarto] ~ → LAGARTO.
2 Que tiene forma de ocelo [2]. | F. Portillo *SAbc* 16.3.80, 38: Trucha común .. Muchas pintas negras y rojas, redondeadas y oceladas.

ocelo *m* (*Zool*) **1** *En algunos artrópodos:* Ojo simple. | Legorburu *Naturaleza* 5ª 66: El cuerpo de la araña .. En el cefalotórax se ven ocho ojos simples u ocelos.
2 *En ciertos animales:* Mancha redondeada bicolor en la piel, en las alas o en las plumas. | A. Valle *SYa* 21.9.75, 41: El lagarto ocelado se encuentra distribuido por toda la Península, exceptuando Santander, zona asturiana, zona pire-

naica y País Vasco. El hecho de aparecer ejemplares sin ocelos o de colores poco vivos obedece a circunstancias climáticas, regionales e incluso alimenticias.

ocelot *m* Ocelote (piel). | *Abc* 31.3.73, 18: Magníficos abrigos de leopardo, ocelot, chinchilla, astrakán de color y visón de Norteamérica y Canadá.

ocelote *m* Mamífero americano semejante a un gato grande, de pelaje amarillo grisáceo con manchas negras, muy apreciado en peletería (*Felis pardalis*). *Tb su piel.* | Soraya *SPue* 7.11.70, 4: Comenzaron la exhibición panteras, guepardos, ocelotes y demás pieles manchadas.

ocena *f* (*Med*) Rinitis que causa fetidez nasal. | E. Corral *Abc* 21.1.68, 91: la atención científica prestada a una niña limeña que viene desde Perú para ser tratada de ocena.

ochandino -na *adj* De Ochando (Segovia). *Tb n, referido a pers.* | Lázaro *JZorra* 60: –¡Ochandinos! ¡Que no tenéis ni pueblo!– .. Y todo porque nuestro pueblo no era más que anejo de Ochando.

ochava *f* (*Arquit*) Esquina de un cuerpo ochavado. | Angulo *Arte* 1, 392: La fachada .. ofrece una composición de origen normando que hará fortuna: un primer cuerpo de tres profundos pórticos, claraboya, arquería y dos grandes torres mochas de planta cuadrada y último cuerpo octogonal con torrecillas también octogonales en las ochavas. **b)** Esquina o chaflán. | GPavón *Cuentos rep.* 59: Decidimos seguir caballete delante hasta el mismo hastial de la finca, donde hacía ochava aquel cuerpo del edificio.

ochavado -da *adj* (*Arquit*) [Cuerpo] cuya base es un polígono de ocho ángulos iguales en el cual los lados son todos iguales o lo son dos a dos. | Villarta *Rutas* 172: Se eleva la torre compuesta de seis cuerpos, de forma cuadrada, sobre la que aparece un séptimo cuerpo ochavado.

ochavilla *f* (*TLit, raro*) Octavilla (estrofa). | RMoñino *Poesía* 97: Una ochavilla (abbaacca) y una octava real encomiendan el trabajo a quien ha de leerlo.

ochavo *m* **1** (*hist*) *Hasta mediados del s XIX:* Moneda de cobre equivalente a medio cuarto. | Reglá *HEspaña* 3, 38: Las monedas .. De cobre. Esta moneda estuvo representada, principalmente, por los cuartos y ochavos –calderilla–, es decir, piezas de cuatro y ocho maravedís.
2 (*col*) Moneda de muy poco valor. *Se usa en exprs de carácter ponderativo, como* NO VALER UN ~, NO TENER UN ~, GASTAR HASTA EL ÚLTIMO ~. | Cuevas *Finca* 54: Heredaron ochenta aranzadas de su padre, y, arañando los ochavos, a los doce años de mal vivir, .. trataron el haza y la mata de la "Señora".

ochena *f* (*reg*) Moneda de diez céntimos. | J. Arpón *DNa* 7.8.64, 6: Ganaba nueve ochenas a la hora, o sea, 7,20 al día. H. Remón *DNa* 14.5.77, 31: La semana de la fiesta de la Ascensión se juega a las chapas en Fitero. Y aunque las monedas han ido cambiando, ahora todavía se conservan las viejas "ochenas".

ochenta I *adj* **1** *Precediendo a susts en pl:* Setenta y nueve más uno. *Puede ir precedido de art o de otros determinantes, y en este caso sustantivarse.* | *Ya* 15.4.64, 13: Figuran en el salón .. más de ochenta "stands".
2 *Precediendo o siguiendo a ns en sg (o, más raro, en pl):* Octogésimo. *Frec el n va sobrentendido.* | Ley P. Administrativo 62: Artículo ochenta. 1. Las notificaciones se realizarán mediante oficio. *Van* 4.4.74, 59: "Canta y sé feliz" es, según Peret, la setenta u ochenta canción que escribe e interpreta.
II *pron* **3** Setenta y nueve más una perss. o cosas. *Referido a perss o cosas mencionadas o consabidas, o que se van a mencionar.* | Torrente *Vuelta* 12: Había regresado a una media de ochenta.
III *m* **4** Número de la serie natural que sigue al setenta y nueve. *Frec va siguiendo al n* NÚMERO. | * El número premiado es el ochenta. **b)** Cosa que en una serie va marcada con el número ochenta. | * Le han calificado con un ochenta.
5 los (años) ~, *o, más raro,* **los (años) ~s**. Noveno decenio de un siglo, esp. del XX. | Jover *Historia* 790: Una nueva fuente de energía, la electricidad, venía siendo dominada por el hombre a través de una cadena de inventos que van desde la invención de la dinamo (1869) hasta –en los años ochenta– la resolución del problema del traslado de la co-

ochentón – ocre

rriente a distancia. Diosdado *Ochenta* 9: Debajo, en negro, una pintada: "¡Los ochenta son nuestros!".

ochentón -na *adj* (*col*) [Pers.] de edad comprendida entre los ochenta y los noventa años. *Tb n.* | Quiñones *SInf* 26.2.70, 1: Entre las de cantes primitivos, son impresionantes, redondas, las interpretaciones del ochentón y admirable Juan Talega.

ochío *m* (*reg*) Torta de aceite. | J. MÁlvarez *CoA* 31.10.75, 27: Estepa y su proyección .. A esos dulces caseros, polvorones, magdalenas, pestiños, "ochíos", melindras..., eran muy aficionados.

ocho I *adj* **1** *Precediendo a susts en pl:* Siete más uno. *Puede ir precedido de art o de otros determinantes, y en este caso sustantivarse.* | Jover *Historia* 809: La jornada de trabajo es larga, si bien tiende a decrecer conforme avanza el siglo, pasando de horarios de 10 a 13 horas diarias .. a la casi generalización de la jornada de ocho horas.
2 *Siguiendo a susts en sg:* Octavo. *Frec el n va sobrentendido.* | *Ya* 21.12.73, 7: Un artículo de colaboración, que se anunció en el número cero y apareció de hecho en el número ocho de la revista. * El ocho de marzo.
II *pron* **3** Siete más una perss. o cosas. *Referido a perss o cosas mencionadas o consabidas, o que se van a mencionar.* | *Ya* 21.12.73, 16: Tenía un hijo de quince años de edad .. y otro de ocho. *Van* 6.1.74, 10: Doña Carmen Polo de Franco entrega ocho de sus trajes para la exposición de Balenciaga. SFerlosio *Jarama* 206: –Pues nos juntamos unos pocos. ¿Vosotros sois?... –Ocho y el perro.
III *n* A *m* **4** Número que en la serie natural sigue al siete. *Frec va siguiendo al n* NÚMERO. | Delibes *Parábola* 50: Ensayó .. con los seises, los ochos y los nueves y con cierta perplejidad comprobó que las curvas ceñidas de estas cifras no le ocasionaban ningún trastorno. **b)** Cosa que en una serie va marcada con el número ocho. | Olmo *Golfos* 49: El camión se paró en el ocho de nuestra calle. *Naipes extranjeros* 31: Series de cartas iguales. Es la combinación de tres o más cartas de igual valor y de cualquier palo. Ej.: 3 reyes, 4 ochos, 6 damas. **c)** (*col*) *Se usa en constr comparativa para ponderar la chulería.* | * Eres más chulo que un ocho.
5 Figura semejante a la del número ocho. | Aldecoa *Gran Sol* 81: En el arca de popa, junto al saltillo, la iban colocando [la malleta] en ochos.
B *f pl* **6** Octava hora después de mediodía o de medianoche. *Normalmente precedido de* LAS. | *Inf* 8.1.74, 26: Quedó destruida completamente la central eléctrica .. a consecuencia de un incendio que se produjo anoche alrededor de las ocho y media.
IV *loc v* **7 ser**, *o* **dar**, **lo mismo ~ que ochenta.** (*col*) Dar lo mismo una cosa que otra. | CPuche *Paralelo* 41: Después de todo lo mismo da llamarse Genaro .. que Evaristo .. Lo mismo da ocho que ochenta, sobre todo para quien tiene ochenta.

ochocentista *adj* Del siglo XIX. | Goytisolo *Afueras* 5: Era una construcción ochocentista, mezcla de masía y villa de recreo.

ochocientos -tas I *adj* **1** *Precediendo a susts en pl:* Setecientos noventa y nueve más uno. *Puede ir precedido de art o de otros determinantes, y en este caso sustantivarse.* | Laforet *Mujer* 258: La casa, que ya es baratísima para lo que hay, nos cuesta ochocientas pesetas.
2 *Precediendo o siguiendo a ns en sg* (*o, más raro, en pl*): Octingentésimo. *Frec el n va sobrentendido.* | * El ochocientos aniversario. * Kilómetro ochocientos. Torrente *Señor* 148: En mil ochocientos noventa y tantos, la cosa no era para tomarla a broma.
II *pron* **3** Setecientas noventa y nueve más una perss. o cosas. *Referido a perss o cosas mencionadas o consabidas, o que se van a mencionar.* | Delibes *Cazador* 73: Con mil ochocientas mensuales .. no puede hacer milagros. *Abc* 25.2.58, sn: Servirán de tipo para la subasta las siguientes cantidades ..: tres mil quinientas pesetas para la primera finca; .. ochocientas para la decimoctava.
III *m* **4** Número de la serie natural que sigue al setecientos noventa y nueve. *Frec va siguiendo al n* NÚMERO. | * El número premiado es el ochocientos.
5 Siglo XIX. | DPlaja *Abc* 18.8.64, 14: Hay cuadros del ochocientos y de primeros del novecientos.

ochomil *m* (*Dep*) *En montañismo:* Cumbre de más de 8.000 m. | *País* 20.11.88, 52: –¿Cuál ha sido su ochomil más difícil? –El más difícil fue, sin duda, el Annapurna (8.031 metros). Logré abrir una nueva ruta de extrema dificultad por la cara noroeste .. Todos los ochomiles tienen una vía normal.

ochote *m* (*reg*) Coro formado por ocho cantores. | *Abc* 7.8.70, 30: El ochote Cántabro de Santander se ha llevado el primer premio en el VII Certamen de la Canción Marinera.

ocio *m* Cesación del trabajo. | Laiglesia *Ombligos* 23: Las grandes ideas que han hecho progresar a la Humanidad nunca fueron fruto del estudio, sino del ocio.

ociosidad *f* Estado de la pers. ociosa. | FQuintana-Velarde *Política* 72: Entre la población que no es económicamente activa no reina totalmente la ociosidad.

ocioso -sa *adj* **1** Que está sin hacer nada. | Laiglesia *Ombligos* 23: Muchos políticos y místicos crearon sus doctrinas en el aburrimiento de sus celdas carcelarias, donde estuvieron ociosos muchos meses. Cela *Pirineo* 79: Vuela el águila espantando tórtolas y otros delicados y ociosos querubines. **b)** [Cosa] que se tiene sin usar. | R. Castellar *Gac* 22.2.70, 3: Tendrá que pensar primero en la movilización, en el plano nacional, de cuantiosos bienes mal invertidos, ociosos o semimuertos.
2 [Cosa] que está de más. *Frec referido a lo que se dice.* | FQuintana-Velarde *Política* 75: No es ocioso, sin embargo, relatar brevemente las vicisitudes que en nuestra Patria han experimentado tales trabajos. Rábade-Benavente *Filosofía* 206: Decimos que puede resultar una cuestión ociosa porque, desde luego, no es fácilmente decidible.

ocle *m* (*reg*) Algas, o conjunto de algas. | E. GPalacio *NEs* 22.10.87, 13: La factoría de ocle que se instalará en la zona de Bricia, en Llanes, estará en funcionamiento a principios de año.

ocluir (*conjug* **48**) *tr* **1** (*lit o Med*) Cerrar [una abertura o un conducto]. | Acquaroni *Abc* 2.12.70, 3: Todas las bocas de la madriguera están ocluidas y no hay escapatoria posible. **b)** *pr* Cerrarse. | * En ese caso se ocluye el intestino.
2 (*lit*) Cerrar o encerrar. *En sent fig.* | GSabell *País* 24.4.80, 9: La primera condición .. era que el sujeto se aislase .. Hiciera un quiebro a las solicitaciones múltiples del entorno, de la sociedad, y se ocluyese en modos de vida marginados. Benet *Aire* 8: Ni era un hombre curioso ni tales cosas podrían despertar ya algunos sentimientos ocluidos.
3 (*Quím*) Absorber [un metal (*suj*) un gas (*cd*)]. | *Ya* 22.10.64, sn: Aparatos para análisis metalúrgicos, etc. (carbono, azufre, fósforo, gases ocluidos, etc.).
4 (*Meteor*) Alcanzar [un frente frío (*suj*) a un frente cálido que le precede], impeliéndolo hacia arriba. | *Van* 4.2.77, 24: Información meteorológica .. Frente frío, .. ocluido.

oclusión *f* (*lit o E*) Acción de ocluir(se). *Tb su efecto.* | Alcalde *Salud* 328: Existen dos variedades clínicas: el íleus mecánico simple .., y el íleus mecánico complicado con estrangulación, cuando al cuadro clínico obstructivo se añade la oclusión de las arterias o venas del intestino. LMiranda *Ateneo* 124: Don Antonio Maura, al presentarla, sufrió un ataque de oclusión oratoria del que solo están libres los que leen como yo.

oclusivo -va *adj* **1** (*lit o E*) Que ocluye. | Mascaró *Médico* 74: Se colocará un vendaje oclusivo (no compresivo) hasta que el especialista juzgue la gravedad del traumatismo.
2 (*Fon*) [Sonido] en cuya producción los órganos de articulación forman un contacto que interrumpe la salida del aire espirado. *Tb se dice de la articulación de ese sonido. Tb n f, referido a consonante.* | Academia *Esbozo* 16: Por su modo de articulación los sonidos consonánticos del español se dividen en oclusivos, fricativos, laterales, africados y vibrantes. Articulación oclusiva es la que opone un cierre total a la salida del aire por la boca.

ocráceo -a *adj* Que tira a ocre [3]. | Lotina *Setas* sn: *Armillaria mellea* .. Se puede confundir con la *Pholiota mutabilis* .., pero esta tiene el sombrero liso, sin escamas, sus láminas y esporas son de color ocráceo y el pie es escamoso.

ocre I *m* (*Mineral*) **1** Mineral de óxido de hierro hidratado, terroso y de color amarillo, que se emplea en pintura. *Tb ~* AMARILLO. | Alvarado *Geología* 36: Limonita .. La variedad compacta se llama hematites parda; la terrosa, ocre amarillo.

2 ~ rojo. Almagre (mineral). | Bustinza-Mascaró *Ciencias* 328: A veces se presenta [el oligisto] en masas concrecionadas mates y de color rojo, hematites roja, o en masas terrosas, ocre rojo.

II *adj* **3** [Color] amarillo oscuro. *Tb n m.* | *HLM* 26.10.70, 10: Dicha capa de óxido toma un color ocre oscuro que adquiere una gran belleza con el transcurso del tiempo. Ridruejo *Castilla* 2, 77: La piedra es a vetas de un ocre fuerte y de un gris muy oscuro, casi azulado. **b)** De color ocre. | Cunqueiro *Un hombre* 11: Se veía toda la huerta de la ciudad, tendida en el círculo que formaba ocres y estériles colinas.

ócrea *f* (*Bot*) Anillo membranoso que forman las estípulas en la base del pecíolo. | Bustinza-Mascaró *Ciencias* 239: En las poligonáceas, las estípulas se sueldan y forman alrededor del nudo un anillo membranoso llamado ócrea. [*En el texto, sin tilde.*]

octaédrico -ca *adj* (*Geom*) Que tiene figura de octaedro. | Marcos-Martínez *Física* 260: Se obtienen hermosos cristales de azufre octaédrico o rómbico.

octaedro *m* (*Geom*) Sólido de ocho caras. | Ybarra-Cabetas *Ciencias* 58: Se presenta [la magnetita] cristalizada en octaedros.

octagonal *adj* Octogonal. | Ridruejo *Castilla* 2, 159: Abajo, fuera de la muralla y cerca del puente, queda la iglesia octagonal, barroca y bien coronada del Jesús.

octágono -na *adj* Octógono. *Frec n m.* | *Abc* 6.11.75, 75: Los 72 diamantes están incrustados en los tres lados superiores del octágono que forma el anillo y que es de oro blanco.

octal *adj* (*Informát*) [Sistema de numeración] de base ocho. *Tb referido a lo basado en él.* | *País* 27.10.87, 23: La HP-28C es experta en el trazado y resolución de ecuaciones, integrales definidas e indefinidas, matemática hexadecimal, octal y binaria.

octanaje *m En un carburante:* Número de octanos. | *Alc* 31.10.62, 19: De nada ha servido que toda la Prensa española se pronunciara a favor de una reducción de los actuales precios de este carburante, en lugar de la elevación del octanaje.

octano *m* **1** (*Quím*) Hidrocarburo saturado cuya molécula contiene ocho átomos de carbono. | Aleixandre *Química* 145: Las bencinas se componen principalmente de hidrocarburos inferiores al nonano, sobre todo hexano, heptano y octano.
2 Unidad que expresa la resistencia a la detonación de un carburante. *Tb* ÍNDICE DE ~. | Laiglesia *Ombligos* 35: Don Leonardo solo marchaba bien llenando su depósito de coñac, cuyo elevado número de octanos movía sus miembros al máximo rendimiento.

octástilo -la *adj* (*Arquit*) [Edificio, esp. templo clásico] que tiene una fila de ocho columnas en la fachada. | Tejedor *Arte* 36: El templo podía ser también tetrástilo, hexástilo u octástilo, según que las columnas de su fachada principal fueran respectivamente cuatro, seis u ocho.

octatlón (*tb con la grafía* **octathlón**) *m* Prueba de atletismo que comprende ocho competiciones. | *Faro* 31.10.70, 26: El récordman gallego de octathlón junior solicitó una nueva competición de esta especialidad.

octava → OCTAVO.

octavario *m* (*Rel catól*) Ejercicio devoto que se practica durante ocho días seguidos. | *Inf* 7.9.70, 15: A las ocho de la tarde, en la catedral, será el ejercicio del octavario que se ha venido celebrando.

octaviano -na *adj* Del emperador romano Octavio César Augusto († 14 d.C.). | Arenaza-Gastaminza *Historia* 50: Octavio gobernó durante 43 años, con gran habilidad y pacíficamente (paz octaviana). **b)** (*lit*) [Paz] total o generalizada. | GBiedma *Retrato* 201: Paz octaviana en la oficina, donde me entretengo en escribir esto. C. BCastro *Mad* 14.11.70, 8: Una calma casi octaviana caracterizó el paro de treinta y seis horas dispuesto por la C.G.T., según el flamante ministro del Interior, Brigadier Cordón Aguirre.

octavilla *f* **1** Hoja de papel del tamaño de un octavo de pliego. | * Deseo que me corten este papel en octavillas.
2 Hoja de propaganda. | *Inf* 16.6.70, 1: La fuerza pública ha procedido a la detención de cinco personas por repartir octavillas invitando al paro y formar piquetes de coacción.
3 (*TLit*) Estrofa de ocho versos de arte menor, con rima total de distribución variable. | Quilis *Métrica* 108: Octavilla. Durante la Edad Media, la redondilla no tuvo vida independiente, pero la duplicación de una o la combinación de dos redondillas dio origen a estrofas de uso frecuente en los cancioneros del siglo XV.

octavo -va I *adj* **1** Que ocupa un lugar inmediatamente detrás o después del séptimo. *Frec el n va sobrentendido.* | *Cocina* 59: Minuta octava.
2 [Parte] que es una de las ocho en que se divide o se supone dividido un todo. | *BOE* 20.10.75, 22068: A segunda subasta: .. Cuarto lote. Nuda propiedad de la participación indivisa de dos octavas partes de otra participación indivisa de 18.171,75 pesetas.
3 siete ~s. (*Moda*) [Abrigo o chaquetón] que cubre aproximadamente las siete octavas partes de lo normal en un abrigo. *Tb n m.* | L. Cappa *Ya* 7.7.89, 22: Incluyendo en sus creaciones abrigos por encima de la rodilla rematados con volantes, graciosos chaquetones siete octavos tan cómodos como favorecedores.
II *n* **A** *m* **4** Parte de las ocho en que se divide o se supone dividido un todo. *Gralm seguido de un compl* DE. | Marcos-Martínez *Aritmética* 59: A cada niño le corresponde .. un octavo del queso.
5 *En un libro, folleto, etc:* Tamaño de la octava parte de un pliego, aproximadamente. *Gralm precedido de la prep* EN. | *SInf* 11.10.73, 4: Podrán presentarse libros que correspondan, en extensión, a cien páginas en octavo. Benet *Nunca* 121: Depositada la flor sin arrodillarse ni quitarse el sombrero, volviendo a doblar el papel para guardarlo en una cartera de tamaño octavo que contenía dos duros.
6 ~s de final. (*Dep*) Conjunto de las ocho competiciones cuyos ganadores pasan a los cuartos de final de un campeonato que se gana por eliminación del contrario y no por puntos. | *Abc* 26.5.74, 68: Fútbol. Comienzan los octavos de final de la Copa del Generalísimo.
B *f* **7** Conjunto de los ocho días que siguen a una fiesta solemne de la Iglesia y en los cuales se conmemora el objeto de aquella. *Tb fig, referido a conmemoraciones de carácter familiar.* | Ribera *SSanta* sn: Octavas. Solo quedan las de Navidad, Pascua y Pentecostés. Sampedro *Octubre* 364: Había deseado venir a felicitarme por mi santo, pero no pudo en aquella fecha. Todos los santos tienen octava, etc.: sus palabrerías de siempre. **b)** Último día de una octava. | *SInf* 21.2.74, 16: Esta novela es la descripción atormentada y subjetiva de tres días históricos en Madrid: la víspera, la fiesta y la octava de la festividad de San Camilo.
8 (*TLit*) Estrofa de ocho versos de arte mayor. | Diego *Abc* 15.12.70, 7: Notemos que las golondrinas solo aparecen en la primera octava [de la Rima]. Quilis *Métrica* 106: Octava italiana u octava aguda. Aparece en el Neoclasicismo, aunque su mayor difusión y popularidad se debe al Romanticismo. **b)** *Esp:* Octava formada por endecasílabos rimados todos en consonante alternadamente menos los dos últimos, que forman un pareado. *Tb* OCTAVA REAL *y* OCTAVA RIMA. | Valverde *Literatura* 118: Tal entramado estructural, ayudado por la forma más cerrada de la estrofa –octava, frente a la variable silva de las *Soledades*–, contribuye a dar al *Polifemo* un tono más moderado y accesible. Quilis *Métrica* 106: Estrofas de ocho versos .. Octava real. También llamada octava rima, como en italiano.
9 (*Mús*) Serie diatónica en que se incluyen los siete sonidos constitutivos de una escala y la repetición del primero de ellos. *Tb el registro correspondiente en el órgano.* | Valls *Música* 22: Se h[a] evaporado su exacta significación musical (para ser exactos, su diapasón y las relaciones de intervalos en el interior de la octava). *SYa* 21.4.74, 11: El órgano es espléndido en su construcción externa y en sus características técnicas. Consta de un teclado de octava corta, con cuarenta y cinco notas; diez registros partidos, flautado, dos octavas, quincena, docena, lleno, címbalo y trompetería con dos registros.
10 (*Mús*) Sonido resultante de doblar la frecuencia de otro sonido o de reducirla a la mitad. *Tb* OCTAVA ALTA *y* BAJA,

respectivamente. | Medio *Andrés* 75: Repite a media voz, bajando el tono casi una octava.
III *adv* **11** En octavo lugar. | *VozC* 25.7.70, 5: Tras larga y detenida deliberación, se acuerd[a] por unanimidad .. Octavo. Conceder los premios "Caja de Ahorros y Monte de Piedad del Círculo Católico de Obreros de Burgos".

octete *m* (*Quím*) Grupo estable de ocho electrones. | Aleixandre *Química* 33: Disposición espacial del octete. Los cuatro pares electrónicos de un octete, ya sean compartidos o no, tienden a disponerse en el espacio según los vértices de un tetraedro regular.

octeto *m* **1** (*Mús*) Conjunto de ocho instrumentos. | *Inf* 15.3.77, 32: Música de cámara en el Teatro Real. El octeto de The Academy of St. Martin in the Fields.
2 (*Mús*) Composición o parte musical para ocho instrumentos. | Sopeña *Abc* 7.9.66, 61: Soportamos el interminable "octeto" de Hindemith, ni viejo ni nuevo, muy bien hecho y muy difícil como lección de profesor.
3 (*Informát*) Secuencia de ocho dígitos o bits. | RJiménez *Tecnologías* 15: Cada uno de ellos [caracteres alfanuméricos] requiere para su almacenaje ocho bits, unidad que se conoce como "byte" u octeto.
4 (*Quím*) Octete. | Aleixandre *Química* 29: Si el elemento tiene más de cuatro (sobre todo, seis o siete) electrones en su capa electrónica externa, tiende a captar los electrones suficientes para completar el octeto de electrones tomando la estructura del gas noble que le sigue en el S[istema] P[eriódico].

octillizo -za *adj* [Pers.] nacida del mismo parto que otras siete. *Más frec como n y en pl.* | *Pue* 11.3.67, 5: Octillizos en Méjico .. María Teresa López .. ha dado a luz ocho hijos.

octingentésimo -ma *adj* (*lit*) Que ocupa un lugar inmediatamente detrás o después del septingentésimo nonagesimonoveno. | * El octingentésimo aniversario.

octodecasílabo -ba *adj* (*TLit*) [Verso] de dieciocho sílabas. *Tb n m.* | Quilis *Métrica* 68: Versos de más de catorce sílabas .. Pentadecasílabo .. Octodecasílabo.

octogenario -ria *adj* [Pers.] de edad comprendida entre los ochenta y los noventa años. *Tb n.* | DCañabate *Abc* 29.6.58, 73: Van entrando los octogenarios .., tan ternes y ágiles como chiquilicuatros.

octogésimo -ma *adj* (*lit*) Que ocupa un lugar inmediatamente detrás o después del septuagesimonoveno. *Seguido de los ordinales* PRIMERO *a* NOVENO, *forma los adjs ordinales correspondientes a los números 81 a 89.* | *Ecc* 8.12.62, 2: El pasado día 18 de noviembre cumplió su octogésimo aniversario monseñor Cardinj.

octogesimo- *r pref* (*lit*) Unida sin guión a los ordinales PRIMERO *a* NOVENO (o NONO), *forma los adjs ordinales correspondientes a los números 81 a 89.* | *Por ej:* * El octogesimoquinto aniversario.

octogonal *adj* De(l) octógono [2]. | * Tiene forma octogonal. **b)** De forma de octógono. | R. MHerrero *Abc* 11.12.70, 10: Los objetos especulativos no son como los físicos, sólidos o líquidos, cuadrados u octogonales.

octógono -na **I** *adj* **1** Octogonal. | GNuño *Arte* 79: Bellísima torre de la Tauste, de planta octógona, tiene alguna reminiscencia gótica.
II *m* **2** Polígono de ocho lados. | Gironza *Matemáticas* 174: Por división en dos partes iguales de los cuadrantes obtendremos el octógono regular.

octonario -ria *adj* (*TLit*) [Verso] de dieciséis sílabas. *Tb n m.* | Salvador *Comentario* 1, 274: Es la rima la que ha condicionado la presentación gráfica, dejando englobados, como primer hemistiquio de un verso octonario, a los que serían versos sueltos si no.

octópodo *adj* (*Zool*) [Molusco cefalópodo] que tiene ocho tentáculos iguales provistos de ventosas. *Frec como n m en pl, designando este taxón zoológico.* | *Voz* 6.11.87, 43: La gastronomía gallega utiliza tradicionalmente este octópodo voraz y sabroso [el pulpo].

octorón -na *adj* (*raro*) [Pers.] mestiza que tiene un octavo de sangre negra. *Tb n.* | Torrente *Sombras* 104: Se arrimó a una morena octorona, que llevó más tarde a Cuba. Torrente *Filomeno* 309: Las octoronas brasileñas son las mujeres más bonitas del mundo, aunque se marchiten pronto.

octosilábico -ca *adj* (*TLit*) Octosílabo. | Quilis *Métrica* 146: Parece ser que los romances octosilábicos tal como son escritos y los conocemos desde el siglo XV proceden de los cantares de gesta.

octosílabo -ba *adj* (*TLit*) **1** De ocho sílabas. *Tb n m, designando verso.* | Amorós-Mayoral *Lengua* 37: Veamos otro ejemplo de versos octosílabos. Amorós-Mayoral *Lengua* 36: Se dice de un poema que está escrito en octosílabos cuando todos los versos tienen ocho sílabas.
2 Formado por versos de ocho sílabas. | Quilis *Métrica* 150: Se suele intercalar algún estribillo formado por heptasílabo y endecasílabo, o bien un pareado octosílabo.

octubre *m* Décimo mes del año. *Se usa normalmente sin art.* | Laforet *Mujer* 14: Pienso ir en octubre.

óctuple *adj* (*raro*) [Cosa] formada por ocho elementos. | *Pue* 11.3.67, 5: El parto "óctuple" se inició en una clínica privada.

octuplicar **A** *tr* **1** Multiplicar por ocho [una cosa]. | * Han conseguido octuplicar la producción.
B *intr* **2** Pasar [algo] a ser ocho veces mayor. *Tb pr.* | Mercader-DOrtiz *HEspaña* 4, 178: Seis años más tarde, las cifras habían octuplicado.

óctuplo -pla *adj* (*raro*) **1** [Cantidad] ocho veces mayor [que otra (*compl de posesión*)]. *Tb n m.* | * Este número es óctuplo del primero.
2 ~ + *n* = OCHO + *el mismo n en pl.* | Anson *Oriente* 38: La suprema felicidad se consigue en la vida a través de las "cuatro nobles verdades"; a través del "ó[c]tuplo sendero", simbolizado por la rueda de la ley de ocho varas; a través del "nirvana". [*En el texto*, óptuplo.]

ocuje *m* Árbol tropical de hermoso follaje, con hojas coriáceas y brillantes, estimado por la calidad y dureza de su madera (*Calophyllum calaba*). | FReguera-March *Cuba* 175: En la construcción se usan el roble blanco, el roble de olor, el ocuje, el chicharrón prieto.

ocular **I** *adj* **1** De (los) ojos. | Alvarado *Anatomía* 82: Cada globo ocular es una esfera hueca. **b)** [Cosa] que se realiza con los ojos. | M. Torres *Abc* 6.12.70, 24: El folio 3.168 contiene la diligencia de inspección ocular realizada hace pocos días. **c)** [Testigo] que estuvo presente en los hechos de que se trata. | Acquaroni *Abc* 29.7.67, 9: No cabe prosa más expresiva que la de los testigos oculares.
II *m* **2** Lente de algunos aparatos de óptica por donde aplica el ojo el observador. | Ybarra-Cabetas *Ciencias* 38: Es un microscopio con dos nicoles, colocado uno de ellos (polarizador) debajo de la platina .., y el otro (analizador), dentro del tubo del microscopio entre el objetivo y el ocular.

ocularista *m y f* Pers. que fabrica ojos artificiales. | *Ya* 17.3.72, sn: Ojos artificiales a medida. Nueva visita del ocularista diplomado .. Días 21, 22, 23 Marzo .. General Óptica.

ocularmente *adv* De manera ocular [1b]. | *País* 29.10.78, 14: El doctor Damborenea declaró a los periodistas que inspeccionó ocularmente a los detenidos.

oculista *m y f* Médico especialista en ojos. | Juancho *Cod* 9.2.64, 3: A mí me dijo el oculista que no me las quitara [las gafas] ni para dormir.

óculo *m* (*Arquit*) Ventana pequeña redonda u ovalada. | GNuño *Madrid* 49: Lo muy característico de Ribera es el cuerpo central y los óculos sobre las puertas laterales.

oculomotor *adj* (*Anat*) [Nervio] de los movimientos del ojo. *Tb n m.* | Navarro *Biología* 129: Nervios .. Los motores son: tres nervios oculomotores o de los músculos del ojo; el facial ..; el espinal .., y el hipogloso.

ocultable *adj* Que se puede ocultar. | P. Villalar *Ya* 29.1.91, 11: Quizá el escándalo sea tan difícilmente ocultable que el Gobierno español no tenga más remedio que enfriar sus relaciones con este sujeto.

ocultación *f* Acción de ocultar(se). | *Anuario Observatorio 1967* 127: En las páginas 154 a 160 se dan las horas, en tiempo universal, de los eclipses y ocultaciones de los cuatro principales satélites de Júpiter. FQuintana-Velarde *Política* 92: Para escapar de quintas e

ocultador -ra *adj* Que oculta. *Tb n m, referido a utensilio.* | Zunzunegui *Camino* 349: No hay más remedio que venir aquí para ver a esta mujer sin gafas ocultadoras... y cómo vale la pena. *Ya* 12.2.92, 17: Hiper sonido. Líder en instalaciones hi-fi para vehículos. Venta y reparación de auto-radios. Ocultadores.

ocultamente *adv* De manera oculta. | Valcarce *Moral* 157: Otro caso es el de la oculta compensación, o sea, cuando el acreedor se cobra del deudor ocultamente lo que este le debe y no le paga.

ocultamiento *m* Ocultación. | GGual *Novela* 135: Tanto uno como otro libro pretenden ser obra de testigos oculares de la guerra, que escribieron sus impresiones en aquel momento, cuyos manuscritos al cabo de doce siglos de ocultamiento han salido a la luz.

ocultar A *tr* **1** Esconder (impedir que [alguien o algo (cd)] esté visible). | Medio *Bibiana* 66: Si fuera su hija, no la ocultaría. Arce *Testamento* 85: Tenía necesidad de ocultarme a su mirada. **b)** *pr* Dejar de estar a la vista. | * El Sol empieza a ocultarse.
2 Callar [algo que debiera manifestarse]. | CPuche *Paralelo* 349: ¿Sabes lo que nos parece a los americanos? Nos parece que Jesús ha nacido aquí .. Todo lo contrario de lo que pasa con los judíos. Yo he estado en Jerusalén, ¿sabes? .. Pues allí, más bien parece que tratan de ocultarlo. Pero aquí, aquí Cristo es algo oficial.
B *intr pr* **3 ~se** [algo a alguien]. (*lit*) Ser[le] desconocido o pasar[le] inadvertido. *Frec en constr neg.* | Michelena *Lengua* 236: No se me oculta que no parece haber habido un procedimiento indoeuropeo común para la expresión de la voz pasiva.

ocultatorio -ria *adj* Que sirve para ocultar. | Areilza *SAbc* 5.10.75, 46: La mascarilla, a pesar de su nombre, nada tiene de carátula ocultatoria y sí, en cambio, mucho de clara revelación.

ocultismo *m* **1** Conjunto de las ciencias ocultas y de las prácticas relativas a ellas. | CBonald *Ágata* 194: Nada quiso saber ya Pedro Lambert de ocultismos y demás sectas inmundas, en cuyos errores había vivido durante tan largo y denigrante tiempo.
2 Actitud proclive a ocultar información. | I. Luna *Ya* 15.2.90, 15: El diputado de Izquierda Unida en la Asamblea de Madrid, Pedro Díez, denunció ayer miércoles en Getafe el "ocultismo y ambigüedad" con que está actuando Renfe en el proyecto del Tren de Alta Velocidad (TAV).

ocultista *adj* De(l) ocultismo, *esp* [1]. | *Inf* 4.7.74, 4: El juez Michael Argyle atacó ayer .. la condición del cementerio de Highgate .., tras haber encontrado a David Robert Farrant, presidente y alto sacerdote de la sociedad ocultista británica, culpable de desenterramiento de cadáveres. **b)** [Pers.] que profesa o practica el ocultismo, *esp* [1]. *Tb n.* | CBonald *Ágata* 194: Pedro Lambert había ido rehaciendo, en efecto, las dotaciones de su espíritu hasta el punto de pasar de ocultista empedernido a católico practicante.

oculto -ta *adj* Que no se deja ver o conocer. | Laforet *Mujer* 21: La cara de su hija no podía verla bien, medio oculta por el cuerpo del marido. **b) ciencias ocultas** → CIENCIA.

ocume → OKUME.

ocupa → OKUPA.

ocupable *adj* Que puede ser ocupado. | MSantos *Tiempo* 65: Aspirando a pesar de la escasez del ámbito a una máxima ocupación de lo ocupable. *Abc* 4.3.73, 21: Ascienden a 3.020 los candidatos para los 473 puestos ocupables en la Asamblea. J. Ferrari *Ya* 1.9.91, 18: El gran reto es convertir a los disponibles en ocupables. Para ello, han de formar a los desempleados hacia las profesiones con más demanda.

ocupación *f* **1** Acción de ocupar(se). | Mendoza *Ciudad* 29: No predicaba la destrucción de las fábricas, lo que a su juicio habría sumido al país en la miseria más absoluta, sino su ocupación y colectivización. Ramírez *Derecho* 158: En ambos [procedimientos de quiebra] se dan las mismas fases: ocupación del patrimonio; nombramiento provisional de un administrador. Cela *SCamilo* 50: Don Gerardo cuando viene a Madrid le paga al cerillero Senén una ocupación diaria con la Murcianita. **b)** (*Der*) Modo de adquirir la propiedad de una cosa que no pertenece a nadie, por la toma de posesión de la misma con la intención de hacerla propia. | Ramírez *Derecho* 63: El medio normal y primitivo [de adquirir la propiedad] fue la ocupación, o sea, la aprehensión material de la cosa, siempre y cuando esta no tuviera ya dueño o propietario.
2 Trabajo o quehacer. | Selipe *Rue* 7.3.63, 3: Esta retransmisión diferida puede contar en días laborables con telespectadores que a la hora de celebración del espectáculo estarán en el tajo, en la besana, en la fábrica, en la oficina o en otras ocupaciones.

ocupacional *adj* De (la) ocupación [2]. | *PapD* 2.88, 205: Es positivo que se hable de la necesidad de superar la separación entre la F[ormación] P[rofesional] reglada y la ocupacional, así como de la necesaria participación de los agentes sociales. *Inf* 3.12.77, 18: Los niños reciben el tratamiento de fisioterapia, logopedia, terapia ocupacional, pedagogía especial, terapia recreativa y musicoterapia.

ocupador -ra *adj* Que ocupa [1, esp 1b]. | *SYa* 26.5.74, 53: Es curioso que en la mentalidad de aquellos artistas rupestres, para representar la vida interior de una choza, la interpretaran pintando el exterior de la habitación, con las extremidades del supuesto ocupador. J. Sobrequés *Des* 12.9.70, 30: La potencia ocupadora se valió de un grupo de colaboracionistas. Delibes *Cartas* 67: ¿Puede considerárseme a mí, un hombre honesto, uno de los redactores más laboriosos y leales de la plantilla, como un ocupador?

ocupante *adj* Que ocupa [1, 2 y 3]. *Tb n, referido a pers.* | R. GMarqués *Abc* 25.8.68, 26: Hay en Checoslovaquia medio millón de soldados de los países del Pacto de Varsovia ocupantes. CPuche *Paralelo* 349: Tomás podía ser solamente un soldado de las fuerzas imperialistas, un ocupante más de una base más en el conglomerado agresivo y criminal de las potencias termonucleares. *Abc* 11.12.70, 22: Detuvo a un taxi .. Posiblemente el taxista, intimidado por su ocupante, .. intentó librarse del mismo.

ocupar A *tr* **1** Instalarse [en un lugar (cd)]. | * Ya hemos ocupado la nueva casa. * Ocupen sus asientos, por favor. **b)** Instalarse por la fuerza [en un lugar (cd)]. | Delibes *Cartas* 67: La Dirección General de Prensa, no atreviéndose a incautarse de *El Correo*, había optado por ocuparlo. Arenaza-Gastaminza *Historia* 290: Las provincias bálticas y una zona de Finlandia fueron también ocupadas. **c)** Estar instalado [en un lugar (cd)]. | Hoyo *Pequeñuelo* 69: Antes de mí ocupaba el piso un viejo escritor. Laiglesia *Tachado* 34: Los asientos de las poltronas ministeriales terminan por adquirir, al cabo de los lustros, la forma de las nalgas que los ocupan.
2 Estar [en un lugar (cd)]. | *Puericultura* 9: Ocupa entre los cuidados e[l] primer lugar la imperiosa necesidad y deber de que la leche de la madre sea dada al niño. **b)** Desempeñar [un cargo]. | Olmo *Golfos* 158: Mi padre pronto ocupó un alto cargo político.
3 Estar haciendo uso [de determinados aparatos, servicios o lugares (cd), esp. un teléfono, una línea telefónica, una cabina o un cuarto de baño]. *Frec en part.* | * No pude comunicar con él porque la línea estaba ocupada. * Quise ir al servicio, pero estaba ocupado.
4 Llenar [alguien o algo un espacio]. | Zubía *Geografía* 278: El Este del país es llano y está ocupado por una extensa selva.
5 Llenar [un espacio de tiempo (cd) una actividad (suj) o alguien (suj) con una actividad (compl EN)]. | FQuintana-Velarde *Política* 10: Las cuestiones económicas ocupan la mayor parte de las horas de día del individuo cualquiera en la sociedad actual. * ¿En qué ocupas tu tiempo libre?
6 Dar trabajo [a una pers. (cd)]. *A veces en part, frec sustantivado.* | *BOE* 28.12.74, 26340: En aquellas Empresas que para su normal desenvolvimiento ocupen operarios de oficios clásicos, se pondrá el máximo interés en la formación de aprendices. *Ya* 14.11.93, 1: Este agravamiento del paro .., la desesperación más aguda al comprobar cómo se pierde esa condición de ocupado que hasta hace poco se consideraba normal.
7 (*Der*) Aprehender [una autoridad (suj) algo a alguien]. *Tb sin ci.* | *Inf* 27.5.70, 36: El contenido de las hojas, panfletos e impresos ocupados tiende a desprestigiar el Estado.

ocurrencia – odorífico

B *intr pr* **8** Dedicar [alguien] su actividad [a una cosa (*compl* EN *o* DE)]. | Goytisolo *Afueras* 12: Cada una ocupada en sus zurcidos, sus costuras, sus blancos encajes. **b)** Encargarse [de alguien o algo] o tomar[lo (*compl* DE)] bajo su cuidado o responsabilidad. | * Necesito a alguien que se ocupe de los niños en mi ausencia. **c)** Dedicar [alguien] su atención [a una pers. o cosa (*compl* DE)]. | Goytisolo *Afueras* 48: Escuchaba a Claudina como quien oye llover, sin ocuparse más que de su plato. Lázaro *Gac* 31.8.75, 11: Manuel Alvar se ocupa magistralmente de Antonio Buero .., estudiando las raíces de Penélope en la *Odisea* y describiendo sutilmente su trasplante al drama moderno.
9 (*vulg*) *En ambiente prostibulario:* Acostarse [con alguien]. | Cela *SCamilo* 43: Don Leoncio siempre que los demás se lo permiten suele ocuparse con la Donata. Cela *SCamilo* 32: No seas sobona, Enriqueta, que todo llegará .. ¡Quieta, leche!, ¡o te reportas o te vas a ocupar con tu padre!

ocurrencia *f* **1** Cosa, frec. original o ingeniosa, que se le ocurre [a alguien (*compl de posesión*)]. | Olmo *Golfos* 126: Trataban de animarme con sus ocurrencias. CBaroja *Inquisidor* 22: Para avivar la devoción de la Virgen del Triunfo, cayó en la ocurrencia de colocar unos libelos infamatorios junto a la imagen en la Puerta de Elvira.
2 Hecho de ocurrir o producirse. | Academia *Esbozo* 247: Desaparecidos los adverbios latinos multiplicativos, la única fórmula española para significar el número total de ocurrencias en el tiempo es la palabra *vez*.
3 (*Ling*) Presencia o aparición de un elemento lingüístico en un texto. | * No solo estudia el léxico sino el número de ocurrencias de cada voz.

ocurrente *adj* [Pers.] que tiene ocurrencias ingeniosas. | Cela *Judíos* 43: Sí, señor, sé decir algo más, aunque tampoco mucho. Yo, no hay más que verme, no soy un hombre muy ocurrente. **b)** Propio de la pers. ocurrente. | Clara *Sáb* 20.8.66, 46: Buen temperamento femenino, carácter suave, ocurrente y alegre.

ocurrir *intr* ➤ **a** *normal* **1** Producirse o tener existencia [un hecho, esp. desfavorable]. | Olmo *Golfos* 105: También por dentro ocurrían cosas. GNuño-Marco *Soria* 147: Los naturales del pueblo se descalzan, los pies desnudos pisan parsimoniosamente las brasas litúrgicas. A veces, con carga humana a cuestas. Nada les ocurre.
➤ **b** *pr* **2** Venir [una idea] a la mente [de alguien (*ci*)]. | Medio *Bibiana* 50: Los chicos no contestan. No se les ocurre nada.

oda *f* (*TLit*) Poema lírico de tono elevado. | Valverde *Literatura* 83: La poesía de Herrera tiene dos vetas principales: la sentimental .., y la vena heroica, en grandes odas.

odalisca *f* Mujer perteneciente a un harén. *Tb fig.* | Vega *Cocina* 130: Aseguran que los gallos de Hellín cantan más fuerte que los otros sultanes de cresta encarnada y que se pasean con arrogancia entre sus serrallos de odaliscas.

odeón *m* (*hist*) *En la Grecia antigua:* Local destinado a audiciones musicales. | Angulo *Arte* 1, 89: De forma análoga al teatro es el odeón, o edificio consagrado exclusivamente a las audiciones musicales. Sirva de ejemplo el de Atenas.

odiable *adj* (*raro*) Digno de ser odiado. | Cela *Viaje andaluz* 208: Sevilla, por el contrario, es amable .., y odiable, quizá, para quien no sepa amarla.

odiador -ra *adj* Que odia. | Lázaro *Gac* 31.8.75, 11: Manuel Alvar se ocupa magistralmente de Antonio Buero .., describiendo sutilmente su trasplante [de Penélope] al drama moderno, en que se hace odiadora de su soledad, del esposo que la abandonó.

odiar (*conjug* **1a**) *tr* Sentir odio [contra alguien o algo (*cd*)]. | CPuche *Paralelo* 348: En mi país no creas que la gente del pueblo odia a los rusos.

odinismo *m* (*Rel*) Religión de los antiguos germanos, cuyo dios principal es Odín. | Arenaza-Gastaminza *Historia* 68: El rasgo más saliente del germano era su belicosidad, que nacía de su religión, el odinismo.

odio *m* Sentimiento profundo de repulsión [hacia alguien o algo (*compl* A, CONTRA *o* HACIA)]. *Frec el compl se omite.* | A. Marín *Abc* 11.6.67, 49: Hay que liquidar la causa fundamental del odio y belicosidad árabes. M. Márquez *Hoy* 6.10.74, 3: Este endogrupo profesará un odio brutal, más o menos reprimido, a "la gente", a todos los grupos restantes.

odiosamente *adv* De manera odiosa. | Pinilla *Hormigas* 97: Me saludaba .. serio, inescrutable, odiosamente tenaz.

odiosidad *f* Cualidad de odioso. | L. Calvo *Abc* 18.12.70, 28: Ya en son de mofa, ya desfigurando su odiosidad, .. zahiere y agravia a un país cuyos .. problemas confiesa ella misma que desconoce.

odioso -sa *adj* Que provoca odio. | MGaite *Visillos* 145: —Eres fatuo y grosero .. —Nos va a oír hablar tu amiga. —Mejor. Eres malo y odioso.

odisea *f* **1** Viaje acompañado de peripecias o dificultades. | GLópez *Lit. española* 179: Nos cuenta [Cabeza de Vaca] sus agitadas aventuras y cautiverio entre los indios de la Florida .. Su odisea terminó en 1537.
2 Serie de peripecias o dificultades. | Torrente *Señor* 379: Llegamos a La Coruña, y, para pagar los billetes del autobús, fue otra odisea.

odógrafa (*tb con la grafía* **hodógrafa**) *f* (*Fís*) Gráfico que representa el camino recorrido o que se ha de recorrer. | Catalá *Física* 31: Si la velocidad es constante en magnitud y dirección, la hodógrafa queda reducida a un punto; si solo es constante en magnitud, la hodógrafa es una curva situada sobre una superficie esférica de radio igual al módulo de la velocidad.

odómetro *m* Aparato que sirve para medir la distancia recorrida por un vehículo o el número de pasos dados por una pers. | *ElM* 4.7.93, 27: Autobús (equipo de a bordo: microprocesador, equipo de radio, odómetro, receptor de baliza, sensores, consola del conductor).

odonato *adj* (*Zool*) [Insecto] que tiene cuatro alas iguales y membranosas, boca masticadora y metamorfosis sencilla. *Frec como n m en pl, designando este taxón zoológico.* | Ybarra-Cabetas *Ciencias* 352: Se clasifican [los insectos] de la siguiente manera: Odonatos, Ortópteros, Neurópteros, Coleópteros, Himenópteros, Hemípteros, Dípteros, Lepidópteros. Ybarra-Cabetas *Ciencias* 352: El escarabajo de la patata es un coleóptero; .. la libélula, un odonato.

odontalgia *f* (*Med*) Dolor de muelas o dientes. | *TMé* 10.2.84, 21: A.A.S. comprimidos. Ácido acetilsalicílico .. Igualmente se indica como analgésico en dolores de cabeza, .. en odontalgias.

odontoide (*tb* **odontoides**) *adj* (*Anat*) Que tiene forma de diente. *Normalmente referido a la apófisis del axis.* | Alvarado *Anatomía* 42: F, carilla articular para los cóndilos del occipital; G, ídem para la apófisis odontoides del axis. [*En un grabado.*]

odontología *f* Estudio y tratamiento de los dientes. | M. Aguilar *SAbc* 23.11.69, 54: Ha superado la odontología a su verdadero enemigo en beneficio de los enfermos.

odontológico -ca *adj* De (la) odontología. | *GTelefónica* 18: Sanatorio Ruber. Clínica Odontológica.

odontólogo -ga *m y f* Especialista en odontología. | *GTelefónica* 9: Dentistas, odontólogos.

odontómetro *m* (*E*) Utensilio para medir la distancia entre los dientes de un sello de correos. | A. MFornaguera *DEs* 1.8.71, 11: Recientemente ha aparecido en España un odontómetro de gran precisión y muy práctico.

odorífero -ra *adj* (*lit o E*) Que emite olor. | R. ASantaella *SYa* 4.9.83, 33: El cerebro, y el riñón, y el tubo digestivo son fuente .. de neuromediadores que informan la vida, el crecimiento, .. las relaciones con los demás —sustancias odoríferas o feromonas— y hasta la muerte.

odorífico -ca *adj* (*lit*) Que da buen olor. | Ribera *SSanta* 51: Os suplicamos escuchéis nuestra oración, y adoptéis para vuestros misterios este jugo odorífico producido por árida corteza. **b)** De(l) buen olor. | CBonald *Ágata* 298: Encendieron luego pebetes de lavanda y benjuí y papeles de Armenia, y toda la casa se impregnó de una mezcla de olores contrarios y atosigantes .. Había ido Medinilla entretanto .. a recoger al cura de Benalmájar, y así que volvió con él a media tarde, ya parecían haberse reducido algo los agobios odoríficos.

odre *m* Cuero de animal, esp. de cabra, que, cosido por todas partes menos por la correspondiente al cuello, sirve para contener líquidos. | Moreno *Galería* 30: Los vinos nuevos se echaron siempre en odres viejos para mejorarlos. Tovar-Blázquez *Hispania* 86: Sertorio consiguió introducir 2.000 odres de agua portados por voluntarios.

odrero *m* Fabricante de odres. | *Ya* 26.12.90, 2: Una gama amplia de necesidades ciudadanas, .. como los oficios de curtidores, .. manteros, odreros y silleros.

oersted (*pronunc corriente,* /oérsted/; *pl normal,* ~s) *m* (*Fís*) *En el sistema CGS:* Unidad de intensidad del campo magnético, que equivale a la intensidad de un campo magnético en el vacío en que un polo magnético está sometido a la fuerza de una dina. | Mingarro *Física* 125: En el vacío, aire y casi todos los cuerpos, el número de oersted y gauss es el mismo.

oeste (*frec con mayúscula*) *m* **1** Punto cardinal por donde se pone el Sol en los equinoccios. *Tb en aposición.* | Ortega-Roig *País* 10: El Oeste, también llamado Occidente y Poniente, es el lugar por donde el Sol se pone.
2 Parte [de un territorio o lugar] que está hacia el oeste [1]. *Frec en aposición.* | C. Laredo *Abc* 6.1.68, 34: En premio a esta conducta prudente y amistosa, Ghana ha sido al final de 1967 el país del oeste africano que ha recibido la ayuda más importante de los Estados Unidos y del Fondo Monetario Internacional. * Vivo en la zona oeste de la ciudad. * El ala oeste del edificio. **b)** (*gralm con mayúscula*) Región occidental de los Estados Unidos. *Frec considerada como escenario de un género cinematográfico que tiene como fondo la historia de esta región en la segunda mitad del s XIX y cuyos principales temas son la colonización, la lucha contra los indios y la represión del bandidaje. Frec en la constr* PELÍCULA DEL ~. | Delibes *Príncipe* 79: Aculató [Juan], de nuevo, la escopeta, la volvió contra su hermano y le envió una ráfaga. –¿Soy un indio? –preguntó Quico. –No. –¿No es la conquista del Oeste? –No. Es la guerra de Papá.
3 Viento que sopla del oeste [1]. *Tb* VIENTO ~. | Plans *Geog. universal* 59: Días de viento Oeste: 3. Aldecoa *Gran Sol* 16: Encontramos oeste del Machichaco para casa.

ofender A *tr* **1** Hacer, con palabras o acciones, que [alguien (*cd*)] se sienta humillado o despreciado. *Tb abs.* | Valcarce *Moral* 179: Consiste [la contumelia] en el insulto o la ofensa que se hace al prójimo en su presencia, a ciencia y conciencia del ofensor y del ofendido. MCachero *AGBlanco* 139: Cuatro libros narrativos de otros tantos autores que con su ímpetu y novedades desconcertaban y ofendían.
2 Ir [contra una cosa (*cd*)] o hacer[le (*cd*)] daño. | * Hay cosas que ofenden a la moral. Delibes *Hoja* 114: ¿No hay disposición que determine cuándo deben verificar la operación los encargados de verter las tradicionales ollas de la basura sin ofender uno de los cinco corporales sentidos de los transeúntes?
B *intr pr* **3** Considerarse ofendido. | * Se ofendió por lo que le dije de su madre.

ofendido -da *adj* **1** *part* → OFENDER.
2 Que denota ofensa. | Benet *Penumbra* 123: –Claro que lo he comprendido –repuso el otro–. ¿Por quién me has tomado? –añadió con un cierto tono ofendido y provocativo.

ofendiente *adj* (*raro*) Que ofende. *Tb n, referido a pers.* | Espinosa *Escuela* 105: Como los hechos empiezan a superar toda imaginación, quisiera saber qué nuevos acontecimientos, así de bochornosos y ofendientes, he de vivir.

ofensa *f* **1** Acción de ofender. *Tb su efecto.* | *Abc* 29.12.70, 15: Por delito consumado de asesinato con la concurrencia de circunstancias agravantes de morada, astucia y ofensa a la dignidad de la víctima, pena de muerte.
2 Cosa que ofende. | * Este cuadro es una ofensa al buen gusto.

ofensivamente *adv* De manera ofensiva. | Torrente *Señor* 441: Carlos rió, no ofensivamente, no galleando, no con esa risa que provoca el puñetazo, sino de cierto modo ingenuo y sorprendido.

ofensivo -va I *adj* **1** [Cosa] que ofende. | L. Calvo *Abc* 25.8.68, 25: Ha lanzado un ultimátum pidiendo que se borren todos los letreros ofensivos.
2 De ataque. *Se opone a* DEFENSIVO. | Torrente *SInf* 31.10.74, 12: Hitler estaba perfectamente enterado de la capacidad defensiva y ofensiva de Inglaterra.
II *f* **3** (*Mil*) Operación de ataque. *Frec fig, referido a cualquier otra actividad.* | SFerlosio *Jarama* 39: Un tío mío, un hermano de mi madre, cayó en esa ofensiva [durante la guerra]. CPuche *Paralelo* 353: El partido estaba decidido a desencadenar su ofensiva partiendo de aquel bochornoso suceso. *Mar* 24.1.68, 5: En la segunda parte el Mestalla desplegó una ofensiva arrolladora sobre el Jerez, pero este supo defenderse de los ataques.

ofensor -ra *adj* [Pers.] que ofende. *Frec n.* | *Abc* 27.11.70, 26: Exigió al ofensor que se retractara de su acusación y amenazas.

oferente *adj* (*Rel, Com o lit*) Que ofrece. *Tb n, referido a pers.* | RPeña *Hospitales* 14: El ajimez de la Iglesia de San Pedro .. debió de formar parte .. de un templo religioso elevado sobre otro romano, y este, a su vez, sobre un recinto sagrado indo-europeo, todo ello en evidente rendimiento dedicado a rezar a sus deidades. GNuño *Madrid* 97: La escultura ibérica está integrada por los oferentes del Cerro de los Santos. *BOE* 1.12.75, 25052: Las casas oferentes dirigirán escrito al excelentísimo señor General-Presidente de la Junta Principal de Compras. Tamames *Economía* 414: En España, la Banca privada constituye el principal oferente del mercado de dinero. Pemán *Abc* 5.3.72, 3: Las orillas y cunetas de las carreteras del Sur, en alguna época del año, se adornan con una fila de muchachas oferentes que, con la elegancia de un friso de la Acrópolis, levantan un ramo de espárragos trigueros.

oferta *f* **1** Hecho de ofrecer [1 y 2]. *Tb su efecto.* | DPlaja *El español* 138: Un médico .. recibió asombrado y maravillado la oferta de amor de la señora más bella y distinguida de la ciudad. Vesga-Fernández *Jesucristo* 76: Tras una nueva oferta a la Santa Trinidad invoca las oraciones de los asistentes. *Inf* 21.11.74, 11: Primer "round" de las negociaciones con el Mercado Común. España presentó su oferta.
2 (*Com*) Hecho de poner en venta. | Tamames *Economía* 304: Además de centralizar en un solo punto la oferta de una gama variadísima de productos, .. los grandes almacenes tienen alicientes especiales. **b)** Hecho de poner en venta un artículo a precio rebajado. *Frec en la constr* EN ~ *o* DE ~. | *Ama* 1.2.69, 76: ¡Starlux es de carne..., "doble" caldo de carne! ¡Gran oferta! Estuche familiar 6 pastillas, solo 10'90 ptas.
3 Mercancía en oferta [2, esp. 2b]. *Tb en sg, con sent colectivo.* | Tamames *Economía* 302: La comercialización de estos productos se encuentra intervenida para evitar que, como consecuencia de la aparición de toda la oferta en un lapso muy breve, .. se produzcan derrumbamientos en los precios. * En estos almacenes solo se pueden comprar las ofertas.

ofertante *adj* Que oferta. *Tb n, referido a pers.* | Á. Río *Ya* 12.3.87, 18: La sorpresa no tarda en llegar cuando descubre que dicha empresa, inscrita como ofertante de trabajo en la oficina correspondiente, se dedica a empaquetar paquetes de pañuelos de papel. J. G. Manrique *MHi* 11.63, 15: Lo que más le apabulla es que por las componentas de ofertantes y demandantes un probo ciudadano pueda quedarse en un momento dado a la luna de Valencia. *Abc* 14.5.67, sn: Los pliegos de condiciones y demás documentos relacionados con este concierto directo están a disposición de los ofertantes en dicha Secretaría.

ofertar *tr* Hacer una oferta [1 y 2] [de algo (*cd*)]. | CPuche *SYa* 10.11.63, 15: ¿Qué ofertan por este lote? *Ya* 23.9.70, 25: Solo podrán ofertarse a la Comisión vinos sanos, secos, potables.

ofertor -ra *adj* (*raro*) Que ofrece. *Tb n, referido a pers.* | Á. Río *Ya* 26.12.86, 17: Las aceras .. se han quedado huérfanas de trileros, menesterosos, nigerianos, vendedores de amuletos, embaucadores, ofertores de porros.

ofertorio *m* **1** (*Rel*) Rito en el que se ofrece algo a la divinidad. | GNuño *Arte* 9: Algo más original es una figura de alabastro, procedente de Galera (Granada); reproduce una diosa de la fecundidad, de cuyos perforados pechos manaba leche o vino, para los ofertorios.
2 (*Rel catól*) Parte de la misa en la que el sacerdote ofrece a Dios la hostia y el vino aún sin consagrar. | *VozC*

off – oficialismo

31.12.70, 4: En el ofertorio, el teniente general García Machiñena dio lectura a la ofrenda. **b)** Antífona que lee el sacerdote en el ofertorio de la misa. *Tb la música con que se canta.* | Ribera *Misal* 23: Para .. evitar todo desorden mientras se hacía el ofrecimiento del pan y vino, solía entonarse un canto procesional, del cual ha quedado tan solo lo que se llama Ofertorio. P. Darnell *VNu* 13.7.74, 25: Escribió nada menos que 105 misas, motetes, himnos, ofertorios, letanías.

off *(ing; pronunc corriente, /of/).* **en ~.** *loc adj (Escén)* [Voz] de un narrador o explicador que está fuera del campo visual del espectador. *Tb adv. Tb fig, fuera del ámbito técn.* | Sánchez *Cine* 1, 132: En el diálogo y en la voz en "off" de *Jules et Jim* se mezclan frases que pertenecen a canciones de la época en que se sitúa la acción. Torres *Ceguera* 18: –Como dos gotas del Caribe, mi amor –dice en ese momento, en *off*, una voz caliente y sensual.

office *(fr; pronunc corriente, /ófis/, a veces tb /ofís/) m* Habitación pequeña que sirve de anejo a la cocina. | Cela *SCamilo* 77: A Conchita se la beneficia José Carlos .., empezó tocándole el culo como por casualidad en el pasillo si se cruzaba con ella, o en el office al ir a buscar un vaso de agua o una caja de cerillas.

offset *(ing; pronunc corriente, /ófset/; pl normal, ~s) m (Impr)* **1** Procedimiento en el que una plancha entintada imprime sobre un cilindro de caucho que transfiere la impresión al papel. *Se usa frec en aposición.* | Umbral *Ninfas* 53: En aquella revista llena de proverbios evangélicos .. e imágenes religiosas en offset.
2 Papel apropiado para la impresión offset [1]. *Frec* PAPEL ~. | GTelefónica *N.* 814: Papelera Uranga, S.A. Fábrica de papel. Pergaminos. Offsets. Registros. Litos.

off-shore *(ing; pronunc corriente, /óf-Jór/)* **I** *m* **1** *(Dep)* Motonáutica de alta mar. *A veces en aposición.* | *Día* 21.9.75, 11: Motonáutica. Méndez y Macías, a los campeonatos de España de off-shore.
II *adj* **2** *(Dep)* [Embarcación] de alta mar. | *SD16* 12.8.89, 11 (A): El velero, un prototipo off-shore, va a tocar las costas norteamericanas.
3 *(E)* [Explotación petrolífera] que se realiza en el fondo del mar. | *SPaís* 9.7.89, 4 (A): Las exportaciones de petróleo en los campos *off-shore* de Cabinda financian el 90% de los presupuestos del Estado angoleño. [*En el texto*, off shore.]

offside *(ing; tb con la grafía* **off-side**; *pronunc corriente, /ófsaid/; pl normal, ~s) m (Dep)* Fuera de juego. *Tb fig, fuera del ámbito técn. Frec en la constr* EN ~. | Gilera *Abc* 7.7.74, 69: El juez de línea, senegalés, señaló "offside" de Cmikiewicz. Delibes *Año* 191: El gobernador civil .. no dio su autorización [para el recital poético] hasta la víspera .. De nuevo la táctica del fuera de juego, que esta vez dio resultado, puesto que nos cogió en "off-side", con menos de la mitad del público que hubiera acudido de anunciarse el acto debidamente.

off the record *(ing; pronunc corriente, /óf-de-rékor/) adv (Per)* En un plano confidencial. *Referido a declaraciones u opiniones. Tb adj. Tb fig, fuera del ámbito técn.* | L. Romasanta *Ya* 4.12.91, 4: Se trataba de hablar *off* [*th*]*e record.* [*En el texto*, de.] *Abc* 16.11.75, 7: Varios periódicos y revistas extranjeros han publicado supuestas declaraciones de Don Juan de Borbón .. Todas las afirmaciones puestas en su boca son producto de la imaginación de algunos reporteros o de conversaciones "off the record".

oficial -la *(la forma f* OFICIALA *solo se usa en acep 5)* **I** *adj (invar en gén)* **1** De las autoridades o el gobierno, o que tiene validez emanada de ellos. | Seco *Historia* 1016: La apariencia de un auge económico acelerado, exhibido hasta la saciedad por las propagandas oficiales, viene facilitada no tanto por los progresos de la industria como por la enorme avalancha del turismo internacional. A. Navalón *Inf* 11.1.71, 19: ¿Por qué no se han hecho públicas las numerosas infracciones cometidas por ganaderos muy conocidos que recibieron hace tiempo la notificación oficial? *País* 3.2.77, 10: Al frente de numerosas personalidades oficiales, civiles y militares. **b)** Que está reconocido por quien tiene autoridad para hacerlo. | * Todavía no es oficial lo de su separación. * Su noviazgo no es oficial. * Los resultados de la carrera no son oficiales todavía. **c)** Propio de las cosas oficiales. | *Día* 29.8.72, 21: Posteriormente, fueron a comunicar tal decisión al delegado accidental de Sindicatos, y al de Trabajo, con quienes sostuvieron dos reuniones, aunque sin carácter oficial, sin que tampoco se concretara nada en absoluto.
2 [Institución, edificio o actividad] que se sostiene con fondos públicos y está bajo la dependencia del Estado o de las entidades territoriales. | *Ya* 20.11.75, 6: Quedan suspendidas todas las clases y actividades académicas en los centros docentes, tanto oficiales como privados. **b)** [Alumno] inscrito en un centro oficial y que debe asistir a las clases. *Tb n.* | *Luc* 2.9.64, 5: Exámenes de segundo curso. Alumnos todos, libres y oficiales. Delibes *Cazador* 152: Terminaron los oficiales. Hasta el seis de junio no empezamos con los libres. [*En un Instituto.*]
II *n* **A** *m* **3** Militar que posee grado o empleo de alférez, teniente o capitán. | *Abc* 3.12.70, 51: Asistieron al general jefe de la Brigada D.O.T. número 1, .. jefes, oficiales, suboficiales y tropa del acuartelamiento General Elorza. **b) ~ general.** Militar que posee el grado o empleo de general de brigada, general de división, teniente general o capitán general. | * No es fácil llegar a oficial general a su edad.
4 *(hist)* Funcionario regio. | Castillo *Polis* 186: El centro del gobierno era el palacio. Carlomagno hizo de hecho de Aquisgrán la capital del Imperio. En él los tres oficiales más importantes eran el archicapellán, el canciller y el conde palatino.
B *m y f* **5** *En los oficios manuales:* Pers. de grado intermedio entre el aprendiz y el maestro. | DCañabate *Paseíllo* 72: Risueña sin llegar a lo chocarrero. Buena oficiala de la plancha, con la que se ganaba un jornal decente. FSantos *Hombre* 120: Ahora es feliz, .. en medio de Alicia y Manolita y de sus oficialas. [*En la peluquería.*]
6 *En la administración del Estado:* Funcionario de categoría inmediatamente superior a la de auxiliar. | * Felipa es oficial administrativa de 2ª. **b) ~ mayor.** *En algunos organismos públicos:* Funcionario responsable del personal administrativo y subalterno. *Tb designa a veces al funcionario administrativo de mayor jerarquía en alguna dependencia.* | *Inf* 30.10.79, 36: Se encuentr[a] a su disposición .. en la Oficialía Mayor del Ministerio el pliego de condiciones que regirá para la adjudicación del servicio. Madrid, 26 de octubre de 1979. El oficial mayor.
7 *En determinadas oficinas privadas:* Empleado de categoría similar a la de oficial [6] público. | *Faro* 27.7.75, 15: Con motivo de celebrar don Luis Solano Aza las Bodas de plata en la Notaría que ejerce en Vigo .., ha sido objeto de homenaje por parte de sus oficiales y empleados.
8 *En la policía municipal:* Miembro de categoría inmediatamente superior a la del suboficial. | * Hace nada que entró en la Policía Municipal y ya es oficial.

oficialazgo *m (raro)* Grado de oficial [5]. | Castillo *Polis* 232: Todo aprendiz podía llegar a ser maestro después de pasar por los años de oficialazgo y de realizar una obra maestra, aprobada por los examinadores.

oficialía *f* **1** Grado o categoría de oficial [5, 6 y 7]. | *Reg* 11.8.70, 2: Se pone en conocimiento de todos los que desean cursar estudios de oficialía industrial en este centro que el plazo para solicitar la admisión queda abierto.
2 Oficialidad [2]. | *Abc* 11.1.79, 14: El descontento es patente. No solo entre los altos mandos, sino entre la joven oficialía.
3 ~ mayor. Oficina del oficial mayor. | *Inf* 30.10.79, 36: Se encuentr[a] a su disposición .. en la Oficialía Mayor del Ministerio el pliego de condiciones que regirá para la adjudicación del servicio.

oficialidad *f* **1** Cualidad de oficial. | P. Crespo *SArr* 27.12.70, 43: La representación española en los certámenes ha sido pobre, quizá como resultado de esa "oficialidad" de que acusábamos a la rectoría del cine nacional. P. VGarcía *Inf* 16.4.70, 22: Los carteles, a pesar de su oficialidad, eran completamente provisionales.
2 Conjunto de los oficiales [3]. | L. Calvo *Abc* 30.12.70, 22: Ha convivido con la oficialidad y ha visto en faena a los hombres de tropa. La oficialidad y los hombres de los tres Ejércitos. Salom *Baúl* 105: ¡Y precisamente ahora que andamos tan escasos de oficialidad! .. ¿Le parece a usted propio de un militar pillar el tifus en vísperas de unas maniobras?

oficialismo *m* Presencia excesiva de lo oficial [1]. | J. MÁlvarez *CoA* 31.10.75, 27: Una forma de politización de la historia puede consistir en cierto oficialismo, del que nuestra Andalucía, poco atenta a su ser regional, no ha sabido defenderse nunca.

oficialista *adj* **1** Que tiene el apoyo oficial [1a]. | *Abc* 21.4.70, 23: A esa hora, el candidato oficialista no tiene ya dudas sobre su triunfo.
2 Que tiende a lo oficial [1a]. | Umbral *España* 48 (G): Tenemos un sentido oficialista de la cultura como adorno.

oficialización *f* Acción de oficializar. | J. DMagallón *Pue* 17.12.70, 2: Es curioso que, cuando para todo se exige cada día más una rigurosa oficialización, solo el cura .. pueda hablar, sin más capacitación, de todo lo divino y lo humano.

oficializar *tr* Dar carácter oficial [1] [a algo (*cd*)]. | *País* 29.1.77, 17: Campaña del PNV para oficializar la bandera vasca en Álava. J. M. Alfaro *Abc* 13.12.70, 3: Los superrealistas .. terminaron por entrar en las filas del comunismo oficializado.

oficialmente *adv* De manera oficial. | Laforet *Mujer* 73: Víctor afirmó que estaba decidido a trabajar y hasta a comunicar oficialmente sus relaciones al feroz don Pedro.

oficiante *adj En un acto religioso:* [Clérigo] que oficia [1 y 4]. *Tb* n. *Tb fig, referido a actos profanos*. | Torrente *Saga* 400: Vio llegar a los prestes oficiantes, coadyuvantes y secundarios. CNavarro *Perros* 198: Susi permaneció hierática, con los ojos fijos en el oficiante [del funeral]. DCañabate *Paseíllo* 41: Se entregaban a la habanera, al chotis, a la mazurca, como oficiantes de una ceremonia.

oficiar (*conjug* **1a**) **A** *intr* **1** Celebrar un acto litúrgico, esp. la misa. | *Van* 4.11.62, 5: El cardenal Montini oficiará hoy en San Pedro. Laforet *Mujer* 288: El Padre Pérez acababa de oficiar en la Misa del Gallo.
2 Actuar [en calidad de algo (*compl* DE)]. *A veces sin compl*. | CBonald *Dos días* 50: Parece ser que antes de aterrizar en el pueblo .. había oficiado de catador de vinos por los pueblos de Córdoba. Umbral *Ninfas* 195: Unos días hacía proxenetismo y celestineo a principiantes jóvenes y otros días, según lo que le pidiese el cuerpo, oficiaba ella misma.
3 (*admin*) Enviar un oficio [4]. | *País* 21.10.77, 15: Que se oficie a la Dirección General de Seguridad para que remita al juzgado expediente completo de concesión de licencia de armas.
B *tr* **4** Celebrar [un acto litúrgico, esp. la misa]. | *País* 2.1.77, 3: El alcalde procomunista de Roma, Julio Carlos Argan, asistió ayer a la misa oficiada por el Papa Pablo VI.
5 (*admin*) Comunicar [algo] mediante un oficio [4]. | GHortelano *Momento* 217: Mañana mismo oficiamos que nos sustituyan a Luisito por una persona normal.

oficina *f* **1** Lugar en que se realizan trabajos administrativos o similares. | Medio *Bibiana* 13: Ya ves Natalia, una niña y trabajando ya en una oficina. *Sp* 19.7.70, 28: Se había previsto, en principio, dedicar a .. oficinas .. una superficie total de 34.400 metros cuadrados. **b)** *Forma parte de la denominación de distintos departamentos, organismos o dependencias, de carácter más o menos administrativo*. | FQuintana-Velarde *Política* 222: Tarea que fue encomendada a la Oficina para la Coordinación y Programación Económica (OCYPE), órgano creado en febrero de 1957. GTelefónica *83* 1, 3: Todas las consultas pueden hacerse: a) En las propias Oficinas Comerciales. b) A través de llamadas telefónicas.
2 (*raro*) Laboratorio [de farmacia]. | GHerrero *Segovia* 371: Se conserva en Peñaranda una de las oficinas de farmacia más antiguas de España.
3 (*hist*) Taller o local en que se trabaja. | Piñero *Lazarillo* 14: La continuación anónima [del "Lazarillo"] quedó vinculada a Amberes y a la oficina de este su primer editor. Alarcos *Íns* 9.88, 3: Este es el caso del *Libro de Alexandre*, la obra más ambiciosa del mester de clerecía, denso y laborioso producto del desconocido y animoso escolar del siglo XIII en alguna de las oficinas librarias de los monasterios castellano-riojanos.

oficinal *adj* (*Med*) **1** [Planta] que tiene utilidad farmacéutica. | * Clasificó numerosas plantas oficinales.
2 [Producto] preparado en farmacia. | Mascaró *Médico* 18: Entre dicho material, citaremos: un irrigador; .. tintura oficinal de yodo.

oficinesco -ca *adj* De (la) oficina [1a]. *Frec con intención desp*. | FReguera *Bienaventurados* 144: Le distinguía con estas comisiones, que .. daban al empleado algún respiro y ocasión de airearse y romper o acortar la monotonía de la jornada oficinesca.

oficinista *m y f* Pers. que trabaja en una oficina [1a]. | CNavarro *Perros* 80: Ser oficinista era algo calamitoso.

oficio I *m* **1** Actividad laboral que requiere exclusivamente habilidad manual o esfuerzo físico. | Mezquida *Van* 28.8.70, 24: El primitivo museo de la ciudad con el ingreso de nuevas piezas ha permitido desglosar sus fondos en museos monográficos, el primero de los cuales será el de los oficios. Cunqueiro *Un hombre* 19: Y por amor de su oficio, y porque tenía fina letra .., él mismo pintaba los mojones. **b)** *En gral:* Dedicación o actividad habitual. | Cela *Sueños* 13: A mis amigos y a mí nos ha invadido un cierto rubor, en cuanto españoles, al tiempo que un punto de remordimiento de conciencia como compañeros de oficio. **c)** Dominio del oficio. | Palomino *Torremolinos* 109: Recio [el maître] también ha leído su lista de clientes recomendados. No conocía a Arturo ni de oídas, pero tiene mucho oficio; al verlos acercarse a la puerta sabe ya .. que son los señores de Díaz Perea. Torrente *DJuan* 12: Esta "historia" tiene estructura novelesca, y a escribirla apliqué mi oficio de novelista.
2 Papel o función [de una cosa]. | A. MAlonso *HLM* 13.5.74, 3: La filosofía, entre otros oficios, cumple el de enseñarnos a encontrar el vocablo exacto para designar por su nombre a las realida[des]. MSantos *Tiempo* 94: Aquí está, de pronto sumergido en la domesticidad tibia que le hace oficio de hogar.
3 (*Rel catól*) Conjunto de oraciones rituales. *Frec con un compl o adj especificador. Tb la música con que se acompaña*. | P. Darnell *VNu* 13.7.74, 26: Enorme fue también la producción de este músico: misas, motetes, himnos, oficios de difuntos. SLuis *Liturgia* 4: Durante el día se rezan: Prima –Oración de la Mañana– .. Las horas menores .. Vísperas –oficio de la tarde– .. Completas. **b)** Conjunto de rezos diarios obligatorios para los eclesiásticos. *Tb* ~ DIVINO. | SLuis *Liturgia* 3: El Oficio Divino asigna ciertos rezos a cada hora. **c)** Función de Iglesia, esp. la correspondiente a alguno de los días de Semana Santa. *Frec en pl con sent sg*. | SLuis *Liturgia* 9: El Sábado Santo tiene también Oficios de la mañana (Maitines y Laudes) y Oficios de la tarde (Vigilia Pascual).
4 Comunicación escrita, referente a asuntos del servicio, expedida por una oficina pública. | *Act* 7.7.66, 4: Entusiasta a ultranza de la burocracia (esto es, del oficio, la circular y el expediente).
5 buenos ~s. Mediación, o gestión favorable. | Delibes *Guerras* 116: Yo tengo para mí, doctor, que si don Prócoro no tercia con sus buenos oficios, terminamos en otra cantea.
6 santo ~. Congregación vaticana cuya misión es velar por la pureza de la fe. | *Ecc* 16.11.63, 28: Esto se ha de aplicar a todas las congregaciones y .. también al santo oficio. **b)** Inquisición (tribunal eclesiástico). | DPlaja *El español* 193: Con esta perspectiva, la actuación de la Inquisición se puede ver con menos desagrado, aun cuando por su naturaleza religiosa el Santo Oficio no debería haber apelado a procedimientos de tal dureza.
7 (*raro*) Office. | *Mad* 30.12.69, 6: Magníficos pisos .. Tres y cuatro dormitorios, salón comedor, cocina y oficio amueblados. *Abc* 1.12.84, 26: Vendo magnífico chalet .. Comedor, salón, biblioteca, vestíbulo, sauna, cocina, oficio, dormitorio servicio.
8 (*hist*) Oficina o despacho. | RMaldonado *Est* 1.2.71, 4: El 19 de octubre acude Velázquez al oficio de Simón Leonero, escribano de los del número de la Villa.
II *loc adj* **9 de ~.** Que tiene carácter oficial. *Tb adv*. | *HLM* 26.10.70, 19: El proyecto se redactará de oficio por este organismo o por la Junta de Compensación que se constituya. **b)** (*Der*) [Abogado] designado por turno para defender gratuitamente a un procesado que no ha nombrado defensor propio. *Tb referido al turno*. | Grosso *Capirote* 96: Hacía justamente una semana que había recibido la visita del abogado.
10 sin ~ ni beneficio. (*col*) [Pers.] que no tiene ocupación fija. | MGaite *Ritmo* 248: Lucía sufría cada día más te-

oficionario – ofrecer

niendo que decirle a su madre que seguía saliendo con aquel chico "sin oficio ni beneficio".

oficionario *m* Libro que contiene el oficio canónico. *Tb fig.* | J. Vidal *País* 11.4.89, 60: También hay sevillanos deseosos de gozar otras fiestas, y nadie se lo impide aunque desconozcan venero, exégesis y oficionario de la jota aragonesa.

oficiosamente *adv* De manera oficiosa. | *Abc* 4.12.70, 28: Nada, ni oficial ni oficiosamente, nos indica que la Policía tenga una pista. *HLM* 26.10.70, 33: El mejicano Agustín Alcántara se ha adjudicado oficiosamente la XVII Vuelta Ciclista a Méjico de la Juventud.

oficiosidad *f* **1** Cualidad de oficioso, *esp* [2]. | Torrente *Sombras* 198: "El paisaje inglés es el más bello del mundo, majestad", le indicó, ingenuamente y con cierta oficiosidad. GPavón *Reinado* 247: Don Lotario quedó indeciso. No sabía hasta qué punto debía quedarse a la declaración. Su oficiosidad, pensaba con cordura, tenía un límite.
2 Acción oficiosa [1 y 2b]. | E. Corral *Abc* 27.4.75, sn: La cota más baja de la semana la consiguió "Tele-Revista" .. Suponemos que la culpa no es del director, el popular periodista señor Olano, sino de las oficiosidades que pesan sobre el espacio. GPavón *Rapto* 45: –Tengo la impresión de que quiso decir una cosa, le salió mal la explicación y luego se armó el bollo .. –Puede ser. –O una oficiosidad por hacerse la importante, por ser bacina.

oficioso -sa *adj* **1** Que no es oficial [1] pero tiene un carácter cercano al oficial. | Albalá *Periodismo* 55: Que el periodismo no puede ni debe ser un instrumento administrativo es indudable. Sería un poco menos que reducirle a unas *public relations*, cosa que podría ser un periódico "oficioso", pero que no puede ser "la prensa". *Abc* 29.6.58, 77: Trasladado a Varsovia, prestó importantes servicios a la causa nacional, al lado del ministro oficioso de la Junta Técnica de Burgos.
2 [Pers.] que se muestra solícita por agradar y ser útil. *Frec con intención desp denotando entrometimiento. Tb n.* | Cuevas *Finca* 102: Otro día, en el bar, .. se le acercó un tipo oficioso. Era un empleado del banco. S. Araúz *Ya* 8.10.74, 8: Ha cumplido el festejo. Algún oficioso me presenta al alcalde. Hablamos. Luego él se despide con ceremonia. **b)** Propio de la pers. oficiosa. | * La intervención oficiosa de la vecina es inevitable.
3 [Mentira] que se dice buscando un provecho o ventaja. | SLuis *Doctrina* 104: La mentira puede ser: oficiosa, jocosa y dañosa.

oficleido *m* (*hist*) Instrumento músico de viento, con llaves y embocadura, hoy desusado por su sonoridad ruda. | Campmany *Abc* 12.11.93, 19: Otro día, con más tiempo, formaré una orquesta, con Carlos Solchaga tocando el oficleido y doña Matilde Fernández tocando la churumbela.

ofídico -ca *adj* (*lit*) De (los) ofidios o de ofidio. | J. L. LCabanela *SAbc* 15.2.70, 26: Esta vez se trata de lanzar sobre los barcos enemigos vasos de barro conteniendo serpientes venenosas vivas, auténticas bombas ofídicas. **b)** Que tiene carácter o naturaleza de serpiente. *Tb fig.* | Goytisolo *Recuento* 483: Ese oficial nazi que en las películas interroga a los miembros de la resistencia, rubio y gris, ofídico, cruel.

ofidio *adj* (*Zool*) [Reptil] ápodo, de cuerpo largo y cilíndrico, piel escamosa y boca muy dilatable. *Frec como n m en pl, designando este taxón zoológico.* | Alvarado *Zoología* 88: Las diferencias entre saurios (lagartos) y ofidios (serpientes) son puramente de detalle.

ofimático -ca I *adj* **1** De (la) ofimática [2]. | *Voz* 13.6.90, 1: En la ciudad de La Coruña se construirá un Parque Ofimático.
II *n* **A** *f* **2** Informática destinada a oficinas. | *Cam* 24.12.84, 147: La firma Wang se ha especializado desde su fundación en la informática de oficina: la Ofimática.
B *m y f* **3** Especialista en ofimática [2]. | *Ya* 22.11.86, 4: Ofimáticos .. Da gusto verlos, tan sentaditos y formales, perdiendo la vista a chorros ante la pantalla de sus ordenadores de sobremesa.

ofis (*tb* **ofís**) *m* Office. | Mendoza *Misterio* 79: El mayordomo me indicó que esperara allí mientras él telefoneaba desde el ofis.

ofita[1] *f* (*Mineral*) Roca volcánica de color verdoso, compuesta de feldespato, piroxeno y nódulos calizos o cuarzosos, que se emplea como piedra de adorno. | Cendrero *Cantabria* 130: Otros rasgos dignos de mención son los diapiros de arcillas triásicas con ofitas (rocas subvolcánicas) de Heras, Solares y Laredo.

ofita[2] *adj* (*hist*) De una secta gnóstica que rinde culto a la serpiente. *Tb n, referido a pers.* | GÁlvarez *Filosofía* 1, 201: Relacionadas con la gnosis alejandrina están las sectas de los ofitas, los peratas y los sethianos.

ofiura *f* Se da este *n* a diversas especies de ofiuroideos del orden Ophiurae, las cuales se caracterizan por tener el disco y los brazos casi siempre cubiertos de placas y escamas. | Legorburu-Barrutia *Ciencias* 152: Además de la estrella de mar, son también Equinodermos: Las ofiuras, con brazos serpentiformes. Los erizos de mar .. Las holoturias.

ofiúrido *adj* (*Zool*) Ofiuroideo. *Tb n.* | Legorburu-Barrutia *Ciencias* 153: Cuatro clases de Equinodermos. Estrella (asteroideos). Ofiura (ofiúridos). Erizo (equínidos). Holoturia (holotúridos).

ofiuro *m* (*Zool*) Ofiura. | Ybarra-Cabetas *Ciencias* 335: Idea de otros equinodermos. Mencionaremos el Ofiuro, muy parecido a la estrella de mar, pero con el disco netamente separado de los brazos.

ofiuroideo *adj* (*Zool*) [Equinodermo] de cuerpo estrellado, formado por un disco central y cinco brazos serpentiformes netamente separados de él. *Frec como n m en pl, designando este taxón zoológico.* | Alvarado *Zoología* 36: Ofiuroideos. Difieren de los anteriores [Asteroideos] por sus largos brazos serpentiformes y claramente separados del disco .. El animal nada gracias a las enérgicas contracciones de sus brazos.

ofrecedor -ra *adj* Que ofrece, *esp* [1]. *Tb n, referido a pers.* | J. G. LGuevara *Ide* 28.9.92, 13: Música de sevillanas rocieras a toda pastilla. Un burro atado a una reja. Ofrecedoras de claveles y echadoras de la buenaventura a discreción.

ofrecer (*conjug* **11**) **A** *tr* **1** Poner [una pers. o cosa (*cd*)] a disposición [de alguien (*ci*)]. *Frec con cd refl, en fórmulas de cortesía.* | Alc 1.1.55, 3: El Alcázar ofrece a sus lectores una información directa. *Reg* 19.11.74, 3: Don Valeriano Gutiérrez Macías .. nos comunica por atento "saluda" haber sido nombrado .. primer jefe de la Jefatura provincial de dicho Benemérito Cuerpo [de Mutilados] y ofreciéndose en el cargo para cuanto redunde en el beneficio del Ejército y de la Patria. Carnicer *Castilla* 56: El abogado se me ofrece en Guadalajara y .. se encamina a su habitación. **b)** Poner a disposición [de alguien (*ci*) una posibilidad que se está dispuesto a cumplir]. | *Reg* 12.11.74, 4: Es hora de que .. por fin dejen de ofrecerse cosas, de promeresse, y de buenas palabras, y se pase a los hechos. **c)** Obsequiar [a alguien (*ci*) con algo (*cd*), esp. una fiesta o celebración]. | *Abc* 17.12.74, sn: La "Colla dels fadrins", del Círculo Catalán de Madrid, ha ofrecido una cena de homenaje a don Santiago Foncillas. *HLM* 26.10.70, 1: En el ofertorio, el padre Molinari, postulador de la causa de canonización en Roma, ofreció al Pontífice la cuerda con la que el jesuita Edmundo Campion .. fue llevado al patíbulo antes de ser ajusticiado. **d)** *Como acto religioso:* Obsequiar [con algo (*cd*)] o prometer[lo], frec. para pedir algún favor. | Valcarce *Moral* 97: Quien quiera oír su misa no puede estar ausente del ofertorio, porque es entonces cuando todos los asistentes, junto con el sacerdote, ofrecen la misma. DCañabate *Abc* 19.1.75, 43: Ofreces tú en su nombre que en cuanto sane llevará el hábito diez años.

2 Manifestar [la cantidad que se está dispuesto a pagar por algo]. *Tb abs.* | *Not* 19.12.70, 1: Alemania ofrece un millón de dólares a la ETA para que libere al cónsul.

3 Presentar [algo], esp. a la vista o a la mente. | Cunqueiro *Un hombre* 88: Al caer, dio media vuelta y me ofreció su espalda, y mi hierro entró fácil hacia el corazón. DPlaja *Literatura* 77: La *Estoria del Sennor San Millán* ofrece caracteres análogos. *Abc* 10.6.58, 6: Existen algunas castas y variedades, tales como la Cucaracha roja, que ofrecen una gran resistencia para morir. **b)** *pr* Presentarse [algo], esp. a la vista o a la mente. | CNavarro *Perros* 85: Los álamos de

la plaza de Tetuán se le ofrecieron como algo emotivo y venturoso.
4 Presentar [algo o a alguien] para que lo tome. *Tb abs.* | Medio *Bibiana* 34: Ana Camín interpreta al pie de la letra lo de ofrecer primero a las chicas.
B *intr pr* **5 ~sele** [algo a una pers.]. Desear[lo esa pers.]. *Normalmente en frases interrogs de cortesía.* | CNavarro *Perros* 113: –¿Se le ofrece algo...? –Sí .., quisiera ver al comisario.

ofreciente *adj* (*lit, raro*) Que ofrece, *esp* [1]. | Conde *MHi* 3.61, 25: Juana, surgiendo, candorosa y vital, ofreciente de milagros líricos, coronada de amor cumplido.

ofrecimiento *m* Acción de ofrecer [1]. *Tb su efecto.* | *Abc* 30.12.65, 95: Homenaje a la Generación del 98 .. Hizo el ofrecimiento del acto y dirigió el coloquio don Rafael Flórez.

ofrenda *f* **1** Acción de ofrecer [1c y d]. | *Ya* 19.3.75, 16: La incesante lluvia que ha caído durante toda la tarde no ha impedido que se llevara a cabo la ofrenda de flores de las comisiones falleras a la Virgen de los Desamparados. **b)** Palabras con que se ofrece. | *VozC* 31.12.70, 4: En el ofertorio, el teniente general García Machiñena dio lectura a la ofrenda.
2 Cosa ofrecida [1c y d]. | Cunqueiro *Un hombre* 12: –¡Los santos tienen memoria del coste de la ofrenda! –aseveró la vieja.

ofrendar *tr* (*lit*) Dar como ofrenda. | *Van* 4.11.62, 16: Junto con San Paciano y San Olegario, compone un radiante conjunto de santos ofrendado por la sede episcopal barcelonesa al empíreo celestial.

oftalmia (*tb* **oftalmía**) *f* (*Med*) Inflamación de los ojos. | M. Aguilar *SAbc* 13.12.70, 102: Además de como tracoma, se le conoce como conjuntivitis granulosa, oftalmía egipcia y también oftalmía militar o bélica.

oftálmico -ca *adj* (*Med*) Del ojo. | *Abc* 9.12.64, 75: El acto académico finalizó con la entrega de los diplomas de óptica oftálmica a los cursillistas.

oftalmología *f* (*Med*) Parte de la medicina que estudia el ojo y sus enfermedades. | Dolcet *Salud* 474: Se entiende por Oftalmología la parte de la ciencia médica que estudia nuestro aparato visual.

oftalmológico -ca *adj* (*Med*) De (la) oftalmología. | *Ya* 3.3.63, 10: Premio de la Sociedad Oftalmológica de Madrid .., al doctor don Faustino Santalices.

oftalmólogo -ga *m y f* (*Med*) Especialista en oftalmología. | Bustinza-Mascaró *Ciencias* 83: Si padecemos alguna anomalía en la visión .. deberá ser corregida inmediatamente por el oftalmólogo. R. Susín *Her* 3.10.87, 19: La oftalmóloga está de baja maternal.

oftalmómetro *m* (*Med*) Instrumento que sirve para medir el grado de curvatura y el poder de refracción de la córnea. | F. Martino *Ya* 30.10.74, 42: Obtenidos estos líquidos, el examinando es sometido a la exploración por los Rayos X, por el electrocardiógrafo, el audiómetro demostrativo del estado de su oído, el oftalmómetro para la agudez visual, etcétera.

oftalmoscopia *f* (*Med*) Examen del interior del ojo mediante el oftalmoscopio. | *TMé* 20.7.84, 20: Consta [la consulta] de los siguientes aparatos: .. electrocardiógrafo, equipo Riester con oftalmoscopia.

oftalmoscopio *m* (*Med*) Instrumento para reconocer las partes interiores del ojo, constituido por un espejo plano o cóncavo agujereado en su centro y montado sobre un mango. | *Act* 22.10.70, 36: Se crea la anestesia, el rifle, el oftalmoscopio y las aeronaves.

ofuscación *f* Acción de ofuscar(se). *Tb su efecto.* | Huarte *Tipografía* 33: Si se advierte que el tipógrafo ha cometido falta en una palabra poco común que se repite con frecuencia, conviene vigilar todas las veces que ocurre, porque es muy probable que haya sufrido una ofuscación en la primera vez que se le ha presentado y luego ya no la ha leído nunca. *Gar* 28.7.62, 5: Las causas de tal ofuscación del cristalino pueden ser diversas.

ofuscador -ra *adj* Que ofusca. | Rabanal *Ya* 28.11.73, 8: "Encandilar" y "encandilamiento" son derivados de "candela" y "candil", y .. su sentido nos lleva al efecto ofuscador y terriblemente atractivo que una luz clara y potente ejerce sobre los animales de la oscuridad.

ofuscamiento *m* Ofuscación. | Lera *Abc* 22.10.70, sn: Puede que a veces lo tengan ante los ojos y no lo vean .. Son víctimas de ese ofuscamiento en ocasiones.

ofuscante *adj* (*lit*) Que ofusca. | Aguirre *SInf* 1.4.71, 16: Con .. decisión de apartarse de portadores de esas verdades que quieren considerar como universales los que mantienen el tópico, tan ofuscante siempre para el asentamiento de la verdad, va Julio Mathías presentando sus libros. Delibes *Hoja* 46: El viejo Eloy evocaba el calor de la Antonia, un agridulce y ofuscante vaho de establo.

ofuscar *tr* **1** Quitar pasajeramente la claridad mental [a una pers. (*cd*)]. | DCañabate *Paseíllo* 84: Los efectos de la contrariedad le ofuscaban, y su vanidad se rebeló. **b)** *pr* Perder claridad mental pasajeramente [una pers.]. | * No debes ofuscarte por tan poca cosa.
2 Quitar claridad [a la mente o a la vista (*cd*)]. | MGaite *Búsqueda* 70: Cada cual ha de aplicarse .. a la tarea de mantener operante su propio logos, de afilarlo para talar la maleza que ofusca su visión y entorpece sus pasos por el bosque. **b)** *pr* Perder claridad [la mente o la vista]. | CBonald *Dos días* 247: Al Cobeña se le ofuscaban las entendederas más de lo normal hablando con el Cuba. Nunca sabía si le estaba tomando el pelo o si es que no llegaba a coger la hebra de lo que decía.

ogro -gresa *m y f* **1** Gigante imaginario que devora seres humanos. *Frec fig, designando hiperbólicamente a una pers devoradora.* | BVillasante *Lit. infantil* 123: Desde que los hermanos Grimm descubrieron aquellos cuentos preciosos y temibles a la vez, en que las brujas se comían a los niños y los ogros andaban por los bosques .., el miedo paraliza a los niños y les causa un placer singular. A. Pavón *Inde* 30.6.90, 64: Fui al restaurante Annapurna, un precioso nombre de la diosa glotona de la India .., que quiere decir, traducido al cristiano, "la ogresa harta de alimento".
2 Pers. feroz e intratable. *Tb adj.* | Olmo *English* 33: No seas ogro, primo, o se lo diré a tu tía. MSantos *Tiempo* 91: Cuando la luz se hubo extinguido, aquel modesto espacio oloroso a vómito y a naranja recuperó sus ideales condiciones oníricas favorecidas para la desaparición de la ogresa.

oh *interj* **1** Puede expresar muy diversos sentimientos, *esp sorpresa y rechazo. A veces se sustantiva como n m.* | RIriarte *Muchacha* 334: –¿De verdad estáis asustadas? –¡A ver! –¡Oh! VMontalbán *Pájaros* 195: Las señoras veteranas lanzaban ohes nerviosos y admirativos.
2 (*lit*) Se emplea enfáticamente precediendo a un vocativo. | Paso *Pobrecitos* 229: ¡Oh, tú, Honesto, el mejor, más honrado y más excelente de los hombres! ¡Mi marido! ¡Nada menos que mi marido!

ohm (*pl normal*, ~s) *m* (*Fís*) Ohmio. | *Van* 10.10.74, 4: Equipo Adagio 74 .. Potencia musical admisible 25 W. Impedancia 8 ohms.

óhmico -ca *adj* (*Fís*) Relativo al ohmio o a la la ley de Ohm. | Mingarro *Física* 117: La Ley de Ohm solamente puede aplicarse cuando no se produce, en la porción del circuito considerado, más que el calor Joule. Muchas veces se llama a ese parte una resistencia óhmica.

ohmio *m* (*Fís*) Unidad de resistencia eléctrica, equivalente a la resistencia que da paso a una corriente de un amperio cuando entre sus extremos existe una diferencia de potencial de un voltio. | Mingarro *Física* 118: En un circuito cerrado la intensidad de la corriente en amperios es igual al cociente de la f.e.m. del generador en voltios por la resistencia total del circuito en ohmios.

oída. de ~s. *loc adv* Sin otro conocimiento que el haber oído hablar de alguien o algo. *Con el v* CONOCER *u otro equivalente.* | D. Jalón *Sáb* 3.12.66, 3: No conozco al señor Barrié de la Maza, salvo de oídas. Escobar *Itinerarios* 80: Desconocido en un gran sector de gente que solo tiene referencia de oídas de este pez, injustamente olvidado y hasta en descrédito. Umbral *Ninfas* 58: No es verso libre. Está medido. Es verso blanco. (Todo esto lo había aprendido yo muy bien, de oídas, en el Círculo Académico).

oídio *m* Hongo parásito de la vid y otras plantas, el cual forma sobre las hojas una red de filamentos blanqueci-

oídium – oír

nos y polvorientos (gén. *Oidium*, esp. *O. tuckeri*). *Tb la enfermedad causada por él.* | Alvarado *Botánica* 65: Ascomicetos .. A ellos pertenecen: 1º, las levaduras ..; 2º, ciertos mohos ..; 3º, las trufas ..; 4º, el cornezuelo del centeno ..; 5º, el oídio de la vid, oriundo de América, que tantos daños ocasiona en los viñedos. F. Ángel *Abc* 28.3.58, 15: Azufre tipo micronizado "Medem" .. Las principales plagas que combate son: el Oídio, Cenizo, Ceniza, Sendreta o Polvo, de la viña; .. el Oídio, del melocotonero.

oídium *m* Oídio. | Bustinza-Mascaró *Ciencias* 283: Hay muchos hongos parásitos; entre ellos están: los causantes de las royas, el mildiu de la vid, el oídium de la vid.

oído I *m* **1** Sentido corporal por el cual se perciben los sonidos. | Bustinza-Mascaró *Ciencias* 79: Mediante el sentido del oído se establecen las relaciones sociales entre los seres humanos. **b)** Órgano del sentido del oído. | Arce *Testamento* 113: Arrimó su cara a mi oído y dijo: Son pura canalla.
2 Atención. *Frec en forma exclam y con un compl* A. | SFerlosio *Jarama* 73: –¡Dentro de breves momentos procederemos al sorteo! –decía Sebas con voz de charlatán–. ¡Oído a la carta premiada!
3 Aptitud para percibir y reproducir con exactitud la altura relativa de los sonidos musicales. *Frec con el v* TENER. | Ballesteros *Hermano* 47: No teníamos, sin embargo, demasiada disposición para la música y carecíamos de oído.
4 *En algunas armas:* Agujero de la recámara que comunica el fuego a la carga. | FReguera-March *Filipinas* 316: Se cebó convenientemente el oído de la pieza.
II *loc v y fórm or* **5 cerrar los ~s** [a algo]. Negarse a escuchar[lo] o a atender[lo]. | SLuis *Doctrina* 157: Este es el mensaje de salvación que trajo Cristo a la Tierra. Seguirlo es lograr la dicha que anhela el corazón. Cerrar los oídos a su voz es cerrarse las puertas de la felicidad ansiada.
6 dar (*o* **prestar**) **~s**. Prestar atención o dar acogida favorable [a algo, esp. a lo que alguien dice]. | MGaite *Búsqueda* 93: Dando oídos a la publicidad, la mujer no se independiza de nadie, sino que simplemente cambia de mentor. **b)** Prestar atención o dar acogida favorable a lo que dice [alguien (*ci*)]. | JParga *DBa* 28.3.76, 3: La Presidente prestó oídos a estos malos consejeros.
7 entrarle [a alguien una cosa] **por un ~ y salirle por el otro.** (*col*) No prestar [esa pers.] ninguna atención [a lo que se le dice]. | Cela *Escenas* 196: Sus sermones que recibe, por un oído le entran y por el otro le salen.
8 hacer ~s sordos, *o* (*lit*) **de mercader**, [a algo]. No prestar[le] atención. | *País* 7.5.89, 3 (A): Una declaración de los oficiales jóvenes en la que advierten que no harán "oídos sordos" ni caerán en un "silencio cómplice" ante la "brutal agresión" a Panamá. Berlanga *Recuentos* 81: Los bandos del alcalde, "para los vecinos de esta villa que suelen hacer oídos de mercader a las advertencias y admoniciones...".
9 llegar [una cosa] **a ~s** [de alguien]. Enterarse [esa pers. de esa cosa] de un modo indirecto. | P. Crespo *Abc* 23.3.78, 39: Su fama como "orador sagrado" se extiende hasta llegar a oídos del propio Sumo Pontífice.
10 ~ al parche. (*col*) Fórmula que se emplea para recomendar atención. | Delibes *Emigrante* 109: Ya le digo a la chavala que oído al parche y que, a ciertas horas, mejor no moverse de casa si no es en la micro.
11 regalar [a alguien] **los ~s** (*o* **el ~**). Adular[le]. | DCañabate *Abc* 21.11.70, 7: Me lancé a fondo a regalarle el oído con la coba correspondiente.
12 ser [alguien] **todo ~s.** (*col*) Escuchar con suma atención. TODO *puede permanecer invariable o concordar con el suj.* | AMillán *Día* 98: Como primer número nos va a ofrecer... ¡Un secreto! Adelante, señora. Somos todo oídos. Gala *Ulises* 738: Cuéntame a mí esa maravillosa hazaña de los lestrigones... Soy toda oídos.
13 silbarle (*o* **sonarle**, *o* **zumbarle**) **los ~s** [a alguien]. *Se dice cuando esa pers es objeto de murmuraciones o comentarios en su ausencia.* | * A Luisa le deben estar sonando los oídos. ¡Qué mañana lleváis a costa de la pobre!
III *loc adv* **14 al ~.** Junto al oído [1b] del oyente y normalmente en voz muy baja. *Gralm con los vs* DECIR *o* HABLAR. | Medio *Bibiana* 9: Ella le habla en voz baja, casi al oído.
15 al ~ (*o* **de ~**). A través del sentido del oído, sin otra confirmación. | *Inf* 12.7.75, 16: Lotería nacional. Sorteo del 12 de julio de 1975 (números tomados al oído). Cela *Inf* 10.12.76, 22: Hacer rimar "escucha" con "lucha", "dimite"

con "admite" y "Tarancón" con "paredón", por ejemplo, y entre cien posibles ejemplos más, todos tomados de oído y en la calle, es algo demasiado fácil.
16 de ~. Solo por conocimiento auditivo, sin estudios especiales. *Normalmente referido a música.* | A. Marazuela *Nar* 6.77, 4: Los dulzaineros aprendían de oído y yo lo mismo. **b)** De oídas (sin otro conocimiento que el haber oído hablar de alguien o algo). | Lázaro *Gac* 24.8.75, 13: Si solo conocía de oído a aquellos ingenios [Góngora, Alarcón, Quevedo], ¿qué pensaría de ellos sino que eran tres jaquecillos de tasca?

oidor *m* (*hist*) Ministro togado que en las audiencias oye y sentencia las causas y pleitos. | Riquer *Cervantes* 125: Aquella misma noche llegó a la venta un oidor, o magistrado, acompañado de su hija.

oïl (*fr; pronunc corriente,* /óil/). **lengua de ~**. *loc n f* (*hist*) Lengua, o conjunto de dialectos, de la zona septentrional de Francia, que se caracterizaba por el uso del adverbio de afirmación *oïl* (actual *oui*), a diferencia del occitano, en que se usaba *oc*. | DPlaja *Literatura* 45: Al producirse el descenso del latín, el territorio francés quedó dividido en dos grupos lingüísticos: al norte del Loire, la lengua de *oïl*, y al sur, la lengua de *oc*.

oír I *v* (*conjug* 54) *tr* ➤ **a** *como simple v* **1** Percibir [algo] por el oído. *Tb abs.* | Torrente *SInf* 19.12.74, 28: El Planeta, por lo que sé y he oído, fue otra confirmación, aunque tardía. Lorén *Cod* 11.8.74, 15: Más alto, que no se oye. **b)** Percibir lo que dice [alguien (*cd*)]. | PLozano *Ya* 23.6.72, 8: En la "tele", como suele pasar, sale un señor diciendo cosas y tú no le puedes contestar, o si le contestas, no te oye.
2 Atender [a los ruegos, consejos o argumentos (*cd*) de alguien]. | DPlaja *Abc* 4.5.75, sn: Quien escribe estas líneas izó el pendón de alarma ..; hoy, al conocer los cuestionarios emanados del Ministerio, debe señalar honestamente que su voz fue oída y que en los programas aprobados la Literatura ha obtenido el lugar que le corresponde. **b)** Atender a los ruegos, consejos o argumentos [de alguien (*cd*)]. | Halcón *Manuela* 21: Lo había sentenciado Basilio, el de la Venta Nueva, la persona más oída en el poblado.
3 Asistir [a misa (*cd*)]. | DAv 25.2.75, 5: Llevaré los alumnos y alumnas de este Colegio Nacional .. primero al templo de Santa Teresa de Jesús en Ávila, para oír la Misa.
4 (*hist*) Asistir a la explicación [de una disciplina académica (*cd*)]. | CBaroja *Inquisidor* 20: Después oye "Derecho" durante cinco años.
➤ **b** *en locs y fórm or* **5 ¿lo oyes?, ¿me oyes?, ¿oyes?** (*col*) Fórmula con que se insiste enfáticamente en la aseveración que se está haciendo. | Medio *Bibiana* 11: Marcelo Prats, ¿lo oyes?, Marcelo Prats no consiente que sus hijos... Olmo *Camisa* 62: Tú no estás pa novios toavía ... Ni con Nacho ni con ningún muerto de hambre del barrio, ¿me oyes? Zunzunegui *Camino* 169: Mientras esté en casa no permita usted que Soledad toque nada de la cocina..., ¿me oye?
6 me va a ~ (*o, más raro,* **me oye**). (*col*) Fórmula con que se expresa la irritación ante algo y el propósito de reconvenir a la pers responsable. | Vicent *País* 4.3.79, 40: Estos degenerados demócratas me van a oír.
7 ni oye ni entiende. *Se usa para ponderar la incapacidad de alguien para enterarse de nada.* | CBonald *Ágata* 43: No se lo vas a decir, añadió trémulamente el alarife, si lo haces tampoco me importa, ese ni oye ni entiende.
8 ~, ver y callar. *Se usa para expresar el deseo o la necesidad de asistir a los hechos como simple espectador, sin intervenir en absoluto.* | ZVicente *Mesa* 103: Usted ahora a oír, ver y callar. Es lo más sano.
9 oye (*u* **oiga**). (*col*) *Se emplea, con intención enfática, para llamar la atención sobre lo que se va a decir. A veces en tono de represión o de protesta.* | Delibes *Guerras* 110: Cerré los ojos y me tapé los oídos, pero con eso y con todo, oiga, menudo estampido. MGaite *Visillos* 179: Gabardina nueva, oye, qué elegancia. Olmo *Golfos* 94: Oye, no seas grosero.
10 oye (*u* **oiga**). *Se usa para dirigirse a alguien, frec desconocido, y pedirle su atención.* | MGaite *Visillos* 35: –Oiga..., señor..., usted .. –¿Qué? ¿Me llamaba a mí?
II *loc adv* **11 como lo oyes, como lo estás oyendo, lo que oyes,** *o* **lo que estás oyendo.** (*col*) *Se usa para ratificar lo que se acaba de decir o insinuar y que ha resultado sorprendente al interlocutor.* | Medio *Bibiana* 37: Tina

vuelve a atraer hacia sí a Dorita y le dice algo al oído. –No me digas. –Como lo oyes. –Y ella, ¿lo sabe? –¡Anda, esta, que si lo sabe! Delibes *Guerras* 130: –¿Dijo cojones, Pacífico? ¿Estás seguro? –Como lo está oyendo, doctor, tal cual. * –No querrás decir que ha sido él. –Lo que oyes.
12 como quien (o **el que**) **oye llover** → LLOVER.

oíslo *m* (*lit*, *raro*) Pers. querida y estimada [por otra (*compl de posesión*). *Gralm* designa la mujer respecto de su marido. | FReguera *Bienaventurados* 51: Hablaba con autoridad a su mujer y a sus hijos. Vestían, el hombre y su oíslo, de negro, muy endomingados los dos.

ojal *m* **1** Abertura alargada y reforzada en sus bordes para abrochar botones. | J. Hermida *Act* 25.1.62, 24: Huele como la rosa que Nerhu [*sic*] lleva fresca y graciosamente en los ojales de su túnica. **b)** Abertura de forma alargada. | *Puericultura* 14: Cubremantillas: .. Se adapta a un cuerpecito sin mangas y descotado que va cruzado por delante y atado por detrás en un ojal grande que lleva el otro delantero al pasar por la espalda. Delibes *Ratas* 46: El Nini .. se aproximó al cerdo y, con dedos expeditos, introdujo una hoja de berza en el ojal sanguinolento para reprimir la hemorragia.
2 Agujero que atraviesa algo de parte a parte. | Sampedro *Sirena* 390: Por el ojal de salida del remo se veían cadáveres flotando todavía sobre las olas. M. F. Lucas *Nar* 6.77, 10: Como combustible, emplea leña de pino o "barrojo" (hojas de pino caídas). Este horno es de tipo vertical, con 18 "ojales" que comunican la caldera con la cámara.

ojalá *interj* Expresa deseo de que ocurra lo que se acaba de oír, o lo que se dice a continuación. *En este último caso* (*tb*, *pop*, ~ QUE, ~ Y), *le sigue una prop con v en subj*. | MGaite *Retahílas* 51: Dijo que antes le cortarían el cuello que enamorarse de bruja semejante ni de nadie que se le pareciera, que ojalá Dios quisiera tenerle reservada mejor suerte que al pobre Andrés. N. Dorado *Odi* 27.1.77, 14: Ojalá que el tiempo siga aparente.

ojalado -da *adj* [Res] que tiene el pelo de alrededor de los ojos más oscuro que el resto. *Tb n.* | J. PGuerra *SInf* 21.11.70, 2: En España se explotan diversas razas [ovinas] .. En la agrupación extrafina-fina encontramos la talaverana ..; la aragonesa rasa, la castellana y el ojalado [*sic*], que pertenecen a la entrefina.

ojalador -ra *m y f* Pers. cuyo oficio es hacer ojales. | Cunqueiro *Laberinto* 52: El de Tamames se lavó los pies en el obrador, delante de las oficialas y de Muñiz. Eran unos pies tan bellos que una ojaladora murciana se enamoró del duque y lo siguió a Madrid.

ojalar *intr* Hacer ojales [1a]. | GPavón *Rapto* 242: Tiene tal menudencia que por lo visto es como un ideal de hilo de esos de Hilaturas Fabra para ojalar.

ojalatero -ra *adj* (*hist*, *desp*) En la 2ª Guerra Carlista: [Pers.] que en una contienda se limita a desear el triunfo de su partido o de sus ideas. *Tb n.* | Laín *Gac* 7.12.75, 57: ¿Va a ser de veras "nueva", va a ser de veras "mejor" nuestra vida histórica a partir de noviembre de 1975? Tanto como el que más lo deseo. Y puesto que no quiero quedar en simple "ojalatero" –así eran llamados en la última guerra carlista los que se conformaban con decir "ojalá" al amor de la lumbre– .., trataré de servir a ese vehemente deseo.

ojáncano *m* (*Mitol cánt*) Gigante maligno que tiene un solo ojo. | Cossío *Montaña* 81: Era [Llano] la bondad misma, decorada con una timidez infantil, como la que le inspirarían los mitos de su niñez. Pero la experiencia le mostraba cada día que no eran anjanas beneficiosas ni ojáncanos de primitiva crueldad, fácilmente compensable, los que había de encontrar en su camino.

ojaranzal *m* Lugar poblado de ojaranzos. | Cela *Viaje andaluz* 293: Dime, linda varita de San José, sombrío suspirillo en el ojaranzal, ¿por qué el cielo no canta como el cuco moñón?

ojaranzo *m* Arbusto de hojas persistentes lanceoladas y flores grandes de color rojo purpúreo (*Rhododendron ponticum*). | CBonald *Ágata* 50: Manuela se detuvo en un claro y dejó al niño .. junto al fardo de pieles .., siguiendo con el bracero entre torpes indecisiones hacia la otra parte del talud, por donde asomaba una nauseabunda mancha de ojaranzos.

ojeada *f* Mirada rápida o superficial. *Normalmente con el v* ECHAR. | Arce *Testamento* 13: Yo eché una ojeada en derredor. Payno *Curso* 87: Mientras se arreglaba por la mañana, medio dormida y desgreñada, iba echando ojeadas a la asignatura de la primera hora.

ojeador -ra *m y f* Pers. que ojea². | *HLM* 26.10.70, 1: Numerosos campesinos perciben excelentes jornales trabajando como ojeadores en las cacerías.

ojear[1] *tr* **1** Mirar rápida o superficialmente [a una pers. o cosa (*cd*)]. | GPavón *Hermanas* 47: Se caló las gafas y empezó a ojear el cuaderno.
2 (*raro*) Dirigir la mirada [a alguien o algo (*cd*)]. | Zunzunegui *Camino* 304: –No quiero discutir contigo, mi vida, haz lo que quieras.– Se ojean entregonas y tiernas.

ojear[2] *tr* Levantar [la caza] y acosarla para que vaya al lugar donde se la ha de cazar. | Berenguer *Mundo* 103: La Centella que yo tenía me ojeaba los conejos, me ojeaba los pájaros. **b)** Ojear la caza [en un lugar (*cd*)]. | Delibes *Cazador* 182: Por la tarde volvimos a ojear el monte, y en el primer ganchito los ojeadores se salieron de línea.

ojén *m* Aguardiente anisado dulce, hecho originariamente en Ojén (Málaga). | MSantos *Tiempo* 104: Entró en la que hacía oficio de establecimiento de bebidas y allí se reconfortó con ojén o cazalla.

ojeo[1] *m* Acción de ojear[1]. | Zunzunegui *Camino* 152: No apareció a comer, y tuvo que hacerlo sola la mujer. Un señor de bigotes engomados la cercó durante la comida con su ojeo. Luego la siguió discretamente hasta el hotel.

ojeo[2] *m* Acción de ojear². | D. Quiroga *Abc* 7.11.70, 23: Se dieron tres ojeos, y al terminar el tercero, .. se tomaron los coches para trasladarse los cazadores al Real Palacio de San Ildefonso. **b)** Cacería con ojeo. | Delibes *Año* 103: En un ojeo cerca de Burgos se han cobrado 102 perdices.

ojera *f* Mancha amoratada, habitual o accidental, que bordea el ojo, esp. en la base del párpado inferior. *Normalmente en pl.* | Laforet *Mujer* 48: Salía de los exámenes llena de ojeras.

ojeriza *f* (*col*) Antipatía o mala voluntad. | Cuevas *Finca* 182: Le han tomado ojeriza a "San Rafael".

ojeroso -sa *adj* Que tiene ojeras. | Laforet *Mujer* 118: Al verla ojerosa, entumecida, .. la opinión de los parientes de Blanca se dividió entre reñirla o burlarse de ella. V. Serna *SElM* 16.7.93, 8: Famosos y sesudos directores, o andaluces caballeros de triste y ojerosa figura .., responden con vituperios de lo más personal a críticas que uno creía ponderadas.

ojete *m* **1** Abertura redonda y pequeña cuyos bordes van bordados, o reforzados por anillos metálicos, y que se utiliza para pasar por ella un cordón u otra cosa que sujete, o como simple adorno, esp. en labores. | M. D. PCamarero *Rev* 11.70, 23: Abrigos-chalecos de lana forrada de pelo largo, con gruesos ojetes metálicos como preparados para ser acordonados. *Lab* 2.70, 15: Subrayando la línea de la puntilla del borde, una hilera de ojetes.
2 (*pop*) Ano. | CPuche *Paralelo* 155: –¿Sabes que hasta el papel higiénico lo traen de allá [los norteamericanos]? –Seguramente el papel nacional es muy basto para ellos .. –Tienes razón, ja, ja. Seguramente el papel de Alcoy terminará estropeándoles el ojete. CBonald *Casa* 96: Al recibir [el león] un nuevo puntazo en el puro ojete, pegó un respingo.

ojetero -ra *adj* Que sirve para hacer ojetes [1]. | *Prospecto* 2.93: Pryca .. Alicate ojetero, 195.

ojigarzo -za *adj* (*lit*) De ojos azules. | CBonald *Dos días* 147: El hijo de Onofre era un hombre fornido y de más que regular estatura, ojigarzo y de largas patillas endrinas.

ojijunto -ta *adj* (*raro*) De ojos juntos. | CBonald *Casa* 84: El capataz .. era zambo y ojijunto y tenía la talla aproximada de un enano alto.

ojímetro. a ~. *loc adv* (*humoríst*) A ojo [58]. | Berlanga *DMo* 1.8.74, 13: Un millón de compatriotas cruzan nuestras fronteras hacia fuera; según cálculos a partir de las anteriores, del sondeo entre agencias y personas conocidas; algo así como si lo calculáramos por extrapolación, aproximación y a ojímetro.

ojinegro – ojo

ojinegro -gra *adj* De ojos negros. | A. Aricha *Caso* 26.12.70, 24: María Teresa Gandía Ruiz, .. ojinegra y pelirrubia, bajita de estatura.

ojirri *m* (*col*) Ojito u ojillo. | Ayerra *D16* 22.4.90, 49: El ojito es chico y avispado. Un ojirri pendiente de cuanto ocurre alrededor .. Lo que esos ojirris no diquelan, no lo juna ni el Señor.

ojitos (*tb* **ojito**) *m* (*reg*) Gallo (pez). | Aldecoa *Gran Sol* 82: Con ellos la serpenteante presencia de los congrios, el equívoco formal de ojitos y lenguados.

ojituerto -ta *adj* (*raro*) Bizco. | CBonald *Noche* 297: Basilisco miraba muy de cerca a Mojarrita, como si la condición de ojituerto representara una auténtica aberración incluso para un antropomorfo.

ojiva *f* **1** (*Arquit*) Figura formada por dos arcos de círculos iguales que se cortan en uno de sus extremos formando un ángulo curvilíneo. *Frec en la constr* DE ~ *o* EN ~, *esp referido a arco*. | * El arco de ojiva es típico del gótico. **b)** Arco que tiene figura de ojiva. | A. Alférez *Abc* 29.12.70, 13: Los candelabros que alumbran tenuemente el ambiente, las ojivas de la capilla parecen relatar a gritos el espectáculo del que fueron testigos hace exactamente ocho siglos.
2 (*Mil*) Parte superior de un proyectil, cuyo corte longitudinal tiene forma de ojiva [1a]. *Frec* ~ NUCLEAR. *Tb el mismo proyectil*. | *Luc* 29.10.76, 12: Visitaron las bases militares .., en las que se hallan unidades de tiro con cohetes dotados de ojivas nucleares con un alcance de 3.000 kilómetros. *D16* 1.11.85, 15: Armas nucleares estratégicas .. EE.UU. posee más ojivas nucleares.

ojival *adj* (*Arquit*) **1** De (la) ojiva [1]. | Tejedor *Arte* 119: Los dos esenciales [elementos del gótico] son la bóveda de crucería, obtenida por el cruce de arcos apuntados u ojivales, .. y los arbotantes.
2 Gótico. | GNuño *Arte* 157: Se comprende que las licencias de interpretación citadas aumentasen, deformando el esquema tradicional de las iglesias ojivales en el Sur.

ojivo -va *adj* (*Arquit*) Ojival [1]. | PCarmona *Burgos* 82: En la parte superior sobre el arco ojivo hay a modo de unas pechinas en forma de huso con sencillos adornos. J. Bassegoda *Van* 20.5.73, 3: Su esbeltez [de las columnas] se acentúa con la prolongación en línea recta, por encima de las doradas impostas, de un buen trecho de los nervios ojivos, formeros y perpiaños.

ojizaino -na (*tb* **ojizáino**) *adj* (*raro*) Que mira atravesado y con malos ojos [62]. | CBonald *Ágata* 28: Los dos muchachos .. lo condujeron a las cercanías del pósito y hablaron con un hombretón vociferante y ojizaino, de enormes antebrazos tatuados.

ojizarco -ca *adj* (*lit*) De ojos azules. *Tb n, referido a pers*. | CBonald *Casa* 20: Era ella una muchacha blanca, ojizarca, enjuta y rubicunda. CBonald *Noche* 12: Probó la excusa del parpadeo miope de los ojizarcos.

ojo I *m* **1** Órgano de la vista. | Laforet *Mujer* 12: Era una mujer esbelta, con el cabello y los ojos intensamente negros. Cuevas *Finca* 22: Un grano menudo y rojizo, como el ojo de un pájaro pequeño salpicado en sangre. **b) cuatro ~s.** (*col, humoríst*) Pers. con gafas. *Usado como sg.* | Berlanga *Barrunto* 87: Yo no quería vender .. para cambiar novelas, como el "Cuatro Ojos".
2 *En pl*: Mirada. *Raro en sg*. | MGaite *Visillos* 19: Julia tenía los ojos fijos en la baca del coche de línea atestada de bultos y cestas. Delibes *Madera* 31: Ellos lo hacían, a escondidas, zafándose de su vigilancia y del ojo alerta de la señora Zoa. **b)** Consideración. | Ribera *SSanta* 22: Os suplicamos, Señor, nos concedáis que este don ofrecido a los ojos de vuestra Majestad nos alcance la gracia de la devoción.
3 Atención o cuidado. *Frec en la constr* ANDAR, *o* ESTAR, CON ~, *o* CON CIEN ~S. *Se emplea tb, formando or independiente, como llamada de atención. En este caso, frec en forma exclam*. | Lázaro *JZorra* 41: Unos chicos .. se metieron una vez en el depósito del agua y nunca más se supo de ellos; de modo que andaros con ojo. DCañabate *Andanzas* 185: Menudo punto filipino nos salió .. Ándate con cien ojos. Gironella *SAbc* 22.2.70, 8: Entre los ciento treinta millones de hispanoparlantes de América –ojo a esta cifra–, han brotado algunos nombres dignos de estima. Medio *Bibiana* 15: ¡Ojo!... Mucho ojo con los chicos... Cada hijo, una sorpresa.

Goytisolo *Recuento* 532: Y tú, ojo con moverte. **b)** Llamada de atención puesta al margen de un escrito. | Huarte *Tipografía* 30: Debe [el autor] .. llamar la atención a los tipógrafos mediante ojos u óvalos, sobre lo que a él le parece defectuoso.
4 Perspicacia o sagacidad. *Frec* ~ CLÍNICO. | Cuevas *Finca* 68: En este aspecto de aforar el pez de trigo .., los dos hermanos tenían un ojo finísimo. Delibes *Cinco horas* 138: A otra cosa no, pero a ojo clínico pocas me ganan.
5 Agujero que atraviesa una cosa de parte a parte. | Laiglesia *Ombligos* 123: Le espiaba por el ojo de la cerradura. Areilza *Abc* 1.11.70, 3: Yo confieso no haber comprendido bien lo del camello y el ojo de la aguja. **b)** *En un puente*: Vano comprendido entre dos arcos o estribos. | GNuño *Arte* 15: El estupendo Puente del Guadiana, .. con no menos de sesenta ojos semicirculares. **c)** Hueco en la masa de algunas sustancias. | Escobar *Itinerarios* 137: Pan de mediana, de miga con muchos ojos, y corteza sumamente agradable, deliciosa. *Ciu* 8.74, 51: El jamón cocido en pieza debe tener una superficie exterior consistente .. La presencia de ojos o pequeños agujeros puede tolerarse si no es excesiva.
6 Área, gralm. circular, situada en el centro de un huracán o de una tempestad. *Frec* EL ~ DEL HURACÁN. *En esta forma, frec fig*. | *ElM* 22.7.93, 1: Mohedano .. afirmó que se ha sentido "en el ojo del huracán de una pelea". *País* 7.3.92, 22 (A): Las perspectivas son dramáticas, y de nuevo es África la que está en el ojo del huracán: la sequía de enero y febrero ha diezmado la cosecha de cereales de 11 países.
7 Gota de grasa que flota en otro líquido. | *SAbc* 7.9.75, 46: El aceite tiene que mezclarse muy despacio y muy bien para evitar el que haga "ojos".
8 Círculo de colores que tiene el pavo real en la extremidad de cada pluma de la cola. | * Al extender la cola pudimos apreciar toda la belleza de sus ojos.
9 Yema [de la patata]. | Lera *Boda* 649: La tía Trucha ha sido capaz de rebañárselos como los ojos de una patata.
10 Aplicación de jabón a la ropa que se lava. | * Dale un ojo de jabón a esa camisa y aclárala.
11 Manantial. *Tb* ~ DE AGUA. | E. La Orden *SYa* 21.4.74, 5: El Pozo Vivo es un ojo de agua pura, al pie de unos troncos de liquidámbar, cuyo manantial tiene la curiosa propiedad de que se agita visiblemente cuando se habla o se hace ruido a su lado.
12 (*reg*) Hoyo de más profundidad que diámetro. | Cela *Viaje andaluz* 284: Por el invierno, [las aguas] forman la Canaliega: un charco que se alarga más de seis leguas y en cuya margen se crían unos unos ojos traidores, unos pozos profundos con la yerba escondiéndolo[s] al mirar, que el ganado evita por instinto.
13 (*Impr*) Relieve de los tipos que, impregnado en tinta, produce la impresión. | Huarte *Tipografía* 53: La letra o tipo .. es un molde de plomo, antimonio y estaño, en forma de paralelepípedo .. que tiene en su base superior un relieve llamado ojo, con la figura de una letra del alfabeto o de un signo de puntuación.
14 el ~ (*u* **ojito**) **derecho** [de una pers.]. (*col*) La pers. más estimada [por ella]. *Frec con el v* SER. | *Diez* 7.8.82, 62: Delon, júnior, le el ojito derecho de Delon, sénior. Berlanga *Pólvora* 19: Para nadie era un secreto que el ojito derecho se llamaba Lorenzo .. Loren le escribía los sobres de las cartas.
15 ~ de boticario. (*hist*) Lugar de una farmacia en que se guardan los productos de más valor. (→ acep. 61.) | C. Simón *DMé* 12.2.93, 14: En la farmacia de San Juan de las Afueras de Toledo destaca el ojo de boticario, un armario con infinidad de cajones pintados donde se conservaban las drogas y los productos más preciados.
16 ~ de buey. Ventana o claraboya de forma circular u ovalada. | Aldecoa *Cuentos* 1, 57: Ignacio se sentó en una litera. Por el ojo de buey le entraba la luz directamente al rostro .. –Habrá que arrimar el barco a los vertederos. GNuño *Madrid* 52: Sus líneas generales, con ojos de buey en los muros, son las mismas.
17 ~ de gallo. Callo redondo y algo cóncavo en el centro que se forma en los dedos de los pies. | *Abc Extra* 12.62, 90: Los parches Zino .. Tamaños especiales para durezas, juanetes y ojos de gallo.
18 ~ de gallo. *En el vino*: Color pardo anaranjado. *Tb el vino de este color*. | Escobar *Itinerarios* 229: Don Pedro Abad, el boticario, cosecha vino, vino tinto, ojo de gallo, y pálido y mantecoso.

19 ~ de gato. Se da este n a varias piedras preciosas, esp ciertas variedades de cuarzo, que reflejan los rayos luminosos de tal modo que recuerdan la pupila de un gato. | CBonald *Ágata* 5: Ágata ojo de gato. [*Título de la novela*.]

20 ~ de halcón. Variedad de cuarzo de color azul grisáceo, que se utiliza en joyería como piedra de adorno. | S*Abc* 14.10.84, 15: Cuarzo son las ágatas .., la calcedonia, el ojo de tigre, el de gato y el de halcón.

21 ~ del culo. (*col*) Ano. | * Le dio una patada en el ojo del culo.

22 ~ de perdiz. Dibujo de las telas formado por un rombo con otro muy pequeño relleno de color más oscuro en uno de sus vértices. | * Se ha encargado un traje de ojo de perdiz.

23 ~ de perdiz. (*Taur*) Toro que tiene alrededor de los ojos un cerco encarnado. | J. M. Juana S*Mad* 19.10.70, 9: Los otros tres toros correspondieron a la ganadería de Lacave Hermanos .. El tercero, colorado, ojo de perdiz, fue un manso.

24 ~ de pez. (*Ópt*) Objetivo gran angular caracterizado por lo extremo de su distancia focal y del ángulo de visión. | L. Sargatal *Abc* 10.10.71, 37: Hecha la ley..., hecha la vista gorda: la mirada –se entiende–, que, como la lente fotográfica denominada "ojo de pez", deforma las imágenes.

25 ~ de tigre. Piedra semipreciosa, agregado de cuarzo, de infinitas fibras paralelas, originaria de África del Sur. | *Abc* 15.3.68, 84: Creaciones Grassy desde Pts. 1975. Gemelos en oro de Ley y piedras finas: .. ojo de tigre, aventurina, etc.

26 ~ mágico. (*hoy raro*) *En un receptor de radio:* Piloto que indica el ajuste de una sintonía. | * De niña me atraía el ojo mágico de la radio.

27 un ~ de la cara. (*col*) Un precio muy elevado. *Con vs como* COSTAR *o* COBRAR. | Lera *Bochorno* 74: Salen [los guateques] por un ojo de la cara. Vizcaíno S*Se* 9.5.93, 116: Cualquier menú sencillito cuesta un ojo de la cara y la yema del otro.

II *loc v y fórm or* **28 abrir los ~s.** [a alguien]. Descubrir[le] algo que debería saber, o desengañar[le]. *A veces referido a perss cuya inocencia se desea preservar ante la realidad de la vida.* | * Un amigo le abrió los ojos sobre las actividades de su hijo. MSantos *Tiempo* 80: Cuando sale me lo estoy imaginando por esos cafés de camareras, si es que hay todavía, .. entre malas mujeres de esas tiorras frescas que pueden hacerle cualquier cosa y pervertírnoslo y hacerle parecer lo que no es y abrirle los ojos. **b) abrir [alguien] los ~s.** Descubrir algo que debía saber, o desengañarse. | CBonald *Dos días* 25: –Si el cabrito de Andrés abre los ojos, a tu padre le puede costar un disgusto. –No te preocupes. Ese cretino ni las huele, de eso me encargo yo.

29 abrir los ~s. (*lit*) Nacer. | MGaite *Búsqueda* 43: Cruzar la Península de un extremo a otro para entregar su alma en el pueblo que le vio abrir los ojos.

30 cerrar los ~s. [ante algo]. No querer reconocer[lo] o enterarse [de ello]. *Esp referido a una verdad desagradable.* | *Mun* 23.5.70, 61: Como el equipo iba líder, directiva y socios preferían cerrar los ojos ante la faceta negativa de Ronnie Allen. **b) cerrar los ~s.** Decidirse a hacer una cosa dejando a un lado los inconvenientes. | DCañabate *Abc* 12.1.75, 50: Todavía no me explico cómo cerré los ojos y me casé con el Ricardo.

31 cerrar el ~ (*o* **los ~s**). (*col*) Morir. | Espinosa *Escuela* 213: ¿Adónde van los dictadores cuando cierran el ojo y estiran la pata?

32 cerrar ~ → PEGAR ~.

33 coger entre ~s [a alguien]. (*col*) Coger[le] antipatía. | Tomás *Orilla* 190: Me han dicho que al juez no le gusta mucho eso de que no declaremos en la policía. A lo mejor, por eso nos cogen entre ojos.

34 comer(se) (*o* **devorar) con los ~s** [a alguien o algo]. Mirar[lo] intensamente con muestras de deseo. | Medio *Bibiana* 56: Él la está comiendo con los ojos. RIriarte *Carrusell* 314: Resistes la cincuentena como pocos. Esta noche, Marisa Santonja, la condesa y, naturalmente, Rosa Fornell se te comían con los ojos.

35 echar el ~ [a alguien o algo]. (*col*) Escoger[lo] mentalmente para algún propósito. | F. A. González *Ya* 15.6.75, 60: Podría regalar a su mujer, en lugar de esa sortija a la que ha echado el ojo, diez vacas.

36 echar el ~ (*o* **los ~s**) **encima** [a alguien o algo]. (*col*) Ver[lo], o echar[le] la vista encima. *Frec en constr neg.* | Benet *Penumbra* 80: Hace años que no te dejabas caer por aquí, no hay quien te eche el ojo encima.

37 echar un ~ [a una cosa]. (*col*) Examinar[la] someramente. | Cela *Viaje andaluz* 156: En los jardines del cordobés y romántico duque de Rivas, el vagabundo echa un ojo –por algo será– al rincón que dicen la Camila. **b) echar un ~** [a una pers. o cosa]. (*col*) Prestar[le] algún cuidado o vigilancia. | * Dejo al niño durmiendo. Échale un ojo de vez en cuando. * Echa un ojo a la comida, por favor.

38 entrar por los ~s, *o* **por el ~** (**derecho**) [a alguien una pers. o cosa]. Gustar[le], esp. por su aspecto. | Mendoza *Gurb* 47: A las mujeres hay que entrarles por los ojos, y la primera impresión cuenta muchísimo. Grosso *Germinal* 31: Mucho había de entrarle por el ojo un hombre para consentir enchularse. SSolís *Camino* 64: La única que le disgustaba era la jefa de estudios, la madre Asunción, que le daba clase de Gramática y nunca le había entrado por el ojo derecho.

39 írsele [a uno] **los ~s** [por, tras, o detrás de, una pers. o cosa]. (*col*) Atraer [esa pers. o cosa] su atención intensamente. | Berlanga *Pólvora* 35: A Güili, sentado a la izquierda [de Laura], .. se le iban los ojos por la canalilla oscura de los muslos juntos.

40 llenar el ~ [a alguien]. (*col*) Gustar[le] o resultar[le] agradable. | Delibes *Historias* 73: La Rosa Mari era una chiquilla limpia y hacendosa que a la tía Marcelina la llenaba el ojo.

41 meter [a una pers. o cosa] **por los ~s** [a alguien]. (*col*) Ponderár[sela] en exceso o hacer[le] excesiva propaganda [de ella]. | MGaite *Ritmo* 112: Intervino Maritere, que era siempre muy amable conmigo y a quien Aurora un tiempo más tarde me quiso meter por los ojos para que saliera con ella. F. Ros *Abc* 6.6.67, 50: La arqueología de casi todo el istmo nos los mete [a los mayas] por los ojos.

42 mirar con otros ~s [a alguien o algo]. Cambiar de actitud o consideración [respecto a ellos]. | * Le tenía mucha manía, pero parece que empieza a mirarle con otros ojos.

43 mirar de mal ~. (*raro*) Mirar con malos ojos [62]. | L. MDomínguez *Inf* 29.5.70, 2: La presencia de Nixon en Bucarest parecía advertir que U.S.A. miraba de mal ojo cualquier potencial amenaza rusa a Rumanía.

44 mirarse en los ~s [de alguien]. Querer[lo] mucho. | CSotelo *Poder* 204: El príncipe Víctor .. se miraba en tus ojos.

45 no lo verán tus ~s. Fórmula con que se niega enfáticamente la posibilidad de que se cumpla algo futuro que se acaba de mencionar. | Diosdado *Anillos* 1, 60: –Cuando encuentres una buena chica y te cases... –No lo verán tus ojos.

46 no quitar ~ [a una pers. o cosa], *o* **no quitar los ~s** [de ella]. (*col*) No dejar de mirar[la]. | Payno *Curso* 199: Bele no le quitó ojo desde que le descubrió en la sala. * No quita los ojos del flan.

47 no tener ~s más que para [una pers. o cosa]. (*col*) Estar pendiente de ella o absorto en su contemplación. *Tb fig.* | * No tenía ojos más que para ella. GÁlvarez *Filosofía* 1, 338: Averroes .. influyó notablemente en el llamado averroísmo latino, que parece no haber tenido ojos más que para sus errores.

48 ¿no tienes ~s en la cara?, *o* **¿dónde tienes los ~s?** (*col*) Se usa para comentar la incapacidad para percibir algo que salta a la vista. | * ¿Cómo has podido coger una cosa tan fea? ¿Dónde tienes los ojos?

49 no ver más que por los ~s [de alguien]. (*col*) Querer mucho [a esa pers.], estando pendiente de ella. | MGaite *Cuarto* 192: La acababa de conocer hacía poco en clase y me tenía sorbido el seso, no veía más que por sus ojos. Matute *Memoria* 101: Su padre le mimó demasiado, eso es. Solamente veía por sus ojos.

50 pegar, *o* **cerrar,** (**el,** *o* **un**) **~,** *o* **los ~s.** (*col*) Dormir, o conciliar el sueño. *Gralm en constr neg.* | FReguera-March *Boda* 11: Hace dos días que no pego ojo. Ustedes me perdonarán. ¡Buenas noches! Cuevas *Finca* 71: Noches y noches sin pegar un ojo. Cunqueiro *Crónicas* 103: Había pasado la noche sin cerrar ojo. A. Oliva *VozT* 6.9.78, 22: A dormir a casita, que bien se lo hacía falta después de una noche en la que no pegaron el ojo.

51 poner los ~s [en una pers. o cosa]. Fijarse [en ella] con intención de hacerla suya. | * ¡Cómo se te ocurre poner los ojos en alguien de su clase!
52 poner los ~s a cuadros. (col) Dar muestras de asombro. | C. Rigalt *D16* 22.8.87, 40: Cuando el equipo mudó la color fue exactamente cuando Jesús Gil y Gil, micrófono en mano, inició su habitual rosario de chulerías .. López Ufarte .. ponía los ojos a cuadros.
53 poner los ~s en blanco. Dar muestras de gran admiración. | FReguera-March *España* 381: Ponían los ojos en blanco cuando nombraban a Wagner.
54 poner los ~s encima [a alguien]. (col) Echar[le] los ojos encima (→ acep. 36). *Frec en constr neg*. | FReguera-March *Caída* 315: Quico se tropezó con Daniel Álvarez en la calle. Hacía días que no le ponía los ojos encima a su escurridizo amigo.
55 salir de ~. Saltar a la vista. | Delibes *Guerras* 274: Como decírmelo, nadie, Pacífico. Pero es algo que sale de ojo, es de sentido común.
56 tener de ~ [a alguien]. Sentir recelo [de él]. | J. M. Javierre *Gac* 9.11.75, 41: De nuncio en París, pasó Roncalli a cardenal patriarca de Venecia. Los políticos españoles le tenían de ojo. En sus informes reservados le calificaban *peligroso* "porque muestra clara simpatía hacia el socialismo".
57 traer, o **tener, entre ~s** [a alguien]. Sentir recelo o antipatía [hacia él]. | DCañabate *Paseíllo* 43: Me tiene entre ojos porque nunca la he dicho por ahí te pudras, ni he bailao con ella. L. MDomínguez *Inf* 29.5.70, 2: Estados Unidos y la Unión Soviética: traerse entre ojos.

III *loc adv* **58 a ~**. A bulto o por aproximación. *Tb* A ~ DE BUEN CUBERO. | *Abc* 13.4.75, 48: Las últimas compras de las que tenemos noticia se han realizado, por tasación o "a ojo", sobre la base de 8 ó 9 pesetas kilo en árbol. Delibes *Mundos* 158: El régimen de control de divisas y de permisos de importación, tan riguroso en la Península, se lleva aquí .. a ojo de buen cubero.
59 a (o **con los**) **~s cerrados**, o **a cierra ~s**. Sin dudarlo. *Tb (más raro)* A ~S CIEGAS. | * Yo lo cambiaría con los ojos cerrados. Delibes *Madera* 12: Lo aceptaron a cierra ojos. Delibes *Emigrante* 19: Uno no necesitaba sino mentarle la caza [a la madre] para que ella fuese a ojos ciegas donde los trebejos.
60 a ~s vistas. De manera evidente. | Ridruejo *Castilla* 2, 206: La industria crece a ojos vistas en Segovia.
61 como pedrada en ~ de boticario → PEDRADA.
62 con buenos (o **malos**) **~s**. Con (o sin) simpatía o agrado. *Normalmente con los vs* VER *o* MIRAR. | CBaroja *Inquisidor* 54: El nuevo rey .. no podía mirar con buenos ojos a Arce. CBaroja *Judíos* 1, 61: Durante el siglo XI hubo luchas violentas en tierras orensanas entre gentes poderosas que protegían a los judíos en su comercio y los que, por un pretexto u otro, veían con malos ojos protección semejante.
63 con los ~s abiertos, o **con un ~ cerrado y otro abierto**. En actitud vigilante. *Con el v* DORMIR *u otro equivalente*. | Cela *Viaje andaluz* 51: El vagabundo .. se tumbó a dormir en el zaguán, abrazado a su duro y con la conciencia en paz, como un bendito, y un ojo cerrado y el otro abierto, como las liebres y por si acaso.
64 en un abrir y cerrar de ~s. Rapidísimamente. | *Abc* 25.2.68, 2: En un abrir y cerrar de ojos se adapta a la muñeca.
65 hasta los ~s. (col) Pondera el alto grado en que se produce algo. *Frec dependiendo del v* EMPEÑAR, *que a veces puede quedar implícito*. | M. Hernández *Día* 21.9.75, 17: A los que no están hasta los ojos metidos en "negocios" .. se les considera en la Luna. * En aquellos tiempos estábamos hasta los ojos, y no era posible una compra como esa.
66 ~ avizor. Alerta. | CBaroja *Inquisidor* 55: En cuanto surgía un asunto de faldas en la Historia se ponía ojo avizor.
67 ~ por ~. Devolviendo el mismo daño que se ha recibido. *A veces se añade* Y DIENTE POR DIENTE. | *Van* 21.2.74, 22: Valdrá más armarse clandestinamente para responder adecuadamente en caso de necesidad. "Ojo por ojo y diente por diente."
68 por los ~s bellidos. (*lit, raro*) Por la cara o de balde. | Cela *Viaje andaluz* 282: Esto de comer de gorra y por los ojos bellidos es un placer de dioses que a muy pocos placeres puede compararse.
69 por (o **con**) **sus** (**propios**) **~s**. Personalmente. *Con el v* VER *u otro equivalente*. | Cela *Judíos* 265: El vagabundo no lo vio por sus ojos, pero piensa que debe ser triste el espectáculo. Campmany *Inf* 13.7.78, 32: Se trata de saber quiénes son los culpables de los sucesos de Pamplona. De que lo sepamos porque lo hayamos visto con nuestros propios ojos.

IV *loc exclam* (col) **70 dichosos los ~s** o **dichosos los ~s que te ven**. Fórmula con que se manifiesta el agrado que supone volver a ver a alguien. A veces con matiz irónico, reprochando a esa pers una ausencia prolongada. | Zunzunegui *Camino* 430: –¿Qué hay, cómo estás? –Hola, hombre..., dichosos los ojos.
71 no es nada lo del ~. Fórmula con que se comenta la gravedad de algo a lo que otro no da importancia. | ZVicente *Traque* 184: ¿Que le hable de cosas serias? Oiga usted, ¿qué clase de hombre es? ¿Serio? Pues no es nada lo del ojo. En mi tiempo, para que se entere de nuestra seriedad, éramos muy patriotas.

ojú *interj* (reg) Jesús. *A veces se sustantiva como n m*. | Burgos *D16* 29.12.91, 4: –Feliz 1992, ojú el 92...– Y ojú para arriba y ojú para abajo, el año del ojú puede que se le quede.

okapi (tb con la grafía **ocapi**) *m* Mamífero rumiante africano de la familia de la jirafa, aunque de cuello más corto y talla menor, con pelaje rojizo y los cuartos traseros rayados como la cebra (*Okapia johnstoni*). | Bustinza-Mascaró *Ciencias* 207: El okapi, parecido a la jirafa, pero de cuello corto, vive en África Occidental. Legorburu-Barrutia *Ciencias* 218: Camélidos y jiráfidos: Jirafa. Ocapi. Camello. Dromedario.

okey *interj* (raro) Se usa para manifestar aprobación o asentimiento. | GHortelano *Apólogos* 217: –También mangamos lo suyo en otras tiendas .. –Sí, Luisa, pero como aquí en ninguna parte. –Okey, mona, aquí era la locura.

okume (tb con la grafía **ocume**; tb **okumé**) *m* Árbol africano cuya madera, ligera y de color rosado, es apreciada en ebanistería (*Aucoumea klaineana*). *Tb su madera*. | Plans *Geog. universal* 74: El bosque ecuatorial está formado por árboles de muy diversas clases .. Los hay de madera dura, muy apreciada, como el ébano, el alcanfor y el okume, pero la mayoría tienen madera blanda. J. R. Vilamor *Ya* 9.11.86, 23: La codicia .. de las extraordinarias maderas como el ébano y el okumé, que constituye[n] .. la mayor de sus riquezas, han llevad[o] al abuso en la tala masiva de bosques.

okupa (tb, raro, con la grafía **ocupa**) *m y f* (jerg) Pers. que okupa. | *Ya* 4.9.88, 24: La proliferación de "okupas" en las calles de la capital se ha convertido en un problema para las autoridades locales y autonómicas. *Ya* 18.2.91, 7: La casa, habitada por cinco "ocupas", quedó destrozada por el fuego.

okupación *f* (jerg) Acción de okupar. | *Ya* 7.9.88, 27: "Okupaciones" .. El grupo parlamentario de AP en la Asamblea de Madrid considera necesario el estudio de un plan de protección para los edificios públicos de la Comunidad de Madrid ante la actuación de los "okupas".

okupante *adj* (jerg) Que okupa. *Frec n*. | *Ya* 4.9.88, 24: El desalojo del edificio se produjo sin incidentes violentos y, al cabo de media hora, los *okupantes* habían desaparecido.

okupar *tr* (jerg) Ocupar por la fuerza [una vivienda o local deshabitados]. | *Ya* 4.9.88, 24: Ocho jóvenes "okuparon" ayer un hotel abandonado de la ronda de Toledo.

ola *f* **1** Onda de gran amplitud formada en la superficie del agua. | Alvarado *Geología* 76: Las olas se forman directa o indirectamente por la acción del viento. En el primer caso resultan olas de cresta aguda; en el segundo, olas de lomo más o menos plano.
2 Oleada. | Laforet *Mujer* 85: Una ola de insubordinación .. empezó a apoderarse del pueblo. Halcón *Ir* 195: Sintió una ola de azoramiento.
3 Irrupción sensible [de calor o de frío]. | A. Linés *Ya* 9.1.77, 4: Las temperaturas bajarán considerablemente, si bien esta nueva ola de frío será poco duradera.
4 nueva ~. Generación que empieza a actuar. *Tb fig, referido a cosa. Tb adj*. | Escartín *Act* 25.1.62, 52: ¿Serán los mecanizados, pero despiertos rusos? ¿Los duros alemanes, o la nueva ola del fútbol inglés? Medio *Bibiana* 84: Unos productos de la nueva ola que superan a todos los lanzados hasta ahora al mercado. Salom *Cita* 238: Agapito. (Muy nueva

ola, muy atildado, muy snob.) *Tri* 16.4.66, 17: Será un estadio "nueva ola" con sus 72.000 localidades, todas de asiento.

olaga *f* (*reg*) Aulaga (planta). | Benet *Volverás* 197: Una cresta caliza azulada cuya presencia se hace sentir por el penetrante y sofocante aroma de las olagas.

olambrilla *f* Azulejo decorativo que, combinado con baldosas rectangulares rojas, se utiliza en pavimentos y zócalos. | Seseña *Barros* 128: Los temas que pasan a las lozas de Triana son los mismos que decoraban las losetas y olambrillas (pequeños azulejos usados en los pavimentos, combinados con losetas rojas) del siglo XVIII. **b)** Pavimento de olambrilla. | Grosso *Invitados* 219: Cruza la olambrilla y entra en la casa de máquinas.

ólcade *adj* (*hist*) [Individuo] de una tribu de la Hispania prerromana, vecina de los carpetanos. *Tb n.* | Tovar-Blázquez *Hispania* 14: Extendió [Aníbal] en dos campañas (221 y 220 a.C.) el dominio cartaginés en la meseta del Guadiana y el Tajo, tomó la capital de los ólcades, Althaia o Cartala, que fue borrada del mapa para siempre, y penetró en la cuenca del Duero.

ole (*tb* **olé**) (*pop*) **I** *interj* **1** *Expresa entusiasmo ante lo que se ve o se oye. A veces se incrementa en las formas ~ YA, ~ AHÍ, ~ CON ~. Puede ir seguida de la mención de la pers o cosa que provoca entusiasmo, formando con ella una unidad sintáctica exclamativa. A veces se sustantiva como n m.* | Torrente *Off-side* 54: –Mi voz se ha purificado en el sufrimiento. –¡Olé! ZVicente *Traque* 228: ¡Ole ya! Ese disco que acaban de poner esos chavales es de..., de... Bueno, ¡de un tío estupendo, de Almería! Eso se llama cantar. GPavón *Hermanas* 31: –¡Ole ahí tu gracia, resalao! –gritó una mujer. ZVicente *Traque* 46: Me jaleaba al marcharnos. Olé las chicas guapas. Halcón *Manuela* 42: Esta vez la cosa no quedaría en aplausos y olés de los del pueblo.
II *loc adj* **2 de(l) ~, o de ~ con ~.** Extraordinario. | ZVicente *Traque* 276: Entonces las mujeres, no era como ahora, entonces las mujeres éramos unas burras del ole y nada más.

oleáceo -a *adj* (*Bot*) [Árbol o arbusto] dicotiledóneo, de hojas opuestas, flores hermafroditas y fruto en drupa o baya. *Frec como n f en pl, designando este taxón botánico.* | GCabezón *Orotava* 14: Jazmín, *Jasminum azoricum*, Linn., Oleácea. Alvarado *Botánica* 78: También es muy grande el número de Gamopétalas dignas de mención. He aquí unas cuantas agrupadas por familias: Escrofulariáceas (digital, boca de dragón). Labiadas (tomillo, romero ..). Oleáceas (olivo, aligustre, lila).

oleada *f* Afluencia abundante y repentina. | Arenaza-Gastaminza *Historia* 33: Desde el Neolítico, Grecia está poblada por los pelasgos, pueblo caucásico. Después, en oleadas sucesivas, llegan los jonios, los aqueos y, por fin, los dorios (XII a. de C.), de raza indogermana. Laforet *Mujer* 64: Cuando don Pedro .. le hacía alguna prohibición, Paulina sentía siempre la misma oleada de asco.

oleaginoso -sa *adj* **1** (*lit*) Aceitoso. | A. M. Campoy *Abc* 6.6.67, 38: Durand pormenoriza misteriosas posibilidades de un nuevo surrealismo; Grataloup introduce elementos "pop" en sus angustiadas cargas oleaginosas.
2 (*Bot*) [Planta] de la que se obtiene una sustancia oleaginosa [1]. *Tb n f.* | Delibes *Año* 186: Millares de palomas, perdices y grajos han muerto en Zamora al ingerir semillas de cártamo, planta oleaginosa importada de USA y tratada con mercurio. Vicens *Universo* 366: A estos se mezclan otros cereales, mijo y centeno, en Manchuria, maíz en el Sur, y un numeroso grupo de leguminosas (soja) y oleaginosas (sésamo y aráquidos) que .. sustituyen a las grasas animales en la alimentación del campesino chino. **b)** De (la) planta oleaginosa. | Bustinza-Mascaró *Ciencias* 221: Residuos industriales, como las tortas que quedan de extraer la grasa de las semillas oleaginosas (algodón, cacahuet, etc.).

oleaje *m* Movimiento de (las) olas [1]. *Tb fig.* | Bustinza-Mascaró *Ciencias* 31: Las aguas superficiales .. son agitadas y aireadas por el oleaje y las mareas. Payno *Curso* 91: La noticia llegó como la pólvora a oídos de Bele. Se envaró, sacó el pecho, y lanzó tres miradas coquetas a Darío. Él, ajeno al oleaje que había levantado, seguía meditando si debía gustarle o no.

oleandrina *f* (*Quím*) Sustancia venenosa y amarga contenida en la adelfa. | C. Lázaro *Abc* 3.4.87, 112: Su nombre científico [de la adelfa] es el de "nerium oleander", recordando a la "oleandrina", sustancia tóxica que se encuentra en la savia y distribuida por toda la planta.

oleandro *m* Adelfa (planta). | MNiclos *Toxicología* 113: Oleandro. Puede determinar intoxicaciones similares a las de otros abortivos.

olear *intr* (*raro*) Formar olas. *Tb fig.* | Peraile *Ínsula* 114: La pleamar de la nieve olea hacia la orilla de la capital incendiada de Navidad. Aldecoa *Gran Sol* 86: También él se sentía vacío .. El vacío de la mente oleaba y tenía sus balances.

oleario -ria *adj* De(l) aceite. | J. L. Quiñones *Ya* 10.8.85, 17: Incineraciones en ánforas olearias, muy mal conservadas.

oleastro *m* Olivo silvestre. | JGregorio *Jara* 46: Hay muchos oleastros o acebuches, esto es, olivos silvestres.

oleato *m* (*Quím y Med*) Sal del ácido oleico, usada en medicina como disolvente de determinadas sustancias o medicamentos. | F. Marquiegui *TMé* 18.5.84, 25: Igualmente se puede manejar el fibroscopio sin aditamentos especiales, usando oleato de etanolamina al 5 por 100.

olecraniano -na *adj* (*Anat*) Del olécranon. | Alvarado *Anatomía* 45: La epífisis inferior [del húmero] termina en forma de polea o tróclea .. y ofrece un saliente exterior, o cóndilo, y una cavidad posterior llamada olecraniana.

olécranon *m* (*Anat*) Apófisis gruesa y curva del extremo superior del cúbito. | Alvarado *Anatomía* 45: Una apófisis en forma de gancho llamada olécranon, que forma el saliente del codo.

oledor -ra *adj* Capaz de percibir olores. *Tb n, referido a pers.* | Montero *Reina* 44: Si hubiera podido terminar su carrera en químicas ahora sería un oledor profesional, un "hombre nariz" contratado por alguna prestigiosa firma de perfumes.

olefina *f* (*Quím*) Hidrocarburo etilénico. | R. Ossa *GacNS* 4.8.74, 20: Los planes de ampliación de la refinería de Somorrostro se conjugarán con los referidos a la petroquímica .. Aquella suministrará a esta la materia prima en base al mencionado "cracking" de etileno, olefina, considerada como el pilar básico de la industria petroquímica, ya que de él derivan casi todos los plásticos.

olefínico -ca *adj* (*Quím*) De (la) olefina. | *Inf* 1.12.70, 29: Unión Explosivos Río Tinto, S.A. .. Sus fabricaciones y servicios se extienden a múltiples sectores: Explosivos y Ácidos, .. Química Orgánica (instalaciones carboquímicas, plantas petroquímicas de base olefínica y aromática).

oleico *adj* (*Quím*) [Ácido] etilénico que resulta de la saponificación de los cuerpos grasos. | J. A. Donaire *SInf* 12.5.71, 7: Dentro de las grasas pueden ser considerados los ácidos grasos en los que el oleico figura en primer lugar.

oleícola I *adj* **1** De (la) oleicultura. | GTelefónica *N.* 9: Concedidas en la XII Exposición Oleícola Internacional: Medalla de Oro: .. Olivas doradas-negras. Medalla de Oro: .. Olivas manzanilla-verdes.
II *m y f* **2** Oleicultor. | *Ya* 23.9.70, 5: La C.A.T. había comprado el aceite a los oleícolas andaluces, y este llegó adulterado.

oleicultor -ra *m y f* Pers. que se dedica a la oleicultura. | *Abc* 2.12.64, 6: Oleicultores, confíen su negocio a un solo nombre: Ideal. Básculas especiales para el peso de la aceituna.

oleicultura *f* Industria que comprende el cultivo del olivo y la fabricación del aceite. | *Abc* 30.12.65, 105: Federación Internacional de Oleicultura. Concurso público para una campaña de publicidad en España.

oleífero -ra *adj* (*E*) Que contiene aceite. | PLozano *Ya* 28.5.74, 15: En abril y en mayo aumentaron el consumo de gasolina y de productos "oleíferos".

oleína *f* (*Quím*) Éster del ácido oleico que entra en la composición de los aceites líquidos y las grasas. | J. A. Donaire *SInf* 12.5.71, 7: También aparece la oleína, sustancia predominante en los aceites líquidos.

oleirense – olfato

oleirense *adj* De Oleiros (La Coruña). *Tb n, referido a pers.* | *Voz* 28.1.87, 28: Oleiros .. A partir de hoy, en la Biblioteca Central del municipio oleirense .. se expondrá una serie de libros, documentos y separatas referentes a temas de Educación para la Paz.

óleo I *m* **1** *(raro)* Aceite. | Cunqueiro *Un hombre* 120: Siempre desayunaba con pan remojado en óleo. C. Guerrero *Pue* 30.10.70, 32: Entre los productos angoleños que pueden interesar más a nuestro país .. figuran estos: semillas oleaginosas, algodón, aceite, óleo de palma, copra, yute. **b)** *(Rel catól)* Aceite consagrado que se usa en algunos sacramentos y ceremonias. *Frec* SANTOS ~S. *A veces con un compl especificador.* | SLuis *Liturgia* 8: En este día [Jueves Santo] los señores obispos consagran el Santo Crisma y los Santos Óleos para todo el año. Lera *Clarines* 440: El cura .. se levantó precipitadamente, diciendo a Román: –Voy a mandar traer los óleos corriendo. Villapún *Iglesia* 12: Después el sacerdote unge el pecho y la espalda del niño con el óleo de los catecúmenos. Villapún *Iglesia* 100: Después el sacerdote .. va ungiendo los cinco sentidos con el óleo de los enfermos.

2 Pintura al óleo [4]. | *SAbc* 15.10.93, 32: Eligen el pastel y el óleo como materias que favorezcan unos resultados de estudio, de poses de escuela y con supuesta fantasía.

3 Cuadro pintado al óleo [4]. | *Abc* 3.12.70, 47: Las obras que forman la colección son: 83 óleos sobre lienzo, 110 óleos sobre tabla, y 21 en otros soportes.

II *loc adj* **4 al ~.** [Pintura] con colores disueltos en aceite secante. *Tb adv.* | GPavón *Hermanas* 46: Sobre el sillón .., un horrendo retrato al óleo de don Norberto. FSantos *Catedrales* 102: El mismo Gabriel de Tolosa .. doró, pintó, estofó sus nueve cajas [del órgano], yendo los antepechos jaspeados al óleo.

oleoducto *m* Tubería de grandes dimensiones que sirve para transportar petróleo entre los campos petrolíferos, las refinerías, los puertos y los centros de consumo o de distribución. | Ortega-Roig *País* 175: Puertos militares como Rota, de donde sale un oleoducto hasta Zaragoza.

oleografía *f* Procedimiento litográfico que intenta reproducir los efectos de la pintura al óleo. *Tb la obra obtenida por este procedimiento.* | GTelefónica *N.* 344: Ayala. Grabados. Pinturas. Oleografías. Marcos.

oleográfico -ca *adj* De (la) oleografía. | J. CCavanillas *Abc* 13.12.70, 10: Un tópico arquitectónico y oleográfico como Venecia.

oleomargarina *f (Quím)* Margarina. *Tb la grasa líquida de que se obtiene.* | *Abc* 16.11.57, 28: Manjar Musa es esto: una oleomargarina de mesa, de positivas ventajas nutritivas.

oleoneumático -ca *adj (Mec)* [Dispositivo] hidráulico en que la fuerza se transmite al émbolo mediante aire comprimido y aceite. | GTelefónica *N.* 398: Talleres Icone. Equipos de automatización industrial. Equipos oleoneumáticos. Maniobras eléctricas.

oleorresina *f (Quím)* Sustancia segregada por algunos árboles, esp. el pino, constituida por resina disuelta en aceite volátil. | Alvarado *Botánica* 73: Todos los órganos del pino poseen una oleorresina, denominada trementina, que rezuma por cualquier herida que se produzca.

oleosidad *f* Cualidad de oleoso [1]. | *SVoz* 8.11.70, 11: La mancha de petróleo rociada con el detergente pierde su oleosidad y se hunde en el fondo del mar.

oleoso -sa *adj* **1** Aceitoso. | Delibes *Madera* 335: Gervasio seguía sin pestañear el desplazamiento del buque, su avance refrenado hendiendo las aguas oleosas.

2 *(Pint)* De(l) óleo [2]. | Camón *Abc* 1.8.63, 3: La materia en estos cuadros no está encarnada en formas, sino que se deslía allí, en toda su potencia oleosa o pétrea, pero siempre con la crudeza de su masa sin sublimar.

oler *(conjug* **19)** **A** *tr* **1** Percibir [algo] por el sentido del olfato. *Tb abs.* | Legorburu-Barrutia *Ciencias* 105: Te llenas las fosas nasales de agua de rosas y no hueles nada.

2 Aspirar aire por la nariz para percibir el olor [de algo o de alguien (cd)]. *Tb fig.* | * El perro se acercó a olerme. Laiglesia *Tachado* 54: En primer lugar se llamaba Florinda, nombre que apesta a opereta por donde se huela.

3 *(col)* Sospechar o adivinar. *Frec con un compl de interés.* | Salvador *Haragán* 68: Olimos el misterio y nos propusimos desentrañarlo por completo. Delibes *Cinco horas* 177: Y te advierto que me lo olí, ¿eh?, te lo juro. **b) no ~las.** *(col)* No percatarse de nada. | CBonald *Dos días* 23: –Si el cabrito de Andrés abre los ojos, a tu padre le puede costar un disgusto. –No te preocupes. Ese cretino ni las huele, de eso me encargo yo.

4 *(col)* Curiosear. | * Vienen a oler lo que estamos haciendo.

B *intr* ➤ **a** *normal* **5** Exhalar olor. *Frec con un compl* A. | Medio *Bibiana* 69: Dice que el ajo es muy ordinario. Después se eructa y uno huele a ajos.

6 *(col)* Tener visos [de algo *(compl* A)]. | *Abc Extra* 12.62, 63: Por muy antiguo que sea su origen, el juego de las damas huele a la Edad Media. **b)** ~ [algo a alguien). Parecer[le]. | Gironella *Millón* 374: Cada día llegan de Madrid más niños evacuados, y me huele que Cosme Vila trama algo contra ellos.

7 *(col)* Ser muy vieja o manida [una cosa]. *Gralm en la constr* YA HUELE. | C. Rigalt *D16* 4.6.86, 10: Repite una vez más lo de que a su izquierda hay una "ensaladilla rusa" –frase que ya huele–.

8 ~ mal, *o* **no ~ bien** [algo]. *(col)* Inspirar sospechas de que encubre algo malo. | Hoyo *Caza* 47: Hay algo en todo esto que me huele mal.

➤ **b** *impers* **9** Haber [determinado olor *(compl* A) en un lugar]. | GHortelano *Momento* 275: Aquí huele a tigre y eso que he soplado más de medio bote de ozonopino.

olesano -na *adj* De Olesa de Montserrat (Barcelona). *Tb n, referido a pers.* | Vega *Cocina* 14: No paséis por esta provincia sin probar la curadella ni las perdices a la olesana.

óleum *m (Quím)* Ácido sulfúrico fumante que contiene mayor proporción de anhídrido sulfúrico que el normal. | J. A. MVega *Ya* 26.6.86, 43: La alarma se disparó rápidamente al conocerse que el camión cisterna accidentado transportaba veinte mil litros de ácido sulfúrico fumante (óleum), altamente tóxico. Marcos-Martínez *Física* 265: Esta reacción ha de realizarse con mucho cuidado, disolviendo previamente el SO_3 en SO_4H_2, con lo que se obtiene un producto denominado óleum, y luego diluyendo este en agua.

olfacción *(tb* **olfación)** *f (Fisiol)* Acción de oler (percibir por el olfato). | Alvarado *Anatomía* 76: Los órganos de la olfacción son las dos anfractuosas fosas nasales.

olfateador -ra *adj* Que olfatea. | A. M. Campoy *Abc* 1.12.70, 3: Por eso es así de cazadora "Diana", así de olfateadora, de oído tan fino, de dientes tan afilados, y tan ligera que cuando corre parece un galguito enano.

olfatear *tr* **1** Aspirar aire por la nariz para percibir el olor [de alguien o algo (cd)]. *Tb abs.* | Mihura *Modas* 35: –¿Quiere usted tomar algo? –Pues mire usted... (Después de olfatear ligeramente.) Un poco de ese queso que tienen ustedes, ya me gustaría.

2 Descubrir por el olfato el rastro [de alguien o algo (cd)]. | * El tigre ha olfateado su presa.

3 Adivinar o sospechar. | Cuevas *Finca* 60: Olfateaba, por instinto, los nuevos amos de "San Rafael".

4 Curiosear. | * He venido a olfatear cómo va vuestro trabajo.

olfateo *m* Acción de olfatear. | Pemán *MHi* 11.63, 8: No es del todo brillante esta especie de política defensiva, de fortaleza sitiada: esta especie de olfateo de pachón a la redonda, previendo peligros y amenazas por los cuatro horizontes.

olfativo -va *adj* De(l) olfato. | Bustinza-Mascaró *Ciencias* 91: Son neuronas que recogen las impresiones olfativas. CBonald *Ágata* 254: Sorteando con una especie de intuición olfativa la insidiosa trampa de los lucios taponados de verdín.

olfato *m* **1** Sentido corporal por el cual se perciben los olores. | Bustinza-Mascaró *Ciencias* 91: El sentido del olfato está en estrecha relación con el gusto. **b)** *(raro)* Órgano del olfato. *Tb en pl con sent sg.* | Cela *Judíos* 301: Un perro .. venteaba el campo con los olfatos puestos hacia el venir del viento.

2 Sagacidad o intuición. | Torrente *Off-side* 41: Tiene ese olfato especial, ¿me comprende? Sabe dónde hay dinero. Sánchez *Pról. Quijote* 20: Salida de tono malhumorada que, de interpretarse a la letra, no acreditaría mucho el olfato crítico de Lope.

olfatorio -ria *adj* **1** Que sirve al olfato [1]. | Navarro *Biología* 129: Los [nervios] sensitivos son: el nervio olfatorio, que llega a la cavidad nasal; el nervio óptico, que va a la retina, y el nervio estato-acústico o del oído.
2 Olfativo. | Bustinza-Mascaró *Ciencias* 78: En la corteza cerebral se han podido localizar los sitios donde se perciben las sensaciones táctiles, olfatorias, auditivas y visuales.

olíbano *m* Incienso (gomorresina). | CBonald *Ágata* 126: La fetidez a cieno .. no favorecía en modo alguno unas prácticas cosmogónicas cuya observancia consideraban imprescindible, habiendo llegado a corromperse la ceniza de huevo mezclada con olíbano en la que se reencarnaba cada luna el Gran Demiurgo.

oliente *adj* Que huele o da olor. | N. Oliver *NAl* 9.11.90, 22: Pisando el oliente humo de hojas y líquenes, espero largo tiempo tranquilo. Umbral *Ninfas* 129: Me divertía estar allí, entre la multitud oliente de los ciegos (los ciegos huelen).

olifante *m* (*hist*) *En la Edad Media:* Cuerno (instrumento músico) de marfil. | Perales *Música* 41: La "trompa" tiene sus antecesores en los antiguos "olifantes" .. medievales.

oligarca *m y f* (*Pol*) **1** Pers. que forma parte de una oligarquía. | Jover *Historia* 869: En relación con este su andalucismo, Brenan ha señalado la medida en que Primo de Rivera se despegaba, en algunos aspectos sustanciales, del clásico clisé de oligarca andaluz.
2 Pers. partidaria de la oligarquía. | Calonge *Tucídides* 83: El pensamiento político de Tucídides .. ha sido objeto de controversia por parte de los estudiosos, y así se le ha podido calificar como ferviente demócrata o como moderado oligarca.

oligarquía *f* (*Pol*) **1** Régimen en que la soberanía pertenece a un grupo o clase privilegiados. | Gambra *Filosofía* 251: La corrupción de estas tres formas de gobierno da lugar a otras tantas formas injustas: la tiranía .., la oligarquía .., la demagogia. Calonge *Tucídides* 89: Resulta difícil suponer que los oligarcas, aunque ese fuera su constante deseo, hubieran intentado instaurar la oligarquía sin la incitación llevada a cabo por Alcibíades.
2 Grupo o clase privilegiados que detentan la soberanía. | Politikón *Mad* 20.1.70, 3: Los militares pretenden .. poner fin a la dependencia económica: lucha abierta a la oligarquía dominante.

oligárquico -ca *adj* (*Pol*) De (la) oligarquía. | Calonge *Tucídides* 84: La revolución oligárquica de los Cuatrocientos. M. Lizcano *MHi* 3.61, 6: El predominio de grupos de intereses y actitudes de significación oligárquica en el seno del catolicismo español.

oligisto *m* (*Mineral*) Mineral gris negruzco o pardo rojizo, constituido por óxido de hierro. | Legorburu-Barrutia *Ciencias* 350: De los minerales de hierro: oligisto, limonita, magnetita, etc., se extrae el hierro en los altos hornos.

oligoceno -na *adj* (*Geol*) [Período] de la Era Terciaria que sigue al eoceno. *Tb n m.* | Ybarra-Cabetas *Ciencias* 162: Período oligoceno .. Abundan en este período lagunas y terrenos pantanosos. Pericot-Maluquer *Humanidad* 26: Estos [los monos] se dan ya en el Oligoceno. **b)** De(l) período oligoceno. *Tb n m, referido a terreno.* | Cendrero *Cantabria* 130: Merece la pena señalar .. las calizas numulíticas de San Vicente de la Barquera .., el único Oligoceno marino del Norte de España, formado por las arcillas, arenas y conglomerados que aparecen en las inmediaciones de Oyambre.

oligoclasa *f* (*Mineral*) Mineral constituido por una mezcla de albita y anortita, con predominio de la primera. | Ybarra-Cabetas *Ciencias* 53: Albita y anortita, en mezcla isomorfa, constituyen diversos polisilicatos, como la oligoclasa, labradorita, etc.

oligoelemento *m* (*Biol*) Elemento que interviene en el metabolismo de los seres vivos en dosis muy reducida, pero necesaria para su desarrollo. | Navarro *Biología* 15: Oligoelementos. Son los elementos químicos que en cantidades infinitesimales son también esenciales para la materia viva. Son tóxicos en cantidades excesivas.

oligofrenia *f* (*Med*) Deficiencia o retraso mental, de carácter congénito o precoz. | Vilaltella *Salud* 422: Posiblemente el 5 por ciento de la población total presenta una forma más o menos leve de oligofrenia.

oligofrénico -ca *adj* (*Med*) [Pers.] que padece oligofrenia. *Frec n.* | Goytisolo *Recuento* 92: Un joven de buen apellido, flaco y orejudo, con rasgos de oligofrénico, a juzgar por el retrato de las estampas.

oligomenorrea *f* (*Med*) Menstruación escasa en cantidad o en duración. | Vega *Salud* 548: Las menstruaciones escasas en cantidad y en duración se denominan oligomenorrea e hipomenorrea.

oligometálico -ca *adj* (*Med*) Que contiene poca cantidad de metales. | P. Salvá *Pue* 9.5.74, 30: Ya en los tratados clásicos de hidrología y terapéutica aplicada .. se describe esta acción de las aguas oligometálicas o aguas de ligera mineralización.

oligopolio *m* (*Econ*) Mercado en que un número reducido de vendedores tienen el monopolio de la oferta. | L. I. Parada *Mun* 14.11.70, 34: Este monopolio de carácter público vino a sustituir al oligopolio privado "de facto" existente en aquellos momentos.

oligopolista *m y f* (*Econ*) Vendedor que opera en situación de oligopolio. | P. Schwartz *Cam* 23.12.74, 37: El mineral habría de compra[r]se a los grandes oligopolistas Alcan y Pechiney.

oligopolístico -ca *adj* (*Econ*) De(l) oligopolio. | Tamames *Economía* 203: La actual estructura de la industria del cemento es aparentemente oligopolística.

oligoqueto *adj* (*Zool*) [Anélido] caracterizado por el corto número de sedas, gralm. terrestre, sin pies ni apéndices. *Frec como n m en pl, designando este taxón zoológico.* | Ybarra-Cabetas *Ciencias* 427: En los lagos profundos existen en su fondo principalmente rizópodos, infusorios y gusanos oligoquetos. Artero *Invertebrados* 110: Tipo Gusanos .. Clase Anélidos: Orden Oligoquetos. Con pocas sedas, hermafroditas, terrestres: lombriz de tierra.

oligotrófico -ca *adj* (*Biol*) Que contiene pocas sustancias o elementos nutritivos. | *Abc* 29.6.75, 37: Se han realizado pequeñas repoblaciones, .. no solo con el fin de alimentar al ganado, sino también con el de estudiar la posibilidad de aumentar la cantidad de humus de los suelos oligotróficos de pizarras cámbricas de La Serena. *MOPU* 7/8.85, 82: Lavajos de Nueva Vía de las Torres. Lago oligotrófico.

oligozoospermia *f* (*Med*) Escasez en el número de espermatozoides en el semen. | B. Beltrán *Ya* 17.3.92, 23: La oligozoospermia se produce cuando el recuento de espermatozoides es menor de 20 millones por mililitro.

oliguria *f* (*Med*) Disminución o insuficiencia de la secreción de orina. | G. Anrich *VAl* 3.9.75, 15: El individuo tiene fiebre alta, taquicardia .., orinas escasas –oliguria–, agotamiento y apatía.

olimpiada *(frec con mayúscula; tb* **olimpíada***) f* **1** Juegos olímpicos. *Tb en pl con sent sg. Tb fig.* | R. Salazar *SYa* 24.1.74, 15: Su ciudad sufragará, sin ayuda de nadie, los gastos que ocasione la celebración de la próxima olimpíada. Repollés *Deportes* 173: La culminación máxima de las manifestaciones deportivas la constituyen los Juegos Olímpicos u Olimpíadas, a los que concurren los mejores deportistas no profesionales del mundo. Vega *Cocina* 63: Los [platos] santanderinos son propios de una Olimpíada del Buen Comer. *Abc* 28.6.70, 51: La Real Sociedad Matemática celebrará en los días 6 y 7 de julio próximo, como en años anteriores, su VII Olimpiada Matemática.
2 (*hist*) Entre los griegos: Período de cuatro años comprendido entre dos juegos olímpicos consecutivos y que servía como unidad para el cómputo del tiempo. | Pericot *Polis* 72: Durante más de un milenio se celebraron los juegos y se llevó, con el número de los mismos, la cuenta de los años (era de las Olimpíadas: 776 a. de J.C.).

olímpicamente *adv* De manera olímpica, *esp* [4]. | Delibes *Inf* 13.8.75, 12: Para nosotros, pescadores auténticos, no solo carece de interés que se nos arme con todas las de ganar, sino que rehusamos olímpicamente esta posibilidad.

olímpico – olivarero

olímpico -ca *adj* **1** Del Olimpo (morada de los dioses helénicos). | Tejedor *Arte* 30: Entre todos los dioses destacaban doce de superior categoría, los doce dioses olímpicos, que, según los griegos, habitaban un palacio en la cima del Olimpo, la mayor altura de Grecia. **b)** Propio de los dioses del Olimpo. | GAmat *Conciertos* 64: El sobrenombre *Júpiter* [de la sinfonía] no es, desde luego, del autor, pero corresponde a una música de majestad olímpica.
2 De Olimpia (Grecia). | Arenaza-Gastaminza *Historia* 43: Los griegos celebraban diversas fiestas panhelénicas o nacionales .. Dichas fiestas o juegos tuvieron el privilegio de suspender las guerras .. Los cuatro principales juegos fueron: los Olímpicos ..; los Píticos ..; los Nemeos .., y los Ístmicos.
3 juegos ~s → JUEGO. **b)** De los juegos olímpicos. | *Abc* 2.2.65, 57: El Comité Olímpico Español delega la confianza de la preparación técnica .. en los criterios de las respectivas Federaciones. S. García *Ya* 22.10.64, 27: Pakistán es el campeón olímpico. **c)** Participante en los juegos olímpicos. *Tb n, referido a pers.* | *Abc* 2.2.65, 57: Delega la confianza de la preparación técnica de nuestros olímpicos en los criterios de las respectivas Federaciones.
4 Altivo o despreciativo. *Normalmente dicho de cosa.* | Alfonso *España* 94: Instar un ápice de jerarquía para algo de lo considerado por otro como pequeño nos atraerá su olímpico desdén. FReguera-March *Fin* 155: Eran seres olímpicos y humildes que atraían a Ignacio con su exaltada gesticulación, con sus rostros macilentos, sus ropas raídas, su rebeldía auténtica y feroz, su misticismo extraño que contrastaba con su sincera falta de fe.

olimpismo *m* Actividad olímpica. | *Inf* 12.10.76, 19: Barcelona se ha convertido en la capital del olimpismo mundial con la reunión de la Comisión ejecutiva del C.O.I. (Comité Olímpico Internacional) con los miembros de las Federaciones internacionales de deportes olímpicos.

olimpo *m* (*lit*) **1** Morada exclusiva de seres privilegiados o superiores. *Tb fig.* | MGaite *Búsqueda* 90: Consiste en avecinarlos lo más posible a los ídolos del cine o del dinero, antiguamente inalcanzables en sus altos olimpos. *Abc* 13.9.70, 14: ¿Ha irrumpido ya el agua mineromedicinal en el dilatado olimpo de los artículos suntuarios?
2 Conjunto de seres que habitan un olimpo [1]. | Miguel *País* 23.6.76, 10: Ni siquiera se podía mencionar la palabra "partido" en un artículo, atrevimiento que desataba todas las iras del olimpo informativoturístico.

olisbo (*tb* **olisbos**) *m* (*lit*) Consolador (utensilio en forma de pene destinado a la masturbación femenina). | Cela *Oficio* 64: Un olisbo hecho de piel de panza de puerco salvaje .. a una temperatura ligeramente superior a la de las cavidades usuales. Sampedro *Sirena* 433: Anoche dejándome hablar del sexo para luego llevarme a su alcoba y enseñarme su olisbos, de marfil pero con funda de seda.

oliscador -ra *adj* (*raro*) Que olisca. *Tb n, referido a pers.* | FReguera-March *Cuba* 147: Uno de los soldaditos, asistente del oficial, era arriscado y oliscador. Como le vagase el tiempo, anduvo curioseando por las cercanías. L. Contreras *Dis* 3.76, 9: Lo que el Gobierno vaya decidiendo sobre el particular estará protegido contra las críticas por obra y gracia de ese velo de discreciones que ahuyenta a los oliscadores políticos o, al menos, inmoviliza sus plumas.

oliscar *tr* (*raro*) Olisquear. *Tb abs.* | Palacios *Juicio* 177: El perro de la casa anduvo oliscando en mis ropas.

olisma *f* (*reg*) Olor. *Tb fig.* | Moreno *Galería* 221: Dejando [la zorra] en el camino el rastro de su olor a mil demonios. "Una olisma" inaguantable. B. RNin *SPue* 3.11.79, 1: En los premios literarios .. ya no creen más que los que se presentan a la olismilla de la pasta .. o a la olismilla de la fama.

olisqueador -ra *adj* Que olisquea. | Goytisolo *Recuento* 264: Quedaban los perros .. Los perros rascadores, olisqueadores, aulladores. Zunzunegui *Camino* 446: Olisqueadora: –¿Qué llamas tú un buen pasar?

olisquear *tr* **1** Olfatear (aspirar aire por la nariz para percibir el olor [de alguien o algo (*cd*)]). *Tb abs.* | Delibes *Parábola* 71: Gen se aproximó a ella, .. la olisqueó por detrás y la perra le olisqueó a él. Delibes *Ratas* 88: La perra .. se detuvo, volvió sobre sus pasos, olisqueó tenazmente en todas direcciones y, al cabo, irguió la cabeza desolada y jadeó ahogadamente.
2 Olfatear (adivinar o sospechar). | CBonald *Ágata* 259: Escapados ya el orífice Taronjí y la anfibia Esclaramunda a sus lares isleños no más olisquearon los amenazantes tiempos que se avecinaban, siguió viviendo Mercedes en la casa de Malcorta.
3 Indagar o buscar disimuladamente. *Tb abs.* | CPuche *Paralelo* 45: A los españoles que pasaban y que se les veía de bar en bar olisqueando lo que caía, también los observaba Genaro.

olisqueo *m* Acción de olisquear. | L. Blanco *Ya* 4.6.75, 12: Bien nos vendría una rehala de galgos que, a fuerza de olisqueos, dejara escapar los de peluche con motor incorporado para dedicarse a los de verdad.

olitense *adj* De Olite (Navarra). *Tb n, referido a pers.* | J. M. Iriberri *DNa* 21.8.66, 16: Todo esto pertenece a la particular imaginación olitense .. A partir de 1966 el mes de octubre tendrá una fecha en rojo para los calendarios olitenses.

oliva I *f* **1** Aceituna. *Más frec en la constr* ACEITE DE ~. *Salvo en esta constr, el uso es reg.* | Goytisolo *Recuento* 60: Las cuentas de su rosario eran huesos de olivas de olivo de Getsemaní. Arce *Testamento* 46: Y cada dos meses compraba una lata de aceite de oliva.
2 Olivo (árbol). | JGregorio *Jara* 16: Entre los canchos enraíza el almendro y la oliva, y en la superficie arenosa, la encina, el chaparro y la vid.
3 (*E*) Masa u objeto en forma de oliva [1]. | B. Beltrán *Ya* 10.12.91, 23: Se trata de una pequeña oliva que gira a 180.000 revoluciones por minuto en el extremo de un alambre muy fino y flexible. La oliva está cubierta de partículas de diamante microscópicas que al rozar con el material obstructor de las arterias actúa como una lija muy fina. Bustinza-Mascaró *Ciencias* 91: Las papilas fungiformes y caliciformes poseen unos dispositivos llamados olivas o botones gustativos, en cuyo interior hay un corto número de células gustativas. **b)** (*Arquit*) Pequeña masa oblonga que, en serie con otras, se usa como adorno. | Castroviejo *Abc* 10.9.68, 8: En la vieja iglesia románica, con olivas en el atrio, se revistió, entre otros señores abades, don Mariano para la solemne misa cantada.
II *adj invar* **4** [Color verde] oscuro propio de la aceituna. *Tb n m.* | *SAbc* 14.10.84, 16: El peridoto .. es verde oliva transparente. Cela *Alcarria* 233: En Moratilla hay una fuente preciosa .. que se enseña cuajada de musgo de los siete verdes –verdemar, verde botella, verdeceledón, verde lechuga, verde oliva, verdegay, verde esmeralda–. **b)** De color verde oliva. | F. Portillo *SAbc* 16.3.80, 38: Salvelino .. Dorso oliva oscuro.

oliváceo -a *adj* [Color] verdoso semejante al de la aceituna u oliva. | Marsé *Tardes* 14: El color oliváceo de sus manos .. era como un estigma. **b)** De color oliváceo. | Torrente *Fragmentos* 225: El que venía de Barcelona era un sujeto oliváceo, de largo cabello endrino.

olivación *f* Acción de olivar[3]. | MCalero *Usos* 37: Del arreglo y limpieza del monte se sacaba buen cisco para braseros, aprovechando la seroja y ramas de la olivación.

olivar[1] *m* Lugar plantado de olivos. | Halcón *Manuela* 25: Se va usted allí arriba. ¿Ve usted? Allí, donde empieza el olivar.

olivar[2] *adj* (*Med*) De (la) oliva [1]. | Nicolau *Salud* 661: Los óvulos: son una variante de los supositorios, tienen forma olivar y se administran por vía vaginal.

olivar[3] *tr* Podar [árboles]. | Delibes *Guerras* 170: Para entonces, el que olivasen los árboles o no me traía sin cuidado.

olivarda *f* Planta muy ramosa, cuyas hojas segregan una sustancia viscosa, y que tiene propiedades medicinales (*Inula viscosa*). | FQuer *Plantas med.* 788: La olivarda crece hasta la altura de 1 m., o poco más o menos, y es planta muy ramosa y muy poblada de hojas.

olivarero -ra *adj* Del cultivo del olivo [1]. | *Abc* 28.6.68, 97: Toda Andalucía presentaba .. una panorámica olivarera prometedora. **b)** Que se dedica al cultivo del olivo. *Tb n, referido a pers.* | Cela *Viaje andaluz* 195: Al vagabundo .. le fue a alcanzar el sol lamiéndole las espaldas al tiempo de meterse por La Puebla de Cazalla .., pueblo blanco y olivarero, como todos. *Ya* 6.5.70, 16: Peticiones de los olivareros leridanos.

olivastro *m* Olivo silvestre. | FQuer *Plantas med.* 741: Olivo .. Sinonimia cast[ellana], aceituno, y el silvestre, acebuche .., olivastro.

oliventino -na *adj* De Olivenza (Badajoz). *Tb n, referido a pers.* | *Hoy* 15.2.75, 13: De nuevo recibimos carta del Club Atlético Oliventino.

olivera *f (reg)* Olivo (árbol). | CPuche *Sabor* 51: De vez en cuando en alguna olivera un autoejecutado, la suspensión total, el equilibrio perfecto de un cuerpo colgado. J. Hernández *Hoy Extra* 12.75, 43: Los hombres estaban borrachos debajo de una olivera.

olivero -ra *adj* De Oliva de la Frontera (Badajoz). *Tb n, referido a pers.* | E. Díaz *Hoy* 13.10.74, 39: Se ha reunido en pleno la junta organizadora del homenaje al ilustre pintor olivero Timoteo Pérez Rubio.

olivicultor -ra *m y f* Pers. que se dedica a la olivicultura. | *Agreste Abc* 15.1.65, 19: El paro obrero .. está a la vista, ayuntado con las consecuencias de falta de dinero entre los olivicultores.

olivicultura *f* Cultivo del olivo. | *Abc* 7.6.58, 47: La Conferencia .. ha demostrado el especial interés y la preocupación para investigar las mezclas de aceites de oliva en los aceites de semillas que tanto dañan a la olivicultura del mundo.

olivilla *f* Planta de hasta 1 m de altura, con flores pequeñas amarillas y fruto en forma de tres bolitas rojas y finalmente negras, usada como purgante enérgico (*Cneorum tricoccum*). | Cela *Mazurca* 35: Mantuvo a raya a su segundo [marido] purgándolo todos los sábados con olivillas, que no son olivas, cuidado, que son otra cosa.

olivino *m (Mineral)* Peridoto (mineral). | Alvarado *Geología* 52: Peridotita. Roca formada predominantemente de olivino (peridoto), acompañada de piroxenos y anfíboles.

olivo I *m* **1** Árbol de tronco corto y grueso, copa ancha y ramosa, hojas persistentes verdes y lustrosas por la haz y blanquecinas por el envés, y flores blancas, y de cuyo fruto se obtiene el aceite común (*Olea europaea*). *Tb su madera.* | Ortega-Roig *País* 84: El olivo es un producto típico del clima mediterráneo. *Abc* 29.6.91, 11: Cómoda-escritorio realizada en cerezo, nogal y olivo.
II *loc v* **2 tomar el ~.** *(Taur)* Guarecerse en la barrera. | DCañabate *Paseíllo* 92: El Pulguita fue el primero que avanzó hacia él, no muy decidido, agitando el capote, pronto a salir corriendo a tomar el olivo.

olla *f* **1** Vasija de barro o metal, de forma cilíndrica, boca ancha y con una o dos asas, usada normalmente para cocer alimentos o calentar agua. | Bernard *Verduras* 42: Se cuecen las alcachofas en una olla destapada.
2 Guiso consistente en una mezcla cocida de carne, legumbres y hortalizas, esp. garbanzos y patatas, a la que se añaden a veces embutidos y otros ingredientes. | Delgado S*País* 26.7.87, 43: El clima .. ha supuesto la proliferación de dos formas básicas de alimentarse: la olla y el gazpacho. **b) ~ podrida.** Olla a la que se añaden jamón, aves y embutidos. | Cela *Pirineo* 83: La escudella .. es una olla podrida en la que se cuece .. lo más granado, elemental y sabroso que el hombre brindan los dos reinos vivos de la naturaleza, el vegetal y el animal.
3 ~ de grillos → GRILLO.

ollao *m* Cerco de metal destinado a reforzar un ojete. | *BOE* 10.1.75, 575: La Junta Principal de Compras .. anuncia la celebración de un concurso público, de conformidad con lo dispuesto en la Orden del Ministerio del Ejército, .. para la adquisición de .. 12.000 unidades ollaos oblongos.

ollar *m* Orificio de la nariz, esp. de la caballería. | MFVelasco *Peña* 69: Un lobo disforme había cruzado de mata a mata delante mismo de los ollares de su caballo. S. Araúz *SYa* 2.3.75, 7: Está el toro en el ruedo .. Le propina un gran mamporrazo en los hocicos. La bestia se bambolea con los ollares sanguinolentos. MFVelasco *Peña* 91: Viene andando [el oso] por su propio pie, sin pértigas ni anillas a los ollares. MFVelasco *Peña* 244: Aunque la respiración me arañara los ollares. [*Un hombre en medio de la helada.*]

ollería *f* Taller o tienda del ollero. | Seseña *Barros* 118: En la única ollería, la del citado Manibardo, nos enteramos que la producción tradicional se fabricaba con arcilla colorada.

ollero -ra *m y f* Pers. que se dedica a la fabricación o a la venta de ollas [1]. | Seseña *Barros* 118: Torrejoncillo presenta la peculiaridad de que el oficio del barro se divide entre tinajeros y olleros.

ollomol *m (reg)* Se da este n a varias especies de peces del gén Pagellus, esp *P. acarne, P. bogaraveo, P. centrodontus y P. erythrinus*. | Torrente *Sombras* 37: Pude identificar, entre ellos, .. al besugo, al ollomol, a la caballa.

ollón *m* Olla [1] grande. | P. J. Rey *Sur* 25.8.88, 10: Coge el ollón de berzas de ayer y ponlo a calentar.

olma *f* Olmo muy corpulento y frondoso. | Delibes *Año* 218: Recuerdo el pequeño barrio de casas molineras, la ermita, las eras, la noble olma que sombreaba la fuente.

olmaza *f (reg)* Hormaza (pared de piedra seca). | Moreno *Galería* 146: Remontados en algún paraje o altozano –olmaza o barbacana, decían ellos– de la aldea.

olmeca *adj (hist)* [Individuo] de un pueblo mejicano que ocupaba los actuales estados de Veracruz, Tabasco y Oaxaca, y cuya civilización floreció entre los ss. IX y II a.C. *Tb n.* | Pericot *Polis* 142: Desde hace unos 2.000 años existían algunas culturas progresivas en las comarcas mejicanas. Olmecas, toltecas y aztecas forman tres escalones en el progreso de este país. **b)** De los olmecas. | MPérez *Comunidad* 73: Huellas de las antiguas altas culturas mesoamericanas, como la olmeca.

olmeda *f* Lugar plantado de olmos. | Hoyo *ROc* 8/9.76, 91: Huyó de aquel hedor .., otra vez a los sotos, a las choperas, a los prados, a los castañares, a las olmedas.

olmedano -na *adj* De Olmedo (Valladolid). *Tb n, referido a pers.* | T. Ramos *Nor* 9.10.75, 7: Unos grandes festejos en los que brilló sobre todo la amistad. De nuevo los olmedanos a sus quehaceres y a trabajar, puesto que todo va parejo y no puede haber una cosa sin otra.

olmedo *m* Olmeda. | FVidal *Duero* 124: El viajero .. se deja abrazar por el ramaje, abundoso y umbrío, de las frondas de olmedos.

olmo *m* Árbol de tronco robusto y derecho, corteza gruesa y resquebrajada, copa ancha, hojas elípticas vellosas por el envés, flores de color blanco rojizo y fruto en sámara (*Ulmus campestris*). *Tb se da este n a otras especies del gén Ulmus.* | Peraile *Ínsula* 55: Tengo una certeza fija como los olmos de la olmeda. Cendrero *Cantabria* 54: Estrato arbóreo .. *Ulmus glabra* Hudson: Olmo.

ológrafo -fa *(tb con la grafía* **hológrafo**) *adj* **1** [Testamento o memoria testamentaria] de puño y letra del testador. | Ramírez *Derecho* 84: El testamento puede ser común o especial. El común, a su vez, puede ser ológrafo, abierto o cerrado. **b)** Propio del testamento ológrafo. | *Compil. Navarra* 102: Con excepción de la forma ológrafa, el testamento de hermandad puede revestir cualquier otra forma admitida en esta Compilación.
2 *En gral:* Autógrafo. | CBonald *Casa* 132: La confesión ológrafa del capellán sacaba a relucir las interioridades atroces de una vida.

olor I *m (tb, lit o reg, f)* **1** Emanación volátil [de algunos cuerpos] capaz de provocar una sensación específica en la nariz. *A veces con un compl especificador con* **a**. *Tb fig.* | Arce *Testamento* 101: El tejido de la chaqueta me asfixiaba con su olor. Laiglesia *Tachado* 93: Airearon sus uniformes, saturados de olor a naftalina. VMontalbán *Rosa* 229: No escapaban a una vieja olor de subdesarrollo, de esquina del mundo y de la lírica. **b) ~ a chamusquina.** Hecho de oler a chamusquina (→ CHAMUSQUINA). | GAmat *Conciertos* 94: Se unía así [Rousseau] .. al llamado enciclopedismo, que para muchos significaba la liberación y para los más el azufre infernal y el olor a chamusquina.
II *loc adj* **2 de ~.** Que huele bien. | Cunqueiro *Un hombre* 20: La hermana de Eustaquio quemaba papeles de olor y hervía vino con miel. **b) (Agua) de ~,** [grama] **de ~,** [juncia] **de ~,** [malva] **de ~** → AGUA, GRAMA, JUNCIA, MALVA.

III *loc adv* **3 en ~ de santidad.** Con reputación de santo. | GNuño *Madrid* 85: El caballero había muerto .. en olor de santidad.

4 en ~ de multitud(es). En medio del fervor o entusiasmo popular. | Cossío *Montaña* 157: Víctor de la Serna, muerto *en olor de multitud*, había labrado la personalidad que a ello le condujo. *Nue* 22.12.70, 9: García Carrés es un político de las últimas hornadas que mueve su política .. en olor de multitud.

IV *loc prep* **5 en ~ de.** En atmósfera o ambiente de. *Seguido de n abstracto sin art.* | *Sp* 19.7.70, 53: Aparentemente esta decisión ha sido tomada conjuntamente y en olor de amistad y entendimiento.

oloriento -ta *adj* (*lit, raro*) Oloroso [1]. | Umbral *Mortal* 191: Por el retrete, entre sus espejos pálidos y olorientos, todavía se mueven los cuerpos rosa de los niños.

oloroso -sa *adj* **1** Que exhala olor. *A veces con un compl* A. | Arce *Testamento* 75: El estiércol aún seguía humeante y oloroso. Laforet *Mujer* 228: Un aire fresco, oloroso a pinos, corría por la casa. **b)** [Juncia] **olorosa**, [junquillo] **~** → JUNCIA, JUNQUILLO.

2 [Vino de Jerez] de mucho aroma, de color dorado oscuro y de 18º o más. *Frec n.* | Murciano *Abc* 20.7.65, 22: Viértase .. en una copa un chorro de vino fino, .. o de amontillado, .. o de oloroso, denso, cercano al rubí.

olotense *adj* Olotino. *Tb n.* | *Van* 23.6.74, 37: Olot .. Adquisición municipal de un hotel .. La noticia ha sido acogida con gran beneplácito en los medios olotenses.

olotino -na *adj* De Olot (Gerona). *Tb n, referido a pers.* | Subirá-Casanovas *Música* 55: El clave .. dio renombre .. a Marchand, Clérambault .. en Francia; al padre Antonio Soler, olotino, profeso en el Monasterio del Escorial, entre otros, en España.

olusatro *m* Planta de hasta 1 m de altura, tallo robusto y flores amarillas en umbela (*Smyrnium olusatrum*). | Mayor-Díaz *Flora* 454: *Smyrnium olusatrum* L. "Olusatro" .. Antiguamente se cultivaba como verdura igual que el apio.

olvidable *adj* Que se puede olvidar. | L. Contreras *Abc* 5.4.86, 16: Para consolarnos, no olvidemos que todo es casualidad. Que todo es olvidable porque nada posee consistencia.

olvidadero -ra *adj* (*raro*) Que se puede olvidar. | GPavón *Rapto* 252: Bajo un párrafo que este modesto cronista no quiere dejar sin darle espacio en la relación de sus hechos, nunca olvidaderos por los hijos de Tomelloso.

olvidadizo -za *adj* Que olvida con facilidad. | FSalgado *Conversaciones* 202: Es natural que la gente se canse de los gobiernos, pero a veces la crítica es olvidadiza e injusta.

olvidanza *f* (*lit, raro*) Olvido [1]. | Umbral *País* 10.5.83, 35: Casi un millón de españoles, raído tercio de qué Flandes, caminando la cartografía de Europa en un mareo de lenguas y Senados, con el dolor de la olvidanza política de España.

olvidar A *tr* **1** Dejar de tener en la memoria [algo o a alguien]. *Tb pr* (*col*), *cuando el cd es una prop.* | Gambra *Filosofía* 112: Es frecuente entre los vascos, que aprendieron en esa lengua sus primeras palabras, pero las olvidaron después por falta de uso, que en la hora de su muerte recen en vasco las oraciones habituales. * Me olvidé que teníamos la cita. **b)** Dejar de tener en cuenta [algo o a alguien]. | Grosso *Capirote* 123: –Bueno, deja ya. Olvídalo. –No. Si ya te digo que no me importa. Casi me hace bien el contarlo. CSotelo *Inocente* 85: Ella [la luz] .. reavivará a unos personajes, olvidará a otros y cuidará, en suma, de crear la atmósfera en que se desenvuelve. Torrente *Pascua* 161: No se llevaba con su señora tía, que en paz descanse, pero esas cosas las borra la muerte. Ya ve usted: lo ha olvidado, y quiere venir a saludarla. **c) olvídame** o **que me olvides.** (*col*) *Se usa como fórmula de rechazo.* | Montero *Reina* 55: –A ver si limpias un poco esto, Bella, que está todo hecho un asco. –Olvídame, Menéndez. Olmo *Cuerpo* 40: –¡Déjame en paz con tus suposiciones de cincuentona histérica! .. –¡Víctor! –¡Que me olvides!

2 Dejar de sentir amor [hacia alguien o algo (*cd*)]. | Laforet *Mujer* 273: Si puedes decirme en ese mismo tono que me has olvidado enteramente .., puedes estar segura de que te dejo aquí mismo en paz.

3 Dejar u omitir [algo] por descuido o inadvertencia. *Frec con compl de interés.* | * He olvidado en casa la cartera. * Me olvidé la cartera en el taxi.

B *intr pr* **4** Olvidar [1, 2 y 3] [a alguien o algo (*compl* DE)]. *Tb sin compl.* | Olmo *Ayer* 180: Me ve aburrida, sola. Y me hace rabiar para que me olvide de lo malo. ¿No lo crees? Olmo *Camisa* 65: En cuanto se vea con unas perras en el bolsillo se olvidará de ti. J. Goñi *Inf* 21.1.77, 25: Escribir la historia de Madrid, zona por zona, sin olvidarse de ninguna, y presentarla al público en cien fascículos semanales es el ambicioso proyecto que está preparando el Instituto de Estudios Madrileños. Olmo *Ayer* 179: –¡Te aseguro que yo no la puse ahí! –Se habrá olvidado usted.

5 Dejar de estar presente [algo] en la memoria [de alguien (*ci*)]. | Cunqueiro *Un hombre* 14: Con el susto se les había olvidado la palabra que abría la puerta.

6 Ser dejado u omitido [algo] por descuido o inadvertencia [de alguien (*ci*)]. | * Se me ha olvidado la cartera en el taxi.

olvido I *m* **1** Acción de olvidar. *Tb su efecto. Frec en constrs como* CAER EN EL ~, RELEGAR AL ~, YACER EN EL ~. | Gambra *Filosofía* 112: El olvido es una función espontánea de la memoria. Tamames *Economía* 262: El Arancel de Aduanas, que yacía casi en el olvido desde 1933, pasó a convertirse de nuevo en un instrumento importante.

2 (*lit*) Cosa que se ha olvidado [1]. | Sampedro *Sonrisa* 219: Como tú ahora sacas de mis adentros tantos olvidos.

II *loc v* **3 echar en ~.** Olvidar [1b]. | Peraile *Ínsula* 52: Bueno, Wences, a ver si llega bien campante esa familia. Y no me eche en olvido la bota, que mi pierna, sin su trono, pues no me responde.

omagua *adj* De una tribu india de la alta Amazonia. *Tb n, referido a pers.* | Tovar-Larrucea *Catálogo* 97: Estos omaguas se hallaban ante[s] más al Este, en las grandes islas del Amazonas entre el Juruá y el Napo, pero se fueron retirando ante los colonizadores brasileños.

omaní *adj* Del sultanato de Omán. *Tb n, referido a pers.* | P. GAparicio *SYa* 30.3.75, 19: Los árabes omaníes habían penetrado hasta las orillas del lago Tanganika. G. González *SSe* 24.6.90, 38: Sesenta marroquíes y unos quinientos omaníes y asiáticos trabajan actualmente en los ocho castillos y fortalezas incluidos en el protocolo omaní-marroquí.

ombligo I *m* **1** *En los mamíferos:* Cicatriz redonda y arrugada en medio del vientre, residuo del cordón umbilical. | Olmo *Golfos* 163: Los ombligos son ojos que no ven.

2 Cordón umbilical. | CBonald *Noche* 125: –Nunca consintió que le ayudase nadie a parir .. ¿Y sabe usted lo primero que hacía? .. Pues lo primero que hacía después de cortarse el ombligo –prosiguió– era beberse su propia leche.

3 (*Bot*) Pequeña depresión en el ápice de algunos frutos, opuesta al pedúnculo. | Santamaría *Paisajes* 23: Sus piñas .. son generalmente disimétricas y con el ombligo comprimido.

4 ~ de Venus. Planta vivaz de hojas carnosas, redondeadas y con cierta concavidad en la inserción del rabillo, que se cría en los muros y rendijas de las peñas y es usada como diurética y vulneraria (*Umbilicus pendulinus* o *U. rupestris*). *Tb ~* DE ROCA. | Mayor-Díaz *Flora* 290: *Umbilicus rupestris* (Salisb.) Dandy. "Coraxellos" .. "Ombligo de Venus" (Sin. *U. pendulinus* DC.). Rodríguez *Monfragüe* 152: En el roquedo, por último, podemos hallar encinas achaparradas .. y al bellísimo ombligo de roca (*Umbilicus rupestris*).

5 ~ de la reina. Cierta planta cactácea, redonda y con púas. | Cela *Viaje andaluz* 19: En un balcón, al lado de la delicada begonia a la que protege un piadoso tejadillo de lata, crece –lento y atroz– el fiero ombligo de la reina.

6 el ~ del mundo. El centro o lo más importante del mundo. *Frec con intención desp, con vs como* CREERSE *o* CONSIDERARSE. | Marsé *Dicen* 163: La trapería era el ombligo del mundo. M. Porter *Des* 12.9.70, 32: Tan peligroso nos parece el triunfalismo patriotero de quienes se creen el ombligo del mundo como el derrotismo suicida de los que .. se dedican a encomiar con entusiasmo lo extranjero.

II *loc v* **7 encogérsele** (o **arrugársele**) [a uno] **el ~.** (*col*) Entrar[le] temor o desánimo. | Delibes *Emigrante* 35: No quiero pensar en que no volveré a ver esos campos por-

que se me encoge el ombligo. DCañabate *Paseíllo* 61: ¿Que sirves? P'alante. ¿Que eres un trompo o te se encoge el ombligo? Pues a la tienda de tu padre.
8 mirarse el ~. (*col*) Complacerse en la contemplación de sí mismo. | *Des* 12.9.70, 5: Las gentes de nuestro teatro independiente se miran el ombligo.

ombliguero *m* Venda que se pone a los niños recién nacidos para sujetar la gasa que cubre el omblígo hasta que este cicatriza. | * Procura no mojar el ombliguero cuando laves al niño.

ombliguismo *m* (*desp*) Tendencia a considerarse el ombligo del mundo (→ OMBLIGO, acep. 6). | *País* 20.5.90, 45: Estamos viviendo unos momentos en que la profesión de comunicador padece de ombliguismo, con un excesivo protagonismo de los periodistas o mediadores de la información.

ombría *f* (*raro*) Umbría. | *BOE* 9.1.75, 479: Sube [la dehesa] por la canal llamada de la Cerca, al camino llamado de la Era, atraviesa por esta Era y va por aguas vertientes entre la [o]mbría llamada del Pilar y la Solana llamada de Mochila. [*En el texto*, hombría.]

ombú *m* Árbol de la América Meridional, de corteza gruesa y blanda, copa muy densa, hojas elípticas y flores en racimos (*Phytolacca dioica*). | E. Corral *Abc* 21.4.74, 73: El payador pampero, a la sombra del ombú en la infinita calma del desierto, .. entona .. las monótonas décimas de "Martín Fierro".

ombudsman (*sueco e ing; pronunc corriente*, /ómbudsman/; *pl normal*, ~s o, *más raro*, OMBUDSMEN) *m* **1** (*Pol*) Defensor del pueblo. *Gralm referido a los países escandinavos.* | S. Fanjul *Act* 18.1.73, 26: Algunos países crean una nueva institución política: el "ombudsman". Auge de una figura destinada a proteger al ciudadano. Ovidio *Abc* 5.6.85, 21: De altamente positiva ha sido valorada la iniciativa del Defensor del Pueblo español, Joaquín Ruiz-Giménez, de celebrar en Madrid el Simposio de Ombudsmen europeos.
2 Defensor de los derechos [de un determinado grupo de perss.]. *Tb sin compl, por consabido.* | *Inf* 24.10.72, 39: En Suecia: Existe una especie de árbitro absoluto de la publicidad –el Ombudsman– que ante sí y por sí prohíbe todas las campañas que, a su juicio, deben ser retiradas. *Ya* 20.4.86, 21: El Banco de Bilbao introducirá en su equipo un "ombudsman", cuya función será la de proteger los derechos y los intereses de los clientes de su grupo, así como vigilar que las relaciones entre estos y la entidad se desarrollen, en todo momento, de acuerdo con los principios de equidad y recíproca confianza. *Ya* 8.9.86, 31: Piden que se cree la figura del "ombudsman" de la comunicación.

omega *f* **1** Última letra del alfabeto griego, que representa el sonido [o] larga. (V. PRELIM.) | Ribera *SSanta* 95: Sobre ella [la cruz] graba la letra griega alfa, debajo la letra griega omega. **b) alfa y ~** → ALFA.
2 Pieza o figura en forma de omega [1]. | *GTelefónica N.* 853: Comercial DVP, S.A. Perfiles de hierro. Laminados en frío y perfiles de aluminio. Ángulos. Úes. Omegas. Zetas. Tubos cuadrados soldados.

omento *m* (*Anat*) Epiplón. | J. Fereres *TMé* 27.1.84, 29: Se pueden descubrir, asimismo, masas en el omento de muy pequeño tamaño.

omero *m* (*reg*) Aliso (árbol). | FQuer *Plantas med.* 100: Aliso .. Sinonimia cast[ellana], alno, vinagrera, y, en Asturias, omero.

omeya *adj* (*hist*) De la familia de Moavia I o de la dinastía musulmana fundada por él en el s. VII, cuya corte estuvo en Damasco, y que se prolongó en el s. VIII en Córdoba. *Tb de lo relativo a su época.* | Castejón *Pról.* Salcedo 5: Un miembro de la dinastía Omeya, Abd al-Rahman ben Moavia, .. ha escapado a la exterminadora matanza de los abasíes. FVidal *Duero* 45: Los murallones de la fortaleza están reforzados por cubos cuadrados, típicos de la arquitectura omeya.

ómicron (*tb* **omicrón**) *f* Letra del alfabeto griego que representa el sonido [o] breve. (V. PRELIM.) | Estébanez *Pragma* 43: Alfabeto griego: .. mi, ni, xi, ómicron.

ominosamente *adv* (*lit*) De manera ominosa. | Lera *Bochorno* 207: De golpe habían caído sobre él los años, los insomnios, las penas, los fracasos... Y gravitaban sobre él ominosamente, como la nieve que abruma y desgarra los abetos.

ominoso -sa *adj* (*lit*) **1** Abominable. | Torrente *Pascua* 404: Por eso puede permitirse el lujo de pisotear las leyes de la República y obligar a ciudadanos conscientes a que toleren .. el espectáculo retrógrado .. de unas procesiones .. Como en los tiempos ominosos del feudalismo.
2 De mal agüero. | Landero *Juegos* 41: No había pájaro sin buen o mal indicio ni nube que no dejara al pasar una seña ominosa o propicia.

omisión I *f* **1** Hecho de omitir. | A. Barra *Abc* 15.12.70, 27: La deformación de la realidad y las omisiones premeditadas contribuyen tan solo a reforzar la voluntad de orden y de unidad nacional. Valcarce *Moral* 15: Los [actos humanos] positivos tienen por objeto la realización de un acto, mientras los negativos tienen por objeto una omisión.
II *loc adj* **2 de ~**. (*Rel catól*) [Pecado] que consiste en no hacer algo a que se está obligado. | Villapún *Moral* 53: El pecado puede ser: .. De comisión, consiste en hacer lo prohibido, como robar. De omisión, si no se cumple lo mandado; v. gr., no oír misa.

omisivo -va *adj* De (la) omisión o que la implica. | Romano *Abc* 19.3.72, 33: Refleja un engaño de doble vertiente: omisiva, al aparentar que accedía a la venta inicial, haciendo creer al querellante que adquiría realmente el piso, y otra, activa, al volver a vender por su cuenta el mismo inmueble.

omiso. hacer caso ~ → CASO.

omitir *tr* **1** No consignar [una cosa] o pasarla en silencio. | F. VLersundi *SAbc* 13.4.69, 20: El relato del mismo combate que nos da Mosén Diego de Valera .. en nada difiere de la [crónica] anterior, por cuyo motivo lo omitimos.
2 Dejar sin llevar a cabo [una cosa]. | * En la preparación no hemos omitido ningún detalle.

ommatidia *f* (*Zool*) *En algunos artrópodos:* Ojo simple de los que constituyen el ojo compuesto. | Artero *Invertebrados* 13: Se llaman [ojos] compuestos por estar formados por millares de ojos simples –ommatidias–, cada uno con su aparato óptico independiente.

ómnibus I *m* **1** Tren de cercanías que para en todas las estaciones. *Frec en la aposición* TREN ~. | *Abc* 26.8.79, 8: Renfe suprime el ómnibus Soria-Castejón .. Se trata de un tren ómnibus con salida de Soria dirección Castejón, a las 7,15, que regresa a esta ciudad a las 9,21.
2 Coche con capacidad para más de nueve perss., incluido el conductor. *Alguna vez* VEHÍCULO ~. | *Alc* 19.10.62, 26: Ómnibus lujo, nueve plazas, baratísimo. *Bal* 6.8.70, 25: Se precisa chófer de primera especial para ómnibus 16 plazas. *HLM* 26.10.70, 28: Todos los vehículos ómnibus dedicados a un servicio de viajeros discrecional están obligados a la liquidación trimestral de la cuota de acuerdo con el kilometraje recorrido. **b)** Autobús. | Cela *Mazurca* 10: A veces se acerca hasta la carretera para ver pasar el ómnibus de Santiago.
II *adj invar* **3** Que incluye muchos temas diversos. | *País* 5.11.86, 51: La encuesta ómnibus se paga a unas 400 pesetas. [*En el texto, sin tilde.*] M. Abizanda *Sáb* 14.9.74, 57: También se hacen comentarios acerca de una próxima despedida del programa-ómnibus de los domingos por la tarde. [*En televisión.*] J. R. POrnía *País* 12.9.82, 70: Tras los primeros informativos matinales arrancan los programas ómnibus, entre los que destacan *De costa a costa*, .. *La mañana es nuestra.*

omnicomprensivo -va *adj* Que lo comprende todo. | F. Lara *Tri* 15.7.72, 47: La postura tierna, bondadosa y omnicomprensiva de Kurosawa conduce, inevitablemente, al callejón sin salida de toda concepción del mundo que parta de los sentimientos.

omnilateral *adj* (*raro*) Que abarca todos los lados o aspectos. | Aranguren *Marxismo* 176: Los comunistas .. no consideran ya al marxismo como "concepción del mundo omnilateral, completa de una vez por todas".

omnímodamente *adv* (*lit*) De manera omnímoda. | L. LSancho *Abc* 20.4.85, 18: Prohibir aprender el sacro tesoro idiomático a quienes omnímodamente decidan declarar incompatibles.

omnímodo – oncogén

omnímodo -da *adj (lit)* Absoluto, o que lo abarca todo. *Frec referido a poder o autoridad.* | GTolsá *HEspaña* 1, 209: La propiedad de la tierra confirió a esta aristocracia un poder político omnímodo. Alfonso *España* 65: Deben de creerse que el socialismo es el derecho omnímodo a no respetar a nada ni a nadie. Gaos *Antología* 36: Juan Ramón Jiménez, cuya influencia era omnímoda a la sazón.

omnipotencia *f* Cualidad de omnipotente. | Valcarce *Moral* 73: Es la intercesora más eficaz por la omnipotencia suplicante que le atribuye San Bernardo, como Madre de Dios.

omnipotente *adj* Todopoderoso. | Gambra *Filosofía* 169: Cuando consideramos a Dios como actividad pura, potencia activa, Dios se nos muestra como omnipotente, pues todo lo que no es contradictorio .. está sujeto al poder de Dios. Torrente *DJuan* 64: Es un artista que juega con sus facultades omnipotentes.

omnipresencia *f* Cualidad de omnipresente. | Sánchez *Pról. Quijote* 14: Quevedo juega con el lenguaje .. entre dos extremos discordantes: los deliquios amorosos y las reflexiones en torno a la mutabilidad de las cosas y la omnipresencia de la muerte, de un lado; de otro, la sátira flageladora y nihilista.

omnipresente *adj* Que está a la vez en todas partes. *Tb n, referido a pers.* | FQuintana-Velarde *Política* 20: La escasez de los medios para satisfacer las necesidades es casi una condición omnipresente de la vida humana. Torbado *Corrupciones* 25: Si ellos morían, llegarían a la visión del Omnipresente.

omnisapiente *adj (lit)* Omnisciente. | *Abc* 15.5.71, 30: Pablo VI no se presenta en esta carta como el omnisapiente que trajera las manos cargadas de soluciones.

omnisciencia *f (lit)* Conocimiento de todas las cosas. | Fernández-Llorens *Occidente* 168: Para Calvino la libertad humana quedaba eliminada ante la omnisciencia de Dios. Torrente *Fragmentos* 14: Una de esas [historias] en las que el autor no participa sino, todo lo más, como testigo, pero ejerciendo su omnisciencia cacareada, su petulante y engallado saber universal.

omnisciente *adj (lit)* Que tiene conocimiento de todas las cosas. | Lera *Olvidados* 223: Era el testigo ávido y omnisciente de la vida del barrio.

omnívoro -ra *adj (Zool)* [Animal] que se alimenta de toda clase de sustancias orgánicas. *Tb (lit) fig.* | Bustinza-Mascaró *Ciencias* 192: Las gallinas comen orugas, lombrices, .. hierbas, etc., cuando viven en libertad. Son, por tanto, animales omnívoros. Areilza *Abc* 24.12.74, 21: Era, además de un hombre de acción, un intelectual apasionado, un lector omnívoro de muchos horizontes y un rebuscador ingente del pasado español. **b)** Propio de los animales omnívoros. | Ybarra-Cabetas *Ciencias* 409: Todos ellos se van aproximando poco a poco hasta converger en formas primitivas comunes poco especializadas y de régimen omnívoro.

omóplato (*tb* **omoplato**) *m* Hueso plano, simétrico con otro y triangular en el hombre, situado en la parte posterior y superior del tórax. *Tb la región correspondiente del cuerpo.* | Bustinza-Mascaró *Ciencias* 37: Las dos extremidades torácicas se unen a la caja del mismo nombre mediante los huesos denominados omóplato y clavícula. Arce *Testamento* 29: La rodilla de El Bayona me aplastaba los omóplatos. Lera *Clarines* 436: Se dirigió hacia el novillo. Este se había quedado quieto, .. con sus seis banderillas clavadas en los omóplatos.

onaballo *m* Planta vivaz de hojas opuestas y flores de color rojo negruzco en umbelas (*Vincetoxicum nigrum*). | Mayor-Díaz *Flora* 567: *Vincetoxicum nigrum* (L.) Moench. "Onaballo".

onagro *m* Asno salvaje de Asia (*Equus hemionus onager*). | Pericot-Maluquer *Humanidad* 136: En Sumer se utilizaron los carros con ruedas macizas tirados por onagros o bueyes.

onanismo *m (lit)* Masturbación. *Tb fig.* | Valcarce *Moral* 136: Los hay [pecados] naturales .. e innaturales (polución, sodomía, bestialidad y onanismo). MGaite *Cuento* 316: Arrojan sus palabras o sus escritos desde una especie de olimpo, ignorantes de la insatisfacción que provoca ese texto en el que ellos solos se enroscan, exhibiendo su onanismo con gesto displicente y superior.

onanista *adj (lit)* De(l) onanismo. | Goytisolo *Recuento* 480: La superioridad indiscutible del orgasmo clitórico sobre el vaginal, superioridad reivindicada tanto por las sinceramente adictas, en defensa de sus apetitos inequívocamente onanistas y lésbicos, como por las que no quieren dejar de parecerlo. **b)** Que practica el onanismo. *Tb n, referido a pers. Tb fig.* | A. Marsillach *Int* 14.7.77, 29: Señor censor: .. usted es un onanista de mucho cuidado que ha pretendido llenarnos de telarañas el cerebro.

onanístico -ca *adj (lit)* De(l) onanismo. | Valcarce *Moral* 138: Dentro del matrimonio y supuesta la posibilidad de cópula carnal natural, solo son pecado a) las poluciones solitarias, b) las sodomíticas y c) las onanísticas.

once I *adj* **1** *Precediendo a susts en pl:* Diez más uno. *Puede ir precedido de art o de otros determinantes, y en este caso sustantivarse.* | Laforet *Mujer* 301: Era solamente un niño de once años.
2 *Precediendo o siguiendo a susts en sg (o, más raro, en pl):* Undécimo. *Frec el n va sobrentendido.* | Torrente *Fragmentos* 104: Una pieza de marfil, salida de los talleres leoneses, allá por el siglo once.
II *pron* **3** Diez más una perss. o cosas. *Referido a perss o cosas mencionadas o consabidas, o que se van a mencionar.* | Gilera *Abc* 10.2.74, 69: El seleccionador Kubala .. primero preseleccionó veintisiete .. para quedarse con los dieciséis reglamentarios; de los dieciséis, formará el equipo de once.
III *n* **A** *m* **4** Número de la serie natural que sigue al diez. *Frec va siguiendo al n* NÚMERO. | * Escribe en el papel un once. **b)** Cosa que en una serie va marcada con el número once. | * Se le calificó con un once.
5 Equipo deportivo, esp. de fútbol, formado por once jugadores. | *Inf* 4.4.70, 18: El once que se enfrentará a los mallorquines será el mismo que empató el domingo pasado en Balaídos con el Celta.
B *f pl* **6** Undécima hora después de mediodía o de medianoche. *Normalmente precedido de* LAS. | CNavarro *Perros* 18: Prometí al grupo llegar antes de las once y no deseo retrasarme.
7 Refrigerio que se toma a media mañana. | Torrente *Saga* 404: Dígale a mi hermana que, con la cerveza, nos mande unas cosas para picar, porque ya es hora de tomar las once.
IV *loc adv* **8 a las ~.** (*col*) En disposición indebidamente ladeada o inclinada. | * Llevaba siempre la carga torcida, medio a las once, decía él.

onceavo -va *adj* **1** [Parte] que es una de las once en que se divide o se considera dividido un todo. *Tb n m.* | IdG 31.10.70, 19: Procede imponer a cada uno de los once concejales procesados la pena de seis meses de suspensión de cargo público .. y la imposición de costas por onceavas partes.
2 (*semiculto*) Undécimo. | *Abc* 21.9.72, 52: "Desde el arca del profeta", onceavo libro de versos de este peculiar poeta.

oncejo *m* (*reg*) Vencejo (ave). | FVidal *Ayllón* 96: Abandono al otro lado del caserío humilde de la primera localidad, dormido aún entre cantos de oncejo y despertar sobresaltado de gallos peleones.

onceno -na *adj* Undécimo. | CBonald *Ágata* 214: Él, el nacido bajo el benéfico signo de la oncena filosofía de las Doce Llaves, escarbaba entre plantones de tomates y acelgas. *Abc* 31.5.58, 64: La revista "Carrusel mágico" llegó anoche en la zarzuela a su centésima oncena representación.

oncete *m* (*reg*) Avión (ave). | Moreno *Galería* 268: Por supuesto, de muchos oncetes, golondrinas y vencejos, que huían "a todo vuelo", en cuanto empezaba el repique o el bandeo.

oncocercosis *f* (*Med*) Enfermedad tropical de la piel y del tejido conjuntivo, causada por el gusano parásito *Onchocerca volvulus* y que puede producir ceguera total o parcial. | A. Melero *Ya* 3.12.87, 22: Esta compañía donará suministros de este fármaco para su empleo en programas cualificados a nivel mundial para el tratamiento de la oncocercosis o ceguera de los ríos.

oncogén *m* (*Med*) Gen cuya activación provoca la aparición del cáncer. | *País* 4.2.83, 22: Basta con la proteína liberada por un solo oncogén viral para desencadenar y mantener un proceso leucémico.

oncogénesis *f* (*Med*) Formación de tumores. | Y. Valladares *SInf* 25.2.76, 6: Particularmente importante en oncogénesis vírica es el hecho .. de que las partículas pueden no observarse en los tumores.

oncogénico -ca *adj* (*Med*) De (la) oncogénesis o que la implica. | Y. Valladares *SInf* 25.2.76, 6: Esto sucede particularmente con los virus oncogénicos DNA.

oncógeno -na *adj* (*Med*) Que forma tumores. | F. J. FTascón *SYa* 7.5.70, 9: Virus oncógenos aislados en la leucemia de los pollos ya por Ellerman y Bang en 1908.

oncología *f* (*Med*) Especialidad médica que estudia los tumores. | *Inf* 23.4.70, 21: Progresos en oncología .. Cirugía, radiaciones, quimioterapia e inmunoterapia constituyen el arsenal terapéutico contra la enfermedad cancerosa.

oncológicamente *adv* (*Med*) En el aspecto oncológico. | *MMé* 15.6.87, 8: Oncológicamente había veces que era imprescindible deshacer ese armazón para extirpar el tumor.

oncológico -ca *adj* (*Med*) **1** De (la) oncología. | M. Carracedo *Hoy Extra* 12.69, 7: Se hizo la inauguración oficial, en la fecha del 18 de julio, de las nuevas instalaciones de tratamientos oncológicos.
2 Que padece un tumor. | *Abc* 22.9.91, 28: La Federación de Asociaciones de Padres de Niños Oncológicos celebró ayer en Valencia una asamblea.

oncólogo -ga *m y f* (*Med*) Especialista en oncología. | *País* 26.1.77, 22: Los oncólogos protestan por la falta de medios.

oncosfera (*tb* **oncósfera**) *f* (*Zool*) Embrión de la tenia. | Alvarado *Zoología* 25: Las oncosferas pasan del intestino a los órganos internos, principalmente al hígado, pulmones y cerebro. Ybarra-Cabetas *Ciencias* 324: Los huevos [de la tenia] ya salen incubados y contienen un embrión, provisto de tres pares de ganchos, llamado oncósfera.

onda I *f* **1** Curva saliente o entrante que forma serie con otras en una línea o en una superficie, frec. en el cabello. | Olmo *Golfos* 93: Siempre iba muy arregladito, con su pelo negro lleno de ondas. *Economía* 228: No deben estirarse ni los bordes ni los dobladillos, pues con mucha facilidad hace luego ondas. *Lab* 2.70, 29: En el borde unas ondas de ganchillo.
2 Elevación momentánea, que forma serie con otras, producida en la superficie de un líquido cuando esta es agitada por un agente mecánico. | Torrente *Fragmentos* 58: El agua estaba a punto de alcanzar el filete azul del borde, que ya mojaban las ondas minúsculas promovidas por cada gota. **b)** (*lit*) Ola (onda de gran amplitud formada en la superficie del agua). | Lapesa *HLengua* 142: Lo más valioso y original de la poesía medieval gallega son las llamadas canciones de amigo en que las ondas del mar de Vigo, las fuentes o las brumosas arboledas del Noroeste escuchan confidencias de las doncellas enamoradas.
3 (*Fís*) Movimiento periódico de oscilación o vibración que se propaga en un medio físico o en el vacío. | Mingarro *Física* 84: La distancia que separa puntos homólogos de dos ondas sucesivas recibe el nombre de longitud de onda. *GTelefónica* 15: Electrorradiología. Acero. Onda corta. Ultrasonido. Lámpara de cuarzo. **b)** Propagación o difusión [del sonido, la luz, la electricidad o el magnetismo] en forma de ondas. *Tb fig.* | Fraile *Cuentos* 17: Bajo las ondas de la música se ahogaban ahora los ruidillos de broches. Cossío *Confesiones* 154: Una de las obras que dieron más onda al periódico .. fue la gran estadística que anualmente hacía de la cosecha de cereales en España y en el mundo. S. Jiménez *Abc* 9.9.66, 26: Es posible que alcance onda, sin embargo, la salida ingenua y amantísima de la señora Ky. **c)** Frecuencia [de una emisora]. *A veces se usa formando parte del n de algunas emisoras.* | * No cojo la onda de Radio Madrid en el pueblo. *SolM* 8.7.91, 59: Dial de Madrid .. Frecuencia modulada .. Onda Cero: 98.0 .. Onda Madrid: 101.3.
4 (*col*) Línea o estilo [de alguien o algo]. | Burgos *Tri* 22.10.77, 49: Montarse un rrollo [*sic*] en la onda de Kesey. *SYa* 16.2.90, 5: Por menos de 3.000 pesetas pueden degustarse bastantes más platos que en la mayoría de los restaurantes de onda *yankee* de la ciudad. Delibes *Castilla* 57: Pegando, en la casa de al lado, vive otra gente que, más o menos, está en la misma onda que nosotros. **b)** (*col*) Moda o estilo que se lleva. *Frec en la constr* ESTAR EN LA ~. | *PaísE* 9.4.89, 17: No nos interesa la onda del diseño, ir de posmodernas por la vida ni ser parte de lo que se lleva. J. Carvallo *SD16* 12.3.89, 32: Los sitios más o menos en la onda están todos hasta los topes.
5 Ambiente o atmósfera. *En sent fig.* | Delibes *Pegar* 212: Cuando C. L. escribe *Nada* está todavía dentro de la onda de la guerra, siquiera no sea ya esta la civil, sino la segunda mundial. **b)** Mundo o ambiente en que se vive. *En constrs como* ESTAR EN (LA) ~ *o* FUERA DE ~. | Goytisolo *Recuento* 165: –Hasta el mismo Floreal parece un poco fuera de onda. –Lo que le pasa a Floreal es que es un tipo así, vamos, tirando a corto. –¿Corto? Qué va, hombre .. Pero el tipo está tan metido en sus discusiones y lecturas políticas que llega a perder de vista la realidad.
6 ~s Martenot. (*Mús*) Instrumento electrónico de teclado, en el que el sonido se produce por vibraciones de lámparas radioeléctricas. | Casares *Música* 169: Durante gran parte de este siglo fueron apareciendo toda una serie de instrumentos electrónicos como el Dinamófono, el Esterófono, las Ondas Martenot.
II *loc v* **7 coger**, *o* **captar**, **(la)** ~. (*col*) Entender el mensaje. *Frec referido a insinuaciones o indirectas.* | MGaite *Retahílas* 178: Si la llego a escribir cuando lo veía todo tan negro ahora me daría vergüenza, qué consuelo me iba a haber podido dar un ser tan feliz, no habría cogido onda. GPavón *Nacionales* 270: Mi padre .. miraba al catedrático de Química con cara tierna y rogativa. Y el catedrático, que debió cogerle la onda, y a mí el sonrojo, .. me preguntó la fórmula del agua.
8 coger (la) ~ [de alguien o algo]. (*col*) Adaptarse [a ellos]. | *As* 9.12.70, 23: Alejandro Rodríguez .. comenzó a carburar .. y también Blanch cogía la onda del partido.
9 llegar la ~ [a una pers.]. (*col*) Oír o llegar a enterarse [esa pers.]. | * En este sitio no me entero de nada; no me llega la onda.

ondarrés -sa *adj* De Ondárroa (Vizcaya). *Tb n, referido a pers.* | Aldecoa *Gran Sol* 23: Macario Martín enteraba de la vida al ondarrés Juan Ugalde.

ondeado -da *adj* **1** *part* → ONDEAR.
2 Que tiene ondas [1]. | F. Ángel *Abc* 26.3.58, 11: En campo de oro, dos ríos (fajas ondeadas), de azur.

ondeante *adj* Que ondea. | J. M. Massip *Abc* 12.9.68, 34: Por muchas y ondeantes banderas que lo envuelvan. Cunqueiro *Sáb* 9.7.75, 25: Alguna vez, para explicarles a los amigos alguna rubia esbelta y ondeante como la vara del avellano, les he dicho, en fin, que respondí[a], salvando las distancias, a la raza rubia gallega mejorada.

ondear A *intr* **1** Formar ondas [1 y 2] [una cosa]. | Delibes *Ratas* 64: Por San Sabino .. batía los tesos un vientecillo racheado, y los trigos y las cebadas ondeaban sobre los surcos como un mar. GPavón *Reinado* 89: Aguas anchísimas que ni corren ni ondean. **b)** Agitarse [una tela] en el aire formando ondas [1]. | Arce *Testamento* 37: Me parecía .. que la iba a encontrar .. con sus negros cabellos al aire y aquel pañuelo suyo de lunares blancos y negros anudado a la punta del rastrillo y ondeando al viento.
B *tr* **2** Hacer que [una cosa (*cd*)] se agite en el aire formando ondas [1]. | Olmo *Golfos* 64: Sacaron tres pañuelos .. y los ondearon igual que en un adiós.

ondense *adj* De Onda (Castellón). *Tb n, referido a pers.* | CPuche *Ya* 17.11.63, sn: Anita es la comadrona del pueblo. Pero no solo ayuda a traer hijos al mundo a las señoras ondenses.

ondia *interj* (*reg*) Expresa asombro. | VMontalbán *Pájaros* 173: –Fue el asesinato de aquella chica rubia, Celia Mataix. –Ondia, el crimen del champán.

ondina *f* (*Mitol germ*) Divinidad de las aguas. | M. C. Portela *Rev* 11.69, 28: Es Loreley, la ondina del Rhin. **b)** (*lit*) Nadadora. | *Inf* 22.8.74, 20: Las ondinas germanas, ¿sometidas a tratamientos hormonales?

ondisonante *adj* (*lit, raro*) Que suena con ruido de oleaje. | CBonald *Ágata* 147: Una oscuridad ondisonante, hecha de filamentos movedizos y culebrinas incoloras, se interponía como una masa impenetrable entre la habitación y el resto del mundo.

ondulación *f* **1** Movimiento formando ondas [1, 2 y 3]. | Bustinza-Mascaró *Ciencias* 171: Este animal [la sardina] es muy nadador, contribuyendo a la natación el movimiento combinado de sus aletas y las ondulaciones de su región caudal.
2 Onda o curva. | * Las ondulaciones del terreno son muy suaves.
3 Cualidad de ondulado[1] [2]. | GNuño *Madrid* 151: Las Majas son sugestivas y embrujadoras. En vano hemos de buscar la perfección anatómica ni la ondulación seductora de un cuerpo bello.
4 Acción de ondular [1]. *Tb su efecto*. | * La ondulación permanente era muy frecuente en el peinado de las mujeres.

ondulado[1] -da *adj* **1** *part* → ONDULAR.
2 Que forma ondas [1] o curvas. | Zubía *España* 175: Depresión bética .. Está atravesada por el río Guadalquivir y es una llanura ondulada. *Abc* 3.12.70, 67: España, quinto productor europeo de cartón ondulado.

ondulado[2] *m* Acción de ondular [1]. *Tb su efecto*. | Mora *Sem* 26.4.75, 77: El mismo color del cabello, sea natural (que raramente lo es) o sea el adquirido por tintes, decoloraciones, mechas, etcétera, .. es una línea en la que se combinará el peinado, su corte, rizado, ondulado, cabellos lisos, moños, etc.

ondulante *adj* Que tiene ondulación u ondulaciones [1, 2 y 3]. | Mingarro *Física* 86: El movimiento oscilatorio de cada una de las partículas del medio ondulante puede tener lugar en la misma dirección de propagación del movimiento, en cuyo caso se le denomina a éste longitudinal. CPuche *Paralelo* 44: Caminaban [los negros] pisando con gran cuidado, tiesos y ondulantes a la vez. Bustinza-Mascaró *Ciencias* 109: Algunos [protozoos] tienen también una membrana ondulante, así llamada porque también contribuye a la locomoción.

ondulantemente *adv* De manera ondulante. | Lera *Olvidados* 253: Al compás de su trabajo se movía su cuerpo ondulantemente.

ondular A *tr* **1** Hacer ondas [1 y 2] [en algo (*cd*), esp. en el cabello]. | *Abc Extra* 12.62, 43: Tiene los cabellos de nylon, lo que permite lavarlos, teñirlos, ondularlos y secarlos. MGaite *Nubosidad* 319: A impulsos de una corriente tibia de aire .. rizando el mar desde Levante, ondulando campos de girasoles. **b)** *pr* Formar ondas [algo]. | * Con el agua se le ondula el pelo.
2 anda y que te ondulen. (*col, hoy raro*) Fórmula con que se expresa rechazo a alguien. | FReguera *Bienaventurados* 161: Por mí... ¡Anda y que te ondulen, chica!
B *intr* **3** (*Fís*) Formar ondas [3]. | Mingarro *Física* 83: Cada una de las partículas oscila sin avanzar, y, sin embargo, la perturbación alcanza a todas las que constituyen el medio; diremos que este ondula o también que transmite un movimiento ondulatorio.

ondulatorio -ria *adj* De (la) ondulación [1]. | Mingarro *Física* 91: Por intensidad del movimiento ondulatorio se entiende la energía que pasa por unidad de tiempo a través de la unidad de superficie medida sobre la onda.

ondulear *intr* (*raro*) Formar ondas [1 y 2]. | GPavón *Reinado* 121: El pelo abundante de su cabeza gordísima le onduleaba sobre la frente.

onduleo *m* Acción de ondulear. *Tb su efecto*. | Aldecoa *Gran Sol* 54: Por el onduleo de las aguas volaban rasando los petreles.

onduloso -sa *adj* Que forma ondas [1]. | Marianata *Pro* 16.11.75, 46: Si la mujer tiene el cabello naturalmente rizado o, en ciertos casos, prefiere un peinado onduloso, nada de bucles y rizos profusos ..: unas medias ondas cayendo en melenita semicorta. Sampedro *Sirena* 404: Dos paralelas que, contra toda geometría, no son rectas sino ondulosas, y además, contra toda razón, se tocan por fin.

oneomanía *f* (*lit*) Impulso morboso de comprar sin necesidad. | Rabanal *Ya* 5.12.74, 7: Al igual que la "oneomanía" .., sigue sin entrar en el Diccionario el helenismo "onicofagia".

onerosamente *adv* (*lit*) De manera onerosa. | GRuano *Abc* 7.3.58, 9: La Sagan ha debido pensar que cada sentimiento en su sitio y que no conviene confundir, onerosamente, lo moral con lo material.

oneroso -sa *adj* **1** (*lit*) Gravoso o costoso. | J. M. Moreiro *SAbc* 13.9.70, 47: Es necesaria la creación de grandes y muy onerosas infraestructuras.
2 (*lit*) Que implica pesadumbre o molestia. | Delibes *Madera* 54: Había tenido una hora antes, al atusarle, un presentimiento oneroso: temió que el niño, excitado por la ceremonia, .. pudiese sufrir un nuevo repeluzno.
3 (*lit*) Pesado. *En sent físico*. | Delibes *Señora* 7: Una copa acartonada del recuerdo, pero, al propio tiempo, convierte la onerosa gravedad de tu cuerpo en una suerte de porosidad flotante.
4 (*Der*) Que implica una contraprestación. | Ramírez *Derecho* 32: Los bienes que integran esta sociedad, llamados "gananciales", son los siguientes: 1) los adquiridos por título oneroso durante el matrimonio a costa del caudal común. Ramírez *Derecho* 111: En los contratos onerosos se entiende por causa, para cada parte, la prestación o promesa de una cosa o servicio por la otra.

ónice *m* (*tb, raro, f*) Ágata listada de colores alternados claros y muy oscuros. | Alvarado *Geología* 33: Las ágatas y los ónices .. son calcedonias muy concrecionadas impregnadas por diversas substancias, que prestan a las capas concéntricas bellísimos aspectos. Bustinza-Mascaró *Ciencias* 332: En los ónices las bandas son más anchas.

onicofagia *f* (*Med*) Hábito de morderse las uñas. | Vilaltella *Salud* 424: Los síntomas neuróticos se manifiestan a través de .. trastornos funcionales o estigmas neuróticos (trastornos psicomotores, como la enuresis .., la tartamudez y los tics, en especial la succión del pulgar y la onicofagia o el comerse las uñas).

onicófago -ga *adj* (*Med*) Que tiene onicofagia. *Tb n*. | Rabanal *Ya* 5.12.74, 8: Me limito a decir en alta voz "¡onicofagia!", y la onicófaga, sonriente, suspende inmediatamente su labor.

onilense *adj* De Onil (Alicante). *Tb n, referido a pers*. | Visem *Onil* 13: Son paisajes de ensueño escondidos entre loma y loma de nuestras tierras, que Onil guarda amoroso con dulce regazo. ¡Visítalos, onilense!

oníricamente *adv* (*lit*) De manera onírica. | CBonald *Ágata* 136: Experimentó el primogénito de Manuela .. el sensitivo llamamiento de su innato engranaje con la marisma .., intuido a través de una especie de estirón retrospectivo .. que lo emplazó oníricamente ante un cúmulo de convocatorias olvidadas.

onírico -ca *adj* (*lit*) De los sueños. | Pinillos *Mente* 141: Semejante desprecio por la vida onírica sería precisamente lo que habría que esperar de un hombre falsamente "racional". Tovar-Blázquez *Hispania* 179: En el santuario funcionaba un oráculo onírico, que profetizó a César en el 68 a.C. su futuro poder.

onirismo *m* (*lit o Med*) Estado de conciencia propio de los sueños o semejante al de los sueños. | J. Castro *SInf* 17.10.74, 12: Agotado en buena parte el caudal de vida del cubismo, Picasso buscó en las nuevas atenciones del onirismo los nuevos potenciales de su inventiva diversa.

oniromancia (*tb* **oniromancía**) *f* Adivinación por los sueños. | Villapún *Moral* 108: Formas de adivinación: .. La quiromancia .. La nigromancia .. La oniromancia .. El sortilegio. Valcarce *Moral* 81: Así ocurre en la astrología, que se funda en la posición y aspecto de los astros; .. la oniromancía, los sueños.

oniromántico -ca *adj* De (la) oniromancia o que la implica. | Vega *Corazón* 77: Para la diversificación de enfoques, la quimérica y casi oniromántica imaginación de tales sabios, es útil para hacerse una idea de solo una parte limitadísima de todo lo que podría intentarse.

ónix *m* (*tb, raro, f*) Ónice. | ZVicente *Balcón* 59: Hay dos collares de perlas, y un budita de ónix, y unos aderezos de coral. A. Vega *Día* 29.8.72, 19: Ahora graba, principalmente en piedras (ágata, zafiro, ónix negro, topacio, etc.) y en metales, escudos heráldicos.

on-line (*ing; pronunc corriente*, /on-láin/) *loc adv* (*Informát*) **1** En conexión o funcionamiento con la unidad central. | * Asegúrate de que la impresora está on-line cuando des la orden de imprimir. **2** En el mismo instante de la operación y no en diferido. Tb adj. | SPaís 10.3.91, 40: Experiencia en informática: es esencial que haya adquirido experiencia en el ámbito de la investigación y el uso on-line de los actuales bancos de datos. Mad 11.11.70, 15: El Univac 1110 puede configurarse para dar pleno rendimiento. Su extensa capacidad de tiempo real, su vasta memoria "on-line" y su extraordinaria potencia de cálculo permiten el desarrollo de grandes sistemas de información.

onomancia (tb **onomancía**) f Adivinación por los nombres de las personas. | Cela Inf 5.9.75, 16: A cada santo (?) que cito le invento, sin querer invadir los ámbitos de la onomancia, un actual usuario que lo recuerda en su nombre de pila.

onomasiología f (Ling) Estudio de los significantes a partir de los significados. | * La onomasiología se opone a la semasiología.

onomasiológico -ca adj (Ling) De (la) onomasiología. | * El procedimiento onomasiológico exige una estructuración de los conceptos. **b)** [Diccionario o vocabulario] que partiendo de los significados ofrece los significantes o unidades léxicas que les corresponden. | Hernández Diccionarios 43: El Diccionario ideológico .., aunque no es el primer diccionario onomasiológico de nuestra lengua, sí es el más importante.

onomásticamente adv En el aspecto onomástico. | Carnicer Cabrera 14: Otro hombre que enlaza onomásticamente con el viejo Froylaz, ya que su nombre es también visigodo: Ramiro.

onomástico -ca **I** adj **1** De(l) nombre propio, o de (los) nombres propios, esp. de pers. | Rabanal Hablas 110: Con su historiografía está de acuerdo la moderna ciencia onomástica.
II n A m **2** (raro) Nombre de pila. | SRobles Abc 28.8.66, sn: Oye, Juanita, ¿cuál es el onomástico del doctor Jiménez de la Puerta, que ahora nos asiste?
B f **3** Especialidad lingüística que estudia los nombres propios. | Cela Inf 5.9.75, 16: Contribución a la onomástica indígena. Un amigo mío .. acude en mi auxilio con una lista de nombres propios de los que no encuentro rúbrica en ninguno de los dos libros que de costumbre manejo para bautizar a mis .. títeres literarios.
4 Conjunto de los nombres propios. | Lapesa HLengua 87: La onomástica española cuenta con un buen número de nombres visigodos acomodados a la fonética y morfología latinas y romances.
5 Día del santo [de una pers.]. | A. Semprún Abc 15.12.70, 25: Acariciaban la idea de ofrecer a la señorita Lucía Beihl, en el día de su onomástica, la realización de su más ardiente e íntimo deseo.

onomatopeya f (TLit) Imitación de un sonido o ruido por medio de fonemas. | Umbral Ninfas 145: Empédocles (apodo más eufónico y cómico que clásico, que le habían puesto los amigos por onomatopeya, con referencias de retrete ..) no cantaba a los verlenianos violines del otoño. **b)** Palabra formada por onomatopeya. | CBaroja Brujas 50: La invocación [mágica] tiene que ajustarse siempre a ciertos principios poéticos, a ciertos ritmos e incluso a onomatopeyas.

onomatopéyicamente adv (TLit) De manera onomatopéyica. | Casares Música 44: La música trata de dar el sentido de la letra, que se canta a veces incluso onomatopéyicamente, de manera que cuando la letra describe, por ejemplo, el balar de las ovejas, la música trata de imitarlo físicamente.

onomatopéyico -ca adj (TLit) De (la) onomatopeya. | Villar Lenguas 272: Hay una serie de palabras, casi todas ellas pertenecientes al vocabulario de tipo onomatopéyico, al familiar y al lenguaje infantil, que presentan vocales /a/. **b)** Que se basa en la onomatopeya. | Día 29.8.72, 18: Jardín infantil .. Se admiten niños de 2 a 6 años. Sistema onomatopéyico.

onoquiles f Planta herbácea, vellosa y de flores azules, usada en tintorería y, en medicina, como vulneraria (Alkanna tinctoria). | FQuer Plantas med. 554: La onoquiles es una planta vivaz de 0,5 a 1,5 palmos de altura.

on the rocks (ing; pronunc corriente, /on-de-rŏks/) loc adv Con hielo. Referido al modo de servir las bebidas. Tb adj. | Tri 17.12.66, 74: St Raphaël, puro con gin o wodka y doble corteza de limón, servirlo siempre muy frío on the rocks.

ónticamente adv (Filos o lit) **1** De manera óntica. | MPuelles Hombre 81: De ahí que no sea lícito afirmar que el yo se pone a sí mismo, sin reconocer a la vez que ya está supuesto ónticamente como algo cuya actividad autoaprehensiva se limita a ratificar su propio ser, tomándolo como suyo.
2 En el aspecto óntico. | P. J. Cabello EOn 10.64, 25: El vino en sí, objetivamente, ónticamente, es bueno.

óntico -ca adj (Filos o lit) Del ser. | Aranguren Marxismo 39: Las dos vertientes de la proposición moral en cuanto aceptada y, por tanto, convertida en precepto .. Ámbito real u óntico: Juicio de valor .. Ámbito personal o moral: "Esto es justo".

ontina f Planta muy ramosa, de color blanco, con flores en cabezuela muy pequeña y usada a veces con fines medicinales (Artemisia herba-alba). | FQuer Plantas med. 821: La ontina forma una pequeña mata que no suele levantar más allá de 1,5 ó 2 palmos del suelo.

ontogénesis f (Biol) Ontogenia. | J. Botella SAbc 4.1.70, 31: La división de las especies en sexos obedece a la necesidad de que el organismo femenino proteja una muy larga evolución embriológica, una prolongada ontogénesis.

ontogenético -ca adj (Biol) De (la) ontogénesis. | Pinillos Mente 46: A través de un proceso ontogenético en que es posible distinguir ciertos estadios o fases evolutivas, acaba por constituirse un sujeto adulto, normal.

ontogenia f (Biol) Desarrollo de un organismo individual, desde el embrión hasta la madurez. Se contrapone a FILOGENIA. | Pinillos Mente 43: La ontogenia del hombre, es decir, el desarrollo del individuo humano desde el embrión hasta su madurez, viene a ser como una recapitulación abreviada de la filogenia, es decir, de la evolución de las especies.

ontología f (Filos) Parte de la metafísica que trata del ser en general. | Gambra Filosofía 27: Ese algo objeto del pensamiento es estudiado por la ontología, ciencia del ser, de todo ser.

ontológicamente adv (Filos o lit) **1** De manera ontológica. | C. L. Álvarez Abc 19.11.84, 3: Orientarse por los análisis más penetrantes y críticos posibles de la realidad histórica, no por "ideas eternas" de las que se nos asegure que están fundamentadas ontológicamente y que desde su majestad nos hablan de la insensatez de los empeños históricos.
2 En el aspecto ontológico. | MPuelles Filosofía 2, 146: Ontológicamente falso es lo que posee las condiciones para poder ser falsamente entendido. Torrente DJuan 227: Si frenas el apetito, si renuncias a fundirte en ella [la mujer] y ser ontológicamente uno, si te contentas con ese poco de placer que da la carne, descubres entonces que la compañía es muy hermosa.

ontológico -ca adj (Filos o lit) De (la) ontología. | Gambra Filosofía 74: Su sistema [de Kant] .. varió radicalmente las ideas ontológicas de su época. Albalá Periodismo 52: Un aspecto es el que nos ofrece la verdad ontológica y otro es el de la verdad moral. **b)** [Argumento] que trata de demostrar a priori la existencia de Dios, partiendo de la idea del ser perfectísimo. | Gambra Filosofía 159: El argumento más audaz y de mayores pretensiones demostrativas que se ha concebido fue el llamado ontológico, que propuso en el siglo XI San Anselmo de Canterbury.

ontologismo m (Filos) **1** Doctrina según la cual Dios es conocido directamente, a través de la experiencia. | Gambra Filosofía 158: Ontologismo .. Algunos sostienen que a Dios se le conoce de un modo directo, inmediato: que Dios se hace patente a nuestra experiencia.
2 Tendencia o doctrina que da importancia determinante al punto de vista ontológico en la formulación de los problemas especulativos. Tb lit, fig, fuera del ámbito filosófico. |

ontologista – opacificación

Pemán *MHi* 7.69, 11: La idea de Libertad según un nuevo ontologismo absoluto que nutría el tema "nación" y el tema "independencia".

ontologista *adj* (*Filos*) Del ontologismo. | * Mantiene una postura ontologista. **b)** Adepto al ontologismo. *Tb n*. | Gambra *Filosofía* 158: Algunos sostienen que a Dios se le conoce de un modo directo, inmediato: que Dios se hace patente a nuestra experiencia. Son estos los ontologistas (Malebranche, Gioberti, Rosmini, entre otros).

ontólogo -ga *m y f* (*Filos*) Especialista en ontología. | A. Maestre *Ya* 22.2.91, 12: Me disponía a escribir unas líneas sobre la zafiedad de ciertos eruditos europeos, aunque ellos se tildan a sí mismos de pensadores y ontólogos de no sé qué extrañas cosas.

onuano -na *adj* De la ONU (Organización de las Naciones Unidas). | *Ya* 29.5.75, 7: Ya fue un error de la ONU posponer el referéndum que España quería celebrar en el territorio sahariano. La resolución onuana de pedir antes el dictamen consultivo del Tribunal de La Haya se ha visto bien que facilitó los enredos del anexionismo.

onubense *adj* De Huelva. *Tb n, referido a pers*. | *Odi* 10.7.68, 10: Mundo del disco. Rápida ascensión de la onubense Soledad.

onusiano -na *adj* (*raro*) Onuano. | L. Contreras *Sáb* 31.5.75, 9: La idea de un fideicomiso onusiano en el Sahara no resultaría muy grata.

onusto -ta *adj* (*raro*) Pesado o grave. | Castroviejo *Abc* 16.10.70, 11: A través de las aldeas blancas, sumergidas entre la oscura mancha de los pinares, la voz onusta de la mar comienza a percibirse más alta y clara.

onza[1] *f* **1** Unidad antigua de peso equivalente a 28,7 g. | Moreno *Galería* 138: A pulso, al aire libre, aquel fiel debía señalar .. la cantidad exacta de materia pesada. Si por la arista de los kilos, marcando kilos, medios, cuartos y hasta decágramos [*sic*]. Si por la arista de las libras, libras, medias libras, onzas y medias onzas. [*En la romana*.] **b)** ~ **troy.** Unidad de peso de metales preciosos, que equivale a 13,103 g. | *Abc* 26.2.58, 48: En caso de modificación del precio oficial del oro en los Estados Unidos de América (actualmente, 35 dólares la onza troy de oro fino): *Van* 10.1.74, 25: Mercado de metales de Londres .. Plata de Londres. Disponible en peniques por onza troy, 147,60.
2 Porción [de chocolate] correspondiente a la dieciseisava parte de una libra. | Vega *Cocina* 47: Se tendrán preparados medio kilo de tomates, .. cincuenta gramos de jamón picado y media onza de chocolate. **b)** Porción de tableta [de chocolate], marcada por un surco. | * Dale una onza de la tableta pequeña.
3 (*hist*) Moneda de oro, de peso aproximado de una onza [1a], con valor de 320 reales, y en curso desde el reinado de Felipe III hasta el de Fernando VII. *Tb* ~ DE ORO. | Torrente *Señor* 409: Ella me había traído una onza de oro. Todavía la tengo.

onza[2] *f* Félido semejante a la pantera, de unos 6 dm de largo, con pelaje parecido al del leopardo, y que vive en África y en los desiertos del sur de Asia (*Felis onca*). | Torrente *Sombras* 339: ¡Ven conmigo, cazador, que sé un lugar donde las onzas velarán nuestro reposo!

onzavo -va *adj* (*raro*) Onceavo. | Gironza *Matemáticas* 61: Un regimiento tuvo las siguientes bajas: dos onzavos resultaron muertos, cuatro novenos heridos.

oñacino -na *adj* De Oñate (Guipúzcoa). *Tb n, referido a pers*. | E. DUceta *Ya* 6.9.86, 51: El mayor conjunto plateresco de Guipúzcoa se debe a un oñacino.

oñatiarra *adj* Oñacino. *Tb n*. | Azcárate *VozE* 28.8.74, 15: El primer partido finalizó con la merecida victoria de los oñatiarras por tres a uno.

oogénesis *f* (*Biol*) Proceso de formación del óvulo. | Navarro *Biología* 208: Las gonias de los ovarios forman los óvulos mediante la ovogénesis u oogénesis.

oogonia *f* (*Biol*) Gonia femenina. | Navarro *Biología* 208: En las gónadas jóvenes existe un epitelio en el que se encuentran las células germinales primitivas o gonias (espermatogonias y oogonias).

oogonio *m* (*Bot*) En las talofitas: Órgano en que se forman los gametos femeninos. | Alvarado *Botánica* 10: Talofitas. Plantas arrizofitas uni- o pluricelulares de células normales y cuyos gametos femeninos se forman en oogonios.

ooquineto *m* (*Biol*) Zigoto móvil. | Ybarra-Cabetas *Ciencias* 312: Los de forma de media luna continúan su evolución, transformándose en células sexuales de dos clases: macrogametos (femeninos) y microgametos (masculinos), conjugándose ambos en el intestino del mosquito hembra y dando lugar a un huevo llamado ooquineto.

oosfera *f* (*Bot*) Célula sexual femenina. | Alvarado *Botánica* 7: Los macrogametos son sedentarios y reciben el nombre de oosferas.

ooteca *f* (*Zool*) Estuche que contiene huevecillos y que es depositado, en la puesta, por la hembra de algunos ortópteros. | Alvarado *Zoología* 45: La puesta de huevos de los saltamontes se verifica en agosto. Para ello las hembras introducen el abdomen en tierra y dejan en ella una ooteca, llamada vulgarmente canuto en alusión a su forma, que contiene de 25 a 40 huevecillos englobados en un estuche de mucus endurecido con tierra.

op I *adj invar* **1** De(l) op-art. | B. M. Hernando *VNu* 25.12.71, 25: "Espacio-vibración" nos trajo la inquietud cinética y "op" de un interesante grupo de pintores argentinos. Areán *Raz* 5/6.89, 321: En la nueva abstracción destacan, en Madrid, con algunas implicaciones op, Julián Casado .., y en Salamanca, Marisa Fuentes.
II *m* **2** Op-art. | J. Aldebarán *Tri* 2.4.66, 19: Los críticos del arte nuevo, los críticos del "op", han creado un vocabulario para su uso.

opa (*tb con la grafía* **OPA**) *f* (*Econ*) Operación de bolsa que consiste en la notificación pública a los accionistas de una sociedad de que se está dispuesto a adquirir sus títulos a un precio superior a su cotización oficial. *Tb fig, fuera del ámbito técn*. | *Ya* 1.12.87, 1: A las diez de la mañana de ayer, la Junta Sindical de la Bolsa de Madrid recibía la OPA del Banco de Bilbao. F. Valladares *Ya* 13.6.88, 18: Algún médico de La Paz ha llegado a hablar de opas hostiles porque el Niño Jesús, especializado en medicina y cirugía infantil, se ha llevado al neurocirujano Francisco Villarejo y al traumatólogo Tomás Epeldegui, aupándoles a los dos de jefes de sección a jefes de servicio. Campmany *Abc* 3.5.89, 21: Ellos, estos chicos, son los que han descubierto las opas políticas hostiles o mercantiles, y lo que no consiguen con la prepotencia, lo alcanzan con la dádiva.

opacamente *adv* De manera opaca. | C. Sentís *Abc* 7.6.58, 31: Les ha recomendado acción y vigilancia contra los diputados, los cuales también, a su vez, vigilan .. y actúan, aunque de momento, muy opacamente. CSotelo *Resentido* 211: –¿De verdad no la quieres? .. Si te llamase, si te buscase..., ¿qué harías? –(Opacamente.) Nada.

opacar *tr* Hacer opaco. *Tb fig*. | Aldecoa *Cuentos* 2, 321: Cruzó la calle y miró hacia el Prado, opacado por una ligera calina. J. M. Alfaro *País* 3.7.80, 11: Es curioso descubrir .. los extraños fantasmas que han opacado la visión de España a la mayoría de los franceses. G. Bartolomé *Ya* 7.10.87, 4: Su voz resuena opacada por la gola que, sin darse cuenta, lleva siempre puesta. Torres *Él* 175: Si la invitan a un bautizo, sepa que los bebés con ropones bordados son casi tan difíciles de opacar como las novias radiantes. **b)** *pr* Hacerse opaco. *Tb fig*. | Aldecoa *Cuentos* 1, 218: El Manzanares se tersa y opaca en una larga fibra mate. A. Cardín *D16* 28.7.81, 2 (T): Las metas .. acaban opacándose por igual para todos.

opacidad *f* Cualidad de opaco. | Hoyo *Caza* 46: La luna pugnaba por romper la opacidad de una nube. MMolina *Jinete* 102: Sus pupilas tenían una turbia opacidad, como si padeciera cataratas. Albalá *Periodismo* 69: Un habla que no es propiamente nuestra .. puede permeabilizarnos hasta el punto de que no tengamos que llenar nosotros, con nuestra propia habla, extrañas zonas de opacidad expresiva. Lera *Clarines* 406: La franja bordada de los lados había perdido su brillo áureo y tenía una opacidad roñosa de plata vieja.

opacificación *f* (*Med*) Acción de opacificar(se). | Dolcet *Salud* 479: Se entiende por catarata la opacificación del cristalino.

opacificar *tr* (*Med*) Hacer opaco [1]. | * En las exploraciones radiológicas se opacifica el tubo digestivo con papillas de bario. **b)** *pr* Hacerse opaco [1]. | Lera *Pestaña* 21: Polvo de azúcar cande que le introducía bajo los párpados, sobre los que presionaba luego con movimientos de molinete, con el fin de esmerilarle el cristalino opacificado.

opaco -ca *adj* **1** [Cosa] que no deja pasar la luz u otra radiación. *A veces con un compl* A. | Bustinza-Mascaró *Ciencias* 318: Se llaman .. opacos los [minerales] que impiden el paso de la luz (ejemplo: la hulla). * La madera es opaca a la luz pero no a los rayos X.
2 [Cosa] no transparente o que no permite ver claramente a través de ella. | Goytisolo *Recuento* 13: En el remanso, el agua se estancaba sobre un fondo de aguas marronáceas y viscosas. Al oscurecer daban miedo aquellos quietos remansos, el agua opaca. **b)** [Cosa] poco clara o poco comprensible. | FAlmagro *Abc* 30.12.65, sn: Lástima grande es que la prosa de Sebastián Juan Arbó, a fuerza de un deliberado ascetismo de expresión, se nos muestra a ratos un tanto opaca. A. Luna *Inf* 12.3.77, 12: Extraña un poco que tras los dos martes brillantes del mercado (brillantez opaca, porque nadie comprendía los motivos), la euforia de las cotizaciones se haya apagado tan rápidamente. **c)** (*raro*) [Dinero] negro o de procedencia no clara. | *Ya* 6.8.87, 29: Se ha detectado un fortísimo incremento de la demanda de *afros* por parte del público .., cuyo origen se encuentra en las considerables cifras de dinero liberado tras el vencimiento de un buen número de pagarés del Tesoro que habían sido refugio transitorio del dinero opaco.
3 No brillante. *Tb fig.* | G. Bartolomé *Ya* 20.1.89, 6: La gramática .. no es el principal metelapata de políticos, senadores o diputados, aunque sean tan .. opacos como Marcelino Oreja.
4 (*lit*) [Cosa] sombría o triste. | GPavón *Hermanas* 41: —Me estoy preguntando cuál es el secreto de la vida —dijo con voz opaca. Delibes *Madera* 235: Los ojos opacos, desolados, de tío Felipe Neri, en vano buscaban en él un apoyo.

opal[1] *m* Tejido fino de algodón, liso y tupido, usado en la confección de ropa interior femenina. | *Abc* 21.8.66, 73: Retales de surach .. De batista y opales lisos y estampados para ropa interior.

opal[2] *adj* [Cristal] no transparente, convertido en blanco y mate por un revestimiento interno de sílice. | *Van* 18.7.74, 2: Sears .. Cojines decorativos. Colgantes cristal opal.

opalescencia *f* Reflejo opalescente. | *Inf* 29.4.75, 21: La técnica del "gemismo" consiste en la concreción de la gruesa materia cromática en convexidades rutilantes con irisaciones y opalescencias de auténticas gemas.

opalescente *adj* Que tiene diversos colores o irisaciones, como el ópalo [1]. | Benet *Otoño* 49: Era una tertulia acrónica, envuelta en una luz tibia y opalescente. Lera *Bochorno* 211: El resplandor de la roja pantalla, por el contrario, embellecía su rostro con toques de arrebol, y sus ojos, opalescentes, tenían un brillo mucho más fascinador.

opalina *f* Vidrio opalescente con que se hacen vasijas y objetos decorativos. | Goytisolo *Recuento* 13: La bombilla era de poca luz y se reflejaba en el cristal, aislada y radiante bajo el platillo de opalina. **b)** Vasija u objeto de opalina. | A. Lezcano ṢAbc 13.4.69, 50: De unas alacenas con tallas del siglo XVII .., saca preciosas tazas y "marrons glacés" en opalinas azules. CPuche *Conocerás* 46: Estaba deseando que todo desapareciera, desde la casa al baúl lleno de ropas bordadas, desde la consola a las opalinas pompeyanas que ella tanto estimaba.

opalino -na *adj* **1** De(l) ópalo o propio del ópalo [1]. | CBonald *Dos días* 263: Las copas estaban mediadas y el vino parecía espesar su opalina transparencia bajo la quieta grisura de la luz.
2 Que tiene color o irisaciones propias del ópalo [1]. | Delibes *Madera* 404: Bajo el resplandor opalino de la lámpara de la esquina, creyó entrever la familiar silueta, pero no se movió.

opalizar *tr* Dar aspecto o color opalino [a algo, esp. al vidrio (*cd*)]. | *Envase* 11.88: Para obtener un menor deslumbramiento y, por tanto, un confort visual, se recomienda utilizar lámparas mate u opalizadas.

ópalo *m* **1** Mineral de sílice hidratada, de aspecto lechoso con reflejos irisados, algunas de cuyas variedades son apreciadas para joyas y objetos artísticos. *A veces con un adj o compl especificador:* DE FUEGO, LECHOSO, NOBLE, *etc*. | Aleixandre *Química* 113: La sílice natural hidratada y amorfa se llama ópalo. Bustinza-Mascaró *Ciencias* 332: Si es de color blanco se llama ópalo lechoso, y si tiene colores vivos es el ópalo noble, empleado en joyería. El ópalo común es blanco amarillento, verdoso o rojo y opalino.
2 Color opalino. *A veces en aposición con el n* COLOR. | Matute *Memoria* 86: El sol dañaba los ojos, entre el verde, el ópalo, el diamantino resplandor de los cascotes.

op art (*tb con la grafía* **op-art**) *m* (*Arte*) Tendencia artística fundada en el efecto óptico. *Tb el conjunto de obras pertenecientes a esta tendencia. A veces usado en aposición.* | J. Aldebarán *Tri* 2.4.66, 19: En cada barrio hay ahora un pequeño *courrèges*, un pequeño tendero que fascina y se deja fascinar por el "op art". Areán *Raz* 5/6.89, 320: Las [tendencias] más importantes nos parecen el op-art .. y la nueva abstracción. *Sp* 19.4.70, 48: Ahora expone una serie de obras "op-art" de un ingenio y ejecución impecables.

opción *f* **1** Posibilidad de elegir. | S. RSanterbás *Tri* 11.4.70, 19: La estructuración económica de la Fiesta no da lugar a opción. **b)** Elección (hecho de elegir). | V. RFlecha *Cua* 6/7.68, 9: Intentaré .. revisar algunos de los motivos que impulsan al cristiano hasta una opción socialista. **c)** Cosa que se puede elegir entre varias. | Delibes *Voto* 144: Ahora es un problema de opciones, ¿me entiende? Hay partidos para todos, y usted debe votar la opción que más le convenza.
2 Posibilidad de optar o aspirar a algo. | * No tiene ninguna opción al cargo. * Tienen opción al premio especial los agraciados con el primer premio. **b)** (*Econ*) Derecho de comprar o vender algo dentro de un período de tiempo y en unas condiciones determinadas. *Frec* ~ DE COMPRA, *o* DE VENTA. | Ramírez *Derecho* 116: El contrato de opción de compra faculta al optante para exigir el otorgamiento de la venta a su favor.

opcional *adj* [Cosa] que se puede escoger voluntariamente entre varias. | *Gac* 11.5.69, 98: Se puede escoger entre seis colores (cuatro de ellos nuevos) y muchos detalles opcionales, como faros antiniebla, volante de radios calados.

opcionalmente *adv* De manera opcional. | *Pue* 10.5.74, 17: Nuevos asientos anatómicos de respaldo opcionalmente reclinable y tapizados en tela.

open (*ing; pronunc corriente,* /ópen/ *u* /óupen/) *adj invar* (*Dep*) [Competición] abierta tanto para los aficionados como para los profesionales. *Frec n m*. | *HLM* 26.10.70, 32: Por primera vez una mujer, la norteamericana Margaret Murdock, .. se ha impuesto en una competición open en los campeonatos mundiales de tiro. *Inf* 14.1.71, 26: Al hablar del tenis profesional, de los torneos "open", Gimeno dice: "Los profesionales hemos visto bien esta apertura .. Los «open» han supuesto la muerte del jugador aficionado, pero han supuesto también una inyección de vitalidad al deporte del tenis". *Faro* 5.8.75, 19: Ajedrez: "I Open Ciudad Deportiva".

open market (*ing; pronunc corriente,* /óupen-márket/) *m* (*Econ*) Técnica de intervención del banco central en el mercado monetario mediante compra y venta de títulos. | Tamames *Economía* 399: El Banco puede adquirir, poseer y enajenar valores y efectos, con la finalidad de regular el mercado de dinero, según la técnica generalmente conocida con la expresión de *open market*.

ópera *f* **1** Obra dramática musical cuyo texto es totalmente cantado. *Tb su música sola y su texto literario solo. Tb el género correspondiente.* | FCid *Música* 174: Leo Delibes .. fue figura relevante en su época, tanto por obras para "ballet", como "Coppelia", como por alguna ópera, en cabeza "Lakmé", de lírico virtuosismo. Subirá-Casanovas *Música* 90: En la segunda mitad del siglo se desarrolló el tipo de ópera cómica de mayores vuelos, emancipada ya de la influencia de Meyerbeer.
2 Teatro destinado a la representación de óperas [1]. | Sopeña *Música y lit.* 213: En sus años de director de la Ópera Municipal de Berlín, era la otra ópera, con Kleiber, con Klemperer, la que respondía más al clima artístico creado por la social-democracia alemana.

operabilidad - operario

operabilidad *f* Cualidad de operable. | F. Martino *Ya* 30.10.74, 42: Se inauguró en Madrid el Centro de Estudios Informáticos Checomp, entidad dedicada al chequeo médico, cuya utilidad ha sido puesta de manifiesto dramáticamente en estos días al detectar, en perfectas condiciones de operabilidad, los respectivos cánceres de mama de las esposas del Presidente y del vicepresidente electo de los Estados Unidos.

operable *adj* **1** Que puede ser operado. | Marsé *Tardes* 137: Pequeñas heridas no operables, aclaró el cirujano.
2 Que está en condiciones de operar [4a]. | L. MDomínguez *Inf* 11.5.72, 15: Estados Unidos posee 41 submarinos armados con proyectiles nucleares. La Unión Soviética, 25 operables y 17 en construcción.

operación *f* Acción de operar. *Tb su efecto.* | PAyala *Abc* 29.6.58, 3: A Darwin no se le pudo pasar por la cabeza que su teoría científica podía explicar la existencia del alma y sus operaciones. ZVicente *Examen* 127: Vino .. a operarse de un tumor, se quedó en la operación, a ver, tanto tiempo escarbando por ahí adentro. Marcos-Martínez *Aritmética* 107: Operaciones con los números decimales. Goytisolo *Verdes* 176: La merma económica que cada una de estas operaciones –término con el que, sintomáticamente, el socio de turno, el mangante, designa los negocios– suele suponer para el capital disponible. **b)** Acción compleja, constituida por un conjunto coordinado de acciones. | Olmo *Golfos* 50: –¡Por aquí!, ¡despacio!, ¡no tengan prisa! –intervino el padre dirigiendo la operación. VMontalbán *España* 156: La operación Madrid ha sido, en gran parte, un éxito. *ElM* 9.12.93, 22: Solo la niebla causó dificultades a los conductores durante la operación retorno.

operacional *adj* **1** De (la) operación. | *Abc* 8.11.75, 80: Se pensó que podría realizarse esta vez una doble intervención .. Al parecer, los cirujanos no se decidieron por este doblete operacional, pensando quizá en la debilidad extrema del paciente. Tejedor *Arte* 225: Las Matemáticas .. desarrollan nuevos sectores como los Métodos operacionales o el Álgebra de matrices. Berlanga *Recuentos* 51: Acabó contándole la vida al propio jefe del Servicio Operacional de Presidencia. M. Tourón *Abc* 6.6.93, 151: En la primera fase el Grupo DVB ha identificado los objetivos técnicos y operacionales del esfuerzo de coordinación europeo para la TV digital por satélite y cable.
2 Que está en condiciones de operar [4a]. *Esp referido a operaciones militares.* | V. Gállego *ByN* 31.12.66, 46: El emplazamiento de los proyectiles balísticos operacionales de los Estados Unidos.

operador -ra I *adj* **1** Que opera, *esp* [2, 3 y 6]. *Tb n: m y f, referido a pers; f, referido a empresa.* | Bustinza-Mascaró *Ciencias* 69: Al elevar el operador los brazos del accidentado, se amplía la cavidad torácica, y con ello se induce a la inspiración activa. [*En la respiración artificial.*] *SInf* 5.12.70, 6: Persistió el mercado en su línea descendente de las últimas semanas .. Los operadores atribuyen la insistencia en esta orientación negativa a la desilusión de los inversores en cuanto a la esperada reducción del tipo de descuento. A. Montenegro *Ya* 27.3.90, 26: La Compañía Telefónica y la empresa operadora de la República Federal de Alemania, Deutsche Bundespost Telekom, firman el próximo jueves un acuerdo de cooperación que se incluye dentro de la estrategia que están llevando a cabo las compañías europeas para evitar la entrada de operadoras extranjeras después de 1993. *Abc* 27.7.75, 7: Según los industriales hoteleros, el exceso de contratación es la única salida que tienen, en España y en cualquier otro país turístico, frente a la anulación de plazas a última hora por operadoras extranjeras.
2 Relativo a la acción de operar [6]. | J. Iriondo *Mad* 10.9.70, 12: Todo sigue igual ante la extrañeza de los que no conocían, digamos, esta faceta de la Bolsa de cerrado desinterés inversor y operador.
II *m y f* **3** Técnico encargado del manejo [de determinados aparatos, esp. una central telefónica, una cámara de cine o un proyector]. | J. M. Massip *Abc* 3.12.70, 36: Un marinero lituano llamado Simas, operador de la radio, se tiró de un salto a la embarcación norteamericana, pidiendo a gritos asilo político. R. Capilla *Alc* 31.10.62, 28: "La cara del terror", en los cines Palacio de la Prensa y Roxy A .. Operador jefe: José F. Aguayo. Música: José Buenago. *Abc* 3.2.93, 58: La declaración de la física del Clínico inculpa al técnico de General Electric. La procesada sabía que las operadoras no tenían licencia.

operante *adj* Que opera [1 y esp. 4a]. *Tb n, referido a pers.* | Valcarce *Moral* 34: Puede ser también fin del operante, o sea, del que realiza el acto. MGaite *Búsqueda* 70: Cada cual ha de aplicarse .. a la tarea de mantener operante su propio logos. J. Grau *VNu* 14.10.72, 27: Se trata de una fe viva, necesariamente acompañada de sincero arrepentimiento y operante por el amor.

opera omnia (*lat; pronunc,* /ópera-ómnia/) *f* Totalidad de la obra [de un autor]. *Tb fig.* | Pemán *Abc* 21.6.75, sn: Una vez más otros cisnes carboníferos editaban sobre las paredes la "opera omnia" de la curiosidad elemental de los españoles.

opera prima (*it; pronunc,* /ópera-príma/) *f* Primera obra. | F. Trueba *País* 19.10.79, 29: Tras su *opera prima*, Schlöndorff realiza siete largometrajes, dos *sketches* .. y tres filmes para la televisión.

operar A *tr* **1** Realizar o llevar a cabo. | J. P. Quiñonero *SInf* 1.4.71, 3: No deja de ser sintomático el que ese nuevo reconocimiento esté siendo operado por intelectuales poco acusables de servilismo hacia el totalitarismo occidental. **b)** *pr* Realizarse o llevarse a cabo. | Céspedes *HEspaña* 3, 366: Para los indios, sus dioses habían en cierto modo fracasado ante los invasores .. De esta manera se operaron conversiones en masa.
2 Realizar un acto quirúrgico [sobre una pers. o animal (*cd*) o sobre una parte (*cd*) de su cuerpo]. *Tb abs. Frec con un compl* DE. | Laiglesia *Tachado* 78: Su vecina frau Geisler iba a ser operada de apendicitis. **b)** *pr* Hacerse operar. | ZVicente *Examen* 127: Vino también aquella mujer tan pálida .. a operarse de un tumor.
3 Explotar [algo] o trabajar [con ello (*cd*)]. | *País* 2.12.88, 1: La mujer de un comisario opera sin licencia máquinas tragaperras. **b)** Gestionar o atender [algo]. | *Van* 29.3.74, 35: Próxima inauguración de la línea aérea Santiago de Compostela-Barcelona, directa. Será operada con trirreactores Boeing-727 de "Iberia".
B *intr* **4** Realizar [alguien o algo] su actividad o su función. | P. Sastre *Inf* 12.3.70, 12: El Gobierno Federal de Canadá no puede impedir que las flotas pesqueras de los países citados operen en aguas del golfo de San Lorenzo. **b)** Actuar o comportarse. | Aldecoa *Gran Sol* 131: –Ese hijo de su madre le ha ido con cuentos al armador y al patrón de costa diciéndole que sí yo bebía mucho .. –¿Y no es verdad, Juan? .. –El que sea verdad no quita para que Domingo opere como un...
5 Ejercer alguna acción [sobre algo (*compl* EN *o* SOBRE)]. | Castilla *Humanismo* 44: La realidad .. ofrece siempre alguna posibilidad de operar en ella.
6 Realizar actos comerciales. | *Inf* 3.2.77, 17: Bolsa: la sesión de esta mañana .. Además de los valores que aparecen en el cuadro, han operado: .. Alumbrado y Calefacción por Gas, 245. Uniasa, 255. Cointra, 286.
7 (*Mat*) Realizar una acción o un conjunto de acciones por las que a partir de unas cantidades o expresiones se obtienen otras. | Marcos-Martínez *Aritmética* 107: Operaciones con los números decimales. En esta lección se trata de justificar el modo de operar con números decimales. Mingarro *Física* 157: El cálculo es absolutamente análogo; en general, se tiene: $[Z] = [Z_1] + [Z_2] + ...$ y la ventaja de operar en forma simbólica, más evidente todavía.

operario -ria A *m y f* **1** Trabajador, pralm. especializado. *Tb adj.* | Laforet *Mujer* 153: Julián tenía su puesto .. en aquella mesa preparada para cuatro operarios. *BOE* 1.12.75, 25023: Estuchadora de 1ª. Es la operaria definida en el apartado anterior, que alcanza un rendimiento mínimo de 25 kilogramos en el estuchado manual o de 75 cuando es mecánico. *BOE* 28.12.74, 26339: Personal operario en general: Funerario de 1ª. Conductor. Funerario de 2ª.
2 (*Rel catól*) Pers. que coopera en las actividades de una parroquia. | Marsé *Montse* 171: La señorita Roura, Operaria parroquial de distinguida familia vicense.
B *m* **3 ~ diocesano.** (*Rel catól*) Miembro de la Hermandad de Sacerdotes Operarios Diocesanos del Corazón de Jesús, fundada en 1883 por Manuel Domingo Sol y dedicada esp. a la formación de seminaristas. | *Med* 1.7.59, 2: Proceso de declaración de martirio de veinte Sacerdotes Operarios Diocesanos.

operativamente *adv* De manera operativa. | M. O. Faría *Rev* 12.70, 4: Ya por la palabra profética Dios se hacía operativamente presente en la historia de los hombres.

operatividad *f* Cualidad de operativo. | Tierno *Humanismo* 21: En la mecánica del radicalismo político está como condición inexcusable su operatividad. *Tri* 11.4.70, 40: Asunto espinoso [los medicamentos] sobre el que el señor Lequerica ha dicho todo lo esencial y a mí solo me toca añadir el de la, con frecuencia, escasa operatividad de los mismos.

operativo -va I *adj* **1** [Cosa] que opera o tiene capacidad de operar [4a]. | LMuñoz *Tri* 26.12.70, 8: Cabe .. preguntarse si los mecanismos o instrumentos a los que se ha hecho referencia, sobre los que se ha asentado la expansión de los años 60, serán también operativos en los próximos para cubrir las exigencias de reestructuración.
2 Relativo a la acción de operar [4a]. | Gambra *Filosofía* 166: Las perfecciones o atributos divinos suelen dividirse en dos grupos: a) atributos entitativos ..; b) atributos operativos, aquellos que se refieren a Dios en tanto se lo considera como principio de actividad, esto es, como naturaleza. **b)** [Sistema] ~ → SISTEMA.
II *f* **3** Modo de operar [4]. | Crémer *SHora* 14.5.77, H: Su comportamiento [de San Isidro] .. no acaba de convencerme. Porque pienso yo que, de cundir esta operativa isidoriana, .. lo más probable es que el campo quedara más abandonado que "María la Hija del Jornalero". *País* 24.6.79, 1: El Gobierno estudia el racionamiento de la gasolina .. Hay que fijar la operativa del racionamiento.

operatorio -ria I *adj* **1** De (la) operación, esp. quirúrgica. | Laiglesia *Tachado* 96: Entre los médicos destacaba el intrépido cirujano Milko Dolaf, famoso en la Europa Central por la audacia de sus intervenciones quirúrgicas y la novedad de sus procedimientos operatorios. | Rábade-Benavente *Filosofía* 195: La verdad del conocimiento ha de ser buscada y entendida .. por la línea de una "eficacia" operatoria (pragmatismo) o transformadora (marxismo).
II *f* **2** (*E*) Operaciones o conjunto de operaciones comerciales o matemáticas. | I. AVillalobos *Ya* 29.3.87, 19: El mercado mostró el jueves un comportamiento calmado, y algunos valores significativos comenzaron a repuntar. El vencimiento de la operatoria a crédito jugó un destacado papel en este cambio. CBerrueta *Rev* 12.71, 32: Se impone restituir a la operatoria el lugar que le corresponde. Si bien –tengámoslo claro– la automatización del cálculo no es el primer objetivo en la enseñanza de la Matemática.

opérculo *m* (*CNat*) Pieza a manera de tapadera que sirve para cerrar una abertura. | GLarrañeta *Flora* 207: Tiene [la mojarra] tres manchas negras, una rodeando el pedúnculo caudal y otras dos bajando desde la parte anterior de la aleta dorsal hasta el borde del opérculo. Alvarado *Botánica* 49: Entre las muchas variedades de cajas .., el pixidio, que se abre mediante un opérculo o tapadera. Bustinza-Mascaró *Ciencias* 139: La miel puede ser utilizada en seguida como alimento, o ser destinada a la conservación. En este caso las celdillas son tapadas, cuando la miel tiene alguna consistencia, por una delgada capa de cera (opérculo).

opere citato (*lat; pronunc corriente,* /ópere-θitáto/) *loc adv* En la obra citada. *En citas o referencias textuales y gralm en la forma abreviada* OP. CIT. | Alarcos *Fonología* 234: Juret, op. cit., p. 161.

opereta I *f* **1** Obra teatral ligera en que alternan los pasajes hablados y los cantados. *Tb su música sola y su texto literario solo. Tb el género correspondiente.* | Alc 31.10.62, 18: El productor Benito Perojo, por aquel entonces también director, realizó en Buenos Aires una versión de la divertida y atrayente opereta "La casta Susana". Subirá-Casanovas *Música* 90: Sigue la relación con músicos tan notables como Hérold .., Adam .., Halévy .. y Jacques Offenbach (1819-1880), creador de la genuina opereta francesa.
II *loc adj* **2 de ~.** Ridículo. | Laiglesia *Tachado* 41: Nunca cayó en exageraciones ridículas, y la suya jamás fue una Corte de opereta. * Es un tipo de opereta.

operetesco -ca *adj* De (la) opereta. | Lera *Olvidados* 152: Ni Sansón ni Dalila serían seguramente así, pero aquella versión operetesca y fabulosa servía, al menos, para que otros hombres y mujeres olvidasen la angustia del tiempo.

operetístico -ca *adj* De (la) opereta. | Laiglesia *Tachado* 54: La archiduquesa, tía carnal de Cirilo II, era probablemente el personaje más operetístico de todo el principado.

operista *m y f* Autor de óperas [1]. | Subirá-Casanovas *Música* 49: A los cincuenta años de edad, el teórico y clavista J. Philippe Rameau .. se da a conocer como operista en París.

operístico -ca *adj* De (la) ópera [1]. | Subirá-Casanovas *Música* 105: El libreto nos presenta a una novia que se aburre con las enfáticas melodías operísticas, para gustar, en cambio, de las canciones españolas.

opiáceo -a *adj* (*Med*) Que contiene opio o alguno de sus derivados. *Tb n m, referido a producto.* | F. J. FTascón *SAbc* 7.6.70, 21: Se incluían las anfetaminas y los alucinógenos con los opiáceos clásicos.

opiado -da *adj* (*Med*) Que contiene opio. | Mascaró *Médico* 104: No debe administrarse ningún calmante opiado o relajante muscular.

opiata *f* (*Med*) Preparado que contiene opio. | CBonald *Ágata* 296: Solo Alejandra reaccionaba a veces, rebajando un punto la graduación de los sollozos, para atender a su tutora y suministrarle las cada vez más tóxicas opiatas caseras.

opilación *f* (*raro*) Obstrucción. *Tb fig.* | Acquaroni *Abc* 29.7.67, 11: Anticipándose a las opilaciones con que la automoción amenazaba, Caracas supo meterse valientemente el bisturí.

opilar *tr* (*raro*) Obstruir. *Tb fig.* | E. Carvajal *SAbc* 22.7.89, II: Así, opilado por el calor el seso, quedo como un bruto en brazos del sueño la mayor parte del día. **b)** *pr* Obstruirse. *Tb fig.* | SRPeña *ASeg* 24.10.87, 6: Los manantiales se han opilado, los artificios para elevar el agua han cambiado de signo con la aparición de la electricidad.

opimo -ma *adj* (*lit, raro*) [Fruto] abundante. | * Su predicación dio opimos frutos.

opinable *adj* [Cosa] sobre la que se puede opinar [3]. | Miret *Tri* 26.12.70, 15: Nadie tiene derecho a monopolizar la verdad en cuestiones opinables.

opinador -ra *adj* Opinante. *Frec n.* | Miguel *Ya* 3.2.90, 14: Hasta los domingos, y no digamos los lunes, aparecen saturados de acontecimientos no deportivos que merecen un pronunciamiento de los "opinadores". J. Hermida *Ya* 17.11.91, 64: Los sociólogos y los sicólogos y los opinadores y los analíticos, para la mejor de las intenciones, se pusieron a explicarnos las raíces y las causas y los efectos, antecedentes y consecuentes, espectros y demografías de la droga.

opinante *adj* Que opina [3b]. *Tb n.* | Cunqueiro *Crónicas* 166: Franklin .. Era un chincheta opinante, y se mostraba muy jactancioso mandando novedades a las escuelas. LMiranda *Ateneo* 59: Era el opinante don José María Domínguez, marqués de Murta. Él y el doctor Maestre se presentaron como socios.

opinar A *tr* **1** Tener [una determinada opinión [1a]] (*cd*)]. | Arce *Testamento* 34: Y unos decían que sí: que volvería rico, y otros opinaban todo lo contrario. **b)** Manifestar [alguien su opinión [1a] (*cd*)]. | Arce *Testamento* 15: –Tienes una mujer que es una real hembra –opinó Enzo.
B *intr* **2** Tener [alguien] su opinión [1a] [con unas determinadas características (*compl adv*)]. | Gala *Sáb* 24.3.76, 5: No sé si permanecerá en ese cargo todavía, ni si seguirá opinando igual.
3 Tener [alguien] su propia opinión [1a y d]. | * Hay que enseñar a la gente a opinar. **b)** Manifestar [alguien] su opinión [1a y d]. | Torrente *SInf* 26.2.76, 12: Busco, pues, en los periódicos un tema. Y nada encuentro de lo que pueda opinar con mediana cordura.

opinativo -va *adj* De (la) opinión [1]. | Miret *Tri* 3.7.71, 27: El asentimiento que deben los católicos al magisterio oficial no-infalible es un asentimiento "opinativo", o sea, que no produce certeza. J. A. Sobrino *Ya* 9.5.74, 7: Votar Sí o No, esa es la cuestión. No se trata de un pluralismo opinativo.

opinión I *f* **1** Actitud o postura mental [de una pers. respecto a alguien o algo (*compl* ACERCA DE, SOBRE *o* DE)]. *A* *veces se omite el compl, por consabido.* | Laforet *Mujer* 155: A don Paco, la opinión de su vecina .. le tenía sin cuidado. SLuis *Doctrina* 103: La Fama es la buena opinión que nos formamos de una persona. **b)** Expresión de la opinión [1a]. | Olmo *Ayer* 66: –Jueves y domingos, fruta. Los demás días: ¡suprimida! ¡Es una orden! –Como quieras, tío. Pero yo suprimiría mejor el vino. –¿Cómo! ¿Qué dices, blasfema? ¿Quién te ha pedido opinión a ti? **c)** Juicio que se tiene por verdadero, si bien admitiendo la posibilidad de error. | Rábade-Benavente *Filosofía* 196: Un peldaño superior lo constituye la opinión. En ella la mente se inclina ya hacia un extremo, se pronuncia afirmativa o negativamente, pero no de modo firme. Torrente *SInf* 26.2.76, 12: ¿Quién de los dos es el mejor? Pues había opiniones, preferencias, que no menoscababan a ninguno. **d)** Manera de pensar acerca de problemas generales. *Frec en pl, con sent sg.* | Laforet *Mujer* 17: Todos los parientes, de distintas tendencias políticas, se habían ayudado cuando pudieron salvando todas las diferencias de opinión. CBaroja *Baroja* 135: Mis tíos tenían bastantes amigos en el país vasco, a pesar de sus opiniones.

2 Conjunto de opiniones [1a] dominantes en una sociedad sobre problemas generales, colectivos y actuales. *Frec ~* PÚBLICA. | Seco *SAbc* 29.2.76, 11: Francia había atravesado por una oportunidad parecida en 1871, cuando, vencida la Commune, caído el Imperio, se produjo un movimiento de opinión hacia la monarquía. Jover *Historia* 787: Un análisis de las corrientes de opinión pública que quedan aludidas no agota, ni mucho menos, el problema de cómo vivió y sintió el pueblo español la guerra desarrollada fuera de sus fronteras. **b)** Conjunto de la sociedad en cuanto sujeto de opinión [1a]. *Frec ~* PÚBLICA. | *SInf* 25.2.76, 8: Kurt Waldheim .. alertó a la opinión sobre los siguientes seis problemas vitales de nuestro tiempo. *Abc* 29.2.76, 21: La Asamblea Plenaria ha manifestado la necesidad de que se prosiga esta reflexión entre los obispos, encomendándose a la Comisión Permanente que explicite ante la opinión pública, si fuera oportuno, las preocupaciones y el pensamiento del Episcopado español.

3 Reputación [de una pers.], o postura mental de los demás [respecto a ella (*compl de posesión*)]. *Tb sin compl. Con los adjs* BUENO, MALO *u otro equivalente.* | *Abc* 22.11.75, 30: El primer monasterio de Comendadoras de Santiago fue el de Santa Eufemia de Cozuelos (Palencia), fundado en el siglo XII, donde vivió en gran opinión de santidad la Infanta de León doña Sancha Alfonso. **b)** *Sin adj:* Buena opinión. | DPlaja *El español* 144: Sin fama, sin nombre, sin "opinión" no se puede vivir como los demás viven. Tenían honra [las "mujeres de la vida"], y se la quitaron.

II *loc adv* **4 en ~** [de una pers.]. Según la opinión [1a] [de esa pers.]. | *Cam* 16.6.75, 10: Con este gesto se rompe en cierto modo, en opinión de los observadores, el aislacionismo con respecto a Europa del Régimen.

opio I *m* **1** Sustancia narcótica obtenida de las cabezas de las adormideras verdes, frec. consumida como droga. | MNiclos *Toxicología* 16: Los envenenamientos por determinadas sustancias, como opio, fenol, .. cursan con hipotermia. V. Gállego *Abc* 23.4.74, 3: Los visitantes occidentales han tenido ocasión de recorrer fumaderos de opio.

2 Droga (cosa grata que acaba por convertirse en un hábito de efectos negativos al que es muy difícil renunciar). | AMillán *Día* 93: –Tu mujer en la televisión, ¿no, Mariano? –Ya lo sabes. Es su opio.

3 Cosa que produce adormecimiento moral. | Alfonso *España* 61: Quisiéramos huir de la nueva enajenación; no de aquella que se motejaba de "opio del pueblo". Aranguren *Marxismo* 61: No peligroso .. es un difuso sentimiento marxista que, como "el opio de los curas jóvenes" .., se apodera de los católicos. Tierno *Humanismo* 66: Los administradores del opio, los humanistas, no pueden continuar diciendo .. que el pobre tiene los mismos deberes que el rico.

II *loc v* **4 dar el ~.** (*hoy raro*) Cautivar el ánimo o los sentidos. | Escobar *Itinerarios* 82: Otros animalitos hay también nada bellos y atractivos, y luego, como elementos comestibles, dan el opio.

opioide *adj (Med)* Opiáceo. *Tb n m.* | A. Criado *País* 30.5.87, 30: Opiáceos .. Algunos autores han postulado que los síntomas más comunes que anteceden o acompañan a la regla .. están desencadenados por una brusca disminución en la sangre de los opioides endógenos.

opíparamente *adv* De manera opípara [1]. *Normalmente con el v* COMER. | A. MPeña *Hoy Extra* 12.69, 46: Comieron opíparamente.

opíparo -ra *adj* **1** Abundante y espléndido. *Gralm referido a comida.* | N. Luján *Sáb* 22.1.77, 3: La escala de prosperidad alemana ha pasado por cuatro fases bien determinadas: la primera fue el tener casa propia, la segunda poseer un buen automóvil, la tercera disfrutar de una opípara mesa, y, como consecuencia quizá de esta, viene la cuarta, que es practicar el deporte. Cuevas *Finca* 147: Vinieron tres o cuatro usureros del pueblo, gentes que le sacaban una opípara renta a cuatro, cinco mil duros.

2 (*col, humoríst*) [Mujer] atractiva. | ZVicente *Traque* 105: Una señorita la mar de opípara, espigadita ella, vestida con el traje regional, me saludó saltando y repitiendo Buenos días en cinco o seis idiomas.

opistógrafo -fa *adj (Paleogr o Impr)* Que se escribe o imprime por ambas caras. *Tb n m, referido a libro o impreso.* | MSousa *Libro* 31: El pergamino permite escribir por ambas caras (opistógrafo), lo que no era posible en el papiro.

oponente *m y f* **1** Pers. que se opone [1]. | L. Calvo *Abc* 29.12.70, 22: Habla de sus oponentes, y al llegar a los socialistas dice: "Son los envidiosos, los «cornudos», los fracasados, lo mismo que los radicales de ayer".

2 Actor o actriz que comparte el papel principal [con otro (*compl de posesión*), esp. del sexo opuesto]. | J. M. Bellido *SAbc* 24.3.74, 30: Con Menandro aparece la figura del "director", como antes, con Tespis, apareció el "antagonista", el "doble" del Sumo Sacerdote, su oponente. *Gar* 19.2.75, 5: Tengo [en cine] una oferta muy importante .. Aún no sé el realizador, pero mi oponente sería Marcel[l]o Mastroianni.

oponer (*conjug* **21**) **A** *tr* **1** Poner [a una pers. o cosa (*cd*) contra otra (*compl* A)] para estorbar o impedir su acción. *Gralm el cd es refl.* | Van 17.4.73, 24: Se pasará por las armas a quienes se opongan a la revolución. * Se opuso al rey y eso le valió el destierro. **b)** Presentar [una razón] contra algo, esp. lo que se acaba de oír. | DCañabate *Paseíllo* 167: La mercera .. le opuso razones que fueron rebatidas con fogoso aplomo. *Jaén* 15.3.64, 16: Son ya muchos los que oponen reparos al hasta hace poco refinado plato [el pollo]. **c)** Enfrentar en competición. *Gralm el cd es refl.* | *Mar* 14.12.70, 26: Bengoechea I está decidido a poner su título mundial en juego ante Jesús Chausson .. Oponerse a un hombre de 110 kilos es ya un hecho significativo sobre el momento de forma que atraviesa Jesús Chausson.

2 Colocar [una cosa (*cd*) frente a otra (*compl* A)]. | Bustinza-Mascaró *Ciencias* 32: El pulgar es más corto que cualquiera de los otros, y su extremo puede oponerse en frente de los extremos de los demás dedos.

3 Poner juntas [dos cosas (*cd*), o una cosa (*cd*) con otra (*compl* A)] para compararlas. | E. Corral *Abc* 21.4.74, 73: A la repulsión que nos produjo "Los chigüires" .. oponemos este episodio de "Los yanomanos" que .. tuvo, además, mucho de admirable en la expresión fiel de las costumbres de aquellos pueblos.

4 (*E*) Poner [dos elementos (*cd*) de un sistema, o uno (*cd*) con otro (*compl* A)] en relación de oposición [2]. | Alarcos *Fonología* 71: Correlación de tensión, que opone fonemas tensos .. a los flojos.

B *intr pr* **5** Ser [una pers. o cosa] contraria u opuesta [a otra]. | *BOE* 30.1.81, 2158: Serán causas de extinción de las aparcerías las siguientes: Primera. La terminación del plazo pactado .. Quinta. Cualquiera otra causa que resulte del contrato o de los usos y costumbres locales, siempre que no se opongan a lo establecido en esta Ley.

6 (*E*) Estar en relación de oposición [2] [dos elementos de un sistema, o uno (*suj*) con otro (*compl* A)]. | Gambra *Filosofía* 45: De tres modos pueden oponerse las proposic[i]ones: por la cualidad, .. por la cantidad .. y por ambas cosas a la vez. Alarcos *Fonología* 39: Una cualidad fónica tendrá función distintiva cuando se oponga a otra cualidad fónica.

oponible *adj* Que puede ser opuesto (→ OPONER, *esp* [2]). | Ybarra-Cabetas *Ciencias* 408: Uno de los caracteres más notables de los primates es el de tener el primer dedo de sus extremidades más o menos oponible a los otros cuatro.

opopónaco *m* Gomorresina extraída de la raíz y el tallo de la panace y de otras plantas umbelíferas, usada como antiespasmódico y expectorante. | FQuer *Plantas med.* 505: Pánace .. Contiene materias gomosas o resinosas, que en Oriente hacen fluir mediante cortes en la raíz y en el tallo. El jugo lechoso que mana de ellos se solidifica y constituye una de las suertes de opopónaco del comercio.

oporto *m* Vino dulce y reforzado, fabricado en la región de Oporto (Portugal). | A. Marsillach *Inf* 8.5.75, 14: El camarero del Tívoli servía el oporto frío silbando "Grândola, vila morena" con aire participativo y cooperativista.

oportunamente *adv* En el momento oportuno. | Laforet *Mujer* 155: Había dado la colocación al muchacho porque su aviso llegó oportunamente. Alvarado *Anatomía* 54: En ella viene a reposar un órgano encefálico muy interesante denominado hipófisis o cuerpo pituitario, del que hablaremos oportunamente.

oportunidad *f* **1** Cualidad de oportuno. | Alvar *Arb* 12.68, 12: Del maestro Ortega son estas palabras, cuya oportunidad voy a considerar.
2 Momento o circunstancia oportunos. | A. Nadal *Van* 28.4.72, 55: La propicia ocasión de las cruzadas y el Concilio le pareció [a Jaime I] una oportunidad hecha como a la medida para que le coronara Gregorio X. **b)** Momento en que una cosa es posible. | *Inf* 26.6.75, 13: Nueva oportunidad para acogerse a la regularización de balances .. El Ministerio de Hacienda ha abierto un nuevo plazo para que las empresas puedan acogerse a la regularización de balances. **c)** Posibilidad pasajera de lograr algo a que se aspira. | Benet *Nunca* 11: Ultima pólvora que gastaba en honor a una oportunidad que se resistía a dar por perdida. **d)** Posibilidad de desarrollarse o progresar. *Gralm en pl.* | Escrivá *Conversaciones* 151: Eso exige igualdad de oportunidades entre la iniciativa privada y la del Estado.
3 Ocasión o vez. | J. Balansó *SAbc* 29.6.75, 9: En cierta ocasión se citó la posibilidad de la introducción en el futuro de un sistema republicano en Noruega. El comentario del Soberano, como en tantas otras oportunidades, fue sereno, algo humorístico.
4 Cosa que se ofrece a la venta en condiciones esp. favorables de precio. | *Van* 3.2.74, 9: Ahora... Hemos ampliado a más de 2500 m² nuestra Sección de oportunidades. Planta 2ª.

oportunismo *m* (*desp*) Actitud de acomodación a las circunstancias para obtener provecho de ellas, sacrificando más o menos los propios principios. *Esp en política.* | Albalá *Periodismo* 118: La "opinión pública" ha sido y será siempre el ungüento mágico de todas las ideologías, tanto más cuanto mayor sea su mediocridad y oportunismo políticos.

oportunista *adj* **1** (*desp*) De(l) oportunismo. | * El comportamiento de esos grupos es oportunista. **b)** [Pers.] que actúa con oportunismo. *Tb n.* | Moix *Des* 12.9.70, 12: Los comunistas le acusan de oportunista y los cristianos de comunista.
2 (*Med*) [Microorganismo] que no es patógeno habitualmente, pero que puede serlo en individuos con mecanismos defensivos disminuidos. *Tb referido a la infección causada por ellos.* | STM*é* 15.6.88, sn: En casi todos los enfermos de SIDA la afectación digestiva es asintomática, probablemente debido a que los pacientes fallecen por infecciones oportunistas.

oportuno -na *adj* **1** Que se presenta o actúa en el momento conveniente. | * No es oportuno decírselo hoy. * ¡Qué poco oportuno has sido al entrar en ese momento!
2 Adecuado o correspondiente. | *Caso* 14.11.70, 9: Se da el caso que de su entrega a González Zaera no disponen los interesados de los oportunos comprobantes.

oposición I *f* **1** Acción de oponer(se). *Tb su efecto.* | Valverde *Literatura* 129: Interviene [Quevedo] por entonces en la política de oposición a Olivares, por lo que se le aprisiona. Mingarro *Física* 85: Se mueven de tal modo que cuando uno de los primeros se encuentra lo más bajo posible, el correspondiente segundo está en su posición más elevada, o sea, en oposición de fase.
2 (*E*) Relación de contraste entre dos elementos de un sistema. | Alarcos *Fonología* 98: En búlgaro, la oposición de consonantes mojadas o no mojadas se neutraliza ante todas las consonantes.
3 Sector de una colectividad que representa una posición discrepante de la de quienes gobiernan. *Esp en política.* | Aranguren *Marxismo* 13: El diálogo franco y comprensivo entre quienes estamos en la oposición .. ha de ser útil a todos.
4 Serie de pruebas a que son sometidos los aspirantes a determinados empleos, a fin de seleccionar a los más competentes. *Frec en pl con sent sg y en la constr* HACER ~ES. | Alfonso *España* 14: El que tengan que hacerse aquí rigurosas oposiciones hasta para ser barrendero.
5 (*Astron*) Situación relativa de dos o más astros cuyas longitudes difieren en dos ángulos rectos. | E. Novoa *Abc* 2.2.65, 21: Se señalan particularmente como momentos interesantes las fechas de las oposiciones para Marte y Júpiter.
6 (*Astrol*) Aspecto de dos astros que ocupan casas celestes diametralmente opuestas. | *Pue* 16.12.70, 30: La Luna, en oposición con Mercurio, pondrá conflicto entre tus sentimientos y tu inteligencia.
II *loc v* **7 hacer ~es** [a algo no deseable]. (*humoríst*) Actuar de modo que sea fácil que [ello] se produzca. | APaz *Circulación* 107: Adelantarlo cerca de la cumbre de una cuesta es hacer oposiciones al suicidio.

oposicionismo *m* Actitud o tendencia oposicionista. | Porcel *Des* 12.9.70, 14: Se niegan a ver la segunda vertiente del oposicionismo: puede no triunfar, pero derroca.

oposicionista *adj* De la oposición [3]. *Tb n, referido a pers.* | Laiglesia *Ombligos* 124: Algunos mamporros que sus numerosos partidarios tuvieron que repartir entre grupos oposicionistas. *Inf* 4.7.74, 4: A los trece ciudadanos soviéticos que se unieron a Sajarov desde el primer día de la huelga del hambre se ha unido ahora el oposicionista Anatoli Marchenko.

opositar *intr* Concurrir a una oposición [4]. *Frec con compl* A. | CBaroja *Inquisidor* 20: Aún pasa algunos [años] más disputando conclusiones y opositando a puestos en colegios.

opositor -ra I *adj* **1** Que se opone [1]. *Tb n, referido a pers.* | M. D. Gant *Rev* 12.70, 12: En el sistema del general se achaca una postura extremosamente celosa de lo francés e intransigentemente opositora a lo británico. FFlórez *Florestán* 698: Fuese quien fuese el que lo impulsase [el balón], saldría proyectado hacia la portería para penetrar en ella, sin que el más hábil opositor pudiera impedirlo. *País* 1.9.83, 3: A la derecha, la esposa del opositor filipino [Benigno Aquino], Cory, pide silencio a la multitud.
II *m y f* **2** Pers. que concurre a una oposición [4]. | Marlasca *Abc* 27.11.70, 41: La plantilla de la Policía Municipal si no se cubre masculinamente es por falta de opositores a rellenarla. *SPaís* 2.6.91, 1: Opositora discriminada por "falta de fuerza", según UGT.

opóssum *m* Mamífero marsupial americano del tamaño de un gato, con hocico puntiagudo, patas cortas y piel apreciada (*Didelphis virginiana*). *Tb se da este n. a otros animales similares. Tb su piel.* | *Ya* 9.1.83, 24: Es el momento de cambiarse de chaqueta, chaquetón o de abrigo: Ante, napa, zorro, visón, novak, opóssum, lince. [*En el texto, sin tilde.*]

opportune et importune (*lat; pronunc,* /oportúne-et-importúne/) *loc adv* Con insistencia y en todas las circunstancias. *Con vs como* DECIR *o equivalentes.* | Laín *Universidad* 89: Ahí quedan .. mis libros sobre la generación del 98 y sobre el pensamiento de Menéndez Pelayo, los miles y miles de palabras con que *opportune et importune* yo he predicado nuestra voluntad de integración.

opresión *f* Acción de oprimir. *Tb su efecto.* | Torrente *Pascua* 343: El orden público no puede ser el resultado de una constricción, de una opresión, sino de un pacto libre, libremente concluido. **b)** Sensación de presión sobre el pecho, con dificultad para respirar. | N. Retana *SInf* 16.12.70, 3: Un sujeto de mediana edad se queja con frecuencia de disnea, sube las escaleras con dificultad, nota en el pecho una opresión casi constante.

opresivamente *adv* De manera opresiva. | Is. Millán *Abc* 5.1.75, 14: Opresivamente confinado a cuatro o tres horas en un único curso, .. el proyecto significa, hablando en plata, decretar la muerte del griego.

opresivo – optimismo

opresivo -va *adj* **1** De (la) opresión. | J. Sobrequés *Des* 12.9.70, 30: Oportunidades que han tenido por objeto deshacerse del totalitarismo .. que imponían las estructuras dirigentes del país .. con unas claras tendencias opresivas y represivas.
2 [Cosa] que oprime. | Laforet *Mujer* 20: Hacía calor, hasta en aquella gran habitación se notaba un aire opresivo. J. Sobrequés *Des* 12.9.70, 30: En toda la obra se repiten .. unas mismas constantes: interés opresivo de Francia por incorporarse el Rosellón.

opresor -ra *adj* Que oprime, *esp* [2]. *Tb n, referido a pers.* | Aranguren *Marxismo* 77: Solamente después de la supresión de la clase opresora puede lograrse .. la síntesis perfecta de la sociedad sin clases. Matute *Memoria* 237: Las grandes costillas de la nave .. despedían algo fascinante y opresor.

oprimente *adj* Que oprime, *esp* [1b]. | Laforet *Mujer* 15: Aquella tarde tan oscura y oprimente. Millán *Fresa* 75: La secuencia de los cambios me pareció insinuar un ritmo oprimente, machacón. Moix *Des* 12.9.70, 12: El tema de la revolución posible dentro de las estructuras oprimentes del neocapitalismo conduce a la desesperación.

oprimir *tr* **1** Apretar [una cosa o, más raro, a una pers.] o ejercer presión [sobre ella (*cd*)]. | *Caso* 26.12.70, 17: Oprimió el gatillo. Arce *Precio* 232: Me oprimía el brazo al hablar. **b)** Angustiar o agobiar. | Laforet *Mujer* 12: Estos riscos no se veían ahora .. Las nubes enfermas .. poco a poco lo oprimían todo.
2 Someter [a alguien] a una autoridad excesiva e injusta. *Frec en part, a veces sustantivado.* | C. Santamaría *Cua* 6/7.68, 12: Esto no significa .. que el pacifista renuncie a la realización de la justicia y a la defensa del oprimido.

oprobio *m* (*lit*) Deshonor o ignominia. | * Sienten el oprobio de su cobardía. **b)** Pers. o cosa que es causa de oprobio [para alguien (*compl de posesión*)]. | Ribera *SSanta* 12: Yo soy un gusano, y no un hombre; el oprobio de los hombres y el desecho de la plebe.

oprobiosamente *adv* (*lit, raro*) De manera oprobiosa. | L. Pancorbo *SYa* 8.12.74, 19: Es también [Roma] una ciudad que suena a necesariamente recargada, oprobiosamente bella, principalmente barroca.

oprobioso -sa *adj* (*lit*) Que implica o causa oprobio. | Lera *Olvidados* 26: Al rechazarlo la dejaba indefensa frente a los oprobiosos designios de Pepe el Granaíno. MAbril *Act* 7.7.66, 7: Todavía se sigue considerando esta dolencia .. como enfermedad oprobiosa.

opsonina *f* (*Fisiol*) Anticuerpo constitutivo del suero sanguíneo, que facilita la fagocitación de las bacterias. | Navarro *Biología* 245: Existen diferentes tipos de anticuerpos que se caracterizan por su manera de actuar frente a los antígenos. Son las antitoxinas, opsoninas, lisinas, aglutininas y precipitinas.

optante *adj* Que opta. *Tb n.* | Almanzor *VozT* 25.10.78, 25: D. Emilio Niveiro Díaz, después de dar lectura al acta del fallo, habló para significar la labor realizada por el jurado para la calificación de los originales optantes al premio "Gredos". Ramírez *Derecho* 116: El contrato de opción de compra faculta al optante para exigir el otorgamiento de la venta a su favor.

optar A *intr* **1** Decidirse [por alguien o algo]. | FQuintana-Velarde *Política* 20: Hay que elegir entre estas aplicaciones diversas. Optar por la mejor de ellas.
2 Aspirar [a un puesto o a un premio]. | *VozC* 25.7.70, 5: Se refiere a las localidades de sus respectivos partidos judiciales, que han optado a los premios instituidos por la Diputación Provincial.
B *tr* **3** (*raro*) Elegir [a una pers. o cosa] u optar [1] [por ella (*cd*)]. | J. Valdivieso *Ya* 5.7.90, 50: En ningún artículo aclaran la postura optada por José Miguel Zubizarreta y que no acatan Fombona y Lorente.

optativamente *adv* De manera optativa [1]. | *Mad* 10.9.70, 10: Solamente los de primer curso podrán optativamente pasar al nuevo futuro plan facultativo.

optativo -va *adj* **1** [Cosa] que puede ser escogida voluntariamente entre varias. | *Sp* 19.4.70, 4: El proyecto de Ley General de Educación supera con mucho acierto la desafortunada separación de letras y ciencias en el bachillerato, creando la categoría de asignaturas comunes y optativas.
2 (*Gram*) Que expresa deseo. | Alcina-Blecua *Gramática* 806: Fuera de este uso optativo e imperativo, el presente de subjuntivo puede formar frase independiente .. para subrayar la eventualidad de un suceso. **b)** *En el griego y otras lenguas indoeuropeas:* [Modo] que expresa deseo o posibilidad. *Tb n.* | RAdrados *Lingüística* 777: En griego antiguo el uso del optativo sin distinguir entre posibilidad e irrealidad .. fue desplazado en la prótesis por un ind[icativo] pasado.

optense *adj* De Huete (Cuenca). *Tb n, referido a pers.* | J. L. Esteban *DCu* 10.7.64, 3: Huete .. Los hijos de San Alfonso y esta ciudad han querido rendir homenaje de gratitud y recuerdo a aquellos pioneros redentoristas y a los antepasados optenses que, con la característica hospitalidad de la ciudad, los recibieran.

ópticamente *adv* En el aspecto óptico [1 y 3]. | *Abc* 22.5.58, 12: Las nuevas gafas Nylor son elegantes. Ópticamente, nada en ellas estorba la visión.

óptico -ca I *adj* **1** De la vista o de la visión. | Laforet *Mujer* 13: La pared había sido solo una ilusión óptica. Alvarado *Anatomía* 84: El punto de salida del nervio óptico de cada ojo es insensible.
2 De (la) luz. | APaz *Circulación* 101: ¿Son obligatorios los avisos ópticos y acústicos?
3 De la óptica [8]. | GTelefónica *N.* 802: González Rod[r]íguez M. Taller cristales ópticos.
4 [Blanco] puro obtenido mediante el uso de determinadas sustancias químicas. *Tb esas sustancias.* | *Economía* 211: Se emplea para lavar alguno de los jabones en polvo que contienen perborato o bien blancos ópticos.
5 (*Fís*) [Fibra] continua de material transparente y dieléctrico, por la cual puede propagarse la luz aunque forme curvas o dé vueltas. | *Ya* 23.5.86, 17: Telefónica promueve el cable submarino de fibra óptica.
6 (*Informát*) [Disco] en que los datos son leídos mediante rayo láser. | *Inde* 24.9.89, 30: Una base de datos privada residente en un disco óptico jamás podrá compararse en magnitud a la de una pública. **b)** [Lápiz] ~ → LÁPIZ.
II *n* **A** *m* y *f* **7** Fabricante o comerciante de objetos de óptica [8]. | E. Marco *MHi* 10.60, 47: Hoy no hay óptico que no diseñe los anteojos más discretos y adecuados para cada sujeto.
B *f* **8** Parte de la física que estudia las leyes y fenómenos de la luz y su relación con la visión. | E. Marco *MHi* 10.60, 49: El plan de estudios .. puede resumirse así, en líneas generales: Matemáticas, Física y Química, .. Óptica Industrial, Óptica Física.
9 Establecimiento que fabrica y vende aparatos de óptica [8]. | GTelefónica *N.* 804: Cuide su cristalino en Óptica San Gabino.
10 Sistema óptico [3]. | *País* 8.3.92, 29: Peugeot 605 .. Faros con óptica de superficie compleja.
11 Punto de vista. | LMuñoz *Tri* 26.12.70, 7: Puede intentarse, al menos, destacar cuáles han sido los mecanismos que, desde la óptica del sector exterior, han permitido la continuidad del sistema (económico) de los años 60.

optimación *f* (*lit, raro*) Optimización. | E. RGarcía *Tri* 20.5.72, 11: El poder monopolístico considera que ajuste, adaptación y aceptación son indispensables para la optimación del desarrollo capitalista.

óptimamente *adv* (*lit*) De manera óptima. | *HLM* 26.10.70, 38: Vivir en los ambientes y zonas más nobles. Saber que su inversión está sabia y óptimamente dinamizada.

optimate *m* (*hist*) *En la Roma antigua:* Patricio o aristócrata. *Tb* (*lit*) *fig, referido a nuestra época.* | A. Pastor *Abc* 20.5.58, 3: Hacía un siglo que Roma estaba deshecha por la lucha entre "optimates" y "populares", conservadores y reformistas. Palacios *Juicio* 96: Al ver a estos optimates reintegrarse a la vida privada, se pregunta uno si han sido alguna vez poderosos.

optimismo *m* **1** Cualidad de optimista [1]. | GPavón *Hermanas* 42: Unos jovenzuelos vestidos con levitones, melenas y pantalones de campana pasaron impetuosos, riéndose como si fueran a algo maravilloso. –Fíjate qué optimismo. **b)** Actitud optimista [1c]. | *Inf* 22.4.76, 17: Otras

fuentes subrayaban asimismo la evolución favorable del paciente y el optimismo de sus familiares y del equipo médico que le atiende sobre el proceso posoperatorio.
2 (*Filos*) Doctrina según la cual el mundo tiene la mayor perfección posible. | Gambra *Filosofía* 172: Leibniz, en su teoría llamada optimismo universal, opinaba que este mundo es "el mejor de los mundos posibles".

óptimist (*pl normal, ~*s) *m* (*Dep*) Embarcación para regatas a vela, con un tripulante único de edad comprendida entre 7 y 15 años. | El. Serrano *SYa* 16.6.74, 5: El Óptimist es una pequeña embarcación para niños.

optimista *adj* **1** [Pers.] que ve o tiende a ver las cosas en su aspecto más favorable. | DPlaja *El español* 50: Los españoles salen muy optimistas del teatro. Se ha confirmado su idea de que siempre se está a tiempo de arrepentirse. Castilla *Humanismo* 22: Contrariamente a lo que los simples optimistas pudieran pensar, el humanismo así conseguido no ha deparado de inmediato una situación de auténtica o de máxima posibilitación para el hombre. **b)** [Pers.] que confía en que los hechos tomen un giro favorable. | *Abc* 11.6.67, 48: Empieza una nueva etapa, llena de perspectivas difíciles de creer hasta para los más optimistas. **c)** [Cosa] propia de la pers. optimista. | * Es una persona de carácter alegre y optimista.
2 [Cosa] que denota o implica optimismo [1]. | Mihura *Modas* 31: Es una suposición exageradamente optimista.
3 (*Filos*) De(l) optimismo [2]. | * La filosofía optimista apenas ha tenido seguidores. **b)** Adepto al optimismo. *Tb n*. | * Leibniz es el filósofo optimista.

optimistamente *adv* De manera optimista. | DPlaja *Abc* 12.9.68, 18: Bastante optimistamente, el autor sitúa en manos españolas la perfección de tales artilugios.

optimización *f* (*lit*) Acción de optimizar. | *Abc* 25.5.75, sn: Empresa afiliada a grupo multinacional del sector químico-textil precisa cubrir el puesto de Director de Fábrica .. Deberá encargarse de las previsiones a corto y largo plazo sobre las operaciones de fabricación, desarrollo y nuevas inversiones, optimización de los recursos de la Planta.

optimizar *tr* (*lit*) Conseguir que [algo (*cd*)] llegue a una situación o resultado óptimos. | *DLe* 13.11.74, 8: La función del ordenador no es otra sino la de optimizar el tráfico de acuerdo con la intensidad de la circulación. Millán *Fresa* 50: Ahora veo bien .. que "las mayores" habían encontrado, tal vez por azar, el espacio, el intersticio semiótico (hacia fuera) y pulsional (hacia dentro) que optimizaba el placer con un riesgo mínimo. **b)** *pr* Llegar [algo (*suj*)] a una situación o resultado óptimos. | Umbral *Ramón* 230: Ramón, que ha hecho toda la vida un sonriente esfuerzo por conseguir que la vida se optimice.

óptimo -ma (*lit*) **I** *adj* **1** Sumamente bueno. | *TeR* 8.12.69, 9: La ocasión anunciada por el señor Sánchez Bella parece óptima para que esa "mejora de los programas en todos los sentidos" incluya también el del horario.
2 [Pers. o cosa] mejor que ninguna otra en su género. | *País* 6.5.76, 7: Toda cocina SieMatic viene proyectada y construida sobre medidas, al milímetro, para ofrecerle la óptima solución.
II *m* **3** Situación más favorable posible. | Navarro *Biología* 146: Para que la ptialina pueda hidrolizar el almidón necesita una temperatura adecuada, estando su óptimo a 40°. FCruz *Salud* 202: El organismo requiere un óptimo de luz, de humedad, de temperatura, de sustancias alimenticias, etc., para el mantenimiento de la salud.

óptimum (*pl invar*) *m* (*lit*) Óptimo [3]. | FCruz *Salud* 202: Según la ley del *óptimum*, el organismo requiere un óptimo de luz, de humedad, de temperatura, de sustancias alimenticias, etc., para el mantenimiento de la salud. [*En el texto, sin tilde*.]

optoelectrónico -ca (*E*) **I** *adj* **1** De (la) optoelectrónica [2]. | *Abc* 26.12.82, 19: La Compañía Standard Eléctrica, S.A., convoca becas para ampliación de conocimientos técnicos en los siguientes campos: Programación de sistemas de conmutación digital. Diseño con microprocesadores. Sistemas optoelectrónicos. Microelectrónica.
II *f* **2** Rama de la electrónica relativa a los dispositivos sensibles a la acción de la luz o en los que intervienen los rayos luminosos. | *Ya* 30.12.85, 43: La optoelectrónica, la electrónica del futuro –más rápida, más segura y más silenciosa–, que contribuirá decisivamente a la civilización del conocimiento, comienza a tener en Madrid una importante base de expansión.

optometría *f* Parte de la óptica que tiene por objeto la medida de la agudeza visual y la selección de lentes para corregir los defectos visuales. | E. Marco *MHi* 10.60, 50: En Optometría, los alumnos aprenden a diagnosticar y, por tanto, a aplicar la lente necesaria a cada deformación visual.

optometrista *m y f* Especialista en optometría. | *Pue* 3.7.70, 37: La señorita Pilar Chivelet, óptico optometrista de Madrid, fue designada por la S.E.O.O. (Sociedad Europea de Ópticos Optometristas) para representarla en la citada asamblea. *TMé* 19.3.93, 7: Los ópticos y optometristas aconsejan que los niños no comiencen a andar antes del primer año de edad.

optotipo *m* (*Med*) Letra o signo de los usados por los oculistas para medir la agudeza visual. | *TMé* 20.7.84, 20: Se vende material médico en perfecto estado: audiómetro, deslumbrómetro, cámara optotipos.

optrónica *f* (*E*) Optoelectrónica. | *Ya* 25.5.86, 2: Como novedad, Expo/Óptica 86 incorporará una nueva División a su amplia oferta, la denominada Optrónica y Electro-Óptica.

opuesto -ta *adj* **1** *part* → OPONER.
2 [Pers. o cosa] que presenta la mayor diferencia posible [respecto a otra (*compl* A o DE)]. *Referido a n en pl, no lleva compl*. | CNavarro *Perros* 20: Pasaba un automóvil en dirección opuesta. * No parecen hermanos; son opuestos en todo. **b)** (*Filos*) [Proposición] que tiene el mismo sujeto y predicado que otra, pero distinto significado. | Gambra *Filosofía* 45: Cuando dos proposiciones tienen distintos predicado y sujeto son dispares entre sí, sin posible comparación. Cuando su sujeto y su predicado coincidan, pero tienen distintos significados, dícense opuestas entre sí.
3 [Pers. o cosa] que está en desacuerdo total [con algo (*compl* A)]. | * Su actitud fue opuesta al ingreso en la OTAN. * Se mostró opuesto a la firma del tratado.
4 (*Bot*) [Órgano, esp. hoja] que nace enfrente de otro y a la misma altura del tallo. | Bustinza-Mascaró *Ciencias* 242: Cuando dos hojas están colocadas en el tallo a igual altura, enfrente una de otra, decimos que las hojas son opuestas.

opugnación *f* (*raro*) Acción de opugnar. *Tb su efecto.* | Palacios *Juicio* 253: En el siglo XVI la medida tomada por Lope sabía a fruta verde, y hallaba opugnaciones tan firmes como la que hizo Cervantes.

opugnar *tr* (*raro*) Oponerse [a algo (*cd*)] con fuerza. | Espinosa *Escuela* 25: Clarecio .. Opugnó el Rescripto sobre la Reforma de la Enseñanza en los Centros de Estudios Universales.

opulencia *f* Condición de opulento. | Aranguren *Cua* 6/7.68, 17: Viene definida [nuestra situación] por la pobreza de un país .. a mil leguas de la opulencia. Camón *LGaldiano* 281: El medallista más original de esta primera mitad del siglo XVI, cuya concepción, de un fastuoso gótico naturalista de la mayor opulencia, hace que sus medallas en gran formato tengan a veces apariencia escultórica, es Hans Reinhart.

opulento -ta *adj* **1** [Pers.] muy rica o acaudalada. *Tb fig*. | E. RGarcía *MHi* 3.61, 31: La tesis .. descansa en un examen muy penetrante de la economía norteamericana y, como resultado final, de las sociedades opulentas de Occidente.
2 [Cosa] que denota o implica gran riqueza o abundancia. | *Agromán* 10: Las invitaciones a funciones públicas se hacían con un año de antelación para que las señoras pudieran encargarse trajes opulentos.
3 Exuberante. *Referido a una mujer o a partes de su cuerpo.* | Torrente *Vuelta* 225: Morena, opulenta, descocada. Acarició la mejilla del padre Ossorio. *SYa* 27.10.74, 40: Pasarse por allí a la cena para afinar una cintura demasiado opulenta es absurdo.

opus[1] (*pl invar*) *m* (*o, más raro, f*) **1** (*Mús*) Obra musical catalogada. *Normalmente seguido del número con que figura la obra en el catálogo de las de su autor.* | Torrente *Off-side* 59: En la pantalla de la TV una batuta brillante conduce el allegretto de la sinfonía núm. 7 en la mayor, opus

opus – oráculo

92, de Beethoven. GAmat *Conciertos* 114: Este vals .. es de carácter melancólico. Sí son brillantes, en cambio, el anterior y el posterior, con el mismo número de opus. Subirá-Casanovas *Música* 73: La obra de los cuartetos [de Beethoven] viene completada con la *Gran fuga*, que inicialmente perteneció al último de la serie y más tarde fue desglosado de tal opus.
2 (*lit*) Obra (conjunto de libros publicados). I M. Bastos *Ya* 27.12.70, sn: Este opus es, a lo que parece, mucho más copioso de cuanto ha llegado del mismo a las librerías.

opus² *m* (*col*) Miembro del Opus Dei (instituto secular católico). *Tb adj.* I Umbral *País* 2.10.76, 20: Dice el espía croata que ya está la lista completa de la Lockheed, con algún Opus entre ellos. Aristófanes *Sáb* 15.3.75, 79: Entonces llega al "Abc" .. un paisano que se llama el Cebrián Boné, y del que se ha dicho esto y lo otro, porque es un paisano "opus".

opúsculo *m* Obra escrita, esp. didáctica, de poca extensión. I *Tri* 11.4.70, 43: Su voz [de Américo Castro] conserva el mismo vigor incluso en trabajos mucho más modestos .. Tal es el caso de su reciente opúsculo "Español, palabra extranjera: razones y motivos".

opusdeísta *adj* Del Opus Dei (instituto secular católico). *Tb n, referido a pers.* I Laín *Descargo* 281: Ello no obsta para que en el opusdeísta a mí más próximo, mi discípulo el sacerdote Juan Antonio Paniagua, sean ejemplares la bondad cristiana y la delicadeza.

oque. de ~. *loc adv* (*raro*) Gratis. I Cela *Viaje andaluz* 282: El vagabundo, en Castilleja del Campo, almorzó de oque porque echó una mano a tiempo en una granja de pollos.

oquedad *f* **1** Cualidad de hueco. I E. Haro *Tri* 26.12.70, 5: Nada vino a cambiar la sensación trágica de oquedad del hambre.
2 Hueco, o espacio vacío en un cuerpo sólido. I Delibes *Parábola* 144: El corazón bate el pecho de Jacinto .. al dirigirse a la oquedad abierta la víspera junto a la portilla. Bustinza-Mascaró *Ciencias* 330: Los yacimientos de diamantes en Kimberley (África del Sur) .. son yacimientos en diatremas en los que las oquedades han quedado rellenas de una roca, la kimberlita.
3 Cosa hueca. I NLadeveze *Ya* 19.4.87, 15: El Estado socialista trata de promover esta oquedad de que amor y sexo son una misma cosa.

oquedal *m* Monte de árboles solamente, sin matas. I MCalero *Usos* 37: El monte era un oquedal bien limpio de matas y carrasqueras.

ora. ~..., ~... (*lit*) **I** *adv* **1** Unas veces..., otras veces... I Cela *Escenas* 150: ¡El afilador! En sus piernas se teje, paso a paso, el tapiz de la geografía de la patria, ora pardo y yermo cual páramo .., ora húmedo e industrioso cual la verde Vasconia, ora lumínico y soleado cual la Andalucía.
II *conj* **2** Tanto si... como si... *Con v en subj.* I PLozano *SYa* 10.11.63, 29: Quedaban .. detenidos en el gesto y en el tiempo para dar gloria a Dios, "ora bebáis, ora hagáis cualquier cosa".

oración *f* **1** Acción de orar. *Tb su efecto.* I García Flórez 13: Hasta físicamente es posible encontrar entre esas dos grandes figuras rasgos y perfiles caracterizantes .. Vedles: la misma figura demacrada y monacal ..; la misma cabeza, noble, reposada, y el mismo perfil .. biselado por la oración y el estudio. **b)** Conjunto de palabras con que se ora, esp. el que constituye una fórmula establecida. I Villapún *Moral* 93: Las oraciones principales son: 1º El Padrenuestro. 2º El Avemaría. 3º La Salve. **c) ~ dominical.** Padrenuestro. I Vesga-Fernández *Jesucristo* 64: –Orad, no en las esquinas de las calles para ser vistos de los hombres, sino en secreto, sin inútiles discursos, diciendo con todo corazón: Padre nuestro que estás en los cielos...– Y les enseñó la sublime oración dominical. **d)** Toque de campana que se da al atardecer, para invitar al rezo del avemaría. *Gralm* TOQUE DE ~. I Moreno *Galería* 243: Por fin, el último, coincidiendo con el crepúsculo vesperal o ya anochecido, .. y a este se le llamaba el "toque de oración". Alba, mediodía y oraciones son, pues, los tres toques rituales. **e)** (*Mil*) Toque de corneta que se ejecuta al anochecer. *Gralm* TOQUE DE ~. I GSerrano *Macuto* 320: He aquí algunos de los toques que había que saberse: diana, asamblea, reconocimiento, .. oración, retreta, silencio. M. Ansón *Van* 23.6.74, 35: La presencia del dragaminas "Eo" .. permitirá al público en general presenciar los actos y ceremonias de régimen interior en un buque de la armada, cuales son la lectura de la orden diaria, leyes penales, toque de oración, arriado de bandera, etc.
2 (*lit*) Discurso, o pieza oratoria. I RMoñino *Poesía* 15: Si se mira el papel, no pueden verse los rostros, y si se lee, todo lo espontáneo de la oración cae por tierra. *DÁv* 25.2.75, 7: Asistieron a una misa oficiada .. por el .. reverendo Padre Gandarillas, sacerdote del Opus Dei, quien al Evangelio pronunció una oración sagrada.
3 (*Gram*) Conjunto de palabras delimitado por dos pausas mayores, que tiene autonomía sintáctica y cuya estructura normal se reduce a un sujeto y un predicado. I Amorós-Mayoral *Lengua* 21: En las oraciones un poco largas debes tener cuidado para mantener el mismo sujeto, para no cambiar bruscamente de tiempo. **b) ~ simple.** Oración que contiene un solo verbo en forma personal. I Academia *Esbozo* 352: Donde hay un verbo hay una oración simple .. Naturalmente, ciertas perífrasis con un verbo auxiliar cuentan como un solo verbo. **c) ~ compuesta** o **compleja.** Estructura sintáctica constituida por más de una oración, o por una oración que incluye alguna proposición u oración subordinada. I Academia *Esbozo* 352: Donde haya dos o más verbos trabados entre sí, tenemos una oración compuesta. **d) ~ principal.** Segmento de una oración compuesta que va completado o ampliado por una oración subordinada. I Academia *Esbozo* 554: Con estas oraciones [condicionales] hacemos depender el cumplimiento de lo enunciado en la principal de la realización de la subordinada. **e) ~ subordinada.** Proposición (conjunto de palabras organizado con estructura de oración, pero sin autonomía sintáctica). I Pleyán-GLópez *Paradigma* 59: La oración adjetiva es una oración subordinada o proposición porque es solo un elemento –aquí un adjetivo– dentro de la oración total.

oracional I *adj* **1** De (la) oración, esp [3]. I Amorós-Mayoral *Lengua* 166: Es mucho más perfecta [que la interjección] la forma oracional, que consta de sujeto y predicado. J. Burgaleta *Ya* 17.7.77, 36: A. Pardo ha sabido conjugar lo bueno de la tradición oracional y devota con las aportaciones de la comunidad cristiana actual.
II *m* **2** Libro de oraciones [1b]. I Pinell *Horas* 246: El antifonario y el oracional .. serían buenas fuentes de inspiración para la ulterior elaboración de los libelos monacales.

oracionero -ra *adj* [Pers.] que reza oraciones [1b]. *Tb n.* I Zunzunegui *Camino* 535: Se oía un rumor sordo, no se sabe si de las gentes oracioneras o del Gabe cercano. Mercader-DOrtiz *HEspaña* 4, 96: Hubo gremios hasta de ciegos oracioneros.

oracular *adj* **1** De(l) oráculo. I Tovar-Blázquez *Hispania* 174: El culto a Cibeles tenía un carácter oracular en Córdoba y Garlitos.
2 Que tiene carácter de oráculo. I Racionero *Inde* 1.9.89, 32: Laing escribió cosas más literarias, oraculares, en los últimos años. R. Faraldo *SYa* 3.3.74, 17: Aunque la pintora, grabadora, trotamundos, trotaalmas, oracular, presentidora, .. no hubiese sido quien es, en todo caso existían algunos determinantes en su sangre que la invitaban o incitaban a oír voces del silencio.

oráculo *m* **1** *En la religión grecolatina:* Respuesta dada por un dios, a través de un médium, a una pregunta que se le hace en determinados lugares sagrados. I Tejedor *Arte* 31: Los oráculos eran las respuestas de los dioses a cualquier consulta de los griegos. **b)** Agente a través del cual se transmite un oráculo. I Cunqueiro *Un hombre* 24: Entonces comenzó la vigilancia, se alquilaron espías, se mandaron escuchas, se pusieron trampas en las encrucijadas, se consultaron oráculos. J. Lago *NoE* 8.3.77, 19: Hace ocho años decidió vivir de la futurología. En este campo, Rafael Lafuente ha acabado por convertirse en una especie de oráculo pagano. **c)** Santuario en que se consultan los oráculos [1a] de un dios. I Arenaza-Gastaminza *Historia* 42: El templo de Apolo en Delfos era el oráculo más famoso.
2 Vaticinio. I Aranguren *Marxismo* 139: El modo un tanto délfico como se han cumplido los oráculos marxianos no ha venido a corroborar, precisamente, su fiabilidad científica. **b)** Opinión a la que se reconoce una gran autoridad. I Mercader-DOrtiz *HEspaña* 4, 192: Aunque se consideraba a la Medicina como ciencia basada en principios filosóficos, ya

Villalón (o quienquiera que sea el autor del *Viaje a Turquía*) hacía notar que los médicos no eran esclavos de los oráculos del Estagirita.
3 Pers. que habla con gran autoridad o a la que se considera infalible en lo que dice. | Benet *Otoño* 58: Para mi hermano .., Caneja era un oráculo; lo que decía Caneja iba a misa.

orador -ra *m* y *f* Pers. que cultiva la oratoria (→ ORATORIO² [2]). | CBaroja *Inquisidor* 53: Arce era, según este gran escritor y orador, un prelado cortesano. **b)** Pers. que pronuncia un discurso o una conferencia. | CNavarro *Perros* 118: Sobre la tablilla de anuncios había varios papeles dando cuenta de la hora de las conferencias y el nombre de los oradores. *DBu* 8.5.64, 10: Doña Esther de Juana disertó con fácil y clara palabra sobre el interesante tema de "Sistematización de niveles culturales", y la misma oradora dirigió una segunda conferencia.

oraje *m* (*reg*) Tiempo (estado de la atmósfera). | GPavón *Reinado* 51: Daremos, si no, un paseo por el cementerio, ya que hace buen oraje.

oral *adj* **1** De la boca. | *Ya* 30.4.70, 43: Los doctores Sada y Pifarré hablaron .. de la cirugía oral y maxilofacial, especialidad que nació como consecuencia de las necesidades que impuso la guerra del 14.
2 Hablado. *Se contrapone a* ESCRITO. | Amorós-Mayoral *Lengua* 25: La palabra .. es una parte obligatoria del lenguaje escrito y una parte posible del lenguaje oral. Huarte *Diccionarios* 80: El mejor intérprete oral de idiomas, si tiene que poner por escrito una traducción, tarde o temprano acaba por necesitar el uso de diccionarios.
3 (*Fon*) [Articulación o sonido] en cuya pronunciación el aire sale por la boca y no por la nariz. *Se contrapone a* NASAL. | Alcina-Blecua *Gramática* 230: Es muy importante la acción del velo del paladar, que puede adoptar una posición de cierre del aire hacia las fosas nasales, articulaciones de tipo oral. Alcina-Blecua *Gramática* 236: Los sonidos orales .. no presentan ni los formantes nasales ni tampoco la reducción de densidad.
4 (*Med*) Que se ingiere por la boca. | M. Aguilar *SAbc* 9.11.69, 54: Más importante que la insulina o que los antidiabéticos orales es la dieta alimenticia. **b)** Que se realiza a través de la boca. | *Gac* 11.5.69, 7: Algunos médicos .. prescriben un medicamento llamado imipramina para los pacientes que no responden a la terapia oral.

oralidad *f* Cualidad de oral [2]. | F. J. Asís *Rev* 11.69, 18: A nuestro procedimiento lo domina la escritura. Y hay que revisarlo; pasar del principio de escritura al de oralidad.

oralina *f* (*hoy raro*) Cierta aleación que imita el oro. | Delibes *Hoja* 153: Ni decía la tumba .. que él fuera el inventor de los brillantes de boro .. y la oralina, nuevo metal, aleación de oro puro con bronce y aluminio.

oralmente *adv* De manera oral, *esp* [2]. | GMundo sn: Es norma del Centro dar una importancia .. a la exposición clara de ideas, oralmente o por escrito.

orange *m* (*hoy raro*) Refresco embotellado de naranja. | SFerlosio *Jarama* 22: ¿Vosotras, qué?, ¿agua, vino, gaseosa, orange, coca-cola, la piña tropical? Cela *Judíos* 152: La camioneta .. iba cargada de gaseosas y de oranges.

orangista *adj* **1** De la dinastía de Orange, en los Países Bajos. | *Cam* 2.6.75, 19: La pérfida Albión y la Holanda orangista fueron los más severos. Roy Mason, ministro británico de Defensa, hasta llegó a evocar la lucha contra el fascismo.
2 Irlandés, esp. del Ulster, partidario del dominio inglés y de la religión protestante. *Tb n, referido a pers.* | *Inf* 26.3.71, 7: La composición del equipo ministerial del señor Faulkner marca una clara tendencia hacia la derecha orangista. *Sp* 19.7.70, 37: Los "orangistas" de Irlanda del Norte .. por nada del mundo estaban dispuestos a renunciar a su tradicional desfile.

orangután -na A *m* **1** Mono antropomorfo, de hasta 2 m de altura, cabeza alargada, hocico saliente, nariz deprimida y, en el macho, protuberancias adiposas en las mejillas, que habita en las selvas de Sumatra y Borneo (*Pongo pygmaeus*). *Tb designa solo el macho de esta especie.*
| Bustinza-Mascaró *Ciencias* 215: El orangután puede alcanzar 1,7 metros de alto y su cuerpo está cubierto de pelos amarillentos o rojizos.
B *f* **2** Hembra del orangután [1]. | *Abc* 13.2.88, 10: Eligió un doble disfraz de "orangutana en celo y Sabrina".

orante *adj* (*lit*) Que ora. *Tb n, referido a pers.* | GPavón *Reinado* 126: La mayor de las señoras orantes .. volvió la cabeza sin dejar el recitado. Torrente *Vuelta* 119: Don Baldomero corrió al mirador y vio las filas de orantes perderse por la calle abajo. La luz de la mañana hacía ya palidecer las velas. **b)** (*Arte*) [Figura] arrodillada en actitud de orar. *Frec n.* | CBonald *Ágata* 286: Clemente yacía en mitad del graderío, con el cuerpo doblado en una imposible postura de orante y la hermosa cabeza de argonidense abierta por el cuero cabelludo como una granada. **c)** Propio de la pers. orante. | J. G. Manrique *Abc* 3.9.68, 11: En la capilla, en actitud orante, ha juntado sus manos trémulas.

orar *intr* (*lit*) **1** Rezar (dirigirse oral o mentalmente a Dios, la Virgen o los santos). | Vesga-Fernández *Jesucristo* 64: Orad, no en las esquinas de las calles para ser vistos de los hombres, sino en secreto, sin inútiles discursos.
2 (*raro*) Hablar en público como orador. | Cunqueiro *Envés* 246 (G): Merlo oraba espléndido, rico de gestos y de matices.

orate *m* y *f* (*lit*) Pers. loca o demente. | CBonald *Ágata* 47: Jamás consiguió la más mínima aclaración por parte del normando, que la miraba con los ojos vacíos del orate cada vez que ella intentaba sonsacarle a su modo alguna indirecta pista.

orate fratres *m* (*Rel catól*) Oración que reza el sacerdote en el ofertorio de la misa y que comienza con las palabras latinas "orate, fratres" (orad, hermanos). | SLuis *Doctrina* 139: El Ofertorio .. El lavabo, Orate Fratres y oraciones Secretas entran también en esta parte de la Santa Misa.

oratoria → ORATORIO².

oratoriamente *adv* **1** De manera oratoria (→ ORATORIO²[1]). | * Habla un poco oratoriamente.
2 En el aspecto oratorio² [1]. | A. Vélez *Inf* 13.6.74, 3: Los términos oratoriamente moderados en que el secretario del Foreign Office se expresó .. están siendo objeto de minuciosos análisis.

oratoriano -na *adj* De la congregación del Oratorio¹ [2]. *Tb n m, referido a pers.* | D. Meseguer *SYa* 28.11.73, 8: En el lapso de tiempo entre la expulsión de la Compañía y la toma de posesión de los oratorianos, cuidaba del sepulcro del santo duque una ilustre dama de la nobleza española.

oratorio¹ (*con mayúscula en acep 2*) *m* **1** Sala de una vivienda, destinada a la oración o al culto en privado. | Miret *Tri* 26.12.70, 15: Este conservador y asustadizo jesuita refiere la providencial visión de León XIII, durante una Misa que celebraba en su oratorio del palacio Vaticano.
2 Congregación de presbíteros fundada en el s. XVI por San Felipe Neri. | *Barcelona* 97: En el orden pastoral son importantes los padres Dominicos, Capuchinos y los padres del Oratorio de San Felipe Neri.
3 Composición musical de tema religioso, con alternancia de recitativos, arias y coros. | Subirá-Casanovas *Música* 64: Hasta haber cumplido los cincuenta y seis años [Händel] no lograría una popularidad definitiva con otra obra .., su oratorio *El Mesías*.

oratorio² -ria I *adj* **1** De (la) oratoria [2]. | J. Baró *Abc* 1.12.70, 25: Fueron los procuradores Serrats Urquiza (Salvador) .. y Viola Sauret quienes intervinieron en el torneo oratorio, además del presidente de la Cámara.
II *f* **2** Arte de hablar en público. | GLópez *Lit. española* 533: Las luchas políticas e ideológicas del siglo XIX favorecieron en nuestro país el desarrollo de la oratoria, sobre todo la de carácter parlamentario.

orballado, orballar, orballo → ORVALLADO, ORVALLAR, ORVALLO.

orbe *m* (*lit*) Mundo o universo. *Tb fig.* | V. Gállego *ByN* 31.12.66, 43: Europa .. les importa .. como posible apoyo moral y material en la proyección de su política en el orbe. SLuis *Doctrina* 39: Bastaba una gota de sangre de Jesús para redimir al orbe. M. Rubio *Nue* 31.12.69, 18: Un nuevo orbe estético se extiende ante ellos.

orbicular – orden

orbicular *adj* (*Anat*) [Músculo] redondo o circular. *Tb n m*. ‖ Navarro *Biología* 89: En el cuerpo humano hay cerca de 500 músculos diferentes. Pueden tener diferentes formas, clasificándose en fusiformes, aplanados y orbiculares. Navarro *Biología* 136: Los músculos de los labios son: unos, constrictores, los orbiculares de los labios; y otros, dilatadores o bucinadores. **b)** De la órbita o del músculo orbicular del ojo. ‖ *Ya* 28.10.70, 21: Tuvo que ser asistida en la casa de socorro .., pues sufría una herida en la región nasal y otra en la orbicular.

órbita I *f* **1** Curva que describe [un cuerpo, esp. un astro o un satélite artificial (*compl de posesión*)] en torno de su centro de gravitación. ‖ Pla *América* 19: El barco, que navegó estos primeros días siguiendo la órbita aparente del sol, permitió que a la vista de los pasajeros aparecieran frontalmente crepúsculos de una gran belleza. Aleixandre *Química* 6: Los electrones giran alrededor del núcleo describiendo órbitas elípticas o circulares. **b)** Trayectoria prevista [de alguien o de algo]. ‖ Bueno *Tri* 26.12.70, 11: Nos referimos aquí .. al pensamiento nuevo, sin que esto signifique desconocer el de las generaciones ya consagradas, que ha seguido sus órbitas propias.
2 Ámbito de actividad o influencia [de alguien]. ‖ Laforet *Mujer* 179: La vida de Paulina cambió mucho al entrar en la órbita en que se movían ellos.
3 Cuenca [del ojo]. ‖ Alvarado *Anatomía* 86: La glándula lacrimal es bastante voluminosa y está situada sobre el ángulo externo de las órbitas.
II *loc adv* **4 en ~**. En situación de seguir una órbita [1]. *Frec con vs como* ESTAR *o* PONER. ‖ *Pue* 28.1.67, 6: Rusia-U.S.A. Tratado espacial. No bombas en órbita. [*Titular*.] *Mad* 27.4.70, 1: Los ocho satélites fueron puestos en órbita por un solo cohete.
5 en ~. (*jerg*) En estado de excitación a causa de la droga. *Frec con vs como* ESTAR *o* PONER. ‖ AMillán *Juegos* 110: –¡Vamos con el siguiente petardo de la noche y estos en órbita! –Eso, a volar... ¡Bruuuuuu! –Estupenda idea. La hierba excita. Tomás *Orilla* 19: Espera, con un poco de caballo te pondrás en órbita.
6 en ~ (*o* **fuera de ~**). En situación de enterado o informado (o no). *Frec con vs como* ESTAR *o* PONER. ‖ ZVicente *Mesa* 96: ¿Te crees tú que no tiene su busilis educar a un perro que pasa muy fuera de órbita, tú.
7 en ~ (*o* **fuera de ~**). En situación de conocido o popular (o no). *Frec con el v* PONER. ‖ Diosdado *Olvida* 36: –Me dijo .. que llamase al gran hombre para citarle aquí. –¿A qué gran hombre? –A uno que nos va a poner en órbita, si sabemos darle bien la coba. E. GLoygorri *Pue* 9.11.70, 38: Su director artístico es el popular Emilio Varela, que tiene ambiciosos proyectos para poner en órbita el local.
8 en ~. En situación adecuada o conveniente. *Frec con el v* PONER. ‖ Delibes *Vida* 191: Ese afán de los padres de poner a los hijos en órbita, de impedir que se queden rezagados en alguna faceta de la vida. Cela *Escenas* 218: El señor Teodoro, a esto de cambiar de chaqueta (y de pantalón) con oportunidad y esmero, le dice ponerse en órbita.

orbital *adj* **1** De (la) órbita. ‖ *Inf* 13.6.70, 2: Continúa su vuelo orbital la nave soviética "Soyuz 9". *Abc* 29.7.67, 19: El morlaco le tiró un derrote .., dejándole vacía la cuenca orbital y el ojo colgando.
2 [Estación] que está en órbita [4]. ‖ *Ya* 24.5.73, 5: El interior del "Skylab", inundado de gases tóxicos .. Principalmente se desprenden del poliuretano que tapizaba las paredes de la estación orbital.
3 (*lit, raro*) Circular. ‖ Diego *GDiego* 367: Cuántas veces, en nuestras sesiones de trabajo, le vemos hacer un tímido gesto casi de excusa y –cuando ve que en la presentación de cédulas, tras un silencio de mirada orbital, se produce una suspensión de estiaje– meter con disimulo su mano .. y extraer del bolsillo un mazo abultado de papeletas.

orbitar A *tr* **1** Girar en órbita [en torno de algo (*cd*)]. ‖ *Inf* 19.7.69, 4: La nave comenzaba a orbitar la Luna. **b)** Girar una órbita completa [en torno de algo (*cd*)]. ‖ *Inf* 26.12.74, 15: La agencia añade que el "Cosmos 699" está orbitando la Tierra cada 93,2 minutos.
B *intr* **2** Girar en órbita [en torno de algo]. ‖ *ElM* 24.8.93, 15: El Mars Observer orbita en torno a Marte.

orbitario -ria *adj* (*Anat*) De (la) órbita [3]. ‖ Ybarra-Cabetas *Ciencias* 408: Los ojos están dirigidos hacia el frente y las fosas orbitarias cerradas posteriormente.

orca *f* Cetáceo de unos diez metros de largo, de cabeza redondeada y cuerpo robusto, que vive en los mares del norte y persigue a las focas y ballenas (*Orcinus orca*). ‖ Mendoza *Gurb* 47: El horario de los espectáculos no siempre coincide con la conveniencia de los ciudadanos. Por ejemplo, la orca Ulises solo actúa a determinadas horas de la mañana.

orcaneta *f* **1** Onoquiles (planta). ‖ FQuer *Plantas med.* 554: Onoquiles (*Alkanna tinctoria* Tausch). Sinonimia cast[ellana]: orcaneta, pie de paloma o de palomina.
2 ~ amarilla. Planta herbácea muy vellosa, de hojas largas y estrechas y flores amarillas en ramillete, y de la cual se obtiene una sustancia colorante roja (*Onosma echioides*). ‖ FQuer *Plantas med.* 560: Orcaneta amarilla (*Onosma echioides* L.) .. Esta hierba forma una gruesa cepa perenne, aunque muy poco o casi nada leñosa.

orcelitano -na *adj* De Orihuela (Alicante). *Tb n, referido a pers*. ‖ *Inf* 2.12.77, 27: Ofrecemos en rigurosa exclusiva diez sonetos inéditos en España que nos demuestran la eterna juventud del poeta orcelitano [Miguel Hernández].

orcense *adj* De Orce (Granada). *Tb n, referido a pers*. ‖ A. Cárdenas *Ide* 7.8.83, 15: Orce ya no es el mismo .. Esto tal vez es lo que más le molesta a algunos orcenses.

orcereño -ña *adj* De Orcera (Jaén). *Tb n, referido a pers.* ‖ *Jaén* 4.7.64, 10: Orcera .. La exposición está siendo muy visitada por todos los orcereños.

orchilla *f* Liquen que produce una materia colorante roja (gén. *Roccella*). ‖ Manfredi *Tenerife* 54: La orchilla, liquen tintóreo que crece en las duras corrientes de lava solidificada.

órdago I *m* **1** (*Juegos*) *En el mus:* Envite en que se apuestan todos los tantos de un juego. ‖ Corral *Cartas* 42: Órdago. Indica apostar todos los tantos de un juego, o sea, todos los convenidos. En el envite de órdago .. la regla generalmente seguida es que el órdago admitido decide el juego para quien lo gana.
II *loc adj* **2 de ~**. (*col*) Extraordinario. *Tb* DE ~ A LA GRANDE. ‖ RMéndez *Flor* 176: Una tunda, una buena tunda, una panadera, sí señor..., pero de chipén, de órdago, de padre y muy señor mío. Delibes *Emigrante* 148: Tuve que echarle paciencia al asunto, pues había una cola de órdago a la grande.

ordalía *f* (*hist*) Juicio de Dios. ‖ Arenaza-Gastaminza *Historia* 103: Las ordalías, o Juicios de Dios, eran pruebas para comprobar la inocencia o culpabilidad del acusado.

orden[1] **I** *n A m* **1** Manera de estar colocadas perss. o cosas de una serie, o de sucederse en el espacio o en el tiempo, según una determinada norma. *Gralm seguido de un compl o adj.* ‖ J. M. Caparrós *Mun* 26.12.70, 78: Aquí tienen la lista –por orden alfabético– para escoger. Marcos-Martínez *Aritmética* 40: El orden de los factores no altera el valor del producto. **b) ~ del día**. Lista de los asuntos que han de ser tratados en una junta, con indicación del orden que han de seguir. ‖ *Abc* 25.5.58, 100: Se convoca a las señores accionistas de esta Sociedad a Junta general ordinaria, .. conforme al siguiente orden del día: 1º Lectura del acta de la sesión anterior. 2º Examen y aprobación, en su caso, de la Memoria, balance y cuenta de resultados. **c) ~ abierto**. (*Mil*) Formación en que la tropa se dispersa para ofrecer menor blanco y cubrir mayor espacio de terreno. ‖ * El capitán dispuso que se atacara en orden abierto. **d) ~ cerrado**. (*Mil*) Formación en que la tropa se agrupa para ocupar menor espacio. ‖ *BOE* 9.1.75, 430: El programa comprenderá las siguientes materias: Instrucción en orden cerrado. Instrucción de combate. Armamento y tiro.
2 Disposición correcta de las unidades de un conjunto, según una norma prevista. ‖ Medio *Bibiana* 80: Trata de concentrarse y de poner un poco de orden en sus ideas. Zunzunegui *Camino* 286: –Ha estado aquí un señor de la policía que quería verla ..– "¿Qué me querrá la policía?", pensó; "creo que tengo todo en orden".
3 Funcionamiento normal y regular de las actividades de una pers., de una colectividad o de la sociedad. ‖ Valdeavellano *Burguesía* 25: El "espíritu burgués", caracterizado especialmente por .. el gusto por el orden y el ahorro. Chamorro *Sin raíces* 105: Agustín se las veía y deseaba para impo-

orden – ordenación

ner orden entre bastidores. Arce *Precio* 132: Ahora los curas jóvenes se meten en política y quieren casarse. Es el fin de todo orden. **b) ~ público.** Ausencia de alborotos en la vida de un país o una ciudad. | Laiglesia *Tachado* 47: Uno de los Secretarios se ocupaba del orden público, otro de las relaciones con el exterior.

4 Fila o hilera. | J. Atienza *MHi* 5.64, 71: En campo de gules (rojo), tres roeles puestos en palo, cargado cada uno de tres órdenes de veros.

5 Categoría o nivel. *Frec precedido de los adjs* PRIMERO, SEGUNDO o TERCERO. | *Van* 4.11.62, 33: Precisamos corbateras de 1er orden, altamente especializadas. Escrivá *Conversaciones* 19: Son seres inteligentes y libres, y elevados todos al mismo orden sobrenatural. **b)** *(hist)* Clase social. | Tejedor *Arte* 46: La falta de derechos de esta clase provocó la "lucha de los dos órdenes", el patricio y el plebeyo.

6 Terreno o ámbito. *A veces en la constr* EN OTRO ~ DE COSAS. | *Bal* 29.3.70, 25: En el orden de la política social se requieren .. espíritu realista y un talante ágil y avizorante. Zunzunegui *Camino* 139: No anda bien de la chinostra... Por eso esa tristeza amarga de él, a pesar de que en los otros órdenes todo le ha salido bien. FAlmagro *Historia* 3, 21: El país se rehacía en todos los órdenes, incluso en lo económico. **b)** Tipo o modalidad. *Frec en constrs como* DE TODO ~, DE OTRO ~. | Delibes *Vida* 196: Yo he utilizado el agua –la piscina, el río o el mar–, y en consecuencia la natación, como un recurso fruitivo, un quitapenas, tras un esfuerzo físico de otro orden. FAlmagro *Historia* 3, 21: Se lamentaba [el general Weyler] del eco despertado en Madrid por reticencia[s] y acusaciones de todo orden.

7 *(CNat)* Grupo taxonómico comprendido entre la clase o la cohorte y la familia. | Ybarra-Cabetas *Ciencias* 291: Su estudio paleontológico [de las plantas dicotiledóneas] no permite reconstruir órdenes enteros desaparecidos desde épocas geológicas muy remotas.

8 *(Arquit)* Conjunto formado por la columna y el entablamento dispuestos según cánones más o menos fijos. *Normalmente solo con los adjs* DÓRICO, JÓNICO, CORINTIO, COMPUESTO, TOSCANO. | GNuño *Madrid* 9: Subsiste el [claustro] que se adosa al sur del templo, completo, con doble arcada del más selecto estilo clásico, en arcos de medio punto y robusto orden toscano.

9 Sacramento que confiere la potestad de ejercer las funciones eclesiásticas. *Tb* ~ SACERDOTAL. | Villapún *Iglesia* 119: Sacramento del Orden. Orden sagrado es el Sacramento que da potestad para ejercer los sagrados ministerios que se refieren al culto de Dios. Villapún *Dogma* 156: Imprimen carácter o no se pueden repetir: El Bautismo, La Confirmación. El Orden sacerdotal.

B *f* 1 Grado del sacramento del orden [9]. *En pl, frec* LAS ~ES SAGRADAS. | SLuis *Liturgia* 2: Para recibir una Orden cualquiera es necesario haber recibido las Órdenes anteriores. Escrivá *Conversaciones* 23: Hombres que, antes de recibir las sagradas órdenes, ordinariamente han ejercido durante años una actividad profesional o laboral. **b) ~es mayores, ~es menores** → MAYOR, MENOR.

11 Instituto religioso formado por perss. que viven en comunidad sometidas a una regla. *Frec con el adj* RELIGIOSA. | Tamames *Economía* 37: Hicieron una crítica rigurosa de .. los excesos del proceso de amortización concentrando lo mejor de las tierras en manos de la Iglesia, las Órdenes religiosas y la Nobleza. OMuñoz *Ya* 15.4.64, 17: La galería de figuras insignes de la Orden jerónima. **b) ~ tercera.** Asociación, dependiente de una orden religiosa, cuyos miembros no viven en comunidad. | FCid *Abc* 2.8.75, sn: Los ideales templos –de acústica, proporciones, armonía– de Santiago, San Jorge, la Venerable Orden Tercera, Santa María...

12 Instituto de carácter religioso y militar cuya finalidad primitiva era combatir contra los musulmanes y actualmente es solo honorífica. *Frec con el adj* MILITAR. | Villapún *Iglesia* 79: Los Teutónicos. Esta Orden militar fue de origen alemán.

13 Instituto de carácter civil o militar fundado para recompensar u honrar a determinadas perss. | GMundo 1026: Lozano García .. Delegado de Hacienda en Valencia. Encomienda con Placa de la Orden de Isabel la Católica y de la Orden Civil de Sanidad.

II *loc adj* **14 de ~.** [Pers.] de ideas conservadoras o cuyas costumbres se ajustan a la moral tradicional. | Suárez *Monedas* 275: Soy un hombre de orden.

III *loc v* **15 llamar** [a alguien *(cd)*] **al ~.** Recordar[le] una obligación que tenía abandonada, esp. la corrección en el comportamiento. | Ramírez *Derecho* 163: Si tú no pagas, él sabe dónde y cómo forzarte al pago. Y si, pese a saberlo, deja que el tiempo transcurra sin llamarte al orden, forzoso es que sufra las consecuencias. FReguera *Bienaventurados* 116: Teresa lo llamaba al orden con sequedad: –¡Cállate ya, chico! ¡Me aburres!

IV *loc adv* **16 sin ~ ni concierto.** De manera desorganizada. | DCañabate *Paseíllo* 16: Se reduce [el fútbol] a patadas y más patadas sin orden ni concierto.

V *loc prep* **17 del ~ de.** Con posibilidad de medirse en. *Seguido de la mención de la unidad de medida.* | I. PAranguena *Mad* 18.11.70, 8: Se puede conocer con una precisión asombrosa –del orden de metros– la distancia Tierra-Luna. **b)** Con posibilidad de estimarse en. *Seguido de una expresión de cantidad.* | Delibes *Mundos* 144: En los últimos años han sido muchos los tinerfeños que emigraron a Venezuela; según datos fidedignos, del orden de siete a diez mil anuales.

18 en ~ a. Para. *Seguido de infin o n de acción.* | *Inf* 23.1.70, 32: Que no se lleven a efecto las medidas disciplinarias tomadas en orden a anular la matrícula a los alumnos.

19 en ~ a. *(raro)* Con respecto a. | J. Trenas *Van* 26.3.70, 6: Tiene años, pero no tradición, la Semana Santa madrileña .. Y no señalo la carencia en orden a las cofradías.

orden^2 **I** *f* **1** Mandato (cosa que se manda). | FSantos *Cabrera* 162: Nadie .. ha de salir de aquí .. Órdenes son órdenes. A. GTorrens *SYa* 17.4.85, VI: –¿Y cómo se da la orden de "grabar" en este aparato? –Míralo en el manual. J. R. Castro *DNa* 16.8.66, 8: El ilustre tudelano se encontraba en Madrid desde octubre de dicho año, gestionando infructuosamente la derogación de la Real Orden de 14 mayo 1829. *BOE* 23.8.68, 12482: Ministerio del Ejército. Orden de 8 de agosto de 1968 por la que se anuncia concurso-oposición para la provisión de vacantes en las Bandas de Música del Cuerpo de la Guardia Civil.

2 ~ del día. *(Mil)* Comunicación que da un jefe militar diariamente a sus fuerzas. | Hoyo *Glorieta* 67: El general Miaja nos llamó un día a todos los lanzabombas para conocernos y felicitarnos por nuestro comportamiento; nos citó en la orden del día.

II *loc v y fórm or* **3 estar** [una cosa] **a la ~ del día.** *(col)* Ser muy corriente. | Delibes *Mundos* 80: El robo de cosas inútiles .. es fenómeno que en Chile está a la orden del día.

4 a sus ~es, *o* **a la ~ (de usted).** *(Mil) Fórmula que se usa como saludo dirigido a un superior.* | Romero *Tres días* 77: –Mi general, está al teléfono el señor gobernador civil de Pamplona .. –Póngame la comunicación... Gracias, puede usted retirarse. –A sus órdenes. **b)** *Se usa para expresar la disposición a cumplir las órdenes del superior a que se dirige. Tb (humoríst), fuera del ámbito militar.* | Hoyo *Pequeñuelo* 61: El número, que está en camisa, como el sargento, se acerca a mirar las rosas. –¿Qué le parecen? –¡Qué me van a parecer! –Deje usted de ser gallego una vez y diga de una qué le parecen. –A sus órdenes. Digo que me parecen bien, muy bien.

III *loc adv* **5 a las ~es** [de alguien]. Cumpliendo [sus] órdenes [1] o bajo [su] dirección. | Hoyo *Glorieta* 65: Estuve en Pozuelo cavando trincheras, a las órdenes de un francés. **b)** En disposición de cumplir la voluntad [de alguien]. | * Me tienes siempre a tus órdenes para lo que gustes.

ordenabilidad *f* Cualidad de ordenable. | Valcarce *Moral* 47: En cuanto a la naturaleza de la ley, basta decir que al definirla no hemos dicho que se la es la "ordenabilidad" de la razón, que haría a la ley susceptible de múltiples direcciones.

ordenable *adj* Que se puede ordenar^1. | Valcarce *Moral* 48: Si su objeto [de la ley] es lo ordenable por la razón al bien común, ya se ve que no es ley la que tenga por objeto lo imposible, lo inhonesto.

ordenación *f* Acción de ordenar^1. *Tb su efecto.* | *Des* 12.9.70, 29: Utilizando la ordenación electrónica de datos ha publicado ya el primer volumen de una serie de "Índices lexicográficos de la literatura alemana". DPlaja *El español* 61: Toda ordenación legal de la vida le parece al español una intromisión en sus derechos. Aguilar *Experiencia* 305: Había llegado casi a la ordenación, pero entonces sufrió una crisis

ordenada – ordeñar

de conciencia que le impelía a declinar el próximo ministerio sacerdotal.

ordenada *f (Mat)* Distancia de un punto en un plano a la coordenada horizontal. I FQuintana-Velarde *Política* 244: El diagrama de Lorenz parte de un cuadrado cuya diagonal determina, como es sabido, segmentos iguales en los dos lados del cuadrado, verticales (ordenadas), horizontales (abscisas).

ordenadamente *adv* De manera ordenada (→ ORDENADO [3]). I Gironza *Matemáticas* 41: Los obtendremos todos, pues, ordenadamente, escribiendo en una primera fila los productos de factores 2, hasta repetirlo cuatro veces. J. Carabias *Ya* 30.5.64, 10: Era un espectáculo maravilloso el de aquella juventud, bien colocada ordenadamente dentro del templo.

ordenado -da *adj* **1** *part* → ORDENAR[1].
2 [Pers.] que tiende a hacer o a tener las cosas en orden[1] [2]. I *Economía* 186: La niña o mujer verdaderamente femenina debe ser ordenada por dentro y por fuera.
3 [Cosa] que se ajusta a un orden[1] [1, 2 y 3]. I *Ley Orgánica* 72: Promueve la vida política en régimen de ordenada concurrencia de criterios.

ordenador[1] -ra **I** *adj* **1** Que ordena[1], *esp* [1]. I Lapesa *HLengua* 40: El Oriente .., la Hélade .. y el Occidente europeo .. quedaban sujetos a la disciplina ordenadora de un Estado universal. Delibes *Madera* 45: En el sur, .. era la línea férrea la ordenadora del poblado, desperdigado por las faldas de los cerros.
2 Relativo a la acción de ordenar[1] [1]. I RMoñino *Poesía* 84: Se manifiesta en él [el tomo] la minuciosidad ordenadora de Timoneda, estableciendo secciones perfectamente definidas.
II *m* **3** Máquina electrónica capaz de cálculos aritméticos, operaciones lógicas y tratamiento de información en general, según operaciones programadas. I R. SOcaña *Inf* 3.1.70, 20: Una máquina harto complicada que, en lenguaje llano, recibe el nombre de ordenador, cerebro electrónico o computador.

ordenador[2] -ra *adj* Que ordena[2]. I Cuevas *Finca* 192: Consuelo se había convertido en una mujer envejecida, ordenadora, que mandaba en su casa. L. Ridruejo *Inf* 29.4.71, 19: Cuando los negocios marchan mal, se reduce su capital, pero no se amplía. ¿O es que se va a convertir el Estado en el ordenador de pagos de la caja del agricultor?

ordenamiento *m* **1** Acción de ordenar[1] o poner en orden[1], *esp* [3]. *Tb su efecto.* I M. Aznar *SAbc* 16.6.68, 9: Suponiendo que no .. se produzcan .. alteraciones sustanciales en las estructuras sociales y en la vida y ordenamiento del país.
2 Colección de leyes. I *Abc* 3.12.70, 22: Independientemente de las acciones represivas que definen y establecen los ordenamientos jurídicos, .. hay algo que ayudaría .. a la eliminación o a la corrección .. de estas lamentables expresiones de la violencia.

ordenancismo *m* Cualidad de ordenancista. I CBaroja *Inquisidor* 33: Valdés hace juego con su subordinado don Diego de Simancas, en cuanto a ordenancismo y violencia.

ordenancista *adj* Que busca el cumplimiento estricto de las ordenanzas o reglamentos. *Tb n, referido a pers.* I Cela *Judíos* 177: Don Senén .. se organizó una cara conspicuamente triste, una cara de escribano del Greco, ordenancista, católico y profundo. Benet *Aire* 33: Procediendo [las censuras] de una mentalidad muy distinta –mucho más rigurosa y ordenancista–, tenían más carácter de imposición .. que espíritu de ayuda.

ordenanza I *n* **A** *f* **1** Disposición reglamentaria. *Más frec en pl.* I MSantos *Tiempo* 91: Pueden irse en cuanto ustedes quieran .. Si fuera por mí, pero ya saben, tenemos nuestras ordenanzas.
B *m* **2** Soldado que está a las órdenes de un jefe o de un oficial para asuntos del servicio. I Laiglesia *Ombligos* 103: –Mi coronel –anunciaba el ordenanza–, ahí fuera está esa anciana rubia.
3 Empleado subalterno en una oficina pública. I Olmo *Golfos* 165: No saludaba al conserje, ni a los ordenanzas.
II *loc adj* **4 de ~**. [Ceremonias u honores] establecidos por el reglamento. I Laiglesia *Tachado* 178: Hubo tiempo de prepararlo todo con mucha calma: las gualdrapas .., la pólvora para los cañonazos de ordenanza.

ordenar[1] *tr* **1** Poner [una cosa] en orden[1] [1, 2 y 3]. I Gambra *Filosofía* 41: En el juicio cabe distinguir unos elementos materiales que lo integran y una forma o principio de orden que ordena a esa materia y le confiere su especial estructura. Valdeavellano *Burguesía* 24: Los grupos sociales .. no se ordenan ya por el derecho, sino sobre todo por la situación económica. Villapún *Moral* 170: La templanza ordena el apetito sensual, no lo mata.
2 Disponer [una actividad para un determinado fin (*compl* A)]. I SLuis *Doctrina* 95: Medios naturales, que se ordenan a evitar las tentaciones.
3 Conferir las órdenes sagradas [a una pers. (*cd*)]. *Frec en la constr* ~ SACERDOTE *u* ~ DE SACERDOTE. I A. Alférez *Abc* 29.12.70, 13: El antiguo caballero .. fue ordenado sacerdote.
b) *pr* Recibir las órdenes sagradas. *Frec en la constr* ~SE SACERDOTE *u* ~SE DE (*o, raro,* COMO) SACERDOTE. I J. Montini *Ya* 24.5.70, sn: Allí se ordenó de sacerdote en 1954. Carnicer *Castilla* 84: No tardó en ordenarse como sacerdote.

ordenar[2] I *tr* **1** Mandar autoritariamente. I Arce *Testamento* 13: –Siéntate –ordenó El Bayona.
II *loc n m* **2 ordeno y mando.** (*col*) Actitud autoritaria o despótica. *Frec en la constr adj* (DE) ORDENO Y MANDO. I Escobar *Itinerarios* 25: Aspirando, con manifiesta vanidad, a presumir hasta del cochinillo asado, con esa audaz vanagloria que le da el ordeno y mando de su primacía hispana. MSantos *Tiempo* 36: La primera generación conservaba una soberbia planta y a pesar de su edad era ordeno y mando. * Es una mujer de ordeno y mando.

ordenata *m* (*juv*) Ordenador[1] [3]. I R. Conte *Abc* 25.8.92, 3: No puedo decir más, pues se me hace agua el ordenata.

ordenativo -va *adj* Que sirve para ordenar[2]. I MPuelles *Filosofía* 1, 127: De un modo general, la oración enunciativa o proposición se contrapone a la oración ordenativa.

ordeñadero *m* Recipiente en que se recoge la leche cuando se ordeña. I CBonald *Ágata* 144: Descubrió Manuela dos ordeñaderos bajo su cama, conteniendo no leche de vaca o de puérpera, sino un líquido de manifiesta asquerosidad.

ordeñador -ra *adj* Que ordeña, *esp* [1]. *Tb n: m y f, referido a pers; f, referido a máquina.* I *Inf* 18.9.75, 19: Visan .. Fábrica de Piensos Compuestos, máquinas ordeñadoras y accesorios para Ganadería, precisa veterinario. Alvaro de *Anatomía* 168: Los ordeñadores que adquieren por contagio la vacuna y presentan en sus manos pústulas de esa enfermedad no padecen jamás la viruela. *Bal* 6.8.70, 24: Vaquería moderna con ordeñadora eléctrica.

ordeñadura *f* (*reg*) Acción de ordeñar [1a]. I Cancio *Bronces* 70: El mugido impaciente del ganado falto aún de ordeñadura.

ordeñar *tr* **1** Extraer la leche [de una hembra, esp. una vaca (*cd*)] exprimiendo la ubre. *Tb abs.* I Delibes *Ratas* 20: Había demostrado ante los más escépticos lugareños que la vaca a quien se le habla tiernamente mientras se la ordeña daba media herrada más de leche que la que era ordeñada en silencio. Arce *Testamento* 37: Si entraba en el establo me parecía verla bajo las ubres de una vaca, ordeñando. **b)** Extraer [la leche] de la ubre. I Carnicer *Castilla* 142: Lo ordeñado se somete a manipulaciones que conocemos en aquellas leches de los anuncios. **c)** (*col*) Extraer parte del contenido [de un recipiente (*cd*)]. I Berenguer *Mundo* 179: El de Felipa, que se las sabía todas, estaba al quite y, cuando llegaban los paquetones de pólvora a quemar, los ordeñaba por el camino.
2 Coger las aceitunas [del olivo (*cd*)] o las hojas [de un árbol (*cd*)] recorriendo los la mano el ramo para que este las vaya soltando. I Cuevas *Finca* 40: Don Javier, que solo sabía ordeñar sus olivos, había sonreído. MFVelasco *Peña* 141: Apalancué con fuerza y en el pie hasta que la rama desgajó del todo. La ordeñé a contrapelo en una horquilla para des[r]amillarla, y con la navaja .. afilé el extremo más grueso. **b)** Coger [las aceitunas o las hojas] recorriendo con la mano la rama para que esta las vaya soltando. I * Tengo que ir a ordeñar hoja, ¿vienes conmigo?

3 *(col)* Sacar el dinero [a alguien *(cd)*]. | Lera *Boda* 640: El Negro tiene mucho poder y muchos cuartos .. Y como se va a quedar en el pueblo, a mí me parece que lo mejor es no darle mucho que hacer hoy. Luego ya le ordeñaremos todo lo que se pueda. **b)** *(col)* Sacar [el dinero a alguien]. | Sampedro *Sonrisa* 190: Allá en el país solo llevaba guantes aquel chófer nuevo del marqués, cuando bajaban desde Roma con su coche para ordeñarnos nuestro poco dinero y llevárselo.

ordeño I *m* **1** Acción de ordeñar. | Escobar *Itinerarios* 245: Dicen que si quieren que en los ordeños faciliten [las vacas] más leche, las dan vino. Lera *Clarines* 420: Los hombres combatían la sequedad y el calor con el ordeño incesante de las botas de vino. E. Marco *MHi* 6.60, 29: Gentes que laborean su tierra o que efectúan el vareo y ordeño de la aceituna. J. Menéndez *Abc* 25.2.68, 66: Se concede el exequátur a las mercancías extranjeras, pero no con toda la uberosidad económica íntegra, sino experimentando un previo ordeño pecuniario.
II *loc adj* **2 de ~.** [Ganado] del que se aprovecha la leche. | Ridruejo *Castilla* 2, 66: En sus veinte kilómetros cuadrados se concentra la mayor densidad de ganado de ordeño de la región.

órdiga *(pop)* **I** *interj* **1** Denota admiración, enfado o protesta. *Frec en las formas* LA ~ y ANDA LA ~. *Tb (reg)* ~S. | Delibes *Emigrante* 24: La encontré en cama devolviendo .. ¡Qué días, órdiga! DCañabate *Paseíllo* 4: ¡Anda la órdiga! ¿Que tú quieres ser torero? Lera *Boda* 609: Él quiere casarse con una moza de aquí, pues tiene que pagar las consecuencias. ¿Qué se ha creído? .. ¡Órdigas!
II *f pl* **2** *(reg) Se usa siguiendo a un término exclamativo para reforzar o marcar la intención despectiva de la frase.* | Lera *Boda* 549: ¡Qué órdigas tanto llorar! **b) ni ~s.** *(reg) Se usa como refuerzo de una expr negativa iniciada por* NI. | GPavón *Rapto* 210: Ni muchachete, ni órdigas. Berlanga *Recuentos* 36: "Vamos a ser la risión." "¡Ni risión, ni órdigas!"

ordinal *adj (Gram)* [Adjetivo numeral] que indica el lugar que un elemento ocupa en una serie. *Tb n m.* | Academia *Esbozo* 243: Los numerales ordinales pertenecen a la categoría del nombre. Academia *Esbozo* 244: Los ordinales, como los cardinales, comprenden formas que no pueden descomponerse en otros ordinales y formas compuestas. **b)** De(l) adjetivo numeral ordinal. | Alarcos *Abc* 6.1.88, 3: En la prosa tan pulcra y sopesada .. de don Eugenio d'Ors .., se encuentran peculiaridades partitivos en función ordinal.

ordinariamente *adv* De manera ordinaria, *esp* [1a]. | Bustinza-Mascaró *Ciencias* 137: Una colmena está ordinariamente formada por 20.000 a 50.000 individuos.

ordinariato *m* Cargo o dignidad de obispo ordinario [1b]. | *Ya* 5.1.72, 17: Siguiendo el nuevo "Anuario Pontificio", la jerarquía católica está compuesta: sedes residenciales, 2.189 .. Hay además 102 prelaturas y abadías "nullius", 22 administraciones apostólicas, 10 exarcados y ordinariatos apostólicos, 25 vicariatos apostólicos.

ordinariez *f* **1** Acción o actitud ordinaria [2]. | *Tri* 12.12.70, 28: Se puede hacer una cosa muy graciosa .. sin atacar a la estética o llegar a la ordinariez.
2 Dicho de mal gusto. | ZVicente *Balcón* 11: Te prohíbo decir ordinarieces.
3 Cualidad de ordinario [2]. | * La ordinariez de sus modales no tiene límite.

ordinario -ria **I** *adj* **1** Corriente, o acorde con lo normal y habitual. | *VozR* 15.2.75, 14: Creemos que los cultos ordinarios deben seguir suspendidos en la Parroquia de San Juan mientras dure la reclusión de los sacerdotes. **b)** [Obispo] diocesano. *Tb n m.* | Escrivá *Conversaciones* 27: Adscribe el presbítero al servicio de una Iglesia local, bajo la autoridad del propio Ordinario.
2 [Pers.] tosca o sin educación. | Laforet *Mujer* 162: Paloma era terriblemente ordinaria y tenía un cuerpo feo. **b)** Propio de la pers. ordinaria. | * ¡Qué modales tan ordinarios!
3 [Cosa] vulgar o de poca estimación. | Medio *Bibiana* 69: Dice que el ajo es muy ordinario. Después se eructa y uno huele a ajos. **b)** [Cosa] hecha con materiales pobres o sin arte. | * Esos vasos son muy ordinarios.
II *m* **4** *(hoy raro)* Recadero. | Cela *SCamilo* 396: La Chonina es amiga de Isidoro Galindo, el ordinario de Villaconejos. Benet *Aire* 94: Además de mantener abierta una consulta en una casona de la carretera de Región, no lejos de la parada del ordinario, pudo adquirir .. un pequeño Morris de segunda mano.
III *loc adv* **5 de ~.** Habitualmente. | Medio *Bibiana* 100: De ordinario, Bibiana Prats no habla mucho.

ordo *m (Rel catól)* Libro litúrgico que indica el oficio divino y la misa que corresponden a cada día. | Pinell *Horas* 227: El ordo *ad medium noctis* tiene una sola lección.

ordovícico -ca *adj (Geol)* [Período] de la Era Primaria posterior al cámbrico y anterior al silúrico. *Tb n m.* | Cendrero *Cantabria* 28: Son también rocas Paleozoicas, aunque del período Ordovícico (450 millones de años de antigüedad), tienen naturaleza silícea y se denominan cuarcitas.

öre *(sueco; pronunc corriente, /óre/; pl normal, invar) m* Moneda sueca, danesa o noruega equivalente a la centésima parte de la corona. | *EOn* 10.64, 59: Principales unidades monetarias en el mundo .. Dinamarca .. Krone .. Submúltiplos .. 100 öre .. Noruega .. Krone .. Submúltiplos .. 100 öre .. Suecia .. Krone .. Submúltiplos .. 100 öre.

oreador -ra *adj* Que orea. | Cela *España* 167: Maragall prestó a la poesía catalana el servicio de actualizarla, de abrirle la puerta al exterior, el balcón de Goethe, las oreadoras ventanas de Nietzsche y de Novalis.

oreamiento *m* Acción de orear(se). | Alvarado *Botánica* 4: De trecho en trecho se forman en este tejido [suberoso] unas perforaciones crateriformes llamadas lenticelas, que sirven para el oreamiento de los tejidos subyacentes.

oreana *f* Buscadora de oro en el Bierzo (León). | Delibes *Castilla* 28: Nadie coincide; no hay acuerdo a la hora de bautizar a las buscadoras de oro de la zona alta del Bierzo. Sánchez Palencia las llama aureanas, otros les dicen lavadoras o bateadoras, pero ellas se denominan a sí mismas "oreanas".

oreante *adj* Que orea. | Espinosa *Escuela* 523: –¿Dónde está ese Valle? .. –En el mejor lugar de la Tierra .., rodeado de florestas, prados y frutales; surcado por calmos ríos, pleno de oreantes austros.

orear *tr* **1** Hacer que le dé el aire [a una cosa *(cd)*], gralm. para que se seque o se refresque. | Huerta *Pesca* 148: La casi constante presencia de redes durmientes –que por estar confeccionadas con trama de nylon no han de ser oreadas en tierra como antaño– entorpece extraordinariamente el acercamiento de peces a la costa. J. GCubillo *Abc* 18.5.75, 36: Los carniceros, por razón de su oficio, saben que las carnes sin orear o con oreo deficiente no se pueden despiezar ni mucho menos trocear en la tablajería, ni siquiera para la chacinería.
2 Ejercer [el aire u otro agente ambiental *(suj)*] su influjo [sobre alguien o algo *(cd)*], esp. secando[lo] o refrescándo[lo]. *Tb (lit) fig.* | FVidal *Duero* 159: El vagabundo deja que el airecillo bienhechor le oree el aliento y le despene el hedorcillo a sobaquina. GPavón *Reinado* 18: La proximidad del Guadiana .. oreaba el ambiente. SRobles *Pról. Teatro 1964* 21: Se trata de un sainete oreado de poesía y ternura populares. **b)** *pr* Recibir [alguien o algo] el influjo del aire o del ambiente, esp. secándose o refrescándose. | Moreno *Galería* 133: Vi, en Langosto, orearse el "gamellón" .. en cuya pila de madera se acababa de pelar .. un ejemplar excepcional de la especie porcina.

oréctico -ca *adj (Psicol)* De (los) deseos. | Pinillos *Mente* 145: Una parte muy considerable de los estudios sobre la personalidad humana han partido del supuesto de que ese momento explicativo fuerte de las estructuras de personalidad es de índole oréctica, o sea, de índole afectivo-motivacional.

orégano I *m* **1** Planta labiada, de 4 a 6 dm de altura, hojas pequeñas y flores purpúreas, aromática, y cuyas hojas y flores se usan como tónicos y como condimentos (*Origanum vulgare*). | ZVicente *Traque* 10: No hay nada como esto, si lo sabré yo, igual que la menta y el orégano para el insomnio. Bernard *Verduras* 29: Se echan juntos: champiñones, ajo, sal, pimienta y orégano.
II *loc v* **2 ser todo el monte ~** → MONTE.

oreja I *f* **1** Parte exterior del órgano del oído. | Laiglesia *Tachado* 65: Tenía el cabello pajizo, veteado de canas, que hacía resaltar un par de orejas formidables y bastante coloradas. Cela *Pirineo* 84: El confitat es un dúo de pucheros de barro: en uno están escondidos .. el lomo de cerdo, la costilla, la butifarra y la salchicha; en el otro .. duermen el morro y las orejas. **b)** (*col*) Sentido del oído. *Tb en pl con sent sg. Tb fig.* | * Tengo buena oreja y lo oigo todo. M. Calvo *Pro* 8.6.88, 53: Las antenas y "orejas", increíblemente sensibles, desarrolladas últimamente en radiotelescopios de hasta 30 metros de diámetro, han permitido .. captar .. la composición de moléculas orgánicas.

2 Atención. *Frec en la constr* AGUZAR LA ~. | CBaroja *Inquisidor* 20: He aquí, pues, a nuestro estudiante metido en danza universitaria, aprendiendo .. a aguzar la oreja. Payno *Curso* 211: Los alumnos le escuchaban con media oreja.

3 Parte saliente, a veces formando pareja con otra simétrica, junto a la boca o el extremo [de un arma o un utensilio]. | Cuevas *Finca* 21: Los gañanes paraban con frecuencia para limpiar las orejas de las cuchillas. Pinilla *Hormigas* 207: Me agacho más y cojo con ambas manos la oreja ceñida por la cuerda. Tiro hacia arriba, pero apenas consigo mover el saco.

4 Borde saliente a cada lado del respaldo de un sillón, en el cual se puede apoyar la cabeza. *Frec en la constr* SILLÓN DE ~S. | Sampedro *Octubre* 136: Gracias a María se salvaron todos esos muebles instalados en 1904: el escritorio de su padre, la librería isabelina de caoba, el sillón de orejas. MDescalzo S*Abc* 20.3.77, 50: Repaso los sillones .. El tresillo, el butacón de orejas en el que a Miguel le gustaba leer.

5 Borde saliente a cada lado de la parte delantera de algunos zapatos, que sirve para ajustarlo al empeine. | MMolina *Jinete* 252: Bajaba a la huerta con traje y chaleco de pana, sombrero de fieltro y unas botas de orejas que jamás estaban sucias de barro ni de polvo.

6 (*raro*) Orejera [de gorro]. | Landero *Juegos* 27: Un largo chaquetón de marinero, .. una gorra de cuero con orejas y una bufanda parda.

7 (*col*) Pecho femenino. *Gralm en pl.* | Umbral *Tierno* 80: Gualberta y yo bailamos un poco en la pista, entre chaperos y retablos, y le metí la mano por el escote hasta magrearle las orejas.

8 ~ de mar. Molusco gasterópodo de concha ovalada, en la que hay una especie de labio con una serie de orificios, parduzca por fuera y nacarada por dentro (gén. *Haliotis*). | Bustinza-Mascaró *Ciencias* 129: Otros animales parecidos al caracol son marinos .. Tales son: .. las orejas de mar, con una fila de orificios en el borde de la concha.

9 *Con un adj o compl especificador, designa distintas plantas:* ~ DE ABAD, DE FRAILE o DE MONJE (*Umbilicus pendulinus*), ~ DE LIEBRE (*Phlomis lychnitis*), ~ DE MONTE (*Saxifraga hirsuta*), ~ DE NEGRO (*Enterolobium contortisiliquum*), ~ DE OSO (*Primula auricula*), ~ DE RATÓN (*Hieracium pilosella, Cerastium arvense, C. vulgatum y Myosotis palustris*), ~ GIGANTE (*Acanthus mollis*), *etc.* | B. Mostaza S*Ya* 24.6.73, 11: Esos microclimas .. permiten convivir la tunera y el pino, el laurel y el dedo de santo, la oreja de abad y el marmolán. Mayor-Díaz *Flora* 539: *Saxifraga hirsuta* L. "Oreja de monte". GCabezón *Orotava* 189: Oreja de negro, *Enterolobium contortisiliquum*, Morong., Leguminosa, Brasil y Argentina. Mayor-Díaz *Flora* 386: *Hieracium pilosella* L. "Vellosilla", .. "Oreja de ratón". Mayor-Díaz *Flora* 324: *Cerastium arvense* L. "Oreja de ratón" .. *Cerastium fontanum* Baumg. subsp. *triviale* (Link.) Jalas. "Oreja de ratón".

10 *Con un compl especificador, designa distintos hongos:* ~ DE ASNO (*Peziza anotica*), ~ DE GATO (*Helvella crispa, H. elastica, H. lacunosa, H. infula*), ~ DE LIEBRE (*Peziza leporina*), *etc.* | Lotina *Setas* sn: *Helvella infula* .. Orejas de gato, Helvellas. Perala *Setas* 73: *Pleurotus eryngii*, Seta de cardo. Oreja de cardo.

11 *Frec con un compl especificador, designa distintos dulces regionales:* ~ DE FRAILE, ~ DE CAMINANTE, *etc.* | N*Al* 7.8.82, 29: Gastronomía alcarreña .. La miel y la leche se mezclan a otras materias para dar la más increíble variedad que puede pensarse en dulces: los puches morados, el alajú, las orejas de fraile.

II *loc adj* **12 de dos ~s.** [Vino] fuerte y bueno. | Escobar *Itinerarios* 61: No consumáis nunca las sopas de ajo amenizándolas con vino blanco, sino tinto, cuanto más espeso y brioso, mejor .. El que llaman de dos orejas, por su bondad y fortaleza, le sienta de primera.

13 de ~ a ~. (*col*) [Boca o sonrisa] muy amplia. *Tb adv.* | *D16* 22.4.78, 19: Fats Waller estaba allí, con su enorme corpachón, su voz irónica, su eterna sonrisa de oreja a oreja y su inseparable botella junto al piano. * Le vi sonreír de oreja a oreja.

III *loc v* **14 asomar,** *o* **enseñar,** [una pers.] **la ~,** *o* **vérsele la ~.** (*col*) Dejar ver involuntariamente [esa pers.] su verdadera manera de ser o sus propósitos. | Campmany *Abc* 12.11.93, 19: Tengo para mí que aquí no hay "tapados", y lo que pasa es todo lo contrario, o sea, que hay algunos que asoman la oreja. Cela *Pirineo* 26: El viajero, a veces, enseña la oreja de los hábitos a contrapelo; en seguida se ve que anduvo en malas compañías, de niño. **b) asomar,** *o* **enseñar, la ~** [algo]. Dejarse ver. | Olmo *English* 3: Si hay instantes en que pudiera parecer que el naturalismo asoma la oreja, piensen que lo que yo he buscado es el fresco popular, pero sin ninguna pretensión de fidelidad fotográfica.

15 bajar (*o* **agachar**) **las ~s.** (*col*) Ceder con humildad. *En una discusión o ante una reprensión.* | * Ante aquel argumento, el hombre bajó las orejas.

16 calentarle [a alguien] **las ~s.** (*col*) Castigar[le] o reprender[le]. | * Ya te calentaré yo las orejas, caradura.

17 mojar la ~ [a alguien]. (*col*) Aventajar[le] o superar[le] ampliamente. | Lázaro J*Zorra* 55: Puedo jugaros solo, pero el chico tiene interés en mojaros la oreja. Así que tendréis que jugar contra los dos. CPuche *Paralelo* 163: –Pues andando. Pago yo– Los otros protestaron. Estaban llenos de amor propio. Todos querían pagar. Por fin se aceptó la invitación de Genaro, pero se pidió otra a cargo de Ruiseñor, que no quería consentir que le mojaran la oreja. **b)** Humillar o avergonzar. | Lera *Boda* 618: Si lo consentimos sin hacer una muy sonada, ya no podremos asomar el morro por ninguna parte. Nada más aparecer en cualquier pueblo de alrededor, nos mojarán la oreja y hasta se nos mearán encima.

18 planchar la ~. (*col*) Dormir. | * Me voy a planchar la oreja un rato.

19 ponerle [a alguien] **las ~s coloradas.** (*col*) Reprender[le] avergonzándo[le]. | * Le puse las orejas coloradas y no volvió a hacerlo.

20 salir(se)le [algo a alguien] **por las ~s.** Rebosar[le] o ser muy abundante [en él]. | MGaite *Nubosidad* 74: Ya no sé la de temas que tengo apuntados para seguir con los deberes, se me salen por las orejas.

21 tirar de la ~ a Jorge. (*col, raro*) Jugar a las cartas. | GSerrano *Macuto* 339: A la hora de tirar de la oreja a Jorge .., palmar es lo mismo que quedarse a cero. L. Garza *Ale* 18.8.78, 17: El chico, que tenía la carrera mercantil, instruido por su padre, iba camino de superarle en el arte de tirarle de la oreja a Jorge.

22 verle las ~s al lobo. (*col*) Darse cuenta de la inminencia de un mal. | Torrente S*Inf* 24.10.74, 16: Me temo que por primera vez, y acaso sin que falte mucho tiempo, los españoles le vamos a ver las orejas al lobo.

IV *loc adv* **23 con las ~s gachas.** (*col*) En actitud contristada o humilde. | * Después del fracaso volvió a casa con las orejas gachas.

24 hasta las ~s. (*col*) Completamente. *Gralm en constrs como* METERSE EN UN NEGOCIO HASTA LAS ~S. | * Se metió en el asunto hasta las orejas. * Vino de barro hasta las orejas.

orejear A *tr* **1** (*Taur*) Premiar con la oreja del toro [a un matador (*cd*)]. | *HLM* 26.10.70, 36: Tinín y Utrerita, orejeados en Barcelona.

B *intr* **2** Mover las orejas [1a]. | Caba *Ruta* 61: Nada más sentir la brida [la yegua] intenta encabritarse, enseña los dientes y orejea.

orejera **I** *f* **1** Pieza destinada a cubrir la oreja [1a], que gralm. forma parte de un gorro. | CPuche *Paralelo* 96: –Adiós, perla de la mañana, que tienes la nariz más roja que un pimiento. –Dile a tu padre que te compre unas orejeras o un gorrito. Delibes *Madera* 335: Se abotonó apresuradamente las orejeras del abisinio, bajo la barbilla.

2 Oreja [de sillón]. | ZVicente *Mesa* 185: Estarás sentado en el butacón con orejeras.

3 Pieza oblicua del arado, al lado del dental, y que junto con otra simétrica sirve para ensanchar el surco. | Vilá-Capel *Campo* 59: Los arados tradicionales, simplemente con reja y orejeras .., rebasaría[n] por aquel entonces los dos millones de unidades.

4 Pieza de la cabezada, que protege los ojos de las caballerías. *Gralm en pl.* | Berlanga *Barrunto* 38: La entretuvieron [a la niña] las campanillas de unas orejeras claveteadas. C. Santos *TSeg* 1.12.79, 20: El labriego .. arreglaba sus aperos, se hacía las orejeras, los cestos.

II *loc v* **5 llevar** (*u otro v equivalente*) **~s.** Tener una visión limitada o parcial de las cosas. | Marsé *Dicen* 132: No quería enterarse del cambio que empezaba a operarse en todos, o aún no alcanzaba a verlo entonces: venía con orejeras, como todos los exiliados.

orejero -ra *adj* [Sillón, o mueble similar] de orejas [4]. *Tb n, m o f, referido a sillón o butaca.* | *Abc* 16.1.72, 76: ¡Continúa la gran liquidación! .. Balancines metálicos. Sillones relax. Tresillos orejeros. Arce *Precio* 85: –Pues whisky –aceptó Pedro, dejándose caer en una orejera de cuero rojo. Torres *Él* 171: Se sentó, enfurruñada, en uno de los orejeros de cretona que había tapizado él en sus horas libres.

orejil *adj* (*Taur*) De (la) oreja o de (las) orejas del toro. | PLuis *HLM* 4.9.78, 37: Clavó el acero hasta la empuñadura. Petición de oreja y vuelta al ruedo entre aclamaciones. A mi juicio, solo el volapié del de Talavera –eliminado de la feria de su pueblo– merecía el premio orejil.

orejisano -na *adj* (*Taur*) Que carece de señal en las orejas o en cualquier otra parte del cuerpo. | *Hoy* 9.6.77, 24: El propietario de la ganadería de Cortijoliva es don Joaquín Rodríguez Gómez .. La divisa es blanca, amarilla y morada. La señal, orejisana.

orejón[1] **-na I** *adj* **1** Orejudo [1]. | * El niño es bastante orejón.

II *m* **2** (*hist*) Indio noble peruano que tenía distendidos los lóbulos de las orejas en señal de distinción. | *Abc* 18.9.92, 72: Los principales nobles indígenas eran el inca y su familia, la coya, los panacas, orejones.

orejón[2] *m* **1** Trozo de fruta, esp. melocotón, secado al aire y al sol, y que se toma como dulce. | Vega *Cocina* 90: Citaré algunos de sus dulces: rosquillas de trancalapuerta, .. roscos de gaseosa, orejones.

2 (*reg*) Cierto dulce de sartén. | Chamorro *Sin raíces* 92: –Te he hecho frutas de sartén. ¿Te gustan? –Sí, madre. –Te he hecho orejones, floretas, huesos de difuntos, rizos, buñuelos.

3 (*reg*) Cierto hongo comestible. | Delibes *Castilla* 85: Hay otros dos hongos por estas tierras, muy sabrosos los dos, muy buenos: la crispilla y el orejón. El orejón lo da la putrefacción de la hoja del chopo.

orejudo -da *adj* **1** Que tiene grandes orejas [1a]. | Goytisolo *Recuento* 92: Se había consagrado a la tarea de lograr la beatificación de un seminarista muerto prematuramente, un joven de su apellido, flaco y orejudo.

2 [Murciélago] de grandes orejas ovales y pelaje fino y pardo (*Plecotus auritus*). *Frec n m.* | Alvarado *Zoología* 109: Fig. 129. El murciélago orejudo (*Plecotus auritus*). Rodríguez *Monfragüe* 106: Murciélago ratero (*Myotis myotis*) .. En vuelo es fácil confundirlo con otras especies, como, por ejemplo, el orejudo común (*Plecotus auritus*).

oremus. perder el ~. *loc v* (*col*) Perder el juicio, la cordura o la idea de lo que se va a hacer o decir. | Goytisolo *Recuento* 258: Lo de Eulalia representó para mí un golpe terrible, no puedes figurarte. No sé cómo no perdí el oremus. De no tener fe, de no tener religión, creo que hubiera hecho un disparate. Torres *País* 1.4.87, 64: Los hombres siempre vuelven con la señora, incluso cuando pierden el *oremus* ligando con un primer ministro.

orensano -na *adj* De Orense. *Tb n, referido a pers.* | Vega *Cocina* 76: Un poco de pescado en la comida orensana no está nada mal. J. L. MRedondo *Act* 25.1.62, 37: Hay también cierto número de orensanos y lucenses trabajando en Suiza.

oreo *m* Acción de orear(se). *Tb fig.* | Aldecoa *Gran Sol* 48: Ya a bordo el paz, lo sangran y lo ponen a oreo bajo unos toldos, que no l[e] dé el sol, porque se pica la carne; solamente los vientos. Delibes *Ratas* 98: En las colmenas recién instaladas, se hizo el oreo para evitar la enjambrazón prematura. GPavón *Hermanas* 36: La señora, más refrescada tal vez por el oreo del río vecino, miraba con ojos apacibles el paisaje. Carandell *Madrid* 147: La mayor parte de la gente piensa que, siempre que se mantenga debidamente a raya, este oreo moderno hace buena impresión a los extranjeros.

oreopiteco *m* (*Zool*) Primate fósil del mioceno superior italiano, muy semejante al hombre. | Rábade-Benavente *Filosofía* 30: El más antiguo de los homínidos conocido es el Oreopiteco.

oretano -na *adj* **1** (*hist*) De un pueblo prerromano habitante de la Oretania (región que comprendía la actual provincia de Ciudad Real y parte de las de Toledo y Jaén). *Frec n, referido a pers.* | Tovar-Blázquez *Hispania* 42: M. Fulvio Nobilior, procónsul de la Ulterior, penetró en las regiones occidentales y se encontró con los vacceos y vetones, y con los oretanos.

2 De los Montes de Toledo. | GLuengo *Extremadura* 139: Guadalupe se halla cerca de la sierra de las Villuercas, que se extienden sobre el ángulo suroriental de la provincia de Cáceres, integrante del sistema orográfico oretano.

orete *m* (*reg*) Calorcillo continuo que desprende la lumbre de brasa. *Frec en la constr* AL ~. *Tb fig.* | Moreno *Galería* 291: Era .. la caldereta familiar soriana, preparada, guisada y consumida en la cocina doméstica, "al orete" de la lumbre.

orfanato *m* Asilo de huérfanos. | *Van* 20.12.70, 30: Podemos hacer una buena obra y gran obra, pero falta muchísimo: escuelas, dispensario, orfanato.

orfanatorio *m* (*raro*) Orfanato. | *VNu* 5.6.71, 17: En un orfanatorio se presta asistencia a 125 niños y niñas.

orfandad *f* Condición de huérfano. *Tb fig.* | Cossío *Confesiones* 26: En aquel mi primer año de orfandad se decidió que yo debía ir a la escuela. Torrente *DJuan* 93: Toda Sevilla estaba en las exequias, llorando por aquel santo que Dios se llevó a su seno. Clamaban los pobres por quedar en orfandad. **b)** Pensión que percibe un huérfano por su condición de tal. | *GacR* 27.10.70, 4: Sus prestaciones (jubilación, viudedad, orfandad, natalidad, nupcialidad, defunción, invalidez y becas) son compatibles con cualquiera otras.

orfanotrofio *m* (*raro*) Orfanato. | Ribera *Misal* 1642: En los hospitales, leproserías, asilos, orfan[o]trofios, escuelas, etc., [las Hijas de la Caridad] hacen incalculable bien a la sociedad. [*En el texto,* orfanatrofios.] *Impreso* 10.86: Domund '86 .. Los misioneros han creado y sostienen actualmente 48.000 escuelas, .. 2.500 orfanotrofios.

orfebre *m* Hombre que tiene por oficio labrar objetos artísticos de oro, plata u otros metales preciosos. | CBonald *Ágata* 217: Más que de guardián .., Cayetano Taronjí desempeñaba el doble cometido de secretario periódico del señor cuando el señor asomaba por Malcorta, y de orfebre de finas preseas.

orfebrería *f* **1** Arte del orfebre. | GNuño-Marco *Soria* 94: De lo más excepcional de todo, la mortaja de San Pedro de Osma, seda de Bagdad del siglo XII .. Sin contar otras joyas de pintura, miniatura, orfebrería y ropas litúrgicas.

2 Conjunto de obras de orfebrería [1]. | Burgos *SAbc* 13.4.69, 43: Unas artesanías que se conservan con primor: cerámica de Triana, .. orfebrería de la imagen y el relicario.

orfebrero -ra *adj* (*raro*) De (la) orfebrería o de(l) orfebre. | R. Núñez *Hoy Extra* 12.75, 39: Puestos a hablar de Gata, recordemos aquí .. su antigua tradición orfebrera.

orfelinato *m* (*semiculto*) Orfanato. | *Abc* 21.6.58, 51: El ministro de Trabajo .. estuvo en el Orfelinato minero.

orfeón *m* Agrupación de canto coral, de carácter privado. *Tb fig.* | *Voz* 8.11.70, 6: Patrocinados por la Caja de Santiago, el orfeón "Terra a Nosa" ofrecerá conciertos navideños en Puerto del Son, Noya. Laiglesia *Ombligos* 66: Empezó a formarse el clásico orfeón de beodos.

orfeónico -ca *adj* De(l) orfeón. | P. GBlanco *Abc* 18.4.58, sn: ¿A qué pedir, como lo hace Moita, el cultivo por diez años de las formas corales y orfeónicas para sustituir al "fado"?

órfico -ca *adj* (*Rel*) Del orfismo. | MSantos *Tiempo* 82: La inmediata proximidad de los lugares de celebración de los nocturnales ritos órficos se adivina en ciertos signos inequívocos.

orfismo *m* (*Rel*) Secta mistérica de la antigüedad, inspirada en el pensamiento atribuido a Orfeo. | CBaroja *Brujas* 39: Platón mismo ataca a los que creen que pueden

orgaceño – organismo

invocar a los muertos .. Puede que el pasaje que contiene este ataque se refiera a algunos secuaces del Orfismo de modo concreto.

orgaceño -ña *adj* De Orgaz (Toledo). *Tb n, referido a pers.* | *Ya* 23.5.75, 14: Orgaz, un pueblo que centra sus fiestas en la mujer .. La comisión decidió rendir homenaje a la mujer orgaceña y a la del mundo entero.

organdí *m* Tejido muy ligero, fino y transparente de algodón, gralm. de color blanco y con bastante apresto. | CPuche *Paralelo* 276: No es que a Genaro le importase mucho la chiquilla de traje de organdí y cola de caballo.

organería *f* Arte u oficio del organero. | G. Garcival *SAbc* 2.11.69, 31: También es romero del arte, y ha tecleado los mejores modelos de la organería nacional.

organero -ra I *adj* 1 De (la) fabricación de órganos [3]. | Perales *Música* 37: Durante el siglo XVI empiezan a cobrar auge, en Alemania y Flandes, las primeras industrias organeras.
II *m* 2 Fabricante de órganos [3]. | *Abc* 1.12.70, 51: Glosó la importante labor que ya tenía en su haber como organero y organista.

orgánicamente *adv* De manera orgánica. | *Barcelona* 70: Otros órganos de la Administración Central .. se encuentran encuadrados orgánicamente en el Ministerio de la Gobernación.

organicidad *f* Cualidad de orgánico [1]. | Gambra *Filosofía* 95: Dos caracteres distinguen al ser vivo del que no lo es: 1º Su automovimiento .. 2º La heterogeneidad y organicidad de sus partes o elementos. F. Bellido *Ecc* 5.1.63, 20: El sentido "orgánico-vital" es algo que se masca en el ambiente, y aceptando la necesidad de "organizaciones", se apunta y reclama la organicidad, esa realidad que lleva dentro la vida misteriosa y pujante de Dios.

organicismo *m* 1 (*Filos*) Doctrina que concibe el mundo como algo similar a un organismo vivo. | Rábade-Benavente *Filosofía* 207: Este universalismo –u organicismo–, cuyos principales representantes son Spencer y Hegel, concibe a la sociedad humana precisamente como un organismo. GÁlvarez *Filosofía* 2, 299: La filosofía debe abandonar la abstracción del materialismo y sustituirla por la teoría que propone Whitehead con el nombre de organicismo. El mundo no es un repertorio de cosas materiales, sino un complejo de eventos o acaeceres perfectamente organizados.
2 (*Med*) Doctrina según la cual todas las enfermedades dependen de lesiones orgánicas. | * Según el organicismo todas las enfermedades son somáticas.

organicista *adj* (*Filos o Med*) De(l) organicismo. | Gambra *Filosofía* 229: Cabe citar como representantes de esta teoría [universalista] a los grandes filósofos del Idealismo alemán .., a los sociólogos de tipo organicista (Spencer), a los partidarios de la psico-sociología (Durkheim). Vilaltella *Salud* 430: Predominan dos teorías etiopatogénicas: la organicista (para la cual las esquizofrenias son enfermedades de origen somático vinculadas a una constitución y transmisibles por herencia) y la psicogenética. **b)** Adepto al organicismo. *Tb n.* | C. Castroviejo *HLM* 28.12.70, 19: En la época de los organicistas sociales, nos encontramos con la sociedad entendida como organismo vivo en crecimiento.

orgánico -ca *adj* 1 Constituido por partes cuyas funciones se coordinan entre sí. | * Las distintas secciones forman un todo orgánico. **b)** Fundado en una estructura jerárquica. *Normalmente referido a la democracia de carácter corporativo, que prescinde del sufragio universal.* | *Mad* 3.1.70, 3: Los partidos fueron anatematizados .. y se exaltaron las virtudes de la democracia orgánica.
2 Relativo a la constitución y funciones [de una entidad colectiva o corporación]. | Seco *Historia* 1017: En el empeño de consolidación y de apertura, la política española registró en los últimos años un acontecimiento espectacular: la aprobación de la Ley Orgánica del Estado.
3 (*Arquit*) [Arquitectura] que se caracteriza por la integración armónica del edificio, el paisaje y los elementos de construcción. | Fernández-Llorens *Occidente* 294: La arquitectura orgánica tiene su principal arquitecto en el norteamericano Wright .. La mayor preocupación es la integración del edificio en el espacio natural.
4 [Ser] vivo (animal o vegetal). *Se opone a* INORGÁNICO. | Legorburu-Barrutia *Ciencias* 23: Los seres naturales pueden ser: seres orgánicos o vivos (animales, plantas); seres inorgánicos o minerales (las rocas). **b)** De los seres orgánicos. | Alvarado *Anatomía* 1: La Biología moderna ha llegado a establecer que todos los seres vivientes .. constituyen una unidad en la Naturaleza .. y que las diferencias que les hacen distintos unos de otros son de valor secundario (unidad del mundo orgánico).
5 (*Quím*) [Sustancia] que tiene como componente el carbono y que forma parte de los seres vivos. | Legorburu-Barrutia *Ciencias* 23: La materia viva es la materia de que están formados los seres vivos. Es una mezcla muy compleja de sustancias orgánicas y minerales. Bustinza-Mascaró *Ciencias* 249: Los productos orgánicos sintetizados por los vegetales verdes en presencia de la energía solar .. son principalmente los hidratos de carbono: glucosa, sacarosa. **b)** De (las) sustancias orgánicas. | *IdG* 31.10.70, 14: Los que posean suelos compactos deben hacerles fuertes enmiendas orgánicas y darles adecuadas labores para mullirlos lo mejor posible. **c)** [Química] que estudia las sustancias orgánicas. | Marcos-Martínez *Física* 296: La Química orgánica. Trata de las substancias orgánicas, o sea, de las que proceden de los seres vivos: animales y vegetales. Todas ellas tienen como cualidad característica el poseer carbono .. Por eso a la Química orgánica se le llama también Química del carbono.
6 (*Med*) [Trastorno o síntoma] en que la alteración patológica de un órgano va acompañada de una lesión visible. *Se opone a* FUNCIONAL. | *ByN* 31.12.66, 116: Él puede saber si la enfermedad más o menos imaginaria que restringe su actividad es orgánica o psíquica.
7 (*Mús*) De(l) órgano [3]. | *Música Toledo* 28: La Catedral necesitaba disponer de un órgano con la consola situada en el coro bajo .. para la ejecución de la literatura orgánica que necesita pedalero completo.

organigrama *m* Cuadro esquemático de la organización [de una entidad o de un conjunto sistemático de cosas]. | A. Travesí *Abc* 14.5.67, 23: El empleado .. se sitúa en las cabezas de puente de nuevos y enmarañados organigramas de clasificación administrativa. J. M. Villar *Ya* 23.9.70, 15: Tal fue el "organigrama" de las leyes de 1870-1889, en gran parte aún vigente.

organillero -ra A *m y f* 1 Pers. que toca el organillo. | Villarta *Rutas* 20: Chulos que caminaban despacio y chulas que caminaban deprisa, organilleros y mozos de cuerda.
B *m* 2 (*raro*) Fabricante de organillos. | Ma. Gómez *Ya* 26.12.90, 2: La creación en 1985, por la Cámara de Comercio e Industria de Madrid, del diploma de Artesano Madrileño Tradicional ha venido a justipreciar la labor de organilleros (Antonio Apruzzese), guitarreros (Paulino Bernabé), tallistas (Julio Díaz).

organillo *m* Instrumento musical mecánico y portátil, que se hace sonar por medio de un cilindro con púas movido por un manubrio y encerrado en un cajón. | Gironella *Millón* 131: En el Oñar, encharcado, chapoteaban los chicos, mientras un hombre moreno y triste hacía sonar bajo las ventanas un organillo.

organismo *m* 1 Conjunto de órganos del cuerpo animal o vegetal. | Alvarado *Biología* 23: Las células .. coordinan sus actividades, perdiendo parte de su autonomía en beneficio de la individualidad superior del conjunto. Este fenómeno se manifiesta por la división del trabajo fisiológico entre las diferentes células del organismo. **b)** Ser vivo. | Alvarado *Geología* 126: El estudio de los fósiles permite no solamente averiguar cómo eran los organismos que existían en la época de la formación de una roca, sino también en qué lugares geográficos y bajo qué condiciones climáticas vivían. **c)** Cuerpo humano. | DPlaja *El español* 137: Un organismo que a ocho horas de descanso nocturno añada a veces una siesta está mucho más preparado para la aventura.
2 Conjunto de oficinas, dependencias y perss. que tienen una misión específica de carácter oficial o público. | Seco *Historia* 1017: Resulta muy significativo que el primer organismo sindical desmoronado .. sea el viejo SEU de la Universidad. *Sp* 19.7.70, 52: Vientos de tormenta debieron por entonces aparecer en los organismos competentes que habían dado la autorización.

organista *m y f* Pers. que toca el órgano [3]. | CNavarro *Perros* 133: El organista dejó de tocar.

organístico -ca *adj* De(l) órgano [3]. | *Música Toledo* 28: Entre las brillantes escuelas organísticas europeas que registra el bajo Renacimiento y el alto Barroco, la española no cede en importancia ante ninguna.

organístrum *m* (*Mús, hist*) Instrumento medieval semejante a la guitarra, en que las cuerdas se frotan con una rueda accionada por una manivela. | I. Arribas *Ya* 25.10.89, 68: Recoge [el libro] pormenorizadamente la construcción de cada instrumento: fídulas ovales, fídulas en ocho, arpas, salterios, cítaras, laúdes y organístrum.

organizable *adj* Que puede ser organizado. | *Ya* 9.11.89, 13: Por ser esta gran ciudad .. la síntesis de la complejidad de la sociedad industrial y de la espontánea y difícilmente organizable energía que libera el sistema de mercado.

organización *f* **1** Acción de organizar(se). *Tb su efecto.* | *Economía* 357: En el capítulo primero hemos hablado ya de la organización del trabajo doméstico.
2 Conjunto organizado [de pers. o cosas]. | C. L. Crespo *Abc* 1.5.58, sn: Descendiendo hacia Platerías se descubrieron igualmente unas organizaciones constructivas pertenecientes a las partes soterradas de una gran edificación de la época romana.
3 Organismo [2]. *Frec formando parte de la denominación oficial de algunos de ellos.* | Seco *Historia* 1014: A comienzos de noviembre, España es admitida en la organización de alimentación y agricultura de la O.N.U.

organizadamente *adv* De manera organizada. | M. GArostegui *SAbc* 27.4.69, 29: Organizadamente, sus primeras actuaciones fueron en el Juvenil de Tenerife y después en el Santa Cruz, de primera categoría regional.

organizado -da *adj* **1** *part* → ORGANIZAR.
2 Que denota o implica organización [1]. | * Hay que trabajar de un modo más organizado, no a lo loco.
3 [Pers.] que se organiza [5] bien. | Olmo *Golfos* 158: Siempre ha sido un hombre organizado. **b)** Propio de la pers. organizada. | *Abc* 20.8.66, 60: Se exige .. Personalidad dinámica organizada.

organizador -ra I *adj* **1** Que organiza. *Tb n, referido a pers.* | Gilera *Abc* 9.4.67, 107: El mal tiempo se encargó de deslucir las carreras, lo que no apagó los entusiasmos del equipo organizador. Bueno *Tri* 26.12.70, 12: Hay que reconocer a los organizadores del coloquio .. el mérito de haber logrado convocar en pleno verano a más de un centenar de españoles. **b)** Que tiene especial aptitud para organizar. | CPuche *Paralelo* 291: Tenía madera de mandamás y hasta descubría un talento organizador.
II *m* **2** Utensilio que sirve para organizar(se) [1 y 5]. | *ByN* 10.12.89, 72: Organizador de lencería, por 3.500 pesetas .. Organizador de golf para meter todos los útiles de un buen golfista, por 1.800 pesetas. *ByN* 11.7.93, 89: Tenga clasificados y protegidos sus vídeos, casetes y discos compactos con estos exclusivos organizadores modulares. Al. Gómez *Ya* 31.1.90, 56: Ahora los pequeños organizadores electrónicos están en el mercado español y cada día las marcas ofrecen nuevos modelos.

organizante *adj* (*raro*) Que organiza. | V. D'Ors *SAbc* 15.5.58, 35: El otro foco viene del exterior. Primero lo germánico, organizante; luego, Italia, fecundante.

organizar A *tr* **1** Disponer el orden, distribución o funcionamiento [de una cosa (*cd*)]. | *Economía* 181: Hay unos cuantos objetos que toda ama de casa, si quiere tener esta bien organizada, debe tener a mano.
2 Preparar la ejecución y el desarrollo [de una cosa (*cd*)]. | Medio *Bibiana* 10: Y nosotros, los padres, no solo hemos de consentir que los muchachos se diviertan en nuestras propias narices, sino que, además, tenemos que organizarles las juergas y pagarlas de nuestro bolsillo.
3 Crear o formar [una cosa]. | *Economía* 191: Este armario es insignificante .. Si no lo hay especial en la casa, puede organizarse en el ángulo de un pasillo. Alfonso *España* 136: Si una pareja se descuida un poco, fácilmente habrá un señor con cara de estreñido que organiza un escándalo. **b)** *pr* Crearse o formarse [una cosa]. | * ¡Vaya lío que se ha organizado en la caja de los hilos!
4 **~la.** (*col*) Organizar [3] un lío o un alboroto. | GHortelano *Momento* 311: –Oye, maja, escucha .. Mira, cariño, tú .. no juzgues. –Desbarras, como siempre. –No la organicéis –sermoneaba José María.
B *intr pr* **5** Distribuir [una pers.] sus actividades. | *Economía* 357: Cómo tener tiempo para todo y saber organizarse.

organizativamente *adv* En el aspecto organizativo. | Monleón *Tri* 7.2.70, 45: Teatro de Cámara de Madrid, artísticamente dirigido por Luis Escobar, organizativamente por Carmen Troitiño.

organizativo -va *adj* De (la) organización [1]. | Goytisolo *Recuento* 563: Quizá nunca hayan sido debidamente ponderadas las mujeres de la burguesía barcelonesa ..; sus excelentes cualidades organizativas, sus dotes administradoras. Escrivá *Conversaciones* 18: Cambios y reformas que perfeccionen –en su elemento humano, perfectible– las estructuras organizativas.

órgano *m* **1** Parte [de una cosa, esp. de un cuerpo animal o vegetal] que realiza una función específica. | Navarro *Biología* 68: Los tejidos se asocian formando estructuras superiores llamadas órganos, que realizan actos definidos y especializados. Bustinza-Mascaró *Ciencias* 22: El núcleo es parte vital de la célula, ya que sin este organito la célula no puede dividirse. J. Ferrando *Mad* 20.1.70, 3: El sistema vigente proporciona a la clase gobernante ocasión para todo tipo de injerencias en los órganos de la Administración. *Tri* 1.11.69, 25: El Jeep Commando tiene .. cuatro velocidades y marcha atrás, fácil acceso a todos los órganos del motor.
2 Periódico que sirve de portavoz [a un partido u otra colectividad (*compl de posesión*)]. | Albalá *Periodismo* 49: La nuestra es una misión social, no de partido, lo que no quiere decir que no pueda haber "órganos" de partido. *Tri* 11.4.70, 39: Desde hace tiempo se viene debatiendo en la prensa y demás órganos de opinión el tema de la posible renovación del Concordato.
3 Instrumento musical constituido por una serie de tubos sonoros a los que se suministra aire mecánicamente, y accionado por uno o varios teclados y un pedal. | Subirá-Casanovas *Música* 63: Fue [Bach] un virtuoso del órgano e intérprete insuperable de corales y otras producciones de mayor magnitud. **b)** Instrumento musical electrónico de sonido semejante al del órgano. *Frec con un compl especificador.* | Casares *Música* 22: Órgano Hammond: Posee discos con un sistema electromagnético. Órgano Compton: El sonido es muy parecido al del órgano normal, pero sin tubos. Los sonidos son producidos por un número determinado de discos cubiertos de un metal dotado de carga eléctrica. MMolina *Invierno* 42: Se hartó de la ignominia de tocar el órgano eléctrico en el café-piano del Viena y en las fiestas soeces de las barriadas.

organo- *r pref* (*Quím*) Orgánico [5]. | *Por ej*: M. T. Vázquez *Far* 12.87, 7: Los organoclorados son las sustancias más tóxicas. T. Camiñas *País* 25.2.88, 26: Las sustancias .. catalogadas como productoras de residuos son las siguientes: arsénico, mercurio, .. isocianatos, compuestos organohalogenados. *Libro agrario* 85: Abonos orgánicos. Tomo I. Orgánicos y organominerales.

organofosfato *m* (*Quím*) Pesticida organofosforado. | Delibes *Inf* 18.6.75, 19: Al ser rociado con un organofosfato muy tóxico el campo de pruebas de Utah por la aviación norteamericana, las partículas, arrastradas por un viento imprevisto, ocasionaron la muerte fulminante de los rebaños de ovejas .. a cincuenta kilómetros de distancia.

organofosforado -da *adj* (*Quím*) Que contiene fósforo y un radical orgánico. *Tb n m.* | M. Á. Calles *Rev* 9/10.69, 21: El doctor Gerhard Schrader .. logró sintetizar un compuesto organofosforado, extraordinariamente tóxico: el tabun. *Ya* 26.5.87, 20: Molina relaciona el síndrome con los organofosforados.

organogénesis *f* (*Biol*) Desarrollo o crecimiento de los órganos [1]. | *SAbc* 14.12.69, 21: La misión del futuro será la de poner en manos de los clínicos medicamentos cuya inocuidad para la teratogénesis y organogénesis pueda darse por segura.

organógeno -na *adj* (*Biol*) [Sustancia] cuya misión es la reparación del desgaste material de los órganos [1], o el crecimiento de los mismos durante el período de de-

organografía - orientación

sarrollo. | Alvarado *Anatomía* 123: Los albuminoides tienen por principal misión reparar el desgaste material que experimentan las células y proporcionar las substancias necesarias para el crecimiento durante el período de desarrollo. Por esta razón se califican de alimentos organógenos, esto es, destinados a la formación de los órganos.

organografía *f* **1** (*Anat*) Descripción de los órganos [1] de los seres vivos. | Alvarado *Anatomía* 1: El estudio del hombre como ser vivo puede realizarse desde dos puntos de mira fundamentales: 1º Estudio de la organización de su cuerpo (Organografía o Anatomía). 2º Estudio de su funcionamiento (Fisiología).
2 (*Mús*) Estudio de los instrumentos musicales. | Perales *Música* 41: Tambores en general, "panderos", "timbales", "platillos de entrechoque", "triángulos", "címbalos", etc., se han dado a través de la historia de la Organografía.

organográfico -ca *adj* (*Anat o Mús*) De (la) organografía. | F. Ángel *Abc* 21.1.72, 10: Estos gérmenes invernales, de toda clase de hongos, son diferentes en su estructura organográfica de los mismos gérmenes de las generaciones primaverales y estivales. Perales *Música* 29: Abundantes y ricas fuentes de investigación organográfica ofrecen la imaginería, la pintura y el dibujo en los códices miniados.

organoléptico -ca *adj* (*lit*) [Propiedad o carácter] perceptible por los sentidos. | MSantos *Tiempo* 76: El líquido ambarino tenía el aspecto externo del llamado coñac español, .. pero el resto de sus propiedades organolépticas en nada eran semejantes. Perala *Setas* 34: Género muy interesante, que comprende un gran número de especies comestibles, sospechosas y venenosas, cuyos caracteres organolépticos son extremadamente variados.

organología *f* (*Anat o Mús*) Organografía. | Casares *Música* 31: Las Cantigas .. nos transmiten en sus miniaturas un documento insuperable para conocer los instrumentos de la época y son por ello un elemento básico en organología.

organometálico -ca *adj* (*Quím*) Compuesto de un metal o un metaloide y un radical orgánico. | V. Moreno *Crí* 6.74, 16: Su campo de trabajo es la química inorgánica, y dentro de ella, los compuestos organometálicos.

organoterapia *f* (*Med*) Tratamiento con jugos o extractos de órganos animales. | *Impreso* 2.88: Fitoterapia y Organoterapia.

orgánulo *m* (*Biol*) Órgano muy pequeño. | Alvarado *Botánica* 1: La célula vegetal típica se distingue .. por tener en el protoplasma unos orgánulos especiales llamados plastos.

órganum *m* (*Mús*) Tipo más antiguo y rudimentario de polifonía medieval, consistente en doblar un canto dado a su cuarta o quinta. | Subirá-Casanovas *Música* 16: Al dejar la música de ser monódica no hallamos con el *órganum* –movimiento paralelo de dos voces en intervalos de cuarta o quinta–, con la diafonía .. y después con el discante. [*En el texto, sin tilde.*]

organza *f* Tejido semejante al organdí, más blando que este y de colores o estampado, hecho gralm. de seda, rayón o nailon. | MGaite *Visillos* 12: No quería arrugarse el vestido de organza amarilla.

orgásmico -ca *adj* (*Fisiol*) De(l) orgasmo. | *Anticonceptivo* 22: Según la excitación va subiendo de punto, aumenta la lubricación vaginal .. Luego hay una reacción orgásmica de la parte exterior de la vagina. VMontalbán *Rosa* 60: Era un entusiasmo orgásmico el que se había despertado en el barman de Seattle.

orgasmo *m* Punto culminante del placer sexual. | Cela *SCamilo* 339: Esto de hacer coincidir el orgasmo y la muerte es propio de poetas.

orgástico -ca *adj* (*Fisiol*) De(l) orgasmo. | Vilaltella *Salud* 199: Es aconsejable acariciar otras zonas erógenas, para compensar la insatisfacción orgástica de la esposa. Marsé *Tardes* 320: Ella: probablemente desvelada, pero no esperándole .. Primer temblor orgástico en las manos (tranquilo, chaval) al tantear .. las hojas frías y húmedas de la hiedra, mientras buscaba en su interior el oculto canalón .. para ayudarse a subir.

orgenomesco -ca *adj* (*hist*) De cierto pueblo prerromano habitante de la región de Cantabria. *Frec n, referido a pers.* | GNuño *Escultura* 32: Cántabros: Orgenomescos. Aurinos. Coniscos.

orgía *f* **1** Fiesta en que se cometen actos de desenfreno. | Laforet *Mujer* 290: Había oído coplas alusivas a supuestas indecencias y orgías ocurridas en su casa.
2 (*lit*) Despliegue o exhibición muy abundante [de algo]. | P. Recio *SYa* 2.8.70, 9: La ciudad es también una orgía de luz. *Lab* 9.70, 26: Celebremos con una orgía de color la primera cena al regreso de unas vacaciones felices. Chamorro *Sin raíces* 236: Era humano que Agustín se hubiese consolado con una justificable orgía de desprecio.

orgiasta *m y f* (*lit*) Pers. que participa en una orgía [1]. | Azúa *Idiota* 39: Las [niñas] de Jesús y María eran extraordinarias: más tarde fueron perfectas compañeras, bebedoras, orgiastas.

orgiástico -ca *adj* De (la) orgía o que la implica. | FReguera-March *Fin* 242: El piso de Linás .. sabía de muchas fiestas licenciosas. Los espesos cortinajes y las mullidas alfombras que lo adornaban no bastaban para atenuar los orgiásticos rumores que escandalizaban al honesto vecindario. Agustí *SAbc* 22.11.70, 18: Orgiásticas explosiones del numen creador en unos años transidos de vigor naturalista.

orgiveño -ña *adj* De Órgiva (Granada). *Tb n, referido a pers.* | R. Vílchez *Ide* 28.9.92, 8: Tanto los orgiveños como todos los que deseen compartir estas fiestas podrán degustar gratis la gran paella con cerveza y vino.

orgullo *m* **1** Alta estima de sí mismo o de las cosas propias, frec. con sentimiento de superioridad sobre los demás. | Laforet *Mujer* 288: Miguel era más guapo y más alto que el chico de Joaquín, que tenía su edad. Eso colmaba de orgullo a Mariana. Laforet *Mujer* 41: Antonio no había encontrado a ninguna mujer que hablase con aquella mezcla de orgullo y dulzura.
2 Pers. o cosa que es causa de orgullo [1] [para alguien (*compl de posesión*)]. | * Estas huertas son el orgullo del pueblo. * Eres mi orgullo.

orgullosamente *adv* De manera orgullosa. | A. M. Campoy *Abc* 11.5.74, 29: Una futura mamá paseaba orgullosamente por el West End.

orgulloso -sa *adj* [Pers.] que tiene o muestra orgullo [1]. | CPuche *Paralelo* 348: –Los ingleses me parecen muy orgullosos. Se creen superiores. –A lo mejor lo son. Laforet *Mujer* 137: El chico se cogía de su mano [de Eulogio]. Orgulloso de aquel hombre .. al que admiraba. **b)** Propio de la pers. orgullosa. | * Le dirigió una mirada orgullosa.

orí *interj* que en el juego del escondite grita el escondido para avisar que ya se le puede buscar. | R. MHerrero *Abc* 11.12.70, 11: Con su ayuda quizá quepa dar caza a ese tictac huidizo que nos lanza un malicioso y provocativo ¡oríí!

oribe → ORIVE.

oricalco *m* (*raro*) Cobre o aleación de cobre. | Cunqueiro *Un hombre* 119: Los cuernos lo eran de un sátiro elegante, que vestía los suyos con oricalco.

orientable *adj* Que puede ser orientado [2]. | *Hoy Extra* 12.69, 28: El usuario actual conoce y exige .. moquetas, persianas de lamas orientables.

orientación *f* **1** Acción de orientar(se). *Tb su efecto.* | Bustinza-Mascaró *Ciencias* 191: Es maravilloso el sentido de orientación durante el vuelo que tienen estos animales. Angulo *Arte* 1, 229: En un principio se orienta la cabecera del templo al Occidente, para que el sacerdote que oficia tras el altar y de cara a los fieles dirija su rostro a Oriente, mas no se tarda en invertir la orientación del templo y la colocación del sacerdote. Ortega-Roig *País* 46: La orientación también influye en el clima. Un pueblo situado en la ladera Sur de una montaña recibirá sol abundante y su clima será más cálido que el de otro pueblo que se halle en la ladera norte. Marcos-Martínez *Aritmética* 7: Hemos procurado evitar dos extremos: que fuera una simple repetición de lo estudiado .. y que tuviera una orientación demasiado científica.
2 Indicación o noticia que orienta [3 y 4]. | * Este mapa no da ninguna orientación. * Dame una orientación, a ver si te puedo ayudar.

orientador -ra *adj* Que orienta, *esp* [3 y 4]. *Tb n, referido a pers.* | Marcos-Martínez *Física* 177: La Tierra se comporta como un gigantesco imán, puesto que ejerce una acción orientadora y directriz sobre la aguja imantada. Bustinza-Mascaró *Ciencias* 140: Con ella [con la danza] parece ser que también reciben las obreras una indicación orientadora de la dirección en que han de ir a buscar el néctar. MNiclos *Toxicología* 15: El examen de los productos vomitados es en ocasiones orientador. *Abc* 2.1.66, 103: Importante empresa de confección de señora necesita: Orientadora comercial con profundos conocimientos en la interpretación de diseños y modelaje.

oriental *adj* **1** Del este. | Ortega-Roig *País* 222: Gran Canaria, Lanzarote y Fuerteventura forman la provincia de Las Palmas. Fijaos que son las tres islas más orientales. *Alc* 1.1.55, 3: La China nacionalista ha perdido 132 aviones a lo largo de la costa oriental de China. **b)** De(l) Oriente [2b]. | GLópez-Pleyán *Teoría* 49: Las literaturas orientales –india, hebrea, musulmana...– ofrecen, dada su diversa localización geográfica y cronológica, enormes diferencias entre sí. **c)** Del Extremo Oriente, o del este de Asia. *Tb n, referido a pers.* | Palomino *Torremolinos* 256: En los aeropuertos de los grandes centros turísticos hay siempre un grupo de orientales dormidos: japoneses, coreanos, chinos, javaneses. **d)** Propio de un oriental [1c]. | Laiglesia *Tachado* 89: Salió del despacho disfrazando su enojo tras una sonrisa oriental.
2 [Piedra preciosa] caracterizada por su brillo. | Ybarra-Cabetas *Ciencias* 62: Corindón .. Variedades cristalizadas, transparentes, de superficie lisa y coloraciones puras, muy apreciadas en joyería, donde se conocen con los nombres de rubí oriental, si son rojas; esmeralda oriental, las verdes; topacio oriental, las amarillas; amatista oriental, las violetas, y zafiro, las azules.

orientalismo *m* **1** Gusto por las cosas de Oriente [2b]. | Subirá-Casanovas *Música* 98: El orientalismo imperante en Francia a fines del pasado siglo .. dio lugar a una armonía a base de escalas de tonos, punto de partida de la revolución debussista en lo técnico.
2 Cualidad de oriental [1b y c]. | Umbral *Ninfas* 102: Los fumaderos de opio no eran ese paraíso de lacas y voluptuosidad que aparece en los grabados de un orientalismo más o menos convencional.

orientalista *adj* **1** De(l) orientalismo. | Pemán *MHi* 11.63, 9: A las Indias había ido España con una obsesión orientalista, utópica: de sueño de Eldorado.
2 [Pers.] especialista en el estudio de las lenguas y culturas orientales [2b y c]. *Frec n.* | Tejedor *Arte* 11: Napoleón ordenó el envío de la piedra a París, y el sabio orientalista francés Champollion [*sic*] consiguió descifrar los jeroglíficos. Sampedro *Octubre* 133: También sabe Luis mucho de chinos. Orientalista.

orientalística *f* Conjunto de disciplinas relativas al estudio de las lenguas y culturas del Oriente [2b]. | *SPaís* 26.6.93, 8: La orientalística antigua desmonta mitos populares y esclarece las raíces de la cultura moderna.

orientalización *f* Acción de orientalizar(se). | Castillo *Polis* 167: El advenimiento al trono de León III (717) .. señala un paso decisivo en orden a la orientalización del Imperio.

orientalizante *adj* De tendencia oriental [1b]. | Ridruejo *Castilla* 2, 63: Es rico el zócalo del ábside, con arquería y decorado orientalizante, no alejado de los motivos del arte visigótico. Pericot-Maluquer *Humanidad* 175: Las corrientes mediterráneas orientalizantes recibidas por el Adriático y la influencia creciente de los focos metalúrgicos surgidos en el área etrusca dan nueva vida a la economía centro-europea.

orientalizar *tr* Dar [a alguien o algo (*cd*)] carácter oriental [1b]. | A. HCasado *NAl* 12.12.70, 7: La dinastía Umaiya trató por todos los medios de orientalizar España. **b)** *pr* Tomar [alguien o algo] carácter oriental [1b]. | * Con la llegada de los árabes España se orientaliza.

orientar A *tr* **1** Determinar la posición o dirección [de alguien o algo (*cd*)] con respecto a los puntos cardinales. *Frec el cd es refl.* | Ortega-Roig *País* 10: Si has ido de excursión al campo y quieres regresar a la ciudad necesitas, en primer lugar, saber dónde estás: eso es situarse. Después, tienes que saber por dónde se va a la ciudad: eso es orientarse. **b)** Señalar el punto norte [en un mapa o plano (*cd*)]. | *Anuario Observatorio 1967* 206: Ni aquellos procedimientos ni otros análogos e igualmente sencillos (como el trazado de la sombra mínima del mismo jalón, correspondiente a la hora del mediodía ..) son .. suficientes en la práctica cuando se trata de orientar un plano topográfico importante.
2 Colocar [una cosa] de modo que mire [hacia un lugar, esp. un punto cardinal (*compl* A o HACIA)]. | Angulo *Arte* 1, 229: En un principio se orienta la cabecera del templo al Occidente, para que el sacerdote que oficia tras el altar y de cara a los fieles dirija su rostro a Oriente. **b)** Tener [algo (*suj*) una parte (*cd*)] mirando [hacia un lugar, esp. un punto cardinal (*compl* A o HACIA)]. | Romano-Sanz *Alcudia* 248: Es la única [casa] que orienta su fachada a la carretera. **c)** *pr* Colocarse [algo en determinada dirección (*compl adv*)]. | Marcos-Martínez *Física* 186: Dicho campo magnético se pone de manifiesto espolvoreando limaduras de hierro en un cartón atravesado por el hilo conductor. Las limaduras se orientan formando círculos.
3 Indicar [a alguien (*cd*)] el camino que busca. | * Nos orientó un taxista; si no, no llegamos. * Me orientó el ruido de la carretera. **b)** *pr* Averiguar el camino que se busca. | Pla *América* 178: Las calles .. todas parecen iguales. No hay más remedio que utilizar puntos de referencia para orientarse, y los grandes edificios .. son muy útiles a este objeto.
4 Informar o aconsejar [a alguien (*cd*)] para que pueda decidir o actuar adecuadamente. | *Economía* 125: A veces, y siempre que se trate de desgraciados o "desvalidos", podemos, como obra de caridad, orientarlos y relacionarlos con organismos de beneficencia o trabajo. Pinilla *Hormigas* 42: –Da varias vueltas a tu extremo con esa cuerda –me orienta Sabas, cuando le muestro parte del rollo sacando el brazo por la ventana–; anuda, y luego larga la viga y la vas aguantando con la cuerda, mientras desciende.
5 Encaminar [a alguien (*cd*) a un oficio o actividad (*compl* A, HACIA o POR)]. | * A este chico voy a orientarle por los negocios. **b)** *pr* Encaminarse [a un oficio o actividad (*compl* A, HACIA o POR)]. | Delibes *Guerras* 113: Una cosa, Pacífico, al morir tu madre, tú empezaste a trabajar, ¿no es cierto? ¿Te pusiste con tu padre o te orientaste por otros derroteros?
6 Dirigir o encaminar [una cosa a un fin o en una dirección]. *Tb sin compl.* | * Es una operación orientada a llamar la atención sobre él. Marcos-Martínez *Aritmética* 2º 7: La experiencia indicará en qué dirección habrá que orientar los nuevos esfuerzos para lograr una adaptación cada vez mayor de la asignatura a las tiernas inteligencias infantiles. FQuintana-Velarde *Política* 27: Los demandantes que tengan más dinero serán los que reciban mayor cantidad de bienes, ya que podrán pagar mayores precios, y son estos los que orientan la producción de los diversos artículos.

B *intr pr* **7** (*col*) Enterarse, o captar adecuadamente la realidad. | Tomás *Orilla* 15: El sonido estridente de una sirena se oyó, de pronto .. –Los de la pasma, no le dejan a uno tranquilo .. –No son de la pasma, chico, que no te orientas.
8 Actuar adecuadamente para sacar provecho de la situación. | AMillán *Revistas* 46: Solo llevas un mes y pico de "Dama de España", y hay que ver cómo te has sabido orientar.

orientativamente *adv* De manera orientativa. | J. M. Pérez *RioL* 1.7.91, 10: Las 25.000 personas que se calculaba orientativamente que estarían en Haro el sábado.

orientativo -va *adj* [Cosa] que orienta o sirve para orientar [4]. | Marín *Enseñanza* 234: Las pruebas de promoción .. deberán ser practicadas con la máxima atención y objetividad, para hacer un balance orientativo del nivel alcanzado por el alumno.

oriente (con mayúscula en acep 4 y frec en 1 y 2, esp 2b) *m* **1** Este (punto cardinal). | Ortega-Roig *País* 10: El Este, llamado también Oriente y Levante, es .. el punto por donde sale el Sol.
2 Parte [de un territorio] que está hacia el este. | Lapesa *HLengua* 315: La *f* inicial, por ejemplo, ha desaparecido .. en el Oriente de León y Zamora. **b)** Conjunto de los países asiáticos y, a veces, Egipto. *Frec en las constrs* ~ PRÓXIMO o CERCANO ~, MEDIO ~ *u* ~ MEDIO *y* EXTREMO ~. *Sin adj, designa frec China y Japón.* | Lapesa *HLengua* 40: Así el Oriente, colosal y refinado; la Hélade, cuna del saber y la belleza .., y el Occidente europeo .., quedaban sujetos a la disciplina or-

orificar – originario

denadora de un Estado universal [Roma]. Ridruejo *Castilla* 1, 29: El otro [factor de la independencia de Castilla] fue el imperio y la intensa presión que Córdoba –desentendida del Oriente Medio y concentrada en Iberia– ejercía sobre todos los reinos peninsulares. Arenaza-Gastaminza *Historia* 260: Al sentirse fuerte [Japón] nacieron las ambiciones expansivas y creó los principales conflictos de Extremo Oriente: las guerras chino-japonesas y ruso-japonesas.
3 Brillo [de una perla]. | F. Gutiérrez *Van* 20.12.70, sn: El artista cuida el color, como una perla podría cuidar su propio oriente.
4 Gran (o **Grande**) ~. *En la masonería:* Logia de la capital. | *Abc* 11.9.92, 30: El Grande Oriente Español ha hecho público el siguiente comunicado.

orificar *tr* (*lit*) Dorar. | Aldecoa *Cuentos* 1, 329: Anduvo por el pasillo, orificado de crepúsculo, a tientas.

orífice *m* (*lit*) Hombre que trabaja el oro. | CBonald *Ágata* 109: Vendió la totalidad de las piezas [alhajas] a un orífice que le pareció menos desaprensivo.

orificial *adj* (*E*) De(l) orificio. | R. ASantaella *SYa* 4.9.83, 33: Endocarditis .. La de la fiebre reumática podía dejar lesiones permanentes de estrechamiento o dilatación orificial.

orificio *m* (*lit* o *E*) Agujero. | Bustinza-Mascaró *Ciencias* 13: Si queremos que se inflame el hidrógeno producido, colocaremos un corcho plano con un orificio en la superficie del agua, y el trocito de sodio lo dejaremos caer en el orificio del corcho.

oriflama *f* (*lit*) Estandarte o bandera. | Goytisolo *Recuento* 238: Los cortejos, festejos populares, banderas desplegadas y gallardetes al sol, flámulas, trémulas oriflamas, altos y airosos estandartes, lábaros, pendones, damascos y púrpuras, colgaduras. Sampedro *Sirena* 362: El timonel .. gobierna atento a los botes y chalupas que se mueven por el puerto, aunque todos se apartan en cuanto reconocen la oriflama púrpura y verde enarbolada por la embarcación.

origen I *m* **1** Hecho de empezar. *Frec en las constrs* DAR ~ y TENER ~. | Arenaza-Gastaminza *Historia* 57: Algunos de los campamentos permanentes dieron origen a ciudades.
2 Punto de origen [1] o de partida [de alguien o algo]. | Laforet *Mujer* 18: Una muchacha de origen filipino. Gironella *Asia* 272: –Si no quieren prosperar, ¿por qué se vienen a Manila? –Ya os lo dije. El cine y los anuncios luminosos. Pero muchos regresan a su lugar de origen. **b)** (*Mat*) Punto a partir del cual se mide una coordenada u otra magnitud. | Mingarro *Física* 17: Las posiciones sucesivas del móvil se determinan por sus distancias a un punto prefijado sobre la recta, que se denomina origen, y son positivas o negativas según se midan hacia la derecha o hacia la izquierda del origen, respectivamente.
3 Cosa de la que procede [otra (*compl de posesión*)]. | DPlaja *Literatura* 21: La poesía lírica griega es el origen y modelo de la mayor parte de la lírica posterior.
4 Circunstancias que dan lugar a la aparición [de una cosa (*compl de posesión*)]. *A veces en pl con sent sg*. | Laforet *Mujer* 24: Esta canción, cuyo origen .. nadie sabía, la canturreó el conde.
5 Primera época. *A veces en pl con sent sg*. | Gambra *Filosofía* 17: En sus orígenes, filosofía era lo mismo que ciencia.
II *loc adj* **6 de** ~. [Cosa] que se tiene desde el momento de la fabricación, aparición o nacimiento. *Tb adv*. | * Lo leyó en el idioma de origen. *Día* 23.9.75, 11: Con esta simple puerta interior (que algunos ya las instalan de origen), .. no habría motivo siquiera por [q]ué prohibir el uso de ascensores a los menores de cierta edad.
III *loc adv* **7 en** ~. (*Com*) En el punto de partida. | A. Aricha *Caso* 26.12.70, 15: Esta falta era comprobada al advertir notables diferencias entre los materiales facturados en origen y los efectivamente recibidos.

originable *adj* Que se puede originar. | MCampos *Abc* 15.4.58, 3: Para evitar la preocupación que muchos seres tienen sobre el daño originable por los ingenios nucleares, la labor llevada a cabo por el Gobierno ruso es francamente extraordinaria.

originador -ra *adj* Que origina. | Valls *Música* 18: Los avances de la técnica electrónica han permitido obtener un sonido desprovisto de estas adherencias que son los armónicos .. originadores del timbre.

original I *adj* **1** [Cosa] primera o primitiva, anterior a toda elaboración, cambio o sustitución. | *Mad* 30.12.69, 1: Aunque actualmente no van armadas, la idea original era ponerles a cada una tres cañones. Benet *Nunca* 12: Y allí quedó [la frase] .. girando y balanceándose sobre mi cabeza en su idioma original, sin querer ni saber traducirla. **b)** (*Rel catól*) [Pecado] que se tiene heredado de Adán y Eva. | SLuis *Doctrina* 130: El Bautismo es el Sacramento que nos quita el pecado original.
2 Que no imita a otros. | RRamón *País* 22.2.77, 8: Buero Vallejo ha creado, en virtud de un proceso lógico consustancial con su propia dramaturgia, y sin mimetismo alguno, formas originales y propias de expresión teatral. **b)** Que se aparta de lo corriente o conocido. *A veces con intención desp. Tb n, referido a pers*. | Camón *LGaldiano* 281: El medallista más original de esta primera mitad del siglo XVI, cuya concepción .. hace que sus medallas en gran formato tengan a veces apariencia escultórica, es Hans Reinhart. Olmo *Golfos* 163: Este –y el caso no es original– pertenecía a esa clase de seres que deben morirse antes que la madre. Torrente *Off-side* 19: Una fila de criados ofrecen limonada, whisky con agua o seco, zumos de pomelo, y copas de tinto riojano a los originales.
3 [Cosa] de la que se saca una copia. *Frec n m, esp referido a escrito*. | Umbral *Ninfas* 61: Salí de allí convencido de que el poema no se publicaría nunca en la revista de la congregación, por sensual y surrealista, y recordé con alivio que tenía en casa el original manuscrito. * Sustituyeron el cuadro original por una copia.
II *m* **4** Pers. o cosa cuya imagen está reproducida en una pintura o en una fotografía. | Onieva *Prado* 179: *Carlos III*, por Goya .. Cuadro de tremendo realismo, sin la menor concesión al original.
5 (*Impr*) Texto que ha de ser impreso. | Huarte *Tipografía* 9: El original, hoja o conjunto de hojas en que va escrito lo que se manda a la imprenta, debe presentarse en papel de buena calidad.

originalidad *f* **1** Cualidad de original, *esp* [2]. | DPlaja *Literatura* 179: La originalidad de estas comedias de Rueda es casi nula.
2 Hecho o rasgo original [2]. | *Ava* 7.12.68, 11: Una buena restauración vocacional tal vez lograría impedir ciertas ausencias, originalidades y poca dedicación de algunos profesores.

originalmente *adv* **1** De manera original [2]. | Laín *Tovar* 55: Nuestra misión americana nos exige ahora .. contribuir amorosa y originalmente a que los hombres, todos los hombres, conozcan y estimen las culturas con que allí nos encontramos.
2 En un principio, o en la forma primitiva. | Laín *Marañón* 163: No debo exponer aquí las razones ..; véalas el lector en la óptima prosa de quien originalmente las formuló. X. Moro *SAbc* 2.6.74, 29: Debajo de los cobertizos, los yanomani cuelgan sus hamacas, originalmente de bejuco.

originante *adj* Originador. | Mascaró *Médico* 37: Vacunar es desarrollar en el cuerpo el conjunto de mecanismos originantes del estado de inmunidad contra un germen determinado.

originar *tr* Hacer que [algo (*cd*)] tenga origen [1]. | Ybarra-Cabetas *Ciencias* 119: Las gotas que caen al suelo originan de la misma manera las estalagmitas. **b)** *pr* Tener origen [1]. | Arenaza-Gastaminza *Historia* 76: El Imperio Bizantino o Bajo Imperio se origina a la muerte de Teodosio el Grande.

originariamente *adv* Originalmente [2]. | Ridruejo *Castilla* 2, 295: Se ha dejado también al descubierto y en toda su pureza una galería de seis huecos, con cuatro arcos a la izquierda, la puerta .. y un arco a la derecha, al que quizá originariamente siguieron los otros tres.

originario -ria *adj* **1** Que tiene su origen [1] [en un lugar o en una cosa (*compl* DE)]. | Ortega *Americanos* 12: Originario de un país donde hace ya varios cientos de años los problemas raciales se resolvieron .., no tenía ahora torpes prejuicios de raza.

2 [Cosa] que es origen [2 y 3] [de otra]. | Lapesa *HLengua* 165: En traducciones castellanas cuya sintaxis trasluce fuertemente la de los textos árabes originarios.

3 [Cosa] original (primera o primitiva, anterior a toda elaboración, cambio o sustitución). | FQuintana-Velarde *Política* 41: Estos bienes de último orden no han sido creados por la mano del hombre y se llaman originarios, ya que no se derivan de ningún proceso de producción anterior. Los bienes o recursos originarios son dos: el trabajo del hombre y la tierra o naturaleza.

originativo -va *adj* Que origina o sirve para originar. | MPuelles *Filosofía* 2, 224: Toda causa es, por lo tanto, un principio, algo originativo de un acto.

orilla[1] *f* **1** Extremo de la extensión superficial [de una cosa]. | * Se sentó en la misma orilla de la cama y, claro, se cayó.

2 Extremo o remate [de un tejido o una prenda]. | *Economía* 225: Los manteles, servilletas y sábanas deben plancharse empezando por los jaretones y orillas.

3 Faja lateral [de una calle o camino]. | Olmo *Golfos* 64: Cabrito se dio cuenta de que en la orilla de la calle había caído algo.

4 Faja de tierra que está más inmediata al agua [de una corriente o acumulación de agua]. | Cunqueiro *Un hombre* 11: Se veía por dónde iba el río por los altos chopos de las dos orillas.

5 la otra ~. (*lit*) El otro mundo. | MAbril *Nor* 13.11.89, 2: Mi amigo, un poco mayor que yo, me llamaba profesor con frecuencia, con un son de afecto profundo y de fina ironía de notario avezado, ya hoy en la Otra Orilla, como tantos otros amigos

II *loc prep* **6 a la ~ de.** Junto a la orilla [3 y 4] de. | Arce *Testamento* 35: El mozo de Pancar siempre dejaba la bicicleta a la orilla de un camino. **b) ~ de.** (*pop*) Al lado de o junto a. *Tb* (*rur*) simplemente *~.* | *Arr* 11.1.59, 1: Orilla del lago de Sanabria, donde siempre moró la apacibilidad, la tragedia ha vestido de luto la gracia de esta ribera. Delibes *Guerras* 248: Ya en la vía, .. bastaba echar a mano derecha, orilla de ella, hasta el túnel. Delibes *Inf* 24.9.75, 16: Seguimos aguas abajo, y, orilla un árbol tronzado, Paulino se detiene y suelta una risotada estruendosa.

orilla[2] *f* (*reg*) Tiempo (estado de la atmósfera). | GMacías *Relatos* 152: El hombre de campo siempre tiene quebraderos de cabeza con su senara y vive pendiente del tiempo, de lo que él llama con frase muy específica "la orilla". ¡Vaya orilla que tenemos! ¡Hace una orilla...!

orillar A *tr* **1** Bordear [una cosa (*cd*)] o estar situado a la orilla[1] [de ella (*cd*)]. | ZVicente *Balcón* 7: Detrás del balcón del Ayuntamiento, al fondo de la calle orillada de macetas hasta el fin, la flecha gótica de la Catedral se dispara contra las últimas nubes bajas. Hoyo *ROc* 8/9.76, 91: Eleute echó por delante, seguido de Quique, por un carril que orillaba el río. **b)** Bordear [una cosa] o ir por la orilla [de ella (*cd*)]. | Pemán *Andalucía* 458: Orillando la Carrera del Darro, por donde el río corre ya libremente, estaremos en uno de los más viejos y mejor conservados rincones.

2 (*lit*) Esquivar o dejar al margen [algo, esp. una dificultad]. | Aleixandre *Química* 11: Para orillar este inconveniente .. han propuesto una modificación del sistema periódico. *Pue* 17.12.70, 6: Proponen, para orillar malentendidos, que el gas-oil para la agricultura se expenda coloreado. **b)** Esquivar o evitar [a alguien]. | Delibes *Guerras* 248: Don Santiago se conformaba con que el Buque orillara a los centinelas.

3 Rematar la orilla[1] [de una prenda (*cd*)]. *Tb abs.* | *Ya* 21.10.64, sn: Máquinas para orillar y zurcir sacos. PReverte *Maestro* 27: Algunas damas paseaban en coches descubiertos, protegiéndose del sol con sombrillas orilladas de encajes.

4 Llevar o arrimar [algo] a la orilla[1]. | Aldecoa *Cuentos* 1, 235: Andrajos entornaba los ojos mirando el agua. Arrojó un palito, después otro y otro. El río se los llevaba dando vueltas o los orillaba en seguida.

B *intr* **5** Arrimarse a la orilla[1]. *Gralm pr.* | Delibes *Tesoro* 32: Orille ahí, junto a la peña; no siga. El camino está mal arriba y podría atollarse el coche. Delibes *Voto* 74: Rafa detuvo el coche en el borde de la carretera: –¿No te orillas más?

orillear *tr* Orillar o bordear. | Grosso-LSalinas *Río* 23: Bajo una toldilla un hombre fuma .., está apoyado en la barandilla metálica que orillea la popa.

orillero -ra *adj* **1** De la orilla[1]. *Tb n, referido a pers.* | Zunzunegui *Camino* 81: Entre los montes orilleros sobre las aguas lamedosas de la ría llegaba suave el latido del mar. Ero *Van* 22.5.75, 32: Troilo, el gordo Troilo, es el gran bandoneón de la ciudad del Plata .. Goyeneche ya no es hincha del Boca, como Troilo, ni del Independiente de Avellaneda, como Rivero, al que toman por gallego los orilleros del riachuelo.

2 [Cazador] que caza junto a los límites exteriores de un coto. *Tb n.* | CBonald *Agata* 57: La única muestra de las postrimerías de su lucidez se limitaba a las rutinarias aportaciones de piezas cobradas en el breñal o en incursiones de cazador orillero por los entrantes del coto del señorío.

orillo *m* **1** Orilla[1] longitudinal [de un tejido]. | *Economía* 89: En el tejido se deben de distinguir dos clases de hilos: la urdimbre, que sigue a lo largo del tejido, y la trama, que va de orillo a orillo del mismo.

2 Tejido hecho con recortes de orillos [1]. | Chamorro *Sin raíces* 37: Ya se acabó mi cuento de tres paramentos. Pa mí una manta de orillo y pa ti tres peos en los colmillos.

3 (*reg*) Borde u orilla[1]. | Aldecoa *Cuentos* 1, 405: Tropezó en el orillo de una losa y entró a ciegas en la cocina. Cabezas *Abc* 15.4.58, 19: Rudimentarios alambiques, alguno de los cuales dice en su orillo: "Soy de la Real Farmacia. 1790. Rex Carolo III".

orín[1] *m* Óxido que se forma en la superficie del hierro por la acción de la humedad. | Aldecoa *Cuentos* 1, 56: Era un barco de tristes remiendos .. Mostraba cinco pies de minio y orín bajo la línea de flotación.

orín[2] *m* Orina. *Frec en pl con sent sg.* | Grosso *Capirote* 118: Manuel Romero procedió al registro meticuloso. Primero fueron las vueltas, luego los bolsillos, más tarde las costuras de aquel pantalón de dril grasiento, raído, con olor a hombre y a sudor, a orín y a esperma. CPuche *Paralelo* 57: ¿Tú ves este tan bien puesto, este rubio alto, con esa pinta de señor? Pues la otra noche venía yo del bidet y me lo encontré en el suelo. Estaba sentado sobre sus propios orines.

orina *f* Secreción líquida de los riñones, expelida por la uretra. | Olmo *Golfos* 56: Un chorrito de orina cayó sobre Teodorín.

orinal *m* Vasija para recoger la orina o las heces. | Laiglesia *Ombligos* 105: Cojo el orinal del huésped y lo saco de la habitación.

orinar A *intr* ➤ **a** *normal* **1** Expeler la orina. | *Gac* 11.5.69, 7: Algunos niños son desusadamente sensibles a esta sensación y son incapaces de controlar el impulso de orinar.

➤ **b** *pr* **2** Expeler la orina involuntariamente. *Frec con un compl* EN *o con el adv* ENCIMA. | GPavón *Hermanas* 35: Río que invita a la partida, .. a dejar las mulas con moscas, a la vieja que se orina en el colchón de borra.

3 Expeler la orina voluntariamente. *Gralm con un compl* EN. | * Los golfos empezaron a orinarse encima de los periódicos.

B *tr* **4** Expeler por la uretra. | M. Aguilar *SAbc* 9.11.69, 54: Toda persona que tenga picores o que orine más de dos litros al día, .. debe hacerse análisis para descubrir una posible diabetes en su comienzo. Kurtz *Lado* 232: Parece que ha orinado sangre.

5 Orinar u orinarse [1, 2 y 3] [sobre alguien o algo (*cd*)]. | Umbral *País* 23.2.77, 23: El martes de carnaval, los señoritos de mi pueblo se subían al gallinero del teatro para, desde allí, orinar al personal.

oriniento -ta *adj* Que tiene orín[1]. | Peraile *Señas* 82: Botes orinientos, cantimploras llenas de lluvia y hormigas.

oriolano -na *adj* De Orihuela (Alicante). *Tb n, referido a pers.* | J. Ezcurra *HLA* 6.10.75, 8: Orihuela .. La noticia es conocida por muy pocos oriolanos. El huerto monacal y la iglesia propiedad de los PP. Capuchinos ha sido vendida a una inmobiliaria de Madrid.

oriolense *adj* Oriolano. *Tb n.* | E. M. Bañón *Caudete* 25: Traemos a cuento la memoria del santo Prelado de

oriólido – ornitina

Orihuela, D. Juan B. Elías Gómez de Terán .. El Prelado oriolense murió en octubre de 1758.

oriólido *adj* (*Zool*) [Pájaro] de pico cónico y largo, tarsos cortos, cola mediana y plumaje de colores vivos, de la familia de la oropéndola. *Frec como n m en pl, designando este taxón zoológico.* | Lama *Aves* 98: Los oriólidos comprenden cerca de las cuarenta especies pertenecientes a un solo Género.

oriónidas *f pl* Estrellas fugaces cuyo punto radiante está en la constelación de Orión. | CBonald *Ágata* 62: Era la noche penúltima de las oriónidas, y todo el cielo aparecía surcado de culebrinas.

oriotarra *adj* De Orio (Guipúzcoa). *Tb n, referido a pers.* | Oliden *VozE* 28.8.74, 15: Fueron muchísimos los oriotarras que se trasladaron a Fuenterrabía.

oriundez *f* Origen o ascendencia. | Sánchez *Pról. Quijote* 26: Si la literatura caballeresca, de raíz medieval, tuvo su máximo apogeo en los tiempos del emperador (viajero y belicoso), la pastoril, netamente renacentista y de oriundez italiana, alcanza su esplendor en la España de Felipe II (monarca sedentario). *Barcelona* 37: Los hombres procedentes de unos u otros puntos cardinales se esparcen sin distingos de oriundez.

oriundo -da *adj* **1** Que tiene su origen [en un lugar (*compl* DE)]. | Bustinza-Mascaró *Ciencias* 102: El cólera. Oriundo, al parecer, del delta del Ganges, es endémico en la India.
2 (*Dep*) [Pers.] nacida en el extranjero de padres españoles. | Berlanga *Gaznápira* 172: Tamborileaste sobre su original comentando .. que cuando te apeteciera saber tu opinión sobre la calidad del nuevo oriundo, ya se la pedirías.

orive (*tb con la grafía* **oribe**) *m* (*lit, raro*) Orífice. | PAyala *Abc* 19.6.58, 3: Hallazgo portentoso que dejó turulatos y patidifusos a los vecinos de aquella insigne y gloriosa ciudad palustre, desde los senadores hasta los menestrales: sederos, tejedores .., especieros, orives.

órix *m* Antílope africano de largos cuernos casi rectos (gén. *Oryx*, esp. *O. gazella*). | SArr 27.9.70, 5: El mejor zoo de Europa, en Madrid .. Fauna africana .. Cebras de Grevy y Órix. T. Auñón *SYa* 13.7.89, 4: Cuatro órix-gacela, cuyos antepasados fueron de Arabia y que nacieron en abril.

orla *f* **1** Motivo ornamental que encuadra o circunda algo. | Umbral *Ninfas* 138: Tati y Cristo-Teodorito, en la penumbra de mi propio portal, con orlas, pastoras y frescos borrados, se besaban en la boca. **b)** Adorno pintado o impreso en las orillas [de una hoja de papel o materia semejante] rodeando el texto o la figura en ella estampados. | Mihura *Modas* 60: Más valía que Andrés .. modernizase un poco su tienda y su negocio. Porque hay que ver qué orlas les planta a los recordatorios de primera comunión. GPavón *Hermanas* 44: Tras los desconchones recientes del zócalo aparecían retazos de decoración modernista, como orlas de un libro de Rubén Darío.
2 Lámina de cartulina o papel, con orla [1], en que se reúnen los retratos de todos los condiscípulos de una promoción de estudios. | GPavón *Hermanas* 19: En las partes libres de los muros, quedaban .. fotografías de caballos ejemplares y la orla de su promoción.
3 Orilla adornada [de una tela o una prenda]. | * No soy digno de tocar la orla de su vestido.

orladura *f* Acción de orlar. *Frec su efecto.* | Ya 10.12.85, 28: Javier del Olmo y su compañera han abierto la exposición "sobre el arte de escribir y su ringorrango", que .. "pretende ser del agrado de todos aquellos que gusten de su orladura y de cuantos se sientan dichosos de evocar en su memoria recuerdos dorados de su infancia o de la más remota de sus abuelos". Goytisolo *Recuento* 171: Sucesión silenciosa de cancelas cerradas, candados, rejas, hierros forjados, orladuras de cadenas.

orlar *tr* Poner orla [1] [a algo (*cd*)]. | Umbral *Ninfas* 15: Unas veces veía en el espejo a un pardillo orlado de negro y oro, y otras veces veía un golfo. **b)** Servir de orla [a algo (*cd*)]. | Laiglesia *Ombligos* 32: Este título .. tenía como escudo tres botellas en campo de gules color tinto .., y este lema orlando el conjunto con letras doradas: "Toma del frasco, Velasco".

orleanista *adj* Partidario de la casa de Orléans en sus pretensiones al trono de Francia. *Tb n, referido a pers.* | M. Daranas *Abc* 15.4.58, 40: Las clases rurales, aquellas que más tarde calificó Azaña de "burgos podridos", traduciendo servilmente el apóstrofe de un radical socialista francés a los electores orleanistas.

orlo *m* (*hist*) Cromorno (instrumento músico). | Perales *Música* 35: Instrumento de lengüeta doble es también el "cromorno" u "orlo".

orlón (*n comercial registrado*) *m* Fibra sintética acrílica de origen estadounidense y canadiense. | *Economía* 89: Entre otras, pertenecen al grupo de fibras vinýlicas el orlón (Estados Unidos) y el crylor (Francia). Son resistentes, ligeras y agradables al tacto.

ornamentación *f* Acción de ornamentar. | * Se consagró a la ornamentación del palacio. **b)** Conjunto de ornamentos [2]. | FCid *Abc* 9.4.67, 10: La Fenice de gala, con sus proporciones reducidas .., con las finas líneas de su ornamentación, .. es .. un verdadero tesoro. Benet *Nunca* 112: No tenía otra ornamentación que una cruz de trazo muy fino, de cabeza muy pequeña y brazos muy largos.

ornamentador -ra *adj* Que ornamenta. *Tb n, referido a pers.* | R. Rodríguez *Rev* 5.69, 22: ¿Ha sido una tentación de miniaturista, de ornamentador fílmico de la joya literaria que tenía entre manos?

ornamental *adj* De (la) ornamentación. | Tejedor *Arte* 57: La pintura romana .. tuvo sobre todo sentido ornamental y decoraba los interiores de los edificios públicos o las ricas viviendas de los romanos acaudalados. Alvarado *Botánica* 88: Gracias a la Genética disponemos hoy día de un gran número de variedades de trigo, maíz, patata, remolacha, plantas ornamentales, plantas hortícolas, árboles frutales, etc.

ornamentar *tr* Poner ornamentos [2] [a algo (*cd*)]. | GNuño *Arte* 29: La preocupación decorativa observada en Nave absorbió la actividad de los constructores, que llegaron a ornamentar el arco de triunfo de la cuadrada capilla. **b)** Servir de ornamento [2] [a algo (*cd*)]. | *Hoy Extra* 12.69, 49: Pertenece [el balcón] al palacio conocido como casa del Deán, al que ornamenta bellamente, con su singular arquitectura esquinada.

ornamentista *adj* De(l) ornamento [2]. | Camón *LGaldiano* 34: Es [la diadema] la muestra más preciosa que existe en nuestro país del sentido abstracto ornamentista del pueblo céltico.

ornamento *m* **1** Acción de adornar u ornar. | * Está ocupada en el ornamento de la casa.
2 Cosa que adorna. | GNuño *Escultura* 70: Los ornamentos suelen ser de los acostumbrados meandros, espirales, volutas y divertimientos florales que ya conocemos mediante el repertorio decorativo de la cerámica.
3 (*Rel catól*) Prenda de tela con que se revisten el sacerdote y el altar para la misa u otras ceremonias. | Ribera *Misal* 37: La casulla. Es el ornamento más exterior y más importante de todos. Vesga-Fernández *Jesucristo* 160: Al llegar a la sacristía, el ayudante saludará al Celebrante, se quedará a su derecha y le ayudará a ponerse los ornamentos.

ornar *tr* (*lit*) Adornar. *Tb abs.* | Torrente *Sombras* 268: Las había que llevaban una pata anillada. Y otras más que la ornaban con cintitas de color. GNuño *Arte* 74: Toledo .. contaba también con la más cuantiosa suma de tradiciones, medios y gentes capacitadas, para que el discurrir y vivir, el construir y ornar fuesen patrimonio de cabezas y manos moriscas.

ornato *m* (*lit*) Adorno u ornamento. | GNuño *Arte* 25: Los restos decorativos de Algezares son de la mayor timidez, limitados los canceles del presbiterio a un ornato geométrico, sin ni siquiera sombra de los bellos relieves que aún hermoseaban el arte romanocristiano.

ornítico -ca *adj* (*Zool*) De (las) aves. | F. RFuente *Act* 12.4.73, 85: Para compensar el decrecimiento de la fauna ornítica, holandeses, franceses e ingleses introdujeron numerosas especies de pájaros.

ornitina *f* (*Quím*) Aminoácido que actúa en la síntesis de la urea. | Aleixandre *Química* 199: Aminoácidos, con dos o más funciones aminas. Por ejemplo, la ornitina.

ornitología – orobanca

ornitología *f* Parte de la zoología que trata de las aves. | J. A. Fernández *SAbc* 2.2.69, 48: En junio de 1962 se reunió, en la ciudad de Nueva York, el Consejo Mundial de Ornitología.

ornitológicamente *adv* En el aspecto ornitológico. | A. P. Foriscot *Van* 1.7.73, 11: Salieron a escena los hortolanos. Existen, ornitológicamente clasificados, 28 variedades de esos pájaros.

ornitológico -ca *adj* De (la) ornitología o de su objeto. | *SAbc* 2.2.69, 48: Exprésase satisfacción ante las medidas adoptadas por el Gobierno español para salvaguardar la riqueza ornitológica de una porción de esas marismas.

ornitólogo -ga *m y f* Especialista en ornitología. | *Gac* 11.5.69, 58: Las plumas que se derrochan en estas orgías de color y ritmo valen varios millones de dólares, según cálculos de un ornitólogo australiano.

ornitópodo *adj* (*Zool*) [Dinosaurio] herbívoro del jurásico y cretácico, esencialmente bípedo, con cola robusta y patas posteriores fuertes y pesadas. *Frec como n m en pl, designando este taxón zoológico.* | *Rio* 24.3.89, 11: En el trabajo que se presenta, .. se muestran los distintos parámetros utilizados a la hora de establecer diferencias entre ornitópodos y terópodos.

ornitorrinco *m* Mamífero australiano del orden de los monotremas, del tamaño de un conejo, de boca semejante al pico de un pato y con pies palmeados (*Ornithorhynchus anatinus*). | Bustinza-Mascaró *Ciencias* 212: El ornitorrinco. Este curioso animal vive en Australia y Tasmania cerca de los ríos.

ornitosis *f* Enfermedad infecciosa de tipo respiratorio que afecta a diversas aves y puede ser transmitida al hombre. | C. INavarro *SYa* 27.3.77, 14: Entre los bultos en la ingle, los producidos por un virus, por una bedsonia del mismo grupo que produce enfermedades a los pájaros y loros –ornitosis, psitacosis–.

oro I *m* **1** Metal amarillo, de número atómico 79, muy dúctil, maleable y pesado, solo atacable por el cloro, el bromo y el agua regia, y muy apreciado, esp. en joyería. | Cunquerio *Un hombre* 13: El extranjero .. sacó una moneda de oro.
2 Cosa o conjunto de cosas de oro [1]. | A. Biarge *NEsH* 30.7.72, 3: Dio muestras de su habilidad, huyendo en solitario .. con valioso botín de joyas y oro. **b)** Cosa o conjunto de cosas que tiene apariencia de oro [1]. | Torrente *Off-side* 24: Cuando le da la luz, resplandecen sus oros baratos. **c)** (*Dep*) Medalla de oro [12]. | *Cór* 1.8.92, 39: Miriam Blasco suma otro oro para el deporte español en judo.
3 Color dorado. | GNuño *Madrid* 139: El Santo, de pontifical, está tratado con profusos oros. **b)** (*Heráld*) Color dorado o amarillo. | A. Atienza *MHi* 11.63, 70: Son las armas de Larrañaga: En campo de oro, un árbol de sinople (verde), frutado de oro.
4 (*hist*) Monedas de oro [1]. | C. Grondona *Sur* 28.8.76, 33: Recurre a la comadre correveidile, la pócima, el bebedizo y, sobre todo, a la bolsa de oro que todo allana y soluciona. **b)** (*lit*) Dinero o riqueza. | DCañabate *SAbc* 15.5.58, 17: Con los Madriles no podrá el oro.
5 (*Naipes*) En la baraja española: Figura que representa una moneda de oro [1], que corresponde a uno de los cuatro palos. *En pl designa el palo de esta figura.* | Corral *Cartas* 60: En cada una de las cuatro filas deberá llegar a colocarse un palo de la baraja, desde el Dos al Rey. En la primera el de Oros, en la segunda el de Copas, etc. **b)** Carta o naipe de oros. | * Tengo dos espadas y dos oros. Corral *Cartas* 79: Las copas .. indican amistad y amor .. Los oros: Negocios y viajes. **c) el ~.** El as de oros. | * ¿Ha salido el oro?
6 ~ alemán. Aleación de cobre de color amarillo. | CNavarro *Perros* 224: Llevaba muchas pulseras de oro alemán.
7 ~ blanco. Aleación de oro y níquel, paladio, plata o zinc. | * Lleva una preciosa pulsera de oro blanco.
8 ~ blanco. (*lit*) Agua. | Delibes *Mundos* 155: El agua es un elemento tan estimado que el indígena la denomina .. "oro blanco".
9 ~ molido. (*col*) Pers. o cosa excelente. *Normalmente como predicat con* SER. | CPuche *Paralelo* 57: Los negros, te lo digo yo, y si no me quieres creer no me creas, son oro molido. Ojalá los españoles fueran así.
10 ~ negro. (*lit*) Petróleo. | Artero *Inerte* 169: La geología del petróleo, uno de los más apasionantes temas científicos de hoy, estudia .. ambas clases de rocas ["rocas-madre" y "rocas-almacén"], pero con mucho más interés las segundas, que es de donde podemos obtener el "oro negro".
11 el ~ y el moro. (*col*) Cosas exageradas o fantásticas. *Referido a lo que alguien promete o a lo que alguien cree que tiene o va a tener.* | ILaguna *Ateneo* 43: La Gran Guerra ha enriquecido a algunos, y la Dictadura promete el oro y el moro. Torrente *Señor* 378: Papá .. aseguraba que pronto dejaríamos de pasar apuros, porque sus amigos eran ministros y le iban a dar el oro y el moro.
II *loc adj* **12 de ~.** [Medalla] de oro [1] que corresponde al galardón máximo de una competición o un concurso. *Tb referido a otros tipos de premios.* | *Abc* 28.8.75, 39: Medallero: Francia: 13 de oro, 11 de plata y seis de bronce. Parabere *ByN* 14.11.93, 111: El queso de Idiazábal obtuvo diploma de oro en el Segundo Encuentro Europeo de Gastronomía.
13 de ~. Dorado. *Frec* (*lit*) *referido a cabello.* | López-Pedrosa *Lengua* 60: Tienes cabello de oro: es metáfora.
14 de ~. [Cosa] sumamente buena o valiosa. | * Tiene un corazón de oro. *Luc* 26.3.64, 4: Josefa Pérez, nuestra campeona de jota, con voz de oro. *HLM* 10.11.75, 28: El Atlético no dio una. Un positivo de oro para el Racing. En el lanzamiento del segundo máximo castigo pifió Heredia. Escudero *Juniorado* 37: Son de oro las palabras de Pío XI en una célebre encíclica sobre el sacerdocio.
15 de ~. [Ley o regla] más importante o excelente (→ REGLA). | J. Cienfuegos *Hoy Extra* 12.69, 3: No saben obedecer sus planes a la armónica ley de oro de producir seguridad y equilibrio. Marcos-Martínez *Física* 40: Hay una ley .., conocida con el nombre de regla de oro de las máquinas, que dice: En toda máquina el trabajo motor es igual al trabajo resistente.
16 de ~. (*TLit*) [Edad o época] de máximo esplendor. | Correa-Lázaro *Literatura* 47: Se ha dividido la Edad de Oro de la literatura latina en dos períodos: I. Época de César .. II. Época de Augusto.
17 de ~. [Libro] en que, en algunos centros oficiales o culturales, o en ciertos establecimientos, se recogen las firmas de visitantes ilustres. | *Inf* 7.10.74, 32: Don Juan Carlos de Borbón declaró inaugurado oficialmente el nuevo centro y firmó en el libro de oro del centro.
18 [Ascua] **de ~,** [bodas] **de ~,** [botón] **de ~,** [patrón] **(de) ~,** [pico] **de ~,** [pinillo] **de ~,** [siglo] **de ~,** [toisón] **de ~** → ASCUA, BODA, BOTÓN, PATRÓN, PICO[1], PINILLO, SIGLO, TOISÓN.
19 ~ viejo. (*invar*) [Color] dorado oscuro. *Tb n m.* | *Lab* 12.70, 8: El juego de luz y sombra logrado por el aplicado destaca perfectamente sobre la transparencia del mantel que se coloca sobre un fondo color oro viejo. Llamazares *Lluvia* 81: La lenta y mansa lluvia del otoño que de nuevo regresaba a las montañas para cubrir los campos de oro viejo. **b)** De color oro viejo. | J. Vidal *SPaís* 16.11.93, 20: Gruesos caracteres oro viejo encabezan su profusa leyenda.
III *loc v* **20 estar montado en ~** → MONTAR.
21 hacerse de ~. Enriquecerse, o ganar mucho dinero. | ZVicente *Traque* 165: Tú repara, tu Miguelón, qué desparpajo, ya con su negocito del taller en marcha, que, ¿eh?, con los porrazos de los turistas, vamos, que se está haciendo de oro.
IV *loc adv* **22 a peso de ~** → PESO[1].
23 como ~ en paño. Con gran cuidado. *Con vs como* GUARDAR, CONSERVAR *o* TENER. *Se dice para ponderar el gran aprecio en que se tiene la cosa de que se habla.* | Alfonso *España* 166: Lo poco o lo mucho que se pueda salvar aún del destrozo y de la suciedad hay que conservarlo como oro en paño.

orobal (*tb con la grafía* **oroval**) *m* Arbusto de hojas enteras, cáliz y corola acampanados y fruto en baya (*Withania somnifera* y *W. frutescens*). | Alvar *Islas* 51: Hay cuevas limpias y confortables; con sus macetas de verodes, de lengua de vaca, de orobal.

orobale (*tb con la grafía* **orovale**) *m* Orobal (planta). | FQuer *Plantas med.* 578: Orovale (*Withania somnifera* Dunal) .. Es una planta perenne, un poco leñosa en la base, hasta de 1 m. de altura o más.

orobanca *f* Planta sin clorofila que vive parásita sobre las raíces de algunas leguminosas (gén. *Orobanche*). | Remón *Maleza* 11: Algunas plantas parásitas, como la cús-

orobanque – orquestal

cuta o la orobanca (jopo) .., obtienen sus alimentos de las plantas que el agricultor cultiva.

orobanque *m* Orobanca. | Navarro *Biología* 283: Algunas plantas, como la cuscuta y el orobanque, son parásitas por carecer de clorofila.

orogénesis *f* (*Geol*) Proceso de formación de las montañas. | Ybarra-Cabetas *Ciencias* 103: Cuando la orogénesis ha terminado, comienza de nuevo la gliptogénesis, y así sucesivamente.

orogenia *f* (*Geol*) Orogénesis. *Frec su estudio*. | Bustinza-Mascaró *Ciencias* 373: La formación de montañas se estudia en un capítulo de las Ciencias geológicas denominado Orogenia.

orogénico -ca *adj* (*Geol*) De (la) orogenia. | Bustinza-Mascaró *Ciencias* 337: El batolito es un tipo de formación de rocas eruptivas que se han consolidado a bastante profundidad y son visibles cuando los movimientos orogénicos los han empujado al exterior. Ybarra-Cabetas *Ciencias* 136: El origen de las montañas. Teorías orogénicas.

orografía *f* **1** (*Geogr*) Estudio o descripción de las montañas. | * La hidrografía y la orografía son partes de la geografía.
2 Conjunto de las montañas [de un territorio]. *Tb* (*lit*) *fig*. | Delibes *Mundos* 43: La orografía comienza a adensarse. Son crestas altivas, feroces, enlazadas en cadenas interminables, superpuestas en la perspectiva hasta el infinito. Pemán *Abc* 26.12.70, 3: Pero la familia, no. A esa la hemos encontrado hecha al venir al mundo. Es una montaña inevitable de la orografía social.

orográfico -ca *adj* De (la) orografía. | Laiglesia *Tachado* 27: Borlava era un sitio al que valía la pena de ir. Su carácter de fenómeno orográfico sin competencia dentro del país hizo que la totalidad de su superficie fuera aprovechada para obtener el máximo rendimiento.

orógrafo -fa *m y f* (*Geogr*) Especialista en orografía [1]. | Lorén *Aragón* 15: Seguramente que hidrógrafos y orógrafos nos dirán que esta discusión no puede existir.

orón *m* (*reg*) As de oros. | GSerrano *Madrid* 35: Hay .., barajas de don Heraclio, con sus reyes de basto[s], sus sotas en pernetas .., su orón, el orón precursor del dólar.

orondo -da *adj* (*col*) **1** [Pers.] satisfecha de sí misma. | Buero *Lázaro* 71: Otro orondo empresario... generoso con sus esclavos, eso sí. **b)** Propio de la pers. oronda. | Delibes *Cinco horas* 12: Carmen experimentaba una oronda vanidad de muerto, como si lo hubiese fabricado con sus propias manos.
2 [Pers. o cosa] gruesa y redondeada. | *Abc* 8.12.70, 35: El orondo y barbudo Santa Claus entró en los grandes almacenes.

oronimia *f* (*Ling*) Estudio de los orónimos. *Tb el objeto de ese estudio*. | * En la oronimia es más rara la presencia del árabe.

oronímico -ca *adj* (*Ling*) De(l) orónimo o de (la) oronimia. | GArias *Nombres* 34: En la aplicación oronímica tiene ["mota"] el sentido de "pequeña elevación del terreno".

orónimo *m* (*Ling*) Nombre propio de montaña u otra forma de relieve terrestre. | Rabanal *Hablas* 119: El citado investigador ha como galleguizado –Ubiña en vez de Ubina– el actual orónimo astur-leonés.

oronja *f* **1** Seta comestible, muy apreciada, de anillo y pie amarillos, sombrerillo rojo anaranjado sin verrugas, y volva blanca en cucurucho (*Amanita caesarea*). | N. Luján *Gac* 28.9.75, 21: El emperador Claudio .. fue envenenado con la *Amanita phalloides* que su mujer Agripina había mezclado con la deliciosa oronja.
2 *Con un adj especificador, designa varias setas venenosas del gén Amanita*: ~ BLANCA (*A. verna*), FALSA ~ (*A. muscaria*), ~ VERDE (*A. phalloides*), *etc.* | Perala *Setas* 49: *Amanita verna*. Oronja blanca. Cicuta blanca. Oronja de primavera. Alvarado *Botánica* 64: La falsa oronja (*Amanita muscaria*), muy llamativa por su sombrerillo rojo con placas blancas, pero muy venenosa. C. Fuentes *Abc* 20.9.75, 59: Dentro de las setas venenosas podemos distinguir entre las mortales y las no mortales. En el primer grupo, la más frecuente es la "amanita phalloides" (oronja verde). Perala *Setas* 50: *Amanita virosa*. Cicuta fétida. Oronja cheposa.

oropel *m* **1** Lámina de latón muy batida y adelgazada, que imita al oro. | * Esos adornos son de oropel.
2 Adorno de poco valor y mucha apariencia. *Frec referido a cosas inmateriales*. | ASáez *Abc* 18.12.70, 20: A la copla minera le acechó .. oscura amenaza de muerte. Derrotada por la falsa canción amañada y teatralera, por el oropel de un flamenquismo de guardarropía.

oropelesco -ca *adj* De oropel [2]. | Martín *DLe* 11.12.74, 13: A los cargos, más oropelescos que de efectivo rango, de las directivas de los clubs de fútbol, debe accederse más para servirlos que para servirse de ellos.

oropéndola *f* Pájaro de plumaje amarillo, con alas y cola negras, que hace su nido colgándolo de las ramas horizontales de los árboles (*Oriolus oriolus*). | Cela *Pirineo* 33: El viajero .. sigue con la vista el vuelo del verderol brillante, de la abubilla de cresta descarada, de la oropéndola de color de oro.

oropesa *f* Planta vivaz de hojas lineares casi planas y flores en panícula, violáceas por fuera y blancas por dentro (*Simaethis planifolia*). | Mayor-Díaz *Flora* 512: *Simaethis planifolia* (Vand.) G.G. "Oropesa".

oropesano -na *adj* De Oropesa (Toledo). *Tb n, referido a pers*. | *VozT* 45.10.78, 28: La Iglesia Parroquial se vio totalmente repleta de una masa de oropesanos residentes en otros lugares.

oropimente *m* (*Mineral*) Mineral compuesto de arsénico y azufre, de color amarillo y brillo céreo, que se presenta acompañando al rejalgar. | Alvarado *Geología* 41: Rejalgar .. A la luz del día se vuelve poco a poco amarillo, por transformación superficial en oropimente.

orotavense *adj* De La Orotava (Tenerife). *Tb n, referido a pers*. | B. Alfonso *Día* 22.6.76, 17: La confección de las alfombras de tierra se realizan [sic] bajo dirección del artista orotavense Pedro Hernández Méndez.

oroval, orovale → OROBAL, OROBALE.

orozuz *m* Regaliz (planta). | Cela *Viaje andaluz* 190: En el campo de Osuna crecen, cada una con su aroma y con su virtud para curar la enfermedad, la malva y el malvavisco, la manzanilla y la zaragatona, el orozuz y la viborera, la centaura y la hoja del llantén.

orquesta *f* **1** Conjunto de instrumentos musicales agrupados en secciones, entre las que es fundamental la de cuerda. *Tb los músicos que los tocan*. | Laiglesia *Tachado* 33: ¡Cuando pienso que en Karabí .. contratábamos a las orquestas sinfónicas más famosas del mundo! Arce *Testamento* 75: Venían orquestas de Posada o de Avilés. **b) hombre-~** → HOMBRE.
2 *En algunos teatros*: Zona rebajada destinada a los músicos y situada entre la escena y las butacas. | CSotelo *Inocente* 85: No hay que descartar la posibilidad de que se sitúe [el coro] en la orquesta o en esa tierra de nadie que a veces existe entre el patio de butacas y el escenario. **b)** (*hist*) *En los teatros griegos y romanos*: Espacio semicircular situado delante de la escena. | Arenaza-Gastaminza *Historia* 52: Teatro: Escena. Proscenio. Orquesta. [*En un grabado*.]

orquestación *f* Acción de orquestar. *Tb su efecto*. | FCid *Música* 169: En los actos tercero y cuarto nos sorprende con la inspiración concentrada, la cuidadísima orquestación, el magistral ensamblage de las voces. Fernández-Llorens *Occidente* 241: Beethoven enriquece la orquestación de las sinfonías. VMontalbán *Almuerzos* 163: Ernesto Milá está conectado con el fascismo internacional, luego carguémosle el muerto a Ernesto Milá. Hubo en toda esta orquestación mucho de mala fe y aspectos que todavía es pronto para ser contados.

orquestador -ra *adj* Que orquesta [1 y 2]. *Tb n, referido a pers*. | GAmat *Conciertos* 162: El brillante colorido de las páginas de Mussorgsky llamaría por fuerza la atención de los orquestadores. Campmany *Abc* 16.4.88, 17: Allí, a esas nuevas pantallas, no llegarán los "gusanos goebelsianos" de don Felipe González, .. ni los orquestadores de campañas de desprestigio del Parlamento de don Félix Pons.

orquestal *adj* De (la) orquesta [1]. | Arce *Precio* 78: Se acercó al tocadiscos .. –Hay que poner algo orquestal. FCid *Abc* 6.12.70, 73: Desde el pianísimo inverosímil hasta el fortísimo que vence a la masa orquestal.

orquestalmente *adv* En el aspecto orquestal. | FCid *Música* 169: Desde entonces, "El trovador", culminación del romanticismo apasionado, "La traviata", de la lírica tuberculosis reflejada en melodías que se arropan orquestalmente con delicadeza, y "Rigoletto", de melodramatismo tenso, pasan a ser piezas predilectas.

orquestar *tr* **1** Adaptar para orquesta [una partitura musical]. | Umbral *Memorias* 15: Los músicos comerciales, como los filósofos, viven de orquestar lo que han hecho otros.
2 Organizar [una operación], utilizando diversos medios, con el fin de crear un estado de opinión. *Gralm se usa con intención peyorativa.* | VMontalbán *Tri* 11.4.70, 31: El orquestado retorno de Carner es algo más que una utilización publicitaria de uno de los mitos del exilio.
3 Organizar o estructurar [algo complejo]. | MGaite *Cuento* 352: Historias que desembocan en mí, cada una por separado; las concita el lugar .., pidiendo un narrador que las orqueste.

orquestina *f* (*hoy raro*) Orquesta [1] pequeña que actúa en locales de baile, cafés o salones. *Frec desp.* | B. Amo *Gar* 25.8.62, 40: La orquestina del salón de baile era detestable. Sopeña *Inf* 7.2.77, 15: La música de Chueca tuvo una inmensa popularidad a través de las orquestinas y de números sueltos en el teatro de varietés. En un capítulo de sociología de "extensión cultural" es necesario recordar lo que supuso en esa época la música en los cafés. CPuche *Sabor* 83: Sobre el dolor de los pueblos se celebraban bodas y bautizos con gran aparato de orquestinas, y los bailes, después de la comilona, duraban toda la noche.

orquidácea *adj* (*Bot*) [Planta] herbácea perenne, monocotiledónea, de flores de forma y coloración rara y fruto en cápsula. *Frec como n f en pl, designando este taxón botánico.* | GCabezón *Orotava* 55: Colección de orquídeas, género *Cattleya*, *Cypripedium*, *Cymbidium*, etc. Orquidácea [*sic*].

orquídea *f* Se da este n a numerosas especies de plantas herbáceas de la familia de las orquidáceas, caracterizadas por sus flores irregulares de larga floración y muy apreciadas como ornamentales. *Tb, esp, las flores. Tb en pl designando este taxón botánico.* | HLM 26.10.70, 8: El Príncipe de España y la Princesa Sofía, que fue obsequiada con un ramo de orquídeas, se trasladaron en automóvil a la Embajada de España en París. GCabezón *Orotava* 55: Las orquídeas constituyen seguramente la familia botánica más numerosa .. Las orquídeas son plantas herbáceas, terrestres, saprofitas o epifitas.

orquítico -ca *adj* (*Med*) **1** De (la) orquitis. | * Tiene una afección de carácter orquítico.
2 Que padece orquitis. *Tb n.* | Cela *Mazurca* 187: Los pupilos de doña Paula somos cinco: el sacerdote don Senén Ubis Tejada, bronquítico, el brigada de infantería retirado don Domingo Bergasa Arnedillo, asmático, el protésico dental don Martín Bezares León, orquítico, y nosotros dos, heridos de guerra.

orquitis *f* (*Med*) Inflamación de los testículos. | FReguera-March *Boda* 24: Padecía una orquitis crónica.

orre. en ~. *loc adv* (*reg*) En gran abundancia. | Soler *Muertos* 30: Los trigales, los maizales y los viñedos, el patatal y el judiar dan el fruto en orre si se extirpa la tierra el musgo y la filoxera.

órsay *m* (*Dep, col*) Offside. *Tb fig. Frec en la constr* EN ~. | *Pue* 4.4.67, 21: No hubo "órsay" en el primer gol de Gento. SFerlosio *Jarama* 105: –¡A la cola, a la cola! –decían los chicos. Se apretaban en fila uno tras otro. –¿Estás en órsay, tú! Yo vine antes.

ortega *f* Ave semejante a la paloma, de plumaje ceniciento y anaranjado en la parte superior y negro en el vientre (*Pterocles orientalis*). | Cela *Judíos* 182: La ortega tiene el vientre negro, y la ganga, blanco.

ortegano -na *adj* De Ortigueira (La Coruña). *Tb n, referido a pers.* | *Faro* 29.7.75, 19: La junta directiva del Centro de Iniciativas y Turismo de la comarca ferrolana ortegana va a hacer entrega del nombramiento de presidente de honor a Pío Cabanillas Gallas.

orteguina *f* (*Taur*) Lance que se ejecuta con el capote cogido por detrás y que se acompaña de un cambio de mano por la espalda. | *Abc* 15.4.58, 54: La faena del de Huelva, aplaudida y musicada, se compuso de nueve derechazos, cuatro en redondo, tres naturales, dos de pecho, seis de espaldas, seis orteguinas.

ortesis *f* (*Med*) Aparato ortopédico. | *Rio* 2.10.88, 34: Ortopedia Orto-Rioja. Fabricación y adaptación de toda clase de prótesis y ortesis.

ortiga *f* **1** Planta herbácea de 6 a 8 dm de altura, hojas opuestas, agudas y dentadas cubiertas de pelos que segregan un líquido urente, y flores verdosas en racimos axilares (*Urtica dioica*). *Tb* ~ COMÚN *u* ~ MAYOR. | Alvarado *Botánica* 74: Otras Apétalas interesantes son la ortiga, el moral y la morera, la higuera, el avellano. Remón *Maleza* 117: Especie: U[*rtica*] *dioica* L. Nombre común: Ortiga mayor, Ortiga común .. La "ortiga mayor" es una maleza perenne, muy molesta, extendida por doquiera (setos, lindes...), incluso en el prado. **b)** *Con un adj especificador designa otras especies:* ~ BLANCA (*Lamium album*), ~ HEDIONDA (*Stachys sylvatica*), ~ MENOR (*Urtica urens*), ~ ROMANA (*Urtica pilulifera*), etc. | Mayor-Díaz *Flora* 463: *Lamium album* L. "Ortiga blanca", "Lamio blanco". Remón *Maleza* 118: U[*rtica*] *urens* L. Nombre común: Ortiga menor. Es más pequeña (20 a 50 cm) que la común (*U. dioica*), pero de forma similar. Mayor-Díaz *Flora* 463: *Lamium amplexicaule* L. "Ortiga muerta menor". Remón *Maleza* 60: L[*amium*] *purpureum* L. Nombre común: Ortiga roja, Ortiga muerta roja .. Es una mala hierba primaveral de los cultivos de huerta; ligeramente pilosa y de porte pequeño (10 a 30 cm).
2 ~ de mar. Medusa (celentéreo). | L. Mazarrasa *Inde* 5.8.89, 17: Las medusas atemorizan a los turistas de Cantabria desde el principio de la temporada de baños, cuando estas "ortigas de mar" .. empezaron a picar a muchos veraneantes. Ybarra-Cabetas *Ciencias* 317: Son [los Escifozoos] marinos y se les conoce con el nombre de ortigas de mar y aguas malas.

ortigal *m* Terreno poblado de ortigas [1]. | Galache *Biografía* 129: No recuerdo si lo encontré en el refectorio o en la celda rectoral de cualquiera de esos viejos conventos de arcos mutilados y columnas rotas; o en el ayer apacible huerto y hoy salvaje ortigal.

ortigarse *intr pr* Sufrir irritación cutánea por el contacto con ortigas. | Delibes *Voto* 118: Resbaló y se precipitó contra una gran mata de ortigas .. –¡Joder, me ortigué!

ortivo -va *adj* (*Astron*) De(l) orto. | *Anuario Observatorio 1967* 78: Se dan en el cuadro de la página 80 las amplitudes ortivas y occiduas del Sol.

orto *m* (*Astron o lit*) Salida [de un astro] por el horizonte. *Tb fig.* | *Anuario Observatorio 1967* 110: Los ortos y ocasos de la Luna experimentan un retardo considerable. L. Calvo *Abc* 5.1.70, 29: El realista Pompidou .. piensa que .. puédase un día pensar en el orto de la región, claramente definida como entidad delimitada económicamente.

orto- *r pref* **1** Normal o correcto. | *Por ej:* GTelefónica 83 1, 546: Clínica del Pie "San Martín". Servicios de la clínica: Podología infantil. Ortopodología (plantillas ortopédicas .., etc.) .. Ortonixia (tratamiento incruento de las deformidades de las uñas).
2 (*Quím*) Designa cuerpo más hidratado que los restantes de su especie. | *Por ej:* Navarro *Biología* 18: Fosfátidos. Son los lípidos que resultan de la combinación de dos moléculas de ácido graso con el ácido ortofosfórico y una base nitrogenada. Aleixandre *Química* 114: Entre los ortosilicatos más importantes están la forsterita .., la fayalita .., el olivino .. y el circón.

ortocentro *m* (*Geom*) Punto en que se cortan las tres alturas de un triángulo. | Marcos-Martínez *Álgebra* 193: Construye el ortocentro, circuncentro y varicentro en un mismo triángulo.

ortoclasa *f* (*Mineral*) Ortosa. | Aleixandre *Química* 115: Ejemplos de este tipo de estructura [tridimensional] son los feldespatos, entre los cuales los más importantes son la ortoclasa .. y la albita.

ortodoncia *f* Tratamiento y corrección de las irregularidades dentarias. | *Inf* 25.4.70, 20: Las deformaciones dentales, campo de acción de la ortodoncia.

ortodóncico -ca *adj* Ortodóntico. | *GTelefónica* 9: Cervera Alberto, J. Médico estomatólogo. Ortodoncia. Exclusivamente consultas tratamientos ortodóncicos.

ortodoncista *m y f* Especialista en ortodoncia. | *GTelefónica* 18: Ortodoncistas. Alonso. Clínica de Ortodoncia y Odontología Infantil.

ortodóntico -ca *adj* De (la) ortodoncia. | M. Aguilar *SAbc* 19.4.70, 54: Causa muy común de defectos ortodónticos es la extracción prematura de dientes.

ortodoxamente *adv* **1** De manera ortodoxa [1]. | Goytisolo *Recuento* 526: España .. Defensora de la Fe, sea cual fuere, mientras se halle ortodoxamente expresada.
2 En el aspecto ortodoxo [1]. | Salvador *Haragán* 80: Ortodoxamente, ¿es lugar este para un Cristo moribundo?

ortodoxia *f* **1** Condición de ortodoxo, *esp* [1]. | Mercader-DOrtiz *HEspaña* 4, 193: El prurito de invocar la ortodoxia como argumento supremo, no solo en defensa de tesis escolásticas que con ella pueden relacionarse, sino incluso de doctrinas meramente científicas, se encuentra a cada paso en la polémica.
2 Pensamiento o postura ortodoxos [1]. | Aranguren *Marxismo* 30: El marxismo .. al ser convertido en doctrina oficial ha dado lugar a una .. ortodoxia y, de rechazo, a heterodoxias, revisionismos y desviacionismos.
3 Iglesia o religión ortodoxa [2]. | S. RLuna *Van* 25.12.71, 61: La Navidad en la URSS, como la de todos los países por donde se extendió la ortodoxia, se celebraba el 6 de enero.

ortodoxo -xa *adj* **1** Conforme con la doctrina establecida como verdadera. *Frec referido a religión. Tb n, referido a pers. Tb fig.* | PRivera *Discursos* 11: Junto a estos planteamientos iban otros que podían parecernos no tan ortodoxos. CBaroja *Inquisidor* 48: Entre los católicos ortodoxos pasó a ser el símbolo del clérigo apóstata.
2 [Iglesia o religión] cristiana cismática de rito oriental, separada de Roma desde el s. XI. | Cabo-DOrtiz *Geografía* 155: Predomina [en la Península Balcánica] la religión ortodoxa o cismática. **b)** De la iglesia ortodoxa. *Tb n, referido a pers.* | Pla *América* 65: Ocho horas después de estar en Nueva York he pasado por delante de numerosas iglesias católicas, templos protestantes, sinagogas, logias masónicas, templos budistas, mezquitas, iglesias ortodoxas, etc.

ortoédrico -ca *adj* (*Geom*) De forma de ortoedro. | Gironza *Matemáticas* 194: Puede construir cómodamente un modelo ortoédrico, dibujando las seis caras rectangulares iguales dos a dos.

ortoedro *m* (*Geom*) Paralelepípedo rectángulo. | Gironza *Matemáticas* 195: Cubos. Son ortoedros cuyas caras son cuadrados, todos iguales entre sí.

ortoepía *f* (*Fon*) Rama de la fonética que trata de la pronunciación correcta. | *BOE* 22.1.65, 1264: Divisiones de la lingüística. Concepto de fonética general, experimental, histórica y descriptiva. Ortoepía.

ortofonía *f* (*Med y Fon*) Corrección de los defectos de la voz y de la pronunciación. | *Abc* 11.5.75, sn: Centro de investigación y orientación psicológica .. Tratamientos profundos de ortofonía y logopedia.

ortofónico -ca *adj* (*Med y Fon*) De (la) ortofonía. | *DNa* 15.8.64, 16: Estos trastornos, que son susceptibles de una intervención quirúrgica, necesitan después una reeducación ortofónica.

ortofonista *m y f* (*Med y Fon*) Especialista en ortofonía. | *DNa* 15.8.64, 16: Esta valoración corresponde al audiólogo o al ortofonista.

ortognatismo *m* (*Anat*) Disposición casi vertical de la línea de perfil de la frente a la barbilla. | Alvarado *Zoología* 133: La mandíbula recta (ortognatismo) caracteriza las razas blanca y amarilla.

ortognato -ta *adj* (*Anat*) Que presenta ortognatismo. | Alvarado *Zoología* 133: Fig. 160: a, cráneo ortognato de un calmuco; b, cráneo prognato de un negro.

ortogonal *adj* (*Geom*) **1** De(l) ángulo recto. | Benet *Aire* 11: El [camión] 3HC –con su extraño parabrisas partido y disimétrico, su línea severa de líneas rectas ortogonales–.
2 [Proyección] que resulta de trazar todas las líneas proyectantes perpendiculares a un plano. | Marcos-Martínez *Matemáticas* 116: Proyección ortogonal de un punto sobre un plano es el pie de la perpendicular trazada desde el punto al plano. Proyección ortogonal de una línea sobre un plano es el lugar de las proyecciones ortogonales de todos sus puntos sobre el plano.

ortogonalidad *f* (*Geom*) Cualidad de ortogonal. | MGalván *MHi* 6.60, 13: Desconozco sobre el plano la disposición edilicia proyectada por Lucio Costa, pero la adivino eludiendo la ortogonalidad, siguiendo un funcionalismo de las adyacencias de órganos naturales.

ortografía *f* Conjunto de las normas que rigen la representación escrita de una lengua. | Alonso *Lengua* 106: Los principios fundamentales de la ortografía son tres: 1º El fonético .. 2º El etimológico .. 3º El uso. Lapesa *HLengua* 194: Un Diccionario hispano-latino .. y una Ortografía completan la obra romance de Nebrija. **b)** Escritura [de una palabra u otro elemento lingüístico, o de un texto] con arreglo a normas de ortografía. | Academia *Esbozo* 152: De la ortografía de las palabras extranjeras. Academia *Esbozo* 120: Ortografía de los fonemas. **c)** Uso correcto [de una letra o de un signo de escritura]. | * Ortografía de las letras *b* y *v*.

ortografiar (*conjug* **1c**) *tr* Escribir [algo] con arreglo a la ortografía. | Mas-Mateu *Literatura* 65: /dz/ Alveolar africado sonoro; se pronunciaba como ds sonora y se ortografiaba como z: *fazer*.

ortográficamente *adv* De manera ortográfica. | J. M. Moreiro *Ya* 5.6.73, 39: Comenzaron a llamarle .. "Eluterio", que quedaría posteriormente reducido a "Elute". Al ser trasladado ortográficamente pudo muy bien dar como último resultado "el Lute".

ortográfico -ca *adj* De (la) ortografía. | Lapesa *HLengua* 267: El maestro Gonzalo Correas .. propuso (1626 y 1630) atrevidas modificaciones ortográficas. **b)** [Acento] ~ → ACENTO.

ortografista *m y f* Ortógrafo. | Salvador *Letra Q* 12: No alcanzan los escritores, cuando comparan personas con letras o letras con personas, estos extremos prosopopéyicos e hiperbólicos de los ortografistas.

ortógrafo -fa *m y f* Especialista en ortografía. | Salvador *Letra Q* 20: Otro ortógrafo del siglo XVII, el Maestro Bartolomé Jiménez Patón, la llamó *qu*, pero escrita con su propia letra.

ortología *f* (*Fon*) Conjunto de las normas que rigen la pronunciación de una lengua. | Alonso *Lengua* 101: La Ortología trata de la recta pronunciación de los sonidos de un idioma, informa sobre las variedades sociales y regionales de los mismos y aconseja sobre las que deben usarse y las que deben evitarse. **b)** Pronunciación normal [de un elemento lingüístico]. | *Bachillerato 1967* 140: Los fonemas: vocales y consonantes. Ortología de los fonemas.

ortólogo -ga *m y f* (*Fon*) Especialista en ortología. | Academia *Esbozo* 151: Gramáticos y ortólogos modernos, en cambio, hacen uso con frecuencia o sistemáticamente de la diéresis.

ortomixovirus *m* (*Med*) Virus de la familia que comprende los causantes de la gripe y de la peste aviar. | Mi. Iglesias *Rio* 22.10.89, 28: Los agentes causantes de la enfermedad son unos virus de la familia de los ortomixovirus. Dentro de los virus gripales se distinguen tres subgrupos: A, B o C.

ortopeda *m y f* Ortopedista. | *Tie* 3.2.85, 88: La mayoría de las consultas .. al ortopeda por lesiones de este tipo suelen estar situadas en torno a los once, doce y trece años.

ortopedia *f* **1** Técnica que tiene por objeto prevenir o corregir, por medio de aparatos, las deformidades del cuerpo. *Tb fig.* | Prandi *Salud* 619: Transcurridas cuatro o seis semanas de enfermedad aguda, se inicia el período crónico, durante el cual, lo mismo que en la fase aguda, se producen deformaciones y atrofias musculares, cuyo tratamiento incumbe desde el primer momento al especialista en ortopedia.
2 Tienda de artículos de ortopedia [1]. | *Abc* 1.2.70, 13: Sandalias "Pescura" .. En farmacias, ortopedias, clínicas de podología.

ortopédicamente *adv* De manera ortopédica. *Tb fig.* | A. Osorio *País* 6.8.78, 7: Aquí, ortopédicamente, se ha querido crear un partido único en torno a unas siglas: UCD.

ortopédico -ca *adj* De (la) ortopedia. | *Abc* 3.12.70, 61: La I Convención Nacional de Traumatólogos, que reunirá a más de 250 especialistas en Traumatología, Cirugía ortopédica y Rehabilitación, comenzará mañana. Ridruejo *Memorias* 26: Era un hombre grueso, que llevaba una pierna ortopédica. **b)** [Pers.] especialista en ortopedia [1]. *Tb n.* | A. Rodrigo *HyV* 3.77, 40: Cirujano ortopédico y traumatólogo, sus primeras investigaciones se orientaron hacia los huesos. *GTelefónica N.* 806: González Rivas, E. Ortopédico constructor. Construcción de toda clase de aparatos ortopédicos. Especialidad en piernas artificiales.

ortopedista *m y f* Especialista en ortopedia [1]. *Tb fig.* | Mascaró *Médico* 134: Toda deformidad, por pequeña que sea, o alteración posicional del pie, debe corregirla el médico ortopedista y no el zapatero. *ByN* 6.9.75, 43: Los ortopedistas del amor han diseñado estas muñecas inflables, ideales para perturbados.

ortopraxia *f* (*raro*) Acción o práctica recta. | Cierva *Ya* 29.3.83, 6: El marxismo, que es para Gramsci, como para Lenin, una guía de ortopraxia, no un dogma de ortodoxia caduca.

ortóptero *adj* (*Zool*) [Insecto] masticador, de metamorfosis sencilla, que tiene un par de élitros consistentes y otro de alas membranosas plegadas longitudinalmente. *Frec como n m en pl, designando este taxón zoológico.* | Bustinza-Mascaró *Ciencias* 157: Primer par de alas endurecido, segundo par membranoso: Ortópteros (langosta, ... cucarachas). Ybarra-Cabetas *Ciencias* 352: El escarabajo de la patata es un coleóptero; .. el saltamontes, un ortóptero.

ortóptica *f* (*Med*) Técnica para corregir la visión binocular defectuosa, esp. en el estrabismo, mediante ejercicios oculares. | *ASeg* 27.2.76, 7: Dr. Palmerino González Gallego, oculista .. Pleóptica y Ortóptica en estrabismos.

ortorrómbico -ca *adj* (*Mineral*) Rómbico. | Aleixandre *Química* 217: La densidad del azufre ortorrómbico es 2,07, y la del monoclínico, 1,96.

ortosa *f* (*Mineral*) Feldespato constituido por silicato de alúmina y potasa. *Tb* FELDESPATO ~. | Alvarado *Geología* 30: El [feldespato] alumínico potásico es la ortosa. Cristaliza en el sistema monoclínico. Ybarra-Cabetas *Ciencias* 53: El prototipo de ellos [feldespatos potásicos] es el feldespato ortosa, de coloraciones claras (blanco amarillo o rojizo) y brillo vítreo o nacarado.

ortosimpático -ca *adj* (*Anat*) [Sistema] que forma parte del sistema nervioso neurovegetativo y cuyos centros se encuentran en las alas laterales de la médula torácica y lumbar. | Navarro *Biología* 130: El sistema nervioso neuro-vegetativo está en realidad constituido por dos sistemas: el ortosimpático y el parasimpático. **b)** Del sistema ortosimpático. | Navarro *Biología* 130: El sistema nervioso neuro-vegetativo o simpático inerva, mediante dos nervios, uno ortosimpático y otro parasimpático, a todos los órganos que tienen una actividad autónoma.

ortosis *f* (*Med*) Pieza o aparato ortopédicos destinados a enderezar una parte torcida. | *GTelefónica 83* 1, 546: Clínica del Pie "San Martín". Servicios de la clínica: Podología infantil. Ortopodología (plantillas ortopédicas, ortosis de silicona, etc.).

ortostático -ca *adj* (*Med*) Relativo a la posición vertical o de pie. | L. G. Cruz *SD16* 7.5.87, II: Algunos han postulado otras causas de la muerte: rotura del corazón, colapso ortostático o muerte por conjunto de causas.

ortótropo -pa (*tb* **ortotropo**) *adj* (*Bot*) **1** Que tiende a orientarse en la dirección en que actúa el estímulo. | Alvarado *Botánica* 35: El tallo principal y la raíz son órganos ortotropos para la gravedad, pues crecen verticalmente, es decir, en la dirección de la fuerza gravitatoria .. Para la luz, el tallo principal es ortotropo; las ramas y las hojas, plagiotropas.
2 [Óvulo] que tiene el micrópilo y el funículo en línea recta. | Ybarra-Cabetas *Ciencias* 272: El óvulo descrito es un óvulo ortótropo por tener el micropilo y funículo en línea recta.

oruga *f* **1** Larva de insecto lepidóptero. | Bustinza-Mascaró *Ciencias* 144: Todas ellas han sido, antes de mariposas, larvas u orugas. Delibes *Año* 82: Las jaulas son la expresión de un nuevo sistema de lucha contra la oruga procesionaria, que está haciendo mucho daño por aquí.
2 Llanta articulada, a manera de cadena sin fin, que se aplica a las ruedas de cada lado del vehículo permitiéndole avanzar sobre terreno difícil. *Frec se usa en aposición siguiendo al n del vehículo que la tiene. A veces, sobrentendido este, conserva su género.* | *GTelefónica N.* 655: Retroexcavadoras sobre ruedas y sobre orugas. Cuevas *Finca* 241: Necesitamos dos tractores oruga. ZVicente *SYa* 27.4.75, 19: La cuñada, sí, la planchó un autobús de esos grandotes, un oruga.
3 Planta herbácea de hojas rizadas y hendidas, que crece en los campos y a orillas de los caminos y se usa como condimento (*Eruca vesicaria*). | VMontalbán *Pájaros* 101: –¿Y dice usted que hay gazpachos de orugas? –Con orugas, sí, señor, que no hay mejor planta para ensalada. **b)** *Con un adj especificador designa otras especies:* ~ MARINA (*Cakile maritima*), ~ SILVESTRE (*Diplotaxis erucoides*), *etc.* | Mayor-Díaz *Flora* 539: *Erucastrum nasturtiifolium* (Poiret) O.E. Schulz. "Oruga salvaje". (Sin. *E. obtusangulum* Reichb.)

orujo *m* **1** Hollejo de la uva después de exprimida. | GPavón *Hermanas* 20: Todo el pueblo olía a vinazas, a caldos que fermentaban, a orujos rezumantes. **b)** Residuo de la aceituna molida y prensada. | Grosso *Capirote* 164: De los zaguanes de las casas de vecindad llegaba a la calle .. la turbia humarada marinera de las sardinas y los barbos del río que se asaban en las parrillas de las modestas cocinas alimentadas de orujo y de picón. **c)** (*E*) *En general:* Residuo [de un fruto que se prensa]. | *ASeg* 10.11.62, 5: El aprovechamiento de los orujos. De los cuatro tipos de orujo –aceituna, uva, manzana, algodón– de que se dispone en nuestras típicas industrias agrícolas, solo los dos primeros se utilizan como abono.
2 Aguardiente de orujo [1a]. | Umbral *Ninfas* 98: Los mozos habían recogido sobrantes .. mientras la dueña de todo aquello, la madre de María Antonieta, se tomaba un café con leche y un orujo en el bar del otro lado de la plaza.

orvallado -da (*tb con la grafía* **orballado**) *adj* (*reg*) **1** *part* → ORVALLAR.
2 Abundante en orvallo. | Torrente *Saga* 475: La tarde en que [Coralina] llegó a Castroforte, aunque orvallada, fue para mí la Introducción en la Claridad.

orvallar (*tb con la grafía* **orballar**) *intr impers* (*reg*) Lloviznar. *Gralm. referido a Galicia y Asturias.* | Cela *Mazurca* 9: Orvalla despacio y sin parar desde hace más de nueve meses. SSolís *Juegos* 79: Por aquellos días vino mal tiempo. Orballó dos mañanas y no hubo piscina más que para los críos.

orvallo (*tb con la grafía* **orballo**) *m* (*reg*) Llovizna. *Gralm. referido a Galicia y Asturias.* | Torrente *Saga* 468: Una mañana de orvallo en que el aire azulado y húmedo excitaba la vertiente poética de mi imaginación. Zubía *España* 189: Iberia húmeda: Norte, noroeste y oeste de España. Tiene lluvias abundantes y caen suavemente (sirimiri, orballo).

orza[1] *f* Vasija vidriada de barro, alta y sin asas, usada gralm. para guardar conservas. | ZVicente *Traque* 246: La gente mandaba bultos con comida, embutidos, frutas. Venga bártulos, banastas, orzas con longanizas. Romano-Sanz *Alcudia* 125: Se sienta en una mecedora .. El hombre vestido de pana negra lo hace en una banqueta de corcha, junto a una orza colocada ante el fuego.

orza[2] **I** *f* (*Mar*) **1** Acción de orzar. *Frec en la loc* A ~. | * El barco navega a orza.
2 Pieza suplementaria, fija o móvil, que se aplica a algunas embarcaciones a vela para mejorar su estabilidad. *Tb* ~ DE QUILLA. | M. Company *Van* 3.2.74, 45: En lo referente a barcos de orza, no podemos olvidar que actualmente tres campeones del mundo lo son con barcos de construcción española. *País* 20.8.82, 36: Amarrad muy alto, que si no, se meten los zoletes. ¡Calad la orza!
II *loc v* **3 traer a** ~ [a alguien]. (*reg*) Traer[le] a mal traer. | CBonald *Dos días* 66: –Ese [el niño], con tal de coger la calle. –Te ayuda, ¿no? Es que lo traes a orza. –Hombre, no faltaría más. ¿Qué quieres? ¿Tenerlo todo el día amarrado detrás del mostrador?

orzar *intr* (*Mar*) Inclinar la proa hacia la parte de donde viene el viento. *Tb fig.* | CBonald *Noche* 203: El falucho puso proa a la boca del puerto .. Orzó luego en una airosa virada. L. Calvo *Abc* 18.12.70, 28: El socialismo .., en los asuntos españoles, sigue el aire, y se vence del lado que más sopla; lo contrario de orzar. CBonald *Ágata* 30: Orzaba la luz sobre el chamizo cuando lo avistaron desde unos alcores.

orzuelo[1] *m* Divieso pequeño que nace en el borde de un párpado. | E. Mallorquí *Cod* 25.8.74, 15: Tras una temporada de ausencia debida a viajes varios y a una estancia de varios meses en una Unidad de Vigilancia Intensiva motivada por un orzuelo en el ojo derecho, me reincorporo a las labores de esta casa.

orzuelo[2] *m* Cierto cepo o trampa para cazar animales. | CBonald *Ágata* 31: Adecentó y remendó el chamizo, industrió trampas de liga para torcazas y orzuelos para nutrias, pescó en los lucios con una jábega que formara parte de su ajuar.

os[1] → VOSOTROS y VOS.

os[2] → OX.

osa[1] *f* (*Quím*) Hidrato de carbono no hidrolizable. | Aleixandre *Química* 181: Glúcidos: osas o hidratos de carbono no hidrolizables; antiguamente se llamaban monosacáridos.

osa[2] → OSO.

osadamente *adv* (*lit*) De manera osada. | Ramírez *Derecho* 157: Si el deudor, por negligencia u osadamente, deja de reclamar lo que se le deba .., pueden los acreedores ejercitar los derechos de aquel.

osadía *f* (*lit*) **1** Cualidad de osado. | Cela *España* 31: Apoyados en la doble muleta de la osadía y el sentido de la oportunidad, detentan el poder en el mundo entero.
2 Acción osada. | Delibes *Príncipe* 27: Pagaréis cara vuestra osadía.

osado -da *adj* (*lit*) **1** *part* → OSAR.
2 Atrevido. *A veces con un compl* A. | S*Abc* 20.4.69, 31: Los "quinquis" .. son duros como la roca, .. flacos, osados y valientes. Cossío *Confesiones* 170: El sorteo de estas partes constituía una solemnidad sometida a un ritual de siglos, sin que nadie fuese osado a modificarlo.

osamenta *f* Conjunto de los huesos del esqueleto. *Tb fig, referido a seres inanimados*. | Van 21.3.74, 17: En principio se creyó que se trataba de un antiguo cementerio aborigen, pero pronto se desechó tal creencia, pues las osamentas datan de épocas recientes. Trévis *Extremeña* 15: Habréis puesto a hervir las osamentas de las dos perdices. L. LSancho *Agromán* 6: Algún día los rascacielos y los puentes de hoy han de ser osamentas calladas.

osar *tr* (*lit*) Atreverse [a algo excesivo o indebido (*cd*)]. *El cd es normalmente un infin.* | Rof *Rev* 7/8.70, 12: Quien osa escribir así .. es un ser de maravillosa transparencia.

osario *m* Lugar de una iglesia o cementerio en que se reúnen los huesos que se sacan de las sepulturas. *Tb fig.* | VParga *Santiago* 22: La capilla de Sancti Spiritus, destinad[a] a osario de los peregrinos. *Abc Extra* 12.62, 53: El menor gesto humano, el más insignificante juego, brota sobre un enorme osario de recuerdos.

osatura *f* Osamenta. *Tb fig.* | Correa *Introd. Gracián* XXXIX: El tema, que en el poeta cordobés [Góngora] apenas se insinúa y sirve tan solo de tenue esquema para un complicado ornamento, se convierte en Gracián en la osatura de una grandiosa representación moral y satírica de la existencia humana.

osazona *f* (*Quím*) Compuesto formado por los monosacáridos y la fenilhidracina. | Aleixandre *Química* 182: Las osazonas son características para cada osa.

óscar *m* (*pl normal*, ~s) *m* **1** Premio, consistente en una estatuilla dorada, que concede anualmente la Academia de Ciencias y Artes Cinematográficas de Hollywood. | Sánchez *Cine* 2, 234: Robert Rossen anota en *Lilith, El político* –galardonada con un "Óscar"– y *El buscavidas* lo que pude ser.
2 Premio concedido por un jurado [en una actividad determinada (*compl especificador*)]. | *Inf* 5.10.74, 12: Un total de 26 Óscar de la Publicidad y Comunicación 74, junto con gran número de diplomas, fueron entregados en el curso de un acto celebrado en un hotel madrileño. *País* 3.5.80, 23: Convocados los "óscars" de oro de la comunicación.

oscense[1] *adj* De Huesca. *Tb n, referido a pers.* | J. A. Llanas *NEsH* 2.7.72, 8: Un oscense que allí reside desde el final de la guerra se enteró de mi arribo a esas tierras.

oscense[2] *adj* De Huéscar (Granada). *Tb n, referido a pers.* | E. Castro *País* 13.11.81, 64: La paz .. fue sellada y rubricada por el embajador danés en Madrid .. y el alcalde oscense .., en presencia de las primeras autoridades civiles y militares granadinas.

oscilación *f* **1** Acción de oscilar. | Mingarro *Física* 179: Las varias funciones de los tubos de vacío que se han estudiado son: 1. Rectificación .. 2. Amplificación .. 3. Oscilación.
2 Medida de la distancia recorrida por una cosa que oscila [1 y 2], entre sus dos posiciones extremas. | *IdG* 31.10.70, 14: Tenemos en estos últimos años oscilaciones que van desde 11 Qm/Ha. en las provincias de menos rendimiento a 173 Qm. en las mayores productoras.

oscilador -ra *adj* (*E*) Que sirve para producir oscilaciones eléctricas o mecánicas. *Tb n m, referido a aparato o elemento.* | Van 3.2.74, 4: Ya puede adquirir un juego de radioteléfono con 4 transistores y provisto de bobina osciladora de radiofrecuencia. *Anuario Observatorio 1967* 316: En cuanto a la conservación de la hora, los modernos relojes de cuarzo y los diferentes modelos de relojes atómicos (relojes de haz de cesio .., osciladores de rubidio, etc.) permiten y a conservar la hora con errores relativos inferiores a 10^{-10}. Mingarro *Física* 204: Los sólidos, según ella [la hipótesis de los cuantos], están formados de una infinidad de pequeños osciladores capaces cada uno de emitir (o absorber) radiación con una determinada frecuencia.

oscilante *adj* Que oscila [1 y 2]. | Cossío *Montaña* 108: Se la hacía oscilar [la peña] empujándola con la mano .. A este género de piedras oscilantes pertenecería esta de Sejos. Arce *Testamento* 60: Tal vez la oscilante luz del candil me confundiera. **b)** (*Electr*) [Circuito] en el cual, cuando existe una diferencia de potencial entre dos elementos, se iguala la tensión de ambos al cabo de una serie de oscilaciones. | Mingarro *Física* 176: Será preciso suministrar energía al circuito oscilante en la misma cuantía en que se disipe.

oscilar *intr* **1** Efectuar [algo] un movimiento de vaivén. | MSantos *Tiempo* 41: La niña seguía vibrátilmente el hilo de las palabras .. acelerando el oscilar de la mecedora. CNavarro *Perros* 39: Ella movió la cabeza y los cabellos oscilaron como pámpanos mecidos por el aire.
2 Variar alternativamente [algo] en su intensidad o en su medida. *Frec con un compl* ENTRE... Y, o DE... A. | E. Pablo *Abc* 13.3.77, 51: La zafra 1976-77 podría oscilar entre 425.000 y 450.000 toneladas. **b)** Tener [alguien] variaciones en el comportamiento o en la manera de pensar. *Frec con un compl* ENTRE... Y, DE... A, o DESDE... HASTA. | Villar *Lenguas* 203: La filiación de los etruscos es muy problemática, y en las explicaciones intentadas se oscila desde considerarlos de formación autóctona hasta creerlos de procedencia oriental.
3 (*juv*) Retirarse o marcharse. *Gralm en imperat.* | Palomino *Torremolinos* 153: –Herminia, ¡que estás como un tren!– El saludo de Sanabria, con un azote, ha llegado por sorpresa. –No estoy para bromas, abuelo, oscile con su reloj y tóquese usted las narices.

oscilatorio -ria *adj* De (la) oscilación. | Van 5.9.74, 15: Bolsa de Barcelona. Escasa amplitud del margen oscilatorio.

oscilógrafo *m* (*E*) Aparato registrador de oscilaciones. | Alcina-Blecua *Gramática* 258: Las investigaciones realizadas en 1934 por Gemelli y Pastori, con ayuda del oscilógrafo, demuestran la imposibilidad de delimitar las sílabas de la cadena sonora.

oscilograma *m* (*E*) Registro gráfico hecho con un oscilógrafo. | Academia *Esbozo* 10: Un quimograma o un oscilograma reproduce gráficamente una emisión oral como un todo continuo.

oscilómetro *m* (*E*) Oscilógrafo. | *BOE* 8.5.75, 9716: Aparatos de rehabilitación: Una piscina con sus accesorios para masaje subacuático .. Un equipo de oscilómetros alemanes.

osciloscopio *m* (*Electr*) Aparato que convierte las oscilaciones en imágenes visibles. | Ya 22.10.64, sn: Instrumentos electrónicos de medida (osciloscopios para alta y baja frecuencia, generadores de señales).

oscitancia *f* (*lit, raro*) Olvido o abandono. | A. ÁSolís *Des* 14.5.75, 10: Una rara y perceptible tensión, que llamaríamos tensión de futuro .., relega a la oscitancia esta disposición [el decreto-ley de regulación de la huelga].

osco -ca *adj* (*hist*) **1** De un antiguo pueblo itálico de la región de Campania. *Tb n, referido a pers.* | * Los oscos vivían en la región central de los Apeninos.
2 [Lengua] itálica antigua hablada en la mayor parte de la Italia meridional, desde el Samnio y la Campania. *Frec n m.* | Lapesa *HLengua* 68: Sertorio había nacido en la Sabina, tierra de dialecto sabélico-osco .. Hasta la guerra social .., tanto el osco como el úmbrico gozaban plenitud de vida. **b)** De(l) osco. | Lapesa *HLengua* 69: Las formas que han de suponerse para el latín hispánico responden al vocalismo osco.

osco-umbro -bra I *adj* (*hist*) **1** De un pueblo itálico antiguo establecido en la Italia central. *Tb n, referido a pers.* | Villar *Lenguas* 206: Los grupos de población de la segunda oleada habrían adquirido en los Balcanes esa cultura mediterránea .. De esos grupos se derivan los osco-umbros históricos.
II *m* **2** Grupo de lenguas itálicas formado por el osco, el sabélico y el umbro. | RAdrados *Lingüística* 772: Más amplio es el fenómeno cuando la aglutinación es sistemática. Así, la de la postposición *en* en osco-umbro.

osculado. porrón ~ → PORRÓN³.

osculeo *m* (*humoríst*) Besuqueo. | Halcón *Monólogo* 93: Le dije un día que no quería que me besuqueara cada vez que me veía, incluso en la calle. Si ahora viviese tendría que dejarlo, porque el osculeo está de moda.

ósculo *m* **1** (*lit*) Beso. *Frec humoríst.* | Vicens *HEspaña* 1, 256: Este es el reverso de la medalla [del feudalismo]. Pues en el anverso podemos ver .. las emocionantes ceremonias con que un adolescente recibe por vez primera el espaldarazo de caballero .., así como el del homenaje, en que dos personas –el señor y el vasallo– juntan sus manos y se dan un ósculo fraterno. Lera *Bochorno* 30: Sonaban otra vez el cuchicheo y los ósculos de los enamorados que quedaban atrás.
2 (*Zool*) *En los espongiarios:* Orificio apical, por el que sale el agua recibida por los poros laterales. | Ybarra-Cabetas *Ciencias* 318: La esponja se fija por su base y lleva en su extremo superior un gran orificio llamado ósculo.

oscuramente (*tb* **obscuramente**) *adv* De manera oscura. | Matute *Memoria* 175: Levanté un brazo y lo vi dibujarse oscuramente en el suelo. Halcón *Monólogo* 160: Dice Querol que ser duquesa oscuramente es necia vanidad, que hay que serlo con esplendor. Laforet *Mujer* 53: Quizás ya entonces Paulina estuviese oscuramente atraída.

oscurana *f* (*reg*) Oscurecimiento del cielo. | CBonald *Ágata* 147: No como la oscurana producida por alguna muchedumbre de aves .., sino como una inmensa muralla de tierra negra, se había abatido sobre la marisma aquella inaudita plaga de ortópteros.

oscurantismo (*tb* **obscurantismo**) *m* Oposición a la cultura o a su difusión. | E. Novoa *SAbc* 9.2.69, 17: Esa época inicial, heroica en el automatismo, desaparece durante cierto período de oscurantismo medieval. Vicens *Polis* 467: La parte inferior de la burguesía creyó .. que el problema social podía resolverse con la instauración de repúblicas democráticas laicas, donde el feudalismo agrario y el llamado obscurantismo eclesiástico hubieran perdido su fuerza.

oscurantista (*tb* **obscurantista**) *adj* De(l) oscurantismo. | Torrente *Saga* 482: "Una cristiana excelente, pero se bañaba los sábados .. La detuvieron, la examinaron, la interrogaron, la torturaron, y la pobre expiró en el potro como un jilguerito." A mí me sacudió esa ira que no puedo dominar cuando me encuentro ante cualquier barbaridad oscurantista. **b)** Partidario del oscurantismo. *Tb n.* | Vicens *Polis* 367: En la cumbre del poder, un monarca enfermo, una corte obscurantista y unos ministros corruptos. N. Luján *Sáb* 15.3.75, 5: La vacunación triunfó a pesar de las protestas de los obscurantistas, que han durado en su obstinación pintoresca hasta nuestros días.

oscurecer (*tb* **obscurecer**; *conjug* **11**) **A** *tr* **1** Poner oscuro o más oscuro. *Tb fig.* | Halcón *Ir* 358: Le pidió a su madre que le volviera a oscurecer el cuarto. Seseña *Barros* 28: Cuando las piezas están cocidas se cierra herméticamente todo el horno para que la falta de oxígeno junto con el exceso de hidrógeno y de dióxido de carbono oscurezcan a las vasijas. Fernández-Llorens *Occidente* 239: La fama de Darwin oscureció injustamente a la figura de un humilde monje, contemporáneo suyo, Mendel. Torrente *Isla* 324: Con tal estruendo que las salvas de ordenanza quedaban oscurecidas. Umbral *Ninfas* 85: Le veía yo mover la melena, oscurecer la frente, afilar la miopía y amargar el gesto de la boca.
B *intr* ➤ **a** *normal* **2** Ponerse oscuro o más oscuro. *Frec pr. Tb fig.* | Torrente *Pascua* 116: Había oscurecido la tarde, y el padre Eugenio, arrimado a la cómoda y con las manos extendidas, era poco más que una sombra. *Cam* 21.7.75, 54: Su óptico sabe que las gafas graduadas Indocromic oscurecen y aclaran solas. Vesga-Fernández *Jesucristo* 146: Desde tres horas antes fue oscureciéndose el Sol. Arce *Testamento* 31: Tornó a echar una ojeada a la carta. Sus ojos se oscurecieron.
➤ **b** *impers* **3** Ponerse oscuro el cielo al hacerse de noche. | Goytisolo *Recuento* 13: En el remanso, el agua se estancaba sobre un fondo de aguas marronáceas y viscosas. Al oscurecer daban miedo aquellos quietos remansos, el agua opaca. **b)** Ponerse oscuro el cielo al nublarse. *Tb pr.* | * De pronto se oscureció, iba a haber tormenta.

oscurecida (*tb* **obscurecida**) *f* Hora del día en que oscurece o se hace de noche. | Ferres-LSalinas *Hurdes* 109: A la oscurecida, cuando regresan los obreros de la Telefónica, Antonio y Armando encuentran camaradas con quienes conversar.

oscureciente (*tb* **obscureciente**) *adj* (*lit*) Que oscurece [1]. | Aldecoa *Gran Sol* 175: La lluvia parsimoniosa, espadada, oscureciente, tapaba los horizontes extremos de la mar.

oscurecimiento (*tb* **obscurecimiento**) *m* Hecho de oscurecer(se). *Tb fig.* | L. MDomínguez *Ya* 15.4.64, 8: Será eliminado, asimismo, el oscurecimiento gradual de los radios de automóviles. D Cañabate *Abc* 20.8.69, 47: Ayer, porque los toros tuvieron genio; hoy, porque no lo tenían, el oscurecimiento de "Miguelín" ha sido total.

oscurícola (*tb* **obscurícola**) *adj* (*Zool*) [Animal] cuya actividad se desarrolla en la oscuridad. | Navarro *Biología* 270: A veces existen animales oscurícolas con grandes ojos, como por ejemplo los búhos y algunos peces abisales. Bustinza-Mascaró *Ciencias* 294: Por su adaptación a la luz se puede calificar a determinadas especies de diurnas, a otras de nocturnas o crepusculares, a otras de oscurícolas.

oscuridad (*tb* **obscuridad**) *f* Condición de oscuro. | *Caso* 14.11.70, 3: De la oscuridad y desamparo en que se hallan aquellos parajes da[n] cabal idea las manifestaciones de una de estas vecinas. *Anuario Observatorio 1967* 205: Los nombres propios de las estrellas, algunos todavía muy usados, y la mayor parte, por la ignorancia de los idiomas a que corresponden, por su extrañeza y ambigüedad, o la obscuridad de su origen, poco a poco relegados al olvido. **b)** Ausencia de luz. *A veces en pl con sent sg. Tb fig.* | Cela *Pirineo* 299: El viajero, con las primeras oscuridades, se volvió, desandando lo andado, hasta la barraca de estany Llong. L. Alberdi *DBu* 27.12.70, 3: Sobre esta ópera existe una mayor oscuridad todavía, y es la tocante al autor de la música, que el propio Lope silencia.

oscuro -ra (*tb* **obscuro**) **I** *adj* **1** Que tiene poca o ninguna luz. | Ybarra-Cabetas *Ciencias* 426: La zona pelágica propiamente dicha puede subdividirse en dos: la diáfana o iluminada .. y la afótica, oscura. **b)** [Cielo] que tiene poca o ninguna luz por estarse poniendo o haberse puesto el Sol. *Frec en las constrs* ESTAR ~, PONERSE ~, *o* SER ~, *con suj implícito.* | * Era ya oscuro cuando llegaron. **c)** [Día o cielo] nublado. *Frec en las constrs* ESTAR ~, *o* PONERSE ~, *con suj implícito.* | * El día está muy oscuro, puede que llueva. **d)** [Cámara] **oscura** → CÁMARA.
2 [Color o tono] más próximo al negro que al blanco. | Romeu *EE* nº 9.63, 64: Esta última prenda es de color gris claro, con anchos ribetes gris oscuro y negro. Marcos-Martí-

nez *Física* 123: Mediante un reostato hagamos pasar una corriente eléctrica y regulémosla hasta que el alambre adquiera el color rojo obscuro. **b)** De color o tono oscuro. | Cunqueiro *Un hombre* 11: Entre las oscuras piedras cuadradas florecía la valeriana. Matute *Memoria* 185: Una de las palomas de la abuela, gris oscura, picoteaba en el primer peldaño. **c)** [Gafas] de cristales oscuros destinadas a filtrar la luz. | MMolina *Invierno* 177: Se puso las gafas oscuras y bajó por una escalera muy estrecha.
3 [Cosa] poco lucida o poco brillante. | CBaroja *Inquisidor* 23: El abogado suele aparecer en los procesos como hombre de carrera más oscura, en general, que fiscales e inquisidores.
4 [Pers. o cosa] poco conocida de la gente. | * Pertenecía a un linaje oscuro. * El nuevo médico era un hombre oscuro.
5 [Cosa] difícil de entender o descifrar. | RPeña *Literatura* 191: Esta cargazón .. contribuirá a que este estilo resulte en la apariencia oscuro y muy difícil. **b)** [Pers.] que se expresa de manera poco comprensible. | * Es un escritor muy oscuro. Correa-Lázaro *Literatura* 206: La crítica .. ha estado ciega para comprender las indudables recónditas bellezas del "Góngora oscuro".
6 [Cosa] imprecisa o confusa. | Gambra *Filosofía* 11: El concepto de filosofía permanece aún hoy bastante oscuro para la generalidad de los hombres, para todos aquellos cuyos estudios no se aproximan al campo mismo de la filosofía.
7 [Cosa] misteriosa y que infunde desconfianza. | Matute *Memoria* 59: Cuando se le descubría de improviso, había en el Chino algo oscuro y concentrado que atemorizaba.
8 [Cosa] sombría (triste o pesimista). | * El porvenir se presenta oscuro. MMolina *Jinete* 105: Tengo la sensación de que nunca los he conocido verdaderamente, de que nunca he sabido cómo eran, .. cómo vivían en las edades oscuras del hambre y del terror, no hace siglos, sino años, no muchos.
II *m* **9** (*Escén*) Apagón de las luces de la escena, que marca el final de un cuadro. | LTena *Alfonso XII* 156: Al levantarse el telón no hay nadie en escena. De la calle llega el ruido del tumulto, que no ha cesado durante el oscuro.
III *loc adv* **10 a oscuras.** Sin luz. | *Prog* 8.8.75, 2: Ayer se hallaban casi a oscuras las calles de Conde Pallares, Dr. Castro, calle de la Cruz y Plaza del Campo. **b)** (*col*) En completa ignorancia. | ZVicente *Traque* 64: Oh, no sé para qué le cuento esto. Con esa cara que pone... Se echa de ver enseguidita que se está usted quedando a oscuras, a oscuras, a oscuras.

osear *tr* Oxear. *Tb fig.* | Berenguer *Mundo* 15: Usted no para de moverse y de respirar fuerte. Así osea usted la caza. Delibes *Parábola* 104: Baudelio Villamayor, con los ojos bajos, les oseaba hacia la puerta, venga, ahuecar, no vaya a venir el Jefe. GPavón *Reinado* 30: Se acercaba cantando, por hacer gracia o por osearse el miedo.

osecico, osecillo → HUESO.

oseína *f* (*Anat*) Sustancia orgánica que forma parte fundamental de los huesos y que se encuentra también en la piel y los cartílagos. | Bustinza-Mascaró *Ciencias* 33: La sustancia fundamental orgánica del hueso se llama oseína, y a ella debe su elasticidad.

óseo -a *adj* (*Anat*) De(l) hueso. | Navarro *Biología* 79: La sustancia fundamental (sustancia ósea) del tejido óseo está formada por fibrillas colágenas .. Las células óseas u osteocitos son generalmente estrelladas.

osero -ra I *adj* **1** Del oso o de los osos. | *Ya* 25.1.92, 21: Árboles para los osos cántabros .. Los frutales –cerezo, manzano y peral silvestre, castaño, roble y serbal de cazadores– serán entregados a los vecinos que viven en las zonas oseras para su replantación.
II *f* **2** Guarida del oso. | MFVelasco *Peña* 97: Mi última esperanza se cifraba en cortar un rastro que me condujera a la osera en que se hubiera encovado para invernar.

oseta I *adj* **1** De un pueblo iranio habitante de la región de Osetia, en el Cáucaso. *Tb n, referido a pers.* | * Las osetas son de origen iranio.
II *m* **2** Lengua de los osetas. | Villar *Lenguas* 97: Perteneciente al grupo del noroeste [de los dialectos iranios modernos] aparece el oseta, que es un resto de los dialectos escitas y sármatas que en la antigüedad ocuparon grandes áreas del sur de Rusia.

osetio -tia *adj* De la región de Osetia, en el Cáucaso. *Tb n, referido a pers.* | *País* 27.11.81, 1: Violentos incidentes entre dos grupos étnicos del Cáucaso soviético, los osetios y los checheno-ingusos, provocaron el mes pasado la intervención del Ejército.

oseto -ta *adj* Osetio. *Tb n.* | *Ya* 6.11.92, 6: Un soldado oseto salta por encima de un campesino ingush muerto en Vladikavkav.

osezno *m* Cachorro de oso. | Cela *Pirineo* 304: Bohí, agazapado en su ladera, finge la traza de un aburrido osezno tumbado al sol.

osido *m* (*Quím*) Hidrato de carbono que se hidroliza dando lugar a otro hidrato de carbono. | Aleixandre *Química* 181: Glúcidos: .. osidos: hidratos de carbono que se hidrolizan dando compuestos que son, a su vez, hidratos de carbono.

osificación *f* Acción de osificarse. | Ybarra-Cabetas *Ciencias* 196: El tejido cartilaginoso constituye el esqueleto del hombre antes de su osificación.

osificarse *intr pr* Convertirse en hueso. | Bustinza-Mascaró *Ciencias* 39: Merced a su actividad se va alargando la estructura y luego osificándose, con lo cual el hueso se alarga.

osiforme *adj* (*Anat*) De apariencia de hueso. | Ybarra-Cabetas *Ciencias* 222: Se representan dos crestas bien distintas: la una, sencilla; la otra, osiforme.

osífraga. águila ~ → ÁGUILA.

osmanlí *adj* Turco u otomano. *Tb n, referido a pers.* | Albla *Sáb* 22.6.74, 51: La importancia de los monasterios en la vida espiritual del pueblo búlgaro durante los cinco siglos que sufrieron la opresión del yugo osmanlí es bien notoria.

osmio *m* (*Quím*) Metal duro, de número atómico 76, que se presenta en cristales blancos frec. asociado al iridio o al platino y que es muy atacable por los ácidos. | Ybarra-Cabetas *Ciencias* 67: Platino. Se presenta asociado a metales de las tierras raras (iridio, osmio, rutenio, rodio y paladio) en laminillas, granos o pequeñas masas.

osmómetro *m* (*Fís*) Aparato para medir la presión osmótica. | Navarro *Biología* 7: Las membranas celulares se pueden considerar, hasta cierto punto, como semipermeables para el agua y las disoluciones, y a las células como pequeños osmómetros.

ósmosis (*tb, más raro,* **osmosis**) *f* **1** (*Fís*) Paso recíproco de dos líquidos de distinta densidad a través de una membrana semipermeable que los separa. | Alvarado *Botánica* 31: La absorción del agua .. se verifica exclusivamente por la zona pilífera de las raíces mediante el fenómeno de la ósmosis.
2 (*lit*) Penetración o influencia recíproca. | Lera *Perdimos* 65: Entre ambos grupos, pese a la barrera aislante de los guardias, se estableció una intensa ósmosis emocional.

osmótico -ca *adj* (*Fís o lit*) De (la) ósmosis. | Navarro *Biología* 7: Los fenómenos osmóticos son de suma importancia para la materia viva .. Las células poseen una determinada presión osmótica, que depende de las materias disueltas en el agua celular.

osmundácea *adj* (*Bot*) [Planta] de la familia de helechos cuyo tipo es el gén. *Osmunda. Frec como n f en pl, designando este taxón botánico.* | GCabezón *Orotava* 55: Helecho real, *Osmunda regalis*, Linn., Osmundácea, Europa y el Hemisferio Norte.

oso -sa I *n* **A** *m* **1** Mamífero de la familia de los úrsidos. *Diversas especies se distinguen por medio de adjs:* ~ COMÚN, *o* PARDO (*Ursus arctos*), ~ BLANCO, POLAR *o* MARÍTIMO (*Thalaretos maritimus*), ~ BEZUDO (*Melursus ursinus*), *etc.* | Alvarado *Zoología* 106: Los carnívoros más importantes pertenecen a tres familias: 1ª Félidos (fieras) .. 2ª Cánidos .. 3ª Úrsidos (osos). Cendrero *Cantabria* 50: El oso, junto con el águila real, es en estos momentos nuestra especie más frágil. Alvarado *Zoología* 106: Los osos son grandes animales plantígrados de cabeza prolongada y cola corta. El común o pardo (*Ursus arctos*) habita en las montañas europeas. *Sp* 19.7.70, 49: Un 70 u 80 por ciento de esas salas que mostraban en su entrada al pingüino o al oso polar .. tenían una refrigeración de segundos. Alvarado *Zoología* 106: Los osos son grandes animales plantígrados de cabeza prolongada y

cola corta .. El marítimo o blanco .. está acantonado en la región ártica. SArr 27.9.70, 4: El mejor zoo de Europa, en Madrid .. Fauna asiática: .. Osos Bezudos.
2 ~ hormiguero. Mamífero desdentado de América central y meridional, de más de 1 m de largo, pelo áspero y hocico muy alargado, que se alimenta de hormigas y termes (*Myrmecophaga tridactyla*). | Alvarado *Zoología* 124: En América del Sur viven: el perezoso o perico li[g]ero, de cola corta, arborícola y herbívoro; el oso hormiguero, de cola larga y lengua vermiforme, en cuya viscosa saliva quedan pegados los termes de que se aliment[a].
3 ~ panda → PANDA².
4 (*hoy raro*) Hombre que galantea a una mujer paseándole la calle. | DCañabate *Andanzas* 94: Creo que he pescado un novio. Agustinita, guapa, asómate con disimulo al mirador a ver si se ha quedado de oso en la acera de enfrente.
B *f* **5** Hembra del oso [1]. | * Ayer vimos en el zoo una osa dando de mamar a su osito.
II *loc adj* **6** [Abrazo] **del ~**, [ajo] **de ~**, [oreja] **de ~**, [uva] **de ~** → ABRAZO, AJO¹, OREJA, UVA.
III *loc v* **7 hacer el ~.** (*col*) Hacer tonterías, exponiéndose a la burla de la gente. | * Deja de hacer el oso; te están mirando.
IV *interj* **8 anda la osa.** (*col*) Expresa sorpresa. | SFerlosio *Jarama* 179: –El vino en cambio te entra que es un gusto. –Ni el vino siquiera. –¡Anda la osa! Pues si te llega a entrar...

osobuco *m* Ossobuco. | SCan 4.10.91, 6: Restaurante Madrid 2. Para comer bien. Cocido Madrileño .. Osobuco Napolitano.

ossobuco (*it; pronunc corriente*, /osobúko/; *tb con la grafía* **osso buco**) *m* Plato que se prepara con pierna de vaca cortada en rodajas transversales y con hueso, cocida en salsa de vino y cáscara de limón. *Tb la carne con que se prepara.* | VMontalbán *Pájaros* 169: –Tengo un ossobuco en el congelador y no sé quién se lo va a comer. –¿Ese animal se come? –Si es la pantorrilla de la vaca, el jarrete, pero cortado de otra manera, a rodajas. –¿Y está bueno? –Buenísimo. *PaísE* 11.3.90, 46: El morcillo con hueso, cortado en rodajas gordas, es el *ossobuco*. Benet *Otoño* 9: Relaciones que se reanudaron en un restaurant italiano, ante un plato de osso bu[c]o. [*En el texto,* bucco.]

oste → OXTE.

osteíctio *adj* (*Zool*) [Pez] de esqueleto óseo. *Frec como n m en pl, designando este taxón zoológico.* | SInde 24.12.89, 16: Otras especies, dentro de los Osteíctios, que entran dentro de la categoría de vulnerables son: Sábalo (*Alosa alosa*). Saboga (*Alosa fallax*). [*En el texto, sin tilde.*]

osteína *f* (*Anat*) Oseína. | Navarro *Biología* 82: La osteína forma la trama elástica del hueso.

osteítis *f* (*Med*) Inflamación del tejido óseo. | Cañadell *Salud* 359: La movilización del calcio óseo origina hipercalcemia y una desmineralización progresiva del esqueleto, que puede llegar a la formación de quistes y a la aparición de fracturas espontáneas. La enfermedad recibe en este caso el nombre de osteítis fibroquística de von Recklinhausen.

ostensible *adj* **1** Manifiesto o patente. | V. A. Pineda *Des* 12.9.70, 19: Glauber Rocha es un fenómeno del cine de hoy, y tanto sus hallazgos singulares como sus equivocaciones ostensibles se imponen. **b)** Muy visible. | *Pue* 17.12.70, 5: Dos avionetas sobrevolaban constantemente la plaza llevando en la cola ostensibles carteles.
2 Que se puede mostrar o manifestar. | J. M. Llanos *Ya* 13.6.74, 21: ¿No resulta un tanto extraño haber hecho de "la custodia u ostensorio de Él" un objeto custodiado y ostensible?

ostensiblemente *adv* De manera ostensible. | CNavarro *Perros* 157: Preguntó si podía mandar servir la cena, y nadie respondió a su pregunta. Pupi siseó ostensiblemente molesto.

ostensión *f* (*lit, raro*) Manifestación notoria [de algo]. | Lázaro *LRubio* 74: El dramaturgo o el comediógrafo, como el novelista o el poeta, nos lo parecen por la belleza de su creación, más que por la de sus convicciones.

ostensorio *m* (*Rel catól*) Parte de la custodia donde se coloca el viril. | Camón *LGaldiano* 30: El ostensorio central, rehecho, pero muy rico de ornamentación, tiene elementos del siglo XV español. Pertenece al tipo de custodia de final del siglo XV. **b)** Custodia (objeto litúrgico). | J. M. Llanos *Ya* 13.6.74, 21: ¿No resulta un tanto extraño haber hecho de "la custodia u ostensorio de Él" un objeto custodiado y ostensible?

ostentación *f* Acción de ostentar, *esp* [1]. *Tb su efecto.* | FQuintana-Velarde *Política* 12: Determinadas ostentaciones, ciertas exhibiciones de tipo suntuario, .. son hoy repudiadas.

ostentador -ra *adj* Que ostenta. | Benet *Nunca* 22: Gente tranquila y serena, poseedora de bienes raíces y propietarios de media provincia, ostentadores de un poder tan tradicionalmente admitido que jamás se preocuparon de manifestarlo.

ostentar *tr* **1** Mostrar [algo] con intención de que sea admirado. *Tb abs.* | * Ostenta una riqueza que no posee. * Le mueve tan solo el afán de ostentar.
2 Tener o llevar [algo] de modo que sea bien visible. | M. G. SEulalia *HLM* 23.5.77, 18: Con ellos [los cuadros] proclamaban, desde lejos, la cuna y apellidos del guerrero que los ostentaba.
3 Tener de manera pública [un título, un cargo o dignidad o un derecho]. | Laiglesia *Tachado* 76: Dio muerte con su división a 6.472 adversarios, superando la marca europea que ostentaba el general francés Duplesis. *Inf* 1.7.70, 36: El primer ministro griego sigue ostentando las carteras de Defensa Nacional y Educación.

ostentativo -va *adj* (*raro*) Ostentoso. | A. Assía *Ya* 3.3.63, 7: Los norteamericanos han cambiado el ala ancha por la angosta, los colores ostentativos por los modestos.

ostentatorio -ria *adj* (*raro*) Ostentoso. | MGaite *Retahílas* 219: Estuvimos hablando del simbolismo de tirar cosas a las hogueras, de las fallas de Valencia; claro que yo a las fallas les veo también un sentido de despilfarro ostentatorio.

ostento *m* Fenómeno de carácter prodigioso. | Delibes *Madera* 25: Tan solo si papá León las acompañaba de un tenue fondo musical Gervasio se conmovía y hasta podía llegar a producirse un conato de ostento.

ostentóreo -a *adj* (*humoríst*) **1** Ostentoso. | Benet *Lanzas* 107 (G): Se había calado una boina negra hasta las cejas .. y con su ostentórea presencia pronto todo el pequeño arrabal adquirió una tonalidad garibaldina. SFerlosio *Ensayos* 1, 805: Por su carácter y su volumen máximamente imponente, prepotente, omnipresente y *ostentóreo*, el multimillonario y fervoroso culto del motor de gasolina viene a erigirse en símbolo supremo de la cultura consumista.
2 Llamativo y ruidoso. *Gralm referido a risa.* | *País* 13.8.89, 13: Reírme de manera ostentórea.

ostentosamente *adv* De manera ostentosa. | DPlaja *El español* 94: El verdugo de Madrid .. se paseó ostentosamente por las calles de la capital. Alfonso *España* 131: Lo más inconcebible no es ya que estas armas se vendan y usen sin la necesaria licencia .., sino que se ofrezcan ostentosamente en los escaparates.

ostentosidad *f* Cualidad de ostentoso. | Lapesa *Santillana* 152: La complacencia, tardíamente medieval, por la exteriorización, y el deseo de lucir el incipiente saber de letras antiguas confluyen en una ostentosidad expresiva.

ostentoso -sa *adj* [Cosa] que llama la atención por su magnificencia o por su aparato. | DCañabate *Paseíllo* 175: Sus coletas .. Las había para todos los gustos, desde la vergonzante a la ostentosa. CBonald *Ágata* 198: El encuentro con quien aún no suponía cadáver enfrenó sus arrestos y motivó un preámbulo de lágrimas demasiado ostentosas.

osteoarticular *adj* (*Med*) De los huesos y sus articulaciones. | *Con* 11/12.91, 6: Las técnicas de fisioterapia constituyen el único tratamiento serio y profesional para conseguir la curación y rehabilitación de múltiples procesos osteoarticulares.

osteoblasto *m* (*Anat*) Célula ósea. | Alvarado *Anatomía* 26: Se distinguen también en él [el tejido óseo] las células u osteoblastos y la substancia fundamental.

osteocito *m* (*Anat*) Osteoblasto. | Navarro *Biología* 79: Las células óseas u osteocitos son generalmente estrelladas, presentando numerosos brazos o prolongaciones por las que se unen entre sí.

osteoclasto *m* (*Anat*) Célula destructora del hueso. | Bustinza-Mascaró *Ciencias* 39: La labor de los osteoclastos es la de aligerar y esponjar a los huesos.

osteocondritis *f* (*Med*) Necrosis simultánea de un hueso y su cartílago. | R. ASantaella *SYa* 24.4.83, 33: Cadera .. Puede ser asiento de diversos procesos patológicos, como luxación congénita, alteraciones del desarrollo u osteocondritis.

osteodistrofia *f* (*Med*) Distrofia ósea. | Nolla *Salud* 346: En las osteodistrofias, u osteodistrofias fibrosas, existen, por una parte, zonas del hueso con excesiva destrucción, siendo sustituido por tejido fibroso, y zonas con neoformación de hueso.

osteófito *m* (*Med*) Producción ósea a expensas del periostio en las proximidades de un foco inflamatorio crónico. | J. M. Suárez *Ya* 1.4.75, 22: Prolifera el hueso en la periferia, lejos de los ejes de carga en que aparecen las anteriores lesiones, y dan lugar a espinas, cuernos, picos u "osteófitos".

osteogénesis *f* (*Anat*) Desarrollo del tejido o sistema óseo. | Alvarado *Anatomía* 117: En él [el escorbuto infantil] la osteogénesis está muy perturbada y los huesos largos se hacen quebradizos.

osteogenético -ca *adj* (*Anat*) De (la) osteogénesis. | Alvarado *Anatomía* 42: Solo cuando este [crecimiento en longitud de los huesos] da fin (de los 20 a los 25 años), el proceso osteogenético invade la totalidad del cartílago.

osteogénico -ca *adj* (*Anat*) De (la) osteogénesis. | *TMé* 20.1.84, 23: Intervinieron los doctores Ballón (Jaén), .. Pastor (Sevilla), en sarcomas de partes blandas y osteogénicas.

osteógeno -na *adj* (*Anat*) Que realiza la osteogénesis. | Bustinza-Mascaró *Ciencias* 35: La misión del periostio es alimentar al hueso .. y formar nueva materia ósea por su cara interior por la activa proliferación de las células osteógenas, que determinan el crecimiento en espesor del hueso.

osteointegración *f* (*Med*) Unión íntima y duradera entre el hueso y el implante. | *Abc* 24.2.88, 55: Consideran válidos tan solo aquellos implantes que consigan la osteointegración.

osteointegrado -da *adj* (*Med*) [Implante] que se realiza con osteointegración. | *MMé* 15.6.87, 2: Implantes osteointegrados. I Curso Teórico Práctico de Implantes Oste[o]integrados. Se desarrollará en la Escuela de Estomatología de Madrid. [*En el texto*, Osteintegrados.] *Voz* 26.11.88, 22: Centro de implantología dental osteointegrada.

osteoma *m* (*Med*) Tumor de naturaleza ósea o de estructura semejante a la del tejido óseo. | *Abc* 20.8.65, 45: Hizo una clasificación de los más importantes problemas que han presentado gran número de parapléjicos, .. resaltando los siguientes: Rigideces .., osteomas y úlceras por decúbito.

osteomalacia *f* (*Med*) Trastorno metabólico de los huesos caracterizado por el progresivo reblandecimiento. | Nolla *Salud* 345: Tanto en las osteoporosis como en la osteomalacia, la cantidad total de calcio existente en los huesos está por debajo de la normal.

osteomielítico -ca *adj* (*Med*) Afectado de osteomielitis. | Nolla *Salud* 347: Pasteur, al demostrar en 1880 que el estafilococo causante de los forúnculos se encontraba en el pus del hueso osteomielítico, denominó a las osteomielitis "forúnculos de los huesos".

osteomielitis *f* (*Med*) Inflamación simultánea del hueso y de la médula ósea. | Bustinza-Mascaró *Ciencias* 99: Germen muy peligroso para el hombre por producirle infecciones diversas: furúnculos, septicemias, osteomielitis, etc.

osteópata *m* y *f* (*Med*) Especialista en osteopatía [2]. | J. L. Aguado *SInf* 14.1.76, 4: La doctora Ira Rumney, osteópata de renombre, informa que muchas mujeres que han hecho dieta para adelgazar han perdido parcialmente la tonicidad de sus músculos abdominales.

osteopatía *f* (*Med*) **1** Afección ósea. | *Inf* 6.5.71, 8: Monseñor Morcillo ingresó en el hospital .., aquejado de una osteopatía vertebral.

2 Tratamiento de las enfermedades basado en el principio de la relación entre las afecciones de los órganos internos y las del esqueleto. | M. LGarcía *SYa* 31.5.87, 26: Si la acupuntura fue la primera técnica "dulce" extendida en Occidente, la última "moda" entre estas terapias alternativas es la osteopatía.

osteoplastia *f* (*Med*) Cirugía plástica de los huesos. | * Una operación de osteoplastia.

osteoplástico -ca *adj* (*Med*) De (la) osteoplastia. | *Inf* 5.3.75, 8: El infante don Jaime fue sometido a una operación de craneotomía osteo-plástica de temporo-parietal izquierdo.

osteoporosis *f* (*Med*) Formación de espacios anormales en el hueso o rarefacción del mismo. | Nolla *Salud* 345: Tanto en las osteoporosis como en la osteomalacia, la cantidad total de calcio existente en los huesos está por debajo de la normal.

osteoporótico -ca *adj* (*Med*) Afectado de osteoporosis. | Nolla *Salud* 346: Exteriormente, los huesos osteoporóticos suelen ser de morfología normal.

osteosarcoma *m* (*Med*) Sarcoma de hueso. | A. Lucio *Ya* 9.5.90, 51: Pueden ser somáticos (fundamentalmente todos los tipos de cáncer: leucemia, carcinoma de piel, osteosarcoma, carcinoma de pulmón, carcinoma de tiroides) o genéticos.

osteosíntesis *f* (*Med*) Reunión de los fragmentos de un hueso fracturado, por medios mecánicos o quirúrgicos. | *Abc* 15.4.73, 62: Con asistencia de los presidentes de las Asociaciones europeas de osteosíntesis se celebró en el Hospital Central de la C[ru]z Roja Española el acto de apertura de la primera reunión de la Asociación Española para el Estudio de la Osteosíntesis.

osteotomía *f* (*Med*) Incisión o sección quirúrgica de un hueso. | *CoA* 31.10.75, 12: "Rodilla catastrófica por artritis reumatoide" .., "Tratamiento del genu varo con osteotomía de adición", doctores Fernández Sánchez, Pozuelo y Moreno.

osteotómico -ca *adj* (*Med*) De (la) osteotomía. | *País* 22.11.82, 33: El doctor Yoichi Sugioka, descubridor de un nuevo tratamiento osteotómico de cadera.

osti → HOSTI.

ostiaco -ca I *adj* **1** De un pueblo finés de la Siberia Occidental, establecido pralm. a orillas del Obi. *Tb n, referido a pers*. | *Fam* 15.11.70, 37: El nombre de Dios en 50 idiomas .. Siberia: ostiacos: Torym.
II *m* **2** Lengua fino-ugra del Obi (Siberia). | * El ostiaco es una lengua uraloaltaica.

ostiariado *m* (*Rel catól*) Orden de ostiario, suprimida a partir del Concilio Vaticano II. | Ribera *Misal* 650: En las Ordenaciones, el Obispo confiere el Ostiariado.

ostiario *m* (*Rel catól*) Clérigo que ha recibido la primera de las órdenes menores. | SLuis *Doctrina* 151: Órdenes menores: .. Ostiario, lector, exorcista y acólito.

ostiense *adj* De Ostia (Italia). *Tb n, referido a pers*. | C. FDonis *DPa* 9.5.91, 12: Santo riojano puede llamarse con todo derecho a San Gregorio Ostiense.

ostinato (*it; pronunc corriente*, /ostináto/; *pl normal*, OSTINATI) *m* (*Mús*) Breve frase melódica repetida constantemente por la misma voz o instrumento y en el mismo tono. | Losada *CBranco* XVIII: Un gran escritor crea en su vida un gran tema y dos o tres personajes básicos que le encarnan, y, como el "ostinato" de una melodía, va repitiéndolos a lo largo de toda su producción.

ostiolo *m* (*Bot*) Orificio. | Navarro *Biología* 103: Cada estoma está formado por dos células arriñonadas que dejan entre ellas un orificio llamado ostiolo. Ybarra-Cabetas *Ciencias* 245: Estas peritecas dan lugar a ascas con ascosporas que salen al exterior por la boca del cuello (ostiolo).

ostión *m* Molusco semejante a la ostra, pero de mayor tamaño y más basto (*Crassostrea angulata*). | Delibes *Mundos* 91: Esto no quita para que cada zona sea famosa por un marisco o un pez determinados: Coquimbo, por el ostión.

ostipense *adj* De Estepa (Sevilla). *Tb n, referido a pers.* | *CoA* 31.10.75, 24: El suelo ostipense es también rico en canteras de jaspe.

ostpolitik *(al; pronunc,* /ostpolitík/) *f* Política de aproximación a los países de régimen comunista. | *Abc* 10.11.70, 26: Se asumía como reacción desfavorable a la "ostpolitik".

ostra I *f* **1** Molusco lamelibranquio marino de valvas desiguales de color pardo verdoso, la mayor de las cuales se adhiere a las rocas, y que es comestible muy apreciado (*Ostrea edulis*). | Bernard *Salsas* 37: Se prepara una salsa morena .. y, una vez pasada por el tamiz, se le agregan las ostras hervidas previamente. **b)** *Se da tb este n a otras especies similares, pralm de los géns Ostrea y Meleagrina. Normalmente con un adj o compl especificador.* | Bustinza-Mascaró *Ciencias* 132: La madreperla u ostra perlera produce perlas segregando capas de nácar muy delgadas. **c)** *Se usa frec en constrs de sent comparativo para ponderar aburrimiento.* | * Me aburrí como una ostra con esa película.
II *interj* **2 -s.** *(euf, reg) Expresa sorpresa o enojo.* | PGarcía *Sáb* 15.3.75, 77: ¡Ostras! Es Victoriano, que tiene la barbilla partida y está como para hacerle un favor. Delibes *Voto* 15: –A Dani tampoco va a gustarle esto. –¡Ostras, que lo haga él!

óstraca → ÓSTRACON.

ostracismo *m* **1** (*lit*) Exilio (separación, voluntaria o forzosa, del propio país, por razones políticas). | Anson *SAbc* 25.1.70, 9: Le permite el ostracismo reflexionar en sus propios errores. **b)** (*hist*) *En la antigua Grecia:* Destierro político de 5 o 10 años, dictado por la asamblea popular contra determinados individuos. | Calonge *Tucídides* 16: Es probable que .. no aprobara las acciones que el político, al regresar en 433, tras haber cumplido los diez años de ostracismo, emprendió contra el ya sexagenario Anaxágoras.
2 Exclusión, voluntaria o forzosa, de un cargo público, por motivos políticos. *Tb fig.* | Aguilar *Experiencia* 70: Si en Madrid había un Gobierno formado por políticos conservadores, los cuales designaban gobernador civil de Valencia a uno de los suyos, mi padre pasaba al ostracismo.
3 Incomunicación o aislamiento voluntarios. | Delibes *Madera* 330: Gervasio volvió también al ostracismo. Dejó de vestirse la gala; de intentar salvar la revista. MGaite *Cuento* 60: Venciendo una tendencia al ostracismo que por entonces me apuntaba, empecé a escribir más.

ostracista *adj* De(l) ostracismo [2 y 3]. | Montero *Reina* 132: Y a él, mientras tanto, le condenaban al destierro burocrático, el ostracismo de Antonio, Antonio el ostracista. L. Mateos *GacNS* 8.8.74, 24: Los "Procol" salieron a la luz pública en 1967 .. Después de una etapa ostracista, vuelven a sonar en 1972 con fuerza.

ostracodermo *adj* (*Zool*) [Pez] fósil de piel en forma de coraza. *Frec como n m en pl, designando este taxón zoológico.* | M. Vigil *SYa* 14.9.75, 19: Los primeros vertebrados marinos, los ostracodermos, hace quinientos millones de años llevaban un esqueleto exterior.

ostrácodo *adj* (*Zool*) [Crustáceo] de pequeñas dimensiones, con cuerpo no segmentado cubierto de un caparazón bivalvo, que vive en el fondo de las aguas dulces o marinas. *Frec como n m en pl, designando este taxón zoológico.* | *SInf* 5.3.75, 6: Estudios geológico-analíticos, que comprenden la preparación de muestras; la estratigrafía (macrofósiles, foraminíferos, ostrácodos, microfacies, etc.).

óstracon (*pl normal,* ÓSTRACA) *m* (*Arqueol*) Fragmento de arcilla usado en la antigüedad clásica como superficie para escribir. | RAdrados *Lexicogr. griega* 170: Existen inscripciones que transmiten textos literarios dialectales, tales los fragmentos de Arquíloco .. o el óstracon de Safo.

ostreícola *adj* (*raro*) Ostrícola. | J. Pol *Inf* 27.12.69, 14: Fue el político Costes el primero en adoptar los métodos racionales de cultura ostreícola que habían sido iniciados en la península transalpina.

ostreicultura *f* (*raro*) Ostricultura. | J. Pol *Inf* 27.12.69, 14: De ahí vienen las diferencias entre las "especiales", .. las "portuguesas mejoradas" y las enormes "portuguesas parqueadas", verdaderos prodigios de la ostreicultura artificial.

ostrería *f* Establecimiento dedicado especialmente a la venta de ostras. | Ferrón *Abc* 8.3.58, 34: Hoy múltiples establecimientos destinados a su venta, innumerables ostrerías, se nos ofrecen en el centro y los barrios de la urbe.

ostrero -ra I *adj* **1** De (las) ostras [1a y b]. | M. Trigo *Abc* 12.4.58, 47: Pretendemos con esto: 1º Racionalizar la producción, dándole una base científica. 2º Colocarnos, en lo posible, al margen de las contingencias naturales y del azaroso rendimiento de los bancos ostreros.
II *n* **A** *m y f* **2** Pers. que se dedica a la venta de ostras [1a y b]. | C. Hoz *Ya* 27.8.85, 22: Las ostreras de la calle de la Pescadería, de Vigo, salen todos los días a vender su mercancía, esté lloviendo o nevando.
B *m* **3** Ave limícola de gran tamaño, de plumaje negro con franjas alares y obispillo blancos y pico anaranjado comprimido lateralmente (*Haematopus ostralegus*). | Noval *Fauna* 104: El Ostrero (*Haematopus ostralegus*) es conocido en Asturias como Pollo pinto .. y se observa frecuentemente posado en las rocas de la costa. C. Edo *Ya* 11.12.89, 20: Entre las [especies] que se encuentran en peligro más o menos grave abundan, sobre todo, las aves –el avetoro, la garcilla cangrejera, .. la hubara canaria, el ostrero unicolor canario–.
4 Lugar en que se crían las ostras [1a y b]. | * En la costa abundan ricos ostreros naturales.
C *f* **5** Vasija especial para servir ostras [1a y b]. | *País* 3.9.77, 14: Los concejales .. se negaron a pagar la ostrera de plata regalada a la nieta de Franco.

ostrícola *adj* De (la) ostricultura. | Ferrón *Abc* 8.3.58, 34: Un programa de conversión de los almacenes en parques ostrícolas viene siendo objeto de discusión desde hace años.

ostricultor -ra *m y f* Pers. que se dedica a la ostricultura. | *Faro* 7.8.75, 8: Los ostricultores de Arcachon y los pueblos vecinos se quejan de que las numerosas embarcaciones con motor que utilizan los turistas han contaminado de tal manera las aguas de la bahía .. que ponen en peligro la supervivencia de los criaderos de ostras.

ostricultura *f* Cría de ostras [1a y b]. | Legorburu-Barrutia *Ciencias* 153: Las ostras y los mejillones se cultivan en grandes cantidades en zonas de la costa acomodadas al efecto, y constituyen dos industrias prósperas: la ostricultura y la mitilicultura.

ostrogodo -da *adj* (*hist*) [Individuo] del pueblo godo oriental, establecido en Ucrania en el s. IV y en Italia entre 493 y 555. *Tb n.* | Castillo *Polis* 158: Dueño Odoacro de Italia desde 476, proporcionó al país una era de prosperidad, pero vio su obra destruida por la invasión de los ostrogodos. **b)** De los ostrogodos. | Castillo *Polis* 158: El reino ostrogodo de Italia .. Teodorico, su rey, gobernó el país en nombre del Imperio de Oriente.

ostrogótico -ca *adj* (*raro*) De los ostrogodos. | Castillo *Polis* 163: La corte ostrogótica de Teodorico contó con el filósofo Boecio y el pedagogo Casiodoro.

ostugo *m* (*lit, raro*) **1** Rincón. | L. Calvo *Abc* 2.4.72, 19: Se publicaron los [periódicos] chinos, que estaban, como siempre, esparcidos por las aceras, al cuidado de las mujerucas de todos los días, arrebujadas en su ostugo.
2 Pizca o porción muy pequeña [de algo]. | FVidal *Duero* 164: Echa mano al morral, lo abre, saca de sus profundidades un ostugo de pan. [*En el texto,* óstugo.]

osunés -sa *adj* De Osuna (Sevilla). *Tb n, referido a pers.* | Cela *Viaje andaluz* 191: Las verduras que se preparan en las cocinas osunenses vienen de Aguadulce, que queda cerca, a cosa de dos leguas, y del cordobés Puente-Genil.

osuno -na *adj* De(l) oso (animal). | L. Diego *Ya* 26.11.86, 5: El oso es singular .. No lo digo yo, lo dice Rafael Notario, ingeniero de montes y autoridad en asuntos osunos.

otalgia *f* (*Med*) Dolor de oído. | Campmajó *Salud* 499: Otalgia o dolor auricular. El conocido dolor de oídos no siempre es ocasionado por una afección que radica propiamente en este órgano.

otánico -ca *adj* De la OTAN (Organización del Tratado del Atlántico Norte). | MCampos *Abc* 18.3.73, 3: Examinando bien la situación descrita se pone en claro que las naciones europeas, lo mismo otánicas que varsovianas, están expuestas a una acción de fuego irresistible.

otanismo *m* (*Pol*) Actitud otanista. | L. LSancho *Abc* 13.2.87, 14: Se verán con agrado estas algaradas que debilitan al molesto y dudoso amigo español que se balancea en la cuerda floja sostenida a un extremo por nuestro curioso "otanismo" y nuestra protección al sandinismo de Nicaragua al otro.

otanista *adj* (*Pol*) Favorable al ingreso en la OTAN (Organización del Tratado del Atlántico Norte). *Tb n, referido a pers.* | Campmany *Abc* 17.10.86, 17: ¿Qué es don Alfonso sino el otanista más conocido, el atlantista confeso?

otárido -da *adj* (*Zool*) [Animal] mamífero pinnípedo cuyas patas posteriores pueden girar hacia delante, facilitando el avance sobre el suelo, y que está dotado de orejas. *Frec como n m en pl, designando este taxón zoológico.* | N. Rubio *SInf* 11.11.70, 12: Los ciervos, las focas, los otáridos, los lobos, los monos... presentan un jefe.

otario *m* Mamífero pinnípedo semejante a la foca, pero de cabeza más pequeña y alargada y provista de orejas (géns. *Otaria, Arctocephalus, Callorhinus* y otros). | Legorburu-Barrutia *Ciencias* 223: Semejantes a las focas son: el otario y la morsa; esta lleva largos colmillos; viven en las regiones polares.

oteador -ra *adj* Que otea. *Tb n, referido a pers.* | Castroviejo *Abc* 28.8.66, 32: Otra vez .. han visto los oteadores de la isla de Hierro surgir en el Atlántico la otra isla fantasma. P. Urbano *Sáb* 3.12.66, 27: Me habla de Madrigal, su pueblo, .. el de los erguidos balcones de nogal, oteadores de la sierra de Gredos.

oteante *adj* Que otea. | D. Acosta *Día* 27.4.76, 15: La figura, para mí muy querida, de don Marcelino, .. al frente de ese molino oteante de Santo Domingo, cabecera del municipio norteño.

otear *tr* Examinar, esp. desde un punto elevado, [una gran extensión de terreno]. *Tb abs. Tb fig.* | CNavarro *Perros* 210: Se puso de pie sobre la proa de la barcaza, oteó el horizonte y extendió el brazo. GPavón *Hermanas* 31: El Faraón, hecho el longuis, fumaba oteando por la ventanilla.

oteizano -na *adj* De Oteiza (Navarra). *Tb n, referido a pers.* | *DNa* 18.8.64, 10: El sermón estuvo a cargo del elocuente orador sagrado Padre José Santamaría, Corazonista y oteizano.

oteo *m* Acción de otear. | Tachín *Abc* 10.10.65, 92: Tras observar los oteos callejeros de Pepita, se acercó a ella.

otero (dim OTERUELO) *m* Cerro aislado en un llano. | Ridruejo *Castilla* 2, 53: Algo apartado del caserío hállase el castillo, que decora bien el otero pero está en ruina avanzada. T. Salinas *MHi* 12.70, 32: Por tierras rojas, encinares centenarios, cerros y oteruelos, pasamos por Francos.

ótico -ca *adj* (*Anat*) Del oído. | Campmajó *Salud* 492: Para prevenir las otitis de piscina, las personas con afecciones óticas .. deben evitar los baños.

otilar *intr* (*reg*) Aullar [el lobo]. | Izquierdo *Alpujarra* 291 (G): El ruido posee matices de tanteo zorruno y de otilar de bestia hambrienta.

otitis *f* (*Med*) Inflamación del oído. | Bustinza-Mascaró *Ciencias* 87: Las otitis o inflamaciones del oído medio deben ser inmediatamente tratadas por el especialista.

otiveño -ña *adj* De Otívar (Granada). *Tb n, referido a pers.* | Á. NVelduque *SIde* 11.8.89, II: En Otívar todo el mundo está dedicado por entero a las faenas agrícolas .. La dedicación exclusiva hacia la tierra no impide que los otiveños tengan fama de empollones.

oto- *r pref* (*Med*) Del oído. | *Por ej*: S*Abc* 25.1.70, 21: De esta colaboración [con el neurocirujano] sur[g]e la nueva especialidad denominada otoneurocirugía. S*Abc* 25.1.70, 18: Nuestras estadísticas, en los distintos aspectos audioquirúrgicos y otoneuroquirúrgicos, son de las más numerosas del mundo. *Abc* 5.5.74, 41: El doctor don Eduardo Gavilán, otoneurólogo, destacó que el ruido afecta no solo al oído, sino también al sistema nervioso central.

otoesclerosis *f* (*Med*) Otosclerosis. | Campmajó *Salud* 496: Las causas más frecuentes de la misma [sordera] son: el tapón de cerumen, los cuerpos extraños, la otoesclerosis.

otófono *m* Audífono. | *Abc* 28.6.58, sn: Para la sordera. Un Otófono transistor. Vea y pruebe gratuitamente los nuevos tipos sin compromiso.

otología *f* (*Med*) Estudio del oído y de sus enfermedades. | M. GSantos S*Abc* 25.1.70, 18: El otólogo que en toda la historia de la Otología española ha dictado mayor número de cursos.

otológico -ca *adj* (*Med*) De (la) otología. | *TMé* 6.1.84, 21: Vendo soporte estativo de pie para microscopio otológico Zeiss.

otólogo -ga *m y f* (*Med*) Especialista en otología. | M. GSantos S*Abc* 25.1.70, 18: El otólogo que en toda la historia de la Otología española ha dictado mayor número de cursos.

otomán *m* Tejido de algodón con dibujo acanalado transversal, usado esp. en decoración y para vestidos de mujer. | *Abc* 6.6.58, 36: Trajes para poner en el acto .. Géneros de clase superior: muselinas con nylon y perlón, .. otomanes.

otomano -na I *adj* 1 Turco. *Tb n, referido a pers. Gralm usado con relación a épocas pasadas.* | Vicens *Polis* 454: El Imperio otomano, que en el siglo XVIII había salido casi incólume del ataque de las grandes potencias, se deshizo en el transcurso del siglo XIX. Torrente *Saga* 521: Los griegos, armenios y etíopes .. también solían venir, aunque no cada año, por las dificultades que los otomanos oponían a sus desplazamientos. ZVicente *Traque* 257: Gracias a mi intervención, se celebra el día otomano en los grandes comercios de Madrid.

II *f* 2 Diván de forma rectangular. | Zunzunegui *Camino* 26: En un rincón tropezaron sus ojos con una amplia y fonje otomana.

otoniano -na *adj* (*hist*) De Otón I, II y III, emperadores del Sacro Imperio Romano-Germánico (s. X). *Gralm referido al arte de este período.* | Tejedor *Arte* 95: Tales manifestaciones artísticas —visigoda, carolingia, ramirense o asturiana, otoniana, mozárabe— .. tienen la significación de esbozar determinadas soluciones arquitectónicas. Tejedor *Arte* 97: Este nuevo Renacimiento, llamado otoniano por sus instigadores, siguió las directrices del carolingio.

otoñada *f* 1 Otoño. | Delibes *Ratas* 34: Había que aprovechar la otoñada y el invierno. En estas estaciones, el arroyo perdía la fronda. GPavón *Hermanas* 34: En las mujeres, la otoñada de la vida no solo se manifiesta en el estancamiento de las sensaciones y recuerdos .., sino también en aquella guerrilla de acaloros.

2 Pastos de otoño [1]. | Cuevas *Finca* 15: La otoñada ha cuajado y la hierba crece por todos sitios.

otoñal *adj* 1 De(l) otoño. | R. Rubio *Abc* 18.12.70, 23: El vino, con los primeros fríos otoñales, se aclara.

2 [Pers.] de edad madura. *Tb n.* | SRobles *Pról. Teatro 1969* XII: Una mujer viuda, madre y abuela, está plenamente enamorada de un guapo otoñal. **b)** De (la) pers. otoñal. | Berlanga *Acá* 19: Edad, otoñal; profesión, liberal; familia normal.

otoñar *intr* Pasar el otoño. | Cunqueiro *Merlín* 184: Le pidió a don Merlín si quería llevarle de su mano las cartas que traía del "reame" al duque de Lerma, que estaba otoñando en Toledo.

otoñear *intr* 1 Pasar el otoño. | *Pue* 29.10.70, 16: Cómo "otoñean" los peces. La estación otoñal, época de transición hacia el invierno, deja sentir sus efectos, en mayor o menor grado, en nuestras aguas. **b)** Estar en el otoño. | Delibes *Año* 130: Cuando yo era joven, el otoño era mi estación predilecta; ahora que yo otoñeo, me agrada la estación más joven, la primavera.

2 Tener o mostrar carácter otoñal. | Torrente *Yo* 123: Dio la puñetera casualidad de que la tarde otoñeaba y de que, en la esquina, un ciego tocaba al acordeón una canción de París.

otoñizo -za *adj* Otoñal [1]. | ZVicente *Examen* 49: Domingo otoñizo arriba, sol pálido y tibio, la maquinilla del Pardo bufa escandalosa, tose, vuelve a resoplar. GPavón *Hermanas* 44: Pañitos de encaje y almohadas disimulaban un poco aquellos tintes otoñizos.

otoño *m* 1 Estación templada que sigue al verano y que en el hemisferio norte abarca oficialmente del 23 de sep-

tiembre al 21 de diciembre. | CNavarro *Perros* 16: El viento jugaba con los cabellos de su hermana, y las mejillas se cubrían de hebras, como el suelo de hojas cuando el otoño.
2 (*lit*) Período de la vida en que comienza el declive de la plenitud hacia la vejez. | GPavón *Rapto* 48: Cuando uno es inocente, todas las criaturas te parecen divinas, y ya en el otoño de la hombría, todas las divinidades te parecen carne pudridera.

otorgador -ra *adj* Que otorga. *Tb n, referido a pers*. | R. Pi *Ya* 23.7.89, 9: Por si acaso se lo tiene bien callado, no vaya a ser que el omnipotente dedo otorgador se pose en la competencia. CBonald *Noche* 283: –Tu padre era amigo mío –dijo Antonia con el tono de la otorgadora de audiencias.

otorgamiento *m* Acción de otorgar. | *Inf* 27.5.70, 36: Se aprobó .. la suspensión por el plazo de un año del otorgamiento de licencias de parcelación de terrenos. Ramírez *Derecho* 50: La adopción requiere la tramitación de un expediente ante el Juzgado y el otorgamiento posterior de una escritura pública en la que se recogen los pactos convenidos.

otorgante *adj* Que otorga. *Tb n, referido a pers.* | SCabarga *HLS* 5.8.74, 2: Quisieron ignorar la prohibición .. de permanecer en el andén sin el billete especial otorgante de tal derecho. Ramírez *Derecho* 14: Las formas y solemnidades de los contratos .. se rigen por las leyes del país en que se otorguen, sea cual fuere la nacionalidad de los otorgantes.

otorgar A *tr* **1** Conceder [algo que es deseado o pedido]. | F. SVentura *SAbc* 9.3.69, 31: La Madre de Dios, que eligió esa tierra bendita para su trono, palestra de milagros continuos y derroche de gracias que, conforme prometió, ha otorgado siempre.
2 (*Der*) Disponer o establecer [algo] ante notario u otra pers. autorizada. | CBonald *Ágata* 197: Decidió –como primera medida– otorgar testamento adverado en favor de un convento de oblatas de la cuenca del Salgadera.
B *intr pr* **3** *En la fórmula del matrimonio religioso:* Entregarse [una pers. como esposa de otra (*ci*)]. | MGaite *Nubosidad* 325: ¿Os otorgáis como esposa a Raimundo Ercilla del Río, lo recibís como legítimo dueño y marido .. hasta que la muerte os separe?

otorragia *f* (*Med*) Hemorragia en el oído. | *Abc* 7.6.70, 39: A consecuencia del atropello, Julia sufrió traumatismo craneoencefálico, otorragia, conmoción cerebral .. y otras lesiones de pronóstico gravísimo.

otorrea *f* (*Med*) Flujo mucoso o purulento por el conducto auditivo externo. | *MMé* 15.6.87, 9: El simposio arrojará luz sobre .. los avances en el colesteatoma (otorrea media crónica).

otorrino[1] *m y f* (*col*) Otorrinolaringólogo. | *Inf* 19.6.70, 40: La noticia nos la da el doctor don Fernando Olaizola, otorrino español.

otorrino[2] *f* (*argot, Med*) Otorrinolaringología. | *TMé* 14.9.90, 16: Es importante lograr una correcta formación en otorrino del generalista y médico de familia.

otorrinolaringología *f* Estudio del oído, la nariz y la garganta, y de sus enfermedades. | *Van* 4.11.62, 7: Mereció su atención la clínica de otorrinolaringología, la de pediatría y la cátedra de patología quirúrgica.

otorrinolaringológico -ca *adj* De (la) otorrinolaringología. | M. GSantos *SAbc* 25.1.70, 18: Miembro honorario de más de quince Sociedades Otorrinolaringológicas extranjeras, el doctor Antolí-Candela goza de un prestigio científico internacional.

otorrinolaringólogo -ga *m y f* Especialista en otorrinolaringología. | A. Marín *Abc* 29.12.70, 24: Fue asistido .. por su hermano, Félix de Piniés, otorrinolaringólogo.

otosclerosis *f* (*Med*) Esclerosis de los tejidos del oído medio e interno. | *Anticonceptivo* 55: Existen una serie de contraindicaciones a las píldoras, que son las siguientes: historial de tromboflebitis y alteraciones tromboembólicas, insuficiencia arterial coronaria o cerebral, .. otosclerosis.

otoscopio *m* (*Med*) Instrumento para reconocer el oído. | *BOE* 22.1.65, 1239: El reconocimiento facultativo se verificará con luz natural y en local apropiado, en el que habrá: Una cama, .. otoscopio.

ototóxico -ca *adj* (*Med*) De efectos perjudiciales sobre el oído. | *SAbc* 25.1.70, 20: Cada vez aumenta más el número de industrias ruidosas y otras con ambiente oto--tóxico que producen desórdenes acústicos. R. Lanoix *Ya* 9.3.90, 67: Se deben extremar las precauciones con factores hereditarios, si la madre, durante el embarazo, empleó medicamentos ototóxicos.

otre -tra *pron* (*reg*) Otro. | Berlanga *Gaznápira* 71: Es de ley que en la fonda .. esté a mano el teléfono sin necesidad de molestar al sastre ni a ningún otre.

otredad *f* **1** (*Filos o lit*) Condición de otro o diferente. | VMontalbán *Kennedy* 143: Al hablar expresan [los tejanos] todo el desprecio que sienten por cualquier forma de otredad: hormiga, peón mejicano, muchacha cigarrera filipina. Laín *Recta* 216: "Otredad y projimidad" fue el título de esta tercera parte de mi libro.
2 Conjunto de los otros o diferentes. | VMontalbán *Tri* 24.4.71, 58: Sus contenidos evidencian ese planteamiento distanciador del hombre frente al mundo y la otredad.

otreidad *f* (*semiculto*) Otredad. | SFerlosio *Ensayos* 1, 146: No hay más identidad con uno mismo que la que implica otreidad respecto de otro. Benito *Alteridad* 16: La jerga filosófica autoriza a designar ambos principios .. mismidad y otreidad.

otro -tra I *adj* (*siempre antepuesto al n*) **1** Uno diferente [del mencionado, consabido o presente]. *No precedido de art.* | * Hoy no ha venido don Andrés, sino otro profesor. Cunqueiro *Un hombre* 15: El hombre del jubón azul bebió a su vez, a sorbos, paladeando más que el vino de aquella hora el recuerdo de un vino de otros días. **b)** Uno diferente [del que se cita a continuación]. *El sust que designa la pers o cosa de referencia va precedido de* QUE. | Valdeavellano *Burguesía* 32: No reconocen otros estamentos sociales que el de los "defensores" o "caballeros". **c)** Uno mejor. | * No hay otro hombre para hacer este trabajo. **d) otra cosa, ~ tanto** → COSA, TANTO.
2 Uno adicional o nuevo. *No precedido de art.* | Arce *Testamento* 19: Otra cosa: sería peligroso que intentara dar media vuelta.
3 Restante. *Precedido del art* EL *o de un posesivo o demostrativo. Gralm acompañado a ns en pl. A veces se sustantiva.* | Arce *Testamento* 33: La cabaña tenía dos estrechas ventanas. Bajo una de ellas había cuatro piedras ennegrecidas .. En el otro extremo, unas colchonetas sobre tablas cruzadas hacían de cama. ZVicente *Traque* 166: Los otros hijos, ya digo, ¿no? Trabajadores. Atentos. Medio *Bibiana* 12: Un chico casi viejo, pero un chico como los otros, que necesita, como ellos, de sus cuidados. **b) esto y lo ~** → ESTO.
4 Inmediato [en el tiempo o en el espacio]. *Precedido del art* EL. | Cuevas *Finca* 238: Al otro día, Mauca pidió a Jeromo que sacara el viejo coche. * Es en la otra puerta.
5 el ~. *Precedido a* DÍA, MAÑANA, TARDE, NOCHE: Uno pasado, no lejano. *Tb* (*reg*) *en las constrs* LOS ~S DÍAS, *etc*. | Neville *Vida* 400: Tengo todo, y el carnet de socio del Madrid, y un capicúa que me dieron el otro día en el autobús. Quiñones *Viento* 242: Una cosa que le escuché las otras noches a Luis el de abajo, y que me sonó a mí bien.
6 el ~. (*col*) Siempre sustantivado, normalmente m sg, designa una pers anónima o que no interesa nombrar. Frec como *suj del ∨* DECIR. | Delibes *Emigrante* 79: A lo que dicen no llegamos a Santiago hasta mañana a la noche. Paciencia y barajar, que diría el otro. **b) el ~** (*o, más frec,* **la otra**). (*euf, col*) El (o la) amante. | * Se ha ido de vacaciones con la otra, y la mujer, a cuidar niños.
7 lo ~. *Euf que sustituye al elemento considerado más malsonante en una enumeración. Tb humoríst.* | ZVicente *Traque* 166: ¿Te piensas tú que la Manuela .. la iba a soportar esos gritos, ese lagrimeo, sin contar con que, a lo mejor, se hace lo otro, como ahora, aquí, delante de todos? Pombo *Héroe* 139: Buenas tardes, Eugenia, soy Esther, la hermana de Manolo, y, dependiendo que te entretiene esta temporada, un chico guapo, mi hermano y, sobre todo, lo otro, ¿me explico, Eugenia?, el nabo, el género masculino, muy buen género. * La llamó ladrona y lo otro. * Tras de cornudo, lo otro.
8 (*lit*) Distinto o diferente. *Frec precedido de* MUY. | Tejedor *Arte* 52: Aunque en general, como todo lo romano, de inspiración griega, la arquitectura romana presenta muy otros caracteres.

otrora – óvalo

II *pron* **9** Una pers. o cosa diferente [de la mencionada o consabida]. | FSantos *Cabeza* 176: –Total: unos días .. –Bastantes para que pongan a otro; si no, pierden dinero. **b)** Una pers. o cosa mejor. | Cunqueiro *Un hombre* 10: Se volvió para echar un vistazo a las cestas [de cebollas] .. –Yo las cosecho muy decentes, de pico, que para ensalada de parida no hay otras.

10 Una pers. o cosa adicional o nueva. | * Quédate con él, tengo otro.

III *fórm or* **11 esa** (*o* **esta**) **es otra.** (*col*) *Se usa para indicar que se acaba de mencionar un problema nuevo que se añade al ya planteado.* | Torrente *SInf* 21.2.74, 16: En cuanto a lo del gusto, esa es otra. Correa *Abc* 29.6.58, sn: Y al llegar a los pueblos... Esta es otra.

12 otra le quedaba. (*col*) *Se usa para indicar que alguien se queda con reservas respecto a lo que acaba de decir.* | GPavón *Hermanas* 31: La pobre, para disimular aquel oleaje de su finitud paridora, se abanicaba y decía: –¡Hace un bochorno! –Sí hace, sí –coreaba Plinio, aunque otra le quedaba en respective a la temperatura y al epicentro de su origen.

13 ~ que tal (*u ~ que tal baila*). (*col*) *Se usa para comentar la semejanza, en algún inconveniente o defecto, entre la pers de quien se habla y alguna ya citada o consabida. Refiriéndose a un hecho, se usa la forma* OTRA QUE TAL. | Delibes *Parábola* 29: Cuando Amando García, o Ginés Gil, otro que tal, hablan a la salida o en el Refectorio .., él (Jacinto) se desentiende y hace como que no los oye. RBuded *Charlatán* 181: Todos [en el concurso] se tiran por la vida de Joselito o por la de Rodolfo Valentino. Como el que escogió la de Descartes. Otro que tal baila. ZVicente *Traque* 270: Siempre nos pasa lo mismo. Por cierto, que eso de La Invencible es otra que tal.

IV *interj* **14 otra.** (*pop*) *Expresa protesta o asombro.* | Delibes *Hoja* 69: ¡Otra! ¿Y qué quiere que haga?

otrora *adv* (*lit*) En otro tiempo. | Aldecoa *Gran Sol* 159: El patrón de costa se sentó en la caja donde otrora estuvo prisionera una paloma.

otrosí *adv* (*lit*) También. | *Inf* 18.10.73, 12: Una reestructuración de la industria gráfica .. es inevitable. Otrosí en la producción y suministro de papel de impresión.

ouija (*fr y al; pronunc corriente,* /wíχa/, *o, raro,* /wíya/; *tb con la grafía* **oui-ja**) *f* (*Rel*) Güija. | *Cam* 25.12.89, 189 (A): Las investigaciones espiritistas sobre los agatodemones y cacodemones de las mesas de oui-ja.

out (*ing; pronunc corriente,* /áut/; *pl normal en acep 1*, ~s) **I** *m* **1** (*Tenis*) Salida de la pelota fuera del terreno de juego. | Gilera *Abc* 30.12.65, 101: Con servicio de Emerson y tras un "out" dudoso señalado por el juez en contra de Emerson, gana Santana el juego.

II *adj invar* (*hoy raro*) **2** [Pers]. desconectada de la moda o de la actualidad. *Se opone a* IN. *Tb n.* | N. Preciado *SAbc* 5.10.69, 42: Ellos son cantantes, "discjokeys" .. El intruso pierde su personalidad, trata de adaptarse, pero fácilmente se le descubrirá haciendo el ridículo. Es un tipo "out". Delibes *Voto* 45: Víctor está como out, sigue en la zarzuela, y la zarzuela no encaja con nosotros. **b)** [Cosa] pasada de moda o desfasada. | *Ya* 7.1.92, 56: Si hablar de reacción, de Azaña o de complejos freudianos está decididamente *out*, que Alfonso Guerra hable de privilegios... de los demás es puro esperpento.

III *interj* **3** (*Boxeo*) Voz con que el árbitro declara a un boxeador fuera de combate. | *Voz* 8.11.70, 16: El árbitro inicia la cuenta y pronuncia el "out" fatídico que proclama a Carlos Monzón nuevo campeón mundial de los pesos medios.

out-board (*ing; pronunc corriente,* /áut-bord/; *pl normal*, ~s) *m* (*Mar*) Fueraborda. | Gilera *Abc* 17.8.65, 53: Fantástica tuvo que ser la escena de un "out-board" sin piloto lanzado contra unas embarcaciones paradas sobre el mar.

outlaw (*ing; pronunc corriente,* /áutlo/; *pl invar*) *m* (*raro*) Individuo que está fuera de la ley. | Aranguren *Ética y polít.* 126: Fueron los románticos .. quienes .. se planteron el problema de la moralidad de quienes viven en la ilegalidad, de quienes se sitúan fuera de la ley, de los *outlaw*.

output (*ing; pronunc corriente,* /áutput/; *pl normal*, ~s) *m* **1** (*Econ*) Resultado final o elemento terminal de un proceso. *Se opone a* INPUT. | *Abc* 15.12.70, 64: No encarecer las materias primas para así hacer posibles "outputs" más baratos. R. RSastre *Mun* 28.11.70, 48: En una tabla del tipo Leontief aplicada a toda una región, el Output serían los sectores compradores y el Input los sectores vendedores.

2 (*Informát*) Salida de información. *Se opone a* INPUT. | * El input y el output son procesos inversos.

outrigger (*ing; pronunc corriente,* /autríger/; *pl normal,* ~s) *m* Embarcación ligera, de remo, destinada a regatas, en la cual los remos se apoyan en soportes metálicos fuera de borda. | *Ale* 9.8.79, 25: Remo: campeonato del mundo junior .. España .. competirá en las modalidades de doble scull, skiff, outrigger a cuatro sin timonel .. y outrigger a ocho con timonel.

outsider (*ing; pronunc corriente,* /autsáider/; *pl normal,* ~s) **A** *m* **1** (*Híp*) Caballo que no figura entre los favoritos, pero tiene posibilidades de ganar. | *Pegaso Ya* 24.5.70, 41: Alavés (P. García) debe correr bien, y si sigue manteniendo su forma, bien pudiera ser el "ou[t]sider" de la carrera. [*En el texto,* "ousider".]

B *m y f* **2** Pers. que no se encuentra integrada en la sociedad o en un determinado grupo. | Marías *Literatura* 17: Cervantes .. se convierte en escritor público a la vez que los hombres de la generación siguiente, de 1556. Y estos no lo reconocen como un "semejante" .. Cervantes es un extraño, un "outsider", alguien que viene de fuera. VMontalbán *Balneario* 46: Se sentía por primera vez clasificado dentro de un grupo, él, que tanto había alardeado de ser un fronterizo, un outsider merodeador por las fronteras de todos los cotos cerrados de las conductas clasificables. *SD16* 12.10.85, 1: Miguel Hermoso, un director atraído por la comedia de la vida, por los antihéroes, los outsiders y sus locas peripecias marginales, por los pillos y los truhanes.

3 Pers. que participa en una competición sin figurar entre los favoritos. | * En el premio Nadal ella va de outsider.

ova[1] *f* Alga unicelular verde, de diversas especies, flotante o fija en el fondo, y que se cría en aguas corrientes o estancadas. *Gralm en pl, o en sg con sent colectivo.* | Delibes *Siestas* 9: Goyo dejaba pasar las horas .. buscando pacientemente ovas o gusanos para encarnar el anzuelo. CBonald *Ágata* 81: Llegaron a un pecinal a buena distancia de la casucha, sobre el que volcaron al bicho sin conseguir que se hundiera más que en parte bajo la espesura de la ova.

ova[2] *f* (*Arquit*) Adorno en forma de huevo. | GNuño *Escultura* 76: Ovas ya específicamente jónicas se dan en el collarino de otro capitel.

ovación *f* Aplauso ruidoso colectivo. | FCid *SAbc* 25.1.70, 33: Fue destinatario de muy fervorosas ovaciones, premio unánime de quienes colmaron las bellísimas naves góticas.

ovacionar *tr* Tributar una ovación [a alguien o algo (*cd*)]. | Delibes *Ratas* 45: Al entrar ellos, el Virgilio se había arrancado con mucho sentimiento, y todos escuchaban boquiabiertos, y al concluir le ovacionaron. *VozC* 10.7.55, 7: En su faena intercala dos tandas por alto que se ovacionan.

oval *adj* De(l) óvalo. | Umbral *Ninfas* 95: A medida que dábamos vueltas al gran mercado de forma oval. **b)** Que tiene forma oval. | Alvarado *Botánica* 20: Con arreglo a ella [la forma del limbo], se denominan las hojas: ovales, acorazonadas, aflechadas.

ovalado -da *adj* **1** *part* → OVALAR.

2 Oval. | Laforet *Mujer* 222: Señalaba a una gran fotografía ampliada, con marco ovalado.

ovalar *tr* **1** Dar forma oval [a algo (*cd*)]. | * Me gustaría que ovalaras el marco del espejo, si es posible. **b)** *pr* Tomar forma oval. | Aparicio *César* 202: Tonsa Dolara le miró sobresaltado. Sus grandes ojos redondos se ovalaron bajo el estirón de las cejas arqueadas.

2 Señalar [algo] con un óvalo. | *Abc* 27.8.87, 33: Ovale, en la columna de la izquierda, los ocho números que figuran en su tarjeta Abc Portfolio.

ovalizarse *intr pr* (*Mec*) Desgastarse irregularmente [la pared interior de un cilindro o cojinete], de manera que su sección deje de ser circular y se haga oval. | *SVoz* 8.11.70, 2: Estos desgastes se producen siempre por: Frenado violento. Frenos agarrotados. Tambores de freno ovalizados.

óvalo *m* Curva cerrada, plana, oblonga y simétrica respecto de uno o de dos ejes. | Ridruejo *Castilla* 2, 59: La parte excavada de la ciudad [Numancia] sugiere la forma de un óvalo. **b)** Cosa que tiene forma de óvalo. *Frec referido al rostro.* | *Sáb* 3.12.66, 37: Está peinada [la peluca] con movimientos muy atrevidos que tienden a rodear el óvalo de la modelo.

ovambo -ba *adj* De un pueblo africano, mezcla de hotentote y negroide, que habita esp. en la región de Namibia. *Tb n, referido a pers.* | *Các* 18.8.75, 11: Se tienen pocos detalles del incidente, que se produce poco antes de la convocatoria de una conferencia constitucional para determinar el futuro de Namibia. Elifas era jefe nominal de unos 400.000 ovambos. Fraile *Cuentos compl.* 322: Los formados en el sistema ovambo, al cual creen natural, irrefutable e inmutable.

ovárico -ca *adj* Del ovario. | Cañadell *Salud* 364: La insuficiencia ovárica primitiva puede ser el resultado de enfermedades destructivas de las gónadas femeninas o de su extirpación quirúrgica. Ybarra-Cabetas *Ciencias* 272: Si el ovario está formado por una sola hoja, se denomina monocarpelar, y si por varias, polímero; en este caso la soldadura puede hacerse de tal modo que solo formen una cavidad ovárica.

ovario I *m* **1** (*Anat*) Glándula sexual femenina de los animales, productora de los óvulos. | Vega *Salud* 561: El tratamiento de los tumores o de los quistes del ovario es siempre quirúrgico. Bustinza-Mascaró *Ciencias* 121: Es [la lombriz de tierra] hermafrodita, y los órganos sexuales están localizados en la parte anterior del animal. Hay dos pares de testículos y un par de ovarios.
2 (*Bot*) Parte inferior del pistilo, que contiene los óvulos. | Alvarado *Botánica* 41: En las Angiospermas, los carpelos .. están diferenciados en tres regiones llamadas ovario, estilo y estigma.
II *loc v* **3 estar hasta los ~s.** (*vulg*) Estar muy harta [una mujer]. | VMontalbán *Pianista* 71: ¿Os habéis fijado en el tema de la historia? El fracaso. Estoy hasta los ovarios de tanto fracaso.
4 salir[le a una mujer algo] **de los ~s.** (*vulg*) Antojárse[le]. | SSolís *Juegos* 54: –¡Laura!... ¡No digas palabrotas! –Digo lo que me sale de los ovarios.

ovaritis *f* (*Med*) Inflamación de los ovarios [1]. | C. INavarro *SYa* 27.3.77, 14: Hay cólicos abdominales, .. con obstrucción y esterilidad, ovaritis y pelviperitonitis.

oveja I *f* **1** Mamífero bóvido de dimensiones medias y con el cuerpo cubierto de lana espesa, por la cual, así como por su carne, es muy apreciado (gén. *Ovis*, esp. *O. aries*). *Frec designa solo la hembra adulta, por oposición al macho* (CARNERO) *y a la cría* (CORDERO). | *Ade* 27.10.70, 3: Por estas fechas, suelen los rebaños de ovejas descender de las tierras del Norte hacia la cálida Extremadura.
2 ~ negra. (*col*) Pers. que difiere desfavorablemente de las demás [de su familia o colectividad]. *Tb fig, referido a cosa.* | L. Molla *Mun* 26.12.70, 55: Albania continúa siendo la oveja negra de un rebaño que se alinea al lado de la URSS en sus disputas con Pekín. *MOPU* 7/8.85, 124: El Segre, oveja negra .. Aguas abajo de Pons, la papelera de Balaguer .., las industrias cárnicas porcinas y la misma población de Lérida hacen que su situación empeore progresivamente.
II *loc adj* **3** [Lengua] **de ~** → LENGUA.
III *loc v* **4 aburrir (hasta) a las ~s.** (*col*) Ser [una pers. o cosa] sumamente aburrida o pesada. | MGaite *Nubosidad* 137: Porque no hay manera de hablar contigo, porque aburres a las ovejas. *D16* 10.9.88, 35: El tema Scorsese, después de dos semanas en que su protagonismo ha sido absoluto, aburre hasta [a] las ovejas.

ovejero -ra *adj* **1** De (la) oveja [1]. | E. Pablo *Abc* 22.10.78, 46: Una zona ovejera de alto rango, como lo es la de Zafra, acaba de comunicarnos los siguientes precios. Torbado *SPaís* 14.11.76, 3: Se le había hundido una garrapata ovejera en la entrepierna y a todo el mundo se la enseñaba.
2 Que cuida ovejas [1]. *Tb n, referido a pers.* | Soler *Muertos* 18: Pegado a sus calcañares, le sigue un perro ovejero, que hopea, levanta el hocico y ventea el aire. A. Rubio *Hoy* 2.11.75, 27: Sus vecinos eran, en su mayoría, personas sencillas, sin oficio específico. Solo de tres conocemos su verdadera dedicación: un tejedor, un cardador y otro ovejero.

ovejuno -na *adj* **1** De (la) oveja [1]. | Aldecoa *Cuentos* 1, 113: El soldado, sentado sobre las piernas, rastrillaba con un junco las cagarrutas ovejunas de sus cercanías.
2 Semejante a la oveja [1]. | S. RSanterbás *Tri* 28.2.70, 35: En el fondo, el "pelota" es un atrabiliario reprimido .., un inofensivo y ovejuno bilioso que aborr[e]ce de todo corazón a sus superiores jerárquicos.

over (*ing; pronunc corriente,* /óber/) *m* (*Dep*) Estilo de natación que consiste en nadar con uno o los dos brazos fuera. *Tb ~* SENCILLO y DOBLE, *respectivamente.* | Repollés *Deportes* 110: El *over* sencillo, que se practica nadando de lado con el brazo fuera .. El *doble over* se practica nadando con ambos brazos por encima o fuera del agua.

overa *f En las aves:* Ovario. | Grosso *Capirote* 70: Un viejo Junker negro, inmóvil casi en el aire, cruzaba muy despacio el azul .. –¡Una vieja y hermosa pava de guerra! –dijo Ordóñez–. Del tipo de las que soltaban los huevos en el frente del Ebro .. –Jodía pava sucia y roñosa. No las quisiera ver más, ni quiera Dios que vea a otras como ellas vaciando la overa sobre los campos.

overbooking (*ing; pronunc corriente,* /oberbúkin/; *pl normal, ~s*) *m* Reserva de plazas superior a la capacidad real. | *Faro* 27.7.75, 1: En relación con las noticias aparecidas en la prensa sobre el exceso de reservas hoteleras (overbooking) .., "Europa Press" formuló cuatro preguntas al subsecretario de Información y Turismo.

overo[1] **-ra** *adj* De color parecido al del melocotón. *Esp referido a caballo.* | Alvar *Abc* 12.4.87, 3: El livor de la tarde tiembla sobre la dorada coraza. En orden, siguen los legionarios, de azabache, overos y leonados.

overo[2] *adj* (*raro*) [Ojo] saltón. | Aldecoa *Cuentos* 1, 20: Leocadio es hijo de tranviario, tiene el cuello de lápiz; los ojos, overos; los pies, planos.

overol *m* (*raro*) Mono (prenda de trabajo). | Barral *Memorias* 1, 58: En el sacro recuerdo, el padre figuraba como el genio de Calafell .., vestido con un overol blanco de manga corta y cubierto por un auténtico salacot colonial.

ovetense *adj* De Oviedo. *Tb n, referido a pers.* | *Fam* 15.11.70, 31: Las iglesias de San Juan y de San Tirso .. son otros –y no todos– los monumentos ovetenses.

ovicida *adj* Que destruye los huevos de insectos y ácaros. | F. Ángel *Abc* 28.3.58, 15: Azufre tipo micronizado "Medem" .. Posee un notable poder acaricida .. Claro es que no tiene poder ovicida y por ello no destruye la plaga en su origen, matando los huevos.

óvido *adj* (*Zool*) [Mamífero] rumiante, frec. cubierto de abundante lana, con cuernos de sección triangular y retorcidos en espiral o encorvados hacia atrás. *Frec como n m en pl, designando este taxón zoológico.* | Yebes *Abc* 26.6.58, 15: Otro tanto puede decirse de un óvido magnífico, y con ello aludo al "ovis mussmon", llamado en Francia "moufflon", o sea, el carnero salvaje originario de Córcega y Cerdeña.

oviducto *m* (*Anat*) *En los animales:* Conducto por el que los óvulos salen del ovario para ser fecundados. | Navarro *Biología* 207: Los testículos y los ovarios están acompañados por otros órganos o conductos que sirven para la emisión de los productos sexuales. A los conductos sexuales femeninos se les da los nombres de oviductos o trompas, útero o matriz, y vagina.

ovillador -ra I *adj* **1** Que ovilla [1]. *Tb n, referido a pers.* | *Abc* 25.2.73, 33: Trabajaba como ovilladora en una empresa textil de la localidad.
II *f* **2** Devanadera para hacer ovillos. | *Alcoy* sn: Le ofrecemos la siguiente maquinaria de nuestra construcción: .. Lana de labores: Pesadoras ovilladoras automáticas.

ovillar *tr* **1** Poner [un hilo o algo similar] en forma de ovillo [1]. | Gironella *Millón* 705: A lo primero se limitaba a ofrecer sus muñecas, con tal de que fueran a esposarlo, para que Pilar o su mujer ovillaran la lana. Alós *Hogueras* 224: Preparó el volantín. Lo sacó de la cesta de esparto donde lo guardaba arrollado, ovillado en el corcho largo.
2 Encoger o recoger en forma de bola. *Frec el cd es refl.* | Arce *Testamento* 19: El Bayona se había quitado la chaqueta y la llevaba ovillada bajo el brazo. Delibes *Parábola* 12: Si Darío Esteban le enviaba un puntapié .., [el perro] se refu-

giaba en la garita y .. una vez dentro .. se ovillaba y miraba a su agresor.

ovillejo *m* (*TLit*) Combinación métrica formada por tres versos octosílabos, seguido cada uno de un pie quebrado que con él rima en consonante, y por una redondilla cuyo último verso se compone de los tres pies quebrados. | J. G. Manrique *Abc* 11.5.74, 29: Hacíamos inspirados ovillejos, retratos poéticos, alardes de literatura creacionista y poesía.

ovillo *m* **1** Bola que se forma al enrollar un hilo o algo similar sobre sí mismo. | *Ya* 16.10.75, 32: 2 ovillos acrílicos de lana, de 50 gramos. Oferta especial, 44. *Abc Extra* 12.62, 29: Hay viejos de ochenta años, quietos en las barandas, con el ovillito de su cometa.
2 Bola o cuerpo redondeado que se forma al encoger o recoger algo. *Gralm en la constr* HACER(SE) UN ~. | * Hizo un ovillo con la chaqueta y se la lanzó por la ventanilla. * Su cuerpo era un ovillo bajo las mantas. * El gato estaba hecho un ovillo junto a la lumbre.

ovino -na I *adj* **1** De (la) oveja [1]. | Ortega-Roig *País* 149: Extremadura, tierra de ganado ovino.
II *m* **2** Res ovina [1]. *Frec con sent colectivo*. | *ASeg* 14.4.78, 13: Suben el vacuno y el ovino.

oviparismo *m* (*Zool*) Condición de ovíparo. | Legorburu-Barrutia *Ciencias* 205: Oviparismo y desarrollo del huevo.

ovíparo -ra *adj* (*Zool*) [Animal] que se reproduce por huevos. | Ybarra-Cabetas *Ciencias* 385: Las aves son ovíparas.

oviscapto *m* (*Zool*) *En las hembras de algunos insectos:* Órgano con que perforan agujeros para depositar sus huevos. | Ybarra-Cabetas *Ciencias* 348: Tienen [los Icneumónidos] un oviscapto muy desarrollado; sin embargo, el huevo no lo introducen dentro de la oruga, sino que lo depositan sobre ella.

ovni I *m* **1** Objeto volador no identificado, de supuesta procedencia extraterrestre. | *Mad* 8.9.70, 15: De nuevo apareció un "Ovni" la noche del sábado .. emitiendo luces y ruidos extraños, según informe oficial del servicio de vigilancia. CPuche *Inf* 18.12.69, 5: EE.UU. da el carpetazo a los "ovnis".
II *adj* **2** De los ovnis [1]. | *Acno* 3.92, 4 (A): El único testigo de la visión fue el propio Arnold, quien después se dedicaría a la divulgación del fenómeno ovni.

ovnilogía *f* Estudio de los ovnis. | *Ale* 28.8.85, 10: El profesor Manuel Pedrajo abre las Jornadas sobre Ovnilogía en la Casa de Cultura.

ovninauta *m* Extraterrestre que viaja en un ovni. | Murciano *Ya* 26.7.88, 13: Los ovninautas se apoderaban brevemente de una persona para someterla a ciertas pruebas, retornándola luego al mismo lugar.

ovo *m* (*Arquit*) Adorno en forma de huevo. | Tejedor *Arte* 144: La arquitectura italiana del *Quattrocento* comenzó a abandonar el gótico y a seguir las normas clásicas y utilizar sus elementos –arcos de medio punto, .. ornamentación geométrica de ovos, dentículos, cimacios o escudos heráldicos– para alcanzar la belleza por el ritmo y la simetría, la armonía y el equilibrio.

ovoalbúmina *f* (*Quím*) Albúmina de la clara del huevo. | Navarro *Biología* 24: Albúminas. Solubles en agua. Entre los aminoácidos que la forman no está la glicocola. Ej., ovoalbúmina (en la clara del huevo), lactoalbúmina (en la leche).

ovocito *m* (*Biol*) Célula sexual femenina durante las fases de crecimiento y maduración. | Navarro *Biología* 208: Las últimas gonias entran en un período de crecimiento convirtiéndose en los citos de primer orden (espermatocitos y ovocitos). El crecimiento de los ovocitos es muy manifiesto.

ovogénesis *f* (*Biol*) Oogénesis (proceso de formación del óvulo). | Navarro *Biología* 208: Las gonias de los ovarios forman los óvulos mediante la ovogénesis u oogénesis.

ovoidal *adj* (*lit*) Ovoide [1]. | Laiglesia *Ombligos* 276: Se resignó sólo mirando con lástima las grandes placas ovoidales de diez mil francos.

ovoide I *adj* **1** (*lit o E*) [Figura] de huevo. | * La forma más corriente es la circular u ovoide. **b)** Que tiene figura ovoide. | Alvarado *Botánica* 41: En el ovario .. se insertan unos órganos ovoides llamados óvulos .., cada uno de los cuales encierra una oosfera.
II *m* **2** (*Geom*) Cuerpo o figura ovoide [1]. | GNuño *Arte* 27: Ya no se trata de arcos de herradura generando un ovoide, como en Cabeza de Griego, sino respondiendo a trazado circular.
3 Conglomerado de carbón de forma ovoide [1]. | Aparicio *Año* 198: En la esquina de la Pícara Justina un hombre cargaba sacos de ovoides en un motocarro .. El carbonero les miró, sucios los brazos desnudos, tiznada la cara.

ovoideo -a *adj* (*lit o E*) Ovoide [1]. | Alvarado *Anatomía* 15: La forma más corriente en el núcleo es la esférica o la ovoidea. Navarro *Biología* 208: Los óvulos o gametos femeninos son células redondeadas u ovoideas.

ovoproducto *m* (*E*) Producto industrial derivado de los huevos. | *DBu* 4.8.91, 6: Los hosteleros temen que el uso de ovoproductos afecte al nivel de calidad.

ovoteste *m* (*Biol*) Glándula sexual simultáneamente masculina y femenina. | Cañadell *Salud* 367: Los hermafroditas verdaderos son muy raros. Se trata de personas que poseen ovarios y testículos, pudiendo darse varias combinaciones, desde un testículo a un lado y un ovario en el otro, hasta ovarios y testículos en ambos lados o la presencia de una gónada bisexual llamada ovoteste.

ovótida *f* (*Biol*) Óvulo apto para la fecundación. | Navarro *Biología* 209: La célula mayor vuelve a dividirse originando también dos células de distinto tamaño, una pequeña o segundo corpúsculo polar y otra grande u ovótida, que será el óvulo apto para la fecundación.

ovoviviparismo *m* (*Zool*) Condición de ovovivíparo. | Alvarado *Zoología* 103: En los vertebrados no mamíferos, el viviparismo no es más que una incubación interna de los hue[v]os, y merece el nombre de ovoviviparismo con el que suele designársele.

ovovivíparo -ra *adj* (*Zool*) [Animal] ovíparo cuyo huevo no sale del cuerpo materno hasta que está muy adelantado el desarrollo embrionario. | Bustinza-Mascaró *Ciencias* 185: Son [las víboras] ovovivíparas, es decir, los huevos permanecen dentro del cuerpo de su madre y, al romper los hijos la cáscara, salen al exterior.

ovulación *f* (*Biol*) *En los mamíferos:* Desprendimiento natural de un óvulo en el ovario, a fin de que pueda ser fecundado. | *Inf* 5.9.74, 13: Según el doctor Álvarez, en el momento de la fecundación la madre no estaba tomando hormonas, que inducen a la ovulación.

ovular *intr* (*Biol*) Realizar la ovulación. | *Anticonceptivo* 22: Influye [la gonadotropina] sobre el folículo maduro para que ovule y mantenga el cuerpo amarillo del ovario.

ovulatorio -ria *adj* (*Biol*) De (la) ovulación. | *Cam* 11.5.81, 176: El aparato es capaz de almacenar y procesar diariamente la temperatura recibida y emitir una señal en cuan[t]o se registre una alteración, indicando así el comienzo y la duración del período no ovulatorio.

óvulo *m* **1** (*Zool*) Célula sexual femenina. | Bustinza-Mascaró *Ciencias* 22: En el hombre el número de cromosomas de sus células es de 48, pero reducido a la mitad, o sea 24 cromosomas, en las células sexuales (espermatozoides y óvulos). N. Retana *Inf* 3.1.70, 19: Se trataba de un estudio del comportamiento de los espermatozoides y los óvulos.
2 (*Bot*) Órgano ovoide que encierra una oosfera. | Alvarado *Botánica* 41: La parte principal de los óvulos .. es una masa parenquimatosa, llamada nucela o nuececilla.
3 (*Med*) Medicamento que se presenta en forma semejante a la del supositorio y que se administra por vía vaginal. | Nicolau *Salud* 664: La absorción de la mucosa vaginal se realiza preferentemente para las sustancias liposolubles e hidrosolubles, lo cual hay que valorar adecuadamente cuando se lleva a cabo la administración de medicamentos, óvulos, irrigaciones, con la intención de que solo actúen tópicamente.
4 (*Arquit*) Adorno en forma de huevo. | PCarmona *Burgos* 83: Ostentan [los arcos] sus aristas, menos una abocelada, en chaflán liso y a veces adornado con óvulos de poco relieve.

ox (*pronunc corriente*, /os/; *tb*, *raro*, *con la grafía* **os**) *interj* Se usa normalmente para espantar a las aves domésticas

oxácido – oxidrilo

y a la caza. | GMacías *Relatos* 98: El Teniente espantó a los pollos y salieron corriendo, pudiendo "comprobar" que tenían dos patas. –Ves como tienen dos patas...– A todo ello manifestó ingeniosamente el asistente: –Mi teniente, si hubiese hecho usted ¡ox! en el plato, lo mismo que con los animales, también habría salido el otro muslo del pollo tan rico. Torbado *Peregrino* 103: Media docena de niños apareció en el bosque, detrás de un matorral .. –¡Ox, ox, alimañas! Son como perros hambrientos.

oxácido *m (Quím)* Ácido que contiene oxígeno. | Aleixandre *Química* 103: El ácido nítrico oxida al fósforo y al azufre, dando los correspondientes oxácidos.

oxalato *m (Quím)* Sal de ácido oxálico. | Bustinza-Mascaró *Ciencias* 226: También es frecuente encontrar en el interior de las vacuolas cristales de oxalato cálcico.

oxálico *adj (Quím)* [Ácido] orgánico tóxico, presente en la acedera y otras plantas, usado como agente de limpieza y para la fabricación de tintes. | *Economía* 38: Las manchas de agua se quitan con vaselina en los muebles encerados; con ácido oxálico o vinagre blanco, las de tinta.

oxear *tr* Espantar [a las aves domésticas o a la caza]. *Tb fig.* | Hoyo *Caza* 44: La monjita, vereda adelante, oxeando las gallinas, les conduje a un cobertizo. Lagos *Vida* 49: Un moscardón revoloteaba insistente por la mecedora; lo oxeó con el delantal y cogió otra prenda. Aldecoa *Historia* 123: En la puerta, [los chiquillos] se empujan, asoman audazmente, traspasan el umbral y retroceden, amenazados de palabra, oxeados de ademán, por la concurrencia.

óxford *m* Tela de algodón hecha con urdimbre fina y trama gruesa, con diferentes ligamentos que forman listas o cuadrículas, y usada esp. en camisas de caballero. | Arce *Precio* 47: Vestía un pantalón beig [sic], deportivo, y una camisa blanca, de óxford, con los puños doblados por encima de las muñecas. [*En el texto, sin tilde.*]

oxfordiano -na *adj* De Oxford (Inglaterra). *Tb n, referido a pers.* | Laiglesia *Tachado* 65: Sir Albert pertenecía al reducido grupo de diplomáticos británicos que no son *snobs.* Su voz, completamente natural, no tenía el odioso acento oxfordiano.

oxhídrico -ca *adj (Quím)* [Mezcla o reacción] de oxígeno e hidrógeno. | *Abc Extra* 12.62, 79: Después vino la luz Drummond, producida por la mezcla oxhídrica en combustión sobre un trozo de creta. Alvarado *Anatomía* 13: Los átomos de hidrógeno .. se combinan con el oxígeno para dar agua .. Esta reacción –reacción oxhídrica– es la reacción respiratoria propiamente dicha. **b)** [Llama o luz] producida por mezcla oxhídrica. | Marcos-Martínez *Física* 249 bis: La llama oxhídrica funde el metal. FReguera-March *Cuba* 148: Se había talado un amplio espacio que se iluminaba con proyectores de luz oxhídrica. **c)** [Soplete] que funciona con mezcla oxhídrica. | Marcos-Martínez *Física* 258: La industria emplea grandes cantidades [de oxígeno] para la soldadura autógena, por medio del soplete oxhídrico o del oxiacetilénico (oxígeno y acetileno).

oxhidrilo → OXIDRILO.

oxiacetilénico -ca *adj (Quím)* [Soplete] que funciona con mezcla de oxígeno y acetileno. | Marcos-Martínez *Física* 258: La industria emplea grandes cantidades [de oxígeno] para la soldadura autógena, por medio del soplete oxhídrico o del oxiacetilénico (oxígeno y acetileno). **b)** De(l) soplete oxiacetilénico. | *Ya* 22.10.64, 18: El montaje de estas escuelas .. habr[á] de permitir la transformación de un peonaje no cualificado en especialistas de ajuste, albañilería, .. soldadura eléctrica y oxiacetilénica.

oxiacetileno *m (Quím)* Mezcla de oxígeno y acetileno. | J. A. Padrón *Día* 23.9.75, 13: Las chispas verbeneras del oxiacetileno fueron, en el desguace prosaico, pálido remedo de la tragedia con que terminó en Santa Cruz su vida comercial y marinera el "oldest tanker in the world".

oxibutírico *adj (Quím)* [Ácido] tóxico que se encuentra a veces en la orina y en la sangre de los diabéticos. | Navarro *Biología* 199: Suele ir acompañada [la diabetes] de debilidad muscular y acidosis, por la producción de cuerpos cetónicos como la acetona, ácido diacético y oxibutírico.

oxicorte *m (Metal)* Corte de metales con el soplete. | *DBu* 27.12.70, 20: Oximadrid, S.A. Talleres de oxicorte. Servicio de acero a medida.

oxidable *adj* Que se puede oxidar. | Bustinza-Mascaró *Ciencias* 329: Los aceros llamados al níquel y al cromo son más duros y menos oxidables que los aceros corrientes.

oxidación *f* Acción de oxidar(se). *Tb su efecto.* | *Ya* 30.5.64, 11: Elimine oxidaciones y restitúyales [a los cromados] su brillo original. Marcos-Martínez *Física* 258: Oxidación de un cuerpo es toda reacción química en que aumenta la proporción de oxígeno del mismo. Así, el plomo, dejado a la intemperie, absorbe el oxígeno del aire, formando en su superficie una capa de óxido de plomo, que impide la ulterior oxidación. Aleixandre *Química* 68: La descarga de los aniones en el ánodo es un fenómeno de oxidación de los mismos, ya que tiene lugar con cesión de electrones. MGaite *SD16* 30.4.92, VII: Solo viejo e inservible [el idioma] para los que se empeñan en jubilarlo sin haberlo usado, responsables ellos mismos de esa oxidación que le achacan.

oxidante *adj* **1** Que oxida o sirve para oxidar, esp [2]. *Tb n m, referido a agente.* | Marcos-Martínez *Física* 258: Cuerpos oxidantes son aquellos que al reaccionar con otros desprenden con facilidad oxígeno, enriqueciendo del mismo a los demás. *Abc* 14.5.67, 42: Especialistas en estética e higienistas hablan actualmente de "Slumber" como de un auténtico "oxidante" de la grasa superflua.
2 Relativo a la acción de oxidar [2]. | Aleixandre *Química* 69: Este número de electrones transferido determina la capacidad oxidante o reductora de un cuerpo.

oxidar *tr* **1** Alterar [un cuerpo (cd)] el aire o los agentes atmosféricos], cubriéndolo de una capa de óxido. | Llamazares *Lluvia* 81: Aquella era la lluvia que oxidaba y destruía lentamente .. la cal de las paredes y los viejos calendarios. **b)** *pr* Alterarse [un cuerpo] por la acción del oxígeno del aire o de los agentes atmosféricos, cubriéndose de una capa de óxido. | GPavón *Hermanas* 18: De aquella gloria .. solo quedaba un yunque oxidado.
2 *(Quím)* Hacer que [un cuerpo (cd)] sufra la incorporación de átomos de oxígeno, o la pérdida de electrones o de átomos de hidrógeno. | Alvarado *Botánica* 30: Bacteria que tiene la propiedad de oxidar el alcohol etílico (etanol) transformándolo en ácido acético (etanoico). **b)** *pr* Sufrir [un cuerpo] la incorporación de átomos de oxígeno, o la pérdida de electrones o de átomos de hidrógeno. | Marcos-Martínez *Física* 225: Se calienta en seguida la cápsula; el plomo comienza fundiendo y pronto se va oxidando y convirtiendo en una escoria amarillenta.
3 Hacer que [alguien o algo (cd)] pierda su soltura o agilidad. *Tb fig.* | * La inactividad acaba por oxidar nuestras facultades. **b)** *pr* Perder [alguien o algo] su soltura o agilidad. *Tb fig.* | Cela *Pirineo* 147: El viajero .. volvió a su sosegado andar de siempre (y que Dios haga que tarde todavía algún tiempo en oxidarse, amén). Laforet *Mujer* 30: Al recordarlo se había notado con las articulaciones viejas y oxidadas. *MHi* 5.64, 20: Viejos trombones y cobrizos clarinetes .. hacen una música oxidada, lejana.

oxidasa *f (Biol)* Enzima que cataliza reacciones de oxidación. | Navarro *Biología* 29: Oxidasas. Son diastasas activadoras del oxígeno, desdoblando a sus moléculas en átomos, de gran actividad.

oxidativo -va *adj (Quím)* De (la) oxidación. | Navarro *Biología* 57: La destrucción de los principios inmediatos orgánicos en el proceso de la desasimilación se hace mediante reacciones químicas oxidativas.

óxido *m (Quím)* Cuerpo resultante de la combinación del oxígeno con otro elemento, esp. un metal, o con un radical. *Normalmente con un compl especificador.* | Bustinza-Mascaró *Ciencias* 11: Esta roña se ha formado por la acción del oxígeno del aire sobre el hierro, y el cuerpo así formado se llama óxido de hierro. Marcos-Martínez *Física* 258: El plomo, dejado a la intemperie, absorbe el oxígeno del aire, formando en su superficie una capa de óxido de plomo.

oxidrilo (*tb con la grafía* **oxhidrilo**) *m (Quím)* Hidroxilo (radical formado por un átomo de hidrógeno y otro de oxígeno). | Aleixandre *Química* 56: El hidróxido bismútico .. es poco soluble en el agua, y, por tanto, existirán pocos oxidrilos en la disolución. Marcos-Martínez *Física* 236: Las bases constan de un metal y de tantos oxhidrilos como valencias tenga dicho metal.

oxigenación f Acción de oxigenar(se). | *SInf* 25.11.70, 5: A través de ella se efectúan los cambios de constituyentes fisiológicos indispensables al feto: oxigenación de la sangre fetal, filtraje de las sustancias alimenticias para impedir el paso de las nocivas.

oxigenado -da adj **1** part → OXIGENAR.
2 Que contiene oxígeno. | Marcos-Martínez *Física* 256: El azufre es también tetravalente y exavalente en las combinaciones oxigenadas.
3 [Color rubio] obtenido con agua oxigenada u otro decolorante. *Tb n m*. | Buero *Hoy* 45: Aún no se ha lavado ni peinado, y sus cabellos, de un oxigenado detonante, penden desgreñados.

oxigenador -ra adj Que oxigena. *Tb n m, referido a aparato*. | O. Aparicio *MHi* 7.68, 27: Gracias a la introducción de la técnica .. de la circulación extracorpórea con bomba oxigenadora .., pudieron implantar *in situ* al corazón del animal. O. Aparicio *MHi* 7.68, 28: Inmediatamente se colocó al cuerpo en hibernación y se conectó el corazón con el oxigenador.

oxigenante adj Que oxigena. *Tb fig*. | Cabezas *Abc* 17.9.68, 58: Sufren las molestias e incomodidades que les proporciona el "humo oxigenante" de un hotel que lanza por sus chimeneas todo el humazo que le parece. Umbral *Snob* 53: La muestra es oxigenante, de calidad diversa, oportuna y valiente.

oxigenar tr **1** Dotar o enriquecer de oxígeno [a alguien o algo]. | Torres *Ceguera* 65: Lo encendió [el cigarrillo], abriendo la ventana para que el aire oxigenara la pieza.
b) pr Tomar oxígeno o enriquecerse de oxígeno. | Bustinza-Mascaró *Ciencias* 163: El aparato respiratorio [de la araña] está formado por dos sacos, denominados pulmones o filotráqueas, en cuyo interior hay varias láminas muy finas y dispuestas paralelamente, a las que llega la sangre del animal para oxigenarse.
2 Airear [a alguien], o hacer[le] respirar aire limpio. *Tb fig*. | M. Ors *Pue* 11.9.65, 19: —Yo lo visito a veces [el campo] —solemos oír—, pero por oxigenarme y oxigenar a la familia. Delibes *Año* 75: El uso gasta y desportilla el lenguaje .., y estas inyecciones de ultramar hacen el efecto de un abono: le oxigenan y le devuelven la jugosidad perdida.
3 Teñir de rubio [a una pers. o su pelo] con agua oxigenada u otro decolorante. *Frec en part*. | *Abc* 14.6.87, 24: El nieto rebelde de Ángela Chaning, la anciana diabólica de "Falcon Crest", pretende casarse por tercera vez. La elegida es la muñeca oxigenada de la derecha, Robin Greer.

oxígeno m Elemento químico no metal, de número atómico 8, de estado natural gaseoso, esencial para la vida, y parte integrante del aire y del agua. | Legorburu-Barrutia *Ciencias* 11: El agua es cuerpo compuesto, pues tiene átomos de oxígeno y de hidrógeno.

oxigenoterapia f (*Med*) Tratamiento terapéutico con oxígeno. | *GTelefónica N*. 55: Equipo de oxigenoterapia. Transfusiones.

oxihemoglobina f (*Fisiol*) Producto resultante de la combinación de la hemoglobina de la sangre con el oxígeno en los pulmones. | Navarro *Biología* 184: La mayor parte del oxígeno que penetra en la sangre se fija en la hemoglobina .., transformándose esta sustancia en oxihemoglobina.

oxihidrogenado -da adj (*Quím*) Que contiene oxígeno e hidrógeno. | Aleixandre *Química* 111: Compuestos oxihidrogenados del carbono.

oxiliquita f (*Quím*) Explosivo compuesto de carbón vegetal u otro combustible sólido impregnado de aire u oxígeno líquido. | Marcos-Martínez *Física* 224: El aire líquido se emplea, mezclado con polvo de carbón, para el explosivo llamado oxiliquita.

oxilita f (*Quím*) Peróxido de sodio, usado como generador de oxígeno. | Marcos-Martínez *Física* 256: En el laboratorio se obtiene cómodamente [el oxígeno], haciendo reaccionar la oxilita (peróxido de sodio) con agua.

oximetileno m (*Quím*) Masa cristalina blanca que se obtiene por polimerización del aldehído fórmico. | Aleixandre *Química* 177: El aldehído fórmico en disolución y en presencia de ácido sulfúrico se polimeriza; al evaporar se obtiene un producto cristalino, blanco, conocido con el nombre de oximetileno.

oximiel m (*o f*) Jarabe preparado con vinagre y miel. | FQuer *Plantas med*. 77: Otro preparado farmacéutico a base de miel es la oximiel.

oxímoron (*pl normal*, OXÍMOROS) m (*TLit*) Procedimiento retórico que consiste en unir palabras de sentido aparentemente contradictorio. | Lázaro *Reunión* 33: Esa ilusión de "confidencialidad pública", si vale el oxímoron .., impone una especie de cooperación idiomática entre preguntador e interrogado. C. Cuevas *SAbc* 13.12.91, 13: En ocasiones, se sirve de oxímoros: "la soledad sonora", "la Virgen preñada".

oxisal f (*Quím*) Sal de un oxácido. | Ybarra-Cabetas *Ciencias* 49: Posteriormente [la clasificación de Groth] fue sustituida por otra, también química, que los dividía [los minerales] en cuatro grupos: Elementos, Compuestos binarios, Oxisales y Compuestos orgánicos.

oxitetraciclina f (*Med*) Terramicina. | *Antibióticos* 71: Inyectables, terapéutica veterinaria: Penicilinas .. Oxitetraciclina.

oxitocina f (*Biol*) Hormona producida por el lóbulo posterior de la hipófisis que estimula la contracción uterina y la secreción de la leche. | Navarro *Biología* 204: También produce esta región [el lóbulo posterior] de la hipófisis hormonas como la vasopresina, que eleva la presión arterial, y la oxitocina, que determina la contracción de las fibras musculares lisas, especialmente de las paredes del útero en el parto.

oxítono -na adj (*Fon*) Agudo. | Lapesa *HLengua* 63: Domina en él [el español] el acento llano o trocaico, intermedio entre los abundantes proparoxítonos del Oriente y el ritmo oxítono del francés. Quilis *Métrica* 23: Si el verso es oxítono, se cuenta una sílaba más sobre las que realmente tiene.

oxiuriasis f (*Med*) Infestación con oxiuros. | Alcalde *Salud* 332: La manifestación clínica más característica de la oxiuriasis es el picor intenso y molesto, principalmente de noche, localizado en la región anal y perianal.

oxiuro m (*Zool*) Lombriz intestinal (*Enterobius vermicularis* u *Oxyuris vermicularis*). | Bustinza-Mascaró *Ciencias* 125: La lombriz blanca de los niños. Llamada también oxiuro, cuya hembra mide 10-12 milímetros y el macho solamente dos a cinco milímetros.

oxiurosis f (*Med*) Oxiuriasis. | Alcalde *Salud* 332: Oxiurosis. La infestación se produce por el *oxiuros* [sic] *vermicularis*.

oxomense adj De El Burgo de Osma (Soria). *Tb n, referido a pers*. | GNuño-Marco *Soria* 86: El Burgo ha conocido más historia y mejores días. El obispado oxomense databa del siglo VI, y su primer titular fue un cierto Juan.

oxoniense adj (*lit*) De Oxford (Inglaterra). *Tb n, referido a pers*. | Torrente *Sombras* 180: Llegó a decir con toda claridad, con el más acendrado acento oxoniense, que aquel objeto le sacaba de quicio. Marías *Almas* 36: Cuanto más misantrópico, independiente, solitario o misterioso sea un oxoniense, más información sobre los otros se supondrá que suministra.

oxte. no decir ~ ni moxte (*tb con la grafía* **no decir oste ni moste**). *loc v* (*col*) No decir ni una palabra. *Frec se transforma en loc adv:* SIN DECIR ~ NI MOXTE. | Azorín *Ejercicios* 1349: ¿Y la madre de Catalina? Pues, por lo que sabemos, no dice ni oxte ni moxte. GPavón *Reinado* 207: Sin decir oste ni moste, se sentó. Delibes *Emigrante* 108: Lo cierto es que el fulano las entregó sin decir oste ni moste.

oyente adj **1** Que oye o escucha. *Frec n, referido a pers*. | Torrente *DJuan* 267: Cada palabra de mi amo era como un cuchillo que fuera a clavarse en los corazones oyentes. CNavarro *Perros* 14: El resto, como dicen los curas en el púlpito, lo dejo a la imaginación de los oyentes.
2 [Alumno] no oficial que tiene permiso para asistir a las clases. *Frec n*. | M. Linares *Sáb* 19.2.72, 22: Yo iba de oyente. Ahora han cambiado las cosas. Los oyentes ya no existen, los libres no tienen acceso a la Universidad.

3 [Pers.] que asiste a un congreso o asamblea sin estar inscrito oficialmente. *Frec n.* | J. Botella *Abc* 27.8.75, sn: Estamos en una asamblea de médicos. Yo voy de invitado; de oyente.

ozonar *tr* Ozonizar. | Aguilar *Experiencia* 194: Tampoco la atmósfera moral estaba muy ozonada, ni en la posada ni en las calles del Distrito V.

ozonización *f* Acción de ozonizar. | Alvarado *Anatomía* 178: La ozonización del agua se consigue haciendo burbujear por ella aire ozonizado.

ozonizador -ra *adj* Que ozoniza. *Frec n m, referido a aparato.* | *Abc* 9.4.72, 24: Ozonizadores "Sojo" contra la contaminación. Produce oxígeno puro. Genera ozono.

ozonizar *tr* **1** Dotar o enriquecer de ozono. *Tb fig.* | Navarro *Biología* 253: El agua se esteriliza, cuando está o se supone contaminada, por medio de aire ozonizado. Benet *Lanzas* 101 (G): A causa también de una sincera conversión, transmutación frecuente en una atmósfera ozonizada por tantas descargas doctrinarias de uno u otro signo.
2 Tratar o purificar con ozono. | F. Ángel *Abc* 15.6.58, 19: Agua clara y cristalina ozonizada mediante el sistema purificador de aguas "Chany".

ozono *m* Gas azul, de olor fuerte, y cuya molécula está constituida por tres átomos de oxígeno. | Bustinza-Mascaró *Ciencias* 300: A cierta altura, que se estima entre los 40 y 60 kilómetros, hay una capa de ozono que actúa a manera de pantalla. Aldecoa *Cuentos* 1, 160: Amagó la tormenta: un polvoriento ventarrón de pocos minutos, gruesas gotas de lluvia en los alféizares de las ventanas y el grato olor del ozono mezclado a los aromas del campo secano.

ozonopino *m* Líquido para purificar el aire, con olor a pino. | Delibes *Cinco horas* 158: Qué olores, hijo mío, no salían ni con ozonopino.

ozonosfera *f* (*Meteor*) Capa de la estratosfera caracterizada por una mayor proporción de ozono. | Legorburu-Barrutia *Ciencias* 324: La estratosfera es la capa comprendida entre los 12 y los 80 Km. .. Abunda el ozono, sobre todo desde los 15 a los 45 Km. (ozonosfera).

ozonoterapia *f* (*Med*) Tratamiento terapéutico con ozono. | L. Cappa *Ya* 19.6.90, 54: Un nuevo y revolucionario tratamiento médico y estético basado en la utilización de este mismo gas [ozono] para desintoxicar el organismo tanto a nivel superficial como a nivel interno: la ozonoterapia.

ozoquerita *f* (*Mineral*) Mineral constituido por parafina y otros hidrocarburos, de aspecto similar a la cera de abeja. | *GTelefónica N.* 261: Ceras Industriales Samora .. Parafinas líquidas. Kitagumi Japonesa. Cerecinas. Ozoquerita.

P

p → PE.

pa → PARA¹.

pab m Pub. | Oliver *Relatos* 69: La otra le dice que por qué no quedaba mejor con ella y con su amiga en un pab del centro.

pabellón m **1** Edificio, gralm. aislado, dependiente de otro mayor o que forma parte de un conjunto organizado. | *Inf* 25.2.70, 9: Habiendo derruido en gran parte el pabellón sudeste del convento de clarisas. Van 4.11.62, 1: Ayer mañana, en el Pabellón de Italia de la Feria de Muestras, se celebró la solemne inauguración de la I Feria Técnica Nacional de Maquinaria Textil. **b)** Pequeño edificio de recreo en el campo. | * En el bosque existía un pabellón de caza.
2 Bandera, esp. la que lleva un barco para indicar su nacionalidad. *Tb fig.* | Tamames *Economía* 286: En 1967 la flota bajo pabellón español asciende a unos 2.000 buques. CSotelo *Muchachita* 323: Es la gran hora de nuestra carrera. Diles que España los acoge bajo su pabellón. FReguera *Bienaventurados* 69: Al par que mantenían en alto su prestigio y pabellón de castigador .., contribuían a cortarle las alas y el prurito a la Teresa.
3 Dosel. *Tb fig.* | * A la entrada del palacio de las Cortes habían colocado un pabellón. * El rosal forma pabellón sobre el paseo.
4 (*hist*) Tienda de campaña en forma de cono, sostenida por un palo central. | Riquer *Caballeros* 23: Jacques de Lalaing obtuvo licencia del rey para ir a armarse en su pabellón, y salió de su albergue a pie.
5 (*E*) Ensanche cónico en el extremo de un tubo, un conducto o un instrumento músico. | Perales *Música 1º* 175: Trompa. Instrumento de metal formado por un tubo enrollado acabado en un pabellón muy amplio. *Anticonceptivo* 14: Trompa, pabellón, ovario .. Aparato genital femenino. **b)** ~ **auditivo**, o **de la oreja**. (*Anat*) Oreja. | Bustinza-Mascaró *Ciencias* 84: Oído externo. Consta de: pabellón auditivo (oreja) y conducto auditivo externo. Legorburu-Barrutia *Ciencias* 114: El pabellón de la oreja es un repliegue de la piel con un cartílago dentro.
6 (*Constr*) Cubierta piramidal de edificios poligonales, con tantas vertientes como fachadas. *Tb* CUBIERTA DE ~. | J. Bassegoda Van 4.2.77, 28: En el centro [de la bóveda] se levanta un grueso pilar de piedra que soporta las cabezas de cuatro jácenas que, desde aquel punto, y con pendiente poco pronunciada, van a las esquinas o cornijales definiendo la cubierta piramidal de pabellón, que se forma con vigas de madera, listones y teja a llata por canal.
7 (*Mil*) Conjunto de tres o más fusiles o armas similares, apoyados unos en otros con las culatas en el suelo. | PReverte *Maestro* 217: Los soldados de la esquina de Postas dormían envueltos en mantas sobre la acera, junto a los fusiles montados en pabellón.

pabilo (tb, más raro, **pábilo**) m **1** Mecha o torcida [de una vela, un candil u otra lámpara similar]. | Cunqueiro *Un hombre* 226: Yo le vendía .. velas para sus lecturas nocturnas, de pabilo trenzado resinado, que dan luz seguida y blanca. Mendoza *Ciudad* 103: Descolgó la alcuza del gancho y acercó el pábilo al rostro de la vieja. **b)** Parte quemada de la mecha. | Torrente *Isla* 134: Crecía el pábilo de la vela y la llama bailaba.
2 (*reg*) Corazón de la mazorca. | Cela *Viaje andaluz* 105: Sobre un montón de desnudas mazorcas –pabilos, les dicen– un hombre tumbado panza arriba fuma parsimoniosamente.

pablar intr (*raro*) Hablar. | Faner *Flor* 74: Pablaba a borbotones.

pabú m (*col, infantil o humoríst*) Automóvil. | Aristófanes *Sáb* 1.3.75, 56: Tengo oído y requeteoído a mis viejos que el pabú ha sido una antigua ilusión en este país desde los tiempos de maricastaña.

pábulo m **1** Cosa que sirve para fomentar o mantener [algo no material (*compl de posesión*)]. *Frec en la constr* DAR ~ A. | FReguera *Bienaventurados* 62: José Luis lo negó, pero dio pábulo al "prestigioso" infundio, asistiendo a las pistas sin bailar. F. Vega *País* 18.6.76, 15: Le sugerí que el primer curso proyectado .. fuese precedido o iniciado por una conferencia de alguna descollante persona no médica, que con su presencia y su palabra contribuyera a dar el máximo pábulo a la Geriatría.
2 (*lit*) Comida o alimento. | F. Martino *Ya* 9.12.72, 5: Una vez la lluvia concretada en agua, esta tiende a desplazarse, en razón de su peso, en dirección al mar; es decir, somete a un concienzudo lavado no solo la superficie terrestre, sino, lo más importante, el pábulo con que se nutren los seres vivientes.

paca¹ f Fardo prensado y atado [de lana, forraje o materias semejantes]. | *NAl* 27.6.70, 16: Las empacadoras John Deere, de media o alta presión, producen pacas de longitud variable, según las necesidades, perfectamente prensadas, lo que hace que la paja o forraje conserve siempre su olor, color y sabor.

paca² m Roedor propio de América tropical, de extremidades y cola cortas y color castaño con manchas longitudinales claras (*Cuniculus paca*). | *Abc* 2.1.66, sn: El ocelote es muy parecido al leopardo de África, aunque menos temible y de menor tamaño. Se alimenta de aves, venados jóvenes, agutís, pacas.

pacana f Árbol de gran tamaño, hojas compuestas y fruto semejante a la nuez (*Carya illinoensis*). *Tb su fruto*. | Sampedro *Octubre* 301: Guillermo nos ofreció su manjar de los dioses, .. unas nuececillas desconocidas, tamaño de aceitunas, pero dura cáscara, pacanas o apacanas, nueces americanas, de árboles altísimos, un poquito amargas.

pacatería f Cualidad de pacato. | Palomo *Valera* XVII: Su moralidad novelística pudo ser mal entendida, en su lejanía absoluta de la pacatería de una Fernán Caballero.

pacatez f Pacatería. | A. Martí *Día* 16.6.76, 11: Voy a hablar de destapes, sí .. Y no adoptamos postura o ademanes, ni haciéndolo pasen de pudibundez o pacatez.

pacato -ta adj [*Pers.*] timorata (que se escandaliza exageradamente ante cosas no acordes con la moral tradicional). | LTena *Luz* 15: No sabes, Tonuca, lo pacato que se nos ha vuelto. Prefiere un mal libro que [*sic*] una buena mujer.

paccionar – paciente

b) Propio de la pers. pacata. | DPlaja *Sociedad* 49: Su comportamiento en público debe ser pacato.

paccionar *tr* (*Der*) Pactar. *Usado en part.* | *Compil. Aragón* 571: Del régimen matrimonial paccionado.

pacedero -ra *adj* Que se puede pacer. | FQuer *Plantas med.* 202: Algunas de ellas [plantas] .. pierden su toxicidad por la desecación y se vuelven pacederas para los animales.

pacemaker (*ing; pronunc corriente,* /peismáiker/) *m* (*Med*) Marcapasos. | A. Blasco *Ya* 8.12.70, 42: El Instituto Cox para la Investigación de Enfermedades del Corazón anuncia el desarrollo de un "pacemaker" (marcapasos).

pacense *adj* De Badajoz. *Tb n, referido a pers.* | Trévis *Extremeña* 46: Pollo pacense en fritanga.

paceño -ña *adj* De La Paz (Bolivia). *Tb n, referido a pers.* | G. Bethencourt *Pue* 27.10.70, 18: El primer comunicado del nuevo comandante, .. distribuido en todas las emisoras y periódicos paceños .., habla del establecimiento del tercer y cuarto frente guerrilleros en Bolivia.

pacer (*conjug* **11**) **A** *intr* **1** Comer [el ganado] hierba en el campo. *Tb fig.* | M. Aguilar *SAbc* 9.3.69, 54: Cortando la propagación de los equinococos al evitar que los embriones eliminados por los perros contagien a las reses que pacen en los prados. Olmo *Golfos* 185: Hay días .. en que el sol y el aire pacen juntos.
B *tr* **2** Comer [hierba (*cd*) el ganado]. | * Las vacas pacen la hierba del prado. **b)** Comer [el ganado la hierba de un lugar (*cd*)]. | * Este prado ha sido pacido.

pachá *m* (*hist*) Bajá. *Modernamente usado como título.* | Torrente *Isla* 293: Los encargos hechos a la Península no los daban cumplidos, fuera porque en Nápoles hubiera pocos violines, fuera porque en Calabria los mendigos temieran que se intentase engañarlos y venderlos como esclavos a algún pachá de Oriente. J. Aldebarán *Tri* 10.11.73, 48: Mustafá Kemal fue llamado Atatürk; abandonó su título feudal de señorío –pachá– para adquirir este sobrenombre. **b)** (*col*) *Frec se usa en constrs de sent comparativo para ponderar opulencia o regalo.* | S. Cámara *Tri* 19.8.72, 11: El turista con posibles cambia de país. Ahora están descubriendo Túnez, Argelia, Yugoslavia. Si el cambio monetario aquí les es favorable, allí les conviene en pachás. Torrente *Off-side* 319: Tú eres un caso aparte. Podrías pasarlo como un pachá.

pachanga *f* **1** Baile de origen cubano, muy movido y desenfadado, de moda a mediados de los sesenta. *Tb su música.* | Alfonso *Abc* 24.3.66, 55: A través de aquellos hitos, hemos rematado en el cha-cha-cha, la raspa, la pachanga, el rock.
2 (*col*) Cosa falta de seriedad. | *Sp* 1.3.65, 11: Joselito, Belmonte, .. por ejemplo, han sido toreros; nada más que eso. "El Cordobés" como tal es la "pachanga" o algo así.

pachanguero -ra *adj* (*col, desp*) [Música] fácil, pegadiza y de escasa calidad. *Tb referido al artista que la hace.* | *Sol* 21.3.75, 14: Georgie Dann es un triunfador nato. Posiblemente se le acuse de "simplista" y "pachanguero".

pacharán *m* **1** Aguardiente de endrinas. | Delibes *Castilla* 86: Yo tengo un fruto para cada estación: .. en el otoño, la endrina para el pacharán.
2 (*reg*) Endrina (fruto del endrino). | *SYa* 24.11.90, 10: Se trata de una crema de endrinas, arañones o pacharanes.
3 (*reg*) Endrino. | Cendrero *Cantabria* 91: Estrato arbustivo .. *Prunus spinosa* L.: Endrino o Pacharán.

pachas. a ~. *loc adv* (*col*) **1** De acuerdo o en colaboración. | Berlanga *Pólvora* 33: Cuando bajaban al parque de chopos raquíticos y bancos maltratados, Laura iba a pachas con Loren o procuraba estar cerca si se trataba de quitarse la pelota.
2 A medias. | Oliver *Relatos* 98: Yo, que fui el que menos, me comí cinco, y mi hermano, con eso de que estudia, diez o doce, que no paraba, oye, y luego decía que pagáramos a pachas.

pachequero -ra *adj* De Torre Pacheco (Murcia). *Tb n, referido a pers.* | *Lín* 15.8.75, 11: Doña Flora era .. esposa de un gran hombre de bien, pachequero de pro, don Víctor Pérez.

pachón *adj* [Perro] de patas cortas, con aptitud especial para descubrir liebres y otros animales que viven en madrigueras. *Tb n m.* | CPuche *Paralelo* 165: –¿Adriano has dicho? Parece nombre de perro. –Sí, de perro pachón. Berenguer *Mundo* 49: Yo pegaba la nariz al suelo, como un pachón, para cobrar las perdices.

pachorra *f* (*col, desp*) Calma o tranquilidad al actuar. | GPavón *Hermanas* 52: Una .. es más nerviosa y dicharachera. La otra, más mansa, con más pachorra. Torrente *Saga* 347: Conocida es la pachorra del poder central ante casos así.

pachorrento -ta *adj* (*col, desp, raro*) Pachorrudo. | S. Sampedro *HLVi* 4.8.75, 6: Dos pequeñas niñas rompieron, delante de sus pachorrentas madres, un par de botellas de cristal, y su[s] tranquilas progenitoras ni se molestaron a llamarles la atención.

pachorrudo -da *adj* (*col, desp*) Que tiene pachorra. | * Mira que es pachorrudo, no se altera por nada.

pachuchez *f* (*col*) Estado de pachucho. | Laiglesia *Ombligos* 175: Los maridos solo consiguen la riqueza cuando ya sus esposas están en plena pachuchez.

pachucho -cha *adj* (*col*) **1** Mustio o falto de frescura. | Laiglesia *Ombligos* 100: No quería decir con eso que yo estuviera demasiado pachucha para seducir.
2 Que padece alguna enfermedad o dolencia de poca importancia o que no reviste gravedad. | MGaite *Ritmo* 174: Estuve muy pachucho aquel invierno y los que siguieron con catarros y pejigueras. Mihura *Ninette* 79: –Lo malo es esto de estar tan pachucho. –Aprensiones, hombre. Que eres muy aprensivo.

pachulí *m* Perfume poco apreciado que se obtiene de la planta labiada *Pogostemon patchouli. Tb la misma planta.* | CBonald *Dos días* 159: Veía otra vez a su padre jadeando con la barriga llena de vino ..; olía la fetidez a pachulí y a una mezcla de nicotina y de mosto. DCañabate *Abc* 6.4.75, 41: Todo esto rociado con un pachulí tan intenso que tiraba de espaldas. Creo que el pachulí es una planta herbácea que procede de la India.

paciencia **I** *f* **1** Capacidad de soportar sufrimientos o molestias sin protestar o rebelarse. | CBaroja *Inquisidor* 23: Las mismas calidades que se requerían para la magistratura civil se pedían para la inquisitorial: sobriedad, modestia, paciencia. Laiglesia *Tachado* 78: –¿Qué vejaciones ha sufrido esa condenada familia? –perdía la paciencia el embajador.
2 Capacidad de esperar con tranquilidad y sosiego. | Selipe *Ya* 20.5.75, 44: Aguardan [los aficionados] la superación de lo que llevan visto o encajado con su peculiar paciencia y se entregan a repetidas expectativas.
3 Capacidad de perseverar en una actividad larga o pesada. | Laforet *Mujer* 32: Cuatro o cinco mocosos de la aldea, a quienes José estaba amaestrando con paciencia de domador, .. le seguían a todas partes.
4 Galleta pequeña, redonda, abultada y muy dura. | * Me trajo paciencias de Almazán.
5 Resalte inferior del asiento de una silla de coro, que sirve de apoyo a quien está de pie. | * Al enseñarnos el coro nos explicaron la utilización de las paciencias.
II *fórm or* **6 ~, o ~ y barajar.** *Se usa para expresar o aconsejar paciencia* [1, 2 *y* 3] *ante un contratiempo.* | Delibes *Emigrante* 79: A lo que dicen, no llegamos a Santiago hasta mañana a la noche. Paciencia y barajar, que diría el otro. Marsé *Montse* 170: ¿Es eso lo único que Montse quiere ahora? Veremos. Paciencia y barajar.

paciente **I** *adj* **1** Que tiene paciencia [1, 2 y 3]. | CBaroja *Inquisidor* 35: Simancas se muestra poco paciente, manso y clemente. **b)** Que denota o implica paciencia [1, 2 y 3]. | Marsé *Dicen* 283: Oíamos el paciente raspar de una lima. *Tri* 3.7.71, 34: El libro: el fruto de esa pasión, cimentada por un estudio paciente y riguroso.
2 (*lit o E*) [Pers. o sujeto] que recibe o padece una acción. *Frec n.* | MPuelles *Filosofía* 2, 13: Moverse a sí mismo es hacer, a la vez, de agente y de paciente. MGaite *Cuento* 268: Desdibuja nuestro protagonismo como pacientes de ella [de la historia]. **b)** (*Gram*) [Sujeto] de un verbo en voz pasiva. | Amorós-Mayoral *Lengua* 162: En las oraciones pasivas el sujeto se llama "sujeto paciente".
3 (*lit*) Que sufre o padece. | Ribera *SSanta* 22: Los Cantos expresan los sentimientos de Cristo paciente. SLuis *Doc-*

trina 53: Iglesia paciente o doliente, integrada por las Benditas Ánimas del Purgatorio.
  II *m y f* **4** Pers. que es objeto de un examen o tratamiento médico. | Laiglesia *Tachado* 96: Entró en el quirófano para amputarle la pierna derecha a un paciente.

pacientemente *adv* De manera paciente [1b]. | Arce *Testamento* 39: Yo escribí pacientemente todo aquello.

pacienzudamente *adv* De manera pacienzuda. | Lapesa *HLengua* 286: Los espíritus más conservadores del siglo XVIII recomendaban que en cada caso se buscara pacienzudamente el término o giro usado por los clásicos.

pacienzudo -da *adj* Que tiene o muestra mucha paciencia [1, 2 y 3]. | L. Apostua *Ya* 13.3.75, 15: El nuevo ministro de Comercio, señor Cerón Ayuso, es un especialista tan competente como pacienzudo y tenaz. GPavón *Reinado* 104: Cuando liaban pacienzudos sus cigarros, don Lotario .. soltó. **b)** Propio de la pers. pacienzuda. | Marlasca *Abc* 12.9.68, 53: ¿Hasta cuándo mantendrá su guerra psicológica y pacienzuda nuestro Quijote municipalizado?

pacificación *f* Acción de pacificar. | Arenaza-Gastaminza *Historia* 300: Los generales españoles Polavieja y Primo de Rivera consiguieron la pacificación momentánea por el pacto de Biacnabato (1897).

pacificador -ra *adj* Que pacifica. *Tb n, referido a pers*. | Miret *Tri* 26.12.70, 15: Hemos de ser todos pacificadores. Pero de una paz que no quiere decir simplemente un orden establecido o impuesto. L. Calvo *Abc* 30.12.65, 69: "Si conseguimos ganar la comprensión y la amistad permanente de Pakistán, habremos ganado una gran victoria", fueron algunas de sus locuciones pacificadoras.

pacíficamente *adv* De manera pacífica¹. | *Abc* 18.12.70, 27: Los manifestantes se disolvieron pacíficamente en Cibeles. Arenaza-Gastaminza *Historia* 50: Octavio gobernó durante 43 años, con gran habilidad y pacíficamente (paz octaviana).

pacificante *adj* (*lit*) Que pacifica. | G. Estal *Abc* 30.6.74, 9: "Pax hominum, ordinata concordia", o "la paz entre los hombres es su ordenada concordia", pasa a ser la formulación pacificante.

pacificar *tr* **1** Restablecer la paz [en un lugar (*cd*) o entre perss. (*cd*) que estaban en guerra o discordia]. | Arenaza-Gastaminza *Historia* 50: Pacificó España (19) y otras regiones de Oriente, pero tuvo que renunciar a la conquista de Germania.
  2 Sosegar o calmar. | Kurtz *Lado* 165: –Usted quiere un pequeño sedante, ¿no es eso? –¡Yo qué sé! Algo que me pacifique un poco.

pacífico¹ -ca *adj* **1** Amante de la paz. | Torbado *SPaís* 7.11.76, 3: Yo he sido siempre un hombre pacífico y poco vengador. **b)** No agresivo o violento. | Cunqueiro *His* 8.77, 128: Graves burgueses flamencos se apean de sus pacíficas mulas lorenas a la puerta de una posada.
  2 De (la) paz. | Arenaza-Gastaminza *Historia* 300: Sagasta ofreció la autonomía a Cuba y Puerto Rico. Pero era ya tarde para que aceptaran tal solución pacífica. Laforet *Mujer* 93: Paulina siempre recordaría los años pasados allí como un remanso pacífico. **b)** Que se hace o se desarrolla en paz. | Arenaza-Gastaminza *Historia* 297: La Iglesia defiende de la convivencia pacífica de las naciones. **c)** (*Der*) [Posesión] que no tiene oposición o contradicción. | *Compil. Navarra* 169: Cuando no pueda probarse la justa causa, la propiedad se adquirirá por la pacífica posesión como propietario durante cuarenta años.

pacífico² -ca *adj* Del océano Pacífico. | Pericot *Polis* 142: En la vertiente pacífica .. hallamos sucesivamente de norte a sur a los chibchas de Colombia, a los desaparecidos pueblos ecuatorianos, a los mochicas y yuncas del Perú y a los araucanos de Chile.

pacifismo *m* Actitud o doctrina favorable a la paz. | Diosdado *Olvida* 74: Cuando me reprochan que se me llene la boca de paz por mientras me salen chispas por los ojos en cuanto me llevan la contraria, yo contesto con una patada para ilustrar mi pacifismo. Van 4.11.62, 14: Hablan estos días del supuesto "pacifismo" de quien hace seis años dio orden de que los tanques soviéticos entrasen en Hungría.

pacifista *adj* De(l) pacifismo. | Mercader-DOrtiz *HEspaña* 4, 212: La etapa dura y sangrienta que se inauguró con la Revolución Francesa fue precedida por otra sentimental, humanitaria, pacifista y cosmopolita. **b)** Partidario del pacifismo. *Tb n.* | C. Santamaría *Cua* 6/7.68, 12: Esto no significa .. que el pacifista renuncie a la realización de la justicia y a la defensa del oprimido.

pack (*ing; pronunc corriente,* /pak/; *pl normal,* ~s) *m* (*Com*) Paquete o lote constituido por un número dado de determinados elementos. | *Nor* 5.12.89, 38: Ordenador Unifamiliar Inves PC .. Configuraciones con disco rígido desde 239.900 ptas., pack con impresora desde 29.000 ptas. *Prospecto* 4.91: El Corte Inglés .. Pack de 6 latas de 500 cc de Coca Cola, 269.

package (*ing; pronunc corriente,* /pákič/) *m* (*Informát*) Conjunto de programas destinados a resolver una aplicación determinada. | *País* 15.5.77, 28: Importante empresa internacional de informática precisa analistas de sistemas .. Definirán, optimizarán e intervendrán sobre packages DB/DC utilizados por los Ordenadores.

packaging (*ing; pronunc corriente,* /pákaŷin/) *m* (*Com*) Técnica del diseño de los envases de los productos. | *Ya* 6.9.87, 32: El envase de un producto actúa como un vendedor silencioso y alcanza un 12 por 100 de su coste. Las empresas españolas empiezan a interesarse por el "packaging".

paco¹ *m* (*hist*) Francotirador. | L. LSancho *Abc* 12.11.86, 18: En tiempos de la guerra del Rif, se llamaba "baraka" a la suerte de hacer un convoy a Nador y salir sin un rasguño de entre el paqueo de los pacos. Cela *SCamilo* 350: Por el balcón abierto se oyen los disparos de los pacos y a veces hasta descargas cerradas de fusilería.

paco² *m* (*reg*) Umbría. | E. Satué *Nar* 11.77, 7: Ainielle está situado en un "paco" –umbría– y Escartín en una solana.

pacotilla I *f* **1** Conjunto de objetos, gralm. pequeños, de baja calidad. *Tb fig.* | Valdeavellano *Burguesía* 48: Buhoneros ambulantes que, sin otros bienes que una caballería y una ligera pacotilla, iban de un lugar a otro vendiendo sus baratijas. GNuño *Escultura* 134: Dispondrían de una lista bien escalonada de precios, desde los muy altos para las figuras grandes .., hasta las siluetas de exagerado sintetismo, casi alfileres, pura pacotilla para uso de los indigentes.
  2 (*raro*) Caudal que alguien logra reunir en un trabajo o empleo. *Frec con el v* HACER. | FReguera-March *Dictadura* 1, 208: Regresó [de Filipinas], en efecto, el marqués sin su pacotilla –estos eran los encomiados "laureles administrativos"–, pero, según los malsines, la probidad del ilustre caballero era fruto, no precisamente de la honradez, sino de su incapacidad.
  II *loc adj* **3 de ~**. (*col*) De baja calidad. | ILaguna *Ateneo* 42: La obra de madurez surge a partir del segundo decenio, cuando los restauradores de pacotilla yacen en el olvido o en el camposanto.

pactante *adj* Que pacta. *Tb n.* | *Tri* 3.4.71, 8: En numerosos convenios colectivos .. las partes pactantes o concedentes .. han establecido mejoras salariales exentas en todo o en parte de cotización para Seguros Sociales.

pactar A *tr* **1** Decidir [dos o más perss. o partes algo] de común acuerdo y obligándose a su cumplimiento. | FQuintana-Velarde *Política* 41: Estas retribuciones son pactadas en el mercado de servicios del trabajo, y por ello se afirma que el salario es un pago contratado.
  B *intr* **2** Hacer un pacto [dos o más perss. o partes, o una con otra]. *Tb sin compl por consabido.* | E. Haro *Tri* 27.2.71, 4: De Gaulle había pactado con los jefes militares en la base de Baden-Baden. E. Haro *Tri* 19.8.72, 7: No se cree, sin embargo, que el objetivo final fuese el de ocupar la capital, sino el de forzar a pactar al Gobierno del Sur.

pactismo *m* Actitud favorable a los pactos. | A. Manent *Abc* 30.11.69, 39: La vieja tradición catalana, en cuyo centro está el posibilismo, el pactismo, que tan bien tipificó Vicens Vives.

pactista *adj* De(l) pactismo. | Espadas *SYa* 20.10.74, 23: El canovismo .. vivió también el difícil equilibrio entre Iglesia y Estado en una inestable solución pactista. **b)** Partidario del pactismo. *Tb n.* | S. Cámara *Tri* 3.4.71, 15:

pacto – padre

La burguesía pactista se defiende argumentalmente. *País* 6.5.79, 12: No puede ser [el Partido Comunista Italiano] demasiado revolucionario ni puede ser demasiado pactista con la sociedad establecida.

pacto *m* Acuerdo a que llegan dos o más perss. o partes, obligándose a su cumplimiento. | Arenaza-Gastaminza *Historia* 290: Se firmó un pacto de amistad entre los dos regímenes totalitarios. **b)** ~ **de retro** → RETRO².

padano -na *adj* Del Po (río de Italia). | Vicens *Universo* 299: Lombardía en el centro, plataforma natural de la región padana.

padda *m* Pájaro de color gris oscuro y pico rosa, propio de Indonesia (*Padda oryzivora*). | Castellanos *Animales* 118: Pájaros exóticos. Amaranta; azulito del Senegal; .. noneta de Calcuta; padda o húngaro; pico del coral.

paddle (*ing; pronunc corriente*, /pádel/) *m* (*Dep*) Juego semejante al tenis, que se practica con pala de madera y pelota de esponja de goma. *Tb* ~~TENIS. | A. Turmo *Épo* 30.9.85, 98: La expansión del "paddle" se ha producido, en estos años, por medio de grupos de amigos, que lo han ido introduciendo en sus diferentes clubes. J. Berlanga *Abc* 4.7.87, 105: El chico liga cantidad, todas andan a sus pies. No en balde es campeón de paddle-tenis.

paddock (*ing; pronunc corriente*, /pádok/; *pl normal*, ~S) *m* (*Dep*) **1** Recinto en que se preparan y pasean los caballos antes de la carrera. | A. Ussía *D16* 21.11.84, 4: Llenar un "paddock" de aficionados de verdad es acabar con las carreras de caballos.
2 Área cercana a la pista en que los coches o motos se preparan antes de la carrera. | J. Cueto *País* 9.6.89, 88: Todas las cadenas del planeta Tierra retransmitiendo en directo el *show* de las pistas, las gradas y los *paddo*[c]*ks*. [*En el texto*, paddoks.]

padecer (*conjug* **11**) **A** *tr* **1** Experimentar [un daño o dolor, físico o moral]. *Tb fig.* | Vesga-Fernández *Jesucristo* 63: Bienaventurados los que padecen persecución por la justicia. CBaroja *País* 23.12.77, 7: En todas las facultades y en todos los tiempos se ha padecido al catedrático ensoberbecido, al violento, al avinagrado, al estrafalario, al abúlico. **b)** Tener [una enfermedad]. | Navarro *Biología* 246: Se sabe que ciertas enfermedades no se vuelven a padecer nada más que excepcionalmente. **c)** Tener [alguien un error o equivocación]. | *Abc* 16.12.70, 62: En la esquela .., por error padecido, figuraba hija política en vez de hermana. **d)** Ser objeto [de una acción o un suceso (*cd*) perjudicial, dañino o molesto]. | MGaite *Nubosidad* 223: Las preguntas las formulaba la mujer, y el chico las padecía. M. P. SBravo *Alc* 13.11.70, 32: De un tiempo a esta parte el teléfono nos hace padecer llamadas "piratas". No son equivocaciones personales o de "relais" .., sino auténtica piratería en la intimidad ajena.
B *intr* **2** Sufrir (sentir dolor, físico o moral). | Laforet *Mujer* 337: Al volver con Eulogio padecería un poco. Torrente *Sombras* 303: Se quejaban [los excombatientes] .. de que, habiendo ido a la guerra y padecido en ella, no eran los amos del país. **b)** Preocuparse. *Gralm en la constr* NO PADEZCA(S). | GPavón *Reinado* 47: No padezca, señor, que más gente va a ir a ese muerto que a la feria de Albacete.
3 Sufrir (recibir daño [una cosa]). | Torrente *Sombras* 269: Descendió los escalones como el que puede hacerlo sin que su gloria se marchite ni su fama padezca.
4 Tener [una enfermedad (*compl* DE)]. | T. La Rosa *Van* 4.4.74, 5: Se supo que Georges Pompidou padecía de mieloma. **b)** Tener enferma [una parte del cuerpo (*compl* DE)]. | *Ya* 29.6.75, 15: El señor Ridruejo, que tiene sesenta y dos años de edad y venía ya padeciendo del corazón desde hace tiempo, será sometido el próximo día 2 de julio a una intervención quirúrgica de trasplante de coronarias.

padecimiento *m* **1** Acción de padecer. *Tb su efecto.* | Carandell *Tri* 11.4.70, 9: El padecimiento de la otra noche no residía en el hecho de que José Manuel Ibar se alzara con el título europeo.
2 Enfermedad. | Jiménez *SAbc* 9.2.69, 39: –¿Quieres definirme la obesidad? –Es un padecimiento crónico.

pádel *m* (*raro*) Paddle. | *Ya* 25.9.89, 30: Juan Fontán y Javier Arenzana se proclamaron campeones de España de pádel en categoría masculina al vencer en el partido final del campeonato .. a Joaquín Not y Pedro Vernis por 7-6, 6-2 y 6-3.

padilla *f* Horno pequeño con una abertura central para la entrada del aire y para sacar la ceniza. | Seseña *Barros* 46: La padilla u horno pequeño servía para fundir y calcinar los minerales para el vidriado.

padovano -na *adj* (*raro*) Paduano. | M. A. Estévez *Mad* 12.9.70, 20: Una tromba de aire caliente zigzagueó anoche por todo el Norte italiano y, en pocos segundos, una buena parte de la zona véneta y de la llanura padovana quedó cubierta de casas sin techos.

padparacha *f* (*Joy*) Corindón de color anaranjado. | *SAbc* 14.10.84, 15: Los zafiros naranjas asalmonados, que son indios y muy difíciles de encontrar, reciben el nombre de "padparacha".

padrastro *m* **1** Marido de la madre [de una pers. huérfana de padre (*compl de posesión*)]. | Salvador *Haragán* 25: Lo estaba diciendo al tío Federico, hermano de mi padre y de tu padrastro, el menor de los tres hermanos. **b)** Mal padre. | * Es un auténtico padrastro para sus hijos.
2 Pequeña porción de piel que se levanta en el borde de las uñas de las manos. | MGaite *Visillos* 18: Julia se puso a morderse un padrastro con los ojos bajos.

padrazo *m* (*col*) Padre que está muy dedicado a sus hijos y los trata con mucho cariño. | ZVicente *Traque* 88: Para un día que uno se siente padrazo y renuncia a la partida de mus y al chateo en casa del Venancio.

padre **I** *m* **1** Hombre que ha engendrado [a otra pers. (*compl de posesión*). *A veces sin compl. Tb fig*, designando al que hace las veces de padre o tiene un comportamiento propio de padre.* | Olmo *Golfos* 157: Don Tomás, mi padre, siempre tuvo tres ideas fijas. Medio *Andrés* 174: Ahora es él el organillero. Y empieza a silbar, como silbaba el padre cuando ocupaba su puesto. SLuis *Doctrina* 15: Dios es nuestro Padre, que está en los Cielos. J. M. Llanos *Ya* 19.3.74, 19: José no pasaba de ser un padre putativo. **b)** ~ **nuestro, ~ político** → PADRENUESTRO, POLÍTICO. **c)** (*Rel catól*) Primera pers. de la Santísima Trinidad. *Frec en aposición.* | SLuis *Doctrina* 18: Las tres personas son un solo Dios: el Padre es Dios; el Hijo es Dios, y el Espíritu Santo es también el mismo y único Dios. Delibes *Guerras* 150: La Candi decía que mientras no desaparecieran los viejos hijos de puta, y Dios Padre me perdone, el mundo no tendría arreglo. **d)** **el ~ eterno.** Dios. | Onieva *Prado* 172: Hermoso ángel, algo desproporcionado, una filacteria en la mano y el índice señalando al Padre Eterno. **e)** ~ **de familia.** Hombre que tiene a su cargo una familia con hijos. | *Ya* 3.3.63, 10: XIX Asamblea de los Padres de Familia. **f)** **su** (**o tu**) ~. (*col*) *Se emplea en fórmulas de rechazo, haciendo a la pers aludida agente o paciente de algo ofensivo o molesto que acaba de decirse. A veces la alusión es impers.* | Olmo *Golfos* 28: –¿Qué toca hoy? –Del verbo. –¡Pa su padre! Andando, ¡vámonos al río! CPuche *Paralelo* 66: Hazte guardia y habrás resuelto tu vida. ¡Que se haga su padre! **g)** (*col*) Hombre que ayuda grandemente [a otra pers. (*compl de posesión*)]. *Frec en la fórmula* ERES MI ~. | * ¡Gracias, chico! Eres mi padre.
2 *En los seres sexuados:* Macho que ha engendrado [a otro ser de su especie (*compl de posesión*). *A veces sin compl.* | Ybarra-Cabetas *Ciencias* 218: Para mejor comprensión de las leyes de Mendel, resolvamos un caso general en el que sean dos pares los caracteres en juego. Llamemos *A* y *B* a los dominantes y *a* y *b* a los alelomorfos respectivos. Supongamos que la primera generación nace de un padre que posee los caracteres *AB* y una madre que tiene los *ab*.
3 *En pl:* Conjunto formado por el padre [1a y 2] y la madre. | *Compil. Navarra* 46: Los hijos adoptados con adopción plena, a efectos de la sucesión legal respecto a sus padres adoptantes, se equiparan a los legítimos. Ybarra-Cabetas *Ciencias* 215: La teoría nos muestra que ciertos caracteres se transmiten en la reproducción de padres a hijos, fenómenos que científicamente se engloban con el nombre de herencia. **b)** (*lit*) Antepasados. | Vesga-Fernández *Jesucristo* 79: Nuestros padres comieron el maná en el desierto.
4 (*lit*) Hombre del que procede [un pueblo o una estirpe (*compl de posesión*)]. | Peña-Useros *Mesías* 42: Para padre y fundador de este pueblo eligió Dios a Abram –llamado más tarde Abraham–. **b)** Hombre que ha creado [algo, esp. una ciencia, un arte o una actividad (*compl de posesión*)]. | Zunzunegui *Camino* 403: –¿Quién es ese señor Lenin? .. –El padre de la revolución. Fernández-Llorens *Occidente* 300:

Son considerados [los hermanos Lumière] como los padres del cinematógrafo. Alfonso *España* 58: Robert Oppenheimer fue uno de los "padres" de la energía atómica aplicada. Halcón *Ir* 24: Abando, padre de la actual abundancia, tenía sus escrúpulos sobre haberle producido un daño a la patria.

5 Cosa de la que procede [otra (*compl de posesión*)]. *A veces sin compl. Normalmente dicho de cosas con n m. A veces en aposición.* | *Lugo* 36: Es Lugo la que regala a Pontevedra uno de sus mejores ríos, aparte sea el padre Miño, ya que el Ulla es de nación luguesa. Payno *Curso* 175: Siempre hay lucha con la generación padre.

6 Sacerdote perteneciente a una orden religiosa. *A veces designa a un sacerdote no religioso. Frec como tratamiento.* | *Ya* 15.4.64, 12: Academia de Santo Tomás de Aquino. Padres dominicos. CBaroja *Inquisidor* 33: El padre Risco lo considera como obra de imaginación fabulosa. Cela *Judíos* 212: Buenos días nos dé Dios, padre cura. **b) santo ~** (*o, más raro,* **~ santo**). (*lit*) Papa. *Normalmente con el art* EL. *Tb como tratamiento.* | *Abc* 3.12.70, 37: Encuentro lleno de ternura del Santo Padre con los niños hospitalizados, sacerdotes ancianos y enfermos, de Sidney. **c) ~ de la Iglesia**, *o* **santo ~**. Escritor eclesiástico de los primeros siglos. | Villapún *Iglesia* 56: Con tu esfuerzo y constancia puedes llegar a ser santo y también sabio en la medida que Dios quiere, como lo fueron los Padres de la Iglesia Oriental y Occidental. Villapún *Iglesia* 51: Los santos padres y escritores eclesiásticos. **d) ~ apostólico**. Padre de la Iglesia de tiempos de los apóstoles. | Villapún *Iglesia* 51: Se llaman padres apostólicos a los escritores eclesiásticos de la antigüedad cristiana, que se distinguieron por su piedad, por su ciencia y que vivieron en tiempos de los Apóstoles. **e) ~ conciliar**. Clérigo que asiste a un concilio. | *Alc* 31.10.62, 5: Asistieron ochenta cardenales, seiscientos obispos y cerca de otros mil quinientos padres conciliares. **f) ~ espiritual**. Director espiritual. | M. H. SOrtega *His* 9.79, 46: La enseñaba, como padre espiritual, que para agradar a Dios la convenía mortificarse y hacer puntualmente cuanto él la decía, sin discrepar ni un ápice de sus órdenes.

7 ~ de la patria. (*lit*) Miembro de las Cortes o del Parlamento. *A veces con intención humoríst.* | *País* 19.5.76, 1: Las incidencias con la sesión senatorial indican que los padres de la patria se han impuesto bien de la evolución de la situación europea. **b) ~ conscripto**. (*hist*) *En la antigua Roma*: Senador. *Tb* (*lit*) *fig, referido a los parlamentarios modernos.* | Torrente *Pascua* 324: Hay otro camino más honrado y también más directo: llevar el caso a las Cortes, presentarlo ante los representantes del país, ante los padres conscriptos.

8 (*col*) *Se usa, a manera de vocativo expletivo, siguiendo como apoyo enfático de los advs* SÍ *o* NO, *enunciados como respuesta, gralm por el mismo que pregunta.* | Medio *Andrés* 218: –¿Es que se metió alguien conmigo y con este, pongo por caso?...– Regino bracea furiosamente, justificando su postura: –No, padre.

9 (*argot Mil*) Soldado del reemplazo anterior al último. | G. Ortí *Ya* 28.2.88, 14: El recluta se ve tratado como un ser ínfimo, al que se le adjudican los nombres de *bicho, chivo, peluso, cucli*, etc., según los cuarteles .. Esta situación .. normalmente dura los tres primeros meses, hasta que asciende, en la terminología cuartelera, a *padre*.

II *adj* **10** (*col*) Sumamente grande e importante. *Siguiendo a un n, gralm de acción, precedido del art* EL *o* LA. | Salvador *Atracadores* 19: Empezaba a cansarse de aquello. Pero eran dos y le podían dar la paliza padre. **b)** (*col*) [Vida] sumamente placentera. | CPuche *Paralelo* 155: Tampoco era verdad que los americanos se pegaran la vida padre. Vivían al contado, aunque fuera por cuenta del dólar.

11 [Hermano] **de ~** → HERMANO.

12 de ~ y muy señor mío. (*col*) [Cosa] muy grande y extraordinaria. *Con intención ponderativa.* | Clarasó *Tel* 15.11.70, 17: Levantarse .. despacito y servirse un desayuno de padre y muy señor mío.

13 cada uno (*o* **cada cual**) **de su ~ y de su madre**. (*col*) [Elementos] faltos de armonía entre sí. *Normalmente como predicat.* | Cela *Judíos* 160: El castillo de Cuéllar es fortaleza roquera, con planta cuadrilonga, de fábrica de mampostería y flanqueado por cubos que parecen cada cual de su padre y su madre.

III *loc pr* **14 ni su ~**. (*col*) Nadie. | Berlanga *Recuentos* 81: Mejor un retrato grande en ABC poniéndote a parir en el pie de foto que una crítica de dos páginas en esa revistilla que no lee ni su padre. * No se fía ni de su padre.

IV *loc v* **15 estar** [un hombre] **para hacerle ~** (**y darle las gracias**). (*col*) Ser muy atractivo. *En boca de mujeres.* | MGaite *Nubosidad* 73: Vaya si me acuerdo. Estaba como para hacerle padre, ¿no cree usted?

16 no tener [alguien] **~ ni madre ni perro** (*o* **perrito**) **que le ladre**. (*col, humoríst*) Estar solo en el mundo. | * Pobre, no tiene padre ni madre ni perrito que le ladre.

17 ser ~. Pasar [alguien] a tener un hijo. *Tb en pl, referido a la pareja.* | *País* 26.6.77, 18: Este será el primero de los cuatro hijos que .. piensan tener. Dentro de un año esperan ser padres del segundo.

V *interj* **18 su** (*o* **mi**) **~**. (*col*) Expresa susto o sorpresa desagradable. | * –Acaban de detener a Paco. –¡Su padre!

19 su (*o* **tu**) **~**. (*col*) Se usa como insulto, o como rechazo de lo que acaba de oírse. | Olmo *Golfos* 16: –¡Tu padre! –¡El tuyo!– Y se liaron.

padrear A *intr* **1** Ejercer [un animal macho] las funciones de la generación. | Berenguer *Mundo* 165: De las hembras, nada sabía, ni se le ocurrió decirle a don Gumersindo que, en el verano, por cada macho capaz de padrear había un rebaño de hembras. Escobar *Itinerarios* 42: Les caparon [a los cerdos] a los cinco meses, y, por consiguiente, no padrearon.

B *tr* **2** (*raro*) Fecundar [un animal macho a la hembra]. | SCabarga *HLS* 26.8.74, 2: En Liérganes no se tenía de los toros otra idea que .. la de su mansedumbre para padrear a las vacas pacíficas en los prados.

padrenuestro (*tb con la grafía* **padre nuestro**) *m* Oración cristiana que comienza por las palabras "Padre nuestro". | CNavarro *Perros* 179: –¿Qué rezas? –El Padrenuestro.

padrinazgo *m* **1** Condición de padrino [1, 2 y 3]. | *Abc* 3.6.58, 37: Los Condes de Barcelona aceptaron complacidos el padrinazgo de la boda, representados por D. Ricardo Naveda, padre de la novia, y doña Ana García de los Ríos, madre del novio. *País* 26.8.78, 13: Adolfo Suárez .. será el padrino .. Al parecer, el señor Suárez no podrá desplazarse al bautizo por sus obligaciones políticas y delegó en el secretario político local de UCD en Marbella (Málaga) el desempeño de sus funciones de padrinazgo en la ceremonia.

2 Protección o ayuda. | M. Ors *Pue* 16.12.70, 21: Muñoz, afortunadamente, no necesita el padrinazgo de nadie para seguir donde está.

padrino *m* **1** Hombre que presenta o asiste [a una pers. (*compl de posesión*) que recibe un sacramento o que profesa en una orden]. *A veces sin compl.* | *Abc* 3.12.70, 52: Fueron atendidos por un médico .., al que ahora los padres, en prueba de su agradecimiento, han nombrado padrino de la criatura. ZVicente *Traque* 81: Chucho, el novio, que le había sacado de pila mi mujer, y yo fui su padrino de confirmación. CPuche *Paralelo* 44: Genaro se quedaba bobo mirando los zapatos de aquellos negros, más brillantes que los de un padrino de boda. **b)** *En pl*: Conjunto formado por el padrino y la madrina. | SLuis *Doctrina* 131: Padrinos: son personas que se comprometen a asegurar la educación del neófito si faltasen sus padres.

2 Hombre que presenta y acompaña [a una pers. (*compl de posesión*) que recibe algún grado u honor]. | J. Sampelayo *Ya* 12.12.72, 45: Va a ser presentado a la [Academia] de Bellas Artes un maestro de la pintura, bien puede decirse universal: Benjamín Palencia. Camón, Aguilar e Hidalgo de Caviedes serán sus padrinos.

3 Hombre que acompaña [a una pers. (*compl de posesión*)] a fin de asistirla en la defensa de sus derechos. | Villapún *Moral* 144: Es [el duelo] pecado gravísimo, castigado por la Iglesia con la pena de excomunión; pena que extiende a los padrinos, testigos, médicos y a cuantos .. cooperen a la consumación del delito.

4 (*col*) Protector o valedor. *Frec en pl y en la frase* EL QUE TIENE ~S SE BAUTIZA. | S. RSanterbás *Tri* 11.4.70, 23: El [diestro] novato está respaldado económicamente por un apoderado potente o por un padrino ricachón. MGaite *Nubosidad* 331: El que tiene padrinos se bautiza, me dirás. Medio *Andrés* 210: –Sin padrinos, no se bautiza uno, y si el chaval no los tiene... –Pues los hay que sin padrinos salen adelante.

padrón[1] *m* **1** Nómina o lista oficial de los habitantes [de una población]. *Frec* ~ MUNICIPAL. | *Van* 20.12.70, 35: La Delegación de los Servicios de Acción Social propuso la aprobación del plan de trabajos censales y padronales para el nombramiento del personal que ha de intervenir en los mismos al efecto de confeccionar el padrón municipal de habitantes. **b)** Nómina o registro oficial [de algo]. | *Leg. contencioso-adm.* 214: La inclusión o no de una cooperativa en el padrón de entidades permanentes sujetas a la Tasa de Equivalencia del Arbitrio de Plus Valía entraña una cuestión de cuantía inestimable.
2 *(raro)* Nota pública de infamia o deshonra. *Tb aquello que la causa. Frec* ~ DE IGNOMINIA. | GNuño *Escultura* 143: El año 1835, el gobernador civil de Salamanca .. entendió que los toros o verracos de la región no eran sino señales o padrones de ignominia, mandados colocar por el emperador Carlos I.

padrón[2] *m (reg)* Cerca de piedra. | Halcón *Campo* 10: Le sonarán [al campesino] a cosas insinuadas por los padres o sentidas en su cuerpo un día cualquiera, mientras echaba un cigarro sentado en un padrón.

padronal *adj* De(l) padrón[1] [1]. | *Van* 20.12.70, 35: La Delegación de los Servicios de Acción Social propuso la aprobación del plan de trabajos censales y padronales. *ASeg* 16.8.78, 3: La población de derecho era de 161.471, mientras que la rectificación padronal de 1977 .. daba la cifra de 153.106.

padronés -sa *adj* De Padrón (La Coruña). *Tb n, referido a pers.* | Cela *Pirineo* 292: El viajero, que, como padronés, es propenso a la fe en la magia, .. admira mucho la mecánica del jeep.

padrote *m (reg)* Semental. | Cela *Izas* 59: ¡Quién te ha visto y quién te ve, macho en derrota, garañón jubilado, padrote que ya quemó el último cartucho!

padrusco *m (reg)* Gorrión viejo. | Cela *Viaje andaluz* 281: El padrusco empujó hacia el blando nido a los torpones guachos de la pollada.

paduano -na *adj* De Padua (Italia). *Tb n, referido a pers.* | Cunqueiro *Un hombre* 108: Mi amo decía que aquella cifra contradecía la ciencia anatómica paduana, de lo que parecía muy satisfecho.

paedomórfico -ca *adj (Biol)* Que presenta paedomorfosis. | P. Alberch *Abc* 16.6.90, 106: El mono paedomórfico sigue evolucionando.

paedomorfosis *f (Biol)* Evolución que implica la retención de caracteres infantiles o juveniles en el adulto. | P. Alberch *Abc* 16.6.90, 106: Los Rolling, con su eterna juventud, podrían considerarse un ejemplo del proceso que los estudiosos de la evolución biológica llamamos "paedomorfosis".

paella *f* **1** Plato típico valenciano, hecho con arroz, legumbres, carnes o pescados y mariscos. | DPlaja *El español* 130: Puede algunas veces y como gracia preparar un plato que exija inteligencia y garbo (una paella, por ejemplo) en ocasiones especiales.
2 *(reg)* Paellera [4]. | Goytisolo *Recuento* 92: Automóviles cargados con trastos de playa, motoristas con la mujer en la grupa, sidecars familiares con bultos, paellas, cañas de pescar.

paellada *f* Comida colectiva consistente fundamentalmente en paella. | *OrA* 26.8.78, 13: El pasado día veinte de los corrientes y como el año anterior se celebró la segunda gran paellada en la finca la Xobal.

paellero -ra **I** *adj* **1** De (la) paella [1]. | J. Vidal *País* 28.3.89, 68: Fuera de Valencia, templo paellero, la cargan de viandas, y es un error.
2 [Pers.] que hace o vende paellas [1]. *Tb n.* | J. Vidal *País* 28.3.89, 68: Cada maestro paellero le tiene tomado el pulso a determinado tipo de arroz, pero todos son buenos.
3 [Pers.] aficionada a la paella [1]. *Tb n.* | Vega *Cocina* 137: El primer plato es siempre el arroz, lo que no significa que sea siempre la paella, pues hay muchos alicantinos que no suelen ser entusiastas paelleros.
II *n* **A** *f* **4** Recipiente de hierro, redondo, poco profundo y con dos asas, propio para hacer la paella [1]. | J. M. Moreiro *SAbc* 16.3.69, 45: Un buen valenciano tiene siempre un grano de arroz en el labio o la gigantesca paellera al alcance de la mano.
B *m* **5** Hornillo especial para hacer paella [1]. | *AbcS* 20.3.75, 45: Es una magnífica cocina, extremadamente limpia y única en su tipo. Nada más encenderla y ya está lista para usarla como Barbacoa, como Paellero o como Cocina.

páez *(pl invar) adj* De un pueblo indígena colombiano de la cuenca del alto Magdalena. *Tb n, referido a pers.* | *Ya* 6.7.86, 25: Tenorio, que es el jefe indio de la tribu "páez", fue interrumpido cuando leyó un texto no previsto en el que se hacía referencia a sacerdotes asesinados por defender los derechos de los indígenas. Tovar *Español* 521: Castillo y Orozco .. no editó, sino que dejó manuscritos sus trabajos sobre la lengua páez.

paf *interj* Imita el ruido propio de un golpe, una caída o un estallido. | Medio *Bibiana* 67: Ahora, ¡paf!, sueltan una bomba y desaparecemos todos. CSotelo *Muchachita* 269: Son salvadores de la patria, hombres privilegiados, .. y de pronto, ¡paf!, la guarnición de Anabique o de Isteba que manda un telegramita o lanza unos tiritos.

paflagonio -nia *adj (hist)* De Paflagonia (antigua región de Asia Menor). *Tb n, referido a pers.* | GGual *Novela* 93: Es la época de auge para el proselitismo de las nuevas religiones; de los falsos profetas y taumaturgos, como Apolonio de Tiana, o, en tiempo de Luciano, Alejandro de Abunitico, famoso mago con enorme prestigio entre los paflagonios y los supersticiosos romanos.

paga *f* Cantidad fija y periódica asignada a una pers. por su trabajo. | Bal 6.8.70, 26: Se necesita jardinero .. Buena paga. Medio *Bibiana* 271: –Y te has gastado tanto dinero... –No tanto... El primer plazo... Tuvimos una paga extraordinaria. **b)** Cantidad que se paga a alguien, esp. por un trabajo o un servicio. | C. SMartín *MHi* 3.61, 59: En cuanto a esas, las que pecan por la paga, le inspiraban unas tan ardientes diatribas .. que malas lenguas aseguraban había recibido serias proposiciones de juntas moralizadoras para que les echara una manita. **c)** Cantidad de dinero que se da habitualmente a un niño o muchacho para sus gastos. | *Ya* 19.1.86, 35: ¿Cuidaba mucho tu padre el dinero que os daba de "paga" a la semana?

pagable *adj* Que se puede o debe pagar [1, 2 y 3, esp. 1a y b]. | Fernández-Llorens *Occidente* 139: Es [la letra de cambio] un documento de compromiso pagable en un plazo determinado. L. Pereña *Ya* 28.11.74, 9: El 15 por 100 restante será pagable al contado.

pagadero -ra *adj* Que se puede o esp. se debe pagar [1a y b]. *Normalmente con un compl de modo o de tiempo.* | *ByN* 11.11.67, 77: Se podrían sacar de veinte a cuarenta millones de toneladas al año –pagaderas en francos–, que vendrían a sumarse a los sesenta y un millones de toneladas refinadas en Francia en 1966. *Abc* 15.11.68, 59: El precio de la recuperación [del carnet] no debería ser inferior a dos mil quinientas pesetas, pagaderas en el acto.

pagador -ra *adj* Que paga [1a, b y c]. *Tb n, esp referido al encargado de pagar.* | M. Calvo *SYa* 28.3.71, 14: En Japón han empezado a utilizarse las "máquinas pagadoras", que efectúan automáticamente la distribución de dinero. *Abc* 15.2.76, 59: Detenidos los autores del atraco al pagador de una empresa. Sopeña *Defensa* 26: El complejo de inferioridad [de los clérigos] no ya ante la autoridad o ante el rico cercano –el pagador de la beca tantas veces–, sino sencillamente ante el seglar de clase media.

pagaduría *f* Oficina donde se paga [1a, b y c]. | *Inf* 18.12.78, 1: Han sido recuperados 48 millones de pesetas del atraco a la pagaduría de Altos Hornos de Vizcaya. FReguera-March *Filipinas* 624: Se presentó en la pagaduría un cazador muy astroso y de aire apagado y enfermizo.

págalo *m* Ave marina parecida a la gaviota, de plumaje oscuro y vuelo muy rápido, que obtiene su alimento obligando a otras aves, esp. las gaviotas, a regurgitar su propia comida o a soltar la presa que han cogido (gén. *Stercorarius*). *Frec con un adj especificador:* ~ GRANDE (*S. skua*), ~ PARÁSITO (*S. parasiticus*), ~ POMARINO (*S. pomarinus*), ~ RABERO (*S. longicaudus*). | Noval *Fauna* 109: Los págalos .. son aves marinas .. que se ven frecuentemente en aguas costeras, especialmente en verano y otoño .. El Págalo grande (*Stercorarius skua*) es el mayor de todos .. El Págalo parásito

paganía – página

(*Stercorarius parasiticus*) es el más numeroso en nuestras aguas costeras, seguido del Págalo pomarino (*Stercorarius pomarinus*) y, observándose muy pocas veces, el Págalo rabero (*Stercorarius longicaudus*).

paganía *f* (*raro*) Paganismo. | Goytisolo *Recuento* 218: Defensas a cuya construcción la nueva urbe consagró .. todos sus recursos, acaso en expiación de la pasada impiedad, su paganía, sus costumbres disolutas.

paganini *m y f* (*col, humorist*) Pers. que paga una cuenta común o de otro. | Berlanga *Pólvora* 10: Güili era la caja fuerte, el paganini.

paganismo *m* **1** Religión de los paganos² [1]. | Tejedor *Arte* 59: Vieron en la nueva doctrina una claridad .. y una altura que no encontraban en el paganismo, puro culto y formulismo.
2 Cualidad de pagano². | Laforet *Mujer* 180: Creo que estamos en una época de absoluto paganismo.

paganización *f* Acción de paganizar(se). | Castilla *Humanismo* 8: El humanismo renacentista .. es el redescubrimiento del hombre en cuanto hombre, y ello entraña, ciertamente, la desacralización y paganización de la concepción que de ello se deriva.

paganizante *adj* Que tiende al paganismo. | Fernández-Llorens *Occidente* 160: El nacimiento de Venus, de Botticelli, obra representativa del espíritu clásico y paganizante.

paganizar *tr* Dar carácter pagano² [a alguien o algo (*cd*)]. | * Están paganizando a la juventud. **b)** *pr* Tomar carácter pagano [alguien o algo]. | Villapún *Iglesia* 113: Con su influencia hizo que las artes se paganizasen, introduciendo este paganismo en algunas iglesias.

pagano¹ -na *adj* (*col*) Que paga (1a y 3], esp. por abuso de otros. *Más frec n.* | SRobles *Pról. Teatro 1958* XXVII: Quizá contribuyó a su desestimación por parte del público pagano y de la crítica ver obra fiel a los cánones de una técnica teatral ya muy pasada de moda. Ferres-LSalinas *Hurdes* 98: –¿Y ustedes no vienen a cobrar nada? .. –No .. –Vayan pa Robledo –dice un campesino, todavía incrédulo .., deseoso, tal vez, de que los paganos, si es que ha de haberlos, sean los de Robledo. Cela *Judíos* 273: La ronda es un impuesto que ha de pagarse una sola vez y que ha de tasar el pagano.

pagano² -na *adj* **1** Que no es cristiano, judío o musulmán. *Tb n, referido a pers. Gralm referido a Grecia y Roma.* | RMorales *Present. Santiago* VParga 6: Hay muchas misiones de la Iglesia Católica en países paganos. *Van* 4.11.62, 16: Los furores de los paganos, de los arrianos, de los sarracenos .. han venido .. a relevarse para que apenas pasase generación sin conocer la mordedura cruel de los enemigos de la Fe. Tejedor *Arte* 59: La crisis del mundo pagano. Puede decirse, en general, que se inició con la misma aparición y difusión del Cristianismo.
2 Ajeno u opuesto a la moral cristiana tradicional. | E. GPesquera *Fam* 15.11.70, 6: El tipo de mujer cristiana, .. que venía floreciendo en tantos y tan admirables ejemplares, dejará el lugar a un tipo de mujer pagana rediviva.

pagante *adj* (*raro*) Que paga. | L. Apostua *Ya* 5.4.75, 13: Es una técnica usada por todos los ministros de Hacienda para hacer "tragar" a la clientela pagante mayores impuestos.

pagar A *tr* **1** Dar dinero o algo equivalente [por algo (*cd*)]. *Tb abs. A veces con un compl* CON *o* EN, *que expresa el medio de pago.* | Olmo *Golfos* 149: Pagamos los cafés. Aldecoa *Gran Sol* 15: Unos duros para poder vivir, para que la mujer pagara en la tienda de comestibles. * Pagó con un billete de mil. * Pagó en francos. **b)** Dar [dinero o algo equivalente (*cd*) por algo (*compl* DE *o* POR)]. *A veces se omite el segundo compl por consabido. Tb abs.* | *Van* 11.4.71, 25: Con su único hijo enfermo, un matrimonio anciano, que vive de una reducida pensión, no puede pagar 3.000 ptas. de atrasos. J. Carabias *Ya* 18.6.74, 8: Se pagaron hasta mil pesetas por entradas que valían doscientas. Vesga-Fernández *Jesucristo* 104: Llama a los trabajadores y págales el jornal. * Pagaría por ir a trabajar. **c)** Dar dinero [a alguien (*cd*) por algo, esp. un trabajo o un servicio]. *Tb abs.* | * Le pagan por ir todas las tardes a hacerle compañía. * En este trabajo pagan mal. **d)** Estar obligado a pagar [a, b y c] [algo]. *Tb*

abs. | Cancio *Bronces* 23: A mí dame la mar, que es el único prao que ni paga renta ni le puede quitar el amo. * Los policías no pagan en el metro.
2 Compensar [una cosa abstracta con otra]. | * Hay favores que se pagan con la vida. **b)** Corresponder [a un sentimiento o acción (*cd*) con otros]. | SLuis *Doctrina* 59: Ellas nos pagarán con creces cuanto hagamos en su favor, intercediendo por nosotros en el cielo. **c)** Recompensar [a alguien (*cd*) con algo]. | C. Ortega *Tri* 15.5.71, 24: Guevara, naturalmente, se calla sus propias pretensiones, sus méritos ayudando a los flamencos, que le pagarían dos años después con un buen cargo en la Inquisición. **d)** Compensar [a alguien (*cd*) de algo]. *Tb abs.* MGaite *Fragmentos* 127: El consuelo que se leía en sus ojos pagaba con creces del pequeño esfuerzo que había costado conseguir ese efecto. **e)** **~la** [con alguien o algo]. (*col*) Hacer [alguien] que [esa pers. o cosa] sufra las consecuencias de su disgusto o enfado. | * No la pagues ahora con el chico. **f)** **~ el pato, ~ los vidrios rotos** → PATO, VIDRIO.
3 Sufrir el castigo [de una falta o error (*cd*)]. | J. Arias *Van* 11.4.71, 11: Estamos en un mundo en el que las faltas de cada uno son pagadas por todos. **b)** Sufrir [las consecuencias de algo]. | J. Guimaraens *IdG* 31.10.70, 21: No sería justo que los "nuevos" pagasen las consecuencias de los errores de los "viejos". **c)** **~las**. (*col*) Sufrir el castigo o las consecuencias correspondientes a un comportamiento. *Frec en fórmulas de amenaza y con ci de pers.* | DCañabate *Paseíllo* 18: Ya me las pagarás. **d)** **~ justos por pecadores** → JUSTO.

B *intr* ➤ **a** *normal* **4** Sufrir castigo [por algo]. | * Pagarás por esto, no lo olvides.
➤ **b** *pr* **5** Ufanarse o envanecerse [de algo]. *Frec en part.* | Berenguer *Mundo* 219: Como hay Dios que no lo digo por pagarme de nada, porque ni entonces, ni ahora que lo estoy contando, se me podía infundir a mí que aquello pudiera pasar. Laforet *Mujer* 54: Era un hombre muy pagado de sí mismo, muy cuidado en sus maneras.

pagaré *m* Documento mercantil en que alguien se obliga a pagar una cantidad en un tiempo determinado. | Benet *Nunca* 135: Eran ocho o diez, sin acompañamiento notarial, que estimaron oportuno retirarse y volver a guardar sus pagarés cuando Rosa abrió la puerta.

pagaza *f* Ave de unos 38 cm, propia de las marismas salobres, costas arenosas y aguas del interior, robusto y negro y cola gris (*Gelochelidon nilotica*). *Tb* ~ PICONEGRA *o* DE PICO NEGRO. | Delibes *Caza* 109: Las tablas de Daimiel .. constituyen un biotopo inapreciable para que en ella[s] se reúnan .. ánades .., cercetas, avocetas, pagazas. Noval *Fauna* 108: La Pagaza de pico negro (*Gelochelidon nilotica*) puede confundirse, con una somera observación, con el Charrán patinegro. **b)** **~ piquirroja.** Ave de unos 53 cm, propia esp. del litoral, con pico robusto y rojo (*Hydroprogne caspia*). | Noval *Fauna* 108: La Pagaza piquirroja (*Hydroprogne tschegrava*) es poco habitual en nuestras costas.

pagel (*tb con la grafía* **pajel**) *m* Breca (pez). | Ybarra-Cabetas *Ciencias* 362: El pagel suele confundirse con el besugo. *VerA* 16.3.75, 6: Pescado: Atún, 280; .. pajel, 160 (200-120).

página *f* **1** Cara de una hoja de libro, periódico o cuaderno. *Tb lo escrito en ella.* | Laiglesia *Tachado* 72: Con esto queda definida su personalidad mucho mejor que en cuatro páginas de apretada descripción. Riquer *Cervantes* 110: Cervantes ha caricaturizado no sólo los libros de caballerías, sino unas páginas de Lope. *País* 26.2.77, 6: Todo lector que haya seguido estos nueve meses de vida de *El País* podrá recordar expuestas en nuestras páginas muchas de las tesis que ahora el Gobierno hace suyas. **b)** (*Impr*) Texto compuesto correspondiente a una página. *Tb su formato.* | Huarte *Tipografía* 57: Cuando este devuelve las galeradas corregidas por él, los paquetes nuevamente enmendados pasan al tipógrafo ajustador o compaginador, quien forma las páginas, dando a los paquetes la longitud establecida en proporción a su anchura.
2 (*lit*) Parte o período [de la vida o de la historia de una pers., un grupo o una nación]. | JLozano *Tri* 27.5.72, 30: Ha sido siempre muy fácil presentar este asunto de los endemoniamientos de Loudun como una frenesía onírica, una sinfo-

nía erótico-religiosa, una página escandalosa de la historia de la Iglesia.
3 (*lit*) Composición musical breve. | F. RCoca *Ya* 9.5.89, 52: Arropados por varias páginas corales *a capella* .. nos han llegado los "Catulli Carmina".

paginación *f* **1** Acción de paginar. *Tb su efecto*. | Huarte *Tipografía* 58: Hay libros en que la paginación va al pie de la página.
2 Conjunto de páginas [1] [de algo]. | *Agromán* 14: Se encuentran distribuidas [las respuestas] a lo largo de la paginación del almanaque.

paginar *tr* Numerar las páginas [1] [de algo *cd*]. | Huarte *Tipografía* 34: Cuando se trata de pruebas [de imprenta] paginadas, el juego duplicado le servirá para redactar los índices sin necesidad de esperar a que esté del todo impresa la obra.

pago[1] **I** *m* **1** Acción de pagar. | *Tri* 8.8.70, 2: Nuestros Cheques de Viaje son aceptados en todas partes como medio de pago. F. A. González *Ya* 22.6.74, 60: Justo es que quienes se dedican a hacernos la vida agradable reciban en pago unos momentos de buena alegría.
2 (*reg*) Dotación de bienes, enseres, alimentos y ropas que aporta al matrimonio cada uno de los contrayentes. *Tb el documento en que consta*. | Moreno *Galería* 77: Él sabía que ella aportaría al "pago" cantidad de ropa blanca. Moreno *Galería* 76: ¡Cuántos objetos, herramientas, semovientes, .. tienen relacionad[o]s "los pagos"!
II *loc adj* **3 de ~.** Que exige pago [1] por parte del usuario. *Se usa por contraposición a* GRATUITO *o* ESTATAL. | J. P. Vera *Reg* 4.8.70, 6: El año 41 de nuestra Era .. se transformó en hospital "de pago", pues sin este requisito no eran admitidos los enfermos.
4 de ~s (al Estado). [Papel] timbrado expendido por Hacienda para hacer determinados pagos [1] al Estado. | *Hoy* 22.4.84, 32: El funcionario de turno mantiene obstinadamente que no valen ni 30 ni 35, que hay que aportar "justamente" 33 pesetas en papel del pagos al Estado para poder otorgar el certificado.

pago[2] *m* **1** (*reg o lit*) Aldea. | Nácher *Guanche* 19: Allí está el Pagador. Un pago más de los muchos que salpican con sus casas bajas las montañas de Moya.
2 (*lit*) *En pl*: Tierra o lugar. *Gralm en la constr* POR ESTOS ~S. | Delibes *Año* 48: Pregunté a Kellex si no es todavía hacedera la supresión de barbechos .. y me dijo que para estos pagos todavía no se ha inventado el abono que sustituya al oreo natural de la tierra.

pago[3] **-ga** *adj* (*reg*) Pagado. | Delibes *Castilla* 64: Cuando yo empecé, y le estoy hablando de hace veinte años, ningún mes bajaba de las 30.000 pesetas, que entonces era dinero, con mayor razón teniendo los gastos pagos.

pagoda *f* Templo de los países del Extremo Oriente. | Anson *Oriente* 88: La procesión reanudó en silencio infinito la marcha hacia la gran pagoda Xalua.

pahlavi *m* Pehlevi (lengua). | GYebra *Traducción* 54: Inauguró la serie de obras de esta clase el *Kalīla wa-Dimna*, traducido del pahlavi o persa medio, hacia el año 750.

paidofilia *f* (*Psicol*) Atracción erótica hacia niños. | D. Fernández *SPaís* 9.4.89, 15: Reúne [la novela] buena parte de los últimos aderezos que al género erótico hispano le quedaban por utilizar: paidofilia, unas gotas de sado-maso y una protagonista que alucina con los homosexuales.

paidofílico -ca *adj* (*Psicol*) De (la) paidofilia. | *Abc* 2.12.73, 36: Se le aprecian también, según la sentencia, una epilepsia cortical y anomalías consistentes en impulsos paidofílicos combinados con otros sádicos.

paidófilo -la *adj* (*Psicol*) **1** De (la) paidofilia. | * Tiene tendencias paidófilas.
2 Que tiene o muestra paidofilia. *Tb n, referido a pers*. | Campmany *Abc* 9.3.93, 19: Me cuentan que el duque de Feria es simpaticón, drogata y paidófilo.

paidología *f* Estudio de la evolución fisiológica y psicológica del niño. | * La psicología infantil es uno de los campos de la paidología.

paila *f* Vasija metálica redonda, grande y poco profunda. | J. Montini *Ya* 24.5.70, sn: Ellos llevaban comida y ropa. Veían que sus reacciones caían como una gota de agua en una "paila" caliente.

pailebote *m* (*Mar*) Goleta sin gavia. | Faner *Flor* 27: Un pailebote acababa de arribar de Génova o Marsella.

paillette (*fr; pronunc corriente,* /payét/) *f* (*Moda*) Lámina de metal u otra materia, que se cose como adorno en una prenda. | *Abc* 28.8.66, 28: De lamé-tergal, también en plata, es este modelo para baile, de Guy Laroche. Holgada túnica, va adornada con "paillettes" en el borde del escote y de las mangas a medio brazo. *SPaís* 1.3.92, 13: La euforia por el lujo en forma de paillettes y lentejuelas, pedrería y strass no cesa.

paíno *m* (*reg*) Paíño. | Noval *Fauna* 105: Otros petreles, paínos o paíños, como el de Wilson (*Oceanites oceanicus*) y el de Leach (*Oce*[*a*]*nodroma leucorrhoa*), son más raros cerca de la costa.

paíño *m* Se da este n a varias aves marinas que suelen seguir a los barcos y solo vienen a tierra para reproducirse, esp *Hydrobates pelagicus* (~ COMÚN), *Oceanodroma leucorrhoa* (~ DE LEACH), *Oceanites oceanicus* (~ DE WILSON) *y Oceanodroma castro* (~ DE MADEIRA). | Noval *Fauna* 104: Un pequeño pájaro de color blanco y negro, el Paíño común (*Hydrobates pelagicus*), vive todo el año en alta mar, excepto en la época de reproducción .. Es el ave marina más pequeña de Europa. Noval *Fauna* 105: Otros petreles, paínos o paíños, como el de Wilson (*Oceanites oceanicus*) y el de Leach (*Oce*[*a*]*nodroma leucorrhoa*), son más raros cerca de la costa.

paipay (*tb con las grafías* **paipái** (*más frec*), **pai-pai** *o* **pay-pay**) *m* Utensilio en forma de pala y con mango, que sirve para aliviar el calor agitando el aire. | CBonald *Casa* 170: Allí estaba .., abanicándose con un paipái de palma. A. Lezcano *SAbc* 15.2.70, 53: Cerca de la cama, de un biombito pequeño, cuelga un "pai-pai". Cela *Viaje andaluz* 246: La señorita Gracita, como hacía calor, se había subido las faldas y se daba aire con un pay-pay en la entrepierna.

paiportino -na *adj* De Paiporta (Valencia). *Tb n, referido a pers*. | A. IAlbalat *Pro* 5.7.75, 22: A estas horas el alma de este singular paiportino estará disfrutando de los bienes de la vida eterna.

pairal *adj* (*reg*) [Casa] paterna o solariega. | Goytisolo *Recuento* 467: La alta sociedad barcelonesa añadió, a la casa pairal en el campo, la villa en una colonia veraniega de moda.

pairo. al ~. *loc adv* **1** (*Mar*) Con las velas tendidas pero sin avanzar. | Torrente *Isla* 307: Se pudo también ver la maniobra de arriar el velamen y dejar solo el trapo indispensable para mantenerse al pairo (corría una brisa tenue).
2 A la espera o a la expectativa. | P. J. Irazábal *Mun* 23.5.70, 29: Nada complicado para Wilson en la política exterior, que se ha zafado de las cuestiones indochinas y se mantiene al pairo.
3 (*col*) Sin cuidado. *Con el v* TRAER. | R. Herrero *SAbc* 8.11.81, 60: Menos de 11.000 puntos, le trae al pairo esto del caballo. [*Calificación de un test sobre hípica*.]

pairón *m* (*reg*) Pequeño monumento en forma de columna o torrecilla con una imagen, situado a la entrada de una población. | Berlanga *Gaznápira* 73: Con la fresca, don Dimas y el sacristán se acercan hasta el pairón de las Saleguillas, Carrahinojosa adelante.

país I *m* **1** Territorio en el que se asienta una nación. | *Alc* 1.1.55, 3: Los habitantes del norte del Vietnam y los del sur del mismo país decidirán lo que se haya de hacer. Zubía *España* 229: España tenía, en 1955, cerca de 30 millones de habitantes .. Tiene una densidad de 58 habitantes por kilómetro cuadrado. Esta densidad es inferior a la de los demás países europeos. **b)** Nación (grupo humano que constituye una unidad política). | Zubía *España* 226: Nuestros cantos regionales .. son manifestaciones del alma del país.
2 Región geográfica más o menos netamente delimitada y considerada sobre todo en su aspecto físico. *Frec en la loc* DEL ~. | JGregorio *Jara* 5: Después de estas segregaciones queda nuestra comarca reducida al país comprendido entre los ríos Tajo y Estena-Estomiza, de norte a sur. Alós *Hogueras* 118: –¿Alguno de los muertos era del país? –No, no. Forasteros. De Jaén casi todos. Cunqueiro *Un hombre* 9: Era la moda labriega del país para solteras. Delibes *Voto* 64: –¿Qué vino quieren? –Del país, una jarra. **b)** (*reg*) Vino del

país o de la tierra. | Piñeiro *Faro* 2.8.75, 20: Desde el Torreón de Doña Urraca beberemos una taza de país blanco brindando por los eternos amigos del Albariño.
3 Tela, papel u otra materia similar, que constituye la parte superior del abanico. | CBonald *Dos días* 93: El soplador parecía un abanico de anuncio, con su redondo país bordeado de unos cordones malvas y su flexible mango de vareta.
II *loc v* **4 vivir sobre el ~**. (*Mil*) Mantenerse [las tropas] a expensas del territorio que dominan. *Tb fig, fuera del ámbito técn*. | FReguera-March *Filipinas* 138: No ha venido aquí, como otros, a enriquecerse y "a vivir sobre el país".

paisa *m* (*col, hist*) *En la Guerra Civil de 1936:* Soldado marroquí. | Gironella *Millón* 488: La petición fue cursada y los jefes del Tabor estaban dispuestos a defenderlas hasta el final .. "¡Vaya con los «paisas»!", exclamó Octavio.

paisaje *m* **1** Parte de terreno que se presenta ante un observador. | Arce *Testamento* 17: Lo único extraño en aquel paisaje culebreado por la brisa éramos nosotros tres.
2 Pintura o dibujo que representa un paisaje [1] y en que las figuras, si existen, son accesorias. | CPuche *Paralelo* 452: La hizo volar por los aires casi a la altura de las lámparas y de unos paisajes franceses que había en las paredes.

paisajismo *m* **1** Pintura de paisajes [2]. | A. M. Campoy *Abc* 6.6.67, 38: Arcas se mueve dentro de un paisajismo que tiene mucho que ver con Ortega Muñoz.
2 Estudio o diseño del paisaje [1], esp. en parques y jardines. | M. Calvo *SYa* 18.11.73, 9: El papel del alumbrado resulta decisivo en el paisajismo, urbanismo y arquitectura actuales. *País* 27.9.83, 24: Castillo de Batres. Escuela de jardinería y paisajismo.

paisajista I *adj* **1** De(l) paisaje. | *Abc* 30.12.70, 5: El paraje desértico que ahora rodea al templo de Debod fue emblanqueciendo e hizo posible la paradoja paisajista de palmeras y pitas nevadas. *Abc* 16.12.88, 146: El locutor de TVE y pintor por afición Julio César Fernández se encuentra estos días exponiendo una selección de sus cuadros paisajistas.
2 De(l) paisajismo [2]. | GTelefónica *N.* 465: Martín Andrés. Floristería. Arte paisajista. Proyectos y realización de jardines. Adorno de portales y terrazas. Jardineras.
II *m y f* **3** Pintor de paisajes [2]. | J. R. Alfaro *HLM* 26.10.70, 18: Francisco Arias es, sin duda, uno de los paisajistas más importantes que ha tenido nuestro arte contemporáneo en los últimos cuarenta años.
4 Especialista en paisajismo [2]. | P. MCantalejo *Van* 21.3.71, 7: Sus fundadores y promotores son varios economistas, arquitectos, juristas, paisajistas, urbanistas, etc.

paisajísticamente *adv* En el aspecto paisajístico. | C. Esteban *Ya* 2.6.90, 12: Estos chalés, paisajísticamente, impactarían sobre el palacio del Canto del Pico, monumento histórico artístico.

paisajístico -ca *adj* De(l) paisaje [1] o de(l) paisajismo [2]. | D. Giralt *Des* 12.9.70, 31: El programa constructivo dejaba de obedecer a unas necesidades concretas para crearse otras artificiales ajenas a todo valor, fuera humano, paisajístico, estético. Correa *Abc* 29.6.58, sn: No soy jardinero mayor ni tampoco ingeniero paisajístico.

paisanaje *m* **1** Conjunto de paisanos [1, 2 y 3]. | S. Cayol *Ya* 23.9.70, 44: Gabriel de la Casa toreó muy bien al tercero, entre el fervor del paisanaje de su padre. Cunqueiro *Crónicas* 57: Vino un cura nuevo a Le Faoüet y empezó a soliviantar al paisanaje, predicando un sermón "adversus publicanos". C. M. SMartín *Abc* 7.6.58, sn: El general Ligier ordenó, entonces, atacar la ciudad .. El paisanaje siguió firme en los tejados, aunque, bajo sus pies, las casas ardiesen. **b)** (*lit*) Gente. | Cela *SCamilo* 21: Suelta unos pedos saludables y retumbadores que sobrecogen al paisanaje.
2 Condición de paisano [1]. | GPavón *Reinado* 158: Ante el hombre vivo que destaca, el Juan particular se siente molesto. Cuando muere aquel, el Juan particular presume de su paisanaje.

paisano -na I *adj* **1** [Pers.] que es del mismo pueblo, provincia, región o país [que otra (*compl de posesión*)]. *Tb n*. | Romano-Sanz *Alcudia* 265: Vicente reconoce a la mujer de rostro atezado que avanza sonriente. Es una vecina de su pueblo .. La paisana de Vicente prepara un revuelto de huevos con tomate. FCid *MHi* 12.70, 46: La participación de Andrés Segovia, del gran artista en su tierra granadina. Y que perdonen sus paisanos de Jaén: no se trata de error ni desconocimiento.
2 Campesino o aldeano. *Frec n, referido a pers.* | SSe 18.9.88, 24: Comenzó a preparar ricos y sencillos platos de la cocina paisana. Benet *Aire* 235: Había mudado completamente su aspecto, vestida como una chica formal, un tanto paisana y poco pintada. Vega *Cocina* 76: El potaje de calabaza es más bien un plato rústico. Si a usted no le gusta, nadie le obliga a comérselo, pero los paisanos lo encuentran muy agradable.
II *n* **A** *m* **3** Hombre no militar. *En contraposición con* MILITAR. | VMontalbán *Tri* 9.1.71, 16: En su forma y en su contenido, señoras y señores, paisanos y militares, niños y niñas, vírgenes y de las otras, este libro es una contribución a la ciencia de nuestra realidad.
B *f* **4** (*col*) Mujer o esposa. | Llamazares *Río* 71: A veces, es mejor dormir a cielo raso que en la cama: —Mejor, hombre, cien veces. Aunque solo sea —bromea— por no aguantar a la paisana.
III *loc adj* **5 de ~**. [Traje] que no es de uniforme o hábito. | GPavón *Hermanas* 25: Plinio .. se puso su único traje de paisano, color azul marino.
IV *loc adv* **6 de ~**. Sin uniforme o hábito. *Tb adj.* | Arce *Testamento* 61: Estaba [el cura] vestido de paisano. Miguel *Mad* 22.10.69, 14: Ahora se matriculan los policías de paisano y se instalan los grises en el campus.

paisista *adj* (*raro*) Paisajista o de(l) paisaje [2]. *Tb n, referido a pintor.* | Camón *LGaldiano* 104: En ellas [las tablas del Maestro de Astorga] se conserva una cierta ingenuidad tradicional con una ordenación paisista, rítmica y expresiva italiana, no lejana al arte peruginesco.

paiute (*tb* **payuté**) **I** *adj* **1** De(l) paiute [2]. | RAdrados *Lingüística* 244: Sapir .. cita la siguiente palabra paiute.
II *m* **2** Lengua de la familia uto-azteca, hablada en parte de los estados de Utah, Arizona, Nevada y California (EE. UU.). | Moreno *Lenguas* 65: Uto-Aztecas: .. Payuté (Paiute), 5.500 [hablantes].

paja I *f* **1** Tallo seco de los cereales, esp. separado del grano. | Carnicer *Cabrera* 34: A un lado y a otro hay .. un centeno de alta paja y mísera espiga. Olmo *Golfos* 127: Buscó un palito, o una paja: algo largo.
2 Caña de paja [1] o de plástico usada para sorber líquidos. | Bernard *Combinados* 22: Se echa todo ello en la copa, con champaña .. Se sirve con pajas.
3 Trozo pequeño de paja [1] o de otra materia vegetal. | Vesga-Fernández *Jesucristo* 21: ¿Cómo ves la paja en el ojo de tu hermano y no ves la viga en el tuyo? Saca primero la viga de tu ojo y después podrás ver cómo has de sacar la mota de tu hermano.
4 Conjunto de pajas [1], esp. trituradas. | Laforet *Mujer* 32: Habían andado horas, .. para acabar durmiendo sobre paja.
5 Conjunto de tallos y hojas [de determinadas plantas] una vez separado el fruto. | Halcón *Ir* 136: No había olvidado las explicaciones del sacristán mayor .. y el porqué de aquella columna de humo negro, de paja de garbanzo. Á. Río *Ya* 3.12.86, 19: Esos niños suburbiales que aprenden a ser hombres a fuerza de recoger chatarra, pedigüeñear, darse de mamporros por un cigarro de paja de anís.
6 Parte inútil o no importante [de algo no material]. | R. Rodríguez *Rev* 7/8.70, 28: Al intentar rehacer los caminos del obrar personal e interpersonal, arrastra con la paja de lo inauténtico una serie de valores. R. Frühbeck *SAbc* 20.9.70, 11: La persona o las personas que a estos menesteres se entreguen .. tienen que .. poseer un gusto artístico que les permita elegir bien, separando en todo momento la paja del grano y lo falso de lo auténtico.
7 (*vulg*) Masturbación. *Gralm con el v* HACER. | Cela *SCamilo* 290: Lo que estoy es cachonda como una perra .., acabo de hacerme una paja delante de tu fotografía. Marsé *Tardes* 34: —Ella es otra cosa... La quiero. —La quieres. Te hace pajas.
II *adj invar* **8** [Color] amarillento propio de la paja [1]. | Laforet *Mujer* 167: Venía andando por la acera del sol, con un traje de chaqueta de color paja.
9 [Hombre] **de ~** → HOMBRE.
III *loc v* **10 dormirse en las ~s**. (*col*) Permanecer inactivo o despreocupado. | Delibes *Mundos* 163: Lo que no

podemos hacer es dormirnos en las pajas. DCañabate *Paseíllo* 47: Los desaprensivos taurinos no se durmieron en las pajas.

11 no caberle [a alguien] **una ~ por el culo.** (*vulg*) Rebosar de satisfacción. *Gralm con los vs* ESTAR *o* PONERSE. | Torrente *Pascua* 415: ¿Ha visto usted a don Lino? ¡Está que no le cabe una paja por el culo! Cela *SCamilo* 84: Las clientas de confianza le dicen el doctor Ojuel, y Raúl cuando las escucha se pone que no le cabe una paja por el culo.

12 ver la ~ en el ojo ajeno (**y no ver la viga en el suyo**)**.** Fijarse en los defectos ajenos y no en los propios, que son mayores. | Cela *Judíos* 304: No es amigo de andar viendo pajas en los ojos de los demás.

IV *loc adv* (*col*) **13 por un quítame allá esas ~s.** Por cualquier motivo sin importancia. | Delibes *Emigrante* 71: Los generalitos americanos armaban un trepe por un quítame allá esas pajas.

pajar *m* Lugar en que se guarda la paja [4]. | Arce *Testamento* 36: Llegaba al pajar de mi casa y allí entretenía mi gozo solitariamente.

pájara → PÁJARO.

pajarada *f* Conjunto de pájaros [1]. | Grosso *Capirote* 68: El camino se abría recto .. La pajarada galleaba sobre el cielo agrupándose para descansar sobre los pichones de alambre de espino de las cercas.

pajarear *intr* Vagabundear. | Aldecoa *Cuentos* 1, 133: Tenía cara alargada y grave de payaso listo. Pajareaba en el verano por las ferias del Ebro y volvía a la ciudad con los primeros chubascos de octubre.

pajarejino -na *adj* De Pajarejos (Segovia). *Tb n, referido a pers.* | Cela *Judíos* 92: Llegó a merecer .. el codiciado título de "Miss Pajarejos", honor que le concedieron aun no siendo pajarejina, sino natural de Montejo de la Vega de la Serrezuela.

pajarería *f* **1** Tienda en que se venden pájaros y otros animales caseros. | GTelefónica *N.* 807: Pajarería Kenia. Mamíferos. Aves. Peces de todas clases.

2 Conjunto de (los) pájaros. *Tb fig.* | FVidal *Duero* 144: El caminante llega al pie del alcor de Clunia con los primeros trinos de la pajarería. L. LSancho *Abc* 14.11.88, 22: Rodríguez Sahagún seguramente pensaría para su coleto: "Estos conservadores exageran. ¿«Camellos» aquí? ¿Putitas aquí? ¡Bah!, murmuraciones". Porque allí no respiraban ni los pájaros .. Toda la pajarería y la camellería había volado. Provisionalmente.

3 Actividad de pajarero [2]. | GPavón *Rapto* 19: –El que sabe cosas de pájaros es Antoñete López Torres, el pintor .. –Ese, mirando un canario, se pasa las horas muertas. Él y Canuto el barbero son el no va más en tocante a pajarería. Torbado *En el día* 153: Instalado en una lujosa habitación del Colegio Español de Roma, el cardenal dedicaba su ocio a la cría de tórtolas. La pajarería había sido su afición secreta y apenas practicada en sus muchos años de servicio a la Iglesia.

pajareril *adj* De (los) pajareros [2]. | Lama *Aves* 37: Las crías "chipapionas" –llamadas así en el argot pajareril por la forma de piar reclamando de sus padres el alimento– .. difícilmente resiten la cautividad.

pajarero -ra I *adj* **1** De (los) pájaros [1]. | *GacR* 27.10.70, 4: El famoso Axel Munte [*sic*] .. cuenta cómo luchó por defender a millones de pajarillos de la codicia de los cazadores. Hasta el Padre Santo apeló al escritor sueco para evitar las hecatombes pajareras.

2 [Pers.] aficionado a, criado a caza de pájaros [1]. *Frec n.* | Pemán *Gac* 22.2.70, 7: A medio camino de la ciencia y de la experiencia de amor, instaló su puestecillo televisivo el encantador y risueño pajarero don Secundino Gallego. Lama *Aves* 38: Los pajareros cogen con relativa facilidad, los días que van al campo, buen número de ejemplares por medio de liga.

3 [Pers.] excesivamente amiga de divertirse. | RIriarte *Paraguas* 166: ¡Mal hombre! ¡Pajarero! ¡Engañarme a mí!

4 De colores llamativos y chillones. *Referido esp a prendas o a la pers que las lleva.* | *Abc Extra* 12.62, 79: Recordaba el chaqué pajarero con que se inclinaba los días de sesión de su linterna mágica.

5 (*col*) [Culo] desnudo. *Frec en la constr* A CULO ~. | * Dormía a culo pajarero.

II *f* **6** Jaula grande para pájaros [1]. | Delibes *Hoja* 88: Bajó dos mañanas al parque con la Desi y la fotografió recostada en un banco, junto a la pajarera.

7 Árbol sobre el que se posan numerosas aves. | *MOPU* 7/8.85, 37: El vuelo de la espátula y el milano negro sobre las "pajareras" de Doñana.

8 Planta herbácea anual de flores pequeñas en cimas terminales, que nace como mala hierba en los cultivos y escombreras y se usa en medicina contra el reumatismo (*Stellaria media*). | Mayor-Díaz *Flora* 430: *Stellaria media* (L.) Vill. "Picagallina", "Pajarera" .. La esencia de la planta fresca .. es recomendada para curar los reumatismos y las afecciones articulares.

pajaril *adj* De (los) pájaros [1]. | Torbado *Ya* 28.5.67, 12: Sonaban los chorros de las mangueras, confusos diálogos pajariles, las raspaduras primaverales de las ramas.

pajarilla I *f* **1** Bazo, esp. de cerdo. | *Inf* 19.6.70, 32: Cebos que se recomiendan: Lombriz para el pez y pajarilla para el crustáceo.

II *loc v* (*col*) **2 alegrársele** [a alguien] **la(s) ~(s).** Entrarle gran animación o contento. | Zunzunegui *Camino* 518: Se les alegró la pajarilla y de repente todo se les ofrecía suave y fácil. Cela *Mazurca* 61: Fina mostró siempre mucha inclinación por el clero, se conoce que era su natural, en cuanto veía un cura que no fuese muy viejo, se le alegraban las pajarillas. **b) alegrar la(s) ~(s)** [a alguien]**.** Poner[le] animado o contento. | Gala *Días* 381: Ahora, aquí, mírate: con tu hopalanda, que alegra las pajarillas solo el verte. Sampedro *Sonrisa* 196: Era que al amo le apetecía retozar con la Severina, la Agnese o la moza que por entonces le alegrara la pajarilla.

3 traerle [a alguien] **las ~s volando.** (*raro*) Complacer[le] o dar[le] gusto. | Marlasca *Abc* 1.5.70, 41: –Tú lo que tienes que hacer –dijo a Mari Paz– es traerme las pajarillas volando. –¿Y qué es lo que se te apetece, monada? –Admirar el hogar totalmente electrificado.

pajarita I *f* **1** Figura de ave, hecha con papel doblado repetidas veces. *Frec* ~ DE PAPEL. *Tb se da este n a otras figuras hechas por el mismo procedimiento.* | Laiglesia *Ombligos* 197: Cuente los vasos de agua que se bebieron, los cigarrillos que se fumaron y las pajaritas de papel que hicieron.

2 Corbata en forma de lazo pequeño y rígido. | CPuche *Paralelo* 22: Para que nada pueda turbar la danza .. de estos bestias con pajarita.

3 ~ de las nieves. Aguzanieves o lavandera blanca (ave). | CPuche *Conocerás* 75: Una mujercita aleteante y frágil que andaba a pasitos menudos como una pajarita de las nieves.

II *loc adj* **4 de ~.** [Cuello de camisa] almidonado y con las puntas hacia arriba, propio para pajarita [2]. | Goytisolo *Recuento* 467: Más adecuado a las circunstancias hubiera resultado el salacot que el cuello de pajarita.

pajarito I *m* **1** *dim* → PÁJARO.

2 (*col*) *Se usa en constrs como* MIRAR AL ~, *o* QUE SALE EL ~, *para reclamar atención e inmovilidad al posar para una fotografía.* | Buero *Fundación* 59: Si me dejas la máquina os retrato yo, contigo en medio. A condición de que mires al pajarito y sonrías.

II *loc v* (*col*) **3 comer como un ~.** Comer muy poco habitualmente o ser de poco comer. | * La abuela come como un pajarito.

4 quedarse (**como un**) **~,** *o* **morir como un ~.** Morir apaciblemente y sin sufrimiento. | CPuche *Ovejas* 54: Hasta que un día, el padre tuvo un ataque y después de mucho gesticular, sin poder decir palabra, se quedó como un pajarito. **b) estar** (**como un**) **~.** Estar muerto. | * Cuando fueron a despertarlo estaba como un pajarito.

5 quedarse (**como un**) **~.** Quedarse helado [alguien]. | * Te quedas pajarito esperando el autobús en esa calle. **b) estar** (**como un**) **~.** Estar [alguien] helado o muy frío. | * Enciende la estufa, que estoy pajarito.

pájaro -ra I *n* **A** *m* **1** Ave, esp. de pequeño tamaño. | A. Lezcano *SAbc* 13.4.69, 50: Solo se oye el canto de los pájaros. Faner *Flor* 14: A medida que transcurría la noche el fardo se hizo más liviano, como si el palurdo hubiese desplegado las alas de su sombrero, convertido en un pajarote ceniciento. **b)** (*Zool*) Ave paseriforme. | Legorburu-Barrutia *Ciencias* 209: Los pájaros. Bajo este nombre se agrupan las aves pequeñas y de caracteres poco definidos.

2 *Seguido de un adj o compl, designa diversas aves, pertenecientes o no al orden de las paseriformes.* | Navarro *Biología* 309: Región Australiana .. Entre las aves están la cacatúa, pájaro lira, ave del paraíso. Manfredi *Tenerife* 28: Este Teide, maravilla del mundo, tiene en las alturas dos únicos amigos, un ave y una flor: el Pájaro del Teide y la Violeta del Teide. Aquel es gris, casi color de tierra. Esta es azul, casi celeste, cielo. **b) ~ bobo** (o **niño**). *Se da este n a varias aves palmípedas marinas, de mediana o gran altura, no voladoras y de postura casi erecta, propias esp de la región austral (géns Aptenodytes, Pygoscelis, Eudyptes y otros).* | Legorburu-Barrutia *Ciencias* 207: Palmípedas .. La gaviota, pelícano, pingüino, pájaro bobo. *Gac* 16.1.72, 34: En este inmenso y desconocido territorio solo vive una población de unos 800 habitantes, todos regularmente migradores como los petreles y los "pájaros niño". **c) ~ carpintero.** Pito real. | L. M. Lorente *MHi* 5.64, 51: Tres sellos están dedicados a los pájaros: 3 centavos, cigua; 6 centavos, cotorra, y 10 centavos, pájaro carpintero. **d) ~ mosca.** Colibrí. | Navarro *Biología* 307: Numerosísimas especies de colibríes o pájaros mosca. **e) ~ moscón.** Pájaro de unos 11 cm, con una amplia mancha negra en la zona de los ojos y dorso rojizo (*Remiz pendulinus*). | J. L. Aguado *SInf* 31.3.76, 6: Las aves que Basanta y Pereira sometieron a estudio fueron las siguientes: zampullín chico, .. carbonero común, pájaro moscón.
3 Perdiz. *Tb* ~ PERDIZ. | M. Oriol *Abc* 25.11.90, 3: Volaron raudas las primeras perdices .. De repente, al tirar a un pájaro que había superado la línea de cazadores, vi a alguien en la vertical de mi diana y fuera de su sitio. Berenguer *Mundo* 8: Nunca me gustó ver un reclamo de pájaro perdiz.
4 (*col*) Pene. *Frec en la forma* PAJARITO, *esp referido a niños.* | * Súbete la cremallera, que se te ve el pajarito.
5 ~ bitango. Cometa (juguete). | Cela *Pirineo* 184: Hacia el norte y recortándose, más o menos, sobre el cielo del tuc del Estanyon, vuela el pájaro bitango del solitario mozo misterioso y pastor.
6 (*col*) *En pl:* Ilusiones vanas o ideas alocadas. *Gralm en las constrs* TENER LA CABEZA LLENA DE ~S, *o* TENER MUCHOS ~S EN LA CABEZA. | DCañabate *Paseíllo* 50: Voy a contar lo que me pasó a mí cuando era como vosotros, un chaval con la chola llena de pájaros. Mihura *Maribel* 65: —Sabemos que eres buena... —Pero tienes muchos pájaros en la cabeza y eres demasiado decente.
B *f* **7** Pájaro [1] hembra. | CPuche *Abc* 19.5.74, 11: A todo esto el pájaro y la pájara disimulando, revoloteando, temiendo, y yo queriendo hablarles, decirles que no tuvieran cuidado.
8 (*Dep*) Desfallecimiento o agotamiento. *Gralm en ciclismo.* | Aristófanes *Sáb* 15.6.74, 48: Uno es un paisano ingenuo. Le dan muchas cosas para que se entretenga: que si la "pájara" que se abatió sobre Fuente en el "giro" italiano, que si Mundiales de fútbol a diario. *País* 6.4.89, 55: Míchel era ayer probablemente el jugador más disgustado tras el empate frente al Milán .. Ya es triste", prosiguió, "que por segundo año consecutivo nos agarre una *pájara* como la que hemos cogido esta vez, y en una semifinal de Copa de Europa".
9 (*col*) Mujer de moral sexual relajada. *Tb* **PÁJARA PINTA.** | RIriarte *Paraguas* 124: —¡Quia! ¡No es una señorita! ¡Jesús! Entonces, ¿es una pájara? —¡Sí! ¡Una pájara! Eso es lo que es. Escobar *Itinerarios* 45: Gastando el tiempo en contar sucedidos .. o en sacar a relucir las aventuras de algún Don Juan y de ciertas pájaras pintas.
C *m y f* **10** (*col*) Pers. sinvergüenza o de cuidado. *Tb* ~ PINTO *o* ~ DE CUENTA. *A veces con intención afectiva.* | Aldecoa *Gran Sol* 171: —Es todavía peor que el Matao. —Según. Son un buen par de pájaros. —Peor Ventura. Halcón *Monólogo* 173: Está claro, este pájaro ni quita ni pone, ni ayuda a su señor. **b)** (*desp*) Tipo o individuo. | FSantos *Catedrales* 183: Ha venido hoy al taller un pájaro francés con un "Gordini" azul de serie, pero arreglado para correr en pista. Lagos *Vida* 106: —¿Qué buscará esta pájara por aquí? —dijo una. —Será una turista.

II *loc adj* **11** [Lengua] **de ~**, [nido] **de ~**, [pie] **de ~**, [uva] **de ~** → LENGUA, NIDO, PIE, UVA.

III *loc v* (*col*) **12 asarse** (o **cocerse**) **los ~s.** Hacer mucho calor. | * Llevamos unos días que se asan los pájaros.
13 matar dos ~s de un tiro. Conseguir dos propósitos con una sola acción. | *Abc* 19.9.64, 40: Minh se ha presentado en uniforme de gala de general de Aviación, con lo cual, según la opinión de los presentes, intentaba matar dos pájaros de un tiro.
14 haber volado el ~. Haberse ido la pers. que se esperaba encontrar. | Cuevas *Finca* 208: —El pájaro voló, ¿eh? .. —Tomó billete hasta Madrid.
15 quedarse como un ~. Quedarse como un pajarito. | * El pobre no sufrió nada, se quedó como un pájaro.
16 tener la cabeza a ~s → CABEZA.

pajarón *m* (*Cicl*) Pájara [8] grande. | E. Teus *Ya* 20.6.75, 72: Habían cogido uno de sus clásicos "pajarones".

pajarota *f* **1** (*col, raro*) Noticia falsa o engañosa. | FVidal *Duero* 146: El viajero, ante tal despliegue informativo, se pregunta si se tratará de simple pajarota y acabará todo en agua de borrajas o si, por el contrario, se encuentra ante un trabajo arqueológico organizado y serio.
2 (*reg*) Cogujada (ave). | Delibes *Vida* 25: En aquel tiempo solía quedarme en los alrededores de la casa de labor .. tirando a las cogujadas, que, no recuerdo por inspiración de quién o por qué motivo, llamábamos de chicos *pajarotas*. R. Bernardo *Hie* 19.9.70, 4: Han aprovechado sus saludables aguas, construyendo laboriosamente entre todos una fuente a la que han bautizado con el nombre de La Pájarota, por haberse descubierto el manantial por un ave de esta clase.

pajarraco -ca (*desp*) **A** *m* **1** Pájaro [1] grande cuyo nombre no se conoce o no se quiere decir. | Delibes *Ratas* 9: Los tres chopos desmochados de la ribera, cubiertos de pajarracos, parecían tres paraguas cerrados. Laiglesia *Tachado* 79: Los restantes y terroríficos pajarracos simbólicos ocupaban los respaldos de las sillas.
B *m y f* **2** Pájaro [9 y 10]. | ZVicente *Traque* 122: Al final, además de cornudo, resultó un pajarraco de cuidado. Mihura *Maribel* 64: Esas deben ser dos pajarracas. Porque a su edad y bebiendo "Manhattan Cock-tail"... Mihura *Dorotea* 48: ¿Qué te han dicho esas pajarracas? [*Sus amigas.*]
C *f* **3** (*jerg*) Lío o jaleo. | Graco *D16* 18.11.91, 10: Acabo de regresar de tierras púnicas, con motivo de la indecorosa pajarraca protagonizada por el líctor Corcuera, por el propio Mecenas Execrator y por el coro de tribunos aulladores del corifeo Pons.

paje *m* **1** (*hist*) Muchacho que está al servicio de un señor para acompañarle y atenderle, esp en algunos menesteres domésticos. | Cunqueiro *Crónicas* 61: Salí a caballo .. llevando conmigo a un criadillo .. Al llegar a Sées le dije al paje que tenía que hacer una visita , y que me esperase en la posada. L. Román *Abc* 20.6.88, 79: Los trajes de los pajes [en una boda solemne] fueron sacados de un retrato de unos antepasados de los Motilla. F. Peregil *SPaís* 6.1.93, 3: Cientos de niños ya ensayan sus primeras frases ante los representantes del *poder* [los Reyes Magos]. ¡Mira, un paje!, le dicen los padres señalando a las figuras con leotardos blancos y sombrero de pluma.
2 (*Mar*) Aprendiz de marinero. *Tb* ~ DE ESCOBA. | Torrente *Sombras* 83: Pero ¿cómo iba a pasar inadvertida su presencia? Un guardia marina no era un paje de escoba.

pajear *intr* (*raro*) Comportarse o actuar. | Peraile *Cuentos* 32: En cuanto lo vi a usted pajear con el volante, dije: "Esto es como poner a cantar misa al cardenal de Toledo, que es el mayoral de todos los obispos, con don Julio, el párroco de la villa".

pajel → PAGEL.

pajería *f* Tienda en que se vende paja [4]. | GTelefónica *N*. 808: Pajerías. Almacenes Herranz .. Paja de todas clases.

pajero -ra A *m y f* **1** Pers. que vende paja [4]. | DCañabate *Abc* 29.6.75, sn: ¿Ties gazuza, paisana? Te voy a servir el desayuno, tu poquito de cebada y tu muchito de paja, eso sí, de la mejor, de la que vende en la Cava Alta el señor Cosme, el pajero, que la trae de Parla.
B *m* **2** Montón o depósito de paja [4]. | Delibes *Ratas* 57: A medida que se adentraba el invierno, el Pajero del común iba mermando. Los hombres y las mujeres del pueblo se llegaban a él con los asnos y acarreaban la paja hasta sus hogares. Moreno *Galería* 191: Si andaba el aire, pronto horcas, [b]ieldos y palas se encargaban de separar el grano de la paja. Esta, de momento, quedaba amontonada en grandes pajeros.
C *f* **3** Pajero [2]. | Moreno *Galería* 192: Guardar la era, por tanto, consistía en que el mozo o los mozos de la casa no

durmieran a cubierto y sobre el blando colchón, sino al "sereno", envueltos en las mieses en bálago o en las pajeras o pajuceros. Gerardo *NAl* 6.10.89, 15: Por la mañana, antes de almorzar, al pajar: con la saca sobre los hombros, las manos sobre las caderas y hasta la pajera.

pajiguero *m* (*reg*) Montón de paja [4]. | L. D. Delgado *TSeg* 1.12.79, 18: El inicio frustrado de vuelo por parte de unas palomas, asustadas un instante por el golpear del badajo contra el bronce, te saca del montón de paja blanca –pajiguero hospitalario y oportuno–.

pajilla *f* (*raro*) Sombrero de paja. *Tb* SOMBRERO DE ~. | Torrente *Señor* 335: Se puso la pajilla, cerró la puerta y guardó la llave en el bolsillo. M. Aznar *SAbc* 16.6.68, 6: Pantalón un poco caído, sombrero de "pajilla" para los días de fiesta, botines relucientes.

pajillero -ra *m y f* (*jerg*) Pers. que masturba a otros o se masturba. *Frec designa a la mujer que masturba por dinero*. | Cela *SCamilo* 28: Paca no quiere acostarse conmigo, no le gusta, Paca no es más que pajillera. Goytisolo *Recuento* 69: Una clientela de ciegos que venden lotería .., o de proveedores de grifa, o de putas, o simples pajilleras. Mendoza *Misterio* 63: Era uno de esos pajilleros que andan haciendo fuentes delante de las niñas.

pajizo -za *adj* **1** [Color] amarillento propio de la paja. *Tb n m.* | GPavón *Hermanas* 20: La viñas, coronadas de sienas y pajizos, .. lloran menopáusicas y añorantes del fruto perdido. **b)** Que tiene color pajizo. | Laiglesia *Tachado* 65: Tenía el cabello pajizo, veteado de canas. **c)** Que tiene pelo de color pajizo. | Halcón *Manuela* 11: Hubiese dado cualquier cosa porque su hija tuviese algún defectillo .. y que no fuese castaña clara como era, sino pajiza como su madre lo fue.

2 Hecho de paja. | J. PGállego *SPaís* 10.4.77, 19: La artesanía popular, de la que solo quedan ya contados vestigios, con un muestrario que va desde los mencionados sombreros pajizos hasta los cobres hechos a golpe de martillo.

pajolería *f* (*col*) Dicho o hecho fastidioso o molesto. | GPavón *Carros* 44 (G): –Manuel, te invito a un café.– Pero Plinio rehusó. No quería exponerse a las pajolerías de Rocío.

pajolero -ra *adj* (*col*) **1** Fastidioso o molesto. *A veces con intención afectiva.* | DPlaja *El español* 101: ¿Ha visto usté al pajolero del niño?

2 Precede inmediatamente al n para expresar rechazo o afecto. | CBonald *Ágata* 232: Una cosa que no he visto en toda mi pajolera vida. *Cod* 17.5.64, 7: Sus vestidos característicos del flamenquismo gitano y, sobre todo, la pajolera gracia y belleza de sus mujeres.

pajón *m* Paja larga y gruesa, esp. de la rastrojera. | Cela *Viaje andaluz* 143: En un rincón de la cuadra, el vagabundo, con las carnes tumbadas tan largas como eran en una almadraqueja de pajones, agradeció el descansar cobijo que le quisieron dar. CBonald *Noche* 253: Por allí no había más que cenizas y pajones humeantes.

pajonal *m* **1** Terreno cubierto de pajón. | Delibes *Ratas* 159: –¿Crees tú que por este año se puede hacer otra cosa en el campo?– Le señalaba los trigos rotos, acostados en el barro: los dilatados campos convertidos en un pajonal estéril.

2 Terreno poblado de gramíneas. *Gralm referido a América.* | Mi. Borges *Día* 23.9.75, 11: Si los Llanos con inmensos pajonales que permiten el sostenimiento de la gran riqueza ganadera [de Venezuela], las selvas constituyen recursos inagotables de maderas de las más variadas especies. CBonald *Noche* 247: El fuego comenzó simultáneamente en los pajonales de la tierra calma y en las colinas donde crecía el cereal.

pajoso -sa *adj* De (la) paja. | Rabanal *Abc* 21.8.66, 19: Manojos, en los que, sin ocultarse lo más mínimo el nombre de la mano, que los apadrinó, se oye una cadencia seca y pajosa que los pone en rima con "abrojos" y "rastrojos".

pajucero *m* (*reg*) **1** Montón de paja que se forma en la era al aventar el grano. | Moreno *Galería* 192: Guardar la era .. consistía en que el mozo o los mozos de la casa no durmieran a cubierto y sobre el blando colchón, sino al "sereno", envueltos en las mieses en bálago o en las pajeras o pajuceros.

2 Depósito de paja o pajuz. | Berlanga *Gaznápira* 81: Por las rendijas del pajar se escapan las risotadas sandias del Capador .. Cuando la comitiva llega al pajucero, don Dimas y el Alcalde se ponen de burro.

pajuela *f* **1** Paja, varilla o mecha recubierta de azufre, que arde al arrimarle una brasa. | Marcos-Martínez *Física* 262: En forma de tira, que los labradores llaman pajuela, el azufre se emplea para desinfectar toneles. Halcón *Ir* 175: Todavía olía en el interior el azufre de las pajuelas con que los ladrones atontan a las gallinas para que no cacareen.

2 Paja menuda. *Tb fig.* | Lera *Boda* 634: El suelo [de la paridera] estaba cubierto de pajuela hecha polvo. RMoñino *Poesía* 47: Entre la gran masa de materiales, hay mucho desprovisto de gracia poética .. y bastante también en que brillan pajuelas de oro acendrado.

pajuz *m* Paja desechada de los pesebres o en la era y destinada a estiércol. | S. Araúz *Inf* 16.11.74, 17: Levantaba el rastrojo y binaba, estercolaba con el pajuz de los mulos. CBonald *Noche* 71: Pero no tardó en aquietarse, rebufando con el hocico metido entre el pajuz del pesebre.

pajuzo *m* (*reg*) Pajuz. | Berlanga *Gaznápira* 82: Una figura blanca se mueve en el centro del pajar .. El Capador recorre la fila .. empujando a uno con la cadera hasta que caen los dos en un amasijo revolcado sobre el pajuzo.

pakistaní, **pakistano** → PAQUISTANÍ, PAQUISTANO.

pal *m* (*Heráld*) Palo (pieza vertical en el escudo). *Frec en la constr* EN ~. | F. Ángel *Abc* 12.11.70, 21: El citado don Rodrigo Hernández .. usó por armas un escudo partido en pal. M. Sierra *DMo* 8.8.87, 28: En el segundo [cuartel] se ven dos calderas dispuestas en pal.

pala I *f* **1** Utensilio constituido por una plancha de metal u otra materia y un mango largo, que se usa esp. para arrancar o mover tierra, grano u otras cosas. | A. M. Campoy *Abc* 26.12.70, 21: El escritor es un obrero como otro cualquiera, que en vez de empuñar el pico y la pala empuña la pluma. **b)** Máquina excavadora de cuchara. *Tb* ~ MECÁNICA. | *Inf* 29.12.77, 31: Se emplean también cuarenta baldeadoras, treinta camiones abiertos y cuatro palas cargadoras que están realizando el trabajo de evacuación de la nieve. **c)** (*col*) *Se usa frec en la constr* RECOGER CON ~ *para ponderar el alto grado de cansancio o agotamiento de una pers.* | MGaite *Nubosidad* 309: Vengo aquí a caerme muerta, a que me recojáis con pala.

2 Utensilio de forma semejante a la de la pala [1a]. *Gralm con un compl especificador.* | Pericot-Maluquer *Humanidad* 134: Se utilizaban [las piraguas] mediante pértigas, palas o remos. Umbral *País* 11.8.76, 15: Shirley Temple está enseñándole a Ford a usar la pala de pescado. H. PFernández *Abc* 9.5.71, 42: Palas de brasero. *GacNS* 2.8.74, 17: El bueno de Miguel dio todo un curso de bien jugar a pala. **b)** Juego de pelota que se realiza con pala. *Frec* ~ CORTA *o* LARGA. | *Ya* 30.11.74, 41: En pala corta España derrotó a Uruguay, en forma holgada.

3 Parte ancha y plana [de determinados objetos]. | M. G. SEulalia *HLM* 26.10.70, 19: En otros países [la corbata] es inmensa, con sus doce centímetros de pala. C. Padilla *Nar* 3.77, 22: La "cabeza": también llamada "pala" o "clavijero", es donde están colocadas las clavijas que tensan las cuerdas [de la guitarra]. Es algo ensanchada y ligeramente inclinada hacia atrás. **b)** *En una hélice o algo similar:* Elemento móvil de propulsión. | Aldecoa *Gran Sol* 106: Esperemos que no tenga una pala rota la hélice o cualquier otra avería el eje. I. Puig *Ya* 2.1.59, 5: Ya ha dado una anticipación de lo que será el coche futuro en el "Firebird II", coche revolucionario en el más amplio sentido de la palabra, empezando por el motor de turbina, cuyo problema capital reside en el precio elevado de las palas, que deben resistir una temperatura de 900 grados. **c)** *En el calzado:* Parte que cubre el pie. | Escobar *Itinerarios* 33: Conocí .. a un hombre, de oficio zapatero, pero a quien nunca vi con la lezna o la cuchilla en la mano, .. ni remojó suela en palangana, ni clavó palas o tacones. **d)** *En la chumbera:* Segmento oval y aplanado del tallo. | Matute *Memoria* 46: Nos sentamos muy juntos .. detrás de una chumbera. Borja .. miró a través de las anchas palas de la planta.

palá – palabra

4 (*col*) Diente incisivo superior. | M. Hidalgo *ElM* 15.10.92, 2: Acepté que se me arreglaran *ipso facto* un colmillo y una pala.
5 (*reg*) Diente [de la oveja]. | *DPa* 9.5.91, 28: Vendo 30 ovejas de 2 y 4 palas, alta producción, emparejadas.
II *loc adv* **6 a punta de ~** → PUNTA.

palá. aguja ~ → AGUJA.

palabra I *f* **1** Conjunto fijo de fonemas que constituye una unidad indivisible dotada de significado y función estables. | Cunqueiro *Un hombre* 14: Los reyes .. corrieron a esconderse en su cámara secreta y tardaron en salir un mes, que con el susto se les había olvidado la palabra que abría la puerta. **b)** Representación gráfica de una palabra. | Laiglesia *Tachado* 44: Mandar telegramas a todo el mundo nos costaría un dineral .. ¿A cuánto sale la palabra?
2 *En pl*: Cosas que se dicen. | *Economía* 139: No prometáis lo que no pensáis cumplir, porque no tenemos obligación de regalar, pero sí de responder de nuestras palabras. Arce *Testamento* 95: Lo de la multa no pasó de palabras. **b)** *En pl*: Pasaje o fragmento [de un texto o de un autor]. | Miret *Tri* 8.3.75, 56: Las palabras evangélicas que observan aquel hecho se convierten por arte de magia en arenga guerrera. **c)** *En pl*: Expresión adecuada [para algo]. *Frec en constrs como* FALTARLE [a uno] ~s, NO TENER ~, NO ENCONTRAR ~s, *empleadas con intención enfática*. | J. M. Rubio *Ya* 29.9.90, 33: Luis Pérez Sala, piloto español que fue testigo directo del accidente, no tenía palabras para definir este. Franco *CCa* 18.12.70, 5: Españoles: no encuentro palabras para corresponder a esta afirmación de unidad de la patria. **d) una ~**, *o* **dos ~s**, *o* **cuatro ~s**. Una explicación, o una conversación muy breve. | Castilla *Natur. saber* 23: Respecto a la verificabilidad, tan solo una palabra. Verificable quiere decir susceptible de comprobación. **e) medias ~s.** Expresiones incompletas o reticentes. | Matute *Memoria* 97: Siempre hablaban a medias palabras que yo no entendía. **f) buenas ~s.** Expresiones halagüeñas o promesas vagas que no inspiran mucha seguridad. | Cossío *Confesiones* 85: Estaba en relación con todos los actores y actrices de España, de quienes recibía buenas palabras, sin conseguir que le estrenaran nada. **g)** (*Rel catól*) Frase. *Gralm en el sintagma* LAS SIETE ~S, *designando las pronunciadas por Cristo en la cruz*. | Ribera *Misal* 1662: Oh, Jesús, dos palabras salen del fondo de mi corazón: Me arrepiento de los pecados que he cometido. Os amo, sí, os amo, porque sois Bondad infinita. Vesga-Fernández *Jesucristo* 148: Explica brevemente las siete palabras.
3 Acto de hablar. *Gralm en la constr* DIRIGIR LA ~ [a alguien]. | J. M. Ballester *SMad* 14.11.70, 6: Sus nietos, sin embargo, podían llevar a "La Boisserie" a sus amigos, con una sola condición: que no dirigieran la palabra al general, aunque estuviera paseando por el jardín, como hacía diariamente. **b)** *En una asamblea o reunión*: Derecho a hablar. *Frec con los vs* PEDIR, CONCEDER, TENER. | *Pue* 22.12.70, 5: A continuación el presidente concedió la palabra al vicepresidente del Gobierno. **c)** Facultad de expresarse oralmente. | *Puericultura* 19: En cuanto al desarrollo de la palabra, durante los primeros tiempos [el niño] da gritos incoordinados. Mendoza *Ciudad* 155: Solo tenía por vecinos a unos ermitaños que .. habían perdido con los años el uso de la palabra y de la razón. * Es un hombre de palabra fácil y convincente. **d)** Lenguaje (medio de comunicación). | FMora *Abc* 30.12.65, sn: Es una postura muy generalizada entre los escritores que no son artistas de la palabra.
4 (*Rel*) Mensaje divino contenido en las Escrituras. *Frec ~* DE DIOS. | *DMa* 29.3.70, 32: El rito de la vigilia pascual constaba de cuatro partes, vigilia de la luz, liturgia bautismal, liturgia de la palabra y liturgia eucarística.
5 *Sin art o con* UNA, *en frases negativas*: Nada. *Tb* NI ~, NI UNA ~, NI MEDIA ~. | Cunqueiro *Un hombre* 12: El hombre .., sin responder palabra a la oferta que le hacían, pasó por entre compradores y vendedores. Paso *Rebelde* 102: Hay aparatos, radares. Todo bien hecho..., ¿comprendes? Para que ni los franceses ni nosotros nos enteremos de palabra. Paso *Rebelde* 103: No sabía ni palabra de Cálculo mercantil. Medio *Bibiana* 18: No debió decirle a Bibiana ni una palabra de lo del chico. SFerlosio *Jarama* 26: Calla; es lo mismo. No se te ocurra decirlas ni media palabra.
6 Cosa dicha como verdad o como promesa. *Frec en constrs como* CUMPLIR *o* MANTENER [alguien] SU ~, *o* FALTAR A SU ~. | CNavarro *Perros* 97: Si no fían de mi palabra, aquí tienen mis joyas. Cuevas *Finca* 76: A mí no me gusta quedar en mal lugar. La palabra es la palabra. **b)** Fidelidad en el cumplimiento de lo prometido. *Frec en constrs como* TENER ~, *o* SER UNA PERSONA DE ~. | MSantos *Tiempo* 217: Ya no hay palabra ni formalidad. * Es un hombre de palabra.
7 ~ de rey. Afirmación digna del mayor crédito. | E. Daudet *SAbc* 8.3.70, 30: La palabra de Dalí es palabra de rey.
8 última ~. Decisión final. *Con vs como* DECIR, PRONUNCIAR, SER *o* TENER. | *Gac* 9.8.70, 9: El Gobierno del coronel Huari Bumedien tiene la última palabra.
9 la última ~. Lo último o lo más moderno. *Gralm con un compl* EN. | *Gal* 11.88, 65: B.B.V. La última palabra en banca.
10 ~s mayores. Cosa de importancia mayor de lo corriente. | Sastre *Taberna* 83: –Ni camisón ni nada, con la calor que hace .. –¿Y cómo acabó la cosa? –Hombre, eso ya son palabras mayores. –¡Ah! ¿Hubo dale que te pego? Berlanga *Recuentos* 84: Es un negocio acollonante, una mina, palabras mayores.
11 ~s cruzadas. (*hoy raro*) Crucigrama. | Aldecoa *Cuentos* 1, 48: Juancho Miranda resolvía las palabras cruzadas con el periódico doblado sobre las rodillas. –Que padece cierta enfermedad, femenino. Empieza por ele.
II *loc adj* **12 de ~.** (*TLit*) [Figura] de dicción. | Correa-Lázaro *Lengua* 4º 55: Las figuras de palabra en que cambia el sentido de una palabra se denominan tropos.
13 ~ de honor. (*Moda*) [Escote] muy pronunciado a la altura del pecho y sin hombreras. | L. Román *Abc* 20.6.88, 79: El traje más original. Sin duda, el de la señora de Ferrer Salat. Negro, en tafetán de seda, bordado en plata a los costados, escote palabra de honor. **b)** [Vestido] que tiene escote palabra de honor. | L. Román *Abc* 20.6.88, 79: Katia Cañedo con vestido palabra de honor y pequeños lunares negros.
III *loc v y fórm or* **14 coger**, *o* **tomar, la ~** [a alguien]. Considerar lo dicho [por esa pers.] como un ofrecimiento formal y pedir su cumplimiento. | J. España *Ya* 1.4.77, 7: El mariscal soviético Bulganin .. propuso un plan general de desarme .. Si entonces se hubiera cogido la palabra a los rusos .., la situación en Europa hoy podía haber sido muy distinta.
15 dar [alguien] (**su**) **~** (**de honor**) [de una cosa]. Asegurar por su honor [esa cosa]. | SRodríguez *SPaís* 21.11.76, 6: Dio su palabra de honor de que no se uniría a la expedición que el Gobierno organizara para reprimir la sublevación. **b)** ~ (**de honor**). *Fórmula que se usa como aseveración formal de lo dicho.* | Torbado *Corrupciones* 78: Es verdad, palabra.
16 dejar [a alguien] **con la ~ en la boca.** (*col*) Marcharse, o cortarle, sin escuchar lo que va a decir o lo que ha empezado a decir. | A. Navalón *Inf* 9.2.71, 20: Dejé al cura con la palabra en la boca y salí a la histórica plaza para ver llegar a una muchedumbre encaramada en los remolques de los tractores. **b) quedarse** [alguien] **con la ~ en la boca.** (*col*) Dejar de ser oído o escuchado por las pers. a quien se dirige. | Millás *Visión* 161: Esa clase de teléfonos suelen estar estropeados y una espera quedarse con la palabra en la boca en el momento más inoportuno.
17 medir [alguien] **sus ~s.** Hablar con cuidado para no decir algo inconveniente o indebido. | * Mide tus palabras, no te encuentres con lo que no quieres.
18 no oírse una ~ más alta que otra. (*col*) Haber [en un lugar concurrido] rumor discreto de voces, sin ninguna estridencia. | DCañabate *Andanzas* 120: En este cobijo del galanteo [el rincón del café] no se escuchaba una palabra más alta que otra. Un oído fino percibía murmullos, susurros, ayes tenues, leves suspiros, risitas con sordina. **b)** Haber [en un lugar] armonía y buenos modos en el trato entre las perss. | * Aquí nunca se ha oído una palabra más alta que otra.
19 no tener [alguien] **más que una ~**, *o* **ser pers. de una sola ~.** Mantener de manera irrevocable lo que se dice. | * No tengo más que una palabra; si lo dije, lo mantengo.
20 quitarle [a alguien] **la(s) ~(s) de la boca** → BOCA.
21 santa ~. (*col*) *Fórmula con que se manifiesta complacencia por lo que se acaba de oír.* | * –Es la hora del café. –Santa palabra.
22 tener unas (*o* **algunas**) **~s** [dos perss. o una con otra]. (*col*) Discutir en términos desagradables. | CPuche

Paralelo 314: –Uno de los dos está aquí de más .. Yo con ese no quiero nada .. –¿Es que habéis tenido algunas palabras?

IV *loc adv* **23 de ~.** Oralmente. | Escudero *Juniorado* 92: El profesor no debe limitarse a hacer una conferencia de cada punto del programa o una explicación .. Él ha de seguir todo ese proceso por medio de preguntas de palabra o por escrito.

24 en pocas (*o* **breves**, *o* **dos**) **~s.** Muy brevemente. *Referido a algo que se dice.* | E. Amezúa *Sáb* 1.2.75, 37: De la sexualidad en este mundo trataron varias ponencias, entre ellas la nuestra. Demasiada tela para decirlo en dos palabras.

25 en una ~. En resumen. | Carrero *Pue* 22.12.70, 6: Ello solo será posible cuando exista el interés común de ganar más cuanto más produzca la empresa; en una palabra, cuando todos, de verdad, participen en los beneficios de la misma.

26 ~ por ~. Trasladando con fidelidad una por una las palabras [1] originales. *Tb adj.* | Alvar *Abc* 17.4.87, 3: Cuando Alfonso el Sabio hace traducir los textos bíblicos desde la lengua sagrada al español, está dando fe de vida al ladino. La traducción palabra por palabra de la verdad revelada. **b)** Con total exactitud y sin omitir detalle. | * Se lo contó todo palabra por palabra.

palabrear *intr* (*desp, raro*) Hablar mucho. | J. M. Moreiro *SAbc* 15.2.70, 12: Agustín, el anfitrión, le dice .. a la señora Daniela, que, en su chispeante palabrear, "es la única suegra que le queda" .., que menos "gorduras" y más "chicha" en los chorizos.

palabreja *f* (*desp*) Palabra [1] rara. | Salom *Culpables* 47: –¿Qué pone aquí? .. –"Estenosis". Significa cierre de la válvula. –Perdona, pero estas palabrejas...

palabreo *m* (*desp*) Acción de hablar mucho. | Cela *Judíos* 297: A la postre y después de mucho palabreo y mucha discusión, no llegaron a un acuerdo. Goytisolo *Afueras* 15: Nada más se oía que un rumor de cacharros vagamente esparcido, la voz de una mujer, el palabreo de alguna radio.

palabrería *f* (*desp*) Abundancia de palabras inútiles. | N. FCuesta *Abc* 30.12.70, 3: Entre tanta hojarasca de tópicos, entre la palabrería de los retos y los horizontes, por encima de los malabarismos macroeconómicos.

palabrero -ra *adj* (*desp*) **1** Que incurre en palabrería. *Tb n, referido a pers.* | Olmo *Golfos* 181: Antes [el loro] .. era un palabrero sinvergonzón.

2 Que denota o implica palabrería. | CPuche *Paralelo* 424: Hasta ahora lo único que había hecho era asistir a reuniones palabreras e interminables.

palabro *m* (*col*) **1** Palabrota. | Umbral *País* 16.3.77, 25: En la obra había un taco, un *coño* exclamativo .., y cada noche le ponía una multa la censura por el palabro.

2 Palabra [1] rara. | FReguera-March *Filipinas* 74: A mí me llaman Fétido. De este mote tiene la culpa el oficial médico .. Me olfateó desde lejos, arrugando las narices, y soltó el palabro. Berlanga *Gaznápira* 124: Observó a tu amiga rato y rato, mientras ella garrapateaba dichos, palabros, giros...

palabrota *f* (*col*) Palabra [1] malsonante. | ZVicente *Examen* 78: Aquellos hombres y mujeres vestidos de destrozonas, que fingen escenas amorosas y sueltan palabrotas sin ton ni son.

palacete *m* Edificio pequeño, de cierto valor arquitectónico, normalmente destinado a residencia señorial, esp. de recreo. | Zunzunegui *Hijo* 86: Se hizo un palacete en Algorta y se llevó a vivir con él a sus padres.

palacial *adj* De(l) palacio, *esp* [1]. | GNuño *Madrid* 51: Ribera no había hecho sino hipertrofiar la decorativa prestancia de un tipo palacial anterior.

palaciano -na *adj* Palaciego o cortesano. | Morales *Isabel* 22: La época de los Reyes Católicos va a formar toda una escuela de música, toda una escuela de cantores en la misma Corte .. Se estaba formando así un ambiente palaciano a la manera de las más egregias cortes reales del Renacimiento. Lapesa *Santillana* 155: Hipólito .. en el *Infierno de los enamorados* un gentilhombre tan cumplido que se anticipa al poeta en el saludo, descubriéndose ante él con el gesto más palaciano. Cunqueiro *Un hombre* 169: El gordo era muy bebedor y palaciano, y nadie lo tomaría por hombre de guerra.

palaciego -ga *adj* **1** De(l) palacio real. | Gironella *SAbc* 9.2.69, 21: El origen de esta fórmula es, naturalmente, cortesano, palaciego.

2 [Pers.] que forma parte de la corte o la frecuenta con asiduidad. *Tb n.* | CBaroja *Inquisidor* 52: El inquisidor general actuaba atendiendo a sus compromisos sociales de palaciego.

palacio *m* **1** Edificio grande y lujoso destinado a residencia de reyes o altos personajes. *Tb fig, con intención ponderativa. Frec con un adj especificador que a veces se omite por consabido, esp* REAL. *En este caso, frec sin art.* | Cunqueiro *Un hombre* 9: En una casa frente al palacio, una mujer abrió una ventana. Halcón *Ir* 23: Sonaban los cuartos de hora en los relojes de palacio y Bruno no aparecía. * Vive en un piso que es un palacio. **b)** ~ **episcopal** (*o* **arzobispal**). Edificio que sirve de residencia a un obispo (o arzobispo). *A veces se omite el adj por consabido. En este caso, frec sin art.* | Halcón *Manuela* 57: El coadjutor, don Edmundo, más popular que el párroco y con más mano en palacio. *Not* 12.4.74, 9: Comida de los ancianos en Palacio. Ayer, a la una de la tarde, en un salón del Palacio Arzobispal, fue servida la tradicional comida con que el señor Arzobispo obsequió a los doce ancianos del Asilo de Hermanitas de los Ancianos.

2 *Se da este n a determinados edificios públicos monumentales o de grandes dimensiones. Con un compl especificador.* | *As* 2.9.70, 30: Palacio de Deportes. *Inf* 14.11.70, 32: Un grupo de muchachos sin identificar ha atentado contra el edificio del nuevo Palacio de Justicia de Sevilla. MMolina *Jinete* 456: Mientras abandonaba aturdido de sueño los corredores vacíos del palacio de Congresos.

3 (*reg*) Sala principal de una casa. | Galache *Biografía* 80: Las casas de los Canónigos .. constan de patio interior con pozo, jardín y huerta con puertecilla al camino de ronda, sobrado, palacio (estancia noble), zaguán.

palada *f* **1** Cantidad que se coge de una vez con la pala [1]. | *Inf* 22.12.73, 1: El Príncipe de España .. presidió el acto y arrojó la primera palada de tierra sobre la sepultura.

2 Movimiento de la pala, *esp*. del remo o de la hélice. | Moreno *Galería* 182: Ahora unas máquinas llamadas dragalinas .. limpian en cada palada metros cúbicos de tierras de aluvión. S. Peláez *Act* 22.10.70, 57: El patrón ha de animar a sus bogadores para que mantengan constantemente un ritmo uniforme de palada.

paladar *m* **1** Parte superior e interna de la boca. | Alvarado *Anatomía* 78: El órgano del gusto es la lengua, y no el paladar, como se afirma vulgarmente.

2 Gusto, o capacidad de percibir los sabores. *Tb fig.* | Savater *Tri* 29.12.73, 40: Aquí [en la subasta de vinos] confluyen una caridad tradicional con un paladar educado por siglos de degustaciones exquisitas. Savater *SInf* 2.1.75, 3: Las valoraciones de los autores suelen estar hechas con excelente criterio no solo en el caso de figuras indiscutibles .., sino también en el de otras menos popularizadas entre nosotros, para cuyo aprecio hay que tener un paladar más fino.

3 Gusto o sabor. | * Le noto un paladar ligeramente amargo a este queso.

4 [Aguja] ~ → AGUJA.

paladear A *tr* **1** Saborear. *Tb fig.* | Cunqueiro *Un hombre* 14: El hombre del jubón azul bebió a su vez, a sorbos, paladeando más que el vino de aquella hora el recuerdo de un vino de otros días. Matute *Memoria* 34: Borja lo leía, paladeándolo, para atemorizarme.

B *intr* **2** Frotar o apretar la lengua contra el paladar. | Alvarado *Anatomía* 78: La intensidad de la sensación depende de la extensión de la zona afectada por el excitante, por lo cual paladeamos (frotamos la lengua contra el paladar) cuando queremos percibir mejor un gusto débil. GPavón *Reinado* 189: Se echó al coleto el vaso que le ofrecían, paladeó con gran sonoridad.

paladeo *m* Acción de paladear. | J. M. Moreiro *SAbc* 13.9.70, 42: Escaseó el vino dulce y peleón en aquella Málaga de las tres mil tabernas .., con cuyo paladeo Al-Saqundí –Berceo a la sarracena– se conformaba de todo cuanto podía existir en el Paraíso. *Pap* 1.57, 109: No podía faltar, llamándose su autor Gerardo Diego, el gusto, el paladeo de la rima feliz.

paladín *m* **1** (*lit*) Defensor ferviente [de alguien o algo]. | *Abc* 16.12.70, 58: Esto hace pensar que también anda por aquí quien pretende constituirse en paladín de la independencia de esta región.
2 (*hist*) Caballero voluntario en la guerra y que se distingue por sus hazañas. | Cela *Judíos* 72: Fue un sueño poblado de brillantes marchas de caballeros y de lucidos cortejos de paladines. **b)** Caballero del séquito de Carlomagno. | VParga *Santiago* 18: Decide que sus restos, como los de los demás paladines de Roncesvalles, deberán recibir culto de mártires.

paladinamente *adv* De manera paladina. | Delibes *Guerras* 121: Te confesó paladinamente que se proponía colgar el sombrero, ¿no es así?

paladino -na *adj* Claro o patente. | CBonald *Ágata* 145: Situándose a continuación entre una paladina obediencia y las medrosas recomendaciones de su ignorancia. U. Buezas *Reg* 29.12.70, 6: Hicieron paladina declaración de proselitismo comunista.

paladio *m* (*Quím*) Metal, de número atómico 46, blanco, maleable y de cualidades semejantes a las del platino. | Ybarra-Cabetas *Ciencias* 67: Platino. Se presenta asociado a los metales de las tierras raras (iridio, osmio, rutenio, rodio y paladio) en laminillas, granos o pequeñas masas.

paládium *m* (*Quím, semiculto*) Paladio. | M. Calvo *MHi* 7.68, 16: Todos los isótopos emisores de rayos beta, como el paládium 109 y el fósforo 32, entre otros, se emplean para el diagnóstico y el tratamiento de esa terrible y aún invicta enfermedad [el cáncer]. [*En el texto, sin tilde.*]

palafítico -ca *adj* (*Arqueol*) De(l) palafito. | Pericot-Maluquer *Humanidad* 123: En Francia se desarrollará la cultura de Chassey y en Suiza la de Cortailhod, apareciendo los primeros poblados de tipo palafítico en las orillas de los lagos.

palafito *m* (*Arqueol*) Vivienda prehistórica construida sobre estacas o pilares en lagos, ríos o zonas pantanosas. | Pericot *Polis* 12: La caza de cabezas, la esclavitud, la habitación en palafitos .. se han atribuido a estas sociedades [matriarcales].

palafrén *m* (*hist*) Caballo manso usado por reyes y damas en alguna solemnidad. | Villarta *Rutas* 178: Por las calles segovianas, vestida de reina, marchaba Isabel a lomos de un palafrén brioso cuyas riendas eran llevadas por dos oficiales de la guardia.

palafrenero *m* (*hist*) Criado que lleva el freno del palafrén y cuida de los caballos. | CSotelo *Poder* 204: Aurelio, en un caballo negro como el azabache, al que llevaba de las riendas un palafrenero, echó a andar hacia la catedral, mientras todas las campanas repicaban. Torrente *DJuan* 197: Yo también quiero un hombre que me abrace y que me haga feliz. Si no me lo da mi padre, lo buscaré entre los palafreneros.

palafrugellense *adj* De Palafrugell (Gerona). *Tb n, referido a pers*. | *Sit* 9.4.74, 18: Marta Laviña .. se presentó por primera vez ante los palafrugellenses.

palamenta *f* (*Mar*) Conjunto de los remos de una embarcación. | Cancio *Bronces* 22: Fue una tarde de una calma de muerte en la ribera, una de esas tardes en que la palamenta y el velamen duermen sobre las bancadas de las embarcaciones.

palamosense *adj* De Palamós (Gerona). *Tb n, referido a pers*. | *Sit* 10.4.74, 12: Visita de jóvenes palamosenses a San Feliu de Guíxols.

palanca I *f* **1** Máquina simple consistente en un cuerpo rígido móvil alrededor de un punto de apoyo, que permite multiplicar una fuerza aplicada a una resistencia. | Marcos-Martínez *Física* 43: Hay tres géneros de palanca.
2 Órgano de dirección [de una máquina o aparato], que funciona como una palanca [1] o recuerda su forma. | L. GArguis *SYa* 10.12.72, 42: La caja de cambios, a través de sus engranajes, y el puente trasero, mediante la corona y el piñón, permiten esta reducción de las revoluciones, reducción que puede ser variada a voluntad por el conductor manejando la palanca del cambio. Moncada *Juegos* 314: Ha oprimido fugazmente la palanca del sifón.
3 Medio para dar impulso y vencer resistencias. | Tamames *Economía* 52: Doce años después se había de organizar el Servicio Nacional de Concentración Parcelaria, segunda palanca de esta política.
4 (*Dep*) Plataforma desde la que salta el nadador, que en las competiciones oficiales mide 2,6 m de ancho por 6 de largo y está situada a 10 m de altura. | *Abc* 29.7.76, sn: El italiano Klaus Dibiasi ganó, por tercera vez consecutiva, la medalla de oro en saltos de palanca. *SPaís* 29.6.92: En los Juegos Olímpicos, los competidores (hombres y mujeres) solo saltan desde dos alturas: el trampolín de tres metros y la palanca de 10.
II *loc v* **5 hacer ~** [con algo]. Utilizar[lo] a manera de palanca [1 y 3]. *Frec se omite el compl por consabido*. | *As* 9.12.70, 24: Clay abraza y se recarga sobre Bonavena haciendo palanca con todo el cuerpo. Marsé *Montse* 217: Los profesores, después de cenar, cuando ya todo el mundo está acostado, bajan a la capilla por el pasadizo secreto y se pasan la noche *haciendo palanca*, rezando por él y por el estudiante, horas enteras con los brazos en cruz.

palancana *f* (*reg*) Palangana [1]. | Á. Río *SYa* 22.3.85, IV: Se habla del Rastro, que fuera enclave "barriojero" de Madrid, especie de torre de Babel donde se confunden retahílas, coplas, .. ropas usadas, palancanas, alpargatas.

palancanero *m* (*reg*) Palanganero [1]. | Gerardo NAl 22.9.89, 19: En el portal y tras la puerta el cántaro y la cantarera, botijo, botija, palancanero, estropajo de esparto, jabón y espejo.

palanco *m* (*reg*) Palo largo y grueso. | Mann *DMo* 16.8.92, 4: Cuando un pasiego hallaba una vara de avellano recta como un [h]uso .., la cortaba, y en su casa procedía a una serie de manipulaciones para hacerla flexible, desde inyectarla aceite a "tostarla"... ¡Y no sentía aquel mocerío orgull[o] ni nada, con su "palancu"!

palangana *f* **1** Recipiente redondo, no muy profundo y más ancho por los bordes, usado para lavarse. | Arce *Testamento* 67: La veía inclinada sobre la palangana lavándose.
2 (*reg*) Bandeja. | Bonet *Terraza* 59 (G): [El camarero] coloca la palangana sobre el mostrador, justo junto a la caja registradora: –Dos cafés y un coñac, un anís.

palanganero *m* **1** Mueble que sirve de soporte a la palangana y a veces también a la jarra del agua. | CBonald *Dos días* 88: Lo oyó después vomitar en el cubo del palanganero, atragantándose.
2 (*jerg*) Empleado de prostíbulo. | VMontalbán *Rosa* 76: Palanganero de putas, desde las nueve de la noche a las tres de la madrugada.

palangre *m* Arte de pesca consistente en un cordel largo del que penden ramales con anzuelos. | Pinilla *Hormigas* 58: Dejé en uno de los canales rocosos de la izquierda de la playa un palangre con siete anzuelos.

palangrero -ra *adj* Que pesca con palangre. *Frec n m, referido a barco o a pescador*. | I. Alonso *País* 16.1.83, 56: En aguas de la CEE pescan alrededor de mil buques, de los cuales 320 son arrastreros y palangreros de altura. CBonald *Noche* 184: Cerca de los bajíos por donde faenaban otrora los palangreros.

palankari *m* (*reg*) Tirador de barra. | Navarra 103: El juego de la barra o de los palankaris consiste en tirar una barra de hierro de determinada longitud y peso, ganando el que la arroje a mayor distancia, cuando cae aquella en punta.

palanquear A *tr* **1** Mover [algo o a alguien] con una palanca [1 y 3]. | B. Galindo *Hoy* 16.8.75, 14: El improvisado e infortunado pescador fue sancionado con multa de bastantes pesetas "por pescar atronando y palanqueando las piedras que sirven de refugio a la pesca". *Abc* 22.12.74, 18: La mayoría senatorial norteamericana ha querido palanquear la férrea coherencia de la negación soviética de las libertades, estableciéndoles por fuerza una significativa excepción a ella.
B *intr* **2** Hacer palanca [5]. *Gralm con compl adv*. | *As* 9.12.70, 24: Clay abraza por el cuello a Ringo y palanquea

sobre él obligándolo a poner la rodilla en la lona. Ovidio *Abc* 4.3.85, 12: La consigna es clara: divide que algo queda. Lo que no parece tan claro es que el voto electoral sea fue[n]te de legitimidad para palanquear contr[a] las autonomías sociales.

palanqueta *f* **1** Barra pequeña de hierro para forzar puertas o cerraduras. | Cossío *Confesiones* 276: En estas cartas no se pide sino que se haga público el resultado de todas las investigaciones que se han hecho en torno a su persona. En los ministerios, sin perdonar ni un papel ..; en su casa, no omitiendo el cajón de ningún mueble, y empleando la palanqueta cuando no servía la ganzúa.
2 (*Mar, hist*) Barra de hierro con dos cabezas gruesas, empleada en lugar de bala en la artillería naval. | Faner *Flor* 97: Una vez aparejado, abastecieron el barco de atacadores, sacatrapos .. Dispusieron balas, botes de metralla, palanquetas, pólvora en barras y municiones diversas.

palanquetazo *m* (*jerg*) Forzamiento de una puerta o cerradura mediante una palanqueta [1]. | *Abc* 26.8.75, 49: Trataban de entrar en el piso usando las ganzúas y, si no [lo] lograban, en ocasiones recurrían a dar "el palanquetazo", es decir, a forzar la puerta mediante una palanqueta o destornillador grande.

palanquetero -ra *m y f* (*jerg*) Palanquetista. | R. Lezcano *País* 11.3.83, 9: Merodeadores nocturnos, palanqueteros y delincuentes diversos habían .. caído bajo las balas de propietarios para los que sin duda era más sagrada la propiedad que la vida humana.

palanquetista *m y f* (*jerg*) Ladrón que utiliza la palanqueta. | A. Aricha *Caso* 19.12.70, 3: Hace algún tiempo apareció en distintos diarios la noticia de que la Policía madrileña había desarticulado una peligrosa banda de palanquetistas.

palanquilla *f* (*Metal*) Tocho de hierro laminado de grosor comprendido entre 5 y 14 cm. | Tamames *Economía* 332: Entre las importaciones de bienes intermedios destacan las de productos siderúrgicos de base (lingote de acero, desbastes, palanquilla, chapa, etc.).

palanquín[1] *m* (*hist*) Utensilio a modo de andas usado esp. en Oriente para llevar a personajes importantes. | Torrente *Isla* 117: Bate palmas. Al criado que acude, le ordena que prepare los palanquines laqueados. CBonald *Casa* 212: [Evocaba] su propia imagen .., la travesía hasta los barracones de la plantación un domingo de fuego, conducida en un palanquín para repartir aguinaldos entre los macheteros de la zafra. [*En la Cuba colonial*.]

palanquín[2] *m* (*Mar, hist*) Aparejo usado para sujetar las piezas de artillería. | Faner *Flor* 97: Una vez aparejado, abastecieron el barco de atacadores, sacatrapos, palanquines y bragas para los cañones de banda y para los grandes.

palanquista *m y f* (*jerg*) Palanquetista. | MSantos *Tiempo* 118: No llegaban a habitar estos parajes personalidades ricamente desarrolladas tales como carteristas, mecheras, .. palanquistas.

palastro *m* (*Metal*) Hierro o acero laminado. | Benet *Nunca* 132: Sábanas y juegos de mesa .. pasaban por su regazo –como hubieran pasado chapas de palastro para una cizalla eléctrica– para ir a aumentar el contenido de dos arcones de madera.

palatal *adj* **1** De(l) paladar, *esp* [1]. | * La región palatal. Fuster *Inf* 22.2.75, 14: Lo que entendemos exactamente por "cocina francesa" deriva de fórmulas complejísimas, de un cálculo sutil, en las cuales el ingenio de los "gourmets" y de los "chefs" se combinó para lograr delicias palatales inéditas.
2 (*Fonét*) [Articulación o sonido] que se realiza mediante la aproximación o el contacto del dorso de la lengua y el paladar. *Tb n f*. | Rabanal *Hablas* 33: Lo que sí es propio de nuestro dialecto es la resolución de "x" por el fonema palatal fricativo sordo. Alarcos *Fonología* 148: El fonema /a/ .. presenta bajo ciertas condiciones .. la articulación palatal.

palatalización *f* (*Fon*) Acción de palatalizar(se). | Lapesa *HLengua* 311: La Montaña, Asturias, Norte y Oeste de León, Sanabria .., mantienen la palatalización de la *l* inicial.

palatalizar (*Fon*) **A** *tr* **1** Hacer palatal [un sonido]. | Lapesa *HLengua* 57: La yod, fundiéndose con la consonante que precedía, la palatalizó.
B *intr* **2** Hacerse palatal [un sonido]. *Tb pr*. | Lapesa *HLengua* 400: *L* medial palataliza en comarcas leonesas. Carnicer *Van* 3.4.75, 49: Debido a que en la agrupación *hie* inicial de palabra se palataliza la *i*, es decir, adquiere el sonido consonante de *y*, "hierba" y "hiedra" se pueden escribir también "yerba" y "yedra".

palatalmente *adv* (*Fon*) Con articulación palatal [2]. | Carnicer *Van* 3.4.75, 49: En cuanto a "hierro" (pronunciado palatalmente también) no es posible la alternancia de las dos formas porque en la escrita con *y* el significado pasa a ser sinónimo de falta o delito, equivocación.

palatino[1] **-na** *adj* (*Anat*) De(l) paladar [1]. *Tb n m, referido a hueso*. | Alvarado *Anatomía* 55: Los dos maxilares superiores .., dotados de dos apófisis palatinas horizontales que forman la parte anterior de la bóveda palatina o cielo de la boca .. Los dos palatinos, que forman la parte posterior de dicha bóveda.

palatino[2] **-na** *adj* **1** De(l) palacio [1]. | GNuño *Madrid* 64: Es de citar la riquísima biblioteca palatina.
2 [Pers.] que ostenta un alto cargo en palacio. *Tb n*. | Halcón *Ir* 25: Las otras familias palatinas se habían anticipado a pasar la frontera con el pretexto de atender a los príncipes en los primeros días del exilio. FReguera-March *Caída* 152: A veces el Rey lo hacía pilotando su automóvil y acompañado de algún palatino. **b)** (*hist*) *Se usa aplicado a determinados altos dignatarios en algunas cortes europeas*. | Arenaza-Gastaminza *Historia* 121: En ella se regulaba la elección imperial. Ya no intervendría el Papa, sino tan solo siete príncipes electores alemanes: tres eclesiásticos .. y cuatro laicos: el Conde Palatino del Rhin, el Duque de Sajonia, el Margrave de Brandeburgo y el rey de Bohemia. J. Atienza *MHi* 8.66, 81: Otros autores opinan que desciende de Alderedo, príncipe godo que, en tiempos del Rey don Ramiro I, tuvo la dignidad de conde palatino.

palatino[3] **-na** *adj* Del Palatinado (región alemana). | Arenaza-Gastaminza *Historia* 173: Período palatino. Los protestantes fueron vencidos junto a Praga y los bohemios se sometieron. Intervienen los tercios españoles y se apoderan de todo el Palatinado.

palatograma *m* (*Fon*) Registro o representación gráficos de la posición de la lengua y el paladar en el proceso articulatorio. | Cantera *Enseñanza* 25: Varios son los procedimientos empleados para la enseñanza de los sonidos franceses a extranjeros: desde una descripción fisiológica hasta el empleo de gráficos, palatogramas y espect[r]ogramas.

palavano *m* Lengua malayo-polinesia de las islas Palau (Micronesia). | RAdrados *Lingüística* 189: Garvin .. ha llegado a proponer tres posibles soluciones en el caso del paradigma del posesivo y el nombre en palavano (Micronesia).

palaya *f* (*reg*) Lenguado (pez). | VerA 16.3.75, 6: En el Mercado Central, ayer: Pescado: Atún, 280; .. palayas, 200.

palazo *m* Golpe dado con una pala [1 y 2]. | S. Cámara *Tri* 27.11.71, 11: Cuando a Menelao le da por cavar su propia tumba yo le mataría de un palazo. GacNS 2.8.74, 17: Gran partido, sensacional encuentro de Saralegui .. Devolvió pelotas inverosímiles (tres rebotes increíbles) y a la hora de soltar el brazo sus palazos causaron sensación .. El bueno de Miguel dio todo un curso de bien jugar a pala.

palco *m* **1** *En un teatro:* Compartimento que contiene varias sillas. *Tb fig*. | FCid *Abc* 26.12.70, 25: Yo vivo y siento el Liceo, desde siempre, como cosa propia. Iba de niño los domingos, .. fui abonado en los pisos tercero, segundo, primero, platea, propietario de butacas, de palcos. Gironella SAbc 9.2.69, 21: El doctor Rey Ardid, desde su palco exploratorio, ha declarado reiteradamente que ha conocido a grandes figuras del ajedrez que no lograron nunca ocupar ningún puesto elevado en la vida.
2 *En una plaza de toros:* Localidad independiente con balcón. | T. Medina SInf 16.5.70, 4: En el cartel figuraban los nombres de los cuadrilleros .. La localidad más cara era la de palco.
3 (*jerg*) Balcón o ventana. | *Abc* 28.2.76, 54: Tres "palquistas", detenidos en Madrid. Tres individuos han sido de-

palé – paleógrafo

tenidos por la Policía como presuntos autores de diversos robos cometidos en domicilios madrileños por el procedimiento del "palco" (ventana o balcón) .. Cometían sus delitos penetrando en los domicilios a través de los balcones o ventanas.

palé¹ (*n comercial registrado*) *m* Juego de mesa que se realiza sobre un tablero, avanzando con las fichas según las tiradas de un dado, y cuyo objetivo es la adquisición de las propiedades urbanas correspondientes a las casillas que se ocupan. | A. Pavón *Inde* 7.2.90, 48: Es verdad que perdieron al tenis y también al palé.

palé² *m* (*E*) Palet. | *DBu* 30.6.90, 41: Se vende industria gráfica funcionando .. También está incluido: Tinta, disolventes, mandriles cartón, palés de madera, sillas, máquina flejar.

paleador -ra *adj* Que palea. *Tb n: m y f, referido a pers; f, referido a máquina.* | J. Rey *Abc* 15.1.65, 41: Se emplean en las obras gran número de máquinas excavadoras, paleadoras. Aldecoa *Gran Sol* 56: En los barcos de fuegos, los paleadores del carbón saben que hay un alma asesina en la multitud de las llamas. *RegO* 31.7.75, 11: La autoridad gubernativa ha dado orden a la Guardia civil para que proteja al personal de las paleadoras, de modo que mañana pueda reanudarse la roturación de terrenos paralizada desde el día diecisiete.

paleal *adj* (*Zool*) De(l) manto de los moluscos. | Bustinza-Mascaró *Ciencias* 133: Observar y dibujar conchas de moluscos bivalvos. Observar la charnela, y las impresiones musculares y paleales.

paleántropo *m* (*Prehist*) Hombre fósil del Pleistoceno medio. | Pinillos *Mente* 21: Han aparecido los primeros ejemplares del género humano propiamente dichos, esto es, los paleántropos de Neanderthal, de Rodesia y de Solo.

palear *tr* Cargar, descargar o mover [algo] con la pala. *Tb abs. Tb fig.* | Aldecoa *Gran Sol* 172: Los hermanos Quiroga paleaban pescado a la mar en proa. Pinilla *Hormigas* 195: –Ahora con la pala –habló el tío Pedro, pero sobraba aquello, pues Cosme ya había empezado a palear de la carreta al pozo. Cela *Izas* 100: Hubo un tiempo en el que Andrea la Garbanzona paleaba los duros como grava y, ¡viva el rumbo!, regalaba rubíes a los hombres que la hacían gozar.

paleártico -ca *adj* (*Geogr*) [Región] que comprende Europa, el norte de África hasta el trópico de Cáncer y el norte de Asia hasta el Himalaya. | Navarro *Biología* 306: Existen seis regiones geográficas con características faunísticas y florales propias. Son: la región Paleártica, Neoártica, Neotrópica, Oriental o Indomalaya y la Australiana.

palenque *m* **1** Valla de madera o cerca de estacas con que se cierra un terreno. | *Abc* 19.11.74, 47: La Policía municipal y gubernativa procedieron a acordonar la zona y la Policía municipal a desviar el tráfico rodado por calles adyacentes, que quedaron debidamente señalizadas con palenques.
2 (*hist*) Terreno cerrado con palenque [1], esp. para celebrar una fiesta pública. | *Abc* 30.6.77, 39: Mañana comienza el teatro medieval de Hita .. Previamente habrá en el palenque medieval justas, con bohordos y yelmos, según una fórmula nueva.
3 bomba de ~ → BOMBA.

palentino -na *adj* De Palencia. *Tb n, referido a pers.* | Zunzunegui *Camino* 11: Era hija de un pobrísimo labriego palentino.

paleo- *r pref* (*E*) Antiguo. | *Por ej*: Pericot-Maluquer *Humanidad* 90: Los datos antropológicos, aún escasos, que conocemos, entre los que destacan los de Lagoa Santa, en Brasil, que sirvieron para establecer la raza paleoamericana o tipo lágido de los antropólogos modernos. Fernández-Llorens *Occidente* 256: Civilización paleonegra, al norte de la anterior [la de los pigmeos]. M. Mancebo *Inf* 25.4.70, 19: Con estos descubrimientos nos encontramos ante grafitos paleopúnicos. A. MAlonso *HLM* 13.5.74, 3: El destino de los profetas es morir lapidados, salvo que el Señor los arrebate en un carro de fuego, ignorando "ovni" paleotestamentario. *Voz* 26.11.88, 22: El profesor E. Ancoechea disertará sobre la problemática de la caracterización geoquímica de las rocas paleovolcánicas.

paleoantropología *f* (*E*) Rama de la antropología que estudia al hombre primitivo a través de sus restos fósiles. | Rábade-Benavente *Filosofía* 26: La filosofía tiene que partir, forzosamente, de una serie de ciencias que se ocupan del hombre ..: la Paleoantropología, la Antropología, la Psicología, etc.

paleoasiático -ca *adj* De alguno de los pueblos del norte y este de Asia considerados como los más antiguos habitantes de Siberia y cuyas lenguas no pertenecen a ninguna de las principales familias. *Tb n, referido a pers.* | Alvarado *Zoología* 136: Paleoasiáticos y neomongoles han originado en los diferentes pueblos asiáticos y de la Insulindia numerosas razas mestizas.

paleobiología *f* (*E*) Estudio de las formas de vida de los seres hoy fósiles. | M. J. Cañizares *Abc* 10.7.93, 63: En la última sesión del Congreso participó el especialista en paleobiología William Schopf.

paleobiólogo -ga *m y f* (*E*) Especialista en paleobiología. | M. Calvo *Pro* 8.6.88, 53: El descubrimiento de restos fosilizados de estas algas fue hecho por paleobiólogos de la Universidad de California.

paleobotánico -ca (*E*) **I** *adj* **1** De (la) paleobotánica [3]. | Pericot-Maluquer *Humanidad* 13: Para comprender las modificaciones ambientales a las que el hombre hubo de acomodarse, hemos de recurrir a la climatología, que para esas épocas remotas se basa en múltiples observaciones geológicas, paleontológicas, paleobotánicas, etc.
II *n* **A** *m y f* **2** Especialista en paleobotánica [3]. | Pericot-Maluquer *Humanidad* 127: Los paleobotánicos no han podido decidir de manera definitiva qué ocurrió con el algodón y el maíz.
B *f* **3** Parte de la paleontología que estudia los vegetales fósiles. | Bustinza-Mascaró *Ciencias* 380: Puede dividirse [la Paleontología] en Paleobotánica y Paleozoología.

paleoclima *m* (*E*) Clima de una época geológica antigua. | Ybarra-Cabetas *Ciencias* 154: Nociones de Paleogeografía y Paleoclima.

paleoclimatología *f* (*E*) Estudio de los paleoclimas. | Legorburu-Barrutia *Ciencias* 393: Las ramas de la Geología Histórica que estudian estos aspectos son: La Paleoclimatología o estudio del clima a lo largo de los períodos geológicos. La Paleogeografía o estudio de la distribución de los mares y continentes.

paleocristiano -na *adj* (*Arte*) [Arte] cristiano primitivo (hasta el s. VI). | Tejedor *Arte* 63: El arte paleocristiano tiene tres manifestaciones: pintura, escultura y arquitectura.

paleoencéfalo *m* (*Anat*) Encéfalo primitivo, que constituye todo el cerebro menos la corteza. | Pinillos *Mente* 34: Cabe distinguir un cerebro interno, principalmente responsable de la vida instintiva y visceral, también llamado a veces paleoencéfalo, y un cerebro externo .., del que principalmente dependen las funciones cognitivas más diferenciadas.

paleógeno -na *adj* (*Geol*) [Período o sistema] correspondiente a la primera mitad de la Era Terciaria. *Tb n m.* | Ybarra-Cabetas *Ciencias* 162: Comprende esta Era [Terciaria] dos sistemas denominados Paleógeno y Neógeno. El paleógeno se llama también Nummulítico .. y comprende a su vez dos períodos: Eoceno y Oligoceno.

paleogeografía *f* (*E*) Parte de la geografía que trata de la descripción del globo en los distintos períodos geológicos. | Ybarra-Cabetas *Ciencias* 154: Nociones de Paleogeografía y Paleoclima.

paleografía *f* Estudio de las escrituras antiguas. | Arenaza-Gastaminza *Historia* 2: Ciencias auxiliares de la Historia .. La Etnografía .. La Arqueología .. La Paleografía.

paleográfico -ca *adj* De (la) paleografía. | *Ya* 3.4.75, 39: De ahí que la edición facsímil de estos códices permita, dada la fidelidad en la reproducción tanto de la parte paleográfica como de la artística, el conocimiento de algunas de las creaciones más originales del arte español.

paleógrafo -fa *m y f* (*E*) Especialista en paleografía. | S. Lorenzana *Pap* 1.57, 39: El paleógrafo Terreros también se aprovechó de los trabajos del sabio religioso.

paleolítico -ca *adj* (*Prehist*) [Período] más antiguo de la Edad de Piedra. *Frec n m; en este caso, gralm con inicial mayúscula.* | Tejedor *Arte* 2: El período Paleolítico presenta como caracteres generales: el nomadismo, la talla de la piedra. Pericot *Polis* 14: Dentro de esta [Edad de la Piedra] hay una primera en que la piedra únicamente se talla: es el Paleolítico. **b)** Del período paleolítico. *Tb* (*lit*) *fig, ponderando la antigüedad.* | Pinillos *Mente* 130: El hombre paleolítico experimentó, según parece, necesidades estéticas comparables, por lo menos, a las de muchos técnicos y obreros de Detroit. *Abc Extra* 12.62, 51: Todo padre, aun padre paleolítico, trataría de construirle un juguete al niño de tres meses que ensayaba la sonrisa.

paleomagnético -ca *adj* (*E*) De(l) paleomagnetismo. | M. GVelarde *Tri* 5.1.74, 19: Diversos estudios sísmicos, amén de análisis paleomagnéticos, han puesto de relieve que estas grandes fosas .. son efectivamente las zonas donde la corteza terrestre se hunde en el interior del globo.

paleomagnetismo *m* (*E*) Estudio del magnetismo en las rocas, usado para investigar la pasada configuración del campo magnético terrestre. | M. GVelarde *Tri* 5.1.74, 17: Por paleomagnetismo se entiende el estudio de la imanación natural de rocas y sedimentos terrestres.

paleontología *f* (*E*) Estudio de los seres orgánicos de las épocas prehistóricas a través de sus fósiles. | Ybarra-Cabetas *Ciencias* 153: El estudio de los fósiles y de los procesos de fosilización corresponde a la rama de la ciencia denominada Paleontología.

paleontológico -ca *adj* (*E*) De (la) paleontología. | Ybarra-Cabetas *Ciencias* 154: Los datos paleontológicos (de fósiles) con los geológicos (naturaleza de los terrenos) permiten deducir el clima del período.

paleontólogo -ga *m y f* (*E*) Especialista en paleontología. | Fernández-Llorens *Occidente* 304: P. Teilhard de Chardin, uno de los paleontólogos que trabajó en Chu-ke-tien, describe cómo se realizaron los hallazgos.

paleopatología *f* (*E*) Estudio de las enfermedades por el examen de las momias o de los restos fósiles. | *Méd* 27.11.87, 80: Es presidente de la Asociación Española de Paleopatología.

paleopatológico -ca *adj* (*E*) De (la) paleopatología. | FCruz *Salud* 201: Las investigaciones paleopatológicas .. han demostrado cómo casi contemporáneamente a las pruebas de las primeras manifestaciones de la vida sobre la Tierra hay indudables indicios de afecciones morbosas.

paleopatólogo -ga *m y f* (*E*) Especialista en paleopatología. | *Ya* 30.8.88, 31: El paleopatólogo que estudia el esqueleto, Julio Martínez Flórez, señaló que las primeras investigaciones indican que se trata de un individuo entre los diez y dieciséis años.

paleozoico -ca *adj* (*Geol*) [Era] primaria. *Tb n m.* | Bustinza-Mascaró *Ciencias* 382: Era primaria. Se llama también paleozoica o de los animales antiguos. LMiranda *Ateneo* 181: Estoy documentando un poema que empieza en el período paleozoico y acaba en los tiempos del conde de Romanones. **b)** De (la) era primaria. *Tb n m, referido a terreno.* | JGregorio *Jara* 10: Las rañas cubren el sustrato paleozoico. Benet *Volverás* 43: La margen derecha del Torce, a lo largo de esos veinticinco kilómetros del curso encajado en el paleozoico, parece coincidir con la línea de mayor resistencia de toda la formación.

paleozoología *f* (*E*) Parte de la paleontología que estudia los animales fósiles. | Bustinza-Mascaró *Ciencias* 380: Puede dividirse [la Paleontología] en Paleobotánica y Paleozoología.

palera *f* (*reg*) Nopal (planta). | Espinosa *Escuela* 172: –Desde hace nueve semanas me espera un vendedor de epitafios en las chumberas que allí vemos.– .. Y tiró del ronzal, encaminando la caballería hacia un collado plantado de paleras.

palería *f* Limpieza de cauces. | *DCu* 22.7.64, 7: Trabajos de palerías. Comienza la limpieza de cauces en Fuente de Pedro Naharro.

palerma *adj* (*reg*) Pazguato. | J. Landeira *Voz* 6.11.87, 3: De los perros cunde la voz en los coloquios cervantinos, y allá ellos. Son los memos, bufones, lelos y palermas, sin llegar a monstruos.

palermitano -na *adj* De Palermo (Sicilia). *Tb n, referido a pers.* | *Mad* 12.12.69, 20: El misterio del quinto muerto no ha podido ser desvelado hasta el momento por la Policía palermitana.

palermo -ma *adj* De Palos de la Frontera (Huelva). *Tb n, referido a pers.* | *Huelva* 27: En este brevísimo resumen histórico no cabrían .. la llegada de Colón a La Rábida, desde Ayamonte, pasando por Huelva; sus conversaciones con los frailes del monasterio y con los marinos palermos.

palero *m* (*reg*) Mirón (pers. que se complace en la contemplación de escenas eróticas o de desnudos). | Mann *DMo* 21.8.92, 4: Ayer fui testigo de un pequeño altercado en la playa de El Puntal .., al reprender una pareja de jovencitos a uno de esos "mirones", "voyeurs" o "paleros".

palestésico -ca *adj* (*Med*) De (las) vibraciones. | MPuelles *Filosofía* 2, 52: Habla, así, [la moderna psicología] del sentido del dolor, del sentido "palestésico" o de las vibraciones, de la "cinestesia" o captación del movimiento.

palestinés -sa *adj* Palestino. *Tb n.* | *Ya* 23.9.70, 7: El quebrantamiento de la tregua y la criminal acción de los terroristas y secuestradores palestineses eran pasos hacia una crisis.

palestiniano -na *adj* Palestino. *Tb n.* | *Act* 30.10.69, 13: Las tropas regulares libanesas se encontraron con comandos palestinianos acampados en la zona del monte Hermon.

palestino -na *adj* De Palestina. *Tb n, referido a pers.* | *Inf* 13.5.70, 1: Las tropas del Ejército libanés lucharon junto a los guerrilleros palestinos.

palestra *f* (*hist o lit*) Lugar donde se lucha por juego o deporte. | Sampedro *Sirena* 273: Yo entonces empecé a asistir a la palestra y al gimnasio, y si en las luchas me vencían casi todos, en cambio en los estudios pronto logré descollar. **b)** Lugar en que se ha de competir o demostrar la propia capacidad. *Gralm en la constr* SALIR A LA ~. | A. Olano *Sáb* 10.9.66, 6: Los asistentes salieron a la palestra bailando como Dios les dio a entender. F. SVentura *SAbc* 9.3.69, 31: Para que .. correspondan con su entusiasmo y su fe a la Madre de Dios, que eligió esa tierra bendita para su trono, palestra de milagros continuos.

palet (*pl normal*, ~s) *m* (*E*) Plataforma transportable con carretillas elevadoras, para almacenar y trasladar mercancías. | *Ya* 26.2.75, 10: Se fabrican embalajes y palets de madera. J. Mauricio *Día* 21.9.75, 10: La dispersión de los almacenes de empaquetado y sus pequeñas dimensiones es [sic] otro gran inconveniente para la formación de unidades de carga, ya sea en palet o container.

paleta A *f* **1** Utensilio en forma de pala pequeña. *Frec con un compl especificador.* | Seseña *Barros* 118: Las tinajas de Torrejoncillo son panzudas .. Se "labran" o afinan, quitando las huellas de los dedos, y se les da consistencia golpeándolas con una paleta de nogal. Goytisolo *Afueras* 133: Entonces él la golpeó con el badil, con la pesada paleta del hogar. J. Carabias *Ya* 24.12.74, 8: Los cubiertos de pescado son más recientes aún. En muchas casas ricas españolas, sobre todo en provincias, no se han usado esas paletas hasta bien entrado el siglo XX. CPuche *Conocerás* 169: Lo que había aparecido en la casa eran unas moscas muy grandes y asquerosas .., y mi madre se levantaba con mucho esfuerzo, cogía la paleta y las iba matando con muchos ascos.
2 Instrumento de albañilería formado por una plancha metálica triangular con espiga acodada y un mango de madera, y que se usa para coger y aplicar la masa. | P. Castejón *Ya* 13.6.74, 2: Premia [el Almanaque Agromán] al humorista triunfador con un trofeo consistente en una paleta de albañil sobre un pedestal de mármol.
3 Tabla pequeña, con un agujero para sujetarla con el pulgar, en la que el pintor coloca y mezcla los colores. | J. R. Alfaro *HLM* 26.10.70, 18: Las alegrías que siente ante el paisaje las transpone de su paleta a la tela. **b)** Conjunto de colores propios [de un pintor]. *Tb fig, fuera del ámbito pictórico.* | Tejedor *Arte* 176: Allí fueron surgiendo las que serían notas características de su pintura: la gama fría –platas y grises– de su personalísima paleta, su ascetismo y su fervor

paletada – pali

religioso. FCid *Ópera* 72: Siempre, claro es, con amplio campo reservado a la paleta colorista inconfundible del músico.
 4 Paletilla [de animal, esp. de cerdo]. | Delibes *Castilla* 159: Su rendimiento óptimo en paletas y jamones –según datos de los mataderos de Jabugo– y su aptitud para campear por topografías de encinas y alcornoques ponen a este cerdo por delante de los ibéricos de otras procedencias.
 5 Pala [de una hélice o algo similar]. | Marcos-Martínez *Física* 138: En ocasiones resulta ventajoso aplicar directamente la fuerza del vapor de agua a una rueda giratoria provista de paletas o álabes. Ramos-LSerrano *Circulación* 221: Las bombas de engrase pueden ser del tipo de engranajes .. o de paletas, .. siendo más usadas las primeras.
 6 (*col*) Pala (diente incisivo superior), esp. grande. | Berlanga *Barrunto* 10: Suso abría la boca, enseñaba sus dos paletas descomunales y prietas. *Día* 21.9.75, 42: Los niños que tienen "paletas" son mentirosos.
 7 (*reg*) Pala [del nopal]. | Cuevas *Finca* 118: Las ovejas con las cabezas bajas, .. bajo las paletonas donde brotaban ya los higos chumbos.
 8 (*raro*) Pala (juego de pelota). | Gilera *Abc* 26.9.70, 69: Mientras tanto, en el trinquete, Argentina y España se habían disputado el subcampeonato de paleta con pelota de cuero.
 9 (*raro*) Paletón¹ (de una llave).| *Ya* 11.6.78, 26: En algunas llaves de borjas de doble paleta, si cortara totalmente una de las paletas y la mitad de la otra, podría igualmente abrir y cerrar su puerta.
 B *m* **10** (*reg*) Albañil. | Marsé *Montse* 193: –Yo ya me iría, con el trabajo que tengo. –Creí que estabas de vacaciones. –Es que también hago de paleta, a ratos.

paletada¹ **I** *f* **1** Cantidad que se coge de una vez con una pala o paleta [1 y 2]. | Cuevas *Finca* 169: Don José .. pensaba en que Gregorio hubiese preferido oír caer las paletadas de tierra sobre la caja.
 2 Movimiento de la paleta [1, 2 y 5]. | CNavarro *Perros* 139: Se le veía llegar de la obra, sucio de cal y de yeso, las manos despellejadas por el roce diario de cientos de ladrillos, de cientos de paletadas.
 3 Golpe de paleta [1]. | J. Morante *Abc* 26.9.70, 43: El juego "del palet" .. consiste en dar con una paleta o un palo en uno de los extremos de otro más pequeño de puntas agudas, estando este puesto en el suelo en posición horizontal. Al saltar este, se le da otra paletada –en primer intento– y se lanza a distancia.
 II *loc adv* **4 a ~s.** (*col*) En gran cantidad. *Gralm referido a dinero. Tb adj.* | MGaite *Nubosidad* 77: Dinero a paletadas, manejan cifras que es que ya no le entran en la cabeza a un cristiano.

paletada² *f* (*col, desp*) Cosa paleta (→ PALETO¹). | R. González *Ya* 23.5.90, 12: Un partido político propone que se nombre fuenlabreño de honor a Nelson Mandela. Esperemos que el viejo hidalgo impida tal paletada. * Ese traje es una paletada.

paletamente *adv* De manera paleta (→ PALETO¹). | GNuño *Escultura* 116: La Bicha de Balazote, ¡qué bestia tan humana y próxima, tan paletamente occidental! P. Sorela *SPaís* 23.11.93, 2: Incauta y paletamente nos llevaremos el vídeo *100 trucos para engañar a la soledad en la gran ciudad.*

paleteo *m* Golpeteo de las paletas [5]. | Sampedro *Sonrisa* 257: Sonaba todo el día el paleteo de las zarandas y el restregarse de las muelas haciendo temblar el piso. [*En el molino.*]

paletería *f* (*col, desp*) Cualidad de paleto¹. | Alfonso *España* 197: Esta es una cuestión que hoy a gentes presuntamente progresistas no les preocupa. Demuestran así su paletería y frivolidad.

paletilla *f* **1** Omóplato. | Alvarado *Anatomía* 45: El cíngulo torácico .. consta de dos pares de huesos ..: las claviculas, delante, y los omóplatos o paletillas, detrás. **b)** *En los animales de consumo*: Parte que comprende el omóplato y la carne que lo rodea. | Vega *Cocina* 84: Cortad en trozos regulares una paletilla de cordero.
 2 Ternilla que termina el esternón. *Frec en las constrs* CAÉRSELE [a alguien] LA ~, *o* LEVANTARLE [a alguien] LA ~, *en medicina popular*. | Cela *Mazurca* 70: Urbanito murió de anemia, se le cayó la paletilla siendo muy pequeño. MMari-

ño *Abc* 22.6.58, 5: Tenía especialidad en levantar la paletilla a las mozas histéricas. Torrente *Señor* 13: Se tuvo a Carlos por una especie de curalotodo, que así levantaba la paletilla como sacaba los demonios.

paletín *m* (*Constr*) Instrumento de albañilería en forma de paleta [2] pequeña. | Sastre *Taberna* 70: –Ese nombre de Caco es de chorizo. –Pues no; es de una vez .. que lo acusaron en la obra de llevarse un paletín o no sé qué de otro, y luego se vio que no.

paletina *f* (*Pint*) Pincel de forma aplastada. | *Hacerlo* 76: Las herramientas o instrumentos que se precisan para pintar son: Un pincel grueso para limpiar .. Dos o tres paletinas.

paletismo *m* (*desp*) Cualidad de paleto¹. | Isidro *Abc* 22.5.58, 45: Uno visita de tarde en tarde, cada cinco o más meses, algunas capitales europeas en las que su innato paletismo se agudiza.

paletización *f* (*E*) Acción de paletizar. | J. Mauricio *Día* 21.9.75, 7: Los container representan un avance considerable respecto al sistema tradicional y al de paletización, porque puede cargarse en cualquier medio de transporte, tanto marítimo como terrestre.

paletizar *tr* (*E*) Disponer [algo] en palets. | GTelefónica *N.* 228: Sistema de almacenaje paletizado. Van 29.12.76, 20: Estanterías paletización. Proyectadas para el almacenaje de cargas paletizadas, son la solución más racional.

paleto¹ **-ta** *adj* (*col, desp*) [Pers.] rústica o que no sabe desenvolverse en la ciudad. *Tb n. Tb fig, referido a la falta de cultivo intelectual o estético*. | Miguel *Mad* 22.12.69, 12: Entre todos hemos de pagar el hecho de que seamos un país de paletos extasiados ante la visión de la gran ciudad.
 b) Propio de la pers. paleta. | * ¡Qué traje más paleto! Máximo *Pue* 29.10.70, 2: Admirar a un paisano, entre españoles castizos, hace paleto. Sopeña *Defensa* 83: Había cierto paleto afán de novedad literaria: hasta los jesuitas jóvenes hacían sus pinitos poéticos.

paleto² *m* **1** (*col*) Pala (diente incisivo superior). | Delibes *Príncipe* 72: Dijo, mostrando los dos paletos en un atisbo de sonrisa: –Es un camión.
 2 (*raro*) Gamo (animal). | *Abc* 27.9.70, 14: Gamos y paletos, con fondo del palacio de Riofrío.
 3 (*reg*) Espátula (ave). *Tb* PATO ~. | M. Campo *SSe* 8.9.91, 41: Inician su entrada en estos campos el pato cuchara o paleto, la ánade friso.

paletó *m* (*hist*) Gabán de paño grueso, largo y entallado. *Gralm en la frase* CUANDO FERNANDO VII GASTABA ~, *usada para ponderar antigüedad*. | FReguera-March *Cuba* 274: Vestía un paletó espejeante en los codos, desteñido y ajado, de color castaño. Cela *Pirineo* 244: Inscripciones que se enseñan en la fachada de un viejo molino (viejo de 1831, cuando todavía Fernando VII gastaba paletó). Vega *Cocina* 121: Fue lanzado al mercado nacional .. por las fechas en que Fernando VII gastaba paletó.

paletón *m* **1** *En una llave:* Parte que penetra en la cerradura y en que están labrados los dientes. | Delibes *Tesoro* 20: Mostró una llave con tres dientes desiguales en el paletón.
 2 (*reg*) Paleto (diente incisivo superior). | SSolís *Jardín* 125: Mi hermosa dentadura (hermosa desde el arreglo de los dos paletones delanteros, que nadie diría que eran de espiga).
 3 (*reg*) Espátula (ave). | Noval *Fauna* 129: El pájaro [la espátula] es bien conocido aquí, donde, generalmente, se le da el nombre de Paletón.

palette (*fr; pronunc corriente,* /palét/) *f* (*E*) Palet. | *Abc* 18.4.58, 6: Sobre Palettes o sobre plataformas, todos sus problemas de manipulación son resueltos con esta gama de carretillas de elevación a mano.

pali I *adj* **1** De(l) pali [2]. | Villar *Lenguas* 85: El indio medio nos es conocido fundamentalmente por tres fuentes: las inscripciones de Asoka, la literatura *pali* y los prácritos propiamente dichos.
 II *m* **2** Lengua india, derivada del sánscrito, usada en los libros canónicos de los budistas. | RAdrados *Lingüística*

788: En pali, -o es la forma habitual que ha tomado el antiguo -as en final (-e en otros prácritos).

palia f (Rel catól) Lienzo con que se cubre el cáliz y la patena en la misa. | Peña-Useros *Mesías* 186: Accesorios de los vasos sagrados .. La palia o hijuela. Con la cual se cubre la patena y el cáliz. Es de forma redonda o cuadrada. **b)** *Esp:* Lienzo redondo con que se cubre la patena hasta el ofertorio. | Ribera *Misal* 34: Palia es la pieza redonda de tela con que se cubre la Hostia colocada sobre la patena hasta el Ofertorio.

paliar (conjug **1a** o **1c**) tr **1** Mitigar o atenuar [algo negativo]. | Laiglesia *Tachado* 61: Y aunque no lleguemos a alcanzar la prosperidad de los años anteriores a la guerra, estos huéspedes paliarán la miseria que nos agobia. **2** (raro) Cubrir u ocultar. | GPavón *Cuentos rep.* 67: La tapicería .., las solemnes cortinas que paliaban la ventana poco luminosa, todo era de tintes rojizos. GLuengo *Extremadura* 174: No me extraña que poetas y escritores, más bien mediocres en su mayoría –para qué paliarlo– .., se hayan visto obligados .. a componer cantos dudosamente líricos y claramente entusiastas.

paliativo -va I adj **1** Que sirve para paliar [1]. *Frec n m, referido a remedio.* | Ramírez *Derecho* 11: En contadísimas ocasiones .. se han dado las revoluciones, paliativo de los Estados arbitrarios o de fuerza. **b)** (Med) Que alivia pero no cura. *Tb n m, referido a medicamento o remedio.* | J. Félix *SYa* 10.6.73, 15: Se han utilizado los tratamientos quirúrgicos, en lesiones muy avanzadas, con el fin de obtener resultados paliativos ante la inmovilidad dolorosa de una articulación. *Ya* 12.3.91, 45: Empiezan a aparecer en España las unidades de cuidados paliativos.
II loc adv **2 sin ~s.** Con claridad o con crudeza. *Tb adj.* | LTena *Abc* 11.12.70, 20: Este entrañable trozo de España, que es uno de los que –proclamémoslo desde ahora sin paliativos– más han contribuido al engrandecimiento .. de nuestra nación. S. RSanterbás *Tri* 11.4.70, 20: La asamblea asistente a la propiciación juzgará sin paliativos de qué modo se han cumplido esas normas.

palicar intr (reg) Charlar o conversar [con alguien]. | Torrente *Off-side* 88: Leonardo Landrove palica con una muchacha vestida de negro.

pálidamente adv (lit) De manera pálida. | Matute *Memoria* 170: Tras los arcos se extendía un cielo pálidamente azul.

palidecer (conjug **11**) intr **1** Ponerse pálido [1]. | *Agenda CM* 174: Juan, con cara de padre recién estrenado, co[g]e el auricular temblando y ante las palabras del médico palidece. **2** Perder brillo, intensidad o viveza. *Tb fig.* | J. M. Moreiro *SAbc* 13.9.70, 51: Málaga, buen amigo, no es una "alcaldada" geográfica. Te recomiendo que lo compruebes ahora que el sol de Iberia palidece y el cercano otoño aguza sus vientos. Lorenzo *SAbc* 20.12.70, 4: No ha palidecido su amistad con Narciso Campillo, no han vuelto a separarse.

palidez f Cualidad de pálido. | Arce *Testamento* 62: Quería demostrar entereza, pero estaba seguro de que mi palidez me delataba.

pálido -da (a veces con mayúscula en acep 4) **I** adj **1** [Pers.] que tiene el rostro más blanco o descolorido de lo habitual. *Frec denota enfermedad o miedo.* | Olmo *Golfos* 119: Pensar que pudieran pegarle .. le ponía pálido. **2** [Color] menos intenso que el considerado normal. | Ybarra-Cabetas *Ciencias* 290: Las flores son blancas, rosadas o de color violeta pálido. **b)** Que tiene un color pálido. *A veces usado como especificador de algunas especies zoológicas:* VENCEJO ~, ZARCERO ~. | L. Bettonica *Sáb* 21.12.74, 103: Es una cocina triste, escuálida y patética en la que triunfan .. los tristes huevos, palidísimos, llamados "al plato" o "a la turca". E. Briones *Ya* 29.6.75, 63: En los institutos de belleza se emplean las lámparas de cuarzo, es decir, las lámparas de sol artificial para broncear la piel y ponerle un color dorado, sobre todo en aquellas personas que son de cutis pálido y deslucido. **c)** [Luz] poco brillante. | Arce *Testamento* 79: Era una pálida luz plomiza que me hizo pensar en la amanecida. **3** [Cosa no material] falta de colorido o de viveza. | Arce *Testamento* 66: Trataba de recordar a mi tío .. y solo lograba una pálida imagen. Delibes *Madera* 312: En este caso, la música ñoña, asordinada y pálida carecía de garra suficiente para exaltarle. Llorca *Ateneo* 154: Nada se me ocurre decir que no sea vulgar y pálido.
II loc n **4 la pálida.** (lit) La muerte. | Torres *Ceguera* 20: Presiento que me llega la Pálida.

palier m (Mec) En un automóvil: Mitad de las dos en que se divide el eje de las ruedas motrices. | APaz *Circulación* 252: Esta [la corona] manda el giro reducido a las ruedas por medio de unos palieres, que van dentro de las trompetas que forman el eje. *Pue* 2.6.65, 22: Los palieres Gor, a punto en el mercado.

paliero m (reg) Hombre que ayuda a llevar el palio [1]. | E. Seijas *Ide* 28.9.87, 5: La Patrona pasaba por Puerta Real enfilando la calle Reyes Católicos arriba .. Detrás del paso marchaban los palieros sosteniendo el palio protector. *Ide* 27.9.92, 8: Algo más del centenar de brazos se elevarán esta madrugada y por la tarde para asirse recios y con fuerza a los doce varales del palio de la Virgen. A veces parecerá que se cae pero nunca, en los setenta años que llevo como paliero, lo he visto por el suelo.

palilla f (reg) Paleta [1]. | Seseña *Barros* 134: Antaño se fabricaban [las tinajas de aceite] haciendo el culo en el torno y luego se iban añadiendo rollos que se emparejaban con la ayuda de la palilla y el mazuelo.

palillero m **1** Recipiente para colocar los palillos [1a]. | Hoyo *Pequeñuelo* 14: Me lo imaginaba [al erizo] sobre mi mesa, quieto, como un palillero, mejor, como uno de esos cojincitos de las costureras, todo clavado de alfileres o agujas. **2** (hoy raro) Mango en que se encaja la plumilla. | Delibes *Hoja* 28: La chica engarfiaba los bastos dedos sobre el palillero y escribía con pulso débil y tembloteante.

palillo I m **1** Utensilio consistente en un trocito de madera largo, estrecho y con ambos extremos afilados, que se usa para limpiarse los dientes o pinchar comida. | Laforet *Mujer* 80: Cuando terminó la comida .. empezó, despacio, a escarbarse los dientes con un palillo. **b)** (col) Frec se emplea en constrs de sent comparativo para ponderar la delgadez. | Marsé *Dicen* 263: Se le habían quedado [las piernas] como palillos. **2** Palito largo y redondeado de los dos que a modo de pinzas se usan en algunos países orientales para tomar los alimentos. *Gralm en pl.* | * Soy incapaz de comer arroz con palillos. **3** Varita redondeada con que se toca el tambor. | Escobar *Itinerarios* 31: Redoblaba con los palillos en el tamboril, antaño, el tío Patela. **4** Bolillo. | Cuevas *Finca* 108: Las dos hijas hacían encaje de bolillos .. Entre párrafo y párrafo, se oía el tic-tac de los palillos sobre los bastidores. **5** Escobajo del racimo de uvas. | Delgado *Vino* 64: La uva vendimiada y seleccionada .. pasa a una máquina despalilladora y estrujadora, que elimina el raspón, escobajo o palillo. **6** Vena de las hojas del tabaco. | FReguera-March *Cuba* 257: Después le hicieron despalillador, que son los que arrancan los palillos o venas de las hojas. **7** (Taur) Banderilla. | * El subalterno colocó con arte los palillos. **8** Castañuela. | Halcón *Manuela* 17: La muchacha enderezaba sus pasos de danza sin más música que la que ella se daba con los palillos. FCid *ByN* 31.12.66, 115: La forma inimitable que tiene de tocar las castañuelas .., el talento para dibujar con los palillos todas las melodías.
II loc v **9 tocar todos los** (o **muchos**) **~s.** (col) Intentar todos los (o muchos) recursos. | * Ya ha tocado todos los palillos, pero no consigue nada.

palimpsesto m (Bibl) Pergamino manuscrito cuya primera escritura ha sido borrada para escribir en él de nuevo. *Tb* (lit) fig. | MSantos *Tiempo* 207: Bajo un rostro de apariencia estólida y frente estrecha puede yacer un capaz archivero incansable devorador de palimpsestos. Llorca *Alcoy* 87: Al contemplar Florencia desde el piazzale Michelangelo, el paisaje de Alcoy me ha surgido así, como interpuesto en un extraño palimpsesto.

palíndromo m Palabra o frase que resulta igual leída de derecha a izquierda que de izquierda a derecha. | Landero *Juegos* 196: Recordó un palíndromo, "atar a la rata", que él había mejorado en su juventud.

palingenesia *f (Rel)* Renacimiento o regeneración. *Tb fig, fuera del ámbito religioso.* | Mercader-DOrtiz *HEspaña* 4, 204: En el fondo de estos hombres en apariencia fríamente racionales hay un milenarismo, una creencia apasionada, casi mística, en la posibilidad de llegar a crear un paraíso terrestre, no por medio de una lenta evolución, sino de una especie de palingenesia, una renovación súbita seguida de un estado indefinido de beatitud.

palingénesis *f (Rel, raro)* Palingenesia. *Tb fig, fuera del ámbito religioso.* | *Abc* 1.7.58, 25: Los himnos de los movimientos juveniles como "Giovinezza, giovinezza .." pueden ser muy bellos, pero nunca han pretendido ser filosofía de la historia. Aluden con imágenes naturales a la poesía de la renovación o "palingénesis histórica".

palinodia I *f* **1** Retractación, o manifestación pública de un cambio de opinión. | *Abc* 17.6.58, 29: En su fragante palinodia, donde hallamos ya las expresiones "movimiento nacional", "salvación de la Patria", .. no elude cierta precaución.
II *loc v* **2 cantar la ~.** Retractarse. | Torrente *Saga* 40: Me había ofrecido muchas veces tenerme gratis en la posada si me prestaba a transmitir mensajes de los espíritus ..; pero yo nunca había aceptado .. A pesar de todo, cuando Taladriz me puso en la calle, no tuve más remedio que cantar la palinodia y aceptar sus condiciones.

palinología *f (Bot)* Estudio del polen y de las esporas. | L. G. Cruz *SD16* 7.5.87, I: En 1973, el doctor Max Frei, un no católico experto en palinología, tomó doce muestras de polvo de la tela.

palinológico -ca *adj (Bot)* De (la) palinología. | *BOE* 12.3.68, 3771: Temario de Botánica ecológica .. La transección. La sección. Otros métodos (efectos del fuego, método palinológico, vegetación experimental).

palinólogo -ga *m y f (Bot)* Especialista en palinología. | A. Núñez *País* 19.3.81, 21: El propio Cramer, junto con su mujer, Carmen Díez, una palinóloga que participó directamente en el descubrimiento, fueron destituidos de sus cargos.

palinúrido *adj (Zool)* [Crustáceo macruro] caracterizado por la ausencia de pinzas en las patas. *Frec como n m en pl, designando este taxón zoológico.* | J. Massot *Gar* 28.7.62, 22: La langosta pertenece a los palinúridos, y los bogavantes a los astácidos.

palio *m* **1** Dosel formado por una tela rica y cuatro o más varas, con que se cubre en una procesión al sacerdote que lleva la eucaristía, o una imagen, y en otras ceremonias al papa, a un prelado o a un jefe de Estado. | MSantos *Tiempo* 202: Ella debía bailar ante el palio en la procesión del Corpus.
2 *(Zool) En los moluscos:* Manto. | Bustinza-Mascaró *Ciencias* 129: Abriendo la concha [del mejillón] se observa primeramente que cada valva está cubierta interiormente por el manto o palio, repliegue que cubre el cuerpo del animal y que es el que ha segregado la concha.
3 *(Rel catól)* Banda de lana blanca con cruces negras que llevan sobre los hombros el papa, los arzobispos y algunos obispos en las ceremonias solemnes. | A. Pelayo *Ya* 6.9.92, 28: El cardenal Ángel Suquía fue el primero de los 30 cardenales y arzobispos que recibió ayer de manos de Juan Pablo II el "palio" que simboliza su calidad de "metropolitano".
4 *(hist)* Prenda del traje masculino griego y romano, consistente en un manto corto que se sujeta al pecho por una hebilla o broche. | R. Villanueva *Abc* 22.1.71, 13: Los hombres, cuya túnica era más corta, vestían el "palio", manto corto, sin mangas, sujeto al hombro.

palique *m (col)* **1** Conversación intrascendente o de puro entretenimiento. *Frec en las constrs* ESTAR DE ~ [con alguien], DAR ~ [a alguien]. | Lagos *Vida* 52: Con el palique se me ha pasado el tiempo sin sentir. | Salom *Casa* 301: No le digas que he estado de palique contigo. | Arce *Testamento* 72: Cuando alguien .. daba palique a las muchachas, él siempre les recordaba que no les daba jornada y comida para que perdiesen el día.
2 Labia, o facilidad para hablar. | Carandell *Madrid* 110: Liga muy bien, porque sabe hablar con las mujeres (tiene mucho palique).

paliquero -ra *adj (col, raro)* [Pers.] dada al palique [1]. | J. A. Castro *SYa* 22.6.75, 25: Me gusta un poco de chác[h]ara, y más si es delante de unas copas...; a más que para mi negocio hay que ser un poco paliquero.

palisandro *m* Madera de color rojo oscuro con vetas negras, muy apreciada en ebanistería, proporcionada por árboles de los géns. *Dalbergia, Jacaranda* y *Machaerium*. *Tb el árbol que la produce.* | *Día* 26.9.75, 8: Procedente de nuestra fábrica de Italia tenemos un stock de armarios en fresno, palisandro y azul. GCabezón *Orotava* 33: Jacaranda o palisandro, *Jacaranda ovalifolia*, R. Br.

palista *m y f* **1** Jugador de pelota con pala. | *Inf* 19.4.74, 32: Pelota. El palista Fernández se presentó con éxito.
2 Piragüista. | *Ale* 11.8.81, 26: Hablemos de la calidad del Descenso [del Pisuerga] .., con unos 350 palistas golpeando con coraje las aguas del río.
3 Operario que maneja una pala mecánica. | *SYa* 19.1.74, 19: Se necesita palista máquinas Poclain.

palitroque *m* **1** Palo (trozo de madera) pequeño. | Delibes *Parábola* 72: Descubre, casi en la copa, el elemental tejido de palitroques de un viejo nido de urraca.
2 *(Taur)* Banderilla. | Lera *Clarines* 431: –Tú no has puesto nunca banderillas, ni es esta tu misión .. –cogió los palitroques y l[e]s ensalivó con los dedos las puntas de los pequeños arpones.

paliza I *n* **A** *f* **1** Conjunto de golpes dados a una pers. o a un animal. | Olmo *Golfos* 19: Más que las palizas, o cualquier otro castigo .., lo que crispaba los nervios de Enzo era la machaconería.
2 Acción o conjunto de acciones que dejan maltrecha a una pers. o cosa. *Tb fig.* | * Este viaje ha sido una paliza para el coche y para ti. *SYa* 30.11.92, VI: Paliza del Barcelona .. Barcelona 5, Español 0.
3 *(col)* Discurso o conversación fastidiosos o aburridos. | FSantos *ROc* 5.76, 20: Tuve que ir muchas veces y aguantar la paliza de mi hermano: que a ver cuándo dejaba de perder el tiempo en Madrid y me volvía, que quién iba a hacerse cargo de la tienda cuando muriera el viejo. **b)** Cosa aburrida o pesada. | Aristófanes *Sáb* 17.5.75, 65: La Televisión Paisana tiene otros paisajes, además de la paliza del color y el tenis, el fútbol, el boxeo, el ciclismo y la biblia (deportiva) en pasta.
B *m y f* **4** *(col)* Pers. pesada o fastidiosa. *Frec en la forma* PALIZAS. *Tb adj.* | Delibes *Tesoro* 58: Es un paliza, macho. Parece un predicador. FSantos *ROc* 5.76, 20: La descolgó [la guitarra] y, después de unos acordes, se entretuvo cantando. No estaba mal. Al menos no como todas: la paliza Joan Baez, ni la balada de colegio mayor. *SDBa* 28.3.76, 40: Como escritor me parece un rollazo, un palizas. Umbral *País* 16.10.77, 16: Bien pudo someter a voladura controlada el Ateneo Científico, Literario y Artístico de Madrid con sus opositores dentro .., su conferenciante paliza de cada tarde.
II *loc v (col)* **5 dar una ~ (o la ~)** [a alguien o algo]. Someter[le] a un trabajo o esfuerzo muy intenso. *Frec el ci es refl.* | G. Catalán *SEIM* 29.8.93, 18: Organiza campos de trabajo con universitarios, y en turnos de quince días se dan una paliza tremenda para sacar a la luz las huellas.
6 dar la ~ (o una ~) [a alguien]. Fastidiar[le] o aburrir[le] con lo que se dice. *Tb sin ci.* | Millás *Visión* 234: Dale una hostia a este a ver si deja de darme la paliza.
7 darse la ~. Realizar [dos perss. o una con otra] una serie de acciones de carácter lascivo o sexual. | *País* 14.8.87, 23: Tiene una novia. Ha conocido a muchas chicas y con algunas se suele "dar la paliza".

palizón *m* Paliza [1, 2 y 3] grande. *Frec con el v* DAR. | Escobar *Itinerarios* 224: Los toros estaban hartos de correr plazas y de sufrir palizones.

pallarda *f (Coc)* Tajada delgada de ternera a la parrilla. *Gralm* ~ DE TERNERA. | *Abc* 22.9.84, 42: Pallarda de Ternera a la Parrilla. Zenón *SYa* 24.5.87, 51: Ricas ensaladas, .. trucha con almendras, pez espada al ajo mojo rivalizan con una pallarda de ternera.

pallarés -sa *adj* Del Pallars (comarca de Lérida). *Tb n, referido a pers.* | Cela *Pirineo* 45: El xolís pallarés .. se entripa en largo y elegante y, por fuera, tiene la color y la noble dureza de la mojama.

pallaza *f* Palloza. | C. Egido *Nar* 10.76, 34: Las pallazas, las cabañas o chozas rectangulares, las casas serranas, los palafitos: chozas y hórreos, las casas semipalafíticas, las casas con balcones y solanas y los elementos decorativos son los capítulos que toca con respecto a lo rural.

pallet (*ing; pronunc corriente*, /palét/; *pl normal*, ~s) *m* (*E*) Palet. | *ByN* 11.4.79, 72: Los libros que llegarán intactos [por avión] .. Porque viajan cómodamente. Bien instalados. Bien protegidos. En contenedores, pallets e iglús que han sido homologados con los de las demás líneas aéreas.

pallete *m* (*Mar*) Tejido hecho con hilos o cordones de cabos, usado para proteger del roce ciertas partes del barco. | CBonald *Noche* 106: Se vino antes que yo .. a aclarar la vela y a colocar unos palletes.

palloza *f* Construcción típica gallega, de planta redondeada y cubierta de paja, usada para vivienda y para el ganado. | A. M. Campoy *Abc* 19.11.64, sn: El país legendario del Santo Grial, por cuyas sendas jalonadas de pallozas subían del Bierzo, Camino de Santiago, los peregrinos.

palma I *f* **1** Cara interna [de la mano]. | Laforet *Mujer* 35: Apretó las manos sobre el volante, hasta sentir dolor en las palmas.
2 Palmera (árbol). *Frec con un adj especificador*. | FReguera-March *Cuba* 91: La típica flora de los tremedales cubanos –el pantabún, las palmas enanas, el júcaro, el mangle, el tengue...– parecía flotar a la deriva, sobre las aguas. Pla *América* 33: Espaciosos jardines en los que las esbeltas palmas reales ponen una nota inconfundible.
3 Hoja de palma [2]. *Frec designa la utilizada en la ceremonia litúrgica del Domingo de Ramos.* | Alós *Hogueras* 224: El huerto y la palmera, a la que la semana pasada cortaron las palmas secas, dejándola casi mocha. Ribera *Misal* 441: Solemne procesión de las palmas en honor de Cristo Rey. **b)** *Se usa como símbolo de la virginidad o del martirio, frec en constrs como* GANAR, *o* MERECER, LA ~ DEL MARTIRIO. | J. GAznar *Not* 12.4.74, 13: Los santos intercediendo por los pecadores, las vírgenes ofreciendo sus palmas a las mujeres locas. Campmany *Abc* 21.10.83, 17: Hay más de un mártir antifranquista que se ganó la palma del martirio desde su sillón de subsecretario. FReguera *Bienaventurados* 26: ¡Merece usted la palma del martirio, don Ezequiel!
4 *En pl*: Serie de golpes dados con una palma [1] contra la otra, esp. para aplaudir o marcar un ritmo. *Gralm con vs como* TOCAR *o* BATIR. | Halcón *Manuela* 45: Una señora .. que no aplaudía ni jaleaba ni hacía palmas. CNavarro *Perros* 30: Alguien batió palmas. Medio *Bibiana* 36: Tocan fuerte las palmas, coreando a "Mustafá".
II *loc adj* **5** (**a** *o* **de**) **~**. [Variedad de juego de bolos] que se juega con bola esférica sujeta exclusivamente con la palma de la mano y que es propia de Cantabria. | *Santander* 82: Hoy el juego [de bolos] se rige por el reglamento de 1934, y presenta modalidades como el juego de palma .., el pasabolo de losa y el pasabolo de tablón. *Ale* 26.8.84, 25: Van a hacer un depósito más en Las Cárcobas, el barrio de las dos boleras: la de bolo palma y la de pasabolo.
III *loc v* **6 llevarse la ~**. Ganar o ser el mejor en una comparación o competencia. | Cela *Judíos* 111: En otros sitios [el cordero asado] .. también se come muy bueno, pero el vagabundo piensa que el de Sepúlveda .. es el que se lleva la palma.
IV *loc adv* (*col*) **7 como la ~ de la mano**. Con aspecto totalmente liso. *Frec siguiendo a* LISO *o* LLANO. | Cela *Judíos* 187: A nadie debe extrañar .. que Ávila, después de las pasadas, a favor y a contrapelo, que le dieron Alfonso el Católico y Bernardo del Carpio .., quedara como la palma de la mano. * Tiene la cabeza como la palma de la mano.
8 como la ~ de la mano. Perfectamente o con todo detalle. *Con el v* CONOCER *y referido a lugar*. | Anson *SAbc* 27.4.69, 11: En el "jeep" queda Abdul, un indígena culto e inteligente, que conoce la selva como la palma de la mano .. a la oficina.
9 en ~s. En palmitas. *Gralm con vs como* TRAER, LLEVAR *o* TENER. | FReguera *Bienaventurados* 229: Un hombre como usted no estará mucho tiempo depurado. Lo volverán en palmas a la oficina.

palmáceo -a *adj* (*Bot*) [Planta] de la familia de la palma o palmera. *Frec como n f en pl, designando este taxón botánico*. | GCabezón *Orotava* 63: Palmera, *Cocos Romanzoffiana*, Cham., Palmácea, Brasil. Navarro *Biología* 307: Faltan muchas familias de fanerógamas que son muy abundantes en especies en las zonas tropicales (Cactáceas, Palmáceas, Mirtáceas, Begoniáceas, etc.).

palmacristi *f* Ricino (planta). | CBonald *Ágata* 102: Pegó a trechos el oído a la tierra y la hurgó con una vareta de palmacristi.

palmada *f* **1** Golpe dado con la palma de la mano, esp. como manifestación de afecto. | Laforet *Mujer* 61: Empezó a aborrecer a los curas que .. daban grandes palmadas en el hombro de su padre. Cela *SCamilo* 31: Los señores de la tertulia de la dueña .. dan palmadas en las cachas a las pupilas entre ocupación y ocupación.
2 Golpe dado con la palma de una mano contra la de la otra. *Tb el ruido que produce*. | J. M. Mena *Abc* 25.5.58, 61: La copla rociera se acompaña con palmadas y castañuelas.

palmado -da *adj* (*Bot*) Palmeado [2]. | Alvarado *Botánica* 19: Las [hojas] palminervias o de nerviación palmada, en las cuales hay nervio medio, pero de su base salen divergiendo los nervios laterales.

palmadocompuesto -ta (*tb con la grafía* **palmado-compuesto**) *adj* (*Bot*) Palmaticompuesto. | Alvarado *Botánica* 19: Las hay [hojas] pinnadocompuestas, como las del rosal .., y palmadocompuestas, como las del castaño de Indias. Legorburu-Barrutia *Ciencias* 248: Las hojas compuestas pueden ser ..: Pinnadas .. Palmado-compuestas .. Trifoliadas.

palmar[1] *m* Lugar poblado de palmas [2]. | Salvador *Haragán* 60: La mulata .. espera en un palmar.

palmar[2] (*col*) **A** *intr* **1** Morir. | Olmo *Camisa* 53: –¿Te acuerdas del Pacorro, el del pe-ce? –¿El que palmó en la montaña?
2 Perder en el juego. | Delibes *Emigrante* 104: Anduvimos donde Lautaro echando un cacho. La verdad es que a los juegos de esta gente les falta el qué. Me tocó palmar como un señorito por aquello de que uno todavía no está impuesto.
B *tr* **3 ~la**. Morir. | Torrente *Señor* 160: Soy auxiliar de la Universidad; pero eso, económicamente, no significa nada. Sin embargo, da fama y permite esperar a que la cátedra quede vacante. Don Remigio la palmará pronto.

palmar[3] *adj* (*Anat*) De la palma [1]. *Tb n m, referido a músculo*. *Tb* (*lit*) *fuera del ámbito técn*. | Alvarado *Anatomía* 74: Estos corpúsculos son abundantísimos, principalmente en la punta de la lengua y en la cara palmar de los dedos. Navarro *Biología* 96: Músculos anteriores del antebrazo izquierdo .. Palmar mayor. Palmar menor. [*En un gráfico*.] M. Mancebo *SInf* 2.12.70, 14: Gran parte de las extrañas figuras que aparecen decorando las cavernas rupestres no son, realmente, más que huellas dactilares o palmares del hombre.

palmareño -ña *adj* De El Palmar (Murcia). *Tb n, referido a pers*. | *Lín* 15.8.75, 6: El Palmar .. La festividad de San Roque, abogado de la peste, es un gran día para los palmareños.

palmarés *m* **1** Lista de premiados [de un concurso o competición]. | * Su nombre figura en el palmarés del Festival de San Sebastián.
2 Lista de premios o galardones conseguidos [por alguien (*compl de posesión*)]. *Tb fig*. | Torrente *Sombras* 303: Anunció la llegada de Artemisa .. Al recitar su palmarés, el secretario de la asociación abrió la boca de puro estupefacto. "Pero ¿está aquí esa campeona?" *Nue* 22.12.70, 17: El número final que más veces se ha repetido [en los premios de lotería] es el cinco: veinticinco veces es su palmarés. **b)** (*lit*) Historial o currículum. | *Mun* 23.5.70, 60: Con fortuna varia, trabajó [el entrenador Marcel Domingo] en clubs de Primera, Segunda o Tercera .. Palmarés modesto el suyo. *SInf* 20.8.60, 14: Cincuenta y dos años de éxitos, palmarés de la Sociedad Española de Construcción Naval.

palmariamente *adv* De manera palmaria. | MGaite *Búsqueda* 93: Cabe, pues, esperar que .. las mujeres terminen por darse cuenta palmariamente .. de lo que parece tan obvio señalar.

palmario -ria *adj* Claro o evidente. | CPuche *Paralelo* 8: Una novela no tiene por qué ser la definición palmaria del espíritu, y mucho menos de las ideas, de su autor.

palmaticompuesto – palmeta

palmaticompuesto -ta *adj* (*Bot*) [Hoja] compuesta cuyos folíolos se originan todos en el ápice del pecíolo. | Bustinza-Mascaró *Ciencias* 240: Pueden estar colocados .. los folíolos en el vértice del pecíolo de la hoja formando como un abanico, hojas palmaticompuestas.

palmatinerviado -da *adj* (*Bot*) Palmatinervio. | Mayor-Díaz *Flora* 307: *Cymbalaria muralis* .. Hojas en general alternas, con pecíolo más largo que el limbo; este ampliamente en corazón o en riñón, palmatinerviada, con 5 a 7 lóbulos anchos.

palmatinervio -via *adj* (*Bot*) [Hoja] cuyos nervios arrancan todos de un mismo punto. | Bustinza-Mascaró *Ciencias* 240: Por la disposición de las nerviaciones en las hojas, estas pueden ser paralelinervias, penninervias y palmatinervias.

palmatoria *f* Soporte circular con asa y con un receptáculo central en forma de tubo para colocar la vela. | Pemán *Abc* 19.12.70, 3: El subdesarrollo tiene soluciones propias para suplir bombillas por palmatorias.

palmeado -da *adj* **1** *part* → PALMEAR.
2 (*Bot*) Semejante a la mano abierta. | Bustinza-Mascaró *Ciencias* 277: Sus hojas [de la vid] son de nerviación palmeada.
3 (*Zool*) [Dedos] ligados entre sí por una membrana. | Aldecoa *Gran Sol* 156: El pájaro, tras el golpe, se calambraba en la agonía, estirando las patas y abriendo los dedos palmeados con las membranas tensas y brillantes. **b)** De dedos palmeados. | Legorburu-Barrutia *Ciencias* 230: Tiene [el ornitorrinco] pico de pato, pies palmeados y pone huevos.

palmear A *tr* **1** Golpear con la palma de la mano en señal de afecto. | Delibes *Hoja* 18: En la puerta, Martinito el del coche-manga le palmeó los hombros al viejo Eloy y le guiñó un ojo: "Que la duerma usted bien, don Eloy". SFerlosio *Jarama* 38: Miguel lo palmeaba en las espaldas. Buero *Tragaluz* 85: –¡Hola, Mario! –¿Qué hay? (Se palmean familiares.) **b)** Golpear con la palma de la mano. | Delibes *Príncipe* 54: Mientras con el brazo izquierdo le sujetaba, con la mano derecha le palmeó el trasero. Lera *Bochorno* 100: Leandro palmeó con brío los brazos de la butaquilla. *Abc* 30.12.65, 103: Tenían mayor acceso a las zonas para palmear los rebotes de sus mejores tiradores. **c)** Golpear con una pieza plana de madera. | Seseña *Barros* 19: El método empleado [para fabricar tinajas] es el de la adición de rollos de barro que se van añadiendo con las manos, pegando y palmeando con un rectángulo de madera.
2 Acompañar [algo o a alguien] con palmas, o tocar [algo] con palmas [4]. | Cossío *Confesiones* 284: La reconciliación fue con unas seguidillas gitanas que bailaron juntos, acompañados por la guitarra de Fabián y palmeados por todos. Marín *Enseñanza* 252: Ejercicios de eco con palmas siguiendo diversos esquemas. El maestro palmea el ejercicio; los niños repiten sin perder tiempo.
B *intr* **3** Dar palmadas [1 y esp. 2]. | Buero *Lázaro* 87: Palmea sobre el sofá para que se siente allí. Marsé *Dicen* 157: –Vale, venga, a trabajar todo el mundo –palmeando, haciendo silbar la cañita en el aire ..–. ¡Venga, cuadro octavo, escena diez! J. Parra *Ya* 31.12.84, 4: Uno de los bailaores de Lola se arrancó por bulerías y tras palmear con fruición respondió: "¿Es que esto no es cultura...?".

palmejar *m* (*Mar*) Madero o refuerzo longitudinal para impedir que las cuadernas se doblen. | M. Baztán *SSe* 25.3.90, 14: Este golpe en el pantoque .. lo sufren las soldaduras de los refuerzos internos (palmejares, baos, esloras y cuadernas).

palmense *adj* De Las Palmas. Tb *n*, referido a pers. | *Ya* 14.2.75, 44: Envía su carta Alicia, una niña palmense que ha escrito a la Central de Cáritas de Madrid.

palmeño -ña *adj* De Palma del Río (Córdoba). Tb *n*, referido a pers. | P. Limón *Abc* 30.8.66, 54: El segundo de los bichos enviados por la ganadería palmeña de "Charco Blanco" fue protestado por cojo.

palmeo *m* Acción de palmear. | S. Aráuz *SYa* 28.5.72, 11: Cuando cada jornada la máquina vuelve al depósito y se aliebra en las grisuras de los humos, el maquinista la despide con un palmeo cordial como a algo vital.

palmer *m* (*E*) Instrumento de precisión que consta de un punto fijo y un tornillo móvil, destinado a medir espesores muy pequeños. | Mingarro *Física* 15: La máxima precisión que es posible alcanzar con el palmer es de 1/100 mm.

palmera *f* **1** Planta monocotiledónea propia de las regiones tropicales, de tallo no ramificado, grandes hojas en penacho, flores pequeñas y fruto en baya o en drupa. *Gralm con un adj o compl especificador:* COMÚN o DATILERA (*Phoenix dactylifera*), DE CANARIAS (*Phoenix canariensis*), DE ACEITE (*Elaeis guineensis*), ENANA (*Chamaerops humilis*), REAL (*Oreodoxa regia* o *Roystonea regia*), etc. | Ortega-Roig *País* 49: En la costa Sur del Mediterráneo .. se da muy bien la palmera. GSosa *GCanaria* 108: La palmera isleña (Phoenix canariensis), que se caracteriza por la rectitud de su tronco y la radiación armoniosa de sus palmas. GCabezón *Orotava* 17: Palmera de Canarias, *Phoenix canariensis*, Chabaud. GCabezón *Orotava* 20: Palmera datilera, *Phoenix dactylifera*, Linn. GCabezón *Orotava* 54: Palmera de aceite, *Elaeis guineensis*, Jacq. GCabezón *Orotava* 29: Palmera real, *Oreodoxa regia*, Hume. Loriente *Plantas* 78: *Roystonea regia* (H.B.K.) Cook, "Palmera real". Es de América tropical y de Guinea.
2 Dulce de hojaldre en forma de hoja de palmera. | Carandell *Madrid* 60: Las camareras .. seguían repartiendo torrijas, magdalenas, palmeras.

palmeral *m* Terreno poblado de palmeras. | Ortega-Roig *País* 186: Es digno de mención el palmeral de Elche, bosque de palmeras único en Europa.

palmerero *m* Hombre que ata o poda las hojas de la palmera. | T. GYebra *SSe* 10.3.91, 36: Una palmera puede medir ocho, nueve, diez o más metros, y todavía la tecnología no ha sabido dar respuesta a los sufridos palmereros. Estos se suben como hace siglos.

palmerino -na *adj* De La Palma del Condado (Huelva). Tb *n*, referido a pers. | *EOn* 10.64, 7: Aquel triunfal desfile de Carrozas del 18 de Septiembre .. empezó con su presentación en las calles palmerinas a sembrar la emoción de los días que se iban a vivir.

palmero[1] **-ra** *adj* De la isla de La Palma. Tb *n*, referido a pers. | M. R. Alonso *Íns* 3.75, 7: Abreu Galindo, al referirse al asalto infructuoso que el señor de las Canarias, Fernán Peraza, hizo a la isla de La Palma en la persona de su hijo Guillén Peraza, dice que .. cuando el joven Guillén intentó detener a sus hombres, puestos en fuga por los palmeros, "le dieron una pedrada de que murió".

palmero[2] **-ra** *m y f* Pers. que acompaña con palmas los cantes y bailes flamencos. | J. L. Salas *Sur* 21.8.89, 10: El público del concierto estaba formado por modernos ácidos, siniestros despistados, flamencos de última hora, niñas bien de verano y hasta unos cuantos grupos de palmeros "nonainos".

palmero[3] **-ra** *adj* (*reg*) De un palmo de longitud. *Frec n, referido a algún objeto consabido, como cigarro o vaso.* | Nácher *Guanche* 229: Mascaba su palmero, del que a veces sacaba humo. Benet *Aire* 100: Hortensia llenaba los dos palmeros, hasta el borde, con sendas bebidas.

palmero[4] *m* (*hist*) Peregrino de Tierra Santa. | *Sáb* 6.8.75, 32: De ahí que los grandes caminos de peregrinación hayan sido siempre anchos y principales caminos de cultura. El bizantinismo debe mucho a los palmeros, peregrinos de Jerusalén.

palmesano -na *adj* De Palma de Mallorca. Tb *n*, referido a pers. | Alós *Hogueras* 214: Decía Archibald que todavía no habían pasado dos siglos desde que los palmesanos quemaron en hogueras a un buen número de semitas.

palmeta *f* **1** (*Arte*) Motivo ornamental en forma de hoja de palma. | Tejedor *Arte* 9: Se caracteriza por los objetos con decoración estilizada –zarcillos, volutas, palmetas, etc.–.
2 Utensilio de mimbre, de forma redonda y con mango, usado esp. para sacudir alfombras. | *Economía* 47: Los vestidos de invierno y abrigos se sacuden uno a uno con la palmeta de mimbre para sacarles el polvo.
3 (*hist*) Tablilla usada por los maestros para golpear en la palma de la mano. | R. Nieto *Arr* 15.10.58, 8: Los hombres maduros de Francia se han preguntado si no será necesario volver a los viejos sistemas del internado y la palmeta.

palmetada *f* Palmetazo [1]. | CPuche *Sabor* 178: El padre Eladio .. algunas veces me castigaba con palmetadas y no solo me daba en las manos, sino en las piernas y en los muslos.

palmetazo *m* **1** Golpe dado con la palmeta [2 y esp. 3]. | Laiglesia *Tachado* 155: Esta admirable actitud le valió toda clase de torturantes castigos: palmetazos en los nudillos, permanencia en un rincón soportando sobre las sienes unas insultantes orejas de burro.
2 Corrección áspera o descortés. | CSotelo *Proceso* 394: –Eminencia, el Embajador se fue. –¿Cómo es eso? .. –Que el señor Embajador comprendía que la tardanza en recibirle era debida a un error en la fecha fijada para la audiencia, y que volvería mañana a la misma hora. –(Acepta el palmetazo con buen espíritu.) ¿Qué os dije, padre Federico?
3 Palmada (golpe dado con la palma de la mano). | Delibes *Historias* 74: La Rosa Mari .. apenas sabía despegar los labios, y entre eso y que yo no soy hablador nos pasábamos la tarde dándonos palmetazos para ahuyentar los tábanos y los mosquitos. R. Nieto *Gac* 1.6.63, 54: Entre aplausos y renovados palmetazos en los hombros, desfilan los valencianos y los de Vallecas.

palmiche *m* (*reg*) Hoja de palmito. | CBonald *Dos días* 93: Lola trajinaba ahora en el fogón, metiendo papeles por la ventanilla y dando aire con el soplador de palmiche.

palmiforme *adj* (*Arquit*) Que tiene forma de palma o palmera. | Tejedor *Arte* 14: Los templos tienen como elemento esencial la columna, que puede ser, según el adorno de su capitel, protodórica, palmiforme, lotiforme, papiriforme y campaniforme.

palmilla *f* (*E*) Plantilla de zapato. | Villena 26: Fábrica de curtidos Ramón Riba Carrer, Igualada. Hojas suela y palmilla.

palminervio -via *adj* (*Bot*) Palmatinervio. | Ybarra-Cabetas *Ciencias* 261: Si todos los nervios arrancan del mismo punto, como los dedos de las manos, la hoja se llama palminervia.

palmípedo -da *adj* (*Zool*) [Ave] que tiene los dedos palmeados [3]. *Tb n m. Frec como n f en pl, designando este taxón zoológico.* | HLS 3.8.70, 8: Períodos hábiles de caza .. Aves acuáticas (incluidas becadas, becacinas, avefrías, chorlitos y demás palmípedas y zancudas). Aparicio *Año* 124: Al andar, aunque se balanceaba como un palmípedo, parecía deslizarse sobre ruedas, suave y silenciosa. **b)** *En gral:* Que tiene dedos palmeados. | Torrente *Isla* 207: Me permitió ver con precisión y cercanía la entrada del carro de Poseidón, tirado por caballos palmípedos que levantaban nubes de espuma. VMontalbán *Pájaros* 272: Rodeado de bungalows de tejados rojos, construidos con las patas palmípedas saliendo del agua.

palmireno -na *adj* (*hist*) De Palmira (Siria). *Tb s, referido a pers.* | Sampedro *Sirena* 203: El frente de Mesopotamia no se derrumbó porque lo salvó Odenato deteniendo con sus palmirenos a Shapur.

palmiste *m* Fruto de la palmera de aceite (*Elaeis guineensis*). | F. FSanz *Inf* 12.2.76, 32: La colza y otros tipos de aceites, como el de palmiste, el de sésamo y el de ricino, .. solo precisan para su entrada en España el del pago del derecho regulador.

palmita I *f* **1** *dim* → PALMA.
II *loc adv* **2 en ~s.** (*col*) Con mucho mimo o consideración. *Con vs como* TRAER, LLEVAR *o* TENER. | DCañabate *Paseíllo* 109: Tuvieron una sola hija a la que, como era natural, traían en palmitas.

palmítico *adj* (*Quím*) [Ácido] graso presente en muchas grasas animales y vegetales, esp. en el aceite de palma. | Alvarado *Anatomía* 6: Los ácidos grasos más importantes son el butírico, el palmítico, el esteárico y el oleico.

palmitina *f* (*Quím*) Éster de ácido palmítico y glicerina. | Aleixandre *Química* 175: Los ésteres más importantes y que más abundantemente se encuentran en la Naturaleza son: la estearina .., la palmitina .. y la oleína.

palmito[1] *m* Palmera de tallo corto y hojas grandes en abanico, propia de la zona mediterránea y cultivada frec. como ornamental (gén. *Chamaerops*, esp. *C. humilis*, y otros). | Navarro *Biología* 309: El [elemento floral] mediterráneo se extiende por todo el litoral mediterráneo, .. teniendo plantas características como el olivo, palmito, naranjo y laurel. GCabezón *Orotava* 13: Colección de palmitos o palmeras del género *Chamaerops*. GCabezón *Orotava* 49: Palmito azul, *Chamaerops hystrix*. Loriente *Plantas* 78: *Trachycarpus fortunei* (Hooker) H. A. Wendl., "Palmito excelso". Muy corriente en muchos jardines y parques. Originaria del Este de Asia. **b)** Cogollo comestible del palmito [1a]. | FReguera-March *Filipinas* 144: También me gustan otras comidas indias, como .. la ensalada de bejuco o de palmito.

palmito[2] *m* (*col*) Cara o talle de mujer, esp. atractivos. *Tb, raro, referido a hombre.* | Cela *SCamilo* 113: A la Javiera .. le gustaría sacar más partido de sus encantos y obtener mejor provecho de su palmito y de su juventud. Lagos *Vida* 109: Como tenía buen palmito, le surgieron varias proposiciones. Torrente *Filomeno* 401: No se sabía que hubiera hecho nada en su vida, ni otra cosa que exhibir con más o menos inocencia su palmito de joven guapo y de buen aire.

palmo I *m* **1** Medida de longitud equivalente a 21 cm y que corresponde aproximadamente a la distancia entre el dedo pulgar y el meñique de la mano estirada de un hombre. | *Rue* 22.12.70, 15: El matador parece comprobar –por la actitud de la mano– que el acero quedó un palmo por delante de la yema. **b)** *A veces se usa para ponderar la pequeñez, esp referido a terreno.* | * No es dueño ni de un palmo de tierra.
II *loc adv* **2 ~ a ~.** Con minuciosidad y detenimiento. | J. M. Javierre *Ya* 4.7.65, sn: Comboni estudió palmo a palmo las necesidades de África. **b)** Con lentitud o poco a poco. | CCa 13.4.72, 14: Esta columna del Gobierno, integrada por unos 2 mil soldados, a los que apoyan 40 carros armados, tiene que ir recuperando terreno, palmo a palmo, contra una fuerza comunista calculada en 2 batallones de nordvietnamitas.
3 con un ~ (*o* **dos**, *o* **tres**, **~s**) **de narices.** (*col*) Con un chasco o decepción. *Con los vs* DEJAR *o* QUEDARSE. | Torrente *Fragmentos* 55: Ya estamos en lugar seguro. No sabe lo que me divierte dejar a esos con un palmo de narices. SSolís *Camino* 332: Se marchó para el convento sin despedirse de nadie. Nos dejó a todos con dos palmos de narices.

palmón *m* (*reg*) Palma del Domingo de Ramos. | Goytisolo *Recuento* 31: Por Jueves Santo recorrían unas cuantas iglesias de Sarriá y Bonanova, comparaban monumentos, los altares enmarcados por cascadas de flores, de esbeltos palmones, tensos, levemente despeinados.

palmotazo *m* (*reg*) Palmada (golpe dado con la palma de la mano). | Lera *Clarines* 450: El torero llegó hasta tocarle la punta de los pitones y darle unos palmotazos en el testuz sin que el animal se moviera.

palmotear A *tr* **1** Palmear (golpear con la palma de la mano). | FReguera *Bienaventurados* 115: Lo abrazó con muchos extremos, palmoteando sus espaldas. CNavarro *Perros* 46: Sonrió al *barman* y luego palmoteó el mostrador.
B *intr* **2** Dar palmadas. | Medio *Bibiana* 83: El hombre posa su mano sobre el muslo de la chica y palmea suavemente sobre él. Olmo *Golfos* 64: Metido en su pollera se encontraba Chanín. Y palmoteaba al oírlos toser.

palmoteo *m* Acción de palmotear. | MHi 5.64, 35: Es ahora una mujer .. rumbosa como el palmoteo, desgarrada como el lamento que brota de la garganta estrangulada del cantaor.

palo I *m* **1** Trozo de madera más largo que ancho y gralm. cilíndrico y manejable. | Olmo *Golfos* 98: La Niña, con un palo, le puso al gato un hilo en la carne al rojo. Olmo *Golfos* 127: Buscó un palito o una paja. Cela *Mazurca* 9: ¿Para qué hubo de valerle manejar el palo como nadie en cinco leguas a la redonda o más? **b)** *Frec se emplea en constrs de sent comparativo para ponderar la delgadez o la tiesura.* | *Inf* 22.10.70, 23: Me quedé destrozado, en 64 kilos, con el cuerpo que tengo, hecho un palo.
2 (*Mar*) Madero vertical para sostener las velas. | Aldecoa *Gran Sol* 153: Tendría que hacer otra [goleta]. Tal vez de tres palos. **b)** **~ mayor** → MAYOR.
3 (*Dep*) Poste de una portería. | Á. Arredondo *SYa* 22.10.74, 28: Hubo una reacción de los locales, que "bordaron" una jugada, en la que prácticamente participó todo el equipo, y que culminó Toño ensayando entre palos.

4 (*Dep*) Utensilio consistente en un palo [1] terminado en una espátula de hierro o madera, usado para golpear la pelota de golf. | Arce *Precio* 168: El doctor Incera quería unos palos de golf.

5 (*Taur*) Garrocha del picador. | C. Rojas *SInf* 3.8.70, 9: El segundo toro necesitó llegar hasta el caballo cuatro veces para considerarlo picado; en todas las ocasiones se quitó el palo de encima.

6 (*Taur*) Banderilla. *Frec en pl.* | *SInf* 16.5.70, 3: No se dejó banderillear, echando la cara arriba, defendiéndose, berreando, esperando a los subalternos, que estrenaban aumento de sueldo, y dejando palos por el suelo.

7 (*reg*) Prueba de fuerza que consiste en tratar de levantar al contrario, estando ambos contrincantes sentados frente a frente y sujetando con las manos un palo [1] horizontal puesto sobre sus pies. | S. Álvarez *Rio* 2.10.88, 16: Junto a este concurso también tendrá lugar el del "palo", también organizado por la Asociación de Amigos de Arnedo.

8 *En la escritura:* Trazo vertical o que tiende a vertical. | Castañeda *Grafopsicología* 98: En ocasiones el punto aparece ligado a la letra siguiente .. Si hace el punto y no el palo es indicio de aturdimiento.

9 Madera (materia de los árboles). | Torrente *Off-side* 23: Queda encima de la mesa una Virgen de palo, toscamente tallada. F. SVentura *SAbc* 9.3.69, 81: Cicatrizada la herida y arrastrándose con su pierna de palo llegó hasta la Basílica. **b)** *Con un adj o compl especificador, designa distintas maderas de los árboles que las producen:* ~ BLANCO (*Simaruba glauca*), ~ CAJÁ (*Schmidelia viticifolia*), ~ CAMPECHE (*Haematoxilon campechianum*), ~ (DE) HIERRO (*gén Sideroxylon*), ~ (DE) ROSA (*Cordia myxa, Tipuana speciosa y otros*), ~ SANTO (*Guajacum officinale*), *etc.* | CBonald *Casa* 168: Era un mueble [la cómoda] con trazas de antiguo .. que se había hecho traer tía Socorro de Cuba .. Estaba hecho de palo cajá con embutidos de nácar, y su tono anaranjado se había mantenido con una integridad salvaje. [*En el texto*, palocajá.] Delibes *Parábola* 54: Darío Esteban cumplimentaba sobre su pupitre de palo campeche el impreso. *Arte* 4.72, 57: Un cabinet japonés en madera exótica, probablemente palo hierro, salió en 12.000 pesetas y llegó rápidamente a las 31.000 pesetas. CBonald *Noche* 64: Intentando a duras penas enganchar el marco de palo de rosa a las escarpias. Torrente *Off-side* 188: La biblioteca de Fernando Anglada tiene estanterías de palo rosa. Cabezas *Abc* 7.9.66, 45: Las herramientas que manejó el maestro para construir sus primorosas guitarras de ciprés y palo santo. GCabezón *Orotava* 55: Palo borracho, *Chorisia speciosa*, St. Hil. GCabezón *Orotava* 24: Árbol o palo de jabón, *Quillaja Saponaria*, Molina. A. Casanovas *ByN* 31.12.89, 94: Retama de Jerusalén .. También se le conoce por el nombre de Espinillo y Palo Verde, aunque es *Parkinsonia aculeata* el nombre botánico.

10 Golpe dado con un palo [1a] u otro objeto semejante. *Tb fig.* | Delibes *Parábola* 87: Si es otro .. le hubiera molido a palos y le hubiera expulsado a patadas de la ciudad. Paso *MHi* 7.69, 37: Lo importante es que los palos de la vida, las puñaladas traperas no nos quiten el gusto por la amistad. Laiglesia *Tachado* 35: La bancarrota de Burlonia se inició en los años treinta y pocos, cuando Alemania fue recobrando el conocimiento después del palo que le dieron en Versalles. **b)** ~ **de ciego.** Golpe dado sin mirar a quién o dónde. *Frec en la constr* DAR, *o* PEGAR, ~S DE CIEGO. | MGaite *Ritmo* 223: En un ímpetu sin discriminación, pegaba palos de ciego contra vivos y fantasmas. **c)** ~ **de ciego.** Medida o castigo que se aplica de manera arbitraria o irreflexiva. *Frec en la constr* DAR, *o* PEGAR, ~S DE CIEGO. | Bueno *Tri* 26.12.70, 11: Eugenio Trías es otro de los nuevos .. que ha recibido muchos "palos de ciego". **d)** ~ **de ciego.** Acción que se realiza por puro tanteo, sin una visión clara de sus consecuencias. *Gralm en la constr* DAR ~S DE CIEGO. | J. RMarchent *HLM* 26.10.70, 15: El caminar sin rumbo tiene la misma dimensión física que en la dialéctica "dar palos de ciego", aun cuando se salga de casa sin bastón.

11 (*jerg*) Robo. *Gralm con los vs* DAR *o* PEGAR. | Tomás *Orilla* 25: El Andrés llevaba el coche robado en el atraco, según dicen. Y el Putero era uno de los que entraron a dar el palo en el banco. *SD16* 25.7.82, 21: Yo me di al robo de farmacias, tiendas, e incluso "pegaba palos" a los amigos, todo por conseguirlo.

12 (*Naipes*) Serie de las cuatro en que se divide la baraja. *Tb fig.* | *Naipes españoles* 7: Se llama acuse o cántico a la combinación de rey y caballo del mismo palo en mano de un jugador. MGaite *Búsqueda* 68: Se puede hablar de un modo instintivo e incoherente, sin preparación ni sistema, de lo que vaya saliendo, al palo que pinte.

13 Modalidad de las varias que componen el cante flamenco. | *SYa* 23.4.85, v: En cuanto a los "palos", puedo decirte que no tengo "palos" favoritos: tengo épocas. Depende de mi estado de ánimo. En todos los cantes se puede llegar al máximo; no hay un cante superior a otro.

14 (*Heráld*) Pieza que se coloca verticalmente en la mitad del escudo y que cuando es una sola ocupa una tercera parte del mismo. | *Abc* 8.3.80, 70: [Cuartel] 3º, de oro, cuatro palos de gules, que es de Aragón y Cataluña.

15 (*jerg*) Cópula sexual. *Gralm en la constr* ECHAR EL (*o* UN) ~. | Cela *SCamilo* 237: ¿Qué tiene que ver la revolución con que a un hombre le guste echarle un palo a una mujer que tenga las tetas en su sitio?

16 ~ **cortado.** Jerez oloroso con aroma de amontillado y seco al paladar. *Tb simplemente* ~. | CBonald *Casa* 58: Se alcanzaron a consumir más de veinte docenas de botellas de fino y unas quince de oloroso, palo cortado y licores varios. CBonald *Dos días* 266: Pensó que le iba a pedir al camarero una copa de palo.

II *loc adj* **17 de** ~. (*col*) [Cara] inexpresiva o de circunstancias. | GPavón *Rapto* 170: El de Guipúzcoa de nuevo parecía haber perdido su anterior cordialidad y otra vez estaba con su cara de palo. MGaite *Nubosidad* 73: Ya en el coche me había venido dando la matraca con lo mismo, y yo poniendo cara de palo, porque si le objetas es peor.

III *loc v y fórm or* (*col*) **18 aguantar cada** ~ **su vela.** Ser cada uno responsable de sus asuntos. *Gralm en la constr* QUE CADA ~ AGUANTE SU VELA. | Zunzunegui *Camino* 34: Además, que cada palo aguante su vela, si ella lo ha querido, ella sabrá por qué.

19 caérsele [a uno] **los** ~**s del sombrajo.** Abatírsele el ánimo. | Paso *Alc* 13.11.70, 32: No sé cómo no se le cayeron a usted los palos del sombrajo al ver a Urtáin y escuchar el himno nacional.

20 dar por el ~ [a alguien o algo]. Dar[le] gusto o seguir[le] la corriente. | Zunzunegui *Hijo* 69: Todas las mujeres sois lo mismo: si no se os da por el palo, no sabéis más que insultar. Cela *Judíos* 194: El peregrino, que era hombre .. que se trataba bien, se entretenía en dar por el palo al cuerpo devorándose los restos de una honda lata de aromático escabeche.

21 merecer ~**s.** Ser reprobable o inaceptable. *Gralm en la constr* QUE MERECEN ~S. | CPuche *Paralelo* 269: Lo peor de todo era que, seguramente, los padres de la chiquilla estarían encantados de entregársela. Eso sí, pasando por la vicaría. Hay padres que merecen palos.

22 ~ **y tente tieso.** Fórmula con que se alude a la dureza de trato. | *Mun* 28.11.70, 22: Se habló de .. niños mantenidos en un régimen de "palo y tente tieso".

IV *loc adv* **23 a** ~ **seco.** (*col*) Sin más. | Halcón *Campo* 31: El amor a la vida del campo sin utilidad directa no tiene arraigo. El hombre al cabo se cansa de paisaje a palo seco. Pombo *Héroe* 173: Quizá tía Eugenia estaba enferma, por eso no salía de su cuarto; o muerta, a palo seco, dentro de la cama, solo la cara destapada.

24 en ~. (*Heráld*) Verticalmente. | J. Atienza *MHi* 5.64, 71: En campo de gules (rojo), tres roeles puestos en palo.

paloblanco *m* Palo blanco (→ PALO). | B. Mostaza *SYa* 24.6.73, 9: Quedan muchas de las plantas que atestiguan la persistencia del terciario: dragos, tabaibas, cardones, brezos gigantes, mancas, paloblancos.

paloduz (*tb, pop,* **palodú**) *m* Regaliz (planta). *Tb designa un trozo de su tallo, de sabor dulce, que los niños chupan como golosina.* | CBonald *Ágata* 40: Aquella noche durmieron al abrigo de unos arbustos de paloduz. Pemán *Abc* 10.12.57, 3: Como si a un expreso de lujo le hubieran enganchado en la cola un furgón desvencijado, contemporáneo de la Exposición Universal de París, cargado de las cosas que entonces se pregonaban en céntimos: caramelos, tortas de anís, palodú.

paloluz (*tb, pop,* **palolú**) *m* (*reg*) Paloduz. | Fraile *Ejemplario* 47: La luz amarilla chillona, como el amarillo de los funerales, del paloluz y de los platillos de orquesta. J. L. Cebrián *SInf* 16.8.75, 8: Jugaba a soga-tira y a balonvolea mientras masticaba los restos de un ajado palolú.

paloma *f* **1** Ave, doméstica o salvaje, de pequeño tamaño, plumaje más o menos gris azulado, pico pequeño y alas cortas (gén. *Columba*). *Diversas especies o variedades se distinguen por medio de adjs o compls*: BRAVÍA (*C. livia*), TORCAZ (*C. palumbus*), ZURITA (*C. oenas*), RABICHE (*C. junoniae*), TURQUÉ (*C. trocaz*), *etc*. | Cunqueiro *Un hombre* 19: Añadía debajo del numeral una seña, poniendo aquí una liebre y allá una paloma. Noval *Fauna* 259: La Paloma Bravía .. posee dos franjas negras que cruzan las alas. Prácticamente no se puede distinguir de las palomas domésticas que crían en ciudades y pueblos. Santamaría *Paisajes* 64: Entre las aves figuran: ánade real, ánsar común, perdiz, codorniz, focha común, avutarda, paloma zurita, paloma torcaz y paloma común. Bustinza-Mascaró *Ciencias* 191: Es maravilloso el sentido de orientación durante el vuelo que tienen estos animales, extraordinariamente desarrollado en algunas razas (palomas mensajeras). N. Carrasco *Ya* 2.8.78, 21: Estos singulares "Lacerta", con otra larga hilera de fauna amenazada canaria –foca monje, grajo marino, paloma rabiche, paloma turqué, pinzón del Teide, .. eslizón canario–, esperan la luz verde de un decreto que asegure su asentamiento pleno en aquellas tierras.
2 Pers. bondadosa y apacible, incapaz de hacer daño. *Tb* ~ SIN HIEL. *A veces usado como término afectivo o irónico*. | GPavón *Cuentos rep.* 110: –¿Llevas el vinagre? –Sí, Paulina .. –¿Y las tozas? –Sí, paloma. Alós *Hogueras* 132: ¡Qué, paloma! ¿Te aburres? Marsé *Dicen* 106: ¿De dónde quieres sacar la información, ignorante? ¿Dónde crees que van las palomitas de los fabricantes, a misa, gamarús?
3 (*Pol*) Pers. o país partidario de una actitud conciliadora y negociadora. *Se opone a* HALCÓN. *Frec en aposición*. | S. Cámara *Tri* 26.6.71, 7: La prensa española ha hablado de "halcones" o "palomas" en el debate en las Cortes sobre la reforma de la Ley de Orden Público.
4 Palomita (bebida compuesta de agua y aguardiente anisado). | ZVicente *Traque* 161: Hicieron paloma con aguardiente y la echaron en el botijo blanco.
5 (*Fút*) Palomita (estirada espectacular del portero). | J. J. González *As* 1.3.71, 11: Solo en una ocasión remató a puerta [el Atlético] en un disparo de Arieta, que permitió a Bertomeu lucirse en una bonita paloma.
6 (*jerg*) Sábana de la cama. | MSantos *Tiempo* 47: "Que tú has estao con otros." "Que no." "Que ya no estabas estrecha." "Que eché sangre." "Que tú no estabas estrecha." "Que te digo que manché las palomas."

palomar *m* **1** Lugar destinado a la cría de palomas [1]. | Cunqueiro *Un hombre* 11: El palomar estaba cabe la puerta, redondo, tejado a cuatro aguas y con dos filas de agujeros de buche para las zuritas, debajo del alero.
2 (*raro*) En un cine o teatro: Gallinero. | M. Torres *País* 18.11.82, 34: Tras el recital –"a ver si aprenden los demás", le gritaban sus incondicionales desde el *palomar*, en un batir de aplausos–, José Feliciano exulta satisfacción, contento.
3 (*jerg*) Prostíbulo. | *Cua* 27.11.76, 56: He pasado por 28 clubs, porque realmente no iban bien las cosas, realmente alternaba mal. Decían: "Usted no rinde como las otras, usted tiene que pasar al «palomar»".

palomazo *m* (*Caza*) Caza de palomas [1]. | Delibes *Santos* 103: Y así siempre, cada vez que había batida o palomazo.

palomear *intr* (*Mar*) Formar [el mar] olas espumosas. | Aldecoa *Gran Sol* 28: Palomeaba la mar en la bahía.

palomero -ra I *adj* **1** De (las) palomas [1]. | Delibes *Ratas* 36: El alcotán palomero se cernía sobre el campanario agitando frenéticamente las alas, pero sin avanzar ni retroce[le]r.
II *n* **A** *m y f* **2** Pers. que se dedica a la cría, comercio o caza de palomas [1]. | Delibes *Castilla* 51: Se mire por donde se mire, esto de las palomas no es negocio .. Todavía antes de la guerra, con los palomos, vaya, pero lo que es hoy... Landero *Juegos* 316: Iluminado por el alcohol, explicó que aquellos artículos se los había mandado un palomero a cuenta de la renta anual.
B *f* **3** (*reg*) Paraje en que se cazan palomas. | J. Carabias *Ya* 30.5.72, 8: Hay también en la exposición .. una originalísima vista del pueblo navarro de Echalar –muy nombrado por sus "palomeras" de torcaces y por haber nacido allí don Manuel Aznar–.

palometa *f* **1** (*reg*) Japuta (pez). | Escobar *Itinerarios* 66: ¡Con cuánto placer metían la mirada ávida y gozosa en los barriles de escabeche de besugo, de bonito, de palometa, y en las latas de sardinilla! Noval *Fauna* 418: La Palometa (*Brama raii*), llamada aquí Japuta. **b)** ~ **roja.** Pez marino de color rojo, semejante al besugo (*Beryx decadactylus*). | * La palometa roja se llama en algunas partes rey.
2 Cierto hongo (*Russula virescens*). | X. Domingo *Cam* 11.10.76, 79: Yo desconfío mucho de la llamada sabiduría popular en materia de setas. Recordaré siempre una espléndida cosecha de palometas, carboneras y otras rúsulas efectuada una tarde, en el Canigó.
3 Palomilla (mariposa). | J. A. Donaire *Inf* 19.6.70, 32: Cebos que deben considerarse como más indicados son las larvas acuáticas, con especial mención para la palometa.

palometero -ra *adj* Que se dedica a la pesca de palometa [1]. *Tb n, referido a pers o a barco*. | *Abc* 6.1.68, 46: De pescado de bajura alijó un palometero 1.060 kilos de castañeta.

palomilla *f* **1** Soporte en forma de triángulo rectángulo. | *SYa* 23.5.74, 3: La última foto, finalmente, enfoca las palomillas de hierro que sostienen el palco superior.
2 Pieza de hierro que se fija a un poste o a un muro y que sirve de soporte a los hilos de la luz, el teléfono o el telégrafo. | FSantos *Hombre* 11: Habría que traer la luz del poste de fuera, de la palomilla. **b)** Pieza de porcelana o vidrio que sirve de aislador a los hilos de la luz, el teléfono o el telégrafo. | Cela *Mazurca* 44: Lázaro Codesal rodaba la honda y, ¡zas!, la palomilla del telégrafo salía por el aire en cien pedazos.
3 Tuerca provista de dos aletas que permiten enroscarla y desenroscarla con los dedos. *Tb* TUERCA DE ~. | Delibes *Vida* 63: Podía cargar simultáneamente a tres de mis hermanos: uno en el manillar, otro en la barra y un tercero de pie, agarrado a mis hombros sobre las palomillas traseras. *BOE* 2.8.76, 14909: Las tuercas de palomilla se apretarán a mano, y la tuerca de sujeción .. con una llave.
4 Polilla (mariposa pequeña y nocturna). | F. Ángel *Abc* 28.2.58, 17: El olivo tiene numerosos enemigos naturales .. Las terribles plagas del "Arañuelo", el "Algodón" o "Tramilla", la "Palomilla" o "Polilla" y la "Cochinilla" pueden ser dominadas hoy .. Esta pequeña mariposa, "Palomilla", "Tiña", "Polilla" o "Prays", mide unos quince milímetros de envergadura, tiene alas de color gris plateado y es de vuelo nocturno. Fegube *Inde* 13.8.90, 47: La palomilla de granero se desarrolla óptimamente a 30 grados con 60 por ciento de humedad relativa.
5 *Se da este n a varias plantas herbáceas del gén Fumaria, esp F. officinalis, F. capreolata (~ PINTADA) y F. densiflora (~ ROMANA)*. | Mayor-Díaz *Flora* 436: *Fumaria capreolata* L. "Palomilla pintada" .. *Fumaria officinalis* L. "Fumaria", "Palomilla".
6 ~ **de muro.** Planta herbácea de tallos rastreros o colgantes y flores solitarias de color violeta pálido, propia de muros viejos y paredones (*Cymbalaria muralis* o *Linaria cymbalaria*). | Cendrero *Cantabria* 104: Flora .. *Cymbalaria muralis*: Palomilla de muro.

palomina *f* Excremento de paloma. | Delibes *Castilla* 49: Un palomar requiere muchas atenciones, no es solo la intemperie sino la palomina esa que todo lo abrasa.

palomino *m* **1** Cría de la paloma silvestre. | FVidal *Duero* 207: Bajo la caída constante de desconchados yesos y de cagarrutas de inquietos palominos.
2 (*desp*) Palomo [3]. | DCañabate *Paseíllo* 111: Siempre que lo nombran es pa decir que es un gilí, un palomino atontao. CPuche *Paralelo* 473: A este lo liquidaron para robarle, claro .. Lo pillaron como a un palomino.
3 (*col*) Mancha de excremento en la ropa interior. | * Límpiate bien, que luego quedan palominos.
4 (*Agric*) Cierta variedad de vid propia de Jerez de la Frontera. | CBonald *Casa* 83: Esa viña .. Unas dos mil posturas, entre mantúo y palomino, por aranzada .., casi tres cuartos de millón de litros de mosto.

palomita *f* **1** Grano de maíz tostado. *Frec* ~ DE MAÍZ. | L. LSancho *Abc* 1.11.73, 26: El chicle, la Coca-Cola, las "palomitas de maíz", .. modifican el "status" social y cultural anterior.

palomo – palpitar

2 Bebida compuesta de agua y aguardiente anisado. | * Prepárame una palomita, que tengo mucha sed.

3 (*Fút*) Estirada espectacular del portero. | J. M. Ruiz *HLM* 26.10.70, 27: Hubo, sí, una palomita espléndida de Rodri, a un centro cerrado de Parés.

4 Cierto hongo comestible (*Tricholoma columbetta*). | Perala *Setas* 69: *Tricholoma columbetta*. Palomitas. Panes.

palomo I *m* **1** Paloma [1] macho. | *Abc Extra* 12.62, 29: En toda azotea existía una cometa y un palomar de palomos buchones.

2 (*reg*) Paloma [1]. | Cela *Viaje andaluz* 144: Un palomo zarandalí levantó el vuelo sobre el olivar.

3 (*desp*) Hombre sumamente ingenuo o cándido. | Laforet *Mujer* 36: Se le antojó que Joaquín tenía un tonillo irónico. Pero la cara de palomo de su cuñado era inalterable, como siempre.

II *adj* **4** [Hueso] del cóccix. | Cela *Pirineo* 149: El chucho Llir .. temblaba como una vara verde: las orejas gachas, .. el rabo entre piernas a ras del hueso palomo.

palón *m* (*reg*) Eje del rodezno del molino. | Delibes *Castilla* 37: Todo lo referente al molino me lo hago yo .. Ahora mismo, cuando usted llegó, andaba arreglando un palón que se partió ayer: un palón, o sea, lo que es un árbol, un enebro, ¿no?, bueno, pues bajé al soto, corté otro y ahí lo tiene usted puesto.

palorrosa *m* (*raro*) Palo (de) rosa (→ PALO). | CBonald *Ágata* 188: Se oía .. la tensión del jaspe embutido en el palorrosa de los barqueños.

palosanto *m* Palo santo (→ PALO. *Tb su fruto*.) | Halcón *Manuela* 63: Gracia siguió durmiendo en la alta y ancha cama de matrimonio de palosanto. Goytisolo *Recuento* 29: Más emocionante, mucho más, era llegarse al huerto, al fondo del jardín, y robar algo, aunque fuera un palosanto, sin que les viera el jardinero.

palotada. ni ~. *loc adv* (*col*) Ni palote [4]. | Berlanga *Gaznápira* 77: Les escuchaba y no entendía ni palotada.

palotazo *m* (*Taur*) Golpe dado por la banderilla. | Lera *Clarines* 307: Esa banderilla suelta me va a dar algún palotazo al pasar.

palote I *m* **1** Trazo recto de los que se hacen para aprender a escribir. | Olmo *Golfos* 37: –¿Sabe leer? –No, don Ramón. –¿Y escribir? –Hago palotes, don Ramón. **b) Perico el de los ~s** → PERICO.

2 (*raro*) Rodillo de cocina. | A. Fonseca *SYa* 1.2.76, 15: Tomaremos una porción de pasta de hojaldre .., estirándola muy fina con el rulo o palote, y la depositamos en una lata, para cocerla al horno.

3 (*reg*) Remo grande usado como timón por el patrón de una embarcación a remo. | Cancio *Bronces* 23: ¡Reciaboga, con los tiempos aquellos del demonio, en los que hasta el palote que llevaba uno entre las manos era, de pala a guion, del tabernero!

II *loc adv* **4** (**ni**) **~.** (*col*) Nada. *En constrs como* NO SABER, O NO ENTENDER, (NI) ~. | Chicotágoras *Cod* 25.8.74, 3: Cansados de poner ceros, porque allí nadie sabe ni palote, regresan cada uno a su pueblo.

paloteado *m* Paloteo. | C. GCasarrubios *Nar* 11.77, 14: El "chicotén" es un tambor de cuerdas, que produce un sonido sordo, débil y que es casi ahogado por el tableteo del paloteado de los danzantes.

palotear *intr En danzas populares*: Golpear un palo con otro al compás de la música. | F. Descalzo *ASeg* 23.5.92, 6: El grupo, que está conformado por ocho chicas que bailan, ocho varones que palotean, el zarragón, los dulzaineros y el estandarte, representa danzas y bailes de la comarca.

paloteo *m* Acción de palotear. *Frec la danza popular en que se realiza*. | *NAl* 18.1.91, 15: Don Teódulo volvió a recordar en la homilía el valor histórico de las danzas y paloteos –ritual entre lo religioso y lo profano–, de origen posiblemente guerrero, pastoril o palaciego, que .. interpretan cada año dentro de la iglesia los ocho danzantes al concluir la función religiosa. Moreno *Galería* 349: Ruedas, jotas, trenzados, paloteo .. puede[n] constituir un índice o enunciado incompleto de las danzas rituales o bailes tradicionales que se ejecutaron en los lugares sorianos.

palpable *adj* Que se puede palpar, *esp* [2]. | DPlaja *El español* 21: El español reacciona ante lo visible e inmediato mientras parece ignorar lo que conoce, pero no es palpable.

palpablemente *adv* De manera palpable. | FQuintana-Velarde *Política* 85: Un paisaje urbano de Guipúzcoa (Éibar) y otro de Granada (Pampaneira) muestran palpablemente las diferencias, hoy, entre provincias de alta y baja renta.

palpación *f* (*Med*) Acción de palpar [1]. | Lera *Olvidados* 128: La mujer, de cuando en cuando, emitía un manso quejido y entonces el médico insistía en sus palpaciones.

palpala (*tb* **palpalá**) *interj* Se usa para imitar el canto de la codorniz. *A veces se sustantiva como n m*. | GPavón *Reinado* 103: Sobre una repisa, tres jaulas con codornices, que cuando se hacía silencio se solazaban con su "palpala", "palpala".

palpar *tr* **1** Tocar [algo] con las manos para reconocer[lo] o examinar[lo]. | GPavón *Hermanas* 18: Allí solía verse al veterinario .. coser, inyectar y palpar barrigas. Arce *Testamento* 22: Yo me palpaba el cuello en el lugar donde los golpes habían sido más duros. **b)** Tocar repetidamente [algo] para obtener una información táctil. *Frec abs*. | GPavón *Reinado* 101: Llegaron a una puerta. Plinio palpó buscando la manivela.

2 Percibir claramente [algo no material]. | J. M. Moreiro *SAbc* 13.9.70, 50: Se palpan en seguida las ansias independ[ent]istas. P. Pascual *MHi* 8.66, 44: Desde la caseta veo el esfuerzo de los diez hombres, palpo su frío en las manos húmedas.

palpas. a ~. *loc adv* (*reg*) A tientas. | MFVelasco *Peña* 248: Busqué, a palpas, nieve de la que había arrastrado en mi caída.

palpebral *adj* (*Anat*) De(l) párpado. | MSantos *Tiempo* 168: Tensión de la bolsa del párpado inferior, picores prolongados a lo largo de ambas hendiduras palpebrales.

palpitación *f* Acción de palpitar. | J. CAlberich *Mun* 23.5.70, 32: La lista de fracasos [del presidente Nixon] es larga. Las repetidas derrotas en el Senado. El aumento constante de los precios .. La inquietud económica de los Estados Unidos reflejada en las palpitaciones de Wall Street. **b)** Latido del corazón, más acelerado de lo normal. *Gralm en pl*. | *Ama casa 1972* 60: En los casos benignos de palpitaciones, y si no hay otros trastornos, suprimir durante una temporada el café, el té, el alcohol.

palpitante *adj* **1** Que palpita. | Foxá *Abc* 18.5.58, 21: Se hace la despesca, que no es pescar, ni sacar el pez del agua, sino sacar el agua de los peces, dejarlos en seco, palpitantes de asfixia sus rojas agallas.

2 Que causa gran interés o emoción. *Con intención ponderativa*. | ILaguna *Ateneo* 40: En 1876 se destripa, en plena vigencia de Echegaray, la cuestión palpitante: "¿Se halla en decadencia el teatro español?". Aguilar *Experiencia* 701: Las mutaciones que podían ya vislumbrarse .. aconsejaban también proporcionar a los hombres estudiosos de habla española los libros fundamentales de economía y los de actualidad palpitante.

palpitar *intr* **1** Latir (contraerse y dilatarse alternativamente [el corazón o las arterias]). | * Sentía palpitar acompasadamente su corazón. **b)** Percibirse [en una parte del cuerpo (*suj*)] el movimiento de las arterias u otro movimiento involuntario semejante. | MSantos *Tiempo* 125: Los nervios se manifestaban en una contracción o palpitar casi constante de los ángulos de la boca. **c)** Latir aceleradamente el corazón [de alguien (*suj*)]. | * Esta música me hace palpitar de emoción.

2 (*lit*) Tener [un ser] manifestaciones de vida. *Tb fig*. | *Ya* 29.11.73, 11: Afirma que el astrónomo argentino que el cometa palpita en el éter como un monstruo de relato de H. G. Wells. V. Marrero *MHi* 5.64, 13: No es, por tanto, para causar extrañeza que la hipersensibilidad isleña registre con exactitud la más leve onda del palpitar nacional. **b)** Dar [alguien o algo] muestras evidentes [de algo no material, esp. de un sentimiento o pasión]. | Lapesa *HLengua* 283: Los versos de Unamuno, duros a veces, palpitan de vida emocionada e inquietud religiosa. Pemán *MHi* 5.64, 8: Toda la literatura palpita de una guerra que no se ha declarado.

pálpito – pampirolada

3 Percibirse o manifestarse [algo no material] por indicios. | * El odio que palpita en sus palabras.

pálpito *m* **1** Presentimiento o corazonada. | Cela *Viaje andaluz* 106: Al vagabundo, al entrar en La Carolina, le dio el pálpito que no iba a tener suerte.
2 Palpitación [1a]. | CBonald *Ágata* 168: Le notó entonces como un pálpito branquial entre los cartílagos del cuello y un cierto tornasol de escama superpuesto a la constelación de las pecas. GLuengo *Extremadura* 25: La vida de las gentes se conjuga con el pálpito de la tierra. Pinillos *Mente* 144: Por debajo de sus necesidades y miserias late siempre en el hombre un pálpito de espontaneidad, resplandece una pequeña chispa.

palpo *m* (*Zool*) Apéndice articulado situado alrededor de la boca y destinado a sujetar el alimento, propio de ciertos artrópodos, anélidos y moluscos. | Ybarra-Cabetas *Ciencias* 337: Las maxilas [del cangrejo] .. se componen de un cuerpo llamado palpo maxilar y unas prolongaciones o lóbulos. Bustinza-Mascaró *Ciencias* 137: El labio inferior [de las obreras] está muy desarrollado y alargado formando una lengüeta central, al lado de la cual se distinguen dos palpos labiales y las dos maxilas, más cortos que la lengüeta.

palpusa *f* (*jerg*) Parpusa o gorra. | *Ya* 3.2.90, 11: Han dado un relieve muy importante a nuestro casticismo madrileño .. La gorra se llama palpusa.

palquista *m y f* (*jerg*) Ladrón que entra por balcones o ventanas para robar. | MSantos *Tiempo* 118: No llegaban a habitar estos parajes personalidades ricamente desarrolladas tales como carteristas .., palquistas.

palstaba *f* (*Arqueol*) Hacha, gralm. de bronce, hecha para usar esp. con mango de madera. | Tejedor *Arte* 8: Se subdivide la Edad del Bronce en otras dos Edades. Tiene cada una sus tipos especiales .. La 2ª: el hacha de aletas o "palstaba" y la espada larga.

palta *f* (*raro*) Aguacate. | Delibes *Mundos* 58: La desatención municipal es patente en otras manifestaciones .. como .. la invasión del meollo urbano por vendedores desarrapados que ofrecen al transeúnte paltas, peras de agua o plantillas para los zapatos.

palúdico -ca *adj* **1** De(l) paludismo. | Navarro *Biología* 262: Las fiebres palúdicas, malaria o paludismo, se caracterizan por accesos febriles que se producen a intervalos regulares.
2 Que padece paludismo. *Tb n.* | Alvarado *Anatomía* 174: El paludismo tiene como agente un protozoo .. que vive en la sangre de los palúdicos. **b)** Propio de la pers. palúdica. | CBonald *Noche* 291: Mojarrita ni contestó ni recordaba más que con serias dudas al joven de la tez palúdica.
3 (*lit*) Palustre². | CBonald *Ágata* 24: Vio entrar dos faluchos por la bocana del caño Cleofás, tal vez .. aventurados por aquellas palúdicas aguas en temerarias intentonas de pesca de bajura.

paludismo *m* Enfermedad infecciosa caracterizada por accesos de fiebre, producida por un protozoo y transmitida al hombre por la picadura de mosquitos anofeles. | E. Bayo *Des* 12.9.70, 23: El paludismo era el azote de la comarca.

palurdo -da *adj* (*desp*) **1** [Pers.] rústica e ignorante. *Tb n. Tb fig, referido a animales.* | Arce *Testamento* 82: Me crees un palurdo, ¿eh? Piensas que soy un palurdo a quien se le puede engañar con facilidad, ¿verdad que sí? GNuño *Escultura* 116: Al propio tiempo, deseaba [el campesino ibero] bichas mugientes, soberbias y palurdas. **b)** Propio de la pers. palurda. | C. Murillo *SAbc* 14.12.69, 35: El comportamiento humano es así de palurdo.
2 (*Taur*) [Res] de media casta. | A. Domecq *Abc* 8.6.58, 35: Aquel toro corniblando .. una tarde se salió del cercado detrás de unas vacas palurdas que pasaban.

palustra *f* (*reg*) Palustre¹. | *Ide* 9.10.75, 21: Un paquete de gran tamaño .. contenía todas las herramientas –desde la palustra al nivel y la plomada– necesarias para el trabajo de un oficial de albañil.

palustre¹ *m* Paleta de albañil. | CPuche *Paralelo* 31: –Perderás el tiempo. –Más lo estoy perdiendo colgado del día a cuarenta metros y dándole al palustre.

palustre² *adj* (*lit*) De (la) laguna o de(l) pantano. | Ybarra-Cabetas *Ciencias* 375: El galápago o tortuga palustre es la especie doméstica tan conocida en nuestro país.

pam *interj* Imita el sonido de un golpe, un disparo o una explosión. *A veces se sustantiva como n m.* | Gala *Campos* 60: Yo tomo las uvas. Prepárate, Monique. Yo doy las campanadas. (Los otros las rodean. Nina comienza a hacer pam y a comer uvas.) *Sur* 15.8.89, 44: Un avión siempre puede planear, pero a un helicóptero se le dispara y hace "pam".

pambufo -fa *adj* (*reg*) Gordo. | J. J. Romero *SDLP* 8.10.90, 34: ¡No, estás calvo perdío...! ¡Y pambufo...! ¡Y fuerte tripa te gastas, recoño...!

pamela *f* Sombrero femenino de ala ancha y flexible. | Cunqueiro *Un hombre* 10: La madre fue una señora muy fina, con pamela ceñida de trenzados de rosas.

pamema *f* (*col*) **1** Tontería o simpleza. | Laiglesia *Tachado* 8: También yo creí de niño que, para curar el dolor de una caída, bastaba que algún ser querido me acariciase la zona dolorida salmodiando esta pamema: Sana, sana, culito de rana. X. Domingo *Cam* 9.8.76, 51: Dejémonos de conceptos rousseaunianos de buen salvaje y todas esas pamemas.
2 Aspaviento, o acción exagerada o afectada. | DCañabate *SAbc* 16.2.69, 37: Ante las pamemas aclamadas por un público sugestionado por los espejismos propagandísticos, me acuerdo de la degradante y terrible escena de la mutilación de los cuernos.

pamemero -ra *adj* (*col*) [Pers.] dada a las pamemas [2]. | SSolís *Camino* 275: En esa familia todos son muy pamemeros, hija. Tienen demasiada llaneza, demasiada familiaridad.

pampa *f* Llanura extensa y sin árboles, de América del Sur. *Gralm referido a Argentina.* | Ybarra-Cabetas *Ciencias* 398: Los llamados caballos salvajes de América son descendientes de caballos domésticos que se escaparon en la época de la colonización y se habituaron a la vida libre de las praderas y las pampas.

pámpana *f* Hoja de vid. | Hoyo *Caza* 25: Al principio del camino aún había pequeñas viñas, con sus pámpanas ya marchitas por el acoso de los vendimiadores.

pampango -ga I *adj* **1** De la provincia filipina de Pampanga, en la isla de Luzón. *Tb n, referido a pers.* | FReguera-March *Filipinas* 307: Se nos han sublevado los carabineros y los pampangos.
II *m* **2** Lengua hablada en la provincia de Pampanga. | ZVicente *Dialectología* 449: Los agustinos predicaron en una docena de lenguas, aprendidas entre el centenar largo de las conocidas. Las más importantes son el bisayo, el tagalo, el ilocano, el pampango y el cebuano.

pampangueño -ña *adj* Pampango. *Tb n.* | GBiedma *Retrato* 45: Por el acento, creo que era pampangueño.

pámpano *m* Vástago tierno de la vid. | Olmo *Golfos* 177: Un vientecillo trotón se persigue a sí mismo entre los pámpanos.

pampeano -na *adj* De las pampas o de la Pampa (Argentina). *Tb n, referido a pers.* | ZVicente *Dialectología* 399: Las provincias de la antigua Cuyo (San Juan, Mendoza, San Luis), tierras mucho más próximas a Chile .. que a las tierras pampeanas.

pampeño -ña *adj* (*raro*) Pampero. | GacNS 18.8.74, 12: La región del archipiélago chilota se enc[u]entra en la misma latitud de las zonas pampeñas argentinas en las que Darwin .. encontró fósiles de especies prehistóricas cuadrúpedas.

pampero -ra *adj* De las pampas o de la Pampa (Argentina). *Tb n: m y f, referido a pers; m, referido a viento.* | E. Corral *Abc* 21.4.74, 73: El payador pampero .. entona, acompañado de la guitarra española, las monótonas décimas de "Martín Fierro". M. Toharia *SInf* 9.12.70, 16: Citemos el "mistral" del valle del Ródano, .. el "siroco" de Marruecos, el "pampero" de Argentina.

pampirolada *f* (*col*) Tontería o bobada. | Campmany *Abc* 6.9.92, 19: Lo que ha dicho don Felipe es más bien un[a] chorrada .. Los más cultos habrán dicho que es una

pampliegueño – pan

sansirolada, una estolidez mayúscula .. y una gran pampirolada. SSolís *Blanca* 15: Ya trabajé bastante, de momento, que buen dar el callo es aguantar pampiroladas.

pampliegueño -ña *adj* De Pampliega (Burgos). *Tb n, referido a pers.* | *VozC* 15.1.55, 5: Todo ello .. daría trabajo y bienestar a innumerables familias pampliegueñas.

pamplina *f* **1** (*col*) Tontería, o cosa sin importancia. | Delibes *Emigrante* 45: No son pocos los que se han desgraciado por una pamplina así. ZVicente *Balcón* 13: –¿Te olvidas de que estoy a régimen? –¡Pamplinas! ¡En Barcelona .. se le juntaron las mantecas a una, y no estaba tan gorda como tú!

2 (*col*) Atención exagerada o mimo. | CPuche *Sabor* 80: A mí quiso también domesticarme a distancia, pero no me dejé porque había descubierto ya el revés de la pamplina que hay detrás de estos endiosados directores de almas.

3 (*col*) Fingimiento o acción afectada. | J. M. Moreiro *SAbc* 13.9.70, 46: El reportero no se ha impuesto el peregrinaje de despacho en despacho, ni de pamplina en pamplina, pero sabe que los números solo las estadísticas los reflejan.

4 *Se da este n a varias plantas herbáceas, esp Hypecoum procumbens, Samolus valerandi* (~ DE AGUA), *Veronica agrestis* (~ BASTA) *y Stellaria media* (~ DE CANARIOS). | Millán *Fresa* 10: Tiernos ramilletes de espinacas, pequeñas acelgas chinas, .. paquetitos de berros uniformes, de brotes de soja, de leves pamplinas. Mayor-Díaz *Flora* 436: *Hypecoum procumbens* L. "Pamplina" .. Flores pequeñas, amarillas, en racimos laxos. Mayor-Díaz *Flora* 222: *Samolus valerandi* L. "Pamplina de agua" .. Flores pentámeras, blancas .. en racimos terminales. Mayor-Díaz *Flora* 468: *Veronica agrestis* L. "Pamplina basta" .. Flores blancas o de un azul muy pálido, en pedúnculos axilares.

pamplinero -ra *adj* (*col*) [Pers.] dada a las pamplinas [2 y 3]. | Delibes *Hoja* 25: La Desi, la muchacha, podía decir muy alto que no había en la ciudad señorito menos pamplinero que el suyo. Delibes *Príncipe* 50: –Hay un demonio y una bruja, Domi .. –No empieces con tus pamplinas –advirtió–. Que tú eres muy pamplinero.

pamplinoso -sa *adj* (*col*) Pamplinero. | Halcón *Manuela* 95: –Ese sería el pamplinoso que lleva la furgoneta de Casa Blanca. –No, lleva un turismo que es suyo. –Pues sea quien sea, es un pamplinoso.

pamplonés -sa *adj* De Pamplona. *Tb n, referido a pers.* | Lapesa *HLengua* 69: *Octuber* aparece en una inscripción pamplonesa del año 119. *Abc* 28.8.77, 56: Los pamploneses abandonan la ciudad ante la llegada de la "Marcha de la libertad".

pamplonica *adj* (*col*) Pamplonés. *Tb n.* | Cela *Viaje andaluz* 48: El habla de las gentes más tiene que ver con el acento pamplonica que con el bilbaíno o el donostiarra.

pampsiquismo *m* (*Filos*) Doctrina que admite la existencia de un elemento psíquico en el mundo objetivo. | GÁlvarez *Filosofía* 2, 33: El panteísmo de Giordano Bruno se convierte en pa[m]psiquismo. La sustancia única del mundo se particulariza, se circunstancializa en una multitud infinita de individuos invisibles e imperecederos. [*En el texto*, panpsiquismo.]

pamue (*tb* **pamúe**) *adj* Fang. *Tb n: m y f, referido a pers; m, referido a lengua.* | L. JMarhuenda *Opi* 30.10.76, 76: Bonifacio Ondó Edú era el hombre clave [de Guinea]. Pamue o fang. Del continente. Zubía *España* 153: La población de la Guinea continental pasa de 155.000 habitantes. Son de raza negra, siendo las variedades principales las de los pamúes, bantús y bengas.

pan I *m* **1** Alimento hecho con una masa de harina, agua, sal y normalmente levadura, cocida al horno. *Frec con un adj o compl especificador de los distintos tipos.* | Laiglesia *Tachado* 28: La base alimenticia del pueblo –pan y cocido–, quedaba asegurada sin recurrir a la importación. Van 20.12.70, 11: Los industriales que elaboraran "pan especial" y "de molde" con anterioridad al 18 de noviembre de 1967 y deseen aumentar los precios que tenían fijados en aquella fecha, deberán presentar su solicitud. Vega *Cocina* 27: Ya no se encuentra en las tahonas pan de pistola. DPlaja *Sociedad* 38: Con el salpicón .. el español de entonces probará .. pan pintado, que así parecía, de los moldes que se usaban al cocerlos con aceite y ajonjolí. CPuche *Paralelo* 290: El que tenía para pan de viena, pues pan de viena. **b)** *Se usa frec en constrs de sent comparativo para ponderar la bondad.* | Lera *Olvidados* 217: Mi Romualdo es bueno como el pan, don Jesús. * Esto es pan bendito.

2 Pieza de pan [1], esp. grande y redonda. | Vesga-Fernández *Jesucristo* 77: Aquí hay un muchacho que tiene cinco panes de cebada.

3 Pieza [de determinadas sustancias] de forma redondeada y semejante a la del pan [2]. | Calera *Postres* 21: Pan de higos. Elíjanse los higos que sean blancos, y se ponen a secar al sol durante unos cuantos días. *GTelefónica N.* 261: Ceras Industriales Samora .. Primeras materias: Parafinas, panes y en polvo. Ceras hidrógenas.

4 Alimento, o medios de subsistencia. | J. C. Munébrega *Sol* 24.5.70, 9: Con esta fórmula obtendría un trabajo y un pan asegurado para su familia. Palomino *Torremolinos* 121: Sergio, en su optimismo, se siente capaz de quitarle el pan al mismo Marcelo Mastroiani [*sic*] si se presenta la oportunidad. **b)** ~ **y toros**. Alimento y diversión, como recursos políticos para mantener sumiso al pueblo. | Delibes *Pegar* 83: Recuerdo la entusiasta acogida que tuvieron .. dos comedias suyas tituladas *Familia honorable ne encuentra piso* y *Los maridos engañan después del fútbol*: Pisos y fútbol constituían el pan y toros de aquellos tiempos difíciles.

5 Cereal. *Frec en la loc* DE ~ LLEVAR, *referida a tierra.* | JGregorio *Jara* 24: Se incrementa la producción de pan, esto es, trigo, centeno y cebada. J. M. Codón *DBu* 30.3.56, 6: ¡Privilegiados campos del Sur de la provincia! Están amasados de arcilla franciscana de reformadores y de tierras negras y blancas de pan llevar.

6 (*Rel catól*) Hostia. *Tb* ~ EUCARÍSTICO *o* DE LOS ÁNGELES. | SLuis *Doctrina* 138: La Comunión comprende: El "Paternoster", la fracción del pan y el "Agnus Dei". Ribera *Misal* 1491: Ruego, pues, a vuestra inmensa bondad que os dignéis sanar mi corazón .. para que me acerque a recibir el Pan de los Ángeles.

7 Lámina muy fina [de oro o plata]. | Torrente *Señor* 191: Fray Eugenio .. pintaba furiosamente; y cerca de él, indiferente a la furia, un novicio pulía pan de oro.

8 el ~ (nuestro) de cada día. (*col*) Algo muy acostumbrado. | Torrente *Off-side* 40: Para mí, Vivaldi, Butor y Picasso son el pan nuestro de cada día. CPuche *Paralelo* 39: Aquí por lo visto la policía era el pan de cada día.

9 ~ **comido.** (*col*) Pers. o cosa fácil de conseguir o dominar. *Gralm con el v* SER. | Torrente *DJuan* 167: Él se reía de ti y te consideraba pan comido. Cela *Judíos* 15: A nadie se le ocurrirá jamás viajarse Castilla la Vieja de cabo a rabo y de una sentada, cosa que no sería sensato pensar que es pan comido.

10 ~ **sin sal.** (*col, desp*) Pers. sosa. | * ¡Qué pan sin sal eres!

11 *Seguido de un compl especificador, designa distintas plantas herbáceas:* ~ DE CUCO (*Sedum acre y Oxalis corniculata*), ~ DE CUCULLO (*Oxalis acetosella*), ~ Y QUESO (*Capsella bursa-pastoris y Teesdalia nudicaulis*), *etc.* | Ybarra-Cabetas *Ciencias* 417: Estas plantas se denominan crasas; por ejemplo: la chumbera, el pan de cuco, etc. Mayor-Díaz *Flora* 447: *Oxalis corniculata* L. "Pan de cuco" .. Flores amarillas, pequeñas. Mayor-Díaz *Flora* 552: *Oxalis acetosella* L. "Aleluya", "Acederilla", "Pan de cucllillo" .. Flores blancas, con estrías rosadas, grandes. Mayor-Díaz *Flora* 183: *Teesdalia nudicaulis* (L.) R. Br. "Pan y queso" .. Flores blancas, pequeñas, con pétalos desiguales.

12 ~ **de gaviota.** Esponja de forma redondeada y color anaranjado, propia del Mediterráneo. | Bustinza-Mascaró *Ciencias* 112: Las naranjas de mar, llamadas así por su forma y color, y el pan de gaviota, de color rojizo, tienen espículas silíceas.

13 ~ **de lobo.** Champiñón. | Cela *Mazurca* 25: Somos todos parientes menos los Carroupos, que vinieron volando desde el otro mundo y ahora crecen como el pan de lobo. X. Domingo *Cam* 17.5.76, 91: Esta seta [el agárico de cultivo o champiñón de París], una de las agarícaceas más deliciosas por otra parte, los seteros la llamamos pan de lobo en Castilla y *cama d'ase* .. en catalán.

14 ~ **y quesillo.** Flor de la acacia blanca. | Berlanga *Barrunto* 40: ¿Por qué no la dejé seguir jugando todo el día con su muñeca de piedra, a la que daba el pan y quesillo de las acacias o los agraces de la parra del cerradillo?

pana – panamá

II *loc adj* **15 de(l) ~ pringao.** (*col, desp*) Remilgado o cursi. *Gralm en la constr* SEÑORITA DEL ~ PRINGAO. | Solís *Siglo* 31: –¡Anda, sube conmigo aquí! .. –¡He dicho que no! –Pero ¿por qué?; ¿es que te da miedo? Antes no te asustaba hacerlo. –Es que ahora es distinto: soy una señorita –dijo con cierto énfasis. Chano se echó a reír y luego comenzó a hacerle burla: –¡La señorita del pan pringao! SSolís *Jardín* 99: –Yo quiero estudiar en la Universidad. –¡Tú estás loca! ¿De dónde vas a sacar el dinero? ¡Vaya con la señorita de pan pringado que me sales! DCañabate *Abc* 27.1.71, 9: Si yo fuera una panoli de esas del pan pringao en billetes de a cuatro mil reales, no me tentarían los sortijoncios y los collares de perlas.

III *loc v y fórm or* **16 comer ~ a manteles.** (*lit*) Comer en mesa con mantel. | C. Castro *Abc* 11.5.58, sn: No merecen comer pan a manteles.

17 con su ~ se lo coma. (*col*) Expresa indiferencia o desinterés por lo que le ocurra a otro o por lo que haga. | MGaite *Retahílas* 137: Y mientras vas rumiando distraídamente, a modo de estribillo, "con su pan se lo coma", comer el propio pan en paz, sin añoranza. Gala *SPaís* 25.3.79, 4: La parte más visible de la juventud, en nuestra admirable sociedad de consumo, le hace a esa sociedad un mudo corte de manga; .. le grita en silencio "con tu pan te lo comas".

18 contigo ~ y cebolla. (*col*) Fórmula con que se expresa el total desinterés económico de un enamorado. *Frec con intención humoríst.* | F. DTendero *YaTo* 25.7.81, 39: Con la ayuda recibida lograban su ilusión, sin que tuvieran que comprometerse desde el primer día al "contigo, pan y cebolla".

19 estar como un ~ (de higo), más bueno que el ~, para mojar ~, o **de toma ~ y moja.** (*col*) Ser muy guapo o atractivo. | Ferrero *Pue* 13.9.83, 29: El Delon hijo está como un pan, qué pena es que se nos hayan pasado los años hasta de ligar con el padre. Marsé *Dicen* 318: La tía está más buena que el pan. Aristófanes *Sáb* 15.3.75, 79: La Sara Lezana .., como todo el mundo sabe, es una señora que está como para mojar pan.

20 hacer un ~ como unas hostias (o **tortas**)**.** (*col*) Cometer un error o desacierto grave. | GPavón *Reinado* 17: Si le sigues dando al morapio, por mucho que frecuentes el condumio, haces un pan como unas hostias. CSotelo *Inocente* 114: A lo mejor son [los pasadores] más estrechos de la cinturón, y en ese caso hemos hecho un pan como unas tortas.

21 llamar al ~ ~, y al vino vino. (*col*) Hablar con total franqueza o claridad. *A veces se omite el v* LLAMAR. | Martinillos *DBu* 27.12.70, 2: Hay que servirle lo que más gusta a su paladar llamando al pan pan y al vino vino.

22 negar el ~ y la sal [a alguien]**.** Tratar[le] con suma dureza o crueldad. | CPuche *Paralelo* 114: Mi padre murió fusilado por estos. Y ahora, no contentos con eso, me siguen conmigo, negándome el pan y la sal. Es ya el tercer sitio en donde no me dejan trabajar.

23 no haber ~ partido [entre dos o más perss.]**.** Existir gran amistad y confianza. | * Sabes que entre ellos no hay pan partido.

24 quitarse el ~ de la boca. Privarse de lo más necesario [por, o para, alguien o algo]. | Halcón *Monólogo* 114: Un servidor tiene siete hijos, y el mayor de dieciocho años; nos quitamos el pan de la boca para darle una carrerita.

25 ser [algo] **~ para hoy y hambre para mañana.** (*col*) Solucionar solo de manera imperfecta y pasajera un problema dado. | Tierno *País* 28.12.76, 9: Sin negociaciones, cualquier arreglo que se llame solución será pan para hoy y hambre para mañana.

pana[1] *f* Tejido grueso, gralm. de algodón, de textura de terciopelo y que frec. forma dibujo acanalado. | Miguel *Mad* 22.12.69, 12: España ha abandonado con cierta soltura sus trajes de pana y sus refajos.

pana[2] *f* (*reg*) Pieza grande de corteza de alcornoque. | Lorenzo *SAbc* 8.9.74, 10: Es, a esta hora de la siesta, mediado el verano, imagen de la llama, bosque en llamas, el alcornocal; en los claros va el descorche apilando las panas.

pánace *f* Planta herbácea de flores amarillas en umbela, de cuya raíz y tallo se extrae el opopónaco (*Opoponax chironium*). | FQuer *Plantas med.* 505: Pánace. (*Opoponax Chironium* Koch) .. Las flores son amarillas y los frutos, comprimidos .. Al cortarlos, la raíz y el tallo de esta planta sacan un jugo lechoso.

panacea *f* Remedio que sirve para curar todas las enfermedades. *Tb* ~ UNIVERSAL. | * La aspirina ha sido para muchos una panacea. **b)** Remedio que sirve para solucionar todos los males. *Tb* ~ UNIVERSAL. | Alfonso *España* 168: Lo que se pone en tela de juicio es justo ese mundo supertecnificado que parecía la panacea a conquistar para todos. *Abc* 27.1.70, 14: La socialización, panacea .. de todos los defectos de estructuras y todas las injusticias de la sociedad actual.

panaché *m* Guiso compuesto por una mezcla de verduras. *Tb* ~ DE VERDURAS. | J. L. Aguirre *Pro* 6.10.74, 5: Los menús son los mismos, pero las carnes y los pescados son más raquíticos, los panachés más encogidos. *Ama casa* 1972 171: Cena. Besugo al horno. "Panaché" de verduras. Fruta en ensalada.

panadería *f* **1** Establecimiento en que se hace o esp. se vende pan [1a]. | *SVoz* 8.11.70, 14: Se ofrece ayudante de horno de panadería. Payno *Curso* 79: Desde las ventanas de la casa de Bele se podía ver la luz de la panadería, titilando en la penumbra matinal.

2 Oficio de panadero [3]. | * Lleva años dedicado a la panadería.

panadero -ra I *adj* **1** De(l) pan [1a]. | DCañabate *Abc* 22.6.75, sn: Los lunes llegaban las carretas de bueyes con carga de leña para alimentar los hornos panaderos.

2 (*Moda*) [Camiseta] de escote redondo, con tapa y botones en la parte superior delantera. | *Prospecto* 4.88: Camiseta panadera, diversos colores, 1.500.

II *n* **A** *m y f* **3** Pers. que hace o vende pan [1a]. | Bustinza-Mascaró *Ciencias* 101: También es frecuente [la tuberculosis pulmonar] en las personas que por su profesión se ven obligadas a aspirar aire viciado o con polvo (marmolistas, mineros, tipógrafos, panaderos).

B *m pl* **4** Baile andaluz semejante al zapateado. | *Cádiz* 91: Bailando el fandango de punta y tacón, .. la "alegría" de la Isla o los "panaderos" de Jerez.

C *f* **5** (*reg*) Paliza. | *Faro* 29.7.75, 28: Le corrieron los galeotes [a Don Quijote] y le atizaron una tremenda panadera los yangüeses.

panadizo *m* Inflamación aguda de un dedo, gralm. cerca de la uña. | Moreno *Galería* 296: Con esponjosas hojas de siempreviva, se ablandaban los panadizos y uñeros.

panafricanismo *m* (*Pol*) Doctrina o sistema que propugna la unidad y la solidaridad de los países africanos. | *SYa* 9.5.74, 26: El panafricanismo .. debe mucho a los intelectuales americanos o antillanos.

panafricano -na *adj* Del conjunto de los pueblos africanos. | Alfonso *España* 77: El llamado "Tercer Mundo" está haciendo de ello un acicate de su desarrollo y autoafirmación, como lo prueban los Festivales Panafricanos de la Cultura.

panal I *m* **1** Conjunto de celdillas de cera que las abejas construyen para depositar la miel. | Cuevas *Finca* 209: Un enjambre tomó la rendija grande por una piquera, y empezaron a construir .. panales alargados.

2 (*reg*) Trozo de jabón para lavar la ropa. | Santiago *Señas* 48: Dejó, simplemente, el gastado panal de jabón sobre la talega de ropa. Un panal en forma de huso.

II *loc adj* **3 de ~.** [Construcción o estructura] de celdillas prismáticas yuxtapuestas. | Ramos-LSerrano *Circulación* 226: Usualmente en lugar de tubos son empleados los radiadores de panal, y de láminas de agua, que forman finas láminas de agua que son enfriadas muy rápidamente.

panalemán -na *adj* Del conjunto de los pueblos alemanes. | V. Gállego *ByN* 31.12.66, 42: En la República Federal Alemana .. se halla .. al frente de una cartera tan importante como la de Asuntos Panalemanes.

panamá *m* **1** Tejido de algodón de hilos gruesos entrecruzados, muy apropiado para el bordado. | *Abc* 21.2.56, 17: Interesantísimos retales de algodón: telas blancas y de sábanas, retor, batistas, opal, piqué, telas de mantelería, crepé, panamá.

2 Sombrero de jipijapa. *Tb* SOMBRERO DE ~. | Mendoza *Ciudad* 47: Ahora llevaba un traje de lino blanco que casi centelleaba bajo el sol otoñal y un panamá de ala ancha. Zubía *Geografía* 278: De la palmera "toquilla" se sacan las fibras para los "sombreros de Panamá", "de jipijapa" o jipis.

panameño -ña *adj* De Panamá. *Tb n, referido a pers.* | B. Mostaza *Ya* 15.10.67, 1: El canal de Panamá (cuya nueva regulación ha tropezado con serios obstáculos y no ha sido aún suscrita por los dos Gobiernos, el estadounidense y el panameño) es el punto neurálgico que acusa todas las intrigas que se mueven en el Caribe.

panamericanismo *m* (*Pol*) Doctrina o sistema que propugna la unidad y solidaridad de los países americanos bajo la dirección de los Estados Unidos. | E. RGarcía *MHi* 10.60, 12: Se habla mucho de interamericanismo, panamericanismo.

panamericano -na *adj* Del conjunto de los países americanos. | F. Presa *MHi* 2.64, 44: Ahora tiene el Perú como comunicación vial más importante los tres mil kilómetros de carretera panamericana que va a lo largo de la costa del Pacífico.

panárabe *adj* Del conjunto de los países árabes. | *Inf* 13.6.70, 2: Jordania .. mantiene .. un latente enfrentamiento con los regímenes panárabes y socialistas vecinos, de Irak, Siria y la R.A.U.

panarábigo -ga *adj* Panárabe. | C. Sentís *Inf* 9.1.70, 2: Nasser prepara un millón de hombres panarábigos.

panarabismo *m* (*Pol*) Doctrina o sistema que propugna la unidad y la solidaridad de los países árabes. | M. D. Gant *Rev* 11.70, 6: Hussein, fiel a unos principios de panarabismo, dio paso a las diferencias de orden personal para que no afectaran de ningún modo los intereses nacionales de importancia vital.

panario -ria *adj* De(l) pan [1a]. | R. Casares *SYa* 6.12.70, 7: Este alimento puede usarse para la confección de piensos y muy purificado se puede incorporar a la masa panaria, con lo que se obtiene un pan enriquecido.

panarteritis *f* (*Med*) Inflamación de todas las arterias o de todas las túnicas de una arteria. | R. ASantaella *SYa* 20.3.83, 41: Las crisis de asmas que se presentan en la enfermedad llamada "panarteritis nudosa".

panasiático -ca *adj* **1** Del conjunto de los países asiáticos. | G. Rodríguez *Ya* 29.11.70, 10: El primero de los objetivos prefijados por el Papa para este viaje a Extremo Oriente –su encuentro directo y conjunto con la jerarquía episcopal panasiática– está ya casi totalmente cumplido.
2 De la unidad y la solidaridad de los países asiáticos. | *His Extra* 9.84, 16: Ferviente nacionalista y defensor del ideal panasiático de los círculos imperialistas nipones, colaboró en la creación de una asociación para la expansión territorial del Imperio.

panateneas *f pl* (*hist*) Fiestas celebradas en Atenas en honor de la diosa Atenea. | Tejedor *Arte* 37: Suyos [de Fidias] eran igualmente todos los relieves del edificio, así los de las metopas .. como los del célebre friso de las Panateneas, la solemne procesión en honor de la diosa.

panavisión (*n comercial registrado*) *f* (*Cine*) Sistema de filmación y proyección que emplea grandes formatos tanto de celuloide como de pantalla. | *HLM* 26.10.70, 41: Las diferencias son, en el aspecto externo, el uso del color y la técnica de panavisión.

pancarta *f* Cartel que se exhibe en una manifestación o en otro acto público, y en el que gralm. se expresa una petición, una protesta o un saludo. | Medio *Bibiana* 238: Recuerda que cuando ella era una muchacha, cuando la República, las manifestaciones eran ruidosas. Pancartas, gritos subversivos, carreras. *Sp* 19.7.70, 50: No había "fans" en el aeropuerto, ni pancartas. Un cantante español regresaba de USA.

panceta *f* Tocino entreverado con magro. | Medio *Andrés* 214: Los americanos dicen beicon al tocino, en cuanto le ven la fibra de magro... Vamos, a la panceta.

pancha *f* (*reg*) Chopa (pez). | *Voz* 5.11.87, 53: Porto do Son .. Cotizaciones: Abadejo, de 750 a 800 pesetas kilo; .. calamar, de 700 a 825; pancha, de 475 a 550; sargo, de 650 a 785.

panchito *m* Cacahuete pelado, frito y con sal. | Carandell *Tri* 10.8.68, 30: Uno monta con cuatro tablas su chiringuito de refrescos, .. el de más allá vende patatas fritas y panchitos en la playa.

pancho[1] -cha *adj* (*col*) Tranquilo o que no se altera. *Gralm. en la constr* TAN ~. | Antolín *Gata* 42: Cuando al día siguiente le dio por donde le dio, tú fuiste la única que se quedó tan pancha. GPavón *Rapto* 156: Muy pancho, en su moto, con el casco rojo puesto, las cañas de pescar y una cesta en el porta, pasaba el de Zumárraga.

pancho[2] *m* (*reg*) Besugo, esp. de pequeño tamaño. | *Voz* 8.11.70, 3: Se registraron las siguientes cotizaciones: Abadejo, de 42 a 60 pesetas kilo; .. panchos, de 36 a 43. Aldecoa *Gran Sol* 152: Sabía anzuelar con muergo para el pancho, la moma, el chaparrudo.

panchonera *f* (*reg*) Pescadera. | *Ale* 26.8.84, 25: En el mercado las panchoneras venden sus "reyes", unos peces rojos magníficos.

pancierba (*tb con la grafía* **pancierva**) *f* (*reg*) Planta vivaz de hasta 1 m de altura, con hojas vellosas y flores amarillas, propia de taludes y bordes de caminos (*Thapsia villosa*). | Mayor-Díaz *Flora* 456: *Thapsia villosa* L. "Pancierba" .. Flores amarillas .. Fruto con alas marginales .. Taludes y bordes de caminos.

pancista *adj* (*col*) [Pers.] que solo procura su provecho y tranquilidad. *Tb n*. | CPuche *Paralelo* 132: –Aquí todos vivimos como Dios. Menos veintinueve millones y medio .. –Lo que hay que hacer es procurar no estar dentro de esos veintinueve millones y medio .. –No hay que ser tan pancista, don Pedro.

pancitopenia *f* (*Med*) Anemia caracterizada por la escasez de todos los elementos celulares de la sangre. | MNiclos *Toxicología* 63: A dosis elevadas pueden dar lugar a vómitos .. Se han citado casos raros de pancitopenia.

pancorbino -na *adj* De Pancorbo (Burgos). *Tb n, referido a pers.* | *Pue* 17.1.76, 7: Ha sido variado el trazo [*sic*] de la autopista, puede que no tanto como pedían los pancorbinos y muchas más personas y organismos.

pancracio *m* (*Dep, hist*) Ejercicio grecorromano que combina la lucha y el pugilato. | Zubía *Geografía* 194: Por la tarde se desarrollaban la lucha, el pugilato .. y el pancracio, mezcla de lucha y boxeo.

páncreas *m* (*Anat*) Glándula situada en el abdomen, que segrega insulina y un jugo digestivo. | Laiglesia *Tachado* 26: Si uno [de los líquidos] era bueno para el hígado, el del lado dejaba al páncreas como una rosa.

pancreático -ca *adj* (*Anat*) De(l) páncreas. | Navarro *Biología* 152: El jugo pancreático es un jugo claro, viscoso y alcalino.

pancreatitis *f* (*Med*) Inflamación del páncreas. | MSantos *Tiempo* 234: Ya se sabe lo que hay que aprender, hay que aprender a recetar sulfas. Pleuritis, pericarditis, pancreatitis, prurito de ano.

pancromático -ca *adj* (*Fotogr*) Sensible a todos los colores del espectro. | Fraile *Cuentos* 31: En la playa había .. un mundo para colarlo y apresarlo en los potentes cristales de los prismáticos o en la película pancromática, muy pancromática, de la "Rolly".

panda[1] *f* Pandilla. | Olmo *Golfos* 35: Aquello era Jauja. A ninguno de los de la panda nos divertía. Por eso, casi siempre hacíamos novillos. *DLi* 2.3.78, 2 (C): El Algarrobo y su panda, cinco individuos que son autores de gran número de robos.

panda[2] *m* **1** Mamífero semejante al oso, de pelaje denso blanco y negro y cola muy corta, propio de la región del Tíbet (*Ailuropoda melanoleuca*). *Tb* OSO ~, ~ MAYOR, *o* ~ GIGANTE. | *Abc* 20.2.72, sn: En Estados Unidos se esperan dos osos panda blancos de la China continental.
2 Mamífero semejante al gato, de pelaje rojizo y larga cola, propio de los bosques del Himalaya (*Ailurus fulgens*). *Tb* PEQUEÑO ~. | *SArr* 27.9.70, 5: El mejor zoo de Europa, en Madrid .. Fauna asiática: .. Gibones .. Pequeño Panda.

panda[3] *f* Galería [de un claustro o algo similar]. | Ridruejo *Castilla* 1, 601: Una panda del claustro es goticista, del siglo XV. Ridruejo *Castilla* 2, 415: La [plaza] del Arrabal, con su par de iglesias espléndidas, unas pandas de soportales y el arco de la muralla.

panda[4] → PANDO.

pandanácea adj (Bot) [Planta] monocotiledónea, leñosa, de hojas lineares o lanceoladas, flores en espádice y fruto en drupa o baya, de la familia cuyo gén. más importante es *Pandanus*. Frec como n f en pl, designando este taxón botánico. | GCabezón *Orotava* 38: Pandanus, *Pandanus utilis*, Bory, Pandanácea, Madagascar.

pandanus m Árbol tropical semejante a la palmera, de cuyas hojas y raíces se extrae una fibra textil (gén. *Pandanus*). | GCabezón *Orotava* 38: Pandanus, *Pandanus utilis*, Bory, Pandanácea, Madagascar.

pandear tr Deformar [algo, esp. una pared, una viga o algo similar] curvándo[lo] por el centro. | Benet *Volverás* 97: Las ortigas y matoganes habían destruido el antiguo trazado, habían invadido los muros y desnutrido los árboles, habían pandeado las columnas del porche.

pandeirada f Danza popular gallega que se acompaña con el pandero [1]. | SYa 26.4.75, 6: Luego, comenzarán las estampas regionales .. Galicia, con su "pandeirada"; Castilla, con la representación mímica de faenas de la siega del trigo.

pandemia f (Med) Enfermedad epidémica que afecta a grandes extensiones de la Tierra. | Laín *Marañón* 28: En 1918, viaje a Francia, en comisión oficial .., para estudiar la pandemia gripal.

pandémico -ca adj (Med) [Enfermedad] que tiene carácter de pandemia. | Nolla *Salud* 236: Existe una gripe epidémica .. y una gripe pandémica.

pandemónium m (lit) **1** Lugar en que hay mucho ruido y confusión. | Mendoza *Ciudad* 43: El trasiego continuo y tumultuario por las puertas de la empalizada, la gente que salía y entraba sin organización ni control de ningún tipo permitían sortear ese obstáculo sin problema. Onofre Bouvila .. se coló en el recinto. Solo entonces, a la vista de aquel pandemónium, percibió claramente la dificultad extraordinaria de su tarea.
2 Mezcla confusa de ruidos intensos. | Buero *Sueño* 230: Al latir, que no cesa, se suman de nuevo los chillidos de las alimañas y, con ellos, rebuznos, cacareos, carcajadas, estremecedores alaridos. El pandemónium continúa unos segundos y luego se aplaca un tanto.

pandeo m Deformación curva [de una pared, una viga o algo similar]. | Angulo *Arte* 1, 9: Para evitar el pandeo o inflexión de los pares en su parte central, se dispone a esa altura, entre cada pareja de pares o tijera, una viga pequeña horizontal o nudillo.

pandera f **1** Pandero [1]. | Peraile *Cuentos* 47: Una húngara derrama sus greñas sobre su espalda y riega la plazuela con el chorro de mugre de su saya y toca una pandera remendada, de dientes mellados.
2 (reg) Recipiente hecho con un aro de madera y una piel, gralm. de cabra u oveja. | Moreno *Galería* 29: El aceitero apuñaba de tres en tres .., desde el cebadero o la pandera en que la aldeana los había sacado, los gordísimos huevos.
3 (reg) Mujer necia o de cortos alcances. | Moreno *Galería* 140: Calla tú, pandera.
4 (reg) Mujer gorda. | Moreno *Galería* 140: Esa es una pandera.

panderada f (reg) Cantidad que cabe en una pandera [2] o en un pandero [5]. | Moreno *Galería* 28: Sacaba una panderada de huevos frescos y gordos.

panderetero I f **1** Pandero [1] pequeño. | M. CDiego *Ya* 11.12.73, 20: En cada puesto se pueden adquirir decenas de artículos diferentes: tiras de espumillón, .. guitarras, panderetas, zambombas.
II loc v **2 zumbar la ~** [a alguien]. (col) Dar[le] una paliza. | * Le zumbaron la pandereta a base de bien.

panderete m Tabique hecho con ladrillos puestos de canto. Frec TABIQUE DE ~. | CBonald *Noche* 286: Se llegaba a través del panderete lo que hablaban ahora dentro del cuarto. Halcón *Manuela* 41: La alcoba quedaba acotada por un ángulo de tabique de panderete encalado.

panderetero -ra I adj **1** De (la) pandereta. | J. IGalán *AbcS* 26.1.75, 51: La protagonista de la novela de Mérimée .. recorre desde hace más de siglo y cuarto los caminos del mundo, estampa de una Andalucía de rompe y rasga, figura de una romántica Sevilla panderetera.
II m y f **2** Pers. que fabrica o vende panderetas o panderos [1]. | Isidro *Abc* 24.12.57, 76: Casi tanto [barullo] como el que, atardecido, había el domingo en la plaza Mayor .. Con sus castañeras, carameleros, turroneros, zambomberos, pandereteros y demás especialistas del variado mercadillo típico de la Navidad.
3 Pers. que toca la pandereta o el pandero [1]. | Vega *Cocina* 68: Nos las narró la muchacha de Mieres del Camino, país de buenas fabadas y de jocundas panderereteras.

pandero I m **1** Instrumento músico constituido por un aro de madera con sonajas y una piel muy lisa y estirada. | Laforet *Mujer* 292: Grupos de personas medio borrachas, con panderos, zambombas y hasta caretas, daban gritos. **b)** (col) Se usa frec en frases de sent comparativo para ponderar el tamaño del trasero. | * Tiene un culo como un pandero. |
2 (col) Trasero. | * No sé cómo se pone pantalones con semejante pandero.
3 (hoy raro) Cometa (juguete). | *Abc Extra* 12.62, 29: Primero se le llamó pandero; .. fuimos los andaluces los primeros que le pusimos el apodo de cometa por su parecido con los cuerpos celestes.
4 (reg) Pers. necia o de cortos alcances. | * Pandero, cómo te has dejado engañar.
5 (reg) Recipiente troncocónico hecho con paja de trigo o de centeno y mimbre. | Moreno *Galería* 139: También se utilizaba el pandero para transportar harinas y salvados.
II loc v **6 poner** [a alguien] **el culo como un ~**. (col) Pegarle fuerte en el trasero. *Con intención enfática*. | Medio *Bibiana* 295: Como yo fuera vuestra madre .. Os ponía el culo como un pandero.

pandilla f Grupo de amigos que se divierten en común. | DCañabate *Abc* 6.12.70, 11: Elenita y su pandilla pasan directamente del coche al bar. **b)** Grupo de perss. asociadas para cometer delitos. | *CoE* 19.9.74, 20: A los muchachos de 16 a 20 años, el ejecutar un atraco en pandilla no solamente les produce en muchos casos un beneficio, sino también una emoción de la cual no quieren prescindir.

pandillaje m Actividad de pandillas de maleantes. | *CoE* 19.9.74, 20: El pandillaje, delito cada día más frecuente en España. 1500 pandilleros han sido detenidos.

pandillero -ra adj De (la) pandilla o de (las) pandillas. | Ma. Gómez *Ya* 24.12.90, 2: Llegan un año más la Nochebuena y la Navidad, con su cortejo de villancicos, belenes, júbilo infantil y pandillero, buena comida y bebida generosa. **b)** [Pers.] que pertenece a una pandilla de maleantes. Tb n. | *CoE* 19.9.74, 20: 1500 pandilleros han sido detenidos. *Abc* 14.1.73, 48: Ambos .. fueron víctimas de un atraco .. En otros cuatro lugares de nuestra poco vigilada capital, otros tantos grupos de jóvenes pandilleros, acaso los mismos, cobraron nuevas víctimas.

pándit m (Rel) Brahmán. *Usado frec como título antepuesto al n propio*. | A. Barrio *Abc* 23.12.70, 11: Se sientan con el pándit (sacerdote), que ha venido a bendecir su ayuno. [En el texto, sin tilde.]

pando -da I adj **1** Curvado. | CBonald *Dos días* 91: Lola ya recogía la cántara, que rebosaba abrillantando la panda superficie.
2 Lento o pausado. | Ó. Esplá *Abc* 28.6.58, 15: El aire del presente es allí [en Estrasburgo] un extraño que no conmueve las aguas pandas de los viejos canales. Delibes *Mundos* 90: Es [la liebre] más bien panda para correr y jalona su fuga de súbitas paradas que dedica a la observación; es decir, tampoco desea hacer un gasto de energías superfluo. J. L. Herrera *Inf* 14.9.78, 16: La antología [que he hecho] ha resultado laboriosa, panda, incluso para mí.
3 (reg) Soso o simple. | Delibes *Madera* 181: Mamá Zita, los pandos ojos bovinos arrasados en lágrimas, besó la frente del niño.
II n **A** m **4** (reg) Terreno casi llano situado entre dos montañas. | JGregorio *Jara* 10: Las rañas cubren el sustrato paleozoico ..; en algún pando de ellas se acumula el agua en charcas o lagunazos.
B f **5** (reg) Loma suave y prolongada. | Romano-Sanz *Alcudia* 76: Queda todavía buen trecho de camino. Suben por pandas y collados, a través del encinar.

pandorga *f (reg)* Zambomba. | C. Batllés *SVAl* 20.9.75, VI: Apenas terminada la cena y cuando pandorgas, castañuelas y villancicos ponían en la sencillez de aquella humilde morada la más regocijante nota de cristiana alegría, hacia el filo de la media noche los bandoleros de Abén-Forax irrumpieron en el cortijo.

pandorgada *f (reg)* Comilona. | CBaroja *Inquisidor* 19: Los estudios eran más ocasión para organizar murgas y pandorgadas y para certámenes barrocos y gerundianos que para formar buenos y honrados profesionales.

panecillo *m* **1** *dim* → PAN.
2 *(reg)* Semilla de la malva. | Izquierdo *Alpujarra* 218 (G): Salvorio Vacas, con las piernas abiertas en el malvar, mastica briznas antiguas y panecillos verdes.

panegírico -ca I *adj* **1** Laudatorio o encomiástico. | SRobles *Pról. Teatro 1969* XXIV: Éxito grande y efervescente .. Comentarios apasionados. Críticas en alto grado panegíricas al texto y a los intérpretes. Laín *Marañón* 183: La pasión española no podía ser en él fruición ciega o tosco regodeo panegírico.
II *m* **2** Elogio, o discurso de alabanza. | *Not* 4.5.70, 13: Celebrándose el Día de la Madre, los feligreses de San Pedro Apóstol esperaban oír la voz piadosa del párroco con la homilía y el panegírico de esta fiesta.

panegirista *m y f* Pers. que hace un panegírico [2]. | J. L. Lacruz *Ya* 6.3.76, 7: De Cánovas cuenta un panegirista .., en tono admirativo, que recenaba medio pollo y una botella de Burdeos. **b)** Pers. que habla o escribe a favor [de alguien o algo]. | CBaroja *Judíos* 1, 18: No soy un panegirista de todo lo que se hizo en España de fines del siglo XV a fines del XVII. R. Andreu *Alc* 31.10.62, 4: Durante bastantes horas, incluso entre los panegiristas del "no", el temor fue general de que De Gaulle .. se retirase del poder.

panegirizar *tr (raro)* Hacer el panegírico [2] [de alguien o algo *(cd)*]. | R. Alcalá *Jaén* 24.7.64, 10: Hace unos días –pocos–, un querido compañero de Redacción .. panegirizaba la traída de aguas a Jabalquinto.

panel¹ *m* **1** *En una pared, una puerta o algo similar:* Porción lisa limitada por franjas o molduras. | D. I. Salas *MHi* 7.69, 44: El despacho está recubierto en todos sus muros por ataujías de bronce y maderas preciosas, enmarcando paneles bordados en oro y con realce.
2 Tablero o pieza plana de grandes dimensiones. | E. Novoa *Abc* 20.11.70, 19: Los satélites contienen en sus ocho paneles exteriores siete mil células solares. GEspina *HLM* 26.10.70, 40: Al subir la cortina, los tres [personajes] están de espaldas, al fondo, sobre una tarima y frente a un gran panel, que proyectará difuminados los paisajes que encajarán sus vidas. **b)** Elemento prefabricado, plano y de grandes dimensiones, usado esp. para tabiques o revestimientos. | GTelefónica *N.* 21: Eliminación de ruidos, .. problemas resueltos con paneles acústicos patentados.
3 Tablero o superficie plana para mostrar informaciones o anuncios. | Torrente *Off-side* 31: –¿Qué haces?– Miguel señala una cartulina sujeta al panel con chinchetas. –Proyectos. Montero *Reina* 158: Contempló con ansiedad el panel de vuelo, a la espera de que se detuviese el aleteo electrónico y saliese al fin el embarque de su avión. **b)** Tablero en que están los indicadores o mandos de un aparato o instalación. | * Este coche tiene un panel de mandos muy completo.

panel² *m* **1** Conjunto de perss. seleccionadas para actuar como jurado o para discutir un asunto en público. | J. Luque *D16* 1.7.91, 11: El número de componentes del jurado puro .. se elige, aleatoriamente, de los censos electorales. Se suele elaborar un panel previo de 18 personas de las que se excluyen todos aquellos que tengan algo que ver con la administración de justicia.
2 Mesa redonda (reunión). | * Entre las reuniones previstas figura un panel sobre alimentación.
3 *(Estad)* Muestra representativa de un sector de la población, cuya composición permanece invariable a lo largo de varios sondeos a fin de estudiar la evolución de un factor determinado. Tb *los resultados de esos sondeos*. | *Abc* 8.12.83, 78: José María Calviño también hizo públicos los paneles de audiencia del pasado mes de octubre.

panela¹ *f (Heráld)* Figura en forma de hoja o corazón. | Em. Serrano *Sáb* 29.3.75, 71: Traen: En campo de oro, cinco panelas de gules, puestas en sotuer.

panela² *f (reg)* Suelo plano de la lancha. | Cancio *Bronces* 39: Una lancha no menos traidora de vela que dura de remazón, y sobre cuya panela se adormecieron sus puños y se hundieron sus pupilas, repetidas veces, de aguantar guiñadas y de avizorar horizontes.

panelable *adj* Que se puede recubrir con un panel¹ [2b]. | *Ya* 8.2.87, 9.13: Lavavajillas 12 servicios empotrable y panelable, 59.900 pts.

panelista *m y f* Pers. que forma parte de un panel² [2 y 3]. | *Abc* 16.3.75, 55: Las jornadas han estado organizadas alrededor de una serie de ponencias generales y de mesas redondas, con participación de varios "panelistas" expertos en los diferentes sectores del problema. *Inf* 6.8.76, 19: El profesor Fisch, director del simposio, ha invitado al doctor Antolí-Candela .. para que dirija una mesa redonda sobre parálisis iatrogénica del nervio facial. Los panelistas que la integran son los profesores Shambaugh .., Miehlke .., Portmann .. y Chiossone. *País* 4.1.92, 36 (A): Los panelistas o familias que forman la muestra estadística de Ecotel deben indicar mediante la presión de diferentes botones cuándo comienzan y terminan de ver la televisión.

panellet *(pl, ~s) m* Dulce pequeño y de formas diversas, hecho básicamente de masa de pan, típico de Cataluña en la noche de Todos los Santos. | Vega *Cocina* 15: La región .. cuenta con un surtido extensísimo en lo que atañe a la repostería, de la cual mencionaré algunos productos, porque se haría interminable mencionarlos todos: cocas, panellets, monas de Pascua.

pane lucrando *(lat; pronunc corriente, /pánelukrándo/) loc adv* Para ganarse el sustento. *Frec* DE ~. *Tb adj*. | G. Bartolomé *Ya* 30.6.88, 6: ¿De ahora en adelante se dedicará a un oficio "de pane lucrando"?

panem et circenses *(lat; pronunc, /pánem-et-θirθénses/) loc n m* Alimento y diversión, como recursos políticos para mantener sumiso al pueblo. | Miret *Tri* 24.6.72, 39: Las publicaciones que más se venden son las intrascendentes .. Descargan nuestra tensión catárticamente con sus chistes y bromas, para, alcanzar así una situación de "panem et circenses", de alimento evasionista y risa descargadora de inquietudes.

panenteísmo *m (Filos)* Teoría de Krause († 1832), según la cual Dios contiene al mundo y este trasciende de Dios. | GÁlvarez *Filosofía* 2, 252: Krause .., en estrecha conexión con el pensamiento de Hegel, mitigó su panteísmo para defender una especie de panenteísmo.

panero -ra I *adj* **1** [Pers.] que gusta de comer mucho pan. | * Papá es muy panero.
II *n* **A** *f* **2** Recipiente para servir el pan a la mesa. | Lera *Bochorno* 43: En la vitrina de falsa caoba lucían su paso de *ballet* diversas copas y jarras de cristal .. y unas bandejas y paneras de metal plateado.
3 Recipiente o lugar para guardar el pan. | R. Rubio *Abc* 12.11.70, 11: Hermoso olor a pan recién cocido por las calles del lugar, por toda nuestra casa. El trabajo había terminado y las piezas de pan se guardaban en la panera.
4 Granero (lugar en que se guarda el grano). | Escobar *Itinerarios* 196: Ya las eras habían sido barridas y se almacenaban los granos en las paneras y la paja en los pajares.
B *m* **5** *(raro)* Panera [2]. | *Ya* 5.12.74, 3: Servicio de mesa. Oferta especial 588. Compuesto por fuente ovalada, legumbrera y panero-frutero, de acero.

paneslavismo *m (hist)* Doctrina o sistema que propugna la unidad y la solidaridad de los países eslavos. | FReguera-March *España* 12: Alemania .. oponía su pangermanismo al paneslavismo ruso.

paneslavista *adj (hist)* De(l) paneslavismo. | * La doctrina paneslavista no fue bien aceptada. **b)** Adepto al paneslavismo. *Tb n.* | FReguera-March *España* 5: El 28 de junio de aquel año de 1914, a unos paneslavistas servios .. se les había ocurrido asesinar al príncipe heredero de la corona imperial austríaca.

panetela *f (hoy raro)* Cigarro puro delgado. | Cela *Rosa* 192: Dentro de su minúsculo cuchitril y rodeada de farias y pólizas y cajas de fósforos (.. y cajetillas de panetelas, cortas y largas, y de labores peninsulares), la estanquera .. despachaba sus vicios a militares, clérigos y paisanos.

panetería *f* (*hist*) Oficina de palacio destinada a la distribución del pan. | GSerna *Viajeros* 40: Seguían al rey al menos unas 450 personas ..: dignatarios y oficiales .., personal de la Real Cámara .., panetería, cava y pota[j]ería.

panetone *m* Bollo milanés semejante al roscón de Reyes, en forma de cúpula. | J. Albert *Ya* 20.12.92, 4: Se pierden los espaguetis con salsa boloñesa, los tallarines carbonara, .. los panetones con chocolate líquido y el café capuchino.

paneuropeísmo *m* (*Pol*) Doctrina o sistema que propugna la unidad y la solidaridad de los países europeos. | * El paneuropeísmo tiene todavía muchos adversarios.

paneuropeísta *adj* (*Pol*) Del paneuropeísmo. | *Últ* 8.8.70, 2: Extremos enormemente esperanzadores para una liberación de prejuicios y desconfianzas en el concepto paneuropeísta.

paneuropeo -a *adj* (*Pol*) Del conjunto de los países europeos. | L. Calvo *Abc* 15.10.70, 29: M. Pompidou .. se adhirió a la Conferencia de seguridad paneuropea lanzada hace más de un año desde Budapest.

panfilio -lia *adj* (*hist*) De Panfilia (antigua región de Asia Menor). *Tb n, referido a pers.* | Villar *Lenguas* 122: En época histórica se conservan varios dialectos clasificados como aqueos: el arcadio, el chipriota y el pa[n]filio. [*En el texto*, pamfilio.]

panfilismo *m* (*lit*) Benignidad extremada. | Laín Marañón 154: Comprender a los demás, descubrir la más o menos amplia validez de la razón de ser de su persona y su conducta, dista mucho de la entrega habitual a un blando panfilismo.

pánfilo -la *adj* (*col, desp*) [Pers.] boba o ingenua. *Tb n.* | CPuche *Paralelo* 97: ¿Tú crees, so pánfilo, que te la entregarán sana y salva? MGaite *Visillos* 230: Petrita dijo que bueno, que se quedaba. Es una pánfila que da pena. **b)** Propio de la pers. pánfila. | Payno *Curso* 235: En la pandilla había otras chicas, unas ocho o diez .. Había una seria, y con gafas y cara pánfila.

panfletariamente *adv* De manera panfletaria. | B. MPatino *SPaís* 16.10.77, XVI: En cuanto a realizar una película de montaje concretamente sobre nuestra guerra civil, .. me preocupaba especialmente el no dejarme llevar por la tentación de atenerme panfletariamente al otro lado desconocido, como un Nodo al revés.

panfletario -ria I *adj* **1** De(l) panfleto. | * Lo suyo es el estilo panfletario, desengáñate. **b)** Que tiene carácter o estilo de panfleto. | Ridruejo *Memorias* 43: Escribía, de vez en cuando, artículos panfletarios, secos como trallazos, pero vivos de lenguaje.
II *m y f* **2** Panfletista. | Cunqueiro *Sáb* 21.7.76, 25: Su cadáver fue rescatado de la fosa común del campo hitleriano de Drancy –al que habían colaborado algunos franceses, como ese mal panfletario Lucien Rebatet, que antes se publican "Las memorias de un fascista", un texto asqueroso–.

panfletista *m y f* Autor de panfletos. | Cossío *Confesiones* 277: Al reunirse los padrinos [del duelo] para deliberar, uno de ellos mostró a los del director panfletista la carta que había escrito este a don Julio Guillén.

panfleto *m* Escrito breve, gralm. de carácter político, en que se ataca con violencia a alguien o algo. | *Ya* 6.5.70, 23: En los locales del centro se encontraron .. varias imprentillas para la confección de panfletos.

pange lingua (*lat; pronunc,* /pánge-língua/ o /pánxe-língua/) *m* (*Rel catól*) Himno que comienza con las palabras "pange lingua" y que se canta en alabanza del Santísimo Sacramento. | Villapún *Iglesia* 69: Abierto el sagrario, expone el Santísimo. El coro canta el "pange lingua", mientras se inciensa al Santísimo.

pangermánico -ca *adj* (*hist*) De(l) pangermanismo. | Arenaza-Gastaminza *Historia* 264: Todos ellos enemigos del imperialismo pangermánico del II Reich.

pangermanismo *m* (*hist*) Doctrina o sistema que propugna la unidad y la solidaridad de los pueblos germánicos. | Arenaza-Gastaminza *Historia* 263: El pangermanismo excitó el recelo de las potencias.

pangermanista *adj* (*hist*) De(l) pangermanismo. | Arenaza-Gastaminza *Historia* 262: En pos del ideal pangermanista, trabajó por extender su influencia en Europa Central, Balcanes y Turquía. **b)** Adepto al pangermanismo. *Tb n.* | FReguera-March *España* 65: Una vez puesta Bulgaria de acuerdo con Austria, solo faltaba el aniquilamiento de Servia para realizar el Imperio de los pangermanistas.

panglosiano -na (*tb con la grafía* **panglossiano**) *adj* (*lit*) Que se caracteriza por la creencia de que la humanidad vive en el mejor de los mundos posibles. | ILaguna *Ateneo* 40: La promoción número 5 (1880-1895) marca el apogeo de la Restauración y de la Regencia de doña María Cristina. Optimista panglossiana, cuando empieza a declinar se lleva el batacazo del 98. Zunzunegui *Camino* 412: Molino, con un optimismo panglosiano, creía que aún no había agotado todos los recursos.

pangolín *m* Mamífero desdentado y cubierto totalmente de escamas duras, propio de las zonas ecuatoriales de África y Asia (gén. *Manis*). | Navarro *Biología* 308: Los animales más típicos son el orangután .., tapir malayo, pangolín asiático, etc.

panhelénico -ca *adj* (*hist*) Del conjunto de los pueblos helénicos. | Pericot *Polis* 72: Dentro de la variedad política [de los griegos] había cuatro vínculos nacionales: la lengua, la religión, los juegos panhelénicos y las anfictionías.

panhelenismo *m* (*hist*) Doctrina o sistema que propugna la unidad y la solidaridad de los pueblos griegos. | G. Estal *Abc* 17.7.75, sn: Esquines, por el contrario, defendiendo el panhelenismo acariciado por Isócrates y la unión para ello con el bárbaro victorioso, en pro de una macrópolis que salvara la civilización griega, apoyado por la juventud, era un herodiano clarividente.

paniaguado -da *m y f* **1** (*desp*) Pers. que disfruta de una situación privilegiada gracias al favor o la protección de otra. *Tb adj.* | R. Trías *País* 23.6.76, 6: Son precisamente los que al comienzo he llamado posibilistas. Los que tantos descomunales desfacedores de entuertos como en la cristiandad han sido llaman chanchulleros, paniaguados, cínicos y hasta traidores. Torrente *Pascua* 346: Las había [palmas] grandes, robustas, arbóreas, para el clero y personas mayores .. Unas pocas más, tejidas y adornadas con lazos de colores, se destinaban a niños y niñas paniaguados. El resto llevaría ramos de olivo y de laurel.
2 (*hist*) Servidor que recibe habitación, alimento y salario. | Sobrequés *HEspaña* 2, 151: En Castilla, Pedro I tuvo que tomar cartas en las constantes excomuniones de sus oficiales cuando pretendían llevar a los tribunales eclesiásticos a los paniaguados y familiares de los clérigos.

pánico -ca I *adj* **1** (*lit*) [Miedo o terror] muy intenso. | SRobles *Pról. Teatro 1964* 24: Se multiplican los distintos afectos y reacciones del monarca: miedos pánicos, ayes y alaridos, lloriqueos. Kurtz *Lado* 164: Tenía terror pánico de los gallos y de las gallinas. **b)** (*raro*) De(l) terror pánico. | E. Barrenechea *Inf* 28.4.73, 16: Goya nació en Fuendetodos, a unos doce kilómetros de Belchite .. Si hubiera estado vivo en agosto de 1937 o en marzo de 1938, no hubiera necesitado de mejor "modelo vivo" para sus escenas pánicas que el drama que se desarrolló en el pueblo vecino.
2 (*lit*) Del dios Pan. | Torrente *Fragmentos* 107: Venía por el camino, tocando en su flauta pánica una tonada enrevesada y arcaica, un viejo pastor de cabras.
3 (*lit*) Cósmico o total. | Gaos *Antología* 38: *La destrucción o el amor* (1935) es un canto total a la naturaleza, a su despliegue de fuerzas y al anhelo por llegar, a través del amor, quebrantando nuestra radical soledad, a la comunión pánica en el seno del universo.
4 de ~. (*col*) De miedo (impresionante). *Con intención ponderativa. Tb adv.* | * Tiene un coche de pánico. * Se está de pánico.
II *m* **5** Temor repentino y extremo, gralm. irracional. *Frec con intención ponderativa.* | Arce *Testamento* 28: Comprobé que había alcanzado a El Bayona en el vientre y me entró verdadero pánico. * Se produjeron algunas escenas de pánico.

panícula *f* (*Bot*) Racimo de racimos. | Santamaría *Paisajes* 35: *Phragmites vulgaris*, carrizo: es una hierba vivaz, muy alta, de anchas hojas gris verdosas y una panícula poco densa.

panículo *m* (*Anat*) Capa de tejido adiposo situada bajo la piel. *Tb* ~ ADIPOSO. | Navarro *Biología* 75: La piel permite combatir el frío por sus producciones aislantes (pelos y panículo adiposo).

paniego -ga I *adj* **1** De(l) cereal. *Esp referido a tierra*. | Escobar *Itinerarios* 136: Lo que es llanura, casi la totalidad de Castilla, resulta suelo paniego. GCaballero *Abc* 19.3.75, 9: Valladolid .. es cruce de corrientes .. Desde sus orígenes surgiría con vocación centralizadora de mercado paniego y pecuniario.
II *f* **2** (*reg*) Romaza (planta). | Mayor-Díaz *Flora* 426: *Rumex crispus* L. "Romaza rizada", "Paniega". Mayor-Díaz *Flora* 242: *Rumex conglomeratus* Mur. "Paniega".

panier *m* (*raro*) Cestillo o canasta. | Perala *Setas* 91: Transportar la cosecha en un recipiente rígido –lo ideal es un "panier" ancho de fondo plano–.

panificable *adj* Que se puede panificar. | Ybarra-Cabetas *Ciencias* 287: Los trigos redondillos .. dan también harina blanca y son panificables.

panificación *f* Acción de panificar. | Bustinza-Mascaró *Ciencias* 281: Con un poco de levadura de cerveza o de levadura para panificación hagamos una suspensión en agua y examinemos una gota al microscopio.

panificador -ra *adj* Que panifica. *Tb* n *f, referido a fábrica*. | *Hoy* 28.7.74, 6: La crisis de la industria panificadora es profunda. GTelefónica *N.* 809: Panificadoras Ángel Alonso. Elaboración de todos los productos de panadería.

panificar *tr* Transformar en pan [trigo u otro cereal, o su harina]. *Tb abs*. | FQuintana-Velarde *Política* 35: El trigo es un bien de tercer orden: ha de molturarse y panificarse –dos procesos de transformación– para convertirse en bien de primer orden. Tartarín *CoE* 19.9.74, 24: De los griegos aprendieron a panificar los romanos, los cuales espolvoreaban la corteza del pan con hinojo, perejil y adormidera.

panilla[1] *f* Pana fina y lisa. | Hoyo *Caza* 17: Era corriente, un hombre. Con traje de pana amarilla, un gran tapabocas de panilla verde y boina.

panilla[2] *f* (*reg*) Medida para aceite, equivalente a la cuarta parte de una libra. | Romano-Sanz *Alcudia* 26: Cuando Santos Félix pela las patatas, echa parte en la sartén y vierte en ella una panilla de aceite.

panique *m* Murciélago del tamaño del conejo, propio de Oceanía (*Pteropus lanensis* y *P. edulis*). | J. HPina *SYa* 29.1.84, 15: El panique está en posesión de un buen sentido de la vista y del olfato, de forma que no precisa del complicado aparato de radar que guía al murciélago.

paniquesillo *m* Pan y quesillo (→ PAN). | Gala *Sáb* 5.7.75, 5: La cabeza del Reino de Bohemia .. está este mes inundada de sus *bezinky* –unas umbelas blancas que en peores tiempos llegaron a comerse; como el paniquesillo de nuestras acacias en nuestros peores tiempos–.

panislamismo *m* (*Pol*) Doctrina o sistema que propugna la unidad y la solidaridad de los países islámicos. | Tejedor *Arte* 224: La ponen en peligro [la paz mundial] una serie de aspiraciones –Suez, petróleo, panislamismo, independencias, reivindicaciones–.

panizo *m* Planta gramínea de flores en panoja y grano de color amarillo rojizo, que se usa para alimento del ganado (*Setaria italica* o *Panicum italicum*). *Tb su fruto*. | Bustinza-Mascaró *Ciencias* 274: Cereales: .. el trigo, la cebada, el maíz, .. el panizo. G. Ferrari *MHi* 8.66, 34: Una vez destetados [los becerros], se los alimenta con pienso. Suelen comer maíz, habas molidas y panizo triturado.

panlogismo *m* (*Filos*) Doctrina según la cual todo lo que es real es inteligible. | MPuelles *Filosofía* 1, 84: Así acontece en el "panlogismo", que, al identificar el ser con el "ser conocido", elimina toda posibilidad de distinguir efectivamente entre propiedades reales y propiedades que las cosas tienen únicamente por ser objeto de conocimiento.

panlogista *adj* (*Filos*) Adepto al panlogismo. *Tb n*. | Espinosa *Escuela* 343: Solo pergeñé unos intentos [de filosofía] .., suficientes para que los excarcelantes .. me acusen de terminista y panlogista.

panne (*fr; pronunc corriente*, /pan/) *f* Parada accidental del funcionamiento de una máquina o de un motor. | Pemán *MHi* 7.68, 11: No es que Estados Unidos sea una máquina constitucional perfecta, con imposibilidad de "panne" y guerra civil. *SArr* 27.12.70, 6: La "panne" del "Apolo 13" en el espacio sirvió para que la Nasa meditara unos meses y para que la Humanidad se sintiera más unida.

panneau (*fr; pronunc corriente*, /panó/; *pl*, -x) *m* (*raro*) Panel o tablero. | L. Fierro *Ya* 19.10.75, 46: La cartelera, llamémosla mejor "anuncio" en prensa, necesaria también, es como reproducción microfilmada, más o menos perfecta, de los gigantescos "panneaux".

panocha I *f* **1** Panoja [1 y 2]. | Berlanga *Barrunto* 12: No puede engañar ni a los forasteros diciéndoles que es su colchón, porque ella duerme en uno de panochas de maíz. C. Soriano *Abc* 20.8.69, 27: Realiza la operación de "machear" a la palmera hembra, cuando se abre también su panocha, con el polen de la palmera macho.
2 (*vulg*) Órgano sexual masculino. | Campmany *Abc* 18.4.85, 21: No es que yo crea que mis paisanos estén más cerca de San Luis Gonzaga, con el lirio en la mano, que del mozo de ronda y relincho, con la panocha pronta y el caliche dispuesto.
II *adj invar* **3** [Color] rojizo propio de la panocha del maíz. | CPuche *Paralelo* 95: Un día la vendedorcita del bloque americano, la criatura del pelo color panocha, les había contestado. **b**) (*col*) [Pers.] pelirroja. *Tb n*. | GPavón *Hermanas* 46: Les señaló fotografías en las que aparecían las hermanas Peláez a distintas edades. Tan parejas, tan panochas. CBonald *Noche* 177: ¿Qué mierda anda husmeando por aquí esa panocha?

panocho -cha I *adj* **1** De la huerta murciana. *Tb n, referido a pers*. | *Ya* 21.1.90, 66: Piensan realizar otras actividades, como son [sic] la publicación de un "palabrero", que será un vocabulario de las palabras panochas recuperadas.
II *m* **2** Dialecto murciano. | Lapesa *HLengua* 332: Por lo demás, el dialecto murciano (panocho) responde a los caracteres generales del Mediodía.

panoja *f* **1** Inflorescencia formada por una espiga densa o por un conjunto de espigas que nacen de un eje o pedúnculo común. *Gralm designa la del maíz*. | Arce *Testamento* 73: Los chiquillos estábamos cansados de revolvernos entre las hojas tersas de las panojas y como un poco borrachos de su olor seco y polvoriento.
2 (*jerg*) Dinero. | Lera *Olvidados* 229: Dile de mi parte que no apunto más. O suelta la panoja, o te traes la botella.

panoli[1] *adj* (*col*) [Pers.] boba o simple. *Tb n*. | CPuche *Paralelo* 365: –Eso nos ha venido como anillo al dedo. –¡Llovido del cielo!... No me seas panoli. DCañabate *Paseíllo* 18: Eres un panoli que, porque estudias segundo de bachillerato, te has creído alguien.

panoli[2] *m* (*reg*) Dulce hecho con harina, azúcar, aceite y vino blanco o aguardiente, cocido al horno. | Vega *Cocina* 139: La cocina de Morella goza de merecida fama, que se extiende a las de todas las del maestrazgo: la nogada .. y el panoli, que se hace con harina de trigo de mucho gluten, aceite y huevo.

panónico -ca *adj* (*hist*) Panonio. | Castillo *Polis* 185: Las comarcas limítrofes se llamaban marcas y eran gobernadas por *comes marcae* (marcas hispánica, bretona, del Friul, ávara o panónica, soraba y danesa).

panonio -nia *adj* (*hist*) De Panonia (antigua región de Europa correspondiente a la actual Hungría). *Tb n, referido a pers*. | Cunqueiro *Sáb* 12.11.75, 31: Además de este Martín, los gallegos tuvimos otro, y santo también, un panonio, de donde hoy es Hungría.

panoplia *f* **1** Tablero decorativo, gralm. en forma de escudo, en que se colocan distintas armas. | AMillán *Juegos* 118: De la panoplia con armas que hay en la pared coge una pistola.
2 Conjunto de armas. *Gralm con un compl o un adj especificador*. *Tb fig*. | A. Vélez *Inf* 8.12.77, 11: Solo los Jefes de Estado o de Gobierno de los países aliados pueden decidir si el artefacto se incorpora a la panoplia de la O.T.A.N. L. Vigil

Tri 13.5.72, 18: La mecanización de la información .. es uno de los métodos usados. Otro es la utilización de toda la panoplia de aparatos que la técnica audiovisual pone a disposición del "James Bond" moderno.
3 Juguete consistente en un equipo de prendas e instrumentos característicos de una actividad, presentados en un cartón. | *Abc Extra* 12.62, 47: "El juguete es una de las industrias que más ha progresado", escribe Manuel de Agustín. Junto a las panoplias de sabio atómico, las de exploración interplanetaria.

panorama *m* **1** Paisaje muy amplio. | Laforet *Mujer* 133: Se notaba interiormente con una disposición de ánimo que le hacía encontrar el mundo nuevo. Como si fuese a descubrir un panorama, una ciudad, un barrio.
2 Visión o descripción de conjunto [de algo complejo]. | Torrente *Panorama* 9: Panorama de la literatura española contemporánea. [*Título*].
3 Situación de conjunto [de algo complejo]. | *Abc* 28.6.58, 59: Describe la vida de los seminaristas y el actual panorama de la vocación sacerdotal. A. Cobos *Ya* 23.5.73, 35: Este pintor, arraigado en Irún, no ocupó el lugar que le correspondía dentro del panorama artístico español de su tiempo, pese a su triunfo espectacular en la exposición universal parisiense del novecientos.
4 Horizonte (conjunto de posibilidades o perspectivas). | Halcón *Ir* 176: Un asunto de policía que se aclararía al fin, pero con escándalo publicitario, si no quería pudrirse en la cárcel. Un panorama sombrío.

panorámicamente *adv* De manera panorámica [1a]. | M. Cayón *Abc* 30.8.66, 43: El León de hoy es mucho León contemplado panorámicamente a través del tiempo.

panorámico -ca I *adj* **1** De(l) panorama. | FQuintana-Velarde *Política* 59: Tales son los rasgos básicos y generales .. Es preciso ahora obtener, además de la visión panorámica general que ya poseemos, algunos detalles concretos. **b)** [Imagen] que representa una vasta extensión de terreno. *Tb n f.* | * Es una fotografía panorámica del pueblo. **c)** [Autocar o vagón] que permite ver cómodamente el paisaje en todas direcciones. | J. Oyarzun *Abc* 15.10.70, 11: Estas viejecitas de trajes floreados y sombreros de paja que a veces vemos circular por Madrid en grandes autobuses panorámicos .. esconden bajo su aparente fragilidad una gran entereza. **d)** (*Cine*) [Pantalla] de superficie cóncava y más ancha que la normal, destinada a películas en cinemascope y similares. | * Este cine tiene pantalla panorámica.
II *f* **2** Panorama [1 y 2]. | *Van* 26.3.70, 11: Sitges. Extraordinaria situación frente al mar, gran panorámica, abundante caudal de agua. *Nue* 11.1.70, 1: Nuevo Diario ofrece una interesante panorámica de la vida y obra de don Miguel Primo de Rivera.
3 (*Cine y TV*) Toma de vistas que se efectúa haciendo girar la cámara sobre un eje. | J. LMartínez *Lan* 14.2.92, 4: Aquí .. se han aportado algunas bellas panorámicas paisajísticas, pero el momento en que caballero y escudero –en la segunda salida– abandonan su aldea me parece excesivamente teatral.

panoramizar *tr* (*raro*) Hacer el panorama [2] [de algo (*cd*)]. | *Abc* 8.11.75, 80: Realmente las complicaciones anestésicas no terminan –para panoramizar toda la situación con autenticidad– con estas apuntadas.

panote *m* Baldosa de cemento usada esp. en pavimentación de aceras. | *Van* 5.9.71, 12: Importante Empresa constructora radicada en Barcelona .. desea ofertas de proveedores de las siguientes materias: Rebajes .. Terrazos. Panotes. Bordillos.

panqueque *m* Torta blanda de harina, leche, huevos y manteca, que se hace en sartén y se sirve con dulce o jarabe, típica esp. de Argentina. | *Con* 11/12.91, 19: El mejor estilo en carnes a las brasas sabor "Urutino" uruguayo y argentino. "La Parrilla Alegre." Especialidades en: Matambres, .. pastelitos de dulce de leche, panqueques, etc.

panservio -via *adj* (*hist*) Panservista. | FReguera-March *España* 6: Cobró nuevos bríos la agitación panservia, alimentada por Rusia.

panservismo *m* (*hist*) Doctrina o sistema que propugna la hegemonía serbia en los Balcanes. | * El panservismo de principios del siglo XX.

panservista *adj* (*hist*) Del panservismo. | Arenaza-Gastaminza *Historia* 263: Servia había asumido el papel preponderante entre los pueblos eslavos de los Balcanes, con la oposición de Bulgaria, mientras la propaganda panservista predicaba el ideal de constituir una fuerte potencia eslava en el sudeste europeo.

pansexualismo *m* (*Psicol*) Doctrina que considera el instinto sexual como base de toda actividad psíquica. | Miguel *Mad* 22.12.69, 13: Los padres que "hicieron la guerra" .. no pueden entender el pacifismo, el a-sexualismo (o el pan-sexualismo, vaya usted a saber) .. de sus hijos.

pansido -da *adj* (*reg*) Seco o paso. *Dicho gralm. de fruta.* | CPuche *Paralelo* 423: Todo el Penca .. era como de cera sucia, una cara pálida y desencajada .. Una piel ceniza, pansida y ajada.

panspermia *f* (*Biol*) Teoría según la cual la vida sobre la Tierra proviene de gérmenes venidos de fuera. | E. A. GCaballero *Abc* 15.12.90, 129: Según Fred Hoyle, famoso astrónomo que apoya la teoría de la panspermia galáctica .., el virus de la gripe viene del espacio.

pantagruélicamente *adv* De manera pantagruélica. | *Sur* 15.8.89, 9: No estaba bien visto reunirse a cenar pantagruélicamente en favor de quienes no saben lo que es un tenedor.

pantagruélico -ca *adj* Que evoca a Pantagruel (personaje literario famoso por su voracidad). | U. Buezas *Reg* 20.10.70, 4: Aquellos pantagruélicos festines en que para apurar la sensualidad del desaforado yantar inventaron el tétrico Vomitorium. Carnicer *Cabrera* 63: Aprovechando el entusiasmo pantagruélico de los comensales, y sin que se den cuenta, traslado a León y al perrillo del otro cura, que husmean bajo la mesa, las putrefactas viandas de mi plato.

pantagruelismo *m* Condición de pantagruélico. | Vega *Corazón* 49: De ello no se libran las clases modestas de la sociedad de las grandes ciudades, que en los límites de sus posibilidades emulan el pantagruelismo de las altas.

pantalán *m* Muelle o embarcadero pequeño sobre pilotes. | *Abc* 4.10.70, 31: Entró en este puerto el butanero "Isla de Mouro" .. transportando cargamento completo de butano para alijar en el pantalán de Guixar.

pantalla *f* **1** Superficie que se coloca ante un foco luminoso para evitar que la luz dañe los ojos o para dirigirla en determinada dirección. | CNavarro *Perros* 115: El flexo estaba encendido .. y su cara se recortaba un poco verdosa a causa del color de la pantalla. Delibes *Voto* 149: Aunque el sol estaba vencido, hizo pantalla con su mano derecha y amusgó los ojos para concentrar su mirada.
2 Superficie que sirve para detener determinadas radiaciones, para atenuarlas o para hacer visibles las que no lo son normalmente. | Kurtz *Lado* 122: Ya que estaba en la consulta le pedí que se aligerara de ropas para tomarle la tensión, auscultarle y verle por la pantalla. *NHi* 8.77, 94: Las zonas bajas, castigadas por las grandes inversiones térmicas y los efectos de pantalla de las cadenas circundantes.
b) Superficie que sirve para proteger del ruido. *Frec* ~ ACÚSTICA. | Ma. Gómez *Ya* 5.2.91, 12: Madrid estrenará esta primavera su primera pantalla acústica, "un muro diáfano de 300 metros de largo por 3,5 de altura, que aislará el madrileño parque de la Fuente del Berro del ruidoso trasiego de vehículos de la colindante M-30". *Abc* 2.2.91, 46: La concejalía de Sanidad ha puesto en marcha un proyecto encaminado a reducir el ruido ambiental en las zonas próximas a las carreteras y a la estación de ferrocarril mediante la instalación de una "pantalla ecológica" compuesta por miles de árboles que serán plantados a partir de este mes.
3 Pers. o cosa que sirve para ocultar o mantener en la sombra algo o a alguien. | Delibes *Santos* 100: Se asomaba acuclillado al borde de la pantalla y decía, mascando las palabras para no espantar el campo: ¡suéltame, señorito, suéltame! *Ya* 29.10.88, 8: Según el auto de procesamiento, anunciado ayer en Nueva York, Khashogui había actuado como pantalla para el ex dictador filipino para ayudarle a desviar bienes y ocultar su posesión de edificios y colecciones de arte.
4 Telón u otra superficie rectangular sobre los que se proyectan imágenes, esp. cinematográficas. | *GMundo* sn:

pantalón – panteónico

S.A.C.I. Radios, .. fotografía, cines sonoros y mudos, pantallas cine.
5 Superficie sobre la que se forman las imágenes televisivas o de un aparato electrónico. | J. MArtajo *Ya* 18.4.75, 7: La difusión del desprestigio norteamericano tiene, además, a su servicio los altavoces de la radio y, sobre todo, millones de pantallas de televisión. *Prospecto* 12.92: El Corte Inglés .. Notebook. Procesador 80386 .., pantalla LCD-VGA .. Psion. Ordenador de bolsillo Serie 3, pantalla de gráficos de 240 x 80, LCD.
6 (*lit*) Cine (arte). *Tb* ~ GRANDE. | CNavarro *Perros* 138: La voz del locutor era la voz que "doblaba" a no pocos astros de la pantalla. *Hoy* 6.10.74, 25: Pretendo volver al cine con algo que merezca la pena. Y para hacer bufonadas como las que se están haciendo, para un mercado nacional pobre, prefiero continuar al margen de la pantalla grande. **b) pequeña ~.** (*lit*) Televisión. | *TeR* 8.12.69, 9: Era el primer ministro del nuevo Gobierno que se asomaba a la pequeña pantalla. *HLM* 26.10.70, 28: Presenció por la pequeña pantalla la transmisión del encuentro del estadio Bernabeu.

pantalón I *m* **1** Prenda de vestir que cubre por separado ambas piernas, partiendo desde la cintura hasta el muslo, la rodilla o gralm. hasta el tobillo. *Frec en pl con sent sg. A veces con un adj o compl especificador de la longitud o la forma.* | GPavón *Hermanas* 30: Del pantalón ceñido aplaudían y jaleaban al imitador de estrellas. Olmo *Golfos* 20: Luisito usa pantalones largos. *ByN* 31.12.66, 92: Vestía un jersey de cuello alto, pantalones vaqueros y un chaleco de anchas y brillantes rayas. GPavón *Hermanas* 42: Unos jovenzuelos vestidos con levitones, melenas y pantalones de campana pasaron impetuosos. **b)** *Se usa frec en aposición con* FALDA, FAJA *o* MEDIA *para designar las que a partir de la ingle cubren por separado ambas piernas.* | *Economía* 323: Para ir en bicicleta es muy conveniente el uso de la falda-pantalón. *Ya* 20.10.70, 9: Leotardos Undos, las medias-pantalón, largas hasta la cintura, máxima elasticidad. **c) traje ~** → TRAJE.
2 (*hist*) Prenda interior femenina que se ajusta a la cintura y cubre separadamente ambas piernas. *Tb en pl con sent sg.* | *SAbc* 15.6.75, 33: Se horrorizarán al saber todas las prendas interiores que había que llevar en aquella época: camisa, corsé, cubrecorsé, pantalón, dos enaguas. ZVicente *Examen* 126: Llegaban las primas, atestadas de lacitos, asomándoles los pantalones con puntillas por debajo de las faldas.
3 (*col*) *En pl:* Hombre u hombres. *En contraposición explícita o implícita con* FALDAS. | Berenguer *Mundo* 48: Allí había muchísimo personal, faldas y pantalones, todos del señorío. * Esa chica ve unos pantalones y pierde la cabeza.
4 ~ de montar. (*col*) Engrosamiento excesivo en la zona de las caderas y muslos, propio de las mujeres. | L. GPaz *SYa* 6.5.90, XII: Con respecto a la celulitis, la mesoterapia puede evitar cirugías o la liposucción en determinados casos, como el conocido por "pantalón de montar" en la parte externa de los muslos, aunque no es una técnica milagrosa que se pueda aplicar a todos los casos (por ejemplo, grandes celulitis).
II *loc v* (*col*) **5 bajarse los ~es.** Ceder en condiciones deshonrosas. | E. Romero *País* 16.7.78, 7: El Gobierno da la sensación de que lo han puesto allí por alguna injusticia o privilegio que quisieran legitimar, tendiendo la mano a sus contrincantes o bajándose los pantalones. L. Reyes *SPaís* 24.9.78, 23: Los españoles estábamos dispuestos para recibir a los americanos con los brazos abiertos, o "con los pantalones bajaos", que decían los castizos.
6 coger (*o* **pillar**) **con los ~es en la mano.** Coger desprevenido a uno en una situación lamentable. | Mendoza *Ciudad* 121: En las sentencias que dictaban se traslucía su desconcierto: Nos han cogido con los pantalones en la mano, decían, pero debemos absolver y absolvemos.
7 estar con los ~es de (*o* **a**) **cuadros, llevar (puestos) los ~es de** (*o* **a**) **cuadros.** Mostrar una actitud muy dura o exigente. | Diosdado *Anillos* 1, 282: Don Andrés mismo, no está de un humor de perros –como hoy, que se ha levantado con el pantalón a cuadros–, tiene una conversación muy agradable.
8 llevar los ~es. Mandar o ejercer la autoridad [en un sitio]. *Normalmente referido a mujer.* | * En aquella casa quien llevaba los pantalones era ella. **b) ponerse los ~es.** Imponer [alguien] su autoridad. *Normalmente referido a*

mujer. | Delibes *Guerras* 27: No paró hasta que la Corina, mi hermana, se puso los pantalones.
9 llevar los ~es bien puestos. Ser enérgico y autoritario. | * No creas que es fácil dominarle; lleva los pantalones bien puestos.

pantalonero -ra I *adj* **1** Que lleva pantalones [1a]. *Gralm referido a mujer.* | *Inf* 10.9.70, 19: La "gran familia" desayuna. Bueno, quien realmente lo hace es la rubita minúscula y pantalonera.
II *m y* (*más frec*) *f* **2** Pers. que hace pantalones [1a]. | DCañabate *Paseíllo* 31: Mirar quién viene Embajadores abajo. La panda de las pantaloneras del taller de la calle del Amparo.

pantanal *m* Terreno pantanoso. | CBonald *Ágata* 14: Aquellas avaras ruinas aún no tragadas definitivamente por el insaciable pantanal reproducen como la subrepticia persistencia de algo abolido pero no extirpado del todo.

pantano I *m* **1** Estancamiento de aguas poco profundas y de fondo más o menos cenagoso, en que suele crecer una densa vegetación acuática. | Ortega *Americanos* 21: Presenciamos el entierro de un *marine* caído en los lejanos pantanos de Vietnam.
2 Embalse (depósito artificial de agua). | CNavarro *Perros* 102: El locutor daba cuenta de la inauguración de un nuevo pantano.
3 ~ barométrico. (*Meteor*) Depresión barométrica de gradiente horizontal débil. | E. Cañadas *Día* 25.6.76, 36: Pantano barométrico sobre el Mediterráneo occidental.
II *loc adj* **4 de los ~s** (*o* **de ~**). [Gas] metano. | Marcos-Martínez *Física* 247: ¿Cuánto pesa un litro de gas de los pantanos?

pantanoso -sa *adj* De(l) pantano o de (los) pantanos [1]. | Ortega-Roig *País* 83: El arroz se cultiva en las zonas pantanosas de Valencia, delta del Ebro y marismas del Guadalquivir.

pantaruja *f* (*reg*) Pers. disfrazada de fantasma. | Landero *Juegos* 16: Póngase usted de fiesta, perfúmese, cálcese de lujo, esté ciega y quédese aquí esperando como una pantaruja.

pantasana *f* Arte de pesca consistente en un cerco de redes caladas a plomo y rodeadas de otras horizontales. *Tb la embarcación que lo usa.* | *Cam* 21.7.75, 18: Al lugar del siniestro llegaron, en primer lugar, dos "pantasanas", embarcaciones de pesca, de San Pedro del Pinatar, las de "Los Meños" y "Caporra", que faenaban cerca del lugar del accidente.

pantasma *f* (*reg*) Fantasma. | GNuño *Escultura* 16: La mitología clásica ve bien disminuido su cautivador poderío cuando tiene que enfrentarse con la tremenda mitología popular de la bicha, la patum y la pantasma.

panteísmo *m* Doctrina filosófica que identifica el universo con Dios. | Gambra *Filosofía* 152: Causalidad eficiente en las criaturas: su negación en el ocasionalismo y en el panteísmo.

panteísta *adj* De(l) panteísmo. | Pemán *Abc* 5.12.70, 3: Se discutió entonces bastante sobre el carácter laico y ligeramente panteísta de la iniciativa y ceremonial. **b)** Adepto al panteísmo. *Tb n.* | Gambra *Filosofía* 152: Otros filósofos han negado también .. la causalidad eficiente, pero solo en las criaturas o seres de este mundo, al reservarla exclusivamente a Dios. Son estos los ocasionalistas y los panteístas de la escuela cartesiana.

panteón *m* **1** Monumento funerario destinado a contener varias sepulturas. | CNavarro *Perros* 105: Su más ferviente deseo era hallar el cuerpo de su madre para darle sepultura en el panteón de la familia.
2 Conjunto de divinidades [de una religión o un pueblo politeísta]. | Fernández-Llorens *Occidente* 44: Procuraron .. que Buda no acabara convertido en una más de las divinidades del panteón hindú. GNuño *Escultura* 51: La diferencia con otros panteones de pueblos más meridionales, etruscos e iberos, es que las más o menos vagas identificaciones con el Olimpo clásico presentadas por estos quiebran totalmente.

panteónico -ca *adj* (*raro*) De(l) panteón. | A. M. Campoy *Abc* 13.3.75, 15: Los cráneos mondos que pinta

Cristino de Vera tampoco tienen en sus cuencas vacías el terror oscuro de la muerte. Son calaveras sin agresividad panteónica. Umbral *Mortal* 145: Eso es otra forma de gloria. No un olvido panteónico, sino un olvido pequeño.

pantera *f* **1** Leopardo. *Esp se da este n a la variedad de pelaje negro, tb llamada* ~ NEGRA. *Tb su piel.* | Bustinza-Mascaró *Ciencias* 203: El leopardo o pantera .. El color del pelo y el tamaño varían de unas razas a otras y según la localidad que habiten. Soraya *SPue* 7.11.70, 4: Comenzaron la exhibición panteras, guepardos, ocelotes y demás pieles manchadas.
2 (*col*) Mujer de mucho carácter. | *Abc* 5.4.86, 93: Toda la dulzura que la música "pop" ha sido capaz de sacarle a sus compases a lo largo de los años se deslizará, como un exquisito churrete de helado, por las bruscas pendientes que esta pantera nigeriana roturará durante cinco días, cinco, en el calendario musical español.

pantiatra *m y f* (*lit, raro*) Médico general. | Laín *Marañón* 83: El especialista puede limitarse a ser puro técnico, hombre carente de "aptitud generalizadora"; pero el clínico general –el internista, el pantiatra–, no.

panticuto -ta I *adj* **1** De Panticosa (Huesca). *Tb n, referido a pers.* | * Tengo parientes panticutos.
II *m* **2** Dialecto aragonés del valle de Tena (Huesca). | V. Serrano *SD16* 12.12.93, 83: Los tensinos .. viven de forma rural y pastoril, algunos incluso hablando aún el panticuto.

pantocazo *m* (*Mar*) Golpe dado en el pantoque. | Cancio *Bronces* 23: Pídele a Dios que no se llame al norte y te tengas que pasar la noche en vela y entre chaparrás de granizo y desguazaduras de pantocazos. M. Baztán *SSe* 25.3.90, 14: Al llegar a la cresta de la ola, la parte de proa queda fuera del agua, en el aire, y cae de golpe (pantocazo).

Pantocrátor *m* (*Arte*) Representación de Cristo sentado con un libro en la mano izquierda y en actitud de bendecir, propia del románico. *A veces en aposición.* | RMorales *Present.* Santiago *VParga* 6: El Pórtico de la Gloria .. Su Pantocrátor no es heredero de Júpiter tonante. Tejedor *Arte* 107: Por último, las pinturas murales al fresco, frecuentes en los ábsides, donde aparece en la parte superior el Cristo Pantocrátor (Creador).

pantografista *m y f* Pers. que maneja un pantógrafo. | *Van* 17.4.73, 81: Fresadores-Ajustadores Pantografistas. Oficiales de 1ª, Empresa situada en Horta los necesita.

pantógrafo *m* Instrumento que sirve para reproducir dibujos a escalas diferentes. | Gironza *Matemáticas* 156: Los pantógrafos, que se construyen metálicos o de madera, permiten la variación de esa razón mediante diversos orificios graduados a lo largo de las varillas.

pantomima *f* **1** Representación teatral hecha exclusivamente con gestos y movimientos, sin recurrir al lenguaje. | Cunqueiro *Un hombre* 14: Un mosquetero licenciado .., que trabajaba de león en la pantomima de San Androcles en el teatro, salió vestido con la piel de la fiera.
2 Farsa o simulación. | J. Moral *Ya* 4.2.83, 6: Los socialistas .. están convirtiendo una ley necesaria, y en principio justa, en una pantomima de ley. Benet *Nunca* 12: Allí quedó [la frase], unida a todos los departamentos de tercera, las pantomimas sexuales, los botellazos de medianoche.
3 (*raro*) Gesto exagerado o grotesco. | CPuche *Sabor* 181: Él se puso a hacer pantomimas para hacerme reír.

pantomímico -ca *adj* **1** De (la) pantomima [1]. | DPlaja *Literatura* 149: Existía también un teatro pantomímico, cuyos personajes .. se repetían, y que era denominado *Commedia dell'Arte*.
2 (*raro*) [Pers.] que hace muchas muecas o gestos. | Coll *D16* 5.12.91, 2: Los italianos son gesticulantes y exageradamente pantomímicos.

pantópodo *adj* (*Zool*) [Artrópodo] marino con tres pares de apéndices en la parte anterior y de cuatro a seis pares de patas ambulacrales en la posterior. *Frec como n m en pl, designando este taxón zoológico.* | Espinosa *Escuela* 416: Puedo ofreceros tráqueas de miriápodos, .. cutículas de sínfilos, retinas de pantópodos.

pantoque *m* (*Mar*) En un barco: Parte del casco que forma el fondo a lo largo de la quilla. | Zunzunegui *Camino* 334: Pasó a gran velocidad una gasolinera de lujo levantada de proa casi mostrando el pantoque.

pantorra *f* (*col*) Pantorrilla, esp. gruesa. | Delibes *Emigrante* 64: Solo de ver las pantorras del griego, tan blanquito, me meaba de risa.

pantorrilla *f* Parte carnosa de la pierna, comprendida entre la corva y el tobillo. | Laforet *Mujer* 210: Paloma era pequeña .. Julián miraba con una especie de asco sus pantorrillas gruesas. Bustinza-Mascaró *Ciencias* 43: En la parte más abultada de las pantorrillas están los gemelos, provistos de un fuerte tendón –el tendón de Aquiles–.

pantorrillera *f* Venda o pieza que cubre la pantorrilla. | *Van* 20.12.70, 13: Disponemos también rodilleras, tobilleras, musleras y pantorrilleras. Delibes *Cartas* 18: Resolví ponerme calcetines altos de lana, pantorrilleras de las que usaban los pastores en mi pueblo.

pantortilla *f* (*reg*) Torta redonda y aplastada de hojaldre, con huevo, mantequilla y azúcar. | E. DUceta *Ya* 9.8.86, 43: Son clásicos los recitales de romanceros y trovadores de Cantabria .. La promoción de productos típicos como el orujo de Potes, el tostadillo de Liébana, las quesadas, los sobaos, las pantortillas, el queso picón.

pantoténico *adj* (*Quím*) [Ácido] presente en todo tipo de organismos y células, que constituye un factor dietético esencial y pertenece al complejo vitamínico B. | Caudete 85: El contenido vitamínico de la mencionada pasta es el siguiente: Vitamina B^1 .. Vitamina B^2 .. Ácido pantoténico.

pantufla *f* Zapatilla sin talón. | Cuevas *Finca* 130: En Andalucía, el demonio es siempre un gato que anda por las galerías, en pantuflas y sin ningún ruido.

pantuflero -ra *m y f* (*raro*) Pers. que hace o vende pantuflas. | Laiglesia *Ombligos* 39: Y sir Percy Porcy, primer pantuflero de los Príncipes Pequeños.

panty *m* **1** Prenda interior femenina en forma de pantalón. | X. Domingo *Cam* 7.11.77, 91: Pepita Sevilla da besos a los clientes y les enseña sus pantys de puntilla. Tendrá todos los años del mundo, y el panty, aunque nuevo, data de una moda situable en los años cincuenta. *ByN* 11.11.67, 58: Presenta ahora en España una espléndida y variada colección de fajas, portaligas, "pantys" largos y cortos, bragas, "corselettes".
2 Prenda de vestir femenina consistente en dos medias altas, gralm. finas, que se prolongan en forma de pantalón ajustado hasta la cintura. | *Van* 24.10.74, 28: Panty Marie Claire: 65.

panza I *f* **1** (*col*) Vientre [de una pers. o animal]. | Cela *Judíos* 203: Al vagabundo le cantó en la panza la exacta y solemne hora del almuerzo. R. SOcaña *Inf* 20.11.70, 40: Cientos de peces llegan, con las olas, a morir a la orilla y quedar con su panza plateada cara a la lluvia.
2 Parte abultada [de algo, esp. de una vasija]. | Laiglesia *Tachado* 30: Todo el folklore nacional aparecía pintarrajeado en las panzas de las vasijas. Matute *Memoria* 36: El hombre estaba boca abajo, .. arrimado a la panza de la barca. Chamorro *Sin raíces* 42: Vio pasar por encima de su cabeza, rozando la veleta, las negras panzas de los nubarrones.
3 (*Anat*) Primera cavidad del estómago de los rumiantes. | Marín *Enseñanza* 215: El estómago de un rumiante se compone de panza, redecilla, libro y cuajar.
II *loc adj* **4** (**de**) ~ **de burra** (**o burro**). Gris oscuro. *Gralm referido al cielo nublado.* | FVidal *Duero* 96: El viajero contempla ensimismado las heroicas tierras por las que cruza, grises hoy de panza de burra. Berlanga *Recuentos* 77: Fuera, amenaza lluvia el cielo hosco, color panza de burra. VMontalbán *Pájaros* 270: Avanzaban bajo un cielo nublado de panza de burro.
III *loc adv* **5** ~ **arriba.** (*col*) Reposando o yaciendo sobre el dorso. | Olmo *Golfos* 144: No hay quien recoja el escudo que ha quedado panza arriba. *Abc Extra* 12.62, 26: En ocasiones, encallan [los barcos] o naufragan y quedan panza arriba.

panzada *f* (*col*) **1** Hartazgo o atracón. *Frec con un compl especificador*: DE + *n o infin*, o A + *infin*. | Ferres-LSalinas *Hurdes* 32: Todos los días no hay suerte para encontrar carne. Anoche nos dimos una panzada yo y los chicos. Carandell *Madrid* 89: Entona el cuerpo después de darse una panzada de trabajar.

panzazo – paño

2 Golpe que se recibe en el vientre. | *Abc* 15.12.70, 19: Tirándose desde el tejado de un supermercado, .. y dándose una panzada contra las aguas del río Nene.

panzazo *m* (*col*) Golpe que se da con el vientre, o que se recibe en el vientre. | GPavón *Hermanas* 36: El Faraón, como que no hacía nada, le dio un panzazo a Caracolillo Puro. Delibes *Parábola* 163: Se desploma de mala manera (un panzazo) sobre la superficie del agua.

panzer (*al; pronunc corriente,* /pánθer/; *pl normal,* ~s) *m* Carro de combate alemán. | J. M. Javierre *Ya* 4.7.65, sn: Lástima que cuando Daniel Comboni abandonaba la frágil "dahabiah" en que ascendiera río arriba .. no estuviera esperándole una sección de "panzers".

panzón -na I *adj* **1** Panzudo. | Paso *MHi* 12.70, 48: Bebí una coca-cola, y mis amigos me sugirieron que invitara a cerveza a un burrito panzón que había amarrado en un árbol.
II *f* **2** Carpín (pez). | F. Costa *Sáb* 15.3.75, 74: El buen tiempo da la salida a las truchas, las bogas, los barbos, las panzonas... y demás ejemplares de peces a los que los grandes fríos en el agua hacen que se escondan en los nidales de ribera.

panzudo -da *adj* Que tiene mucha panza [1 y 2]. | Solís *Siglo* 22: Menudo de cuerpo, algo desgarbado y panzudo. Cuevas *Finca* 47: Las yeguas grandes, panzudas. Torbado *En el día* 305: –Quiere comprar ese mueble –señaló una vieja cómoda panzuda y rojiza.

pañal I *m* **1** Prenda de bebé, de forma más o menos triangular, que pasa por entre las piernas y se sujeta en la cintura. | *Puericultura* 14: El cubremantillas va abierto por delante para que sea más fácil mudar el pañal.
2 *En pl:* Conjunto de prendas con que se envuelve a los niños recién nacidos. | Vesga-Fernández *Jesucristo* 25: María dio a luz a su primogénito Jesús y envolvióle en pañales y recostóle en un pesebre.
3 (*lit*) *En pl:* Cuna u origen [de una pers.]. *Gralm con un adj calificador.* | Berenguer *Mundo* 10: En esto de la cacería, no en otra cosa, tuve muy buenos pañales y un padre que heredó del suyo y de su abuelo lo que me dejaron para ser hombre con los saberes del reino.
II *loc adv* **4 en ~es.** En los comienzos, o sin alcanzar el grado de perfección o desarrollo adecuado. *Gralm con el v* ESTAR. | *Van* 30.3.74, 30: El fraude que tenemos en España "es un fraude primitivo" .. Pudiera desprenderse de este calificativo que toda la compleja maquinaria que interviene en el proceso productivo está todavía "en pañales" en lo que a adulterar productos se refiere.

pañería *f* **1** Tienda de paños [1]. | MGaite *Visillos* 14: El dueño de la pañería había salido a la puerta .. mirando al chico que .. sacudía en la luz una pieza de tela. *HLSa* 9.11.70, 1: Pañería. Lanería. Todo para el bien vestir de la mujer de hoy.
2 Paños o conjunto de paños [1 y, raro, 2]. | M. P. Comín *Van* 10.10.74, 49: Los fabricantes de pañería fueron muy listos. Torrente *Saga* 539: Ráfagas de viento otoñal rizaban .. la pañería amenazadora de la mesa.

pañero -ra I *adj* **1** De(l) paño [1]. | Mercader-DOrtiz *HEspaña* 4, 141: Ni estas medidas, ni la de declarar exenta de aduana la producción pañera de Guadalajara, proporcionaron remedio alguno.
II *m y f* **2** Pers. que fabrica o vende paños [1]. | Mercader-DOrtiz *HEspaña* 4, 174: Los gremios agrupados fueron los de joyeros, especieros, lenceros, pañeros y sederos. Cela *Judíos* 45: Los quincalleros y los pañeros, y los confiteros del mercado, prestan su pausado y antiguo guirigay.

pañete *m* Paño [1] delgado o de inferior calidad. | *Hacerlo* 130: Para que resulte práctica [la manta], ha de ser de lana o pañete. *Ya* 15.10.67, 11: Muy chic, traje en pañete doble faz.

pañí *f* (*jerg*) **1** Agua. | Sastre *Taberna* 57: ¡Ladrón de los pobres, que vendes por Valdepeñas el canalillo, ladronazo! ¡Que estás secando el Manzanares, so canalla! ¡Que vendes la pañí a siete el litro, caradura!
2 ~ de muelle. Sifón. | MSantos *Tiempo* 46: Y él, "Bueno, si no quiere priva, pañí de muelle". Y viene con el vaso de sifón y me lo pone en las napies.

pañito *m* Paño [2a] de adorno, gralm. de encaje. | GPavón *Hermanas* 44: Pañitos de encaje y almohadas disimulaban un poco aquellos tintes otoñizos.

pañizuelo *m* (*lit, raro*) Pañuelo [1]. | Diego *Ya* 2.12.84, 7: En el portal de Belén .. Federico se abre paso a sonrientes y amables empujones, charlando, bromeando con unos y con otras: con el de la miel .. Y también con la del pañizuelo bordado.

paño I *m* **1** Tejido de lana, compacto y raso. | Zunzunegui *Hijo* 106: Le había hecho Cid un traje de paño inglés, azul oscuro. MSantos *Tiempo* 181: Apenas protegida por un abrigo de paño.
2 Prenda de tela, gralm. rectangular o cuadrada y no muy grande, que sirve esp. para limpiar, cubrir o adornar. *Frec con un adj o compl especificador.* | Medio *Bibiana* 104: Busca por todas partes el paño de cocina. Benet *Aire* 111: Una toalla del tamaño de un paño higiénico. Matute *Memoria* 151: Las uvas maduraron .. La alcaldesa le envió a la abuela por los primeros racimos, en una bandeja de cerámica .. Venían cubiertas con un paño de hilo bordado. Moreno *Galería* 164: Tenía .. una especie de arco soldado para percha de la toalla, que también se llamaba "paño de manos".
b) Trozo de tela. | *Economía* 228: Si alguna parte de la prenda hace falta plancharla por el derecho, se hará con un paño interpuesto.
3 Trozo de tela del ancho de la pieza, que se une a otros para conseguir la anchura necesaria. | * Para esa falda necesitarás tres paños.
4 (*Arte*) Vestidura o prenda de tela. *Normalmente en pl.* | Tejedor *Arte* 43: La Victoria de Samotracia, excepcional muestra de la técnica griega de los "paños mojados".
5 Lienzo de pared. | GNuño *Madrid* 36: El soberbio bloque de la Capilla de San Isidro, con sus paños de ladrillos encuadrados por pilastras. RBuded *Charlatán* 195: Ustedes me dicen que cubra un paño de gris naval, yo agacho la cabeza... y lo cubro. [*Un pintor*.]
6 Conjunto de manchas de la piel, esp. las que salen en el rostro durante el embarazo. | Paso *Isabel* 285: Mira que hasta has conseguido ponerme paño en la cara y que se me hinchen los tobillos.
7 Suciedad o impurezas que disminuyen el brillo o la transparencia. | * Para quitar el paño de los objetos de plata se usa un limpiametales.
8 (*Escén*) Bastidor. | Mihura *Modas* 15: En el paño de la derecha, en segundo término y haciendo chaflán, un balcón que da a la calle. Mihura *Maribel* 60: En el paño del foro, a la izquierda, una única puerta.
9 ~ de lágrimas. Pers. a quien [otra (*compl de posesión*)] confía sus penas o de quien recibe consuelo y ayuda. | Benet *Volverás* 116: Hacia el fin de su vida ya no quería a nadie; yo .. le serví muchas veces de paño de lágrimas, en sus últimos años.
10 ~s calientes. Medios suaves y poco enérgicos, gralm. ineficaces, con que se trata de solucionar o atenuar un problema. | Cela *Judíos* 177: El vagabundo quiso mostrarse conciliador y tiró por el camino de los paños calientes. G. García *As* 7.12.70, 3: Pretendió aplicar desde el principio paños calientes, intentándoles convencer a los jugadores a base de consejos, y cuando se quiso dar cuenta el partido se le había ido de las manos.
II *loc v* (*col*) **11 conocer** (*o* **entender**) **el ~.** Conocer a la pers. o cosa de que se trata y saber a qué atenerse respecto a ellas. | Delibes *Guerras* 22: El Capullo había hecho de barruco en su pueblo y conocía el paño. CPuche *Paralelo* 354: Este tío parece que ha entendido el paño y está dispuesto a pegar fuerte. Con este los rusos se van a gastar pocas bromas.
12 poner el ~ al púlpito. Lucirse hablando de algo que se conoce. | CSotelo *Inocente* 107: Ilusionado ante la perspectiva que se le ofrece de poner el paño al púlpito. N. GRuiz *Ya* 17.11.63, 31: No creemos tampoco oportuno el momento para poner el paño al púlpito y hablar de Pirandello y su teatro.
III *loc adv* **13 a dos** (*o* **todos los**) **~s.** Procurándose ventaja por dos (o todos) medios, incluso opuestos entre sí. | Lera *Trampa* 1035: Es de muy listos jugar a dos paños, pero a Dios no le engañaremos. MSantos *Tiempo* 33: Aprendí a cazar los perros por su cuenta, con lo que se ahorraba lo del de la perrera. Ganaba a dos paños. Grosso

Capirote 44: –Un favor, ya ves. Eso es todo. –Al que no te has debido prestar. –¿Por...? –Porque esa juega [a] todos los paños, que te lo digo yo. –El mío y el del marido, que otro...

14 al ~. (*Escén*) Detrás de un bastidor o asomándose detrás de él. | * Este texto lo dice el protagonista al paño. **b)** (*lit*) Medio a escondidas. *Tb adj.* | Laín *Gac* 4.1.76, 6: Muchos se han preguntado: "¿Por qué Laín habrá firmado ese escrito?". Unos, con sincera perplejidad de amigos. Otros, acaso la mayoría, con el más o menos velado retintín del mero curioso o del simple comentarista al paño.

15 como oro en ~ → ORO.

16 en ~s menores. En ropa interior. | CBonald *Ágata* 219: Me quité la bata y me quedé tal que en paños menores.

pañol *m* (*Mar*) Compartimento para guardar víveres, municiones o pertrechos. *Frec con un compl especificador.* | Aldecoa *Gran Sol* 66: –Si faltan muchas bolas, ¿qué hago? –Las sacas del pañol de popa. Allí tiene que haber. Delibes *Madera* 359: Esparza, un asturiano del pañol de víveres. FReguera-March *Cuba* 488: La tremenda explosión habría ocasionado la voladura de un pañol de municiones.

pañolería *f* **1** Pañuelos o conjunto de pañuelos. | GTelefónica *N.* 606: El Escudo de Sevilla .. Velos. Encajes. Mantillas. Pañolería. Toallas y toda clase de Bordados.

2 Industria o comercio de pañuelos. | Van 6.2.72, 79: Operaria taller pañolería 16-18 años. Trabajo fácil y limpio.

pañolero *m* (*Mar*) Marinero encargado de un pañol. | Guillén *Lenguaje* 45: Un lenguaje que, aunque corto, basta para emitir auténticas palabras .., que no pocos nostramos aumentan convencionalmente, según su habilidad, hasta para poder pedir a su pañolero una copa o "chicotazo".

pañoleta *f* **1** Prenda femenina de forma triangular que se pone sobre los hombros, propia esp. de los trajes regionales. | Ridruejo *Memorias* 22: Mi abuela nunca vistió de burguesa –o de ciudadana–, y llevó hasta su muerte falda bajera y encimera, pañoleta cruzada y escarcela a la cintura.

2 Pañuelo pequeño, o prenda triangular a modo de medio pañuelo, que se pone al cuello o a la cabeza. | Nav 9.7.87, 5: Por lo demás las fiestas de Pamplona y las de aquí no tienen nada en común. Bueno, las vaquillas y las pañoletas rojas son algo compartido, pero nada más.

pañolón *m* Pañuelo [2] grande. | NAl 30.5.70, 1: Los danzantes .. llevan .. atado a la cintura un pañolón rameado con vivos colores. *Abc* 15.6.58, 4: Canastilla de París .. Pañolón chal de lana esponjosa.

pañosa *f* (*col, hoy raro*) Capa de paño [1]. | *Sem* 26.4.75, 92: Se le impuso la capa española. Camilo prometió lucir la típica pañosa allá donde viaje.

pañuelero -ra *m y f* Pers. que vende pañuelos de papel en la calle. | Á. Río *Ya* 12.3.87, 18: La citada empresa oferta trabajo para vender pañuelos de papel en los semáforos. Ya ven el alto grado de aceptación que ha tenido esa nueva profesión de pañueleros que hasta existen empresas que parecen vivir del negocio.

pañuelo *m* **1** Pieza cuadrada de tela o papel, que se usa esp. para limpiarse la nariz o enjugarse el sudor. *Tb* ~ DE NARIZ, *o* DE BOLSILLO. | Cunqueiro *Un hombre* 15: Se limpió los labios con un pañuelo. SFerlosio *Jarama* 19: Se había cubierto la cabeza con un pañuelo de bolsillo. S*País* 22.12.91, 1: Una bolsa de 10 paquetes de pañuelos de papel cuesta en una tienda 150 pesetas.

2 Prenda cuadrada, de diferentes tejidos y gralm. de colores, que se usa como adorno o abrigo. *Frec con un compl especificador:* DE CABEZA, DE CUELLO. | Laforet *Mujer* 12: Paulina llevaba al cuello un pañuelo de seda verde. Arce *Testamento* 37: Me parecía .. que le iba a encontrar .. con sus negros cabellos al aire y aquel pañuelo suyo de lunares blancos y negros anudado a la punta del rastrillo y ondeando al viento. Moreno *Galería* 170: Pañuelo, negro o de color, bien rameado, ricamente bordado, echado sobre los hombros con caída triangular.

papa[1] (*en acep 1a, normalmente con mayúscula*) **I** *m* **1** Jefe supremo de la Iglesia católica romana. | SLuis *Doctrina* 48: La Iglesia de Jesucristo es la reunión de todos los fieles cristianos, cuya cabeza visible es el Papa. **b)** Pers. de autoridad reconocida e indiscutible [en un grupo o actividad (*compl de posesión*)]. | G. L. DPlaja *Tri* 5.8.72, 27: Le hacen a uno recordar que está en la tierra del papa de la psicología infantil, Jean Piaget.

II *loc v* **2 ser más papista que el ~.** Mostrar en un asunto más celo o interés que las perss. directamente implicadas. | A. Piñeiro *Hoy* 28.7.74, 19: Prevención y no precipitación aconsejaba Descartes como norma meto[do]lógica; cierto, pero tampoco hay que ser más papistas que el Papa en la segunda de las reglas.

papa[2] *f* **1** (*reg*) Patata. | Nácher *Guanche* 25: Ahora estaban comiendo con la miserable frugalidad acostumbrada en la casa. Gofio con papas y pan duro.

2 (*col*) Cosa mínima. *Con intención ponderativa. Normalmente en la constr* NI ~, *con vs como* SABER *o* ENTENDER, *en forma negativa.* | Buero *Diálogos* 57: Él tampoco sabe una papa. ZVicente *Traque* 140: El Anastasio, que es de esos de la circulación, que no entiende ni papa de nada de esto, pues que me multó con 100 pesetas. Delibes *Emigrante* 83: La Anita y yo que muy lindo, aunque no veíamos ni papa.

papa[3] *m* (*pop*) Papá. | Sastre *Taberna* 115: Entré de lazarillo con mi padrastro el Ciego de las Ventas .., el cual volvió a juntarse con mi madre mientras mi papa estuvo fuera. Delibes *Guerras* 192: ¿Qué sentías cuando el niño decía papa?

papá *m* (*col*) **1** Padre. *Referido a pers. En el lenguaje infantil o humorist, tb a animales. Gralm con connotación afectiva.* | Olmo *Golfos* 17: Decía que su papá..., decía que su mamá..., siempre decía cosas Luisito Ramírez.

2 *En pl:* Padre y madre. | J. Aralar *SHLB* 12.8.74, 3: Ya los noviazgos comienzan a los 5 ó 6 años de edad, pues, como juegan "a papás", se van emparejando desde la más tierna infancia.

papable *adj* (*col*) [Cardenal] que es considerado como posible papa. | *NEs* 11.8.78, 4: El cardenal Vicente Enrique y Tarancón, arzobispo de Madrid, figura entre los dieciocho "papables" que enumera hoy el diario romano "Il Tempo".

papada[1] *f* **1** *En las perss:* Abultamiento carnoso debajo de la barbilla. | CNavarro *Perros* 97: Sin el disimulo del collar, la papada se mostraba desvergonzadamente fea.

2 *En algunos animales:* Pliegue cutáneo del borde inferior del cuello, que se extiende hasta el pecho. | Vega *Cocina* 84: Luego la carne, que tiene que ser toda de cerdo, y que ni uno solo de sus elementos falte a la cita gastronómica: oreja, morro, papada, lacón.

papada[2] *f* (*reg*) Guiso o comida cuyo ingrediente principal son las papas o patatas. | Altober *Día* 21.9.75, 17: Una lectora solicita conocer cómo se hacen, o, mejor dicho, cómo se preparan, las papas arrugadas, tan populares en Canarias .. La "papada" nos tiene que salir por un ojo de la cara.

papado *m* **1** Cargo o dignidad de papa[1] [1a]. *Tb el tiempo que dura.* | MGaite *Usos* 17: Hacía solamente un mes que había accedido al Papado con el nombre de Pío XII. Fernández-Llorens *Occidente* 96: La conversión de visigodos, lombardos y anglosajones se desarrollaron o iniciaron [*sic*] durante su papado.

2 Institución papal. | RMorales *Present. Santiago* VParga 4: Les gusta citar el conocido comentario de Augusto Comte sobre el Papado en la Edad Media.

papafigo *m* Oropéndola (ave). | CBonald *Ágata* 200: Levantó el vuelo una bandada de papafigos.

papagayo *m* Se da este n a diversas especies de aves tropicales de dimensiones variadas, con plumaje de colores vivos a veces muy contrastados, pico corto y robusto con la parte superior sobresaliendo de la inferior, ojos redondos, patas cortas y pies muy prensiles, y que tienen la facultad de imitar la palabra humana. | Castellanos *Animales* 89: Para la mayoría de pájaros se hace ineludible la provisión del material para la construcción del nido, en la época de la incubación. Unicamente una inmensa mayoría de papagayos se las arregla sin este material. **b)** (*desp*) Se usa frec en constrs de sent comparativo para ponderar que alguien habla mucho y sin sustancia o que repite lo dicho por otros sin comprenderlo. | *Ya* 8.10.87, 5: Prat, todo un orador; el resto, papagayos. L. Serrano *Abc* 2.1.66, 64: Repite, como un papagayo, definición tras definición, sin que haya un solo concepto, claro y fundamental, sedimento en sus resquicios intelectuales.

papahígo *m* **1** (*Mar*) Vela mayor, cuando se navega solo con velas mayores. | Torrente *Sombras* 24: ¡Para

papaína – papayo

eso .. ha aprendido los nombres de las velas, desde la cangreja a los papahígos!
   2 (*raro*) Gorro que cubre el cuello y parte de la cara. | ZVicente *Desorganización* 21: El pastor viste con lujo casi. Zamarra de cuero nuevecita .., cayada con adorno al fuego, papahígo de cuero también.

papaína *f* (*Quím*) Fermento que se extrae del jugo del papayo. | J. L. Aguado *SInf* 14.1.76, 5: Entre los métodos modernos de tratamiento se utiliza el de las inyecciones de papaína o quimopapaína, que producirían un ablandamiento del disco lesionado que hace presión sobre los tejidos nerviosos.

papal *adj* De(l) papa[1] [1a]. | F. Blasi *Mun* 19.12.70, 7: Puede ser oportuno .. no dar una importancia desmedida al documento papal que cita la carta publicada.

papalina[1] *f* **1** Gorra con dos prolongaciones que cubren las orejas. | Landero *Juegos* 161: Las modas habían cambiado tanto que ya no se llevaba la papalina.
   2 (*hist*) Gorro femenino a modo de cofia con adornos. | DPlaja *Sociedad* 236: El sombrero [en el viaje] .. ha sido despreciado por razones de espacio y sustituido por el gorro o papalina en las damas. [*Siglo* XIX].

papalina[2] *f*(*col*) Borrachera. | Olmo *Camisa* 84: (De la tasca salen el Tío Maravillas y Ricardo completamente borrachos.) .. ¡Josú, qué papalina!

papamoscas A *m* **1** *Se da este n a algunos pájaros de los géns Muscicapa y Ficedula, de pequeño tamaño, que se caracterizan por posarse erguidos en espera de coger con el pico los insectos que pasan. Las diferentes especies se distinguen por un especificador:* ~ GRIS (*Muscicapa striata*), ~ CERROJILLO PETERSON (*Ficedula hipoleuca*), ~ COLLARINO, o DE COLLAR (*Ficedula albicollis*), ~ PAPIRROJO (*Ficedula parva*), *etc*. | F. Ferrer *Van* 1.7.73, 3: La curruca zarcera .., el papamoscas cerrojillo –Ficedula hypoleuca– y otros insectívoros permanecen algunas horas descansando. Noval *Fauna* 284: El Papamoscas gris (*Muscicapa striata*) es el conocido *Mosqueru* de Asturias.
   B *m y f* **2** (*col*) Papanatas. | * Ese chico es un papamoscas.

papamóvil *m* (*col*) Vehículo blindado y con la parte posterior del habitáculo alta y transparente, para conducir al papa entre la multitud. | *Abc* 4.11.84, 51: El breve recorrido –menos de una hora de coche– permitió a los habitantes de los pueblos de la zona [de Pavía] saludar a Juan Pablo II, que utilizaba el "papamóvil" blanco regalado por España después de su primer viaje a nuestro país.

papanatas *m y f* (*col*) Pers. simple que se pasma ante cualquier novedad y trata de imitarla. *Tb adj*. | DCañabate *Abc* 29.12.70, 9: Me iría fuera de Madrid, de este ingrato y antipático Madrid, papanatas de lo moderno. **b)** Pers. tonta o idiota. | Nácher *Guanche* 24: Un propietario es doñ desde que nace, y esto le hace soberbio a lo largo de toda una vida de papanatas.

papanatería *f* (*col*) Papanatismo. | Alfonso *España* 65: La papanatería, sobre todo hacia el mundo anglosajón, .. resulta abrumadora.

papanatez *f*(*col*) Tontería o idiotez. | Paso *Rebelde* 120: Porque le lleva a uno la contraria con algo, cree en algo; una papanatez, lo que sea; pero, ¡caray!, se dejaría matar por eso.

papanatismo *m* (*col*) Condición o actitud de papanatas. | RBuded *Charlatán* 201: Todo se funda en el papanatismo de la gente.

papanduja *f* (*raro*) Bagatela. | Campmany *Abc* 19.4.86, 13: Han tenido la santa impertinente paciencia de buscar en las fragosas páginas de los Presupuestos una serie de "partidillas" de poca monta .. O sea, el dinero que destina el Estado a pagar las fruslerías y papandujas que piden nuestros ministros, secretarios de Estado, subsecretarios y directores generales.

papar *tr* (*col*) **1** Comer. | Cela *Pirineo* 176: Se durmió hasta que el perro Llir, aburrido de papar moscas y libélulas, lo despertó. GPavón *Reinado* 112: Don Lotario, papando miel, coreó. **b) ~ moscas** → MOSCA[1].
   2 Sufrir [algo negativo]. *Gralm con un compl de interés*. | Berenguer *Mundo* 161: La madre se clavó en un repechito, mientras la niña bajaba, y yo hartándome de papar relente, allí metido en el lentiscón. FReguera-March *Boda* 158: ¡Con las carpantas que yo me he papado en mi vida!

paparajote *m* (*reg*) Dulce de sartén, compuesto de harina, leche, azúcar y huevo. | Zenón *SYa* 9.12.84, 42: Es difícil probar el alajú fuera de Cuenca; la miel sobre hojuelas, lejos de la Mancha, o los paparajotes, en otro sitio que no sea Murcia.

paparamanta *f* (*reg*) Pers. disfrazada de fantasma. | *Hoy* 20.3.77, 24: –¿Qué se decía en sus tiempos de mozos de las "paparamantas"? –Eran personas "disfra[z]ás" que tenían "mandas" y que recorrían el pueblo de "madrugá" .. Casi siempre llevaban por el cuerpo una sábana blanca o unos sayajes de distintas formas.

paparazzo (*it; pronunc corriente*, /paparátso/; *pl normal*, PAPARAZZI) *m* Reportero gráfico que persigue a personajes famosos en busca de fotografías sensacionales. | T. Medina *Inf* 4.6.70, 21: Durmieron, se tomaron de las manos y juntaron las mejillas. Algo que hubiera hecho las delicias de más de un pa[p]arazzo ita[l]iano. [*En el texto*, pararazzo.] J. Parra *Ya* 28.11.85, 29: Isabel confesó recientemente, con su habitual paciencia asiática, que está pero que muy harta del acoso de que es objeto por parte de esos "paparazzi" de medio pelo que montan guardia permanente en las inmediaciones de su chalé.

paparda *f* Pez marino comestible muy parecido a la aguja pero de menor tamaño (*Scomberesox saurus*). | Noval *Fauna* 417: Parecida a la Aguja es la Paparda .., más pequeña, no pasando de 40 cm, pero de aspecto más estilizado por tener el cuerpo más aplastado. Viven en alta mar.

paparote -ta *m y f* (*raro*) Pers. boba. *Con intención ponderativa*. | FVidal *SYa* 2.7.88, 7: Entonces terciaba la paparota de Amelia, mi hermana.

paparrucha *f* (*col*) Tontería o cosa sin sentido. | Lagos *Pap* 11.70, 163: Quítate esto de la mollera, chaval, que no estás yo en edad de creer en paparruchas. MGaite *Usos* 75: Yo no entiendo cómo os podéis reír con esa paparrucha ["La Codorniz"].

paparruchada *f*(*col*) Paparrucha. | Gironella *Millón* 206: Afirmó que aquello era una paparruchada, puesto que las democracias occidentales no ayudarían nada, que solo ayudaría Rusia.

papas *f pl* (*reg*) **1** Sopas. | Chamorro *Sin raíces* 149: Las papas de migajón con aceite crudo se les daba [a los niños] desde los primeros meses.
   2 Gachas. | Cunqueiro *Un hombre* 137: La reina seguía moliendo el mijo para las papas de la cena.

papaverácea *adj* (*Bot*) [Planta] herbácea dicotiledónea, de hojas alternas, flores vistosas con cuatro pétalos y fruto en cápsula, de la familia de la amapola. *Frec como n f en pl, designando este taxón botánico*. | Remón *Maleza* 77: Género: *Papaver* (Tourn.) L. Familia: Papaveráceas. El género Papaver está bien representado en nuestra península .. por la "amapola" o "ababol".

papaverina *f* (*Quím*) Alcaloide cristalino del opio. | MNiclos *Toxicología* 24: Una poción con citrato sódico y papaverina suele suministrar buenos resultados.

papavientos *m* Chotacabras (ave). | Delibes *Parábola* 115: Oye el zureo de una tórtola .. o el cloqueo del papavientos.

papaya *f* **1** Fruto del papayo, semejante al melón, de pulpa jugosa y fácilmente digerible. | I. TQuevedo *SAbc* 15.6.69, 51: Parecía más que venta un trueque de productos tropicales. Uno ofrecía mangos, otro, avocados; aquí, aguacates, más allá, guayabas, toronjas, papayas.
   2 Papayo. | GSosa *GCanaria* 87: El valle de Agaete, un largo y zigzagueante cañón plantado de plátanos, cafetos, papayas, aguacates, maíz, etc. Loriente *Plantas* 55: *Carica papaya* L., "Papaya" .. Es un pequeño árbol de los trópicos.

papayo *m* Árbol tropical que produce las papayas y un látex del que se extrae la papaína (*Carica papaya*). | B. Mostaza *SYa* 24.6.73, 11: Esos microclimas .. permiten convivir la tunera y el pino .. Y árboles, muchos árboles en juntanza mestiza: almácigos y sabinas, .. higueras y papayos.

papear tr (col) Comer. Tb abs. | Oliver *Relatos* 78: Y encima se habían papeado nuestra cena y nos habían dado el coñazo. *Ya* 28.1.87, 39: –¿Y dónde os lo vais a montar? –En tu casa .. –Después de papear te paso las llaves.

papel I m **1** Materia, en forma de hoja delgada, que se obtiene de una pasta de sustancias vegetales y se usa esp. para escribir sobre ella o envolver. | Huarte *Tipografía* 64: Luego transporta la forma adonde un cilindro oprime contra ella una hoja de papel. Ortega-Roig *País* 88: La madera, de la cual se obtienen infinidad de objetos, en especial, pasta de papel. **b)** *Diversas clases se distinguen por medio de adjs o compls:* DE BARBA, DE ESTRAZA, DE SEDA, RAYADO, SATINADO, SECANTE, *etc.* (→ BARBA, ESTRAZA, *etc.*) | Laiglesia *Tachado* 19: Me sentiré un poco asqueado de todas las brutalidades y tonterías que tuve que contar, envolviéndolas en el celofán de una sonrisa o en el papel de estraza de una carcajada. Cela *Judíos* 298: Los madrileños monjes del Escorial fabricaron el recio y bien barbado papel de tina, en el que se libraban las bulas de todo el arzobispado de Toledo. **c)** ~ **de plata.** Materia, en forma de hoja muy delgada, de aluminio o de una aleación de estaño, usada esp. para envolver alimentos. *Tb* ~ (DE) ALUMINIO, *o* ~ DE ESTAÑO. | * El chocolate va envuelto en papel de plata. Bustinza-Mascaró *Ciencias* 327: Por ser fácilmente maleable [el estaño] se fabrica en hojas, papel de estaño, que se emplean para envolver chocolates y otros productos alimenticios. Tomás *Orilla* 72: Antonio sacó del bolsillo un pequeño envoltorio de papel aluminio.

2 Hoja o trozo de papel [1]. | Olmo *Golfos* 75: El frío estaba tan en las yemas que solo un buen fuego podía con él. Y eso es lo que hacíamos con papeles y tablas. Cunqueiro *Un hombre* 20: La hermana de Eustaquio, quemaba papeles de olor y hervía vino con miel. Bernard *Verduras* 28: Se cuece al horno unos 20 minutos, tapando la fuente con un papel de "plata".

3 Hoja de papel escrita o impresa. | Medio *Bibiana* 13: Y José .. Sus libros y sus papeles, sus papeles y sus libros. Arce *Testamento* 31: Echó una mirada al papel que tenía en las manos .. Enzo tornó a echar una ojeada a la carta.

4 (*pop*) Periódico. *Frec en pl.* | FReguera-March *Filipinas* 231: Llegó a Tarlac un papel de Manila que se llama *El Comercio*. Cela *Judíos* 309: Son felices porque, a lo mejor, un día salen hasta en los papeles.

5 Documento (escrito que sirve de prueba o testimonio). | Laforet *Mujer* 47: Nada de trampas legales, ni un papel firmado. Kurtz *Lado* 192: –¿Cuándo te casas? .. –En cuanto tengamos los papeles. Cela *Judíos* 21: –¿Tiene usted papeles? –Sí, señor, tengo una cédula vieja. R. Pi *Ya* 5.3.89, 3: Los autores del papel han comprendido que existe "una quiebra de aquellos valores emblemáticos".

6 Dinero en billetes de banco. *Tb* (*Econ*) ~ MONEDA. | * Déme mil pesetas en monedas y el resto en papel. FQuintana-Velarde *Política* 180: El billete convertible de otro tiempo ha pasado a ser dinero definitivo –papel moneda–, dinero que vale porque se acepta generalmente. **b)** (*col*) Billete de banco. | Tomás *Orilla* 344: Quiero los tres kilos, mañana por la mañana .. Otra cosa, don José María. Nada de trucos. No quiero "papeles" marcados, ni nada raro. Grandes *Lulú* 168: Os voy a dar cuarenta papeles, ni uno más, luego, si queréis, os apañáis entre vosotros.

7 Conjunto de valores mobiliarios que salen a negociación en el mercado. | A. Espada *SArr* 27.12.70, 37: Es mucho el papel que sale en venta para poder ser absorbido. **b)** ~ **del Estado.** Conjunto de documentos emitidos por el Estado reconociendo créditos a favor de sus tenedores. | Bellón *SYa* 13.1.74, 23: La fortuna personal que dejó Frascuelo al morir sumaba el valor de dos casas en la calle Sombrerería, valoradas en 300.000 pesetas; .. en papel del Estado, 225.000.

8 Billetaje [de un espectáculo]. | *SAbc* 2.6.74, 47: Pese al mal cariz que tiene el tiempo, la corrida se dará de todos modos, porque se acabó el papel.

9 (*raro*) Tabaco en cigarrillos. | Cela *Pirineo* 10: El viajero fuma puros (el viajero se quitó hace unos días de fumar papel).

10 ~ **mojado.** Documento o disposición que carece de efectividad. | Ramírez *Derecho* 135: Por no reunir tales requisitos [las letras de cambio] se encuentran luego sus titulares con "papeles mojados", dicho sea utilizando una expresión popular harto gráfica. T. Huertas *Inf* 16.4.70, 3: Cualquier acuerdo de limitación de armamentos estratégicos a que se llegara después de la puesta en servicio de estas nuevas armas sería poco más que papel mojado sin una supervisión directa de las bases de cohetes.

11 *En una obra teatral o cinematográfica:* Parte correspondiente a un actor. *Frec fig, fuera del ámbito técn. Frec con vs como* INTERPRETAR, HACER *o* DESEMPEÑAR. | A. Lara *Ya* 24.5.75, 46: La gala final .. ha comenzado con la lectura del acta y la entrega de premios, oficiada este año por la actriz americana Ann Margret, .. antes de la presentación del film "Tommy", en el que tiene el principal papel femenino. S. Cámara *Tri* 4.12.71, 15: La vieja dama digna podía haberse reducido a un cómodo papel de ilustre viuda.

12 Cometido o función. *Frec con vs como* HACER, DESEMPEÑAR *o* JUGAR. | *Bal* 29.3.70, 25: Sabe que su papel, en el conjunto nacional, será tanto más eficaz cuanto mejor esté organizada esa célula que es la empresa. Gambra *Filosofía* 38: Estos papeles de predicado y sujeto pueden ser realizados por el concepto de formas distintas.

II *loc adj* **13 de** ~. (*col*) Poco resistente. | *Sp* 21.6.70, 16: Perú .. ha revalidado su categoría. Gran delantera, aunque lentos de reflejos y con defensa de papel.

III *loc v* **14 hacer** [alguien] **buen** (*o* **mal** *u otro adj de sent equivalente*) ~ [en un lugar o situación]. Quedar bien (o mal) o comportarse adecuadamente (o no). | * Hizo un papel fabuloso en la reunión. **b) hacer** [alguien o algo] **buen** (*o* **mal** *u otro adj de sent equivalente*) ~ [en un lugar]. Ser útil o adecuado (o no). | * Este sillón hace buen papel aquí.

15 hacer el ~. Fingir o simular. | Peraile *Ínsula* 18: Hay que hacer el papel, dar la impresión de que sí, de que estás lanzao, dispuesto, y aprovechar el viaje para sacar y sonsacar.

16 perder [alguien] **los** ~**es.** Perder la serenidad o la compostura. | MFVelasco *Peña* 96: Ellos fueron allí avisados y por el egoísmo de ganarme las ovejas. Si perdieron los papeles y se despejaron, culpa será de ellos y no mía, pues bien les grité que no corrieran, que no había peligro. **b)** Perder el rumbo o la dirección. | M. Ródenas *Abc* 24.6.58, 50: Ni "Luguillano" ni Codaseda han perdido los papeles. Tuvieron una tarde desafortunada, pero nada más, como tantos otros de mucha categoría. *Abc* 5.11.83, 23: Herri Batasuna: "El Gobierno socialista ha perdido los papeles".

17 traer (*u otro v equivalente*) **los** ~**es debajo del brazo.** (*col*) Estar [un hombre] dispuesto a casarse inmediatamente. | DCañabate *Andanzas* 15: Ahora mismo me voy a San Ginés a hacer una promesa a Santa Rita. La de llevar su hábito hasta que me salga un novio de mi clase que traiga los papeles debajo del brazo. DCañabate *Andanzas* 155: Las mozas de rumbo con aire de rompe y rasga imponían un tanto a los hombres de bien, a los que iban por las buenas derechos a la vicaría con los papeles debajo del brazo.

IV *loc adv* **18 sobre** (*o* **en**) **el** ~. Teóricamente. | Areilza *Cam* 30.8.76, 7: Las instituciones de Franco estaban concebidas para que el propio Franco fuera jefe del Estado con omnímoda autoridad, que ejercía plenariamente, sin necesidad del concurso activo de esos mecanismos constitucionales, vigentes sobre el papel. P. Posada *Tri* 24.6.72, 22: Todavía quedan vestigios de la esclavitud abolida en el papel.

papela f **1** (*col*) Papel [2, 3 y 5]. | CSotelo *Inocente* 113: Pues don Dominico anda todo el día dándole que le das a la papela. Algo con que escribir le vendría bien. Umbral *País* 11.7.76, 19: Iba yo a comprar el pan y me encontré a los panaderos, que venían con la papela en la mano: –Nada, don Francisco, que ya tenemos el convenio.

2 (*jerg*) Documentación. | J. C. Iglesias *SPaís* 19.12.82, 103: Lo trincaron los aceitunos cuando iba en un najador con papela chunga.

papelamen m (*col*) Conjunto de papeles [3 y 5]. | Acevedo *Pue* 6.10.64, 29: El anteproyecto, digámoslo de una vez, es la democracia del papelamen. Berlanga *Recuentos* 83: Busco otro chicle debajo de las carpetas, de los recortes, entre cuadernillos, apuntes, sobres del Banco, recibos, encargos de traducciones, listines, papelamen infecto.

papelear intr Trabajar en papeles [3 y 5] relativos a trámites o negocios. | Laiglesia *Ombligos* 196: Nuestro deber es idéntico: papelear; escribir en papeles que pasarán de mano en mano. GPavón *Hermanas* 17: Volvió a su despacho .. Leyendo el "Lanza" .. y papeleando un poco, le dieron las once de la mañana.

papeleo m **1** Acción de papelear. | García *Abc* 17.6.58, 21: Acude toda suerte de gentes en busca de orien-

papelería – papilífero

tación para cuestiones de trabajo, seguros, matrimonios, empleos, ingreso en sanatorios, papeleos.
2 Conjunto de papeles [3 y 5] relativos a un trámite o negocio. | Delibes *Emigrante* 43: Llegó todo el papeleo, solté cuatro firmas, y como los ángeles. **b)** Conjunto de papeles [3 y 5]. | VMontalbán *Rosa* 127: Un crucifijo sobre la mesa contemplando el papeleo ordenado y en la pared un cartel de piensos compuestos.

papelería *f* **1** Tienda en que se venden papel y objetos de escribir y dibujar. | Laiglesia *Tachado* 105: La tiendecita era una mezcla de papelería y librería.
2 Fabricación de papel [1]. | Lázaro *Gac* 29.5.77, 13: En Tolosa .. aprende técnicas de papelería.

papelero -ra I *adj* **1** De(l) papel [1]. | Halcón *Ir* 24: Prisca fue antes una nación de economía deficiente –industria maderera y papelera–.
II *n* **A** *m y f* **2** Pers. que fabrica o vende papel [1]. | Aguilar *Experiencia* 1029: En el aspecto puramente industrial, intervienen en el libro el papelero, el impresor y el encuadernador.
B *f* **3** Fábrica de papel. | Alfonso *España* 165: ¿Se sabe bien lo que es convertir un río en lavadero de una papelera?
4 Recipiente para echar en él los papeles inútiles. | *Abc* 15.5.73, 56: Está dotada esta plaza de dos zonas jardineras .. Se han previsto bancos en gran número, así como iluminación y papeleras.
5 (*hist*) Mueble, a modo de escritorio, para guardar papeles. | Camón L*Galdiano* 7: Dos papeleras españolas, una de ellas de principio del siglo XVII y la otra de comienzos del XVI –de preciosas entonaciones, delicadas tallas y taraceado morisco–, adornan ese frente.

papeleta *f* **1** Trozo pequeño de papel en que constan formal u oficialmente determinados datos, esp. un número de una rifa o sorteo, un voto, un resultado de examen o un resguardo. *Gralm con un compl especificador.* | ZVicente *Ya* 27.12.70, sn: ¿Había que rifar algo a beneficio de los soldaditos que no tenían ropa? Pues a rifar. Y se iba a vender las papeletas de casa en casa. Arce *Testamento* 94: Aquel que sacaba la papeleta marcada, del sombrero del alcalde, era quien tenía que encargarse de desaguar las dos pilas del lavadero y de limpiarlo.
2 Ficha (papel en que se apuntan determinados datos). | Diego G*Diego* 367: Cuántas veces, en nuestras sesiones de trabajo [de la Academia], le vemos .. extraer del bolsillo un mazo abultado de papeletas. Y viene el regalo de una serie de vocablos.
3 (*col*) Asunto difícil de resolver. | Palomino *Torremolinos* 51: –Conque don Luis me mandó reincorporarme a mi puesto .. con orden de parar al barbita en cuanto entrase por esa puerta .. –Menuda papeleta.
4 Paquetito de papel que contiene una pequeña dosis [de especias, levadura o medicamentos]. | Calera *Potajes* 51: 2 dientes de ajo, una papeleta de azafrán, una cucharadita de pimentón.

papeletear *tr* Papeletizar. | Torrente *Saga* 45: A partir de la Restauración, en los archivos hay muy poco, y en la colección de su periódico, que tengo bien papeleteada, no mucho más.

papeletización *f* Acción de papeletizar. | Lapesa *Diccionarios* 20: Entre las preocupaciones del Seminario ocupó lugar importante desde el primer momento la recolección del léxico hispanoamericano y filipino. Se hizo una primera selección de autores y se emprendió su papeletización.

papeletizar *tr* Hacer papeletas [2] [de un texto (*cd*)]. | Lapesa *Diccionarios* 21: Para esta recogida de material pedimos el auxilio de las Academias aquí representadas. La forma de cooperación más eficaz será, desde luego, la de enviaros cédulas, sobre todo papeletizando cuanto ofrezca interés en obras enteras.

papelillo *m* **1** Paquetito de papel que contiene una pequeña dosis de medicamento. | *BOE* 12.3.68, 3770: Formas farmacéuticas: Jarabes, melitos, .. papelillos.
2 (*jerg*) Papel de fumar. | Santos *Bajarse* 113: –Oye, ya estoy sin papelillo otra vez, ¿tienes? –No, pero voy a buscarlo a la calle.

papelina *f* (*jerg*) Paquetito de papel que contiene una pequeña dosis [de cocaína o heroína]. | *Ya* 24.6.82, 52: Llevaba encima seis papelinas de heroína.

papelista *m* (*raro*) Empapelador. | G*Telefónica* N. 871: A. R. Pascual. Papelista y pintura en general.

papelón -na (*col*) **I** *adj* **1** [Pers.] que finge o aparenta. | * ¡Qué papelona eres! ¡Como si no supiéramos lo que es un dolor de muelas!
II *m* **2** Farsa o fingimiento. | Pombo *Héroe* 171: El no arreglarse ni pintarse como quien tía Eugenia era de verdad era fingir, mentir, hacer el papelón a beneficio de quién sabe qué sórdidos mirones.
3 Papel desairado o bochornoso. | Berenguer *Mundo* 92: Una hembra, vieja y sucia, sigue siendo hembra, y es un papelón para los pantalones no poder zurrarle en eso.
4 (*reg*) Cucurucho de papel. *Tb su contenido.* | GPavón *Rapto* 48: –¡Olé, machote! –le gritó la Rocío maliciosamente a la vez que entregaba un papelón de churros a una moza crujiente.

papelorio *m* (*desp*) Papel [3 y 5]. *Frec en sg con sent colectivo.* | SFerlosio *Jarama* 69: Dime tú si no te tratan como si fueran los amos del mundo, cuando tienes la desgracia de tener que ir a solicitar cualquier papel o cualquier requisito .. ¡Ya está bien tanto orgullo ni tanta tontería nada más que porque te andan con cuatro papelorios!

papelote *m* **1** (*desp*) Papel [3 y 5]. | * Tiene la mesa llena de papelotes.
2 Conjunto de desperdicios de papel y papeles usados, que se emplea esp. para fabricar nueva pasta de papel. | Umbral *Memorias* 14: Cuando vinieron mal dadas, hubo que abrir el baúl de los cadáveres periodísticos e ir vendiendo las viejas colecciones como papelote.

papeo *m* (*col*) Comida. | J. Vidal *País* 9.8.88, 40: El garbanzo era símbolo del subdesarrollo. Algo inevitable, si no había más papeo.

papera *f* **1** Inflamación de las parótidas. *Normalmente en pl.* | Navarro *Biología* 141: La inflamación de las parótidas se conoce con el nombre de paperas.
2 Bocio. *Normalmente en pl.* | Alvarado *Anatomía* 136: Con frecuencia el tiroides, degenerado, se hipertrofia y determina el bocio (paperas).
3 (*raro*) Papada[1] [1]. | CBonald *Dos días* 74: Se puso a echar cuentas, el amplio abdomen volcado sobre la tabla carcomida del mostrador .. Le sudaba la papera, y se espantaba con la mano de morcilla el bullente asedio de las moscas.
4 Enfermedad contagiosa de los équidos, caracterizada por catarro de las fosas nasales y supuración de los ganglios próximos. *Normalmente en pl.* | *Pen* 20.8.74, 13: Ganados. Contra el papo o Paperas, cápsulas "Vitán".

papero[1] -ra *m y f* (*reg*) Pers. que cultiva papas (patatas) o comercia con ellas. | Belmonte *Abc* 13.4.58, 27: Perdía los partidarios y solo me quedó de admirar un vendedor de papas, al que, por su comercio, llamaban "el papero".

papero[2] *adj* (*reg*) [Puchero] para hacer papas (sopas o gachas). *Frec n m.* | Seseña *Barros* 111: Los pucheros los vendían por lotes, de ahí su nombre: del uno, del dos, hasta de diez o papero.

papi *m* (*col*) Papá. *A veces con intención humorist.* | ZVicente *Traque* 95: Javierín, sol mío, ¿quieres hablar con papi, que está en Barcelona? SSolís *Blanca* 22: Tengo que dar gracias a Dios por los papis y el marido y los hijos y todo lo bueno que me ha dado.

papialbo. mosquitero ~ → MOSQUITERO.

papiamento *m* Lengua criolla de las Antillas holandesas. | ZVicente *Dialectología* 441: La única lengua criolla de todo el antiguo territorio del Imperio hispánico: el papiamento de las Antillas holandesas (Curaçao, Bonaire, Aruba).

papila *f* (*Anat*) Pequeña elevación cónica, esp. de la piel o de las mucosas. | Bustinza-Mascaró *Ciencias* 79: Los receptores sensoriales están localizados en diferentes partes de nuestro cuerpo: en la piel, tejido conjuntivo, papilas gustativas de la lengua.

papilar *adj* (*Anat*) De (las) papilas. | Alvarado *Anatomía* 37: En la dermis hay tres zonas: papilar, reticular y subcutánea. La papilar se llama así por los numerosos salientes o papilas dérmicas que posee.

papilífero -ra *adj* (*Anat*) Que contiene papilas. | *Ya* 23.3.75, 43: De los 49 tumores, 26 eran papilíferos, siete foliculares, cuatro mixtos, tres anaplásicos y el resto de otros tipos.

papilio *m* Mariposa diurna de color amarillento y negro, con las alas posteriores prolongadas en dos salientes (*Papilio machaon*). | Legorburu-Barrutia *Ciencias* 160: Pertenecen a este grupo [lepidópteros] todas las mariposas: .. El podalirio o papilio .. La polilla, etc.

papilionácea *adj* (*Bot*) [Flor o corola] de cinco pétalos en forma de mariposa. | Alvarado *Botánica* 75: La corola [de la flor de guisante], que se ha comparado a una mariposa (corola amariposada o papilionácea) tiene simetría bilateral. **b)** [Planta] angiosperma dicotiledónea, con flores papilionáceas y fruto en legumbre. *Frec como n f en pl, designando este taxón botánico.* | V. Mundina *Ya* 13.2.87, 35: La glicinia .. es una planta trepadora papilionácea que pertenece al grupo de las leguminosas. Bustinza-Mascaró *Ciencias* 268: Otras papilionáceas de interés. El guisante pertenece a la familia botánica de las papilionáceas.

papilla I *f* **1** Comida infantil de consistencia pastosa, hecha gralm. con harina, fécula o frutas. | *Puericultura* 32: En el cuarto mes se amplía la alimentación sustituyendo una tetada de la noche por una papilla de leche de vaca, harina y azúcar.
2 Pasta más o menos espesa, hecha de diversas sustancias mezcladas con agua u otro líquido. | Bernard *Verduras* 34: Poniendo la harina en una ensaladera con un poquitín de agua para obtener una papilla espesa. *Hacerlo* 134: La cueva [del belén] se construye fácilmente con trozos de corcho unidos entre sí con yeso; las casas, con papilla de yeso del tamaño del edificio que deseemos construir, y que moldearemos a renglón seguido. Mingarro *Física* 192: El tubo digestivo, por ejemplo, se localiza con papillas de sulfato bárico.
II *loc v* (*col*) **3 echar (hasta) la primera ~.** Tener un vómito muy fuerte. | CPuche *Paralelo* 82: Estaba asqueado y a punto de echar hasta la primera papilla que le dieron.
4 hacer ~ [a alguien o algo]. Destrozar[lo] o dejar[lo] maltrecho. *Frec fig.* | * Le dio tal golpe al coche que lo hizo papilla. En. Romero *Hoy* 20.7.74, 11: Las insoportables olas de calor nos dejan exhaustos por largas noches de insomnio que nos hacen papill[a]. [*En el texto*, papillas.] **b) hacerse ~** [algo]. Romperse o destrozarse totalmente. | ZVicente *Traque* 287: Paulinita .. le tiró un tiesto a uno y le dio .. Atanasia pensó que se hundía el mundo al ver su tiesto hecho papilla.

papillot *f* Papellote. | VMontalbán *Pájaros* 116: Sin abdicar de la lubina a la papillot, pidió un entrante modesto.

papillote *f* Papel untado con mantequilla o aceite con que se envuelven ciertos alimentos que se van a asar. *Frec en la constr* A LA ~, *o* EN ~. | *Coc* 12.66, 39: En lo alto del árbol colocará una franja enrollada sobre sí misma, sobre la cima, como lo haría para realizar los "papillotes" para decorar un asado. Savarin *SAbc* 29.11.70, 47: Debo aplaudir nuestro segundo plato. "Lubina spanish pavillion." Una lubina en "papillote" preparada con salsa de mariscos. Suculenta. La "papillote", sea con carne o pescado, consiste en preparar unos papeles grandes y fuertes untados, interiormente, de manteca, donde se coloca la lubina.

papiloma *m* (*Med*) Alteración de la piel o de las mucosas caracterizada por la hipertrofia de las papilas. | F. J. FTascón *SYa* 7.5.70, 9: Tenemos finalmente factores de la carcinogénesis cuya naturaleza endógena o exógena no puede ser precisada, entre ellos, los ácidos nucleicos y los virus .. del fibroma y del papiloma del conejo.

papión *m* Se da este *n* a varios monos catarrinos del *gén* Papio, *esp* P. sciacma (~ NEGRO) *y* P. hamadryas (~ SAGRADO). | SArr 27.9.70, 5: El mejor zoo de Europa, en Madrid .. Fauna africana: .. Camello .. Papiones sagrados.

papiráceo -a *adj* De(l) papiro. | GGual *Novela* 179: La datación temprana de algunas novelas, testimoniada por los fragmentos papiráceos, descarta esa relación en lo que toca a los orígenes del género. **b)** Semejante al papiro o al papel. | Bustinza-Mascaró *Ciencias* 263: Cuando joven, su corteza [del pino silvestre] se desprende en láminas papiráceas amarillo-verdosas.

papiriforme *adj* (*Arte*) Que tiene forma de papiro. | Tejedor *Arte* 14: Los templos tienen como elemento esencial la columna, que puede ser, según el adorno de su capitel, protodórica, palmiforme, lotiforme, papiriforme y campaniforme.

papiro *m* **1** Planta oriental de hojas radicales y caña cilíndrica de 2 o 3 m de altura, de la que los egipcios fabricaban láminas para escribir (*Cyperus papyrus*). | Angulo *Arte* 1, 33: En la decoración adquieren ya gran desarrollo los temas de carácter vegetal, entre los que destacan las flores de loto y de papiro y la llamada palmeta egipcia, terminada lateralmente en dos volutas o espirales y un saliente central.
2 Materia para escribir, en forma de lámina, que se extrae de la caña del papiro [1]. | Arenaza-Gastaminza *Historia* 30: El papel o papiro se hacía con tiras de una caña especial llamada papiro, que se extendía, y pegadas unas a otras formaban una superficie más o menos extensa, que después se recogía en forma de rollo. **b)** Manuscrito o pintura sobre papiro. | Gironella *SAbc* 9.2.69, 19: En el palacio de Ramsés III .. fue encontrado un papiro con la caricatura de un faraón ante un tablero.

pápiro *m* (*col*) Billete de banco. | Isidro *Abc* 13.4.58, 81: La primera cuestación de la Asociación Española contra el Cáncer fue un verdadero buen éxito, ya que más de ocho millones de pesetas yacían en vil calderilla y gloriosos "pápiros" en las amplias bandejas del centenar de mesas petitorias.

papiroflexia *f* Técnica de hacer figuritas doblando papel. | Delibes *Año* 84: Estos pequeños refugios de la filatelia .. o la papiroflexia no son cada día más necesarios.

papirología *f* (*E*) **1** Rama de la paleografía que estudia los papiros [2b]. | Lorenzo *FGaliano* 313: Hay que destacar en su dimensión de humanista la variedad de sus intereses, entre los que predomina el que sintió por la historia y el pensamiento antiguo .., la epigrafía griega y micénica .., papirología.
2 Papiroflexia. | *Abc* 21.3.58, 66: El doctor Solórzano ha dedicado atención especial a la papirología –las pajaritas de papel–.

papirológico -ca *adj* (*E*) De (la) papirología. | Alsina *Píndaro* XIV: Entre las citas de otros autores y los descubrimientos papirológicos podemos contabilizar una serie importante de fragmentos.

papirólogo -ga *m y f* (*E*) Especialista en papirología. | Delibes *Año* 84: Ha muerto el doctor Solórzano, el papirólogo universal. La muerte le sorprendió haciendo lo de siempre: pajaritas de papel.

papirotazo *m* **1** Golpe que se da haciendo resbalar sobre la yema del pulgar el envés de la última falange de otro dedo de la misma mano. | Delibes *Santos* 159: Con estudiada frivolidad dio un papirotazo a la gorra con un dedo y esta se levantó.
2 Golpe, gralm. ligero, que se da con la mano. | Medio *Bibiana* 323: Marcelo le quita la carta y le da con ella un papirotazo. Mihura *Modas* 20: Después de dar un papirotazo a la mosca, se dirige al público.

papirrojo. papamoscas ~ → PAPAMOSCAS.

papisa *f* Mujer papa[1]. *Normalmente usado para designar al personaje legendario de la papisa Juana.* | P. Crespo *Abc* 23.3.78, 39: Una de las muchas leyendas medievales .. se refiere a la supuesta ocupación de la silla de San Pedro por una mujer: la Papisa Juana. Torrente *Isla* 281: ¡Ella, que fue más que princesa y más que reina, más que emperatriz y que papisa, por haber sido todas esas cosas juntas!

papista I *adj* **1** (*desp*) Católico romano. *Tb n, referido a pers.* | *Abc* 1.2.70, 13: Los extremistas protestantes acusan a los "papistas" de reunir armas, lo que ha sido desmentido por la propia Policía británica. Pemán *Abc* 19.12.70, 3: No hay [en Londres] procesiones, ermitas y pocas misas papistas.
2 (*hist*) Partidario del papa (jefe de la Iglesia católica). | J. M. Rodríguez *His* 8.76, 110: Por encima .. del rescoldo de las viejas rivalidades y celos entre los gibelinos Fregosi, incondicionales del emperador germánico, y los güelfos Adorni, papistas, .. prevalecía la gran figura de Andrea Doria.
II *loc v* **3 ser más ~ que el papa** → PAPA[1].

papo I *m* **1** Papada (abultamiento del cuello). | * Tiene la cara mofletuda y con papo. **b)** (*reg*) Bocio. | * El papo

es enfermedad corriente en esta zona. **c)** (*reg*) Cierta enfermedad contagiosa del ganado. | *Pen* 20.8.74, 13: Ganados. Contra el papo o Paperas, cápsulas "Vitán".
2 Buche (de ave). *Tb fig*. | SSolís *Camino* 334: El loco y el borracho dicen lo que tienen en el papo.
3 (*col*) Mejilla o carrillo, esp. abultados. | FVidal *Duero* 119: El clerigón ha comenzado a pegarse con ambas manos en el vientre abombado y a hincharse de papos con bufadas que pretenden pasar por risas estentóreas. J. GBedoya *HLS* 5.8.74, 7: Por Europa nos están pegando a papo doble.
4 (*col*) Cara o desfachatez. | Pombo *Héroe* 125: Llevas viviendo de gorra cinco días y tú ni te enteras... ¡Vaya papo!
5 (*vulg*) *euf* por COÑO. *Usado tb como interj*. | Escobar *Itinerarios* 206: –¿Y nosotros qué hacemos aquí? .. ¡El bobo! .. –¡Papo, pues tienes razón!
II *loc v* **6 hablar de ~.** (*col, raro*) Farolear o presumir. | ZVicente *Examen* 44: Un señor que salía un día sí y otro también en los periódicos, se echaba de ver enseguidita que le gustaba hablar de papo.

papocolorado *m* (*reg*) Petirrojo (ave). | Lama *Aves* 78: Mide el Petirrojo (Erithacus rubecula), pechirrojo, papocolorado o colorín, como también le llaman, 14 centímetros de longitud.

papón -na *adj* (*col*) [Pers.] boba o simple. *Tb n*. | Gala *Cítaras* 517: ¡A ver si te despiertas, so papona! Escobar *Itinerarios* 156: ¡Dale, dale, para que se acostumbre desde el primer día la papona esa!

páprika (*tb* **paprika**) *f* Pimiento rojo y picante de origen húngaro, que, reducido a polvo, se usa como condimento. | Bernard *Verduras* 73: Se dora en una sartén, con manteca, la cebolla picada. Se le añade un poco de "paprika" y un tomate maduro.

papú *adj* [Individuo] negro de Oceanía, de la isla de Nueva Guinea o de las islas vecinas. *Tb n*. | Goytisolo *Recuento* 81: De unos años a esta parte, Occidente no va sino que de claudicación en claudicación; primero los asiáticos, luego los africanos y así hasta los papúes. **b)** De los papúes. | *HLM* 8.12.75, 8: Económicamente, los grupos papúes, que constituyen el grueso de la población [de Timor], tienen una economía de subsistencia basada en el cultivo del taro, yame y maíz.

papúa *adj* Papú. *Tb n*. | Zubía *Geografía* 295: Melanesia: donde pueden incluirse Nueva Guinea, los archipiélagos de Bismar[c]k, Salomón y Nuevas Hébridas. Son islas montañosas y volcánicas .. Las habitan los papúas o melanesios, que se encuentran aún en estado primitivo.

papuchi *m* (*col*) Papá. *A veces con intención humoríst*. | * No puede venir sin consultar con su papuchi.

papudo -da *adj* De papo grande. *Tb n, referido a pers*. | Cela *Mazurca* 219: Llueve sobre las aguas del Arnego, que pasa moviendo muelas y escorrentando papudos y aireados por el sapo de demo y la salamandra venenosa. Carnicer *Cabrera* 158: A los de Castroquilame .. les llamaban antes los papudos porque raro era el que no tenía bocio.

papujado -da *adj* (*raro*) Abultado o hinchado. | Delibes *Castilla* 147: Cogeces –cuyo cementerio tiene los cipreses más papujados que haya visto el cronista–.

papujón -na *adj* (*raro*) Abultado. | Zunzunegui *Camino* 164: Los ojos, ya papujones, eran claros, y la expresión, varonil y dulce.

pápula *f* (*Med*) Elevación eruptiva pequeña y sólida de la piel. | Corbella *Salud* 450: Otras veces las elevaciones de la piel no contienen líquido, sino que son totalmente sólidas .. Las más pequeñas, inferiores a cinco milímetros, se denominan pápulas.

papuloso -sa *adj* (*Med*) Que se caracteriza por la presencia de pápulas. | Corbella *Salud* 453: Otra enfermedad papulosa de un cierto interés, menos por su frecuencia que por el intenso prurito a que da lugar, es el liquen plano.

paquear *intr* (*hist*) Disparar como francotirador. | GSerrano *Macuto* 89: Los moros paqueaban admirablemente de día y de noche.

paquebote *m* Buque de línea para el transporte de pasajeros y correo. | Cossío *Confesiones* 199: El barco en el que salimos para Chafarinas, el *Gandía*, es un pequeño paquebote muy marinero.

paqueo *m* (*hist*) Acción de paquear. | GSerrano *Macuto* 90: Desde África, la táctica del paqueo pasó a la jungla del asfalto celtibérico. Gironella *Millón* 576: Varias veces habían organizado paqueos desde las azoteas, y el resultado –las represalias– había sido calamitoso.

paquete *m* **1** Objeto constituido por una o varias cosas envueltas o atadas. | Matute *Memoria* 226: La abuela preparó paquetes para los pobres del pueblo. DPlaja *El español* 130: El español .. compromete gravemente su fama si hace cosas tan de mujer como llevar por la calle paquetes. **b)** Envase o envoltorio. | * Sobre la mesa había varios paquetes de cigarrillos vacíos.
2 Conjunto [de cosas] que forman una unidad. | L. I. Parada *Mun* 14.11.70, 29: La filial americana del trust .. debe contar, en realidad, con un enorme paquete de acciones. Tamames *Economía* 316: En octubre de 1966, de nuevo se dio a la luz un "paquete" de decisiones de política económica. Torrente *Sombras* 255: Cruzaron la superficie del planeta telegramas cifrados de ida y vuelta, y cada nuevo paquete de datos se sometió a la consideración de Mr. Holmes. *Abc* 26.1.78, 48: Fue trasladada al mismo centro sanitario .. Se le apreció parálisis del paquete intestinal. Delibes *Cartas* 142: El paquete muscular de las extremidades inferiores suele quedar enerve, flojo. **b)** (*Impr*) Conjunto de material tipográfico debidamente ordenado formando molde. | Huarte *Tipografía* 57: Cuando hay en el galerín un número suficiente de líneas (paquete), se atan dando tres o más vueltas con un cordel muy tenso. **c)** (*Informát*) Conjunto de programas que se venden unidos. | *Rio* 2.10.88, 37: Informática de empresa .. Paquetes integrados. *País* 19.5.89, 33: Paquete software, 42.000 pts.
3 (*Cicl*) Pelotón. | *Abc* 11.5.58, 90: La cuesta, de fuerte porcentaje, contribuyó a que la batalla se hiciera más difícil, pero en el primer "paquete" no fue alcanzado. J. Redondo *Ya* 10.7.84, 25: Laguía intentó la escapada; demasiado pronto nos pareció. Así que no tardó en reincorporarse al paquete, que entonces rodaba bajo la amenaza de múltiples fugas.
4 (*col*) Pers. que viaja en una motocicleta sin conducirla. | Salom *Casa* 336: Si he de llevarte de paquete, no me gusta que vayas dejando un rastro de sangre.
5 (*col*) Pers. torpe o inútil. | F. Yagüe *Inf* 9.1.75, 24: Cuando el "paquete" de turno se arrodilla ante Urtáin, se juega siempre con el mismo dilema: unos están convencidos de que se le pagó para tirarse, y los otros .. esgrimen el argumento de que el rival fue un cobarde.
6 (*col*) Tripa o barriga. | MSantos *Tiempo* 159: Y me está viniendo .. Tomaré una píldora. Luego dirán que el opio no es bueno, que es droga y que intoxica. Pero si no fuera por el extracto tebaico qué sería de mí. Hay que ver cómo me lo para y qué tranquilo se queda el paquete .. Ahora a correr, con ruidos de tripas y a correr.
7 (*col*) Enfermedad venérea. | Palomino *Torremolinos* 201: Aquí es fácil: con decir me las han metido de garabatillo todo el mundo te entiende. O el paquete. Salustiano el practicante me entendió rápido: Salus, que me han metido un paquete. Y me mandó comprar la penicilina.
8 (*col*) Genitales masculinos. *Frec en la constr* MARCAR ~. | Cela *Mazurca* 209: Don Ángel sufre de orquitis y el paquete le abulta como una coliflor.
9 (*col*) Castigo o sanción. *Esp en milicia*. | FSantos *Catedrales* 57: El paquete no te lo quitan, y el permiso, adiós, Agustinillo, adiós, majo, despídete y piensa en dos semanas en corrección, si es que no te ponen a cavar trincheras o a limpiar letrinas. *País* 9.6.91, 13: El funcionario [de Correos] las inundó de explicaciones sobre impuestos extravíos. Finalmente, acabó reconociendo: "Es que me van a meter un paquete".
10 (*col, raro*) Hombre muy compuesto y acicalado. *Frec en la constr* HECHO UN ~. | Cela *SCamilo* 88: Senén va hecho un paquete con su traje marrón de los domingos.
11 (*reg*) Barco de vapor, de carga y pasaje. | J. A. Padrón *Día* 8.5.76, 5: Cuando fue necesario el relevo, la naviera recibió el refuerzo de dos "paquetes" de la Elder Dempster inglesa .., que, bajo bandera española, navegaron en estas aguas durante algún tiempo.

paquetería *f* **1** Paquetes, o conjunto de paquetes [1]. | GTelefónica 83 2, 949: Recogidas y entregas a domicilio. Paquetería y cargas completas.

paquetero - par

2 Mercancía que se guarda o vende en paquetes [1]. | *Mad* 22.4.70, 12: Filatelia. Olariaga compra colecciones, stock, valores sueltos, series completas, paquetería, usados por kilos.
3 (*reg*) Mercería. | *Reg* 24.11.70, 5: Uno de ellos [los robos] fue en la colonia Miralvalle, rompiendo los cacos una puerta de cristales y entrando en el interior de una paquetería.

paquetero -ra *adj* Que se dedica al transporte de paquetes [1]. *Frec n: m y f, referido a pers; f, referido a vehículo*. | *D16* 18.7.90, 13: Un "paquetero", engañado por el clan .. Tenía que entregar cuatro paquetes de cocaína .. Padín cobró 500.000 pesetas por la tarea, pese a que Melchor Charlín le ofreció cinco millones. Berenguer *Mundo* 289: Al lubricán, se para delante del güichi la paquetera del mercado, que la usaban a veces los civiles para ir de acá para allá, y se baja el cabo, el Monjo y el Aguilera.

paquidérmico -ca *adj* **1** De(l) paquidermo. | *Cam* 9.8.82, 47: El chapuzón paquidérmico era una forma de ayudar al circo Atlas .. Proboscidio y niños presentes en la playa de El Sardinero se lo pasaron en grande. Acquaroni *Abc* 16.10.74, 19: Entre solemnes encinas surgen los aún más solemnes –por hermanos mayores– alcornoques, de parda y rugosa corteza paquidérmica.
2 Semejante a un paquidermo. | VMontalbán *Rosa* 58: Un mar paquidérmico, gris, al que se llegaba por un túnel de jungla. Umbral *Van* 15.5.75, 12: Las ideologías están en crepúsculo, y los elefantes, los grandes sistemas políticos y paquidérmicos, hacen ruta camino de su moridero secreto.

paquidermo I *adj* **1** (*Zool*) [Mamífero artiodáctilo] de piel muy gruesa y dura. *Frec como n m en pl, designando este antiguo taxón zoológico*. | Legorburu-Barrutia *Ciencias* 219: Los paquidermos (piel gruesa) son omnívoros, con predominio vegetariano .. Los más conocidos son: el cerdo, jabalí y hipopótamo. Ybarra-Cabetas *Ciencias* 403: El suborden de los artiodáctilos es el más numeroso de los Ungulados .. En la época actual se dividen en cuatro grupos ..: *Suina, Tragulina, Pecora y Tylopoda*; los Suina han formado los Paquidermos.
II *m* **2** Elefante. | *Ya* 15.4.64, 7: La imposibilidad de determinar cuál de los tres elefantes ha sido el responsable de la carga que dieron los paquidermos.

paquistaní (*tb con la grafía* **pakistaní**) *adj* De Pakistán. *Tb n, referido a pers*. | *Mad* 18.11.70, 1: Este hombre paquistaní .. lo ha perdido todo: familia y vivienda. Palomino *Torremolinos* 59: Se marchó a Londres, a un hospital en el que le trataron como a un enfermero pakistaní o nigeriano.

paquistano -na (*tb con la grafía* **pakistano**) *adj* Paquistaní. *Tb n*. | *Inf* 20.4.74, 32: El ex presidente paquistano, Ayub Khan, ha fallecido hoy en su residencia de Islamabad. *Inf* 15.4.71, 4: Las tropas pakistanas han capturado miembros de la tropas de seguridad de la India en territorio de su jurisdicción.

par I *adj* **1** [Número] divisible por dos. *Tb n*. | Laiglesia *Ombligos* 255: Si ponía una ficha a un número par, salía un non. Si la ponía a un non, salía un par. Y si la ponía a caballo sobre un par y un non, salía el cero.
2 (*Mat*) [Conjunto] constituido por dos elementos. | J. Zaragüeta *Abc* 23.12.70, 3: Los conjuntos .. se llaman pares si constan de dos elementos; unitarios si de un elemento, y vacíos si no tienen ninguno.
3 (*Anat*) [Órgano] que corresponde simétricamente a otro igual. | Alvarado *Anatomía* 52: Los huesos impares son: el frontal, .. el etmoides, .. el esfenoides .. y el occipital .. Los pares son: 1º, los parietales ..; 2º, los temporales.
4 (*lit*) Igual o muy semejante. *Tb n*. | MSantos *Tiempo* 58: El ciudadano Muecas, bien establecido .., respetado entre sus pares. **b) sin ~.** (*lit*) Único o incomparable. | *Mun* 23.5.70, 44: El Jurado de Empresa, en nombre de todo el personal de FECSA, le dedicó [al doctor Rodríguez Sastre] días atrás un homenaje de afecto y felicitación por su contribución sin par al éxito de la causa española en La Haya.
II *m* **5** Conjunto de dos [perss. o cosas de una misma especie (*compl* DE)]. *Frec se omite el compl por consabido*. | CNavarro *Perros* 11: Un tranvía rompía el silencio de la calle. Adentro se veía un par de viejos dormitando. Á. Domecq *Abc* 29.6.58, 23: Al salir de un par caímos a tierra. El toro venía por el lado izquierdo, y yo, instintivamente, le puse la mano en el testuz. Corral *Cartas* 35: Consta [el mus] de las siguientes jugadas: 1ª Grande. 2ª Chica. 3ª Pares.
6 Número indeterminado muy reducido [de perss. o cosas]. *Gralm precedido de* UN *y seguido de un compl* DE. | Arce *Testamento* 30: Hubo un momento que nos detuvimos. Fue por poco tiempo. Acaso un par de minutos.
7 (*Electr*) Conjunto de dos cuerpos heterogéneos que en determinadas condiciones producen una corriente eléctrica. | Ybarra-Cabetas *Ciencias* 40: Con cristales de pirita de uno y otro signo, es posible construir pares termoeléctricos.
8 (*Mec*) Sistema de dos fuerzas iguales y paralelas, pero dirigidas en sentidos opuestos. *Frec ~* DE FUERZAS. | Marcos-Martínez *Física* 23: El giro del volante de un automóvil se debe a un par de fuerzas.
9 ~ motor. (*Mec*) Trabajo instantáneo que puede realizar un motor. *Tb simplemente ~*. | *Pue* 3.11.70, 25: También el par motor aumenta ligeramente, pasando de 7,6 a 7,7 [kgm]. GTelefónica *N*. 1.100: Talleres Constan. Variadores de velocidad .. No resbalan y con elevado par. *Voz* 12.2.88, 41: Motor turbo Garrett T 3 de 175 CV. Par máximo de 27,5 kgm. a 3.000 r.p.m. *Día* 29.8.72, 10: Transmisión automática con convertidor hidrodinámico de par e inversor Powershift.
10 (*Arquit*) Madero inclinado de los que forman la vertiente del tejado. *Frec en las constrs* DE ~ E HILERA, *o* DE ~ Y NUDILLO, *referidas a armadura*. | Angulo *Arte* 1, 9: Para evitar el pandeo o inflexión de los pares en su parte central, se dispone a esa altura, entre cada pareja de pares o tijera, una viga pequeña horizontal o nudillo. Angulo *Arte* 1, 9: A la cubierta adintelada sigue en complicación la armadura de par e hilera o parhilera. E. La Orden *SYa* 27.4.75, 9: Se trata de una iglesia pintoresquísima .. Su interior es francamente mudéjar sobre horcones y zapatas, con una nave central de artesón, de par y nudillo con tirantes.
11 (*Golf*) Número de golpes establecido para uno o más hoyos. *Frec seguido de un numeral que expresa ese número. Frec en la constr* BAJO ~, *siguiendo a un numeral*. | *Ya* 25.11.73, 40: Los nueve primeros hoyos logró finalizarlos Gallardo con uno bajo par 37 .. Ya en los segundos nueve hoyos consiguió hacer el par de todos ellos. *Ya* 10.8.86, 34: En su segundo recorrido, acabado en 68, tres bajo par, no tuvo la precisión de maquinaria suiza evidenciada el primer día .. En el 11, un par 4, se le empezaron a complicar las cosas.
12 (*hist*) En el feudalismo francés: Noble de dignidad similar a la del rey. | Cela *Pirineo* 217: El parentesco le viene al viajero por su hermanastra Aldonza Villardegoda Zamayón, que fue cupletista y que después .. se casó con el sacristán con nombre de par de Francia.
III *loc v* **13 jugar**, *o* **echar**, **a ~es y nones** (*o* **a ~es o nones**). Echar a suertes [dos perss. (*suj*) sobre una cosa (*cd*)] con un número determinado de objetos, siendo ganador el que acierta si ese número es par o impar. | U. Buezas *Reg* 17.12.74, 2: Sus alumnos, no sabiendo cómo jugarse los dineros sin alterar el augusto silencio de la clase, lo hacían a pares y nones sobre los etcéteras con que Cajal remataba el período final de su lección de Cátedra.
IV *loc adv* **14 al ~**, *o* **a la ~**. Juntamente o a la vez. *Frec en la loc prep* AL ~, *o* A LA ~, DE, *o en la loc conj* AL ~, *o* A LA ~, QUE. | CBaroja *Inquisidor* 11: Del novelista Petronio (un *bestseller*, por cierto, en nuestro Madrid del año sesenta y tantos, serio, pacato y modernista a la par). FQuintana-Velarde *Política* 100: Los altos porcentajes correspondientes a la población dedicada a la industria y los servicios, que crecerán al par de nuestro desarrollo, exigen el planteamiento de una gravísima cuestión. FReguera *Bienaventurados* 69: La prudencia y el peligro de exclusividad le aconsejaron nuevas conquistas y escarceos que, al par que mantenían en alto su prestigio y pabellón de castigador .., contribuían a cortarle las alas y el prurito a la Tere. CBaroja *Inquisidor* 49: Publicó esta obra, poco feliz en verdad, en Madrid, el año de 1822, a la par que en París.
15 a (**la**) **~**. Junto o al lado. *Frec en la loc prep* A (LA) ~ DE. | GPavón *Reinado* 109: Se habrá oído a las hijas de su madre juergueándose a la par del Camposanto. *Van* 20.3.75, 53: La figura del orate, no tanto el loco de Dios cuanto el heraldo del mundo moderno, de esta sociedad nuestra que los problemas íntimos pondrá a par, y aun por encima, de los públicos.

para – parábola

16 a la ~. (*Econ*) Con igualdad entre el valor nominal y el efectivo. *Referido a monedas o a efectos negociables. Tb adj.* | *Inf* 26.2.74, 14: Se han producido dos ampliaciones de capital. Papeleras Reunidas (una por cinco, a la par) ha cedido la acción 67 enteros.

17 a ~es. De dos en dos. *Tb fig, con intención ponderativa.* | *OrA* 26.8.78, 13: Les vienen los hijos a pares. Felicidades dobles. J. M. Moreiro *SYa* 10.12.72, 7: El Madrid de hoy no tiene pobres de chaquetón raído de aquellos que hace años se podían topar a pares en cada esquina.

18 de ~ en ~. Enteramente. *Con el v* ABRIR *y referido a puertas o ventanas. Tb fig, referido al corazón o al alma. Tb adj. A veces se omite el v* ABRIR. | Laiglesia *Tachado* 9: Todas las mañanas, haga frío o calor, abro de par en par el ventanal de mi estudio y entono a pleno pulmón un himno a la vida.

para[1] (*tb, pop,* **pa**) (*con pronunc átona*) *prep* **1** *Precede a un compl (gralm prop) que expresa la finalidad de una acción.* | Cunqueiro *Un hombre* 9: Y las golondrinas salían de sus nidos .. para el primer vuelo matinal. DCañabate *Paseíllo* 18: Sacar el pañuelo pa que salga el primero.

2 *Precede a un n o infin* (REMATE, COLMO, ACABAR DE FASTIDIARLO, *etc*) *acompañando a una or cuya acción se presenta enfáticamente como culminación de un hecho anterior.* | Laforet *Mujer* 37: Aquel matrimonio tímido, que para colmo se llamaban Joaquín y Ana, se miraron.

3 *Precede a un infin (acompañado de un adv de tiempo) que expresa un hecho venidero con relación al que se ha expuesto.* | CNavarro *Perros* 12: Había algo en él .., en la forma de clavar el pico en el suelo para alzarse a continuación y sonreír, que seducía a Susi de una manera irresistible.

4 *Precede a un sust que designa la pers o cosa a la que se destina algo.* | *Alc* 1.1.55, 3: Pediríamos para todos los días del año un sol tan limpio como este. Aldecoa *Gran Sol* 15: Puede que no traigamos ni para los gastos. Cunqueiro *Un hombre* 103: El motivo de mi viaje es escuchar sirenas y trasponer sus tonadas para laúd.

5 *Denota fecha o momento previsto del cumplimiento de un hecho.* | Cunqueiro *Un hombre* 156: –¿Para cuándo el niño? .. –Para la vendimia. **b)** *Denota fecha aproximada en que ocurre algo.* | Delibes *Guerras* 23: Pues esto ocurría, doctor, si el Bisa no mentía, allá por el año 74, para abril, que ya ha llovido.

6 *Denota duración prevista de un hecho.* | MGaite *Visillos* 87: ¿Vienes para muchos días? Cunqueiro *Un hombre* 198: ¡Ay, copas que se quebraron todas para siempre!

7 *Precede a un sust (esp infin) que expresa aquello con respecto a lo cual existe disposición, aptitud o mérito.* | Delibes *Guerras* 123: El sargento .. va y me dice: ¿sabes para lo que estás tú? Para cogerte con unas pinzas y tirarte con cuidado a la basura. Lera *Bochorno* 251: Luis se volvió a mirar a su mujer. –Estoy seguro –le dijo– de que tú no sigues ninguna [novela]. –¡Para novelas de esas estoy yo! Mihura *Carlota* 381: ¿Cómo se les habrá ocurrido venir? ¡Vamos, es para matarlas! **b)** *Entre dos numerales consecutivos en orden creciente, indica estado intermedio de paso de uno a otro.* | Delibes *Guerras* 77: –¿Qué años tenías cuando marchaste? –Trece para catorce, o sea, recién cumplidos.

8 *Seguida de pron pers refl o por algún sintagma equivalente* (MIS ADENTROS, SU FUERO INTERNO, *etc*), *indica que la acción del v es interior a la pers.* | Aldecoa *Cuentos* 1, 153: Había hablado como entre sueños, sin esperar respuesta, pero no para sí. DCañabate *Paseíllo* 19: "¡Imbéciles, más que imbéciles!", mascula para sus adentros.

9 *Precede a un compl que expresa una meta tomada como referencia de una medición. En ors con vs como* FALTAR, QUEDAR *o equivalentes.* | Aldecoa *Gran Sol* 35: –¿Qué hora será? .. –Faltará poco para que se acabe tu guardia.

10 *Denota dirección.* | Lagos *Vida* 47: Me voy pa abajo. Cunqueiro *Un hombre* 97: Egisto miraba para Eumón.

11 *Denota relación o correspondencia.* | Delibes *Cinco horas* 20: Es un chico que se controla de más para la edad que tiene. Aldecoa *Gran Sol* 47: No tienes por qué estar orgulloso para una vez que lo haces un poco regular. *Economía* 30: Para medio cubo de agua, dos litros y medio.

12 *En lo referente a.* | Delibes *Perdiz* 137: Si el Cazador interroga a un pastor o a un campesino, le dirá que "para perdices, el año pasado" y "para liebres, cuando la guerra". **b) ~ con.** Con respecto a. | Cuevas *Finca* 20: Los cuatro señores seguían haciéndose lenguas de la santidad de doña Gertrudis y de su bondad para con su hermano.

13 A juicio de. | Cunqueiro *Un hombre* 237: Para él los inmortales griegos no eran nadie.

14 *Siguiendo a una expresión de intensidad, precede a un compl (gralm prop) que expresa algo que se considera excesivo.* | Medio *Bibiana* 11: Bibiana se fija en sus ojos, cerrados obstinadamente, demasiado apretados los párpados para fingir la relajación natural del sueño. Delibes *Emigrante* 46: Ya tiene uno encima bastantes penas para que vayamos a aumentarlas así, a lo bobo. Aldecoa *Cuentos* 1, 174: La vida no es un juego, y bueno está el mundo para juegos.

15 *Introduce un compl que se presenta como una premisa inadmisible que motiva lo expuesto en la or.* | Delibes *Cinco horas* 190: Para pasar malos ratos, mejor me quedo en casa.

16 como ~ –> COMO.

para[2] *m* Moneda yugoslava equivalente a la centésima parte del dinar. | *EOn* 10.64, 60: Principales unidades monetarias en el mundo .. Yugoslavia .. Dinar .. Submúltiplos .. 100 para.

para[3] *m* (*col*) Paracaidista. *Esp referido a los franceses.* | GSerrano *Alc* 16.11.70, 32: Las mejores tropas del mundo, la Legión, nuestra Infantería, los "marines" americanos, los "paras" franceses, .. luchan y mueren por un jornal.

para- *pref* **1** (*lit o E*) *Denota similitud o paralelismo.* | *Por ej: Sur* 27.8.89, 31: Importante entidad parabancaria las necesita para su Dpto. de Relaciones Públicas. Lapesa *HLengua* 365: Hay también quienes suponen que en las primeras invasiones célticas participaron indoeuropeos de otros grupos (paraceltas). J. L. Serna *Ya* 21.6.90, 60: Los británicos temen que buena parte de los cometidos de enfermería los lleguen a realizar personas con menor nivel de formación: las "paraenfermeras". *Ya* 18.10.90, 15: Las actividades paraescolares .. contribuirían, sin duda, al perfeccionamiento de los alumnos en todos esos aspectos. GNuño *Escultura* 169: Con caracteres más bien sentimentales, se agregará alguna circunstancia de índole paraestética. Rábade-Benavente *Filosofía* 286: La religión opera con principios ajenos a la pura racionalidad –cabría llamarlos paranaturales o sobrenaturales–. F. J. FTascón *SYa* 7.5.70, 9: Esta misma persona, a su vez, sufre una serie de fenómenos generales, que son los síndromes paraneoplásicos, debidos a las acciones indirectas o a distancia del cáncer sobre el organismo huésped.

2 (*Quím*) *Designa compuestos de la serie bencénica en que los dos átomos de hidrógeno que ocupaban los vértices 1 y 4 del hexágono han sido reemplazados por dos radicales.* |*Por ej:* Bustinza-Mascaró *Ciencias* 102: En el tratamiento de ciertos tipos de tuberculosis se emplean medicamentos como la estreptomicina, el ácido paraminosalicílico. C. Llaguno *SYa* 4.11.73, 17: Examinando cuidadosamente los cristales de paratartrato de sodio y amonio con el cuidado y la tenacidad que caracterizaban sus trabajos experimentales, Pasteur notó ligeras diferencias entre algunas facetas de los cristales.

parabéllum (*pronunc corriente,* /parabélum/; *frec con mayúscula*) *f o m* Cierto modelo de metralleta de gran calibre, de origen alemán. *Tb el cartucho correspondiente.* | *Inf* 16.11.78, 3: Se recogieron al comando dos metralletas, .. 87 cartuchos de 9 milímetros "Parabéllum". [*En el texto, sin tilde.*]

parabién *m* Felicitación. | ZVicente *Traque* 301: Mientras las pocas gentes que acudieron [a la boda] me daban el parabién, .. me preguntó con mucho retintín si no me daba vergüenza ir a la iglesia con aquella barriga. Salvador *Haragán* 62: Se fueron, entre parabienes y sonrisas.

parábola[1] **I** *f* **1** Narración alegórica de la que se desprende una enseñanza moral. *Gralm referido a las evangélicas.* | Vesga-Fernández *Jesucristo* 121: En esta parábola nos enseña Jesús a estar siempre vigilantes y preparados para la venida de Jesús, es decir, para la muerte. Pemán *Abc* 5.12.70, 3: Es casi un mito o una parábola nacida entre los gauchos: "Al cóndor apresado, vacíanle las pupilas con un hierro ardiendo y luego lo sueltan".

II *loc adv* **2 en ~.** De manera alegórica u oscura. *Gralm con el v* HABLAR. *Frec con intención irónica.* | * Deja de hablar en parábola, que no se enteran.

parábola[2] *f* (*Geom*) Línea curva cuyos puntos equidistan de un punto fijo y de una recta fija. | Marcos-Martínez *Matemáticas* 229: Los cuerpos lanzados en el espacio en dirección horizontal o inclinada describen parábolas. ZVicente *Balcón* 44: –Oye, Carmen...– Los impertinentes describen una amplia parábola: –¿Qué? **b)** Objeto en forma de parábola. | *MHi* 2.64, 73: Da más calor [la estufa Cointra] por su perfección técnica en el sistema de parrilla y parábola reflectante.

parabólico[1] **-ca** *adj* De (la) parábola[1]. | P. Corbalán *SInf* 4.2.71, 1: Buero iba más allá de lo que se había creído a la vista de su producción inicial, como si buscara una proyección de la realidad actual por caminos alegóricos o parabólicos.

parabólico[2] **-ca** *adj* De (la) parábola[2]. | * La pantalla tiene forma parabólica. **b)** Que tiene forma de parábola[2] o de paraboloide. | Marcos-Martínez *Matemáticas* 229: Los focos de los coches son reflectores parabólicos. Marcos-Martínez *Física* 8: Ejemplos de este [movimiento curvilíneo] son: el elíptico de la Tierra alrededor del Sol ..; el circular de las agujas de un reloj ..; y el parabólico de una piedra que se lanza oblicuamente. **c)** [Estufa] que tiene pantalla en forma de parábola. | *Ya* 17.11.63, sn: Estufa eléctrica parabólica, pantalla aluminio pulido, 500 watios.

parabolizar *tr* Simbolizar o representar alegóricamente. | García *Abc* 10.12.74, 3: Eugenio d'Ors, .. hablando de los Machado, me decía en cierta ocasión .. que, para entenderlos, había que parabolizarlos en la alegoría del chopo y del olmo, del olivo y del ciprés.

paraboloidal *adj* (*Geom*) De forma de paraboloide. | *Ya* 9.7.83, 45: Proyecto de planta piloto termosolar experimental, que comprende un colector paraboloidal de alta temperatura para generación de electricidad.

paraboloide *m* (*Geom*) Superficie en que todas las secciones obtenidas por planos son parábolas y elipses o parábolas e hipérbolas. | MSantos *Tiempo* 145: Aquellos nichos ajedreceados que muestran todas las casitas de muerto con su puerta independiente .. y que han sido hechas accesibles gracias a paraboloides espiroidales que atornillan la tierra.

parabrís *m* (*raro*) Parabrisas. | R. Llidó *Abc* 10.10.57, 8: De Gata a Jávea el camino, en pleno día, fue a ciegas. Las agujas del parabrís cayeron rendidas por el esfuerzo.

parabrisas *m En un vehículo:* Luna delantera. | CPuche *Paralelo* 153: Lo mismo por una cosa de nada, por limpiarles el parabrisas del coche o por abrirles la puerta, le largaban a uno cinco duros.

paraca *m* (*col*) Paracaidista. | *GacN* 2.8.75, 7: Aparte, naturalmente, de los lanzamientos de paracaidismo correrán a cargo de los paracas del Aeroclub de Vitoria, participará, como plato fuerte, el equipo nacional.

paracaídas *m* Artefacto hecho de tela resistente y gralm. en forma de casquete esférico, que sirve para frenar la caída de perss. o cosas en la atmósfera, o para frenar aeronaves al aterrizar. | *Gac* 11.5.69, 70: Despegaron, tomaron altura y saltó la primera chica, Margot Iff. Se abrió la flor del paracaídas y se disparó la cámara de Bruell.

paracaidismo *m* Actividad o deporte del salto con paracaídas. | *Gac* 11.5.69, 70: Junto con las novicias del paracaidismo subieron al avión, el monomotor "Pilatus Porter", el piloto Rolando Longoni, el instructor Walter Ruch.

paracaidista *adj* [Pers.] adiestrada en el salto con paracaídas. *Frec n.* | DPlaja *El español* 95: Paracaidistas de diversas nacionalidades .. se tiran al avión. **b)** De (los) soldados paracaidistas. | *Ya* 28.5.67, 11: Bajo el mando del general jefe de la brigada paracaidista .. tomarán parte las siguientes unidades.

paracentesis *f* (*Med*) Punción quirúrgica de una cavidad u órgano, gralm. para evacuar un líquido acumulado. | *Abc* 1.11.75, 12: La paracentesis –la operación realizada para vaciar el seno abdominal de líquido– no se ha vuelto a repetir en el día de ayer.

paracetamol *m* (*Med*) Cierto compuesto usado como analgésico y antitérmico de efecto suave. | *Prospecto* 10.93: Termalgín comprimidos .. Composición: 1 comprimido = Paracetamol, 500 mg.

parachispas *m* Dispositivo protector contra las chispas de un horno o chimenea o de un contacto eléctrico. | *GTelefónica N.* 534: Metal Duro. Herramientas. Hileras Matrices. Contactos y parachispas. Piezas especiales. *SPaís* 3.10.83, 9: Chimenea Hogar Deville .. Parachispas en vidrio Pyrex escamoteable.

parachoques *m* Pieza situada en la parte delantera y trasera de un vehículo, para proteger la carrocería contra los choques. *Tb fig.* | Ortega *Americanos* 43: En los stops se dan golpes de parachoques muy ligeros. Buero *Música* 116: ¿No crees que convendría ir anunciando que creabas tu fundación? La noticia podría ser un buen parachoques.

parachutar *tr* **1** Lanzar en paracaídas. | J. M. Massip *Abc* 1.12.62, 49: Ha sido parachutado un aparato de radio sobre la "Niña II". Sampedro *Sonrisa* 61: Me recuerdas la frente arrugada de Terry, el asesor militar inglés que nos parachutaron, cuando cavilaba por dónde acercarse mejor de noche a la posición alemana.
2 Meter de improviso [a alguien] en un lugar o situación que les es completamente extraño. | Campmany *Abc* 8.5.86, 17: ¿No se criticaba en los salones de las Cancillerías occidentales el aspecto campesino y tosco de las señoras de los políticos rusos, como si fueran potentes labradoras de Ucrania parachutadas en un salón de baile de gala? **b)** Nombrar de improviso [a alguien] para un puesto para el que no está preparado. | Valencia *Mar* 25.5.59, 5: Guillermo Campanal, "mister" de emergencia y buen conocedor de su paño, lo que hace que lo sepa cortar, si al caso viene, mejor que otros técnicos parachutados, planteó bien el partido.

parachutista *m y f* (*raro*) Paracaidista. | *Abc* 17.6.58, 29: ¿Querrán creer ustedes que fabrica una jardinera para engancharse .. al nuevo motor de la política francesa llamado general De Gaulle, con su movimiento de Argel y de Córcega, sus Comités de Salvación y los parachutistas de Massu?

paráclito *adj* (*Rel crist*) Consolador. *Referido al Espíritu Santo. Frec n.* | Ribera *Misal* 1611: A Vos, Dios Padre Ingénito; a Vos, Hijo Unigénito; a Vos, Espíritu Santo Paráclito.

parada *f* **1** Acción de parar(se) (dejar de moverse, de avanzar o de actuar; detener, o hacer que algo o alguien se pare). | *SVoz* 8.11.70, 2: Era dicho agente que le hacía señales de parada. Miró *As* 14.12.70, 7: Tuvo tres paradas magistrales durante el partido. **b)** (*Caza*) Muestra que hace el perro parándose al descubrir la caza. | MFVelasco *Peña* 266: En lo que lo cuento, la Nela estaba nuevamente de parada. Como espera que no rompe una muestra hasta que se le manda, la tuve puesta durante un cuarto de hora.
2 Lugar intermedio de un trayecto, destinado a que pare un vehículo de servicio público para recoger o dejar viajeros. *A veces designa tb la cabecera o el final de trayecto.* | FSantos *Hombre* 122: En la parada, un par de señoras con los niños que juegan, esperando ese autobús que llega exhausto. **b)** Lugar destinado al estacionamiento de vehículos de alquiler. | Arrarás *DBu* 5.1.55, 6: Ve estrellada su puntualidad por la cola del autobús, por el apagón inmovilizador del Metro, o ante la parada de taxis vacía. Cabezas *Abc* 3.6.70, 54: Los "simones" .. fueron el primer servicio de taxis de Madrid .. El último [cochero] fue el famoso "Madriles", que conservó su "simón" y su "manuela" con parada en Cibeles hasta el año cincuenta. **c) ~ y fonda.** (*col*) Lugar donde alguien se detiene durante largo rato. | A. D. Galicia *Sáb* 10.9.66, 12: Los ritmos trepidantes de Pepe Moreno, parada y fonda de todos los noctámbulos que en Marbella somos.
3 Lugar destinado a que los sementales cubran a las hembras. *Tb ~ DE SEMENTALES.* | Cunqueiro *Un hombre* 24: Lo más probable es que Orestes .. ahora fuese dueño de una parada, pues salía en los textos como domador de caballos. Romano-Sanz *Alcudia* 174: La Veredilla, caserío donde Godoy tuvo en sus tiempos una parada de sementales. *Gerona* 103: Paradas de sementales. Las de carácter bovino pasaron de 408, en 1942, a 418, en 1962.
4 Lugar en que se juntan o recogen las reses. | MCalero *Usos* 66: Iban con sus caballos y ayudantes separando los becerros y llevándolos a la parada. [*Para herrarlos*.]

paradero – paradoxalmente

5 Formación militar para revista o desfile. *Tb* ~ MILITAR. | Goytisolo *Recuento* 105: Antes del toque de Asamblea va y me pide prestado el mosquetón y en la parada le dan un permiso extraordinario de limpio que lo tenía. *Ya* 25.5.75, 19: Once mil hombres de los tres Ejércitos desfilarán hoy en Madrid .. Abrirá la gran parada militar una sección de Motoristas de la Guardia Civil.
6 Relevo de la guardia. | DCañabate *Paseíllo* 21: –¿Para dónde vamos? ¿Vamos a la parada? –¡Qué rutina! Siempre a la parada. ¿Y si nos fuéramos al Rastro?
7 (*Taur*) Conjunto de cabestros que se utilizan para las operaciones con los toros. *Tb* ~ DE CABESTROS O DE BUEYES. | DCañabate *Abc* 7.6.58, 55: Cuando salió el camión imaginamos que su misión sería sustituir a los inútiles cabestros, obligando al toro a que se retirara a los corrales; a tomar la puerta de ellos con movimientos parecidos a los que ejecutan las paradas de cabestros adiestradas convenientemente. G. Carvajal *Pue* 9.11.70, 31: Sonaron los clarines no para que saliese otro toro, sino para que la parada de bueyes retirase a su hermano de mansedumbre.
8 (*reg*) Puesto de venta. | Mendoza *Ciudad* 94: Llévese la col y páguemelo que le dé la gana, pero no vuelva por mi parada, porque no le pienso despachar nunca más. Marsé *Dicen* 201: Todo empezó una tarde que Sarnita montaba su parada de tebeos en la plaza del Norte.

paradero *m* Lugar, gralm. secreto o desconocido, en que para o está [alguien o algo (*compl de posesión*)]. | GPavón *Hermanas* 47: A ver si averiguan pronto el paradero de esas gemelas encarnadas.

paradigma *m* **1** Ejemplo o modelo arquetípico. | Alfonso *España* 33: La carreta detrás, los bueyes delante, aunque sean paradigma de la lentitud esos buenos animales.
2 (*Ling*) Esquema flexivo. | Academia *Esbozo* 260: Desarrollamos en este capítulo los tres paradigmas regulares en -ar, -er, -ir.
3 (*Ling*) Conjunto virtual de elementos sustituibles entre sí en un contexto dado. | RAdrados *Lingüística* 251: Hombre/hombres, mujer/mujeres, varón/varones forman tres paradigmas elementales del español.

paradigmáticamente *adv* De manera paradigmática [1]. | Laín *Marañón* 134: Hay médicos que se hacen historiadores o literatos "por evasión" ..; hay otros .. que escriben literatura o Historia "por rebosamiento" .. Tal fue, muy paradigmáticamente, el caso de Marañón.

paradigmático -ca I *adj* **1** Que tiene carácter de paradigma [1]. | Alsina *Plutarco* XXV: Sus vidas son modelos paradigmáticos de virtud, aunque no todos los biografiados son tipos virtuosos y sin tacha.
2 (*Ling*) De(l) paradigma [3]. | Alcina-Blecua *Gramática* 146: Es necesario distinguir dos tipos de funciones básicas ..: relaciones en las que existe la función *y* (conjunción) y relaciones en las que existe la función *o* (disyunción) .. La función *o* (paradigmática) se denominará correlación, mientras que la función *y* (sintagmática) se llama relación.
II *f* **3** (*Ling*) Estudio de los paradigmas [3]. | RAdrados *Lingüística* 14: Deberá distinguirse cuidadosamente entre sincronía y diacronía, entre niveles o estilos de lengua, entre sintagmática y paradigmática.

paradina *f* Monte bajo de pasto, donde suele haber corrales para el ganado lanar. | MCalero *Usos* 110: Veía más allá el monte de quejigos y el oquedal de grandes encinas y las paradinas.

paradisiaco -ca (*tb* **paradisíaco**) *adj* De(l) Paraíso. | GTabanera *Abc* 8.9.66, 9: Para Las Casas solo están una parte, unos indígenas angelicales y paradisíacos, confiados y desarmados. **b)** [Lugar] que tiene una belleza natural semejante a la considerada propia del Paraíso terrenal. | Alfonso *España* 161: La Casa de Campo de Madrid, la gallega isla de La Toja –antes paradisíaca– y tantos otros sitios estropeados.

paradislero -ra *m y f* Pers. que caza a la espera o a pie quedo. | MCalero *Usos* 75: Sin que se les pudiera considerar paradisleros, cazaban la torcaz a la espera.

paradista *m y f* Dueño o encargado de una parada de sementales. | *Ale* 19.8.79, 34: Atención: ganaderos y paradistas. Exposiciones-venta de ganado vacuno 1979. Reproductores selectos de ambos sexos de raza parda.

parado -da I *adj* **1** *part* → PARAR.
2 Que no tiene trabajo. *Tb* n. | FQuintana-Velarde *Política* 33: Un grupo de obreros parados consume su forzado ocio al sol. Las energías desaprovechadas de los parados perjudican a la producción. *SDíaTo* 14.5.89, 3: No es [Charo López] una parada más del panorama español actual.
3 [Pers.] tímida o poco decidida. | Delibes *Cinco horas* 128: Tú siempre fuiste un poco parado. **b)** Propio de la pers. parada. | Payno *Curso* 141: La seguía un hombre de unos treinta años, con cabello pajizo y ojos azules y parados.
4 Sorprendido o confuso. *Con vs como* DEJAR *o* QUEDARSE. | Delibes *Cinco horas* 74: Así, como te lo estoy diciendo, delante de todo el mundo, que me dejó parada, la verdad. Payno *Curso* 55: Entonces quedó parado y sin saber qué más decir.
5 (*Taur*) [Res] tarda o remisa de movimientos. | D. Lechuga *Ya* 31.8.88, 32: Niño de la Taurina estuvo porfión con su lote. El primero fue parado y probón, y el último fue molesto por su cabeceo.
II *m* **6** Baile de ritmo solemne, variedad del bolero mallorquín, propio de Valldemosa. *Tb su música.* | Zubía *España* 143: Al encanto de las islas Baleares contribuye el cuidado con que se conservan las viejas tradiciones, los bailes y los cantos típicos, como el "bolero" y el "parado".
III *loc v* **7 salir** (*o* **quedar**, *o* **resultar**) **bien** (**mal**, **mejor** *o* **peor**) **~**. Obtener un resultado bueno (malo, mejor o peor). | CBaroja *Inquisidor* 40: No quedó mejor parado don Alonso de Salazar y Frías que sus dos colegas.

paradoja *f* Hecho o dicho aparentemente contrario a la lógica. | Laforet *Mujer* 93: Llegaron a los momentos peores de la guerra .. Por una paradoja, Paulina siempre recordaría los años pasados allí como un remanso pacífico. Laiglesia *Tachado* 77: Su aguda inteligencia le permitía manejar con soltura sofismas, paradojas y contradicciones. **b)** (*TLit*) Figura retórica que consiste en una expresión que encierra una aparente contradicción. | Amorós-Mayoral *Lengua 3º* 125: La paradoja es una muestra de ingenio y agudeza, más propia de la literatura (especialmente barroca o humorística) que del habla cotidiana.

paradojal *adj* (*raro*) Paradójico. | Marquerie *Teatro 1959* 232: Sigue vigente en la frase desenfadada, ágil, paradojal o elegantemente cínica.

paradójicamente *adv* De manera paradójica. | CBonald *Ágata* 139: Y esa sola presunción .. la liberó paradójicamente de resquemores.

paradójico -ca *adj* [Cosa] que encierra en sí paradoja. | Aranguren *Marxismo* 12: Me esforzaré .. por comprender la moral del marxismo, con una pretensión un tanto paradójica, a la vez desde dentro y, sin embargo, no como marxista. **b)** [Pers.] que se comporta de un modo paradójico. | Dalí *SAbc* 8.3.70, 30: Eso dice Gala. "¿Por qué quieres que te lea si no me escuchas?" Pero es que soy paradójico. Solo en el caso de que me colocaran enfrente un fusil podría repetir lo que me ha leído palabra por palabra.

paradojismo *m* (*raro*) Condición de paradójico. | Camón *Abc* 26.11.70, 3: Hay que plantear el paradojismo de Unamuno .. en su misma vida y pensamiento.

paradojo -ja *adj* (*raro*) Paradójico. | Espinosa *Escuela* 497: ¡Dioses paradojos!, estamos vendidos.

paradón *m* (*Dep*, *col*) Parada espectacular. | G. García *As* 14.12.70, 3: Batir a Araquistáin, al veterano y eficaz Araquistáin, que en tres paradones y despejando de puño se lució en Chamartín.

parador *m* **1** Establecimiento hotelero de alta categoría, dependiente del Estado. *Tb* ~ NACIONAL, *o* ~ DE TURISMO. | *Córdoba* 95: Hoteles y paradores. Córdoba cuenta con un buen número de hoteles .. Entre todos, destaca por su importancia, interés y comodidad, el Parador Nacional de "La Arruzafa".
2 (*raro*) Mesón. | Cela *Viaje andaluz* 146: El vagabundo, después de almorzar en el parador de Ordóñez, salió por donde entrara para meterse .. por el camino de Montilla.

paradoxal *adj* (*raro*) Paradójico. | P. VSanjuán *Abc* 4.8.72, 33: La pasión ilusionada por el cante y baile gitano ha sido una característica paradoxal del público catalán.

paradoxalmente *adv* (*raro*) Paradójicamente. | Benet *Volverás* 127: Aquel propósito pecaminoso que la levantó [la casa] solo se asocia –tácita y paradoxalmente– con un anhelo de inocencia.

paraestatal *adj* [Organismo o entidad] que coopera con el Estado, pero sin formar parte de la administración pública. | T. GBallesteros *Ya* 13.2.92, 14: En la actualidad las huelgas son, en la mayoría de los casos, en organismos o entes estatales o paraestatales.

parafascista *adj* Que tiene similitud con el fascismo o lo fascista. | Aranguren *Marxismo* 92: No solamente se da un terrorismo anarquista, sino también el de la oposición fascista, parafascista, etc.

parafernal *adj (Der)* [Bien] de una mujer casada no aportado como dote, o adquirido después sin ser vinculado a esta. *Gralm en pl.* | CBonald *Ágata* 174: Araceli había aportado al matrimonio, con independencia de la dote, muy considerables bienes parafernales procedentes de mejorías.

parafernalia *f (lit, desp)* Conjunto aparatoso de elementos rituales o decorativos que rodean un acto o a una pers. *Frec fig y con intención ponderativa.* | *SPaís* 12.8.79, 13: Francisco Macías con toda la parafernalia de su cargo. [Pie de una foto en que F. M. aparece con collar, condecoraciones, banda y bastón.]

parafilia *f* Perversión sexual. | *Ya* 1.10.90, 54: Sin duda uno de los temas más delicados de tratar en la sexualidad son las parafilias, que pueden considerarse como aberraciones. Nos referimos a la zoofilia, al voyeurismo, al exhibicionismo.

parafina *f* Sustancia sólida, blanca, derivada del petróleo y constituida por una mezcla de hidrocarburos, de múltiples aplicaciones industriales y farmacéuticas. | Marcos-Martínez *Física* 298: Aceites pesados o residuos de petróleo, que están formados por hidrocarburos sólidos. Están entre ellos la parafina, usada para aislante y para bujías; la vaselina.

parafinación *f* Acción de parafinar. | *HLM* 18.11.74, 3: El doctor Pedro Ara realizó las técnicas de parafinación para conservar los restos mortales de Eva Duarte de Perón.

parafinar *tr* Tratar [algo, esp. papel] con parafina. *Frec en part, a veces sustantivado.* | CPuche *Paralelo* 106: Había una serie de tiendas más pequeñas, donde los americanos adquirían los churros, la leche en paquetes de papel parafinado, la mantequilla y toda clase de latas. Canellada *Penal* 116: Gracias a unas curas parafinadas que me trajo Nati, voy estrenando en la oreja y en el brazo una piel nuevecita rosada. GTelefónica *N.* 813: Manipulados del Ter, S.A. Engomados. Parafinados. Matizados. Purpurinados. Imitación piel .. Cartulinas.

parafínico -ca *adj (Quím)* [Compuesto orgánico] saturado de cadena abierta. | Alvarado *Anatomía* 9: Las cadenas polipéptidas .. son zigzagueantes, al igual que las cadenas parafínicas.

parafiscal *adj (admin)* [Tasa o exacción] que no forma parte de los impuestos fiscales del Estado. | Tamames *Economía* 267: Entre las ventajas estrictamente fiscales que se conceden a la exportación la más importante es la llamada "desgravación fiscal", que consiste en "la devolución .. de los impuestos estatales indirectos, exacciones locales, tasas y exacciones parafiscales y otros gravámenes indirectos".

parafiscalidad *f (admin)* Conjunto de tasas y exacciones parafiscales. | C. Gómez *País* 13.2.83, 51: El Gobierno está estudiando una nueva regulación legal sobre precios de los servicios públicos, tasas y parafiscalidad.

parafiso *m (Bot)* Célula alargada y estéril del himenio de los hongos ascomicetos y basidiomicetos. | Ybarra-Cabetas *Ciencias* 242: En algunos de ellos, los basidios se reúnen formando el himenio, que contiene también filamentos estériles o parafisos.

parafraseador -ra *adj* Que parafrasea. *Tb n.* | Sánchez *MPelayo* 22: Poeta fácil, de índole tierna y apacible, feliz traductor en verso, o parafraseador de las Sagradas Escrituras.

parafrasear *tr* Hacer una paráfrasis [de un texto o de su autor (cd)]. | GLuengo *Extremadura* 8: ¿Hay algo de lo español –preguntaría yo .., parafraseando a Terencio– que sea ajeno a lo extremeño? *Inf* 4.5.73, 24: Un talaverano parafrasea el conocido pasodoble: "Valencia es la tierra de los «Fores»...".

paráfrasis *f* **1** Desarrollo o amplificación explicativos [de un texto]. | Criado *MHi* 11.63, 21: El tema del caballero apocalíptico se combina con la paráfrasis inequívoca de las medievales, sarcásticas y democráticas Danzas de la Muerte. **b)** Texto que expresa con palabras semejantes una idea semejante [a la de otro texto muy conocido (*compl de posesión*)]. | * Su pensamiento se condensa en esta paráfrasis: "La esperanza nuestra de cada día".
2 *(TLit)* Traducción en verso en que se sigue más o menos libremente el original. | Pedraza-Rodríguez *Literatura* 2, 564: De Virgilio tradujo las *Bucólicas* y los dos primeros libros de las *Geórgicas*. En ocasiones la traducción se ciñe al original; otras veces se trata de una paráfrasis más o menos afortunada.
3 *(Ling)* Frase sinónima de una palabra o de otra frase. | Cuesta-Vega *Observ. lexicogr.* 179: No recurre [el diccionario] al icono como alternativa a la paráfrasis definitoria.

parafrástico -ca *adj (E)* Que constituye una paráfrasis. | Sánchez *MPelayo* 29: Don Marcelino, que se entusiasma hablando de este poemita, transcribe la traducción parafrástica, más acertada, de su amigo el poeta colombiano don Rafael Pombo. Cuesta-Vega *Observ. lexicogr.* 179: Participa de los repertorios enciclopédicos por su selección mayoritaria de sustantivos, prescindiendo de otras categorías gramaticales .. que requieren definiciones metalingüísticas, o por lo menos sinonímicas, pero no parafrásticas.

parafusa *f (reg)* Huso grande para torcer el hilo. | G. GHontoria *Nar* 6.77, 33: Huso o "parafusa", palillo y rueca para hilar. Paradaseca (León).

paragnosta *m y f (raro)* Paragnóstico. | *Sáb* 14.9.74, 49: ¿Se pueden fotografiar los hechos futuros? .. La experimentación en laboratorios debería realizarse contando con un paragnosta de las cualidades que posee Croiset.

paragnóstico -ca *m y f (E)* Pers. clarividente o con poder de adivinación. | *Ya* 7.9.75, 6: Yo no digo que Uri Geller no sea un para[g]nóstico, pero desde luego, con lo que ha hecho hoy, no lo ha demostrado. [*En el texto, paranóstico*.]

paragoge *f (Ling)* Adición de un sonido, esp. vocal, al final de una palabra. | Lapesa *HLengua* 406: Paragoge épica de *e*.

paragógico -ca *adj (Ling)* De (la) paragoge. | GLópez *Lit. española* 26: Es característico el uso de la *e* paragógica, añadida frecuentemente a la última palabra del verso, con el objeto de dar un mayor arcaísmo a la expresión.

paragolpes *m* Parachoques. | Cupé *Ya* 13.6.74, 2: El pasado lunes, a las once de la noche, presencié cómo un "pantalón" quedaba enganchado en el paragolpes de un coche.

paragrafía *f (Med)* Sustitución inconsciente de unas unidades por otras en la escritura como consecuencia de un trastorno psíquico. | Castañeda *Grafopsicología* 18: Si esto ocurre en un niño cuya visión es correcta, podemos pensar en una "paragrafía", que se caracteriza, precisamente, por la repetición de sílabas, por confundir palabras muy parecidas, o unas letras con otras.

parágrafo *m* Párrafo. | Aranguren *Marxismo* 59: La última frase del parágrafo anterior nos conduce de nuevo a la dimensión emotiva.

paraguas I *m* **1** Utensilio portátil para protegerse de la lluvia, constituido por una tela montada sobre una armadura plegable de varillas sujetas a un mango. | Arce *Testamento* 33: Detrás de la puerta colgaban zamarras, dos gabardinas, un bastón y dos paraguas.
2 Forma aproximadamente semiesférica propia del paraguas [1]. | S. Araúz *Abc* 2.5.75, sn: Llega bajo los chaparros y empieza a formarlos con el hacha. Elige cuidadosamente las ramas: abre la copa, clarea los varetos para que se oreen, deja los guiones en cruz, en paraguas, en horizontal. Mora *Sem* 10.5.75, 12: Las faldas son más bien envolventes, fruncidas o de paraguas.
3 Entidad o sistema que sirve de protección o defensa. *Frec ~ PROTECTOR o DEFENSIVO.* | L. Contreras *Sáb* 15.3.75, 16: Si en el manifiesto televisivo del señor Arias Navarro los llamados "históricos" quedaban mejorados .., hombres como

Utrera y Ruiz Jarabo, teóricamente situados bajo el "paraguas" protector de Girón, han quedado marginados. J. Fuentes *ElM* 27.1.91, 64: El terror comienza a convertirse en pánico, y la confianza en el paraguas defensivo norteamericano, basada en los antimisiles Patriot, se ha desvanecido con la primera sangre.
4 (*jerg*) Preservativo. | Oliver *Relatos* 124: Los condones cuestan diez pelas .. A mí lo que más me acojonaba era que yo mismo me habría ido a meter con ella si hubiese podido y que en los paraguas no había yo pensado hasta esa tarde.
II *fórm or* **5 que te frían un ~.** (*col*) *Fórmula con que se manifiesta desprecio o rechazo.* | AMillán *Mayores* 380: ¡Que te frían un paraguas!

paraguayo -ya I *adj* **1** Del Paraguay. *Tb n, referido a pers.* | Laiglesia *Tachado* 72: Una gota de agua no se parece tanto a cualquiera de sus compañeras como un Secretario de Embajada sueco a otro paraguayo.
2 (*reg, humoríst*) [Pers.] forastera que visita Ceuta. *Tb n.* | Grosso *Invitados* 149: Tratándosele siempre .. con la cortesía propia de los ceutíes, que ven en todo *paraguayo* (extranjero o peninsular) a alguien con quien pueden entrar algún día en trato.
II *n* **A** *f* **3** Fruta muy dulce y jugosa, similar al melocotón, de forma aplastada y color verdoso y rojizo. | Parabere *ByN* 20.6.93, 117: Con ciertas características muy similares a las del melocotón, la paraguaya es una fruta "de hueso", de forma circular y aplastada, de color verde claro, aunque con ligeras pinceladas rojizas.
B *m* **4** Variedad de melocotonero que produce la paraguaya [3]. | Loriente *Plantas* 40: *Prunus persica* (L.) Batsch, "Melocotonero"; "Paraguayo". Se plantan diversas variedades hortícolas de la especie.
5 Paraguaya [3]. | *Prog* 31.7.76, 2: En las frutas, los precios fueron como sigue: Peladillos, 30 pesetas kilo; peras, de 24 a 28; melocotones, a 30; paraguayos, 20. *SSe* 18.9.88, 23: Frutas riojanas con su jugo. Ingredientes: Melón, pera, melocotón, paraguayo, kiwi, cerezas, naranjas y manzanas.

paraguazo *m* Golpe dado con un paraguas [1]. | Montero *Reina* 153: Antonia dio un salto y se defendió a paraguazos hasta que consiguió alejarla [a la avispa].

paragüería *f* Tienda de paraguas [1]. | *DBu* 2.1.55, 3: Admire los lindos paraguas de Reyes en Paragüería y Cestería Viuda de Víctor Díez.

paragüero -ra A *m y f* **1** Pers. que hace, vende o arregla paraguas [1]. | Aguilar *Experiencia* 321: El viejo Azzati .. se estableció como paragüero en la plaza de las Barcas. Marsé *Dicen* 112: Y cuánto le pagaban por ello, .. por preguntar .. a sus amigos los gitanos, los afiladores y los paragüeros, por si la conocían.
B *m* **2** Mueble o recipiente para colocar los paraguas [1]. | Aldecoa *Cuentos* 1, 139: Se levantó del sillón y se acercó al paragüero. Tomó su vara de mando de latón y cordoncillos.
C *f* **3** Fábrica de paraguas [1]. | *GTelefónica N.* 827: Caravel .. Paragüera del Noroeste, S.A.

parainfluenza *f* (*Med*) Virus asociado o responsable de ciertas infecciones respiratorias en los niños. | *Abc* 11.5.74, 68: Nuestros servicios de virología .. han estudiado los brotes de enfermedades agudas respiratorias ocasionadas por los virus gripe A, gripe B, gripe C, parainfluenza 3.

paraíso (*gralm con mayúscula en aceps 1 y 2*) *m* **1** Lugar delicioso en que Dios colocó a Adán y Eva. *Tb ~* TERRENAL. | SLuis *Doctrina* 22: El demonio tentó a Adán en el Paraíso. Peña-Useros *Mesías* 22: Dios colocó a Adán y Eva en el Paraíso terrenal, donde vivían felices.
2 (*Rel*) Cielo o gloria. | Vesga-Fernández *Jesucristo* 145: Hoy estarás conmigo en el Paraíso.
3 Lugar de gran belleza natural. | F. Montero *Abc* 9.4.67, sn: No menos belleza encierra la serranía onubense, un verde y perfumado paraíso. **b)** Lugar o situación sumamente gratos o agradables. | FQuintana-Velarde *Política* 260: Desconfiemos siempre de los que prometen rápidos paraísos con unas cuantas nuevas leyes. **c)** Lugar sumamente favorable o ventajoso [para algo (*adj o compl especificador*)]. | *ElM* 28.1.93, 3: Solo así la opinión pública podrá creer que está dispuesto realmente a impedir que este país se afiance como el paraíso de la corrupción. **d) ~ fiscal.** País que por su régimen fiscal favorable atrae capitales extranjeros. | J. L. Serfis *Sur* 23.8.87, 18: Solo en tres países, Panamá, Islas Caimán y Bahamas, se concentró el 87 por ciento del total derivado a la región. Claramente se trata de inversiones financieras en paraísos fiscales.
4 *En un teatro:* Conjunto de las localidades más altas y baratas. | M. Gordon *Ya* 9.12.84, 2: Éxito lírico y contestación social fueron las dos notas sobresalientes de la inauguración de la temporada en La Scala de Milán .. La sorpresa de la noche fue Alida "Ferrarini" en Micaela, que se reafirma en su carrera y fue ovacionada con delirio por los entendidos del "paraíso".
5 *Se da este n a numerosas especies de pájaros de talla media, propios de Nueva Guinea y Australia, caracterizados por los bellos penachos de plumas de colores de los machos* (*esp gén Paradisea*). *Más frec* AVE DEL ~. | Aguilar *Experiencia* 483: Me sentí inclinado a abandonar para siempre la industria del libro para lanzarme a un negocio con su parte de aventura pintoresca ..: a cazar garzas reales y aves del paraíso en el Paraguay. CSotelo *Muchachita* 278: ¡Caramba con la boinilla, cinco mil pesetas en plumas de paraíso...!
6 Cinamomo (árbol). *Tb* ÁRBOL DEL ~. | J. Oyarzun *Abc* 10.12.70, 21: Muchas de las calles de Buenos Aires se convierten en los meses de primavera y verano en maravillosas explosiones de color: desde la flor roja del ceibo .. pasando por la flor blanquecina y dulcemente olorosa de los paraísos.

paraje *m* Lugar. *Referido a un espacio al aire libre.* | CNavarro *Perros* 174: Se decía que la comprensión de su hermano Mario solo podría hallarla recorriendo aquellos parajes.

paralaje *f* (*Astron*) Desplazamiento aparente de un objeto sobre un fondo distante cuando el observador cambia de punto de vista. *Tb su ángulo.* | *Anuario Observatorio* 1967 112: Como la Luna está relativamente cerca de la Tierra, los efectos de paralaje son fuertes en ella. En nuestras efemérides se da día por día la paralaje horizontal ecuatorial.

paralelamente *adv* De manera paralela [1, 2 y 3]. | Bustinza-Mascaró *Ciencias* 163: El aparato respiratorio está formado por dos sacos, denominados pulmones o filotráqueas, en cuyo interior hay varias láminas muy finas y dispuestas paralelamente. *Sp* 19.7.70, 23: Las plantillas fijas de los astilleros tienden a disminuir ..; paralelamente, aumenta la mano de obra contratada.

paralelepipédico -ca *adj* (*Geom*) De(l) paralelepípedo [2]. | Navarro *Biología* 260: Tiene [el virus] forma paralelepipédica. **b)** Que tiene forma de paralelepípedo. | Ybarra-Cabetas *Ciencias* 12: Los elementos .. se sitúan en los nudos de una red paralelepipédica.

paralelepípedo -da (*Geom*) **I** *adj* **1** Paralelepipédico. | Aleixandre *Química* 89: Su forma [de las cámaras] puede ser paralelepípeda o cilíndrica. MSantos *Tiempo* 31: Continuaba el descenso .. con el bulto paralelepípedo puesto del otro lado.
II *m* **2** Prisma cuyas bases son paralelogramos. | Marcos-Martínez *Aritmética* 2º 194: El cubo es un caso particular de paralelepípedo rectángulo.

paralelinervio -via *adj* (*Bot*) [Hoja] de nervios paralelos o aproximadamente paralelos. | Ybarra-Cabetas *Ciencias* 261: Las [hojas] rectinervias son generalmente paralelinervias, es decir, de nervios paralelos.

paralelismo *m* **1** Condición de paralelo [1, 2 y 3]. | Ybarra-Cabetas *Ciencias* 23: Respondiendo al concepto que del paralelismo nos da la Geometría, la cara encontrará a dicho eje en el infinito. *Nue* 28.6.70, 3: Establece un paralelismo entre la vida de los toreros y la de los pilotos. Gambra *Filosofía* 137: En el hombre se dan dos series de fenómenos: una de fenómenos físicos y otra de psíquicos; pero no hay relación entre ellos, sino solo un paralelismo constante.
2 (*Filos*) Doctrina según la cual a todo fenómeno psíquico corresponde uno físico y viceversa. | Gambra *Filosofía* 137: Teoría del paralelismo en Leibniz. El paralelismo psicofísico fue una teoría defendida, entre otros, por Leibniz.
3 (*TLit*) Uso de estructuras paralelas, a veces con repetición de un mismo pensamiento, en dos o más frases, versos o estrofas sucesivos. | RPeña *Literatura* 76: La tendencia de la lírica gallega es el paralelismo.

paralelístico -ca *adj* De(l) paralelismo [1 y 3]. | DPlaja *Van* 20.12.70, 15: El gran escritor portugués .. formuló una doctrina paralelística entre el "saudosismo" lusitano y la "enyorança" catalana. Torrente *Saga* 203: Contiene además el poema ciertos elementos paralelísticos.

paralelo -la I *adj* **1** (Geom) [Línea o superficie] que permanece equidistante [respecto a otra (*compl* A)]. *Tb sin compl, en pl. Frec n f, referido a línea.* | Marcos-Martínez *Aritmética* 178: Los hilos de Telégrafos son paralelos. Ortega-Roig *País* 12: Desde el Ecuador hacia los polos podremos trazar otros círculos paralelos a él. Gironza *Matemáticas* 140: Si por el punto medio M del lado AB se traza la paralela al lado BC, debe pasar por el punto N del lado AC. **b)** Propio de las líneas o superficies paralelas. | * La disposición es transversal, no paralela.
2 Semejante o similar. | Cela *Pirineo* 305: El viajero almorzó, con buen apetito y paralelo aprovechamiento, lo que el fondista dispuso que almorzara.
3 [Cosa] que se desarrolla al mismo tiempo [que otra (*compl* A)]. *Tb sin compl, en pl.* | GArnau *SAbc* 13.12.70, 83: Menéndez Pidal .. volvería para demostrar su teoría sobre un "dialecto mozárabe" paralelo a las canciones andalusíes conocidas y otras coplas de cuño castellano, derivadas estas de las "muwassahas".
4 en ~. (*Electr*) [Montaje] en que van unidos todos los polos positivos por una parte y los negativos por otra. *Tb adv.* | Marcos-Martínez *Física* 195: El montaje de las lámparas ordinarias del alumbrado se hace en derivación o en paralelo.
5 en ~. (*Informát*) [Transmisión] simultánea de todos los bits. *Tb referido al aparato o sistema dotado con ella. Tb simplemente ~.* | *Inde* 15.7.90, 10: Compaq SLT/286 y LTE/286 .. Puertas en paralelo y en serie e interfaces para un monitor externo CGA. *Ya* 7.10.87, 4: PCW 9512 .. Interface Paralelo Centronics, para impresoras .. En este punto, otras dos posibilidades. Una impresora serie o paralelo, ambas opciones están previstas. Por el paralelo podemos utilizar, por ejemplo, una DMP 2000 u otra impresora centronics. *Inde* 15.7.90, 10: Toshiba T1000SE .. Equipado con un chip 80C86 a 9.54 Mz, .. puertas seriales y paralelas.
II *n* **A** *m* **6** (*Geogr*) Círculo paralelo [1] al Ecuador. | Zubía *Geografía* 21: Los Trópicos: Son los paralelos situados a 23 grados 27 minutos del Ecuador.
7 Comparación o parangón. | * No hay paralelo posible entre las dos obras.
8 Semejanza o similitud. | Fernández-Llorens *Occidente* 38: Esta primera civilización [india] presenta evidentes paralelos con la del Oriente Medio.
9 Pers. o cosa semejante o comparable [a otra (*compl de posesión*)]. *Frec se omite el compl.* | GGual *Novela* 65: En la narración de Ulises se mezclan las noticias casi históricas con las míticas, .. o con relatos folclóricos, como .. el encuentro con el Cíclope, el ogro monocular de los cuentos, con tantos paralelos en otras literaturas.
B *f pl* **10** Aparato de gimnasia constituido por dos barras paralelas [1]. | *BOE* 8.5.75, 9716: Aparatos de rehabilitación: Una piscina con sus accesorios para masaje subacuático .. Unas paralelas graduables, con rótula.

paralelográmico -ca *adj* (*Geom*) Que tiene forma de paralelogramo. | Alvarado *Anatomía* 26: El tejido óseo .. está todo él recorrido por una red paralelográmica de canales llamados conductos de Havers.

paralelogramo *m* (*Geom*) Cuadrilátero cuyos lados opuestos son paralelos dos a dos. | Gironza *Matemáticas* 156: Articuladas esas tiras, tal como indica la figura b, resultará un paralelogramo de forma variable.

paralenguaje *m* (*Ling*) Medio de comunicación natural no lingüístico, empleado en gral. simultáneamente con la lengua. | A. Míguez *SMad* 13.12.69, 7: En el tono cabría distinguir tres elementos: el lenguaje, el paralenguaje (conjunto de símbolos no estrictamente gramaticales, pero que usualmente se utilizan en la conversación para dar un significado más expresivo a las palabras) y la cinética.

paralimpiada (*frec con mayúscula; tb* **paralimpíada**) *f* Juegos paralímpicos. *Tb en pl con sent sg.* | *Ya* 11.9.92, 38: Unos 2.500 deportistas procedentes de 77 países participarán en la I Paralimpiada para minusválidos psíquicos que se celebrará en Madrid los próximos días 13 y 23.

paralímpico -ca *adj* [Juegos] ~s → JUEGO. **b)** De los juegos paralímpicos. | * Es campeón paralímpico. **c)** Participante en los juegos paralímpicos. *Tb n, referido a pers.* | * El equipo paralímpico español. *Ya* 6.9.92, 4: Estoy agradecido por haber podido ayudar a una atleta paralímpica. P. Urbano *ElM* 9.9.92, 8: Mezcla en batiburrillo-granel ancianos, minusválidos, paralímpicos y mujeres-que-se-manejan-solas.

paralingüístico -ca *adj* (*Ling*) De(l) paralenguaje. | J. M. Sala *Van* 25.7.74, 34: La habilidad de "En el Monte de los Judíos" (o Montjuïc) exige una serie de experimentaciones que ilustran otros poemas del libro: los elementos paralingüísticos .. y el valor rítmico y semántico de los espacios en blanco.

paralís *m* (*pop*) Parálisis. | Cela *Judíos* 231: Tras una púdica persiana, un mozo con el paralís canta.

parálisis *f* Pérdida de la capacidad de movimiento. *Tb fig.* | Navarro *Biología* 256: Botulismo .. Origina trastornos nerviosos que se traducen en parálisis muscular. VMontalbán *Sáb* 27.3.71, 26: El sistema de poder que intenta la detención de la Historia cuenta desde 1945 con un factor auxiliar inestimable: el miedo atómico. La parálisis universal ha servido de aliado a todas las causas reaccionarias. **b)** (*Med*) Con un *adj* especificador designa distintas enfermedades caracterizadas por alguna forma de parálisis: ~ AGITANTE (enfermedad de Parkinson), ~ INFANTIL (poliomielitis), *etc.* | F. Martino *Ya* 13.3.75, 37: La enfermedad de Parkinson, o parálisis agitante –no tan rara como se supone–, ha sido puesta a la luz pública por la magistral conferencia pronunciada recientemente en el Ateneo por el neurocirujano español Bravo Zabalgoitia. Bustinza-Mascaró *Ciencias* 103: Son enfermedades producidas por virus: la viruela, la gripe, la parálisis infantil.

paraliteratura *f* (*TLit*) Conjunto de las obras escritas con propósito de entretenimiento y no reconocidas gralm. como literarias por los estudiosos. | R. Conte *SInf* 25.11.71, 3: La ciencia-ficción, como la novela policíaca, como los "comics" o historietas, ya son estudiados por la crítica más rigurosamente intelectual. Se trata de lo que se ha dado en llamar la "paraliteratura", cuyo estudio juega ya un importante papel dentro de los estudios literarios contemporáneos.

paralítico -ca *adj* **1** De (la) parálisis. *Tb fig.* | Mascaró *Médico* 114: Produce fenómenos y manifestaciones nerviosas de tipo paralítico, que se observan principalmente en los músculos de los ojos. MCachero *AGBlanco* 51: Tan larga cita puede dar idea en su primera parte del ambiente provinciano, paralítico y opresor hasta la asfixia.
2 Que padece parálisis. *Tb n, referido a pers.* | CNavarro *Perros* 151: La paralítica avanzaba a gatas.

paraliturgia *f* (*Rel*) Conjunto de ceremonias religiosas que se celebran al margen de la liturgia. | A. Álamo *Abc* 23.8.66, 41: Simultaneadas las tareas de estudio, .. se llevarán a cabo diversos actos de liturgia y paraliturgia, prácticas de convivencia.

paralitúrgico -ca *adj* (*Rel*) De (la) paraliturgia. | C. Varo *MHi* 2.64, 67: Tampoco que el seglar supla al sacerdote en funciones para-litúrgicas.

paralización *f* Acción de paralizar(se). | Navarro *Biología* 261: La paralización de los músculos respiratorios determina la muerte. Laiglesia *Tachado* 44: Porque desde la paralización del juego, no hemos vuelto a ver ni un solo dólar de verdad.

paralizador -ra *adj* Que paraliza. | Lera *Boda* 751: Rosa se quedó como clavada en el suelo .., presa de un asombro paralizador. CPuche *Paralelo* 249: Solo pudriendo y corrompiendo hasta el aire que respiramos sería posible algún día reventar y salir de este letargo sofocante y paralizador.

paralizante *adj* Que paraliza. | Navarro *Biología* 244: También segregan algunas bacterias .. sustancias paralizantes de los leucocitos, denominadas agresinas. MGaite *Fragmentos* 135: La relectura de aquellas palabras antiguas le producía una paralizante delectación.

paralizar *tr* **1** Hacer que [alguien o algo (*cd*)] pierda la capacidad de movimiento. | *Abc* 16.12.89, 93: Paralizaba a sus enfermos para reanimarles y ser un héroe. **b)** *pr* Perder [alguien o algo] la capacidad de movimiento. | * Los músculos se contraen y se paralizan.

2 Detener [la actividad, o algo o a alguien que la muestra]. | Olmo *Golfos* 151: Tú .. no pudiste sentir lo que en aquel momento paralizó mi vida. Buero *Tragaluz* 146: Durante siglos tuvimos que olvidar, para que el pasado no nos paralizase. **b)** *pr* Detenerse [la actividad, o alguien o algo que la muestra]. | Navarro *Biología* 260: Los síntomas de esta enfermedad están en consonancia con la propiedad del virus: parálisis, delirio y extremada irritabilidad, llegando a paralizarse la actividad cardíaca.

paralogismo *m* (*Filos*) Razonamiento falso hecho de buena fe. | P. Cosgaya *DPa* 10.9.75, 13: La Valdavia sí es fundamentalmente agrícola y ganadera, a la que, además, se hallan unidos [los pueblos], por diversos vínculos afectivos, vínculos que apenas existen con la zona de Santibáñez de la Peña. ¿Es esto paralogismo, sofisma o falacia?

paramagnético -ca *adj* (*Fís*) [Sustancia] que es ligeramente atraída por los imanes. | Ybarra-Cabetas *Ciencias* 40: Otros [minerales] no son capaces de ejercer esta atracción magnética, pero muestran de distinto modo sus propiedades magnéticas. En efecto, tallados en forma de barra y colocados en un campo magnético .., de modo que puedan girar, lo hacen colocándose unos con su eje paralelo a las líneas de fuerza del campo mientras que otros se sitúan en dirección perpendicular a dichas líneas. Los primeros .. se llaman paramagnéticos.

paramecio *m* (*Zool*) Protozoo ciliado de forma de zapatilla, muy abundante en las aguas estancadas (gén. *Paramoecium*). | Bustinza-Mascaró *Ciencias* 106: El paramecio. Abunda este animal microscópico en la infusión del heno y otros productos vegetales.

paramédico -ca *adj* Que está relacionado con la medicina pero no pertenece propiamente a ella. *Tb n, referido a pers*. | GSalomé *Ya* 10.12.72, 10: Los efectivos de tales misiones están compuestos de 220 médicos y 80 paramédicos, entre los cuales figuran militares y civiles a título de cooperación científica.

paramento *m* **1** (*Arquit*) Superficie lateral de un muro o pared. | Angulo *Arte* 1, 6: En el muro deben considerarse la forma como se encuentran dispuestos los materiales de que está construido, es decir, el aparejo, y las superficies o paramentos. **b)** Muro o pared. | Camón *Abc* 25.9.70, 3: Se crea ahora un tipo de templo .. Molduras de clásica sencillez, paramentos de mampuesto, si bien con las esquinas de piedra labrada. Grosso *Capirote* 127: Como si aquellas llamas que lamían el paramento del hogar tuvieran demasiada intimidad para ser llamas prisioneras.
2 (*raro*) Ornamento litúrgico. *Gralm* ~S SACERDOTALES. | Cela *Pirineo* 170: El cura camina, agobiado y sudando, bajo los lujosos y antiguos paramentos sacerdotales.

parameño -ña *adj* De(l) páramo [1]. | Ridruejo *Memorias* 52: A Segovia se le nota que tuvo burguesía y no es tan religiosa y militar como sus hermanas .. Quizá lo del aire burgués, templado y sensual, sea impresión mía subjetiva –impresión de castellano parameño–.

paramera *f* Extensión de terreno en que abundan los páramos [1]. | CBonald *Ágata* 52: La fugitiva pensó que iba a parir allí mismo, en medio de la cerrazón de la paramera.

paramero -ra *adj* De(l) páramo [1]. | Cunqueiro *Van* 11.4.71, 15: A los de Noya y Padrón y Cangas y Bayona que el rey Alfonso trajo aquí para poblar y guardar el Duero, "esa agua caudal", esta tierra los hizo a su manera, esta tierra secana y paramera.

paramétrico -ca *adj* (*E*) De(l) parámetro o de (los) parámetros. | *Inf* 7.9.70, 9: Los estudios que se realizan actualmente son para cambiar las estructuras de las tarifas, de forma que las actuales tarifas geométricas se convierten en binomias. V. Ferreres *Van* 10.2.87, 6: El señor Solana sabe que conceptualmente el paralelismo implica unas dependencias paramétricas entre las dos líneas que lo constituyen.

parámetro *m* **1** (*Mat*) Valor constante en una expresión o ecuación, que puede ser fijado a voluntad. | *Ya* 10.4.74, 3: Lógicamente el calculador debe tomar el valor del parámetro para el cálculo de la función. A continuación siga leyendo la ecuación.
2 (*Geom*) Cuerda perpendicular al eje mayor de una cónica, trazada desde un foco de la curva. | Marcos-Martínez *Matemáticas* 230: El parámetro de una parábola mide p=1 dm. Hállese la longitud de la cuerda de dicha parábola trazada por el foco perpendicularmente al eje.
3 (*Mineral*) Medida de la porción de eje cristalográfico comprendida entre el centro de coordenadas y una cara. | Ybarra-Cabetas *Ciencias* 22: Claro es que, conocidos los parámetros de una cara, queda bien fijada su posición en el espacio, y por ello se expresa por sus parámetros.
4 (*Mús*) Factor o propiedad determinante de un sonido. | Valls *Música* 18: Nos encontramos frente al cuarto parámetro o dimensión del sonido, su duración.
5 Factor constante y limitador, esp. en un cálculo o en un juicio. | * ¿Sobre qué parámetros se ha hecho la estadística? * Todo depende del parámetro con que se juzgue.

paramilitar *adj* Que, sin ser militar, se asemeja a lo militar, esp. en la disciplina o estructura. | *Pue* 17.12.70, 8: Les han proporcionado armas modernas, dinero y un encuadramiento paramilitar. Miguel *Mad* 22.12.69, 14: El ácrata, anti-Vietnam, usa zamarra para-militar, .. lee sociología.

paramilitarmente *adv* De manera paramilitar. | *País* 24.12.77, 12: Tomás García (PCE) .. recordó que el problema reside, en Málaga, en el núcleo de elementos fascistas organizados paramilitarmente.

paramnesia *f* (*Med*) Trastorno de la memoria que consiste en el falso recuerdo de algo que se percibe por primera vez. | Gambra *Filosofía* 112: Reconocimiento o identificación del objeto recordado. Son enfermedades correspondientes a esta fase: la paramnesia .. y la agnosia.

páramo *m* **1** Terreno yermo e inhóspito. | E. Bayo *Des* 12.9.70, 23: Se esforzaron por eliminar el desierto .. Familias enteras se trasladaban de sol a sol al páramo. **b)** Terreno raso, yermo y desabrigado, más elevado que los que lo rodean. | Ortega-Roig *País* 133: En la Meseta Norte, los páramos .. son altiplanicies elevadas sobre las tierras que las rodean, de clima muy frío y seco y de vegetación escasa.
2 Lugar o período carentes de vida o actividad cultural. | Vicent *SMad* 7.11.70, 7: Ha sido Caballero quien en solitario durante el páramo artístico de los años cuarenta siguió haciendo vanguardia y ha salvado los recuerdos de la generación del 27.

parangón *m* Comparación (acción de comparar). | J. PIriarte *Mun* 23.5.70, 20: Esta interpretación sería directamente aplicable al caso de Las Vegas, y, por analogía, podría establecerse el parangón con el aspecto que puede mostrar la Costa Brava.

parangonable *adj* Comparable. *Frec con un compl* A. | DCañabate *Paseíllo* 132: Hoy salen toros difíciles parangonables a los de antaño.

parangonar *tr* Comparar (establecer la semejanza [entre dos perss. o cosas (*cd*) o entre una (*cd*) y otra (*compl* CON)]). | PFerrero *MHi* 12.70, 51: Más de uno ha parangonado a Zuloaga con Baroja entrelazándolos por sus estilos realistas. Halcón *Manuela* 41: Antonio tenía algo que, en hombre, podía parangonarse con la belleza de su mujer.

paraninfico -ca *adj* (*raro*) De(l) paraninfo [1]. | E. Borrás *HLM* 5.10.70, 17: Todo eso y más .. decía Castelar en el citado artículo descriptivo del techo paranínfico de la anterior sede de la Universidad matritense.

paraninfo *m* **1** Salón de actos de una universidad. | Tejedor *Arte* 154: Usó así todavía el estilo [Cisneros] las yeserías con atauriques y los artesonados y alfarjes de los mudéjares, logrando hermosos ejemplares como .. el Paraninfo y la Capilla de la Universidad de Alcalá.
2 (*lit, raro*) Mensajero que trae una noticia feliz. | Onieva *Prado* 171: La Anunciación. Desde su reclinatorio, la elegida de Dios escucha el mensaje que le trae el Paraninfo arrodillado delante de ella.

paranoia *f* (*Med*) Trastorno mental caracterizado por delirios sistematizados y persistentes, dentro de una lógica normal de pensamiento. | Vilaltella *Salud* 434: La paranoia es una enfermedad mental que se caracteriza por la presentación de un delirio crónico, sistematizado.

paranoico -ca *adj* (*Med*) **1** De (la) paranoia. | LTena *Luz* 52: Todo cuanto acontece detrás de él tiene el carácter de una alucinación paranoica.

2 Que padece paranoia. *Tb n.* | CNavarro *Perros* 96: El país será como un individuo paranoico al que habrá de internársele Dios sabrá dónde.

paranoide *adj (Med)* **1** Semejante a la paranoia. | Población *Sesión* 312: Diagnóstico: Esquizofrenia paranoide. **2** Que muestra actitudes o comportamientos relacionados con la paranoia. | Torrente *Señor* 43: El hombre que parecía un espantajo se le quedó mirando con sus ojuelos bizcos y vivos .. Carlos improvisó un diagnóstico de urgencia: paranoide.

paranomasia *f (TLit)* Paronomasia. | GLópez-Pleyán *Teoría* 40: Paranomasia. Consiste en reunir voces de sonido muy semejante que, sin embargo, tienen significación muy dispar.

paranormal *adj (Psicol)* [Cosa, esp. fenómeno] que no tiene explicación científica. | *Ya* 13.2.75, 43: La autora estudia el tema agrupándolo así: creencias fantásticas y supersticiones; los muertos; .. facultades y fenómenos paranormales.

parántropo *m (Zool)* Mono australopitécido del gén. *Paranthropus.* | Pinillos *Mente* 23: Los restos de australopitecos, plesiántropos y parántropos africanos, de hace un millón de años, pertenecen a unos animales simiescos más cercanos al hombre que los simios actuales, pero de una capacidad craneal todavía muy parecida a la de estos. [*En el texto,* parantropos.]

paranza *f (Pesca)* Cerca de cañizo para coger peces, propia de la zona del Mar Menor. | *Animales marinos* 47: Procedimiento de pesca: Encañizadas, saltadas, paranzas y anzuelos.

parao *m* Embarcación semejante al junco, propia de los mares de China y de la India. | FReguera-March *Filipinas* 107: Avanzaban con solemnidad otros navíos de considerable tamaño también: paraos, barangayanes, jangadas y quilis-quilis.

paraolimpiada *f* Paralimpiada. *Tb en pl con sent sg.* | *SYa* 5.2.89, 30: Mi trabajo me impedía entrenar lo suficiente para afrontar la Paraolimpiada.

paraolímpico -ca *adj* Paralímpico. | J. J. Esteban *SYa* 5.2.89, 30: En Mudá, un pueblo diminuto de doscientos noventa y dos habitantes, en el norte de Palencia, se vivieron con especial intensidad los Juegos Paraolímpicos de Seúl.

parapente *m (Dep)* Paracaídas rectangular diseñado para el lanzamiento deportivo desde cumbres o precipicios. | *SYa* 22.7.89, 5: Despegue del parapente desde una ladera de montaña, a la izquierda. **b)** Deporte que consiste en el lanzamiento en parapente. | *TMé* 24.4.90, 9: No parece que deba achacársele [al incremento en la práctica deportiva] aportación a la estadística más dramática de la traumatología, salvo en lo tocante a tres deportes concretos de especial riesgo: parapente, vuelo en ultraligeros y esquí.

parapentista *m y f (Dep)* Pers. que practica el lanzamiento en parapente. | *DMo* 24.8.92, 32: Rescate de un parapentista herido en los Picos de Europa.

parapetar *tr* **1** Proteger [detrás de algo]. *Normalmente el cd es refl. Tb fig.* | Olmo *Golfos* 97: Una bandada de piedras fue a caer entre los sorprendidos atacantes, quienes, revolviéndose, se parapetaron detrás de las esquinas. CPuche *Paralelo* 277: El Penca se había detenido a una distancia conveniente y se había parapetado detrás de un periódico que fingía leer. **2** Escudar o justificar. *Normalmente el cd es refl.* | *Sp* 19.4.70, 39: Ni el Gobierno ni la oposición deben parapetarse en las metas fijadas.

parapeto *m* **1** *En un puente u otro punto elevado:* Muro bajo que protege de las caídas. | * La riada se llevó el parapeto del puente. **2** Pared, terraplén u otra cosa semejante, tras la que se protege alguien que lucha. *Tb fig.* | Cela *Judíos* 42: Los niños que juegan a saltar sobre los parapetos y las trincheras de los poyos llevan una luna clara. * El periódico es buen parapeto para las miradas indiscretas.

paraplejía (*tb* **paraplejia**) *f (Med)* Parálisis de partes simétricas del cuerpo, esp. de los miembros inferiores. | Sales *Salud* 411: La paraplejía puede ser causada por una compresión medular. *Ya* 15.8.90, 42: Si la fractura se produce a la altura de la cintura, solo quedan inmovilizadas las piernas, y se habla de paraplejia.

parapléjico -ca *adj (Med)* **1** De (la) paraplejía. | * Presenta síntomas parapléjicos. **2** Que padece paraplejía. *Tb n.* | *DMo* 14.8.87, 15: El Centro Nacional de Parapléjicos de Toledo ha acogido el primer caso que se da en el mundo de parto de una mujer parapléjica aguda.

parapoco (*pl invar*) *m y f (col)* Pers. de poco valor o de poco carácter. *Tb adj.* | ZVicente *Mesa* 76: Sí, todos, los valientes y carotas y los cagainas y parapoco. Espinosa *Escuela* 517: Era el más parapoco, miserable, lelo y triste de los pícaros.

parápodo *m (Zool) En algunos anélidos:* Saliente lateral en que se inserta la cerda de la locomoción. | Ybarra-Cabetas *Ciencias* 323: Los anillos llevan a cada lado unas protuberancias (parápodos) que pueden tener implantadas unas cerdas quitinosas que el animal utiliza para su locomoción.

parapolicial *adj* [Grupo o individuo] que realiza actos ilegales violentos, como asaltos, asesinatos y secuestros, aparentemente en apoyo de la policía gubernamental y al margen de ella. | G. Gorriti *País* 10.11.91, 7: Una nueva forma de crimen terrorista conmocionó a los peruanos ..: el asesinato en masa realizado por grupos parapoliciales, al estilo de los *escuadrones de la muerte* que siembran el terror en Colombia.

parapsicología (*tb* **parasicología**) *f* Estudio de los procesos intelectuales y psíquicos no explicados por la psicología científica. | Horus *Sáb* 26.10.68, 41: También se interesa por la quirología, la grafología y la parapsicología.

parapsicológico -ca (*tb* **parasicológico**) *adj* De (la) parapsicología. | *Abc* 20.9.75, 62: El padre López Guerrero se refiere a que las extrañas manifestaciones que se han venido registrando en el Palmar de Troya .. son fenómenos parapsicológicos.

parapsicólogo -ga (*tb* **parasicólogo**) *m y f* Especialista en parapsicología. | *DVa* 15.3.75, 3: El parapsicólogo Germán de Argumosa insiste en que no hay falsedad en el fenómeno de las "caras de Belmez". *Ya* 19.11.89, 27: Miembros de la secta reunidos en Carcaixent (foto superior) y la parasicóloga Ana Codinach.

parapsíquico -ca (*tb* **parasíquico**) *adj* Paranormal. | J. A. Sobrino *SYa* 16.11.73, 4: ¿No podrían mezclarse fenómenos parapsíquicos, incluso psicopatías?

parar I *v* A *intr* ➤ **a** *normal* **1** Dejar de moverse o de avanzar. *Tb pr. Tb fig. Gralm con un compl de lugar en donde.* | CNavarro *Perros* 49: Una veintena de metros más arriba ordenó al taxista que parara. Olmo *Golfos* 49: El camión se paró en el ocho de nuestra calle. PRivera *Discursos* 10: José Antonio no se hubiera parado en el año 36. **b)** Tener parada [en un lugar un vehículo público]. | * El autobús para en esa esquina.

2 Cesar [en una acción (DE + *infin*)]. *Frec se omite el compl por consabido, esp en constr negativa con intención ponderativa.* | ZVicente *Traque* 98: Ha sido una moto que ha pasado por aquí, o la gente de afuera, que no para de hablar. J. Sampelayo *Abc* 27.12.70, 11: Tuvieron unos días de no parar, bien que solo fuera cambiar la levita por el frac y coger el hongo o la chistera de ocho reflejos sin equivocarse. **b)** Interrumpir temporalmente el trabajo en señal de protesta. | *Inf* 9.3.74, 2: Personal de la delegación provincial del Instituto Nacional de Previsión paró durante una hora. **c) y pare usted** (*o* **para**) **de contar**. (*col*) Y nada más. | J. Salas *Abc* 28.8.66, 49: Según Burger y sus dinamiteros, el "Bas" es un movimiento de patriotas resistentes y pare usted de contar. Delibes *Cinco horas* 92: ¡Qué va!, .. jabón, chocolate, castañas pilongas y pare usted de contar.

3 Cesar o terminar [algo]. *Tb pr.* | Hoyo *Glorieta* 27: El abuelo se asomó a la puerta. El aire había parado. **4** Terminar [en determinado lugar o circunstancia]. | Bustinza-Mascaró *Ciencias* 131: Cerca del ano viene a parar el conducto de la glándula de la tinta, que segrega un líquido oscuro. Cunqueiro *Un hombre* 22: Lo denunció una de las pupilas de la Malena .. que después se salió sostenida y paró en las arrepentidas. **b)** Terminar siendo [algo (*compl* EN)]. | Cela *Pirineo* 51: El castillo de Sort es un viejo soldado que,

por la cuesta abajo del tiempo, paró en enterrador. **c) dónde va a ~**. (col) *Fórmula con que se pondera la diferencia establecida entre dos perss o cosas*. | * –Esta carpeta es mucho mejor. –¿Dónde va a parar! **d) querer** (*u otro v equivalente*) **ir a ~** [a algo]. Referirse o aludir [a ello]. *Gralm en constr interrogativa*. | Arce *Testamento* 113: Yo me di cuenta adónde quería ir a parar cuando me hablaba de todas aquellas cosas.
 5 Vivir o alojarse [en un lugar], esp. de manera transitoria. | Ridruejo *Memorias* 21: Era un viaje de consulta médica. En Madrid me aburrí. Parábamos en el hotel de los Leones de Oro. Delibes *Guerras* 69: –¿Vivió alguna vez con el Bisa? –¿Con el Bisa? Ni por pienso, oiga .. Que mi tío Paco paraba en su casa, él solo, ¿sabe? **b)** Estar [alguien en un lugar o en una situación] durante un tiempo más o menos prolongado. *Gralm en frases negativas*. | Chamorro *Sin raíces* 37: Su padre apenas paraba en casa. DCañabate *Paseíllo* 61: Se veían casi todas las tardes en la taberna de Sixto, que era donde "paraban" muchos maletas de las capeas. Pombo *Héroe* 203: No podía parar quieto. * No para sentado ni un minuto. **c) no poderse ~** [en un sitio]. Ser [ese sitio] muy incómodo o desagradable [por algo (*compl* DE *u otro compl de causa*)]. *A veces se omite el lugar por consabido*. | Delibes *Cinco horas* 27: Los bultos llegaban y salían. El desagüe era permanente; una renovación higiénica. "No se puede parar del humo."
 6 (col) Estar situado [un lugar]. | CPuche *Paralelo* 193: ¡Ustedes sabrían decirme .. dónde para la calle de Las Azucenas? ZVicente *Traque* 44: De Ponferrada ella, que no sé dónde para, pero que se va en tren, y ella dice que es buen sitio para el verano. **b)** Estar colocado [algo]. | * ¿Dónde para este libro?
 7 Reparar o fijarse [en algo]. | Halcón *Ir* 375: Lucas y sus hermanas no pararon en ello.
 8 (*admin*) Recaer [algo sobre alguien (*ci*)]. *Gralm con* PERJUICIO. | Armenteras *Epistolario* 168: Le cito y convoco a dicha Junta, .. previniéndole que, de no asistir, le parará el perjuicio que en derecho haya lugar.
 ▶ **b** *pr* **9** Dejar de actuar [alguien]. | Alós *Hogueras* 40: –Buen día.– Daniel no se para. Sigue dándole al pico.
 10 Dejar de funcionar [algo que se mueve o que implica movimiento]. | Ramos-LSerrano *Circulación* 325: El motor se para cuando se suelta el acelerador.
 11 Dedicar tiempo y atención [a alguien o algo (A + *infin*, o EN o CON + *sust*)]. | Torrente *Filomeno* 153: Yo había contemplado muchas veces las albercas del pazo, sus flores y sus peces, y nunca me había parado a pensar que eran bellos. * No te pares en eso ahora. * El rendimiento depende de lo que te pares con cada problema.
 B *tr* **12** Hacer que [alguien o algo (*cd*)] pare [1, 2 y 3]. | Aldecoa *Gran Sol* 81: El *Aril* paró sus máquinas. *Economía* 277: En muchos casos los heridos mueren solamente por desangrarse y por no existir a su lado una persona que sepa parar la hemorragia.
 13 (*Taur*) Moderar el ímpetu [del toro (*cd*)]. *Tb abs*. | Á. Domecq *Abc* 19.6.58, sn: En el segundo, un gran ejemplar, después de los arpones quise pararlo algo, para que con la dificultad de la embestida tarda brillara más la suerte de banderillas.
 14 Prestar [atención]. | S. Cámara *Tri* 12.6.71, 6: Tan disgustado estaba yo por los componentes del menú que apenas si paraba atención a los turnos oratorios. FReguera-March *España* 234: La gente, al principio, no paró mayor atención en ella que en otras escaramuzas. **b) ~ mientes**
 → MIENTES.
 15 (*raro*) Preparar o disponer. | Cunqueiro *Crónicas* 123: Por estar ya parada la vaca para ser cubierta y luego no serlo, se le puso el celo vario y no se logró de ella cría alguna.
 16 (*Caza*) Mostrar [un perro (*suj*) la caza] parándose [1a] al descubrirla o con alguna otra señal. | Cunqueiro *Gente* 14: Si escuchaba [el perro] zumbar las abejas, se ponía a pararlas, agachado, como si fueran perdices.
 II *loc adv* **17 sin ~**. Continuamente. *Frec con intención ponderativa*. | M. A. Guardia *Van* 6.1.74, 3: Las campanas de la Giralda sonaban sin parar anunciando el acontecimiento que raras veces al año se produce.

pararrayos *m* Dispositivo para proteger edificios, barcos o instalaciones de las descargas eléctricas atmosféricas. | Villapún *Iglesia* 133: Franklin inventó el pararrayos.

parasanga *f* (*hist*) Medida de longitud persa equivalente a unos 5 o 6 km. | Mendoza *Ciudad* 169: Como medidas habían sido usadas la braza y la parasanga, el codo y el estadio, lo que sin duda habría confundido mucho a los operarios de haberse procedido a la construcción.

parasceve *f* (*Rel jud*) Víspera del sábado. | Ribera *SSanta* 80: Como era día de Parasceve, para que los cuerpos no quedasen en la cruz el sábado, que era aquel un sábado muy solemne, suplicaron los judíos a Pilato que se quebrasen las piernas a los crucificados.

parasicología, parasicológico, parasicólogo → PARAPSICOLOGÍA, *etc*.

parasimpático -ca *adj* (*Anat*) [Sistema nervioso simpático] constituido por la división craneal y la sacra. *Tb n m*. | Navarro *Biología* 130: Las acciones contrarias de los impulsos nerviosos del sistema orto y parasimpático regulan las actividades de los órganos. Vega *Corazón* 71: Estos sistemas adaptativos pueden hoy ser parcialmente manejados con .. bloqueadores del simpático y del parasimpático. **b)** De(l) sistema nervioso parasimpático. | Navarro *Biología* 130: En el corazón el nervio ortosimpático .. acelera sus latidos, y el parasimpático (vago) los frena. N. Retana *Inf* 27.12.69, 13: El sueño y el estado de vigilia comprenden parcialmente dos fases, opuestas y alternativas, de base parasimpática la una, y simpática la otra.

parasíntesis *f* (*Ling*) Formación de palabras en que intervienen la derivación y la composición. | Academia *Esbozo* 170: En la estructura de estas palabras, llamada parasíntesis, se dan de manera solidaria derivación y composición sin que la palabra central, que no es sufijo ni prefijo, .. participe más de la una que de la otra.

parasintético -ca *adj* (*Ling*) De (la) parasíntesis. | *BOE* 22.1.65, 1265: La sufijación. Derivación parasintética.

parasíquico → PARAPSÍQUICO.

parasitación *f* (*Biol*) Acción de parasitar [1]. | M. Aguilar *SAbc* 21.12.69, 54: Los animales que pueden sufrir la parasitación [de la triquina] son numerosos: cerdos, perros, gatos.

parasitar A *tr* **1** (*Biol*) Vivir como parásito [1a] [de alguien o algo (*cd*)]. | C. GCampo *SAbc* 1.2.70, 36: Los insectos pueden devorar plantas y parasitar mamíferos o aves.
 B *intr* **2** (*lit*) Vivir como parásito [2] [de alguien o algo (*compl* EN o DE)]. *Tb sin compl*. | P. A. Cobos *Ins* 10/11.69, 20: Tampoco he conocido a nadie que tuviera tan felicísima memoria. A sus amigos nos era muy fácil parasitar en sus muchos y segurísimos saberes. Á. FSantos *Gac* 28.12.75, 30: La televisión, en cuanto medio autónomo de expresión, no acaba de cuajar en productos convincentes, al menos en nuestro país, y parasita del cine.

parasitariamente *adv* De manera parasitaria [1a]. | MPuelles *Persona* 115: Es injusto que quien puede trabajar se abstenga de ello, en la medida en que vive, parasitariamente, a costa del trabajo de otros hombres.

parasitario -ria *adj* **1** De (los) parásitos, *esp* [1a]. | Navarro *Biología* 279: La vida parasitaria determina muchas adaptaciones y modificaciones. **b)** (*Med*) [Enfermedad] causada por parásitos [1a]. | Navarro *Biología* 282: Artrópodos. En este grupo figuran no solo las numerosas especies parásitas de animales y vegetales, sino muchos animales que transmiten y propagan enfermedades parasitarias e infecciosas.
 2 Parásito [1a y 2]. *Tb fig*. | Laiglesia *Tachado* 94: Las grandes potencias se caracterizan por el elevado número de agregados parasitarios que envían al extranjero. Cela *Cam* 14.6.76, 41: Ni los españoles ni nadie creemos, a estas alturas, en los principios inabdicables parasitarios del erario público.

parasiticida *adj* (*E*) [Sustancia] que se emplea para destruir los parásitos [1a]. *Tb n m*. | Cela *Mazurca* 66: Raimundo se pone Ladillol, el parasiticida más eficaz y de efectos más rápidos.

parasítico -ca *adj* (*Biol*) Parasitario. | N. Rubio *SInf* 11.11.70, 11: El comensalismo es el puente que une las relaciones parasíticas con el verdadero fenómeno social. Castellanos *Animales* 135: Crustáceos copépodos parasíticos.

parasitismo *m* Sistema de vida propio del parásito [1a y 2]. | Navarro *Biología* 283: Son plantas que reciben la denominación de semiparásitas, por su especial parasitismo. P. J. Cabello *EOn* 10.63, 15: Acechando el pan y el vino, a la sombra cobarde, lejos de los ojos solícitos del dueño, vegeta el ladrón, vergonzosa estampa del parasitismo humano.

parasitizar *tr* (*Biol*) Parasitar [1]. | Ybarra-Cabetas *Ciencias* 230: Las amebas parasitizan la col y producen en sus tejidos abultamientos tuberculosos que destruyen los tronchos y raíces de la planta.

parásito -ta *adj* **1** [Animal o planta] que vive a expensas de otro ser vivo al que causa perjuicio. *Tb n m.* | Bustinza-Mascaró *Ciencias* 225: Las llamadas plantas parásitas viven sobre otros vegetales o sobre animales. Navarro *Biología* 279: La transmisión del parásito puede ser directa o indirecta. **b)** [Págalo] ~ → PÁGALO. **c)** De (los) parásitos. | Alvarado *Anatomía* 149: La mayoría de ellas [las bacterias] son heterótrofas y tienen que hacer vida saprofítica, parásita o simbiótica.
2 [Pers.] que vive a expensas de los demás. *Frec n.* | Mihura *Dorotea* 40: La hermana, desde que se quedó viuda, es una parásita y no tiene donde caerse muerta. CNavarro *Perros* 203: Somos la sociedad de vagos y de parásitos más protegida y mimada de Barcelona.
3 (*Telec*) [Ruido o interferencia] que altera la recepción de señales radioeléctricas, telefónicas o telegráficas. *Gralm n m en pl.* | Van 4.11.62, 2: El sintonizador es el cerebro del televisor .. Pone en la pantalla la mejor imagen .., evitando interferencias y parásitos. Carnicer *Cabrera* 71: No hay manera de oír lo que sigue. En el interior del aparato se entabla dura pelea entre la voz pedante .. y los llamados parásitos de la radio.
4 (*raro*) [Elemento] adventicio o añadido y perturbador. | Lozoya *SAbc* 18.10.70, 13: La estructura de la [iglesia] de Sotosalbos es muy sencilla .. Posteriormente, se le añadió una irregular y parásita nave a lo largo de su fachada norte.

parasitología *f* (*Biol*) Estudio de los parásitos [1a]. | Laiglesia *Tachado* 126: La Microbiología y Parasitología .. me la tragué con facilidad en dos semanas.

parasitológico -ca *adj* (*Biol*) De (la) parasitología. | Jaén 69: Con los diversos servicios que se pondrán en práctica en este Centro –campañas de saneamiento ganadero, secciones de análisis bacteriológicos, parasitológicos, de piensos, etc.– quedará garantizada la profilaxis e higiene de la cría de los animales en el ámbito provincial.

parasitólogo -ga *m y f* (*Biol*) Especialista en parasitología. | *SAbc* 24.9.72, 27: El equipo científico .. estaba formado por tres médicos (los doctores Oosterbosch, ginecólogo belga; Magnaval, parasitólogo de la Universidad de Toulouse, y Hunsman, hematólogo del Lambeth Hospital de Londres).

parasitosis *f* (*Med*) Enfermedad causada por parásitos [1a]. | Alcalde *Salud* 330: En el hombre, las parasitosis digestivas pueden ser producidas por seres unicelulares o protozoos .. o por seres pluricelulares o metazoos.

parasol *m* **1** Sombrilla grande para proteger del sol. | Marsé *Montse* 187: La mesita con el parasol quedaba al otro lado de la piscina.
2 *En un vehículo:* Pantalla orientable situada en la parte superior interna del parabrisas, para evitar deslumbramientos. | Ya 8.6.72, 3: Presentamos el nuevo Simca 1000 GLS .. Ponemos como ejemplo los nuevos asientos envolventes .. Sin olvidar los equipos exclusivos como derivabrisas, espejo retrovisor exterior y parasoles con espejo de cortesía.
3 Matacandelas (hongo). | Lotina *Setas* sn: *Lepiota procera* .. Parasol, Galipierno, Matacandelas.
4 (*Bot*) Umbela. | Rodríguez *Monfragüe* 142: Durillo .. Las flores, de color blanco o blanco rosado, se sitúan en el extremo de las ramas, conformando parasoles muy característicos.

parata *f* Bancal pequeño y estrecho en un terreno pendiente. | Romano-Sanz *Alcudia* 233: En las paratas soleadas y al pie de los grandes riscos crecen numerosas flores.

paratáctico -ca *adj* (*Gram*) De (la) parataxis. | Academia *Esbozo* 502: Desde hace tiempo, la Lingüística ha demostrado en firme que la unión asindética, la paratáctica y la hipotáctica son fases distintas de un mismo proceso histórico.

parataxis *f* (*Gram*) Coordinación. | Academia *Esbozo* 502: De igual manera la coordinación, o parataxis, y la subordinación, o hipotaxis, se distinguen entre sí según la naturaleza y función de estos nexos formales.

paratífico -ca *adj* (*Med*) **1** [Fiebre] paratifoide. *Frec n f en pl.* | Navarro *Biología* 256: Parecidas a las fiebres tíficas son las paratíficas, aunque más benignas. Delibes *Cartas* 16: Aquel médico, hoy olvidado, que lo mismo se sentaba un rato de cháchara con el enfermo que le ponía una cataplasma o le trataba unas paratíficas.
2 Que produce la fiebre paratífica. | Bustinza-Mascaró *Ciencias* 102: Son frecuentes, además, las fiebres paratíficas o paratifoides, producidas por los llamados bacilos paratíficos A, B y C.

paratifoide *adj* (*Med*) [Fiebre] de síntomas muy semejantes o idénticos a los de la fiebre tifoidea, causada por bacilos del gén. *Salmonella*. | Bustinza-Mascaró *Ciencias* 102: Son frecuentes, además, las fiebres paratíficas o paratifoides, producidas por los llamados bacilos paratíficos A, B y C.

paratifus *m* (*Med*) Enfermedad similar al tifus. | Mascaró *Médico* 36: Vamos a reseñar, en una lista somera, las enfermedades que ordinariamente se padecen solo una vez en la vida .. Difteria .. Paratifus.

paratión *m* (*Quím*) Compuesto fosforado que se usa como insecticida en agricultura. | MNiclos *Toxicología* 23: Es [la atropina] un excelente antídoto para aquellos venenos que bloquean la colinesterasa, como los insecticidas del grupo del paratión.

paratiroideo -a *adj* (*Fisiol*) De las glándulas paratiroides. | Cañadell *Salud* 358: La secreción de hormona paratiroidea no depende de la hipófisis.

paratiroides *adj* (*Anat*) [Glándula] endocrina de pequeño tamaño de las situadas alrededor del tiroides. *Tb n f.* | Mascaró *Médico* 162: En la función exagerada de la glándula paratiroides, después de la administración de vitamina D, destrucciones óseas rápidas. Cañadell *Salud* 359: El hiperparatiroidismo es debido a un adenoma o a una hiperplasia de las paratiroides.

paratohormona *f* (*Biol*) Hormona segregada por las glándulas paratiroides. | Navarro *Biología* 202: Paratiroides .. Segregan una sustancia denominada paratohormona, que regula el metabolismo del calcio y del fósforo.

paratuberculosis *f* (*Med*) Enfermedad no tuberculosa producida por las condiciones creadas por la tuberculosis. | A. GDíez *Nor* 4.1.90, 17: Los laboratorios de León han cometido errores en los análisis y tratamientos de determinadas ganaderías afectadas por paratuberculosis.

parca (*gralm con mayúscula*). **la ~.** *f* (*lit*) La Muerte. | J. P. Vera *Reg* 4.8.70, 6: Nadie, ni sabios ni reyes, se libraban de la "parca".

parcamente *adv* De manera parca (→ PARCO). | P. VSanjuán *Van* 25.4.71, 53: Hablaba parcamente, con acento seguro y dicción clara. *Economía* 205: El añil debe usarse parcamente, dando al agua un tono azul claro.

parcela *f* **1** Porción de terreno, gralm. de pequeño tamaño, de distinto dueño o uso que el resto. | FQuintana-Velarde *Política* 117: Los minifundios ofrecen a los propietarios unas cuantas escuálidas parcelas, muy alejadas entre sí. **b)** Porción de terreno destinada a la construcción de un chalé. *Tb el conjunto constituido por el terreno y el chalé.* | Ya 3.2.82, 15: Qué es Novochalet: Lo que le falta a su parcela, una empresa constructora que pone sobre ella el chalet soñado en 4 meses. Burgos *Abc* 1.12.86, 17: Se ha entrampado para pagar las letras de la parcelita .. Hasta que el parcelero no se pone en chándal .., no alcanza la felicidad campestre y finisemanal.
2 Parte o división. *Frec con un compl especificador.* | Alfonso *España* 55: A esta educación .. poco suele importarle que quien recibe cada parcela del saber tenga una visión conjunta del todo a que sirve. J. M. Moreiro *SAbc* 9.2.69, 43: Salamanca es campo y Universidad. En ambas parcelas hay mucho que hacer si no queremos que su fama sufra desvanecimiento.

parcelable *adj* Que se puede parcelar. | *APAMaj* 3.87, 1: Las matrículas oficial y colegiada en los centros de Bachillerato no son parcelables.

parcelación *f* Acción de parcelar. | *Inf* 27.5.70, 36: Se aprobó .. la suspensión por el plazo de un año del otorgamiento de licencias de parcelación de terrenos. Gironella *Millón* 149: Ascaso reconocía que, como espectáculo, la parcelación de sus hombres era hermosa, pues poblaba los atajos y los eriales de sombras y de banderas desplegadas.

parcelar *tr* Dividir [algo] en parcelas [1 y 2]. | Romano-Sanz *Alcudia* 133: Compraron las dos fincas que hay junto al río .. para parcelarlas. A. L. Calle *SInf* 9.12.70, 9: Se provee de las correspondientes madejas a las operarias, que tienen, sobre papel convenientemente parcelado, cada uno de los motivos y sus colores correspondientes. **b)** *pr* Dividirse [algo] en parcelas [2]. | MGaite *Cuento* 79: Las fichas .. se me han venido a ordenar en cuatro submontones, vamos a ver si poco a poco se va parcelando este cuento de nunca acabar.

parcelario -ria *adj* De (las) parcelas [1]. *Gralm referido a* CONCENTRACIÓN. *En este caso, tb (col) n f.* | Ortega-Roig *País* 83: Se lleva a cabo una labor de concentración parcelaria, haciendo que cada campesino tenga una sola finca grande, en vez de muchas pequeñas y separadas entre sí. Delibes *Abc* 22.9.84, 31: Yo he visto por ahí, en los sitios que se ha hecho la parcelaria, fincas de hasta una fanega o de dos.

parcelero -ra *m y f (raro)* Parcelista. | GPavón *Abc* 27.6.71, 11: Al fin conseguimos llegar al chalecito .. Recibimos la visita de otros "parceleros" vecinos que vienen a hacer tertulia. Burgos *Abc* 1.12.86, 17: Hasta que el parcelero no se pone en chándal y pone en chándal a su mujer y a sus hijos, no alcanza la felicidad campestre y finisemanal.

parcelista *m y f* Pers. que posee una parcela [1b]. | *Abc* 10.10.74, 55: Parcelistas .. Nos ponemos incondicionalmente a su disposición para todo lo que se refiera a construcción. Burgos *Abc* 1.12.86, 17: El chándal es el uniforme de sábados y domingos del parcelista.

parche **I** *m* **1** Trozo de tela, papel u otra materia que se pega sobre una parte desgastada o rota para taparla. | * Está poniendo un parche a la rueda de la bici. **b)** Trozo de tela u otra materia similar que se cose sobre una parte desgastada o rota para taparla y reforzarla, o sobre una nueva para protegerla o adornarla. | R. Saladrigas *Abc* 3.12.70, 47: Todo este maremágnum de obras responde a un intento desesperado de colocar parches a una prenda que se nos ha quedado chica. Halcón *Ir* 80: Ese traje ya habrá costado; y eso de ponerle parches de cuero en los codos es algo práctico, debe usted ser un hombre muy ahorrativo. **c)** *(desp)* Cosa con que se trata de arreglar algo o suplir una deficiencia de manera transitoria. | Arce *Precio* 123: La entrada en vigor de aquel Convenio Colectivo sólo era un pequeño parche. **d)** Cosa adosada a otra y que se destaca del resto. *Frec con intención desp.* | * Sobre la sierra se veían aquí y allá pequeños parches de nieve. * El episodio final es un auténtico parche.
2 Trozo de tela impregnado con una sustancia medicamentosa, que se pega como remedio en alguna parte del cuerpo. | A. Obregón *Abc* 3.6.73, 49: Allí se expenden guantes y estuches de disección, .. parches porosos, tafetanes, bragueros.
3 Piel del tambor. *Tb el mismo tambor.* | *Abc Extra* 12.62, 39: ¿No recordáis en cuadros y grabados la chiquillería imantada en pos del tambor mayor que batía el parche radiante?
II *loc adj* **4 de ~.** [Bolsillo] sobrepuesto a la prenda. | M. D. PCamarero *Rev* 11.70, 23: Son [los abrigos] anchos, amplios, con grandes solapas y grandes cuellos, bolsillos de parche y anchos cinturones.
III *fórm or* **5 oído al ~** → OÍDO.

parchear *tr* **1** Poner parches [1] [a algo (cd)]. | Delibes *Siestas* 19: Tomó los viejos y parcheados pantalones de dril. Payno *Curso* 42: Se veía la cumbre: una línea de peñas parcheadas de nieve blanca. MGaite *Cuento* 358: Cualquier pegote les sirve, parchean su texto de rosetones y excrecencias barrocas que no vienen ni a cuento ni a pelo.
2 *(jerg)* Manosear lascivamente [a alguien]. | * Aprovecha las apreturas para parchear a las tías.

parcheo *m* Acción de parchear. | *Hoy* 19.3.75, 10: La calle al habla. La brigada de parcheo no da abasto. Cela *Inf* 13.2.76, 18: También he respondido .. a 49 encuestas colectivas sobre temas no poco dispares ..: el Opus Dei, las relaciones prematrimoniales (antes parcheo en grado superlativo y hasta el fin), el divorcio, la parapsicología, la coeducación.

parchís *m* Juego que se practica en un tablero con cuatro o seis salidas, en el que cada jugador, provisto de cuatro fichas del mismo color, trata de hacerlas llegar a la casilla central moviéndolas cada vez los puestos que determina un dado. *Tb el mismo tablero.* | CNavarro *Perros* 112: En una de las habitaciones se jugaba a las cartas, y un poco más adentro al parchís y a las damas. Aldecoa *Cuentos* 1, 153: Los dados en el cristal del parchís producían sonidos agudos y vibrantes, acompañados del agraz trino de las fichas al ser corridas.

parchista *m y f (col, raro)* Sablista. | Blanco *His* 6.81, 121: La mayoría de ellos pertenece a la innumerable grey de maleantes de suburbio y de tugurio –timadores, estafadores, zascandiles, sablistas, parchistas, tramposos, araneros o caballeros de industria–.

parcial *adj* **1** De una parte solamente. *Tb n m, referido a examen. Se opone a* TOTAL *o* GENERAL. | Zubía *Geografía* 15: Eclipse de Luna .. Puede ser también total o parcial. Laiglesia *Tachado* 86: Doce segundos después, entraba en el despacho el extraño individuo cuya descripción parcial había hecho el secretario. Payno *Curso* 65: Darío y Dry, por su parte, estaban estudiando y preparando los últimos primeros parciales, aunados a los primeros segundos parciales. **b)** [Elección] que se celebra fuera de las generales y solo afecta a algunos lugares. | *Mun* 23.5.70, 28: En las 36 elecciones parciales celebradas después de marzo de 1966 se manifestó una ligera tendencia favorable a los conservadores.
2 Favorable u opuesto a alguna de las partes en conflicto. | CBaroja *Judíos* 1, 18: El que no tenga un fuerte fervor teológico y dogmático no puede sentirse parcial o imparcial ante esta lucha. J. MArtajo *Ya* 18.4.75, 7: Lo que pudo ser una denuncia meritoria –aunque parcial y exagerada– de los abusos y violencias que acompañan siempre a una conquista, se utilizó como la más poderosa arma contra nuestro prestigio.
3 *(lit)* Partidario [de alguien o algo]. *Tb n, referido a pers.* | Cossío *Montaña* 30: Garci González de Orejón lucha primero contra los parciales de doña Leonor de la Vega, continúa en su demanda contra el propio marqués y finalmente, preso .., ha de morir degollado. Cela *Judíos* 253: Los parciales de este camino, que son muchos, apoyan su defensa en la bien medida razón de la sorpresa.

parcialidad *f* **1** Cualidad de parcial, *esp* [2]. | L. Calvo *Abc* 30.12.70, 22: La llamada "conciencia internacional" ha dado, puede que exista, pruebas de su parcialidad.
2 *(lit)* Bando o facción. | GPruneda *Raz* 2/3.84, 345: Ignorante de parcialidades y alejado de extremismos, Larra parece asumir un patriotismo de corte tradicional.

parcialismo *m* Actitud o comportamiento parcial. | *Faro* 6.8.75, 13: Cabe esperar que los organismos oficiales que han estudiado el tema .. hayan sido capaces de hacerlo desde un punto de vista objetivo, sin parcialismos locales y teniendo en cuenta únicamente el bien común.

parcialización *f* Acción de parcializar. | Á. FSantos *SInf* 22.4.71, 16: La dificultad vuelve a surgir en presencia de la reducción al hecho escénico, a la corporalidad del actor .. De nuevo una ambición de totalidad estética se con[s]truye sobre una parcialización.

parcializar *tr* Dar carácter parcial, *esp* [2], [a algo (cd)]. | Albalá *Periodismo* 48: Cuando su importancia [de la información] obliga al periódico .. a subrayar el detalle, por fuerza ha de parcelarse la visión y, por ello mismo, parcializarla en función de nuestra propia sensibilidad en la mirada. *Abc* 24.10.70, 3: La Comisión Permanente (del Consejo) no puede parcializar el contraste de pareceres que debe representar.

parcialmente *adv* De manera parcial [1 y 2]. | J. Baró *Abc* 27.12.70, 21: Remataron una semana en que parcialmente se resolvió la tensión política imperante.

parco -ca *adj* Escaso o muy moderado. *A veces con un compl* EN. | Moncada *Juegos* 335: Su expresión es sombría, sus ademanes parcos, y no sonríe jamás. Armenteras *Epistolario* 39: Lo mejor que puede hacer es grabar en el papel lo que diría de palabra. Ser parco en el empleo de los calificativos.

pardal *m* (*reg*) Gorrión (ave). | MSantos *Tiempo* 136: Entre vulgares pardales un tataranieto inesperado presenta un precioso pecho de color de fuego.

pardear *intr* Tomar color pardo. | Perala *Setas* 27: Carne con tendencia a enrojecer, pardear o amarillear.

pardela *f* Ave marina semejante a la gaviota, de plumaje negro por encima y blanco por debajo (*Puffinus puffinus*). *Tb* ~ COMÚN o PICHONETA. Otras especies se distinguen por medio de adjs: ~ CAPIROTADA (*P. gravis*), ~ SOMBRÍA (*P. griseus*), ~ CENICIENTA (*Procellaria diomedea*), etc. | GSosa *GCanaria* 73: La caza (perdices, conejos, patos y palomas salvajes, pardelas y otras especies menores) se puede practicar tanto en Gran Canaria como en las otras islas. Noval *Fauna* 102: De todas las pardelas la más abundante en aguas asturianas es la Pardela común, pero existen otras especies .. Así la Pardela sombría (*Puffinus griseus*), de color muy oscuro; la Pardela cenicienta (*Procellaria diomedea*) es mucho mayor que las otras .. También se ve algunas veces la Pardela capirotada (*Puffinus gravis*).

pardeño -ña *adj* De El Pardo (Madrid). *Tb n*, referido a pers. | *Ya* 28.12.89, 24: Numerosas personas exigían la prestación de diversos servicios "que hasta la fecha les han sido negados a los pardeños".

pardillo -lla I *adj* **1** (*desp*) [Pers.] rústica e ignorante. *Frec n. A veces usado como insulto vago y leve*. | GPavón *Reinado* 91: Los reyes jamás se acordaron de aquel pueblo de pardillos. Oliver *Relatos* 87: Todos estábamos un poco acojonados con el tugurio aquel. Era como sentirse un pardillo, en medio de tanto espejo y a oscuras casi. FSantos *Hombre* 131: —Eso es el polvorín .. –¡Tú cállate, recluta! ¿Tú que sabes? –Más que tú. –Calla, pardillo. ZVicente *Mesa* 45: Ni que viniéramos de una boda de pueblo, será zorritonto. El homenajeado, valiente pardillo. Pero quien manda, manda, es lo que pasa. **b)** [Pers.] a quien se engaña o de quien se abusa con facilidad. *Frec n.* | J. B. Filgueira *Ya* 9.12.75, 42: Nuestros emigrantes han ido a Alemania a trabajar y a hacer el pardillo.
2 [Vino] de color entre blanco y tinto, más bien dulce y de baja calidad. *Tb n*. | DCañabate *Paseíllo* 23: Nos jugamos unos vasos de vino pardillo, un vino dulzarrón, muy agradable. Villarta *Rutas* 93: Vinos de toneles enterrados para que el líquido conservara su frescura: "el pardillo, el dulce, el de la tierra".
3 [Perdiz] de cola y cabeza rojizas (→ PERDIZ). *Tb n f*. | Delibes *Perdiz* 114: El cazador, que conoce la perdiz pardilla, la perdiz andina y la perdiz nórdica, sabe que ninguna como la patirroja. –Mire usted, Barbas, para bajar una pardilla o una perdiz cordillerana basta con reportarse.
II *n* **A** *m* **4** Pájaro de plumaje pardo castaño, con frente y pecho rojos en el macho (*Acanthis cannabina*). *Otras especies se distinguen por medio de adjs:* ~ PIQUIGUALDO (*A. flavirostris*), ~ SIZERÍN (*A. flammea*). | Delibes *Hoja* 106: Ahora andan con que si otro milagro, porque el pardillo no se vuela. Noval *Fauna* 338: La presencia en Asturias de otra especie, el Pardillo sizerín (*Acanthis flammea*), es ocasional en otoño y invierno. Su tamaño es algo menor que el Pardillo común y el plumaje muy rayado de pardo y grisáceo.
B *f* **5** Pez de agua dulce, de la familia del ciprino, abundante en las cuencas del Guadalquivir y del Guadiana (*Rutilus lemmingii*). | E. Jaraíz *País* 23.6.83, 20: Las especies que más abundan son la carpa, la tenca, el carpín, el barbo y la pardilla.
6 (*reg*) Cierto hongo comestible (*Clitocybe nebularis*). | Perala *Setas* 72: *Clitocybe nebularis*. Grisetas. Pardillas.

pardina *f* (*reg*) **1** Labor o hacienda en el monte, con casa, pastos y gralm. arbolado. | J. A. Riofrío *Nar* 11.77, 2: La pardina es sencillamente una gran unidad de explotación aislada, naciendo, al igual que "la casa", como una respuesta a los problemas que planteaba el entorno físico .. La agricultura de las pardinas se ha basado en el cultivo cerealista, especialmente trigo.
2 Yermo o despoblado. | A. Biarge *NEsH* 9.7.72, 3: Procedía [la imagen] del ya desaparecido Momegastre, pequeña aldea aneja al castillo, hoy pardina, con vida todavía a mediados del siglo XVI.

pardo -da *adj* **1** [Color] oscuro indefinido que tira a rojizo. *Tb n m*. | Bustinza-Mascaró *Ciencias* 286: Las manchas de color pardo que a simple vista se observan en el envés de los frondes se llaman soros. **b)** Que tiene color pardo. | *Sp* 19.7.70, 28: Una vegetación espesa de arbustos y monte bajo .. puebla abundantemente la tierra parda. **c)** [Monte] de encinas. | *Reg* 26.8.75, 8: Otro incendio en Villanueva de la Vera .. Se ha quemado monte pardo, se han quemado olivos, higueras y robles.
2 Mulato. *Tb n*. | FReguera-March *Cuba* 551: Uno de los mambises era negro; el otro, pardo. Cierva *Triángulo* 20: La América española se perdía irremisiblemente en el futuro, por más que el Ejército y la Marina, con el apoyo increíble de los indios, los pardos y las castas –los pobres con la Corona–, lucharon heroicamente.
3 [Gramática] **parda**, [lógica] **parda**, [picos] ~**s** → GRAMÁTICA, LÓGICO, PICO[1].

pardón *m* (*reg*) Ratonero (ave de presa). | Noval *Fauna* 171: De todas las aves de presa asturianas, el Ratonero común (*Buteo buteo*), conocido aquí con varios nombres, entre los que son más populares y extendidos los de *Pardón*, *Milán calcabalagares* y *Vieya*, es, sin duda, la más abundante en nuestros campos y bosques.

pardusco -ca *adj* Que tira a pardo [1]. | Bustinza-Mascaró *Ciencias* 162: Su cuerpo [de la araña de jardín] mide 12 milímetros, es peloso y de color variable, generalmente amarillento pardusco.

parduzco -ca *adj* Pardusco. | Marcos-Martínez *Física* 260: Si continuamos calentando va adquiriendo un color parduzco. Benet *Volverás* 48: Una masa de lechada parduzca que arrastra bolos de cuarzo y cantos rodados.

pare *m* Parada o frenada. | *Pue* 3.11.70, 25: Pueden verse faros desreglados, luces cortas que apuntan a las puntas de los árboles, coches "bizcos", luces-piloto invisibles, luces de "pare" que no se encienden al frenar.

pareado -da I *adj* **1** *part* → PAREAR.
2 (*Arquit*) [Columna] doble o geminada. | Villarta *Rutas* 173: Forma un pórtico de cinco arcos y diez columnas, pareadas en los extremos y sencillas en el centro.
II *m* **3** Estrofa formada por dos versos que riman entre sí. | Amorós-Mayoral *Lengua* 188: Vamos a ver, por ejemplo, un fragmento de un poema escrito en la estrofa más sencilla que existe: el pareado.

parear *tr* **1** Igualar o poner a la par. *A veces con un compl* A. | Delibes *Príncipe* 111: Quico pareó su paso al de Juan. Delibes *Año* 87: La solución a esta injusticia [la diferencia entre países pobres y ricos] no es fácil sin una conciencia universal encaminada a parear la marcha de todos los países.
2 Unir [cosas] de dos en dos. *Gralm en part*. | SSolís *Camino* 28: Desde allí, estirándose, divisaba parte del jardín de los Condes de Ferrer del Llano, sus "vecinos de puerta", como los llamaba doña Purina por el hecho de que las fachadas de las casas estuvieran pareadas en la Plazuela. *ElM* 29.5.92, 56: Chalet pareado en Colmenarejo. Nuevo, 3 dormitorios, 3 baños completos.
3 (*Taur*) Poner un par de banderillas [al toro (*cd*)]. *Tb abs*. | Selipe *Ya* 20.5.75, 44: Terminó con una estocada entera, que derribó al astado, al que Teruel había pareado con facilidad. V. Zabala *Abc* 8.4.75, 117: No entiendo cómo se empeña en tomar las banderillas para convertir el segundo tercio en una interminable sucesión de capotazos que van agotando, resabiando y avisando a los toros, para terminar pareando peor que el mismísimo Paquirri.

parecer[1] **I** *v* (*conjug* 11) **A** *copulat* **1** Causar [una pers. o cosa (*suj*)] la impresión de ser [algo (*predicat*)]. *El predicat es un adj, el pron* LO *o un n*. | Medio *Bibiana* 12: Tiene que ganar contra él, y en favor de los muchachos, una batalla que no parece muy fácil. Matute *Memoria* 78: No era domingo pero había algo que lo parecía. J. L. Álvarez *HLVi* 4.8.75, 10: En la confrontación entre españolas y búlgaras, nos pareció un colegiado enterado y competente. Buero *Hoy* 46: –Pero ya sabe: si alguno no le parece de fiar... –Que llame a otra puerta.
B *intr* ➤ **a** *normal* **2** Existir la impresión [de un hecho (*suj*)]. *El suj es una prop con* QUE (*a veces* COMO SI *o, más ra-*

parecer – paredero

ro, COMO QUE). *A veces se omite.* | Medio *Bibiana* 14: Parece que no habrá batalla, que todo será más fácil de lo que ella se había imaginado. Delibes *Perdiz* 128: Parece como que hablara usted del año 20, coño. Delibes *Guerras* 92: Y allí, en la cama, me tiré casi un mes, que se dice pronto, que de principio no parecía, pero luego las bubas se me enconaron y la eché larga. **b) a lo que parece**, *o* **según parece**. Al parecer [7]. | *Abc* 10.10.57, 36: San Marino, que es, a lo que parece, la más antigua democracia del mundo. *ProP* 17.9.75, 4: Según parece, el presupuesto se empleó en la construcción del instituto de Tamaraceite. **c) ~le** [a uno (*ci*) un hecho (*suj*)]. Tener [uno] la impresión [de ese hecho]. *El suj es una prop con suj.* | Arce *Testamento* 63: Me pareció que lo más prudente era callarme la boca sobre tal punto. **d) ¿qué te parece** [esto (*suj*)]? ¿Qué opinas [de esto]? *Frec se omite el suj.* | Arce *Testamento* 13: ¿Qué te parece este lugar? Cossío *Confesiones* 124: Como a don Jacinto Benavente le preguntasen qué le había parecido una crítica que de una comedia suya había hecho Mesa, contestó. **e) ~le** [a uno (*ci*)] **bien** (*o* **mal**) [algo (*suj*)]. Ser, a su juicio, correcto o aceptable (o no). *Alguna vez se omite el pron* LE. | J. Carabias *Ya* 2.12.73, 8: —¡Cuantas menos [divisas] gastemos, mejor! —No comprendo, sin embargo, que ese te parezca bien... Por muy patriota que uno sea..., resultará duro. ZVicente *Traque* 204: Estábamos, bueno, pues así, arrejuntados, que no se llevaba entonces tanto, o que, por lo menos, parecía muy mal a aquellas señoras que se empeñaron en llevarnos a la iglesia. **f) ~le** [a uno (*ci*)] **bien** [algo (*suj*)] (*o simplemente* **~le**). (*col*) Antojársele, o ser su gusto. | Matute *Memoria* 20: La abuela la casó cuando y con quien le pareció bien. * Hago lo que me parece. * Lo hago como me parece. **g) ~ bien** (*o* **mal**) [una pers. o cosa]. (*pop*) Causar buena (o mala) impresión a la vista. | Hoyo *Señas* 7: Pero, ¿eres tú, Arsenio? ¡Y qué bien pareces! Deja que te vea.

3 (*pop*) Aparecer. | Medio *Andrés* 48: Que no, vamos... ¡Ni hablar!... Yo no suelto el dinero hasta que parezca el dueño... Si parece.

4 (*reg*) Parecerse [5]. | T. Medina *Pue* 9.5.66, 2: Le parece mucho al príncipe, aunque en guapo, claro.

▶ **b** *pr* **5** Tener semejanza [una pers. o cosa (*suj*) con otra (*ci*)]. *A veces sin ci, con suj pl.* | Medio *Bibiana* 14: Cuando hablas de los chicos dices tus hijos, como si fueran hijos míos solo y no se te parecieran.

C *tr* **6** Causar [una pers. o cosa (*suj*)] la impresión [de algo (*infin*)]. | * Pareces estar cansado. * La columna parece sostener el techo.

II *loc adv* **7 al ~**. A juzgar por los indicios. | Benet *Penumbra* 55: Decidió .. dedicar la mayor parte de su tiempo .. al pensamiento, un cierto tipo de pensamiento que al parecer los antiguos griegos conocían con el nombre de frónesis. Cabezas *Abc* 17.11.74, 48: Al parecer, los cambios del tren tranvía .. ofrece[n] .. serias dificultades.

parecer[2] *m* **1** Opinión o modo de pensar. *Tb su expresión.* | PRivera *Discursos* 11: Incorporación al Movimiento de los españoles que lo quisieran para establecer el contraste de pareceres. CBaroja *Inquisidor* 21: El inquisidor, como juez, tiene asesores teólogos .. que son responsables de los pareceres, de las "calificaciones".

2 (*lit*) Aspecto o disposición física [de una pers.]. *En las constrs* DE BUEN ~ *o* DE NO MAL ~. | Cabezas *Abc* 25.3.73, 49: A mis manos llegó un libro de versos. Me lo entregó su propio autor. Un joven menudo y de buen parecer.

3 buen ~. (*lit*) Conveniencias o formas sociales. *Gralm en la constr* POR EL BUEN ~. | * Lo hizo solo por el buen parecer.

parecidamente *adv* (*raro*) De manera parecida [2]. | GNuño *Escultura* 107: Ninguna otra escultura de carácter oriental o bárbaro, esto es, las más dadas a suntuosidades .., se han deleitado parecidamente en pulir y enaltecer un semejante tocado.

parecido[1] **-da** *adj* **1** *part* → PARECER[1].

2 Semejante (igual en algunos aspectos o partes). *Frec con un compl* A. | Lorenzo *SAbc* 8.9.74, 9: Pueblo alfarero, no sé de otra arcilla —tinajería de Castuera, botijos de Salvatierra— ni de parecida paciencia para lucir, a saliva y canto de río, el hollejo de los Barros.

3 bien (*o* **mal**) **~**. (*lit*) [Pers.] de aspecto físico agradable (o desagradable). *Con* MAL, *gralm en constr negativa*. | Cela *Pirineo* 181: El viajero, a eso de la caída de la tarde, se dio una vueltecita por Salardú, mirando mozas indígenas y señoras de la colonia, jóvenes bien parecidas y con un niño de la mano. Torres *Ceguera* 60: Entra Abnegación, típica secretaria eficiente y mal parecida. Salvador *Haragán* 55: María .. no era mal parecida.

parecido[2] *m* Semejanza (igualdad en algunos aspectos o partes). | Areilza *SAbc* 5.10.75, 46: Un escultor .. modeló del natural un busto de mi padre .. Hizo el artista dos ejemplares más, a diverso tamaño, uno en piedra blanca y otro en caoba oscura, de fuerte expresión y parecido.

pared I *f* **1** Obra de fábrica que se levanta verticalmente para cerrar un espacio o sostener una techumbre. | *Hacerlo* 81: Antes de pintar las paredes de una habitación, hay que proceder a pintar los techos.

2 Terreno, esp. rocoso, cortado verticalmente. | L. Gallego *Mad* 20.11.70, 30: El alpinismo castellano .. no cede en calidad .. a ningún otro de la nación. Los logros individuales en las paredes más severas del arco alpino y pirenaico lo certifican.

3 Cara o superficie lateral [de algo]. | Hoyo *Pequeñuelo* 26: Dámaso tenía ya todo el brazo metido en la cueva y apretaba su cara contra la barrosa pared del río. *Lab* 9.70, 60: Para modelar las superficies de las paredes [de la vasija], bastarán largas tiras de arcilla, igualmente prensadas. Ybarra-Cabetas *Ciencias* 48: Las paredes de la grieta que rellenan [los filones] se llaman salbandas, techo a la parte superior y lecho a la inferior.

4 Superficie que limita [algo cerrado (*compl de posesión*)]. | Ybarra-Cabetas *Ciencias* 250: Vasos liberianos. Están constituidos por células de paredes celulósicas. Alvarado *Anatomía* 93: Las paredes del corazón se componen de tres capas. *Abc* 22.10.75, 1: Sufrió un impacto de bala que le alcanzó en el vientre y que perforó la pared abdominal.

5 (*Dep*) Obstáculo que un jugador presenta con su cuerpo, para que el compañero que lleva la pelota pueda avanzar libremente. *Frec en la constr* HACER LA ~. | S. Cámara *Tri* 6.3.71, 21: No faltan las que aseguran que su intrepidez y poderosos riñones las conducen fatalmente [a las futbolistas] a la altura de defensas laterales con arrestos de extremos circunstanciales, en vertiginosa "pared" con el extremo titular. *Abc* 20.11.88, 99: Fue una preciosa jugada de Butragueño, que hizo la pared con Schuster.

II *loc adj* **6 de ~**. [Cosa] destinada a estar colgada o instalada en una pared [1]. | *Día* 5.6.76, 31: Compro monedas españolas y relojes de pared, sobremesa, salón y bolsillo. *GTelefónica N.* 218: Ciatherme. Calefacción por aire impulsado .. Ciatherme de techo. Ciatherme de pared.

III *loc v* **7 poner pies en ~** → PIE.

8 subirse [alguien] **por las ~es**. (*col*) Mostrarse muy irritado. *Frec* ESTAR [alguien] QUE SE SUBE POR LAS ~ES. | *DLi* 1.3.78, 4 (C): Los humoristas se suben por las paredes.

IV *loc adv* **9 contra la ~**. En situación sumamente comprometida o violenta. *Frec con el v* PONER. | CSotelo *Muchachita* 319: –Dime, Mercedes: ¿has vuelto a ver al canciller desde la noche de la cena? .. –Al canciller no. –¿Me lo juras? –Qué manera de ponerme contra la pared.

10 entre cuatro ~es. Sin salir de casa o sin trato con la gente. | Aparicio *Mono* 71: Holderlin .. consumió más de diez años de su vida entre cuatro paredes.

11 ~ por medio. Con una pared [1] como única separación. | Zunzunegui *Camino* 284: El cuartito en que yo paro está pared por medio de la salita.

paredaño -ña *adj* [Lugar] que está pared por medio [de o con otro]. *Tb fig.* | Zunzunegui *Camino* 128: Le dio un cuarto interior paredaño de la cocina en el que olía a sebo. GLuengo *Extremadura* 84: El primero es .. el casino de los señores .., sito en la plaza de España, paredaño con el Ayuntamiento. Umbral *Mortal* 46: En las pensiones céntricas y ahogadas escribieron los que escribieron la Historia del país, y el historiador de derechas estaba paredaño del historiador de izquierdas.

paredeño -ña *adj* De Paredes de Nava (Palencia). *Tb n, referido a pers.* | P. HSanz *DPa* 10.9.75, 9: Poco más de dos años son los que lleva don Luis Bores Rodríguez-Carreño al frente de la alcaldía de Paredes [de Nava]. ¿Cuál ha sido la labor realizada en el transcurso de este tiempo por el alcalde paredeño?

paredero *m* (*raro*) Constructor de paredes [1]. | Delibes *Mundos* 153: En Tenerife el paredero es una institución .. El paredero tinerfeño .. no tiene estudios, y para su trabajo le son suficientes dos estacas y un cordel.

paredón *m* **1** Pared [1 y 2] muy ancha o muy grande. | Laforet *Mujer* 109: Los paredones del castillo tuvieron un encanto especial para Antonio, recortados en la noche. Sintió orgullo de propietario al mirarlos. Lueje *Picos* 116: Detrás del antemural del Friero, inmediatamente seguido, álzase sobre imponentes desventidos de acantilados y paredones el poderoso grupo de las montañas del Llambrión.
2 Pared que queda en pie de un edificio en ruinas. | F. GMorales *Hoy* 9.11.75, 27: La ruina del castillo, con paredones de tres metros de anchura, es impresionante.
3 Pared contra la que se ejecuta a alguien fusilándole. *Frec en constrs como* LLEVAR, MANDAR *o* ENVIAR AL ~. | Marías *Almas* 161: Yo he salvado vidas y a otra gente la he enviado al paredón o a la horca. *Act* 7.7.66, 3: A todo el que no comulgue con sus ideas lo lleva al paredón y "cuento acabado".

paregórico *adj* (*Med*) [Elixir] calmante que contiene extracto de opio. | M. Á. Calles *Crí* 7/8.74, 11: Sin una atención especial, un 50 por 100 de estos niños morirían. El tratamiento –al parecer relativamente sencillo– consiste en proporcionarles elixir paregórico, un calmante derivado del opio que satisface la necesidad que siente el niño por el narcótico, y al final logra liberarlo de su dependencia.

pareja → PAREJO.

parejamente *adv* (*lit*) Al mismo tiempo. | Mingarro *Física* 140: Lanzando la corriente, el enfrenamiento producido es extraordinario, moviéndose el disco con gran dificultad. Se nota parejamente su calentamiento. M. Alba *SYa* 13.12.70, 24: Sofía Loren y Gina Lollobrigida eran las estrellas más firmes de entonces en la cinematografía italiana, y parejamente, en Francia, estaba en pleno apogeo el fenómeno B.B.

parejo -ja **I** *adj* **1** Semejante o parecido. *Frec con un compl* A. | CBaroja *Inquisidor* 11: Dejando a un lado el ejemplo demasiado repetido de la influencia de la nariz de Cleopatra en la Historia u otros parejos a este. GPavón *Hermanas* 46: Les señaló fotografías en las que aparecían las hermanas Peláez a distintas edades. Tan parejas, tan panochas.
2 Igualado, o que no presenta grandes diferencias. | CNavarro *Perros* 217: Su boca era fresca, .. los dientes, parejos. RMoñino *Poesía* 88: Podemos suponer que iba pareja la obra de ambos.
II *f* **3** Conjunto de dos perss. o (más raro) de dos cosas, asociadas de algún modo una con otra. *Gralm con un compl –especificador*. | GPavón *Hermanas* 25: Lo mejor del pueblo felicitó a la pareja [Plinio y don Lotario] y le deseó éxitos. Bustinza-Mascaró *Ciencias* 134: Cada una de las cinco placas basales se corresponde con una pareja de filas de las placas pentagonales mayores. **b)** *Esp de varón y mujer* (*o macho y hembra*). *Frec en la forma* PAREJITA, *referido a hijos*. | Lera *Bochorno* 59: Las parejas apenas podían moverse en la estrecha habitación. Delibes *Voto* 106: –¿Tiene usted muchos hijos? –Dos tengo, la pareja. Miguel *Mad* 22.12.69, 13: El ideal sigue siendo "la parejita". Tanto es así que en muchas familias con tres hijos sucede que los dos primeros son del mismo sexo. El tercer hijo viene por buscar "la parejita" que inicialmente falló. **c)** Unidad constituida por dos guardias civiles. *Alguna vez referido a policías*. | Cela *Judíos* 32: –Dicen que se ha levantado la veda. –Sí; ahora podremos ir .. a liebres y a palomas torcaces, sin que la pareja se nos eche encima. CPuche *Paralelo* 37: –Avisaré a la policía. ¡Vaya si avisaré! .. –Él pagará .. –No le haga usted caso .. Este es un gandul y un mangante como todos ellos. –Tú le vas a decir eso a la pareja, en seguida... –¿Habéis oído? ¡La pareja! Siempre lo mismo. **d)** (*Juegos*) Reunión de dos cartas o dados del mismo valor. | *Naipes extranjeros* 11: Si las parejas de ambos jugadores fueran de igual valor, gana el que tenga la mayor carta suelta. **e)** (*Mar*) Conjunto de dos embarcaciones iguales con las que se remolca un arte de arrastre. | Guillén *Lenguaje* 27: A esto hay que agregar la oleada de la expansión de la jábega real que avanzó desde nuestro Levante hasta Galicia, y la catalano-valenciana .., con sus parejas de bou, que alcanzaron incluso a la ría de El Ferrol. Tamames *Economía* 135: La pesca del bacalao .. se realiza por el sistema de arrastre, con bous o por parejas.
4 Cosa que se agrupa normalmente con otra con la que forma pareja [3]. | Ferrer *Colasín* 26: Une cada dibujo a su pareja. Píntalos.
5 Compañero o compañera [de una pers., o de un animal, del sexo opuesto]. *A veces referido a homosexuales*. | Arce *Testamento* 76: Los mozos buscaban pareja y casi todos los veranos salían algunos novios. *MHi* 8.60, 45: Son aves emigrantes, que recorren distancias larguísimas .., ejercitándose en la caza y buscando pareja.
III *loc v* **6 correr parejas.** Ser comparables o semejantes [dos cosas o una a otra (*compl* CON)]. *Tb* CORRER ~, *en que ~ concuerda con el suj*. | RMoñino *Poesía* 110: Lo que hacía o recopilaba López de Úbeda corría parejas con el gusto de su tiempo. L. Contreras *Mun* 23.5.70, 10: Un procurador malagueño, Merino, intentaba persuadir a sus compañeros de que la brillantez de Suárez no corría esta vez pareja con la profundidad. Cela *Judíos* 103: Se trata de que ando a vueltas .. con estas virutas de cabra y, como los huesos de mi boca no corren parejos con el hambre .., no encuentro .. manera de hacerlas pasar al vientre.
IV *adv* **7** De modo igual o muy semejante. *Frec con un compl* A. | Delibes *Castilla* 48: Vendíamos la carne por kilos, parejo que en la carnicería, que si, en aquellos entonces, la carnicería cobraba los filetes de novilla a ochenta pesetas, pues a ochenta pesetas poníamos nosotros el kilo de avutarda. Delibes *Guerras* 173: Que uno mata un jabalí en enero y le dan un premio, pero le mata en julio y lo mismo pena por ello, ¿comprende? Pues con los hombres, parejo. Uno los mata en la guerra y una medalla, pero los mata en la paz y una temporada a la sombra.

paremia *f* (*TLit*) Refrán o proverbio. | Correa *Introd. Gracián* XLV: Todavía podría observarse la complacencia con que Gracián hace uso de paremias –si bien les dé un trueque ingenioso a muchas de las que usa–, gusto que muy bien pudo aprender de Cervantes.

paremiología *f* (*TLit*) Estudio de los refranes o proverbios. *Tb los mismos refranes*. | L. Alberdi *VozC* 6.10.68, 3: Como en todo ha de buscarse el justo medio .., la "brevería" repudia también, por igual, los opuestos términos sobredichos de la paremiología tradicional y de la escuela jónica.

paremiológico -ca *adj* (*TLit*) De (la) paremiología. | Rabanal *Abc* 16.4.75, 21: El vulgo parlante, nuestro anónimo sujeto paremiológico, ha acertado a hacer con "abril" exactamente lo mismo, nada menos, que ya hacían con su *aprilis* nuestros padres en la lengua, los romanos.

paremiólogo -ga *m y f* (*TLit*) Especialista en paremiología. | J. A. MGordo *NAl* 24.10.70, 7: El doctor Antonio Castillo de Lucas, el mejor paremiólogo español de la actualidad, buhonero científico de canciones, refranes y leyendas.

parénesis *f* (*lit*) Exhortación o amonestación. | Correa *Introd. Gracián* XLVI: La experiencia, el desengaño adquirido a lo largo de su propia vida, le muestran que de poco valdría avisar a los incautos y advertir a los imprudentes, recurrir al consejo y a la parénesis. [*En el texto*, parenesis.]

parenético -ca *adj* (*lit*) De (la) parénesis. | Correa *Introd. Gracián* XXXV: La brevedad, la proporción de cada uno de estos puntos y partes muestran a las claras su propósito de sintetizar toda la sabiduría religiosa adecuada en un parvo devocionario, emotivo y fecundo, que le convierten [al *Comulgatorio*, de Gracián] en uno de los libros parenéticos más logrados de la frondosa literatura ascética española.

parénquima *m* **1** (*Bot*) Tejido esponjoso en que se elaboran o almacenan materias orgánicas. | Navarro *Biología* 102: Se distinguen los siguientes parénquimas, de funciones muy diversas: Parénquimas clorofílicos .. Parénquimas de reserva .. Parénquimas acuíferos.
2 (*Anat*) Tejido esponjoso de algunos órganos glandulares. | Pau *Salud* 290: Se habla de absceso pulmonar cuando hay supuración y necrosis en un área localizada del parénquima pulmonar. MNiclos *Toxicología* 120: A veces, ictericia por afectación del parénquima hepático.

parenquimático -ca *adj* (*E*) De(l) parénquima. | Alvarado *Botánica* 21: El parénquima central se llama médula .., y las porciones parenquimáticas, que partiendo de él separan unos de otros los haces conductores, se denominan radios medulares.

parenquimatoso – parida

parenquimatoso -sa adj (E) De(l) parénquima. | Bustinza-Mascaró *Ciencias* 229: Al tejido parenquimatoso se le llama también, en general, tejido fundamental o conjuntivo, por estar rellenando el espacio entre los demás tejidos.

parental adj **1** (Der) De los padres o de los parientes. | Compil. *Aragón* 562: 1. El menor de edad .. puede celebrar por sí toda clase de actos y contratos, con asistencia, en su caso, de su padre, madre, tutor o Junta de Parientes. 2. Cuando exista oposición de intereses, se suplirá la asistencia de los padres conforme a lo dispuesto en el Código Civil, y la del tutor por el sustituto, sin necesidad, en ambos casos, de aprobación judicial o parental.
2 (Biol) De los padres o progenitores. | Navarro *Biología* 217: Cuando se cruzan dos variedades homocigóticas (razas puras) de la misma especie (llamada generación parental o P), la generación resultante .. es uniforme, tanto fenotípica como genotípicamente.

parentela f Conjunto de (los) parientes [de alguien]. | Olmo *Golfos* 116: ¡No hagáis que me saque los zapatos y me líe a taconazos con toda vuestra parentela! DCañabate *Paseíllo* 121: Todos tenían parentela o amigos en la villa y corte.

parenteral adj (Med) Que se realiza por una vía distinta de la digestiva o intestinal. | MNiclos *Toxicología* 20: Un emético muy usado es la apomorfina, por su ventaja de administración parenteral y sus efectos rápidos.

parentesco m **1** Relación entre personas que descienden unas de otras o de un tronco común, o están ligadas por vínculos matrimoniales. | SLuis *Doctrina* 94: Los deseos, miradas o actos impuros son parientes próximos son más graves, y hay que señalar esta circunstancia del parentesco en la confesión. **b)** (Rel catól) Vínculo espiritual que contraen el ministro y los padrinos con el sujeto, en los sacramentos del bautismo y de la confirmación. Frec ~ ESPIRITUAL. | SLuis *Doctrina* 132: El parentesco que establece [la confirmación] no es impedimento matrimonial. SLuis *Doctrina* 131: Entre el Ministro, el Sujeto y los Padrinos [del bautismo] se establece un parentesco espiritual que es impedimento para el matrimonio.
2 Relación entre cosas que tienen un mismo origen o son muy semejantes entre sí. | Mingarro *Física* 191: Suministra una prueba concluyente del parentesco existente entre todos los elementos.

paréntesis I m **1** Signo ortográfico constituido por dos líneas curvas verticales, en que suelen encerrarse frases o aclaraciones incidentales. *Tb cada una de esas líneas. Alguna vez ~ CURVO*. | Academia *Esbozo* 150: En las obras dramáticas suele encerrarse entre paréntesis lo que los interlocutores dicen aparte. Academia *Esbozo* 150: Empléase también el paréntesis curvo para encerrar en él noticias o datos aclaratorios. **b)** (Mat) Signo igual al paréntesis ortográfico, que aísla una expresión e indica que determinada operación se ha de efectuar con la expresión completa. | Marcos-Martínez *Álgebra* 17: Para añadir una suma algebraica se puede suprimir los paréntesis precedidos del signo +, sin cambiar ningún signo a los términos contenidos en estos paréntesis. **c)** ~ **cuadrado**, o **rectangular**. Corchete (signo). | Mingarro *Física* 11: Se encierran entre paréntesis cuadrados las letras que designan las magnitudes derivadas. Academia *Esbozo* 150: Empléase también el paréntesis .. rectangular para indicar en la copia de códices o inscripciones lo que falta en el original y se suple conjeturalmente.
2 (Gram) Frase, frec. con independencia sintáctica, que se intercala en otra sin alterar su estructura general ni su sentido fundamental y que suele escribirse entre paréntesis [1] o entre rayas. | * El paréntesis tiene con frecuencia una función aclaratoria. **b)** (TLit) Parte incidental y accesoria de un texto. | * El episodio de la playa no deja de ser un paréntesis en la narración.
3 Intervalo de tiempo que se destaca con características propias dentro de un proceso amplio. | DPlaja *El español* 143: Un viaje es un paréntesis en la vida. CNavarro *Perros* 240: Hubo un paréntesis [en la conversación], y ambos pensaron cosas diferentes.
II loc adv **4 entre ~**. De manera incidental. | MPuelles *Hombre* 239: Posee también [el término "sobriedad"] otro sentido muy amplio –dicho sea entre paréntesis– menos espectacular que el de pobreza.
5 entre ~. En duda o en tela de juicio. *Gralm con el v* PONER. | * Esas afirmaciones hay que ponerlas entre paréntesis, no me parecen creíbles. **b)** En reserva o en compás de espera. | *Ya* 19.6.88, 2: Es una lamentable paradoja que, a la vez que el Gobierno pone entre paréntesis la toma de decisiones y se instala en el bloqueo, también la oposición ponga entre paréntesis sus ofertas de recambio, de reformas, de soluciones diferentes.

parentético -ca adj (E) De(l) paréntesis [2]. | Caloñge *Tucídides* 42: La referencia a Arquelao ya citada es de especial importancia .. Tiene claro carácter parentético; su supresión no daña la narración.

pareo m Prenda femenina de playa, consistente en una pieza rectangular de tela que, con diversos plegados, puede ponerse a modo de vestido o de falda. | *Abc Extra* 12.62, 81: Los pareos haitianos, los cinturones griegos o persas y las telas de Rodier. R. LHaro *SPaís* 27.7.80, 26: Este verano el pareo, indumentaria indiscutible de lejanos lugares como la Polinesia francesa, islas de Hawaii, Tailandia, Sri Lanka y la India, se ve por todas las playas del Mediterráneo con unos estampados exóticos y colores del arco iris.

paresia f (Med) Parálisis leve que consiste en la debilidad de las contracciones musculares. | GGarcía *Salud* 512: Si la contusión es suficientemente extensa, además de los signos citados se encuentra una paresia muscular pasajera.

parestesia f (Med) Trastorno de la sensibilidad que se manifiesta por la percepción de sensaciones anormales o que no corresponden a ningún estímulo externo. | Vega *Corazón* 60: Las manifestaciones sintomáticas de estas "neurosis cardíacas" serían .. las siguientes: .. cefaleas; trastornos sexuales; sudoración; parestesias; temblores.

parfait (fr; pronunc corriente, /parfé/) m (raro) Crema helada. | *Abc* 2.12.73, 82: Cena Reyes. Extracto de Marmita al Solera .. Roscón Sorpresa. Parfait de Moka. Pastas finas.

pargo m Pez marino comestible propio del Mediterráneo, de hasta 70 cm de longitud y color rojo (*Sparus pagrus*). | Cela *Viaje andaluz* 300: ¿Le gusta a usted el pargo encebollado, patrón?

parhilera f (Arquit) Madero en que se afirman los pares y que forma el lomo de la armadura. *Frec en la loc* DE ~, *referida a armadura*. | Angulo *Arte* 1, 9: A la cubierta adintelada sigue en complicación la armadura de par e hilera o parhilera .., consistente en una serie de parejas de vigas o pares .. dispuestas oblicuamente, cuyos extremos inferiores apoyan en dos vigas horizontales o soleras .., colocadas sobre la parte superior del muro, los superiores, en una tercera viga igualmente horizontal y paralela a las anteriores, pero situada a mayor altura, que es la hilera o parhilera.

paria m y f **1** Pers. de la ínfima clase social hindú. | Anson *Oriente* 37: Las castas hindúes encubren un racismo profundo y milenario. Los actuales "brahmanes" (sacerdotes), .. "shundras" (obreros) y parias o "intocables" derivan de antiquísimas escisiones raciales.
2 Pers. pobre y despreciada socialmente. | CPuche *Paralelo* 118: Yo siempre he sido un paria.

parias[1] f pl Placenta. | CBonald *Ágata* 213: Pareciéndole que había tocado las sanguinolentas parias de una yegua.

parias[2] **I** f pl **1** (hist) Tributo pagado por un soberano a otro. | FRius *HEspaña* 1, 373: Comerciantes francos y de otros países europeos, que .. importaban telas frances[a]s, armas, paños flamencos, etc., pagados con el oro de las parias musulmanas.
II loc v **2 rendir ~**. (lit, raro) Rendir tributo. | Aparicio *Año* 49: El sábado le dedico en la radio "la ovación semanal". Hay que rendir parias a los tiempos.

parida[1] → PARIDO.

parida[2] f (col) Tontería o sandez. | Aristófanes *Sáb* 22.3.75, 59: Echan a la vez en la semana "Exorcismo", "La endemoniada" y "Poder maléfico", que son unas paridas sucedáneas de "El exorcista" ese que inventó el William Peter Blatty. Montero *País* 3.10.83, 56: El oficio del articulista consiste en decir paridas y conseguir que parezcan frases enjundiosas.

paridad f **1** (*lit*) Igualdad o similitud. | GNuño *Escultura* 21: Se preguntará si es legítimo establecer paridad entre lo griego y lo ibérico. *Fam* 15.11.70, 27: Hoy, gracias a un concepto más desarrollado de paridad entre los sexos, la fidelidad no es exclusiva de la mujer.
2 (*Econ*) Valor relativo [de una moneda] respecto a otra o al patrón oro. | Tamames *Economía* 253: Supongamos que de la actual paridad de la peseta (60 pesetas = 1 dólar) pasáramos a otra de 30 pesetas = 1 dólar. *SInf* 5.12.70, 4: Entre dos monedas comunitarias, por anulación de márgenes, se puede llegar a diferencias del 3 por 100. Se trata, pues, de limitar al mínimo este posible "flotamiento" de las paridades.
3 (*Informát*) Bit o carácter que se añade con fines de control para que la suma de los bits de una fila o columna sea siempre par o impar. *Tb la condición, par o impar, de dicha suma*. | *Pue* 10.11.70, 20: Teclas especiales para tabulación. Símbolos de control de final de línea, final de texto y error de paridad.

paridera I *adj* **1** [Hembra] fecunda. | Moreno *Galería* 330: A vacas parideras de aquellas grandes dulas.
II f **2** Acción de parir el ganado. *Tb el tiempo en que se produce*. | Romano-Sanz *Alcudia* 281: El trabajo de los pastores estantes no las llevadero que el de los trashumantes. La paridera no da tanto que hacer porque se realiza antes. Moreno *Galería* 65: Si quería tenerse la paridera en enero--febrero, .. debía programarse también el tiempo, agosto-septiembre, en que los sementales .. debían preñar a la oveja.
3 Lugar en que pare el ganado, esp. el lanar. | Cela *Judíos* 51: Al vagabundo le cogieron los mares del cielo, .. de los que medio se guareció contra las flacas bardas de una paridera. CBonald *Ágata* 213: Presenciar el nacimiento de un potro o un ternero en las parideras de Alcaduz.

parido -da *adj* **1** *part* → PARIR.
2 [Hembra] que acaba de parir. *Frec* RECIÉN PARIDA. *Tb n f, referido a mujer*. | Cunqueiro *Un hombre* 10: Para ensalada de parida no hay otras. ZVicente *Traque* 119: Vendía caldo de gallina para las recién paridas.
3 bien ~. (*col*) [Pers.] guapa o atractiva. *Con el v* ESTAR. | Marsé *Tardes* 117: Haz la prueba, habla un día con él, verás la confusión mental que tiene. Lo que pasa es que a ti te gusta porque está bien parido.

párido *adj* (*Zool*) [Pájaro] de pico corto, robusto y puntiagudo, cuerpo pequeño y uñas curvadas. *Frec como n m en pl, designando este taxón zoológico*. | J. A. SZapata *VSi* 7.89, 46: En las masas forestales campean a placer páridos, mitos y piquituertos.

paridor -ra *adj* **1** Que pare. *Tb fig*. | Espinosa *Escuela* 684: Los comisarios trataban a la par que las paridoras de insumisos. Vega *Corazón* 83: El hombre de la Grecia antigua, paridora de Sócrates, Platón y Aristóteles. **b)** Que pare en abundancia. *Tb fig*. | CPuche *Paralelo* 158: Al llegar aquí les da envidia de las conejas paridoras que son las españolas. Cuevas *Finca* 262: La tierra arada, .. paridora de "San Rafael".
2 (*raro*) Relativo a la acción de parir. | GPavón *Hermanas* 31: La pobre, para disimular aquel oleaje de su finitud paridora, se abanicaba.

pariente -ta (*en aceps 1 y 2 se usa a veces la forma m tb con valor de f*) m y f **1** Pers. que tiene relación de parentesco [con otra (*compl de posesión*)]. *Tb sin compl. Tb adj*. | CBaroja *Inquisidor* 28: El licenciado del Corro, que intervino en el proceso de Egidio y que tuvo un pariente protestante, es aún una figura del Renacimiento. Laforet *Mujer* 54: Atendió a Paulina con la misma solicitud que hubiese tenido para una pariente anciana. * Elisa y él son algo parientes.
2 Cosa relacionada [con otra (*compl de posesión*)] por tener el mismo origen o ser muy semejante. *Tb sin compl. Tb adj*. | GGual *Novela* 16: La novela breve, pariente joven del cuento, más social y sofisticada que aquel, y más efímera, tiene unos orígenes y unas características específicas. Cela *Pirineo* 328: En el libro becerro que llevaba la comunidad, a estas piedras ruinosas y malaventuradas se les llamó con muy diversos nombres, todos parientes: Lavagus, Lavadis, Lavadius.
3 ~ pobre. Pers. o cosa que en un conjunto recibe un trato de inferioridad respecto al resto o respecto a otro. | Halcón *Campo* 27: El campo es el pariente pobre de los negocios, que, por su más alta moral, envidian los parientes ricos.
4 (*col*) Esposo. *Referido a hombre es más raro*. | Lagos *Vida* 8: Como el que va de excursión, allá se fue el domingo con la parienta, la prole y las brochas. Aristófanes *Sáb* 9.7.75, 53: Eso le significaba un encarecimiento como de la quinta parte sobre el precio anterior, y que por eso con la paga del pariente no molaba.

parietal *adj* **1** (*Anat*) [Hueso plano] de los dos que constituyen la parte media y superior del cráneo. *Tb n m*. | Nolla *Salud* 96: El cráneo está formado por ocho huesos: un frontal, dos parietales, dos temporales, un occipital, un etmoides y un esfenoides. **b)** De(l) hueso parietal. | Navarro *Biología* 127: Lóbulo parietal. [*En un grabado del encéfalo*.]
2 (*Anat*) De la pared de un órgano o cavidad. | Navarro *Biología* 164: Es [el pericardio] una serosa que, como todas ellas, consta de dos hojas muy delgadas, una visceral y otra parietal. **b)** Que se sitúa en la pared de un órgano o cavidad. | Ybarra-Cabetas *Ciencias* 272: En los ovarios uniloculares, lo general es que se inserten los óvulos en los bordes carpelares, y entonces la placentación es parietal.
3 (*Arte*) [Pintura, esp. prehistórica] que se realiza sobre paredes. | GGual *Novela* 195: Escena privada con intentos de perspectiva arquitectónica. Pintura parietal. **b)** De (la) pintura parietal. | GNuño *Escultura* 61: Difícilmente podríamos enlazar las decoraciones parietales prehistóricas con las primeras miniaturas cristianas. Por supuesto, también existió una pintura mural ibérica. A. Bourgon *DMo* 19.8.90, 6: La cueva de La Pasiega es uno de los más importantes centros parietales del Paleolítico Superior.
4 (*lit, raro*) De (la) pared. | Lázaro *Abc* 9.5.93, 3: Va siendo hora de contar con autoridades que arrumben el estilo emético con que se expresan los tres poderes, desde los bandos parietales hasta los Boletines de Provincia, Autonomía o Estado.

parietaria f Planta de la familia de las ortigas, que crece en las grietas de las paredes viejas, en las rocas y en los terrenos incultos (gén. *Parietaria*, esp. *P. diffusa*). | Peraile *Ínsula* 76: Las malvas resecas y agostadas salen al paso y acosan las piernas. Las parietarias se arriman a los tabiques de barro crudo sin revestir.

parigual (*lit o reg*) **I** *adj* **1** Igual o muy semejante. *A veces con un compl* A. | Lera *Trampa* 1030: Mario era el trasunto varonil de Elena .. Hasta en la estatura eran pariguales. RMoñino *Poesía* 108: Quizá si López de Úbeda hubiera puesto en el libro los nombres de los poetas, el *Vergel* gozase popularidad parigual al *Cancionero* de Castillo.
II *adv* **2** De manera igual o semejante. | Delibes *Guerras* 20: –¿Quién se ocupaba más de ti? ¿El Bisa o el Abue? –Parigual, mire.

parihuela f Utensilio formado por dos varas largas y una plataforma atravesada, que se usa como camilla o para llevar algo pesado entre dos. *Frec en pl con sent sg*. | Grosso *Capirote* 138: Otro entierro subía por el camino viejo. La caja blanca y pequeña rubricó el perfil del camino llevada en una parihuela de madera por dos hombres. Gala *Ulises* 744: Durante una cacería, un jabalí le hirió en el muslo derecho... Le llevaron a casa de mis padres en unas parihuelas.

paripé m (*col*) Simulación o engaño. *Frec en la constr* HACER EL ~. | Torrente *Pascua* 437: De usted para mí: lo del camisón y todo lo demás es un puro paripé. A mí no hay quien me quite de la cabeza que aquí hay amaño. Berenguer *Mundo* 359: No le encontré tanto mérito como dicen, porque todo es mentira, que ni pelean ni nada, sino que hacen el paripé para que los retraten.

paripinnado -da (*tb con la grafía* **paripinado**) *adj* (*Bot*) [Hoja pinnadocompuesta] terminada en un par de folíolos. | Bustinza-Mascaró *Ciencias* 240: Las hojas pinnadocompuestas pueden ser imparipinadas, si terminan en un foliolo único, y paripinadas, si terminan en un par de folíolos.

parir A *intr* **1** Expulsar al exterior [una hembra vivípara] el hijo concebido. *Referido a mujer, frec col*. | MFVelasco *Peña* 267: Por aquellos días parió la Nela [perra]. CBonald *Ágata* 53: Se derrumbó sobre el zaguán empedrado y allí mismo aflojó la cincha que había estado reprimiéndola

parisién – parlamento

instintivamente y ya percibió con un gozo anonadante y universal que había parido.

2 Producir fruto [algo]. *Frec lit*. I Halcón *Monólogo* 227: Sí, claro, para ti lo que no es lujo es esto de intervenir en la naturaleza como dueño y señor. Hacer parir a la tierra en tu provecho. ZVicente *Traque* 192: Porque mis dineritos dan, sí, a ver si yo, después de treinta y cinco años en el Banco, no voy a saber cómo hacerlos parir, estaría bueno.

3 poner a ~ [a alguien]. (*col*) Hablar muy mal [de él] o criticar[le] con palabras duras. I DCañabate *Paseíllo* 110: Yo sé de más de una y más de dos de las que los ponen a parir y que beben los vientos por atrapar el día de mañana al Donatito y empaparse de todos los olores de sus padres.

B *tr* **4** Expulsar al exterior [una hembra vivípara (*suj*) el hijo concebido (*cd*)]. *Referido a mujer, frec col*. I Torrente *Sombras* 47: Que si la mujer de Pepe o Xordo había parido una niña.

5 Producir [algo (*suj*) determinado fruto]. *Frec lit*. I Cuevas *Finca* 45: Para que parieran [los rosales] rosas grandes siete meses al año. Palomino *Torremolinos* 220: El dinero pare dinero.

6 (*lit*) Producir [alguien algo de su creación]. I GNuño *Escultura* 116: En aquel momento en que nuestro Levante parió casi de golpe la más sustancial de la escultura ibérica.

parisién I *adj* **1** Parisiense. *Solo con ns en sg*. I MHi 2.55, 30: La escuela española de París significa la mitad más uno del total de la escuela parisién.

II *m* **2** Barquillo cilíndrico y alargado. I Lera *Trampa* 1106: Unos mozalbetes .. voceaban barquillos que ellos no podían comer, al grito de "¡Al rico parisién!".

parisiense *adj* De París. *Tb n, referido a pers*. I GClares *Ava* 7.12.68, 16: Empieza a ponerse en marcha la máquina de los "juicios críticos" (inventados en la Edad Media, puestos de moda en la pasada primavera en la Sorbona parisiense). Laforet *Mujer* 203: La primera [fotografía] era de su juventud de elegante parisiense.

parisino -na *adj* Parisiense. *Tb n*. I Sp 19.7.70, 53: Del lado francés se toleraba mal a un germano como director de la orquesta parisina. R. L. Chao *Tri* 5.12.70, 41: Este prisionero es el mecánico parisino Abel Tiffauges.

paritariamente *adv* De manera paritaria. I *Pactos Moncloa* 78: Un Consejo provisional, integrado paritariamente por personas designadas por el Gobierno y por parlamentarios, representantes de los distintos grupos con criterio proporcional .., asumirá provisionalmente la vigilancia de la objetividad informativa y del funcionamiento general de RTVE.

paritario -ria *adj* Que se basa en un criterio de igualdad o paridad. I * El sistema de representación es paritario. **b)** [Organismo] constituido por igual número de representantes de cada una de las partes integrantes. I *Hie* 19.9.70, 4: Se crea una Comisión paritaria en el seno de la Empresa y una Comisión mixta económico-social en el seno del sindicato.

paritarismo *m* Condición de paritario. I ZVicente *Mesa* 42: Tener que decir que sí a esa historia de la igualdad y el paritarismo.

paritorio *m En un hospital*: Sala de partos. I *Ya* 31.8.83, 26: María García cuenta que se puso de parto y que la condujeron al paritorio.

parka *f* Prenda de abrigo a modo de chaquetón, de tejido impermeable y con capucha. I *País* 3.9.78, 7: El Corte Inglés. Parka nylon 100 x 100 acolchada: 2.495. *Nov* 9.86, 25: Un chaquetón tipo parka de líneas muy modernas.

parking (*ing; pronunc corriente*, /párkin/; *pl normal*, ~s) *m* Aparcamiento. I *Not* 4.5.70, 12: Balmes, 354 .. Parking asegurado. *Inf* 7.9.70, 2: El aparcamiento en línea debe, en principio, dejar más sitio a los automóviles que circulan. Pero .. la inveterada costumbre madrileña del "parking" en doble fila suprimirá en grandísima parte este teórico ensanchamiento. *Abc* 5.3.72, sn: Gran oportunidad para Cías. de inversiones .. Parking 450 plazas.

Parkinson (*pronunc*, /párkinson/; *tb con la grafía* **párkinson** *en acep 2*) (*Med*) I *adj* **1 de ~**. [Enfermedad o síndrome] causados por degeneración de la masa gris del cerebro y caracterizados por temblores y rigidez muscular. I *Inf* 16.4.70, 19: La cirugía de la enfermedad de Parkinson ha proporcionado unos resultados muy positivos.

II *m* **2** Enfermedad de Parkinson [1]. I F. Martino *Ya* 13.3.75, 37: Se han visto casos de Parkinson en pacientes que habían sufrido alguna suerte de inflamación cerebral.

parkinsoniano -na *adj* (*Med*) **1** De(l) parkinsonismo o enfermedad de Parkinson. I *Ya* 9.10.70, 21: El conde de Argillo, que se encuentra aquejado de un proceso parkinsoniano, había estado últimamente en Benicásim.

2 Que padece parkinsonismo. *Tb n*. I F. Martino *Ya* 13.3.75, 37: El cerebro del parkinsoniano muestra una lesión siempre presente, pero no específica.

parkinsonismo *m* (*Med*) Enfermedad de Parkinson. I F. Martino *Ya* 13.3.75, 37: Existen legiones de afectados por todas estas enfermedades o intoxicaciones que no presentaron jamás parkinsonismo.

parla *f* (*col, a veces lit o humorist*) **1** Acción de parlar. I Escobar *Itinerarios* 181: Quizá oyera en la parla de los comensales algunos clásicos refranes.

2 Lengua (lenguaje). I Grosso *Capirote* 32: Castilla en los labios, la parla de las huertas de Levante, de la tierra verde de Galicia, o el acento desmelenado y sibilante de Andalucía Baja. L. Armiñán *Abc* 25.8.64, sn: Se apresuran a estudiar el idioma que entra en el engranaje turístico. Ya son tres las parlas que un buen guía ha de saber para cumplir con su misión.

parlada *f* (*col*) Parla o conversación. I MCalero *Usos* 47: Al terminar, después de buenas parladas, se iba haciendo la cuenta de cada uno.

parlador -ra *adj* (*col*) Hablador. *Tb n*. I Escobar *Itinerarios* 187: Dos jóvenes doncellas que acaso dejaron la cordellez en su pueblo o iban a venderla en cualquier capital de España, inquietas, rientes y parladoras.

parlamentar *intr* Hablar o negociar [con el enemigo o con un adversario] para llegar a un acuerdo. *Tb sin compl, por consabido*. I M. BTobío *MHi* 2.55, 13: Mendès-France, cuyo Gobierno se derrumbaría fulminantemente si se ahorrase el menor esfuerzo en parlamentar con la Unión Soviética.

parlamentariamente *adv* De manera parlamentaria [1a]. I Areilza *País* 22.5.77, 7: No debo entrar en la gigantesca operación que se prepara para legitimar parlamentariamente el franquismo.

parlamentario -ria I *adj* **1** De(l) parlamento [5]. I *MHi* 11.63, 51: El día 12 de octubre se celebró en el salón parlamentario del Congreso Nacional, en Buenos Aires, el acto de jurar su cargo como Presidente de la nación argentina el doctor Arturo Illía. **b)** [Pers.] que forma parte de un parlamento. *Frec n*. I *Alc* 31.10.62, 5: Han asistido también a la reunión .. los presidentes de las Asambleas y numerosos parlamentarios.

II *m y f* **2** Pers. encargada de parlamentar. I * Los sitiados enviaron un parlamentario para negociar con el general.

parlamentarismo *m* Sistema parlamentario [1a]. I Albalá *Periodismo* 115: Se ha hablado de la posibilidad "representativa" .. que el periódico asume en la comunidad, sobre todo a partir del ocaso del parlamentarismo.

parlamento (*gralm con mayúscula en acep 5*) *m* **1** Acción de parlamentar. I FReguera-March *Filipinas* 219: El capitán ordenó que se izara la bandera blanca de parlamento.

2 Discurso (exposición oral más o menos amplia). I *Abc* 19.9.64, 47: A continuación el gobernador civil pronunció un breve parlamento en el que agradeció el título con que se le honraba.

3 (*raro*) Charla o conversación. I GPavón *Hermanas* 10: –¿Vendrás a comer? –Sí. –No olvides avisar al aceitero .. –Bueno. ¿Y tú, chica, quieres algo? –No, padre.– Y sin más parlamentos .. salió por la portada.

4 (*Escén*) Intervención oral larga y continuada [de un actor]. I Laín *Gac* 22.2.70, 8: María Asquerino, que sobre un difícil suelo de expresivos gestos mudos supo lanzar al aire, como un hermoso surtidor, un fino, apasionado, patético parlamento.

5 Asamblea legislativa, constituida por una cámara o por dos. *Tb su sede*. I S. Cámara *Tri* 2.2.74, 14: He querido resaltar las virtudes del parlamentarismo cuando se practica con tan pocas prisas y tantas pausas como para que nuestro parlamento se parezca tantísimo a las viejas Cortes castellanas. Arenaza-Gastaminza *Historia* 170: En el siglo XVI reinaron en Inglaterra los Tudor, que implantaron el absolutismo, aunque más mitigado que en otros países por las atribuciones del Parlamento.

parlanchín -na *adj* (*col*) Que habla mucho, esp. de manera indiscreta o inoportuna. | MSantos *Tiempo* 115: Regresó al hogar la parlanchina madre.

parlante *adj* **1** (*col, a veces lit*) Que habla. *Tb n, referido a pers. Tb fig*. | Delibes *Parábola* 164: El hombre no es un animal racional, o, si lo es .., sobre esta cualidad predomina la condición de animal parlante. GPavón *Rapto* 10: Las campanas de la iglesia .. comenzaron a tocar con tal ímpetu y pasión que los tres parlantes tuvieron que callarse. J. M. Rollán *SAbc* 1.12.68, 26: Me he acordado del decir grandilocuente de los oradores y de las manos parlantes de los sordomudos. M. AGorbea *His* 5.85, 120: Si los restos arqueológicos faltan, su nombre parlante, Segóbriga, evidencia su seguro origen celtibérico.

2 (*Herald*) [Arma] que representa un objeto de nombre igual o parecido al de la persona o estado que las usa. *Tb fig, fuera del ámbito técn*. | F. Ángel *Abc* 1.5.58, 7: Se consideran como [armas] más antiguas y puras del linaje las que citamos a continuación, y que se denominan parlantes, ya que, como una de las piezas heráldicas, llevan una cabeza simbolizando el apellido. Huarte *Exlibris* 21: No es infrecuente que el nombre y apellidos del titular estén representados crípticamente por solo sus iniciales o incluso en los dibujos llamados "parlantes", por lo aludido en la figura, escogida por tener un nombre igual o de sonido semejante.

3 (*raro*) Relativo a la acción de hablar. | Huarte *Diccionarios* 76: Las [frases] que reflejan los progresos parlantes de la primera hija.

parlar (*col, a veces humoríst*) **A** *intr* **1** Hablar o charlar. | Delibes *Hoja* 95: Se iba encontrando a gusto así, junto al viejo, oyéndole parlar incesantemente. Buero *Soñador* 208: De ti parlábamos, mira.

B *tr* **2** Hablar o decir [algo], esp. de manera indiscreta o inoportuna. | Delibes *Guerras* 12: Está bien traído el chisme ese [el magnetófono] ..; todo lo parla.

parleño -ña *adj* De Parla (Madrid). *Tb n, referido a pers*. | Á. Río *Ya* 9.12.86, 18: Cada año, por ejemplo, Leganés tenía 4.500 niños más; Getafe, 3.200; Parla, 2.000, pero ninguno era leganiense, getafense o parleño, porque oficialmente habían nacido en Madrid.

parlería *f* (*lit*) Parla o habla abundante. *A veces con intención desp. Tb fig*. | Anson *Abc* 2.4.72, 3: Hay, pues, en la actualidad más jóvenes que nunca en estado de inconformismo. Por eso se oye tanto su griterío y parlería en todas partes. Hoyo *Lobo* 14: Se escuchan las voces y los silbidos de las aves nocturnas entre la parlería seca de los fresnos y de los robles.

parlero -ra *adj* **1** (*col*) Hablador o charlatán. *Tb n, referido a pers*. | GPavón *Rapto* 164: Son [las mujeres] seres parleros y menudos que van y vienen. G. Bartolomé *Ya* 29.9.86, 5: El peligro es ese; no el que haya parleros indocumentados, atufadillos, agudos y romos, rucios y pardos. Sino que encuentren eco.

2 (*lit*) [Cosa] expresiva, o que comunica o da a conocer algo. | GNuño *Escultura* 175: Los datos de esta especie ya han sido suficientemente parleros en la prueba histórica propuesta. Lozoya *Abc* 17.12.70, 10: El puente de Alcántara, en Extremadura, edificio parlero en cuyas inscripciones se puede seguir toda su historia.

3 (*lit*) [Ave] cantarina. | CPuche *Sabor* 206: Ojos traviesos de pajarito parlero.

parleta *f* (*col*) Charla (conversación). | J. G. Manrique *Abc* 17.6.75, sn: La calle es el atrio de la iglesia, el bar, el ascensor del ministerio y el lugar en que discurre esa parleta diaria que viene a suavizar el engranaje de los trabajos y los días.

parletano -na *adj* (*raro*) Hablador o charlatán. | Castroviejo *Van* 20.12.70, 15: Por los caminos invernales de la "Terra Cha" lucense van a Villalba, parletanas y madrugueras, las gentes.

parlanchín – paro

parlón -na *adj* (*col, raro*) Parlanchín o hablador. | Gala *Petra* 846: Llévate esto, parlona. Y tráeme los floreros y los pebeteros y los perfumadores.

parlotear (*col, desp*) **A** *intr* **1** Hablar o charlar. | Gironella *Millón* 43: A la salida de la estación habían visto grupos de compatriotas, también con traza de fugitivos, parloteando. SSolís *Jardín* 143: En el palacio de los señores condes de Quintana no se admitía servidumbre mal hablada, aunque la señora condesa parloteara en bable y el señor conde soltara ajos y barajos.

B *tr* **2** Hablar [algo]. | J. Losada *SYa* 18.5.75, 11: En 1917 el partido socialista contaba con 80.126 socios, de los que casi la mitad no parloteaban siquiera el inglés.

parloteo *m* (*col, desp*) Acción de parlotear. | Laforet *Mujer* 160: Durante el rápido parloteo de Amalia, él había hecho cosas.

parmesano -na *adj* De Parma (Italia). *Tb n, referido a pers*. | Bernard *Pescados* 37: Filetes de merluza a la parmesana. **b)** [Queso] de pasta dura, hecho con leche de vaca descremada, propio de la región de Parma. *Tb n m*. | Cunqueiro *Fantini* 42: Dijo que .. él iba a buscar una rubia y después a comer algo, y que convidaba a parmesano y vino.

parnasianismo *m* (*TLit*) Movimiento parnasiano. | DPlaja *Abc* 9.6.66, 40: Lo que en el XIX francés se llamó "parnasianismo" y "simbolismo" encierra estas dos posiciones categóricas, vocadas bien hacia lo plástico o hacia lo musical.

parnasiano -na *adj* (*TLit*) [Escuela] poética surgida en Francia en el último tercio del siglo XIX, caracterizada por la defensa del arte por el arte y la perfección formal. | DPlaja *Literatura* 457: La escuela parnasiana. Fundada por Leconte de L'Isle (1818-1894) se proponía: a) La perfección de los versos clásicos. b) La búsqueda de la belleza a través de temas exóticos o antiguos. **b)** De (la) escuela parnasiana. *Tb n, referido a pers*. | J. M. Llompart *Pap* 1.57, 84: A la sugestión germánica sucede la francesa, con veleidades parnasianas incluso.

parnasillo *m* (*raro*) Tertulia literaria. *Tb el lugar en que se reúne*. | ILaguna *Ateneo* 40: La tertulia de doña Emilia, el parnasillo de Moret se vieron invadidos por muchachos estrambóticos. Aguilar *Experiencia* 931: El ideal sería instalar [en la librería] un saloncillo –no me gusta el título de parnasillo, a pesar de su castellanía, porque tiene sabor a rancio– anejo a la librería .. Podría servir para que los autores se reunieran.

parnaso *m* (*lit*) **1** Conjunto de (los) poetas. *A veces con un adj o compl especificador*. | Mi. Borges *Día* 16.6.76, 4: Aquí tenemos al rey del parnaso, hijo espiritual del gran arcediano.

2 Conjunto de (las) poesías. | RMoñino *Poesía* 58: Esta última [composición], acaso la más desgarrada, obscena y brutal de todo el parnaso viejo español.

parné *m* (*col*) Dinero. | Lera *Clarines* 393: ¡Sin el maldito parné no se va a ninguna parte!

paro[1] *m* **1** Acción de parar(se) (dejar de moverse o actuar). | Nolla *Salud* 272: Cuando se presenta un paro cardíaco solo se dispone de 5 minutos para recuperar al enfermo. GTelefónica *N*. 332: Fénix Comercial .. Contadores de paro automático.

2 Interrupción temporal del trabajo, esp. en señal de protesta. | *Ya* 26.12.92, 27: La factoría de la empresa Torras Papel de Sarriá de Ter (Gerona) comenzó ayer un paro técnico, que se prolongará hasta el próximo 2 de enero, para reducir la acumulación de productos que tiene almacenados. Arce *Precio* 123: –Tenemos una pequeña huelga.– .. Me interesé por la importancia del paro.

3 Circunstancia de no tener trabajo. *Tb ~ FORZOSO. Frec en la constr EN ~ o (col) EN EL ~*. | Ero *Van* 7.3.71, 33: Los diarios han informado que más de dos mil obreros están en paro forzoso. *Ya* 11.3.92, 57: Una mujer en paro, humillada por TVE. CNavarro *Perros* 96: Un día .. todo será inútil. Inútil el subsidio de paro y el cobro de los puntos.

4 (*Econ*) Conjunto de individuos sin trabajo y en situación de buscarlo. | Delibes *Pegar* 89: No hay en el pueblo un solo puesto de trabajo. Los hombres y mujeres en edad de trabajar lo hacen en labores ocasionales, emigran o se apuntan al paro.

paro – parque

5 Subsidio de paro [3]. | * Está trabajando y cobrando el paro.

paro² *m* Carbonero (pájaro). *Tb* ~ CARBONERO. | Lama *Aves* 122: Los Paros están considerados como beneficiosos por la gran cantidad de larvas e insectos que destruyen.

parodia *f* Imitación burlesca [de alguien o algo]. | Correa-Lázaro *Literatura* 211: La vena burlesca de Quevedo late en varios cientos de poemas (jácaras, sátiras, parodias, etc.). DCañabate *SAbc* 16.2.69, 37: Contemplar una fiesta hermosa y singular decaída en un pobre espectáculo monótono, parodia ridícula de lo que fue emocionante y apasionante.

parodiable *adj* Que se puede parodiar. | Torrente *Sombras* 166: El por qué los ingleses no llegaron a escribir narraciones .. que a la presente sirvieran de modelo parodiable no está debidamente dilucidado.

parodiar (*conjug* **1a**) *tr* Hacer una parodia [de alguien o algo (*cd*)]. | GGual *Novela* 71: "También Jambulo .. compuso un argumento que no carecía de gracia desde luego", dice Luciano .. refiriéndose a este escritor parodiado por él en su *Verdadera Historia*. GGual *Novela* 81: Toda esta parte de la narración parodia la terminología de los historiadores.

paródico -ca *adj* De (la) parodia, o que la implica. | MHerrera *Abc* 6.6.67, 43: Les ha bastado a director e intérpretes poner un acento paródico en el movimiento y el verbo .. para que quede al descubierto .. toda la inconsistencia y el absurdo de las situaciones aceptables.

parodista *m y f* Pers. que hace parodias. | Pedraza-Rodríguez *Literatura* 3, 726: Como parodista, Quevedo caló enseguida en los recursos gongorinos. Cela *Pirineo* 254: Toni an Lody Clonx parodistas. Gran éxito.

parodístico -ca *adj* De (la) parodia, o que la implica. | *Van* 17.4.75, 57: No hay que decir .. que todas sus actuaciones, especialmente las parodísticas y las imitaciones, fueron acogidas con ruidosas carcajadas y grandes ovaciones.

parola *f* (*desp, raro*) Charla. | Payno *Curso* 69: Llevaban bastante rato charlando. La parola había rozado muchos asuntos, como la mariposa las flores.

parolar *intr* (*desp, raro*) Charlar. | Payno *Curso* 84: Generalmente, a la entrada se paraban las de los tres cursos superiores, parolando, hasta poco antes de entrar.

parolímpico -ca *adj* Paralímpico. | D. Santos *D16* 3.9.92, 2: Esas predicciones pesimistas sobre la grandeza del espectáculo parolímpico. *Abc* 4.9.92, 6: La Reina presidió la inauguración de los IX Juegos Parolímpicos.

parón *m* Parada o detención brusca y total. | GPavón *Rapto* 201: Había puesto Maleza a varios guardias que daban la salida, ordenaban el parón y luego el sitio de aparcar. FSantos *Catedrales* 49: Es como si allí la guerra, tras los días iniciales, se hubiese detenido .. Agustín .. procuraba escuchar, enterarse de la razón de aquel parón.

paronimia *f* (*Ling*) Semejanza grande de sonidos entre dos palabras. | * La paronimia de *infligir*, *infringir* da lugar a muchas confusiones.

parónimo -ma *adj* (*Ling*) [Palabra] de sonido muy semejante [al de otra (*compl de posesión*)]. *Frec n m*. | Cantera *Fil* 6.78, 400: En un diccionario de tamaño reducido se da .. Numerosas observaciones (ortografías, extranjerismos, propiedad o impropiedad de un término, homófonos, parónimos, etc.).

paronomasia *f* (*TLit*) Figura literaria que consiste en reunir en la frase voces de sonido muy semejante. | Correa-Lázaro *Lengua* 4º 55: Paronomasia. Consiste en colocar próximos en la frase dos vocablos que se parecen fonéticamente.

parótida *adj* (*Anat*) [Glándula salival] situada debajo del oído y detrás de la mandíbula inferior. *Tb n f*. | Navarro *Biología* 141: Las parótidas son las más voluminosas de las tres glándulas salivales.

parotídeo -a *adj* (*Anat*) De (la) glándula parótida. | *Abc* 18.5.58, 106: El diestro Antonio Bienvenida .. sufre contusión en región maleolar .. Herida por asta de toro, de 25 centímetros de extensión, que comprende la región auricular, con heridas múltiples del pabellón del oído, región parotídea y carotídea del mismo lado.

parotiditis *f* (*Med*) Inflamación de las glándulas parótidas. | Nolla *Salud* 220: Muchas son las enfermedades del hombre de etiología virásica: sarampión, varicela, viruela, poliomielitis, gripe, parotiditis epidémica (la llamada vulgarmente paperas).

paroxismo *m* **1** Grado más alto [de una sensación o de un sentimiento]. | Castellano *SAbc* 1.12.68, 35: Los que seguían a don Correctísimo estaban ya en el paroxismo de la ira, pero su ira era impotente.

2 (*E*) Momento en que un fenómeno se muestra con la máxima intensidad o violencia. | Ybarra-Cabetas *Ciencias* 138: Tienen [los volcanes] fases de paroxismo o actividad y de descanso. Cuando el último de sus paroxismos tuvo lugar en fecha muy lejana, se les considera como extinguidos o apagados.

paroxístico -ca *adj* De(l) paroxismo. | FVidal *Duero* 179: Sus culebrinas inofensivas y hasta hermosas dan sustos paroxísticos que pueden detener el pálpito cardiaco. **b)** (*Med*) Que se presenta en accesos bruscos o paroxismos [2]. | Mascaró *Médico* 46: Este último caso [presencia de hemoglobina] se da en ciertas intoxicaciones por quinina y sulfamidas, .. y como consecuencia de reacciones alérgicas especiales desencadenadas por el frío (hemoglobinuria paroxística).

paroxitonismo *m* (*Fon*) Condición de paroxítono. | Academia *Esbozo* 67: Este paroxitonismo advenedizo .. puede acaso explicarse por el predominio de la acentuación llana en español.

paroxítono -na *adj* (*Fon*) Llano o grave. | Quilis *Métrica* 24: Si el verso es paroxítono, por ser paroxítona la estructura acentual del español .., se cuentan las sílabas reales existentes.

parpadeante *adj* Que parpadea, *esp* [2]. *Tb* (*lit*) *fig*. | Delibes *Parábola* 9: En lo alto, presidiéndolo todo, el luminoso parpadeante. *Pap* 1.57, 109: No podía faltar, llamándose su autor Gerardo Diego, .. la gracia breve y parpadeante de las endechas a Santander.

parpadear *intr* **1** Mover los párpados. | Laforet *Mujer* 319: –¿Su suegra?– Paulina parpadeó. –No..., la abuela de mi hijo.

2 Temblar u oscilar [una luz o algo luminoso]. | Arce *Precio* 190: Tres o cuatro lucecitas parpadeaban a lo lejos. Torrente *Off-side* 13: Parpadean los tubos de neón, y la tienda se llena de luz fría.

parpadeo *m* Acción de parpadear. | Carandell *Madrid* 97: Explica los platos que va a servir con extraños movimientos de las manos y con un constante parpadeo de los ojos. *Ya* 3.5.89, 22: Además de eliminar el parpadeo, la digitalización aporta otras mejoras de calidad, como evitar la imagen borrosa. J. Carrera *SYa* 15.6.75, 54: Si el conductor se cruza en carretera con alguien que mantiene las luces largas, es aconsejable que haga un parpadeo indicativo.

párpado *m* Membrana móvil que cubre y protege la parte visible del ojo. | Laforet *Mujer* 51: Se tapó los párpados para no verlos. Ybarra-Cabetas *Ciencias* 378: Los ojos [de los reptiles] están provistos de párpados. Las culebras parece que no los tienen, pero la fijeza de su mirada se debe a que el párpado inferior .. se hace transparente y se suelda con el párpado superior.

parpaja *f* (*reg*) Garrapatillo (insecto). | Herrero *Ya* 4.8.76, 6: Esta plaga [el garrapatillo] ha existido toda la vida, cómo no. En Castilla se la conoce por "parpaja", y en Andalucía por "paulilla".

parpusa *f* (*jerg*) Gorra a cuadros propia del traje típico madrileño. | J. A. Carbajo *País* 15.5.89, 27: El traje masculino es un compendio del habla castiza: Parpusa (gorra a cuadros), safo (pañuelo blanco).

parque *m* **1** Terreno amplio con arbolado, plantas ornamentales y gralm. entretenimientos, situado en el interior de una población y destinado a ornato y recreo. | DPlaja *El español* 112: Edificios y parques en Madrid renacieron después de la guerra. **b)** Jardín extenso anejo a un edificio. | * El parque que rodea el palacio es magnífico.

2 Paraje extenso y agreste destinado a la conservación de la fauna y flora. *Frec* ~ NATURAL, *o* ~ NACIONAL. I Anson *SAbc* 20.4.69, 8: El safari turístico se realiza en los parques nacionales. Estos parques son como el clásico zoológico, pero al revés.
3 ~ de atracciones. Lugar vallado y ajardinado, con numerosas y variadas instalaciones mecánicas de feria, salas para espectáculos y cafeterías o establecimientos similares. I Laiglesia *Tachado* 34: Aconsejó a Su Alteza que transformara el principado en un vasto parque de atracciones, con casinos de juego como pasatiempo básico. **b) ~ acuático.** Lugar de recreo con piscinas y otras atracciones acuáticas. I *Abc* 31.7.93, 62 (A): Dos niños de nueve años han perecido ahogados en un parque acuático de Restelo.
4 ~ infantil. Terreno dentro de una población dotado de diversas instalaciones para recreo de los niños. I * Han hecho un parque infantil cerca de casa.
5 ~ zoológico. Lugar en que se guardan y exhiben animales exóticos. I Fuster *Van* 21.3.71, 13: Quizá en algún parque zoológico le exhiban el viejo animal comestible [la gallina].
6 Pequeño recinto protegido y portátil, para que en su interior juegue un niño que aún no anda. I *Pue* 20.1.67, 5: Coche-silla plegable .., parque metálico en nuevos modelos.
7 Conjunto de aparatos o materiales destinados a un servicio. *Con un adj o compl especificador.* I *ByN* 11.11.67, 11: Air France sigue construyendo su parque aéreo a base de los reactores comerciales "Boeing". *Ya* 30.4.70, 42: Se entenderá por parque informático nacional el conjunto de los equipos de proceso de datos constituidos por ordenadores o computadores electrónicos y sus máquinas periféricas o auxiliares, .. utilizadas por entes u órganos de la Administración del Estado, local, institucional y corporativa, o por entidades privadas. *Ya* 27.6.74, 2: En Estocolmo, en donde la rotura de lámparas de vidrio por el vandalismo es extremadamente elevada (25 por 100 del parque total), con el reemplazamiento por pantallas de policarbonato se han reducido las roturas al 7 por 100. **b)** Conjunto de vehículos [de una colectividad]. *Frec con un adj o compl especificador, esp* AUTOMOVILÍSTICO *o* DE AUTOMÓVILES. I Alfonso *España* 175: El parque automovilístico de esos otros países es todavía muy superior al español. *Alc* 31.10.62, 19: De nada ha servido tampoco que el incremento del consumo de gasolina no lleve el ritmo que debía llevar, teniendo en cuenta el aumento de nuestro parque de automóviles. FQuintana-Velarde *Política* 111: Muestra, pues, del desarrollo económico de España es el crecimiento del parque de estos vehículos [tractores] a partir de 1940. **c) ~ móvil.** Conjunto de vehículos de propiedad estatal, al servicio de un ministerio u organismo. I *Abc* 17.12.69, 40: Vehículos para los parques móviles.
8 Lugar que sirve para almacenar materiales o estacionar vehículos de un servicio. *Con un adj o compl especificador.* I M. Jiménez *Ya* 6.12.74, 45: En total, una plantilla de 60 policías –masculina y femenina– y un parque de bomberos bien dotado. *DBu* 27.12.70, 5: Pasa al Parque de Maestranza de Artillería de Burgos el capitán de dicha Arma don Miguel Rigo Ollers.
9 Lugar destinado a instalaciones científicas o industriales. *Frec con un adj especificador.* I *BOE* 12.4.69, 5367: Se montará un parque de transformación, intemperie, con embarrado a 138,47 y celdas para 15 kilovoltios. *Abc* 9.1.72, 35: Unos mil trescientos millones de pesetas costará la construcción del parque de homologación de carbones de Aboño (Gijón). *País* 12.1.93, 22: El parque eólico más grande de Europa, inaugurado en Tarifa. J. Cuartas *SPaís* 8.8.87, 5: Con la creación de un parque tecnológico en el área central de Asturias, sus promotores (el Gobierno del Principado y el Instituto de Fomento Regional) pretenden no solo la atracción de empresas de alta tecnología hacia una región en declive industrial, sino algo más ambicioso.
10 Estanque en que se crían mariscos. I *Animales marinos* 195: Ostra .. Bancos naturales de fondo, sobre diversos soportes. Parques de cultivo artificial.

parqué *m* **1** Suelo de maderas pequeñas que forman dibujos geométricos. I *Van* 20.12.70, 80: Pisos en zona Gracia .. Terrazo pulido abrillantado. Parqué en recibidor.
2 (*Econ*) Lugar en que se sitúan los agentes de bolsa durante la sesión bursátil. *Tb el conjunto de agentes y el conjunto de valores controlado por ellos.* I C. Humanes *País* 1.12.83, 53: Según los comentarios que circulaban por el parqué al término de la sesión, alguna cartera institucional continúa presionando a la baja el cambio de los títulos de esta sociedad.
3 (*Dep*) Cancha de parqué [1]. *Gralm referido a baloncesto.* I * El Madrid dominó sobre el parqué.

parquear *tr* (*raro*) **1** Aparcar [un vehículo]. *Tb abs.* I Torrente *Isla* 33: Te espero a la hora del crepúsculo .. y consumo un pitillo tras otro hasta que escucho tu bocina; te contemplo después mientras parqueas. **b)** (*Mil*) Guardar o almacenar [artillería]. I X. Domingo *Tri* 1.5.71, 19: Thiers lanzó sus tropas y a la Guardia Nacional de los barrios burgueses al asalto de la colina de Montmartre, en donde estaba parqueada esa artillería.
2 Cultivar [mariscos] en parques [10]. I J. Pol *Inf* 27.12.69, 14: De ahí vienen las diferencias entre las "especiales", .. las "portuguesas mejoradas" y las enormes "portuguesas parqueadas", verdaderos prodigios de la ostreicultura artificial.

parquedad *f* Cualidad de parco. *A veces con intención irónica.* I R. GMarqués *Abc* 19.12.70, 42: Que por lo menos esta parquedad de información sea buena señal. Mendoza *Ciudad* 45: Madrid .. tenía *sujetos los cordones de la bolsa con los dientes*; este epigrama, característico del humor de entonces, daba fe de la parquedad obstinada del Gobierno.

parquet (*fr; pronunc corriente,* /parké/; *pl normal,* ~s) *m* Parqué. I *GTelefónica N.* 828: Fabricación y colocación de entarimados y parquets. A. Espada *SArr* 27.12.70, 37: Fatídico mes, por tanto, para todos aquellos que especulaban a la fácil y pronta plusvalía en el "parquet", sin la debida proporción entre precio y rentabilidad. L. Gómez *País* 1.12.83, 41: El Real Madrid se encontró desnudo sobre el parquet desde casi el saque inicial.

parquetería *f* (*raro*) Fabricación o colocación de parqué [1]. I *Almería* 104: Se ha incrementado considerablemente el número de establecimientos mercantiles de todo género, especialmente en el ramo textil, calzado, bares, aparatos electrodomésticos, parquetería.

parquímetro *m* Aparato que, mediante pago, determina el tiempo permitido de aparcamiento de un vehículo. I J. M. Moreiro *SAbc* 13.9.70, 43: En Marbella hay "parquímetro", ¿sabe usté?

parra[1] *f* **1** Vid cuyos sarmientos se sostienen a cierta altura mediante algún soporte. I GPavón *Hermanas* 9: Salió al patio encalado, con pozo, parra, higuera y tiestos arrimados a la cinta.
2 ~ virgen. Planta trepadora ornamental, cuyas hojas se vuelven rosas antes de caer (gén. *Parthenocissus*). I CBonald *Ágata* 112: Pudo –sin proponérselo– sorprender a las dos amigas en situación de amarteladas, cosa que acontecía un atardecer incoloro y bajo la parra virgen que techaba a medias la corraliza.
II *loc v* **3 subirse** [alguien] **a la ~.** (*col*) Encolerizarse. I Cierva *Triángulo* 148: Llegó el regente molestísimo con la prensa .. Solía el Divino subirse a la parra con cualquier ocasión, pero ahora la razón le sobraba. **b)** Insolentarse. I Delibes *Emigrante* 18: Se calentó, se subió a la parra y no tuve más remedio que decirle cuántas son cinco. **c)** Envanecerse o darse importancia. I ZVicente *Traque* 197: Tampoco se va a subir uno a la parra, porque uno haya triunfado en la vida a fuerza de sacrificios y de privaciones, aunque de todos modos lo van a decir. **d)** Exagerar en un precio o en una valoración. I Grandes *Lulú* 38: Mi madre había sido cliente suya [de la modista] hacía años, antes de que se subiera a la parra.

parra[2] *f* (*reg*) Orza (vasija). I Seseña *Barros* 110: Las piezas fabricadas son las características de la cerámica popular rural: cántaros, bebederos, botijos, barriles de campo, parras (orzas), con asa o sin ellas, para guardar aceitunas o la matanza, parrillas de miel, tinajillas y juguetes.

parrado -da *adj* (*col*) [Pers.] de Cercedilla (Madrid). *Tb n.* I *Abc* 16.8.83, 30: Siempre ha habido entre los "parraos" y los veraneantes buena amistad.

parrafada *f* (*col*) **1** Párrafo largo. *Tb referido a lo que se expresa oralmente de una sola vez. Tb fig. Frec con intención desp.* I MGaite *Fragmentos* 134: Diego se quedó con el folio en la mano y buscó a ver si entre los otros papeles

parrafear – parrocha

que tenía esparcidos sobre la colcha aparecía alguna continuación de aquella parrafada. FCid *Ópera* 70: Nada nos recuerda el Tschaikowsky de tintes melodramáticos y largas parrafadas. Pemán *MHi* 7.69, 11: Recitaba [Castelar] todas sus parrafadas de síntesis histórica.
2 Charla o conversación. *Gralm en la constr* ECHAR UNA ~. | L. Apostua *Ya* 13.3.75, 15: Personalidades de la Comunidad Económica quieren echar una larga parrafada con los españoles –del interior o del exilio– que representan unas alternativas políticas sustancialmente distintas a las vigentes.

parrafear *intr (raro)* Charlar o conversar. | Cunqueiro *Un hombre* 120: Tenía .. un novio carpintero de ribera .. con el que parrafeaba de crepúsculo.

parrafeo *m (raro)* Acción de parrafear. | Cunqueiro *Un hombre* 196: Si tenía prendida en la solapa una aguja con hilo verde, era que quería tener un parrafeo en la alameda.

párrafo I *m* **1** *En un escrito en prosa*: Conjunto de líneas seguidas no separadas entre sí por punto y aparte. *Tb su contenido*. | *BOE* 13.11.75, 23690: Los Directores de los Centros docentes no estatales no comprendidos en el párrafo anterior informarán sobre la forma como hayan programado el reconocimiento médico ordinario de sus alumnos.
2 Signo ortográfico en forma de ese enlazadas verticalmente, con que a veces se marcan los párrafos [1]. | Academia *Esbozo* 153: Párrafo (§) .. Ahora se emplea en los libros, seguido del número que corresponda, para indicar divisiones internas de los capítulos.
II *loc v* **3 echar un** ~ (*o* ~s). (*col*) Charlar o conversar. | DCañabate *Abc* 1.12.74, 51: El señor Norberto, con quien eché muchos párrafos en sus buenos tiempos, se sabía Madrid al dedillo.

parragués -sa *adj* De Parres o Arriondas (Asturias). *Tb n, referido a pers*. | *RegA* 4.8.78, 19: Arriondas y Ribadesella parecen más que nunca la Torre de Babel. Estos días los rioselanos y parragueses hablamos todos un poco de inglés, un poco de francés, alemán y un mucho del idioma de las manos.

parral *m* Parra[1] o conjunto de parras [1] sostenidas con armazón. | GPavón *Reinado* 148: Su mujer le tenía preparada la cena, bajo el parral. Loriente *Plantas* 52: *Vitis vinifera* L. subsp. *vinifera*, "Parra", "Parral"; "Vid". Como trepadora, en emparrados. MChacón *Abc* 12.9.68, 43: Un extenso y rozagante parral donde el verde vivísimo de los pámpanos arropa una cosecha de uva próxima ya a la sazón.

parrancano -na *adj (reg)* [Pers.] pequeña y gruesa. | CPuche *Sabor* 186: A mí aquel hombre parrancano, que hacía unos silbos al respirar y unos meneos de cuello y que tenía bracitos cortos, como de niño grande, no me convencía.

parranda *f (col)* **1** Diversión o juerga fuera de casa, gralm. yendo de un sitio a otro. *Frec en constrs como* IR, *o* ANDAR, DE ~. | Medio *Bibiana* 310: Tu madre y yo nos vamos hoy de parranda.
2 *(reg)* Fiesta nocturna por la calle con acompañamiento de música. *Tb las perss que la forman*. | Torrente *Fragmentos* 392: La emisora local puso músicas alegres. Hubo parrandas nocturnas, tunos rondadores y cantores solitarios. Nácher *Guanche* 63: Una y otra vez repetían lo mismo con su ridícula alegría de la borrachera. Pero, a pesar de la casi risa de los tres, su canción alcanzaba en la tarde una tonalidad melancólica. Y parecían muy divertidos con su parranda.

parrandero -ra *adj (col)* De (la) parranda [1]. | V. Zabala *Abc* 11.6.75, 88: No estoy en contra de la verbena que presenciamos ayer por el televisor, sino del afán de los empeñados en "transportar" este espectáculo parrandero, de puro solaz de unas gentes que van a pasar el rato sin otras apetencias que la de vivir una feria divertida, hasta los ruedos. **b)** Aficionado a las parrandas. | * Siempre fue muy parrandero.

parrandista *m y f (col)* Pers. que va de parranda. | F. Ayala *Día* 8,5.76, 3: En Santa Cruz nos queda esa tranquilidad nocturna que nos permite dormir a pierna suelta, salvo perros o esporádicos parrandistas.

parrera *f (reg)* Parra[1] [1]. | Chamorro *Sin raíces* 94: Hay uvas silvestres en abundancia. Hay muchas parreras en la Garganta y en Barbaón.

parreta *f (reg)* Parra[2] u orza. | Seseña *Barros* 46: Las formas de la cerámica de Teruel presentan gran originalidad por su energía, rotundidad y variedad. Destacan las *oleiras* (alcuzas), los *mamelotes* (morteros), *parretas* (orzas).

parricida *adj* **1** Que comete parricidio. *Frec n, referido a pers*. | *Ya* 18.6.92, 28: Petición fiscal para la gitana parricida de Salinas. 28 años por ahogar a cuatro hijos. CStelo *Proceso* 355: ¿Pensáis que yo pueda ser culpable de delitos tan nefandos que no tenga los derechos de un parricida?
2 Propio del parricida o del parricidio. | L. Bonet *Van* 12.9.74, 46: Con ánimo acaso parricida serán las propias segregaciones del individuo –las en un principio autodefensas culturalistas ante el vértigo biológico– que devorarán a aquel.

parricidio *m* Acción de matar a un ascendiente, descendiente o cónyuge. | *Caso* 26.12.70, 3: Triple parricidio en Santa Cruz de Tenerife. El padre y el hijo asesinaron a las tres mujeres que estaban en la casa.

parrilla *f* **1** Utensilio de hierro en forma de rejilla, que se pone directamente sobre el fuego para asar o tostar algo. *Tb en pl con sent sg*. | Villapún *Iglesia* 37: Enfurecido el prefecto, mandó quemarle vivo sobre unas parrillas.
2 Pieza o estructura formada por tiras o elementos paralelos o entrecruzados. | Bernard *Verduras* 62: Se colocan las mazorcas en la parrilla del horno y se cuecen con buen calor. E. Toda *MHi* 2.64, 32: Los Ángeles dispone de los *freeways*, autopistas que encauzan el tránsito a través, y a veces por encima, de la parrilla de calles. **b)** *En una caldera u otro aparato similar*: Armazón de barrotes sobre la que arde el combustible. | *Economía* 81: La limpieza de las estufas de carbón es bastante incómoda .. Diariamente es preciso sacar la escoria y ceniza que quede en la parrilla.
3 *En un coche*: Calandra (parte vertical de la carrocería, situada delante del radiador y gralm. en forma de rejilla). | *Gac* 11.5.69, 98: Si usted cree que solo le hemos cambiado la parrilla y los faros, pisele a fondo. Lo primero que usted notará en el nuevo Simca 1000 será el reprise aún mayor.
4 *(Dep) En una pista de carreras*: Espacio en que se señala el lugar en que debe situarse cada uno de los vehículos que han de tomar la salida. *Gralm*. ~ DE SALIDA. *Tb fig*. | Jo. Corral *Abc* 28.4.74, 73: El austriaco Niki Lauda, a los mandos de un Ferrari 312B, ha logrado el mejor tiempo absoluto .., logrando la mejor posición en "parrilla" de salida. F. Bastida *PapD* 2.88, 189: Los alumnos ya llegan al centro seleccionados socialmente: están menos desarrollados física, social y culturalmente, y esto va a determinar una desigualdad inicial en la "parrilla" de salida.
5 Restaurante especializado en carne asada en parrilla [1]. | *Abc* 10.5.58, 45: Parrilla Recoletos .. Hoy, 10 noche, inauguración de sus servicios en la Terraza de verano.
6 Sala de baile (de un hotel). | *ASeg* 19.11.62, 6: Fue presentado [el nuevo ritmo] .. en la parrilla de un hotel de la capital.
7 *(TV)* Rejilla (de programación). | *SolM* 14.2.91, 45 (A): Un determinado programa puede pasar del éxito al fracaso por causas tan simples como su ubicación en la parrilla o su presentador.
8 ~ **costal.** *(Anat)* Pared lateral del tórax. | S. Cayol *Ya* 15.9.85, 42: José Antonio Campuzano sufrió una herida en la región axilar izquierda con dos trayectorias, una hacia arriba, de diez centímetros que diseca músculos pectorales y contusiona la parrilla costal y el paquete vasculonervioso, y otra hacia abajo, de quince centímetros, que produce destrozos en el músculo subescapular.

parrillada *f* Plato compuesto por diversas carnes o pescados asados a la parrilla [1]. | *Ama casa* 1972 12b: Platos típicos regionales .. Andalucía Oriental. Gazpacho al ajo blanco .. Parrillada de pescado. GTelefónica *N*. 943: Establecimientos "La Villa del Narcea" .. Gran selección de tapas de cocina. Parrillada de chuletas de cordero. Mariscos.

parro *m* Pato silvestre o ánade real (*Anas platyrhynchos*). | Escobar *Itinerarios* 80: La laguna ha de tener habitantes, parros o patos, ranas o sapos.

parrocha *f (reg)* Sardina joven. | Cancio *Bronces* 35: Es un chamizo sórdido y oscuro, con un abigarrado tufo a parrocha, vino y tabaco. Torrente *Sombras* 37: Pude identificar, entre ellos, la sardina y el jurel, al mero y a la lubina ..: esto, entre los domésticos y comestibles, con la parrocha y el esturión, que también aparecieron.

párroco *adj* [Cura] encargado de una parroquia [1]. *Gralm n m*. | M. Roiz *Tri* 2.2.74, 27: En la fecha del viaje había –según datos del cura párroco– 295 vecinos o casas. GPavón *Hermanas* 13: El párroco don Eliseo salía de la iglesia camino de casa.

parrón *m* Parra[1]. | *Hoy* 31.3.77, 10: Excepto los parrones a la intemperie en domicilio, que presentan síntomas de estar helados, no han sufrido daños la arboleda ni las macetas dentro del casco urbano.

parroquia *f* **1** Iglesia que tiene a su cargo administrar los sacramentos a los fieles de un territorio o distrito determinados. *Tb el mismo territorio*. | Olmo *Golfos* 77: La Parroquia se encontraba al final de nuestra calle. CBaroja *Tri* 3.6.72, 29: Me preguntaba el párroco en virtud de qué decisión se había hecho aquel entierro en su parroquia.
2 Feligresía (conjunto de feligreses). | * Esta parroquia ha aumentado en los últimos años debido a la gran inmigración.
3 Clientela. *Tb fig*. | DCañabate *Paseíllo* 166: Una tarde se hallaba el mercero muy atareado despachando a la parroquia. Umbral *Ninfas* 125: Casi siempre apagadas por escasez de carbón .., como debían estarlo las [calderas] del infierno, quizá por escasez de parroquia. C. Rigalt *D16* 21.6.85, 47: Los concursos siempre han interesado mucho a la parroquia televisiva.
4 Demarcación administrativa gallega, dentro del municipio, y que agrupa varios caseríos. | Ortega-Roig *País* 207: La gente vive en los mismos campos de cultivo, formando pequeñas alquerías que se agrupan por parroquias, las cuales, a su vez, dependen de un municipio.

parroquial *adj* De (la) parroquia [1]. *Tb n f, referido a iglesia*. | GPavón *Hermanas* 49: El archivo parroquial lo quemaron durante la guerra. Cela *Pirineo* 195: El campanario de la parroquial de Viella es del siglo XVI. **b)** [Misa] principal de las que se celebran los domingos y fiestas en una parroquia. | Ribera *Misal* 16: Misa parroquial o mayor, la que el Párroco suele aplicar por el pueblo en los días mandados.

parroquialidad *f* Asignación o pertenencia a una parroquia [1] determinada. | Mann *DMo* 9.8.87, 4: Hacían un total de 612 pueblos, es decir, los que tenían parroquialidad propia o también ajena.

parroquiano -na *m y f* Pers. que pertenece a una parroquia [1, 2 y 3]. | M. LMora *Reg* 29.12.70, 7: La Vicaría pastoral y el clero parroquial .. se afanan .. en mentalizar a los respectivos parroquianos sobre la nueva liturgia del bautismo. Torrente *Señor* 228: El padre Ossorio no tiene licencias para confesar, y le he prohibido todo contacto con sus parroquianas que no sea desde el presbiterio. Laforet *Mujer* 70: Por la puerta abierta entraban luces, olores sustanciosos .., las voces de los parroquianos del bar. M. CDiego *Ya* 30.11.74, 20: Si algún día hubiera que dar un puesto por "méritos ateneístas", se lo llevaría el más amante y apasionado socio, defensor a ultranza, asiduo parroquiano y mejor conocedor del caserón de la calle del Prado.

parrulo *m* (*reg*) Pato (ave). | Torrente *Fragmentos* 123: Por los rostros de las demás [cabezas] andaban toda clase de simios, los gallináceos, parrulos y otras aves de corral.

parrús *m* (*jerg*) Genitales femeninos externos. | Benet *Penumbra* 165: Todavía menos [me importa] que un perdis de pueblo, aficionado al bacalao, te rasque el parrús y te fabrique un bombo.

pársec *m* (*Astron*) Unidad de longitud equivalente a 3,26 años luz. | M. Calvo *Ya* 1.2.70, sn: Ha sido necesario el establecimiento de otra unidad de medida, el pársec, que es una magnitud equivalente a 3.258 años-luz. [*En el texto, sin tilde*.]

parsi *adj* (*Rel*) [Indio] que sigue la religión de Zoroastro y desciende de los persas expulsados de su país por los musulmanes. *Tb n*. | Anson *Oriente* 34: El hinduismo .. no ha permanecido uno y puro. De él se han derivado varias herejías o cismas importantes, entre ellos, el budismo, el jainismo, los "sikhs" y los "parsis". **b)** De los parsis. | R. A. Calle *SYa* 18.11.73, 7: Despierta nuestro interés el templo Parsi, en cuyas "torres del silencio" depositan los parsis los cadáveres para que sean devorados por los cuervos.

parsimonia *f* Calma o lentitud. | Cela *Judíos* 85: El paciente escarabajo .. amasaba, lleno de amor y parsimonia, la bolita de estiércol.

parsimoniosamente *adv* De manera parsimoniosa. | Torrente *Off-side* 48: Noriega saca del bolsillo, parsimoniosamente, un cartoncito blanco.

parsimonioso -sa *adj* Lento o calmado. | Alfonso *España* 67: Precisa [el campo] .. verdaderos campesinos, de reflejos seguros, parsimoniosos, razonablemente desconfiados. J. CCavanillas *Abc* 13.12.70, 11: Voy a Pisa, cuya hermosura veo en la Torre, .. en el Arno parsimonioso, en sus palacios.

parte[1] **I** *f* **1** Cosa que, con otra u otras, forma [una unidad (*compl de posesión*)]. | Marcos-Martínez *Álgebra* 174: Divide un segmento de 18 cm. en tres partes proporcionales a 1, 2 y 3. Bustinza-Mascaró *Ciencias* 5: El azúcar .. puede ser reducido por trituración y pulverización a polvo fino impalpable formado por pequeñas partículas, las cuales, por ciertos procedimientos, pueden reducirse a partecillas más pequeñas llamadas moléculas. **b)** Conjunto más o menos amplio de partes o elementos [de un todo]. *Frec con un adj cuantitativo. Frec la presencia de art indef alterna con su ausencia*. | Cunqueiro *Un hombre* 11: Por la brecha que hacía el cubo derruido se veía parte de los jardines del Estudio Mayor. Lagos *Vida* 73: La mayor parte del día la pasaba en el huerto. F. Fidalgo *Ya* 25.9.71, 5: Chaban-Delmas goza de un cierto prestigio de "play-boy sensato" entre una parte considerable de los 16 millones de electoras de este país. **c)** División de las varias importantes que se establecen [en algo (*compl de posesión*), esp. en un texto escrito o en una obra teatral o cinematográfica]. | Medio *Bibiana* 11: El "no volvamos a hablar más de esto" significa que la primera parte del asunto está liquidada. Cunqueiro *Un hombre* 13: El mirlo, al ver el oro, se puso a silbar una marcha solemne .. –¡Esto es de profano! –exclamó el mendigo–. ¡Es la parte que llaman de "El león entre por puertas"! **d)** Obra entera que se establece en relación [con otra u otras también enteras (*compl de posesión*) con las que forma un todo]. | *Gar* 14.2.79, 82: El equipo de "Raíces", después de comprobar que todas las televisiones del mundo compraban sus cintas, ha comenzado a rodar su segunda parte, que contará con el atractivo de un Marlon Brando. *Abc* 29.4.79, sn: Sabana violenta. 2ª parte de Hombres salvajes, bestias salvajes.
2 Cantidad o conjunto de cosas que corresponden [a alguien (*compl de posesión*)] en una distribución. | Marcos-Martínez *Aritmética* 57: Dos comerciantes han adquirido 1080 litros de vino. La parte de uno importa 3200 ptas. y la del otro 2200 ptas. **b)** (*Escén*) Papel (parte [1a] correspondiente a un actor o cantante). | E. Haro *País* 18.4.80, 36: La compañía no es capaz de decir el texto con claridad, con prosodia, sabiendo desentrañar los versos. Esta desventura comienza por las primeras partes –Aurora Bautista, Quique Camoiras– y termina con las últimas. **c) la ~ del león**. La parte [2a] más importante o más beneficiosa. | P. Urbano *ElM* 7.2.93, 12: Como esta obra ascendió a 100.000 millones, Siemens, entre lo uno y lo otro, se llevó la parte del león.
3 Pers. o entidad que tiene con otra u otras una relación de tipo dialéctico o comercial. *Frec en derecho. A veces con un compl* EN *o* DE. | FQuintana-Velarde *Política* 226: La actuación del Servicio será tanto de oficio como a petición de parte interesada. Armenteras *Epistolaria* 313: Forma parte de este contrato la relación de fincas y títulos de adquisiciones que a continuación se contiene, la que para su validez deberá ser firmada a su vez final por las partes y testigos.
4 Sitio o lugar. *Tb fig*. | SFerlosio *Jarama* 70: Luego marcharon al pueblo de su señora .. Este que está por la parte de Cáceres. Marías *Literatura* 33: El resentimiento es un ingrediente –quizá importante, acaso frecuente– de la novela picaresca, pero nada más, y habrá que buscar su peculiaridad en otra parte. **b)** Lado. *Tb fig. Frec en la constr discontinua* POR (*o* DE) UNA ~..., POR (*o* DE) OTRA. | *Puericultura* 6: La vitalidad de un pueblo depende de la disminución de la mortalidad infantil, por una parte, y del aumento de la natalidad, por otra. *ByN* 10.7.76, 54: Méjico y España parecen haberse intercambiado mensajeros de la paz. De una parte, Lola Flores .. De otra parte, en Madrid, Vicente Fernández.

parte – parte

c) salva sea la ~. *(euf, col)* Parte del cuerpo considerada pudenda, esp. las nalgas. | Lera *Bochorno* 86: A todos esos extranjeros de alquiler los pondría yo en la frontera y les daría una patada en "salva sea la parte".
5 *(euf, col) En pl:* Órganos sexuales. *Frec* SUS ~s. *Tb (lit)* ~S PUDENDAS o VERGONZOSAS, *o (más ráro)* LA ~. | Cela *SCamilo* 357: Lávele usted las partes con sublimado al medio por mil. Delibes *Parábola* 13: Se estiraba [el perro] voluptuosamente al sol .. mostrando impúdicamente sus partes. Delibes *Cartas* 81: Apenas dos minúsculas piezas cubriendo tus partes pudendas. Delibes *Emigrante* 39: Yo no sabía si reír o llorar, pero notaba una cosa así, sobre la parte, que casi ni me dejaba respirar.
6 ~ de la oración. *(Gram)* Clase o categoría de palabra. | Amorós-Mayoral *Lengua* 66: Las diversas partes de la oración se suelen sustantivar mediante el artículo.
II *loc adj* **7** [Acusativo] **de ~** → ACUSATIVO.
III *loc v y fórm or* **8 dar ~** [a alguien en algo]. Permitir[le] que intervenga [en ello]. | * No hay por qué darle parte en este asunto.
9 echar *(o* **tomar)** [algo] **a** *(o* **en) mala ~.** Interpretar[lo] torcidamente o en mal sentido. | DCañabate *Paseíllo* 52: Pronto me hice el amo de la cuadrilla del Ricitos. No lo echéis a mala parte. Yo tenía mejor planta que ellos. Buero *Diálogo* 114: Teresa, tengo setenta años y no puedes echar a mala parte mis palabras.
10 formar ~ [de algo]. Entrar en la composición [de ello]. | Armenteras *Epistolario* 313: Forma parte de este contrato la relación de fincas y títulos de adquisiciones que a continuación se contiene.
11 ir *(o* **entrar) a la ~.** Intervenir [con otros en un asunto o negocio] participando proporcionalmente en sus resultados. | Nácher *Guanche* 15: Para todos. Esto era lo justo .. –Aguarda, Perico. Vamos a la parte o por Cristo que no te anudo la soga. C. Castro *Abc* 11.5.58, sn: No todo el mundo nace sabiendo cocinar. Verdadero es que hacer una tortilla perfecta .. es cosa que requiere arte, ciencia y artesanía, pero todo ello existe en un nivel fácilmente asequible si la voluntad entra a la parte.
12 ir por ~s. Considerar aisladamente cada uno de los aspectos de la materia que se trata. | Benet *País* 4.9.76, 7: Un conocimiento que, desgraciadamente, no se da en el editorial. Pero vayamos por partes. El editorial empieza por criticar la posición abstencionista del *Consell*.
. 13 llamarse a la ~ [de algo]. Reclamar [alguien] participar [en ello]. | Cossío *Montaña* 390: En su abintestato hemos sido partícipes todos, y los montañeses podemos llamarnos a la parte del quiñón que más puede ufanarnos.
14 llevar [alguien] **la mejor** *(o* **la peor) ~,** *o* **tocarle** [a alguien] **la mejor** *(o* **la peor) ~.** Resultar el más *(o* menos*)* favorecido. | MPuelles *Persona* 50: El que unos lo posean [un bien privado] y otros no, sobre ser un mal particular para los que llevan la peor parte, es, a la vez, un mal para la sociedad.
15 no ir a ninguna ~ [una cosa]. No tener ninguna importancia. | DCañabate *Abc* 27.1.71, 9: Un duro hoy no va a ninguna parte, pero que le llamen a uno "primo" por haberlo pagado de más nos deja chafados.
16 no poder ir a ninguna ~ [con alguien o algo]. No poder hacer nada positivo [con ellos]. | CPuche *Paralelo* 257: Con elementos así de ambiciosos y creídos no se podía ir a ninguna parte.
17 poner *(o* **hacer)** [alguien] **algo de su ~.** Colaborar algo, o poner algo de interés. *En lugar de* ALGO *puede aparecer otro cuantitativo.* | P. Cuartero *SPaís* 21.5.78, 20: Yo pongo de mi parte todo lo que puedo para que las cosas salgan bien. * Has de hacer algo de tu parte si quieres curarte pronto. * El enfermo no pone nada de su parte.
18 seguir la peor ~. *(Filos)* Ser [la conclusión] particular o negativa en lugar de universal o afirmativa. | Rábade-Benavente *Filosofía* 177: La conclusión deberá seguir siempre la peor parte.
19 tomar *(o, lit,* **ser** *o* **tener) ~** [en algo]. Participar [en ello]. | DPlaja *Literatura* 63: Dante tomó parte en las luchas políticas de su ciudad nativa.
20 a buena ~ vas (a parar). *(col)* Fórmula con que se pondera lo inadecuado que resulta respecto a la pers citada lo que se acaba de decir. | MGaite *Visillos* 26: ¿Esta?, ¿novio? A buena parte va.

IV *adv* **21 ~ ...** **(y) ~.** En parte [28] o parcialmente. | Cossío *Confesiones* 27: Yo no sufrí nunca estos castigos, parte porque era bueno y pacífico .., parte porque él debía de considerarme el alumno más distinguido. Cela *Rosa* 113: Rego, a la única persona a la que hacía un relativo caso era a mi padre, parte porque le daba pitillos y parte también porque le mandaba las cosas sin darle la más mínima opción a que le dijese que no.
22 a la ~. Participando proporcionalmente en los beneficios o pérdidas. *Tb adj.* | Cunqueiro *Crónicas* 85: El guarda .. tardó en incorporarse a mis deseos, que eran los de que me pusiese por criados la mañana del envenenamiento a veinticuatro de los suyos más despiertos, que trabajasen a la parte para mí. Por prometer yo prometí que las partes se harían desde el púlpito mayor de San Juan Laterano. A. J. Sánchez *Sáb* 7.9.74, 35: El contrato a la parte hace a la tripulación parte activa en el negocio.
23 a ~s iguales. En la misma medida. | Matute *Memoria* 12: Nos aburríamos y nos exasperábamos a partes iguales, en medio de la calma aceitosa, de la hipócrita paz de la isla.
24 de + *expr de cantidad de tiempo* **+ a esta ~** = DESDE HACE *+ la misma expr.* | Delibes *Año* 48: De muy pocos años a esta parte se advierte en nuestros pueblos miserables como un cierto esponjamiento. **b) de** *+ expr de fecha +* **a esta ~** = DESDE *+ la misma expr.* | * Del año 50 a esta parte ha cambiado mucho la cosa.
25 de ~ [de una pers.]. Por encargo u orden [de ella], o en [su] nombre. | Romano-Sanz *Alcudia* 41: Les acogerá bien. Díganle que van de mi parte, aunque no es necesario. Laforet *Mujer* 21: Os pido de su parte que la perdonéis. **b)** Siendo [esa pers.] el agente o autor. | Laforet *Mujer* 65: Paulina recibió un par de bofetadas de parte de don Pedro, siendo ya una mujer, porque se había reído en la iglesia .. Tuvo que salirse de la iglesia. En la calle la alcanzó don Pedro, le dio dos bofetadas que le cortaron la risa y la hizo volver a entrar en el templo.
26 de ~ [de una pers. o cosa]. A favor [de ella]. *Con vs como* ESTAR *o* PONERSE. | Torrente *Señor* 418: Cayetano no la había ofendido, había ofendido a Dios. Ella se ponía de parte de su hijo, y pedía por él.
27 de ~ a ~. De un extremo al opuesto. *Tb fig, frec con el v* EQUIVOCARSE *u otro equivalente.* | *Ya* 25.9.71, 3: Está situada [Logroño] en la mitad norte de la Península; el Ebro la atraviesa de parte a parte. * Te has colado de parte a parte.
28 en ~. En lo que respecta a una parte [1a y b]. Aristófanes *Sáb* 3.12.75, 94: Como consecuencia del desmadre, que encima se pudo ver en parte por la televisión .., las medidas de seguridad adoptadas con respecto a los informadores se extremaron. S. Araúz *Ya* 21.10.71, sn: Eso ocurre por tierras de Guadalajara, donde hay cerros como grandes galgos dormidos, en parte grises y en parte acanelados.
29 por ~ [de una pers.]. En lo que respecta [a ella]. | Laín *Ciencia* 106: Ortega proclamó con vehemencia el imperativo de la educación europea y científica de España .. Castro, por su parte, ha iluminado con penetrante luz nueva el hecho histórico de nuestra deficiencia en el saber científico. **b) por ~ de** *+ n que expresa parentesco.* Por la rama de parentesco [que se expresa *(compl* DE*)*]. | B. M. Hernando *Inf* 16.6.77, 13: Ahí está este espléndido senador del Rey, natural de Galicia y de origen inglés por parte de madre.
30 por *(o, lit,* **de) otra ~.** Además, o en un aspecto suplementario. | *Inf* 15.7.76, 1: Los Estados Unidos han amenazado de nuevo con la retirada de los Juegos Olímpicos si Taiwan no participa .. Por otra parte, según noticias procedentes de la ciudad olímpica, se están adoptando fuertes medidas de seguridad. Cela *Inf* 23.7.76, 18: Los hombres objeto somos más bien altitos y tenemos siempre a flor de piel las más bellas frases .. De otra parte, los hombres objeto, a diferencia de la mujeres objeto, salimos baratísimos.

parte² **I** *m* **1** Comunicación o notificación oficial. *Tb el documento en que consta.* | Pemán *Gac* 11.5.69, 21: Se han celebrado en toda España los treinta años de la paz; de aquel parte histórico tan recopiado en estos días: "La guerra ha terminado". Salom *Casa* 286: –¿Dónde vas? –A llevar otro parte. Creo que se prepara algo. GPavón *Hermanas* 19: A eso de las once de la mañana, con aire caidón extendía ciertos partes sanitarios y otros papeleos de su menester ya casi burocrático. **b)** *(raro)* Comunicación o notificación. | Halcón *Monólogo* 151: La primera [la situación matrimonial] estaba para mí envuelta en los velos nupciales .. El *trousseau*, las tiendas, los partes de boda.

2 (*pop, hoy raro*) Programa radiofónico de noticias. | Romano-Sanz *Alcudia* 122: Ahora les presentaré a mi padre. Está escuchando el parte.

II *loc v* **3 dar** (**el**) ~ [de algo]. Notificar[lo]. *Frec sin compl.* | Salom *Casa* 290: —Merecerías que te formaran Consejo de Guerra .. —Pero bueno, ¿quién se ha pasado al otro lado, él o yo? —Tu obligación era dar parte a tus superiores. Arce *Testamento* 83: Naturalmente, Ángeles la leyó [la carta] e inmediatamente fue a dar parte a la Guardia Civil. Delibes *Príncipe* 83: —¡Domi, Cris se ha hecho dis en la cama!— Luego, se llegó al salón y antes de entrar ya dio el parte a grandes voces. **b) dar** ~ [de alguien o algo]. Denunciar[lo]. *Tb sin compl.* | Halcón *Manuela* 100: Dígale a la Manuela que si vuelve, que no creo que vuelva, le dé de verdad con el hacha y que luego ella misma dé parte.

partear *tr* **1** Asistir [a una mujer] en el parto. *Tb abs.* | Solís *Siglo* 481: —Estoy autorizada para partear por el Colegio de Medicina. —No se trata esta vez de un parto.

2 Dar a luz [algo]. *En sent fig.* | Cierva *Triángulo* 18: Cuando entraba en Valencia ya tenía trazada su decisión absoluta: volver al Antiguo Régimen y declarar inexistentes .. los actos, los hechos y hasta los años de la Constitución parteada, con tantos trabajos, ilusiones y polémicas, en el asedio de Cádiz. L. Calvo *Abc* 14.10.70, 32: Es obra que no tiene autor conocido, generada espontáneamente por las circunstancias. Con un aviso puesto en la fachada: que estaba incoada, concebida, aunque no parteada, mucho antes de que los alemanes .. pensasen en correr la aventura de su Tratado.

parteluz *m* (*Arquit*) Columna que divide en dos el hueco de una ventana o puerta. | Torrente *Saga* 335: En el parteluz de la Capilla del Santo Cuerpo hay una figura .. de un hombre que trae un cuerpo en brazos. Angulo *Arte* 1, 320: Si la puerta es muy ancha, se refuerza el dintel sobre el que descansa ese tímpano con un soporte central o parteluz.

partenaire (*fr; pronunc corriente,* /partenér/) *m y f* Pers. que actúa como compañero o pareja [de otra en algo, esp. en una interpretación]. | J. M. Caparrós *Mun* 26.12.70, 78: Cuenta como mayor aliciente la fabulosa interpretación de Lee Marvin. Su "partenaire" es un "monstruo sagrado" europeo, Jeanne Moreau. Torrente *Isla* 100: Orgullosas de ser como eran y no unas despepitadas al modo de algunas esposas de mareantes, cuyas prácticas matrimoniales incluían ciertas variaciones del *partenaire* en el deleite. VMontalbán *Rosa* 119: Basora barajaba y los demás se predisponían al subastado .. Era idéntica la curiosidad de los tres *partenaires*.

partenogénesis *f* (*Biol*) Modo de reproducción en que los óvulos se desarrollan sin fecundación previa. | Ybarra-Cabetas *Ciencias* 212: En algunos vegetales y animales los óvulos se desarrollan sin previa fecundación. Este fenómeno se denomina partenogénesis. En algunos casos la partenogénesis se presenta solo de un modo accidental.

partenogenéticamente *adv* (*Biol*) De manera partenogenética. | Ybarra-Cabetas *Ciencias* 230: En la mayor parte de las especies del género Sacharomices, las ascas se forman partenogenéticamente.

partenogenético -ca *adj* (*Biol*) De (la) partenogénesis. | * Hay casos de reproducción partenogenética. **b)** Que se reproduce por partenogénesis. *Tb* (*lit*) *fig, fuera del ámbito técn.* | Navarro *Biología* 279: Los machos, algunas veces, son de muy pequeño tamaño o desaparecen, siendo entonces las hembras partenogenéticas. Palomino *Torremolinos* 220: El dinero pare dinero; no existen semillas ni ovarios ni fecundación; su preñez aritmética no alumbra bienes sino números partenogenéticos salidos de la nada, de esa nada que es en sí mismo un billete.

partenopeo -a *adj* (*lit*) Napolitano. | E. Montes *Abc* 20.1.74, 21: El presidente Leone, heredero de las grandes tradiciones del Derecho Romano y de la Escuela Boloñesa, gloria del foro partenopeo, ofrece plena garantía de que en sus manos la balanza de la Justicia estará en el fiel.

partero -ra I *m y f* **1** Pers. que atiende a una parturienta, esp. sin título facultativo para ello. | CBonald *Ágata* 53: Nunca recordó Manuela cómo llegó al caserío y acertó a llamar a la puerta de la partera Agripina. Cela *Izas* 89: Tiene dos hijos ..: la Carmencita, que es partera (ahora les dicen profesoras), y el Julianín, que es practicante.

II *adj* **2** [Sapo] cuyo macho lleva adheridos a la parte posterior los huevos que puso la hembra (→ SAPO). | Bustinza-Mascaró *Ciencias* 179: El sapo partero es curioso porque el macho lleva adheridos los huevos que puso la hembra, y cuando van a salir los renacuajos se acerca al agua.

parterre *m* Trozo de jardín con flores o césped. | CNavarro *Perros* 132: Balmes era una típica calle de ciudad, sin disimulo de árboles ni de parterres.

partesana *f* (*hist*) Arma antigua semejante a la alabarda, con el hierro grande, ancho y de dos filos, adornado en su base por dos aletas puntiagudas o en forma de media luna. | *SYa* 9.1.83, 38: Martillo. Partesana .. Como muchos de vosotros sabéis, los caballeros medievales utilizaban en sus campañas numerosas armas.

partible *adj* Que se puede partir o repartir. | SSuñer *Van* 9.6.71, 13: Esa repartición de competencias destruiría el principio de indivisibilidad de la soberanía. Esta no es una magnitud partible entre sus titulares.

particella (*it; pronunc corriente,* /partičéla/) *f* (*Mús*) Parte correspondiente a un instrumento o a un cantante. | FCid *Abc* 20.9.70, 70: Creo que este es el caso de Mon[t]serrat Caballé cuando canta "particellas" dramáticas. *Prospecto* 9.85: La Fundación [Juan March] encargará a sus expensas las correspondientes particellas, que serán donadas al compositor tras la celebración del concierto.

partición *f* **1** Acción de partir o repartir. *Esp referido a herencia.* | D. Gálvez *Rev* 12.70, 13: Es la forma antieconómica de explotación lo que la reforma agraria trata de suprimir. Para ello, prohíbe la partición de una propiedad. Halcón *Monólogo* 24: Las dos cadenas que me entraron en las particiones son mis dos pulseras más bonitas.

2 Parte de las varias en que se parte o divide algo. | F. Ángel *Abc* 28.2.58, 11: Fue modificado más tarde por un escudo partido que, en la primera partición, lleva las armas descritas y, en la segunda, en campo de gules, una banda de oro.

particional *adj* (*Der*) De (la) partición [1]. | *Compil. Cataluña* 747: Sin necesidad de que intervengan en ella los fideicomisarios, siempre que se trate de un puro acto particional.

particionero -ra *adj* (*raro*) Partícipe. | P. J. Cabello *EOn* 10.64, 26: El mendigo es una concreción terrena del Cristo. Hacerle particionero de nuestros bienes es depositar nuestro tesoro en el Banco de Dios con promesa segura de fecundos intereses.

participable *adj* Que se puede participar [3]. | Albalá *Periodismo* 53: La verdad es, por su misma naturaleza, un bien participable.

participación *f* **1** Acción de participar [1 y 2]. | PRivera *Discursos* 12: Respeto .. a la dignidad del hombre y .. a su participación en los beneficios del trabajo.

2 Comunicación o notificación (acción o texto). | Armenteras *Epistolario* 198: Otra participación graciosa de un nacimiento podría ser el dibujo de una cigüeña. GBiedma *Retrato* 138: Un tarjetón: .. la boda para el día 28 de junio .. Es bobo, pero he de confesarme que al ver la participación he sentido un pequeño vacío en el estómago.

3 Parte con que se participa [2] [en un negocio (*compl* EN o DE)]. | Lera *Bochorno* 54: Posee participaciones en unas explotaciones mineras de Asturias. Ramírez *Derecho* 132: Las sociedades limitadas .. han de tener un capital determinado, dividido en participaciones iguales. **b)** Parte, inferior al décimo, con que se participa [en una lotería (*compl* DE o EN)]. *Tb el documento en que consta.* | GPavón *Hermanas* 26: El camarero los invitó a café y a faria, y correspondió don Lotario regalándoles unas participaciones de la lotería de la Virgen de las Viñas.

participante *adj* Que participa [1 y 2]. *Tb n, referido a pers.* | J. Txori-Erri *Hie* 19.9.70, 10: Todos los equipos participantes no obtengan premio percibirán una dieta de 300 pesetas. Carandell *Tri* 24.11.73, 28: Ante este acto ministerial, los demás participantes retiraron sus candidaturas.

participar – particularismo

participar A *intr* **1** Ser [alguien] uno de los que realizan [algo (*compl* EN) que se hace entre varios]. | Arenaza-Gastaminza *Historia* 111: Los castellanos le exigen .. el juramento de no haber participado en la muerte de su hermano.
2 Tener una parte [de algo (*compl* EN o DE) que se posee, se disfruta o se padece entre varios]. | *ProP* 17.9.75, 2: Los nuevos esposos e ilustres invitados, después de la ceremonia religiosa, participaron de un coctel-cena servido en el Hipódromo de La Zarzuela. **b)** Tener [algo (*compl* DE) que otros también tienen]. | Suñén *Manrique* 75: Las *Coplas*, como es sabido, vienen siendo encuadradas .. dentro del marco de la elegía funeral, participando de alguno de los rasgos caracterizadores del género epidíctico.
B *tr* **3** Comunicar o hacer saber. | *Ide* 9.10.75, 6: Cafeterías Morrison, S.A. Participa a su distinguida clientela el haber dejado de pertenecer a esta cadena de establecimientos el denominado "Morrison Granada", de esta capital.
4 (*Econ*) Poseer una parte [de una sociedad o empresa (*cd*)]. *Normalmente en part.* | *País* 15.10.78, 1: En medios judiciales no se descarta la posibilidad de que, dada la envergadura del caso, pueda ser designado un juez especial encargado del proceso que presuntamente se entablará contra los responsables del Coca y sus sociedades participadas.
5 (*raro*) Participar [1] [en algo (*cd*)]. *Normalmente en part.* | *Alc* 30.12.70, 4: El último de los cuales [hechos] ha tenido lugar el domingo día 27, con una misa concelebrada por varios sacerdotes, y participada por un grupo de seglares, al margen de la autoridad legítima y de las normas litúrgicas vigentes.

participativo -va *adj* **1** De (la) participación [1]. | ANavarro *Abc* 16.6.74, 18: Instrumento insustituible al servicio del propósito participativo ha de ser la regulación futura del derecho de asociación. A. Marsillach *Inf* 8.5.75, 14: El camarero del Tívoli servía el oporto frío silbando "Grândola, vila morena" con aire participativo y cooperativista.
2 Que tiende a participar [1]. | *Reforma* 134: También constituyen campos importantes de la Educación de Adultos la formación de ciudadanos participativos y conscientes de sus derechos y deberes democráticos.

participatorio -ria *adj* Participativo [1]. | Aranguren S*Inf* 1.5.75, 2: Ambas [fases] se han de desarrollar democráticamente, en movimiento que parta de la base y sea participatorio a todos los niveles.

partícipe *adj* Que participa [1 y 2]. *Tb n, referido a pers.* | CNavarro *Perros* 206: Le contrariaba hacer a los demás partícipes de sus intimidades. PRivera *Discursos* 16: La mujer actual que estudia, trabaja, compañera del hombre y partícipe con él en todos sus mundos.

participial *adj* (*Gram*) De(l) participio. | Academia *Esbozo* 495: La forma participial de los verbos intransitivos y pronominales .. puede no tener significado pasivo.

participio *m* (*Gram*) Forma no personal del verbo, susceptible de tener desinencias de género y número. | Academia *Esbozo* 249: Dentro de ella [la flexión] se incluyen también .. tres formas privadas por lo menos de desinencias verbales de número y persona: el infinitivo, el participio y el gerundio. **b)** Forma no personal del verbo, que en español termina en -*do*, usada en la formación de los tiempos compuestos y de la voz pasiva, y que puede funcionar como adjetivo, refiriéndose al sustantivo como paciente de la acción verbal. *Tb ~* PASIVO, (DE) PRETÉRITO *o* (DE) PASADO. | Amorós-Mayoral *Lengua* 19: El caso más extremo es el de las terminaciones -ado, -ada en los participios. Alonso *Lengua* 106: El participio pasivo carece, como el gerundio y el infinitivo, de los accidentes de persona y de tiempo, pero es variable. **c)** *~ activo o* (**de**) *presente*. Forma no personal del verbo, que en español termina en -*nte* y que gralm. funciona como adjetivo, refiriéndose al sustantivo como agente de la acción verbal. | Alonso *Lengua* 106: El participio activo no es común a todos los verbos.

partícula *f* **1** Parte muy pequeña [de algo]. | Bustinza-Mascaró *Ciencias* 271: Se les priva de las partículas de tierra que puedan tener adheridas a las raíces.
2 (*Ling*) Elemento invariable que funciona como palabra de unión o como afijo. | Academia *Esbozo* 70: Partículas incluyentes y excluyentes: *aun, hasta, incluso; excepto, menos, salvo*.
3 (*Fís*) Corpúsculo material de dimensiones subatómicas. | *DPo* 31.7.75, 9: Llega el primer acelerador de partículas.

particular I *adj* **1** Relativo a alguno o algunos de los componentes de un conjunto. *Se opone a* GENERAL *o* UNIVERSAL. | Gambra *Filosofía* 35: Desde el punto de vista de la extensión se dividen los conceptos en: Particulares .. Universales. **b)** Propio exclusivamente de una pers. o cosa. | SLuis *Doctrina* 57: Este juicio inmediato a la muerte es el Juicio Particular. **c)** [Voto] de uno o varios miembros de una comisión, distinto del de la mayoría y justificado explícitamente. | CBaroja *Inquisidor* 54: Arce "renunció" su plaza en manos del rey, y su majestad se la admitió "en cuanto podía", dice un voto particular leído por el diputado Bárcena. **d)** (*Filos*) [Proposición] cuyo sujeto está tomado solo en parte de su extensión. *Se opone a* UNIVERSAL. | Gambra *Filosofía* 43: En razón de la cantidad se dividen las proposiciones en universales y particulares, según que se tome el sujeto en toda su extensión o solamente en parte.
2 Poco usual o que se sale de lo común. *A veces con intención desp.* | * Tiene unos gustos muy particulares. **b)** [Pers.] rara o especial en sus gustos o en su comportamiento. | * Son unos vecinos muy particulares, casi no se hablan con nadie. **c)** [Cosa] especial o digna de mención. *Frec en las constrs* NADA DE ~ *y* ALGO DE ~. | Alcina-Blecua *Gramática* 1192: Además del contexto lingüístico dentro del cual se produce la frase, tiene particular importancia la situación que ayuda a orientar la secuencia elemental hacia el verbo. * Si hay algo de particular me avisas inmediatamente.
3 Concreto o determinado. | * En este caso particular estoy de acuerdo con él.
4 Privado (no público ni oficial). | *BOE* 14.8.68, 12045: La colegiación será voluntaria para los Ingenieros de Telecomunicación que estén al servicio del Estado y se limiten a desempeñar las funciones de su cargo oficial, pero será forzosa cuando dichos Ingenieros realicen trabajos de carácter particular. *Abc* 22.4.75, 39: A las siete de la mañana de ayer falleció cristianamente .. el teniente general don Francisco Franco y Salgado-Araújo, secretario militar (lo fue también particular) de Su Excelencia el Jefe del Estado. *Inf* 14.3.74, 32: Todo ello de acuerdo con las tesis mantenidas por el fiscal y por el acusador particular.
II *n* A *m* **5** Asunto o cuestión determinados. | Ramírez *Derecho* 31: De aquí que me decida a informarte sobre tan importante particular.
6 Detalle o aspecto concreto. | MGaite *Ritmo* 244: Contaba las cosas sin efectismo ni apasionamiento, con gran meticulosidad, y de su relato .. quedaban vivos .. particulares definidísimos.
B *m y f* **7** Pers. que no ostenta una representación oficial o no pertenece a un organismo dado. | Tamames *Economía* 141: Los particulares tenían su capital inmovilizado. Bermejo *Derecho* 166: Es como si estuviera mucho más cerca del teatro: la forma que tiene el infanzón gallego de robar al "labrador honrado" ..; la disimulación de Alfonso el emperador, que se disfraza de particular para ir a Galicia.
III *loc adv* **8 en ~**. De manera particular [3]. | * Se refirió a nuestro caso en particular. **b)** Especialmente o sobre todo. | Delibes *Parábola* 14: Su petición, .. en particular escuchada de lejos, .. producía el efecto de ladridos.
9 sin otro ~. Sin más que añadir. *Usado en cartas, como fórmula de despedida.* | * Sin otro particular se despide atentamente.

particularidad *f* Cualidad particular [1a y b]. | Castilla *Humanismo* 34: Cada persona tiene sus particularidades.

particularismo *m* **1** Tendencia a dar más importancia al interés particular que al general. | F. Agramunt *Tri* 5.12.70, 36: Estos particularismos juegan en este drama un papel de primer orden.
2 Individualismo o tendencia a la autonomía. | HSBarba H*España* 4, 293: Ya estaba planteada la lucha entre el particularismo y el estatismo, pugna de intereses planteada entre los descendientes de los descubridores y conquistadores y el superior interés del Estado. Tejedor *Arte* 102: Además de los ya expuestos como deberes de los vasallos, había otros muchos, variables, según los lugares, por razón del particularismo feudal.

particularista *adj* De(l) particularismo, o que lo implica. | V. RFlecha *Cua* 6/7.68, 9: Ciertos autores .. especulan sobre los cambios socialistas que justifican la nueva actitud. Es una visión muy particularista. Tejedor *Arte* 115: Lo que tuvo la mayor importancia en la difusión de la idea imperial romana y en el debilitamiento de la particularista organización feudal.

particularización *f* Acción de particularizar(se). | P. C. Muruais *Tri* 1.1.72, 32: Las coincidencias culturales, la comunidad de ideas, de gustos y de sentimientos de un pueblo marcan, a su vez, determinados factores de particularización. CConde *Sáb* 1.2.75, 11: De las alturas filosóficas de la conferencia se pasó a la clarísima particularización en el obligado discurso de la cena.

particularizar A *tr* **1** Dar carácter particular [1a y b] [a alguien o algo (*cd*)]. | M. CMarín *SNEs* 24.11.74, 9: El estudio de estas enfermedades compete a la venereología .. En algunos casos .. se utiliza, muy juiciosamente, solo el nombre de dermatología para incluir a ambas, y de ese modo no contribuir con un motivo más a dar realce y particularizar unas afecciones que ya de por sí tienen suficiente, o mejor dicho excesiva, "carga social". J. Cueto *País* 10.2.84, 56: Son más intransigentes que nadie cuando sus competidores intentan referir las sucesivas escabechinas familiares que nos particularizan.
2 Hacer [una pers.] que [lo que dice o escribe (*cd*)] se refiera a alguien o algo en particular. *Tb abs.* | Iparaguirre-Dávila *Tapices* 7: Valentín de Sambricio se propuso hacer un estudio particularizado de la historia de la Fábrica. * Cuando hables, no particularices.
B *intr pr* **3** Distinguirse o caracterizarse. | * Este gobierno se particularizó por la desidia.

particularmente *adv* De manera particular [1, 3 y 4]. | Rábade-Benavente *Filosofía* 177: En toda proposición afirmativa el predicado está tomado particularmente. Laforet *Mujer* 103: A mí, particularmente, me parece un absurdo. *BOE* 14.8.68, 12045: Para ejercer la profesión de Ingeniero de Telecomunicaciones, ya sea particularmente o al servicio de cualquier Empresa, será condición obligatoria .. pertenecer al Colegio Oficial de Ingenieros de Telecomunicación.
b) Especialmente o sobre todo. | A. Caballero *Abc* 2.5.76, 34: Los antígenos se encuentran en todas las células, pero están particularmente desarrollados en los glóbulos rojos o hematíes de la sangre.

partida I *f* **1** Acción de partir (salir o marcharse). | Salvador *Haragán* 68: En este salón sucedieron algunas cosas, después de tu partida.
2 Asiento en un registro civil o religioso. *Con los compls* DE NACIMIENTO, DE BAUTISMO *o* DE DEFUNCIÓN, *frec designa el documento en que consta. Tb fig.* | Ramírez *Derecho* 42: También se presumen legítimos los hijos nacidos dentro de los ciento ochenta días siguientes a la celebración del matrimonio si concurre alguna de estas circunstancias: 1) haber sabido el marido, antes de casarse, el embarazo de su mujer; 2) haber consentido, estando presente, en que se pusiera su apellido en la partida de nacimiento del hijo. Fernández-Llorens *Occidente* 298: *Las señoritas de Aviñó* (1907) suponen otra revolución. Es la partida de bautismo del cubismo.
3 *En una cuenta o presupuesto:* Cantidad parcial. *Frec con un compl especificador.* | FQuintana-Velarde *Política* 233: El ejemplo más característico de tales inversiones se recoge en las partidas de transportes, enseñanza, etc.
4 Cantidad [de una mercancía] que se entrega o recibe de una vez. | *Nor* 28.9.71, 4: Vendo partida bidones, precio interesante. *Ya* 13.1.84, 4: Se señala "la posibilidad de que al amparo de las importaciones citadas se hubiera introducido alguna partida de carne en lugar de desperdicios".
5 Grupo de perss. unidas para algún fin. | LMiranda *Ateneo* 101: Rebasados los antiguos cuadros por la anexión a la política de lo social y lo económico eran, en realidad, los progresistas y los "neos" de nuestras antiguas partidas nacionales de raíz inextirpable.
6 Grupo de guerrilleros o de maleantes armados. | J. CAlberich *Mun* 23.5.70, 26: En la provincia de Nan se han señalado varios combates con las partidas rebeldes, que están formadas, generalmente, por treinta o cuarenta hombres. Cela *Judíos* 75: A don Juan lo mataron por envidia... Cuando don Juan estaba preso, mi padre quiso levantar la partida para ir por él. **b)** (*desp*) Grupo o cuadrilla. |

Berenguer *Mundo* 340: ¡Partida de granujas! ¡Primero a meter el cerillazo y después a estarse ahí sentados!
7 Conjunto de jugadas previamente establecidas [de un juego de mesa o de pelota] para que alguien se proclame ganador. *Tb fig.* | Arce *Testamento* 55: –Podemos echar una partida –dijo, frotándose las manos. Le dije que no había cogido unos naipes en la vida. M. Rubio *Nue* 31.12.69, 18: Esa maravillosa escena de amor resuelta en una partida de ping--pong. L. Calvo *Abc* 13.12.70, 22: Los periódicos no llevan tampoco traza de abandonar la partida; eso que consideran como su propia partida.
8 (*raro*) Serie o conjunto [de algo]. | SSuárez *Camino* 18: Carmina siguió vistiéndose, desnudándose y bañándose con los ojos cerrados durante una partida de años.
9 (*reg*) División territorial de un término municipal rural. | *Abc* 22.9.74, 32: Murieron de forma anormal, en la acequia de "Muz Quiz", situada en la partida de "entre dos acequias", de este término, Salvador Alberola Matoses .. y su hija.
10 mala ~, *o* **~ serrana**. Mala pasada. | Matute *Memoria* 56: Alguien me preparaba una mala partida, para tiempo impreciso, que no sabía aún.
11 ~ de caza. Excursión de varias perss. para cazar. | Fernández-Llorens *Occidente* 215: Para mantener su rango habían de rodearse de numerosa servidumbre y organizar fiestas y partidas de caza, que exigían cada vez más dinero. *Ya* 11.9.91, 24: Ángel Fajardo acompañaba a su padre y a su hermano en la partida de caza.
II *loc v* **12 andar** (*o* **correr**) [alguien] **las siete ~s**. Andar mucho y por muchas partes. | SSolís *Blanca* 125: Ellas se pasan la vida de viajes y ya no les hace ilusión: que si a Grecia, que si a la India, que si a Méjico, corren las siete partidas.
13 ganar [alguien] **la ~**. Conseguir su propósito [contra otro u otros (*ci*)]. *Tb sin compl.* | * Es muy cabezón, pero no dejaremos que nos gane la partida.

partidario -ria *adj* **1** [Pers.] que apoya o favorece [a una pers. o idea (*compl de posesión*) frente a otra u otras]. *Tb n.* | Arenaza-Gastamina *Historia* 184: El Duque de Alba, con un fuerte ejército, venció a los partidarios de Crato. Mendoza *Ciudad* 162: Se mostraba partidario de reprimir con mano durísima a los anarquistas.
2 Partidista. | J. L. Orosa *Inf* 12.4.76, 28: La actitud de la Prensa en relación con la visita del señor Areilza .. es desfavorable .. La reacción es muy dura en periódicos como "Avanti", órgano del Partido Socialista Italiano ..; "Il Corriere de[l]la Sera" e "Il Giornale Nuovo" .. ignoran la visita .. Asimismo el resto de la Prensa no partidaria, incluso moderada, califica el viaje de "inoportuno". J. M. Rodríguez *His* 9.77, 109: Su intervención partidaria en una crisis dinástico--religiosa provocó su expulsión de Egipto *manu militari*.

partidillo *m* (*Fút*) Partido[2] [7] de entrenamiento. | L. Riñón *Abc* 29.5.92, 90: Un pequeño susto se llevó ayer el portugués Paulo Futre durante el entrenamiento realizado ayer por el Atlético de Madrid. Durante el correspondiente partidillo, y en un lance con Abel, el guardameta impactó con sus tacos en el tobillo del jugador luso.

partidismo *m* Tendencia exagerada a favor de un partido[2] [1 y 2], opinión o pers. | Escrivá *Conversaciones* 148: Es fácil que se pierda la serenidad académica y que los estudiantes se formen en un espíritu de partidismo.

partidista *adj* De(l) partidismo. | J. M. Fontana *Pue* 28.12.70, 3: Los hijos .. se ven sometidos a los esfuerzos partidistas de los cónyuges contendientes. **b)** Que tiene o muestra partidismo. *Tb n, referido a pers.* | *Ya* 17.11.91, 12: El Gobierno regional llama "partidista" a Eguiagaray. J. Polanco *País* 8.12.91, 12: No faltan, sin embargo, en nuestro país, ejemplos de prensa partidista que oculta su condición de tal y se presenta bajo la máscara de una supuesta independencia.

partidistamente *adv* De manera partidista. | Gala *Sáb* 12.10.74, 5: No se trata de desmitificar al Cid Campeador, sino de desmitificar a nuestros propios Hombres y a la Historia, que tan escasa y tan partidistamente les ha sido contada.

partido[1] -da *adj* **1** *part* → PARTIR.
2 Que está dividido en dos o más partes. | Valverde *SLe* 12.87, 6: Los nuevos grandes .. parecen complacerse sarcásticamente al poner un frontón partido o unas columnas se-

partido – partir

mihistóricas. J. Corral *Abc* 28.6.58, 27: La pila –hoy en una capilla del convento– es de piedra, recubierta su blancura de mármol por un engaste de plata con relieves de oro y la lisada cruz partida dominicana. *SYa* 21.4.74, 11: Consta [el órgano] de un teclado de octava corta, con cuarenta y cinco notas; diez registros partidos. **b)** (*Heráld*) Dividido de arriba abajo en dos partes iguales. | F. Ángel *Abc* 28.2.58, 11: Este escudo, considerado como el primitivo del linaje, fue modificado más tarde por un escudo partido que, en la primera partición, lleva las armas descritas y, en la segunda, en campo de gules, una banda de oro. **c)** (*Bot*) [Hoja] cuyas divisiones llegan al menos a la mitad de la distancia entre el borde y el nervio medio. | Legorburu-Barrutia *Ciencias* 248: Las hojas simples pueden ser .. Por el borde del limbo: enteras, dentadas, hendidas, partidas.

partido² I *m* **1** Grupo de perss. de la misma opinión o tendencia. | J. C. Arévalo *Tri* 15.7.72, 28: Estamos ya lejos del bipartidismo que rigió la competencia taurina iniciada por sevillanos y rondeños. Ya no hay líderes como Paquiro .. ni jefes de partido como Lagartijo y Frascuelo, Joselito y Belmonte. Halcón *Ir* 350: –En el caso de que lo deseen, ¿podrán volver? .. –Tampoco yo. –Tú tienes otro ambiente en Prisca, además del que puedan crear de aquí en adelante tus partidarios. –Pero ¿de dónde sacas tú que yo tengo partido?
2 Agrupación organizada de perss. con una misma ideología política. *Frec* → POLÍTICO. | Aranguren *Marxismo* 12: Hablaré no como hombre de partido –que no lo soy–, sino como intelectual que preserva celosamente .. mi independencia. CPuche *Paralelo* 50: Mientras el partido seguía mandando desde fuera agitadores absurdos, él tenía su propia estrategia. Arenaza-Gastaminza *Historia* 301: Los partidos políticos se disputaban el poder.
3 Decisión u opción. *Gralm con el v* TOMAR. | GPavón *Hermanas* 37: Plinio y don Lotario estaban en la puerta sin saber muy bien qué partido tomar.
4 Provecho. *Gralm con el v* SACAR. | *Anuario Observatorio 1967* 207: Ahora veamos el partido que de estas tablas de acimutes de la Polar puede sacarse para resolver el problema de la orientación de los planos topográficos.
5 Pers. interesante como posible consorte, en el aspecto económico o social. *Gralm con los adjs* BUENO, MALO *o equivalentes*. | Solís *Siglo* 179: Isabel Grove no era un partido para doña Catalina; la mujer debía aportar unas rentas al matrimonio que su padre no estaba ahora en situación de dar. Halcón *Ir* 359: Dorothy conocía la crueldad de su familia, que había decretado que no tenía gancho para atrapar un buen partido. Goytisolo *Recuento* 92: Ramona estaba prometida, le había salido un excelente partido, un chico bastante mayor que ella .., de gran porvenir.
6 Éxito entre los individuos del otro sexo. *Alguna vez* (*humoríst*) *referido a animales*. | Hoyo *Caza* 34: Cusa [la perra] .. se hace la encontradiza con el perro negro de arriba. Es un perro retraído y serio, pero con mucho partido.
7 Encuentro deportivo entre dos equipos o dos perss. | GPavón *Hermanas* 17: Leyendo la "Lanza", que hablaba muy por menudo de los partidos de fútbol jugados el día anterior .., le dieron las once de la mañana.
8 Territorio que comprende varios pueblos y que está bajo la jurisdicción de un juez de primera instancia. *Tb* → JUDICIAL. | T. Salinas *MHi* 12.70, 33: Tierras donde fueron descuajados los montes de roble, encinas o pinos que antaño cubrían el partido de Atienza hasta el valle del Henares. GLara-Vicente *Espír. nacional 2º* 42: Un partido judicial es la agrupación de pueblos de un territorio para la administración de la justicia. Entre estos pueblos, el mayor se llama cabeza de partido, y en él reside el juez.
II *loc adj* **9** [Moza] **de(l) ~** → MOZO.
III *loc v* **10 darse a ~.** (*lit*) Ceder [alguien] en su empeño. | * Hará cualquier cosa antes de darse a partido.
11 tomar ~. Optar o decidirse [por alguien o algo]. *Tb sin compl.* | J. Carabias *Ya* 8.5.75, 6: Tanto la prensa de izquierdas como la de derechas tomaron partido ardiente, cada cual por "su" opositor. FReguera-March *Semana* 333: Él también se responsabilizaba. Tomaba partido.

partidura *f* (*reg*) Acción de partir [4]. | Olmo *Golfos* 99: Lista de nuestras bajas: Tinajilla: una escalabradura .. El Chivato: Partidura de boca.

partija *f* **1** (*raro*) Partición o repartimiento. | GPavón *Hermanas* 48: Hechas partijas de nuestros papeles, enseres y trajes, .. lo que fue nuestra vida y presencia, nuestra palabra y dengue, quedaban tan fuera de la realidad, tan aire, como antes de haber nacido. Aguilar *Experiencia* 246: Lo que no debe –ni puede– hacerse es desmenuzar nuestra entera existencia en partijas.
2 (*reg*) Parcela (porción de terreno). | *SVoz* 8.11.70, 13: Vendo finca, 5 ferrados, próxima Pazo de Anceis. Por partijas.

partillo *m* (*Med*) Hemorragia genital que se produce gralm. entre la segunda y la sexta semana del puerperio. | Vega *Salud* 575: Hacia las cuatro o seis semanas del puerperio se presenta una pérdida hemática por los genitales, más o menos intensa, denominada partillo y que no tiene ninguna importancia.

parti-pris (*fr; pronunc corriente,* /parti-prí/; *pl normal, invar*) *m* Opinión preconcebida. | C. SFontenla *Sáb* 15.3.75, 84: Que en este caso sea el "contenido" de las películas lo que ha determinado su elección no presupone un "parti-pris" que ignore la calidad.

partiquino -na *m y f* (*Escén*) Cantante que en una ópera ejecuta una parte muy breve o de poca importancia. | J. Luzán *País* 21.7.91, 19: Una nueva generación española de voces líricas está ya dispuesta para tomar el relevo .. Se presentan a concursos de canto. Efectúan audiciones y llegan a ser partiquinos en algún título estelar de ópera. **b)** Actor que representa un papel de poca importancia. | L. LSancho *Abc* 4.3.75, 19: El uso quiere que hoy suene mejor actor que comediante. Rehúsa el partiquino que apenas balbucea una frase en el escenario llamarse comediante.

partir I *v* A *tr* **1** Hacer partes [de un todo (*cd*)]. *A veces con un compl* EN, *que expresa el número de partes.* | *Cocina* 371: Se cuecen los huevos ..; se parten por la mitad a lo largo y se sacan las yemas. J. M. Alfaro *Abc* 7.5.72, 3: Las gentes se imaginaban al planeta partido en dos, como un queso gigantesco, por obra y desgracia de un grupo de sabios. **b)** *pr* Hacerse partes [un todo]. *A veces con un compl* EN, *que expresa el número de partes.* | Cunqueiro *Un hombre* 11: El camino que subía de la vega a la ciudad, al llegar al palomar, se partía en dos.
2 (*Mat*) Dividir [una cantidad por otra]. | * Nueve partido por tres es igual a tres. * Velocidad es igual a espacio partido por tiempo.
3 Repartir o dividir [algo entre varios]. *Tb abs.* | Cela *Viaje andaluz* 29: El vagabundo .. se ofrece para echar una manita a un hombre que se afana en limpiar un gallinero. –No, déjelo usted; si me meto en jornales, ¡adiós la ganancia! Esto no da para partir con nadie, esto es una miseria.
4 Romper (separar las partes [de un todo (*cd*)] de manera más o menos violenta, destruyendo su unión). *Tb abs.* | Arce *Testamento* 44: En invierno se hiela [el agua] y hay que partirla con un hacha. Aldecoa *Gran Sol* 18: Pedrito se abrió la cabeza y se partió un brazo, hubo que recogerlo a salabardo. **b)** *pr* Romperse [algo (*suj*)]. | *Abc* 6.6.71, 32: Al partirse el palo mayor del pesquero español "Concepción R. Ulla" alcanzó de lleno a dos tripulantes del mismo. **c) que te parta un rayo, mal rayo te parta** → RAYO.
5 Cortar [uno o más trozos (*cd*) de algo]. | * Párteme una loncha de salchichón.
6 Causar un perjuicio grave [a alguien (*cd*)]. *Tb ~* POR (EL) MEDIO, *~* POR LA MITAD, *o ~* POR EL EJE. | * Si no vienes, me partes. Arce *Precio* 35: A mí me partió la guerra por el medio.
B *intr* ▶ **a** *normal* **7** (*lit*) Salir o marcharse [de un lugar]. | DPlaja *Literatura* 53: El rey condena al Cid al destierro .. Parte, pues, el caballero, abandonando su patria y su familia .. y va a tierra de moros.
8 Tener o tomar [algo (*compl* DE) como base o punto de inicio. | Torrente *Vuelta* 249: Las ideas que le habían desvelado .. partían de aquellos diez mil duros que podía tener en seguida, que probablemente tendría pronto. Valcarce *Moral* 11: Se llama sobrenatural, cristiana y católica por el carácter de la Religión verdadera de donde parte.
▶ **b** *pr* **9** (*col*) Morirse [de risa]. *Tb sin compl.* | ZVicente *Traque* 256: En el infierno .. quizá a mí me destinen a soplarle el montón de billetes cuando los tenga ordenados para que tenga que volver a contarlos .. Es que me parto, solamente de pensarlo. Berlanga *Rev* 3.69, 27: Padre dice que con el negro le entra temblona, un ahora me caigo, ahora no me caigo, pa partirse a reír.

II *loc prep* **10 a ~ de.** Desde. | *Compil. Navarra* 160: Si se computa el valor, se deberán los intereses legales del mismo a partir de aquel momento. **b) a ~ de** [algo]. Tomándo[lo] como base. | *Ya* 6.11.74, 47: Estos experimentos indican la existencia de un reloj interno localizado en el hipocampo (lóbulo temporal), donde neuronas específicas se disparan rítmicamente y responden a sus impulsos sensoriales. A partir de ahí se ha establecido radiocomunicación entre computadores y el cerebro de primates en libertad.

partisano -na *adj* (*hist*) Guerrillero. *Tb n, referido a pers. Gralm referido a la Segunda Guerra Mundial.* | L. Molla *Mun* 14.11.70, 41: Se ha puesto en duda su participación real en la lucha partisana. Pla *Des* 12.9.70, 24: La guerra civil entre Michailovitch .. y Tito, partisano íntegro y cabal, de las brigadas internacionales en la guerra de España, .. se resolvió a favor de Tito.

partita *f* (*hist, Mús*) Serie de piezas instrumentales semejante a la suite. | Subirá-Casanovas *Música* 42: Ya de antes [de la sonata] se venía cultivando otra forma instrumental con la denominación italiana de *partita* o .. la francesa de *suite*, que agrupaba una sucesión de danzas donde se alternaban los tiempos lentos y los rápidos.

partitivo -va *adj* (*Gram*) Que expresa parte de un todo. *Tb n m, referido a adj.* | Amorós-Mayoral *Lengua* 73: Numerales .. Partitivos: indican división. Ejemplos: "medio huevo", "cuarta parte". *BOE* 24.12.64, 17255: Cuestiones de Francés .. Artículo partitivo.

partitocracia *f* (*Pol*) Sistema basado en el predominio excesivo de los partidos políticos. | M. D. Gant *Rev* 12.70, sn: Pier Luigi Zampetti .. da la señal de alerta sobre el límite que constituye la partitocracia, que no es simplemente la degeneración del sistema de partidos, sino la polarización en ellos del poder real fuera de las instituciones del Estado.

partitocrático -ca *adj* (*Pol*) De (la) partitocracia. | FMora *Inf* 25.5.74, 16: En la coyuntura nacional presente, me pregunto: si disponemos del mejor Estado que hemos tenido, por lo menos, en la edad contemporánea, ¿sería sensato sustituirlo por el partitocrático que nos dio resultados tan poco estimulantes?

partitura *f* Texto completo de una obra musical. | CNavarro *Perros* 133: El organista dejó de tocar y, después de unos segundos, quizá los precisos para buscar la partitura, inició una nueva melodía.

partnership (*ing; pronunc corriente*, /párnerʃip/; *pl normal*, ~s) *m* (*Pol*) Relación de asociación o cooperación entre estados en un plano de igualdad. | E. Haro *Tri* 1.1.72, 8: Ahora las entrevistas ya no tienen el carácter de "ad limina" que tenían cuando sus protagonistas viajaban a Washington: los encuentros se hacen a mitad de camino, en las Azores (Pompidou) o en las Bermudas (Heath), como si quisiera indicarse una nueva igualdad en el *partnership*.

parto[1] *m* **1** Acción de parir. *Tb fig.* | Delibes *Cartas* 16: Aquel hombre hacía a todo, atendía a partos, remendaba cabezas descalabradas, aplicaba sanguijuelas... Torrente *Isla* 199: ¿Quién piensa que los profesores, solo por serlo, estamos siempre en trance, o de parto, y solo producimos proposiciones de contenido genial y expresión rigurosa?
2 Hijo, o ser nacido de un parto [1]. | Pinilla *Hormigas* 245: Nerea, la niña convertida en gata-madre, o los gatitos en niños, ajena a todo lo que sucedía a su alrededor, y, si lo presentía, era a través de sus tres partos hambrientos. **b)** Fruto o producción [de alguien o algo]. | J. M. Moreiro *SAbc* 16.3.69, 42: La sombra del avellano, y la chufa, parto singular de esta tierra, de donde saldrá la blanca horchata que refrescará los calores. **c) el ~ de los montes.** Cosa de muy poca importancia en relación con la gran expectación creada a su alrededor. | *Abc* 18.11.75, 3: Posiblemente no sea justo hablar del parto de los montes.

parto[2] *adj* (*hist*) [Individuo] del pueblo que en el primer milenio antes de Cristo se estableció en Partia (antigua región de Asia). *Tb n.* | GGual *Novela* 21: El triunviro Craso, procónsul de Siria, pereció al frente de sus legiones .. en uno de los más desastrosos encuentros de los romanos con los partos. **b)** De (los) partos. | Sampedro *Sirena* 419: Lleva .. una pequeña fusta o bastón de mando con la que frecuentemente se golpea la pierna, cubierta con un calzón largo al estilo parto.

part-time (*ing; pronunc corriente*, /párt-taim/) *m* Media jornada. | G. L. DPlaja *Tri* 13.2.71, 14: Incluso esos doctores no pueden prestar sus servicios más que a "part-time", dado lo exiguo del sueldo.

parturienta *adj* [Mujer] que está de parto o acaba de parir. *Tb n.* | CBonald *Ágata* 212: El ya iniciado proceso expulsavio de la parturienta lo sustrajo de cualquier otra preocupación. *Cod* 3.5.64, 4: No es conveniente para ellas, ni mucho menos saludable para el recién nacido, meter al niño en la cama de la parturienta.

party (*pl normal*, ~s, *a veces con la grafía ing* PARTIES) *m* (*tb, raro, f*) Fiesta o guateque. | *Sáb* 10.9.66, 7: Lola Flores ha sido la más espléndida de las anfitrionas .. A su "party" .. pertenece este reportaje gráfico. ZVicente *Mesa* 95: Podrás comer sin miedo en las reuniones, en los *partys* de las embajadas. Torrente *Isla* 237: Lo único que les pedimos es que nos dejen entender, de manera visible y, sobre todo, social, que viven juntos. Y, para eso, basta un *party* un día cualquiera, de ocho a diez como todos los *parties*. GBiedma *Retrato* 200: Los Ferrater y yo estamos invitados a una *party* en casa de Antonio Senillosa.

partyline (*ing; pronunc corriente*, /párti-laín/; *pl normal*, ~s) *m* Línea telefónica comercial de entretenimiento, en que pueden hablar simultáneamente varias perss. *A veces en aposición.* | *Ya* 2.12.92, 30: De ese total, casi 12.000 millones, un 14 por 100 corresponde a lo que se han gastado los españoles, sobre todo adolescentes, en llamadas a los diversos 903, *partylines* y teléfonos eróticos en particular. T. Gumiel *Ya* 2.12.92, 30: Su hijo estuvo utilizando el servicio *partyline* a lo largo de cinco meses.

parusía *f* (*Rel crist*) Venida de Cristo glorioso al fin del mundo. | M. Burgos *País* 8.8.76, 20: El fin de los tiempos, la venida de un ser preexistente, .. su parusía (la segunda venida al final de los tiempos).

parva[1] *f* **1** Montón de mies extendida en la era para trillarla, o ya trillada. | Escobar *Itinerarios* 87: Caminamos sin otros ruidos que los ladridos de los mastines que guardaban las parvas y los haces. Cuevas *Finca* 68: La fila de aventadores lanzaban la parva al aire con sus b]iergos.
2 (*reg*) Trilla. | M. E. SSanz *Nar* 7.76, 9: Suelen pertenecer [las eras] a un único propietario, que todos los años, en la época de la trilla de las mieses (parva), cede desinteresadamente a los vecinos del pueblo.
3 (*raro*) Montón. | Perala *Setas* 103: Cultivos: Del champiñón .. Se construye una parva de un metro de alta por tres metros de ancha.

parva[2] *f* (*reg*) **1** Desayuno. | Mann *Ale* 16.8.77, 7: Amaneció un día con presagios de fuerte calor .. Y los establecimientos hosteleros habían abierto sus puertas y servido la "parva" en muchos de ellos. **b)** Trozo de pan con una copa de aguardiente que se toma a primera hora de la mañana. | Carnicer *Cabrera* 89: También nos gusta la parva al romper el día. La parva es un pedazo de pan con una copa de aguardiente. Porque el aguardiente levanta el cuerpo y lo templa.
2 Refacción (comida ligera). | Cunqueiro *Fantini* 62: La moneda de Florencia sirvió para pagar la parva meridiana de los fugitivos.

parvada[1] *f* (*raro*) Conjunto de pollos que cría un ave de una vez. | Aparicio *César* 55: Sobre las copas de los árboles estalló una nube de graznidos. Negras parvadas de grajos escapaban de la mancha.

parvada[2] *f* (*reg*) Tontería o necedad. | Torrente *Vuelta* 372: El presidente abandonó su sitio y pasó a su lado. Le palmoteó la espalda. –Vamos, no te pongas así. Esto es una parvada.

parvamente *adv* (*lit, raro*) De manera parva (→ PARVO [1]). | Laín *Gac* 12.1.63, 23: El plano interior o segundo de la comedia se halla parvamente constituido por el tío del galán.

parvedad *f* **1** (*lit*) Cualidad de parvo [1]. | Aranguren *Marxismo* 7: He procurado conservar .. la parvedad del aparato bibliográfico. Amorós *Subliteraturas* 97: En todos estos casos, la parvedad de valores estéticos se compensa con un interés sociológico absolutamente evidente.

parvenu – pasada

2 (*Rel catól*) Pequeña cantidad de alimento que se toma por la mañana en los días de ayuno. | Valcarce *Moral* 193: Más tarde se permitió también un pequeño refrigerio a primera hora del día, que, por ser reducido, aún hoy se llama parvedad, y es el desayuno de los días de ayuno.

parvenu (*fr; pronunc corriente,* /parbenú/) *adj* (*lit*) Advenedizo. *Tb n.* | J. CAlberich *Mun* 23.5.70, 31: El gris abogado .. es en realidad un "parvenu" en la esfera política.

parvero *m* Montón de mies trillada y dispuesta para aventarla. | *VozC* 10.7.55, 4: Ahora se avanza mucho debido al tiempo caluroso que permite realizar con los mayores bríos incluso la trilla y limpia de los parveros.

parvificar *tr* (*raro*) Empequeñecer. | J. L. Bugallal *Abc* 12.9.68, 47: Cayón, ese caserío marinero y pescador asentado en una península igual a la coruñesa, pero comprimida y parvificada, no es del todo Costa de la Muerte.

parvo -va *adj* **1** (*lit*) Pequeño en cantidad o importancia. | Torrente *Fragmentos* 179: Cuando, el domingo, me acerqué al obispo, iba triste. Él me llevó consigo, me invitó a participar de su parva colación. GNuño *Escultura* 57: En primer lugar, la arquitectura. Porque, dentro de su relativa originalidad y de lo parvo y maltrecho de los monumentos conservados, es advertible siempre un prurito de eficacia.
2 (*Rel catól*) [Oficio] establecido por la Iglesia en alabanza de la Virgen. | M. Unciti *VNu* 5.6.71, 7: Difícil saber los rosarios que ha rezado, los viacrucis que ha recorrido, la atención con que recitaba diariamente el Oficio Parvo.
3 (*reg*) Tonto o necio. *Tb n.* | Torrente *Vuelta* 271: Eres un parvo, Miguel; estás engañándole a ti mismo.

parvobacteria *f* (*Biol, hoy raro*) Bacteria gramnegativa de tamaño relativamente pequeño, que vive como parásito de los animales de sangre caliente. | Alvarado *Anatomía* 150: Las bacterias más diminutas, llamadas Parvobacterias, .. miden 3 μ de longitud por 0,5 μ de grosor.

parvovirus *m* (*Biol*) Virus muy pequeño y resistente a los agentes externos. | A. GPérez *País* 9.3.80, 26: Existe entre sus propietarios grave preocupación ante la aparición de numerosos casos de gastroenteritis hemorrágica por parvovirus, que puede suponer la muerte del animal.

parvulario -ria I *m* **1** Centro de enseñanza preescolar. | Laforet *Mujer* 24: Esta canción, cuyo origen de un remoto colegio o de un remoto parvulario nadie sabía, la canturreó el conde con una sonrisilla irónica.
II *adj* **2** (*raro*) De párvulos [1]. | M. J. Manteiga *Ya* 6.9.87, 25: En la misma localidad de Braojos hay acondicionada una escuela parvularia para los once pequeños del pueblo. *Cam* 27.10.75, 81: Nada de strip-tease, nada de destape fugaz ni parvulario, sino dos personas "en puros cueros".

parvulista *m y f* Maestro de párvulos. | *Van* 13.1.77, 62: Falta parvulista titulada, trabajar en Cornellá.

párvulo -la I *m y f* **1** Niño que recibe enseñanza preescolar. | Laiglesia *Ombligos* 115: Es un lenguaje que emplean los párvulos en el colegio. **b)** (*lit*) Niño pequeño. | *VozE* 28.8.74, 3: Sus padres [de la niña] .. Ruegan asistan a la conducción del cadáver al Cementerio de Polloe hoy, miércoles, a las cinco de la tarde, y al oficio de párvulo hoy, miércoles, a las ocho de la tarde.
II *adj* **2** (*lit*) De niño pequeño. | Alcántara *Ya* 23.1.90, 57: Son las madres contra la droga las que tapan la calle, pidiendo a gritos que se impida la caravana de camellos que quiere reclutar una párvula clientela en la puerta de los colegios. Delibes *Madera* 253: Alargó su delgado antebrazo desnudo en ademán párvulo. **b)** Inocente o poco experimentado. | Marsé *Dicen* 99: Párvulos y voraces, los ojos del trapero vagaban por la pobre faldita floreada.

P.A.S. (*tb con la grafía* **pas**) *m* (*Med*) Cierto antibiótico activo contra el bacilo de la tuberculosis. | AVega *Ya* 30.5.64, 14: Gracias al empleo masivo de los quimioantibióticos –Pas, estreptomicina e hidracida– se pasó de los 30.000 muertos anuales .. a los 7.500.

pasa¹ *f* Acción de pasar las aves migratorias. | Delibes *Año* 108: Nos colocamos entre los pinos a acechar a los bandos de avefrías que huían de los hielos nórdicos .. La pasa era ininterrumpida. C. Otero *Abc* 9.3.79, 47: El sábado pasado .. la pasa de grullas fue notoria por todo el valle del río Alberche.

pasa² *f En el juego de pelota:* Saque antirreglamentario en que la pelota bota rebasando la línea de saque más lejana del frontis. | *Inf* 4.7.70, 18: Pelota .. En el partido que enfrentaba a Anita (que jugaba a dos pasas) y Milagros a Piluchi y Zoe, la competencia fue muy limitada .. Los saques a dos paredes los suprimió desde que Piluchi se colocó en el ancho, pero Anita no arriesga el tanto más que en el primer intento, si este es pasa; el segundo lo lanza únicamente a hacer buena.

pasa³ → PASO².

pasable *adj* Regular o que puede pasar [5]. *Tb adv.* | * El ejercicio no era bueno pero sí pasable. Aldecoa *Gran Sol* 134: –¿No comíais bien? –¡Bah...! Pasable.

pasablemente *adv* De manera pasable. | SAgesta *Ya* 7.3.75, 7: Con esta sugestiva ambigüedad, incluso en esta hora de baja tensión, los ingleses se gobiernan muy pasablemente.

pasabola (*tb* **pasabolas**) *m* (*Billar*) Lance en que la bola impulsada toca lateralmente a otra y va a dar en la banda opuesta, desde donde vuelve para tocar a la tercera. | Peraile *Arr* 2.2.75, 19: Nuri .. alguna vez ha presenciado, al borde mismo de ese aprendiz de ring, las fintas del mingo, la esgrima del pasabolas para evitar el K.O. del retruque.

pasabolo *m* Variedad del juego de bolos propia de algunos pueblos de Cantabria. | *Santander* 82: Hoy el juego [de bolos] se rige por el reglamento de 1934, y presenta modalidades como el juego de palma, la más extendida y propia al lucimiento; el pasabolo de losa y el pasabolo de tablón, propio de Soba y de Ampuero.

pasacalle *m* Marcha popular de compás muy vivo. | Aldecoa *Cuentos* 1, 149: Sonó un tamboril, y luego las notas agridulcillas de los dulzainas comenzaron un pasacalle.

pasacintas *m* Entredós que lleva en su parte central agujeros para pasar una cinta. | Cela *Judíos* 260: Tenía .. un camisón de lino de manga larga, con pasacintas por el decente escote.

pasada I *f* **1** Acción de pasar [1]. | *Mar* 24.1.68, 4: Los sensacionales trapecistas italianos Troupe Cardona .. realizan la triple pirueta en los trapecios, con escalofriantes pasadas de doble salto mortal. **b)** Acción de pasar un aparato aéreo sobre un lugar a baja altura. | CPuche *Paralelo* 422: Las pasadas de los aviones eran saludadas con desbordantes hurras. **c)** Acción de pasar ligeramente [un utensilio (*compl* DE) por algo]. *Frec sin compls, por consabidos. Gralm en la constr* DAR UNA ~. | * –¿Tengo mucha barba? –No, pero date una pasada. * Dale una pasada al pantalón; está algo arrugado.
2 Aplicación de las varias habituales o posibles [de una sustancia]. | Moreno *Galería* 135: Tres o cuatro repisas para situar la ropa sucia, la ropa en jabón, la que ya tenía la primera pasada y a la que había que dársela.
3 Repaso ligero. *Frec fig, gralm en la constr* DAR UNA ~. | * Por favor, dale una pasada al artículo antes de mandarlo a la imprenta. Cela *Judíos* 187: A nadie debe extrañar .. que Ávila, después de las pasadas, a favor y a contrapelo, que le dieron Alfonso el Católico y Bernardo del Carpio, .. quedara como la palma de la mano. SFerlosio *Jarama* 59: Ya salió aquello .. Hacía ya un rato que no sacabas a la cuñada. Ya le tocaba darle otra pasadita. J. Txori-Erri *Hie* 19.9.70, 10: Como favoritos se señalan a los erandiotarras, por eso de que Chorierri es la cuna de la "soka-tira", y a los de Arceniega, que en Vitoria les dieron una "pasada".
4 (*col*) Cosa que sobrepasa los límites de lo normal o lógico. *Con intención ponderativa.* | MGaite *Nubosidad* 367: –Se me ha aparecido .., en mitad de otra escena, como la Virgen de Lourdes. No venía en el guión .. –No venía en el guión... –repite con una risa absorta–. ¡qué pasada, tía! No te sigo.
5 mala ~. Acción, frec. malintencionada, con que se daña a alguien. *Gralm con el v* JUGAR. *Tb, raro, simplemente* ~. | Laforet *Mujer* 191: Su pensamiento le empezó a jugar malas pasadas. *Tri* 11.4.70, 9: Daba la impresión de .. que jugaba a cada paso malísimas pasadas al locutor. Ál. Valverde *Hoy* 27.6.93, 18: ¿Por qué me olvidé de Santiago aquella noche tan tibia como hermosa de "Los Patios"? Pasadas del destino que quiso recordarme que ya iba siendo hora de que alguien diera cuenta de gente de valía como Santi.

6 (*Lab*) Vuelta o fila de puntos. | *Lab* 2.70, 32: Fleco: Después de montar las 4 piezas, trabajar una pasada en negro.
7 (*reg*) Paso vadeable de un río. | Halcón *Monólogo* 57: Ya no hablamos. Vamos primero por la orilla buscando la pasada. Jesús echa por delante. Mi caballo sigue al suyo con el agua hasta los corvejones.
II *loc adv* **8 de ~.** De paso. | Delibes *Parábola* 64: Doblaban como centellas .. la puerta de hierro y decían de pasada buenos días papá. MReverte *Demasiado* 237: A las ocho menos veinte salí de casa con destino a la redacción de *Punto Uno*. Compré el periódico de pasada. Cossío *Abc* 9.10.70, 3: Llano, igual que conoció a Unamuno en Santander, conoció a Azorín en esta misma ciudad, de pasada.

pasadero -ra I *adj* **1** Pasable. | A. P. Foriscot *Van* 19.5.74, 9: Me acojo al cobijo de un bar que me sale al paso .. Yo había comido allí carne en conserva bastante pasadera.
II *n* **A** *f* **2** Piedra o conjunto de piedras que sirven para pasar una corriente o acumulación de agua. | Romano-Sanz *Alcudia* 59: En el cauce hay grandes pasaderas sumergidas ahora en su mayor parte. Hoyo *ROc* 8/9.76, 92: Después cruzaron el arroyo por su pasadera de piedras.
3 (*reg*) Colador o escurridor. | Vega *Cocina* 69: En esta disposición se las escurre [las fabes] en una pasadera y se vuelven a colocar en la vasija.
B *m* **4** Pasadera [2]. | Gerardo *NAl* 6.10.89, 15: La sanguijuela en el manantial y en el barranco el pasadero.

pasadismo *m* Actitud o tendencia pasadista. | L. LSancho *Abc* 2.6.74, 18: Cerrar parece coincidir más de veras con la idiosincrasia nacional que abrir, y cabe pensar si el aperturismo no será en rigor más que una forma de pasadismo. Umbral *Pról. Delibes* 7: Lo único que podría reprochársele al escritor es que la realidad, hoy, ya no es tan así, que está haciendo pasadismo.

pasadista *adj* Que mira exclusivamente al pasado, gralm. con rechazo de cualquier innovación. *Frec n, referido a pers*. | E. Haro *Tri* 2.1.71, 4: Es un "pasadista". Todos los cambios políticos, todos los sistemas de apertura le parecen sospechosos, cuando no traiciones abiertas. L. LSancho *Abc* 25.7.74, 16: Para tales pasadistas, la Humanidad lo tiene ya todo dicho y reglado. No le es posible al hombre avance alguno.

pasadizo *m* Paso [8] estrecho u oculto. | Marlasca *Abc* 3.9.68, 19: Si se exploraba a fondo, se llegaría por sus pasadizos hasta la mismísima muralla, en el Campo del Sur.

pasado¹ -da I *adj* **1** *part* → PASAR.
2 [Período de tiempo] inmediatamente anterior a aquel en que se está. | *Abc* 20.1.74, 29: A las tres y media de la madrugada del pasado día 17 .. el funcionario de Correos .. arrojó entre las vías trece sacas de correspondencia. *Alc* 1.1.55, 3: Una reunión celebrada en esta capital en el pasado mes de septiembre.
3 ~ mañana → MAÑANA.
4 (*Taur*) [Pinchazo, puyazo o algo similar] que se clava más atras de lo normal. *Tb adv*. | A. Navalón *SInf* 16.5.70, 3: Lupi, a quien he visto lo más perfecto del toreo a caballo, no clava al estribo como el año pasado. Clava pasado y a la grupa.
5 *al ~.* (*Lab*) [Bordado] que se hace pasando las hebras de un lado a otro, sin cosido. *Tb adv*. | *Lab* 12.70, 8: El modelo que brindamos es de fina batista blanca, con un profuso encaje de flores aplicadas, realzadas con perfiles y detalles bordados a punto al pasado, pespunte y realce.
II *m* **6** Tiempo anterior al presente, gralm. lejano. | Amorós-Mayoral *Lengua* 81: Hay tres tiempos fundamentales: el presente, que es el momento en que se habla; el pasado, que es lo anterior, y el futuro, que es todo el tiempo que está por venir. Laforet *Mujer* 276: Me has querido..., así, en pasado lejano, ¿no?
7 Vida pasada [de una pers. o colectividad]. *Frec implica que esa vida cuenta con aspectos dignos de mención o de ocultación*. | I. Burgos *Día* 16.6.76, 23: El pasado deja una huella que no puede borrarse. Y al final, Lacombe Lucien caerá víctima de su pasado que le arrastró. Umbral *Memorias* 133: Del reino silvestre de la excursión pasamos al reino cultural del guateque, y entonces empezamos a tener pasado.

pasado² *m* (*E*) Acción de pasar. | *GTelefónica N.* 472: Fotomecánica Offset Rubel. Jaime Beato. Fotocromos. Fotolitos. Cartelería. Litografías. Pasado y graneado de planchas.

pasador -ra I *adj* **1** (*raro*) Que pasa. | *Van* 20.12.70, 78: Interesa máquina llenadora-pasadora para pinturas.
II *m* **2** Cierre que consta de una barrita metálica que corre hasta encajar en una hembrilla. *Tb la misma barrita*. | Aldecoa *Gran Sol* 60: Macario Martín echó el pasador al portillo de la cocina. FSantos *Hombre* 24: Cerrad bien las ventanas. Bien metidos esos pasadores. **b)** Varilla metálica que pasa por los anillos de determinadas piezas y sirve de eje y sujeción. | *Van* 20.12.70, 12: Para robar sin que fueran descubiertos .., los dos conductores se servían de un ingenioso método con el que conseguían desmontar uno de los pasadores metálicos de los "containers". MCalero *Usos* 108: El bajarla [la compuerta] no era problema. Con soltar el pasador y ayudados por su torcida palanca era suficiente. CBonald *Ágata* 16: Un collar de oro articulado con pasador fusiforme y colgantes en espiral.
3 Alfiler de adorno que sirve para sujetar determinadas prendas, esp. la corbata o las dos partes del cuello. | Halcón *Monólogo* 28: Pedro, que nunca pasó de caballero del Santo Sepulcro, llevaba las cruces en los pasadores, en las tarjetas.
4 Aguja grande usada para sujetar el pelo o algún adorno de cabeza. | DCañabate *Paseíllo* 175: La coleta servía para trenzarla al postizo que cuelga de la castañeta, sujetando así esta el pelo, sin necesidad del pasador que se utiliza actualmente.
5 Trabilla [del cinturón]. | CSotelo *Inocente* 114: Bien pronto, y con la natural contrariedad, observa que el cinturón es más ancho que los pasadores.
6 Utensilio en forma de dos botones unidos que sirve para sujetar el cuello postizo de la camisa. | ZVicente *Examen* 111: Ha salido huyendo descalabrado, arañado, abollado, medio desnudo, el cuello de celuloide desprendido y roto, perdido el pasador, la corbata por cinturón.

pasadura *f* (*reg*) Pasada [1a y c]. | Fuyma *VozC* 7.1.55, 1: Una larga traca anunciará a toda la ciudad que el tránsito por Santa Dorotea no es ya una peligrosa aventura, .. sino un cruzar cómodo y una despreocupada pasadura.

pasagonzalo *m* (*raro*) Golpe pequeño dado con la mano, esp. en las narices. | Alvar *Abc* 15.6.86, 62: Merece pasagonzalo tal descuido, o un palmetazo tal otro error.

pasaitarra *adj* De Pasajes (Guipúzcoa). *Tb n, referido a pers*. | *SInf* 3.8.70, 5: En la división de los pesos ligeros, el olímpico en Méjico Andrés Martín .. venció por puntos al pasaitarra Rey.

pasaje I *m* **1** Acción de pasar [1a y 2a]. | Aranguren *Marxismo* 145: La dificultad de aprehensión conceptual está –lo sabemos desde Zenón de Elea– en el pasaje, en el tránsito, que es menester entender como sucesión de situaciones.
2 Sitio por donde se pasa [1a] de una parte a otra. | Lueje *Picos* 75: Marcha el camino al Sudoeste, remontando por atrevidas revueltas, a ganar el desventido pasaje de la Varga los Mollares, y los pontones de las Vegas, Pumpedri y la Llambria. **b)** Calle corta o galería que une dos calles. | VMontalbán *Rosa* 103: Vivía sobre el pasaje Lodares, pero tiene la casa cerrada.
3 Fragmento [de un texto escrito u oral, o de una obra musical]. | G. GCalvo *Ya* 28.3.75, 7: Los africanos representan durante la Semana Santa los distintos pasajes evangélicos concernientes al prendimiento, pasión, muerte y resurrección del Señor.
4 Billete [de barco o de avión]. | Delibes *Emigrante* 47: Arriba entregamos los pasajes, y era aquello [el barco] una olla de grillos.
5 Conjunto de viajeros [de un barco o un avión]. | FSantos *Catedrales* 152: Estas horas nocturnas .. no son nada, ni siquiera un recuerdo, .. para el pasaje que duerme en las literas doradas.
II *loc adj* **6 de ~.** [Barco o avión] destinado al transporte de viajeros. | *ByN* 11.11.67, 11: Ha comenzado a ser construido en serie un nuevo tipo de avión de pasaje .. que será el mayor aparato de alcance medio de Rusia.

pasajeramente *adv* De manera pasajera [1]. | ZVicente *Balcón* 97: Un fulgor gozoso le mana de las pupilas .. cuando ve .. a Cipriano inclinado sobre los libros o sobre los fósiles, tomando datos .., levantándose pasajeramente a consultar un libro.

pasajero -ra I *adj* **1** Que pasa pronto o dura poco. | E. Oliver *Pro* 17.8.75, 14: El arte se produce por un interés humano de perpetuación de lo pasajero o igualmente por la afloración de un deseo estético íntimo.
2 [Lugar] transitado o por el que pasa gente. | Escobar *Itinerarios* 241: Al cabo de una fatigosa marcha por calles poco pasajeras y a trasmano, .. llegaron .. ante la casa de Liborio.
II *m y f* **3** Pers. que viaja en un vehículo sin conducirlo o sin formar parte de la tripulación. | DPlaja *El español* 119: Los pasajeros de tercera clase ofrecen con evidente buen grado la comida que les ha preparado su mujer.

pasamanería *f* **1** Conjunto de adornos en forma de trenza, cordón, borla o fleco, usados esp. para uniformes o tapicería. | Torrente *Fragmentos* 89: Grandes sillones fraileros, de envejecida pasamanería, que honraron posaderas de los munícipes antiguos.
2 Oficio o actividad de pasamanero. | L. Calvo *Abc* 5.11.70, 29: Abren cada día nuevos comercios de ropa interior, es un periodo de auge en la pasamanería tradicional.

pasamanero -ra *m y f* Pers. que fabrica adornos de pasamanería [1]. | Morales *Artífices* 1, 11: Había que averiguar quiénes eran estos Velázquez, Goya, Carreño o Claudio Coello que merecieron los mismos honores que aquellos en la Real Cámara y Casa por sus merecimientos como plateros, bordadores, .. pasamaneros .. y vidrieros.

pasamanos (*tb* **pasamano**) *m* Parte superior de la barandilla de una escalera, sobre la que se apoya la mano. | Delibes *Voto* 7: Se detuvo en el rellano a tomar aliento, la mano izquierda asida al pasamanos. Torrente *Saga* 294: Escaleras que subían bajando y que bajaban subiendo .. La misma rugosidad del pasamano de piedra que Bastida rozaba con sus dedos ofrecía hendiduras. **b)** Barandilla de escalera. | Medio *Bibiana* 71: Manuel está sentado en un peldaño de la escalera, apoyado en el pasamanos. **c)** Cordón, cadena, barra o listón que, sujetos a la pared, hacen las veces de barandilla. | CBonald *Noche* 241: Fue requerido de nuevo y con manifiesta cortesía a bajar, cosa que finalmente hizo agarrándose a un pasamano pringoso. [*En un barco*.]

pasamontañas *m* Gorro que cubre toda la cabeza hasta el cuello, dejando al descubierto el rostro o solo la zona de los ojos. | *Inf* 13.10.75, 36: Se vio atacado .. por tres o cuatro individuos, cubiertos con pasamontañas.

pasante I *adj* **1** Que pasa, *esp* [1]. *Tb n*, referido a *pers*. | Torrente *Sombras* 36: Un resplandor rojizo que permitía adivinar su relieve y advertir la silueta rápida de un pez pasante o de una familia entera. Ramos-LSerrano *Circulación* 288: Las ballestas están constituidas por una serie de láminas de acero. La primera de ellas se llama maestra .. Las demás hojas van unidas a la maestra por medio de un tornillo pasante llamado capuchino. *HLM* 31.3.75, 10: Los portugueses y marroquíes cruzan la frontera sobornando a los pasantes, que ocupan una anchísima red, cuyo origen ignoramos. Delibes *Castilla* 70: En Campaspero todos los pozos son pasantes, todos, o sea, se comunican unos con otros. **b)** (*raro*) Transeúnte. *Frec n*. | *SVoz* 8.11.70, 14: La mayor parte de las tardes estaban ocupadas por un continuo fluir de discípulos, intelectuales, curiosos, viejos amigos o simples pasantes, que siempre encontraban la puerta abierta. **c)** (*Herald*) Que está en actitud de andar o pasar. | J. Atienza *MHi* 5.64, 71: Es su escudo: en campo de gules (rojo), un león de oro, pasante; bordura de oro.
II *m y f* **2** Abogado que trabaja como ayudante [de un notario o de otro abogado]. | *ByN* 31.12.66, 80: Es pasante de un notario y conoce las leyes. Mendoza *Ciudad* 121: Tenía [el abogado] un despacho en la calle baja de San Pedro; allí trabajaban además de él dos pasantes, una secretaria y un ordenanza.
3 (*reg*) Profesor particular, o suplente en la enseñanza privada. | Aguilar *Experiencia* 289: El colegio en que me coloqué, como pasante, estaba cerca de la calle del Carmen.

pasantía *f* **1** Cargo o actividad de pasante [2]. | *Sp* 21.6.70, 22: Se solicitaba .. la denuncia y defensa contra el intrusismo profesional .. y las medidas atinentes a la regulación del régimen de pasantía en el ejercicio profesional [de los abogados].
2 (*reg*) Clase particular o de repaso. | *SVoz* 8.11.70, 14: Maestra titulada da clases particulares de 1ª enseñanza y pasantías bachillerato. *Voz* 29.4.84, 33: Ceap-01. Pasantías Matemáticas, Física, Química, Letras. E.G.B., B.U.P., C.O.U. Horario compatible con Colegios e Institutos.

pasapán *m* (*col*) Garganta (parte del cuerpo). | Peraile *Cuentos* 42: –Si intentas hacer ruido, él te ha marrao el hinque, pero yo te apiolo ..– Dice que le entra por el pasapán y le sale por los flecos del cogote.

pasapasa *m* (*raro*) Juego de manos. *Tb* JUEGO DE ~ (o DE PASA PASA). | Delibes *Pegar* 47: Extrajo de la misteriosa maleta una chistera plegada, la desplegó, se apretó el lazo de la corbata, y empezó a meter pañuelos abigarrados dentro de ella. Pero, antes de llevar a cabo el primer movimiento de pasapasa, empezaron a volar palomas blancas de sus bolsillos, de las bocamangas, de los pantalones vueltos.

pasapiri *m* (*jerg*) Pasaporte. | Tomás *Orilla* 244: Solo había una dificultad: sus antecedentes policiales, que le convertían en sospechoso en cualquier frontera. Aunque, después de todo, un pasapiri chungo o una peta resolvían el problema.

pasaportar *tr* **1** (*Mil*) Dar [a alguien (*cd*)] un pasaporte [2]. | *BOE* 20.10.75, 22041: La relación de los solicitantes admitidos, a los que se comunicará por escrito, se publicará en el "Diario Oficial de Marina", siendo seguidamente pasaportados, por cuenta del Estado, desde sus residencias, con la antelación suficiente para que efectúen su presentación el día 26 de febrero de 1976, en el Cuartel de Instrucción de Marinería de San Fernando (Cádiz).
2 (*col*) Dar el pasaporte [4]. *Tb fig*. | *Ya* 7.5.86, 6: La situación de la central de Almaraz ha provocado una crisis, resuelta por el sistema cómodo: destituir al que la denuncia sin poner remedio a lo que se denuncia. El presidente de la Junta de Extremadura, Juan Carlos Rodríguez, ha preferido "pasaportar" a Juan Serna. ZVicente *Traque* 277: La familia se ha dispersado, unos han espichado, otros les han ido, a otros los han pasaportado. *Act* 5.11.70, 8: Deseo referirme al éxito de "El Cordobés", como único espada de una corrida memorable, en Jaén, celebrada el pasado día 18, donde pasaportó hasta siete toros.

pasaporte I *m* **1** Documento de identidad para salir al extranjero. | Laforet *Mujer* 165: Había que conseguir un pasaporte falsificado.
2 (*Mil*) Documento en que consta el envío de un militar a un punto determinado, y que sirve para justificar la ausencia de su unidad y disfrutar de los derechos correspondientes. | *BOE* 9.1.75, 430: Los aspirantes admitidos .. efectuarán el viaje por ferrocarril y cuenta del Estado, desde su lugar de residencia. A estos efectos se faculta a las autoridades militares para expedir con la antelación suficiente el correspondiente pasaporte.
3 (*lit*, *raro*) Aval o certificado. *En sent fig*. | MGaite *Cuento* 277: Una vez formulada esta [la cuita] en los términos que le otorgaron pasaporte de credibilidad, todas las consideraciones .. ya se revelarían inoperantes.
II *loc v* **4 dar (el)** ~. (*col*) Despedir o echar [a alguien]. | CSotelo *Inocente* 122: Es un señor de muchas campanillas .. al que no podría darle el pasaporte fácilmente..., aunque quisiera. **b)** Matar. | ASantos *Estanquera* 64: –Dice que podemos confesarnos por teléfono en caso de necesidad. –Eso es que nos van a dar el pasaporte.

pasapurés (*tb* **pasapuré**) *m* Utensilio de cocina compuesto de un colador y un disco o brazo que oprime los alimentos contra él y los reduce a puré. | Bernard *Verduras* 18: Cuando la calabaza está cocida .. se escurre y pasa por el pasapurés. Mayte *Sáb* 3.12.66, 44: Una vez reducida la salsa se pasa por un pasapuré o chino varias veces.

pasar I *v* **A** *intr* ➤ *a normal* **1** Ir [a otro lugar, gralm. inmediato, o al otro lado]. *Tb pr. Tb fig. Tb sin compl, por consabido*. | CBaroja *Inquisidor* 49: Pero la respuesta dada al prefecto de policía .. indicaba que ya había pasado a España, aunque seguía en relación con el librero Eymery. *Reg* 5.11.74, 5: El conductor del turismo CC-5268A, por causas que se desconocen, se pasó de un lado a otro de la calzada. *Lab* 2.70, 37: Ojales. Se llama así a la abertura que se hace en la ropa para que pase el botón. Anson *Abc* 14.11.74, 3: La apertura no consiste en hacer almoneda de aquello en lo que se cree para pasarse al enemigo con armas y bagajes. Olmo

Golfos 150: Pase, pase, no se quede ahí. **b)** Seguir su proceso [una cosa]. *Frec en infin dependiendo de* DEJAR. | Horus *Sáb* 26.10.68, 41: El aspecto con que usted hace aparecer la Raya Mensalis me obliga a recomendarla que no deje pasar, sin la debida asistencia médica, cualquier indicio de padecimiento cardíaco.
 2 Ir [de un estado o situación a otros nuevos (a + *n o infin*)]. | *Reg* 12.11.74, 4: Es hora de que .. por fin dejen de ofrecerse cosas .., y se pase a los hechos. J. M. Alfaro *Abc* 13.10.74, 3: En un soplo pasó de simple soldado en un regimiento de dragones a general glorioso y distinguido. Cunqueiro *Un hombre* 20: Eustaquio pasó a ser el hombre de los secretos regios. **b)** ~ **a** + *infin* = PROCEDER A + *infin*. | *Inf* 23.9.76, 6: Hubo un rechazo total al proyecto de organización de los funcionarios del Estado. Se pasó después a estudiar la equiparación salarial. **c)** ~ **a mayores**, ~ **a la historia**, ~ **a mejor vida** → MAYOR, HISTORIA, VIDA.
 3 Ir [a través de un lugar o marchando en algún momento junto a él (*compl* POR)]. *Tb fig. Tb sin compl, por consabido*. | P. Sebastián *SArr* 27.9.70, 6: Entre las instalaciones con las que contará el nuevo Zoo destacan: Un salón para actos culturales, .. un monocarril que pasará por entre los fosos de muchos de los animales. Delibes *Emigrante* 41: Pasé por la tumba del Pepe y le dije un padrenuestro. Noval *Fauna* 106: El Charrán ártico .. así como el Charrán menudo .. pasan igualmente en primavera y otoño por la costa asturiana. Cuevas *Finca* 91: El expreso no pasaba hasta las tres de la tarde. Cela *Viaje andaluz* 58: El vagabundo, aunque no era supersticioso, pasó por momentos en los que lamentó haber vendido su amadeo de plata. **b)** Ir [a un lugar (*compl* POR)] por poco tiempo, frec. aprovechando el camino hacia otro. *Frec pr*. | *Reg* 29.10.74, 2: Los interesados pueden pasar por dicho Centro para retirar los referidos certificados de lunes a viernes. *Abc* 11.6.67, 89: Su primera actuación [del rey Amadeo] .. es pasarse por la basílica de Atocha para rezar ante el cadáver de Prim. Cela *Pirineo* 295: Si va usted por allí, no deje de pasarse por mi casa. **c)** Ser [una pers. o cosa (*compl* POR)] elemento básico o decisivo [para algo (*suj*)]. | J. Oneto *Cam* 5.11.78, 21: Este primer esquema de trabajo .. está sujeto a una serie de variaciones, la mayoría de las cuales pasan, según todos los observadores, por la grave situación del País Vasco. *D16* 30.10.78, 3: Francisco Letamendia .. declaró al final que "la pacificación de Euskadi pasa por nosotros". **d)** ~**le** [a alguien algo] **por la cabeza** (*u otro n equivalente*). (*col*) Imaginar[lo] fugazmente. *Frec pr*. | Matute *Memoria* 22: Le llamábamos Prespectiva .. y cualquier nombre estúpido que nos pasara por la cabeza. DCañabate *Paseíllo* 27: Tu mujer se despelleja las manos con el agua del Manzanares, y ni por ensoñación se le pasa por el caletre dárselas de finústica. **e) no saber** [una pers.] **lo que ha pasado** [por ella]. No poder explicar lo que ha sentido o lo que le ha sucedido. | Lera *Clarines* 497: Cuando oí las campanadas, no sé qué es lo que pasó por mí.
 4 ~ [por algo]. Consentir[lo] o resignarse [a ello]. | Gironella *Millón* 61: –Tendré que hablar con ella. –Imposible. Ya te dijimos que no puede ser. No queremos que te vean en la escuela. –Pues tendréis que pasar por ello. **b)** ~ **por el aro** → ARO¹.
 5 Ser considerado válido. | * Mañana me examino; no sé si pasaré. * Es una excusa que no puede pasar. **b) pase**. Puede consentirse o tolerarse. *El suj es gralm una prop con* QUE. | Cunqueiro *Un hombre* 171: ¡Que huya un hombre de la guerra, pase, pero mujeres!
 6 Ser tenido [por algo] o considerado [como algo]. | V. Ruiz *HLM* 30.12.74, 43: Estos dos últimos protagonizaron una jugada, a la media hora, que el rojiblanco intentó hacer pasar como penalty al tirarse dentro del área. **b) hacerse ~ por**. Fingirse. *Seguido de un predicat*. | A. Pastor *Abc* 20.5.58, 3: La escena en el Foro .. fue frenética y seguida de tumultuoso desorden, capitaneado por un aventurero que se hacía pasar por sobrino de Mario. **c)** ~ [alguien o algo] **por** + *infin* = CONSIDERARSE QUE [alguien o algo] + *ind*. | Torrente *SInf* 17.10.74, 16: Alberti, Aleixandre, ciertas partes de la obra de Federico, pasan por ser lo mejor del surrealismo español.
 7 Ocurrir. *Frec en la fórmula* ¿QUÉ PASA? (*tb, jerg,* ¿PASA, TÍO?, *o* ¿PASA CONTIGO?), *usada a veces* (*col*) *como saludo*. | MGaite *Búsqueda* 18: Cuando vivimos, las cosas nos pasan; pero cuando contamos, las hacemos pasar. E. Sáenz *Rev* 12.68, sn: ¿Qué te pasa? No te entiendo, habla despacio.

Montero *Reina* 145: Pasa, tía, ¿te duele algo? Tomás *Orilla* 53: ¿Pero qué pasa contigo? .. Vosotros siempre tenéis polvo. Si Califa no tiene caballo, mal anda la cosa. Forges *Forges* n° 4 69: Hola, chata, ¿eres tú? ¿Pasa contigo, maciza? **b)** **¿qué pasa?**, *o* **¿pasa algo?** (*col*) *Fórmulas con que se apoya lo dicho o hecho, desafiando cualquier posible objeción*. | Olmo *Camisa* 36: –¿Así que os vais a ver donde siempre? –Sí, ¿qué pasa? **c) pase lo que pase**. *Fórmula con que se ratifica enfáticamente una decisión o una afirmación*. | *Ya* 15.12.92, 22: Pase lo que pase, la verdad es que este señor, este caballero, ha demostrado que los jueces valen para algo, o mejor, para mucho. **d) lo pasado, pasado**. *Fórmula con que se exhorta a olvidar los motivos de disensión*. | Torrente *Vuelta* 318: Bueno, papá, lo pasado, pasado. Lo hecho ya no tiene remedio. No me importa que me confieses lo que sé hace mucho tiempo.
 8 Transcurrir [el tiempo o una acción]. *Tb pr*. | Matute *Memoria* 195: No supimos cómo, pasó mucho rato. **b)** Terminar [una cosa] o llegar a su fin. *Frec pr*. | Horus *Sáb* 26.10.68, 41: Seguramente pudo hacer algo que no hizo..., pero eso ya pasó: ahora es necesario mirar al futuro. Candel *Catalanes* 18: Ante la persistente y debatida cuestión .. se enfurecen .. y entonces .. despotrican contra Cataluña .. De todos modos, esto les pasa pronto.
 9 Mantenerse o resistir más o menos bien. | * –¿Cómo estáis? –Vamos pasando. * Yo no puedo pasar con un sueldo de seis mil pesetas. * Este abrigo puede pasar todavía. **b)** ~ [sin una pers. o cosa]. Prescindir [de ellas]. *Frec pr y en frases negativas*. | J. Sampelayo *Abc* 2.2.75, 41: Una dama no se podía pasar sin peinadora, cocinera, doncella. J. Carabias *Ya* 8.5.75, 6: Todo el que quiera hacer algo serio en el terreno de la investigación literaria no podrá nunca pasarse sin conocer la obra de aquella figura inmensa.
 10 Ir más allá [de un límite]. *Como pr, expresa que la acción es involuntaria. Tb sin compl, por consabido*. | M. LMora *Reg* 29.12.70, 7: Seis sacerdotes diocesanos, cargados todos ellos de años (la mitad pasaban ya de los ochenta), .. fallecieron. MGaite *Retahílas* 14: El niño le contestó .. que no podían pasar más allá, que ya solo había cañadas para carros y bestias. * Nos pasamos de Ciudad Real. * Jugando a las siete y media siempre me paso. **b)** Salir [de una determinada categoría o condición (DE + *n o infin*)]. | L. Calvo *Abc* 2.3.58, 6: Ya no sé si estas anécdotas son verdaderas. Probablemente no pasan de chistes. MCampos *Abc* 4.3.58, 3: Nuestras ideas son poco más que embrionarias; no pasamos de saber que los efectos de esa peste se podrían comparar –en tiempo y cantidad– con los de una excelente bomba de hidrógeno.
 11 (*Juegos*) No querer jugar [alguien] cuando le toca el turno. | *Naipes extranjeros* 12: Entonces, nuevamente estudia cada uno su juego, pudiendo envidar o pasar.
 12 (*col*) Abstenerse [de algo]. *Frec sin compl, por consabido*. | Cela *Viaje andaluz* 169: El vagabundo .. almuerza de lo que le dan ..; pero al postre, que era ya mucho lujo, el vagabundo prefirió pasar porque le dio un no sé qué en el corazón –quizá jindama– comerse aquella fruta.
 13 (*col*) Mantener una actitud de indiferencia o despreocupación [ante alguien o algo (*compl* DE)]. *Tb sin compl, por consabido*. | J. L. Rubio *Cam* 26.12.77, 71: Ninguna de ellas [canciones] está grabada en disco, porque Ramoncín desdeña las servidumbres impuestas por las compañías discográficas. "Paso de ellas", dice con gesto suficiente. Delibes *Voto* 52: Tampoco faltes, tía. Yo paso de eso.
 ▶ **b pr 14** No detenerse [una pieza o mecanismo] en el lugar debido. *Referido al tornillo*, ~SE DE ROSCA. | * La cuerda del reloj se pasa. Palacios *Juicio* 17: Los tornillos del juicio, lo mismo que los tornillos materiales, se aprietan girando a la derecha, y se aflojan en dirección contraria. Si bien es un consejo saludable el no apretarlos tanto que se pasen de rosca. **b)** (*col*) Ir [uno], en sus actos o palabras, más allá de lo discreto o razonable. *A veces*, ~SE DE LA RAYA O DE ROSCA. | Torrente *DJuan* 207: Evidentemente, Juan, te has pasado, Dios es amor, y si doña Sol halló el amor en ti, ¿qué tiene de extraño que haya encontrado por chiripa a Dios? Delibes *Voto* 8: –Esta propaganda a lo Kennedy funciona .. –Quizá .. Pero ¿no te habrás pasado un pelín? Diosdado *Olvida* 70: En estos casos vale más no pasarse demasiado de rosca, no se sabe hasta dónde podría uno llegar. **c)** Sufrir en exceso los efectos [de algo]. *Frec en part*. | E. Corral *Abc* 25.2.68, 99: Es una fotografía como pasada de luz

pasar – pasar

o de revelado, como aumentada de grano. AMillán *Mayores* 390: Tu niña se va a pasar de trago, va a perder la cabeza, y entonces no va a saber lo que hace. Tomás *Orilla* 84: Vas pasao de chocolate. **d)** Ser [algo (*compl* DE + *adj*)] de manera excesiva o inaceptable. | E. Mallorquí *Cod* 1.9.74, 10: Yo creo que optar por eso es pasarse de fino y de delicado. **e)** **~se de listo.** (*col*) Equivocarse por exceso de malicia. | Pemán *Abc* 9.6.74, 3: Cuando el Evangelio anota que Cristo escribía con un dedo sobre la arena unos signos misteriosos mientras juzgaba a la mujer adúltera, se pasan de listos los intérpretes que suponen que anotaba, como en un "memorándum", los pecados de la inculpada.

15 Dejar de estar [algo, esp. un alimento] en el momento adecuado u óptimo para su utilización o consumo. *Tb fig, referido a pers.* | Castellanos *Animales* 91: Hay en el mercado piensos especializados, que únicamente deberán alternarse con alguna que otra galleta .. y con una hoja de lechuga, que bajo ningún concepto debe ser lavada, ni estar pasada o podrida. *Ya* 8.7.72, 12: Conviene alcanzar el punto exacto, porque si no el arroz se pasa, y todos ustedes saben a qué queda reducida la paella. *Economía* 304: Las flores .. son delicadas: se marchitan y "pasan" pronto. Escobar *Itinerarios* 245: Aquella pregunta y aquella desentonada euforia de la intrusa, una moza madura y casi pasada, no venían a cuento. **b)** Envejecer [una tela], haciéndose fácilmente rompible. *Frec en part.* | *Cam* 16.8.76, 20: En el cuarto de música, hay sobre un estrado un piano de cola. Recogido en una rinconera .., un tresillo de cretona muy pasada. **c)** Dejar de estar de moda. *Frec en part. Frec en part.* | Cossío *Confesiones* 75: –¿Por qué no representas esto?– Morano me replicó que era un teatro un poco pasado, y que no interesaría al público. **d)** **~sele el arroz** → ARROZ.

16 Convertirse totalmente en brasa [el carbón]. *Frec en part.* | *Economía* 76: Encenderlos [los braseros] siempre al aire libre y no introducirlos en las habitaciones hasta que estén bien encendidos y pasados.

17 **~sele** [a alguien algo]. (*col*) Quedar[le] inadvertido u olvidárse[le]. *A veces* ~SELE POR ALTO. | ZVicente *Traque* 206: ¡Ah, se me pasaba, caramba, esta cabeza! Esa manta la habíamos salvado cuando la evacuación.

18 (*col*) Quedarse momentáneamente [un niño] sin poder respirar, a causa de un lloro muy violento. | ZVicente *Traque* 84: Tuvieron que darle al crío la respiración artificial, porque se pasaba llorando, no le digo más.

19 (*col*) Producir [los dientes] cierta sensación de dolor, frec. a causa del frío. | Delibes *Vida* 24: Sacábamos agua del pozo y la bebíamos directamente del cubo, los dientes pasados de frío.

B *tr* **20** Hacer que [alguien o algo (*cd*)] vaya [a otro lugar, gralm. inmediato, o al otro lado]. *Frec sin el compl* A, *por consabido*. | Arce *Testamento* 23: La garganta me dolía al pasar la saliva. *Lab* 9.70, 4: Aberturas para pasar el cinturón. Torrente *SInf* 7.11.74, 12: En su chochez, don Pío pasaba las cuentas de un rosario imaginario. **b)** Hacer que [algo (*cd*)] llegue [a otra pers. (*ci*)]. | Matute *Memoria* 81: La abuela me pasó el misal y me miró con dureza. Tomás *Orilla* 11: Admitió que el hachís que le habían pasado era de excelente calidad. **c)** Introducir o sacar [géneros de contrabando]. | Tomás *Orilla* 203: Cuando tienes los billetes, viajas a Holanda. Allí ligas el polvo a tres mil el gramo .. Luego pasas el caballo, y solo que lo pongas a quince boniatos el gramo, te forras. **d)** Poner [a una pers. (*cd*) otra que está hablando por teléfono] en comunicación [con una tercera]. | * Te paso con él para que se lo digas tú mismo.

21 Hacer que [alguien o algo (*cd*)] empiece a estar [en un estado o situación nuevos (*compl* A)]. | *Abc* 14.11.74, 37: El Gobierno pasa al general Stehlin a la reserva. *Reg* 19.11.74, 6: Se pasan a informe de Bellas Artes las solicitudes presentadas por don Florentino López Castaño, .. la de don Eduardo Gómez Ballesteros. F. A. González *Ya* 26.3.75, 57: No puedo evitar el doloroso recuerdo de mi padre, compositor de música, que murió a los cincuenta y cinco años, con la melodía capital de una obra sinfónica sin pasar al papel. **b)** Poner [algo, esp. un escrito, en otra presentación (*compl* A)]. *En constrs como* ~ A LIMPIO, ~ A MÁQUINA. *A veces se omite el compl, por consabido*. | Umbral *Ninfas* 59: Mi poema lo había escrito yo con una caligrafía complicada, modernista .., y luego lo había pasado a máquina en una de mis academias nocturnas. ZVicente *SYa* 10.12.72, 15: Te divierte cómo te parto el suizo mientras tú pasas a limpio esa conferencia que te tragaste ayer.

22 Ir [a través de un lugar (*cd*) o marchando en algún momento junto a él (*cd*)]. *Tb fig.* | E. JRey *Reg* 11.2.75, 1: Cuando los íberos invadieron la península Ibérica, pasaron el estrecho de Gibraltar. Laforet *Mujer* 49: El tema de sus padres .. era algo que la muchacha pasaba muy deprisa. **b)** **~ lista** → LISTA.

23 Estar [determinado tiempo (*cd*) en una situación o en una actividad (*compl adv, o adj concertado con el n de tiempo*)]. *Tb pr.* | Cunquerio *Un hombre* 21: Entró Eusebio en los consejos y archivos, después de pasar un mes en la casa de una modista de niñas. DPlaja *El español* 139: El español puede pasarse meses convenciendo a una muchacha de que olvide las enseñanzas recibidas. DCañabate *Abc* 2.3.75, 45: He pasado un día fatal. **b)** **~ el rato, ~se la vida** → RATO, VIDA. **c)** **~lo.** Estar [en alguna situación y durante un tiempo con una sensación agradable o desagradable]. *Con los advs* BIEN o MAL, *u otros de sent equivalente. Tb* (*col*) *pr.* | Medio *Bibiana* 65: A pasarlo bien, que la vida es breve. DCañabate *Paseíllo* 121: Se plantaba en Madrid dispuesto a pasarlo en grande. GHortelano *Amistades* 69: ¿Te lo pasas bien con ellos? **d)** **que usted lo pase bien.** (*pop*) *Fórmula de despedida, esp dirigida a alguien que marcha a alguna diversión. Tb* ~LO BIEN. | Cela *Viaje andaluz* 58: ¡Muchas gracias, y que usted lo pase bien! SFerlosio *Jarama* 24: –Hasta más tarde, entonces. –Nada; a disfrutar se ha dicho; pasarlo bien. –Muchas gracias; adiós. **e)** **~las canutas, moradas, negras,** *etc* → CANUTAS, MORADO, NEGRO, *etc*.

24 Experimentar [una sensación o situación, gralm. desagradable]. | Medio *Bibiana* 12: Se ha quitado la combinación y ahora no encuentra su camisa de dormir. Pasa un sofocón hasta que la descubre. Cuevas *Finca* 80: Llevamos cinco años pasando fatigas. Arce *Testamento* 61: Nos pasamos antes la gran juerga. **b)** Ser objeto [de una prueba o un examen (*cd*)]. | A. Heredia *Inf* 8.5.75, 15: El universitario no viene a las aulas solo para estudiar y a pasar unos exámenes, sino a recibir una formación integral. **c)** Ser considerado apto [en una prueba o examen o en la materia correspondiente (*cd*)]. | FQuintana-Velarde *Política* 9: Eso mismo suelen decirte en el largo rosario de asignaturas que has debido pasar cada mes de junio... o de septiembre.

25 Tolerar o dar por bueno [a alguien o algo]. | J. JBlanco *Dis* 6.76, 37: Algo hay –confieso– que no puedo pasar. El aire de terreno conquistado con que la oposición se presenta ahora como dueña de la situación. * A Fulano yo no le paso.

26 Hacer que [alguien o algo (*cd*)] vaya [a través de un lugar o a lo largo de él (*compl* POR)]. *Tb sin compl, por consabido*. | Arce *Testamento* 15: Era molesto .. no poder hacer otra cosa que pasarse la mano por los cabellos. *Lab* 2.70, 37: Una vez se ha marcado en la tela el lugar .., se pasa una bastilla. *Economía* 226: La plancha se pasará varias veces, alternándola con el paño humedecido. **b)** Someter [a una pers. o cosa (*cd*)] a la acción [de algo (*compl* POR)]. | P. Crespo *SArr* 27.12.70, 42: Se crearon las "salas especiales" en las que se proyectan títulos en versión original, pero convenientemente pasadas por la tijera. Bernard *Salsas* 66: Se pasa todo por el pasapurés y se añade una cucharada de perifollo picado. **c)** **~ por las armas, ~ a cuchillo** → ARMA, CUCHILLO. **d)** Someter [un alimento] a la acción del calor. *Con un compl de intensidad*. | Torrente *Off-side* 493: Hazme una tostada muy pasada. **e)** (*col*) Limpiar [algo] pasando por su superficie un trapo o algo similar. | Delibes *Madera* 260: Acompañada de sus viejas sirvientas, doña Guadalupe desalojó el recinto de polvorientos cachivaches, pasó los techos, restregó el entarimado.

27 Llevar a cabo. *El cd es un n de acción como* REVISTA, VISITA, CONSULTA. | *MMé* 1.5.84, 1: El doctor Galo Leoz, ciento cinco años y continúa pasando consulta. T. Peraza *Abc* 29.4.58, sn: Durante media hora pasamos revista a las chatas colinas de las orillas.

28 Ir más allá [de un límite (*cd*)]. | J. Gimeno *Not* 4.12.70, 13: La velocidad punta también es sorprendente para un 1.600 c.c., pues, aunque con cierta fatiga, puede pasar la línea de los 180 kilómetros por hora. SFerlosio *Jarama* 126: –Es un cuatrimotor. –Pues que ahora aterriza .. Cogen ahí en seguida la pista de Barajas, nada más que pasar la carretera. Lera *Boda* 642: Hay que estar al tanto de todo para que el borrico no pase la linde. **b)** Adelantar [a alguien o algo]. *Tb fig.* | Peraile *Ínsula* 62: Cuando el 600 nos pasó,

pasarela – pascual

íbamos a 110. **c)** Superar o aventajar [a alguien o algo]. *Frec con un compl cuantitativo.* | Torres *Ceguera* 148: Te paso la cabeza.
29 Omitir o saltar [un elemento de una serie]. *Tb ~* POR ALTO. *Frec con un compl de interés.* | * Al dar los números, pasaron a dos personas. * Te has pasado una hoja sin corregir. **b) ~ por alto** [a alguien o algo]. No tener[lo] en cuenta. | Alfonso *España* 94: Quien se acostumbra a pasar por alto a los demás en el trato inmediato, es imposible que lo tenga debidamente en cuenta en otros niveles más hondos. Lázaro *Abc* 29.6.85, 3: No pasemos por alto su razonamiento: en algún punto nos alcanza.
30 Proyectar [una película]. | J. M. Amilibia *Pue* 16.10.70, 36: Todos se dejan influir por una película recientemente pasada por la televisión, titulada "El vampiro de Düsseldorf".
31 (*Moda*) Llevar puesto [un modelo] o lucir [algo] a lo largo de un espacio determinado, para que puedan observarlo los posibles clientes. | *Reg* 12.11.74, 8: Las Damas de Caridad .. ya están organizando su tradicional desfile de modelos .. Los modelos serán pasados por gentiles señoras y señoritas placentinas.
II *m* **32** Situación económica suficiente para vivir. *Normalmente en la constr* UN BUEN, *o* MEDIANO, *~*. | Halcón *Campo* 31: Ama [el labrador] más que el dinero la seguridad de "un pasar". Benet *Nunca* 133: Había legado una finca que, bien administrada, le hubiera permitido algo más que un buen pasar para el resto de sus días. CPuche *Paralelo* 96: ¡Si, al menos, ella supiera que él .. tenía un mediano pasar! Si ella supiera que él tenía una casita propia.

pasarela *f* **1** Puente estrecho para uso de peatones. | *Inf* 20.4.77, 36: Antes del próximo curso académico entrarán en servicio dos pasarelas para peatones en la carretera de La Coruña-Ciudad Universitaria.
2 Plano inclinado móvil que permite el acceso a un barco. | MMolina *Jinete* 386: Apareció la fotografía de una multitud de hombres con uniformes rayados que se congregaban en el muelle de La Habana junto a las pasarelas de un vapor.
3 Plataforma alargada sobre la que se realiza un desfile de modelos. | M. Vega *Gar* 25.8.62, 23: Un grupo de bellezas españolas desfilarán por la pasarela del salón del trasatlántico luciendo los vestidos de la próxima temporada.

pasaroniego -ga *adj* De Pasarón de la Vera (Cáceres). | XSandoval *Abc* 20.4.58, 37: Para los pasaroniegos de entonces –y de ahora– el juvenil idilio del futuro vencedor de Lepanto y la castellanita adolescente tuvo tintes más dramáticos.

pasarratos *m* Pasatiempo. | Valencia *HLM* 9.6.75, 31: Con la llegada del verano los escenarios madrileños se van apagando, y la mayoría de ellos anuncia postrimerías o se apareja de espectáculos acogidos al clima veraniego, que en el teatro es de indulgencia y pasarratos.

pasatiempo *m* Cosa que sirve de diversión o entretenimiento. | Laiglesia *Tachado* 34: Aconsejó a Su Alteza que transformara el principado en un vasto parque de atracciones, con casinos de juego como pasatiempo básico.

pasavolante *m* (*raro*) Toque o pasada rápida. | J. G. Manrique *Abc* 4.8.72, 11: Algunas vecinas, parroquianas de San Martín, se sentaban los primeros días como tomando posesión de una propiedad mancomunada, como asumiendo la obligación de limpiar el polvo a la plaza y dar un pasavolante a los barandales.

pasavoleo *m* (*raro*) Toque o pasada rápida. | Berlanga *Recuentos* 15: De la cámara bajó una paleta y un retal de saco viejo para que fuera yo quien recogiera de su pala los panes ya cocidos, les diera un pasavoleo para sacudirles la harina y los alineara en los tableros.

pascal[1] *m* (*Fís*) *En el sistema internacional:* Unidad de presión equivalente a la ejercida por una fuerza de un newton sobre una superficie plana de un metro cuadrado. | Medina *Meteorología* 5: Los físicos suelen emplear también otra unidad de presión, el pascal (Pa).

pascal[2] *m* (*Informát*) Lenguaje desarrollado a partir del algol, destinado a la enseñanza y aplicado en la actualidad a ordenadores personales. | *NAl* 13.10.89, 13: Academia Roll .. Pascal .. Basic.

pascua (*con mayúscula en aceps 1, 2, 3, 4 y a veces en 5 y 10*) **I** *f* **1** (*Rel catól*) Fiesta en que se celebra la resurrección de Jesús. *Tb ~* FLORIDA O DE RESURRECCIÓN. | SLuis *Liturgia* 10: El celebrante puede decir misa también el domingo de Pascua .. El domingo de Pascua de Resurrección es la fiesta central del año. SLuis *Doctrina* 110: Comulgar por Pascua Florida.
2 (*Rel catól*) Fiesta con que se celebra el nacimiento de Cristo, la adoración de los Magos o la venida del Espíritu Santo. *Gralm con los compls* DE NAVIDAD, DE EPIFANÍA *o* DE PENTECOSTÉS. | P. Sagrario *Sáb* 1.2.75, 41: El hecho de .. no festejar la Pascua de Navidad, aunque la respetan igual que el Viernes Santo, .. los ha tenido estigmatizados socialmente. *Ya* 20.6.75, 56: Averiguando el epacta de cada año, se sacan las fiestas movibles del Domingo de Carnaval, Miércoles de Ceniza, .. Pascua de Pentecostés, Santísima Trinidad. SLuis *Liturgia* 6: La Epifanía o "Manifestación" es la Pascua de los Gentiles. **b) ~ militar**. Celebración militar de la Epifanía. | *Van* 29.3.74, 31: Imposición de condecoraciones concedidas en la pasada Pascua Militar.
3 *En pl:* Fiestas de Navidad. | R. Roquer *Van* 20.12.70, 32: La añoranza de las inminentes Pascuas hace reverdecer y florecer el amor. **b)** (*col*) *Se usa frec en constrs de sent comparativo para ponderar la alegría o contento.* | GPavón *Reinado* 215: Luego de arreglar a una prójima, de cargo de conciencia, nada, pero nada. Más contento que unas pascuas. *Hoy* 13.12.75, 10: ¡Contentos como unas pascuas!
4 (*Rel jud*) Fiesta hebrea en memoria de la salida de Egipto. | Vesga-Fernández *Jesucristo* 123: Fueron los discípulos a Jerusalén y hallaron todo según les había dicho el Señor y prepararon todas las cosas para la Pascua. **b)** Comida de Pascua [3a]. *Tb fig, designando a Jesucristo.* | Vesga-Fernández *Jesucristo* 123: Ardientemente he deseado comer esta Pascua con vosotros antes de mi Pascua; porque os digo que no la comeré más hasta que se cumpla en el Reino de los Cielos. Ribera *Misal* 570: Verdaderamente es digno y justo .. que publiquemos vuestras alabanzas en todo tiempo, pero especialmente en este, en que fue sacrificado Cristo, nuestra Pascua. Porque Él es el verdadero Cordero, que ha borrado los pecados del mundo.
II *loc adj* **5 de ~**. [Huevo] de chocolate que se regala por la Pascua [1]. | *Abc* 2.4.72, sn: Cuatro jóvenes esquiadores ascienden .. en una de las cabinas del teleférico que han sido decoradas como si de grandes huevos de Pascua se tratara. **b)** [Mona] **de ~** → MONA.
6 de ~(s). (*col*) [Cara] que expresa alegría o satisfacción. | * Llegó con cara de pascua.
III *loc v y fórm or* **7 hacer la ~**. (*col*) Fastidiar. | E. Merino *SVoz* 8.11.70, 1: Las hijas de Papá Goriot .. se unen casi siempre a sus maridos para hacerle la pascua al pobre anciano. *Cam* 26.12.77, 131: Empresas hechas la pascua. El millón de empresarios que hay en este país se han pasado todo el mes de diciembre intentando buscar la forma de pagar la extraordinaria a sus empleados.
8 (y) santas ~s. (*col*) (Y) ya está, o (y) eso es todo. | Cela *SCamilo* 88: Nada de apretar a la Ginesa .., tú la bailas .. y en cuanto te haga una seña te largas y santas pascuas. LTena *Luz* 41: –Estás... medio desnuda. –Pues con no mirar... ¡Santas Pascuas!
9 santas ~s. *Fórmula que expresa indiferencia.* | Lera *Boda* 580: A mí, todo eso, ¡santas Pascuas! ¿Estamos? MGaite *Ritmo* 194: ¿Que está enfermo papá? Pues santas pascuas, como si se muere.
IV *loc adv* **10 de ~s a ramos**. (*col*) Muy de tarde en tarde. | Carandell *Madrid* 100: Los huéspedes pagaban de pascuas a ramos. Delibes *Parábola* 22: También de Pascuas a Ramos (dos o tres veces por año) Darío Esteban interrumpía la tarea.

pascual *adj* **1** De (la) pascua. | SLuis *Doctrina* 113: Conviene hacer la Comunión Pascual en la Parroquia. PeñaUseros *Mesías* 73: El cordero pascual es figura de Jesucristo. FReguera-March *Fin* 138: Su primo Salvador le había invitado a pasar las fiestas pascuales en su casa de Madrid, y don Manuel casi se alegró. [*Navidad*.] **b)** [Cirio] muy grueso que se bendice el sábado santo y arde en la iglesia en ciertas solemnidades hasta el día de la Ascensión. | SLuis *Liturgia* 10: Después del día de la Ascensión se apaga el cirio pascual. **c)** [Precepto] que obliga a comulgar por Pascua de Resurrección. | *DCá* 16.4.76, 8: Durante esta ceremonia, siguiendo tradicional costumbre, la Corporación Municipal cumplió con el precepto pascual, y a la terminación de los actos visitó los Sagrarios.

2 [Cordero] que ya come pasto. | *Ya* 7.6.73, 19: El [ganado] lanar acusó ciertas alzas, que oscilaron entre 10 y 20 pesetas kilo en sus cotizaciones máximas, correspondientes a los corderos lechales y pascuales.

pascuense *adj* De la isla de Pascua (Chile). | *SAbc* 30.7.78, 26: Pese a los numerosos estudios que arqueólogos, antropólogos y etnólogos de todo el mundo han dedicado a la cultura pascuense, el halo de misterio que envuelve a este lugar no ha podido ser desvelado.

pascuero *m* Flor de Pascua (planta). | Gala *Sáb* 16.6.76, 9: En la terraza veo gruesas hortensias, con su inevitable aire de plástico, caléndulas naranjas y los pascueros de renovadas hojas.

pase I *m* **1** Acción de pasar, *esp* [20 y 30]. | *Sp* 21.6.70, 52: Velázquez, tras recibir un pase en profundidad de Amancio, se colaba hacia la puerta de Reina. Tomás *Orilla* 244: –¿Cómo mete el polvo? .. –Fácil. En botellas de whisky. Las vacía y mete en ellas el polvo, mezclado con un alcohol especial. Hace el pase por las fronteras, sin problemas. *Sol* 24.5.70, 8: "El marinero de los puños de oro" .. (Mayores de 18 años). Último pase, 11 noche.

2 Movimiento de los que hace con las manos un hipnotizador o mago. | MMolina *Jinete* 282: Aturdida por las palabras del Praxis y por los movimientos de sus manos como por los pases magnéticos de un hipnotizador.

3 (*Taur*) Lance que consiste en citar al toro con la muleta y, cuando embiste, dejarlo pasar haciendo un quiebro. | DCañabate *Abc* 26.8.66, 47: En los primeros pases, el hermoso toro de 559 kilos dobla sus manos dos veces.

4 Permiso dado por la autoridad competente para disfrutar de un privilegio, esp. no pagar en determinados lugares o medios de transporte. *Tb el documento en que consta*. | *Cam* 24.2.75, 11: Cumple el servicio militar en Aranjuez sin ningún pase de pernocta. Tachín *Abc* 28.6.58, 58: En los trenes, en el "metro", en los autobuses y, especialmente, en los espectáculos públicos, es curioso observar a los poseedores de pase en el momento en que declaran que en su cartera guardan un cartoncito con una fotografía, unas firmas y un sello. **b)** Permiso dado por escrito para que algunas cosas puedan circular por un territorio. | Mercader-DOrtiz *HEspaña* 4, 223: La obligación del "pase" fue extendida a todos los documentos pontificios, sin excepción.

II *loc v* **5 tener** [algo o alguien] **un ~.** (*col*) Ser aceptable. | Lera *Bochorno* 69: Puedes ir casi desnuda en la playa y en la piscina... ¡Bah, todo eso tiene un pase! Pero, ¡anda, descuídate con un chico, y verás! Mendoza *Ciudad* 93: Que ahorrase yo tendría un pase, porque soy tonto y he de pensar en el futuro; pero que ahorres tú, que tienes tantos recursos, no lo entiendo.

paseadero *m* (*raro*) Paseo [2]. | L. B. Lluch *Pro* 19.8.75, 2: Había una bellísima arboleda, con unos paseaderos de obra de cañas cubiertas de arrayán, y entre ellas unas estancias en cuadro hechas de lo mismo.

paseador -ra *adj* [Pers.] aficionado a pasear [1a]. *Tb n*. | ZVicente *Traque* 38: Una amiga mía .., gran paseadora, tenía un podómetro para hacer todas las tardes cuatro mil metros en tres cuartos de hora.

paseante -ta (*la forma f* PASEANTA *es rara*) **I** *adj* **1** Que pasea [1a y b]. *Frec n, referido a pers*. | Aldecoa *Gran Sol* 146: Carreras y carreras y carreras, entrando, saliendo en la multitud paseante. APaz *Circulación* 127: El taxi en busca de cliente o el paseante en auto son estorbo[s] impropios de la moderna convivencia social. Umbral *Ninfas* 38: Teníamos a dos paseantas entre nosotros, dos chicas olorosas a colonia y a domingo.

II *n* **2 ~ en corte.** (*hist*) Hombre sin empleo u ocupación fijos. | Cabezas *Abc* 23.3.71, 18: Galdós incluyó en sus narraciones madrileñas toda la humanidad disponible en su tiempo: los artesanos de la Cava Baja, .. los chulos y paseantes en Corte.

pasear A *intr* **1** Andar por placer o por deporte. *Tb pr*. | Arce *Testamento* 16: Hora y media antes yo paseaba bajo los arces. **b)** Hacer un recorrido [a caballo o en otro medio de transporte] por puro placer o por deporte. *Tb pr*. | * –Mañana saldremos a pasear a caballo. –Preferiría en bicicleta. **c)** Moverse [algo] lentamente [por un lugar]. *Tb pr*. | P. Berbén *Tri* 8.8.70, 17: Los discos a volumen máximo, los reflectores paseando por el público .. constituyen parte del sistema de escamoteo.

B *tr* **2** Sacar a pasear [1] [a alguien]. | Marsé *Dicen* 230: –¿Nunca vas por la tarde? –A veces. A pasearle después de comer, pero en seguida a casa a esperar a sus amigos. Cossío *Confesiones* 94: Había perdido el humor para pasear sus caballos y organizar partidas de caza.

3 Llevar [algo o a alguien] de un sitio a otro. | AMillán *Juegos* 116: Toni pasea la luz de la linterna por las caras de todos.

4 Pasear [1] [por un lugar (*cd*)]. | Umbral *Ninfas* 133: Paseamos los jardines universitarios, tranquilos, soleados. **b)** Recorrer [un lugar] sin prisas, como quien pasea [1]. *Tb fig*. | Pemán *Gac* 30.8.70, 5: Los universitarios europeos, con negros y chinos, están paseando el mundo bajo el rótulo "Viva la gente". Torrente *Isla* 262: Me pareció que los labios del general Bonaparte me paseaban los alrededores del ombligo, pero fue seguramente una alucinación. **c)** (*hoy raro*) Pasear [4a] con frecuencia [la calle (*cd*) de una mujer (*compl de posesión o ci*)] para cortejarla. | GPavón *Rapto* 221: Ese no creo que sea capaz más que de mirar a las mozas desde lo largo y luego pasearles la calle. O, a lo más, escribirles cartas. **d)** (*hoy raro*) Cortejar [a una mujer] paseando [4a] con frecuencia la calle donde vive. | Delibes *Historias* 73: Al empezar a pollear me sentí en la obligación de pasear a la Rosa Mari.

5 (*hist*) *En la Guerra Civil de 1936:* Dar el paseo [5]. | Delibes *Cinco horas* 72: A tu cuñado lo han paseado por rojo.

paseata *f* Paseo [1] largo. *Tb fig*. | Umbral *Ninfas* 149: Como dijese Lope, al que Empédocles me citó en esta noche de nuestra paseata por el claro de luna. Ayerra *D16* 1.4.89, 46: Cybill es un adorable negociado para adormilarse definitivamente frente a las pantallas del Ente, una paseata mortal a través de la vida, de la carne y del deseo.

paseíllo *m* (*Taur*) Desfile de las cuadrillas por el ruedo antes de comenzar la corrida. *Frec en la constr* HACER EL ~. | Lera *Clarines* 409: En ese momento empezó a tocar la banda un pasodoble torero .. Tras un momento de vacilación .., iniciaron el paseíllo. *Inf* 31.3.70, 40: Ha muerto Pepet, el famoso monosabio valenciano .. En los días de corrida se cambiaba apresuradamente .. para llegar a la plaza con el tiempo justo para hacer el paseíllo.

paseo I *m* **1** Acción de pasear(se). *Frec en constrs como* IR DE ~ *o* LLEVAR DE ~. | Laforet *Mujer* 45: Nunca se la olvidaba en ninguna excursión, paseo o reunión. *Abc* 23.4.72, 21: Segundo paseo lunar de Young y Duke. **b)** Salida en las horas de asueto [de un soldado o de otra pers. que vive en régimen de internado]. | Valls *Música* 21: Las llamadas o toques militares transmitidos por el cornetín de órdenes, por los cuales .. el receptor de la orden .. sabrá inmediatamente si tiene que avanzar, retirarse, levantarse o prepararse para el paseo. Goytisolo *Recuento* 108: Descubrió a Federico aguardándole en la linde de la compañía contigua; no iba en traje de paseo sino en mono, con un machete pendiente del correaje.

2 Lugar para pasear [1a y b]. *A veces forma parte de la denominación de algunas calles largas, anchas y con arbolado*. | C. Senti *Abc* 4.6.72, 35: En vez de tomar como base una carretera junto a la playa, convertida en paseo marítimo, .. prevalece en líneas generales el máximo respeto al ambiente natural del terreno. Cabezas *Madrid* 374: Desde la calle de Ferraz al Paseo de Moret, el Paseo del Pintor Rosales .. constituye una de las orillas más bellas y urbanas de Madrid.

3 Distancia corta que puede recorrerse a pie. *Frec con intención ponderativa*. | * De aquí a casa, un paseo, ya verás.

4 (*Taur*) Paseíllo. *Gralm en la constr* CAPOTE DE ~. | V. Zabala *Abc* 2.9.75, 57: Orteguita fue siempre un hombre fiel y caballeroso con su joven apoderado, y cuando le vi hacer el paseo se me vinieron a la memoria tantos recuerdos, que no pude por menos de estremecerme. DCañabate *Paseíllo* 16: Solo dos de los toreros poseen capote de paseo, pero todos son dueños de unos de brega, de juguete, por supuesto.

5 (*hist*) *En la Guerra Civil de 1936:* Acción de llevarse a alguien por la fuerza y matarle sin juicio previo. *Frec en la constr* DAR EL ~. | Salvador *Haragán* 178: No quiero contarle las cosas que se dicen por ahí. Registros, paseos, che-

cas... CPuche *Paralelo* 121: Apedreó con furia a los presos fascistas cuando los sacaron de la cárcel para darles el *paseo*.
6 ~ militar. Campaña guerrera que no ofrece dificultades. *Tb fig, fuera del ámbito militar. A veces simplemente ~.* | CSotelo *Inocente* 106: Para mi equipo, en el que tengo ayudantes de primer orden, confío en que sea un paseo militar. *SInf* 23.3.70, 8: El dominio catalán .. es abrumador .. En la [categoría] femenina la distancia de semifondo libre, los 400 metros, es un auténtico paseo catalán.
II *loc v y fórm or* **7 a ~.** (*col*) *Fórmula con que se expresa rechazo o desaprobación.* | MAbril *Ya* 29.12.74, 5: Hay que auparse, ponerse en situación, bailar la conga, que vuelve a estar de moda en nochevieja, ¿y mi reúma?, a paseo el reúma y las gastritis, que todo es empezar y hay que animarse.
b) irse a ~, mandar a ~ -> IR, MANDAR.

pasera *f* Lugar donde se ponen a secar frutas para que se hagan pasas (-> PASO²). | J. P. Vera *Reg* 29.10.74, 5: El viajero entra a comprar unas postales en una tienda al lado de la cual hay, en el mismísimo suelo, una "pasera" donde los higos que se han de conservar toman el sol.

paseriforme *adj* (*Zool*) [Ave] que tiene tres dedos dirigidos hacia adelante y uno hacia atrás, de modo que puede asirse a las ramas. *Frec como n m en pl, designando este taxón zoológico.* | Rodríguez *Monfragüe* 93: Un extenso grupo de especies paseriformes, tales como jilgueros (*Carduelis carduelis*), pardillos comunes (*Acanthis cannabina*).

pasiego -ga *adj* Del valle del Pas (Cantabria). *Tb n, referido a pers.* | Santander 21: Entre los campesinos montañeses se distingue, con caracteres perfilados, la raza pasiega.

pasificación *f* Transformación de uva fresca en pasa. | *Ya* 10.10.70, 14: Están exceptuados de la prohibición anterior: a) Los viveros de vid. b) Los viñedos de uvas de mesa o de pasificación.

pasiflora *f* Pasionaria (planta). | GCabezón *Orotava* 14: Granadilla o pasiflora, *Passiflora maliformis*, Linn., Pasiflorácea, Antillas y Suramérica.

pasiflorácea *adj* (*Bot*) [Planta] dicotiledónea trepadora, de flores hermafroditas y vistosas y fruto gralm. en baya. *Frec como n f en pl, designando este taxón botánico.* | GCabezón *Orotava* 14: Granadilla o pasiflora, *Passiflora maliformis*, Linn., Pasiflorácea, Antillas y Suramérica.

pasil *m* (*reg*) Parte por donde se puede atravesar a pie un río o arroyo. | J. A. Fernández *SAbc* 2.2.69, 49: En las vetas y pasiles, tierras algo más altas y ya libres de las aguas, .. existen en esta época densísimas manchas de cardos. [*En el Guadalquivir*.]

pasillo *m* **1** *En un edificio:* Pieza larga y estrecha que sirve de paso. | GPavón *Hermanas* 47: Al pasar ante el teléfono que estaba en el pasillo Plinio cogió el cuaderno de direcciones.
2 *En un lugar abierto o cerrado:* Espacio estrecho, alargado y limitado por los lados, que sirve de paso. | L. LSancho *Abc* 24.3.71, 77: Llevando parte de la acción al pasillo central del patio de butacas, no solo no consigue Patiño integrar actores y espectadores, sino que fragmenta el ámbito de la acción. Llamazares *Río* 132: En el centro, la calzada romana y el río y la carretera. Durante largo trecho, los tres siguen unidos –y paralelos– repartiéndose el pasillo del desfiladero. Delibes *Tesoro* 13: Jero aceleraba por el pasillo de la izquierda .. El tráfico era rápido y fluido. [*En una autopista.*] Landero *Juegos* 324: El grupo se abrió para hacerle un pasillo.
b) (*Dep*) Espacio estrecho y limitado por los lados, destinado a la práctica de determinados deportes. *Con un compl especificador.* | *País* 15.9.81, 45: El pasillo de saltos, lo mejor del estadio de Fuenlabrada. SPaís 16.3.92, sn: Atletismo .. Pista de carreras .. Pasillo de jabalina. **c) ~ aéreo.** Itinerario balizado que deben seguir los aviones, esp. en la cercanías de los aeropuertos y otras zonas de mucho tráfico. | *Ya* 19.9.90, 3: Torrejón. Piden la supresión del pasillo aéreo.
3 (*TLit*) Pieza dramática breve de carácter cómico, propia de finales del s. XIX y principios del XX. | Largo *Zarzuela* 101: "Agua, azucarillos y aguardiente": un pasillo de verano y su entorno. Umbral *Memorias* 10: Les bastaba con poner un poco de acento andaluz y en seguida les contrataban los Quintero para un pasillo o un entremés.

pasión (*normalmente con mayúscula en acep 1*) *f* **1** Conjunto de sufrimientos pasados por Cristo desde su apresamiento hasta su muerte. | Vesga-Fernández *Jesucristo* 35: La Redención es el Misterio de la Pasión y Muerte de Jesús. **b)** Narración evangélica de la Pasión. | Ribera *SSanta* 21: El que hoy celebra otra segunda o tercera Misa no está obligado a repetir la lectura de la Pasión. **c)** (*Mús*) Oratorio que tiene por tema la Pasión [1a]. | Casares *Música* 70: Ofrecerá [Telemann] a los alemanes una música no tan dependiente del factor religioso, a pesar de sus cuarenta y cuatro pasiones. **d)** (*lit, raro*) Sufrimiento o padecimiento. | GPavón *Rapto* 170: El del yelmo, cuya seriedad tal vez se debiera antes a pasiones del estómago que a otra causa más especulativa, dijo.
2 Sentimiento causado por un deseo o tendencia. | Gambra *Filosofía* 114: Entre las del apetito concupiscible citamos el amor y el odio, que son las pasiones generales de atracción o repulsión. *Gac* 11.5.69, 13: Santo Tomás de Aquino sostenía que la astrología ejercía cierta influencia sobre las pasiones del hombre, aunque no sobre su intelecto.
3 Sentimiento ciego o irreflexivo. | CBaroja *Inquisidor* 42: Don Diego de Simancas .. aparece ante nuestros ojos actuando con violencia y pasión. **b)** Entusiasmo o vehemencia. | Benet *Nunca* 10: Nos dijo que era de cerca de Manchester (con la misma forzada pasión con que debía echar pestes de Manchester en el comedor familiar).
4 Deseo sexual, esp. intenso. | Delibes *Cinco horas* 124: El noviazgo es una baza muy importante .. Ahora, un poquito de pasión, por mucho que digas, fundamental. CNavarro *Perros* 153: Se toqueteaban sin sensualidad, sin pasión y sin apetencias.
5 Afición o inclinación muy viva. | Olmo *Golfos* 45: Jugar al balón era una de nuestras grandes pasiones.

pasional *adj* **1** De (la) pasión, esp [3 y 4]. | *Reg* 25.3.75, 7: El local se hallaba profusamente adornado con flores, reposteros y motivos pasionales, presidiendo el estrado la imagen del Cristo crucificado de Santo Domingo. Aranguren *Marxismo* 99: En la realidad de la revolución, la violencia se produce también como para concomitancia irracional, como la explosión pasional quizá largamente reprimida. **b)** [Narración] cuyo tema es una pasión amorosa arrebatadora que lleva a un desenlace trágico. | GLuengo *Extremadura* 110: Felipe Trigo parece adscrito a ese reato pasional que tuvo en el primer cuarto de nuestro siglo cultivadores muy señalados. **c)** Causado por la pasión [4]. | *Ya* 31.5.84, 40: María Luz Fernández Pérez, de veintiséis años de edad, fue presuntamente asesinada .. por el policía nacional Andrés Martínez Rodríguez, en un crimen pasional.
2 Apasionado o lleno de pasión [3 y 4]. | CBaroja *Inquisidor* 30: Son todavía inquisidores no juristas; pasionales, podríamos decir. Mihura *Modas* 75: Él es un hombre muy pasional y con mucho temperamento. Y siempre que me ve, pone los ojos así, muy dormilones. Torres *Ceguera* 171: Eso quedaría muy pasional.

pasionalmente *adv* De manera pasional. | M. Ferrero *Act* 14.6.73, 31: La defensa del aborto suele hacerse, pasionalmente, con la presentación de casos desgraciados, que suscitan la compasión.

pasionario -ria I *adj* **1** De la Pasión [1a]. | RLafita *DCá* 16.4.76, 8: Ese misterio sacrosanto del Jueves pasionario gaditano. *VozAl* 21.3.81, 7: Un buen amigo .. ha proporcionado al "Viejo Baúl" un precioso documento que dio origen a las cofradías pasionarias de hace un siglo.
II *n A m* **2** Libro de canto que contiene la Pasión de Jesús. | P. Rocamora *Abc* 23.3.78, sn: En las bibliotecas de algunos conventos se conservan unos viejos códices .. Son los "Pasionarios". Es decir, cantorales o libros de canto sobre los que los monjes recitaban, con acordes de rezo gregoriano, la Pasión del Señor en la Semana Santa.
B *f* **3** Planta trepadora ornamental de origen americano y flores vistosas, cuyos estambres, pistilos y corona central de filamentos recuerdan los instrumentos de la Pasión de Cristo (gén. *Passiflora*, esp. *P. caerulea*). *Tb su flor.* | CBonald *Ágata* 235: Se lo llevó hacia un muro tapizado de pasionarias.

pasionero -ra *adj* (*raro*) De (la) Pasión [1a]. | M. Cayón *Abc* 15.4.73, 39: La liturgia morada y de luto de la Semana Santa vuelve cada primavera por los rumbos de la tradición .. Aquí tenéis que buscar, sin influencias, sin co-

pasionista – pasmo

pias, sin imitaciones, el verso místico y pasionero puramente leonés.

pasionista *adj* **1** De la congregación religiosa de la Pasión y Cruz de Cristo. *Tb n m, referido a clérigo*. | *MHi* 11.63, 51: En la iglesia del Pilar, regentada por padres pasionistas españoles, se celebró una misa.
2 (*raro*) De la Pasión [1a]. | *Hoy* 2.11.75, 14: La Comisión Pro Semana Santa de Cáceres ha convocado su primer concurso de fotografía sobre temas pasionistas cacereños.

pasito *adv* Despacio y sin hacer ruido. | Hoyo *ROc* 8/9.76, 92: Caminó, pasito, fingiendo ser otro ruido más, entre los frutales. **b)** Despacio y en voz baja. | FReguera *Bienaventurados* 35: Sánchez, pasito, sin inmutarse, sin asustarse, con su voz calma, uniforme, seguía hablando impertérrito.

pasitrote *m* Trote corto propio de las caballerías no amaestradas. | Ferres-LSalinas *Hurdes* 45: El ruido redondo del motor espanta a un asno peludo, a un pobre caballo de albarda, que al pasitrote .. va para Caminomorisco.

pasivado *m* (*Metal*) Preparación de la superficie de un metal que se ha de pintar. | *SAbc* 7.7.74, 22: Galvafort, la chapa galvanizada más ancha de España .. Pasivado superficial con ácido crómico .. Planicidad en dos grados, normal y especial, para usos específicos.

pasivamente *adv* De manera pasiva [1b]. | T. Salinas *MHi* 12.70, 33: Le ha hecho participar pasivamente de los juegos.

pasividad *f* Cualidad de pasivo [1 y 3]. | Aranguren *Marxismo* 111: Engels, refiriéndose al Derecho, afirmaba expresamente la no mera pasividad de la superestructura. **b)** Actitud pasiva [1b]. | Aranguren *Marxismo* 114: El partido ha de sacar de su pasividad a los rusos, campesinos individualistas, obreros todavía insuficientemente conscientes.

pasivo -va I *adj* **1** Que no actúa o no interviene. | Alcina-Blecua *Gramática* 217: La cavidad bucal se compone de una serie de órganos pasivos, fijos: los dientes, los alveolos, el paladar. **b)** Que no implica actuación o intervención. | Alfonso *España* 180: Los delitos de riesgo que, aunque no hayan dado lugar todavía a daños materialmente mensurables, suponen un atentado contra esa mínima seguridad pasiva. | MGaite *Nubosidad* 157: ¡Ha tomado una actitud pasiva tan desesperante! MGaite *Nubosidad* 219: Había visto anunciados servicios de sauna, gimnasia pasiva, masaje. **c)** [Resistencia] que consiste en oponerse a una autoridad o a una ley en forma de no cooperación, o en negarse a lo que otro pide. | Fernández-Llorens *Orbe* 158: Su actitud [de Gandhi] puede resumirse en dos puntos: no violencia y resistencia pasiva. Laforet *Mujer* 137: No tenía empuje para hacer nada. Solo resistencia pasiva... Así se había negado tozudamente, una y otra vez, a casarse por la iglesia. **d)** [Fumador] ~ → FUMADOR.
2 [Situación del funcionario] en la cual ha dejado de estar en activo. | * He pasado a la situación pasiva. **b)** [Clases] **pasivas** → CLASE. **c)** [Pers.] que pertenece a clases pasivas. | *Ya* 14.3.87, 13: Además de las provisiones para su personal pasivo, [los bancos] vendrán obligados .. a realizar provisiones respecto a la parte devengada de los riesgos potenciales por servicios prestados por su personal en activo. **d)** [Haberes] de la pers. que pertenece a clases pasivas. | *Ya* 21.6.75, 19: Los perceptores de haberes pasivos consignados en Madrid podrán verificar su cobro .. en los días del mes de julio que se indican. **e)** [Derechos] que adquiere un funcionario o trabajador, mediante un descuento de sus haberes, para devengar una jubilación o pensión cuando deje de estar en activo. | *Ya* 10.4.75, 39: Derechos pasivos de militares y funcionarios republicanos .. Se les impide cobrar los derechos pasivos de retiro a que tuvieron derecho hasta el momento en que la condena fue firme.
3 [Pers.] poco dada a actuar o a tomar iniciativas. | Pinillos *Mente* 149: El introvertido .. tiende a ser reservado, insociable, sedentario, pasivo, cuidadoso y pensativo.
4 [Homosexual] que hace el papel de hembra. | G. Lerma *Sáb* 17.3.76, 13: Existen diversos tipos de homosexualidad, que en una clasificación simplista pueden reducirse a tres esenciales: el homosexual pasivo, que asume el papel de hembra; el homosexual activo, que ejerce las funciones propias del varón, y, por último, el tr[a]vestista.
5 (*Com*) Que no produce o no sirve para producir beneficio. | Prados *Sistema* 216: No existe una imposibilidad de que los sistemas bancarios compitan unos con otros, especialmente en lo que respecta a los intereses activos y pasivos. J. Peláez *Sol* 24.5.70, 13: El capital pasivo en la misma fecha es de 30.075.078,85 pesetas.
6 (*Gram*) [Forma o voz verbal] cuyo sujeto designa la pers. o cosa que es objeto de la acción. *Tb n f, designando voz*. | Amorós-Mayoral *Lengua* 149: La voz pasiva se forma con el tiempo correspondiente del verbo "ser" y el participio del verbo que se conjugue. Amorós-Mayoral *Lengua* 99: Alguna vez se usa "de" (en vez de "por") para el agente de la pasiva. **b)** [Oración] que tiene el verbo en voz pasiva. | Amorós-Mayoral *Lengua* 149: Oración pasiva es aquella en la que el sujeto no realiza la acción del verbo. **c)** [Participio] ~ → PARTICIPIO.

II *m* **7** (*Com*) Importe total de los débitos y gravámenes de una pers. o una entidad. | Ramírez *Derecho* 148: Lo propio sucede en la suspensión de pagos cuando, siendo calificada la insolvencia de "definitiva", por resultar el pasivo superior al activo, se califica la insolvencia de "culpable".

pasma (*jerg*) **A** *f* **1** Policía (cuerpo). | Fraile *Cuentos* 24: El Filao y el Latas gritaron: –¡La bofia! .. –¡La pasma!
B *m y f* **2** Policía (miembro). | Á. PGómez *Inf* 6.5.83, 38: Reggie marca sus distancias con el "pasma". Se presta a colaborar, pero esperando sacar tajada a su vez.

pasmado -da *adj* **1** *part* → PASMAR.
2 Bobo o alelado. *Tb n, referido a pers*. | CPuche *Paralelo* 33: –Espera un poco, so pasmao. –Ya te he dicho que aquí no se nos ha perdido nada.
3 Que denota o implica pasmo [1]. | Marsé *Dicen* 253: Su mirada pasmada penetraba hasta el fondo del escenario, sus ojos saltaban de un horror a otro. Delibes *Madera* 20: Los pasmados ojos de los asistentes .. no repararon en los pelos del colodrillo.

pasmar A *tr* **1** Asombrar o causar admiración [a alguien (*cd*)]. | Olmo *Golfos* 20: –¿Y Luisito? ¿Cómo sigue ese encanto de criatura? –¡Pasmándome, señora mía, pasmándome con sus extraordinarias dotes! **b)** *pr* Asombrarse o admirarse. | Alfonso *España* 170: No es que los viejos no se pasmen y escandalicen de los excesos del momento.
2 Causar [a alguien (*cd*)] suspensión o pérdida de los sentidos o del movimiento. | Cela *Mazurca* 22: Cabuxa Tola también sabe pasmar gallinas, capar culebras. **b)** *pr* Quedarse [alguien] inmóvil y sin saber qué hacer. | Romano-Sanz *Alcudia* 274: Las niñas vacilan en el umbral. –Venga; no os quedéis ahí "pasmás" –dice el guarda.
3 (*col*) Causar enfriamiento o pasmo [a alguien o a una parte del cuerpo (*cd*)]. | Delibes *Vida* 187: El bañador mojado me pasmaba el vientre. **b)** *pr* Sufrir enfriamiento o pasmo [alguien o una parte del cuerpo]. | Delibes *Vida* 198: Una faja de lana, color crema, de cuatro metros de longitud, que entonces enrollaba alrededor de mi vientre cada vez que se pasmaba.

B *intr pr* **4** (*Pint*) Empañarse [un barniz o color]. | FSantos *Hombre* 85: Trabajar en casa no le gustaba, ni las copias en el museo, ni los encargos de aquel último cliente, ni levantar los pequeños cristales del barniz pasmado.

pasmarote *m* (*col*) Pers. pasmada (→ PASMADO [2]). | Delibes *Emigrante* 30: Me salió con que la preguntara al pasmarote de mi mujer dónde ponía las mondas cada vez que comía una naranja. CBonald *Ágata* 275: No quedaros ahí como unos pasmarotes, ¿es que nadie va a ir a por Blanquita?

pasmo *m* **1** Admiración o asombro intensos, frec. acompañados de paralización y desconcierto. | CNavarro *Perros* 29: Se detuvieron estupefactos. El miedo lo llenaba todo, incluso el pasmo, incluso la incredulidad y el desasosiego. GHortelano *Amistades* 228: Vio a Meyes en la puerta, con la boca entreabierta, aletargada de pasmo.
2 Paralización general. *Gralm en la constr* DAR UN ~. | Hoyo *Caza* 42: Esperaban sumisos sus palabras. –¿Es que os ha dado un pasmo? –dijo.
3 (*col*) Enfriamiento (enfermedad). | * No te pongas en la corriente, que vas a coger un pasmo.
4 (*Bot*) Se da este *n* a varias enfermedades de plantas, causadas gralm por hongos. | M. Toharia *SInf* 9.12.70, 16: Los perjuicios [del viento] son: gran secado del suelo tras las lluvias y riegos, vuelco de los tallos de cereales, deformación

en las copas de los árboles, "pasmo", "arrebato" y "deshidratación" de cereales, capullos, espigas y hojas.

pasmón -na *m* y *f* (*col*) Pasmarote. *Tb adj.* | Espinosa *Escuela* 447: Advierte que hablas con un triste vejestorio, zote irremediable, pasmón aturdido y memo jamás reflexionado. Cela *Mazurca* 31: Catuxa Bainte es parva cándida, no maldita lela pasmona.

pasmosamente *adv* De manera pasmosa. | MGaite *Ritmo* 244: –Buenas noches, papá –me fue pasmosamente fácil articular sin dejar de mirar al otro.

pasmoso -sa *adj* Que causa pasmo [1]. | Medio *Bibiana* 248: Su ingenio se agudiza de una manera pasmosa.

paso[1] **I** *m* **1** Movimiento hecho con cada uno de los pies para desplazarse. *Frec con el v* DAR. *Tb fig, referido a algo que evoluciona o progresa.* | Olmo *Golfos* 144: La única señal de vida es el ruido que van haciendo los pasos del hermano mayor. Cunqueiro *Un hombre* 11: Se levantó .., y dio unos pasos para mejor poder contemplar la curva de la muralla. Gambra *Filosofía* 17: Los primeros pasos del pensar filosófico. *Alc* 1.1.55, 3: 1954 significó para *El Alcázar* un paso tan decisivo como cambiar su ropaje antiguo por este nuevo y brillante del huecograbado. Halcón *Monólogo* 164: Desde que tienes tu asunto y el de Jesús arreglado no habéis dado un solo paso hacia el altar. **b)** (*Dep*) *En pl:* Falta que comete un jugador al avanzar determinado número de pasos sin botar la pelota. | * A Epi le pitaron pasos.

2 Espacio recorrido en cada paso [1]. *Frec en constrs como* (A) UN ~, (A) DOS ~S, *para ponderar la cercanía en el espacio o en el tiempo.* | Arce *Testamento* 51: El Bayona cruzó ante mí y fue a sentarse a varios pasos sobre el césped. Laforet *Mujer* 23: De aquí a casa no hay nada... Un paso. Kurtz *Lado* 213: Susan murió un nueve de diciembre, a dos pasos de las Navidades. **b)** *En una máquina de escribir o en una impresora:* Espacio de separación entre letras. | GTelefónica *83* 2, 133: Gama completa en máquinas de escribir desde la portátil hasta la eléctrica para oficina de paso proporcional. **c)** Unidad de medida de gasto en un contador. | GTelefónica *83* 1, 32: Las llamadas a este servicio tarifan los pasos correspondientes según sean urbanas o interurbanas.

3 Manera o velocidad con que se dan los pasos [1]. *Frec con un adj o compl calificador o especificador:* DE CARGA, LIGERO, DE GANSO, DE LA OCA, DE TORTUGA (→ CARGA, LIGERO, etc). | Berenguer *Mundo* 74: De seguir al paso de aquella tropa, no iba a darme lugar de tomarles la delantera para avisar.

4 Modo natural de andar las caballerías, en el que no tienen en el aire más que un pie. *Frec en la constr* AL ~. | Cuevas *Finca* 207: Jeromo hizo andar los caballos al paso. **b)** Velocidad normal de andar una pers. *Frec en la loc* AL ~. | Millás *Visión* 178: Tras él venía el inspector, entre la carrera y el paso. Delibes *Mundos* 42: El tren camina al paso y el viajero puede aparese tranquilamente a tomar una fotografía y volver a subir sin mayor esfuerzo.

5 Manera de mover los pies y el cuerpo propia [de una determinada danza]. | Moreno *Galería* 351: Cada danza tiene melodía propia .. Tiene pasos y figuras determinadas, exclusivos de cada número o danza.

6 Acción de pasar [1, 2, 3, 8, 20, 21, 22 y 26]. | Arce *Testamento* 27: Pisaba entre ellos con el mayor descuido y a su paso se levantaban nubes de vilanos. Noval *Fauna* 108: Es frecuente [la Pagaza de pico negro] en paso otoñal por nuestras costas en los primeros días de setiembre. Peñaflores *Mesías* 73: Paso del mar Rojo. Sopeña *Abc* 20.8.66, 58: Pasar de "Las bodas de Fígaro" a "Lucía de Lamermoor" es, la verdad, fastidioso paso. **b)** Posibilidad de pasar. *Frec con los vs* ABRIR, CERRAR *o* DAR. *Tb fig.* | GPavón *Hermanas* 11: Las mujeres que barrían las puertas de sus casas paraban la escoba para dejarle paso. Zunzunegui *Hijo* 65: Todos los que habían tomado un poco en broma su primera galerra .. le cerraron el paso con los puños en alto. Laforet *Mujer* 270: Se abrió la puerta del templo para dar paso a una pareja de viejos. VMontalbán *Pájaros* 312: Cortó bruscamente el paso del gas. Se quedó de pie ante los fogones sin saber qué hacer a continuación. Por fin volvió a abrir el paso.

7 ~ del Ecuador. Fiesta con que se celebra en un barco el cruce del Ecuador. | Zubía *Geografía* 27: Es una tradición entre la gente de mar hacer sufrir un bautizo burlesco a los pasajeros que por primera vez cruzan el Ecuador: se le llama "bautizo de la Línea" o "paso del Ecuador". **b)** Fiesta con que una promoción de estudiantes celebra la mitad de su carrera. | Chicotágoras *Cod* 25.8.74, 3: En el Paso del Ecuador conoce a Barbandro (uno que sabía la tira).

8 Lugar adecuado para pasar [1 y 20], o destinado especialmente para ello. | FSantos *Hombre* 8: Donde acaba Francia, se aleja algún camión que elige este paso perdido para cruzar la frontera. Medio *Bibiana* 86: Atraviesan la calle aprovechando el paso de peatones. **b)** Estrecho. *Solo en determinadas denominaciones geográficas.* | Zubía *Geografía* 136: Costas del Atlántico .. Estrechos: Gibraltar, Paso de Calais. **c)** (*Caza*) Lugar por donde suele pasar la caza. | Valdueza *Abc* 20.3.71, 11: Los monteros van de coto en coto .. Apresuradamente llegan al punto de reunión; se agregan a la armada correspondiente y emprenden el camino de los pasos. **d)** ~ **a nivel, ~ de cebra** → NIVEL, CEBRA.

9 Acción, esp. la que se realiza para la consecución o resolución de algo. *Frec con el v* DAR. | Cela *Judíos* 301: La reina Isabel quizás hubiera quedado en princesa de poéticas soledades .. si, de aquella hecha, el rey don Enrique no da el paso que dio. * ¡Cuántos pasos hay que dar para nada! * Necesito que alguien me oriente sobre los pasos a seguir en este proceso. **b) mal ~.** Acción que supone una equivocación o una contravención de las normas establecidas. *Frec con el v* DAR. | Van 4.11.62, 13: Estos estudiantes, arrepentidos en su mayoría por el mal paso dado .., desean regresar a Brasil. MSantos *Tiempo* 226: Había tenido que luchar para conservarse toda entera para su querida hija a la que, no por ser flor de un mal paso, menos había querido.

10 Trance o situación. *Gralm con un adj calificador o en la constr* SALIR DEL ~. | Torrente *Fragmentos* 78: Lo que ganan se queda en una caja que guarda mi madre para fondos de ayuda a los amigos en malos pasos, de cárcel o de hambre. Cunqueiro *Crónicas* 153: Ya se iba el sochantre para la posada cuando oyó que le chistaban desde la ventana; dudó, pues no estaba instruido para aquel paso. Delibes *Año* 67: Íñigo me lanzó una sarta de preguntas y salí del paso como pude.

11 (*raro*) Suceso o episodio digno de mención. | Cunqueiro *Un hombre* 211: Contaba un paso de cuando niño y lo injertaba en otro de hombre, y acababa riendo y diciéndola a Eolo que lo revivía todo a un tiempo.

12 Grupo escultórico que representa alguno de los sucesos destacados de la Pasión de Cristo, y que se saca en procesión en Semana Santa. | Tejedor *Arte* 191: Recordemos su producción [de Salzillo] los pasos de La Dolorosa .. y la Oración del Huerto. **b)** Imagen llevada en procesión. | E. Seijas *Ide* 28.9.87, 5: Alrededor de las siete de la mañana .. la Patrona pasaba por Puerta Real enfilando la calle Reyes Católicos arriba .. Detrás del paso marchaban los palieros sosteniendo al palio protector.

13 (*TLit*) Pieza teatral corta, de carácter cómico. *Gralm referido a los de Lope de Rueda* (*s* XVI). | GPicazo *Mad* 28.4.70, 21: Selección de siete pasos de Lope de Rueda realizada y ensamblada por Juan Antonio López.

14 (*Danza*) Parte o secuencia. *Con un compl especificador del número de bailarines que lo ejecutan:* ~ A DOS, ~ A TRES, *etc*. | Casares *Música* 190: Con el vocablo Paso designamos el tipo de danza, así paso a solo, paso de dos, etc., según sean uno o dos los que danzan.

15 (*Informát*) Instrucción o serie de instrucciones que realizan una determinada operación. | *SYa* 27.6.74, 42: El HP-65 es el primer calculador de bolsillo que ofrece una memoria externa .. Ud. puede escribir su propio programa de hasta 100 pasos, editarlo y conservarlo en una de las tarjetas en blanco.

16 (*Mec*) Distancia entre dos resaltes sucesivos de la hélice de un tornillo o tuerca. *Tb* ~ DE ROSCA. | *Abc* 15.3.68, 20: Machos y cojinetes de roscar .. El paso de rosca es de gran exactitud con una tolerancia de 0,005 mm en 25 mm.

17 (*Mec*) Distancia que media entre los ejes delantero y trasero de un vehículo de cuatro ruedas. | APaz *Circulación* 227: La distancia entre ejes se llama paso o batalla, y vía la separación o anchura entre las ruedas delanteras o entre las ruedas traseras.

II *loc adj* **18 de ~.** [Llave] que sirve para abrir o cerrar el paso [6] de un fluido por una tubería. | Goytisolo *Recuento* 601: Finalmente, el cierre de persianas y postigos y llaves de paso, de la puerta de entrada y de la verja, ya todo acarreado en el taxi.

paso – pasotismo

19 de ~. [Ave] que se detiene en un lugar solo para descansar y comer durante sus viajes migratorios (–> AVE). | * La grulla es ave de paso en esta zona.

III *loc v* **20 abrirse ~** [alguien o algo]. Conseguir la aceptación o reconocimiento ajenos. | Onieva *Prado* 137: Pronto se abrió paso, singularizándose en los retratos femeninos. L. Rojo *VSi* 7.89, 35: Posteriormente, partiendo de Francia, Austria y Suiza, se abre paso la idea de corrección integral.

21 andar en malos ~s (*o alguna vez* **no andar en buenos ~s**). Frecuentar malas compañías. | DCañabate *Andanzas* 67: Cuidad de Antoñito. No creo que and[e] en buenos pasos. El otro día estaba en los Espumosos Herranz con dos señoritas sospechosas.

22 dar ~ [a una pers. o cosa]. Permitir que actúe o funcione. | * Damos paso a nuestra redacción en Logroño. **b) dar ~** [una pers. o cosa a otra]. Ser sucedida [por ella]. | Miguel *Inf* 2.1.75, 14: Justamente en marzo .. dimitió el secretario general de las Naciones Unidas para dar paso a un Secretariado conjunto compuesto de dos mujeres .. y un varón. FQuintana-Velarde *Política* 216: El 30 de septiembre de 1961 la O.E.C.E. daba paso a una nueva organización, la O.C.D.E.

23 dar un ~ al frente. Presentarse u ofrecerse voluntario para una acción arriesgada o difícil. | CPuche *Paralelo* 454: Él sería el primero en dar un paso al frente cuando hubiera que hacer algo que realmente pudiera aparecer en la primera página de todos los periódicos del mundo.

24 llevar el ~, marcar el ~ –> LLEVAR, MARCAR.

25 salir al ~ [a alguien]. Presentarse y detener[le] en su marcha, frec. con intención agresiva. *Tb fig.* | C. Aguilera *Ya* 17.3.89, 24: Al salir del portal, un joven le salió al paso y tras un forcejeo asestó más de diez puñaladas a Molinero, que falleció. * Son muchas las dificultades que nos salen al paso. **b) salir al ~** [de una afirmación o de quien la hace]. Impugnar su veracidad. | Gironella *SAbc* 9.2.69, 18: El ajedrez es un misterio .. Saliendo al paso de quienes se empeñan en localizar la fecha ..., un historiador árabe .. afirma.

26 seguir los ~s [a o de alguien]. Perseguir[le]. | Arce *Testamento* 18: Sabía que la Guardia Civil les seguía los pasos. **b)** Imitar[le] o seguir su ejemplo. | * Sigue los pasos de su padre.

27 volver [alguien] **sobre sus ~s.** Desandar lo andado. | * Volvió sobre sus pasos para comprobar si había cerrado la puerta. **b)** Dar por no válido lo pensado o hecho anteriormente, para comenzar de nuevo. | * Decidió volver sobre sus pasos y reconsiderar la cuestión.

IV *loc adv* **28 a cada ~.** Con mucha frecuencia. | Umbral *Memorias* 50: Los españoles .. se lo habían pasado haciendo machadas y diciendo frases a cada paso.

29 a ese (*o* **este**) **~.** Si las cosas siguen así. | * A ese paso todos tendremos que hacer la mili.

30 al ~. Al pasar por una parte yendo a otra. | GPavón *Reinado* 141: Lo vi al paso, porque yo iba en la camioneta del maestro Asensio. **b)** De paso o de pasada. | Clarasó *Tel* 15.11.70, 16: Sugerencias que, dichas así, al paso, pueden no estar del todo mal.

31 a ~s agigantados. Con mucha rapidez. | A. Barrio *Abc* 2.12.70, 8: El hambre desaparece a pasos agigantados.

32 de ~. Pasando por un lugar en dirección a otro. *Frec con el v* IR. | Cela *Judíos* 25: Gentiles señoritas, ¿pueden dar treinta céntimos para un chato de vino a un hombre que va de paso? **b)** Viviendo temporalmente en un lugar dado, mientras se va a otro lugar. *Gralm con el v* ESTAR *u otro equivalente.* | Escudero *Capítulo* 102: Hallándose [los consejeros] de paso en otras Casas distintas de la de su domicilio, no están sujetos al Superior local de las mismas. **c)** En el camino normal para ir a otro lugar o realizar otra acción. *Gralm con los vs* ESTAR, COGER *o* (*col*) PILLAR. | * Yo puedo llevarte; me pilla de paso. **d)** Al mismo tiempo que se hace otra acción que se presenta como principal. *A veces seguido de una prop con* QUE. | *Ya* 1.12.74, 33: La pintura para mí es, sobre todo, una forma de evadirme, haciendo algo de paso. Torrente *Vuelta* 115: Tráeme el abrigo de paso que vienes. **e)** De manera incidental o secundaria, sin profundizar o detenerse. *Frec con los vs* DECIR *o* TRATAR. | Kurtz *Lado* 27: Murió a los noventa y ocho años, de una indigestión de higos, dicho sea de paso.

33 más que a ~. Muy deprisa. | Cela *Judíos* 210: El vagabundo .. se fue más que a paso de la taberna.

34 ~ a ~. Poco a poco. | Cuevas *Finca* 19: Se dirige hacia él, paso a paso. * Hay que proceder paso a paso.

35 por sus ~s (**contados**). Sin alterar el ritmo normal. | Paso *Pobrecitos* 241: –¿Que me asciende usted a teniente? –Cabal .. –¿Y por qué no echa usted ya la mañana a perros y me asciende a capitán? –Por sus pasos contados, hijito. Lagos *Vida* 6: Los cálculos de la Aurelia no fallaron. Todo llegó por sus pasos.

V *loc conj* **36 al ~ que.** Mientras. *Frec con sent adversativo.* | Gambra *Filosofía* 108: La sensación crece en progresión aritmética, al paso que el estímulo lo hace en progresión geométrica.

paso[2] -sa I *adj* **1** [Fruta, esp. uva, higo o ciruela] desecada. | Bernard *Salsas* 10: Se añaden las uvas pasas (sin pepitas) remojadas un rato en agua fría. Cunqueiro *Un hombre* 30: Petronio dejó sentada a la hija en un serón de higos pasos. Espinosa *Escuela* 54: Heterodoxo, elaborador de ciruelas pasas, autor de un "Poema Intelectual".

II *f* **2** Uva pasa [1]. | Ortega-Roig *País* 180: Eran y continúan siendo famosas las pasas y los vinos dulces de Málaga. **b)** *Frec se emplea en constrs de sent comparativo para ponderar la delgadez y arrugamiento de una pers.* | Laforet *Mujer* 45: Eso era aquella viejecita como una pasa empolvada de blanco. J. M. Zaldívar *Not* 30.12.70, 22: Don Julián, poquico a poco, se iba quedando *pasita.* Fuerte, sí; pero con algo íntimo que apenas dejaba asomar escondido.

pasodoble *m* Pieza musical española con ritmo de marcha. *Tb su baile.* | DCañabate *Paseíllo* 69: La capea termina. La charanga desentona un pasodoble. Medio *Bibiana* 54: ¡A bailar, a bailar!... ¡Venga, que es un pasodoble!

pasón *m* (*juv*) Pasada (cosa que sobrepasa los límites de lo normal o lógico). | M. Á. Velasco *Ya* 4.1.91, 14: No solo una pasada o un "pasón", como dicen los chavales, sino un pitorreo y una auténtica vergüenza les parece –y es– que, al día siguiente de una subida sin precedentes, el Metro de Madrid no sea capaz de evitar el desconcierto y el caos entre los usuarios a causa de una huelga.

pasota (*a veces, hoy raro, tb con la grafía* **passota**) (*col*) **I** *n* **A** *m y f* **1** Joven de ideas ácratas, de costumbres y vestido poco convencionales, aficionado a la droga y a la música rock, y al que se atribuye una jerga propia. | Á. García *País* 13.8.77, 12: La gente que cada tarde acude a esta vieja zona está formada por todo tipo de intelectuales, ácratas, pasotas, locas y toda la gama de gentes que cualquier mente estrecha calificaría de mal vivir. B. M. Hernando *Inf* 19.10.77, 1: Un "pasota" es un tipo que "pasa de todo", como en el dominó son fichas. Nada le preocupa, todo le da igual, se deja vivir, algo de droga, algo de alcohol, algo de conversación, mucho silencio, ninguna ilusión... y un antro para ejercer de "pasota". **b)** Pers. a quien todo da lo mismo. *Tb adj.* | * Te estás haciendo un pasota, antes estas cosas te ponían muy nervioso. SSolís *Blanca* 143: ¿Y los hijos? ¡Mamá, nos avergüenzas! O, a lo mejor, como son tan pasotas, tan progres, lo ven chupi, que dice Mabel, guay.

B *m* **2** Jerga de los pasotas [1a]. | J. V. Puente *Inf* 14.7.78, 26: La señora, de viejo y conocido apellido, se encontró a su amiga, también gente "comme il faut". Y entraron a tomarse un "drink" o un vino, según se hable en cursi o en pasota.

II *adj* **3** De los pasotas [1a]. | M. Vigil *SYa* 7.10.79, 5: Los sábados y domingos no se notan especiales aglomeraciones en los lugares *passotas* de Madrid.

pasote *m* (*jerg*) Pasada (cosa que sobrepasa los límites de lo normal o lógico). | Verdurín *Pro* 22.8.75, 16: Mientras los "hippies" de Cuenca se pasaban con sus porros a los pies del monumento fálico de la plaza del Dam amsterdanesa, nosotros, los valencianos, echamos mano del repertorio local de pasodobles, que siemp[r]e resulta un pasote mucho mayor. Ramoncín *Pue* 9.12.80, 20: ¡Qué noticia! ¡Qué pasote!... ¡Qué demasía! [*Ante la noticia del asesinato de John Lennon.*]

pasotismo *m* (*col*) Condición o actitud de pasota [1]. | *Ya* 7.7.83, 14: Se les va, poco a poco, guiando por un camino cuyo fin es el pasotismo. SSolís *Blanca* 50: Era un patriotismo exaltado, natural después de una guerra, mejor que el pasotismo de ahora, que ya ni se habla de España, lo llaman el país.

paspartú *m* Recuadro de papel o tela que bordea un dibujo o algo similar, por la parte interior del marco. | *Arte* 4.72, 34: Joaquín Vaquero ha hecho de su casa un inmenso paspartú donde los colores brillan por sí solos. Como él dice, lograr que los cuadros estén bien colocados es una ocasión única. **b)** Cinta que a modo de marco sujeta un dibujo o algo similar y un cristal. | *SD16* 24.8.86, 7: Lanzarote ha sido como una obra de arte sin enmarcar, sin paspartú.

paspié *m* (*hist*) Danza bretona en tres tiempos, de movimiento vivo y semejante al minué, propia del s. XVII. | Perales *Música* 74: Suites instrumentales integradas por aires de danza: alemanda, zarabanda o courante, minueto, paspié, polonesa y la giga.

pasquín *m* **1** Escrito anónimo de carácter satírico, que se fija en un sitio público. | Pemán *Gac* 11.5.69, 21: De las Cortes de Cádiz existen pirámides de hojas sueltas, pasquines y folletos.
2 Cartel anunciador. | P. Higuera *Tri* 11.4.70, 8: El pasquín .. va a anunciar en los muros del ancho mundo el Año Internacional de la Educación.
3 Hoja de propaganda. | FSantos *Cabrera* 79: –Se trata de un trabajo fácil: tan solo de repartir estos pasquines.– Ha echado la cabeza atrás señalando un rincón repleto de papeles impresos.

pasquinero -ra *m y f* Autor de un pasquín [1]. | S. Araúz *Ya* 19.6.75, 7: En estas pintadas aparecen ya las características más peculiares del sistema: el anonimato, sin duda cobarde, de sus autores, .. el talante totalitario, de uno u otro signo, de los pasquineros.

passe-partout (*fr; pronunc corriente*, /paspartú/; *pl normal*, ~s) *m* Paspartú. | *Ama casa 1972* 44: Si vamos a colgar un cuadro en una pared, hemos de tener gran cuidado: pondremos un marco que sea de acuerdo con el dibujo del papel de la pared y un gran "passe-partout", para que el cuadro destaque. *Economía* 291: También pueden colocarse las fotografías con un simple "passe-partout", es decir, entre un cartón y un cristal que se sostienen con unas cintas especiales que se venden en el comercio y que se llaman así. [*En el texto, sin guión.*]

passe-pied (*fr; pronunc corriente*, /paspié/) *m* (*hist*) Paspié. | L. Aguado *D16* 14.12.76, 23: Y qué prodigio de originalidad, aun pretendiendo ser una música evocadora de otras fiestas galantes, con su *passe-pied* y su minué. [*En el texto, sin guión.*]

pássim *adv* En diversos lugares de la obra citada. *En citas bibliográficas*. | GGual *Novela* 51: Véase los citados libros de Rostovtzeff, *pássim*. [*En el texto, sin tilde.*]

passing-shot (*ing; pronunc corriente*, /pásin-sót/; *pl normal*, ~s) *m* (*Tenis*) Tiro largo en que la pelota rebasa al jugador colocado para hacer una volea. *Tb simplemente* PASSING. | *Ide* 9.10.75, 26: En el primer set Ganzábal se impuso por 6-4, desbordando a Piérola en sus continuos ataques con precisos "passing-shots", especialmente de revés. *Ya* 1.11.91, 51: Korda, noveno preclasificado, se impuso claramente por 6-4 y 6-2 en un encuentro en el que el español tuvo muchas dificultades para conectar el *passing*, su mejor golpe.

passota → PASOTA.

password (*ing; pronunc corriente*, /pásword/; *pl normal*, ~s) *m* (*Informát*) Clave de seguridad. | J. B. Tercero *Abc* 21.3.88, 43: Cualquier español que disponga de un ordenador personal, software de comunicaciones, un modem, un teléfono, una cuenta y password, puede, a través del News/Retrieval de Dow Jones, seguir las cotizaciones en tiempo real de la Bolsa de Nueva York.

pasta I *f* **1** Masa blanda y frec. moldeable. | Vega *Cocina* 55: Sobre el hojaldre, colocaban una cabecita de paloma hecha de pasta de almidón. Alfonso *España* 165: El Navia y su ría –destinada ahora a convertirse en lavadero de una fábrica de pasta de papel–. **b)** *Esp:* Masa de harina y otros ingredientes, usada en pastelería y cocina. | Matute *Memoria* 96: Aquella pasta amasada, extendida en una lata, donde ponían arenques y pedazos de pimiento .., que la madre llevaba al horno. **c) ~ flora**, **~ quebrada** → PASTAFLORA, QUEBRADO. **d) ~ tierna.** (*Arte*) Porcelana que no contiene caolín. | GNuño *Madrid* 131: Grupo de figuras simbólicas agrupadas alrededor de una pirámide. Este grupo de pasta tierna lleva iniciales que se han supuesto como de los artífices madrileños Lorente y José Funo.
2 Alimento preparado con una masa de trigo y agua, cortada en formas variadas y desecada. *Tb ~* ALIMENTICIA. *Frec en sg con sent genérico.* | Bernard *Salsas* 82: Se hace la sopa .. preferentemente con fideos algo gruesos o la pasta que se prefiera. Bernard *Salsas* 50: Es salsa que acompaña muy bien las carnes sosas y las pastas alimenticias.
3 Dulce de pequeño tamaño y consistencia dura, hecho con pasta [1b] de pastelería y frec. adornado con chocolate, almendras o frutas. | *Cocina* 604: Pastas de chocolate.
4 Tapa [de un libro]. | Escobar *Itinerarios* 187: Un cura arrebujado en el manteo, lector en un libro de pastas negras y titulares dorados.
5 (*Encuad*) Encuadernación hecha con cartones cubiertos con piel o pergamino. *Normalmente con los adjs* ESPAÑOLA *o* VALENCIANA. | Huarte *Biblioteca* 75: La encuadernación totalmente de piel se designa por el nombre de la que se emplea en las de lujo .., o bien se llama pasta española o pasta valenciana en las más comúnmente usadas de este grado.
6 Material sintético de consistencia dura. | SFerlosio *Jarama* 31: –¿A que ninguno nos hemos acordado tampoco de traernos un vaso? –Yo traigo uno de pasta .., el de lavarme la boca.
7 (*col*) Carácter o temperamento [de una pers.]. *Frec con el adj* BUENA. | GHortelano *Amistades* 245: Siempre me ha gustado estar segura de que nos entenderíamos a la hora de colocar los muebles o distribuir el dinero. Tú y yo somos de la misma pasta, ¿eh, Pedro? ZVicente *Balcón* 27: Paquita está siempre contenta, y no le molestan lo más mínimo las bromas que todas sus amigas le gastan por su obesidad. Paquita es de muy buena pasta. Mendoza *Ciudad* 121: Esta gente es de mala pasta, están hechos para delinquir, son carne de presidio.
8 (*col*) Dinero. | Olmo *Golfos* 114: –¿Tú qué pasta tienes?– .. Entre el índice y el pulgar de la mano derecha, apareció, desnuda, una moneda de plata. CPuche *Paralelo* 28: He llegado a la conclusión de que este oficio de la albañilería es oficio de mucha masa y de poca pasta. **b) una ~ (gansa).** Mucho dinero. | FSantos *Catedrales* 177: Todos vienen a gastarse una pasta: faros nuevos, frenos nuevos, de disco, faros largos, antiniebla, cuentarrevoluciones. Mendoza *Ciudad* 152: Si necesita un desahogo o quiere un poco de jarana, la paga y se la trae a casa, que para eso ganamos una pasta gansa.
II *loc v* **9 tocar la ~** [a alguien]. (*jerg*) Vivir a costa [de él]. | Tomás *Orilla* 36: Blanca pensó si Julio, tan calladito él, le estaría tocando la pasta a Susi.

pastadero *m* Terreno donde pasta el ganado. | E. Pablo *Abc* 26.6.77, 46: Parece, pues, asegurado un buen aprovechamiento estival de los pastaderos de altura.

pastaflora (*tb con la grafía* **pasta flora**) **I** *f* **1** Pasta muy delicada, hecha de harina, azúcar y huevo. | Vega *Cocina* 36: Deben agregársele .. cuatro moldes de pastaflora rellenos de guisantes finos.
II *loc v* **2 ser** *alguien* **de ~.** (*col*) Tener un carácter muy dulce y apacible. | MGaite *Retahílas* 47: El ramalazo de tiranía no nos viene de los Sotero, que el abuelo Ramón era de pasta flora, lo mismo que mamá.

pastar A *intr* **1** Pacer [el ganado]. | Buñuel *MHi* 8.60, 59: En la tierra verde pastaban hermosos toros.
B *tr* **2** Comer [hierba el ganado]. | Kurtz *Lado* 277: De la tierra brota una pelusilla adolescente que las cabras pastan con fruición.

pastel[1] *m* **1** Golosina de pequeño tamaño hecha con una pasta dulce y blanda, rellena o adornada con crema, nata, chocolate, frutas u otras sustancias. | Medio *Bibiana* 247: Usted, ¿también iba a comprar pasteles?
2 Golosina de pequeño tamaño hecha con una pasta salada rellena o adornada de distintas sustancias. *Frec* PASTELILLO. | Carandell *Madrid* 43: Dan pastelillos de queso con el whisky.
3 Guiso [de carne, pescado u otra sustancia] preparado en molde. | *Ama casa 1972* 12b: Platos típicos regionales .. La Mancha. Perdiz a lo Tío Lucas .. Pastel de liebre.
4 Tarta (dulce). *Gralm con un compl especificador.* | * Me ha preparado un precioso pastel de cumpleaños. **b)** (*Pol, col*) Tarta (totalidad de poder o de bienes que han de repartirse). | FQuintana-Velarde *Política* 12: Las formas de mejo-

pastel – pastilla

rar la situación de los indigentes son dos: aumentar el pastel total de la producción o distribuir más justamente cada uno de los fragmentos de ese pastel entre los distintos individuos que viven en un país.

5 (*col*) Manejo o asunto que se oculta. *Gralm en la constr* DESCUBRIRSE EL ~. | MSantos *Tiempo* 34: Vendió al nuevo un gato con los alambritos y se vino abajo todo el pastel. Torrente *Fragmentos* 18: Doña Feliciana Díaz de Montenegro, vestida de varón, entró en el seminario, se distinguió en las letras humanas y divinas, llegó a canónigo, se descubrió el pastel porque quedó preñada.

6 (*desp*) Obra arquitectónica recargada y de mal gusto. | Anson *Oriente* 152: La cueva excavada en roca que sirvió de tumba a Cristo fue adulterada con un pastel de mármol por un escultor griego.

pastel[2] *I m* **1** Barrita de dibujo hecha con materia colorante y agua de goma. | Marsé *Dicen* 236: Mirábamos sus plumiers color de rosa .. y sus cajas de pasteles goya. Cela *Oficio* 49: El retrato al pastel que le hicieron a tu mujer de soltera.

2 Dibujo hecho con pastel [1]. | *Abc* 3.12.70, 47: Las obras que forman la colección son: 83 óleos sobre lienzo, .. 681 dibujos, pasteles o acuarelas sobre papel.

3 Planta herbácea de flores pequeñas amarillas y tallo alto y ramoso, de cuyas hojas se extrae una materia colorante azul (*Isatis tinctoria*). *Tb* HIERBA ~. | Ubieto *Historia* 109: Los tintes lograban colores rojos (con la "grana" o "rubia") y el azul (con el "pastel").

II *adj* (*gralm invar*) **4** [Color] suave y claro. | *Lab* 2.70, 11: Materiales: .. piel sintética .. de color azul pastel. Montero *Reina* 73: Lo mismo que las paredes, cuyo primitivo color rosa pastel había degenerado en un ocre tiznado. M. P. Ramos *Inf* 8.3.75, 18: Además de los tonos pasteles, Guitare ha elegido estampados de perfiles pequeños, colores "dégradés". * Le gustan los tonos pastel. **b)** Que tiene color pastel. | *Abc* 25.2.58, sn: Estola visón pastel.

pastelear *intr* (*col*) Contemporizar con miras interesadas. | Laiglesia *Tachado* 63: Italia, que andaba pasteleando entre estas dos últimas para ver con cuál de las dos sacaba más tajada, decidió enviar también un embajador con el fin de observar antes de decidir.

pasteleo *m* **1** (*col*) Acción de pastelear. | Campmany *Abc* 12.2.88, 17: Don Fernando Castedo se ha alarmado ante el pasteleo de aliancistas y socialistas.

2 (*jerg*) Venta de alhajas falsas. | *Ya* 23.6.90, 10: En la inspección posterior del inmueble se encontraron gran cantidad de joyas, valoradas en unos dos millones de pesetas, así como dos sellos de caucho, correspondientes a dos joyerías de Málaga y Sevilla, lo que induce a sospechar que podrían ser utilizados para dar el timo del "pasteleo".

pastelería *f* **1** Establecimiento en que se fabrican o venden pasteles[1] [1] y otros dulces. | *GTelefónica* N. 307: Marul. Cafetería y pastelería.

2 Actividad o industria de hacer pasteles[1] [1] y otros dulces. | Escobar *Itinerarios* 129: Las mujeres de pueblo en Castilla saben hacer bollos, rosquillas, pastas, madalenas y rosneques, y en cada sitio tienen su secreto en este menester de la pastelería. J. GAbad *Inf* 18.4.74, 15: Los expertos de la Mitsui propusieron la siguiente relación de industrias: aguardientes y licores, .. pilas secas y acumuladores, pastelería, pinturas.

3 Pasteles o conjunto de pasteles[1] [1]. | Torrente *DJuan* 184: La mesa estaba puesta, y en ella, carne y pasteles. Rechacé la carne .. y pedí unas verduras. Con ellas, con el vino y la pastelería, me entretuve mientras bailaba Mariana.

4 (*desp*) Condición de pastel[1] [6]. | CBonald *Ágata* 134: Copia aumentada de un modelo pseudomudéjar aún más pomposo y disparatado con añadidos de muy varia pastelería colonial.

pastelero -ra **I** *adj* **1** De (la) pastelería [2]. | C. Cortés *SAbc* 1.2.70, 22: Seis cucharaditas de crema pastelera y una cucharadita de fécula.

II *m y f* **2** Pers. que fabrica o vende pasteles[1] [1] y otros dulces. | Cunqueiro *Un hombre* 10: Me llevaron unas tías mías, que eran pasteleras, ofrecido a los santos fraternos con unas orejas postizas de masa de bollo suizo.

3 (*desp*) Pers. que contemporiza y se aviene a todo con facilidad. | R. Trías *País* 23.6.76, 6: Lo ideal, lo hermoso, lo perfecto, lo imposible es lo nuestro. Lo real, que es lo posible, quedaría reservado a esos hombres que los españoles gustamos de llamar despectivamente "pasteleros".

pastelina *f* (*pop*) Plastilina. | Fuster *Van* 27.12.70, 15: La muñeca que llora o que mea, el puzzle o el scalextric, el repertorio de pastelinas, los soldaditos de plomo, .. son otras tantas presiones "educativas".

pastelista *m y f* Pintor de pinturas al pastel[2] [1]. | A. Lezcano *SAbc* 1.2.70, 52: Otro precioso retrato de su madre por el famoso pastelista de principios de siglo Bahamonde.

pastenco -ca *adj* (*reg*) [Cordero] que come pasto. | *DNa* 24.8.74, 19: Se venden 85 corderos pastencos, buenos.

pastera *f* (*Constr*) Plancha en que se realiza el amasado del mortero. | *Abc* 19.9.76, 23: Hemos comprobado en los garajes visitados la ausencia de sistemas de evacuación de aguas .., así como que en el suelo se encuentran restos de pasteras de mortero de cemento en algunos puntos.

pasterización *f* Pasteurización. | Nuria *SYa* 15.2.76, 31: Este alimento [la leche], hasta su consumo, ha de pasar por una serie de procesos en los que interviene el calor (pasterización o esterilización).

pasterizar *tr* Pasteurizar. | *Hoy* 17.10.75, 10: Las leches más consumidas en la capital son las pasterizadas y la esterilizada.

pastero[1] -ra *adj* (*raro*) De (la) pasta [1]. | Tamames *Economía* 230: Nuestra industria papelera se aprovisionaba, pues, casi enteramente de pastas extranjeras. La restricción de las importaciones que siguió a la guerra civil hizo surgir una industria pastera.

pastero[2] -ra *adj* (*reg*) [Ternero] que come pasto. | *DPa* 10.9.75, 7: Se venden 130 corderos y corderas y 25 chotos pasteros. J. PRío *DMo* 21.8.87, 25: Poco animado estuvo este sector [terneras], a pesar de registrarse una ligera mayor demanda por las jatas pasteras con destino a la propia región.

pasteurización *f* Acción de pasteurizar. | E. Angulo *Ya* 15.4.64, 4: Esta esterilización por radiación da excelentes resultados para la esterilización y pasteurización de los alimentos.

pasteurizador -ra *adj* Que sirve para pasteurizar. *Tb n m, referido a aparato.* | *GTelefónica* N. 644: Gasquet Ibérica, S.A. Maquinaria y equipos para industria vinícola y cervecera. Pasteurizadores. Filtros. *Ya* 5.3.91, 20: Encuentran 114 kilos de cocaína en una máquina pasteurizadora.

pasteurizar *tr* Someter [la leche u otro líquido] a una temperatura inferior a la de ebullición para destruir las bacterias nocivas. *Tb abs.* | Ortega-Roig *País* 90: Pueden hacerse .. diversos tipos de leche para mantenerla en buen estado durante mucho tiempo: leche pasteurizada, condensada, en polvo, etc. *Abc Extra* 12.62, 80: Intercambiadores de calor de placas De Laval para calentar, enfriar y pasteurizar.

pastiche *m* (*desp*) Imitación en que se mezclan distintos elementos o aspectos característicos del modelo. | GNuño *Madrid* 44: La Iglesia de las Calatravas .., aunque no pase de ser un *pastiche* del siglo XIX .., ha llegado a hacerse grata. **b)** Mezcla de elementos distintos e inconexos. | Palomo *Valera* IX: Los mitos son simplemente, para un humanista del XIX, una forma –la más perfecta– de la belleza. Pero esa forma, por supuesto, no supone el *pastiche* anacrónico.

pastilla I *f* **1** Pieza pequeña y redondeada de un preparado medicinal. | GPavón *Hermanas* 32: Doña María Remedios tomó unas pastillas, que Plinio supuso serían para la atenuación de aquellas incandescencias otoñales.

2 Golosina pequeña de forma cuadrangular o redondeada. *Con un compl especificador.* | *Cocina* 630: Pastillas de café con leche.

3 Tableta [de chocolate o turrón]. | Salom *Casa* 281: Guardo uno para usted, y una pastilla de chocolate.

4 Pieza [de jabón de tocador]. | Delibes *Hoja* 58: En la repisa .. la Desi alineaba cuidadosamente una barra de labios, .. una cajita de betún y una pastilla de jabón de olor.

5 (*E*) Pieza pequeña cuadrangular o redondeada y plana. | A. Pezuela *Mun* 12.12.70, 61: Ha tomado un aparato del tamaño de un tocadiscos medio, ha elegido una pastilla del tamaño de un libro medio, y la ha introducido en el aparato para luego conectar este con un receptor normal de televisión. J. I. Igartua *Ya* 19.1.89, 24: Los clorofluorocarbonos (CFC) que se utilizan en los aerosoles, en los sistemas de acondicionamientos y refrigeración del aire, en aislamientos con espuma, en los solventes limpiadores para pastillas de computadoras o en la fabricación de plásticos, están destruyendo la capa de ozono que rodea a la Tierra.

6 (*raro*) Dibujo en forma de disco pequeño. | *Abc* 14.5.67, 69: La mayor variedad imaginable en elegantísimos colores lisos de gran moda y en originales estampados; con diseños de grandes flores planas, de estilo Pucci, a rayas onduladas, pastillas, cuadros.

7 (*raro*) Saliente de ciertas cubiertas de neumático y suelas de calzado, para conseguir mayor adherencia al terreno. | *CCa* 3.10.71, 2: A pesar de la enorme importancia que debe concederse a los neumáticos, en general, la pastilla cambia sus neumáticos cuando la pastilla evidencia claros signos de desgaste o, lo que es peor, cuando sus posibilidades económicas se lo permiten.

II *loc adv* **8 a toda ~**. (*col*) A toda velocidad. | *DLi* 17.2.78, 5 (C): O el Banco de España saca las pesetas a toda pastilla o los diarios tendrán que redondear. Montero *País* 30.7.83, 40: Que los servicios policiales búlgaros funcionan a toda pastilla y que su eficacia es asombrosa.

pastillero *m* Cajita para pastillas [1]. | A. Crovetto *Ya* 4.6.75, 6: Desde hace un puñado de años ha nacido una nueva industria y una forma elegante de hacer regalos: cajitas para pastillas o pastilleros.

pastina *f* Pasta alimenticia de tamaño muy pequeño y forma variada. | *Abc* 15.4.58, 7: Faisán. La pasta italiana fabricada en España .. Macarrones. Fideos .. Pastina. Pasta de Bolonia, etc.

pastinaca *f* Pez marino semejante a la raya, con dos aguijones venenosos en la base de la cola (*Dasyatis pastinaca*). | *Almería* 87: Las especies más abundantes son: el codiciado mero, .. el corvinato o berrugato, la pa[s]tinaca, algunas de grandes proporciones. [*En el texto*, patinaca.]

pastira *f* (*reg*) Hortelana de la vega de Jaén. | *Jaén* 93: Las distintas comarcas tienen traje regional propio, aunque por lo general son una variante del de "pastira", en la mujer, y "chirri", en el hombre, que se usaban en Jaén.

pastís *m* Licor anisado que se consume con agua, típico de Provenza. | Cela *Pirineo* 25: En el bar Esport, un señorito con aire de procurador de los tribunales bebe pastís.

pastizal *m* Terreno abundante en pasto. | Ortega-Roig *País* 138: La Cordillera Cantábrica .. presenta grandes pastizales que la lluvia abundante mantiene todo el año.

pastizara *f* (*jerg*) Pasta o dinero. | DCañabate *Abc* 25.2.68, 71: Lo menos te has creído que abillelo la pastizara en buten. Umbral *País* 8.10.76, 22: El señor Fraga ha tenido que explicar que la Pentalianza .. no recibe la pastizara del Banesto ni se ha vendido al oro de Wall Street.

pasto[1] **I** *m* **1** Hierba que el ganado come directamente en el campo. | Laiglesia *Tachado* 28: No faltaban tampoco algunas cabezas de ganado que disponían de pastos tan tiernos como abundantes.

2 Terreno de pasto [1]. | Laforet *Mujer* 11: Aparte de estos montones de carbón, nada en Villa de Robre indicaba la presencia de las minas. Pastos muy verdes, con grandes vacadas.

3 Alimento o comida. *Gralm referido a animales*. | C. LServiá *Mad* 20.11.70, 20: El metil-mercurio era el responsable de los daños, al asimilarlo y sintetizarlo la flora marina, pasando después como pasto a peces y mariscos. Halcón *Abc* 11.5.58, 6: La zeñorita es otra cosa ..; que me parece a mí que ha tenío malos pastos, ¿y cómo va a engordar si no se está quieta? Azorín *Cine* 29: En un restaurante, con buen pasto, gasta los últimos billetes. **b)** (*lit*) Alimento espiritual. *Frec* ~ ESPIRITUAL. | Sopeña *Defensa* 32: Dos libros, el entonces famoso de Sellmair y *La esencia del cristianismo* de Guardini, eran pasto para hambrientos. RMoñino *Poesía* 110: Villalobos quiso ofrecer estos poemas como pasto espiritual para los devotos.

4 Cosa que sirve para fomentar o mantener [algo no material (*compl de posesión*)]. *Frec en la constr* DAR ~ A. | MGaite *Usos* 123: Este proceso hasta la terminación del vestido era la base fundamental de muchas conversaciones femeninas, a las que daba pasto la consulta asidua de figurines y de revistas especializadas.

5 Objeto de una acción destructora o dañina. *Gralm en la constr* SER ~ DE. | MSantos *Tiempo* 21: Aquella niña podía ser pasto de concupiscencias.

II *loc adj* **6 de ~**. [Vino] corriente. | Escobar *Itinerarios* 61: Miles de viejas y viejos alargaron su vida en los pueblos de Castilla merced a este condumio y al traguillo de lo de las cepas, aunque fuese del común o de pasto.

III *loc adv* **7 a** (**todo**) **~**. (*col*) En abundancia. | SSolís *Camino* 167: En aquellos duros años de racionamiento, hambre disimulada, estraperlo de aceite, harina negra, sacarinas a pasto y pan integral. L. Calvo *Abc* 13.12.70, 21: La avenida de Georges V estaba tomada .. por los carros de la Policía y por policías con metralletas a todo pasto.

pasto[2] **-ta** *adj* De una tribu de indios colombianos de la región de Nariño. *Tb n, referido a pers*. | Tovar *Español* 519: El Obispo .. dispuso que se tradujera el catecismo y confesionario en las propias lenguas, y encomendó a fray Francisco de Jerez y a fray Alonso de Jerez la lengua de los pastos.

pastoforio *m* (*hist*) Habitación de los sumos sacerdotes en algunos templos gentiles. *Tb* (*lit*) *fig*. | C. L. Álvarez *HLM* 2.1.78, 2: Esta estructura [política], dentro de la cual los debates son decididos en los pastoforios donde no entran las minorías, nunca en el hemiciclo, es, a pesar de todo, una esperanza.

pastón[1] *m* (*col*) Cantidad grande de dinero. *Gralm en la constr* UN ~. | Forges *D16* 15.9.85, 48: Te debes estar gastando un pastón en peluquería. J. Parra *Ya* 1.12.86, 56: Luego se vuelve a Madrid para intervenir en una obra de teatro, por la que, se supone que cobrará otro pastón.

pastón[2] *m* (*reg*) Porción de excremento del ganado bovino. | Moreno *Galería* 67: Había que proveerse antes de pastones de vaca bien secos, para hacerlos arder.

pastor -ra I *n* **A** *m y f* **1** Pers. que cuida y apacienta ganado, esp. ovejas. | Peña-Useros *Mesías* 112: Con su honda y su cayado de pastor, salió [David] al encuentro del gigante y con un certero disparo le derribó en tierra.

2 Sacerdote protestante. *Tb* ~ PROTESTANTE. | L. Calvo *Abc* 10.11.70, 29: Dos físicos, un ingeniero, un pastor protestante, un cineasta. J. A. Gundín *Abc* 8.11.83, 51: La primera pastora evangélica española admite que su trabajo .. "fue decisivo para mi vocación".

B *m* **3** (*lit*) Eclesiástico que tiene fieles a su cargo, esp. obispo. | C. Morcillo *Abc* 30.12.65, 84: Ha querido también el Papa que .. el Jubileo gire en torno al Pastor de la diócesis. *Abc* 3.12.70, 25: La Conferencia Episcopal exhorta a todos los fieles a fomentar sentimientos de comprensión y docilidad cuando los pastores de la Iglesia .. apliquen la doctrina del Evangelio a situaciones delicadas de la vida social.

II *adj* **4** De(l) pastor o de (los) pastores. | Grosso *Invitados* 129: Infancia miserable, adolescencia pastora de cerdos y dehesa extremeña. Ferres-LSalinas *Hurdes* 79: Antes [el pan] era solo un remedio que traían los escasos caminantes; lo cambiaban por carne de chivo, y el pueblo pastor lo empleaba como medicina.

5 [Perro] que cuida el ganado. *Tb n m*. | Delibes *Perdiz* 116: Es un perrote carniseco y zambo, fruto de un cruce pecaminoso de loba y pastor. *Nor* 4.1.90, 50: Puppy Dog. Aquí podrás elegir tu cachorro: .. Pastor Alemán, Pastor Belga.

pastora *f* (*jerg*) Pasta o dinero. | Sastre *Taberna* 114: ¡Y el niño berreaba, claro!, y ella diciendo que la criatura tenía los sacáis malitos y que necesitaba pastora (Gesto de dinero con los dedos) para la medicina.

pastorado *m* Oficio y dignidad de pastor [2]. | J. A. Gundín *Abc* 8.11.83, 51: ¿No es una "aventura" que una mujer acceda al pastorado o sacerdocio?

pastoraje *m* Pastoría. | I. Gomá *HyV* 12.70, 96: Antaño habían sido promovidos desde el pastoraje los grandes de Israel; baste recordar a Moisés y a David.

pastoral I *adj* **1** De(l) pastor [2 y 3]. | *Día* 20.6.76, 1: Ha demostrado [el obispo] mantener un continuado espíritu

de trabajo y de labor espiritual que se ha concretado .. en las reiteradas visitas pastorales a todos los pueblos de las islas. J. A. Gundín *Abc* 8.11.83, 51: A partir de ahora, Ester Vidal desempeñará en Sevilla su labor pastoral. **b)** Del sacerdote o de su actividad como pastor de almas. | Escrivá *Conversaciones* 21: Me refiero a la perfecta unión que debe darse .. entre las relaciones filiales del sacerdote con Dios y sus relaciones pastorales y fraternas con los hombres. *SMad* 13.12.69, 3: Esta solución es una exigencia pastoral y una previsible consecuencia de la evolución en el equilibrio de derechos y deberes entre Iglesia y Estado.
2 Pastoril. | *Ya* 10.10.70, 3: La Asturias del Sur .., de fragosos relieves y altas tierras pastorales, encierra .. bucólicos valles. **b)** (*Arte y TLit*) Que evoca o refleja la vida pastoril y campestre. *Tb n f.* | Tejedor *Arte* 190: Es una pintura preciosista, muy a lo francés, fiel reflejo de su galante corte y con preferencia por los temas conocidos como pastorales, fiestas campestres solaz de damas y caballeros frívolos y refinados. Casares *Música* 31: Van a crear tipos de danzas como el Rondeau, la Pastoral y otras muchas. Cossío *Montaña* 118: Este destino nacional ha alejado de sus orillas [del Ebro] la pastoral poética y renacentista, como si por haber jugado un papel demasiado activo en la vida española se prestara poco a ficciones poéticas.
II *f* **3** Carta pastoral (→ CARTA). | MDescalzo *Abc* 16.12.70, 30: Este dato puede leerse en la pastoral del obispo de Bacolod, monseñor Fortich, publicada el 5 de octubre de 1969.
4 (*Rel catól*) Actividad evangelizadora y de atención espiritual a los fieles. *Tb el conjunto de normas que la inspiran.* | J. LOrtega *VNu* 21.10.72, 7: Son todos ellos teólogos y pastoralistas de las facultades eclesiásticas de Salamanca, Barcelona, Granada, Deusto y de los centros superiores de pastoral, catequética, sociología, etc.

pastoralismo *m* Actividad pastoral [1]. | J. Ordóñez *AbcS* 21.2.75, 39: Más que lanzarse ahora incoherentemente a un pastoralismo sensacionalista de novedad y de promoción de sensiblerías pietistas, urge una labor fundamental y humilde de catequesis y de iniciación en la fe y en la moral cristianas.

pastoralista *m* Especialista en pastoral [4]. | *Ecc* 5.1.63, 20: Escribe en el prólogo el gran sociólogo pastoralista Fernand Boulard. *Ya* 4.7.75, 24: Numerosos teólogos, pastoralistas y periodistas han prestado su colaboración a este "extraordinario" que pone fin a una primera etapa.

pastoralmente *adv* **1** De manera pastoral [1]. | *VozC* 1.5.63, 6: Un arzobispo africano tiene que recorrer personalmente centenares de kilómetros por semana para asistir pastoralmente a muchos pueblos que carecen de sacerdote.
2 En el aspecto pastoral [1]. | J. Ordóñez *AbcS* 21.2.75, 39: Resultaría paradójico y pastoralmente aberrante que .. se fuera relegando este contacto ministerial con la persona del penitente.

pastorear *tr* **1** Cuidar y apacentar [ganado]. *Tb fig, referido a pers.* | Moreno *Galería* 69: Las corderas no vendidas que cumplían un año .. —muchas veces se pastoreaban aparte— recibían en este tiempo el nombre de "borregas". Cela *Pirineo* 132: Unas niñas francesas, arregladitas y monas, pasean pastoreadas por una institutriz muy puesta en su papel.
2 (*lit*) Cuidar y atender [fieles un eclesiástico]. *Tb abs.* | M. LMora *Reg* 29.12.70, 7: Para regirla [la parroquia] ha sido nombrado don José Morales, que ya hace tiempo que con general aplauso venía pastoreando entre aquellos moradores.

pastorela *f* (*TLit*) Composición lírica provenzal que consiste en un diálogo entre un caballero y una pastora. | DPlaja *Literatura* 59: Son frecuentes los temas dialogados, como la pastorela (diálogo entre noble y pastora).

pastoreo *m* Acción de pastorear [1]. *Tb la actividad correspondiente.* | Villapún *Iglesia* 61: Los bárbaros fueron primero semisalvajes, dedicados a la caza, al pastoreo y a la guerra. I. Gomá *HyV* 12.70, 96: El vocabulario del pastoreo se había transportado hacía siglos al tono regio y aun al divino; al rey le llamaban "pastor" del pueblo.

pastoría *f* Actividad u oficio de pastor [1]. | Cela *Judíos* 81: Peñafiel es también villa de vino y cereal, de huerta y pastoría, de caza de la perdiz y pesca del barbo.

pastoriego -ga *adj* De(l) pastor [1]. | *DBu* 28.3.56, 2: Se vende perro pastoriego.

pastoril *adj* De (los) pastores [1]. | Vega *Cocina* 37: Es plato pastoril que los trashumantes comen cuando van en busca de pastos. **b)** (*TLit*) [Novela] idealista y sentimental, típica del Renacimiento, cuyos personajes son pastores. | DPlaja *Literatura* 210: Constituyen la novela pastoril una serie interminable de episodios de carácter sentimental.

pastorilmente *adv* En el aspecto pastoril [1a]. | T. GGarcía *ASeg* 15.3.78, 6: Este lugar privilegiado, pastorilmente hablando, conserva una tradición.

pastosidad *f* Cualidad de pastoso. | FCid *Abc* 18.10.70, 73: Servirlo con las tubas, la trompeta .. multiplica el atractivo. El color es otro, y la pastosidad del metal, distinta.

pastoso -sa *adj* **1** De (la) pasta (masa blanda y moldeable). | Ybarra-Cabetas *Ciencias* 139: Esta temperatura les proporciona una consistencia pastosa que les permite algunas veces correr por los desniveles del terreno como verdaderos ríos. **b)** Que tiene consistencia de pasta. | Legorburu-Barrutia *Ciencias* 386: La masa pastosa que forman [las rocas fundidas] se llama magma.
2 [Lengua o boca] de saliva espesa y pegajosa. | Arce *Testamento* 23: No hubiera querido beber, pero la lengua era algo deshecho y pastoso dentro de la boca.
3 [Lengua] que pronuncia con falta de claridad y nitidez. *Tb referido al modo de hablar.* | GPavón *Hermanas* 33: "En septiembre, se tiemble", que decía el viejo médico don Gonzalo, el de la barba blanca y el hablar pastoso.
4 (*Mús*) [Voz] llena y cálida. *Tb referido a sonido.* | Torrente *Filomeno* 54: Él respondió con un breve discurso, .. que recitó sin un traspié, con aquella voz suya, tan de superior, tan pastosa y agradable.

pastrami *m* Carne de vaca ahumada y sazonada. | Millán *Fresa* 10: Avancé .. sorteando el mostrador de los embutidos .. (¡el pastrami rosado, o el rugoso salchichón a la pimienta!).

pastranense *adj* De Pastrana (Guadalajara). *Tb n, referido a pers.* | Selipe *Ya* 17.6.75, 41: Pastrana trató de recoger con el capote al novillo que abrió plaza .. El principio de la faena de muleta del pastranense fue en son voluntarioso, desde las tablas hacia los medios.

pastranero -ra *adj* De Pastrana (Guadalajara). *Tb n, referido a pers.* | *NAl* 15.7.88, 3: El ilustre pastranero Ciriaco Morón Arroyo .. ha sido invitado como profesor visitante por la Universidad de Hamburgo (Alemania).

pastueño -ña *adj* **1** (*Taur*) [Res] que acude sin recelo al engaño. | DCañabate *Paseíllo* 160: La becerra sigue pastueña. Los redondos son tan vulgares como los naturales. **b)** Propio de la res pastueña. | R. VPrada *Her* 12.9.92, 46: El toro .. llegó a la muleta con mucho tranco, con una embestida pastueña e incansable.
2 (*raro*) [Caballería] mansa y noble. | Halcón *Ir* 108: Cuando ya en el rastrojo trabo las bestias, le pongo la esquila al mulo "Morisco", un macho negro pecino muy formal y quieto, y a la mula "Beata", pastueña y vieja.

pastura *f* Porción de comida que se da a los animales. | LPacheco *Central* 19: A esta hora los bueyes necesitan la pastura. **b)** Alimento para los animales, preparado con una masa de harina o salvado. | Moreno *Galería* 302: Un mueble de finalidad semejante .. para echar sus pasturas a los cerdos .. se llamaba "gamellón".

pasturaje *m* Lugar de pasto, esp. comunal. | Agreste *Abc* 14.9.75, 39: Las provincias cantábricas, a las que en la primera quincena de agosto vimos muy necesitadas de riego de las nubes para sus prados, que amarilleaban —sobre todo el pasturaje en pendiente—, estaban, a finales de ese mismo mes, libres de sobresaltos, a causa del agua caída.

pasturar A *tr* **1** Apacentar [ganado]. | *Tri* 28.12.74, 41: En Cox salía poco de casa, y, cuando lo hacía, era casi siempre hacia la sierra, para escribir o para pasturar una cabra.

B *intr* **2** Pastar [el ganado]. | JGregorio *Jara* 12: Una permanente desforestación, motivada por el numeroso ganado cabrío que pasturó en la comarca, el pertinaz carboneo y extracción de leñas.

pat (*pl normal,* ~s) *m* (*Golf*) Putt (golpe para acercar la pelota al hoyo e introducirla en él). | *Ya* 25.11.73, 40: Esto le costó tener que droparla [la bola] y, en consecuencia, sufrir la penalización de dos puntos, que le sumarían, con el "aproach" y los dos "pats" que necesitaría para finalizar el hoyo, cinco golpes, es decir, un doble "bogey".

pata[1] **I** *f* **1** *En los animales:* Miembro que sirve para la locomoción y que gralm. soporta el peso del cuerpo. | Lera *Clarines* 428: El toro se detuvo mirándole con miedo y escarbando con las patas delanteras. Ybarra-Cabetas *Ciencias* 326: Tienen [los gusanos] el cuerpo prolongado y blando, .. sin patas locomotoras, y, cuando existen (parápodos), jamás articuladas. **2** [*col, humoríst*] Pierna [de una pers.]. | Berenguer *Mundo* 198: Yo no tenía más que patas para correr y correr. **b)** ~ **de palo.** Pieza de madera que suple la pierna amputada de una pers. | *Cam* 4.8.75, 43: Todo lo que se suele echar de menos en buena parte de la actual narrativa española lo encontrará el lector en esta novela. Y además, pistoleros a sueldo, cornudos, cabareteras, contorsionistas, marinos de la pata de palo. **3** *En un mueble u otro utensilio:* Pieza más o menos larga, estrecha y sobresaliente sobre la que se apoya. | Olmo *Golfos* 37: Se agarra a las patas de la cama y tira. **b)** (*Aer*) Elemento vertical del tren de aterrizaje. | *Van* 24.10.74, 15: Un accidente que no ha tenido mayores consecuencias se ha producido esta mañana en el aeropuerto de Madrid-Barajas, al fallar una de las "patas" de un avión "Fokker 27" .. cuando el aparato tomaba tierra. **4** *Con un compl especificador, se usa para designar distintas cosas cuya forma evoca la de la pata* [1] *de algún animal.* **a)** ~ **de elefante.** Forma de la pernera del pantalón en que esta se va ensanchando en la parte inferior. | Berlanga *Gaznápira* 126: Aprovechaste el que se embutiera el jersey grueso y se cambiara los pantaloncitos por unos de pata de elefante. **b)** ~ **de gallina.** (*raro*) Muesca de la barra de la romana. | Moreno *Galería* 138: Se utilizaba [la romana grande] para grandes pesos, y sus patas de gallina grabadas en el hierro eran arrobas y medias arrobas. **c)** ~ **de gallo.** Arruga de surcos divergentes que se forma en el ángulo externo del ojo. | Delibes *Parábola* 42: Al sonreír la señorita Josefita se acentuaban las patas de gallo en los vértices de sus ojos. **d)** ~ **de gallo.** (*Tex*) Dibujo en forma de tres líneas divergentes que arrancan de un ángulo. | *Ya* 14.4.64, 11: Dibujo pata de gallo y en cuadritos. **e)** ~ **de liebre.** Cierta variedad de trébol (*Trifolium arvense*). | Mayor-Díaz *Flora* 186: *Trifolium arvense* L. "Pata de liebre" .. Flores blancas o rosadas, muy pequeñas .. Frecuente. Todo el Lit[oral]. Dunas interiores. **5 mala** ~. (*col*) Mala suerte. | CPuche *Paralelo* 220: Era una mala pata que fuese Tomás. **b)** Falta de gracia. | * ¡Qué mala pata tiene contando chistes! **6** (*reg*) Parte de las cuatro que se distinguen en la nuez. | Moreno *Galería* 68: Era una especie de carne de membrillo .. con trocitos de cáscara de naranja y limón, patas de nuez y algún otro fruto seco. **II** *loc adj* **7 de** ~ **de banco.** (*col*) [Argumento] disparatado o absurdo. *Frec con los ns* SALIDA *o* RAZÓN. | Diosdado *Olvida* 66: Se produce una breve pausa de expectación .. Alicia, esperando con resignación una nueva salida de pata de banco de su hermana. Delibes *Pegar* 162: Un periodista me preguntó si la consideraba [la ley Fraga] un avance respecto a la situación anterior. Mi respuesta fue de pata de banco: "Antes te obligaban a escribir lo que no sentías, ahora se conforman con prohibirte que escribas lo que sientes; algo hemos ganado". **8** (**de**) ~ **negra.** (*col*) De calidad superior. | E. PRozas *SPaís* 17.12.89, 118: Ahora vuelve con un Range Rover oficial, de los de pata negra, es decir, de los buenos. Berlanga *Recuentos* 84: Se ha comprado una nave de oficinas en Ciempozuelos, y si le sale este negocio pata negra que se trae entre manos, en dos años se lo vende a los americanos o a los alemanes y se retira. B. Lezama *Ide* 22.9.92, 6: Rocío Jurado, que es una hembra cabal y una tonadillera *pata negra*. **III** *loc v* **9 bailar en una** ~. (*col, raro*) Estar muy contento. | Delibes *Castilla* 13: La instalación, hace apenas un par de años, de una estación experimental de lluvia artificial, a un paso de aquí, en Villanubla, hizo bailar en una pata a la gente sencilla de la Meseta. **10 descender** (*u otro v equivalente*) **de la** ~ **del Cid.** (*col*) Ser de origen noble. | Delibes *Mundo* 148: Ser de La Orotava equivale a ser descendiente de la pata del Cid, a tener la sangre azul. SSolís *Camino* 218: Doña Nati, una mujer tiesa y empaquetada, siempre elegante y dis[plic]ente (como si procediera de la pata del Cid en lugar de ser la cuarta hija de un abogado de segunda categoría). **11 echar la** ~ [a alguien o algo]. (*col*) Ganar[le] o aventajar[le]. | Delibes *Guerras* 47: A tino pocos le echarían la pata al Abue, oiga. Delibes *Emigrante* 54: A edificios no le echan la pata a Dakar muchas capitales que prometen. **12 echar** (*o, raro,* **tirar**) **las** ~**s por alto.** (*col*) Dar rienda suelta a los impulsos o dejar de contenerse. | Lera *Clarines* 351: Juanito no es malo. Va a ser médico el año que viene, y no podemos echar las patas por alto y estropearlo todo. Verás cómo cuando se case se le acaba el bravío. CPuche *Abc* 13.2.83, 37: El Carnaval, como permiso para tirar las patas por alto al menos una vez al año. **13 estirar la** ~. (*col*) Morirse. | Cela *Judíos* 98: Sí, don Camilo, cascó, estiró la pata como un angelito. **14 meter la** ~. (*col*) Actuar de manera inoportuna o inconveniente. | ZVicente *Traque* 51: Fíjate lo que dices, que ese de las gafas a lo mejor es un técnico, no vayas a meter la pata. **15 poner** [a alguien] **de** ~**s** (*o, más frec,* **de patitas**) **en la calle.** (*col*) Despedir[lo] o echar[lo]. | Marsé *Dicen* 321: ¿Sabes que su mujer lo ha puesto de patitas en la calle? Halcón *Ir* 317: Los visitantes saltaron de alegría. Era el primer Prisca que le[s] abría las puertas, porque una semana antes, en Nueva York, Hermógenes y Lucas les habían puesto de patitas en la calle a los dos. **IV** *loc adv* **16 a cuatro** ~**s.** A gatas. | Arce *Testamento* 60: Había hecho un agujero y salía de él a cuatro patas y lleno de hierba. **17 a** (**la**) ~ **coja.** Con una pierna encogida y saltando sobre la otra. | Ca. Llorca *SPaís* 31.5.81, 52: A la pata coja se salta primero sin piedra. **18 a la** ~ **la llana.** (*col*) Llanamente o sin artificio. | Cela *Judíos* 13: El vagabundo quiere decir, .. a la pata la llana, que su viaje no será mucha más cosa que un viaje sentimental. Paso *Rebelde* 122: Cuando tú entres hablaré a la pata la llana. **19 a** ~ (*o, frec,* **a patita**). (*col*) Andando. | Medio *Bibiana* 96: Unos tanto coche, y otros a pata y andando. Delibes *Cinco horas* 47: A una mujer .. le humilla que todas sus amigas vayan en coche y ella a patita. **20 a** ~ **suelta.** (*col, raro*) A pierna suelta. | Lera *Bochorno* 115: De las alpargatas al Mercedes no hay más que una cosa: coraje. Hay quien prefiere dormir a pata suelta, y eso es fatal. **21** ~**s arriba.** (*col*) Completamente vuelto, con lo de abajo arriba. *Frec fig.* | Hache *Cod* 9.2.64, 5: ¿Qué haría cuando a la primera media verónica al primer natural se le cayera el toro patas arriba? Sopeña *Defensa* 38: Había sido prefecto de disciplina en el Seminario y quiso poner todo patas arriba, consciente de su poder para levantar el contrapuesto andamiaje. **b)** (*col*) En completo desorden. |* Tengo toda la casa patas arriba. Arlequín *Tar* 23.9.75, 7: Con esto de las obras de repavimentación de la ciudad, circular en coche se está haciendo desesperante .. Los chicharreros han de callar la boca y soportar pacientemente los tres meses de rigor con su calle patas arriba.

pata[2] → PATO.

pataca[1] *f* Planta herbácea de la familia de las compuestas, cultivada por sus tubérculos, utilizados en la alimentación humana y del ganado y para jarabes y alcoholes (*Helianthus tuberosus*). *Tb su tubérculo.* | Ybarra-Cabetas *Ciencias* 415: Las plantas alpinas son de pequeño porte, llegando en algunos casos a hacerse enanas, como sucede con la pataca. Bustinza-Mascaró *Ciencias* 220: Raíces y tubérculos, como remolachas, nabos, zanahorias, patatas, patacas, etc.

pataca[2] *f* Unidad monetaria de Macao. | J. V. Colchero *Ya* 13.4.86, 26: Macao quedará también en 1997 plenamente integrado a China, con un estatuto de amplia autono-

patache – patata

mía para los 50 años siguientes, en el que el territorio seguirá teniendo como hasta ahora su propia moneda, la pataca.

patache *m* **1** Embarcación de cabotaje de dos palos, propia del norte de España. | Cela *Pirineo* 131: Los pataches arosanos suelen navegar más marineros y a gusto cuando no enseñan la línea de flotación. Pombo *Héroe* 172: Las nubes ennegrecían los botes, los chinchorros, las motoras, las velas de los pataches carboneros.
2 (*hist*) Embarcación de dos palos, utilizada para el servicio de otra. | J. Balansó *SAbc* 14.4.74, 22: El 14 de marzo de 1605 .. se embarcaba como grumete en un patache de galeones.

pataco *m* (*reg*) Patacón. | GPavón *Reinado* 43: Compraba los melones a peseta el kilo y los vendía a nueve patacos.

patacón *m* (*reg*) **1** (*hoy raro*) Moneda de diez céntimos. | Chamorro *Sin raíces* 114: Allí salía a relucir todo el abundante surtido monetario: ochavos, .. p[a]tacones, céntimos y perras chicas. [*En el texto*, petacón.]
2 Cantidad mínima de dinero. *Normalmente precedido de* UN, *y en constrs negativas de intención ponderativa como* NO TENER UN ~ *o* NO DAR UN ~ POR *algo*. | Cela *Mazurca* 33: Había venido al mundo en una familia de posibles; que después quedara sin un patacón es ya otra cosa. Torrente *Vuelta* 284: Usted, divirtiéndose, y su señora, a la montaña, la pobre. La vi entrar en el coche y no doy un patacón por su vida.
3 *En pl*: Dinero. | Torrente *Off-side* 492: –¿Y el precio? –Diez mil duros .. y, o entrego los patacones o el carrete.

patada **I** *f* **1** Golpe dado con el pie o con la pata [1]. *Tb fig*. | Olmo *Golfos* 121: Al abalanzarse sobre el guarda, recibió de este una patada en la boca.
2 (*col*) *En pl*: Paseos o idas y venidas para gestionar algo. | Delibes *Emigrante* 107: Llevo unos días que se me hinchan los pies de dar patadas.
3 (*raro*) Huella de pisada de animal. | Delibes *Castilla* 174: Va para veinte años que no se ve [nutria] por aquí, ni tampoco freza, ni patadas, ni rastro siquiera.
II *loc v* (*col*) **4 dar cien ~s (en la barriga)**. Desagradar o disgustar profundamente. | CPuche *Paralelo* 141: A Genaro en cambio el flamenco le daba cien patadas. CPuche *Paralelo* 257: La vehemencia de estos luchadores le dab[a] a él cien patadas en la barriga.
5 dar la ~ [a alguien]. Echar[le] o despedir[le], esp. del trabajo. *Tb* DAR LA ~ DE CHARLOT, *o* DAR LA (*o* UNA) ~ EN EL CULO. | Matute *Memoria* 158: Te queda poco tiempo de estar con nosotros: ya oíste, te van a dar la patada después de Navidad. [*En el trabajo*.] Buero *Diálogo* 71: Le canté las verdades a uno de esos revolucionarios de boquilla .. y me empezaron a poner la proa. Conque me largué, antes de que me diesen la patada de Charlot.
6 dar una ~ [a algo]. Mandar[lo] a paseo. | Ortega *Americanos* 102: Llega un momento en que uno es capaz de dar una patada a tanta eficiencia y a tal lujo de medios.
7 darse (de) ~s [dos cosas o una con otra]. Combinar muy mal. | Grandes *Lulú* 100: Un banco muy ancho, de aspecto mullido, tapizado de un terciopelo azul eléctrico que se daba patadas con el verde de la moqueta.
III *loc adv* (*col*) **8 a ~s**. En gran abundancia. | Zunzunegui *Camino* 129: –¿Usted sabrá, tal vez, de alguna buena casa donde necesiten una dueña o doncella? .. –No se apure, con la figura que usted tiene encontrará casas a patadas.
9 a ~s. Con desconsideración o de malos modos. *Gralm con los vs* ECHAR *o* TRATAR. | FSalgado *Conversaciones* 107: ¡Es el colmo! .. que diga el general Muñoz Grandes que es cariñoso con sus subordinados; cuando por su mal carácter, pesimismo por falta de salud, irritabilidad, etc., trata a patadas, como vulgarmente se dice, a todo el mundo.
10 como una ~ en la espinilla, (**en el estómago, en las narices, en los cojones**, *etc*). Muy mal. *Con el v* SENTAR *u otro equivalente*. | * Su broma le sentó como una patada en el estómago.
11 en dos ~s. Muy rápidamente o en muy poco tiempo. | * Eso está hecho en dos patadas.

patado -da *adj* (*Arte y Heráld*) [Cruz] cuyos extremos se ensanchan un poco. | PCarmona *Burgos* 93: Muy semejantes son otras dos [ventanas] del ábside de La Piedra .., una de las cuales ostenta en su tímpano una cruz patada sobre tres arquitos apuntados. **b)** Propio de la cruz patada. | Vicens *HEspaña* 1, 405: Las más típicas piezas conservadas son las cruces de los Ángeles (de Alfonso II) y de la Victoria (de Alfonso III), ambas de forma patada y decoradas profusamente con piedras finas o vidrios coloreados.

patadón *m* (*col*) Patada [1] muy fuerte. | FVidal *Duero* 174: Ahuyenta al pobre gozque con el amago de un patadón. Montero *País* 3.10.83, 56: La cosa va de fútbol, de Goikoetxea y patadón.

patagio *m* (*Zool*) Membrana de las alas de los quirópteros. | Bustinza-Mascaró *Ciencias* 213: Son muy largos [los dedos del murciélago] y entre ellos se extiende una membrana .. Tal membrana se denomina patagio.

patagón -na *adj* **1** De Patagonia (región argentina). *Tb n, referido a pers*. | LTena *Abc* 11.12.70, 20: El anhelo de justicia que los hechos delictivos han de inspirar en los hombres de todo pueblo culto y civilizado, sean chinos, patagones, guipuzcoanos o castellanos los autores.
2 (*hist*) [Indio precolombino] de la zona sur de Argentina, correspondiente a la actual Patagonia. *Tb n*. | Fernández-Llorens *Occidente* 151: Pueblos indígenas de la América Precolombina .. Patagones. Fueguinos.

patagónico -ca *adj* De Patagonia (región argentina). | Zubía *Geografía* 289: En la meseta patagónica abunda el ganado lanar.

pataleante *adj* Que patalea. | C. GGuilarte *Abc* 14.9.68, 51: La provincia se vuelca a diario .. sobre la bella y aristocrática ciudad donostiarra. Con sus tortillas de patatas y sus niños nerviosos y pataleantes.

patalear *intr* **1** Agitar las piernas o las patas. | J. J. Plans *Hucha* 2, 77: Alguna vez el ruido del patalear de su hijo en la cuna le llegaba como si se tratara de una canción.
2 Dar patadas en el suelo en señal de enfado. | Medio *Bibiana* 71: Manuel empieza a llorar y a patalear, más de rabia que de dolor.

pataleo *m* **1** Acción de patalear. | * Se oía el pataleo del niño en la cuna. **b)** (*col*) Protesta que se manifiesta a sabiendas de su inutilidad. *Gralm en la constr* EL RECURSO DEL ~, *o* EL DERECHO AL (*o* DE) ~. | S. RSanterbás *Tri* 11.4.70, 24: Es la doble vida del español, la secreción virulenta de la bilis almacenada día a día en el quehacer habitual .., el grito legal, el exabrupto santificado por trescientos años de arte taurómaco, el recurso del pataleo.
2 (*reg*) Acción de pisar reiteradamente uva o mies. | S. GCasarrubios *Nar* 1.76, 14: Depositada la cantidad de uva necesaria en el jaraíz, comienza el primer ciclo de la elaboración del caldo: el prensado o "pataleo", que consiste en pisar las uvas, depositadas en el jaraíz, con los pies, hasta conseguir dejarlas totalmente aplastadas.

pataleta *f* (*col*) **1** Convulsión o ataque de nervios. | Laforet *Mujer* 91: Se asomó a la ventana al oír gritos y tiros .. Oyó otro grito .. y encontró a la patrona que caía al suelo con una especie de pataleta.
2 Rabieta. | GAmérigo *Sáb* 20.8.66, 12: Un niño debe dejar que le bañen, que le laven los dientes y le limpien las uñas sin que ello sea motivo para una rabieta. Una pataleta no hace daño a nadie.

patán *m* (*desp*) **1** Hombre rústico y grosero. | Torrente *Off-side* 41: –Es un hombre aburrido. –Completamente de acuerdo. Un verdadero patán.
2 Hombre campesino o aldeano. | Cuevas *Finca* 247: Los monos azul mahón .. para distinguirse de los gañanes con traje de patán.

patanería *f* Rusticidad y grosería. | Goytisolo *Recuento* 336: La patanería de sus maneras, su pasión solo atemperada por la desconfianza del que no está seguro del terreno que pisa.

pataquilla *f* (*reg, hoy raro*) Moneda de cinco céntimos. | J. Chesan *Lan* 23.6.74, 6: Me entregaban para realizar la compra "tres pataquillas", o "séase" quince céntimos de peseta.

patarata *f* Tontería o cosa sin importancia. | Torrente *Saga* 404: La verdad es que no hay derecho a venir y decirnos de pronto que toda nuestra historia son pataratas, y no hay más que el río y las lampreas.

patata **I** *f* **1** Planta solanácea cuyos tubérculos constituyen uno de los alimentos más útiles para el hombre (*Solanum tuberosum*). *Tb su tubérculo; en este caso, frec en* *sg con sent colectivo*. | Ybarra-Cabetas *Ciencias* 290: La patata es una planta provista de un tallo aéreo y otro subterráneo .. Lo más importante de la patata son los tubérculos. Carandell *Madrid* 93: Las patatas bravas .. son patatas fritas con salsa picante. *Ya* 25.5.74, 5: Los pataperos pedían una prima de dos pesetas en kilo de patata exportada.

2 (*col*) Cosa mínima. *Con intención ponderativa. Normalmente en la constr* NI ~, *con vs como* SABER *o* ENTENDER, *en forma negativa*. | *País* 17.10.78, 10: Finalizamos el pasado curso la EGB con excelentes calificaciones en Lengua y Literatura y no hemos captado ni patata de las píldoras de Cela. GArnau *Inf* 30.12.77, 17: "No sabía que tú también supieras Heráldica." "No sé una patata de Heráldica, pero creo que este es un problema de sentido común."

3 (*col*) Reloj malo. | Paso *Pobrecitos* 217: Tu Carlos, el gran escritor, se va a empeñar una patata para poder seguir sufriendo.

4 (*jerg*) Genitales externos femeninos. | VMontalbán *Pájaros* 58: No es que fuera frígida, porque a veces .. cuando le metías mano en la patata, trempaba, porque se le ponía a sudar la patata.

5 ~ **caliente**. (*col*) Asunto comprometido o enojoso. | A. Relaño *País* 21.11.82, 23: Al magistrado juez de San Fernando, Manuel Zambrano, le ha caído en las manos la patata caliente de juzgar a estos trece detenidos.

II *loc adj* **6 de ~**. (*col, Mil*) Chusquero. | MSantos *Tiempo* 79: Nuestra niña a mecerse en la mecedora y todo lo más a cargársela a cualquiera de esos miserables representantes o capitanes de patata que no tienen donde caerse muertos.

7 de la ~. (*Juegos*) [Corro] cuya canción comienza con las palabras "al corro de la patata". | Ca. Llorca *SPaís* 31.5.81, 52: ¿Quién no ha jugado al corro de la patata?

III *loc v* **8 comerse** [algo o a alguien] **con ~s**. Comérselo o tragárselo. *Frec en frases de sent desp*. | * Después de encargarle el trabajo, se volvieron atrás, y ahora a comérselo con patatas. MGaite *Nubosidad* 386: Que se la coma con patatas a esa cursi.

patatal *m* Terreno sembrado de patatas [1]. | Delibes *Parábola* 69: Gen correteaba alegremente por un patatal.

patatar *m* Patatal. | Cela *Viaje andaluz* 31: El dorado trigal que anuncia la meseta crece al lado del maizal y del patatar norteños.

patatero -ra **I** *adj* **1** De (la) patata [1]. | Bustinza-Mascaró *Ciencias* 269: El valor de nuestra producción patatera se estimó en 1954 en 4.069 millones de pesetas. **b)** (*reg*) [Morcilla] hecha con patata. | Landero *Juegos* 362: La morcilla patatera [era] más sabrosa que el mismo chorizo.

2 (*col, Mil*) Chusquero. | *D16* 15.5.83, 6: Procede de una familia militar, su padre fue sargento "patatero" o "chusquero", y su abuelo y bisabuelo, guardias civiles.

3 [Rollo] ~ → ROLLO.

II *m y f* **4** Pers. que se dedica al cultivo o al comercio de la patata [1]. | *Ya* 25.5.74, 5: Los pataperos pedían una prima de dos pesetas en kilo de patata exportada.

patatín. **(y) que si ~ (y) que si patatán**, *o* **(y) ~ (y) patatán**. (*col*) Fórmula con que se alude a palabras dichas por otro a las que se concede poco valor. | Torrente *Vuelta* 178: Su mujer le dijo que si ya volvíamos a las andadas, y que si aquello no podía ser, y que si patatín, y que si patatán. M. DCrespo *VozC* 6.10.68, 12: Siempre con el tema de la originalidad. Que si este argumento es mío, o es tuyo .. Que si patatín y que si patatán. Torrente *Señor* 217: Traía cuidadosamente estudiada la explicación fundamental, las razones reales por las que pensaba matar a Cayetano, la necesidad de hacerlo él, porque era su destino, y patatín y patatán. Torrente *Vuelta* 475: Patatín, patatán... Carlos dejó de percibir los conceptos: solo le llegaba el ruido, solo veía la gesticulación ampulosa, el brazo enérgico que apuntaba alternativamente al techo y a las planchas del entarimado.

patatús *m* (*col*) Indisposición repentina, esp. desmayo. | Medio *Bibiana* 89: Ahora le asalta el miedo de que ella pueda desmayarse cuando suba al escenario. (–Anda, que si me diera un patatús...) ZVicente *Balcón* 81: Todas acuden alarmadas: –¿Qué es? –¿Otro patatús? –¡El corazón, Virgencita, el corazón!

patazas *m* (*col, raro*) Hombre torpe y rudo. | Arce *Precio* 129: Te pasas la vida eligiendo el perfume, el panta-

loncito, el esmalte de uñas .., y, al final, caes en poder de un patazas que te llena de hijos.

patchwork (*ing; pronunc corriente,* /páčwork/) *m* Tejido hecho con retazos de otros. | *SPaís* 7.11.93, 102 (A): Blusa de crepé .. y chaleco de *patchwork*. **b)** Cosa resultante de una mezcla de elementos heterogéneos. | *Épo* 22.6.92, 111 (A): Su último trabajo, *Diamonds and pearls*, es otro patchwork de gran interés .. Se juntan baladas dulzonas y patéticas con tonadillas de Eurovisión y cortes de sintetizador.

paté *m* Pasta hecha normalmente con carne o hígado picados y especiados, que se consume fría. | Palomino *Torremolinos* 38: –Pues el yoga es lo mejor –dice Zalita Rozabal, que está comiendo paté como una descosida–. ¿Ves cómo me estoy poniendo de foie-gras? Pues mañana lo elimino en media hora. *Abc* 30.12.65, 31: Paté thon (Paté de bonito). *Cam* 14.4.75, 83: Un economato les surte .. de productos locales y extranjeros como el tamarit chino, el paté vegetal suizo.

pateador -ra *adj* Que patea[1] [1]. *Tb n, referido a pers*. | Lapesa *Ayala* 50: El ministro de Instrucción Pública da una fuerte patada al perrillo .. La muerte de los tres perrillos ¿no presagia las muertes perras que sufrirán el necio ministro pateador, Tadeo y doña Concha? Á. Arredondo *SYa* 11.2.75, 16: La falta de un "pateador" potente en sus filas hizo que desaprovecharan hasta tres golpes de castigo, relativamente fáciles, que se pitaron a su favor. [*En rugby*.]

pateadura *f* **1** Acción de patear[1]. *Tb su efecto*. | Salvador *Van* 19.12.70, 15: Mi hermano sufrió la pateadura de una mula. Berenguer *Mundo* 125: Vi pateaduras de cochino frescas.

2 (*col, raro*) Represión violenta. | Salvador *Haragán* 33: La mirada de mi hermano debió de ser terrible, terrible de verdad, porque Procopio se rascó la barbilla, comprendiendo la pateadura.

patear[1] A *tr* **1** Golpear [algo o a alguien] con los pies o las patas. | Delibes *Tesoro* 60: El hombre de la cayada se encrespó. Pateó la roca rabiosamente, como un poseso. Salvador *Van* 19.12.70, 15: Mi hermano sufrió la pateadura de una mula, y yo a mi vez la pateé a ella. **b)** (*Rugby*) Dar una patada [al balón (*cd*)]. *Frec abs*. | Á. Arredondo *SYa* 27.11.73, 17: Epalza rompe las líneas de estos, pasando a Casariego, que ensaya, transformando muy bien Murga, a pesar de lo esquinado que "pateó" (9-13).

2 Golpear el suelo con los pies para manifestar enojo o protesta [por un espectáculo o un discurso (*cd*)]. | * La obra fue pateada el día de su estreno.

3 Pisotear. *Tb fig*. | J. M. Almela *SAbc* 17.11.68, 32: Su césped ha sido "pateado" por jugadores de casi todas las naciones europeas. E. Iparraguirre *SAbc* 1.6.69, 24: La gente puede arrastrarte. Se trabaja por ella y puede patearte.

4 Recorrer a pie [un lugar]. | Delibes *Año* 106: Pasé con los chicos la mañana pateando las laderas de Santa María del Campo.

5 (*col*) Gastar, esp. alegremente. | FReguera-March *Filipinas* 116: Ha guardado cinco pesos para patearlos contigo el día que os encontréis en Manila. Cela *SCamilo* 216: Dos mozos salmantinos que habían venido a patearse unos duros a Madrid.

B *intr* **6** Agitar las piernas o las patas. | CNavarro *Perros* 155: La rana pateaba en el aire. Delibes *Parábola* 27: Se sacaba el flotador por la cabeza, erguía el pestorejo y se chapuzaba braceando y pateando.

7 Golpear el suelo con los pies, frec. en señal de enojo o protesta. | CPuche *Paralelo* 210: Los campesinos pateaban muertos de risa. Torrente *Filomeno* 392: Salió la chica al escenario y cantó otra cosa .. La gente pedía a coro lo de los *Ojos verdes* y pateaba al mismo tiempo que aplaudía.

8 Andar mucho para hacer algo, esp. gestiones o diligencias. | Berenguer *Mundo* 268: Tirarse el día pateando para apurar los pájaros de aquí, es perdidura de tiempo. * Llevo pateando toda la mañana para sacar el certificado.

patear[2] *tr* (*Golf*) Golpear suavemente [la pelota] para acercarla al hoyo o introducirla en él. *Frec abs*. | L. Diego *Arr* 30.9.70, 17: Esto de *patear*, de resolver la situación, de perfeccionar la tarea de acercamiento con el ingreso en el hoyo apetecido y perseguido le trae a mal traer a cualquier iniciado por mucho que presuma de sereno.

patela *f (reg)* Lapa (molusco). | Ybarra-Cabetas *Ciencias* 121: Los organismos vivos pueden modificar la acción destructora del oleaje .. protegiendo a las rocas del ataque del mar (patelas, balanos, percebes, etc.).

patelar *adj (Anat)* De (la) rótula. *Gralm referido a reflejo.* | Rábade-Benavente *Filosofía* 89: Las respuestas simples pueden asimilarse a un arco reflejo; como cuando nos dan un golpe en la rodilla y levantamos la pierna, el llamado "reflejo patelar".

patelo *m (reg)* Cangrejo de mar cuyas patas posteriores terminan en forma de paleta (*Polybius henslowi*). | P. Pascual *MHi* 8.66, 46: El patelo, una especie de cangrejo pequeño, blando e inútil, es a las redes lo que la langosta a las plantaciones.

patén[1] *m (reg)* Tejido de algodón perchado. | Grosso *Capirote* 109: El hombre era viejo, canoso, vestido de campesino, el traje gris de patén y las alpargatas de cáñamo. Marsé *Tardes* 26: Un viejo con americana de patén gris.

patén[2] *m (reg)* Vino que paga un mozo a sus compañeros cuando se casa. | R. M. FFuentes *Nar* 10.76, 31: Cuando un mozo se casa tiene que pagar el patén, es decir, convidar a los que hasta entonces fueron sus compañeros. [*En Valle Gordo, León.*]

patena *f (Rel catól)* Platillo sobre el que se coloca la hostia durante la misa. | Villapún *Iglesia* 120: A los presbíteros les entrega el cáliz con vino y la patena con la hostia. **b)** *Frec se usa en constrs de sent comparativo para ponderar la limpieza.* | Escobar *Itinerarios* 43: Seguidamente los hombres le raspan [al cerdo] con cuchillos .. hasta quedar limpio y blanco como la patena.

patencia *f* Cualidad de patente [1]. | Torrente *SInf* 10.1.74, 16: Lo que sí sigue siendo cierto es que desde fuera no se les planteaba [a los escritores] el problema en forma de exigencia. Hacerlo con la patencia que hoy se hace tiene sus riesgos.

patentable *adj* Que se puede patentar. | Buero *Música* 74: Podría ser un juego apasionante para muchos. ¡Y hasta patentable!

patentar *tr* Obtener la patente [3] [de algo (*cd*)]. *Tb fig.* | *GMundo* sn: Máquina Victoria. Laiglesia *Tachado* 112: Para poder patentar algún ideal, Pablo quiso echar mano de la idea democrática, que es tan socorrida.

patente **I** *adj* **1** Claro o evidente. | Arce *Testamento* 60: La incredulidad de mi rostro debió de ser tan patente que él se apresuró a explicar: –No es fácil matar a una persona que se conoce.
II *f* **2** Documento en que se acredita un derecho, un privilegio o un permiso. | Cunqueiro *Crónicas* 11: Disfrutaban –por privilegio con patente– del derecho a correr con un pañuelo verde por las calles de Rennes gritando que venía El Rey. GHortelano *Amistades* 119: –Supe su domicilio por la patente. –¿La patente del coche? –Sí. **b)** Certificado [de una cualidad o condición]. | Lázaro *Crónica* 25: Tampoco atribuye el instituto ninguna patente de corrección al habla de Castilla. L. LSancho *Abc* 8.12.70, 18: Otras [veces] se les da una patente de rebeldía.
3 Documento en que se concede el derecho exclusivo a la explotación de un invento. *Tb ~ DE INVENCIÓN. Tb el mismo derecho.* | Ortega-Roig *País* 111: Las fábricas de automóviles .. trabajan con patentes extranjeras. *Abc* 25.2.58, sn: Vendo o negocio patente invención máquina sembradora.
4 ~ **de corso.** Autorización para realizar actos prohibidos a los demás. | Cela *Judíos* 32: El cazador camina con su patente de corso en su morral.
III *loc v* **5 pagar la ~.** *(col)* Cargar con las culpas o con las consecuencias negativas [de algo]. | * Siempre nos toca pagar la patente.

patentemente *adv* De manera patente [1]. | L. Pancorbo *Ya* 1.8.74, 5: Si bien hayan fracasado patentemente [los militares] en la conducción del poder, podrían triunfar rápidamente en la reconquista de ese poder, galanamente cedido a Karamanlis.

patentizar *tr* Hacer patente [1] [algo]. | Ybarra-Cabetas *Ciencias* 82: Entre las numerosas variedades existentes de caliza, hay muchas que patentizan su origen orgánico.

pateo *m* Acción de patear, *esp* [2 y 7]. | Sampedro *Sonrisa* 196: El amo iba camino de la cuadra, a echar el ojo a los animales, que le recibían con sus relinchos, mugidos y pateo de cascos. S. RSanterbás *Tri* 11.4.70, 24: Las ovaciones delirantes están permitidas en cualquier acto público, pero el pateo y la bronca, no.

páter[1] *m* Capellán castrense. | Goytisolo *Recuento* 17: Iba de uniforme, con gafas y boina roja. Soy el capellán, dijo. El páter. **b)** *(col)* Sacerdote. | Palomino *Torremolinos* 169: La misa termina. El reverendo Jalmés O. P. la ha oficiado a petición de los príncipes con un latín cortesano y culto .. En el saloncito contiguo se sirve un aperitivo .. –¿Y usted, páter? –Un jerez, por favor.

páter[2] *m* Pater noster. | P. Darnell *VNu* 13.7.74, 28: Escribió [Stravinsky] un Credo, un *Páter*, una Ave María y 2 *Sacrae cantiones*.

patera → PATERO.

pátera *f (hist)* **1** Vaso de poco fondo usado por los antiguos romanos en los sacrificios. | FGonzález *SAbc* 19.4.70, 23: Los dedos .. se introducían ávidamente en las páteras de estaño abollado.
2 Adorno en rosetón que recuerda la forma de la pátera [1]. | Sampedro *Sirena* 96: De la oreja derecha pendía una perla en forma de pera y de su cuello una pátera de oro con esmaltes.

paterfamilias (*tb con la grafía* **pater-familias**) *m (hist) Entre los romanos*: Jefe de la familia. *Tb (lit) fig.* | Tejedor *Arte* 50: Del culto estaban encargados los sacerdotes. El de los dioses domésticos era el paterfamilias. F. Romero *ASeg* 20.11.79, 2: La familia es una institución patriarcal en la cual se produce la dominación del paterfamilias. *Abc* 6.6.58, 50: En la segunda parte, cuando solo salieron de los veteranos Berasaluce, Marquitos y Gento, este un poco en sabio pater-familias, los chicos del Madrid .. hicieron verdaderas diabluras.

paternal *adj* **1** De(l) padre. | Acquaroni *Abc* 4.10.70, 13: Estas niñas que hoy queman cigarro tras cigarro con el consenso paternal y social.
2 Que muestra una actitud o un afecto propios de padre. | Umbral *Ninfas* 56: Los frailes .. se mundanizaban un poco en su relación con los congregantes de más edad, mientras que seguían siendo apostólicos y paternales con los menores. Pla *Des* 12.9.70, 25: Tito ha creado un Estado cada vez más alejado del comunismo, muy paternal –basado puramente en su persona–, un Estado que deja hacer.

paternalismo *m (desp)* Actitud o tendencia de una autoridad que, bajo apariencia de protección, trata de imponer su dominio o control. | Albalá *Periodismo* 46: Se ha potenciado la responsabilidad del director [de periódico] hasta hipertrofiarla inexplicablemente, cosa que se viene haciendo .. mediante un paternalismo jurídico fuera de todo lugar. *Dis* 4.76, 5: Se trata, simplemente, de buscar entre todos una salida, sin recurrir a paternalismos heredados del franquismo.

paternalista *adj (desp)* **1** Que se comporta con paternalismo. *Tb n, referido a pers.* | * El director es demasiado paternalista.
2 Que denota o implica paternalismo. | Mercader-DOrtiz *HEspaña* 4, 3: La población española aumentó de modo notable a lo largo del siglo XVIII, gracias a la relativa paz de que disfrutó España bajo el gobierno paternalista de los primeros Borbones.

paternalmente *adv* De manera paternal. | C. Laredo *Abc* 26.8.66, 30: Aconsejaba paternalmente a todo tunecino mayor de veinticinco años que se casase.

paternidad *f* **1** Condición de padre. | Compil. Navarra 45: La declaración judicial de paternidad o maternidad produce los mismos efectos que el reconocimiento. *Ecc* 16.11.63, 29: Los obispos, aunque ancianos y enfermos, continúan su precioso ministerio lleno de paternidad y de buenos ejemplos. **b)** *Referido a la pareja*: Condición de padres. | Pemán *MHi* 12.70, 8: Nunca se han escrito tantas páginas apologéticas del niño como en estos días, de rebote de los planteamientos de la paternidad razonada. **c)** Condición de autor [de algo]. | DPlaja *El español* 223: En el caso de los Álvarez Quintero .. se creó una leyenda. Ninguno de los dos tenía talento. El "bueno" era una hermana jorobada .. y era quien dictaba las comedias .. (Luego supe que existía, efectivamente, un hermano enfermo en casa, pero nadie aportó pruebas de esa paternidad literaria.) Armenteras *Epistolario* 212: Tampoco crea nadie que para negar valor a lo pactado basta con impugnar la paternidad de la firma.

2 su ~, o **vuestra ~**. *Se usa como tratamiento dirigido a algunos eclesiásticos*. | Torrente *DJuan* 74: Buenas noches, padre Welcek, y perdónenos Su Paternidad por la molestia.

paterno -na *adj* De(l) padre. | E. Merino *SVoz* 8.11.70, 1: Adecuar el criterio paterno a los nuevos tiempos sería lo ideal. *Compil. Navarra* 77: Parientes llamados .. Serán elegidos uno de la línea paterna y otro de la materna. **b)** [Pariente] de la línea del padre. | Cossío *Confesiones* 13: Mi abuelo paterno, don Francisco de Cossío y Salinas.

paternofilial (*tb con la grafía* **paterno-filial**) *adj* De (los) padres y (los) hijos. | Ramírez *Derecho* 110: La Ley .. impone ciertas obligaciones al regular el matrimonio, las relaciones paternofiliales, las relaciones entre fincas o servidumbres, etc. E. Merino *SVoz* 8.11.70, 1: Ahí tenemos el ejemplo de las relaciones paterno-filiales norteamericanas.

paternóster (*tb con la grafía* **pater noster**) *m* **1** Padrenuestro. | FVidal *Duero* 130: Reza un paternóster por el alma del noble guerrero.

2 Parte de la misa en que se reza o canta el padrenuestro. *Tb la composición musical correspondiente*. | Vesga-Fernández *Jesucristo* 109: Preparación para la Comunión: Pater noster. Fracción del Pan. Agnus Dei. En el Pater noster se pide el "pan" sagrado.

patero -ra I *adj* **1** De (los) patos. | J. C. Duque *Hoy* 24.11.74, 11: El ánade real, que por su abundancia en la zona de los lagos es el representante típico de las anátidas en nuestras latitudes, donde constituye la principal población patera.
II n **A** *m y f* **2** Cazador de patos. | C. Otero *Abc* 26.12.82, 64: Ha entrado caza de invierno, sobre todo en lo que a la volatería acuática se refiere, y ya tenemos noticias .. de pateros que nos hablan de sorpresas agradables y cobras impensadas.
B *f* **3** Barca de fondo muy plano para perseguir patos en aguas de poco calado, y usada frec. por inmigrantes ilegales en el estrecho de Gibraltar. | AAlcalde *Unos* 19 (G): Cayetano tuvo por fin su barco, al que puso "Tonio", por el chico. La embarcación no era realmente mucho mayor que una patera, pero como él era así de fantasioso .., se dedicó a darse tono de armador. *Abc* 31.8.91, 39: Vigilancia Aduanera captura dos "pateras" con treinta y ocho inmigrantes ilegales.

pateta (*gralm con mayúscula*). **llevarse ~** [a una pers.]. *loc v* (*col, humoríst*) Morirse [esa pers.]. | Hoyo *Caza* 57: Este frío es una muerte. Con lo flacos que estamos. Te digo que un día se nos va a llevar Pateta. ZVicente *Mesa* 79: Aquí tenéis al viejo, al egoísta, al chupóptero fascistón que se llevará pateta cualquier domingo de estos.

patéticamente *adv* De manera patética [1]. | Delibes *Historias* 17: La Clara, que solo dormía con un ojo y me miraba con el otro, azul, patéticamente inmóvil.

patético -ca *adj* **1** Que conmueve vivamente o causa un gran sentimiento de pena. | GPavón *Hermanas* 45: Se veían .. cruces con cristos patéticos. **b)** (*TLit*) [Figura retórica] destinada a excitar los sentimientos. | Torrente *Saga* 400: Aquella voz pastosa y bien modulada decía palabras armoniosas en períodos amplios y sosegados, con cláusulas paralelísticas y abundancia de figuras patéticas.
2 (*Anat*) [Nervio] que mueve el músculo oblicuo mayor del ojo. *Tb n m*. | Bustinza-Mascaró *Ciencias* 76: Son [los nervios craneales]: I, Olfatorios; .. IV, Trocleares (llamados también Patéticos).

patetismo *m* Cualidad de patético [1]. | Laiglesia *Tachado* 141: Compuso esta maravilla transida de patetismo.

páthico -ca *adj* (*lit*) De(l) sufrimiento. | F. J. FTascón *SYa* 16.6.74, 23: Se alteraba el proceso óntico que es la salud, y se producía la eclosión páthica y dolorosa de la enfermedad, con el grito estentóreo del dolor.

pathos *m* (*lit*) Carga emocional o capacidad de conmover. | Aranguren *Marxismo* 121: La tensión revolucionaria continua .. no es posible más que en situaciones conflictivas extremas .. El *pathos* revolucionario cede, en los países comunistas de régimen estabilizado .., al rigor técnico del gobierno.

pati *m* (*reg*) Rayuela (juego de niñas). | MGaite *Cuarto* 109: Jugábamos a tantas cosas en aquella plaza, a los dubles, al pati, a las mecas.

pati- *r pref* De pata(s). | *Por ej*: Berlanga *Gaznápira* 74: Mientras su caballo pastaba patiatado, se iba hasta los pajares. J. RMateo *Abc* 2.2.58, 11: De pronto sentí sobre mi cuerpo la escalofriante mirada escudriñadora de un perro patilargo. Montero *Reina* 48: Vanessa era una de esas mujeres de cuerpo omnipresente .. Culigorda y patirrecia.

patiabierto -ta *adj* (*col*) Abierto de piernas. | Montero *Reina* 182: Ella se limitaba a permanecer muy quieta y patiabierta, sumida en el arrobo de tenerle entre sus brazos.

patibulario -ria *adj* **1** De(l) patíbulo. | Cela *SCamilo* 109: Es probable que en efecto la plaza Mayor sea la que reúna mejores condiciones patibularias.
2 De aspecto criminal. *Tb n, referido a pers.* | Goytisolo *Recuento* 184: Esa caterva de tipos patibularios que hablan de arreglar el mundo y prometen el oro y el moro para después de una revolución que todos sabemos en qué acaba. FReguera-March *Fin* 313: No estoy muy seguro de que los catalanistas sean los míos, pero de lo que sí lo estoy es de que esos patibularios no lo serán jamás.

patíbulo *m* Tablado en que se ejecuta una pena de muerte. | CPuche *Paralelo* 50: Madrid quedaba a lo lejos como la mesa de un festín o la plataforma de un patíbulo. **b)** Lugar en que se ejecuta una pena de muerte. | E. GPesquera *Fam* 15.11.70, 4: ¿Es posible que Cristo quiera seguir siendo tan humillado como ya lo fue en el patíbulo de la Cruz?

paticojo -ja *adj* (*col*) [Pers., animal o mueble] cojos. *Tb n, referido a pers.* | Cunqueiro *Un hombre* 163: El Mantineo iba a ser rico y poder casar la hija paticoja. Marsé *Tardes* 178: Junto al sillón, una paticoja mesilla de noche con una variada cantidad de frascos medicinales. CBonald *Casa* 204: Empezó a explicarle todo lo que allí había ocurrido, desde que Pachequito y el paticojo se presentaron con el muchacho.

paticorto -ta *adj* De patas cortas. | MSantos *Tiempo* 123: Mesas ridículamente pequeñas, bajas, chatas, paticortas. **b)** (*col*) De piernas cortas. | Gironella *Millón* 548: Era un muchacho fornido, pero patichato de las gafas.

patidifuso -sa *adj* (*col*) Admirado o asombrado. | PAyala *Abc* 19.6.58, 3: Hallazgo portentoso que dejó turulatos y patidifusos a los vecinos de aquella insigne y gloriosa ciudad palustre.

patihendido -da *adj* [Animal] que tiene el pie hendido o dividido en dos partes. | *Abc Extra* 12.62, 35: La taba es un huesecillo de la mano de animales [bisu]lcos o patihendidos.

patilla I *f* **1** Parte de pelo o de barba situada delante de la oreja. | M. Torres *Abc* 6.12.70, 24: Un joven de veinticuatro años, de mediana estatura, bigote y patillas largas. M. Mora *Act* 25.1.62, 47: Solo en una ocasión hemos visto, sobre su melena algo alborotada, de raya a un lado, con patillas más o menos peinadas hacia fuera, el aditamento de un moño.
2 Pieza o dispositivo que sirve para sujetar otros. | Ramos-LSerrano *Circulación* 339: Debe ser realizado el reglaje [del embrague] por un taller, actuando sobre los tornillos de las patillas.
3 *En las gafas*: Parte con que se apoyan en las orejas. | *Ya* 14.5.78, 42: Los detenidos disponían además de .. un receptor, situado en la patilla de unas gafas.
II *loc adv* **4 de ~**. (*reg*) De raíz. | Halcón *Ir* 96: Entró con un tractor oruga de setenta caballos levantando cerca de medio metro. La grama, que era el cáncer de estas tierras, quedó arrancada de patilla. Cuevas *Finca* 166: Una hora después, Gregorio casi no hablaba. Daba la impresión de un árbol cuyo tronco cortaban minuto tras minuto .. Estos hombres así caen de patilla, como los olivos con el levante.

patilludo - patio

patilludo -da *adj* De grandes patillas [1]. | Valencia *Gac* 22.2.70, 9: El canadiense es un boxeador patilludo y con tatuaje de marino.

patín[1] *m* **1** Aparato provisto de ruedas o de una cuchilla, que se adapta al pie y sirve para deslizarse sobre el suelo o sobre el hielo. *Frec en pl.* | *Abc* 3.9.68, 16: El agua también está al alcance de todos, y la fresca sombra de los chopos, .. y las pistas de patines.
2 Patinete. | * Los Reyes le han traído un patín.
3 Aparato formado por dos flotadores paralelos unidos transversalmente, que se desliza mediante vela, remo o pedales. | *Abc* 9.2.68, 73: Extenso calendario de regatas .. En la clase patines a vela, el Campeonato de España se celebrará del 15 al 18 de agosto. Repollés *Deportes* 147: Un emocionante deporte es el patín a vela .. Los frágiles patines semejantes a balandros, propulsados por el viento sobre las deslizantes superficies heladas, llegan a alcanzar velocidades superiores a los 100 km/h.
4 (*Aer*) Pieza fija en la parte inferior del fuselaje o en la cola de algunos aviones para facilitar su aterrizaje. | *D16* 24.2.85, 4: No pudo evitar que su Boeing rozase peligrosamente la pista del aeropuerto de Barajas. El avión sufrió importantes roces en los flaps y en la parte trasera, al lado del patín de cola.

patín[2] *m* (*reg*) Patio [1] pequeño. | Torrente *Señor* 93: Había luz en la cocina y la casa estaba silenciosa .. Entró por el patín de la cocina.

pátina *f* **1** Capa de óxido que se forma sobre determinados metales, esp. bronce o cobre, expuestos a los agentes atmosféricos. | GNuño *Escultura* 133: El metal solía ser cobre .. La pátina traída por el tiempo que ha ido dando a las figuras ibéricas hermosa y variadísima policromía elaborada por los siglos .. es siempre diferente. *HLM* 26.10.70, 10: Expuesto [el acero] a la intemperie, adquiere una pátina de óxido sumamente densa y adherente que le protege eficazmente de corrosiones posteriores.
2 Capa que se forma sobre determinados objetos antiguos, esp. pinturas, suavizando su color. | J. Salas *Abc* 9.4.72, 3: Son cada vez más quienes se interesan por los muebles evocadores o los cuadros con pátina de cierta entidad. LTena *Abc* 11.12.70, 19: Sus piedras, que han adquirido, sin merecerlo, pátina de antigüedad.
3 Barniz o coloración con que se recubren artificialmente algunos objetos para decorarlos o protegerlos imitando la pátina [1 y 2]. | GTelefónica *N.* 343: Cromados .. El Dorado Inglés. Cromo. Platino inoxidable. Pátinas diversas en electrólisis. Niqueladuras.

patinada *f* (*raro*) Acción de patinar[1]. | J. Hermida *Ya* 25.3.90, 64: Es de esas cosas que te hacen tilín por alguna parte y, como en los días de nieve, te piden echarte a la calle y pegarte un bolazo o una patinada.

patinado[1] **-da** *adj* **1** *part* → PATINAR[2].
2 Que tiene pátina. | GPavón *Cuentos rep.* 67: Hasta los viejos retratos .. despedían reflejos sanguíneos como si sus cristales y superficies patinadas fueran de rubí. Torrente *Isla* 35: Me gustó entonces tu cuerpo, delgado y moreno, no rosado como el de las vikingas, sino de patinada piel como las teclas de un piano viejo.

patinado[2] *m* Acción de patinar[2]. | Á. L. Calle *SInf* 9.12.70, 9: Se realizan [en el tapiz] las últimas operaciones: rematado, forrado, para evitar que se vean las uniones de los distintos hilos, patinado, para conferir un tono mate a las figuras, etcétera.

patinador -ra *adj* Que patina[1] [1]. *Frec n, referido a pers.* | *DEs* 20.10.76, 22: Por primera vez en el mundo chimpancés patinadores en pista de hielo. Payno *Curso* 33: Soñaba con el vuelo del patinador sobre hielo, con poder imitar su gracia alada de continuo.

patinaje *m* Acción de patinar[1] [1 y 2]. | * Tras el patinaje no debes fumar. *Abc* 30.12.65, sn: 8 ruedas motrices todo terreno, que la proporcionan la máxima adherencia, eliminando el patinaje. **b)** Deporte del patín[1] [1]. | Repollés *Deportes* 147: En cuanto al patinaje artístico puede considerarse más como un espectáculo que como un verdadero deporte.

patinar[1] *intr* **1** Deslizarse sobre patines[1]. | Laforet *Mujer* 90: Le parecía que iba ahora patinando por la vida.
2 Deslizarse o resbalar. | Aldecoa *Gran Sol* 82: Las puntas de la red .. patinaron por la regala hasta el comienzo de la obra muerta. Ramos-LSerrano *Circulación* 193: Cuando el coche patina por estar el piso mojado, helado, por tener barro, arena u otra causa, generalmente lo hace en forma de coletazo. El. Serrano *SYa* 16.6.74, 5: Una embarcación navega de popa cuando recibe el viento en el sentido de su marcha. De esta forma se marcha rápido si se planea, es decir, si el barco se levanta y resbala o patina sobre el agua. **b)** (*Mec*) Deslizarse indebidamente [un órgano] por falta de adherencia. | F. Gallardo *Van* 15.11.73, 8: Ayer tuve que dejar el coche en el taller porque le patinaba el embrague. Ramos-LSerrano *Circulación* 323: La correa del ventilador patina o está rota.
3 (*col*) Errar o equivocarse. | Mendoza *Ciudad* 108: Te ha estado engañando todo el tiempo; si esperas algo de ese sinvergüenza, patinas.

patinar[2] *tr* **1** Dar pátina, esp [3] [a algo (*cd*)]. *Tb abs.* | *MHi* 12.57, 11: Hoy, el alcázar de Colón, sabiamente patinado por sus restauradores, evoca en el visitante el romántico recuerdo de una historia de amor. *BOE* 1.12.75, 25024: Realizará [el pintor] las labores de preparar las pinturas .., barnizar, brochar o muñequillar, patinar, dorar y pintar letreros. **b)** *pr* Cubrirse [algo] de pátina [1 y 2]. | Pla *América* 28: Del pasado queda bien poca cosa. Sin embargo, estas piedras son nobles y no hacen ningún daño. Las piedras se patinan maravillosamente en la Habana.
2 (*lit*) Cubrir [algo] con una capa delgada a modo de pátina. | Solís *Siglo* 428: Su piel estaba patinada por un rocío de sudor.

patinazo *m* (*col*) Acción de patinar[1] [2 y 3]. | APaz *Circulación* 116: Si está el piso mojado, las distancias –además del peligro de resbalamiento o patinazo– llegan al doble. *Cod* 9.2.64, 5: ¿Se ha enterado usted del último patinazo de la Federación Española de Fútbol?

patinegro -gra *adj* De patas negras. *Usado como especificador de algunas especies zoológicas.* | I. F. Almarza *SYa* 9.9.84, 23: En primavera, las avocetas, .. el chorlitejo patinegro, con sus incansables vuelos, y la lavandera boyera dan la imagen señora de estos espacios húmedos. Noval *Fauna* 106: El Charrán patinegro .. es mayor que el anterior.

patineta *f* (*raro*) Patinete. | Delibes *Príncipe* 151: El conejo había cogido una patineta y se deslizaba por la calzada, el paquete atado al manillar.

patinete *m* Juguete que consiste en una pequeña plataforma con ruedas y manillar, que sirve para deslizarse poniendo un pie encima y empujando con el otro. | *Ya* 12.11.70, 17: Un barcelonés .. se dispone a dar la vuelta a España en patinete, en cuyo recorrido piensa invertir cinco meses.

patinillo *m* Patio [1] pequeño. | ZVicente *Traque* 106: Empujo la puerta, y en el patinillo, nadie.

patio *m* **1** *En un edificio:* Espacio cerrado con paredes y descubierto. | Laforet *Mujer* 19: El suelo del patio estaba empedrado con lajas entre las que crecía hierba. **b)** ~ **de armas.** *En un palacio o un cuartel:* Explanada cercada o zona interior destinada al relevo o parada de tropas. | Cela *Judíos* 162: El castillo de la Mota lo forman ..: la barbacana que cierra el patio de armas; el muro, con sus almenas, sus aspilleras, sus saeteras y sus troneras para la infantería. J. L. Rodríguez *Hora* 5.12.76, 11: Nevaba a mediodía en el Patio de Armas del Cuartel de Santocildes. **c)** ~ **de caballos.** *En una plaza de toros:* Espacio en que se prueban las cabalgaduras y en que están situadas las cuadras. | *Ya* 6.3.75, 43: Escena decimonónica del patio de caballos en la vieja plaza de la Puerta de Alcalá. **d)** ~ **de cuadrillas.** *En una plaza de toros:* Espacio en que se reúnen y preparan las cuadrillas antes del paseíllo. | * Los picadores esperaban ya en el patio de cuadrillas.
2 Espacio cercado de los que forman parte de un cementerio. | *Gra* 4.11.89, 17: Fue aprobado también un proyecto de ampliación del patio civil del cementerio municipal por valor de 2.365.000 pesetas.
3 *En un teatro o cine:* Planta baja. *Tb* ~ DE BUTACAS. | *ASeg* 4.12.62, 4: Durante una lucha .. un actor lanzó a otro al patio de butacas. Cabezas *Abc* 25.5.58, 67: Vuelven los títeres al Retiro .. El "patio" de butacas está al aire libre, bajo los frondosos castaños de Indias.

patirrojo – patológico

4 (col) Ambiente o situación. *Gralm en la constr* CÓMO ESTÁ EL ~. | Delibes *Príncipe* 36: –¡Calla la boca o te meto una así que te vas a acordar de la Vítora mientras vivas! .. –Bueno está el patio. *País* 1.2.84, 52: Alfredo Landa y José Sacristán .., tal y como está el patio, no protagonizarán .. la película *Sesión continua*.

5 ~ de Monipodio. (*lit*) Lugar de reunión de ladrones y rufianes. | Alfonso *España* 135: Nada más amargo ni humillante que esta invasión del país a título de patio de Monipodio donde, no metiéndose en política, todo pasa.

patirrojo -ja *adj* De patas rojas. *Tb n f, referido a perdiz.* | Delibes *Mundos* 90: Carece [la perdiz chilena] de la bravura y resistencia de nuestra patirroja. Delibes *Año* 53: Comimos con Olegario Ortiz –que regresa a la Facultad de Medicina de Valladolid, atraído por la patirroja–.

patita → PATA¹.

patitieso -sa *adj* (col) **1** Que tiene las piernas o las patas inmóviles o paralizadas. | Delibes *Parábola* 69: El trémulo cuerpo levemente arqueado, .. patitieso, .. los ojos avellana clavados en una planta.

2 Admirado o asombrado. | DCañabate *Paseíllo* 25: Lo que nos dejó más patitiesos fue la fiereza y la nobleza con que embestía el Eustaquio.

patito *m* **1** *dim* → PATO.

2 el ~ feo. (col) Pers. o cosa a la que se desprecia o posterga injustamente. | P. Cuartero *SPaís* 21.5.78, 19: Era mi primer verano de mujer mutilada .. En la playa me encontraba mal, era el patito feo. De lejos no se notaba la cicatriz, pero de cerca, la gente se podía dar cuenta perfectamente. *Ya* 27.9.91, 25: Enfermería, "patito feo" de la sanidad.

3 los dos ~s. (col) *En la lotería de cartones:* El número 22. | ZVicente *Traque* 201: Me pasaba la rebotica a jugar a la lotería casi toda la tarde, tan calentito, venga a cantar Los-dos-patitos, El quince-la-niña-bonita.

patituerto -ta *adj* Que tiene las piernas o patas torcidas. | Caba *Ruta* 88: Desde que lo derribó una yegua siendo mozo .. y lo dejó patituerto, la pierna solo se le queja a la revuelta del tiempo.

patizambo -ba *adj* Zambo (que tiene juntas las rodillas y separadas las piernas). | Escobar *Itinerarios* 211: Llegó un hombre .. encendido como una guindilla y patizambo.

patizuelo *m* Patio [1] pequeño. | MSantos *Tiempo* 43: Que en los patizuelos cuerdas pesadamente combadas mostraran las ricas ropas de una abundante colada.

pato -ta I *n A m* **1** Ave palmípeda, salvaje o doméstica, de pico ancho y aplastado (géns. *Anas, Spatula, Aix, Netta, Aythya, Bucephala, Melanita, Somateria, Oxyura, Mergus, Tadorna, Histrionicus*). *Frec con un adj especificador:* ~ COLORADO (*Netta rufina*), ~ CUCHARA (*Anas clypeata*), ~ MANDARÍN (*Aix galericulata*), ~ REAL (*Anas platyrhyncha*), etc. *A veces designa solo el macho.* | Laforet *Mujer* 114: Es .. como si en nuestra pollada de cisnes hubiésemos encontrado un huevo de pato. Cendrero *Cantabria* 229: Aparecen en el Embalse, entre otras muchas especies, el escasísimo pato colorado (*Netta ruffina* [sic]) y el somormujo lavanco (*Podiceps cristatus*). Noval *Fauna* 129: Mezclados con ellos se ven otros *coríos* o *curros*. Así se suele llamar a los patos en Asturias, como Ánade rabudo (*Anas acuta*), Ánade friso (*Anas strepera*) y Pato cuchara (*Anas clypeata*). MCampos *Abc* 9.4.67, 8: El zorro, la lechuza de las nieves, el real y, etc., tienden a desaparecer de la isla magna. **b) ~ malvasía, ~ negrón** → MALVASÍA, NEGRÓN. **c)** *Frec se emplea en frases de sent comparativo para ponderar la torpeza, esp en el andar.* | Laforet *Mujer* 236: La mujer estaría comiendo sola. La imaginó con .. sus andares de pato.

2 (col) Pers. torpe, esp. en sus movimientos. *Tb ~* MAREADO. | SFerlosio *Jarama* 27: Una de las chicas patinó sobre el limo y se quedó sentada .. –¡Vaya pato, hija mía!, ¡qué pato soy! SSolís *Camino* 118: Había que saber desfilar dando el brazo al mantenedor .. Unos días antes del magno acontecimiento, doña Pura .. decidió no insistir más en adoctrinar a su hija. Era inútil. Cada vez peor .. Se sentía impotente para infundir un poco de gracia en aquel pato mareado. DCañabate *Andanzas* 114: ¡Ahí va, la Frene girando con el pato mareao de un litri!

B *f* **3** Hembra del pato [1]. | *Abc* 17.4.58, 46: Patitas Khaki-Campbell. Granja Gil-Gar. Nacidas en primavera, dan mejor puesta invernal.

II *loc v* **4 pagar el ~.** (col) Cargar con las culpas o con las consecuencias negativas [de algo (*compl* DE, O, *más raro*, POR)]. *Frec sin compl, por consabido.* | ZVicente *Traque* 99: Aquí nadie cumple con su deber, y el público a pagar el pato, y así vamos. Carandell *Madrid* 76: En la administración hay gente que trabaja mucho, y de ellos suele decirse que "pagan el pato" por todo lo que no hacen los demás.

patochada *f* (col) Disparate o despropósito. | Espinosa *Escuela* 176: La Feliz Gobernación y sus dignísimas autoridades nada le sugieren, sino patochadas.

patogenesia *f* (Med) Conjunto de síntomas que aparecen en una pers. al administrarle con carácter experimental una determinada sustancia. | Pi. Moreno *SAbc* 12.11.78, 30: El mismo lenguaje en que los enuncia [los síntomas] el paciente es en el que están escritas las patogenesias o pruebas medicamentosas que van a indicar el medicamento a recetar.

patogénesis *f* (Med) Patogenia. | *Méd* 29.1.88, 50: Las jaquecas. Clínica, patogénesis y tratamiento.

patogenia *f* (Med) Origen y desarrollo [de una enfermedad]. | Cianófilo *Des* 12.9.70, 41: La tercera parte [del libro] estudia los orígenes de la psicoterapia contemporánea y contempla la demostración de la patogenia psíquica de las neurosis.

patogénico -ca *adj* (Med) De (la) patogenia. | Vega *Corazón* 34: Tres principales fenómenos de significación patogénica se dan en las ciudades.

patógeno -na *adj* (Med) Que causa enfermedad. | *Economía* 20: De los gérmenes que viven en el polvo .. los hay peligrosos .. y que pueden originar a la vez enfermedades como la difteria, tos ferina, tuberculosis, etc. Estos microbios se llaman patógenos.

patognomónico -ca *adj* (Med) [Síntoma] específico de una enfermedad. | FCruz *Salud* 206: Entre los síntomas objetivos hay, no obstante, algunos que son específicos de una enfermedad determinada (síntomas patognomónicos, o unívocos).

patografía *f* (Med) Descripción de las enfermedades. | * Es un especialista en patografía.

patográfico -ca *adj* (Med) De (la) patografía. | Laín *Marañón* 137: Marañón comienza escribiendo una historia de intención preponderantemente patográfica; no otra cosa es el *Ensayo biológico sobre Enrique IV*.

patois (*fr; pronunc corriente,* /patuá/; *pl invar*) *m* (Ling) Dialecto local. | Á. L. Calle *País* 16.3.79, 9: Se habla el español, el francés, el inglés y los dialectos locales, que son *patois* o *slangs* surgidos de la fusión popular de los tres primeros.

patojo -ja *adj* [Pers.] de piernas o pies torcidos. | B. GCandamo *Abc* 22.6.58, 7: Cornuty era un personaje grotesco: patojo, bisojo bajo la pelambrosa melena.

patología *f* Estudio de las enfermedades y de los trastornos que causan en el organismo. | Nolla *Salud* 120: En el conocimiento de la acción de las distintas hormonas ha sido de gran utilidad la Patología, o sea, el estudio de lo que sucede en el cuerpo humano cuando existe una hipersecreción o una hiposecreción hormonal. **b)** Conjunto de enfermedades o trastornos [de alguien o algo]. | FCruz *Salud* 201: En la patología humana existe otro grupo de enfermedades mucho más frecuente todavía y que prácticamente no se da en los animales.

patológicamente *adv* **1** De manera patológica. | GTabanera *Abc* 8.9.66, 9: Esto nos presenta una personalidad autoritaria, casi patológicamente hipersensible.

2 En el aspecto patológico. | Laín *Marañón* 88: Clínica y patológicamente, como realidad "tratada" y como realidad "pensada", el enfermo fue a sus ojos una existencia humana individual.

patológico -ca *adj* De (la) patología. | Laín *Marañón* 84: Acabamos de contemplar .. la resuelta vocación patológica del clínico Marañón. *NotM* 12.1.84, 5: Anatomía patológica. **b)** De (la) enfermedad o que la implica. | S. Lo-

patólogo – patriciado

renzana *Pap* 1.57, 37: La mayoría de sus biógrafos achaca a humildad su manera de ser y su manía de .. no publicar lo que escribe .. El autor de *Las ideas biológicas* .. sostiene que la explicación justa es la patológica. *Pue* 24.12.69, 2: Por fortuna aún quedan, en medio de la patológica prisa de hoy, espacios como este, que son un maravilloso oasis en medio del asfalto.

patólogo -ga *m y f* Especialista en patología. | Laín *Marañón* 83: El clínico solo puede alcanzar perfección .. siendo patólogo.

patorrillo *m* (*reg*) Guiso hecho con patas de cordero o cabrito y otros ingredientes. | *Rio* 2.10.88, 7: En la carta se contempla una relación muy al uso, con pochas a la riojana, .. pimientos rellenos y hasta patorrillo, una versión un tanto distante del patorrillo de La Rioja Baja, porque lleva callos y morros.

patosamente *adv* De manera patosa. | Delibes *Ratas* 54: Un zorrito de dos semanas, andando patosamente como si el airoso plumero del rabo entorpeciese sus movimientos.

patosería *f* Cualidad de patoso. | F. A. González *Ya* 6.3.76, 52: A la vista de la poca gracia, de la patosería, entra una tristeza contra la que hay que luchar con todas las fuerzas.

patoso -sa *adj* **1** [Pers.] torpe y desmañada, esp. al andar. *Tb n.* | SSolís *Camino* 117: Había que saber desfilar dando el brazo al mantenedor .., tener cuidado de no empatonarse con el vestido al subir y bajar las escaleras, y al salir y entrar en el coche, y no enredarse en la cola, y... –¡Hija, por Dios, qué patosa!– Era la frase impaciente de doña Pura a diario, tras los ensayos. SFerlosio *Jarama* 49: Mely nadaba muy patosa, salpicando. Se había puesto un gorrito de plástico en el pelo.
2 [Pers.] torpe o inoportuna. *Tb n.* | SSolís *Camino* 226: ¿Como podía haber sido tan patosa, tan poco dueña de sí?

patraña *f* **1** Mentira, o noticia falsa. | Aldecoa *Gran Sol* 77: –Qué va a estar vendida la pareja... –Pregúntalo al costa ..– En cada marea hay una patraña. La patraña coletea rabiosamente todo el viaje en la imaginación marinera.
2 Relato de pura invención. | SSolís *Camino* 166: Adoraba a su abuela y a su tío Anselmo, que le contaban cuentos y patrañas aldeanos.

patrañero -ra *adj* **1** [Pers.] dada a contar o inventar patrañas. *Tb n.* | * Ese es un patrañero, no le creas.
2 De (la) patraña. | Aldecoa *Gran Sol* 77: En los barcos de altura, en los cuarteles, en las cárceles, la inquietud del hombre, las esperanzas y desesperanzas en el porvenir, vigorizan la patraña. Patrañeras delicadezas despreciadas donde reposa un momento la vista del navegante, del soldado, del penado.

patria (*frec con mayúscula en acep 1*) **I** *f* **1** Nación a la que [alguien (*compl de posesión*)] pertenece. *Frec con intención retórica.* | Arenaza-Gastaminza *Historia* 305: La España Eterna: la de la Reconquista, la del Imperio español, la de nuestros días; siempre con el arma al brazo en su lucha eterna por la Religión y la Patria. **b)** País en el que se asienta la patria. | Zubía *España* 7: En fin, todo el estudio de la Geografía debe matizarse de un tono afectivo que conduzca a los chicos a apreciar y amar su ciudad, su región y su Patria. **c) madre ~** –> MADRE.
2 Lugar de nacimiento [una pers.]. *Frec* ~ CHICA, *designando la población.* | Zubía *España* 67: Trujillo, patria de Pizarro. *Fam* 15.11.70, 30: Viene después .. Luarca, la villa blanca de la Costa Verde, hermosa como pocas, patria chica y residencia estival del Nóbel Ochoa.
3 ~ celestial. (*lit*) Gloria o cielo. | * Un día nos reuniremos todos en la patria celestial.
II *loc adj* **4** [Padre] **de la ~** –> PADRE.
III *loc v* **5 servir a la ~** –> SERVIR.

patriarca *m* **1** (*Rel catól*) Obispo [de determinadas sedes importantes, esp. Alejandría, Jerusalén o Constantinopla]. *Gralm referido a la Iglesia primitiva.* | Villapún *Iglesia* 84: A los cuarenta años de edad, y en seis días, recibió [Focio] todas las órdenes sagradas y la consagración de Obispo, siendo nombrado Patriarca de Constantinopla. **b)** Obispo, a título honorífico, sin sede ni jurisdicción, [de un territorio]. | MKleiser *EGaray* 207: A la memoria del Excmo. y Rvdmo. Sr. Patriarca de las Indias Occidentales y Obispo de Madrid-Alcalá, D. Leopoldo Eijo y Garay.
2 (*Rel crist*) Jefe [de una Iglesia oriental]. | *Mun* 23.5.70, 48: La Iglesia armenia cuenta con dos patriarcas (de Jerusalén y de Turquía), 29 arzobispos y obispos.
3 (*hist*) Jefe del pueblo hebreo, desde Abraham hasta Moisés. | Peña-Useros *Mesías* 41: Cuando comienza la época de los patriarcas, casi dos mil años antes de Jesucristo, existían ya imperios famosos, como los de Babilonia y Egipto.
4 Jefe de una comunidad familiar gitana. | *País* 6.2.93, 31: La reina Sofía recibió ayer en audiencia en el palacio de la Zarzuela a uno de los patriarcas del pueblo gitano residente en Madrid, Manuel Silva Vázquez, conocido como el Tío Casiano.
5 Hombre de edad avanzada que goza de gran respeto y autoridad moral en una familia o colectividad. | J. M. Moreiro *SAbc* 16.3.69, 43: Todos los jueves del año, cuando suenan las doce del mediodía en el reloj del Miguelete, ocho severos patriarcas de la huerta ocupan sus sillones en la puerta de los Apóstoles de la Catedral. C. Sentís *Inf* 28.4.76, 20: Claudio Sánchez-Albornoz aparece como un patriarca prudente y hasta conservador. Sopeña *Defensa* 98: Se acaban ciertas vejaciones, más o menos disimuladas, al patriarca Ramón Menéndez Pidal. **b)** *Frec se emplea en frases de sent comparativo para ponderar el respeto y el bienestar que rodean a una pers.* | * Lleva vida de patriarca. * Vive como un patriarca.

patriarcado *m* **1** Cargo o dignidad de patriarca [1 y 2]. *Tb el territorio correspondiente.* | *Ecc* 16.11.63, 23: Convendría que el esquema hablase de los patriarcados, que son una institución muy importante en la Iglesia oriental. *Ecc* 16.11.63, 32: Consejero patriarcal del patriarcado de Antioquía.
2 (*Sociol*) Sistema de organización social basado en la preponderancia del padre. | CSotelo *Abc* 22.1.75, 3: España es un país de patriarcado, como Alemania, como Rusia.

patriarcal *adj* **1** De(l) patriarca. | *Ecc* 16.11.63, 32: Consejero patriarcal del patriarcado de Antioquía.
2 De(l) patriarcado [2]. | * La organización social es totalmente patriarcal. **b)** [Familia] muy numerosa dirigida por la autoridad de un patriarca [5]. | SSolís *Blanca* 99: Gabriel, qué iluso, soñaba con ser cabeza de una familia patriarcal, a la antigua usanza, con reunir un montón de descendientes alrededor de la mesa en las grandes solemnidades.
3 [Autoridad o gobierno] ejercidos con sencillez y benevolencia. | * Ejerce una autoridad patriarcal sobre sus súbditos. **b)** Que ejerce una autoridad patriarcal. | G. Setién *HLV* 20.1.86, 47: En los otrora dictadores tiempos del patriarcal franquismo se amordazaban temores con pasiones futbolísticas.

patriarcalidad *f* Condición de patriarca [5]. | CSotelo *Abc* 4.2.73, 11: Claudio permaneció inmodificable, fiel a sí mismo, .. sin merma alguna en sus constantes: la patriarcalidad, el señorío, la elegancia.

patriarcalismo *m* (*raro*) **1** Patriarcado [2]. | Umbral *País* 4.2.83, 22: Cuando decide hacer la lectura en profundidad y extensión de su propia vida, descubre lo que ya sabía: que no ha salido jamás del patriarcalismo (Eva Figes). Que ha pasado del padre al marido sin ser nunca ella misma.
2 Tendencia a la autoridad patriarcal [3]. | Morodo *Tri* 15.9.73, 27: El intervencionismo estatal –expresión de un confuso nacionalismo y patriarcalismo socio-económico– produce tensiones en gran parte de la oligarquía, que se siente lesionada.

patriciado *m* **1** Conjunto de los patricios [1a y 2a]. | Tejedor *Arte* 47: Tuvo [la república] también siempre carácter aristocrático, como creación que fue del patriciado romano. VMontalbán *Rosa* 93: La tribuna principal se dividía en dos zonas, la más céntrica, semiocupada por el patriciado de la ciudad, .. y la restante, donde se amontonaba la hinchada mesocrática.
2 Dignidad o condición de patricio [1a y 2a]. | Cossío *Confesiones* 31: Los tíos de mi abuela ejercían en esta región un singular patriciado .. Nuestra casa La Casona, como la llamaban aquellas gentes, tenía siempre la puerta abierta de par en par para que entrasen por ella todos los habitantes del valle que necesitasen algo.

patricial *adj* De(l) patriciado o de los patricios [2]. | VMontalbán *Pájaros* 194: Los edificios .. tenían la dignidad de una supuesta arquitectura nacional y patricial.

patriciamente *adv* (*lit, raro*) De manera patricia [2b]. | ZVicente *Traque* 108: El cura era persona instruida .. Paseaba patriciamente por el patio.

patricio -cia *adj* **1** (*hist*) *En la antigua Roma:* [Pers.] de la clase social más alta. *Más frec n.* | Arenaza-Gastaminza *Historia* 48: Ante las irritantes diferencias sociales entre patricios y plebeyos, dos nobles romanos, Tiberio y Cayo Graco, .. se erigieron en defensores de los oprimidos. **b)** De (los) patricios. | Tejedor *Arte* 46: La falta de derechos de esta clase provocó la "lucha de los dos órdenes", el patricio y el plebeyo.
2 (*lit*) Noble o aristócrata. *Más frec n, referido a pers.* | *Inf* 3.3.76, 19: Pío XII (Eugenio Pacelli) nació en Roma en 1876, en una de las más conocidas familias patricias de la ciudad. A. GAlfaro *NHi* 12.57, 42: Prensa Española ofreció un homenaje a Benavente con motivo del éxito de su obra. Hubo discursos, brindis, felicitaciones. Respetables patricios y damas con manga jamón en los trajes. **b)** Noble o distinguido. | Mendoza *Ciudad* 35: Frisaba la cincuentena, era ceñudo, ostentaba una calva imaginaria y unas patillas tan largas que le cubrían las solapas de la levita. Los cronistas decían que tenía aire patricio.

patrimonial *adj* De(l) patrimonio. | *SMad* 13.12.69, 3: Ingresos derivados de los bienes patrimoniales de la Iglesia.

patrimonialista *adj* De(l) patrimonio. | Utrera *Inf* 1.6.74, 32: El futuro no será nuestro si nos dominara un sentido patrimonialista del presente o si el peso del pasado nos privara de la vista ilusionada y generosa del porvenir.

patrimonialización *f* Acción de patrimonializar. | Humberto *Sáb* 4.1.75, 20: Este refuerzo se encuentra, por tanto, en línea con la orientación del Consejo, y con tantas y tantas patrimonializaciones de la función pública a favor de los empresarios, profesionales, etc., que el Estado debiera controlar.

patrimonializar *tr* Convertir [algo] en patrimonio. | *Leg. contencioso-adm.* 12: No podrán ser consideradas corporaciones o instituciones determinados servicios públicos desconcentrados, o solo en parte personificados, o patrimonializados. F. L. Pablo *Ya* 15.9.87, 8: El PSOE pretende patrimonializar la idea de la unidad europea.

patrimonio *m* **1** Conjunto de bienes que se transmite por herencia. | Onieva *Prado* 204: Desatóse la codicia de los demás hijos y de los nietos, que pleitearon con el padre y abuelo ya anciano y valetudinario, acabando entre todos con el patrimonio familiar.
2 Conjunto de bienes susceptibles de estimación económica [de una pers. o entidad]. | Escrivá *Conversaciones* 151: Posibilidad de formar [la Universidad] su patrimonio y de administrarlo. *Abc* 28.5.72, 61: El Impuesto sobre el Patrimonio. FQuintana-Velarde *Política* 113: Hoy buena parte de la capitalización rural se efectúa gracias al Estado, a través del Patrimonio Forestal, Instituto Nacional de Colonización.
3 Bien propio [de alguien o algo]. | DPlaja *Literatura* 269: El honor constituye un patrimonio del alma. Todos, rústicos y nobles, tienen el mismo derecho a ser honrados. J. Rodríguez *SYa* 10.6.73, 5: Hoy esta experiencia sole es patrimonio de seres infantiles, pues el hombre post-Disney se enfrenta con sus problemas más realistamente.

patrio -tria *adj* **1** (*lit*) De la patria. | *Puericultura* 5: Por interés particular, por nuestros propios hijos –presentes y futuros– y por imperativo patrio, hemos de prestar toda la mayor atención a la salud de los niños. S. Lorenzana *Pap* 1.57, 40: No olvida un solo instante a Galicia. En su retiro monástico suspira únicamente por la tierra distante, y sueña con ir a recoger mixtos de la Historia Natural a los que él denomina países patrios.
2 [Potestad] que los padres tienen sobre los hijos no emancipados. *Normalmente antepuesto al n.* | Ramírez *Derecho* 30: Los esposos, con prioridad del varón, adquieren sobre sus hijos la patria potestad.

patriota *adj* **1** [Pers.] que ama a su patria [1]. *Frec n.* | Cela *Solana* 14: Que don Juan Nicasio Gallego, clérigo patriota y liberal, y don Antonio Ferrer del Río .. vean con los buenos ojos del alma esta humildad .. con que me apresto a sucederles. Arenaza-Gastaminza *Historia* 302: Don Miguel Primo de Rivera, gran patriota, pacificador de Marruecos y artífice de un gran resurgimiento económico.
2 (*raro*) [Cosa] que denota o implica amor a la patria [1]. | SSolís *Camino* 58: Se estaban haciendo unas películas muy patriotas y muy morales.

patriotería *f* (*desp*) Actitud o comportamiento patrioteros. | Cossío *Confesiones* 50: Cuando vino el desastre con la pérdida de los últimos restos de nuestras colonias, esta marcha se dejó de tocar .. La patriotería de aquellos meses se derrumbó en un solo instante.

patrioterismo *m* (*desp*) Patriotería. | C. SFontenla *Sáb* 8.3.75, 76: Gil [en la película "Los novios de la muerte"] lo ha confiado todo al guiño al espectador, al halago, al patrioterismo vivacartagenero.

patriotero -ra *adj* (*desp*) **1** [Pers.] que alardea de patriotismo. | DPlaja *El español* 100: Veamos .. a Juan Valera, .. hombre dado a los clásicos y que nadie puede tachar de patriotero.
2 [Cosa] que denota o implica alarde de patriotismo. | M. Porter *Des* 12.9.70, 32: Tan peligroso nos parece el triunfalismo patriotero de quienes se creen el ombligo del mundo como el derrotismo suicida de los que .. se dedican a encomiar con entusiasmo lo extranjero.

patrióticamente *adv* De manera patriótica. | FSalgado *Conversaciones* 74: Yo no tengo gran ilusión en una restauración monárquica, porque si se hiciese sin Franco estaría llena de peligros para España, y la fórmula que patrióticamente quiere buscar el Caudillo difícilmente podrá ser una realidad el día que él nos falte.

patriótico -ca *adj* De(l) patriota o de(l) patriotismo. | Arenaza-Gastaminza *Historia* 303: El Movimiento Nacional fue una reacción patriótica frente a la crisis política, social, económica y religiosa española. DPlaja *El español* 95: Les parecía muy bien que una decisión tan grave como la de jugarse la vida se tomase no para cumplir un deber de lealtad, patriótico o cívico, sino para que el nombre no quede empañado.

patriotismo *m* Condición o comportamiento de patriota. | DPlaja *El español* 95: El español, según el cuento, se niega a lanzarse [del avión], y las apelaciones a su patriotismo .. son inútiles.

patrístico -ca I *adj* **1** De (la) patrística [2]. | A. Montero *Ecc* 8.12.62, 23: La ortodoxia es, ante todo y sobre todo, tradicional, anclada vigorosamente en los primeros concilios y en las enseñanzas patrísticas.
II *f* **2** Estudio de la vida y obras de los Padres de la Iglesia. *Tb las mismas obras.* | A. MAlonso *Arr* 11.11.70, 2: Una especie de gnosticismo que ya conocieron en el siglo II muchos cristianos que tuvieron que reformar sus afirmaciones a la luz de la Patrística. Gambra *Filosofía* 302: Período antiguo o de iniciación (siglos I a IV): Apologetas: San Justino. Tertuliano. Patrística: San Agustín.

patrocinador -ra *adj* Que patrocina. *Tb n.* | Ramírez *Derecho* 11: Me sonrió de quienes, parodiando a los patrocinadores del "Derecho natural", se acogen al Derecho romano como a un arquetipo del Derecho. Sampedro *Abc* 17.3.57, 5: Existió unanimidad en ignorarlas [las notas], empezando por el diario neoyorquino, patrocinador de la expedición.

patrocinar *tr* **1** Amparar o defender [a alguien o algo]. | A. Pujol *Caso* 14.11.70, 21: El letrado defensor, a su vez, consideró que sus patrocinados trajeron los billetes creyendo que eran buenos. **b)** Apoyar o favorecer [algo]. | Delibes *Pegar* 202: Sepan de mi satisfacción por esta investidura, de mi gratitud a esta Universidad .., a la Facultad de Letras que patrociné mi nombramiento.
2 Sufragar los gastos [de alguien o algo (*cd*)], esp. con fines publicitarios. | Montarco *Abc* 26.12.70, 11: Resulta impensable que el Estado soviético hubiera podido patrocinar este tipo de películas allá por 1920.

patrocinio *m* Acción de patrocinar. | * Pongámonos bajo el patrocinio de la Virgen. FCid *SAbc* 25.1.70, 33: Sensacional atractivo del Festival barcelonés que organizan las Juventudes Musicales con el patrocinio del Ayuntamiento.

patrología – patrulla

patrología *f* Patrística. | *Ya* 30.4.70, 22: Pablo VI bendecirá el nuevo Instituto de Patrología que bajo la dirección de la Orden de San Agustín ha erigido la Universidad Pontificia Lateranense.

patrón -na I *n* **A** *m y f* **1** Protector bajo cuya advocación está una iglesia, un pueblo o una colectividad. | Tejedor *Arte* 113: Cada oficio tenía un gremio y cada gremio su Santo Patrón. GLuengo *Extremadura* 121: Santiago es el Patrón del pueblo.
2 Pers. que ayuda o protege [a alguien o algo (*compl de posesión*)]. | GNuño *Madrid* 32: La Iglesia y Convento de las Carboneras del Corpus Christi fue fundada, en 1607, por doña Beatriz Ramírez de Mendoza, siendo la primera patrona su hija Juana Zapata. C. Rigalt *ElM* 9.12.91, 40: El chispazo surgió el día en que la periodista radiofónica, antaño patrona de los taxistas, le echó los tejos para llevarla a su programa de televisión.
3 Fundador [de una obra pía]. | Halcón *Ir* 280: Tenemos entre nosotros al hijo menor de la patrona de este asilo, la princesa Bernarda, que en paz descanse.
4 Dueño de la pensión en que [alguien (*compl de posesión*)] vive. *Tb sin compl. Gralm referido a mujer*. | Torrente *Fragmentos* 206: Hoy vino a verme una viejecita que me dijo que había sido su patrona y que quería que le dijeran unas misas. **b)** Dueño de la casa en que [alguien (*compl de posesión*)] se aloja. *Tb sin compl.* | Lera *Boda* 544: Me voy, que ya es tarde. Como uno no tiene todavía casa propia, ha de acatar lo que diga el patrón.
5 Pers. para la que trabaja [alguien (*compl de posesión*)]. *Tb sin compl. A veces usado como tratamiento.* | D. Gálvez *Rev* 12.70, 13: Trabajaban de sol a sol y en muchos lugares bajo el látigo del capataz, que era el desdoblamiento del patrón, cuando este no estaba presente.
B *m* **6** Hombre autorizado para mandar una embarcación de hasta determinado tonelaje en navegaciones más o menos restringidas, según el título. *Tb usado como tratamiento.* | Aldecoa *Gran Sol* 148: Los dos patrones estaban atentos al golpe de viento. Aldecoa *Gran Sol* 14: –Se acabó el aire del depósito... Tendrán que pasarnos aire del *Uro*. –Pero ¿no tiene números el eje? –Sí, patrón.
7 Pieza, gralm. de papel, con una forma determinada, que sirve para cortar otras iguales a ella. *Gralm en costura. Tb fig.* | GTelefónica *N.* 3: Patrones a medida. Sistema modernamente perfecto de corte y confección. CNavarro *Perros* 108: Saben que la vida no perdona fácilmente las individualidades y se someten a todas las formas y a todos los patrones.
8 Cosa que se toma como modelo o punto de referencia para medir o evaluar otras. *Frec en aposición.* | FQuintana-Velarde *Política* 87: De forma insensible todos ellos tratan de imitar los patrones de gasto de sus colegas de otras partes. Mingarro *Física* 7: En muchas ocasiones se utilizan múltiplos y submúltiplos .. debidamente relacionados con la unidad patrón. Marcos-Martínez *Aritmética* 116: Perspectiva del metro patrón. **b)** **~ metálico.** (*Econ*) Sistema en que los metales preciosos se imponen como medio de intercambio. | FQuintana-Velarde *Política* 180: Este aumento de dinero .. no puede efectuarse con un sistema de patrón metálico, a menos que se produzcan al mismo tiempo .. descubrimientos mineros de plata o de oro. **c)** **~ (de) oro** (o **de) plata**). (*Econ*) Sistema monetario en que cada moneda equivale a una cantidad fija de oro (o de plata). | FQuintana-Velarde *Política* 180: El Gobierno que adoptaba un patrón de oro (o de plata) ponía un freno a la posibilidad de aumentar arbitrariamente el dinero creado por el Banco Central o Emisor.
9 Planta en que se hace un injerto. | Delibes *Ratas* 141: Rosalino, el Encargado, aligeró el majuelo de raíces y rebrotes en los patrones injertados.
10 (*Biol*) Huésped (animal o vegetal a cuyas expensas vive un parásito o comensal, o en que se aloja un inquilino). | Alvarado *Zoología* 149: En el inquilinismo, el inquilino busca en el patrón aposento, guarida o simple protección.
C *f* **11** Mujer del patrón [5]. | Salom *Baúl* 133: Te llevaré a todas partes, a los teatros, a las fiestas... ¡Y a la oficina!, para que conozcan a la nueva patrona.
II *loc v* **12 estar** [perss. o cosas] **cortadas por el mismo ~**. Ser muy semejantes. *Frec con intención irónica.* | Arce *Precio* 188: Estáis cortados por el mismo patrón.
13 estar de patrona. Vivir en una pensión. | * Mientras trabajó en Segovia estuvo de patrona.

patronaje *m* Fabricación de patrones [7]. | *Inf* 25.3.70, 7: Falbar P.K. tiene secciones de diseño, patronaje, trenes de cortado, montaje y cosido ultramodernos.

patronal I *adj* **1** De(l) patrón [1 y 5] o de(l) patrono [1 y 2]. | Ramín *Voz* 8.11.70, 6: Habló de la posibilidad de dar a las fiestas patronales en el Año Santo una originalidad. *Ya* 15.10.67, 3: Las tesis que pudiéramos llamar patronales se apoyan en las crecientes dificultades de tesorería de las empresas.
II *f* **2** Conjunto de los patronos [2]. | M. Corday *Sáb* 3.12.75, 70: Las chicas saben que las que más descorches consigan (por el procedimiento que sea), serán las preferidas y las que conseguirán la plaza y el aprecio de "la patronal". *D16* 4.7.85, 19: La patronal del metal afirma .. que el balance de las industrias del metal ha sido negativo durante todo el primer semestre.

patronato *m* **1** Consejo encargado de la dirección, asesoramiento o control [de determinadas fundaciones, esp. de carácter benéfico o cultural]. *Tb la misma fundación.* | Halcón *Ir* 98: Allí el que manda es Paco .. Este guarda está puesto por la propiedad, o sea, el patronato del asilo, pero el colono se lo ha ganado y lo ha hecho suyo. *Ya* 3.11.77, 14: La Subsecretaría de Educación informó ayer que ha ordenado la apertura de expediente administrativo a funcionarios que en épocas pasadas intervinieron en las operaciones del Patronato de Casas para Funcionarios del Ministerio.
2 Patronazgo. | J. J. GValenciano *Ya* 26.10.77, 28: Continuaron sus sucesores favoreciendo al monasterio con donaciones .. Le sucedió [a don Lope Martínez] en el señorío y patronato su hijo don Diego López de Avellaneda, que se halló en la conquista de Sevilla.
3 Patronal [2]. | Aguilar *Experiencia* 266: El patronato, según tenía por costumbre, rehusó tratar con la organización obrera.

patronazgo *m* Condición o comportamiento de patrón [1 y 2]. | J. M. Moreiro *SAbc* 9.2.69, 49: En Alba de Tormes se fundó la Hermandad de los Doce Apóstoles .. bajo el patronazgo de Santa Teresa. GNuño *Madrid* 126: El Hospicio madrileño .. lo tomó a su cargo doña Mariana de Austria, en 1674. Felipe V continuó el patronazgo.

patronear *tr* Ejercer el cargo de patrón [6] [de un barco (*cd*) o en un viaje (*cd*)]. | *Abc* 20.7.65, 44: El mensaje fue captado, e inmediatamente salió en socorro del "Monte Oboño" el "Puerta del Sol", patroneado por José Villares. VMontalbán *Rosa* 241: Podría comprar un pequeño yate, darlo de alta en El Pireo o en Estambul y patronear cruceros de turistas. **b)** Dirigir o gobernar. | Ibarra *GacNS* 2.8.74, 16: Los hombres de Antón Barrutia estaban obligados a romper esa paz del pelotón. Lo intentaron muchas veces, pero siempre fueron llamados al orden por los que patronea Miguel Moreno.

patronímico *adj* (*hist*) [Apellido] formado sobre el nombre de pila del padre. *Frec n m.* | Lapesa *HLengua* 31: Acaso tenga el mismo origen el patronímico español en *z*.

patronista *m y f* Pers. que hace patrones [7] de costura. | *Abc* 19.11.64, 66: Patronista sastrería .. precisa importante industria confección.

patrono -na A *m y f* **1** Patrón [1]. | Moreno *Galería* 263: El día del patrono, después de oír misa todos los "hermanos", se celebra Capítulo.
2 Pers. que emplea [a otras (*compl de posesión*)] a su servicio. *Tb sin compl.* | Gambra *Filosofía* 256: Subsistieron el desarraigo y el descontento de una clase .. que no contaba ya con propiedad alguna .., ni siquiera con una relación personal con el patrono, convertido ahora en sociedades anónimas. C. Nogueira *País* 18.11.92, 20: La patrona de la dominicana asesinada el pasado viernes se siente incómoda.
3 Pers. que tiene a su cargo el mantenimiento [de una obra pía]. | Cunqueiro *Crónicas* 175: Presentaron [los señores de Treboul] a Charles Anne para la ración de que eran patronos en el coro de la Colegial de Pontivy.
B *m* **4** Patrón [6]. | Aldecoa *Gran Sol* 136: Roncaba la sirena del barco grande, ululaba la del *Aril*. Los dos patronos estaban silenciosos.

patrulla I *f* **1** Grupo pequeño de soldados o gente armada, barcos o aviones, que prestan servicio de vigilancia. |

DPlaja *El español* 93: Insistió el ministro, sacando a la calle a la tropa en patrullas.
II *adj invar* **2** [Coche] policial destinado a patrullar por las calles. *Tb n m*. | I. Fuente *País* 21.3.79, 22: Disponen de un total de 2.088 coches-patrulla. Tomás *Orilla* 64: Iba a abrir la puerta del coche, cuando de pronto vio el patrulla de los municipales .. El coche pasó de largo.

patrullaje *m* Acción de patrullar. | *País* 10.12.78, 1: Los controles policiales y militares se han extremado ostensiblemente, al tiempo que el patrullaje de las calles se ha visto reforzado con carros de combate y tanquetas antidisturbios. VMontalbán *Rosa* 87: Se evadió de la conversación entre Tourón y Germán sobre la proximidad de la isla de Granada y la posibilidad de que encontrasen buques de guerra americanos de patrullaje.

patrullamiento *m* Patrullaje. | Á. A. Hernández *Ya* 8.5.82, 13: El refuerzo de la flota .. es el siguiente: Veinte aviones Harrier .. Dos escuadrones de Nimros, sofisticado avión de patrullamiento marítimo.

patrullar A *intr* **1** Ir en patrulla [por un lugar]. | Laiglesia *Ombligos* 125: La población civil vitorea a las tropas, que patrullan pacíficamente por las calles.
B *tr* **2** Vigilar en patrulla [un lugar]. | *Sáb* 21.9.74, 17: El sol del atardecer marca todo su relieve a las dunas alargando las sombras y huellas de los soldados y vehículos que las patrullan.

patrullero -ra *adj* Que presta servicio de patrulla. *Tb n: m, referido a pers, barco o coche; f, referido a lancha*. | Salvador *Haragán* 178: Durante largo tiempo me persiguió la voz del gerifalte patrullero: "El pueblo siente simpatía ante tu desgracia". *SPue* 24.10.70, 8: Botes patrulleros se encargan de vigilar las playas para que nadie pueda escapar. Salvador *Haragán* 181: La guerra seguía a nuestro alrededor. Por un verdadero milagro no volvieron los patrulleros por "Nueva Maisí", ni orden de movilización o requisa. *Abc* 19.12.70, 51: Un patrullero marroquí detiene en alta mar a los patrones de dos pesqueros lanzaroteños. *Mad* 22.4.70, 16: Una verdadera flota de ambulancias, patrulleros y camiones cargados con efectivos militares se dirigieron con toda urgencia a Fray Marcos. *Abc* 18.9.76, 14: Cinco pesqueros canarios interceptados por una patrullera marroquí.

pattern (*ing; pronunc corriente, /*pátern/*; pl normal, ~s*) *m* (*lit*) Modelo o patrón. | Aranguren *Moral* 145: El *pattern* a que se ajusta este género de la "novela social" .. es, ambientalmente, el de poner de manifiesto el brutal contraste entre la miseria en que viven las clases pobres y el lujo de los poderosos. G. L. DPlaja *Tri* 26.8.72, 14: Una comunidad con un grado muy característico de estratificación, en el que no solo las clases sociales, sino factores de prestigio y "status", tienen una importancia determinante a la hora de definir unos "patterns" de comportamiento sociológico.

patuco *m* **1** Bota de punto para bebé. | Arbelo *Hijo* 26: Los patucos serán de lana o perlé, según la estación.
2 Calcetín de lana. | J. M. Moreiro *SAbc* 25.1.70, 41: No es preciso que prevengas excesivos guantes y patucos, aunque termines de posar tus plantas en León, porque no es Siberia.

patudo *m* Pez marino de la misma familia que el atún, propio de los mares tropicales (*Thunnus obesus*). | L. Ramos *Abc* 13.12.70, 37: Abundan túnidos, .. bonitos, barriletes y patudos.

patulea *f* (*col*) **1** Conjunto de gente despreciable. *A veces con intención afectiva, esp referido a niños*. | Paso *Pobrecitos* 229: Puedes estar satisfecho, Honesto. Ya no mancha tu memoria esta patulea. ZVicente *Examen* 95: ¡Cuatro, cuatro canciones diez céntimos!... ¡Señoras, señores, una voluntad para los artistas desheredados! .. ¡A ver, vosotros, patulea, largo de aquí, no se ha hecho la miel para la boca del asno! [*A los niños*.]
2 Muchedumbre incontrolada. | CPuche *Conocerás* 183: Parece mentira que sean muertes que desembocan en lo mismo, que no lo puedo creer, una muerte como la de mi madre que sea igual a las muertes a manos de aquella patulea dispersa y airada, que ni siquiera sabían lo que hacían.

patum (*cat; pl normal, ~s*) *f* **1** Figura que representa un animal fabuloso. | GNuño *Escultura* 115: Aquí, las bichas, las patums y las pantasmas. Aquí, la primera escultura española sustanciando los monstruos que se comentan en los cortijos, las barracas y las masías.
2 Pers. que goza de consideración más por el lugar que ocupa o por su fama que por sus méritos. | *País* 13.3.86, 76: Caterina Mieras .. es dermatóloga .. Tiene 38 años y no es una *patum* (personalidad célebre).

patuño *m* (*reg*) Pata de cerdo. | Vega *Cocina* 102: Truchas, morteruelos, pijancos, alubias con patuño, chanfainas.

paúl[1] *m* Sitio pantanoso cubierto de hierba. | CBonald *Ágata* 68: Solo deteniéndose para que la mula paciera en un paúl de acerolos.

paúl[2] *adj* De la Congregación de la Misión, fundada en 1625 por San Vicente de Paúl. *Tb n, referido a pers*. | Villapún *Iglesia* 128: San Vicente de Paúl fundó la Congregación de la Misión (Paúles), para la formación del clero y las misiones de infieles.

paular *m* Terreno pantanoso. | CBonald *Ágata* 38: Seguía sometido a la misma esteparia insensibilidad que el paular circundante. Bustinza-Mascaró *Ciencias* 342: Los sitios en donde se engendra la turba se llaman turberas, paulares, atolladeros.

paulatinamente *adv* De manera paulatina. | CNavarro *Perros* 76: Uno, paulatinamente, deja de ser el que era, y comienza a transformarse.

paulatino -na *adj* Que se produce de una manera lenta y gradual. | DPlaja *El español* 82: Los demás asistentes al café habían presenciado, primero con curiosidad y luego con paulatino y creciente miedo, el alto tenor de la voz española.

paulilla *f* (*reg*) Garrapatillo (insecto). | Cuevas *Finca* 199: Por si fuera poco, hubo aquel año paulilla. El trigo arribaba a la máquina hirviendo de coleópteros blancuzcos, transparentes.

paulina *f* (*Rel catól*) Carta o despacho de excomunión expedidos en los tribunales pontificios para el descubrimiento de algunas cosas que se sospecha han sido robadas u ocultadas maliciosamente. | Cunqueiro *Crónicas* 7: Las más de ellas, gentes difuntas a las que alguna paulina niega descanso.

paulino -na *adj* De(l) apóstol San Pablo. | CPuche *Paralelo* 165: Periplo asombroso que recuerda las predicaciones paulinas.

paulista *adj* De São Paulo (Brasil). *Tb n, referido a pers*. | *Abc* 2.1.66, 95: Toda la Prensa paulista se muestra unánime. *Ya* 22.6.76, 31: El asturiano ["Gitano" Jiménez] se desplaza a Río de Janeiro el próximo día 26 para enfrentarse a Eder Jofre, pelea en la que no estará el título del paulista en juego.

paulistano -na *adj* Paulista. | Marías *Abc* 25.8.83, 3: En São Paulo la propiedad no está muy segura .. Esos carteles innumerables equivalen a un análisis de algunos aspectos de la sociedad paulistana.

pauperismo *m* (*Sociol*) Situación permanente de pobreza de una parte de la sociedad. | Gambra *Filosofía* 254: Consecuencia de su supresión fue .. el que .. se extendiese en los nuevos ambientes industriales un pauperismo y una explotación del hombre en un grado desconocido en la época anterior. **b)** (*lit*) Pobreza o indigencia. | F. Pitarch *Lev* 22.2.75, 17: El detestable vicio de la bebida produce una clase desmoralizada y embrutecida que comienza por la precoz depravación de los instintos y sigue en su degeneración con su triste cortejo de locura, pauperismo y herencia alcohólica.

pauperización *f* (*Sociol*) Empobrecimiento relativo de una clase social. | Aranguren *Marxismo* 112: La historia no ha confirmado algunas de las predicciones de Marx: la creciente pauperización del proletariado y la autodestrucción, el derrumbe por sí solo del capitalismo.

paupérrimo ▶ POBRE.

paupertad *f* (*lit, raro*) Pobreza. | DPlaja *Nor* 28.9.71, 3: Uno repasa la huella existencial de los pintores de hace medio siglo –que hoy alcanzan en las subastas precios insospechables– y advierte la paupertad que le[s] procuraron los pinceles.

paurópodo *adj* (*Zool*) [Miriápodo] de pequeño tamaño, con diez pares de patas y antenas terminadas en tres largas sedas. *Frec como n m en pl, designando este taxón zoológico.* | Espinosa *Escuela* 416: Puedo ofreceros tráqueas de miriápodos, .. maxilas de paurópodos.

pausa *f* **1** Breve interrupción de una acción. | Laiglesia *Tachado* 80: Las visitas se sucedían con brevísimas pausas de descanso. **b)** (*Ling*) Silencio dentro de la cadena hablada. | Academia *Esbozo* 10: La secuencia delimitada por pausas recibe el nombre de grupo fónico. **c)** (*Mús*) Interrupción temporal del sonido. *Tb el signo que la representa.* | RÁngel *Música* 49: De aquí que la música ligera, de entretenimiento, sea, en su mayor parte, música melódica. Y en su gran mayoría con texto poético, para que la melodía tenga palabras que hagan recordar más fácilmente sus sonidos, sus diferentes inflexiones, sus ascensos y descensos de entonación, sus pausas y períodos.
2 Lentitud o falta de apresuramiento. | * Camina con pausa por entre los árboles. * Trabajar con pausa.

pausadamente *adv* De manera pausada. | Medio *Bibiana* 50: Lorenzo Massó .., pausadamente, sabiéndose blanco de las miradas de todos, saca su cartera.

pausado -da *adj* **1** *part* → PAUSAR.
2 Lento o reposado. | CNavarro *Perros* 35: Lo oía respirar de una manera pausada.

pausar *tr* (*raro*) Interrumpir o retardar. | Aldecoa *Cuentos* 1, 160: El cierre de las cristaleras, el ordenamiento de los papeles esparcidos y la espera del aguacero pausaron el trabajo.

pauta *f* **1** Instrumento que sirve para trazar rayas de guía para los renglones. *Tb el conjunto de rayas.* | Cuevas *Finca* 260: El barbecho había sido trazado, línea a línea, como el rayado hecho por la pauta.
2 Guía o modelo a seguir. | Mascaró *Médico* 38: En todos los calendarios o pautas de vacunación se insiste en la necesidad de las revacunaciones periódicas.

pautado -da *adj* **1** *part* → PAUTAR.
2 [Papel] que tiene pauta [1] para escribir o pentagrama para la música. | A. Lezcano *SAbc* 15.2.70, 53: En el salonito hay, al fondo, un piano abierto con papel pautado; supongo que se trata de alguna canción que esté aprendiendo la dueña de la casa.

pautar *tr* Marcar la pauta [de algo (*cd*)]. | MGaite *Nubosidad* 12: Los síntomas del mal, aquellas marcas imprevisibles en el piso de abajo, iban pautando .. el proceso correlativo de mi propia erosión. Payno *Curso* 195: De todos los campos en que tiene que actuar una persona, normalmente en la mayoría su conducta está pautada por un sistema de referencia: la familia, la religión.

pava[1] *f* (*jerg*) Colilla [de cigarro, esp. de hachís o marihuana]. | Oliver *Relatos* 134: Le pasé a mi periquita la pava del último canuto.

pava[2] *f* (*reg*) Coliflor. | *Diez* 1.10.83, 93: Este plato [los michirones de Murcia] se diversifica en otros muchos: arroz a la huertana, arroz y mújol, arroz y pava (coliflor), etcétera.

pava[3] → PAVO[1].

pavada *f* **1** Manada de pavos[1]. | Ro. García *HLM* 17.12.73, 2: El pavero de la foto, rodeado de una escandalosa pavada, con el "moco morado", no aparecerá este año en las calles y plazas de Madrid.
2 (*col*) Tontería o bobada. | ZVicente *Traque* 196: Unos pasmados que estudian ingeniero agrónomo, o filosofía y letras, o cualquier pavada así.

pavana *f* (*hist*) **1** Danza de carácter lento y solemne, de moda en los ss. XVI y XVII. *Tb su música.* | J. C. Luna *Abc* 28.5.58, 3: Las mazurcas, pavanas, valses y polkas que se bailaron bajo techos de Tiépolo .. allá se van en las doradas cámaras de los navíos. Cunqueiro *Crónicas* 134: El sochantre sopló muy medida una pavana .. y hubo grandes aplausos.
2 (*TLit*) Composición poética destinada al canto, propia del s. XVI, formada por estrofas de 7 versos dodecasílabos, excepto el 5° y 6°, que son normalmente hexasílabos. | RMoñino *Poesía* 74: Una fragmentada epístola de Juan Boscán y la conocida pavana de don Juan Fernández de Heredia, que comienza *Mi mucha tristeza, mi gran menoscabo,* figuran inmediatamente antes.

pavano -na *adj* (*raro*) Paduano. | Nieva *SInf* 16.12.76, 2: Ruzante, al escribir numerosos diálogos en lengua pavana, defiende .. una vehemente y modernísima teoría: la del natural como base del arte.

pavería *f* (*reg*) Cualidad de pavero [3]. | M. Porter *Des* 12.9.70, 32: Debiéramos saludar con alborozo, pero sin pavería, este culminar de un esfuerzo.

pavero -ra I *m y f* **1** Pers. que cuida una manada de pavos[1]. | ZVicente *Examen* 65: A veces, la manada aparecía escoltada por un perro .. que apiñaba los pavos a fuerza de saltos y ladridos. El pavero no ofrecía la mercancía, no decía nada a la gente.
II *adj* **2** [Sombrero] de ala ancha y recta y copa en forma de cono truncado, propio de Andalucía. *Frec n m.* | Halcón *Ir* 332: Su uniforme campero (paño gris con vuelta marrón, vivos verdes y botones de cuero, sombrero pavero, medios botos) le presta perfil más humano. Cuevas *Finca* 243: Oyó la proposición de don Pedro, dándole vueltas al pavero negro.
3 (*reg*) Presumido o vanidoso. *Tb n. Más o menos vacío de significado, se usa como insulto.* | Marsé *Dicen* 65: Se vuelve y le ve: no demasiado pulcro ni enfermizo, no tan delgado ni tan joven, tan pavero, con mirada superior y cabrona. Goytisolo *Recuento* 54: Pavero, más que pavero. Marsé *Dicen* 189: –Yo me ocupo de él. Si Palau no puede, o no quiere, que venga Bundó .. –Quieto, pavero –entona Palau–. Voy yo, que no se diga.
4 (*reg*) Simpático o chistoso. | Cela *Mazurca* 19: Chufreteiro es muy pavero y ocurrente.

pavés[1] *m* **1** (*hist*) Escudo grande y oblongo que cubre casi todo el cuerpo. | Gambra *Filosofía* 38: Cuando digo que tanto el pavés como la virtud son un escudo, lo digo analógicamente.
II *loc v* **2 alzar** (*u otro v equivalente*) [a alguien] **sobre el ~.** (*lit*) Encumbrar[le] o erigir[le] en caudillo. | L. Sancho *Abc* 3.1.87, 18: Los que piensan que cualquier tiempo pasado fue mejor preferirían a Pelayo subido en su pavés después de apedrear al moro en Covadonga que a Fraga jugando en Perbes al dominó.

pavés[2] *m* **1** Ladrillo o bloque de vidrio moldeado. | *Alcoy sn*: Almacenistas de Luna Pulida Cristañola, baldosas y pavés de vidrio moldeado Esperanza. Luna de Seguridad Securit.
2 (*Cicl*) Adoquinado. | *Ya* 29.6.75, 40: Los corredores han tenido que soportar las carreteras pavimentadas con adoquines .. Terminado, empero, el pavés, surgieron los primeros ataques por parte de Agostinho, Spruyt y el español López Carril.

pavesa *f* Partícula ligera que salta de una materia en combustión y acaba por convertirse en ceniza. | Chamorro *Sin raíces* 13: Una llama inmensa iluminaba la callejuela y se estiraba intentando lamer los aleros de los tejados. Caían pavesas como si nevase. **b)** *Frec se emplea en constrs de sent comparativo para ponderar la debilidad o delgadez de alguien.* | Quiñones *Viento* 210: La mujer, pobrecita, las que debió pasar con ese hombre. Así, callada y delgaíta, de negro, una pavesa.

pavesada *f* (*Mar, hist*) Mamparo de tablas que protege la batayola. | MHidalgo *HyV* 10.71, 78: Para proteger a los remeros y a los soldados en esos corredores, por la parte de dentro de la postiza iba una serie de batayolas unidas por arriba y a media altura por filaretes y contrafilaretes para hacer la pavesada, consistente en tablas a veces forradas de cuero y siempre dispuestas a modo de escudo o mamparo de protección.

pavía[1] *f* Variedad de melocotón de piel lisa. *Tb el árbol que la produce.* | *Ya* 9.6.74, 19: Bajan el fresón de Huelva, las cerezas y las pavías. Cossío *Confesiones* 35: Entre rosales y geranios aparecían cuadros de patatas y de berza, y muchos árboles frutales, perales especialmente, un ciruelo, pavías, manzanos.

pavía[2]. **soldado** *o* **soldadito de ~** → SOLDADO.

pávido -da *adj* (*lit, raro*) Que tiene miedo. | Azorín *Recuadros* 1354: Uno de esos espectadores .. se echa al ruedo con un capote .. Sentado en el tendido, este espectador ha pensado que si él baja al ruedo, tendría miedo. Y se encuentra –ante el toro– con que no lo tiene. Diríamos, hablando en culto, que antes era "pávido" y ahora es "impávido".

pavimentación f Acción de pavimentar. *Tb su efecto.* | L. Moreno *Abc* 13.12.70, 37: Debemos afrontar y resolver el problema del abastecimiento de aguas, red de saneamiento y pavimentación en muchos pueblos.

pavimentado m Acción de pavimentar. *Tb su efecto.* | *BOE* 12.3.68, 3820: Se anuncia celebración de subasta para ejecución de las obras de pavimentado de la calle García Morato. R. Saladrigas *Abc* 3.12.70, 47: Había más de doscientas calles .. en las que se trabaja en algún tipo de obras, llámeselas ampliación de la red del Metro, sustitución de las canalizaciones, renovación del pavimentado.

pavimentador -ra adj Que sirve para pavimentar. *Frec n f, referido a máquina.* | *GTelefónica N.* 657: Blackwood Hodge. Distribuciones de maquinaria .. Pavimentadoras. Zanjadoras.

pavimentar tr Recubrir con pavimento. | M. LPalacios *Caso* 26.12.70, 5: Ni saben nada ni han escuchado más ruido que el de la circulación, las máquinas de los obreros que están pavimentando una calle cercana.

pavimento m Revestimiento que se aplica al suelo para hacerlo sólido y llano o para mejorar su aspecto. | *SVozC* 25.7.70, 7: Los mosaicos descubiertos .. constituyen bellas policromías geométricas del siglo III y IV, dentro de las modas un poco barrocas de los pavimentos de la meseta castellana. **b)** Material utilizado para pavimento. | *GTelefónica N.* 833: La Crevillentina. Especialidad en Pavimentos Sintasol.

pavimentoso -sa adj *(Anat)* [Epitelio] de células planas. | Navarro *Biología* 69: Las células pueden ser aplanadas (epitelio pavimentoso), o prismáticas, cilíndricas o cúbicas.

pavipollo m Pollo de pavo[1]. | Gala *Campos* 11: ¿Usted ha visto el mercado cómo está esta mañana? ¿De pavipollos con pechugas gordas como melones? ¿De terneras en canal, orondas como mujeres ricas?

pavisosería f *(raro)* Cualidad de pavisoso. | DCañabate *Andanzas* 239: Antaño, desde primeros de diciembre, se veían por todas las calles madrileñas manadas de pavos haciendo esos ruidos que son como el canto de su estupidez, el glu, glu de su pavisosería.

pavisoso -sa adj [Pers.] sosa o sin gracia. *Tb n. Tb fig.* | Cela *SCamilo* 64: La Conchita es medio pavisosa, ya sabes, es como medio gilí. SSolís *Camino* 199: Eres una pavisosa, hija, ¡por Dios!... Por ese camino no vas a ninguna parte. ILaguna *Ateneo* 43: Gran época de tertulias y corrillos, Mentidero, despotricatorio de una España alicaída y pavisosa que vive feliz.

pavitonto -ta adj [Pers.] tonta o necia. | C. RGodoy *Cam* 16.12.74, 48: Sepa usted, calvo-maxmordón-zamacuco, viejo chocho pavitorto y apantallado, que yo soy el general De Gaulle y el general Foch reencarnados.

pavo[1] **-va** I n A m 1 Ave gallinácea doméstica, de plumaje pardo, cuello y cabeza desnudos y cubiertos de carúnculas *(Meleagris gallopavo). Tb designa solo el macho de esta especie.* | Laforet *Mujer* 293: Habían venido los padres de Luisa desde el pueblo, cargados de comestibles, entre los que había un enorme pavo.
2 ~ real. Ave gallinácea originaria de la India, cuyo macho tiene un espléndido plumaje azul y una cola de largas plumas con ocelos de colores que despliega en forma de abanico *(Pavo cristatus). Tb designa solo el macho de esta especie.* | Legorburu-Barrutia *Ciencias* 207: Las gallináceas .. Además de la gallina se pueden citar ..: El pavo de Indias, apreciado por su carne; el pavo real, por su plumaje. **b)** *Se usa frec en constrs de sent comparativo para ponderar la fatuidad o el engreimiento de una pers.* | Torrente *Isla* 37: Me revelaron en secreto a quiénes han elegido para el comité .. Y, para ostentar la presidencia, que lo hará con un empaque como si verdaderamente fuera el presidente del país, un pavo real de tan brillantes plumas como Catskill.
B f **3** Hembra del pavo [1 y 2]. | Torrente *Filomeno* 147: Recordé .. la ocasión en la que, en el pazo miñoto, había presenciado la seducción, por un pavo real, de la pava.
C m y f **4** Pers. sosa o parada. *Tb adj.* | Delibes *Cinco horas* 67: "Evaristo tiene talento y es muy simpático", la muy pava, que a Evaristo la que le gustaba era yo. Goytisolo *Recuento* 347: Si no fuera porque en realidad podría ser perfectamente lesbiana, la consideraría incapaz de todas esas juergas que cuenta de Adolfo y ella. Con lo pava que es, ya me dirás.
II loc adj **5 del ~.** *(col)* [Edad] de la adolescencia, en que los muchachos muestran un carácter difícil e inestable. *A veces con intención desp.* | Sastre *Oficio* 97: Cuando se te pasa la edad del pavo, te echas a la espalda lo que sea y sigues, como si nada.
6 [Moco] **de ~** → MOCO.
III loc v **7 ir** (o **navegar**) **como una pava.** *(Mar)* Llevar mucha vela o ir con todo el aparejo largo y lleno. | Guillén *Lenguaje* 35: Navegar como una pava, como se decía cuando con mar bella y boba y viento bonancible singlaba un navío a todo trapo.
8 pelar la pava. *(col)* Estar de conversación [dos novios]. | Grosso *Capirote* 141: Solo los jueves podía acercarse al zaguán y pelar la pava junto al portal.
9 subir(se)le el ~ [a alguien]. *(col)* Ruborizarse. | Mihura *Maribel* 64: –¡Atiza! ¡Otra vez se le subió el pavo! –Perdonarme, pero no sé lo que me digo. Berlanga *Barrunto* 89: ¿Por qué .. me subía el pavo cuando alguien me pedía ahora una *Goleada*?

pavo[2] m *(col)* Duro (moneda). | ZVicente *Mesa* 156: Todo se les va en pasarlo bien y sin gastar un pavo, ni un mal pavo.

pavo[3] m *(jerg)* Síndrome de abstinencia. *Tb ~ FRÍO.* | Tomás *Orilla* 47: Cuando no se tiene dinero y te hace falta el caballo, haces lo que sea. No es lo mismo un canuto que el polvo. Y yo estaba desesperado. Llevaba un pavo de la virgen. PAbellán *D16* 23.1.80, 20: El síndrome de abstinencia, o falta de la dosis necesaria para el heroinómano, le produce la sacudida física que más teme en el mundo. A esta dolencia la llaman "pavo frío" y "mono".

pavón m **1** Pavo real. | GNuño *Madrid* 100: Bote de marfil .. decorado con pavones y ataurriques.
2 Mariposa de gran tamaño con manchas redondeadas en las alas *(Saturnia pavonia y S. pyri).* | Legorburu-Barrutia *Ciencias* 160: Los Lepidópteros .. Pertenecen a este grupo todas las mariposas ..: El gran pavón .. La polilla, etc.
3 Capa superficial de óxido de color azulado, negro o café, con que se cubren las piezas de acero para mejorar su aspecto y evitar su corrosión. | Berenguer *Mundo* 58: Pablo dijo de llevarla [la escopeta] al pueblo a que Daniel el herrero le diera pavón, y terminó llevándola para traerla más fea, porque el pavón que le echaron ni era pavón ni era nada.

pavonada. darse una ~. loc v *(raro)* Entretenerse o divertirse. | MCalero *Usos* 91: La juventud aprovecha esos días para darse una pavonada y conocer algunas mozuelas que no fueran siempre las mismas.

pavonado[1] **-da** I part → PAVONAR.
II m **2** Objeto pavonado. | *GTelefónica N.* 267: Cerrajerías .. Hifor. Hierros artísticos forjados. Especialidad en tachuelas, bisagras, tiradores, cerrojos, manivelas, faroles, lámparas, apliques y pavonados.

pavonado[2] m Acción de pavonar. *Tb su efecto.* | * El pavonado protege al acero.

pavonado[3] **-da** adj Azulado oscuro. | CBonald *Ágata* 207: Lo primero que pudo distinguir fue el color pavonado de aquella cara aún no envejecida.

pavonar tr Dar pavón [3] [a algo *(cd)*]. *Frec en part.* | Marías *Gac* 24.8.75, 11: En él [el "western"] tiene singular relieve la materia de que está hecho el mundo: las maderas de las culatas, el acero pavonado de los cañones, el cuero de las sillas.

pavonear intr Presumir o darse importancia. *Frec pr, A veces con un compl* DE. | Cossío *Abc* 9.10.70, 3: Algún día, en el futuro, su obra saldrá de la oscuridad. ¿Dónde estarán entonces tantos figurones que hoy pavonean por las calles a impulsos de los premios, de los concursos y de la televisión? Montero *Reina* 166: Vanessa se pavoneaba ante los chulos. *Cod* 3.5.64, 4: Siempre nos hemos pavoneado de las magníficas trampas que las calles de Madrid, con zanjas y socavones, tenían para cazar peatones despistados.

pavoneo *m* Acción de pavonear(se). | CBonald *Casa* 238: Me exasperó ese engreimiento del primo, ese pavoneo que parecía reclamar una atención admirativa por parte de toda la concurrencia. **b)** Alarde u ostentación que hace un animal de sus cualidades ante la hembra o ante un oponente. | Delibes *Castilla* 44: Conoce a fondo el mundo de la avutarda (sus querencias, costumbres, el pavoneo del macho, las cruentas reyertas en la época de celo). N. Rubio *SInf* 11.11.70, 12: Estos peces .. se observan desafiantes .. Tras una persecución y pavoneo agresivo, de repente, tras fulminarse con miradas de odio se ponen enfebrecidos a cavar un hoyo en la arena.

pavor *m* Terror, o miedo muy intenso. | MMolina *Jinete* 39: Su conciencia permanecía en un estado de incrédula expectación y casi duermevela, pero su cuerpo se encogía con el automatismo del pavor.

pavorde *m* (*hist*) Prepósito. *Referido a Cataluña.* | A. Manent *Abc* 6.9.70, 33: De unos caballeros .. pasó, por mandamiento del rey, al arzobispo de Tarragona, Berenguer de Vilademuls (1177). Este lo cedió a los canónigos de la ciudad y fue administrado por el pavorde de la catedral.

pavorido -da *adj* (*lit*) Lleno de pavor. | Zunzunegui *Camino* 60: ¿Qué leería en ellos doña Elisa que escapó pavorida del cuarto?

pavorosamente *adv* De manera pavorosa. | Gironella *Millón* 353: Llegaría en el momento en que en Barcelona se incrementaban pavorosamente los abortos.

pavoroso -sa *adj* **1** Que causa pavor. *Frec con intención enfática.* | S. RSanterbás *Tri* 11.4.70, 20: La crónica negra de la Fiesta arroja .. un balance pavoroso.
2 (*col*) Muy grande o extraordinario. *Normalmente referido a cosas negativas.* | Cuevas *Finca* 76: El problema hubiera sido pavoroso.

pavura *f* (*lit*) Pavor. | A. M. Campoy *Abc* 13.3.75, 15: La muerte es exactamente eso: un tránsito sin pavura, una levitación que desata toda atadura.

pax tecum (*lat; pronunc,* /páks-tékum/) *m* (*raro*) Portapaz. | Moreno *Galería* 250: No dejaba de ser el "pax-tecum" o el porta-paz, además de un objeto artesano primoroso y valioso, una de las piezas más conocidas de la liturgia por los feligreses.

payador *m* Cantor popular errante. *Referido a los países del Río de la Plata.* | E. Corral *Abc* 21.4.74, 73: El payador pampero .. entona, acompañado de la guitarra española, las monótonas décimas de "Martín Fierro".

payasada *f* Hecho o dicho propio de payaso. | DCañamate *SAbc* 29.9.68, 53: ¿Cómo matar fríamente a un infeliz animalito que mientras pudo mantenerse en pie se ha prestado .. a que hicieran con él todas las payasadas y todas las barrabasadas sucedáneas de la antigua heroicidad torera?

payasear *intr* Hacer el payaso. | GPavón *Reinado* 211: Payaseaba el Celedonio andando sin doblar las rodillas. *Ya* 17.2.78, 35: Prácticamente no hubo apuestas, ya que Clay salió favorito (9-1), pero durante los primeros siete rounds se dedicó a bailar y a payasear.

payaso -sa A *m y f* **1** Artista de circo que hace reír con sus trajes, gestos y dichos extravagantes. | Salom *Viaje* 483: Aparece el señor Patapluf, un extravagante payaso que se dirige al público.
2 Pers. que hace reír con sus gestos y dichos. *Tb adj.* | AMillán *Día* 98: –¡El tercer piso .. se honra en presentar a su artista exclusivo...! ¡De Teresa! –Vamos, hijo..., no seas payaso.
3 (*desp*) Pers. poco seria en su comportamiento. *A veces usado como insulto.* | * Mi jefe es un payaso. Campmany *Abc* 12.3.93, 23: Los señores senadores se llamaron payasos, bufones y ladrones.
B *m* **4** Pez de pequeño tamaño y coloración brillante que vive en simbiosis con las actinias (*Amphiprion percula*). *Tb* PEZ ~. | Aldecoa *Gran Sol* 83: El monte de pesca tenía los blandos colores del mundo submarino: rosicler de cucos, carnavales y payasos. Aldecoa *Gran Sol* 82: Traía prendida de la florafauna de las playas: grandes vejigas rojas y amarillas, cardúmenes y pólenes de peces carnavales y payasos.

payés -sa *m y f* Campesino. *Referido a Cataluña o Baleares.* | Ortega-Roig *País* 193: Los payeses catalanes, que viven dispersos sobre sus campos de cultivo, construían unas casas típicas llamadas masías. Alós *Hogueras* 196: Son carros de Muro y de la Puebla que vienen para recoger el alga de la playa, que emplean los payeses como abono. **b)** ~ **de remensa** → REMENSA.

payesía *f* **1** Conjunto de (los) payeses. | Porcel *Abc* 3.8.85, 24: Alfonso el Magnánimo, a raíz de las revueltas populares de 1450, impone a la payesía una multa de 150.000 libras.
2 Conjunto de masías y campos correspondientes. | D. Quiroga *Abc* 4.12.70, 21: Expusimos .. nuestros deseos de acudir a la misa el domingo, a un sitio de la payesía ibicenca donde acudieran más payesas ataviadas de gala.
3 Masía. | D. Quiroga *Abc* 2.3.58, 36: Una noria moruna en la payesía.

payo[1] -ya *adj* **1** (*col*) [Pers]. de raza no gitana. *Tb n. En oposición a* GITANO. | Cela *Viaje andaluz* 255: La saeta .. es cante gitano (aunque no esté ve[d]ado a los payos) y quizá judío en su remoto origen, que sale, cuando es puro, de la siguiriya. **b)** De (los) payos. | C. Murillo *SAbc* 14.12.69, 35: Dos gitanos de tierras payas: Farina (de Salamanca) y Porrinas (de Badajoz).
2 (*raro*) Aldeano o paleto. *Tb n.* | L. Pancorbo *Ya* 30.11.73, 8: Los italianos, como también los americanos, empezaron a pensar cuánta razón tenía aquel payo de Kruschev, que se escandalizaba al ver los enormes coches yanquis que llevaban "una sola persona".

payo[2] *m* (*reg*) Sobrado o desván. | Delibes *Castilla* 59: Aquí, en Turzo, por ejemplo, todo se tenía antes en cuatro payos: patatas en un sitio, en otro grano, en el de más allá legumbres y en el último leña. E iban rotando, ¿no?

pay-pay → PAIPAY.
payuté → PAIUTE.

paz I *f* **1** Estado o circunstancia de no haber guerra en un país o de no estar en guerra con otros. | Arenaza-Gastaminza *Historia* 50: Durante estos años de paz nació Ntro. Señor Jesucristo en Belén. **b)** Estado de sosiego y armonía entre los miembros de una comunidad. | Vesga-Fernández *Jesucristo* 152: La paz sea con vosotros. **c)** Estado de una pers. a la que nada altera o preocupa. | * Necesito recobrar la paz y el sosiego. J. M. Amilibia *Pue* 20.10.70, 14: Se envuelve a toda prisa en una manta y, entre tos y tos .., duerme en la paz de los justos y no sale de noche. **d)** Ausencia de agitación o ruido. | * Adoro la paz de este rincón.
2 Tratado por el que se pone fin a una guerra. | Arenaza-Gastaminza *Historia* 150: Los Reyes Católicos consiguieron los decisivos triunfos en Toro y Albuera, con lo que se firmó la paz en Trujillo.
3 Reconciliación o vuelta a la amistad y concordia. *Frec en pl y en la constr* HACER LAS PACES. | J. M. Moreiro *SAbc* 13.4.69, 33: Hace más de quince días que el "Clan Urtáin" hizo las paces en San Sebastián en casa de Juanito Kojúa.
4 Saludo con el que se desea a alguien paz [1b y c]. *Gralm referido al que se da durante la misa. Gralm en la constr* DAR LA ~. | Vesga-Fernández *Jesucristo* 115: En la Misa solemne, el oficiante da al diácono el beso de paz, el cual lo transmite [a]l resto del clero. ZVicente *Mesa* 152: Estos son de esos monstruos que, al dar la paz, miran primero a los zapatos.
II *loc adj* **5 de ~**. [Gente] tranquila y de bien. *Gralm como respuesta a las preguntas* ¿QUIÉN VA? *o* ¿QUIÉN VIVE? | Cela *Viaje andaluz* 143: –¡Quién va! .. –Gente de paz, patrón; un hombre que va de camino.
6 [Juez] **de ~** → JUEZ.
III *loc v y fórm or* **7 dar ~** [a alguien o algo]. Dejar[le] descansar. | MGaite *Nubosidad* 138: Sin dar paz al bolígrafo.
8 dejar en ~ [a alguien]. No molestar[lo] o inquietar[lo]. | Olmo *Golfos* 142: –¡La moneda es mía! .. –¡Me la quitaste! –¡Déjame en paz! Medio *Bibiana* 14: Marcelo Prats .. va a compartir con Bibiana la preocupación que desde hace algunos días no le deja en paz. **b) dejar** [a alguien] **en ~** [de algo]. No hablar[le de ello]. | MGaite *Retahílas* 143: Déjame en paz de luna, yo soy gente de sol. **c) dejar en ~** [algo]. No tocar[lo]. *Tb fig.* | E. Boado *SYa* 3.3.74, 4: Llena luego la tetera con agua hirviente y deja la infusión en paz durante seis o siete minutos. * Deja en paz el tema.
9 descansar en ~ (o **en la ~ del Señor**). (*lit*) Morir. | Villapún *Iglesia* 67: Descansó en la paz del Señor el día

pazguatería – peatonal

de marzo del 493. **b) descanse en ~**. *Fórmula con que se desea la bienaventuranza a alguien que acaba de morir.* | *GacR* 27.10.70, 6: Descanse en paz el viejo picador. **c) que en ~ descanse.** *Fórmula piadosa que sigue a la mención de un difunto.* | *Hoy* 8.10.75, 11: Mi padre quiso que mi hermano, que en paz descanse, y yo nos hiciéramos practicantes como él.
10 no salvar [a alguien] **ni la ~ ni la caridad.** (*col*) No tener ninguna posibilidad de salvación. | *Lera Clarines* 498: Tú no te lanzaste al quite. ¡Bien! Cualquiera se arruga en una situación semejante .. Y además, aunque lo hubieras hecho, el resultado hubiese sido el mismo. No le salvaba al pobre ni la paz ni la caridad.
11 a la ~ (de Dios). (*pop*) *Fórmula de saludo.* | *Cela Viaje andaluz* 137: Por el camino, de cuando en cuando, pasa un labriego jinete en el asnillo sufridor y manso. –A la paz de Dios. –A la paz de Dios. *Berlanga Gaznápira* 95: Entreabre la hoja de la puerta, da una voz (¡ehhh, a la paz!), abre el cerrojo pero espera hasta que desde arriba le responda la Liboria o el señor cura "suba" o "sube".
12 y en ~, o y aquí ~ y después gloria. (*col*) Y ya está, o yes eso todo. | *Laforet Mujer* 157: Mañana telefonearé a esa señora para decir que ya no necesito a su recomendado, y en paz. *SFerlosio Jarama* 65: Se marchó el tío con todo; y aquí paz y después gloria.
IV *adv* **13 en ~.** Sin deber nada [a alguien (*compl* CON)]. *Tb fig. Con vs como* ESTAR *o* QUEDAR. *Tb sin compl, en ors con suj pl y sent recíproco.* | *Ya* 2.4.87, 3: Este fraccionamiento, unido a los intereses de la demora, es lo que hará que César Manrique tenga que desembolsar unos treinta y cinco millones de pesetas para quedar en paz con la Hacienda Pública. * Vaya este favor por el tuyo y estamos en paz.
14 en ~. Sin ganar ni perder nada. *Con vs como* ESTAR *o* QUEDAR. | * Con lo que he ganado en este juego me quedo en paz.
15 en ~ (y en gracia de Dios). Con tranquilidad moral. | *Vesga-Fernández Jesucristo* 69: Vete en paz; tu fe te ha salvado. *Fraile Pról. Vida Lagos* VIII: Un sitio recatado donde estar en paz y en gracia de Dios.

pazguatería *f* Cualidad de pazguato. | *Ya* 9.9.84, 6: No puede tolerarse que el vicio lesbiano se dé en la pantalla en la forma soez y procaz que se ha dado .. No se trata de ñoñez ni pazguatería, sino simplemente de limpieza moral.

pazguato -ta *adj* Simple o pasmado. *Tb n, referido a pers.* | *DCañabate Paseíllo* 111: No modificó la adolescencia su genial: pazguato él, alocadilla ella. *GRamos Lit. Canarias* 1, 94: Pasaron las horas y que [el perro] no volvía, que se hizo la noche y uno como un pasguato aguardando el regreso.

pazo *m* Casa señorial gallega, esp. edificada en el campo. | *Ortega-Roig País* 203: El paisaje de la región atlántica se parece muy poco al del resto de España .. Las casonas, caseríos y pazos se pierden entre los campos de cultivo.

pazpuerco -ca *adj* (*raro*) [Pers.] sucia y grosera. *Tb n*. | *Espinosa Escuela* 450: ¡Miserable pazpuerco!, bestia inmunda, ¿qué dices?

PC (*pronunc,* /pe-cé/) *m* Ordenador personal. | *S. Milla SSe* 15.4.90, 20: El mundo llega hasta casa .. Se cuela a través de programas de *tele-shopping* y compras por ordenador, que nos permiten llenar la despensa a base de teclear nuestro PC.

pche (*tb con las grafías* **psche** *o* **pse**) *interj* Expresa indiferencia, displicencia o reserva. | *Cela Judíos* 21: –¿A dónde va usted? –¡Psche! Voy de camino... Si usted quiere, me vuelvo. *CPuche Paralelo* 192: –Tú no creas que van a prescindir de ti. Tú eres el alma del grupo. –Pse. *Payno Curso* 128: Creo que mi madre es mi madre. Mi padre, pse... –Ya. –Pse.

pe I *f* 1 Letra del alfabeto (*p, P*), que en español corresponde al fonema /p/. (V. PRELIM.) *A veces tb se llama así el fonema representado por esta letra.* | *ZVicente Traque* 268: Yo, psicólogo, y si habla o escribe de mí, ponga, ponga la pe. *HLM* 26.10.70, 14: Siempre habrá cinco consonantes totalmente inasequibles para el ventrílocuo: be, efe, eme, pe y uve.
II *loc adv* **2 de ~ a pa.** (*col*) Desde el principio hasta el fin, o de un extremo a otro. *Frec con vs como* DECIR *o* SABER. | *Delibes Siestas* 58: Al verla así se conté hasta de pe a pa.

Gironella *Millón* 62: También conocemos de pe a pa vuestra versión, la de las radios militares.

peaje *m* **1** Derecho que se paga por transitar por un lugar. *Frec en la constr* DE ~. *Tb fig.* | *Gac* 11.5.69, 26: Desde la firma del tratado irano-iraquí de 1937, la navegación en el Chatt estaba dirigida por el Irak, que recibía los derechos de peaje y proporcionaba los prácticos. *VMontalbán Tri* 11.4.70, 31: España les presenta un paisaje renovado, con autopistas (de peaje) y barrios con casas aterrazadas. *Sp* 19.7.70, 13: En algunos mapas de carreteras no figura el puente de peaje construido sobre el Ebro. *Ya* 13.4.89, 45: Canal Plus será una emisora de "peaje". *Diógenes Ya* 8.7.92, 1: Alguna enfermedad tiene este país cuando un ministro tiene que reunir a los empresarios de obra pública para decirles que se ha acabado el "peaje" (la comisión que hay que dar por la concesión de obras).
2 Lugar en que se paga el peaje [1]. | *C. Olave Abc* 24.11.84, 21: Lanzaron una granada de carga hueca contra una dotación de la Policía Nacional, que se encontraba situada en el peaje que da acceso a Irún, en la autopista Bilbao-Behobia.

peal *m* Pieza de tela o cuero con que se cubre el pie, usada esp. por los pastores. | *ZVicente Examen* 89: Tenderetes de chucherías ..; cascabeles y cencerros, tijeras de esquilar, peales, cribas, harneros, fanegas. *Nar* 11.77, 23: Ansó y sus trajes .. Fiesta .. Hombre: elástico; chaleco negro; .. alpargata; peales; peducos; media azul.

peán *m* (*hist*) *En la antigua Grecia*: Himno solemne en honor de Apolo u otra divinidad, de súplica, de alegría, de combate o de victoria. | *GGual Novela* 84: Tras el tremendo combate los gigantes vencedores erigen un trofeo en la cabeza de la ballena, entierran sus muertos y cantan el peán de victoria.

peana I *f* **1** Base sobre la que se coloca algo, esp. una figura o imagen. | *Laiglesia Tachado* 50: Las figurillas, en sí, no estaban mal. Lo malo era que, apretando una perilla de goma que tenían debajo de la peana, el pecho materno soltaba un chorro lácteo. *Laiglesia Ombligos* 59: Hasta los enanos pueden parecer gigantes izando sus peanas de madera con unos cuantos tarugos. *A. P. Foriscot Van* 20.5.73, 9: ¿A usted le gustan las judías? ¿La butifarra blanca, más o menos especiada, el lomo de cerdo, todo ello, una u otra de ambas cosas, pasado por la sartén y servido sobre una peana o un festón de judías blancas cocidas y refritas?
2 (*col*) Pie (parte del cuerpo). | * Vaya peana que usas.
3 (*raro*) Plataforma o tarima, esp. la situada delante del altar. | *VMontalbán Pájaros* 96: Doria caminó con facilidad hacia la peana donde el pianista recogía las partituras con meticulosidad.
4 (*reg*) Tierra que se amontona al pie de un olivo para mantenerlo más firme. | *J. Ferreira Jaén* 23.7.64, 11: Al efectuar el desvareto se cortan no solo los brotes situados en la peana y parte baja del tronco, sino también los que se encuentran en las partes más altas de este o en las ramas principales.
II *loc v* **5 adorar el santo por la ~** → SANTO.

peaña *f* (*hist*) Peana. | *MHidalgo HyV* 10.71, 78: Al bogar, los galeotes apoyaban uno de los pies en el travesaño paralelo a la banqueta y un poco más alto, llamado peaña.

peatón -na *m y f* **1** Pers. que camina o va a pie. *Se opone a automovilista o a pers que va en un vehículo.* | *Medio Bibiana* 85: Bibiana .. sigue a los muchachos, que atraviesan la calle, aprovechando el paso de peatones. *Laiglesia Ombligos* 157: Sería prolijo enumerar todas las veces que anduvo un trecho junto a una "peatona" tratando de entablar conversación.
2 Cartero que hace su trabajo a pie. | *Ferres-LSalinas Hurdes* 92: Armando se apoya en un poste donde hay una oxidada caja metálica que es el buzón de Correos. –Se pasarán días y días sin que el peatón de este pueblo tenga nada que hacer.

peatonal *adj* **1** De (los) peatones. | *GValcárcel HLM* 26.10.70, 16: Hemos considerado .. la posibilidad de crear zonas peatonales, libres de tráfico rodado.
2 [Cartero] que hace su trabajo a pie. | *Abc* 14.12.83, 14: Un cartero peatonal cobra unas 57.000 pesetas.

peatonalización – peccata minuta

peatonalización *f* Acción de peatonalizar. | *País* 19.5.82, 23: La falta de dinero puede retrasar la peatonalización del Madrid de los Austrias.

peatonalizar *tr* Hacer peatonal [una calle]. | P. Montoliu *País* 26.4.81, 21: Se han peatonalizado calles.

peatonil *adj (raro)* Peatonal [1]. | Marlasca *Abc* 12.9.68, 53: Se oponen al avance peatonil por las aceras. Mann *DMo* 11.8.87, 4: Ha de haber un servicio permanente que acuda a reponer estos sistemas [semáforos], para evitar trastornos a la circulación rodada y peatonil.

peba *f (reg)* Simiente de melón, sandía o calabaza. | En. Romero *Hoy* 28.7.74, 16: Compran fuera la simiente de sus melones y sandías .. La calidad de esta fruta se debe en su mayor parte a ciertas condiciones específicas de la tierra en que se siembra; a ciertas características de la peba.

pebble culture *(ing; pronunc corriente, /pébl-kálĉer/) f (Arqueol)* Cultura de los guijarros, propia de los comienzos del Paleolítico. | Pericot *Polis* 16: Hoy se cree que en la primera mitad del cuaternario .. existía ya industria humana. Se trata de una industria muy tosca con talla de la piedra, la llamada *pebble-culture* o cultura de los guijarros.

pebete *m* Pasta aromática, gralm. en forma de varilla, que al quemarse exhala un olor agradable. | CBonald *Ágata* 298: Encendieron luego pebetes de lavanda y benjuí y papeles de Armenia.

pebetero *m* **1** Recipiente, esp. con cubierta agujereada, usado para quemar perfumes. | GNuño *Madrid* 71: El medallón central y los pebeteros laterales, de Olivier.
2 Recipiente en que arde la antorcha olímpica. | *Ya* 17.6.92, 43: El pebetero olímpico ha costado 40 millones de pesetas, tiene una altura de 18 metros, una anchura máxima de 5 metros y pesa ocho toneladas.

pebre *m* o *f* Salsa de pimienta, ajo, perejil y vinagre. | *Ama casa 1972* 12*b*: Platos típicos regionales .. Castilla la Vieja-León. Caldereta serrana de Burgos .. Gallina en pebre.

pebrina *f (Zool)* Enfermedad de los gusanos de seda caracterizada por la aparición de pequeños puntos negros en su cuerpo. | Ybarra-Cabetas *Ciencias* 353: Cuyos trabajos fueron coronados por el éxito al puntualizar las causas de las enfermedades denominadas pebrina, producida por un protozoo, y muscardina, ocasionada por un hongo.

peca *f* **1** Pequeña mancha oscura del cutis, esp. de la cara. | Laforet *Mujer* 326: Aquel joven de las pecas también parecía quererla mucho.
2 *(Bot)* Mancha pequeña, gralm. de color pardo o rojizo, que aparece en la epidermis de algunos frutos atacados por hongos. | F. Ángel *Abc* 25.3.58, 11: Combate [el azufre] las siguientes plagas: .. Arañuela .. y las Pecas, de los tomates.

pecable *adj (raro)* Que puede pecar. | J. M. Llanos *Ya* 1.11.74, 22: Desde hace siglos la Iglesia venía dando otro culto no menos misterioso .. al "santo desconocido" .. Tampoco es el impecable, el mínimamente pecable, el "hombre maravilloso" que dejase absortos a sus contemporáneos.

pecado I *m* **1** Acción u omisión contraria a los preceptos religiosos. | Villapún *Iglesia* 11: El Bautismo es un Sacramento instituido por Jesucristo para quitar el pecado original y otro cualquiera que tuviese el que lo recibe. **b) ~ nefando**. *(Rel catól)* Sodomía. | Marías *Gac* 21.3.76, 9: Cuando presenta [Visconti] la homosexualidad entre los nazis .. se le va la mano .. La idea de compañías de las S.A. dedicadas .. al deporte que en otros tiempos se llamaba "pecado nefando" es demasiado grotesca. **c) ~ solitario**. *(Rel catól)* Masturbación. | * El cura clamaba contra el pecado solitario.
2 Falta o delito. *Con intención ponderativa*. | A. Barra *Abc* 11.7.74, 30: Los demás miembros de la Comunidad conservan la carne con el hueso, práctica que la sanidad inglesa rechaza como un pecado grave.
3 Estado del que ha cometido un pecado [1]. | SLuis *Doctrina* 58: El Infierno es el lugar o estado en donde se encuentran los que murieron en pecado mortal.
4 *(col)* Blasfemia o palabra malsonante. | Delibes *Emigrante* 110: Le pregunté si tenía familia, y él que dos cabros. Ya le dije que también son formas de hablar estas de los chilenos, y que los tíos, sin darse cuenta, sueltan cada pecado que se mea la perra.

II *loc adj (col)* **5 de mis ~s**. Querido. *A veces con intención irónica*. | LTena *Triste* 45: ¿Y qué quieres que yo le haga, si tu querido Sagasta o sus subalternos han sido menos celosos o menos ridículos que aquel marqués de Elduayen de mis pecados?
6 de ~ (mortal). Muy bueno. *Con intención ponderativa. Tb adv*. | * Estos bombones están de pecado. * Aquí se está de pecado. R. Castilla *VNu* 2.9.72, 41: En el argot de una desenfadada calcetinera de quince años habría que decir que el ajedrez "está de pecado mortal".

III *loc v* **7 llevar en el ~ la penitencia**. Sufrir las consecuencias negativas de una acción reprobable o desacertada. *A veces con un compl* DE. | Huarte *Diccionarios* 81: Llevan en el pecado la penitencia de exponerse a no acertar con la elección del matiz.
8 vivir en ~. Vivir maritalmente [dos perss.] fuera del matrimonio. | CBonald *Casa* 245: Vivir en pecado con una pecadora ya es como pedir habitación en el infierno.

pecador -ra *adj* **1** Que peca [1]. *Tb n, referido a pers.* | RMorales *Present. Santiago VParga* 6: Toda la renovación espiritual .. fue precisamente que Jesús se proclamase "el amigo de los pecadores".
2 [Mujer] que se dedica a la prostitución. *Tb n f*. | Vesga-Fernández *Jesucristo* 68: Conversión de una pecadora .. Estando en la mesa, entró en la sala una mujer pecadora (que muchos creen que era María Magdalena).
3 De(l) pecado o que lo implica. | Matute *Memoria* 134: Al mirarme aquel muchacho (a quien nadie estimaba en el pueblo, hijo de un hombre muerto por sus ideas pecadoras), me sentí ridícula.

pecadoso -sa *adj (reg)* Pecador [1]. | B. M. Hernando *Inf* 21.6.74, 24: Tampoco hay que ser pecadoso deseándole a nadie la muerte.

pecaminosamente *adv* De manera pecaminosa. | Torrente *DJuan* 269: Ninguna de ellas soñaba pecaminosamente con Don Juan.

pecaminosidad *f* Cualidad de pecaminoso. | Torrente *Saga* 506: Solo a la estupidez humana hay que atribuir la torpeza, la suciedad, la pecaminosidad que veis en él [el amor de un hombre y una mujer].

pecaminoso -sa *adj* Que implica pecado [1]. | Valcarce *Moral* 28: Solo se llama vicio a esta inclinación o tendencia cuando es producto de actos pecaminosos que ya han engendrado en el sujeto una inclinación mala. Pemán *Abc* 29.11.70, 3: Los "líderes" culturales podían reconocerse a sí mismos sin pecaminosa ufanía.

pecar *intr* **1** Contravenir uno o más preceptos religiosos. *Alguna vez con un compl* CONTRA. | SLuis *Doctrina* 142: Siete veces al día peca el justo. SLuis *Doctrina* 99: Pecan contra el séptimo mandamiento los que roban.
2 Contravenir [una ley o norma *(compl* CONTRA)]. | Gambra *Filosofía* 54: Pecando contra esta ley extraeríamos una conclusión más amplia de lo que las premisas autorizan.
3 Cometer un error o falta. | Kurtz *Lado* 111: Los chicos de hoy pecáis en otro sentido: el de tumbar ídolos ¿y crear subídolos?
4 Tener el defecto de ser [algo (DE + *adj*)] o de tener [algo (DE + *n de cualidad*)]. | Olmo *Golfos* 142: Los padrinos, que son los que lo tienen todo, pecan de tacaños. R. Frühbeck *SAbc* 20.9.70, 10: Los conciertos no obedecían a plan ninguno y pecaban de flagrante mediocridad.

pécari *(tb pecarí; tb con la grafía pékari) m* Mamífero americano semejante al jabalí, de cuya piel se obtiene un cuero muy apreciado por su flexibilidad (*Tayassu tajacu, T. pecari* y otras especies del mismo gén.). *Tb su piel*. | R. Alvarado *Abc* 8.5.84, 3: Azara y Humboldt fueron zoólogos expertos que dieron insuperables descripciones de nuevas especies; verbigracia, el primero .., del pécari. *Sáb* 3.12.66, 36: Guantes de pékari para vestir o conducir.

pecblenda *f (Mineral)* Mineral constituido por óxido de uranio y varios metales raros, entre ellos el radio. | Artero *Inerte* 161: Es el óxido de uranio llamado uraninita o pecblenda famoso en la historia de la Ciencia porque de él obtuvieron los esposos Curie las primeras muestras de radio.

peccata minuta *(lat; pronunc, /pekáta-minúta/) loc n* Cosas pequeñas o sin importancia. *Normalmente como predicat con* SER. | Van 18.7.74, 35: Después de lo cual, que

pecé – pecho

conviertan en palabra llana Tiberíades .. o en Sebastia lo que los romanos llamaron Sebaste, .. son "peccata minuta".

pecé m y f (col) Miembro del Partido Comunista de España. | Marsé *Tardes* 160: La vida de un *pecé*, de todos modos, ha de ser estupenda e incluso divertida en tu barrio.

pececillo m **1** dim → PEZ[1].
2 ~ de plata. Insecto apterigógeno de cuerpo aplanado cubierto de escamas, que habita en las casas (*Lepisma saccharina*). | Legorburu-Barrutia *Ciencias* 173: Apterigógenos (sin alas, masticadores): pececillo de plata.

pececito m **1** dim → PEZ[1].
2 ~ de plata. Pececillo de plata. | Artero *Invertebrados* 68: Los lepismas. Se les llama vulgarmente "pececitos de plata" por su color plateado. Son pequeños, inofensivos, de cuerpo alargado. Viven entre los muebles y los libros.

peceño -ña adj Que tiene el color de la pez[2]. *Esp referido a caballos*. | SInf 24.5.71, 4: Quiera Dios que Fermín pueda volver a montar dentro de poco tiempo ..; lo difícil es que pueda montar sobre el negro peceño lastimosamente herido.

pecera f Vasija, gralm. de cristal, para tener peces vivos. | Cabezas *Madrid* 373: Cuando para cambiar el destino de la finca se secó el estanque, los dos peces fueron recogidos por la hija del propietario, que los tuvo algún tiempo en una pecera.

pecero -ra m y f (col) Miembro del Partido Comunista de España. | DLi 7.4.78, 1 (C): La pecera Pilar Bravo. *Abc* 17.11.83, 16: Los "peceros", en su seno [del PSOE], pueden ser magníficos quintacolumnistas.

pecha f (hist) Pecho[2] o tributo. | Gambra *Filosofía* 267: Los reyes y señores feudales se limitaban a exigir las pechas o tributos.

pechada f (col) Hartazgo o atracón. *Frec con un compl especificador*: DE + n o infin, o A + infin. | Delibes *Emigrante* 94: Le confesé que ayer me pegué una pechada de órdago cobrando facturas. Berlanga *Gaznápira* 47: Se dio una pechá a llorar. Quiñones *Viento* 271: Qué noche. Todo eso revuelto con el frío y el alcó medio atravesao, y el mal cuerpo y la pechá de Celtas y el sueño que me entraba.

pechamen m (col) Pechos. *Referido a mujer*. | Olmo *English* 32: ¡Ritmo de pechamen, sí, señor!

pechar[1] **A** intr **1** Asumir [una carga o responsabilidad (compl CON)]. | Ramírez *Derecho* 50: Si se decidió a adoptar, ha de pechar con sus consecuencias.
2 (hist) Pagar pechos[2] o tributos. | A. Franco *Hoy* 10.8.75, 24: El resto de los vecinos no incluidos en las dos situaciones anteriores pechaban, es decir, pagaban imposiciones ya fuesen reales o concejiles.
B tr **3** (hist) Pagar [algo] como pecho[2] o tributo. | J. A. MAtienza *ByN* 1.8.79, 12: Así, en el año 1553, a cada castellano le correspondía "pechar" 101 maravedises.

pechar[2] tr (reg) Cerrar con llave o cerrojo. *Tb fig*. | V. Armesto *Inf* 7.5.75, 19: Para salir de ese círculo estrecho en que ha sido pechada tanto por la tradición como por su propia timidez, o en algunos casos pereza mental, la mujer necesita una serie de reformas urgentes.

pechar[3] intr (reg) Empujar o chocar [contra alguien o algo]. | Aldecoa *Gran Sol* 182: Crecía el temporal: altas olas y fuerte lluvia, acompañadas de un viento violento, que pechaba contra las naves.

pechblenda f Pecblenda. | Cela *SCamilo* 102: Era muy partidario de la pechblenda, mineral de uranio que contiene metales de muy raras propiedades.

pechelingüe m (raro) Pirata de mar. | J. M. ÁRomero *MHi* 11.63, 74: En las islas del Caribe establecían nidos de ataque y contraband o los bucaneros y pechelingües.

pechera f **1** Parte de la camisa u otra prenda de vestir, que cubre el pecho. | CNavarro *Perros* 131: Se levantó y cogió a Poncio por la pechera. Laiglesia *Tachado* 33: Temblaban [sus manos] constantemente, haciendo tintinear con su temblor todos los objetos que tocaba: las copas de cristal en el comedor, las condecoraciones en la pechera de su uniforme. ZVicente *Balcón* 37: Doña Paquita, frotándose empeñosamente un lamparón que le ha caído en la pechera.

2 (col) Pechos. *Referido a mujer*. | CPuche *Paralelo* 358: Comenzaron a entrar .. las del gremio, tan conocidas ya en el barrio: una rubia con muchos lunares pintados que enseñaba siempre la pechera casi hasta el ombligo.

pechería f (hist) Conjunto de pechos[2] o tributos. | G. Bartolomé *Ya* 4.3.85, 52: Las cosas, tal como están, indican que hemos perdido "fueros", que ya no los defienden ni los convenios colectivos de la AES, y que nos quedan tan solo las "pecherías".

pecherín m Pechera [1] corta y adornada que gralm. va sobrepuesta. | Bellón *SYa* 18.11.73, 35: El [torero] de Córdoba, al que parten los pitones el escarolado de los pecherín de su camisa almidonada por la dura brega y el calor. *Santander* 79: En las aldeanas era habitual el uso del pañuelo de vivos colores airosamente prendido en la cabeza, así como las medias azules, el corpiño escotado, el pecherín de alegre colorido que cubría el pecho.

pechero -ra adj (hist) **1** [Pers.] que paga tributos. *Tb n*. | Ubieto *Historia* 210: Los peones pagan tributos ("pecheros") y constituyen la gran masa de población en los municipios.
2 Plebeyo. *Tb n. Se opone a* CABALLERO *o a* NOBLE. | *Abc* 21.5.67, 49: Existían en Móstoles dos alcaldes: uno por los pecheros –Andrés Torrejón– y otro por los hijodalgos –Simón Hernández–.

pechiazul m Pájaro de pequeñas dimensiones, de plumaje pardo, con plumas azules y negras mezcladas en la garganta y el pecho (*Luscinia svecica*). | Noval *Fauna* 150: El Pechiazul (*Luscinia svecica*) es un pequeño pájaro con un plumaje verdaderamente excepcional por la combinación de pecho azul, dorso marrón y laterales de la cola rojos .. Existen en Europa dos variedades: el Pechiazul de medalla blanca y el de medalla roja.

pechina f (Arquit) Triángulo curvilíneo que forma la cúpula con los arcos en que se apoya. | Tejedor *Arte* 86: Para su sostenimiento las plantas cuadradas crearon los bizantinos .. las pechinas o triángulos esféricos que, colocados invertidos, unían sus bases en la parte superior para originar un círculo sobre el que se apoyaba la cúpula semiesférica.

pechirrojo m (reg) Petirrojo (ave). | Lama *Aves* 78: Mide el Petirrojo (Erithacus rubecula), pechirrojo, papocolorado o colorín, como también le llaman, 14 centímetros de longitud.

pechisacado -da adj Erguido y que saca el pecho. *Tb fig*. | Delibes *Madera* 301: El marinero de segunda Gervasio García de la Lastra, vestido de gala, pechisacado, muy poseído de sí, pisaba resueltamente el combés, esmerándose en adoptar un paso gallardo ante la atenta mirada del oficial de guardia. CSotelo *Resentido* 247: Detrás del mostrador, la Remedios, una tiorra pechisacada, maquilladísima, se dirige a la clientela con chulería y desgarro.

pecho[1] **I** m **1** *En el ser humano*: Parte del cuerpo comprendida entre el cuello y el vientre. | Arce *Testamento* 16: Sopló entre su camisa, pecho abajo.
2 *En los animales*: Parte anterior del tronco, comprendida entre el cuello y las patas. *Frec en pl, referido a caballos o toros*. | Vega *Cocina* 70: Para la fabada de carnero se necesitan un kilo de espalda de carnero y medio kilo de pecho. Rodríguez *Monfragüe* 72: Alimoche .. En vuelo se le reconoce por su contrastado plumaje, blanco en pecho, infracobertoras caudales y cola, .. y negro en primarias y secundarias. Cuevas *Finca* 47: El potro está lleno de peligros constantes: se puede abrir de pechos.
3 Mama[1]. *Referido a mujer. Tb en sg con sent pl*. | DPlaja *Sociedad* 53: Es curiosa la igualdad del pecado al mostrar pechos y pies. Sampedro *Octubre* 64: Cuando fui a comprarlo [el picardías], me atendió la Ojos de Vaca .. "Pero no es su talla, señorita", dijo la muy estúpida mirándome el pecho.
b) Leche materna. | *Puericultura* 9: La mortalidad en niños privados del pecho es cinco veces mayor que en aquellos que reciben la leche de su madre.
4 (lit) Corazón (lugar en que se consideran situados los sentimientos y el valor). *Tb los sentimientos o el valor*. | J. M. Moreiro *SAbc* 12.10.69, 42: Es tierra de pechos nobles .. y mujeres bonitas. G. ÁLimeses *Abc* 16.2.68, 24: ¿Es que era superior al suyo el pecho de varón de Hernán Cortés, aquel su compañero que redujo a los aztecas de México?

pecho – pectina

II *loc adj* **5 de ~.** [Niño] que mama. | *Puericultura* 13: Los niños deben salir diariamente .. Los de pecho, desde los quince días.
6 de ~. (*Taur*) [Pase] por alto cambiado y forzado. | *Abc* 2.5.58, 51: Resulta trompicado al rematar con el de pecho unos naturales un tanto desligados.
7 [Angina] **de ~,** [do] **de ~,** [golpe] **de ~** → ANGINA, DO, GOLPE.
III *loc v* **8 criar** [una pers. a otra] **a sus ~s.** Formar[la] y educar[la]. |* Fue criado a los pechos del gran sabio.
9 dar el ~. Amamantar. | Cela *SCamilo* 147: Una mendiga .. da el pecho a su hijo.
10 dar el ~. Afrontar un peligro o responsabilidad. | Cossío *Confesiones* 259: Es el hombre de acción acostumbrado a dar el pecho el primero de todos.
11 echarse [algo] **a ~s.** (*lit, raro*) Beber[lo] con ansia. | A. P. Foriscot *Van* 5.9.71, 11: Sirvióle un bol de agua al sediento, el cual se lo echó a pechos.
12 partirse el ~ [por alguien o algo]. Luchar denodadamente [por ellos]. | Armenteras *Epistolario* 39: A tal prueba de amistad, solo cabe corresponder partiéndose el pecho en favor de tan ejemplar amigo. **b) partirse el ~** [haciendo algo]. Hacer[lo] con el máximo empeño. | * Se parte el pecho trabajando. **c) partirse el ~** [de risa]. Reírse intensamente. *Tb sin compl.* | F. A. González *Ya* 4.6.75, 90: Quizá los hombres de dentro de unos años se partan el pecho de risa al pensar en nosotros y en nuestros tontos agobios. FSantos *Catedrales* 185: –A lo mejor eres hijo de cura.– Y vuelta a reírse como si fuera un chiste de partirse el pecho.
13 sacar (el) **~.** Erguirse en actitud arrogante o de desafío. *Tb fig.* | J. GCandau *SElM* 8.2.93, 6: Ramón Mendoza ha vuelto a sacar pecho. Al presidente del Real Madrid le ha devuelto la moral y las tradicionales costumbres el haber superado, aunque sea momentáneamente, al Fútbol Club Barcelona.
14 tomar [algo] **a ~,** *o* (*lit*) **a ~s.** Dar[le] importancia y obrar en consecuencia. | Delibes *Hoja* 135: Vamos, papá, pues no te tomas tú poco a pechos las cosas. **b)** Tomar[lo] con empeño. | GNuño *Madrid* 50: En 1718, el Marqués del Vadillo tomó a pecho la nueva obra.
IV *loc adv* **15 a ~ descubierto.** Sin ayuda o defensa. | Aparicio *Año* 132: Obligado, pues, destruir los nidos de ametralladoras, uno a uno, con aproximación a pecho descubierto y asalto con bombas de mano, puesto que no contaríamos con carros blindados ni apoyo artillero. ZVicente *Traque* 271: No presentó papeles, ni el certificado de adhesión a tal o cual cosa .. Estuvo en la oficina a pecho descubierto, así, muy modestito y temeroso.
16 del ~. (*pop*) De tuberculosis pulmonar. *En constrs como* ENFERMO, *o* ENFERMAR, DEL ~, ESTAR DEL ~. | Delibes *Cinco horas* 262: A Dios gracias ninguno tenemos una enfermedad contagiosa .. "Todavía si alguno estuviese del pecho."
17 de ~s. (*lit*) Apoyando los brazos y el pecho. | A. P. Foriscot *Van* 3.2.74, 9: Me ponía de pechos sobre la borda del "Virgen de África" .. y a través de la lente de agua transparente .. veía yo a las langostas moverse lentamente.
18 entre ~ y espalda. Dentro o en el estómago. *Gralm con vs como* ECHAR, METER *o* LLEVAR. *Tb fig.* | Vizcaíno *Abc* 6.6.71, 15: Lo normal resultaba meterse entre pecho y espalda los entremeses, la sopa con menudillos, el besugo a la bilbaína y el pollo. * Esta semana llevo ya dos novelas entre pecho y espalda.

pecho² *m* (*hist*) Tributo o contribución. | Villarta *Rutas* 186: El marqués de Santillana eximió a los vecinos de Buitrago de todo pecho y alcabala.

pechuga *f* **1** Pecho¹ [2] de ave. | Bustinza-Mascaró *Ciencias* 191: Los músculos que forman la pechuga [de la paloma], muy desarrollados, son los motores de las alas. **b)** Mitad de una pechuga. | *Cocina* 501: Se trinchan [los pichones] después de asados, partiéndolos por la mitad a lo largo, de forma que cada porción tenga un muslo y una pechuga.
2 (*col*) Pechos¹ [3] de mujer. | Cela *SCamilo* 238: Tina de Jarque enseña las piernas y la pechuga. **b)** (*raro*) Pecho o teta. *Gralm en pl.* | Berenguer *Mundo* 255: Un hombre es un hombre, y hay que ver aquellas tías, con tan poca vergüenza, metiéndole al pobre hijo las pechugas por la boca con el achaque de hacerle la cama.
3 (*col*) Pecho¹ [1] de hombre. | Cela *Compañías* 224: Un señorito con la pechuga al aire –el pescador de pescadora que aprovecha el calorcito, cuidadosamente, esmeradamente, para presumir de fuerte y enseñarnos los rizos del pecho–.

pechugón¹ -na *adj* **1** (*col*) De pechuga abultada. *Esp referido a mujer.* | Goytisolo *Afueras* 144: Su preferido era el gallo, un ejemplar enorme y pechugón. Cunqueiro *Fantini* 162: Viuda, muy blanca de piel, muy pechugona, bien peinada. Torrente *Saga* 564: Clotilde empezó a reír: le temblaba el pecho pechugón, le temblaban los hombros rollizos.
2 (*raro*) [Hombre] de pecho abultado. | *SYa* 21.6.75, 9: Hita, la del arcipreste trotamundos y pechugón, que caminando por estos pagos dejó ese monumento bibliográfico que es "El libro de buen amor".

pechugón² *m* (*reg*) Esfuerzo físico intenso, esp. caminando. | Delibes *Vida* 180: No comprendía nuestros pechugones, que fuésemos capaces de perseguir una cima hasta la extenuación.

pecina *f* Cieno negruzco que se forma en los lugares en que hay materias orgánicas en descomposición. | Cela *Judíos* 68: Pasa el arroyo Botijas con sus negras aguas de pecina.

pecinal *m* Estancamiento de agua con pecina. | CBonald *Ágata* 81: Llegaron a un pecinal a buena distancia de la casucha, sobre el que volcaron al bicho sin conseguir que se hundiera más que en parte bajo la espesura de la ova.

pecio *m* Restos de una nave naufragada. | Kurtz *Lado* 126: Se han encontrado muchas [ánforas] en estas playas, residuos de viejos pecios.

peciolado -da *adj* (*Bot*) Que tiene pecíolo. | *DBa* 10.6.77, 43: La hortensia es una planta semiarbustiva, erguida, provista de hojas caducas, grandes, pecioladas.

peciolar *adj* (*Bot*) De(l) pecíolo. | M. Sierra *Pro* 20.8.75, 22: Las hojas son más pequeñas .. el seno peciolar presenta una abertura más amplia que el de las hojas sanas.

pecíolo (*tb* **peciolo**) *m* (*Bot*) Parte estrecha de la hoja, por donde se une al tallo. | Bustinza-Mascaró *Ciencias* 239: En una hoja completa distinguiremos la porción laminar o limbo, que tiene numerosas nerviaciones, y el pecíolo o porción delgada por cuya zona basal se inserta la hoja con el tallo. Ybarra-Cabetas *Ciencias* 259: Si falta el peciolo, la hoja se denomina sentada.

pécora *f* **1** Mujer maligna o de malas intenciones. *Frec usado como insulto. Frec en la constr* MALA ~. *Tb adj.* | Buero *Hoy* 98: ¡Tramposa!... ¡Mentirosa!... ¡Pécora!... ¡Jugar así con el dinero de los pobres! Ortega *Americanos* 129: ¡Huyó! ¡Huyó la mala pécora! .. A estas horas ya se habrá casado la muy... Halcón *Monólogo* 15: ¡La muy pécora! Y lo malo es que a lo mejor tiene razón.
2 (*raro*) Cabeza de ganado lanar. | Pericles *HLM* 3.7.78, 48: El perro hace un trabajo: recoge el rebaño, lo conduce a la majada, busca la pécora perdida, la defiende del lobo y acompaña al pastor.

pecoreador -ra *adj* Que pecorea. | Bustinza-Mascaró *Ciencias* 140: Las obreras pecoreadoras, cuando vuelven a la colmena después de un vuelo de exploración, ejecutan una danza circular delante de sus compañeras.

pecorear *intr* Salir [las abejas] a recolectar néctar. | Bustinza-Mascaró *Ciencias* 139: Se ocupan [las obreras] de guardar la entrada de la colmena, de mantener limpio el interior .. y de pecorear, es decir, de salir al exterior y traer a la colmena lo necesario.

pecoreo *m* Acción de pecorear. | Bustinza-Mascaró *Ciencias* 139: En la tercera etapa (veinte días hasta su muerte), [las obreras] se dedican casi exclusivamente al pecoreo.

pecoso -sa *adj* Que tiene pecas [1]. | Hoyo *Pequeñuelo* 22: Bajaban tres chicos .. Los tres rubiajos, pero Felipe, además, pecoso.

péctico -ca *adj* (*Quím*) De (la) pectina. | Navarro *Biología* 46: La membrana celulósica se origina por secreción del citoplasma sobre una primitiva membrana de naturaleza péctica.

pectina *f* (*Quím*) Glúcido común en las plantas, esp. en el jugo de algunos frutos maduros. | Bustinza-Mascaró *Ciencias* 225: Está constituida [la membrana pectocelulósica] por celulosa y pectina.

pectíneo -a *adj* (*Anat*) De(l) pubis. *Tb n m, referido a músculo.* | A. GAlonso *TMé* 26.11.82, 6: Anastomosis transanal .. a nivel de la línea pectínea.

pectocelulósico -ca *adj* (*Quím*) De pectina y celulosa. | Bustinza-Mascaró *Ciencias* 225: Además de la membrana fundamental .. poseen [las células vegetales] otra membrana llamada celulósica o pectocelulósica.

pectoral I *adj* **1** De(l) pecho[1]. *Tb n m, referido a músculo.* | Castellanos *Animales* 37: Para perros con el pelo del cuello a modo de espesa melena, .. es aconsejable usar en vez del collar una especie de arneses pectorales. Legorburu-Barrutia *Ciencias* 53: Músculos del tronco: .. los pectorales mayores .., los intercostales.
2 (*Zool*) [Aleta] de la parte anterior del vientre. | Ybarra-Cabetas *Ciencias* 361: Las aletas pares son: dos aletas pectorales anteriores y dos aletas abdominales posteriores.
3 [Medicamento o sustancia] que combate las afecciones pulmonares o bronquiales. *Tb n m.* | FQuer *Plantas med.* 5: Es [el musgo de Irlanda] emoliente, laxante y pectoral.
II *m* **4** Cruz que llevan sobre el pecho los obispos y otros prelados. | Torrente *Saga* 321: El Santo Obispo de Tuy .. se arrancó el pectoral de amatistas y lo echó en el fondo de aquella sima. GRuiz *Sp* 21.6.70, 48: Se me quedó grabada la imagen de un abad maronita (con su pectoral y anillo) que reafirmó, con sencillez, las tesis que acabamos de exponer.
5 (*hist*) Adorno que cubre el pecho, propio de faraones y sumos sacerdotes. | Angulo *Arte* 1, 51: De gran importancia son los pectorales de los faraones.
6 (*col, humoríst*) Pecho de mujer. *Gralm en pl.* | Abella *Vida* 1, 385: Era el [humor] que, a la vista de unos pectorales femeninos nada turgentes sobre los que lucía un crucifijo, encontraba pronto la denominación idónea: "la cruz de los caídos".

pecuario -ria *adj* De(l) ganado. | Prados *Sistema* 40: El Servicio concede préstamos para la adquisición de tierras y mejora de los medios de producción, así como para la creación de industrias agrícolas y pecuarias. GPavón *Hermanas* 19: Echaba un vistazo a los anaqueles de su despacho, llenos de antiguos libros de medicina pecuaria.

peculado *m* (*Der*) Hurto de caudales públicos por el encargado de administrarlos. | Cossío *Confesiones* 181: El tema del peculado, en todos los tiempos, ha sido el arma más poderosa para desprestigiar a los políticos caídos.

peculiar *adj* **1** Propio y característico [de una pers. o cosa]. | CNavarro *Perros* 12: Su aire era el peculiar de la gente que abandona el campo. Castilla *Humanismo* 23: La realidad tiene constantemente una peculiar estructura.
2 Raro o extraño. | *SElM* 7.3.93, 1: Tiene 33 años, es hijo de un carpintero y está convencido de ser la reencarnación de Jesucristo, pero tan peculiar que lleva pistola y tiene quince mujeres.

peculiaridad *f* **1** Cualidad de peculiar. | * La peculiaridad de su carácter es innegable.
2 Rasgo o carácter peculiar. | Amorós-Mayoral *Lengua* 14: Los hispanoamericanos tienen tanto derecho como cualquiera de nosotros a hablar el castellano con algunas peculiaridades.

peculiarización *f* Acción de peculiarizar. | Pozuelo *Tri* 27.5.72, 7: ¿Cuál es el denominador común que une a los países que conservan su "personalidad"? ¿Es la democracia? ¿O una peculiarización de la democracia?

peculiarizar *tr* Dar carácter peculiar [1] [a alguien o algo (cd)]. | *Pap* 1.57, 105: Son las condiciones externas las que forman una disposición del espíritu de índole general que peculiariza al pueblo.

peculiarmente *adv* De manera peculiar. | MCachero *AGBlanco* 132: El horizonte se entenebrece más cuando advertimos la .. invasión del ámbito estricta y peculiarmente narrativo por elementos ajenos.

peculio *m* Dinero o bienes particulares [de una pers.]. | MGaite *Retahílas* 39: Muchachos .., tertuliantes enardecidos al hablar de los males del país, alicaídos al recontar su peculio por la noche. **b)** Dinero de que dispone un recluso en la cárcel. | *Cua* 12.70, 19: La reclusión en celda (de castigo) llevará consigo, como accesoria por el tiempo de su duración, la privación de paseos en común y actos recreativos, .. del libre disfrute del peculio. C. Carnicero *Tiem* 9.12.85, 20: Los familiares del empresario han ingresado en su cuenta de fondos de la cárcel –llamada en el argot *peculio*– 25.000 pesetas, que es la cantidad máxima autorizada.

pecunia *f* (*lit*) Dinero. | L. Calvo *Abc* 8.6.71, 24: Habrá ingresado Gran Bretaña en el Mercado Común y no estará resuelto problema alguno de minucias y pecunias.

pecuniariamente *adv* En el aspecto pecuniario. | J. Redondo *Ya* 10.7.88, 30: Los colombianos .. se procuraron ayudas extraordinarias y, por lo que tenemos entendido, hablaron pecuniariamente con los hombres del Sigma y del ADR.

pecuniario -ria *adj* De(l) dinero. | J. I. SDíez *Tri* 2.2.74, 12: Esos autobuses tan denigrados, los cuales ofrecen a todos ahora, sin discriminaciones pecuniarias, la posibilidad de atravesar la Gran Vía por cinco pesetas.

pecunio *m* (*lit*) Dinero. | *VozA* 8.10.70, 21: Si surge una sola variante en esos seis partidos puede resultar algo rentable, si se acierta no invirtiendo mucho pecunio. CBonald *Ágata* 134: La empresa, que no parecía realizable de ninguna de las maneras, igualó si no rebasó en pecunios, fiebres y sudores los que se llevó por delante el alzamiento de la mansión.

pedagogía *f* Ciencia de la educación y de la enseñanza. | C. Veira *Ya* 10.6.71, 20: La Iglesia puede y debe aportar su actividad en el específico terreno de la "educación de la fe" y en el más amplio de la pedagogía general. *Ya* 22.6.76, 37: El Curso de Pedagogía Musical Ataúlfo Argenta, ya en su sexta edición, se celebrará este año en Segovia.

pedagógicamente *adv* **1** De manera pedagógica. | ZVicente *Balcón* 18: Doña Nieves habla pausada, pedagógicamente.
2 En el aspecto pedagógico. | L. Contreras *Inf* 16.4.70, 7: Un centro clasista seleccionador de sus alumnos puede tener, social y pedagógicamente hablando, un rendimiento muy bajo.

pedagógico -ca *adj* **1** De (la) pedagogía. | *Pap* 1.57, 110: El perdurable valor de Lucila Godoy reside quizá en su entrañable vocación pedagógica, a la que dedicó vida y afán.
2 Que trata de enseñar o educar. | MMolina *Jinete* 311: Se echó a reír forzadamente, afectuoso, pedagógico, como cuando nos explicaba a nosotros las trampas ideológicas de la literatura burguesa.

pedagogismo *m* (*desp*) Sumisión pedantesca a un sistema pedagógico. | *Ya* 7.10.84, 19: El plan actual, agrega el informe, "trata casi exactamente de lo mismo, solo que con ulteriores desarrollos": eliminación de materias culturales, .. disminución de horarios de todas las asignaturas..., el pedagogismo de los programas, etc.

pedagogista *adj* (*desp*) De(l) pedagogismo. | *Ya* 19.9.87, 19: Los profesores manifestaron su oposición a una reforma que consideran "muy pedagogista y burocrática".

pedagogo -ga *m* y *f* **1** Especialista en pedagogía. | *Abc Extra* 12.62, 74: Forman parte de una enseñanza amena y eficaz que ha merecido cálidos elogios de famosos pedagogos.
2 Pers. con dotes para la enseñanza. | * Es un sabio, pero sus dotes como pedagogo son nulas.
3 (*hist*) Educador de un niño. | Sampedro *Sirena* 276: Me vine a Samos con un pedagogo que quería asociarme a su trabajo.

pedal[1] *m* **1** Palanca que se acciona con el pie. | APaz *Circulación* 255: El pedal del freno .. actúa sobre los frenos de las cuatro ruedas. Chamorro *Sin raíces* 249: Tocó, suavemente, la nueva y flamante máquina de escribir .. Puso en funcionamiento la Planeta plana, la plegadora, la cosedora de alambres a pedal. **b)** (*Mús*) *En algunos instrumentos:* Palanca que se acciona con el pie y que permite modificar la intensidad sonora o la afinación. | A. Iglesias *Inf* 20.6.74, 28: Desarrolló el tema "Beethoven y el pianismo de nuestro tiempo", .. con alusiones tan varias como podrían resultar el empleo del pedal o la interpretación considerada desde el punto de vista más estrictamente musical.

pedal – pederasta

2 (*lit*) Ciclismo. | *Abc* 6.1.84, 53: Hoy .. se corre el III Critérium Internacional de Ciclocross .., en el que participa el as francés del pedal Bernard Hinault.

pedal² (*jerg*) **I** *m* **1** Borrachera. | A. Pavón *Inde* 20.2.90, 48: A mí la cerveza me engorda y no puedo hacer excesos. Pero creo que esta vez voy a hacer una terrible excepción. Voy a coger un pedal en el carnaval de Munich.
II *adj* **2** Borracho. | Oliver *Relatos* 71: Y dale al prive, que cayeron lo menos seis melocotones, y un ron de puta madre .. Y contentos de la hostia, medio pedales.

pedalada *f* Impulso dado al pedal de la bicicleta u otro vehículo similar. | Delibes *Vida* 72: De ordinario el macuto se colocaba en el manillar, en la barra la escopeta, y detrás, en el soporte .., la perrita. Pero .. tuve un animal de buena estampa que padecía de vértigo y a la segunda pedalada ya se había arrojado a la carretera.

pedaleador -ra *adj* Que pedalea. *Tb n.* | *Van* 19.9.74, 31: Al incansable pedaleador la bicicleta, que lleva mucho peso y muchos kilómetros encima, le ha hecho "Kaput".

pedaleante *adj* Que pedalea. *Tb n.* | Umbral *Memorias* 110: Las bicicletas masculinas tenían barra, una barra horizontal que iba debajo de las piernas del pedaleante.

pedalear A *intr* **1** Mover el pedal o los pedales. *Gralm referido a bicicleta u otro vehículo similar.* | Marsé *Dicen* 319: Chicas revoloteando en cuclillas alrededor de un traje de novia embutido en un maniquí, pedaleando en las Singer con las faldas a medio muslo. Umbral *Memorias* 113: Las veíamos pasar, hechas unas mujeres, dando timbrazos y pedaleando en su bicicleta.
B *tr* **2** (*raro*) Mover los pedales [de una bicicleta u otro vehículo similar (*cd*)]. | G. Garcival *Abc* 3.5.70, 53: Si usted entra, encontrará, por ejemplo, una curiosa bicicleta que, pedaleada vivamente, produce energía eléctrica. Á. Zúñiga *Van* 16.5.74, 23: Un mundo nuevo, una masa que pedalea miles de bicicletas, pasan y traspasan.

pedaleo *m* Acción de pedalear. | Pemán *Abc* 20.7.65, 3: Nadie piense vivir escondiendo su vivencia de ideal tras su vivencia de realización: ni de fotografías, .. ni de la movilidad inmóvil de los pedaleos de entrenamiento.

pedalera *f* (*Mús*) Teclado de órgano accionado con los pies. | *Seg* 6.3.92, 18: Pedalera profesional Yamaha, con 9 pedales de efectos.

pedalier *m* **1** *En un vehículo o aparato:* Conjunto de los pedales. | J. P. Campo *Abc* 23.2.75, 61: La colocación longitudinal del motor .. no deja suficiente sitio para una cómoda colocación del pedalier. [*En un automóvil.*] **b)** *En una bicicleta:* Conjunto de los pedales y la rueda dentada. | *D16* 10.5.89, 40: La bicicleta tiene que ser dotada de un eje pedalier más largo y de un cambio especial.
2 (*Mús*) Pedalera. | *Van* 10.10.74, 4: Órgano Jen mod. "Monterrey" .. Doble teclado. Pedalier (bajos). Percusión.

pedalismo *m* (*raro*) Ciclismo. | HSMartín *As* 19.7.89, 39: El Tour-rurú –el pedalismo en general– es un superespectáculo boom fuera de serie.

pedalista *m y f* (*raro*) Ciclista. | M. Rosselló *As* 25.8.74, 20: Roger Riviere .. afirmó, además, que los pedalistas franceses harán en Montreal un ridículo tan grande como el que hicieron en Barcelona.

pedalístico -ca *adj* (*raro*) De(l) pedalismo. | J. Redondo *Ya* 1.5.89, 27: En más de una ocasión nos hemos referido al potencial económico de la ONCE, entidad que se ha volcado con el equipo ciclista que esta temporada apareció en el panorama pedalístico español.

pedáneo. alcalde ~ → ALCALDE.

pedanía *f* **1** Territorio bajo la jurisdicción de un alcalde pedáneo. | A. Andújar *Abc* 11.6.67, 77: Se refieren a un camino de asfalto .. y otro de más de tres kilómetros para unir varias pedanías de Letur y Yeste con la carretera.
2 Oficina del alcalde pedáneo. | *Abc* 29.6.83, 19: Tabican puertas y ventanas de una Pedanía municipal.

pedante *adj* (*desp*) [Pers.] que alardea de erudición. *Tb n.* | * ¡Qué hombre tan pedante! Burgos *Abc* 26.1.87, 13: Dicen que esas son las ventajas de la gran ciudad, tener todas esas que los pedantes llaman "ofertas culturales", cuando no, lagarto, lagarto, "lúdicas". L. Calvo *SAbc* 16.3.69, 18: Siempre que no se tratase de un pedantuelo, tan cortés, tan pudoroso y tímido. **b)** Propio de la pers. pedante. | Laforet *Mujer* 263: Resultaba [Jordi] un tipo calmoso, largo, con barba, ademanes pedantes y gafas montadas al aire. DPlaja *Sociedad* 27: Ahora pasa un médico con un sortijón, sus espejuelos, su aspecto grave y pedantón.

pedantear *intr* Hablar con pedantería. | GLuengo *Extremadura* 8: ¿Hay algo de lo español –preguntaría yo, pedanteando, a mi vez, y parafraseando a Terencio– que sea ajeno a lo extremeño?

pedantemente *adv* De manera pedante. | E. LMéndez *SInf* 3.12.75, 8: La falta de pasión y la desazón que el doctor Dysart pedantemente critica en nuestra sociedad se enraíza y vive su primera impronta traumatizante también en las playas infantiles.

pedantería *f* **1** Cualidad de pedante. | F. Oliván *Abc* 28.2.58, 23: Un estilo cautivante, fácil, sencillo y amenísimo, reñido con esa indigesta pedantería que hace insoportable la lectura de plúmbeas publicaciones de tanto superhombre fatuo.
2 Dicho o hecho pedante. | S. Cámara *Tri* 10.11.73, 20: Yo ya he adoptado el sistema de fijar un tope de doscientas veinte páginas a toda novela .. Exceder esta cantidad me parece una desconsideración al lector y una pedantería del escritor.

pedantescamente *adv* De manera pedantesca. | A. Rojas *Villena* 69: De ellos, de la mayoría de ellos –tal vez un poco pedantescamente, tal vez otro tanto inmodestamente–, me erijo hoy en portavoz.

pedantesco -ca *adj* Propio de la pers. pedante. | J. Bonet *Bal* 4.3.70, 8: Es molesta la actitud pedantesca y dogmática de la ciencia.

pedantismo *m* Pedantería [1]. | GGual *Novela* 234: El caso contrario a este puede estar representado por la novela de Aquiles Tacio, que, por su estilo retórico, con su abundancia de disertaciones, su pedantismo y sus anotaciones realistas, parecía pertenecer a la última etapa, sofisticadísima, del género.

pedazo I *m* **1** Trozo o parte [de algo partido o roto]. | Olmo *Golfos* 127: Partió en tres pedazos un trozo de cordel. Olmo *Golfos* 36: Se rompió la tinaja. Y de entre los pedazos salió Tinajilla.
2 Parte [de un todo] considerada independientemente. *Frec sin compl por consabido.* | FReguera *Bienaventurados* 240: Tuvimos que andar a pie muchos kilómetros .., pues faltaba mucho pedazo para la frontera. Torrente *Sombras* 47: Bogaron un pedazo sin oír nada, hasta que los gritos se repitieron.
3 ~ de + *n.* (*col*) *Constr con que se pondera la importancia de lo designado por el n o la intensidad de la cualidad a que se refiere.* | Salvador *Haragán* 41: ¡No pises ese racimo, Guillermo, pedazo de animal! Torres *Ceguera* 139: Vaya pedazo de pregunta imbécil.
4 un ~ de pan. (*col*) Una pers. muy buena. *Gralm con el v* SER. | * Es un pedazo de pan.
II *loc v* **5 caerse** [algo] **a ~s.** Desmoronarse o venirse abajo de viejo. | Matute *Memoria* 82: Decía la abuela que se caía a pedazos [la casa]. **b) caerse** [alguien] **a ~s.** (*col*) Mostrarse sumamente decaído por cansancio o sueño. | * La niña se caía a pedazos; no podía de sueño.
6 hacer ~s [algo o a alguien]. Destrozarlo totalmente. *Referido a pers, frec fig ponderando cansancio.* | * Hizo pedazos el coche. * Ha hecho pedazos nuestro plan. * Me ha dejado hecho pedazos con esa caminata.
7 morirse (*u otro v equivalente*) **por los ~s** [de una pers.]. (*col*) Estar muy enamorado [de ella]. | Torrente *DJuan* 268: La tal doña Ximena debía de estar ya muerta por sus pedazos. DCañabate *Andanzas* 168: La primera chavala a la que dijiste que estabas mochales por sus pedazos.
8 saltar [algo] **hecho ~s**, *o* **en ~s.** Estallar y quedar totalmente destrozado. *Tb fig.* | Areilza *SAbc* 15.2.70, 29: Los tabús seculares saltaron hechos pedazos.

pederasta (*lit*) **I** *m* **1** Hombre que practica la pederastia. | *Ya* 10.12.72, 12: Hasta pena de muerte para los violadores en Cuba. De diez a treinta años de cárcel o pena de muerte para los pederastas. Palomino *Torremolinos* 153: Hasta los dos pederastas de la 216 duermen tranquilos,

pederastia – pedigrí

sin preocuparse del qué dirán. Son suecos .. Y están casados ..; se casaron por lo civil, claro.
II *adj* **2** Propio del pederasta. | Alcina *Ovidio* XXII: El amor pederasta es un tema corriente en la poesía helenizante de Roma.

pederastia *f* (*lit*) Relación homosexual de un hombre con niños. | Torrente *Off-side* 17: Un hombre como yo puede ser acusado de cualquier cosa menos de homosexualismo, menos de pederastia, menos de corrupción de menores. **b)** Relación homosexual masculina. | Umbral *Ninfas* 87: Como ya éramos camaradas de ir a por carbón de encina, aunque de esto nunca se hablase entre nosotros, como si hubiésemos cometido juntos pederastia o cosa semejante, me llevó del brazo a la Casa de Quevedo.

pedernal *m* **1** Variedad de cuarzo de color gris amarillento, fractura concoidea y bordes traslúcidos, que da chispas con el eslabón. | Ybarra-Cabetas *Ciencias* 54: Para muchos autores, son variedades del cuarzo: las ágatas ..; el sílex o pedernal. **b)** *Frec se usa en constrs de sent comparativo para ponderar la dureza.* | Pazos *Señas* 103: No es que hubiera fracasado, el Rex nunca fracasa, es que el pedernalero era un pedernal. Berlanga *Gaznápira* 114: Tras el postre, más jamón, duro de tres años como el pedernal.
2 Trozo de pedernal, esp. el usado en los mecheros para producir chispas. | Ferres-LSalinas *Hurdes* 97: El viejo golpea el chisquero con el pedernal.

pedero *m* (*Vet*) Enfermedad infecciosa de ovejas y cabras, que consiste en la inflamación ulcerosa de las pezuñas. | Romano-Sanz *Alcudia* 287: Durante la noche las ovejas han abonado el recinto y la hierba ha desaparecido. Muchas cojean y algunas mantienen una pata en alto .. –Es el pedero. Este año está infectado el valle. A los pobres animales se les pudren las pezuñas y acaban por caérseles.

pedestal I *m* **1** Pieza, gralm. con molduras, sobre la que se apoya una estatua, una columna o algo similar. | Laiglesia *Tachado* 51: Plantaremos patatas en los parques, en los jardines, y hasta en los pequeños espacios verdes que rodean los pedestales de las estatuas. FReguera-March *Filipinas* 173: Maceteros y pedestales con hermosas plantas del trópico en jarrones de porcelana china. **b)** Base o fundamento que sirve de apoyo a algo. | Delibes *Tesoro* 60: A treinta metros de distancia, sobre un pedestal de roca que emergía del robledal, un hombre atezado, tocado de boina .. agitaba una cayada en el aire.
II *loc adv* **2 en** (o **sobre**) **un ~**. En muy alta estima o consideración. *Con vs como* TENER, PONER *o* ESTAR. | * Tiene a su mujer sobre un pedestal.

pedestre *adj* **1** Que se hace a pie. | Repollés *Deportes* 95: En 1910 se celebró en Madrid una carrera pedestre titulada Campeonato de España de 10 km.
2 Vulgar o ramplón. | GGual *Novela* 37: Estas traducciones, acompañad[a]s de unos prólogos, peregrinos y pedestres a ratos, proceden del francés. Palacios *Juicio* 184: ¿Cómo osar unir este nombre al de un escritor como Balmes, excelente periodista que nos han hecho pasar por filósofo, y vulgarísimo y pedestre defensor del sentido común?

pedestrismo *m* Deporte pedestre [1]. | *Ya* 3.3.63, 28: Se disputará [*sic*] por los terrenos de la Casa de Campo .. los Campeonatos de España de Pedestrismo. Moreno *Galería* 369: Un pedestrismo original fue caminar en zancos.

pedial *adj* (*Anat*) Pedio. | Bustinza-Mascaró *Ciencias* 127: El sistema nervioso [del caracol] consta de dos ganglios cerebroides, dos ganglios pediales y varios ganglios viscerales.

pediatra (*tb, raro*, **pediatra**) *m y f* Médico especialista en niños. | *Gac* 11.5.69, 7: Hay pediatras no freudianos que creen que la enuresis en un problema de tipo hereditario. Sampedro *Sonrisa* 308: ¡Hasta aguanto que se meta en el cuarto del niño por las noches, contra lo recomendado por el pediatra!

pediatría *f* Rama de la medicina que estudia las enfermedades de los niños. | *Van* 4.11.62, 7: Mereció su atención la clínica .. de pediatría.

pediátrico -ca *adj* De (la) pediatría. | *Not* 18.12.70, 22: La primera lección de ayer, a cargo del doctor V. Pérez Candela, estuvo dedicada a la radiología pediátrica.

Sampedro *Sonrisa* 208: Pero ya ella se lleva al niño gimiendo, repitiéndole las tablas de la ley pediátrica.

pedicelario *m* (*Zool*) Pinza minúscula de los equinodermos. | Bustinza-Mascaró *Ciencias* 133: También hay, entre las espinas [del erizo de mar], unas pinzas muy pequeñas de tres ramas (pedicelarios), que son más abundantes alrededor de la boca y ayudan al animal en la captura de sus presas.

pedicelo *m* (*Bot*) Parte alargada y carnosa que sostiene el sombrerillo de las setas. | Ybarra-Cabetas *Ciencias* 243: Su micelio [del hongo comestible] se extiende por la tierra o el estiércol, y de él brota el aparato reproductor –la seta– constituido por el pedicelo o mango y el sombrerillo.

pédico -ca *adj* (*Med*) De(l) pie. | *Ya* 21.5.75, 21: Un 2 por 100 de los que nacen traen alteraciones pédicas .. Pasada cierta edad, los podólogos no podemos curar, sino solo aliviar. *Abc Extra* 12.62, 90: Los Polvos Pédico[s] del Dr. Scholl conservan los pies fre[s]cos.

pediculado -da *adj* (*Anat*) Provisto de pedículo. | P. Ortega *NSa* 31.12.75, 13: Más típico de una inflamación crónica es el pólipo, de implantación pediculada.

pediculicida *adj* (*Quím*) Que mata piojos. *Tb n m, referido a producto.* | M. T. Vázquez *Far* 12.87, 7: Los agentes farmacológicos utilizados para combatir los piojos son los insecticidas que reciben el nombre de pediculicidas. M. T. Vázquez *Far* 12.87, 7: El champú de lindano no ofrece ventajas en la actividad pediculicida y ovicida en comparación con otros productos.

pedículo *m* (*Anat*) Porción estrecha y alargada que sirve de soporte o de punto de implantación a una planta, a un órgano o a un tumor. | Alvarado *Botánica* 68: El esporogonio está diferenciado en una cápsula y un pedículo o cerda, mediante el cual se encastra en la planta madre.

pediculosis *f* (*Med*) Infestación de piojos. | *Van* 24.10.74, 15: La plaga de "pediculosis" que ha invadido recientemente la población escolar parece ser que tiende a ser controlada gracias a las normas dictadas por las Autoridades Sanitarias. **b)** Afección cutánea producida por los piojos. | CBonald *Ágata* 206: Sin lograr otra cosa que extender la pediculosis por zonas menos velludas y afectadas.

pedicura *f* Cuidado y arreglo de los pies. | *Ya* 14.4.64, 42: Enseñanza belleza, manicura, pedicura.

pedicuro -ra *m y f* Pers. que se dedica al cuidado y arreglo de los pies. | CPuche *Paralelo* 361: Él había hecho de todo: de cocinero, de pedicuro, de barman elegante. *Día* 29.8.72, 16: Se necesita pedicura-manicura y ayudanta de peluquería en Salón de Belleza Isa.

pedida I *f* **1** Petición de mano. | Delibes *Cinco horas* 218: Los últimos meses, sobre todo después de la pedida, son de abrigo.
II *loc adj* **2 de ~**. [Pulsera] que suele regalar el novio a la novia el día de la petición de mano. | *GTelefónica N*. 583: García Morales .. Pulseras de pedida. Perlas cultivadas.

pedido *m* Encargo de géneros hecho a un vendedor o fabricante. | ZVicente *Traque* 294: Se tiraba a las piernas de los cobradores de lo que fuere, del gas, del pedido de la tienda. *Sp* 19.7.70, 22: La afluencia de sus pedidos es tal que ha llegado a desbordar sus posibilidades de fabricación.

pedidor -ra *adj* (*raro*) Que pide. *Tb n*. | RPeña *Hospitales* 94: Placentinos de todas las épocas y de todas las escalas sociales, .. con su esfuerzo y dinero, .. o con su pobreza y humildad como los "pedidores" de antaño, hicieron que esta obra permaneciese en pie.

pedigree (*ing; pronunc corriente,* /pedigrí/) *m* Pedigrí. | Vega *Cocina* 105: Las marranas de Segovia son de tal pureza de costumbres que, si se la compara con ellas, Lucrecia era una disoluta; de ahí que las cerdas tengan pedigree y, algunas, árbol genealógico. Torrente *Isla* 97: Era hijo de un comandante de *pedigree* impecable. MGaite *Cuento* 389: Se dedica [el rey de armas] a amañar falsas genealogías. El destinatario del nuevo pedigree sabe que es mentira su nobleza, pero se adhiere a esa creencia.

pedigrí *m* Genealogía de un animal de raza. *Tb el documento en que consta. Tb* (*humoríst*) *referido a pers o cosa.* | *GTelefónica N*. 441: Sacomex, S.A. Importación cereales.

pedigüeñar – pedorrear

Carnes. Despojos. Ganado en vivo de pedigrí y recría. Alvar *Abc* 14.7.84, 32: Comer chicharrones es una delicia, pero prestigiada por muy altas dignidades y ennoblecida por un pedigrí que para sí quisieran algunos perifollos del Gotha.

pedigüeñar *intr* (*reg*) Pedigüeñear. | FReguera-March *Boda* 63: Los golfos y pordioseros contemplaban los trabajos, reían, pedigüeñaban a los transeúntes.

pedigüeñear *intr* Actuar o comportarse como pedigüeño. | Á. Río *Ya* 3.12.86, 19: Esos niños suburbiales que aprenden a ser hombres a fuerza de recoger chatarra, pedigüeñear, darse de mamporros por un cigarro de paja de anís.

pedigüeñeo *m* Acción de pedigüeñear. | Zunzunegui *Hijo* 102: Le agobiaba tal vileza, tal humillación, tal pedigüeñeo.

pedigüeñería *f* Condición o actividad de pedigüeño. | Lapesa *Santillana* 31: Si envileció su musa con la pedigüeñería u ostentando las miserias conyugales de la vejez, conservó siempre el orgullo de haber nacido poeta. Mercader-DOrtiz *HEspaña* 4, 102: La pedigüeñería era tan corriente que no se tenía por deshonroso pedir al primero que se presentara.

pedigüeño -ña *adj* [Pers.] que acostumbra a pedir [1a y c] con excesiva frecuencia o con inoportunidad. *Tb n.* | Marlasca *Abc* 27.12.70, 41: Igual nos van a catalogar de pedigüeños por un jardincillo que por dos. **b)** Propio de la pers. pedigüeña. | *Ya* 21.2.88, 11: Tuve la osadía .. de exponer mi situación, vacilante y precaria en extremo .. Llegó mi mensaje pedigüeño a las manos de Franco.

pedilón -na *adj* (*reg*) Pedigüeño. | *SCan* 4.10.91, 4: Terminaba pidiéndole un cigarrillo al guardia que aquí aparecía. Era muy pedilón.

pediluvio *m* Baño de pies tomado como medicina. | CBonald *Ágata* 215: Ya repuesta con tisanas y pediluvios, .. impuso Araceli a su díscolo hijo y a su montaraz hermana un primer riguroso turno de castigos.

pedimento *m* (*Der*) Petición. | Fanjul *Abc* 11.5.58, 74: Interpuso el marido recurso de apelación, que resolvió la Audiencia revocando el del Juzgado y condenando al marido a la mera restitución de unos cuadros, varios saleros de plata y un juego de tocador de este mismo metal, rechazando los demás pedimentos.

pedio -dia *adj* (*Anat*) De(l) pie. | Navarro *Biología* 96: Músculo pedio. [*En un grabado de los músculos de la pierna.*] Ybarra-Cabetas *Ciencias* 327: El sistema nervioso [del caracol] es ganglionar, pero modificado por la torsión, y comprende tres clases de ganglios: 1º, los ganglios cerebroides ..; 2º, los ganglios pedios ..; 3º, los ganglios viscerales.

pedipalpo *m* (*Zool*) Segundo apéndice bucal de los arácnidos. | Artero *Invertebrados* 81: En la parte anterior o cabeza [del cefalotórax de la araña] .., un par de mandíbulas masticadoras con palpos sensoriales muy desarrollados, que se llaman pedipalpos. Bustinza-Mascaró *Ciencias* 164: Inmediatamente detrás está la boca [del escorpión], y a ambos lados de ella los pedipalpos, en forma de pinzas grandes.

pedir (*conjug* 62) **A** *tr* **1** Manifestar [a alguien (*ci*)] el deseo o la necesidad [de algo (*cd*)] para que los satisfaga. *Tb abs.* | *Tri* 20.5.67, 7: Uno cree parecer uno de esos seres neuróticos que piden consejos a las sacerdotisas de turno de la radio. MGaite *Retahílas* 12: Arrancaba a correr desalado por el monte abajo .. Sus compañeros .., aunque no tan expeditivos, habían imitado su ejemplo y le pedían a voces que le esperase. Villapún *Moral* 92: La oración es necesaria al adulto para salvarse; por eso dice Jesucristo: "Pedid y se os dará". **b)** *A veces con sent de obligación.* | Á. Trives *BLM* 10.11.78, 13: La serie de temas dedicados al "Arte de escribir" se basan en el análisis de frases aisladas, de fragmentos muy parciales. ¿Es este el nivel que se debe pedir a los alumnos de COU? **c)** *Como abs:* Pedir limosna. | Cunqueiro *Sáb* 12.11.75, 31: Germain Nouveau peregrinaba a Roma, a Rocamador, a Montserrat, a Compostela aprovechando los veranos, y en otoño e invierno pedía a la puerta de las iglesias de Provenza. **d)** Manifestar [alguien (*suj*) a los parientes (*ci*) de una mujer (*cd*)] el deseo de que la concedan en matrimonio a él o a su representado. | GPavón *Hermanas* 37: Tomaron un taxi hasta el Hotel Central .. Al Central se va para bodas y entierros, para enfermos y negocios, .. para pedir la novia del estudiante que se enamoró en Madrid, para buscar la influencia. **e)** ~ **la mano** → MANO. **f)** Necesitar [una cosa (*suj*)] algo (*cd*)] para su realización o complemento. | GMacías *Reg* 24.12.74, 31: Plasencia es un auténtico vergel y por ello da óptimos frutos en todos los órdenes, cabiendo resaltar sus gerifaltes, que están, como quien dice, pidiendo la atención de los estudiosos. **g) no haber más que** ~ → HABER.

2 Poner [el vendedor (*suj*)] una cantidad (*cd*)] como precio [a su mercancía (*compl* POR)]. *Tb sin compl* POR, *por consabido.* | Imozas *CoZ* 28.3.75, 5: Pidieron por él [el caballo] 27.000 pesetas y luego nos dijeron que lo habían vendido en 18.000. Cunqueiro *Un hombre* 12: –¡Doce reales es un pedir! –dijo una de las muchachas, levantando una ristra de cebollas. –¡Los santos tienen memoria del coste de la ofrenda!

3 (*reg*) Preguntar. | *Des* 1.1.72, 5: Un gendarme de aduanas me pidió si tenía algo que declarar.

B *intr* **4** Rezar [por alguien o algo]. | Torrente *Señor* 418: Cayetano no la había ofendido, había ofendido a Dios. Ella se ponía de parte de su hijo, y pedía por él.

5 (*reg*) Preguntar [por alguien]. | VMontalbán *Rosa* 138: Le dio por acercarse a las estribaciones del pueblo y pedir por el señor alcalde a la primera vecina que se encontró.

pedisecuo -cua *adj* (*lit, raro*) Esclavo. *Tb fig.* | J. PAlija *Inf* 7.8.75, 13: Intento solo llamar la atención sobre el hecho de que al transcribir [del ruso al castellano] se sigan unos principios. Es decir, eliminar la arbitrariedad y la pedisecua imitación de modelos foráneos.

pedo I *m* **1** (*vulg*) Ventosidad. | Cela *Alcarria* 215: [Estas cosas] me recuerdan al colegio, cuando a los listos les ponían la banda y los demás nos tirábamos pedos mientras corríamos los bancos.

2 (*vulg*) Ruido o explosión semejante a una ventosidad. | Berlanga *Pólvora* 31: Como sea una [granada] pe-o-uno, solo sirven para meter ruido. Y si la tiramos y solo pega el pedo, se van a descojonar los del Sindicato.

3 ~ **de lobo**. Hongo blanco y globoso que al llegar a la madurez se rompe y deja salir un polvo negro (*Lycoperdon perlatum*). | Lázaro *JZorra* 19: La mano de Fermín le acerca otra bola, más bien un huevo o una extraña clase de peonza. –Esto es un pedo de lobo. Lotina *Setas* sn: *Lycoperdon perlatum* .. Pedo de lobo, Bufa del Diablo.

4 ~ **libre.** (*col*) Abertura en la parte posterior de una prenda de vestir. *Frec en la loc* DE ~ LIBRE. | * Lleva una falda de pedo libre.

5 (*jerg*) Borrachera. | Berlanga *Gaznápira* 136: Ya ves qué coñazo cuando sube alguno, coge un pedo de la hostia y no hay manera de que ahueque. **b)** Estado similar a la embriaguez, producido por el consumo de droga. | R. Alonso *SPaís* 4.10.81, 39: Yo comencé tragando caballo blanco de Amsterdam, un mogollón, y los pedos eran monumentales, te cambiaba la voz, el cuerpo, todo era distinto.

II *adj* **6** (*jerg*) [Pers.] que está bajo los efectos del alcohol o de las drogas. | *Int* 25.8.82, 96: –Un par de años atrás .., corría por aquí una borracha que se encamaba con todo el mundo .. –Pero para hincarle el diente había que estar pedo (borracho) o muy apurado. Forges *D16* 21.8.87, 2: Fíjate si estarías pedo que sacaste a bailar sevillanas a Rodríguez Sahagún.

pedofilia *f* (*Psicol*) Paidofilia. | S. Otto *Ya* 28.4.87, 16: Además de fotografías sobre todo tipo de actos sexuales, con predominio de homosexuales, figuran actos de pedofilia, torturas.

pedófilo -la *adj* (*Psicol*) Paidófilo. *Tb n, referido a pers.* | *Abc* 13.10.90, 74: Hipnotizan a niños con fines pedófilos en nombre de Satán. Mendoza *Misterio* 173: La tenías tú abrazada [a la niña] debajo de esta mesa, charnego pedófilo.

pedolobo *m* Pedo de lobo (hongo). | Hoyo *Caza* 35: Camino yo aplastando con el pie de mi cayado de espino, tan nudoso, los inútiles, los podridos pedolobos que encuentro.

pedómano -na *m y f* (*raro, humoríst*) Pers. que hace alardes de habilidad expeliendo ventosidades. | Sánchez *Inf* 25.1.78, 30: Pasolini explota cuanto contiene de pornográfico y escatológico, sin detenerse ante ninguna vulgaridad. Incluso utiliza como número final a un pedómano, que tiene más de circense que de otra cosa.

pedorrear (*vulg*) **A** *intr* **1** Expeler ventosidades de manera reiterada. | Cela *Inf* 3.9.76, 14: El arte del pedorro y aun pedorrero que se pee en solitario o pedorrea en pedorrera es algo que .. no puede sujetarse a norma administrativa.

2 Producir [algo] un ruido parecido al de las ventosidades. | Marsé *Montse* 123: Una farola de gas, entre las deshojadas ramas de una acacia, pedorrea burlonamente. Montero *Reina* 59: El neón del mural pedorreaba y a veces se apagaba.

B *tr* **3** (*raro*) Expeler [algo] con ruido parecido al de las ventosidades. | CPuche *Paralelo* 245: Era fantástico recorrer la Gran Vía metido en un coche como aquel, pedorreando gas.

pedorrera *f* (*vulg*) Expulsión reiterada de ventosidades. | Cela *Inf* 3.9.76, 14: El arte del pedorro y aun pedorrero que se pee en solitario o pedorrea en pedorrera es algo que .. no puede sujetarse a norma administrativa.

pedorrero -ra *adj* (*vulg*) Que expele ventosidades de manera reiterada. *Tb n, referido a pers.* | Cela *Inf* 3.9.76, 14: El arte del pedorro y aun pedorrero .. es algo que –en derecho natural– no puede sujetarse a norma administrativa.

pedorreta (*col*) **I** *f* **1** Ruido que se hace con la boca imitando el de las ventosidades. *Frec como señal de burla o desprecio.* | Cela *Judíos* 267: Algunos alimañeros, como el pastor que se adiestraba en el puente, reclaman haciendo la pedorreta sobre la mano desnuda.

2 Ruido parecido al de una ventosidad. | Antolín *Gata* 121: Unas pedorretas de globo desinflándose te devolvieron a la emoción patriótica. [*Ruidos de la radio.*]

3 Ventosidad pequeña. | Sampedro *Sonrisa* 280: El viejo se acerca a la cuna y toca la frente del niño, pero no está caliente. Entonces oye una pedorreta y sonríe: "¡Ah, tragoncete; eres un buen mamoncillo! Deja, voy a aliviarte".

II *loc v* **4 hacer** [a alguien] **una** (*o* **la**) ~. Mostrar[le] burla o desprecio, esp. con una pedorreta [1]. | C. Rigalt *D16* 25.11.84, 4: A falta de invitados ilustres –quitando a Pinto Balsemao y a Simone Veil, todos les han hecho la pedorreta–, lo más destacable [del congreso] son las señoras.

pedorro -rra *adj* (*vulg*) Que expele ventosidades con frecuencia. *Tb n, referido a pers. A veces, vacío de significado, se emplea como insulto.* | Cela *SCamilo* 255: La Paulina y la Javiera duermen como lirones; la Paulina es algo pedorra.

pedrada I *f* **1** Golpe dado con una piedra lanzada. | Olmo *Golfos* 49: Un perro que corría ladrando detrás del camión recibió una pedrada en el lomo, lo cual le hizo dar un aullido.

II *loc adv* **2 como ~ en ojo de boticario.** (*col*) Muy a propósito. | *Ciu* 15.3.75, 6: El cese de Nemesio Fernández Cuesta como ministro de Comercio ha venido como pedrada en ojo de boticario al señor Ruiz Gallardón, el cual ha aprovechado la oportunidad que le brindaba el reajuste ministerial para dimitir en señal de solidaridad.

pedrajero -ra *adj* De Pedrajas de San Esteban (Valladolid). *Tb n, referido a pers.* | *Nor* 16.11.75, 9: Los pedrajeros se entendieron mejor.

pedrazano -na *adj* De Pedraza (Segovia). *Tb n, referido a pers.* | M. C. ASToledo *ASeg* 25.2.78, 8: En el arco de la puerta de la Villa existe una imagen del Santo Cristo, a la que los pedrazanos veneran con gran devoción.

pedrea *f* **1** Pelea a pedradas. | Falete *Cod* 15.3.64, 4: Ni las pedreas (batallas campales de barrio contra barrio, que ya no se estilan porque la raza degenera), .. ni siquiera el jugar al rescate le distraía lo más mínimo.

2 Acción de apedrear. | P. GAparicio *SYa* 20.4.75, 15: Al pasar frente a un poblado fueron acogidos con una pedrea imponente. Menos mal que otras tribus les recibieron con mayor cortesía.

3 (*raro*) Granizada (hecho de caer granizo). | * El año de la pedrea la cosecha fue mínima.

4 (*col*) Conjunto de premios menores de la lotería. *Tb fig.* | *Bal* 21.3.70, 35: Sorteo Extraordinario de la Paz .. Otros premios importantes de diversa cuantía, más "pedrea". Fieramosca *Ya* 22.10.89, 64: A una semana de las elecciones, en La Moncloa ya se han empezado a mover los hilos de la crisis. Alguno sabe que va a dejar de ser ministro y otros saben que hay puestos vacantes y que les puede tocar algo más que la pedrea.

pedorrera – pedrisco

pedregada *f* (*reg*) Granizada. | Sopicón *DNa* 29.7.64, 4: Durante unos cinco minutos cayó intensa pedregada, quedando el suelo cubierto con piedras del tamaño de una almendra.

pedregal *m* Terreno cubierto de piedras sueltas. | Arce *Testamento* 84: El pedregal relumbraba como la cal viva y hasta parecía echar humo.

pedregar *intr* (*reg*) Granizar. | C. Sáez *Nar* 4.76, 18: En el Alto Llobregat, cuando hay una tempestad que no amaina, el dueño de la casa descuelga el llar y, doblado en forma de cruz, lo saca a la ventana y, gritando fuertemente, va ofreciendo [u]n número ascendente de sacos de trigo a las almas para que cese de pedregar.

pedregón *m* (*reg*) Piedra grande y suelta. | PAvelló *Hucha* 1, 177: No era el mismo río de corriente recial en invierno y de retumbo fresco en primavera, cuando enriquecido por el agua que baja de los neveros serranos, rompe en espuma sobre los pedregones y se riza bajo los arcos del puente.

pedregoso -sa *adj* [Terreno] que tiene muchas piedras. | Olmo *Golfos* 184: Queda espatarrado y de bruces sobre el pedregoso lecho [del arroyo].

pedregullo *m* (*reg*) Grava o gravilla. | Quiñones *Viento* 156: Torció el gesto al cruzar con esfuerzo, doblando los pies, el pedregullo de la primera vía, mientras, desde el andén, un soldado solitario le siseaba.

pedreñero -ra *adj* De Pedreña (Cantabria). *Tb n, referido a pers.* | M. Castanedo *Ale* 22.8.87, 14: Un vecino de Pedreña explicaba que la pérdida de costa .. ha disminuido la capacidad depuradora de la bahía .. "Todos ellos han contribuido a que la entrada de agua en la bahía sea cada vez menor ..", opina el pedreñero.

pedrería *f* Conjunto de piedras preciosas. | D. I. Salas *MHi* 7.69, 41: Desaparecieron varias piezas, entre ellas la espada de Francisco I, guarnecida en oro y pedrería.

pedrero -ra I *adj* **1** De (la) piedra. | E. Castellote *Nar* 1.76, 21: El de menor tamaño es el de siete vueltas: serón pedrero, que era muy usado en las canteras.

II *n* **A** *m* **2** Hombre que labra piedras. | FSantos *Catedrales* 74: Una flora pintoresca que se añade a la otra, a la que los arquitectos, pedreros, maestros de obras, canteros, jaspistas, tracistas, mayordomos de fábrica .. tardaron en construir casi dos siglos.

3 (*hist*) Pieza de artillería destinada a disparar bolas de piedra. | Faner *Flor* 11: El comandante Saura temía que les llegaran refuerzos por mar a los del castillo. Habían de traer cañones y pedreros de Ciutadella para defender el puerto.

B *f* **4** Cantera (sitio de donde se saca piedra). | Aldecoa *Cuentos* 1, 69: Estaba el sol alto dando unas sombras breves y profundas en la corta de la pedrera abandonada.

5 (*Geol*) Pedriza [2]. | Ybarra-Cabetas *Ciencias* 80: Estos trozos se acumulan cerca de la roca en destrucción, formando las pedreras que acostumbran a verse al pie de los picos elevados de las montañas.

pedrés -sa *adj* (*reg*) [Gallo o gallina] de plumas irisadas. | Mann *DMo* 18.8.89, 4: ¿La [gallina] pedresa de cuello pelau, con los pollucos que me da?

pedresina *f* (*Taur*) Cambio de muleta ejecutado de espaldas al toro y con la muleta plegada en la mano izquierda. | *Abc* 2.5.58, 51: Aunque el toro se ha descompuesto en los últimos momentos, insiste con redondos, molinetes, pases de costadillo y pedresinas, todo con mucho valor.

pedrisca *f* (*raro*) Pedrisco [3]. | Grosso *Capirote* 28: De tarde en tarde hablaba unas palabras con el muchacho que conducía con desenfado entre los baches y las pedriscas del camino.

pedrisco *m* **1** Granizo, esp. grueso. | GPavón *Hermanas* 31: Doña María Remedios hablaba de cosecha y pedriscos.

2 (*raro*) Conjunto de piedras lanzadas. | Buero *Sueño* 209: Ya no hay cruces en la puerta ni pedrisco en los vidrios... Pero yo no he pactado con nadie.

3 (*raro*) Piedra suelta. *Tb en sg con sent colectivo.* | Grosso *Capirote* 138: Dio con la punta de las alpargatas una patada a unos pedriscos del acerado sin asfaltar.

pedrizal – pegado

pedrizal *m* (*raro*) Pedregal. | M. GLarrea *Luc* 27.8.64, 4: Prefiero recordar el castillo como apareció ante mis ojos, .. olvidado sobre el pedrizal.

pedrizo -za I *adj* **1** [Terreno] cubierto de piedras. | FRoces *Hucha* 1, 36: Ya estaba cerca la cabaña, la cabaña que había, que hay aún, pasadas las tierras pedrizas, más allá del carbayo quintañón.

II *f* **2** Terreno cubierto de piedras sueltas. | Delibes *Abc* 19.6.83, 3: Las ovejas pastan allí en cuestas y pedrizas, zonas áridas, altas, donde no es fácil conseguir comida. **b)** (*Geol*) Acumulación de fragmentos de roca, resultante de la acción mecánica, esp. del hielo, sobre la roca madre. | Bustinza-Mascaró *Ciencias* 340: Se llaman canchales o pedrizas las rocas sueltas formadas por grandes fragmentos de rocas que se han originado en el lugar donde estaba la roca madre.

3 (*reg*) Montón de piedras. | GPavón *Rapto* 127: A la izquierda de la carretera, frente a la finca, hay una pedriza que podría servirnos de excelente atisbadero.

Pedro. como ~ por su casa. *loc adv* (*col*) Con completa libertad o desenvoltura. *Con vs como* ENTRAR *o* MOVERSE. | Palomino *Torremolinos* 34: Este invertido de la dolce vita es culto y ácido. Entra en "Reventones" y donde quiere como Pedro por su casa.

pedrojiménez (*tb con la grafía* **Pedro Jiménez** *o* **Pedro Ximénez**) *m* Variedad de uva propia de la región de Jerez de la Frontera, de racimo grande y grano esférico, liso, traslúcido y dorado. *Tb el vino elaborado con ella.* | Cela *Viaje andaluz* 144: El vagabundo, entre las bien cultivadas vides que dan la uva que dicen pedrojiménez, se llegó –guiándose por la nariz– al pueblo de Moriles. CBonald *Casa* 232: Por primera vez en mi vida, me atreví a entrar en una taberna para beber un repulsivo vaso de pedrojiménez. X. Domingo *Cam* 11.5.81, 80: Ese fondo, en efecto, modifica considerablemente el sabor del vino y, por supuesto, su color .. Los matices van del blanco casi total hasta el casi negro de los Pedro Ximénez o de los Málaga viejos.

pedrón *m* Piedra grande. | Cunqueiro *Un hombre* 33: El barquero colgó la pértiga en los dos ganchos de hierro del pedrón de atraque.

pedroñero -ra *adj* De Las Pedroñeras (Cuenca). *Tb n, referido a pers.* | A. Hergueta *DíaCu* 14.5.89, 19: En la mañana de hoy domingo partirá la expedición pedroñera hacia la localidad albaceteña de Fuenteálamo.

pedroseño -ña *adj* De El Pedroso (Sevilla). *Tb n, referido a pers.* | J. M. Osuna *Abc* 16.12.70, 57: Los hijos de numerosos cazalleros, guadalcanalenses, pedroseños empezaron ya a nacer catalanes.

pedroso -sa *adj* (*raro*) De piedra. | Marsé *Dicen* 321: El perfil pedroso, repelente y bello descomponiéndose tras el humo del cigarrillo.

pedrusco *m* Piedra grande. | Arce *Testamento* 88: Alcé un poco los hombros al tiempo que me entretenía en dar patadinas a un pedrusco con la puntera del zapato. ZVicente *Mesa* 155: Vaya pedruscos que se beneficia la tía de las patatas, y que no brillan ni nada, de brillantes para arriba.

peduco *m* (*reg*) Calcetín gordo, gralm. de lana. | *Nar* 11.77, 23: Ansó y sus trajes .. Fiesta .. Hombre: elástico; chaleco negro; .. alpargata; peales; peducos; media azul.

pedugo *m* (*reg*) Calcetín gordo, gralm. de lana. | Berlanga *Recuentos* 33: La Abuela sacó del arca los calzones de paño, .. el traje de la boda, los pedugos de lana, hasta las sandalias casi nuevas de su Dionisio. Moreno *Galería* 155: El pie iba resguardado con calcetines o escarpines "pedugos", unas veces de lana y otras de algodón. Sobre los pedugos acostumbraban a ponerse otros de cuero muy irregulares.

pedunculado -da *adj* (*Anat*) Provisto de pedúnculo. | Alvarado *Botánica* 38: Cuando el pedúnculo falta, se dice que la flor es sentada; en caso contrario se denomina pedunculada. Bustinza-Mascaró *Ciencias* 159: Hay en esta región [en la cabeza]: dos ojos grandes y pedunculados, que el animal puede mover.

pedúnculo *m* (*Anat*) **1** Porción estrecha y alargada que sirve de soporte o de punto de implantación, esp. a una planta o parte de ella o a un animal. | Alvarado *Botánica* 38: Cuando el pedúnculo falta, se dice que la flor es sentada. Bustinza-Mascaró *Ciencias* 108: La parte más estrecha, que es la inferior, se prolonga en un filamento o pedúnculo, con el cual el animal se fija al fondo o a un objeto sumergido.

2 Cordón de sustancia nerviosa que une dos órganos o dos partes de órganos. | Navarro *Biología* 203: La hipófisis .. Es una pequeña glándula .. situada en el encéfalo, .. entre los pedúnculos cerebrales.

peeling (*ing; pronunc corriente,* /pílin/) *m* Técnica de tratamiento cosmético que se logra una descamación de la piel. | *SInf* 9.1.70, 4: Para alisar los tejidos marchitos se usa mucho el –"peeling"–.

peep-show (*ing; pronunc corriente,* /píp-sóu/ *o* /píp-jóu/; *pl normal,* ~s) *m* Cabina con mirilla a través de la cual se contempla un espectáculo pornográfico o a una pers. desnuda. *Tb el mismo espectáculo.* | *SPaís* 16.11.93, 16: Amanda-Laura, jovencitas guapísimas, provocativas, divertidas pases lencería, peepshow

peer (*conjug* **17**) *intr* (*vulg*) Expeler ventosidades. *Tb pr.* | Cela *Viaje andaluz* 258: El vagabundo .. recuerda, de cuando en cuando, aquel pensamiento hipocrático, digno del bronce: mea claro, pee fuerte, y cágate en la muerte. Marsé *Montse* 205: "Te has peído, destripaterrones", le dice al payés.

pega[1] **I** *f* **1** (*col*) Problema o dificultad. *Frec en pl.* | Laforet *Mujer* 15: Pegas, dificultades y ambiciones le habían corroído el alma. Delibes *Cinco horas* 262: No sabéis más que poner pegas, y luego .. ni tú mismo sabes si has obrado bien o mal.

2 Acción de pegar [1a]. | *País* 21.3.79, 1: La segunda semana de campaña comenzó con la pega de nuevos carteles de propaganda electoral. **b)** Sustancia que sirve para pegar. | Mendoza *Gurb* 130: Enganchó la carta en el espejo del boudoir con una gota de pega.

3 (*Min*) Carga explosiva de un barreno. | *Inf* 30.10.70, 9: Una "pega" de 300 kilos de dinamita hizo volar, con un estruendo apocalíptico, las últimas toneladas de roca que taponaban el túnel. LPacheco *Central* 37: Hay algunos poniendo las pegas de dinamita. La explosión del otro día fue por culpa de un campesino .. que en su vida había visto un explosivo.

4 (*reg*) Marca de pez[2]. | Moreno *Galería* 196: Este apartamiento o separación se lograba con cierta facilidad sirviéndose de la marca de las reses: "pega" de pez, sobre la lana, y "señal", en las orejas.

5 (*raro*) Chasco o engaño. | Borrás *MHi* 7.68, 68: Estamos en el universo doble del lucro picaresco y de dar la pega en ambos lados del tráfico.

II *loc adj* **6 de ~.** (*col*) Falso o de mentira. | Medio *Bibiana* 174: La cucharilla eléctrica .. funciona admirablemente, porque no es un artículo de pega de los muchos que venden en el Rastro. A. Aricha *Caso* 14.11.70, 17: Metió la otra mano en el bolsillo en ademán de sacar algún arma (posteriormente se le ocupó una pistola "de pega").

pega[2] *f* (*reg*) Urraca (ave). | Torrente *SInf* 7.2.74, 16: No hace mucho tiempo, leyendo a Lévi-Strauss, encontré la misma historia de la pega y del raposo, con otros animales protagonistas. MCalero *Usos* 74: Se perseguían las rapaces, lagartos, pegas y otros destructores.

pegacarteles *m y f* Pers. que pega carteles de propaganda. | *D16* 15.6.77, 32: UCD no pagó a los pegacarteles.

pegada *f* **1** Capacidad de pegar [6 y 18]. | J. J. Vázquez *VozA* 8.10.70, 23: Siendo el argentino figura mundial de relieve, cuya pegada no ofrece mayor peligro, nada tenía que perder José Manuel Ibar. *Abc* 11.5.91, 98: El Villa de Madrid es un campo largo, ideal para jugadores de gran pegada como Seve. *Act* 14.6.73, 80: Tenemos que encontrar otra canción de "pegada" como "Eres tú"

2 Acción de pegar [1a]. | *D16* 15.6.77, 32: Las casi tres mil personas que han realizado la pegada de carteles.

pegadizo -za *adj* Que se graba fácilmente en la memoria. *Esp referido a música.* | Delibes *Madera* 97: Media docena de músicos tocaban afligidamente en el foso bailables pegadizos que algún sector del público coreaba con pasión. D. Cuevas *VozAl* 11.4.82, 5: El humor del cine español es un humor tierno, pegadizo, meloso, casi lacrimal.

pegado[1] **-da I** *adj* **1** *part* → PEGAR.

2 [Lugar] inmediato [a otro]. | Cossío *Confesiones* 19: Pegada a la muralla estaba la cárcel.

3 (*col*) Que no sabe qué decir, por sorpresa o ignorancia. *Gralm con vs como* ESTAR, DEJAR *o* QUEDAR. | Delibes *Parábola* 63: Te dejó de piedra, Jacinto, pegado, como vulgarmente se dice. Delibes *Cinco horas* 15: Pues no lo sé, fíjate .., me dejas pegada. Espera un segundo que le pregunto a Vicente. ZVicente *Traque* 214: A lo mejor, hoy, el tonto ese de Biología va y me pregunta qué plantas son, y ya verás, estoy pegadita.

4 (*Moda*) [Manga] que va cosida al extremo exterior del hombro. | Soraya *SPue* 24.10.70, 5: Bastantes cinturones sueltos para ceñir la prenda ..; mangas pegadas y estrechas.

5 (*Moda*) Ajustado o sin vuelo. | Soraya *SPue* 24.10.70, 5: Las espaldas van pegadas, y cruzados los delanteros con o sin botones.

II *m* **6** (*hoy raro*) Parche medicinal. | Moreno *Galería* 296: Los emplastos y pegados eran apósitos colocados en donde radicaba el mal.

pegado² *m* Acción de pegar [1a]. | *Tri* 26.6.71, 44: Su proceso .. es totalmente automático en sus diferentes funciones: Desbobinado del papel continuo .. Liado y pegado del cigarrillo continuo.

pegador -ra *adj* **1** Que pega [1a]. *Tb n*. | *País* 14.6.77, 23: Ignacio Gil-Robles había formado parte de un grupo que estuvo protegiendo a varios pegadores de carteles de la Federación Demócrata Cristiana.

2 (*Boxeo*) Que pega o golpea fuerte. *Tb n*. | *Ext* 30.12.70, 14: Gran velada de boxeo .. Matías Peral (Campeón de Castilla de los Plumas). José Pachón (Gran pegador).

pegadura *f* **1** Acción de pegar [1a y 2]. | * Se rompió el jarrón y lo compusimos con una pegadura.

2 Unión o lugar en que se pegan [1a y 2] dos cosas. | Soraya *SPue* 24.10.70, 5: Zócalos y vistas de distinta piel de la prenda, como ya hemos dicho, con la originalidad de crear dibujo en ondas o ángulos en la pegadura en aquellos que el zócalo es lo bastante extenso.

pegajosamente *adv* De manera pegajosa. | A. HCasado *NAl* 31.10.70, 1: Es una cascada ascendente, que derrama sus gotas muy lejos, muy dura y pegajosamente.

pegajosería *f* Pegajosidad [1]. | Halcón *Ir* 104: Me desespera el acoso de los mosquitos las noches de recalmón, la pegajosería de las moscas y la falta de agua corriente. Duque *Lit. Canarias* 1, 61: El agradecimiento .. al cambio de viento que había disipado la pegajosería tórrida de toda la semana.

pegajosidad *f* **1** Cualidad de pegajoso. | Santamaría *Paisajes* 27: Es [la jara] muy semejante a la estepa, aunque se distingue bien por su penetrante olor, la mayor pegajosidad de sus hojas y por la mancha púrpura que presentan en la base los cinco pétalos blancos de sus flores. Selipe *Abc* 11.4.58, 51: Recibió el novillo una vara, larga por su pegajosidad, y se le acortó la arrancada para la faena de muleta. Salvador *Haragán* 58: Andrea .. se acerca y toma mi mano .. Me molesta esta pegajosidad, abuelo, te lo aseguro.

2 (*raro*) Cosa pegajosa [1a]. | CBonald *Noche* 178: Sacudiendo la pierna como para desprender alguna pegajosidad.

pegajoso -sa *adj* **1** Que pega [1b] o se pega [19] con facilidad. | Calera *Postres* 30: Se echan las yemas de los huevos en una fuente de barro y se añade poco a poco el azúcar, mezclándolo todo muy bien, para obtener una pasta blanca y pegajosa. Arce *Testamento* 20: Un sudor pegajoso me caía por la frente abajo. **b)** [Frío, calor o cosa semejante] que pone la piel pegajosa [1a]. | Olmo *Golfos* 192: Hace .. un frío húmedo, pegajoso. Mihura *Ninette* 64: –Calor, ¿verdad? –Sí. Y pegajoso.

2 (*col*) [Pers. o cosa] de la que resulta difícil desprenderse o desembarazarse. | Ansial *Các* 23.9.74, 8: El bisoño conjunto del Cacereño Atlético salió sin nervios frente a un adversario pegajoso y firme atrás. *Tri* 12.12.70, 36: Para él, la batería de su coche nunca fue un problema pegajoso. **b)** (*Taur*) [Res] que insiste reiteradamente en su embestida, esp. en la suerte de varas. | B. Luis *Ya* 28.5.67, 14: El toro era muy pegajoso.

3 (*col*) Excesivamente amable o cariñoso. | Laforet *Mujer* 52: La puso .. en una situación .. difícil con aquel enamoramiento pegajoso que tuvo por ella.

pegalajareño -ña *adj* De Pegalajar (Jaén). *Tb n, referido a pers*. | R. Alcalá *Jaén* 2.8.64, 8: ¿Es que, gracias a Dios, no hay capitales pegalajareños que puedan impulsar la creación de una Sociedad que construyera un gran hotel residencial?

pegamento *m* Sustancia que sirve para pegar [1]. | GTelefónica *N.* 22: Pegamentos por contacto. Colas y Adhesivos en general.

pegamín (*n comercial registrado*) *m* Pegamento. | Cela *Rosa* 215: Algunas de estas figuras de nacimiento tenían el cuerpo o los brazos cuidadosamente pegados con pegamín.

pegapases *m y f* (*Taur, desp*) Torero sin arte. | V. Zabala *SAbc* 28.9.75, 39: Ahora el "pegapases" aburre, el charlot taurómaco es rechazado hasta en las plazas de talanqueras. J. Vidal *País* 15.3.79, 37: De momento .. son pegapases, porque alguien les equivocó y les hizo creer que eso es el toreo.

pegar A *tr* ▶ **a** *normal* **1** Unir [dos cosas, o una con otra (*compl* A, CON *o* EN)] mediante una sustancia que impide que se separen. | *Hacerlo* 95: Un pequeño desperfecto se arregla fácilmente pegando un trozo de papel sobre el lugar manchado o roto. Bustinza-Mascaró *Ciencias* 129: El pie [del mejillón] segrega una sustancia muy adhesiva (biso), con la cual el animal se pega a las rocas u otros objetos sumergidos. **b)** Unir [una sustancia (*suj*) dos cosas] de modo que no se separen. *Frec abs*. | *As* 1.3.71, 26: La cola más rápida y eficaz hasta ahora fabricada. Pega todo y para siempre. * ¡Qué bien pega esta cola!

2 Unir [dos cosas, o una con otra (*compl* A, CON *o* EN)] cosiéndo[las] o sujetándo[las] de algún modo. *Tb sin el 2º compl*. | ZVicente *Traque* 306: Eras muy rico, casi cuatro kilos, quién lo iba a decir, yo tan esmirriada y con tanto velar y pegar botones.

3 Acercar [dos cosas, o (más raro) perss., o una a otra (*compl* A *o* CONTRA)] de modo que se toquen o estén muy próximas. *Tb fig*. | Medio *Bibiana* 96: Se incorpora y pega la cara al cristal. Aldecoa *Gran Sol* 14: Habría que intentarlo por el nordeste, si no al oeste, pegados a los bajíos. Cela *Judíos* 123: ¡Se pegaba bien la Paquita al bailar *Marcial*! G. Matías *SPaís* 17.1.88, 7: Hay propósito en el banco emisor de mantener la peseta pegada en los próximos meses a las divisas europeas.

4 (*col*) Transmitir [a alguien] por trato o contacto [algo que se tiene, esp. una cualidad o una enfermedad]. | MGaite *Cuento* 329: Tampoco, cuando hablo, necesito estar diciendo a cada momento la cual expresión peculiar la usaba mi madre o un amigo de Zamora ni cuándo "me la pegó". * Me has pegado tu miedo. *SPaís* 24.6.79, 21: En el pueblo me habían dicho que ir de prostitutas era inmoral y que te podían pegar una enfermedad incurable.

5 Golpear [a alguien]. *Frec con suj pl y cd recíproco*. | Arce *Testamento* 19: Cuando se incorporó preguntó a su compañero con naturalidad: –¿Le pego? * Los diputados acabaron pegándose en el Parlamento.

6 Dar [un golpe] o infligir [una agresión]. | Laforet *Mujer* 47: Para vengar el honor de su hija pegaría un tiro a cualquiera. *Rue* 22.12.70, 12: Un toro .. sale pegando coces por el daño que le ha hecho la divisa, colocada en aquel momento.

7 (*col*) Dar (hacer o realizar). *El cd es un n que expresa acción o efecto*. | DCañabate *Paseíllo* 144: ¿Qué quieres, que se pegue otro paseo? Cela *Judíos* 24: Después levantan a los chiquillos del suelo y les pegan unas cuantas voces. Payno *Curso* 97: –Es poco recomendable ser hermano tuyo. –Pues el mío se pega una vida...

8 ~ (**el** *o* **un**) **ojo** → OJO.

▶ **b** *pr* **9 ~sela**. (*col*) Darse un golpe [contra algo (*compl* CONTRA *o* CON)]. *Tb sin compl*. | Sueiro *Hucha* 1, 74: Al conductor le oyeron decir en el último instante, murmurar o sollozar: "Nos la pegamos, esta vez nos la pegamos".

10 ~sela [a alguien]. (*col*) Engañar[le]. *Esp en sentido sexual*. | Cela *SCamilo* 209: Don Baltasar .. no es más que un jodío plomo al que se la pega su señora con el primero que toca el timbre.

B *intr* ▶ **a** *normal* **11** Quedarse unido al sitio al que se aplica [un objeto o sustancia dispuestos para ello]. | * Esta tirita no pega. * La pintura no pega si la superficie está húmeda.

12 (col) Armonizar, o estar en consonancia, [dos cosas, o una con otra (compl A o CON)]. Frec en la constr NO ~ NI CON COLA. | FSantos Catedrales 180: Te mira [la chica] de una manera que no pega con la forma de moverse allá arriba, que a lo mejor resulta que se droga. Delibes Cinco horas 241: Y luego los títulos de los libros, ¡Jesús, María, qué desazón!, para después salirte por peteneras, que "El Castillo de Arena" o una cosa así, que no sé si será bonito o feo, pero no pega ni con cola, cariño, que te pones a ver y en el libro no hay castillos por ninguna parte. **b)** ~ [una cosa a alguien o algo]. (col) Ir[le] bien o ser[le] adecuado. Frec en las constrs NO ~ NI CON COLA, o ~ COMO A CRISTO DOS PISTOLAS. | Marsé Tardes 201: Qué bien le pega el viejo y descolorido slip granate de papá a esta piel sedosa. Grandes Lulú 177: Nunca hubiera pensado que fueras mamá, no te pega nada.

13 (col) Rimar [versos]. | Delibes Cinco horas 141: A mí me gustan horrores las poesías de Canido, digáis lo que digáis, que será todo lo anticuado que quieras pero pegan divinamente y se entienden de maravilla.

14 Tocar o estar muy próxima [una cosa a otra (compl A, EN o CON)]. Frec en ger. Tb sin compl, con suj pl. | * La mesa pega en la pared. VozC 5.7.63, 2: Cuarenta y tres fanegas regadío, pegando río, alcantarillado, acequia, casa. Delibes Castilla 88: Ahí pegando, en el vallejo de Valdepuente, en una cueva .., habrá estado durmiendo mi difunto padre igual cuarenta años.

15 Dar o chocar [contra algo (compl EN o CONTRA)]. Tb pr, referido a seres animados. | * El balón pegó en el larguero. * El toro se pegó contra la cerca.

16 Hacer que [algo que se lanza (compl CON)] choque [contra algo (compl EN o CONTRA)]. | * Pegó con la pelota en el poste.

17 (col) Dar (tener [un agente (suj)] a alguien o algo (ci o compl de lugar)] bajo su exposición). | * En este tiempo no pega el sol en mi ventana.

18 Ejercer [algo] con intensidad la acción que le es propia. Frec ~ FUERTE. | Goytisolo Recuento 421: Su obsesión de que el vino sea natural, de los que pegan. Kurtz Lado 14: El sol pega fuerte, pero hay un aire delicioso en cuanto cede la solanera. **b)** (col) Causar impacto o tener éxito. Tb ~ FUERTE. | MGaite Nubosidad 340: Cuando vivía en Barcelona conocí a alguno de los editores que ahora están pegando, por ejemplo Jorge Herralde. Mun 23.5.70, 2: Toda esa experiencia nos ha enseñado cómo hacer que un spot [de TV] pegue. Por ejemplo, hemos aprendido que debe ser algo más que una cuña de radio con ilustraciones. SSolís Blanca 135: Anda, guapa, afánate, zascandilea, trota como una mula de acá para allá a buscar un reportaje que pegue. **c) venir pegando.** (col) Presentarse en un determinado ambiente [una pers. nueva] con mucho ímpetu y afán de dominio. Frec VENIR PEGANDO FUERTE. | MGaite Visillos 23: Hay [en el baile] demasiadas niñas, y muchas de fuera. Pero sobre todo las nuevas, que vienen pegando, no te dejan un chico. Torrente Sombras 316: ¡Pues no venía pegando fuerte la nueva hornada de rubias! Las había así y asado, y todo lo demás.

19 Realizar [con una cosa (ci)] la acción adecuada. | Cela Judíos 306: Los mozos le pegan a la pelota. Torrente Off-side 54: Emborracha su rabia cuando le pega fuerte, .. pero, contra lo que pudiera esperarse, el valdepeñas, que es lo único que bebe, espolea su genio. Diosdado Ochenta 80: Hacía mucho que le pegaba a todo: alcohol, chocolate, caballo... Lo que fuera.

20 (reg) Empezar. Gralm con un compl A + infin, que a veces se omite por consabido. | J. Isla Día 29.5.76, 5: Otro cualisquiera, un monifato lambido de esos de ahora, que parece que todo lo saben y no saben nada, se hubiera agarrado una calentura y hubiera pegado a decir cosas de mí.

▶ **b** pr **21** Quedarse unidas [dos cosas, o una a otra] a causa de una sustancia que impide que se separen. Tb sin compl, por consabido. | Payno Curso 202: Las frentes estaban empapadas [de sudor]. En los hombres, el pantalón se pegaba por debajo de la rodilla. Payno Curso 12: Cuando llueve, los caminos se ponen barrosos y se pega el pie. **b)** Quedarse unido al recipiente [un guiso], esp. por exceso de fuego o falta de caldo. | Van 5.9.74, 26: Pelar las berenjenas, cortarlas en dados y pasarlas por la sartén en un vaso de aceite. Vigilar que se doren sin pegarse. **c) ~sele** [a alguien] **las sábanas** → SÁBANA.

22 Pasar [algo, esp. una cualidad o una enfermedad (suj)] a alguien] por trato o contacto con otros. | ZVicente Traque 226: Es que no se os pega nada de las costumbres de por ahí. * No tengas aprensión, que la sinusitis no se pega.

23 ~sele [algo a alguien]. (col) Pasar a ser suyo por medios poco honrados. A veces usado como euf. | J. M. Moreiro SAbc 20.4.69, 31: Todo lo que se "le pega" a las manos es alguna gallina o algún jumento que se encuentre "abandonado" por el camino.

24 ~sele [algo no deseado a alguien]. (col) Pasar a ser de su incumbencia sin corresponderle realmente. | * Se me pegaron sus gastos de hotel.

25 (col) Unirse [a alguien] sin ser invitado. | CPuche Sabor 90: La única preocupación que llevábamos encima era tía Matilde, que se nos había pegado, como siempre.

26 Reñir a golpes [con alguien]. | * No te pegues con tu hermano.

27 (col) Tropezar [con algo]. | Cela Judíos 38: Tira por el camino hasta pegarse con Madriguera, el pueblo de la arriería.

pegata f (col, raro) Pegatina. | Burgos Abc 16.5.88, 20: De entrada, naturalmente, hay que poner a cada lector una pegata rectangular con su nombre escrito a rotulador. Rio 10.9.89, 12: Para que no costasen un duro, a Emilio Marañón pudo habérsele ocurrido buscar patrocinador y distribuir, discretamente, unas pegatas por entre los trapos del traje regional.

pegatina f Adhesivo pequeño en que va escrito o impreso algo, esp. un eslogan. | Abc 14.9.75, 14: Al haberse observado desde hace algún tiempo una indudable intensificación de propaganda subversiva, tanto impresa como del tipo de pintada, pegatinas, etcétera, en distintos puntos de la capital, la Comisaría principal de Policía montó los servicios pertinentes. País 20.5.76, 32: "Universidad para trabajadores sociales", dicen las pegatinas de los alumnos de asistentes sociales.

pegmatita f (Mineral) Granito caracterizado por el grosor de sus componentes. | JGregorio Jara 6: Este granito es de textura normal, a veces porfídica, cruzado por diques de pegmatita.

pego. dar el ~. loc v (col) Engañar [alguien o algo] con su apariencia. | Delibes Cinco horas 79: Los librepensadores se distinguen por eso, porque no lo parecen, se van metiendo sin darse cuenta y te dan el pego. SSolís Camino 107: Sería mejor de fantasía [la diadema]. De fantasía creo que hay cosas muy bonitas, y que dan el pego, ¿no?

pegolete m (Taur) Lance falsamente brillante. | DCañabate Paseíllo 155: Con la muleta tira de pegolete pa confundir a los incautos.

pegolino -na adj De Pego (Alicante). Tb n, referido a pers. | C. Giner Alcoy 83: Murió defendiendo los fueros de su Patria y de su Fe aquel gran moro valenciano, nacido y criado en los valles pegolinos.

pegollo m (reg) Pilar del hórreo. | F. Canellada NEs 22.10.87, 11: Además de esta condición del aislamiento, la normativa regional señala que no se pueden adaptar como viviendas ni cerrar el espacio que hay entre los "pegollos".

pegón -na adj (col) [Pers.] aficionado a pegar a otros. Tb n. | A. Pavón Inde 21.6.90, 64: Me emocionó la sensatez y el sentido común de la Hite, en contraste con la furibunda posición de la Milá, empeñada en presentar a los pardillos de los hombres como unos machos despiadados, abusones, pegones, rudos y mudos.

pegote m **1** Porción [de algo] que se ha pegado. | J. L. MAbril Abc 19.11.70, 19: A la luz del día pude comprobar que el pantalón tenía pegotes de cera. Olmo Golfos 18: ¡No era feo el culo de La Dengues! Y uno, dos, tres, hasta quince pegotes de barro lo ennegrecieron.

2 (col) Añadido o intercalación que destaca negativamente. Tb fig. | J. M. Moreiro SAbc 25.1.70, 47: Está pidiendo a gritos una restauración y que le liberen cuanto antes de ese feo pegote de viviendas que apoyan en sus muros. Chamorro Sin raíces 58: En sus vecinos encontraba respeto y admiración, pero no estaban preparados para comprenderle. Debió ser un pegote extraño en ambiente tan rural.

3 (col) Mentira o farol. Frec en la constr ECHARSE, o TIRARSE, UN ~. | País 15.9.78, 40: Podía ser el contable de confianza, que se echaba el pegote de que sabía cazar muy bien. Berlanga Pólvora 9: Cuando le faltaba un detalle o le fallaba la memoria, Pedro Luis seguía mintiendo sin echarse atrás .. Entre los pegotes que se tiraba había destellos de certeza o al menos verosímiles.

4 (*col*) Pers. que se une a otras sin ser invitada. | * Lola es un auténtico pegote.

pegotear *tr* (*col, desp*) Pegar [1a]. | Isidro *Abc* 19.6.58, 51: Ese negociete podía hacerlo el Ayuntamiento .. Y de paso suprimir la fea costumbre de encartelar, pegotear, llenar de costras pingajosas y resecas tantas y tantas fachadas.

peguero -ra A *m y f* **1** Pers. que fabrica o vende pez². | Cela *Judíos* 157: La [carretera] que el vagabundo trae y la que el vagabundo llevará, la del árido Santiuste de San Juan Bautista, con sus pegueros, sus pescadores y sus pastores.

B *f* **2** Hoyo en que se quema leña de pino para obtener la pez². | FQuer *Plantas med.* 92: De la leña de pino se saca la pez .. quemando las astillas en un hoyo apropiado, la peguera.

3 Lugar en que se calienta la pez² para marcar el ganado. | L. F. Peñalosa *SASeg* 20.6.86, 11: La oveja, recién esquilada, .. pasará por la puerta de la peguera, recibiendo, en su lomo, la huella del hierro con la marca de la cabaña a la que pertenece.

pegujal *m* Pequeña porción de terreno de cultivo. | Cuevas *Finca* 90: Los señoritos deben llevar el campo alegremente. Esto no es un pegujal.

pegujalero -ra *m y f* **1** Labrador que tiene poca labor. | CBonald *Ágata* 121: Resultó ser hijo unigénito suyo, habido en su legítimo matrimonio con una pegujalera de Los Albarranes.

2 Ganadero que tiene poco ganado. | GMacías *Relatos* 11: Cuando tuvo que llevar a cabo la explotación de la finca, admitió a unos pegujaleros –medianeros, más conocidos por pelucos– de Arroyo de la Luz. Ganaderos por herencia y vocación, si bien se destacaban más como expertos en el recrío del ganado y especialmente de los mulos.

pegujar *m* Pegujal. | JGregorio *Jara* 49: La pequeña propiedad consistente en majuelos, labranzas y pegujares es otra interesante etapa en el reparto de la tierra, ya en el siglo XVI.

peguntoso -sa *adj* **1** Pegajoso, o que se pega con facilidad. | Hoyo *Glorieta* 24: Nos subimos a los taburetes, como a caballo. Estaban peguntosos. CBonald *Ágata* 98: Salió un líquido peguntoso que no acababa de caer y pendía opacamente del labio con indicios de coagularse.

2 (*raro*) Pegajoso, o excesivamente amable. | Hoyo *Íns* 1/2.85, 28: Amables, pero tercos y peguntosos, conmiserativos, decían que me convendría cambiar de piso ahora que me había quedado solo.

pehlevi *m* (*hist*) Iranio medio occidental (lengua). | CBlecua-Lacarra *Calila* 11: Antes de integrarse en el mundo islámico, la colección ya había conocido transformaciones en las etapas intermedias, puesto que fue traducida hacia el año 570 al pehlevi, persa literario.

peina *f* Peineta [1]. | Zunzunegui *Camino* 81: Sole iba preciosa con su peina y mantón de Manila. Delibes *Madera* 74: Luisa iba guardando en la maleta su caracola .., el velo, las peinas, las ligas.

peinable *adj* Que puede ser peinado. | *Tri* 10.11.73, 42: Hay quien piensa que todas las lociones le sirven. Que, con que un producto mantenga el cabello peinable y más o menos limpio entre lavado y lavado, es suficiente.

peinado *m* **1** Modo de ir colocado el cabello. | *SVozC* 25.7.70, 7: Se trata de una cabeza femenina, de una mujer muy joven, con peinado característico de la moda de tiempos de Lulia Titi.

2 Acción de peinar [1, 2 y 5]. | *Economía* 86: Lavado, secado y batido para toda clase de lanas, más el cardado y peinado para unas. *Ya* 15.5.75, 6: Operación de peinado en la zona .. Cientos de guardias civiles han peinado la zona en las últimas horas.

peinador -ra A *m y f* **1** Pers. que tiene por oficio peinar [1]. | *Ya* 29.11.70, 35: Esto es lo que sustentan el maquillador Rodrigo y el peinador Molina.

B *m* **2** Prenda que las mujeres se ponen sobre los hombros para peinarse. | CPuche *Sabor* 40: Sentada en la cama, ya enferma, pedía la colonia y el espejo, las tijeras de las uñas y su peinador bordado.

3 Tocador (mueble). | FSantos *Hombre* 120: Ahora es feliz, cara a esas fotos de peinador que no piensa ver más, a esa pared color fresa, con su concha de escayola que esconde la bombilla, en medio de Alicia y Manolita y de sus oficiales. [*En una peluquería.*]

C *f* **4** (*reg*) Tocador (mueble). | Landero *Juegos* 197: En la cúspide del altar que había instalado en la peinadora de su habitación, presidiendo el santoral, colocó a San Jorge. *BOM* 19.6.76, 14: Un ropero de cuatro puertas, de madera de formica, con dos lunas interiores. Una peinadora haciendo juego con el ropero.

peinar *tr* **1** Desenredar y ordenar [el cabello] con el peine [1]. | D. Quiroga *Abc* 2.3.58, sn: Peinan el cabello en todas épocas, alisado hacia atrás, con trenza y raya central.
b) Desenredar y ordenar el cabello [de una pers. (*cd*)] con el peine. *Frec el cd es refl.* | Sampedro *Sonrisa* 186: Su pelo es muy largo, y esa mujer le está peinando .., obligándole a estar inmóvil, y el peine sigue cuerpo abajo y le araña. *Cam* 14.4.75, 74: Las mujeres .. lavan, se peinan, guisan, trajinan cubos de agua.

2 Alisar [fibras textiles] limpiándolas y ordenándolas paralelamente. | *Mad* 18.11.70, 6: 5.000 toneladas de algodón sin cardar ni peinar.

3 Arreglar o componer. | Delibes *Parábola* 9: Jardincitos enanos .. con senderos de ceniza zigzagueando entre el peinado "green gras[s]". ZVicente *Balcón* 12: Casta cierra el balcón .. Peina los pañitos de croché que tapan las manchas en el respaldo de los sillones.

4 Tocar o rozar ligeramente. | Gilera *Abc* 1.12.70, 64: Fleitas, al sesgo, no "peinando" al balón, sino despeinándose él.

5 Rastrear minuciosamente [una zona]. *Tb fig.* | Grosso *Invitados* 16: La inspección y rastreo a caballo durante el cual fuera cuidadosamente peinada la totalidad de las tierras de la hacienda. GJiménez *Ya* 4.6.75, 47: Sin prisas, con la misma parsimonia que enciende su cigarro, el campesino "peina" la feria, compone grupos y pasea con dignidad su figura por el certamen. **b)** Registrar o examinar con cuidado [algo]. | L. Fernández *PapD* 2.88, 144: Hay que peinar mucha arena para encontrar poco oro.

6 Barajar [las cartas] cogiendo a la vez la de arriba y la de abajo. | *Abc Extra* 12.62, 86: La pólvora de peinar la baraja o menear los pulgares invade pronto Europa.

peinazo *m* (*Carpint*) Travesaño que forma los cuarterones [de una puerta o ventana]. | Aparicio *Año* 232: Él era incapaz de expulsar de sí mismo una imposible expectativa: un consuelo alimentado detrás de aquella puerta de peinazos verdes y cuarterones opacos.

peine I *m* **1** Utensilio formado por una fila de dientes paralelos y unidos por su base, que se usa para desenredar y ordenar el cabello. | *HLC* 2.11.70, 1: Se pasa el peine por la cabeza, al paso que Podgorny se ajusta la corbata.

2 Pieza o herramienta con una o varias hileras de dientes. | *Van* 17.4.73, 9: Las empresas .. percibirán como indemnización: .. Quince mil pesetas por metro de peine útil de telar automático "sulzar". *Ya* 18.11.90, 44: Encuadernación: Por canutillos, por calor, por alambre, por peine.

3 *En un arma de fuego*: Pieza que contiene una serie de proyectiles. | Cela *SCamilo* 324: Tomás tiene una astra del nueve corto y veinticinco o treinta peines, el arma no es ningún obús alemán pero para defenderse ya sirve.

4 Figura o estructura cuya forma recuerda la del peine [1]. | C. Calandre *Méd* 27.5.88, 141: En el horizonte destaca el peine de cimas de los Andes, que por su estructura es inolvidable. *Act* 5.11.70, 90: Las naves .. están dispuestas en dos peines enfrentados, lo que proporciona una gran longitud de atraque a lo largo de los andenes que las circundan.

5 (*Zool*) Conjunto de pelos del extremo de las patas de los artrópodos. | Artero *Invertebrados* 48: Sus patas posteriores [de las abejas] presentan en cada una de ellas el siguiente conjunto de "herramientas": 1. Una pinza .. 2. Un cestillo .. 3. Un cepillo .. 4. Un peine cuyos dientes son pelos rígidos que utilizan para limpiar el cepillo de la otra pata. **b)** Lámina córnea situada en la base del último par de patas del escorpión. | Ybarra-Cabetas *Ciencias* 355: En el abdo-

peineta – pelado

men tienen [los escorpiones], además de los estigmas respiratorios, unos órganos sensoriales denominados peines.

6 (*col*) Pers. astuta. | *Ya* 16.11.92, 4: Los irlandeses no son unos peines, Javier Clemente.

II *loc v* **7 saber** (*o* **enterarse de**) **lo que vale un ~**. (*col*) Saber lo que es bueno. | Forges *SInf* 18.12.76, 1: –Si pudiéramos votar los menores de 21 años se iban a enterar estos de lo que vale un peine. –Como que estoy seguro de que no nos dejan votar porque no votaríamos. **b) saber** (*o* **enterarse de**) **cuántas púas tiene un ~** –> PÚA[1].

peineta *f* **1** Utensilio en forma de peine curvo, usado por las mujeres como adorno y para sujetar el peinado. | Laforet *Mujer* 222: Representaba [el retrato] una doncellona algo madura, vestida de negro, con peineta y mantilla.

2 (*hist*) Utensilio en forma de peine curvo usado por los toreros para sujetar la cofia. | DCañabate *Paseíllo* 172: Romero, en el suyo, no solo prescindió de la muleta, sino que le entró a matar llevando en su mano izquierda la peinetilla que se estilaba para sujetar la cofia.

peje *m* (*col, raro*) Hombre astuto y sagaz. | JLozano *Inf* 29.9.75, 17: Se rumorea que hay .. fuerzas misteriosas capaces de trasladarnos en volandas de un lugar a otro, como decía que le había ocurrido a él el licenciado Torralba, un buen peje, a quien los inquisidores, más racionalistas, sacaron al fin de su error, encerrándole de por vida.

pejerrey *m* Pez marino de cuerpo plateado con bandas oscuras a los lados, que abunda en las costas españolas y en las lagunas litorales y es comestible apreciado (gén. *Atherina*). | Torrente *Fragmentos* 125: La cabecita .. en aquel momento ofrecía una combinación de loro, asno y pejerrey bastante tolerable.

pejesapo *m* (*reg*) Rape (pez). | CBonald *Ágata* 28: Desembarcar esportones de brecas y pejesapos, chocos y japutas.

pejeverde *m* Cierto pez de las islas Canarias. | Aldecoa *Historia* 7: Una mujer en cuclillas extendía un estático cardumen de pejeverdes en el picón del secadero.

pejigo *m* (*reg*) Albaricoque. | C. GBayón *Voz* 14.8.87, 3: Ululaba [el viento], hambriento, vengativo. Las manzanitas casi en flor, las peras, peladillos, pejigos, escombraban el césped.

pejiguera I *f* **1** (*col*) Cosa fastidiosa o molesta. | Laforet *Mujer* 237: Era una pejiguera tener que llevarse la llave.

2 Planta herbácea propia de lugares húmedos y sin cultivar, con flores rojizas en espiga (*Polygonum persicaria*). Tb HIERBA ~. | Mayor-Díaz *Flora* 425: *Polygonum persicaria* L. "Persicaria", "Pejiguera" .. El uso popular de la planta lo indica contra la artritis, las afecciones pulmonares, la diarrea, la ictericia y los eczemas crónicos.

II *adj* **3** (*col*) [Pers.] fastidiosa o molesta. Tb *n*. | ZVicente *Mundo* 9: Tú, chitón. Te sientas ahí y ya puedes ir eligiendo. Ahí está la carta. Anda, no seas pejiguera, so pelmazo. ZVicente *Mundo* 75: Se echa de ver enseguida que tú lo mismo que Luisito, el grandísimo pejiguera.

pejín -na *adj* (*reg*) Pejino. Tb *n*. | * Los pejines son pescadores.

pejino -na *adj* (*reg*) **1** De la costa de Cantabria. Tb *n, referido a pers*. | SCabarga *HLS* 2.9.74, 2: Precisamente por aquellos mismos días en que "Sotileza" renacía a la inmortalidad literaria más entrañablemente pejina, se había dado a conocer una niña, Concha Espina.

2 Laredano. Tb *n*. | Depe *Ale* 14.8.80, 26: El plato fuerte, sin lugar a dudas, es la confrontación del C.F. Castro-C.D. Laredo .. Habrá que ver en acción a los castreños .. contra un equipo, el pejino, que muy cerca estuvo del ansiado ascenso.

pekan *m* Marta del Canadá, muy apreciada por su piel (*Martes pennanti*). Tb su piel. | L. Calvo *Abc* 11.10.70, 19: Se llevó de París las mejores pieles: visones y marta canadiense (conocida en el mercado de superlujo por "pekan").

pékari –> PÉCARI.

pekinés –> PEQUINÉS.

pela[1] *f* Acción de pelar [2 y 3]. | Delibes *Castilla* 127: He tenido gallos que entre plumas de lomo y colgaderas me han dejado más de veinte mazos. Y si cada mazo tiene doce plumas y las pelas se hacen cada tres meses, eche usted cuentas .. Una vez pelados, a los tres meses la pluma vuelve a salir. CBonald *Casa* 92: La emanación sensorial del día en que vinimos con mi madre y tía Carola, cuando las tareas bulliciosas de la pela del corcho. *VozC* 5.7.55, 3: Se ha iniciado la pela de lentejas, algarrobas, yeros y titos.

pela[2] *f* (*col*) **1** Peseta. | Campmany *Abc* 30.11.93, 19: Las langostinadas sobre el Sena .. le costaban a Pepote Rodríguez de la Borbolla alrededor de ochenta millones de pelas.

2 Dinero. *Frec en pl*. | Montero *SPaís* 5.3.78, 12: Durante la semana vende material eléctrico y así saca la pela suficiente para vivir. ZVicente *Traque* 219: Le he tenido que llorar a mi padre a base de bien para sacarle las pelas.

pelada *f* **1** Caída del pelo. | Cunqueiro *Un hombre* 224: Había regresado enfermo y con una pelada que le había borrado la barba. An. Castro *Abc* 18.4.76, 34: La alopecia, pelada o calvicie, términos sinónimos, es un síntoma antiestético.

2 Acción de pelar [1]. | Goytisolo *Recuento* 129: Para ellos no habría más cabos primera ni correazos, no más peladas al cero. Delibes *Señora* 128: El anuncio del corte de pelo la había llenado de zozobra .. No obstante, esa noche, en la sobremesa de la cena, hizo una parodia de la pelada aplastándose el cabello con una malla.

peladera *f* (*raro*) Caída del pelo. | Vizcaíno *SSe* 21.7.91, 110: La alopecia, calvicie o peladera, que de estas y aun otras formas puede llamarse, constituye una de las más hondas preocupaciones de los varones.

peladilla *f* **1** Almendra recubierta con una capa blanca y dura de azúcar. | Vega *Cocina* 35: País este de la sierra de Cameros especializado en la fabricación de dulces, peladillas y piñones confitados.

2 (*col*) Canto o guijarro. | ZVicente *Traque* 244: Se reían a más y mejor cuando lograban darme, o si me caía al intentar esquivar las peladillas.

peladillo *m* (*reg*) Variedad de albaricoque de piel lustrosa y carne dura pegada al hueso. | *Prog* 31.7.76, 2: En las frutas, los precios fueron como sigue: Peladillos, 30 pesetas kilo; peras, de 24 a 28; melocotones, a 30; .. albaricoques, 30.

pelado[1] -da I *adj* **1** *part* –> PELAR.

2 [Cosa] que carece de aquello que habitualmente la recubre. | J. M. Moreiro *SAbc* 16.3.69, 42: Se divisa el pueblo blanquecino y pálido, mimético, sobre un otero pelado.

3 Que carece de cualquier aditamento. | MSantos *Tiempo* 21: Los más vivían de la paga pelada. J. Carasa *Sáb* 26.5.76, 19: Seis consejeros eran militares de alta graduación; uno era magistrado; otro, intendente de Hacienda; otro, hermano de ministro y procurador, y solo el secretario del Consejo, Hipólito Jiménez, era abogado pelado.

4 [Número] que consta de decenas, centenas o millares justos. | * El premio ha caído en el 50 pelado. J. Vidal *SPaís* 21.12.93, 16: Las vendedoras de lotería poseen un rico repertorio para referirse al cero y lo mismo pueden decir "lo traigo pelaíto" que "lo tengo redondo".

5 (*col*) [Pers.] pobre o de baja categoría social. *Frec n*. | Marsé *Tardes* 266: ¿Y si .. le confesara que no soy nada ni nadie, un pelado sin empleo, un jodido ratero de suburbio, un sinvergüenza enamorado? Lera *Bochorno* 157: –¿Son idiotas o tíos buenos? –Más bien me parecen unos *pelados*. –Entonces habrá que llevar chicas y de lo demás, ¿no? –Claro; pero lo demás a escote. **b)** Desgraciado. *Usado como insulto*. | Delibes *Hoja* 71: A poco coge una liebre el pelado ese.

6 (*col*) Que se ha quedado sin dinero. | * Déjame algo de dinero, que estoy pelado.

II *m* **7** Zona pelada [2]. *Esp referido a terreno*. | Berenguer *Mundo* 99: Yo me iba por aquellos pelados a poner lazos a los conejos. Tomás *Orilla* 44: –¿Observó si tenía una pequeña cicatriz en la ceja derecha? –preguntó el otro policía. –No me acuerdo muy bien .. El pelo lo llevaba largo, pero ahora que lo dice creo que sí, que tenía un pelado en una ceja.

pelado[2] *m* Acción de pelar [1, 2 y 3]. | PLozano *Ya* 17.4.70, 9: Don José, que era barbero, debió de encontrar algo pesado el salir adelante a base de brocha, jabón y navaja, por mucho que cueste un pelado a navaja. E. Busquets

SCCa 26.10.75, 16: Una vez desangrado [el cerdo], el matarife le arrancaba los pelos más largos de la espalda .. Luego lo achicharraban con agua hirviente y procedían a su pelado. Moreno *Galería* 151: Los escriños eran de paja y venían recogidos o cosidos por una especie de hebra vegetal que procedía del pelado de los mimbres.

pelador -ra *adj* Que pela [1, 2 y 3]. *Tb n: m y f, referido a pers; f, referido a máquina; m, referido a aparato.* ǀ M. Cayón *Abc* 16.12.70, 55: Ya existen más de 50 máquinas peladoras, las cuales recolectaran unos cuatro millones de kilos de flores de lúpulo en estado "fresco". Cuevas *Finca* 150: El verano empezaba, oficialmente, con la aparición de los peladores de ovejas. *Ide* 27.2.75, 27: La Delegación Provincial de Asistencia Social saca a concurso el suministro de los siguientes bienes muebles: 1 Frigorífico de 1.200 l. 1 Peladora de patatas de 6 kgs. *SYa* 14.3.74, 13: Prensa-ajos y pelador de patatas, en aluminio, muy prácticos en el hogar, fácil manejo.

peladura *f* **1** Acción de pelar(se) [1, 2, 3 y 7]. *Frec su efecto.* ǀ Laforet *Mujer* 159: Amalia .. estaba metida .. en un abrigo de astracán que producía mucho efecto a pesar de sus peladuras.
2 Piel o cáscara que se quita a un fruto. ǀ SFerlosio *Jarama* 34: Había peladuras [de patatas] cerca de la botella del aceite.

pelafustán -na *m y f (raro)* Pers. insignificante. ǀ ZVicente *SYa* 10.6.73, 31: Soy un don nadie, autor de páginas y páginas que nadie ha leído, un pelafustán al que no toma en serio bicho viviente alguno.

pelagatos *m y f (col)* Pers. insignificante. *Tb adj.* ǀ ZVicente *Traque* 266: En fin, que somos unos pelagatos y ya está dicho todo. Goytisolo *Recuento* 212: Un señorito de familia venida a menos que, de no ser por la guerra, nunca hubiera pasado de picapleitos pelagatos.

pelagianismo *m (Rel crist)* Doctrina de Pelagio (s. V), que niega la transmisión del pecado original y la necesidad de la gracia. ǀ GÁlvarez *Filosofía* 1, 215: Herejía antropológica: el pelagianismo (negación del pecado original y de la necesidad de la gracia para obrar el bien).

pelagiano -na *adj (Rel crist)* De(l) pelagianismo. ǀ M. D. Asís *SYa* 13.12.70, 9: En la fe del convertido Greene pesa la concepción protestante de la predestinación, .. se pinta el mal de la sociedad y de las instituciones con un aire pelagiano. **b)** Adepto al pelagianismo. *Tb n.* ǀ Tejedor *Arte* 62: Entre las primeras [herejías] recordaremos .. la de los pelagianos.

pelágico -ca *adj (Biol)* [Zona] de alta mar. ǀ Ybarra-Cabetas *Ciencias* 426: La zona pelágica propiamente dicha puede subdividirse en dos: la diáfana o iluminada, que alcanza hasta los 200 metros de profundidad aproximadamente, y la afótica, oscura, de los 200 metros hasta los grandes abismos. **b)** De (la) zona pelágica. ǀ Ybarra-Cabetas *Ciencias* 316: Las Aurelias son pelágicas, transparentes y se alimentan de pequeños peces y crustáceos.

pelagra *f* Enfermedad debida a la carencia de determinadas vitaminas y caracterizada por trastornos digestivos y nerviosos y eritema en las partes descubiertas de la piel. ǀ Alvarado *Anatomía* 116: La primera descripción de la pelagra fue hecha, en 1735, por el médico español Gaspar Casal.

pelagroide *adj (Med)* Semejante a la pelagra. ǀ MNiclos *Toxicología* 104: Se han descrito síndromes pelagroides, suponiéndose que el medicamento se puede comportar como un antimetabolito del factor PP.

pelagroso -sa *adj* [Pers.] que padece pelagra. *Tb n.* ǀ Cañadell *Salud* 158: No deja de ser curioso que un compuesto químicamente afín a la nicotina, el tóxico del tabaco, ofrezca la posibilidad de salvar la vida a los pelagrosos.

pelaire *m (hist)* Oficial que trabaja lanas y paños, frec. cardador. ǀ Torrente *Saga* 453: De vez en cuando, un ballestero juguetón se aproximaba al borde del campamento y disparaba una flecha, que yo seguía con la mirada y que quizás fuese a clavarse en la carne de un marinero, de un herrador o de un pelaire pacíficos.

pelairía *f (hist)* Oficio o actividad de(l) pelaire. ǀ F. Ayala *SDEs* 1.8.71, 7: Hay torres, en la corona teruelana, del mismo siglo del esplendor de su pelairía, ordenada por Ruiz de Azagra para regular el obraje y el tinte de los paños.

pelaje *m* **1** Pelo [de un animal]. *Gralm con referencia a sus cualidades.* ǀ Alvarado *Anatomía* 143: La función aislante del plumaje y del pelaje se debe tan solo al aire que aprisionan. Navarro *Biología* 269: La liebre de los Alpes tiene pelaje gris en verano y blanco en invierno.
2 *(desp)* Aspecto [de una pers.]. ǀ DCañabate *Paseíllo* 89: Cayeron a mi alrededor cinco o seis hombres y otras tantas mujeres, ellos con pelaje de chulines.
3 *(desp)* Clase o categoría [de una pers.]. ǀ ZVicente *Traque* 289: Vive ahí una gente de poco pelaje.

pelambre *f* Pelo, esp. abundante y revuelto. *Referido a pers, gralm desp.* ǀ S. RSanterbás *Tri* 11.4.70, 18: El toro estilizó sus formas, perdió la hirsuta pelambre. Cela *SCamilo* 147: Un niño con mirada de tonto .. y pelambre de gorrión. FReguera *Bienaventurados* 51: Vestían, el hombre y el oíslo, de negro, muy endomingados los dos. Ella, con mantoncillo de lana y flor en la pelambre.

pelambrera *f* Pelambre. ǀ *Act* 7.7.66, 54: Desmelenado, el macho [león], es decir, con la pelambrera suelta y alborotada. Cela *SCamilo* 329: Sale una criada vieja .. con .. la pelambrera revuelta y todo el aire de acabar de levantarse de la cama. Mendoza *Ciudad* 114: Parecía cincuentón .., tenía la frente chata y alta, acabada en ángulo recto. Allí una pelambrera aún no cana, salvo en las sienes, crecía recortada a modo de césped.

pelambrero *m* Oficial encargado de pelar las pieles. ǀ P. GMartín *His* 5.85, 39: Producción y comercialización lanar. Esquileo .. Esquiladores. Pelambreros. Recibidores. Velloneros. Apiladores.

pelamen *m* Pelaje [1]. ǀ *Lugo* 34: Más de un caballo de los de estos montes son de tamaño y traza que, por cebrados o rayados en su pelamen, con el de nuestra cuestión casan.

pelanas *m y f (col)* Pers. insignificante. *Tb adj.* ǀ CPuche *Paralelo* 25: El patrón de "Eden Bar" no era ningún pelanas. I. RQuintano *Abc* 4.7.87, 106: Son muchachas de fama frágil, amaestradas por una abuela veterana de Deauville para repeler las agresiones de los piernas rastacueros y los tenorios pelanas.

pelandrín *m (reg)* Pelantrín. ǀ Grosso *Capirote* 118: ¡Desnúdate, panoli, muerto de hambre, pelandrín!

pelandrusca *f (col)* Pelandusca. ǀ LTena *Luz* 37: Y ya me contará usted qué ha hecho todos estos días. ¡No me lo habrá robado una pelandrusca!

pelandusca *f (col)* Prostituta. *Frec usado como insulto.* ǀ Salom *Viaje* 541: Te prohíbo que vuelvas a nombrarme a esa pelandusca. ZVicente *Balcón* 63: ¡Estas mujeres! ¡Pelanduscas!

pelángano *m (col, desp)* Pelo largo. ǀ Montero *SPaís* 12.6.83, 11: En la mano lleva una especie de pompón piloso, una bola de pelánganos grisáceos.

pelantrín *m (reg)* Labrador pobre. *Frec, más o menos vacío de significado, se usa como insulto.* ǀ Grosso *Capirote* 44: Lo que le queda que pasar en el cuartelillo al desgraciado del pelantrín.

pelar I *v* **A** *tr* ▸ **a** *normal* **1** Cortar o arrancar el pelo [a alguien o algo (cd)]. *Referido a pers, es col.* ǀ Moreno *Galería* 218: Volver luego el gamellón; .. pelar y chamuscar al cerdo muerto. Landero *Juegos* 130: Solo se le veía animado cuando venía a pelarlo el barbero. Lute *SPaís* 1.5.77, 16: Entre risas y groserías de los policías, pelaron al cero a ella y a mi hermana de diez años. **b)** Cortar o arrancar [el pelo]. ǀ *Ya* 22.11.74, 6: En la barriada de Ocharcoaga, precisamente donde se localizó el foco más virulento de piojos, los escolares, especialmente gitanillos, se negaron inicialmente a dejarse pelar la cabellera.
2 Quitar las plumas [a un ave (cd)]. ǀ Delibes *Año* 44: Hemos cobrado 303 codornices (y hemos pelado otras tantas).
3 Quitar la piel o la corteza [a alguien o algo (cd)]. ǀ *Cocina* 680: Se escogen melocotones muy maduros, se pelan y se parten en trozos. J. Vidal *SPaís* 8.7.90, 10: Se trata de pelar los chaparros del parque natural del Alcornocal. **b)** Quitar la envoltura [a algo (cd)]. ǀ * Pélame un caramelo.

4 (*col*) Despojar [a alguien] de cuanto tiene, esp. en el juego. | Lera *Boda* 542: Era un portugués borracho que aquel día había pelado en el juego a todos los que se sentaron a su mesa. CPuche *Paralelo* 63: –¿Y por qué no juegas tú también? .. –Es que no me gustaría pelaros.
5 (*argot Mil*) Hacer [una guardia]. | Goytisolo *Recuento* 121: Antes de la jura, los únicos en pelar guardias eran los regimentales.
➤ **b** *pr* **6 ~sela** [a un hombre]. (*vulg*) Masturbar[le]. *Gralm el cd es refl.* | Goytisolo *Recuento* 142: Y resonó el toque de silencio .. –Trae la foto, tú. A ver si aún me la pelo. –Apaga y déjame dormir, coño.
B *intr pr* **7** Perder [alguien o algo] el pelo, las plumas o la piel. | MMolina *Jinete* 49: Estaba .. sentado junto al pozo, acariciando el lomo de su perro, pelado por la vejez. * El terciopelo se pela. * Las gallinas se pelan. * Se me ha pelado la espalda.
8 ~se de frío. (*col*) Pasar mucho frío. | Kurtz *Lado* 169: Recordaba sus horas de estudiante, pelado de frío en el destartalado dormitorio.
II *loc adj* **9 duro** (o **difícil**, o **malo**) **de ~.** (*col*) [Pers. o cosa] que ofrece grandes dificultades. | Kurtz *Lado* 194: El enfermo que cree en su médico ya está medio curado en buena parte de las veces; el escéptico es más duro de pelar. A. Assía *Van* 4.11.62, 15: Si Adenauer cae en este momento, con él habrá caído el inmovilismo .. No pocos creen, empero, que el viejo aún puede mostrarse difícil de pelar. Cela *Judíos* 256: Es trocha mala de pelar.
10 que pela. (*col*) *Pondera la intensidad del frío.* | J. P. Vera *Reg* 31.12.74, 8: Recorremos con una brisa que "pela" el viejo Badajoz.
III *loc adv* **11 que se las pela.** (*col*) *Pondera la intensidad con que se realiza la acción que se acaba de expresar.* | Halcón *Monólogo* 70: Los pájaros dándose el pico y cantando que se las pelan en las ramas. Kurtz *Lado* 17: Como el Cóndor no sabía a qué atenerse, corría que se las pelaba.

pelargón (*n comercial registrado*) *m* Leche en polvo para bebés. | Cela *Alcarria* 245: Ahora los curas tienen que ayudarse de la técnica porque los crían con pelargón, ahora ya no es como antes y usan micrófono.

pelargonio *m* Geranio (gén. *Pelargonium*). *A veces con un adj especificador.* | Navarro *Biología* 308: En la subregión del Cabo hay plantas características de ella, como numerosas especies de brezos, pelargonios (geranios), lirios, etc. F. Páez *SPaís* 18.6.78, 37: Los geranios zonales (*Pelargonium zonale*) son quizás los de estampa más conocida .. Últimamente se comercializan en abundancia los pelargonios reales (*Pelargonium domesticum*), híbridos de gran vigor.

pelas *m* (*jerg*) Taxi. | J. C. Gomi *SInde* 29.9.90, 6: Los taxistas recogen .. a los últimos noctámbulos, quienes, como gallos de pelea, luchan por ser los elegidos para regresar a casa en los comúnmente llamados "pelas".

pelásgico -ca *adj* (*hist*) De (los) pelasgos. | Torrente *Isla* 321: Todo el mundo pudo asistir a la metamorfosis en el castillo sólito en que el General moraba: arquitectura medieval con cimientos pelásgicos.

pelasgo -ga *adj* (*hist*) [Individuo] de un pueblo prehelénico habitante de Grecia y de las islas y costas del mar Egeo. *Tb n.* | Tejedor *Arte* 29: Al comenzar su historia, Grecia aparece habitada por varios grupos humanos, a los que se suele designar con el nombre genérico de pelasgos.

pelayo[1] **-ya** *adj* De Huertapelayo (Guadalajara). *Tb n, referido a pers.* | NAl 9.8.82, 15: Vivía en mi pueblo un "pelayo" que .. ostentaba una formidable fantasía alucinante.

pelayo[2] *m* (*hist*) Niño requeté. | Mun 9.11.74, 16: Cuando acababa de cumplir los catorce años, en verano de 1936, encontrándose circunstancialmente en Burgos, se incorporó a la Organización Juvenil del Requeté como capitán de Pelayos.

peldaño *m En una escalera:* Parte en que se apoya el pie para subir o bajar. *Tb fig.* | Medio *Bibiana* 71: Manuel está sentado en un peldaño de la escalera. M. Fontcuberta *Mun* 23.5.70, 59: La cultura es considerada [por la clase media] como un peldaño más para acceder.

pelé *m* (*jerg*) Testículo. *Más frec en pl. Tb fig, aludiendo al valor.* | MSantos *Tiempo* 46: Y se va chamullando entre dientes. "No hay pelés."

pelea I *f* **1** Acción de pelear(se). | *Ama casa* 1972 196: 28 de febrero de 1510: Muere el cartógrafo Juan de la Cosa en una pelea con los indios. Medio *Bibiana* 71: Él te pegó... Entonces hubo pelea. **b)** (*Dep*) Encuentro de lucha o de boxeo. | J. M. HPerpiñá *Zar* 27.1.69, 17: Ganó [Uzcudun] su segunda pelea a Paul Jounée.
II *loc v* **2 pedir ~.** (*col*) Tratar [una mujer] de llamar la atención de los hombres con movimientos o gestos. | Cela *Judíos* 205: La Tere, al salir, pisó aún con mayor entusiasmo; un entendido hubiera dicho que iba pidiendo pelea.

peleador -ra *adj* **1** Que pelea [1]. *Tb n, referido a pers.* | As 9.12.70, 24: No se puede negar ni la valentía, ni el coraje, ni el corazón del peleador argentino.
2 Dispuesto o propenso a pelear [1]. | Nácher *Guanche* 77: Perseguía [maestro Pancho] como un gallo peleador con mustias arrogancias de celo. CBonald *Casa* 250: El lienzo representaba a un Santiago peleador, un Santiago matamoros dispuesto a entrar en liza. **b)** Propio de la pers. o el animal peleadores. | * Vienes en plan peleador.
3 (*col, raro*) Peleón [2]. | Cela *España* 18: Miguel de Unamuno, restableciendo todos los etimológicos alcances de la peleadora noción de la agonía, prestó, aun sin proponérselo, un señalado servicio al mejor entendimiento de este quid último español.

peleano -na *adj* (*Geol*) [Tipo de volcán] caracterizado por una lava poco fluida que se solidifica formando una cúpula de gran altura. | Bustinza-Mascaró *Ciencias* 367: Los geólogos distinguen varios tipos [de volcanes]. Los fundamentales son: hawaiano, estromboliano, vulcaniano y peleano.

pelear A *intr* ➤ **a** *normal* **1** Luchar [con o contra alguien o algo, o por o para algo]. *Tb sin compl. A veces con suj pl, sin compl, con sent recíproco.* | Cela *Judíos* 287: Por Lanzahíta también se cría la violeta silvestre que, bien cocida, deja un agua saludable para pelear con los catarros. J. M. HPerpiñá *Zar* 27.1.69, 17: Había peleado [Uzcudun] tres veces por el título mundial. MMolina *Jinete* 107: Dando vueltas como viajeros perdidos, arracimándose y peleando entre sí cuando volcaban ante ellos los sacos de pan negro.
2 Reñir o enfrentarse [con alguien] de palabra o de obra. *Tb sin compl, con suj pl. Tb pr.* | Berenguer *Mundo* 380: Mientras los abogados peleaban fuera, aquí, seguían viéndose reses lastimadas. MMolina *Jinete* 286: Ágilmente, riendo, como cuando era niña y jugaban a pelearse, alargó la mano libre y obtuvo lo que buscaba.
➤ **b** *pr* **3** Reñir o enemistarse [con alguien]. *Tb sin compl, con suj pl.* | * Pepe y Luisa se han peleado y no se hablan.
B *tr* **4** (*raro*) Pelear [1] [por algo (cd)]. | *País* 4.3.79, 15: Está dispuesto a pelear el escaño acta por acta, cuando la Junta Electoral Provincial proceda al recuento oficial.

pelechar *intr* **1** Echar [un animal] pelo o pluma, o cambiar de pelo o de pluma. | Cela *Viaje andaluz* 63: El vagabundo, temeroso y encogido como la despeluzada ardilla del invierno, como la pelechada raposa de los fríos, no se atreve a desobedecer a su ángel.
2 Mejorar [una pers.] en su salud o en su economía. | Aldecoa *Cuentos* 1, 95: Aquí, este, que es de un pueblo junto a Valdepeñas, que vino enteramente chupado y ha pelechado.

pelegrina *f* (*reg*) Vieira (molusco). | Mann *DMo* 26.8.85, 2: A la viera [sic] gallega .. se le da el nombre de "pelegrina".

pelele *m* **1** Muñeco con figura humana, hecho de paja y trapo y propio esp. de carnaval. | FMora *Abc* 29.7.65, 19: Caro Baroja describe el hecho del carnaval con especial consideración de sus ritos: el columpio, los manteamientos, los peleles. Delibes *Guerras* 46: Los que quedaban francos, hale, a hacer peleles, o sea, muñecos de paja y trapo.
2 (*desp*) Pers. que se deja manejar por otros. | CPuche *Paralelo* 76: Le gustaban, por lo visto, estos arranques de su hembra. Se le veía hecho un pelele de la española.
3 Prenda de punto de una sola pieza, gralm. usada por los niños para dormir. | Sampedro *Sonrisa* 80: Anunziata hace entrar las piernecitas en las del pelele y vuelve al niño para abrochárselo por detrás. Tono *Sem* 20.12.69, 17: Para sus entrenamientos [los futbolistas] se ponen unos peleles

que muy bien podrían emplear en sus competiciones de invierno.

pelendengue *m* (*col*) Perendengue. | I. Montejano *Ya* 8.12.70, sn: Esto de maquillarme me gusta hacerlo a mí .. Esto tiene muchos pelendengues. Zunzunegui *Camino* 31: Tiene sus pelendengues que me haga cargo de un hijo que vaya usted a saber de quién es.

pelendón -na *adj* (*hist*) [Individuo] de una tribu celtíbera habitante de las fuentes del Duero. *Tb n*. | Ridruejo *Memorias* 22: Imagino que es una estirpe que se venía sucediendo desde la caída de Numancia en aquellas sierras, de las que los pelendones –pobladores de todos los Cameros– fueron moradores imperturbados. **b)** De (los) pelendones. | *Ya* 28.10.82, 18: Este castellano de la sierra de Oncala es muy diferente del burgalés o del vallisoletano; es más tosco, quizá se deba a reminiscencias pelendonas.

pelentrín *m* (*reg*) Pelantrín. | Mercader-DOrtiz *HEspaña* 4, 118: No era mucho mejor [en Andalucía] la situación de los pequeños propietarios y arrendatarios, los pegujaleros y pelentrines, siempre expuestos a caer al nivel de simples braceros por el azar de unas malas cosechas. Grosso *Capirote* 181: Mucho pides, pelentrín. Mal andan las cosas por el mundo para esas exigencias.

peleño -ña *adj* De Navalvillar de Pela (Badajoz). *Tb n, referido a pers.* | GMacías *Relatos* 161: El tío Matías era un ser totalmente anónimo hasta que tuvo la mala "pata" o mala fortuna de matar a un hombre en la villa de Navalvillar de Pela .. La gente y sobre todo los peleños lo propagaban.

peleón -na *adj* **1** Dispuesto o propenso a pelear. *Tb n, referido a pers.* | Cela *SCamilo* 229: Los corderos recién nacidos y los morueco peleones que van a morir degollados. Kurtz *Lado* 167: Elsa es una valquiria, una peleona. Si me hubiera pillado más joven, Elsa y yo combatiríamos como dos gallos de pelea. **b)** Propio de la pers. o el animal peleones. | PLuis *HLM* 26.10.70, 36: Gregorio Sánchez salió en plan peleón. [*En una corrida.*]
2 (*col*) [Tema o cuestión] que suscita muchas discusiones. | *Cam* 21.7.75, 12: Se ha alcanzado unanimidad en ciertas votaciones a mano alzada (como el documento "Humanae Vitae"), se ha rozado en la aprobación de algunos documentos menos peleones (el de los seminarios tuvo solo dos votos en contra y las normas de enseñanza y catequesis, solo tres).
3 (*col*) [Vino] corriente, esp. de baja calidad. *Tb n m*. | Carandell *Madrid* 94: El vino que se toma en Madrid por las tascas es vino peleón de Valdepeñas, debidamente cristianado. ZVicente *Traque* 160: Hubo que dar la fiesta. Cervezas, gaseosas, un poco de peleón.

pelerina *f* (*hoy raro*) Esclavina de mujer. | FReguera-March *Fin* 49: Recordaba un día, durante las Navidades del año anterior, al volver de misa, con mamá y tía Eulalia, en que Lucita se quedó arrobada delante de un escaparate de la Plaza Real, contemplando una pelerina azul.

pelet (*pl normal*, ~s) *m* (*Metal*) Pellet. | * Van a instalar una planta de pelets.

pelete. en ~. *loc adv* (*col, raro*) En cueros. | Cela *Viaje andaluz* 98: Aquella noche, el vagabundo soñó con segadoras coloradas, sanas y en pelete, que perseguían viejos en camisa, sacudiéndoles candela con el bieldo.

peletería *f* **1** Industria o comercio de la piel (de animal, esp. con su pelo). | J. PGuerra *SInf* 12.12.70, 3: La industria del curtido .. hoy puede soportar la demanda de millares de fábricas de calzado, bolsos, .. marroquinería y la peletería.
2 Establecimiento en que se fabrican o venden artículos de peletería [1]. | *Inf* 7.9.70, 19: Ayer se declaró un importante incendio en una peletería. J. PGuerra *SInf* 12.12.70, 3: Existen .. 259 peleterías, con 1.779 operarios, que en el pasado ejercicio suministraron 17.890 abrigos.
3 Pieles o conjunto de pieles (de animal, esp. con su pelo). | Landero *Juegos* 176: Apareció el maestro, envuelto en blanca peletería .., y tras él, como lesa de vergüenza, una criatura vestida de pardo. GTelefónica *N*. 838: Almacén de peletería al por menor.

peletero -ra I *adj* **1** De (la) peletería [1]. *Tb n f, referido a empresa.* | *Nue* 24.1.70, 1: Se ha celebrado un desfile de modelos de ante, napa y moutón de once firmas peleteras españolas.
II *m y f* **2** Pers. que fabrica o vende artículos de peletería [1]. | *Sáb* 10.9.66, 34: A la derecha, don José María Ticó, el peletero catalán más famoso en el mundo.

peletización *f* (*Metal*) Pelletización. | *SInf* 8.10.74, 5: Entre los proyectos de Sierra Menera está la construcción de un nuevo cargadero de minerales (pantalán), que es el preámbulo de la planta de peletización, de gran importancia para la continuidad de la explotación y desarrollo de las minas.

peli *f* (*col*) Película [4b]. | Umbral *País* 27.7.77, 17: Ahí tienes a Tote Trenas, que se ha ido en jeep a Katmandú, todavía se trabaja esa peli. Romeu *País* 5.10.82, 49: A Beirut, los marines han casi llegado como en las pelis .. En las pelis también llegan al final, pero solo que a tiempo.

péliade. víbora ~. –> VÍBORA.

peliagudo -da *adj* (*col*) Difícil o complicado. | Ramírez *Derecho* 30: El matrimonio no es una broma, sino una institución harto peliaguda y compleja.

pelicano -na *adj* De pelo cano. | Delibes *Madera* 92: Gervasio la hizo reparar en que Frutos, su hermano, también era pelicano. Delibes *Madera* 304: El cabo Rego fruncía las cejas pelicanas.

pelícano *m* Ave palmípeda de pico largo, debajo del cual tiene un saco membranoso en que conserva los peces de que se alimenta (*Pelecanus onocrotalus*). | B. Andía *Ya* 15.10.67, sn: Son lugares donde habitan los antílopes, .. los hipopótamos, los pelícanos.

película I *f* **1** Piel o membrana muy fina. | Vega *Cocina* 86: A los cangrejos tostados, antes de disponerlos, debéis quitarles la película de la cola, pero no sin haberlos cocido, porque arruinaríais su bonita presentación. Bustinza-Mascaró *Ciencias* 22: En muchas células .. se presentan pequeñas cavidades llamadas vacuolas citoplásmicas, que son espacios que contienen gases o líquidos y que están rodeados por una película perivacuolar.
2 Capa delgada que cubre una superficie. | Calera *Postres* 30: Se pone a cocer durante diez minutos, sin dejar de moverlo hasta que la crema forme una película en la cuchara de madera. *Act* 7.7.66, 13: Una fina película de Teflón recubre el filo [de la hoja de afeitar].
3 Cinta fotosensible para impresionar fotografías o imágenes cinematográficas. | A. Pezuela *Mun* 12.12.70, 62: La experiencia se inició tomando fotografías con película normal.
4 Película [3] cinematográfica revelada y dispuesta para ser proyectada. | *Abc* 25.6.58, 22: Proyector FP-5, equipado con bombos para 1.500 metros de película y linterna automática hasta 90 amperios, con lector de sonido magnético de cuatro canales y objetivo anamórfico para cinemascope. **b)** Obra cinematográfica. | Medio *Bibiana* 68: Por cuatro o cinco pesetas ve usted el No-Do y dos películas.
5 Desarrollo [de hechos]. | *Abc* 16.9.75, 5: La película de los hechos se desarrolló de la siguiente forma: 12,30. Los embajadores de Irak y Argel se personan en el edificio de la Embajada .. 12,40. El embajador de Kuwait en Madrid .. llega al edificio.
II *loc adj* **6 de ~.** (*col*) Extraordinario. *Con intención ponderativa. Tb adv.* | Delibes *Cinco horas* 120: Y, de repente, ¡plaf!, un frenazo, pero de película. MGaite *Retahílas* 86: No van a creer .. que nos están alegrando la vida a Marga ni a mí con poner una casa de película en la Costa Brava. T. Torres *D16* 9.4.81, 30: Se lo pasaron de película, incluso cuando su "estrella" intentó una saeta y se quedó en la s.
III *fórm or* **7 allá ~s.** (*col*) Expresa el deseo de desentenderse de algo. | Medio *Andrés* 229: Si no funcionan, allá películas. Grosso *Capirote* 22: ¿Que no queréis venir? Allá películas. Muchos otros habrá que piensen subir.

pelicular *adj* (*E*) De (la) película [1, 2 y 3]. | Marcos-Martínez *Física* 169: Las fotografías del suceso .. se desarrollan en una cinta pelicular de celuloide o de acetato de celulosa.

peliculero -ra (*col*) **I** *adj* **1** De (la) película [4b]. | Bonet *Terraza* 60 (G): A mí, déme literatura optimista, ¿me comprende? .. Me gusta el amor un poco peliculero. Berlanga *Pólvora* 18: Paco explicó con cierto aire peliculero.

2 Aficionado al cine. | CNavarro *Perros* 167: Su patrona le decía que era muy peliculera, y tenía razón. Muchos días se metía en el cine a las tres y media de la tarde y no salía hasta las ocho.
3 Fantasioso, o que se deja llevar por la fantasía. | * A peliculera y fantástica no hay quien la gane.
II *m y f* **4** Pers., esp. actor, que hace películas cinematográficas. *Frec con intención desp.* | Cela *Pirineo* 27: Quiso probar la artística gimnasia del fox-trot en el baile que habían armado las peliculeras y los veneantes. Marsé *Montse* 74: La loca de vuestra tía desapareció .. repentinamente –engullida, esta vez, por la peligrosa proximidad del Torremolinos nocturno y un antiguo conocido peliculero, un vulgar "doble de luces", una lustrosa rata de plató–.

peliculescamente *adv* (*raro*) De manera peliculesca. | M. Vigil *SYa* 14.9.75, 19: El antepasado del hombre actual .. tuvo una fase arbórea, se trasladaba de una parte a otra agarrándose con las manos a las ramas de los árboles (la fase que peliculescamente podría llamarse de Tarzán).

peliculesco -ca *adj* (*raro*) De (la) película [4b]. | *Abc* 26.2.75, 34: Dos muchachos se han fugado del reformatorio del Tribunal Tutelar de Menores de la calle Wad-Ras, en circunstancias que bien pueden calificarse de peliculescas.

peliculón *m* (*col*) **1** (*desp*) Película [4b] extensa y de carácter recargadamente dramático. | L. LSancho *Abc* 10.2.74, 83: Ferroni es uno de esos muchos directores italianos diestros en perpetrar peliculones, parece que comerciales, en los que explotan esas fuentes de ingresos denominadas sexo, sangre, violencia, terror.
2 Película [4b] muy buena. | GBiedma *Retrato* 46: El peliculón que vi con Salvador, *Picnic,* un vehículo especialmente diseñado para vendernos la belleza de la protagonista y el torso desnudo de William Holden .., me despertó el recuerdo del cine, y en los últimos días he reincidido un par de veces.

peliforra *f* (*raro*) Prostituta. | Cela *Izas* 39: Las izas suelen ser damas rabiosas y marchosas; peliforras de arrestos y poderío; furcias a las que aún se les aguantan las carnes.

peligarza *f* (*reg*) Bronca (discusión o represión). | Berlanga *Barrunto* 33: Cada jueves, Dámaso, el correo, le traía a mediodía el paquete de picadura .. Así todas las semanas, hasta que un jueves el correo vino de vacío y le contó que a la "Mona", la estanquera, no le servían más picadura .. "¡Rediós, qué señoritos nos hacemos! Ya le armaré una buena peligarza a esa cucamonas." Berlanga *Recuentos* 31: "Ya pueden venir los Civiles, ya", le grita el chico del Juancas con su vozarrón sobreponiéndose al entrechocar del dominó, a las peligarzas de la mesa del subastao.

pelignio *m* (*hist*) Lengua del grupo osco-umbro hablada en Corfinium (sur de Italia). | Villar *Lenguas* 113: El pelignio, la lengua de Corfinium, es un dialecto emparentado con el osco.

peligrar *intr* Estar en peligro. | J. Escudero *Van* 10.2.77, 23: Otras especies, aunque existían, como el jabalí, peligraban, y de no llevarse a término estas acciones, posiblemente hubieran desaparecido.

peligro *m* Posibilidad de que se produzca un daño o un contratiempo. *Frec con el v* CORRER. | APaz *Circulación* 112: Los Tribunales opinan que hay "imprudencia temeraria" cuando se omite la elementalísima precaución de fijarse de continuo si corre peligro la vida humana. SLuis *Doctrina* 148: Sujeto [de la Extremaunción] es cualquier cristiano que tiene uso de razón y está en peligro de muerte por enfermedad, herida o algo semejante. No el que, gozando de perfecta salud, se ve amenazado por un peligro externo. **b)** Pers. o cosa que implica peligro. | APaz *Circulación* 167: Si el alcohol se ha subido un poco a la cabeza, .. el automóvil será un verdadero peligro público. MMolina *Jinete* 244: En cuanto vio a aquel teniente .. supo que era un peligro.

peligrosamente *adv* De manera peligrosa. | A. Amo *Cua* 6/7.68, 50: El desarraigo laboral .. halla su raíz en una situación más amplia y más peligrosamente "cotidiana", en la férrea estratificación de niveles sociales.

peligrosidad *f* Cualidad de peligroso. | Torrente *Fragmentos* 319: El responsable del orden le pedirá, con muchos miramientos, que lleve el ruego al prelado y que le haga ver la peligrosidad de los allí emboscados.

peligroso -sa *adj* [Pers. o cosa] que implica peligro [1a]. | APaz *Circulación* 113: Un conductor colérico es casi tan peligroso como un borracho. Arce *Testamento* 19: Otra cosa: sería peligroso que intentara dar media vuelta. **b)** [Pers.] que supone un peligro por su tendencia a hacer daño. | *Ya* 6.6.73, 22: Por lo que respecta a "el Lute" y "el Lolo", .. parece que serán trasladados a otro centro penitenciario; .. se trata de que los dos peligrosos delincuentes sean encerrados en un lugar más seguro.

pelilargo -ga *adj* De pelo largo. | PLozano *SYa* 18.12.70, 9: Bailan en la penumbra, casi ritualmente, con los ojos cerrados, unos chavales pelilargos y unas chicas minifalderas.

pelillo I *m* **1** *dim* → PELO.
II *fórm or* **2 ~s a la mar.** (*col*) *Se usa para expresar la propuesta o el hecho de la reconciliación.* | ZVicente *Mesa* 104: ¿Le damos un golpecito al Valdepeñas, y pelillos a la mar?

pelilloso -sa *adj* (*raro*) Quisquilloso. | Espinosa *Escuela* 363: –¡Acuérdate!: Multitud de piojos, .. ciento ochenta mil cántaros aromáticos. –¡Ciento cincuenta mil! –rectifiqué. –¡Vaya! ¿Tan memoriones y pelillosos sois en tu aldea?

pelín (*col*) **I** *loc pron* **1 un ~.** Un pelo (un poco). | Diosdado *Cuplé* 75: ¿No le parece que en todo tirar la toalla en nombre de la dignidad hay un pelín de desidia? * No tomé más que un pelín de vino. **b)** (**ni**) **un ~.** Nada. | ZVicente *Traque* 280: Menuda es la gente de hoy, no tragan ni un pelín.
II *loc adv* **2** (**un**) **~.** Un pelo (un poco). | Delibes *Voto* 8: ¿No te habrás pasado un pelín? Torres *D16* 10.7.85, 40: Las manitas cruzadas sobre el punto conflictivo y la cabeza pelín inclinada. **b) por un ~.** Por muy poco. | ZVicente *Traque* 225: Por un pelín, por un pelín, acaba la fiesta a trompazos, si lo sabré yo.

pelirrojo -ja *adj* De pelo rojo. | GPavón *Hermanas* 38: Eran pelirrojas y muy sonrosadillas. GPavón *Reinado* 101: Formaban [las mariposas] una especie de guirnalda en torno a la cabeza pelirroja del administrador.

pelirrubio -bia *adj* De pelo rubio. | Cela *Pirineo* 80: El viajero se tumba a descansar un rato a la sombra de una noguera maternal y copuda en la que canta el pájaro y salta la descarada ardilla pelirrubia.

pelitieso -sa *adj* De pelo tieso. | Delibes *Madera* 257: A veces se acompañaba de un espejo que, al devolverle la imagen de su cabeza pelitiesa, vigorizaba el ostento.

pelitre *m* Planta herbácea semejante al crisantemo, cuya raíz, reducida a polvo, se usa como insecticida (*Anacyclus pyrethrum*). *Tb su raíz y el polvo obtenido de ella.* | Bustinza-Mascaró *Ciencias* 157: Se emplean como insecticidas algunas sustancias tóxicas ..; los alquitranes de hulla, los productos obtenidos del pelitre (planta compuesta parecida a los crisantemos), etc. Alvarado *Anatomía* 160: Nos tendremos que contentar con matar moscas adultas con papel matamoscas o con pulverizaciones de polvo de pelitre. *Economía* 58: Papeles especiales que contienen pelitre y D.D.T.

pelitrique *m* (*desp, raro*) Adorno inútil y de poco valor. | Campmany *Abc* 4.3.89, 21: Este Ticio a quien Federico Jiménez Losantos se empeña en llamar Semprunio es algo así como el floripondio del Gobierno, el perifollo de Felipe, los perendengues del socialismo o el pelitrique de la cultura posmoderna.

pella *f* **1** Porción de masa o de otra sustancia blanda. *Gralm con un compl especificador, que a veces se omite por consabido.* | CPuche *Paralelo* 210: Recibió una pella de barro en el cristal trasero. Alvarado *Anatomía* 113: Si se bate la leche, las gotitas grasas se unen unas a otras y forman una pella de manteca. Seseña *Barros* 14: Es justamente después de amasada la pasta cuando se forman las pellas o pellones de forma tronco-cónica –redondas en Extremadura– que luego pasarán a la rueda y, debidamente torneadas, se convertirán en las piezas deseadas. **b)** *Sin compl:* Porción de masa que se da como alimento al ganado. | Lera

pellada – pellizón

Olvidados 85: Allí se encontró a su mujer, amasando la pella de los cerdos. Espinosa *Escuela* 353: Yo hurtaba la pella a las ánades de los oficiales; aunque los soldados me vapuleaban, no me obligaban a devolver la bola, por ser ley respetar lo tragado.
2 (*argot Enseñ*) *En pl:* Falta injustificada a clase. *Gralm en las constrs* HACER ~S, *o* IRSE DE ~S. | Berlanga *Barrunto* 47: –¡Eh, tú, a que no te vienes mañana de pellas!–.. Cuando me explicó que "pellas" era como decir "novillos", soltaba algunas palabrotas. C. Canal *TMa* 3.12.88, 9: Reconocen que suelen faltar a clase, fumarse las clases, hacer pellas.

pellada *f* Pella [1]. | Zunzunegui *Hijo* 76: Volvió usando monóculo .. Pero unos raqueros le tiraron al segundo día de usarlo una pellada de barro que le cegó el ojo de cristal.

pelleja *f* Pellejo[1] [1a, 4 y 5]. | Vicent *SMad* 13.12.69, 6: Nunca le faltarían las sonoridades de un bombo campesino fabricado con pelleja de macho cabrío por esbeltas manos femeninas. DCañabate *Paseíllo* 149: ¿Puede un padre empujar a su hijo a que se juegue la pelleja una tarde y otra? P. Urbano *ElM* 9.9.92, 8: Hombre, yo no estoy en la pelleja de Felipe González.

pellejero -ra *m y f* Pers. que adoba pellejos[1] [1a] o comercia con ellos. | Cuevas *Finca* 151: El tipo más siniestro del verano, Francisco, el pellejero .. Compraba las pieles de los animales sacrificados.

pellejo[1] **I** *m* **1** Piel [de un animal], esp. separada del cuerpo. | Romano-Sanz *Alcudia* 181: Destaca [el zagalejo] entre los demás con sus abarcas, los pantalones largos de pana, desmesuradamente anchos, el gorro de pellejo y el zurrón a la espalda. **b)** (*col*) Piel [de una pers.]. | GRuiz *Sáb* 9.7.75, 26: Allí también estuve a punto de perder el poco pellejo que seguía cubriendo mi esqueleto. **c)** (*raro*) Piel [de un fruto]. | Bustinza-Mascaró *Ciencias* 270: Lo que se llama pellejo de la patata, es en realidad una capa fina de corcho. **d)** *Se usa en constrs como* NO TENER MÁS QUE ~, QUEDARSE EN EL ~, SER TODO ~ *o* SER UN ~, *para ponderar la extrema delgadez o consunción.* | Marsé *Dicen* 262: La encontró por fin en una tasca de mala muerte, y chico, qué sorpresa: un fideo, sí, un pellejo que hedía a vinagre, una momia pero muy pintada y teñida.
2 Pequeña porción de piel levantada o arrancada. | Laforet *Mujer* 302: Le enternecían aquellas manitas cuadradas .. con las uñas mordidas y algunos pellejillos levantados junto a las uñas. Bernard *Pescados* 11: Luego de limpiarlo, se hierve el bacalao, desmenuzado y limpio de espinas y pellejos.
3 Odre. | DCañabate *Abc* 5.1.75, 42: Nuestra impedimenta no era floja. Una escalera de tamaño regular .. Un pellejo de vino y un gran cesto con bastimentos diversos.
4 (*col*) Vida. *En constrs como* JUGARSE, PERDER *o* SALVAR EL ~. | *Tie* 14.8.76, 2: Huyó a Po[r]tugal para salvar el pellejo.
5 (*col*) Circunstancias [de alguien]. *En constrs como* ESTAR EN EL ~ [de alguien]. | Grosso *Capirote* 44: Lo que le queda que pasar en el cuartelillo al desgraciado del pelantrín, que no es poco. No quisiera encontrarme en su pellejo.
II *loc v* (*col*) **6 no caber** [alguien] **en su ~**. Estar sumamente contento. | CPuche *Paralelo* 354: Cuando llegó el fracaso de la invasión de Cuba se pasaron unos días de oculto pero desbordante optimismo. Genaro no cabía en su pellejo.
7 dejarse el ~ [en algo]. Dedicar[le] el máximo esfuerzo. | * Se está dejando el pellejo en ese trabajo.

pellejo[2] **-ja** *adj* (*col*) **1** [Pers.] libertina o licenciosa. *Frec n. Referido a mujer, como adj, se usan las formas* PELLEJO *y* PELLEJA; *como n*, UN PELLEJO. *A veces usado como insulto.* | Cela *SCamilo* 340: –El señor Barcia es buena persona, no lo dudo, pero un poco pellejo .. –¿Que el señor Barcia tenía algún devaneo?, debemos disculparlo, .. no estaba obligado a guardar fidelidad a nadie. Delibes *Emigrante* 84: La tía se pasó la mañana cantando y la machucha, o como se llame el pellejo ese, yendo de acá para allá como un fantasma.
2 Delgado o flaco. *Tb n*. | MRecuerda *Salvajes* 31: Qué, ¿queréis ver las piernas? ¡Mirad mis dos cáncanas! ¡Mirad! Pero ¡más secas y pellejas son las de las que vienen!

pellejudo -da *adj* Que tiene la piel formando bolsas o arrugas. | Laiglesia *Tachado* 54: Al Primer Ministro no le asustaba esta idea porque sus tejidos de anciano, pellejudos y correosos, le excluían de entrar en el sorteo como candidato a comestible. Delibes *Madera* 197: Entró Gerardo, el Cigüeña, pellejudo y arruinado.

pellet (*ing; pronunc corriente,* /pélet/ *o* /pelét/; *pl normal,* ~S) *m* (*Metal*) Agregado mineral esférico de pequeño tamaño, fabricado a partir de materiales finamente divididos. | *Ya* 11.5.82, 34: Antes de junio puede saberse si la planta de pellets es viable.

pelletización (*pronunc corriente,* /peletiθaθion/) *f* (*Metal*) Fabricación de pellets. | *Sp* 21.6.70, 43: Terminó refiriéndose a los trabajos realizados con otras empresas para estudiar la posibilidad de montar una planta de trituración, de fosforación y pelletización de minerales en San Miguel de las Dueñas.

pellica *f* Piel pequeña [de animal]. | S. Araúz *SYa* 18.5.75, 15: Todavía en las afueras del pueblo, en sogas clavadas a un tapial de adobe, se ven cientos de pellicas de cordero, sanguinolentas aún, tendidas a secar.

pelliza *f* **1** Zamarra (chaqueta hecha de piel con su lana o pelo). | Marín *Enseñanza* 218: ¿Cómo viste el pastor?: zurrón, pelliza, capa, albarcas, cayado.
2 Chaqueta de abrigo forrada de piel o con el cuello y las bocamangas reforzados de piel o tela. | CPuche *Paralelo* 418: –¿Qué tal le va? –dijo el mayor Jim quitándose su soberbia pelliza.

pellizcamiento *m* Acción de pellizcar. | M. Aguilar *SAbc* 29.9.68, 54: Una vez desengrasada se hace un masaje con la yema de los dedos, rompiendo las espinillas más pequeñas .. Este masaje, por pellizcamiento, activa la piel y la desengrasa.

pellizcar *tr* **1** Coger con dos dedos una pequeña porción de carne [de alguien o de una parte del cuerpo (*cd*)] apretando hasta causar dolor. | Olmo *Golfos* 119: Se pellizcaba. Y se hacía pequeñas heridas queriendo aprender a aguantar. Ferres-LSalinas *Hurdes* 117: El joven manosea de broma los muslos flacos de una niña de seis o siete años. Le da pellizcos y se ríe. –Estáte quieto, tío. –¿Quién te va a pellizcar a ti esto? –dice el gitano, y ríe desvergonzadamente. **b)** Coger y apretar con dos dedos una pequeña porción [de algo (*cd*)]. | * Deja de pellizcar los brazos del sillón; vas a pelar la tela.
2 Coger o quitar una pequeña cantidad [de algo (*cd*)]. *Tb abs*. | DCañabate *Paseíllo* 71: Por aquellos días el señor Marcos ultimó una buena contrata y en ella pellizcó Marquitos más que de sobra para acudir a la capea con el riñón bien cubierto.

pellizco *m* **1** Acción de pellizcar. *Tb su efecto*. | Laforet *Mujer* 64: Don Pedro .. dio un pellizco en las nalgas de la chica. Marín *Enseñanza* 307: Manualizaciones. Recortad a pellizco una figura geométrica. Recortad con tijeras sin filos una silueta muy simple. Olmo *Golfos* 29: La nariz era como un pellizco en el barro. **b)** Acción de pillar una pequeña porción de algo entre dos cosas duras. *Tb su efecto*. | * Me he dado un pellizco con la silla. * He dado un pellizco al abrigo con la puerta del armario.
2 Porción pequeña [de algo], que gralm. se toma con dos dedos. | Marsé *Dicen* 123: Martín reparte unos pellizcos de picadura y papel de fumar. Cuevas *Finca* 91: Cada grano diminuto, como una pepita de oro, se desharía en un pellizco de harina blanca. **b)** Porción [de algo]. *Con un adj de cantidad. Frec se omite el compl por consabido.* | Lagos *Vida* 20: Después de dejar un buen pellizco de sus ahorros, consiguió que le dejaran pagar el resto a plazos. J. M. Moreiro *SAbc* 25.1.70, 46: Intentan llevarse un buen pellizco de esos trescientos mil kilos de truchas que .. los ríos dan al cabo del año. Delibes *Parábola* 159: Usted tiene oportunidad de hacerse con un pellizco respetable a condición de renunciar al camposanto por un lado y a la cabeza de su marido de usted, por otro.
3 (*col*) Sentimiento o emoción. *Referido al cante o al toreo.* | Puntillita *Ver* 15.8.89, 16: Julio Aparicio demostró el "pellizco" de su toreo, artista donde los haya. *Tri* 18.10.69, 20: Manolo Caracol. No hay cante payo ni gitano. Hay quien tiene "pellizco" y quien no lo tiene.

pellizón *m* (*hist*) Prenda medieval de abrigo usada sobre el brial, más corta que este y con mangas más anchas. | PCarmona *Burgos* 204: A la misma escuela .. pertenece

pellote – pelo

una hermosa y gran imagen de la Virgen .. De igual manera que las Vírgenes de Gredilla y Cerezo, viste las dos túnicas denominadas brial y pellizón, esta más corta que aquella, y encima el manto.

pellote *m* (*hist*) Cierto vestido talar antiguo, hecho gralm. de piel. | J. M. Bermejo *Ya* 2.1.87, 39: El monasterio alberga otro muy peculiar: el de Ricas Telas y preseas medievales .. Mantos, pellotes, cojinetes, almohadones, tocas, almaizares, cofias, cintos, etc., forman un conjunto de ornamentos fúnebres, del siglo XII al siglo XIV.

pelma (*col*) **I** n **A** m y f **1** Pers. pesada y molesta. *Tb adj.* | CPuche *Paralelo* 13: –Ese pelma se ha dormido .. –Lo estará pensando. Ballesteros *Hermano* 48: Era muy posible que Milán ganase mucho sin Carlino, que era bastante pelma.
B f **2** (*raro*) Pesadez o molestia. | Torrente *SInf* 8.9.77, 8: Las calles de Bayona, sin esa pelma de los turistas y los veraneantes, estarán preciosas.
II *loc v* **3 dar la ~.** Fastidiar o dar la lata. | MGaite *Ritmo* 214: Pero es que sé lo que te dan la pelma con eso de los empleos las mujeres.

pelmacería f (*col*) Condición de pelmazo. | Neville *Vida* 364: No me di cuenta de su pelmacería hasta que tuve que convivir con él de día y de noche.

pelmazo -za (*la forma* PELMAZA *es rara, y gralm se usa* PELMAZO, *con art m, designando a mujer*) m y f (*col*) Pelma [1]. *Tb adj.* | DCañabate *Paseíllo* 125: Al grupo de toreros que, con el capote de paseo sobre el hombro izquierdo, iba lentamente hacia el ruedo, le rodeaba un grupo de pelmazos. Laiglesia *Tachado* 29: ¡Cuántos fuegos se han prendido .. con los palitroques de una gaita escocesa que un viajero pelmazo nos regaló! Antolín *Gata* 40: De qué hablarían, qué pelmazas.

pelo I *m* **1** Filamento de naturaleza córnea que nace en la piel de algunos animales, esp. en los mamíferos. | Cunqueiro *Un hombre* 12: Escupió un pelo de la barba intonsa. Olmo *Golfos* 23: Señora: ¿recuerda usted el salto que dio su corazón al descubrir los primeros pelos en las piernas de su hijo? **b)** Filamento de los que nacen en los órganos de algunas plantas. | Navarro *Biología* 104: Algunas células epidérmicas se transforman en pelos y así pueden proteger mejor al vegetal. **c)** Filamento de los que sobresalen en la superficie de un tejido. | Delibes *Parábola* 35: Cierra los ojos porque el roce de los pelos de la bufanda se los irrita. **d)** Partícula o cuerpo en forma de filamento. | * He cogido un pelo con la pluma.
2 Conjunto de los pelos [1a, b y c]. | Cunqueiro *Un hombre* 12: Tenía el pelo de la cabeza castaño oscuro. E. Boado *SYa* 3.3.74, 4: La tienda, grande, alta, muy amplia, está tejida a mano con pelo de cabra. Ybarra-Cabetas *Ciencias* 290: El chopo .. se distingue fácilmente de los demás por el pelo blanco que cubre el envés de sus hojas. *Economía* 98: Para plancharlo, se humedece [el terciopelo] por la parte del pelo y se plancha al aire por el revés. **b)** Conjunto de pelos de la cabeza humana. | Olmo *Golfos* 93: Siempre iba muy arregladito, con su pelo negro lleno de ondas.
3 Color del pelo [2] [del caballo u otro animal]. | LTena *Alfonso XII* 141: –Tú entrarás en Madrid en un caballo blanco... –¿Y por qué no de cualquier otro pelo? ¡Qué más da! Cela *Viaje andaluz* 313: Gibraleón .. es pueblo de alambiques y colmenas, sábalos .. y naranjal, lagares y almazaras, ganado de varios pelos.
4 Aspecto exterior [de un animal], que se manifiesta en el brillo y calidad de su pelo [2a]. | CPuche *Paralelo* 127: Seguramente era fácil mantener estos bichos con los desperdicios de los bloques próximos, porque los animalejos tenían buen pelo.
5 (*Caza*) Animal de pelo [2]. *Se opone a* PLUMA. | Delibes *Emigrante* 69: Uno pega al blanco y la goza, es cierto, pero no es aquello de salir ahumando al ver pegarse el pelotazo a la perdiz y agarrarla todavía caliente o, si es pelo, poner la pieza a orinar antes de colgarla. Cela *Judíos* 215: Son pueblecitos de colina y sosiego, caza de pelo y cereal.
6 Raya o grieta [de una piedra, de un objeto de vidrio o metal o de otra materia]. | Alvarado *Geología* 51: Las masas graníticas se presentan cuarteadas en bloques paralelepipédicos mediante un sistema de finas grietas, llamadas científicamente diaclasas, y por los canteros, pelos o lisos. * Esta copa tiene un pelo. *Abc* 30.4.85, 37: Lo que denominan grie-

tas son, en realidad, lo conocido en la construcción como "pelos", ocasionados por el asentamiento del edificio.
7 Con un compl especificador como DE CAMELLO, DE CABRA, DE LLAMA, *designa el tejido hecho con pelo* [2a] *de estos animales o con alguna imitación de él.* | GTelefónica N. 337: Maissa. Correas de cuero. Algodón. Goma y lona. Transportadoras trapeciales. Pelo de camello. * Lleva un abrigo de pelo de llama.
8 el ~ de la dehesa. (*col*) La rusticidad o tosquedad [de una pers. de origen rural]. *Frec con el v* PERDER. | CPuche *Paralelo* 475: –Por lo menos doce puñaladas tiene –decía el portero del 94, un cachazudo extremeño con el pelo de la dehesa todavía. ZVicente *Mesa* 139: Hay que perder el pelo de la dehesa... Y viajando...
9 ~ malo. Plumón [de las aves]. *Tb* (*reg*) ~S MALOS. | Moreno *Galería* 268: Huían "a todo vuelo" .. hasta no quedar uno en sus agujeros, más que los pichones en pelo-malo o los pájaros y crías en chichotas. GMacías *Relatos* 17: Este pajarito, cuando sale del huevo a la luz del sol, cambia con gran rapidez la primera pelusa, que aquí llaman "pelos malos", que pronto son sustituidos por unos cañones negros.
10 ~s de gorrino. (*col, reg*) Moco de pavo (→ MOCO). *Con el v* SER. | N. C. Araúz *SYa* 28.4.74, 35: Todo empezó el día en que al veterinario se le ocurrió contar los célibes adultos –¿será el soltero un animal enfermo?– y le salieron ciento tres, que tampoco son pelos de gorrino.
11 ~s y señales. (*col*) Pormenores o detalles. *Gralm en la constr* CON ~S Y SEÑALES. | F. Oliván *Abc* 28.2.58, 23: Conoce .. con pelos y señales a sus protagonistas. Olmo *Golfos* 80: Cuando llegamos a lo del nacimiento del chaval –cosa que le contamos con toda clase de pelos y señales– soltó una alegre carcajada.
II *loc adj* **12 al ~.** (*admin*) Del mismo color que el pelo de la cabeza. *Gralm referido a cejas*. | Berlanga *Acá* 33: Atilio: cuarenta y cinco años, castaño, cejas al pelo, 1,67, ochenta kilos fofos.
13 de medio (*o* **poco**) **~.** (*col*) [Pers. o cosa] de poca clase o categoría. | Delibes *Cinco horas* 70: Su familia era un poco así, de medio pelo, ya me entiendes, y de que le escarbabas un poco enseguida asomaba el bruto. Torrente *Vuelta* 217: La llevó al café de la Puerta del Sol .. Los clientes eran parejas de poco pelo. ZVicente *Mesa* 208: Estoy condenada a estos trapos de medio pelo.
14 de ~ en pecho. (*col*) [Pers.] decidida y valiente. *Normalmente referido a hombre.* | DCañabate *Paseíllo* 33: Un juego de niños bueno pa las niñeras y las amas de cría, pero no pa hombres de pelo en pecho.
15 en ~. (*col*) [Carrera] que se realiza a toda velocidad. | Aldecoa *Cuentos* 1, 114: Vas a dejar el fusil a un compañero y te vas a dar una carrera en pelo hasta la tasca de Isusi. **b)** [Corrida] **en ~** → CORRIDA.
III *loc pron* (*col*) **16 un ~.** Un poco. | * Corría apenas un pelo de aire. **b) (ni) un ~.** Nada. | LRubio *Nunca* 242: De tontos no tienen un pelo. Laiglesia *Tachado* 17: La gente dice que soy humorista y que no tengo ni un pelo de filósofo.
IV *loc v y fórm or* **17 caérsele el ~** [a alguien]. (*col*) Recibir un castigo fuerte o sufrir una consecuencia negativa grave. *Frec la forma en pasado tiene sent futuro.* | Sastre *Taberna* 67: Si lo detienen aquí se me ha caído el pelo. MGaite *Ritmo* 104: Algunas veces por no saber un mote que te han puesto se te cae el pelo para todo el bachillerato.
18 contarle los ~s al diablo (*o* **al gato**). (*col*) Ser muy listo o astuto. | GHortelano *Amistades* 32: A mí no hay quien me la dé, ¿sabe? Yo le cuento los pelos a un gato.
19 cortar un ~ en el aire. (*col*) Ser muy astuto o perspicaz. | CSotelo *Inocente* 74: Hombre que corta un pelo en el aire y del que hay que precaverse.
20 crecer, *o* **lucir, el ~** [a alguien]. (*col*) Ir[le] la vida o los asuntos [de un modo determinado (*compl adv*)]. *Frec en la constr* ASÍ LE LUCE EL ~. | Delibes *Parábola* 15: Cada día nos hacemos más remilgados, y así nos crece el pelo. Berlanga *Recuentos* 79: ¡No has cambiado nada, macho, Míster Dudas!, así te luce el pelo.
21 dar para el ~ [a alguien]. (*col*) Dar[le] una paliza. *Tb fig.* | CPuche *Paralelo* 156: En todas partes les están dando para el pelo. En Laos, en Angola, en Berlín, en todas partes.
22 echar [alguien] (**buen**) **~.** (*col*) Prosperar. | Aldecoa *Gran Sol* 138: Vamos a echar buen pelo. Ganábamos más a lo[s] panchos del muelle. Delibes *Emigrante* 95: Más pelo

echaríamos si fuera ella y no él la dueña del negocio. **b) echar buen ~.** Mejorar de salud. | Faner *Flor* 103: Diodor le derribó de un tiro en el costado .. Llevaron el siervo a la consulta del doctor Perceval. –Si echa buen pelo, haces con él lo que te dé la gana –dijo Diodor a su dulce enemiga.

23 hacer a ~ y (a) pluma. (*Caza*) Cazar todo tipo de animales, tanto mamíferos como aves. | Delibes *Castilla* 37: Enrique Calleja, el molinero, es hombre de campo, hombre que, como suele decirse, hace a pelo y a pluma. En los asuetos, pesca las cuatro truchas que cada año se despistan, sorprende al azulón en los restaños .., zorrea en la maleza del soto o busca la liebre en su encame. **b)** (*col*) Adaptarse a todo. | Gala *Días* 408: La guerra nos dejó a todos con las patas colgando .. Hubo que hacer a pelo y a pluma. Hasta portar alijos de Gibraltar. **c)** (*col*) Ser bisexual. | * Se lleva mucho eso de hacer a pelo y pluma.

24 no tener ~s en la lengua. (*col*) Decir sin miramientos lo que se piensa. | SSolís *Blanca* 133: Yo me despaché diciéndole toda la verdad, la única vez en mi vida que no tuve pelos en la lengua.

25 poderse ahogar [a una pers.] **con un ~.** (*col*) Estar [esa pers.] muy abatida. | * Hoy se me puede ahogar con un pelo.

26 ponérsele [a alguien] **los ~s de punta.** (*col*) Erizársele de miedo el cabello. *Frec con intención ponderativa.* | *Hoy* 9.10.75, 15: Se nos ponen los pelos de punta cuando alguien se acuerda de nosotros, directa o indirectamente, para recordarnos que hemos hecho algo mal, algo que no está bien visto. **b) poner los ~s de punta.** (*col*) Horrorizar. | *Rue* 7.3.63, 4: Por esos pueblos se ven cosas que ponen al más templado los pelos de punta.

27 soltarse el ~. (*col*) Decidirse a hablar o actuar sin miramientos. | *GacNS* 16.8.74, 3: El Ayuntamiento se ha "soltado el pelo" en los últimos días y parece que toma seriamente .. dos aspectos en que nuestra ciudad se halla muy necesitada de una enérgica acción del municipio: ruidos y circulación. Umbral *Memorias* 167: Una vez al aire libre .. la moral quedaba muy atrás. No es que todas, absolutamente todas, se soltasen el pelo, pero lo cierto es que los controles tradicionales, fuera de su marco habitual, pierden mucha vigencia.

28 tirarse de los ~s. (*col*) Estar o mostrarse desesperado o arrepentido. | M. D. RElvira *HLM* 30.12.74, 6: La Agencia Central de Inteligencia .. es sinónimo de omnipresencia y casi omnipotencia, por lo que a nadie se le ocurre tirarse de los pelos al saber que, entre sus objetivos de espionaje, figuran 10.000 ciudadanos norteamericanos.

29 tocar [a alguien] **un ~ de la ropa.** (*col*) Hacer[le] el más mínimo daño. *Frec en frases de amenaza.* | Torrente *DJuan* 304: No pude .. seducirla. La gente no lo ha creído nunca, me cargan el mochuelo de su deshonra. ¡Mi palabra de honor que no le he tocado el pelo de la ropa! **b) tocar** [a alguien] **la punta de un ~** → PUNTA.

30 tomar el ~ [a alguien]. (*col*) Burlarse [de él]. | Arce *Testamento* 53: No me gusta que me tomen el pelo. ¡No ha nacido hijo de madre que me tome el pelo a mí!

31 ver el ~ [a alguien]. (*col*) Ver[le]. *Con intención de ponderar una presencia o una ausencia.* | *Gar* 6.10.62, 53: Dijo que iba a visitar a unos parientes, los directivos del equipo se lo tragaron y ya no le vieron más el pelo.

32 y yo (**o y tú,** *etc*) **con estos ~s.** (*col*) Y yo (o y tú, etc.) sin haber hecho los preparativos necesarios. | Gala *Hotelito* 59: La inquilina al caer, y yo con estos pelos.

V *loc adv* **33 a ~.** (*col*) Con la cabeza descubierta. | ZVicente *Traque* 114: Todos somos iguales, con tricornio o a pelo.

34 a ~ (o **en ~**). Sin aparejos de montar. *Gralm con el v* MONTAR. | Chamorro *Sin raíces* 108: Si uno montaba a pelo una burra resabiada, el otro encendía un cohete.

35 a ~. Sin ayuda, protección o acompañamiento de ninguna clase. | *D16* 1.9.85, 28: Fue ingresado el pasado 4 de julio en el Alonso Vega tras un problema de droga .. "Venían por la mañana a verme y me decían que «el mono» tenía que pasarlo «a pelo»". J. Parra *Ya* 26.9.86, 60: Paloma cantaba casi a pelo, engullendo con sus sonidos de acero la regular puesta en escena.

36 a ~. (*col*) A cuento o con oportunidad. *Con el v* VENIR. | Halcón *Ir* 115: Pensó que el gazpachero tendría otra ocupación, ya que vino a pelo preguntarle, y el zagal le contestó que no había vuelto a ir porque Paco se lo había dicho.

37 al ~. (*col*) A la medida de la necesidad o del deseo. | DCañabate *Abc* 19.3.72, 73: Los toreros .. piden la supresión de los críticos, que, según ellos, denigran la fiesta. ¡Al pelo! Sí, señor. Así se hace. Que la crítica sea solo elogiosa.

38 al ~. En la dirección del pelo [2]. | * El terciopelo debe cepillarse al pelo.

39 a medios ~s. (*col*) En estado de mediana embriaguez. | Carnicer *Hurdes* 20: Llegó una tarde aquí a medios pelos .. Era la risión de la gente que había en la cantina.

40 dejando ~s en la gatera. (*reg*) Con apuros. | A. Hernández *Ya* 11.12.80, 11: La tendencia a la desobediencia civil .. hace más difícil la posibilidad de entendimiento estable en el futuro entre el Gobierno de Ucd, aunque mantenga el pacto con los catalanes, dejando pelos en la gatera, y los nacionalistas vascos.

41 hasta los ~s, o **hasta el último ~.** (*col*) En situación de hartura total. *Gralm con el v* ESTAR. | GPavón *Rapto* 198: Debía estar hasta los pelos del puritanismo de sus futuros suegros. P. J. Rey *Sur* 25.8.88, 10: La Uli estaba hasta el último pelo. **b) hasta la punta de los ~s** → PUNTA.

42 ~ a ~ (o **~ por ~**). Uno por otro, sin añadido de ningún tipo. *Con el v* CAMBIAR *u otro de sent equivalente.* | Delibes *Señora* 11: Compraré un prado en Villarcayo y se lo cambiaré al Servicio Forestal pelo a pelo por esa casa.

43 por los ~s. (*col*) A punto de no haber conseguido lo que se pretendía. | RBuded *Charlatán* 181: Se lo cargaron en la segunda eliminatoria. Y la primera la pasó por los pelos. **b)** De manera forzada o con poca oportunidad. *Gralm con el v* TRAER. | *Abc* 2.3.75, 16: La portada de nuestro periódico .. ha sugerido a este singular hombre de empresa un artículo tan chabacano, violento y traído por los pelos, que todo él sería una pura injuria si no sirviera para desprestigiar de antemano al mismo que lo escribió.

44 un ~. (*col*) Un poco. | FSantos *Catedrales* 177: Cuando llegan los rallys allí están los de siempre a que les quiten los bollos de los coches. Vuelven a los tres o cuatro días, miran al coche, le dan un pelo al gas y hasta luego, a destrozarlos otra vez. **b)** (**ni**) **un ~.** (*col*) Nada. | Delibes *Emigrante* 87: Esto no me gusta un pelo. Arce *Testamento* 89: Desde que empezamos a planearlo le dije que no me fiaba un pelo de tu mujer. MGaite *Ritmo* 83: Porque te dan venadas y no se fía uno ni un pelo. **c) por un ~.** (*col*) Por muy poco. | Benet *Nunca* 107: La abuela le cerró el piano de un manotazo, no pillándole los dedos por un pelo.

pelógeno -na *adj* (*Bot*) Que se cría en terrenos cenagosos. | Ybarra-Cabetas *Ciencias* 414: En estos suelos [fangosos] viven preferentemente las plantas denominadas pelógenas.

pelón -na I *adj* **1** Que no tiene pelo [2] o lo tiene muy escaso o muy corto. | GPavón *Hermanas* 26: Había .. dos furcias masticando chicle y pelona una de ellas. MMolina *Jinete* 398: Tenían [los huérfanos] las cabezas pelonas. Delibes *Castilla* 159: De la fusión de las cuatro razas iniciales [de cerdos] surgió el pelirrojo Torbiscal, mientras conservaban en pureza una de ellas, la Puebla, marranos negros, lampiños, el famoso "pelón guadianés", prácticamente desaparecido. Grosso *Capirote* 87: Las mantas que olían a algodón: barata manufactura industrial pelona y borrosa sin una sola hilada de merina lana.

II *f* **2 la pelona.** (*col*) La muerte. | Alcántara *Ya* 20.2.91, 52: La muerte no es racista. La pálida dama, también conocida bajo el sobrenombre de "la pelona", no discrimina a nadie por el color de su epidermis.

peloponesio -sia *adj* (*hist*) Del Peloponeso (península griega). *Tb n, referido a pers.* | Calonge *Tucídides* 9: Pudo informarse de los hechos de ambas partes, especialmente de los del lado peloponesio.

pelosilla *f* Se da este *n* a varias plantas herbáceas de los géns *Hieracium* y *Parietaria,* esp *H. pilosella.* | Mayor-Díaz *Flora* 581: *Hieracium murorum* L. "Pelosilla de los muros".

peloso -sa *adj* Que tiene pelo [2]. | Bustinza-Mascaró *Ciencias* 162: Su cuerpo [de la araña de jardín] mide 12 milímetros, es peloso y de color variable. Ybarra-Cabetas *Ciencias* 261: Por la superficie del limbo, [las hojas] pueden ser: lampiñas, vellosas, pelosas, según no posean pelos, o sean cortos o largos, respectivamente.

pelota¹ I *n* **A** *f* **1** Bola, gralm. pequeña y de material elástico, que se usa para jugar. | Repollés *Deportes* 83: El críquet .. exige una gran precisión para conseguir que la pelota avance, golpeada con un mazo. **b)** Balón (de deporte). | M. GAróstegui *SAbc* 27.4.69, 29: Se aficionó al fútbol como todos los chicos de su época, jugando en la calle y en el colegio, unas veces con pelotas buenas y otras con lo más parecido a una pelota. **c) ~ de viento.** Vejiga llena de aire y cubierta de cuero, que se usa para jugar. | Moreno *CSo* 27.11.75, 4: Bolos, calva, chita, tanguilla, chapas, lanzamiento de barra, pelota a mano y a pala y la añorada pelota o pelotón de viento, entretuvieron preferentemente a la juventud.
2 Juego que se realiza con una pelota [1a]. | Cabezas *Abc* 16.7.72, 38: Al parecer, los guardias del Retiro prohíben a los niños que acuden a los jardines que jueguen con bicicletas y patines .. También parece que algunos les prohíben jugar a la pelota. **b)** Deporte vasco en que los jugadores, divididos en dos equipos, lanzan la pelota contra un muro, a mano o con una pala o cesta. *Tb ~* VASCA. | Repollés *Deportes* 75: En la actualidad se celebran a diario interesantes encuentros de pelota. *Abc* 3.2.74, 75: Los encuentros que el calendario del Campeonato Nacional de aficionados de pelota vasca señala para hoy, domingo, son: En Vitoria: Álava-Cataluña. En Madrid: Castilla-Zaragoza. **c) ~ base.** Béisbol. | Mascaró *Médico* 93: Los músculos del cuello se afectan mayormente en los cargadores, el bíceps y el tríceps en los jugadores de pelota base.
3 Masa u objeto de forma esférica. | Laforet *Mujer* 15: Una locomotora vieja .. lanzaba pelotas de humo blanco. CPuche *Paralelo* 58: En seguida pensó que su suerte estaba precisamente allí, entre aquella pelota de gente, en torno a aquellas dos mesas. *MHi* 8.60, 45: La pelota es un conglomerado que las aves de presa expulsan diariamente por la boca, integrado por plumas, pelos, huesos y otros restos indigeribles de sus víctimas.
4 Proyectil no explosivo [de un arma de fuego antigua]. | J. Manzano *SYa* 15.5.77, 15: Los obreros españoles que llevaba consigo, al abrir los cimientos, encontraron escondido debajo de una peña un nido hecho de barro y paja, que contenía tres o cuatro pelotas de lombarda. DVillegas *MHi* 12.57, 20: Las más viejas crónicas dejan testimonio de las "pelotas de fierro" ardiendo y de los "truenos" lanzados por la más remota "tormentería".
5 Amasijo de pan rallado, huevo, especias y a veces carne picada, que se añade al cocido. | Savarin *SAbc* 15.11.70, 39: El cocido está muy bueno .. Echo de menos la pelota o relleno, formado por un amasijo de carne de cerdo picada, miga de pan, un huevo crudo y especias. **b)** (*reg*) Bola de carne picada, semejante a una albóndiga de gran tamaño. | *Pro* 15.8.82, 31: Formentera del Segura .. Tiene industrias de conservas vegetales. Siendo su plato preferido las pelotas de picadillo de pavo.
6 (*col*) Cabeza (de pers.). | Aristófanes *Sáb* 8.3.75, 71: ¡Vaya lío que tengo en la pelota con esto de los clásicos, machos!
7 (*vulg*) Testículo. | Cela *SCamilo* 35: De los bailes suele salir la gente con las pelotas hinchadas y doloridas, se conoce que del calentón. **b)** *Frec se emplea como sinónimo de* COJÓN *en distintas locs y constrs.* | CPuche *Paralelo* 387: Haz lo que te salga de las pelotas, si las tienes. CBonald *Casa* 255: Me puedo hartar el día menos pensado .. Y si yo me harto, o sea, si se me hinchan las pelotas, no van a saber ni dónde meterse. Cela *SCamilo* 31: Mire usted, don Lucio, a mí esto de las huelgas me toca las pelotas. Delibes *Emigrante* 91: De que apagué la luz, la sentí llorar como si hubiera en casa una desgracia. ¡La cosa tiene pelotas, vamos! Cela *SCamilo* 292: Deben ser fascistas desesperados, de lo que no hay duda es de que tienen un par de pelotas. Gala *Hotelito* 54: Yo soy una mujer de verdad, con un par de pelotas, no una estanguita como tú. Sastre *Taberna* 77: Mal rayo le parta al Machuna de las pelotas. Ojalá que se hubiera quedado mudo.
B *m y f* **8** (*col*) Pers. aduladora. *Tb adj.* | ZVicente *Traque* 270: Los pelotas de turno procuraron que no trascendieran.
II *loc v* (*col*) **9 echar**, o **pasar**, **la ~**. Eludir la responsabilidad pasándosela [a otro]. | * Da gusto ver cómo tratan de echarse la pelota unos a otros.
10 estar (*u otro v equivalente*) **la ~ en el tejado**. Estar pendiente de resolución un asunto o negocio. | * Todavía está la pelota en el tejado, no cantes victoria. A. Linés *SYa* 29.6.75, 27: Las estadísticas no nos obligan a esperar que este verano sea especialmente tormentoso, porque lo haya sido la primavera. Queda por tanto la pelota en el tejado, como en tantas cosas, a la hora de pronosticar.
11 devolver la ~. Responder a un hecho o dicho con otros equivalentes. | E. GPesquera *Fam* 15.11.70, 6: Es un juego muy antiguo, este de devolver la pelota, o echarse mutuamente las culpas.
12 hacer la ~. Adular interesadamente. | FReguera-March *Filipinas* 202: No me fío nada de Monet .. Ese le hace la pelota al capitán general.
13 jugar a la ~ [con alguien]. Traer[le] de un sitio para otro inútilmente. | * Me parece que están jugando a la pelota con él.
III *loc adv* **14 en ~s.** (*vulg*) En pelota². | Delibes *Parábola* 172: Unos en los botes, otros con un salvavidas a la cintura .., y el que no tiene para más, en cueros vivos, en pelotas.

pelota². **en ~.** *loc adv* En cueros o sin ropa. *Tb* (*col*) EN ~ VIVA *o* PICADA. | Berenguer *Mundo* 25: Se quedaba en pelota de cintura para arriba y se lavoteaba a gusto. Kurtz *Lado* 17: El Cóndor huyó, en pelota, calle de Vera abajo. Alcántara *Ya* 14.12.89, 20: El presidente del Frente Nacional Francés, Jean-Marie Le Pen, alcanzó la más alta cima de popularidad cuando su mujer se retrató en pelota picada.

pelotari *m y f* Jugador de pelota¹ [2b]. | Aldecoa *Gran Sol* 51: Así dicen los que han estado en Nueva York y los pelotaris que han jugado en el sur.

pelotazo *m* **1** Golpe dado con una pelota¹ [1 y 3]. *DBu* 19.9.70, 15: Tapia I, al devolver una pelota muy apretada contra la pared lateral, propinó un tremendo pelotazo en la cabeza a Andueza. CPuche *Paralelo* 72: Por eso mismo sorbían febrilmente los puñados de nieve .. Por eso chillaban y disfrutaban como niños tirándose pelotazos.
2 Golpe que se da a un ave al caer abatida. | Delibes *Emigrante* 69: Uno pega al blanco y la goza, es cierto, pero no es aquello de salir ahumado al ver pegarse el pelotazo a la perdiz.
3 (*col*) Golpe, o impresión súbita. | Vicent *País* 12.2.83, 11: Mientras se maquillaba frente al espejo del lavabo tarareando la canción de moda, el joven chapista imaginó la sorpresa de los compañeros del taller cuando lo vieran aparecer en pantalla. Esta vez iba a dar un pelotazo.
4 (*col*) Copa o trago. | AMillán *Mayores* 389: ¿Te sirvo un pelotazo?
5 (*col*) Ganancia rápida de dinero. *Gralm en la constr* PEGAR EL ~. *Frec con intención desp aludiendo a la poca limpieza*. | Burgos *D16* 9.8.92, 6: Nadie recordará .. el derroche de inversiones no productivas, que aquí no se ha creado una sola fábrica, sino que se han montado cientos de negocios para pegar el pelotazo que nunca vino. J. L. Trasobares *Her* 21.2.93, 3: Es una habilidad diabólica. La poseen los políticos ventajistas, los financieros del pelotazo, los profesionales y empresarios comúnmente favorecidos por adjudicaciones trucadas y, en general, la Corte de los Milagros que vive del cuento.

pelote¹ *m* Pelo de cabra, usado esp. para relleno. | Cossío *Confesiones* 43: Nos vendían allí unos zurriagos de lona rellenos de pelote .., y nos lanzábamos unos contra otros con aquellos zurriagos, a golpe limpio.

pelote² *m* **1** (*reg*) Piedra. | Quiñones *Viento* 263: Lo traían boca arriba .. y metido en hielo como un lenguao, con las manos tiesas y por cima de la hebilla de la correa, y la cara un poco vuelta, más bien tranquila y más dura que un pelote, como que llevaba congelao más de un día.
2 (*jerg*) Duro (moneda). | Tomás *Orilla* 145: El muy cabrón siempre tiene bebercio. Y le saca una pasta gansa. El tapón de la botella le hace de copa y cobra a veinte pelotes el tapón.

pelotear A *intr* **1** Devolverse o pasarse repetidamente la pelota. *Tb fig.* | Cela *Judíos* 108: Durante la Edad Media, moros y cristianos anduvieron peloteando con Sepúlveda.
2 Golpear o pasar la pelota repetidamente, como entrenamiento o sin la formalidad de hacer partido. | DCañabate *Abc* 7.7.74, 47: Distinguíamos perfectamente el escenario y

en él a los once jugadores de un equipo que peloteaban delante de una portería.
B *tr* **3** Poner en circulación [una letra de cambio] sin que obedezca a una operación comercial auténtica. I Miguel *Mad* 22.12.69, 13: Las letras .. han perdido todo su poder de obligar, todo su misterio. Se endosan, se pelotean, se sustituyen unos por otras, .. se protestan.

peloteo *m* **1** Acción de pelotear. I J. Zabaleta *DVa* 15.3.75, 19: Los dos pelotaris mantienen grandes posibilidades .. Roberto tiene un buen saque, remata bien y aguanta el peloteo. *As* 7.12.70, 30: A los cuarenta [minutos], en peloteo en el área lucense, se hace con el balón Joselín y, de tiro raso, consigue el segundo gol. Delibes *Año* 92: Un peloteo de violencias no puede conducirnos a buena parte. Goytisolo *Recuento* 518: Una evolución que posiblemente se había iniciado poco antes de su boda, con el susto del cheque sin fondos y el peloteo de letras.
2 Acción de adular o hacer la pelota. I * ¡Qué peloteo se trae con el jefe!

pelotera *f* (*col*) Riña o disputa. I Zunzunegui *Hijo* 112: Después de tan larga pelotera en torno a la elección de marido, a don Manuel le parecía bien que su hermana se casase.

pelotero[1] *adj* [Escarabajo] que forma unas bolas de excrementos en las que deposita sus huevos (→ ESCARABAJO). I Bustinza-Mascaró *Ciencias* 148: Animales parecidos al escarabajo de la patata. Mencionaremos el escarabajo pelotero, el ciervo volante, los gorgojos.

pelotero[2] **-ra** *m y f* (*raro*) Futbolista. I J. M. García *Ya* 14.10.91, 2: Para estos peloteros de buen vivir y mejor comer se inicia otra historia.

pelotilla A *f* **1** *dim* → PELOTA[1].
2 Bolita pequeña [de algo moldeable], hecha con los dedos. *Sin compl, esp designa la de moco o suciedad.* I ZVicente *Traque* 167: La ponían contra una pared o contra la puerta, y le tiraban piedras, o libros, o flechas, o pelotillas de goma... ¡Qué chicos!, ¿eh? Es que son de la piel del diablo. Á. Río *Ya* 26.12.86, 17: Las aceras han perdido esa alfombra permanente de envoltorios arrugados, de octavillas de propaganda hechas una pelotilla.
3 (*col*) Adulación interesada. *Gralm en la constr* HACER LA ~. I DCañabate *Paseíllo* 155: Entre nubes de pelotilla llegaron a la finca del ganadero.
4 (*jerg*) Automóvil utilitario. I L. C. Buraya *Ya* 11.8.85, 24: Si usted viaja en una "pelotilla" (cariñoso apodo que reciben los utilitarios) no se preocupe, que no es usted una posible víctima [de los ladrones].
B *m y f* (*col*) **5** Pers. aduladora. *Tb adj.* I FSalgado *Conversaciones* 159: El Caudillo es efusivo con los que le dominan y con los "pelotillas" que le colman de obsequios o agasajos.

pelotilleo *m* (*col*) Acción de adular o hacer la pelotilla. I G. Bartolomé *Ya* 12.2.88, 4: Riaño, del PSOE, entre protestas de mutuo cariño y recuerdo de viejas coincidencias con los enmendantes, respondió con donaire y elegancia, y con un si-es-no-es de cómodo pelotilleo hacia los ministros presentes, luciendo buenas artes oratorias.

pelotillero -ra *adj* (*col*) [Pers.] que hace la pelotilla [3]. *Tb n.* I Torrente *Fragmentos* 148: La mañana siguiente, un alumno pelotillero le llevó a clase el recorte del artículo de don Procopio. FReguera-March *Cuba* 228: Ese es un pelotillero asqueroso y un cobarde. **b)** Propio de la pers. pelotillera. I An. Miguel *Abc* 17.8.65, 19: Chavales avispados .. cumplen su papel "pelotillero" a las mil maravillas.

pelotístico -ca *adj* De(l) juego de pelota [2b]. I M. Aguirre *CoE* 12.3.75, 40: Los del Club Martiartu siguen desarrollando una gran actividad en el deporte pelotístico.

peloto *adj* [Trigo] de espiga pequeña y achatada y grano blando y de poco salvado. I FVidal *Duero* 130: El viajero .. dobla una rodilla sobre las tardías pajuelas de lo que un mes antes fuese escasa era de triguillo peloto.

pelotón *m* **1** Pelota [1a] grande. I Delibes *Príncipe* 51: Propinó un puntapié al pelotón de colores. **b)** Balón (de deporte). I Ero *Van* 4.2.77, 6: Se comprende que la idea de fabricar un silbato apto para el fútbol, el baloncesto, el balonmano y otros juegos de pelotón, haya partido de un ex árbitro.
2 Masa u objeto grande y de forma esférica. I Alvarado *Anatomía* 118: En la boca se verifica primeramente la trituración de los alimentos y su mezcla con la saliva para formar un pelotón llamado bolo alimenticio. Berenguer *Mundo* 82: Cuando se hacía oscuro, con un pelotón de estopa mojado en mineral y una lata brillante hacía un farol para encandilar la dormida. CPuche *Sabor* 39: Entre calveros y currejones, con los tejares a un lado y la ermita de San Roque al otro, entre piedras desnudas y pelotones de tierra seca.
3 Grupo [de perss.] que están o marchan juntas. I *País* 30.6.77, 8: En torno a un semáforo se fue formando un numeroso pelotón de borregos, camorristas y algún que otro fascista que comenzaron a abuchear, insultar y provocar a los coches bilbaínos que pasaban. Torrente *Isla* 296: Los violinistas seguían en pelotón cerrado, después de los niños de coro, también en grupo. **b) ~ de los torpes.** (*col*) Grupo de los alumnos más atrasados. *Tb fig.* I MMolina *Jinete* 227: El profesor de gimnasia, don Matías, .. hasta me empuja, pero no puedo, no sé, soy tan torpe como los más gordos de la clase, el pelotón de los torpes, nos llama don Matías.
4 (*Cicl*) Grupo compacto de corredores. I *País* 3.7.77, 41: Un grupo de veinte corredores lograron distanciar al pelotón en la subida al Tourmalet.
5 (*Mil*) Cuerpo de soldados mandado por un cabo o un sargento. I *Gac* 11.5.69, 7: Algunos continúan haciéndolo hasta cerca de los veinte años (en el Ejército solía encuadrárselos en pelotones especiales). MMolina *Jinete* 332: Oficiales condenados a muerte .. exigían el derecho a mandar el pelotón de fusilamiento.

pelouse (*fr; pronunc corriente*, /pelús/) *f* Terreno sembrado de césped. *Gralm referido a un hipódromo.* I J. L. Torres *Inf* 2.12.70, 7: Quinienta[s] mil personas se reunieron sobre la cuidada "pelouse" del hipódromo de Irandiwick. Alfonso *Abc* 3.12.70, 19: En la plaza del Rey, .. en el centro, se achicharran las frías explanadas de piedra y las inundatorias "pelouses", que constituyen una verdadera obsesión municipal.

peltado -da *adj* (*Bot*) [Hoja] redondeada y con el pecíolo inserto en el centro. I Bustinza-Mascaró *Ciencias* 240: Por su forma, las hojas simples pueden ser aciculares, .. aflechadas, peltadas.

peltinervio -via *adj* (*Bot*) Peltado. I Ybarra-Cabetas *Ciencias* 260: Hojas peltinervias. [*En un grabado*.]

peltre *m* Aleación de cinc, plomo y estaño. I Torrente *Off-side* 64: La viuda pone en la mesa-camilla una bandeja de peltre con dos copas antiguas.

pelu[1] *f* (*col*) Peluquería. I *País* 29.4.79, 5: Mamá... ¡Eres la mejor del Mundo! Y papá y yo te lo recordamos a nuestra manera .. Con un paraguas, para que no te amargue la borrasca cuando salgas de la "pelu".

pelu[2] *f* (*jerg*) Película (obra cinematográfica). I Oliver *Relatos* 137: La abracé y ella me pasó una calada del chiri boca a boca, como en la respiración artificial esa de las pelus.

peluca *f* Cabellera postiza. I *Inf* 30.7.70, 28: La chica .. usaba peluca también oscura.

peluche *m* **1** Tejido aterciopelado de pelo largo, gralm. hecho de fibras artificiales. I Umbral *Ninfas* 127: Como un mamut vivo en una tienda de elefantes de peluche. *HLM* 26.10.70, 11: Chaquetón deportivo en loneta Terlenka, Capucha y cinturón. Forro completo de peluche y cremallera oculta. Benet *Aire* 124: Al doctor, sentado sobre el único silloncillo de peluche de la habitación, se le caían los párpados.
2 Muñeco de peluche [1]. I *Prospecto* 12.92: Toys "R" Us .. Más de un millón de juguetes .. Desde una miniatura hasta un columpio, sin olvidar bicis, muñecas, peluches, patines.

pelúcido -da *adj* (*Anat*) Transparente o traslúcido. I B. Beltrán *D16* 22.10.84, 32: Funciona [el anticonceptivo] fabricando un anticuerpo que bloquea la membrana que reviste al óvulo, la llamada "zona pelúcida".

peluco *m* (*jerg*) Reloj. I ASantos *Estanquera* 33: —Cartas. Antes de nada, ¿os queda dinero? —(Quitándose el reloj.) El peluco, qu'es de oro. Me lo juego.

pelucón *m* Peluca grande. | J. G. Manrique *Abc* 3.9.68, 11: Imaginémonos .. el pálido rostro de Fernando VI, desprovisto de su pelucón, con la mirada perdida en el agrio horizonte castellano. V. Cela *Abc* 10.11.90, 116: En relación a las féminas me emociona recordar aquellos pelucones, casi prótesis, de los sesenta, tan socorridos.

pelucona *f* (*hist*) Onza de oro, esp. con el busto de un rey de la casa de Borbón, hasta Carlos IV inclusive. | Cela *SCamilo* 151: Don Joaquín sueña que compra un bargueño en muy buenas condiciones, en un cajoncito secreto hay trece peluconas de oro. Cuevas *Finca* 88: Don Bartolomé .. sonó una pelucona de oro en el mármol del mostrador.

peludo -da *adj* Que tiene mucho pelo. | Cunqueiro *Un hombre* 14: Lo preguntó con voz amable pero distante .. como si nada le importase .. y solamente lo hiciese por cortesía hacia aquel mendigo peludo, sucio y harapiento. Ero *Van* 19.12.70, 35: La bufanda es peluda y me rasca la piel del cuello. **b)** [Malvavisco] ~ → MALVAVISCO.

peluquería *f* **1** Establecimiento en que se corta y arregla el pelo. | *GTelefónica N.* 847: Albalá. Peluquería de señoras. Salón de belleza. *Abc* 22.1.71, 38: Un conocido establecimiento barcelonés dedicado a la venta de perros y otros animales y que es también peluquería canina, ha aparecido con unos letreros de propaganda nunca vistos en esta clase de comercio.
2 Oficio o actividad de peluquero. | M. G. SEulalia *HLM* 26.10.70, 19: En peluquería también hay cambios cada nueva temporada.

peluquero -ra I *adj* **1** De (la) peluquería. | CPuche *Paralelo* 57: Llevan cada uno hasta dos navajas. Navajas peluqueras, no creas, pero no las usan.
II *m y f* **2** Pers. que tiene por oficio cortar y arreglar el pelo. | *GTelefónica N.* 847: Rachelhom. Peluqueros de caballeros.

peluquín I *m* **1** Peluca pequeña que solo cubre parte de la cabeza. | *Abc* 10.10.71, 21: Un hombre fue detenido hoy en Belfast por soldados del Ejército británico cuando una ráfaga de viento se llevó su peluquín postizo, descubrien[d]o el rostro de uno de los agentes del I.R.A. buscados por la Policía.
2 (*hist*) Peluca con bucles y coleta propia de fines del s. XVIII y principios del XIX. | Carandell *Madrid* 73: El Marqués de Esquilache pretendía que todos aquellos que percibían sueldos del Estado llevasen capa corta, peluquín y sombrero de tres picos.
II *fórm or* **3 ni hablar del ~** → HABLAR.

pelusa *f* **1** Conjunto de pelos muy delgados y cortos [de una pers., una planta o fruto o una tela]. *Frec en la forma* PELUSILLA. | SFerlosio *Jarama* 34: Andaban allí pelando patatas .. una madre y su hija; la chica, en bañador, como de quince años, muy delgadas las piernas, con una pelusilla dorada. Bernard *Verduras* 9: Se cuecen las alcachofas en agua salada .. guardando solo los fondos, que se despojan de pelusa. *Inde* 14.8.89, 6: El vilano (la famosa pelusilla), que sirve a la semilla para viajar, es extremadamente frecuente en el aire en primavera.
2 Conglomerado de briznas de polvo que se forma en las habitaciones. | * Barre con cuidado, que se te vuelan las pelusas.
3 (*col*) Envidia. *Gralm referido a niños*. | J. Carabias *Ya* 8.3.75, 8: En la frase pretendidamente peyorativa "¡eso son cosas que leen las mujeres!" .. hay siempre su poquito de "pelusa".

peluso -sa I *adj* **1** (*reg*) [Pers.] de mal aspecto. *Tb n*. | Berenguer *Mundo* 291: ¿No es don Senén aquel pelusito que va por la cañada?
II *m* **2** (*argot Mil*) Recluta. | G. Ortí *Ya* 28.2.88, 14: El recluta se ve tratado como un ser ínfimo, al que se le adjudican los nombres de bicho, chivo, peluso, cucli, etc., según los cuarteles.

pelusón -na *adj* Que tiene pelusa [1 y 3]. | ZVicente *Balcón* 7: Los niños siguen .. agazapándose, envueltos en sus risas, entre los árboles recién cubiertos de hoja nueva, pelusona y suave.

pelvi (*tb* **pelví**) (*hist*) **I** *m* **1** Pehleví (lengua). | Marcos *Comentario 4* 152: Esta primera versión del griego al árabe fue traducida primero, en el Irán, al pelví.
II *adj* **2** Del pelvi [1]. | Marcos *Comentario 4* 152: Este texto pelví, no posterior al VII, se ha perdido.

pelviano -na *adj* (*Anat*) De la pelvis. | Alvarado *Anatomía* 48: El cíngulo abdominal, mejor llamado cíngulo pelviano, está formado por un par de grandes huesos llamados coxales. Bustinza-Mascaró *Ciencias* 190: La cintura pelviana [de la paloma] está sólidamente unida a la columna vertebral.

pélvico -ca *adj* (*Anat*) De la pelvis. | Bustinza-Mascaró *Ciencias* 33: En la mujer, en la región pélvica se hallan también: los ovarios, las trompas de Falopio y el útero.

pelviperitonitis *f* (*Med*) Inflamación del peritoneo de la pelvis. | CNavarro *SYa* 27.3.77, 14: Hay cólicos abdominales, irregularidades menstruales e incluso abdomen agudo, por metritis o salpingitis, con obstrucción y esterilidad, ovaritis y pelviperitonitis.

pelvis *f* (*Anat*) **1** Anillo óseo que forma la base del tronco y sirve de arranque a las extremidades inferiores. | Nolla *Salud* 100: Ambos coxales, junto con el sacro y el cóccix, forman la pelvis.
2 Cavidad del riñón, en forma de embudo, de donde nace el uréter. | Navarro *Biología* 192: Nacen [los uréteres] en la pelvis del riñón.

pena I *f* **1** Tristeza (estado de ánimo). | Olmo *Golfos* 187: ¿Dónde estará Anguilucha? .. ¿Le habrá sucedido algo? .. Cuno tiene pena. **b)** Compasión o lástima. | Matute *Memoria* 125: ¡Qué pena da! Está perdiendo algo. **c)** Contrariedad. | J. Salas *Abc* 9.6.74, 19: Da pena escribir sobre nubes oscuras frente a este cielo de azul intacto.
2 Motivo de pena [1]. *Frec como predicat con* SER, *seguido de infin o de* QUE + *subj*. | Arce *Precio* 71: Es una pena ese Perico. Lo siento por él. Arce *Testamento* 91: Sería una pena morirse y dejar el capital para que la mujer de uno se casase a los dos meses con el que más la llenase el ojo.
3 la ~ negra, las ~s del purgatorio, *o* **las ~s del infierno**. Un sufrimiento intenso. *Normalmente con el v.* PASAR. | Delibes *Emigrante* 95: Ando como achucharrado y solo de ver los picos de la cordillera paso la pena negra.
4 *En pl*: Penalidades. | * Pasé muchas penas hasta conseguir terminar los estudios.
5 (*hoy raro*) Crespón negro que pende del sombrero de las mujeres en señal de luto. | Laforet *Mujer* 77: Llevaba [la señora] un sombrero con una pena de gasa colgando.
6 Castigo impuesto por la autoridad legítima al que ha cometido un delito o falta. | CBaroja *Inquisidor* 43: Lo grave es estar habituado a aplicar leyes y penas. Cunqueiro *Un hombre* 21: Sería novedad para el rey llevarle cada mañana un legajo con lazo de pompón, otro con lazo de flor, y los de pena de muerte con el nudo catalino de la horca. **b)** **~ capital**, **~ de cámara**, **~ de daño**, **~ de sentido**, **~ de la vida**, **última ~** → CAPITAL, CÁMARA, DAÑO, SENTIDO, VIDA, ÚLTIMO.
II *loc adj* **7 de ~**. [Cosa] lamentable o deplorable. *Tb adv*. | VMontalbán *Rosa* 21: Es que a mi tía la dejaron hecha una lástima. Una carnicería. El cadáver estaba de pena. * Es un artículo de pena, catastrófico. * Te ha salido de pena.
8 [Alma] **en ~** → ALMA.
9 hecho una ~. Que ha pasado a tener aspecto lamentable. | * Llegó a casa hecho una pena, empapado y lleno de barro.
III *loc v y fórm or* **10 allá ~s**. (*col*) Se usa, formando or independiente, para manifestar el deseo de desentenderse de un problema. | SFerlosio *Jarama* 75: Yo, allá penas. Yo me he librado en el partido. De ahí que se respete.
11 pasar ~. (*reg*) Preocuparse. | Torrente *Señor* 410: Le vio la vieja y gritó: —¡Vete de ahí! .. —¿Quién es? —Mi hijo Ramón. No pases pena.
12 sacar el vientre de ~s → VIENTRE.
13 valer, *o* **merecer, la ~**. Ser [una pers. o cosa] interesante o valiosa. *Cuando el suj es un infin o una prop con* QUE, *a veces va introducido por* DE. | A. Ramos *Sol* 24.5.70, 7: Pensamos que .. el Festival no merece la pena. Ortega *Americanos* 115: Valían la pena: Muy monas las dos. Rubitas, graciosillas, pizpiretas. Lázaro *JZorra* 18: Se oye reír a las niñas del pueblo, pero no merece la pena buscarlas con la mirada. Carnicer *Cabrera* 74: ¿Vale la pena de seguir?
IV *loc adv* **14 a duras ~s**. Con gran dificultad. | Fraile *Cuentos* 61: Conseguía a duras penas que se apartaran los hombres.

15 sin ~ ni gloria. Sin especial relieve o sin notoriedad. | F. J. Flores *Abc* 20.8.66, 18: Tomás, el hermano de Fernando, el maletilla muerto sin pena ni gloria en una capea de pueblo por los días de Carnaval. Manger *Các* 23.9.74, 3: Ayer fue el último día de caza de la tórtola, temporada corta que ha pasado sin pena ni gloria.

V *loc prep* **16 so ~ de** → SO[1]. **b) so ~ de** + *infin* = A NO SER QUE + *subj*. | Zunzunegui *Camino* 374: Una no es señora de su camino .. más que en pequeña parte..., y siendo pobre y mujer preciosa estoy por decir que en ninguna..., so pena de ser santa.

penable *adj* Que merece ser penado (→ PENAR [1]). | Espinosa *Escuela* 517: Didipo, Cirilo y Filadelfo son penables.

penacho *m* **1** Grupo de plumas que tienen algunas aves en la parte superior de la cabeza. | * El pavo real tiene un bonito penacho eréctil.

2 Adorno de plumas que se pone sobre la cabeza de una pers. o animal o sobre un tocado o casco. | Laiglesia *Tachado* 67: A primera vista, parecía que llevaba una gallina en la mano derecha. Pero fijándose mejor, se advertía que era el penacho blanco de su historiado y suntuoso bicornio.

3 Masa [de humo o de vapor] que se eleva de una chimenea o de algo similar. | Marcos-Martínez *Física* 140: ¿A qué se debe el conocido penacho de humo de las locomotoras?

penado -da I *adj* **1** *part* → PENAR.
II *m y f* **2** Pers. que cumple una pena [6]. | B. Medina *Caudete* 34: En el auto celebrado en Zaragoza para quemar en efigie al célebre secretario Antonio Pérez, iban en el cortejo procesional algunos penados moriscos.

penal I *adj* **1** De las penas [6]. | DCañabate *Abc* 18.5.75, sn: A los veinte años uno estudiaba Derecho penal con un flamante profesor. J. M. Villar *Ya* 23.9.70, 15: ¿Qué significa la distinción, dentro de la función jurisdiccional ordinaria, de cuatro clases de juicios, civiles, penales, contencioso-administrativos y laborales?
II *m* **2** Prisión donde se cumplen penas [6] graves. | A. Aricha *Caso* 14.11.70, 17: En el mes de marzo último pusieron de patitas en la calle los empleados del penal del Puerto de Santa María a un cliente forzoso del establecimiento.

penalidad *f* **1** *En pl*: Situaciones difíciles y aflictivas. | Laforet *Mujer* 99: Paulina conoció .. las penalidades inherentes a una guerra. Laforet *Mujer* 27: Desde muchacho había sido cazador y excursionista y sabía soportar penalidades.

2 Pena [6] determinada por la ley o por una disposición de la autoridad. *Esp en derecho*. | Cossío *Confesiones* 191: Allí marchaba yo hacia un islote desconocido, confinado, sin saber hasta cuándo, sin conocer la ley que yo había conculcado ni el código donde se halla consignada la penalidad que se me imponía. *SAbc* 1.2.76, 5: Cada participante recibe veinte puntos, que pueden ser disminuidos por mala postura de los esquís o del cuerpo durante el salto, o malas salidas y llegadas al suelo. Otras penalidades, hasta doce puntos, vienen de caídas al llegar al suelo, o apoyarse en los esquís o en la nieve.

3 (*lit, raro*) Castigo. | Landero *Juegos* 51: "Dedicaré mi vida a desear ser notario", concluí. "Esa será mi gloria y mi penalidad."

penalista *adj* **1** [Abogado] especializado en derecho penal. *Tb n*. | *Caso* 26.12.70, 7: Contra esta determinación .. se han elevado las voces de por lo menos tres de los más importantes penalistas.
2 De(l) derecho penal. | Tomás *Orilla* 341: El abogado enarcó las cejas, sorprendido .. Sus colegas, veteranos como él en materia penalista, le habían aconsejado muchas veces precaución frente a determinados individuos.

penalizable *adj* Digno de penalización. | L. LSancho *Abc* 27.12.86, 18: Un señor juez arrampla con cinco médicos y los mete en "chirona" por hacer prácticas abortivas que considera ilegales y penalizables.

penalización *f* Acción de penalizar. *Tb su efecto*. | Ramón *HLSa* 23.9.74, 10: Hípica .. El capitán Ansaldo no tuvo suerte. Participaba con dos caballos y ambos rehusaron en el mismo obstáculo. Solo "Tabú" hizo el recorrido sin penalización, por lo que se alzó con el triunfo. R. Conte *Inf* 13.6.74, 10: Las medidas concretas del plan .. son las siguientes: 18 por 100 de aumento en el impuesto de sociedades .., penalizaciones mayores en caso de infracciones al control de créditos.

penalizador -ra *adj* Que penaliza. | Tamames *Economía* 308: Sus facultades penalizadoras [del Tribunal de Defensa de la Competencia] son considerablemente importantes (apercibimientos, multas de diversos tipos e incluso el paso de tanto de culpa a los tribunales penales con posibilidad de encarcelamiento).

penalizar *tr* Imponer una sanción o castigo [a alguien o algo]. *Esp en deportes*. | *Mar* 24.1.68, 8: Se rumorea que Maknnen ha sido penalizado con 300 puntos y cinco minutos por infracciones de tráfico.

penalmente *adv* De manera penal. | Ramírez *Derecho* 180: No creas que basta la comisión voluntaria de un hecho calificado de delito para que, sin más, castigue penalmente a sus responsables.

penalty (*tb con la grafía* **penalti**; *pl normal*, ~s, *a veces con la grafía ing* PENALTIES) **I** *m* **1** (*Dep*) Castigo máximo que consiste en un tiro directo a la portería desde un punto determinado y sin más defensa que el portero. *Tb la falta que lo motiva*. | Medio *Bibiana* 284: El viejo zorro, a lo suyo. A enterarse .. de si este futbolista metió un gol o se quedó en penalty. J. L. Reca *HLG* 15.9.75, 17: Tuvo el Andújar ocasión de empatar en el minuto treinta y cinco en que el Montilla incurrió en penalti, al ser derribado Tobío por la defensa dentro del área. *Abc* 16.12.73, 73: Balonmano .. Perramón, que detuvo dos penalties, marcó un tanto.

II *loc adv* **2 de ~**. (*col*) Estando la novia embarazada. *Con el v* CASAR. *Tb adj*. | R. Villacastín *Ya* 28.4.90, 56: Estefanía de Mónaco se casa de penalty, como otras miles de jóvenes de todo el mundo. ZVicente *SYa* 3.11.74, 19: No se verían representadas en ese anuncio, por muy bien que me cuñado lo acabara, los casamientos por interés, los de penalty.

penar A *tr* **1** Castigar con pena [6] [algo o a alguien]. | Ramírez *Derecho* 152: Hay muchas acciones y omisiones voluntarias que la ley sanciona o pena por ser contrarias a ella.

B *intr* **2** (*lit*) Pasar pena [1] o sufrir. | FReguera *Bienaventurados* 152: –Lo de ahora lo comprendo mucho menos. –¿El qué? –Eso: el que pene usted tanto. LTena *Triste* 51: –Poca gente va hoy a Aranjuez. –Los que no tienen más remedio, como yo. Allí pena con el maldito cólera un hijo mío.

3 Cumplir pena [6] o condena [por algo]. | Delibes *Guerras* 179: –Y ¿por qué penaba el Bernardo ese? –Eso sí que no lo sé, oiga. A su decir, le habían enchiquerado por error.

penates *m pl* (*Mitol clás*) Dioses domésticos protectores de la familia. | Tejedor *Arte* 49: Eran los principales [dioses domésticos]: los manes .., los lares .. y los penates.

penca *f* **1** Hoja carnosa y aplanada de algunas plantas, esp. el nopal y la pita. | *Economía* 85: La pita .. es una planta oriunda de Méjico, con hojas o pencas carnosas.

2 Nervio central y pecíolo de las hojas de determinadas plantas, esp. hortalizas. *Frec con un compl especificador*. | Bernard *Verduras* 19: Los cardos se limpian bien y se despojan sus pencas de hilos. Vega *Cocina* 161: Cocer dos lechugas haciendo de ellas pequeñas lechuguitas, pencas de acelgas, puntas de espárragos.

3 Tronco de la cola de algunos cuadrúpedos. | *HLV* 18.8.75, 14: El torero, con el ánimo de congraciarse, le hace un desplante a la res, que el respetable abuchea. Pinchazo sin soltar. Otro saliéndose por la penca del rabo. Carnicer *Cabrera* 147: Un poco más lejos aparece un gitano maduro y de gran bigote, montado en la penca de un burro negro y sin albardar.

4 (*col*) Pierna (de pers.). | Antolín *Gata* 36: Más de una vez estuvo [el abuelo] a punto de llevarse por delante a alguno de vosotros; se te venía encima como un saltamontes gigantesco, con aquellas pencas tan flacas que tenía.

5 (*reg*) *En pl*: Cara dura. *En la constr* TENER ~s. | Goytisolo *Recuento* 70: Esta noche que pague Luisa, gritaban. Y Luisa gritaba y repetía: mira que llegáis a tener pencas.

pencar *intr* (*reg*) **1** Apencar o apechugar. | CPuche *Conocerás* 99: Y tener que estar aquí en esta tierra pencando con un destino absurdo y con esta gente y esta tierra, extraños para mí.

2 Trabajar o esforzarse mucho. | VMontalbán *Rosa* 120: Navegar en barcos como *La Rosa de Alejandría* es como pencar en la Seat, pero en alta mar.

penco *m* **1** Caballo flaco o matalón. | LTena *Alfonso XII* 175: ¡Con una jaca buena y acostumbrada...! Porque supongo que no me soltarán cualquier penco.
2 Pers. inútil o despreciable. *A veces usado como insulto*. | MFVelasco *Peña* 65: La Antonia es fea y mostrencona, más áspera que un cardo, y, no siendo el penco de Córdulo, que a saber qué vio en ella, ni de moza la ha mirado nadie con intención. Alós *Hogueras* 258: Yo me clavo la que me gusta, y no un penco, aunque me pague.

pendant (*fr; pronunc corriente,* /pandán/) *m* Juego o combinación armoniosa. *Gralm con el v* HACER. | MSantos *Tiempo* 72: Resultaba grato permanecer en el vasto invernadero de opulentas peonias, en lugar de caminar hacia un presunto Dachau masturbatorio. Como en telepático pendant, exclamó Matías: —Nada me ha recordado más las cámaras de gas.

pendejada *f* (*col*) Necedad o bobada. | J. A. Hormigón *Tri* 24.11.73, 54: Casi nunca se ha hablado de la depurada tecnología del artista circense, .. y mucho menos de cuáles son las reales condiciones de vida que tienen que afrontar en nuestro país esa especie de oficiantes de la suculenta pendejada de la luz y el color.

pendejo -ja *m y f* (*col*) **1** Pers. de vida licenciosa. *A veces la forma m designa indistintamente hombre o mujer.* | Palomino *Torremolinos* 11: Quílez calla porque ya no es guardia civil pero lo ha sido y piensa que algún día pillará a esa pendeja mala lengua y entonces va a ver lo que es canela.
2 Sinvergüenza. | FReguera *Bienaventurados* 171: Aquí, lo que pasa es que hay muchos tíos de mala uva, señor Manolo. Como ese ordenanza de su oficina. ¡Menudo pendejo!

pendeloque *m* Colgante de una lámpara. | Torrente *Off-side* 215: Acciona un conmutador, y se encienden los apliques: velas figuradas, con pantallitas amarillas y pendeloques de cristal.

pendencia *f* **1** Riña o contienda. *Tb fig.* | Do. Quiroga *SVoz* 8.11.70, 11: En el Diccionario de Sáñez asoma la conocida pendencia entre el sedazo y el xeito de los gallegos y la xábega importada por los catalanes, disputa en Cornide famosa.
2 (*Der*) Condición de pendiente [2]. | *Compil. Cataluña* 742: Efectos del fideicomiso durante su pendencia.

pendenciero -ra *adj* [Pers.] dada a las pendencias [1]. *Tb n.* | Palomino *Abc* 17.12.70, 15: Los conquistadores vikingos fueron poquísimos; unos marginados pendencieros mal vistos por sus compatriotas. **b)** Propio de la pers. pendenciera. | Onieva *Prado* 120: Era de carácter pendenciero, turbulento, soberbio e insufrible.

pendentif (*fr; pronunc corriente,* /pandantíf/; *pl normal,* –s) *m* Colgante (joya). | Zunzunegui *Hijo* 40: Es un *pendentif* magnífico, de brillantes y perlas. Villarta *SYa* 3.5.74, 15: Collares, pulseras, pendentifs hablan un lenguaje telegráfico.

pender *intr* **1** Estar [algo] colgado [de un sitio]. | CNavarro *Perros* 46: El *barman* secaba los vasos con un trapo que pendía de su cintura.
2 Gravitar o cernerse [sobre algo]. | J. M. Massip *Abc* 17.12.70, 17: El secuestro del cónsul honorario alemán y la amenaza que pende sobre su vida, según sean las sentencias de Burgos, añade aceite al incendio.
3 (*lit*) Depender [de algo]. | *Agromán* 65: Su vida pendía de la habilidad del picador.
4 (*Der*) Estar [algo] en espera de resolución o conclusión. | *Compil. Cataluña* 793: El heredero instituido bajo condición suspensiva, mientras penda su cumplimiento, podrá pedir la posesión provisional de la herencia.

pendiente I *adj* **1** Que pende [1]. | GPavón *Hermanas* 12: Las gentes .. iban y venían del mercado con sus cestas de mimbre bajo el brazo, o los bolsos de plástico pendientes de la mano.
2 Que está en espera [de algo (DE + *n de acción o prop de infin o* QUE + *subj*)]. *Frec se omite el compl por consabido.* | *Día* 28.9.75, 40: La industria, que es la que está todavía pendiente de desarrollo. *Inf* 22.1.75, 19: Alcorcón tiene pendiente [sic] de cobrar más de cien millones de pesetas. CBaroja *Inquisidor* 25: Iba dando marcha a las causas pendientes. *Ya* 9.10.70, 43: No me puedo matricular de preu porque me queda una asignatura pendiente de sexto.
3 Que presta mucha atención [a alguien o algo (*compl* DE)]. | Laforet *Mujer* 296: Paulina vivía pendiente de saber, cada vez más, algo sobre el profundo misterio de la religión.
4 [Terreno o superficie] que no está horizontal. | R. MTorres *Día* 23.9.75, 8: El solar ajardinado, que rodea al Drago milenario, se logró a base del derribo de dos casas que existían en la calle pendiente adyacente. * Esta cuesta es muy pendiente.
II *n* **A** *m* **5** Adorno que se pone en el lóbulo de la oreja. | CNavarro *Perros* 58: Una de las mujeres lloraba tapándose la cara con sus manos y haciendo oscilar las perlas de sus pendientes.
6 (*Min*) Techo. | Ybarra-Cabetas *Ciencias* 84: Se presenta la hulla en estratos alternando con otras rocas más o menos carbonosas que reciben los nombres de muro o yacente la inferior y techo o pendiente la superior.
7 *En pl:* Tembladera (planta). | Loriente *Plantas* 75: *Briza maxima* L. "Pendientes"; "Tembladeras". Herbácea anual, cultivada como ornamental en parterres ajardinados.
B *f* **8** Cuesta o declive. *Tb fig.* | Ramos-LSerrano *Circulación* 15: El aspirante a conductor deberá efectuar correctamente las maniobras siguientes: Arranque del vehículo en horizontal, rampa y pendiente .. Cambiar de velocidad. Ortega *Americanos* 163: Subrepticiamente le echaban a uno unas pastillitas en el brebaje que iba a ingerir. Y que uno, ya puesto en la pendiente, no tardaba en venir a engrosar la creciente multitud de quienes por conseguir la droga lo harían todo.
9 Grado de inclinación [de algo, esp. un terreno]. | Ramos-LSerrano *Circulación* 184: Si se está bajando una cuesta de pendiente muy pronunciada y muy larga, se operará de la forma siguiente.

pendil. tomar el ~. *loc v* (*reg*) Marcharse. | Grosso *Capirote* 181: Levantar unas pesetas a las que poco provecho vas a sacar con esa manía de coger carretera y manta y tomar el pendil con la pareja que se te ha metido en la sesera.

pendingue. tomar el ~. *loc v* (*reg*) Marcharse. | *Hoy* 22.6.77, 5: Cogimos el pendingue y nos vinimos a Badajoz de un tirón.

pendio *m* (*reg*) Cuesta o pendiente. | FReguera-March *Filipinas* 147: Avanzábamos por un terreno imposible, con unos pendios temerosos.

péndola[1] *f* (*lit*) **1** Pluma de ave. *Tb fig.* | S. Araúz *Inf* 20.1.76, 17: Una cosa es el oreo de un vareto de roble con la brisa .. y otra muy distinta la flexión y el ruido del mismo vareto al paso liviano de un conejo; pero, con ser distinta la causa, apenas se le distingue el efecto, si no es porque en el segundo caso se aprecia un leve chasquido extemporáneo y puede atisbarse la péndola enhiesta del rabillo blanco del gazapo.
2 Pluma de escribir. | * Se siente un artista de la péndola.

péndola[2] *f* (*Constr*) Madero de la armadura de cubierta que baja desde la lima hasta la solera. | Angulo *Arte* 1, 475: Las principales novedades [de la arquitectura mudéjar] se refieren a que se duplican los tirantes, que descansan en canes; a los tirantes de ángulo, y a la lima o bordón, pieza importante de la armadura que forma la esquina o arista de los paños o faldones contiguos donde apoyan las alfardas menores o péndolas.

pendolario *m* (*hist*) Pendolista [2]. | MSousa *Libro* 32: Existía, sobre todo en los monasterios, una gran sala llamada escriptorio (*scriptorium*); en ella se sentaban los amanuenses .., también llamados escribas, copistas, pendolistas o pendolarios.

péndolas *f pl* (*Taur*) Agujas. | DCañabate *Paseíllo* 63: Se figuró que acababa de matar a un toro de una estocada en las péndolas.

pendolista *m y f* **1** Pers. que escribe con caligrafía. | CBonald *Dos días* 137: En cada lienzo de muro, a ambos lados de la verja, aparecía empotrado un azulejo con guirnaldas y letras de pendolista.
2 (*hist o lit*) Amanuense. | MSousa *Libro* 32: Existía, sobre todo en los monasterios, una gran sala llamada escriptorio (*scriptorium*); en ella se sentaban los amanuenses .., también llamados escribas, copistas, pendolistas o

pendolarios. Umbral *Mortal* 67: Si no hay transparencia no hay escritura. Puede haber un trabajo de amanuense, pero nada más. El hombre, el escritor, tiene que elegirse transparente o pendolista.

pendolón *m* (*Constr*) Pieza vertical central de la armadura, que va de la hilera al tirante. | MCalero *Usos* 36: Se asentaban sobre maderas de ripia y paja sin trillar y barro de la adobera, que a su vez también lo hacían sobre alfan[j]ías, catorzales y pendolones de fuerza.

pendón[1] *m* **1** (*hist*) Bandera pequeña usada como distintivo de una unidad militar o de una institución. | Gironella *SAbc* 9.2.69, 20: También el pendón que exhibían las tropas españolas en la rendición de Breda estaba ajedrezado.
2 Bandera de una parroquia o de una cofradía. | Moreno *Galería* 256: Las insignias eran, concretamente, el pendón, la cruz y el estandarte, que se sacaban en las solemnidades o fiestas de más rango para exhibirlas en los desfiles procesionales.
II *loc v* **3 levantar ~(es).** (*hist*) Levantar bandera. | GLuengo *Extremadura* 16: Los derechos a la corona pasan a su hija doña Beatriz, esposa .. de don Juan I de Castilla, quien se intitula rey de Portugal. El maestre de Avís levanta pendón contra él. Cela *Judíos* 109: Enrique IV .. cedió Sepúlveda al maestro don Juan Pacheco, pero los sepulvedanos levantaron pendones por su hermana doña Isabel.

pendón[2] **-na** (*col*) **I** *adj* **1** [Pers.] libertina o licenciosa. *Frec n. Referido a mujer, como adj se usan las formas* PENDÓN *y* PENDONA; *como n*, UN PENDÓN *y* UNA PENDONA. | Cela *SCamilo* 21: Estas dos hijas me han salido tan pendones como mi cuñada .., como no las case pronto no van a darme más que disgustos. Torrente *Off-side* 61: Anglada es un pendón metido en líos de menores. J. B. Filgueira *Ya* 26.5.78, 14: Doña Rogelia .. es una pendona de siete suelas, pese a sus refajos. RIriarte *Muchacha* 361: Oye, tú, ¡pendón! .. ¡Golfa! ¡Perdida! ¡Descarada!
II *m* **2** Prostituta. | GPavón *Rapto* 229: No es casa de pendones de carrera. Dice mi nieto que allí solo barajan putas caseras.

pendonear *intr* (*col*) **1** Ir de un sitio a otro con el único fin de divertirse. | FReguera-March *Cuba* 510: –Que nos quedamos aquí. –¿No iremos a la ciudad? –¿A ti qué te ocurre? .. Desde hace algún tiempo solo piensas en pendonear.
2 Comportarse como un pendón[2]. | Medio *Bibiana* 166: Besé a una chica .. ¿Qué te parece, Francisca?... Tu padre, después de todo, pendoneando.

pendoneo *m* (*col*) Acción de pendonear. | ZVicente *Traque* 191: Lo que tú quieres es largarte por ahí de pendoneo y que el piri se haga solito, o lo cuide yo.

pendonista *m y f* Pers. que lleva o acompaña el pendón[1] en una procesión. | Marsé *Montse* 58: Declaró otro que bien podía ser la pendonista principal en las procesiones Florales de las Letras. P. Maisterra *Van* 5.9.71, 51: En su crónica quedan festines pochos a base de helados y zumillos carbónicos, el desmayo irreparable de unas fiestas mayores con churrería, petardos y pendonistas.

pendulación *f* Acción de pendular[2]. | A. Garrigues *Abc* 27.12.74, 3: La pendulación de la democracia al absolutismo, de la libertad al autoritarismo, han sido constantes.

pendulante *adj* Que pendula. | Lera *Boda* 548: Empezó de nuevo a andar, pero con lentitud, pendulantes los brazos.

pendular[1] *adj* De(l) péndulo [2]. | Camón *Abc* 25.9.70, 3: En ese sistema pendular que rige las artes, a la fantasía de nuestro plateresco .. sucede un apetito de sobriedad, de ascetismo constructivo.

pendular[2] *intr* Moverse pendularmente. *Frec fig.* | Á. Lázaro *Pue* 24.4.75, 3: Pendulamos todavía entre el ocio y la actividad, entre el dinamismo y el estatismo, entre el héroe y el pícaro. Ridruejo *Memorias* 55: El gobierno de concentración o "dictadura nacional" en que José Antonio pensó con intermitencias (no sin pendular hacia otras alternativas) había tenido el momento mismo de su proceso final.

pendularmente *adv* De manera pendular[1]. | Cuevas *Finca* 244: Movía, pendularmente, las grandes manos.

pendulazo *m* Movimiento pendular muy fuerte. *En sent fig.* | Campmany *Abc* 24.11.84, 17: ¿Acaso lo del paro se va arreglando poco a poco? Aquí, ya se sabe, lo normal es el pendulazo. Y hemos pasado del Movimiento Nacional al Paramiento General. R. Pi *ElM* 1.9.90, 2: Era tal el ansia de liberación de los corsés franquistas de moralina estúpida .. que nuestra sociedad dio el pendulazo, y durante los primeros años de la transición se oían y veían cosas que ahora mueven a sonrisa.

pendulear A *intr* **1** Moverse pendularmente. *Tb fig.* | Lera *Olvidados* 253: Sus senos eran como dos mamas maduras que penduleasen. Delibes *Mundo* 85: En este país, uno pendulea inevitablemente entre dos extremos. Creo haber dicho ya que para el chileno la virtud no reside en el término medio.
B *tr* **2** Mover [algo] pendularmente. | Delibes *Voto* 83: El viejo apoyó los pies de la escalera en el suelo y penduleó la escriña.

penduleo *m* Acción de pendulear. | Delibes *Madera* 254: El penduleo de los brazos, al andar, hacía que a veces sus brazos se rozasen.

péndulo -la I *adj* **1** (*lit o E*) Que pende [1]. | MSantos *Tiempo* 122: El criado oscilaba sobre los ágiles tobillos y dejaba caer sus manos péndulas. A. Casanovas *ByN* 31.12.89, 94: Las hojas péndulas y constituidas por numerosos foliolos pequeños le dan al árbol una apariencia delicada y hacen que la sombra proyectada sea ligera.
II *m* **2** Cuerpo que, suspendido de un punto por un hilo o varilla, puede oscilar de una parte a otra. *Tb el conjunto formado por el cuerpo y el hilo o varilla.* | Laforet *Mujer* 284: Un bonito reloj de pie, con un péndulo de metal dorado, .. producía un tic tac musical.

pene *m* Órgano copulador del macho. | *País* 19.6.77, 19: Según el relato de la niña, a la una de la tarde aproximadamente, cuando volvía de un recado, fue retenida en el rellano del primer piso del edificio en que vive, calle Fourquet, por un hombre que la desnudó parcialmente y la estuvo tocando con las manos y el pene, aunque sin intentar la penetración.

peneano -na *adj* (*Anat*) De(l) pene. | *Anticonceptivo* 22: La respuesta al estímulo hace que ocurra la erección del pene, un aplanamiento del escroto, .. y se produce una secreción de las glándulas peneanas.

penel *m* (*Mar, hist*) Cataviento. | MHidalgo *HyV* 10.71, 81: Las banderas propias de una galera Real del siglo XVI eran el estandarte, la flámula, tordano, penel y gallardetes.

penene *m y f* (*col*) Profesor no numerario. | DPlaja *Abc* 12.3.75, 3: Durante largos años ese "profesorado no numerario" que, por sus siglas, lleva el pintoresco mote de los "penenes", atraviesa en su mayor parte el calvario de tener que renovar sus nombramientos al comenzar el curso académico.

peneque *adj* (*col*) Embriagado o borracho. | DCañabate *Abc* 17.4.75, 54: Venía ligeramente peneque, sonriente y feliz por la agradable noche pasada en jarana bailona.

penetrabilidad *f* Cualidad de penetrable. | Torrente *Sombras* 338: Lo que más chocaba .. eran la transparencia y penetrabilidad de los cuerpos. F. Ángel *Abc* 26.2.58, 17: Es también un producto líquido que se emplea emulsionado con agua. Se ha impuesto por su fácil penetrabilidad.

penetrable *adj* Que puede penetrar o se puede penetrar [1, 4 y 5]. | Marcos-Martínez *Aritmética* 151: Por eso [los cuerpos geométricos] son penetrables; es decir, se pueden colocar unos dentro de otros. Delibes *Año* 21: La obra participa del relato, el ensayo e incluso la poesía, .. como el "nouveau roman", pero el libro de Moix es mucho más enjundioso y penetrable que este.

penetración *f* **1** Acción de penetrar [1, 4 y 5]. | M. MPiñeiro *Ya* 22.11.75, 5: El tiempo que hemos empleado en esta técnica ha tenido por objeto lograr una mayor penetración y difusión del líquido conservador. E. Martínez *Ade* 27.10.70, 11: Pusieron a contribución un juego equilibrado de defensa, atendiendo magníficamente a las penetraciones que el Bembibre llevaba hasta su área. *Sp* 19.7.70, 24: Los rasgos más característicos de la producción española .. han

penetrador – península

sido .. la penetración en nuevos mercados y la ampliación de los que ya se habían abierto. *País* 19.6.77, 19: La estuvo tocando con las manos y el pene, aunque sin intentar la penetración. Gambra *Filosofía* 31: El espíritu humano es capaz, además, de una penetración intelectual por la cual prescinde de los caracteres concretos o diferenciales de cada cosa para captarla en su pura esencia.
2 Capacidad de entender o comprender. | Pemán *Abc* 5.5.74, 3: El mundo callado y sumiso de lo vegetal, lo animal, lo vaporoso, lo silíceo o lo granítico, da señales, según algunos naturalistas dotados de penetración poética, de estar aburriéndose de su secular silencio.

penetrador -ra *adj* Que penetra [1, 4 y 5]. *Tb n, referido a pers*. | *Abc* 12.6.73, 34: Gregorio López Bravo .. ha sido el gran jefe de Relaciones Públicas de nuestro país, el gran penetrador comercial y político en frentes otrora cerrados. *Barcelona* 31: El otro vasco, Ramiro de Maeztu, después de sopesar con su penetradora seriedad los diversos perfiles regionales, concluye afirmando que España es hija del esfuerzo de Cataluña.

penetrante *adj* **1** Que penetra [1, 4, 5 y 6]. | *ByN* 11.11.67, 28: Absolutamente penetrante, es inmediatamente asimilada [la crema] por los tejidos más profundos. Arce *Testamento* 31: Fijó en mí aquellos ojos suyos acerados, penetrantes. J. M. Javierre *SYa* 27.10.74, 9: Más bien flaco, severo, con una pelambre negra rebelde, pacífico, el tipo de artista penetrante que respeta a los demás sin molestar a nadie. Medio *Bibiana* 228: El olor penetrante de las fresas la obliga a detenerse ante las cajas. **b)** (*Fís*) [Radiación] capaz de atravesar la materia sin ser sensiblemente absorbida por esta. | Mingarro *Física* 190: Cuanto más blando es un tubo .., mayor es el valor de la longitud de onda umbral, y los rayos obtienen son menos penetrantes.
2 Que denota o implica penetración [2]. | Marías *Gac* 11.5.69, 24: No olvidemos el verso penetrante de Antonio Machado: *Ni está el mañana –ni el ayer– escrito*.

penetrantemente *adv* De manera penetrante. | RIriarte *Adulterio* 311: Se vuelve hacia él y le mira penetrantemente. Arce *Precio* 94: Asaban el pescado. Olía penetrantemente. Anson *Oriente* 40: Eso lo percibió y explicó penetrantemente Spengler.

penetrar A *intr* ➤ **a** *normal* **1** Pasar al interior [de un cuerpo (*compl* EN)]. *Tb sin compl*. | Ybarra-Cabetas *Ciencias* 261: Absorción. Es el acto por el que penetran en la raíz el agua y las sales en ella disueltas. *País* 29.1.77, 11: La herida de tórax penetra por la cara posterior, arrastra tejidos y fragmentos de costillas que se incrustan bajo el pectoral junto al fragmento metálico. **b)** Entrar [en un lugar]. *Tb fig*. | *Ya* 22.11.75, 6: Es posible .. que el Príncipe, antes de penetrar en el edificio de la Cámara, pase revista a una compañía que le rendirá honores. Olmo *Golfos* 150: Gracias a este enredo penetró el amor en mi vida. **c)** Ir al fondo [de algo no material (*compl* EN)]. | *Pue* 11.11.70, 7: –¿Qué opina de la mentalidad científica de nuestro país? –Es formularia. Algunos dan la sensación de ser muy teóricos, y no han penetrado en la teoría profunda.
➤ **b** *pr* **2** Percatarse o enterarse a fondo [de algo]. | Cantera *Enseñanza* 62: Quienes han estudiado bien una lengua y se han penetrado de su estructura gramatical, aun sin hablarla, no encuentran demasiada dificultad para hablar cuando tienen que hacerlo.
3 (*raro*) Fundirse o mezclarse [una cosa con otra]. | Gambra *Filosofía* 91: Materia prima será el sustrato común de ambas cosas, un algo indeterminado, incognoscible por principio, que, penetrándose con la forma, depara al ser que existe su concre[c]ión individual.
B *tr* **4** Pasar al interior [de un cuerpo (*cd*)]. | * El tornillo penetra la pared. **b)** Entrar [en un lugar (*cd*)]. | Palacios *Juicio* 174: Me vuelvo a ver ascendiendo, casi adolescente, por aquella cuesta, y penetrando aquel castillo solitario. **c)** Poseer sexualmente [a una pers.]. | CBonald *Ágata* 44: No quiso Manuela, empero, que el alarife la desnudara del todo, ni consintió de ninguna manera que la penetrase.
5 Entender o comprender [algo]. | Cunqueiro *Un hombre* 37: Abrevio esta metafísica para que mejor penetres mi argumento. Casares *Música* 5: Probablemente va a ser esta la única ocasión que se le presenta al alumno para tratar de penetrar y comprender este arte. MGaite *Retahílas* 31: Aunque pueda seguir jugando a mantener componendas en-

gañosas, quiere dar a entender de antemano que penetra el engaño. **b)** Conocer el pensamiento o las intenciones [de alguien (*cd*)]. | FMora *Abc* 21.11.75, sn: La inmensa mayoría de los retratos de Franco son imaginarios, y se comprende que así sea porque era un hombre difícil de penetrar a causa de sus largos mutismos y de su palabra casi siempre interrogativa.
6 Afectar intensamente [una sensación o sentimiento a alguien o a una parte de su ser]. | Torrente *DJuan* 210: Un sutil aroma de jazmines me penetraba. Vesga-Fernández *Jesucristo* 67: Con esto quedaron todos penetrados de temor.

penetrativamente *adv* De manera penetrativa. | A. LMora *Rev* 2.71, 19: El hombre es uno fundamentalmente, y en él la materia y el espíritu se abrazan penetrativamente en todo cuanto es y en cuanto obra.

penetrativo -va *adj* Que penetra [1 y 4]. | E. Martínez *Ade* 27.10.70, 11: Esperábamos que en la segunda [parte], con esa diferencia, el Salmantino abriera sus líneas y con mejor fútbol, al menos con un juego más penetrativo, buscara al menos el empate.

penetrómetro *m* (*Fís*) Instrumento utilizado para medir la dureza de un material. | *Ya* 22.10.64, sn: Agitadores eléctricos y magnéticos. Viscosímetros. Penetrómetros. Mesas de laboratorio.

peneuvista *adj* Del PNV (Partido Nacionalista Vasco). *Tb n, referido a pers*. | *País* 8.3.80, 6: Al elector vasco no se le ha ahorrado el mosaico de arremetidas partidarias de todos contra todos: los nacionalistas, contra los estatistas o sucursalistas; la izquierda *abertzale* contra el interclasismo peneuvista.

pénfigo *m* (*Med*) Enfermedad de la piel caracterizada pralm. por la formación de vesículas que dejan manchas de pigmento. | Corbella *Salud* 452: Entre las enfermedades ampollosas primarias las más importantes están constituidas por el grupo de los pénfigos, de pronóstico siempre grave, que van acompañados a menudo de alteración intensa del estado general y del equilibrio electrolítico.

peniano -na *adj* (*Anat*) Peneano. | M. Á. Cruz *Ya* 17.4.89, 13: Los implantes de prótesis penianas consisten en la introducción de un cilindro semirr[r]ígido de silicona del tamaño de un bolígrafo, en el interior de cada uno de los cuerpos cavernosos del pene, que son los que, al recibir sangre e hincharse, producen la erección.

penibético -ca *adj* De la cordillera Penibética. | Zubía *España* 88: Región Penibética .. Es una región muy montañosa, atravesada por el Sistema Penibético. **b)** De la zona de la cordillera Penibética. | GMontero *Abc* 19.3.72, 39: Juan Aparicio, nacido, como Alarcón, periodista y en Guadix, tiene algo muy común con su paisano y asistirá también a esta conmemoración, ya que ha levantado su gran bandera que le proclama penibético en su espíritu y en sus escritos.

penicilamina *f* (*Med*) Agente que produce la eliminación por la orina del cobre, mercurio, cinc y plomo. | MNiclos *Toxicología* 79: Finalmente, eliminar el cobre absorbido con penicilamina.

penicilina *f* Antibiótico extraído inicialmente del hongo *Penicillium notatum*, dotado de una poderosa acción contra los microbios. | Navarro *Biología* 249: La penicilina es un poderoso agente antimicrobiano.

penicilínico -ca *adj* (*Med*) De (la) penicilina. | MSantos *Tiempo* 31: Bien estaban los lavados con permanganato en la era penicilínica.

penillanura *f* (*Geol*) Terreno poco ondulado y muy extenso, que ha perdido los grandes relieves montañosos a causa de la erosión. | Bustinza-Mascaró *Ciencias* 354: El trabajo erosivo de un río y de sus afluentes .. tiende a ir aplanando la cuenca, a suavizar las pendientes y a transformarla en último término en una penillanura, que es el final del ciclo de la erosión por las aguas superficiales corrientes. FVidal *Duero* 64: Se propone seguir su trajín viajero por las altas tierras de la penillanura soriana.

península *f* Territorio rodeado de agua por todas partes excepto una, relativamente estrecha, que la une a otro territorio mayor. | Zubía *Geografía* 131: La costa europea es muy recortada, ofreciendo numerosos cabos, penínsulas, golfos, islas y mares interiores.

peninsular *adj* De (la) península. | Ortega-Roig *País* 20: Como España es un país peninsular, gran parte de sus límites son costeros. **b)** De la Península Ibérica. *Tb n, referido a pers. Se opone a* INSULAR, BALEAR, CANARIO, CEUTÍ, MELILLENSE *o* HISPANOAMERICANO. | L. Espina *Ya* 15.10.67, sn: Soy peninsular y muy oyendo en el coche una emisora que no conozco. Delibes *Mundos* 158: El margen de tolerancia es tan grande que para un peninsular la vida comercial del país, las posibilidades de adquisición y de venta que ofrece constituyen una realidad insólita. Sin duda este régimen de vista gorda, de flexibilidad, es el único camino viable para que la .. economía de la isla [Tenerife] pueda desenvolverse.

penique *m* Moneda inglesa equivalente a la centésima parte de una libra. *Hasta 1971 su valor era la duodécima parte del chelín.* | L. I. Parada *Mun* 14.11.70, 31: El mismo viaje en este tipo de barco costaría 20 chelines y 2 peniques la tonelada. Marías *Almas* 41: Los niños ingleses pedían peniques para su pelele ahorcado .. Abrí la ventana y les lancé una moneda.

penitencia I *f* **1** (*Rel catól*) Sacramento por el que se perdonan los pecados cometidos después del bautismo, mediante confesión de los mismos. | SLuis *Doctrina* 142: El Sacramento de la Penitencia es necesario para todo cristiano que ha cometido pecado mortal.

2 Obligación impuesta por el confesor como satisfacción por los pecados confesados. | E. GPesquera *Fam* 15.11.70, 4: He oído alguna vez que en la confesión imponen de penitencia "ofrecer la misa y comunión". **b)** (*humoríst*) Castigo impuesto a alguien por una acción indebida. | *Ya* 23.5.90, 42: Pedro García: "Deben pagar caro por llamarme chorizo". El presidente del Rayo añade: "En penitencia tendrían que bajar de rodillas por la Albufera".

3 (*hist*) Castigo público impuesto por el tribunal de la Inquisición o por la autoridad eclesiástica. *Tb ~* PÚBLICA. | * El tribunal de la Inquisición imponía penitencias durísimas. Villapún *Iglesia* 74: La absolución de esta penitencia pública se hacía el día de Jueves Santo por el obispo, que les admitía de nuevo a la comunión de los fieles.

4 Mortificación o serie de mortificaciones que alguien se impone para pedir a Dios el perdón de sus culpas. | Vesga-Fernández *Jesucristo* 38: Haced penitencia, porque el reino de Dios está cerca. Laforet *Mujer* 103: Me han dicho [las monjas] que viven en penitencia por toda la Iglesia.

5 (*col*) Cosa fastidiosa o molesta que hay que soportar. | Aparicio *Mono* 82: Habiendo menospreciado siempre a los latinos, consideraba una penitencia vivir entre ellos.

6 (*Rel catól*) Virtud que consiste en el dolor de haber pecado y el propósito de no pecar más. | SLuis *Doctrina* 142: La Penitencia, como virtud, es el hábito bueno que nos inclina a detestar el pecado como ofensa inferida a Dios.

II *loc v* **7 llevar en el pecado la ~** → PECADO.

penitencial I *adj* **1** De (la) penitencia [1, 2, 3 y 4]. | CBaroja *Inquisidor* 43: Lo grave es estar habituado a aplicar leyes y penas (y penas tales como la del hábito penitencial). Laforet *Mujer* 332: Soñaba las grandes alturas penitenciales del convento.

II *m* **2** (*hist*) Libro que contiene las normas y ritos de la penitencia [1, 2 y 3]. | Lapesa *HLengua* 115: Son anotaciones a unas homilías y un penitencial latinos.

penitenciar (*conjug* 1a) **A** *tr* **1** Imponer [a alguien] una penitencia [3]. *Gralm en part, frec sustantivado.* | CBaroja *Judíos* 1, 97: Un erudito moderno ha llamado la atención sobre lo frecuente que es en los procesos inquisitoriales el caracterizar a los cristianos nuevos como *louros* de color en el pelo .. Pero yo no he comprobado tal frecuencia, aunque sí he hallado recuerdo de penitenciados o procesados rubios.

B *intr* **2** (*raro*) Hacer penitencia [4]. | FVidal *Duero* 184: La cueva de los Siete Altares, con sus hornacinas para la oración y emplazamiento de imágenes devotas, ante las que se supone que debieron penitenciar por la paz del mundo los tres eremitas del siglo VIII segovianos.

penitenciaría (*con mayúscula en acep 2*) *f* **1** Prisión (establecimiento). | *Abc* 15.10.70, 41: La fuga se produjo durante la noche del sábado al atacar un grupo de detenidos a los centinelas, a los que lograron reducir y posteriormente encerraron en los lavabos de la penitenciaría.

2 (*Rel catól*) Tribunal eclesiástico romano encargado de despachar las bulas y dispensas. | * Están esperando contestación de la Penitenciaría para contraer matrimonio.

penitenciario -ria I *adj* **1** (*Rel catól*) [Presbítero o canónigo] que tiene la obligación de confesar [en una iglesia determinada, esp. una catedral (*compl de posesión*)]. *Frec n m, referido a canónigo. Tb sin compl.* | Torrente *Señor* 391: Había consultado con su amigo, el Penitenciario de Santiago, la licitud del procedimiento. Torrente *Fragmentos* 158: Al pasar frente a la sacristía .., sale despavorido el Penitenciario, con revuelo de sotana y capa.

2 De (la) penitenciaría [1]. | Ridruejo *Memorias* 61: Pocos días después detenían también a la segunda de mis hermanas .. Una seria afección gástrica y la buena voluntad del médico penitenciario evitaron su traslado a Madrid.

3 (*raro*) De (la) penitencia [4]. | CBonald *Ágata* 195: Su defensiva frigidez solo había sido esgrimida en cuanto freno penitenciario y dique de la pureza frente a la depravación.

II *m* **4** (*Rel catól*) Cardenal presidente del tribunal de la Penitenciaría [2]. *Tb ~* MAYOR. | *Ecc* 16.11.63, 31: Cardenal Cento, penitenciario mayor de la Iglesia.

penitenciero *m* (*hist*) Penitenciario [1 y 4]. | Mercader-DOrtiz *HEspaña* 4, 71: El cabildo catedral, o el de una colegiata, era un Estado en pequeño, con su jerarquía (el arcipreste, el arcediano), con la delimitación de funciones (el chantre, el escolástico, el penitenciero), con su presupuesto.

penitente -ta (*la forma* PENITENTA *es rara: gralm se usa* PENITENTE *como m y f*) **A** *m y f* **1** Pers. que se confiesa sacramentalmente. | Villapún *Iglesia* 86: Dicho penitente se arrodillará junto al confesionario y rezará el "Yo pecador". E. GPesquera *Fam* 15.11.70, 4: Basta con que el penitente o la penitente vayan a misa en día de labor, .. por cumplir la penitencia que se han impuesto.

2 Pers. que hace penitencia [4] o cumple una penitencia [3]. | Villapún *Iglesia* 74: A los que se les imponían estas penitencias públicas no podían asistir a las fiestas mundanas. Vestían unos hábitos especiales que denotaban su condición de penitentes. **b)** Pers. que va en una procesión para hacer penitencia [4]. | CNavarro *Perros* 49: La Diagonal parecía escoltada por una caravana de penitentes llevando cirios encendidos. Berceo *Rio* 24.3.89, 4: Esta nueva Semana Santa .. va a hacer furor muy pronto .. en las agencias de viajes, rutas turísticas para nórdicos aburridos, y excursiones de la tercera, cuarta y quinta edad, con derecho a chocolate con churros o picatostes y procesión con marías magdalenas, penitentas y cruces alzadas.

B *m* **3** (*hist*) Obrero encargado de probar si hay gases inflamables en la mina. | Benet *Aire* 151: Había trabajado de penitente y barraconero en La Cenicienta y, cuando .. todas las minas de la pequeña cuenca se fueron cerrando, él prefirió quedarse.

penninervio -via *adj* (*Bot*) [Hoja] cuyo pecíolo se prolonga en nervios secundarios semejantes a las barbas de una pluma. | Ybarra-Cabetas *Ciencias* 261: Las curvinervias se llaman penninervias cuando de un nervio más destacado .. y de distintos puntos del mismo arrancan los nervios secundarios.

penol *m* (*Mar*) Extremo de una verga. | J. A. Padrón *Día* 13.5.76, 5: El repique iba seguido por el enarbolar de roja bandera en el penol de la verga que miraba al Sur, si aquel era el punto por donde se le divisaba.

penología *f* (*Der*) Ciencia que estudia las finalidades que debe cumplir la pena y los medios de su aplicación. | *Ya* 24.9.85, 15: La determinación de la punición es sumamente compleja, y el que los escabinadistas pretendan que los ciudadanos conozcan la Penología, cuando ni fiscales, letrados, ni tribunales se ponen de acuerdo, es una falacia que pretende ocultar todo lo contrario: que el juez siga dominando tanto el tema de la culpabilidad como la aplicación de la pena.

penosamente *adv* De manera penosa. | Carandell *Madrid* 128: Las señoras se negaban a utilizar el ascensor y subían penosamente por la gran escalera.

penosidad *f* (*raro*) Cualidad de penoso [2]. | Tamames *Economía* 445: Los jurados de empresa se ocupan de los siguientes asuntos: reclamaciones que formulen los trabajadores, .. penosidad o peligrosidad.

penoso -sa *adj* **1** Que produce pena [1]. | Alfonso *España* 73: Fue una denuncia pública tan oportuna como penosa.
2 Que lleva consigo penalidades [1]. | Carandell *Madrid* 37: Uno se los imagina llegando en diligencia, tras un penoso viaje. *Hie* 19.9.70, 4: Merece resaltar lo que afecta a vacaciones .., los pluses por trabajos tóxicos, penosos y peligrosos. **b)** Que implica dificultad o esfuerzo grandes. | GArnau *Inf* 17.1.78, 20: La no existencia de mozos de cuerda, lo que nos obliga a transportes penosísimos.

pensable *adj* Que se puede pensar, *esp* [1]. | MGaite *Retahílas* 186: Esa montaña de obstáculos no es pensable siquiera que la puedas saltar.

pensadamente *adv (raro)* De manera pensada o reflexiva. | *NEs* 24.11.74, 11: Un criterio que muy difícilmente puede tener aceptación en esta calle es el de pretender romper pensadamente la alineación, por aquello de que los entrantes y salientes tienen su encanto.

pensado -da *adj* **1** *part* → PENSAR.
2 Que denota o implica reflexión. | Laforet *Mujer* 333: Eulogio había dejado pasar dos meses sin contestarle, y al fin llegó una carta suya muy pensada y sensata.
3 mal ~ → MALPENSADO. **b) bien ~**. [Pers.] propensa a considerar buenas las intenciones ajenas. *Frec con intención irónica*. | C. Luaces *SNue* 26.10.75, 4: Se dice que en estos días se venden los discos de Serrat como churros. Al hilo de este dato, los maquiavélicos del país .. se preguntan si se trata de la consabida maniobra de "public-relations". ¡Caray, y qué bien pensados somos!

pensador -ra I *adj* **1** [Pers.] que piensa [4]. | * Esta niña nos ha salido muy pensadora.
II *m y f* **2** Pers. que reflexiona y escribe con profundidad sobre problemas generales, frec. sin llegar a construir un sistema filosófico. | Gambra *Filosofía* 144: Ha habido pensadores, como Unamuno, que han centrado en este problema [la inmortalidad del alma] toda su preocupación filosófica.

pensamiento I *m* **1** Facultad de pensar, *esp* [1a y 4]. | Arce *Testamento* 27: Procuraba, a medida que ascendíamos, dejar huella del camino en la memoria. Pero casi era inútil: aquellos recuerdos de niño me robaban el pensamiento.
2 Acción de pensar [1a y 4]. *Frec su efecto*. | Medio *Andrés* 46: Al parecer estaba gesticulando, acompañando con movimientos harto expresivos su pensamiento. LIbor *Rebeldes* 26: Un simple trasporte de un objeto de un lugar a otro de la mesa tiene una intencionalidad que impregna al movimiento que realiza. Los movimientos son realizaciones de proyectos, es decir, de pensamientos. **b)** Máxima (frase breve y concisa que encierra un pensamiento de carácter doctrinal o moral). | Arenaza-Gastaminza *Historia* 147: Sus obras más importantes [de Erasmo] son: Los *Adagia*, colección de pensamientos de autores clásicos. El *Elogio de la Locura*.
3 Actividad de pensar [1a y 4]. | Gambra *Filosofía* 187: Fue [Epicuro] una de las figuras de la decadencia del pensamiento griego, en una época en que el pensar filosófico aparece al servicio de la ética. Torrente *DJuan* 90: Los libros eran de pensamiento y poesía.
4 Conjunto de ideas [propias de una pers. o de una colectividad]. | Castilla *Humanismo* 11: Lo que se denomina pensamiento reaccionario no es otra cosa sino el intento para no ver lo que caracteriza el pensamiento de hoy.
5 Idea o intención. | MGaite *Nubosidad* 200: Teníamos pensamiento de comprarle el piso.
6 Planta violácea anual, cultivada en jardín, de flores aterciopeladas cuyos pétalos van del amarillo al violeta (*Viola tricolor*). *Tb su flor*. | Alvarado *Botánica* 39: Las flores se clasifican en actinomorfas .. y zigomorfas o bilaterales (simétricas con relación a un plano, como el pensamiento y la boca de dragón).
II *loc adj* **7 de ~**. (*TLit*) [Figura] que se basa en las ideas y sirve para expresar pensamientos o sentimientos. | Blecua *Géneros* 56: Las figuras de pensamiento se dividen en pintorescas, lógicas y patéticas.

pensante *adj* Que piensa, *esp* [4]. | *Inf* 15.12.69, 2: Un periódico es un vasto campo de expresión de la sociedad. A él deben acudir desde las mejores plumas del país, las cabezas pensantes, hasta el hombre de la calle, a exponer sus problemas. Diosdado *Olvida* 8: Es, esencialmente, un ser pensante, a disgusto con lo que le rodea y en continua batalla con el medio ambiente y con sus propias dudas. **b)** Propio de la pers. que piensa. | Laiglesia *Ombligos* 25: Abandonó la construcción de pajaritas y otros bichos, concentrando toda su capacidad pensante en descifrar el misterio umbilical.

pensar I *v (conjug* **6**) **A** *tr* **1** Formar [una idea o un juicio (*cd*)]. | Benet *Nunca* 21: Algunas veces pienso si no será inmoral ganar esas cantidades. Medio *Bibiana* 9: Bibiana Prats sabe que esto es lo que diría o lo que pensaría el señor Massó. **b)** Tener [una opinión o juicio (*cd*) acerca de alguien o algo (*compl* DE, *o*, *más raro*, SOBRE *o* ACERCA DE)]. *Tb sin compl. Tb (col) pr*. | Medio *Bibiana* 115: ¿Por qué lloras y te ríes de esa manera? Nunca sé qué voy a pensar de ti... Eres un caso. Delibes *Guerras* 208: Yo me pienso que esto de enterrar a un muerto debería ser una atenuante. Lera *Boda* 541: A mí me pareció guapa y buena. Y la verdad es que hasta la presente no he tenido motivos para pensar lo contrario. **c)** Tener [algo o a alguien] en la mente o en el pensamiento. | Medio *Bibiana* 15: Natalia y Xenius .. Nadie sabe jamás lo que están pensando .. Todavía, la muchacha, a pesar de su reserva, parece dócil. Delibes *Cartas* 92: Te piensa a toda hora, E.S. **d) ¿qué te piensas?, ¿qué te has pensado?, ¿qué se habrá pensado?**, *etc*. (*col*) *Fórmulas con que se protesta de la actitud injusta o abusiva (real o imaginada) de la pers mencionada en el suj*. | Delibes *Madera* 69: Pues naturalmente que fue un héroe, ¿qué te pensabas?
2 Formar ideas y juicios [acerca de algo (*cd*)] más o menos detenidamente. *Tb abs. Tb (col) pr*. | VMontalbán *Rosa* 248: Como si el mundo y los otros merecieran ser pensados. Arce *Testamento* 17: –¿Qué quiere decir? –pregunté, pretendiendo darme tiempo para pensar. R. DManresa *Rue* 22.12.70, 26: Otro de los problemas que va a tener es su distancia al centro de la ciudad. Me han dicho que los canarios se lo van a pensar más de una vez .. antes de desplazarse. **b)** (*lit*) Considerar. *Con un predicat*. | MPuelles *Hombre* 28: Para lograr esa articulación, es enteramente necesario pensar nuestra libertad como algo cuyos efectos se mantienen en el nivel ontológico de lo que puede hacer una criatura. Llamazares *Río* 36: Sin saber aún si Eufemiano está soñando, o loco, o muerto, como durante más de diez años sus vecinos realmente lo pensaron. **c) no ~(se)** [algo] **dos veces**. (*col*) No dudar[lo]. | Goytisolo *Recuento* 80: Si yo pudiera irme a Inglaterra, no lo pensaría dos veces. Goytisolo *Afueras* 76: Si fuese joven, no me lo pensaría dos veces, hijo.
3 Tener la intención [de hacer algo (*cd*)]. *El cd es un infin o (más raro) una prop con* QUE. | SFerlosio *Jarama* 146: Esta vez, desde luego, no se lo pienso aceptar. * Pensaba que los invitases a cenar y estaba preparando las cosas.
B *intr* **4** Formar ideas y juicios [acerca de algo (*compl* EN)]. *Frec sin compl*. | Medio *Bibiana* 88: Yo no pensé en nada .. Como si estuviera soñando. Gambra *Filosofía* 49: El pensar, como actividad, alcanza su forma más perfecta en el razonamiento. **b) no ~ más que** (*o* ~ **solo**) [en una pers. o cosa]. Estar constantemente pendiente de ella. | Medio *Bibiana* 11: Nos hemos contagiado de la gente gorda, que no piensa más que en juergas y en tonterías.
5 Evocar o recordar [a alguien o algo (*compl* EN)]. *Tb (col) pr*. | CNavarro *Perros* 137: Las patas del perro, al arañar el suelo, hacían pensar en la carcoma. Delibes *Guerras* 133: Que si el complejo de Edipo .. era cosa de las sociedades patriarcales, que yo me pensé en Moisés, oiga, para recordarme, ¿entiende?
6 dar que ~ [a alguien (*ci*)]. Inducir[le] a cavilaciones o sospechas. | CBaroja *Inquisidor* 39: El tormento dio no poco que pensar a algún inquisidor. M. B. Ferrer *Ya* 21.5.77, 12: El taxista accedió, y estos subieron al coche. Por el camino se les atravesó otro vehículo, y ello dio que pensar a Javier, quien objetó que él no veía por allí ningún camión. Los terroristas te responderían que está más adelante.
7 ~ mal. Creer que [una pers. o cosa (*compl* DE)] encierra en sí malicia. *A veces sin compl*. | * Piensa mal de todo y de todos. Es inaguantable. Medio *Bibiana* 115: Bibiana Prats no quiere pensar mal. Es terriblemente feliz en este momento, libre de la sospecha de la torturaba.

pensativamente – pentalfa

II *loc adv* **8 antes de que lo pienses** (*o* **lo piense**, *etc*). Rápidamente o en seguida. *Con intención ponderativa*. | Delibes *Príncipe* 111: –Antes de que lo piense estará de vuelta –dijo–. El tiempo se va volando.
9 cuando menos se piensa (*o* **lo pienses**, *etc*). En el momento más inesperado. | MAbril *DBu* 30.7.75, 3: La memoria, cuando menos lo pensamos, nos juega unas malas pasadas de campeonato. * Cuando menos lo pienses se te presenta en casa, ya verás.
10 el día menos pensado → DÍA.
11 ni lo pienses, *o* **ni ~lo**. *Se usa como negación enfática*. | * –¿Vienes con nosotros? –Ni pensarlo.
12 sin ~. Involuntariamente o sin sentir. | * Lo herí sin pensar. * Ya verás qué pronto acabas. Se hace sin pensar.

pensativamente *adv* De manera pensativa. | Laforet *Mujer* 69: Antonio la miraba pensativamente.

pensativo -va *adj* [Pers.] que muestra en su expresión que está pensando. | Arce *Testamento* 113: Se quedó muy pensativo cuando se lo dije, y al cabo de un rato, .. él se volvió hacia mí y me dijo que .. no lograba acordarse de lo del peral. **b)** Propio de la pers. pensativa. | Laforet *Mujer* 21: Antonio .. era un muchacho de veinticinco años, .. con unos ojos castaños, pensativos.

pensil (*tb, raro*, **pénsil**) (*lit*) **I** *adj* **1** Que pende o cuelga. | CBonald *Ágata* 107: Un inusitado pájaro nocturno, de plumaje carmesí y remos pensiles como andrajos .., les dio escolta a media altura.
II *m* **2** Jardín colgante. | DCañabate *Abc* 23.3.58, 5: Allá distingo lo que fue el único jardín colgante de Madrid. Jardín del palacio del marqués de la Romana, hoy oficinas municipales. ¿Por qué el Ayuntamiento no cuida este antañón pensil y lo abre al público?

pensilvánico -ca *adj* (*Geol*) [Período] correspondiente al Carbonífero superior en Norteamérica. | Bustinza-Mascaró *Ciencias* 382: Impresión en arenisca de la superficie de un tronco de *Lepidodendron obovatum* .. Período pensilvánico americano (carbonífero superior). Era primaria.

pensión *f* **1** Asignación periódica que percibe una pers. y que no es remuneración de un trabajo. | Cabezas *Abc* 1.12.70, 48: La Mutualidad le exige cada año la "fe de vida" para pagarle su pensión. *Leg. contencioso-adm.* 16: Esta Jurisdicción es incompetente para conocer de la rehabilitación de la pensión de la placa de San Hermenegildo denegada al recurrente. **b)** Cantidad que se concede a una pers. para ampliar estudios, esp. en el extranjero. | M. Á. Velasco *SYa* 14.12.73, 15: El decreto de 5 agosto de 1873 sancionó oficial y administrativamente .. la existencia de las llamadas Pensiones de Roma, que desde 1758 venía otorgando "ilustradamente" la Real Academia de Bellas Artes de San Fernando, de Madrid.
2 Hecho de alojarse mediante pago en una casa, comiendo o no en ella. *Gralm en constrs como* ESTAR DE ~, *o* TENER EN ~. | J. L. MRedondo *Act* 25.1.62, 50: José García Fernández vive "en pensión", en una portería de la calle Puerto de Canfranc. Lagos *Vida* 19: Tomaban rumbo distinto para pasar por casa de doña Ernestina, que tenía en pensión a tres respetables caballeros.
3 *En un establecimiento hotelero o en un colegio*: Manutención. *En las constrs* MEDIA ~ *o* ~ COMPLETA (→ MEDIO, COMPLETO). | GTelefónica N. 851: Alcázar Regis. Pensión completa. Media pensión.
4 (*admin*) Establecimiento hotelero que no dispone de más de doce habitaciones y facilita hospedaje gralm. en régimen de pensión [3] completa. | GTelefónica N. 851: Pensión Crespo. Confort de hotel a precios de pensión. **b)** Casa de huéspedes. | Laforet *Mujer* 91: Paulina .. aprendió a cocinar sabrosos platos de pescado, que le enseñaba la dueña de la pensión .. La dueña de la casa de huéspedes era una mujer gruesa y limpia. **c)** Establecimiento similar a la pensión [4a] destinado a alojar animales domésticos. | GTelefónica 25: Clínica-Residencia veterinaria. Residencia. Pensión. Hospitalización de perros.
5 Cantidad que se paga de pensión [2, 3 y 4]. | FQuintana-Velarde *Política* 18: A veces también se entiende [al decir que "es muy económico"] .. que el hotel X administra adecuadamente la pensión que le entregamos al prestarnos servicios aceptables en relación a la cantidad total abonada.

pensionado[1] -da *adj* **1** *part* → PENSIONAR.

2 [Cosa] que lleva consigo una pensión [1a]. | FReguera-March *Filipinas* 502: Aquí se está haciendo algo .. Aquí nos caerá una cruz pensionada.

pensionado[2] *m* **1** Internado (colegio donde viven alumnos internos). | Gala *Días* 409: Cleo me dijo que usted tenía un pensionado de señoritas.
2 Pensión [4c] para animales domésticos. | GTelefónica 25: Profesor Casares. Todos los servicios para perros. Hospital. Pensionado. Consultas. Peluquería. Academia.

pensionar *tr* Conceder una pensión [1b] [a alguien (*cd*)]. *Frec en part, frec sustantivado*. | *Ya* 20.4.75, 27: Don Miguel Rubio Huertos, académico de Farmacia .. Pensionado por diversas universidades extranjeras, actuó como investigador asistente en la Universidad de California en 1956. Cabezas *Abc* 7.9.66, 45: Nunca falta el grupo de pensionados extranjeros que vienen a España para estudiar guitarra.

pensionario *m* (*hist*) *En la república de las Provincias Unidas, en los ss XVII y XVIII*: Gobernador de provincia que desempeña el papel de secretario de los estados. | Vicens *Polis* 366: En 1672, sin previa declaración de guerra, las tropas francesas invadieron Holanda .. Los holandeses se salvaron, entonces, poniendo al frente de su ejército a Guillermo III de Orange .. En una revuelta pereció el gran pensionario Witt.

pensionista *m y f* **1** Pers. que cobra una pensión [1a]. | Cabezas *Abc* 20.7.67, 67: Los pensionistas jubilados hace años, a los que no han actualizado la pensión, no están en condiciones de soportar aumentos de ningún género.
2 Pers. que vive en una pensión [4]. | Marsé *Montse* 100: Recuerda la vida que hacías en la pensión, tus relaciones con el barrio, los vecinos, la patrona, los pensionistas.

penta *f* (*jerg*) Pentazocina. | Tomás *Orilla* 49: Ayer se enrolló bien conmigo una gente y les pasé dos pentas. Me quedé a sobar en su casa y nos pusimos ciegos. A tope. ¡Vaya colegas!

pentacampeón -na *m y f* (*Dep*) Pers. o equipo que ha sido cinco veces campeón. | *Hoy* 14.4.74, 40: Campeonato nacional de vela. Pedro Campos, virtual pentacampeón nacional de "vaurien".

pentacloruro *m* (*Quím*) Cloruro cuya molécula contiene cinco átomos de cloro. | *Abc* 7.3.58, 20: Equipos "Leybold" y "Lepper", para deshidratación y desgasificación del "Pyraléne" (pentacloruro de difenilo).

pentadecasílabo -ba *adj* (*TLit*) De 15 sílabas. *Referido esp a verso*. | Quilis *Métrica* 68: Versos de más de catorce sílabas .. Pentadecasílabo .. Hexadecasílabo.

pentaedro *adj* (*Geom*) [Poliedro] de cinco caras. *Gralm n m*. | Marcos-Martínez *Matemáticas* 120: Por el número de sus caras los ángulos poliedros se llaman: ángulo triedro, tetraedro, pentaedro, exaedro, etcétera. Marcos-Matínez *Matemáticas* 138: Por el número de sus caras, los poliedros se llaman, repectivamente: tetraedro, pentaedro, exaedro, eptaedro, octaedro, dodecaedro, icosaedro.

pentáfono -na *adj* (*Mús*) De cinco sonidos. | Valls *Música* 33: Si nos adentramos en los supuestos que informan la música china, encontramos que su principio ordenador se asienta en unas escalas pentáfonas o de cinco sonidos.

pentagonal *adj* Que tiene forma de pentágono. | Bustinza-Mascaró *Ciencias* 134: Las placas tienen contorno pentagonal.

pentágono *m* Polígono de cinco lados. | Ortega-Roig *País* 19: La Península .. parece un pentágono, cuyos vértices son los cabos de Finisterre, San Vicente, Trafalgar, Gata y Creus.

pentagrama (*tb, raro*, **pentágrama**) *m* Conjunto de cinco líneas paralelas sobre las que se escriben las notas musicales. | Casares *Música* 17: Las líneas en las que escribimos las notas forman el pentagrama. Sopeña *Inf* 10.5.77, 15: Se ha metido como componente de estructura lo que no cabe en el pentágrama: el ruido, los ruidos.

pentalfa *f* Figura mística en forma de estrella de cinco puntas. | Cándido *Pue* 10.11.70, 2: Si es ánima repulsiva, podemos hacerla huir presentándole una estrella de cinco puntas, o "pentalfa".

pentámero - penuria

pentámero -ra *adj* **1** (*Bot*) [Flor] que consta de cinco piezas. | Ybarra-Cabetas *Ciencias* 291: La flor típica de estas plantas es pentámera.
2 (*Zool*) [Insecto coleóptero] que tiene cinco artejos en cada tarso. | * El cárabo es un insecto pentámero.

pentámetro *m* (*TLit*) Verso de cinco pies. *Tb adj*. | Torrente *Saga* 204: Mis colegas de Castroforte no consideraron .. suficientemente líricas las pinzas de turmalina como para dedicarles nada menos que una elegía (en pentámetros y hexámetros rigurosos).

pentano *m* (*Quím*) Hidrocarburo saturado que contiene cinco átomos de carbono. | Marcos-Martínez *Física* 298: Aceites ligeros .., que son inflamables y están constituidos por pentano, exano, eptano [*sic*] y octano.

pentapartido *m* (*Pol*) Coalición de cinco partidos. *Tb el gobierno o la mayoría parlamentaria correspondiente*. | A. Escala *Van* 29.10.89, 15: Las elecciones de hoy y mañana en Roma no solo servirán para dar un nuevo alcalde a la capital italiana, sino también para determinar el nuevo peso específico de cada uno de los miembros del Pentapartido. *Ya* 30.7.87, 11: Los ministros del pentapartido italiano toman posesión con Goria a la cabeza.

pentasilábico -ca *adj* (*Fon y TLit*) Pentasílabo. | E. Alonso *Día* 15.12.85, 2: En lo que toca a Canarias, el tango herreño parece pertenecer a la misma familia o tronco que el tango tinerfeño, no solo por el metro pentasilábico de ciertas partes de canto, sino también por un cierto "deje" moruno o morisco de la música, muy elemental y recitativa.

pentasílabo -ba *adj* (*Fon y TLit*) De cinco sílabas. *Tb n m, referido a verso*. | Quilis *Métrica* 50: Cuando el pentasílabo va acentuado en primera y cuarta sílabas, recibe el nombre de adónico.

pentathleta → PENTATLETA.
pentathlon → PENTATLÓN.

pentatleta (*tb con la grafía* **pentathleta**) *m y f* (*Dep*) Deportista que participa en una prueba de pentatlón. | *Abc* 2.10.88, 78: Pentatlón. El positivo de Jorge Quesada, el mejor pentatleta español en la actualidad, enturbió lo que podía haber sido una buena clasificación española por países en estos juegos. *Ya* 19.9.89, 33: El pentathleta australiano Alex Watson .. pedirá la revisión de su caso ante el tribunal deportivo del COI.

pentatlón (*tb con la grafía* **pentathlon**) *m* (*Dep*) Conjunto de cinco ejercicios olímpicos. | *Abc* 14.7.74, 66: Durante una semana han venido desarrollándose en la base aérea de esta ciudad unas pruebas de "pentatlón aeronáutico" compuestas por las especialidades de esgrima, baloncesto, tiro, natación y recorrido de evasión. Repollés *Deportes* 93: Los griegos sentían predilección por lo que llamaban *pentathlon*, que se componía de carrera, salto, lucha, lanzamiento de disco y lanzamiento de jabalina.

pentatónico -ca *adj* (*Mús*) De cinco tonos. | Casares *Música* 17: Además de nuestras escalas occidentales existen otras muchas de origen oriental, como la llamada pentatónica, formada por cinco notas.

pentavalente *adj* (*Quím*) Que tiene valencia 5. | Mascaró *Médico* 62: Cualquier medicamento puede constituir un alergeno, pero los principales y más corrientes son la aspirina, los preparados de arsénico pentavalente, el bismuto.

pentazocina *f* (*Med*) Fármaco de propiedades parecidas a las de la morfina. | Tomás *Orilla* 42: No te pongas nerviosa y dame lo que tengas de morfina .. Pentazocina, Dolantina, Tilitrate... ¡Date prisa!

pentecostal *adj* (*Rel crist*) [Cristiano o cristianismo] que da especial importancia a los dones del Espíritu Santo y tiende a una interpretación literal de la Biblia. | J. A. Sobrino *SYa* 16.11.73, 3: Hoy el catolicismo pentecostal se va extendiendo fuera de las fronteras de los Estados Unidos .. El fenómeno religioso de los católicos pentecostales norteamericanos es bien conocido fuera de sus fronteras americanas.

pentecostalismo *m* (*Rel crist*) Cristianismo pentecostal. | Miret *Tri* 16.8.75, 37: Si del cristianismo pasamos a otros campos religiosos, observamos el resurgir de la religiosidad oriental en Europa y América; el *boom* del pentecostalismo entre todos los grupos cristianos; el aumento espectacular que anualmente experimentan los Testigos de Jehová.

Pentecostés *m* **1** (*Rel crist*) Fiesta que se celebra a los 50 días de la Pascua de Resurrección, en que se conmemora la venida del Espíritu Santo. | SLuis *Liturgia* 10: Por tiempo Pascual se entiende el período que dura desde la vigilia del Sábado Santo hasta el sábado siguiente a Pentecostés.
2 (*Rel jud*) Fiesta que se celebra a los 50 días de la Pascua, en conmemoración de la entrega de las tablas de la ley en el monte Sinaí. | Villapún *Iglesia* 7: Pentecostés era la fiesta que celebraban los judíos a los cincuenta días de la Pascua, en recuerdo de la promulgación de los diez mandamientos en el monte Sinaí.

pentosa *f* (*Quím*) Glúcido que tiene en su molécula cinco átomos de carbono. | Navarro *Biología* 19: Pentosas. La más importante es la ribosa.

pentotal (*n comercial registrado*) *m* Barbitúrico que, administrado por vía intravenosa, produce narcosis. | Cero *Cod* 15.3.64, 2: Disponiendo que se habilite un crédito .. con destino a la adquisición de la cantidad necesaria de pentotal, también llamado "droga de la verdad".

pénula *f* (*hist*) Manto corto y redondo usado por los romanos. *Tb* (*lit*), *referido a época moderna*. | FVidal *Duero* 164: Un desconocido cubierto de malos arambeles, con la pénula parda encogida al hombro y las botas desgastadas.

penúltimo -ma *adj* Inmediatamente anterior al último. *Tb n*. | Berlanga *Recuentos* 48: En la penúltima parada me acerqué a la plataforma.

penumbra *f* **1** Iluminación muy débil o escasa. *Tb la zona así iluminada*. | Laforet *Mujer* 143: La dejó en una sala que olía a lejía y estaba en penumbra. Medio *Bibiana* 91: La gente de la sala son figuras borrosas que se mueven en la penumbra. **b)** (*Fís*) Sombra parcial creada por un cuerpo opaco que intercepta parte de los rayos de una fuente de luz. *Tb la zona correspondiente*. | Marcos-Martínez *Física* 142: La luminosidad es máxima en el contorno exterior de la penumbra y va disminuyendo paulatinamente hacia el interior.
2 (*lit*) Condición de oscuro o poco conocido. | GPicazo *Mad* 10.9.70, 24: De tales cambios y de tal finalidad derivan, como es lógico, las debilidades de esta obra, que deja en penumbra los verdaderos personajes dramáticos de la pieza. *Inf* 19.10.78, 36: Cuando al fin salga a la luz el proyecto de Constitución revisado en la penumbra por los señores Abril, Guerra y unos pocos más, será posible corroborar definitivamente si las sospechas y los indicios respondían a la realidad.

penumbral *adj* (*Fís*) De (la) penumbra [1b]. | *Abc* 18.11.75, 75: Durante cuarenta y dos minutos el disco selenita desaparecerá por completo, si bien una débil luz penumbral –procedente de la difracción de los rayos solares en nuestra atmósfera– iluminará el contorno del satélite.

penumbralmente *adv* (*Fís*) De manera penumbral. | *Abc* 18.11.75, 75: La difracción de los rayos solares en la transparente atmósfera terrestre iluminar[á] muy débilmente –penumbralmente es la palabra– a nuestro satélite natural.

penumbroso -sa *adj* Que tiene penumbra o está en penumbra [1a y 2]. | FVidal *Duero* 227: Los atardeceres del Norte suelen ser rápidos y opacos o, al menos, penumbrosos. Cela *Judíos* 145: La catedral, por dentro, es solemne y fría, artística, penumbrosa y sobrecogedora. Torrente *Sombras* 239: El interés general, que se había dirigido por igual a Napoleón y al caballo, se incrementaba ahora de la parte del emperador, mientras Lord Jim quedaba en un último término tan penumbroso que casi no se le mencionaba.

penuria *f* Pobreza o escasez de medios para vivir. | Carandell *Madrid* 23: Rodando por la historia amenazada, endeudada, sufriendo penurias y privaciones .., la grandeza española .. consiguió llegar al siglo xx. Cela *Judíos* 280: Se pegan al suelo con amor, .. igual que el espinoso arbusto de los inviernos y de los veranos, .. de los días fastos y de los días nefastos, de los tiempos de la escasez y de los tiempos de la penuria. **b)** Pobreza o escasez [de algo]. | *Inf* 26.6.70,

13: Medidas para combatir la penuria de carbón en Europa. Laiglesia *Tachado* 23: Aquel principado solo medía cuarenta kilómetros en su parte más ancha, y dieciséis en la zona más estrecha. Esta penuria territorial obligó a poner carteles en todas sus carreteras.

penutiano -na *adj* [Grupo de lenguas] de los indios norteamericanos de la costa del Pacífico. I Buesa *Americanismos* 338: Pocos vocablos de dichas lenguas [mejicanas] han entrado en el habla de la clase culta mejicana. Una de ellas es el maya, perteneciente a la misma gran familia o tronco penutiano de las lenguas uto-aztecas de América del Norte.

peña *f* **1** Roca aislada o que se destaca del suelo. I Olmo *Golfos* 184: Se sienta en una de las peñas del arroyo.
2 Monte o cerro rocoso. I Ortega-Roig *País* 29: En la Cordillera Cantábrica existen montañas importantes .. Peña Rubia, Peña Ubiña, .. Peña Prieta y Peña Labra. Daos cuenta de que en la Cordillera Cantábrica los picos altos se llaman "peñas".
3 Asociación recreativa. I *HLM* 26.10.70, 37: A continuación, los directivos de la peña y una comisión de socios se trasladaron al Sanatorio de Toreros para visitar a los diestros allí hospitalizados. **b)** Grupo de amigos que se reúnen habitualmente para practicar una afición común. I Cossío *Confesiones* 243: Don Miguel fue siempre un hombre de "peña". La tertulia de un café constituía para él una necesidad imprescindible. *Ya* 22.3.84, 31: Uno de los diez componentes de la peña de amigos madrileños que con un boleto de 60 pesetas consiguió esta semana ganar casi 120 millones en las quinielas fue localizado y entrevistado por la Cadena SER.

peñafielense *adj* De Peñafiel (Valladolid). *Tb n, referido a pers.* I E. GHerrera *SLib* 26.3.75, 29: Voy en busca de otros escritores más allegados a mi época, peñafielenses de excepción.

peñalvero -ra *adj* De Peñalver (Guadalajara). *Tb n, referido a pers.* I *NAl* 10.11.89, 1: El Ayuntamiento de Peñalver ha acordado por unanimidad nombrar al reciente Premio Nobel, Camilo José Cela, Hijo Predilecto de la villa, elevando así a la categoría oficial –como dice el texto del acuerdo– el afecto mutuo existente entre don Camilo y los peñalveros.

peñamellero -ra *adj* De Peñamellera Alta o Alles, o de Peñamellera Baja o Panes (Asturias). *Tb n, referido a pers.* I E. Delgado *SPaís* 14.6.81, 17: Por cierto que Panes no se llama propiamente Panes, sino Peñamellera Baja, y lo suyo es llamar a los Panes peñamelleros.

peñarandino -na *adj* De Peñaranda de Bracamonte (Salamanca), o de Peñaranda de Duero (Burgos). *Tb n, referido a pers.* I Escobar *Itinerarios* 137: Por Salamanca tenemos los predios trigales de La Armuña y La Berzosa .. y el campo enjuto de Peñaranda de Bracamonte .. La ciudad peñarandina también fue y es un buen mercado triguero. Cruz *Torres* 45: Peñaranda de Duero .. Lo que vemos de este hermoso castillo peñarandino corresponde a la época de las construcciones góticas.

peñascal *m* Sitio cubierto de peñascos [1]. I Cuevas *Finca* 238: Los restos de la muralla se adivinaban entre los peñascales convertidos ya en casi rocas.

peñascazo *m* (*reg*) Pedrada. I A. OMuñoz *SYa* 10.11.63, 21: Los chicos las cuelgan [las inscripciones] de un olivo y se ensañan con ellas a peñascazos.

peñasco *m* **1** Peña [1] grande. I Chamorro *Sin raíces* 165: El agua nacía frente al peñasco llamado el Fraile de la Garganta y parecía pasar por debajo. **b)** (*reg*) Piedra grande. I J. M. Javierre *Ya* 18.1.75, 8: Un día, en una pedrea infantil, le alcanzó un peñasco en la cabeza.
2 (*Anat*) Porción del hueso temporal que encierra el oído interno. I Alvarado *Anatomía* 54: El temporal .. consta de dos regiones: la escamosa .. y la petrosa o peñasco, que es maciza y muy complicada.

peñascoso -sa *adj* Que tiene peñascos [1a]. I GMacías *Hoy* 16.10.76, 3: En Valdemorales y al sur de un cerro peñascoso, denominado "Castiligillo", se aprecian algunos vestigios de población antiguos.

peñazo *m* **1** (*col*) Pers. o cosa sumamente pesada o aburrida. I C. RGodoy *D16* 27.10.84, 3: Pero qué peñazo es usted, por favor. P. Rubio *Rio* 18.3.89, 46: Primera sesión, un peñazo.
2 (*reg*) Pedrada. I J. M. Javierre *Ya* 18.1.75, 7: Un día, en una pedrea infantil, le alcanzó un peñasco en la cabeza .. Los galenos de la época opinaron que el peñazo había afectado beneficiosamente las células cerebrales.

peñiscolano -na *adj* De Peñíscola (Castellón). *Tb n, referido a pers.* I R. Actis *Sáb* 28.7.76, 84: Para los más honestos, y casi siempre más humildes, peñiscolanos, no deja de ser una satisfacción que 450 hectáreas de los bellos y fértiles montes del término municipal hayan vuelto a la población.

peñista *m y f* Miembro de una peña [3]. I *Hie* 19.9.70, 4: Mañana, domingo, la Peña del Tango Carlos Gardel realiza una excursión a Logroño. Se lleva a cabo a petición de los "peñistas" en vista del éxito alcanzado en la excursión anterior de Santander.

péñola *f* (*lit*) Pluma (utensilio para escribir). I Grau *Lecturas* 210: La obra, al parecer, era de escaso mérito, y en vista de su mal recibimiento, Alcalá se prometió dejar inactiva la péñola por el resto de su vida.

peñón *m* **1** Monte rocoso o peñascoso. I Lozoya *Abc* 17.12.70, 10: Durante dos milenios ha cumplido su misión de llevar el agua al peñón calizo sobre el cual se asienta la ciudad.
2 Peña [1] grande. I R. Vílchez *Ide* 23.8.93, 9: Un gigantesco peñón, que todavía permanece en el paraje de Los Molinos, .. hizo que hasta el mismísimo rey morisco Aben Humeya y todo su ejército se desperdigaran asustados.

peón -na (*la forma f es rara*) **I** *n* **A** *m y f* **1** Jornalero que realiza trabajos auxiliares o no especializados. I *Bal* 6.8.70, 26: Precisamos mujeres limpieza, peones, lavaplatos, pinches, recepcionistas. J. P. Quiñonero *Inf* 28.12.76, 8: Solo los hemos utilizado [a los nativos] como peones de carga en un suburbio o como bestias de tiro en el campo. Nácher *Guanche* 21: Alguien cantaba entre las plataneras. Voces oscuras de peonas limpiando de cochinilla las hojas del platanar.
B *m* **2 ~ caminero.** Obrero encargado del cuidado y reparación de un camino o carretera. I R. LIzquierdo *HLM* 26.10.70, 24: Constructores, agentes de tráfico y peones camineros recibieron del ministro de Obras Públicas galardones. C. Montelongo *ElM* 16.8.90, 20: Los peones camineros se quejan de que actualmente no se les valora nada.
3 (*Taur*) Torero subalterno que ayuda al matador durante la lidia. *Tb* (*lit*) *fig*. I *Rue* 22.12.70, 8: "Dejad que baje solo, apoyándome aquí", diría a su apoderado y al peón de confianza. Cierva *Ya* 12.5.82, 5: El rapto y secuestro de las Malvinas fue clave esencial de la estrategia británica para dominar el Río de la Plata, con Portugal como peón de brega.
4 (*Cicl*) Corredor que trabaja en un equipo al servicio de otras figuras destacadas. I J. Carrión *SYa* 23.6.85, 44: Pedro, "Perico", Delgado sueña con el Tour .. Ha cumplido en la Vuelta ha justificado su condición de ciclista "millonario" y las esperanzas de quienes confiaron en él desde que se inició en este deporte, como "peón" del Moliner-Vereco, hace siete años.
5 Peonza (juguete). I Chamorro *Sin raíces* 51: Se retraía dedicándose a juegos solitarios que no necesitaban del concurso de una pandilla: lanzaba el peón con maestría. Lo pasaba de una mano a otra con facilidad.
6 Pieza de las damas, o de las ocho iguales que se utilizan en el ajedrez. I Gironella *SAbc* 9.2.69, 21: Dichas figuras suelen ataviarse debidamente –el rey, la reina, jinetes sobre los caballos, los peones vestidos de paje, etc.–, y sus movimientos adquieren ritmo de ballet.
7 (*hist*) Soldado de infantería. I *Asturias* 22: Asturias envió 2.000 peones, reclutados por el contador Don Rodrigo de la Rúa, que, con otras tropas asturianas, contribuyeron a la derrota de los comuneros.
8 (*hist*) Individuo que en una fiesta pública actúa a pie. *Se opone a* CABALLERO. I *Mun* 19.12.70, 5: El desafecto hacia la fiesta mostrado por Felipe V y Fernando VI determinó que los caballeros cedieran el ruedo a los peones del pueblo.
9 (*reg*) Palo que sirve para apoyar el carro cuando está parado. I MCalero *Usos* 16: Tenían carros de yugo con su pértiga o trasga. Otros de violo y su volea dispuesta, algunos de varas, y todos con galgas de freno. Peones, tentemozos, trancas y tranquillas.

peonada – pepino

II *loc adv* **10 a ~.** (*col*) A pie. | DCañabate *Paseíllo* 118: Como vamos en coche .. Si fuéramos a peón hubiera hecho lo mismo.

peonada *f* **1** Conjunto de (los) peones [1]. | Grosso *Capirote* 53: Un buque fluvial inspeccionaba la fosforescencia de las boyas. En su cubierta, la peonada de la jornada nocturna bobinaba con los cables de hilo de acero. Moreno *Galería* 204: La "costa", referida a la peonada, era costosa aunque el jornal fuera escaso. Los peones .. en la época de recoger las mieses .. comían todas estas veces y esto.
2 Trabajo de un peón [1] en un día. *Gralm referido a labores agrícolas.* | Grosso *Capirote* 15: Segada hasta la última parcela, aligeraban el paso, empujándose las cuadrillas camino de la medianía para cerrar la peonada antes que el sol cayera por la otra orilla. *Cam* 12.3.78, 19: En lo que va de año, Curro Ruiz ha ganado para él, su mujer y sus nueve hijos unas 10.000 pesetas de peonadas municipales.

peonaje *m* **1** Conjunto de (los) peones [1 y 3]. | Grosso *Invitados* 219: A punto de llegar ya el peonaje a la hacienda. Bellón *SYa* 27.10.74, 47: Como Mazzantini ordenase al peonaje que se retirara mientras las pasaba negras Fernando el Gallo, este, con su rápido gracejo, chilló: "¡No, don Luis; no! En este toro me hace falta toda la cuadrilla y que salga también mi mujer, la Gabriela, y nuestros niños...".
2 Trabajo de peón [1]. | MSantos *Tiempo* 58: Solo podían vivir de lo que la ciudad arroja: basuras, .. salarios mínimos de peonaje no calificado.

peonar *intr* (*reg*) Trabajar como peón [1]. | *Cam* 12.3.78, 19: Villamartín .. cifra unos 4.000 jornaleros sin trabajo. Pero este censo no acumula a las mujeres, que también peonan cuando hay trabajo.

peonía (*tb* **peonia**) *f* Planta herbácea de hojas alternas y flor terminal, solitaria, de color rojo, rosado o blanco, cultivada a veces como planta de adorno (gén. *Paeonia*). *Tb su flor.* | Romano-Sanz *Alcudia* 233: En las paratas soleadas y al pie de los grandes riscos crecen numerosas flores. Entre ellas espliego, cantueso, lavanda, lirios, violetas, peonías. Chamorro *Sin raíces* 202: Él demostró que las flores y plantas medicinales crecían, en el lugar, abundantemente y con calidad. Allí se daba el tomillo, .. el té del Tajo, la peonia.

peonza I *f* **1** Juguete de madera, de forma cónica y acabado en una púa de hierro, al cual se enrolla una cuerda para lanzarlo y hacerlo girar. | Olmo *Golfos* 27: La mujer, bien mirada, es como una peonza que gira, monótona, sobre el mismo agujero.
II *loc adv* **2 a ~.** (*col*) A pie. | Escobar *Itinerarios* 71: En mis correrías y vagabundeos por Castilla fui una vez a Coca desde Arévalo, a peonza y en la agradable compañía de un músico magnífico y brioso.

peor I *adj* (*comparativo de* MALO) **1** Más malo. *El segundo término comparado va introducido por* QUE *o* DE. | *Voz* 13.6.90, 24: Esto va a ser peor que la masacre de Cuenca. **b)** *A veces se omite el segundo término.* | MMolina *Jinete* 294: Entonces me acordé de la otra [fotografía], es mucho peor, claro que es una instantánea. Hoyo *Glorieta* 61: En su época de concejal, peores los ha habido, se puso de acuerdo con el jefe de Parques y Jardines para que todos los árboles .. tuvieran el tronco en ángulo recto. **c)** **lo ~.** *Se usa como euf para designar una realidad triste o desagradable.* | *Caso* 14.11.70, 5: Salvaje gamberrada. La providencial llegada de un transeúnte salvó a Loli de lo peor. Arce *Precio* 228: Si .. le ocurre lo peor, .. no habrá muerto por intoxicación, si no por asfixia. **d) lo ~.** Lo más bajo (social o moralmente). | * Se codeaba con lo peorcito del barrio.
II *loc v* **2 ir a ~.** Empeorar. | MMolina *Jinete* 268: Había cosas que no se remediaban con la edad, que iban a peor, como la falta de carácter.
III *adv* (*comparativo de* MAL) **3** Más mal, de manera más mala o inconveniente. *El segundo término comparado va introducido por* QUE *o* DE. | * Lo hizo peor de lo que nos había prometido. **b)** *A veces se omite el segundo término.* | Torrente *Cuadernos* 11: Las cosas se le ponen a Perón peor cada día.
4 *En final de frase o como réplica, expresa desaprobación. Tb* TANTO ~, ~ QUE ~ (*enfático*). | Cunqueiro *Un hombre* 172: –Las que se guardan en esta casa son cartas de amor. –Peor todavía. * ¿Que viene? Mal. ¿Que no viene? Peor que peor.
5 a lo ~. (*col*) A lo mejor. *Denotando que la posibilidad expresada es poco deseable.* | A. Sáez *Inf* 12.12.73, 25: A lo peor se repite otra vez el tema con cuatro o cinco variantes.
6 mejor o ~, **de mal en ~** → MEJOR, MAL.

peoría *f* (*reg*) Empeoramiento. | Berlanga *Gaznápira* 25: El que está mal, y en peoría, es el Herrero.

Pepa. viva la ~. *fórm or* (*col*) *Se usa para comentar una situación de desbarajuste.* | *Prog* 8.8.75, 2: Suponemos que ahora, el Ayuntamiento, tendrá que pagar... Pero lo peor es que pese a lo ocurrido, todo continúa igual. ¡Viva la Pepa...!

pepe -pa (*a veces con mayúscula en aceps 2 y 3*) **I** *m* **1** (*jerg*) Genitales femeninos externos. | Salcedo *Sufro* 29: La niña pecosa que alardeaba de tener un pelo en su "pepe"...; lo tenía, ¡vaya que si lo tenía!
II *loc v* **2 ponerse como un ~.** (*col*) Hartarse o saciarse. | Arce *Testamento* 65: Yo poniéndome como un pepe y el muy c... de su marido dejándose coger por Enzo y El Bayona. Laiglesia *Fulana* 113: Enjambres de moscas se ponían como unas pepas chupando el azúcar de las uvas machacadas.
III *loc adv* **3 como un ~.** (*col*) *Se usa en constrs como* PUNTUAL COMO UN ~ *o* ESTAR COMO UN ~, *para ponderar la puntualidad.* | * No te preocupes, que cuando llegues él estará allí como un pepe.

peperomia *f* Planta tropical americana, cultivada en invernadero por la belleza de sus hojas perennes y coloreadas (gén. *Peperomia*). | GCabezón *Orotava* 6: En el invernadero se cultivan las plantas más delicadas, y entre otras destacan las colecciones de orquídeas, .. peperomias, etc.

pepinazo *m* (*col*) Bombazo o cañonazo. *Tb fig.* | CPuche *Paralelo* 103: Ese lleva la bomba atómica. Si un día se equivocan y en lugar de dar a un botón, dan a otro, ese nos suelta el pepinazo. Salvador *Van* 19.12.70, 15: Usted se asombraría de comprobar cuánto duran dieciocho segundos .. Se puede, incluso, morir, como también pensaba cuando los pepinazos, después de volar sobre el tiempo, caían cerca nos y el aire traía aromas de trilita. P. Urbano *ElM* 19.1.93, 9: Cascos ya advirtió .. que, si el asunto no se sustanciaba en la Cámara, si no presentaban las actas requeridas de los consejos de ministros, tendrí[a] que pasar ineludiblemente del campo de las responsabilidades políticas al de las responsabilidades penales .. Es, pues, un pepinazo contra la cabeza.

pepinillo *m* **1** Pepino [1] pequeño encurtido. | CPuche *Paralelo* 78: De masticar no había más que algún pepinillo y aceitunas.
2 Pepino [1]. | Loriente *Plantas* 55: *Cucumis sativus* L. "Pepinillo"; "Pepino". Hortaliza de secano, no frecuente. Es una herbácea rastrera anual.
3 ~ del diablo, **amargo** *o* **loco.** Planta semejante al pepino [1], con frutos pedunculados en forma de salchicha (*Ecballium elaterium*). | T. GYebra *Ya* 9.3.90, 70: Entre las distintas variedades de plantas medicinales que cultiva el Jardín Botánico se encuentran el orégano (tónico digestivo), .. pepinillo del diablo (purgante y diurético).

pepino I *m* **1** Planta herbácea de tallo rastrero, hojas acorazonadas, flores acampanadas amarillas y fruto cilíndrico que se come crudo (*Cucumis sativus*). *Frec su fruto.* | Loriente *Plantas* 55: *Cucumis sativus* L. "Pepinillo"; "Pepino". *Ya* 30.11.73, 19: Durante el día de ayer han subido de precio .. los pepinos (dos pesetas), los pimientos verdes (dos pesetas).
2 (*col*) Melón insípido por no estar maduro. *Tb adj.* | DCañabate *Andanzas* 198: Ya tienes ahí a tu compinche el Mateo [el melonero] con su carga de pepinos. Halcón *Manuela* 49: De los melones de su puesto ninguno salía pepino.
3 (*col*) Bomba, u otro proyectil análogo. | Delibes *Madera* 396: –Demasiado alta para destructor y corta para crucero. ¿Aviso al puesto A, cabo Pita? –Aguarda. –Y ¿si suelta los pepinos?
4 ~ de mar. Holoturia. | *SAbc* 24.8.75, 52: Finalmente está la zona de mareas bajas, que se dan pocas veces al mes. Es la región habitada por criaturas tan exóticas como el erizo de mar, la gran anémona verde o el pepino de mar.

II *loc pr* **5 un ~** (*o* **tres ~s**). (*col*) Nada. Con intención ponderativa. Con *vs* como VALER *o* IMPORTAR. | Paso *Alc* 13.11.70, 32: Seguro que mañana en el café va a decir: –Si ese no le pegaba más que a los "paquetes" que le ponían delante. Ese no vale un "pepino". Ha vivido del "tongo". *Ya* 29.9.92, 4: A la gente le importa un pepino Bosnia y vive más pendiente de Maradona.
III *loc v* (*col*) **6 irse a tomar por donde amargan los ~s, mandar a tomar por donde amargan los ~s** → IRSE, MANDAR.

pepinoide *adj* De forma alargada semejante a la del pepino (fruto). | VMontalbán *Pájaros* 47: Alfarrás había conseguido una lacia melena que le colgaba de la calva coronilla pepinoide.

pepión *m* (*hist*) Antigua moneda de vellón equivalente a medio dinero. | Sobrequés *HEspaña* 2, 81: Como monedas de menor valor, las más abundantes desde luego, y las corrientes en las pequeñas transacciones cotidianas, existían .. en Castilla y León los dineros burgaleses de vellón (90 de los cuales constituían un maravedí de oro) y los pepiones, óbolos o meajas (mitad de un burgalés).

pepita[1] *f* **1** Simiente pequeña [de una fruta o fruto]. | Bernard *Verduras* 18: Se lava la calabaza, se le quitan las pepitas.
2 Masa pequeña y rodada [de un metal nativo, esp. oro]. | *Fam* 15.11.70, 36: Se hizo buscador de oro y no encontró ni una pepita.

pepita[2] **I** *f* **1** Pequeño tumor de la lengua de las gallinas. | * Esta gallina tiene pepita.
II *loc v* **2 no tener ~ en la lengua**. (*col*) Decir sin miramientos lo que se piensa. | Delibes *Mundos* 76: El "roto" callejero .. no tiene tampoco pepita en la lengua; es un pillo de siete suelas, capaz de cantarle las verdades al lucero del alba.

pepito *m* **1** Bocadillo de filete de carne. | CPuche *Paralelo* 383: Al llegar a "Eden Bar" pidió un pepito y se lo tomó con una botella de cerveza.
2 Bollo alargado relleno de crema o chocolate. | * En esta pastelería hacen unos pepitos buenísimos.

pepitoria *f* Guiso normalmente de ave, esp. gallina, en trozos y con una salsa que contiene yema de huevo. *Frec en la loc* EN ~. | P. Amate *SIde* 27.9.92, XVI: Platos fuertes: Bacalao al pil-pil .. Pepitoria de gallina. Trévis *Extremeña* 36: Se limpia y corta la lamprea en trozos pequeños, guisándola en pepitoria y con muchas setas.

pepla *f* (*col*) **1** Cosa fastidiosa o molesta. | Delibes *Año* 85: Tres encuestas en un día. Esto del teléfono directo con Madrid va a resultar una pepla.
2 Achaque o alifafe. | Delibes *Cartas* 30: Desde muchacho tengo problemas con el sueño. Esto y la acidez de estómago son dos de mis peplas.

peplo *m* (*hist*) Vestidura femenina griega, amplia, suelta y sin mangas, que cubre de los hombros a la cintura. | MGaite *Fragmentos* 177: Es tan solo el azar quien ha dispuesto que la rubia del flequillo eligiera la blusa a cuadros desabrochada y la morena de pelo afrocubano el blanco peplo griego.

péplum (*pl normal*, ~s) *m* (*argot Cine*) Película histórica basada en la antigüedad clásica. | C. SFontenla *Tri* 17.12.66, 16: Le sucedió Lex Barker, en una serie que llegó a España solo parcialmente, y con posterioridad Gordon Scott, que luego interpretaría a Maciste en "péplums" italianos.

pepona *f* Muñeca grande y tosca, gralm. de cartón. | *Hoy* 5.8.75, 9: Aquellos niños que, boquiabiertos, pasmados de ilusión, contemplaban las grandes "Peponas" de ojos inmensos y mejillas más que sonrosadas y los caballitos de cartón. **b)** *Frec se emplea en constrs de sent comparativo para ponderar el aspecto redondo y colorado del rostro de una mujer.* | F. Alejandro *MHi* 2.64, 58: Rejoneadoras con cara de pepona y aves multicolores pueblan el mundo pictórico de Pepe.

pepónide *m* (*Bot*) Fruto carnoso unido al cáliz, con una sola celda y muchas semillas adheridas a tres placentas. | Bustinza-Mascaró *Ciencias* 261: También son frutos carnosos diferentes de la drupa y del pomo el fruto en baya del dátil, .. el fruto en pepónide del melón y la sandía.

pepinoide – pequeño

peppermint (*ing; pronunc corriente*, /pepermín/ *o* /pipermín/) *m* Pipermín. | CNavarro *Perros* 167: Él le dijo que podía tomar lo que quisiera, y la muchacha pidió un *peppermint* con soda.

pépsico -ca *adj* (*Fisiol*) De (la) pepsina. | Alvarado *Anatomía* 109: Las paredes del estómago están tapizadas por dentro por la mucosa gástrica, que posee unas glándulas pépsicas que segregan el jugo gástrico.

pepsina *f* (*Fisiol*) Fermento segregado por las glándulas gástricas que transforma las sustancias albuminoideas. | Navarro *Biología* 150: Pepsina. Es el principal fermento del jugo gástrico.

pepsinógeno *m* (*Fisiol*) Sustancia gástrica que se convierte en pepsina durante la digestión. | Navarro *Biología* 150: La pepsina se encuentra en forma inactiva o de pepsinógeno, que se hace activa por el ClH.

péptico -ca *adj* (*Med*) [Úlcera] de la mucosa del estómago o del duodeno. | *Abc* 10.10.57, 41: El príncipe heredero Faisal, de Arabia Saudí, ha sido operado con éxito de una úlcera péptica.

peptídico -ca *adj* (*Quím*) De (los) péptidos. | Alvarado *Anatomía* 9: La raya que relaciona el resto (= CO) de un aminoácido con el resto (=NH) del otro se llama unión peptídica.

péptido *m* (*Quím*) Compuesto formado por la unión de dos o más aminoácidos. | Navarro *Biología* 21: La unión de ellos [aminoácidos] forma los péptidos, quienes a su vez constituyen las proteínas.

peptona *f* (*Fisiol*) Sustancia procedente de la transformación de los albuminoides por la pepsina. | Ybarra-Cabetas *Ciencias* 200: El fermento denominado pepsina actúa sobre los albuminoides que no son asimilables y los convierte en albuminoides mucho más sencillos y ya asimilables denominados peptonas.

peque *adj* (*col*) Pequeño [2]. *Más frec n.* | ZVicente *Balcón* 78: Lo malo es esa hernia que tiene Desamparados, la sexta; y aún peor, el peque, Fernandito, que ha salido bizco.

pequeñez *f* **1** Cualidad de pequeño. | S. Nogueras *SAbc* 1.12.68, 30: El problema más angustioso de nuestro Metro, que la Compañía Metropolitana está intentando resolver, es su pequeñez. Laforet *Mujer* 249: Ha estado Blanca a verme. Me ha dado una idea de mi propia pequeñez.
2 Cosa pequeña, *esp* [3]. | JParga *Nue* 31.12.69, 17: En este día de Navidad, .. las pequeñeces entre los hombres apenas deben importar.

pequeño -ña I *adj* **1** Que ocupa menos espacio o superficie de lo normal o de lo corriente en los seres que forman serie con el nombrado. | Cunqueiro *Un hombre* 12: Habían llegado más mujeres con sus cestas de cebollas y jarrillos de barro blanco llenos de miel, y un pequeño mercado se hacía bajo los soportales de la plaza. **b)** [Pers.] de corta estatura. | Cunqueiro *Un hombre* 20: El rey Egisto .. quiso conocer al tal señor Eustaquio, el cual era un hombre pequeñito y obsequioso, el pelo muy blanco, miope declarado.
2 [Niño] de corta edad. | Olmo *Golfos* 192: –¿Tú tuviste un hijo? –Sí. Era como tú; pero más pequeño. **b)** [Niño] de menos edad [con respecto a otro u otros (*compl* DE)]. *Tb n. Frec sin compl.* | Matute *Memoria* 166: –No ha durado mucho –dijo Carlos, el pequeño del administrador. Peña-Useros *Mesías* 62: Ellos declararon: que eran doce hermanos ..; que el más pequeño se había quedado con el padre .. José exigió que le trajeran al pequeño. **c)** *Sustantivado*: Niño. | CNavarro *Perros* 16: Los pequeños se divertían jugando a la pelota. M. Landi *Caso* 21.11.70, 7: Angustiaba a todas las madres, y cada cual procuraba que sus pequeñuelos no se apartaran de sus faldas ni por un minuto. **d)** *Sustantivado, tb se aplica a un adulto como expresión de cariño, normalmente en uso vocativo.* | * Ven aquí, pequeño.
3 Poco importante en calidad, cantidad o intensidad. | L. RVargas *FaC* 21.3.75, 8: Remedio pedía siempre San Vicente Paúl a las causas del mal, y este mal tan pequeño tiene un remedio sencillo. *Abc* 13.5.75, sn: Destacando el [acondicionador] portátil G-23, verdadero comodín en el hogar o la oficina, al ser fácilmente desplazable y permitir su utilización, mediante pequeño coste adicional, como generador de calor en el invierno. * Tengo un pequeño dolor de es-

palda. MNiclos *Toxicología* 56: La respiración es agitada y superficial; el pulso, pequeño y rápido. **b)** Relativamente poco importante. *Gralm en lenguaje comercial y referido a empresas o empresarios.* | GHortelano *Amistades* 121: El pequeño comerciante .. Ya sabe, los impuestos, los salarios, los seguros.
  II *loc adv* **4 en ~.** En tamaño pequeño [1a]. *Tb adj. Tb fig.* | Gambra *Filosofía* 136: Se ha dicho que es [el hombre] un resumen o compendio del Universo, un *microcosmos* (un mundo en pequeño).

pequeñoburgués -sa (*tb con las grafías* **pequeño-burgués** *o* **pequeño burgués**) *adj* De (la) clase media baja. *Tb n, referido a pers.* | Castilla *Humanismo* 46: No puede quedar sin más incluida en ese cajón de sastre de las "actitudes burguesas o pequeñoburguesas". VMontalbán *Rosa* 45: –Andrés es hijo de obreros, y usted en cambio es hijo de burgueses. –De pequeñoburgueses, como se decía antes. ZVicente *Mesa* 98: El brazo de gitano, un postre de campeonato, pero pequeño burgués. Torrente *Off-side* 47: Usted es todavía una pequeño-burguesa. Recuerda de pronto que su padre ha sido militar y que los militares tienen honor y todo eso. M. L. Brey *VNu* 21.7.73, 36: Con su ancha cara de campesina normanda, sus grandes ojos pardos, sus botinas, sus cursis trajecitos de pequeña burguesa, Teresa pertenece ya para muchos al pasado de viejas y almibaradas devociones. Torrente *Cam* 12.3.84, 87: Cuando, durante la República, se planteó por vez primera la cuestión del divorcio, don Miguel de Unamuno dijo que quienes lo necesitaban eran los pequeños burgueses, porque las clases elevadas, lo mismo que las populares, se las arreglaban perfectamente sin él.

pequinés -sa (*tb con la grafía* **pekinés**) *adj* **1** De Pequín. *Tb n, referido a pers.* | Anson *Abc* 9.4.67, 69: Tropieza con muchas resistencias confesadas por la propia radio pekinesa. C. Sentís *Inf* 26.5.73, 8: Los cantoneses son notoriamente más pequeños que, por ejemplo, los pequineses.
  2 [Perro] de origen chino, pequeño, chato, de orejas caídas, ojos prominentes y pelo largo. *Tb n.* | Bustinza-Mascaró *Ciencias* 203: El perro. Se encuentra domesticado en todo el mundo. Existen muchas razas, con tamaño y formas variables: San Bernardo, .. pequineses. SHie 19.9.70, 1: Ella no abandonó .. a sus dos perritas pekinesas.

PER (*sigla; tb con la grafía* **per**) *m* (*Econ*) Razón aritmética entre el precio de un título y las ganancias por acción. | J. M. Cortés *País* 11.7.91, 54: Los activos industriales, cuya aplicación genera estos beneficios, están relativamente baratos si nos atenemos estrictamente a los precios medios de las acciones y al *per* medio de la Bolsa.

pera[1] *f* **1** Fruta carnosa comestible, gralm. cilíndrica en su base y más estrecha por la parte superior, producida por el peral. *Diversas variedades se distinguen por medio de adjs o compls:* AHOGADIZA, BERGAMOTA, LIMONERA, MOSQUERUELA, DE AGUA, *etc.* | Laforet *Mujer* 189: La puertecilla .. abría detrás de .. los estantes de manzanas, peras y uvas tardías. *Abc* 21.4.70, 43: Se mantuvieron, en general, los precios anteriores, con algunas alzas en melones .., peras de agua .. y uvas. Cela *Judíos* 285: El ruiseñor, aquella noche, había cantado sus romanticismos .. en el manso peral de la pera ahogadiza, de la redondita y montuna pera mosqueruela, de la guitarril pera calabacil del valle. Ullastres *Inf* 11.7.74, 1: Las medidas proteccionistas podrían renovarse para la pera limonera, uvas de mesa o ciruelas.
  2 Objeto hueco de goma con figura de pera [1], usado esp. para impulsar líquidos o aire. | Laiglesia *Ombligos* 17: El corazón es igual que la pera de una bocina. Delibes *Príncipe* 118: Había allí unas tijeras .., un pulverizador, dos peras de goma. Cossío *Confesiones* 246: Ha sido fotógrafo y diputado, y, de este modo, habla como en el Parlamento y mira y se mueve como si estuviese al lado de un aparato fotográfico y con la pera de goma en la mano.
  3 Interruptor de luz o llamador de timbre en forma de pera [1]. | *Economía* 71: Encima de la cama, un aplique con interruptor de pera.
  4 ~ (*o* **perita**) **en dulce.** Pers. o cosa muy grata o deseable. | Delibes *Voto* 17: Tampoco creáis que gobernar ahora vaya a ser una pera en dulce. J. Valdivieso *Ya* 18.5.77, 39: Alfredo Evangelista se preparó concienzudamente y demostró ser capaz de realizar quince asaltos .. La "perita en dulce" que todos presumían se trocó en un hueso duro de roer.
  5 la ~. (*col*) Una cosa exagerada o disparatada. *Se usa normalmente como predicat con ser, referido a pers o cosa.* | Torbado *Corrupciones* 351: Te he fastidiado .. Te pescaron por mi culpa .. Es la pera. Delibes *Voto* 14: Jo, tío, eres la pera.
  6 (*vulg*) Pene. | * Deja de manosearte la pera.
  7 (*jerg*) Masturbación. | Umbral *Gente* 141: A las mujeres no les gusta joder, Paco, desengáñate. Lo sublime es la gayola, la gallarda, la dulce pera matinal y vaga, la manuela, o sea meneársela.
  II *adj* **8** (*desp*) Afectadamente elegante. | Laiglesia *Fulana* 119: Ir en coche cama a San Sebastián o a cualquier otro sitio pera. CPuche *Paralelo* 260: Todos seguramente bien rociados de colonia también barata .., pero muy peras para presentarse al jefe. DCañabate *Abc* 7.4.79, sn: En su juventud fue el pollo más pera que hubo en Madrid. Fue también uno de los últimos pollos peras madrileños. Marsé *Montse* 230: Ha sido .. un hijo de papá, niño bien, jili [*sic*], pijo y pera, universitario en coche sport mimado por la fortuna.
  9 [El año] **de la ~** → AÑO.
  III *loc v* **10 partir las ~s.** (*col*) Romper [con alguien]. *Tb sin compl, con suj pl.* | Moreno *Galería* 209: El Isidoro ya no entra en casa de la Severina, y es que parece que han partido las peras.
  11 pedir ~s al olmo. (*col*) Esperar o pretender imposibles. | Medio *Bibiana* 13: No son malos chicos... Si hubiéramos podido darles una carrera... Pero eso ya sería pedirle peras al olmo. Arce *Anzuelos* 23: Como derechos de autor percibí trescientos ejemplares. Tampoco era cosa de pedir peras al olmo, digo yo.
  12 poner las ~s a(l) cuarto [a alguien]. (*col*) Ajustar[le] las cuentas. | Medio *Andrés* 180: No se mete con los mozos que le pondrían las peras a cuarto, pero como tú corres cuando le ves, pues ya tiene armada la fiesta. PAngulo *Van* 24.10.74, 13: Su crítica suele producirse aprovechando algún ejemplo ajeno, como las gentes del teatro aprovechan ahora la historia para poner las peras al cuarto a los personajes de la actualidad.
  13 tocarse la ~. (*vulg*) Estar inactivo o no trabajar. | * Se pasa el día exigiendo a los otros, pero él está tocándose la pera.

pera[2] *m y f* (*jerg*) Perista. | Tomás *Orilla* 291: Ahora tocaba la receptación .. Antonio sabía que era el mejor pera de todos los que había tratado. Ganaba buen dinero, pero era de fiar y no engañaba más de la cuenta.

per accidens (*lat; pronunc,* /per ákθidens/) *loc adv* (*E*) Por las circunstancias o accidentes. *Tb adj.* | *Leg. contencioso-adm.* 183: Al no ser viable el recurso *per se*, en cuanto interpuesto contra acto excluido de su ámbito, y límite legal, puede merecer su valor *per accidens* (anomalías en el expediente, extemporaneidad del recurso, interpretación de normas invocadas, etc.). Gambra *Filosofía* 45: El segundo [método] es el que llamaremos conversión limitada o *per accidens*.

peral *m* Árbol de tronco robusto, madera rojiza muy estimada, hojas ovales coriáceas y flores blancas en corimbo, cuyo fruto es la pera (*Pirus communis*). *Tb su madera.* | Ybarra-Cabetas *Ciencias* 290: El tronco del peral es robusto y su corteza suele presentar grandes grietas. MLuna *ASeg* 20.5.92, 6: Gabriel .. trabaja el enebro, haya, encina, peral, guindo... o cualquier otra madera que caiga en sus manos.

peraleda *f* Terreno plantado de perales. | Cela *Pirineo* 313: El caserío .. se enseña entre praderas y pomaradas, peraledas y nocedales.

peralejano -na *adj* De Peralejos de las Truchas (Guadalajara). *Tb n, referido a pers.* | *NAl* 31.8.84, 2: José Sanz y Díaz. Peralejano ilustre .. que de forma constante escribe crónicas sobre la historia, lo étnico y lo costumbrista .. de su pueblo de Peralejos de la Trucha [*sic*] o de Checa.

peraleo -a *adj* De Peraleda de San Román o de Peraleda de la Mata (Cáceres). *Tb n, referido a pers.* | E. Castaños *Hoy* 18.11.76, 2: Peraleda de la Mata .. No solo es en el campo donde el agua está planteando problemas a los "peraleos".

peraltado -da *adj* **1** *part* → PERALTAR.
  2 (*Arquit*) [Arco o cañón de bóveda] cuya altura es mayor que la mitad de su luz. | GNuño *Arte* 65: Los arcos .. son peraltados, seguramente porque, no siendo de piedra, sino de

material perecedero, no era aconsejable que sobresalieran los agudos extremos de la herradura. Angulo *Arte* 1, 12: La diversa forma del arco generador hará que el cañón sea rebajado, peraltado, apuntado, etc.

3 [Curva de un camino o vía] que tiene más alta la parte exterior. | Marcos-Martínez *Física* 32: Los carros cargados con gran cantidad de paja peligran de volcar en las curvas de la carretera (peraltadas).

peraltar *tr* **1** (*E*) Dar peralte [a un arco, bóveda o curva]. | PCarmona *Burgos* 76: En Arlanza, para que los arcos del fondo destacaran más que los otros, se los peraltó, singularmente el central, que casi es tangente a la cornisa de tacos.

2 (*raro*) Dar realce [a algo]. | Albalá *Periodismo* 31: Solo es noticia el hecho social peraltado que, por su interés general, una determinada comunidad debe conocer. *DíaCu* 14.5.89, 12: Los cánticos e himnos peraltaban la ceremonia.

peralte *m* (*E*) **1** *En un arco o bóveda*: Exceso de altura respecto a la mitad de la luz. | REscorial *Lecturas* 37: La fachada principal de este templo se encuentra sobre una escalinata; tiene la entrada por un amplio arco en peralte con molduras y cuatro hermosas estatuas alargadas.

2 *En una curva de camino o vía*: Diferencia de altura entre la parte exterior y la interior. | R. Bergamín *Ya* 2.8.70, sn: Piénsese en la contención de tierras de los taludes, en la evacuación de las aguas, en los peraltes, etc.

3 (*raro*) Resalte o elevación. | FSantos *Hombre* 10: No hay carretera aún, .. solo el viejo sendero cimentado por muchos cascos y pisadas, .. asentado en rústicos peraltes que el tiempo va desmoronando. Millán *Fresa* 91: "Y si yo fuera y te enseñara una silla de montar .., ¿no sabrías que era de antes?" "Está claro que sí", le contesté, "por las puntadas, la forma del filete, porque antes eran sin peralte ..: vamos, por todo".

peraltés -sa *adj* De Peralta (Navarra). *Tb n, referido a pers*. | GSerrano *Macuto* 780: Iribarren cuenta de un peraltés entrado en años, casado y con hijos, que se fue a la guerra el primer día.

peralto *m* (*raro*) Altura o elevación. | Ferres-LSalinas *Hurdes* 45: En un peralto sobre la carretera, donde la luna y la luz difusa del cielo dejan ver una loma blanca, unos hombres se turnan, casi a oscuras, picando en la piedra con una barra.

per annum (*lat; pronunc,* /per-ánnum/) *loc adv* Por año. *Tb adj*. | E. RGarcía *MHi* 8.60, 31: Uno de los esfuerzos más notables realizados en la industrialización —aparte de los complejos de refinación de petróleo, cuya producción es superior a los 345.000 metros cúbicos *per annum*— ha sido el realizado en el complejo siderúrgico de Huachipato.

perborato *m* Sal oxigenada del ácido bórico, usada esp. como blanqueador y desinfectante. | *Pue* 9.5.74, 18: Incluyen: el aprovechamiento integral de las cenizas de pirita, .. y la fabricación de tripolifosfato y perborato sódico.

perca *f* Pez de río, de unos 40 cm de largo y cuerpo comprimido de color verdoso con estrías negras, muy apreciado por su carne (*Perca fluviatilis*). *Tb se da este n a otras especies afines*: ~ AMERICANA (*Micropterus salmoides*), ~ SOL (*Lepomis gibbosus*). | *Inf* 19.6.70, 34: Se destacaron en la captura de las citadas percas americanas (black-bass).

percal **I** *m* **1** Tela corriente de algodón, con ligamento de tafetán. | Medio *Bibiana* 13: Bibiana Prats se pone su camisón de percal rosa, adornado con una puntilla blanca.

2 (*Taur*) Capote. | J. M. Juana *SMad* 19.10.70, 9: Los toros del señor conde se dejaron torear, especialmente el primero .. se fue al desolladero sin que se le diera un solo pase con el percal y con la franela.

II *loc v* **3 conocer el ~.** (*col*) Conocer el paño (→ PAÑO). | CPuche *Paralelo* 168: Aquí sois muy valientes todos. Aquí mucha lengua. Pero vosotros mismos sois los que, luego, os pasáis el día haciendo reverencias a los americanos. Si yo no conociera el percal...

percalina *f* Percal [1] de baja calidad, muy brillante por un lado, que se emplea esp. para forros. | Escobar *Itinerarios* 220: ¡Si hasta está presente ahí, en las inquietas banderolas de percalina roja y amarilla que la Feria vapulea pudorosamente! MGaite *Usos* 122: Aquellos muñecos en cueros o con un solo traje eran un puro hazmerreír. Y las niñas que los tenían y que estaban al tanto de la moda creada para ellos era difícil aplacarlas con un sucedáneo de cretona o percalina.

percance *m* Accidente o daño imprevisto. | J. Sotos *Rue* 22.12.70, 8: Al dar un pase con la derecha ocurrió el percance. **b)** Contratiempo o inconveniente. | Mihura *Carlota* 339: Me olvidé, al invitarte, que nuestra cocinera tiene hoy su día libre, percance que espero me disculpes.

per cápita *loc adj* (*Econ*) Individual o por cabeza. *Tb adv*. | FQuintana-Velarde *Política* 89: La consecuencia, de momento, si la población crece más aprisa que la renta, será que disminuya la renta per cápita. T. La Rosa *Van* 4.11.62, 12: Debe ser .. aumentada en un 3'3 por ciento la capacidad de producción "per cápita".

percatación *f* Acción de percatarse. | GÁlvarez *Filosofía* 2, 328: El examen de esa permanente función de la filosofía nos remite a la determinación de las características generales del "espíritu filosófico". Son tres: autognosis o percatación, conexión de los conocimientos y afán de validez universal.

percatarse *intr pr* Darse cuenta [de algo]. *Tb sin compl*. | CNavarro *Perros* 76: Uno, paulatinamente, deja de ser el que era .. Se percata de que el muchacho de dieciseis o de diecinueve años murió. Cela *Judíos* 91: Don Fabián y el vagabundo se metieron hablando de sus cosas y, cuando se quisieron percatar, se encontraron ya en medio del pueblo.

percebe *m* **1** Crustáceo con un caparazón compuesto de cinco piezas y un pedúnculo carnoso comestible (*Pollicipes cornucopiae*). | GPavón *Hermanas* 43: Yo pago los percebes.

2 (*col*) Hombre tonto o ignorante. *Usado como insulto*. | ZVicente *Mesa* 147: Qué no darían estos percebes por saberlo todo.

percepción *f* **1** Acción de percibir. *Tb su efecto*. | Gambra *Filosofía* 109: La percepción es una función compleja que supone el concurso de la imaginación. Esto se ve claramente en las ilusiones y percepciones alucinatorias. * Tienes derecho a la percepción de un salario.

2 Cosa, esp. cantidad de dinero, que se percibe [2]. | *Cod* 9.2.64, 6: Uno de los objetos principales de esta subida de tarifas .. era el poder aumentar la retribución de los empleados, a pesar de lo cual, estos siguen esperando la obligada repercusión en sus percepciones.

perceptibilidad *f* Cualidad de perceptible. | Valls *Música* 18: Existen unos márgenes de perceptibilidad más allá de los cuales el sonido no es audible.

perceptible *adj* Que se puede percibir, *esp* [1]. | Laiglesia *Tachado* 186: Esbozando una reverencia apenas perceptible por ser de riguroso incógnito, se apartó para que el Príncipe subiera al vagón.

perceptiblemente *adv* De manera perceptible. | S. LTorre *Abc* 26.8.66, 29: Smith .. se dibuja cada vez más perceptiblemente como el indudable triunfador de la disputa.

perceptivo -va *adj* (*Psicol*) De (la) percepción mental. | Gambra *Filosofía* 110: Llámase imaginación al sentido interno que nos permite evocar y reproducir las impresiones sensoriales y perceptivas en ausencia de sus objetos.

percepto *m* (*Psicol*) Objeto de la percepción. | Gambra *Filosofía* 109: La percepción es un acto psíquico mucho más complejo que la mera sensación. Puedo experimentar simples sensaciones de color o sonido sin vivirlas como unidades o perceptos.

perceptor -ra *adj* Que percibe. *Tb n*. | *Ya* 17.11.63, 9: La política de retribución de los factores de la producción y de los demás perceptores de ingresos.

perceptual *adj* (*Psicol*) Perceptivo. | Rábade-Benavente *Filosofía* 46: El hombre tiene un conocimiento sensible o perceptual del mundo físico; pero tiene también un conocimiento intelectual, abstracto. Pinillos *Mente* 109: A diferencia de lo que son capaces de hacer los demás animales, el ser humano elabora intelectualmente ese aprendizaje perceptual, elevándolo en ocasiones a niveles de gran abstracción.

percha *f* **1** Soporte con un gancho en su parte superior, que sirve para colgar prendas en un armario o en una

perchado – percuciente

barra. | *Economía* 357: En cuanto se llega al hotel .. conviene cuanto antes sacar los vestidos de la maleta y colgarlos en perchas.

2 Utensilio con uno o varios ganchos, que se sujeta a la pared o se apoya en el suelo y sirve para colgar cosas, esp. ropa. | Cunqueiro *Un hombre* 19: Colgó el sombrero en la percha. Laforet *Mujer* 234: La percha de pie, abarrotada de ropas que olían lejanamente a su propio sudor. J. GCubillo *Abc* 18.5.75, 36: Tras ponerlos [los corderos] en las perchas, los desuellan a la vista del público.

3 Palo dispuesto de manera que se pueda colgar algo en él. | Aldecoa *Gran Sol* 137: Colgadas de las perchas las redes, formando un oscuro oleaje; tendidas cubriendo los norays.

4 Utensilio usado por los cazadores para colgar las piezas cazadas. *Frec el conjunto de piezas.* | Delibes *Santos* 13: Recogía del suelo, una tras otra, las águilas abatidas, las prendía en la percha. *GacNS* 6.8.70, 6: El pasado domingo se desvedó la codorniz en Santander y su provincia .. Muchos fueron los aficionados que se desplazaron a probar fortuna .. Nadie, suponemos, se hacía ilusiones de conseguir grandes perchas. Delibes *Mundos* 90: Este hecho hace posible que en un mismo cazadero pueda conseguirse una percha variada.

5 Soporte para que se posen las aves. | Calín *Cod* 9.2.64, 8: Me resulta incomprensible imaginar cómo lograrán los campesinos reposar, subidos en la increíble percha donde se suben las gallinas a dormir. Lama *Aves* 41: Es aconsejable .. tenerles cautivos en jaulas más grandes .. donde puedan colocarse dos perchas a cierta distancia para que sobre las mismas, saltando de una a otra, pueda el pájaro llevar a efecto algún ejercicio. Lapesa *HLengua* 100: Conocían bien los sacres .. y otras aves rapaces para las cuales disponían alcándaras o perchas.

6 Lazo de cazar perdices u otras aves. | Berenguer *Mundo* 33: Yo ponía lazos y perchas, yo correteaba los pollos de pájaro perdiz para venderlos para reclamo.

7 Camilla para ser transportada por una sola pers. sobre la espalda. | *SYa* 17.3.74, 27: Localicé al accidentado, le entablillé la pierna, le instalé en la "percha" y cargué con él hasta el refugio

8 (*col*) Tipo o figura [de una pers.]. | B. Cortázar *ByN* 24.12.89, 40: Las mujeres más coquetas pueden arreglar la "percha" con el tratamiento adecuado que su cuerpo necesite.

9 (*Taur*) Cuerno. *Gralm en pl y con intención ponderativa.* | V. Zabala *Nue* 19.4.70, 35: El mejor toro fue el cuarto, un animal con dos perchas impresionantes.

10 (*Tex*) Máquina para perchar [1]. | *Abc* 11.7.74, 34: Una nave de la empresa textil Perchados Textiles, sita en la carretera de Albaida, ha quedado destruida a consecuencia de un incendio que se ha declarado a primera hora de la tarde, iniciado en el sótano de la nave, al parecer debido a un corto circuito, que ha prendido en la borra que se desprende de las mantas al ser pasadas por las perchas.

11 (*reg*) Pértiga (vara larga). | R. Rubio *Abc* 6.12.70, 15: El lago es pasivo, .. deja que los pescadores claven en su fondo la percha.

12 (*E*) Pieza larga, delgada y de sección circular, usada esp. en ejercicios gimnásticos o circenses. | J. Juanes *Arr* 30.12.70, 25: Se presentaron al público .. los 5 Staybertis, perchistas checoslovacos, realizando difíciles equilibrios, algunos de ellos en doble percha vertical.

perchado *m* (*Tex*) Cardado. | *Alcoy* sn: Antonio Francés. Perchados Framonar. Acabados textiles de alta técnica.

perchar A *tr* **1** (*Tex*) Cardar [lana o paño]. | *Van* 17.4.73, 26: Modernos Cardigans .. En fibra acrílica, con mohair perchado. G. GHontoria *Nar* 6.77, 33: El Museo sigue su marcha ininterrumpida para aumentar y completar sus fondos etnológicos, habiéndose recogido últimamente 263 nuevas piezas .. Cardos o "cardones" de Navarra para perchar o cardar las mantas de Val de San Lorenzo [León].

B *intr* **2** (*reg*) Impulsar la barca con la percha [11]. | C. Mira *Tri* 25.8.73, 21: Las barcas corren, y uno no sabe si lo que cruje son las maderas o los huesos de estos hombres. Se percha con furia.

perchelero -ra *adj* De El Perchel (barrio malagueño). *Tb n, referido a pers.* | Vega *Cocina* 166: Hay otra forma, más racional, de guisar el rodaballo a la malagueña, con su acento perchelero, para que nadie dude de que es de Málaga.

perchero *m* Mueble con varias perchas [1] o ganchos, que se sujeta a la pared o se apoya en el suelo y sirve para colgar cosas, esp. ropa. | Laiglesia *Ombligos* 21: La toga de Juan se apolillaba en el perchero, mientras él seguía cubriendo su mesa de inocentes pajaritas.

percherón -na I *adj* **1** [Caballo] de una raza francesa caracterizada por su fuerza y corpulencia. *Tb n.* | Bustinza-Mascaró *Ciencias* 208: La altura o alzada [del caballo] varía desde 0,65 metros, en las razas enanas, a dos metros en las mayores (percherón, belga, etc.). MMolina *Jinete* 95: El percherón de madera con crines amarillas y ojos de cristal.

II *m y f* **2** (*col, humoríst*) Pers. corpulenta. | VMontalbán *Pájaros* 200: Allí estaba la morenita con su *maillot* .., la percherona rubia con los tobillos inflamados. VMontalbán *Pájaros* 274: Otros expedicionarios se les habían adelantado, y, bajo la cortina de agua de Mamuang, percherones anglosajones dejaban que la catarata rompiera en sus cuerpos.

perchista *m y f* Artista de circo que realiza ejercicios con percha [12]. | J. Juanes *Arr* 30.12.70, 25: Se presentaron al público .. los 5 Staybertis, perchistas checoslovacos, realizando difíciles equilibrios, algunos de ellos en doble percha vertical. J. Parra *Ya* 12.11.86, 42: Los Cailicoa son unos perchistas mexicanos de asombrosa categoría.

percibir *tr* **1** Conocer [algo], o tener conciencia [de ello (*cd*)], a partir de los datos suministrados por los sentidos. | *Abc* 20.8.66, 24: Ese esfuerzo puede percibirse desde el establecimiento de cabinas públicas hasta el anuncio de comunicación automática entre Madrid y varias capitales de provincias. Gambra *Filosofía* 109: Un ciego de nacimiento .. que alcanzara a ver por vez primera no vería, como nosotros, un mundo de cosas u objetos diferenciados .. Solo con el tiempo y la experiencia iría .. percibiendo el espacio y asociando sus sensaciones actuales con las tactiles o auditivas que antes poseía.

2 Recibir [una cantidad de dinero (*cd*) u otro bien]. | *Van* 4.1.74, 8: El Ayuntamiento de Santillana del Mar percibirá una parte de los ingresos que proporcionan los doscientos mil visitantes anuales que de todo el mundo llegan para admirar estas cuevas.

percibo *m* (*Der*) Acción de percibir [2]. | Ramírez *Derecho* 170: Solo será eficaz la prohibición de la trebeliánica si el testador así lo manifieste expresamente en testamento o codicilo. Y el derecho a su percibo se extingue por renuncia.

percipiente *adj* (*E*) Que percibe [1]. | GÁlvarez *Filosofía* 2, 130: Para Berkeley, pues, solo existen ideas percibidas y espíritus percipientes.

perclorato *m* (*Quím*) Sal del ácido perclórico, utilizada en explosivos. | *BOE* 2.8.76, 14905: No se deberán envasar en común con los cloratos, permanganatos, soluciones de peróxidos de hidrógeno, percloratos, peróxido e hidracina.

perclórico *adj* (*Quím*) [Anhídrido o ácido] del cloro con la máxima oxidación. | Marcos-Martínez *Física* 233: Anhídrido perclórico. Marcos-Martínez *Física* 235: Ácido perclórico.

percolación *f* (*Quím y Geol*) Lixiviación. | *BOE* 12.3.68, 3771: La reacción y estabilización en los vegetales .. Reacciones relacionadas con el suelo (retraso en el movimiento del agua, infiltración, percolación, papel de humus, cultivos de protección).

percolador *m* (*Quím*) Aparato para efectuar la percolación. | *GTelefónica N.* 26: Tratamiento de aguas residuales, mecánico, biológico, percoladores. Oxidación total cloración.

percolar *tr* (*Quím*) Lixiviar. | MLlopis *Mesa* 182: Se obtiene a base de café recién tostado, molido y percolado con alcohol y después destilado.

percuciente *adj* (*raro*) Percutiente. *Tb fig.* | *D16* 4.12.76, 4: ¿Qué se puede hacer con un alcalde inútil ..? Hay que ascendello. Según el "principio de Peter", eso se llama sublimación percuciente. El franquismo ha proporcionado innúmeros ejemplos de tan especialísima operación.

percudir *tr* **1** Ajar o deslucir [algo]. | Zunzunegui *Camino* 13: Soledad tenía el pelo endrino y ondulado .., y en la ropilla pobre y percudida .. su cuerpecillo bien distribuido emitía una graciosa elegancia.
2 (*reg*) Ensuciar [algo] intensa y profundamente. | CBonald *Noche* 126: Un aire opaco y como percudido de ceniza .. ennegrecía aún más la noche.

percusión *f* **1** Acción de percutir. | Valls *Música* 21: La percusión sobre la tensa membrana de un tambor o sobre un tronco vaciado .. tiene el equivalente actual en las llamadas o toques militares. *Hoy* 7.4.76, 4: Esta construcción de la tapa explica que pasara inadvertida a las requisas que tanto visualmente como por medio de percusión sobre los paramentos horizontales y verticales son practicadas periódicamente. M. Torres *Abc* 6.12.70, 23: Igual sucede con los casquillos. El culote de ésta presenta en el fondo del cráter de percusión idénticas lesiones producidas por la aguja percutora.
2 (*Mús*) Conjunto de instrumentos cuyo sonido se produce por percusión [1]. | CSotelo *Abc* 3.7.83, 72: ¿De quién fue la iniciativa? ¿Quiénes ofrecieron resistencia? ¿La cuerda, la madera, el metal, la percusión?
3 (*Med*) Modo de exploración que permite conocer el estado de algunos órganos según el ruido que producen al golpearlos. | Pau *Salud* 281: La percusión sigue siendo uno de los mejores sistemas de exploración de la función respiratoria.

percusionista *m y f* Músico que toca uno o varios instrumentos de percusión. | Casares *Música* 161: Pronto aparecerán músicos como el francés Edgar Varèse (1885-1965), que partiendo del ruido hará obras de gran valor artístico, como *Ionización*, para trece percusionistas.

percutáneo -a *adj* (*Med*) Que se practica a través de la piel. | J. Ibáñez *Ya* 8.4.85, 34: Aunque ya se utilizaban otras técnicas no quirúrgicas .., la urología cuenta con un método revolucionario, la litotricia mediante ondas de choque.

percutante *adj* (*raro*) Que percuta. *Frec fig*. | Llovet *Teatro 1964* 196: El diálogo es incisivo, percutante, reflexivo y culto. Llovet *Abc* 21.9.84, 46: Solo son percutantes [en televisión] quienes a su habilidad para expresar oralmente conceptos muy pensados agregan la oportunidad de añadir gestos y expresiones que .. animen y enriquezcan la sequedad de los datos.

percutar *tr* (*raro*) Percutir o golpear. | Bonet *Terraza* 11 (G): ¿Cómo es ese casi juego de los médicos, percutando sobre una rodilla para que salte la pierna? Es algo de los reflejos.

percutiente *adj* Que percute. *Tb fig*. | P. Urbano *Ya* 17.6.89, 4: No cabe desdeñar en el análisis un par de ingredientes de valor: la renovación del liderazgo (Julio Anguita y el sindicalista Antonio Gutiérrez como "soportes" del brioso, simpático y percutiente Pérez Royo) y un discurso muy social.

percutir A *tr* **1** Golpear [algo]. *Tb fig*. | Salvador *Haragán* 61: Unas manos enormes, las manos del viento, percutiendo el bongo inmenso de las nubes.
B *intr* **2** Golpear [en algo (*compl adv*)]. *Tb fig*. | S. RSanterbás *Tri* 19.6.71, 43: Los niños .. saltan, dan palmadas, percuten sobre instrumentos improvisados, interpretan pantomimas. CBonald *Noche* 77: Oía hablar a Lorenzo y a Ambrosio, unas voces percutiendo en la majestad del campo con algo de impías.

percutivo -va *adj* (*Mús*) De (la) percusión. | *Cod* 15.3.64, 3: Se apresta a escuchar la última composición del maestro Luigi de Saulo, de rara técnica percutiva.

percutor -ra I *adj* **1** Que percute o golpea. *Tb n f, referido a máquina*. | J. Duva *Ya* 29.6.83, 29: Expertos en balística nos han declarado que influyen tres factores: la movilidad de la aguja percutora; la acción de la uña extractora, la tolerancia de la recámara y la trepidación del proyectil. FCid *Abc* 4.10.70, 71: Interpretado por el propio Lanza, después de revisar la colocación del piano, la banqueta, los adminículos percutores. *Abc* 4.6.72, sn: Herramientas eléctricas portátiles .. Percutora TP12, 4.250 pts.
II *m* **2** *En un arma de fuego*: Pieza que golpea el fulminante y produce su detonación. | M. Torres *Abc* 6.12.70, 23: Determinadas señales en los laterales del proyectil causadas por el ánima del cañón, y otras en el percutor debidas a la aguja, han sido comparadas con las señales producidas en otros proyectiles.

perdedero *m* Lugar por donde se zafa la liebre perseguida. *Tb fig*. | Delibes *Historias* 80: El Antonio le derribó .. de dos disparos desde su puesto, camino del perdedero, cuando el matacán se había zafado ya del Sultán. MGaite *Nubosidad* 57: La única alternativa que nos cabe a estas alturas es la de perdernos cada una por su lado, sin andar soñando con que vamos a juntar nuestros respectivos perdederos, por mucha noticia que nos demos de ellos.

perdedor -ra I *adj* **1** Que pierde, *esp* [4 y 5]. *Tb n, referido a pers*. | Gilera *Abc* 16.7.75, 61: Casi todos los abandonos determinados por los púgiles perdedores son conscientes y corresponden a una lógica. L. I. Parada *Mun* 14.11.70, 31: Como en todo juego de azar, hay ganadores y perdedores.
II *m y f* **2** *buen* (*o mal*) ~. Pers. que acepta (o no) de buenos modos perder [4 y 5]. | Diosdado *Olvida* 64: –Lo tuyo está clarísimo: Tú eres un salto atrás. –(Queriendo mostrarse buen perdedor.) Y eso será malo, ¿no? –Fatal.

perder (*conjug* **14**) **A** *tr* **1** Dejar de tener [algo o a alguien]. | SFerlosio *Jarama* 62: Para que te acostumbres, Carmela, y le pierdas al agua el respeto que la tienes. Carandell *Madrid* 104: Existen muchos padres que no se resignan a perder a sus hijas ni aun después del matrimonio de estas. **b)** *A veces, cuando el cd designa a una pers ligada afectivamente a la designada en el suj, indica que aquella ha muerto.* | *Reg* 4.3.75, 2: Había una vez un padre bondadosísimo que tuvo la desgracia de perder a su esposa. **c)** Sufrir [una mujer] la muerte [de un hijo no nacido o al nacer]. | Tomás *Orilla* 93: –Bueno, la verdad es que aborté. –¿Cuándo fue eso? –Hace unos dos años y medio. –¿Voluntariamente? –No. Lo perdí. **d)** *Referido a peso, salud, capacidad, consideración, contenido, etc, frec se alude a estas nociones, sin mencionarlas, por medio de cuantitativos. A veces como abs, esp referido a peso. A veces con un compl* EN. | SYa 26.10.75, 7: Medical Obesity Clinic ofrece a Ud. una pérdida completa y fisiológica del exceso de kilos y centímetros. Usted pierde únicamente donde tiene acumulación de depósitos grasos que estropean su figura. GNuño *Arte* 140: Si se prescinde de agujas, cimborrio y capilla del Condestable, la catedral pierde mucho en riqueza. Goytisolo *Afueras* 51: De tanto en tanto, la canal perdía por algún escape, y en la tierra encharcada las hierbas crecían frescas y espesas. * Ha perdido mucho para mí desde que le conozco bien. * El azul es el tono que más pierde. **e)** *~ de vista*. Dejar de ver o de mirar. *Tb fig*. | CBonald *Ágata* 229: Los otros no contestaron pero fueron reculando sin perder de vista la jabalina. Ballesteros *Abc* 18.8.72, 11: Habitualmente tenemos poco trato con los hijos de nuestros amigos. Una ojeada rápida a un montoncillo de lana y encajes el día que los bautizan .. Los volvemos a ver el día de su boda y ya los perdemos de vista porque tiran por su lado con los de su generación.
2 Dejar de tener [a una pers. o cosa (*cd*)], temporal o definitivamente, por no saber dónde se encuentra. | *Economía* 206: Los pañuelos .., si se juntan con la otra ropa, por ser prendas pequeñas, son fáciles de perder.
3 Ocasionar [una material o moral [a una pers. o cosa (*cd*)]. *Frec el cd es refl*. | CBaroja *Inquisidor* 52: Por perder a Jovellanos cayeron la condesa de Montijo, .. el poeta Meléndez y otros. *Inf* 10.7.75, 24: Michels tuvo o se creó muchos problemas técnicos. Añade que no supo amoldar los nuevos jugadores al equipo, y por eso se perdió el y los desconcertó a todos. Torres *Ceguera* 242: ¡Hija mía, no hagas eso, que te pierdes! **b)** (*hoy pop*) Deshonrar [a una mujer (*cd*)]. | Solís *Siglo* 442: –¿Por qué la mantienes? ¿Por qué vas a verla? –Porque yo la he perdido y no puedo dejarla abandonada. **c)** Estropear [algo]. | GPavón *Rapto* 101: El primer día que tenga coyuntura le echo en el pozo una mula muerta para que le pierda el agua. **d)** *echar a ~* → ECHAR.
4 Resultar perjudicado, esp. económicamente, [en algo (*cd*)]. *Tb abs*. | *Economía* 339: Desechar los [juegos] .. en los que todo el interés estriba en la cantidad de dinero que se puede perder o ganar. *SNEs* 24.11.74, 19: No perdí en los libros; pero dejaban poca utilidad. **b)** *llevar las de ~* → LLEVAR.
5 Resultar vencido [en una lucha o competición (*cd*)]. *Frec como abs*. | *Abc* 20.7.75, 47: Orantes y Gisbert perdieron los

dos primeros "sets" contra Nastase y Tiriac y ganaron los tres siguientes. V. Ruiz *HLM* 3.3.75, 37: El Atlético de Madrid no supo sujetar el bullicioso y acometedor fútbol del Zaragoza –de ahí que al final perdiera por 3-1–.

6 No sacar el debido provecho [de una cosa (*cd*)] o desperdiciar[la]. *Frec referido a tiempo.* | ZVicente *Traque* 196: No te das cuenta del tiempo que yo pierdo con esas visitas. *Inf* 6.3.75, 11: Más de dos mil estudiantes de las cuatro Facultades cerradas .. se han organizado en unos doscientos grupos de trabajo para suplir la falta de docencia .. y ante la perspectiva de no perder totalmente el curso académico.

7 No llegar a tiempo de poder utilizar [un medio de transporte (*cd*)]. | A. Olano *HLM* 4.3.74, 15: Creí que había perdido el avión. Pero me sobrará tiempo.

8 No llegar a percibir sensorialmente [algo (*cd*)]. *Más frec con compl de interés.* | J. Carabias *Ya* 17.3.74, 8: En todas partes oigo bien, incluso en la iglesia, donde no pierdo ni una palabra. Medio *Bibiana* 67: Fermina .. tenía que .. subir a casa para no perderse el serial. **b) no te lo pierdas.** *Fórmula con que se pondera el interés de algo.* | * Mira qué follón se está organizando; no te lo pierdas. **c) tú te lo pierdes** (*o* **él se lo pierde**, *etc*). (*col*) *Fórmula con que se expresa desdén ante una renuncia de otro, que se considera absurda.* | Fuster *Inf* 19.4.77, 19: En ese Israel .. comer cerdo aún es pecado. Ellos se lo pierden: la carne de puerco es lo mejor que Jehová creó, en los días del Génesis, para la gula humana.

9 ~ la cabeza, ~ el culo, ~ la vida, ~ terreno, *etc* → CABEZA, CULO, VIDA, TERRENO, *etc*.

B *intr pr* **10** Errar el camino. | SFerlosio *Jarama* 220: Habían dejado atrás la carretera .. –A ver si nos perdemos –dijo ella. –¿Te importa a ti que nos perdamos? **b)** Dejar de seguir el hilo de un razonamiento. | Máximo *Van* 19.9.74, 6: Ahora sí que me pierdo en tu subdiscurso y me aconsejo no encontrarte el sentido. *Tb fig, frec en part.* | A. Hurtado *SYa* 10.10.76, 5: En Colombia, en verdad, todo es posible: cambiar de clima a pie, en coche o a lomo de mula en pocas horas; .. adentrarse en la selva y perderse. * Estamos perdidos; vaya lío.

11 Desaparecer. *Frec en la constr* ~SE DE VISTA. | MSantos *Tiempo* 205: Y volviendo a reír otra vez, se perdió por el pasillo en dirección opuesta. CSotelo *Inocente* 92: Lleva gruesa corbata de nudo ceñida a un cuello desabotonado, zapatos negros, pantalones con la raya medio perdida. * Pronto la ciudad se perdió de vista. **b) piérdete.** (*col*) *Se usa para decir a alguien que se vaya.* | * Piérdete, anda; mira que eres pesado.

12 Dejar de conocerse el paradero [de algo (*suj*)]. | * Se han perdido las llaves. **b) habérsele perdido** (*o* **~sele**) [algo a una pers. en un sitio]. (*col*) Existir motivo suficiente para que [esa pers.] esté allí. *Gralm en constr interrogativa o negativa.* | MMolina *Jinete* 115: Quién te manda, le gritaba, qué se te había perdido a ti en el coro. Torrente *Señor* 339: Fue hasta la torre y entró en el estudio, sin llamar. Carlos leía junto a la chimenea. –¿Qué se te pierde? Umbral *ElM* 23.8.90, 7: Allá va el galeón español .. a buscar la muerte donde no se le ha perdido nada. Torrente *Vuelta* 285: Si muere, me marcharé. No se me pierde nada en Pueblanueva.

13 Dejar de estar [la mirada] fija en algo concreto. *Frec en part y a veces con un compl* EN. | Buero *Lázaro* 101: Se le pierde la mirada. Torrente *Sombras* 240: Contemplando su imagen o descansando de ella al dejar que se perdiese la mirada en el camino del sol. GPavón *Reinado* 101: Formaban [las mariposas] una especie de guirnalda en torno a la cabeza pelirroja del administrador, que seguía con los ojos perdidos.

14 Malograrse o estropearse [una cosa]. | *DLe* 11.12.74, 3: Hay zonas –tal es el caso de Cuenca– en que la sementera puede darse por perdida y será necesario resembrar. Lázaro *JZorra* 65: –Ya podíais haber echao afuera las alforjas antes que se revolcase la burra. –No nos dio tiempo, zagal, que lo visto y no visto. ¿Se ha perdido algo? –Perderse, perderse, no. Lo único, que no hay que mojar el pan en el puchero.

15 Pervertirse [una pers.]. | Gala *Días* 305: (Él comienza a besarla ..) Lorenzo, ¿qué hace usted? Yo estoy casada .. Me pierdo. Estoy perdiéndome.

perdicero -ra *adj* De (la) perdiz. | Vizcaíno *Mancha* 147: La zona que pisan las botas del caminante es perdicera cien por cien. **b)** Que caza perdices. *Tb n, referido a pers.* | Delibes *Perdiz* 114: El Juan Gualberto es taimado y sentencioso. Lo era ya veinte años arriba .. El buen perdicero, el perdicero en solitario, reserva la premura para una necesidad. **c)** [Águila] **perdicera** → ÁGUILA.

perdición *f* Acción de perder(se) [3]. | Pieras *Cod* 2.2.64, 13: Se dirigió al lugar para él más odioso y repugnante: un cabaret o casa de mala nota, un antro de perdición. Villapún *Moral* 63: Hombres malos y perversos que con sus malos ejemplos .. nos engañan y seducen intentando arrastrarnos a la perdición. **b)** *Frec se usa para ponderar el carácter negativo o caótico de una cosa o de una situación.* | Lázaro *Gac* 21.9.75, 13: La farsa *Su Majestad la Sota* (1965), que apenas si he podido leer, porque la copia xerográfica es una perdición. ZVicente *Balcón* 38: Y la última huelga de estudiantes, haciendo un entierro en los jardinillos, decían que llevaban no sé qué ministro, una perdición las palabras que decía el que se subió en el banco ese a soltar el discurso.

pérdida I *f* **1** Acción de perder(se), *excepto* [3]. | Castilla *Humanismo* 11: Cualquier intento de prescindir de estos momentos ha llevado consigo la pérdida de la conciencia histórica, el desfase con nuestra propia modernidad, la pérdida del tren de nuestro instante. *Caso* 26.12.70, 8: El juicio se inicia con la lectura del apuntamiento, .. con el fin de facilitar el conocimiento de los hechos sin pérdidas de tiempo.

2 Cosa perdida. *Frec referido a cantidad.* | F. Echeverría *Abc* 11.3.75, 37: Explosión en una fábrica de cartuchos cerca de Bilbao .. El valor de las pérdidas, según las primeras informaciones, superará los veinte millones de pesetas.

II *loc v* **3 entrar en ~.** Empezar a perder altura [un aparato de aviación]. | *GacN* 2.8.75, 7: Carlos Alos sufrió un gravísimo accidente en nuestro aeropuerto, del que salvó milagrosamente la vida, en una exhibición, cuando su avioneta entró en pérdida.

4 no tener ~ [un lugar]. (*col*) Ser perfectamente fácil de encontrar, esp. si se siguen las instrucciones recibidas. | Palomino *Torremolinos* 140: Saliendo a mano derecha .. Vaya por la acera. No tiene pérdida.

perdidamente *adv* Total o completamente. *Gralm referido al v* ENAMORAR. | J. Balansó *SAbc* 29.6.75, 6: El joven Harald andaba perdidamente enamorado de Gyda.

perdidizo -za *adj* (*raro*) Que tiende a perderse o desaparecer. | ZVicente *Examen* 65: Su guiaba [los pavos] un hombre malhumorado .., llevaba una larga vara con la que acarreaba a los animales perdidizos. Portal *Abc* 30.3.75, 3: Las sociedades futuras .. quieren ahogar su gozo y su dolor en las aguas de lo cotidiano perdidizo, en el océano molecular del hombre-masa.

perdido -da I *adj* **1** *part* → PERDER.

2 [Lugar] que está en una zona apartada o fuera de camino. | Laforet *Mujer* 29: Pepe .. era sacerdote párroco de Las Duras y otras aldeas de los contornos, aldeas perdidas, miserables.

3 [Terreno] inculto o no cultivado. *Tb n m.* | * Han dejado perdidas varias fincas porque no les compensa labrarlas. Hoyo *Pequeñuelo* 22: El Mena camina casi siempre entre dos franjas de praderío .. Son dos franjas, pues, de pronto, donde la humedad no llega, se acaba el prado y aparece el secano: trigales, oscuros barbechos, pardos perdidos.

4 [Pers.] libertina. *Tb n. Referido a una mujer, gralm designa la de mala vida.* | MSantos *Tiempo* 79: Ese muchacho andará por ahí hecho un perdido, como si fuera un perdido, igual que mi difunto, cuando él en realidad es otra cosa. Lera *Clarines* 334: La Fina es la puta del pueblo. Bueno, en todos los pueblos hay alguna perdida, digo yo .. La perdió Juanito, el hijo del médico.

5 *Siguiendo a un adj que expresa cualidad negativa, o que se ve como tal, indica que esta se posee en el más alto grado. A veces el adj queda sobrentendido.* | Cunqueiro *Un hombre* 14: Una noche, un mosquetero licenciado, borracho perdido .., salió vestido con la piel de la fiera. Miguel *Mad* 22.12.69, 14: La chica del alterne .., esquizofrénica perdida. * Está perdido por ella.

6 Impresentable, esp. por sucio. *Gralm con vs como* PONER *o* DEJAR. | Payno *Curso* 81: Se te va a romper la pluma y vas a ponerlo perdido todo. Ferres-LSalinas *Hurdes* 68: Una piara de cerdos irrumpe por medio de la manta que Emiliano tiene extendida. La manta se pone perdida de barro.

Landero *Juegos* 182: –Vienes perdido .. –Está lloviendo a mares.

7 [Manga] abierta y pendiente del hombro. | GPavón *Cuentos rep.* 16: Volvía a mirar al predicador, que seguía con las manos por el aire bien enfaldadas en la manga perdida.

8 [Caso] ~, [fondo] ~, [rato] ~ → CASO, FONDO, RATO.

II *m* **9** (*Impr*) Número de ejemplares que se tiran de más para suplir los defectuosos. | * Se tirarán 4.000 ejemplares más un 5% de perdido.

perdidoso -sa *adj* (*lit*) Perdedor. | FFlórez *Florestán* 709: ¿No se han fijado ustedes que en casi todos los partidos, ya el perdidoso, ya el ganador, hablan de la suerte?

perdigacho *m* Perdiz enjaulada que suele usarse como reclamo. | Berlanga *Gaznápira* 101: Lástima que se me haya escapado el perdigacho de la jaula.

perdigana *f* (*reg*) Perdigón[1]. | Aize *DNa* 14.5.77, 25: Si ya todo son cotos, y los socios de los mismos cuidan la caza, está de más suprimir la media veda, ya que se ha alejado, gracias a ese "autogobierno y concienciación" de los cazadores, el peligro para las perdiganas.

perdigón[1] *m* Pollo de perdiz. | Delibes *Historias* 109: La Lanzadera, por donde bajaban en agosto los perdigones a los rastrojos.

perdigón[2] *m* **1** Grano de plomo de que forman la munición de los cartuchos de caza. | Alfonso *España* 132: A pesar de ser tan peligrosas, resulta que son muy poco eficaces para cazar, pues no producen la dispersión de los perdigones de los cartuchos normales.

2 (*col*) Gota de saliva que se suelta al hablar. *Tb* ~ DE SALIVA. | Montero *Reina* 134: Reía imbécilmente .., disparando perdigones de saliva por las mellas.

perdigón[3] **-na** *adj* (*raro*) [Pers.] derrochadora. | Campmany *Abc* 14.4.85, 21: Manirrotos, que son ustedes unos manirrotos, despilfarradores, gastosos, perdigones, que tienen ustedes un agujero en cada mano.

perdigonada *f* **1** Disparo de perdigones[2] [1]. *Tb el impacto que produce.* | Cela *SCamilo* 159: Las reses que mueren en el matadero no protestan .., y el ave a la que derriba la perdigonada, tampoco.

2 Enfermedad que ataca a los frutales de hueso y que se manifiesta por manchas rojizas en las hojas, que acaban por quedar perforadas y secarse. | F. Ángel *Abc* 21.1.72, 10: Las aplicaciones en invierno en los frutales de pepita han de ser al 10 por 100, y en los de hueso, del 5 al 6 por 100, o sea diez litros de producto en 100 litros de agua, .. combatiéndose de este modo la "podredumbre" del peral y el manzano .., "perdigonada" o "cribado" de los frutales de hueso (Clasterosporium carpophilum).

perdigonazo *m* Perdigonada. | Alfonso *España* 129: El 21 de enero de 1969, una muchacha de quince años resulta muerta por un perdigonazo de escopeta de aire comprimido.

perdiguero -ra I *adj* **1** Que caza perdices. *Tb n, referido a perro*. | A. Lezcano *SAbc* 27.4.69, 52: Antonio está acompañado por su perra perdiguera "Tosca". Delibes *Historias* 60: El Antonio agradecía a la mártir Sisinia su intercesión para encontrar una perdiz alicorta que se le amonó entre las jaras, arriba en Lahoces, una mañana que salió al campo sin el Chinda, un perdiguero de Burgos que por entonces andaba con el moquillo.

II *f* **2** *Se da este n a varias plantas herbáceas del gén Helianthemum*. | Mayor-Díaz *Flora* 351: *Helianthemum nummularium* (L.) Miller. "Tamarilla", "Perdiguera".

perdis *m* (*col, hoy raro*) Hombre libertino. *Tb adj.* | FReguera-March *Boda* 184: Habrá derrochado la mayor parte del dinero emborrachándose con otros perdis. Torrente *Sombras* 64: Uno de los que acudían siempre era Eladio, el mayor y más perdis de los tíos. [En el texto, perdís.]

perdiz I *f* **1** Ave gallinácea de unos 33 cm de longitud, cuello corto, cabeza pequeña y plumaje pardo rojizo o pardo grisáceo, muy apreciada por su carne (gén. *Alectoris* y *Perdix*). *Diversas especies se distinguen por medio de adjs*: COMÚN O ROJA (*Alectoris rufa*), CHUCAR (*A. chukar*), GRIEGA (*A. graeca*), MORUNA (*A. barbara*), PARDILLA (*Perdix perdix*). | Alfonso *España* 186: Se "asesinan" a mansalva pollos de las otras especies aún vedadas, especialmente de perdiz. Noval *Fauna* 256: Pequeños bandos de Perdiz común (*Alectoris rufa*) viven en la zona suroccidental de Asturias. Noval *Fauna* 233: En terreno abierto entre la exigua vegetación de nuestras montañas vive la Perdiz pardilla (*Perdix perdix*), más pequeña que la más conocida Perdiz común o roja, pero con un plumaje no menos brillante. *SYa* 20.5.75, 38: La perdiz que se importa o puede importarse es la pardilla o gris o la "chucar", para estudiar un cruce con nuestra inigualable roja. Delibes *Emigrante* 79: Le pregunté si es la perdiz roja y dijo que nanay, que por aquí no queda más que parda.

2 ~ **blanca**, *o* **nival**. Lagópodo de alta montaña que durante el invierno es completamente blanco y en verano solo en el vientre y las alas (*Lagopus mutus*). | R. L. Ninyoles *Tri* 9.12.72, 33: El "vuelo roto" de la perdiz blanca es intencional. *MOPU* 7/8.85, 125: Entre la fauna existente en Lérida, citamos las especies que habitan en la zona alta del Pirineo español, como la trucha, el tritón pirenaico, topo de río, águila real, perdiz nival.

II *loc adj* **3** [Ojo] **de** ~ → OJO.

III *loc v* **4 marear la** ~ (*raro*, **a la** ~). (*col*) *En una negociación, o ante una reclamación:* Entretener al interlocutor con rodeos o artificios para dar largas a la solución del asunto. | *Ya* 29.1.87, 41: Diálogo Ministerio de Educación-Estudiantes .. Mareando la perdiz .. Por parte del secretario general de Educación, "el Ministerio, de cara a la opinión pública, parece que está mareando a la perdiz. Nosotros queremos negociar". *D16* 11.2.89, 10: No se ha dicho nada que no se conociera. Se dijeron nombres porque no se podía estar mareando la perdiz; era un tema delicado, pero tenía que tocarse a fondo.

perdón I *m* **1** Acción de perdonar. | CBaroja *Inquisidor* 48: Sin esperanza de perdón, vivió durante algunos años en aquella ciudad.

II *fórm or* **2** *Se emplea para pedir a alguien que perdone. Frec como fórmula de cortesía.* | ZVicente *Traque* 60: Mire, el billete del tren, lo tiro, no vuelvo esta noche al pueblo, que vuelva su tía, perdón, es un decir, quiero decir la tía de ella, de la Dora, ¿eh? **b)** *Introduce una rectificación cortés a lo dicho por otro.* | Solís *Siglo* 195: –El coloso de Europa ha sido derrotado por vez primera .. –Perdón, esta es su segunda derrota. **c)** *En forma interrog se usa para preguntar algo que no se ha entendido.* | Palomino *Torremolinos* 69: –Dos güisquilitos a base de bien. –¿Perdón? .. –Dos güisquilitos, vamos, dos güisquis.

3 (**dicho sea**) **con** ~, *o* **con** ~ **sea dicho**. (*col*) *Fórmula que acompaña a una expresión o afirmación que podría resultar ofensiva o molesta para el oyente.* | J. A. Macho *DPa* 10.9.75, 13: Una brigadilla de Icona .. ha pasado por nuestra ciudad con un cargamento precioso de alevines de trucha. Han tenido la amabilidad de invitarnos a presenciar el desencajonamiento –con perdón– de los seis mil que correspondían a Herrera. Bellón *SYa* 28.9.75, 31: El uno guardaba pavos y el otro cerdos, con perdón sea dicho.

4 no tener ~ (**de Dios**). (*col*) Ser totalmente imperdonable. *Con intención ponderativa.* | MGaite *Visillos* 44: No tiene perdón llevarla a ver la Catedral.

perdonable *adj* Que se puede perdonar. | Fanjul *Abc* 27.2.58, 42: Se señala y se matiza con un hondo sentido de humanidad el límite de la imprudencia punible y de la negligencia perdonable.

perdonador -ra *adj* Que perdona. *Tb n, referido a pers.* | Peña-Useros *Mesías* 122: En Salomón no encontraremos .. al hombre de corazón generoso y perdonador, al estilo de David. CBonald *Ágata* 113: Resolvía su dolor de corazón en unas mansas y diferidas lágrimas, de intensa tonalidad amarilla, que dejaron en la mano de la perdonadora un rastro difícil de borrar.

perdonanza *f* (*raro*) Perdón o indulgencia. | RMorales *Present. Santiago VParga* 5: Quizá deba intentar recordarte el fondo histórico dentro del cual decidió la Iglesia Romana crear el Jubileo de las Perdonanzas.

perdonar *tr* **1** Renunciar [alguien] a castigar [un delito u ofensa] o a cobrar [una deuda]. *A veces el cd designa la pers en cuyo favor se renuncia. Tb abs y fig.* | Vesga-Fernández *Jesucristo* 152: A quienes perdonareis los pecados les serán perdonados. Solís *Siglo* 578: Cuando le deben a uno dinero y se sabe que no le podrán pagar jamás, lo mejor es perdonarlo. Ramírez *Derecho* 107: No menos natural es que la obligación se extinga cuando el acreedor perdona al deudor, o tácita o expresamente le libera del cumplimiento de la obligación asumida. Umbral *Ninfas* 30: En los reinos del amateurismo se vive como más impunemente, y, en esa impunidad, parece que el tiempo y la muerte casi perdonan. DCañabate *Paseíllo* 175: En los ruedos mataban toracos imponentes, y en la calle, con su coleta bien trenzada asomando por bajo del catite o del calañés, perdonaban la vida a los transeúntes. **b)** No guardar resentimiento [contra una pers. (*cd*) o por algo (*cd*)]. | Franco *HLM* 24.11.75, 7: Pido perdón a todos, como de todo corazón perdono a cuantos se declararon mis enemigos, sin que yo los tuviera como tales. Medio *Bibiana* 57: Si no la saca a bailar es posible que no se le perdone. **c)** *En imperat, se usa frec como fórmula de cortesía para pedir perdón, esp por una incorrección o molestia. Tb abs.* | Payno *Curso* 62: –Perdona, mamá, ¿qué decías? –Que no comprendo cómo vas con ese chico. MGaite *Nubosidad* 47: –Perdone –dijo el portero–. Este hombre creo que pregunta por usted. FReguera-March *Caída* 537: –Segarra, que está arriba .., le ruega que no suba, porque el pueblo está muy excitado. –¡Perdone!, pero no necesito consejos de nadie.

2 Eximir [a alguien (*ci*) de un castigo, una obligación o una molestia (*cd*)]. | ZVicente *Traque* 104: Le perdono a usted todas las vueltas y revueltas que tuvimos que dar para encontrar la carretera.

3 (*col*) Dejar pasar o escapar [algo]. *Más frec en frases negativas.* | GPavón *Hermanas* 21: De cuando en cuando, bandadas de rebuscadores pasaban minuciosos entre los hilos, husmeando la gancha que se dejó la vendimiadora manisa o deprisera; el rincón de fruto que perdonó la navaja. SFerlosio *Jarama* 103: –¡Sardinas! ¡Tiene sardinas el tío y se calla como con un zorro! .. –Pues yo no las perdono –dijo Fernando–. Nunca es tarde para meterle el abrelatas.

perdonavidas *m* Valentón que finge contener su agresividad por desprecio hacia el contrario. | Zunzunegui *Hijo* 93: Tenía un aire de perdonavidas insoportable.

perdulario -ria *adj* Vicioso incorregible. *Tb n. Más o menos vacío de significado, se usa como insulto.* | CNavarro *Perros* 54: A Ana María le gustaba mucho la vida de perdularia. Buero *Sueño* 200: ¡Perdularios! ¡Raposos! ¿Así me pagáis?

perdurabilidad *f* Cualidad o condición de perdurable. | A. Amo *Cua* 6/7.68, 49: Los sentimientos, en su perdurabilidad, crearán una serie de correlaciones ficticias entre los acontecimientos. Montero *País* 30.5.79, 52: En estos momentos de zozobra e incertidumbre llegamos a dudar incluso de la perdurabilidad de nuestra propia sombra.

perdurable *adj* Que dura siempre. *A veces con intención ponderativa.* | RMorales *Present. Santiago* VParga 4: Creemos en la vida perdurable y creemos en el juicio final.

perduración *f* Hecho de perdurar. | Fernández-Llorens *Occidente* 29: Se trata de las obras que .. debían ser "eternas". Para conseguir una tal perduración los egipcios utilizaron .. unas piedras de gran tamaño. Salvador *Haragán* 100: La perduración de la casona estará conseguida.

perduradero -ra *adj* (*raro*) Que perdura o puede perdurar. | PAyala *Abc* 26.6.58, 3: El Ebro sigue en su ser, ahora como antes .. Como que se trata de lo perdurable y perduradero. M. Aznar *Van* 21.3.71, 21: Thomas Edmundo creyó .. que en el cumplimiento de la misma [misión de gobierno] dejaría huella perduradera de gran inteligencia y de firme voluntad.

perdurar *intr* Subsistir o seguir existiendo. | DPlaja *El español* 127: Esta intención perdura en las coplas españolas.

perecedero -ra *adj* Que ha de perecer [1]. | Alvarado *Anatomía* 1: Son perecederos [los seres vivos], es decir, poseen una duración específicamente limitada. FQuintana-Velarde *Política* 44: Las fuerzas de la tierra no son la mayor parte de las veces originarias, sino creadas .., y tampoco son indestructibles, sino perecederas. **b)** [Producto] que dura poco porque se echa a perder muy pronto. | Delibes *Año* 40: El año ha sido bueno de fruta, pero nadie compra las peras ni las ciruelas .. ¿Qué hacer con estos frutos perecederos?

perecer (*conjug* **11**) *intr* ➤ **a** *normal* **1** (*lit*) Morir [un ser vivo], esp. de manera violenta o no natural. | *Van* 4.11.62, 6: Un cazador, al pretender tirar sobre un conejo, acertó a José Velo Martínez .., quien recibió la perdigonada en el vientre y otras partes del cuerpo y pereció poco después. **b)** Acabarse o dejar de existir [algo]. | *Compil. Cataluña* 719: De los bienes que hubiesen perecido por culpa del donatario, solo se computará su valor al tiempo en que su destrucción tuvo lugar.

➤ **b** *pr* **2** Sentir intensa atracción [por alguien o algo]. | CSotelo *Poder* 249: Te pereces por las palabras malsonantes.

perecimiento *m* (*raro*) Hecho de perecer [1]. | MSantos *Tiempo* 129: Sin que el óbice de la mortandad hambrienta y los otros perecimientos irritara como posible masa fermentativa al pueblo.

perecuación *f* (*Econ*) Relación o proporción equitativa. | Velarde *Ya* 3.5.85, 3: La gente busca refugio para sus activos, alarmada conjuntamente por la pérdida del secreto bancario; por la inflación ..; por la falta de perecuación entre sacrificio tributario y percepción de beneficios derivados del gasto público.

peregrinación *f* Acción de peregrinar. | Laiglesia *Tachado* 27: Con añadir que hasta tenía una ermita en la cima para justificar peregrinaciones y excursiones, está dicho todo. *Van* 16.10.70, 26: Este verano, y en plenas vacaciones, tuve necesidad de poner una inyección a una de mis hijas .. Tras una peregrinación por completo infructuosa me decidí a trasladarme a la Cruz Roja Española, donde muy amablemente atendieron mi petición de inmediato. RMorales *Present. Santiago* VParga 4: Creemos .. en la posibilidad de redimir nuestros pecados en este mundo, aun siendo esta vida nuestra solo una "peregrinación" hacia la otra, la verdadera.

peregrinaje *m* Acción de peregrinar, *esp* [2]. | Torrente *Isla* 219: Del señor Pitti se decía .. que se pirraba por los efebos, y que a esa clase de prevaricaciones vitandas dedicaba sus ausencias anuales, anunciadas con el pretexto de un peregrinaje a la Virgen de Loreto. J. M. Moreiro *SAbc* 13.9.70, 46: El reportero no se ha impuesto el peregrinaje de despacho en despacho, ni de pamplina en pamplina.

peregrinamente *adv* De manera peregrina [4]. | Cierva *Triángulo* 232: Una caterva de curas y sacristanes (algunos peregrinamente auténticos) que portaban vejigas hinchadas en torno a un muñeco colocado sobre unas angarillas, al que ponían en la boca una sardina muerta, entre trompeterías, cánticos de gori-gori, vino y comilonas. *Pue* 8.9.70, 3: Si "Informaciones" cree en la necesidad del crédito oficial, y en su perfectibilidad y expansión, ¿por qué, peregrinamente, piensan con nosotros? Es todo un despropósito.

peregrinante *adj* (*lit*) Que peregrina. | *VozR* 15.2.75, 3: No voy a hablar del motor del coche que no arranca, sino del motor del hombre que continuamente necesita revisar para estar siempre en disposición de un Pueblo de Dios peregrinante. S. AFueyo *Abc* 18.11.75, sn: En todos los libros de Eugenio ha palpitado siempre este peregrinante afán de curiosidad por el saber.

peregrinar *intr* **1** Ir como peregrino [1] [a un lugar]. *Tb fig.* | J. FAlonso *Raz* 2/3.84, 375: No podía el Cabildo compostelano .. conmemorar mejor el año jubilar de 1982, el primero que ha visto a un Papa peregrinar al sepulcro del Apóstol. F. ACandela *SAbc* 25.1.70, 19: Puedo decir que mi vida ha sido un constante peregrinar a todos aquellos centros en donde pudiera ampliar mis conocimientos.

2 Recorrer sucesivamente [varios lugares (*compl de lugar, esp* POR)] o ir de un sitio a otro. *Tb fig.* | Bermejo *Derecho* 137: Obras políticas de la época, que aconsejan al príncipe o al buen consejero gasten un tiempo en peregrinar por esos mundos. *Rio* 2.10.88, 31: Por carecer nuestra Seguridad Social de La Rioja del servicio de alergología, los enfermos afectados de tan angustiosos síntomas tenían que ser atendidos, tras costoso peregrinar, por Pamplona (Hospital Foral) o Zaragoza (Clínica Universitaria). Payno *Curso* 57: El peregrinar de la discusión de los otros le cortó definitivamente la actividad.

3 (*lit*) Vivir en peregrinación [2]. | Burgos *Iglesia* 4º 207: El Vaticano II nos enseña la íntima unión que existe entre la Iglesia celestial y la Iglesia que aún peregrina en la tierra.

peregrino -na I *adj* **1** [Pers.] que por devoción va a visitar un lugar sagrado. *Más frec n.* | GNuño *Escultura* 134: La serie iconográfica se enriquece por la infinita diversidad de las gentes peregrinas. Algunas habían llegado al

santuario en caballerías. RMorales *Present. Santiago* VP*arga* 3: Se le recuerda a uno esto en Santiago con el himno tradicional de los peregrinos a Compostela.
 2 (*lit*) Que anda por tierras extrañas. *Tb fig*. I Burgos Iglesia 4º 208: Pasamos por el mundo como peregrinos de la patria celestial. **b)** (*lit*) Trotamundos. I Cuevas *Finca* 124: "Es Ramoncito, el peregrino" –dijeron. Estaba allí, hinchado, con .. la chaqueta marrón, con ese color marrón de la tela de los mendigos.
 3 Propio de la pers. peregrina [1 y 2]. I P. GRábago *Abc* 30.12.70, 18: Cumplirá sus fines de propaganda: turística, por la incitación a seguir la ruta peregrina con el deseo de visitar los lugares que los sellos nos muestran. FVidal *Duero* 130: El viajero .. abandona la carretera de Santander –que es de escasa disposición peregrina viajar sobre asfalto–.
 4 Raro o extraño. *Frec con intención ponderativa y a veces peyorativa*. I Halcón *Monólogo* 20: Si mi mundo onírico fuese traspasable tropezaría con revelaciones peregrinas. *Abc* 14.3.81, 2: Hasta puede hoy leerse algo tan peregrino como que la familia fuese una "institución franquista". **b)** (*lit*) Extraordinario o fuera de lo común. *Normalmente referido a* BELLEZA. I * Era una mujer de peregrina belleza.
 5 [Halcón] ~ –> HALCÓN.
 II *m* **6** Pez de la familia del tiburón, de cuerpo delgado, que alcanza unos 15 m de longitud y un peso de 8 toneladas (*Cetorhinus maximus*). I *Abc* 28.6.75, 91: Pese a sus cinco toneladas de peso, este gigantesco pez de la familia de los tiburones, conocido con el nombre de "Peregrino", es inofensivo para el hombre, ya que no tiene dientes y se alimenta de plancton.

pereion *m* (*Zool*) En los crustáceos: Cefalotórax. I Ybarra-Cabetas *Ciencias* 337: A la región cefalotorácica se le da el nombre de pereion, y al abdomen, de pleon.

perejil *m* **1** Planta herbácea, de hojas muy recortadas y aromáticas, que se usa como condimento (*Petroselinum hortense*). I Alvarado *Botánica* 44: Son características [las flores compuestas] de la familia de las Compuestas .., así como la umbela lo es de las Umbelíferas (perejil, zanahoria, hinojo, anís). Bernard *Verduras* 32: Se agrega también un poco de perejil finamente picado. **b)** ~ **de perro**. Cicuta menor. I Mayor-Díaz *Flora* 454: *Aethusa cynapium* L. "Apio de perro", "Perejil de perro", "Cicuta menor".
 2 ~ **de todos los guisos**. (*col*) Pers. entrometida. *Tb adj*. I Gala *Strip-tease* 337: Señora. (Muy perejil de todos los guisos.)
 3 (*col*, *desp*) Adorno o aderezo. *Gralm en pl*. I LTena *Abc* 25.2.75, 31: Destaca su airoso perfil de "Baleares"; y, como recuerdo de una audaz e insensata proeza, la fotografía del mínimo y airoso "Saltillo", con todas sus velas y perejiles al viento, en el que Don Juan cometió la insigne barbaridad de cruzar el Atlántico.

perejila *f* Juego de cartas en que el siete de oros es comodín. I Cela *Judíos* 168: –Le juego a usted los cuartos a la perejila.– .. Quintín Jumilla y el vagabundo pidieron las cartas. **b)** *En el juego de la perejila:* Siete de oros. I Moreno *Galería* 375: La que gana es siempre la "pere[j]ila". [*En el texto*, peregila.]

perejilera *f* Vasija para el perejil [1a]. I G. Cañas S*País* 23.9.79, 8: Las plantas reivindican un lugar tranquilo donde florecer. El cristal, ya sea una perejilera, un comedero de pájaros, una antigua vinajera de pastor o un salero, es perfecto para la *tradescantia*, más conocida por amor de hombre.

perejilero *m* Vasija para el perejil [1a]. I *ByN* 7.4.91, 43: Botes de cocina en porcelana decorada modelo Suecia. Varios usos, 1.700 pts. (unidad). Perejilero a juego, 770 pts.

perén *adj* (*reg*) Perenne [1 y 3]. I Berlanga *Gaznápira* 84: El hermano pequeño de Cristóbal ha estado perén todo el día vigilando ante la puerta.

perendeca *f* (*raro*) Prostituta. I Faner *Flor* 81: Quimeras prohibidas rondaban la cabeza de los monjes. Tomaban una copita de licor, un dulce. Si poseían una perend[e]ca lo mantenían en secreto. [*En el texto*, perendenca.]

perendengue *m* (*col*) **1** Adorno superfluo. I Carandell *Tri* 6.2.71, 36: La Sevilla de cartón y oropel .. ha aceptado este papel tan triste. Gusta de aparecer así, con los afeites y perendengues, delante de las visitas. Torrente *Sombras* 5: También se encuentran .. los desahogos a manera de epílogos, postfacios y postscripta, perendengues de idéntica naturaleza y finalidad.
 2 *En pl*: Dificultades o complicaciones. I * Este trabajo tiene muchos perendengues.
 3 *En pl*: euf por COJONES. *Gralm en la constr* TENER ~S. I FReguera *Bienaventurados* 133: ¡Tiene perendengues la cosa!

perengano -na (*gralm con mayúscula*) *m y f* Se usa, sin art y solo en sg, para sustituir al n propio de una pers que no se quiere o no se puede precisar. *En contextos en que ha aparecido el n* FULANO *y casi siempre tb* MENGANO *y* ZUTANO. *Frec en la forma dim* PERENGANITO, *con valor expresivo*. I CBaroja *Inquisidor* 9: Entre la gente de letras de Madrid corrían rumores como estos: "Fulano está acabando un Fernando VII", "Mengano va a escribir un don Juan de Austria", "Perengano está a punto de sacar un Arcipreste de Hita", etc. SSolís *Blanca* 9: Si invitas a fulanita, tienes que invitar también a menganita, y si viene menganita, se enfadará perenganita, porque la haces de menos, y perenganita no va a ir sin zutanita.

perenne *adj* **1** Continuo o que dura indefinidamente. I F. Blasi *Mun* 19.12.70, 7: Su valor, lejos de ser perenne, hay que buscarlo en el contexto histórico de aquella época.
 2 (*Bot*) Que vive más de dos años. *A veces se usa como especificador de algunas especies botánicas*: VEZA ~. I Ortega-Roig *País* 50: Pinos, encinas y alcornoques son los árboles de hoja perenne, característicos del bosque mediterráneo. Artero *Plantas* 40: Aunque realmente las túnicas carnosas del bulbo del tulipán no duran más que dos años, como cada nuevo año se forma otro nuevo bulbo de reemplazamiento, prácticamente es como si viviese muchos años. A esta clase de plantas se las llama vivaces o perennes.
 3 (*pop*) [Pers.] que se mantiene sana y fuerte. I Lázaro J*Zorra* 57: Más años que Matusalén y ¡tan perenne!

perennemente *adv* De manera perenne [1]. I Cossío *Montaña* 21: No soñaría Beato .. en el brillante destino de su *Comentario*, en su exornación brillantísima de color y de temas de decoración, en la fastuosa compañía, mitad oriental, mitad española, que había de quedar unida perennemente a las palabras nacidas y ordenadas en la apartada y natal Liébana.

perennidad *f* Cualidad de perenne [1 y 2]. I Lapesa H*Lengua* 206: El secreto de su perennidad se encierra en la más tersa y elegante sencillez.

perennifolio -lia *adj* (*Bot*) Que conserva su follaje todo el año. I Navarro *Biología* 309: Intercalados en los bosques se encuentran abundantes prados, así como un matorral perennifolio de brezos y tojos.

perennizar *tr* Hacer perenne [1] [algo]. I Camón *Abc* 26.11.70, 3: La belleza es lo que hay de inmortal en cada ser .. Lo que perenniza cada momento. **b)** *pr* Hacerse perenne [1] [algo]. I S. Araúz *Ya* 19.6.75, 8: Lo que se escribe en el muro no se discute. Es más, se inmoviliza y se perenniza con la dureza y fijeza de la piedra.

perentoriamente *adv* De manera perentoria. I MMolina *Jinete* 141: Estaba tan fatigado ya de la monotonía del dolor que solo deseaba perentoriamente morir. Aranguren *Cua* 6/7.68, 17: No es fácil .. emitir un juicio firme sobre el movimiento francés del pasado mes de mayo, consistente, para decirlo perentoriamente, en una repulsa global de la estructura de la sociedad del vecino país.

perentoriedad *f* Cualidad de perentorio. I *Leg. contencioso-adm*. 107: Dada la perentoriedad y fatalidad de los plazos procesales, no se puede, al socaire de un acto confirmatorio y provocado por el recurrente, rehabilitar un plazo fenecido.

perentorio -ria *adj* **1** Urgente o apremiante. I J. Peláez *Sol* 24.5.70, 13: Era perentoria la necesidad de este establecimiento. FQuintana-Velarde *Política* 187: Pero B tiene pendientes pagos perentorios: por ejemplo, el salario de sus obreros.
 2 Definitivo o no modificable. I *Leg. contencioso-adm*. 237: El plazo del pár[rafo] 2 es perentorio.

perestroika *f* (*Pol*) Reestructuración política de carácter aperturista promovida en la URSS por Gorbachov a partir de 1985. *Frec fig, fuera del ámbito político ruso*. I Ya

pereza – perfecto

3.11.87, 1: Gorbachov reconoce que hay resistencias a la "perestroika". *Ya* 25.5.87, 1: Gorbachov viaja hoy a Rumania para imponer la "perestroika" al crítico Ceaucescu. *Ya* 16.1.90, 16: El Presidente de Zaire, Mobutu Sese Seko, rechazó el domingo la aplicación de la *perestroika* (reestructuración) en su país. *Ya* 2.6.87, 2: Representa [Hernández Mancha] con fidelidad la imagen de la *perestroika* (la renovación) de la derecha.

pereza *f* **1** Falta de ganas de actuar, esp. de moverse o de trabajar. | Medio *Bibiana* 59: Bibiana va al comedor a recoger las cosas. –No..., mañana .. Hoy me da pereza. Laforet *Mujer* 18: El abogado .. se desesperaba al ver la vida que hacía Antonio de absoluta pereza y despilfarro. Arce *Testamento* 64: –Puedes echarte si quieres.– Miró hacia el catre, no sin pereza, añadiendo: –¡Lástima que no pueda hacer lo mismo!
2 Lentitud o torpeza en el funcionamiento o en el movimiento [de algo]. | J. Carabias *Ya* 6.3.76, 8: Al cabo de un cuarto de hora, cuando el oído se nos desperezó, ya lo oíamos todo perfectamente. En los teatros se debería idear algo para vencer esa pereza auditiva que nos va invadiendo.

perezosamente *adv* De manera perezosa [3]. | Chamorro *Sin raíces* 240: Uno de los últimos coletazos fue hacer un estudio de los pájaros que vivían en las márgenes del río y en las canchaleras por donde este discurría, abriéndose paso perezosamente.

perezoso -sa **I** *adj* **1** [Pers.] que tiene o muestra pereza [1]. *Tb n.* | Zunzunegui *Hucha* 1, 78: Era perezoso y distraído Fernando, y muy limitadito.
2 [Cosa] lenta o torpe en su funcionamiento o movimiento. | J. Carabias *Ya* 6.3.76, 8: Acostumbrados como estamos a los sonidos amplificados y a que todo absolutamente .. nos lo sirvan con micrófonos, el oído se nos ha hecho perezoso, y nos cuesta habituarnos a escuchar la voz humana al natural si suena a más de un metro de distancia. *Ciu* 8.74, 53: La legislación sobre caramelos, gomas de mascar, cocas y bebidas refrescantes se muestra perezosa para obligar a señalar en los envases la composición cualitativa ni cuantitativa. Marcos-Martínez *Física* 51: Se originan balanzas perezosas o locas, que no sirven para las pesadas.
3 [Cosa] que denota o implica pereza. | MPuelles *Persona* 34: No tendríamos ninguna [razón] .. en querer que se equipare el trabajo honesto y eficaz con el descuidado y perezoso. Sastre *Oficio* 112: Su voz es dulce, perezosa. Chamorro *Sin raíces* 45: Agustín lo escuchaba con nostalgia pensando en los diferentes ruidos del río y añorando el ronquido lento y perezoso de las remansadas aguas de julio y agosto.
II *n* **A** *m* **4** Se da este *n* a varios mamíferos arborícolas americanos, desdentados y de movimientos lentos, esp al *Bradypus tridactylus*, tb llamado ~ TRIDÁCTILO. | Ybarra-Cabetas *Ciencias* 393: Los perezosos y los murciélagos se han separado, y los primates quedan reducidos a los prosimios o lemures y a los simios o monos.
B *f* **5** (*reg*) Mesa abatible sujeta a la pared. | Delibes *Voto* 133: Sujeta al muro por una tara[b]illa, estaba una perezosa que medio ocultaba un calendario polícromo.

perfección I *f* **1** Cualidad de perfecto [1 y 3]. | SLuis *Doctrina* 17: Dios no cambia. Permanece siempre en la misma perfección. GNuño *Arte* 136: Gótico es el anhelo de perfección técnica que luce en las nuevas catedrales. Academia *Esbozo* 462: Con el fin de aclarar el concepto de la perfección gramatical, añadiremos que no siempre coincide con el término de la acción en el tiempo.
2 Cualidad excelente. | SLuis *Doctrina* 17: No puede haber dos dioses: el primero acapararía todas las perfecciones posibles.
3 Perfeccionamiento. | *Ya* 17.11.63, 3: Que todos los recursos utilizados confluyan a suscitar en el profesorado un afán de mejoramiento y perfección.
II *loc adv* **4 a la ~**. Perfectamente [1]. | *ByN* 11.11.67, 33: Su vida de "estrella" no ha afectado a la de mujer. Las ha separado a la perfección, como pocas han querido o sabido hacerlo.

perfeccionable *adj* Que se puede perfeccionar. | J. F. Herrera *SArr* 27.12.70, 20: La nueva ley no dota al país de un instrumento perfecto, sino de un instrumento perfeccionable.

perfeccionador -ra *adj* Que perfecciona. | Gambra *Filosofía* 130: Estos se presentan a la voluntad como buenos, es decir, bajo su aspecto de convenientes o perfeccionadores para el sujeto.

perfeccionamiento *m* Acción de perfeccionar(se). | Carrero *Pue* 22.12.70, 6: Una sociedad unida, .. fiel guardadora de su propia personalidad; progresiva en todo cuanto represente perfeccionamiento.

perfeccionante *adj* Que perfecciona. | Gambra *Filosofía* 129: La voluntad tiene como fin el ser en tanto que bueno, es decir, conveniente, perfeccionante.

perfeccionar *tr* Hacer perfecto o más perfecto [1] [a alguien o algo]. | *Ya* 17.11.63, 3: Su deseo de que la ley sea ampliamente discutida, .. para que las Cortes puedan perfeccionar la obra de gobierno. **b)** *pr* Hacerse perfecto o más perfecto [1] [alguien o algo]. | Piqué *Abogado* 802: Este contrato [de compraventa] es .. consensual, ya que se perfecciona por el mero consentimiento de las partes.

perfeccionismo *m* Cualidad o actitud de perfeccionista. *Frec con intención desp.* | *Tri* 5.12.70, 43: ¿Por qué muchos pensarán que su teatro [de Valle-Inclán] se pondía en el perfeccionismo literario? M. Porter *Des* 12.9.70, 32: Tan peligroso nos parece el triunfalismo patriotero .. como el derrotismo suicida de los que, en aras de vete a saber qué perfeccionismos .., se dedican a encomiar con entusiasmo lo extranjero, sin discriminar lo bueno o lo malo.

perfeccionista *adj* [Pers.] que tiende a mejorar indefinidamente un trabajo buscando su perfección. *Tb n. Frec con intención desp.* | Montarco *Abc* 15.12.70, 3: Nuestros perfeccionistas legisladores están trabajando bajo una campana neumática que les permita ensayar al margen de la dura realidad. **b)** Propio de la pers. perfeccionista. | * Con esa actitud tan perfeccionista no acabarás jamás.

perfectamente *adv* **1** De manera perfecta [1 y 2]. | Arce *Testamento* 99: Yo vi perfectamente cómo se echaba dos cargadores al bolsillo del pantalón. Laforet *Mujer* 22: Algunos días ha estado perfectamente alegre.
2 Muy bien o de acuerdo. *Usado para expresar conformidad o asentimiento.* | * –Te espero a las cinco. –Perfectamente.

perfectibilidad *f* Cualidad de perfectible. | L. LSancho *Abc* 25.7.74, 16: Son los que Burgess considera agustinianos, por su radical pesimismo respecto a la naturaleza humana y a la perfectibilidad del hombre.

perfectible *adj* Susceptible de perfeccionamiento. | Gambra *Filosofía* 154: Los seres .. poseen otras afinidades que los hacen mutuamente perfectibles.

perfectivamente *adv* De manera perfectiva [1]. | Laín *Universidad* 148: Sin los sueños que desde Tomás Moro solemos llamar "utopías", ¿se hubiese movido perfectivamente la historia?

perfectivo -va *adj* **1** Que perfecciona o puede perfeccionar. | Pinillos *Mente* 131: Su racionalidad [del hombre] .. le permite percibir la realidad no solo como aproximadamente, sino de un modo perfectivo, *sub specie perfectionis*, esto es, como podría ser.
2 (*Gram*) [Verbo] cuya acción es puntual y no se puede realizar sin que llegue a su término. *Tb referido a la misma acción verbal.* | Alcina-Blecua *Gramática* 785: Los verbos perfectivos o desinentes para expresar completamente la acción necesitan llegar a un término. Verbos como *besar, firmar, saltar, comer* expresan una acción que no se puede considerar realizada si no llega a su término.
3 (*Gram*) [Aspecto verbal] que presenta una acción, pasada o futura, como acabada. | Academia *Esbozo* 461: Las locuciones verbales que estudiamos en el capítulo anterior denotan aspectos de la acción (progresivo, durativo, perfectivo, etc.) aplicables a cualquier verbo.

perfecto -ta *adj* **1** Que tiene todas las cualidades exigibles o imaginables. | SLuis *Doctrina* 18: Hay un solo Dios: Ser Supremo, Perfecto, Inmenso. **b)** (*Der*) Que tiene plena eficacia o validez. | * Este contrato es perfecto.
2 *Antepuesto a un n calificador:* Total o completo. | CBaroja *País* 23.12.77, 7: Un hombre puede ser mal opositor y competente, y un número uno es, a menudo, según dicta la experiencia, un perfecto melón o una mediocridad.

3 (*Gram*) [Tiempo verbal] que presenta la acción, pasada o futura, como acabada. *Normalmente siguiendo a* PRETÉRITO *o a* FUTURO. *Tb n m, referido al pretérito. Tb se refiere a la misma acción.* | Academia *Esbozo* 367: Son imperfectos todos los tiempos simples .. Son perfectos el perfecto simple y todos los tiempos compuestos con el auxiliar *haber*. Amorós-Mayoral *Lengua* 82: "He ido a la compra esta mañana": .. empleamos el pretérito perfecto porque es una acción pasada reciente. Amorós-Mayoral *Lengua* 84: Futuro perfecto ("habré amado"). Lapesa *HLengua* 153: La acción perfecta se expresaba, ora con la forma simple *llegastes*, ora con los compuestos *sodes llegado*, *avedes llegado*.
4 (*TLit*) [Rima] consonante. | López-Pedrosa *Lengua* 15: Para la rima perfecta se consideran iguales la *b* y la *v*.
5 (*Mat*) [Número] que es igual a la suma de sus divisores. | * 28 es un número perfecto.

pérfidamente *adv* (*lit*) De manera pérfida. | E. Romero *Ya* 20.12.85, 11: Un editorial de "El País", magistralmente y pérfidamente escrito.

perfidia *f* (*lit*) Deslealtad o traición. | F. SVentura *SAbc* 9.3.69, 31: Ha salido siempre ileso de todas las dificultades que complicaron la vida de la ciudad, librándose milagrosamente de la perfidia de los judíos.

pérfido -da *adj* (*lit*) Desleal o traidor. *A veces usado como insulto.* | Criado *Abc* 17.8.65, sn: Nadie .. caló más a fondo los intrincados pasos del "loco amor" ni el laberinto del alevoso y delicioso corazón de las pérfidas mujeres. C. Paniagua *Méd* 9.9.88, 92: Comenzaron juntos unas andanzas de incógnito por el mundo con el fin de conocer mejor a las mujeres, al cabo de las cuales quedó Shahriyar convencido de la naturaleza pérfida de estas. RIriarte *Paraguas* 163: Pérfida, frívola, coqueta. ¡Ah! Pero esto no queda así.

perfil **I** *m* **1** Aspecto [de alguien o esp. de su rostro] visto de lado. | Laiglesia *Tachado* 41: Tampoco estaba obligado a tener un perfil borbónico, puesto que no era Borbón.
2 Contorno o línea que limita la figura [de alguien o algo]. | GPavón *Hermanas* 48: Pronto, descoloridas por la luz, serían [las fotos] cartulinas pajizas sin perfiles ni manchas. **b)** (*raro*) Figura o imagen. | MGaite *Retahílas* 49: Recordaba también tus caricias .. y algo de tu risa, pero el perfil completo de tu persona no lo lograba coger, se me iba.
3 Conjunto de rasgos que definen el carácter o la condición [de alguien o algo]. | *PapD* 2.88, 92: El perfil que se da del profesor y el sistema de perfeccionamiento que se plantea son coherentes. *Reforma* 119: Las asignaturas específicas de los distintos Bachilleratos contribuirían a definir el perfil de cada uno de ellos. **b)** Serie de datos importantes o característicos de la vida [de una pers.]. | *Sp* 19.7.70, 35: Tal era .. la nota más evidente y característica de su perfil biográfico.
4 Adorno que se pone en el canto o extremo de algo. | * La vajilla es blanca con un perfil dorado.
5 (*E*) Dibujo del corte vertical [de un cuerpo]. | * Es una barra de perfil rectangular.
6 (*Metal*) Barra metálica de perfil [5] determinado. | *GTelefónica N*. 15: Aceros especiales aleados .. Perfiles forjados, laminados, calibrados y rectificados.
7 (*Geol*) Corte del terreno que muestra la sucesión y la forma de las capas geológicas. | Ybarra-Cabetas *Ciencias* 293: El edafólogo estudia todo el perfil.
8 (*E*) Trazado topográfico [de una corriente de agua o de una carretera o línea férrea]. | Bustinza-Mascaró *Ciencias* 307: El perfil de un río es la curva que se obtiene tomando sobre un eje horizontal longitudes proporcionales a las distancias de distintos puntos del cauce, y sobre un eje perpendicular al anterior magnitudes proporcionales a las alturas de aquellos sobre el nivel de base del río.
9 (*E*) Trazo delgado de la escritura. *Se opone a* GRUESO. | M. Ras *Abc* 21.1.68, 19: Esta escritura es simplificada, rítmica, de presión cilíndrica, sin gruesos ni perfiles, como burilada, que resalta vigorosamente sobre el papel.
10 (*raro*) *En pl*: Complementos o aditamentos. | Vega *Cocina* 94: Hallaréis un plato con la porrusalda vizcaína, pero con sus perfiles y su aderezo propios.

II *loc adv* **11 de ~.** De lado. *Tb adj. Referido esp a pers.* | Tejedor *Arte* 15: Los relieves y las pinturas tienen la particularidad de representar las figuras humanas .. con el tronco de frente, pero la cara y los hombros de perfil.

pérfidamente – perforación

perfilado *m* Acción de perfilar, *esp* [4]. | Millán *Fresa* 73: El esquema que presidió el perfilado era solo un recuerdo. *GTelefónica N*. 54: Estampación, perfilado y anodización del aluminio.

perfilador -ra *adj* Que perfila [4]. *Tb n, referido a pers.* | *Pue* 27.10.70, 8: Importante empresa precisa oficiales de 1ª .. Rectificadores-perfiladores con rectificadora por coordenadas. **b)** Que sirve para perfilar [1]. *Tb n m, referido a lápiz.* | SSolís *Jardín* 63: La labor de la delicada boquita de corazón de Beatriz era algo más rápido: solo usaba un perfilador oscuro, una barra nacarada .., y remataba pasándole un abrillantador.

perfilar A *tr* **1** Marcar el perfil [1 y 2] [de alguien o algo (*cd*)]. | Lera *Boda* 528: Contra la masa oscura de los árboles se destacó una figura humana. La claridad del calvero apenas la perfilaba ya. CNavarro *Perros* 154: Llevaban [las muchachas] .. las bocas perfiladas con tres lápices, como mínimo. F. Ángel *Abc* 16.3.68, 11: Las armas .. traen escudo cuartelado: 1º y 4º, en campo de gules, una banda de oro engolada en bocas de dragones, del mismo metal, perfilados y gritados de sinople. L. LSancho *Abc* 9.1.72, 14: La ecuanimidad con que los unos y los otros son perfilados, juzgados, elogiados, criticados, no es de nuestros días. **b)** *pr* Marcarse el perfil [1 y 2] [de alguien o algo (*suj*)]. | MGaite *Búsqueda* 49: Continuamente tenía que rectificar mis opiniones provisionales acerca de su personalidad, era como un dibujo a punto de perfilarse, pero que inmediatamente se desenfocaba y diluía. *Tri* 20.5.67, 9: De aquí, seguramente, que la autobiografía no pueda darse pura, se perfile con ingredientes posteriores y se conforme definitivamente en la perspectiva actual del autor.
2 Completar [algo] con detalles precisos. | *Mun* 23.5.70, 48: El inicio de una separación entre la Iglesia armenia y las Iglesias bizantina y romana se remonta al siglo V, al no aceptar la primera las decisiones del Concilio de Calcedonia (431), que acabó de perfilar la fe de la Iglesia en lo referente a la cristología.
3 Rematar con esmero [algo]. | GNuño *Escultura* 45: Tales centros .. se dejan imaginar como ciudades perfectamente griegas .. En consecuencia, correctamente urbanizadas, dotadas de templos, edificios públicos de vario objeto, y todo ello cuidado y perfilado como cumplía.
4 (*Metal*) Dar un perfil [5] determinado [a algo (*cd*)]. | *Inf* 9.2.71, 35: Patentes .. "Procedimiento y dispositivo para la fabricación de piezas perfiladas de plástico con guarniciones de refuerzo situadas en la pared" .. "Procedimiento para la fabricación de palanquillas y hierros perfilados por el proceso de colada continua".
5 (*Taur*) Poner de perfil [11]. *Frec el cd es refl.* | DCañabate *Paseíllo* 37: El Palmerita se perfila con mucho contoneo. Tira el palitroque que le servía a manera de espada.
B *intr pr* **6** Aparecer de manera clara o definida. | MGaite *Búsqueda* 61: Frente a esta conciencia de la propia inferioridad se empezaron a perfilar dos actitudes opuestas. *Ya* 9.10.74, 6: Fanfani se perfila como el nuevo jefe de gobierno en Italia. Olmo *Golfos* 142: Entre la algarabía, surgen, perfilándose dramáticamente, algunos gritos de dolor.

perfilero -ra *adj* (*Taur*) [Torero] que se perfila [5]. | G. Sureda *Sáb* 16.7.75, 55: Lo que yo les censuro a los toreros no es que sean perfileros, sino que a veces lo sean y otras no. **b)** Propio del torero perfilero. | S. Cayol *Ya* 14.10.70, 43: Su toreo, siempre perfilero, es tan eléctrico y violento que muestra las entretelas de los engaños.

perfoliado -da *adj* (*Bot*) [Hoja] que por su base rodea totalmente el tallo. | Bustinza-Mascaró *Ciencias* 240: Por su forma, las hojas simples pueden ser aciculares, .. peltadas, perfoliadas, etc.

perfolla *f* (*reg*) Hoja seca del maíz. | Soler *Muertos* 19: Duerme por primera vez sobre un montón de cascabillo. Él conocía la márfega de clin y el jergón de perfolla, .. y el duro suelo.

perforación *f* Acción de perforar(se). *Tb su efecto.* | Bustinza-Mascaró *Ciencias* 321: La bolsa se busca por sondeo, y si este alcanza a la zona de los gases, estos salen por el camino abierto por la perforación. *Ya* 20.11.75, 2: Los médicos declararon que [Franco] no se encontraba en estado de ser trasladado al hospital de Ceuta. Temían una perforación de estómago.

perforado m Acción de perforar. | M. Logroño SAbc 6.4.75, 26: Las tareas .. hoy se encadenan por medio de una meticulosa distribución de funciones. Conforme a las fases siguientes: documentación, .. impresión; trepado –perforado– de los pliegos.

perforador -ra adj Que perfora. Tb n f, referido a máquina; m, referido a aparato; m y f, referido a pers. | Aleixandre Química 105: La variedad negra se emplea para pulir otros diamantes y en máquinas perforadoras. Kurtz Lado 61: El viejo necesitaba un poco de mundanal ruido, quizá algún bocinazo, el estrépito de una moto o de una perforadora. Fernández-Llorens Occidente 10: Las lascas musterienses son de tamaño pequeño, y un análisis detenido permite distinguir tipos muy diferenciados, adaptados a finalidades muy concretas (raspadores, perforadores, hojas cortantes...). Pue 9.11.70, 8: Máquinas de escribir con perforador de cinta. Calle DBu 7.6.64, 11: Constituyen el Estado Mayor de todo un ejército de geólogos de superficie y de pozo; geofísicos, perforadores, especialistas en lodo, etc. **b)** (Zool) [Insecto] que perfora las hojas o excava galerías en la madera de las plantas que ataca. Tb n m. | Santamaría Paisajes 28: Ulmus campestris, olmo .. Muy sensible al ataque de diversos insectos –el defoliador Galeruella luteola y el perforador Scolytus scolytus–, está siendo sustituido allí donde desaparece por la especie Ulmus pumila, resistente a esas plagas. Libro agrario 52: Estudio del perforador del eucaliptus, Phoracantha semipunctata, en la provincia de Huelva.

perforante adj Que perfora. Tb fig. | F. PMarqués Hoy Extra 12.69, 42: Resuenan .. el gañido de los perros y el canto agudo, perforante, metálico, de los gallos retadores. Torrente Sombras 310: Atenea le clavó en las pupilas la mirada perforante. **b)** [Proyectil] destinado a atravesar los blindajes metálicos o de hormigón. | Gironella Millón 471: Proyectiles de toda suerte, perforantes, rompedores, incendiarios.

perforar tr Agujerear [algo], esp. atravesándo[lo] de parte a parte. | Miguel Mad 22.12.69, 12: En 1960 perforaba yo para mi tesis doctoral la primera ficha IBM que en España contenía datos sociológicos. Ybarra-Cabetas Ciencias 85: Si se acierta a perforar la bolsada en un punto conveniente, la presión de los gases que acompañan al petróleo hace que salga este en forma de surtidor. Alcalde Salud 312: Esta ulceración llega hasta la capa muscular, y, aunque puede llegar a perforar todas las capas del estómago, la destrucción del tejido no llega, por regla general, más allá de dicha capa. **b)** pr (Med) Producirse una abertura u orificio [en un órgano o parte (suj)]. | * El estómago puede perforarse, y entonces la situación es grave.

perforista m y f (Informát) Pers. que trabaja en la perforación de fichas. | Ya 15.10.67, 40: Perforista-mecanógrafa con experiencia ofrécese.

performance (ing; pronunc corriente, /perfórmans/) f **1** Resultado de una actuación en público [de un atleta o de un caballo de carreras]. | Abc 30.12.65, 103: Otra sorpresa puede venir del argentino Domingo Amaizón, que obtuvo excelentes "performances" en los recientes Campeonatos Sudamericanos de Río.
2 Resultado posible [de una máquina o aparato]. | P. Conde Int 14.6.88, 12: Una remotorización con CFM 56 implicaría .. mejores "performances", que permitirían al avión aterrizar con mayores cargas en aeropuertos de elevada altitud y climas cálidos.
3 (raro) Representación teatral. | J. Parra Ya 17.1.85, 34: A lo largo de toda la representación, Maruja se dedicó a cuchichear con su acompañante, poniéndole ambas subtítulos a la función. Debió disfrutar mucho sin duda Maruja a lo largo de la "performance" con las constantes divisiones de opinión del respetable.

perfumado -da I adj **1** part → PERFUMAR.
2 Que tiene o exhala perfume [1]. | Vega Cocina 34: Unas perfumadas uvas, blancas y negras, con las que .. abastecen los mercados de San Sebastián y Bilbao.
3 [Colonia] de calidad semejante al perfume [2]. | Benet Aire 164: Se acicaló, se aplicó al cuello unas gotas de una colonia perfumada y se echó un chal por encima de los hombros.
II m **4** (col) Carajillo. | Marsé Tardes 262: "Me gusta tu barrio –dijo–. Te invito a un carajillo en el bar Delicias." "Se dice un perfumado", corrigió él, sonriendo. "Pues eso, un perfumado –dijo ella–. Quiero un perfumado del Delicias."

perfumador -ra I adj **1** Que perfuma. Tb n m, referido a producto. | Abc 23.8.64, sn: Aerosoles: Perfumadores y purificadores de ambiente. Matapolillas, matamoscas.
II m **2** Utensilio para pulverizar perfumes. | DCañabate Andanzas 223: Estos terribles anarquistas [de Carnaval] portaban un arma secreta, invisible .. Un perfumador diminuto, redondo, plano, que al apretar su caja metálica soltaba un chorrito de agua de colonia.

perfumar tr Comunicar [a alguien o algo (cd)] olor agradable. Tb abs. | G. Cañas SPaís 28.1.79, 7: Nuestras abuelas cogían flores de lavanda y de romero y después de secarlas amorosamente las envolvían en saquitos de tul que se escondían entre la ropa, perfumando los armarios con olor inimitable. P. Barceló SYa 9.11.75, 9: La cocina del Mediodía es fuerte y alegre, audaz y refinada, y esto es así porque el aceite ejerce su múltiple hegemonía: une, traba, emulsiona, fríe, suaviza, aliña, conserva, aligera, perfuma. **b)** Aplicar un perfume [a alguien o algo (cd)]. | Aparicio César 150: Juan de Acocha se desnuda, se baña, se perfuma, se acerca a la ventana. **c)** Aplicar [a algo (cd) una sustancia aromática (compl DE o CON)]. | C. Cortés SAbc 25.1.70, 27: En el momento de servir, cúbrase con salsa holandesa perfumada con una copa de Benedictine.

perfume m **1** Olor agradable. A veces con intención irónica. | Olmo Golfos 166: –¡Huy, qué tonta! .. –dijo María inclinándose hacia don Poco. Este notó el perfume.
2 Sustancia líquida o sólida elaborada para dar un olor agradable. Esp designa la líquida muy concentrada, en oposición a la colonia. | Laforet Mujer 160: La madre volvía a sacar el pañuelo empapado de perfume. Prospecto 12.85: El Corte Inglés .. Cesta nº 6. Armani. Colonia, perfume, crema de cuerpo, jabón.

perfumería f **1** Tienda en que se venden perfumes [2] y otras sustancias u objetos de tocador. | DPlaja El español 87: Tiene una perfumería en el centro de Madrid.
2 Industria del perfume [2]. | GTelefónica N. 854: Pantén, S.A. Productos de perfumería y cosmética.
3 Perfumes, o conjunto de perfumes [2]. | GTelefónica N. 854: Laboratorios Carasa .. Fábrica de perfumería. Abc 26.2.58, 41: También aumentan .. los aceites vegetales, el arroz, .. los aguardientes, la perfumería alcohólica.

perfumero -ra adj (raro) De(l) perfume [2]. | SInf 25.4.70, 8: Este es el valor en que han sido calculadas las ventas al público de la industria perfumera española.

perfumista m y f Pers. que fabrica o vende perfumes [2]. | Agromán 88: Después vino una era nueva para los perfumes: la de los modistas-perfumistas. Mihura Modas 19: Él está enamorado de la dueña de la lechería de enfrente, que a su vez está enamorada del perfumista de la esquina.

perfunctorio -ria adj (raro) [Cosa] superficial o descuidada. | Benet Viaje 154: El melancólico decaimiento de octubre .. coincidía con el único, primero y perfunctorio instante de vacilación.

perfundir tr (Med, raro) Someter a perfusión. | O. Aparicio MHi 7.68, 28: Inmediatamente se colocó al cuerpo en hibernación y se conectó el corazón con el oxigenador, a la vez que se le perfundía.

perfusión f (Med) Introducción lenta y continuada de un líquido en un órgano u organismo, por vía intravenosa, subcutánea o rectal. | O. Aparicio MHi 7.68, 28: Cuando la temperatura del corazón bajó a 16 grados se suspendió la perfusión y se extirpó el corazón cortando la aorta y seccionando la vena cava inferior y la cava superior. MNiclos Toxicología 25: Se mantendrá al sujeto echado y con la cabeza baja y se practicará una perfusión con suero glucosado.

perfusionista m y f (Med) Especialista en perfusión. | TMé 29.6.84, 17: III Congreso de la Asociación de Perfusionistas. L. SMellado SPaís 28.11.93, 21: Al frente de un equipo de ocho personas –dos cirujanos, dos anestesistas, dos enfermeras, una perfusionista y un celador–, el doctor Mesa se dispone a sustituir la válvula porcina que lleva Segundo en el corazón.

pergaminero -ra *m y f* Pers. que fabrica o vende pergaminos [1]. | MSousa *Libro* 19: Como a partir del siglo XII la escritura de códices fue también laica, apareció la industria de los pergamineros o fabricantes de pergamino.

pergamino *m* **1** Piel adobada, de superficie lisa, que se utiliza esp. para escribir en ella o para hacer encuadernaciones. | DPlaja *Literatura* 52: El libro que contiene el texto original del "Cantar de Mio Cid" es un pequeño tomo de setenta y cuatro hojas en 4°, de pergamino grueso y basto. *Libro* 15: También merece citarse la encuadernación en pergamino. **b)** ~ **artificial**. Imitación de pergamino [1a] hecha con papel o tela. | Bustinza-Mascaró *Ciencias* 19: Si introducimos verticalmente en un vaso, que contiene agua destilada, un tubo de vidrio, ensanchado y cerrado en su parte inferior con pergamino artificial, y en cuyo interior hemos puesto agua con azúcar teñida con eosina, veremos que al cabo de poco tiempo el líquido del vaso está teñido y tiene sabor dulce.
2 Documento escrito en pergamino [1]. | M. Aguado *SYa* 14.12.74, 8: Su origen [del Archivo de la Corona de Aragón] se remonta a los tiempos del nacimiento del condado de Barcelona .. Los condes conservaban en él los pergaminos en que justificaban sus propiedades.
3 Título de nobleza. *Más frec en pl. Tb fig.* | Laforet *Mujer* 111: Aunque no tenía ni un solo pergamino en la historia de su familia, no solo era muy rico, sino extraordinariamente generoso. Delibes *Mundos* 147: Un aspecto que al cronista le ha llamado la atención es la importancia que aún se concede en el archipiélago a los pergaminos, al abolengo, a un pasado más o menos nobiliario. *Van* 4.11.62, 5: Luego vendrán .. óperas con menos pergaminos, pero más cercanas a la sensibilidad del tiempo presente.

pergaña *f (reg)* Lodo o barro. | Cuevas *Finca* 105: El coche no podía seguir, la pergaña pegada en los tacos de los frenos.

pergenio *m (raro)* Pergeño. | Zunzunegui *Camino* 542: Se veían por calles y muelles gentes de todas las razas, de los más pintorescos pergenios y las más extrañas cataduras.

pergeñar *tr* **1** Trazar o bosquejar. | V. Royo *Sp* 21.6.70, 19: No va descaminado don Pedro Gómez Aparicio al afirmar que los acuerdos están ya pergeñados en toda su integridad.
2 Realizar o ejecutar [algo]. | GNuño *Escultura* 58: Las murallas de Tarragona, en su parte baja, son bien conocidas por el espesor y la descomunal dimensión de las piedras con que fueron pergeñadas.

pergeño *m* Traza o apariencia. | DCañabate *Andanzas* 27: Antes, a los mendigos, se les compadecía. Ahora se les imita, al menos al respectivo de sus pergeños. GSosa *GCanaria* 25: Vegueta es sede de la Catedral ..; el Palacio Episcopal, de sobrio pergeño no exento de encanto.

pérgola *f* Construcción de jardín formada por vigas sostenidas por columnas, que sirve de apoyo a plantas trepadoras. | Goytisolo *Afueras* 46: Al fondo quedaba la pérgola ahora medio derruida, un esqueleto de hierros viejos y retorcidos por los que trepaban los rosales.

perhidrol *m (Quím)* Solución de agua oxigenada al 30 por 100. | Aleixandre *Química* 217: Una disolución de agua oxigenada del 30 por 100 (perhidrol), ¿qué volumen de oxígeno es capaz de desprender?

peri- *r pref (E)* De alrededor. *Gralm en compuestos con adj.* | *Por ej:* Ybarra-Cabetas *Ciencias* 359: La branquia .. está situada en una cavidad peribranquial que recibe el agua para la respiración, siendo expulsada por el orificio peribranquial. Ybarra-Cabetas *Ciencias* 332: Sobre la zona membranosa peribucal pueden observarse unos organitos prensiles tridáctilos denominados pedicelarios. *Agromán* 88: Secreciones de glándulas perigenitales del cabrito. Pericot-Maluquer *Humanidad* 122: Las formas de vida neolítica y, de modo concreto, la práctica de la agricultura se extienden por todas las zonas perimediterráneas del Occidente. Bustinza-Mascaró *Ciencias* 22: Vacuolas citoplásmicas, que son espacios que contienen gases o líquidos y que están rodeados por una película perivacuolar.

perianal *adj (Anat)* Situado alrededor del ano. | Mascaró *Médico* 22: Cuando el médico no permita que se levante o el propio paciente no tenga ánimos para ello, se le colocará el orinal plano para que evacúe el intestino, procediéndose inmediatamente después a una limpieza con agua tibia de las regiones perianal y genital.

periantal *adj (Bot)* De(l) periantio. | Alvarado *Botánica* 39: [Flores] haploclamídeas o de envuelta floral sencilla .., es decir, con un solo verticilo periantal, cuyas piezas se llaman tépalos.

periantio *m (Bot)* Conjunto de envolturas que protegen los órganos reproductores de la flor. | Ybarra-Cabetas *Ciencias* 270: Los dos primeros [cáliz y corola], que constituyen el llamado periantio, no tienen más misión que proteger a los otros dos.

periartritis *f (Med)* Inflamación de los tejidos que rodean una articulación, esp. de las bolsas serosas. | *Abc* 4.2.75, 37: Venga a buscar su salud al Balneario de Archena .. Reumatología: .. ciática, periartritis.

perica *f* **1** *(col)* Mujer de vida libertina o desenvuelta. *A veces usado como insulto.* | * Según su abuela, los sábados se iba de pericas.
2 *(jerg)* Cocaína. | C. Postigo *SolM* 20.6.90, 6: Si a usted le invitan en una fiesta a *nieve, perica* o a una *línea*, lo que le están sugiriendo es que se meta por la nariz una raya de cocaína.

pericárdico -ca *adj (Anat)* De(l) pericardio. | Navarro *Biología* 164: Entre las dos hojas del pericardio existe una serosidad o líquido pericárdico.

pericardio *m (Anat)* Membrana serosa que envuelve el corazón. | Navarro *Biología* 164: Entre las dos hojas del pericardio existe una serosidad o líquido pericárdico.

pericarditis *f (Med)* Inflamación del pericardio. | MSantos *Tiempo* 234: Ya se sabe lo que hay que aprender, hay que aprender a recetar sulfas. Pleuritis, pericarditis, pancreatitis, prurito de ano.

pericarpio *m (Bot)* Parte exterior del fruto, que envuelve la semilla. | Ybarra-Cabetas *Ciencias* 277: El fruto .. consta esencialmente de dos partes: la semilla y su envoltura o pericarpio.

pericia *f* Habilidad o maestría. | CNavarro *Perros* 18: Los vehículos adelantaban o retrocedían, según fuera la pericia o la temeridad de sus conductores.

pericial *adj* De(l) perito. | Delibes *Guerras* 183: Y el otro, que nones, que se suspendiera el juicio y que un examen pericial médico.

pericialmente *adv* De manera pericial. | *Compil. Vizcaya* 654: Los parientes tronqueros legitimados para la adquisición podrán .. pedir judicialmente .. que se les adjudique la raíz vendida por su justa valoración, que será pericialmente establecida en el propio procedimiento.

periciclo *m (Bot)* Capa periférica del cilindro central del tallo o de la raíz. | Bustinza-Mascaró *Ciencias* 237: La capa más interna de la corteza [del tallo] se llama endodermo, y sus células están alternando con las células del periciclo, que es la capa más periférica del cilindro central. Ybarra-Cabetas *Ciencias* 254: El periciclo es el encargado de formar nuevas raíces.

periclitante *adj (lit)* Que periclita. | L. Bettonica *Sáb* 8.2.75, 45: Hablemos de la cocina erótica, que tiene una historia muy larga y divertida, y en la que siempre, a lo largo de los siglos, .. muchos han creído como remedio para estimular ciertas funciones periclitantes.

periclitar *intr (lit)* Declinar o decaer. | DPlaja *El español* 25: La Soberbia española mantiene en vigor un sistema de castas periclitado en otros países donde ha habido .. una revolución.

perico *(con mayúscula en aceps 6 y 7)* **I** *m* **1** *(col)* Orinal. | CPuche *Conocerás* 49: La sordidez cotidiana: la cama, el baúl en un rincón, una silla, un perchero, la mesilla con el perico, el palanganero vacilante, el Cristo de la pared. Chamorro *Sin raíces* 57: Había allí algodón arbóreo .. Y, pudorosamente escondido, entre saúcos, un perico en forma de cómodo sillón para las deposiciones del poeta.
2 *(col)* Pers. de vida libertina o desenvuelta. *Frec referido a mujer. A veces usado como insulto.* | * Esa es un perico.

3 (*jerg*) Cocaína. | P. Larena *Ya* 5.2.87, 37: Entre ellos corre el "costo" y el "caballo" en grandes cantidades. El "perico" (cocaína) se queda para los más privilegiados.
4 (*raro*) Variedad de espárrago de gran tamaño. | Vega *Cocina* 147: No importa que las puntas de los espárragos sean verdes, de los llamados trigueros, o blancos, del tipo de los de Aranjuez, de los que se denominan pericos.
5 (*hist*) Tocado de pelo postizo que cubre la parte anterior de la cabeza. | DPlaja *Sociedad* 71: Pelo en general levantado con moño alto .. Postizos de toda clase, "almirante", perico.
6 ~ el de los palotes. (*col*) Una pers. indeterminada y sin importancia. | *D16* 14.12.76, 4: Nuestra única pregunta, hasta ahora, es si no será el GRAPO uno de esos grupos. Que sirva a la CIA, a la KGB, a la masonería internacional o a Perico el de los palotes, eso no lo sabemos.
II *loc adv* **7 como ~ por su casa.** (*col*) Como Pedro por su casa (→ PEDRO). | Torrente *Filomeno* 366: Me llevó a un edificio militar, en el que entró como Perico por su casa.

pericón *m* **1** Abanico muy grande. *Tb* ABANICO ~. | ASáez *Abc* 18.12.70, 21: Se habrá abierto solo, bajo el polvo del tiempo, el abanico pericón de Concha la Peñaranda.
2 Baile popular de la región del Plata, que se acompaña con guitarras y se interrumpe con pausas para que los bailarines digan coplas. *Tb su música*. | E. Tijeras *Abc* 14.9.68, 10: Bailar en los sones cadenciosos, nostálgicos, soberanos y nobles de la zamba, el pericón, el cuándo.
3 Se da este n a varias plantas herbáceas perennes del gén *Hypericum*. | Mayor-Díaz *Flora* 503: *Hypericum linarifolium* Vahl. "Pericón".

perícopa *f* (*Rel*) Pasaje de la Biblia leído en un oficio religioso. | R. Roquer *Van* 20.12.70, 32: La primera lectura de la última dominica de Adviento es una perícopa del profeta Miqueas .. al que completa o sintetiza.

pericosa *f* (*reg*) Cima o parte más alta [de un árbol u otra cosa]. | J. Isla *Día* 25.5.76, 5: Aquí se dice pirinola a una cosa muy alta. Como la pericosa. Yo no sé si será lo mismo. De un individuo que está encaramado en algo muy alto se dice que está empericosado. Pero la cosa donde está amontado, un pico o lo que sea, unos lo llaman pericosa y otros pirinola.

pericote *m* Cierto baile popular de Asturias y zonas limítrofes. *Tb su música*. | Casares *Música* 181: En Asturias tenemos Corri-corri, La danza prima, ambas de origen celta, y el Pericote, sin duda posterior; todas participan de ser danzas y cantos al mismo tiempo. *Santander* 81: Entre las danzas montañesas .. sobresalen la incomparable Baila de Ibio, con su espléndido carácter guerrero y primitivo; .. el pericote, de Liébana.

periculoso -sa *adj* (*lit*) Peligroso. *Frec con intención humoríst*. | GGalán *Arb* 5.60, 547: Por este aire periculoso de que se pretende rodear al saber, ocurre que se ha culpado con exclusividad a la inteligencia de algunos males que han ocurrido a los humanos.

peridótico -ca *adj* (*Mineral*) De(l) peridoto. | Ybarra-Cabetas *Ciencias* 68: Estos yacimientos proceden de violentas explosiones volcánicas que han originado unas "chimeneas" rellenas de una roca peridótica y en la que como inclusiones se halla el diamante.

peridotita *f* (*Mineral*) Roca plutónica de color oscuro, compuesta pralm. por peridoto. | Ybarra-Cabetas *Ciencias* 78: Peridotitas. Son de colores oscuros por carecer de cuarzo y feldespatos. Su componente principal es el mineral llamado olivino por su color verde aceituna.

peridoto *m* (*Mineral*) Mineral constituido por un silicato de hierro y magnesio, de color verde amarillento, usado como piedra semipreciosa. | Ybarra-Cabetas *Ciencias* 47: Lapparent hace una subdivisión del grupo en minerales de rocas ácidas y de rocas básicas. En el primero incluye los más ricos en sílice: la sílice y sus derivados, feldespatos y mica. En el segundo, los piroxenos, anfíboles y peridotos.

perieco (*tb* **períeco**) *m* (*hist*) *En la antigua Esparta:* Indígena sometido, establecido por la fuerza en un territorio periférico. | Pericot *Polis* 70: Sus ciudadanos [de Esparta] gozaban de un régimen de privilegio sobre los indígenas sometidos, que en parte eran tratados como esclavos (ilotas, periecos). Caloge *Tucídides* 23: Esos lacedemonios (espartiatas, períecos y demás habitantes de Lacedemonia con capacidad legal para combatir) estimaban que no debían admitir la derrota.

periespíritu *m En espiritismo:* Envoltura semimaterial del espíritu, que une a este con el cuerpo. | Salvador *Haragán* 69: El "periespíritu" o lazo que unirá los espíritus con los cuerpos, lo tenemos que crear nosotros. A. Yáñez *Abc* 25.11.80, 28: El lazo o "periespíritu" que une el cuerpo y el espíritu es una especie de envoltura semimaterial. La muerte es la destrucción del cuerpo, pero el espíritu conserva el periespíritu, que constituye con el alma un cuerpo etéreo, invisible para nosotros en estado normal.

periferia *f* Parte más exterior [de algo], en torno al centro. | Alfonso *España* 149: El centro conserva los viejos parques, pero la periferia carece de respiro. Ortega-Roig *País* 71: Las regiones más densamente pobladas se encuentran cerca de las costas (la periferia del país). **b)** Contorno [de una figura]. | Aldecoa *Gran Sol* 163: Las nubes, negras, grandes, procesionales, llegaban de sus nidos tormentosos del extremo noratlántico. El azul celeste recortaba sus quebradas periferias escandinavas. Parecía cuarteado el cielo.

periférico -ca *adj* De (la) periferia. | A. Aricha *Caso* 14.11.70, 3: Prueba de ello es la salvaje agresión de que fue objeto por una de tales bandas una señorita, en el periférico barrio madrileño del Parque La Paloma. **b)** (*Anat*) De las regiones externas del cuerpo o de un órgano. *Frec referido al sistema nervioso*. | *Abc* 3.6.75, 33: Venga a buscar su salud al Balneario de Archena .. Indicaciones: Reumatología .. Angiología: Tra[s]tornos circulatorios y periféricos. **c)** (*Informát*) [Aparato] que funciona conectado a la unidad central de un ordenador. *Frec n m*. | GTelefónica *N.* 672: Olympia International. Autómata de escritura, liquidación y facturación. Máquinas contables y periféricas para el procesamiento de datos. *Van* 5.6.75, 93: El corazón del sistema es la calculadora programable 9830 de Hewlett Packard .. La amplia gama de aparatos periféricos incluye bloque de matrices y funciones cableadas, una selección de trazadores de gráficos, memoria periférica de cassette. *SYa* 4.11.73, 10: Minicomputador .. Y la más completa gama de periféricos. Alimentador cuentas magnéticas. Tarjetas perforadas. Cinta perforada.

perifolicular *adj* (*Anat*) Situado alrededor de un folículo. | R. ASantaella *SYa* 4.9.83, 33: El tiroides tiene forma de escudo .. Su tumefacción es el bocio, y en sus células perifoliculares se produce una hormona, la calcitonina.

perifollo *m* **1** Planta herbácea aromática de la familia de las umbelíferas, usada como condimento y en medicina (*Athriscus carefolium*). | Delibes *Ratas* 141: Los hombres del pueblo descendieron obstinadamente a sus parcelas y sembraron las tierras de acederas, berros picantes, escarolas rizadas, guisantes tiernos, perifollos, puerros y zanahorias tempranas. Bernard *Verduras* 32: Espolvoreándose con perejil, perifollo y estragón picados. **b)** *Con un adj especificador, designa otras plantas similares al perifollo común:* ~ ÁSPERO (*Chaerophyllum temulentum*), ~ BULBOSO (*Chaerophyllum bulbosum*), ~ OLOROSO (*Myrrhis odorata*). | Mayor-Díaz *Flora* 561: *Myrrhis odorata* (L.) Scop. "Perifollo oloroso".
2 (*col*) Adorno excesivo o de mal gusto. *Más frec en pl*. | FReguera *Bienaventurados* 14: Para el bautizo, la madre se esmeró en hacerle un babero con muchos ringorrangos de puntillas, encajes y perifollos. Torrente *Off-side* 14: Un gran espejo recoge las figuras de los que ascienden: primero, la cima de la calva o del perifollo; después, la cara.

periforme *adj* (*raro*) De forma de pera. | Subirá-Casanovas *Música* 35: La caja .. en el laúd era abombada o periforme y en la vihuela era de tapa plana.

perífrasis *f* **1** (*TLit*) Modo de expresión que consiste en sustituir un término dado por una serie de palabras. | Aranguren *Marxismo* 23: Hoy, en la famosa perífrasis de Víctor Hugo, para hablar del demonio, habría que decir, en vez de Voltaire, "esa especie de Marx antediluviano que llamamos el diablo".
2 (*Gram*) Forma de expresión que se sirve de varias palabras gráficas para una noción que en otra lengua, o incluso en la propia, puede expresarse mediante una sola palabra. | Academia *Esbozo* 444: Las perífrasis usuales en español son numerosas, y consisten en el empleo de un verbo auxiliar conjugado seguido de infinitivo, gerundio o participio.

perifrástico -ca *adj* (*E*) De (la) perífrasis. | Academia *Esbozo* 444: Algunos de estos sintagmas fueron catalogados desde antiguo en las gramáticas con el nombre de conjugaciones perifrásticas. RMoñino *Poesía* 47: A veces se cela con un velo perifrástico la dureza de la expresión. **b)** Abundante en perífrasis. | Delibes *Madera* 198: Eduardo Custodio, pálido, de hablar pausado y perifrástico, con un deje de humor, adolecía de un avejentamiento prematuro.

perigallo *m* (*reg*) Cuero del tirachinas. | Chamorro *Sin raíces* 49: El niño iba adquiriendo los enseres precisos sin los cuales tendría una niñez incompleta y aburrida. Lo más necesario era la navaja .. Un perigallo de orillo.

perigeo *m* (*Astron*) Punto de la órbita de la Luna o de un satélite artificial en que estos se hallan más cerca de la Tierra. | *Anuario Observatorio 1967* 222: Aspecto del cielo en España .. Enero 1967. Día .. 1. [Hora] 10: La Luna en el perigeo. *Nue* 26.4.70, 1: Satélite chino. Apogeo, 2384 km. Perigeo, 439 km.

perigino -na *adj* (*Bot*) [Periantio o androceo] que se inserta en torno al gineceo. *Tb dicho de la flor*. | Ybarra-Cabetas *Ciencias* 273: Atendiendo a la disposición del gineceo en la flor, esta puede ser: 1º Hipogina .. 2º Perigina .. 3º Epigina.

periglacial *adj* (*Geogr*) Periglaciar. | J. L. Atienza *Act* 17.12.70, 23: El Cerro Torre .. linda con el hielo continental patagónico. Es una zona periglacial, similar a la altamente accidentada de los Alpes.

periglaciar *adj* (*Geogr*) **1** Que rodea a un glaciar. | * Estamos en una zona periglaciar. **2** Propio de las regiones afectadas por los glaciares o por el hielo. | Cendrero *Cantabria* 38: Aún hoy [las cabeceras de los ríos] están sujetas a procesos típicos de un modelado periglaciar, sobre todo a partir de los 1.700 metros de altitud.

perigordiense *adj* (*Prehist*) [Cultura o período] del Paleolítico superior, cuyos principales vestigios corresponden a la región de Périgord (Francia). *Tb n m*. | Fernández-Llorens *Occidente* 13: La más moderna: Paleolítico Superior, abarca en Europa Occidental una serie de culturas que citamos de más antigua a más moderna: Perigordiense, Auriñaciense, Graveciense, Solutrense y Magdaleniense. **b)** De la cultura o del período perigordiense. | Pericot-Maluquer *Humanidad* 92: Recientemente se han producido excelentes descubrimientos de cabañas perigordienses en Arcy-sur-Cure.

perihelio *m* (*Astron*) Punto de la órbita de un planeta o un cometa en que este se encuentra más cerca del Sol. | *Anuario Observatorio 1967* 222: Aspecto del cielo en España .. Enero 1967. Día .. 2 ..: La Tierra en el perihelio. *Inf* 26.12.74, 15: El "Kohoutek-f" alcanzó su punto de máxima aproximación al Sol. Y fue entonces cuando se le pudo estudiar mejor, al alcanzar su perihelio el cometa.

perilinfa *f* (*Fisiol*) Líquido contenido entre el laberinto membranoso y el óseo del oído interno. | Legorburu-Barrutia *Ciencias* 114: El utrículo, el sáculo y sus derivaciones .. están metidos en un líquido llamado perilinfa.

perilla I *f* **1** Porción de pelo que se deja crecer en la punta de la barbilla. | Ortega *Americanos* 32: Aceptan profesores de Francés porque llevan perilla. **2** Pera (objeto de goma o interruptor en forma de pera). | Laiglesia *Tachado* 49: Las figurillas, en sí, no estaban mal. Lo malo era que, apretando una perilla de goma que tenían debajo de la peana, el pecho materno soltaba un chorro lácteo en la cavidad bucal del heredero. ZVicente *Traque* 283: Que me dejen la perilla de la cama, la del timbre, a ver. **3** Adorno en forma de pera. | Manfredi *Tenerife* 81: Especial atención [en la catedral de La Laguna] merece por su valor artístico la que llaman Vía Sacra, o mejor "La Valla", reja de metal con columnas rematadas por perillas de bronce. **4** (*Mar, reg*) Remate de un palo. | J. A. Padrón *Día* 23.9.75, 13: Las obras fueron de quilla y perilla y, repasado igualmente el equipo propulsor, un año más tarde aquel pontón petrolero había tomado una nueva estampa marinera.

II *loc adv* **5 de ~**. (*col*) Muy bien a propósito. *Con vs como* IR o VENIR. *Tb, más raro*, DE ~S. | Torrente *Pascua* 369: ¡Carajo! ¡Debí de beber demasiado .. Un poco de agua me vendría de perilla. Delibes *Castilla* 185: La oveja y en particular la cabra van a ir de perillas.

perillán *m* (*col, hoy raro*) Hombre pícaro y astuto. *Frec con intención afectiva referido a muchacho. Tb adj*. | RIriarte *Paraguas* 146: Menudo pájaro. ¡Perillán! ¡Que es usted un perillán! Berlanga *Barrunto* 52: Mi madre se volvió del fogón y se puso en jarras. –¡Ah, perillán! ¿Ya has venido?

perilustre *adj* (*lit, raro*) Muy ilustre. | *Abc* 12.6.83, 116: Fue un hermoso espacio que .. estuvo cubierto por un padronés perilustre llamado Camilo José Cela.

perimetral *adj* (*E*) Perimétrico. | J. M. Pagador *Hoy* 21.10.75, 9: Las directrices para estas batidas en la reserva de Cíjara, que tiene 25.000 hectáreas, es [*sic*] que sean perimetrales, y de fuera a dentro, al objeto de no ahuyentar a otras especies de caza mayor. *Abc* 29.9.90, 6: Los informadores tuvieron ocasión de contemplar la piscina climatizada con luces interiores perimetrales.

perimétrico -ca *adj* (*E*) De(l) perímetro, o que está situado en él. | *Abc* 11.4.75, 39: El ataque se ha producido horas después de que los insurrectos rompieran las defensas del perímetro defensivo al noroeste de la capital .. Las fuerzas gubernamentales continúan retirándose de las posiciones perimétricas al Sur y este de la ciudad.

perímetro *m* Medida del contorno [de una figura o de un cuerpo]. | * Marcos-Martínez *Aritmética* 192: Calcular la longitud del lado de un triángulo equilátero cuyo perímetro es 102 m. Legorburu-Barrutia *Ciencias* 83: Contar el número de inspiraciones por minuto. Hacer inspiraciones forzadas. Medir el perímetro torácico en ambos casos.

perimir *intr* (*lit*) Caducar o caer en desuso. *Gralm en part*. | GÁlvarez *Filosofía* 2, 131: El restablecimiento por Berkeley de una metafísica que en el empirismo parecía ya perimida fue posible gracias al abandono de la teoría empirista en el estudio del yo. RAdrados *Ant* 5/6.84, 82: Una ruptura con la tradición clásica no puede considerarse como un rechazo de puntos de vista definitivamente superados y perimidos.

perimisio *m* (*Anat*) Membrana de tejido conjuntivo que envuelve las fibras musculares. | Navarro *Biología* 88: Los haces primarios están agrupados por otra membrana conjuntiva, el perimisio, formando haces secundarios.

perimundo *m* Entorno, o mundo circundante. | *Ya* 12.2.89, 20: El perimundo de la víctima es uno de los puntos de referencia para el investigador, que analiza las características del círculo de personas más próximo al fallecido, en busca de una pista que le permita conocer y "hacer hablar" al difunto. GSabell *SLe* 4.89, 6: Tenemos, de una parte, la objetividad del perimundo. Parece cosa que va de suyo el admitir su existencia. El mundo de la vida cotidiana, el mundo al que se refieren "todas las ciencias".

perinatal *adj* (*Med*) Del período comprendido entre la 28ª semana de gestación y el séptimo día de vida del recién nacido. | C. Nicolás *SAbc* 14.12.69, 21: La mortalidad perinatal y las secuelas post parto del feto se reducirán, de modo ostensible, en el futuro.

perinatología *f* (*Med*) Estudio de la fisiología y patología del período perinatal. | *TMé* 11.5.84, 27: II Curso Teórico-Práctico sobre Exploraciones Complementarias en Perinatología, 21 al 24 de mayo.

perinatólogo -ga *m y f* (*Med*) Especialista en medicina perinatal. | M. J. Díez *NEs* 22.10.87, 14: El perinatólogo Luis Navarrete .. considera que tanto las mujeres embarazadas como las que toman anovulatorios han de ingerir diariamente un suplemento de folatos.

perínclito -ta *adj* (*lit, raro*) Ínclito en sumo grado. | Marlasca *Abc* 12.11.70, 59: Uno de los objetivos que perseguía la perínclita Empresa Municipal .. fue, sin duda, el de establecer una tarifa desigual.

periné *m* (*Anat*) Espacio que media entre el ano y las partes sexuales. | E. Sanz *ByN* 5.9.93, 91: Las glándulas apocrinas están distribuidas más restringidamente a algunas zonas corporales concretas: axilas, periné, aréola mamaria, cara y cuero cabelludo.

perineal *adj* (*Anat*) De(l) periné. | MSantos *Tiempo* 106: Los ejercicios gimnásticos relajantes de la musculatura perineal.

perineumonía *f* (*Vet*) Enfermedad contagiosa del ganado vacuno caracterizada por inflamación del pulmón y de la pleura. *Tb* ~ CONTAGIOSA *o* BOVINA. | *Cór* 30.8.89, 33: El brote de perineumonía detectado en el ganado bovino de Navas de San Antonio (Segovia) podría suponer el cierre de nuestras fronteras al comercio de este ganado. *Ya* 14.10.89, 18: La Junta de Castilla y León ha iniciado los trámites para la declaración oficial ante la Comunidad Europea y el Ministerio de Agricultura del nuevo brote de perineumonía bovina detectado en la localidad segoviana de Escalona del Prado.

perinola *f* **1** Peonza pequeña con un mango en su parte superior, que se hace girar con los dedos. | J. Isla *Día* 25.5.76, 5: Me dijo que no se dice pirinola sino perinola. Y que perinola es u[n] trompo chico al que se le da vueltas con los dedos.
2 Adorno en forma de perinola [1]. | Cela *Viaje andaluz* 211: El vagabundo entra en Sevilla por la puerta Macarena, con sus perinolas y su contorno popular.
3 (*col*) Pene. | Campmany *Abc* 25.2.93, 23: Convencerles de que en vez de echar mano en seguida a la pistola, se entretengan antes echándose mano a la perinola, que será una ordinariez, pero que resulta menos nocivo.

periódicamente *adv* De manera periódica [1a]. | ZVicente *Traque* 158: Ahora nos han obligado a revisar su salud periódicamente.

periodicidad *f* Cualidad de periódico [1]. *Frec con un adj o compl que expresa tiempo*. | Bustinza-Mascaró *Ciencias* 255: Las variaciones estacionales de la temperatura influyen en la periodicidad de las vegetaciones. S. Sans *Des* 12.9.70, 35: El crítico .. debería –con periodicidad, por ejemplo, anual o bianual– ordenar el material que la actualidad va ofreciendo.

periódico -ca I *adj* **1** Que se produce a intervalos regulares de tiempo. | L. Contreras *Mun* 23.5.70, 10: La rotación en el cargo .. amplía las posibilidades de acceder a puestos de responsabilidad, para cuya periódica provisión ofrecerá el Ministerio .. garantías. **b)** [Publicación] que aparece a intervalos regulares de tiempo. *Gralm n m, esp designando la diaria*. | Fernández-Llorens *Occidente* 239: En la segunda mitad del siglo XVII nace la prensa periódica. *CEs* 15.2.84, 1: *Comunidad Escolar*. Periódico quincenal de información educativa. Medio *Bibiana* 11: Se acabó la lectura del periódico y la sobremesa. **c)** (*Fís*) [Fenómeno] cuyas fases se repiten permanentemente y con regularidad. | Ybarra-Cabetas *Ciencias* 99: Las mareas. Son movimientos periódicos de la superficie cuya causa se debe a la atracción del Sol y de la Luna. **d)** (*Astron*) [Cometa] cuyas apariciones ocurren regularmente. | *Sáb* 4.3.72, 28: Los cometas periódicos describen órbitas elípticas, y por ello, acuden a su cita con su apoastro y las tablas de efemérides.
2 (*Mat*) [Fracción decimal] que tiene período [5]. | Marcos-Martínez *Aritmética* 2º 65: Al convertir una fracción ordinaria en decimal puede obtenerse un número decimal exacto o una expresión decimal periódica.
3 (*Mat*) [Función] que tiene el mismo valor cada vez que su variable aumenta en una cantidad fija. | Aleixandre *Química* 9: Las propiedades físicas y químicas de los elementos son función periódica de su peso atómico.
4 (*Quím*) [Clasificación, tabla o sistema] que agrupa los elementos químicos según sus números atómicos y sus propiedades. | Aleixandre *Química* 9: Clasificación periódica de los elementos. Aleixandre *Química* 6: El número de electrones que contiene un átomo en su corteza, que viene dado por el número de orden en el sistema periódico, se llama número atómico.
II *m* **5** Sede o redacción de un periódico [1b]. | Delibes *Vida* 97: La moto me llevaba y me traía del periódico a las horas oportunas.

periodificación *f* Acción de periodificar. | P. GOrtiz *País* 14.1.79, 33: La circular establece también normas .. para los gastos amortizables y los activos inmateriales, para la contabilización y periodificación de los resultados, para la política de dividendos y para la cuenta de pérdidas y ganancias. *Hoy* 18.1.79, 2: Para determinar la subida de la enseñanza. La periodificación, otra circunstancia a tener en cuenta.

periodificar *tr* Dar carácter periódico [a algo]. | *Ya* 14.3.87, 13: La banca tendrá que provisionar este año 80.000 millones para su personal pasivo .. Con la nueva obligación impuesta con la citada circular, lo que el Banco de España persigue es "periodificar, en función de la vida activa transcurrida y la remanente probable, los riesgos asumidos por las entidades en virtud de la probabilidad de que tales derechos lleguen a causarse".

periodiquero -ra *m y f* **1** (*col*) Vendedor de periódicos [1b]. | * El periodiquero me dijo que no quedaban ejemplares.
2 (*humoríst*) Periodista [1]. | GPavón *Reinado* 125: Como usted ha dicho muy bien a los periodiqueros de "El Caso", en principio, este asunto no parece propio del pueblo. T. Medina *Abc* 16.9.75, 39: No había otra noticia, por grande, por pequeña que fuera, para cualquier *periodiquero* de la profesión.

periodismo *m* Actividad o profesión de periodista [1]. | Laforet *Mujer* 179: Concha se dedicaba al periodismo. M. CDiego *Alc* 12.11.70, 32: Periodismo show. Es una nueva faceta del periodismo, que no es ni impreso, ni radiofónico, ni televisado, sino cara al público. No sospechaba hasta qué punto este tipo de periodismo superdirecto podía tener éxito.

periodista *m y f* **1** Pers. que se dedica a la información en un medio de comunicación, esp. en un periódico. | *Alc* 1.1.55, 3: *El Alcázar* quiere formar en torno suyo un núcleo de periodistas y escritores.
2 (*col*) Vendedor de periódicos [1b]. | DCañabate *Andanzas* 10: "Pa" ser periodista verdadero hay que haber nacido como quien dice en la calle, como un servidor, que vengo de periodistas por parte de padre y de madre .. El pregón madrileño de la Prensa le daba sopas con honda a todos los de por ahí fuera. J. Riosapero *Cua* 23.10.76, 13: Busque .. en La Adrada al "periodista" Anastasio, el viejo señor que vende periódicos, y disfrute de su conversación.

periodísticamente *adv* En el aspecto periodístico. | *Inf* 15.8.74, 24: Hay fotografías que no necesitan pie .. Periodísticamente, sin embargo, existe como una norma obligada de no descuidar la tarea de colocar unas líneas debajo de la fotografía.

periodístico -ca *adj* De (los) periodistas [1]. | L. Calvo *Abc* 22.12.70, 47: Esas imágenes populares que suelen petrificar la prosa periodística.

periodización *f* División en períodos [1]. | Pericot-Maluquer *Humanidad* 20: El estudio de la Prehistoria obliga a plantearse de nuevo el problema de la periodización de la Historia. *Reforma* 74: En el último capítulo se exponen las líneas fundamentales para llevar a la práctica la renovación del sistema educativo con indicaciones acerca de la previsible periodización y ritmos de aplicación del proyecto.

período (*tb* **periodo**) *m* **1** Porción de tiempo. *Normalmente con un adj o compl que expresa su duración o la actividad, cualidad o circunstancias que lo caracterizan*. | Arenaza-Gastaminza *Historia* 242: El trienio constitucional .. Durante este período se acentuó el desgobierno. *DMa* 29.3.70, 32: Abre la esperanza de que .. podamos disfrutar de unas horas de sol en los últimos días de este período vacacional. Navarro *Biología* 264: El tripanosoma parasitiza la sangre en los períodos febriles, pero más tarde (período de somnolencia) se instala en el líquido cefalorraquídeo. Tejedor *Arte* 38: En el período clásico, el de los grandes maestros, destacan sobre todo tres: Mirón, Policleto y Fidias. **b)** (*Geol*) División de una era, correspondiente a un sistema de terrenos. | Ybarra-Cabetas *Ciencias* 155: Los tiempos geológicos se dividen cronológicamente en eras, períodos, épocas y edades.
2 Menstruación. | MGaite *Fragmentos* 201: Pasó al baño y buscó algodón en el armario. Le había venido el período.
3 (*Gram*) Conjunto de oraciones enlazadas sintácticamente. | Amorós-Mayoral *Lengua* 55: Para representar gráficamente una pausa usamos el punto, la coma o el punto y coma: .. el punto y coma, si es una pausa intermedia o para separar dos miembros de un período dentro de los cuales ya hay alguna coma.
4 (*Fís*) Tiempo que tarda [algo (*compl de posesión*)] en cumplir un ciclo y volver a la misma posición o estado que

tenía al principio. | Mingarro *Física* 66: El período de un péndulo es directamente proporcional a la raíz cuadrada de su longitud.
  5 (*Mat*) *En una división inexacta:* Cifra o cifras que se repiten indefinidamente después del cociente entero. | Marcos-Martínez *Aritmética* 2º 65: Las expresiones decimales periódicas se clasifican en puras y mixtas. Se llaman puras cuando el período empieza en la primera cifra decimal.
  6 (*Quím*) Tiempo necesario para que se desintegre la mitad de la masa [de un elemento radiactivo]. | Aleixandre *Química* 18: El período de los diferentes elementos radiactivos varía entre límites muy grandes.
  7 (*Quím*) Serie de elementos que en la tabla de clasificación figuran entre dos gases raros sucesivos. | Aleixandre *Química* 9: Cada período empieza siempre con un metal alcalino y termina con un gas noble.
  8 (*Mineral*) Distancia constante con que se repite en un nudo de una estructura cristalina en una determinada dirección. *Tb* ~ DE IDENTIDAD. | Ybarra-Cabetas *Ciencias* 12: Supongamos dos direcciones cualesquiera, OX y OY, que formen un ángulo entre sí. Se comprende que en general los períodos de identidad respectivos no serán iguales.
  periodoncia *f* (*Med*) Tratamiento de los tejidos y estructuras que rodean a los dientes. | *PinR* 15.5.90, 22: Clínica dental Dr. C. F. Piñero: Odontología general, periodoncia, ortodoncia, cirugía, prótesis.
  periodontal *adj* (*Med*) De(l) periodonto. | N. Retana *Inf* 25.4.70, 20: La retención de alimentos prepara el camino a la caries dental y contribuye al desarrollo de la enfermedad periodontal.
  periodontitis *f* (*Med*) Inflamación del periodonto. | F. Martos *Abc* 8.4.84, 56: La periodontitis juvenil puede ocasionar la pérdida total de la dentadura.
  periodonto *m* (*Med*) Membrana que envuelve el diente. | F. Martos *Abc* 8.4.84, 56: Nos vamos a referir a aquellas enfermedades del periodonto que están producidas por bacterias que se encuentran en la cavidad bucal.
  periostio *m* (*Anat*) Membrana fibrosa que envuelve los huesos. | Navarro *Biología* 80: Unos canales llegan a la membrana conjuntiva que envuelve al hueso (periostio), otros lo hacen al canal medular.
  peripatéticamente *adv* (*lit*) De manera peripatética [2]. | Lera *Olvidados* 158: Pobres mujeres de carnes marchitas .. ofrecían peripatéticamente sus podridas rosas de amor por allí.
  peripatético -ca I *adj* **1** (*Filos*) [Escuela] aristotélica. | Alsina *Plutarco* XXI: Un tipo de biografía .. que, en última instancia, procede de la escuela peripatética. **b)** De la escuela aristotélica. *Tb n, referido a pers.* | H. Saña *Índ* 1.11.74, 36: Bión era esclavo y procedía de una ciudad del mar Negro. En Atenas oyó a Crates, Xenócrates, al cirenaico Teodoro y al peripatético Teofrasto. Gambra *Filosofía* 284: A los del Liceo se les llama "peripatéticos", porque Aristóteles enseñaba paseando.
  2 (*lit*) Que se realiza paseando. | CSotelo *Resentido* 252: Andemos... (Van a iniciar su peripatético diálogo.) W. Mier *MHi* 11.63, 25: Su calma está .. en sus talleres de trabajo artesano, en sus escapadas peripatéticas al castillo de Bellver.
  3 (*lit*) De(l) paseo. | Torrente *Sombras* 305: Fue después de esto cuando [Afrodita] se dio al paseo, aunque inocentemente, ya que desconocía los hábitos peripatéticos de las tristes buscavidas.
  II *f* **4** (*humorist*) Prostituta callejera. | Halcón *Ir* 289: Bruno .. no había conocido los burdeles .. ni las peripatéticas del amor industrial.
  peripatetismo *m* (*Filos*) Doctrina aristotélica. | Mercader-DOrtiz *HEspaña* 4, 194: Franciscanos y dominicos fueron los más rígidos en la defensa del peripatetismo, mientras los agustinos y jesuitas mantuvieron una actitud más reservada.
  peripato *m* (*Filos*) **1** Doctrina aristotélica. | Mercader-DOrtiz *HEspaña* 4, 74: A pesar del consabido teologismo y del aferramiento rutinario al peripato, no dejó de haber en las filas del clero, aun del regular, hombres curiosos por las modernas teorías filosóficas.
  2 Escuela aristotélica. | GÁlvarez *Filosofía* 1, 129: En el Peripato posterior se acentúa la interpretación naturalística

periodoncia – periscopio

de Aristóteles y se impulsa la investigación en el campo de las ciencias experimentales. Esto último distingue netamente a los hombres del peripato de los estoicos, epicúreos y académicos.
  peripecia *f* Acontecimiento imprevisto o cambio súbito de situación. *Gralm en pl.* | Laforet *Mujer* 202: En una cinta .. se desarrollaban las peripecias de un asesinato.
  periplo *m* Gran viaje por mar, esp. alrededor del mundo o de un lugar. | Tovar *Gac* 11.5.69, 26: Cuando en 1933 salimos del puerto de Barcelona para hacer el periplo del Mediterráneo, en el pequeño pero muy escogido grupo de los estudiantes catalanes se distinguió en seguida Jaime Vicens Vives. J. M. ÁRomero *MHi* 11.63, 72: La empresa, en realidad, iba a completar el periplo de Colón. **b)** Viaje largo, por vía terrestre o aérea. | Ridruejo *Memorias* 21: De niño, solo abandoné mi provincia de Soria para hacer un periplo que me llevó a Madrid, Segovia y Valladolid. MChacón *Abc* 27.12.70, 15: Señor Gaum, acompañante en el fantasmal viaje del secuestrado a través de Francia hasta Wiesbaden, y le ha acompañado hoy en periplo aéreo desde Francfort a Biarritz. **c)** Recorrido largo, gralm. con regreso al punto de partida. | Torrente *Sombras* 305: Fue justamente el momento en que Afrodita regresó al hostal el elegido por el Padre Zeus para la misma operación, aunque después de un periplo complicado y con preferencia zigzagueante por el barrio y sus recovecos.
  períptero -ra *adj* (*Arquit*) [Edificio] rodeado por columnas. | Tejedor *Arte* 36: La planta rectangular quedaba precisada por la plataforma escalonada o estilobato, sobre el que se levantaban las columnas, unas veces solo en la fachada principal (templo próstilo), otras en la principal y la opuesta (anfipróstilo) y otras todavía en las cuatro fachadas (períptero).
  peripuesto -ta *adj* [Pers.] arreglada o acicalada con esmero. *A veces con intención desp, indicando afectación.* | MGaite *Retahílas* 42: La imagen de la Virgen de las Nieves peripuesta, enjoyada, con su manto de raso .., estaba ahí abajo. ZVicente *SYa* 10.6.73, 31: Como si nadie más en el mundo pudiera presentar algo parecido, sino solo ellos, solamente ellos, con sus fotos sonrientes, peripuestos.
  periquete. en un ~. *loc adv* (*col*) En un momento o en seguida. | ZVicente *Traque* 198: Tu maridito arregla eso en un periquete.
  periquito[1] *m* **1** Papagayo de pequeño tamaño y colores vistosos, muy usual como animal doméstico (*Melopsittacus undulatus*). | CNavarro *Perros* 172: Se avisaba poniendo un trapo blanco en la ventana, quitando las plantas u olvidándose de la jaula del periquito.
  2 ~ **entre ellas.** (*col*) Hombre que gusta de estar siempre entre mujeres. | DCañabate *Andanzas* 113: En los bancos [del baile] jamás se sentaba un hombre. Si alguno lo hacía se le calificaba de periquito entre ellas. *Sáb* 10.9.66, 39: Arthur Loew jr. disfrutaba con su inevitable condición de "periquito entre ellas". Los diarios habían insertado sus fotografías del brazo de Janet Leigh, de Joan Collins, de Susan Strasberg.
  periquito[2] **-ta** *adj* (*col*) Del Real Club Deportivo Español (equipo de fútbol). *Tb n, referido a pers.* | *Ya* 15.9.91, 36: Fútbol .. El Atlético, a primer muro periquito.
  periquito[3] **-ta** *m y f* (*jerg*) Pers. joven. | Oliver *Relatos* 62: Yo no sé por qué será, pero las periquitas van siempre por parejas, hasta a mear.
  perisarco *m* (*Zool*) Revestimiento quitinoso de los hidrozoos. | Navarro *Biología* 272: En los hidrozoos el cenosarco está envuelto por una cutícula córnea o perisarco.
  periscopio *m* Instrumento óptico que permite ver objetos que no están en la línea directa de visión, esp. el que permite en un submarino ver por encima de la superficie del agua. | Marcos-Martínez *Física* 157: El prisma de reflexión total tiene múltiples aplicaciones; una de ellas es el periscopio de submarinos. Benet *Volverás* 62: Esperó durante dos días en aquel cerro a medio camino entre el Burgo y el Puente de Doña Cautiva, con los periscopios fijos sobre aquel montón de polvo y humo donde todo, incluso la guerra civil, parecía haberse consumado.

perisodáctilo *adj* (*Zool*) [Mamífero ungulado] que tiene los dedos en número impar y el central más desarrollado. *Frec como n m en pl, designando este taxón zoológico.* | Ybarra-Cabetas *Ciencias* 401: Los perisodáctilos tienen como carácter fundamental el número impar de dedos de sus extremidades.

perisología *f* (*TLit*) Repetición o amplificación inútil de los conceptos. | Salvador *Administración* 124: Es algo más que una perífrasis, supera incluso los límites de la perisología y se convierte en el circunloquio llevado hasta el absurdo.

perispermo *m* (*Bot*) Tejido de reserva de algunas semillas, procedente de la nucela. | Ybarra-Cabetas *Ciencias* 278: Son pocas, generalmente, las semillas con perispermo y albumen.

perispómeno -na *adj* (*Ling*) [Palabra griega] que tiene acento circunflejo en la última sílaba. *Tb dicho del mismo acento.* | Academia *Esbozo* 81: Son pocas las voces agudas españolas procedentes de palabras griegas con acento en la última sílaba (oxítono o perispómeno): *Partenón*; *colofón*.

perista *m y f* (*jerg*) Comprador de objetos robados. | MSantos *Tiempo* 118: Los objetos robados no podían ser trasladados a un departamento especial, sino enterrados .. o confiados al perista o arrojados al estanque del Retiro.

peristalsis *f* (*Fisiol*) Movimiento peristáltico. | J. Fereres *TMé* 13.1.84, 19: Los nuevos CT obvian los artefactos derivados de movimientos del enfermo, respiración, peristalsis, motilidad cardíaca, etc.

peristálticamente *adv* (*Fisiol*) De manera peristáltica. | Alvarado *Anatomía* 109: Por fuera tiene el estómago fibras musculares que le permiten contraerse peristálticamente.

peristáltico -ca *adj* (*Fisiol*) [Movimiento] de contracción propio de ciertos órganos tubulares, esp. del intestino, en virtud del cual avanza su contenido. | Bustinza-Mascaró *Ciencias* 53: Cuando llegan los alimentos al estómago se inician en este órgano los llamados movimientos peristálticos. **b)** De (los) movimientos peristálticos. *Tb n f, referido a actividad.* | Bustinza-Mascaró *Ciencias* 120: La sangre circula hacia adelante mediante ondas peristálticas rítmicas. [*En la lombriz.*] Alvarado *Anatomía* 134: Sobre el intestino actúa [el vago] estimulando su actividad peristáltica. Navarro *Biología* 130: En el intestino el ortosimpático detiene la peristáltica y el parasimpático la acelera.

peristaltismo *m* (*Fisiol*) Peristalsis. | Pinillos *Mente* 78: El hombre no puede controlar voluntariamente su ansiedad .., del mismo modo que tampoco puede detener voluntariamente los latidos de su corazón o su peristaltismo intestinal.

peristilo *m* (*Arquit*) Columnata que rodea un patio interior o un edificio. *Tb el área correspondiente.* | SVozC 25.7.70, 7: Tiene pocos patios abiertos, excepto el peristilo del fondo y tres zonas distintas de la casa. Tejedor *Arte* 53: La influencia griega transformó luego la domus, reduciendo el atrium .. y añadiendo al fondo el peristilo o jardín con columnas.

peristoma *m* (*Zool*) **1** *En algunos animales inferiores:* Región que rodea la boca. | Bustinza-Mascaró *Ciencias* 107: Posee [el paramecio] una abertura, colocada lateralmente, que se llama peristoma y está tapizada de cilios, por la cual entran los alimentos.
2 *En los moluscos:* Borde que limita la abertura de la concha. | Ybarra-Cabetas *Ciencias* 326: La concha en el caracol es espiralada .. y la abertura de la concha es el peristoma.

perita *dim* → PERA¹ y PERITO.

peritación *f* Acción de peritar. | GTelefónica 22: Peritos .. Industriales .. Sánchez Aguilar, Manuel .. Ofic. de Estudios y apertura de nuevas industrias .. Peritaciones. *Voz* 10.8.75, 12: Los objetos de plata y la porcelana decomisados fueron tasados por un joyero de la capital orensana en cerca de cuatro millones de pesetas en una rápida peritación.

peritaje *m* **1** Peritación. | GTelefónica 22: Peritos .. Industriales .. Interbroker. Brokers internacionales unidos. Departamento de peritajes. ZVicente *Traque* 290: Tenemos que andar con frecuencia en el juzgado, hasta que los análisis, las declaraciones, las radiografías, los peritajes caligráficos ponen en claro quién ha tenido la osadía de redactarlas.
2 Carrera de perito [2]. | FSantos *Catedrales* 124: Uno [de mis hijos] está terminando el peritaje en Madrid y la chica estudiando Letras en Sevilla.

peritar A *tr* **1** Evaluar [algo] o dictaminar [sobre ello (*cd*)] como perito. | Espinosa *Escuela* 400: El Mandarín del Sello seguía excusado, ya convaleciente de una caída, ya comisionado para presidir conmemoraciones, ya peritando arqueologías. A. Quintá *País* 1.12.76, 13: Le siguió también como testigo de la defensa el médico forense Juan Camps, quien especificó las lesiones que peritó. *DMé* 16.11.92, 7: Algunos especialistas en medicina legal y forense han entrado de lleno en el difícil terreno del peritar casos de demandas por negligencia contra otros médicos.
B *intr* **2** Actuar como perito. | *DMé* 16.11.92, 7: Despachos jurídicos que defienden a médicos con reclamaciones y que proyectan contratar los servicios de otros facultativos para que periten por parte del demandado en estos casos. S. Churruca *DMé* 16.11.92, 7: Para asegurar su objetividad, no pueden peritar sobre profesionales "conocidos por amistad íntima o enemistad manifiesta, porque es motivo de recusación del perito".

periteca *f* (*Bot*) *En los hongos:* Receptáculo que encierra los órganos de fructificación. | Ybarra-Cabetas *Ciencias* 243: Ascas y parafisos forman el himenio del hongo, que está dispuesto en unos aparatos especiales denominados peritecas si son cerrados y apotecas sin son abiertos.

perito -ta (*en acep 2 se usa la forma m con valor de m y f*) **I** *adj* **1** [Pers.] experta o entendida [en algo]. *Tb sin compl. Tb n. Tb fig, referido a animales.* | R. Arrieta *DVa* 29.2.76, 5: Colombini dispone de pasaportes en gran cantidad, naturalmente todos ellos falsos, con los que engaña hábilmente a las policías poco peritas. Delibes *Parábola* 18: Pasó por un período de zozobra .. imaginando como los peritos calígrafos constituían un gremio a extinguir. Cela *Judíos* 22: En un rincón de la cuadra medio en penumbra, un caballejo blas, perito en andaduras serranas, rumia su parva postura.
II *m y f* **2** Pers. que posee el título de ingeniero técnico de grado medio. *Gralm con un compl especificador. Denominación hoy no oficial.* | Laiglesia *Tachado* 28: Los campesinos, gracias a la astucia de un perito agrícola que inventó el sistema, obtenían dos cosechas a la vez plantando simultáneamente tubérculos en su subsuelo y cereales en la superficie.

peritoneal *adj* (*Anat*) De(l) peritoneo. | Navarro *Biología* 136: Está formado [el peritoneo] por dos hojas .., unidas una a otra por un líquido peritoneal o serosidad.

peritoneo *m* (*Anat*) Membrana serosa que tapiza la cavidad abdominal y las vísceras en ella contenidas. | Navarro *Biología* 135: El páncreas y el hígado son dos órganos glandulares de la cavidad abdominal que vierten sus productos a la primera porción del intestino, estando envueltos también por el peritoneo.

peritonitis *f* (*Med*) Inflamación del peritoneo. | Alvarado *Anatomía* 32: La serosa del abdomen se llama peritoneo. Su inflamación es la temida peritonitis.

perjudicante *adj* (*raro*) Que perjudica [1]. | Vega *Corazón* 52: Reduciría la cantidad de las comidas y elegiría las cualitativamente menos perjudicantes.

perjudicar *tr* **1** Causar perjuicio [a alguien o algo (*cd*)]. | *Ava* 7.12.68, 32: Pretenden imponer a la gran mayoría de los verdaderos estudiantes sus criterios de agitación, haciendo imposible la labor docente, con lo cual perjudican, ante todo, a sus compañeros. *Leg. contencioso-adm.* 65: Para solicitar la nulidad o revocación de una Orden concediendo el registro de una marca solo puede hacerlo el que tenga a su nombre registrada otra que se crea perjudicada por la concedida.
2 (*Der*) Disminuir la eficacia [de una letra u otro título de crédito (*cd*)] por omisión de alguna formalidad exigida. *Gralm en part.* | Ramírez *Derecho* 139: Si la letra deja de presentarse a la aceptación o al pago, o si, presentada, deja de acreditarse la negativa con el correspondiente protesto, quedará la misma perjudicada.

perjudicial *adj* Que perjudica [1]. | Ybarra-Cabetas *Ciencias* 349: Este escarabajo es únicamente perjudicial por los destrozos que causa en las plantaciones de patatas.

perjudicialmente *adv* De manera perjudicial. | M. Gordon *Ya* 29.6.75, 26: Lo único que pretenden es la solución urgente, sin aplazamientos, de cuantos problemas envuelven perjudicialmente a nuestro pan.

perjuicio I *m* 1 Pérdida que afecta al valor o a la integridad de una cosa, o al bienestar, a la economía o a la estimación moral de una pers. | Legorburu-Barrutia *Ciencias* 316: Uno de los animales vive sobre el otro y a sus expensas, causándole perjuicio. *Leg. contencioso-adm.* 22: La introducción de la indemnización de daños y perjuicios por los actos políticos o de gobierno, no anulables, tiene su precedente en el art. 4 del Regl[amento] de .. 1894.
II *loc prep* **2 sin ~ de.** Dejando aparte o dejando a salvo. | *Leg. contencioso-adm.* 275: Este Ministerio .. ha tenido a bien disponer que con carácter provisional, sin perjuicio de ulteriores modificaciones, la distribución de asuntos entre las Salas Tercera, Cuarta y Quinta del Tribunal Supremo quede establecida en la forma siguiente.

perjurar *tr* Afirmar o negar [algo] insistiendo en la propia veracidad. | Miguel *D16* 30.12.87, 2: Perjura [Gala] que *Séneca* va a ser su última obra de teatro, pero el continúa en disposición dramatúrgica permanente. **b) jurar y ~** → JURAR.

perjurio *m* 1 Juramento en falso. | SLuis *Doctrina* 76: Faltar a la verdad en el juramento es un pecado gravísimo: Perjurio.
2 Incumplimiento de una promesa hecha bajo juramento. | * Acusó de perjurio al Presidente.

perjuro -ra *adj* Que comete perjurio. *Frec n.* | CBaroja *Inquisidor* 39: Se admitían como testigos los excomulgados, criminosos, infames, cómplices, perjuros.

pérkins *adj invar* [Cuello] cerrado y ancho que llega poco más arriba de la base del cuello. | * Prefiero el modelo de cuello pérkins. **b)** [Jersey] de cuello pérkins. *Tb n m.* | *Ya* 6.10.74, 2: Jerseys tipo "pérkins", acrílicos, para chicos, con listas combinando colores .. *Pérkins* de lana 100% en tweed "racé" de gran moda. [*En el texto, sin tilde.*]

perla I *f* 1 Concreción dura, brillante y gralm. esférica, muy apreciada en joyería, formada por capas concéntricas de nácar segregadas por algunos moluscos, esp. la madreperla, para aislar algún parásito. | CNavarro *Perros* 58: Una de las mujeres lloraba tapándose la cara con sus manos y haciendo oscilar las perlas de sus pendientes. Medio *Bibiana* 87: Te vamos a regalar un collar de perlas cultivadas. **b)** (*lit*) Se usa en constrs de sent comparativo para designar algo que por su brillo, su forma o su blancura recuerda a la perla, esp gotas o dientes. | Cunqueiro *Un hombre* 14: El oscuro vino del país, cuando hubo llenado los vasos, se coronó a sí mismo con cincuenta perlas iguales.
2 Pers. o cosa de gran valía. *Con intención ponderativa y a veces irónica.* | *Hoy Extra* 12.69, 49: Plasencia, perla del Jerte. Halcón *Ir* 18: Para la princesa madre, .. Bruno, el hijo más pequeño, era la perla de la familia. ZVicente *Traque* 201: Que si mató a golpes a su primera mujer. Que si no paga impuestos .. Que si es republicano. Ya ve, una perla, ¿no?
3 Frase desafortunada que causa risa. | *VNu* 18.12.71, 2: Esta nueva página es una colección semanal de "perlas" más o menos religiosas, clericales, laicales, curiles, sacristaniles, devotas o impías.
4 (E) Bola pequeña de una sustancia química o medicinal. | Aleixandre *Química* 116: También se reconocen [los silicatos] por la perla de sal de fósforo (fosfato sódico amónico).
II *adj invar* **5** [Gris] muy claro. | A. Navalón *SInf* 27.5.71, 1: Confirmó la alternativa, de gris perla y oro, El Marcelino. **b)** De color gris perla. | Landero *Juegos* 161: Llevaba mocasines color canela, pantalones blancos, .. camisa perla de hilo. **c)** De color gris amarillento claro y brillante. *Referido a caballos.* | DCañabate *Abc* 16.7.72, 56: Muy lucida y espectacular fue la actuación de Rafael Peralta, singularmente la ejecutada sobre un soberbio caballo mejicano de pinta perla isabela, de piel de color tostado y las crines y la cola, muy luenga, blancas.
III *loc adv* **6 de ~s.** Muy bien, o perfectamente. | Gironella *Millón* 573: La solución viene de perlas. MGaite *Fragmentos* 111: Pues cuando te lo dije, Gloria te pareció de perlas, ni más ni menos.

perlado -da *adj* **1** *part* → PERLAR.
2 Nacarado. | *Inf* 25.2.70, 8: Es un fondo transparente perlado que se obtiene con la crema "Eye Gloss".

perlar *tr* (*lit*) Cubrir [una cosa (*cd*)] algo redondeado a manera de perla, esp. gotas]. | Gironella *Millón* 607: En seguida les llamó la atención porque era guapo, pese a los granos que perlaban sus labios y a su extrema delgadez. Arce *Testamento* 20: Imaginaba .. que le pasarían los ojos por el cuerpo perlado de agua dulce. **b)** *pr* Cubrirse [de algo redondeado, esp. gotas]. | GPavón *Hermanas* 32: Los rubios pelillos del labio se le perlaban de sudor menudo.

perlé *m* Hilo de algodón fino y brillante usado esp. para confeccionar prendas de punto. | ZVicente *Traque* 57: Parece que acaba de dormir dentro de un ovillo de perlé. *Lab* 12.70, 5: En el bordado se utilizará algodón o perlé Ancora, blanco.

perlero -ra *adj* De (la) perla [1a]. | Bustinza-Mascaró *Ciencias* 132: La madreperla u ostra perlera produce perlas segregando capas de nácar muy delgadas. Bustinza-Mascaró *Ciencias* 132: En Ceylán hay un banco perlero importante.

perlesía *f* (*hoy raro*) Parálisis, esp. acompañada de temblor. | Mendoza *Ciudad* 22: Encontró casos de clorosis, cianosis, .. perlesía, aflujo, epilepsia y garrotillo.

perlífero -ra *adj* Que produce perlas [1a]. | Bosque *Universo* 145: Los mares poco profundos, de temperatura superior a 20° y gran salinidad son los más propicios al desarrollo de los arrecifes coralinos y las ostras perlíferas.

perlingual *adj* (*Med*) [Modo de aplicación de medicamentos] que consiste en colocar estos sobre o bajo la lengua para ser absorbidos. | J. Guerrero *SAbc* 12.11.78, 32: La preparación de estos medicamentos que se hacen en forma de glóbulos .. para una mejor absorción por vía perlingual, dejándolos simplemente disolverse en la boca o en un poco de agua, exige solamente unas escasas y sencillas normas de elaboración.

perlino -na *adj* (*lit*) De color de perla [1a]. | CBonald *Noche* 127: –¿Qué ha sido eso? –preguntó Sagrario mientras se cerraba sobre el cuerpo medio desnudo una bata de seda perlina.

perlita *f* (*Metal*) Agregado de ferrita y cementita, constituyente de las aleaciones ferrosas. | Aleixandre *Química* 132: Perlita, mezcla eutéctica de ferrita y cementita; la forman granos o laminitas blandas y abunda en el acero recocido y en el hierro forjado.

perlítico -ca *adj* (*Quím*) Que contiene perlita. | GTelefónica *N.* 494: Fundiciones Pablo Ortiz, S. L. .. Hierro fundido: Perlítico. Refractario.

perlón (*n comercial registrado*) *m* Poliamida de origen alemán, usada como fibra textil. | *Abc* 6.6.58, 36: Géneros de clase superior: muselinas con nylon y perlón, alpacas.

permanecer (*conjug* 11) *intr* Mantenerse o continuar [en un lugar, estado o circunstancias determinados]. | Bustinza-Mascaró *Ciencias* 165: La hembra [del escorpión] desgarra la cubierta de los huevos, saliendo de ellos animalillos blanquecinos que se instalan apretujados sobre el dorso de su madre, en el que permanecen hasta que tienen cierto tamaño. *Inf* 8.6.76, 4: La Embajada siria en Madrid .. permanece ocupada desde esta mañana por cerca de medio centenar de árabes.

permanencia *f* **1** Acción de permanecer. | M. GAróstegui *SAbc* 27.4.69, 31: No hay espacio para reseñar aquí las grandes actuaciones de Molowny en los partidos que jugó en el Real Madrid durante los diez años de su permanencia en él. A. Amo *Cua* 6/7.68, 49: La inactividad, el tomarse él mismo como el centro del universo, la permanencia en idénticas actitudes inmóviles, son consecuencias, puntos de la doctrina que, socialmente, potencia el melodrama.
2 *En pl: En algunos centros de enseñanza:* Tiempo de estudio vigilado por el profesor. *Tb la remuneración asignada al profesor por esta función.* | *ASeg* 27.2.76, 6: Los niños que van a la escuela se dividen en dos grupos; los que se quedan a "permanencias" y los que no se quedan.

permanentado *m* Permanente [3]. | Mora *Sem* 1.3.75, 65: Se usarán bigudíes tipo cigarrillo para peinarlos, como una espuma que aureola la cabeza y las facciones; los permanentados, en los que los cabellos son tratados con los dedos y secados con lámparas infrarrojas.

permanentar *tr* Rizar [cabello] con permanente [3]. | *SD16* 21.7.90, 7: Es un champú suave, pero enérgico .., contra la sequedad del cabello, sobre todo de los permanentados.

permanente I *adj* **1** Que permanece. | PRivera *Discursos* 10: Tenemos que buscar en nuestros planteamientos .. lo que tenían de circunstancial .. y lo que tenían de permanente. **b)** Invariable o constante. | CBaroja *Inquisidor* 48: Llorente replicó con una carta en nombre de sus correligionarios y los presentó como objeto permanente de la venganza de un tribunal perverso: el del Santo Oficio.
2 (*Gram, raro*) Imperfectivo. | Academia *Esbozo* 366: Las reglas basadas en las oposiciones entre permanente (ser)--transitorio (estar), permanente-desinente, inherente-accidental, y otras, tienen utilidad práctica indudable, pero limitada. Lapesa *Problemas* 206: La forma de la acción verbal, su carácter permanente o desinente, es rasgo de índole léxico-semántica.
II *f* **3** Rizado artificial del cabello, que se mantiene durante mucho tiempo. | MGaite *Visillos* 24: Me tendría que lavar la cabeza. Se me pone en seguida incapaz. Ya se me ha quitado casi toda la permanente.

permanentemente *adv* De manera permanente [1]. | Cela *Viaje andaluz* 221: La almohade torre del Oro, mudo vigía del puerto permanentemente humillado por la Giralda.

permanganato *m* (*Quím*) Sal formada por el ácido de manganeso con una base. | Bustinza-Mascaró *Ciencias* 18: Coloquemos en un vaso una disolución acuosa concentrada de sulfato de cobre, y en otro una de permanganato potásico. **b)** (*col*) Permanganato potásico, usado como desinfectante. | CPuche *Paralelo* 57: Samaritanos de la España de la Biblia y del permanganato.

permeabilidad *f* Cualidad de permeable. | Navarro *Biología* 17: Las sales modifican la viscosidad del protoplasma y la permeabilidad de la membrana. Zunzunegui *Camino* 489: El traspié de su novia y la conversación tenida luego con ella sobre la permeabilidad de la moral del país .. le habían removido lo mejor y lo peor de su alma. Delibes *Año* 216: Su lectura me ha demostrado una vez más mi permeabilidad. Casi todos los argumentos que esgrimen sobre diferentes cuestiones los cincuenta coautores de este libro me parecen válidos (aunque sean contrapuestos). **b)** ~ **magnética.** (*Fís*) Relación entre la inducción magnética y la intensidad del campo magnético. | Mingarro *Física* 125: Se llega a la conclusión de la utilidad de la definición de una nueva característica del campo magnético en el interior de cuerpos de muy elevada permeabilidad magnética.

permeabilizar *tr* (*raro*) Hacer permeable. *Tb fig.* | Albalá *Periodismo* 69: Un habla que no es propiamente nuestra .. no puede permeabilizarnos hasta el punto de que no tengamos que llenar nosotros, con nuestra propia habla, extrañas zonas de opacidad expresiva. **b)** *pr* Hacerse permeable. | Alós *Hogueras* 138: El chorro que salía de la manguera .. hacía nacer burbujas sucias y cursos rápidos hasta que la tierra se decidía a abrirse, a permeabilizarse, dejándose mojar profundamente.

permeable *adj* [Cuerpo] que puede ser atravesado por un fluido, esp. por un líquido, o por una radiación o campo magnético. *Tb fig.* | Ortega-Roig *País* 188: El terreno está formado por rocas calizas, que son permeables y dejan que el agua se filtre. Pericot-Maluquer *Humanidad* 187: El éxito o fracaso de una colonización no dependió exclusivamente del número y potencia de los fundadores, sino en mucho mayor escala de la receptividad de la población indígena de las áreas colonizadas. Mientras unas eran fácilmente permeables, otras se mantenían herméticas.

permear A *intr* **1** Pasar a través de un cuerpo permeable. | CBonald *Ágata* 222: Vio primero un charquito de agua no permeada y que parecía agrupar las sombras en un desnivel del solado. **B** *tr* **2** Pasar a través [de un cuerpo permeable (*cd*)]. *Frec fig.* | Marsé *Tardes* 26: Esa atmósfera de conciliación plenaria, de indulgencia general aquí y ahora, que en domingo permea la ciudad igual que un olor a rosas pasadas, al Carmelo apenas llega. *PapD* 2.88, 97: Habrá que admitir que la evaluación también cumple la función de calificar, ya que este es un concepto que permea todos los ámbitos de nuestra sociedad.

permiano -na *adj* (*Geol*) Pérmico. | Lueje *Picos* 14: Parece ser que fueron los movimientos permianos, en el último de los cinco períodos de la Era paleozoica, los que hicieron surgir las cimeras gigantes de los Picos de Europa.

pérmico -ca *adj* (*Geol*) [Período] último de la Era Primaria. *Tb n m.* | Ybarra-Cabetas *Ciencias* 157: Período carbonífero y pérmico. Tanto sus terrenos como su fauna y flora son muy semejantes. **b)** Del período pérmico. *Tb n m, referido a terreno.* | J. M. FPeláez *Abc* 1.8.70, 45: La extensión de la aflorada cuenca berziana [*sic*], con pequeños recubrimientos de pérmico y cuaternario, alcanza la impresionante cifra de 462 kilómetros cuadrados.

permisibilidad *f* (*semiculto*) Permisividad. | P. Calvo *Gac* 15.2.76, 10: A pesar de algunas detenciones, multas y prohibiciones, el clima de permisibilidad o tolerancia gubernamental se sigue manteniendo.

permisible *adj* Que puede ser permitido. | Alfonso *España* 51: Se considera que como estas máquinas no devuelven nunca el dinero, resultan sanas y permisibles.

permisión *f* Acción o actitud de consentir o tolerar. | *Pue* 10.5.74, 3: Furibundamente ha arremetido el obispo de Coria-Cáceres, monseñor Llopis Iborra, contra Televisión Española .. "Es problema .. de permisiones morbosas, de vestuario mentiroso y de conciencia recta en los responsables."

permisionario -ria *adj* [Pers.] que disfruta un permiso [2]. *Tb n.* | FReguera-March *España* 227: Estas constantes bajas humanas hicieron necesario anticipar el reclutamiento de las quintas, "recuperar" los permisionarios y excluidos de las quintas anteriores.

permisivamente *adv* De manera permisiva. | MPrieto *Inf* 13.6.74, 16: Cabanillas aplicará permisivamente dicha ley de Prensa.

permisividad *f* Actitud permisiva. | MPrieto *Inf* 13.6.74, 16: Hasta el 4 de enero pasado, Información todavía acostumbra[b]a a ahorrar a los periodistas .. la siempre incómoda comparecencia ante tribunales especiales. Ahora resulta que la permisividad administrativa les remite directa y premiosamente al T.O.P.

permisivismo *m* Permisividad. | *Ya* 16.7.83, 30: Permisivismo desintegrador .. Liberar, total o parcialmente, al aborto de la calificación jurídica de delito o, lo que es igual, abrirle el portillo de la permisión legal, no es tema puramente político o jurídico.

permisivo -va *adj* Que consiente o tolera. | Pinillos *Mente* 124: Un medio familiar ordenado y vigilante, pero a la vez permisivo, facilita que el niño se "atreva" y se acostumbre a discurrir por sí mismo. P. Berbén *Tri* 8.8.70, 17: Las actuales sociedades que se consideran como permisivas o tolerantes .. se dirigen .. al fomento de este juego exhibicionismo-mironismo.

permiso I *m* **1** Efecto de permitir moralmente. *Frec con un compl* PARA *o* DE. | Medio *Bibiana* 59: –Qué, ¿vamos a bailar a "Las Palmeras"? –Yo, no. No me dan permiso. *Inf* 2.2.76, 32: Don Santiago Álvarez (secretario del P.C.G.) solicita permiso para regresar a España.
2 Autorización, esp. extraordinaria, para faltar al trabajo u obligación durante un tiempo determinado. | *BOE* 13.8.57, 742: Corresponderá al Director: .. Conceder permisos al personal del Instituto hasta un total de quince días durante cada curso, con derecho al sueldo y remuneraciones personales. J. M. Moreiro *SAbc* 13.4.69, 29: En el servicio [militar] lo trataron bastante bien. Como levantaba piedras, pues se las llevó y se ganó la gracia de todos. Y sus buenos permisos.
II *fórm o* **3 con** ~. Fórmula de cortesía con que uno se excusa ante los presentes por algo que va a hacer, por ej, abrir una carta, coger el teléfono, retirarse, o pasar por en medio. En este último caso, *tb simplemente* ~. | Gironella

Millón 62: Con permiso, me voy. * Permiso, por favor, que mancho.
4 ¿da (usted) su ~? *Fórmula de respeto con que se pide autorización para entrar*. | GPavón *Reinado* 143: –¿Da usted su permiso? –¿Qué hay, Manuel? –¿Me llamaba?

permitir *tr* ➤ *a normal* **1** Dar posibilidad física o moral [de que se produzca un hecho o una circunstancia (*cd*)]. | Medio *Bibiana* 14: Marcelo dobla la almohada hacia adelante, de modo que le permita sostener la cabeza en alto. ANavarro *Inf* 28.1.76, 3: Caminamos hacia una alternativa democrática con serena decisión, y no permitiremos que la impaciencia de unos o el recelo de otros precipiten o retarden .. su lógico curso. MMolina *Jinete* 329: Era tan incapaz de tratar espontáneamente a un inferior como de permitirle confianzas a un criado.
➤ **b** *pr* **2** Concederse o arrogarse el privilegio [de algo (*cd*)]. | Mihura *Maribel* 12: Yo les pago cincuenta pesetas para que vengan de visita dos veces por semana .. Estos vienen, se quedan callados, y durante media hora puedes contarles todos tus problemas, sin que ellos se permitan contarte los suyos, que no te importan un pimiento. Medina *Ya* 2.3.75, 7: Este es un deporte muy caro, que solo lo pueden practicar las personas pudientes que se permiten el lujo de pagar fuertes sumas por darse la satisfacción de apuntar y matar. **b)** Tener el atrevimiento [de hacer algo (*cd*)]. *Normalmente en 1ª pers, como fórmula de cortesía*. | Cela *Cam* 9.2.76, 27: A estos efectos, me permito copiar, para el mejor uso de quien leyere, las sabias y no poco amargas palabras de Gide.

permitividad *f* (*Electr*) Grado con que una sustancia aislante transmite la inducción. | *Unidades* 15: Permitividad: faradio por metro.

permuta *f* Acción de permutar. *Frec en derecho y administración*. | FQuintana-Velarde *Política* 178: Sin dinero, el intercambio tendría que efectuarse por trueque o permuta, cambiándose cada artículo directamente por otros. CRojas *Abc* 22.12.70, 15: Los jurisperitos de Roma, .. después de bautizar con nombres propios los contratos más usuales entre los hombres: venta, permuta, etcétera, establecieron cuatro grupos.

permutabilidad *f* Cualidad de permutable. | Valcarce *Moral* 150: Lo esencial de la justicia conmutativa es la permutabilidad entre lo que se da y lo que se recibe.

permutable *adj* Que se puede permutar. | Valcarce *Moral* 160: Solo en la alteridad de la justicia conmutativa se violan derechos individuales permutables.

permutación *f* Acción de permutar. *Frec fuera del derecho y la administración*. | Gironza *Matemáticas* 98: Mediante permutación simultánea de medios y extremos se obtiene una cuarta proporción. APaz *Circulación* 179: Permutación de neumáticos en vehículos de doble eje trasero.

permutador -ra *adj* Que permuta. *Tb n m, referido a aparato*. | GTelefónica *N.* 26: Coquisa. Tratamiento de aguas "Satab" .. Estabilización aguas corrosivas, etc. Permutadores: automáticos. Semiautomáticos. Manuales.

permutante *adj* Que permuta. *Tb n, referido a pers*. | E. Moreno *Hoy* 18.9.74, 14: En la permuta, los bienes que recibe cada parte proceden precisamente de otro permutante.

permutar A *tr* **1** Cambiar [dos cosas entre sí, o una cosa por otra (*compl* POR *o* CON)]. | Gambra *Filosofía* 44: Convertir una proposición consiste en permutar el sujeto y el predicado de forma tal que se mantenga su verdad. Delibes *Señora* 11: Adquirió un prado grande, suficiente para apacentar dos docenas de vacas, y lo permutó por la casa.
B *intr pr* **2** (*raro*) Cambiarse o transformarse [una cosa en otra]. | Marcos-Martínez *Física* 229: Al pasar por ella, las sales de calcio se permutan en sales de sodio.

permutita *f* (*Quím*) Silicato artificial de aluminio y sodio, que en contacto con el agua se apodera del calcio y del magnesio y libera el sodio. | Marcos-Martínez *Física* 229: Las aguas duras pueden hacerse blandas, descalcificándolas mediante filtros especiales cuyo tabique poroso se ha hecho a base de una substancia llamada permutita.

pernada. de ~. *loc adj* (*hist*) [Derecho] de un señor feudal a entrar en el lecho de una desposada antes que su marido. *Hoy frec fig*. | Cela *SCamilo* 304: Cada país usa vestidos y costumbres diferentes .., el derecho de pernada, la letra de cambio, los buñuelos de viento.

pernal *m* (*reg*) Pedernal (piedra). | Delibes *Siestas* 30: Sobre el pilar del puente, un cartelón de brea decía: "Se venden pernales para trillos".

pernala *f* (*reg*) Pedernal (piedra). | Delibes *Historias* 67: El nublado sorprendió a Padre de regreso de Pozal de la Culebra, donde había ido, en la mula ciega, por pernalas para el trillo.

pernear *intr* Mover las piernas. | Ferres-LSalinas *Hurdes* 16: En las escalinatas de la cruz, mozos y mozas sentados matan el tiempo esperando a que comience la música. Otras gentes se convidan con turruletes y vino de la tierra. Hablan, gritan y pernean.

pernera *f En un pantalón o prenda semejante:* Parte que cubre la pierna. | Laiglesia *Tachado* 32: Y Sergio Forlé .. empezó a enfundar sus flacas piernas en las perneras del pantalón azul. SSolís *Juegos* 73: –¿Dónde vas con estos calzoncillos de abuelo?– Tenía en la mano unos calzoncillos míos de pernera, como los he usado siempre, porque me resultan más cómodos.

perneta. en ~(s). *loc adv* (*col*) Con las piernas desnudas. | Cossío *Confesiones* 216: –Si no fuese por esos hábitos, ahora mismo lo abofeteaba a usted. –Por estos hábitos no lo deje ..; siempre que ha sido necesario para que mi ministerio no sufra detrimento, me los he quitado –y rápidamente se despojó de su sotana, quedándose en pernetas y en mangas de camisa. **b)** En cueros. *Tb fig*. | A. Barra *Abc* 9.3.74, 35: Un grupo de estudiantes propone una ofensiva "streak" [desnudismo en movimiento] contra las costas comunitarias. La idea es ir en "ferry" a Dieppe para pasear en perneta por las calles comerciales. L. Calvo *Abc* 11.6.67, 52: Los egipcios quedaron el día primero de la guerra completamente desguarnecidos y en pernetas.

perniciosamente *adv* De manera perniciosa. | *Ya* 19.3.75, 36: La automedicación puede decirse que es uno de los grandes males que afligen angustiosamente nuestra época .. Perniciosamente funesta.

pernicioso -sa *adj* Altamente perjudicial o dañino. | MCachero *AGBlanco* 133: Resultaría pernicioso y hasta necio buscar desatinadamente la originalidad argumental. J. L. MAbril *Abc* 3.12.70, 7: Lo que ocurrió esa noche en la ciudad de los humos perniciosos creo que es algo que nos pertenece a todos. **b)** (*Med*) [Anemia] grave caracterizada por la disminución progresiva de glóbulos rojos. | A. ÁVillar *SHie* 19.9.70, 9: Gracias a las vitaminas han desaparecido enfermedades tales como el escorbuto, el beriberi, la pelagra, el raquitismo, la anemia perniciosa.

pernil *m* **1** Anca y muslo [de un animal, esp. del cerdo]. | Hoyo *ROc* 8/9.76, 92: ¿Qué sería mejor, un brazado de sartas de chorizo o un pernil?
2 (*reg*) Pernera. | Grosso *Capirote* 62: Hizo un gesto preguntando si podía lavarse también los pies en la pileta. –Bueno, anda. Date prisa.– Sobre el arabesco de los baldosines fue cayendo el agua turbia .. Salió de la pileta con el reborde de los perniles remangados chorreantes [sic], y los exprimía ahora de nuevo en mitad del patio. Delibes *Cartas* 19: Lo cual no quiere decir .. que yo gaste esos calzoncillos esqueumáticos, como braguitas, que ahora se llevan, sino calzoncillos de perniles, blancos, holgados, a medio muslo.

pernio *m* Gozne. | Carandell *Inf* 16.11.74, 12: El motivo de su caída fue que se rompió uno de los pernios que movían las alas [del avión].

perniosis *f* (*Med*) Afección de la piel debida al frío. | J. Ibáñez *Ya* 17.1.85, 4: El frío .. en sí mismo puede considerarse causa de algunas patologías, como la hipotermia (pérdida del calor corporal) y el síndrome de congelación, la urticaria inducida por el frío o la perniosis (más conocida como "sabañones").

perniquebrar (*conjug* **6**) *tr* Romper [a alguien (*cd*)] una pierna o pata. | *Ade* 27.10.70, 3: Interviene Lucas Verdú y graciosamente interpreta el gesto de una estatua yacente, perniquebrada, de alguien que nos pareció infante. **b)** *pr* Romperse [alguien] una pierna o pata. | Escobar *Itinerarios* 226: Algunos concejales comenzaron a descolgar-

perno – perorar

se por la barandilla, sin reparar siquiera que podrían perniquebrarse o sufrir alguna descalabradura. SFerlosio *Jarama* 46: Anoche se lo dejó al animalito atado en el corral y se conoce que se enredaría y se perniquebró.

perno *m* Pieza metálica larga con cabeza en un extremo y que se asegura por el otro con una tuerca, una chaveta o un remache. | Zunzunegui *Hijo* 16: Todo lo que creía útil lo recogía y lo guardaba. Lo mismo un perno roto, un recorte de chatarra o un trozo de cobre.

pernocta A *f* **1** Pernoctación. | *Nue* 23.10.75, 1: Cuentan del pasmo de un turista andaluz que recorría los Estados Unidos .. Con frecuencia encontraba un rancho, un pequeño caserío .. en el que una placa .. decía: "Aquí durmió George Washington el día tantos de tantos .." Dos siglos después .. los Estados Unidos son la nación más poderosa de la tierra. Su potencia es directamente proporcional no ya al número de pernoctas, sino a la magnitud de sus traiciones. **b)** *(Mil)* Pernoctación en el propio domicilio. *Normalmente en las constrs* PASE DE ~ *o* PERMISO DE ~. | *Cam* 24.2.75, 11: Madre de dos hijos: una hembra, casada, que pronto convertirá a sus padres en abuelos; un varón, que cumple el servicio militar en Aranjuez sin ningún pase de pernocta.
B *m* **2** *(Mil)* Soldado que tiene permiso de pernocta [1b]. | *País* 10.8.76, 11: El presunto autor de la supuesta sustracción de armamento disponía de una copia de la llave del almacén. El furriel, primo suyo, era pernocta y solía dejarle estas llaves durante la noche.

pernoctación *f* Acción de pernoctar. | LFernández *SVozC* 25.7.70, 4: En las provincias limítrofes la media de pernoctación por turista es muy superior.

pernoctar *intr* Pasar la noche [en un lugar, esp. fuera del domicilio habitual]. | J. M. ÁRomero *MHi* 11.63, 73: El virrey Toledo recorrió sin descanso las quebradas veredas andinas y pernoctó en los ranchos indígenas.

pernod *(n comercial registrado) m* Aperitivo anisado francés. | Cela *SCamilo* 97: Bella Turquesa se alimenta de pernod y de neosalvarsán.

pero[1] *(con pronunc átona, excepto en aceps 5 y 6)* **I** *conj* **1** *Une dos elementos (ors, palabras o sintagmas) denotando que la noción expresada por el segundo se opone a la expresada por el primero, sin ser incompatible con ella*. | Medio *Bibiana* 12: La cabeza de Marcelo .. despierta en Bibiana .. un deseo de acariciarla, de besarla..., pero no lo hace. Pinilla *Hormigas* 47: Le había desinfectado con alcohol sus dedos machacados y después se los envolvió .. con una tira de sábana vieja pero limpia.
2 *En comienzo de frase, tiene valor expletivo, con un matiz de protesta o disconformidad*. | Urbina *Carromato* 115: –Yo no quiero. –Sí quiere, lo que pasa es que está "picao". –No estoy picado. –Pero esto ¿qué es? Con tarta y sin tarta, seguís riñendo.
3 *(lit)* Sino. *En la constr* NO SOLO... ~ (TAMBIÉN)... | Tejedor *Arte* 131: El florecimiento de las ciudades italianas no fue solo económico, pero también literario y artístico.
II *adv* **4** *(col) Refuerza enfáticamente una expresión. Tb* ~ QUE. *Gralm precede a* MUY *o* MUCHO. | Delibes *Cazador* 85: Todo eso de las barreras, de las comidas y de los seguros está pero que muy bien traído. SFerlosio *Jarama* 84: Pues, lo primero... Me iba a un sastre. A que me hiciese un traje pero bien. Por todo lo alto.
III *m* **5** Defecto o inconveniente. | Cianófilo *Des* 12.9.70, 41: Si algún pero le encuentro a este .. libro .. es el uso de nuestra terminología médica.
6 Objeción. *Frec con el v* PONER. | Paso *Pobrecitos* 237: A lo único que le puso peros fue al tipo del característico.

pero[2] *m* **1** Variedad de manzana más larga que gruesa. *Tb el árbol que la produce*. | JGregorio *Jara* 51: Abundan los huertos .. con abundantes frutos: albaricoque, melocotón, .. pero, guinda.
2 *(reg)* Peral. | Hoyo *Caza* 44: Nogales, peros, manzanos, guindos, ciruelos volcaban sus ramas fuera de la tapia.

perogrullada *f (col)* Verdad de Pero Grullo (→ VERDAD). | FCid *MHi* 7.68, 40: No; que nadie piense en perogrulladas: un director, una orquesta son necesarios para cualquier concierto sinfónico.

perogrullesco -ca *adj (col)* De Pero Grullo. | Aguilar *Experiencia* 717: La arquitectura editorial .. contri-

buye poderosamente a la difusión de los libros. No incido al decirlo en una afirmación perogrullesca.

Pero Grullo *(tb con la grafía* **Perogrullo***)* **I** *m* **1** Personaje imaginario a quien se atribuyen afirmaciones tan obvias que parece una tontería decirlas. | Alfonso *España* 166: Entonces, hay una lógica aplastante y de Pero Grullo.
II *loc adj* **2** [Verdad] **de** ~ → VERDAD.

perojo *m (reg)* Pera pequeña y redonda que madura temprano. | FVidal *Duero* 191: Si una mujer perdió a la Humanidad por catar una manzana, la Señora María se dignó rescatarla, ofreciendo un perojo intocable, amoroso y dulce al peregrino. Mann *DMo* 24.8.92, 7: Los perojos se malograron con el mal tiempo.

perol *m* **1** Vasija metálica de cocina, de forma cilíndrica, que se usa para cocer. | Nebot *Golosinas* 10: Échense [las batatas] en un perol que contenga jarabe caliente.
2 *(reg)* Comida en el campo. | A. Varo *Cór* 10.10.89, 11: Si seguimos esa carretera un poco más adentro llegaremos a la Estacá, una zona boscosa y fresca, utilizada por los vecinos para peroles festivos.

perola *f* Perol, esp. grande. | CPuche *Paralelo* 297: Sacando un tonillo de piel como de cangrejo recién salido de la perola. FReguera-March *Cuba* 216: Dos rancheros traían un saco de café. Lo zambulleron en la perola.

perolada *f (reg)* Guiso en gran cantidad. *Tb la comida correspondiente*. | *Cór* 23.8.90, 38: Dicha "perolada" tendrá lugar a partir de las 9 de la noche en la Caseta Municipal, estando invitada a la misma todo el pueblo.

perolo *m* Perol grande. | I. RQuintano *D16* 6.8.89, 60: Cuando llega el domingo .., echan los restos [de roast-beef] en un perolo que alimenta a toda Inglaterra.

peroné *m (Anat)* Hueso largo y delgado de la pierna, situado detrás de la tibia. | Alvarado *Anatomía* 49: El peroné .. es largo y estrecho y está situado en la parte externa, articulándose por arriba con la tibia, pero no con el fémur.

peroneo -a *(tb, raro,* **peróneo***) adj (Anat)* De(l) peroné. *Tb n: m, referido a músculo; f, referido a arteria*. | Alvarado *Anatomía* 61: Otra porción de músculos, como los tibiales, peroneos, flexores y extensores de los dedos, etc. *Pue* 25.3.65, 17: Amancio sufre una luxación de peroneos. Navarro *Biología* 166: Se bifurca [la femoral] en la pantorrilla para originar la tibial y la peronea.

peronismo *m* Régimen dictatorial de carácter obrerista implantado en Argentina por Juan Domingo Perón (1895-1974). *Tb su tendencia o doctrina*. | Delibes *Mundos* 31: El peronismo, como todos los sistemas políticos de nuevo cuño, inició la marcha prometiéndoselas muy felices. GSalomé *Ya* 8.5.74, 10: Las organizaciones de extrema izquierda se tintaron entonces de peronismo.

peronista *adj* De(l) peronismo. | *Abc* 3.6.70, 23: Inquietante confusión sobre la suerte del ex Presidente argentino .. Un comunicado oficial desmiente que haya responsabilidades peronistas. **b)** Adepto al peronismo. *Tb n*. | GSalomé *Ya* 8.5.74, 10: Las organizaciones de extrema izquierda se tintaron entonces de peronismo, hasta el extremo de que llegó a creerse que era posible un compromiso entre ambos. Una esperanza compartida por algunos peronistas, como Héctor Cámpora.

peronospora *m Se da este n a varios hongos parásitos de plantas (géns Peronospora, Plasmopara y Phytophthora)*. | *Abc* 20.11.64, 42: El moho azul del tabaco. Todo parece indicar que se han cumplido las previsiones para resolver el problema que, con vistas a la campaña 1965-66, tienen planteado los cultivadores en lo que se refiere a los daños del "Peronospora".

peroración *f* Acción de perorar. *Tb su efecto*. | Laiglesia *Ombligos* 74: Para corresponder a su peroración, le obsequió con una conferencia sobre la cría de la araña de seda.

perorante *adj* Que perora. *Tb n*. | Torrente *Fragmentos* 92: Palabras estas pronunciadas con energía desafiante, como de quien habla cargado de razón; tras las cuales el perorante abandonará la sala capitular.

perorar *intr* Pronunciar un discurso. *Frec fig, con intención humoríst*. | ILaguna *Ateneo* 44: Se gesticula, perora y patalea en los pasillos. MGaite *Nubosidad* 135: Peroré sin mucho ahínco acerca de aquello.

perorata *f* Discurso o exposición oral. *Frec con intención desp, denotando pesadez o duración excesiva.* | Torrente *Off-side* 54: –Pero ¿empieza el discurso? Tengo ganas de oírte, Landrove .. –Ricardo, si ese radicalsocialista vuelve a interrumpir la perorata, lo coges por los fondillos y lo pones en la acera. *Not* 4.5.70, 13: Los fieles aguantaban la perorata ajena al santo sacrificio.

perote *m* (*reg*) Variedad de pera pequeña. | Berlanga *Gaznápira* 114: Pruebe estos perotes de san Juan.

peróxido *m* (*Quím*) Óxido que contiene la mayor cantidad posible de oxígeno. | Ybarra-Cabetas *Ciencias* 101: Los grandes fondos .. están constituidos por una arcilla de origen mineral teñida de rojo por el peróxido de hierro.

perpendicular *adj* [Línea o plano] que forma ángulo recto [con otra línea u otro plano (*compl* A)]. *Tb sin compl, en pl. Frec n f, referido a línea.* | Gironza *Matemáticas* 13: La unidad principal de ángulos es el ángulo recto, o ángulo cuyos lados son perpendiculares. Marcos-Martínez *Aritmética* 187: Altura de un triángulo es la perpendicular trazada desde uno de los vértices al lado opuesto.

perpendicularidad *f* Cualidad de perpendicular. | Marcos-Martínez *Matemáticas* 106: Condición general de perpendicularidad de recta y plano.

perpendicularmente *adv* De manera perpendicular. | Ortega-Roig *País* 14: Los rayos del Sol calientan más allí donde caen perpendicularmente que donde lo hacen de un modo inclinado.

perpetración *f* Acción de perpetrar. | Ramírez *Derecho* 178: Se consideró un éxito conseguir que no se castigara ninguna acción u omisión humana con pena que no se hallare establecida en ley anterior a su perpetración.

perpetrador -ra *adj* Que perpetra. *Tb n, referido a pers.* | P. HSanz *ASeg* 1.4.78, 2: Además de ser uno de los atentados más graves, es también de los más absurdos. Es como si sus perpetradores buscasen que el Gobierno perdiera los nervios.

perpetrante *adj* Que perpetra. *Tb n, referido a pers.* | E. Chamorro *Tri* 26.8.72, 36: La consumación del delito y el castigo del perpetrante se dieron de una manera prácticamente simultánea en el conocimiento de Aquel que inspiraba al escritor.

perpetrar *tr* Cometer o realizar [un delito]. | Alfonso *España* 125: Lo que se busca es adelantarse al delito y conseguir que no se perpetre. | **b)** (*humoríst*) Realizar [una obra]. | Torrente *Isla* 10: Acabarían mis lectores por exigirme la edición de ese libro de versos amorosos que todo el mundo, o casi, perpetra a los veinte años.

perpetuación *f* Acción de perpetuar(se). | *Inf* 18.2.76, 5: Favorecen [las oposiciones] el adocenamiento intelectual y la perpetuación de las deficiencias e inadecuaciones de la enseñanza y la investigación respecto a las necesidades sociales y culturales. Campmany *Abc* 14.12.93, 23: Bono se ha atrevido con todo eso del personalismo en la política y de la perpetuación en los cargos.

perpetuador -ra *adj* Que perpetúa. | J. Amo *SYa* 27.10.74, 53: Echevarría fue, por encima de todo, pintor; es decir, inmovilizador de formas, perpetuador de presentes.

perpetuamente *adv* De manera perpetua. | Valcarce *Moral* 166: Por parte del acreedor, cesa definitiva y perpetuamente el deber de reparación por la condonación ciertamente otorgada.

perpetuar (*conjug* **1d**) *tr* Hacer perpetuo [algo o a alguien]. *Frec con intención ponderativa.* | Villapún *Iglesia* 4: Realizó desde el principio una saludable misión y la perpetúa en todos los tiempos. CBaroja *Inquisidor* 28: Su afición mayor fue, sin duda, la lectura, cuando quiso que el escultor renacentista perpetuara su imagen leyendo. **b)** *pr* Hacerse perpetuo [alguien o algo]. *Frec con intención ponderativa.* | M. Molinos *Sur* 19.8.88, 16: El referéndum que convocó en 1984 para acelerar el proceso de islamización y las elecciones de 1985 fueron los dos elementos en los que Zia se apoyaba para perpetuarse en el poder hasta 1990.

perpetuidad **I** *f* **1** Cualidad de perpetuo. | Valcarce *Moral* 63: Coinciden los dos en obligar siempre, por la propiedad de la ley que se llama "estabilidad", que en los preceptos de la Ley Natural, cuales son todos estos, llega a la "perpetuidad", ya que expresan tendencias de la naturaleza, que es inmutable.
II *loc adv* **2 a ~**. Para siempre. | J. FCastaño *Sáb* 11.9.76, 29: Hoy, el que lo desea y el que tiene dinero puede ser enterrado en uno de los cementerios sacramentales de Madrid .. Para esto hace falta hacerse mayordomo, pagando 2.500 pesetas, y comprar el espacio a perpetuidad.

perpetuo -tua **I** *adj* **1** Que dura para siempre. *Frec con intención ponderativa.* | Arce *Precio* 23: Jugaban a perseguirse. La prisión era aquel banco donde nosotros permanecíamos, sumisamente, en sentada perpetua. Laforet *Mujer* 61: La madre de Paulina: una mujer flaca, tosedora .., y unos celos perpetuos consumiéndola. **b)** [Cargo] que puede ser desempeñado ininterrumpidamente por su titular hasta su jubilación. *Tb referido a la pers que lo desempeña.* | Academia *Anuario 1992* 62: Secretario perpetuo. Excmo. Sr. D. José García Nieto. **c)** [Cadena] **perpetua** → CADENA.
II *f* **2** Cadena perpetua. | Cunqueiro *Un hombre* 23: Hubo otro, vendedor de alfombras, que quedó por loco en perpetua con grillos.
3 Se da este n a varias plantas herbáceas cuyas flores mantienen durante mucho tiempo su aspecto lozano, esp a la *Helichrysum stoechas* (~ AMARILLA) y a la *Gomphrena globosa* (~ ENCARNADA o BLANCA). | * Ha sembrado en el jardín perpetuas amarillas.

perpiaño (*Arquit*) **I** *adj* **1** [Arco] transversal al eje de la nave, que ciñe la bóveda. *Tb n m.* | Angulo *Arte* 1, 10: Es arco formero el paralelo al eje de la nave, y perpiaño o toral, el que la atraviesa. VParga *Santiago* 21: A las que caracteriza el amplio desarrollo de su planta, con una gran nave abovedada con cañón, reforzado con perpiaños, y flanqueada por naves laterales cubiertas con bóvedas de aristas.
II *m* **2** Piedra que atraviesa toda la pared. | Torrente *Saga* 262: Las piedras no hicieron nada que no hubieran hecho hasta entonces: los perpiaños, aguantar la fábrica; las columnas, sostener los arcos y las bóvedas; los santos labrados en las arquerías, decorar.
III *loc adv* **3 a ~**. De manera que atraviesa toda la pared. | Angulo *Arte* 1, 7: Para trabar mejor el aparejo del muro, suelen disponerse, alternando con los sillares dispuestos a soga, es decir, en la forma corriente, otros a tizón que atraviesan el muro y que sólo muestran al exterior, en los paramentos, sus cabezas .. Dícese también de estos sillares atravesados que están dispuestos a perpiaño.

perpiñanés -sa *adj* De Perpiñán (Francia). *Tb n, referido a pers.* | M. A. Oliver *CCa* 3.1.74, 12: Gaston Vuillier era un dibujante perpiñanés.

perplejamente *adv* De manera perpleja. | Portal *Abc* 12.3.75, 19: Los síntomas se extraen de todas las capas sociales .. Son indicio de algo que los mayores buscamos perplejamente.

perplejidad *f* **1** Cualidad de perplejo. | Laforet *Mujer* 316: El sacerdote quería pescar alguna idea .. Su expresión estaba llena de perplejidad.
2 Actitud perpleja. | MGaite *Cuarto* 104: Todo parte de mis primeras perplejidades frente al concepto de historia.

perplejo -ja *adj* Confuso o desconcertado. | Benet *Nunca* 19: Meses después, viéndole caminar de noche, desmemoriado y perplejo .., llegué al convencimiento de que entonces, como siempre, habíamos sido empujados por una necesidad acuciante de pasión.

perquirir (*conjug* **38**) *tr* (*raro*) Investigar, o buscar [algo] con cuidado y diligencia. | F. Fuentes *VozAl* 19.11.75, 3: Con solo poner los pies en la calle, curiosear por las esquinas, oír la radio, contemplar la televisión, perquirir u ojear cualquier periódico, cualquier revista.

perra → PERRO.

perramente *adv* (*col*) Muy mal. | *Van* 9.10.75, 51: Él mismo confesaba saber perfectamente el piamontés, bastante bien el francés y perramente el italiano.

perrechico *m* (*reg*) Cierta seta comestible (*Lyophyllum georgii*). | *CoE* 28.8.75, 7: –Y con estas lluvias y el sol

perrera – perro

saldrán buenas setas... –Sí, habrá perrechicos. Poco ha llovido todavía; cuando llueva más, sí habrá.

perrera → PERRERO.

perrería *f* (*col*) **1** Acción malvada. | Olmo *Golfos* 22: Su hijo y los otros le han hecho perrerías a Luisito, lo insultaron y después lo desnudaron.
2 Insulto u otro dicho ofensivo. | PAyala *Abc* 29.6.58, 3: Nietzsche se pasó la vida escribiendo pestes y perrerías acerca de los alemanes. Delibes *Guerras* 85: A mi tío, allá en el pueblo, le respetaban, oiga, aunque luego anduvieran por detrás diciendo perrerías.

perrero -ra I *adj* **1** [Pers.] aficionada a los perros. *Tb n.* | *Luc* 26.8.64, 1: Bernard Cuff es este señor cuya filantropía se dirige al amigo perro. Es un perrero benefactor de la raza canina. Cuando ve un perro en peligro o abandonado, lo recoge.
II *n* **A** *m* **2** Hombre que tiene a su cargo perros de caza. | *Inf* 12.12.73, 32: Antonio Gracia .. participaba como perrero en una montería.
3 Empleado municipal encargado de recoger perros abandonados. | Umbral *Memorias* 93: Corrían por las calles cazando a la gente casi a lazo, como los perreros cazan a los perros.
4 *En una iglesia, esp catedral:* Subalterno con funciones de vigilancia. | CPuche *Conocerás* 86: Entramos en el interior fresco [de la catedral] .., y nos sentamos frente a las rejas del altar mayor y allí casi nos quedamos dormidos, mientras el perrero iba con las llaves de un lado para otro.
B *f* **5** Sitio en que se encierran perros [1]. | MSantos *Tiempo* 33: Ir a la perrera y comprar perros no reclamaos.
6 (*col*) Calabozo. | MMolina *Jinete* 251: Si faltaba varios días seguidos era que lo habían llevado preso a la perrera.
7 (*reg*) Flequillo. | Cunqueiro *Fantini* 68: Fanto adormilaba como drogado, sin pulso, casi sin fuerzas para cerrar los ojos, y de la caja salía una larga mano que le acariciaba la frente, le peinaba la perrera dorada.

perrillo -lla A *m y f* **1** *dim* → PERRO.
B *m* **2** *En un arma de fuego:* Gatillo. | MFVelasco *Peña* 136: Reculé unos pasos, y él [el oso] los ganó. La cosa se ponía tan requetefea que descolgué la escopeta y amartillé los perrillos.
C *f* **3** (*hoy raro*) Perra chica (moneda de cinco céntimos). | Cuevas *Finca* 54: Un día que no había "liaíllo" en el estanco –un paquete de una perrilla–, Antonio José se permitió ordenar a la chiquilla comprase de otra clase superior: de una perrilla más.

perritoro *m* (*Taur*) Toro sumamente suave y noble. | *SInf* 20.5.70, 1: El perritoro, al sentirse tan chico, tan solo y tan manso en una plaza tan grande, se puso a berrear.

perro -rra (*a veces en aceps 15 y 16 se usa la forma m con art f*) **I** *n* **A** *m* **1** Mamífero carnicero doméstico, del que existen numerosas razas que cumplen distintas funciones para el hombre (*Canis familiaris*). *Las diversas razas se distinguen por medio de compls o adjs:* DE CAZA, PASTOR, DE COMPAÑÍA, DE AGUAS, PERDIGUERO, DOGO, *etc* (→ CAZA, PASTOR, COMPAÑÍA, *etc*). *Frec designa solo al macho de esta especie.* | GPavón *Hermanas* 14: Los perros .. carecen de razón para darse cuenta de la trampa. ZVicente *Traque* 150: No era más que un mordisco de perro salchicha. DPlaja *Sociedad* 42: Complemento del atavío de una dama en su estrado, esperando la visita, es un perrillo faldero. A. Semprún *Abc* 6.12.70, 19: Incluimos los preciosos ejemplares de perro pastor venidos urgentemente de Madrid. **b)** *Frec se usa en frases de sent comparativo para ponderar la fidelidad.* | * Ella le seguía a todas partes como un perro.
2 Pez marino comestible, semejante al lenguado (*Psetodes erumei belcheri*). | *Ya* 17.11.63, 28: Precios en los mercados centrales .. Pescados .. Nécoras, 40 y 110; perros, 10 y 15.
3 ~ (*o perrillo*) **de las praderas.** Roedor semejante a la marmota, propio de las grandes praderas de América del Norte (*Cynomis ludovicianus y C. gunnisoni*). | Navarro *Biología* 307: Se diferencia esta Región de la Paleártica .. por tener toro almizclero .. y el perrillo de las praderas.
4 (*hoy raro*) Perra [12 y 13]. | DCañabate *Paseíllo* 51: ¡Seis mil leandras en una tarde! ¿Cuántos perros chicos hacen seis mil pesetas?
5 ~ (*o frec* **perrito**) **caliente.** Salchicha en un pan especial alargado, con tomate o mostaza. | Torrente *Off-side* 378: El cafetín .. tiene ya luces de neón, batidora eléctrica y plancha para los perros calientes. CPuche *Paralelo* 51: Estos, si pudieran, algún día nos comían a todos como perritos calientes.
6 ~ **faldero.** (*col*) Pers. que acompaña continuamente a otra de manera servil. | Payno *Curso* 201: Se examinaba en un aula larga .. Al fondo, los profesionales de la copia. En los primeros bancos, los aduladores y demás perrillos falderos de catedráticos.
7 el ~ del hortelano. (*col*) Pers. que no aprovecha algo ni permite a otros que lo hagan. | * Este es el perro del hortelano, ni hace ni deja.
8 ~ **viejo.** (*col*) Pers. experimentada. | DCañabate *Paseíllo* 79: El perro viejo que era Merluzo notó en Marquitos la insinceridad de sus palabras.
B *f* **9** Hembra del perro [1]. | Olmo *Golfos* 43: Si usted hubiese conocido a la perra de Teodorín, sabría lo que quiero decir.
10 (*col*) Rabieta o llantina. *Frec con el v* COGER. | ZVicente *Traque* 88: Gachó, qué perra .. Nada, que no se calla. Me estoy consumiendo, todo el cine pendiente de nosotros. GPavón *Reinado* 54: El mozo .. lloraba con ambos puños en los ojos .. –No le paice a usted la perra que ha cogío el sinaco.
11 (*col*) Manía u obstinación. *Frec con el v* COGER. | Delibes *Emigrante* 61: Luego la Anita cogió la perra con que dónde andaba el Ecuador, porque ella no le había visto vivo ni muerto, y me dio el día. CPuche *Paralelo* 376: –Luego me darás eso. –¡Qué perra has cogido...!
12 perra gorda. (*col, hoy raro*) Moneda de diez céntimos. *Tb simplemente* PERRA. *Frec en constrs de intención ponderativa como* ESTAR SIN UNA PERRA, NO TENER NI UNA PERRA. | Anson *SAbc* 18.5.69, 7: Aun volviendo el forro de los bolsillos a los países negros, no caería una perra gorda. Torrente *Vuelta* 378: Compró una perra de castañas y las fue comiendo hasta llegar a la casa de doña Mariana. **b) cuatro perras (gordas).** (*col*) Pequeña cantidad de dinero. | ZVicente *Balcón* 24: Que no se traigan los parientes las cuatro perras que he reunido. Sastre *Muerte* 112: –¡Vaya mechero! –Es bueno. El último modelo. Me lo trajeron barato. –¿Muy barato? –Por cuatro perras gordas.
13 perra chica. (*col, hoy raro*) Moneda de cinco céntimos. | PFerrero *SAbc* 15.5.58, 65: En este cinematógrafo se daban las sesiones, "que hicieron época", a perra chica, con un programa doble.
14 (*col*) *En pl:* Dinero. | GPavón *Rapto* 194: Antoñito Bolado .. estaba muy bien visto entre las mozas de medio pelo socioeconómico, porque sus padres tenían muchas perras. Aldecoa *Gran Sol* 51: Casarse en América con una rubia de perras, fea y sin tetas, pero de perras.
C *m y f* (*col*) **15** Pers. despreciable. *Tb adj.* | Espinosa *Escuela* 159: El propio Filostro ignora sus ganancias .. –¡Maldito perro! –exclamó Abellano. Delibes *Hoja* 37: Sabe Dios lo que el Galo vería en la perro de mi hermana. Sastre *Taberna* 99: ¡Maldita sea la hora en que la perra de vuestra madre se ajuntó con el venado de vuestro padre, hijos de la grandísima!
16 Pers. vaga u holgazana. *Tb adj.* | * ¡Qué perro eres! ¡No das golpe! * No he visto a nadie tan perro como tú.
II *adj* **17** (*col*) [Cosa] muy mala o desagradable. | Torrente *DJuan* 159: –Vengo porque es mi modo de ganar la vida. –Un modo perro. P. Corbalán *SInf* 4.3.71, 3: Eugenio Noel fue un minero de la vida española, un peón de brega de la perra vida (española o no).
18 de ~. (*col*) [Cara] de hostilidad o de reprobación. | * Hoy tiene cara de perro.
19 [Apio] **de ~,** [hijo] **de perra,** [lengua] **de ~,** [perejil] **de ~,** [uva] **de ~** → APIO, HIJO, LENGUA, PEREJIL, UVA.
20 de ~s. (*col*) Muy malo o desagradable. *Normalmente referido al tiempo, la vida o el humor.* | Benet *Nunca* 61: Fue al principio un viaje mustio, con un tiempo de perros.
III *loc v y fórm* o **21 a otro ~ con ese hueso.** (*col*) *Fórmula con que se rechaza algo por increíble.* | Zunzunegui *Hijo* 56: –Me importa muy poco me creas o no, pero los cuartos para esa compra los he sacado de un premio de la lotería .. –A otro perro con ese hueso.
22 atar los ~s con longaniza(s) [en un lugar]. (*col*) Nadar en la abundancia. | Delibes *Emigrante* 94: Le pregunté si cinco años sin salir de carrero, y él que y gracias, que allá mucho cuento con América, pero que él ha co-

rrido ya tres países y en ninguno atan los perros con longaniza. Alós *Hogueras* 75: En la capital no atan los perros con longanizas, pero cualquiera, trabajando, puede tener un buen pasar.
23 dar ~. (*raro*) Engañar. | Oliver *Relatos* 21: Ambos morirían veinte años después .., víctimas del aojamiento de una ramera turca a quien dieron perro pagándole con una bolsa de moneda aragonesa resellada, en lugar de la cintilla de diamantes que la muy bruja demandaba.
24 echar a ~s [un espacio de tiempo]. (*col*) Perder[lo] o desperdiciar[lo]. | Paso *Pobrecitos* 241: ¿Y por qué no echa usted ya la mañana a perros y me asciende a capitán? | Torrente *Sombras* 18: Aquella tarde ya estaba echada a perros.
25 echar los ~s [a alguien]. (*col*) Reprenderle severamente. | CBonald *Noche* 38: Ya verás qué bien, nos van a echar los perros a los dos.
26 estar [en un lugar] **como los ~s en misa.** (*col*) Estorbar. | ZVicente *Mesa* 53: Verdaderamente, estoy aquí como los perros en misa, o aún menos calificado.
27 hinchar (o **inflar**) **el ~.** (*col*) Exagerar. | Laiglesia *Tachado* 208: Como los desórdenes han sido insignificantes, ha tenido que "hinchar el perro", como suele decirse en lenguaje periodístico. Por eso transformó la pedorreta en metralleta, y el bote de pintura en una máquina infernal. Diosdado *Usted* 77: En mi tierra esto es lo que se llama inflar el perro.
28 no tener [alguien] (**ni**) **~** (o **perrito**) **que le ladre.** (*col*) Estar solo en el mundo. | * No tiene perrito que le ladre, el pobre.
29 para ti la perra gorda. (*col*) Fórmula con que se zanja una discusión a favor del contrario para no seguir discutiendo. | * Vale, para ti la perra gorda, no vale la pena seguir discutiendo.
30 que se mea (o **caga**) **la perra.** (*vulg*) Fórmula con que se pondera la intensidad de lo que se acaba de decir. | Delibes *Emigrante* 110: Sueltan cada pecado que se mea la perra.
31 si es un ~ te (**me**, *etc*) **muerde.** Fórmula con que se comenta que lo que se busca se tiene muy cerca. | SFerlosio *Jarama* 11: –Ah, ¡dónde echáis el martillo, quisiera yo saber! –Si es un perro te muerde .. Míralo.
IV *loc adv* **32 a cara de ~** → CARA.
33 como a un ~. Como si no se tratase de un ser humano. *Con vs como* TRATAR *o* MATAR. | Arce *Testamento* 97: Él aseguró, una vez más, que me mataría como a un perro si trataba de hacerle una mala jugada.
34 como un ~. (*col*) Sin auxilio de nadie. Normalmente *con el v* MORIR. | * El pobre murió como un perro.
35 como (**el**) **~ y** (**el**) **gato.** (*col*) Peleando continuamente. *Con vs como* ESTAR *o* LLEVARSE. | Cabezas *Abc* 30.12.65, 63: Mejoras en las relaciones entre países que siempre se han llevado como perro y gato.

perrochico *m* (*reg*) Perrechico. | *Ama casa* 1972 12b: Platos típicos regionales .. Vascongadas. Bacalao a la vizcaína .. Purrusalda. Perrochicos.

perrona *f* (*reg, hoy raro*) Perra gorda (moneda de diez céntimos). | ZVicente *SYa* 10.6.73, 33: Estoy feliz, se lo aseguro, vaya si lo estoy, escribiéndole las cartas a los colegas de edad en el bar de la glorieta, donde nos reunimos unos cuantos niñatos de mi quinta a jugar al julepe, es para lo único que dan las perronas que nos atizan las nueras, los hijos, los sobrinos.

perronilla *f* (*reg*) Perrunilla (dulce). | Je. Sánchez *Ade* 6.2.75, 5: Los 50 mayordomos se lanzaron a la calle para "cantar" la alborada. Botas de vino, botellas de aguardiente y cestas de perronillas.

perruca *f* (*reg, hoy raro*) Perra chica (moneda de cinco céntimos). | Aldecoa *Gran Sol* 146: Una perrona de diez céntimos, una perruca de cinco céntimos, bajando, brillando en la transparencia del agua.

perrunilla *f* Dulce semejante al mantecado, pero más compacto. | *Cocina* 581: Perrunillas .. Manteca de cerdo .. Harina .. Yemas .. Azúcar molida .. Canela.

perruno -na I *adj* **1** De(l) perro [1]. | Laiglesia *Ombligos* 25: Hasta los perros más absurdos, creados a fuerza de monstruosos cruzamientos, dicen "¡guau!" para indicar su condición perruna. Torrente *Off-side* 44: Ahora se siente

perrochico – persecutorio

ligado a quien le sacó del apuro y le dio seguridad, con un sentimiento que me atrevería a titular de animal, y, más concretamente, de perruno.
2 [Tos] bronca y sin expectoración. | *Puericultura* 44: La tos puede ser seca, perruna, irritativa o blanda.
3 (*reg*) [Uva] traslúcida y de sabor áspero. *Tb n f*. | Cela *Judíos* 53: En la Vid se da la uva que dicen de botón de gallo, y la tintina, y la perruna.
II *f* **4** (*reg*) Perrunilla. | Vega *Cocina* 164: En postres, .. pestiños, perrunas. Cela *Viaje andaluz* 149: Al final, en pago a su presencia, fue obsequiado, en casa de la novia, con polvorones aromados –perrunas les llaman–, flores de miel, sequillos y vino dulce.

persa I *adj* **1** (*hist*) De Persia. *Tb n, referido a pers*. | Arenaza-Gastaminza *Historia* 23: Friso de los arqueros, magnífico ejemplar de la cerámica vidriada, tan usada por asirios y persas. **b)** Iraní. *Tb n, referido a pers*. | *Gac* 11.5.69, 26: Con la bandera persa ondeando al viento, el "Ibn Sina" franqueó hace unos días las aguas de Chatt al-Arab. *Ya* 9.10.90, 25: Con el grupo de kuwaitíes recién llegados, que entraron en Irán con 429 vehículos privados y seis minibuses, son ya 5.297 los refugiados de Kuwait que pasaron a territorio persa en la última semana. **c)** [Verónica] ~ → VERÓNICA.
II *m* **2** (*hist*) Idioma de Persia. | CBaroja *Judíos* 1, 42: Ciertos comerciantes judíos que iban de Oriente a Occidente y viceversa y que sabían desde el persa y el árabe hasta las oscuras hablas que entonces dominaban en Francia y España. **b)** Idioma del Irán. *Tb ~* MODERNO. | Clarasó *Van* 16.10.70, 66: A juzgar por referencias, los [libros] escritos en inglés y en francés, cuando se venden, son mucho más best-sellers que los escritos en castellano. Y los escritos en persa y en afgano, mucho menos. *Prospecto* 9.78: ¿Quiere aprender idiomas? .. Hebreo bíblico. Persa moderno. Chino moderno.
3 (*hist*) Diputado realista español de los que en 1814 firman un manifiesto a favor de la monarquía absoluta. | Jover *Historia* 542: El mismo famoso "Manifiesto de los Persas" –exposición presentada al rey por 65 diputados realistas, incitándole a desconocer la obra de las Cortes gaditanas– propugna la necesidad de una reunión de Cortes y de una reforma.

per saecula (**saeculorum**) (*lat; pronunc corriente, */per-sékula-sekulórum/*; tb con la grafía* **per secula seculorum**) *loc adv* Por siempre. | ZVicente *Mesa* 78: Y a su disposición per saecula, también es esclavitud. Soraya *Pue* 6.11.70, 18: Las perlas, reducidas a polvo mediante alguna elaboración e ingeridas .., hacen conservar la lozanía y la juventud "per secula seculorum".

per se (*lat; pronunc corriente, */per-sé/*) *loc adv* (*lit*) Por sí mismo. | *Leg. contencioso-adm*. 183: Al no ser viable el recurso *per se*, en cuanto interpuesto contra acto excluido de su ámbito y límite legal, puede merecer su valor *per accidens* (anomalías en el expediente, extemporaneidad del recurso, interpretación de normas invocadas, etc.). E. Beladiez *SAbc* 9.3.69, 47: Utilizando calidades con valor "per se", busca el objetivo pragmático.

persecución *f* Acción de perseguir. | *Abc* 30.12.65, 93: Tras una accidentada persecución, los agentes lograron interceptarles el paso. Laiglesia *Ombligos* 36: Con estas y otras artimañas semejantes iba don Leonardo librándose de la persecución del repelente cocimiento. Villapún *Iglesia* 34: Los mártires más notables de la persecución de Nerón fueron San Pedro y San Pablo. Chamorro *Sin raíces* 59: Su incipiente complejo de inferioridad, ya consciente, necesitaba la fuerza compensadora, el impulso de afirmación para la persecución de un plan de vida.

persecutor -ra *adj* (*lit*) Perseguidor. *Tb n, referido a pers*. | LIbor *Pról. Antología* x: Buscó al autor, muerto también un par de años antes, e inició un nuevo periplo persecutor de una sombra desvanecida. GCaballero *Genio* 93: El pasado de España le quedaría circunscrito a Mérimée, como fino e intransigente liberal, a dos tiranos: don Pedro el Cruel .. y Felipe II, el inevitable persecutor de don Carlos.

persecutorio -ria *adj* De (la) persecución o que la implica. | *Abc* 7.6.70, 22: El Gobierno checoslovaco dicta diversas medidas persecutorias contra la Iglesia Católica.
b) [Manía] que consiste en sentirse objeto de persecución o

de mala voluntad por parte de una o más perss. | * Padece manía persecutoria.

perseguible *adj* Que se puede perseguir. | *Caso* 5.12.70, 20: El adulterio es delito perseguible a instancia de parte.

perseguidor -ra *adj* Que persigue. *Tb n, referido a pers.* | Lera *Olvidados* 40: Hasta donde alcanzaron sus ojos no pudo distinguir ya ninguna silueta de Guardia Civil perseguidora. *Inf* 29.5.76, 24: Thevenet empezó atacando .. Durante 38 kilómetros mantuvo su fuga, pero fue cazado por el grupo perseguidor. Villapún *Iglesia* 64: Fue hijo del rey visigodo Leovigildo, perseguidor de los cristianos. A. Rivas *ElM* 3.4.92, 30: Ello también exige reforzar el carácter de formación, .. de perseguidores de la mal[a] praxis de los Colegios.

perseguir *(conjug 62) tr* **1** Seguir [a alguien o algo que huye o corre] para alcanzar[lo]. | MMolina *Jinete* 189: Me imagino que cabalgo por una película, perseguido por los indios. J. L. MRedondo *Act* 25.1.62, 50: Como en una película "de buenos y malos", perseguido y perseguidor pisaron el acelerador a fondo en una espectacular carrera por las calles.
2 Tratar de encontrar [a alguien que se oculta]. | MMolina *Jinete* 174: Igual que los héroes de las películas cuando estaban escondidos en la selva y los perseguían los malvados.
3 Seguir continuamente [a alguien]. *Tb fig. A veces con intención desp indicando molestia o acoso.* | * Me persigue la mala suerte. * F. me persigue; me lo encuentro en todas partes.
4 Actuar [contra alguien o algo *(cd)*] procurando su exterminio o el mayor daño posible. | Villapún *Iglesia* 32: Para perseguir a los cristianos se inventaron toda clase de falsedades; se decía que asesinaban a los niños.
5 Pretender o tratar de conseguir [algo o a alguien]. | Carrero *Pue* 22.12.70, 6: La formación profesional .. Nuestra recién aprobada ley General de Educación persigue resolver este problema.

persevante *m (hist) En la Edad Media:* Oficial de armas inferior al faraute. | Riquer *Caballeros* 20: Lalaing atravesó los Pirineos acompañado por un lucido cortejo en el que figuraban .. el heraldo Luxembourg y´el persevante Léal.

perseveración *f (Psicol)* Persistencia en una respuesta a preguntas o estímulos diferentes. | Pinillos *Mente* 117: Entre los más importantes tests que miden este tipo de aptitudes [psicomotoras] se hallan los de coordinación visuo--motora, perseveración y ritmos.

perseverancia *f* **1** Hecho de perseverar. | * La perseverancia en su actitud lo honra.
2 Cualidad de perseverante. | Villapún *Moral* 93: Para que la oración sea escuchada por Dios debe reunir las siguientes condiciones: 1ª Atención .. 2ª Humildad .. 3ª Confianza .. 4ª Perseverancia.

perseverante *adj* **1** Que persevera. | *Ya* 3.11.74, 15: Buscamos personas dinámicas, perseverantes, organizadas y conocedoras de la venta directa. L. Calvo *Abc* 9.1.72, 15: La India está condenada a un aumento perseverante de su población y a una merma contumaz de las calorías que la población necesita para vivir.
2 Que denota o implica perseverancia [1]. | Gironella *SAbc* 9.2.69, 19: Los nobles indios, y muchos upasakas y fakires, practicaban el rajá-yogui ajedrecista, que exigía perseverante ejercicio.

perseverantemente *adv* De manera perseverante [2]. | J. MPereda *Abc* 16.2.68, sn: Dumas no habría sido capaz de escribir con perfecto conocimiento del corazón humano si no hubiese practicado, perseverantemente, el arte de escuchar.

perseverar *intr* **1** Mantenerse constante [en una idea, una acción o una actitud]. | Gironella *Millón* 517: Tal convicción lo ayudó mucho a perseverar en su esfuerzo.
2 Permanecer [en un estado o circunstancia determinados]. | Mingarro *Física* 34: Todo cuerpo persevera en su estado de reposo o de movimiento uniforme y rectilíneo si ninguna fuerza a él aplicada le obliga a modificarlo.

Persia. verónica de ~ → VERÓNICA.

persiana *f* **1** Cierre hecho con láminas de madera u otro material, fijas o móviles, que se coloca en una ventana para impedir o graduar el paso de la luz. | *Alc* 31.10.62, 26: Magníficos pisos en el barrio de San Ignacio, en Carabanchel Alto, con cuatro habitaciones, .. carpintería metálica, persianas venecianas.
2 Dispositivo cuya forma o funcionamiento recuerda los de la persiana [1]. *Tb en la constr* DE ~. | Ramos-LSerrano *Circulación* 224: Cuando la regulación se efectúa actuando sobre la corriente de aire, existe delante del radiador una persiana de hojas giratorias que pueden ser movidas, permitiendo variar a voluntad del conductor el paso de aire a través del radiador. Grandes *Lulú* 100: Un buró bastante feo, de madera, con puerta de persiana.
3 *(col)* Párpado. | * Qué sueño tienes; se te cierran las persianas.

persianero -ra *m y f* Persianista. | Abella *NoE* 5.2.77, 27: Aquellas primeras listas [de sancionados] eran ya una muestra de la penetración del estraperlo en los hábitos mercantiles: allí estaban desde la Agrupación de Patateros de Palencia .. hasta todo el gremio de persianeros de Barcelona.

persianista *m y f* Pers. que fabrica, coloca o arregla persianas. | *Abc* 4.10.70, sn: Carpintero, persianista, reparaciones, taller.

persicaria *f* Planta herbácea propia de lugares húmedos y sin cultivar, con flores rojizas en espiga *(Polygonum persicaria)*. Con un adj especificador, designa otras especies del mismo gén: ANFIBIA (*P. amphibium*), PICANTE (*P. hydropiper*). | Mayor-Díaz *Flora* 242: *Polygonum amphibium* L. "Persicaria anfibia". Mayor-Díaz *Flora* 425: *Polygonum hydropiper* L. "Pimienta de agua", "Persicaria picante" .. *Polygonum persicaria* L. "Persicaria", "Pejiguera".

persignación *f (raro)* Acción de persignarse. | Pinilla *Hormigas* 169: Herencia de oraciones, persignaciones y bendiciones dejada por las madres trabajadoras y beatas.

persignarse *intr pr* Signarse, esp. santiguándose a continuación. | Escobar *Itinerarios* 142: Subía más allá del codo las mangas de su blusa y se persignaba. Luego echaba harina en la artesa. Medio *Bibiana* 13: Terminada esta tarea, se persigna ante el crucifijo que tiene a la cabecera de la cama.

persistencia *f* Acción de persistir. *Tb el tiempo que dura.* | Tamames *Economía* 476: A nadie parece preocuparle la persistencia de esas extrañas conexiones económicas del Estado y la Banca. Alvarado *Anatomía* 89: Esta persistencia de las imágenes en la retina es la que determina que un punto luminoso giratorio nos parezca una circunferencia de fuego.

persistente *adj* Que persiste. | Ortega *Americanos* 65: Había enviado a más de la mitad de los alumnos a la enfermería: los unos con un hipo persistente y molestísimo. **b)** *(Bot)* [Órgano] que perdura después de realizar su función fisiológica. | Bustinza-Mascaró *Ciencias* 243: Se llaman hojas persistentes cuando presentan actividad durante varios períodos vegetativos.

persistentemente *adv* De manera persistente. | GNuño *Escultura* 75: El lector puede preguntarse con todo derecho cómo puede compaginarse el virtuosismo técnico en la labra de plata y oro .. con esta elementalidad constructiva que persistentemente nos va quitando la esperanza de descubrir la anhelada arquitectura ibérica de gran porte.

persistir *intr* **1** Perdurar o subsistir. | *Abc* 8.12.70, 21: En caso de que la indisposición del capitán auditor señor Troncoso persistiera o se acentuara, el Consejo de Guerra podría suspenderse. Legorburu-Barrutia *Ciencias* 110: En la retina persisten las imágenes una décima de segundo.
2 Mantenerse constante [en algo, esp. en una idea]. | Villapún *Moral* 169: La perseverancia, que hace persistir en la buena obra de cualquier virtud.

persona I *f* **1** Individuo de la especie humana. *A veces ~* HUMANA, *en filosofía o con intención expresiva.* | Olmo *Golfos* 41: Carlos, el droguero, murió, y hoy nadie le echa de menos. Y no es por lo mala persona que era. FSantos *Hombre* 99: Era como todos, más o menos. Un poco meticón, pero buena persona. Escrivá *Conversaciones* 144: Una Universidad de la que la religión está ausente es una Universidad in-

completa: porque ignora una dimensión fundamental de la persona humana. **b)** *Designa a una persona cuyo sexo no se puede o no se quiere precisar.* | Landero *Juegos* 220: Una reunión íntima. Cuatro, cinco, nueve personas. Millás *Visión* 12: Los accidentes callejeros son desagradables sobre todo para una persona de temperamento reflexivo. **c)** *Con un compl de posesión, se usa para destacar la individualidad de la pers designada por el compl.* | *Mad* 3.1.70, 4: Los dirigentes soviéticos .. atribuyen la actual hostilidad china exclusivamente a la persona de Mao. * Lo tomó como una falta de respeto a su persona. **d) ~ mayor.** Adulto. *Se opone a* NIÑO. | *Economía* 151: Si las personas mayores entran donde están charlando o merendando las niñas, estas se pondrán de pie para saludarlas.
2 (*col*) Persona [1a] formal o cabal. *Tb adj.* | * Pórtate como una persona. * Se puede tratar con él, porque es una persona. * F. es un poco más persona que M.
3 (*col*) Persona [1a] que se encuentra en condiciones plenas de salud o desarrollo. *Gralm como predicat con* HACERSE. | * He pasado una época mala después de la operación, pero ya me voy haciendo persona. * La niña ha crecido mucho; está hecha una persona.
4 (*Filos*) Supuesto racional. | Rábade-Benavente *Filosofía* 257: No toda sustancia individual racional es persona, sino solo aquella que cuente, además, con el carácter de supuesto. Como en Cristo hay solo un supuesto, también hay solo una persona; y como en la Trinidad se afirmaba la existencia de tres supuestos, hay tres personas. **b)** (*Rel catól*) *Se da este n genéricamente al Padre* (PRIMERA ~), *al Hijo* (SEGUNDA ~) *y al Espíritu Santo* (TERCERA ~), *que constituyen la Santísima Trinidad.* | SLuis *Doctrina* 18: Hay un solo Dios: Ser Supremo, Perfecto, Inmenso... Pero en Dios hay tres Personas: Padre, Hijo y Espíritu Santo.
5 (*Der*) Persona [1a] o entidad capaz de tener derechos y deberes. *Gralm en las constrs ~* NATURAL *o* FÍSICA, *designando persona, y ~* JURÍDICA, *designando entidad o sociedad.* | Ramírez *Derecho* 138: Luego anotas el nombre y apellido –de tratarse de una persona natural– o la razón social –de tratarse de una persona jurídica– de aquel de quien se recibe el importe de la letra o cuya cuenta se carga. Martín-Escribano *Decl. Renta* 11: El impuesto sobre la Renta de las Personas Físicas queda definido en la Ley como tributo de carácter directo y naturaleza personal.
6 (*Gram*) *Categoría por la cual se expresa en el discurso la distinción entre el que habla* (PRIMERA ~), *aquel a quien se habla* (SEGUNDA ~) *y cualquier otro ser* (TERCERA ~). *Tb ~* GRAMATICAL. | Amorós-Mayoral *Lengua* 80: Puede variar de forma [el verbo] para expresar el número, la persona, el tiempo y el modo. **b)** (*Gram*) Forma verbal correspondiente a una persona gramatical. | Amorós-Mayoral *Lengua* 20: Es inaceptable añadir una "s" a la segunda persona del singular del pretérito indefinido.
II *loc adv* **7 en ~.** Realmente o directamente, no por representación o mediación de alguien o algo. *Tb adj. Referido a seres humanos, o a animales o cosas personificados.* | N. Preciado *SMad* 13.12.69, 1: Yo he visto a Juan Luis Galiardo en persona y no es tan guapo como parece. Ballesteros *Hermano* 80: Nos dispusimos a recorrer París, comenzando por el Museo del Louvre. Nos ilusionaba conocer en persona a la Venus de Milo.

personación *f* (*Der*) Acción de personarse. | *Leg. contencioso-adm.* 36: El plazo para ejercitar la acción o recurso ante otro Tribunal o Juez se computará a partir de la personación, lo que por argumento *a contrario* significa que no personado el interesado en ese plazo, no podrá actuar su derecho.

personaje *m* **1** Persona [1a] importante. *A veces con intención desp, esp en la forma* PERSONAJILLO. | DPlaja *Literatura* 485: Se dio a conocer [Valle-Inclán] en Madrid como novelista y como singular personaje de la bohemia literaria. GPavón *Reinado* 134: Fue detenido y luego internado en la cárcel Modelo con otros personajillos que mejor es no recordar.
2 Persona [1a] o animal que toma parte en la acción de una obra literaria o cinematográfica. | DPlaja *El español* 117: En la literatura española hay .. descripciones extraordinarias de avaros .., pero son personajes aislados.

personal **I** *adj* **1** Particular o propio exclusivamente de una persona. | FQuintana-Velarde *Política* 247: Es imprescindible, para que el sistema sea progresivo, que conozca la situación personal de cada sujeto sobre los que el impuesto se aplica. *Alc* 31.10.62, 11: Todos ellos presentados por el gran actor Manolo Gómez-Bur, que tan personalísimo éxito viene obteniendo en el Infanta Isabel con la comedia de Alfonso Paso "Las que tienen que servir". **b)** [Pers.] de estilo o gustos personales. | FCid *MHi* 8.66, 71: Es muy bello también el sonido de Tamas Vasary, joven pianista húngaro, personal en sus versiones, si alguna discutible, siempre nimbadas por el concepto poético.
2 [Cosa] que se realiza directamente por una pers. determinada, y no a través de alguien o algo. | * Recibí una carta personal del director.
3 Relativo a las personas. *Esp en derecho.* | FQuintana-Velarde *Política* 247: La primera característica de un sistema progresivo es la de ser personal, esto es, el impuesto ha de aplicarse sobre la persona. **b)** De persona [1a]. | J. MNicolás *SYa* 13.7.75, 9: Una carretera recta que .. se enfrenta con un pueblo con nombre personal: Miguel Esteban. **c)** (*Gram*) Que indica persona [6]. | Academia *Esbozo* 421: Las desinencias personales de la conjugación española son tan claras y vivaces que casi siempre hacen innecesario y redundante el empleo del pronombre sujeto. Un verbo en forma personal contiene en sí el sujeto y el predicado. Amorós-Mayoral *Lengua* 75: Hay varias clases de pronombres: personales, relativos, demostrativos, posesivos, indefinidos, numerales e interrogativos.
4 (*Baloncesto*) [Falta] en que incurre un jugador por contacto accidental con el adversario, o por acercarse a este impidiendo sus movimientos normales. *Frec n f.* | Gordillo *As* 7.12.70, 35: Los jugadores locales estaban muy cargados de faltas personales. Gilera *Abc* 2.2.65, 55: Con el marcador 50-41 a favor de Italia todavía, cometió el as italiano .. la quinta personal.
II *m* **5** Conjunto de trabajadores [de una empresa, un centro de trabajo o una actividad laboral]. | Laforet *Mujer* 163: La semana que viene tenemos trabajo para todo el personal. * El personal docente se encuentra en huelga.
6 (*pop*) Gente. *Frec, col, con intención humoríst.* | Lázaro *JZorra* 20: El personal, que de este modo llamaba[n] entonces a la gente, y para mí que estaba mejor, vamos, más respetuoso. Cela *Viaje andaluz* 26: El vagabundo, sentado en la terraza como un señorito, se entretiene en mirar para el personal, que es numeroso y que parece contento y animado.

personalidad *f* **1** Conjunto de cualidades por el que una persona [1a] se diferencia de las demás. *Tb fig, referido a cosa o animal.* | Gambra *Filosofía* 229: La sociedad es una realidad anterior y superior al individuo, de la cual recibe este su personalidad y sus derechos. Navarro *Biología* 14: Incluso dentro de un mismo ser, cada órgano y tejido tiene su personalidad química. CSotelo *Muchachita* 285: Una boca con personalidad o unos ojos se encuentran fácilmente. Pero una barbilla..., ¡ah, eso es harina de otro costal! **b)** Carácter (conjunto de cualidades psíquicas y afectivas que condicionan la conducta de una pers. distinguiéndola de las demás). | Vilaltella *Salud* 421: La personalidad no se puede partir en pedazos: inteligencia, afectividad, sexualidad, religiosidad, etc. **c)** Carácter acusado o enérgico. *Gralm con los adjs* POCA *o* MUCHA. | Goytisolo *Afueras* 75: Era una madre dominadora, absorbente, y mi Julio, que tenía mucha personalidad, acabó rompiendo con ella. Arce *Testamento* 14: Tienes poca personalidad.
2 (*Der*) Condición de persona [5]. | Ramírez *Derecho* 19: Reconozco personalidad al "no nacido" para recibir donaciones y herencias. *Nue* 22.12.70, 8: Los Colegios Oficiales de Graduados en Artes Aplicadas y Oficios Artísticos, con la consideración de corporaciones de derecho público y personalidad jurídica propia.
3 Carácter o condición. *Con un adj especificador.* | Mingarro *Física* 5: El progreso de la Física dio un paso decisivo cuando pudo expresar los resultados de la experimentación mediante números, entes a los cuales al adquirir personalidad matemática se les pudo aplicar los métodos y procesos desarrollados por dicha ciencia.
4 Persona [1a] importante, esp. en el ámbito oficial. | *Abc* 29.9.74, 35: Acompañaban al ministro y al delegado nacional el director general de Formación Profesional y Extensión Educativa, don Manuel Arroyo Quiñones, junto con las primeras autoridades civiles y militares de la provincia, dirigentes de la juventud y otras personalidades.

personalismo *m* **1** Tendencia a imponer el criterio o la voluntad personales, o a destacar la propia personalidad. *Esp en política. Tb la actitud correspondiente.* | A. Assía *Ya* 21.10.64, 5: Entre los motivos que han provocado la destitución de Jruschef, además de su personalismo, figura en lugar preeminente su exhibicionismo, su histrionismo. MGaite *Nubosidad* 160: Todo aquello no eran más que personalismos y complacencias burguesas.
2 (*Filos*) Doctrina según la cual la persona es el valor supremo. | Rábade-Benavente *Filosofía* 259: El personalismo guarda una cierta semejanza con el existencialismo. Se trata de una corriente básicamente francesa, siendo Mounier (1905-50) su figura relevante.

personalista *adj* De(l) personalismo. | N. FCuesta *Abc* 30.12.70, 3: Una política y una economía. No tantas como actitudes personalistas o intereses individuales de los Ministros. Albalá *Periodismo* 20: El propósito didáctico me ha llevado .. a prescindir de las aportaciones de la filosofía existencial, .. así como las de la filosofía personalista. **b)** Partidario o practicante del personalismo [1]. *Tb n.* | Laín *Marañón* 128: La acción histórica no tiene como sujeto un hipotético "espíritu colectivo", llámese a este como se quiera; lo tiene en la persona libre y creadora de quien la ejecuta. Marañón es resueltamente personalista. FSalgado *Conversaciones* 201: Nadie le prepara los discursos, declaraciones de gobierno, entrevistas de prensa, etc., etc. Prueba de ello, lo personalista que es en sus actuaciones de gobernante. **c)** (*Filos*) Adepto al personalismo [2]. *Tb n.* | Rábade-Benavente *Filosofía* 209: La relación tú-yo, que el personalista francés Maurice Nédoncelle denomina relación diádica o de dos, es la relación más viva y plena.

personalización *f* Acción de personalizar. | Albalá *Rev* 11.70, 18: Ha sofocado la investigación del fenómeno cultural de la información como necesidad existencial del hombre e incluso como personalización de lo que en nuestra concepción estructural del periodismo hemos llamado término-objeto de la relación informativa u hombre-en-sociedad.

personalizado -da *adj* **1** *part* → PERSONALIZAR.
2 [Cosa] que se atiene a la realidad de la persona [1a]. | BOE 28.2.77, 4769: La enseñanza en los Institutos Nacionales de Bachillerato tendrá carácter orientador y se basará en los criterios de educación personalizada que propugna la Ley General de Educación.

personalizador -ra *adj* Que personaliza. | *Abc* 15.11.68, 17: Otra novedad también Farrington es la 730 personalizadora de cheques, para uso de Bancos, ya que permite la personalización con el nombre y número de cada cliente. Albalá *Rev* 11.70, 18: La información .., para ser socialmente .. útil, no ha de ser nunca alienadora, sino justamente personalizadora.

personalizante *adj* (*raro*) Personalizador. | A. M. López *Rev* 11.70, 26: La gente dispone de la formación indispensable para llenar de modo personalizante el tiempo que le deja libre el trabajo.

personalizar A *intr* **1** Referirse expresamente a una persona determinada al decir algo de alcance general. | GPavón *Rapto* 48: –¿Es que esta moza tan prieta y sanguina ya no tiene misterio para usted, filósofo? –dijo la Rocío señalando a la chica, que se puso como un capullo. –No me personalices, Rocío, que eso no vale.
B *tr* **2** Dar carácter personal [1] [a algo (*cd*)]. | SorS 11.10.90, 11: Personalice su vehículo en Repuestos Soresa. Derivabrisas de ventana para todo tipo de vehículos. **b)** Dar personalidad [1] [a alguien o algo (*cd*)]. | Ed. Gómez *SSe* 18.9.88, 21: En las cocinas riojanas se dedica una especial atención a los despojos y vísceras de los corderos y cabritos, puesto que con ellos se consigue una serie de guisos que personalizan de una manera acusada a nuestra cocina.
3 Atribuir [a algo (*cd*)] o dar [a alguien (*cd*)] condición de persona [1a]. | GPavón *Cuentos rep.* 111: Al hablar del cierzo, la nevasca, la helada, la tormenta o el granizo, los personaliza como criaturas inmensas de bien troquelado carácter. N. GRuiz *Teatro 1959* 15: Ese cardenal que hace una pasada impresionante, personalizado por Martí Orús.

personalmente *adv* **1** De manera personal [1 y esp. 2]. | * Interpreta su papel muy personalmente. *Economía* 143: Vosotras, como tenéis pocas amigas, las podéis felicitar personalmente cuando las veáis.
2 En el aspecto personal [1]. | Alfonso *España* 92: Nos choca que por ahí [en el extranjero] no sean personalmente tan simpáticos.
3 En lo que respecta a la persona en cuestión. | * Personalmente, prefiero el verano.

persona non grata (*lat; pronunc,* /persóna-nón-gráta/) *f* Persona no aceptable. *Referido esp a un diplomático con respecto a un gobierno.* | *Inf* 4.5.70, 5: El .. nuncio apostólico puede ser declarado "persona non grata" a causa de sus comentarios públicos.

personarse *intr pr* **1** Presentarse [una pers. en un lugar]. | *Inf* 16.7.70, 4: El ministro italiano .. ordenó al jefe de la Policía que se personase en el escenario de los hechos.
2 (*Der*) Comparecer como parte [en un juicio o pleito]. | *País* 30.4.77, 13: La acusación privada personada en el sumario por la matanza de la calle de Atocha no está de acuerdo con la separación de tales hechos del citado sumario. *D16* 30.9.90, 1: En reuniones internas del partido .. "se ha sugerido la posibilidad de que el PP se persone en el caso Juan Guerra".

personera *f* Mujer que, en las fiestas de Santa Águeda de Zamarramala (Segovia), ayuda, junto con otras, a la alcaldesa. | Cela *Judíos* 35: Me lo dejé en el piojar de Marta, la personera, por acercarme al arroyo a clarear la ropica.

personero *m* (*hist*) Procurador elegido por un pueblo para la defensa de sus intereses. *Tb* SÍNDICO ~. | J. A. MBara *Alcoy* 76: Además de los citados al principio firmaban don Francisco Gisbert, don José Sempere, personero, don Nicolás Torregrosa, diputado. [*Referido a los años 1774-1805.*] Mercader-DOrtiz *HEspaña* 4, 87: Los matriculados en el servicio de las Armas fueron facultados para ejercer oficios de República .. Con la salvedad de que, mientras desempeñaran sus alcaldías mayores .., cargos de diputados del común o síndicos personeros para los que hubiesen sido propuestos y elegidos, quedaría suspenso en ellos el fuero de Marina.

personificación *f* **1** Acción de personificar. | Romeu *EE* nº 9.63, 14: No siempre hay evidencia de personificación o encarnación dramática.
2 Pers. que personifica [2]. | * Celestina es la personificación del saber.

personificador -ra *adj* Que personifica. *Tb n, referido a pers.* | Herrero *Ya* 3.4.90, 17: Una de ellas [ocurrencias] era su referencia a Juan Empleado, de profesión temblador, como personificador del funcionario decimonónico, siempre temerosos de que un cambio de gobierno le dejara cesante.

personificante *adj* Que personifica. | Miret *Tri* 6.2.71, 42: Nada puede pergeñarse y realizarse si no es con el concurso de todos. No un concurso masivo –más o menos inducido–, sino la cooperación personal y personificante.

personificar *tr* **1** Atribuir condición de persona [1a] [a un animal o a una cosa]. | Lapesa *HLengua* 259: Se extiende la inserción de *a* ante el acusativo de persona y cosa personificada.
2 Representar [una pers. (*suj*)] algo, esp. una idea, una época o una actitud o sentimiento colectivos (*cd*)]. | Pemán *Abc* 26.12.70, 3: Se puede "personificar" una idea o un estamento. **b)** Representar el papel [de alguien (*cd*)]. | LRubio *Nunca* 241: Por un momento, Flora se decide a personificar al portero y entrega el ramo de flores a Miguel.
3 Hacer que [alguien (*compl* EN)] personifique [2a] [algo]. | * No se puede personificar en él la vanguardia.

perspectiva → PERSPECTIVO.

perspectivismo *m* **1** (*Filos*) Doctrina según la cual la realidad solo puede ser conocida desde varios puntos de vista dados. | * El perspectivismo filosófico niega que la realidad pueda conocerse de un modo total.
2 (*TLit*) Técnica consistente en presentar simultáneamente desde distintos ángulos o perspectivas los hechos o circunstancias relatados o descritos. | Baquero *Novela* 94: Abordar ahora, una vez más, el tema del relativismo o perspectivismo psicológico, vital, de la máxima obra cervantina me llevaría demasiado lejos. *Ya* 16.1.83, 5: Cada una de sus obras ha representado una incursión en técnicas y procedimientos novelísticos de la modernidad. Desde el relato, en

primera persona, a cargo de un árbol centenario, procedimiento de *La sangre*, o el perspectivismo utilizado en *La enferma*, hasta la técnica de *Presente profundo*.

perspectivístico -ca *adj* (*TLit*) De(l) perspectivismo [2]. | Baquero *Novela* 139: Montesquieu, por su parte, y, a imitación suya, Cadalso en nuestras letras, utilizaron el esquema del viaje como un nivel perspectivístico al presentar al lector las costumbres normales enjuiciadas por persas o marroquíes, y vistas entonces bajo una nueva y reveladora luz.

perspectivo -va I *adj* **1** (*raro*) De (la) perspectiva [2]. | Camón *Abc* 17.8.73, 3: Al replegarnos a los límites del arte, nos encontramos con los juegos perspectivos más audaces. Es ahora, más que en el Renacimiento, cuando la Perspectiva puede ser efigiada como una diosa.

II *f* **2** Técnica de representación de objetos en una superficie plana, según su posición en el espacio con referencia al ojo del observador. *Frec en la constr* EN PERSPECTIVA. *Tb la misma representación*. | Quintanilla *Pintor* 251: Por las noches, estuvo matriculado durante doce años en la Academia de San Fernando, con puntual asistencia a las clases de Modelo del Antiguo, Modelo Vivo y Perspectiva. Marcos-Martínez *Matemáticas* 143: La primera casa está representada en perspectiva caballera, en la que dos rectas paralelas aparecen siempre como paralelas. La segunda casa está en perspectiva normal (tal como se ve), en la que las rectas paralelas se cortan en un punto. Gironza *Matemáticas* 195: En figuras como la t, que sirven para representar en el plano cuerpos del espacio, mediante su perspectiva, se acostumbra a señalar con líneas de puntos aquellas aristas que se suponen ocultas por el propio cuerpo.

3 Aspecto que presenta un paisaje visto desde cierta distancia. *Tb el mismo paisaje*. | * Desde aquí se goza de una de las más bellas perspectivas del Alcázar.

4 Hecho o conjunto de hechos que se presentan como posibles o probables en un futuro. | Arce *Testamento* 82: "Si Enzo no vuelve no vacilará en quitarme del medio", pensé. Y la perspectiva no me resultaba nada halagüeña. Laforet *Mujer* 74: La perspectiva de ir hacia la casa de su padre .. le disgustaba como siempre.

5 Distancia adecuada para poder observar algo en conjunto. *Frec fig*. | *Abc* 10.5.58, 27: Para juzgar un período de decadencia se necesita perspectiva.

6 Punto de vista. | Bustos *Lengua* 149: Estas dos circunstancias [contexto y situación], necesarias en toda comunicación, influyen en gran medida en el funcionamiento del lenguaje, de modo particular en el plano semántico, y tanto en la perspectiva del hablante .. como en la del oyente.

III *loc adv* **7 en perspectiva**. En proyecto o con grandes posibilidades de llegar a producirse. *Tb adj*. | *CoA* 13.8.93, 49: ¿Saben ustedes que con el 'medicamentazo' hay muchos laboratorios que tienen en perspectiva, y algunos han lanzado ya al mercado, otros fármacos mucho más caros? *DNa* 15.7.66, 6: Nos ratificamos respecto del buen síntoma que presenta el olivar .. Se ve muchísimo fruto en perspectiva.

perspectógrafo *m* Aparato para trazar la perspectiva de un plano o planta, o para levantar un plano dada la perspectiva. | *Abc* 20.3.71, 5: En la fotografía .., el delegado español en la Muestra .. y don José Pérez Sáez, inventor del "perspectógrafo".

pérspex (*n comercial registrado*) *m* Resina acrílica usada esp. como sustituto del vidrio. | I. Mendoza *SPaís* 11.3.79, 7: Hacia 1950 aparece el baño de acero prensado, un cuarto de peso de hierro colado habitualmente utilizado, en dura competencia con el de pérspex.

perspicacia *f* Cualidad de perspicaz. | CNavarro *Perros* 46: A ti tenían que haberte escogido para ministro. A estas alturas habrías rematado con los chistes y con las perspicacias.

perspicaz *adj* [Pers., vista o ingenio] que percibe con claridad cosas que pasan inadvertidas para otros. | *País* 27.3.77, 8: Es difícil pensar que el presidente Suárez pueda caer en la tentación –pueril para un hombre perspicaz– de creerse la única posibilidad de salvamento de la patria. *Sit* 10.4.74, 12: Los 168 participantes dieron una nota de colorido y vivacidad a toda la parte antigua de nuestro pueblo, siendo sus piedras nobles vistas de diferentes formas por los perspicaces ojos infantiles. **b)** Propio de la pers. perspicaz. | Delibes *Madera* 53: En la expresión perspicaz de sus ojos amarillos, adiviné que [el niño] comprendía mis palabras.

perspicuidad *f* (*lit*) Cualidad de perspicuo. | Lázaro *SAbc* 13.12.91, 11: Algunos de esos recursos que le sirven para hablar de lo inefable conspiran contra la perspicuidad clásica que el Renacimiento veneró.

perspicuo -cua *adj* (*lit*) Claro o nítido. *Frec fig*. | PAyala *Abc* 8.6.58, 3: A su autor se le enalteció como remoto y perspicuo precursor de la ciencia de nuestros días. L. Calvo *Abc* 15.5.73, 29: Esa Comisión bipartita .. cuidaría de que los fondos que subvienen hoy turbiamente a los gastos electorales prorrumpieran limpiamente, como rosales, de las cajas perspicuas de los propios partidos.

persuadir A *tr* **1** Convencer (conseguir con razones que [alguien (cd)] crea o haga [algo (compl* DE *o* PARA)]). | C. Laredo *Abc* 13.4.58, 71: No es la primera vez que ha intentado persuadir a Idriss de las ventajas que para Libia significaría ingresar en una gran unión del Magreb. Umbral *Mortal* 87: No se puede persuadir a la flecha en el aire de que cambie de orientación.

B *intr pr* **2** Convencerse (llegar a saber o creer con seguridad [algo (compl* DE)] por la propia reflexión). *Frec en part*. | E. Montes *Abc* 27.6.71, 33: La Policía se persuade de que solo ese usurpador de tal nombre es el que tuvo ocasión de hacer de las llaves un calco de cera. CBaroja *Inquisidor* 34: Su autobiografía nos lo pinta .. como soberbio en cuanto a los propios méritos y persuadido de que sus prejuicios eran dogmas.

persuasión *f* Acción de persuadir(se). *Tb su efecto*. | Villapún *Iglesia* 4: La Iglesia de Jesucristo conquistó las almas, no por la violencia ni por la espada, sino por la persuasión.

persuasivamente *adv* De manera persuasiva. | Delibes *Parábola* 21: Darío Esteban arranca de lo más profundo de su pecho la voz de barítono .. para reconvenir persuasivamente a los funcionarios.

persuasivo -va *adj* Que tiene capacidad para persuadir. | Aparicio *César* 100: –Serviros, monseñor: probad de aquí y de allá; aquí tenéis langosta en tres estilos diferentes –añadió persuasivo. CNavarro *Perros* 97: Su voz se hizo más dulce y persuasiva. Laforet *Mujer* 185: Ella le hizo un sermón persuasivo.

persuasor -ra *adj* **1** Que persuade. *Tb n, referido a pers*. | Pinillos *Mente* 102: Todo el mundo ha oído hablar .. de la "propaganda invisible", de los persuasores ocultos y todo lo demás.

2 Persuasivo. | Lázaro *Crónica* 81: La medida no pareció sensata, ya que el ausente podía tener razones persuasoras.

persuasorio -ria *adj* Persuasivo. | GClares *Ava* 7.12.68, 21: Uno de los estudiantes se dirige verbalmente a la fuerza pública, en tono persuasorio.

persulfato *m* (*Quím*) Sal del ácido persulfúrico, que se utiliza como sustancia blanqueadora. | *TEx* 28.6.71, 30: La Brigada de Investigación Criminal detuvo a un almacenista acusado de mezclar el persulfato en las harinas que suministraba a los detallistas.

persulfúrico -ca *adj* (*Quím*) [Ácido] del azufre con la máxima oxidación. | * Las sales del ácido persulfúrico son los persulfatos.

pertegal *m* (*reg*) Cama del carro. | C. MQuemada *Nar* 10.76, 11: Las ruedas [del carro chillón] no tienen cubo cilíndrico, sino prismático, estando, por tanto, sólidamente unidas al eje, con el que forman el llamado "rodal o chirriones", independiente de la cama del carro o pertegal.

pertenecer (*conjug* **11**) *intr* **1** Ser propiedad [de alguien (ci)]. | Agromán 93: El perro es danés, se llama "Top", pertenece a un actor alemán.

2 Formar parte [de algo (ci)]. | Chamorro *Sin raíces* 57: Él no pertenecía a esa especie que se atornilla a los sillones de oro y terciopelo. Villapún *Dogma* 167: Para ser válidamente padrino, por sí o para otro, se requiere: .. No pertenecer a secta herética, ni estar excomulgado. *Inf* 2.10.75, 5: El agente del orden muerto tenía veintitrés años, pertenecía a la última promoción de la Escuela.

3 Ser [una cosa] propia [de alguien o algo (*ci*)]. | *Agromán* 89: Las tumbas pertenecen al período auriñaciense.
4 Ser [una cosa] obligación [de alguien (*ci*)]. | * Esta tarea le pertenece a él.

pertenecidos *m pl* (*raro*) Pertenencias [2]. | *Compil. Vizcaya* 638: La transmisión a título gratuito de un caserío con sus pertenecidos comprenderá .. el mobiliario, semovientes y aperos de labranza existentes en el mismo.

perteneciente *adj* Que pertenece. | *Nor* 28.9.71, 5: Primer aniversario de la señora Doña Agapita Caballero González .. (Perteneciente a varias asociaciones piadosas).

pertenencia *f* **1** Hecho de pertenecer. | Amorós-Mayoral *Lengua* 73: Posesivos. Establecen una relación de posesión o pertenencia entre los objetos y las personas gramaticales. Castilla *Alienación* 19: Esa pertenencia a un estrato social determinado es la que conlleva el que las relaciones tengan ese peculiar matiz.
2 Cosa que pertenece [1 y 2] [a alguien o algo (*compl de posesión*)]. *Normalmente en pl.* | Arce *Testamento* 34: Yo leí muchas veces la carta de mi tío donde me decía que vendiese nuestras pertenencias. L. Calvo *Abc* 12.3.72, 21: Ni Hong-Kong y sus contiguas pertenencias, ni la isla de Macao, provincia portuguesa de Ultramar .., toman hoy a pecho la declaración china en las Naciones Unidas.
3 (*Min*) Unidad de medida superficial de una concesión, equivalente a un cuadro de una hectárea. | *Alc* 16.11.70, 4: Hay también diamantes en Torremolinos, según se desprende de la denuncia de 14.000 pertenencias, que, bajo la denominación de Mina Mare Nostrum, ha sido formulada por José María Verdejo Sitges.

pértiga *f* **1** Pieza larga y delgada de sección circular, de madera u otra materia. | Repollés *Deportes* 96: Una prueba extraordinariamente espectacular es el salto con pértiga. Marcos-Martínez *Física* 26: Cinco hombres llevan un fardo suspendido de una pértiga que tiene 4 metros de largo. Torrente *Saga* 526: Aquella arquitectura no era pétreamente sólida, sino más bien la de un teatro, pintada sobre papel y aguantada por detrás con pértigas de pino. *Ya* 27.12.74, 1: Se produjo un accidente en una línea del Metro madrileño .. al desprenderse un hilo de trabajo de la línea aérea que lleva la corriente y que los trenes toman por la pértiga.
2 Lanza del carro. | F. Carpio *GacR* 31.3.91, 16: Las partes que entran en la formación del carro son la pértiga, los aimones, las agujas o travesaños.

pértigo *m* Lanza del carro. | Romano-Sanz *Alcudia* 163: Debajo [del porche], con el pértigo en el suelo, hay dos carros de lanza y uno de yugo.

pertiguero *m* Subalterno que en una catedral asiste a determinadas ceremonias llevando en la mano una vara larga guarnecida de plata. | Cunqueiro *Crónicas* 16: Su Señoría .. llevaba el compás de la música como en un baile, precedido de pertiguero con vara de plata.

pertiguista *m* (*Dep*) Saltador con pértiga [1]. | *Ya* 13.2.86, 46: El corazón en un puño nos lo puso el pertiguista Jorge Corella, quien al intentar sobrepasar los 4,60 metros resbaló en la colchoneta y se golpeó con el suelo.

pertinacia *f* Cualidad de pertinaz. | García *Abc* 27.4.75, sn: El descontento trabaja con sorda y enemiga pertinacia esta vida de hoy, transida de incertidumbres, de oscuros presagios.

pertinaz *adj* **1** Terco u obstinado. | Gala *Petra* 841: Haz el favor de no ser pertinaz. En ausencia del hermano mayor soy yo la que decide.
2 [Cosa negativa] prolongada o persistente. | *Abc* 27.12.70, 36: La sequía más pertinaz desde hace veintidós años se registra en el sudoeste de esta isla.

pertinazmente *adv* De manera pertinaz. | Laín *Universidad* 115: El pluralismo político y social ha sido violenta y pertinazmente abolido desde el Estado.

pertinencia *f* Cualidad de pertinente. | MCachero *AGBlanco* 115: Ocasional y muy divagatorio resulta el escrito .. sin que del análisis que ofrece se deduzca la pertinencia de semejante calificación. Delibes *Madera* 18: Se solidarizó con su marido y agregó, con lúcida pertinencia, que "la dijeran de un niño, uno solo —recalcó—, que a los siete años no hubiese aspirado a ser héroe o bombero".

pertinente *adj* **1** Adecuado u oportuno. *A veces con un compl* A. | MCachero *AGBlanco* 118: La divagación no pertinente escasea.
2 Correspondiente o propio. | Pinillos *Mente* 81: El cerebro envía los impulsos nerviosos eferentes que provocan las pertinentes contracciones y distensiones de los músculos.
3 (*Ling*) [Rasgo] distintivo. | Alarcos *Fonología* 98: En el primer caso, la oposición neutralizada pierde su carácter distintivo en contacto con fonemas que poseen el mismo o semejante rasgo pertinente en su forma positiva o negativa.

pertinentemente *adv* De manera pertinente [1]. | DCañabate *Paseíllo* 138: Voy a describir un toro de los que hoy se ven. El toro que muy pertinentemente ha sido llamado comercial.

pertrechar *tr* Abastecer de pertrechos. *Frec el cd es refl*. | *Abc* 23.1.75, 23: Oriente Próximo se pertrecha para la guerra. L. Pancorbo *Ya* 14.12.75, 7: Para adaptarse hay que pertrecharse. Por ejemplo, es ridículo vivir aquí sin un gorro, sin guantes, ni botas forradas. Moreno *Galería* 187: Allá van los vecinos, con sus picos, palas y azadones al hombro. Otra vez, con las hachas. Ahora, con su propio ganado de carga y trabajo, pertrechado con aparejo, artolas o jamugas y sus picos "picapedreros".

pertrechos *m pl* **1** Armas, maquinaria, municiones y demás instrumentos de guerra. *Tb ~ DE GUERRA*. | *Mad* 3.1.70, 4: Reforzar sus Fuerzas Armadas con los más modernos y variados pertrechos de guerra.
2 Conjunto de utensilios necesarios para algo. *Frec con un compl especificador*. | VMontalbán *Rosa* 83: Quién ponía a prueba las luces de situación, quién comprobaba la subida y bajada de los botes del salvamento, izando los que habían sido arriados y dejándolos colgados de los pescantes en los costados y con todos los pertrechos a bordo.

perturbación *f* Acción de perturbar. *Tb su efecto*. | *Abc* 3.12.70, 53: Se trataba de seguir fomentando la agitación universitaria y de incrementar las perturbaciones del orden académico y público. Mingarro *Física* 86: Podemos realizar un modelo mecánico de propagación longitudinal imaginando una fila de bolas unidas por resortes helicoidales, en la cual iniciaremos la perturbación aproximando las dos primeras. SFerlosio *Jarama* 10: El cielo liso, impávido, como un acero de coraza, sin una sola perturbación. FQuintana-Velarde *Política* 67: Se llama producto nacional real a aquel que se obtiene eliminando las perturbaciones que en el valor del producto introducen las oscilaciones de los precios.

perturbado -da *adj* **1** *part* → PERTURBAR.
2 [Pers.] que tiene perturbadas (→ PERTURBAR [1]) sus facultades mentales. *Tb n. Tb ~ MENTAL*. | F. Blasi *Mun* 12.12.70, 54: Sea un megalómano, un perturbado mental, un maniaco, un inadaptado social o un delincuente responsable, el autor no merece más atención.

perturbador -ra *adj* Que perturba. *Tb n*. | Aranguren *Marxismo* 22: Se hace de él [el término "marxismo"] un uso predominantemente emocional .. Este uso es perturbador de la recta inteligencia del término. FQuintana-Velarde *Política* 222: El Gobierno ordenó, para conocer a fondo las intervenciones superfluas o perturbadoras del orden de la competencia, que se elaborase un catálogo de tales intervenciones. Mingarro *Física* 35: La idea genial de Galileo estriba en haber intuido lo que le sucedería a un cuerpo si en su movimiento estuviese libre de toda acción perturbadora exterior.

perturbar *tr* **1** Alterar o trastornar [algo]. | E. Romero *Pue* 9.2.67, 1: No perturban la paz y el progreso con el legítimo ejercicio de la libertad de opinión. Mingarro *Física* 83: Si arrojamos una piedra a un estanque, el movimiento oscilatorio .. del punto perturbado se propaga a todo él con una velocidad fácil de medir con el metro y el reloj.
2 Intranquilizar o desasosegar [a alguien]. | * Cierra la ventana, que ese ruido me perturba mucho.

Perú I *loc adj* **1** [Bálsamo] **del ~** → BÁLSAMO.
II *loc v* **2 valer** (**costar** *u otro v equivalente*) **un ~**. Ser de gran valor. | M. Hidalgo *D16* 20.12.88, 56: Las páginas de color de periódicos y revistas nos incitan .. a viajar a lugares de ocio y descanso donde solo respirar sale por un Perú.

peruano -na adj Del Perú. Tb n, referido a pers. | Abc 1.2.68, 39: Un camión desaparece en un río peruano con veintitrés personas. Delibes Año 75: He hecho el ensayo de poner en castellano algunos de los párrafos más acentuadamente peruanos, y la eufonía quiebra.

peruco m (reg) Manzana de forma semejante a la de la pera. | MFVelasco Peña 27: Compré perucos y tomates, por comprar algo.

peruétano m Peral silvestre. Tb su fruto. | CoE 8.8.75, 10: Esto y que Makatza significa peral silvestre o peruétano, viene de una carta que hemos recibido.

perula f (reg) Vasija de barro de forma casi esférica, con base y boca estrechas. | Seseña Barros 137: Las perulas para guardar aceite o vinagre son de cuerpo casi globular, boca pequeña y un asa. Van vidriadas totalmente en color verde y se hacen en 6 tamaños. [En Lucena, Córdoba.]

perulero -ra (raro) adj **1** Del Perú. | Cela Mazurca 228: Tanis Perello pasa por la piedra sus dos cuchillos de monte, uno tiene las cachas de asta cervuna y el otro de plata perulera.
2 Indiano procedente del Perú. Más frec n. | Cossío Confesiones 33: La mansión de Tudanca la construyó un indiano que consiguió fortuna en el Perú .. Este perulero se llamaba don Manuel Fernández de Linares.

perusino -na adj De Perusa (Italia). Tb n, referido a pers. | E. Montes Abc 12.5.74, 3: Los franciscanos de Perusa le piden a los cristianos ricos que reúnan un fondo común y funden un monte de misericordia .. Ese "Monte de Misericordia" perusino .. tenía sucursales por toda Italia central.

perversamente adv De manera perversa. | CPuche Paralelo 25: Avanzaban pisoteando infantilmente, perversamente, la fría humedad del pavimento recién estrenado.

perversidad f Cualidad de perverso. | Torrente Off-side 340: Mi imaginación ha alcanzado un grado tal de perversidad que no concibe más que dificultades.

perversión f **1** Acción de pervertir(se). Tb su efecto. | CBaroja Brujas 120: En esta época de la Edad Media los ritos y creencias de los judíos precisamente eran considerados como la quinta esencia de la perversión.
2 Desviación de los instintos normales. | MSantos Amor 120: La pornografía está al servicio del fetichismo, del onanismo, de la perversión. **b)** Acción que implica perversión. | MMolina Jinete 391: Repitiendo posturas o palabras que han aprendido en un vídeo pornográfico, perversiones modestas.

perverso -sa adj **1** Inclinado al mal o que se complace en hacer mal. | CBaroja Inquisidor 48: Los presentó como objeto permanente de la venganza de un tribunal perverso: el del Santo Oficio. J. Camarero Pue 2.3.59, 24: Responden a personalidades perversas, a tipos apocado[s] y tímidos, evidentemente retraídos.
2 Que denota o implica perversión. | GPavón Reinado 33: Usted debía haber nacido en Chicago, pongo por sitio perverso.
3 Que altera negativamente el orden o estado normal de las cosas. | Prados Sistema 232: Resultaría extraordinariamente complicado impedir los movimientos referidos de capitales a corto plazo –que de acuerdo a la nueva terminología económica podrían calificarse de "perversos"–. M. Velarde Abc 21.3.88, 46: Las sociedades de valores "importadas" de los sistemas anglosajones más desarrollados pueden tener un paradójico resultado indeseable, no esperado en su concepción. Esto es, con efecto perverso.

pervertido -da adj **1** part → PERVERTIR.
2 [Pers.] de costumbres sexuales viciosas. Frec n. | MMolina Jinete 323: ¿No serás un pervertido? Te conviene buscar novia.

pervertidor -ra adj Que pervierte. Tb n, referido a pers. | Goytisolo Recuento 577: Tras una adolescencia libertina .., acabó pervertidor y pervertido, sin fe de clase alguna, blasfemo, sacrílego, diabólico.

pervertir (conjug **60**) tr **1** Hacer malo o vicioso [a alguien o algo]. | Medio Bibiana 19: Para conseguir entrar en alguna parte los chicos se dejaban pervertir por los vicios. **b)** pr Hacerse malo o vicioso [alguien o algo]. | Vesga-Fernández Jesucristo 137: Judas se fue pervirtiendo poco a poco.
2 Alterar negativamente [algo]. | F. Guerrero Ecc 16.11.63, 37: Encomendar exclusivamente al Estado aquello que pueden realizar .. otras sociedades menores intermedias sería pervertir el recto orden social.

pervinca f Vinca o vincapervinca (planta). | Ama casa 1972 202a: En este mes florecen: Las anémonas, .. los pensamientos, las pervincas, las saxífragas, las primaveras, las velloritas.

pervivencia f Acción de pervivir. | J. M. RGallardón Abc 17.12.70, sn: Permite por su elasticidad el progreso y la renovación que a su vez aseguran la pervivencia de aquel orden.

pervivir intr Seguir viviendo o existiendo. | Criado MHi 11.63, 21: ¡Viejo tema que para estas fechas solo pervivía en España!

pesa f **1** Pieza, de peso determinado, que sirve para pesar[7]. | Medio Bibiana 226: El pescadero suelta el cuchillo y coge una pesa.
2 Pieza pesada que en un mecanismo sirve de contrapeso o para dar movimiento. | Laforet Mujer 186: La bombilla .. se acercaba a la mesa de su cuarto por un sistema de pesas. ZVicente Balcón 12: Ordena algunos cacharros, sube las pesas al reloj, arregla las flores.
3 En pl: Instrumento gimnástico consistente en una barra con una bola o uno o varios discos en cada extremo. | Acevedo Pue 23.10.70, 3: A las diez de la noche, .. no es cosa de tirarse a nadar, saltar vallas, arrojar la jabalina, levantar pesas.

pesabebés (tb, raro, con la grafía **pesa-bebés**) m Balanza de platillo grande y abarquillado, propia para pesar bebés. | Ama casa 1972 24: No hay que abusar .. de la balanza y del pesabebés, ni alarmarse por una diferencia de unos gramos más o menos. Prandi Salud 581: Es aconsejable que la madre prosiga esta vigilancia del peso del recién nacido al llegar al hogar, por lo que puede utilizar los servicios de alquiler de "pesa-bebés" en alguna farmacia o comercio.

pesacartas m Balanza automática muy pequeña, que sirve para pesar cartas con el fin de determinar su franqueo. | Marín Enseñanza 244: Otros instrumentos para pesar: báscula, romana, pesacartas, báscula para camiones.

pesada f Acción de pesar[1] [7]. | Marín Enseñanza 251: ¿Pueden pesarse líquidos? .. Efectuar pesadas de líquidos.

pesadamente adv **1** De manera pesada (→ PESADO[1] [6 y 9]). | Medio Bibiana 54: Marcelo baila pesadamente. Pisa a Ana de vez en cuando.
2 De manera que se hace sentir todo el peso[1] [1]. | Matute Memoria 207: Levantó la mano sobre mí, cerró el puño, y .. la dejó caer pesadamente sobre la colcha. Suárez Monedas 274: Traen grandes zurrones de caza cargados y los dejan pesadamente en el suelo.

pesadez f **1** Cualidad de pesado[1]. | Pericot-Maluquer Humanidad 46: Las puntas musterienses, por su tamaño y pesadez, pensamos que debieron ser usadas como puntas de lanza o de dardo. CNavarro Perros 105: El cansancio iba acumulándosele en el rostro, y sus miembros acusaban una pesadez creciente. Tomás Orilla 84: Hablaba con pesadez. Las palabras tropezaban unas con otras. –Vas pasao de chocolate.
2 Cosa o pers. pesada (→ PESADO[1] [9]). | Halcón Ir 390: Las pesadeces de la buena señora bien se echaron de menos a su muerte. * Es una pesadez tener que hacer siempre lo mismo. * ¡Qué pesadez de niño!

pesadilla f **1** Sueño angustioso o aterrador. | HLM 31.1.72, 1: Yokoi se acurruca contra la pared y duerme entre sobresaltos y pesadillas, en las que se ve rodeado por los espíritus de sus camaradas, que le amenazan por tratar de regresar al Japón sin ellos.
2 Honda preocupación o angustia. | Hermes Abc 7.5.72, 85: Tras unas secuencias descriptivas llenas de placidez casi bucólica, surge la escalada de las violencias, la pesadilla sin respiro, que se agudiza para el espectador, porque ve todo lo que la protagonista solo puede percibir parcialmente, va delante de ella en el suspense. **b)** Pers. o cosa que causa hon-

pesado – pesar

da preocupación o angustia. | Lapesa *HLengua* 119: Tras la pesadilla de Almanzor, los moros dejan de ser enemigos temibles hasta la venida de los almorávides. Fer. Martínez *Tri* 10.4.71, 10: Los impuestos para pagar los gastos de la guerra y recompensar a los funcionarios españoles volvieron a ser una pesadilla para los criollos.

pesado[1] -da *adj* **1** *part* → PESAR[1].
2 Que tiene un peso[1] [1] elevado, o superior al normal o al que tienen los otros seres que forman serie con el nombrado. | Cuevas *Finca* 207: Ordenó las pesadas maletas en la parte de atrás del vehículo. *VozC* 2.6.70, 2: A continuación pasaron .. grupos antiaéreos, ligeros y pesados. **b)** *Con un adv comparativo*: Que tiene [más o menos] peso[1] [1]. | Marcos-Martínez *Física* 76: Se construyen de ordinario [los barcos] con materiales más pesados que el agua. **c)** (*Dep, esp Boxeo*) [Peso] superior a los 79,378 kg. *Tb referido al deportista de ese peso; en este caso, frec como n m en pl* (→ PESO[1]). | Repollés *Deportes* 105: Por esta época comenzaron a convertirse en ídolos populares los grandes campeones del peso pesado. S. Peláez *Act* 5.11.70, 83: Ofrecemos la opinión que Cassius Clay ha merecido a los mejores pesos pesados de nuestro siglo. F. Yagüe *Inf* 17.6.71, 27: Boxeo .. Así, por la tarde, veremos las dos semifinales de moscas, plumas ..; y por la noche, las dobles semifinales d[e] minimoscas, gallos, ligeros, welters, medios y pesados. Villuendas *Ya* 13.4.77, 38: Los dos primeros clasificados de cada peso fueron: .. Pesado: Fonseca (Catalana) y Villares (Navarra). [*En taekwondo.*] **d)** [Vehículo automóvil] de gran tonelaje, destinado al transporte de mercancías o perss. | *Alc* 31.10.62, 22: Facilitamos a continuación datos sobre algunos de los nuevos vehículos pesados que han sido exhibidos en los recientes Salones automovilísticos. **e)** [Industria] de maquinaria y armamento pesados [1a]. | FQuintana-Velarde *Política* 138: En algunas de estas zonas industriales existe claro predominio de ciertos procesos elaboradores sobre los otros. Así, las conservas de pescado en Galicia, la industria pesada en Vizcaya. **f)** [Aceite] ~, [agua] **pesada** → ACEITE, AGUA.
3 [Cosa] que da la sensación de pesar mucho, por ser maciza o compacta. | * En general las construcciones románicas son pesadas.
4 [Parte del cuerpo] que experimenta una sensación anormal de peso[1] [1]. | *Ya* 27.4.75, 61: Tratamientos .. Para varicosidades, venas aparentes, piernas pesadas y dolorosas.
5 [Tiempo] de presión atmosférica alta, que produce opresión o abatimiento. | * ¡Qué día tan pesado está hoy!
6 Tardo o lento. | * Es un animal de movimientos pesados. Peraile *Cuentos* 50: El señor Ventura, pesada la digestión, lentos los remos, llegaba premioso al tajo. *Ya* 30.10.74, 52: Cebada. Mercado pesado, con bajo nivel de operaciones; oferta creciente. **b)** Torpe de movimientos. | GPavón *Rapto* 64: Yo no llego hasta aquí. Ya estoy muy pesado, sabe usted.
7 [Comida] difícil de digerir. | Torbado *En el día* 355: Soportada los almuerzos pantagruélicos, las cenas pesadas e inacabables, pero no entendía aquel afán absurdo de desayunarse con una tacita de café y un suizo.
8 [Sueño] profundo. | * Yo tengo un sueño muy pesado, en cambio el suyo es muy ligero.
9 Molesto o enfadoso, esp. por reiterativo o por excesivamente largo. | Arce *Testamento* 16: Zumbaban por allí dos moscardones metálicos, ronroneantes y pesados. Olmo *Golfos* 68: –¿Me dejas dar una vuelta? –No. –Solo hasta la fuente .. –Qué pesao. ¡Nooo! Palacios *Juicio* 184: ¿Cómo poner a este autor .., que escribe de una manera tan desembarazada y amena, al lado de uno de los más pesados y farragosos filosofadores del mundo?

pesado[2] *m* Acción de pesar[1] [7]. | *Van* 18.4.74, 31: Soler. Envasadora y pesadora con mando electrónico. Para el Envasado y Pesado de toda clase de productos granulados y molturados.

pesador -ra *adj* Que pesa[1] [7]. *Frec n: m y f, referido a pers; f, referido a máquina.* | *GTelefónica N.* 155: Básculas Especiales. Molenschot Española, S.A. .. Concesionario en España de la primera fábrica holandesa de aparatos pesadores. Lera *Olvidados* 58: El comprador allegaba las seras al pesador y este cantaba un número. *Alcoy* sn: Le ofrecemos la siguiente maquinaria de nuestra construcción: .. Lana de labores: Pesadoras ovilladoras automáticas.

pesadumbre *f* **1** Pena o pesar. | *Pue* 16.12.70, 30: Tendrás amor y comprensión y hasta unas gotas de pesadumbre por el dolor de alguien a quien amas.
2 (*lit*) Peso[1] [1 y 8]. | Cruz *Torres* 60: La torre grita en el volumen su propia pesadumbre, apenas aliviada por algún hueco, como un ventanal ajimezado. Torrente *Sombras* 240: Se sentía representante de los caballos habidos y por haber, y era la buena reputación de la especie lo que se iba a jugar. Le pareció que aquella pesadumbre inesperada le hacía, de repente, envejecer.
3 (*lit*) Cualidad de pesado[1] [7]. | GPavón *Hermanas* 224: El puñetero vino de Tomelloso .. y la pesadumbre grasa de los galianos lo tenían como un haz de manzanillones.

pesaje *m* Acción de pesar[1] [7]. | Prandi *Salud* 581: Es casi indispensable disponer de un "pesa-bebés" que permita el pesaje diario. *Rue* 7.3.63, 4: Han de jugarse la piel ante bichos enteros, con más de trescientos kilos a la hora del pesaje en canal. A esos toros hay que castigarles mucho.

pésame *m* Manifestación de condolencia por la muerte de alguien, dirigida a un allegado suyo. *Frec en la constr* DAR EL ~. | *Economía* 144: Visitas de pésame .. Estas visitas se harán, a ser posible, durante el tiempo comprendido entre la defunción y el entierro. Laforet *Mujer* 318: ¡La hija ha muerto!... Por eso quiero la dirección..., para el pésame.

pesante *adj* (*lit*) Pesado[1] [2, 3 y 9]. | Payno *Curso* 32: Los senos, fuertes y emergiendo pesantes dentro de la blusa, daban una sensación de potencia y fuerza de vida. GNuño *Escultura* 142: Se ignora si ellos son toros, leones, cerdos, jabalíes, o una extraordinaria y pesante combinación de todas estas especies. Suñén *Manrique* 150: La necesidad incuestionable de .. iniciar, desarrollar y concluir el análisis amplio, abierto, ajeno a tópicos ya demasiado pesantes.

pesantez *f* (*lit*) Peso[1] [1]. | MSantos *Tiempo* 220: La opacidad de la carne, la apariencia de eternidad de una forma que no pesa, que salta, que vuela, que se eleva en el aire, que cae no por obedecer a los imperativos de la pesantez, sino más bien al ritmo de la música. F. Martino *Ya* 11.2.75, 43: Las células, en razón de su mayor pesantez, se depositan en el fondo, mientras sobrenada el plasma. Zunzunegui *Camino* 234: Surgían aquí y allá álamos .., y entre su suave cimbreo vegetal graveaban con su pesantez las torres.

pesar[1] **I** *v* **A** *intr* **1** Tener peso[1] [1]. | Marcos-Martínez *Física* 15: Todos los cuerpos pesan. **b)** Tener mucho peso[1] [1]. | Legorburu-Barrutia *Ciencias* 345: Ven con admiración que ninguno puede con ellas [las botellas de mercurio]. De veras el mercurio pesa.
2 Tener importancia o trascendencia. | Carrero *Pue* 22.12.70, 6: Esto exige una política fiscal en la que pesen menos los impuestos indirectos.
3 Ejercer [una cosa] su peso[1] [1 y 8] [sobre alguien o algo]. | Cuevas *Finca* 261: Una enorme, sólida paz parecía pesar físicamente sobre el campo. Laiglesia *Ombligos* 117: Sobre sus bien cepillados hombros pesaban todas las responsabilidades protocolarias de la embajada. **b)** Recaer [algo negativo, esp. una obligación o carga, sobre alguien o algo]. | *CCa* 23.5.71, 4: Primarias y únicas estipulaciones contractuales que son las que únicamente deben atenderse con las cargas aportativas que pesan sobre los sueldos, jornales y beneficios de sus asociados. A. Aricha *Caso* 21.11.70, 12: Dábamos cuenta a nuestros lectores de la detención del súbdito alemán Norbert Kocourek .., sobre quien pesaba la acusación de haber dado muerte a su esposa e hijos.
4 Hacer sentir [una cosa] (*suj*) a alguien (*ci*)] su peso[1] [1 y 8] con especial intensidad. | Matute *Memoria* 20: Aquí estoy ahora, delante de este vaso tan verde, y el corazón pesándome. **b)** Hacerse pesado[1] [9]. | MGaite *Nubosidad* 175: En eso se reconocen los tramos muertos de una novela, en que empiezan a pesar por los mismos sitios por donde al autor se le empezaron a hacer pesados.
5 Causar [un hecho] arrepentimiento o dolor [a alguien]. | Medio *Bibiana* 18: A Marcelo le pesa haber hablado.
B *tr* **6** Tener [un peso determinado]. | Marcos-Martínez *Física* 55: Un frasco vacío pesa 150 p.
7 Determinar el peso[1] [1] [de alguien o algo (*cd*)] mediante un instrumento adecuado. | Marcos-Martínez *Física* 54: Se pesa primero el frasco vacío.

8 Examinar o considerar la importancia [de algo (*cd*)]. | R. Frühbeck *SAbc* 20.9.70, 11: Problemas son estos que hay que tener en cuenta, medirlos y pesarlos con cuidado.
II *loc adv* **9 mal que me** (**te**, **le**, *etc*) **pese.** Aunque no sea de mi (tu, su, etc.) agrado. | A. P. Foriscot *Van* 7.3.71, 9: Las patatas, el bacalao, los ajos y, ¡ay!, el aceite, habrían de ser tal y como eran antes. Hoy, mal que nos pese, ya no lo son.
10 pese a quien pese. A pesar de todo (→ PESAR²). | D. Tomás *Hoy* 4.8.74, 14: Año llegará, pese a quien pese .., en el cual sacaré fuerzas de ánimo para decidirme a demostrar que todavía puede uno correr, saltar, lanzar el disco, nadar.
III *loc prep* **11 pese a.** A pesar de (→ PESAR²). | Cunqueiro *Un hombre* 12: Pese al mirar amistoso, los delgados labios no parecían dados a la sonrisa.

pesar² I *m* **1** Sentimiento o pena. | *Reg* 11.8.70, 5: Que conste en acta el pesar de la Corporación por el fallecimiento del Dr. analista don Juan Tomé Recio.
II *loc adv* **2 a ~ de** (**todos**) **los ~es.** (*col*) A pesar [3] de todo. | F. M. Cano *Sáb* 4.1.75, 38: Está de moda el divorcio, y, a pesar de los pesares, también existe en España. Al menos en determinados casos. Delibes *Mundos* 33: Argentina, a pesar de todos los pesares, sigue siendo el país de las oportunidades.
III *loc prep* **3 a ~ de.** Sin importar la oposición de. *Frec* A ~ DE + *pron pers se sustituye por* A ~ + *posesivo*. | * Se fue a la India a pesar de su familia. Laforet *Mujer* 98: Eran palabras razonables; a pesar suyo la convencieron. **b)** Sin importar el hecho o el inconveniente de. | Delibes *Mundos* 44: La pendiente aumenta a pesar de que el tren faldea la montaña.

pesario *m* Aparato que se coloca en la vagina para mantener el útero en su posición normal o para impedir la fecundación. | Goytisolo *Recuento* 476: ¿No podían haberlo hecho [el acto sexual] sin pesario incluso, ya que, como tuvo ocasión de comprobar, el pesario estaba en su estuche, donde siempre?

pesarosamente *adv* De manera pesarosa [2]. | CNavarro *Perros* 18: –Siempre piensas en lo peor. –Sí –admitió la abuela–; será cosa de los años.– Movió pesarosamente la cabeza.

pesaroso -sa *adj* **1** [Pers.] que siente pesar² [1]. | *Ya* 19.11.63, 30: Al Phillips, "manager" de Allotey, manifestó que el púgil estaba pesaroso de su actitud.
2 [Cosa] que expresa o denota pesar² [1]. | * La expresión pesarosa de su rostro me conmovió.

pesca *f* **1** Acción de pescar [1 y 2]. *Tb su efecto.* | Bustinza-Mascaró *Ciencias* 171: Son objeto [las sardinas] de intensa pesca, con artes diversas, en nuestros mares. Ortega-Roig *País* 62: Muchos barcos se dedican a la pesca de altura por el Atlántico Norte.
2 Conjunto de animales que son objeto de pesca [1]. | Ortega-Roig *País* 62: En el Cantábrico y el Atlántico abunda la pesca.
3 y toda la ~. (*col*) Concluyendo una or, pone énfasis en lo que se acaba de enunciar y en lo que queda sin decir. | Delibes *Emigrante* 47: Era aquello una olla de grillos de gente que subía y bajaba, y pasillos, y tiendas con escaparates y toda la pesca. SFerlosio *Jarama* 70: ¿Quién es el guapo que se mueve ahora? .. Y tener que vestirnos y toda la pesca.

pescable *adj* (*raro*) Que se puede pescar [1]. | *Ya* 3.6.84, 32: Pesca. Superabundancia de especies pescables.

pescada *f* (*reg*) Merluza (pez). | Vega *Cocina* 165: No es solamente del mar .. de donde obtiene Málaga los elementos básicos de su cocina, de la que forman parte la pescada blanca a la malagueña, el rape con patatas. D. Cameselle *Faro* 6.8.75, 16: El Monasterio de Santa María de Oya rehusó el cobro de sus "pescadas" que le eran debidas por los pescadores de la villa de Bayona.

pescadería *f* **1** Tienda en que se vende pescado. | Umbral *Ninfas* 65: Reina menstrual del mercado donde su madre viuda tenía una pescadería.
2 Comercio de(l) pescado. | Jo. Cortés *Ide* 27.2.75, 13: Las ventas en la jornada de ayer transcurrieron en la línea baja que caracteriza la semana, siendo los precios que rigieron el día siguiente en la pescadería: Aguja, de 200 a 300 pesetas kilo.

pescadero -ra I *adj* **1** De (la) pescadería [2]. | Jo. Cortés *Ide* 27.2.75, 13: Sigue siendo la nota predominante dentro del sector pescadero que abastece a la capital granadina la entrada de especies procedentes del litoral cantábrico.
II *m y f* **2** Pers. que vende pescado. | Umbral *Ninfas* 221: Me contó la muerte de la vieja pescadera, que había fallecido en la butaca del teatro.

pescadilla *m* **1** Merluza que no sobrepasa los 2 kg de peso. | *Abc* 21.4.70, 43: En el Mercado Central de Pescados destacaron en el mes de marzo las alzas de las cotizaciones de angulas, .. merluza, pescadilla, salmonete.
2 ~ que se muerde la cola. (*col*) Cosa que implica círculo vicioso o encadenamiento circular. | Acquaroni *Abc* 22.10.67, 45: El pueblo es el único que puede bautizar su geografía, porque voz del pueblo es voz del cielo. Lo que quiere decir que la pescadilla se muerde la cola y resulta a la postre, el cielo, el Creador .. el que pone nombre a sus creaciones.

pescado I *m* **1** Animal que vive dentro del agua y que se pesca para su consumo. *Frec, en sg, con sent colectivo.* | Aldecoa *Gran Sol* 34: Pensaba en placeres de pesca donde a cada lance de la red sucediese una sacada que llenara la cubierta de pescados. Aldecoa *Gran Sol* 16: Llevará .. ochocientas o mil cajas de pescado blanco.
II *loc adj* **2 de ~.** (*hoy raro*) De vigilia. *Tb adv.* | * Hoy es día de pescado. * Los viernes de cuaresma se come de pescado en esta casa.
3 [Cola] **de ~** → COLA².

pescador -ra I *adj* **1** Que pesca [1]. *Frec n, referido a pers.* | *Abc* 13.12.70, 39: Entre la población pescadora, la noticia ha originado el natural malestar. M. Landi *Caso* 21.11.70, 9: Con el que no pudimos hablar porque es pescador y se hallaba trabajando en la mar. **b)** (Águila) **pescadora**, [marta] **pescadora**, [martín] **~** → ÁGUILA, MARTA, MARTÍN.
II *n A m y f* **2** (*reg*) Pescadero. | Aldecoa *Gran Sol* 15: Hombres en hilera descargaban el pescado. Cloqueaban las madreñas y las botas de suela de madera de las pescadoras.
B *f* **3** Prenda de vestir veraniega, en forma de blusa suelta sin botones. | Marsé *Dicen* 89: Miró a Java, leyó en su cara, en su extraño silencio: las oscuras manos colgando inertes frente a la rodilla, el pañuelo de colores anudado al cuello, la pescadora azul.

pescantazo *m* (*col, hoy raro*) Incumplimiento de un compromiso matrimonial. *Frec con el v* DAR. | Torrente *Señor* 252: Así, sin darse cuenta, un día se encuentra convertido en novio formal. Entonces ya no hay remedio, porque, si da el pescantazo, no le dejarán vivir. DCañabate *Andanzas* 185: Si vamos a cuentas, unos sablazos de poca monta .. y tres o cuatro faenitas a unas desgraciadas señoritingas que se hicieron ilusiones matrimoniales, .. esto es, algunos pescantazos.

pescante *m* **1** *En un carruaje:* Asiento delantero exterior destinado al conductor. | Arce *Testamento* 74: Ella llevaba las bridas y yo me sentaba a su lado, en el pescante, y a nuestra espalda el abono calentito humeaba como aliento de potro.
2 (*raro*) *En un vehículo automóvil:* Asiento destinado al conductor. | Cero *Cod* 3.5.64, 2: Inaugurar una fábrica de automóviles movidos a gasolina o bencina, según el modelo presentado tipo cupé con pescante exterior. DCañabate *Andanzas* 22: A la puerta de una carnicería se detien[e] un gran camión. Su carrocería es toda cerrada y brilla de limpia. Del pescante descienden dos hombres que abren la puerta de atrás del vehículo.
3 (*Mar*) *En un barco:* Armadura o aparato para suspender anclas o botes o para mover pesos. | VMontalbán *Rosa* 83: Quién ponía a prueba las luces de situación, quién comprobaba la subida y bajada de los botes de salvamento, izando los que habían sido arriados y dejándolos colgados de los pescantes en los costados.
4 *En una pared:* Armadura o pieza saliente para sostener algo. | *VozC* 11.1.55, 3: Los pescantes de los andamios colgados estarán constituidos preferentemente con vigas de hierro laminado.

pescantina *f* (*reg*) Mujer que vende pescado al por menor. | Ero *Van* 4.12.75, 28: Optaron por rememorar a la pescantina orillera, que recorría antaño el camino de Santurce a Bilbao pregonando sardinas frescas. Cunqueiro *Pontevedra* 37: Sanxenxo. Pescantinas.

pescar *tr* **1** Coger o capturar [peces u otros animales que viven dentro del agua]. *Tb abs*. I Legorburu-Barrutia *Ciencias* 176: Se pesca [el cangrejo] a mano y con reteles o pequeñas redes de forma cónica. Vesga-Fernández *Jesucristo* 154: Díceles Simón Pedro: –Voy a pescar. **b)** Sacar [algo] del agua. I *Ya* 1.6.84, 3: Las flotas de Laxe y Camelle "pescaron" cajas de bombones.
2 (*col*) Conseguir o lograr [algo, esp. un novio]. *Tb abs*. I DCañabate *Paseíllo* 12: –Merceditas, no des tocino, que estos vienen a ver lo que se pesca. –Lo has acertado: a pescaros venimos. ¿Vais a venir esta tarde al Prado? J. GPastor *SYa* 1.6.75, 17: Es un hombre que ya quisieran "pescar" en París muchas chicas casaderas. *Hoy* 5.11.78, 19: –¿Te has quedado con algún pellizco para ti y tu familia? –Claro, hombre, claro; esta vez sí que he "pescado", llevo cinco décimos.
3 (*col*) Coger o tomar. I Payno *Curso* 197: Todo el mundo pensaba en los exámenes cercanos, en las notas no salidas, en las papeletas que sería necesario extraviar antes de que las pescaran en la familia. D. Plata *Abc* 11.2.58, 18: Como tal cateto, cuando vengo a Madrid, como los tomates no dan para tomar muchos taxis, tengo que pescar el tranvía.
4 (*col*) Coger [una enfermedad o una borrachera]. I Laiglesia *Tachado* 238: El caso es que antes de emprender la primera fuga pescó una bronquitis.
5 (*col*) Coger o entender. I ZVicente *Traque* 156: Que había ido al Colegio con mi Sole, mi Soledad, o sea, Solita. ¿O tampoco pesca usted eso?
6 (*col*) Coger o sorprender [a algo o alguien]. I MGaite *Nubosidad* 259: Otras conversaciones que he pescado entre los dos .. versan sobre crucigramas. Arce *Testamento* 35: Al regresar de la bolera .., la pescaba con el mozo de Pancar ocultos detrás de cualquier muro.
7 (*col*) Detener o capturar. I FReguera *Bienaventurados* 256: El calabozo era de reducidas proporciones y había en él media docena de presos .. –Tú eres un fio fino. ¿Por qué te han pescado? Cuevas *Finca* 208: El tren no llegó a Madrid .. Ya lo habrán pescado en otra parte.
8 saber [uno] **lo que se pesca** → SABER[1].

pescata *f* (*raro*) Acción de pescar [1a]. *Frec su efecto*. I *Inf* 19.6.70, 34: El mal tiempo reinante impidió a los "pescones" de Barreiros G. E. repetir las pescatas que el pasado año hicieron en estas aguas. J. A. Donaire *Abc* 1.9.84, 54: En el río Jarama .. hay infinidad de estos peces de los que mi buen amigo .. hace excelentes pescatas cuantos días se desplaza a estas márgenes.

pescatería *f* (*reg*) Pescadería. I Barral *País* 8.12.87, 15: Peces con nombres variables e imposibles de recordar incluso por los profesionales de la pescatería.

pescatero -ra *m y f* (*reg*) Pescadero. I C. Jimeno *Cua* 15.8.76, 27: Tudela ha estado desabastecida de pescado fresco durante las tradicionales fiestas de Santa Ana. Los pescateros de la capital de la Ribera mantienen una huelga que comenzó el día 7 de julio. Mendoza *Ciudad* 126: De estas chicas, las pescateras eran las más alegres y frescachonas.

pescozada *f* Pescozón. I Landero *Juegos* 332: –Y tú –se dirigió a Gil con una pescozada–, ¿tampoco conoces a la marimerlina?

pescozón *m* Golpe dado en el cuello. I Medio *Bibiana* 35: José Prats le da un pescozón cariñoso.

pescuecero -ra *adj* (*Taur*) [Vara, banderilla, pinchazo o estocada] que se sitúa en el pescuezo del toro. I C. Rojas *Inf* 29.5.74, 26: Un pinchazo y una estocada pescuecera acabaron con el toro.

pescuezo *m* Cuello [de un animal]. I *Cocina* 5: Vaca o buey .. Tercera calidad. Falda, pecho, pescuezo y rabo. **b)** (*pop*) Cuello [de una pers.]. I CNavarro *Perros* 81: Poncio se frotaba el pescuezo con ambas manos, y el jabón le blanqueaba el pelo.

pescuño *m* Cuña con que se aprietan la esteva, la reja y el dental de la cama del arado. I Grosso-LSalinas *Río* 40: La tierra parece estar blanda, pues el rejo va hundido hasta el pescuño.

pesebre *m* **1** Recipiente en forma de cajón en que se pone el pienso a los animales equinos o bovinos. I Vesga-Fernández *Jesucristo* 25: María dio a luz a su primogénito Jesús y envolvióle en pañales y recostóle en un pesebre.
2 (*desp*) Fuente de prebendas de que disfrutan los que pertenecen al partido gobernante o colaboran con él. I E. Romero *Ya* 2.9.83, 6: Esa no es mi ejecutoria y, por supuesto, no había "pesebres oficiales".
3 (*reg*) Belén o nacimiento. I *Abc* 27.12.70, 39: La Asociación de Pesebristas de Barcelona ha inaugurado la Exposición de pesebres.

pesebrera *f* Fila o conjunto de pesebres [1] de una cuadra o de otro lugar similar. I CBonald *Ágata* 193: Se oía la rumia de un muleto que cabeceaba junto a la pesebrera. M. Dorado *Hora* 31.12.76, 15: Prefieren dejar encerradas a las ovejas en la tenada, aunque para ello hayan de tirar unos duros en las pesebreras.

pesebrismo *m* **1** (*desp*) Sistema basado en el pesebre [2]. I *ElM* 15.11.90, 4 (A): El modelo de partido vigente es fundamentalmente burocrático –cuadros y aparato– bien amarrado al "pesebrismo".
2 (*reg*) Belenismo. I J. G. Manrique *Abc* 19.12.70, 22: El pesebrismo popular, de figuras vestidas con el atuendo folklórico, es una delicia de fervor religioso.

pesebrista *adj* **1** (*desp*) Que se beneficia del pesebre [2]. I *Abc* 15.12.84, 49: Lorenzo Contreras [periodista] jamás ha sido pesebrista y no sabe lo que es venderse.
2 (*reg*) Belenista. *Tb n*. I A. García *Van* 27.12.70, 29: Debemos resaltar la exposición de belenes presentada por la Agrupación de Pesebristas locales en los salones de la Caja de Ahorros del Panadés.

peseta I *f* **1** Unidad monetaria de España. I GPavón *Hermanas* 21: Las cuatro pesetas que valió el kilo de uva contentaron en buena parte a los quejicas. Buero *Hoy* 94: ¡Y a mí [me tocan] setenta y cinco mil del ala! ¡Diez pesetazas con doña Balbina! **b)** Unidad monetaria de Guinea Ecuatorial durante los primeros años de su independencia. I *DLér* 13.7.69, 1: La peseta guineana, nueva moneda de la joven república. Acuñada en España, tendrá paridad con la peseta española.
2 Cantidad mínima de dinero. *Normalmente precedido de UNA y en constrs negativas de intención ponderativa*. I *Tri* 2.4.66, 36: Este es el Estampío; fue muy bueno, pero se murió sin una peseta.
3 *En pl*: Dinero. I DCañabate *Paseíllo* 26: Ganaba las pesetejas suficientes para sacar adelante a los críos. Medio *Bibiana* 13: Él, a lo suyo... Y todo por no gastarse unas pesetas tontamente.
4 (*col*) Corte de mangas. *En la constr* HACER LA ~. I Fraile *Cuentos* 93: ¡Cuánta cabeza energuménica y qué ganas tenía .. de hacerles la peseta a todas!
5 *En pl*: Planta herbácea ornamental, con inflorescencias en racimo y fruto en silicua elipsoidal aplanada, usada para ramos de flores secas (*Lunaria annua* o *biennis*). I Loriente *Plantas* 35: *Lunaria annua* L. "Hierba del nácar"; "Pesetas". Bastante corriente como ornamental.
II *loc v* **6 cambiar la ~.** (*col*) Vomitar. I ZVicente *Traque* 236: Tú te mareas, pues aguántate. Cambias la peseta como te sea posible, te tumbas, y a comer si puedes o a ayunar si no puedes.
7 mirar la ~. (*col*) Gastar con cuidado. I Delibes *Emigrante* 15: Ella dice, y no le falta razón, que entre vivir aquí mirando la peseta o allí a mesa puesta no hay duda.

pesetero -ra *adj* (*desp*) **1** [Pers.] muy aficionada al dinero. I *País* 6.1.78, 27: Los futbolistas no somos tan peseteros como la gente cree.
2 (*hist*) Que cuesta una peseta [1]. *Tb n m, referido a coche*. I Cabezas *Abc* 17.11.74, 48: Alguna vez, para cambiar de escenario tomaban "simones" peseteros y se iban hasta las Sacramentales del otro lado del río. SRobles *Abc* 28.8.66, sn: Generalmente alquilaba por horas "un pesetero" para realizar con cierta comodidad las visitas.

pesetón *m* (*hist, reg*) Moneda de dos pesetas. I Moreno *Galería* 200: Los otros vecinos daban cacahuetes, higos secos .. y, si la amistad entre las familias .. era excelente, peseta o pesetón de plata.

pesia *m* (*lit, raro*) Juramento o maldición. | SRobles *Pról. Teatro 1963* 16: En el fondo un infeliz, un tímido que busca defenderse con pesias y baladronadas.

pésico -ca *adj* (*hist*) De uno de los pueblos primitivos habitantes de la región de los Picos de Europa. *Frec n, referido a pers.* | Lueje *Picos* 70: Unos primeros pueblos que se llaman cántabros y se llaman astures viven entre los Picos de Europa y el mar. Los forman agrupaciones de tribus. La de los Lugones, la de los Pésicos.

pésimamente *adv* De manera pésima. | Valencia *Mar* 23.11.70, 3: Resulta que el propio suelto, a fuerza de estar pésimamente escrito, dice lo contrario de lo que quiere.

pesimismo *m* **1** Cualidad de pesimista [1]. | GLópez *Lit. española* 303: Alegre y comunicativo, el carácter de Lope es el polo opuesto de la adusta altivez de un Góngora o del agrio pesimismo de un Quevedo. **b)** Actitud pesimista. | J. Salas *Abc* 11.8.64, 33: Aunque el estado del presidente Segni puede seguirse considerando estacionario, dentro de la gravedad, esta tiene el peso suficiente como para inclinar la balanza del lado de los pesimismos.
2 (*Filos*) Doctrina según la cual el universo tiene la mayor imperfección posible. | Gambra *Filosofía* 297: Arturo Schopenhauer (1788-1860) .. Pesimismo.

pesimista *adj* **1** [Pers.] que ve o tiende a ver las cosas en su aspecto más desfavorable. | J. M. Huertas *Gac* 25.4.76, 49: Yo soy pesimista por naturaleza, pero, después de lo ocurrido, no puedo dejar de creer en la amistad. **b)** [Pers.] que teme que los hechos tomen un giro desfavorable. | Arce *Testamento* 31: –No sacarán nada en limpio –insistí .. –Tal vez aciertes –se lamentó, pesimista. **c)** Propio de la pers. pesimista. | FReguera *Bienaventurados* 151: El segoviano procuraba vencer la índole pesimista de su propio carácter.
2 Que denota o implica pesimismo [1]. | DPlaja *El español* 44: Una estadística reciente .. ofrecía unas cifras de asistencia española a los templos que .. daba[n] una media nacional, aproximada, de un 50 por 100. La deducción sería más pesimista si de los feligreses rebajáramos los que van a la iglesia como obligación social.
3 (*Filos*) De(l) pesimismo [2]. | * La corriente pesimista en filosofía. **b)** Adepto al pesimismo [2]. *Tb n.* | MPuelles *Filosofía* 2, 341: El utilitarismo .. se divide en "negativo" y "positivo", según que mantenga como norma suprema de la moralidad la utilidad para disminuir el dolor ("pesimistas": Schopenhauer, E. de Hartmann), o la que se orienta a alcanzar algún bien.

pésimo -ma *adj* Sumamente malo. | DPlaja *El español* 22: Millones de españoles .. viven en pésimas condiciones.

peso[1] **I** *m* **1** Fuerza que ejerce un cuerpo sobre su punto de apoyo, debida a la acción de la gravedad. *Frec su medida.* | Arce *Testamento* 84: Me entró un temblor espantoso en las piernas y sentí necesidad de que todo el peso de mi cuerpo recayese sobre ellas para aminorarlo. *Puericultura* 12: El peso es uno de los datos que mejor nos demuestran la marcha de la salud del niño .. Durante los primeros días pierde hasta 200 y 300 gramos de su peso.
2 (*Dep, esp Boxeo*) Categoría de los atletas según su peso [1]. *Gralm con un adj especificador*: LIGERO, PESADO, PLUMA, *etc* (→ LIGERO, PESADO, *etc*); *en este caso, frec referido al deportista.* | Repollés *Deportes* 105: En las otras categorías o pesos (mosca, gallo, pluma, ligero, mediano ligero, medio y semipesado) han destacado campeones. *As* 9.12.70, 25: El escocés Ken Buchanan, campeón mundial de los pesos ligeros, ha infligido su primera derrota al peso welter canadiense Donato Paudano. **b)** ~ **pesado.** Pers. de gran importancia [en un ámbito o una actividad (*compl* DE)]. | *Ya* 1.3.87, 25: Bernard Rogers, un "peso pesado" del Pentágono. G.GDoncel *Ya* 6.2.90, 19: La plana mayor del Partido Popular que acompañó a Manuel Fraga en todos los actos estuvo encabezada por el presidente del grupo parlamentario popular y vicepresidente del PP, José María Aznar, y por su secretario general, Álvarez Cascos, así como por los pesos pesados del partido conservador.
3 Cuerpo pesado[1] [1]. | Marcos-Martínez *Física* 43: Ejemplo: el alzaprim[a], con el que los albañiles levantan los pesos.
4 (*Dep*) Bola de metal, de peso [1] determinado, usada en lanzamientos deportivos. | Laiglesia *Tachado* 55: Existen campeones olímpicos de lanzamiento de peso, disco y jabalina.
5 Objeto de peso [1] determinado que sirve para pesar[1] [7]. | Marcos-Martínez *Física* 49: El pilón o peso de una romana .. es de 800 p. GNuño *Madrid* 129: En la última sala de la planta baja se conservan medallas conmemorativas, colecciones de pesos y medidas.
6 Balanza (utensilio que sirve para pesar[1] [7]). | Marín *Enseñanza* 247: Construcción de un peso .. Material: Un muelle, una cajeta, una escuadra de madera .., hilo fuerte.
7 ~ **muerto.** Carga máxima que puede transportar un buque, incluyendo combustible, víveres, dotación y pasaje. | *Sp* 19.7.70, 24: El "Santa Fe", bulkcarrier de 19.000 toneladas de peso muerto. **b)** Pers. o cosa que sirve de lastre o freno para el funcionamiento de algo. | J. M. Echenique *Hoy* 19.10.75, 24: Algo camina muy mal en el cristianismo cuando la Misión "Ad Gentes" se halla casi prácticamente bloqueada por el peso muerto de una Iglesia instalada en la enfermiza obsesión de la "conservación de la fe".
8 Fuerza que oprime moralmente. *Frec en la constr* QUITAR UN ~ DE ENCIMA. | Cuevas *Finca* 257: La madre parecía no oír, como si aquel grito .. le aliviase del peso de la noche. FSalgado *Conversaciones* 203: Me has quitado un peso de encima, me siento más optimista después de oír eso.
9 Carga o responsabilidad [de algo]. *Frec con el v* LLEVAR. | A. Mercé *Des* 12.9.70, 46: Un equipo de técnicos .. ha llevado el peso y la responsabilidad del desarrollo .. de las competiciones.
10 Importancia o trascendencia [de alguien o algo]. *Frec en la constr* DE ~. | FQuintana-Velarde *Política* 111: Pero el trabajo poco haría sin el capital. Veamos el peso de este en nuestra producción rural. Delibes *Santos* 97: Esto, a Paco, el Bajo, le envanecía, se jactaba del peso de su juicio. Torrente *Sombras* 253: "Vamos a ver, ¿por qué has dejado a un lado, como inservibles, a Sir Stanley y a Mr. Blake ..?" Le respondí que sí, efectivamente, había prescindido de ellos, se debía a que ya desempeñaran sus papeles, y que ellos mismos por su propia falta de peso se habían eliminado. Castilla *Alienación* 31: Había una razón de peso para que esta desviación aconteciera.
11 (*hist*) Puesto o sitio público en que se venden comestibles al por mayor. | Galache *Biografía* 72: Toda mercancía que se venda no paga alcabala, portazgo, heminas, alguacilazgos ni tributo alguno, excepto la carne del peso y el vino de tabernas.
II *loc v* **12 caer(se)** [algo] **por** (*o* **de**) **su** (**propio**) ~. Ser elemental o evidente. | *Ciu* 1.8.75, 47: El cuarto punto cae por su peso y, demuestra lo falso de toda su carta. M. Sar *Faro* 1.8.75, 18: Siendo la canción ligera de suyo intrascendente y visto que aún tiene que rebajar el tono con los calores, caer de su propio peso por el artículo veraniego, para ser bueno, habrá de ser, ante todo, intrascendentalísimo.
III *loc adv* **13 al** ~. Por su peso o según su peso [1]. *Con vs como* COMPRAR *o* VENDER. *Tb adj.* | GTelefónica *N.* 599: Lanas para labores, telar y máquinas. Venta al peso. GTelefónica *N.* 599: Lanas al peso para labores.
14 a ~ **de oro.** A precio muy elevado. | Dalí *SAbc* 8.3.70, 30: Nos pedían libros que se quedaban boquiabiertos con mis ideas. Las encontraban geniales. Me las pagaban a peso de oro.
15 en ~. En el aire o sin ningún apoyo. *Con vs como* COGER *o* LLEVAR. | Fraile *Cuentos* 9: Luis es un muchacho honrado, de músculos lo bastante fuertes para .. coger en peso a una vieja.

peso[2] *m* **1** Unidad monetaria de diversos países hispanoamericanos y de Filipinas. | *EOn* 10.64, 59: Principales unidades monetarias en el mundo .. Argentina: .. Peso . Colombia: .. Peso . Cuba: .. Peso . Chile: .. Peso . República Dominicana: .. Peso . Filipinas: .. Peso . México: .. Peso .. Uruguay: .. Peso.
2 (*reg*) Duro (moneda). | Torrente *Señor* 314: "A los peones les dan un duro de jornal." Días después lo habían repetido y habían calculado los ingresos si el padre y los dos hermanos se empleaban. "Tres pesos diarios, que hacen dieciocho a la semana."
3 (*hist*) Antigua moneda de plata de peso[1] [1] de una onza. *Tb* ~ DURO *o* FUERTE. | Lázaro *Crónica* 85: Se establecen los siguientes sueldos: los seis Académicos más antiguos

percibirán mil quinientos reales al año; .. se adjudican a los contadores cincuenta pesos. Mercader-DOrtiz *HEspaña* 4, 26: El rey intruso, a sugerencia de la Asamblea de Bayona, solo había conservado legalmente los mayorazgos cuya renta anual se comprendiera entre 5 y 20000 pesos fuertes. **b)** ~ **ensayado.** (*hist*) Moneda imaginaria usada como unidad en las casas de moneda de América para apreciar las barras de plata, de valor algo superior al del peso fuerte. I HSBarba *HEspaña* 4, 311: En el trato comercial también se adquirían algunas monedas ficticias, aunque referidas al oro y a la plata; así, por ejemplo, el ducado (11 reales y 1 maravedí) y el peso ensayado (9 reales).

pespunte *m* Labor de costura, de puntadas seguidas e iguales, que es la normal de las máquinas de coser y que a mano se realiza volviendo a pasar la aguja por el final de la puntada precedente. I *Lab* 2.70, 15: Juego de cama .. bordado al pasado, pespunte y realce.

pespunteado *m* Acción de pespuntear. *Tb su efecto*. I *Ciu* 8.74, 30: Análisis comparativo de pantalones vaqueros .. Marca Lois oscuro .. Pespunteado: color amarillo.

pespuntear *tr* **1** Coser o adornar con pespuntes. *Tb fig*. I Torrente *Off-side* 317: Por el bolsillo izquierdo del abrigo asoman unos guantes avellana, de buena clase, pespunteados a mano. Delibes *Madera* 384: Una ráfaga de ametralladora pespunteó el risco donde los edificios se asentaban.
2 Tocar [algo] a la guitarra hiriendo las cuerdas una a una. I DCañabate *Paseíllo* 40: Cantiñeaba flamenco y pespunteaba la sonanta.

pesquera → PESQUERO.

pesquería *f* **1** Acción de pescar [1a]. *Tb su efecto*. I Aldecoa *Gran Sol* 46: El patrón Simón Orozco tomaba experiencia olvidada de su cuadernillo de notas. Por años, por meses, por días, las pesquerías de su vida. Bustinza-Mascaró *Ciencias* 175: Con los residuos de las pesquerías se obtienen alimentos para el ganado y abonos.
2 Lugar en que se pesca [1a]. I E. Vicente *Abc* 21.3.71, 15: Cuando explosiones atómicas difunden partículas radiactivas hacia remotos cultivos, pastos o pesquerías, .. no se puede por menos de pensar que el mundo .. precisa frenos potentes ante la amenaza que se cierne sobre su vida y su conciencia.

pesquero -ra I *adj* **1** De (la) pesca. *Tb n m, referido a barco*. I Ortega-Roig *País* 203: En esta región hay numerosas ciudades .. Clasifícalas en centros industriales, comerciales y pesqueros. Grosso *Capirote* 23: La sirena del pesquero volvió a sonar nítida, sonora, electrizante.
II *n* **A** *f* **2** Lugar en que se pesca [1a]. I *TEx* 21.2.75, 17: Guía del pescador. Pesca al lanzado. Por fin, buenas pesqueras de las esperadas mabras y lisas, en general en toda la costa catalana.
3 (*reg*) Presa o muro para detener el agua. I Escobar *Itinerarios* 84: Dentro del molino, por donde cae el agua de la balsa, en un hueco de la pesquera, poníamos los sacos, que rápidamente se llenaban de peces. Delibes *Vida* 73: Nos bañábamos en la pesquera, en cuanto apretaba el calor. No era un sitio muy cómodo, pero sí limpio.
B *m* **4** Pesquera [2]. I *Almería* 87: Los pesqueros más favorables tienen una profundidad que oscila entre los ocho y 15 metros. *BOE* 14.1.76, 778: Se procede a la anulación definitiva del pesquero de almadraba "Punta de la Isla" para su calamento.

pesqui *m* (*col*) Pesquis. I Torrente *DJuan* 12: A poco pesqui que tenga el lector. Alfonso *Caso* 5.12.70, 15: Juan Miguel López tiene "pesqui", pulso y habilidad para sonsacar en las sacristías quiénes, cuándo y dónde proyectan casarse los sentenciados por su codicia.

pesquis *m* (*col*) Inteligencia o perspicacia. I ZVicente *Traque* 80: Menudo pesquis el del Pepe. GPavón *Rapto* 85: Padre lo que tiene es mucho pesquis para conocer a la gente. **b)** Mente o cabeza. I LTena *Luz* 32: Lo que tiene que hacer ahora es dormir, ¡dormir! Y cuando tenga el "pesquis" más despejado, entonces...

pesquisa *f* Indagación. I CNavarro *Perros* 114: Era como si todas las voces, todos los silencios, las amenazas y las pesquisas que se habían llevado a cabo en aquella torre gravitasen de pronto sobre su cabeza. MGaite *Nubosidad* 129: Fallando en la pesquisa una vez detrás de otra.

pesquisar *tr* (*raro*) Hacer pesquisa [de algo (*cd*)]. *Tb abs*. I J. E. Casariego *Abc* 6.6.58, 13: Asombra la capacidad crítica, el amor, la constancia, con que se fueron pesquisando y reuniendo cuadros, papeles, objetos y prendas.

pesquisear *tr* (*raro*) Pesquisar. *Tb abs*. I GPavón *Reinado* 173: Más daban ganas de tumbarse .. que gatear pesquiseando.

pesquiseo *m* (*raro*) Acción de pesquisear. I Zunzunegui *Camino* 385: Llevó a Sole a un rincón para entregarse a un pesquiseo policíaco.

pesquisición *f* Pesquisa. I Torrente *Fragmentos* 11: Mis cuidadosas pesquisiciones me llevaron a la conclusión, bastante inquietante, de que se trataba de un caso singular.

pesquisidor -ra *adj* Que hace pesquisas. I Lera *Abc* 12.9.68, 15: A cuerpo abierto, en el quirófano y al alcance de numerosos ojos pesquisidores, los pacientes investigadores hurgan, sajan y seccionan. Aguilar *Experiencia* 852: Quise .. enmascarar colecciones como Obras Eternas y Joya. Pero los comisarios políticos y los oficiales eran drásticos pesquisidores; se metían en los depósitos y a veces se las llevaban hasta sin encuadernar. **b)** (*hist*) [Juez] destinado para hacer jurídicamente la pesquisa de un delito o reo. *Tb n m*. I HSBarba *HEspaña* 4, 351: Sus funciones [de la Audiencia] eran nombrar jueces pesquisidores en casos graves, conceder ejecutores en los casos de que las justicias locales anduviesen remisas en el cumplimiento de su gestión. *Ya* 13.9.74, 20: Los mismos Reyes Católicos ordenaban con severidad en 1478 a su pesquisidor Juan Flores que "los testigos judíos .. jurasen segund su ley".

pestaña I *f* **1** Pelo de los que bordean los párpados. I Laforet *Mujer* 55: Cayeron [dos lágrimas] de entre las pestañas, demasiado grandes, que había cerrado para retenerlas.
2 Filamento de los que bordean algunas células y protozoos. I Bustinza-Mascaró *Ciencias* 26: El segundo comprende el epitelio de células que poseen chapa y el epitelio vibrátil, que poseen pestañas. Legorburu-Barrutia *Ciencias* 131: Su membrana [del paramecio] está cubierta de filas de pestañas vibrátiles que le sirven de remos.
3 Parte estrecha y saliente en el borde de una cosa. I Aldecoa *Gran Sol* 166: Colgó la botella de la pestaña del cierre del portillo de la cocina. Gironza *Matemáticas* 195: Puede construir cómodamente un modelo ortoédrico, dibujando las seis caras rectangulares iguales dos a dos, en la disposición de la figura *s* y señalando en el papel del dibujo las pestañas necesarias para pegar por su borde las caras contiguas. **b)** Reborde de tela que sobresale en una costura. I *Ya* 24.5.70, 13: La moda impone bolsillos sesgados, vuelta en los bajos y pestaña vertical en los pantalones. **c)** Reborde de la rueda del tren, que impide que se salga del carril. I A. Goicoechea *Voz* 8.11.70, 8: Su rodadura [del tren] es la misma que aquella con que dio los primeros pasos: bogie y pestañas.
II *loc v* (*col*) **4 jugarse (hasta) las ~s.** Apostar en el juego todo lo que se tiene. I Laiglesia *Tachado* 26: Me voy quince días a jugarme las pestañas en un casino. Herrero *Balada* 104: En el Casino del pueblo la gente se juega hasta las pestañas.
5 mojar la ~. Llorar. I Delibes *Emigrante* 31: Cada vez que asomo la gaita ya se sabe, a mojar la pestaña.
6 quemarse las ~s. Leer o estudiar mucho, esp. durante la noche. I A. M. Campoy *Abc* 23.8.66, 7: No creo que se quemen las pestañas leyendo.

pestañazo *m* Pestañeo violento o intenso. I Landero *Juegos* 256: El camarero asintió con un profundo pestañazo de búho. Montero *Reina* 169: Vanessa trastabilleaba, y se ufanaba, y agitaba el aire a pestañazos.

pestañear *intr* Mover los párpados. I Torrente *Off-side* 46: María Dolores .. se vuelve a Noriega. –No acepto.– Noriega pestañea. **b)** *En constr negativa, esp en la fórmula* SIN ~, *se usa para ponderar la atención con que se mira o se escucha o la decisión con que se actúa*. I CNavarro *Perros* 105: Susi le miraba sin pestañear, agradeciendo conocer al fin la verdadera personalidad de su padre. Berruezo *Abc* 21.5.67, 71: La gente seguía las conferencias sin pestañear, y luego las comentaba. MGaite *Cuento* 385: Hoy solo puede retener la atención de alguien si está contado bien .. No por el camino de cargar las tintas, de la desmesura argumental: en ese terreno todo resulta "repe", nadie pestañea.

pestañeo *m* Acción de pestañear. *Tb* (*lit*) *fig*. | Paso *Alc* 13.10.70, 32: Closas, el maestro Closas, da esa lección, y espero que los jóvenes actores de su compañía estén pendientes de ese tercer cuadro de la obra que Closas interpreta para no perderse ni un pestañeo del maestro. MGaite *Usos* 56: Los enterraba con todo el boato y los discursos que hicieran falta y seguía adelante sin un pestañeo por el camino que se había trazado. Lera *Bochorno* 266: Solo transitaban los automóviles, rayando el piso mojado con sus llantas, con la cautela que denunciaba el pestañeo incesante de sus limpiaparabrisas.

pestañoso -sa *adj* Que tiene pestañas [2]. | Ybarra-Cabetas *Ciencias* 321: Cada uno de estos tubos se abre, de una parte, en la cavidad general del segmento correspondiente, en una especie de embudo pestañoso, y, de otra parte, al exterior. Alós *Hogueras* 162: A cada lametón de las olas [los tomates de mar] sacaban a la vez sus tentáculos, pestañosos y glotones.

pestazo *m* (*col*) Peste [4] muy intensa. *Tb fig*. | Montero *Reina* 53: Como si pudiera haber alguien lo suficientemente imbécil como para no darse cuenta de su pestazo a policía, de su tufo a comisario.

peste *f* **1** Enfermedad grave, epidémica y contagiosa que causa gran mortandad. *Frec con un adj especificador*. | Laforet *Mujer* 62: Los curas .. hablaban como de la peste de los ganaderos Nives. Bustinza-Mascaró *Ciencias* 223: Hay enfermedades (peste aviar, mal rojo de los cerdos, .. lengua azul de los ovinos, etc.) que pueden diezmar la cabaña nacional. Bustinza-Mascaró *Ciencias* 98: El hombre .. es naturalmente inmune a la peste bovina. **b)** *Esp*: Enfermedad humana muy grave, epidémica y contagiosa, producida por el *Bacillus pestis*. *Tb* ~ BUBÓNICA, o (*hist*) ~ NEGRA. | ByN 31.12.66, 60: El emperador Marco Aurelio murió de peste en Vindobona. Bustinza-Mascaró *Ciencias* 210: En las bodegas de los barcos [las ratas] pueden pasar de uno a otro continente y propagar una enfermedad gravísima: la peste bubónica. L. LHeras *Abc* 4.10.70, 9: Lleva, serena, a la tumba .. a sus ocho sobrinitos segados uno por uno por la peste negra. **c)** ~ **blanca.** Tuberculosis. | Navarro *Biología* 254: Por los estragos que ha ocasionado [la tuberculosis], se la denominó peste blanca.

2 Excesiva abundancia [de algo nocivo o molesto]. *Tb fig, humoríst*. | L. I. Parada *Abc* 25.2.86, 61: Debe haber razones éticas y morales insoslayables –además de imperativos económicos ineludibles– para acabar con la peste del "yavalismo".

3 Pers. o cosa muy molesta y que cansa. | MGaite *Fragmentos* 35: Te pasas el día diciendo que es una peste, que no la puedes aguantar, que te amarga la vida. FFlórez *Florestán* 680: "Yo no tuve la culpa; fue ese árbol que se me puso delante .." Entonces, toda esa gente .. dirá: "Tiene razón: fue el miserable árbol. ¡Peste de árboles!".

4 Mal olor. *Tb fig*. | Tomás *Orilla* 277: Después del afeitado se roció el pelo con colonia y se peinó. –¡Hay que matar la peste a hospital!

5 *En pl*: Palabras de crítica o enojo. *Gralm en la constr* ECHAR ~S. | *Alc* 31.10.62, 7: Si alguien echa pestes contra una deficiencia del servicio telefónico, indirectamente está criticando a la Compañía Telefónica. PAyala *Abc* 29.6.58, 3: Nietzsche se pasó la vida escribiendo pestes y perrerías acerca de los alemanes.

pesticida *adj* [Sustancia] que sirve para destruir las plagas de animales o plantas. *Tb n m*. | *Inf* 16.4.70, 31: Ofrécese licencia explotación patentes: .. "Mejoras introducidas fabricación composiciones pesticidas". R. SOcaña *Inf* 20.11.70, 40: El mar sigue embravecido, y el "Erkowit" continúa ofreciendo su costado a las olas, mientras el remolino que se forma agita, como en una batidora, el venenoso pesticida.

pestífero -ra *adj* **1** Pestilente. *Tb fig*. | CPuche *Paralelo* 101: Es curioso el cuidado que ponen [los basureros] en que desde fuera no se vea la pestífera carga. HFernández *D16* 7.5.90, 53: Del Festival de Eurovisión, ese pestífero sarpuyazo [sic] de la horteridad músico-indumentaria de todas las primaveras.

2 Que padece peste [1]. *Tb n*. | Alvarado *Anatomía* 171: La peste bubónica .. La mortalidad media de los pestíferos alcanza un 60 por 100.

pestilencia *f* **1** Peste [1]. | CBonald *Ágata* 82: Convinieron los socios en que debían largarse de allí lo antes posible si no querían exponerse a la segura pegazón de la pestilencia.

2 Mal olor. | R. Saladrigas *Abc* 27.12.70, 39: El aire turbolente [sic] de la avenida lo diluía en la pestilencia de la atmósfera.

pestilencial *adj* De (la) pestilencia [1]. | J. Félix *SYa* 28.11.73, 30: Toda persona que realice un viaje al extranjero, aparte de la necesidad imprescindible de someterse a las vacunaciones preventivas en cuanto a las enfermedades llamadas pestilenciales, la viruela, el cólera y la fiebre amarilla, .. debe saber que existe otro tipo de enfermedad. **b)** Que origina pestilencia. | *Abc* 11.7.75, 3: El hecho de que nuestras reservas piscícolas se agoten; el aire se entenebrezca o corrompa hasta hacerse pestilencial e incluso el agua potable se intoxique, indica que alguien maneja sin prudencia un poderoso veneno.

pestilente *adj* Que huele muy mal. | R. MHerrero *SYa* 10.4.77, 3: Este mar .. está, como nadie ignora, en trance de convertirse, si nos descuidamos, en una inmensa charca pestilente, inhóspita a la planta, al pez y al hombre. Bustinza-Mascaró *Ciencias* 91: Hay distintos tipos de olores, tales como el del amoníaco, olor amoniacal; .. el olor pestilente y nauseabundo de las carnes y pescados en putrefacción, etc.

pestillo *m* **1** Cierre que consta de una barrita metálica que se corre hasta encajar en una hembrilla. | Cuevas *Finca* 178: José .. se había encerrado con su padre en el despacho. Cerró la puerta con pestillo y le dijo con voz firme.

2 *En una cerradura*: Pieza que, accionada por una manivela, una llave o un resorte, penetra en el cerradero. | Berlanga *Pólvora* 64: Atrancaron las puertas [del bar] .. Los bocadillos eran desentrañados, y las cervezas y las colas se abrían sin abridor, en el cerradero sin pestillo de las puertas.

pestiño *m* **1** Dulce de sartén hecho con una masa de harina y huevos y bañado con miel. | ZVicente *Ya* 27.12.70, sn: No me digan que no, una cosita sin importancia, unos pestiños que ha hecho Paquita.

2 (*col*) Pers. o cosa pesada o aburrida. | Aristófanes *Sáb* 29.3.75, 53: Al margen de si "Tú volverás" era canela en rama o un pestiño.

pestorejo *m* Parte posterior del cuello. | Delibes *Príncipe* 89: Al entrar en la cocina, Mamá golpeaba ya a Juan en el pestorejo. **b)** Cuello. | Delibes *Parábola* 27: Y él (don Abdón), complaciente, se sacaba el flotador por la cabeza, erguía el pestorejo y se chapuzaba. *Ama casa 1972* 12b: Platos típicos regionales .. Extremadura. Caldereta extremeña .. Salchichas asadas. Pestorejos.

pestorejón *m* Golpe dado en el pestorejo [1a]. | Campmany *Abc* 2.12.93, 21: La manera más eficaz que tiene don Santiago Carrillo de promover la unidad de cualquier cosa es la de quedarse solo a fuerza de facilitar mojicones, sopapos, pestorejones y tapabocas a todos los que deben unirse.

pestorejudo -da *adj* Que tiene grande el pestorejo. | ZVicente *Mesa* 152: Gordo, alto, pestorejudo... Talmente un roble.

pestoso -sa *adj* De (la) peste [1]. | Alvarado *Anatomía* 170: Su agente [de la peste bubónica] es una diminuta bacteria .. Se llama bacilo pestoso.

pestucio *m* (*col*) Pestazo. | Marsé *Dicen* 279: Vaya pestucio echa este humo negro.

pesuño *m* (*Zool*) Cubierta córnea que envuelve el dedo de los ungulados. | Legorburu-Barrutia *Ciencias* 215: Están apoyadas [las patas del caballo] sobre un solo dedo, protegido por un fuerte pesuño llamado casco. Legorburu-Barrutia *Ciencias* 230: Ungulados .. Con frecuencia las uñas están muy desarrolladas y recubre[n] todo el dedo. Se llaman pesuños. El conjunto de los pesuños forma la pezuña.

peta[1] *f* (*jerg*) **1** Identidad o documentación. *Esp designa la falsa; en este caso, frec* ~ CHUNGA. | Tomás *Orilla* 244:

peta – petate

Solo había una dificultad: sus antecedentes policiales, que le convertían en sospechoso en cualquier frontera. Aunque, después de todo, un pasapiri chungo o una peta resolvían el problema. Tomás *Orilla* 255: El raca que llevaba era de alquiler y tuve buen cuidado de sacarlo con una peta chunga.
2 ~ chunga. Apodo. | F. HCastanedo *Pue* 3.11.70, 32: Fue el más "águila" de todos los ratas del hotel .. Por eso su "Peta Chunga" de "Raffles".

peta[2] *m (jerg)* Cigarrillo de hachís o marihuana. | R. Cantalapiedra *SPaís* 22.12.91, 2: Solo les amparan las impresionables marujas o un grupo de coleguillas que van fumándose un peta.

peta- *r pref (E) En el sistema internacional:* Mil billones. *Antepuesta a ns de unidades de medida, forma compuestos que designan unidades mil billones de veces mayores.* | *Por ej:* Unidades 19: Factor: 10^{15}. Prefijo: peta. Símbolo: P.

petaca I *f* **1** Estuche de bolsillo para cigarros o tabaco picado. | Laforet *Mujer* 247: Sacó la petaca y empezó a llenar la cazoleta con el aromático tabaco.
2 Licorera pequeña y aplastada, propia para llevarla en el bolsillo. *Tb en la constr* DE ~. | Torbado *En el día* 29: Sacó de un bolsillo la petaca del whisky. Lera *Trampa* 988: El hombre tenía ya en la mano una licorera de metal, de forma estrecha y aplastada, de esas que llaman de petaca, y desenroscaba el tapón.
3 Doblez formada, por broma, en la sábana superior, que impide meterse en la cama. *Gralm en la constr* HACER LA ~. | Payno *Curso* 138: Cambiaron las camas de sitio, los pijamas de una cabecera a otra, hicieron petacas y echaron migas de pan entre algunas sábanas.
II *loc adj* **4 de ~.** [Funda de gafas] abierta por un extremo. | *NAl* 24.3.89, 36: Perdidas gafas Bifocales, con funda de petaca.
5 de ~. [Mesa] extensible cuyas ampliaciones se ocultan lateralmente bajo el tablero principal. | *Ya* 23.4.89, 5: Mesa comedor de petaca. 180 x 90 cms., 99.990.

petacho *m (reg)* Remiendo. | Lera *Olvidados* 7: El hombre de la chaqueta con petachos de lona bebía en silencio.

pétalo *m* Órgano en forma de hoja de los que constituyen la corola de una flor. | Laiglesia *Tachado* 270: Y a lo largo de todo el trayecto, la gente nos aclamará. Hasta puede que nos tiren pétalos de flores.

petaloideo -a *adj (Bot)* Semejante a un pétalo. | Alvarado *Botánica* 44: El espádice es una espiga mazuda y carnosa con flores minúsculas y, en general, unisexuales, que está envuelta por una bráctea, generalmente petaloidea, llamada espata. **b)** Semejante a una corola. | Bustinza-Mascaró *Ciencias* 267: El perianto petaloideo [del tulipán] es acampanado y consta de seis piezas en dos verticilos.

petanca *f* Juego de bolas de origen francés, que consiste en tirar a cierta distancia una bola pequeña de madera y tratar de aproximarse lo más posible a ella con otras tres más grandes y de metal. | Cela *Pirineo* 220: Al pasar por la plaza se lo encontró jugando a la petanca.

petanquista *m y f* Jugador de petanca. | M. Ors *Pue* 11.9.65, 19: Gutiérrez Sánchez de la Rozuela me da nombres de futbolistas que se han hecho excelentes petanquistas.

petar *intr (col)* Apetecer o gustar. | Delibes *Emigrante* 17: Me dijo .. que un conocido suyo .. tiene intereses en el Uruguay y que a lo mejor me petaba echar un párrafo con él.

petardazo *m (col)* **1** Explosión o estallido, esp. de petardo. *Tb el hecho de provocarlos. Tb fig.* | * Se oían los petardazos de los chicos en el parque. *SolM* 20.8.90, 6 (A): Raro es el joven ilicitano que no participa en la *Nit de l'Albá* de ese rito consistente en liarse a petardazos. **b)** Atentado con explosivos. | Delibes *Año* 41: Protesto .. contra los que protestan de estas sociedades mediante la evasión por la droga, el asesinato ritual o el petardazo irresponsable e indiscriminado. Berlanga *Recuentos* 33: La centralita la cerraron el año del petardazo al almirante.
2 Fracaso rotundo. *Frec en constrs como* DAR, *o* PEGAR, ~. | Aldecoa *Cuentos* 1, 180: Hay quien sirve para estudiar y no sirve para la vida .. Todos esos de los que dicen que tienen muy buenas cabezas, tate; luego, igual dan el petardazo y a la cuneta.

petardeante *adj* Que petardea [2]. | Halcón *Ir* 405: Martín Castro, el guarda mayor, tuvo que agradecerle a la república que le cambiasen la incómoda motocicleta petardeante por un Land-Rover para cruzar el coto.

petardear A *tr* **1** Poner un petardo [a algo (*cd*)]. *Tb fig.* | CPuche *Paralelo* 352: A Genaro no le convenía nada petardear el tinglado americano, ahora que lo estaba pasando en grande.
B *intr* **2** Producir [algo, esp. un motor] pequeñas explosiones. | GHortelano *Amistades* 94: Creo que Juan terminará en seguida con mi moto. Hasta ayer iba bien. Todo funciona, pero la máquina petardea y da trompicones. I. Montejano *VozC* 6.10.68, 12: El tubo de escape empieza a "petardear".

petardeo *m* Acción de petardear [2]. | Zunzunegui *Camino* 182: Hacia la una y media oyó el petardeo del coche y saltó de la *chaise-longue*. Mendoza *Ciudad* 99: El fasto deslumbró a Onofre: las sedas, .. las joyas, el petardeo incesante de las botellas de champaña.

petardista *m y f (raro)* Activista revolucionario que coloca artefactos explosivos. | CPuche *Paralelo* 29: ¿Tú sabes lo que decían todos allí dentro, hasta muchos falangistas de esos que van cantando por las calles, que son los mejores petardistas? J. M. Javierre *Ya* 18.5.75, 8: La gente de la Península podrá pensar que los curas canarios se han hecho petardistas, y su obispo, un capitán de rebeldes.

petardo[1] *m* **1** Canuto relleno de explosivo que provoca detonaciones y que según su potencia se usa en determinados trabajos, en actividades terroristas o como objeto de juego. | Halcón *Ir* 328: Cuatro petardos han hecho explosión dentro de las fronteras de Prisca en dos días consecutivos. ZVicente *Balcón* 36: Se quiebran contra los hierros del barandal unas cuantas explosiones seguidas, petardos que los niños hacen reventar en la acera.
2 *(jerg)* Cigarrillo de hachís o marihuana. | AMillán *Juegos* 99: –Un petardo de vez en cuando pone en órbita. –No deje de mover el sándalo. Detesto el olor de las hierbas.
3 *(col)* Fracaso. *Frec en toros y en la constr* DAR, o PEGAR, UN ~. | *SInf* 20.5.70, 1: En el toreo y en la vida se llama "pegar un petardo" a fracasar, quedando, además, en situación desairada .. Y llegó el gran petardo. El fracaso rotundo sin paliativos. Fallaron los toros .. Falló la "claque" .. Y falló, sobre todo, Palomo Linares. Quiñones *Viento* 191: Y el Ramírez, ¿cómo ha entrado en cartel, después de los petardos que está dando? Summers *Abc* 29.10.85, 25: Después del petardo del viaje de Felipe habrá que hacer algo para arreglar lo de los aviones.

petardo[2] **-da** *(col)* **I** *adj* **1** Aburrido o pesado. *Tb n, referido a pers. Referido a mujer, se usan las formas* UN ~ *o* UNA PETARDA. | ZVicente *Traque* 196: Para que tu maridito bueno encuentre el filete a gusto por la nochecita, al volver de su trabajo y de sus reuniones petardas. *Sur* 25.8.89, 48: Alaska (cantante): "Estoy arriba porque soy una petarda". Paso *Cosas* 272: A mi santa esposa no había quien la aguantara. ¡Qué petardo..., madre de mi alma..., qué petardo!
II *m* **2** Cosa aburrida o pesada. | *Cam* 16.8.76, 20: Aquí en el teatrito echaban cine los domingos .. A él le gustaban las películas de guerra, las de tiros le encantaban, pero a veces nos tragábamos algún petardo.
3 Pers. o cosa que carece de las cualidades exigibles. | P. J. Ramírez *Abc* 16.7.78, 7: Una buena parte de los miembros del Gobierno o conspiran alternativa y simultáneamente con izquierdas y derechas, o están irreversiblemente cansados, o son auténticos "petardos". *País* 24.10.76, 42: Las medidas económicas son un "petardo".
4 Pers. o cosa fea o poco atractiva. | SSolís *Camino* 132: Una muchachita poco más alta que ella, morena, insignificante .. Doña Pura .. se preguntaba cómo Claudio se atrevía a ofrecerles semejante petardo.

petate I *m* **1** Lío de la colchoneta y la ropa de un soldado, un marinero o un preso. | Buero *Fundación* 120: Ayudado por Asel, enrolla el petate y lo ata con unas cuerdecillas dispuestas en la arpillera.
2 Cama de un soldado o un preso, constituida por una armazón de tablas y una colchoneta. | Goytisolo *Recuento* 103: Permanecían apoltronados en los petates cedidos, de charnaques inseguros, torcidos bajo las sucias mantas. Raúl ..

maba sentado de través, apoyando las botas embarradas en el petate vecino. [*En un campamento militar.*] Delibes *Guerras* 200: A la otra noche, me metió para dentro las patas del petate y, conforme me tumbé, me caí de morros. [*En la cárcel.*] **b)** Camastro. | Halcón *Ir* 109: Bruno tenía su petate al fondo de la antigua gañanía, donde apenas llega la luz que entra por la puerta siempre abierta. Estaba una tarde en el jergón, descamisado y descalzo, cuando algo le rozó la mano y la cara.

3 (*Mil, hist*) Esterilla de palma, usada para dormir sobre ella. | FReguera-March *Filipinas* 144: Ponen [los indígenas] los platos o cazuelas sobre lo que nosotros llamamos petate .. El petate es una estera de hojas de la palma burí. Lo usan también para acostarse.

4 Bolsa grande de lona con base circular, usada esp. por soldados y marineros para llevar su ropa. | Halcón *Ir* 74: El camionero añadió: —Yo le convidaré a comer a usted, y bien. Lo último es tirarse uno solo los cuatrocientos hasta Córdoba. Ponga ahí dentro el petate. *Int* 22.2.84, 21: Fábrica de gorras, viseras, bolsas, petates, para publicidad.

5 (*col*) Hombre despreciable. | * Ese es un petate.

II *loc v* (*col*) **6 liar** (*o* **hacer**) **el ~**. Marcharse, o cambiar de residencia. | Faner *Flor* 124: Los franchutes habían interrogado a Moza. Dijo que Diodor había liado el petate, pero que ignoraba dónde andaba. Ayerra *Veladas* 245: La pobre combatiente solitaria hubo de hacer el petate y desaparecer.

7 liar el ~. Morir. | ZVicente *Mesa* 94: Lupita Lodares lió el petate por una úlcera.

petchenego -ga *adj* (*hist*) [Individuo] de un pueblo turco procedente de las estepas de Asia central, que en el s. IX ocupó un extenso territorio al norte del Mar Negro y fue prácticamente exterminado en los ss. XI y XII. *Tb n*. | Castillo *Polis* 287: La dinastía de los Comneno .. detuvo el avance de los turcos seljúcidas .. al mismo tiempo que contuvo a los petchenegos, que habían llegado al Danubio.

petenera I *f* **1** Cante popular andaluz semejante a la malagueña. | J. C. Luna *Abc* 28.5.58, 3: En los bergantines y fragatas de la carrera del Pacífico se mareaban .. los "sones" flamencos y cortijeros de malagueñas, peteneras, javeras.

II *loc v* **2 salir(se) por ~s.** (*col*) Hacer o decir algo inoportuno o fuera de propósito. | ZVicente *Traque* 171: Esta tertulia, pues que ya ve usted; es la mar de seria, de sensata y siempre está saliendo por peteneras. DCañabate *Paseíllo* 126: El toro hasta ahora ha hecho lo que todos, ir de aquí para allá sin saber dónde está. Lo mismo puede ser bravo que salirse por peteneras.

petequia *f* (*Med*) Pequeña mancha roja que aparece como consecuencia de una hemorragia y que no desaparece por la presión del dedo. | *Abc* 9.11.75, 5: El examen macroscópico de la pieza extirpada .. revelaba la existencia de once úlceras sangrantes .. y multitud de focos petequiales diseminados en la mucosa. Se llama petequia a las pequeñas manchas que aparecen dibujadas precisamente en esta mucosa.

petequial *adj* (*Med*) De (la) petequia. | *Hoy* 15.11.70, 25: En cavidad torácica son de destacar un discreto edema pulmonar y las hemorragias, de tipo petequial, en corazón.

petersburgués -sa *adj* De San Petersburgo o Leningrado (Rusia). *Tb n, referido a pers.* | XSandoval *MHi* 12.70, 76: Los más canoros "divos", las más hermosas bailarinas, desearían actuar en los teatros petersburgueses.

petición *f* **1** Acción de pedir (manifestar [a alguien (*ci*)] el deseo o la necesidad [de algo (*cd*)] para que los satisfaga). *Tb su efecto.* | *Mad* 23.12.70, 6: El conflicto se planteó por unas peticiones que los productores hicieron a la empresa. *Mad* 23.12.70, 6: Los desahucios de muchas de estas 225 casas .. han sido suspendidos, a petición, según los casos, del Ayuntamiento, de la propiedad o de los propios vecinos. **b)** Acción de pedir a una mujer en matrimonio. *Frec ~ DE MANO. Tb el acto formal correspondiente.* | MGaite *Visillos* 20: A él todo eso de ajuar y peticiones y preparativos no le gusta. Dice que casarse en diez días, cuando decidamos, sin darle cuenta a nadie.

2 ~ de principio. (*Filos*) Vicio que consiste en poner por antecedente lo mismo que se desea probar. | Vega *Filosofía* 66: Entre los sofismas deductivos está el llamado "petición de principio", que se comete cuando .. se da por válido y demostrado precisamente lo que hay que demostrar.

petchenego – petit point

peticionar *tr* (*raro*) Hacer la petición [de algo (*cd*)]. | J. Vara *Alc* 12.11.70, 6: Ha habido que reorganizar el patronato, al que se le asignó la misión de peticionar la inclusión del siervo de Dios, a fin de ser inc[l]uido en el catálogo de los santos.

peticionario -ria *adj* (*admin*) Que pide o solicita oficialmente algo. *Tb n, referido a pers.* | *HLM* 26.10.70, 21: Su recorrido .. tendrá su origen en la subestación de Loeches .., y su final, en la de Arganda del Rey .., ambas propiedad de la Sociedad peticionaria. APaz *Circulación* 215: La expedición de estos Permisos se solicitará de la Jefatura de Tráfico de la provincia en que se halle avecindado el peticionario.

petifoque *m* (*Mar*) Vela triangular más pequeña que el foque y que se orienta por fuera de él. | *Ya* 10.1.87, 8: Apareja [el buque-escuela] veinte velas, con una superficie total de 3.153 metros cuadrados. 1: Bauprés .. 7: Contrafoque. 8: Foque. 9: Petifoque. 10: Foque volante.

petigrís *m* Variedad de ardilla de Siberia cuya piel es muy estimada en peletería. *Frec su piel.* | * Tiene un bonito abrigo de petigrís.

petimetre -tra *m y f* (*hist*) Pers. excesivamente atildada y preocupada de seguir la moda. | Mercader-DOrtiz *HEspaña* 4, 55: Surge el petimetre, imitación del *incroyable* francés, que viste del modo más extravagante, tiene constantemente en la boca expresiones extranjeras, habla mal de la patria y de sus antepasados y se complace en las mayores excentricidades de conducta. **b)** *Más o menos vacío de significado, se usa modernamente como insulto.* | MSantos *Tiempo* 133: Perseguidos por los siseos de los bien-indignados respetuosos, los últimos petimetres se deslizaron en sus localidades extinguida la salva receptora. C. AToledo *ElM* 12.4.93, 5: Ante tal estafa, el pueblo soberano debería reaccionar en defensa propia, en defensa de la dignidad mancillada de un pueblo que no se merece ser gobernado por estos petimetres.

petirrojo *m* Pájaro pequeño de color pardo olivácео con el pecho y la frente de color naranja vivo (*Erithacus rubecula*). | Lama *Aves* 78: Mide el Petirrojo (Erithacus rubecula) .. 14 centímetros de longitud, siendo su actitud más acusada la de levantar muy pronunciadamente su cola.

petisú *m* Pastelillo alargado, relleno gralm. de crema y cubierto de chocolate o de una pasta de azúcar. | Torrente *Off-side* 430: Chocolates, petisús de crema, milhojas.

petit comité (*fr; pronunc corriente,* /petí-komité/) *m* Reunión de pocas personas. *Gralm en la constr* EN ~. | *Abc* 4.7.58, 25: El cansancio del antiguo sarao aparatoso hizo descubrir las delicias del "petit-comité" con la íntima luz de las pantallas. *País* 15.8.78, 6: Las decisiones estaban ya tomadas de antemano en *petit comité* y en función del famoso "consenso".

petit-gris (*fr; pronunc corriente,* /petigrí/) *m* Petigrís. | P. Narváez *Abc* 5.3.89, 154: Las pieles más utilizadas fueron el visón, .. petit-gris, zorro.

petitorio -ria I *adj* **1** De (la) petición. | *Sol* 24.5.70, 10: En la capital se instalaron .. mesas petitorias, recaudando la mayor cantidad la que presidió la excelentísima señora doña Luz María Brotons de Arroyo. *Ya* 12.2.90, 64: El párroco de la catedral hizo mención al citado donativo, en billetes de 10.000 pesetas, y procedió a depositarlo, en presencia del público, en uno de los cestos petitorios.

II *n* **A** *f* **2** (*raro*) Petición [1a]. | *OrA* 26.8.78, 12: Con el magnífico tiempo reinante, nos salió una fiestuca "redonda". Y hasta nos sobraron perras de la petitoria. Marlasca *Abc* 26.8.72, 31: Las especies que comprende [el marisco] han desaparecido de las petitorias "mercaderiles" de las amas de casa sensatas, que han querido olvidar sus nombres ante las elevadísimas cotizaciones que alcanzan.

B *m* **3** (*Med*) Lista de los medicamentos de que ha de disponer una farmacia. | *Act* 7.7.66, 4: ¿No sería más honesto .. poner freno a tanto abuso disponiendo que el causante de los costes originales de médico y farmacia abonase tan solo un 10% de estos, en lugar de echar mano del desfasado "Petitorio" de especialidades reconocidas por el SOE?

petit point (*fr; pronunc corriente,* /petí-puán/) *m* Bordado de pequeñas puntadas diagonales, usado esp. para

petítum – petrogenético

tapicería. | A. Lezcano *SAbc* 6.4.69, 52: En un salón hay un tresillo de "petit- point".

petítum *m* (*Der*) Petición. | *Leg. contencioso-adm.* 120: En esta Jurisdicción, al igual que en la civil, la congruencia viene dada por el *petítum* de la demanda. [*En el texto, sin tilde.*]

peto *m* **1** Prenda, o parte de una prenda, que cubre el pecho. | Delibes *Madera* 297: Una vez que Gervasio terminó de vestirse la gala y candó la taquilla, Dámaso Valentín .. levantó la cabeza y, al verle, experimentó un repentino ataque de risa. Reía y reía señalando con el dedo índice a su compañero (el peto colgando, sin atar aún a la espalda, el pantalón a media pierna). *Sp* 19.7.70, 28: La producción prevista para la fábrica es de .. 1.000 prendas laborales diarias (.. 10 por ciento petos). Romano-Sanz *Alcudia* 116: Regresa con una mujer rolliza, de cara tostada, vestida con jersey rojo y un largo delantal de peto. **b)** (*hist*) Parte de la armadura que cubre el pecho. | *VNu* 5.5.73, 13: Con los uniformes, espuelas, alabardas, .. yelmos, petos, arcabuces y demás utensilios bélicos de los antiguos ejércitos pontificios se han llenado las salas de un nuevo museo en los palacios apostólicos.
2 (*Taur*) Defensa de cuero y guata con que se protege el pecho y el costado derecho de los caballos en la suerte de varas. | *Mun* 19.12.70, 5: Se resta crueldad al espectáculo, prohibiendo las capeas y las banderillas de fuego e imponiendo el peto a los caballos.
3 (*Zool*) Parte inferior del caparazón de los quelonios. | Bustinza-Mascaró *Ciencias* 186: Estas placas [de la tortuga] están soldadas en dos grupos formando dos piezas: el espaldar, en la parte dorsal, y el peto en la porción ventral.
4 *En una faja elástica:* Refuerzo delantero. | *Ya* 22.5.75, 31: Faja-panty .. De Enkaswing, peto de blonda.
5 Antepecho (barandilla o muro bajo que se pone en determinados lugares altos para evitar caídas). | Llamazares *Río* 119: El puente de los Verdugos (o del Ahorcado) está en estado galopante de ruina, con la mitad del peto norte derrumbado. *ByN* 10.7.76, 36: El procurador en Cortes y consejero nacional Blas Piñar López habló durante hora y media en el cine San Lorenzo, de Colmenar Viejo. En el citado local dos grandes pancartas cubrían el peto del entresuelo.
6 Herramienta que por una parte es azadón y por otra pico. *Tb* AZADÓN, *o* AZADA, DE ~. | T. Salinas *MHi* 12.70, 33: La siega, y otras tareas de la recolección, la preparación de la huerta cavando con el peto.
7 *Se da este n a varios peces marinos comestibles propios esp de Canarias. Tb* PEZ ~. | Casanova *Lit. Canarias* 1, 53: –¡Tiburones! –gritó .. –Son petos. No hacen daño. Se asustan de nada. N. Carrasco *Ya* 2.8.78, 21: Estos singulares "Lacerta", con otra larga hilera de fauna amenazada canaria –foca monje, .. peto tinerfeño, peto de Gran Canaria, corredor canario ..–, esperan la luz verde de un decreto que asegure su asentamiento pleno en aquellas tierras. L. Ramos *Abc* 16.12.70, 56: Las pescas gomeras están centradas en la actualidad en la captura de peces escombriformes, es decir, caballas, .. patudos, petos, bacoretas y melvas. L. Ramos *Abc* 13.12.70, 37: Abundan túnidos, especialmente el denominado pez peto, bonitos.

petral *m* Correa que, asida por ambos lados a la parte delantera de la silla de montar, rodea el pecho de la cabalgadura. *Tb* (*reg*) PECHO ~. | GNuño *Escultura* 127: Prodigando grandísimo esmero en la imitación de los arreos, cabezadas, bridas, petrales y demás elementos de los pertrechos de la montura. MCalero *Usos* 18: Francaletes, retrancas, baticolas y pecho petral.

petrarquesco *adj* **1** De Francesco Petrarca (poeta italiano, † 1374). | Pedraza-Rodríguez *Literatura* 2, 351: Las canciones [de Garcilaso]. Se aproximan mucho a la canción petrarquesca, aunque también se advierte el influjo de Ausias March.
2 Petrarquista. | RMoñino *Poesía* 74: Una transformación que lo hiciera revivir [al Cancionero], si a la materia antigua muy selecta se hubiese emparejado una buena cantidad de poesía petrarquesca.

petrarquismo *m* Imitación de la poesía de Petrarca († 1374). *Tb la corriente literaria correspondiente.* | GLópez *Lit. española* 197: Las poesías de amor [de Herrera] dan la nota más acusada del petrarquismo en el siglo XVI.

petrarquista *adj* Que imita la poesía de Petrarca († 1374). *Tb n, referido a pers.* | DPlaja *Literatura* 170: Boscán dejó una serie de sonetos de estilo petrarquista. Pedraza-Rodríguez *Literatura* 2, 371: Otros poetas petrarquistas .. Francisco Sá de Miranda .. Adolece de los defectos comunes a los primeros petrarquistas, ya que no alcanza el perfecto dominio del nuevo instrumental poético.

pétreamente *adv* (*lit*) De manera pétrea. | Torrente *Saga* 526: Aquella arquitectura no era pétreamente sólida, sino más bien la de un teatro.

petrel *m Se da este n a distintas aves marinas que suelen seguir a los barcos y solo vienen a tierra para reproducirse, esp Macronectes giganteus* (~ GIGANTE), *Bulweria bulwerii* (~ DE BULWER), *Hydrobates pelagicus* (~ COMÚN), *Oceanodroma leucorrhoa* (~ DE LEACH). | Aldecoa *Gran Sol* 54: Por el onduleo de las aguas volaban rasando los petreles. Noval *Fauna* 105: Otros petreles, paínos o paíños, como el de Wilson (*Oceanites oceanicus*) y el de Leach (*Oce*[*a*]*nodroma leucorrhoa*), son más raros cerca de la costa.

petrelense *adj* De Petrel (Alicante). *Tb n, referido a pers.* | *Pro* 23.4.74, 45: Petrel se halla en el pórtico de sus fiestas .. Ha sido figura central la juventud y belleza de la mujer petrelense.

pétreo -a *adj* (*lit*) **1** De piedra. | Umbral *Ninfas* 62: La plaza era redonda, espaciosa, con bancos de piedra, .. y una farola en el medio, pétrea, enorme, con cuatro brazos y cuatro faroles.
2 Duro o fuerte como la piedra. | MSantos *Tiempo* 138: Le detuvo la mirada pétrea de su amigo. Llamazares *Lluvia* 19: Las interminables noches junto a la chimenea comenzaron a sumirnos poco a poco en un profundo tedio, en una pétrea y desolada indiferencia contra la que las palabras se deshacían como arena.

petrificación *f* Acción de petrificar(se). | E. Haro *Tri* 26.12.70, 5: La obsesión por conservarlo [el marxismo-leninismo] en forma de dogma, su petrificación, ha podido llegar a hacerlo utópico después de haber sido real.

petrificante *adj* Que petrifica. | G. Estal *Ya* 20.4.75, 8: El bien supremo de la nación así lo exige, por encima de individualismos petrificantes o demoledores. Renovarse es pervivir.

petrificar *tr* **1** Transformar en piedra [una sustancia orgánica]. | Cela *Viaje andaluz* 48: Según los sabios, la piedra de Santa Catalina es el erizo de mar, que el tiempo y el secano petrificó. **b)** *pr* Transformarse en piedra [una sustancia orgánica]. *Tb fig.* | Bustinza-Mascaró *Ciencias* 379: Muchos restos de seres vivos pueden petrificarse, es decir, endurecerse, transformándose en piedra por fenómenos químicos de impregnación. MGaite *Cuento* 319: Las palabras de repertorio se petrifican, y añaden un grado más de silicosis a la que ya padece el oyente. Piedra sobre piedra.
2 Inmovilizar o paralizar [a alguien] por una emoción violenta. | Gonzalo *Cod* 2.2.64, 16: La cajera se quedó como petrificada y los clientes miraron con estupor al hombre que quiso cambiar un billete de cien.
3 Inmovilizar [algo o a alguien que se mueve o cambia]. | Camón *Abc* 26.11.70, 3: La belleza petrifica en formas inmortales el tránsito. **b)** *pr* Inmovilizarse [algo o alguien que se mueve o cambia]. | J. ÁSierra *Abc* 19.11.57, sn: Mutis, lejos de petrificarse científicamente, seguía con afán los últimos descubrimientos de la ciencia.

petril *m* (*reg*) Pretil. | Cunqueiro *Un hombre* 59: No podían ir a pasear .. visitando de paso las ruinas del puente viejo, que don León había visto en una estampa, decía, y en el petril del primer arco había un hombre que tocaba la guitarra.

petrodólar *m* Unidad monetaria, valorada en dólares estadounidenses, usada para cuantificar las divisas obtenidas por exportación de petróleo, y esp. las depositadas en bancos europeos. *Gralm en pl.* | P. GAparicio *HLM* 30.12.74, 5: Ello ha asentado las bases de un poder financiero realmente fabuloso, que se manifiesta en la creciente expansión adquisitiva de los "petrodólares".

petrogenético -ca *adj* (*Geol*) Que forma las rocas. | Ybarra-Cabetas *Ciencias* 55: Unas veces es componente de las rocas –cuarzo petrogenético– .. y otras se presenta en filones –cuarzo filoniano–.

petroglifo *m* (*Arqueol*) Grabado sobre roca, esp. prehistórico. | V. Soria *Reg* 24.12.74, 16: El día veinte de diciembre de mil novecientos setenta y tres "Extremadura" publicaba una foto de un petroglifo céltico de Trujillo.

petrografía *f* (*Geol*) Parte de la geología que estudia las rocas. | Bustinza-Mascaró *Ciencias* 316: La ciencia que estudia los minerales es la Mineralogía. La que se ocupa de las rocas se llama Litología o Petrografía.

petrográfico -ca *adj* (*Geol*) De (la) petrografía. | Pericot-Maluquer *Humanidad* 19: El análisis petrográfico nos da el origen de las piedras usadas y hace posible conocer las rutas comerciales.

petroleado *m* Acción de petrolear. | Ramos-LSerrano *Circulación* 312: Petroleado del coche, cuidando de que no se mojen los cojinetes elásticos, cables y demás elementos de caucho o goma.

petrolear *tr* Pulverizar o bañar [algo, esp. un coche] con petróleo [1]. | JCorella *Ya* 26.2.75, 6: La inflación y el petróleo nos han dado el "stop". Por la inflación, nos desinflamos; por el petróleo, dejaremos de petrolear el coche. Alcántara *Ya* 29.1.91, 48: Los muertos distantes parece que son menos cadáveres, los cormoranes petroleados no son como los patos del Retiro.

petróleo I *m* **1** Líquido oleaginoso e inflamable, gralm. de color oscuro, constituido por una mezcla de hidrocarburos. *Tb* ~ CRUDO o BRUTO. | Ybarra-Cabetas *Ciencias* 85: Un yacimiento de petróleo consiste generalmente en una alternancia de capas impermeables con otras permeables en las que se encuentran petróleo, gases y agua salada. Marcos-Martínez *Física* 298: Sometiendo el petróleo bruto a destilación fraccionada se obtienen diversos productos. **b)** Petróleo refinado, que se usa como combustible. | *Economía* 78: Más prácticas y menos peligrosas son las [estufas] que funcionan por combustión del petróleo volatilizado. **c)** ~ **lampante.** Queroseno. | *BOE* 3.12.75, 25194: Las instalaciones .. deben disponer, como mínimo, de un vestuario particular con lavabo, de una llegada de petróleo lampante (keroseno) y de tres equipos de seguridad como mínimo.
II *adj invar* (*raro*) **2** [Color] compuesto por una mezcla de azul, gris y verde. | *Van* 1.7.73, 4: Prácticos pantalones .. Son muy cómodos y agradables al tacto, fáciles de lavar y secar. En colores; celeste, beige, amarillo, petróleo, rojo.

petroleoquímico -ca I *adj* **1** Petroquímico. | *BOE* 8.5.75, 9696: Decreto 983/1975, de 10 de abril, sobre productos petroleoquímicos en régimen de suspensión de derechos arancelarios durante el segundo trimestre de 1975.
II *f* **2** Petroquímica. | J. M. RVerger *País* 25.8.83, 15: Los centros y equipos que colaboran .. son el Instituto de Catálisis y Petroleoquímica y el grupo de Físico-Química de Minerales, ambos del CSIC.

petrolero -ra *adj* **1** De(l) petróleo [1]. *Tb n m, referido a barco*. | Ortega-Roig *País* 97: Para su transporte, España cuenta con una buena flota de barcos petroleros. L. I. Parada *Mun* 14.11.70, 31: Solo un 33 por 100, aproximadamente, de la flota mundial de petroleros pertenece a la industria.
2 [Pers. o empresa] que se dedica a la industria o el comercio del petróleo. *Tb n: m y f, referido a pers; f, referido a empresa*. | A. Lavandeira *Sáb* 30.7.75, 49: En Torremolinos se cuenta de riquísimo petrolero árabe que se marchó a los pocos días de estancia, porque se aburría sin un casino donde pasar sus noches. R. Moreno *País* 6.11.77, 6: El diario oficialista *La Opinión* .. consideró la huelga de ferroviarios, portuarios, trabajadores del metro, petroleros y otros sectores obreros del sector público como una verdadera amenaza. *Ya* 30.1.91, 18: Las petroleras de EEUU ganaron más.
3 (*hist*) [Pers.] que con fines subversivos provoca incendios con petróleo. *Tb n*. | Cierva *Triángulo* 232: En esa temporada del 44 ocurrió algo que dejó fascinados y boquiabiertos a moderados y progresistas, petroleros y carlistones: el estreno de *Don Juan Tenorio*.

petrolífero -ra *adj* **1** Que produce petróleo. | Zubía *Geografía* 222: Señala los principales puertos del Asia del Suroeste e indica cuáles son los principales centros petrolíferos.
2 (*semiculto*) Petrolero [1 y 2]. *Tb n, referido a pers*. | *Van* 4.11.62, 13: Han resultado averiadas algunas instalaciones petrolíferas de esta región. *Mad* 30.12.69, 1: Han sido diseñadas [las lanchas] exclusivamente para usos bélicos, lo que hace difícil creer que una compañía de inspección petrolífera quisiera usarlas profesionalmente. A. SAlba *Abc* 25.10.73, sn: En Ayoluengo están quejosos también por otro aspecto de la historia .. Solamente un vecino del pueblo trabaja con los petrolíferos.

petrología *f* Petrografía. | *Ide* 27.2.75, 12: El tema "Aspectos petrológicos de la Tectónica global" será expuesto por la profesora doña Encarnación Puga Rodríguez, profesora adjunta de Petrología de la Facultad de Ciencias de nuestra Universidad.

petrológico -ca *adj* De (la) petrología. | *Ide* 27.2.75, 12: El tema "Aspectos petrológicos de la Tectónica global" será expuesto por la profesora doña Encarnación Puga Rodríguez.

petrolquímico -ca I *adj* **1** Petroquímico. | *Faro* 27.7.75, 3: Se han estudiado las necesidades de naftas para productos petrolquímicos.
II *f* **2** Petroquímica. | *HLM* 26.10.70, 13: Química orgánica e inorgánica. Petrolquímica. Plásticos y resinas.

petromax (*n comercial registrado*) *m* Lámpara de petróleo. | Gironella *Millón* 585: Ignacio se encontraba en un barracón de madera alumbrado por un petromax, rodeado de gorros estrellados.

petromizónido *adj* (*Zool*) [Pez] de la familia a que pertenece la lamprea. *Frec como n m en pl, designando este taxón zoológico*. | *Animales marinos* 2: Familia 1. Petromizónidos.

petroquímico -ca I *adj* **1** De (la) petroquímica [2]. | *Sp* 19.7.70, 27: Son igualmente importantes las líneas de fabricación en .. otras industrias, tales como .. sector petroquímico.
II *f* **2** Química industrial que utiliza como materias primas el petróleo y el gas natural. | L. I. Parada *Mun* 14.11.70, 31: Son organizaciones de refino, distribución, transporte marítimo, petroquímica e investigación en los países consumidores.

petroso -sa *adj* (*Anat*) [Parte] maciza del hueso temporal, que aloja el oído interno. | Alvarado *Anatomía* 79: El oído es un órgano muy complicado, alojado en la porción petrosa del hueso temporal.

petudo -da *adj* (*reg*) Jorobado o cheposo. | ZVicente *SYa* 27.4.75, 23: Ella ha crecido, se ha hecho fortachona, y yo, en cambio, voy para abajo, mi espalda se inclina, pronto, si Dios no lo para, estaré petudona a base de bien.

petulancia *f* Cualidad de petulante. | DPlaja *El español* 55: "Aquí yace el más grande pecador del mundo." ¿Cabe mayor petulancia?

petulante *adj* [Pers.] arrogante y presumida. *Tb n*. | FCid *SAbc* 25.1.70, 33: Media la estatura, muy seguro de sí mismo, pero no petulante. DPlaja *Sociedad* 23: El petulante cumple con su obligación [en la iglesia] externamente sin ninguna compunción interna. **b)** Propio de la pers. petulante. | FReguera *Bienaventurados* 45: Le dirigió a la muchacha morena una sonrisa leve, un poco petulante.

petunia *f* Planta herbácea ornamental de la familia de las solanáceas, con flores en forma de embudo y de diversos colores (gén. *Petunia*, esp. *P. hybrida*). | CBonald *Casa* 167: Antes [el balcón] daba al parque .. Se veían los arriates de petunias .. Ahora no. Loriente *Plantas* 66: *Petunia integrifolia* (Hooker) Schinz & Thell., "Petunia". Corriente en los parterres ajardinados.

peul (*pl normal*, ~s) *adj* Fula o fulaní. *Tb n*. | B. Andía *Ya* 15.10.67, sn: Al lugar de las famosas tribus bororo. Estos blancos mestizos son una rama de los peuls [en Nigeria y el Chad]. *D16* 25.7.86, 27: Algunos instrumentos ajenos a nuestra cultura que podrán escucharse son el balafón, las guitarras "peul" de Guinea y el "gumbri" de Marruecos.

peyorativamente *adv* De manera peyorativa. | Gironella *SAbc* 22.2.70, 11: Hablar peyorativamente de "escritor de masas" .. es tropezar que podría verse avalada por algunos folletinistas franceses y por Corín Tellado.

peyorativo -va *adj* Que implica una valoración negativa de aquello de lo que se habla. *Se opone a* MELIORA-

peyote – pezuña

TIVO. | DPlaja *El español* 34: "Arrogante", peyorativo en inglés, .. es un elogio en español. Goytisolo *Recuento* 212: La comparación resulta peyorativa para Lucas en el sentido de que su padre es un defensor a sueldo de los intereses de la oligarquía monopolista, mientras que el padre de Esteva .. está plenamente integrado en esa oligarquía.

peyote *m* Planta cactácea de Méjico y Tejas que contiene principios narcóticos (*Echinocactus williamsii*). | S*Inf* 3.12.75, 1: Hace milenios de años, los hechiceros descubrieron el té en Asia, .. el peyote en Méjico.

pez[1] **I** *m* **1** Animal vertebrado acuático, ovíparo, de sangre fría y respiración branquial, con las extremidades en forma de aletas y el cuerpo gralm. cubierto de escamas. *Frec como n m en pl, designando este taxón zoológico*. | Bernard *Salsas* 15: Se utiliza [la salsa blanca] para verduras, algunos peces y determinados platos. Ybarra-Cabetas *Ciencias* 365: Resumen de las propiedades fundamentales y clasificación de los peces. **b)** *Seguido de un adj o un n en aposición, designa distintas especies*: ~ AGUJA (*Syngnathus acus*), ~ ÁNGEL (*Squatina squatina*), ~ DE SAN PEDRO (*Zeus faber*), ~ ERIZO (*Diodon hystrix*), ~ ESPADA (*Xiphias gladius*), ~ LUNA (*Mola mola*), ~ MARTILLO (*Sphyrna zygaena*), ~ RATA (*Uranoscopus scaber*), ~ SABLE (*Trichiurus lepturus*), ~ SIERRA (*Pristis pristis*), ~ VOLADOR (*Exocoetus volitans*), etc. | *Ya* 3.12.83, 2: Un descomunal pez-aguja atravesó el cuerpo de un joven puertorriqueño de diecinueve años mientras practicaba el deporte del "surfing" en una playa del norte de Puerto Rico. Noval *Fauna* 416: El Pez ángel (*Squatina squatina*) .. es de aspecto repugnante, midiendo de 90 a 100 cm. generalmente. Bustinza-Mascaró *Ciencias* 172: Otros peces hay que tienen formas raras y curiosas, que se apartan de la general. Así el pez cofre, el pez luna, el pez erizo. Noval *Fauna* 419: El Pez de San Pedro (*Zeus faber*), de cuerpo muy comprimido, no mide más de 25 o 30 cm. y vive cerca siempre del fondo. Torrente *Sombras* 37: Pude reconocer, por su figura, al pez martillo, al pez ballesta y al pez farol, al pez espada y al pez sierra, al pez piano y al pez guitarra, y por su modo de comportarse, a los peces voladores. Aldecoa *Gran Sol* 82: Con ellos la serpenteante presencia de los congrios, el equívoco formal de ojitos y lenguados, la suprarreal creación del pez rata. *Hoy* 2.11.75, 14: Para el consumidor .. Acedía. Aguja .. Pez sable. Noval *Fauna* 418: Representantes de nuestra fauna de especies típicamente meridionales son los peces voladores (*Cypsilurus heterurus*), que se ven durante el verano saltando de las aguas y volando hasta 50 y más metros. Aldecoa *Gran Sol* 77: La patraña se alimenta de la basura de la mar, del copo desafortunado: pez carnaval, pez payaso, rayas. Castellanos *Animales* 145: Peces exóticos para acuarios .. Familia calíctidos. Corydoras arqueado. Pez gato bronceado .. Pez gato enano. Pez gato de motas negras. J. L. Aguilar *Ya* 13.4.88, 21: Se está llevando a cabo desde hace tres años una interesante experiencia de cultivo marino, de la serviola, o pez-limón, conocido en Murcia como lecha. F. RFuente *Act* 12.4.73, 86: Los peces papagayo, los emperadores, los heniocos, los peces mariposa, los peces ángel, el pez doncella y el cirujano se visten con libreas en las que se combinan los matices más llamativos .. Entre los peces ballesteros, todos vivamente matizados, hay uno que recibe el nombre de pez picasso, tan rico es el cuadro cubista que representa. F. RFuente *Act* 12.4.73, 85: Tomé aire, incliné el cuerpo hacia adelante y descendí suavemente hacia un "calvero" de rutilante arena, sobre el que planeaba, atractivísimo, un pavo de mar ("Pterois volitans"), llamado también, por su insólito aspecto, pez dragón. F. RFuente *Act* 12.4.73, 85: Esta criatura .. resulta prácticamente inofensiva, precisamente por su llamativo aspecto, si se le compara con su pariente el pez roca ("Synanceja verrucosa"), llamado así porque no hay ojo que le distinga del fondo rocoso-coralino sobre el que descansa.

2 ~ **gordo.** (*col*) Pers. importante. | Torrente *Off-side* 29: Mi cliente es un pez gordo.

3 (*reg*) Montón alargado [de trigo limpio]. | Cuevas *Finca* 68: Calculaban, a la vista del pez de trigo, la bondad de la cosecha.

4 (*reg*) *En una res vacuna*: Parte redonda de la zona baja del cuello, parecida al solomillo. | Apicio *Sáb* 3.12.75, 57: La categoría [de la carne de buey] la determina la parte del animal a que pertenece el trozo de carne: solomillo, .. espaldilla, pez, aguja, rabadilla, llana, brazuelo.

II *adj* **5** (*col*) [Pers.] que no sabe nada o sabe muy poco [de algo (*compl* EN o DE)]. *Frec con el v* ESTAR. | Lera *Bochorno* 27: Y tú no vengas presumiendo. Tú, en este asunto, estás tan pez como todos nosotros. Goytisolo *Recuento* 54: Los cateados en alguna asignatura tenían que empollar y, en algunos casos, irse ya a Barcelona, a tomar clases particulares. Es que de mates voy pez, dijo uno mayor. Palomino *Torremolinos* 103: –Me lo ha contado esta mañana mistress Shatter .. –¿Es posible? –Es posible; me cogió pez; aún no había leído el informe de Orgaya.

III *loc v* **6 reírse de los peces de colores.** (*col*) No dar importancia a algo o no tomarlo en serio. *Gralm en la forma* ME RÍO YO DE LOS PECES DE COLORES, *usada para ponderar la importancia de algo que parecía no tenerla*. | * Vaya lío que has montado; me río yo de los peces de colores.

IV *loc adv* **7 como** (**el**) ~ **en el agua.** (*col*) Con total comodidad y adaptación. | Delibes *Mundos* 140: El clima canario exige un corto período de adaptación. Luego, el inmigrante, se desenvuelve en él como el pez en el agua.

pez[2] *f* Sustancia blanda y pegajosa, frec. negruzca, que se obtiene de la destilación incompleta de la trementina o de maderas resinosas. *A veces con un adj especificador*: BLANCA, NEGRA, AMARILLA, RUBIA. | Moreno *Galería* 194: Se instalaba el amo para marcar las reses, con la caldereta de pez hirviendo, en el mismo umbral de su casa. Seseña *Barros* 118: Las tinajas y conos, "empegados" con pez rubia o blanca, se destinan a contener vino y aceitunas. **b)** *Frec se emplea en frases de sent comparativo para ponderar la negrura*. | Espina *Abc* 29.6.58, 95: El doctor, previa autorización judicial, procedía a marcar el violín con un sello infamante, indeleble, negro como la pez, en el que se leía: "Clase ordinaria. Sin valor especial".

pezcuño *m* (*reg*) Pesuño. | Moreno *Galería* 152: Este timón .. se empalmaba a la cama curvada que daba base a la propia esteva, cuyo extremo sujetaba y dirigía el labrador; a las orejeras que ahuecaban la tierra y la desparramaban; al pezcuño; la propia reja, firmemente asentada sobre el dental.

peziza *f* Se da este n a numerosos hongos ascomicetos del gén *Peziza*, algunos de los cuales son comestibles. | X. Domingo *Cam* 17.5.76, 91: Comenzamos a recorrer praderas y claros de bosque en busca de los primeros hongos comestibles del año. Las pezizas, que saboreamos crudas, en ensalada, menos la peziza estrella, que es venenosa.

pezón *m* **1** Parte saliente de la mama, por donde sale la leche. | Cela S*Camilo* 224: Las tetas .. redondas y poderosas y con el pezón negro como el azabache. Bustinza-Mascaró *Ciencias* 205: Son [las ubres], sobre todo en las vacas de razas especializadas (holandesa, .. gallega), muy voluminosas, con cuatro pezones salientes.

2 Pecíolo. | *Economía* 85: El abacá es una planta tropical .. cuyas hojas, después de quitado el peciolo o pezón, se transforman en filamentos.

3 Extremo libre de un eje de carruaje, que sobresale de la rueda. | MCalero *Usos* 16: Buena cabria de madera de negrillo para levantar los carros, y soltando estornejas y sotrozos poder sacar la rueda del pezón del eje.

pezonera *f* Aparato que succiona la leche del pezón [1]. | A. MBautista *Hoy* 26.1.75, 24: El ordeño mecánico, como su nombre indica, es la extracción de la leche por medio de máquinas denominadas ordeñadoras mecánicas .. De la tubería, el vacío se transmite a las pezoneras.

pezuña *f* **1** Extremo de la pata de los ungulados, constituido por uno o dos pesuños. | Arce *Testamento* 56: Cuando asomamos la cabeza, el toro rascaba el suelo con la pezuña, tenazmente. **b)** Pesuño. | Ybarra-Cabetas *Ciencias* 394: Apoya [el toro] en tierra únicamente la punta de los dedos, los cuales están cubiertos por unas envolturas córneas llamadas pezuñas.

2 (*col, humoríst*) Pie [de una pers.]. *Frec en la constr* METER LA ~, 'meter la pata' (→ PATA). | * Ya tuvo que venir a meter la pezuña. **b)** (*raro*) Mano [de una pers.]. | Berenguer *Mundo* 230: –¡Trae acá la pezuña si es que no sabes firmar! –dijo tomándome la mano.

3 (*reg*) Glosopeda. | Berenguer *Mundo* 293: Se secaron los pozos, y los cochinos empezaron a morirse a chorro, y a las vacas les entró la pezuña.

pezuñar – piano

pezuñar *tr* (*raro*) Pisar con las pezuñas [1a]. | Aldecoa *Cuentos* 1, 112: Los rebaños cruzaban el campo buscando las lomas y dejaban sus huellas por los senderos: sirle y vedijuelas, y la tierra pezuñada en corto.

pezuñear *intr* (*raro*) Mover las pezuñas [1a]. | Arce *Testamento* 56: El toro rascaba el suelo con la pezuña .. El toro babeaba y arrastraba el morro sobre el polvo sin dejar nunca de pezuñear.

pezuño *m* (*reg*) Hombre torpe o bruto. *A veces usado como insulto*. | Lera *Boda* 684: Así estamos como pezuños. Luego nos sabe mal que venga un forastero como mi yerno, que tiene letras, y se haga el amo. Lera *Clarines* 434: Le insultaron: –¡Maleta! –¡Badanas! –¡Pezuño!

pH (*pronunc*, /pé-áće/) *m* (*Quím*) Índice del grado de acidez o de alcalinidad de una disolución. | Ybarra-Cabetas *Ciencias* 295: Un pH = 7 indica el suelo neutro, siendo los números mayores que 7 los correspondientes a suelos alcalinos y los inferiores los que pertenecen a suelos ácidos.

phi → FI.

phot (*pronunc*, /fot/) *m* (*Fís*) En el sistema CGS: Unidad de iluminación equivalente a 10.000 lux. | *Unidades* 23: Unidades CGS con nombres especiales ..: phot: ph: 1 ph = 10^4 lx.

pi[1] *f* **1** Letra del alfabeto griego que representa el sonido [p]. (V. PRELIM.) | Estébanez *Pragma* 43: Alfabeto griego: .. pi, ro, sigma, tau.
2 De (*Geom*) Símbolo del número que expresa la relación de una circunferencia a su diámetro, y cuyo valor constante es 3,14159... | Prada-Cela *Matemáticas* 196: El número 3,14 es un valor aproximado de π (letra griega que se lee pi).

pi[2] *interj* Imita un pitido, esp del tren. | J. M. Llanos *VNu* 9.9.72, 39: Nuestro tren marcha .. –¡Pii, pii, pii!, ¡señores viajeros al tren!

piada *f* Acción de piar [1]. *Tb su efecto*. | Delibes *Vida* 15: Por las tardes permanecíamos en casa, con las verdes persianas bajadas, oyendo las piadas agobiadas de los gorriones en las acacias del chalé contiguo.

piadosamente *adv* De manera piadosa. | LMiranda *Ateneo* 101: Ni un solo instante quedaría allí a ser visitado por sus amigos, lo que podrían hacer piadosamente en el depósito del cementerio.

piadoso -sa *adj* **1** [Pers.] que tiene piedad. | Torrente *Sombras* 341: Somos los supervivientes de los dioses .. Estamos aquí todavía porque cree Patricio, el dueño de este hostal, el mejor y más piadoso hombre del mundo, pero Patricio va a morir. **b)** Propio de la pers. piadosa. | A. Sabugo *Nor* 5.12.89, 3: Basta una sonrisa piadosa, sin llegar a irónica, para deshacer el engaño.
2 De (la) piedad o fervor religioso. | VParga *Santiago* 11: Nobles y obispos competen en fundaciones piadosas. *SVozC* 25.7.70, 1: Una piadosa tradición fija en Logroño la curación milagrosa de un niño por San Francisco de Asís.

piafante *adj* Que piafa. | Umbral *Ninfas* 25: Pasaban lecheros triunfales en sus carros ruidosos, con caballos piafantes.

piafar *intr* Golpear el suelo [el caballo], alzando y bajando las patas delanteras. | Solís *Siglo* 561: Hacía una noche espléndida. Si no fuera por el piafar de los caballos, el silencio sería absoluto.

pial *m* (*reg*) Peal. | Moreno *Galería* 156: Sobre los pedugos acostumbraban a ponerse otros de cuero muy irregulares, hechos con la piel o del pellejo esquilado de la oveja, y se llamaban "piales". M. Marco *NAl* 26.11.93, 26: En épocas de lluvia y nieve usábase entre el pedugo, calcetín tejido de lana y sin costuras, y la abarca, el llamado *pial*, calcetín de lona o de piel, que impermeabilizaba de la humedad.

piamadre *f* (*Anat*) Meninge interna. | Nolla *Salud* 109: Las meninges .. son tres: la duramadre, la más externa, es la más resistente; la media, o aracnoides, es de consistencia laxa; y la más interna, o piamadre, está en contacto directo con la sustancia nerviosa.

pía maisa *f* (*reg*) Pídola (juego). | MMolina *Jinete* 46: Entre las voces .. de los niños que juegan al rongo, a tite y cuarta, al mocho, a pía maisa.

piamáter (*tb con la grafía* **pia mater**) *f* (*Anat*) Piamadre. | Navarro *Biología* 122: Por el espacio situado entre la aracnoides y la pia mater circula un líquido claro denominado líquido cefalorraquídeo.

píamente *adv* De manera pía. | E. Amezúa *Sáb* 5.7.75, 31: ¿En qué consistía aquello? .. En amonestar pía y tontuelamente –aparte del terror–, entre la ñoñería y el sermón, que todo "eso" era malo.

piamontés -sa I *adj* **1** Del Piamonte (región del norte de Italia). *Tb n, referido a pers*. | *Faro* 2.8.75, 9: Una joven de 25 años, Piera Carle, fue asesinada ayer por su madre, Francesca Daziano, de 45, en la localidad piamontesa de Carle. *Sp* 19.4.70, 7: No menos traumático sería .. exigir a un piamontés, friulano o alguerés el conocimiento de la lengua toscana.
II *m* **2** Dialecto italiano hablado en el Piamonte. | Villar *Lenguas* 117: El grupo italiano. Comprende gran número de dialectos. En el norte, el piamontés, el lombardo, etc.

pian *m* (*Med*) Enfermedad contagiosa, propia de países cálidos, caracterizada por erupciones en la cara, manos, pies y regiones genitales. | C. Payá *SYa* 30.6.74, 17: En los países menos desarrollados hay muchos [niños] aún que aprenden otra clase de abecedario llamado "de la angustia": "L" de lepra, "p" de paludismo y de pian, "t" de tuberculosis y de tracoma. [*En el texto*, pían.]

pianísimo *adv* (*Mús*) Pianissimo. *Tb adj y n m*. | FCid *Abc* 6.12.70, 73: El sonido, grandísimo, llenísimo, vibrado –con un "vibrato" precioso– y rico en colores, como lo es en planos cuantitativos, desde el pianísimo inverosímil hasta el fortísimo que vence a la masa orquestal. Escobar *Itinerarios* 197: Un airecillo de la amanecida daba sus alientos discretos a unos álamos, musicales, pianísimos.

pianismo *m* (*Mús*) Arte o técnica del piano, en la composición o en la ejecución. | *Música Toledo* 38: Aunque esta sonata está cerca de la forma de las de Beethoven, su pianismo y aliento sinfónico la emparentan estrechamente con Schumann. X. Montsalvatge *Van* 20.12.70, 59: El concertista interpretó .. una Sonata de su compatriota Samuel Barber, de un pianismo abarrocado, dificilísima.

pianissimo (*it; pronunc*, /piánísimo/) *adv* (*Mús*) Muy suavemente. *Tb adj, referido al pasaje ejecutado de esa forma; tb n m. Tb fig*. | *Mar* 12.7.59, 2: Hoy nos ha dicho "piano, piano" .. Y así hemos ido, piano y hasta pianissimo. GBiedma *Retrato* 194: El tono, las inflexiones de la voz y el gesto, el inoíble *pianissimo*, suscitaban la idea de una expedición tremenda, misteriosamente significativa.

pianista *m y f* Músico que toca el piano[1]. | Espinós *Música* 128: Fue clavecinista de cámara del Príncipe Cont[i] (1760) y uno de los pianistas y compositores más aplaudidos en su tiempo.

pianístico -ca *adj* De(l) piano[1]. | Casanovas *Des* 12.9.70, 36: Recordamos .. lo que recientemente escribíamos con ocasión de un recital pianístico.

piano[1] **I** *m* **1** Instrumento músico de teclado de cuerdas golpeadas. | Laforet *Mujer* 19: Una habitación hermosa, clara, con un piano, con una chimenea.
2 ~ (o **pianillo**) **de manubrio.** Organillo. *Tb, simplemente*, ~. | Hoyo *Glorieta* 13: Había allí .. un taller de pianillos de manubrio. DCañabate *Andanzas* 100: En este [merendero] "columpiaba la manivela del piano" (que es como se decía en castizo tocar el organillo) un chulín.
II *loc v* **3 tocar el ~.** (*col*) Fregar los platos. | * Hoy me toca tocar el piano.
4 tocar el ~. (*jerg*) Imprimir las huellas digitales en la ficha policial. | Tomás *Orilla* 150: Estampó las huellas dactilares de todos los dedos de ambas manos. La ficha dactiloscópica. Ya estaba otra vez huellado. Aunque los de la vieja escuela utilizaban otra expresión: "ya había tocado el piano".
III *loc adj* **5 como un ~.** (*col*) Muy grande o enorme. | Palomino *Torremolinos* 52: No es una trompa como un piano; no es la farfulla de un borracho. LRubio *Noche* 59: ¡A Villanueva, el pescado fresco le produce una alergia como un piano!

piano[2] *adv* (*Mús*) Suavemente. *Tb adj, referido al pasaje ejecutado en esa forma; tb n m. Tb fig*. | F. Eguiagaray *Van* 17.4.73, 38: En medio de un conmovedor piano de la

piano-bar – picada

"Heroica" resonó un tremendo pitido de la instalación amplificadora.

piano-bar *m* Establecimiento de bebidas, abierto esp. por la noche, en que se ofrece como atracción música de piano. | Mann *Ale* 9.8.83, 2: Uno se va al primer piano-bar o discoteca que halla a mano y se mete allí.

pianoforte *m* (*Mús*, *hist*) Instrumento músico de teclado, precursor inmediato del piano, usado en el s. XVIII y principios del XIX. | VMontalbán *Pájaros* 243: Ensalzan ante Carvalho la hazaña cultural de un hombre que hace tres años no sabía música y que no tiene otra ayuda que un viejo pianoforte. Á. Marías *SAbc* 24.7.92, 51: El pianoforte suele producir un entusiasmo relativo en el público.

pianofortista *m y f* Músico que toca el pianoforte. | Á. Marías *SAbc* 24.7.92, 51: Los pianofortistas no suelen tener la categoría de los grandes pianistas.

pianola *f* Piano que puede tocarse mecánicamente por medio de pedales o de corriente eléctrica. | Buero *Hoy* 78: Usted sabrá lo que es música cuando adquiera la pianola Meyerbeer.

pian piano *loc adv* Despacio o poco a poco. Frec en la forma PIAN PIANITO. | Cela *Judíos* 272: El vagabundo .. salió al camino, pian pianito, como un ladrón.

piante *adj* Que pía [1 y 3]. | Murciano *Abc* 20.7.65, sn: Dejémoslo ya en las venas –"vino arterial", llamó al Jerez Adriano del Valle– enfriándose, trocándose, mágico, en pájaro vivo y bullidor, piante. G. Bartolomé *Ya* 8.6.85, 7: Los zánganos acostumbran a ser "parados" piantes, con lo que, para más inri, dedican su tiempo de trabajo/ocio a analizar lo mal que está acabada la tarea de los que curran.

piar (*conjug* 1c) **A** *intr* **1** Emitir [las aves, esp. los pollos] pequeños gritos agudos. | Delibes *Siestas* 15: Mentalmente la relacionaba con el piar frenético de los gorriones nuevos.
2 (*col*) Anhelar vivamente [algo (*compl* POR)]. | M. Zuasti *Ya* 5.9.74, 21: En la habitación 716 tropecé con Marceliano, un celtíbero que dejó su pueblo, por el que piaba hace más de veinte años. MGaite *Nubosidad* 371: Igual ahora estaba casado con la Nines y había logrado darle un nieto a su madre .., con lo que ella piaba por un "nenu".
3 (*col*) Protestar o quejarse. | MGaite *Ritmo* 218: Se pasa la vida piando porque no tiene dinero, y se ha vuelto más tacaño.
B *tr* **4** (*jerg*) Decir o revelar [algo]. | Tomás *Orilla* 186: –Acaban de traer a Serafín el Ladillas. –No jodas. –Entero –confirmó Antonio–. Lo acaba de piar un ordenanza.
5 ~las. (*jerg*) Hablar más de la cuenta. | Tomás *Orilla* 47: –¿Y si te ligan los de la pasma? .. –No creo. Los del Crespo no me saben nada. Si no las pía alguien...
6 ~las. (*col*) Protestar o quejarse. | Sastre *Taberna* 141: –¿Quién va a sufrir si no? ¿Mi tía? –Mírame a mí, que no las pío ni por eso ni por cualquier otra cosa.

piara *f* Manada [de animales, esp. de cerdos]. | Ortega-Roig *País* 91: Grandes piaras de cerdos viven al aire libre en las dehesas extremeñas. Cuevas *Finca* 48: Las dos piaras de ovejas. Cuevas *Finca* 254: Pedro iba detrás de la piara de pavos. *Mad* 28.4.70, 20: Pasaba una piara de vacas. Ybarra-Cabetas *Ciencias* 401: La cebra .. Suele vivir en grupos o piaras, encontrándose en las montañas de África del Sur. Llamazares *Lluvia* 70: Una piara de víboras había hecho su nido entre la lana. **b)** (*desp*) Manada [de perss.]. | Salom *Baúl* 95: Trajeron a la niña a ver a su novio, a Madrid, y se presentó la piara completa.

piarero -ra *m y f* Pers. que cuida una piara de ganado. | Á. Domecq *Abc* 8.6.58, 35: Los piareros que las llevaban [las vacas] al Matadero, debieron darse cuenta.

piaroa *adj* [Individuo] del pueblo indio que habita en el Alto Orinoco (Venezuela). *Tb n.* | X. Moro *SAbc* 2.6.74, 31: Para ir a Puerto Ayacucho, subimos a un camión lleno de indios Piaroas, con sus niños, sus gallinas, sus cestos y hasta un cochinillo.

piastra *f* **1** Unidad monetaria de Vietnam del Sur. | *Abc* 4.4.75, 13: Miles de ciudadanos retiran su dinero de los Bancos mientras el cambio de la piastra vietnamita frente al dólar experimenta grandes oscilaciones.
2 Moneda fraccionaria de Egipto, Líbano, Sudán, Siria, Turquía y Libia. | * Tengo dos piastras egipcias.
3 (*col*) Peseta. | Berlanga *Pólvora* 7: Deja un duro, tintineante, en la caja de zapatos, bajo el teléfono, donde han escrito "Aquí pela, cala, rubia, piastra, calandria".

piazo *m* (*reg*) **1** Trozo cuadrado de cordellate con que se cubre desde la punta del pie hasta la rodilla. | *Nar* 11.77, 23: Ansó y sus trajes .. Diario .. Hombre: elástico blanco; chaleco negro; .. abarcas; piazos; abarqueras.
2 Porción de terreno labrantío. | Berlanga *Gaznápira* 120: En la labor ya no había piazos raquíticos con chilindrines de avena, de trigo o de cebada, que apenas cubrían diez zancadas de ancho: ahora en Monchel a los piazos les llamaban parcelas y casi todas eran hermosas y cuadradas.

pibe -ba *m y f* (*jerg*) Chico o muchacho. | *Día* 28.9.75, 42: Unos pibes pequeños se quedaron arrullando, y yo tuve miedo, por si se caían, y los quité. Oliver *Relatos* 63: La piba esta pasa de los treinta, y a esa edad es jodido que no sepa lo que quiere.

pica[1] **I** *f* **1** (*hist*) Lanza larga usada por los soldados de infantería. | Sastre *GTell* 61: Hay dos guardias dedicados a la extraña operación de clavar una pica en el suelo. D. I. Salas *MHi* 7.69, 41: El capítulo de armas también conserva .. el hacha-pistolete de Felipe II, picas que brillaron en Flandes, arcabuces.
2 Palo de la baraja francesa cuya figura representa una punta de pica [1] negra. | *Naipes extranjeros* 4: Estas barajas se componen de 52 cartas (más dos Comodines), distribuidas en cuatro palos: Pica, Corazón, Diamante y Trébol.
3 (*Taur*) Garrocha de picador. | Mingote *Abc* 26.5.84, 18: Si la Fiesta Nacional pasa por fin a Cultura, no podrás ir a la plaza, ignorante como eres, sin conocer los hierros que te van a meter en el cuerpo: picas, banderillas, estoques...
4 (*Taur*) Puyazo. | Gala *Suerte* 611: Somos como el caballo de los picadores a la hora de la pica: lo que tiene que hacer antes de que le den una cornada es sostener a alguien, que no es siquiera su amo y a quien ha visto nunca.
5 (*E*) Acción de reabrir los cortes en forma de pande sale la resina. | *BOE* 9.1.75, 492: La resinación se hará mediante el sistema de pica de corteza estimulada.
II *loc v* **6 poner una ~ en Flandes.** Conseguir algo muy difícil. | Argos *Abc* 17.12.74, 34: Si Federico Silva y Monreal Luque consiguen incorporarse a las Hermandades del Trabajo, como base de su asociación .., habrán puesto una pica en Flandes con extraordinario garbo político.

pica[2] *f* (*Med*) Perversión del apetito, que lleva a ingerir sustancias no comestibles. | A. Peralta *SYa* 7.12.80, 31: Uno de los peligros de la pica es la intoxicación por el plomo, cuando lo que el niño chupa es la pintura de los juguetes.

pica[3] *f* (*reg*) Breca (pez). | Trévis *Gallega* 15: En Asturias le añaden también tiñoso, pica, macete, escorpión y escamón, pescados todos ellos propios de allí.

picabuey (*tb* **picabueyes**) *m* Garcilla bueyera. | Cela *Viaje andaluz* 286: Los picabueyes de las marismas, la africana cigüeña y la garza real –ceniza y blanca– llegan a secar los árboles en que anidan. E. Pardo *SAbc* 7.7.74, 52: Esta operación es factible –aclaran– si no acompaña al rinoceronte la chiluanda o pica-bueyes, pequeña ave que come los parásitos del "rino", que alerta al poderoso animal de cualquier peligro y, sobre todo, de la proximidad del hombre.

picacho *m* Cima muy aguda de una montaña. | J. M. Moreiro *SAbc* 13.9.70, 49: Más al sur, Álora, que asoma sobre un picacho la silueta de su viejo castillo a la vega del Guadalhorce.

picachón *m* (*reg*) **1** Pico (herramienta). | GGarrido *SAbc* 18.10.70, 20: ¡Cuidado! ¡Piedra! ¡Saltar! .. El hombre moreno del sol, Manolo, de Miajadas, suspendió el golpe del picachón y levantó la vista.
2 Picacho. | *Hora* 5.12.76, 7: Bembibre .. Blanco sobre negro. Blanco en los picachones y en la ruta. Blanco de nieve.

picada *f* **1** Acción de picar [1, 3, 4, 7, 18, 19 y 28]. | J. A. Donaire *Inf* 19.6.70, 33: La sucesión ininterrumpida de picadas brinda especial distracción a los deportistas de la caña. *Faro* 8.8.75, 7: Plaga de peste bubónica en Nuevo Méjico (U.S.A.). Todo comenzó por la picada de una pulga de una rata muerta. *Ya* 25.7.84, 28: Su hermano, de cuatro años, presentaba "señales de posible picada hipodérmica en

región glútea y ligera obnubilación por ingestión de medicamentos desconocidos". Marsé *Dicen* 202: Rodando entre el polvo, la portada azul de la revista Signal con aviones en picada se enredó en los pies de Luis.
2 (*reg*) Picadillo [1]. | Bernard *Verduras* 15: Se les añade una picada hecha con las nueces desleída en agua o caldo.
3 (*reg*) Golpe o impulso que envía la lanzadora de un extremo a otro del telar. | *Alcoy* sn: Picada. Por dispositivo articulado, patentado, seguro y suave, a la par que silencioso, sustituyendo la media luna y trinquete. No produce fallos y reduce el ruido, dando mayor duración de servicio al conjunto de accesorios componentes al sector picada. [*En un telar*.]

picadera *f* Utensilio que sirve para picar [11]. | Moreno *Galería* 154: A veces también piezas de hierro: picaderas, raederas, morteretes, candiles y asadores.

picadero *m* **1** Lugar en que se adiestran caballos y se aprende a montar. | * En la urbanización hay un picadero.
2 (*col*) Vivienda que se destina a relaciones sexuales ocasionales. | Palomino *Torremolinos* 202: Es aquí cerca, .. en un apartamento que tienen ahí varios amiguetes; un picadero.
3 (*col*) Prostíbulo o casa de citas. | PGarcía *Sáb* 15.3.75, 77: –¿Y a este picadero le llamáis Club Siglo XXI? .. –Sí. Le llamamos así porque aquí hablamos siempre de la monarquía futura, el pluralismo y otros vaciles.

picadillo I *m* **1** Aderezo o condimento [de uno o varios ingredientes picados]. | Bernard *Verduras* 93: Sobre esta capa de arroz se pone el picadillo de jamón. Bernard *Salsas* 43: Se le añade un picadillo fino de estragón, perejil, perifollo y cebolleta tierna.
2 Guiso compuesto básicamente de carne y tocino picados y aderezados con especias. | *Hoy* 27.3.77, 7: –¿Qué recomendaría al amigo de la buena cocina, qué plato típico puede ofrecer Jerte al viajero? –Desde luego, la trucha a la jerteña, y en escabeche, así como picadillo y la caldereta.
3 Magro de cerdo picado y preparado para hacer embutidos. | Escobar *Itinerarios* 47: Conviene catar el picadillo [del chorizo] arrimándole, en una sartén, a las ascuas de la lumbre.
4 (*col*) Enfrentamiento verbal de alusiones o indirectas. *Frec en la constr* DE ~. | * Vaya picadillo que se traen estos dos; tiran con bala. Valls *Música* 145: Se habla .. de las variantes conocidas con los nombres de jota "de ronda", jota "de baile", jota "a dúo" y jota "de picadillo".
II *loc v* **5 hacer ~** [a alguien]. (*col*) Matar[lo]. *Con intención ponderativa, frec en frases de amenaza.* | * Si te cojo te hago picadillo.

picado¹ -da I *adj* **1** *part* → PICAR.
2 [Pers. o parte de su cuerpo] que presenta pequeños hoyos en la piel, como consecuencia de la viruela. *Frec* ~ DE VIRUELA. | Cunqueiro *Un hombre* 20: Era un hombre pequeñito y obsequioso .., algo picado de viruelas y chato.
3 [Temple] que presenta pequeñas rugosidades. | GTelefónica *N.* 174: Pinturas Chek. Aceites. Barnices. Pasta temple. Liso y picado. Colas vegetales. Colores en polvo.
4 (*Taur*) [Novillada] que incluye la suerte de varas. | S. RSanterbás *Tri* 11.4.70, 21: Muy pocas veces .. llega a tomar la alternativa o simplemente a torear, sin cobrar un céntimo, una novillada picada.
5 (*reg*) [Mano] dolorida. *En el juego de pelota.* | *DBu* 15.5.90, 36: César, con una mano "picada", y Rey, algo más recuperado de su derecha, hicieron frente a una pareja madrileña, sabedora de estas carencias.
II *loc adv* **6 en pelota picada** → PELOTA².

picado² -da *adj* (*Herald*) [Ave] que tiene el pico de distinto esmalte que el resto del cuerpo. | Em. Serrano *Sáb* 30.11.74, 86: Sus armas. Traen: en campo de oro, un águila de sable. Otros cambian los esmaltes del escudo, y traen: en campo de azur, un águila de plata, picada y armada de oro.

picado³ *m* **1** Acción de picar [4, 8, 11, 16 y 22]. | *Hoy* 17.4.87, 3: Mediante doce cortes o "picaos", permite extraer de las venas la sangre detenida. *Alcoy* sn: Mas Lluch, S.A. Picado de cartones para tejidos labrados para las divisiones Jacquard Vincenzi y Verdol. *Ya* 25.5.78, 17: En lo deportivo predominarán las sandalias de cuñas bajitas con picados y calados. J. GCubillo *Abc* 18.5.75, 35: Las reses, una vez evisceradas, se cuelgan de las extremidades posteriores .. Estos requisitos son absolutamente necesarios y previos al siguiente proceso, que es el oreo, y al subsiguiente despiece para la venta en la carnicería, y picado para la chacinería. APaz *Circulación* 186: Acelerando bruscamente en directa a bajo régimen de revoluciones, debe percibirse un ligero picado momentáneo.
2 Descenso muy rápido y casi vertical [de algo que vuela o cae, esp. un ave o avión]. *Frec en la constr* EN ~. *Tb fig, esp referido a salud o negocios.* | J. Cueto *País* 17.8.76, 18: Hubo de todo: desde los rascacielos caraqueños hasta el picado aéreo de las autopistas, pasando por las inevitables secuencias del aterrizar y despegar de aviones. Goytisolo *Afueras* 172: Había presenciado el bombardeo final que daba la victoria a los buenos cuando ya todo parecía perdido, el arracimado caer de las bombas y el silbar de los aviones al entrar en picado. GPavón *Reinado* 177: Le puso la zancadilla y Luque Calvo cayó en picado. *GacR* 27.10.70, 11: Primera división. El Madrid, en picado. Sigue el Gijón con su irregularidad.
3 (*Cine y TV*) Toma efectuada por la cámara inclinada de arriba hacia abajo. | D. MVillena *DEs* 1.8.71, 15: Si filmamos a una persona en "picado", podemos ver en la pantalla una cabeza enorme.
4 (*Mús*) Modo de ejecutar las notas interrumpiendo momentáneamente el sonido entre ellas. | FCid *MHi* 11.63, 49: Hay quien habla del si bemol, del la natural, del picado, el filado, .. de cualquier "divo" que acaba de oírse.
5 Picadillo [1]. | Bernard *Verduras* 36: Se pica finamente una cebolla medianita con mucho perejil. Se pone en una salsera este picado y se sazona con sal.

picador -ra I *adj* **1** Que pica [4, 9 y 11]. *Tb n, m y f, referido a pers, máquina o aparato.* | Bustinza-Mascaró *Ciencias* 153: La mosca tse-tse .. es picadora y chupadora, y en el África tropical transmite el protozoo causante de la enfermedad del sueño. *SASeg* 3.4.76, 26: Prensas empaquetadoras "Batlle". Única marca con trillo picador de origen. *Mun* 23.5.70, 12: Quizás uno de los factores que más contribuye a que los problemas de la minería asturiana alcancen resonancia nacional .. sea que se trata de un trabajo especialmente duro, sobre todo para los picadores. *As* 7.12.70, 6: Solenry S.A. Cortadoras de fiambres, picadoras de carne. *VozC* 31.12.70, 11: Con el nuevo modelo de picador Lagarto, se puede empacar alfalfa sin pasar esta por el cilindro. R. Sierra *Abc* 8.12.70, 3: Una formidable batería de grúas, de excavadoras, .. de picadoras... inició su tarea.
II *m* **2** Hombre encargado de picar [5] toros en una corrida. | Nacho *Rue* 17.11.70, 3: Otro prepara el trofeo que otorgaron en San Isidro al mejor picador de la feria.
3 Hombre encargado de domar y adiestrar caballos. | CBonald *Noche* 38: Aunque no había todavía mucho que este había entrado como picador .. ya dejó probado con creces sus muchas pericias en asuntos de doma y monta.

picadura *f* **1** Acción de picar [4]. *Frec su efecto. Gralm referido a insectos o reptiles. Tb* (*lit*) *fig.* | Bustinza-Mascaró *Ciencias* 110: Únicamente por picadura de las hembras de éstos mosquitos, si están infectadas, se puede adquirir la enfermedad. Ybarra-Cabetas *Ciencias* 355: El remedio más eficaz contra su picadura [del escorpión] consiste en inyectar glucosato cálcico lo antes posible. *Ya* 19.7.72, 41: También las quemaduras, cortaduras por objetos metálicos y heridas, aunque sean simples picaduras hechas con hojalatas enmohecidas o astillas enlodadas, son vehículo de peligro, pues pueden contener la potente exotoxina del "Clostridium tetani". MGaite *Cuento* 201: Es muy aventurado declarar que desde aquel día sintiera yo la picadura de las letras. Escobar *Itinerarios* 143: Los dos o tres bobos del lugar, que sufrían, además de su pobreza, las picaduras de los que se conceptuaban más listos y equilibrados que ellos.
2 Agujero pequeño producido en una tela u otra materia, esp. metálica. | Berenguer *Mundo* 58: Hasta las picaduras que tienen todas las escopetas por dentro quedaron brillantes. **b)** Caries. | * Tengo una picadura en este diente.
3 Conjunto de partículas resultantes de picar [11] [algo (*compl especificador*)]. | Aldecoa *Gran Sol* 164: Afá cubría el pescado con el hielo que picaba Mario .. La bombilla rompía su luz en los cristales de la picadura, rielaba su luz por la gran masa de hielo. Trévis *Navarra* 44: Comprad las angulas vivas, ponedlas en una cazuela con agua y echad unos troncos de picadura de tabaco fuerte. **b)** *Sin compl:* Tabaco picado. *Tb* TABACO DE ~. | Cela *Pirineo* 21: Al viajero, que fuma picadura, lo miran hasta con desprecio.

picafigo – picar

picafigo *m (reg)* Se da este n a las aves oropéndola (*Oriolus oriolus*) y curruca mirlona (*Sylvia hortensis*). | Lama *Aves* 114: Entre otros nombres, le asignan [a la curruca mirlona] el de Picafigo, en Murcia.

picaflor *m* **1** Colibrí (ave). | Campmany *Abc* 16.5.84, 17: Hay halcones y palomas, .. colibríes que no se quedan quietos, picaflores veleidosos y borriquillos dóciles.
2 *(raro)* Hombre frívolo e inconstante en el amor. | Cela *Mazurca* 213: Xabarín no volvió a casarse .. y anduvo de picaflor toda la existencia, a esta quiero, a esta no quiero.

picagallina *f* Planta herbácea propia de las regiones templadas, con flores pequeñas y blancas, de cinco pétalos (*Stellaria media*). | Mayor-Díaz *Flora* 430: *Stellaria media* (L.) Will. "Picagallina", "Pajarera".

picajoso -sa *adj* Quisquilloso. | Laiglesia *Ombligos* 34: No era cosa de cerrarnos las puertas del mercado inglés por ser demasiado picajosos. Cela *Judíos* 168: Isabel la Católica .. ideó colocar, al ganado que hubiera de lidiarse, unas astas postizas ..; algún taurino picajoso llamó a doña Isabel, por esta razón, la inventora de los embolados.

picamaderos *m* Pájaro carpintero o pito real. | MFVelasco *Peña* 38: Trepó Grandullón hasta la boca [de la colmena], que no era más que el agujerito hecho por un picamaderos para pasar a su vivir.

picamulo *m (raro)* Arriero. | Cela *Viaje andaluz* 50: Un coro de picamulos que asistía al diálogo .. animó al amo a que aceptase el reto.

picana *f* Tortura que consiste en aplicar una corriente eléctrica a una parte del cuerpo. | M. Daranas *Abc* 1.3.58, 17: En su eficacia [de la Policía] no influyen la dotación problemática de laboratorios .. ni .. métodos de violencia internacionalmente conocidos por las expresiones de "passage à tabac", "interrogatorio de tercer grado", "picana eléctrica". Torres *Ceguera* 144: Traerán café, cacao, .. maracas, en fin, una gama completa de las incomparables riquezas de aquellas tierras. No sé si debería añadir la cocaína, la picana y el sistema para hacer desaparecer gente.

picandería *f (Taur, hoy raro)* Conjunto de los picadores. | Bellón *SYa* 22.6.75, 27: En tiempos de la picandería ni soñar con el fácil triturar de hoy a los toros desde el peto-parapeto.

picante I *adj* **1** [Alimento o sabor] que produce sensación de ardor en el paladar. | Escobar *Itinerarios* 44: Salen a relucir el pimentón dulce y el pimentón picante, ambos veratos. J. Garzón *SGacN* 4.8.74, 10: En Europa, hacia la mitad del siglo XVI, hasta final del siglo XVIII, el gusto por los platos picantes, especias, se atenúa y la cebolla desaparece de las mesas refinadas. **b)** [Aire u olor] que produce sensación de escozor o picor en los órganos de la respiración. | Aleixandre *Química* 102: Es [el ácido nítrico] un líquido incoloro de olor picante. **c)** [Persicaria] ~ → PERSICARIA.
2 *(col)* Ligeramente indecente u obsceno. | GGual *Novela* 259: Esa mezcla de anécdotas, descripciones marginales y detalles picantes, casi escabrosos alguna vez, sobre la pauta del viejo romanticismo, preludia regustos medievales. GPavón *Rapto* 34: De mocete leía novelas picantes.
3 [Dicho] malintencionado e hiriente. | *CoE* 19.12.74, 48: El amigo Bombín .. me escribió algunas cartas muy "picantes".
4 *(lit)* Estimulante o atractivo. | Zunzunegui *Hijo* 21: La chica era muy guapa y picante.
II *m* **5** Sustancia picante. | Marías *Abc* 1.12.59, 3: Mirad los relieves de los templos .. El arroz que blanquea en los sacos; los picantes, condimento sabroso de toda la cocina india.
6 Cualidad de picante [1, 2, 3 y 4]. | Aparicio *Mono* 203: Ahí hay un vaso y una botella de vino de la que él se sirve un trago que saborea, invocando ya el espesor del picante de la salsa que se agarra voluptuosamente a la cara íntima de su paladar. Pla *América* 21: Si el aire libre es sofocante, en las cabinas de aire acondicionado la temperatura tiene el mismo picante que puede tener, en ciertos momentos, la sombra de unas hayas o de unos robles del Pirineo. Gala *Séneca* 74: Ya sé que los estoicos tenéis en vuestras casas la celda del pobre ..: una habitación a la que os retiráis de cuando en cuando .. a pasar hambre y frío. Pero no sé si os sirve para algo más que para comprobar luego vuestra opulencia y disfrutarla así con más picante.

picañar *tr (reg)* Remendar [calzado]. | Aldecoa *Gran Sol* 27: Calzaban zapatos trastabillados, picañados, rotos, negros de grasa.

picaño -ña *adj (lit, raro)* Pícaro o desvergonzado. | RMoñino *Poesía* 88: Diez canciones lo integran y son buena muestra del lado picaño y desenfadado de la poesía popular española en el siglo XVI.

picapedrero *m* **1** Hombre que pica o labra piedras. | CNavarro *Perros* 112: El policía le miró con el mirar frío de los guardias que jamás pensaron en ser guardias, sino campesinos, picapedreros, mineros.
2 *(Taur, humoríst)* Picador. | DCañabate *Paseíllo* 90: No dejes que se levante el picapedrero y sácale también el mondongo.

picapica *(frec con la grafía* **pica-pica***) adj invar* [Polvos] que, aplicados sobre la piel, producen picor. *Tb* DE ~. | *ElM* 27.2.90, 27: Se exigirá el cumplimiento escrupuloso de la orden .. con la finalidad de retirar de la circulación las famosas bombas fétidas y los polvos pica-pica. Alvar *Envés* 11: Allué, don Miguel, tan risueño, pero ¡cómo se puso el día que echamos polvos de picapica y bolas de malgüele al auxiliar de ciencias!

picapinos *m* Pájaro de plumaje negro, blanco y rojo, propio de bosques y jardines de Europa y Asia (*Dendrocopos major*). *Tb* PICO ~ (→ PICO[1]). | Noval *Fauna* 220: El Picapinos (*Dendrocopos major*) es otro de los pájaros carpinteros que viven en Asturias. Cendrero *Cantabria* 116: Aves .. Dendrocopos [sic] *major*: Pico picapinos. A. Valle *SYa* 20.4.75, 51: Su característico pico [del tucán] define la familia a la cual pertenece, que es la familia llamada, curiosamente, de los picos, entre los cuales se hallan los picapinos, abundantes en los bosques de coníferas europeos.

picapleitos *m y f (desp o humoríst)* **1** Abogado. | Palomino *Torremolinos* 225: Por la mente de Cortezo desfilan Perry Mason, el genial O'Bryan y toda la serie de picapleitos de la televisión americana.
2 *(raro)* Pers. dada a andar en pleitos. | Cunqueiro *Gente* 13: Somoza era memorialista, perito agrónomo de afición y picapleitos.

picapoll *f* Variedad de vid cultivada en la comarca tarraconense del Priorato para producción de vinos blancos. | Salvador *Haragán* 18: Aquí tenemos cuatro clases de vid: la picapoll, que es aquella, la que está más lejos, de la tierra, que da una uva ni blanca ni negra, pequeña y muy dulce; la ubí de Cuba.

picaporte I *m* **1** Cierre de una puerta o ventana, consistente en una barrita articulada en la hoja y que encaja de golpe en una muesca del marco. *Frec c la manivela con que se acciona*. | J. M. Moreiro *SAbc* 13.9.70, 50: El Concilio ha abierto muchas puertas de par en par. Resulta que ni el picaporte de la muerte se le ha resistido. Goytisolo *Afueras* 16: Después, el viejo truco: tirar del picaporte mientras hacía girar la llave. *Economía* 36: Se llaman dorados de una casa a los tiradores de las puertas, picaportes, llamadores, etc.
2 Aldaba o llamador. | A. M. Campoy *Abc* 15.12.70, 3: Oír músicas en algún pobre gramófono, comprar un antiguo picaporte que no me sirve para nada.
II *loc adj* **3 de ~**. [Moño] formado por una trenza ancha y aplastada. | Moreno *Galería* 171: Pelo tirante que remata en moño de picaporte.

picar I *v* **A** *tr* ➤ **a** *normal* **1** Coger o presionar [un ave *(suj)* algo] con el pico. *Tb abs.* | * El pájaro pica la hoja de lechuga.
2 Comer pequeñas cantidades [de algo *(cd)*]. *Frec abs.* | Arce *Precio* 170: Las señoras se hallaban ya en el comedor. –Se hará tardísimo si no empezamos a picar. Payno *Curso* 31: Darío seguía picando de las bandejas y bebiendo. Torrente *Señor* 403: Se levantó y tiró de la campanilla. Pidió a la Rucha dos copas de vino y algo de picar. **b)** Comer [uvas] tomándolas grano a grano. | Delibes *Cartas* 97: Con mi difunta hermana Eloína tenía las grandes zambras por su manía de picar las uvas sin desgajar el tallo.
3 Morder [un pez el anzuelo]. *Tb fig, referido a pers.* | Campmany *Abc* 30.11.93, 19: Por la boca muere el pez, y don Narcís Serra, que es un lucio o un barbo de alguna cacarería, no pica el anzuelo. Benet *Volverás* 57: Por vez primera el coronel picó el anzuelo: al llegar al valle, en lugar de

picar – picar

avanzar sobre el río, giró su flanco izquierdo .. persiguiendo a la brigada de Julián Fernández.

4 Herir leve y superficialmente con un instrumento punzante. | Carnicer *Cabrera* 115: Menea la aguijada sobre el yugo, y como las vacas no hacen ademán de moverse, empieza a jurar y a picarles los secos cuadriles. *Abc* 3.10.84, 50: La acción fue observada por los tres individuos que, provistos de navajas, le asaltaron .. Ante la escasa cantidad obtenida, uno de los atracadores exclamó: "¡Pícale, que tiene más!". **b)** Clavar [un animal a alguien (*cd*)] su aguijón u otro órgano punzante. | Legorburu-Barrutia *Ciencias* 202: ¡Te ha picado una víbora! Bustinza-Mascaró *Ciencias* 165: Puede [el escorpión] picar al hombre produciéndole molestias.

5 Clavar la garrocha [al toro (*cd*)]. *Tb abs.* | CPuche *Paralelo* 238: A él sí que habría que herirlo, pero con una puya de picar toros bravos.

6 Clavar las espuelas [al caballo (*cd*)] para que corra más. | * Al verle picó al caballo y salió a su encuentro. **b)** ~ **espuelas.** Clavar las espuelas [al caballo (*ci*)] para que corra más. *Frec sin compl.* | D. Gil *Cór* 9.8.89, 20: Picó espuelas y galopando se fue con dirección a Santaella.

7 (*jerg*) Inyectar droga [a alguien (*cd*)]. *Gralm el cd es refl.* | Montero *Reina* 24: Yo, de picarme, nada. Además el caballo estropea mucho. **b)** (*jerg*) Inyectar [droga]. | *Ya* 12.3.83, 32: Tampoco soy drogadicto, y no me "pico" heroína. Si quiere le enseño los brazos.

8 Hacer agujeros pequeños [en algo (*cd*)]. | *Ya* 25.5.78, 17: En la línea deportiva imperará el estilo sandalias de principios de siglo, muy picadas. **b)** Taladrar [un billete de un medio de transporte] para invalidarlo. | *Día* 27.4.76, 16: Unos sentados y otros de pie esperábamos a que el cobrador primero y el revisor después nos picaran el pase de estudiantes. **c)** (*jerg*) Matar a tiros. | Marsé *Dicen* 193: –¿Quieres que nos piquen a todos por tu culpa?– Palau parece pelearse con la Parabellum encasquillada .. –Un día nos van a freír a todos. *Ya* 31.10.80, 16: Yo creía que ese día nos "picaban" (acribillar a balazos, según argot policial).

9 Golpear [una cosa] con un pico u otra herramienta semejante para labrarla, desgastarla o arrancarla. *Tb abs.* | Cunqueiro *Un hombre* 87: Mandé picar el quinto escalón .. para no resbalar. Peraile *Cuentos* 50: Los chistes del día me los contaban después, mientras picábamos o paleábamos. **b)** (*reg*) Sacar filo [a la guadaña]. | I. Cicero *Ale* 30.6.85, 28: Clava el yunque con el martillo, se tumba sobre la chaqueta y comienza una importante labor: la de picar el filo de la guadaña y dejarlo cortante, fino, igual.

10 (*Billar*) Golpear [la bola] con la punta del taco. | *Abc Extra* 12.62, 73: Uno y otro sentían la nostalgia de picar la bola de una forma irresistible.

11 Partir o cortar [algo] en trozos menudos. *Referido a tabaco, frec en part, a veces sustantivado.* | Bernard *Verduras* 8: Se les echa encima los tomates mondados y picados. *IdG* 31.10.70, 7: 19 millones de cigarros Entrefinos Cortados .. 10,3 millones de paquetes de picado fino superior de 50 grs.

12 Incitar o estimular. | Laiglesia *Tachado* 153: El sacristán les contestaba con evasivas, para picar su curiosidad.

13 Provocar [a alguien] con palabras o acciones. | Delibes *Hoja* 123: Un día le pica de más al Argimiro y se arma al trepe en el paseo. Lera *Clarines* 475: Estaba Juanito detrás de mí dándome la lata y yo quería picarle. Por eso empecé a mirar al Filigranas.

14 Agitar [las aguas] produciendo oleaje. | Aldecoa *Gran Sol* 13: El sudeste lento, cálido, hondo, picaba las aguas de la dársena.

15 Aligerar [el paso]. | Cela *Pirineo* 31: El viajero, que no es supersticioso pero tampoco descreído, pica el paso para pronto huir de los fantasmas. Benet *Volverás* 38: Recorría las calles a paso picado para pedir el castigo de los culpables y el poder para los trabajadores.

16 Componer o copiar [algo] en una máquina de teclado. | Goytisolo *Recuento* 450: Habían acordado .. comprar una máquina de escribir que se utilizara exclusivamente para picar los clichés de la ciclostil.

➤ **b** *pr* **17** (*vulg*) Poseer sexualmente [a alguien]. | Goytisolo *Recuento* 340: Abriga el terco propósito de sodomizar algún día al admirable urbano de la esquina .. Sin renunciar a follarse a una, a jodérsela, picársela, zumbársela, tirársela.

B *intr* ➤ **a** *normal* **18** Clavar [un ave] el pico [en un lugar]. | Aldecoa *Gran Sol* 163: Un plácido viento nordeste fundía espumas y alas, cuando los pájaros picaban sobre la pesca paleada a las aguas.

19 Morder [un pez en el anzuelo]. *Frec sin compl. Tb fig, referido a pers.* | * El pez picó en el anzuelo. F. Ríos *SYa* 1.7.73, 5: Otro agarra la caña. La hacen descender a ras de agua. En su extremo lleva un nylon de cinco metros con carnada viva en el anzuelo. El atún no tarda en picar.

20 Caer [en una trampa o engaño]. *Tb sin compl.* | Kurtz *Lado* 118: Trató de hacer las paces conmigo y yo, burra de mí, piqué. Sánchez *Inf* 17.4.70, 21: Envió anónimos en los que se decía: "Bretaño se mete con usted en su libro. Puede leerlo en la página 46". No era cierto, porque Bretaño nunca se metió con nadie, pero algunos, al recibirlo, picaban y compraban el libro. **b)** (*col*) Acudir [alguien] a comprar [en un establecimiento]. | * Puso su tenderete en la plaza, y a esperar a que picase alguien.

21 Golpear [en un sitio] con un pico u otra herramienta semejante. | *SVozC* 25.7.70, 6: Calvo picó en los mejores lugares de la ciudad, hallando infinidad de restos.

22 Producir [un motor] ruido de martilleo metálico. | APaz *Circulación* 186: Se advierte la necesidad del supercarburante cuando al calar el encendido adelantándolo el motor pica.

23 Presentar picor [una parte del cuerpo a alguien (*ci*)]. | Paso *Cosas* 285: Me pica la espalda. **b)** Presentárse[le] picor [a alguien (*ci*) en una parte del cuerpo]. | * Me pica en el brazo. **c)** Producir picor [a alguien (*ci*)]. | *Sáb* 26.10.74, 54: Mirazul. Desmaquillador de ojos. No pica, no irrita, no molesta.

24 Producir [un alimento] sensación de ardor en el paladar. | Aldecoa *Gran Sol* 72: Este bonito pica ya. Habrá que comerlo pronto o tirarlo.

25 Calentar [el sol]. | Arce *Precio* 126: El sol picaba con fuerza.

26 (*col*) Causar [a alguien (*ci*)] desagrado o molestia [algo que se le dice]. | Torrente *Sombras* 258: "Yo puedo, incluso, llorar." A la señora Toynbee parecieron picarle estas palabras.

27 (*col*) Correr, o andar deprisa. | Berenguer *Mundo* 75: Felipe salió picando y, por lo que supe, fue a la Casa de Postas.

28 Descender [un ave o un avión] rápida y casi verticalmente. | Delibes *Historias* 65: Los vencejos se elevaban en el firmamento hasta casi diluirse y después picaban chirriando sobre la torre de la iglesia como demonios negros.

29 (*lit*) Lindar o rayar [en algo]. | Escobar *Itinerarios* 184: Los [vinos blancos] de la Nava del Rey, que ya pican en señorío. FReguera *Bienaventurados* 94: La esposa del jefe picaba en cursi.

30 ~ **alto.** Aspirar a alguien o algo importante. | Medio *Bibiana* 56: –A ver si entre él y Natalia... –Ni lo pienses. Buena es Natalia... Pica más alto. DCañabate *Andanzas* 49: –Estás enamorada de un imposible. ¡Figúrate, el conde de la Cimera! .. –No sea mal pensada. No pico tan alto. Me conformo con un notario o con un registrador de la Propiedad.

➤ **b** *pr* **31** Agujerearse [una tela u otra materia]. | Torrente *Señor* 265: Hay mucha ropa antigua .. Es una pena. Se va a picar. **b)** Cariarse [un diente]. | * Se me ha picado una muela.

32 Estropearse o echarse a perder [un alimento, esp. el vino, la carne, el pescado o la fruta]. | Aldecoa *Gran Sol* 37: Este vino se te va a picar, José. Aldecoa *Gran Sol* 48: Ya a bordo del pez, lo sangran y lo ponen a oreo bajo unos toldos, que no les dé el sol, porque se pica la carne. Cuevas *Finca* 55: La aceituna que se pica se cae.

33 (*col*) Sentirse ofendida [una pers. con otra]. *Tb sin compl.* | Medio *Bibiana* 69: Martina Barcia se pica. Vaya un modo de llamarles gente ordinaria.

34 (*col*) Sentirse estimulado a hacer algo o a emular lo hecho por otros. | FReguera *Bienaventurados* 13: Doña Josefina tomó bajo su protección a los novios .. Las restantes damas del pueblo se picaron, y el caritativo pugilato deparó un ajuar muy discreto al futuro matrimonio. Delibes *Perdiz* 116: El perro .. está viejo y sordo .. Pero aún rastrea y se pica y, si la pieza aguarda, hasta hace una muestra tosca y desangelada.

pícaramente – picazón

35 Agitarse [el mar]. *Frec en part.* | * La mar se picó y el barco se movía pavorosamente. FReguera-March *Filipinas* 281: El mar estaba muy picado. Llovía y soplaba el viento con furia.

II *loc adv* **36 aunque me (te, le,** *etc*) **piquen.** (*col*) Por ningún motivo o bajo ninguna condición. | SSuárez *Camino* 247: ¿Quieres creer que tu hermana no se viste de gala aunque la piquen?

pícaramente *adv* De manera pícara [2 y 3]. | Medio *Bibiana* 62: Bibiana sonríe pícaramente. Bien sabe ella que las patatas tienen poca carne.

picaraña *f* (*reg*) Zapapico (herramienta). | Torrente *Fragmentos* 155: Aquella tarde, cuando casi acababa el trabajo [de excavación] .., las picarañas dieron en piedra dura y se mellaron.

picaraza *f* Urraca (ave). | Moreno *Galería* 221: Urraca o picaraza: un real; gavilán: dos reales; .. zorra: cinco pesetas; águila: siete pesetas.

picardear A *tr* **1** Hacer pícaro [1b, 2 y 3] [a alguien o algo]. | Á. Río *SYa* 4.6.72, 22: El público no se entusiasmaba con lo que todo esto tenía de arte, sino con los supuestos movimientos picardeados de sus caderas y el desnudo de sus pantorrillas. **b)** *pr* Hacerse pícaro [1b, 2 y 3] [alguien o algo]. | FReguera-March *Dictadura* 1, 255: El Tino y algún otro de los picardeados chavales de su pandilla andaban también al retortero de Leonor.

B *intr* **2** Hacer o decir picardías [2]. | Aldecoa *Gran Sol* 113: Macario Martín picardeó con Míster Ginebra.

picardía *f* **1** Cualidad de pícaro. | Á. Dotor *ASeg* 8.5.78, 2: En el estudio del caballero como pícaro y de la picardía como expresión literaria, da Pfandl una orientación magistral de tan amplio contexto objetivo .. que puede decirse resulta la mejor introducción al conocimiento de lo que es la novela picaresca. En. Romero *Hoy* 31.7.74, 11: Este hombrecillo de 78 años, .. de ojillos grises donde brilla la capacidad de improvisación, cierta oculta picardía y, desde luego, una viveza poco común, puede tener algo con que sorprendernos.

2 Acción o dicho pícaros. | J. M. Moreiro *SAbc* 9.2.69, 42: Un Salinas, y un hombre cargado de ceguera y picardías, que en su joven y espabilado lazarillo encontrarían campo abonado para multiplicarse.

picardías *m* Conjunto de dormir femenino, compuesto de bragas y una prenda superior corta y escotada. | Forges *Forges* nº 2 195: [*Hablan dos náufragos.*] –Es del concurso de los sobres de sopas; que nos ha tocado un picardías. –Jobar.

picardo -da I *adj* **1** De Picardía (región francesa). *Tb n, referido a pers.* | VParga *Santiago* 12: Vemos a Guillermo Manier, un sastre picardo. Cunqueiro *Crónicas* 177: Era de nación picarda, muy satisfecho de que se le conociese por el acento.

II *m* **2** Dialecto de la lengua de oïl hablado en Picardía. | Lapesa *HLengua* 57: Grado .. que conservan el italiano, retorromano, rumano y picardo.

picarescamente *adv* **1** De manera picaresca. | Arce *Testamento* 13: Y miró picarescamente a El Bayona.

2 En el aspecto picaresco. | J. M. Páramo *VozC* 25.7.70, 7: Una economía desangrada por esos pisos propios no pagados o, picarescamente hablando, a través de las entidades bancarias.

picaresco -ca I *adj* **1** De(l) pícaro. | DPlaja *Literatura* 212: Ya hemos aludido a *La Celestina* (1499) como un precedente del mundo picaresco. Halcón *Monólogo* 151: Aparte de este amor nupcial, .. solo concebía el amor picaresco. Payno *Curso* 102: Cada vez fueron yendo chicas más libres. Cada vez se afirmaba un trato coqueto al borde de lo picaresco. **b)** (*TLit*) Que tiene como personaje central un pícaro [1a]. *Frec n f, referido a literatura o novela*. | DPlaja *Literatura* 211: La novela picaresca es la reacción más completa contra los libros de Caballerías. DPlaja *Literatura* 212: Los dos períodos de la picaresca.

II *f* **2** Vida o actitud de pícaro. | DPlaja *Sociedad* 31: El estudiante toca la ciencia con una mano, la picaresca con la otra. E. LRamos *SAbc* 29.11.70, 36: Criados avispados, ingeniosos, malgastando su cerebro en la picaresca del chiste, en la sentada o en lances de amor de anochecida. **b)** Comportamiento propio de la pers. habilidosa para engañar a otros o burlar las leyes. | Alfonso *España* 40: Al candidato a vendedor .. se le ofrece .. otro tipo de convenio oportunamente sacado a escena por la nueva picaresca nacional de alto nivel.

picarismo *m* Picaresca [2]. | Laín *Universidad* 26: Únase a esta tendencia antiteórica la siempre difusa propensión de los iberos al picarismo. Á. Lázaro *Pue* 24.4.75, 3: Todo un proceso lleno de complicaciones, argucias, horas de trabajo, que, convenientemente dirigido a ganarse la vida como Dios manda, no hubiera puesto al margen de la ley a estos activos cultivadores del picarismo, un achaque que viene de lejos.

pícaro -ra I *adj* **1** [Pers.] astuta y sin escrúpulos que vive engañando a los demás. *Frec n. Gralm referido a personajes literarios del Siglo de Oro.* | CBaroja *Inquisidor* 52: Su actuación debió de ser en un momento bastante comprometida, .. siendo ministro de Justicia Caballero, personaje al que todo el mundo está de acuerdo en pintar como a un pícaro o perillán, pero un pícaro con ideas rancias. DPlaja *Literatura* 212: Cuando aparecen por primera vez los pícaros en la literatura española .. es cuando el deseo de gloria y de fama son más vivos. **b)** [Pers.] astuta y maliciosa que tiene gran habilidad para engañar a los demás. *Tb n. Frec con intención afectiva.* | DPlaja *El español* 20: Es en vano que esta [la autoridad] pruebe eficazmente que el detenido es un pícaro sin ganas de trabajar.

2 Malicioso. | Payno *Curso* 225: Darío miró, por fuerza de insistirle, hacia el grupillo. Todas con los muslos al descubierto, todas con el pecho apretado, todas muy monas, todas muy alegres .. –Sí... Todas tan pícaras. GPavón *Rapto* 64: El hermano Fermín debía rondar los ochenta años. Gordito, muy colorado, con ojos pícaros e inocentes a un tiempo y una sonrisa desdentada.

3 Ligeramente erótico u obsceno. | F. RCoca *Alc* 31.10.62, 28: Centrando el interés en su aspecto de pícara farsa dieciochesca.

II *m* **4 ~ de cocina.** (*hist*) Pinche. | *Ya* 4.3.85, 51: Lucas Trapaza está en Venecia .. El posadero le muele a palos y huyendo de los golpes llega al palacio del cardenal Oria, en el que obtiene el empleo como pícaro de cocina.

picarón -na *adj* Pícaro [1b, 2 y 3]. *Con intención afectiva.* | Chistera *Cod* 2.2.64, 10: Algún caballero experto en pillería ha movilizado en usted el truco. Nada de decir a la chica si quiere venir unos días a Palma de Mallorca, que es lo que dicen todos. El picarón propone: –¿No te gustaría venir conmigo a leer "El mundo de Suzie Wong"? Y pican.

picaronamente *adv* De manera picarona. | Aparicio *Retratos* 124: Aquel hombrecillo insignificante que sonreía picaronamente parecía extraído de una pesadilla.

picarrelincho *m* Pájaro carpintero o pito real. | Delibes *Castilla* 180: Cuente, además, con los enemigos de la abeja ..: el ratón, el picarrelincho, el lagarto y el garduño.

picatoste *m* Trozo pequeño y alargado de pan frito. | ZVicente *Traque* 182: Sacaba soletillas, y agua de limón, o chocolate con picatostes si era invierno.

picatroncos *m* (*reg*) Picamaderos o pájaro carpintero. | *DNa* 22.8.90, 29: El pico dorsiblanco –el mayor de los picatroncos blanquinegros que pueden encontrarse en Navarra– tiene en Lizardoya uno de su últimos refugios.

picayos *m pl* Danza popular cántabra de carácter religioso, propia de romerías, procesiones y ciertos actos profanos. *Tb su música.* | *Santander* 78: Los picayos son .. "un género característico de música indígena, netamente montañesa... La danza de los picayos es mística y heroica". Cossío *Montaña* 96: Salieron a esperar al Emperador, además de los señores e hidalgos, las mozas del pueblo, que le recibieron cantando sin duda picayos de bienvenida.

picaza *f* Urraca (ave). | Delibes *Historias* 20: Sobre la piedra caliza del recodo se balanceaba una picaza.

picazón *f* **1** Picor. | CBonald *Ágata* 206: Manuela se pasó todo aquel día con su noche en la congoja de la picazón, desgarrando con las uñas las llagas abiertas por las liendres.

2 Desazón o inquietud. | ZVicente *Traque* 125: Pues, ya le digo, yo tenía mi picazón. No había estado nunca en una casa así.

piccolo (*it; pronunc corriente,* /píkolo/) (*Mús*) **I** *m* **1** Flautín. | Perales *Música* 39: El "flautín" o "piccolo", de registro más agudo y por consiguiente de dimensiones menores, forma parte de la familia de las "flautas traveseras".
II *adj* **2** [Instrumento] que tiene el tono más agudo entre los instrumentos de su familia. | GAmat *Conciertos* 43: El *Concierto núm. 1*, en fa mayor, incluye en el grupo concertino a un violín "piccolo", afinado una tercera alta.

picea *f Se da este n a varias plantas coníferas del gén Picea, esp P. pungens.* | C. Lázaro *SAbc* 4.11.84, 45: Los árboles .. más indicados para este tipo de jardín son: los abies (A. alba, A. amabilis, A. grandis), el abeto de Navidad o picea excelsa y diversas clases de piceas (P. glauca, P. breweriana). C. Farré *ByN* 16.12.90, 136: La picea de Noruega: árbol originario del norte de Europa. Tiene las hojas en forma de finas agujas de color verde oscuro o verde medio. Alcanza los cinco metros de altura a la edad de diez años.

picha *f* (*vulg*) Miembro viril. | Cela *SCamilo* 182: Entre la multitud suele haber muchos solitarios .. con la picha fría (y vejada por los años). Olmo *Golfos* 58: ¡Ahivá qué pichina!

pichafría *m* (*vulg*) Hombre impotente. *A veces usado como insulto*. | ZVicente *Mesa* 127: Yo siempre decía que sí, que a aquel pichafría que escribía tus contestaciones muy deprisa le ponía la mar de alegre que tú hubieras aborrecido a tu padre. ZVicente *Mesa* 68: Cuántas veces te pasará ya eso .., grandísimo pichafría.

pichar *intr* (*vulg*) Realizar [el hombre] el acto sexual. | Marsé *Dicen* 221: –Me lo imagino, pillastre, te veo entrar: ¡niñas, al salón! –Frena, no seas bestia .. –Entonces, ¿de pichar nada?

pichel *m* Vaso alto y redondo, gralm. de estaño, con tapa unida al remate del asa. | FRoces *Hucha* 1, 37: Su mirada, como perdida, se posa ahora en el pichel que hay en la vasera.

pichela *f* (*reg*) Jarra de vino. | Seseña *Barros* 51: Al norte de la provincia [de Huesca] está Naval, con dos alfareros .. que mantienen viva la tradición sin adulterarla ninguna: pichelas (jarras de vino), pucheros y cazuelas.

pichelero -ra *m y f* Pers. que fabrica picheles. | Cela *Judíos* 102: En la plaza de San Miguel de Bernuy, el vagabundo se sienta a ver hacer a una familia de pichelero, flacos y de ruin aire, que mueven el estaño con tanta desgana como maestría.

pichi *m* Vestido sin mangas y muy escotado que se usa con blusa o jersey. *Tb* FALDA ~. | *Ya* 29.11.70, 36: La joven partidaria de la "mini" puede vestir un "pichi" de falda muy corta.

pichicharra *f* (*reg*) Obsesión o manía. | Delibes *Emigrante* 22: Ahora he cogido la pichicharra de que yo he nacido en América.

pichichi (*con mayúscula en subacep a, y a veces tb en la b*) *m* (*Fút*) Premio que se concede al jugador que es máximo goleador en una temporada. | J. Benítez *D16* 7.1.89, 36: El especialista en lanzar penalties en el Castilla es Aragón, pero desde que el delantero murciano tiene opción al Pichichi de Segunda, es también uno de los encargados de lanzar los máximos castigos. **b)** Jugador que ha obtenido el Pichichi. | *D16* 7.1.89, 36: Jesús Rosagro, un pichichi en el Castilla se tiene como aspiración ser como Hugo Sánchez. *SYa* 12.3.90, 1: Hugo Sánchez sigue empeñado en ser el Pichichi de Europa y lo va a conseguir.

pichinglis (*tb con la grafía* **pichinglish**) *m* Pidgin English. | Zunzunegui *Hijo* 78: En Erandio sabía mucha gente el inglés, pero era un *pichinglis* de puerto al que hablaban. RAdrados *Lingüística* 835: Esto último [la creación de una nueva oposición] puede ejemplificarse con la flexión de los pronombres personales en pichinglis. L. JMarhuenda *Opi* 30.10.76, 76: Los fernandinos son nativos de Fernando Poo de ascendencia nigeriana, monroviana o de otros países de la costa de influencia británica. Ellos han impuesto el idioma "esperántico" llamado "pichinglish" o "beach english".

picholero -ra *adj* (*reg, desp*) [Labrador] que tiene muy pocas viñas. *Tb* n. | GPavón *Rapto* 135: Desde que pusieron la Cooperativa, que verifica y administra el vino de la mayor parte de los labradores medianos y picholeros, las cuevas que minan Tomelloso quedaron vacías.

pichón -na A *m* **1** Cría de paloma. | *Inf* 14.10.70, 14: Nuestros pájaros, codiciados en los campeonatos europeos. 700.000 pichones exporta España.
2 (*raro*) Establecimiento de tiro de pichón [1]. | Cunqueiro *Un hombre* 59: Prefería pasar las tardes en el pichón, tirando ya con escopeta, ya con flecha.
3 (*raro*) *En pl:* Tórtolos (pareja de enamorados). | GPavón *Reinado* 155: ¿A qué hora os despertasteis, pichones? Gala *Anillos* 485: Ahí os quedáis, pichones. Que aprovechéis el tiempo .. Bebed uno en el otro, a grandes sorbos, que es lo que estáis deseando.
B *m y f* **4** *Se usa como apelativo cariñoso dirigido a una pers*. | M. RAdana *Hora* 16.10.76, 5: O sea, pichona, que no somos nadie.

pichoneta. pardela ~ - → PARDELA.

Pichote. más tonto que ~. *loc adj* (*col*) Sumamente tonto. | * Es más tonto que Pichote.

pichurri *m y f* (*col*) *Se usa como apelativo cariñoso dirigido a una pers*. | Marsé *Tardes* 246: –¿Me lo prestas por unos días? –Si lo he traído para ti, pichurri, es un regalo.

picia *f* (*pop*) Pifia. | Ayerra *D16* 11.8.85, 39: La filosofía de que el criminal nunca gana llevaba la paz moral a la ciudadanía, por entender esta que toda picia se pagaba. MFVelasco *Peña* 261: Retiré la nieve y abrí un boquete en el hielo [del río] con la alcotana, sobre un pozo muy bueno y profundo. Tiré un boliche con carburo y agua, y la explosión levantó una manta de truchas .. Hecha la picia, no iba a permitir que se marrotaran.

piciazo *m* (*pop*) Pifiazo. | Gala *Inde* 9.8.89, 1: El PSOE, ya que no puede aplaudir los éxitos que no tiene, se dedica a aplaudir con fuerza los piciazos ajenos.

Picio. más feo que ~. *loc adj* (*col*) Sumamente feo. *Gralm referido a pers*. | Gala *Sáb* 22.1.77, 5: Los antifaces son tan viejos que se transparentan y dejan ver las caras verdaderas, mucho más feas que Picio. DCañabate *Abc* 28.8.66, 70: Enjaretó de mala manera unos cuantos medios pases, más feos que Picio, y mató de un pinchazo y una estocada.

pick-up (*ing; pronunc corriente,* /pikáp/ o /pikú/; *pl normal,* ~s) *m* **1** Dispositivo que sirve para recoger y transformar en corriente variable las vibraciones sonoras registradas en un disco. | *SAbc* 8.3.70, 15: Stéreo 2003. Un maravilloso tocadiscos .. He aquí algunas de sus características: Plato y "pick-up" Garrard, con 2 agujas de zafiro ultrasensible.
2 (*hoy raro*) Tocadiscos. | CPuche *Paralelo* 129: Él fue el primero que les puso .. cuatro o cinco garitos al estilo americano, con buenos pick-ups .. y muchachillas baratas.

picnic (*ing; pronunc corriente,* /píknik/; *pl normal,* ~s) *m* Merienda campestre. | Goytisolo *Recuento* 119: En el prado .. había más visitantes, familiares, prometidas, pequeños grupos dispersos en la hierba, con sus mantas a cuadros, sus termos y sus tarteras, como de picnic.

pícnico -ca *adj* (*Psicol*) [Pers., o tipo de constitución] corpulentos, rechonchos y tendentes a la obesidad. *Tb n, referido a pers*. *Tb* (*lit*) *fig, referido a cosa*. | Chamorro *Sin raíces* 120: Su constitución somática estaba ya perfectamente configurada, perteneciendo al tipo pícnico estructurado por Kretsch[m]er: bajo, grueso. Pinillos *Mente* 156: El tipo somático del pícnico o picnomorfo se caracteriza .. porque el desarrollo en grosor y anchura se hace a expensas del crecimiento de longitud. Delibes *Primavera* 162: Torres que sobresalen de la grisura urbana, airosas y afiladas, como las gemelas del Tyn .., o torres pícnicas, como la de San Nicolás o la cubierta de la Ópera, que muestran sin rebozo la preñez turgente de sus cúpulas verdes.

picnómetro *m* (*Fís*) Aparato para determinar la densidad de sólidos y líquidos. | Marcos-Martínez *Física* 54: Se determina el peso M' del sólido junto con el picnómetro lleno hasta la señal de enrase.

picnomorfo -fa *adj* (*Psicol*) Pícnico. *Tb* n. | Pinillos *Mente* 156: El tipo somático del pícnico o picnomorfo se caracteriza .. porque el desarrollo en grosor y anchura se hace a expensas del crecimiento de longitud.

picnosomía – pico

picnosomía *f (Psicol)* Tipo de constitución humana caracterizado por la corpulencia y la tendencia a la obesidad. | Pinillos *Mente* 165: La locura maníaco-depresiva correlaciona negativamente con la ectomorfia (leptosomía) y positivamente con la endomorfia (picnosomía).

pico[1] **I** *m* **1** *En las aves:* Parte saliente de la cabeza, constituida por dos piezas córneas, que les sirve para tomar el alimento. | Ybarra-Cabetas *Ciencias* 378: La paloma es un ave de cabeza pequeña, pico débil .. y la cola redondeada en su extremidad.
2 *(col)* Boca [de una pers.]. *Gralm considerada como órgano de la palabra y en constrs como* ABRIR EL ~, CERRAR EL ~, PERDERSE POR EL ~. | Escobar *Itinerarios* 255: Tomaba el modorro, lo acercaba al pico, se engañaba con el mosto, y al instante decía: "Doce grados" .. Y no marraba. Halcón *Manuela* 60: Ella, delante de mí, no abrió el pico. GPavón *Rapto* 163: Don Lotario, que .. iba de muy mala gana, llevaba el "Seiscientos" a todo gas y sin despegar el pico. Heras *Mad* 13.5.70, 32: A mí me han dicho los jefes que mantenga el pico cerrado, y al no hablar no hago más que cumplir con mi obligación. SSolís *Blanca* 45: Aguantar y callar. Bueno, callar, no, que me pierdo por el pico, que largo más de la cuenta. C. RGodoy *D16* 5.9.85, 3: El viaje se hizo interminable. Pero los dos amiguetes, encantados; así tenían tiempo de darle al pico. **b)** *(col)* Facilidad para hablar. *Frec* ~ DE ORO. | Delibes *Príncipe* 104: Parla como una persona mayor. Vaya pico que se gasta. Umbral *Ninfas* 145: A dónde va a llegar este señorito, tan joven y con ese pico de oro. **c)** ~ **de oro.** *(col)* Pers. que habla muy bien. | SFerlosio *Jarama* 38: —Eso sí que es hablar como el Código, Miguel. Ahí, ya ves, has estado. —Sabe dar la salida como nadie. ¡Pico de oro...! RIriarte *Adulterio* 357: ¡Ah, hijita! Eres pico de oro.
3 Parte puntiaguda que sobresale o que forma ángulo. | Armenteras *Epistolario* 33: En el reverso del sobre irá estampado también, en la parte del pico de la solapa que sirve de cierre, el nombre y señas del remitente. Escobar *Itinerarios* 16: Estará [el garbanzo] en su punto en la olla cuando abra el pico. Hoyo *Señas* 8: Asun levantó el pico de su delantal. SFerlosio *Jarama* 14: En la cabeza, un pañuelito azul y rojo, atado como una cinta en torno de las sienes; le caían a un lado los picos. **b)** Saliente acanalado que en algunas vasijas facilita el vertido de líquidos. | * La jarra tiene roto el pico. **c)** Saliente puntiagudo formado anormalmente en un hueso. | J. M. Suárez *Ya* 1.4.75, 22: Prolifera el hueso en la periferia, lejos de los ejes de carga en que aparecen las anteriores lesiones, y dan lugar a espinas, cuernos, picos u "osteófitos". **d)** *(Taur)* Parte puntiaguda y sobresaliente [de la muleta]. *Tb el hecho de ejecutar los pases con esta parte, evitando cruzarse con el toro.* | JMartos *Abc* 18.6.75, sn: Yéndonos a otra fiesta nacional resulta palpable el fenómeno llamado "pico de la muleta". Los críticos tauromacos denuncian el uso y correspondiente abuso de este procedimiento al que recurren todos los lidiadores. Sin forzar las comparanzas, podría hablarse del "pico" en el ruedo de la política, el arte, la economía, etc. **e)** ~ **de(l) estaño.** *(Mineral)* Macla de casiterita constituida por dos cristales que forman ángulo entrante. | Ybarra-Cabetas *Ciencias* 63: Cristaliza [la casiterita] en cristales sencillos del sistema tetragonal, mezclándose frecuentemente en formas caprichosas, como la llamada pico del estaño.
4 Cima aguda [de una montaña]. *Tb la propia montaña.* | *Van* 11.7.74, 62: Eduardo Blanchard, el más veterano del grupo, recio montañero aragonés, destacó que esta primera mundial a uno de los picos más altos del Himalaya, en España, no ha sido valorada como se merece.
5 Herramienta con mango y dos puntas, una al menos aguda, usada esp. para cavar suelos duros, remover piedras o arrancar minerales. | CNavarro *Perros* 12: Había algo en él, .. en la forma de clavar el pico en el suelo .., que seducía a Susi.
6 Pañal triangular. | *Abc* 15.6.58, 4: Canastilla de París .. Picos tritela absorbente.
7 Cantidad que excede de un número redondo o entero. *Frec en la constr* Y ~, *siguiendo a la mención de una cantidad.* | DCañabate *Abc* 29.12.70, 9: Ha muerto hace poco el pobre, con ciento y buen pico de años. CBonald *Dos días* 39: Pisa y tira, a cuarenta y dos y pico las treinta y una arrobas. *Inf* 16.4.70, 22: Se encontraron en el domicilio del mencionado individuo una cantidad de ciento y pico mil pesetas.
8 Cantidad grande [de algo, esp. de dinero]. *Frec sin compl.* | Aldecoa *Gran Sol* 161: Han sacado mucho bacalao .. Han tenido un pico de suerte. Abella *Vida* 2, 24: La [noticia] que más se propalaba .. era la localización de un buen pico de billetes en la caja fuerte de las Hermanitas de los Pobres. Laiglesia *Ombligos* 35: Una cena de gala cuesta un pico y no se debe desperdiciar. DCañabate *Abc* 21.11.70, 7: Me señaló dos o tres defectos del caballo .. Ya iba a echar marcha atrás y rebajar un piquillo cuando ya me dice. Nácher *Guanche* 7: Para alguien, en las islas, valió la guerra un buen pico.
9 *(reg)* Colín de 3 o 4 cm de largo. | Comino *Gac* 29.5.77, 16: Las tapas son a base de aliñados de puerros, zanahorias, aceitunas y piriñaca (cebolla, pimiento verde y tomate), crema de queso y picos (colines) jerezanos.
10 *Seguido de un compl* DE + *n de ave, designa distintas plantas:* ~ DE CIGÜEÑA *(Erodium ciconium),* ~ DE GORRIÓN *(Polygonum aviculare),* ~ DE GRULLA *(Erodium gruinum),* ~ DE PALOMA *(Geranium columbinum), etc.* | Mayor-Díaz *Flora* 553: *Geranium columbinum* L. "Pico de paloma". Pl[anta] a[nual] de 10-40 cm., con pelos aplicados .. Flores purpúreas.
11 *Se da este n a distintas aves de pico robusto, pies fuertes y colas cortas y tiesas que les sirven de apoyo para trepar a los árboles, donde viven y gralm excavan su nido (gén Dendrocopos y otros). Frec con un adj especificador:* ~ MENOR *(Dendrocopos minor),* ~ MEDIANO *(D. medius),* ~ PICAPINOS *o* CARPINTERO *(D. major),* ~ REAL *o* CARPINTERO *(Picus viridis), etc.* | A. Valle *SYa* 20.4.75, 51: Su característico pico [del tucán] define la familia a la cual pertenece, que es la familia llamada, curiosamente, de los picos, entre los cuales se hallan los picapinos. Noval *Fauna* 222: Más abundante, o por lo menos más conocido y escuchado, es el Pico menor *(Dendrocopos minor).* Noval *Fauna* 221: Otro pájaro carpintero, el Pico mediano *(Dendrocopos medius),* vive también en nuestros bosques de montaña. Cendrero *Cantabria* 116: Aves .. *Dendrocopus* [sic] *major:* Pico picapinos. Cendrero *Cantabria* 67: Aves .. *Picus viridis:* Pico real. Lama *Aves* 145: El Pito Real, que también es conocido por los nombres de Pico verde, Pico carpintero y Picorrelincho, alcanza unos 32 centímetros de longitud.
12 *(jerg)* Inyección de droga. | ASantos *Bajarse* 68: —No nos queda casi nada .. —Lo que sea.., unos gramos... Lo necesitamos, aunque solo sea para un pico.
13 *(jerg)* Dedos con que roba el carterista. | Marsé *Dicen* 367: No me mires como si fuera un carterista, coño ... Antes sí que movía bastante el pico en los tranvías.
II *loc adj* **14 de ~.** [Flauta] dulce. | *Música Toledo* 82: Bombarda, zink, flauta de pico: Stradner, Gerhard.
III *loc v* **15 darse el ~.** Rozarse el pico [dos aves]. | Halcón *Monólogo* 70: Los pájaros dándose el pico y cantando que se las pelan en las ramas. **b)** *(col)* Besarse [dos perss.]. | Marsé *Tardes* 158: Que no creyera, como otros habían creído, que hizo amistad con Rafa solo para darse el pico con él. **c)** *(humoríst)* Entenderse bien [con alguien]. | Tomás *Orilla* 324: Después de todo, no era tan malo hablar con un policía. Conocía a algunos colegas que se daban el pico con la pasma.
16 hincar el ~. *(col)* Morir. | GPavón *Reinado* 16: Como cree que su madre va a hincar el pico de un momento a otro .. y estas Calonjas son tan relimpias, pues quiere enterrarla con mucho aseo. **b)** *(col)* Claudicar. | Delibes *Siestas* 45: Cuando se lo dije a Sánchez él me dijo: "Tonto serás; eso es hincar el pico".
17 llevar [a alguien] **en el ~.** *(col)* Sacar[le] mucha ventaja. *Frec en juegos de cartas.* | Paso *Isabel* 236: La llevo en el pico, ¿eh? Bueno, esto se pone bien; ya era hora de que ligáramos. Un "full".
IV *loc adv* **18 a ~.** Verticalmente. *Normalmente con el v* CORTAR. | J. M. Pagador *Hoy Extra* 12.75, 6: Bajar por Las Batuecas, al atardecer, por ese camino serpenteante, labrado a pico en la montaña, sobre precipicios de doscientos, de trescientos metros.
19 de ~s pardos. *(col)* En busca de una relación sexual ocasional con una prostituta. *Tb fig, referido a mujeres. Con vs como* IR *o* ANDAR. | DPlaja *El español* 139: "Mi mujer, en un altar", dice a menudo el marido que sale por ahí de "picos pardos". Delibes *Siestas* 62: Fando .. nos dio la despedida de soltero .. Pero no bien de comer y de beber y, a la salida, yo me quedé .. cuando los otros se fueron de picos pardos. Cela *SCamilo* 27: La señora de un brigada de carabineros, que se había ido de picos pardos aprovechando que el marido esta-

ba en Alcalá de Henares en acto de servicio. **b)** De juerga. *Con vs como* IR O ANDAR. | MGaite *Fragmentos* 78: Los sábados se van todos de picos pardos en esta casa.

pico[2] *m (jerg)* Guardia civil. *Gralm en pl.* | Sastre *Taberna* 90: Que no venga por aquí, que han vuelto los picos.

pico- *r pref (E) En el sistema internacional:* Billonésima parte. Antepuesta a *ns* de unidades de medida, forma compuestos que designan unidades un billón de veces menores. | *Por ej: Unidades* 37: Factor por el que se multiplica la unidad: .. 10[-12]. Prefijo: pico. Símbolo: p. Mingarro *Física* 108: Por lo general, las capacidades se expresan en microfaradios (µF) y aun en picofaradios (pF). L. Pancorbo *Ya* 16.5.75, 8: El picosegundo es demasiado grande, siendo la milésima parte de milmillonésimo de segundo. Hay que buscar una unidad de medida inferior.

picocruzado *(tb con la grafía* **pico cruzado***) m (reg)* Piquituerto común (ave). | Lama *Aves* 71: En otros lugares [el piquituerto] .. es denominado Picocruzado.

picofino -na *(tb con la grafía* **pico-fino** *en acep 2)* **I** *adj* **1** De pico fino. *Usado como especificador de algunas especies de aves.* | *DNa* 17.7.76, 18: Queda prohibid[a] en todo el territorio nacional la caza de las siguientes especies: cabra montés pirenaica, .. focha cornuda y gaviota picofina.

II *m* **2** Pájaro cantor propio de zonas pantanosas (*Cettia cetti*). | Bustinza-Mascaró *Ciencias* 197: Citaremos, entre los [pájaros] más conocidos, el gorrión, .. el pico-fino.

picogordo *(tb con la grafía* **pico gordo***) m* Pájaro de pico grande y cónico, cuello corto y grueso y cola corta con punta blanca (*Coccothraustes coccothraustes*). | Noval *Fauna* 335: El Picogordo (*Coccothraustes coccothraustes*) se parece en su corpulencia al Verderón.

picola *f (reg)* Piqueta (herramienta). | GPavón *Reinado* 18: Iba delante con una escalerilla de potro al hombro y una picola en la mano.

picoleto *m (jerg)* Guardia civil. *Gralm en pl.* | Lute *SPaís* 8.5.77, 18: La puerta medio abierta dejaba la posibilidad al picoleto (Guardia Civil) de verme. J. C. Iglesias *SPaís* 19.12.82, 103: Yo ya no me fío ni de los primaveras: a lo mejor se ha conchabao con los picoletos y ha entrado en el maco a vender a alguno de los hombres.

pícolo *m (Mús, raro)* Piccolo. | Marín *Enseñanza* 187: Audición del disco "Pícolo, Saxo y Compañía". Ambientación: Franelógrafo para ir colocando sobre él los diversos instrumentos conforme se vayan nombrando en la narración.

picón[1] *m* **1** Carbón muy menudo, que solo sirve para braseros. | Delibes *Parábola* 102: En torno a un brasero de picón de encina y unos vasos de vino tinto. Cuevas *Finca* 40: Los pies junto al brasero de picón de chaparro.

2 *(reg)* Arena volcánica muy gruesa. | Nácher *Guanche* 186: El suelo estaba frío. Seguía lastimando con su dureza las plantas de los pies. Sobre todo al pisar el picón suelto del patio.

picón[2] **-na I** *adj* **1** *(reg)* Picudo. | *Asturias* 89: El [traje] masculino está constituido por montera picona, camisa blanca con lorzas en la pechera.

II *m* **2** Comiza (pez). | E. GCalderón *Hoy Extra* 12.75, 40: Puede pescar el enorme lucio, .. o el barbo, la boga, el picón.

picón[3] **-na** *adj (reg)* Picante [1]. | Nácher *Guanche* 86: En el Pagador, poco o mucho, siempre había en casa; por lo menos, su gofio o mojo picón para llenar la barriga cuando volvían del trabajo. **b)** [Queso] de Cabrales. *Tb n m.* | E. DUceta *Ya* 9.8.86, 43: Son clásicos los recitales de romanceros y trovadores de Cantabria. Las competiciones de bolos. La promoción de productos típicos como el orujo de Potes, el tostadillo de Liébana, las quesadas, los sobaos, las pantortillas, el queso picón. PComa *SPaís* 2 3.5.81, 20: Tanto en Asturias como en León y Santander se elabora un queso idéntico, al que se denomina cabrales, picón o tresviso. Su zona de elaboración es la de los Picos de Europa, en la que confluyen las tres regiones.

piconegro -gra *adj* [Ave] de pico negro. *Usado como especificador de algunas especies zoológicas*: PAGAZA PICONEGRA (→ PAGAZA).

piconeo *m* Fabricación de picón[1] [1]. | Lorenzo *SAbc* 22.9.74, 11: En los claros del encinar, también arden las hogueras del piconeo.

piconero -ra *m y f* Pers. que fabrica o vende picón[1] [1]. | Berenguer *Mundo* 29: Los piconeros de la Dehesa de las Potras, Miguel el de Ventorrillo, .. pueden decir si miento. ZVicente *Examen* 98: La mañana se diluye en campanas, en el chirrido del tranvía en la cuesta, en los pregones del piconero y del lañador y del romero florido para el domingo inminente.

picor *m* Desazón que impulsa a rascarse. | Medio *Bibiana* 106: Bibiana siente un picor en las narices.

picorota *f (reg)* Picota [2]. | Hoyo *Bigotillo* 23: Arriba, arriba, en la picorota de un roble, estaba un milano dispuesto a arrojarse sobre él.

picorrelincho *m (reg)* Pico carpintero (ave). | Lama *Aves* 145: El Pito Real, que también es conocido por los nombres de Pico verde, Pico carpintero y Picorrelincho, alcanza unos 32 centímetros de longitud.

picota I *f* **1** Columna destinada antiguamente a exponer los reos a la vergüenza pública, o las cabezas de los ajusticiados. | Cela *Judíos* 43: Por el senderillo de Riaguas de San Bartolomé y de Grajera, el pueblo que guarda la última, y quizás la única ya, picota segoviana, el sol se iba.

2 Parte superior y puntiaguda [de algo alto, esp. una torre o montaña]. | * Desde la picota del monte se ve todo el pueblo. MSantos *Tiempo* 131: Esta tercera esfera no tenía una existencia sino virtual o alegórica hasta el momento preciso en que el Maestro ocupara su docente picota y el acto diera así comienzo.

3 Cereza carnosa, dura y de forma algo apuntada, que normalmente se vende sin rabo. | *Ya* 2.8.70, 14: Frutas: Brevas .. Picotas.

II *loc adv* **4 en la ~**. En situación de crítica o descrédito. *Con vs como* ESTAR O PONER. | I. Chauviere *Pue* 29.9.70, 10: El rey Hussein está en la picota. No hay líderes árabes con el suficiente prestigio. *Ya* 17.6.92, 6: Tras un mes de escándalos "promocionales", ayer salió a la venta en Gran Bretaña el libro que ha puesto en la picota al matrimonio de Diana y Carlos de Gales. *Alc* 8.5.81, 21: La masonería italiana, en la picota.

picotada *f* Picotazo [1]. | Lama *Aves* 105: Observé la plena actividad de las parejas [de estorninos] con picotada.

picotazo *m* **1** Golpe dado por un ave con el pico. | *Abc Extra* 12.62, 59: El gallo contestaba a picotazos.

2 Picadura [de un insecto, un reptil u otro animal similar]. | I. Elizalde *Luc* 1.8.64, 2: El gran público no busca tanto la miel de la abeja como el picotazo de la avispa.

3 *(jerg)* Pinchazo (de droga). *Tb la señal que deja.* | A. Relaño *País* 16.1.83, 21: Escuchará una historia dolorosamente conocida: familia numerosa, paro, contrabando, tráfico de hachís, un primer *picotazo* que no compromete a nada y que produce una euforia interna indescriptible y luego una esclavitud que nadie desea, pero imposible de abandonar. *Ya* 13.3.87, 33: Unos brazos repletos de "picotazos" revelan su adicción a la heroína.

4 *(Taur)* Puyazo superficial. | J. Vidal *Inf* 30.5.74, 25: La segunda vara la toma por su cuenta, arrancando de largo, y acomete fijo para irse suelto. El tercer encuentro es solo un picotazo.

5 *(raro)* Golpe dado con el pico (herramienta). | A. Crovetto *Ya* 4.1.74, 8: Allí, en el pozo, en vez de música sonó el vibrar de los martillos perforadores, y los rezos, que los habría, fueron en silencio, en ese silencio impresionante del tajo en el que solo se escucha el eco de las vibradoras o el golpe seco del picotazo.

picote *m (hist)* Tejido de seda muy lustroso. | N. Florensa *His* 3.82, 34: Jácome Conteguis, maestro artesano de brocados, picotes y gasas al estilo inglés .., fabricaba gasas y ferrandinas.

picoteador -ra *adj* Que picotea [1]. | Goytisolo *Recuento* 265: Gallos encrespados y cacareantes, tomateros picoteadores, polluelos, cluecas. MGaite *Nubosidad* 164: Los cientos de aves picoteadoras, cuyas especies designaba el texto, habían bajado a posarse en torno suyo.

picoteante *adj* (*raro*) Que picotea [1]. | *Abc Extra* 12.62, 33: Admiraréis la paloma voladora de Arquitas, .. la pareja china picoteante de gorriones.

picotear A *tr* **1** Picar [las aves (*suj*) algo (*cd*)] de manera reiterada y continua. *Tb abs*. | CNavarro *Perros* 69: Los pájaros picotean frutos. GPavón *Hermanas* 35: La gallina .. picotea en el ejido.
2 Picar (comer pequeñas cantidades [de algo (*cd*)]). *Tb abs.* | R. García *HLVa* 20.10.75, 3: Se acabaron aquellos felices filmes en los que uno se arrellenaba [sic] en su butaca, y mientras iba picoteando unos cacahuetes saladillos, se sentía transportado al séptimo cielo de una aventura sentimental. VMontalbán *Pájaros* 292: Una familia al completo picoteaba en los cuencos llenos de arroz y unas pequeñas adherencias policrómicas que no eran arroz.
3 (*raro*) Golpear reiteradamente [algo]. | VMontalbán *Pájaros* 282: Enseñó la foto de Teresa al responsable del garaje, .. al coro de empleados y conductores .. Uno de ellos picoteó la imagen con un dedo. –Viajó con nosotros hasta Hadyai.
B *intr* **4** (*col, desp*) Hablar o charlar. | DCañabate *Paseíllo* 111: Buscaba las ocasiones de charlar con ella; mejor dicho, de oírla picotear con la viveza de su imaginación. DCañabate *Andanzas* 172: No parecían abuela y nieta, sino dos amigas que picotean de sus cosas y preocupaciones.
5 (*col*) Ocuparse sucesiva y pasajeramente de cosas distintas. | Portal *Abc* 12.3.75, 19: Los hijos de hoy parecen no tener o no querer ejercer el ímpetu de la arremetida .. Picoteando de carrera en carrera, de ocupación en ocupación, su ánimo más constante es la indiferencia.

picoteo *m* Acción de picotear [1, 2 y 5]. *Tb su efecto. Tb fig.* | CBonald *Ágata* 241: No se oía nada, solo quizá .. el picoteo de la totovía en las tejas. J. V. Sueiro *SYa* 14.9.84, VI: El vino del país, que es rico, cuesta 150 la jarra. Con algún picoteo inicial compartido, café y copita de Chinchón, claro, la cuenta se pone alrededor de las 1.800 pesetas. Umbral *Mortal* 25: Yo, que he reducido mis manos al picoteo del teclado, al ademán de la conversación, al secreto de la caricia, tengo las manos atrofiadas. Aldecoa *Gran Sol* 192: Casi no se le coge el pulso [a Orozco], apenas un débil picoteo muy espaciado. J. CCavanillas *Abc* 21.2.58, 9: El Rey no se trasladó a Merlinge con motivo del cumpleaños de su hijo por la delicadeza de no crear preocupaciones al Gobierno suizo .. Y también, por sustraerse al inevitable picoteo de preguntas y entrevistas con los representantes de la Prensa peninsular.

picotero -ra *adj* (*reg*) Que habla mucho, de manera insustancial o impertinente. *Tb n*. | SSolís *Camino* 68: Se vio invitada a celebrar el santo de Tina Vigil, que a ella le parecía una niña resabiada, orgullosa y picotera que no le gustaba nada. SSolís *Blanca* 62: Era amarga y picotera, despectiva, y muy fresca, descaradona. Yo le tenía verdadero miedo, la veía tan desenvuelta, tan agresiva, que me replegaba.

picrato *m* (*Quím*) Sal del ácido pícrico. | Aleixandre *Química* 164: Tiñe [el ácido pícrico] la seda y la lana .. Sus sales, los picratos, son explosivos [sic], sobre todo los de potasio y amonio.

pícrico *adj* (*Quím*) [Ácido] derivado del fenol, sólido, cristalizado y de color amarillo brillante, que se usa para tintes, antisépticos y explosivos. | Marcos-Martínez *Física* 273: Con el fenol [el ácido nítrico] forma el ácido pícrico, base de un explosivo denominado melinita. Cela *Rosa* 111: Mi madre lo curó [al pollo quemado] con ácido pícrico.

picrotoxina *f* (*Med*) Compuesto amargo y venenoso usado como antídoto para envenenamientos por barbitúricos. | MNiclos *Toxicología* 16: Son típicas las convulsiones en los venenos llamados convulsivantes, como picrotoxina y estricnina.

pictografía *f* Escritura que representa las ideas por medio de figuras simbólicas. | Fernández-Llorens *Occidente* 149: Las fuentes con que contamos para el conocimiento de la América precolombina son muy escasas, pues estos pueblos no conocieron la escritura, exceptuando los jeroglíficos mayas y las pictografías aztecas.

pictográfico -ca *adj* De (la) pictografía. | Villar *Lenguas* 124: Las tablillas más antiguas estaban escritas en una especie de jeroglífico o escritura pictográfica.

pictograma *m* Signo pictográfico. | GYebra *Traducción* 170: Ya Meillet en 1918 hizo notar que ningún dibujo, pictograma o ideograma "puede bastar para traducir gráficamente una lengua, por simple que sea la estructura de esta lengua".

pictóricamente *adv* En el aspecto pictórico. | Arco *Van* 20.12.70, 31: Pictóricamente observo que no te inmutan los ismos.

pictoricidad *f* Carácter expresivo propio de la pintura. | *MHi* 3.61, 43: Recuerdan las imágenes de igual asunto de la serie de "Las Meninas", pero de escritura más trabada y abstracta, dentro de su intrínseca pictoricidad.

pictoricista *adj* Que denota una búsqueda acusada de los efectos pictóricos. | MGalván *Tri* 9.12.72, 59: Otros, como Kanemitsu, como Tanaka o como Insho, conciben a la caligrafía como una consecuencia pictoricista. J. M. Bonet *ByN* 24.6.90, 57: Fue uno de los artistas que mejor sintonizó con el nuevo clima pictoricista reinante entonces en nuestra escena, como lo prueban las obras que integraron su individual de 1980 en Buades.

pictórico -ca *adj* De (la) pintura (arte). | Torrente *Off-side* 42: Fernando Anglada ha publicado novelas y libros de crítica pictórica.

picú *m* (*hoy raro*) Tocadiscos. | Medio *Andrés* 249: Tú, Feli, pon el picú.

picudo -da *adj* Que tiene pico[3a], esp. muy destacado. | Gironella *Millón* 625: Su tienda de campaña era triangular como el pañuelo picudo que algunas mujeres llevaban en la cabeza. SSolís *Camino* 200: Decía, en elegante papel rosa perfumado y con su caligrafía picuda.

piculina *f* (*col*) Prostituta. | Cela *SCamilo* 295: –¿No crees que van algo exageradas ..? ¿no serán dos piculinas y la alcahueta? –¡Mujer, qué cosas dices!

pide *m* (*hist*) Miembro de la policía política portuguesa durante el régimen de Salazar. | *Cam* 21.7.75, 9: Al menos una docena de los 89 "pides" que lograron evadirse de la cárcel de Alcoentre, a unos 60 kilómetros al norte de Lisboa, se encuentran ya en nuestro país.

pidgin (*ing; pronunc corriente*, /pídŷin/) *m* Lengua formada con elementos de otras dos o más, esp. del inglés, usada en las relaciones entre hablantes de distintas lenguas. *Frec* ~ ENGLISH *cuando el componente principal es el inglés. Tb adj.* | *País* 9.5.84, 4: Juan Pablo II pronunció su homilía en *pidgin*, una variedad de inglés dialectal. L. Calvo *Abc* 12.3.72, 21: Vuelven "los malos tiempos pasados" del "pidgin English", el inglés de los chinos. *País* 9.5.84, 4: Homilía del Papa en dialecto 'pidgin' ante 200.000 nativos de Papúa-Nueva Guinea.

pidientero *m* (*raro*) Pordiosero o mendigo. | Campmany *Abc* 24.4.89, 22: Si es por libros, está más tronado y menesteroso que el lucero del alba, y ahí habría que ponerles a los dos, uno a cada lado de la puerta de la Academia, de zampalimosnas y pidienteros.

pídola *f* Juego de muchachos que consiste en saltar por encima de uno o varios que se agachan hasta poner la espalda horizontal. | Cela *SCamilo* 272: La calle de Alcántara es muy tranquila, con .. sus niños que juegan al pan .. o a pídola. SFerlosio *Jarama* 62: Los llamaron los otros que si querían saltar a pídola, y Santos se fue con ellos .. Sebastián se agachaba el primero .. y luego se fue formando la cadena a continuación .. El que acababa de saltar se colocaba unos pasos delante del primero y así sucesivamente, hasta que se quedaba el último y de nuevo le tocaba saltar.

pidón -na *adj* (*raro*) Pedigüeño. *Tb n*. | Peraile *Cuentos* 105: A un lado lleva al alguacil palafrenero; al otro, la escolta del tambor, "pidón de la Hermandad"; a la espalda, la Cofradía.

pie I *m* **1** *En el cuerpo humano:* Parte que está en el extremo de la pierna. | Cunqueiro *Un hombre* 10: Los santos hermanos .. nacieron de un vientre, Cosme el primero, de cabeza, y con la mano derecha tirando de un pie de Damián, que venía detrás. **b)** ~ **equino**, ~ **plano**, ~ **valgo**, *etc* →

EQUINO, PLANO, VALGO, *etc.* **c)** Parte [de un calcetín, media o bota] destinada a cubrir el pie. | *Economía* 206: Los calcetines se .. tienden a la sombra en seguida de aclarados, colgándolos por el pie.
2 *En los animales:* Parte que está en el extremo de cada una de las patas, esp. de las posteriores. | Calera *Potajes* 37: 3 litros de caldo de carne (o de cubitos), un pie de cerdo, un hueso rancio.
3 *En una planta:* Tallo o tronco. | MCalero *Usos* 14: Una parte de la plaza lo era porticada, y los soportes lo eran de madera enteriza que en sus tiempos fueron pies de buenas encinas. **b)** *En los hongos:* Pedicelo (parte alargada y carnosa que sostiene el sombrerillo). | Bernard *Salsas* 60: Se corta el pie de los champiñones, sin mondarlos. **c)** Raíz. | Marcos-Martínez *Física* 279: Musgos que continúan creciendo cuando sus pies están ya en plena descomposición. **d)** Planta, esp. de las que forman una plantación. | Alvarado *Botánica* 42: Cuando en el mismo individuo o pie hay flores masculinas y flores femeninas se dice que la planta es monoica .. (maíz, begonia). *Ya* 16.10.70, 23: Al referirse a los cambios de pies en los naranjos, ¿se refería al deseo de racionalizar la producción de determinadas variedades o al replanteo de las zonas atacadas o amenazadas por la tristeza?
4 *En un objeto:* Parte que le sirve de apoyo. | *SAbc* 2.2.69, 52: Gran comedor estilo Luis XVI .. Mesa de caoba y limoncillo con pies de hojas de acanto. *Economía* 290: Las lámparas portátiles: .. Huir de las pantallas y pies complicados que con facilidad caen en la cursilería.
5 Objeto que se coloca debajo [de otro] para servirle de soporte. | *Abc* 13.5.58, 38: Muebles para jardín, terraza, casas de campo .. Toldillas, mesas-maleta, pies de jaula. *ByN* 11.11.67, 20: Contiene cuatro medallas grabadas en bajo relieve que sirven como salvamanteles o pies de copa.
6 Parte inferior [de una cosa]. *Frec en la constr* AL ~. | Legorburu-Barrutia *Ciencias* 372: Al caer el agua de las cataratas va cavando el pie del muro, del cual se van desprendiendo trozos. | *Lab* 2.70, 40: Entrar con la aguja en el pie del punto, antes de trabajarlo. Hoyo *Caza* 35: Camino yo aplastando con el pie de mi cayado de espino, tan nudoso, los inútiles, los podridos pedolobos que encuentro. Sampedro *Sonrisa* 278: Yo corté un rosal viejísimo por su pie, y el tallo, de recio como tu muslito, en una pura madera. **b)** Sitio que está junto a la parte baja [de una cosa]. | R. MTorres *Día* 23.9.75, 8: El solar ajardinado que rodea al Drago milenario se logró a base del derribo de dos casas que existían en la calle pendiente adyacente, cuando el pie del famoso árbol era un vulgar terraplén.
7 Sitio que está al lado [de una cosa]. | Cuevas *Finca* 49: Solo el arroyo del pie del cortijo corría aún gota a gota.
8 *En pl:* Parte opuesta a la cabecera. *Se dice esp referido a una cama o a un templo.* | Angulo *Arte* 1, 347: La [iglesia] de San Vicente .. es de tres naves .. La gran portada de los pies .. presenta en sus arquivoltas rica decoración vegetal. ZVicente *Traque* 283: Cuando los veo ahí, a los pies de mi cama, tan callados, envueltos en una manta y dando cabezadas, es cuando me doy cuenta de lo grande, lo encendida que debe estar la vida cuando no se tiene miedo.
9 Parte final [de un escrito o una página] y que no pertenece a su contenido o cuerpo. | * El número de página puede ir en la cabecera o en el pie. A. Campo *Pue* 16.12.70, 26: Es singularmente hermosa y útil por el estudio preliminar y común y por las notas a pie de página. ZVicente *Traque* 261: Le cito en la bibliografía y, siempre que puedo, en nota de pie de página. **b)** Nombre de la pers. o de la entidad destinataria [de un escrito], y que se pone al pie de este. | * El pie de la instancia es: "Excmo. Sr. Ministro de Educación y Ciencia".
10 Texto explicativo, gralm. breve, que acompaña a una fotografía o grabado en un periódico o libro. | Diosdado *Usted* 35: Algo sublime que me va a catapultar a la fama: Pies para unas fotos.
11 (*Escén*) Palabra o palabras finales del parlamento de un actor, que sirven a otro de señal para iniciar el suyo. | * Vamos a repetir esta escena; dame el pie.
12 Motivo u ocasión [para algo]. *Gralm con los vs* DAR *o* TOMAR. | MGaite *Nubosidad* 232: Fue [lo de la liebre en el erial] la inmediata contraseña para reconocernos entre tanta gente desconocida y el pie para que ella me pusiera deberes. *Mun* 23.5.70, 61: Con Merkel de entrenador, el Nuremberg se proclamó campeón de Liga alemana, pero .., al año siguiente, ese mismo Nuremberg cayó en barrena hacia el descenso. Lo cual da pie para sospechar que los férreos y agotadores sistemas de entrenamiento .. surten efecto positivo a corto plazo, pero dejan negativa secuela a plazo más largo. Delibes *Cinco horas* 99: Si le diera pie no sé lo que sería, que ni le miro, sigo y como si nada. **b)** Motivo o tema que condiciona una creación. | Valverde *Literatura* 42: Organizaban desafíos poéticos, rivalizando en prontitud de ingenio para responderse –generalmente insultándose– siguiendo un pie dado.
13 Medida de longitud, distinta según los países. (*Pie castellano = 28 cm; pie inglés = 30,5 cm.*) | *Mad* 30.12.69, 1: Las cinco lanchas cañoneras .. tienen 147 pies ingleses de longitud.
14 (*TLit*) *En las lenguas en que la versificación se basa en la cantidad silábica:* Parte de dos, tres o más sílabas en que se divide un verso para su medida. | López-Pedrosa *Lengua* 6: La sílaba breve dura la mitad que la larga, y varias breves o largas forman un pie.
15 (*Juegos*) *En el dominó:* Pers. a quien toca jugar. | *Abc Extra* 12.62, 71: "Toda palabra o gesto" .. será motivo para que el "pie" –así se llama en el preciso vocabulario del dominó al que corresponde– revuelva las fichas.
16 (*Naipes*) *En el tresillo:* Jugador que ocupa el segundo lugar a la derecha del mano. | *Abc Extra* 12.62, 89: Para sentarse [en el tresillo], simplemente: quien saca oro, escoge sitio; a la derecha del "mano", el "medio", que sacó copas; luego, el "pie o postre", con espadas, y, para terminar, el del basto.
17 (*Geom*) Punto de encuentro [de una línea o un plano] con la perpendicular bajada sobre una u otro. | Marcos-Martínez *Matemáticas* 97: Pie de una recta sobre un plano es el punto de intersección de ambos.
18 *Con un compl especificador, designa distintas plantas herbáceas:* ~ DE CABALLO (*Tussilago farfara*), ~ DE GALLINA (*Echinochloa crus-galli*), ~ DE GALLO (*Lotus corniculatus*), ~ DE GANSO (*Chenopodium bonus-henricus y C. murale*), ~ DE GATO (*Antennaria dioica*), ~ DE LEÓN (*Alchemilla vulgaris*, *A. arvensis y Leontopodium alpinum*), ~ DE PÁJARO (*Ornithopus perpusillus*), *etc.* | Mayor-Díaz *Flora* 313: *Tussilago farfara* L. "Tusilago", "Pie de caballo". Mayor-Díaz *Flora* 480: *Echinochloa crus-galli* (L.) P. B. "Pie de gallina". (Sin. *Panicum crus-galli* L.) Cendrero *Cantabria* 58: Flora herbácea .. *Lotus corniculatus* L.: Pie de gallo. Mayor-Díaz *Flora* 426: *Chenopodium bonus-henricus* L. "Zurrón", "Ansarina", "Pie de ganso". Mayor-Díaz *Flora* 428: *Chenopodium murale* L. "Pie de ganso". Loriente *Plantas* 69: *Antennaria dioica* (L.) Gaertner, "Pie de gato" .., cultivada como ornamental. Cela *Pirineo* 158: El poético pie de león o flor de nieve, al que los tiroleses llaman edelweiss, ni siquiera aparece. Mayor-Díaz *Flora* 356: *Heracleum sphondylium* L. subsp. *pyrenaicum* (Lamk.) Bonnier et Layens. "Esfondilo", "Pie de oso". (Sin. *H. pyrenaicum* Lamk.) Mayor-Díaz *Flora* 188: *Ornithopus perpusillus* L. "Pie de pájaro". *Odi* 2.11.76, 25: Estos vegetales [abortivos] son innumerables, aunque los más utilizados son la ruda cabruna, el boj, .. el pie de vaca, melón de San Cayetano, etcétera. **b)** *Con un adj o compl especificador, designa distintos hongos:* ~ AZUL (*Tricholoma nudum o Rhodopaxillus nudus*), ~ DE CORDERO (*Hydnum repandum*), ~ DE GALLO (*Ramaria flava o Clavaria flava*), ~ ROJO (*Boletus erythropus*), *etc.* | Perala *Setas* 65: *Rhodopaxillus nudus*. Pie azul. Pie violeta. Perala *Setas* 85: *Hydnum repandum*. Gamuza. Pie de cordero. Perala *Setas* 89: *Clavaria Flava*. Patitas de rata. Barba de chivo. Pie de gallo. Perala *Setas* 79: *Boletus erythropus*. Matapariente. Pie rojo.
19 ~ de amigo. Soporte que sirve para afirmar y fortalecer algo. | Pemán *Halcón* 41: Metáforas hechas nombres, como el "pie de amigo", que es la estaca que sostiene el árbol o la cepa.
20 ~ de atleta. (*Med*) Afección cutánea de los pies causada por hongos del gén. *Trichophyton*, caracterizada por la aparición de vesículas, grietas y enrojecimiento. | *Abc* 15.4.58, 40: La verdadera causa de estos trastornos de la piel de los pies es un germen muy extendido en todo el mundo cuya manifestación es conocida bajo diversos nombres, tales como pie de atleta, picazón de Singapore, etc.
21 ~ de cabra. Palanqueta hendida por uno de sus extremos en forma de dos uñas. | Zunzunegui *Hijo* 14: Le enseñó a aflorar las cabezas de los clavos con el menestrete y luego a arrancarlos con el pie de cabra curvo o examinador.

22 ~ de imprenta. Indicación del taller, lugar y fecha de la impresión, que figura al principio o al final de un texto impreso. | Huarte *Tipografía* 62: Licencias, propiedad y pie de imprenta: en el dorso de la portada.
23 ~ de monte → PIEDEMONTE.
24 ~ de paliza. (*col*) Paliza. | Cela *Judíos* 97: Le dio semejante pie de paliza a su señora que la dejó tendida en el suelo.
25 ~ de pato. Aleta de nadador. | Marsé *Tardes* 38: Descalza, en cuclillas, con unos pies de pato colgados al hombro, buscaba algo entre unas toallas de colores.
26 ~ derecho. Madero puesto verticalmente y que sirve de apoyo. | GNuño *Escultura* 58: Aún más habitual la mampostería, y, en todos estos casos, gran empleo de la madera para entramados, cubiertas, pies derechos, dinteles, etc.
27 ~ de rey. (*Mec*) Instrumento para medir calibres o espesores y que consiste en una regla graduada con un tope fijo y una abrazadera móvil. | GTelefónica N. 994: Comercial DVP, S.A. Suministros Industriales .. Brocas. Cuchillas de acero. Muelas de tronzar. Pies de rey. Motores eléctricos. Sierras. Abrasivos.
28 ~ editorial. Inscripción que, gralm. en la portada de un libro y en su parte inferior, indica el nombre y la dirección del editor. | * En este libro falta el pie editorial.
29 ~ forzado. Condición que limita una actuación. | L. Contreras *Sáb* 6.8.77, 8: Las Cortes constituyentes .. han iniciado su camino. Unas constituyentes .. con el pie forzado de una Ley "para la Reforma Política".
30 ~ negro. Inmigrante francés procedente de Argelia. | Sastre *Oficio* 102: –¿Quién es? –¿Ese? (Con misterio.) Un "pie negro". Anda huido por lo que hizo allí. No te digo más. *Ya* 29.6.87, 10: Chirac asistió en Niza a una misa conmemorativa. Veinticinco años, desde que los "pies negros" dejaron Argelia.
31 ~ quebrado. (*TLit*) Verso de pie quebrado (→ acep. 39). | López-Pedrosa *Lengua* 22: Pie quebrado. Llámase al verso introducido entre otros de un número de sílabas notablemente mayor.
32 ~s de gato. Calzado de suela muy adherente usado en alpinismo. | *Ya* 11.10.91, 25: Este pequeño gran hombre-araña, émulo de Spiderman, ha utilizado para su hazaña [ascensión a los edificios más altos de Madrid] unos "pies de gato" (zapatillas especiales), una bolsa de magnesio y una cuerda de seguridad. A. Bourgon *DMo* 28.8.92, 11: Equipado tan solo con unos "pies de gato" (calzado especialmente diseñado para esta actividad, con una suela muy adherente), un baudrier o arnés de seguridad para casos de caída y una bolsa de magnesio en polvo .., el escal[a]dor trepó con total limpieza y seguridad hasta la torre más alta del Palacio.
33 ~s negros. Individuo de un pueblo indígena de las llanuras noroccidentales de América del Norte, caracterizado por su belicosidad. *Gralm en pl.* | F. A. González *Ya* 4.6.75, 90: Los cheyenes, los pies negros, los apaches, los navajos .. verán más fácil que nadie la solución.
34 tres ~s para un banco. (*humoríst*) Tres perss. traviesas. | * Juan y sus hermanos, ¡qué tres pies para un banco!
II *loc adj* **35 de a ~.** [Soldado] que va a pie o realiza su función a pie [84]. | * La infantería la forman los soldados de a pie. **b)** [Pers. o gente] corriente o no destacada. *Frec en la constr* CIUDADANO DE A ~. | Mendoza *Gurb* 15: Percibo la voz colérica de un individuo que en nombre de los ciudadanos de a pie .. exige. VMontalbán *Prado* 29: He querido que oyera hablar a currantes de a pie para que supiera a qué atenerse .. Usted ha hablado con los jerarcas y con Cifuentes, pero le falta la gente de a pie.
36 de ~. [Agua] que corre o fluye. | JGregorio *Jara* 54: En la Pueblanueva hay un centenar de huertas y más de cincuenta en Alcaudete, algunas regadas con agua de pie procedente del Jébalo.
37 de ~ de banco. (*col*) [Argumento] disparatado o absurdo. *Normalmente con los ns* SALIDA *o* RAZÓN. | Cela *Judíos* 144: Al vagabundo, esto de llamar humorista a Quevedo, como no sea una humorada, le parece una salida de pie de banco.
38 de ~ de cama. [Alfombra] para los lados de la cama. | GPavón *Hermanas* 45: Nadie volvería .. a sacudir las alfombras de pie de cama.
39 de ~ quebrado. (*TLit*) [Verso] de cuatro o cinco sílabas que alterna con otros más largos. | López-Pedrosa *Lengua* 22: Los versos castellanos pueden ser: de arte menor ..; de arte mayor ..; de pie quebrado. **b)** (*TLit*) [Estrofa] que contiene versos de pie quebrado. *Gralm referido a la copla manriqueña*. | López-Pedrosa *Lengua* 32: Estrofa manriqueña. Es una sextina de pie quebrado.
40 sin ~s ni cabeza. [Cosa] incoherente o absurda. | GTabanera *Abc* 8.9.66, 9: Nos recuerda a la de esas cintas cinematográficas sin pies ni cabeza en que se registra la lucha entre "los buenos y los malos".
III *loc v y fórm or* **41 arrastrarse a los ~s** [de alguien]. Humillarse [ante él] para conseguir algo. | Arce *Testamento* 187: Ya no tenía ninguna duda del fin que me esperaba. Entonces imploré. Me arrastré a los pies de uno y de otro .. No soy lo suficiente hombre para contar ahora cuanto dije en aquel momento.
42 atar [a alguien] **de ~s y manos.** Impedir[le] actuar. | *Abc* 7.11.74, 1: La demoledora victoria del partido demócrata en las elecciones generales norteamericanas ha hecho oscilar el Poder desde la Casa Blanca al Capitolio. El presidente Ford ha quedado políticamente atado de pies y manos.
43 besar los ~s [a, o de, alguien]. (*raro*) Manifestar[le] sumo respeto. *Se usa esp al final de algunas cartas, ante la firma, en la fórmula ceremoniosa* QUE LE BESA LOS ~S. | Armenteras *Epistolario* 123: Q. l. b. l. p., por "Que le besa los pies".
44 buscar(le) tres (*o, más raro,* **cinco**) **~s al gato.** (*col*) Meterse en complicaciones inútiles o peligrosas. | Goytisolo *Recuento* 185: Encuentro absurdo que esos curas vayan buscando tres pies al gato mientras hay problemas tan urgentes. ¿Qué tiene de malo el rock ese o como se llame? R. SOcaña *SInf* 16.12.70, 1: No es sensacionalismo. No es rizar el rizo ni buscar cinco pies al gato.
45 caer de ~. (*col*) Salir con éxito de una situación arriesgada o difícil. | Cela *Izas* 55: La lumia exótica se rige por un raro código de la costumbre, según el cual siempre cae de pie. **b)** Tener éxito o fortuna. | GSerrano *Macuto* 613: Traída por los militares africanos, la palabra cayó de pie entre los combatientes peninsulares.
46 cojear [una pers.] **del mismo ~** [que otra]. (*col*) Tener el mismo defecto o debilidad. | Salvador *Haragán* 86: –Tu madre dice muchas tonterías. –Tu padre también las dice.– Era una verdad como un templo. Pero hubiera sido más justo decir que todos cojeábamos del mismo pie. Torrente *Pascua* 322: –Ella era muy religiosa, ¿verdad? –Como todas las mujeres. La mía también cojea de ese pie, y por más que hago...
47 comer(le) [a alguien (*ci*) algo (*suj*)] **por un ~,** *o* **por los ~s.** (*col*) Resultar[le] muy costoso. | Delibes *Emigrante* 55: Alquilé una tumbona para que la Anita tome el aire en la cubierta. ¡Cuatro mil liras, que no está mal! Los extras aquí le comen a uno por un pie. **b) comerle** [a alguien (*ci*) una pers. o cosa (*suj*)] **por un ~,** *o* **por los ~s.** (*col*) Avasallar[le] o dominar[le]. | Delibes *Tesoro* 85: En casos así hay que actuar pronto y con energía, de otra manera corres el riesgo de que te coman por un pie.
48 darle [una pers.] **el ~** [a otra] **y tomarse** (*o* **coger**) [esta] **la mano** (*o* **darle la mano y tomarse** (*o* **coger**) **el ~**). (*col*) *Se dice a propósito de la pers a quien se hace una concesión y que se toma, con ocasión de ello, otras que no se le han dado*. | P. Calvo *Gac* 18.1.76, 11: A lo mejor resulta que era verdad aquello que decíamos de la mayoría de edad de nuestro pueblo, cuando otros repetían la canción de que no estamos preparados, de que nos dan la mano y nos tomamos el pie, de que las libertades degeneran en libertinaje. Diosdado *Anillos* 2, 244: –¡Claro! ¡Das la mano y te cogen el pie! .. –¡Te dan la mano y coges el pie, ¿no?! Luego hablas de los demás...
49 echar a ~s. (*Juegos*) Sortear una primacía [dos niños] poniendo alternativamente los pies a lo largo de una distancia. | Delibes *Historias* 12: Me mortificaba .. que prescindieran de mí cuando echaban a pies para disputar una partida de zancos o de pelota china.
50 echar el ~ delante (*o* **adelante**) → PONER EL ~ DELANTE.
51 echar los ~s por alto. (*col*) Perder la paciencia o ponerse enérgico. | CSotelo *Muchachita* 299: Los alemanes, que si les imponen la uva que no cuenten con ellos para nada, y yo echando los pies por alto y diciendo que ¡¡o la uva o la guerra!!

52 echar ~ a tierra. Apearse [esp. un jinete]. | Halcón *Manuela* 90: Su voz no sonó hasta que echó pie a tierra. GPavón *Reinado* 111: Aparcó don Lotario su "seiscientos". Nada más echar pie a tierra los viajeros, notó Maleza que Plinio había *guipao* a Rovira.
53 echarse a los ~s [de alguien]. (*lit*) Rogar[le] con sumisión. | Buero *Sueño* 204: Si Vuestra Majestad me da su venia, volveré a rogar a Goya que se eche a los pies del trono.
54 haber nacido de ~. (*col*) Ser muy afortunado. | Laforet *Mujer* 335: Tiene usted mucha suerte, hija, con tener ese marido tan bueno, y, por añadidura, rico. Siempre dije que usted había nacido de pie.
55 hacer ~. Llegar con los pies al fondo [una pers. metida en el agua], manteniendo la cabeza sin sumergir. *Tb fig.* | * Puedes meterte al agua sin miedo, que se hace pie. Albalá *Periodismo* 113: Ha sido .. en este ámbito, en el campo receptor del término-objeto, donde, hasta ahora, apenas si hicimos pie.
56 hacer un ~ agua [a alguien]. (*col*) Causar[le] una gran molestia o contrariedad. | CBonald *Dos días* 239: Un atraso ahora me hace un pie agua, imagínate.
57 írsele [a alguien] **los ~s.** Sentir deseos de bailar, o de acomodarse al ritmo de los pies. | * Cuando oigo esa música se me van los pies.
58 meter los ~s. (*col, hoy raro*) Patear. *Referido a teatro.* | Cossío *Confesiones* 112: Los espectadores, que eran bastante rigurosos, encontraron deficiente la interpretación, y al terminar la comedia metieron los pies con notoria falta de respeto.
59 no dar ~ con bola (*o, más raro,* **con bolo**). (*col*) No hacer nada con acierto. | Goytisolo *Recuento* 83: Se quejó de que no había dado pie con bola en todo el día, uno de esos días en que todo sale del revés. Sopeña *Defensa* 84: Se incorporaba con dificultad, hasta que el mismo Papa le ayudó; perdió entonces la cabeza, lloraba de dicha y no dio pie con bolo en el diálogo de tópicos .. de aquellas audiencias.
60 no perder ~ (*raro*) Estar pendiente [de él]. | MGaite *Retahílas* 144: Había algo en ella que me desconcertó ya desde el primer día ..; empecé a irme con ella y a dejar a los otros, y Julio se extrañaba: "No pierdes pie a esa chica, yo no sé qué le has visto, si está como alelada".
61 no poner los ~s en el suelo. (*col*) Correr o caminar muy rápidamente. | * ¡Qué manera de correr! ¡No ponía los pies en el suelo!
62 no tener ~s ni cabeza. Ser [algo] incoherente o absurdo. | Aldecoa *Gran Sol* 89: Cómo voy a entender .., si eso no tiene ni pies ni cabeza.
63 no tenerse en ~ (*o* **de ~**). Encontrarse [alguien] muy débil o agotado. | * Estoy rendido; estoy que no me tengo en pie. **b)** No tener consistencia [un argumento o razonamiento]. | J. R. Alonso *Sáb* 25.12.76, 7: Aquí se llama ladrón, marica o falsario a cualquiera cuando ninguna acusación puede tenerse en pie.
64 pararle [a alguien] **los ~s.** (*col*) Contener[le] en sus palabras o actos desconsiderados. | CPuche *Paralelo* 190: –¿Qué es lo que dijeron? –Bobadas .. Les habrás parado los pies .. Ellos es que no confían mucho en ti. **b)** (*Taur*) Fijar [al toro] para torearlo con mayor facilidad. | DCañabate *Pasetillo* 126: El peón corre al toro a punta de capote, y a esto se le llama pararle los pies.
65 perder ~. Dejar de pisar terreno firme. *Frec fig.* | Pinilla *Hormigas* 195: Allí vi a ambos por segunda vez, de espaldas al pozo, en su mismo borde, aunque entonces no se habría derivado ningún inconveniente de perder pie y caer hacia atrás, ya que la altura era escasa. MGaite *Usos* 106: A muchos otros les echaba atrás la sola idea de declararle su amor a una chica, perdían pie en aquellas lides. Goytisolo *Recuento* 563: No es ya la mujer, sino la familia entera la que, falta del adecuado respaldo material, empieza a perder pie.
66 ~s, para qué os quiero. (*col*) Fórmula que expresa la resolución de quien habla, o de aquel de quien se habla, de huir de un peligro, o de salir corriendo de un lugar. | FReguera-March *Cuba* 246: El mambí descubre que los nuestros traían una carreta atestada de pan. Como andaban muertos de hambre, se echan al pan, y los otros, ¡pies, para qué os quiero! Antolín *Ya* 27.6.75, 57: En cuanto suena la campana dando la hora de julio, se deja el tajo por donde nos haya cogido, y pies para qué os quiero: hasta agosto o hasta septiembre.
67 poner [a alguien] **a los ~s de los caballos.** Hablar [de él] con el mayor desprecio. | MGaite *Retahílas* 191: A él eso de que le hablen de personas desconocidas, igual si se las ponen por las nubes que a los pies de los caballos, no le produce la menor curiosidad.
68 poner (*o* **echar**) **el ~ delante** (*o* **adelante**) [a alguien]. (*col*) Aventajar[le]. | Carnicer *Castilla* 63: A mí no hay quien me ponga el pie delante en asunto de ver lo que pasa.
69 poner los ~s [en un sitio]. Presentarse [en él]. | Escrivá *Conversaciones* 159: Meteré en él todo el cariño que tengo a la Universidad .. desde que puse los pies en ella por primera vez.
70 poner ~s en pared. (*reg*) Ponerse firme o enérgico. | Campmany *HLM* 22.10.79, 5: Que les digo a ustedes que aquí hay que poner pies en pared, que esto es un despotismo que va a acabar con la democracia.
71 poner ~s en polvorosa. (*col*) Huir. | J. M. Moreiro *SAbc* 13.9.70, 45: Un día [los fenicios] tuvieron que poner pies en polvorosa dejando olvidadas algunas monedas en las que puede leerse este nombre: Malaka.
72 saber de qué ~ cojea [alguien]. (*col*) Conocer bien sus defectos o debilidades. *Tb, raro, referido a cosa.* | Delibes *Año* 119: Estuve a ver al médico, quien me hizo dos nuevas radiografías y confirmó que el peroné está en su sitio y ya no me resta sino esperar. Luego, como sabe de qué pie cojeo (en todos los sentidos), me mostró dos fotografías curiosísimas .. de una perdiz con un pico tan largo como el de un zarapito. Cuevas *Finca* 189: Saber de qué pie cojeaban los sembrados.
73 saber [alguien] **dónde pone los ~s.** (*col*) Estar seguro de lo que se hace. *Frec en constr negativa.* | * No te preocupes, que él ya sabe dónde pone los pies.
74 saber el ~ (*o* **los ~s**) **que calza** [alguien]. Conocer[le] bien o saber lo que puede esperarse [de él]. | Llordés *Fusil* 33: ¿Qué podían hacer y decir los jefes militares si en aquel entonces los militares ya se disgregaban y sabían cada uno el pie que calzaba el otro? DCañabate *Andanzas* 231: Mi parienta, que no necesito decirte los pies que calza, me dice .. que se me nota lo madrileñazo que soy.
75 sacar los ~s del plato, *o* **del tiesto,** *o* **de las alforjas.** (*col*) Insolentarse, o cometer algún exceso. | Cela *Judíos* 273: Por la Vera y por el valle del Tiétar, al que quiere sacar los pies del plato le pinchan. Aldecoa *Cuentos* 1, 177: –¿Tiene eso algo de malo? –dijo Pablo iracundo–. ¿O es que todas tienen que ser señoritas inútiles? –Pablo, no saques los pies del tiesto –amenazó el padre–. Tu hermana no te ha dicho nada tan grave que te dé derecho a esa violencia.
76 sacar (*o* **salir,** *u otro v equivalente,* **con**) **los ~s fríos y la cabeza caliente** (*o* **la cabeza caliente y los ~s fríos**). (*col*) No sacar nada en limpio o de provecho. | ZVicente *Mesa* 184: Estamos hartos de ver tanto y tanto viajecito, tanto y tanto festejo pro pueblo y que el pueblo no saque de este baile más que la cabeza caliente y los pies fríos. A. GRufo *SInde* 24.8.90, 4: En las tardes de agosto, cuando se va de menores y se termina de nada, con los pies fríos y la cabeza caliente.
77 salir por ~s → POR ~s.
78 ser [una pers.] **los ~s y las manos** [de otra]. Servir[le] de gran ayuda y descanso. | * Su secretario se le hizo imprescindible, era sus pies y sus manos.
79 vestirse por los ~s. (*col*) Ser un hombre. *Ponderando la autoridad.* | Delibes *Emigrante* 73: Ella porfió, y acabé diciendo que yo me visto por los pies, y que acá y allá, en mi casa mando yo.
IV *loc adv* **80 a cuatro ~s.** A gatas. | * Tuvieron que salir a cuatro pies por el boquete.
81 al ~ de la letra. Literalmente. | CBaroja *Inquisidor* 34: García y su continuador Argüelles no hicieron más que seguir al pie de la letra y comentar las instrucciones del arzobispo. Medio *Bibiana* 34: Ana Camín interpreta al pie de la letra lo de ofrecer primero a las chicas.
82 al ~ del cañón. En constante atención a un quehacer. | *Caso* 5.12.70, 7: ¡Tantas horas que se pasa una aquí, al pie del cañón, para ganar unas pesetas!
83 a los ~s [de alguien]. De rodillas a sus pies en señal de acatamiento o respeto. | Mendoza *Ciudad* 53: No quería morir sin ir a Roma, a postrarse, decía él, a los pies de San

pie – pie

Pedro. **b)** (*raro*) Sometido a su voluntad. *Frec en la fórmula de cortesía, dirigida a una señora*, A SUS ~S. | MSantos *Tiempo* 188: Algunos, especialmente bien educados: "Póngame a los pies de su señora madre". SSolís *Camino* 270: Un hombre barrigudo, calvo y protocolario, que saludó muy pulido a la "prima" monja y besó la mano de doña Pura con un "a sus pies, señora".

84 a ~. Marchando sobre los pies. *Tb adj*. | P. GGallardo *DBu* 19.9.70, 16: Tuve el capricho de recorrer a pie, macuto al hombro, aquella ruta becqueriana del Moncayo.

85 a ~ cojito. (*col*) A la pata coja. | *Abc Extra* 12.62, 17: Saltaban a pie cojito el 25 de Abril tres veces sobre las hogueras. Burgos *D16* 5.9.92, 4: Vamos a correr los cien metros lisos de la Unión Europea a pie cojito.

86 a ~ de fábrica. En el lugar mismo de producción. *Referido frec a entrega de mercancías*. | *Mad Extra* 12.70, 46: Esto sería de trascendencia para la industria del azulejo, por cuanto .. precisa de combustible a pie de fábrica.

87 a ~ de obra. En el lugar mismo en que se realiza una construcción. *Tb adj. Introducido por otra prep, se sustantiva*. | *VAl* 25.7.76, 6: Respecto al alcantarillado, bien estamos sufriendo y soportando, pero .., como reza en los cartelitos que ponen a pie de obra, es por nuestro bien. *País* 7.3.83, 24: Se requiere: Experiencia a pie de obra, mínima de cuatro años. *Ya* 22.10.64, 16: Aparejador precisamos para pie de obra.

88 a ~ enjuto. (*lit*) Sin mojarse los pies al pasar por un sitio donde hay o suele haber agua. *Tb fig*. | FReguera *Bienaventurados* 9: La carretera estaba solitaria en aquel momento. Dividía con un trazo gris al anochecer, y Anastasio cruzaba a pie enjuto entre la avalancha cárdena y sombría.

89 a ~ firme. Manteniéndose en pie [102] sin moverse del sitio. *Tb fig*. | Cela *Viaje andaluz* 74: Dos burrillos peludos y cenicientos .. aguantan, en medio del ancho páramo, el sol a pie firme.

90 a ~ (*o* **a ~s**) **juntillas** (*o, reg,* **a ~s de trago**). Sin la menor duda. *Con el v* CREER. | CPuche *Paralelo* 25: Creían a pie juntillas que España era un país ardiente, fogoso, apasionado. Payno *Curso* 71: Creían a pies juntillas que estaban haciendo su santa voluntad. *DBu* 19.9.70, 10: El yacimiento dicho ofrece posibilidades confirmatorias de interés general en un problema en revisión .., cual es la despoblación de la meseta del Duero, tras la invasión árabe, que hoy ya nadie cree "a pies de trago" según expresión equivalente a sin discutir y que aprendí no ha mucho por esas tierras.

91 con buen (*o* **mal**) **~,** *o* **con el ~ derecho** (*o* **izquierdo**). Con buena (*o* mala) suerte, *o* con mucho (*o* poco) acierto. *Normalmente con los vs* LEVANTARSE, ENTRAR *o* EMPEZAR. | CPuche *Paralelo* 300: Fortuna y no pequeña era haber entrado en el bloque pisando con el pie derecho. Salvador *Haragán* 86: Vosotros podéis levantaros un día con el pie izquierdo. Marsé *Tardes* 226: Decididamente, hoy también se había levantado con el pie izquierdo .. Más contrariedades, sobresaltos, pequeñas alarmas, a menudo llegaban como señales de tráfico.

92 con los ~s. (*col*) Con muy poca inteligencia. *Normalmente con vs como* HACER, PENSAR *o* ESCRIBIR. | * Este libro está escrito con los pies.

93 con los ~s en la tierra (*o* **en el suelo**). Con realismo. | * Procura pensar con los pies en la tierra. **b) con los ~s en la tierra.** Con seguridad o tranquilidad. | Torrente *Fragmentos* 51: Me sentí más tranquilo, con los pies en la tierra y, como si dijéramos, el dueño de la situación.

94 con los ~s por delante (*o* **para (a)delante**. (*col*) Estando muerto. *Normalmente con los vs* SACAR, SALIR, LLEVAR, *o equivalentes*. | Torrente *Vuelta* 426: No te vayas, Carlos, si quieres acompañarme a la última morada. Y, por cierto, ¿cuándo vendrá Aldán? A ese tampoco le disgustaría verme con los pies para adelante. J. M. Moreiro *SAbc* 13.9.70, 46: Pedro Romero, aquel gigante rondeño de la torería que despachó cinco mil toros, hasta que un mal día lo llevaron con los pies por delante. ASantos *Estanquera* 26: ¿Quién la enseñó a disparar? .. Me ha rozao el pelo. Si no me agacho salgo de aquí con los pies por delante. Cela *Judíos* 177: ¿Quería usted algo, don Senén?, suele decirme. Y yo le respondo: sí, *Brincaparras*, que quería verte salir con los pies para delante.

95 con ~s de plomo. (*col*) Con suma cautela. *Normalmente con los vs* ANDAR(SE), IR *o* ACTUAR. | CPuche *Paralelo* 333: Ya más de una vez le habían tachado de anarquista. Tendría que ir con pies de plomo en lo que decía. P. SQueirolo *Inf* 18.7.74, 3: Inglaterra, que dispone de dos bases en Chipre, está muy preocupada por el futuro de las mismas y por ello actúa con pies de plomo.

96 con un ~ en el estribo. A punto de emprender un viaje. *Tb fig, referido a la muerte*. | *Ya* 18.6.92, 21: Declaraciones con un pie en el estribo. El encuentro que ayer mantuvo Felipe González con la prensa resultó breve y poco enjundioso.

97 con un ~ en la sepultura, *o* **en el sepulcro**, *o* **en la tumba**. Cerca de la muerte. *Frec con el v* ESTAR. | *Ya* 25.10.92, 26: ¿Se figura –añadió– el negocio que podríamos hacer los necesitados si tuviésemos dos corazones y dos hígados, y el bien que podríamos hacer a gente que está con un pie en la tumba?

98 de ~ (*pop*, **de ~s**). Sosteniéndose sobre los pies [1a]. | GPavón *Hermanas* 30: Sosteniéndose como podía, se había puesto de pie y taconeaba en el pasillo del coche. *Onil* 19: Los domingos se acumula tal número de asistentes, que son muchísimos los que tienen que estar de pies.

99 de ~. En situación de causar molestias o problemas. *Con vs como* ESTAR *o* PONERSE. | * Tengo el estómago de pie; me han sentado mal los churros. Torrente *Filomeno* 379: Don Agapito, además, daba clases clandestinas a algunos muchachos a los que se les ponía el latín de pie, y él, que lo sabía bien desde el seminario, y que tenía buenos métodos, conseguía que acabasen aprobando.

100 de ~ quieto. De manera fija o permanente. *Con el v* ESTABLECERSE *u otro equivalente*. | Ayala *Recuerdos* 299: Cuando la visita de don Fernando de los Ríos, todavía no había ido a establecerse Jiménez de Asúa de pie quieto en Buenos Aires, como más adelante lo haría. Allí vivió por fin hasta el día de su muerte.

101 de ~s a cabeza. Completamente. *Se dice esp referido a pers*. | Matute *Memoria* 190: Todo él temblaba de pies a cabeza, con una ridícula y salvaje alegría.

102 en ~. De pie [98]. | Chamorro *Sin raíces* 30: El día que [el niño] se puso en pie y apreció que se sostenía, sin la ayuda de nadie, experimentó un gran orgullo ante la grandeza del momento. **b)** Manteniéndose sin ser derribado o eliminado. *Frec fig. Normalmente con los vs* QUEDAR, DEJAR *o equivalentes*. | J. M. ÁRomero *MHi* 11.63, 72: Lo demás fue destruido por la ocupación japonesa en la última guerra, y lo que aún quedaba en pie, demolido sistemáticamente por las fuerzas libertadoras. Arce *Testamento* 97: Le dije que lo dicho quedaba en pie, le di mi palabra, y él aseguró, una vez más, que me mataría como a un perro si trataba de hacerle una mala jugada. Torrente *Filomeno* 395: Todo el mundo lo conocía en Villavieja y sabía de su valor. Pregunte a sus antiguos profesores, si queda alguno en pie.

103 en ~ de guerra. En disposición de comenzar una guerra. | *Inf* 15.8.74, 12: El conflicto entre Grecia y Turquía pone sobre el tapete la debilidad interna de la Organización, de la cual Grecia ha retirado sus tropas para ponerlas en pie de guerra frente a los soldados de otro país miembro de la Alianza Atlántica.

104 en ~ de igualdad. Sin distinción de categorías. *Normalmente con el v* TRATAR *u otro equivalente*. | *País* 22.6.76, 10: La ruptura democrática, el *no* al reformismo y la propuesta de proceder a la apertura de conversaciones con otras fuerzas socialistas, "en pie de igualdad", fueron algunos de los temas tratados por la Federación de Partidos Socialistas.

105 ~ a tierra. De pie [98], después de desmontar de una caballería. | DCañabate *Abc* 23.8.66, 54: Pie a tierra, breves pases y media estocada de la que tarda en doblar el novillo.

106 por ~s. (*col*) Corriendo. *Normalmente con los vs* SALIR, ESCAPAR, HUIR *o equivalentes*. | DCañabate *Paseíllo* 53: En cuanto te veían delante te se echaban encima sin hacer caso de la capa, y tenías que salir por pies si no querías jugártela pa perder de todas todas.

107 por su propio ~. Andando, sin ser transportado por nadie. | J. L. Serna *SElM* 24.6.93, 1: Entró tranquila y por su propio pie en el pequeño quirófano del dermatólogo.

108 un ~ tras otro. Andando o caminando. | Cela *Judíos* 164: De haber salido de Segovia como solía andar por los caminos, un pie tras otro y sin demasiados apuros, el vagabundo iría a estas horas por el cruce de Añe.

v *loc prep* **109 al ~ de.** Junto a la parte baja de. | Delibes *Historias* 19: Al pie del Cerro Fortuna, como protegiéndole del matacabras, se alzaba el soto de los Encapuchados.
110 al ~ de. (*lit*) Alrededor de o cerca de. *Seguido de una indicación de número.* | Carnicer *Castilla* 20: Hay en el pueblo al pie de cien familias, unas trescientas personas.

piecear *tr* (*reg*) Echar piezas o remiendos [a una prenda (*cd*)]. | GPavón *Rapto* 229: Cuando serví en casa de doña Liria, me regaló otras dos sábanas. Un poco pieceás, eso es verdad, pero en buen uso.

piecería *f* Piezas o conjunto de piezas [1]. | GTelefónica N. 686: Pieser. Matricería y piecería de serie.

piecerío *m* Piecería. | *DNa* 16.8.64, 10: Talleres "Virginia" .. Fabricación en serie de piecerío a troquel.

piecero¹ *m* Parte opuesta a la cabecera [de la cama]. | GPavón *Rapto* 242: Don Lotario, con la mano en el estómago, muy en silencio, eso sí, y con la otra apoyado en el piecero de la cama del Rosario, reía. *Ya* 16.11.75, 16: Sistema de cama abatible con doble amortiguación. Piecero automático.

piecero² -ra *m y f* (*reg*) Oficial de sastrería que tiene bajo su responsabilidad el confección de la americana y que se encarga de acabarla. | *Van* 17.4.73, 85: Pieceros-as para sastre-modista, se desean en Santa Eulalia, S.A.

piedad *f* **1** Compasión o misericordia. | Á. MSarmiento *Sev* 1.11.75, 7: Es en nombre de ese pueblo en el que este Malaquías arremete, casi sin piedad, contra los servicarios del templo. *Ya* 11.7.76, 9: No hubo piedad para los mercenarios. Han sido ejecutados los cuatro condenados por el Tribunal de Angola.
2 Devoción, o fervor religioso. | A. FMolina *SYa* 21.9.75, 21: Su primera comunión la realizó en el momento de su matrimonio. A partir de aquel momento, su piedad religiosa fue ejemplar.
3 (*lit*) Actitud afectuosa y de respeto para con las perss. próximas, especialmente los padres. | Villapún *Moral* 152: También se extiende la piedad al amor y respeto que debemos a nuestros familiares. Penín *SYa* 27.9.75, 11: Ulises personifica la perfección humana, siendo sus rasgos principales el respeto a los dioses, la piedad para con los padres, el cariño de esposo.
4 (*Arte*) Representación de la Virgen con Jesús muerto en los brazos. | Tejedor *Arte* 159: Luis Morales, .. autor de varias *Piedades* y *Ecce Homos.*

pied à terre (*fr; pronunc corriente,* /pié-atér/) *m* Vivienda de paso. | Torrente *DJuan* 112: Él mismo metió en el coche las maletas y pagó al mozo. Me llevó .. al "pied-à-terre" de Don Juan.

piedemonte (*tb con la grafía* **pie de monte**) *m* (*Geol*) Llanura formada al pie de un macizo montañoso. | Santamaría *Paisajes* 17: Durante una gran parte del año estas precipitaciones son de nieve en la sierra, donde la media de días con nevada y con cobertura de nieve es de 56 .. Esto supone un marcado contraste con las tierras del piedemonte, donde nieva unos veinte días por año.

pied-noir (*fr; pronunc corriente,* /pié-nuár/; *pl normal,* PIEDS-NOIRS) *m* Pie negro (inmigrante francés procedente de Argelia). | *Abc* 21.8.66, 44: En Francia no son acogidos con simpatía, no digamos con cariño, por la sencilla razón de que no los consideran franceses, y, a pesar de ello, "pieds-noirs" que han oído en la cuna el valenciano o el castellano vienen haciendo gala de su origen francés. M. L. Sánchez *Mun* 9.11.74, 47: Todo el edificio parece haber perdido sus cimientos con la salida de escena del general Antonio de Spínola, y los poderosos intereses económicos presentes en Angola van a jugar ahora la baza de los "pied noirs" [*sic*], estos blancos reaccionarios, asustados y fáciles de instrumentalizar.

piedra I *f* **1** Mineral sólido, duro y de aspecto no metálico. | Cunqueiro *Un hombre* 11: Un hombre estaba sentado en el banco de piedra adosado al palomar. **b)** *Seguido de un adj o compl, designa distintas clases.* | Alfonso *España* 199: Los achaques de la España cotidiana alcanzan manifestaciones que crisparían a una piedra berroqueña. Delibes *Mundos* 131: El Teide no solo preside, sino que informa la vida toda de la isla. Las rocas, la tierra, .. los inmensos depósitos de piedra pómez, todo ha salido de su vientre. FReguera-March *Filipinas* 9: El cajista aseguró que, en la imprenta, podía encontrarse la piedra litográfica donde se tiraban los recibos de las cuotas. FQuintana-Velarde *Política* 129: Son importantes las salinas .., así como las piedras de construcción –mármoles, granitos, etc.–, los yesos, arcillas, arenas. Cela *Judíos* 101: Venden los sacos de piedra de sílex a muchas leguas a la redonda. Cela *Judíos* 287: El vagabundo leyó los hermosos signos de las dádivas, puestos a punta de navaja o a tenue trazo de carbón o de piedra de cal, sobre las tapias. **c) ~ lipe,** *o* **~ lipes** → PIEDRALIPE. **d)** *Frec se emplea en frases de sent comparativo para ponderar la dureza o la insensibilidad.* | * Tiene el corazón como una piedra.
2 Trozo de piedra [1a]. | Olmo *Golfos* 96: Los demás .. llenaros los bolsillos de piedras. Pero cuidado con tirar a las cabezas.
3 Trozo de piedra [1a], gralm. labrado, usado en construcción. | Vesga-Fernández *Jesucristo* 118: Maestro, mira qué hermosa construcción y qué hermosas piedras. **b)** *En pl:* Monumentos o construcciones antiguas. | Berruezo *Abc* 21.5.67, 71: Pocos pueblos tan encariñados con sus piedras como el donostiarra. Aquí, cada vez que se anuncia que va a modificarse una calle, .. se organiza amplia polémica. **c) primera ~.** Sillar de la primera hilada de un edificio notable, con que se da comienzo solemne a su construcción. *Tb fig.* | Cabezas *Madrid* 71: Bendecida y colocada la primera piedra, el 7 de abril de 1738, por el arzobispo de Tiro y el marqués de Villena, en nombre del rey, se introdujo en sus cimientos una caja de plomo que contenía monedas de oro, plata y cobre. *Abc* 18.2.89, 17: La cumbre de Marrakech pone la primera piedra de un gran Magreb unido. **d) ~ sobre ~.** Construcción en pie o sin arrasar. *En la constr* NO QUEDAR (*o* DEJAR) ~ SOBRE ~. | Vesga-Fernández *Jesucristo* 118: ¿Veis todos esos hermosos edificios? Pues serán de tal modo destruidos que no quedará piedra sobre piedra.
4 Pieza de piedra [1a] destinada a un uso determinado. *Con un adj o compl especificador.* | Bustinza-Mascaró *Ciencias* 341: Las propiedades mecánicas de las areniscas varían con su composición y con su estructura: las muy resistentes se emplean como material de construcción (asperón); las más duras, para piedras de molino o para afilar. *Agromán* 21: Todas las distancias .. estaban señaladas con piedras "miliares".
5 Trozo de pedernal usado para producir chispa en un arma o en un encendedor. | Pazos *Señas* 101: El pedernalero siguió calle adelante pregonando: "¡Piedras de mechero gastadas!". **b)** Trozo de una aleación de hierro que se usa para producir chispa en un encendedor. *Frec* = DE MECHERO. | Berenguer *Mundo* 320: Los paquetones de picadura, piedras de mechero, hojillas de afeitar y chucherías nunca subían de precio.
6 Piedra preciosa (→ PRECIOSO). | Laforet *Mujer* 213: Tú me esconderás las piedras. Valen más de dos millones. Cunqueiro *Un hombre* 11: En el anular de la mano con que sostenía el bastón brilló la enorme piedra violeta de la sortija.
7 Concreción calcárea de relativo tamaño que se forma anormalmente en el riñón, en la vejiga o en la vesícula biliar. | Nolla *Salud* 472: Cuando el tamaño de las concreciones cristalinas precipitadas [en las vías urinarias] es muy pequeño, .. tenemos las llamadas "arenillas". Si las masas cristalinas forman concreciones de mayor tamaño, se califican de piedras o cálculos.
8 Granizo. | Delibes *Historias* 85: Cuando la nube llegaba, al fin, traía piedra en su vientre y acostaba las mieses.
9 (*jerg*) Porción de hachís. | Tomás *Orilla* 54: Senteaos y echaros un canuto. En la mesa hay una piedra.
10 ~ angular (*o* **fundamental**). Elemento básico sobre el que se asienta una idea o un proyecto. | FAlmagro *Abc* 30.12.65, sn: El interés de Sebastián Juan Arbó por el ser humano, clave o piedra angular de cualquier reelaboración de la vida, ajena o propia, se hace patente en sus biografías. **b)** (*Arquit*) **~ angular** → ANGULAR.
11 ~ de escándalo. Origen o motivo de escándalo. | Delibes *Madera* 149: Aquel vientre turgente no solo era un grave pecado sino piedra de escándalo para los niños. Lapesa *HLengua* 230: El *Polifemo* y las *Soledades* (1613) fueron piedra de escándalo, suscitadora de acerbas protestas y entusiastas elogios.
12 ~ de toque. Jaspe que se emplea para conocer la ley del oro o de la plata. | Bustinza-Mascaró *Ciencias* 332: La

piedrabuenero – piel

lidita o piedra de toque es negra, y la usan los joyeros para ensayar las aleaciones de oro. Ybarra-Cabetas *Ciencias* 54: El jaspe negro o lidita, que es el usado como piedra de toque en joyería. **b)** Cosa que sirve para probar la bondad o autenticidad de otra. | L. Apostua *Ya* 2.6.74, 14: En estrategia parlamentaria, la piedra de toque va a estar en los sindicatos.

13 ~ de rayo. Hacha prehistórica de piedra pulimentada, que se cree popularmente que procede de la caída de un rayo. | ZVicente *Balcón* 9: Sigue su inspección implacable, disponiendo los floreros .. y las piedras de rayo que coleccionaba Alfonso.

14 ~ filosofal. *(hist)* Materia con que los alquimistas pretendían hacer oro artificialmente. | C. Callejo *Hoy* 16.4.74, 3: La Humanidad, a estas alturas, en que tanto se vocea su mayoría de edad, vuelve a los infantilismos de la Edad Media, a las ciencias ocultas y a la piedra filosofal. **b)** Remedio maravilloso para cualquier problema. | Gironella *Millón* 156: Muchos de los milicianos madrileños suponían haber encontrado la piedra filosofal para la victoria. LTena *Luz* 12: El rastacueros de Pepito Sanmiguel, que es un zote y que no rebuzna porque Dios es bueno, me descubre la piedra filosofal.

II *loc adj* **15 de (la) ~.** [Edad] prehistórica caracterizada por el uso de útiles de piedra [1]. | Tejedor *Arte* 1: La materia de los utensilios prehistóricos determina una primera división en dos grandes Edades, la de la Piedra y la de los Metales.

16 de ~. [Carbón] mineral. | Ybarra-Cabetas *Ciencias* 83: Hulla o carbón de piedra.

17 [Mal] **de ~ →** MAL².

18 (de) ~. [Sal] gema. | Ybarra-Cabetas *Ciencias* 70: Sus principales yacimientos españoles son las minas (sal de piedra) de Cardona .., encontrándose también disuelta en las aguas del mar (sal marina).

19 de ~. Desconcertado o que no sabe qué decir o hacer. *Con vs como* DEJAR *o* QUEDARSE. | Delibes *Parábola* 63: La preguntita sobre lo que sumabas era improcedente y hasta con sus ribetes de subversiva, que te dejó de piedra. Halcón *Manuela* 56: Doña Gracia se quedó de piedra, aterrorizada de la desconocida fuerza.

20 de ~. Insensible, esp. a los estímulos sexuales. *Normalmente en la constr* NO SER DE ~. | MSantos *Tiempo* 218: ¡Qué quiere usted, señora! Uno no es de piedra. Si no fuera por ustedes la vida no sería cosa... Medio *Bibiana* 62: La que me preocupa es Nat .. ¡Vaya si me preocupa! .. Una no es de piedra.

21 [Cartón] **~ →** CARTÓN.

III *loc v y fórm or* **22 menos da una ~.** Fórmula con que se comenta irónicamente la escasez de lo conseguido. | ZVicente *Traque* 239: Si no les da monises les apalea con buenos consejos. Algo es algo. Hombre, no me salgas con esas, menos da una piedra.

23 pasar por la ~. *(col)* Poseer sexualmente. | GPavón *Rapto* 220: ¿O es que a usted le hubiera gustado casarse con una ya pasada por la piedra? **b)** *(col)* Someter o humillar. | * El jefe pretende pasarnos por la piedra, pero no le será fácil.

24 señalar (*o* **marcar) con ~ blanca** [una fecha u ocasión]. Considerar[la] afortunada o digna de recuerdo. | Suárez *Camino* 205: Aquella tarde, digna de señalarse con piedra blanca en los anales de la familia Quirós, se convino en que .. comenzarían doña Cristina y Alberto los trámites para la sucesión del título. A. Mercé *Des* 12.9.70, 47: Buena experiencia .. están siendo los Campeonatos de Europa de Natación. Marcarán con piedra blanca la senda del deporte español.

25 tirar (*o* **lanzar) la ~ y esconder la mano.** Hacer [alguien] algo vergonzoso o dañino y no responsabilizarse como autor. | Delibes *Mundos* 76: De esta manera, poniendo en boca de Juan Verdejo los juicios más hirientes y ofensivos, se lanza la piedra y se esconde la mano.

26 tirar la primera ~. Ser el primero en acusar a alguien, por encontrarse libre de culpa. | *Rio* 10.88, 11: El que esté libre de aditivos que tire la primera piedra.

27 tirar [alguien] **~s contra su tejado.** Actuar en contra de sus propios intereses. | MAbril *Ya* 1.11.74, 6: No voy en contra de los medios de comunicación social. Entre otras razones, porque sería tirar piedras contra mi tejado.

IV *loc adv* **28 a ~ y lodo.** Completamente, o con imposibilidad o prohibición absoluta de abrir. *Normalmente con el v* CERRAR. | DCañabate *Andanzas* 61: En cuanto llegaban las primeras sombras de la noche el parque se cerraba, lo que se dice a piedra y lodo.

piedrabuenero -ra *adj* De Piedrabuena (Ciudad Real). *Tb n, referido a pers*. | *Lan* 12.9.64, 3: Feria y fiestas en Piedrabuena .. En primer lugar dar la bienvenida a todos los "piedrabueneros" que, residiendo fuera de la localidad, llegada esta fecha acuden a rendir culto al Patrón de su pueblo natal.

piedrahitense *adj* De Piedrahíta (Ávila). *Tb n, referido a pers*. | Tos-san *Ade* 6.2.75, 7: Los piedrahitenses siempre atienden y aprecian a todos.

piedralipe (*tb* **piedralipes, piedra lipe** *o* **piedra lipes**) *f (reg)* Vitriolo azul. | Delibes *Ratas* 98: Por San Lamberto .., sobre los campos de cereales empezaron a formarse unos corros blanquecinos. El Pruden dio la alarma una noche en la taberna: —¡Ya están ahí las parásitas! —dijo—. La piedralipe no podrá con ellas. Carnicer *Castilla* 182: —Las ovejas enferman mucho .. de las uñas .. Entonces hay que darles con un líquido de piedra lipe.— .. (Veo en un diccionario que Ángel se refería a la piedra lipes, sulfato de cobre, llamado también vitriolo azul.)

piejo *m (pop)* Piojo. | Lera *Olvidados* 240: ¡Ojú, qué payos estos! ¿Qué pueden temer? ¿Que les quitemos los piejos?

piel **I** *n* **A** *f* **1** Tejido orgánico que recubre el cuerpo de los vertebrados. | Legorburu-Barrutia *Ciencias* 102: La piel consta de epidermis y dermis.

2 Piel [1] de animal separada del cuerpo. | Cunqueiro *Un hombre* 14: Salió vestido con la piel de la fiera. **b)** Piel de animal curtida y despojada de pelo. | *GTelefónica N*. 867: Fábrica artículos piel. Especialidad en bolsos y cinturones de señora. **c)** Piel de animal curtida y con su pelo, que se usa esp. para prendas de abrigo. | *GTelefónica N*. 867: Ibermink, S.A. Mayoristas pieles finas. Visones. Astrakanes. **d)** Prenda de piel [2c]. | M. A. Nieto *Sáb* 10.9.66, 34: Un español llamado Ticó, que es un verdadero artista en peletería, está ya haciendo pieles para las mujeres más elegantes de Londres.

3 Tejido que recubre algunos frutos y animales inferiores. | Calera *Postres* 47: 1 limón, una pizca de sal y ralladura de piel de limón.

4 *(col)* Vida. *En constrs como* JUGARSE, PERDER *o* SALVAR LA ~. | *Rue* 7.3.63, 4: Han de jugarse la piel ante bichos enteros, con más de trescientos kilos a la hora del pesaje en canal.

5 *(col)* Circunstancias [de alguien]. *En constrs como* METERSE DENTRO DE LA ~ [de alguien]. | P. J. Ramírez *ElM* 14.3.93, 3: Hay que tratar de meterse dentro de la piel de quien ni un solo momento de su vida ha dejado de sentirse depositario de un legado de dos siglos y medio de historia, para entender la dimensión de su sacrificio.

6 ~ de ángel. Tejido de seda semejante al raso, pero más flexible y menos brillante. | *Van* 7.3.71, 2: Combinación en piel de ángel, con encaje Rachel. **b)** *(Joy)* Coral rosa. | *SAbc* 14.10.84, 16: El [coral] más abundante es el blanco y el más apreciado, llamado "piel de ángel", es de color rosa. L. Román *Abc* 20.6.88, 79: Como joyas llevaba [la novia] una tiara de brillantes ..; pendientes de brillantes y la pulsera de pedida, en coral, piel de ángel y brillantes.

7 ~ de gallina. *(reg)* Carne de gallina. | Duque *Lit. Canarias* 2, 64: Toca suavemente la axila de Rosa, como a ella le gusta, hasta que le advierte la piel de gallina.

8 ~ de melocotón. Tejido de algodón cuyo aspecto y tacto recuerdan los de la piel del melocotón. | * Lleva unos pantalones de piel de melocotón.

9 ~ de naranja. *(col)* Celulitis. | *SYa* 12.6.88, 55: Pistoleras, "culotte de cheval", piel de naranja o celulitis. Si hay algo que de verdad aterroriza a las mujeres es descubrir que esa plaga de mil nombres y un solo significado se ha apoderado de las zonas más "femeninas" del cuerpo.

10 ~ de toro. *(lit)* Territorio español peninsular. | R. Barnils *SDBa* 28.3.76, 16: Hechos que dieron la vuelta al ruedo ibérico, que pisaron de cabo a rabo la piel de toro.

11 media ~. *(Encuad)* Encuadernación holandesa en que la piel cubre la mitad de las tapas. | Huarte *Biblioteca* 75: Piel en el lomo, y tela o papel en las tapas dan la holan-

desa .., y si la piel se extiende a más del lomo hasta cubrir la mitad de las tapas, la media piel.
B *m y f* **12 ~ roja.** Indio de América del Norte. *Tb adj.* | Pericot *Polis* 12: Encontramos el régimen matriarcal en muchos pueblos oceánicos .. y la mayor parte de los pieles rojas de América del Norte. *Abc* 15.4.73, 69: La verdadera historia sobre la colonización de la actual Norteamérica y la derrota del pueblo piel roja está salpicada de hechos poco conocidos.
II *loc v* (*col*) **13 dejarse la ~** [en algo]. Dedicar[le] el máximo esfuerzo. | A. Otaño *D16* 17.6.92, 68: El presidente de la Asociación de la Prensa y los profesionales que nos dejamos la piel en este oficio deberíamos pasar un papel a la firma.
14 quitar (*o* **arrancar**, *o* **sacar**) [a alguien] **la ~** (**a tiras**). Criticar[le] duramente. | J. Vidal *SPaís* 16.11.93, 20: Literatos ponderando la grandeza de sus creaciones, funcionarios sacando la pila al ministro del ramo. Goytisolo *Recuento* 273: Ya sé que la gente, este conventillo que es Barcelona, me saca la piel, que se dice que descuidó la formación de mi hija, que no hago más que darle mal ejemplo, que soy una madre irresponsable, etcétera.
15 ser (**de**) **la ~ del diablo** (*o* **del demonio**, *o* **de Barrabás**). Ser muy travieso o revoltoso. *Gralm dicho de niños.* | ZVicente *Traque* 167: ¡Qué chicos!, ¿eh? Es que son de la piel del diablo. DCañabate *Paseíllo* 15: Estos golfillos eran de la piel del demonio. Marsé *Dicen* 349: Sois la piel de Barrabás.

piélago *m* (*lit*) **1** Mar. | J. GBedoya *Ale* 4.8.74, 10: Esto que es hoy prado fértil y asiento de buenas industrias fue en tiempos remotos tierra de mar, un piélago aprisionado entre esas montañas que hoy producen buenos millones forestales.
2 Cantidad inmensa [de algo]. | A. Campo *Pue* 16.12.70, 26: No sé arreglármelas para envasar en dos cuartillas el piélago de noticias que anega copiosamente el prólogo de este "Ramillete de entremeses y bailes".

pielero *m* Individuo que comercia con pieles no curtidas de animales. | Cela *Escenas* 328: Es .. pielero de pellicas de conejo.

pielitis *f* (*Med*) Inflamación de la pelvis del riñón. | Navarro *Biología* 259: Origina también las .. pielitis o inflamación de la pelvis renal.

pielonefritis *f* (*Med*) Pielitis acompañada de nefritis. | Nolla *Salud* 470: Las pielonefritis son siempre debidas a bacterias.

piensar *tr* Dar pienso[1] [al ganado (*cd*)]. | Chamorro *Sin raíces* 195: La sementera era de las más duras tareas de la labranza. Los hombres se levantaban, antes que los gallos, para piensar las yuntas, arreglar los aperos.

pienso[1] *m* **1** Alimento con que se cuida al ganado. | GTelefónica *N.* 870: Piensos compuestos vitaminados para toda clase de animales.
2 Porción de alimento seco que se da al ganado. | A. Petit *SGacN* 25.8.74, 3: Tres piensos diarios –1,5 kilos de cebada, 1 de avena, 0,5 de habas y 0,5 de paja, puede considerarse como un "menú" aquilatado– recibirá el potro.
3 (*col, humoríst*) Comida para las perss. | Lera *Clarines* 379: ¡Vamos, muchachos, que ya tenemos listo el pienso!

pienso[2]. **ni por ~.** *loc adv* (*col*) Fórmula de negación enfática. | Delibes *Emigrante* 88: En la cama quise contentarla, pero ni por pienso.

pierde. no tener ~ [un lugar]. *loc v* (*pop*) No tener pérdida. | Delibes *Emigrante* 75: Le dije que dónde andaba eso, y él que le dijese a cualquiera que al España, no la Avenida de Mayo y que no tenía pierde. **b**) **no tener ~** [algo]. No ofrecer duda o posibilidad de confusión. | Delibes *Castilla* 186: La cosa no tiene pierde, si una parra francesa le da a usted nueve kilos de uva, mientras que en España la media es de tres o cuatro, y lo ponen al mismo precio, ya me dirá usted dónde vamos a ir. Delibes *Guerras* 189: –Desde tu ingreso en la Provincial hasta tu traslado al Sanatorio, ¿qué tiempo transcurrió? –Mire, eso no tiene pierde, doctor.

pierdetiempo *m* (*col*) Cosa inútil y que supone una pérdida de tiempo. | * Eso es un pierdetiempo.

pierna I *f* **1** Extremidad inferior del hombre. | GPavón *Hermanas* 46: La señora era .. de piernas largas y cutis sedoso. **b**) Parte comprendida entre la rodilla y el pie. |

piélago – pietismo

Legorburu-Barrutia *Ciencias* 38: La rodilla: parte delantera de la articulación del muslo y la pierna. **c**) *En pl*: Capacidad de andar o correr con rapidez. | Olmo *Golfos* 128: A continuación, .. venía el melonero, quien, con más piernas que yo, saltaba por entre todo aquello tratando de darme alcance.
2 Parte [de una prenda de vestir] que cubre la pierna [1]. | *Lab* 2.70, 7: Pantalón: 1ª pierna: Montar 16 p[untos].
3 Muslo [de un animal descuartizado para el consumo]. | *Cocina* 7: La parte mejor de la ternera es la pierna.
4 Pieza de las dos que unidas por uno de sus extremos forman el compás. | Marcos-Martínez *Aritmética* 161: El compás consta de dos piezas (piernas) articuladas por un extremo.
5 (*raro*) Parte alargada del pie [de una copa]. | M. Vigil *Ya* 14.4.64, 12: Cristal finamente tallado, copas de pierna alta.
II *loc v* **6 abrirse de ~s.** (*vulg*) Acceder o mostrarse dispuesta [una mujer] a tener relaciones sexuales. *Tb fig.* | Torrente *DJuan* 234: Ahora, prudencia, ¿eh?, y no perder los estribos si la suerte se da mal. Con los novatos, es caprichosa, y hay que adivinarle el aire y esperar a que se abra de piernas.
7 estirar las ~s. Desentumecer[las], esp. paseando, tras un período de quietud. | Payno *Curso* 190: Darío solía estar en su casa preparando los exámenes. De vez en cuando daba un paseo para estirar las piernas.
8 hacer ~s. Hacer ejercicio andando. | * Voy andando al trabajo para hacer piernas.
9 salir por ~s. Huir. | FVidal *Duero* 56: Si el mismo cazador .. abate a un golondrino, es seguro que tenga que salir por piernas de allá donde se halle.
III *loc adv* **10 a ~ suelta.** Con total despreocupación. *Normalmente con el v* DORMIR. | Agromán 44: Estaban prohibidos los gallos, para que los pacíficos ciudadanos pudieran dormir a pierna suelta. A. Campo *Pue* 16.12.70, 26: La censura podía dormir a pierna suelta.
11 en ~s. Con las piernas [1] desnudas. | Valencia *SYa* 24.6.75, 27: Un fútbol tan sutil y engañoso como aquellas famosas medias del cuento que los pícaros tejieron para el rey sosteniendo que solo los virtuosos podían ver su finísimo calado. Y así el rey de este caso, el Barcelona, ha ido en piernas toda la temporada.

piernamen *m* (*col*) Piernas. *Referido a mujer.* | Acevedo *Pue* 13.6.67, 18: Gracias a la minifalda el sexo femenino ya no necesita el pretexto del fútbol para enseñar el piernamen públicamente.

piernas *m* (*col*) Hombre insignificante. | Cela *SCamilo* 13: Tú eres un piernas, un pobre hombre con la sesera llena de ideas gregarias.

pierniabierto -ta *adj* Abierto de piernas. | Cunqueiro *Van* 11.4.71, 15: Camino de Medina de Rioseco adelantamos a dos hombres que van en sus mulas, montando pierniabiertos.

piernicorto -ta *adj* De piernas cortas. | Laiglesia *Ombligos* 26: Unos son feos como yo y otros guapos como usted; unos son zanquilargos y otros piernicortos.

piernilargo -ga *adj* De piernas largas. | CBonald *Dos días* 13: El otro hombre era piernilargo y escurrido de carnes.

pierrot (*fr; pronunc corriente*, /pieró/; *pl*, *~s*) *m* Pers. disfrazada de Pierrot (personaje de la pantomima), con la cara enharinada y un traje blanco de anchos pantalones y blusa de cuello redondo. | Agromán 18: El elegante pierrot y el atildado arlequín .. se mezclaban con las "destrozonas". **b**) Disfraz de pierrot. | ZVicente *Examen* 79: Todo quisque tiene un pierrot, valiente cosa, y no vale la pena salir a la calle con eso.

piesco *m* (*reg*) Melocotón. | Mann *DMo* 25.8.87, 4: En Buelna eran famosas las nueces; en Reocín, sus castañas .., y en todas partes de la zona, las manzanas, ciruelas, peras, piescos, pavías, etc.

pietismo *m* (*Rel crist*) **1** Movimiento reformista protestante surgido en Alemania en el s. XVII, orientado a la renovación del ideal piadoso. | Vicens *Polis* 416: El pietismo alemán infundió nueva espiritualidad al frío glacial del evangelismo del Estado.

pietista – pifia

2 Religiosidad basada fundamentalmente en la piedad. | * Se perciben ciertas reacciones de pietismo en esta época posconciliar.

pietista *adj* (*Rel crist*) De(l) pietismo. | *VNu* 5.5.72, 4: Sinceramente creo que no podemos perder la baza del posconcilio, antes de que la capacidad crítica de la teología sobre la sociedad actual sea neutralizada por los incipientes núcleos de reacción pietista que surgen por doquier. **b)** Adepto al pietismo. *Tb n.* | MGaite *D16* 2.5.77, 25: Nacido .. en el seno de una familia severamente pietista, la estrechez puritana que había presidido su educación y su tendencia al orden y a la concordia se vieron pronto en conflicto con su rechazo a los valores establecidos. Vicens *Polis* 387: Otra [corriente espiritual] es la de los pietistas bohemios, que repercutirá en el cuakerismo inglés.

pieza I *n* **A** *f* **1** Parte diferenciable o independiente [de un objeto, frec. una máquina]. *A veces en constrs como* EN, *o* DE, UNA (SOLA) ~, *para indicar carencia de estas partes.* | Torrente *Off-side* 42: Quiere ser embajador, quiere ser académico... Lo que se dice una personalidad compleja, una personalidad como un *puzzle*, compuesta de piezas que no acaban de encajar. *SVoz* 8.11.70, 13: Vendo .. fincas bien situadas, fincas en una pieza de 1.600 ferrados. Alcolea *Artes decorat.* 354: En el taller de los Medrano se hacían ternos y capas de una sola pieza.
2 Trozo de tela u otro material, que se pone en una prenda o en otro objeto para sustituir una parte deteriorada o suplir una falta. *Frec con los vs* ECHAR o PONER. | *Economía* 229: A veces tendremos la desagradable sorpresa de que en la parte de la mancha aparezca un agujero. No queda entonces más remedio que solucionarlo con un zurcido o una pieza.
3 Cantidad determinada [de algo, esp. de tejido] que constituye un todo. | Marcos-Martínez *Aritmética 2º* 103: Tres sastres compran un lote de piezas de fela que valen 57680 pesetas. * Una pieza de carne de un kilo.
4 Porción de terreno perteneciente a un dueño. | Carnicer *Cabrera* 34: La mujer va a segar una pieza allá en lo alto, bastante más arriba del camino. MSantos *Tiempo* 33: Creo que el padre de la mujer tenía una piecita; pues él nada, la malbarató.
5 Objeto o elemento independiente, de los que componen un conjunto o de los que pertenecen a la misma especie. | *Prospecto* 4.88: Batería 8 piezas, acero inoxidable, fondo difusor. *Ya* 16.12.92, 42: A partir de ahora podrán lucir mejor su palmito con modelitos de dos piezas. Millán *Fresa* 57: Mi tablero [de ajedrez], mi tablero de ajedrez, viene en suave madera y casillas de metal. Cerrado sobre sí mismo, recipiente de las piezas. **b)** Arma de fuego de artillería. *Tb* ~ DE ARTILLERÍA. | *ByN* 31.12.66, 51: Esta fotografía .. muestra los cañones antiaéreos .. Uno de los servidores de la pieza le indica con un gesto que está prohibido hacer tal cosa. **c)** (*Heráld*) Figura geométrica. | * La cruz es una pieza heráldica.
6 Obra artística completa y acabada en sí misma, o considerada con independencia del conjunto del que forma parte. *Frec con un compl especificador, que a veces se omite por consabido.* | GNuño *Escultura* 99: La Dama de Elche. Era preciso que centrara este volumen la pieza magistral y famosa, nobilísima y familiar en que el menos versado de los españoles centra también el capítulo de la escultura ibérica. **b)** Obra teatral u oratoria. *Gralm con un adj especificador.* | D. Santos *Pue* 24.12.69, 29: Comienza la historia con una breve pieza teatral. * Es una pieza oratoria notable. **c)** Composición o fragmento musical de los que se tocan separadamente en un baile o en un acto musical. | Payno *Curso* 32: Vio a María Rosa que bailaba con Enrique .. Al terminar la pieza se sentó en un sillón. Laforet *Mujer* 28: Una ráfaga de viento .. hizo revolar unas piezas de música colocadas en el atril del piano. **d)** Objeto interesante o valioso coleccionable o que forma parte de una colección. | J. M. Arto *Abc* 28.8.66, 23: Se limitaban al conocimiento del manejo de determinados aparatos que hoy son piezas de museo.
7 Habitación u otro espacio de los varios separados por tabiques en un edificio. | LRubio *Nunca* 205: Una pieza grande, de paredes altas, que sirve como estudio de escultor.
8 Moneda (de metal). | Faner *Flor* 38: Siguió el rastro de los malhechores .. Encontró una bolsa de reales, piastrinas y piezas de a ocho.

9 Animal que se caza o se pesca. | V. Gállego *Abc* 20.11.70, 3: Débese recordar que para cobrar esas piezas hay veda en los cotos nacionales.
10 (*Der*) Actuación de las que se siguen independientemente en un proceso. *Tb la documentación correspondiente.* | *Leg. contencioso-adm.* 84: Los acuerdos sobre iniciación de la pieza del expediente relativo al justiprecio y aprobación de la hoja del Perito por el Ayuntamiento son meros actos administrativos de trámite.
11 (*col*) Pers. maliciosa o tramposa. *En constrs como* BUENA ~, MENUDA ~, VAYA ~. | FSantos *Catedrales* 91: Buena pieza este Artemán, flamenco: allí donde puso la mano aparecían, como por ensalmo, los pleitos. *Valencia Mar* 23.11.70, 2: ¡Qué pieza, caballeros!
12 (*jerg*) Vendedor de hachís o marihuana. | Burgos *Tri* 22.10.77, 49: El tío va de pieza en el Rastro.

B *m* **13 dos ~s.** Vestido compuesto de falda y blusa o chaqueta. | * Te quedan mejor los dos piezas que los vestidos. **b)** Traje de baño femenino compuesto de sujetador y braga o pantalón. | Moncada *Juegos* 325: –No te escandalizará verme así, ¿verdad? –En mi despacho, un poco. –Es un dos piezas corriente .. He estado tomando mi sesión de infrarrojos.

II *loc adj* **14 de una ~.** (*col*) Totalmente sorprendido. *Con los vs* DEJAR o QUEDAR(SE). | Torrente *Saga* 396: "Hoy se celebra, como sabe, mi funeral, y le agradecería que asistiese." Bastida se quedó de una pieza, pero, como sentía comezón de figurar entre el público fiel, .. se marchó al atrio de la Colegiata un poco antes de la hora. Zunzunegui *Hijo* 85: El amigo quedó de una pieza contemplándole.
15 de una ~. [Pers.] cabal. | Halcón *Manuela* 46: Manuela, mujer de una pieza, sabía lo que había que saber. M. Bastos *Ya* 27.12.70, sn: Nuestro hombre de una pieza no se doblega, sino que se siente mucho más libre.

piezgo *m En un odre:* Parte correspondiente a una extremidad del animal. | Cunqueiro *Un hombre* 78: Decidió el rey colgarse del cuello con un cordón de cuero, de los de atar el piezgo del odre.

piezoelectricidad (*tb con la grafía* **piezo-electricidad**) *f* (*Electr*) **1** Conjunto de fenómenos eléctricos que se manifiestan en determinados cuerpos sometidos a presión o a deformaciones mecánicas. | Ybarra-Cabetas *Ciencias* 40: Piezoelectricidad. Consiste en la electrización que experimenta un cuerpo por efecto de una acción mecánica (compresión, dilatación, exfoliación, etcétera), y fue observada primeramente en la calcita, que se electriza positivamente por una ligera presión.
2 Propiedad de algunos cuerpos de producir electricidad al ser sometidos a presión o a deformaciones mecánicas. | Bustinza-Mascaró *Ciencias* 331: Una propiedad interesante del cuarzo es su piezo-electricidad, que consiste en que, sometida a presión una lámina de cuarzo convenientemente tallada, se electriza.

piezoeléctrico -ca (*tb con la grafía* **piezo-eléctrico**) *adj* (*Electr*) **1** De (la) piezoelectricidad. | F. Delsaz *Pro* 15.12.87, 26: Las ondas de choque se producen por efecto piezo-eléctrico.
2 Dotado de piezoelectricidad [2]. | Ybarra-Cabetas *Ciencias* 57: Todas las turmalinas son hexagonales hemimórficas, piezoeléctricas y piroeléctricas.

piezometría *f* (*Fís*) Medición de presiones o de compresibilidad de materiales sometidos a presión. | GTelefónica *N.* 579: Geotécnica Stump. Sondeos de reconocimiento. Inyecciones. Piezometrías. Laboratorio. Mecánica del suelo.

piezométrico -ca *adj* (*Fís*) De (la) piezometría. | *Hoy Extra* 12.69, 41: Se ha construido un depósito elevado en las inmediaciones de la estación depuradora de potables que alimenta un "feeders" que aumenta el nivel piezométrico en toda la red de distribución.

pífano *m* **1** Flautín de tono muy agudo, usado en las bandas militares. | Cela *Gavilla* 182: Los débiles poetas épicos [p]iden limosna en verso heroico, bailando al son de los pífanos del vencedor.
2 Músico que toca el pífano [1]. | Cunqueiro *Un hombre* 13: El mirlo, al ver el oro, se puso a silbar una marcha solemne, aprendida acaso de los pífanos de la ciudad.

pifia *f* (*col*) **1** Desacierto o error. | GPavón *Hermanas* 13: Digo y sostengo que en esta vida todo es un error, porque empieza por ser una pifia de la naturaleza el que el hombre exista. J. Bonet *Bal* 4.3.70, 8: La ciencia, en nuestro tiempo, al igual que la técnica, está cometiendo pifias importantes.

2 Acción indebida que causa daño o molestia. | * Estos niños se pasan el día haciendo pifias.

pifiar *(conjug* **1a**) *(col)* **A** *intr* **1** Cometer pifias o una pifia [1]. | *HLM* 10.11.75, 28: En el lanzamiento del segundo máximo castigo pifió Heredia.

B *tr* **2** Errar [algo]. | Acquaroni *Abc* 7.5.75, sn: ¿Es que no era posible la paradoja, el despropósito, el prodigio si ustedes quieren, de una Semana Santa más reflexiva ..? O, simplemente, que el azar, la suerte hicieran pifiar el cálculo ensombrecedor con relación a los cómputos finales. **b) ~la**. Errar o equivocarse. | Aristófanes *Sáb* 14.9.74, 45: Tina, de Madrid, que .. me acusa de emplear exclusivamente el genérico masculino al dirigirme al lectoramen: ¡"Touché"! Ahí la pifiaba. Romeu *País* 7.2.89, 12: –Todas estas judiadas que nos está haciendo Solchaga ahora... No es justo; el que la pifió con los resultados el año pasado fue él, no nosotros. –Pero es él quien tiene Hacienda.

pifiazo *m (col)* Pifia grande. | Torres *Ceguera* 28: Semejante pifiazo lo subsanó ella misma más adelante.

pigmeísmo *m (Med)* Enanismo que consiste exclusivamente en la pequeñez de la talla, sin deformaciones. | Cañadell *Salud* 353: El enanismo primordial o pigmeísmo se caracteriza por su aspecto normal, aparte de la cortedad de talla, y no sufre retraso la aparición de la pubertad.

pigmentación *f* Acción de pigmentar(se). *Tb su efecto*. | Carnicer *Cabrera* 44: En la Cabrera hay mucha gente rubia .., y si no fuera por las intrincadas teorías actuales acerca de la pigmentación, a uno le gustaría suponerlos descendientes de los suevos. D. Cardero *NAl* 20.4.90, 47: Son cincuenta obras de los más variados estilos y técnicas; vanguardismo, cubismo, pigmentaciones, un espectro interesante de vanguardismo.

pigmentador -ra *adj* Que pigmenta. *Tb n m, referido a producto*. | GTelefónica *N.* 870: Piensos .. Peter Mand Ibérica, S.A. Correctores .. Antibióticos y pigmentadores para piensos.

pigmentante *adj* Que pigmenta. | *Ciu* 8.74, 21: La piel carece de los elementos de defensa pigmentantes necesario[s].

pigmentar *tr* **1** Producir acumulación de pigmento [1] [en un ser vivo o en una parte de su organismo, esp. en la piel *(cd)*]. | J. M. Moreiro *SAbc* 8.6.69, 17: Volverán a Benidorm con el tiempo justo para pigmentar su piel. **b)** *pr* Sufrir acumulación de pigmento [un ser vivo o una parte de su organismo, esp. la piel]. *Frec en part*. | * La piel se pigmenta con el sol. Corbella *Salud* 456: Pueden verse personas que presentan amplias manchas discrómicas, en las que se mezclan las zonas pigmentadas y despigmentadas, en brazos y espalda.

2 Dar color [a algo *(cd)*]. | * Pigmentar un barniz es tarea delicada. * Pigmentan los piensos para darles mejor aspecto.

pigmentario -ria *adj* **1** De(l) pigmento. | Alvarado *Anatomía* 37: La capa reticular está formada por tejido conjuntivo típico, dotado de células pigmentarias o cromatóforos, a los cuales se debe el color de la piel. *Abc* 12.6.58, 16: Colorantes para peletería. Colorantes pigmentarios.

2 *(Med)* [Retinosis] caracterizada por la formación de depósitos de pigmento. | *Ya* 14.3.90, 62: Subvenciones de la ONCE a los afectados por retinosis pigmentaria.

pigmento *m* **1** Sustancia que da su color característico a los tejidos y líquidos orgánicos. | Bustinza-Mascaró *Ciencias* 56: Glóbulos rojos .. deben su color a la hemoglobina, que es un pigmento que contiene hierro.

2 Sustancia pulverizada y gralm. insoluble que se agrega a un soporte para darle su color o hacerlo opaco. | GTelefónica *N.* 291: Pigmentos orgánicos. Colorantes. Productos auxiliares para la industria textil.

pigmentoso -sa *adj* Pigmentario. | *Abc* 31.3.74, sn: Se ha presentado en Estados Unidos un aparato electrónico para amplificar la luz, que puede aliviar la ceguera provocada por retinitis pigmentosa.

pigmeo -a *adj* **1** [Individuo o pueblo] perteneciente a alguna de las razas de talla muy pequeña de África e Insulindia. *Tb n*. | Pericot *Polis* 10: La etapa más primitiva de lo que llamamos cultura la conservan hoy pequeños grupos. Son los pueblos pigmeos (de baja estatura). Zubía *Geografía* 215: Insulindia .. Tiene 100 millones de habitantes, la mayoría malayos (amarillos), aunque hay también pigmeos en Filipinas, chinos y holandeses. *SAbc* 18.5.69, 5: Sobre estas líneas, una tribu de pigmeos en territorio ugandeño.

2 De poca talla o estatura. *Referido a pers, tb n y frec fig, gralm con intención desp*. | Anson *SAbc* 25.1.70, 9: Los nuevos gobernantes son pigmeos ante la talla política del caudillo de la "Gran Marcha". VMontalbán *Pájaros* 55: –¿Ha visto usted cómo se cargaron al enano?– El enano era el dirigente que había iniciado la desmaoización de China. –Pero los otros tampoco valoran lo que hizo el gran gigante. Son unos pigmeos. También ellos son unos enanos.

pigmoide *adj (Etnogr)* Que presenta caracteres semejantes a los de los pigmeos [1]. *Tb n, referido a pers*. | Ju. Fernández *Hoy* 30.7.74, 32: Generalmente se admite que los primeros pobladores del Rwanda actual era[n] los de tipo "pigmoide".

pignorable *adj (Der o Econ)* Que se puede pignorar. | S. RSanterbás *Tri* 11.4.70, 22: Unos frutos de índole espiritual se trocaban en mercaderías pignorables. Tamames *Economía* 55: Las expropiaciones deberían hacerse con deuda pública no pignorable y con un interés razonable.

pignoración *f (Der o Econ)* Acción de pignorar. | Goytisolo *Recuento* 438: El tasador, cuya forma de mirar a Nuria .. en la intimidad como de confesionario de la cabina de pignoraciones evidenciaba su convicción de que la operación de empeño .. no era sino la fatal factura de evaporados derroches. FQuintana-Velarde *Política* 190: La Deuda Pública se monetizaba (esto es, se convertía en dinero) a través de la operación de la pignoración.

pignorar *tr* **1** *(Der)* Empeñar o dejar en prenda. | Ramírez *Derecho* 120: La prenda exigía antes, además, que la cosa pignorada se pusiera en posesión del acreedor o de un tercero.

2 *(Econ)* Dar [algo] como garantía de un préstamo o crédito. | FQuintana-Velarde *Política* 190: Tales títulos de Deuda Pública se emitían otorgando la facultad a sus suscriptores de pignorarlos libremente en el Banco de España en un porcentaje que no bajaba del 90 por 100 de su valor.

pignoraticio -cia *adj (Der o Econ)* De (la) pignoración, o que la implica. | Tamames *Economía* 413: Las Cajas pueden efectuar préstamos sin desplazamiento de prenda y préstamos pignoraticios.

pigre *adj (lit)* [Pers.] perezosa o negligente. | F. Sotodosos *NAl* 20.4.90, 26: Don Vicente era un mago de la enseñanza y con sus malabarismos embaucaba a los más pigres pupilos que le pusieran delante. **b)** Propio de la pers. pigre. | Delibes *Parábola* 53: Darío Esteban le contemplaba con un trasfondo de socarronería en los ojos, en su pigre rostro de luna llena.

pigricia *f (lit)* Cualidad de pigre. | Umbral *País* 19.8.76, 12: Con toda su torpeza y pigricia, el anónimo nos indica, por contraste y sin querer, que estamos en el buen camino.

pihuela *f* Correa con que se sujetan los pies de los halcones y otras aves de cetrería. | MCalero *Usos* 75: Salían a cazar con el halcón, sujeto con pihuelas.

pija *f (vulg)* Órgano sexual [del hombre o de un animal macho]. | Torrente *Fragmentos* 76: "¿Qué santos?" "Los de los altares, los que llevan ropas de tela. Los hay que tienen pija .. El que la tiene más grande es San Miguel."

pijada *f (col, desp)* **1** Cosa insignificante. | Laiglesia *Fulana* 213: La confianza en una cualidad curiosa de los individuos: basta para inspirarla cualquier pijada. Marsé *Montse* 263: También aprendí a poner inyecciones, instalaciones eléctricas y otras pijadas. Laiglesia *Tachado* 41: El butacón era muy cómodo, eso sí, y hasta tenía algunas pijaditas doradas en el respaldo.

2 Hecho o dicho tonto, impertinente o molesto. | ZVicente *Traque* 120: ¿Qué quería que le hiciesen en el guardarropa? ¿Bachiller? Mire, por lo que más quiera, no me pregunte pijaditas, que me está quemando la paciencia.

pijama – pilaf

pijama *m* **1** Traje de dormir compuesto de chaqueta y pantalón. | GPavón *Hermanas* 25: Su hija le compró dos pijamas, prenda que Plinio siempre consideró sospechosa.
2 Postre compuesto de helado y frutas. | Zenón *SYa* 9.12.84, 42: Todo lo más, se puede optar por flan, helado, nata o piña igualmente industriales, o por un horrible engendro llamado "pijama", que reúne varios productos "de lata".
3 ~ **de madera** (o **de pino**). (*col, humoríst*) Ataúd. | Tomás *Orilla* 40: —Por ejemplo, si ahora te mueres, ¿qué pasa? —Nos ha jodido. Pues te ponen un pijama de madera y al otro barrio.

pijero *m* (*reg*) Órgano sexual [de un animal macho]. | Moreno *Galería* 83: El pijero del cerdo de la matanza lo pedían como un auténtico manjar.

pijo¹ -ja *adj* (*col, desp*) **1** [Pers.] afectada y esnob. *Tb n*. | Marsé *Montse* 230: Ha sido, aquí donde le veis, un señorito vanidoso e insoportable, dice, una hija de papá, niño bien, jili [*sic*], pijo y pera, universitario en coche sport. Goytisolo *Recuento* 72: —¿Por qué le tienes rabia? —Es un pijo. C. Rigalt *SD16* 12.8.87, I: Confiesa que te aburre la gente pija y vive un veraneo castizo donde no tienen cabida los petimetres y lechuguinos que aspiran a su noviazgo.
2 Refinado o elegante. | Aristófanes *Sáb* 6.8.75, 53: Continuó .. acompañándome a ver un piso-piloto de los que pretenden vender a base de mucha decoración y detalle pijo artificial. MReverte *Demasiado* 163: A lo mejor tu colegio era más caro y más pijo, pero a ti no te mira nadie.

pijo² (*vulg*) **I** *m* **1** Órgano sexual [del hombre o de un animal macho]. | Cela *Inf* 3.12.76, 20: Piua, que es como algunos valencianos, mallorquines y menorquines dicen al pijo del pueblo o pene de las clases cultas. CPuche *Paralelo* 407: Dice uno: "Pero si esto lo tuve yo en la punta de la lengua"... —En la punta del pijo, querrás decir.
II *loc v* **2 ir de** ~ **sacado.** Estar abrumado de trabajo. | Mendoza *Ciudad* 41: A lo que respondía el ministro al día siguiente con expresiones como "ir con la hora pegada al culo" (por ir justo de tiempo), "ir de pijo sacado" (por estar abrumado de trabajo).

pijota *f* (*reg*) Pescadilla (merluza pequeña). | Comino *Gac* 13.8.78, 60: Las raciones de pescado frito, pijotas, salmonetes, acedías o chopitos .. son generosas y exquisitas. Jo. Cortés *Ide* 27.2.75, 13: Relación de precios mínimos y máximos que rigieron ayer en el mercado central .. Pescado fresco: Bacalás, de 60 a 94; .. pijotas, de 180 a 200.

pijotada *f* (*col, desp*) Tontería o pijada. | Lera *Clarines* 452: El Aceituno llega con los brazos abiertos y le ofrece las orejas y el rabo del toro. —¡Toma, son tuyos! Me los han dado para ti. Mañana el periodista hablará de ti. A mí ya no me importan estas pijotadas.

pijote *m* (*vulg*) Órgano sexual [del hombre o de un animal macho]. | Berenguer *Mundo* 143: Empezar a cantar la pata y empezar a venir novios, todo fue lo mismo. Venían de allá, de la parte de las Mulas, con el pijote fuera.

pijotería *f* (*col, desp*) Tontería o pijada. | CPuche *Paralelo* 305: Por fuera ya tiene el chicle, los relojitos de juguete para los niños y todas esas pijoterías.

pijotero -ra *adj* (*col, desp*) [Pers. o cosa] fastidiosa o molesta. *Tb n*, referido a *pers*. A veces usado como insulto. | SSolís *Juegos* 11: La muy pijotera me chinchorreaba continuamente. Berlanga *Gaznápira* 47: Muy pamplinoso anda el pijotero, ¿tú ves? CPuche *Paralelo* 164: Leeros esto, pijoteros. **b)** *Se usa precediendo inmediatamente al n al que se refiere para manifestar rechazo.* | GPavón *Reinado* 165: Los muertos no, el pijotero muero. Voz 8.8.75, 11: Este pijotero calor que convierte a nuestro Cáceres durante los meses de julio y agosto en un infierno .. nos lleva sedientos y como locos a todo lo que sea refrescante.

pika *m* Roedor semejante a un conejillo, sin rabo y con orejas cortas y redondeadas, propio de las regiones montañosas de América del Norte y Asia (gén. *Ochotona*). | Á. MCascón *Béj* 28.11.70, 9: Parece que vive en familias [el yeti] y se alimenta de un pequeño h[a]gomorfo; el pika himalayo.

piky (*n comercial registrado*) *m* Prenda de nylon o algodón que cubre la parte del pie que va dentro del zapato. | *Ya* 25.5.78, 13: Zapatillas de lona: 245. Pikys de nylon: 33. Envase 5.92: Pikys protegen los pies, las medias y el calzado. Marca y diseño registrados.

pila¹ *f* **1** Conjunto [de cosas] puestas unas sobre otras. | Alvarado *Anatomía* 44: Se compone [la columna vertebral] de una pila de 33 huesos cortos llamados vértebras. Laforet *Mujer* 11: A un lado de las vías, se amontonaban unas grandes pilas de carbón.
2 (*col*) Cantidad grande [de algo]. | Palomino *Torremolinos* 227: Está usted mintiendo; y por tapar a alguien. No sea idiota; puede pasarse en la cárcel una pila de años por esto.
3 (*Arquit*) Pilar de fábrica [de un puente]. | *Ya* 18.12.73, 15: Se ha adaptado para el puente principal una solución de tablero atirantado metálico con tres largos vanos: el central, de 400 metros de luz .., y los laterales, de 150 metros. Las pilas son de hormigón armado.

pila² **I** *f* **1** Recipiente cóncavo y profundo destinado a contener agua o a recoger la que cae de un grifo o de una fuente. | Laforet *Mujer* 270: Él se había quedado de pie, junto a la pila de agua bendita. Medio *Bibiana* 72: Bibiana lava la cara al chico en la pila de la cocina. Arce *Testamento* 93: También recordé cuando íbamos al lavadero, ya un poco entrada la noche, y echábamos a la pila de aclarar una buena brazada de rastrojos. **b)** Concavidad. | Moreno *Galería* 133: Vi en Langosto orearse el "gamellón" construido de un tronco de algún roble bien recio y en cuya pila de madera se acababa de pelar .. un ejemplar excepcional de la especie porcina. Ybarra-Cabetas *Ciencias* 111: La continuidad en el desgaste determina la unión de varias pilas, produciendo un aumento en la profundidad del cauce del torrente.
2 Pila [1], gralm. decorada y con pedestal, que se usa en las iglesias para administrar el bautismo. *Tb* ~ BAUTISMAL. | LTena *Abc* 11.12.70, 19: En su pila bautismal fue cristianada mi hermana primogénita.
II *loc adj* **3 de** ~. [Nombre] personal que precede al apellido y que a los cristianos se les impone en el bautismo. | *Van* 4.7.74, 47: El color que al Juan de esas elegías diera apellido artístico, nuestro pintor lo formó cabalmente con las primeras letras de los nombres de pila de sus padres: Gregorio, Isabel. Juan Gris.
III *loc v* (*col*) **4 sacar** [a alguien] **de** ~. Ser [su] padrino o madrina de bautismo. | ZVicente *Traque* 81: Los había comprado Chucho, el novio, que le había sacado de pila mi mujer. **b)** Bautizar. | ZVicente *Traque* 161: Su madre, qué tíos. No habían comido desde que los sacaron de pila.

pila³ **I** *f* **1** Generador que transforma la energía química en energía eléctrica. | Marcos-Martínez *Física* 192: Los [generadores] más sencillos son las pilas, como la de Volta, las pilas secas, acumuladores, baterías, etc. **b)** *Esp:* Pila seca (→ SECO). | *Abc* 19.11.72, 33: Una niña de veintitrés meses, Ana María Gómez Baena, murió asfixiada al tragarse la pila de una linterna eléctrica, con la que jugaba. **c)** (*col*) *En pl:* Fuerzas o energías. *Frec en constrs como* CARGAR [alguien] (LAS) ~S, *o* AGOTÁRSELE [a alguien] LAS ~S. | *Ya* 29.5.89, 23: Al Cádiz le duraron las pilas lo que el Madrid tardó en meterle un gol. L. I. Parada *Abc* 8.1.87, 12: No les sorprendió que no aparecieras por ninguna fiesta en las Navidades. Seguramente estarías cargando pilas. *País* 2.8.91, 40: Nuria Espert carga las pilas ..; pasa algunas horas del verano en su casa castellonense de Alcossebre. Aparicio *César* 188: Sospecho que si el Salvador se muere, a Carmona Chaos se le agotarán las pilas.
2 (*Fís*) Generador eléctrico que utiliza un tipo de energía distinto de la química. *Gralm con un adj especificador*. | SInf 16.12.70, 2: El grupo de investigadores está construyendo una pila piezoeléctrica en miniatura.
3 ~ **atómica.** (*Fís*) Reactor nuclear. | Legorburu-Barrutia *Ciencias* 11: Los núcleos de algunos átomos .. se pueden romper y entonces proporcionan gran cantidad de energía, que se aprovecha en las pilas atómicas, centrales atómicas, .. etc.
II *loc v* **4 desconectar**, *o* **desenchufar, las** ~**s** (*o* **la** ~). (*col*) Dejar de atender o de prestar atención. | MGaite *Nubosidad* 16: Lo encuentro tan bobo .. que, si me ha contado algo de él, habré hecho lo mismo que con todo lo que no me interesa: desenchufar la pila.

pilaf *m* Arroz guisado con grasa y especias y frec. con trozos de carne, pescado o marisco. *Frec* ARROZ ~. | VMontalbán *Pájaros* 170: Luego trajo de la cocina dos platos con sendos montoncillos de arroz pilaf.

pilancón *m* (*Geol*) Cavidad cilíndrica y lisa, de gran tamaño, producida en el lecho rocoso de un río o en el litoral por los cantos rodados o por el viento. | Ybarra-Cabetas *Ciencias* 111: Los guijarros .. actúan como una barrena y acaban por formar en el fondo rocoso del cauce unas cavidades circulares, que reciben el nombre de pilas, pilancones o marmitas de gigante.

pilar[1] *m* **1** (*Arquit*) Elemento vertical aislado y macizo, que sirve de soporte a una carga y que normalmente no es cilíndrico ni guarda las proporciones de un orden. | J. Segur *Nor* 22.6.74, 13: Iglesia de San Pedro. Es del siglo XVIII, estilo barroco. Tres naves separadas por pilares que sostienen arcos rebajados. Delibes *Siestas* 30: Sobre el pilar del puente, un cartelón de brea decía: "se venden pernales para trillos".
2 (*lit*) Cosa que asegura la estabilidad o firmeza [de alguien o algo]. | Ramírez *Derecho* 181: Castigo, naturalmente, todos los [delitos] que atacan a la organización social y a sus pilares.
3 (*Anat*) Repliegue muscular del borde del paladar. | Navarro *Biología* 136: Lateralmente, descienden los pilares del velo del paladar, dos a cada lado, el glosopalatino y el faringopalatino.

pilar[2] *m* Pilón[2]. | Pastor *Abc* 20.5.76, sn: Los domingos por la noche soltábamos los pilares de la fuente y los lunes no podían lavar las mujeres. ZVicente *Traque* 244: Hasta piedras me tiraban los chicos para verme dar saltos, cuando salían de la escuela, o los zagalones cuando acudían al pilar con las mulas, a la tardecita.

pilar[3] *tr* Descascarillar [grano]. | FReguera-March *Filipinas* 482: Estaban absorbidos por la prolija y fastidiosa tarea de pilar el arroz .. Descascarillaban uno a uno los granos. Alvar *Islas* 34: Como maestro Vicente estaba dispuesto a enseñar al dialectólogo analfabeto todo lo que encartara, encartó mecer el fol o borracho, dar vueltas a la leche en el tocio o tabajosto y pilar millo en el mortero.

pilastra *f* (*Arquit*) Pilar[1] [1] adosado, que suele adornarse con basa y capitel. | Angulo *Arte* 1, 8: La pilastra .. es el pilar adosado y participa de las características del pilar. **b)** Pilar[1]. | CNavarro *Perros* 211: La sombra de la pilastra que sostiene el ángulo sudoeste del tejado divide en dos partes iguales el ángulo correspondiente a la terraza.

pilastrón *m* (*Arquit*) Pilastra grande. | GNuño *Madrid* 73: Sorprende la fachada .. con frontón triangular sostenido por dos pilastrones corintios.

píldora I *f* **1** Preparado farmacéutico de pequeño tamaño, de forma esférica u ovalada, destinado a ingerirse por la boca. *Frec* designa *tb cualquier comprimido*. | Laiglesia *Ombligos* 71: Había tomado unas píldoras contra el mareo. **b)** (*col*) Preparado anticonceptivo que se toma por vía oral. *Frec* LA ~. | Pemán *MHi* 12.70, 8: Nunca se han escrito tantas páginas apologéticas del niño como en estos días, de rebote de los planteamientos de la paternidad razonada, del "control", del doctor Ogino y de las píldoras. Miguel *Mad* 22.12.69, 13: A pesar de lo que se ha hablado de la "píldora", lo cierto es que los matrimonios suelen tener los mismos hijos ahora que hace diez años. **c) ~ del amor.** Éxtasis (droga). | *Ya* 24.2.88, 18: Primer juicio en España sobre la droga "éxtasis" .. Se incautaron más de un centenar de cápsulas y comprimidos de éxtasis, también conocidos como *píldoras del amor*.
2 (*col*) Pelotilla de moco. *Frec en la constr* HACER ~S. | GPavón *Reinado* 197: Los únicos vicios que tenía era hacer píldoras y roncar de noche.
II *loc v* (*col*) **3 dorar la ~.** Dulcificar con palabras un hecho o dicho desagradable. | Delibes *Parábola* 62: Te doró la píldora, que de tu conducta no tenía queja, pero te volvió la tortilla, a ver. MGaite *Cuento* 179: El otro género posible, en el de la redacción, no se diferenciaba tanto en la elaboración, igualmente problemática, como en el tema, que, al ser de pie forzado, ya no doraba la píldora de su imposición.
4 tragarse la ~. Creerse un engaño. | * Le vi tan convencido que me tragué la píldora.

pildorazo *m* (*Mil*, *col*) Cañonazo. | Gironella *Millón* 257: –¡Eh, rojos, cabronazos! ¿Estáis dormidos o qué? –Dormidos? Pronto lo sabréis. Escribid urgente a la familia. –¿Qué tal los dos pildorazos de ayer? ¿Entrasteis en calor? –Uno mató a un escarabajo y el otro no estalló.

pildorera *f* Cajita para guardar píldoras [1]. | L. LSancho *Abc* 30.11.88, 26: Algún impulso secreto les movía a comprobar si su pildorera seguía allí (en el bolsillo del chaleco).

pildorero *m* Pildorera. | *Arte* 4.72, 33: Colección de pildo[r]eros en metal dorado y piedras duras. [*En el texto*, pildoleros.]

pilea *f* Planta intertropical oriunda de América, cultivada para adorno (gén. *Pilea*). | F. Páez *País* 13.2.83, 29: Plantas como la pilea, las peperomias, la acalifa .. deben pinzarse repetidas veces para impedir que "se vayan por las ramas".

pileño -ña *adj* De Pilas (Sevilla). *Tb n*, *referido a pers*. | Cela *Viaje andaluz* 283: La moza Curra Cabello, cenzaya pileña y nada arisca.

píleo *m* **1** (*Zool*) Parte más alta de la cabeza de un ave. | Lama *Aves* 180: Colirrojo Real (Phoenicurus phoenicurus) .. Presenta el píleo, la nuca y la parte alta de su cuerpo de un gris ceniciento.
2 (*hist*) *En la antigua Roma*: Gorro propio de los hombres libres. | Cela *Gavilla* 41: Los poetas (con plumas de colores en el píleo de suave terciopelo) cantaban, en sonoro verso, la suave delicia de la vida tranquila y del amor.

pileta *f* Pila[2] [1a], esp. pequeña. | M. Landi *Caso* 21.11.70, 7: Había sido asesinado y su cadáver hallado en una pileta. Ferres-LSalinas *Hurdes* 16: La fuente de junto al crucero es bonita y tiene dos caños y una pileta grande por donde rebosa el agua. P. MCantalejo *Ya* 3.11.74, 17: Al aire libre se proyecta la construcción de pista de atletismo, campos de fútbol, .. piscina olímpica, pileta para saltos, etc.

pilífero -ra *adj* (*Bot*) Que tiene pelos. | Alvarado *Botánica* 14: Se distinguen en ella [la raíz] tres zonas: 1ª, la cofia ..; 2ª, la zona pilífera o absorbente .., caracterizada por estar cubierta de pelos, formados cada uno de ellos por una célula que se prolonga hacia fuera en forma de dedo de guante, y 3ª, la región lisa.

pilila *f* (*col*) Pene. *Esp de niño*. | Pombo *Héroe* 196: Diles en casa que se cosan el botón, no vayas por ahí con la pilila fuera. [*A un niño*.] Ayerra *Veladas* 25: Fue una marcha irresistible .., la pilila balanceando alegremente, luciendo su delicado, gentil cuerpecito al compás de las pisadas.

pilili (*col*) **I** *f* **1** Prostituta. | GPavón *Reinado* 107: Las cuatro "pililis" estuvieron muy ordenadas y circunspectas.
II *interj* **2** *Se usa*, *a modo de vocativo*, *como refuerzo expresivo*. | RMéndez *Flor* 179: –Echa, pilili... –(Tirándole el envoltorio de papel.) Para el gol. Campmany *Abc* 12.4.85, 17: Arsa, pilili, ele mi niño Alfonsito, y vivan los libreros con gracia y con arrestos.

pililla[1] *f* (*col*) Pene o pilila. | Olmo *Golfos* 22: Su hijo y los otros le han hecho perrerías a Luisito, lo insultaron, y después lo desnudaron, y después su hijo le echó un puñado de sal en la pililla.

pililla[2] *f* (*reg*) Saliente que forma la pared del hogar. | Romano-Sanz *Alcudia* 228: En el humero sobresalen gruesos clavos para trabar las llares, el badil y las parrillas. La pililla se halla protegida con una chapa de hierro.

pilingui *f* (*col*) Prostituta. | *Pro* 19.2.76, 17: Lucrecia es una "pilingui" arrepentida; muy piadosa a última hora –y ríe–, ¡cuando ya no le queda más remedio!

pilipino *m* Tagalo (lengua). | ZVicente *Dialectología* 449: La república filipina tiene tres lenguas oficiales: el tagalo (frecuentemente llamado pilipino), el inglés y el español.

pilistra *f* (*reg*) Aspidistra (planta). | Cela *Viaje andaluz* 241: Patios [sevillanos] en los que canta el agua, dibuja el aire la palma .., verdea la hoja de lanza de la pilistra y canta –libre en su jaula– el prisionero pajarito cantor.

pillabán *m* (*reg*) Pillo o granuja. | L. LSancho *Abc* 12.11.86, 18: Se ha sacrificado a Dudú, que no es más que un pillabán, un listillo a la manera marroquí, que tiene "baraka".

pillaje *m* Saqueo en situación de guerra o de anormalidad. | U. Buezas *Reg* 20.10.70, 4: Unos y otros, a compás de sus victorias brutales, se dedicaron al pillaje y saqueo y violaciones devastando por doquier al país que sometían.

pillar A *tr* **1** (*col*) Coger o atrapar [a alguien o algo que se persigue]. *Tb fig.* | * ¿A que no me pillas? *Ya* 9.10.70, 43: Madrugo lo bastante como para pillar un número. Guardo cola, y al llegar me dicen que no me puedo matricular de preu porque me queda una asignatura pendiente de sexto. MGaite *Nubosidad* 260: Hay una escena violenta entre ellos. En el comedor, por ejemplo, o en su terracita, eso ya se vería. Pero en algún sitio desde donde yo pueda pillar fragmentos de ese altercado. Marsé *Dicen* 251: Seguro que hoy pillas novio. **b) aquí te pillo (y) aquí te mato.** *Fórmula con que se expresa el deseo o el hecho de aprovechar de modo inmediato una ocasión propicia.* | Paso *Isabel* 247: Yo para esto del amor necesito estar inspirado. No se trata del aquí te pillo y aquí te mato.
2 (*col*) Coger o alcanzar [a alguien (*cd*) algo que se mueve hacia él, esp. un vehículo o la pers. que lo dirige]. | * Te va a pillar un coche. Goytisolo *Afueras* 166: Se habrá ido contra un árbol, habrá pillado alguna vieja o así... Siempre toma las curvas en tercera.
3 Coger y aprisionar [algo o a alguien con algo que se mueve] causándo[le] daño. | *Noro* 1.8.78, 4: Se pilla la mano con un montacargas. Cela *Inf* 26.11.76, 19: Mi burro se llama "Cleofás" ..; rebuzna... como un canónigo preconciliar que se hubiera pillado las turmas con la tapa de un baúl.
4 (*col*) Coger o encontrar [a alguien en determinada situación]. *A veces se omite la mención de la situación, cuando esta es indebida o se desea mantener oculta.* | ZVicente *Traque* 43: ¡Curra!, mira cómo me pillas, estaba guisando, pasa. *Sp* 19.7.70, 52: Los censores son políglotas y han pillado en falta, por ejemplo, a Simon y Garfunkel. Laiglesia *Tachado* 43: Era la primera guerra que le pillaba sentado en el butacón, y carecía de experiencia. Marsé *Tardes* 116: –En cuanto a guapo, pues hay que reconocer que sí, que lo es de una manera incluso... alarmante. –¡Ja! .. ¡Te he pillado, te he pillado! Estás chalada por él.
5 (*col*) Coger [una enfermedad, una borrachera o un disgusto]. | Salom *Baúl* 105: ¿Le parece a usted propio de un militar pillar el tifus en vísperas de unas maniobras? P. J. Cabello *EOn* 10.64, 24: Bebió sin tiento, sin respirar. Él no tuvo culpa. Pero el vino era fuerte, puro, y el monje la "pilló".
6 (*lit, raro*) Saquear o robar, esp. en guerra. | GNuño *Madrid* 6: Madrid vio algaras y sitios, y en 1197 fue parcialmente pillada por la invasión almohade. Faner *Flor* 102: Diodor acreció en extremo su fortuna. Cuando no rapiñaba, mercadeaba .. En 1748 pasó por alto la paz de Aix-la-Chapelle y siguió pillando o comerciando, según lo que hacía al caso.
7 (*jerg*) Comprar, o conseguir de otro modo. | C. Aguilera *Ya* 19.11.89, 39: Es heroinómano .. El chico no puede dejar de acudir a la plaza del Dos de Mayo a "pillar", porque esa es ya la única razón de su existencia. R. Alonso *SPaís* 4.10.81, 43: Con un mono-mono haces lo que sea para pillar algo de jaco.
B *intr* **8** (*col*) Resultar [un hecho o un lugar de una determinada manera respecto a la pers. mencionada en el ci. o a otro punto de referencia]. *Tb sin ci. Tb fig.* | Ortega *Americanos* 121: Me pilla de camino. Suba [al coche]. Laiglesia *Tachado* 103: A los tíos les importa un rábano lo que hagamos, porque el parentesco les pilla muy de lejos. * Ese cine pilla mal desde aquí.

pillastre *m* (*col*) Pillo [1]. | CPuche *Paralelo* 415: Sacrificarlo todo, hasta a un amigo, simplemente para que un pillastre como el Penca se saliera con la suya.

pillería *f* **1** Cualidad de pillo. | Chistera *Cod* 2.2.64, 10: Algún caballero experto en pillería ha movilizado el truco.
2 Acción propia de un pillo. | *Pue* 1.12.70, 27: Mucho nos tememos que la manga de "repesca" del día 5 de diciembre nos presente un muestrario de "astucias", "argucias", "sutilezas" y "pillerías" capaces de hacer palidecer los tiempos de un Gordini.
3 Conjunto de (los) pillos [1]. | Delibes *Mundos* 80: El "roto" constituye un elemento a considerar dentro de la pillería santiaguina. No todo "roto" es un pillo .., aunque sí todo pillo es un "roto".

pillete *m* (*col*) Pilluelo. *Frec con intención afectiva.* | Laforet *Mujer* 16: Otros pilletes se bañaban abajo, desnudos.

pillo -lla *adj* (*col*) **1** [Pers.] que engaña con habilidad y picardía. *Tb n. A veces con intención afectiva, esp referido a niños.* | Cela *Judíos* 43: A pillo siempre hay alguien que gane. *Ya* 28.5.67, 3: Esa madurez es la que importa alcanzar, no tendiendo trampas y lazos para caza de pícaros en una especie de pugna de pillo a pillo. RMéndez *Flor* 172: ¿Así que andan ustedes de picos pardos? ¡Ah, pillines, pillines!
2 Astuto o sagaz. | * Hay que ser un poco pillo y no creerse lo primero que le dicen a uno.

pilluelo -la *m y f* (*col*) Muchacho que comete pequeños delitos. *Frec con intención afectiva.* | J. Ruiz *Gar* 25.8.62, 7: Es el relato que un pilluelo hace de su vida en un reformatorio.

pilo *m* (*hist*) Arma arrojadiza, a modo de lanza o venablo. | Pericot *Polis* 107: Las armas defensivas [de los romanos] eran el casco, escudo, coraza de cuero o metal; y las ofensivas, la espada de doble filo, el pilo (arma arrojadiza) y la lanza.

pilocarpina *f* (*Quím*) Alcaloide extraído de las plantas del gén. *Policarpus*, esp. de la *P. jaborandi*, usado en medicina. | MNiclos *Toxicología* 16: Con la pilocarpina tiene lugar también una fuerte miosis.

pilón[1] **I** *m* **1** Pesa de la romana. | Marcos-Martínez *Física* 49: En una romana de brazo fijo igual a 7 centímetros y pilón de 1 kilopondio, ¿a qué distancia del punto de suspensión habrá que colocar el pilón para equilibrar un peso de 8 kilopondios?
2 Pieza cónica [de azúcar o, más raro, de sal]. | Laforet *Mujer* 232: Una alastra enorme ..: tremenda barra de hierro en forma de pilón de azúcar, buena para golpear. Carnicer *Castilla* 72: Dialoga también con él un tendero de la propia plaza Mayor que vende de todo y acaba de recibir una carga de pilones de sal para las vacas de leche.
3 Elemento vertical a modo de pilar o columna, que gralm. sirve como soporte. | E. Prado *As* 30.12.70, 16: En las inmediaciones del estadio se han dispuesto varios mástiles o pilones de grandes dimensiones, sobre los que descansará el techo transparente. J. L. Torres *Inf* 22.4.71, 17: Ha destruido totalmente uno de los pilones del funicular aéreo por el que subían hasta la cumbre los turistas que llegaban hasta el Etna.
II *adj* **4** [Azúcar] que se presenta en piezas cónicas. *Tb* DE ~. | Solís *Siglo* 21: –¿Qué es esa piedra blanca que hay en el armario? –Es una muestra de azúcar pilón de La Habana.
5 [Martillo] que funciona con vapor o aire comprimido y que alcanza un peso de hasta 125 toneladas. | Muñiz *Nue* 21.9.75, 6: Estaba sacando cosas del cajón viejo de las cosas, donde hay varias leznas, un martillo pilón, suelas de zapatos.

pilón[2] *m* Pila[2] que recoge el agua de una fuente o de una acequia y que se usa esp. como abrevadero. | MGaite *Retahílas* 15: En el pilón cuadrado de la fuente .. estaban bebiendo unas vacas. Ferres-LSalinas *Hurdes* 99: Delante de las primeras terrazas [de cultivos] los viajeros descubren un pilón que está llenándose con el agua que se vierte desde un reguero. El estanque es cuadrado.

pilón[3] *m* (*raro*) Parte inferior del muslo del pollo. | *Coc* 12.66, 17: Se toma una aguja, enhebrada con un hilo fino y resistente, y se une en el pilón bajo el hueso.

pilonada *f* (*jerg*) Cunnilingus. | Oliver *Relatos* 138: Yo no me corto un pelo ante una pilonada .. Pues vale, le hice un trabajo que no lo mejora una bollera.

pilongo -ga *adj* **1** [Castaña] seca. *Tb n f.* | Escobar *Itinerarios* 128: En primer lugar está el arroz con leche, y luego vienen el arrope, .. las castañas pilongas hervidas con arroz y trocitos de pan frito. Moreno *Galería* 333: Hasta huevos, tallos de chorizo, .. nueces, castañas y pilongas, higos y avellanas.
2 Flaco y débil o enfermizo. *Tb n, referido a pers.* | Delibes *Tesoro* 76: El hombre del pelo blanco reparó en su rostro enfermo y chilló regocijado: –¡Mira al pilongo ese, tiene la piel oreada como los chorizos! Delibes *Castilla* 149: Los [pinos] de las laderas quedan pilongos, aguantan pero no medran; eso sí, valen para adorno, para que los cerros verdegueen y la tierra no se vaya.

pilonidal *adj* (*Med*) [Fístula o quiste] que tiene pelos en su interior. | *D16* 7.7.91, 17: Las intervenciones se distribuyeron del siguiente modo: 30 de hernia inguinal, .. 5 de fístula pilonidal.

pilono *m* (*Arquit*) Pórtico monumental del templo egipcio, constituido por dos macizos en forma de pirámide truncada que flanquean la puerta. *Tb cada uno de esos macizos*. | Angulo *Arte* 1, 34: Al fondo de la avenida se levanta la gran fachada exterior del templo, que los griegos denominan al pilono, enorme muro en pronunciado talud, de figura trapezoidal, con un gran rehundimiento sobre la puerta, también en forma de trapecio. Tejedor *Arte* 14: Sigue la fachada, formada por dos pirámides truncadas, los pilonos, entre los que queda la puerta, que exhibe a sus lados los colosos o grandes estatuas del faraón.

piloñés -sa *adj* De Piloña (Asturias). *Tb n, referido a pers*. | *VozA* 25.7.72, 25: Don Fabriciano Mestar y León, de distinguida familia piloñesa, siguió la carrera militar.

pilórico -ca *adj* (*Anat*) De(l) píloro. | Navarro *Biología* 138: El píloro está cerrado por un anillo muscular que forma la válvula pilórica.

píloro *m* (*Anat*) Orificio que comunica el estómago con el intestino. | Navarro *Biología* 148: Durante la digestión gástrica el píloro permanece cerrado.

piloroplastia *f* (*Med*) Cirugía plástica del píloro. | Fe. García *TMé* 9.3.84, 12: Las intervenciones quirúrgicas con más índice de recidivas .. son la sutura simple de la perforación .. y piloroplastia.

pilorriza *f* (*Bot*) Cofia (capa que protege el extremo de la raíz). | Legorburu-Barrutia *Ciencias* 240: La zona terminal, envuelta en una especie de dedal, la cofia o pilorriza, la cual protege los meristemos primarios que hacen crecer en longitud a la raíz.

pilosebáceo -a *adj* (*Anat*) Del pelo y su glándula sebácea. | A. Vesalio *SYa* 23.11.75, 23: Anexos de la piel son, en resumen: el folículo pilosebáceo, con el pelo, glándulas sebáceas y los músculos arrectores, cuya contracción produce la prominencia del folículo, la llamada carne de gallina.

pilosela *f* Vellosilla (planta). | Mayor-Díaz *Flora* 386: *Hieracium pilosella* L. "Vellosilla", "Pilosela", "Oreja de ratón" .. Es diurética y astringente.

pilosidad *f* (*Anat*) Revestimiento piloso. | MSantos *Tiempo* 28: La escasa belleza de su rostro en el límite de los tres días con sus noches de crecimiento vegetal de las pilosidades.

piloso -sa *adj* **1** (*Anat*) De(l) pelo. | Navarro *Biología* 73: Cada pelo consta de una parte libre o tallo, de células muertas, implantadas en una depresión denominada folículo piloso.
2 (*Anat o lit*) Que tiene pelo. | Delibes *Parábola* 69: Descubrió en el extremo inferior de la espina dorsal de Gen .., sobre el ano .., una protuberancia pilosa. GPavón *Hermanas* 30: Caracolillo Puro .., coreado por los dos amiguetes pilosos y con camisas de colores vivos, empezó a cantar.

pilotaje[1] *m* Acción de pilotar [1]. | *SInf* 21.11.70, 1: El puesto de pilotaje [en la cabina del avión] está magníficamente acondicionado, con un excelente campo de visión. J. Company *Ya* 26.6.88, 32: Como hoy por hoy el de Alcira [el motorista Aspar] no tiene rival en pilotaje, sus planes salieron a la perfección.

pilotaje[2] *m* Instalación de pilotes. | *GTelefónica N.* 871: Pilotajes y Sondeos, S.A. C. Bellver *País* 2.3.80, 25: Falta ahora por superar el problema técnico: el de las grietas que han surgido en el suelo, lo que exigirá revisar toda la cimentación del mercado de pescados y reforzarla mediante un pilotaje de las zapatas.

pilotar *tr* **1** Dirigir como piloto [1] [un vehículo]. *Referido a coches o motos, tb fig, fuera del ámbito deportivo*. | *Gar* 15.9.62, 62: Este barco es el "Albatros", propiedad del novelista americano Ernest K. Gann. Su comandante es Dodie Post, la única mujer que ha pilotado un velero desde América a Europa. *Ya* 15.4.64, 1: He aquí a los dos cosmonautas designados para pilotar conjuntamente una cápsula espacial. Laiglesia *Tachado* 36: Dejaron de circular por ellas los coches deportivos "fuera de serie", pilotados por jóvenes ricos.
2 (*lit*) Conducir o dirigir [algo o a alguien]. | *Act* 30.10.69, 3: Nuestra Redacción en Barcelona está ya en pleno rendimiento. La pilotan José Antonio Vidal-Quadras, barcelonés, y Luis Foix, también catalán. S. Miranda *Abc* 4.11.70, 20: Encomendó a Manolito que le sustituyese pilotándola [a una princesa rusa] por Sevilla.

pilote *m* Madero puntiagudo, barra de hierro o pilar de hormigón armado que se hinca en el suelo para servir de soporte a los cimientos de una construcción. *Tb fig*. | Arenaza-Gastaminza *Historia* 44: Crean la civilización de los *terramares* [sic], aldeas construidas sobre pilotes en las riberas de algunos ríos. *GTelefónica N.* 871: Pilotes prefabricados .. Pilotes inyectados. Pilotes de arena. Pilotes de madera. Fernández-Llorens *Occidente* 201: La utilización de nuevas fuentes de energía constituye otro pilote sobre el que se apoya la revolución industrial.

pilotear *tr* (*Mar*) Pilotar [un barco]. | Guillén *Lenguaje* 33: Esta facilidad de muchas voces marineras que llevan o pueden llevar en sí el sentido de acción para prestarse a construir verbos daría lugar a una enumeración extensa; baste decir que *pilotear, maestrear, patronear, timonear*, carecen de uso en tierra.

piloto I *n* **A** *m y f* **1** Pers. que dirige un navío. | Tejedor *Arte* 185: Un rico archivo de datos procedentes de las relaciones que exigía de sus viajes a todos los pilotos que regresaban de América. *GTelefónica N.* 5: Academia de Marina Mercante .. Alumnos de Náutica. Pilotos y capitanes. **b)** Pers. que dirige un aparato aeronáutico. | *Abc* 24.10.70, 47: Un piloto lanza su avioneta contra una iglesia. Aparicio *Año* 218: ¿Y te he hablado de la única piloto femenina de la R.A.F. durante la segunda guerra mundial? **c)** Pers. que conduce un vehículo de carreras. *Tb fig, fuera del ámbito deportivo*. | *Ya* 30.4.70, 43: Alicia y Carmela Rodríguez, piloto y copiloto que tomarán parte en el rally femenino .., pasaron ayer por televisión.
B *m* **2** Luz pequeña que advierte de la situación de un vehículo o del funcionamiento de un aparato. | FSantos *Catedrales* 190: A ver si te cortas esos pelos, vete a comprar dos pilotos de atrás .., písame un poco el embrague, suelta, acelera, un poco más. *Pue* 6.11.70, 12: En la serie CVL: encontrará el difusor de pared que más convenga a su comodidad. Se fabrican en potencias de 600 a 2.500 w.; son de fácil instalación y van provistos de piloto, interruptor y termostato.
3 Llama pequeña y permanente que sirve para encender ciertos aparatos de gas. | *GTelefónica N.* 218: Junkers. Miembro del grupo Bosch. Calefacción a gas. Calentadores de agua a gas. Ciudad y butano. Encendido automático del piloto.
4 ~ **automático.** Dispositivo que dirige automáticamente un navío o un aparato aeronáutico. | *CoE* 8.8.75, 10: Ambos buques llevan instalados servomotor hidráulico, piloto automático, girocompás, radar, sonda autosonora, radiogoniómetro, etc.
II *adj* (*normalmente invar, aunque a veces varía el número*) **5** Que funciona como modelo o con carácter experimental. | Halcón *Ir* 16: De Prisca se intentaría hacer un Estado piloto de socialismo capitalista, ensayo en que Hermógenes no creía. *Inf* 31.3.70, 11: Campaña "piloto" contra la fiebre reumática .. La Dirección General de Sanidad .. ha venido realizando .. una serie de estudios "pilotos" acerca de la profilaxis reumática.

pil-pil (*tb con la grafía* **pilpil**). **al ~.** *loc adj* [Bacalao] hervido en aceite a fuego lento, de modo que la salsa quede trabada. | *Hie* 19.9.70, 4: Rally automovilístico, concurso de bacalao al pil-pil y soka-tira. *Ama casa* 72 233: Bacalao al pilpil.

pilpileante *adj* (*Coc*) Que pilpilea. | Vega *Cocina* 50: En cazuela de barro y con abundancia, para que cada uno se sirva las rodajas [de merluza] que le apetezcan. Que salga pilpileante a la mesa.

pilpilear *intr* (*Coc*) Hervir lentamente. | Vega *Cocina* 37: Rehogados un poco estos pimientos, se unen con los trozos de pollo y se dejan pilpilear media hora, tiempo necesario para que estén cocidas las aves y los pimientos. Savarin *SAbc* 21.12.69, 23: Rafael Sánchez Mazas inventó el verbo "pilpilear", que significa hervir muy despacio, y se em-

piltra – pimpinela

plea con salsas espesas, cuyo lento hervir consigue una concentración de sabores.

piltra *f (col)* Cama (mueble para dormir). | R. Nieto *Gac* 1.6.63, 54: Chico, yo estoy ya en la "piltra". Oliver *Relatos* 78: Todo ello bueno estaba si el rollo acababa en la piltra.

piltraca *f (raro)* Parte de carne flaca, que casi no tiene más que pellejo. | Faner *Flor* 129: Doña Ana catiteaba, con una sonrisa velada en los ojos. Se pellizcaba la piltraca de la papada y la estiraba como cuerda de violín.

piltrafa *f* **1** Trozo de carne pequeño y de poco provecho. | Escobar *Itinerarios* 110: Patatas con bacalao, .. con piltrafas de carne, con tocino. Vega *Cocina* 152: Se obrará cuerdamente, preparando kilo y medio de menúo, medio de cuajar y tres manos pequeñas de ternera. Después de quitarles piltrafas y pellejos, se cortan en pedazos.
2 *(col)* Cosa inútil o sin valor. *Frec fig referido a pers, en sent físico o moral*. | * Él se queda con los beneficios y a mí me deja las piltrafas. * Me ha dejado el periódico hecho una piltrafa. Arce *Precio* 150: Me apenaba verlo hecho una piltrafa y todos riéndose de él. MSantos *Tiempo* 177: El hombre imperturbable .. puede decir que triunfa, aunque todos .. crean que está cagado de miedo, que es una piltrafa.

pimentada *f* Guiso de pimientos. | Aldecoa *Cuentos* 1, 117: El comandante merendaba de cocina por lo barato: el huevo frito, la pimentada del tiempo y la chopera de tinto riojano.

pimentar *(conjug 6) tr* Aderezar con pimienta. | *Hola* 16.11.85, 194: Salar, pimentar y perfumar con una cucharada sopera de jalea de grosellas. Cunqueiro *Crónicas* 28: No pudo sentir más miedo en aquel momento el sochantre, porque el rapé del verdugo de Lorena era muy fuerte y pimentado, y estornudó cinco o seis veces seguidas.

pimentero *m* **1** Arbusto trepador originario de la India y cultivado en las regiones tropicales por su fruto, que es la pimienta (*Piper nigrum*). | * El fruto del pimentero es la pimienta. **b)** ~ **falso**. Árbol de América meridional, de hoja perenne, ramas péndulas y frutos rojos, cultivado como ornamental (*Schinus molle*). *Tb simplemente* ~. | Loriente *Plantas* 49: *Schinus molle* L., "Pimentero falso" .. Es un árbol de los trópicos, especialmente de América. Lagos *Vida* 92: Del bosquecillo de palmeras, de entre las ramas del gran jazmín del Cabo, de la rueda de sombra del pimentero, hasta de la fuente .. salían a su encuentro.
2 Utensilio de mesa destinado a contener pimienta molida. | *Van* 15.1.76, 2: Juego vinagreras .. Con salero y pimentero incluidos. En vidrio transparente, con base de acero inoxidable.

pimentón *m* Condimento que se obtiene moliendo pimiento rojo seco. | Bernard *Salsas* 9: Se sazona de sal, pimentón y se añade un diente de ajo.

pimentonar *m (reg)* Terreno sembrado de pimientos. | Vidriera *DNa* 26.8.64, 6: Campos y campos de pimientos en plena descomposición .. En campañas pasadas se presentó en los pimentonares un enemigo molesto, el gusano que llama[n] dormilón.

pimentonero -ra I *adj* **1** De(l) pimentón. | SManzano *Hoy* 5.11.78, 19: Antonio Herrera .. ahora está como eventual en una industria pimentonera.
II *m y f* **2** Pers. que vende pimentón. | Moreno *Galería* 276: Aliñado con pimentón de la Vera, comprado al "tío pimentonero".

pimienta I *f* **1** Pequeña baya redonda, muy aromática y picante, de color blanco o negro según el sistema de secado, que se usa como condimento y es el fruto del pimentero [1a]. | Trévis *Navarra* 48: Medio litro de leche, 2 ajos, pimienta blanca en polvo y sal. Trévis *Navarra* 55: Ambas cosas se machacan con pimienta negra y azafrán. **b)** *Con un adj o compl especificador, designa otras especies semejantes y a veces tb las plantas que las producen*: DE CHIAPAS, DE TABASCO, DE CAYENA, etc. | *Ama casa* 1972 212: Canapés con puré de tomate. Esta fórmula de canapés solo puede hacerse con un puré de tomate muy concentrado y muy condimentado a la vez. Añadirle una punta de pimienta de Cayena o "paprika" o chile. *Ide* 14.4.92, 32: El Che[f], Cecilio Pérez Sánchez, recomienda su Bacalao V Centenario, Salmón a la pimienta rosa, Pimientos del Piquillo rellenos o la Perdiz Cecilio.
2 Picante o atractivo. | *Abc Extra* 12.62, 21: Algo parecido debió pasar con la primera zagala griega que coge una simple cuerda para darle más pimienta al salto. **b) sal y** ~
→ SAL.
3 ~ **de agua** (*o* **acuática**). Planta herbácea con hojas de sabor a pimienta [1a] (*Polygonum hydropiper*). | Mayor-Díaz *Flora* 425: *Polygonum hydropiper* L. "Pimienta de agua", "Persicaria picante".
II *loc v* **4 dar** ~. (*Boxeo*) Refregar los guantes en los ojos del contrario. | Paso *Alc* 13.11.70, 32: Durante todo el asalto el británico se ha dedicado a refregar los guantes en el ojo de Urtáin. En la caló [sic] del boxeo eso se llama "dar pimienta".

pimiento I *m* **1** Planta herbácea anual, cultivada como hortaliza, cuyo fruto es una baya carnosa de color verde, rojo o amarillo y forma más o menos cónica (*Capsicum annuum*). *Más frec su fruto. Frec con un adj o compl especificador de la variedad.* | Loriente *Plantas* 65: *Capsicum annuum* L., "Guindilla"; "Pimiento" .. Los "Pimientos choriceros" son muy cultivados en Ampuero, Castro Urdiales, Colindres. *Abc* 21.4.70, 43: Se mantuvieron las cotizaciones de verduras, con algunas alzas en calabacines .., cebollas .., pimientos .. y tomates. Trévis *Navarra* 50: Un pollo muy tierno, 4 pimientos verdes, 10 cebollitas tiernas. Trévis *Navarra* 50: A esto se le añaden ahora cuatro pimientos encarnados. **b)** *Frec se usa en constrs de sent comparativo para ponderar la rojez.* | CPuche *Paralelo* 13: Las manos .. salían coloradas como pimientos murcianos.
II *loc pr* **2 un** ~. *(col)* Nada. *Con intención ponderativa. Tb adv. Frec con el v* IMPORTAR. | Salom *Cita* 249: –Tú has contestado que te importa un pimiento. –Un rábano. He dicho un rábano. DCañabate *Paseíllo* 50: Era un fuguillas que se alborotaba por menos de un pimiento.

pim-pam *interj (col)* Se usa para imitar la repetición de un sonido, esp un disparo, o de una acción. | Delibes *Santos* 93: De día y de noche, en invierno o en verano, al rececho, al salto o en batida, pim-pam, pim-pam, el Ivancito con el rifle o la escopeta. * No sabes lo que es estar todo el día pim-pam, pim-pam con el mismo rollo.

pimpampún (*tb* **pimpampum**; *tb con la grafía* **pim-pam-pum**) *m* **1** Juego en que se trata de derribar muñecos a pelotazos. | Cela *Pirineo* 124: En la fiesta mayor de La Guingueta no hay ni un tiro al blanco, ni un pimpampún, ni una tómbola, ni una sola barraca de nada. Aldecoa *Cuentos* 1, 134: "Faisán" nunca perdía su serenidad: ni cuando salía por las calles de hombre anuncio, ni cuando se exhibió, con el rostro tiznado, en una barraca del pim-pam-pum, en el real de la feria.
2 *(col)* Pers. que es objeto constante de críticas por parte de otros. | *País* 12.3.90, 68 (A): Consuélate, oh Solana, pensando que otro ha heredado tu condición de pimpampum predilecto de la oposición política.

pimpante *adj (col)* Lleno de vitalidad y frescor. | E. Rosillo *Sol* 24.5.70, 16: Ahí quedan ellas: pimpantes y sonrientes. Yendo de frente a la vida con la valentía de una juventud de aquí te espero. E. La Orden *MHi* 10.60, 21: En aquella mañana de junio de 1957, recién llegados a este San Juan de Puerto Rico moderno y pimpante, .. descubrimos en el viejo San Juan un poquito de Edad Media. *Alc* 31.10.62, 18: Los años han pasado, y la opereta sigue pimpante y optimista como siempre. **b)** Vivo y alegre. | Antolín *Gata* 149: Rehacías tu peinado rematándolo con los lazos pimpantes planchados a lametazos.

pimpi *adj (reg)* [Pers.] peripuesta y ufana. *Frec n.* | Burgos *Abc* 8.1.87, 13: Andalucía puede permitirse estos lujos, de escribir hoy, en los muelles de Cádiz, entre cigarreras de la Cuesta de las Calesas y pimpis de los hules del Achuri, el mejor romance que soñar pudiera Rafael de León.

pimpinela *f Se da este n a varias plantas herbáceas de los géns* Pimpinella, Sanguisorba *y* Poterium, *esp a la* Pimpinella major (~ MAYOR), *la* Pimpinella saxifraga (~ BLANCA), *la* Sanguisorba officinalis (~ MAYOR) *y la* Poterium sanguisorba (~ MENOR). | Mayor-Díaz *Flora* 353: *Pimpinella major* (L.) Hudson. "Pimpinela mayor", "Saxifragia menor". Mayor-Díaz *Flora* 353: *Pimpinella saxifraga* L. "Pimpinela blanca", "Saxifragia menor". Mayor-Díaz *Flora* 335: *Sanguisorba officinalis* L. "Sanguisorba", "Pimpinela mayor".

pimplar *(col)* **A** *tr* **1** Beber [bebidas alcohólicas]. *Frec abs.* | CPuche *Paralelo* 169: Por lo que veo habéis pimplado de lo lindo. APaz *Circulación* 168: Si se ha comido en abundancia y con vino normal, deben dejarse transcurrir de una a dos horas antes de empuñar el volante; y si se ha pimplado alegremente deben descansarse de tres a seis horas.
B *intr pr* **2** Emborracharse. | CPuche *Abc* 22.10.78, 28: En Yecla casi nos pimplamos con las densas mistelas que se exportan a Alemania, donde tienen tanta aceptación.

pimple *m* *(col)* Acción de pimplar. | VMontalbán *Prado* 80: Se me fue de pronto, y yo pensé que se había ido por ahí a darle al pimple o a buscar una chorba.

pimpollada *f* Sitio poblado de pimpollos [1]. | Delibes *Parábola* 48: A la luz crepuscular, cruzan sobre su cabeza, como dos ráfagas azuladas, dos tórtolas en dirección a la pimpollada. **b)** Conjunto de pimpollos [1]. | Delibes *Año* 27: La codorniz está más a gusto aquí .. por el cobijo que le prestan aliagas, pimpolladas y helechos.

pimpollar *m* Sitio poblado de pimpollos [1]. | L. Diego *Ya* 30.3.86, 5: Así como de los pinos veteranos se obtienen informaciones fiables y útiles, de los pimpollos, en los pimpollares, no conviene hacer caso.

pimpollo *m* **1** Pino nuevo. | Delibes *Parábola* 37: Su mundo .. concluye poco más allá entre una espesa cortina de pimpollos repoblados quizá diez años antes.
2 Vástago o tallo nuevo. | Salvador *Haragán* 17: Te sentaste a mi lado con un puñado de pimpollos [de vid], de los cuales me diste la mitad. Casi todos eran demasiado duros y no sabían a nada.
3 *(reg)* Punta de las ramas de un árbol. | Halcón *Ir* 266: Con el palo en la mano miraba al pimpollo de los árboles para saber la dirección del viento.
4 Capullo de rosa. | Legorburu-Barrutia *Ciencias* 273: Las mejores rosas eran para adornar la Virgen que presidía su aula. Y los mejores pimpollos, para el búcaro que en la habitación de su mamá testimoniaba el cariño filial de sus hijos.
5 Pers. joven y lozana. *Tb* ~ DE CANELA. | DCañabate *Abc* 14.7.74, 47: –Bueno, niñas –decía un lindo pimpollo en la flor de los veinte–, que estamos a lunes y aún no nos hemos decidido.

pimpón *m* Ping-pong. | Umbral *País* 1.4.81, 31: McLuhan (que escribió sus famosas teorías sobre una mesa de pimpón).

pimporro *m* *(reg)* Botijo. | Berenguer *Mundo* 333: Se echó a pecho medio pimporro de agua que tenía colgado de un hinco.

pin[1] *(pl normal, ~s) m* Alfiler decorativo en forma de pequeña figura de metal. | A. MRoig *País* 9.6.91, 34: Los *pin's* [sic] son esas insignias que se colocan en las cazadoras. *D16* 7.7.92, 24: Los Reyes compraron "pins" y recibieron numerosos regalos .. En el pabellón de Alemania, el Rey Don Juan Carlos, haciendo alarde de un curioso principio de "pinmanía" ... pagó cinco mil pesetas .. por un par de insignias con forma de flamenco. *SYa* 28.2.93, x: Llega la fiebre del pin.

pin[2] *(pl normal, ~s) m (Electr)* Vástago o patilla de un enchufe múltiple. | *País* 28.4.90, 29: Conexiones para altavoces auxiliares, auriculares estéreo y toma de cámara de 8 pins en el panel frontal.

pina *f* Pieza curva de madera de las que forman la rueda de un coche o carro. | Lorenzo *SAbc* 8.9.74, 10: Menos frondoso que la encina, el árbol de Extremadura es el alcornoque: de corteza más gruesa, .. la madera pesada, resistente, propia para pinas de carretería.

pinabete *m* Se da este *n* a varias especies de abeto, esp al abeto blanco (*Abies pectinata* o *A. alba*). | Delibes *Historias* 30: Al cabo de los años, apenas arraigaron allí media docena de pinabetes y tres cipreses raquíticos.

pinabeto *m (raro)* Pinabete. | *Navarra* 4: Navarra es, como España, una y varia ..; desde el Pirineo varonil, con roca y pinabeto del Roncal, hasta la tierra llana y desértica de la Bardena. Loriente *Plantas* 10: *Abies alba* Miller, "Abeto blanco"; "Abeto común"; "Pinabeto". Con cierta frecuencia, en jardines y parques.

pinácea *adj (Bot)* [Planta] leñosa conífera de la familia del pino. *Frec como n f en pl, designando este taxón botánico*. | *Ya* 26.2.90, 63: Existen en el mundo 250 especies de pináceas, ampliamente repartidas por el hemisferio norte. A esta familia vegetal pertenecen los abetos, los cedros y los pinos.

pinacle *m* Pináculo (juego). | MGaite *Ritmo* 201: Igual podemos acabar jugando al pinacle en una casa como en Cercedilla.

pinacoidal *adj (Mineral)* De(l) pinacoide. | Ybarra-Cabetas *Ciencias* 23: Caras pinacoidales, las que solo cortan a un eje y son, por tanto, paralelas a los otros dos.

pinacoide *m (Mineral)* Par de caras paralelas al plano de simetría que forman dos de los ejes. | Ybarra-Cabetas *Ciencias* 29: Los pinacoides son pares de caras paralelas, y en este sistema [rómbico] hemos de distinguir tres pinacoides.

pinacoteca *f* Museo de pinturas. | Carandell *Madrid* 111: El ligón de pinacoteca desdeña por lo general a las chicas locales.

pináculo *m* **1** *(Arquit)* Remate cónico o piramidal, esp. en lo contrafuerte o de un muro. | FSantos *Catedrales* 73: Su fachada no es adusta ni monumental; es más acogedora, casi sonriente, entre sus dos chatas torres barrocas cargadas de arquitrabes, cornisas y pináculos. GNuño *Madrid* 18: Queda el arco con medallones, un buen friso plateresco y la ventana con pináculos y frontón triangular. **b)** Remate saliente de una obra de gran altura. | Halcón *Ir* 382: Sacó un telegrama que agitó primero como bandera que va a colocarse en un pináculo. MMolina *Jinete* 473: Las nubes bajas ocultan los pináculos de los rascacielos.
2 Cumbre o cima [de algo inmaterial]. | *Pue* 10.11.70, 32: Parece ser que dentro de muy poco tiempo escalará esos peldaños que hacen subir a todo artista al pináculo de la fama. *Alc* 24.10.70, 16: "El descendimiento de la cruz", de Van der We[y]den. Otro de los pináculos universales de la pintura, en el que resalta, sobre todo, su asombroso realismo.
3 Juego de cartas que se juega con dos barajas de tipo inglés y que consiste en descartarse lo antes posible uniendo las cartas en series mínimas de tres. | *Naipes extranjeros* 27: El pináculo .. Es uno de los juegos favoritos de la sociedad española. **b)** Jugada que consiste en reunir once cartas iguales. | *Naipes extranjeros* 35: Pináculo de mano: 3.000 [puntos]. Pináculo en el curso del juego: 1.500.

pinada *f* Pinar[1]. | Lera *Boda* 522: Algo llamó poderosamente su atención, hasta entonces desparramada y vagabunda, hacia la pinada.

pinado -da *adj (reg)* Que está vertical o de pie. | I. Cicero *Ale* 30.6.85, 29: El prado bien segado, sin que se queden atrás hierbas pinadas.

pinalero -ra *adj (reg)* De(l) pinar[1]. | Berenguer *Mundo* 140: Allí había patos .. y, en la primavera, garzas pinaleras y flamencos.

pinaque *m (reg)* Arado. | Cossío *Montaña* 70: No son solo calzado y aperos de labranza los construidos con este material [madera], sino que desde las casas .., el primitivo arado o *pinaque* .., los carros y basnas .., hasta los utensilios más usuales .., todo .. procede de los montes.

pinar[1] *m* Terreno poblado de pinos. | Cendrero *Cantabria* 232: Sale [la ruta] de Reinosa hacia Corconte, atravesando en muchos tramos los aluviones de las cercanías del pantano, en los que existen buenos pinares.

pinar[2] *tr (reg)* Poner en posición vertical. | Arce *Testamento* 35: Al regresar de la bolera donde me divertía pinando bolos, la pescaba con el mozo de Pancar ocultos detrás de cualquier muro. Delibes *Guerras* 46: No habían acabado de pinar los peleles y ya andaba el Abd-el-Krim de vuelta. MFVelasco *Peña* 24: Se le notaba [al oso] atento y desconfiado, mirando hacia mi escondite con las orejas pinadas.

pinariego -ga *adj* **1** De(l) pinar[1]. *Tb n, referido a pers*. | Cela *Judíos* 155: No se ve más que el [cruce] de Añe, aldea pinariega que también oye crecer el álamo. Escobar *Itinerarios* 168: Hay que ver lo que va de un burgalés de

pinastro – pinchar

Pampliega a un pinariego de Coca, y de un serrano abulense a un palentino ribereño del Carrión.
2 De Palacios de la Sierra (Burgos) o de Quintanar de la Sierra (Burgos). *Tb n, referido a pers.* | *VozC* 11.2.55, 5: Quintanar de la Sierra .. Para terminar nuestro mayor recuerdo a quienes supieron con tanto acierto, arte y simpatía ganar los corazones de este pueblo pinariego.

pinastro *m* Pino marítimo. | Arce *Precio* 50: De los automóviles, aparcados a la sombra de los alisos, los tamarindos y los pinastros marinos, descendían muchachos y muchachas en bañador.

pinatar *m* Pinar[1]. | Cela *Judíos* 242: Si intenta guarecerse en las casas o en el pinatar, el lobo le presenta pelea.

pinatarense *adj* De San Pedro del Pinatar (Murcia). *Tb n, referido a pers.* | *Lín* 15.8.75, 10: Los días 19 y 20, IV Certamen de la Canción Pinatarense.

pinatón *m* (*reg*) Pino pequeño. | FVidal *Duero* 109: Sin previo aviso, aparece el bosquío de pinatones de repoblación.

pinaza[1] *f* Hojarasca del pino y otras coníferas. | Alós *Hogueras* 217: Ella se acordó de que había dicho que le gustaría echarse sobre la pinaza del bosque con él, sin miedo.

pinaza[2] *f* (*hist*) **1** Antigua embarcación de vela y remo, con tres palos, mucha eslora, poca manga y popa cuadrada. | Sobrequés *HEspaña* 2, 262: Los navieros del Norte acertaron a construir, al lado de barcos de grandes dimensiones, temibles en las guerras, el tipo de embarcación más apta para la navegación de altura: la pinaza, muy veloz, que alcanzó gran éxito y constituyó uno de los precedentes más interesantes de la carabela portuguesa.
2 Antigua embarcación de pesca y cabotaje, sin cubierta, con poca manga y hasta 20 m de eslora, propia del Cantábrico. | R. PBustamante *DMo* 14.8.87, 41: Las pinazas y lanchas de los pescadores laredanos se proveían en las diversas playas y caladeros próximos de .. lubinas .., doradas. Cancio *Bronces* 27: Aguarda todos los días su retorno [de los nietos], porque sin ellos, según propia confesión, es una mala pinaza a la deriva.

pinball (*ing; pronunc corriente,* /pímbol/; *tb con la grafía* **pin-ball**; *pl normal,* ~s) *m* Juego que consiste en mover una bolita a través de distintos obstáculos de un tablero dotados de impulsos eléctricos. *Tb la máquina correspondiente.* | *Ya* 26.5.74, 58: Necesitamos mecánicos para máquinas recreativas de pin-ball, tocadiscos y ping-pong. Millán *Fresa* 51: Asistía, sin saberlo, a la entrada de la tercera generación de *pinballs*: una sola bola y conteo electrónico de jugadas.

pincel *m* **1** Utensilio constituido por un manojo de pelos o fibras unido a un mango, que se usa esp. para pintar. | Hacerlo 75: Las herramientas o instrumentos que se precisan para pintar son: Un pincel grueso para limpiar. Una brocha circular para los radiadores. GTelefónica *N*. 194: Fábrica de brochas y pinceles. GTelefónica *N*. 194: Manufactura de pinceles para manicura. **b)** (*lit*) Actividad pictórica. *Frec en pl.* | Laiglesia *Tachado* 95: De sus pinceles salieron todos los retratos al óleo de la dinastía de los Cirilos. **c)** (*lit*) Estilo o técnica [de un pintor]. | * Es un artista de ágil pincel.
2 (*E*) Conjunto de pelos, filamentos o rayos cuya forma recuerda la del pincel [1a]. | Mingarro *Física* 186: Una serie de diafragmas, DD, delimitan un delgado pincel de rayos catódicos que inciden en B. Rodríguez *Monfragüe* 100: Lince ibérico .. Orejas triangulares rematadas por finos pinceles negros.
3 *Se usa frec en constrs de sent comparativo para ponderar limpieza y arreglo esmerados.* | Mann *DMo* 27.8.85, 2: Esta vez venía hecho un pincel: jersey a cuadros, camisa naranja, "spais" azules con raya blanca .. y boina.

pincelación *f* (*E*) Acción de pincelar. | MNiclos *Toxicología* 29: Los tratamientos de las estomatitis infantiles mediante pincelaciones y chupetes de ácido bórico han sido causa de graves intoxicaciones yatrogénicas.

pincelada **I** *f* **1** Pasada del pincel sobre la superficie que se pinta. *Tb* (*lit*) *fig.* | *Hacerlo* 82: Para que no se noten las pinceladas, estas deben darse primero en sentido vertical ..; luego en sentido horizontal. Delibes *Mundos* 18: En torno, un césped declinante .. Dios sabe lo que representará .. para el nativo esta pincelada verde en el desierto.
2 (*lit*) Toque o detalle. | A. Mercé *Des* 12.9.70, 46: En un país con sus pinceladas de individualismo .. saber realizar una labor conjunta .. es una labor importante.
II *loc v* **3 dar la última ~**, *o* **las últimas ~s.** Dar el último toque. | * Estoy dando las últimas pinceladas al proyecto.

pincelar *tr* (*E*) Aplicar [una sustancia (*compl* CON) sobre una superficie (*cd*)] mediante un pincel u otro utensilio semejante. | Moraza *SYa* 12.7.74, 6: El ayudante de investigaciones, ante sus asombrados ojos, pincela con alcohol un negro injerto, que paulatinamente va quedando sin color. *Prospecto* 1.82: Después de la higiene diaria, pincelar las encías con Yodocortisón.

pincelazo *m* (*raro*) Pincelada [1] enérgica. | *Hoy* 24.7.76, 2: A pincelazos, como repulsa, a gritos, salen el dolor, la tristeza, el sufrimiento, la pena y con tonalidades distintas de sus obras. Nos reflejan su vida.

pincelería *f* Conjunto de (los) pinceles [1a]. | GTelefónica *N*. 193: Pincelería fina y brochería industrial de toda clase.

pincerna *m* **1** (*reg*) *En una catedral:* Subalterno con funciones de vigilancia. | Torrente *Fragmentos* 196: Así estuve mucho tiempo [sentado en la catedral], al acecho, hasta que un pincerna con sayón colorado me sacudió y me dijo que me fuera a dormir a otra parte.
2 (*hist*) Escanciador o escanciano. | Ubieto *Historia* 122: El rey asturleonés se rodea desde mediados del siglo X .. de la "curia regia", con una serie de personajes que ejercen los oficios de mayordomo, pincerna o escanciano .., bodeguero, estabulario, tesorero.

pincha[1] *f* **1** Espina (de planta, madera o pescado). *Tb fig.* | Hoyo *Bigotillo* 59: Con una uña presioné una de sus pinchas [de la cardencha], la cual estuvo vibrando elásticamente un buen rato. Gerardo *NAl* 6.10.89, 15: Y en la era: la parva, .. el picor, el polvo y la pincha en el pecho. Nácher *Guanche* 56: Continuaba meciéndose. Dando una y otra vez en el suelo con la punta del bastón que clavaba pinchas en los nervios tensos de Candelaria.
2 (*reg*) Pincho[1] [1]. | Delibes *Ratas* 118: El muchacho se le acercó sonriente golpeándose la palma de la mano con el dorso de la pincha de hierro.

pincha[2] → PINCHE[1].

pinchada *f* (*reg*) Pinchazo. | * Se puso a picar en mi plato y a cada pinchada del tenedor se llevaba tres o cuatro trozos. * Me dan pinchadas en las piernas. Lera *Clarines* 334: –Entonces, en fiestas...– Todo está permitido .. –Hombre, a no ser que haya alguna pinchaílla. Pero eso no ocurre hace ya muchos años.

pinchadiscos *m y f* (*col*) *En una discoteca:* Pers. que selecciona y pone discos. | Arce *Precio* 107: Conseguimos acomodarnos al final de la barra, junto a la cabina del "pinchadiscos". **b)** *En una emisora de radio:* Pers. que selecciona y presenta discos de música pop. | Aristófanes *Sáb* 29.3.75, 53: Volvió el paisaje de todos los años, o séase, las crónicas y los comentarios de los locutores y los pinchadiscos para decir que la canción que ganó era la festivalera.

pinchado *m* Acción de pinchar(se) [1]. | *Abc* 23.10.75, 73: Pinchado de neumáticos. En la calle Apetenía, de Irún, fueron encontrados varios automóviles con los neumáticos pinchados.

pinchador -ra *adj* Que pincha. *Tb n, referido a pers.* | GPavón *Hermanas* 34: A Plinio le asaltó una extraña sensación, un pálpito pinchador. Pue 2.3.59, 24: Los "pinchadores", "apaleadores de niños", "manchadores de trajes" y "cortadores de trenzas" suelen ser sujetos tímidos.

pinchadura *f* Acción de pinchar(se). | DCañabate *Abc* 20.8.69, 48: "Paquirri" apenas se molestó en ver la forma de alegrar al tercero, y tras unos conatos de pases, a pinchar, con tres malas pinchaduras rematadas con el descabello.

pinchar **A** *tr* **1** Clavar [algo puntiagudo (*compl* EN o CON) en algo (*cd*)]. *Tb sin el primer compl.* | Carandell *Madrid* 92: El aperitivo suele consistir en una aceituna y media anchoa o medio boquerón pinchado en un palillo. Calera

Postres 34: Se echa [la crema] en las copas y se adorna con las frutas maceradas y la crema batida. Se pincha con dos o tres barquillos en cada copa. Olmo *Golfos* 46: Decían que estaban hartos de nosotros, y lo pincharon [el balón]. Al verlo sin aire, Tinajilla se echó a llorar. **b)** *pr* Sufrir [una cosa inflable] la acción de clavarse en ella algo puntiagudo. | *Ya* 12.6.74, 9: Una empresa británica anunció este martes la puesta en venta de un nuevo tipo de rueda para bicicletas y otros pequeños vehículos que nunca se pincha.
2 (*Taur*) Clavar ligeramente el estoque [al toro]. *Frec abs*. | S. Cayol *Ya* 23.9.70, 44: El Viti también cortó dos al cuarto después de pinchar dos veces mal y equivocarse después al citar a recibir a un toro quedado.
3 (*col*) Apuñalar. | Cela *SCamilo* 36: Un chamarilero de la calle del Prado muy exigente y digno, capaz de pinchar a su padre por un quítame allá esas pajas.
4 (*col*) Poner una inyección [a alguien (*cd*)]. | Marsé *Montse* 302: La llevaba [a la niña] a que la pincharan en el Dispensario del Hogar. **b)** (*jerg*) Inyectar droga [a alguien (*cd*)]. *Gralm el cd es refl*. | Buero *Diálogo* 43: Con tal de que no se pinche... O de que no se pique, como ellos dicen .. A ella no le he notado señales en los brazos. **c)** (*jerg*) Inyectar [una droga]. | *SPaís* 5.3.78, 13: El *yonqui* usa heroína, o morfina, incluso se pincha cocaína a falta de otra cosa.
5 Sujetar [una cosa con algo puntiagudo que se clava]. | Torrente *Sombras* 316: Chica de coro de las que salen en las revistas ilustradas con el culo al aire y cuyos retratos pinchan en la pared los soldados bisoños.
6 (*col*) Poner [un disco]. | A. Pezuela *Mun* 12.12.70, 62: Usted "pincha" el disco y en la pantalla del televisor hace su aparición el programa.
7 (*col*) Intervenir [un teléfono]. | *Pue* 14.6.83, 6: Actualmente no existe investigación judicial alguna en relación con la existencia de teléfonos "pinchados" o intervenidos sin autorización judicial. P. Urbano *Abc* 19.6.83, 25: Hay cinco "tests" de rabiosa actualidad .. para saber si uno es o no es "vip", "very important person". El "test" de tener el teléfono pinchado.
8 (*col*) Incitar o estimular. | Berenguer *Mundo* 244: Unos días después, pinchado por el amo, subió el Clemente al cuartelillo.
9 (*col*) Provocar [a alguien] con palabras o acciones. | CPuche *Paralelo* 162: Pistón callaba. Genaro esperaba el momento en que saltase. A los otros les gustaba pincharle. ZVicente *Traque* 127: Bueno, mire usted, no se impaciente. Yo le voy a contar todo lo que pasó .. Ahora, si usted me pincha, pues que no le cuento ni tantito así.
10 (*vulg*) Penetrar [el macho a la hembra]. *Tb abs*. | Marsé *Dicen* 93: ¿Es verdad que un moro te pinchó en tu pueblo, golfanta, y delante de tu padre? Berenguer *Mundo* 350: Eso es ganas de ponerle a uno un mandil, como al macho de cabra, para que no pinche si llega a saltar.
B *intr* **11** Clavarse [algo puntiagudo]. | J. C. Luna *Abc* 18.12.59, 67: El esparto pincha como leznas.
12 Sufrir [alguien] un pinchazo en el vehículo en que va. | Delibes *Emigrante* 27: Melecio pinchó y anduvimos reparando la goma a la luz de la luna.
13 Doler [una parte del cuerpo] con un dolor agudo y momentáneo. | Montero *Reina* 181: Las sienes se le cubrieron de sudor, y le pinchó la próstata. Lera *Clarines* 361: La tía Josefa se agachó entonces a recoger una prenda que yacía tendida en el suelo. Le pincharon los riñones y gimió un poco.
14 (*col*) Sufrir un fracaso. | Gilera *Abc* 25.11.73, 73: España ha hecho 149 .. Han "pinchado" también, y han bajado por ello en la clasificación, argentinos y japoneses. *Ya* 5.11.84, 1: El Madrid goleó y Barcelona y Athletic pincharon.
15 no ~ ni cortar. (*col*) No tener ninguna importancia o influencia [alguien que se supone que la tiene o que podría tenerla]. | SSolís *Juegos* 51: Charlamos superficialmente de mil menudencias sobre Fontán y Palomares .. Mina, insignificante, ni pinchaba ni cortaba.
16 ~ en hueso → HUESO.

pinchaúvas *m* **1** (*col*) Hombre insignificante. *Frec usado como insulto. Tb adj*. | Sastre *Taberna* 128: –Golferas, pinchaúvas. –El pinchaúvas lo serás usted; no insulte. Cela *Judíos* 305: Niños pinchaúvas y forasteros y viajantes de comercio a quienes se les ve en la cara la pálida marca de la violenta broma de la borrachera.

2 (*Taur*) Torero que falla reiteradamente en la suerte de matar. | DCañabate *Paseíllo* 20: –¿Por qué no te caes? –le interpelaba el matador. –¡Toma, mira qué gracia! ¡Porque has pinchado en hueso, porque eres un pinchaúvas! *Abc* 7.7.90, 89: Los novilleros, por pinchaúvas, estropean lo que apuntan con capote y muleta.

pinchazo *m* **1** Acción de pinchar(se). | Berenguer *Mundo* 17: ¿Qué va a defender él, que ni es capaz de defenderse de los pinchazos de una carrasca? *Abc* 29.11.70, 29: Cuando el avión rodaba por la pista sufrió un pinchazo en las ruedas del tren de aterrizaje. S. Cayol *Ya* 23.9.70, 44: El Cordobés, dos pinchazos y estocada. Cela *Izas* 84: El mozo .. murió de un pinchazo que le arrearon en mitad de la calle. Tomás *Orilla* 18: Blanca observaba los movimientos de Rafael, que ya había dispuesto la jeringuilla con una nueva dosis .. Encontró la vena al segundo pinchazo. J. L. Gutiérrez *D16* 8.7.83, 1: Alfonso Guerra invitó a una delegación de AP a visitar en su compañía las dependencias de la Telefónica donde habitualmente se efectúan los "pinchazos" telefónicos autorizados. *Ya* 25.11.73, 40: Golf .. Los nueve primeros hoyos logró finalizarlos Gallardo con uno bajo par 37, consiguiendo hacer "birdies" en los hoyos tres y ocho, aunque tuvo un pinchazo en el dos que le costó un punto.

2 Dolor agudo y momentáneo semejante al que produce algo puntiagudo al clavarse. | Laforet *Mujer* 303: Era una especie de dolor sordo, una especie de infección, como cuando empieza a dar pinchazos el pus.

pinche[1] **-cha** *m y f* Ayudante de cocina. | *Bal* 6.8.70, 26: Precisamos mujeres limpieza, peones, lavaplatos, pinches, recepcionistas. Zunzunegui *Camino* 20: Eran una cocinera y su pincha; un criado para el servicio del señor y los señoritos, y dos "dueñas" para servir la mesa. **b)** Ayudante. | *Alc* 13.11.70, 14: Fermín Cabal, candidato a concejal por Ventas. Ex pinche de albañil y botones, abogado, gestor administrativo. *Các* 23.9.74, 4: Ofertas de empleo .. Peones industria, auxiliares femeninos y pinchas de 14 a 17 años. Zunzunegui *Hijo* 53: Le parecía estar levantando un barco de cinco mil toneladas. Un pinche le ayudaba en su menester.

pinche[2] **-cha** *adj* (*reg*) Pincho[2]. | Cela *Mazurca* 114: Braulio Doade fue siempre muy pinche y peripuesto.

píncher (*pl normal*, ~s) *m* Perro guardián de origen alemán, de talla mediana y pelo corto y lustroso de color entre marrón y negro, al que suelen cortársele el rabo y las orejas. | *Van* 20.12.70, 75: Cachorros caniche foxterrier, pelo corto y duro, pastor alemán, .. píncher. *Faro* 30.7.75, 22: Cachorros pínchers. [*En los textos, sin tilde*.]

pincho[1] *m* **1** Objeto puntiagudo que pincha [11] o sirve para pinchar [1]. *Tb fig*. | Arce *Testamento* 75: Primero hacíamos cinco o seis pilitas de estiércol .. y al día siguiente volvíamos con las palas de pinchos y lo esparcíamos. A. González *Abc* 23.2.58, 9: El espíritu de la Santa .. comienza a fluir allí, a través de la doble reja de hierro tosco y agudos pinchos. Laiglesia *Tachado* 76: Todos ellos fueron generales con pincho en el casco. *SPaís* 26.6.77, 5: Se ha puesto a la venta una nueva barbacoa .. El pincho en donde se sujeta el pollo gira en dos sentidos, para que quede dorado por igual. DPlaja *El español* 56: Su personalidad está recubierta de pinchos que se erizan peligrosamente ante el intento de colaborar en cualquier empresa. **b)** (*Taur*) Espada o estoque. | Selipe *Ya* 9.5.75, 72: El albaceteño reveló cierto oficio, pero no alcanzó brillantez y sobre todo falló con el pincho dos veces clavado al volapié y cinco con el estoque de cruceta. **c)** (*jerg*) Navaja u otra arma blanca. | *País* 22.2.77, 48: Se viene notando un ambiente de tensión en el centro penitenciario de detención de hombres de Madrid, habiéndose llegado a producir enfrentamientos entre los internos, que han llegado, incluso, a agredirse físicamente con pinchos y objetos cortantes sustraídos de las dependencias de talleres. **d)** (*jerg*) Jeringuilla empleada para drogarse. *Tb la misma droga*. | R. Alonso *SPaís* 4.10.81, 43: De momento nunca me he pinchado, aunque nunca se sabe. Probablemente el hecho de tener una hija y preocuparme de ella, sabiendo lo que puede pasarme, haya evitado que pruebe el pincho.

2 Tapa o aperitivo que se presentan pinchados en un palillo u otro utensilio semejante. *Frec en la forma* PINCHITO. | Carandell *Madrid* 93: Para que exista el pincho lo único que hace falta es que la porción de morcilla o de chorizo vaya pinchada en un palillo. Arce *Precio* 170: Los canapés, los

pincho – pingón

pinchitos de tortilla y los fiambres iban pasando de las bandejas a los platos. Miguel *Mad* 22.12.69, 13: Se pueden elegir todas las gradaciones de aperitivos ..: tapas, pinchitos, banderillas o pinchos. **b) ~ moruno** → MORUNO.
3 Palangre grueso para pescar en mucho fondo, propio de Galicia. *Frec en la constr* DE(L) ~, *esp referida a merluza*. | *VozA* 13.8.78, 12: Mientras un barco de Cedeira, utilizando volanta (red), llega a pescar mil kilos de merluza, una lancha de Cudillero, por el sistema del "pincho", no alcanza los cincuenta kilogramos. *Voz* 5.11.87, 53: Con pescado del pincho del día entraron una pareja y 23 bacas. DCañabate *SAbc* 18.10.70, 44: ¡Lomos de merluza del pincho, de anzuelo, recubierta de oro en la sartén, capa que oculta la carne blanca, prieta, jugosa!

pincho[2] **-cha** *adj (col)* Peripuesto. | Torrente *Saga* 14: El Poncio viene tan pincho como siempre, con su traje gris, su sombrero negro de gran barandilla y su caña de Ceylán.

pinchoso -sa I *adj* **1** Que pincha [11] o tiene pinchos[1] [1a]. | * ¡Qué barba más pinchosa!
II *f* **2** *(jerg)* Navaja. | MSantos *Tiempo* 105: Se va a encontrar con la pinchosa el que la haya hecho ese bulto, porque está visto que la han dejao preñada.

pinchudo -da *adj* Que tiene pinchos[1] [1a]. | Kurtz *Lado* 277: Pugnan [las flores] por sobrevivir y se defienden, adustas, con sus tallos resecos y pinchudos.

pinciano -na *adj (lit)* Vallisoletano. *Tb n*. | Delibes *Inf* 22.1.76, 16: Paco Umbral hizo en Valladolid, en el viejo "Norte de Castilla", sus primeras armas literarias .. Umbral se incorporó al diario pinciano cuando este acababa de recuperar su libertad.

pindio -dia *adj (reg)* Pino o empinado. | MCalero *Usos* 35: Del fondo del zaguán salía otra escalera, más pindia de lo que era corriente. Lueje *Picos* 94: Vueltos a la dirección del Sudeste, por un pindio arenal se sale a la aguda cima de la Peña.

pindongo -ga *m y f (col)* Pers. que sale mucho de casa para entretenerse o divertirse. *Referido esp a mujer, frec alude a falta de moral sexual. A veces usado como insulto. Tb adj*. | Escobar *Itinerarios* 249: Los refrescos son cosas de mujeres, que bien lo necesitan más de cuatro pindongas. DCañabate *Paseíllo* 43: ¡Habráse visto, la pindonga! Me tiene entre ojos porque nunca la he dicho por ahí te pudras, ni he bailao con ella. RIriarte *Paraguas* 126: –Si es que el señor marqués es un perdido... –¡No! Eso, no... –¡Pero si resulta que era verdad! ¡Que tenía citada para esta tarde, en su casa, a una pindonga! * Mira que eres pindongo, no entras en casa.

pindonguear *intr (col)* Andar fuera de casa para entretenerse o divertirse. | Delibes *Emigrante* 75: La chavala se arregló, y hemos andado pindongueando todo el día de Dios por las calles.

pindongueo *m (col)* Acción de pindonguear. | I. RQuintano *Abc* 16.10.83, 42: Lo malo es que todo negocio de pindongueo suele acabar con los demás negocios.

pineal *adj (Anat)* [Glándula] cuya forma recuerda la de la piña, situada en el encéfalo, entre los hemisferios cerebrales y el cerebelo. | Navarro *Biología* 127: La región dorsal del tercer ventrículo presenta exteriormente un pequeño órgano denominado epífisis o glándula pineal. No tiene función nerviosa y se considera como un órgano glandular.

pinealoma *m (Med)* Tumor de la glándula pineal. | J. Fereres *TMé* 10.2.84, 4: El CT es también muy útil en la detección de pinealomas.

pineda *f* Terreno poblado de pinos. | CBonald *Ágata* 228: ¿Venía sola?, preguntó Pedro adelantándose a divisar una imaginaria piara que trasponía los altos de la pineda.

pinga[1] *f (reg)* Gota. | Cunqueiro *Fantini* 39: Atiende [el perro] voces en latín .. y, con una bolsa al cuello, va por vino a la bodega, y lo elige él, oliendo en la pinga de las billas.

pinga[2] *f (reg)* Mujer que es un pingo [2]. | Cela *Alcarria* 252: El tío Rabón vivía en mala maridanza con la Encarna Valdeiregua Manchón, una pinga de Villar de Domingo García.

pingada *f (reg)* Acción de pingar [6]. | Moreno *Galería* 311: Para cuya pingada [del mayo] hacía falta mucho mozo, mucha fuerza.

pingajo *m (desp)* **1** Andrajo o harapo. | A. Izquierdo *Arr* 30.12.70, 19: Llamar al mercado de San Ildefonso "la gran tertulia del barrio" es, de momento, ignorar las condiciones higiénicas y sanitarias en que se desenvolvía la lonja, infectada de ratas y pingajos.
2 Pers. descuidada y mal vestida. *Normalmente referido a mujer*. | Torrente *Off-side* 184: Estoy sufriendo de verte hecha un pingajo, con esos pelos y esos pantalones. Vamos arriba.
3 Pingo [2]. *Normalmente referido a mujer*. | CPuche *Paralelo* 419: Era muy posible que el mayor Jim .. considerara que su mujer era un pingajo, y entonces se explicaba que sintiera gratitud por el que le aliviaba los furores del sexo.

pingajoso -sa *adj (desp)* Harapiento o andrajoso. *Tb n, referido a pers*. | Espinosa *Escuela* 132: –No te enfurezcas, autoridad –repuso tranquilamente el andrajoso– .. El alcalde quiso pegar al pingajoso, pero la plebe gritó: –¡Cuidado! Es nuestro Santo. Isidro *Abc* 19.6.58, 51: Ese negociete podía hacerlo el Ayuntamiento .. Y de paso suprimir la fea costumbre de encartelar, pegotear, llenar de costras pingajosas y resecas tantas y tantas fachadas.

pingante *adj (lit)* Que pinga [1 y 2]. | Lera *Olvidados* 218: Se encogió de hombros a medias, con los brazos laxos y pingantes. Montero *Reina* 134: Cara ceniza, ropas pingantes color pardo, viejo asqueroso y consumido.

pingar A *intr* **1** Pender o colgar. | * Los brazos le pingaban a lo largo del cuerpo.
2 Ser [una prenda] indebidamente más larga por unas partes que por otras. | Torrente *Isla* 166: De cerca, pierden todo atractivo, porque son horrorosas; porque al ceder velocidad, las faldas caen y pingan.
3 Gotear [alguien o algo empapado]. *Gralm en la constr* ESTAR, *o* PONER(SE), PINGANDO. | CBonald *Dos días* 281: Las lluviosas estrías de los cristales parecían deformar el contorno de los muebles. Petra tardó en aparecer. –Perdone usted, me puse pingando en la azotea.
4 poner [a alguien] **pingando.** *(col)* Poner[le] como un pingo (→ PINGO [4]). | * Salió el tema del administrador, y entre todos lo pusieron pingando.
B *tr* **5** Inclinar [algo]. *Tb abs*. | * No pingues tanto la jarra al servir y verás como no se cae nada.
6 *(reg)* Poner vertical. | Moreno *Galería* 311: En muchos lugares de la Soria rural se celebraba –se celebra todavía– esta fiesta .. que consiste en pingar un árbol, al que se llama "mayo".

pingo *(col)* **I** *m* **1** Harapo o andrajo. *Frec con intención ponderativa*. | Armiñán *SEIM* 14.8.90, 4: La muleta era una especie de pingo hecho [j]irones .. Curro Cúchares no necesitaba cambiar el pingo para acabar con su adversario de una memorable estocada. Pinilla *Hormigas* 62: Son los pingos que se pone cuando baja a por carbonilla a la playa. Buero *Hoy* 50: –¿La ayudo? –Gracias, mujer. Son cuatro pingos. [*Colgando ropa en la azotea*.]
2 *(desp)* Pers. de moral sexual libre. *Normalmente referido a mujer; en este caso, se usa con art m o, raro, f. A veces usado como insulto. Tb adj*. | Delibes *Emigrante* 37: Me puse negro y la voceé que qué pintaban las pingos esas en mi casa. * Esa sí es un pingo.
3 Pers. que sale mucho de casa para entretenerse o divertirse. *Tb adj. Frec en la constr* IR DE ~. | * Hermano, estás muy pingo últimamente, no hay quien te pille en casa.
II *loc v* **4 poner** [a alguien] **como un ~.** *(col)* Insultar[le] o criticar[le] duramente. | * Le pregunté por ella y me la puso como un pingo.

pingoleta *f (reg)* Pirueta. | MFVelasco *Peña* 32: Lo mismo acababa [el oso] patas arriba, de una pingoleta, que venía rodando hasta tropezarme en las piernas. Delibes *Inf* 28.7.76, 17: El reo es un pez luchador .. En el segundo ejemplar que Juan capturó .. pude comprobar esto con mis propios ojos. ¡Qué brincos, qué pingoletas!

pingón -na *adj (reg)* Que pinga, *esp* [1 y 2]. | SSolís *Blanca* 61: Así van, de payasos, que parecen mendigas, con trapos arrugados y pingones, con eso de que la arruga es bella.

pingonear *intr* (*col*) Andar fuera de casa para entretenerse o divertirse. | * Estos chicos no dan golpe, solo piensan en pingonear.

pingoneo *m* (*col*) Acción de pingonear. | R. González *Ya* 19.5.90, 11: Cuando se desea desarrollar culturalmente a un pueblo hay que comenzar por el verbo; es decir, por los libros. De lo contrario se incurre en lo que a mí me parece "Cultura del pingoneo".

pingorota *f* (*col*) Cima o picota. | Zunzunegui *Camino* 212: El aire era seco y tibio y muy al fondo se difuminaba la pingorota de unos montes.

ping-pong (*n comercial registrado*) *m* Juego semejante al tenis, que se juega sobre una mesa y con palas. | Ramírez *Derecho* 10: Las reglas que hoy regulan los juegos –fútbol, tenis, ping-pong, etcétera– no son las mismas de hace unos años.

pingue *m* (*hist*) Antigua embarcación de carga, usada esp. en Italia. | Faner *Flor* 97: En aquella segunda travesía habían apresado una cáraba valenciana, una polacra genovesa con carga de trigo, un pingue con toneles de vino.

pingüe *adj* **1** (*lit*) Abundante o copioso. *Frec referido a beneficio*. | *Sp* 21.6.70, 7: ¿Es que el pingüe rendimiento de las habilitaciones de personal .. impide implantar este moderno sistema? GNuño *Escultura* 52: Era natural en tierra tan selvática y pingüe .. adoptase la religión estos caracteres tan prácticos.
2 (*raro*) Grasiento. | Ribera *SSanta* 50: Os suplicamos, Señor, enviéis vuestro Santo Espíritu Paráclito desde lo alto de los cielos sobre esta pingüe sustancia del óleo.

pingüemente *adv* (*lit, raro*) De manera pingüe [1]. | Faner *Flor* 73: Durante una semana subieron al norte .. Se acomodaron en la cuadra, después de manducar y abrevarse pingüemente.

pingüi *m* (*Taur*) Adorno efectista y sin mérito. | DCañabate *Paseíllo* 134: Los indocumentaos son los abejorros que se estrellan contra todo lo que reluce en los toros que es el pingüi.

pingüinera *f* Lugar en que se reúnen los pingüinos en la época de su reproducción. | *Ya* 18.2.89, 39: Y al desembarcar en la isla chilena de Hornos, .. se describe el paisaje, de acantilados, turbales y pingüineras, donde viven tres marinos de la Armada chilena.

pingüino **I** *m* **1** Pájaro bobo. | Ybarra-Cabetas *Ciencias* 382: El pingüino es un ave marina. *Sp* 19.7.70, 49: Un 70 u 80 por ciento de esas salas que mostraban en su entrada al pingüino .. tenían una refrigeración de segundos. **b)** Ave marina palmípeda extinguida (*Alca impennis* o *Pinguinus impennis*). | Legorburu-Barrutia *Ciencias* 207: Palmípedas .. La gaviota, pelícano, pingüino, pájaro bobo.
II *loc adv* **2 de ~.** (*col*) De frac. *Con vs como* IR *o* VESTIR(SE). | P. J. Ramírez *ElM* 6.5.90, 3: El hecho de que, cada vez que, con motivo de la Pascua Militar u otra recepción similar, José Luis Corcuera se viste de "pingüino", proyecte la inequívoca sensación de que su persona y su indumentaria no están hechos [*sic*] el uno para el otro, no convierte su caso en diferente.

pingullo *m* (*raro*) Pinquillo. | M. Gordon *Ya* 1.2.85, 17: El joven Luis Felipe Atahualpa Duchicela, 28 descendiente directo del legendario Atahualpa, puso en manos de Juan Pablo II el bastón de mando de los incas .. Este regalo estuvo acompañado por los golpes de tambores, las notas de las dulzainas, el agudo son de los pingullos y las sonoras bocinas indígenas.

pinillo *m* Se da este *n* a las plantas *Ajuga chamaepitys* (~ OLOROSO), *A. iva* (~ ALMIZCLADO), *Hypericum ericoides* (~ DE ORO), *Teucrium pseudochamaepitys* (~ FALSO *o* ~ BASTARDO) *y otras*. | * Faner *Flor* 32: Le gustaba andar por la vereda culebreante, mientras el pequeño juntaba manojos de pinillo.

pinitos *m pl* (*col*) Primeros pasos de un bebé. *Gralm con el v* HACER. | * El chiquitín ya hace pinitos. **b)** Primeros pasos [en una actividad (*adj o compl especificador*)]. *Tb sin compl, por consabido*. | * Antes de publicar su primer libro de poemas, ya había hecho sus pinitos líricos en la revista de los estudiantes. **c)** Ensayo o intento [en una actividad (*adj o compl especificador*) en que no se es profesional]. *Tb sin compl por consabido*. | M. Landi *Caso* 5.12.70, 20: Nosotros, que, sin ser guardias, ni policías, ni jueces, también hacemos nuestros pinitos como investigadores. Goytisolo *Recuento* 77: Esta es una chica discreta: una burguesita catalana, moderna, con sus gatos, sus discos y sus pinitos intelectuales. Delibes *Mundos* 161: Resulta palpable que en Tenerife se vive con mayor facilidad que en la Península y que el acceso a las cosas superfluas no es patrimonio de cuatro gatos con plataneras en La Orotava. Todo el mundo puede hacer aquí sus pinitos.

pinjante **I** *adj* **1** (*raro*) [Joya u objeto de adorno] que cuelga. | Onieva *Prado* 45: Es una figura juvenil, sentada, de gran belleza y elegancia, con sartas de perlas en el cabello y dos joyeles, uno de ellos con perla pinjante.
II *m* **2** Colgante (joya). | GNuño *Madrid* 115: Dos vitrinas muestran una colección sigilográfica y otra completísima de pinjantes.
3 (*Arquit*) Adorno que cuelga, esp. de un techo o bóveda. | *CoA* 31.10.75, 28: Torre de la Victoria .. En un pinjante se lee: "Administró esta obra el P. Fr. Agustín Rodríguez, Procurador de este convento, natural de esta villa".

pinkillo → PINQUILLO.

pinky *m* Piky (prenda que cubre parte del pie). | *Envase* 5.92: Scholl. Hosettes pinky. Instrucciones: Colocar primero los dedos del pie dentro del pinky y luego estire de él hacia el talón.

pinna *f* (*Bot*) Folíolo. | Santamaría *Paisajes* 23: *Pteris aquilina*, helecho .. Tiene un tallo aéreo de hasta 2 m., rojizo, del que salen dos o tres hojas pinnadas con pinnas numerosas triangulares, insertas en el raquis por la base.

pinnado -da *adj* (*CNat*) **1** Que tiene forma de pluma. | Ybarra-Cabetas *Ciencias* 336: También son vulgares las Holoturias .. y la Comátula mediterránea de brazos pinnados. Alvarado *Botánica* 19: Las penninervias o de nerviación pinnada, en las cuales existe un nervio principal longitudinal y numerosos nervios laterales que se ramifican y, a veces, se anastomosan entre sí. **b)** (*Bot*) [Hoja compuesta] cuyos folíolos se insertan a ambos lados del pecíolo. | Ybarra-Cabetas *Ciencias* 288: Sus hojas [del guisante] son pinnadas.
2 (*Zool, raro*) Cetáceo. *Tb n.* | Ybarra-Cabetas *Ciencias* 407: Caracteres biológicos de los mamíferos pinnados.

pinnadocompuesto -ta *adj* (*Bot*) Pinnado [1b]. | Bustinza-Mascaró *Ciencias* 240: Las hojas compuestas son las que tienen el limbo dividido en cierto número de láminas independientes, llamadas foliolos, que pueden estar colocados en filas paralelas a lo largo de un eje común, hojas pinnadocompuestas.

pinnípedo -da *adj* (*Zool*) [Mamífero] carnívoro y acuático, de cuerpo pisciforme y pies en forma de aletas con membrana interdigital, como la foca. *Frec como n m en pl, designando este taxón zoológico*. | Ybarra-Cabetas *Ciencias* 393: Los pinnípedos se supone que derivan de una forma ancestral común con los osos llamada *Amphicyon*.

pino[1] *m* **1** Árbol resinoso de hojas persistentes y aciculares (gén. *Pinus*). *Tb su madera. Diversas especies se distinguen por medio de adjs o compls*: ~ ALBAR (*P. pinea, P. sylvestris*), ~ CARRASCO (*P. halepensis*), ~ DE CANARIAS (*P. canariensis*), ~ DE MONTERREY (*P. radiata*), ~ (DE) VALSAÍN (*P. sylvestris*), ~ GALLEGO (*P. pinaster*), ~ LARICIO (*P. laricio, P. nigra*), ~ MARÍTIMO (*P. pinaster*), ~ NEGRAL (*P. laricio, P. nigra, P. pinaster, P. sylvestris*), ~ NEGRO (*P. montana, P. unciata*), ~ PIÑONERO (*P. pinea*), ~ RODENO (*P. pinaster*), ~ SILVESTRE (*P. sylvestris*), etc. | Ybarra-Cabetas *Ciencias* 286: El pino tiene en nuestro país una gran importancia desde el punto de vista económico. Laforet *Mujer* 34: Aquella misa, .. con el ara sobre una mesa de pino. Loriente *Plantas* 13: *Pinus sylvestris* L., "Pino albar"; "Pino de Balsaín"; "Pino silvestre". Pino introducido, sobre todo, en las repoblaciones de las zonas altas y más meridionales de la provincia. Loriente *Plantas* 11: *Pinus halepensis* Miller, "Pino carrasco"; "Pino de Alepo". Poco frecuente, en parques y jardines como ornamental. GCabezón *Orotava* 26: Pino de Canarias, *Pinus canariensis*, Smith .. La madera de árboles viejos es la tea, tan estimada localmente para la construcción de balcones canarios, puertas, ventanas, artesonados, etc. Loriente *Plantas* 12: *Pinus radiata* D. Don, "Pino de Monterrey"; "Pino insigne". El pino más empleado en las repoblaciones de

pino – pintada

Cantabria. Ra. Ríos *Sáb* 13.8.75, 33: Me enseñan el siguiente sitio donde va a cortar [Explotaciones Forestales]: unos pinos laricios (salgareños les dicen por aquí [Sierra de Segura]) de una derechura increíble. *Abc* 1.2.68, 29: Puertas artísticas estilo español .. Madera: Pino "Valsaín", castaño, roble o nogal. Loriente *Plantas* 12: *Pinus nigra* Arnold, "Pino laricio". Aparte de ornamental .., parece ser que también se han plantado rodales para su aprovechamiento maderero. Loriente *Plantas* 12: *Pinus pinaster* Aiton, "Pino gallego"; "Pino marítimo"; "Pino resinero". Se pueden ver algunos rodales, sobre todo, en la zona litórea. Cela *Judíos* 298: La huerta de la Adrada, venero fecundo, brinda dos cosechas, y el pinar, blando tapiz, dos suertes de pino: el negral de la resina, que por Ávila es rodeno, .. y el albar de la madera. P. Moreno *SInf* 13.8.75, 4: Flora. Abeto, arbustos pirenaicos, pino negro. Loriente *Plantas* 12: *Pinus pinea* L., "Pino parasol"; "Pino piñonero". Como ornamental, tanto aislado como formando pequeños rodales. Loriente *Plantas* 12: *Pinus montezumae* Lamb., "Pino de Méjico". Solamente hemos visto un hermoso ejemplar. Loriente *Plantas* 13: *Pinus wallichiana* A. B. Jackson, "Pino excelso"; "Pino llorón del Himalaya". **b)** *Con un especificador, designa tb coníferas de otros géns, esp Abies, Picea y Araucaria.* | Ortega-Roig *País* 51: En el mapa de vegetación el 1 indica un árbol típico, el pino-abeto. Loriente *Plantas* 17: *Araucaria araucana* (Molina) Koch, "Araucaria"; "Pino de Chile". La Araucaria más frecuente. Loriente *Plantas* 17: *Araucaria excelsa* (Lamb.) R. Pr., "Pino de la isla de Norfolk"; "Pino de pisos". Poco frecuente, en parques y jardines. Loriente *Plantas* 14: *Sciadopitys verticillata* (Thunb.) Siebold & Zucc., "Pino sombrilla japonés". *MOPU* 7/8.85, 61: Alfife (*Prenanthes canariensis*), tajinaste rojo, palmera canaria, drago, pino tea, .. crecen, entre otras, en Gran Canaria.
2 el quinto ~. (*col*) Un lugar muy apartado. | Delibes *Perdiz* 117: Si el Cazador le dice que su perro ha perdido los vientos, le saldrá con que los vientos únicamente sirven para enloquecer a los perros y levantar las perdices en el quinto pino.
3 Ejercicio gimnástico que consiste en ponerse en posición vertical apoyando las manos en el suelo. *Gralm en la constr* HACER EL ~. | Vicent *País* 26.6.84, 64: No ha buscado más que la forma de liberarse. Para ello se ha servido de la religión, de los licores, de la meditación trascendental y de algunas raíces. También ha hecho el pino. A. Salinas *Ya* 14.6.87, 80: Ya lleva siete meses [con la gimnasia] y en lugar de aburrirse ha aprendido a hacer el pino.

pino² -na *adj* **1** Empinado o pendiente. | Cela *Pirineo* 33: Subiendo la pina cuestecilla que lleva hasta los caseríos de Pujol y Coscastell.
2 Vertical o derecho. | Berlanga *Rev* 3.69, 27: La mecha soltaba tufo del petróleo y una humareda negra y pina. Delibes *Parábola* 96: Una liebre .. se acula en los calveros, las orejas pinas, como acechando.

pinocha *f* Conjunto de hojas de pino. | Delibes *Siestas* 31: El Pernales se agachó para arrimar al fuego una brazada de pinocha. Hoyo *Caza* 30: Caminábamos ahora más cerca el uno del otro. A veces me escurría sobre el manto de pinocha caída y húmeda.

pinochada *f* Pelea en que se usan pinochos [1] como arma y que constituye un festejo típico de Vinuesa (Soria). | Moreno *Galería* 314: El festejo recoge .. la más bella batalla, la guerra más bonita y la pelea más encantadora –que eso es la pinochada–.

pinochazo *m* Golpe dado con un pinocho [1]. | Moreno *Galería* 318: Las "piñorras" atacantes no dejan espacio libre .. para "atizar" un pinochazo .. al mozo.

pinocho *m* **1** Rama de pino¹. | Moreno *Galería* 314: Tiene lugar [la pinochada] en torno al "mayo" de la Plaza Mayor, padre, sin duda, de los pinochos empuñados .. por las mujeres-soldados.
2 Pino¹ nuevo. | GHortelano *País* 24.3.83, 9: Plantar el pinocho en un terraplén suburbano significa .. la única variedad de ecologismo emocionante.

pinole *m* (*hist*) Mezcla de polvos de vainilla y otras especias, usada para dar sabor y aroma al chocolate. | Cabezas *Abc* 16.11.75, sn: "El Sotanillo" .. y otras [tiendas] .. servían, todavía en los años veinte, los pocillos de aquel suculento chocolate que, por antonomasia, se llamaba "soconusco", porque se le agregaban los olorosos polvos de pinole, que venían preparados de América.

pinquillo (*tb con la grafía* **pinkillo**) *m* Flauta travesera americana. | VMontalbán *Tri* 28.9.74, 70: Esa síntesis [de la tradición musical española y la precolombina] se manifiesta en una riqueza instrumental en la que elementos de origen europeo modificados, como el guitarrón, se combinan con la "quena" .., la "zampoña", el "pinquillo", la "tarca". *País* 28.12.76, 1: Garrido. Instrumentos de música. Acordeones piano .. Flautas: Dulces. Trave[s]eras. Tarkas. Kenas. Pinkillos.

pinrel *m* (*col*) Pie (de pers.). | Aldecoa *Gran Sol* 133: Manuel Espina protestó cuando Macario apoyó los pies en la barra de su litera. –Salta directo al suelo. No me pases tus asquerosos pinreles por las narices.

pinsapal *m* Pinsapar. | Cuevas *Finca* 146: Muchos de ellos habían cazado la cabra montés entre los pinsapales de Ronda.

pinsapar *m* Terreno poblado de pinsapos. | Laín *España* 42: También es [Andalucía] .. los ásperos montes del norte de Córdoba, los quebrados pinsapares de Ronda.

pinsapo *m* Abeto de hasta 25 m de altura, con ramas dispuestas horizontalmente y ramitas rojizas insertas en ángulo recto, propio de la serranía de Ronda (*Abies pinsapo*). | Ybarra-Cabetas *Ciencias* 286: El pinsapo origina formaciones forestales en la Sierra de Guadarrama y de Ronda.

pinscher (*al; pronunc corriente*, /pínčer/; *pl normal*, ~s) *m* Pincher. | A. M. Campoy *Abc* 1.12.70, 3: Los perros sonríen con el rabo, y por eso digo que es una cosa tremenda cortárselo, aunque se trate de un pinscher de pura raza.

pinta¹ *f* **1** Mancha o dibujo pequeños y redondeados. | Laiglesia *Ombligos* 107: Debe usarse traje azul con pintas blancas. Mihura *Ninette* 61: No, si he traído otra [corbata] con pintitas.
2 Aspecto o apariencia. *Frec con un adj o compl especificador o apreciativo.* | Cela *Judíos* 29: Sindo, con su pinta de lobezno errabundo, hubiera sido un aprendiz de provecho y un discreto y apañado escudero. MGaite *Cuarto* 90: A mi abuelo yo no lo conocí, pero en las fotografías se le ve muy buena pinta. Laforet *Mujer* 158: Ten cuidado con la madre; o mucho me equivoco o es una "fulana" .. ¡Tiene una pinta!
3 Color de la piel [de un toro o de un caballo]. | DCañabate *Abc* 16.7.72, 56: Muy lucida y espectacular fue la actuación de Rafael Peralta, singularmente la ejecutada sobre un soberbio caballo mejicano de pinta perla isabela, de piel de color tostado y las crines y la cola, muy luenga, blancas.
4 (*Naipes*) Señal que tienen los naipes en sus extremos, por la que se conoce, sin descubrirlos enteros, de qué palo son. | Torrente *DJuan* 239: La carta no se mira de esta manera. Hay que hacerlo con cuidado, ¿me comprende? Sacarla por la pinta.
5 (*Naipes*) Carta que se descubre al comienzo del juego y que determina el palo de triunfo. | * Con el siete te puedes llevar la pinta.

pinta² *m y f* (*col*) Pers. sinvergüenza. *Frec con intención afectiva. Tb adj.* | Olmo *Golfos* 67: Tenía cara de pinta, con mucha sal en los ojos.

pinta³ *f* **1** Medida anglosajona de capacidad que en Gran Bretaña equivale a 0,568 litros y en Estados Unidos 0,473. | Laiglesia *Tachado* 122: ¿Quién no se ha reído alguna vez al saber que medimos los líquidos por pintas, los sólidos por onzas y las distancias por yardas?
2 (*reg*) Cantidad pequeña [de algo]. | Delibes *Ratas* 66: –¿Coméis ratas en tu pueblo? –Son buenas, Jefe, por estas. Fritas con una pinta de vinagre son más finas que codornices. Delibes *Castilla* 184: Al trigo sí se le abona, pero al girasol ni una pinta, se le dan las labores y nada más.

pintable *adj* Que se puede pintar. | *SYa* 24.11.74, 31: Los muertos, por ejemplo, no son pintables del natural.

pintacilgo *m* Jilguero (pájaro). | Cela *Judíos* 148: Debieran recitarse [los versos] con acompañamiento de cimbalillo o suave canto de pintacilgo.

pintada *f* Acción de pintar en las paredes letreros o dibujos, frec. de carácter político. *Esp su efecto.* | *Abc* 28.7.74, 32: Son cinco las personas últimamente detenidas en Guernica y puestas a disposición judicial, tras la "pintada" del frontón. Torrente *Nuevos cuad.* 143: Su concepto de libertad se agota en huelgas, sentadas y pintadas.

pintado¹ -da I *adj* **1** *part* → PINTAR.
2 Que tiene diversos colores, o toques de otro color sobre el general. | Hoyo *Caza* 35: Espanta a los pajarillos que anidan en las zarzas –pintados jilgueros y presumidos andarríos–. Halcón *Campo* 19: La malva de flor blanca pintada, la campanilla de flor blanca, la hierba del Señor que florece en azul. Alós *Hogueras* 252: Por lo pronto sembraría unas judías en el huerto, unas judías pintadas de esas que se deshacen en la boca cuando se comen. Ferres-LSalinas *Hurdes* 24: Unos muchachos pescan truchas "pintadas" por el procedimiento de golpear las piedras.
3 [Papel], gralm. de colores y con dibujos, usado para decorar paredes. | *Hacerlo* 97: La cola se vende preparada en las droguerías o en los comercios que se dedican a la venta de papeles pintados.
4 (*hist*) [Pan] adornado en su parte superior con determinadas labores. | DPlaja *Sociedad* 38: Con el salpicón .., el español de entonces probará .. pan pintado, que así parecía de los moldes que se usaban al cocerlos con aceite y ajonjolí.
5 (*col*) Totalmente adecuado o a la medida. *Con vs como* ESTAR *o* QUEDAR *y gralm en la constr* QUE NI ~. | Delibes *Siestas* 35: Sacó los calcetines .. y se vistió uno. En la punta se le formaba una bolsa vacía. –Me están que ni pintados, hijo.
II *n* **A** *f* **6** Gallina de Guinea. | Savarin *SAbc* 1.2.70, 22: Una buena pularda, y no digamos una pintada, es cien veces superior al faisán.
B *loc n m* **7 el más ~.** (*col*) Cualquier pers., por lista o experimentada que sea. | *DLi* 21.2.78, 14 (C): Daría el pego al más pintado.
III *loc v* **8 no poder ver** [a alguien o algo] **ni ~.** (*col*) Sentir odio o aversión total hacia ellos. *A veces se omite* NO PODER VER, *por consabido*. | ZVicente *Traque* 277: Las cuñadas no me podían ver ni pintada. * Yo a ese, ni pintado.

pintado² *m* Acción de pintar [1]. | *Hacerlo* 73: Es del todo necesario, para un buen pintado o empapelado, que las paredes y puertas queden totalmente libres de grietas.

pintalabios *m* Lápiz de labios. | Marsé *Montse* 180: Debajo de la cama reluce el dorado de un pintalabios. Sin duda perteneció a alguna muchacha cursillista que durmió aquí.

pintamonas *m y f* (*desp*) Artista pintor de poca calidad. | Sampedro *Sonrisa* 92: Otros lienzos hasta producen risa, como uno con un grupo de ovejas. ¿Dónde las habrá visto así el pintamonas? ¡Con cara de conejas!"

pintar A *tr* **1** Cubrir de color [algo, esp. una superficie]. | *Hacerlo* 86: Si deseamos pintar un mueble cualquiera .., bastará con dar una capa preparatoria y luego la definitiva del color que hayamos elegido. Moreno *Galería* 24: Blanco el molinero, porque venía enharinado, con la flor de harina, que le había pintado pelo y cejas, rostro, brazos y vestido.
2 Representar [algo] con líneas y colores. *Tb abs.* | Fernández-Llorens *Occidente* 12: En las regiones del Levante español han aparecido, pintadas en paredes de roca, escenas como la de Valltorta. Carandell *Madrid* 153: No pinta bien pero es de izquierdas. **b)** *Se usa en constrs como* TENDREMOS QUE \~LO, COMO NO LO PINTE, *etc, para ponderar la falta absoluta de algo o de los medios para conseguirlo.* | Olmo *Golfos* 114: ¡Como no pintemos el duro, no sé "pa" qué va a ser! **c)** *pr* Representarse [algo] con líneas y colores. | Alvarado *Anatomía* 89: La miopía se debe a que las imágenes de los objetos se pintan delante de la retina.
3 Hacer determinada representación con líneas y colores [en un lugar (*cd*)]. | Cunqueiro *Un hombre* 19: Y porque tenía fina letra de lápida a la manera antigua, él mismo pintaba los mojones.
4 Maquillar. *Frec el cd es refl.* | DPlaja *El español* 142: Para nuestros abuelos, lo era [una cualquiera] la que "fumaba y hablaba de tú a los hombres". Luego fue el pintarse, el enseñar la rodilla, la minifalda.
5 Describir o mostrar [algo] mediante palabras u otro medio distinto del dibujo. | Vesga-Fernández *Jesucristo* 119: El juicio final lo pinta así Nuestro Señor. Halcón *Ir* 79: –Ya le dije que no le conocía, que no tengo idea de él. –Pues verá, voy a pintárselo.

6 ~la. (*col, hoy raro*) Presumir o lucirse. | DCañabate *Paseíllo* 116: Yo a la corrida de Beneficencia, a pintarla entre lo mejorcito de Madrid.

B *intr* ➤ **a** *normal* **7** Marcar o dejar señal [un lápiz o un utensilio semejante]. | * Este boli no pinta.
8 Empezar a tomar color [algo, esp. los frutos al madurar]. *Tb pr.* | Pemán *Halcón* 41: El "limonear de los trigos", cuando ya pintan entre verde y amarillo. Cela *Viaje andaluz* 183: En el plato de barro se rehoga .. la cebolla y el jamón .. Cuando empieza a pintarse se le añade el tomate. Lama *Aves* 37: Se aclimata [el jilguero] con facilidad a la jaula, máxime si se le coge de joven, durante los meses de septiembre y octubre, en que ya come bien, no obstante estar sin "pintar", esto es, sin echar el color encarnado que de adulto luce en su cabeza.
9 Salir o aparecer. | Ferres-LSalinas *Hurdes* 84: –¿Se tarda mucho por la sierra? –Saliendo cuando pinta el sol se llega a poco de mediodía. GPavón *Reinado* 213: Allí estaba [mi pita], segura, dispuesta a tronar en cuanto pintara pájaro.
10 Comenzar a mostrar [una apariencia determinada (*compl adv*)]. | FSantos *Hombre* 19: Espérese a mañana. A ver qué tal pinta el día. Si vemos que no escampa, traemos las estufas y en paz. Hoyo *Pequeñuelo* 60: –Pinta bien ese rosal. –Es mi preferido, abuelo. El que más cuido.
11 Ir o desarrollarse [algo (*suj*) de una manera determinada (*compl adv*)]. | Delibes *Ratas* 38: Dijo [el pastor] al marchar: –Que pinte bien. **b)** *Sin compl:* Ir bien. | Delibes *Emigrante* 33: La chalada de mi hermana, que si me pinta allá no la eche en olvido, ya que cada día que pasa está más necesitada. Carnicer *Cabrera* 24: Le pregunto por las cosechas. –Mal –responde–. Las aguas no vinieron bien este año. Marzo y abril fueron buenos y creció la paja, pero en mayo no cayó una gota y no granó el trigo ni el centeno. –Y la yerba, ¿qué? –¡Vaya...! A ver si pinta la castaña. GPavón *Reinado* 59: Creo que estamos operando como requiere el caso, pero hasta ahora no pinta el juego.
12 (*reg*) Probar o sentar [algo a alguien]. | Delibes *Voto* 141: Al mes que viene vendrá él, con los dos nietos, ¿se da cuenta? A ella no le pinta esto. Dice que qué va a hacer ella en un pueblo donde no se puede ni tomar el aperitivo, ya ve.
13 (*Naipes*) Ser triunfo [un palo de la baraja]. *Tb* (*lit*) *fig.* | A. M. Campoy *Abc* 14.8.70, sn: Entra a cuerpo limpio, más vivaz y revolucionario que los muchachos más jóvenes, dirigiéndolo todo con serenidad o con vehemencia, según pinten las cartas –oros o bastos.
14 (*col*) Tener importancia o influencia. *Gralm en constrs de sent negativo.* | * Se cree que yo pinto algo en el ministerio, pero soy el último mono. Penedo *Cod* 3.5.64, 7: Los padres, si no salían elegidos, no pintaban nada. **b)** Tener que hacer [algo en un lugar o en un asunto]. *A veces con un predicat con* DE *o* COMO. | ZVicente *Traque* 306: Qué fácil es ser feliz cuando Dios quiere que lo seas, porque de otro modo, qué pintamos aquí. C. GBayón *SVoz* 8.11.70, 1: ¿Por qué no te presentaste tú también...? ¿Yo...? ¡Vaya, vaya! ¿Qué pintaría de concejal?

➤ **b** *pr* **15 ~se solo** [para algo]. (*col*) Ser muy apto o hábil [para ello]. | ZVicente *Traque* 132: Para trampas, me pinto solo. CPuche *Paralelo* 357: El dueño de la cafetería "Colorado" se pintaba solo para esta clase de negocios. ZVicente *Balcón* 34: ¡No hace falta traer nada de eso de fuera! ¡Nosotros nos pintamos solos!

➤ **c** *impers* **16** Ser triunfo [un palo de la baraja (*compl* EN)]. *Tb* (*lit*) *fig.* | Cela *Judíos* 216: Los quintos de las quintas .. ramonean la encina, cuando pinta en oros, por el monte Moheda.

pintarrajar *tr* (*desp*) Pintarrajear. | Faner *Flor* 128: Ofendía la faz corroída de los espejos, la gravedad de los retratos, con desfiles de mundarias emperifolladas, pintarrajadas y con el pecho prácticamente desnudo por lo extremado del escote.

pintarrajear *tr* (*desp*) Pintar [1, 2, 3 y 4] sin arte. | Mercader-DOrtiz *HEspaña* 4, 233: A las enormes máquinas barrocas sucedieron encanijados retablos neoclásicos, con frecuencia de madera pintarrajeada imitando el mármol y el jaspe. L. Calvo *Abc* 28.6.70, 15: Una señora pequeñita y también viejita, arrugadita, muy pintarrajeada, menuda de ojos y larga de orejas, se llama Simone de Beauvoir.

pintarrajeo *m (desp)* Acción de pintarrajear. | L. Calvo *Abc* 26.7.70, 16: Han vuelto a sus trapatiestas los expertos comandos del izquierdismo especializados en el pintarrajeo.

pintarrajo *m (desp)* Pintura o dibujo descuidados o mal hechos. | * Me enseñó un cuaderno lleno de pintarrajos.

pintarroja *f* Pez selacio de unos 60 cm, de dorso gris con manchas oscuras, propio de las costas europeas (*Scylliorhinus canicula*). | Aldecoa *Gran Sol* 65: Cuando estés durmiendo voy a traer una pintarroja y te la voy a meter en la bragueta.

pintaúñas *m* Esmalte o pintura para uñas. | * Necesito un pintaúñas, este se ha secado.

pintear *intr (reg)* Gotear. | P. Álvarez *SVozC* 29.6.69, 24: Los hijos reían entre tiritones y pintear de agua que les escurría por aquellos costillares de cristos románicos.

pintense *adj* Pinteño. *Tb n.* | *Ya* 30.4.87, 33: Se hace también un recorrido exhaustivo por la comarca, con paradas en las localidades que la componen y un paseo por las fiestas, tradiciones, costumbres, cultura, historia y arte de los pintenses, sanmartineros .. y titulcianos.

pinteño -ña *adj* De Pinto (Madrid). *Tb n, referido a pers.* | *Ya* 10.12.85, 18: Gonzalo Arte[a]ga lleva en sus entrañas el cariño que hacia la villa de la Torre de Éboli le legaron sus antepasados pinteños.

pintiparado -da *adj (col)* Perfectamente adecuado o ajustado. *Frec con un compl* PARA. | DCañabate *Andanzas* 39: Casarla con un buen partido, a ser posible de la aristocracia. Un marqués sin dos pesetas les parecía pintiparado. Solís *Siglo* 362: Un día llegó la ocasión que ni pintiparada para lograr este propósito.

pinto¹ -ta I *adj* **1** [Animal o cosa] que tiene manchas de distintos colores. | Payno *Curso* 25: La cerda pinta había adelgazado mucho en los últimos días. Viñayo *Asturias* 132: Es la in[n]egable sinfonía gijonesa sobre el pentagrama del mar con corcheas de vacas pintas y prados verdes. J. PRío *DMo* 23.8.85, 37: La presencia de toros pintos rojos fue notoria. Trévis *Navarra* 26: 400 gramos de judías pintas, medio litro de vino tinto. **b)** [Pájaro] ~, [pájara] **pinta** → PÁJARO.
II *m* **2** *(reg)* Maragota (pez). *A veces se da tb este n a otras especies afines.* | *Voz* 5.11.87, 53: Salmonete, a 815 pesetas kilo; .. abadejo, de 350 a 730; pinto, a 500; pulpo, de 135 a 190.

Pinto². **entre ~ y Valdemoro.** *loc adv (col)* En situación indecisa o poco definida entre dos términos. *Frec con el v* ESTAR *y gralm referido al estado de embriaguez*. | Cela *Viaje andaluz* 129: Jaén es tierra frontera .. que .. toma de los dos bandos lo que puede y le dejan: que no es quedarse entre Pinto y Valdemoro, sino que se cocer, en la tumultuaria olla del tiempo, la venera de los caballeros con la media luna de los emires. * Se ha tomado dos copas y está ya entre Pinto y Valdemoro.

pintojo -ja *adj* Que tiene pintas o manchas. *A veces se usa como especificador de algunas especies zoológicas.* | Delibes *Parábola* 28: Jamás conseguía que su amplio trasero pintojo desapareciese bajo la superficie del agua. L. López *Ya* 21.2.87, 34: Especies o clases de anfibios: el gallipato, el sapo partero común, el sapillo pintojo, el sapo común, el sapo de espuelas, el sapo corredor.

pintón -na *adj* **1** [Fruta] que va tomando color al madurar. | Chamorro *Sin raíces* 218: Nos refiere que Sixto andaba con anginas, que el melonar iba muy gordo, que las uvas estaban ya pintonas.
2 Que tiene pintas o manchas. *Tb n f, referido a trucha.* | FSantos *Cabrera* 171: –Anda tan delicado que se lo han recetado cocido [el huevo] y solo uno por día. –Aunque un poco pintón, no quedará del todo mal .. Se lo haremos al baño María. Delibes *Castilla* 34: Las truchas quedaron arriba, en Covarrubias y San Pedro de Arlanza .. Alguna pintona, sin embargo, se descuida, y entonces Enrique Calleja, el molinero .., la captura.
3 *(reg)* Medio borracho. | Cela *Viaje andaluz* 148: El vagabundo –a quien el primer vino puso alegrote; el segundo, barbirrojete; el tercero, pintón, y el cuarto, alimandrón– quisiera tomarse la licencia de recordar aquí dos versos.

pintor -ra *m y f* **1** Pers. que tiene por oficio pintar [1 y 2]. *Tb* ~ DE BROCHA GORDA. | Cunqueiro *Un hombre* 11: Dada una mano de almagre a la puerta, el pintor renovaba la leyenda sobre el dintel. Marlasca *SEIM* 23.12.93, 3: La declaración del detenido ha revelado algunos datos sobre las razones que impulsaron al pintor de brocha gorda a secuestrar a la hija de Julio César Fernández.
2 Artista que se dedica a la pintura [2]. | Laiglesia *Tachado* 72: Su cultura, corta pero bastante ancha, le permitía no confundir un pintor expresionista con uno impresionista.

pintorescamente *adv* De manera pintoresca. | F. Borciqui *Fam* 15.11.70, 16: Tenían los cabellos largos y vestían pintorescamente. P. Narvión *Pue* 28.12.70, 3: Los hombres que han escrito la historia justifican pintorescamente esta huella de la faraona mediterránea.

pintoresco -ca *adj* **1** Que atrae y agrada por su originalidad o tipismo. | DPlaja *Literatura* 354: España (la España pintoresca llena de recuerdos árabes) pasa a ser un tema habitual de todos los románticos europeos.
2 Curioso o chocante. | *Últ* 18.8.70, 1: Un pintoresco suceso .. se registró días pasados en esta ciudad.

pintoresquismo *m* **1** Cualidad de pintoresco, *esp* [1]. | GPavón *Abc* 11.8.64, 3: De acuerdo con las fórmulas tradicionales, para hacer teatro cómico se apoyaba en el pintoresquismo y la gracia verbal.
2 Gusto por lo pintoresco [1]. | * Es un autor que se caracteriza por su pintoresquismo.
3 Rasgo o elemento pintoresco [1]. | GLuengo *Extremadura* 98: No existe [el extremeño] ni siquiera como dialecto, a despecho de localismos y pintoresquismos, que sí abundan.

pintoresquista *adj* **1** De(l) pintoresquismo. | F. RCoca *Alc* 31.10.62, 28: La versión de Antonio de "El Sombrero de Tres Picos" encuentra para la obra, también, su mejor sentido, abandonando el tópico pintoresquista.
2 Aficionado a lo pintoresco [1]. *Tb n.* | GLuengo *Extremadura* 9: Ningún pintoresquista de allende las fronteras nos aventaja .. en recoger y describir nuestros aspectos más de bulto y de relumbrón.

pintorrear *tr (desp)* Pintarrajear. | Carandell *Tri* 25.8.73, 12: Las peñas están situadas en caserones de la ciudad vieja, y sus paredes se adornan con dibujos e inscripciones pintorreados en vivos colores.

pintura I *f* **1** Acción de pintar [1, 2, 3, 4 y 5]. | J. Bassegoda *Van* 20.5.73, 3: Una vez remodelada la escultura, se procedió al policromado, empezando por la pintura de las nervaduras. Lapesa *HLengua* 221: La frase corre suelta, .. con la fluidez que conviene a la pintura cálida de la vida.
2 Arte de pintar [2]. | Tejedor *Arte* 178: Es [Velázquez] una de las más geniales figuras de la pintura universal de todos los tiempos.
3 Obra de pintura [2]. | Cunqueiro *Un hombre* 10: Según las pinturas de la Basílica, traían un letrero con su nombre.
4 Sustancia con que se pinta [1 y 2]. | *Hacerlo* 74: El cuarto de baño y la cocina se suelen pintar al esmalte o con pintura plástica. También se utilizan estas pinturas para puertas y ventanas.
II *loc v* **5 no poder ver** [a alguien o algo] **ni en ~.** *(col)* Sentir odio o aversión total hacia ellos. *A veces se omite* NO PODER VER, *por consabido*. | Cierva *Triángulo* 95: Se moría de envidia contra Zumalacárregui y no le podía ver ni en pintura. * Yo a ese, ni en pintura.

pinturería *f (col, hoy raro)* Cualidad de pinturero. | DCañabate *Paseíllo* 49: A las capeas van mujeres, pero no a chicolear tu pinturería de bailón. M. Castañeta *As* 2.9.70, 30: Ya tenía la plaza encendida en el entusiasmo. Y ya metida la plaza en el ambiente sevillanista de Diego, al bonito juego y rejuego de una faena plena de pinturería.

pinturero -ra *adj (col, hoy raro)* [Pers.] que presume de belleza o elegancia. | DCañabate *Paseíllo* 40: Buen chico. Holgazán y pinturero como él solo. **b)** Propio de la pers. pinturera. | * Andares pinturreros.

pin-up *(ing; pronunc corriente, /*pin-áp*/; pl normal, ~s) f* Mujer atractiva que aparece fotografiada total o parcialmente desnuda. *Tb la misma fotografía. Tb* PIN-UP-GIRL. | I. Herraiz *Arr* 19.8.62, 12: La llamada "policía de costumbres" tenía que intervenir para que las aspirantes a "pin-up" no conquistasen la atención de los fotógrafos. A. Assía *Ya* 3.3.63, 7: Don Juan Aparicio luce los últimos destellos tropicales, las últimas "pin-up-girls", las últimas escenas de caza, .. los últimos paisajes de la playa de Waikiki.

pinza I *f* **1** Instrumento constituido por dos brazos articulados, que sirve para sujetar. | *Economía* 213: La ropa debe tenderse sobre alambres o cuerdas muy limpios para que no la manchen. Las distintas prendas se extenderán bien sobre ellos, sujetándolas con pinzas de madera. SFerlosio *Jarama* 19: Venía con los pantalones metidos en los calcetines. Otros en cambio traían pinzas de andar en bicicleta. **b)** *(Zool)* En las patas de algunos artrópodos: Artejo constituido por dos piezas que pueden aproximarse entre sí y sirven como órgano prensor. | Ybarra-Cabetas *Ciencias* 337: El primer par de patas locomotoras o torácicas está muy desarrollado y termina en una fuerte pinza. [*En el cangrejo de río.*] **c)** *En pl:* Utensilio constituido por dos brazos, gralm. unidos por un extremo, y que se usa para coger o sujetar cosas pequeñas. | *Economía* 258: Con unas pinzas .. se extraerá esta [la jeringuilla] del agua, volviendo a montarla completamente con aguja. **d)** *(col)* Se usa en frases como ESTAR [alguien o algo] PARA COGER[LO] (*o* RECOGER[LO]) CON ~S, *para ponderar su alto grado de suciedad o desmenuzamiento.* | * El niño está para cogerlo con pinzas. * El golpe fue tal que hubo que recogerlo con pinzas.
2 Cerco que se hace a alguien por dos partes para atraparle entre ambas. | D. Solar *SD16* 7.3.85, 19: El noveno Ejército quedó cercado en las pinzas tendidas por Koniev y Zukov. *Cam* 9.8.82, 17: El Duque, abrazos y pitillos, con Fraga y Felipe. Le hicieron la "pinza", y Suárez no logró superar la crisis.
3 Pliegue que se hace en una prenda para disminuir su amplitud. | ZVicente *Traque* 44: Ella misma me ayudó a ponérmelo [el vestido] y a hacer unas pinzas por aquí.
II *loc adj* **4** [Lentes] **de** ~ → LENTE.

pinzado *m* Acción de pinzar. | F. Martino *Ya* 28.3.75, 34: Estas [las hemorragias] se siguen conteniendo por el método del pinzado de los vasos sangrantes y delimitación del área afectada. F. Páez *País* 13.2.83, 29: Plantas como la pilea, las peperomias, .. deben pinzarse repetidas veces para impedir que "se vayan por las ramas". El pinzado no es otra cosa que cortar los brotes terminales de los tallos con los dedos índice y pulgar, actuando con ellos como si formaran una pinza.

pinzamiento *m* Acción de pinzar. | Mascaró *Médico* 71: Para cohibir momentáneamente una hemorragia, arterial o venosa, de una herida, antes de que llegue el médico y efectúe el pinzamiento o ligadura de los vasos sangrantes, debe recurrirse a la compresión. V. Mundina *Ya* 8.8.86, 24: Poda. Se reduce a realizar de vez en cuando unos pinzamientos, es decir, cortar los ápices vegetativos para mantener la planta compacta. **b)** *(Med)* Compresión de un órgano entre dos superficies, frec. articulares. | Mendoza *Gurb* 99: 14.05. Comienzo los ejercicios de preparación física y espiritual .. Postura del tigre: arqueo la espalda, flexiono las piernas, hincho el tórax, doblo los brazos. ¡Músculos de acero! 14.06. Pinzamiento.

pinzar *tr* **1** Coger o sujetar con pinzas [1]. | O. Aparicio *MHi* 7.68, 28: El corazón de Washkansky se extirpó tras pinzar y cortar la aorta. **b)** Coger o sujetar [con algo que funciona a manera de pinza [1], esp. con los dedos]. *Frec se omite el compl por consabido.* | Mascaró *Médico* 25: Se pinza con los dedos la nariz de la víctima y se inicia la insuflación soplando. CSotelo *Herencia* 297: Le pinza cariñosamente la barbilla. Casares *Música* 21: En todos ellos habrá que distinguir otros elementos, por ejemplo, en los instrumentos de cuerda, si las cuerdas se frotan, se percuten o se pinzan. **c)** Pillar o aprisionar [una cosa (*cd*) otra que actúa a manera de pinza [1]]. | P. Cuartero *SPaís* 21.5.78, 22: La vértebra cervical ha pinzado la médula espinal y me he convertido en una paralítica de cintura para abajo.
2 Cortar con los dedos [los brotes terminales de una planta]. | F. Páez *País* 13.2.83, 29: Plantas como la pilea, las peperomias, .. deben pinzarse repetidas veces para impedir que "se vayan por las ramas".

pinzoleta *f* *(reg)* Se da este n a varias aves de los géns *Sylvia, Phylloscopus y Acrocephalus.* | Lama *Aves* 112: No es demasiado abundante este pájaro [curruca capirotada:

Sylvia atricapilla] .. Gurita le llaman en Málaga; Sombrerillo, en Granada, y en Murcia, Pinzoleta. *Jaén* 25.9.64, 6: Al parecer se trata de un pájaro muy insectívoro del género Moscaretas, almendrita o pinzoleta (Phillloscopus) [sic].

pinzón *m* Pájaro cantor de unos 15 cm, con doble franja blanca en las alas y plumaje pardo, más rojizo en el macho (*Fringilla coelebs*). *Tb* ~ COMÚN *o* VULGAR. *Otras especies se distinguen por medio de adjs o compls*: ~ REAL *o* DE MONTAÑA (*F. montifringilla*), ~ DEL TEIDE (*F. teydea*), ~ REAL (*Pyrrhula pyrrhula*). | Cela *Pirineo* 13: El viajero se siente, todavía, amigo del lobo del monte, del pinzón que canta en la zarza. Noval *Fauna* 344: El Pinzón vulgar (*Fringilla coelebs*) es muy abundante en todas las estaciones en Asturias. Lama *Aves* 63: Mide el Pinzón Real, o Pinzón de montaña .., 18 centímetros de longitud. Manfredi *Tenerife* 64: Muchas [especies de pájaros] o han desaparecido o apenas existen ejemplares de ellas, como el pinzón de Tenerife, de bello plumaje, tornasolado de negro y azul, que anidaba en los laureles; el pinzón de[l] Teide, pájaro de las cumbres, de plumaje azul con rayas blancas en las alas, alimentado con la semilla de la retama. Lama *Aves* 65: También a este [el camachuelo] le asignan varios nombres, y .. se le conoce igualmente por Frailecillo, Monaquín y hasta por el de Pinzón Real.

pinzote *m* Hierro en forma de escarpia, que sirve de gozne o macho. | P. J. Rey *Sur* 25.8.88, 10: Curro, el hermano del Pepe, estaba de baja por unos días: se había hecho una chifarrada en la pierna con un pinzote, en la fábrica.

piña *f* **1** Fruto del pino y otras coníferas, de forma cónica y con numerosas piezas leñosas imbricadas a manera de escamas. | Ybarra-Cabetas *Ciencias* 286: La piña se abre y deja escapar con gran facilidad las semillas y piñones.
2 Granada de mano, cuya forma recuerda la de la piña [1]. *Tb* BOMBA DE ~. | *Inf* 9.3.77, 32: Ya estamos dando órdenes .. para que cuando se tire una "piña" (granada de mano) o se coloque una bomba sea para matar. F. Aguado *SAbc* 24.8.75, 18: Fueron ocupadas dos pistolas, una bomba de piña, un rollo de mecha lenta.
3 *(hist)* Masa esponjosa de plata, de figura cónica, que queda en los moldes de fundición. | HSBarba *HEspaña* 4, 317: La compra de las piñas de plata que se extraían de las minas de Potosí estaba a cargo de los mercaderes de aquella villa.
4 Conjunto muy compacto [de perss. o cosas]. *Referido a perss, frec en sent moral.* | Cela *Pirineo* 164: Tomando por este camino que separa la iglesia de Cap d'Arán de la piña de casas de Tredós, .. puede llegarse .. al Güell de la Garona. Delibes *Cinco horas* 219: No sé cómo te las arreglas pero, hagas lo que hagas, encubridores no te faltan, madre, qué piña.
5 Racimo [de plátanos]. | Delibes *Mundos* 155: Cada plátano no puede dar sino una piña, de otro modo los frutos no se desarrollarían.
6 Fruto del ananás. *Tb la misma planta. Tb* ~ AMERICANA, *o* DE AMÉRICA. | Calera *Postres* 40: Cortar en ruedas unas cuantas naranjas y ordenarlas por capas en una vasija, alternando con capas de ruedas de piña. Alvarado *Botánica* 52: Como ejemplo [de infrutescencias] tenemos el sicono, de receptáculo hueco, como el higo, y la sorosis, de receptáculo convexo, como la piña de América y la mora. GCabezón *Orotava* 21: Piña de América, *Ananas sativus*, Schult. **b)** Zumo de piña. | Arce *Precio* 31: Florita pidió un vodka con piña. **c)** ~ **colada.** Bebida preparada con zumo de piña, ron y coco. | Fieramosca *Ya* 30.5.89, 56: Conoce el Caribe, la salsa, la piña colada.
7 Tejido fabricado con los filamentos de las hojas del ananás, propio de Filipinas. | FReguera-March *Filipinas* 145: Las hijas .. se ponen el *tapis*, quincallería y amuletos, y las camisas de piña sueltas.
8 *(reg)* Puñetazo. | Cela *Mazurca* 172: Tanis Perelló si no marra el viaje puede pasmar al santo buey del portal de Belén .. de una piña en la frente.

piñada *f (jerg)* Dentadura. | Tomás *Orilla* 35: Lo que ha hecho esa guarra no quedará así. Cuando me la eche a la cara, de la primera le voy a romper todos los piños. Le tengo que poner toda la piñá por peineta.

piñata I *f* **1** Juego que consiste en tratar de romper con un palo y llevando los ojos vendados un recipiente colgado y lleno gralm. de dulces. *Tb el recipiente.* | *Sur* 25.8.88,

piñero – piojera

39: Carrasquilla vende más barato, artículos para fiestas, cumpleaños, piñatas, disfraces, verbenas. A. Romero *SYa* 6.4.86, 18: Se dedican a fabricar imágenes de escayola, sagrarios, .. ornamentos, piñatas para las fiestas infantiles, nacimientos.

II *loc adj* **2 de ~.** [Domingo] primero de cuaresma, en que solía celebrarse la piñata [1]. | ZVicente *Examen* 77: Febrerillo el loco traía el Carnaval .. Las fiestas callejeras eran los domingos, el gordo y el de piñata, y el martes. DCañabate *Abc* 6.10.74, 45: Estos bailes [de máscara] se celebraban las noches de los sábados desde el mes de noviembre hasta el domingo de Piñata.

piñero -ra *m y f (reg)* Pers. que recoge y vende piñas [1]. | *Nor* 2.3.92, 11: Hace 35 años, el piñero de turno empleaba hasta dos días para tirar toda la cosecha. El suelo se llenaba de piñas, y ya no caían al suelo, sino unas encima de las otras. Delibes *Madera* 108: Le recordaba a Gervasio al renegrido piñero que cada sábado recorría la rúas del viejo barrio pregonando su mercancía.

piño *m (col)* Diente (de pers.). *Más frec en pl.* | Forges *Inf* 11.6.76, 25: Lo de los ancestrales gritos de ritual antes de dormirte pase, pero o te sujetas los piños o me apunto a la Platajunta. Sastre *Taberna* 130: ¡Qué vas a morder tú si se te han caído los piños por falta de uso, muerto de hambre!

piñón[1] I *m* **1** Semilla del pino. | Bustinza-Mascaró *Ciencias* 262: El piñón del pino tiene varios cotiledones. **b)** Parte interior comestible de la semilla del pino piñonero. | Trévis *Extremeña* 48: Majaréis en el mórtero los piñones con un poco de pimentón. **c)** Golosina consistente en un piñón [1b] recubierto con una capa blanca y dura de azúcar. | Vega *Cocina* 35: Peladillas y piñones confitados.

II *loc adj* **2 de ~.** *(col)* [Boca] muy pequeña. | * Tiene boquita de piñón.

III *loc v (col)* **3 estar a partir un ~** [dos perss. o una con otra]. Tener una amistad muy íntima y armoniosa. | L. Calvo *Abc* 26.8.72, 19: Es un buen servicio a la China propincua, al Leviathan de ahí enfrente, con el cual estamos siempre a partir un piñón.

4 no caberle [a alguien] **un ~ por** *(o* **en)** el culo. Tener mucho miedo o estar muy asustado. | Delibes *Tesoro* 67: Ángel miró a Jero amedrentado: –Oye, ¿no sería mejor dejarlo? ..– El Fíbula le señaló con el pulgar: –Al Angelito no le cabe un piñón en el culo.

piñón[2] I *m* **1** Rueda pequeña y dentada de un engranaje. | Ridruejo *Memorias* 22: A veces, en una cuesta, las cadenas se salían de los piñones y el coche iniciaba un reculeo peligroso hasta que funcionaba el freno de mano. MFVelasco *Peña* 32: Tengo preparada la bici con piñones grandes, y, aunque marcha lenta, aguanta a trepar.

II *loc adv (col)* **2 a ~ fijo.** De manera fija o invariable. *Referido al modo de actuar. Tb adj.* | *Abc* 28.3.87, 17: Felipe González tiene el defecto de ir a piñón fijo. Según él, no hay más política que la socialista. Ju. Echevarría *Ya* 23.1.90, 57: Rastreadores de cotilleos, articulistas a piñón fijo... Todo vale.

3 a ~ libre. De manera libre o en libertad. *Referido al modo de actuar.* | *Abc* 3.2.85, 13: Cuando estemos a piñón libre, en campaña electoral, va [a] haber algunos infartos de miocardio.

piñón[3] *m (Arquit)* Parte superior de un muro acabada en punta y que gralm. sirve de apoyo a la armadura de la techumbre. | O. Anabitarte *Nar* 3.77, 1: Hay casas de una o dos plantas de mampostería a la vista o revocada con tejados a dos aguas con amplios faldones de teja curva .. A menudo se coloca otro faldón achaflanado en el piñón central.

piñonada *f* Pasta hecha o adornada con piñones[1] [1b]. | ZVicente *Balcón* 58: En el ir y venir, Angustias se llena al bolso de coquitos y piñonadas.

piñonate *m* **1** Pasta dulce hecha con piñones[1] y azúcar. | Buero *Sueño* 198: ¡Habrá buenos turrones, y buen piñonate, y un vinillo de la tierra que es pura miel!

2 Dulce de sartén, hecho con harina, huevo y miel. | GLuengo *Extremadura* 106: Dulces tales como pestiños, gañotes, bollos, perrunillas, magdalenas, piñonates.

piñonear A *intr* **1** Producir [el macho de perdiz] un sonido característico cuando está en celo. | * Se oía piñonear a la perdiz.

B *tr* **2** *(lit, raro)* Comunicar [algo] piñoneando [1]. | J. Vidal *País* 6.9.88, 56: Una perdiz le piñonea picardías a su pareja para beneficiársela.

piñoneo *m* Acción de piñonear. *Frec su efecto.* | Berenguer *Mundo* 192: Si estábamos en la casa y de pronto se escuchaba el piñoneo de un pájaro, ya estaba Pablo diciendo: –A ese lo vamos a meter mañana en manteca.

piñonero -ra I *adj* **1** [Pino] de tronco recto y copa ancha, cuyos piñones[1] son comestibles (–> PINO[1]). | Ybarra-Cabetas *Ciencias* 286: Otros pinos se utilizan por sus piñones; tal es el caso del pino piñonero.

II *m y f* **2** Pers. que vende piñones[1] [1]. | Escobar *Itinerarios* 218: Los puestos de confites, almendras y avellanas; el piñonero; la matrona de los globos y los molinillos de papel.

piñorro -rra *m y f* Pers. que ataviada con traje típico participa en la pinochada de Vinuesa (Soria). | Moreno *Galería* 316: Entran primero a la iglesia los "piñorros", casados y solteros. Moreno *Galería* 316: Llegan a instalarse .. los efectivos, "piñorros" y "piñorras", de San Roque y de la Virgen del Pino.

pío[1] I *interj* **1** Imita la voz del pollo. *Frec se enuncia repetida. Frec se sustantiva.* | Pemán *Gac* 22.2.70, 7: Dieron, por fin, con el rey, que ya, aunque le restaban algunas plumas y píos de cuando fue abubilla, usaba sus piernas y su cabeza. Delibes *Vida* 15: Mi hermano menor, al oír el pío-pío lastimero de los pájaros, miró a mi padre ..: "¿Por qué cantarán así los pájaros?".

II *m* **2** *(col)* Anhelo o ilusión. | CSotelo *Resentido* 206: Apenas podamos levantaremos el vuelo. Madrid, Madrid, ese es su pío. DCañabate *Paseíllo* 28: Me alegraría que mi hijo me saliera con el pío que no he tenido yo de volar p'arriba, no de hundirse en un jornal.

III *loc pr* **3 ni ~.** *(col)* Nada. *Gralm en la constr* NO DECIR NI ~. *Tb adv.* | Arce *Testamento* 80: Él no dijo ni pío, pero se le veía preocupado. Delibes *Emigrante* 40: En la cama le decía: "Aprieta los ojos y es tal y como si fuéramos navegando". Pero ella, ni pío. FReguera *Bienaventurados* 182: Estos fulanos no me gustan ni pío.

pío[2] -a *adj (lit)* Piadoso o religioso. | Cela *Judíos* 283: Hizo un auto de fe la pía y ya muerta doña Rosa. A. Barra *Abc* 15.10.70, 32: Cuando fue detenido se pudo comprobar que no había rastro de aquella familia y de sus obras pías.

pío[3] -a *adj* [Animal, esp. caballería] de pelo blanco con manchas de otro color. | Cela *Viaje andaluz* 31: Un lechón blanquine[g]ro –por su pelo, pío le hubieran dicho de ser caballo– cruza la carretera. J. Vidal *País* 13.5.77, 48: Por lo general, el toro pío es un berrendo, un capirote, un nevado, hasta un bragao. Castellanos *Animales* 28: Atendiendo a su colorido [de los perros], podemos diferenciar entre estas variedades de pelo: negro, .. pío (color de base blanco con manchas de otro color).

piocha *f (raro)* Piqueta (herramienta). | Grosso *Capirote* 137: Estando como están las cosas, no digo ya este negocio, sino cualquiera. Casi más valía agarrar la piocha y meterse en los albañiles.

piociánico -ca *adj (Med)* [Germen] que colora de azul el pus. | JQuesada *Ya* 11.4.75, 42: Denunciaron estos [los bacteriólogos] la frecuencia de contaminación de los quirófanos, detectando la presencia de gérmenes tan virulentos como el estreptococo, estafilococo, piociánico y otros diversos gérmenes.

piógeno -na *adj (Med)* Que produce pus. | *Antibióticos* 39: Así ha ocurrido con la endocarditis bacteriana, .. la meningitis piógena, la fiebre puerperal y el aborto séptico.

piojar *m (reg)* Pegujal. | Cela *Judíos* 35: Me lo dejé en el piojar de Marta, la personera, por acercarme al arroyo a clarear la ropica.

piojento -ta *adj* Que tiene piojos. | Cela *Pirineo* 34: El viajero, cuando pierde de vista al can sarnoso y al cuervo piojento, enciende un pitillo.

piojera[1] *f* Plaga de piojos. | Espinosa *Escuela* 489: Narran también males acaecidos en tales o cuales provincias, hambres, matanzas, piojeras, algaradas y demás catástrofes.

piojera[2]. hierba ~ –> HIERBA.

piojería *f* Plaga de piojos. | N. Luján *Sáb* 10.12.75, 5: Se multiplican las noticias sobre la plaga de piojos .. Se me ocurre ahora pensar en el célebre colegio francés de Montaigu, pletórico de ciencia humanística y sede de la piojería escolástica.

piojillo *m* Piojo [1b] de pequeño tamaño que vive parásito de algunos animales y plantas, esp. de las aves. | Cela *Judíos* 84: Quiquito Esteban tenía cara de gorrión con piojillo. *Hoy* 9.3.75, 24: El "piojillo" es un parásito muy molesto para las abejas, pudiendo llegar a apoderarse del cuerpo del animal, con lo cual repercute en el rendimiento del colmenar. Es parecido al piojo de las gallinas. F. Ángel *Abc* 21.1.72, 10: Las aplicaciones en invierno en los frutales de pepita han de ser al 10 por 100, y en los de hueso, del 5 al 6 por 100, o sea diez litros de producto en 100 litros de agua, .. combatiéndose de este modo la "podredumbre" del peral y el manzano .., "perdigonada" o "cribado" de los frutales de hueso (Clasterosporium carpophilum) y los "pulgones" o "piojillos" (Afídidos diversos).

piojina *f (reg)* Piojillo de las aves. | Delibes *Castilla* 154: En cuanto al peor enemigo de estos bichos [los canarios], es el piojo, la piojina, el piojillo, el mismo que el de la gallina.

piojo I *m* **1** Insecto áptero de pequeño tamaño que vive parásito en el hombre chupando su sangre. *Frec con un adj especificador*: ~ DE LA CABEZA (*Pediculus humanus capitis*), ~ DEL CUERPO, DE LA ROPA O DE LOS VESTIDOS (*Pediculus humanus corporis*) y ~ DEL PUBIS (*Phthirus pubis*). | Bustinza-Mascaró *Ciencias* 96: Las moscas pueden propagar la tuberculosis; ciertos piojos, el tifus exantemático. Legorburu-Barrutia *Ciencias* 169: Las dos clases de piojos más conocidos son el piojo de la cabeza y el de los vestidos. Nolla *Salud* 226: El tifus exantemático epidémico .. es transmitido por el piojo de la ropa. **b)** *Se da tb este n a otros insectos semejantes al piojo común, parásitos de animales y de plantas*: ~ DE LAS ABEJAS (*Braula caeca*), ~ DEL MANZANO (*Eriosoma lanigerus*), ~ DEL POLLO (*Menopon gallinae*), etc. | Delibes *Castilla* 154: En cuanto al peor enemigo de estos bichos [los canarios], es el piojo, la piojina, el piojillo, el mismo que el de la gallina, ese que es como una punta de alfiler, solo que rojo, y se mueve que no para. V. Mundina *Ya* 8.8.86, 24: Algunos insecticidas fosforados como el Malathión se han mostrado eficaces en el tratamiento de las "cochinillas de los agrios" .. En cambio, el Malathión no resulta eficaz contra el "piojo rojo".

2 *(argot Mil)* Recluta que lleva menos de tres meses en el servicio militar. | *D16* 17.2.88, 8: "El piojo", el que lleva menos de tres meses de mili, no tiene derecho a la vida.

3 ~ resucitado (*o* **puesto en limpio**). *(col, desp)* Pers. de clase humilde que ha prosperado socialmente. | * Esta comunidad está llena de nuevos ricos, de piojos puestos en limpio.

II *loc adv* **4 como ~s en costura.** *(col)* En gran apretura por falta de espacio. | *País* 23.8.87, 8: No es suficiente con que se reduzca el número de vagones [en el Metro], lo que hace a ciertas horas que vayamos como piojos en costura.

piojoso -sa *adj* **1** Que tiene piojos. *Tb n, referido a pers*. | Torbado *SPaís* 14.11.76, 3: Aquella niña piojosa de posguerra, señora de ejecutivo hoy, de vendedor de alfombras, de instalador de neveras industriales, no comprende cómo estos piojos modernos se obstinan en perder el respeto a sus hijos, hijos de colegio de pago.

2 *(desp)* [Pers.] pobre o miserable. *Tb n*. | FReguera *Bienaventurados* 125: Una bata de percal que puede comprarse cualquier piojosa. ¡Estoy harta de tanta miseria! **b)** *Más o menos vacío de significado, se usa frec como insulto*. | Zunzunegui *Hijo* 69: Nunca has jugado a la lotería, y no tenías dónde caerte muerto, piojoso. Arce *Testamento* 77: En el fondo casi todas decían: "¡Ahí tengo yo a mi Manuel, que tanto me ha costado criarle, para que se case con la piojosa de tu hija!".

3 *(desp)* [Letra] muy pequeña y de mal aspecto. | * Tiene una letra bastante piojosa.

piola¹ *f (Mar o reg)* Cuerda delgada. | Delibes *Madera* 291: Dámaso, en otro grupo, aprendía a hacer nudos marineros con una piola en la toldilla. Torrente *Saga* 430: Todos los guijarros bonitos que había coleccionado en su infancia y que había trocado por un trompo y una piola.

piola² *f (reg)* Pídola (juego). | CBonald *Dos días* 92: Por el patio, bajo el voladizo del fondo, unos niños saltaban a la piola. Moreno *Galería* 368: Dola y piola, según regiones, fueron juegos de salto.

piolet *(fr; pronunc corriente, /piolé/; pl normal, ~s) m* Bastón de alpinista, herrado en uno de sus extremos y provisto de un pequeño pico en el otro. | Gironella *Millón* 664: La habitación, repleta de mapas, de fotografías de montañas .. con esquís y *piolets* en los rincones, tenía una atmósfera entre deportiva y despiadada.

pion *m (Fís)* Mesón cuya masa es unas 270 veces mayor que la del electrón y que se utiliza en el tratamiento del cáncer. | *AbcS* 12.5.91, 125 (A): La investigación sobre los "piones", partículas elementales que se utilizan en la curación del cáncer, se abordará en unas jornadas internacionales.

pión -na *adj* [Ave] que pía mucho. | Mihura *Modas* 66: –Es que el cura me ha dicho que le gustan mucho los pájaros y le voy a largar este, que es el más pesado y el que más pía por las mañanas .. –De todos modos, si es muy pión, se lo devolveré dentro de unos días, ¿eh?

pionerismo *m* Condición de pionero [2]. | Gilera *Abc* 4.10.70, 63: Para nuestro trío, el homenaje de admiración y reconocimiento a lo que en nuestra particular historia nacional es como un alumbramiento deportivo, un pionerismo femenino. G. L. DPlaja *Tri* 3.4.71, 24: Estas actitudes son detectables también .. como una superestructura estético-decadente que imprime carácter. O como un pionerismo de corrientes culturales, un vanguardismo de modas que se abandonan apresuradamente al menor indicio de masificación.

pionero -ra *m y f* **1** Pers. que inicia la exploración o colonización de nuevas tierras. | * El telefilm tiene como protagonistas los pioneros del Oeste americano. **b)** *(Biol)* Especie animal o vegetal que inicia la colonización de un territorio. | * Con frecuencia los líquenes son los pioneros de este tipo de terrenos.

2 Pers. que abre camino en una actividad. *Con un compl especificador. Tb fig, referido a cosa*. | J. R. Alfaro *HLM* 26.10.70, 22: El pionero de la cirugía de la epilepsia ha sido el profesor Penfield. Porcel *Des* 12.9.70, 15: Ahora, la colección acaba de desaparecer. Fue la pionera, decisiva pionera, de la expansión de aquella literatura.

3 *(hist)* Niño encuadrado en la organización juvenil comunista. | GSerrano *Macuto* 387: Flechas, pelayos y pioneros derivaban de Baden-Powell, aunque los jefes de los exploradores marxistas presionaban lamentablemente sobre los pequeños.

pionono *m* Dulce hecho de bizcocho, cubierto de crema o de huevo y gralm. enrollado. | Zenón *SYa* 7.6.87, 65: Suelen tener dulces moriscos a base de azúcar y almendras, como los piononos de Santa Fe, pestiños, barretas.

piornal *m* Terreno poblado de piornos. | Cela *Judíos* 269: Candeleda muestra fresnedas y robledales, higuerales y piornales.

piornalego -ga *adj* De Piornal (Cáceres). *Tb n, referido a pers*. | N. Palos *Hoy* 24.1.76, 16: Un grupo de piornalegos, de los muchos que viven en esta localidad, han traído de su pueblo, Piornal, al "Jarramplás".

piornaliego -ga *adj* Piornalego. *Tb n.* | *Ext* 30.12.70, 13: El Ayuntamiento de Piornal .. ha ofrecido a los señores de Puig Megías un almuerzo en el restaurante "Jamec", sumándose numerosos piornaliegos.

piorneda *f* Terreno poblado de piornos. | MMariño *Abc* 22.6.58, 6: Entré por una piorneda en donde solía encamar la liebre.

piorno *m Se da este n a diversos arbustos de los géns Adenocarpus, Cytisus, Erinacea, Genista, Spartium, Vella y otros*. | Laforet *Mujer* 64: Estaba agachada .. sobre la lumbre de piornos y retamas que ardía alegremente. CBonald *Dos días* 220: La cuneta se abría entre la carretera y un senderillo aledaño que reptaba por los matorrales de vinagrera y piorno. Llamazares *Río* 131: Solo las urces y los piornos pueden resistir ya las terribles nevadas y el frío. Cela *Judíos* 26: Por Castilla, al piorno le dicen cambrón, y cambroño, y cambrión. Mayor-Díaz *Flora* 499: *Cytisus multiflo-*

piorrea – pipí

rus (L'Her) Sweet. "Retama blanca", "Piorno blanco" .. C[y]-*tisus cantabricus* (Willk.) Reichenb. "Piorno asturiano". Cendrero *Cantabria* 101: Los matorrales arbustivos propios de la montaña cantábrica: *Calluna vulgaris*: Bre[c]ina. *Ulex gallii*: Escajo o tojo. *Cytisus scoparius* (L.): Piorno.

piorrea *f* Inflamación purulenta de los alveolos dentarios. | Cela *SCamilo* 168: A Gabriel Seseña se le mueven todos los dientes, la piorrea es mala enfermedad. Alcalde *Salud* 300: Existe una serie de procesos que alteran tanto al alvéolo como a las partes blandas que rodean el diente, conocidos corrientemente con el nombre de "piorrea".

piorreico -ca *adj* (*Med*) De (la) piorrea. | Alcalde *Salud* 301: Tienen una manifiesta influencia en los procesos piorreicos la existencia de sarro abundante, las prótesis colocadas incorrectamente.

pipa[1] **I** *n* **A** *f* Utensilio para fumar tabaco picado, consistente en una cazoleta unida a un tubo con boquilla. | Laforet *Mujer* 193: Era raro ahora pensar en Eulogio .. fumando su pipa. **b)** Objeto o elemento en forma de pipa de fumar. | Legorburu-Barrutia *Ciencias* 265: Tiene [la planta Nepentes] unas hojas muy especiales que se prolongan con un zarcillo terminado en una pipa.
2 Cantidad [de tabaco u otra sustancia] que se fuma de una vez en una pipa [1a]. | L. C. Buraya *Ya* 10.5.87, 27: Una pipa de crack es tan barat[a] como un simple porro.
3 (*Mec*) Tubo de conducción. | S. Magán *Ya* 20.4.74, 57: Distribuidor. Se compone de eje, platinos .., pipa o dedo distribuidor y tapa distribuidora.
4 (*jerg*) Pistola. | J. C. Iglesias *SPaís* 19.12.82, 99: En la Tercera [Galería] es difícil y comprometido conseguir una *pipa* del nueve largo, pero muchos consideran indispensable tener a mano un arma.
5 (*jerg*) Clítoris. | VMontalbán *Pájaros* 57: Entre la Donato y la Miguel solo es cuestión de tamaño de pipa, de a ver cuál de las dos la tiene más larga, porque si la Donato parece el increíble Hulk, la Miguel es igual que el John Wayne pero en más chaparro.
B *m y f* **6** (*jerg*) Pers. que fuma droga. | Burgos *Tri* 22.10.77, 49: Yerba: María, mandanga, lo que se fuman los pipas.
C *m* (*jerg*) **7** Hombre homosexual. | * Ese es un pipa.
8 Hombre encargado de montar y desmontar los instrumentos y el equipo de un conjunto musical. | *Diez* 25.8.84, 36: En cuanto a grupos, Mocedades están en el millón y medio en cada actuación .. Todos ellos .. han de pagar a varios músicos, un numeroso equipo de "pipas", transportes, material, impuestos.
II *adv* **9** (*col*) Muy bien. *Frec con vs como* PASAR *o* ESTAR. | Marsé *Tardes* 254: Calla, hombre. Lo vamos a pasar pipa, ya verás. SSolís *Blanca* 139: ¡Ay, la conciencia, la dichosa conciencia! ¡Qué fácil es todo para los que no la tienen!, se lo montan pipa, que diría Mabel.

pipa[2] **I** *f* **1** Semilla pequeña [de una fruta o un fruto]. | Ybarra-Cabetas *Ciencias* 278: Se distinguen [en la uva] las siguientes partes: la piel, la pulpa carnosa y las pipas. J. Rubio *SAbc* 6.12.70, 17: Hacía novillos en el Colegio de las Maravillas y compraba pipas de girasol. **b)** *Esp*: Pipa de girasol, que se come como golosina. | Medio *Bibiana* 292: Dos de los chicos los están mirando. También la mujer del puesto de pipas y anises. **c)** *Se usa en frases gralm negativas, como* NO TENER *o* NO QUEDAR NI PARA ~S, *para ponderar la escasez de dinero*. | Lera *Bochorno* 14: Murmuró, acentuando los movimientos de los labios para que ella le entendiera: –Ni para pipas. CBonald *Dos días* 291: Con el almacén es con lo único que se cubren un poco las espaldas. Lo del vino no da ni para pipas.
2 (*reg*) Hueso [de determinadas frutas, como el melocotón o la ciruela]. | * Se tragó una pipa de melocotón.
II *loc adv* **3 con diez de ~s.** (*col*) Con una cantidad mínima. *Con intención ponderativa*. | MGaite *Nubosidad* 383: Te piras con diez de pipas, en cuanto alguien te da pie.

pipa[3] *f* Cuba o tonel. *Tb la medida de capacidad correspondiente*. | Savarin *SAbc* 1.2.70, 22: Mientras estudiamos la carta nos obsequia la casa con unas copas de montilla, extraídas de una de las pipas. Manfredi *Tenerife* 61: El caudal de agua alumbrado en Tenerife es de 800.000 pipas, de 480 litros cada una. *Día* 22.6.76, 32: Vendo finca Barranco Hondo, 10 fanegadas, estanque 30.000 pipas.

pipada *f* (*reg*) Chupada (al cigarro). | Kurtz *Lado* 243: He de quererte mucho para permitir que me enciendas un cigarrillo. La primera pipada es la mejor.

pipar *intr* (*reg*) Gotear. | Berenguer *Mundo* 168: La Encarna estaba pipando, con las faldas y la bajera chorreandito.

pipe-line (*ing; tb con la grafía* **pipeline**; *pronunc corriente,* /páip-láin/ *o* /pipelíne/) *f* Tubería de gran tamaño para transportar a largas distancias petróleo, gas u otro fluido. | L. I. Parada *Mun* 14.11.70, 32: La capacidad de transporte de la "pipe-line" sudeuropea se eleva a 35 millones de toneladas anuales. L. Calvo *Abc* 3.6.73, 22: Estados Unidos invertirá 13.000 millones en instalar fábricas, tuberías –"pipelines"– y aun aljibes para embarcar gas licuado.

piperacina *f* (*Quím*) Compuesto nitrogenado blanco y cristalino, usado esp. como antihelmíntico. | Bustinza-Mascaró *Ciencias* 125: Se administran diversos medicamentos para provocar su expulsión [de la lombriz blanca de los niños]: violeta de genciana, piperacina.

pipería *f* (*Mar*) Conjunto de pipas o toneles. | Azorín *Agenda* 1338: Ya en Alicante, el puerto, tan poblado antes de toneles, estaba yermo de pipería.

piperita *adj* [Menta] que tiene olor y sabor a pimienta (→ MENTA). | Cunqueiro *Fantini* 167: Se perfumaba los sábados con menta piperita, y el perro del monasterio daba su presencia media hora antes de que llegase .., si es que había viento favorable.

pipermín *m* Licor de menta. | Cela *SCamilo* 165: Se les echa de cenar, con postre, vino de marca, café y pipermín.

pipermint *m* Pipermín. | Delibes *Cinco horas* 66: Transi tan tranquila .., se bebió dos copas de pipermint, como si nada.

pipero[1] **-ra** *m y f* Pers. que vende pipas[2] [1b] y otras golosinas. | SFerlosio *Jarama* 86: Ya llegaba el pipero: –Muy buenos días tengan ustedes .. ¿Qué les pongo? –Pues cacahués. Hoyo *Pequeñuelo* 75: Hasta tres veces he recorrido el camino de casa al colegio .. He preguntado a las piperas, a las mujeres de los puestos de periódicos, a los guardias del barrio.

pipero[2] *m* (*reg*) Lugar situado en la planta baja de una casa, en que se reúnen los mozos para beber durante las fiestas. | J. Pernaut *Pen* 20.8.74, 14: El pipote o pipero es muy viejo en Tafalla y en la Ribera. Antes proliferaban más que ahora.

piperropil *m* Torta de anís típica de Navarra. | *Navarra* 94: En repostería podemos citar el requesón, la cuajada, los piperropiles, el flan de castañas.

pipeta *f* Tubo pequeño, gralm. graduado y con un ensanchamiento en su parte central, usado en los laboratorios, esp. para trasvasar líquidos. | Marcos-Martínez *Física* 91: La pipeta sirve para trasvasar líquidos de un recipiente a otro. MSantos *Tiempo* 207: Como un ejército aguerrido, llevando al brazo no armas destructoras .., sino microscopios, .. reglas de cálculo y pipetas capilares.

pipi[1] *m* (*infantil*) Pájaro o pollo. | * Vamos a dar de comer a los pipis, chiquitín, verás qué bonitos son.

pipi[2] *m* (*euf, col*) Piojo. | * En el colegio ha habido una invasión de pipis.

pipi[3] *m* (*col*) Pipiolo [1]. | FReguera-March *Cuba* 452: –¡Aquí venimos a sacaros las castañas del fuego, pipis! –exclamó riéndose el artillero José Peinado.

pipí[1] *m* **1** (*infantil o euf, col*) Orina. *Frec en la constr* HACER ~. | Laiglesia *Tachado* 152: Pidiendo permiso al profesor para ir a hacer pipí.
2 (*col*) Pene. | Cela *Inf* 28.11.75, 19: He decidido convertirme en señora .. Ya he consultado con el médico y dice que la operación es muy fácil .. Si me arreglo el pipí y pongo los papeles en orden, ¿te casarás conmigo por la Iglesia?

pipí[2] *m* Bisbita (pájaro). | Lama *Aves* 132: Se trataba .. de dos Bisbitas comunes (Anthus pratensis), o Pipís, como también [se] les llama, realizando sus acrobáticos vuelos nupciales.

pipil *adj (hist)* De un pueblo indígena precolombino de Guatemala, El Salvador y Honduras, descendiente de los aztecas. *Frec n, referido a pers.* | F. Ros *Abc* 6.6.67, 51: En franjas guatemaltecas vivió otro pueblo de idioma nauate [*sic*], el de los pipiles. E. La Orden *SYa* 27.4.75, 9: A los pipiles, los chorotegas y otras tribus aborígenes [salvadoreñas] se deben las ruinas monumentales de Tazumal, Campana-San Andrés, Cihuatán, Tehuacán y otras.

piping *(ing; pronunc corriente, /páipin/) m (Ingen)* Instalación de tuberías. | *Abc* 10.10.65, 111: Delineantes se necesitan con experiencia en ingeniería civil, mecánica (piping), electricidad. *País* 10.2.85, 62: Curso de piping. Cursos de 3 meses, matrícula reducida para la formación de Técnicos y Proyectistas de Plantas Industriales, Petroquímicas, Térmicas y Nucleares.

pipiolo -la *m y f (col, desp)* **1** Pers. inexperta o novata. *Tb adj.* | CPuche *Paralelo* 41: Estaban allí como clavos [los policías], pero no por eso él iba a alterarse ni a abandonar su proyecto. Él no era ningún pipiolo. Marsé *Tardes* 194: ¿Es que todavía sigues con él? No te creía tan pipiolo, hijo.
2 Jovencito. | ZVicente *Traque* 275: Se había largado por ahí .. con un pipiolo que cantaba en el coro del Teatro Real.

pipiricojo. a(1) ~. *loc adv (reg)* A la pata coja. | Delibes *Guerras* 149: Conforme bota, la pelota en la pared, digo, uno calla la boca si es sin hablar, o se pone serio, si es sin reír, o a pipiricojo, si es con un pie. Antolín *Gata* 148: Le preguntaste [al niño] qué haces después de pasarte la tarde exhibiéndote ante él, jugando al avión en las baldosas, brincando al pipiricojo, recogiendo pudorosa los aires del vestido por no mostrar las piernas.

pipirigallo *m* Esparceta, planta (*Onobrychis viciaefolia y Hedysarum coronarium*). | FQuer *Plantas med.* 381: Pipirigallo (*Onobrychis viciaefolia* Scopoli) .. El pipirigallo es una hierba vivaz con los tallos erguidos o ascendentes.

pipirijaina *f (raro)* Compañía de cómicos ambulantes. | Gala *Días* 359: Ya ve: ustedes, a pararse; nosotros, a pendonear; de pipirijaina en pipirijaina.

pipiripao *(raro)* **I** *m* **1** Banquete espléndido. | G. Bethencourt *SPue* 2.5.81, 1: Fue después de un almuerzo, que no tuvo visos de pipiripao, pero tampoco de cena del dómine Cabra.
II *loc adj* **2 del ~.** [Tierra] de abundancia y placer. | Cela *Viaje andaluz* 63: El sur, para el vagabundo, hombre del norte, es la remota e indescifrable tierra del pipiripao.

pipiritaje *m (reg)* Patatús o soponcio. | Campmany *Abc* 24.2.93, 21: Antes de dimitir, todo, todo, el pataleo autonómico, el morir matando, .. el desperfollo general, el pipiritaje político, julepe yo, julepe "Dios", maricón el que dimita.

pipirrana *f (reg)* Ensalada de tomate a la que suelen añadirse otros ingredientes, como pepino, escabeche, huevos duros y aceitunas. | Vega *Cocina* 126: Durante el estío es costumbre manchega .. que comience la comida con una pipirrana, que es una ensalada en la que no se ha escatimado el escabeche ni ninguno de los vegetales que la componen. GPavón *Cuentos rep.* 47: Podríamos salir de campo al río, al monte, .. y hacer pipirranas.

pipo¹ *m (reg)* Semilla de ciertas legumbres o frutos. | Chamorro *Sin raíces* 50: No eran distribuidos por saberes sino por edades. Los mayores podían holgar atrás jugando a los alfileres, a los pipos, alejados de la vara de tío Cano. *ASeg* 24.2.78, 2: Es el gamberrismo incivil de la suciedad en nuestras calles, .. de toda clase de papeles, cáscaras, pipos en el suelo junto a la barra de los bares. **b)** Judía roja. | Cela *Judíos* 204: Por tierras de Ávila, llaman pipo a la judía roja.

pipo² *m (reg)* Botijo. | Seseña *Barros* 142: Los pipos (botijos) de forma convencional, o en forma de gallo, la botija (cántaro con dos asas y pitorro), los cántaros, las orzas son las vasijas tradicionales.

piporro *m (reg)* Botijo. | D. Tomás *Hoy* 16.4.74, 12: Guardo un enorme respeto a todo lo artesano .. Nobleza del barro que se hace artística vasija, de adorno, o útil piporro o cántaro donde el agua se enfría y se regusta.

pipote *m (reg)* **1** Botijo. | Seseña *Barros* 143: Al pie de las Alpujarras se encuentra Órgiva, donde un solo alfarero fabrica poco de lo tradicional, tanto vidriado como sin vidriar: ollas, cazuelas, pipotes.
2 Pipero². | J. Pernaut *Pen* 20.8.74, 14: Hay un pipote en Tafalla, que creo destaca sobre el resto de los muchos que hay distribuidos por las calles y arterias tafallesas .. Se contagia el ambiente, se pasa estupendo. Genial de verdad, en lo que es un pipote, bien adornado, con trabajo de varias semanas, en perfecta unión.

pippermint *(pronunc, /pipermín/) m* Pipermín. | R. F. Reboiras *País* 31.5.89, 26: No es extraño que después de un perrito caliente alguien pida una *vaca verde* –combinación de leche y *pippermint*–.

pipudo -da *adj (col)* Extraordinario o excelente. *Con intención ponderativa.* | Laiglesia *Fulana* 145: En cuestiones de sensatez era una tía pipuda.

pique¹ *m* **1** Rivalidad o competencia. | MGaite *Retahílas* 219: Uno mataba su caballo, otro sus camellos, otro quemaba sus cosechas, otro destruía sus tiendas, y así seguía el pique, demostrando el poder a base de la destrucción. Carandell *Inf* 11.11.74, 21: Existía cierta rivalidad, o como suele decirse popularmente, algún "pique" entre los habitantes de Roa con respecto a los arandinos. **b)** Roce o desavenencia. | Kurtz *Lado* 186: Algún pique hubo y Marion se oyó llamar necia y quisquillosa, pero no llegó la sangre al río. **c)** Enfado o disgusto. | GSerna *Viajeros* 38: Esta [la ciudad] y también la Universidad, con tanta embajada, se quedaron sin la posibilidad de besar la mano al rey, y eso con harto sentimiento y no escaso ni disimulado pique.
2 Acción de picar, o hacer señales o agujeros. *Frec su efecto.* | Moreno *Galería* 156: Cruzándole el pecho la ancha correa con adornos de metal o piques de navaja.
3 Acción de picar, o hacer trozos. | J. Cidad *DBu* 15.5.90, 13: En los pueblos donde se cultiva patata de siembra ha adquirido ya carta de naturaleza por estas fechas el pique de patatas .. Si tiene un tamaño mediano o grande, se divide la patata en dos, tres y hasta cuatro trozos.
4 Columna de agua originada por el impacto en el mar de un proyectil de artillería o una bomba. | Delibes *Madera* 354: En esta posición recibió el estruendoso rosario de bombas. Los piques de espuma, altos como catedrales, le rociaron como si diluviase.

pique² **I** *loc v* **1 echar a ~.** Hundir. *Tb fig.* | CBonald *Noche* 106: Nadie puso en duda que el falucho había sido intencionadamente echado a pique. * Echaron a pique su proyecto.
2 irse a ~. Hundirse. *Tb fig.* | *País* 24.11.91, 18: La réplica de la nao *Victoria* construida para la Expo, que se fue a pique el viernes a los 24 minutos de su botadura, pudo ser reflotada. Lera *Bochorno* 74: Con esta manía de los guateques nos vamos a pique todos los finales de mes. Parece que no, pero salen por un ojo de la cara.
II *loc adv* **3 a ~.** (*Mar*) En posición vertical respecto a algo hundido o al fondo del mar. | CBonald *Noche* 203: La galera que él quería ver la tenemos a pique.
III *loc prep* **4 a ~ de.** A punto de. *Frec con el v* ESTAR. | Delibes *Emigrante* 59: A pique estuve de decirle que a robar a Sierra Morena, pero callé por educación. Berenguer *Mundo* 26: Cuando me arañaba las patas o me veía en lo alto de las piedras, a pique de romperme los morros, nunca me ayudaba.

pique³ *m (Mar)* Varenga en forma de Y que se pone en el extremo de proa de la quilla, o en la popa. | J. A. Padrón *Día* 23.9.75, 12: El "Tiflis" se encontraba surto en el puerto de Alicante cuando, en el pique de proa, se produjo una violenta y devastadora explosión seguida de espectacular incendio.

piqué *m* Tejido de algodón con dibujos en relieve. | *Puericultura* 14: Faja: De punto o piqué, que no tenga más de 10 centímetros de ancho y dé dos o tres vueltas al cuerpo del niño. Puértolas *Noche* 12: Las sábanas, también renovadas, guardando la inevitable humedad de la noche bajo la colcha de piqué.

piquera *f* **1** *En una colmena:* Abertura por la que entran y salen las abejas. | Bustinza-Mascaró *Ciencias* 139: En la segunda etapa (diez-veinte días) [las obreras] se dedican activamente a construir panales con la cera que segregan y, al final, hacen guardias en la piquera, o puerta de la colmena.

piquero – piramidal

2 Abertura u orificio, esp. de salida. | Cuevas *Finca* 250: Era una cosechadora autopropulsada; .. por la piquera salía el chorro de grano limpio. CBonald *Dos días* 59: Empezó a caer el chorro de mosto de la piquera a la tina. Delibes *Castilla* 38: Hoy un molino, grande o chico, no da guerra .. Basta con dar a un conmutador para que el grano suba a una piquera grande donde cogen tres o cuatro mil kilos. Luego cae a las tolvas, a los molinos, por su propio peso.

piquero[1] *m* **1** (*Taur*) Picador. | DCañabate *Paseíllo* 90: Lo empitona por la barriga sin que el picador pueda detenerlo. Salta el piquero desmontado y cae al descubierto.

2 (*hist*) Soldado cuya arma es la pica. | DPlaja *Sociedad* 34: Esta es la paga mensual corriente para el soldado menos técnico, el piquero.

piquero[2] **-ra A** *m y f* (*jerg*) Carterista. | Tomás *Orilla* 129: El tipo pertenecía a la vieja escuela y debía de tener recorridos todos los macos del país. Él contaba que empezó recogiendo colillas, hasta que alguien le sacó de aquello y le enseñó el oficio de piquero. VAl 15.1.92, 12: La Policía Local de Almería detiene a dos "piqueras".

B *m* **2** (*reg*) Pico o saliente. | Seseña *Barros* 70: Los jarros cuya panza aparece diferenciada del alto gollete cilíndrico que termina en ancha boca rematada por acusado piquero.

3 (*raro*) Ave palmípeda de América del Sur, semejante al pelícano, de pico recto y puntiagudo (*Sula variegata* y *S. nebouxii*). | T. Calabuig *SAbc* 2.2.75, 27: Mi primer contacto fue con los piqueros de patas azules, en Punta Suárez, en la isla Española. Allí existe una inmensa colonia de esta aves.

piquet (*fr; pronunc corriente*, /piké/) *m* (*Naipes*) Cientos (juego). | Abc *Extra* 12.62, 95: El ecarté y el piquet o "los cientos" son dos juegos franceses.

piqueta[1] *f* Herramienta de albañil, usada esp. para derribar, cuyo hierro tiene una cabeza de martillo y una boca plana y aguzada. | Torrente *SInf* 5.9.74, 8: Las piquetas .. derriban los edificios hermosos para sustituirlos por colmenas.

piqueta[2] *f* (*reg*) Aguapié. | *Ya* 23.9.70, 25: La obtención de vinagres o de alcohol en forma de orujos, piquetas y caldos de pozo.

piquete[1] *m* **1** Grupo poco numeroso de soldados que se emplea en diferentes servicios extraordinarios. *Tb, raro, referido a policías*. | Medio *Bibiana* 304: Hacía nueve días que Teófilo Prats .. había caído frente al piquete de ejecución. A. Semprún *Abc* 9.12.70, 29: La presencia en la calle de la Guardia Civil .. ha sido el único síntoma de anormalidad .., hasta que momentos antes de nuestro regreso un piquete de Policía Armada dispersase unos pequeños grupos.

2 Grupo de perss. que, pacifica o violentamente, intenta imponer una consigna de huelga. | *Inf* 16.6.70, 1: La fuerza pública ha procedido a la detención de cinco personas por repartir octavillas invitando al paro y formar piquetes de coacción.

piquete[2] *m* **1** Agujero o daño pequeños hechos con algo punzante. | * La falda tiene un piquete y no sé con qué me lo he hecho. * Se le cayó el cuchillo y se hizo un piquete en la baldosa.

2 (*reg*) Estaca o poste pequeño que se clava en el suelo para sostener una alambrada o delimitar un terreno. | Santamaría *Paisajes* 60: Los jóvenes pies de enebros utilizados para postes y piquetes en cercado de prados, parques y jardines.

piquigualdo -da *adj* [Ave] de pico amarillo. *Usado como especificador de algunas especies zoológicas*: PARDILLO ~, CUCO ~, *etc* (→ PARDILLO, CUCO, *etc*).

piquilla *f* (*reg*) Pique[1] [1]. | SSolís *Juegos* 146: Al siguiente día salieron en algunos periódicos regionales las vergonzosas fotos que testimoniaban mi intento de violación. Influyeron las piquillas contra el periódico donde yo trabajaba.

piquillo I *m* **1** *dim* → PICO[1].

2 Tira de adorno en zigzag. | Torrente *Off-side* 59: María Dolores ha colocado en la mesa un mantel verde festoneado de blanco piquillo.

II *loc adj* **3 de(l) ~.** [Pimiento] de punta encorvada y gusto picante. | Burgos *Abc* 4.10.87, 28: Pimientos del piquillo rellenos de sangre encebollada. SSe 18.9.88, 24: Pimientos rellenos de carne. Ingredientes: Pimientos de piquillo, ternera y lomo de cerdo picados.

piquirrojo -ja *adj* [Ave] de pico rojo. *Usado como especificador de algunas especies zoológicas*: CHOVA PIQUIRROJA, PAGAZA PIQUIRROJA, *etc* (→ CHOVA, PAGAZA, *etc*).

piquituerto *m* Pájaro propio de los bosques de coníferas y caracterizado por tener el pico cruzado (*Loxia curvirostra*). *Tb* ~ COMÚN. *Otras especies se distinguen por medio de adjs*: ~ FRANJEADO (*Loxia leucoptera*), ~ LORITO (*L. pityopsittacus*). | Noval *Fauna* 343: Un pájaro de aspecto corpulento .., conocido de antiguo en Asturias con el nombre de Tixera, el Piquituerto (*Loxia curvirostra*), es fácil de identificar. Lama *Aves* 70: Alcanza el Piquituerto común (Loxia curvirostra) unos 16 centímetros de longitud.

pira[1] *f* Hoguera en la que se quema un difunto o la víctima de un sacrificio. | Moix *Des* 12.9.70, 12: "Niente è più possibile, ormai!", exclama [Medea] tras las llamas de la pira donde arden sus hijos. **b)** Hoguera. | * Hicieron una pira con sus libros.

pira[2] (*col*) **I** *loc v* **1 salir de ~.** Marcharse a toda prisa. | GPavón *Rapto* 150: El chófer cerró las puertas de detrás dejando dentro a la moza y al ayudante, volvió al volante y salió de pira.

II *loc adv* **2 de ~.** De juerga o de parranda. *Frec con el v* IR. | Aparicio *Año 80*: ¿Dónde estabas, sinvergüenza? El señor comisario había preguntado por ti, y tú de pira, bribona, descastada. [*Una gata*.]

pirabar *tr* (*jerg*) Realizar el acto sexual [con alguien (*cd*)]. | Sastre *Taberna* 118: Así, con el cuento, me pirabé a la chai por la jeró y encima ella feliz y entodavía me dio para café.

pirado -da *adj* (*col*) **1** *part* → PIRAR.

2 [Pers.] loca. *Tb n*. | MGaite *Retahílas* 61: Me empezaste a hacer una seña rara .., y miré alrededor, y no había más que gente en grupos, y nadie te hacía caso, o sea que o estabas pirada o aquello iba conmigo. A. Marsillach *Inf* 1.5.75, 14: El país anda un poco pirado, pero no tanto. L. Mazarrasa *SInde* 25.8.90, 4: En uno de los barcos .. un pirado canda la moto, no vaya a ser que a alguien se le ocurra robársela en alta mar.

piragua *f* Embarcación muy ligera, larga y estrecha, frec. de una sola pieza, que navega a remo y a veces a vela. | *Sp* 19.7.70, 24: Las rudimentarias quillas de las piraguas se mejoran.

piragüismo *m* Deporte que consiste en la navegación en piragua. | A. D. Galicia *Sáb* 10.9.66, 13: Deportes del mar (piragüismo, esquí acuático, natación) .. ocupan la mayor parte de las horas de los Hohenlohe. Vizcaíno *Mancha* 195: –¿Se celebra alguna clase de competición? –Pues sí, de natación y de piragüismo. Luego, en el verano, vienen algunos con motoras.

piragüista I *m y f* **1** Pers. que practica el piragüismo. | P. González *Mar* 17.7.66, 11: Se celebraron unas pruebas deportivas con participación de piragüistas de la O. J. E.

II *adj* **2** Piragüístico. | *DMo* 15.8.92, 2: Ampuero vivía sus jornadas piragüistas en víspera y día del XIV Descenso Internacional del Río Asón.

piragüístico -ca *adj* De(l) piragüismo. | *Ya* 31.12.82, 28: La expedición piragüística hispano-venezolana al alto Orinoco fue suspendida el pasado día 22 en el puerto de El Venado.

piral *m* Se da este n a numerosas mariposas nocturnas de pequeño tamaño, algunas de las cuales constituyen auténticas plagas, esp la Ostrinia nubilalis (~ DEL MAÍZ), la Tortrix viridiana (~ DEL ROBLE y DE LA ENCINA) y la Sparganothis pilleriana (~ DE LA VID). | F. Ángel *Abc* 25.3.58, 11: Tanto Fungirol como Azufre Mojado "Medem" pueden ser mezclados .. con "Arseniato de Plomo Medem", para luchar, al mismo tiempo, contra los insectos masticadores (Orugas, Gusanos, Arañuelos, Piral, Polillas, etc). Cela *Oficio* 67: La oruga del piral de la vid.

piramidado -da *adj* (*Geom*) [Figura] que tiene una pirámide en cada cara. | Ybarra-Cabetas *Ciencias* 25: Cubo piramidado o tetraquishexaedro.

piramidal *adj* De (la) pirámide. | Marcos-Martínez *Aritmética* 2º 199: La recta VA engendra una superficie que se denomina superficie piramidal. J. Aldaz *Abc* 15.12.70, 69: El proceso de creación de dinero .. es de carácter piramidal, cuyo vértice arranca en el Banco de España. **b)** Que tiene forma de pirámide. | Navarro *Biología* 70: Está formado por células prismáticas y a veces piramidales. **c)** (*Anat*) [Hueso] de figura de pirámide, que forma parte del carpo. *Tb n m*. | Nolla *Salud* 98: En el carpo encontramos ocho pequeños huesecillos: escafoides, semilunar, piramidal, pisiforme, trapecio, trapezoide, hueso grande y hueso ganchoso. **d)** (*Anat*) [Músculo] de forma piramidal, del abdomen, de la pelvis o de la nariz. | Navarro *Biología* 94: Músculos de la parte anterior del tronco .. Oblicuo mayor del abdomen. Piramidal del abdomen. [*En un grabado.*] Navarro *Biología* 93: Músculo frontal. Orbicular de los párpados. Piramidal. [*En un grabado.*] **e)** (*Anat*) [Vía o sistema] de transmisión de movimientos voluntarios. | Alvarado *Anatomía* 68: Las [corrientes] motoras descienden desde el cerebro por las llamadas vías piramidales. M. Aguilar *SAbc* 6.12.70, 54: Un mono y un león poseen y han desarrollado un estado de ánimo, una voluntad firme, y hasta desarrollan una estrategia para la lucha por la vida .. Han aparecido los hemisfer[i]os cerebrales superiores y los movimientos conscientes regidos por el sistema nervioso motor "voluntario o piramidal".

piramidalmente *adv* De manera piramidal [1a y b]. | Miret *Tri* 15.12.73, 82: La Iglesia no debe ser ya preferentemente una organización dirigida piramidalmente.

pirámide *f* **1** Sólido que tiene por base un polígono y por caras laterales triángulos que se unen en un vértice común. | Marcos-Martínez *Aritmética* 2º 201: El área lateral de una pirámide regular es igual a la mitad del producto del perímetro de la base por la apotema.
2 Construcción egipcia en forma de pirámide [1], usada como tumba faraónica. | Arenaza-Gastaminza *Historia* 17: La arquitectura funeraria se manifiesta en las tumbas de varios tipos: las mastabas, a modo de pirámides truncadas de poca altura; las pirámides y los hipogeos. **b)** Construcción escalonada en forma de tronco de pirámide, propia de los aztecas. | Tejedor *Arte* 184: Realizaron [los aztecas] notables construcciones de que son ejemplo .. las pirámides de Teotihuacán.
3 (*Anat*) Órgano con forma de pirámide [1]. | Navarro *Biología* 192: Las pirámides de Malpigio están constituidas por unos 20 finos canales.
4 Esquema o representación cuya forma recuerda la de la pirámide [1]. | Arenaza-Gastaminza *Historia* 92: Constitución de la sociedad feudal. El rey o emperador ocupa la cúspide de una pirámide formada por los distintos grados de la nobleza y por los siervos y villanos. **b)** ~ **de edades**, *o* **de población**. Gráfico que representa la distribución en edades de una población. | FQuintana-Velarde *Política* 94: Para medir la naturaleza de la población por edades se utilizan las denominadas pirámides de población .. Las naciones con muchos niños y pocos viejos tienen una pirámide de ancha base.
5 (*jerg*) Cierta variedad de LSD. | *Abc* 1.11.75, 60: Un grupo de químicos ha analizado una nueva modalidad muy peligrosa de LSD, denominada "La pirámide violeta", y las autoridades médicas han dicho que es ocho veces más fuerte que la dosis normal utilizada por los drogadictos.

piramidón (*n comercial registrado*) *m* Cierta sustancia contra la fiebre. *Frec el medicamento que la contiene.* | MNiclos *Toxicología* 16: Los envenenamientos por determinadas sustancias, como opio, fenol, .. piramidón, .. cursan con hipotermia. Torrente *Vuelta* 281: La Vieja se despertó .. Tomó el piramidón recetado.

pirandón -na *m y f* (*col*) **1** Pers. juerguista. *Tb adj.* | D. Plata *Abc* 12.6.58, 51: Hay marqueses muy pirandones. Y hubo uno que entre pastorcitas y mozuelas hizo versos muy lozanos, pero me parece a mí que hizo de paso algún estropicio: el marqués de Santillana.
2 Golfo o sinvergüenza. *Frec con intención afectiva.* | Zunzunegui *Camino* 199: Tengo una gran apetito... y muchas ganas de quererte, ¡gran pirandón! Torrente *Vuelta* 471: –Vengo a invitarle a una boda. –¿A la suya? –A la de Rosario la Galana .. –¡Buen pirandón está hecho! ¿Conque al fin la casa?

pirante *m* (*col, hoy raro*) Golfo o sinvergüenza. | Cela *Judíos* 297: Tampoco era un vagabundo de ley y como Dios manda, sino un pirante sin principios. Ero *Van* 14.7.74, 30: La chulapería zaragozana tendía a la bronca y era un tanto rural y primitiva. En ocasiones bajaba a la ciudad con algunos choriceros y pirantes, que se diluían hacia las estaciones ferroviarias para mangar algo y las tabernas del Arrabal.

piraña *f* Pez de río, propio de las regiones tropicales de América del Sur, de cuerpo comprimido y boca con dientes robustos, y conocido por su extremada voracidad (gén. *Serrasalmo,* esp. *S. piraia,* y otros afines). | Aldecoa *Cuentos* 1, 156: Un vasco llamado Urriz se perdió en él [el Orinoco] y se lo comieron las pirañas.

pirar (*col*) **A** *intr* ➤ **a** *normal* **1** Irse o marcharse. *Más frec pr.* | DCañabate *Paseíllo* 43: Venga, Media Almendra, pirando pa la calle ahora mismo. Marsé *Tardes* 37: Ya estás pirando con las chavalas .. Llévatelas de aquí, sé bueno. Berlanga *Barrunto* 50: –¿Por qué no nos vamos? –¿"Pirarte"? ¡Pero qué primo eres! **b)** *En imperativo, se usa para manifestar rechazo.* | AMillán *Mayores* 386: ¡Amos, pira, hombre! ¡A mí, ahora... con eso...!
➤ **b** *pr* **2** Sufrir los efectos de la droga. *Frec en part.* | MGaite *Nubosidad* 383: A ti no te hace falta fumar hash, te piras con diez de pipas. MGaite *Fragmentos* 187: Ya estás pirada .., piradísima. ¡Cómo te ha pegado, hermana! Tomás *Orilla* 16: Antonio olfateó largamente las tabletas [de hachís] .. –¡Estás pirao, Huesos!
B *tr pr* **3 ~selas.** Irse o marcharse. | Delibes *Emigrante* 110: Allí le dijeron que en Chile la gente era más floja, o sea que había más porvenir para los que venían con ansia de trabajar, y ya se las piró a Santiago. **b)** Morirse. | ZVicente *Traque* 277: Robertito palmó .. Y yo, cada vez que lo pensaba así, me alegraba casi de que Robertito se las hubiese pirado.

pirargirita *f* (*Mineral*) Mineral de color rojo oscuro, mena de la plata, consistente en un sulfuro de antimonio y plata. | Ybarra-Cabetas *Ciencias* 63: La pirargirita .. es sulfoantimoniuro de plata.

pirata I *m y f* **1** Pers. que asalta y roba barcos en el mar. | Arenaza-Gastaminza *Historia* 178: En el Mediterráneo los turcos estuvieron aliados a Francisco I y con los piratas que dirigía el corsario bereber Barbarroja.
2 Pers. que secuestra un avión. *Tb ~ AÉREO o DEL AIRE.* | *Fam* 15.11.70, 11: En el "Boeing 727" iban dos agentes .. que nada pudieron hacer contra el joven pirata. A. Barra *Abc* 13.9.70, 13: Sería como una invitación a Israel para que termine con los piratas del aire.
3 Pers. que ilegalmente se adueña o hace uso de algo que no le pertenece. | Laforet *Mujer* 111: La dote de Blanca empezó a desaparecer vendida por fincas, con aquellos saqueos de pirata. GMartín *Hoy* 4.4.75, 14: Un taxista placentino .. llamó la atención a alguien que, pirateando –como ellos dicen en el transporte de viajeros–, trataba de quitar viajeros a los taxistas en una parada de autobús .. El "pirata" .. era una señora. *País* 7.10.85, 38: "Un pirata" [de vídeo] puede hallarse en aquella población donde se estén proyectando cualquiera de estas dos películas.
II *adj* **4** De(l) pirata [1]. | J. R. Alonso *Sáb* 17.5.75, 19: En aquellos meses se dio al mundo ... el espectáculo de que buques de la escuadra tuviesen que ser declarados piratas y fuesen capturados en alta mar por alemanes e ingleses. **b)** [Pantalón] que llega hasta debajo de la rodilla. *Tb n m*. | R. LHaro *SPaís* 31.8.80, 18: Peto jardinero, con pantalón pirata, en algodón. R. LHaro *SPaís* 31.8.80, 15: Desde los escuetos *bodies* .. a las bermudas, anchos y estrechos, los piratas o pantalones corsarios.
5 Ilegal o que carece de la debida licencia. *Referido esp a taxi, emisora, edición o copia. Tb n m, referido a taxi u otro vehículo.* | J. GCano *Gac* 11.5.69, 76: En otros países de América del Sur lanzan ediciones pirata de novelas con la firma de Corín Tellado. *Ya* 18.12.84, 8: Apagado el vocero del ente, medité que habré de esperar al tercer, cuarto canal o canal pirata de TV para que valga la pena poner en marcha frecuentemente el receptor. *País* 7.10.85, 38: Lauren Films recompensará .. a quien pueda averiguar la procedencia de la copia pirata .. de los siguientes títulos: "La rosa púrpura del Cairo" y "Buscando a Susan desesperadamente". G. Catalán *D16* 15.1.88, 12: Según la Cámara Internacional de Comercio, entre un 3 y un 6 por 100 del comercio mundial es pirata. Nácher *Guanche* 177: Más automóviles, cada vez más, sobre el asfalto de Bañaderos .. Algunos eran piratas. Taxis para todo el mundo que rodaban desde Las Palmas hasta todos los confines de la Isla, cargando gente

piratear – pirita

hasta los estribos por precios en competencia con los autobuses de horas .. Don Salvador Martín se apeó trabajosamente de un pirata de Bañaderos.

piratear A *intr* **1** Ejercer la piratería [1]. | Torbado *En el día* 302: Supieron que era capaz de aventuras más arriesgadas y útiles que piratear en un submarino o mandar una compañía en los desiertos abisinios. GMartín *Hoy* 4.4.75, 14: Un taxista placentino .. llamó la atención a alguien que, pirateando –como ellos dicen en el transporte de viajeros–, trataba de quitar viajeros a los taxistas en una parada de autobús.
B *tr* **2** Adueñarse o hacer uso ilegalmente [de algo (*cd*)]. | * Esa idea está pirateada de su libro, no lo niegues. **b)** Reproducir ilegalmente [algo, esp. un libro, una cinta de casete o de vídeo, o un programa informático]. | *País* 7.10.85, 38: "La mujer de rojo" y "Terminator" fueron pirateadas en las zonas de Madrid y Albacete. S. Blázquez *Ya* 22.1.86, 34: En unos minutos se puede piratear un programa de ordenador que ha tardado en hacerse meses o años. G. Catalán *D16* 15.1.88, 12: La picaresca en el mundo de las cintas de casete es muy amplia .. Se calcula que en el año pasado se vendieron unos dieciséis millones de copias legales, frente a los nueve millones de copias pirateadas.

pirateo *m* Acción de piratear. | *Ya* 14.6.86, 48: Desarticulada una red de "pirateo" de vídeos.

piratería *f* **1** Actividad de pirata [1, 2 y 3]. | Tejedor *Arte* 187: Practicándose, como defensa contra la piratería, el sistema de flotas, constituidas por barcos mercantes escoltados por otros de guerra. A. Barra *Abc* 13.9.70, 13: Si todos los inocentes secuestrados salvan sus vidas, los últimos actos de piratería aérea tendrán al menos un aspecto positivo. M. P. SBravo *Alc* 13.11.70, 32: De un tiempo a esta parte el teléfono nos hace padecer llamadas "piratas". No son equivocaciones personales o de "relais" .., sino auténtica piratería en la intimidad ajena.
2 Acto propio de un pirata [3]. | * No es la primera piratería que descubro.

piratesco -ca *adj* De(l) pirata. | Cierva *Ya* 12.5.82, 5: El viaje piratesco del comodoro Anson se cerraba con la recomendación de ocupar el archipiélago magallánico. FVidal *Duero* 206: Con la noble intención de mantenerlas [las pinturas] a salvo de la codicia piratesca de mercanchifles [*sic*] nacionales o extranjeros.

pirático -ca *adj* De(l) pirata [1]. | Mercader-DOrtiz *HEspaña* 4, 211: En los comienzos del XVIII continúa Gran Bretaña la táctica del siglo anterior: agresiones piráticas, golpes de mano ocasionales.

pirazolona *f* (*Med*) Compuesto de acción semejante a la de la antipirina, pero menos eficaz. | M. Aguilar *SAbc* 30.11.69, 54: Algunos tóxicos que pueden dar agranulocitosis .. Aminopirina .. Pirazolonas. Promacina.

pire (*col*) **I** *m* **1** Acción de pirarse. *Tb su efecto. Tb fig.* | MGaite *Nubosidad* 68: ¿Y ahora te montas el pire a base de jarabe de lila? MGaite *Retahílas* 224: No hay lumbre parecida a la de las palabras que calientan la boca, no, es la mejor borrachera. Te lo digo porque ahora mismo me tienes chispa perdido, oye, alumbrado, fugado, con un pire que no toco el suelo.
II *loc v* **2 darse el ~.** Irse o pirarse. | MGaite *Nubosidad* 374: La gente se ha ido dando el pire. En cuanto tú te fuiste a echar, se acabó el *happening*, se aburrían.

pirenaico -ca *adj* De los montes Pirineos. *Tb n, referido a pers.* | Bustinza-Mascaró *Ciencias* 205: Son [las ubres], sobre todo en las vacas de razas especializadas (holandesa, .. pirenaica, gallega), muy voluminosas. Torrente *Saga* 159: Figuran como protagonistas de varias narraciones pertenecientes a las culturas más distintas y distantes: de los mayas, .. de los pirenaicos, de los hititas.

pirenina *f* (*Biol*) Sustancia refringente que constituye el nucléolo celular. | Ybarra-Cabetas *Ciencias* 182: En el interior del núcleo destacan por su gran refringencia unas masas redondeadas o nucleolos, formadas por una sustancia llamada pirenina, muy diferente de la cromatina.

pireno *m* (*Quím*) Hidrocarburo policíclico que se extrae esp. del alquitrán de hulla. | *Ya* 5.12.74, 54: El pretratamiento del tabaco provoca una disminución sistemática al menos del 50 por 100 de los hidrocarburos aromáticos y, sobre todo, del antraceno, del pireno y del 3,4-benzopireno.

piretógeno -na *adj* (*Med*) Que produce fiebre. *Tb n m, referido a agente o sustancia.* | *Antibióticos* 78: Laboratorio de Farmacología. Determinación de piretógenos.

piretrina *f* (*Quím*) Principio resinoso de la raíz del pelitre, usado como insecticida y antihelmíntico. | Bustinza-Mascaró *Ciencias* 124: La lombriz intestinal .. La santonina, piretrina, etc., producen la expulsión de los parásitos.

piretro *m* Pelitre. | * Son conocidas las propiedades insecticidas del piretro.

piretroide *m* (*Quím*) Compuesto sintético relacionado con la piretrina y de propiedades análogas. | M. T. Vázquez *Far* 12.87, 7: La particularidad de los piretroides consiste en presentar .. un efecto de choque ("knock down") o bien un efecto de mortalidad ("killing").

pírex → PYREX.

pírgano *m* (*reg*) Nervio central de la hoja de la palmera. | Alvar *Abc* 12.4.87, 3: La borriquilla camina como si la tierra no existiera y pisara nubes de pírganos tiernos y de hojas resecas.

piri *m* (*col*) Cocido (guiso o comida). | ZVicente *Traque* 191: Lo que tú quieres es largarte por ahí de pendoneo y que el piri se haga solito, o lo cuide yo. DCañabate *Andanzas* 218: ¿Por qué estás aquí en lucha con el biruji, si tienes el piri asegurao con tus hijos?

pirídico -ca *adj* (*Quím*) De (la) piridina. | Aleixandre *Química* 160: El [alcohol] que no se destina a la bebida se desnaturaliza añadiéndole alcohol metílico y acetona, y también frecuentemente bases pirídicas, que huelen muy mal.

piridina *f* (*Quím*) Base nitrogenada que se extrae del alquitrán de hulla y de otras materias orgánicas, y que se utiliza en el tratamiento del asma y para desnaturalizar alcoholes. | MNiclos *Toxicología* 61: El cuadro de agitación y convulsiones .. es más típico con los primeros antihistamínicos, derivados de la piridina.

piriforme *adj* (*E*) De forma de pera. | Perales *Música 1º* 174: Laúd. Instrumento de cuerda pulsada y punteada, de cuerpo piriforme y variado número de cuerdas.

pirindola *f* (*reg*) Perinola. | Torrente *Off-side* 229: Se dedica a la seducción de estudiantes desamparados, a los que hace después catedráticos, .. los viste, los inicia en los cócteles intelectuales y, de vez en cuando, les juega con la pirindolita, que es lo que a él le gusta.

pirineos (*tb* **pirineo**) *m* Tejido de poliéster, muy suave y con aspecto de lana cardada, usado esp. para batas de casa. *Tb* LANA ~. | *Prospecto* 12.85: El Corte Inglés .. Mono pirineos, poliéster 100%. P.V.P. 6.695 pts .. Bata pirineos, poliéster 100%. P.V.P. 5.850 pts. *Prospecto* 10.92: Alcampo .. Bata Sra. pirineo ribeteada escocés: 3.995.

pirinola *f* (*reg*) Parte más alta [de algo]. | J. Isla *Día* 25.5.76, 5: Aquí se dice pirinola a una cosa muy alta .. De un individuo que está encaramado en algo muy alto se dice que está empericosado. Pero la cosa donde está amontado, un pico o lo que sea, unos lo llaman pericosa y otros pirinola.

piriñaca *f* (*reg*) Ensalada de pimiento, tomate y cebolla. | Comino *Gac* 29.5.77, 16: Las tapas son a base de aliñados de puerros, zanahorias, aceitunas y piriñaca (cebolla, pimiento verde y tomate), crema de queso y picos (colines) jerezanos. Burgos *SInde* 16.9.90, 4: Gonzalo, ¿por qué no pones unas caballitas asadas con piriñaca?

piripi *adj* (*col*) Borracho. | Lagos *Vida* 81: Empinó el vaso, bebiéndose el contenido, unos malos tragos, de una vez. –Que se nos va a poner piripi –gritó el guardagujas.

pirita *f* Mineral de sulfuro de hierro, brillante y de color amarillo. *Tb* ~ DE HIERRO, AMARILLA, CÚBICA o MARCIAL. | *Inf* 24.3.70, 11: La reserva de pirita alcanza a 200 millones de toneladas. Ybarra-Cabetas *Ciencias* 58: Pirita de hierro, pirita marcial, pirita cúbica o pirita amarilla. **b)** *Con un adj o compl especificador, designa otros sulfuros metálicos naturales:* ARSENICAL, BLANCA, DE COBRE, DE NÍQUEL, *etc.* | Bustinza-Mascaró *Ciencias* 325: Calcopirita. Llamada también pirita de cobre, es el mineral de cobre más abundante en España.

pirítico -ca *adj* De (la) pirita. | *HLBR* 26.8.74, 3: Se estiman en unos 40 millones de toneladas de mineral, con leyes medias de 0,6 por 100 de cobre y 5 por 100 de plomo y cinc, las reservas evaluadas de estos metales en la mina de Sotiel, cerca de Cabañas, en la zona pirítica de Huelva.

piro. darse el ~. *loc v* (*col*) Pirarse o marcharse. | FReguera *Bienaventurados* 154: Esta gachí se está llenando de manías. Tendré que darme el piro. Olmo *Camisa* 43: Sin la mujer se hace un poco cuesta arriba darse el piro.

pirocatequina *f* (*Quím*) Fenol procedente de la destilación seca del catecú y de la acción de la potasa cáustica sobre el lignito y ciertas resinas. | Aleixandre *Química* 164: Existen tres difenoles: el orto o pirocatequina, el meta o resorcina y el para o hidroquinona.

piroclástico -ca *adj* (*Geol*) [Roca] que contiene fragmentos sólidos de origen volcánico. | Bustinza-Mascaró *Ciencias* 341: Las areniscas piroclásticas (grauvacas de los autores alemanes) son areniscas silíceas en las que se encuentran elementos de origen volcánico.

piroclasto *m* (*Geol*) Material sólido arrojado por un volcán. | *Can* 4.10.91, 4: Alguien, con la sana intención de tomarse las copas con mayor seguridad, ordenó una ampliación innecesaria de la carretera, propiciando una mayor erosión y el corrimiento de piroclastos.

piroelectricidad *f* (*Fís*) Electricidad provocada en un cuerpo por los cambios de temperatura. | Ybarra-Cabetas *Ciencias* 40: Al calentar un cristal alargado de turmalina, sus extremos se cargan de electricidad, uno de ellos de electricidad positiva .. y el otro de negativa .. Al enfriar el cristal, el fenómeno se repite pero en sentido opuesto .. Esta propiedad que presentan algunos cristales se denomina piroelectricidad.

piroeléctrico -ca *adj* (*Fís*) De (la) piroelectricidad. | * Fenómenos piroeléctricos. **b)** Que presenta piroelectricidad. | Ybarra-Cabetas *Ciencias* 57: Todas las turmalinas son hexagonales hemimórficas, piezoeléctricas y piroeléctricas.

pirofilita *f* (*Mineral*) Mineral constituido por un silicato de aluminio hidratado, de color grisáceo, verdoso o amarillento y fácilmente exfoliable. | Aleixandre *Química* 115: Silicatos laminares .. Ejemplos importantes son el talco .., la pirofilita.

pirofórico -ca *adj* (*Fís*) Que se inflama espontáneamente en contacto con el aire, o que produce abundantes chispas al ser golpeado o raspado. | Marcos-Martínez *Física* 257: Las substancias que se combinan espontáneamente con el oxígeno a temperatura ordinaria se llaman pirofóricas.

pirogalato *m* (*Quím*) Sal o éster del pirogalol. | Aleixandre *Química* 96: La separación química se logra: 1º Haciendo pasar una corriente de aire por una disolución de pirogalato potásico, que absorbe el oxígeno.

pirogalol *m* (*Quím*) Sólido blanco y cristalino, soluble en agua, con función de ácido y alcohol, que se usa como revelador fotográfico y como reductor en enfermedades de la piel. | Aleixandre *Química* 165: Trifenoles. El más importante es el pirogalol .. Sus disoluciones alcalinas absorben el oxígeno atmosférico, coloreándose en pardo .. Se emplea en fotografía.

pirogénico -ca *adj* (*Med*) Pirógeno. | *Antibióticos* 55: Se determina mediante este control el nivel de toxicidad, la ausencia de substancias pirogénicas e histaminoides.

pirógeno -na *adj* (*Med*) Que produce fiebre. *Tb n m, referido a sustancia o agente*. | *Inf* 16.4.70, 31: Procedimiento separación pirógenos partir preparaciones biológicamente activas.

pirograbado *m* Grabado mediante un estilete incandescente, gralm. sobre madera o cuero. | *Abc* 30.8.66, 6: Difícil arte este de pintar sobre cuero. Un error de la mano puede inutilizar el cuadro. Lejos, muy lejos, está la técnica del repujado y pirograbado. Benet *Volverás* 34: En casi todos los agujereados encerados de las aulas seguían dibujadas con tiza, más indeleble que el pirograbado, hipérbolas y elipses, frases de francés y fórmulas de química.

pirítico – pirométrico

pirograbador -ra *m y f* Pers. que hace pirograbados. | *Van* 4.11.62, 34: Pirograbadores con máquina propia, doy trabajo a casa.

pirograbar *tr* Grabar mediante un estilete incandescente. | Isidro *Abc* 11.2.58, 31: Pirograbados sus nombres en el frontispicio del nuevo género a que pertenecen, .. preguntémonos qué "premio" merece su bestial hazaña.

pirografía *f* Pirograbado. | *Ide* 27.2.75, 4: En el Colegio Mayor San Jerónimo continúa abierta al público la exposición de pirografías realizadas por Cánovas Almagro.

pirografiar (*conjug* **1c**) *tr* Pirograbar. | CBonald *Casa* 68: Había [a]llí una especie de urna con un viejo máuser del ejército, que tenía pirografiado en una cara de la culata el escudo de la Falange. *Hoy* 17.12.74, 29: Pirografían el cuero y hacen de él bajorrelieves.

pirolagnia *f* (*Psicol*) Excitación sexual por el fuego. | Acquaroni *Abc* 4.10.70, 13: Probablemente existe en el fumar femenino una forma de pirolagnia o piromanía erótica, de excitación sexual del varón a través del fuego.

piroleñoso *m* (*Quím*) Parte acuosa de los productos que resultan de la destilación de la madera, que contiene ácido acético, alcoholes y cetonas. | Marcos-Martínez *Física* 281: Se recoge en A un líquido denso y negruzco, que es el alquitrán, y otro más claro y ligero llamado piroleñoso.

pirólisis (*tb, más raro,* **pirolisis**) *f* (*Quím*) Descomposición mediante calor. | Aleixandre *Química* 155: Es [el naftaleno] un hidrocarburo que se produce en la pirólisis (descomposición por el calor) de un gran número de materias orgánicas. *Faro* 27.7.75, 3: Se han estudiado las necesidades de naftas para productos petrolquímicos y la utilización de las gasolinas de pirolisis de los crackers productores de olefinas.

pirolítico -ca *adj* (*Quím*) De (la) pirólisis. | A. GCastellot *Ya* 21.12.88, 23: Una válvula cardiaca se abre y se cierra 40 millones de veces en un año, y de momento solo un material, el carbón pirolítico, es capaz de resistir tanto movimiento.

pirología *f* Estudio del fuego. | *Ya* 22.10.64, sn: Circunstancialmente se organizan cursos de fotografía, perfeccionamiento en técnicas textiles, pirología, automática, auxiliares de laboratorio, etc.

pirolusita *f* (*Mineral*) Mineral de bióxido de manganeso. | Ybarra-Cabetas *Ciencias* 71: Pirolusita. Bióxido de manganeso .. Es negra .. y tiene tanto interés por ser mena del manganeso como por su acción oxidante.

piromanía *f* (*Med*) Tendencia patológica a la provocación de incendios. | Vilaltella *Salud* 427: En la piromanía (manía incendiaria), el psicópata encuentra una especie de liberación de sus conflictos provocando incendios. **b)** Gusto por el fuego o por quemar cosas. | Lera *Olvidados* 228: Una pestilencia negra brotó de las fogatas .. Pero ello no fue obstáculo para que los muchachos saltasen sobre los braseros, como es de rigor en estas ceremonias de piromanía. MGaite *Cuarto* 45: He quemado tantas cosas, cartas, diarios, poesías. A veces me entra la piromanía, me agobian los papeles viejos.

pirómano -na *adj* **1** Que padece piromanía [1a]. *Tb n*. | *Inf* 30.4.77, 8: Misteriosa racha de incendios en Palma del Río .. En el pueblo se cree que algún pirómano suelto debe provocar estos incendios. **b)** (*semiculto*) [Pers.] incendiaria. *Tb n*. | *País* 6.6.92, 22: Pirómano de Rentería. El joven Gaizka E. S., de 21 años, fue detenido ayer por la Ertzainza .. como presunto autor de la quema de un autobús durante unos incidentes ocurridos en Rentería (Guipúzcoa).
2 (*raro*) De (la) piromanía. | *Sp* 1.3.65, 41: La policía fue atacada con insólita violencia, y, desatada una especie de fiebre pirómana, dos agentes del gobierno fueron quemados vivos cuando una masa de estudiantes reaccionó ante los disparos de la fuerza pública.

pirometría *f* (*Fís*) Medición y estudio de las altas temperaturas. | *Abc* 15.4.58, 53: Técnico industrial. Precisamos especializado en relojería industrial, pirometría, telefonía y señalización.

pirométrico -ca *adj* (*Fís*) De (la) pirometría. | *GTelefónica N*. 875: José Navarro Romera. Industrias pirométricas "Nar". Temperatura y control.

pirómetro – pirueta

pirómetro *m* (*Fís*) Instrumento para medir temperaturas elevadas. | Marcos-Martínez *Física* 130: Una barra de acero de un pirómetro mide un metro a 0°, y 1,006 metros colocada en un horno.

piromorfita *f* (*Mineral*) Mineral de color verdoso o pardo, constituido por fosfato y cloruro de plomo, que abunda en los yacimientos de galena. | M. GSantos *SYa* 17.4.77, 39: Entre los minerales, el censo es mucho más amplio: vanadinita, .. smithsonitas, piromorfitas, aragonitas.

piromusical *adj* [Espectáculo] de pirotecnia combinada con música. | *CoA* 13.8.93, 30: La feria de Málaga comienza hoy con un gran espectáculo piromusical de fuegos artificiales.

piropeador -ra *adj* Que piropea. *Tb n.* | DPlaja *El español* 126: Esta declaración se lleva a efecto ante una desconocida que en la mayoría de los casos no siente el menor interés en la relación, indiferencia que tampoco produce mayor efecto en el piropeador.

piropeante *adj* Que piropea. *Tb n.* | Torrente *Vuelta* 211: No había podido evitar que unos estudiantes la piropeasen, y, en vez de portarse con naturalidad .., había tropezado y provocado la risa de los piropeantes.

piropear *tr* Decir piropos [1, esp. 1b] [a alguien o algo (*cd*)]. | AMillán *Mayores* 413: ¿Piropeas a las mujeres por la calle?

piropeo *m* Acción de piropear. | ZVicente *Balcón* 7: Detrás de los toldos se asoman caras masculinas, diversas edades, a contemplarla, discreto piropeo, los pasos alejándose.

piroplasmosis *f* (*Vet*) Enfermedad de los animales causada por un protozoo parásito de los glóbulos de la sangre de los mamíferos. | F. Ángel *Abc* 16.4.58, 17: Las Garrapatas .. se fijan sobre las ovejas, cabras, vacas, perros .., chupando la sangre de estos animales, especialmente en el ganado vacuno, al que las Garrapatas inoculan un parásito protozoario que produce una gravísima enfermedad, la Piroplasmosis o Hemoglobinuria.

piropo *m* **1** Expresión de alabanza y elogio dirigida a una pers. o cosa. | GPavón *Hermanas* 16: Braulio, cuya satisfacción no se había remansado todavía por los piropos del veterinario, volvió enseguida a su pentagrama. *Mar* 24.1.68, 6: Se marchó Di Stéfano y le dedico piropos [al Elche]. **b)** Expresión dirigida a una pers., esp. mujer, ponderando su belleza. | P. VSanjuán *Abc* 23.3.71, 49: Las damas .. enseñaban el zapatito estrecho de charol, y el arranque de una media de seda hasta el tobillo. Los elegantes les dedicaban un piropo delicado.
2 Granate de color rojo intenso, muy apreciado en joyería. | Ybarra-Cabetas *Ciencias* 57: Son especies importantes [de granates]: Piropo .. Almandino .. Melanito.

pirosfera *f* (*Geol*) Masa candente supuestamente situada en el interior de la Tierra. | Alvarado *Geología* 66: Se supuso que entre la sólida litosfera y la sólida endosfera se intercalaba una capa magmática, a la que se dio el nombre de pirosfera, es decir, "esfera de fuego".

pirosis *f* (*Med*) Sensación de ardor que sube del estómago a la faringe, acompañada de flatos y excreción de saliva clara. | R. ASantaella *SYa* 9.1.83, 33: Existe un síntoma en medicina que se llama "acidez" y que, médicamente, se llama pirosis.

pirotecnia *f* **1** Técnica de la fabricación y utilización de explosivos y fuegos artificiales. | J. Reis *Abc* 16.2.68, 15: La pirotecnia es un arte peligroso: en cualquiera de las muchas fábricas repartidas especialmente por el Alto Miño, es fácil encontrarse con "magos" sin dedos.
2 Conjunto de fuegos artificiales. | Laiglesia *Tachado* 19: Me consta que el amargor de esa almendra real que metí en la pirotecnia de mis bromas también me producirá un cierto mal sabor de boca.
3 Fábrica de fuegos artificiales. | *Abc* 15.2.92, 84: El propietario de una pirotecnia de La Cañiza (Pontevedra) .. murió ayer al producirse una explosión.

pirotécnico -ca **I** *adj* **1** De (la) pirotecnia [1 y 2]. | *Abc* 14.5.67, 77: En el centro de la plaza se veían emplazados los elementos pirotécnicos para la gran "mascletá".
2 Especialista en pirotecnia [1 y 2]. *Frec n.* | P. Rodrigo *Mad* 23.12.70, 16: Imaginen que no son los Estados Unidos .., sino un país sin tanto dinero .. y, dentro de él, un modesto grupo de artesanos locales (un mecánico, un doctor especialista en propergoles, un fontanero, un carpintero, un pirotécnico ..), quienes intentan poner en órbita una nave espacial.
II *f* **3** Pirotecnia [1 y 2]. | Gironella *Millón* 167: Desconcertó al enemigo por medio de cohetes que había requisado en Alcañiz, en un taller de pirotécnica. J. M. Massip *Abc* 31.1.68, 33: La población celebraba con cohetes y pirotécnica la entrada del Nuevo Año lunar.

pirouette (*fr; pronunc corriente*, /piruét/; *pl normal*, ~s) *f* (*Danza*) Vuelta o serie de vueltas que un bailarín ejecuta sobre la punta de los pies. | L. LSancho *Abc* 31.3.73, 96: Los coros dominan hasta el asombro la técnica del "ballet" clásico; sus puntas parecen de acero por la perfecta seguridad; arabescos "manège", "pirouettes" parecen brotar espontáneamente de sus pies, sus cuerpos y sus brazos.

piroxeno *m* (*Mineral*) Mineral de silicato de calcio y magnesio, que es uno de los principales constituyentes de las rocas eruptivas. | Alvarado *Geología* 30: Los piroxenos y anfíboles son silicatos de calcio y magnesio con o sin hierro .. El piroxeno más importante es la augita.

pirrar (*col*) **A** *tr* **1** Volver loco [a alguien (*cd*)] o gustar[le] mucho. | Delibes *Cinco horas* 211: Ofreció no probar los dulces, que la pirraban.
B *intr pr* **2** Volverse loco [por una pers. o cosa] o ser muy aficionado [a algo (*compl* POR)]. | Kurtz *Lado* 197: Lucía se pirra por los pantalones. Vega *Cocina* 173: Las moriscas .. se pirraban por los dulces.

pirriar (*conjug* 1a) *tr e intr pr* (*col*) Pirrar. | MSantos *Tiempo* 90: La pobre tan gastada pero tiene afición .. Sí, se pirria por los hombres.

pírricamente *adv* (*lit*) De manera pírrica [1]. | *Abc* 8.10.74, 79: La presencia de "el chopo" ya no es bastante, y ahí tenemos al Athlétic, pírricamente goleador, y desesperanzadamente goleado.

pírrico -ca *adj* **1** [Victoria] obtenida con grave daño del vencedor. | A. Moncada *Ya* 16.10.75, 6: Son los que se sintieron orgullosos de que en el incidente del "Mayagüez" los "marines" pudieran enseñar los dientes en Camboya, en una victoria pírrica, pero consoladora.
2 (*hist*) [Danza de la antigua Grecia] que imita un combate. *Tb fig. Tb n f.* | *Gerona* 11: La sardana, .. con la especial estructura de sus compases, que hay que contar y repartir bien, resulta, a la vez, una danza pírrica, serena y amorosa.

pirrol *m* (*Quím*) Líquido incoloro nitrogenado que se extrae de la destilación de varias materias animales y del alquitrán de hulla. | C. Duerto *SAbc* 10.4.83, 39: Son los pequeños insectos nematodos. .. El tratamiento para combatirlos será con productos a base de cianamida cálcica, cloruro cálcico o compuesto a base de pirrol.

pirrónico -ca *adj* (*Filos*) De(l) pirronismo. | Palacios *Juicio* 273: Este amigo intentó suicidarse bebiendo una copa cuyo licor tenía partículas de veneno en suspensión. ¡Le hubiera sido mejor practicar la suspensión de juicio, recomendada por los sabios pirrónicos para conseguir la imperturbabilidad!

pirronismo *m* (*Filos*) Doctrina escéptica de Pirrón († 275 a.C.). | CBaroja *Inquisidor* 13: He llegado en la vida más allá del pirronismo. GÁlvarez *Filosofía* 1, 156: El despliegue histórico del escepticismo en la Edad Antigua se adscribe a tres fases principales: el escepticismo antiguo o pirronismo, el escepticismo de la Academia media y el escepticismo posterior o neopirronismo.

pirronista *adj* (*Filos*) De(l) pirronismo. | PAyala *Abc* 12.6.58, 3: Nos permitimos traer a cuent[o] la actitud pirronista en que se inspira la obra dramática de Pirandello.

pirueta *f* **1** Giro ágil y rápido sobre sí mismo. | *Mar* 24.1.68, 4: Los sensacionales trapecistas italianos Troupe Cardona .. realizan la triple pirueta en los trapecios, con escalofriantes pasadas de doble salto mortal. *BOE* 9.1.75, 429: El examen de aptitud física consistirá en las siguientes pruebas individuales con un mínimo de marcas: Salto verti-

cal .. Lanzamiento de peso (cinco kilogramos), sin pirueta. Marca mínima, seis metros.
2 Acción ágil o habilidosa para salvar una situación comprometida. | *MHi* 11.63, 8: La moral histórica española no admite la pirueta ni el sórdido cálculo mercantil.

piruétano *m* Peral silvestre. | Benet *Volverás* 45: Selvas inextricables donde crecen los frutales silvestres –los cerezos bravíos, el mahíllo, los piruétanos, el arraclán y el avellano–.

piruetear *intr* Hacer piruetas. | Donald *Abc* 22.2.62, 65: La odalisca, a la que encarna Ethel Rojo, brinca y piruetea.

piruja *adj (col, raro)* [Mujer] de moral sexual libre y desenvuelta. *Tb n.* | Faner *Flor* 29: Andaba en coplas la mujer de su caballerizo, moza galana donde las hubiere, piruja y barrenada de cascos. V. Alba *DPa* 9.5.91, 4: Obispos que parecen generales, reyes que parecen idiotas, bufones que hacen pensar en sabios, aguadores que se le antojan a uno profesores, pirujas que hacen pensar en grandes damas.

pirula *f (col)* **1** Faena o mala pasada. | Sastre *Taberna* 89: –Cuando hay un venao como Rogelio mi compadre, ¿qué vas a hacer? –¿Te ha hecho alguna pirula?
2 *(humoríst)* Miembro viril. | * Abróchate la bragueta, que se te ve la pirula.

pirulero *m (reg)* Pájaro parecido a la oropéndola. | Cela *Viaje andaluz* 293: Dime, avilanejo, ladrón, pirulero pintado, ¿dónde guardó el rey moro su tesoro?

piruleta *(n comercial registrado) f* Caramelo de forma circular sostenido por un palito. | Salvador *Administración* 124: No eran otra cosa que los modestísimos pirulíes de mi infancia, que por entonces se habían rebautizado chupachús, por mor de una marca de fábrica, y ahora los oigo llamar piruletas.

pirulí *m* **1** Caramelo, gralm. de forma cónica, sostenido por un palito. | Ferres-LSalinas *Hurdes* 88: Ese Gil está más chupao que un pirulí en boca de un niño.
2 Adorno en forma cónica. | MGaite *Nubosidad* 344: Tacto de madera, barrotes torneados con pirulís de remate.
3 *(col, humoríst)* Miembro viril. | Cela *Mazurca* 84: La octava señal del hijoputa es el pijo fláccido y doméstico, en casa de la Parrocha las pupilas se reían del pirulí de Fabián Minguela.

pirulina *f (col, humoríst)* Miembro viril. | Mendoza *Gurb* 28: Siete u ocho individuos de sexo biológicamente diferenciado, aunque no visible, salvo en el caso de un caballero que al salir del excusado olvidó guardarse la pirulina.

pirulo *m* **1** Pirulí (adorno en forma cónica). | Torrente *Filomeno* 19: Era [el pazo] una sorpresa súbita, como un susto, con sus torretas y sus pirulitos, un desafío a la razón y un regalo para la fantasía.
2 *(col, humoríst)* Miembro viril. | Goytisolo *Recuento* 142: –Callaos, coño. –Tócate los cojones. –Y tú chúpate el pirulo. –Qué más quisiera yo, tú.
3 *(jerg)* Piloto (luz de un vehículo). | Tomás *Orilla* 48: Termino de dar el pap y me largo en una moto afanada. Al poco, una lechera detrás de mí. Iban como locos, con el pirulo encendido y dándole a la sirena.

pis *m (col)* Orina. *Frec en la constr* HACER ~. | Delibes *Cinco horas* 239: Las horas muertas que te has pasado en este despacho, dale que te pego, es que ni a hacer pis. Grosso *Invitados* 38: Pese a la exclusividad del *square* diseñado para el pis matinal y vespertino de bulldogs.

pisa *f* Acción de pisar [2]. | GPavón *Hermanas* 11: Había algunos vecinos empleados en la limpieza de jaraí[c]es y útiles de pisa.

pisable *adj* Que se puede pisar [1]. | M. Jiménez *Ya* 22.5.75, 17: En el otro gráfico, la edificación abierta que ofrecería de acuerdo con la condensación de volúmenes en un mayor número de plantas, quedando el resto como zona pisable y ajardinada de uso público.

pisada I *f* **1** Acción de pisar [1a y 11]. | C. Castro *Abc* 29.6.58, sn: Importa –para ser elegante– el saber mirar, reírse .. y medir la pisada.
2 Huella que se deja al pisar [1a y 11]. | C. PAvelló *Hucha* 2, 59: Camino donde quedan marcadas, confundidas, con fuerza de esfuerzo, las pisadas de los hombres y de las bestias.
II *loc v* **3 seguir las ~s** [de alguien]. Seguir su ejemplo. | * El hijo sigue las pisadas del padre.

pisadera *f (reg)* Pedal de un telar. | D. Orts *Nar* 11.77, 10: La parte móvil [del telar] es la central. En esta parte están los pedales que se les llama "primideras". D. Rufino las llama "pisaderas".

pisado *m* Acción de pisar [1 y 2]. | *DNa* 17.7.66, 19: Arriendo de hierbas .. El número máximo de cabezas que podrán pastar en cada corraliza será de 200 en invierno y 350 en verano, quedando el rematante libre por daños de pisado. *Abc* 1.6.75, sn: En las Bodegas Berberana el tiempo se detiene. Aún hoy puede verse el pintoresco pisado de uvas.

pisador -ra *adj* Que pisa [2]. *Frec n: m y f, referido a pers; f, referido a máquina.* | J. V. Sueiro *SYa* 14.9.84, VI: Lo más plástico de este festejo es el concurso de "collas" pisadoras de uvas, en la plaza del Baluarte, de Sitges (Barcelona). *Abc* 17.9.68, 5: La vendimia es fiesta de solera en Jerez de la Frontera .. Los pisadores esperan el momento de convertir la uva en sabroso mosto.

pisano -na *adj* De Pisa (Italia). *Tb n, referido a pers.* | Angulo *Arte* 1, 424: En su interior [de la catedral de Siena], de gran amplitud, las hiladas de colores alternados son de influencia pisana.

pisapapeles *m* Objeto pesado y gralm. decorativo que se coloca sobre los papeles para evitar que se muevan. | ZVicente *Traque* 214: Había uno que pintaba escenas de amor en piedras de esas de los ríos, para emplearlas de pisapapeles.

pisar A *tr* **1** Poner el pie [sobre alguien o algo *(cd)*]. | *Cam* 14.4.75, 85: Los cabreados empujan hasta que logran invadir la sala. Todos de pie, en fin, pisando a los sentados, asisten al extraño rito. **b)** Oprimir con el pie [un pedal]. *Referido al acelerador, frec abs.* | Cabezas *Abc* 6.2.75, 41: Ya fuera del casco urbano, el señor Rodríguez "pisaba" un poco más el acelerador. Cuando pasaba de cincuenta ya empezaban las protestas de doña Antonia. DCañabate *Abc* 6.12.70, 11: Andando, que es gerundio. Hay mucha recta en el camino y se puede pisar a fondo.
2 Apretar o estrujar [algo] con los pies, o con un pisón o maza. *Tb abs.* | Seseña *Barros* 14: En algunos alfares la operación de pisar la pasta se hace, como su nombre indica, con los pies. J. P. Vera *Reg* 3.12.74, 4: La uva está recién "pisada", y las cubas, dispuestas a recibir el mosto. MCalero *Usos* 46: Ya en la era tiraban la mies y preparaban la trilla del bálago acarreado sobre un solar bien apañado al que pisaron con andaraje de piedra. CBonald *Dos días* 51: –¿Como a qué hora empiezan a pisar? .. –No sé, a eso de las tres.
3 Cubrir [un ave macho a la hembra]. | Cuevas *Finca* 138: El gallo, bajo el sol, pisaba, una tras otra, sus gallinas.
4 Apretar con los dedos [una tecla o cuerda de un instrumento]. | * Has pisado una cuerda equivocada.
5 Cubrir en parte [una cosa a otra]. *Tb fig.* | A. Olano *Sáb* 20.8.66, 40: A mí me hace reír; pero la gente con sus carcajadas "pisa" las palabras de este actor, resulta que veo sus películas tres y cuatro veces.
6 Ir a [un lugar *(cd)*], o estar [en él *(cd)*]. *Frec en constr negat.* | GSerrano *Ya* 17.11.63, 3: Es corriente poder presentar a más de un español que jamás pisó una plaza de toros o un campo de fútbol. N. Carrasco *MHi* 7.69, 25: Si la muchacha no tiene talento .., no pisará jamás unos estudios de cine.
7 *(col)* Conseguir [algo o a alguien *(cd)* anticipándose a otro *(ci)*]. | Tarancón *Abc* 6.5.70, 39: Puede haber en ellos [los periodistas] apresuramiento, quizá cierta indiscreción, impulsados por el deseo de que "no les pise" otro la noticia. CNavarro *Perros* 139: Decían que la política no servía para nada, apasionándose en cambio porque el directivo tal se había dejado "pisar" el fichaje del delantero centro del San Cucurcio de la Rambla. MGaite *Nubosidad* 142: –No crea que le escribo mucho. –Pues eso está mal, que luego igual se lo pisa otra. Chaval más majo. Hacen ustedes muy buena pareja.
8 Tratar con desprecio o desconsideración. | CPuche *Paralelo* 325: Ahora no puedo ceder. Si cedo, me pisarán como a una estera.

9 ~selos. (*vulg*) Ser excesivamente tranquilo o calmoso. | Delibes *Emigrante* 41: De Madrid, ni mus. ¡Les hay que se los pisan, vamos!

10 que se lo (**la**, *etc*) **pisa.** (*col*) *Se usa siguiendo a los ns* MORRO, CARA, JETA *u otro equivalente, para su magnitud.* | R. Solla *Ya* 12.2.87, 45: Tiene un "morro" que se lo pisa el bueno de Diego Armando Maradona. MGaite *Nubosidad* 71: No vea lo borde que se pone, con una cara de kun fu que se la pisa.

B *intr* **11** Poner los pies en el suelo al andar. *A veces con un compl de lugar en donde.* | * Cada uno tiene una forma de pisar. Marsé *Dicen* 138: Mira dónde pisas.

12 Ir [por un lugar], o estar [en él (*compl* POR)]. | MGaite *Retahílas* 108: Ya la última vez que pisé por aquí hace más de veinte años, me asustaron sus ojos.

13 ~ fuerte (*o* **firme**). Desenvolverse con seguridad y soltura [en algo]. *Frec se omite el compl por consabido.* | CSotelo *Inocente* 93: Piso fuerte en ortografía .. y tengo ciertas nociones de contabilidad. MGaite *Fragmentos* 173: Vete a verle con desplante y con chulería, pisando fuerte, si no, no vayas. *Abc* 1.12.70, 63: Otro que "pisa firme" es el Gijón.

pisasfalto *m* Variedad de asfalto de consistencia parecida a la de la pez. | J. R. Alfaro *SInf* 11.11.70, 10: Hay autores que dicen que la verdadera "mumia" es una especie de pisasfalto que se extraía de una gruta descubierta en Persia.

pisaúvas (*tb, raro,* **pisaúva**) *m y f* Pers. que pisa uvas. | *SPue* 17.10.70, 3: Pisando la uva .. Raquel demostró, como comprobarse, que para ella no existen imposibles y que, como pisaúva experta, va a sacar el máximo provecho.

pisaverde *m* (*desp, hoy raro*) Hombre joven fundamentalmente dedicado a su arreglo personal y sus galanteos. | Buero *Sueño* 215: Mi Paco es un pisaverde con la cabeza llena de serrín. Cossío *Confesiones* 71: En aquella vida provinciana, en la que a los que nos vestíamos según la moda del día con un buen sastre y usábamos botines y chalecos de fantasía nos llamaban gomosos y pisaverdes, la llegada de Mourlane cayó como una bomba.

piscardo *m* Pez de agua dulce de la familia del ciprino, que frec. se usa en piscifactorías como alimento de las truchas (*Phoxinus phoxinus*). | Cendrero *Cantabria* 70: Peces .. *Phoxinus phoxinus*: Piscardo.

piscator *m* (*hist*) Almanaque con pronósticos meteorológicos. | Mercader-DOrtiz *HEspaña* 4, 200: El propio Torres Villarroel, hombre con el fondo de buen sentido .., aunque se ganara el sustento componiendo almanaques y piscatores, no dejó de manifestar el desprecio que sentía por el estado de la instrucción española.

piscatorio -ria *adj* (*lit*) De (la) pesca o de (los) pescadores. | Delibes *Vida* 158: Fueron desinflándose mis entusiasmos piscatorios.

piscícola *adj* **1** De (la) piscicultura. | * Establecimiento piscícola.

2 De (los) peces. | *Inf* 19.6.70, 33: Se teme .. una mortandad total en la población piscícola.

piscicultor -ra *m y f* Pers. que se dedica a la piscicultura. | A. Pastor *Abc* 13.5.58, 3: Se sirvieron 6.000 lampreas que pesaban más de dos toneladas y fueron suministradas por el antiguo anticesáreo C. Hirro, el piscicultor, cuyos viveros estaban valorados en 40 millones de sestercios.

piscicultura *f* Cría de peces y otros animales acuáticos. | Bustinza-Mascaró *Ciencias* 176: La cría de peces o piscicultura es muy conveniente.

piscifactoría *f* Establecimiento de piscicultura. | C. M. Franco *Pue* 3.12.70, 16: Resulta oportuno dar a conocer las principales operaciones que se realizan estos días en las piscifactorías de producción de salmónidos con esos huevecillos. Carnicer *Castilla* 92: Han desaparecido [los cangrejos] de los ríos Ucero, Abión y Escalote, por mortandad, pero no se sabe la causa; no lo fue, desde luego, la aclimatación de aquellos cangrejos, que estaban en una piscifactoría ajena a los tres ríos.

pisciforme *adj* (*E*) De forma de pez. | Ybarra-Cabetas *Ciencias* 407: Los mamíferos pinnados son los cetáceos;

tienen su cuerpo adaptado para la natación, por lo tanto pisciforme.

piscina *f* **1** Estanque destinado al baño y a ejercicios o deportes acuáticos. | Laforet *Mujer* 162: Había ido a una piscina hacía poco, con Paloma, su novia.

2 (*Fís*) Estanque en que se halla inmerso un reactor nuclear. | E. Angulo *Ya* 15.4.64, 3: Los reactores ya existentes en España son el de piscina que tiene la Junta de Energía Nuclear en la Moncloa y dos reactores de investigación. Je. Heras *País* 2.3.80, 21: En la central nuclear de Santa María de Garoña (Burgos), de la empresa Nuclenor, se ha detectado avería en nueve manguitos de la piscina aislante del reactor radiactivo.

3 (*hist*) Estanque destinado a usos religiosos. | SLuis *Doctrina* 61: Jesús cura al paralítico de la piscina. GNuño *Arte* 23: De los baptisterios es interesante el de Gabia la Grande ..; la construcción, subterránea, consta de una capilla abovedada ..; en el centro, una piscina bautismal.

piscis (*frec escrito con inicial mayúscula en acep 1*) **I** *adj* **1** [Pers.] nacida bajo el signo de Piscis. *Tb n.* | ByN 30.12.90, 48: Siempre en las nubes, los Piscis nunca se matarían por dinero, fama o poder.

II *fórm or* **2 a mí**, **~**. (*col, raro*) A mí me da lo mismo. | DCañabate *Abc* 29.6.75, sn: Empieza el runrún de que va a pegar [el pan] otro alza p'arriba .. Y a mí piscis mientras haya anís y morapio pa engañar al estómago. DCañabate *Andanzas* 119: –Parece que estás a sueldo del Ayuntamiento o que eres primo del alcalde. –No, señora. A mí el municipio, piscis. No me sirve pa na.

pisco¹ *m* Aguardiente fabricado originalmente en Pisco (Perú). | Delibes *Emigrante* 101: Le dije que el susto no me lo quitaba nadie, y ella me hizo sentar, sacó una botella de pisco y me sirvió un trago.

pisco² → PIZCO.

piscolabis *m* (*col*) Comida ligera. | ZVicente *Balcón* 20: A ver si vienen Paquita y la señora condesa, que tomemos un piscolabis.

piscuala *f* Arbusto tropical trepador, de hojas grandes y enteras y flores en espiga de color rosa o escarlata (*Quisqualis indica*). | GCabezón *Orotava* 58: Piscuala .. Planta muy cultivada en los trópicos. En la India comen las semillas maduras .. y cuando verdes las usan como vermífugo.

pisiforme *adj* (*Anat*) [Hueso] de figura de guisante, que forma parte del carpo. *Tb n m.* | Nolla *Salud* 98: En el carpo encontramos ocho pequeños huesecillos: escafoides, semilunar, piramidal, pisiforme, trapecio, trapezoide, hueso grande y hueso ganchoso.

piso I *m* **1** Suelo (superficie sobre la que se anda). | MFVelasco *Peña* 79: Es [la otra pendiente], si cabe, peor de andar, pues, en cuanto a lo pino de la pendiente y el mal piso, se da la mano con la otra, y se diferenci[a] de ella es por estar cubierta de matorral tupido. Nácher *Guanche* 13: Ya notaba descender el piso camino de la hondura. El agua le llenaba el cuerpo de frío hasta que empezó a nadar. **b)** Pavimento. | GPavón *Hermanas* 48: Cierta vez que desolaron el piso de la sala de su casa, halló en el envés de una de aquellas baldosas de mármol antiguo .. esta escritura.

2 Suela [del calzado]. | *Ya* 30.5.64, 15: Blucher [calzado] esterilla copete piel perforado, piso esponjoso vulcanizado.

3 Superficie horizontal de las varias que, superpuestas a distintas alturas, constituyen la zona habitable u ocupable [de un edificio, un vehículo o un utensilio]. *Referido a edificio, esp designa los que no están a nivel del suelo.* | Ortega-Roig *País* 76: La masía es una casa de labor muy grande, .. con dependencias para el ganado en la planta baja .. y vivienda en el piso alto. *Ya* 20.4.90, 4: En mayo, trenes de dos pisos reforzarán la red de cercanías. *Ya* 9.7.72, 2: Frutero 3 pisos acero inox[idable]. **b)** (*E*) Capa o nivel. | Bustinza-Mascaró *Ciencias* 293: El bosque .. está formado por diversas especies arbóreas que forman el piso más alto. *Hoy* 22.10.75, 14: Campaña tabaquera 1975-76 .. Cada partida habrá de constar de fardos confeccionados con hojas de igual tamaño, habrán de pertenecer al mismo piso foliar y se ingresarán en el centro receptor con la etiqueta que corresponda. Benet *Volverás* 43: La margen derecha del Torce, a lo largo de esos veinticinco kilómetros del curso encajado en el paleozoico, parece coincidir con la línea de mayor resistencia de toda la formación, definida por una acumulación sucesi-

va de casi todos los pisos primarios superpuestos en varias hojas de corrimiento.
4 Vivienda en una casa de varios pisos [3]. | Laforet *Mujer* 164: La madre de Julián alquilaba todas las habitaciones posibles en el piso en que vivían.
5 Habitación en que vive un seglar en un convento. *Gralm en las constrs* ESTAR, o VIVIR, DE ~, o SEÑORA DE ~. | Delibes *Hoja* 49: Su hermana marchó a Bilbao, de señorita de piso, al convento de su amiga Heroína, que es lo que siempre había deseado.
6 (*reg*) Convite que ha de pagar un forastero a los mozos del pueblo de su novia. | R. M. FFuentes *Nar* 10.76, 31: Pagar el piso es que el mozo que entabla relaciones formales con una moza de otro pueblo tiene que convidar a los mozos del pueblo de la novia con un cántaro de vino. J. DFernández *Hoy* 2.4.86, 15: Tío "Lagarto" es .. el encargado, como mozo más viejo, de cobrar ese tributo popular que aquí llaman "el piso" a todos los forasteros que se casan con las del pueblo.
II *loc v* **7 poner ~.** Instalar [una pers. a otra, esp. un hombre a una mujer] en una vivienda para que sea su amante. | LTena *Luz* 12: Los únicos que ponen pisos a las chicas de Madrid son los señores de Bilbao, o de Murcia. A una amiga mía la ha retirado un murciano... ¡Y no sabe usted cómo la tiene! Olmo *Golfos* 116: ¡Aquí hay tres machos dispuestos a poneros piso!

pisón *m* Instrumento constituido por una masa pesada con la que se golpea el suelo para apisonarlo. | M. E. SSanz *Nar* 7.76, 9: La zona más próxima al borde [de la era] se rellenaba con ripios muy pequeños y, el borde mismo, con grandes piedras .. Después se alisaba todo con un pisón. *Abc* 21.5.67, 68: Barrenadoras, rompedoras y quebrantadoras. Pisones compactadores de la marca Warsop.

pisonar *tr* (*raro*) Apisonar. | Moreno *Galería* 99: Una cruz recia escuadrada montada sobre un duro cilindro, tipo rodillo de pisonar las eras.

pisotear *tr* **1** Pisar [1a] repetidamente, causando daño. | J. Lumbreras *Ya* 16.4.77, 26: Se han tirado y pisoteado en la plaza unos cien kilos de espárragos. *Nue* 7.12.69, 20: El cuadro es .. como un campo pisoteado por la furia de pintar. **b)** (*desp*) Pisar [1a] repetidamente. | ZVicente *SYa* 6.7.75, 23: No sé si le he dicho antes que algún amigo me recomienda hacer otra vida, alquilar un bungaló medio monte medio playa, salir por las mañanas temprano a pisotear la arena y chapotear. En. Alcalá *Cór* 31.8.91, 28: Lo casi normal hogaño es ponerse el vestido de faralaes y demás adornos y marcharse a una caseta a pisotear las tablas de un escenario programado mientras las sevillanas magnéticas aliñan el jolgorio festivalero.
2 Tratar con desprecio o desconsideración. | Anson *SAbc* 1.2.70, 10: ¿Cómo se puede pisotear hasta ese punto, y con tanta insolencia, la libertad sagrada? Sopeña *Defensa* 49: Cautela ante todo signo de apertura intelectual: .. me corre prisa señalar cómo se quería pisotear el recuerdo de Unamuno.

pisoteo *m* Acción de pisotear. | J. F. Álvarez *Nar* 6.77, 27: Fueron [el trillo y el "plastellum"] sistemas progresivos, probablemente nacidos del deseo de aumentar el rendimiento obtenido por el simple pisoteo de los animales o por la utilización del mayal. *HLS* 26.8.74, 3: De ahí surge precisamente el "pisoteo" de esos pequeños fabricantes .. que se lanzan a elaborar piezas "adaptables" a los diversos modelos de coches del mercado, sin pagar patentes, ni "royalties", ni nada.

pisotón *m* **1** Pisada fuerte, esp. sobre el pie de otro. | Laiglesia *Ombligos* 108: Un pisotón de esa dama deja laminado el zapato más resistente. MMolina *Jinete* 246: Ya oía, sobre la grava del patio, los pisotones de los soldados que hacían instrucción.
2 (*Per*) Acción de adelantarse en la publicación de una noticia. | J. Carabias *Ya* 4.12.74, 6: Yo me voy a dar el gusto de "pisar" la noticia .. No tengo el menor reparo en largarles eso que en la jerga periodística se conoce por el "pisotón".

pispa[1] *f* (*col, raro*) Niña vivaracha. | DCañabate *Paseíllo* 12: Se suspendió el juego de la comba. Nos rodearon todas las niñas. –¿Hace falta mantilla? –preguntó una pispa.

pispa[2] *m* (*jerg*) Ladrón. | Sempronio *TEx* 15.12.70, 7: El muñeco favorito del titiritero era el "pispa", el caco, pero un ladrón de buena fe, que robaba rectamente, y por eso siempre le tocaban las de perder.

pispajo *m* (*col*) **1** Andrajo. | I. RQuintano *SAbc* 17.1.82, 43: El río se lleva los últimos pispajos del aquelarre de la matanza.
2 Pers. pequeña o desmedrada. *Frec con intención afectiva.* | DCañabate *Abc* 1.6.75, sn: Cuando Rosita era un pispajillo de cuatro o cinco años ya se mostraba pinturera y resalada.

pispar *tr* (*jerg*) Robar. | FReguera-March *Boda* 351: Le pispó los cuartos sin que le cogieran.

pispás. en un ~. *loc adv* (*col*) En un santiamén. | Delibes *Castilla* 73: Le dio un palo así, el animal se revolvió y, ¡pun!, en un pispás lo dejó en el sitio. Gala *Señorita* 859: Verás qué pronto te curas; en un pispás.

pista I *f* **1** Rastro o huella que puede servir para localizar a alguien o algo. | Millán *Libro* 57: Es un libro de Solfeo, y la persona con mejor oído que conozco: nos ayudará a seguir la pista de..., del..., ... ¡del niño! CNavarro *Perros* 39: Pondría algún detective sobre mi pista. Marsé *Dicen* 197: Estoy sobre la pista, doña, ahora sí. **b)** Noticia o dato que sirve para averiguar o descubrir algo. | * Dame alguna pista para que pueda adivinarlo.
2 Terreno llano y preparado para determinados usos. *Con un compl especificador, que frec se omite por consabido.* | *VozT* 12.3.75, 6: Se acordó .. aceptar propuesta para retirada de la pista infantil de tráfico. Repollés *Deportes* 79: En un principio se practicaba el tenis un poco anárquicamente, siendo las pistas de formas y dimensiones diversas. Sempronio *Des* 12.12.70, 11: Esas generaciones machuchas que se resisten heroicamente a jubilarse de la jarana, y que en "boîtes" y fiestas todavía disputan la pista a los jóvenes. *Abc* 27.12.70, 15: En una salita contigua a la pista estaban esperando a la esposa y la hija del señor Beihl. [*En el aeropuerto.*]
b) ~ de aterrizaje. (*col, humorist*) Calva. | * ¡Vaya pista de aterrizaje que tienes!
3 Vía pública destinada a la circulación de determinados vehículos. *Con un compl especificador.* | APaz *Circulación* 18: Pista es toda vía pública destinada a la circulación de vehículos de determinadas características. (Por ejemplo: pista para bicicletas, por la que solo pueden ir ciclistas.) **b)** Autopista. | GLuengo *Extremadura* 64: Es natural que las grandes pistas o carreteras acerquen los pueblos y los hagan más accesibles. A. D. Galicia *Sáb* 10.9.66, 12: Una carretera desastrosa que exige a voces la gran pista de la "Costa del Sol". **c)** Camino forestal. *Frec* ~ FORESTAL. | *SInf* 4.7.70, 5: Las actividades desarrolladas en los mismos [montes] consisten en repoblación .. y aprovechamientos, estos últimos bien en pie o como productos preparados y depositados a borde de carretera o pista .. Para la mejor realización de los trabajos, tanto en repoblación como culturales y aprovechamiento final, se ha constituido una red de pistas forestales.
4 Faja longitudinal de una cinta magnetofónica o banda lateral de una película, en que se graba el sonido. | *Abc* 30.12.65, 70: Magnetofón Tesla .. 4 pistas-2 velocidades.
II *loc v* **5 perder la ~** [a, o de, alguien o algo]. Dejar de saber [de ellos]. | Berlanga *Recuentos* 76: Hablamos de fulano, de mengano, que le he perdido la pista, y de zutano, a ver si le llamamos un día y nos vemos los tres.

pistache *m* Pistacho. *Tb adj.* | MReviriego *Abc* 3.10.84, 3: Cultivar, como el bueno de Cándido, su huerta, y comer azambogos confitados y pistaches. Villarta *SYa* 11.11.73, 31: Para esta temporada, el repertorio de color es amplio: beiges, terracotas, azulados desde el medio hasta el brillante, verdes vivos pistache o botella.

pistacho I *m* **1** Semilla del árbol *Pistacia vera*, pequeña, elíptica y de pulpa verdosa, muy usada en cocina y pastelería y consumida como fruto seco. *Tb el mismo árbol.* | *Van* 23.4.77, 52: Una de las especialidades de "La Hacienda" es esta terrina de mollejas de ternera con pistachos. *Ya* 13.7.87, 14: Empleando esas tierras abancaladas que hoy están vacías en cultivos alternativos como almendros, pistachos, legumbres.
II *adj invar* **2** [Color] verde amarillento propio del pistacho [1]. *Tb n m. Tb* VERDE ~. | *Rio* 24.3.89, 13: Es el triunfo del color y de las texturas. Tonos currys, marfiles, arenas, vainillas, mostazas, vinagres. Verde pistacho, rojos, tejas... **b)** De color pistacho. | Ju. Echevarría *Ya* 25.7.90, 55:

pistard – pita

Vas por la calle y te encuentras con un señor que tiene aspecto de pastor maragato vestido, por ejemplo, de *Miami vice*, o sea, bermuda pistacho a la rótula y *T-Shirt* sin mangas.

pistard *(fr; pronunc corriente, /pistár/; pl normal, ~s) m (Cicl)* Corredor especializado en pruebas sobre pista. | E. Teus *Ya* 5.7.75, 39: Los "pistards" coparon los primeros puestos en el "sprint" de llegada al velódromo de Burdeos.

pistero *m* Vasija para dar líquido a los enfermos que no pueden incorporarse. | CBonald *Ágata* 274: Le indicó al marido que a ver cómo se las arreglaban para hacerle tragar íntegramente aquella pócima a Manuela, cosa que lograron mal que bien con ayuda de un pistero.

pistilo *m (Bot)* Órgano femenino de la flor. | Bustinza-Mascaró *Ciencias* 247: Las flores, y muy especialmente los estambres y los pistilos, respiran intensamente.

pisto I *m* **1** Guiso hecho con diversas hortalizas picadas y fritas, esp. tomate, pimiento, calabacín y cebolla. | Bernard *Verduras* 81: El pisto acompaña muy bien conejo, atún frito, bacalao. Trévis *Navarra* 25: Pisto a la bilbaína .. Un calabacín no muy grande, 2 pimientos verdes, 4 tomates, 1 huevo.
2 *(raro)* Mezcla o jaleo. | ZVicente *Mesa* 143: El pisto ese de los zepelines que se trae aquel mozo berzotas, el Nicolasito.
II *loc v* **3 darse ~.** *(col)* Presumir o darse importancia. | ZVicente *Traque* 128: Sin duda fue por darse pisto y decir que era mayordomo de la cofradía de la Macarena.

pistola *f* **1** Arma de fuego corta, que puede usarse con una sola mano. | Laforet *Mujer* 81: Don Pedro .. puso sobre la mesa una pistola. **b) ~ ametralladora** → AMETRALLADOR.
2 Utensilio para pulverizar pinturas, barnices u otros líquidos. | GTelefónica *N.* 24: Aerografía .. Compresores. Pistolas. Cabinas. Aparatos de proyectar en caliente. *Faro* 5.8.75, 2: Pulverizadores. Duchas. Pistolas riego. Aspersores.
3 Pieza de pan larga y estrecha, gralm. de unos 250 g. | J. Carabias *Ya* 12.10.76, 6: Decían que hoy bajaba el precio del pan, y luego resulta que, en lugar de nueve cincuenta, las pistolas cuestan desde hoy diez pesetas.
4 *(hist)* Se da este n a distintas monedas, entre ellas el escudo de oro de Carlos V y Doña Juana y una moneda de cuenta usada para el comercio exterior, que en el s XVII equivalía a 10 libras francesas. | Mercader-DOrtiz *HEspaña* 4, 27: También se llegó a contar con monedas enteramente imaginarias o en desuso, como el ducado de plata .., o el doblón sencillo de 60 reales, o el doblón de plata de cambio o pistola (60 reales y 8 maravedís) para los tratos comerciales con el extranjero.

pistolera *f* **1** Funda de pistola [1]. | Buero *Fundación* 139: Viste uniforme negro, gorra de visera y correaje del que pende una pistolera.
2 *(col)* Gordura en las caderas. | Romeu *SPaís* 9.8.81, 31: La otra cosa mala es la báscula. Los michelines y las pistoleras.

pistoleril *adj* De(l) pistolero o de (los) pistoleros. | A. Semprún *Abc* 18.2.75, 43: No hemos podido llegar a precisar si la aventura en cuestión correría a cargo del llamado Zumalde, .. o del "Ezquerra", recientemente convertido por "expulsión" en cabecilla de un aguerrido grupo pistoleril. ASantos *Estanquera* 24: Llaman a la puerta por fuera educadamente, y Tocho y Leandro se ponen en pose pistoleril controlando la situación.

pistolerismo *m* Actividad de(l) pistolero o de (los) pistoleros. | *SYa* 5.7.75, 12: En este programa presenta a la sociedad española sacudida por el pistolerismo barcelonés y la guerra de Marruecos.

pistolero *m* Malhechor que usa habitualmente la pistola para atracar, asaltar o realizar atentados personales, frec. mercenariamente. | R. DHochleitner *Fam* 15.11.70, 47: Han introducido y repiten diariamente en el seno de cada familia imágenes violentas que hacen que los jóvenes de hoy hayan nacido y crecido no solo entre sus padres y entre hermanos, sino también entre pistoleros. *Abc* 11.12.70, 21: Sujetó al agresor, pero fue encañonado por el otro pistolero, que le obligó a soltarlo.

pistoletazo *m* Disparo de pistola [1]. | Gonzalo *Cod* 15.3.64, 3: O me pego un pistoletazo, o me tiro por un balcón. **b) ~ de salida.** *(Dep)* Disparo de pistola [1] de fogueo con que se da la señal de comienzo en una carrera. *A veces simplemente ~. Frec fig, fuera del ámbito técn.* | *SYa* 18.2.91, XVI: Miden [los sensores] con precisión de milésimas de segundo el tiempo que tarda el atleta en ponerse en acción desde que oye el pistoletazo del juez. *Alc* 31.10.62, 24: Se puso en marcha el gran montaje de los Seis Días de Madrid, después del pistoletazo de la inauguración, disparado por la polifacética Sarita Montiel. *País* 26.5.91, 1 (A): Las votaciones de hoy culminan el proceso electoral y suponen el pistoletazo de salida para la negociación de acuerdos y pactos de gobierno.

pistolete *m (hist)* Pistola [1] pequeña. | GNuño *Madrid* 115: De las armas de fuego son notables un arcabucillo alemán del XVI y un curioso pistolete del XV. Buero *Sueño* 163: El Rey empuña el pistolete del velador.

pistolo *m (col)* Soldado. | Á. Ruibal *Van* 16.5.74, 11: Martínez Campos, en encendida arenga, proclamó rey al hijo de Isabel II .. Los soldados quedaron perplejos. Unos pocos pistolos, que no estaban para bromas, abandonaron la formación, y el resto, con mejor o peor gana, acordó seguir a sus superiores.

pistolón *m* Pistola [1] grande. | Laforet *Mujer* 94: Eulogio llevaba fusil y pistolones. ASantos *Estanquera* 13: A una seña se lanzan al lío, amaneciendo en un tris en las manos del más joven un pistolón de aquí te e[s]pero.

pistón I *m* **1** Émbolo. | *Alc* 31.10.62, 22: La inyección directa del combustible en las cámaras de combustión de los pistones aumenta la eficiencia del funcionamiento y reduce el consumo de combustible.
2 *En un instrumento músico de viento:* Llave en forma de émbolo. | Perales *Música* 41: En el siglo XVI se inicia la evolución de las "trompas", también denominadas "cornos", hasta que mediado el siglo XVIII comienzan los fabricantes a introducir mejoras substanciales que desembocaron en la adopción de pistones.
3 *En un cartucho:* Cilindro pequeño y hueco que contiene el fulminante. | *Abc* 3.2.74, 31: Al encasquillársele el arma no pudo más que disparar la bala que se encontró en el lugar del hecho, la que, al estar picado ligeramente el pistón por el percutor, no pudo iniciar su trayectoria.
4 Trocito de cartón con una mezcla de fósforo, usado por los niños para hacerlo explotar en las pistolas de juguete. | * Le han regalado a Javi una pistola de pistones.
II *loc v* **5 bajar el ~.** *(col)* Moderar las pretensiones. | *Ale* 26.8.79, 1: Marruecos baja el pistón. Tras dos días de aguda tensión con España, Marruecos ha sosegado sus ánimos. Las medidas de "represalia" adoptadas .. no se han llevado a la práctica.

pistonudamente *adv (col)* De manera pistonuda. | Berlanga *Gaznápira* 9: Se nota que la Liboria le cuida pistonudamente.

pistonudo -da *adj (col)* Formidable o extraordinario. | Torrente *Pascua* 132: Procuraré colocarme cerca de la francesa, a ver si es esa mujer pistonuda que aseguran o si es como otra cualquiera.

pita[1] *f* Planta de hojas radicales carnosas y flores amarillentas en ramillete sobre un largo tallo de 6 a 7 m, de la que se extrae una fibra textil y un líquido azucarado con que se fabrica el pulque *(Agave americana)*. *Tb su fibra.* | Laforet *Mujer* 220: Recordó .. la playa de aquel pueblo, y la fila de pitas en flor. *Economía* 83: Las primeras materias de los vestidos y telas en uso pertenecen a los reinos vegetal, animal y mineral. Vegetal: Lino, cáñamo, .. pita .. y algodón.

pita[2] *f* Silba. | Delibes *Año* 33: Razquin habla de la pita ensordecedora que hubo de soportar la reina en la estación de Valladolid.

pita[3] *f (col)* Gallina. *Se usa frec como vocativo para llamar a las gallinas o, a veces, a otras aves.* | Mateo *Babia* 106: En esta santa casa íbamos .. once .. Con veinticuatro o veinticinco cabezas de ganado vacuno .. Las pitas, los gatos, el equipo completo. Torrente *Off-side* 328: –¿Y qué quiere que hagamos? –Jugar a la pita ciega. ¿O prefiere a la rueda rueda? Hoyo *Señas* 8: Llamó a las gallinas: "Pitas, pitas, pitas". Antolín *Gata* 120: Pitas, pitas, venid para acá, ricuras, que vamos a hacer buenas migas vosotras y yo. [A las palomas.]

pita[4] *f (jerg)* Pene. | GPavón *Reinado* 211: De salud muy bien, muy requetebién, pero de pita, nada. Definitivamente, nada.

pita[5] *f (reg)* **1** Tala (juego). | Moreno *Galería* 368: En esta misma cuenta de lanzamiento y fuerza, la barra, la pita o pítola.
2 Tejo (trozo de teja, piedra o disco de metal usado en determinados juegos). | Mann *DMo* 13.8.91, 4: La "tángala" .. era un pedazo de teja o vasija recortada y matadas las aristas que se empleaba en los juegos infantiles de los niños pasiegos, equivalente en otros sitios al de la "pita".

pita[6] *f (reg)* Hueso [de fruta]. | I. RQuintano *SAbc* 17.1.82, 42: El desangramiento no dura más de un minuto .. En la boca todavía resbalan mezcladas con saliva pitas del último pienso que lo engordó.

pitaco *m (reg)* Rodaja de tronco de pita[1] que se utiliza como asiento. | Halcón *Manuela* 34: La temporada veraniega de melones pasa pronto. "La Jarapa" y su hija .. desbarataron el sombrajo, recogieron los pitacos.

pitada *f* **1** Pitido. | Delibes *Madera* 310: Mediante una serie de agudas pitadas ordenó romper la formación.
2 Silba o pita. | * Le recibieron con una pitada ensordecedora.
3 *(jerg)* Chupada dada a un pitillo o a un porro. | MReverte *Demasiado* 178: Maribel y su amiga se encogieron de hombros al tiempo que daban un par de pitadas cada una .. Maribel me pasó el porro.

pitagórico -ca *adj (Filos)* De Pitágoras, filósofo griego (s. VI a.C.). | Marlasca *Abc* 17.12.70, 45: Nos tropezamos con la verdad pitagórica. **b)** De la escuela de Pitágoras. *Tb n, referido a pers.* | Gambra *Filosofía* 301: Período de iniciación (s. VI-V a. de J.C.): los cosmólogos, los pitagóricos, los metafísicos.

pitagorismo *m (Filos)* Doctrina pitagórica. | GGual *Novela* 75: La fantasía narrativa despliega una generosidad sorprendente .. Mezcla de noticias sobre pueblos extraños .., viajes de dimensiones asombrosas .. y todo ese clima fantástico, de magia y pitagorismo.

pitagorizante *adj (Filos)* Que tiende al pitagorismo. | GAlvarez *Filosofía* 1, 100: Espeusipo, sobrino de Platón y su sucesor en el escolarcado hasta el 339 a. de J.C., acentúa la tendencia pitagorizante del maestro. GGual *Novela* 78: ¿Dónde quedaban los viejos dioses para estos idealistas, pitagorizantes o incrédulos?

pitanga *f* Árbol tropical de la familia de las mirtáceas, de fruto semejante a la guinda *(Eugenia uniflora)*. *Con un adj especificador, designa tb otras especies del mismo gén:* ~ AMARILLA *(E. selloi)*. | GCabezón *Orotava* 31: Pitanga o cereza de Surinam, *Eugenia uniflora*, Linn., Mirtácea, Brasil. GCabezón *Orotava* 36: Pitanga amarilla, *Eugenia Selloi*, Hort., Mirtácea, Brasil.

pitanza *f (lit)* Comida o alimento. | Carnicer *Castilla* 221: La cuenta son 85 pesetas, cifra muy colaborante en el buen efecto de la pitanza. J. L. LCabanela *SAbc* 15.2.70, 26: Curcio Malaparte, en "Kaputt", habla de unos pavlovianos canes soviéticos, acostumbrados a ir a buscar su pitanza bajo el vientre de los carros de combate.

pitañoso -sa *adj* Legañoso. | CPuche *Paralelo* 30: Era una vieja enlutada, de párpados enrojecidos y pitañosos.

pitar A *intr* **1** Tocar el pito[1] [1]. | Laforet *Mujer* 15: Una locomotora vieja .. pitaba y lanzaba pelotas de humo blanco.
2 Sonar [un pito u otro instrumento semejante]. | * Este silbato no pita.
3 *(col)* Funcionar, o dar el rendimiento esperado. | ZVicente *Traque* 56: Si la cosa pita, pues pita, pero si no, no hay nada que hacer. Lera *Trampa* 1005: Como el Santander no pita, Álvaro se agarra al Bilbao. DCañabate *Paseíllo* 156: ¿Y si este chavalillo de tan buena facha pitara? Como me guste un tanto así, lo apodero.
4 *(col)* Tener una situación destacada o preeminente. | Torbado *Corrupciones* 94: Pratolini es de los jóvenes italianos que más pitan. Tellado *Gac* 11.5.69, 81: Yo sé que lo que pita ahora son las fotonovelas.
5 *(col)* Darse prisa. *Normalmente en ger.* | Kurtz *Lado* 207: Volvió a Barcelona pitando y se encontró con la nuera muerta y su hijo moribundo. CPuche *Paralelo* 320: Si no sale pitando, se lo cepillan. Sastre *Taberna* 91: –Te traes un paquete de Chester de ahí, del Tuerto .. Te traes la vuelta. –Y me tomo una copa a tu salud. –Pero pitando.
B *tr* **6** Silbar [el público] para manifestar desaprobación [ante alguien o algo *(cd)*]. *Tb abs.* | *Abc* 23.8.66, 55: Toros de Antonio Pérez Tabernero, pitados en el arrastre.
7 *(Dep)* Señalar [algo el árbitro] mediante el silbato. | R. Sánchez *As* 14.12.70, 5: El árbitro pita falta en contra nuestra. **b)** Arbitrar [un partido]. | Pepete *VozA* 8.10.70, 22: Hemos visto un acta redactada por un árbitro, del encuentro que había pitado, correspondiente a segunda regional.

pitarra[1] *f (raro)* Legaña. | Nácher *Guanche* 30: Lo que en verdad tenía importancia era la pitarra tracomatosa que estaba mirando.

pitarra[2] *f (reg)* **1** Vino casero. | Trévis *Extremeña* 41: Caldereta extremeña. Ingredientes: Medio kilo de cabrito o cordero, .. 1 vaso de vino (si es posible, "pitarra" extremeña), laurel.
2 Cosecha de vino. | GLuengo *Extremadura* 106: Los tipos mejores [de vinos] en general son .. de difícil tipificación por la abundancia de hierro. Dentro de cada tipo hay diversas variedades. Puede decirse que en muchas zonas cada pitarra da origen a un tipo distinto.

pitarrasa *f (Mar)* Hierro grande de calafate, con mango de hierro. | Zunzunegui *Hijo* 15: Luego se aplicó Dimas a pitarrasear o apretar las costuras con la pitarrasa después de calafateadas o embreadas con los hierros menores.

pitarrasear *tr (Mar)* Apretar [costuras] con la pitarrasa. *Tb abs.* | Zunzunegui *Hijo* 15: Luego se aplicó Dimas a pitarrasear o apretar las costuras con la pitarrasa después de calafateadas o embreadas con los hierros menores.

pitarroso -sa *adj* Legañoso. | ZVicente *Traque* 123: Fíjese usted en esos vejestorios que andan por ahí, sordos, .. cegatos, pitarrosos.

pitazo *m (col)* Toque de claxon. | J. M. Gimeno *Ya* 25.6.75, 48: En mi reciente viaje a Madrid he sacado el coche una vez .. Muchos madrileños arrancan a ochenta, no paran hasta adelantarme entre pitazos que hacen retemblar los edificios.

pitcher *(ing; pronunc corriente, /pícer/) m (Béisbol)* Jugador que lanza la pelota. | *HLM* 5.10.70, 32: El equipo madrileño logró seis "hits" y cometió dos errores .. Tras proclamarse campeón se designó como mejor "pitcher" de la competición al jugador Rivas; mejor bateador, a J. A. Pérez.

pitecantrópido *adj (Zool)* [Mamífero] del grupo correspondiente al pitecántropo. *Gralm como n m en pl, designando este taxón zoológico.* | Pericot-Maluquer *Humanidad* 37: A este inaparente escalón humano vamos a llamarlo de los Pitecantrópidos, ya que su primer conocimiento se dio en 1891, al descubrir el médico holandés Dubois .. un fémur y un molar que con rara intuición dictaminó como pertenecientes a un ser intermedio entre mono y hombre.

pitecántropo *m (Zool)* Mamífero fósil que presenta a la vez caracteres de los simios y de los homínidos (gén. *Pithecanthropus*). | Pericot *Polis* 16: Un grupo de homínidos de capacidad craneal muy pequeña y caracteres sumamente rudimentarios lo forman el Pitecántropo de Java .. y otros restos en diversas partes del Viejo Mundo. Pericot-Maluquer *Humanidad* 38: Tampoco era difícil advertir los rasgos que ligaban a este último hallazgo con el Pitecántropo del Extremo Oriente.

pitera *f (reg)* Pita (planta). | J. Javaloyes *Abc* 6.9.70, 31: Todo está, sin embargo, insólitamente próximo al bullicio de Santa Pola y Alicante; .. guardado por las lanzas de las piteras y el africanando ademán del chumberío. CPuche *Abc* 22.6.74, 23: El algarrobo, el olivo o la pitera dejan en segunda lejanía remota a la palmera y al naranjal.

pitero *m (reg)* Músico que toca el pito[1] [2]. | *HLS* 5.8.74, 6: A las ocho de la mañana, los piteros, rabelistas y bigaristas despertarán al vecindario. **b)** *En pl:* Pareja o conjunto de tocadores de pito y tamboril. | *Ale* 13.8.77, 29: Día 15, a las 9 de la mañana, diana y pasacalles por las calles del pueblo, a cargo de los famosos piteros Bosio y Martín.

pítico – pitón

pítico -ca (*hist*) **I** *adj* **1** Del dios Apolo. *Gralm referido a los juegos celebrados en Delfos en la antigüedad.* | GGual *Novela* 296: En los juegos píticos, de Delfos, Teágenes compite en la carrera a pie, con armadura entera, seguido por la expectación de todos y de Cariclea. Alsina *Plutarco* XV: Un capítulo especial merecen los llamados tratados píticos. Plutarco, sacerdote de Delfos, ha llevado a cabo una profunda exégesis de aspectos del pensamiento del oráculo apolíneo.
II *f* **2** Sacerdotisa del oráculo de Apolo en Delfos. | MSantos *Tiempo* 153: Como si de la pítica un oráculo fuera a descender sobre su pena haciéndole conocer el único camino de su salvación.

pitido *m* Acción de pitar [1 y 2]. *Frec su efecto.* | CNavarro *Perros* 102: El estrépito, los frenazos de los coches y los pitidos de los guardias urbanos componían una música de fondo.

pitilín *m* (*col*) Pene. | Torrente *Isla* 160: El camino derecho que va al infierno arranca del pitilín.

pitillera *f* Estuche de bolsillo para pitillos. | Medio *Bibiana* 213: Natalia saca un cigarrillo de su pitillera.

pitillo *m* **1** Cigarrillo. | Miguel *Mad* 22.12.69, 13: Todavía se ve gente que compra los pitillos por unidades.
2 Pantalón largo de pernera muy estrecha. *Tb* PANTALÓN ~. | R. LHaro *SPaís* 31.8.80, 15: Pantalones largos y superestrechos, llamados pitillos. I. Barreiros *Abc* 28.2.87, 109: Clásicos sastres, pantalones pitillo de cintura alta.

pítima *f* (*col*) Borrachera. | Escobar *Itinerarios* 186: El amigo llevaba encima una pítima más que terciada.

pitiminí. de ~. *loc adj* **1** [Rosa] muy pequeña y delicada. *Tb referido al rosal que la produce.* | S. Gasch *Abc* 14.5.67, 73: Aún era posible que la mujer luciera largas faldas y sombreros monumentales, exornados con lacitos Luis XV y rositas de pitiminí, y que los tílburis corrieran veloces por las calzadas. B. M. Hernando *Inf* 5.9.77, 1: Un Ministerio blanco y rosa, todo lleno de azafatas de charol y de olorosos directores generales tan gentilmente trepadores como el rosal de pitiminí.
2 Muy fino y delicado. *Frec con intención desp.* | DAntonio *Rue* 17.11.70, 21: Surge .. un gesto más sincero, .. desmayadas verónicas de alhelí, exquisitas chicuelinas rococó, planchadísimos naturales de pitiminí. A. Aricha *Sáb* 12.10.74, 74: Luego vino el afeitado de los toros .., el torito de pitiminí, que no podía con el rabo.

pitio -tia *adj* (*hist*) Pítico. *Tb n f.* | RRodríguez *SYa* 9.5.93, XVI: Aquí, sobre esta roca rosácea que no conservaba ningún tipo de ornamentación, las pitias hacían su trabajo. [*En Delfos.*]

pitipié *m* Escala de medida. | *Arr* 30.9.70, 24: Economía y Finanzas. Pitipié. Lo ponderable y la ponderación de las subidas han motivado una ansiedad inquiridora sobre la altura alcanzada en la escala de medición de la actual coyuntura bursátil.

pitiriasis *f* (*Med*) Dermatosis caracterizada por descamación epidérmica. | *Ya* 30.6.88, 20: Estudios puntuales han demostrado que esta enfermedad [la tiña], junto con las cándidas y la pitiriasis, son las afecciones más importantes producidas por hongos en nuestro país. Corbella *Salud* 456: Particularmente en verano pueden verse personas que presentan amplias manchas discrómicas .. como consecuencia de la parasitación superficial por un hongo, constituyendo el cuadro de la pitiriasis versicolor, muy extendido, molesto estéticamente y de curación sencilla.

pito[1] **I** *m* **1** Silbato (instrumento acústico). | Ero *Van* 4.2.77, 6: Se comprende que la idea de fabricar un silbato apto para el fútbol, el baloncesto, el balonmano y otros juegos de pelotón haya partido de un ex árbitro. Sin duda, nadie mejor que un colegiado para valorar la bondad del pito. Torrente *Isla* 245: Vino después un batel de Su Majestad Británica, con marineros muy puestos, silbato en la boca y remos al aire .. Habían avisado de la llegada con los pitos. Mihura *Dorotea* 94: Ha sonado el pito de la locomotora. **b)** (*humoríst*) Claxon. | * En el cristal trasero llevaba esta pegatina: No me toque el pito, que me irrito.
2 (*reg*) Gaita o dulzaina. | Mann *Ale* 16.8.77, 7: Cada tarima [era] escenario ideal para oír las tonadas montañesas, las canciones de ronda, el son de la pandereta y del rabel, el alegre sonar del pito y el tambor. J. M. Mena *Abc* 25.5.58, 61: La copla rociera se acompaña con palmadas y castañuelas. Pero también con el "pito" y el tamboril .. El "pito" del Rocío es prácticamente un "chistu" vasco, y el mismo músico toca el "pito" con una mano y el tamboril con la otra.
3 Pitido. | CPuche *Paralelo* 13: El hierro de otras obras resonó a lo lejos .. Se siguieron escuchando campanilleos y hasta pitos extraños. Toda aquella zona parecía que estuviera asistiendo a la salida de fantasmagóricos trenes. **b)** Silbido de protesta o desaprobación. *Gralm en pl.* | *Abc* 20.6.77, 77: Se repone y termina con el burel de tres pinchazos y media estocada; pitos. **c)** Silbido respiratorio debido a un estrechamiento bronquial, propio del período inicial de la bronquitis y del asma. | SSolís *Jardín* 32: Allí abajo sonaba un lejano gorgoteo, en el fondo del pecho: pitos y sibilancias, lo había llamado el médico.
4 (*col*) Voz muy aguda. | * ¡Qué pito tiene esta niña!
5 Ruido que se hace frotando los dedos pulgar y corazón. | CBonald *Dos días* 84: Cuando oyó que cerraban la puerta de la calle, llamó al conserje, haciendo pitos con los dedos.
6 (*Dominó*) Punto único en una de las dos mitades de una ficha. | Delibes *Voto* 63: El televisor iniciaba el noticiario de las tres, sin que los hombres que jugaban a las cartas o al dominó le prestasen atención alguna: –¡Arrastro! –¡Pito doble!
7 (*col*) Pitillo. | GPavón *Hermanas* 13: Luis Marín padre fumaba el pito en la puerta de su casa.
8 (*col*) Pene. | Delibes *Príncipe* 60: –¿Tienes pito, papá? –Vamos, ¿quieres marchar de ahí? *D16* 20.11.83, 4: Fraga se ha traído a España, tras su escapada cinegética a Yugoslavia, un trofeo ejemplar muy apreciado en aquellas tierras: "un hueso que los osos tienen en el pito y que les da más firmeza que a los humanos".
II *loc adj* **9 de ~.** (*col*) [Voz] muy aguda. | R. Orad *Cod* 2.2.64, 3: Cuando quieres gustarle a una chica, te sale voz de pito.
III *loc v y fórm or* (*col*) **10 ¿qué ~ toca?** ¿Qué intervención tiene? *Frec en otras interrogaciones retóricas de sent negativo, como* ¿TOCA ALGÚN ~?, NO SÉ QUÉ ~ TOCA, *etc.* | Berenguer *Mundo* 258: ¿Quién es don Senén aquí, ni qué pito toca? Delibes *Cinco horas* 236: Acuérdate con lo de la condecoración, ya ves qué pito tocaría él, .. a él que le iba ni qué le venía. Torrente *Isla* 119: ¿Toca algún pito esa muchacha nueva en nuestra historia?
11 tomar [a alguien] **por el ~ del sereno.** Tener[le] en poca o ninguna consideración. | Goytisolo *Recuento* 113: Si no haces un poco de teatro estos hijos de puta acaban tomándote por el pito del sereno.
IV *loc adv* (*col*) **12 entre ~s y flautas.** Entre unas cosas y otras. | Lera *Bochorno* 200: El Banco, entre pitos y flautas, se va a ganar un diez por ciento en la operación.
13 por ~s o por flautas. Por un motivo o por otro. | *Abc* 25.6.75, 83: A sus cuarenta años sigue intentando ese éxito que, por pitos o por flautas, siempre se le escapó.
14 un ~, o **tres ~s.** Nada. *Tb pr. Gralm con el v* IMPORTAR. | CPuche *Paralelo* 62: Recibían los dados .. fumando tranquilamente y bebiendo, como si todo aquello les importara un pito. FReguera-March *Boda* 298: A mí el gobernador me importa tres pitos.

pito[2] *m* Se da este n a varios pájaros del grupo de los picos: ~ REAL (*Picus viridis*), ~ CANO (*P. canus*), ~ NEGRO (*Dryocopus martius*). | Navarro *Biología* 309: Entre los representantes de la fauna europea están: las avutardas, pitos reales, víboras. Noval *Fauna* 218: El Pito negro (*Dryocopus martius*) .. es un pájaro grande de color negro pizarroso, excepto la parte superior de la cabeza, que es de color rojo vivo, y los ojos y el pico amarillo.

pito[3] **-ta** *adj* (*reg*) Fuerte o bueno de salud. | Berlanga *Gaznápira* 41: Los inviernos no pasan en balde para la Abuela, aunque todavía esté tan pita.

pitoche. un ~. *loc adv* (*col*) Un pito [14], o nada. *Gralm con el v* IMPORTAR. | Zunzunegui *Camino* 224: Me importaría un pitoche morirme.

pítola *f* (*reg*) Tala o pita (juego). | Moreno *Galería* 368: En esta misma cuenta de lanzamiento y fuerza, la barra, la pita o pítola, los hoyos.

pitón[1] **I** *m* **1** Punta del cuerno del toro. | DCañabate *SAbc* 16.2.69, 35: Este personaje es muy importante. Es nada menos que el hombre que afeita los pitones.

pitón – pitufo

2 Pitorro (de una vasija). | Seseña *Barros* 37: También se fabrican asadores de castañas (calbocheros) y barriles de pitón.
3 Bulto pequeño que sobresale en punta en la superficie de una cosa. | P. Pardo *SPaís* 10.4.83, 36: Desde los hombros hasta las falangetas, un tafilete cuajado de pitones de hierro bajo una cazadora de cuero, de la que penden agnusdéis, abrelatas, balas y esquirlas. PCarmona *Burgos* 143: Su dependencia de Jaca y Frómista se manifiesta en los pitones de algunos capiteles y en las bolas y cabezas de animales en los ángulos de los cimacios.
4 (*col*) Pecho (de mujer). *Gralm en pl*. | Torrente *Pascua* 30: –Es una chica guapa, desde luego. Y muy bien puesta de pitones.– Se rieron. Cubeiro metió las manos bajo el jersey y remedó unos pechos. –¿Redondos? –Apuntados.
5 (*Geogr*) Pico (de montaña). | *Día* 29.8.72, 18: Estampa apacible entre palmeras y en su altura el Roque Cano, "pitón basáltico que sale y se clava sobre el Valle".
II *loc adv* **6 a ~ pasado.** Después del momento clave. | Cela *Inf* 1.8.75, 17: En la historia, según se dice en las normas por las que se gobierna, de nada vale lamentarse "a posteriori" y a pitón pasado.

pitón[2] *m o f* Serpiente de gran tamaño, no venenosa, propia de las regiones ecuatoriales de África, Asia, América y Oceanía (gén. *Python*). *Frec* SERPIENTE ~. | Bustinza-Mascaró *Ciencias* 185: Son inofensivas la boa de América del Sur .. y los pitones de Indochina y Archipiélago Malayo, que alcanzan hasta nueve metros. T. Castilla *SPaís* 6.9.90, 6: La entrada a los lavabos está flanqueada por una pitón. La serpiente vive en una vitrina en la que se ha instalado un árbol para que se mueva a sus anchas. Legorburu-Barrutia *Ciencias* 198: Serpiente pitón.

pitonazo *m* (*Taur*) Golpe o herida poco profunda causados por el pitón[1] del toro. | R. Hernández *SInf* 16.5.70, 6: Me dio un paquetito con las medallas que habían quitado a Joselito .. Eran ocho o diez, entre ellas una de oro más grande que las otras, con la Virgen de la Esperanza, abollada por el pitonazo de un toro en la plaza de San Sebastián.

pitongo -ga *adj* (*col*) [Pers. joven] remilgada y presumida. *Siguiendo a* NIÑO. | Palomino *Torremolinos* 119: Estudió diez años en la Academia de Arte Dramático de Roma ..; sería hoy un extra anónimo .. a no ser por su vocación, por los sacrificios y las hambres con que pagó los cursos de aquella academia llena de niñas pitongas, niños bonitos de las mejores familias romanas, aspirantes a la carrera en Via Veneto. Alemany *Lit. Canarias* 2, 17: La llama sofisticada y niña pitonga, ¿dónde aprendiste a hablar así si naciste en el barrio del Toscal?

pitoniso -sa A *f* **1** (*hist*) Sacerdotisa de Apolo que daba los oráculos en el templo de Delfos. | Tejedor *Arte* 31: El más célebre de todos [los oráculos] fue el del templo de Apolo, en Delfos, cuya Pitonisa decía de modo ambiguo las respuestas de la divinidad para su interpretación por los sacerdotes.
B *m y f* **2** Profeta o adivino. *Frec con intención humoríst*. | Delibes *Mundos* 73: La espiritualidad chilena .. se expresa con frecuencia en el pueblo en prácticas y creencias supersticiosas, como la consulta a pitonisas o el terror a los pájaros agoreros. Vega *Cocina* 108: Como pitoniso, quedé muy mal.

pitopausia *f* (*col, humoríst*) Climaterio masculino. | * Se le nota a la legua que está con la pitopausia.

pitopáusico *adj* (*col, humoríst*) [Hombre] que está en el climaterio. *Tb n*. | * Está pitopáusico perdido.

pitorra *f* (*reg*) Chocha (ave). | Delibes *Santos* 66: Yo no puedo comerme una pitorra que él haya desplumado. Trévis *Extremeña* 52: "Pitorra" (chocha) asada.

pitorrearse *intr pr* (*col*) Reírse o burlarse [de alguien, gralm. presente, o de algo]. *A veces se suprime el compl por consabido*. | *Tri* 1.8.75, 65: El cronista se pitorrea de cuanto allí se hizo. Delibes *Hoja* 44: Con usted nunca sabe una cuándo habla en serio ni cuándo se pitorrea.

pitorreo *m* (*col*) Acción de pitorrearse. *Frec en la constr* TOMAR A ~. | Pemán *Abc* 19.12.70, 3: En ese ritmo diabólico "ahora apago, ahora enciendo", superando su aparato teocrático de luz y tinieblas, resulta que lo que más duele es el "pitorreíto". Diosdado *Olvida* 19: Si me vais a tomar a pitorreo, me marcho y espero a Pili en el portal.

pitorro[1] *m* **1** *En una vasija*: Saliente para moderar la salida del líquido. | Laiglesia *Ombligos* 40: Entraron los criados con bandejas y teteras de plata .. Todos los asistentes, tetómanos furibundos, se apresuraron a poner sus tazas bajo el candente chorrito que manaba de los pitorros. FVidal *Duero* 42: Llega a la saludable conclusión de que lo mejor será llevarse el pitorrín de la borracha a los labios. Delibes *Parábola* 154: Tiende un cordel empapado en gasolina cuyo extremo introduce en el pitorro de la bombona.
2 (*col*) Pene. | FReguera-March *Boda* 233: Le convencieron para que matase al marido de ella por siete leandras .. El tío se esmeró. Hasta le cortó el pitorro al pobre marido.
3 (*raro*) Saliente pequeño. | Aparicio *Retratos* 96: Aquel que vivía por Santa Elvira y que se pasaba las horas muertas sentado en el pitorro que servía de remate al pasamanos de hierro de la pasarela de la estación. Berlanga *Recuentos* 31: El Torrubiano ha empujado el pitorro de la tele y ha dejado muda a la renegrida esa.

pitorro[2] *m* (*reg*) Arao (ave). | Zunzunegui *Camino* 435: Solo se veían pitorros y mosquitos sobre las olas enfurecidas y entre los arenales. Zunzunegui *Hijo* 13: El ancón de Axpe tenía un aire de cementerio marino, con sus pontones sobranceros, .. y en lo alto las crucetas de algún velero en las que se posaban los pitorros fatigados los días de noroeste.

pitosporácea *adj* (*Bot*) [Planta] dicotiledónea de la familia del pitósporo. *Frec como n f en pl, designando este taxón botánico*. | GCabezón *Orotava* 24: Azahar de la China, *Pittosporum Tobira*, Ait., Pitosporácea, China y Japón.

pitósporo (*tb* **pitosporo**) *m* Arbusto de hoja perenne y flores pequeñas, blancas y muy perfumadas, cultivado frec. para setos (*Pittosporum tobira*). | Loriente *Plantas* 36: *Pittosporum tobira* (Thunb.) Aiton fil., "Pitósporo". Común en la banda litórea, como arbusto o formando seto. Grosso *Invitados* 214: Tremolan los pétalos de las rosas en sus parterres orillados de bojes y pitosporos.

pitote *m* (*col*) Barullo o jaleo. | Laiglesia *Fulana* 242: En la discusión las opiniones se dividieron, con lo cual se armó un pitote endiablado. GPavón *Rapto* 194: –¿Qué haces con tantas camionetas juntas? ¿Es que vas a trasladar el pueblo a Argamasilla? –dijo el filósofo. –Quita, hombre, quita; menudo pitote. ZVicente *SYa* 6.7.75, 23: Todas eran parecidas, las conmemoraciones quiero decir. Mucho desfile, venga charangas y gigantones bien tempranito .. Y un día de haber para las víctimas de algún pitote. Todo ese jaleo se llamaba confraternizar.

pitpit *m* Bisbita (pájaro). | Lázaro *Inf* 4.12.75, 18: La agrupación *-it* es rara en nuestro idioma (solo la conozco en *cenit* y *pitpit*, que es el nombre de un pájaro).

pitraco *m* (*reg*) Piltrafa. *Tb fig*. | Quiñones *Viento* 276: A la casa llegaba .. siempre con media pieza de pan y un papelito de gandinga o de asadura blanca o carne valiente, de esa con más pitracos que carne. Mendicutti *Palomo* 150: Allí seguía, hecha un pitraco, sin sentir ni padecer.

pitreño -ña *adj* De Pitres (Granada). *Tb n, referido a pers*. | R. Vílchez *Ide* 16.8.92, 8: El alpujarreño pueblo de Pitres está celebrando las fiestas de agosto .. Los humildes pitreños le confesaron que su gran ilusión sería que su pueblo contara con un puerto de mar.

pituco -ca *adj* (*reg*) Presumido. | Cela *Mazurca* 57: Moucho, los domingos, se peina con fijador Omega y gasta corbata de lacito .. –¡Qué pituco! Torrente *Filomeno* 255: Cuando yo miraba su atuendo, él se fijaba en el mío. "Sigues tan pituco como siempre, ¿verdad? Haces bien. Es lo único que te justifica en el mundo."

pitudo -da *adj* (*col, raro*) [Voz] de pito[1] [9]. | M. Lorenci *Ya* 12.1.93, 26: De aquel hombre bajito, rechoncho, de voz pituda y discurso infatigable, contumaz epatador, se dijo que "en lugar de sangre, le corre tinta por las venas". Montero *SPaís* 9.3.86, 21: Y qué decir de su tono de voz, algo pitudo.

pitufo -fa *adj* (*col*) Pequeño. *Frec n, referido a pers*. *Frec como apelativo cariñoso, esp en la forma* PITUFÍN. | *Ya* 6.12.90, 16: En su día vi las "pitufas" monedas de cinco pesetas. Aparicio *Retratos* 124: Desde la puerta dijo: –¿Qué haces con esa cosita, pitufín?– Y eso, la palabra pitufín, bastó para que el subcomisario Malo, como un niño sorprendido en una travesura, guardara la pistola y comenzara la retirada. Pero María Dalia, que ya había capturado al pájaro, lo apretaba entre sus manos. –Pitufín, ¿qué te pasa? No ves, pitufín, que aquí estamos trabajando. Berlanga *Recuentos* 87: Unos cien mil *pitufos* de prácticas que hacen méritos a destajo para quedarse fijos en las Redacciones.

pituitario -ria *adj* (*Anat*) **1** [Membrana] que tapiza las fosas nasales, que segrega moco y en la que reside el sentido del olfato. *Tb n f.* | Alvarado *Anatomía* 76: Su interior [de las fosas nasales] está tapizado por la llamada membrana pituitaria. Vivas *Cod* 11.8.74, 13: Solo el olor les superaba, .. llegaba hasta muy cerca de mi cerebro, hostigando mis pituitarias.
2 [Glándula o cuerpo] hipofisario. | Navarro *Biología* 127: La parte anterior del tercer ventrículo está relacionada con la hipófisis o glándula pituitaria. Alvarado *Anatomía* 54: En ella viene a reposar un órgano encefálico muy interesante, denominado hipófisis o cuerpo pituitario.

pituso -sa *adj* (*col*) Pequeño. *Usado como apelativo cariñoso dirigido a niños. Tb n.* | Espinosa *Escuela* 481: El coro de los parvulitos asesinados dice así: De nuestras cunas nos arrancaron .. –¡Pobres pitusos!

pívot (*pl normal*, ~s) *m y f* (*Baloncesto*) Jugador más alto del equipo, que juega cerca del aro para recoger rebotes y anotar puntos. | *Abc* 30.12.65, 103: Demostraron que el conjunto israelí es veloz y bien preparado físicamente, pero fiaron, quizá excesivamente, la victoria a su "pívot" Shapira.

pivotante *adj* (*Bot*) [Raíz] cuya extremidad central se desarrolla verticalmente y más que las secundarias. | Legorburu-Barrutia *Ciencias* 240: Pivotantes son aquellas [raíces] en que la raíz primaria está más desarrollada que las secundarias.

pivotar *intr* Moverse o apoyarse [sobre un pivote o sobre algo que funciona como tal]. *Gralm fig.* | E. Sopena *SDBa* 28.3.76, 5: Ya antes de la desaparición física del eje sobre el que pivotaba exclusivamente el Sistema, empezaron los primeros síntomas de querer recuperar un protagonismo político. E. Barón *País* 9.9.82, 44: Sectores económicos sobre los que pivotaba el crecimiento del sistema .. se derrumbaron.

pivote *m* **1** Extremo cilíndrico o puntiagudo de una pieza, donde se apoya o inserta otra, gralm. de modo que una de ellas pueda girar u oscilar respecto a la otra. | APaz *Circulación* 253: El eje delantero E .. suele terminar en unas horquillas H que abrazan la articulación del pivote, alrededor del cual giran y son orientadas las manguetas M. MSantos *Tiempo* 168: Proximidad excesiva del cuello de la camisa al de la carne que ha perdido también sus naturales propiedades .. conservando solo la de servir de pivote al movimiento circular. *Act* 25.1.62, 26: Válvulas de protección de turbinas y de seguridad para tuberías forzadas. Pivotes de suspensión para cualquier carga. **b)** Punto de apoyo. *Tb fig.* | MMariño *Abc* 3.9.68, 9: Se le aísla del suelo mediante cuatro puntos de apoyo o pivotes cuya continuidad se interrumpe por unas piedras. J. GMesías *Alc* 31.10.62, 4: Kennedy .. apoyó su política panamericana en Betancourt, en Frondizi y en Figueras. Ninguno de los tres pivotes de la política norteamericana han dado un resultado práctico.
2 Pieza de forma cilíndrica o puntiaguda que se apoya sobre el suelo y gralm. sirve para impedir el paso. | Olmo *English* 9: A izquierda y derecha, dos callejones, con un pivote de piedra en medio cada uno. * Se llevó por delante uno de los pivotes que había en la carretera para desviar el tráfico.

píxel (*pl normal*, ~s) *m* (*Fís*) Punto de los que constituyen una imagen grabada. | *País* 8.12.88, 29: Le resultará imposible encontrar en el mercado otra Cámara Digital [de vídeo] en 8 mm equiparable a esta .. Con 495.000 píxels o elementos sensibles a la luz, que permiten grabar sin pérdida de matices en condiciones de iluminación mínima.

píxide *f* (*Rel catól*) Copón o caja pequeña en que se guarda el Santísimo Sacramento o se lleva para dárselo a los enfermos. | Camón *LGaldiano* 13: Las dos píxides son piezas muy bien conservadas, típicas del siglo XIII y de los talleres de Limoges. Son de un tipo muy repetido en los Museos, y su tamaño pequeño se debe a que eran portátiles para administrar la comunión a los enfermos.

pixidio *m* (*Bot*) Caja con dehiscencia transversal. | Alvarado *Botánica* 49: Entre las muchas variedades [de cajas], citaremos .. el pixidio, que se abre mediante un opérculo o tapadera.

pizarra *f* **1** Roca de color negro azulado y estructura hojosa, que se usa esp. para tejados. | Cendrero *Cantabria* 29: Las laderas situadas en primer plano están constituidas por pizarras y areniscas carboníferas. Laforet *Mujer* 13: Era un pueblo escalonado, con casas de piedra en su mayoría y tejados de pizarra.
2 Trozo de pizarra [1]. | I. Cicero *Ale* 30.6.85, 28: Después le da [al filo] unos cuantos repasos con la pizarra. **b)** Trozo de pizarra [1], pulimentado y de forma rectangular, que se usa para escribir sobre él. | Cunqueiro *Un hombre* 20: Eustaquio hizo .. una muestra de letras y señas en una pizarra.
3 Tablero u otra superficie pintados adecuadamente para escribir sobre ellos, usados esp. en las aulas. | GPavón *Abc* 25.6.72, 15: La escuela se reducía a dos habitaciones del segundo piso, el que habitaba la señora, sus pupitres, mapas, pizarras in "bolas mundis". *VozC* 29.6.69, 3: El récord de Merckx en la etapa de hoy se mantuvo en pizarra.

pizarral *m* Lugar en que hay pizarra [1]. | T. Salinas *MHi* 12.70, 33: Santibáñez de Ayllón, encaramado en un pizarral con una tierra que parece sangrar.

pizarreño[1] -ña *adj* Pizarreño. | JGregorio *Jara* 14: Quedan solo algunos cerquillos hechos con lanchas pizarreñas. Ybarra-Cabetas *Ciencias* 86: Gneis. Son rocas pizarreñas u hojosas, similares en composición al granito.

pizarreño[2] -ña *adj* De Pizarra (Málaga). *Tb n, referido a pers.* | *Sur* 24.9.76, 36: Pizarreños residentes en la ciudad del Oso y el Madroño.

pizarrería *f* Lugar en que se extrae y labra pizarra [1]. | *Inf* 25.7.74, 11: Un grupo de paleontólogos de la Universidad de Maguncia .. sigue, en una pizarrería abandonada, las huellas ocultas de los seres primitivos.

pizarrero *m* Obrero que labra la pizarra [1] o la coloca en los edificios. | A. Linés *Ya* 20.11.74, 38: Los albañiles y canteros que trabajaban en El Escorial cobraban cinco reales diarios .. Los plomeros, tres reales, y medio los peones. Los pizarreros, unos 180 reales al mes.

pizarrilla *f* (*reg*) Cayuela (roca). | Lueje *Picos* 15: El elemento petrográfico acusadamente predominante en la formación de los Picos es la caliza dinantiense, .. y, junto a ella, .. se encuentra la cuarcita armoricana, las areniscas del hullero superior, el mármol grioto rojo, y la pizarrilla o cayuela.

pizarrín *m* **1** Barrita de pizarra [1], u otro utensilio similar, que sirve para escribir sobre la pizarra [2]. | Chamorro *Sin raíces* 50: Los alumnos usaban pizarras y pizarrines .. Pizarrines negros, con los que podía hacerse un trazo fino, y pizarrines de manteca.
2 (*col, humoríst*) Pene. | GPavón *Rapto* 245: Anda, Manuel, cuéntales a estos lo del pizarrín del Caballero.

pizarrosidad *f* (*Mineral*) Carácter hojoso de las rocas pizarrosas [2]. | Alvarado *Geología* 61: La pizarrosidad de las rocas metamórficas es obra de la pesantez de los estratos superpuestos, y, por tanto, sus planos de pizarrosidad coinciden con los de estratificación.

pizarroso -sa *adj* **1** De (la) pizarra [1]. | Laforet *Mujer* 109: Los pizarrosos tejados parecían láminas de plata. Cela *Pirineo* 78: Todos los colores aparecen como lastrados de un negro pizarroso y grasiento.
2 Que tiene aspecto o color de pizarra [1]. | MSantos *Tiempo* 149: Entre las grietas de las rocas pizarrosas. Aldecoa *Gran Sol* 175: Vacía mar verdegris a proa, mar pizarrosa a estribor.

pizca (*col*) **I** *f* **1** Porción muy pequeña [de algo]. *Gralm en la constr* UNA ~. | GRuiz *Sp* 21.6.70, 48: Quizá pudiera descubrirse una pizca de imperialismo occidental. Alós *Hogueras* 116: El resto del tabaco lo hizo pizcas y lo metió de nuevo en el bolsillo. GAmat *Conciertos* 131: Se ve a Bruckner .. tomando una pizca de rapé que le ofrece el altanero Wagner.
II *loc pr* **2 ni ~.** Nada. | Emilio *DNa* 14.5.77, 23: No hace [el encierro] ni pizca de gracia a las gentes de coleta.

III *loc adv* **3 ni ~.** Nada. | Laiglesia *Tachado* 88: Le oigo, pero no me interesa ni pizca lo que me está diciendo.
4 una ~. Un poco. | Arce *Testamento* 20: Los arándanos eran una pizca mayores que los que se encontraban en los bosques y en los prados del Valle. ZVicente *SYa* 27.4.75, 23: ¿Sabía usted que me llaman en la oficina la Ramitas? Ah, sí, ya se lo he dicho hace una pizca. Si serán tontos.
5 ~ más o menos. Poco más o menos. | GPavón *Reinado* 141: ¿Tendrás una idea, pizca más o menos?

pizcar *tr* (*reg*) Pellizcar. *Tb abs*. | Berlanga *Gaznápira* 134: Te pizcaste la ceja distraídamente. Lera *Trampa* 995: Se fue hacia el balcón pizcando, al paso, en el platito de Rodri.

pizco (*tb* **pisco** *en zonas de seseo*) (*reg*) **I** *m* **1** Pizca o pellizco (porción pequeña). | SAbc 3.8.75, 48: Ingredientes y cantidades para seis personas .. Para la mayonesa: 2 yemas de huevo .. 1/2 cucharadita de sal. 1 pizco de pimienta.
2 Pellizco (acción de pellizcar). | * No deja de darle pizcos.
II *loc adv* **3 un ~.** Una pizca o un poco. | Nácher *Guanche* 14: Suelta la soga y aguanta un pisco. Vamos a atar el madero.

pizpireto -ta *adj* (*col*) Dinámico y alegre. *Esp referido a mujer*. | Ortega *Americanos* 115: Valían la pena: Muy monas las dos. Rubitas, graciosillas, pizpiretas. L. Pancorbo *SYa* 16.2.75, 29: Charlot .. tiene unos modales a veces casi femeninos, pizpiretos. GPavón *Cuentos rep.* 158: No veían los del clero cómo casar la severidad de los latines responsarios [sic] con el ritmo pizpireto de la Rondalla.

pizpirigaña *f* (*a veces m*) Juego de muchachos que consiste en pellizcarse las manos unos a otros. | Aldecoa *Cuentos* 1, 40: Se pellizcaba sin cesar las manos, como si estuviese jugando al pizpirigaña.

pizza (*it; pronunc corriente*, /pídsa/) *f* Torta de harina de trigo, cubierta con tomate, queso, anchoas u otros ingredientes y cocida al horno. | CPuche *Paralelo* 202: Algunas familias tomaban pizza, otras bocadillos con mostaza y cerveza.

pizzería (*pronunc corriente*, /pidsería/) *f* Establecimiento en que se fabrican, venden o sirven pizzas. | CPuche *Paralelo* 111: Genaro se detuvo ante la puerta de una de las *pizzerías* .. No se decidía aún a entrar en la pizzería. Le gustaba retrasar el momento.

pizzero -ra (*pronunc corriente*, /pidséro/) *m* y *f* Pers. que hace pizzas. | *Abc* 10.6.84, 95: Pizzeros o panaderos. Importante cadena de pizzerías.

pizzicato (*it; pronunc corriente*, /pidsikáto/) *m* (*Mús*) Modo de tocar un instrumento de arco pellizcando las cuerdas con los dedos. | Laiglesia *Ombligos* 41: Se sostuvo unos instantes haciendo filigranas en las notas altas, para descender al final en un gracioso *pizzicato* hasta convertirse en un ronco estertor.

placa *f* **1** Lámina plana y poco gruesa de metal o de otra materia rígida. | Calera *Postres* 18: Cuando la preparación esté tibia, tomar pequeñas porciones con una cucharita, las que se irán colocando sobre una placa que contendrá azúcar molida. GTelefónica *83* 1, 555: Teka, .. placas solares. Ybarra-Cabetas *Ciencias* 332: Alrededor del ano [del erizo] existe una roseta de placas que bordean la parte membranosa en forma circular.
2 Placa [1] con una inscripción o una señal. | APaz *Circulación* 71: Las dos placas de matrícula de cada automóvil .. se mantendrán claramente visibles y legibles en todo momento. Diosdado *Anillos* 1, 174: En un portal de gran lujo, una placa –muy grande y aparatosa– informa: "Doctor Federico Herrera. Estética en general". *Sol* 24.5.70, 7: El señor Sánchez Bravo entregó al gobernador la placa de presidente de honor de la junta de festejos.
3 Insignia [de policía o de una condecoración]. | * El policía mostró su placa. Buero *Sueño* 158: El hombre sentado es el Rey Fernando VII .. Sobre el pecho, los destellos de una placa. **b)** Condecoración consistente en una placa [3a]. *Con un compl especificador.* | *Leg. contencioso-adm.* 16: Esta Jurisdicción es incompetente para conocer de la rehabilitación de la pensión de la placa de San Hermenegildo denegada al recurrente.
4 Superficie superior de una cocina, en la que están los fuegos. *Tb esta misma parte constituyendo un elemento independiente.* | *Prospecto* 6.92: Electro Hogar 92 .. El Corte Inglés .. Cocina modelo KM 125. Placa vitrocerámica, 2 zonas de infrarrojos.
5 (*Fotogr*) Soporte rígido recubierto de una emulsión sensible. | J. A. Recio *SVozC* 31.12.70, 6: Tomaba Marey las vistas primero sobre una placa fotográfica. **b)** Fotografía. *Con el v* TIRAR. | CPuche *Paralelo* 474: Al poco rato llegó un fotógrafo, y todos pudieron ver desde lejos que tiraba varias placas.
6 (*jerg*) Tableta de hachís prensado. | Tomás *Orilla* 195: La mujer se inclinó sonriente y se quitó un zapato. Levantó la plantilla y sacó una delgada placa de hachís.
7 (*Anat*) Lámina o película. | *Prospecto* 6.93: Parogencyl .. reduce la sensibilidad gingival y el sangrado .. La placa dental es la causa principal de la aparición de gingivitis: encías sensibles, inflamadas, dolorosas. **b) ~ motriz.** Lugar en que se insertan las terminaciones nerviosas. | Navarro *Biología* 86: Cada fibra muscular recibe vasos sanguíneos y también terminaciones nerviosas en una zona denominada placa motriz.
8 (*Med*) Lesión de superficie bien delimitada. | Nolla *Salud* 267: Las principales manifestaciones [de la fiebre reumática] .. consisten en poliartritis .., endocarditis .., corea .. y aparición de nódulos y placas de eritema (enrojecimiento) en la piel.
9 (*hoy raro*) Disco de gramófono. | SFerlosio *Jarama* 224: Bueno, ¿qué?, ¿no ponéis otra placa? C. Murillo *SAbc* 14.12.69, 34: Aquellos eran otros tiempos y nadie conoce por las "placas" (que así denominaban entonces a los discos la gente del pueblo andaluz) ni siquiera a Tomás Pavón (un rey) ni a Manuel Torre (un coloso).

placaje *m* (*Rugby*) Acción de placar. | *Mar* 24.3.71, 12: Ignorantes de que los placajes de "corbata" son castigados por el Reglamento, se creyeron perjudicados por el arbitraje.

placar *tr* (*Rugby*) Sujetar con las manos [al jugador que lleva el balón] forzándole a soltarlo. | Á. JVázquez *As* 1.3.71, 40: Continúa un juego soso y aburrido, con predominio de patadas a seguir por parte de los lusos y de pase a la mano de los del Canoe, que, en última instancia, el balón, o se les caía de la mano o eran placados. Á. JVázquez *As* 1.3.71, 40: A los veinte minutos, y nuevamente a un fallo de la línea de tres cuartos –que no placó–, hace que Minhoto penetre y llegue a los palos, marcando un ensayo, que transformó Borges.

placear (*Taur*) **A** *tr* **1** Torear [una res] en varias plazas. *Gralm en part*. | DCañabate *Paseíllo* 45: Se enfrentaban los aspirantes a toreros con verdaderos toros. Toros, además, resabiados, placeados los más de ellos.
B *intr pr* **2** Adquirir soltura [un torero] actuando en muchas plazas. *Gralm en part*. | Lera *Clarines* 390: Don Ventura volvió a hablar de ti: que si te hacía falta placearte antes de aparecer en una novillada con caballos en Córdoba. J. Laverón *País* 31.8.76, 28: Pepe Colmenar, poco placeado y falto de oficio.

placebo *m* (*Med*) Remedio que, careciendo de acción terapéutica, produce algún efecto curativo en el enfermo que tiene fe en él. | Laín *Marañón* 106: Los experimentos terapéuticos, hoy tan frecuentes, con "placebos", ratifican de la manera más rotunda esta idea de Marañón. *Gac* 9.11.75, 117: ¿Sirve para algo la acupuntura? .. Aunque sea un placebo, parece que se trata de un placebo poderoso.

pláceme *m* (*lit*) Felicitación. | CBonald *Ágata* 137: Sin que mediaran ni plácemes ni repulsas, aceptó Manuela la mudanza.

placenta *f* **1** Masa carnosa y esponjosa que está adherida al útero y envuelve el feto. | Laforet *Mujer* 129: El respirar y el gemir le es natural a un recién nacido, aunque el tránsito desde la placenta materna al mundo no deje de ser extraordinario.
2 (*Bot*) Parte del carpelo en que están insertos los óvulos. | Ybarra-Cabetas *Ciencias* 271: Dentro del ovario están los óvulos o macrosporangios, que por medio de un pedúnculo llamado funículo se inserta en una región especial interna del ovario denominada placenta.

placentación – plagar

placentación *f (E)* **1** Formación de la placenta [1]. | Mascaró *Médico* 48: Las hemorragias del segundo trimestre señalan la posibilidad de que exista un proceso que interfiera la placentación (formación de la placenta).
2 Disposición de la placenta [1 y 2]. | Ybarra-Cabetas *Ciencias* 272: En los ovarios uniloculares, lo general es que se inserten los óvulos en los bordes carpelares, y entonces la placentación es parietal.

placentario -ria *adj (E)* De (la) placenta. | N. Retana *Inf* 3.4.79, 27: La sífilis es transmisible por vía placentaria. **b)** *(Zool)* [Mamífero] que tiene placenta [1]. *Frec como n m en pl, designando este taxón zoológico*. | Navarro *Biología* 304: Al desarrollarse los mamíferos placentarios desapareció la fauna marsupial.

placenteramente *adv* De manera placentera. | *Gac* 7.3.76, 44: Muchos necesitan la luz, el clima, el paisaje para vivir placenteramente.

placentero -ra *adj* Que causa placer[1] [1]. | CBaroja *Inquisidor* 11: Los que aún le leemos también nos quedamos en esta situación de holgura placentera.

placentino -na *adj* De Plasencia (Cáceres). *Tb n, referido a pers*. | GLuengo *Extremadura* 158: Sancho IV el Bravo, a su vez, lo donó a su servidor el caballero placentino don Pedro Sánchez de Grimaldo.

placer[1] **I** *m* **1** Sensación o sentimiento que se deriva de la satisfacción de un deseo o una necesidad, o de la presencia de algo que se considera bueno y se desea que continúe. *Frec usado en fórmulas de cortesía como* TENER EL ~ DE, TENER (MUCHO, SUMO) ~ EN, CON (MUCHO, SUMO) ~, *etc*. | CNavarro *Perros* 13: –¡Lo uay haría yo, Señor...! –dijo un tercero, poniendo los ojos en blanco, como si el placer intuido comenzase a recorrerle el cuerpo. Medio *Bibiana* 51: Vas a quitarme el placer de invitaros, ¿eh? Van 21.11.74, 35: –Supongo que usted utiliza el invento. –Tengo el placer de decir que lo utilizo desde hace tres años. SLuis *Doctrina* 122: Lujuria: es el apetito desordenado de los placeres impuros.
2 Cosa que causa placer [1]. *Frec usado en fórmulas de cortesía como* SER UN ~. | * El mundo y sus placeres están al acecho. * Es un placer saludarle.
II *loc adv* **3** a ~. Con completa satisfacción y sin impedimento alguno. | Buero *Fundación* 159: Os reíais a placer. F. HCastanedo *Pue* 23.10.70, 32: Se puede matar de muchas maneras. Lo mismo que Ibrahim golpeó al otro a placer podría haberlo castigado hasta matarlo.

placer[2] *(conjug* **11***) intr (lit)* Causar placer[1] [1] o agradar. | CNavarro *Perros* 82: Conmigo puedes hacer lo que te plazca. Pero guárdate de meterte con Mario. Delibes *Siestas* 13: La monotonía, la rigidez de las cosas le abrumaba. Le placían las nubes, la maleable ductilidad de la arcilla húmeda.

placer[3] *m* **1** Depósito de arenas que contiene minerales explotables. | Bustinza-Mascaró *Ciencias* 330: Los yacimientos [de diamantes] más importantes son los de África del Sur, en rocas eruptivas o en placeres originados por su disgregación. Legorburu-Barrutia *Ciencias* 344: Los placeres auríferos son yacimientos secundarios.
2 Banco de arena o piedra en el fondo del mar, llano y de bastante extensión. | Aldecoa *Gran Sol* 33: Pensaba en placeres de pesca donde a cada lance de la red sucediese una sacada que llenara la cubierta de pescados.

placero -ra *adj* [Pers.] que vende en una plaza o mercado. *Tb n*. | R. SOcaña *Inf* 20.11.70, 40: Alguna vendedora –placera– se preguntaba: –¿Y me van a pagar a mí lo que no vendí?

plácet *m* Aprobación, por parte del gobierno de un país, de la designación de una persona como representante en él de otro país. | Laiglesia *Ombligos* 36: Un diplomático no puede cometer la falta de tacto de confesar a un inglés que odia su inmunda tisana –el Forei[g]n Office le retiraría el *plácet* en el acto–. **b)** Beneplácito o aprobación. | Benet *Volverás* 66: La curiosidad .. que –con el plácet de su propia hija .. – estaba dispuesto a satisfacer a cualquier precio. [*En el texto, sin tilde.*] Candel *Catalanes* 11: Esa castellanización, que en su origen tenía unos móviles uniformistas –cuando no significaba el *plácet* a una "tradición" de analfabetismo–, en nada favorecía el entendimiento de los topónimos.

plácidamente *adv* De manera plácida. | Arce *Testamento* 50: Yo arrastré la banqueta hasta el quicio de la puerta y me senté allí a fumar plácidamente.

placidez *f* Cualidad de plácido. | C. Tamayo *Ya* 28.5.67, 1: Pese a esta placidez urbana externa, el pánico se ha apoderado de la escasa legión de turistas que aún quedaba aquí.

plácido -da *adj* Tranquilo y apacible. | P. VSanjuán *Abc* 28.8.66, 60: Sesudos personajes que desde sus cómodos sillones observan el desfile de una vida plácida. Gilera *Abc* 2.2.65, 55: Tuvo la gentileza de entregar un recuerdo de su país a la Federación Española, en la persona de su vicepresidente, .. por ausencia forzosa del presidente, .. a quien hemos echado de menos en estas jornadas tan plácidas y tan entusiastas al tiempo.

placiente *adj (lit)* Agradable o placentero. | Laín *Marañón* 197: La lectura de la prosa de Marañón es siempre un placiente e inacabado ejercicio de condominio.

pládano *m (reg)* Plátano (árbol). | Mayor-Díaz *Flora* 554: *Acer pseudoplatanus* L. .. "Pládano".

plaf *interj (col)* Imita el sonido de un golpe o choque. | Vivas *Cod* 1.9.74, 7: A todo esto, el tocadiscos seguía sonando .. Lentamente, con calma, cogí un martillo, me acerqué al aparato y, ¡plaf!, le pegué un martillazo en el plato.

plafón *m* **1** Lámpara plana y pegada al techo. | GTelefónica *83* 1, 1101: Plafones y apliques de pared.
2 Superficie, gralm. decorada, con que se recubre otra. | Alba *Sáb* 22.6.74, 51: Las habitaciones de los peregrinos .. son muy curiosas .. Plafones de madera esculpida, pinturas murales .. son los mudos testigos de estas habitaciones. *Ya* 3.7.75, 39: Una empresa inglesa especializada .. hizo unas pruebas en la fachada de la catedral. Al limpiar unos plafones de caliza se dio cuenta de que, con la costra superpuesta, saltaba la misma piedra.
3 Tablero. | *Prospecto* 5.89: Plafón baloncesto con aro y red ..: 1.595. Castellanos *Animales* 57: Debe disponer en casa de algún objeto de madera, preferentemente un trozo de tronco de árbol, en el que el gato pueda afilar sus uñas .. Puede tratarse de un plafón de madera sujeto a la pared a una altura que el gato pueda alcanzar cómodamente con sus patas delanteras.
4 *(Econ)* Techo, o límite máximo. | A. GGonzález *ProP* 4.10.91, 5: El Ejecutivo dio carácter oficial y público a su posición contraria a la contingentación o a los plafones.

plafond *(fr; pronunc corriente, /plafón/) m (Econ)* Plafón [4]. | Prados *Sistema* 96: La experiencia francesa iniciada en 1948 estableciendo un *plafond* al redescuento de los Bancos en el Banco de Francia, ha sido uno de los casos más característicos.

plaga *f* **1** Calamidad pública grave. | Peña-Useros *Mesías* 72: Dios castigó la soberbia del Faraón enviando, una tras otra, diez plagas. **b)** Daño grave o enfermedad que afecta a gran número de perss. | FQuintana-Velarde *Política* 129: Nada menos que siete [enfermedades profesionales] pueden afectar a los mineros, y algunas de tales dolencias .. constituyen una verdadera plaga para estos trabajadores. **c)** *(col)* Calamidad (per. inútil y que suele actuar desacertadamente). | GHortelano *Momento* 586: –¡¡Qué plaga de mujer!! –se carcajeó Sagrario.
2 Daño grave para la agricultura constituido por la presencia masiva de organismos animales o vegetales nocivos. | Legorburu-Barrutia *Ciencias* 166: La langosta es la principal plaga de los campos originada por los insectos.
3 Excesiva abundancia [de algo nocivo o molesto]. *Tb fig, humoríst*. | CBaroja *Inquisidor* 33: Siendo obispo de Oviedo, hubo una plaga de ratones en su diócesis. *Ya* 11.9.85, 32: Aumenta la plaga de polizones en la Marina Mercante española.

plágano *m (reg)* Plátano (árbol). | Lueje *Picos* 34: Se elevan .. árboles de las más diversas especies, como el haya, esencialmente representativa, el roble .., el abedul, el plágano y el fresno.

plagar *tr* Llenar [un lugar de algo, esp. nocivo o no conveniente por su excesivo número]. | MGaite *Cuento* 209: La mayor parte de los "intelectuales" .. plagan sus discursos de nenúfares. Laforet *Mujer* 253: Tu mismo pueblo está plagado de mujeres admirables. **b)** *pr* Llenarse [un lugar de algo, esp. nocivo o no conveniente por su excesivo número]. | *HLVi* 28.7.75, 3: La consideramos barata [la iglesia], si nos atenemos a las nuevas iglesias de que se está plagando el término municipal vigués.

plagiador -ra *adj* Plagiario. *Tb n*. | P. Urbano *Ya* 30.8.88, 2: Cuando la opinión pública norteamericana destroza, implacable, las figuras de un Hart, por adúltero, o de un Biden, por "plagiador de discursos", .. no está examinando las capacidades "instrumentales" de esos personajes para la gestión política. P. Crespo *Ya* 14.1.90, 67: John Derek .. es un realizador mediocre, un director de fotografía cursi y pretencioso y un guionista plagiador.

plagiar *(conjug* **1a***) tr* **1** Copiar o imitar fraudulentamente [algo ajeno, esp. una obra literaria o artística, o a su autor]. | L. Sanmartín *Sáb* 21.12.74, 19: Se emplean cincuenta y un folios comparando párrafos de la novela de Rojas con los correspondientes de las obras que se consideran plagiadas. Torrente *Isla* 296: Se parecía bastante a lo que años después fue la *Marcha Fúnebre*, de Chopin (quien a lo mejor se inspiró en el tal Butarelli, o a lo mejor en el plagió, ¡vaya usted a saber!). Vega *Cocina* 93: Pavoroso problema es el que nos presenta la leche frita. No teníamos bastante con que no lo [sic] plagiaran en el país vasco-francés, .. cuando la dama vallisoletana doña Isabel Valentín Villanueva me trae una receta de su bisabuela afirmándome que se trata de un plato castellano.

2 (raro) Secuestrar [a alguien]. | *Cam* 13.4.81, 88: Las denuncias por los parientes de las jóvenes plagiadas fueron tomando cuerpo.

plagiario -ria *adj* Que plagia [1]. *Tb n, referido a pers.* | Mercader-DOrtiz *HEspaña* 4, 149: Inventores prácticos y otros más o menos plagiarios dotaron a la industria textil algodonera de un equipo suficiente. Paso *Cosas* 285: Dirá que es un copión, un plagiario. **b)** Propio de la pers. plagiaria. | MMolina *Jinete* 257: Inspirándome con avidez plagiaria en las historias que contaba el teniente Chamorro.

plagio *m* Acción de plagiar. | J. RMarchent *HLM* 26.10.70, 15: Un mundo recién hecho, donde inmediatamente se inventó el plagio para que dejase de ser original. *BOE* 10.5.79, 10528: En cualquier momento del concurso-oposición, si llegase a conocimiento del Tribunal .. que alguno de los aspirantes ha incurrido en plagio, previa audiencia del interesado se le excluirá de la oposición.

plagioclasa *f (Mineral)* Feldespato que contiene calcio y sodio. | Ybarra-Cabetas *Ciencias* 78: En España los [basaltos] más abundantes son: los plagioclásicos, compuestos de plagioclasa, augita y olivino, con granos abundantes de magnetita, y los nefelínicos.

plagioclásico -ca *adj (Mineral)* De (la) plagioclasa. | Ybarra-Cabetas *Ciencias* 78: En España los [basaltos] más abundantes son: los plagioclásicos .. y los nefelínicos.

plagiótropo -pa *(tb plagiotropo) adj (Bot)* Que tiende a orientarse en ángulo respecto a la vertical del estímulo. | Alvarado *Botánica* 35: Las ramas, las raíces laterales, las hojas y los rizomas son más o menos plagiotropos respecto de la gravedad. Navarro *Biología* 270: Las hojas son generalmente plagiotropas; es decir, se colocan horizontalmente frente a la luz solar.

plaguicida *adj* [Producto] que combate las plagas agrícolas. *Tb n m*. | *Abc* 13.12.70, 40: Se ha mantenido la tónica en lo que respecta a la exposición de maquinaria agrícola, vehículos a motor y productos plaguicidas. R. SOcaña *Inf* 20.8.70, 15: Se nos ha dicho que, víctimas de los plaguicidas arrojados con avionetas, habían perecido el 70 por 100 de una colonia de garzas.

plajo *m (jerg)* Cigarrillo. | J. C. Iglesias *SPaís* 19.12.82, 103: Si me entero de que se va un poco de la *mui*, cojo el *baldeo* y le *chino* desde el *anillo de cuero* hasta el *plajo*.

plan¹ I *m* **1** Proyecto o idea. | GPavón *Hermanas* 50: Se pusieron a llamar a los teléfonos que venían en el cuadernillo, de acuerdo con un plan que se hizo el guardia. **b)** Programa general [de un proyecto de determinada actividad]. | *HLM* 26.10.70, 19: La Comisión de Planeamiento y Coordinación del Area Metropolitana de Madrid .. acordó aprobar inicialmente el plan parcial de ordenación del sector de San José de Valderas. *Reforma* 37: Muchos docentes piensan acertadamente que los planes de estudio del Bachillerato están todavía lejos de las motivaciones, necesidades y posibilidades de los adolescentes.

2 Tratamiento prescrito a un enfermo, que incluye régimen alimenticio. *Frec en la constr* A ~. | * El médico me ha puesto un plan severísimo. Muñiz *Tintero* 128: Me ha puesto a plan [el médico]. **b)** Régimen alimenticio, esp. de adelgazamiento. *Frec en la constr* A ~. | Cossío *Confesiones* 9: Cuando hemos tenido bigote y barba y nos los hemos quitado; cuando la mujer ha sido gruesa y después se ha puesto a plan para adelgazar, no se han realizado sino actos superficiales, siguiendo los dictados de la moda.

3 (col) Relación sexual informal y pasajera. *Tb la pers con quien se mantiene*. | Cela *SCamilo* 243: Puedes bañarte y después bailar .., a veces se saca algún plan volandero por que también tiene su encanto. Goytisolo *Recuento* 447: Una chica que conozco que está un rato bien y con la que seguro que hay plan. Medio *Bibiana* 109: Y de su novio, ¿qué sabemos? Nada .. Natalia dice que es un amigo .. Un plan, dicen ahora.

4 (col) Situación (conjunto de circunstancias reales en que se encuentra alguien o algo). | Mihura *Maribel* 41: –Yo no sé lo que me ha ocurrido, pero me encuentro tan distinta .. Yo, en el fondo, quisiera ser como era, como sois vosotras, pero no puedo... Aquello terminó. –¡Pues vaya un plan! MGaite *Retahílas* 95: Bueno, oye, decide lo que sea, porque yo en este plan el avión lo pierdo seguro, si te vienes te tienes que dar prisa.

II *loc v* **5 no ser ~** [algo]. *(col)* No convenir o no ser oportuno. | *País* 3.4.79, 19: Aunque estén cobrando, los jóvenes necesitan trabajar, no es plan para ellos estar sin hacer nada, que pueden descarriarse.

III *loc adv (col)* **6 en ~.** En actitud o disposición. *Con un adj y gralm con los v* ESTAR *o* PONERSE. | Delibes *Emigrante* 88: Ya le dije, en buen plan, que no tuviera rostro y que no me tirara de la lengua. Laiglesia *Fulana* 28: El tío sin duda quería cobrar, y nosotros no teníamos dinero para pagarle. Sin embargo, don Julio nunca venía en mal plan. Quiero decir con esto que no daba gritos, ni echaba maldiciones, ni nos amenazaba con ponernos en la calle a puntapiés. **b)** A la manera o al estilo. *Seguido de adj o de n en aposición*. | VMontalbán *Pigmalión* 76: Tengo un piso viejo y grande en el ensanche. Lo he decorado en plan salvaje. Frasquito *SYa* 19.5.90, 3: Se acomodó en plan "sitting bull".

7 en ~. *(hoy raro)* En disposición de iniciar una relación amorosa. *Normalmente con el v* ESTAR. | MGaite *Visillos* 39: El último día estuve todo el rato con un chico mejicano que era majísimo. La rabia que lo conocí al final, ya cuando faltaban dos días para venirnos. Estaba bastante en plan. SFerlosio *Jarama* 251: –Vaya un palique que tenéis, mano a mano, ahí los dos .. –Me está contando las cosas de la mili.– .. Después Alicia, bailando, le reprendía: –¿Tú a qué te metes con ellos?, ¿no ves que están en plan?, ¿no te das cuenta?

IV *loc prep* **8 en ~ de.** *(col)* Como, o en calidad de. | C. Payá *MHi* 8.60, 35: Llegando hasta las cuarenta y tantas maneras de hoy de condimentar el arroz en plan de comida, y las quince en plan de postres dulces, y las siete u ocho en plan de sopas.

plan² *m (Mar)* Piso o suelo. | MHidalgo *HyV* 10.71, 77: Repartidas por todo el plan de la galera iban unas quince o veinte toneladas de piedra, lastre que se completaba con cerca de un millar de proyectiles de artillería.

plana I *f* **1** Cara (de una hoja de papel). *Tb lo escrito en ella*. | Huarte *Tipografía* 9: La razón es .. evitar al tipógrafo el cuidado de comprobar a cada final de plana si continúa el texto al dorso o ha de pasar a la hoja siguiente. **b)** Página, esp. un periódico o revista. *Gralm en constrs como* PRIMERA ~ *o* A TODA ~. | L. Calvo *Abc* 18.12.70, 28: Esta mañana, "La Tribuna Socialista" lanzaba un número muy vistoso. Toda la primera plana, debajo del título "Desafío del pueblo español", y con un cuadro de Goya. Laiglesia *Tachado* 149: Vaya inmediatamente a la platina, y encárguese de confeccionar una doble plana con este material. RMoñino *Poesía* 32: Se considera como pliego suelto al cuaderno de hasta treinta y dos planas y aun más.

2 Llanura (porción extensa de terreno llano). | MSantos *Tiempo* 107: Vecinos provenientes de la plana toledana. Marsé *Montse* 222: Es hermoso el amanecer en esta plana de Vich rodeada de montañas.

planar – planchero

3 ~ mayor. Conjunto de las perss. de más autoridad [de una organización]. | A. Barra *Abc* 9.12.70, 39: El paro ha sido condenado por el Gobierno, por la plana mayor de los dirigentes obreros.
II *loc v* **4 enmendar** (*o* **corregir**) **la ~** [a alguien]. Corregir o hacer notar algún defecto en lo que ha hecho o dicho. | *Tie* 14.8.76, 2: He advertido pequeñas deficiencias posiblemente acaecidas por falta de información o de espacio. No trato de enmendarte la plana, puesto que la palma del éxito, como cronista, ya la tienes merecida y asegurada.
III *loc adv* **5 a ~** (**y**) **renglón.** Con las mismas páginas y la misma disposición de las palabras en renglones que el original. *Referido a copia o reimpresión. Tb adj.* | RMoñino *Poesía* 55: La copia se hace a plana y renglón, sin introducir modificaciones de ninguna clase.

planar *adj* (*Electrón*) De estructura plana. | *Pue* 10.11.70, 20: Incorpora técnicas de microminiaturización de circuitos integrados planar montados en tarjetas enchufables de fácil mantenimiento. **b)** De (los) elementos de estructura plana. | *Ya* 28.10.87, 28: Una característica fundamental de los sensores del futuro .. partirá de la utilización cada vez mayor de la circuitería gracias a la tecnología planar del silicio, material madre por el momento de los "chips" y los circuitos integrados.

plancha *f* **1** Utensilio manual de forma más o menos triangular, con base metálica lisa y un asa en la parte superior, que se calienta, normalmente por electricidad, y sirve para quitar arrugas o hacer pliegues a la ropa. | *Medio Bibiana* 261: Bibiana Prats escupe en la plancha. Demasiado caliente para la ropa de nylon.
2 Acción de planchar [1a]. | *Economía* 218: Tabla de plancha. *Economía* 222: ¿Cómo se debe conservar el material de plancha?
3 Lámina [de metal u otra materia rígida] delgada y de grosor homogéneo. | *Sp* 19.7.70, 24: Comienzan a utilizarse en su construcción planchas de madera. Pinilla *Hormigas* 224: Se sienta en su silla habitual, cerca de la ventana, ante la mesita con plancha de mármol. Halcón *Manuela* 40: Te daré unas planchas de uralita y los palos necesarios para que formes la techumbre. Sánchez *Inf* 21.8.76, 17: Cruzan con la plancha bajo el brazo .. Son los amantes del surf, ese deporte que consiste en capear olas a bordo de una plancha de un par de metros. **b)** Lámina de metal o de madera para grabado o impresión. | ZVicente *Asedio* 18: Más podrían valernos los numerosos casos de mezcla de formas humanas y animales que llenan las planchas de la serie [de dibujos de Goya]. P. GRábago *Abc* 30.12.70, 19: Esta serie debería ser acompañada de ese folleto ilustrativo con la reproducción de todos los sellos, con todo su color y planchas originales.
4 Placa metálica para asar o tostar alimentos. *Frec en la constr* A LA ~. | GTelefónica *N*. 282: Cocinas. Cocina-plancha. Planchas para bares. *Sem* 10.5.75, 49: Grill-asador eléctrico. Con revestimiento Gur. Para hacer todo tipo de asados a la plancha, pescados, carnes, salchichas, tostadas.
5 Posición horizontal del cuerpo en el aire o en el agua. *Frec en la constr* EN ~. | Delibes *Parábola* 28: La admiración de los bañistas se traducía en exigencias: "¡Don Abdón, la plancha!", "¡Don Abdón, a braza!". *Abc Extra* 12.62, 31: Era capaz de dormir toda la noche tendiéndose "en plancha" sobre el mar, mejor que en una mullida cama. L. Arnaiz *As* 14.12.70, 8: Allí estaba Lavandera junto al otro poste para rematar a media altura y empalmar en plancha Valdés, de cabeza, junto a un palo.
6 (*col*) Desacierto o error que deja en situación desairada o ridícula a quien lo comete. *Frec en la constr* TIRARSE UNA ~. | J. P. Vera *Reg* 24.12.74, 29: Yo soy un despistado, lo he sido siempre. Saludé efusivamente a un congresista pensando que era Delgado Valhondo, y no lo era. Como el otro estaba conversando con el marido de Marisol Luengo, no se enteró nadie de la "plancha". Halcón *Monólogo* 36: A mí lo que me quita el sueño es la plancha que me tiré con Jesús.
7 (*col*) Sorpresa que desconcierta o decepciona. *Frec en la constr* LLEVARSE UNA ~. | * ¡Vaya plancha que se llevó la pobre al ver que la habían suspendido!
8 (*reg*) Lista electoral. | A. Beltrán *DLP* 8.10.90, 20: Se apartó de la política y nunca ha querido ni afiliarse a ningún partido ni siquiera figurar en una plancha como independiente.

planchada *f* (*raro*) Tablero o plataforma. | *Ya* 30.12.78, 15: Construye una vivienda dentro de una iglesia románica del siglo XII .. El actual propietario de la iglesia aprovecha la base de la misma, a la que dotó de una planchada por su parte media. La vivienda se instalará en la parte alta y el bajo se destinará a bodega.

planchado[1] -da *adj* **1** *part* → PLANCHAR.
2 [Pers.] que lleva la ropa muy planchada y cuidada. | Umbral *Ninfas* 52: Cristo-Teodorito se pasaba la tarde entera conmigo, yo en la cama y él muy planchado en una butaca.
3 (*col*) Completamente liso. | J. A. Padrón *Día* 26.5.76, 5: Sobre la mar tranquila –"mar planchada", me dijeron en cierta ocasión en el Alcalá sureño y pescador– cuarenta y ocho finas estampas marineras con todo el trapo largo. Delibes *Tesoro* 18: Divisó a Pablito, en la plataforma, su pelo planchado, su sonrisa fruitiva. **b)** (*col*) [Mujer] lisa o que tiene poco pecho. | M. Aguilar *SAbc* 15.2.70, 54: En las naciones de alto nivel de vida, .. va apareciendo un tipo de mujer "planchada", de pecho atrofiado y fláccido. **c)** (*Taur*) [Muleta] que se presenta extendida y lisa. *Tb referido al pase ejecutado con ella.* | FRosa *CoA* 2.11.75, 30: Campuzano dibujó los lances más artísticos que vimos ayer en la Maestranza. Se paró a compás abierto y embarcó a su enemigo en verónicas planchadas y lentas.

planchado[2] *m* Acción de planchar [1a]. | Olmo *Golfos* 149: En el sótano existe un taller de planchado.

planchador -ra *adj* **1** Que plancha [1a]. *Tb n, m y esp f, referido a pers o a máquina.* | *SYa* 10.11.63, 29: Máquina planchadora eléctrica. Laforet *Mujer* 323: Paulina tenía que telefonear a la planchadora. *Faro* 5.8.75, 21: Planchadores. Con experiencia en planchas industriales, para fábrica de confección. Libre[s] servicio militar. *Ya* 4.6.74, 59: Particular vende planchadora Miéle. *Abc* 1.5.70, sn: En ella [la cocina] se encuentran aparatos de evidente novedad, entre ellos el basurero eléctrico y los ya comunes secadores, planchadores, lavavajillas, cocinas eléctricas, etc.
II *m* **2** Lugar destinado a planchar [1]. | FReguera-March *Fin* 53: Narcisa cosía en el planchador.

planchamangas *m* Utensilio a modo de soporte estrecho que permite planchar las mangas sin hacer dobleces. | *Economía* 227: Cuando se quieren planchar las mangas sin doblez, se usa el planchamangas.

planchamiento *m* Acción de planchar [2 y 3]. | Lázaro *Abc* 6.11.74, 3: Nagoya, que tras su planchamiento por los aviones ha podido ser trazada, toda nueva, como una especie de canon ideal de urbes.

planchar *tr* **1** Quitar arrugas o hacer pliegues [a la ropa (*cd*)] mediante la plancha [1] u otro utensilio adecuado. *Tb abs.* | *Medio Bibiana* 72: Ponte el jersey, que ahora voy a coserte y a plancharte la camisa azul. *Sp* 19.7.70, 29: En las naves de la fábrica se han instalado, entre tanto, 1.636 máquinas de coser, cortar, planchar. **b)** Alisar o estirar. | * Se pasa la vida planchándose el pelo.
2 (*col*) Aplastar o aplanar. | ZVicente *Traque* 217: Habría sido una pena que le hubiera cogido de pleno el autobús, ¿no te parece? Es que lo plancha, mujer, lo plancha.
3 (*col*) Desconcertar o anonadar. *Usado en part, normalmente en la constr* DEJAR *o* QUEDARSE PLANCHADO. | Berenguer *Mundo* 70: Al primero que mataron de aquí fue al hijo de don Celestino, el médico, y aquello dejó a todo dios planchado. ZVicente *Mesa* 103: ¡Caramba, Mario, me ha dejado usted planchadita! ¡Mi madre, qué espich!

planchazo *m* **1** Golpe dado con la plancha [1]. | Lagos *Vida* 49: Le dio un fuerte planchazo a los calzoncillos de don Ignacio, como rubricando su determinación.
2 Planchado[2] ligero. | * Dale un planchazo a esta falda, por favor.
3 (*col*) Plancha [6] grande. | *Fieramosca Ya* 23.11.88, 56: A medida que pasan las horas en Alianza Popular .. Fraga es cada vez más Fraga. El planchazo de Hernández Mancha nos ha servido para recuperar al don Manuel de "la calle es mía".

planchero *m* Soporte para la plancha [1]. | *Economía* 220: Para dejar descansar las planchas sobre la mesa se debe tener un planchero de hierro, que es una rejilla de la forma de la plancha.

planchista *m y f* Operario que trabaja en planchas [3a] metálicas. | *Bal* 6.8.70, 26: Se precisan planchistas automóviles.

planchistería *f* Industria de planchas [3a] metálicas. | *Bal* 6.8.70, 25: Talleres Geltou, planchistería, pintura mecánica.

planchuela *f* (*Med, hist*) Conjunto plano de hilas poco apretadas, usado en la curación de heridas o llagas extensas. | Solís *Siglo* 111: Se aprendió Chano las definiciones de lechinos, planchuelas, botones de vitriolo y la lista de vendajes que hacían falta para cada una de las operaciones.

plancton (*tb, raro, con la grafía* **plankton**) *m* (*Biol*) Conjunto de plantas y animales, gralm. diminutos, que flotan más o menos pasivamente en aguas saladas o dulces. | Ybarra-Cabetas *Ciencias* 426: El plancton lo constituyen principalmente protozoos, celentéreos, crustáceos, equinodermos, gusanos y esponjas. Bustinza-Mascaró *Ciencias* 106: Veríamos una gran variedad de formas de seres vivos, que constituyen el llamado plankton, unos vegetales y otros animales, y que viven flotando en las aguas marinas.

planctónico -ca (*tb, raro, con la grafía* **planktónico**) *adj* (*Biol*) De(l) plancton. | Ybarra-Cabetas *Ciencias* 426: Los animales planctónicos son diminutos, casi siempre incoloros y transparentes y a menudo con órganos de flotación. Bustinza-Mascaró *Ciencias* 343: El origen del petróleo está en la transformación, por la acción de determinadas bacterias, de masas enormes de grasas procedentes de seres planktónicos, principalmente diatomeas.

planeado *m* Acción de planear³. | *BOE* 1.12.75, 25023: Torneros. Son los operarios capacitados en todas las operaciones y cometidos siguientes: interpretar planos y croquis de elementos y piezas de mecanismos y máquinas, efectuando conforme a aquellos en cualquiera de las variedades de tornos .. la labor o labores de montaje y centrado, .. mandrinado, trenzado y planeado y esmerilado de cuellos y medias cañas.

planeador¹ -ra *adj* Que planea¹. *Tb n, referido a pers.* | L. Calvo *Abc* 16.5.73, 35: Los tres han vuelto de Cabo Kennedy a Houston para deliberar con los planeadores de la operación acerca de las consecuencias inmediatas.

planeador² -ra I *adj* **1** [Lancha] que planea² [2]. *Frec n f.* | *Ya* 17.9.89, 23: Las lanchas planeadoras abandonan la ría de Arosa. *Voz* 10.12.88, 19: El remolcador "Serén", bajo la supervisión de efectivos de la Comandancia de Marina de Vilagarcía, procedió al reflotamiento de la planeadora "Neynuco".
II *m* **2** Aparato aéreo sin motor, que vuela utilizando las corrientes de aire de la atmósfera. | C. Zeda *SYa* 27.10.74, 49: El ala o cometa "Rogallo" no sube más del nivel desde donde despega. Se trata, por tanto, de un planeador, no de una aeronave.

planeador³ -ra *adj* Que planea³. *Tb n: m, referido a pers; f, referido a máquina.* | *Abc* 4.5.74, 77: Sigma .. precisa .. 1 Planeador, Oficial 1ª para trabajar a relevos. 1 Punteador, Oficial 1ª. *Vanr* 10.10.74, 77: Planeadora fresadora múltiple con tres cabezales motorizados.

planeamiento *m* Acción de planear¹. | *HLM* 26.10.70, 19: La Comisión de Planeamiento y Coordinación del Área Metropolitana de Madrid .. acordó aprobar inicialmente el plan parcial de ordenación del sector de San José de Valderas.

planear¹ *tr* Trazar el plan [1] [de algo (cd)]. *Tb abs.* | *Inf* 23.1.70, 1: Hay que planear hoy mismo el Madrid del año 2000. Torrente *Sombras* 311: Se daba la inesperada circunstancia de que semejantes armas se habían, efectivamente, planeado, y estaban en vías de fabricación. * Le encanta planear, pero luego todo se queda en nada.

planear² *intr* **1** Volar [un aparato aéreo] valiéndose únicamente de la gravedad y de las corrientes de aire de la atmósfera. *Tb fig.* | MCampos *Abc* 9.4.67, 5: La pista es, en efecto, deficiente. Al entrar, se planea curvando, y al salir, se vuela entre paredes de alta cota. Delibes *Ratas* 101: Dio media vuelta [el Nini] y se lanzó corriendo cárcava abajo, los brazos abiertos, como si planeara. **b)** Volar [un ave] con las alas abiertas pero sin moverlas. | Arce *Precio* 241: La brisa hacía planear a las gaviotas. **c)** Flotar o estar suspendido [una cosa sobre alguien o algo]. *Tb fig.* | Laforet *Mujer* 282: Sobre Villa de Robre planeaba un aire gris y hacía francamente frío. E. Bayo *Des* 12.9.70, 23: Hay una losa que planea sobre los pueblos.
2 (*Mar*) Navegar [una embarcación] elevándose parcialmente fuera del agua, reduciendo así su resistencia al avance. | El. Serrano *SYa* 16.6.74, 5: Una embarcación navega de popa cuando recibe el viento en el sentido de su marcha. De esta forma se marcha rápido si se planea, es decir, si el barco se levanta y resbala o patina sobre el agua.

planear³ *tr* Cepillar o alisar [una superficie de madera o de otra material]. *Tb abs.* | * Han comprado una máquina de planear madera.

planeo *m* Acción de planear². | *DBu* 30.7.75, 13: El avión se desviaba por debajo del nivel indicado para la trayectoria de planeo. Á. MCascón *Béj* 28.11.70, 9: El pez volador, bastante conocido, utiliza sus aletas pectorales como superficie de apoyo en sus planeos.

planeta¹ *m* Cuerpo celeste sólido, sin luz propia, que gira alrededor del Sol o de otra estrella. *Precedido de* EL, ESTE *o* NUESTRO, *designa la Tierra*. | Ortega-Roig *País* 8: La Tierra es un pequeño astro sin luz propia, un planeta, que gira alrededor de una estrella: el Sol, como lo hacen otros ocho planetas, formando el Sistema Planetario Solar. Ortega-Roig *País* 15: La proyección de este mapa .. da una idea muy buena de nuestro planeta.

planeta² *f* (*Rel catól*) Casulla con la parte delantera más corta que las ordinarias. | Ribera *Misal* 37: En algunos días de penitencia, en vez de la dalmática y tunicela, se lleva una como casulla plegada por delante, que se llama planeta.

planeta³ *adj* (*Agric*) [Almendra] de una variedad catalana muy apreciada en confitería. | *Ya* 30.10.74, 52: Almendra .. Los precios sobre almacén son: comuna, 133 pesetas kilo; marcona, 160; planeta, 140; largueta, 135.

planetariamente *adv* De manera planetaria [1 y 2]. | PLozano *Ya* 11.6.74, 7: El proceso distributivo de los bienes está planetariamente lejos de las lógicas exigencias de una justicia mundial.

planetario -ria I *adj* **1** De (los) planetas¹. | Ortega-Roig *País* 8: La Tierra es .. un planeta, que gira alrededor de una estrella: el Sol, como lo hacen otros ocho planetas, formando el Sistema Planetario Solar.
2 De todo el planeta Tierra. | M. Calvo *Ya* 3.11.74, 14: La comunidad mundial ha empezado a afrontar los graves problemas de nuestro tiempo con visión de conjunto y estilo planetario. El primer ensayo general de una estrategia global fue la Conferencia de Estocolmo sobre el Medio Ambiente.
3 (*Mec*) [Piñón] montado directamente en un eje y que es arrastrado por los satélites de la corona. *Frec n m.* | Ramos-LSerrano *Circulación* 283: En la corona van dispuestos dos o más piñones, llamados satélites, que, según se observa, no giran sobre su eje por el movimiento de la corona, sino que su movimiento es de traslación alrededor del eje de la corona. Con los satélites engranan los planetarios, que son piñones montados en los extremos de los semi-ejes o palieres, en cuyo extremo van montadas las ruedas. **b)** [Engranaje] que consta de piñón planetario y satélites. | *GTelefónica* N. 899: Elektus .. El polipasto perfecto. A una o dos velocidades en la elevación .. Cadena especial calibrada y tratada. Engranajes planetario [*sic*] sumergidos en aceite.
II *m* **4** Aparato o instalación que representa la bóveda celeste con el sistema solar en movimiento. | *Ya* 28.5.75, 59: Madrid puede contar pronto con un planetario atmosférico.

planetárium *m* Planetario [4]. | R. Urgoiti *Abc* 22.10.57, 24: Está [el cielo] pletórico de estrellas. Las veo recorrer el firmamento con movimiento perceptible, lento y majestuoso. Estoy en un "Planetárium" como no lo había visto en el mejor museo. [*En el texto, sin tilde.*]

planetización *f* Acción de hacer(se) planetario [2]. | *Abc* 17.9.68, 24: El mundo occidental, sea la "planetización" de la política, y todo el orbe .. han seguido un proceso, positivo, en la construcción de un derecho internacional. Alfonso *España* 71: El hombre es el único animal superior adaptado a todas las latitudes y regiones de la Tierra (la llamada "planetización").

planetoide – plano

planetoide m (*Astron*) Asteroide. | *Inf* 27.12.73, 15: Lubos Kohoutek, astrónomo checo, trabajaba en la búsqueda de pequeños planetas, y al examinar una serie de fotografías del firmamento descubrió el 7 de marzo un punto de escaso brillo que se movía más rápidamente que los planetoides buscados.

planicie f Llanura (terreno llano, esp. de gran extensión). | CNavarro *Perros* 18: Las planicies y los altozanos .. iban perdiendo personalidad. *Sp* 19.7.70, 28: Cinco o seis kilómetros más allá se encuentra una vasta planicie.

planificable adj Que se puede planificar. | L. Fernández *PapD* 2.88, 146: Formación no planificada. Obtenida de exposiciones, ferias, congresos, visitas y actividades en empresas, .. y toda aquella derivada de acciones puntuales, como respuesta a ofertas del medio social y por tanto difícilmente planificable.

planificación f Acción de planificar. *Tb su efecto*. | Aranguren *Moral* 168: ¿Quién .. se atreve hoy a rechazar alegremente las posibilidades .. de la planificación económica y social? *Van* 4.11.62, 12: Londres: planificación económica británica en gran escala.

planificadamente adv Con planificación. | *Hoy* 21.11.70, 5: Un mercado que se abastecía solo a base de impulsos y no planificadamente.

planificador -ra adj **1** Que planifica. *Tb n, referido a pers*. | A. Barra *Abc* 29.7.67, 33: Según las declaraciones de las autoridades de la plaza, los planificadores de la campaña turística 1967 habían previsto un aumento del 47 por 100 en el censo de clientes.
2 De (la) planificación. | *Ya* 24.11.74, 16: Será la celebración, por vez primera, de una sesión de estudio, en la que las Cortes intervienen, en una crítica razonada y constructiva, con el fin de contribuir al perfeccionamiento de la actividad planificadora en el futuro.

planificar tr Organizar [algo] con arreglo a un plan determinado. *Tb abs*. | *Ya* 15.4.64, 12: Planificó 13 itinerarios para trece días consecutivos. *Bal* 29.3.70, 39: No puedo sentarme a escribir hasta que tengo todo planificado.

planigrafía f (*Med*) Tomografía. | *TMé* 20.1.84, 31: Vendo aparato rayos X .. Dispositivo de planigrafía a motor.

planígrafo m (*E*) Instrumento para copiar planos o dibujos a escala distinta del original. | *Ya* 7.2.75, 6: La Policía ha intervenido dos modernas multicopistas, una máquina de escribir, dos planígrafos de los denominados "Vietnamitas".

planilla f (*reg*) Hoja, impresa o no, destinada a apuntar determinados datos. | A. Madariaga *Ya* 16.10.87, 45: En el momento en que uno de los jugadores sobrepase el tiempo reglamentado, el árbitro entregará a ambos las jugadas para que las apunten en su planilla (caso de haber realizado más de 40 jugadas).

planimetría f (*E*) Técnica relativa a la representación de una porción de la superficie terrestre en un plano. *Tb la misma representación*. | Mingarro *Física* 58: La determinación del área encerrada se podrá efectuar por planimetría. Delibes *Tesoro* 61: Mañana sin falta haremos la planimetría.

planimétrico -ca adj (*E*) De (la) planimetría. | Gironella *Millón* 270: El primer objetivo que se propusieron fue el de reproducir en fotocopia la cartografía existente en el Ministerio de la Guerra, en Madrid. Cartas militares, .. planos planimétricos de las grandes ciudades "rojas".

planímetro m (*E*) Instrumento para medir áreas de figuras planas. | *Ya* 22.10.64, sn: Cubetas. Generadores. Densitómetro. Planímetro.

planisferio m Mapa en que la esfera terrestre o la celeste están representadas sobre un plano. | *HLM* 26.10.70, 22: El [sello] más antiguo .. lo emitió Canadá hace setenta y dos años; su dibujo es un planisferio en que aparecen señalados los países del imperio británico.

planitud f (*lit, raro*) Llanura. | R. DAlejo *Ya* 18.5.77, 30: El más extenso de esos lagos de agua dulce, limpia y fría se halla en la planitud del altiplano, entre Perú y Bolivia, a casi cuatro mil metros de altura.

plankton, planktónico → PLANCTON, PLANCTÓNICO.

planning (*ing; pronunc corriente, /plánin/; pl normal, ~s*) m **1** Planificación. | MSantos *Tiempo* 142: Un planning adecuado del conjunto, con esquemáticos índices de la complejidad relativa de cada operación .., llegan [sic] a producir los resultados que todos deseamos.
2 Panel u hoja en que se detalla el estado o la previsión de una actividad o de una organización. | Palomino *Torremolinos* 270: Eso lo sabíamos desde el mes pasado: trescientas salidas y trescientas catorce entradas. Mírelo en el "planning".

plano -na I adj **1** Llano (que carece de relieves o desigualdades o que los tiene poco pronunciados). | Legorburu-Barrutia *Ciencias* 31: Epitelio de células planas. *MOPU* 7/8.85, 114: Dos grandes ecosistemas suelen citarse en la provincia de Toledo: Las zonas planas, casi sin vegetación, pletóricas de vides y olivos .. El monte bravo o Mancha. **b)** [Pie] que carece de curvatura en el arco de la planta. | Nolla *Salud* 347: En el pie plano existe una relajación de la bóveda plantar. **c)** [Sierra] **plana** → SIERRA.
2 Que carece de cambios o contrastes. *Frec con intención desp, denotando monotonía*. | Halcón *Ir* 291: No le apetecía una vida plana, sin riesgo. Umbral *Noche* 136: Lo que se escribe sólo se goza mientras se escribe .. y luego ya es una lata, un aburrimiento, una confusión de palabras, algo que se queda plano, soso e inexpresivo. L. C. Buraya *SYa* 30.12.84, 37: Resulta cuanto menos [sic] curiosísimo que un grupo como este, medio rumbero, medio flamenco, muy del barrio y absolutamente plano en cuanto a complicaciones estilí[s]ticas, "entre" como lo hace en públicos tan diferentes. **b)** (*Pint*) [Color] liso y uniforme, sin cambios de matiz. | Fernández-Llorens *Occidente* 31: Pinturas y relieves egipcios .. Observa la forma de representar la figura humana, en parte de frente y en parte de perfil, y el color aplicado sin claroscuro (colores planos). *Bachillerato 1967* 86: Los ejercicios que se propongan deberán ser realizados únicamente con tintas planas.
3 (*Geom*) [Superficie] que, si contiene dos puntos de una recta, contiene toda la recta. | Marcos-Martínez *Aritmética* 154: Para comprobar si una superficie es plana, se le aplica en todas direcciones una regla. **b)** [Ángulo o figura] trazados en una superficie plana. | Marcos-Martínez *Álgebra* 169: Revisión de la semejanza de figuras planas. **c)** [Geometría] que trata de las figuras planas. | *BOE* 7.11.61, 15862: Nociones elementales de aritmética y geometría plana. **d)** (*Opt*) De superficie plana. | Marcos-Martínez *Física* 148: La imagen de un objeto en un espejo plano es virtual.
4 (*Impr*) [Máquina] que imprime tipográficamente por la acción de un cilindro sobre una superficie plana [3a]. | Aguilar *Experiencia* 781: Lo que entonces se entendía por imprenta modesta podía estar constituido por una linotipia, una máquina plana de imprimir, una minerva, un repertorio de cajas con tipos móviles.
II m **5** Superficie plana [3a]. | Marcos-Martínez *Aritmética* 178: Dos rectas son paralelas cuando, estando situadas en un mismo plano, no se cortan por mucho que se prolonguen. Matute *Memoria* 26: Borja echó sobre la mesa el lápiz, que rodó con un tableteo menudo sobre sus planos de forma trapezoide. **b)** (*Aer*) Superficie plana de sustentación. | *Abc* 14.6.70, 25: El Mirage 3-E va armado con cañones de 30 milímetros y lanzacohetes y puede portar varias bombas de 1.000 y 500 libras, bajo el fuselaje y los planos. *D16* 30.3.93, 31: El accidente de avioneta .. se produjo al desprenderse la mitad del plano o ala del fuselaje. **c)** ~ **inclinado**. (*Fís*) Máquina constituida por una superficie plana que forma con el horizonte un ángulo agudo, que facilita la elevación o el descenso de cuerpos pesados. | Marcos-Martínez *Física* 48: En el plano inclinado el producto de la potencia por la longitud del plano es igual al producto de la resistencia por la altura del mismo.
6 Representación gráfica de la proyección horizontal [de un objeto, una construcción o una zona geográfica poco extensa, esp. una población]. | Angulo *Arte* 1, 15: La composición general del conjunto del edificio se refleja en varios planos: el de su planta, el de sus secciones y el de su fachada. Zubía *Geografía* 38: Foto aérea y plano de una zona de Madrid.

planta – plantado

7 Superficie imaginaria formada por puntos situados a la misma altura. | Zubía *Geografía* 36: Las curvas de nivel unen los puntos que están en el mismo plano. **b)** Nivel. *Referido a cosas inmateriales. Con un compl especificador.* | CNavarro *Perros* 130: Para él, las cosas se dividían en buenas y en malas, sin admitir planos intermedios. Benet *Nunca* 12: Hoy sería soportable, e incluso evocador .. Si la índole del fracaso .. se hubiera discretamente mantenido en el plano de las circunstancias normales. **c)** Aspecto o punto de vista. *Con un compl especificador.* | Ya 2.7.75, 5: En un plano más concreto, uno de los puntos más importantes contenido en el Informe Sudreau es el referente a una nueva distribución del poder en el seno de la empresa. JGregorio *Jara* 68: Los pueblos de La Jara .. dependieron en lo administrativo y judicial de Talavera, lo mismo que en el plano eclesiástico.

8 Superficie plana [3a] imaginaria y perpendicular a la mirada, que representa un grado de lejanía respecto al espectador de una escena real, fotografiada o representada. *Gralm con adjs como* PRIMERO, SEGUNDO, ÚLTIMO. | Onieva *Prado* 172: El tránsito de la Virgen .. En primer plano, un hombre arrodillado tiene las gafas en una de sus manos. **b)** Situación que representa un grado determinado de relieve o importancia. *Gralm con adjs como* PRIMERO O SEGUNDO. | Alc 1.1.55, 3: Este esfuerzo por situar a nuestro periódico en el primer plano de la Prensa nacional.

9 (*Fotogr, Cine y TV*) Imagen que se toma con un determinado encuadre y ángulo de enfoque. *Frec con un adj especificador:* PRIMER, MEDIO, AMERICANO, GENERAL, *etc* (→ PRIMERO, MEDIO, *etc*). | Sp 19.7.70, 50: En cada plano, son lecciones de cine. CPuche *Paralelo* 353: Todo se quedaría en unos cuantos primeros planos en todas las revistas gráficas del mundo. Ya 28.2.84, 47: Esta clase de trabajo [dirigir teatro en televisión] condiciona un poco, porque, en realidad, lo que haces es fotografiar teatro. No caben demasiadas florituras. Cuando veas un plano corto, ya sabes que después vendrá un plano largo.

III *loc adv* **10 de ~.** Total o completamente. *Gralm con vs como* CANTAR O RECHAZAR. *Tb adj.* | Torrente *Señor* 104: Remigio fue reconocido por un funcionario que antes había estado en Cuenca .. Se encontraron en el tren, y Remigio hubo de cantar de plano. Delibes *Mundos* 79: Por el momento .., el "roto" ha rechazado de plano la alpargata. Carande *Pról. Valdeavellano* 17: Nos falta bastante para resolver la cuestión de plano. L. Pablo *SAbc* 20.4.69, 35: Para unos, tal convicción supondrá el rechazo de plano de lo musical por inútil.

11 de ~. Con la parte plana [1a] y no con el borde o filo. *Tb adj.* | Goytisolo *Afueras* 87: El atlas resbaló cubrecamas abajo hasta golpear en las baldosas, de plano, sonando como una bofetada. Buero *Sueño* 227: Los dos sicarios arrojan al suelo al anciano, quien, al ponerse de rodillas para levantarse, recibe en la espalda el primer sablazo de plano.

planta[1] *f* Vegetal (ser vivo). *Frec designa esp los vegetales herbáceos.* | Ybarra-Cabetas *Ciencias* 233: Hay vegetales organizados de una manera tan sencilla que su cuerpo, desprovisto por completo de apéndices, se denomina talo y representa a los órganos vegetativos de las plantas superiores. GPedraza *HLM* 9.6.75, 12: El mes de mayo ha resultado ser francamente lluvioso, con lo que se retrasaba un tanto la floración y polinización de arbustos y plantas en nuestras calles, parques y jardines. **b)** *Con un compl especificador, designa algunas especies vegetales.* | Mayor-Díaz *Flora* 438: *Lunaria annua* L. "Planta de la plata". GCabezón *Orotava* 47: Yuca o planta de tapioca, *Manihot utilissima*, Pohl, Euforbiácea, Brasil.

planta[2] **I** *f* **1** Parte inferior del pie, sobre la cual se apoya el cuerpo. | Bustinza-Mascaró *Ciencias* 87: Tiene [la epidermis] espesor variable, según las regiones, siendo muy fina en los párpados y gruesa en la planta de los pies. **b)** Pie. *En fórmulas de cortesía o devoción.* | *VozC* 29.6.69, 5: Vengo a postrarme reverentemente a vuestras plantas.

2 Plano de la sección horizontal [de un edificio o construcción], esp. de sus cimientos. | VParga *Santiago* 9: Estas mismas excavaciones han permitido determinar la planta de la iglesia construida sobre el sepulcro. Angulo *Arte* 1, 15: La planta es la huella que dejaría el edificio cortado aproximadamente a un metro de altura. Figuran en ella, por tanto, los muros, con indicación de la anchura de los vanos existentes en ese plano, así como las columnas, pilares y pilastras,

reflejándose también en ella, cuando existen, la proyección de la forma de las bóvedas.

3 Piso [de un edificio o construcción] que está al nivel del suelo. *Tb ~* BAJA. | Pinilla *Hormigas* 251: La casa del viejo Antón, compuesta de planta y piso, no tan antigua como los caseríos de los alrededores. RMartín *Mad Extra* 12.70, 7: Anteriormente permitía diez alturas –además de la planta baja, entreplanta y ático–. **b)** Piso [de un edificio o construcción]. | Mendoza *Gurb* 64: Cuentan [los edificios] con diez o quince plantas subterráneas. Benet *Nunca* 14: Asomaba, apoyada en el antepecho de una ventana de la primera planta iluminada por un flexo.

4 Plan [de un proyecto o trabajo]. | Lázaro *Crónica* 21: Se aprueban dos documentos importantes: el memorial .. y la planta o guía de trabajo para realizar el Diccionario.

5 Diseño o estructura [de algo]. | Aguilar *Experiencia* 902: Di nueva planta a la sección comercial, organizando sobre bases más amplias la venta directa y a crédito.

6 Presencia o aspecto [de una pers. o animal]. *Frec con un adj calificativo.* | Ferres-LSalinas *Hurdes* 116: El gitano viejo discute con otro más joven. Son dos tipos que parecen padre e hijo; los dos tienen la misma planta, la boca grande, de labios gruesos, y la nariz roma. CBonald *Ágata* 111: Se trajo con él .. una moza de buena planta y no tan buena índole.

II *loc adv* **7 de ~**, *o, más frec,* **de nueva ~.** Desde los cimientos, sin aprovechar una construcción anterior. *Con vs como* HACER O CONSTRUIR. *Frec fig, fuera del ámbito arquitectónico.* | Carnicer *Cabrera* 154: Que el Gobierno saque a toda esta gente de los pueblos comprendidos entre Pombriego y Quintanilla .. y la instale en esos otros que según tengo entendido hacen de planta en los nuevos regadíos. MCampos *Abc* 15.4.58, 3: En ambas ocasiones el Kremlin se hizo fuerte. El fin de cada guerra dio lugar a un nuevo ejército; pero así como el primero fue creado de nueva planta, el segundo se logró perfeccionando, completando e incluso reforzando el anterior. J. Pereira *ByN* 31.12.66, 122: El krausismo institucionista no se contuvo en los límites de la pedagogía, sino que trató de crear una España de nueva planta.

8 en ~. En disposición de trabajar o funcionar. | Acquaroni *Hucha* 1, 25: Ama María .. nos había puesto en planta muy de mañana: –¡Arriba, niños..., y daros prisa! PFerrero *Abc* 24.6.75, sn: Eran las seis de la mañana. La escena, en exterior, a orillas del Sena, en uno de los muelles populares. Todo el aparato cinematográfico se hallaba dispuesto, en planta, para empezar.

planta[3] *f* Instalación industrial. | *Pue* 20.1.67, 15: En este mismo aparcadero se cargó con anterioridad un primer tren con destino a la planta butanera de Villaverde. *Sp* 19.7.70, 29: La necesidad de atender a otros gastos de carácter administrativo, planta piloto, proyectos, transportes, etcétera. *Pue* 24.12.69, 2: Una planta para el tratamiento de aguas residuales de Madrid .. va a ser instalada.

plantá *f* Acción de colocar una falla (figura). | S. Chanzá *SAbc* 16.3.69, 47: Puede contemplarse la "plantá" en cada plaza de Valencia. Este año consta de 210 grandes fallas y 189 infantiles.

plantación *f* **1** Acción de plantar[1]. | Zubía *Geografía* 99: El caucho: .. Hoy día se cultiva por plantación, por lo que su producción ha aumentado considerablemente.

2 Terreno, gralm. grande, plantado [de algo]. *Tb sin compl.* | Medio *Bibiana* 315: Si la chica muere envenenada, a ver con quién se casa el dueño de la plantación.

plantada *f* (*reg*) Acción de plantar(se) [1, 6 y 10]. | Grosso-LSalinas *Río* 105: En la plantá pagan a mil quinientas pesetas la hectárea. Es un trabajo duro, a uno se le caen los riñones al suelo. SManzano *Hoy* 24.7.75, 12: El público, no dispuesto a pagar esta cantidad (en su mayoría gente joven), decidió hacer una "plantá" a la puerta del lugar donde se celebraba la actuación. No entró nadie. *SPaís* 29.11.93, 6: "Plantada" vecinal contra un surtidor de gasolina. Sampedro *Octubre* 421: Veinte hombres apretados .., aplastados bajo el peso del techo, la raspada madera que son las vigas, las trabajaderas, el jadeo de veinte galeotes ..., y de repente el grito de la saeta, allá afuera, en otro mundo, y el paso deteniendo sus patas en el suelo, la *plantá*, veinte suspiros de alivio.

plantado -da *adj* **1** *part* → PLANTAR[1].
2 Que tiene buena planta[2] [6]. *Frec* BIEN *~*. | Payno *Curso* 116: Alejandro propuso a Rafael: estudiaba tercero de Dere-

cho; de estatura regular, fornido, plantado. FReguera-March *Fin* 90: Y era alto, como su padre, y bien plantado.

plantador -ra I *adj* **1** Que planta[1] [1]. *Tb n: m y f, referido a pers; f, referido a máquina.* | Escobar *Itinerarios* 198: Noé, inicial plantador y cultivador de la vid. Agreste *Abc* 20.4.75, 53: Maquinaria para el cultivo y recolección de caña de azúcar: Plantadoras. Cosechadoras.
II *n* **A** *m y f* **2** Dueño de una plantación [2]. | Fernández-Llorens *Occidente* 249: George Washington .., plantador de Virginia, convirtió a un ejército de milicianos y voluntarios, sin experiencia y sin oficiales, en un ejército temible.
B *m* **3** Utensilio de hierro usado para plantar[1] [1]. | *NotB* 21.3.74, 41: Calendario de herramientas de jardín .. Mayo: Es el momento de arrancar las plantas .. Se pondrá en su lugar flores anuales (rastrillo, trasplantador, almocafre o plantador, garfio de 4 dientes, cuerda).

plantaginácea *adj* (*Bot*) [Planta] dicotiledónea, herbácea o arbustiva, de flores pequeñas en espiga, de la familia del llantén. *Frec como n f en pl, designando este taxón botánico.* | FQuer *Plantas med.* 719: Las plantagináceas comprenden plantas de porte variado, unas anuales, otras vivaces o perennes.

plantar[1] **A** *tr* **1** Poner [una planta[1], una parte de ella o una semilla en un lugar] para que se desarrolle. | Laiglesia *Tachado* 51: Plantaremos patatas en los parques. Ybarra-Cabetas *Ciencias* 305: La multiplicación por estaca consiste en plantar en tierra un tallo o rama, cuidando de que tanto la parte enterrada como la aérea posean yemas. **b)** Poner [una planta[1], una parte de ella o su semilla (*compl* DE) en un lugar (*cd*)] para que se desarrolle. | * Va a plantar de ajos la huerta.
2 Colocar [algo] fijo y enhiesto [en un lugar], introduciéndo[lo] parcialmente en el suelo. | * Han plantado una cruz en el lugar del accidente.
3 Colocar [algo] en el terreno en que se ha de utilizar. | * Plantar una tienda es complicado si no se ha hecho nunca. *ASeg* 7.3.86, 1: Más de setecientas fallas, entre grandes e infantiles, se plantarán el sábado, día 15, en las calles de Valencia. **b)** Establecer o fijar [algo en un lugar]. | Cela *Viaje andaluz* 73: Alfonso VI, ya en el siglo XI, plantó sus reales en Ocaña. E. GChico *Abc* 19.11.64, sn: Lugares yermos, donde los monjes blancos enviados por el propio San Bernardo .. habían de plantar el nuevo cenobio.
4 (*col*) Hacer [una pers.] que [otra (*cd*)] la espere. | *DLi* 10.3.78, 3 (C): Hora y media plantó Felipe González al personal. **b)** No acudir a la cita que se tiene [con alguien (*cd*)]. *Normalmente en pasado y en la constr* DEJAR PLANTADO. | Delibes *Cinco horas* 250: No me digas, Mario, dos veces plantada con la comida en la mesa. Arce *Precio* 181: Consulté el reloj. –A lo mejor te dejan plantado –opinó.
5 (*col*) Abandonar [a alguien o algo que implica una obligación o compromiso]. *Frec* DEJAR PLANTADO. | F. Borciqui *Fam* 15.11.70, 17: El guitarrista .., enamorado de una rubia alemana, les prepáró y se estableció en Alemania. ZVicente *Traque* 266: ¿Plantaba alguno a la novia? Yo lo había soñado. * Es capaz de plantar el trabajo en estos momentos. FSantos *Catedrales* 32: ¿Cómo vas a tener novio, si en verano y en invierno tienes que estar a las ocho en casa? ¿Qué novio aguanta eso de que le planten a las ocho? Delibes *Cazador* 195: La dejé plantada con la palabra en la boca.
6 (*col*) Poner [algo o a alguien en un lugar], esp. de manera brusca o violenta. | Benet *Nunca* 109: Cuando el pequeño me vio asomar .. me plantó toda la mano en la cara y me echó fuera. * Te plantan en la calle por menos de nada.
7 (*col*) Hacer que [alguien (*ci*)] reciba [algo negativo o molesto, o que implica brusquedad o violencia]. | * Te planta una bofetada por menos de nada. Payno *Curso* 82: La tarde anterior Piti había sentido unos vivos deseos de plantarle un beso en la boca para ver si le sacaba de su tranquilidad enervante. **b)** Decir o contar [algo a alguien] de manera brusca o inesperada. | Delibes *Cinco horas* 148: Llegar al colegio y plantárselo a mis amigas era todo uno.
8 Prender [fuego a alguien o algo]. | Cela *Mazurca* 144: Al ex ministro Gómez Paradela lo prendieron en Verín, lo rociaron con gasolina y le plantaron fuego. Torrente *Pascua* 354: Los billetes [de banco] estaban encima de la cama, y llegué a creer que podrían incendiarse y plantar fuego a las ropas.

9 (*jerg*) Enterrar [algo robado]. | *Ya* 6.4.87, 14: Ya había hecho muchas de todas. Se ponía loco y entraba en el supermercado y decía: "Dame dos mil pesetas", y se iba. Se las plantaba. A lo mejor, a las dos horas, volvía al mismo sitio.
B *intr pr* **10** Ponerse [alguien en un sitio] quedándose erguido e inmóvil. | Nácher *Guanche* 184: Llegó con el delantal recogido, plantándosele delante. Una mujer tiesa, entera y todavía con buen garbo de hembra. Olmo *Golfos* 188: Curro, risueño, se queda plantado en el umbral. CNavarro *Perros* 12: Los obreros se pusieron a mirar arriba y abajo de la calle, sin que llegaran a descubrirle plantado ante el automóvil.
11 Negarse [alguien, esp. un animal] a moverse o a seguir adelante. | * El animal se plantó, y no había quien lo moviese.
12 Mantenerse firme, negándose a cualquier concesión. | RValcárcel *Pue* 22.12.70, 4: El pueblo español, sobre la inquietud de las circunstancias, se ha plantado, seria y serenamente se ha plantado, para enfrentarse a sí mismo.
13 (*Naipes*) No querer más cartas de las que se tienen. | * –Me planto. –¿Con cinco?
14 (*col*) Presentarse [alguien en un lugar] de manera inesperada y molesta. | ZVicente *Traque* 227: A lo mejor no le gusta ni pizca eso de que salgas de noche y que tengas amigas y amigos y que se te planten en tu departamento a cantar.
15 (*col*) Llegar [a un lugar (*compl* EN) en un tiempo determinado, que se presenta como muy corto]. | SFerlosio *Jarama* 201: No tenéis más que montaros y pisarle al acelerador, para plantaros en Madrid en un periquete.
16 (*col*) Llegar [a un punto o situación determinados (*compl* EN)]. | I. Carrión *Abc* 24.9.78, sn: La población, que es de tres mil habitantes en invierno, se planta en más de veinte mil en verano.

plantar[2] *adj* (*Anat*) De la planta del pie. | Nolla *Salud* 347: En el pie plano existe una relajación de la bóveda plantar.

plante *m* **1** Acción de plantar[1] [3]. | Payno *Curso* 225: Pasaban las mañanas y las tardes ensayando el plante de la tienda, comprando cuerdas.
2 Protesta colectiva de perss. que trabajan o conviven en la misma situación, para rechazar o exigir algo. | Carnicer *Castilla* 173: Ruiz y su hija me hablan .. del plante de los contratistas del transporte de leños, por falta de pago. Delibes *Guerras* 194: –Y ¿eran frecuentes esas algaradas? –Que no señor. La casualidad, ya ve. Ingresar y tropezar con él, el plante, digo. La casualidad.

planteamiento *m* Acción de plantear. *Tb su efecto.* | *BOE* 1.12.75, 25023: Oficial de 2ª. Es el operario que .. no ha alcanzado todavía los conocimientos prácticos indispensables para efectuar los trabajos con la corrección exigida a un Oficial de 1ª, sabiendo interpretar croquis y planos de fácil planteamiento. PRivera *Discursos* 10: Lo que tenemos que buscar en nuestros planteamientos es lo que tenían de circunstancial.

plantear *tr* **1** Exponer [a alguien un problema o dificultad] para que dé su opinión o su solución. | * Vino a plantearme su caso particular.
2 Presentar u ocasionar [un problema o dificultad]. | Medio *Bibiana* 14: Marcelo .. sigue .. mirando al techo, como si esperara que del techo le pudiera bajar la solución al acertijo que Xenius le ha planteado con su conducta. CNavarro *Perros* 22: –Ahora –dijo Susi, luego de haber estado considerando uno a uno todos los problemas que aquella muerte acababa de plantearles– hay que volver a casa.
3 Enfocar [la solución [de un problema (*cd*)]. | Marcos-Martínez *Álgebra* 137: Muchos problemas pueden plantearse por medio de un sistema de ecuaciones más cómodamente que con una sola ecuación.
4 Concebir o proyectar [algo]. | *Ya* 30.10.74, 59: El Mirage F-1 es primordialmente un caza para el combate aéreo, y la modificación F-1-M-53 lo haría polivalente. También el modelo americano que eventualmente se adopte habrá de ser modificado en el mismo sentido, pues fueron planteados como cazas puros.

plantel *m* **1** Lugar en que se crían plantas[1] para trasplantarlas después. *Tb el conjunto de plantas.* | Hoyo *Pequeñuelo* 62: ¿Y qué hacemos? .., cuidar rosales, hacer canalillos para regar, estercolar los planteles. F. Ángel *Abc* 18.4.58,

planteo – plañido

17: Demuestran especial predilección por los jóvenes planteles y cultivos recién nacidos.
2 Lugar en que se forman personas aptas para determinada actividad. *Frec el conjunto de perss*. | *Abc* 7.6.70, 39: Doce jóvenes agricultores de los que forman los planteles de Extensión Agraria han recibido los premios de ese organismo. *VNu* 28.12.74, 20: Ateneo: .. Dirección, por fin, de Carmen Llorca, que se trajo un plantel de mujeres directivas.

planteo *m* Planteamiento. | Torrente *Saga* 105: No son éstas interrogaciones caprichosas, sino cuestiones de planteo inexcusable cuando se tiene presente el propósito constante de don Torcuato.

plantera *f* (*reg*) Plantel [1]. | Grosso-LSalinas *Río* 35: Se siembra la plantera, cuando está un poco crecida se arranca pa ponerla en otra tierra. Se abona y se escarda.

plantero *m* (*reg*) Plantel [1]. | *Her* 18.8.90, 27: Garden Center .. Planteros para el huerto. Lechugas, escarolas, acelga, achicoria, puerros, col, coliflor, etcétera. Todos estos planteros se sirven a raíz limpia o a tacos, en bandejas de 250 plantas.

plantificar *tr* (*col*) Plantar [5, 6, 7, 14, 15 y 16]. Tb *pr.* | ZVicente *SYa* 6.7.75, 19: Solo deseo jubilarme. Es cosa que la gente no atina a entender, no sé si por amor al trabajo o por figurar, porque la vean entrar todos los días lo más terne posible en .. el lugar donde va para no aburrirse del todo y plantificarse un carguito en la tarjeta de visita. Laiglesia *Fulana* 25: Carlos le plantificó un besazo en la boca. DCañabate *Paseíllo* 52: Sin más ni más le plantifiqué que quería ser torero. * Se plantificaron en casa sin avisar.

plantígrado -da *adj* (*Zool*) [Mamífero] que camina apoyando toda la planta del pie. *Tb n m.* | Legorburu-Barrutia *Ciencias* 230: Según la manera de apoyar sus extremidades, los mamíferos pueden ser: plantígrados .., digitígrados .., ungulados.

plantilla *f* **1** Suela sobre la que los zapateros arman el calzado. | RPeña *Hospitales* 14: En recientes obras de restauración efectuadas en este templo y su cementerio .. han aparecido .. una urna crematoria y a su lado un cipo con la labra de una plantilla de zapato o cuchillo. **b)** Pieza suelta, frec. de corcho o cuero, que se pone en el interior del calzado para corregir algún defecto del pie o para mayor comodidad. | *Abc Extra* 12.62, 90: Las plantillas .. del Dr. Scholl, de espuma de látex, almohadillan los pies desde los dedos hasta el talón.
2 Plancha recortada según la forma y dimensiones de una pieza o de un dibujo, que sirve de guía o patrón. | Seseña *Barros* 22: Otro método [de decorar vasijas] consiste en recubrir la parte que irá decorada con una pasta muy blanca de caolín y sobreponer una plantilla con el dibujo deseado. Ide 9.10.75, 27: Estuches Variant .. Compases. Plantillas. Cela *Pirineo* 176: El estany Ubago, que parece la plantilla de una guitarra.
3 Relación de los empleados fijos, o de sus puestos, [de un organismo o de una empresa]. *Frec en la constr* DE ~, *referida a empleado*. | Laiglesia *Ombligos* 118: Con una plantilla de personal tan extensa y eficaz, la embajada podía competir con las mejores. *Pue* 20.1.67, 10: La plantilla está integrada por 300 obreros especializados. Laiglesia *Tachado* 33: En Karabí, en vez de sostener una Banda Municipal de plantilla, contratábamos a las orquestas sinfónicas más famosas del mundo.
4 (*Mús*) Conjunto de instrumentos que deben intervenir en la ejecución de una obra. | *Prospecto* 9.85: Fundación Juan March .. En el caso de que la obra comprenda en su plantilla algún instrumento electrónico o de percusión no convencional, deberá aparecer en la partitura descripción exacta del instrumento.

plantillazo *m* (*Fút*) Acción antirreglamentaria que consiste en colocar la suela de la bota ante otro jugador, con riesgo de lesionarle. | Delibes *Pegar* 156: Por mantener su marco incólume, el futbolista es capaz de cualquier cosa. Ante una situación comprometida, nada vacila en aplicar un puntapié a la espinilla del adversario, un agarrón o un plantillazo. L. Arnaiz *As* 18.11.70, 32: El ariete valenciano me puso un plantillazo. Ahí me lesioné.

plantío *m* **1** Lugar plantado recientemente de vegetales, esp. árboles. | *BOE* 19.3.68, 4162: Mitad indivisa de una tierra, antes plantío, en término de Daimiel. * Fuimos a merendar a un plantío de álamos, junto al río.
2 Acción de plantar. | JGregorio *Jara* 47: Las masivas y devastadoras talas y descuajes han motivado la aridez, apenas compensada por el plantío de olivas y almendros. Ero *Van* 21.2.74, 22: Ahora que la tierra está en sazón para plantíos y podas.

planto *m* (*lit*) Llanto o lloro. | GPavón *Reinado* 214: Sacó el pañuelo y secó una lágrima .. Celedonio había quedado mirando con sus ojos acuosos el suelo, después del planto, sin dejar de mover la cabeza en señal de incógnita lamentación. **b)** Lamentación, esp. por una pers. muerta. | Cunqueiro *Un hombre* 196: Explicó la viuda que .. ella solo sabía el planto que ha de hacerse a un marido labrador. ZVicente *Balcón* 32: –Era un crío que tuvo la criada del tercero y lo tiró por allí.– Las señoras acuerdan su planto: –¡Criaturita! –¡Infeliz almita!

plantón¹ *m* Planta joven que se ha de trasplantar. | CBonald *Ágata* 214: Escarbaba entre plantones de tomates y acelgas. *Compil. Cataluña* 797: El usufructuario podrá disponer también de los plantones o arbustos de viveros. **b)** Rama de árbol o planta joven plantadas para que arraiguen. | Roderico *Mad* 13.10.70, 21: Las especies arbóreas en zonas secas, donde el riego solo viene por las nubes, han padecido fuertemente, y muchos plantones se habrán secado.

plantón² **I** *m* **1** (*col*) Hecho de estar esperando durante mucho tiempo en un lugar, esp. de pie e inmóvil. *Frec en constrs como* ESTAR, *o* TENER, DE ~, *o* DAR (UN) ~ [a alguien]. | FReguera-March *Cuba* 333: Allí vivía la dama .. Había tres oficiales jóvenes .. Uno de los comandantes estaba de plantón en la acera de enfrente. *Alc* 31.10.62, 7: El autobús 7, en la dirección Red de San Luis-Chamartín, nos tuvo cerca de media hora de plantón. Mendoza *Ciudad* 103: Las vendedoras le hacían sentir el peso del rencor acumulado durante años de terror: se negaban a despacharle o lo hacían después de darle un plantón.
2 (*argot Mil*) Guardia o vigilancia. *Tb fig, fuera del ámbito técn.* | Aldecoa *Cuentos* 1, 87: El camión volcado había patinado un trecho .. Un cabo de la Guardia Civil hacía plantón junto al desastre. Grosso *Capirote* 31: Al guardia Antonio Gómez del Real, de plantón en el porche, .. se le enfriaba el sudor bajo la guerrera. PFerrero *Abc* 13.9.75, sn: Maigret es el clima, las costumbres, los interminables plantones para descubrir, con insólita tenacidad, los entresijos de la comedia humana.
II *loc v* **3 dar ~.** (*col*) No acudir a una cita [con alguien (*ci*)]. | * Ayer tuvimos junta de gobierno, pero nos diste plantón. ¿Qué te pasó?

plántula *f* (*Bot*) Planta recién nacida. | Remón *Maleza* 11: Al principio resulta difícil distinguir una plántula de maleza de otra plántula correspondiente a la leguminosa sembrada.

plánula *f* (*Zool*) Larva ciliada de los celentéreos. | Ybarra-Cabetas *Ciencias* 316: No tienen [las medusas] un desarrollo directo; del huevo sale una larva denominada plánula, que nada libremente por medio de sus pestañas vibrátiles.

plañideramente *adv* (*lit*) De manera plañidera. | Matute *Memoria* 118: Luego se quejaba, plañideramente: –El dinero se va de las manos, no comprendo cómo.

plañidero -ra **I** *adj* **1** (*lit*) Que denota o implica plañido. | Halcón *Ir* 343: Cuando al fin se calmó Fernanda, apretándose contra el pecho, le confesó aún con voz plañidera y sin mirarle. FSantos *Hombre* 100: Su murmullo era como un eco plañidero de la voz del párroco.
II *f* **2** (*hist*) Mujer pagada para llorar en un entierro. | DPlaja *Sociedad* 33: Pasa un entierro con sus blandones, sus clérigos y, elemento típico, las plañideras que los cristianos heredaron de los musulmanes y que son capaces de derramar abundantes lágrimas y gritos desgarradores ensalzando las virtudes de quien quizá no habían vivido en vida.

plañido *m* (*lit*) Acción de plañir. *Tb su efecto.* | CBonald *Ágata* 296: Ni se movía de su lado ni había cesado de llorar ininterrumpidamente desde hacía meses, emitiendo el mismo angustioso plañido con que respondiera a la horrenda y nunca creída ejecución de Clemente.

plañir – plasmólisis

plañir (*conjug* **53**) (*lit*) **A** *intr* ▶ **a** *normal* **1** Llorar y lamentarse. | Delibes *Madera* 120: Mamá Zita plañía, suspiraba, inquiría cómo era posible semejante crueldad. CPuche *Paralelo* 205: –¡El suero! –pidió el médico. –¡Es tarde! –plañía la Ceci.

▶ **b** *pr* **2** Lamentarse [de algo]. *Tb sin compl.* | GNuño *Escultura* 112: El busto fue publicado por don Pedro Ibarra, al cual ya hemos visto plañirse de la desdichada venta. Torrente *Sombras* 284: De manera que estábamos creídos, se plañía el gran Zeus en la mitad del divino cotarro, de que los hombres eran nuestros juguetes .., y ahora resulta que estamos en sus manos.

B *tr* **3** (*raro*) Llorar [algo o a alguien] lamentándose. | Ribera *SSanta* 42: Le lloraban y le plañían. Diego *Abc* 11.11.84, 31: Y el "¡Ay de mi Alhama!" quedó plañendo su queja.

plaqué *m* (*hoy raro*) Chapa muy delgada de oro o plata que recubre un metal de menos valor. | *Abc* 18.4.58, 6: Reloj pulsera despertador plaqué oro garantizado.

plaquear *tr* (*hoy raro*) Dar plaqué [a algo (*cd*)]. | *Pue* 20.10.70, 15: Mandos de taller e intermedios. Expertos en calderería pesada, en aceros al carbono o aceros inoxidables o aceros plaqueados. Precisa importante empresa metalúrgica.

plaqueta[1] *f* (*Fisiol*) Elemento constitutivo de la sangre, de forma redondeada y sin núcleo, que interviene en la coagulación. | Legorburu-Barrutia *Ciencias* 68: Las plaquetas forman una red y taponan los capilares rotos.

plaqueta[2] *f* Pieza de material cerámico, pequeña y de forma rectangular, que se usa para revestir paredes y suelo. | *GTelefónica 83* 2, 407: Baldosas hidráulicas y de terrazo. Azulejos. Plaqueta y baldosines de barro.

plaquetario -ria *adj* (*Med*) De (las) plaquetas[1]. | E. Rey *Ya* 4.12.73, 43: Una importante pérdida de sangre puede traer consigo la caída de tensión que facilitará la formación del coágulo. La formación del coágulo tiene dos etapas: contracción vascular y formación del clavo plaquetario.

plaquette (*fr; pronunc corriente,* /plakét/) *f* (*lit, raro*) Libro de poco grosor. | Marco *Lit. española* 4, 151: Ya en la emigración, formó junto a los escritores de *España peregrina* y publicó una *plaquette*: *El desterrado* (1940). GPosada *SAbc* 7.7.90, IV: Guillermo Carnero ha vuelto a comparecer en 1990: primero fue la "plaquette" "Música para fuegos de artificios" (editada por Los Cuadernos de la Librería Hiperión), y ahora es "Divisibilidad indefinida".

plas[1] *interj* (*col*) Zas. | AMillán *Juegos* 89: –Hemos debido esperar a los demás .. –Ya los tienes ahí, ¡plas! Se ha deshecho todo el encanto.

plas[2] **-sa** *m y f* (*jerg*) Hermano. *Usado a veces como tratamiento de confianza.* | Sastre *Taberna* 115: Su hijo el Chuli, que es medio plas mío, por parte de madre, se había marchado al Tercio. MSantos *Tiempo* 47: Mira, plas, acuérdate del Guapo.

plasenciano -na *adj* De Plasencia (Cáceres). *Tb n, referido a persona.* | GMacías *Relatos* 174: La imagen de la Virgen placentina es conocida por "La Canchalera", Madre Común de los plasencianos, por la que sienten el más hondo fervor.

plasentino -na *adj* Plasenciano. *Tb n.* | Vega *Cocina* 107: Solamente en una muy limitada zona plasentina lo guisan.

plasma *m* **1** (*Fisiol*) Parte líquida de la sangre o de la linfa. *Con un compl especificador.* | Navarro *Biología* 116: El plasma intersticial procede de la exudación del plasma sanguíneo de los capilares .. El plasma intersticial es un líquido circulante porque ingresa en los vasos linfáticos para formar la linfa. **b)** *Sin compl*: Plasma sanguíneo. | *GTelefónica* 21: Transfusiones de sangre directa y estabilizada. Plasma.

2 (*Biol*) Protoplasma. | Navarro *Biología* 8: El medio interno de los seres vivos debe ser isotónico con el plasma celular.

3 (*Fís*) Gas ionizado, presente en el Sol, muchas estrellas y reactores de fusión, que es considerado como el cuarto estado de la materia. | M. Calvo *Ya* 25.6.75, 61: Se han descubierto zonas vacías de plasma en la corona solar.

plasmación *f* Acción de plasmar(se). | GNuño *Madrid* 168: Su *Paso de la laguna Estigia* y *Las Tentaciones de San Antonio* .. significan la plasmación del mejor ideal paisajístico. MSantos *Tiempo* 190: Como en una plasmación metapsicológica, apareció ante él. Fernández-Llorens *Occidente* 217: Pueden distinguirse seis etapas en un proceso revolucionario ..: Difusión de las ideas revolucionarias. Rebelión de los privilegiados .. Plasmación de una dictadura o poder personal.

plasmaféresis *f* (*Med*) Operación terapéutica que consiste en extraer cierta cantidad de sangre, separar sus corpúsculos, sustituir el plasma y volver a inyectarla al paciente. | J. Ibáñez *Ya* 28.5.87, 18: Se debatirán dos temas de importante alcance social, como son plasmafér[e]sis y soporte biológico, es decir, mantenimiento de enfermos en estado crítico a la espera de intervención. [*En el texto,* plasmaférisis.]

plasmar *tr* **1** Dar forma plástica [a algo (*cd*)]. | A. Cobos *Ya* 12.10.74, 35: Puede ocurrir que un pintor, pegado al terruño, llegue a ser un nombre importante, pese a pasar toda su vida plasmando las mismas perspectivas, las mismas cosas y los mismos seres que le rodean. **b)** Dar forma sensible [a algo no material (*cd*), esp. una idea]. | VMontalbán *Tri* 11.4.70, 31: A lo largo y ancho de sus versos se plasma realmente un paisaje. **c)** *pr* Tomar cuerpo o forma [algo no material]. | Vicens *Polis* 348: El espíritu del gran Renacimiento se plasma en la Roma pontificia.

2 (*raro*) Formar o modelar. | Baquero-Polo-DRevenga *Literatura* 20: Cuando Rubén Darío plasma estos versos .. realiza un fenómeno de violencia sobre las estructuras normales de la lengua.

plasmático -ca *adj* (*E*) De(l) plasma. | R. GTapia *SAbc* 2.2.69, 19: El ruido produce en el hombre diversos trastornos humorales: polinucleosis, .. hipoglucemia y una disminución del potasio plasmático en el 60 por 100 de los casos sometidos .. a un ruido de 90 decibelios. Navarro *Biología* 9: Se supone que la membrana plasmática es el principal lugar de orientación iónica.

plásmido *m* (*Biol*) Molécula pequeña de DNA capaz de producir autónomamente otra idéntica a sí misma. | *Libro agrario* 95: Plásmidos bacterianos y su aplicación en ingeniería técnica. [*En el texto, sin tilde.*]

plasmodesmo *m* (*Biol*) Prolongación citoplasmática que une células contiguas. | Ybarra-Cabetas *Ciencias* 226: Presenta, además, la membrana gran número de poros que dejan pasar finas prolongaciones citoplasmáticas llamadas plasmodesmos.

plasmodial *adj* (*Biol*) De(l) plasmodio. | Ybarra-Cabetas *Ciencias* 193: En lugar de separarse los nuevos núcleos con su citoplasma correspondiente para formar células independientes, permanecen unidos en asociación plasmodial.

plasmodio *m* (*Biol*) **1** Masa de protoplasma con varios núcleos. | Ybarra-Cabetas *Ciencias* 193: Tales asociaciones originan masas plasmáticas de gran tamaño, provistas de tantos núcleos como células se han asociado. También se denominan plasmodios.

2 Protozoo parásito del gén. *Plasmodium*, causante del paludismo. | Navarro *Biología* 263: Cuando una hembra de anofeles chupa sangre a un palúdico, el huevo del plasmodio penetra en las paredes de su intestino.

plasmódium (*pl normal,* ~s) *m* (*Biol*) Plasmodio [2]. | Bustinza-Mascaró *Ciencias* 94: Pueden citarse como patógenos o productores de enfermedades: .. el tripanosoma, causante de la enfermedad del sueño, entre los flagelados, y los *plasmódium*, que provocan el paludismo, entre los esporozoarios. *Puericultura* 48: Si en este momento pican a otra persona sana, le inoculan las laveranias o plasmódiums. [*En los textos, sin tilde.*]

plasmogamia *f* (*Biol*) Fusión del protoplasma de dos o más células. | Navarro *Biología* 210: La fecundación comienza cuando se unen los citoplasmas (plasmogamia) de las células sexuales.

plasmólisis *f* (*Biol*) Reducción del volumen celular debida a pérdida de agua y sales por ósmosis. | Navarro *Biología* 7: Fenómenos de plasmólisis y turgescencia celular.

plasta – plastidoma

plasta *(col)* **I** *n* **A** *f* **1** Cosa informe y aplastada. | MSantos *Tiempo* 46: Le pinché por detrás y allá quedó en el fango .. Hecho una plasta entre la sangre y el barro. **b)** Cosa indebidamente pastosa. | * Este arroz es una plasta. **c)** Excremento pastoso y aplastado. | Laforet *Mujer* 11: Entre el polvo y los guijos de la calle, sembrados de grandes plastas de vaca, .. se estaba levantando como un deseo de humedad. Mendoza *Gurb* 13: Ya me llevo comidas cuatro plastas de perro.
2 Pers. o cosa pesada o aburrida. | ZVicente *Traque* 232: Otras veces pone la cabeza así, caída sobre un hombro, y llora cinco minutos sí y cinco no. Una plasta.
B *m* **3** *(jerg)* Policía. | VMontalbán *Prado* 76: –Soy un detective privado. –Un madaleno privado. Un plasta escaqueao, es lo mismo.
II *adj* **4** Pesado o aburrido. *Tb n, referido a pers.* | C. RGodoy *Cam* 7.4.75, 51: Los romanos imperiales, que eran tan plastas como los americanos de hoy, intentaron poner a trabajar a los pueblos conquistados. C. Boyero *D16* 3.7.88, 70: "Muy personal" [programa de TV] peca de incompetencia, de academicismo inútil, de profundamente plasta, de cursilería. ASantos *Bajarse* 52: Ya está ahí el plasta ese incordiando.

plaste *m* Masa hecha gralm. con yeso y agua de cola, que se usa esp. para igualar superficies antes de pintarlas. | *Hacerlo* 89: Con un poco de plaste sobre la espátula, se pasa esta verticalmente.

plastecer *(conjug* **11***) tr* Emplastecer. *Tb abs.* | RBuded *Charlatán* 204: He plastecido, he trabajado con enorme cariño las paredes. Inútil. Las grietas salen.

plasti. nasti de ~ → NASTI.

plastia *f (Med)* Operación de cirugía reparadora. | Umbral *Noche* 175: Pilar Cañada, locutora de televisión, belleza finísima, señorita delgada, seria y triste de quien se decía que le habían hecho una plastia, que era una cosa que por entonces se les hacía aún a los tísicos. F. Villarejo *Abc* 30.3.86, 37: La plastia de meninges se haría inmediatamente.

plasticador -ra *m y f (hoy raro)* Terrorista que usa explosivos plásticos [5]. | Sampedro *Octubre* 355: Su plan es irse a la región de Burdeos .. e incluso unirse en París a los plasticadores de la OAS.

plásticamente *adv* **1** De manera plástica [3b, c y d]. | A. M. Campoy *Abc* 19.11.64, sn: Este pintor .. es .. uno de los que más plásticamente ha integrado en un cuadro muy diversos materiales.
2 En el aspecto plástico [3c]. | J. Cruset *Van* 26.3.70, 11: Alguien .. dio felizmente en llamarlas [a las caléndulas] doblones .. y, en efecto, plásticamente son como doblones.

plasticidad *f* Cualidad de plástico [1 y 3c y d]. | Bustinza-Mascaró *Ciencias* 347: Examen de diversas variedades de arcillas, y comprobar su plasticidad, que permite el modelado. *Ya* 22.1.85, 31: Los psicólogos y pedagogos saben que la edad de máxima plasticidad del cerebro va de los ocho meses a los tres [años]. *ByN* 31.12.66, 115: El disco estereofónico .. refleja con fidelidad suma el timbre de la castañuela y nos las [sic] sirve con una plasticidad ejemplar. Delibes *Mundos* 136: Santa Cruz da la impresión de una ciudad tropical, no solo por el número, sino por la plasticidad de sus flores.

plasticismo *m* Cualidad de plástico [3c]. | F. Cortina *Mad* 23.12.70, 22: Su plasticismo descriptivo .. trae algo fresco a la prosa de la época.

plástico -ca I *adj* **1** Que puede ser modelado o moldeado. *Tb fig.* | Ybarra-Cabetas *Ciencias* 56: Unas arcillas con el agua dan una masa plástica que por el calor se endurece: son las denominadas arcillas plásticas. Rábade-Benavente *Filosofía* 68: El olvido puede estar ocasionado por un aprendizaje deficiente .. También podría estar en relación con la edad –más o menos "plástica"– en que se efectuó el aprendizaje.
2 [Materia] sintética que puede ser modelada mediante presión o calor. *Frec n m.* | F. Martino *Ya* 3.12.72, 43: A propósito de la noticia .. sobre la posibilidad de implantar dientes artificiales en la encía del desdentado, .. hemos de decir que se lleva ya mucho tiempo trabajando en ello con dientes de metal y materias plásticas sintéticas con algún éxito. *Sp* 19.7.70, 27: Son igualmente importantes las líneas de fabricación en el sector de .. fabricaciones de plásticos reforzados. **b)** De(l) plástico [2a]. | *GTelefónica N.* 837: Pavimentos plásticos. *GTelefónica N.* 888: Fami. Industrias plásticas. **c) de ~.** *(col)* [Comida] de baja calidad, hecha con ingredientes adulterados o dudosos. | * Me resisto a tomar esas comidas de plástico que dan en los bares. **d) de ~.** [Dinero] que se paga mediante tarjeta de crédito. *Tb referido al pago correspondiente.* | *Ya* 13.8.90, 18: España, paraíso del dinero de plástico. F. GUrbaneja *Ya* 13.8.90, 18: Hemos pasado de ser un país de dinero contante y sonante a ser uno de los más avanzados en medios de pago de plástico aceptados, asimilados y utilizados sin incidencias importantes en cuanto a fraudes.
3 [Arte] que tiene por objeto la creación de formas bellas perceptibles por la vista. *Esp referido a la escultura o el modelado.* | Tejedor *Arte* 170: El arte barroco en Italia: arquitectura, escultura y pintura. El barroco tuvo especial manifestación y desarrollo dentro de las artes plásticas. Castillo *Polis* 15: Las artes plásticas y la pintura se resintieron de la prohibición de representar las imágenes. **b)** De las artes plásticas. *Tb n, referido a artista.* | M. Escalera *Tri* 20.3.71, 30: Entre poetas se han dado ejemplos de amistad duradera y significativa, como los de Verlaine y Rimbaud o de Goethe y Schiller; pero no recuerdo ningún caso de amistad comparable entre plásticos. **c)** Que se percibe con la vista. *Frec fig con intención ponderativa, referido esp a descripciones o imágenes.* | Onieva *Prado* 42: No podrá negarse que el conjunto será de e[x]tremada belleza plástica. Umbral *Ninfas* 42: Esta vaga angustia literaria venía a hacerse plástica, y por plástica más dolorosa, con la visión de los frecuentes grabados gutenbergianos. MSantos *Tiempo* 26: La tez cetrina de los hombres alcanzaría todo su plástico contraste. **d)** Que tiene belleza plástica [3c]. | Delibes *Señora* 49: Tu madre halló otra fuente de decoración en el Obispado, pinturas y tallas sin valor, pero plásticas y sentimentales. J. V. Sueiro *SYa* 14.9.84, VI: Lo más plástico de este festejo es el concurso de "collas" pisadoras de uvas. **e)** [Cuadro] escenificado con personajes vivos que permanecen inmóviles en el escenario. | * Los niños compusieron un bello cuadro plástico.
4 *(Biol)* Formativo o que da forma. | Navarro *Biología* 56: Parte de él se emplea como aporte de materia para su crecimiento (misión plástica). **b)** [Alimento] que sirve pralm. para reparar la pérdida de materia que sufre el organismo en sus funciones fisiológicas. | Alvarado *Anatomía* 120: Alimentos plásticos. **c)** *(Med)* [Cirugía o cirujano] que se ocupa de tratamientos de reconstrucción o estéticos. | *GTelefónica* 15: Vilar-Sancho, Dr. .. Jefe del Equipo Nacional de Cirugía plástica, estética, reparadora. *Ya* 24.1.90, 64: Hoy será juzgado en la Audiencia de Barcelona el cirujano plástico Rodolfo Berenjena Bierge.
5 [Explosivo] amasado con un plastificante, que tiene la consistencia de la masilla. *Frec n m.* | CPuche *Paralelo* 424: ¿Por qué no aceptar la responsabilidad personalmente y .. colocarle un plástico como una casa?
II *n* **A** *m* **6** Lámina o pieza de plástico [2a] flexible, que se usa esp. para envolver. | Medio *Bibiana* 103: Ya estoy cansada de comer sobre un plástico.
7 *(col)* Disco (de música). | *Ya* 15.7.85, 27: Clara Morán .. está grabando lo que será su primer disco. Hacía tiempo que le ilusionaba cantar en un plástico, al final lo ha conseguido.
B *f* **8** Conjunto de artes plásticas [3a]. | J. PIriarte *Mun* 23.5.70, 20: La influencia de los dos [arquitectos] norteamericanos .. ha estimulado mucho la investigación de la plástica pop. M. T. Sola *PapD* 2.88, 161: También otra solución sería el que hubiese personal especializado o dividido en departamentos de plástica, cocina, teatro, música, etc.
9 Efecto estético de las formas consideradas en sí mismas. | J. Castro *SInf* 11.10.73, 9: También el arte, en su tremenda y actual dimensión, está siendo reconsiderada cada día en sus contenidos conceptuales y significativos. La plástica del deporte, la gráfica del deporte, la poética del deporte.

plastidoma *m (Bot)* Conjunto de los plastos de una célula. | Alvarado *Anatomía* 18: Para muchos biólogos modernos, los plastos constituyen un órgano protoplásmico enteramente autónomo llamado plastidoma.

plastificación – plataforma

plastificación *f* Acción de plastificar [1 y 2]. | *GTelefónica N.* 878: Plastificación de documentos. J. R. GInchorbe *Ciu* 8.74, 20: Ya no se utiliza el PCB en la plastificación.

plastificado *m* Acción de plastificar [1 y 2]. | *SAbc* 7.7.74, 22: ENSIDESA .. lanza Galvafort: la Chapa Galvanizada más ancha de España .. Su extraordinario acabado permite el posterior lacado y plastificado.

plastificador -ra *adj* Que plastifica [1]. *Tb n f, referido a máquina.* | *GTelefónica N.* 878: Máquinas reproductoras de planos .. Cortadoras de planos y plastificadoras. F. Alvira *Her* 12.9.92, 41: Conviven sin excesivas discrepancias las viejas minervas con los modernos artilugios plastificadores. *Ya* 18.11.90, 44: Artes Gráficas: Alzadoras. Plegadoras. Numeradores. Plastificadoras.

plastificante **I** *adj* **1** Que plastifica [1]. | GEspina *HLM* 26.10.70, 40: Jean Monod inventó el paisaje alucinante con aplicación de la misma técnica plastificante a las vestiduras de los personajes.
II *m* **2** (*E*) Producto que se añade a una materia para aumentar su plasticidad. | *Van* 20.12.70, 56: Muy vinculada al empleo de los pigmentos, plastificantes y disolventes se encuentra asimismo la aplicación de las resinas sintéticas en la producción de pinturas. *GTelefónica N.* 544: Aireantes y plastificantes del hormigón.

plastificar *tr* **1** Recubrir [algo] con una lámina de plástico [2a]. | MGaite *Cuarto* 30: Lo mandé plastificar [el papel de aleluyas] y ponerle un marco dorado.
2 Agregar [a una materia (*cd*)] un producto que aumente su plasticidad. | *Abc* 14.9.74, 18: La explosión fue provocada por una carga de dinamita plastificada colocada junto a una viga.
3 Dar forma plástica [3c] [a algo]. | A. Blanco *SAbc* 8.3.70, 39: Desde su lugar [el pintor], oteando en su margen solitario, experimenta, testimonia y plastifica –por tanto, aproxima a nosotros– unas sensaciones desconocidas.

plastilina (*n comercial registrado*) *f* Pasta de colores, compuesta de arcilla, cera, aceite, azufre y cinc, usada para modelar. | Marín *Enseñanza* 61: Modelado: Con arcilla o plastilina.

plastisol *m* (*Quím*) Emulsión de resina en un plastificante [2]. | *Onil* 134: Ebron, S.A. Estabilizantes "Vinstab" para plastisoles.

plasto *m* (*Bot*) Partícula del protoplasma de la célula vegetal, que elabora sustancias orgánicas. | Navarro *Biología* 21: Se forma [el almidón] en los plastos de la célula vegetal.

plastón **I** *m* (*reg*) **1** Remiendo. | Pinilla *Hormigas* 62: La madre nos guarda la ropa vieja, una vez lavada y repasada hasta donde es posible y colocados los plastones correspondientes en los desgarrones y partes gastadas.
2 Masa informe y aplastada. | *Nar* 11.77, 5: Se lanza la arcilla contra la pared, para que esta vaya chupando el agua. El siguiente paso es amasarla a mano y hacer unos "plastones" (pellas) para empezar a trabajarlo en el torno.
II *loc adj* **3 de ~.** [Bolsillo] que va cosido a la parte exterior de la prenda. | P. SMartín *Nue* 24.1.70, 21: Siber presentó .. abrigo para mañana en cuero rojo con bolsillos de plastón.

plastrón *m* (*hist*) Corbata muy ancha que cubre gran parte de la pechera de la camisa. *Tb* CORBATA DE ~. | Torrente *Off-side* 308: ¡Ah! Y una corbata *ad hoc*. Quizás un plastrón con una perla, como se usaban en mi juventud. Cossío *Confesiones* 51: Vestía muy pulcramente, con un traje oscuro, una corbata de plastrón escocesa, sombrero hongo.

plata **I** *f* **1** Metal precioso, de número atómico 47, blanco, brillante, dúctil y maleable. | Cunqueiro *Un hombre* 13: Se fijaba en las ricas ropas .. y en el puño de plata del bastón. A. Navalón *SInf* 16.5.70, 3: De nada sirve que Ruiz Miguel se haya vestido de blanco y plata para confirmar la segunda de las diez alternativas que desfilarán por este ruedo. **b)** *Se usa frec en frases de sent comparativo para ponderar la limpieza y el brillo.* | * Su casa está siempre como la plata.
2 Objeto o conjunto de objetos de plata [1a]. | J. E. Casariego *Abc* 26.3.58, 25: Este pintor monje expone un bodegón de típica factura española con un admirable juego de luces en la plata y las frutas. **b)** (*Dep*) Medalla de plata [7]. | *Abc* 28.8.75, 39: Plata para el español Seguí en tiro de velocidad.
3 (*Heráld*) Color blanco. | J. Atienza *MHi* 11.63, 70: Traen por armas: En campo de plata, dos fajas de sable.
4 ~ alemana. Aleación de cobre, cinc y níquel a la que se agrega a veces plomo o estaño. | * Se ha comprado unos cubiertos de plata alemana.
5 ~ Meneses. Cierta aleación de plata, muy estimada. | Benet *Aire* 41: Cafetera y bandeja de plata Meneses abollada y rubia.
6 ~ roja. (*Mineral*) *Se da este n a varios minerales de plata* [1a] *de color rojo más o menos intenso, esp a la pirargirita.* | Ybarra-Cabetas *Ciencias* 63: Platas rojas. Con este nombre .. se designa un grupo de sulfoarseniuros y sulfoantimoniuros de plata, de los que los más importantes son la pirargirita y la proustita.
II *loc adj* **7 de ~.** [Medalla] de plata [1] que corresponde al segundo galardón en una competición o un concurso. *Tb referido a otros tipos de premios.* | *Abc* 28.8.75, 39: Medallero: Francia: 13 de oro, 11 de plata y seis de bronce.
8 de ~. (*TLit*) [Edad o época] de esplendor inferior al de la edad de oro. | Correa-Lázaro *Literatura* 59: La personalidad más saliente de la Edad de Plata es sin duda Lucio Anneo Séneca.
9 [Bodas] **de ~**, [manos] **de ~**, [papel] **de ~**, [patrón] (**de**) **~ →** BODA, MANO, PAPEL, PATRÓN.
III *loc adv* **10 en ~.** Claramente y sin rodeos. *Gralm con el v* HABLAR. | Ramírez *Derecho* 184: ¿Cómo no comprender o no darse cuenta de que, hablando en plata, no soy más que un reglamento? MDescalzo *Abc* 1.12.84, 43: Eso que .. llaman el "ticket disuasorio" y que, dicho en plata, es el proyecto de cobrar a todo enfermo que ingresa en un hospital de la Seguridad Social .. los tres primeros días.

platabanda *f* Arriate. | MCampos *Abc* 9.4.67, 7: Brezos de los pantanos y verdaderas platabandas de lino silvestre.

platada *f* (*reg*) Cantidad que cabe en un plato [1] u otra vasija semejante. | Delibes *Castilla* 31: Aquí lo ordinario era sacar al día un gramo u dos [de oro] .., con mucha suerte ocho o diez, pero, por término medio, no llegaría a tres, por más que una vez la Asunción, una muchacha de aquí, sacó en el hueco de una peña treinta y cinco gramos de una platada.

plataforma *f* **1** Superficie horizontal construida a cierta altura sobre el suelo y destinada a servir de soporte a perss. o cosas. | Tejedor *Arte* 36: La planta rectangular [del templo griego] quedaba precisada por la plataforma escalonada o estilobato. MHidalgo *HyV* 10.71, 77: Entre el yugo de proa y el arranque del espolón se encuentra la plataforma triangular denominada "tamboreta". **b)** Construcción metálica inmovilizada en el agua, que sirve de asiento para la perforación y explotación de pozos de petróleo. | A. DTortajada *Ya* 17.5.75, 25: La plataforma "Penrod-70" .. zarpó con destino a Túnez, donde, desde hace algunos meses, la citada empresa viene efectuando trabajos de este tipo [prospección]. **c)** Base o soporte. *En sent no material.* | M. Porter *Des* 12.9.70, 33: La plataforma cultural del país no es demasiado brillante ni extensa. J. M. Moreiro *SAbc* 13.9.70, 47: La realidad es que la Costa del Sol se encuentra en la plataforma de despegue, con una perspectiva lejana y prometedora.
2 *En un vehículo de transporte público*: Parte inmediata a la puerta, desprovista de asientos. | Laforet *Mujer* 56: Desde la plataforma, vio cómo caía la lluvia .. Solo al bajar al andén vio a Antonio.
3 Vagón, u otro vehículo de transporte, plano y abierto. *Tb* VAGÓN DE ~. | *DNa* 12.7.66, 21: 4 camiones plataforma, 3 ejes, motores 220 HP. *Abc* 19.8.70, 28: El J-4 [vehículo] tiene 5 trajes diferentes. 5 modelos: Combi, Microbús, Plataforma, Capitoné y Furgón. Grosso *Invitados* 232: A la derecha de un vagón de plataforma estacionado en una vía muerta.
4 Pieza gruesa de corcho u otro material ligero, que va sobre la suela de determinados zapatos. | MMolina *Jinete* 225: Más alto de lo que en realidad es gracias a la desmesurada plataforma de sus zapatos a la moda.
5 ~ continental. (*Geol*) Región marítima de profundidad no superior a 200 m. | Alvarado *Geología* 80: Por su diferente profundidad, se distinguen en el mar las siguien-

tes regiones ..: plataforma continental, talud continental, región batial .. y región abisal.
6 Conjunto de principios o de peticiones de carácter político o profesional. | Crémer *Hora* 18.12.76, 12: ¿Que un sector del comercio, de la industria o de la navegación .. quiere, por ejemplo, elevar el precio del tabaco, del pan, del vino, o de la sardina congelada? Pues muy bien: Que se manifieste en demanda de la aprobación de su plataforma.
7 (*Pol*) Asociación no estable de grupos o partidos para el logro de un objetivo común. | M. Á. Aguilar *Cam* 9.2.76, 6: La Junta y la Plataforma, el Partido Comunista y el PSOE .. han reaccionado como un solo hombre. *Ya* 1.12.88, 4: Las distintas organizaciones que componen la plataforma juvenil rechazan el plan del Gobierno.

platal *m* (*raro*) Dineral. | Gala *Inde* 28.7.89, 1: Supongo que el ministerio de Exteriores alude .. al platal que [el nuevo embajador] dio para sufragar la campaña de Bush.

platanácea *adj* (*Bot*) [Planta] arbórea dicotiledónea, de hojas palmadas y frutos reunidos en infrutescencias globosas, de la familia del plátano [3]. *Frec como n f en pl, designando este taxón botánico*. | GCabezón *Orotava* 50: Falso plátano o plátano oriental, *Platanus orientalis*, Linn., Platanácea, Asia Occidental.

platanal *m* Platanar. | F. RBatllori *Abc* 23.4.58, 23: Los cuchillos labrados que el campesino maneja con destreza en la verde y fragante selva del platanal .. son .. muestras notables de la rica y variada artesanía canaria.

platanar *m* Terreno poblado de plátanos [2]. | Ortega-Roig *País* 103: La foto os muestra el valle de Arucas, en la Isla de Gran Canaria .. Estáis viendo unos grandes platanares.

platanero -ra I *adj* **1** De(l) plátano [1]. | Delibes *Mundos* 151: Para el peninsular .. el nombre de las islas Canarias va indefectiblemente asociado a la producción platanera.
II *n* **A** *m* **2** Planta herbácea de gran porte, propia de regiones cálidas, cuyo fruto es el plátano [1] (gén. *Musa*, esp. *M. sapientium*). | Ortega-Roig *País* 179: Los inviernos son tan suaves que permiten cultivos propios de países cálidos, como la caña de azúcar, el algodón, el platanero, los chirimoyos.
B *f 3* Platanero [2]. | Manfredi *Tenerife* 46: La platanera no es un árbol que da fruto cada año, sino una planta que vive lo justo para dar su piña, y deja un hijo que, cuando crece, da otra piña y es relevado a su vez por otro hijo suyo.
4 Platanar. | Nácher *Guanche* 10: Algún subdirector de compañía de seguros andaba a la compra de plataneras.

plátano *m* **1** Fruto largo, casi cilíndrico, carnoso y de gusto agradable, cubierto por una piel correosa de color amarillento. | Calera *Postres* 29: Se vierten dos cucharadas de mermelada .. y encima una capa de rodajitas de plátano.
2 Platanero [2]. | Delibes *Mundos* 155: Cada plátano no puede dar sino una piña, de otro modo los frutos no se desarrollarían. GCabezón *Orotava* 17: Plátano de Abisinia, *Musa Ensete*, Geml., Musácea, Abisinia.
3 Árbol corpulento de corteza blanquecina y caediza, hojas lobuladas y frutos pequeños reunidos en cuerpos globosos, propio de parques y paseos (gén. *Platanus*). *A veces con un adj o compl especificador*: ~ DE LEVANTE o DE ORIENTE (*P. orientalis*), ~ DE OCCIDENTE o DE VIRGINIA (*P. occidentalis*), ~ DE LOS PASEOS O DE SOMBRA (*P. hybrida o P. hispanica*). | Goytisolo *Recuento* 23: Daba un rodeo por el parque desierto .. vagando bajo los plátanos de la avenida. Loriente *Plantas* 37: *Platanus hispanica* Miller, "Plátano de los paseos o de sombra". *Platanus occidentalis* L., "Plátano de Virginia". *Platanus orientalis* L., "Plátano de Levante". El primero, que es el más utilizado, es un híbrido de los dos siguientes. Árbol profusamente plantado en toda nuestra región. Mayor-Díaz *Flora* 540: *Platanus hybrida* Brot. "Plátano". (Sin. *P. acerifolia* (Ait.). Wild.)
4 ~ falso. Árbol de copa ancha y corteza lisa de la que se desprenden pequeñas placas, hojas lobuladas y fruto en sámara (*Acer pseudoplatanus*). | CBonald *Casa* 91: Un carril bordeado de altas matas de hinojos y plátanos falsos ascendía tenuemente una loma. E. Garrigues *Abc* 18.2.68, 12: Algunos nombres de árboles eran ambiguos y confusos como un mayordomo oriental: "Acer Pseudoplatanus" (Falso Plátano), "Catalpa Speciosa".

platea *f* **1** En un teatro o cine: Patio de butacas. | FCid *Abc* 26.12.70, 25: Yo vivo y siento el Liceo, desde siempre, como cosa propia. Iba de niño los domingos, .. fui abonado en los pisos tercero, segundo, primero, platea. Marsé *Tardes* 77: Vista y no vista .. desde el anfiteatro de un cine de estreno (acompañada de un joven y atlético negro, avanzando por la suave pendiente alfombrada de la platea).
2 *En un teatro*: Palco situado casi al nivel del patio de butacas. *Tb* PALCO ~. | MGaite *Cuarto* 84: Se sacaban las entradas con antelación, y a veces se invitaba a alguna de aquellas familias que mis padres conocían; en este último caso era frecuente que sacáramos una platea. LTena *Triste* 31: Inmediatamente después de caer el telón de boca, los focos eléctricos iluminan el palco platea proscenio de la derecha del espectador.

plateado[1] -da *adj* **1** *part* → PLATEAR.
2 De color semejante al de la plata [1]. | Matute *Memoria* 17: Gran sorpresa, el declive. No lo sospechaba, detrás de la casa, de los muros del jardín descuidado, con sus oscuros cerezos y su higuera de brazos plateados.

plateado[2] *m* Acción de platear [1]. | Marcos-Martínez *Física* 190: Este es el procedimiento empleado para el plateado, dorado o niquelado de objetos.

plateante *adj* (*lit, raro*) Que tira a color de plata [1]. | Murciano *Abc* 19.3.75, 3: Sereno, el inmenso lago Atitlán era una superficie plateante.

platear *tr* **1** Recubrir [algo] con una capa de plata [1]. | Marcos-Martínez *Física* 224: Se hace el vacío en el espacio comprendido entre las dos paredes, y se platean estas interiormente, para evitar los cambios de calor con el exterior.
2 (*lit*) Dar color de plata [1] [a algo (*cd*)]. | RMorales *Abc* 23.8.64, sn: Hasta la etapa de Albaceté, el fuego de la meseta. Luego, por los atochales de Cieza y Hellín que la luna platea, la huerta de Murcia. Muñiz *Señas* 56: Las sardinas grandes que ya se habían ido, por desgracia, a platear, suponíamos, las costas de los galos.

plateau (*fr; pronunc corriente*, /plató/) *m* (*Cine y TV*) Plató. | M. Tarín *Abc* 25.2.68, 67: De las ciudades europeas que conozco .., Londres me parece la más sólida. París es un gigantesco "music-hall"; Roma, escenográficamente perfecta; Berlín, un "plateau" de cine.

platelminto -ta *adj* (*Zool*) [Gusano] de cuerpo aplanado, cuya cavidad central está llena de tejido conjuntivo. *Frec como n m en pl, designando este taxón zoológico*. | Ybarra-Cabetas *Ciencias* 326: La lombriz de tierra es un Anélido; la tenia, un Platelminto, y la triquina, un Nematelminto.

platense *adj* **1** De La Plata (Argentina). *Tb n, referido a pers*. | * Estudió en la universidad platense.
2 Rioplatense. | HSBarba *HEspaña* 4, 329: El resultado inmediato de esta medida, dada para las tierras platenses, era una devaluación de la moneda.

plateresco -ca *adj* (*Arte*) [Estilo] decorativo desarrollado en España en el s. XVI, que combina elementos clásicos y ojivales. *Tb n m*. | Tejedor *Arte* 153: El estilo Plateresco .. El Plateresco resultó así del concierto de elementos gótico-flamígeros y clásicos. Alfonso *España* 81: Incluso el plateresco sitúa siempre sus filigranas dentro de severas entabladuras. **b)** De(l) estilo plateresco. | Tejedor *Arte* 154: Descargó a la arquitectura de los ornamentos platerescos. Umbral *Ninfas* 26: Yo cruzaba patios góticos, escurialenses, platerescos.

platería *f* **1** Tienda o taller del platero[1] [1]. | GTelefónica *N*. 896: Montejo, S.R.C. Platería. Tienda, Goya 25 .. Fábrica, Bocángel 36.
2 Arte u oficio de platero[1] [1]. | IdG 10.8.75, 5: Los trabajos que se exponen en la Feria corresponden a los siguientes oficios: alfarería, .. pirotecnia, platería.
3 Conjunto de objetos de plata [1]. | GPavón *Hermanas* 44: Sobre los muebles del gran comedor, platería que seguramente procedía de regalos de boda.

platero[1] -ra I *m y f* **1** Pers. que fabrica o vende objetos de plata [1]. | T. Medina *SAbc* 15.6.75, 6: Voy anotando los sonidos de Córdoba, que son muchos y embriagadores: digamos, la campanilla del coche de caballos, .. los martillitos de los plateros de aquella casa.

II *adj* **2** (*reg*) [Asno] de pelo gris plateado. *Tb n.* | ZVicente *Examen* 90: Viene puntual el organillo pintado de rojo y tirado por un sardesco platero.

platero² -ra A *m* **1** Mueble o utensilio para colocar platos. | Delibes *Madera* 261: Eduardo Custodio .. consiguió .. un platero de vieja madera de pino, un arcón de nogal y un escañil de cinco plazas.
B *m y f* **2** *En un hotel u otro establecimiento similar*: Pers. encargada de fregar platos. | Palomino *Torremolinos* 132: El jefe de cocina preside la mesa de sus cocineros .. En otra mesa los pinches y los marmitones, y aún hay otra para los plateros y las fregadoras; y la de los cafeteros.
C *f* **3** Hongo comestible de color claro, con sombrero casi plano y con un abultamiento central (*Clitocybe geotropa*). | Perala *Setas* 71: *Clitocybe geotropa*. Plateras. Muserón de otoño. Cabezas de fraile.

plática *f* **1** Charla o conversación. | ASáez *Abc* 18.12.70, 21: Pienso si no se correrá entonces el riesgo de perder la frescura primigenia, su aire de plática de familia.
2 Sermón breve y poco solemne. | J. A. Patricio *Hoy* 11.8.74, 39: Bendijo la unión el capitán castrense del Ejército del Aire don Manuel Pérez Calatayud, que dirigió al nuevo matrimonio una elocuente plática.

platicante *adj* Que platica. *Tb n.* | GPavón *Rapto* 168: Quedaron ambos platicantes mirándose a los ojos.

platicar *intr* Charlar o conversar. | CNavarro *Perros* 90: Los compañeros habían dejado de platicar.

platija *f* Pez marino comestible semejante al lenguado, de color pardo con manchas amarillentas en la cara superior (*Platichthys flesus*). | *Cocina* 17: Para el cocimiento del pescado blanco, como el rodaballo, lenguado, platija, etc., se pone por cada litro de agua un cuarto de litro de leche.

platillazo *m* Golpe dado con los platillos [2]. | Moncada *Juegos* 318: Empiezan a sonar ciertos compases de "Tannhäuser", de Wagner. Dos violentos platillazos que sobresaltan a Ricardo.

platillero -ra *m y f* Pers. que toca los platillos [2]. | His 2.85, 14: Mi padre era un músico de café que durante la guerra estuvo de pl[a]tillero en la banda de un regimiento de Ingenieros de Madrid. [*En el texto*, plantillero.]

platillo *m* **1** Plato [1] pequeño, que gralm. no se usa para comer en él. | Laforet *Mujer* 71: En un platillo que hacía de cenicero, se acababa de consumir el cigarrillo de Paulina.
2 Pieza circular de latón, de unos 30 cm de diámetro, de las dos que constituyen un instrumento de percusión. *Normalmente en pl, designando el instrumento músico.* | Casares *Música* 22: Instrumentos de percusión .. Platillos. Perales *Música* 41: Hacemos referencia, por último, a la familia de los instrumentos de percusión .. Tambores en general, "panderos", "timbales", "platillos de entrechoque", "triángulos", "címbalos", etc.
3 *En una balanza*: Pieza en forma de plato [1] o disco, en que se colocan las pesas o lo que se ha de pesar. | Bustinza-Mascaró *Ciencias* 246: La cantidad de agua transpirada por una planta se determina colocando la planta con el tiesto donde se desarrolla en el platillo de una balanza y equilibrándolo con pesas.
4 Pieza u objeto de forma semejante a un plato [1] pequeño. | Galache *Biografía* 124: Algún tiempo después los Justicias detienen a un tal Bartolomé Palomo, que se hace reo del robo de la lámpara votiva, declarando que la desmenuzaron y la vendieron por trozos en Valladolid, enterrando .. el platillo o bacía de cobre. GPavón *Rapto* 130: Trabajo les costó a los alcaldes silenciar las galeras, suprimir aquellos platillos que atronaban las tardes de agosto y las madrugadas.
5 (*Naipes*) Plato [3]. | Corral *Cartas* 26: Hay partidas que se juegan anunciándose: "voy al plato", y de no hacer las convenidas o más perderá igual cantidad que la del platillo.
6 (*Taur*) Círculo central del ruedo. | G. Carvajal *Pue* 7.9.68, 17: Cuando nació el pase de pecho, la fiera estaba, gallarda, vibrante, en mitad del platillo.
7 ~ volante. Objeto volador no identificado con forma de disco. | R. Rubio *SYa* 27.10.74, 39: Si no le importa que sus niños hablen de platillos volantes y luchas futuristas, sí, en cambio, le ha estremecido el que su Julito se fijara con tanta atención en "la lucha" de las parejas bajo las encinas.

platina *f* **1** Pieza plana, que gralm. sirve de soporte. | Repollés *Deportes* 147: Los alemanes lanzaron, en 1876, unos patines con platinas de hierro que no precisaban correas. Marcos-Martínez *Física* 66: La platina G va comprimiendo y prensando el fardo K. [*En la prensa hidráulica.*] Mingarro *Física* 194: Se obtiene un haz paralelo que incide sobre el prisma ABC; este se halla fijo sobre una platina. [*En el espectroscopio.*] **b)** *En un microscopio*: Parte en que se coloca el portaobjetos. | Bustinza-Mascaró *Ciencias* 106: Unos cuantos seres vivos de distinto aspecto se agitan sobre la platina del microscopio en un ir y venir, pausado en unos y vertiginoso en otros. **c)** *En una máquina de imprimir*: Superficie plana sobre la que se fija la forma. | Huarte *Tipografía* 63: Efectuada la composición, enmienda y ajuste de las páginas, viene el momento de la imposición, que es la colocación debida en la platina de la máquina de las formas (conjunto de páginas que se han de imprimir cada vez: normalmente 16 páginas).
2 Pletina (de magnetófono). | SPaís 24.6.90, 81: Hi-Fi 670 .. Doble platina autorreverse con Dolby B y C.

platinado -da *adj* Platino [3]. *Tb n m, referido a color rubio.* | Gironella *Millón* 205: Desde el primer momento la periodista encandiló a Julio, gracias, sobre todo, a su cabellera platinada. FReguera-March *Caída* 122: No sería sorprendente que el día menos pensado su pelo fuese de un rotundo platinado, el color de moda en todo el país.

platinífero -ra *adj* Que contiene platino [1]. | J. M. Marchesi *Abc* 17.4.58, 19: Si en este conjunto de macizos volcánicos en perfecta alineación geológica existen yacimientos platiníferos de tal importancia en dos de ellos.

platino I *m* **1** Metal precioso, de número atómico 78, del color de la plata, muy pesado, difícilmente fusible e inatacable por los ácidos. | Marcos-Martínez *Aritmética* 117: Se acordó que la barra de platino construida primeramente fuese por definición el metro legal.
2 *En un motor de explosión*: Pieza de las que establecen contacto en el ruptor del sistema de encendido. *Más frec en pl.* | J. M. Moreiro *SAbc* 1.12.68, 36: Los platinos no abrían y los pistones no cerraban el proceso de compresión.
II *adj* **3** (*invar*) [Color] blanco brillante propio del platino [1]. | R. M. Ochoa *Ext* 24.11.70, 12: Aplicaremos sobre el párpado un tono "platino frost", es decir, una sombra blanca brillante. **b)** [Rubio] muy claro. *Tb n m.* | *Ya* 11.9.85, 30: Para darle un toque luminoso y "con marcha", cambia tu tono habitual por un rubio platino. **c)** de color platino [3a y b]. | VMontalbán *Rosa* 180: Traje de lamé largo y escotado, guantes hasta los codos, peluca platino.
4 [Bodas] **de ~** → BODA.

platinocianuro *m* (*Quím*) Cuerpo formado por la combinación de cianuro de platino con un cianuro alcalino. | Mingarro *Física* 189: Son muy utilizados el platinocianuro de bario y el volframato cálcico.

platirrino -na *adj* **1** (*Zool*) [Mono] de tabique nasal muy ancho y aberturas nasales laterales. *Frec como n m en pl, designando este taxón zoológico.* | Navarro *Biología* 307: Monos platirrinos (tití y mono araña).
2 (*lit, raro*) [Pers.] de nariz muy corta y ancha. | Ferres-LSalinas *Hurdes* 47: Los campesinos de la contrata han parado de reír .. Uno de ellos, platirrino y descarnado, se da masajes en la tripa.

platitud *f* (*lit*) Banalidad o trivialidad. | J. J. Moralejo *Voz* 4.8.87, 3: Otro argumento que se las da de contundente y ignora su absoluta platitud mental es el de que la lengua gallega no sirve para nada.

plato I *m* **1** Recipiente redondo y algo cóncavo, que se utiliza para servir o comer en él los alimentos. *Frec con un adj o compl especificador*: HONDO, LLANO, SOPERO, DE POSTRE. *Tb su contenido.* | *Ya* 16.6.72, 3: Paquete 10 platos de 24 cms. Dibujos variados. *DEs* 20.10.76, 8: No pudieron terminar de comérselo [el "rovelló"] los cuatro componentes de la familia, dado su tamaño, que casi superaba un plato sopero. Peña-Useros *Mesías* 51: Esaú .. vendió a su hermano el derecho de primogenitura a cambio de un plato de lentejas. **b)** *Se usa en constr comparativa para ponderar la total apertura de los ojos, gen por sorpresa o estupor.* | Oliver *Relatos* 95: Mi hermano no decía nada, pero tenía los ojos como platos. Grandes *Lulú* 165: Jimmy llamó al individuo del flequillo, y

plató – plausible

este se unió a la discusión, mirándome todo el tiempo con los ojos como platos.
2 *Se da este n a algunas piezas u objetos de forma semejante a la del plato* [1]. | J. Acinas *SVozC* 25.7.70, 3: Verbenas, encuentros deportivos y toda una gama de atracciones entre las que se incluyen tiradas de p[i]chón y al plato sirven de importante medio de atracción. Delibes *Castilla* 19: Pepe, el Cepero, hace una demostración. Pisa fuerte el muelle del cepo, abre los aros, coloca la palanquilla, sujeta el plato por dentro para que no se dispare, y lo tapa cuidadosamente con tierra. Delibes *Castilla* 30: Ve aquí tiene el cunco, o el cuenco, o el plato como le dicen otros. Es de castaño, pero no se piense que de madera de castaño, sino de unas verrugas muy duras que salen al pie de este árbol. **b)** (*Mús*) Platillo [2]. | L. Aguado *D16* 15.12.76, 23: Se le escucha con gusto [a Rachmaninof], en especial cuando el maestro le hace sonar con tanto esmero .., poniendo de relieve toda la aterciopelada calidad de los chelos .., la exquisita utilización de toda la percusión en el segundo tiempo –platos, gran *cassa*–. **c)** *En una balanza:* Platillo [3]. | Moreno *Galería* 138: La romana grande, sin plato, .. era un ejemplar único, propiedad generalmente del Ayuntamiento. **d)** *En una gorra:* Parte superior, plana y circular. *Gralm en la constr* GORRA DE ~. | GPavón *Reinado* 159: Por un momento pasaron [las mariposas] muy cerca del plato de su gorra. GPavón *Hermanas* 9: Encajada la gorra de plato sin el menor ladeo ni concesión graciosa, salió al patio. **e)** *En una ducha:* Pieza baja y ligeramente cóncava que recoge el agua. | Tomás *Orilla* 228: Todas las tardes, a la hora del recuento, los tíos volvían a montar el plato de la ducha, como si tal cosa. **f)** *En la bicicleta:* Rueda dentada que se mueve con los pedales. | J. Pinedo *SYa* 9.12.72, 3: Sus principales características [de la bicicleta] son las siguientes: Cuadro en tubo de acero de 0,4 milímetros .. Plato de cinco radios. **g)** *En un tocadiscos:* Pieza circular, provista de un pequeño vástago central, sobre la que se ponen los discos. *Tb el mecanismo completo del tocadiscos, sin altavoces ni mueble.* | Mihura *Maribel* 8: Se levanta con el disco en las manos, que ha quitado del plato. *SAbc* 8.3.70, 15: Un maravilloso tocadiscos .. He aquí algunas de sus características: Plato y "pick-up" Garrard, con 2 agujas de zafiro ultrasensible.
3 (*Naipes*) Plato [1], u otro recipiente similar, en que se ponen las apuestas. *Tb el conjunto de las cantidades apostadas.* | *Naipes españoles* 18: Para ir al plato (pretender ganarlo) hay un tope mínimo, que es doble del mínimo para subastar, es decir, 120 tantos.
4 Guiso, o comida dispuesta para ser consumida. *Frec designa cada uno de los que componen una comida.* | Vega *Cocina* 177: Al cerdo .. se le erige un arco triunfal para que pase a nuestras marmitas y adorne casi todos nuestros platos de choque: el cocido, la fabada, el pote. *SVozC* 25.7.70, 9: Desayunos especiales. Platos combinados. Meriendas. Gironella *Millón* 103: Incluso entre plato y plato daba chupadas a la pipa. **b)** ~ **único.** (*hist*) Obligación de tomar un solo plato en la comida un día a la semana, establecida por decreto en la Zona Nacional durante la Guerra Civil de 1936. | Delibes *Cinco horas* 97: Entonces ni me importaban los bombardeos, ni el Día del Plato Único, que mamá, con ese arte especial que tenía, juntaba todo en un plato y ni pasábamos hambre.
5 Alimento o comida [de una pers.]. | *Tri* 12.12.70, 31: –¿Y qué hará en mil novecientos ochenta vuestra generación? –Hombre, pues figúrate: buscar el solecito y el plato que nos den nuestros hijos.
6 ~ **de gusto.** (*col*) Cosa agradable. *Gralm en la constr* NO SER ~ DE GUSTO. | Lera *Bochorno* 198: Esto de que se le hundan a uno unas casas en construcción no es ningún plato de gusto, don Luis.
7 ~ **de segunda mesa.** (*col*) Pers. o cosa despreciada o postergada por haber pertenecido antes a otro. | Torrente *Vuelta* 26: –¿Quieres quedar conmigo? –Eso es lo que quieren .. Y ellos se reirán de mí. Y usted pasará por tener en su cama un plato de segunda mesa. Delibes *Hoja* 37: La Caya no les perdonaba a ella ni a sus hermanas que fueran despabiladas, ni que el Galo, su marido, la dejara para plato de segunda mesa.
8 ~ **fuerte.** (*col*) Tema o asunto destacado o importante. | A. Obregón *Abc* 1.12.70, 81: La muerte de un malvado destrozado por una agavilladora, en el campo, es otro pla-

to fuerte que demuestra la inventiva próspera de William Wyler.
9 nada entre dos ~s. (*col*) Nada importante. *Usado para ponderar la insignificancia de algo que se presentaba como grande o importante.* | MGaite *Usos* 89: De los planes atopolinados .. se sacaba poco en limpio; mucho alarde de inconsciencia y frivolidad, pero nada entre dos platos.
II *loc v* (*col*) **10 no haber roto** [alguien] **un** ~ (**en su vida** o **nunca**). No haber cometido jamás una falta. | J. M. Amilibia *Pue* 16.10.70, 36: Tenía la boina calada casi hasta las cejas y un aspecto impresionante de infeliz, de no haber roto un plato en su vida. Torbado *Corrupciones* 128: Le gustaban los hombres. No todos los hombres, por supuesto, sino los hombres como él, jóvenes y de hermosa cabeza y ojos de niño inocente, "de los que no han roto un plato".
11 pagar los ~s rotos. Sufrir las consecuencias desagradables de algo de lo que no se es culpable. | Pinillos *Mente* 134: La agresividad se desplaza inconscientemente hacia otros objetos o personas, que son las que "pagan los platos rotos". *ElM* 1.2.93, 3: Ahora, con la drástica reducción de las prestaciones sociales, los ciudadanos pagamos los platos rotos por la mala política económica del Gobierno.
12 sacar los pies del ~ → PIE.

plató *m* (*Cine y TV*) Recinto cubierto de un estudio, destinado a servir de escenario para un rodaje. | J. Montini *SVozC* 31.12.70, 6: A las nueve de la mañana debía estar en el plató, ya maquillada.

platónicamente *adv* De manera platónica. | GÁlvarez *Filosofía* 1, 87: Todo lo ganado [por la filosofía] hasta Platón se recupera... platónicamente, obteniéndose inclusive nuevos objetos. Hoyo *Caza* 33: Si ella me quiere y si yo la quiero, es platónicamente.

platónico -ca *adj* **1** Del filósofo griego Platón († 347 a.C.). | DPlaja *Literatura* 148: A imitación platónica, se fundan "Academias", donde se comentan las nuevas ideas. GÁlvarez *Filosofía* 1, 101: Arcesilao .. abandona la dogmática platónica para caer en el escepticismo. **b)** (*Filos*) Seguidor de Platón. *Tb n, referido a pers.* | GÁlvarez *Filosofía* 1, 271: La Escuela de Chartres .. Sus mejores representantes, siempre platónicos y realistas y nunca panteístas, .. son Bernardo de Chartres, Gilberto de la Porrée.
2 [Amor] exento de deseo físico. | DPlaja *Literatura* 196: El amor que canta Herrera en sus poesías a la Condesa de Gelves es el amor platónico, es decir, desprovisto de todo materialismo.
3 Idealista. *Tb n, referido a pers.* | S. RSanterbás *Tri* 11.4.70, 21: A los platónicos exégetas de la Fiesta no les interesa sacar a relucir esos íntimos trapicheos.

platonismo *m* **1** (*Filos*) Doctrina de Platón († 347 a.C.). | GÁlvarez *Filosofía* 1, 82: Platón y el platonismo antiguo. Gambra *Filosofía* 290: Platonismo. Academia Platónica de Florencia.
2 Cualidad de platónico [2 y 3]. | DPlaja *Literatura* 173: El mundo espiritual de Garcilaso: El bucolismo .. El platonismo. Umbral *Memorias* 22: Lo de la madrina de guerra era otra cosa, no solo un platonismo del amor, sino también un platonismo de la guerra.

platonizante *adj* (*Filos*) Que tiende a platónico [1b]. | Gambra *Filosofía* 289: Corriente agustiniana (franciscanismo). Más bien platonizante.

platonizar *tr* (*Filos*) Dar [a alguien o algo (*cd*)] carácter platónico [1]. | GÁlvarez *Filosofía* 1, 273: Por muy platonizado que estuviera el Aristóteles recibido por los árabes, la influencia decisiva del Estagirita determina que la concepción fundamental dominante en la filosofía árabe sea la de que las cosas rigen y determinan nuestras ideas.

platusa *f* (*reg*) Platija (pez). | *Ya* 17.11.63, 28: Precios en los mercados centrales .. Pescados .. Mero, 50 y 60; platusas, 40 y 60.

plausibilidad *f* Cualidad de plausible. | R. MHerrero *Abc* 11.12.70, 10: Hay también quien, como Eugène Ionesco, con mayor plausibilidad y aire de "boutade", sostiene que la Historia se forma de errores y rectificaciones sucesivos.

plausible *adj* **1** [Cosa] digna de aplauso. | V. A. Pineda *Des* 12.9.70, 19: Su admiración lícita y plausible por modelos europeos puede contaminar su cultura.

2 [Cosa, esp. motivo] admisible o aceptable. | Laiglesia *Tachado* 83: No fue capaz de inventar un pretexto plausible que justificara la ocupación del corredor polaco por las tropas del Reich. CBaroja *Inquisidor* 13: Hay una serie de engaños que podríamos definir como menos plausibles.

plausiblemente *adv* De manera plausible. | Lázaro *Gac* 9.11.75, 30: El autor se propuso una proeza argumental .. Higgins lo ha logrado plausiblemente, hallando con endemoniada pericia el único ángulo de ataque viable.

playa *f* Lugar plano y gralm. arenoso de la orilla del mar. | Zubía *España* 181: Después, hasta la costa francesa, alternan las playas con los acantilados. **b)** Parte plana y arenosa de la orilla de un río o un lago. | Cruz *NBurgalés* 4: Puente y playa sobre el río Ebro, en Frías. *Hoy* 27.9.74, 21: Si se suman los kilómetros de costa interior que ocasionan todos los pantanos, .. resulta que Cáceres, tierra de secano, ofrece como posible aprovechamiento turístico y deportivo, desde la playa de las finas arenas al roquedal o al pizarral de cortantes filos.

playal *m* (*reg*) Playa. | Á. Ruibal *Van* 12.9.74, 27: Solo el camino que conduce a Ampurias, por la duna, permanece casi como antaño, rezumando la vaga melancolía de los pinares con rumores de marejada, los arcaicos hostales y los playales solitarios.

playazo *m* Playa grande y extendida. | Areilza *Abc* 15.3.75, 23: En ese trozo de la ría dominada por los mares que traen el flujo del Cantábrico y que ensancha su cauce entre playazos y bajíos para servir de frontera con Francia.

playback (*ing; pronunc corriente*, /pléibak/; *tb con la grafía* **play-back**) *m* Sonorización de una actuación mediante una grabación previa. *Tb la misma grabación*. | A. Baquero *Act* 8.10.70, 118: Todo ha sido medido y calculado en "La vida en un hilo". Agradable música, buena grabación estereofónica que los artistas encajan perfectamente en sus efectos de "play-back". *NoE* 5.2.77, 5: Yo no soy cantante; lo que sí puedo hacer es salir a la pista muy elegante, poner el "playback" y bailar... O sea, que puedo hacer una cosa muy mona, pero de cantar, nada.

playboy (*ing; pronunc corriente*, /pléiboi/; *tb con la grafía* **play-boy**) *m* Hombre, gralm. rico y atractivo, que lleva una vida ociosa y frívola de seductor. | A. Olano *Sáb* 10.9.66, 9: Es Th[y]ssen creo que divorciado, amor de grandes damas y "play-boy" muy conocido en la Costa Azul. Aldecoa *Cuentos* 2, 333: –¿Y los *playboys*? –No sé .. Anoche bebieron mucho y estarán enfermos. **b)** Hombre atractivo y conquistador. | Llovet *Tartufo II* 30: Sin llegar a ser lo que llaman en Europa un "play-boy", Tartufo no está mal hecho.

playero -ra I *adj* **1** De (la) playa. | DPlaja *El español* 131: Llega .. la camisa playera de colores vivos y es acogida con exclamaciones de pasmo.
2 Aficionado a la playa. *Tb n*. | Roderico *Mad* 13.10.70, 21: El agua, al fin y al cabo, y mal que les pese a los playeros, es vida. Y las nubes traen la riqueza al hombre.
3 (*Taur*) [Res] de cuernos muy abiertos o separados entre sí. | J. Urrutia *SMad* 19.10.70, 9: Reseñaré tan solo las principales características externas de los toros lidiados: Primero: "Guitarra", negro zaíno .. Tercero: "Pitero", castaño y playero de cuerna.
II n **A** *f* **4** Zapatilla de lona en forma de zapato con cordones. *Gralm en pl*. | Laforet *Mujer* 307: Rosita lucía un traje de Vichy a rayas, y playeras blancas, porque se iba de veraneo.
5 Cante popular andaluz, parecido a la siguiriya gitana. | Manfredi *Cante* 132: La playera .. tiene tres versos, y lleva dentro a la seguiriya gitana, como una semilla viva.
B *m* **6** Playera [4]. *Gralm en pl*. | Delibes *Guerras* 140: Se quedó en cueros vivos, oiga, lo único, los playeros.

playeta *f* Playa pequeña. | FVidal *Duero* 212: Los habitantes de la villa han sabido improvisar una playeta en la que calman los rigores estivales.

playgirl (*ing; pronunc corriente*, /pléigerl/; *tb con la grafía* **play-girl**) *f* (*euf*) Prostituta de lujo. | Torres *Ceguera* 251: A Margarito le acompañaba una muchacha de aspecto deslumbrante y busto prominente, más propio de otra época o de una *play girl* norteamericana.

play-off (*ing; pronunc corriente*, /pléi-óf/; *pl normal, invar*) *m* (*Dep*) Encuentro o serie de encuentros para determinar el campeón entre los ganadores de dos competiciones, o resolver el empate entre dos o más competidores. | *Abc* 9.3.85, 78: Se juegan este fin de semana seis partidos –cinco de ellos, hoy– correspondientes a los "play-off" de clasificación y descenso. Para aspirar al "play-off" final, enfrentándose entonces a los que ahora han quedado exentos, están los siguientes duelos. [*En baloncesto*.] *Ya* 26.6.85, 37: Antonio Baró explicó el proyecto de la LFP de ampliar la próxima campaña liguera mediante el sistema de "play-off" y explicó a Roca los motivos del fútbol profesional para esta decisión. *Ya* 12.6.88, 47: Programación TVE .. Estudio estadio .. Waterpolo: Play-off final. *SYa* 19.3.90, 18: Golf. Abierto de Tenerife .. Vicente Fernández derrotó en el "play off" de desempate al jugador de[l] País de Gales Mark Mouland.

plaza I *f* **1** Espacio amplio, abierto y rodeado de edificios, en el interior de una población y gralm. en la confluencia de varias calles. | Escobar *Itinerarios* 250: Cuando yo sea alcalde pondré una fuente de vino en la plaza. **b)** Espacio amplio y delimitado, semejante a una plaza [1a], en el interior de algunos jardines. | * El Retiro tiene numerosas calles y plazas. **c) ~ de armas**. *En una fortaleza o en un campamento*: Espacio limitado, al aire libre, donde forman o hacen ejercicios las tropas. | GLuengo *Extremadura* 165: El interior [del castillo] se halla también muy destruido, pero restan lienzos sin almenas y dos torres redondas. Existe una especie de plaza de armas y otros restos de construcciones. Grosso *Invitados* 171: Las tiendas [del destacamento legionario] .. han sido ya cuidadosamente alineadas .., señalizada su pequeña plaza de armas.
2 Mercado (lugar cubierto y dividido en puestos en que se venden esp. productos alimenticios). | *Ya* 30.10.74, 52: Alcachofa. Ligera alza en las cotizaciones .. Se prevé que esta animación en la demanda continúe e incluso puede producirse un cierto aumento, dado que actualmente está siendo un producto novedad en las plazas. Umbral *Memorias* 15: Con el dinero del chamarilero iban a la plaza, a la compra, las viudas de guerra, las abuelas.
3 Edificio circular con graderías destinado a corridas de toros. *Frec* ~ DE TOROS. *A veces se da este n a un recinto más o menos improvisado para este fin*. | DCañabate *Paseíllo* 51: En Madrid había corridas de toros y novillos. Y una tarde de domingo me fui para la plaza. DCañabate *Paseíllo* 88: Desde Cuatro Caminos a la plaza de toros de Tetuán abundaban las tabernas que era una bendición. Lera *Clarines* 408: Escudados así pudieron [los toreros] desembocar en la plaza. Su presencia levantó un clamor general entre el inmenso gentío que ocupaba los balcones y las galeras. **b) ~ partida**. (*hist*) Plaza de toros dividida por una valla en dos mitades, en cada una de las cuales se celebra una corrida. | Azorín *Recuadros* 1353: Pocos aficionados de ahora habrán asistido al espectáculo de "plaza partida", dos corridas al mismo tiempo.
4 Lugar destinado a ser ocupado por una pers. o cosa. | *Abc* 16.1.72, 76: Tresillos de todas las medidas en una gama extensa de telas y plásticos, de cuatro y cinco plazas. **b)** *En pl y precedido de un numeral, se sustantiva designando un mueble o un vehículo que se caracteriza por tener el número de asientos que se indica*. | * Simca 1000, un cinco plazas con nervio. * He comprado un dos plazas para el salón. **c)** Puesto de trabajo. *Gralm con un compl especificador*. | *BOE* 12.3.68, 3762: Resolución por la que se convoca concurso de traslado entre las Asistentas Sociales para proveer diversas plazas. *BOE* 12.3.68, 3762: Resolución por la que se anuncia concurso para la provisión de la plaza de Abogado Fiscal, vacante en el Servicio de Justicia de la Guinea Ecuatorial.
5 (*Com y Mil*) Población (núcleo urbano). | *Inf* 2.3.74, 1: Ha sido ejecutada la sentencia de pena de muerte impuesta a Salvador Puig Antich, por el Consejo de guerra celebrado en esta plaza de Barcelona. *IdG* 31.10.70, 25: Corredor para plaza, a sueldo y comisión se precisa para importante Fábrica de productos de Peluquería de Barcelona. **b)** (*Com y Mil*) *A veces se usa en direcciones de cartas para designar la misma ciudad en que se envían*. | * Agencia Mundo. Alcalá, 31. Plaza. **c)** (*hist*) Población fortificada. *Frec* ~ FUERTE. | Arenaza-Gastaminza *Historia* 135: Disgustado el rey de Granada por retener Sancho IV la plaza de Tarifa, rompe la alianza. **d) ~ de soberanía**. (*hoy raro*) Denominación administrativa que se aplica a Ceuta y Melilla. | *Leg. contencioso-adm*. 132: El 30 de junio anterior se envió dicho recur-

plazo – plebiscito

so de reposición por el Delegado Regional de las Plazas de Soberanía al Oficial Mayor del Ministerio.
6 ~ montada. (*hist*) Soldado u oficial que usa caballo. | Cunqueiro *Crónicas* 169: Este no tenía alientos para plaza montada en el Regimiento Navarra.
II *loc v* **7 abrir**, *o* **romper**, **~**. (*Taur*) Ser [una res] la primera que se lidia. | *Ya* 9.5.75, 73: Fermín Bohórquez, en el que abría plaza, una oreja y vuelta. *Abc* 15.4.58, 54: El bicho que rompió plaza solo llevó una vara, y Aparicio, que había veroniqueado con garbo, tejió luego, al compás de la música, una faena valerosa.
8 cerrar ~. (*Taur*) Ser [una res] la última que se lidia. | *Ya* 9.5.75, 73: Romero dio la vuelta al ruedo en el primero; .. de nuevo aplausos en el que cerró plaza.
9 sacar a (la) ~ [algo]. Publicar[lo]. | A. Valverde *Abc* 2.3.58, 8: Puertocarrero sacó a plaza el libro para que se arguyese acerca de él.
10 sentar ~ [de algo]. Pasar a tener reputación [de ello]. | Delibes *Año* 41: No caben más que dos soluciones: mandar todo a hacer gárgaras y pasarnos la vida charlando .. o sentar plaza de energúmeno inabordable y encerrarse en una torre de marfil. CBaroja *Inquisidor* 20: La cuestión en el siglo XVI .. es sentar plaza de prodigio.
11 sentar ~. (*hoy raro*) Entrar a servir de soldado. | Delibes *Perdiz* 117: La frente fruncida noblemente bajo la boina pringosa, la misma boina que dejó en el pueblo, allá por el año nueve, para sentar plaza. Cossío *Montaña* 152: Pronto había de sentar plaza de soldado, pues a los riesgos y aventuras de las armas le inclinaba su natural.

plazo I *m* **1** Porción de tiempo cuya duración se determina. | V. Royo *Sp* 19.7.70, 19: Apunta a conseguir, en un plazo de año y medio o dos años, los 2.100 puestos de trabajo que se habían previsto en el proyecto. *Van* 23.6.74, 20: El plazo de presentación de plicas termina el día 9 de julio próximo a las 14 horas.
2 Fracción de las varias convenidas para un pago que se ha de efectuar a lo largo de cierto tiempo. *Frec en la loc* A ~S, *con vs como* COMPRAR, VENDER *o* PAGAR. | Medio *Bibiana* 271: A ver si crees que me lo han regalado... He pagado el primer plazo.
II *loc adv* **3 a corto ~.** (*Econ*) En un plazo [1] inferior a un año. *Tb adj.* | FQuintana-Velarde *Política* 187: El Mercado de Dinero se refiere a todas aquellas transacciones que suponen la concesión o utilización de créditos a corto plazo, operaciones habitualmente de plazo no superior a un año. **b)** En un futuro inmediato o próximo. *Tb adj.* | Benet *Lanzas* 42 (G): Un plan de campaña, secreto y ejecutable a muy corto plazo.
4 a largo ~. (*Econ*) En un plazo [1] superior a tres años. *Tb adj.* | Tamames *Economía* 401: El Banco de Crédito Industrial fue constituido en 1920 para efectuar préstamos a la industria a medio y largo plazo. **b)** En un futuro lejano. *Tb adj.* | Diosdado *Anillos* 1, 221: No me gusta hacer planes a muy largo plazo.
5 a medio ~. (*Econ*) En un plazo [1] comprendido entre uno y tres años. *Tb adj.* | Tamames *Economía* 401: El Banco de Crédito Industrial fue constituido en 1920 para efectuar préstamos a la industria a medio y largo plazo. **b)** En un futuro no lejano, pero no inmediato. *Tb adj.* | * A medio plazo, el libro estará en todas las bibliotecas.
6 a ~ (fijo). (*Econ*) Con cumplimiento señalado en un día determinado. *Tb adj.* | * Ha metido su dinero a plazo fijo. Ramírez *Derecho* 105: Se llaman a plazo aquellas obligaciones para cuyo cumplimiento se haya señalado un día cierto. Ejemplo: "Me obligo a pagarte 10.000 pesetas el día 30 de junio de 1970".

plazoleta *f* Plaza [1a y b] pequeña. | A. Lezcano *SAbc* 13.4.69, 50: Federico García Lorca leyó en el silencio de esta florida plazoleta su obra dramática "Bodas de sangre".

plazuela *f* Plaza [1a y b] pequeña. | Villarta *Rutas* 16: La innumerable cantidad de plazas, plazoletas y plazuelas que han surgido durante los últimos cinco lustros.

ple *m* Variedad de pelota vasca que consiste en lanzarla contra una pared. | HSBarba *HEspaña* 4, 426: A los frontones acudían .. estudiantes escapados del colegio para practicar la técnica del ple y rebote.

pleamar *f* Altura máxima de la marea. *Tb el tiempo en que se produce.* | Ybarra-Cabetas *Ciencias* 100: Las pleamares sufren un retraso diario de unos cincuenta minutos.

please (*ing; pronunc corriente,* /plis/) *adv* (*col, humorist*) Por favor. | *Cam* 14.4.75, 1: La OTAN a España: cambien, please.

plebe *f* **1** Pueblo llano. *Referido a la época actual, es desp.* | *Ade* 27.10.70, 3: Esto hace suponer que los miedos inquisitoriales de la plebe los compartía la aristocracia.
2 (*hist*) En la antigua Roma: Clase social de los no patricios. | Arenaza-Gastaminza *Historia* 46: Los tribunos de la plebe defendían los derechos del pueblo.

plebeyamente *adv* (*lit*) De manera plebeya. | FReguera-March *Caída* 57: Se emocionó plebeyamente cuando Ricardo Zamora se casó. Lorenzo *SAbc* 20.12.70, 6: Se ha alojado en una fonda .. Le cobran seis reales. Todo es plebeyamente pobre.

plebeyez *f* **1** Cualidad de plebeyo. | Laiglesia *Ombligos* 207: El escudo de mi familia .. se transmite de generación en generación sin mácula de plebeyez. Delibes *Madera* 306: La plebeyez y rapiña reinantes en el buque-escuela desazonaron, en principio, a Gervasio, mas .. no tardó en plegarse a la nueva moral.
2 Cosa plebeya [2]. | ZVicente *Balcón* 35: –¡Te debes a tu apellido! –¡Sería una plebeyez atufante!

plebeyismo *m* Plebeyez [1]. | Umbral *Pro* 12.8.75, 13: Así como los judíos estaban siempre circuncidándose unos a otros, en España, los castellanos viejos nos inventamos esto otro del apéndice, porque era como quitarse de encima un excipiente de plebeyismo.

plebeyización *f* Acción de plebeyizar(se). | DPlaja *Abc* 20.8.65, 3: Una de las observaciones mejor desarrolladas en el pensamiento historiográfico de Ramón de Basterra .. es la del proceso de "plebeyización" de lo hispánico desde Carlos III a Fernando VII.

plebeyizar *tr* Hacer plebeyo [a alguien o algo]. | * Plebeyiza conscientemente su lenguaje. **b)** *pr* Hacerse plebeyo [alguien o algo]. | Iparaguirre-Dávila *Tapices* 35: La nobleza se plebeyizaba.

plebeyo -ya *adj* **1** De la plebe. *Tb n, referido a pers.* | Tejedor *Arte* 46: Fuera de estas gens quedaban los plebeyos, el vulgo o multitud .. La falta de derechos de esta clase provocó la "lucha de los dos órdenes", el patricio y el plebeyo. *Abc* 18.8.64, 27: El Gobierno ha denegado al príncipe .. el permiso para contraer matrimonio con una plebeya.
2 (*lit*) Bajo, social o moralmente. | Lapesa *HLengua* 304: *Lo* como dativo ("lo pegué una bofetada") es francamente plebeyo. Palacios *Juicio* 52: En la ejecución de las acciones que él [el bien común] nos inspira .. donde flaquea el hombre contemporáneo, produciendo esa falsa civilización de ideas plebeyas, chatarra y papel moneda.

plebiscitar *tr* **1** Someter a plebiscito [1]. | Tusell *País* 5.12.78, 12: En 1933 sería plebiscitado un nuevo Estatuto .. Tampoco este Estatuto .. resultaría aprobado. Halcón *Ir* 12: El espíritu constitucionalista del príncipe .. daba a la patria alegremente los dos siglos y medio de monarquía, para que todos fueran felices y él pudiera instalarse en su residencia de Nueva York sin pasar por los enojos de ser expulsado, plebiscitado o pudo sabe si violentado.
2 Refrendar masivamente. | J. RMendoza *País* 8.10.77, 16: Las razones que anteriormente se han expuesto bien merecen que como socialistas y como valencianos acudamos a plebiscitar con nuestra presencia, el domingo día 9 de octubre, la voluntad del pueblo valenciano de recuperar una identidad.

plebiscitariamente *adv* De manera plebiscitaria. | SCabarga *HLS* 3.8.70, 2: Los hechos acaban de demostrarnos plebiscitariamente lo fácil que es provocar la vibración del entusiasmo de la masa ante un suceso de esa naturaleza.

plebiscitario -ria *adj* De(l) plebiscito [1 y 2]. | J. CCavanillas *Abc* 13.12.70, 10: Por imposición plebiscitaria universal [el campanil de Pisa] se convirtió en el símbolo, alto y altivo, de una de las ciudades de mayor rango y estirpe. GSerrano *Macuto* 560: Un día [el "Oriamendi"] fue consagrado como himno guerrero del requeté .. Al parecer, la letra es comunitaria, casi plebiscitaria.

plebiscito *m* **1** Consulta al pueblo, mediante votación, de un asunto de estado, esp. de soberanía, para su

plectognato – pleitista

aprobación. *Frec fig.* | * La cesión de Ceuta y Melilla debería someterse a plebiscito. Vicens *Polis* 510: Un político enérgico, Alcide de Gasperi, condujo los primeros pasos de la República italiana establecida por plebiscito en 1947. Marquerie *MHi* 12.70, 39: Un plebiscito entre el público y la crítica otorgó el mayor triunfo a la actuación del Teatro Libero de Roma.
2 Refrendo o apoyo popular masivo. | * La manifestación de la Plaza de Oriente fue un verdadero plebiscito.
3 (*hist*) En la antigua Roma: Ley votada por la asamblea de la plebe. | Tejedor *Arte* 47: Los Comicios fueron entonces de tres clases: por curias ..; por centurias .., y por tribus (*comitia tributa* o *concilium plebis*), cuyas decisiones llevaban por ello el nombre de plebiscitos.

plectognato *adj* (*Zool*) [Pez] teleósteo con la mandíbula superior fija y la piel frec. cubierta de placas óseas, y sin aletas abdominales. *Frec como n m en pl, designando este taxón zoológico.* | Ybarra-Cabetas *Ciencias* 363: Hay otro grupo de teleósteos, los Ple[c]tognatos, .. a los que caracterizan las placas que cubren su cuerpo. [*En el texto*, pletognatos.]

plectro *m* **1** (*Mús*) Palito o púa para tocar determinados instrumentos de cuerda. | *Ya* 5.5.89, 52: El primer festival de música de plectro de Aranjuez se celebrará durante los días 5, 6 y 7 de mayo y contará con la participación de prestigiosas orquestas.
2 (*lit*) Inspiración poética. | GMacías *Relatos* 106: El industrial vivía, como quien dice, apartado del mundo, del "mundanal ruido", como reflejaba con su precioso plectro Fray Luis de León.

plegable *adj* Que se puede plegar¹ [1 y 2]. | S*VozC* 25.7.70, 2: Persianas venecianas Levolor. Puertas plegables Modernfold.

plegadera *f* Instrumento, de forma semejante a un cuchillo, para plegar y cortar papel. | Cuevas *Finca* 95: Aquella tarde abrió un libro con la plegadera y se leyó tres veces el primer tema.

plegadizo -za *adj* **1** Fácil de plegar(se)¹, *esp* [4]. | Marías *Gac* 28.12.75, 19: El gran director se contenta [*sic*] –o tal vez prefiere– actores de menor relieve, menos brillantes, acaso más plegadizos y maleables.
2 Plegable. | S. Adame *HyV* 10.71, 40: Enlaza [la manuela] con los otros dos [coches] al poseer cuatro asientos .., caja abierta y poco profunda, cubierta plegadiza, e ir tirada por un caballo.

plegado *m* Acción de plegar¹ [1 y 2]. *Tb su efecto.* | Marín *Enseñanza* 146: En la distribución semanal de actividades hay solo un espacio en el que se ha de atender a modelado, plegado y recortado. Camón *LGaldiano* 9: Las estilizaciones de los paños, concebidas con unas armonías de geométrica regularidad, con frondosidad de plegados.

plegador -ra I *adj* **1** Que pliega¹ [1]. *Tb n: m y f, referido a pers; f, referido a máquina.* | J. M. Cruz *Ya* 23.4.83, 6: Tampoco podemos fiárselo muy seguro a las muchachas plegadoras que trabajan en el taller del librero encuadernador. *Van* 20.12.70, 84: Plegadoras camisería sepan oficio, precisa empresa confección. Chamorro *Sin raíces* 249: Tocó, suavemente, la nueva y flamante máquina de escribir .. Puso en funcionamiento la Planeta plana, la plegadora, la cosedora de alambres a pedal.
II *m* **2** (*Tex*) Cilindro en que se enrollan los hilos de la urdimbre. | *Alcoy* sn: Este telar permite el acoplamiento de suplementos para dos y tres plegadores de urdimbre con tensión distinta por movimiento diferente en el juego de barra.

plegamiento *m* Acción de plegar(se)¹ [3 y 4]. | Bustinza-Mascaró *Ciencias* 374: Cuando vemos que los estratos aparecen doblados u ondulados, se dice que sufrieron un plegamiento, que estamos observando un pliegue. J. MMaestro *VozT* 2.4.75, 20: Para muchos el mal está en las posturas contestatarias, su inconformismo o su exacerbado criticismo, y quisieran para sí una juventud con un total plegamiento a sus criterios y a sus formas. **b)** (*Geol*) Pliegue. | Ybarra-Cabetas *Ciencias* 134: En todo plegamiento hay que distinguir la porción cóncava del pliegue en forma de V o sinclinal .. y la porción convexa, levantada en forma de A o anticlinal.

plegar¹ (*conjug* 6) *tr* **1** Doblar [una cosa] sobre sí misma. | Huarte *Tipografía* 65: La cubierta puede ir prolongada lateralmente por unas solapas que excedan del ancho del libro y se pliegan hacia dentro. Benet *Aire* 161: El acólito había plegado de nuevo la casulla, que se disponía a guardar en una cajonera. **b)** Plisar. | Medio *Bibiana* 176: Tiene que ser [la falda] plegada y de tergal. **c)** (*Impr*) Doblar [los pliegos] antes de encuadernar. | Huarte *Tipografía* 58: La signatura es una señal .. de cuerpo pequeño que indica al encuadernador cuál es la página primera de cada pliego y el orden de estos, para ayudarle en la labor de plegar y coser las hojas impresas.
2 Recoger [algo articulado] poniendo sus partes una sobre otra. | GPavón *Hermanas* 23: Plegó las gafas y quedó mirando a don Lotario.
3 (*Geol*) Doblar u ondular [la corteza terrestre (*cd*) fuerzas laterales]. | Ybarra-Cabetas *Ciencias* 132: Estratos concordantes plegados .. Si las fuerzas que los modifican actúan sobre todos ellos, inclinándolos o doblándolos, pero de tal manera que conserven el paralelismo de las capas, la estratificación se llama concordante. **b)** *pr* (*Geol*) Doblarse u ondularse [la corteza terrestre] por efecto de presiones laterales. | Bustinza-Mascaró *Ciencias* 374: Posteriormente, muchos estratos alteraron esta primitiva disposición y se inclinaron, se plegaron, se rompieron.
4 (*lit*) Adaptar o someter. | *Ade* 27.10.70, 14: Cáneva sabía cómo plegar la sangre joven del bello animal y ahormarla al capricho y mando del jinete. **b)** *pr* Adaptarse o someterse [a alguien o algo]. Laforet *Mujer* 328: En un matrimonio es necesaria una abnegación, un plegarse a otro ser, que solo es posible con un amor muy grande. M. Esturo *Hie* 19.9.70, 8: El Industrial de Bilbao .. ha debido de plegarse a las exigencias de esta corriente vendedora.

plegar² (*conjug* 6) *intr* (*reg*) **1** Terminar la jornada de trabajo. | Goytisolo *Recuento* 51: Continuaron acarreando, y ya era casi de noche cuando el Polit se irguió y, con los brazos en jarras, dijo que a plegar.
2 Cesar en un negocio. | Berlanga *Gaznápira* 168: Bien que se arrepiente de haber dado casi regaladas bandejas de plata .. y hasta el sillón de la barbería cuando plegó, al enviudar.

plegaria *f* (*lit*) Oración o rezo. | Ortega *Americanos* 74: Podrían subir a un minarete y clamar las plegarias.

pleistoceno -na *adj* (*Geol*) [Período] más antiguo de la Era Cuaternaria. *Tb n. m.* | Ybarra-Cabetas *Ciencias* 164: Respecto a la duración, la del período pleistoceno .. se cifra en un millón de años. Pericot *Polis* 16: El hombre vivió la época de la glaciaciones, que ocupó la mayor parte de la Era Cuaternaria (época diluvial o Pleistoceno).

pleita *f* Tira trenzada de esparto, hojas de palma, pita u otra fibra, que se usa para hacer esteras, sombreros y labores de cestería. | Berenguer *Mundo* 159: La gente que hacía esteras, esterones, cestos y trabajos de pleita venían [*sic*] por temporadas. CBonald *Ágata* 81: Halló unas pleitas de esparto que fue anudando hasta formar un cabo de mediana longitud.

pleiteante *adj* Que pleitea. *Tb n, referido a pers.* | F. PMarqués *Abc* 27.2.75, 57: Memorias de abogado incipiente en tierra de público pleiteante, traídas menudamente a una charla de evocación. Cabezas *Madrid* 81: Pleito que terminó con el juramento hecho sobre su espada por uno de los pleiteantes.

pleitear *intr* Litigar o contender judicialmente. | Carandell *Madrid* 62: El único recurso era pelearse por las tierras, pleitear por los títulos.

pleitesía *f* Muestra reverente de sumisión o acatamiento. *Frec con el v* RENDIR. | *Abc* 1.12.70, 52: Traidor porque .. besa la mano a Sancho en señal de pleitesía. VParga *Santiago* 24: Al pasar junto a la catedral, podían rendir pleitesía a Santa María y a sus santos protectores Santiago y San Nicolás.

pleitista *adj* [Pers.] amiga de pleitos. *Tb n.* | Cossío *Confesiones* 250: Después va descendiendo en el tono, hasta quedar desnudo el aldeano, el buen aldeano vasco, malicioso, pleitista, socarrón, tacaño. **b)** Propio de la pers. pleitista. | Vilatella *Salud* 434: Delirio [paranoico] de injusticia o pleitista (constantemente plantea el enfermo pleitos y reclamaciones por cuanto se siente injustamente tratado por todo el mundo).

pleito *m* **1** Disputa judicial entre partes. | Laforet *Mujer* 187: Unos desaprensivos le habían robado la herencia del hijo, aprovechándose de su inexperiencia... "Ah..., pero estoy en pleito."
2 Disputa o contienda. | RMorales *Present. Santiago VParga* 4: Reinaba en Roma el Papa Calixto II, de feliz memoria por haber terminado en Worms el largo y venenoso pleito de las investiduras con el Sacro Imperio. Delibes *Ratas* 108: A partir del pleito de la cueva, la Columba empezó a mirar al Nini torcidamente, como a su más directo, encarnizado enemigo.
3 ~ homenaje → HOMENAJE.

plementería *f* (*Arquit*) Conjunto de piedras con que se rellenan los huecos entre los arcos de una bóveda gótica. | PCarmona *Burgos* 66: Tres tramos de la [iglesia] de Vallejo de Mena .. llevan bóveda de ojivas provistas de dobles combados, pero despezada su plementería por anillos, como si fuesen cúpulas.

plemento *m* (*Arquit*) Plementería. *Frec designa cada uno de los paños que la componen*. | Tejedor *Arte* 119: Los dos [elementos] esenciales son la bóveda de crucería, obtenida por el cruce de arcos apuntados u ojivales, los nervios de la bóveda, y por el relleno luego de los espacios entre ellos, el plemento, que ejerce sobre los arcos su empuje, y los arbotantes. Angulo *Arte* 1, 381: El arquitecto gótico descompone la bóveda en dos elementos ..: los arcos que cruzan diagonalmente como antes las aristas .., y los plementos, paños o témpanos, que, apoyándose en ese esqueleto, cierran la bóveda.

plenairista *adj* (*Pint*) [Pintura o pintor] que se basa en los efectos de luz y de atmósfera al aire libre. | GNuño *Madrid* 140: *La conquista de la Bahía de San Salvador* por Fray Bautista Mayno es un cuadro casi plenairista, de luz difusa y bellos trozos de dibujo, muy superior a las obras de Carducho y Leonardo.

plenamente *adv* De manera plena [1]. | S. García *Ya* 22.10.64, 27: La velocidad del viento era de 1,8 metros. También el tiempo ha colaborado, pues, plenamente.

plenariamente *adv* De manera plenaria. | Areilza *Cam* 30.8.76, 7: Las instituciones de Franco estaban concebidas para que el propio Franco fuera jefe del Estado con omnímoda autoridad, que ejercía plenariamente, sin necesidad del concurso activo de esos mecanismos constitucionales, vigentes sobre el papel.

plenario -ria I *adj* **1** Total o completo. *Esp referido a indulgencia o a reunión*. | SLuis *Doctrina* 147: Para ganar indulgencia plenaria se requiere. SVozC 31.12.70, 3: La Conferencia Episcopal Española se ha reunido dos veces en sesión plenaria a lo largo del año 1970. SLuis *Doctrina* 66: La posesión de Dios será plenaria para todos.
II *m* **2** Pleno, o reunión plenaria [1]. | *Abc* 29.6.75, 16: La Intersindical Nacional portuguesa iniciará hoy .. un Plenario nacional preparatorio de un próximo Congreso Nacional de Sindicatos de Portugal.
3 (*Der*) Parte del proceso criminal que sigue al sumario hasta la sentencia. | *País* 6.1.78, 17: Declarada conclusa la fase sumarial y secreta del procedimiento que se sigue contra Alberto Boadella y otros, el citado procedimiento ha sido elevado a la fase procesal de pleno.

plenciano -na *adj* De Plencia (Vizcaya). *Tb n, referido a pers*. | J. Ortúzar *HLB* 14.8.78, 7: El jurado estuvo compuesto por cuatro profesionales de la cocina: Eleuterio Ibarra, Lorenzo Jáuregui, Ignacio Zárraga y el propietario de un restaurante plenciano.

plenificación *f* (*Filos*) Acción de plenificar. | Rábade-Benavente *Filosofía* 279: El hombre, partiendo de una experiencia de indigencia que no encuentra plenificación en la realidad que lo circunda, se ha abierto a nuevos dominios de nuevas realidades.

plenificador -ra *adj* (*Filos*) Que plenifica. | M. Unciti *SYa* 20.10.74, 4: El amor .. es Dios para el hombre .. Y quien de verdad ama al hombre alcanza el nivel más total y plenificador de su existencia humana.

pleito – pleomorfismo

plenificar *tr* (*Filos*) Hacer pleno. | * El hombre busca plenificar su voluntad y su entendimiento.

plenilunar *adj* De(l) plenilunio. | Cunqueiro *Des* 12.9.70, 27: No sabemos hasta dónde el Stoker de "Drácula" habría llegado con su historia. Quizás a convertir al vampiro en vegetal .. transeúnte por los bosques en la hora plenilunar.

plenilunio *m* Fase de Luna llena. | Cunqueiro *Un hombre* 22: En el tormento dijo llamarse Andrés y estar huido de su madrastra, que lo requería de amores en los plenilunios.

plenipotenciario -ria *adj* [Agente diplomático] que tiene plenos poderes para llevar a cabo su misión. *Tb n*. | Fernández-Llorens *Occidente* 253: En cuatro ocasiones, embajadores plenipotenciarios norteamericanos hicieron gestiones para comprar la isla [Cuba]. J. LArévalo *Gar* 21.7.62, 18: La segunda [guerra], que estalló en 1914, es decir cuarenta y cuatro años después, llevó a los plenipotenciarios de la Alemania vencida al vagón de Compiègne. **b)** [Ministro] ~ → MINISTRO.

plenitud *f* Cualidad de pleno [1]. | Valcarce *Moral* 15: Tienen que darse los tres factores del elemento subjetivo, pero en el perfecto se dan con plenitud, por lo menos la advertencia intelectual de que dependen los otros dos. **b)** Estado o situación de pleno [1]. | Alós *Hogueras* 35: Una desconocida que se había incrustado de pronto en su plenitud, en su felicidad. Torrente *Off-side* 160: Hay hombres aptos para las crisis. Otros lo son para las plenitudes.

pleno -na I *adj* **1** Total o completo. | *Compil. Cataluña* 769: Se imputará al heredero o coheredero su legítima y el prelegado que le atribuya bienes en propiedad plena. L. Calvo *Abc* 20.8.72, 17: Tanaka irá a Pekín a fines de septiembre, y no es todavía seguro que el acuerdo pleno, la plena normalización de relaciones se concierten fácilmente entre chinos y japoneses. **b)** Completo o perfecto. | Payno *Curso* 84: ¡Entonces ellos serán ellos y ellas ellas! Hombres y mujeres de carne y hueso, plenos y sin retoques. **c)** *Se usa, gralm en la constr* EN ~, *precediendo a un n que expresa tiempo o lugar, para indicar que se trata de ellos exactamente, con todas sus cualidades y circunstancias*. | Matute *Memoria* 18: En plenas vacaciones estalló la guerra. Arce *Testamento* 16: Casi no podía creer que me hallaba tan lejos, en pleno monte.
2 (*lit*) Lleno (que tiene gran cantidad [de algo]). | L. Bru *Abc* 20.8.72, 11: Hacen falta magníficos profesores, plenos de vocación.
3 Macizo o compacto. | Perala *Setas* 56: Pie: Pleno, firme, liso. **b)** [Forma] redondeada. | * Es una figura de formas plenas, armoniosas.
II *m* **4** Acierto pleno [1] en un juego de azar. *Tb fig. Frec en la constr* ACERTAR UN ~. | Marlasca *Abc* 3.12.70, 49: El encontrar al hombre de los barquillos de canela es ya cuestión de suerte. Casi de pleno de ruleta. Cossío *Confesiones* 49: Quizá la afición que después he tenido a la ruleta provenga de estos exámenes, en los que acertar un pleno era un sobresaliente seguro.
5 Reunión de los miembros de una corporación. | *CoE* 9.8.74, 15: Ocho concejales del Ayuntamiento de Pamplona abandonaron el Pleno extraordinario celebrado ayer.
6 (*raro*) Lleno (hecho de estar lleno un lugar). | CPuche *Paralelo* 312: En el bar había poca gente todavía. Los domingos el pleno era a eso de las dos.
III *loc adv* **7 de ~**. De lleno. | ZVicente *Traque* 217: Habría sido una pena que le hubiera cogido de pleno el autobús. DCañabate *Andanzas* 126: –¿He acertado? –De pleno, sí, señor.
8 en ~. *Referido a una colectividad, esp una corporación*: Con todos sus miembros. *Tb adj*. | Areilza *Abc* 19.3.72, 3: Venecia .. guardaba con rigor el sistema de los secretos exteriores .. Sin embargo, al término de su misión, el embajador relataba ante el Senado en pleno de la Señoría lo esencial de su tarea y el meollo de las sesiones verificadas. * Vino la familia en pleno.

pleomorfismo *m* (*Biol*) Cambio de forma que experimentan determinados organismos según las variaciones de las circunstancias ambientales. | Bustinza-Mascaró *Ciencias* 95: La forma de las bacterias no es constante y en deter-

pleomorfo – plica

minadas condiciones puede variar, fenómeno al que se denomina pleomorfismo bacteriano.

pleomorfo -fa *adj* (*Biol*) Que presenta pleomorfismo. | Alvarado *Anatomía* 150: Una de las bacterias pleomorfas más conocida es la productora de la tuberculosis.

pleon *m* (*Zool*) *En los crustáceos*: Abdomen. | Ybarra-Cabetas *Ciencias* 337: Las regiones del cuerpo en el cangrejo de río son tres: pereion, pleon y telson.

pleonasmo *m* (*TLit*) Uso de palabras innecesarias en cuanto al sentido, que insisten expresivamente en una idea. | López-Pedrosa *Lengua* 54: Pleonasmo: .. Yo mismo lo vi con mis propios ojos.

pleonástico -ca *adj* (*TLit*) De(l) pleonasmo o que lo implica. | Vigara *Esp. coloquial* 150: A veces la repetición se produce mediante el empleo de construcciones pleonásticas.

pleóptica *f* (*Med*) Técnica para devolver al ojo la agudeza visual en casos de ambliopía o estrabismo, mediante estimulación de la fóvea de la retina. | *ASeg* 27.2.76, 7: Dr. Palmerino González Gallego, oculista .. Pleóptica y Ortóptica en estrabismos.

plepa *f* **1** Pepla (cosa fastidiosa o molesta). | J. J. Moralejo *Voz* 4.8.87, 3: Otra buena plepa de alta frecuencia de aparición .. es la de que mejor sería dedicarnos a aprender inglés.
2 Pepla (achaque). | Campmany *Abc* 18.12.91, 19: Felisa, a falta de otras plepas, alifafes y goteras, está medio ciega.

pléroma *m* (*Filos*) Plenitud del ser divino. | GÁlvarez *Filosofía* 1, 202: El conjunto de los eones forma el pléroma, plenitud del ser divino.

plesiántropo *m* (*Zool*) Mono australopitécido cuyo cráneo es muy parecido al del hombre (gén. *Plesianthropus*). | Pinillos *Mente* 23: Los restos de australopitecos, plesiántropos y parántropos africanos, de hace un millón de años, pertenecen a unos animales simiescos más cercanos al hombre que los simios actuales. [*En el texto*, plesiantropo.]

plesiosauro *m* (*Zool*) Reptil fósil marino, semejante a un lagarto gigantesco, perteneciente a la Era Secundaria. *Frec en pl, designando el taxón zoológico correspondiente*. | Ybarra-Cabetas *Ciencias* 161: Esqueleto de plesiosauro. [*En un grabado*.] Bustinza-Mascaró *Ciencias* 188: Los hubo [reptiles] adaptados a la vida acuática, como lo están hoy las ballenas y las focas (Ictiosauros y Plesiosauros).

pletina *f* **1** Pieza metálica rectangular y de espesor reducido. | GTelefónica *N.* 14: Aceros inoxidables .. en chapas, barras, tubos, pletinas, mallas, varillas, perfiles, flejes. *Ale* 3.8.78, 9: El bebedero [para vacuno] se protege con una pletina curvada de 40 x 6 cm, soldada a la pletina A.
2 Sistema reproductor-grabador de un magnetófono de casete. | *País* 23.1.89, 5: Cadena hifi de doble pletina y mando a distancia.

pletismógrafo *m* (*Med*) Aparato para medir las variaciones de volumen de un miembro bajo la influencia de la corriente sanguínea. | Gambra *Filosofía* 100: Existen numerosos aparatos .. Así por ejemplo: el pulsógrafo ..; el pletismógrafo –registrador de la circulación de las extremidades–.

plétora *f* **1** Abundancia excesiva [de algo]. | *Almería* 66: Las segundas [las migas], fritas en sartén y con una plétora de aditamentos grasos. MGaite *Nubosidad* 189: La plétora sexual es un sucedáneo que trata de remediar el aislamiento del ser.
2 (*Med*) Exceso de sangre o de otros humores en el cuerpo o en una parte de él. | F. Martino *Ya* 11.4.75, 42: Estos abusones [de carne] son asiento de una verdadera enfermedad llamada "plétora", lo que les presta, aparte del gran peso, ese color rojo que llega a lo cárdeno y constituye el primer paso del reventón de un vaso sanguíneo.

pletórico -ca *adj* Que tiene gran abundancia [de algo]. *Tb sin compl, referido a alegría u optimismo*. | *Nue* 28.6.70, 1: Un Real Madrid pletórico de moral disputará esta tarde la final de Copa. *MOPU* 7/8.85, 114: Dos grandes ecosistemas suelen citarse en la provincia de Toledo: Las zonas planas, casi sin vegetación, pletóricas de vides y olivos .. El monte bravo o Mancha. * Venía pletórico porque le iban a ascender.

pleura *f* **1** (*Anat*) Membrana serosa que envuelve los pulmones y las paredes de la cavidad torácica. | Alvarado *Anatomía* 102: Rodeando a los pulmones se encuentra una membrana serosa llamada pleura. Marlasca *Pue* 9.12.70, 18: Tenía una herida incisa en la región costal derecha, producida por proyectil de arma de fuego, con lesión en el hígado y en la pleura parietal.
2 (*pop*) Pleuresía. | Cela *Viaje andaluz* 43: Me puse malo, me dio la pleura.

pleural *adj* (*Anat*) De (la) pleura [1]. | Bustinza-Mascaró *Ciencias* 67: Alrededor de cada pulmón y envolviéndolo hay un saco pleural formado por una doble membrana, las pleuras.

pleuresía *f* Inflamación de la pleura [1]. | ZVicente *Traque* 159: Hombre, si aquello era el diluvio. Y Ramona, .. pues que agarró una pleuresía.

pleuritis *f* (*Med*) Inflamación de la pleura [1]. | Pau *Salud* 294: La pleura, al inflamarse, origina las llamadas pleuritis o pleuresías. Si se produce solo una secreción de tipo fibrinoso, se dice que hay pleuritis seca, y si se acumula líquido en el espacio pleural, se llama pleuritis exudativa.

pleurodinia *f* (*Med*) Dolor de los músculos intercostales, gralm. causado por pleuritis. | MPisón *Ya* 25.3.90, 14: La medicina se ha propuesto combatir el dolor físico .. Palabras como miodinia y pleurodinia pasarán del uso infrecuente al más completo desuso.

pleuronéctido *adj* (*Zool*) [Pez] de cuerpo comprimido y asimétrico, de la familia del lenguado. *Frec como n m en pl, designando este taxón zoológico*. | *Animales marinos* 170: Familia 50. Pleuronéctidos.

pleuropulmonar *adj* (*Med*) De la pleura [1] y los pulmones. | J. M. Suárez *Ya* 15.5.75, 44: Es preciso atender también a otros muchos campos de la medicina interna actual, como la repercusión general ocular, pleuropulmonar, cardíaca, digestiva, vascular, ganglionar, renal, etc.

plex *m* Material plástico usado esp. para bolsos. | *Van* 20.12.70, sn: Bolso plex cocodrilo, modelo última novedad. *Prospecto* 4.88: Bolso con solapa en plex, imitación serpiente y cocodrilo, en negro, marino, rojo, beige y lince.

plexiforme *adj* (*Anat*) En forma de plexo. | Alvarado *Anatomía* 83: Capa plexiforme interna. [*En un grabado de la estructura de la retina*.]

plexiglás (*n comercial registrado*) *m* (*hoy raro*) Sustancia plástica transparente e irrompible, fabricada con metacrilato de metilo y usada como sustituto del vidrio. | GTelefónica *N.* 59: Luminosos publicitarios de plexiglás, en todos los tamaños y coloridos. Letras sueltas moldeadas en plexiglás. **b)** Material plástico transparente y flexible. | Cela *Judíos* 60: Aranda de Duero tiene .. cien muchachas de hondo y pensativo mirar, trajecillo estampado y bolso de plexiglás.

plexo *m* **1** (*Anat*) Red formada por varios filamentos nerviosos o vasculares entrelazados. *Frec con un adj especificador*: AÓRTICO, CARDÍACO, SOLAR, *etc.* | A. M. Calera *Agromán* 20: Las regiones más sensibles [del cuerpo humano] .. son las siguientes: el plexo solar –que está bajo el estómago–, los testículos. **b)** Plexo solar (→ SOLAR[2]). | Delibes *Cartas* 144: Este paso es tan definitivo que los nervios del plexo se contraen y a duras penas me dejan respirar.
2 (*lit*) Red o entrecruzamiento. | MPuelles *Hombre* 169: La iniciativa privada .. no está reñida con la planificación; por el contrario, necesita de ella, en la medida en que existe una red, un plexo, de libertades individuales.

pléyade *f* **1** (*lit*) Grupo de perss. destacadas que florecen a un tiempo. | Lapesa *HLengua* 142: Muy pronto vienen a engrandecerla la obra gigantesca de Raimundo Lulio (1233-1315) y una brillante pléyade de historiadores y didácticos. GNuño *Madrid* 95: Una pléyade de hombres beneméritos recorrió España adquiriendo gran número de antigüedades.
2 (*Quím*) Grupo de elementos isótopos que ocupan el mismo lugar del sistema periódico. | Aleixandre *Química* 8: El conjunto de elementos isótopos que ocupan el mismo lugar del sistema periódico se llama pléyade.

plica *f* Sobre cerrado y sellado que contiene un documento o noticia que no debe conocerse hasta un momento determinado. | *VozC* 25.7.70, 2: La apertura de plicas tendrá lugar en el Salón de Sesiones de la Casa Consistorial.

plié (pronunc corriente, /pli-é/) *m* (*Danza*) Movimiento que consiste en doblar las rodillas. | Casares *Música* 190: Los *pliés*, que son las maneras de plegar los pies y las piernas. [*En el texto, sin tilde.*]

pliego I *m* **1** Hoja grande de papel plegada. | *ByN* 31.12.66, 58: Usted podrá coleccionar estos pliegos centrales y formar con ellos libros de gran valor artístico. **b)** Hoja grande de papel. | Medio *Bibiana* 250: –Firme usted su declaración.– Y entrega a Bibiana el pliego que ha retirado de la máquina.
2 (*Impr*) Hoja en que se hace la tirada. *Tb el conjunto de páginas impresas en ella.* | Huarte *Tipografía* 58: En el cuadro adjunto se indican las páginas en que comienzan y terminan los pliegos de 8 y de 16 páginas. **b)** Folleto constituido por un solo pliego. *Frec* ~ SUELTO *o* DE CORDEL (→ CORDEL). | RTobar *Novela* 17: El sistema de organización del circuito de los pliegos sueltos se iniciaba en los talleres de impresión para concluir en la distribución realizada por los ciegos en venta directa y callejera. RMoñino *Poesía* 32: Durante siglos, ciegos cantores y músicos ambulantes no han vivido sino de tender, en cualquier esquina o plaza, la cuerda en que sostenían, colgados por la doblez principal, esos pliegos de cordel.
3 Escrito en que constan [las condiciones de un contrato o subasta, los cargos que se le imputan a una pers. o los descargos que ella alega (*compl* DE)]. *Tb fig*. | *Abc* 4.10.70, sn: La Junta liquidadora del material automóvil del Ejército anuncia venta pública para enajenar el material relacionado en los pliegos de condiciones técnicas, expuestos en la Secretaría de la misma. L. Francisco *Pue* 4.12.70, 4: Comenzó la lectura del apuntamiento, es decir, el pliego de cargos contra los procesados. JLozano *Des* 12.9.70, 9: Mauriac supo siempre muy bien .. que solo esas Bienaventuranzas de la infancia y de la pobreza nos servirán a todos de pliego de descargo.
II *loc v* **4 tirarse el ~.** (*col*) Tirarse el farol. | Forges *D16* 15.5.83, 10: El Hombre Enmascarado (llamado por los nativos "Fantasma"), en la cafetería, tirándose el pliego de cómo apareció sin problemas en plena plaza de Cataluña.

pliegue *m* **1** Señal o marca que queda al plegar una materia flexible. | *Economía* 227: Cuando se plancha una manga plana, el pliegue de la manga debe ser una prolongación d[e]l del hombro.
2 Parte plegada de una materia flexible, constituida por dos capas que forman ángulo. | Medio *Bibiana* 180: Tenemos otras formas [de faldas]... Pliegues más anchos.
3 Ondulación que forma un tejido que cae más o menos suelto. | Tejedor *Arte* 121: Como sus caracteres generales [de la escultura gótica], son de destacar: su mayor sentido realista y menor rigidez, la naturalidad y soltura de los pliegues.
4 (*Geol*) Doblez u ondulación producida en la corteza terrestre por el movimiento conjunto de rocas sometidas a una presión lateral. | Ybarra-Cabetas *Ciencias* 134: Los materiales sedimentarios se presentan con gran frecuencia doblados, formando pliegues de tamaño variable.
5 (*Anat*) Doblez u ondulación en una superficie. | Alvarado *Anatomía* 71: Su superficie .. está recorrida por numerosos pliegues salientes, llamados circunvoluciones cerebrales.

plin (*tb* **plim**). **a mí, ~.** (*col*) *fórm or* Se usa para manifestar indiferencia. *Alguna vez se sustituye el pron* MÍ *por otro pron o por el n de la pers en cuestión.* | CPuche *Paralelo* 257: –Pues yo creo que tiene que ser por alguien del almacén. –A mí, plin –contestó Genaro encogiéndose de hombros. Delibes *Cinco horas* 215: Pero mira, Mario, a mí plim, papá y mamá no la hablaban y yo no iba a ser menos. Campmany *Abc* 7.11.89, 21: Ya se le avisó de que .. su presentación aislada entorpecería gravemente la remota posibilidad de descabalgar a los socialistas del poder. Claro está que al duque, eso, plim.

plinto *m* **1** (*Arquit*) Elemento cuadrangular de la base de una columna o de una estatua. | Torrente *Saga* 99: La frase está grabada con letras indelebles en el plinto del busto que se le erigió en un rincón de la Rosaleda.
2 Aparato gimnástico para salto, en forma de plinto [1]. | MMolina *Jinete* 227: La humillación de no saber saltar el potro ni ese artefacto temible al que llaman el plinto.

3 (*raro*) Zócalo. | Grosso *Capirote* 160: En la taberna, desierta aún, olía a vino y a azufre .. Una rata cruzó el bordillo del plinto de azulejo.

plioceno -na *adj* (*Geol*) [Período] último de la Era Terciaria. *Tb n m.* | Ybarra-Cabetas *Ciencias* 163: Período plioceno. Pericot-Maluquer *Humanidad* 25: El límite entre una era y otra es del todo artificial, y así hemos visto .. cómo el largo período llamado Villafranquiense se pasaba del Plioceno al Pleistoceno. **b)** De(l) período plioceno. | Ybarra-Cabetas *Ciencias* 163: En España los terrenos pliocenos son muy abundantes.

pliopolio *m* (*Econ*) Libre concurrencia. | FQuintana-Velarde *Política* 223: Si nuevas empresas entran cada año en un sector productivo puede afirmarse que se eleva la competencia. Los economistas afirman que se incrementa el grado de pliopolio del sector económico correspondiente.

plis[1] *adv* (*col, humoríst*) Por favor. | Umbral *Gente* 78: Un respeto, plis.

plis[2] *m* Líquido que se aplica al cabello antes de marcarlo, para que dure más el peinado. | *CoE* 18.8.87, 3: Peluquería señoras. Sra. peinado con rulos y plis: 500.

plisado *m* Acción de plisar. *Tb su efecto.* | Penélope *Ya* 15.4.64, 10: Conservando en idéntica forma los plisados y los drapeados después de múltiples lavaduras.

plisar *tr* Hacer pliegues [2] [en una tela o papel, o en algo hecho con ellos (*cd*)]. *Frec en part.* | Medio *Bibiana* 180: Tenemos otras formas [de faldas]... Pliegues más anchos... Y estas de tablas... Aquí están las plisadas. *Fam* 15.11.70, 38: Lo mini, lo maxi y el vestido pantalón intervienen en ella, así como los volantes plisados, lazos y encajes.

plis-plas. en un ~. *loc adv* (*col*) En un santiamén. | R. Villacastín *SD16* 30.5.93, 106: El príncipe azul. Un príncipe de carne y hueso .. que nos transporte al reino de los cielos en un plis-plas.

plomada *f* **1** Utensilio constituido por una pesa metálica que pende de un hilo y que sirve para señalar la dirección vertical. | *Hacerlo* 103: Con la ayuda de la plomada se hacen unas señales verticales.
2 Conjunto de plomos [4c] empleados en una red de pesca. | Aldecoa *Gran Sol* 190: Yo he visto echar a un pescador a la mar .. El patrón mandó que le ataran una plomada a la cintura y lo envolvimos en un trozo de red porque no había otra cosa a mano.

plomado -da *adj* **1** *part* → PLOMAR.
2 Que contiene plomo [1]. | A. Westley *Ciu* 2.75, 23: En las sociedades industriales hay mayor concentración de plomo en la contaminación atmosférica, procedente principalmente de las gasolinas plomadas.

plomar *tr* Emplomar. | Cela *SCamilo* 330: El vestíbulo con muebles tapizados de moaré granate y vidrios plomados en las ventanas. *Hacerlo* 45: El tubo Bergmann es una masa de cartón impregnado con un líquido incombustible recubierta de una armadura de hierro plomado, latón, acero, etc. *TMé* 13.4.84, 29: Vendo aparato de rayos X, .. incluyéndose también antidifusor y guantes protectores plomados.

plombagina *f* (*Mineral*) Grafito. | Marcos-Martínez *Física* 279: Al estado pulverulento, y con el nombre de plombagina, se emplea [el grafito] para recubrir objetos de hierro.

plomeado *m* Acción de plomear [2]. | J. A. Donaire *Abc* 9.2.85, 53: Esta [la veleta] debe ser sumamente sensible, y su plomeado, perfecto.

plomear *tr* **1** Herir con perdigones. | Berenguer *Mundo* 75: Mataron a uno de aquellos allí mismo y a otro le metieron más de diez tiros, y no murió allí, sino en el pueblo, donde lo subieron plomeado.
2 Poner plomos [4c] [a algo (*cd*)]. | LMora *Ya* 24.11.74, 40: La veleta adquiere gran importancia para la misma suavidad de la picada. Tiene que estar perfectamente plomeada, y es conveniente que permanezca sumergida.

plomero *m* **1** Operario que trabaja el plomo. | Bustinza-Mascaró *Ciencias* 327: Con el plomo [el estaño] forma diversas aleaciones, entre ellas la soldadura de plomeros y la soldadura de hojalateros.

plomífero – pluma

2 (*reg*) Fontanero. | Pemán *Abc* 10.12.57, 3: Las mujeres se extraviaban ayer más allá de las tres cifras. Hoy ya alcanzan las cuatro, por obra de cualquier plomero que ha arreglado dos grifos y un tubo.

plomífero -ra *adj* (*col*) Pesado (molesto o enfadoso). | GHortelano *Momento* 525: Tendréis que aguantarme que os quiera más .. y que me ponga plomífera.

plomizo -za *adj* **1** [Color o aspecto) de(l) plomo [1]. | Ybarra-Cabetas *Ciencias* 64: Es [la galena] de color gris plomizo e intenso brillo metálico. **b)** Que tiene color de plomo. | Arce *Testamento* 79: Era una pálida luz plomiza que me hizo pensar en la amanecida. Cuevas *Finca* 261: Llegaban .. nubes bajas, plomizas.
2 (*col*) Pesado (molesto o enfadoso). | S. Sans *Des* 12.9.70, 35: El ensayo entiendo que es misión primordial del crítico, si este no quiere ser un mero gacetillero más o menos brillante o plomizo según su estilo y humor.

plomo I *m* **1** Metal, de número atómico 82, muy blando y pesado y de color gris azulado. | Ybarra-Cabetas *Ciencias* 64: Es la galena la mena de más importancia del plomo. **b)** *Frec se usa en constrs de sent comparativo para ponderar la pesadez*. | Laforet *Mujer* 331: Sintió algo así como si sus rodillas se hicieran de plomo y no se pudo levantar para el último Evangelio. Laforet *Mujer* 191: Los minutos caían tan pesados como gotas de plomo.
2 (*Impr*) Aleación de plomo [1a] con que se funden los tipos. | Huarte *Tipografía* 22: Hecha [la corrección del estilo] después de la composición, supone gasto de plomo. **b)** Composición tipográfica. | Marlasca *Abc* 19.5.70, 43: ¡Esos duendes! Hubo uno .. que sentó sus reales en la linotipia de mi compañero .. y se la jugó, colocando en el plomo .. "reserva" por "re-ver-sa". Cándido *Abc* 2.2.65, 41: Ha recibido .. el comentarista una carta del jefe del Servicio Nacional de Loterías extrañándose del rumor que Serrano Anguita, en "Madrid"; María Luz Nachón, en "Informaciones"; dos concejales en el Ayuntamiento y el infrascrito dieron al plomo.
3 Fusible (de electricidad). *Frec en pl*. | Cossío *Confesiones* 63: En el segundo acto se fundió un plomo y quedamos a oscuras. Berlanga *Pólvora* 19: Loren arreglaba las perillas de la luz, los plomos. M. Landi *Caso* 21.11.70, 8: Tenía puesta la televisión y él fue y desconectó el automático de los plomos, así que quedamos a oscuras.
4 Pieza u objeto de plomo [1a]. | GNuño *Escultura* 132: Las primeras razones de existencia de la escultura ibérica no hay duda de que se apoyan en los precedentes griegos regionales, seguidos fácilmente por la gran maestría técnica de los fundidores de la alta Andalucía, duchos en el trabajo y laboreo de bronces y plomos. Lapesa *HLengua* 18: Hoy parece que la lengua tartesia .. era distinta de la ibérica, representada por los plomos de Alcoy, Mogente y Castellón. **b)** Perdigón o bala. *Tb en sg con sent colectivo*. | J. A. Castro *Ya* 21.6.75, 8: Soltando alejandrinos como plomos de anticuado arcabuz. *ElM* 1.12.92, 7: En el momento en que Luis Merino realizó los tres disparos contra Lucrecia, los menores se asustaron y salieron para el coche .. "Les he dado tres plomos, que se los repartan. Ha sido como tirar a dos chuletas de cordero." * El pistolero le advirtió que le llenaría el cuerpo de plomo si se interponía en su camino. **c)** Pieza o pedazo de plomo [1] que se pone en determinadas cosas para darles peso. | * La cortina lleva plomos. **d)** (*Impr*) Cuña de plomo que se pone en el tintero de una máquina de imprimir para obturar una parte del mismo. | Chamorro *Sin raíces* 189: La casa que le vendió la máquina le envió un croquis de la misma. Las piezas sobrantes eran los plomos que llevaba el tintero.

II *adj* **5** (*col*) Pesado (molesto o enfadoso). *Tb n m, referido a pers o cosa*. | GHortelano *Amistades* 85: –Se pensará en ello. Tampoco en un minuto podemos encontrar quien lo haga. –No quisiera ponerme plomo .. Pero hay que dar rápidamente con alguien. Berlanga *Recuentos* 187: Lo mejor es que uno de esos agentes literarios haga este trabajo de búsqueda tan duro, sucio, plomo, desesperante. ZVicente *Traque* 232: Parece una buena chica, o sea, vamos, que es un plomo de mucho cuidado.
6 [Color] gris azulado propio del plomo [1]. *Frec* GRIS ~. *Tb n m*. | * El coche es de color gris plomo metalizado. **b)** De color gris plomo. | GPavón *Reinado* 16: Los paseos del Cementerio estaban desiertos. Bajo el cielo plomo de aquella tarde ventosa parecían más de irás y no volverás que nunca.

7 de ~. Muy pesado. *Frec fig*. | Buero *Diálogo* 73: Le entró un sueño de plomo nada más echarse.
III *loc v* **8 fundírsele** (*o* **saltársele**) [a alguien] **los ~s**. (*col, humoríst*) Paralizársele el cerebro, esp. por pensar mucho. | Tomás *Orilla* 203: Tenéis razón .. Pero no tengo ganas de pensar. Si te comes el coco, se te pueden fundir los plomos, y a ver qué puede pasar. Diosdado *Cuplé* 41: –¿Le parece a usted mal que yo me lleve el [dinero] mío a Suiza? –(Saltándosele de nuevo los plomos.) ¿Perdón?
9 llevar, *o* **tener**, **~ en las alas**. Encontrarse [alguien] al borde de la derrota en su actividad. | * Felipe lleva plomo en las alas.
IV *loc adv* **10 a ~**. Verticalmente. *Con el v* CAER. *Tb adj. Tb fig*. | Moreno *Galería* 141: No se había llevado el aire la paja y había caído a plomo el grano. J. Jerez *Abc* 1.10.83, 61: La consecuencia fue una caída a plomo de la plata hasta su límite de baja, reflejada en un declive de importancia en el oro. Cela *Judíos* 308: Con el sol cayendo a plomo sobre las doce, se quieren entender .. las débiles y cansinas sombras de una tropilla que avanza.
11 a ~. Pesadamente. *Gralm con el v* CAER. | Halcón *Manuela* 74: De cuando en cuando .. se sentaba a plomo en los sillones y sofás. Benet *Nunca* 15: Contemplando a través de los cristales .. cómo las tardes caían a plomo.
12 con pies de ~ → PIE.

plongeon (*fr; pronunc corriente,* /plonžón/ *o* /plonyón/; *pl normal*, ~s) *m* (*Fút*) Estirada. | A. Uroz *SInf* 14.12.70, 9: Los palos de Samper habían devuelto un balón, y Bordons había sacado otro de la misma línea en espectacular "plongeon". Campmany *HLM* 26.6.78, 5: Don Felipe se vistió de portero, con sus rodilleras para las estiradas hacia la alternativa .. Los periodistas le dispararon por la derecha, y los "plongeones" de don Felipe se quedaban cortos.

plorante *adj* (*lit*) Que llora. *Tb n*. | GNuño *Arte* 181: El sarcófago de los reyes Carlos el Noble y Leonor .., obra extraordinariamente sugestiva en las figuras de plorantes del rebanco, encapuchados que no muestran, sino dejan adivinar su aflicción.

plotter (*ing; pronunc corriente,* /plóter/; *pl normal*, ~s) *m* (*Informát*) Trazador de gráficos. | R. RSastre *Mun* 28.11.70, 48: Datos de infraestructura .., con ayuda de procedimientos estadísticos como cálculos de frecuencia de regresión y correlación, análisis factorial, impresor lineal para los mapas, plotter, etcétera. RJiménez *Tecnologías* 20: Los más comunes [dispositivos de salida] son: impresoras de diversos tipos ..; pantallas de rayos catódicos, pantallas de plasma, discos magnéticos, trazadores de gráficos ("plotters").

plum *interj* (*col*) Pum. | Aparicio *Año* 122: La llamada fue decidida: plum, plum, plum, tres aldabonazos sonoros y expansivos.

pluma I *n* **A** *f* **1** Excrecencia de las que cubren el cuerpo de las aves. *Tb en sg con sent colectivo*. | Ybarra-Cabetas *Ciencias* 378: Debajo de las plumas de revestimiento se encuentra el plumón, formado por plumas pequeñísimas y más finas. Arce *Testamento* 46: No es precisamente de plumas [la colchoneta]. E. Fornet *DNa* 27.8.64, 8: El abanico en Persia y en Egipto. Comenzó en Persia y en Egipto con los abanicos de pluma de avestruz u hojas de plantas. **b)** Pluma, natural o artificial, utilizada como adorno. | Buero *Soñador* 242: Viste sobrio atavío: un tricornio negro sin galón ni plumas, una casaca sin bordados. **c)** *Frec se usa en constrs de sent comparativo para ponderar la ligereza o levedad*. | Aparicio *Año* 188: Ese pelfo nos tiene a todos acogotados y vienes tú, el forastero, y lo haces volar como una pluma.
2 Utensilio que sirve para escribir con tinta. | Medio *Bibiana* 277: Saca del bolso una pluma de oro y empieza a pulirla. Olmo *Golfos* 22: Quieres que las chisteras dejen de ser vulgares tapa-calvas porque una vez viste salir de ellas .. plumas estilográficas. **b)** Escritura (arte o actividad de escribir). | Lera *Olvidados* 118: ¿Verdad, señor Antonio, que sabiendo bien de cuentas y de pluma se puede llegar muy lejos? **c)** (*lit*) Estilo o modo de escribir. | GMontero *Abc* 19.3.72, 39: Es un homenaje al insigne escritor accitano que, con su pluma ágil y varia, cantó las excelencias de su tierra natal en páginas inolvidables. **d)** (*lit*) Inspiración de escritor. | Umbral *Mortal* 147: Hay quien se ha pasado la vida escribiendo de Dios .. porque le va como tema, porque tiene pluma para eso .. Si usted tiene pluma mística, escribirá

de Dios toda su vida, aunque no crea ni profese. **e)** (*lit*) Escritor. | Delibes *Perdiz* 117: Al Barbas es punto menos que inútil mentarle a don José Ortega y Gasset. –¿Era ese señor una buena escopeta? –Era una buena pluma. –¡Bah!

3 Pieza quitinosa que constituye la concha interna de los calamares. | Bustinza-Mascaró *Ciencias* 131: En el lado dorsal [del calamar] y cubierto por el manto se halla una concha traslúcida y poco consistente llamada vulgarmente pluma.

4 Mástil de una grúa. | CBonald *Noche* 129: Parte de la amura y dos plumas de carga emergiendo como la obvia ilustración de una crónica de naufragios. *Ya* 26.10.83, 1: Una persona resultó muerta y otras tres heridas, una de ellas grave, al caer la pluma de una grúa sobre un autobús en la avenida Galicia, de Oviedo.

5 Unidad de medida para agua, que en Barcelona equivale a 0,025 litros por segundo. | P. Comas *Van* 14.7.74, 44: La primera de las innovaciones fue la elevación del precio del agua .. y pasar a facturar el suministro en metros cúbicos, en lugar de hacerlo en plumas como se venía haciendo antes.

6 (*col*) Peseta. | Aristófanes *Sáb* 23.7.75, 48: La entrada de la final [del Festival de Benidorm] costaba más de las mil plumas.

7 (*jerg*) Comportamiento característico de los hombres homosexuales. *Gralm con el v* TENER. | E. LGuevara *NEs* 22.10.87, 44: Olle, sueco de toda la vida, rubio y fornido, desde pequeñito tenía un ramalazo cosa mala, una pluma que le recorría todo el cuerpo. *GOc* 17.11.80, 81: Soy un chico gay de 23 años .. Quisiera conocer chicos hasta los 25 años que les guste la música rock, el cine y pasear, que pasen del ambiente y sin plumas. Grandes *Lulú* 191: Sin una sola pluma, eso lo primero, altos, un metro setenta y ocho como mínimo, grandes, convencionalmente guapos de cara, ya sabes, el tipo de chicos que les gustan a las colegialas.

8 (*jerg*) Pene. | T. Castilla *SPaís* 6.9.90, 6: En la Facultad de Ciencias de la Información, los estudiantes protestan por la falta de utillería en los inodoros. Lo único que funciona es la pluma de los usuarios.

9 (*jerg*) Prostituta. | Cunqueiro *Crónicas* 66: Decían que vuestra merced, señor coronel, le había metido a la niña en la boca la lazada del chambergo, para que no gritase. Decían que la lazada era azul, de seda, y la niña una plumilla de doce años.

10 (*raro*) Ventosidad sin ruido. | Cela *Inf* 3.9.76, 14: La leve pluma o el follón o el zullón del silencio, al igual que el cuesco ruidoso del señor de la Torre de Juan Abad, son un derecho inalienable de la persona.

B *m* **11** (*hoy raro*) Impermeable muy ligero. | Laín *Descargo* 169: Bien ligeros de equipaje íbamos. Yo, con una liviana maletita y el "pluma" –un impermeable ligero, según la nomenclatura de la época– que había comprado en Santander por veinticinco pesetas.

12 (*jerg*) Hombre homosexual. *Tb adj.* | VMontalbán *Pájaros* 57: Se les ve lo que son ya en el caminar, igual que a un pluma se le ve en la forma de las cejas, ¿comprende? ¿Se ha fijado usted en que a los plumas se les ponen las cejas puntiagudas? M. Longares *ElM* 11.12.89, 3: Le pregunto por las mujeres que tuvo Lope de Vega, y si por eso le odiaba Cervantes, que era un poquito pluma.

II *adj* **13** (*Dep, esp boxeo*) [Peso] cuyo límite superior es de 57,1 kg. *Tb referido al deportista de este peso; en este caso, frec como n m en pl.* | *DVa* 15.3.75, 18: El próximo domingo día 16 .. se celebrará en Cestona una competición de halterofilia .. La selección de Guipúzcoa estará formada por Manuel Grijalba, en el peso mosca, del C. D. Zarauz; Juan Pedro Pérez, pluma, La Salle de Irún. *Inf* 26.6.70, 1: Intentará en la misma velada reconquistar el Campeonato de Europa de los plumas. Villuendas *Ya* 13.4.77, 38: Los dos primeros clasificados de cada peso fueron: –. Pluma: Cuaresma (Valenciana) y Bueno (Catalana). [*En taekwondo*.]

14 de ~. (*reg*) [Perro] para cazar aves. | *DNa* 14.5.77, 29: Vendo dos perros de pluma.

III *loc v* **15 adornarse** (*o* **vestirse**) **con ~s ajenas.** Apropiarse de las muestras de ingenio de otro. | * Es muy dado a adornarse con plumas ajenas.

16 hacer ~ y pelo. (*col*) Hacer a pluma y pelo (→ PELO). | MSantos *Tiempo* 19: Ni siquiera muy seguro que no fuera un poco a pluma y pelo, pero quizá por el contraste, mi hija tan varona se dejó conquistar.

IV *loc adv* **17 a vuela ~.** → VUELAPLUMA.

plumacho *m* (*reg*) Penacho. | Torrente *Fragmentos* 92: "¡Ya están ahí los indios!" Sí, ya estarán. Las vanguardias asomarán sus plumachos allá al final de la rúa Bendita. Arozarena *Lit. Canarias* 1, 38: Por la esquina cercana apareció un camión destartalado, furioso, con un plumacho de vapor en el morro.

plumada I *f* **1** Conjunto de plumas [1] arrancadas. | MFVelasco *Peña* 82: Si en las basuras de Rendal aparece una plumada de charrilla, Vitines ha andado de furtiveo.

II *loc adv* **2 de una ~.** (*raro*) De un plumazo. | Halcón *Monólogo* 177: Lo que es para algunos un signo de descomposición burguesa que yo trato de hacerme perdonar de una plumada.

plumado -da *adj* **1** *part* → PLUMAR.

2 Que tiene plumas. | Campmany *Abc* 5.3.89, 37: Es [Curro] un pájaro en pie, un pájaro empinado, bípedo plumado.

plumaje *m* Conjunto de plumas [de un ave]. *Tb fig.* | Bustinza-Mascaró *Ciencias* 192: La gallina tiene cresta más reducida que el gallo, su plumaje es menos llamativo y carece de espolón. *Abc* 8.9.66, 13: Es una gravísima afrenta a la lengua de Cervantes presentarla como envoltura de tanta morralla filmada, a la que sería mucho más digno obligarla a exhibirse con su propio plumaje.

plumar A *intr* **1** Echar plumas [un ave]. *Frec en part.* | Lama *Aves* 94: Cogidos ya cuando son adultos, mueren muchos por no adaptarse a la cautividad, por lo cual es mejor criar los pollos cogiéndolos del nido cuando están ya completamente plumados.

B *tr* **2** (*reg*) Desplumar. *Tb fig.* | Goytisolo *Recuento* 113: Ahora les voy a plumar a todos, les pienso dejar sin blanca. No es exactamente hacer trampa, sabes.

plumario -ria *adj* De (la) pluma [1a y b]. | *Ya* 7.9.88, 43: Ayer quedó inaugurada, en el Jardín Botánico de Madrid, la primera exposición de "Arte plumario de Brasil" .. Se trata de un importante conjunto de objetos ornamentales realizados desde hace siglos con plumas de aves por grupos de indígenas brasileños.

plumas *m* (*col*) Plumífero (anorak). | * Llevas un plumas precioso.

plumazo I *m* **1** (*hist*) Colchón o almohada grande de plumas. | M. A. GGuinea *SYa* 21.9.75, 21: Se guardaron de nuevo los ricos ornamentos y las ropas y vajillas excelsas, algunas todavía procedentes de la donación de la condesa doña Elo: un vaso purísimo de plata, .. plumazos greciscos, ciriales de plata, etc.

II *loc adv* **2 de un ~.** De manera expeditiva. *Gralm con vs como* RESOLVER *o* SUPRIMIR. | Carandell *Madrid* 76: El cargo político .. pretende .. resolver de un plumazo el problema de la lentitud burocrática. A. Barra *Abc* 19.12.70, 35: Esta gran fantasía informativa parece un insulto a los alaveses, eliminados de un plumazo del tronco vasco. Huarte *Tipografía* 23: Ve [el tipógrafo] el producto de su esfuerzo desechado así de un plumazo como cosa totalmente inútil.

plumbago *m* Se da este n a varias plantas del gén *Plumbago*, esp a la *P. europaea* y la *P. auriculata*. | Loriente *Plantas* 60: *Plumbago auriculata* Lam., "Plumbago". Arbusto sarmentoso, no raro en fincas, jardines y parques.

plúmbeo -a *adj* **1** (*lit*) De plomo [1]. | Aparicio *César* 19: El agua se desplomaba sonora. Su color plúmbeo se perlaba al caer en vertiginosas circunferencias de espuma.

2 Sumamente pesado o aburrido. | Cela *Judíos* 13: Los viajes didácticos o educativos suelen ser plúmbeos e insoportables. Cierva *País* 22.2.77, 9: A pesar del estilo plúmbeo de sus artículos, Tácito logró pronto .. una merecida audiencia.

plúmbico -ca *adj* (*Quím*) [Compuesto] de plomo [1] en que este tiene valencia 4. | Marcos-Martínez *Física* 232: Óxido plúmbico.

plumboso -sa *adj* (*Quím*) [Compuesto] de plomo [1] en que este tiene valencia 2. | Marcos-Martínez *Física* 232: Óxido plumboso.

plum-cake (*ing; pronunc corriente,* /plun-kéik/) *m* Bizcocho con pasas y trozos de frutas. | J. Baró *Abc* 11.7.74, 21: El Generalísimo almorzó normalmente. Su menú fue gazpacho, solomillo al jerez y "plum-cake".

plumear – pluralidad

plumear A *tr* **1** Sombrear [un dibujo] con líneas finas. | Seseña *Barros* 98: El tema de la cola-gallo deriva de Alcora y consiste en un motivo vegetal polícromo cuyo elemento principal es una hoja plumeada que se asemeja a la cola de un gallo. *SYa* 3.10.76, 2: Royal Mobel .. Presentan hoy en exclusiva la Librería modular inglesa de auténtico nogal español. La curación de la madera ha tenido un proceso de secado natural de más de 25 años. Frentes plumeados, a mano, a cuatro aguas.
B *intr* **2** Escribir. | Torrente *SInf* 22.8.74, 8: Cuando uno plumea largo y le salen novelas de seiscientas páginas, que costarán seiscientas pesetas como poco, ¿qué esperanza le puede caber?

plumera *f* (*col*, *desp*) Hombre homosexual pasivo. | *VAl* 25.7.76, 15: Interpreto el papel de una cantante folklórica que está constantemente rodeada de "plumeras". Mi novio es Máximo; pero mi madre me vigila constantemente para que no se me acerque. Solamente puedo estar con homosexuales, es decir, con "plumeras". Por eso, Máximo se disfraza de homosexual.

plumerazo *m* Golpe de plumero [1]. | Pombo *Héroe* 118: Josefa, en el comedor, andaba a plumerazos con el aparador y con el espejo.

plumería *f* Arte de hacer objetos con plumas de ave. | HSBarba *HEspaña* 4, 286: También la industria de la orfebrería y plumería peruana puede separarse, por el volumen e importancia de su producción, de la artesana.

plumero I *m* **1** Utensilio para limpiar el polvo, formado por un manojo de plumas [1] sujetas a un mango. | *Economía* 22: Se prescindirá, en lo posible, de zorros o plumeros, que no hacen más que levantarlo de un sitio y llevarlo a otro [el polvo]. *Ya* 30.5.74, 3: Plumero de avestruz .. De pluma muy suave para limpiar objetos incluso delicados. Mango largo.
2 Penacho de plumas [1] usado como adorno. | Ortega *Americanos* 68: Las nuestras, vestidas de soldados de Napoleón con minifalda y plumeros azules. Salom *Baúl* 134: Modelo marsellés, .. cuatro plumeros, cochero, dos caballos, impuestos incluidos, seis mil quince. [*Coche fúnebre*.]
3 (*col*) Hombre homosexual. | *GOc* 17.11.80, 81: Joven bisexual atractivo y formal ofrece trabajo en su negocio a chico o bisex .. Abstenerse afeminados o plumeros. Muchas posibilidades.
II *loc v* (*col*) **4 enseñar** [alguien] **el ~.** Dejar traslucir su pensamiento o sus intenciones. | GRuano *Abc* 11.4.58, 9: ¡Que enseñas el plumero!
5 vérsele [a alguien] **el ~.** Traslucirse su pensamiento o sus intenciones. | VMontalbán *Rosa* 97: —Te digo yo que desde que ganó el PSOE se les ve menos. —Venga ya, hombre. Las ganas. Que se te ve el plumero.

plumeti *m* Tejido con bordados en relieve. | J. A. Patricio *Hoy* 11.8.74, 39: La novia lucía un bonito traje de "plumeti" bordado.

plumier *m* Cajita en que los escolares guardan los útiles de escritura. | Marín *Enseñanza* 256: Revista de útiles de trabajo. Dirigida a la limpieza y orden de carpetas, carteras y plumieres y a que todos los niños tengan los útiles imprescindibles.

plumífero -ra I *adj* **1** (*lit*) Que tiene plumas. *Tb n m, referido a animal*. | GGual *Novela* 375: Lucio, guiado por la criada, ve por una rendija cómo Pánfila, después de untarse el cuerpo con un filtro, se transforma en un búho .. La enamorada criadilla .. roba una caja de su señora, pero al ungirse Lucio se transforma no en un plumífero volador, sino en un asno.
II *n* **A** *m y f* **2** (*desp o humoríst*) Escritor. | *Des* 12.9.70, 3: En mi juventud también fui víctima propiciatoria de los plumíferos de relumbrón.
3 (*desp o humoríst*) Oficinista. | Torrente *Pascua* 236: El notario les hizo esperar lo indispensable para darse importancia, pero el plumífero que les atendió les había tratado con deferencia, casi con adulación.
B *m* **4** Anorak relleno de plumas de ganso. | *NAl* 20.11.82, 36: Feria retales y confección .. Plumífero niño .. Plumífero kdt [= cadete] .. Plumífero s[eño]ra .. Plumífero c[aballe]ro.

plumilla A *f* **1** *dim* → PLUMA.

2 Parte de la pluma de escribir que, humedecida por la tinta, sirve para hacer los trazos. | Grosso *Capirote* 37: Mojó la plumilla en el tintero. Matute *Memoria* 232: Borja desenroscó el capuchón de su estilográfica y examinó la plumilla.
3 Dibujo hecho con plumilla [2]. | *Ale* 13.8.81, 4: En la sala de exposiciones de *Alerta*, Adela Pellón cuelga sus treinta plumillas, sus treinta dibujos con los que ella trata –y consigue– dar [*sic*] a esta modalidad pictórica una gran categoría.
B *m y f* **4** (*col*) Periodista. | B. Castellanos *Ya* 19.6.86, 11: El pasado martes viajaba con parte de la plantilla de su partido y con un grupo de periodistas a Las Palmas de Gran Canaria .. Segurado cedió a los "plumillas" los billetes de primera y él viajó con su esposa y las personas de su gabinete en clase turista.

plumillero *m* (*hoy raro*) Manguillero (mango en que se encaja la plumilla [2]). | Berlanga *Gaznápira* 28: Pones el plumillero a punto, mojas en el tintero de loza china y te inspiras mirando a las musarañas antes de empezar a garrapatear.

plumín *m* Plumilla [2], esp. de la pluma estilográfica. | Delibes *Parábola* 18: Utiliza .. tres tipos de plumines: corona, cigüeña y cervantina.

plumista *m y f* Pers. que fabrica o vende objetos de pluma [1]. | *SYa* 16.10.83, 20: Figurinistas, cortadores, bordadoras, galonistas, sombrereros, plumistas, sastres..., todos trabajan para reconstruir una parte de nuestra historia, desde las sobrias armaduras medievales .. hasta los complicados vestidos del "rococó".

plumón *m* Conjunto de plumas muy pequeñas y suaves que constituyen el plumaje de las crías de ave y que funcionan como aislante térmico. | *Inf* 20.8.70, 28: Los cazadores poco aprensivos .. aprovechan esta apertura restringida .. para tirar sobre los pollos de perdiz que están aún en plumón.

plumoso -sa *adj* Que tiene forma de pluma [1]. | Ybarra-Cabetas *Ciencias* 339: Tiene dos grandes antenas, formadas cada una por dos ramas, sobre las que se implantan pelos plumosos. Santamaría *Paisajes* 26: Erica arborea, brecina: arbusto alto, hasta 3 m., con ramillas recubiertas de pelillos plumosos.

plum-pudding (*ing; pronunc corriente*, /plún-púdin/) *m* Budín inglés típico de Navidad, hecho con pasas y frutas confitadas. | Sánchez *Gac* 12.1.63, 60: Antiguamente, los doscientos servidores del castillo recibían como regalo real un buen trozo de buey, bien embalado y con una tarjeta. La reina ha respetado la costumbre, pero solo les envió un modesto "plum-pudding".

plúmula *f* (*Bot*) Parte del embrión de la planta que constituye un rudimento del tallo. | Alvarado *Botánica* 47: Una vez constituido, el embrión es una planta en miniatura, compuesta de los siguientes órganos ..: 1º, el rejo o raicilla ..; 2º, la plúmula o tallito ..; 3º, la gémmula o yemecilla .., y 4º, el cotiledón o los cotiledones.

plural *adj* (*lit*) Múltiple o vario. | GNuño *Madrid* 109: La sala XIV expone variados objetos de plural origen. A. Tuñón *Mun* 5.12.70, 26: La comunicación de los medios escritos y audiovisuales se entiende como una relación plural entre hombres y grupos. **b)** (*Gram*) [Número] que expresa pluralidad. *Frec n m*. | Amorós-Mayoral *Lengua* 61: Los números son dos: singular y plural. Academia *Esbozo* 180: Se agrega al singular de cada nombre una de las variantes del morfema del plural. **c)** (*Gram*) [Forma] que corresponde al número plural. *Frec n m*. | Amorós-Mayoral *Lengua* 61: En castellano se puede designar con un plural masculino a una pareja formada por un hombre y una mujer.

pluralia tantum (*lat; pronunc*, /plurália-tántum/) *m* (*Gram*) Nombre que se usa solamente en plural. *Normalmente en pl*. | Academia *Esbozo* 186: Los sustantivos empleados exclusivamente o casi exclusivamente en singular o en plural la Gramática los designa con los términos latinos tradicionales de *singularia tantum* y *pluralia tantum*.

pluralidad *f* **1** Condición de plural [1a]. | Palacios *Abc* 22.12.70, 3: Bécquer tuvo muchas musas, y sin esta notoria pluralidad es imposible explicar sus versos amatorios. H. PFernández *Abc* 27.11.70, 25: García de Eulate y Escudero Rueda plantearon con sus intervenciones el tema, indudablemente importante, de la pluralidad asociativa.

2 Conjunto [de perss. o cosas]. | Gambra *Filosofía* 39: Especie: es el concepto universal predicable de una pluralidad cuya esencia o naturaleza común representa.

pluralismo *m* **1** Pluralidad de ideas o tendencias. | Escrivá *Conversaciones* 147: La Universidad es .. lugar donde deben convivir en paz personas de las diversas tendencias que, en cada momento, sean expresiones del legítimo pluralismo que en la sociedad existe. Aranguren *Moral* 180: En principio todos los católicos españoles de la época consideraban, probablemente, el pluralismo religioso y, a mayor abundamiento, la descristianización y la falta de fe, como un mal *simpliciter*. **b)** Tendencia que defiende el pluralismo. | Díaz *Pensamiento* 171: Una explícita declaración de pluralismo está, pues, presente desde este número inicial de *Cuadernos para el Diálogo*.
2 (*Rel crist*) Acumulación de varios puestos eclesiásticos en una pers. | Tejedor *Arte* 160: La falta de una disciplina en la Iglesia por vicios como el absentismo .., [los] del pluralismo o acumulación de puestos, del simonismo .. y del nepotismo.
3 (*Filos*) Doctrina que admite más de un principio o sustancia. | * El pluralismo se opone al monismo.

pluralista *adj* De(l) pluralismo [1]. | J. Ferrando *Mad* 20.1.70, 3: La democracia pluralista exige la descentralización. Díaz *Pensamiento* 171: A lo largo de estos diez años de vida, *Cuadernos para el Diálogo* ha cumplido con creces estos sus propósitos fundacionales, amplia y generosamente pluralistas. **b)** Partidario del pluralismo [1 y 3]. *Tb n, referido a pers.* | GÁlvarez *Filosofía* 2, 303: Jorge Santayana (1863-1952), fecundo escritor, y el filósofo más importante de todo el grupo, solo como pluralista, que trasciende por todas partes el realismo epistemológico, puede ser caracterizado.

pluralístico -ca *adj* (*raro*) Plural [1a]. | PAyala *Abc* 12.6.58, 3: Vivimos en un universo pluralístico. En este sentido: que cada ser consciente que surge a la vida, en la complejidad de este universo, lo contempla, percibe y experimenta de una manera individual.

pluralización *f* Acción de pluralizar. | CBaroja *País* 5.7.79, 9: Uno de los signos más curiosos de que se ha formado la representación colectiva de la fiesta es el de la pluralización de su nombre [los sanfermines].

pluralizar A *tr* **1** Poner en plural [una palabra que normalmente solo se usa en singular]. | J. C. Luna *VozC* 12.7.55, 5: Chalanerías. Este vocablo, ya cucamente pluralizado, .. navega ahora por todos los mares de la especulación.
B *intr* **2** Atribuir a varias perss. o cosas algo que solo corresponde a una. | Laiglesia *Tachado* 233: –¡Están persiguiendo a los judíos! –pluralizaba la gente, que veía los alardes publicitarios de los perseguidores, pero que desconocía el número exacto de los perseguidos. SSolís *Camino* 259: –Hemos pasado muchos sinsabores desde entonces, nos han hecho muchos feos... –Te los habrán hecho a ti, mamá .. No pluralices.

pluri- *r pref* Denota multiplicidad. | *Por ej: Inf* 14.10.71, 9: En el orden de la indiscriminación pluricausal y en una concepción deontológica de la relación entre gobernantes y gobernados. Casares *Música* 44: Gabrieli tiene el mérito de poner en orquesta la música coral y pluricoral de finales del Renacimiento. C. González *DGa* 13.3.88, 43: Las videocopias de las películas ofertadas por los videoclubes tienen s[u] explotación específicamente limitada y registrada a la unidad familiar, "home video". Su explotación plurifamiliar desbordaría el "copyright" que las ampara. S. LTorre *Abc* 2.1.66, 69: Levantar un país unificado y moderno sobre esta base multiconfesional y plurirracial representa una tarea diabólica. Ridruejo *Castilla* 1, 16: Cada una de esas Castillas [históricas], salvo la primerísima, son plurirregionales.

plurianual *adj* Que se refiere o se extiende a varios años. | J. M. NLagos *Fut* 5.88, 137: Nadie sabe, certeramente, el cénit del alza 1982-87. La solución, la respuesta a su pregunta sobre ciclo plurianual, no es operativa.

pluricelular *adj* (*Biol*) Constituido por más de una célula. | Bustinza-Mascaró *Ciencias* 25: El hombre es el ser pluricelular de más elevada jerarquía. **b)** Propio de los seres o elementos pluricelulares. | Alvarado *Botánica* 6: El carácter unicelular o pluricelular del cuerpo no tiene en el reino vegetal la misma importancia que en el animal.

pluralismo – pluripartidismo

pluridisciplinar *adj* Que se refiere o se extiende a varias disciplinas. | *Ya* 27.5.87, 35: No se trata de una disciplina, sino de un dominio de aplicaciones en el que convergen numerosas disciplinas .. En este marco pluridisciplinar, se espera que una gran variedad de aplicaciones favorezcan directamente los sectores de la salud y la higiene, las bioindustrias, la agricultura y la alimentación.

pluridisciplinario -ria *adj* Pluridisciplinar. | *PapD* 2.88, 46: Este equipo debería de estar constituido por médicos, pedagogos y asistentes sociales. Como tal equipo pluridisciplinario, su labor ha de ser la de dirección y supervisión de las líneas emanadas de sus directrices.

pluriempleado -da *adj* **1** *part* → PLURIEMPLEARSE.
2 De (la) pers. pluriempleada [1]. | P. M. Lamet *VNu* 21.7.73, 24: Vivimos en un mundo en exceso tecnificado y utilitarista para conceder nuestro pluriempleado tiempo a algo que por definición es inútil.

pluriemplearse *intr pr* Trabajar en varios empleos al mismo tiempo. *Frec en part, a veces sustantivado.* | Miguel *Mad* 22.12.69, 13: El nivel de vida no se regala. Viene porque uno se pluriemplea. J. Carabias *Ya* 11.10.74, 8: La mayoría de los pluriempleados españoles andan entre los veinticinco y los cuarenta años.

pluriempleo *m* Hecho de desempeñar una pers. varios empleos al mismo tiempo. | Acevedo *Pue* 12.10.64, 29: Una de las características laborales de los tiempos que vivimos la constituye el "pluriempleo".

pluriformismo *m* Hecho de presentar una pluralidad de formas. | GMuñiz *HLM* 12.1.70, 3: No encuentra [el asociacionismo político] su más cabal razón de ser en el pluralismo ideológico, sino que está en el pluriformismo. Umbral *Memorias* 124: El pederasta, perdido entre sus mil encarnaciones, no acertó un día a volver a ninguna de ellas, y dejó de existir por desconcierto, por pluriformismo.

plurilingüe *adj* **1** Que habla varias lenguas. | * Suiza es un país plurilingüe.
2 Que está en varias lenguas. | Torrente *Saga* 521: Todos los deanes de la Colegiata se aprendían de memoria un discurso plurilingüe de salutación a los peregrinos extranjeros.

plurilingüismo *m* Condición de plurilingüe [1]. | Marías *Cataluña* 108: El plurilingüismo puede ser enojoso o perturbador para la vida de un país cuando unas porciones de él hablan una lengua, otras, una distinta.

plurilocular *adj* (*Biol*) Dividido en muchas cavidades o cámaras. | Alvarado *Botánica* 41: Puede haber una sola [cámara] (ovario unilocular), dos (ovario bilocular), tres (ovario trilocular) y muchas (ovario plurilocular).

plurimembre *adj* Que tiene muchos miembros. | Marías *Abc* 1.12.59, 3: Mirad los relieves de los templos, donde está la vida entera, desde los elefantes y los leones y los dioses plurimembres y danzarines hasta el amor carnal minucioso y sin velo. Losada *CBranco* XXVI: Períodos .. llenos de construcciones simétricas, paralelismos, oposiciones plurimembres y cultismos arriesgados.

plúrimo -ma *adj* (*lit*) Múltiple. | Rabanal *Abc* 21.8.66, 19: A parecido contacto con la sudorosa mano del "homo faber" deben las plúrimas herramientas de los duros oficios el nombre de sus "mangos".

plurinacional *adj* De múltiples naciones. | VMontalbán *Almuerzos* 207: Implica [la Constitución] la voluntad política de abrirse a la realidad plurinacional de España.

plurinervio -via *adj* (*Bot*) Que tiene varios nervios. | Alvarado *Botánica* 19: Algunas hojas son uninervias, como las del pino, pero la mayoría son plurinervias.

plurinucleado -da *adj* (*Biol*) Que tiene varios núcleos. | Navarro *Biología* 44: Existen células binucleadas .. o plurinucleadas.

pluripartidismo *m* (*Pol*) Existencia o participación de varios partidos. | *Abc* 13.11.65, 64: En el artículo .. encuentro la referencia a una monografía aparecida hace poco más de un lustro en la "Revista de Estudios Políticos" en la que se tratan cuestiones relativas al "pluripartidismo".

pluripartidista *adj* (*Pol*) De(l) pluripartidismo. | *País* 2.12.76, 9: El Partido Comunista considera que [en] la experiencia pluripartidista y democrática del Frente Popular .. hay un antecedente que no podría copiarse mecánicamente. **b)** Que tiene pluripartidismo. | *Sur* 29.1.90, 1 (A): Los manifestantes reivindicaron la formación de un nuevo Gobierno pluripartidista.

pluripersonal *adj* De varias personas. | Torrente *Saga* 166: Y el examen atento de las alcantarillas .. proporciona argumentos a favor de la existencia de un dios pluripersonal, juguetón y maldiciente.

plurivalencia *f* Polivalencia. | Lapesa *HLengua* 153: Las conjunciones ofrecen abundantes ejemplos de plurivalencia. A. Beristáin *His* 9.77, 33: Pocas afirmaciones tan ciertas y "rentables" para la sociedad como la que reconoce la primacía de la persona y el relativismo de la verdad, así como la plurivalencia de cualquier conducta humana.

pluriverso *m* (*lit*) Universo múltiple. | *Gac* 19.2.78, 13: Lo importante era que en los medios de comunicación no se diera un pluriverso de imágenes en relación a una familia como la militar.

plus[1] **I** *m* **1** Gratificación suplementaria. | CPuche *Paralelo* 63: Genaro llegó a pensar que acaso el gobierno de su país les pagaba un plus para que jugaran juntos blancos y negros. *VozC* 29.6.69, 2: Comisiones muy altas. Promoción en la empresa. Plus de venta.
2 Añadido o suplemento. | MSantos *Tiempo* 25: Verla nosotras con nuestra prestancia y belleza más el plus de su afeminada confección.
II *loc adv* **3 de ~.** Por añadidura. | Cela *Rosa* 64: A consecuencia de mi primer patatús a las cuarenta y ocho horas de vida .., mi abuela .. me dio el agua de socorro, y tal celo debió poner en su cometido que agarré semejante catarro intestinal, de plus, que a poco me voy para el cementerio.

plus[2]. **(no) faltaría ~.** → FALTAR.

pluscuamperfecto -ta *adj* **1** (*Gram*) [Pretérito] que expresa acción pasada anterior a otra también pasada. *Tb n m*. | Amorós-Mayoral *Lengua* 83: Pretérito pluscuamperfecto ("había amado"). Olmo *Golfos* 36: Era .. el pluscuamperfecto de subjuntivo del verbo ser.
2 (*lit*) Sumamente perfecto. | Callealtero *HLS* 5.8.74, 3: ¿A qué viene ese alarde chapotil, verbigracia, mirar el primer tramo de la calle de Lealtad, cuando su adoquinado pluscuamperfecto honraba, pasados treinta años, a los artífices que lo hicieron?

plusmarca *f* Marca o récord. | *Inf* 3.8.70, 24: La nadadora española Mari Paz Corominas ha batido su propio récord de España de 1.500 metros libres .. A lo largo de este año ha superado tres veces la plusmarca nacional de dicha distancia, rebajándola en un total de dos minutos y tres segundos.

plusmarquista *m y f* Deportista que consigue una plusmarca. | L. Lainz *Mad* 10.9.70, 23: La satisfacción de ver cómo se conquistaba para España la primera medalla de plata. A cargo, naturalmente, de Santiago Esteva, que ya lo prometiera el día anterior con su segundo puesto en la primera posta, la de su especialidad, a dos segundos del nuevo plusmarquista.

plus ultra (*lat; pronunc corriente,* /plús-últra/) *loc adv* (*lit*) Más allá. *Tb n m*. | *Paso Abc* 25.2.68, sn: A esta altura de espíritu, a esta capacidad de sacrificio, a este ir "plus ultra" de donde cualquier hombre vaya por exigencia de su propia historia, .. le llamo yo nobleza. C. Sentís *Inf* 28.4.76, 20: Nunca habían tenido, como hasta ahora, el espíritu de retorno que faltó a otras generaciones de emigrados empujados al "plus ultra" más por razones económicas que políticas.

plusvalía (*tb, hoy raro, con la grafía* **plus valía**) *f* **1** (*Econ*) Aumento del valor de una cosa por causas extrínsecas a ella. | Martín-Escribano *Decl. Renta* 97: Lo más útil es identificar los incrementos o disminuciones patrimoniales con las antiguas plusvalías o minusvalías; es decir, con las diferencias positivas o negativas entre los valores de adquisición y transmisión de un bien patrimonial. *Leg. contencioso-adm.* 214: La inclusión o no de una cooperativa en el padrón de entidades permanentes sujetas a la Tasa de Equivalencia del Arbitrio de Plus Valía entraña una cuestión de cuantía inestimable.
2 *En la doctrina marxista*: Diferencia entre el valor de los bienes producidos y el precio de los salarios de los trabajadores, la cual beneficia a los capitalistas. | Aranguren *Marxismo* 108: La realidad del valor consiste en trabajo, del que se sustrae el beneficio del capital, que es, en realidad, plusvalía de aquel. Vicens *Polis* 467: Carlos Marx .. estableció los principios del materialismo histórico, de la explotación del obrero por el patrono a través de la plus-valía y de la lucha de clases como elemento decisivo de la dialéctica social.

plusvalor *m* Plusvalía [1]. | *Pactos Moncloa* 42: El plusvalor sobre el suelo urbano es fundamentalmente de la colectividad.

plúteo *m* (*lit*) Tabla de una estantería. | Buero *Fundación* 44: El resto del lateral derecho lo ocupa casi por completo una estantería de finas maderas, totalmente empotrada en el muro y quebrada por irregulares plúteos.

plutocracia *f* **1** Preponderancia de los ricos en el gobierno del Estado. | Torrente *SInf* 11.7.74, 12: Otro de los vocablos de uso corriente y ortodoxo es el de "democracia orgánica", .. es la manera más genial y despistante de designar a la plutocracia.
2 Conjunto de los plutócratas [2]. | Cossío *Confesiones* 273: Las más fuertes instituciones del país, clero, plutocracia y ejército, estaban interesadas en hundir a Santiago Alba.

plutócrata *adj* **1** De (la) plutocracia. | Tejedor *Arte* 197: La doctrina de Quesnay se vio luego completada por la plutócrata de Gournay.
2 [*Pers.*] influyente por su riqueza. *Gralm n.* | Cossío *Confesiones* 272: Levantaron contra él una polvareda de odios entre los plutócratas, muchos de ellos recién enriquecidos, y los viejos terratenientes, que por primera vez en España vieron amenazadas sus inmoderadas ganancias.

plutocrático -ca *adj* De (la) plutocracia o de los plutócratas. | *Ind* 1.11.74, 11: Con motivo de una discusión parlamentaria sobre la validez del acta de diputado por Valmaseda a favor de Ramón de la Sota y Llano, podemos apreciar, ya en 1918, la infiltración plutocrática en el separatismo vasco.

plutónico[1] **-ca** *adj* (*Geol*) [Roca] formada por magma solidificada a grandes profundidades. | Ybarra-Cabetas *Ciencias* 76: Rocas intrusivas o plutónicas. **b)** De (las) rocas plutónicas. | Bustinza-Mascaró *Ciencias* 337: Los batolitos, lacolitos .. y filones son formaciones de rocas eruptivas de tipo intrusivo o plutónico. A. M. Campoy *Abc* 19.11.64, 24: Estos gres de Llorens de Artigas poseen una vitrificación y unos tonos que se dirían plutónicos.

plutónico[2] **-ca** *adj* (*lit, raro*) De (la) riqueza. | RMéndez *Flor* 135: Más tiesa que nadie, yergue su busto de matrona catalana como si fuera una encarnación de la plutónica ciudad.

plutonio *m* (*Quím*) Elemento transuránico radiactivo, de número atómico 94, obtenido artificialmente a partir del neptunio. | Aleixandre *Química* 10: Los elementos 93 al 103, que son, respectivamente, el neptunio, plutonio, americio, curio, berquelio, californio, einstenio, fermio, mendelio [*sic*], nobelio y laurencio, han sido obtenidos sintéticamente y reciben el nombre de transuránicos.

pluvial *adj* **1** De (la) lluvia. | Bustinza-Mascaró *Ciencias* 306: Cuando la alimentación pluvial es la predominante, el caudal máximo será en las épocas lluviosas. Aldecoa *Gran Sol* 187: El *Uro* y su tripulación aguantaban bien las embestidas de las olas, la puja del viento, la estampida de las aguas pluviales desde sus celestes corralizas.
2 (*Rel catól*) [Capa] usada por sacerdotes y prelados en los actos de culto. *Tb n m*. | L. Moreno *Abc* 5.6.58, 17: Junto a la custodia, el clero secular y regular, con capas pluviales, precedido de la veterana Adoración Nocturna. Ribera *SSanta* 116: Dejados los ornamentos morados, el Celebrante toma estola y pluvial blancos.

pluviano *m* Ave zancuda africana que limpia de insectos y parásitos el cuerpo del cocodrilo (*Pluvianus aegyptius*). | N. Rubio *SInf* 11.11.70, 11: Unos gráciles pajarillos que, sin pensarlo, se introducen en las abiertas fauces de los cocodrilos y picotean alegremente entre sus afilados dientes;

son los pluvianos, que habitan junto a los saurios en las orillas del Nilo.
pluvimétrico -ca *adj* (*Meteor*) Pluviométrico. I Ya 19.11.83, 8: Aunque en la zona se carece de aparatos pluvimétricos, los vecinos señalan que ha sido la mayor tormenta que recuerdan en los últimos veinte años.
pluviometría *f* (*Meteor*) Estudio de las precipitaciones caídas en una región. *Tb su medida*. I J. SEgea *Abc* 21.8.66, 60: En todas estas regiones destacan por la importancia relativa de su pluviometría La Coruña, Monteventoso, Finisterre y San Sebastián, con cerca de 14 litros.
pluviométricamente *adv* (*Meteor*) En el aspecto pluviométrico. I Ya 24.4.83, 59: Lástima que no haya llovido más en Murcia y en Canarias; con ello se hubiera redondeado una de las semanas más interesantes, pluviométricamente hablando, de los últimos doce meses.
pluviométrico -ca *adj* (*Meteor*) De (la) pluviometría. I Ortega-Roig *País* 160: Recuerda el mapa pluviométrico y verás cómo aquí se sitúa una de las regiones más secas de España.
pluviómetro *m* (*Meteor*) Instrumento para medir la cantidad de lluvia que cae en un lugar durante un tiempo determinado. I Bustinza-Mascaró *Ciencias* 304: La cantidad de agua llovida se mide con los pluviómetros y se expresa en milímetros.
pluviosidad *f* (*Meteor*) Cantidad de lluvia que cae en un lugar durante un tiempo determinado. I Bustinza-Mascaró *Ciencias* 297: Si la pluviosidad disminuye bruscamente, algunas plantas no podrán desarrollarse en el nuevo régimen de sequía.
pluvioso -sa I *adj* **1** (*lit*) Lluvioso. I Aldecoa *Cuentos* 1, 77: La ciudad tenía un silencio íntimo, sombras tránsfugas, bisbiseo pluvioso, madura, anaranjada luminosidad. Umbral *País* 18.9.83, 33: Paseo en estos días la Galicia pluviosa, llorosa y autonómica.
II *m* **2** (*hist*) Quinto mes del calendario revolucionario francés, que va del 20 de enero al 18 de febrero. I Arenaza-Gastaminza *Historia* 268: Los nombres de los meses era[n] Vendimiario, Brumario y Frimario (Otoño); Nivoso, Pluvioso y Ventoso (Invierno).
pneuma[1] *m* (*Filos*) Soplo o espíritu vital. I Gala *Séneca* 72: A través del conocimiento coincide con el principio activo del mundo: el pneuma, el soplo vital.
pneuma[2] → NEUMA.
pneumático[1] **-ca** *adj* (*Filos*) De(l) pneuma[1]. I GÁlvarez *Filosofía* 1, 203: De Achamoth dimanan los tres elementos primarios del mundo visible: el pneumático o espiritual fluye de su esencia; el psíquico o animal, de su miedo, y el hílico o material, de su tribulación.
pneumático[2] → NEUMÁTICO.
pneumatolítico, **pneumoconiosis**, **pneumostoma** → NEUMATOLÍTICO, NEUMOCONIOSIS, NEUMOSTOMA.
PNN (*sigla; pronunc.* /pé-éne-éne/ *o* /penéne/) *m y f* Profesor no numerario. I Berlanga *Pólvora* 24: ¿Ayudante de cátedra, ayudante, adjunta, PNN, encargada?
po *m* (*Naipes*) Pot. I Paso *Isabel* 278: Resto dos mil pesetas. Hay po .. ¿Cartas?
poa *f* Planta herbácea de la familia de las gramíneas, común en los prados (gén. *Poa*). I Bustinza-Mascaró *Ciencias* 220: Entre las muchas plantas forrajeras pueden citarse: .. las gramíneas (centeno, avena, .. poas, ballico, etc.).
pobeda *f* (*reg*) Lugar poblado de pobos. I Delibes *Guerras* 159: Ya ve, dábamos paseos. Unas tardes a la Torca, otras a la Charca del páramo, según. Pero, por mayor, a la pobeda del Embustes.
poblacho *m* (*desp*) Pueblo feo y sin importancia. I Aguilar *Experiencia* 59: En menos tiempo del que nos costaba visitar aquellos quince o veinte poblachos, he recorrido en vuelo varias veces dos continentes.
poblachón *m* (*desp*) Pueblo grande y mal urbanizado. I Cela *Viaje andaluz* 72: Ocaña es un poblachón que se recuesta sobre la ladera.

población *f* **1** Acción de poblar. I T. Salinas *MHi* 12.70, 32: Sepúlveda, Osma, son ciudades que nacen completando la política de población para acercarse a la frontera del Duero. J. Acinas *SVozC* 25.7.70, 3: Más de cuatrocientas pequeñas entidades de población diseminadas en una extensión superior a los dos mil quinientos kilómetros cuadrados comprende el partido de Villarcayo.
2 Conjunto de perss. que pueblan [1a] [un lugar (*compl de posesión*)]. I Arenaza-Gastaminza *Historia* 261: El primer objetivo japonés fue Corea, donde pretendía colocar el excedente de su población. **b)** Conjunto de seres que pueblan [1b] [un lugar (*compl de posesión*)]. I *Inf* 19.6.70, 33: Se teme .. una mortandad total en la población piscícola.
3 Agrupación de edificios organizada como unidad administrativa y en la que habita una colectividad. I Laforet *Mujer* 15: En esta población era donde tendría que tomar Paulina el expreso de Galicia.
poblacional *adj* De (la) población. I MMariño *SVoz* 8.11.70, 4: En ninguna otra parte hay mayor número de núcleos poblacionales, de villas, de aldeas. A. LPrado *Abc* 24.8.66, 45: La Coruña, primer censo poblacional de las ciudades de Galicia, .. es la capital de la región.
poblacionalmente *adv* En el aspecto poblacional. I Á. Puerta *Abc* 23.1.83, 39: Esta ampliación o ascenso administrativo ha producido una diferenciación por zonas muy específicas y que ni histórica, ni estética, ni poblacionalmente tienen nada que ver entre sí.
poblado -da I *adj* **1** *part* → POBLAR.
II *m* **2** Población [3]. I DPlaja *El español* 108: Cuando hay autoridad dividida entre poblados (la capital de la provincia y la ciudad más industrial, sede del obispado y jefatura política) se producen odios que hacen risibles los de los Capuleto y Montesco. **b)** Aldea o caserío. I CBonald *Ágata* 125: Procedente al parecer del Moro, apareció un día por el poblado una polícroma banda de peregrinos de raza no aria. L. JMarhuenda *Opi* 30.10.76, 76: El pueblo [guineano] no sabe lo que le conviene. Ni yo tampoco. Tienen que informarnos a todos..., a nivel de poblados. **c)** Lugar poblado o habitado. *Sin art*. I * Salimos de poblado. * Estamos lejos de poblado.
poblador -ra *adj* Que puebla. *Frec n, referido a pers*. I Arenaza-Gastaminza *Historia* 54: Primeros pobladores históricos de España. J. M. ÁRomero *MHi* 11.63, 73: El pueblo, soldados y navegantes, pobladores y encomenderos, volcados materialmente en la aventura más popular de su historia.
poblamiento *m* (*Geogr*) **1** Forma de población [1]. I Ortega-Roig *País* 75: Población rural dispersa es la constituida por pueblos pequeños cercanos unos a otros y con muchas casas de campo esparcidas entre las tierras de cultivo. Este poblamiento es característico de la España húmeda.
2 Acción de poblar. I JGregorio *Jara* 33: Si bien el territorio fue conocido y poblado .. desde la antigüedad, al despoblarse apenas quedan topónimos de aquellos tiempos, siendo la mayoría originados en el nuevo poblamiento. J. ÁHernandez *VSi* 7.89, 50: El poblamiento floral del Atlas ha sido realizado, en gran parte, por flora mediterránea.
3 Población [3]. I FVidal *Duero* 187: Mientras de los poblamientos apenas queda piedra sobre piedra, la ermita de San Frutos sigue en pie.
poblar (*conjug* 4) **A** *tr* **1** Habitar [una colectividad (*suj*) un país o región (*cd*)]. I FQuintana-Velarde *Política* 92: A finales del siglo XVII poblaban nuestro país de seis a siete millones de habitantes. Areilza *Abc* 6.12.70, 3: Carlomagno y Carlos Martel figuran asimismo entre las legendarias versiones enviando familiares o pares famosos a poblar las soledades de La Alberca. **b)** Ocupar [un lugar (*cd*) un conjunto de seres vivos (*suj*)] desarrollando en él su vida o su actividad. *Tb fig, referido a cosas*. I Alcolea *Segovia* 134: En el mundo de figuras que pueblan los frondosos jardines de La Granja, ocupan importante lugar los niños y los animales. Vicens-Nadal-Ortega *HEspaña* 5, 158: El amo tenía un concepto feudal de su empresa: él, casi en mayúscula, daba trabajo y sustento a sus empleados; él debía ser reverenciado, obedecido por la grey que poblaba sus fábricas.
2 Llenar [un lugar (*cd*) con perss. u otros seres vivos (*compl* DE *o* CON)] para que desarrollen en él su vida o su actividad. *A veces se omite el 2º compl por consabido. Tb fig, re-*

poblense – poceta

ferido a cosas. | * Jaime I pobló de aragoneses la zona conquistada. Magda *Des* 12.9.70, 40: Me pregunta un lector con qué plantas poblaría su jardín. JLozano *VNu* 11.11.72, 41: Este otoño tan lluvioso está poblando de hongos hasta las piedras. **b)** *pr* Llenarse [un lugar (*suj*) de seres vivos (*compl* DE) que desarrollan en él su vida o actividad]. *Tb fig, referido a cosas.* | Dátile *Ya* 14.7.72, 7: Reina plenamente el verano. El mundo se puebla de flores, pájaros, mariposas. * El aire se pobló de aromas desconocidos.
B *intr pr* **3** Cubrirse [algo (*suj*) de la vegetación, el follaje o el pelo que le es natural (*compl* DE)]. *Gralm en part. Normalmente se omite el compl por consabido.* | * El bosque se fue poblando lentamente de una rica vegetación. Laiglesia *Ombligos* 71: Tenía unas cejas tan pobladas que, si llega a peinárselas hacia arriba, le hubiesen cubierto el cráneo.

poblense *adj* De La Puebla (Mallorca). *Tb n, referido a pers.* | E. Bayo *Des* 12.9.70, 22: Los poblenses se hicieron expertos en el manejo de la dinamita.

pobo *m* (*reg*) Álamo blanco. *A veces designa tb al álamo negro.* | Santamaría *Paisajes* 33: *Populus alba*, álamo blanco o pobo: es un árbol de copa ancha que se caracteriza por su corteza, blanca y lisa al principio, pero que con el tiempo se torna gruesa y rehundida por grandes grietas negras. Delibes *Cartas* 22: Las tardes sofocantes .. suben a sestear a los olmos desde los pobos del soto las tórtolas y los arrendajos.

pobre (*superl*, POBRÍSIMO, *o, lit,* PAUPÉRRIMO) **I** *adj* **1** [Pers.] que tiene poco dinero o bienes. *Tb n.* | Vesga-Fernández *Jesucristo* 25: Por ser pobres y por la mucha gente que había no encontraron posada ni entre sus parientes ni en el mesón. **b)** (*Der*) [Pers.] que reúne las circunstancias legales exigidas para recibir gratuitamente determinados servicios, esp. la defensa judicial. *Tb n.* | *Leg. contencioso-adm.* 75: En relación con el art. 877, referente a la defensa de pobres, hay que tener presentes: R.O. de 11 ene. 1886; .. R.O. de 7 oct. 1910. **c)** Propio de la pers. pobre. | J. GFranquesa *SPaís* 10.7.77, 22: La historia de siempre: una infancia muy pobre en la granja que sus padres tenían alquilada.
2 [Cosa] humilde o de poco valor. | L. Reyes *SPaís* 16.7.78, 15: El elegante despacho de presidente del Banco de Marruecos, en Rabat, debe parecerle pobre y sin brillo a su actual ocupante .., antiguo jalifa del Protectorado español.
3 [Pers. o cosa] que tiene poca cantidad [de algo (*compl* DE o EN)]. *Frec se omite el compl por consabido.* | Prados *Sistema* 194: Una nación como Holanda, pobre en materias primas. *Ya* 21.5.77, 35: Con el yodo 123, más pobre en neutrones y cuya fabricación era antes tan cara, la dosis radiológica puede reducirse. R. Santidrián *HLM* 26.10.70, 26: Era el gol de oro que ya va siendo tópico en nuestro paupérrimo fútbol de ataque.
4 Infeliz o desgraciado. *Usado para denotar compasión, gralm en forma exclam, seguido o no de n, o precedido de art y seguido o no de n.* | Matute *Memoria* 77: La niña .., pobrecita, está enferma. Hemos de vigilarla. Olmo *Golfos* 95: Berto .. atizó una resonante guantada al pobre Telesforo. Vesga-Fernández *Jesucristo* 84: Jesús no contestó palabra. La pobre mujer insistía, y los discípulos rogaron al Maestro que la despachara. Kurtz *Lado* 14: El tonto del pueblo hacía las veces de aguador, pero no daba abasto el pobre. **b)** *En forma exclam y seguido de un compl* DE, *se usa en fórmulas de amenaza o compasión.* | *SPaís* 21.1.90, 18: Algunos hoteles de cuatro estrellas presentan facturas infladas, lo que obliga a liquidar la cuenta con la calculadora en la mano, y pobre del que no haya llevado diariamente lista de gastos. **c)** *Antepuesto al n, se usa como expr piadosa al mencionar a una pers difunta con la que se guarda un vínculo afectivo.* | Sampedro *Octubre* 119: Fue dos semanas antes de que el pobre papá se precipitase al mar desde la carretera de la costa, ametrallado su coche por un avión de la Legión Cóndor. **d)** ~ [hombre], ~ [diablo] → HOMBRE, DIABLO.
II *m y f* **5** Pers. que pide limosna. | Moreno *Galería* 198: El vecino a quien "tocaba el pobre" le daba cena, de lo que el pobre había recogido .., y luego se le alojaba en el pajar.
6 ~ de espíritu. Pers. que desprecia las riquezas y los honores mundanos. | Vesga-Fernández *Jesucristo* 62: Bienaventurados los pobres de espíritu, porque de ellos es el reino de los cielos. **b)** (*desp*) Pers. de poco ánimo o iniciativa. *Tb adj.* | T. La Rosa *Ya* 13.4.61, 4: Su nombre, hundido en el inmenso anonimato de los pobres de espíritu, jamás hubiera sido escrito con esas letras de sangre que ahora vemos.

pobremente *adv* De manera pobre. | Onieva *Prado* 131: Vivió [Carlos IV] con su esposa en París muy pobremente. Alvar *ByN* 15.1.89, 14: Resulta que nuestros claros varones se dedicaron a la teología .. y muy pobremente a lo que hoy se llama ciencia.

pobrera *f* (*reg*) Cobertizo o pajar para albergue de pobres [5] ambulantes. | Moreno *Galería* 197: Aquí hay descripciones de broncas y altercados en pobreras.

pobrete -ta *adj* (*col*) Pobre [1a y c, 2 y 4a]. *Con intención desp o afectiva.* | * Tanto su indumentaria como su alojamiento tenían un aire bastante pobrete. * ¿Qué te ha pasado, pobrete?

pobretería *f* **1** Conjunto de (los) pobres [5]. | Escobar *Itinerarios* 110: En España, sin ir más lejos, la inmensa y prolífica pobretería existió y existe gracias a la patata.
2 Pobreza o miseria. *Frec desp.* | DCañabate *Paseíllo* 121: Más crecido era el número de las fondas, albergues más modestos y el de las casas de huéspedes, lindantes con la pobretería sórdida. Halcón *Ir* 57: Bruno iría a pedir trabajo y trabajaría y se levantarían temprano a horas fijas. Lo necesario para ganar pan blanco. La escala de la pobretería es amplia.
3 Tacañería. | CSotelo *Inocente* 99: Las injusticias, las tacañerías, me ponen enfermo, se lo confieso. Contra los responsables de esas pobreterías, yo es que... sacaría un ejército a la calle.

pobretón -na *adj* (*desp*) Pobre [1a, 2 y 3]. | GNuño *Madrid* 19: Sus calles tortuosas y sus pobretonas mansiones no estaban adecuadas para albergar la complicada corte del segundo Felipe. L. Calvo *Abc* 14.10.70, 32: Pompidou y el gaullismo –o posgaullismo– tiene[n] una Prensa pobretona.

pobretonería *f* (*desp*) Cualidad de pobretón. | SFerlosio *Ensayos* 1, 249: Una escenografía teatral barata .. hallará resistencias entre los promotores, por el temor típicamente hortera de que el espectáculo pueda ser tachado de pobretonería o hasta indecencia.

pobreza *f* Cualidad o condición de pobre [1, 2 y 3]. | Benet *Nunca* 18: La única persona capaz de sacarme de aquel caos de indiferencia, terquedad y .. pobreza fue Vicente. *Leg. contencioso-adm.* 345: Todas las personas naturales o jurídicas que intervengan en los asuntos civiles pendientes en las Audiencias Territoriales sin disfrutar del beneficio de pobreza entregarán en el momento de ser tenid[a]s por parte 50 pesetas. *Inf* 19.10.78, 36: El texto del Congreso, redactado con una pobreza que resulta desoladora, viniendo como viene de unos diputados a los que se les supone cierta cultura, sufrió unas modificaciones, en ciertos casos, importantes a su paso por el Senado.

pocachicha (*tb con la grafía* **poca chicha**) *m* (*col, desp*) Hombre delgado y pequeño. | ASantos *Estanquera* 44: Habráse visto el pocachicha este la mala leche que tiene.

pocería *f* **1** Conjunto de pozos. | *Abc* 19.9.76, 23: La pocería, arquetas y pozos de registro inspeccionados no presentan ningún problema.
2 Trabajo o actividad de pocero. | *SPaís* 17.3.91, 55: Especialistas en: Pocería. Albañilería.

pocero *m* **1** Hombre que hace pozos. | CPuche *Sabor* 195: A mí aquella ironía de los poceros ante el hoyo acabó por desnebrarme la desconfianza.
2 Hombre que limpia los pozos o cloacas. *Tb adj.* | LAparicio *SYa* 6.6.74, 20: En la presente campaña para el ataque al alcantarillado se ha contado con el apoyo del personal pocero de la empresa Construcciones y Contratas, que ha cedido 17 poceros y dos capataces.

poceta *f* (*reg*) **1** Hoyo que se hace alrededor de una planta para regarla. | A. Martí *Día* 29.5.76, 11: Soledad Arozena, una vez más, sin amilanarse, volverá a replantar los árboles perdidos y a defender los que queden. Arreglando las pocetas y mejorando su tierra.
2 Porción rectangular de tierra limitada por caballones. | L. M. Herreros *Día* 28.5.76, 23: Fue en estos invernaderos donde se empezó a aclarar la plantación, con 3 líneas por poceta que iban separadas 35 cm.

3 Pileta. | CBonald *Dos días* 91: Se acercó otra mujer con un barreño de cinc que dejó en el suelo, al lado del bordillo de la poceta.

pocha[1] *f (reg)* Judía temprana que se coge cuando la vaina está tierna. *Tb* JUDÍA ~. | Cela *Inf* 1.4.77, 18: Los navarros, quizá por su afición a las pochas, manjar de dioses y próvido vivero de gas natural, suelen ser proclives a cuescos, traques, zullones. Vega *Cocina* 40: En Navarra y en Guipúzcoa llaman pochas a las alubias encarnadas y frescas. Ridruejo *Castilla* 1, 536: Las judías pochas de Logroño, que son simples, dejan .. recuerdo inolvidable.

pocha[2] *f (Naipes)* Juego en que cada jugador gana o pierde puntos según acierte o no las bazas que va a ganar. | * Se pasan la tarde jugando a la pocha.

pochar[1] *tr (Coc)* Freír lentamente [algo] en aceite. | *SAbc* 17.3.85, 41: Se fríen las cebollas cortadas en juliana con el laurel y el ajo. Cuando está bien pochada la cebolla, se escurre muy bien y se añade a la cazuela de bonito. **b)** *pr* Freírse lentamente [algo] en aceite. | *SPaís* 17.12.89, 97: En el aceite templado echar la cebolla en finas rodajas. Dejar que se vaya pochando lentamente diez minutos, con la cazuela tapada.

pochar[2]. **~la.** *tr En algunos juegos infantiles*: Desempeñar el papel menos agradable. | Ca. Llorca *SPaís* 31.5.81, 51: Y no digamos de las fórmulas para ver "quién la pringaba". "Al jun-jun chim-pam chim-pum .., del fumi-sa y del paperú, que la pochas tú."

poché *adj (Coc)* [Huevo] cocido sin cáscara en un líquido hirviente. | Torrente *Off-side* 18: Quieren mandar al puesto a un honrado padre de familia, a un hombre en cuya mesa lo más exquisito que puede darse son los huevos *pochés*. **b)** [Pescado u otro alimento] cocido en un líquido hirviente. | *Ama casa 1972* 360: Cena .. Lenguado "poché". Judías verdes con albahaca.

pochez *f (col)* **1** Cualidad de pocho. | * Llevo unos días con una pochez...
2 Pers. o cosa sin valor o importancia. *Frec con intención irónica*. | Paso *Usted* 304: –Su marido suscribió esta póliza de seguros. –A todo riesgo. –Cinco millones. –Una pochez.

pocho -cha *adj* **1** Podrido o estropeado. *Dicho esp de frutas y hortalizas*. | Laiglesia *Ombligos* 8: He tirado a la basura infinidad de peras pochas. Laiglesia *Tachado* 59: Yo voy a inventarme un caballo, para que el verdulero me reserve las hojas de berza pochas. Buero *Hoy* 104: Como denuncie a esa mujer le voy a dejar la cara como un tomate pocho.
2 *(col)* Marchito o lacio. | Laiglesia *Ombligos* 161: Una cincuentona necia y pocha, con apetitos excesivos en su cuerpo ya marchito.
3 *(col)* Triste o abatido. | VMontalbán *Laberinto* 156: Les llevé al aeropuerto .. Parecían muy cansados y ella estaba muy "pocha", muy deprimida, vamos.
4 *(col)* Enfermo. *Tb n, referido a pers*. | Paso *Cosas* 258: –De verdad, me va a dar algo. –Será a ti, que estás pocho. Porque yo me encuentro aquí perfectamente. Peraile *Cuentos* 68: Uno se pone enfermo de repente, grave. Se aporrea la puerta y viene el oficial. El enfermo, cada vez peor. Hay que llevarlo a la enfermería. Los pochos se las saben todas.

pocholada *f (col)* Cosa bonita o graciosa. *Esp en lenguaje femenino*. | Antolín *Gata* 155: Se pone a coger puntos a las medias con una maquinita que es una pocholada.

pocholo -la *adj (col)* Bonito y gracioso. *Esp en lenguaje femenino y frec como apelativo cariñoso entre pers*. | AMillán *Mayores* 397: –¿Me dejas que te muerda un poco? .. –No, sigue con el chorizo. –Me gustas más tú, pocholo.

pocijón *m (reg)* Pileta. | CBonald *Dos días* 91: Dijo la mujer que hacía turno para llenar el barreño acomodándolo sobre el pocijón de argamasa.

pocilga *f* **1** Establo para cerdos. | Laforet *Mujer* 130: El hombre .. le pareció más triste y más sucio que un cerdo en su pocilga.
2 *(col)* Lugar, esp. vivienda, muy sucio. | Laforet *Mujer* 43: Se metió en un urinario. Salió asqueado, pálido. "Parezco una mujer remilgada, pero me dieron ganas de vomitar. Vaya pocilga."

pocillo *m* **1** Vasija empotrada en tierra para recoger un líquido, esp. el aceite o vino de un molino o lagar. | E. MFraile *Ya* 8.12.62, 17: A ese aceite, casi frito, aún le queda por sufrir el recorrido de los sucios pocillos, en donde alternará con el alpechín durante casi veinticuatro horas. S. GCasarrubios *Nar* 1.76, 14: El jaraíz tiene en su parte inferior una salida que conduce al "tinillo" o pocillo con capacidad para unas dos arrobas.
2 *(reg)* Jícara. | Solís *Siglo* 287: Manuela les sirvió el chocolate humeante en unos pocillos de basta cerámica. Escobar *Itinerarios* 30: En una jícara o pocillo da forma a las bolitas. Cela *Rosa* 164: En Tuy, a la taza de chocolate, a la jícara, la llaman pocillo.
3 *(reg)* Cuenco. | Benet *Aire* 79: Ensayó sin un error tres o cuatro juegos de habilidad mientras la mujer repartía la comida y reponía el agua en los pocillos, sin hacerle caso. [*En el gallinero*.]
4 *(reg)* Hoyo hecho en el suelo. | Berlanga *Gaznápira* 101: Habría dinero para el Ayuntamiento y seguro que aprovechaban para tapar los pocillos de la carretera.

pócima *f* **1** Bebida medicinal. | J. M. Moreiro *SAbc* 1.12.68, 36: Entre probetas, mejunjes y lapiceros, andaba a la caza de la pócima maravillosa, capaz de agilizar las piernas. CBonald *Ágata* 274: A ver cómo se las arreglaban para hacerle tragar íntegramente aquella pócima a Manuela, cosa que lograron mal que bien con ayuda de un pistero.
2 *(desp)* Bebida, esp. la desagradable. | *Cod* 3.5.64, 4: Son millones los españoles que compran una pócima o beben un refresco porque en *La Codorniz* ha tenido buena crítica. VMontalbán *Rosa* 85: –¿Y eso qué es? –Banana daiquiri. Alegra y alimenta.– Escanció Ginés el vaso en dos tragos y una pausa intermedia que le sirvió .. para sentir la solidez dulce y ácida de la pócima.

poción *f (Med)* Preparación magistral líquida que se administra por la boca. | MNiclos *Toxicología* 24: Una poción con citrato sódico y papaverina suele suministrar buenos resultados. *BOE* 12.3.68, 3770: Formas farmacéuticas: Jarabes, melitos, pociones, tisanas.

pocket *(ing; pronunc corriente, /póket/) adj invar* De bolsillo. | *Sáb* 9.7.75, 21: Para Cámaras Instamatic, formatos de 126 o 110 (pocket), pida Kodachrome 64.

poco -ca I *adj (normalmente antepuesto al n)* **1** Inferior, en cantidad o número, a lo normal o esperable. | RIriarte *Noche* 145: Por su parte, este era un viaje de pocos pasajeros. Palomino *Torremolinos* 54: ¡Coña de hombre, qué poca lacha tiene usted!
2 unos ~s. Algunos o no muchos. *A veces (pop) el n va precedido de la prep* DE. | RIriarte *Noche* 168: Durante unos pocos segundos .. continúan inmóviles. Delibes *Castilla* 153: Le echa usted unos pocos de polvos en el agua, y el pájaro, sea del color que sea, se vuelve rojo. **b)** *(pop) Tb en sg. A veces el n va precedido de la prep* DE. | Zunzunegui *Camino* 136: Lo mezclaba con unos poquita agua de seltz. Delibes *Cinco horas* 151: ¿Crees que una poquita de Inquisición no nos vendría al pelo?
3 De intensidad inferior a la normal o esperable. | * Hace poco calor. * Hay poca luz en esta habitación. Aldecoa *Gran Sol* 29: La flecha del telégrafo se movió: Máquina lista, atrás, poca.
4 Insuficiente en cantidad, en tamaño, en intensidad o en calidad. *Gralm seguido de compl* PARA. | * Es poca casa para nosotros. * Es poco enemigo para mí.
5 de ~ más o menos. [Pers. o cosa] de escasa categoría. | * Ella no se trataba con gente de poco más o menos.

II *pron* **6** *En pl, en forma m o f, designando seres ya mencionados o aludidos*: Cantidad o número inferiores al normal o esperable. *Frec con compl* DE. | Hoyo *Glorieta* 68: De los que nos escapamos del tren, pocos son los que hoy viven. * –¿Han venido todos? –No, pero faltan pocos.
7 *En pl m, sin referencia a seres mencionados o aludidos*: Poca gente. | *Alc* 1.1.55, 3: Esta mañana, cuando 1955 amanecía, muy pocos vieron salir el sol.
8 *En sg, en forma m*: Pocas cosas. *Frec con compl* DE. | * Poco de lo que hay aquí tiene valor. **b)** Cantidad [de una cosa] inferior a la normal o esperable. *Frec se omite el compl por consabido, esp referido a tiempo o dinero*. | * Poco de lo molido es aprovechable. Torre *Caña* 119: Dentro de poco, por tanto, espero que seamos nosotros los principales accionistas. Torrente *Isla* 277: El equipaje quedó listo hacia las doce

poda – poder

y poco. **c)** Pers. o cosa insuficiente en cantidad, en tamaño, en intensidad o en calidad. *Gralm con compl* PARA. | Medio *Bibiana* 12: Trabajar y trabajar y trabajar, y todo es poco para ellos. Escobar *Amor* 304: Soy poco para una infanta de Castilla.
9 unos ~s. Algunos o no muchos. | * Unos pocos decidieron continuar por su cuenta la juerga.
III *m* **10** Pequeña cantidad [de algo]. *Gralm precedido de* UN. *Frec se omite el compl por consabido, esp referido a tiempo.* | RIriarte *Noche* 137: Un poco de calma, por favor. No se muevan de ahí. Olmo *Golfos* 63: Eran las cuatro menos diez; dentro de un poco se levantarían los cierres.
IV *adv* **11** En menor grado o con menor intensidad o frecuencia que lo normal o esperable. | Neville *Vida* 367: Yo frecuento poco a los extranjeros. Zunzunegui *Camino* 438: El que venga detrás que arree..., aunque la frase sea poco caritativa. **b)** *Irónicamente, con entonación exclamativa*: ~ + *adj o adv* + *v* = *v* + MUY + *adj o adv* (¡poco listo que era! = "era muy listo"; ¡poco bien que está! = "está muy bien"); *o* ~ + QUE + *v* = *v* + MUCHO (¡poco que le gustaba! = "le gustaba mucho"). | Torre *Caña* 110: ¡Y poco orgulloso que estaba de sus cartones!
12 (a) cada ~. Cada poco tiempo. | Llamazares *Río* 43: La tarde está cayendo y los niños, cada poco, tienen que interrumpir sus carreras y sus juegos para dejar pasar a las vacas.
13 a ~. Poco tiempo después o poco rato después. | Payno *Curso* 203: Conseguía de vez en cuando desasirse de Piti. Pero a poco Piti aparecía cerca y reanudaba la inquisitoria.
14 como ~. Por lo menos. | * Habría como poco cincuenta personas.
15 más + *adj de cualidad* + **que otro ~** (*col*) = SUMAMENTE + *adj.* | Delibes *Cinco horas* 134: Eres más raro que otro poco.
16 ni ~ ni mucho. Nada. | * No me gusta ni poco ni mucho.
17 ~ a ~ (*o, más raro,* **a ~s**). De corta en corta cantidad. | *Cocina* 560: Se agrega poco a poco la leche hervida en el cacao. Cunqueiro *Fantini* 67: Bebería del agua, a pocos. Calculó que no podría durarle más de seis días.
18 ~ a ~. Lentamente. | RIriarte *Noche* 147: Poco a poco, en medio del silencio general, se calla. **b)** *Se usa como o nominal para contener al que se precipita en palabras o hechos.* | * –¡Voy a matarle! –Poco a poco. Reflexiona.
19 ~ más o menos, *o* **sobre ~ más o menos.** Aproximadamente. | CBonald *Dos días* 33: ¿Como cuánto quiere usted gastarse, don Andrés? O sea, así sobre poco más o menos.
20 ~ menos que. Casi. | Arce *Precio* 72: Estas personas se reían de los demás; les consideraban seres poco menos que despreciables.
21 por ~, *o* **por ~ no** (*o, más raro,* **a ~,** *o* **a ~ más,** *o* **~,** *o* **de pocas,** *o* **por pocas**) + *v en pres* (*col*) = ESTAR *en pret* + A PUNTO DE + *v en infin no subj* (por poco me pilla = "estuvo a punto de pillarme"; por poco le matan = "estuvo a punto de que le mataran"). | Cela *Judíos* 233: Al vagabundo, una vez, .. le explotó un carburo casi al lado; por poco lo mata. Ridruejo *Memorias* 207: Este [Mussolini] tenía la cortesía de la puntualidad exacta. Pero fuimos nosotros los que por poco no le hacemos esperar a él. Torrente *Vuelta* 294: Lo que sí le agradeceré es que diga a su criada que no me trate como a una mendiga. Hoy, a poco le rompo el alma. No lo hice por respeto a usted. Cela *Judíos* 125: Lo mandó levantar el marqués de Villena, en pago de una promesa, un día que a poco más lo matan. Goytisolo *Afueras* 133: Por lo visto de poco le mata. Pombo *ElM* 16.8.92, 3: Por ignorante, de pocas meto la pata el otro día al preguntar a Rubén Marín, que acababa de decirme que era novillero, si era "maletilla". GPavón *Rapto* 57: No pudo aguantarse y por pocas echa el quilo. **b)** *Tb* **por ~ no** + *v en pret* (por poco no me pilló = "estuvo a punto de pillarme"). | * Por poco no le sorprendieron en la habitación.
22 un ~. Algo o no mucho. | Medio *Bibiana* 117: Sujeta un poco la imaginación, mamá, y no dramatices. **b)** *Con intención atenuadora*: En cierta medida o en cierto modo. | GPavón *Hermanas* 38: De pronto se callaba, un poco como si recordase otro sucedido parecido.
V *loc v* **23 estar en ~ que no** + *v en subj* = FALTAR POCO PARA QUE + *v en subj.* | DCañabate *Paseíllo* 31: En poquito estuvo que no la emprendiera a mamporros con la deslenguada.
24 tener (**estimar,** *u otro v equivalente*) **en ~.** Tener en poca estima. | * Sus compañeros le tienen en poco.

poda *f* Acción de podar. *Tb la época del año en que se realiza.* | CBonald *Ágata* 217: Limitándose a pasear esporádicamente por mimbreras y salinas .. en evitación de podas y sacas fraudulentas. *SYa* 19.3.78, 3: Las páginas escritas por la venerable Emmerick fueron corregidas por el poeta Clemente Brentano .. Al trabajo de poda, Brentano añadió el relleno con elementos tomados de otras lecturas, sin excluir siquiera detalles provenientes del Corán.

podadera *f* Herramienta de hoja curva y mango corto, que se utiliza para podar [1]. | CBonald *Ágata* 227: Juansegundo llevaba uncido a un horcón el capacho con la podadera que aligeraría las marañas forestales.

podador -ra *adj* Que poda. *Frec n, referido a pers.* | CPuche *Paralelo* 133: Miguelín es como una tijera podadora. Cunqueiro *Crónicas* 156: Le gritó a madame Clementina que no reparase, y le pagase al ciudadano podador la podadura. Sampedro *Sonrisa* 114: Cambia de actitud al acercársele el podador.

podadura *f* (*raro*) Acción de podar [1]. | Cunqueiro *Crónicas* 156: Le gritó a madame Clementina que no reparase, y le pagase al ciudadano podador la podadura.

podagra *f* (*Med*) Gota, esp. cuando ataca a los pies. | F. J. FTascón *SYa* 18.9.77, 15: La gota es una enfermedad histórica, .. que con el nombre de podagra describiera Hipócrates .. A finales del siglo XIII, el obispo Radolfo la bautiza definitivamente como gota, atribuyéndola a la caída desde la sangre de gotas de veneno, que si fluían hacia la cabeza, darían la gota migraña; si hacia los pies, gota podagra. Mendoza *Ciudad* 54: La señora Ágata padecía una mezcla de gota artrítica y podagra que la tenía clavada en su silla.

podalirio *m* Mariposa diurna de color amarillento, negro y azul, de alas posteriores prolongadas en dos salientes (*Iphiclides podalirius*). | Legorburu-Barrutia *Ciencias* 160: Pertenecen a este grupo [lepidópteros] todas las mariposas: .. El podalirio o papilio .. La polilla, etc.

podar *tr* **1** Cortar [a un árbol o arbusto (*cd*)] las ramas superfluas. *Tb abs.* | E. Marco *MHi* 6.60, 30: Los cultiva [los olivos], los poda, los varea. *Caso* 26.12.70, 5: Tijeras de podar. **b)** Cortar [ramas superfluas]. | * Debes podar las ramas más bajas.
2 Suprimir [en una cosa (*cd*)] partes que se consideran superfluas. | MGaite *Nubosidad* 340: Pero es que mis cartas también tienen lo suyo .., creo que me tendrías que ayudar a podarlas, porque tal vez me repito más de la cuenta.

podenco -ca *adj* [Perro] de cuerpo robusto, cabeza redonda, orejas tiesas y pelo medianamente largo, muy bueno para la caza por su gran vista, olfato y resistencia. *Frec n.* | J. DDuvos *Pue* 17.12.70, 16: Un buen perro podenco servirá para cazar la liebre y el corzo. Berenguer *Mundo* 32: La Rubia era una podenca muy fina, con ojos de miel y las orejitas levantadas.

podenquero *m* (*Caza*) Hombre que tiene a su cargo los podencos. | Berenguer *Mundo* 147: El podenquero pitaba con la boca, llamando los perros, de una forma que yo nunca había oído nada igual.

poder[1] *v* (*conjug* 20) **A** *tr* (*no admite constr pasiva*) **1** *Seguido de otro v en infin,* expresa la falta de impedimento (*físico o moral*) para que la acción designada en el infin sea realizada por el ser designado en el suj o se realice en él. | Medio *Bibiana* 12: Claro, vienes cansado de trabajar.. ¡Jesús!, y que uno no pueda descansar nunca. F. Presa *MHi* 2.64, 45: La castaña de la zona de Madre de Dios .. podrá ahora sacarse en buenas condiciones económicas. **b)** *En forma interrog* (*en pres o en pospret*), *introduce una petición cortés que se dirige a la pers designada en el suj. Lo que se solicita va en forma de prop de infin.* | * ¿Podría usted darme la sal? **c)** (*col*) *En determinados usos el infin se omite habitualmente*: ¿SE PUEDE [pasar]?; PUEDE [ser] (= "es posible", *con suj* QUE + *subj, que a veces se omite*); PORQUE SE PUEDE [hacer o ser] (= "porque tengo la posibilidad o la capacidad"). | Llamazares *Río* 63: –¿Se puede? –repite una vez más mientras se acerca, aunque es evidente que la pregunta sobra, porque ya está dentro. Cela *Judíos* 191: El vagabun-

poder – poderoso

do, puede que por acelerar el perdón del guardia, sonrió. * Puede que llueva mañana. * –¿Vas a venir mañana? –Puede. Olmo *Golfos* 94: –Eres un mal educado y un creído. –Porque se puede. **d)** ~ + *infin* = QUIZÁ + *subj* (puede llover = "quizá llueva"). | Medio *Andrés* 41: Pablo no sabe lo que los guantes podrían valer.
2 (*col*) Ser capaz de vencer [a alguien] en un combate. *Tb fig.* | MSantos *Tiempo* 176: Si realmente eres un miedoso, si te aterrorizas. Si te pueden. J. M. Moreiro *SYa* 19.1.75, 7: Rendido de trabajar toda la noche, hasta que al fin el sueño le podía. **b)** Irritar o hacer perder la paciencia [a alguien (*cd*)]. | Delibes *Príncipe* 147: Es un carácter el de Pablo que me puede, me saca de quicio, lo reconozco.
B *intr* **3** Tener poder^2 [1]. *Seguido de un adv de cantidad*. | J. Carabias *Ya* 14.12.71, 6: Le dije entonces que .. no comprendía por qué se había dirigido a mí, que no soy nadie en el mundo oficial, ni puedo nada, ni entiendo de trámites burocráticos.
4 Conseguir dominar [a alguien o algo (*compl* CON) que ofrece o supone alguna dificultad]. | DCañabate *SAbc* 15.5.58, 17: Con el vino en Madrid no acaba ni Noé, como con los Madriles no podrá el oro. Tenlo por seguro. * No podía con la carga. **b)** Soportar o tolerar [a alguien o algo (*compl* CON)]. *Gralm. en constr negativa. Tb sin compl.* | * No puedo con los hipócritas. * No puedo con el tabaco. | Delibes *Cinco horas* 69: El roñoso me abre las carnes, te lo prometo, es que no puedo.
5 no ~ más. Haber llegado al límite de la resistencia o capacidad. | Tachín *Abc* 27.2.58, 57: El pertinaz requerido contestó con el vigésimo cuarto escrito, en el cual solicitaba la reforma de tal acuerdo. El juez ya no pudo más y, tras un estentóreo ¡Basta!, ordenó a la Policía judicial que indagase el paradero del niño. * –¿Quieres más estofado? –No, no puedo más.
6 no ~ [alguien] **por menos**, *o* **no ~ menos, de** (*más raro*, **que**) + *infin* = NO PODER EVITAR + *infin*. | Carandell *Tri* 8.8.70, 14: No podía por menos de pensar la otra mañana, cuando entré en el Prado, que mi visita tenía un carácter heterodoxo. Cossío *Confesiones* 306: Dio una conferencia sobre este asunto. La leí meses después en un periódico, y no pude menos de sonreír. Arce *Testamento* 114: No pude menos que pensar que cuando estaba en Tombstone, muchas veces, la había mirado de igual modo. **b) no ~** [algo] **por menos**, *o* **no ~ menos, de** (*más raro* **que**) + *infin* = *v correspondiente al infin en un tiempo en que aparece* PODER + INEVITABLEMENTE (no pudo menos de suceder = "sucedió inevitablemente"). | R. Griñó *HyV* 1.75, 66: En época ramésida .. se produjo un fuerte movimiento popular en pro de tales animales, y la religión oficial no pudo por menos que hacerse eco del mismo. A. Valverde *Abc* 2.3.58, 7: Este doble juego de su esgrima literaria y sus alardes de dominador de la otra no podía menos de crearle muchos enemigos. CPuche *Paralelo* 136: Era una de esas veces en que la loca .. permanecía arrumbada .. produciendo un ruido pesado de respiración que no pudo menos que alarmar a Genaro.
II *loc adv* **7 a más no ~.** Con la máxima intensidad. | Buero *Hoy* 70: Ríen a más no poder. R. Ventura *SInf* 18.7.74, 10: La tradición hollywoodense ha querido que los chinos fueran o muy malos, como "Fu-Manchú", o buenos a más no poder. **b) hasta más no ~.** Llegando al límite en la intensidad. | * Gasta dinero hasta más no poder.
8 a ~ ser. Si es posible. | * A poder ser, ven por la tarde, por favor.

poder^2 **I** *m* **1** Facultad de mandar o de actuar. | Tejedor *Arte* 47: La existencia de otras dos instituciones, Comicios y Senado, limitaban de hecho su poder [del rey].
2 Capacidad o aptitud. | Ybarra-Cabetas *Ciencias* 335: Tiene [la estrella de mar] un gran poder de regeneración. M. Porter *Des* 12.9.70, 33: El poder adquisitivo del ciudadano medio está muy por debajo de lo que debiera.
3 Fuerza o vigor. *Tb fig.* | J. Mora *País* 15.5.77, 42: Los toros que salten al ruedo deberían ser de lujo, por su estampa, por su poder y por su casta.
4 Gobierno o administración de un estado. | E. Haro *Tri* 25.5.74, 11: Mitterrand hubiese ascendido al poder desde una oposición condenada y perseguida. **b)** Aspecto de los varios que se presentan en el gobierno de un estado. *Con un adj especificador.* | *Inf* 25.5.74, 2: Otra de las incógnitas es si se llegaron a negociar las exigencias de los secuestradores, entre las que figuraban peticiones con implicación de

presión sobre el poder judicial. **c) los ~es públicos.** Los organismos del estado. | *Mad* 3.1.70, 3: El progreso de la concordia cívica dentro de la colectividad debe andar parejo con los gestos de clemencia de los poderes públicos. **d) ~ fáctico.** Institución de las que por su importante peso social pueden influir de hecho en la política del país. *Frec en pl y referido esp a la banca, el ejército y la Iglesia.* | Campmany *Abc* 3.5.93, 24: Benegas arremete contra el PP y dice que "estaría condicionado por poderes fácticos". **e) el cuarto ~.** (*lit*) La prensa o los medios de comunicación. | FReguera-March *Boda* 79: Maura se desmoronó aparentemente por ese motivo. En realidad fue aplastado por el cuarto poder, por los chicos de la prensa.
5 Escrito que da capacidad legal a una pers. para actuar en nombre de otra u otras. *Frec en pl con sent sg.* | Ramírez *Derecho* 138: Las letras han de .. firmarse por el librador, ya de su puño y letra, ya por medio de apoderado con poder bastante. Arce *Testamento* 32: –Mi mujer no tiene poderes –atajé–. Tendrá que pedir ese dinero y sospecharán.
6 Posesión actual. *Gralm en la constr en ~ + compl de posesión.* | F. Ayala *Abc* 31.5.58, 27: Se disponían a conquistar desde el monte Codol el castillo de Chío, cerca de Luchente, en poder de los moros.
II *loc v* **7 hacer un ~.** (*col*) Esforzarse [alguien] en hacer algo que ha manifestado serle imposible. *Gralm en la constr exhortativa* HAZ UN ~. | * –No puedo. –Haz un poder, hombre.
III *loc adv* **8 de ~ a ~.** De igual a igual. *Tb adj.* | Tovar-Blázquez *Hispania* 70: Allí lo cercaron los numantinos, y tuvo que aceptar, a pesar de sus fuerzas cuatro o cinco veces superiores, un tratado de poder a poder. Halcón *Ir* 345: Se sentó en la calzadora frente a él, de poder a poder. **b)** (*Taur*) Sin ventaja alguna, partiendo al tiempo el toro y el torero de sus respectivos terrenos. | * Rejoneó al que cerró plaza de poder a poder.
9 por ~es, *o* **por ~.** Con intervención de un apoderado. | DPlaja *El español* 133: Margarita, siendo muy niña, había sido casada por poderes con un príncipe francés.

poderdante *m y f* (*Der*) Pers. que da a otra poder^2 [5] o facultades para que la represente o actúe en su nombre. | S. RSanterbás *Tri* 11.4.70, 22: Hace treinta años, ningún aficionado conocía el nombre de los apoderados; existían, pero eran hombres grises, ignorados, meros ejecutores de las órdenes de su poderdante.

poderhabiente *m y f* (*Der*) Pers. que tiene poder^2 [5] de otra para representarla o actuar en su nombre. | CBonald *Ágata* 110: Activó la negociación y pagó al contado en calidad de poderhabiente una buena porción de la propiedad.

poderío *m* Poder^2 [1, 2 y 3]. | Arenaza-Gastaminza *Historia* 46: La causa fue el recelo de Cartago .. al ver el poderío que había alcanzado Roma. GNuño *Escultura* 139: Ya que el pueblo español ha demostrado poseer tan fino poderío de captación al hacer enteramente suya y entrañable la Dama de Elche, no es posible hurtar a su disfrute esta faceta de arte popular. B. Andía *Ya* 15.10.67, sn: Hace falta ver su exuberancia para poder comprender el efecto que produce sobre ellas [chicas jóvenes] la música rítmica, llena de poderío. MMolina *Jinete* 152: Unas pocas imágenes que ahora vuelven a él con un delicado poderío, sin mediación de su voluntad.

poderosamente *adv* Mucho o fuertemente. *Gralm con vs como* INFLUIR *o* LLAMAR LA ATENCIÓN. | Laforet *Mujer* 144: Se levantó .. al aparecer un sacerdote alto, que en nada se parecía a Pepe Vados, .. pero que a Paulina se lo recordó poderosamente. GYebra *Traducción* 68: Las traducciones latinas de Toledo influyeron también poderosamente, gracias al método de la versión oral intermedia, en la maduración y capacidad expresiva del castellano. J. Vara *Ya* 2.10.74, 33: El exterior del templo llama poderosamente la atención.

poderoso -sa *adj* Que tiene poder^2 [1, 2 y 3]. | Arenaza-Gastaminza *Historia* 140: La Iglesia era económicamente poderosa, por las numerosas donaciones de los fieles. Villapún *Iglesia* 88: El rey Pipino organizó un poderoso ejército. *Rue* 22.12.70, 14: El banderillero .. cita de frente al toro –que parecía poderoso–. Cela *SCamilo* 21: A don Roque le gustan las mujeres gordas y poderosas. A. Quiñones *Van* 14.7.74, 53: No es del todo necesario que se les sistematice exhaustivamente, dado que sus mentes son tan sobreabundantes y poderosas. GLuengo *Extremadura* 121: El castillo de Puebla de Alcocer es una poderosa construcción sobre la roca, en la cima de la sierra. **b)** [Pers.] rica e influyente. *Tb n.* | Tejedor *Arte* 59: Las gentes humildes primero, las poderosas después, vieron en la nueva doctrina una claridad y una satisfacción. GNuño *Escultura* 46: Nuestros hombres van sumando piezas suntuarias al tocado de sus poderosos o de sus sacerdotes.

podestá *m* (*hist*) *En la Edad Media*: Primer magistrado de algunas ciudades de Italia y del sur de Francia. | *Alc* 14.10.78, 16: Fue el podestá de Viterbo, Conrado de Alviano, quien se propuso en enero de 1270 conseguir un arreglo entre los electores.

podio *m* **1** Pequeña plataforma elevada sobre la que se coloca a una pers. para ponerla en lugar visible. | DPlaja *Soliloquio* 81: En unos casos serían .. meros podios o asientos desde los que pronunciar un parlamento o una simple frase. **b)** Plataforma sobre la que se coloca a los vencedores de una prueba deportiva. | MSantos *Tiempo* 235: La corona de laurel y mirto, símbolo de la gloria en los juegos olímpicos, subido sobre el podio y alzando el brazo en el saludo romano que luego fue resucitado. **c)** Plataforma sobre la que actúa el director de orquesta. | Torrente *Saga* 234: La esperanza de tocar la flauta en la orquesta no parecía entusiasmar a nadie. Contemplaba, en su imaginación, los asientos vacíos y el podio desierto.
2 (*Arquit*) Pedestal continuo que soporta una serie de columnas. | * El templo romano se caracteriza por la mayor altura del podio.

pódium *m* Podio. | *Abc* 14.5.70, 40: Desde un pódium presenciaron el desfile de una compañía de Infantería de Marina. A. Mercé *Des* 12.9.70, 46: En los cuatro hectómetros .. el pódium de Montjuic ofreció una síntesis de todo lo que el público catalán podía esperar de la natación europea. Tejedor *Arte* 53: Entre otras [diferencias del templo romano], la mayor altura de su plataforma o *pódium* respecto del estilobato griego. [*En el texto, sin tilde.*]

podograma *m* (*Med*) Impresión gráfica de la planta del pie. | *HLS* 3.8.70, 4: Callista .. Plantillas ortopédicas. Podogramas.

podología *f* Especialidad médica que trata de las afecciones y deformidades de los pies, cuando el tratamiento de estas no rebasa los límites de la cirugía menor. | *Abc* 1.2.70, 13: Sandalias "Pescura" .. En farmacias, ortopedias, clínicas de podología.

podológico -ca *adj* De (la) podología. | *GTelefónica* 23: Consulta podológica. Cirujano callista.

podólogo -ga *m y f* Especialista en podología. | Palomino *Torremolinos* 194: Reunidos, al fin, Romano, los Shatter, Joe Mendizábal y el señor Hidden, podólogo de Manchester.

podómetro *m* Aparato que sirve para contar el número de pasos que da quien lo lleva y la distancia recorrida. | ZVicente *Traque* 38: Una amiga mía .. tenía un podómetro para hacer todas las tardes cuatro mil metros en tres cuartos de hora.

podón *m* Podadera grande y fuerte. | G. GHontoria *Nar* 7.76, 26: Las piezas adquiridas en todos estos viajes son de gran interés .. Gario para la paja y "podón" o "rozamatas" con mango largo, de Salas de Bureba.

podona *f* (*reg*) Podadera. | G. GHontoria *Nar* 6.77, 32: Se ha adquirido un arado radial .. "Podona" de hierro para podar las viñas, en Villadecanes (León), y pieza de hojalata para azufrarlas, de Cacabelos (León).

podre I *f* (*lit o reg*) **1** Podredumbre [1]. *Tb fig.* | CBonald *Ágata* 101: Ya había subido hasta donde estaba el padre resuelto en podre .. Parecía que llevaba muerto muchos días. E. Sánchez *SLib* 26.3.75, 3: Los sanedritas destilaron la podre que corroía sus corazones. GPavón *Reinado* 210: ¿Pa qué habrá venío a este mundo, que es una alberca de podre?
2 Pus. | GPavón *Rapto* 79: Apareció completamente desnuda, la carne amarilla y las sajaduras de la autopsia con podres.
II *adj* **3** (*reg*) Podrido. | Torrente *Off-side* 86: ¿Quién puede predecir el día y la hora en que una vena se me rompa en el cerebro y lo inunde de sangre podre? ZVicente *Examen* 79: Antes de que llegues a la esquina de Palacio ya te lo han pringado con naranjas podres y huevos llenos de tinte.

podredumbre *f* **1** Putrefacción. *Frec fig.* | GTabanera *Abc* 8.9.66, 9: Admitamos a un Las Casas "implacable, certero, diagnosticador de podredumbres, uno de los más altos paradigmas de su nación y de su época". J. L. MAbril *Abc* 3.12.70, 7: El deporte .. deja de ser deporte para convertirse en miseria humana, en pequeñez mental, en podredumbre de la inteligencia.
2 Enfermedad de las plantas que destruye los tejidos. | Navarro *Biología* 283: Los hongos son el grupo que acompaña en importancia a las bacterias por las enfermedades que producen .. Por ejemplo, las royas, carbones y tizones de los cereales, .. podredumbre de la patata, etc. *Hoy Extra* 12.69, 20: La cosecha de uva .. padeció de podredumbre y una vendimia hostilizada por el temporal.

podrido -da *adj* **1** *part* → PUDRIR.
2 *Se usa como elemento enfático siguiendo a* MENTIRA. | Delibes *Perdiz* 132: Luego le vendrán a usted con que no se matan más perdices al ojeo que cazando a rabo. ¡Mentira podrida!
3 (*col*) Muy enfermo. | Marsé *Dicen* 125: Tras él, pegando la boca a sus nalgas, la tos seca de Luis. Estás podrido, chaval.
4 [Olla] **podrida** → OLLA.

podrir → PUDRIR.

podsol *m* (*Geol*) Suelo ceniciento y muy deslavado, propio de regiones húmedas y frías con bosques de coníferas. | Alvarado *Geología* 88: Si el lavado [del suelo] es muy intenso, como suele ocurrir en las lluviosas regiones oceánicas, el horizonte A queda empobrecido en substancias nutritivas y, además, blanqueado por el arrastre a capas inferiores del humus y el hidróxido de hierro. Así se forma el tipo de suelo llamado podsol, que significa en ruso "suelo de ceniza", en alusión a su color.

podsólico -ca *adj* (*Geol*) De(l) podsol. | *MOPU* 7/8.85, 54: Colores verdes de tonalidades pardas predominan en los suelos asturianos, podsólicos y pardo-forestales para los entendidos.

podsolización *f* (*Geol*) Acción de podsolizar. | *BOE* 12.3.68, 3771: Estructura de las capas del suelo. Suelos zonales. La podsolización.

podsolizar *tr* (*Geol*) Transformar en podsol. | *BOE* 12.3.68, 3772: Temario de Edafología .. 33. Podsoles y suelos podsolizados.

poema *m* **1** Obra de poesía [1]. | DPlaja *Literatura* 57: El Cid, como hombre. A pesar del tono de dureza que hemos visto, no faltan en el poema escenas de una gran ternura. **b) ~ en prosa.** Obra de poesía [1] en que se prescinde del verso. | RPeña *Literatura* 302: Son cincuenta poemas en prosa, que no tienen unidad, sino que cada fragmento tiene existencia por sí.
2 (*humoríst*) Cosa cómica o ridícula. *Normalmente en las constrs* SER (TODO) UN ~, *o* ESTAR HECHO UN ~. | VMontalbán *Rosa* 223: Acababa de salir el último ligue telefónico de Encarna. Era un viudo de Granollers, un auténtico poema, créame.
3 ~ sinfónico. Obra musical para orquesta, sin forma fija y de programa, inspirada esp. en una obra literaria. | J. Palau *Des* 12.9.70, 37: Por primera vez se publica este poema sinfónico del maestro de la escuela vienesa.

poemario *m* (*lit*) Libro de poemas [1]. | G. Fabra *SInf* 26.12.74, 12: Se dedica a escribir –*Canciones negras*, poemario en que se trasluce la influencia de Heine– y a viajar.

poemático -ca *adj* **1** De(l) poema [1]. | * La estructura poemática.
2 Que tiene carácter de poema [1]. | Marlasca *Abc* 21.4.70, 43: El espectáculo .. combinará la imagen y el sonido como soportes de una narración poemática.

poesía *f* **1** Género literario que expresa o sugiere algo por medio del ritmo (esp. en verso), la armonía y la imagen. | GLópez-Pleyán *Teoría* 125: Su obra lírica, llena de esa gravedad que distingue a los escritores de su generación, obedece al concepto que de la poesía tenía su autor.

2 Poema [1a]. | DPlaja *Literatura* 419: Las poesías de Bécquer, publicadas con el título de *Rimas*, son de breve tamaño y de escaso número.
3 Conjunto de las cualidades no formales que se consideran esenciales de la poesía [1]. | Correa-Lázaro *Lengua 4º* 67: A veces se reconocen calidades líricas en ciertas páginas de prosa; hay en ellas poesía, aunque no haya verso. **b)** Belleza o encanto que suscitan emociones semejantes a las de la poesía [1]. | MGalván *MHi* 6.60, 13: Todo él es naturaleza, es decir, intuición, poesía. C. SMartín *MHi* 3.61, 59: Los grifos fúlgidos eran la poesía a su modo.
4 (*hist*) Género literario que comprende todas las obras cuyo fin es la creación de belleza. | GLópez-Pleyán *Teoría* 48: Los antiguos establecían una distinción fundamental entre poesía –dividida a su vez en épica, lírica y dramática, y a la que pertenecían todas las obras cuyo fin esencial era la creación de belleza–, didáctica .. y oratoria.
5 Conjunto de (las) obras de poesía [1 y 4]. | SGuarner *Mad Extra* 12.70, 3: Un poeta nuevo, Xavier Casp, adoptó una actitud estética diferente. La poesía de Casp, intimista, preciosista e intelectualista, .. abría nuevos y fecundos horizontes.

poeta -tisa (*en f, tb* POETA) *m y f* **1** Pers. que compone obras de poesía [1 y 4]. | DPlaja *Literatura* 219: Cervantes se creía mejor novelista que poeta. Conde *MHi* 3.61, 25: Llega el libro de Clara Silva, la gran poetisa uruguaya. Fraile *Pról. Vida Lagos* VIII: En ese libro .. había ya un poeta de verdad –o una poeta, o una poetisa–. **b)** Pers. que hace versos. | * Tú, que eres poeta, inventa un buen pareado.
2 Escritor o artista cuya obra tiene poesía [3]. | * El Greco es un poeta de la pintura.
3 Pers. dotada de sensibilidad poética. | Halcón *Ir* 97: Son tierras de secano. Pero él no las tiene como negocio. Él siempre fue algo poeta, ¿sabe usted?, y dice que él se siente con más vida sumándose a las vidas que hace producir.

poetastro -tra *m y f* (*desp*) Mal poeta [1]. | Valverde *Literatura* 182: Hay una interesante sátira literaria en *La comedia nueva* o *El café*, sobre un poetastro que intenta estrenar un dramón de tipo calderoniano.

poéticamente *adv* **1** De manera poética [1 y 2]. | Cela *Judíos* 305: Lorca .. dijo "dos siglos" poéticamente, como poéticamente pudo haber dicho "mil siglos". Zeda *Ya* 28.5.67, sn: Cuando poéticamente se menciona "la sonrisa blanca", se nos representa la imagen plástica de unos labios rojos.
2 En el aspecto poético [1]. | Torrente *Saga* 140: "Me muevo como un palanquín – llevado por dos cojitrancos", dice en aquellas estrofas eneasílabas poéticamente tan poco afortunadas.

poeticidad *f* Cualidad de poético. | Bousoño *Nieva* 44: La poeticidad del teatro de Nieva la percibimos, sin más, haciendo una breve cala en su lenguaje, que nos hará ver algunos procedimientos retóricos que la poesía, y solo el poesía, había puesto en circulación de un modo sistemático desde Juan Ramón Jiménez.

poético -ca I *adj* **1** De (la) poesía. | Correa-Lázaro *Lengua 4º* 17: Una composición poética es, pues, a modo de un estuche de versos cuyo contenido puede ser deleznable o riquísimo. **b)** [Licencia] **poética**, [narciso] ~ → LICENCIA, NARCISO.
2 Que tiene poesía [3]. | Laforet *Mujer* 194: Le parecía ver el menos poético edificio de Teléfonos.
II *f* **3** Tratado sobre los principios y reglas de la poesía [1 y 4]. | Pedraza-Rodríguez *Literatura* 3, 783: Su obra más interesante es una poética preceptiva titulada *Cisne de Apolo*. **b)** Teoría o concepto de la poesía [1]. | RPeña *Literatura* 306: El principio de la poética de Verlaine es la musicalidad.
4 Poesía [5]. | Lázaro *SAbc* 13.12.91, 11: Un tercer componente de la poética sanjuanista la diferencia aún más de la poesía mundana coetánea.

poetisa → POETA.

poetización *f* Acción de poetizar. | Lafuente *Abc* 16.11.57, 13: Calificaba el resultado como de "poetización" de esa realidad. Suñén *Manrique* 109: Su hallazgo será la poetización radical del tópico.

poetizador -ra *adj* Que poetiza. | Lafuente *Abc* 16.11.57, 13: Ese alejamiento poetizador de la realidad .. no se consigue acentuando las manchas suspensas en una calina de misterio.

poetizar A *tr* **1** Dar carácter poético [a algo (*cd*)]. | Laforet *Mujer* 337: Se presentía el otoño, que parecía rondarlo todo, poetizar el aire. **b)** Dar forma poética [a algo (*cd*)]. | Valverde *Literatura* 123: Este mismo tema lo poetiza –y también en soneto– Francisco de la Torre Sevil.
B *intr* **2** Componer poesías. | Lapesa *HLengua* 185: Más corriente es que gallegos como Juan Rodríguez del Padrón poeticen en castellano.

pogo *m* Cierto baile moderno que consiste en dar saltos sobre un mismo sitio. | S. Rodríguez *Faro* 9.8.93, 40: Se mete [el joven] en el cuerpo lo que haga falta y más, ataca una odisea de asfalto a ciento y pico por hora para llegar a la discoteca más lejana, se arma de litronas y navega a muerte las madrugadas, del "pogo" al "bakallao".

pogrom (*pl normal*, ~ *o* ~s) *m* Manifestación violenta de antisemitismo con pillaje y matanzas. *A veces referido a otros grupos étnicos*. | CBaroja *Judíos* 1, 67: Las matanzas de estos [judíos] pudieron tener tardíamente el carácter de *pogrom* que tienen allá donde hay juderías bien demarcadas. SYa 29.11.73, 26: En los campos de batalla .., en los campos de la muerte de los años treinta y cuarenta .., "pogroms" y hambres provocadas, murieron unos ciento diez millones de seres humanos. J. Grau *Abc* 15.10.88, 31: El jefe del partido comunista de Serbia, Milan Kucan, se mostró en contra de que el pleno del comité central que comenzará el lunes se convierta en un "pogrom". M. Gordon *Ya* 27.11.88, 12: Se ha desatado un feroz *pogrom* antiarmenio que ha ensangrentado la *perestroika*.

pogromo *m* Pogrom. | Alarcos *SLe* 6/7.87, 6: Tales circunstancias de inseguridad explican la postura vital del autor de los *Proverbios* durante ese período turbulento que ya anunciaba la violencia de los pogromos de 1391.

poilu (*fr; pronunc corriente*, /pualú/) *m* (*raro*) Soldado francés, esp. de la Primera Guerra Mundial. | Laiglesia *Ombligos* 100: Lo comprendí cuando un *poilu* del Ministerio de la Guerra, al que pregunté por las oficinas del Servicio Secreto, me contestó: –Están en el primer piso.

póinter (*pl normal*, ~s) *adj* [Perro] de muestra de origen inglés, gralm. blanco con manchas negras. *Frec n m*. | J. Sampelayo *Ya* 22.10.64, 12: Por lo demás, pájaros trinantes y un perro "póinter". Delibes *Parábola* 151: Un hermoso póinter, ¿no es cierto? Van 20.12.70, 69: Ofrecemos pastores alemanes, dálmatas, .. póinters. Berenguer *Mundo* 207: Estos pachones, o póinteres, como usted les llama, solo sirven para aforar los pájaros que hay en un terreno.

poiquilotermo -ma *adj* (*Biol*) [Organismo, esp. animal] de temperatura variable según el medio ambiente. | Bustinza-Mascaró *Ciencias* 294: Los llamados animales de sangre caliente u homeotermos .. pueden soportar mejor los cambios de temperatura que los de sangre fría o poiquilotermos. Navarro *Biología* 188: Los restantes animales y todos los vegetales son poiquilotermos.

poise (*fr; pronunc corriente*, /puás/) *m* (*Fís*) En el sistema *CGS*: Unidad de viscosidad, equivalente a un gramo por centímetro y segundo. | *Unidades* 32: Unidades: poise. Símbolo: P.

poitevino -na *adj* De la región de Poitou, o de Poitiers (Francia). *Tb n, referido a pers*. | PCarmona *Burgos* 81: El sistema constructivo de origen poitevino .. bien pudiera ser otra reminiscencia de los arquitos lombardos. VParga *Santiago* 12: Muestra también curiosidades de filólogo, dando para un pez los dos nombres distintos con que lo designan poitevinos e italianos.

poitrine (*fr; pronunc corriente*, /puatrín/) *f* (*euf, col*) Pechos (de mujer). | Delibes *Cinco horas* 17: La poitrine ha sido mi gran defecto. Siempre tuve un poco de más, para mi gusto.

póker → PÓQUER.

polacada *f* (*lit*) Acto despótico o arbitrario. | Torrente *Saga* 37: Don Celso Taladriz .. gustaba de polacadas como aquella para que resplandeciera su poder omnímodo sobre los profesores.

polaco -ca I *adj* **1** De Polonia. *Tb n, referido a pers.* | *SInf* 9.12.70, 2: Los polacos han explorado las entrañas de los Alpes.
2 (*jerg*) Catalán. *Tb n, referido a pers.* | Alvarado *Eslavismos* 411: En el argot madrileño actual se llama despectivamente polacos a los catalanes.
II *m* **3** Idioma de Polonia. | RAdrados *Lingüística* 263: En francés el acento va en la última sílaba; en polaco .., en la penúltima.
4 (*hist*) *En el s XVIII y comienzos del XIX*: Componente del bando de los partidarios del teatro del Príncipe, de Madrid, en rivalidad con el de los partidarios del teatro de la Cruz. | Mercader-DOrtiz *HEspaña* 4, 253: Las habituales descripciones de la vida teatral en esta época, reducidas a la mención de los teatros madrileños de la Cruz y del Príncipe, con sus respectivas bandas de apasionados, los chorizos y los polacos .., están lejos de representar el verdadero estado del problema.

polacra *f* (*hist*) Buque de dos palos enterizos sin cofas ni crucetas y con velas cuadradas. | Solís *Siglo* 422: Se trata de llevar alimentos a la zona francesa .. Un falucho o una polacra podrían sacarnos del apuro.

polaina *f* **1** Prenda, gralm. de paño o cuero, que cubre la pierna hasta la rodilla. | *GTelefónica N.* 56: Fábrica de guantes. Manoplas. Delantales. Polainas. Fibras Amianto. CPuche *Paralelo* 98: Con sus pantalones rotos y sus polainas hechas de trapos viejos, los basureros eran una tropa respetable y conmovedora. Buero *Soñador* 242: Viste sobrio atavío: un tricornio negro sin galón ni plumas, una casaca sin bordados .. y calzón y polainas negros. Fernández-Llorens *Occidente* 54: Los únicos guerreros bien armados (casco, coraza, escudo, grebas o polainas de metal, lanza, espada y carro de guerra) eran los ricos propietarios.
2 Prenda de bebé, consistente en un pantalón que cubre también el pie. | * Ponle polainas al niño, que hace fresco.

polaneco -ca *adj* De Polán (Toledo). *Tb n, referido a pers.* | *YaTo* 1.7.81, 43: Organizado por la Peña Recreativa y Cultural Los Polan[e]cos, tuvo lugar .. un concurso infantil de pintura al aire libre. [*En el texto*, Polanencos.]

polanquino -na *adj* De Polanco (Cantabria). *Tb n, referido a pers.* | SCabarga *HLS* 2.9.74, 2: Puede decirse que fue, en la ocasión, el primero de la pluma del hidalgo polanquino que no despertó recelos ni produjo fricciones.

polar *adj* **1** De(l) polo o de (los) polos. | Ortega-Roig *País* 14: Alrededor de los dos polos se extienden ... las dos zonas más frías: Zonas polares, limitadas por dos paralelos llamados círculos polares. **b)** (*Electr*) [Pieza] que prolonga el núcleo de un electroimán y aumenta la sección de penetración del flujo magnético. | Mingarro *Física* 131: El magnetismo permanente desaparece con el tiempo; para evitar en parte este accidente se forma un circuito magnético cerrado apoyando las piezas polares sobre un trozo grueso de hierro dulce.
2 (*Quím*) [Molécula] que presenta polaridad [1]. | Aleixandre *Química* 33: El centro de las cargas positivas no coincide con el de las cargas negativas, originándose lo que se llama una polaridad eléctrica más o menos pronunciada; estas moléculas reciben el nombre de moléculas polares o dipolos.
3 Totalmente opuesto. | M. Daranas *Abc* 3.6.58, 26: Existe incompatibilidad rigurosa, oposición humoral y polar entre la avenencia a la derrota y la ocupación consumadas y el designio de fortalecer y garantizar por la acción de las armas los derechos de la metrópoli a su soberanía en Argelia.

polaridad *f* **1** (*Fís*) Propiedad que permite distinguir polos eléctricos o magnéticos en un cuerpo o sistema. *Tb fig.* | Mingarro *Física* 128: Los solenoides ejercen las mismas acciones que un imán de la misma polaridad. Aleixandre *Química* 33: Las moléculas de átomos diferentes .. presentan siempre cierta asimetría en la distribución de sus cargas eléctricas .. Como consecuencia de esto, el centro de las cargas positivas no coincide con el de las cargas negativas, originándose lo que se llama una polaridad eléctrica más o menos pronunciada. Benet *Volverás* 173: Para los que tenían que hacer la guerra aquel momento de vacilación duró poco, incluso para aquellos .. para quienes la polaridad estuvo definida por la proximidad al polo o por el flujo de partículas en torno a él.
2 (*lit*) Polo (extremo). | N. SMorales *Reg* 15.10.74, 6: Aquí, en Extremadura, se materializan las dos polaridades de la Hispanidad, bifronte como el águila bicéfala de los Austrias: Yuste .. y Guadalupe.

polarimetría *f* (*Fís*) Análisis mediante polarímetro. | *Ya* 22.10.64, sn: Perkin-Elmer empezó a basarse en métodos meramente analíticos, tales como cromatografía de gases, .. polarimetría y electroforesis.

polarimétrico -ca *adj* (*Fís*) De (la) polarimetría o de(l) polarímetro. | *Abc* 15.12.70, 65: Para la remolacha el precio base será de 1.400 pesetas la tonelada para la riqueza sacárica tipo de 16 grados polarimétricos.

polarímetro *m* (*Fís*) Instrumento para medir el sentido y la extensión del poder rotatorio de un cuerpo sobre la luz polarizada. | Ybarra-Cabetas *Ciencias* 36: Para poner de manifiesto la birrefringencia de algunos cuerpos es preciso acudir a aparatos especiales, polariscopios y polarímetros.

polariscopio *m* (*Fís*) Instrumento para comprobar si una luz está o no polarizada. | Ybarra-Cabetas *Ciencias* 36: Para poner de manifiesto la birrefringencia de algunos cuerpos es preciso acudir a aparatos especiales, polariscopios y polarímetros.

polarización *f* Acción de polarizar(se). | Ybarra-Cabetas *Ciencias* 36: Polarización de la luz. Al incidir la luz en un cuerpo anisótropo, se desdobla el rayo incidente en dos refractados. Alfonso *España* 172: En la juventud española se nota una escasa polarización hacia esas nuevas preocupaciones universales.

polarizador -ra *adj* Que polariza. *Tb n m, referido a aparato.* | R. RSastre *Mun* 28.11.70, 47: Si en una zona deprimida se establece un núcleo polarizador, es de esperar que a su alrededor se desarrolle una zona. Ybarra-Cabetas *Ciencias* 37: Si los ejes ópticos del polarizador y analizador son paralelos, el rayo extraordinario pasará.

polarizante *adj* Que polariza [1]. | *Ya* 22.10.64, sn: Microscopios marca Wild: De alta investigación, biológicos, .. estereomicroscopios polarizantes.

polarizar *tr* **1** (*Fís*) Modificar [rayos luminosos u ondas] mediante reflexión o refracción, de modo que queden incapaces de reflejarse o refractarse de nuevo en determinadas direcciones. | Ybarra-Cabetas *Ciencias* 36: En esencia constan de un polarizador, que convierte la luz ordinaria en luz polarizada, y un analizador. M. Calvo *Ya* 19.11.74, 11: El transmisor genera dos señales de radiofrecuencia, polarizadas por una antena común.
2 Concentrar [alguien o algo la atención o el interés]. | *Sem* 20.12.69, 3: La inminencia de las fiestas navideñas polariza las voluntades en cualquier país del mundo. **b)** *pr* Concentrarse [la atención o el interés en algo]. | Rábade-Benavente *Filosofía* 55: Si entre una serie de personas vestidas con colores tenues aparece alguien con un atuendo de colores brillantes –o a la inversa–, nuestra atención se polarizará en esa persona.
3 Dirigir [alguien la atención o el interés hacia algo]. | Albalá *Periodismo* 62: De aquí que nuestra investigación deba polarizarse hacia el campo magnético del medio y sus "contenidos".

polarógrafo *m* (*Quím*) Instrumento para determinar la concentración y naturaleza de los iones en una solución. | *Ya* 22.10.64, sn: Equipo metalgráfico portátil. Hornos eléctricos. pH-metro. Polarógrafo.

polaroid (*n comercial registrado*) I *m* **1** Lámina transparente de resina sintética que polariza la luz. | * He comprado un suplemento de polaroid para las gafas.
II *adj invar* **2** [Máquina fotográfica] que funciona con polaroid [1] y que permite obtener automáticamente la imagen positiva del objeto. *Tb n f. Tb referido al sistema correspondiente.* | Burgos *ElM* 16.11.93, 5: Y la cárcel, vacía. (Solo está allí un empresario con esmoquin, un ubiña con mil millones en la viga y un duque con la polaroid.) J. M. Bonet *ByN* 30.9.90, 48: Se aficionó a la fotografía "polaroid".

polca (*tb con la grafía* **polka** *en acep 1*) I *f* **1** Danza bohemia del s. XIX, de movimiento ligero y en compás de dos por cuatro. *Tb su música.* | Iparaguirre-Dávila *Tapices* 35: Se danzaba la zarabanda, el villano y los fandangos, que más tarde serían sustituidos por el minué, el rigodón, la gavota y la polca. Berceo *Río* 22.3.89, 4: Cabe que la Residencia se utilice para ofrecer fiestas de noche a los ministros y jefes de Estado que nos visitan, fiestas de esas con polka y rigodón. FCid *Ópera* 60: Las quejas de Marenka, la protagonista, la sentimental romanza del tenor, las escenas del agente matrimonial, el sexteto de los consejos, el coro báquico, la polca, son otros tantos momentos felices.

2 (*col*) Riña o pelea. I Delibes *Emigrante* 21: Callé la boca por educación; para cuatro días no es cosa de armar la polca.

II *loc adj* **3** [El año] **de la ~** → AÑO.

pólder (*pl normal*, ~s) *m* Terreno pantanoso ganado al mar y que, una vez desecado, se dedica al cultivo. *Gralm referido a los Países Bajos.* I Plans *Geog. universal* 288: Los pólders antiguos, como los que se encuentran en los alrededores de La Haya, son una multitud de pequeñísimas islas. Burgos *SAbc* 13.4.69, 43: El ruedo sin fronteras de la marisma, convertida en un conjunto de tres grandes "pólders" donde se obtiene la mayor producción nacional de arroz. [*En Sevilla.*]

pole (*ing; pronunc corriente*, /pól/) *f* (*Dep*) Pole position. I J. Company *Ya* 11.6.89, 48: En la categoría del cuarto de litro, Sito sigue sorprendiendo. Buena prueba de ello es que, tras haber conseguido una sola *pole* en siete años de andanzas por el mundial, en esta temporada ya ha hecho dos, y además exclusivas.

polea *f* Rueda, que gira libremente sobre un árbol o solidaria de sus movimientos, por cuyo cerco pasa una cuerda o correa y que sirve para levantar pesos o transmitir un movimiento. *Frec con un adj especificador*: FIJA, MÓVIL, *etc.* I Marcos-Martínez *Física* 46: En la polea fija se verifica que la potencia es igual a la resistencia .. En la polea móvil la potencia es la mitad de la resistencia. Ramos-LSerrano *Circulación* 246: Muchos fabricantes de automóviles (Seat, Renault, etc.) disponen unas marcas en la polea calada en el cigüeñal y en la tapa de los engranajes de la distribución.

poleadas *f pl* Gachas (comida). I Grosso-LSalinas *Río* 128: Dentro de casa, en la penumbra, se encuentra la familia. Una mujer y dos muchachas que comen del mismo plato unas poleadas.

polemarca *m* (*hist*) Polemarco. I Pericot *Polis* 70: Los arcontes eran nueve .. El primero se llamaba Epónimo ..; el segundo, Basileos ..; el tercero, Polemarca ..; los otros seis, Tesmotetes.

polemarco *m* (*hist*) **1** *En la antigua Grecia*: Arconte encargado de los asuntos de la guerra. I Estébanez *Pragma* 151: Arconte polemarco: garantizaba la seguridad ciudadana en época de paz.

2 *En la antigua Grecia*: Jefe de un ejército. I Estébanez *Pragma* 160: Los hoplitas espartanos .. se agrupaban, según las épocas, en cinco o seis regimientos mandados por polemarcos.

polémicamente *adv* De manera polémica. I C. L. Álvarez *Abc* 19.11.84, 3: La teología de la liberación no será teología, pero solo por el hecho de sustentar eso polémicamente o mediante imposición de autoridad, como ante el franciscano del Brasil Leonardo Boff, se apoya el quietismo social y la injusticia que se deriva de él.

polémico -ca I *adj* **1** De (la) polémica [5]. I Mercader-DOrtiz *HEspaña* 4, 235: Desde 1770 hasta el momento crítico de 1808 se desenvuelven la prensa polémica y una serie de periódicos citados. Castiella *MHi* 11.63, 62: Me atrevo a preguntar sin ánimo polémico: ¿en definitiva, de qué se acusa a Portugal?

2 Que es objeto de críticas o protestas. I *SInf* 18.10.75, 3: Viola, alcalde polémico .. Una parte de la opinión pública catalana se halla, en cierto modo, descontenta por los primeros atisbos de la recién iniciada gestión del que es procurador familiar por Lérida y consejero del Reino.

3 Que critica o censura. I S. Jiménez *Abc* 21.5.67, 47: Los grandes tribunos de la oposición han estado polémicos y duros. García *Flórez* 11: La crítica, tanto valorativa como polémica, es apasionante [en el siglo XVIII].

4 (*Mil*) [Zona] en que para la defensa de una plaza o fortificación se establecen excepciones legales y gubernativas. I *Abc* 18.4.58, 32: Real decreto de 26 de febrero de 1913, sobre Zonas Polémicas.

II *f* **5** Discusión o controversia, esp. por escrito. I CBaroja *Inquisidor* 42: Conviene que nos refiramos ahora a la polémica acerca de los efectos de la Inquisición en la cultura española. *País* 9.10.84, 21: Polémica en el Ayuntamiento de Tenerife sobre la actuación de las murgas en carnavales.

polemista I *m y f* **1** Escritor que sostiene polémicas [5]. I Lapesa *HLengua* 227: En general, los polemistas anticulteranos se limitan a criticar simples diferencias de grado entre la afectación normalmente admitida para la poesía y la extraordinaria de Góngora y sus seguidores.

II *adj* **2** Que tiende a la polémica [5]. *Tb n, referido a pers.* I L. Bru *SAbc* 5.4.70, 18: Si siempre se caracterizó por su vehemencia y su afán polemista, ambas virtudes se ensanchaban cuando de hablar de Relatividad se trataba.

polemizador -ra *adj* **1** Que polemiza. *Tb n, referido a pers.* I A. Balletbó *Abc* 16.7.72, 33: Existía en torno a esta presentación un cierto clima de "suspense", debido tanto a la persona del autor –polemizador y de obras siempre discutidas– como al hecho de que ya anteriormente había sido anunciada la presentación del mismo libro en la mencionada librería, debiendo suspenderse el acto a última hora.

2 Relativo a la acción de polemizar. I *Sáb* 4.1.75, 55: Y nada más, señor director. Como observará, el presente escrito está exento de todo espíritu polemizador.

polemizante *adj* Que polemiza. *Tb n, referido a pers.* I J. A. Hormigón *Tri* 24.11.73, 54: Estas corrientes respondían a las diferentes concepciones del arte, presentes y polemizantes en la vida soviética de los años veinte. S. Verd *Abc* 2.9.75, 22: Se debate la posible conveniencia de un puerto energético en S'Estalella, próximo a una futura central térmica. El estudio podría hacer salir de dudas a los polemizantes.

polemizar *intr* Sostener una polémica [5]. I Castilla *Natur. saber* 29: Lenin, polemizando con Bujarin, sostuvo la aspiración totalizadora.

polemología *f* Estudio sociológico de la guerra. I Rof *Abc* 10.2.74, 3: Todo cuanto concierne a la violencia es complejo y paradójico. Tanto se escribe y reflexiona sobre ella que ha surgido una nueva ciencia, la "Polemología".

polemológico -ca *adj* De (la) polemología. I Azúa *Cambio* 174: Guernica, donde, por cierto, ya no queda ni un conejo, arrasada como ha sido para permitir el avance de la ciencia polemológica germana.

polen *m* Polvo producido en las anteras y formado por granos microscópicos que contienen los gametos masculinos de las plantas. I Legorburu-Barrutia *Ciencias* 272: En primavera, el aire de los campos está cargado de granos de polen.

polenta *f* Gachas de harina de maíz. I Trévis *Extremeña* 26: Frangollo canario. Así denominan en el Archipiélago lo que la Academia llama polenta, o sea gachas de harina de maíz. *Ama casa 1972* 218: Polenta Boloñesa. En gran cacerola poner a hervir dos litros de agua salada. Cuando hierve el agua, echar a modo de lluvia 250 gramos de harina de maíz y menear con cuchara de palo.

poleo *m* Planta labiada de olor agradable y flores azuladas o moradas, que se usa para infusiones (*Mentha pulegium*). I ZVicente *Traque* 12: Don Facundo se quedó lelo, con los paquetes de toronjil, de poleo, de cantueso y de mate, en la mano, fósil la sonrisa.

pole position (*ing; pronunc corriente*, /pól-posísion/) *f* (*Dep*) Primera posición en la línea de salida de una carrera de coches o motos. *Tb fig.* I *Ya* 27.4.86, 73: El brasileño Ayrton Senna, con Lotus-Renault, logró la "pole position" en la parrilla de salida del G. P. de San Marino de Fórmula-1 .. Nelson Piquet .. logró con su Williams-Honda el segundo mejor tiempo, compartiendo con su compatriota la primera fila. *Ya* 23.11.91, 4: El español .. es uno de los idiomas más hablados del mundo .. Hasta el año pasado éramos los terceros. En 1991 el índice de natalidad de los hindúes nos ha hecho bajar un puesto y alejarnos más de la "pole position".

poleso -sa *adj* De Pola de Siero (Asturias). *Tb n, referido a pers.* I C. Argüelles *NEs* 24.11.74, 14: Contribuyó el vecindario y polesos residentes en América en la adquisición del instrumental [de la banda de música].

poli (*col*) **A** *f* **1** Policía (cuerpo). I CPuche *Paralelo* 274: Eso, si lo permitía la poli, que no dejaría de rondar.

poli- – policía

B *m y f* **2** Policía (miembro). | DCañabate *Abc* 18.5.75, sn: Que se ha equivocao la bofia. Un "poli" que se ha empeñao que hacía carteras en los tranvías.

poli- *r pref* Múltiple. | *Por ej*: M. Aguilar *SAbc* 29.11.70, 54: Otros resistentes al calor son los polietilenos y, entre los últimos encontrados, están los poliésteres y policarbonados. Ja. Antón *SPaís* 18.11.90, 4: Es un mundo con cigarrillos Gauloise, .. proyectores de holografías, policarbono·mimético, hombres y mujeres con implantaciones de órganos. *Abc* 25.2.68, sn: Gratis, Vd. recibirá con el curso el material necesario para las prácticas: Poliestireno, .. Policloruro de vinilo. J. M. Moreiro *SAbc* 9.2.69, 42: El tradicional paseo que termina enroscándose como una serpiente policolor bajo los soportales, impedía, como una muralla viviente, todo tráfico rodado. *Inf* 16.4.70, 31: Ofrécese licencia explotación patentes: .. "Procedimiento para la obtención de policondensadores". Bustinza-Mascaró *Ciencias* 26: Epitelio poliestratificado. *Ya* 15.11.89, 33: Centro Español de Estudios de Polifosfatos. *Mad* 20.11.70, 28: "Fractura polifragmentaria en la clavícula izquierda." Este es el parte facultativo. *Cádiz* 75: En el aeródromo "Carlos Haya" está establecida la Escuela de Polimotores, para oficiales y suboficiales del Ejército del Aire. D. Carbonell *Van* 21.11.74, 65: De aquí nace su afición a las polirritmias y a los ritmos afrocubanos. Mascaró *Médico* 62: Los individuos alérgicos pueden serlo a una sola sustancia, pero lo más corriente es la polisensibilidad o sensibilidad múltiple. *Inf* 26.12.70, 5: Su única hija está en Munich perfeccionándose como politaquígrafa. J. C. Villacorta *HLM* 26.10.70, 15: Música extraña y hermosa de motetes no religiosos, escritos con expresiva y compleja estructura rectilínea y polivocal.

poliadelfo -fa *adj* (*Bot*) [Estambre] que está soldado a otros por el filamento, formando tres o más haces. *Gralm en pl. Tb dicho de la flor correspondiente*. | Alvarado *Botánica* 40: Cuando los estambres se sueldan en un haz por los filamentos se dice que son monadelfos (malva ..); si en dos haces, diadelfos (muchas leguminosas); si en varios, poliadelfos (naranjo).

polialcohol *m* (*Quím*) Cuerpo que posee varias veces la función alcohol. | *BOE* 7.11.61, 15902: Se concede a la firma "Macla Polyurethan Elastomere, Sociedad Anónima", de Mataró (Barcelona), el régimen de admisión temporal para la importación de .. dos mil setecientos kilos de reticulante B. polialcohol.

poliamida *f* (*Quím*) Compuesto caracterizado por la presencia de más de un grupo amida. | V. Moreno *Rev* 7/8.70, 7: Poliamidas, fibras acrílicas... son términos quimicos tan manejados hoy día a través de campañas, "slogans" publicitarios y etiquetas de artículos domésticos, que han llegado a hacerse familiares a todos.

poliandra *adj* (*Sociol*) [Mujer] que tiene varios maridos a la vez. *Tb n*. | *VAl* 25.7.76, 22: La poliandra .. usó de diversos disfraces en sus hasta ahora habituales visitas a las oficinas de registro de matrimonios.

poliandria *f* (*Sociol*) Condición o estado de poliandra. | Valcarce *Moral* 54: También está entre los principios primarios la indisolubilidad del matrimonio frente al mero disenso de las partes, y su unidad en contraposición a la poliandria.

poliándrico -ca *adj* (*Sociol*) De (la) poliandria. | Rábade-Benavente *Filosofía* 211: La escasez de mujeres determina no ya una simple comunidad sexual, sino de tipo poliándrico.

poliantea *f* (*hist*) Libro formado por una colección de noticias diversas. | Lapesa *HLengua* 224: La cargazón de lecturas, el constante manejo de polianteas y arsenales de erudición, habían familiarizado a los escritores con la mitología.

poliaquenio *m* (*Bot*) Fruto formado por numerosos aquenios. | Alvarado *Botánica* 50: Los [esquizocarpios] más interesantes son el diaquenio de las Umbelíferas .., el tetraquenio de las Borragináceas .. y Labiadas .. y el poliaquenio de las Geraniáceas .. y de la malva.

poliarquía *f* Gobierno de muchos. | J. Zaragüeta *Abc* 2.1.66, 3: Ello se traduce en el espacio en la designación de un solo representante (Monarquía), de pocos (oligarquía), o de muchos (poliarquía).

poliárquico -ca *adj* De (la) poliarquía. | D. Sevilla *Pue* 17.4.76, 2: No han leído la historia de Cánovas, ni la inglesa, ni siquiera el famoso libro de Dahl, que explica cómo se ha hecho .. el paso en Inglaterra de un gobierno hegemónico a uno poliárquico.

poliartritis *f* (*Med*) Artritis que afecta simultáneamente a varias articulaciones. | E. Rey *Ya* 17.1.75, 34: Otra variedad de reumatismo es la poliartritis reumatoide o el clásico reumatismo deformante, que afecta especialmente a las mujeres.

poliatómico -ca *adj* (*Quím*) Compuesto de muchos átomos. | Bustinza-Mascaró *Ciencias* 6: Cuando las moléculas están formadas por dos átomos se llaman biatómicas; si por tres, triatómicas; si por cuatro, tetratómicas, y si por muchos, poliatómicas.

polibán *m* Bañera pequeña con asiento. | *Alc* 31.10.62, 29: Bañeras. Lavabos. Polibanes.

policarbonato *m* (*Quím*) *Se da este n a varios polímeros termoplásticos caracterizados por su dureza y resistencia*. | *Ya* 27.6.74, 2: En Estocolmo, en donde la rotura de lámparas de vidrio por el vandalismo es extremadamente elevada (25 por 100 del parque total), con el reemplazamiento por pantallas de policarbonato se han reducido las roturas al 7 por 100.

policarpelar *adj* (*Bot*) Que tiene varios carpelos. | Alvarado *Botánica* 41: Los gineceos pueden ser monocarpelares, cuando constan de un único carpelo ..; o policarpelares, cuando tienen varios.

policéfalo -la *adj* (*lit*) Que tiene varias cabezas. *Tb fig*. | Torrente *Sombras* 285: Esos prodigios que asombran y que convencen a los hombres sencillos de la existencia de seres superiores: los grandes terremotos expiadores; la aparición de monstruos policéfalos en la tierra y en la mar. E. Barrenechea *Inf* 24.10.69, 20: Madrid es una capital policéfala, de múltiples y variadas funciones sobre las que aspira a ejercer –o ya ejerce– una primacía nacional absoluta.

policéntrico -ca *adj* De varios centros, o que tiene varios centros. | *Barcelona* 10: En esa franca evolución del sentido egocéntrico hacia el policéntrico florece la Barcelona actual.

polichinela *m* Personaje burlesco y deforme de las farsas y pantomimas italianas. | Pieras *Cod* 2.2.64, 13: Los seres humanos son como polichinelas movidos por factores y motivos materiales.

policía (*gralm con mayúscula en acep 1*) **I** n **A** *f* **1** Cuerpo encargado del mantenimiento del orden público y de la seguridad de los ciudadanos. *Frec con un compl especificador*: NACIONAL, URBANA, DE TRÁFICO. *Sin compl, gralm designa la Policía Nacional*. | CNavarro *Perros* 35: Yo era un hombre honrado, alguien que no tenía que temer nada de la policía. GTelefónica *N*. 375: Miguel Lozano, Juan de. Fabricación correajes para el ejército, Policía armada, Urbana y Guardia Civil. Leguis. Polainas y Tubos. *Ya* 10.11.84, 10: El derecho a la sindicación llega a la Policía Nacional. D. Escudero *ASeg* 2.11.84, 6: La Policía de Tráfico se ha hecho cargo de la vigilancia de las zonas de aparcamiento prohibidas en esta localidad. *Ya* 17.12.89, 23: La "policía ambiental" funcionará en enero.

2 Cuidado o vigilancia [de algo]. | Arenaza-Gastaminza *Historia* 46: Los ediles, cuya misión era la policía de la ciudad. *BOE* 26.7.74, 15479: Esta autorización no faculta por sí sola para ejecutar obras en zona de servidumbre de carreteras, ferrocarriles o canales del Estado, o en zona de caminos comarcales, por lo que el concesionario habrá de obtener, en su caso, la necesaria autorización de los Organismos competentes, encargados de su policía y explotación.

3 (*lit*) Limpieza o aseo. | *Abc* 13.7.75, 4: Los taxis, como todo servicio público, están sujetos a unas reglas de policía e higiene que, justo es decirlo, cumplen la inmensa mayoría.

B *m y f* **4** Miembro de la policía [1]. *Frec con un compl especificador*. | M. B. Ferrer *Ya* 21.5.77, 12: Se perpetró un atentado contra la dependencia policial de la estación del ferrocarril de Pamplona. Milagrosamente, los dos policías que a esa hora estaban de servicio salvaron su vida gracias a la rapidez de sus reflejos. *Ya* 17.12.89, 23: A primeros de enero comenzarán a trabajar los nuevos policías ambientales, que velarán por la preservación ecológica de la región. I. Fuente

policíacamente – poliéster

País 21.3.79, 22: Empiezan a verse policías nacionales y guardias civiles en las proximidades de las farmacias. *Pue* 26.10.70, 14: Las nuevas policías municipales, como agentes de la autoridad que son, si se les resiste alguien o las ofende, no tienen más que conducir al infractor a la comisaría más cercana.
II *adj invar* **5** [Perro] usado por la policía [1] en tareas de vigilancia y rastreo. | * Para detectar la droga usan perros policía.

policíacamente (*tb* **policiacamente**) *adv* De manera policíaca. | L. Calvo *Abc* 23.10.70, 25: No contaba con M. Marcellin, ministro del Interior, a quien los periódicos están poniendo estos días verde, por la osadía de ocupar policíacamente el barrio Latino.

policíaco -ca (*tb* **policiaco**) *adj* **1** De (la) policía [1]. | Zunzunegui *Camino* 385: El Comisario Landaburu .. llevó a Sole a un rincón para entregarse a un pesquiseo policíaco.
2 [Literatura u obra literaria] que trata del esclarecimiento de un crimen más o menos misterioso. | Salom *Culpables* 25: ¿Lees novelas policíacas? **b)** Propio de la literatura policíaca. | E. Corral *Abc* 14.5.72, 72: Al final "suena" a policiaco el tema de Mérimée.

policial *adj* **1** De (la) policía [1]. | Romano *Abc* 14.5.72, 43: La infracción ya existía, tal y como la configura el Código, y no fue provocada, sino descubierta, por la intervención policial.
2 (*raro*) Policíaco [2]. | FVidal *Ayllón* 99: Mire, lo único que aquí se puede hacer es leer policiales y sacar fotos.

policialmente *adv* Desde el punto de vista policial. | *Abc* 9.2.68, 51: Antonio García del Amo es un delincuente habitual contra la propiedad conceptuado policialmente como "bujarrón" y "policía-ful".

policicio *m* (*Biol*) Agrupación de células en que los protoplasmas están separados por sus paredes celulares. | Ybarra-Cabetas *Ciencias* 192: Las asociaciones pluricelulares pueden tener lugar mediante una fusión íntima de las masas plasmáticas, sin que afecte a los núcleos, en cuyo caso se denominan sincicios, o hallarse separados los protoplasmas por las paredes celulares de las células integrantes, policicios.

policíclico -ca *adj* (*Quím*) [Compuesto orgánico] cuya fórmula contiene varias cadenas cíclicas. | T. Camiñas *País* 25.2.88, 26: Las sustancias comprendidas en la ley Básica de Residuos Tóxicos y Peligrosos y catalogadas como productoras de residuos son las siguientes: arsénico, mercurio, .. titanio, compuestos aromáticos policíclicos.

policitemia *f* (*Med*) Aumento anormal del número de glóbulos rojos de la sangre. | Rascón *TMé* 11.5.84, 12: Puede demostrarse la supervivencia con quimioterapia en el cáncer de mama, .. policitemia vera, carcinoma prostático.

policlínico -ca I *adj* **1** [Hospital] que presta servicios de distintas especialidades médicas y quirúrgicas. *Frec n m*. | *Voz* 8.11.70, 6: Sesión cultural en el policlínico.
II *f* **2** Clínica con distintas especialidades médicas y quirúrgicas. | *Abc* 21.11.70, 35: Corre el rumor de que el hombre que fue número uno del Kremlin ha sido recluido en una policlínica a 50 kilómetros.

policopiar (*conjug* **1a**) *tr* Multicopiar. | P. Narvión *Pue* 21.10.70, 3: Imaginemos que la lista –todo el mundo puede conocerla porque la regalan policopiada por las esquinas– la consultan antes de regalar caramelos.

policroísmo *m* (*Fís*) Propiedad de algunos cuerpos de presentar distinto color según se miren, debido a la polarización de la luz. | Ybarra-Cabetas *Ciencias* 57: Presenta también [la esmeralda] el policroísmo; es fuertemente birrefringente y de gran dureza.

policromado *m* Acción de policromar. *Tb su efecto*. | J. Bassegoda *Van* 20.5.73, 3: Una vez remodelada la escultura, se procedió al policromado empezando por la pintura de las nervaduras. *Ya* 23.9.70, 22: Es una gran estatua del siglo XIII, en la que aún se ven huellas de su antiguo policromado.

policromador -ra *adj* Que policroma. *Frec n, referido a pers*. | *Jaén* 14.10.64, 6: A todos los artistas y alumnos de las Escuelas de Artes y Oficios de nuestra región que pueda interesarles la posibilidad de ser seleccionados, en cualquiera de las ramas de restauradores, policromadores, estofadores, .. pueden presentarse a cualquier hora hábil en nuestro Museo.

policromar *tr* Pintar [algo] de varios colores. *Frec en part*. | Cunqueiro *Un hombre* 64: Apareció un día en la playa .. un caballo labrado en madera, policromado, que seguramente ejerciera de mascarón de proa en una nave. *Prospecto* 10.92: Las maderas duras .. estaban indicadas para una talla minuciosa debido a sus fibras compactas y, por su belleza, no solían policromarse.

policromía *f* **1** Cualidad de policromo. | Pericot *Polis* 20: En Altamira .. las representaciones –sobre todo bisontes– alcanzan la perfección con la policromía. DCañabate *Abc* 6.12.70, 11: El silencio extiende su dulzura. La policromía campestre, lo risueño de su variedad.
2 (*raro*) Conjunto policromo. | *SVozC* 25.7.70, 7: Los mosaicos descubiertos .. constituyen bellas policromías geométricas del siglo III y IV.

policrómico -ca *adj* (*raro*) Policromo. | VMontalbán *Rosa* 154: Faroles japoneses de papel policrómico y bombillas pintadas.

policromo -ma (*tb* **polícromo**) *adj* De varios colores. | J. Salas *Abc* 27.12.70, 25: Reyes Magos o barbudos Santa Claus junto a los objetos en venta, que eran más bien de playa, como flotadores policromos, trajes de baño. Goytisolo *Recuento* 204: En lo alto, la luz gloriosa, vidrieras y rosetones proyectándose en un ámbito que bien cabe imaginar eternamente atravesado de reflejos, de incidencias polícromas descompuestas sobre el oro de los retablos.

polidactilia *f* (*Med*) Existencia de uno o más dedos supernumerarios. | Navarro *Biología* 225: Caracteres dominantes ..: Ojos negros, sobre ojos azules .. Dedos en número superior a cinco (polidactilia).

polideportivo -va *adj* [Conjunto o zona de instalaciones] de varios deportes. *Frec como n m*. | R. Rubio *Abc* 6.12.70, 15: Las transformaciones del paisaje no pueden ir más allá de una ordenación de parques naturales, de zonas polideportivas. *Abc* 7.2.92, 13: Pisos de 1 a 5 dormitorios .. Centro de salud .. Pista polideportiva. Pistas de tenis y squash. Ramiro *VozA* 8.10.70, 15: No sé si lo tendrá [éxito] el polideportivo, a pesar de que se decidieron por la madera.

polidipsia *f* (*Med*) Sed excesiva. | Rascón *TMé* 8.6.84, 4: Hay, entre los conceptos diagnósticos, algunos muy evidentes (polidipsia y poliuria), resultado de elevaciones importantes de glucemia y aparición de glucosuria.

polidrupa *f* (*Bot*) Fruto formado por varias drupas. | Alvarado *Botánica* 51: Según la naturaleza de los frutitos integrantes se distinguen tres tipos [de eterios]: 1º Eterio de aquenios .. 2º Eterio de drupas (polidrupa), como la zarzamora. 3º Eterio de folículos (polifolículos), como la peonía.

poliédrico -ca *adj* **1** (*Geom*) De(l) poliedro. | Bustinza-Mascaró *Ciencias* 316: Los minerales cristalinos frecuentemente se presentan en cristales, o sea, en formas poliédricas, con sus caras, aristas, vértices. **b)** Que tiene forma de poliedro. | Navarro *Biología* 41: Según su forma las células pueden ser cilíndricas, esferoidales, poliédricas .. y filamentosas.
2 (*lit*) Que tiene muchas facetas o aspectos. | Miguel *Perversión* 117: El concepto [de país] no puede ser más poliédrico; el ideal para la prosa política. F. Bocos *Ya* 18.4.90, 12: Hablo de la Italia donde la banda obtiene abundantes estímulos fiscales para sus poliédricas operaciones de usura.

poliedro (*Geom*) **I** *adj* **1** [Ángulo] formado por varios planos que se cortan y concurren en un mismo vértice. | Bustinza-Mascaró *Ciencias* 316: Los minerales cristalinos frecuentemente se presentan en cristales, o sea, en formas poliédricas, con sus caras, aristas, vértices, ángulos diedros y ángulos poliedros.
II *m* **2** Sólido limitado por superficies planas. | Marcos-Martínez *Matemáticas* 138: En este libro solo se estudiarán poliedros convexos.

poliéster *m* Material sintético que consiste en un éster de peso molecular elevado, resultante del encadenamiento de numerosas moléculas de ésteres. | *Pue* 10.3.64, 32: Es el primer barco que se recubre en España con fibra de vidrio

poliestireno – poliglotismo

y poliéster, y su casco es de madera. *Pue* 20.1.67, 11: Pantalón caballero, en poliéster.

poliestireno *m* (*Quím*) Polímero termoplástico que resulta de la polimerización del estireno. | *GTelefónica N.* 37: Fibras de vidrio. Corcho aglomerado. Poliestireno. Amiantos. F*Vidal Señas* 15: Un chaleco de mezclilla, lana y fibra artificial, poliestireno o no sé.

polietileno *m* (*Quím*) Materia plástica obtenida por polimerización del etileno. | *Inf* 9.6.70, 22: Proceso de transformación del polietileno para impresión de periódicos.

polifacético -ca *adj* **1** [Pers.] que se dedica a diversas actividades o a distintas facetas de una actividad. | *Alc* 31.10.62, 24: Se puso en marcha el gran montaje de los Seis Días de Madrid, después del pistoletazo de la inauguración, disparado por la polifacética Sarita Montiel. **b)** Propio de la pers. polifacética. | S. Lorenzana *Pap* 1.57, 51: De cuanto llevamos dicho puede inferirse la dimensión intelectual y la personalidad polifacética de Fray Martín Sarmiento.
2 [Cosa] que ofrece varias facetas o aspectos. | J. LDepetre *Abc* 19.6.75, sn: La dulce manía de ambular por las calles "mirando" las cosas con las que uno se tropieza aporta mucha experiencia y enriquece nuestro acervo personal, variopinto y polifacético. *Alc* 10.11.70, 9: Intercomunicador ITT 411 .. Otro de sus modelos es el Terryphone. Este polifacético aparato permite hablar a muchas personas simultáneamente, y localiza a cualquiera allí donde se encuentre.

polifacetismo *m* Cualidad de polifacético. | C. Murillo *Abc* 20.8.72, 51: Carlos Ballesteros es un caso de polifacetismo. Para abrir boca ha hecho de "Otelo" en el Español. Decorador y figurinista, su arte ha ilustrado diversas piezas teatrales. Y también escribe.

polifásico -ca *adj* (*Electr*) [Sistema de corrientes] alternas o sinusoidales de igual frecuencia pero desfasadas entre sí. | Mingarro *Física* 166: Corrientes polifásicas. Sistemas bifásico y trifásico.

polifilético -ca *adj* (*Biol*) Que procede de un origen múltiple. | MPuelles *Filosofía* 2, 122: Distínguese, en este punto, entre la evolución "monofilética" (a partir de una sola especie) y la "polifilética" (a partir de varias).

polifolículo *m* (*Bot*) Fruto compuesto de varios folículos. | Alvarado *Botánica* 51: Según la naturaleza de los frutitos integrantes se distinguen tres tipos [de eterios]: 1º Eterio de aquenios .. 2º Eterio de drupas (polidrupa), como la zarzamora. 3º Eterio de folículos (polifolículos), como la peonía.

polifonía *f* Música compuesta por varias partes melódicas relativamente independientes pero relacionadas armónicamente entre sí. | RAngel *Música* 53: Contrapunto es, por lo dicho, sinónimo de polifonía, y esta puede ser vocal o instrumental. **b)** Canto a varias voces. | RMencía *VozC* 31.12.70, 10: La Schola Cantorum del Círculo Católico obtiene un gran éxito y un galardón en el Concurso de Habaneras y Polifonía de Torrevieja.

polifónicamente *adv* De manera polifónica. | Casares *Música* 37: Desde ahora el hombre de Occidente concebirá la música como polifónica y se expresará polifónicamente.

polifónico -ca *adj* **1** De (la) polifonía. *Tb n f, referido a agrupación*. | J. C. Villacorta *HLM* 26.10.70, 15: Una y otra ciudad han sido recientemente escenario de dos acontecimientos de música polifónica. J. Palau *Des* 12.9.70, 37: Orquesta apta para dar cuenta de una notable complejidad polifónica. RAngel *Música* 49: A aquellos instrumentos capaces de emitir varios sonidos simultáneamente se les llama polifónicos. Son todos los de teclado (incluido el acordeón), arpa, guitarra y los de esta familia. FCid *MHi* 11.63, 49: Unos coros aguerridos que forman aficionados: los coruñeses de la polifónica "El Eco", y una buena orquesta.
2 (*Fon*) [Letra] capaz de representar varios sonidos diferentes. | Salvador *Letra Q* 16: Tenemos .. letras polifónicas, como la *g* o la *c* o la *r*.

polifonismo *m* Cultivo o técnica de la polifonía. | M. Orgaz *MHi* 12.70, 19: Me puse a pensar en la resolución del polifonismo.

polifonista *m* y *f* Compositor de música polifónica. | FCid *Abc* 20.6.71, 11: En un templo se anuncia el recital de órgano; en otro se emplea para el servicio litúrgico la obra escrita por Mozart, por Schubert, por Bruckner, o los gloriosos pentagramas de los polifonistas.

poliforme *adj* (*raro*) Polimorfo. | Pombo *Héroe* 143: Como una súbita película, como una única nota poliforme, el pasado.

polígala *f Se da este n a diversas plantas herbáceas o leñosas de clima templado, de propiedades medicinales, y pertenecientes al gén Polygala, esp P. rupestris* (~ RUPESTRE), *P. amara* (~ AMARGA *u* OFICINAL) *y P. senega* (~ DE VIRGINIA). | FQuer *Plantas med.* 438: Polígala rupestre .. Esta polígala forma una pequeña cepa leñosa y perenne con una raíz a modo de pilote que penetra en las rendijas de los peñascos .. La raíz de esta planta, como la polígala de Virginia o polígala sénega, contiene saporina.

poligamia *f* Condición o estado de polígamo [1, esp 1a]. *Tb el régimen familiar correspondiente*. | DPlaja *El español* 141: Esta poligamia aceptada ¿procederá de la árabe? R. Castellar *Gac* 11.5.69, 19: Incorporándose a la comunidad musulmana, el negro se integra en una sociedad que le ampara y le guía sin exigirle esfuerzo ni sacrificios; sobre todo puede continuar en la poligamia.

polígamo -ma *adj* **1** [Pers.] que está casada o mantiene relación sexual con varias perss. a la vez. *Normalmente referido a hombre. Tb n.* | DPlaja *El español* 136: Yo creo que todo español es .. un posible don Juan. Polígamo por excelencia. **b)** [Animal] que se aparea con varias hembras. | * El gallo es polígamo. **c)** (*Bot*) [Planta] que tiene a la vez flores hermafroditas y unisexuales. | Ybarra-Cabetas *Ciencias* 273: Hay plantas que poseen a la vez flores hermafroditas y unisexuales –plantas polígamas–; ejemplo: el palmito.
2 De (las) perss., animales o plantas polígamos [1]. | Navarro *Biología* 273: La familia puede ser monógama .. o polígama, como la formada por el gallo y las gallinas.
3 De (la) poligamia. | DPlaja *El español* 140: Ni siquiera la curiosa precisión del mandamiento "no desearás la mujer de tu prójimo", sin mencionar al marido de su prójima, calma el ansia polígama del español.

poligástrico -ca *adj* (*Zool*) [Animal] que tiene varios sacos alimenticios o estómagos. | M. Calvo *Ya* 19.3.75, 42: Para suministrar a un animal monogástrico –gallinas ponedoras, cerdos, pollos de engorde– su ración proteica, se ha intentado, como se hace en los poligástricos, utilizar la urea.

poliginia *f* (*Sociol*) Forma de matrimonio en que el hombre puede estar unido a dos o más mujeres reconocidas. | Rábade-Benavente *Filosofía* 211: Como nacen más mujeres que hombres .., se invierte la relación sexual, y entonces hay ya varias mujeres para un solo hombre (poliginia).

poliglobulia *f* (*Med*) Exceso de glóbulos rojos en la sangre. | Mascaró *Médico* 156: El recuento normal arroja una cifra de 4.500.000 a 5.000.000 de glóbulos rojos por mm³; cifras inferiores indican un estado de anemia, las que rebasan los 5.500.000 por mm³ una poliglobulia (exceso de glóbulos rojos).

políglota (*tb, raro*, **poliglota**; → POLÍGLOTO) *adj* **1** [Pers.] que habla varias lenguas. *Tb n.* | Llamazares *Río* 67: No todo el mundo en Ranedo es tan políglota y viajero como el ilustre veterano de la División Azul.
2 [Texto] que está en varias lenguas. | *Abc* 19.3.58, 12: Existen ediciones poliglotas [del Quijote] y unas ochocientas cincuenta castellanas.

poliglotía *f* (*raro*) Poliglotismo. | GHortelano *Momento* 221: Idiomas-lee-traduce-habla-escribe. Dije que francés, inglés, italiano y portugués .. Ramón .. aseveró que él no permitía aquel despliegue lingüístico .. Insistí en mi poliglotía y propuse se me sometiese a las correspondientes pruebas.

poliglotismo *m* Condición de políglota. | Tovar *Español* 512: La ejecución del canon limense sobre la instrucción de los indios en la fe en sus propias lenguas provocó algunas obras más de brillante poliglotismo.

polígloto -ta (*tb*, *raro*, **poligloto**) *adj* (*lit*) Políglota. *Tb n: m y f, referido a pers; f, referido a Biblia*. | GYebra *En torno* 36: La interpretación consecutiva y sobre todo la simultánea dependen al menos tanto, y quizá más, de las dotes de orador del intérprete que de su talento como polígloto y como traductor-escritor. Tejedor *Arte* 135: La Biblia Políglota Complutense fue uno de los monumentos más extraordinarios de todo el Renacimiento. Prieto *Lit. española* 2, 55: En su impulso político al servicio de los Reyes Católicos entra la realización cultural de la Universidad de Alcalá y la *Políglota Complutense*.

poligonácea *adj* (*Bot*) [Planta] dicotiledónea herbácea o arbustiva, con hojas simples provistas de ocrea, flores pequeñas hermafroditas y fruto en aquenio. *Frec como n f en pl, designando este taxón botánico*. | Bustinza-Mascaró *Ciencias* 239: En las poligonáceas, las estípulas se sueldan y forman alrededor del nudo un anillo membranoso llamado ocrea.

poligonal *adj* De(l) polígono[1] [1]. | * La base tiene una estructura poligonal. **b)** Que tiene forma de polígono[1] [1]. | Mingarro *Física* 164: Las figuras 150 y 151 nos muestran las formas exclusivamente empleadas por los constructores actuales de dinamos: son, como se ve, culatas cilíndricas o poligonales.

poligonato *m* Sello de Salomón (planta). | Mayor-Díaz *Flora* 589: *Polygonatum odoratum* (Miller) Druce. "Poligonato." Pl[anta] v[ivaz] de 20-50 cm, con rizoma horizontal .. Tallo anguloso .. Hojas alternas .. Flores blanco-verdosas, olorosas, grandes .. Bosques y lugares sombríos.

polígono[1] *m* **1** Superficie plana limitada por una línea quebrada cerrada. | Marcos-Martínez *Aritmética* 194: Cuadrilátero es un polígono de cuatro lados. **2** Superficie delimitada de terreno que constituye una unidad por su finalidad o por su consideración urbanística. *Gralm con un compl especificador*: INDUSTRIAL, DE TIRO, *etc*. | Pue 20.1.67, 17: Polígonos industriales. Cotano Ya 15.4.64, 6: El llamado Centro de Ensayo de las Landas .. Un polígono de este tipo necesita estaciones distantes para observar los disparos y los lanzamientos. Mad 10.9.70, 15: A consecuencia de las heridas sufridas al caer desde una ventana de su domicilio al patio interior de la finca en que habitaba, en el polígono H de Moratalaz, falleció.

polígono[2]. **~ trepador.** *m* Planta anual de tallos ramosos y flores blancas en fascículos que crece como mala hierba en los cultivos (*Polygonum convolvulus*). | Mayor-Díaz *Flora* 426: *Bilderdykia convolvulus* (L.) Dumort. "Polígono trepador." (Sin. *Polygonum convolvulus* L.)

poligrafía *f* Obra de varios autores sobre materias diversas, o colección de obras de uno o varios autores sobre materias diversas. | Huarte *Biblioteca* 119: Generalidades .. Poligrafías. Colecciones.

poligráfico -ca *adj* De(l) polígrafo. | Gamallo *MHi* 12.70, 23: Coadyuvara a su misma sagrada finalidad .. con el halo españolísimo que caracteriza tanto a lo gauchesco .. como a lo poligráfico, y de pura creación, argentino y uruguayo. *DMé* 1.2.93, 16: Es necesario además un examen complementario, una grabación poligráfica, que consiste en registrar la frecuencia, duración y tiempo total de los períodos de apnea durante la noche.

polígrafo -fa A *m y f* **1** Autor que escribe sobre materias diferentes. | Tejedor *Arte* 166: El ilustre polígrafo don Marcelino Menéndez y Pelayo defendió la existencia de una ciencia española. DPlaja *Literatura* 451: Valera es un polígrafo. **B** *m* **2** (*Med*) Instrumento que registra simultáneamente una serie de constantes fisiológicas. | *BOE* 1.12.75, 25052: Electroencefalógrafo polígrafo de 20 canales, sistema de estimulación, banda magnética de ocho canales, computador analógico digital, 8.300.000 pesetas. **b)** Detector de mentiras. | VMontalbán *Galíndez* 328: ¿Por qué no me aplica el polígrafo? .. Estoy dispuesta a que me apliquen el polígrafo.

polihíbrido -da *adj* (*Biol*) [Híbrido] cuyos generadores difieren en cinco o más caracteres. | Navarro *Biología* 215: Cuando se cruzan dos individuos que difieren por solo un rasgo constitucional, es decir, por un par de caracteres, a los hijos se les llama monohíbridos; si difieren por dos par[e]s de caracteres, dihíbridos; si por tres, trihíbridos, y en general polihíbridos si son más de tres.

polilla[1] *f* Pequeña mariposa nocturna de color grisáceo o amarillento, cuyas larvas dañan a menudo tejidos, pieles y sustancias alimenticias. *Frec con un compl especificador*: ~ DE LA CERA (*Galleria mellonella*), ~ DE LA HARINA (*Pyralis farinalis*), ~ DE LA ROPA (*Tineola biselliella*), ~ DE LOS CEREALES (*Sitotroga cerealella*), *etc*. | Bustinza-Mascaró *Ciencias* 144: Mariposas son también, aunque de pequeño tamaño, las denominadas polillas, cuyas larvas destrozan la ropa de lana, los granos de cereales. *VozC* 6.10.68, 6: Se recomiendan .. para combatir las siguientes enfermedades: Tizón de los cereales; .. Polilla del maíz. *Hoy* 9.3.75, 24: En este artículo pretendemos informar de la manera más sencilla sobre las enfermedades parasitarias que afectan a las abejas, siendo las más importantes: Acariasis, piojillo y polilla .. La "polilla" es un parásito muy conocido por los apicultores debido a los incalculables daños que ocasiona en los panales, polen y en la misma madera de las colmenas débiles.

polilla[2] *m* (*argot Mil*) Alumno del Colegio de Guardias Jóvenes, de la Guardia Civil. | R. González *Ya* 8.5.90, 11: Desde 1977 venían empadronándose en Valdemoro aquellos "polillas" de la Guardia Civil que iban a residir en la localidad durante dos años como mínimo.

polilobulado -da *adj* (*Arquit*) Que tiene muchos lóbulos. | Cruz *Torres* 50: La torre es hoy un cuadrilátero, cubierto por un tejado rojizo, en el que se han incrustado un reloj de sol y un ventanal blanco, ajimezado, de arcos polilobulados.

polimerasa *f* (*Biol*) Enzima que cataliza la formación de DNA y RNA. | *País* 14.10.93, 24: Se basa en la utilización de una enzima o catalizador, la polimerasa, en cuya presencia se duplican las cadenas de ADN.

polimería *f* (*Quím*) Hecho de estar unidas entre sí varias moléculas de un cuerpo, originando otro cuya composición es la misma que la del cuerpo original pero cuyo peso molecular es múltiplo del de aquel. | Aleixandre *Química* 177: La polimería puede ser irreversible y reversible.

polimérico -ca *adj* (*Quím*) Polímero [1]. | *Onil* 142: Plastificantes poliméricos .. Amplia gama de propiedades combinadas de viscosidad-permanencia-precio, estudiadas para todos los usos posibles.

polimerizable *adj* (*Quím*) Que puede polimerizarse. | Aleixandre *Química* 202: Las sustancias sencillas fácilmente polimerizables suelen estar comprendidas en uno de los sistemas siguientes.

polimerización *f* (*Quím*) Acción de polimerizar(se). | Alvarado *Anatomía* 6: El almidón se origina en los cloroplastos de las células vegetales verdes por polimerización de la glucosa sintetizada en la función clorofílica. *Inf* 16.4.70, 31: Procedimiento patentado para la polimerización de alfa-olefinas.

polimerizar *tr* (*Quím*) Transformar en polímero [1]. | M. Aguilar *SAbc* 29.11.70, 54: Al unir (polimerizar) moléculas de cloruro de vinilo se obtiene la gran familia de los plásticos de polivinilo. **b)** *pr* Transformarse en polímero [1]. | Aleixandre *Química* 84: El oxígeno se diferencia notablemente en sus propiedades del azufre, selenio y teluro, debido a la tendencia que presentan estos últimos elementos a polimerizarse.

polímero -ra *adj* **1** (*Quím*) [Compuesto] cuya molécula se halla constituida por la unión de varias moléculas idénticas. *Tb n m. Se opone a* MONÓMERO. | Aleixandre *Química* 75: La polimerización de las moléculas de agua explica también su gran calor específico, así como sus elevados puntos de fusión y ebullición, ya que la destrucción de los polímeros consume considerable cantidad de energía. *Inf* 8.7.74, 13: La Agrupación Nacional de Plásticos ha acordado solicitar la importación, sin impuestos, de 10.000 toneladas de polímero de vinilo y otras 10.000 toneladas del monómero correspondiente.
2 (*Bot*) Compuesto de varias partes. | Ybarra-Cabetas *Ciencias* 272: Si el ovario está formado por una sola hoja, se denomina monocarpelar, y si por varias, polímero.

polimetálico -ca *adj* Que contiene varios metales. | *Van* 18.4.74, 79: Los nódulos submarinos son un tesoro sin propietario: un billón y medio de toneladas de pedruscos polimetálicos duermen en el fondo de los océanos.

polimetría *f* (*TLit*) Empleo de metros diversos en una misma composición poética. | Baquero-Polo-DRevenga *Literatura* 342: Un carácter más notorio [en "El estudiante de Salamanca"] es el de la versificación: la más absoluta y detonante polimetría.

polimétrico -ca *adj* (*TLit*) Que presenta polimetría. | LEstrada *Lit. medieval* 373: La Antigüedad .. está representada por la *Historia troyana*, de hacia 1270 (escrita en parte en verso polimétrico, y en parte en prosa).

poli-mili *m y f* (*col*) Miembro de la rama político-militar de la organización terrorista ETA. | *ByN* 1.8.79, 21: Los llamados "polis-milis", tan criminales como los "milis", quieren demostrar que, trayendo la guerra a Madrid, ellos no tienen por qué emprenderla a bombazos con "los que consideran sus equivocados y casi traidores padres" del PNV.

polimorfia *f* Polimorfismo [1a]. | Torres *Ceguera* 73: Tráele calabacines. Me fascina su polimorfia.

polimorfismo *m* Cualidad de polimorfo. | Delibes *Mundos* 44: Sobre los picos inmediatos al ferrocarril no hay nieve; ofrecen descarnadas sus moles colosales, de un polimorfismo caprichoso. Nolla *Salud* 345: El polimorfismo clínico es debido a que se altera el tejido conjuntivo. **b)** (*CNat*) Existencia de más de una clase de individuos en una misma especie. | Ybarra-Cabetas *Ciencias* 347: Su polimorfismo [de la hormiga] da lugar a tres clases de individuos: machos y hembras alados y hembras sin alas, estériles, llamadas obreras. **c)** (*Mineral*) Propiedad de una sustancia de cristalizar en varios sistemas diferentes sin que cambie su composición química. | Alvarado *Geología* 25: El diamante es carbono cristalizado en el sistema regular; el grafito es carbono cristalizado en el sistema hexagonal. Este interesante fenómeno se conoce con el nombre de polimorfismo.

polimorfo -fa *adj* Que tiene o puede tener distintas formas. | Delibes *Mundos* 46: De punta a punta, los Andes adoptan una estructura polimorfa. M. Aguilar *SAbc* 29.9.68, 54: La mente humana es tan distinta y polimorfa que hace al hombre rey de la creación, por su falta de uniformidad.

polinación *f* (*Bot*) Emisión del polen. | Ybarra-Cabetas *Ciencias* 276: La polinación es propia de las plantas anemógamas como el trigo, el pino, etc.

polinar *intr* (*Bot*) Soltar [las anteras (*suj*)] el polen. | Ybarra-Cabetas *Ciencias* 276: Polinación. Esta palabra viene de polinar, que significa cerner, y se refiere al acto de dejar salir las anteras los granos de polen para ser arrastrados por el viento.

polinésico -ca *adj* Polinesio. | GNuño *Escultura* 10: Momentos del arte europeo como lo prerrománico y lo barroco han tenido que esperar casi tanto como el arte negro o el polinésico para ser entregados al disfrute de la expectación.

polinesio -sia *adj* De la Polinesia. *Tb n, referido a pers.* | Pericot *Polis* 13: Una cultura patriarcal elevada poseen los sudaneses y los polinesios.

polineurítico -ca *adj* (*Med*) De (la) polineuritis. | MNiclos *Toxicología* 16: Parálisis de diversos tipos y mecanismos se observan con la almorta .., y síndromes polineuríticos diversos con sulfuro de carbono.

polineuritis *f* (*Med*) Inflamación simultánea de varios nervios periféricos. | Jiménez *SAbc* 9.2.69, 39: Sobre la marcha, aprendí todo un tratado de patología del hambre: casos de pelagra, escorbuto, polineuritis, edema del hambre.

polínico -ca *adj* (*Bot*) De(l) polen. | Ybarra-Cabetas *Ciencias* 275: La salida de los granos de polen exige la apertura o dehiscencia de los sacos polínicos.

polinización *f* (*Bot*) Acción de polinizar. | Ybarra-Cabetas *Ciencias* 275: No faltan casos en que la flor no se abre hasta que la polinización se ha efectuado.

polinizador -ra *adj* (*Bot*) Que poliniza. | Alvarado *Botánica* 45: Las flores entomógamas atraen a los insectos polinizadores con sus vistosos colores, su néctar y sus aromas.

polinizar *tr* (*Bot*) Transportar el polen a los estigmas [de una flor (*cd*)]. | Ybarra-Cabetas *Ciencias* 220: Se cortan los estambres maduros y se golpean suavemente sobre el pistilo de una flor de otra variedad. Las flores polinizadas se envuelven en papel parafinado para evitar la influencia del polen extraño.

polinómico -ca *adj* (*Mat*) Que tiene forma de polinomio. | *Alc* 3.11.70, 12: Necesidad de unas tarifas polinómicas .. Necesidad de que se generalicen para el gas las tarifas de tipo polinómico que beneficien a los consumos sociales.

polinomio *m* (*Mat*) Expresión algebraica compuesta de dos o más monomios unidos por los signos más o menos. | Marcos-Martínez *Álgebra* 54: Cuando un polinomio contiene solo dos términos, se llama binomio.

polinosis *f* (*Med*) Trastorno alérgico producido por el polen. | Legorburu-Barrutia *Ciencias* 272: En primavera, el aire de los campos está cargado de granos de polen. Al respirarlo, algunas personas sensibles sufren ataques de asma (polinosis). **b)** Fiebre del heno (→ FIEBRE). | Pau *Salud* 441: Rinitis alérgica estacional. Se llama también fiebre del heno o polinosis.

polinuclear *adj* (*Biol*) Que tiene varios núcleos. *Tb n m, referido a leucocito.* | Navarro *Biología* 111: Leucocitos polinucleares. Son los leucocitos más abundantes .. Por la afinidad de las granulaciones se distinguen tres tipos de polinucleares: los neutrófilos .., los acidófilos .. y los basiófilos.

polinucleosis *f* (*Med*) Presencia de gran número de leucocitos polinucleares en la sangre o en un exudado. | R. GTapia *SAbc* 2.2.69, 19: El ruido produce en el hombre diversos trastornos humorales: polinucleosis, aceleración de la velocidad de sedimentación.

polio *f* Poliomielitis. | ZVicente *Traque* 260: Yo no tengo escrúpulos y acepto .. hasta a Luisito el del guardia, que está tullido de polio, ahí es nada.

polioencefalitis *f* (*Med*) Inflamación de la sustancia gris del encéfalo. | Sales *Salud* 403: Dentro del grupo de las encefalitis caben nuevas subdivisiones cuando el proceso patológico tiene predilección por la sustancia gris o por la sustancia blanca. Este determinismo de lesiones ha llevado a calificar como polioencefalitis o leucoencefalitis algunos de estos tipos de enfermedad.

poliol *m* (*Quím*) Polialcohol. | Moraza *SYa* 16.6.74, 55: Trató de reducir el tamaño de las moléculas fragmentándolas por medio de polioles sintéticos.

poliomielítico -ca *adj* **1** De (la) poliomielitis. | Cabezas *Abc* 9.12.70, 27: Virus poliomielítico. **2** Que padece poliomielitis. *Tb n, referido a pers.* | M. Aguilar *SAbc* 7.12.69, 54: Las parálisis de los poliomielíticos se benefician de esta regla general, y siempre estas reservas de células compensan las destruidas, en cierta manera.

poliomielitis *f* Enfermedad causada por lesión de las astas anteriores de la médula y cuyos síntomas principales son la atrofia y parálisis muscular. | CPuche *Paralelo* 57: Buscaba en el calor de los americanos contagiarse de poliomielitis.

poliorcético -ca (*Mil*) **I** *adj* **1** De (la) poliorcética [2]. | E. Chamorro *Tri* 15.9.73, 36: Aquí las ventanas ya no ostentan defensas poliorcéticas, pues nada hay que defender, ni fortuna personal, ni escuálido mobiliario. **II** *f* **2** Arte de atacar y defender plazas fuertes. | DAlegría *Defensa* 159: Por ser los italianos los más competentes del momento en el arte de la fortificación y la poliorcética, ingenieros como Antonelli, Spanochi o Turriano sirven en España.

poliosido *m* (*Quím*) Polisacárido. | *BOE* 12.3.68, 3770: Temario de Bioquímica general .. Tema 4. Poliosidos puros y mixtos.

polipasto *m* Polispasto. | *Van* 22.5.75, 44: Demag. Técnica de la Manutención. Polipastos, Almacenaje, Imanes, Grúas, Cucharas.

polipéptido *m* (*Quím*) Compuesto formado por la unión de más de tres aminoácidos. | Navarro *Biología* 23:

La unión de dos aminoácidos origina un dipéptido y una molécula de agua. La de tres, un tripéptido, etc.; denominándose polipéptidos si son varios.

polípero (tb **polipero**) m Masa calcárea y gralm. arborescente que constituye el esqueleto común de una colonia de pólipos [1]. | Legorburu-Barrutia *Ciencias* 137: Las grandes aglomeraciones de políperos han originado las islas de coral.

polipiel m Piel sintética. | *Van* 7.3.71, 2: Bolso. Polipiel modelo última novedad.

polipnea f (*Med*) Respiración rápida. | MNiclos *Toxicología* 97: Agitación inicial, seguida de grave depresión nerviosa, con taquicardia, polipnea y, a veces, convulsiones.

pólipo m **1** Celentéreo en forma de saco con tentáculos alrededor de la boca, que vive fijo en el fondo del agua. | Bustinza-Mascaró *Ciencias* 114: Un pólipo es como un saco de boca estrecha rodeada de tentáculos y fijo por la base. **2** (*Med*) Tumor blando, gralm. pediculado, que se forma esp. en las mucosas de la nariz, la vagina o la matriz. | Kurtz *Lado* 232: –Parece que ha orinado sangre. –Puede ser una tontería .. Un pequeño pólipo, una venilla.

polipodiácea adj (*Bot*) [Planta] de la familia de helechos cuyo tipo es el polipodio. *Frec como n f en pl, designando este taxón botánico.* | GCabezón *Orotava* 52: Helecho "cuerno de ciervo", *Platycerium alcicorne*, Desv., Polipodiácea. Australia.

polipodio m Helecho cuyo rizoma, de sabor parecido al regaliz, se usa como laxante (*Polypodium vulgare*). | Legorburu-Barrutia *Ciencias* 314: Mostrar y manejar ejemplares de helecho macho o de polipodio para observar los soros.

políporo m Hongo basidiomiceto de cuerpo carnoso, coriáceo o leñoso, algunas de cuyas especies son comestibles (gén. *Polyporus* y otros). | Lotina *Setas* sn: *Polyporellus squamosus* .. Políporo escamoso.

polipropileno m (*Quím*) Materia plástica obtenida por polimerización del propileno. | *Gac* 11.5.69, 90: Isplen es la granja de polipropileno con calidad controlada que garantiza la larga vida de todos los artículos de juguetería y menaje con ella fabricados.

políptico m **1** (*Arte*) Obra de pintura o escultura compuesta de más de tres paneles que se doblan unos sobre otros. | Fernández-Llorens *Occidente* 132: El pintor [gótico] se vio obligado a reducir su espacio y a decorarlo con retablos, a veces muy grandes (trípticos, polípticos), que se colocaban detrás del altar mayor. **2** (*hist*) En la antigua Roma: Conjunto de cuatro o más tablillas escritas unidas entre sí. | MSousa *Libro* 25: Las tablillas utilizadas en Roma [para escribir] .. eran de madera dura .. En uno de los bordes de la tablilla se hacían dos agujeros por los que se pasaba un alambre o una cinta para sujetarlas .. Si se unían dos, el conjunto se llamaba díptico; si tres, tríptico, y si más de tres, políptico.

poliptoton f (*TLit*) Figura que consiste en repetir una palabra en distintas formas gramaticales dentro de una misma frase. | Salvador *Semántica* 77: Las figuras de dicción, referidas a hechos de carácter fónico, de carácter gramatical –la aliteración, la paronomasia, la poliptoton, el hipérbaton–, funcionan estilísticamente, pero se escapan por lo general a la consideración puramente fonética o morfosintáctica del texto.

poliqueto adj (*Zool*) [Gusano anélido] caracterizado por respiración branquial, sexos separados, metamería evidente y parápodos desarrollados, y cuyas especies son gralm. marinas. *Frec como n m en pl, designando este taxón zoológico.* | A. M. Yagüe *Ya* 18.9.85, 27: Los científicos realizaron 46 estaciones biológicas en 6 islas y 3 islotes, recolectando más de 20.000 ejemplares de moluscos, crustáceos, decápodos, equinodermos y anélidos poliquetos.

polirrizo adj (*Gram*) [Verbo] que forma su flexión con dos o más raíces diferentes. | Alfageme *Gram. griega* 13: La conjugación regular .. Verbos defectivos y polirrizos.

polis f **1** (*lit*) Ciudad, como lugar de convivencia. | Albalá *Periodismo* 32: Una de las misiones más nobles e importantes del periodista será .. esta exigencia .. de constituir la polis, de promover la convivencia. Aranguren *Marxismo* 35: El marxismo es esencialmente político, se propone cambiar la estructura político-social de la polis. **2** (*hist*) En la antigua Grecia: Ciudad-estado. | Gambra *Filosofía* 242: Sociedades políticas fueron las antiguas tribus y fratrías, las polis o ciudades griegas, etc.

polisacárido m (*Quím*) Hidrato de carbono formado por varias moléculas de un azúcar simple. | Alvarado *Botánica* 2: La membrana celular .. es de celulosa, que, como se sabe, es un polisacárido parecido al almidón.

polisario -ria adj Del Frente Polisario (movimiento independentista del antiguo Sáhara español). *Tb n, referido a pers.* | *Abc* 12.10.75, 10: Siete polisarios, liberados .. Siete saharauis pertenecientes al Frente Polisario han sido liberados en Las Palmas. *NEs* 19.8.79, 6: Mantienen la esperanza de que las contraguerrillas polisarias .. den sus frutos pronto.

polisemia f (*Ling*) Pluralidad de significados de una palabra. | Ridruejo *Memorias* 34: Como todas las palabras que expresan estilos culturales y vitales, ["romanticismo"] ha sufrido un proceso de polisemia y ambigüedad. **b)** (*lit*) Pluralidad de significados de una obra de arte, esp. literaria. | GBarrientos *Pról. Buero* 37: La proyección histórica, los trasfondos simbólicos, míticos o sociales que caracterizan el teatro de Buero Vallejo se han querido presentar por algunos como meras estrategias posibilistas .. Lo cierto es que esta peculiaridad significativa que se puede denominar ambigüedad o, mejor, polisemia, es asumida por el dramaturgo.

polisémico -ca adj (*Ling*) [Palabra o morfema] que tiene varios significados. | Torrente *Saga* 480: Un nombre singular, que no puedo sacar del castellano, pero quizás sí de mi lengua privada, cuyos monosílabos polisémicos aglutinables y desplazables me permiten la invención de palabras.

polisílabo -ba adj (*Gram*) De varias sílabas. *Tb n m, referido a palabra.* | Cunqueiro *Un hombre* 10: No oía las palabras largas, esas que los gramáticos que estudiaron mi caso llamaron trisílabas o polisílabas.

polisilogismo m (*Filos*) Cadena de silogismos en que la conclusión de uno sirve de premisa para el siguiente. | Gambra *Filosofía* 58: Como expresiones especiales .. del razonamiento deductivo cabe citar el entimema, el polisilogismo, el epiquerema y el sorites.

polisindético -ca adj (*Gram y TLit*) De(l) polisíndeton. | Academia *Esbozo* 506: En estilo literario, la expresión polisindética significa una intensificación creciente de sumandos.

polisíndeton m (*Gram y TLit*) Uso, por motivos de expresividad, de más conjunciones de las necesarias para la comprensión lógica de la frase. | Academia *Esbozo* 506: Polisindeton y asíndeton.

polisinodia (tb **polisinodía**) f (*Pol*) Forma de gobierno en que cada ministro es reemplazado por un consejo. | Mercader-DOrtiz *HEspaña* 4, 82: De la Universidad salían .. los oidores de Audiencias y Chancillerías, los consejeros del Supremo de Castilla y de los demás organismos de la polisinodía española.

polisón m (*hist*) Armazón o almohadilla que, sujeta a la cintura, ahueca la falda por detrás. | ZVicente *Balcón* 42: Vaya birrias, en nuestro tiempo. Que si el tontillo, que si el polisón, que si los manguitos.

polispasto m Máquina constituida por un sistema de poleas, unas fijas y otras móviles. | GYebra *En torno* 20: Un hombre con sus propias fuerzas puede levantar cuarenta, setenta, algunos hasta cien, pero no mil kilos, y levanta en cambio este o mayor peso valiéndose de un polispasto.

polispermo -ma adj (*Bot*) Que tiene varias semillas. | Alvarado *Botánica* 48: Por el número de semillas, [los frutos pueden ser] monospermos y polispermos.

polissoir (fr; *pronunc corriente,* /polisuár/) m (*hoy raro*) Utensilio para pulir las uñas. | Sampedro *Octubre* 78: Después de peinarse se hacía las manos ella misma. El *polissoir* lanzadera sobre sus uñas.

polista m y f Jugador de polo[3]. | *SInf* 23.3.70, 8: Su proyección de polista base del equipo nacional le ha privado de tres títulos que poseía desde el pasado año.

polisulfuro – politizar

polisulfuro *m* (*Quím*) Sulfuro más rico en azufre que el normal. | MNiclos *Toxicología* 99: Entre los derivados del azufre, tenemos en primer lugar el anhídrido sulfuroso .. También los caldos sulfocálcicos, constituidos por diversas mezclas de sulfuros, polisulfuros y, sobre todo, sulfuro de carbono.

politburó *m* En la antigua Unión Soviética y otros países comunistas: Comité que ejerce la suprema autoridad política. | *Nue* 22.12.70, 11: En 1956 ascendió a secretario general del Comité Central y pasó a ser miembro del buró político del partido [en Polonia]. Cesó en el primer cargo en 1968, pero se mantuvo en el Politburó.

politécnico -ca *adj* De (las) ciencias aplicadas. *Normalmente referido a centro de enseñanza; en este caso, tb n f*. | J. M. Moreiro *SAbc* 16.3.69, 43: Existe también una Escuela Técnica Superior de Ingenieros Agrónomos, con más de 1.200 alumnos, que ha sido integrad[a] en el presente curso en el Instituto Politécnico Superior. *SYa* 22.9.88, 8: La iniciativa tiene su importancia sobre todo por lo que supone de esfuerzo de la Politécnica y de sus responsables por mejorar la calidad de su enseñanza.

politeísmo *m* Creencia en varios dioses. | Pericot *Polis* 12: Al monoteísmo original sucede un politeísmo grosero.

politeísta *adj* **1** De(l) politeísmo. | PAyala *Abc* 12.6.58, 3: Asumida la concepción politeísta, el estilo pragmático de pensar en Homero es más razonable que el del racionalista Lucrecio.
2 Que cree en varios dioses. *Tb n, referido a pers*. | Tejedor *Arte* 22: Tal elevada concepción fue el fundamento de la unidad de los hebreos, mantenida .. por sobre los contactos e influencias de los demás pueblos antiguos, todos politeístas e idólatras.

politeno *m* (*Quím*) Material plástico, polímero del etileno. | *GTelefónica N.* 176: Novo Envase, S.A. .. Envases mixtos de politeno protegidos con papel Kraft.

política → POLÍTICO.

políticamente *adv* **1** De manera política. | Gambra *Filosofía* 245: Otras veces se entiende por Estado la nación misma en cuanto organizada y estructurada políticamente por el poder o autoridad civil. DPlaja *El español* 94: El nuevo traje se impuso poco después; otro ministro actuó más políticamente que su predecesor, y ya que no podía hacer simpático el traje nuevo, procuró hacer antipático el viejo.
2 En el aspecto político [1a]. | DPlaja *Literatura* 464: Para Menéndez y Pelayo, la grandeza de España radica, políticamente, en la unidad, y espiritualmente en el catolicismo.

politicastro -tra *m y f* (*desp*) Político [2a] inhábil o inmoral. | Laiglesia *Tachado* 56: Codeándose con la flor y nata de la sociedad podían verse artistas, negociantes, politicastros y otras gentes de mal vivir.

politicismo *m* (*desp*) Politización excesiva. | Marías *Cataluña* 157: Cuando la política falta en su lugar adecuado, el politicismo invade los tejidos todos de la sociedad, como cuando la sangre no puede circular por las venas y se derrama por todo el organismo.

político -ca I *adj* **1** De (la) política [5a y 6a]. | Olmo *Golfos* 158: Mi padre pronto ocupó un alto cargo político. DPlaja *Literatura* 63: Dante tomó parte en las luchas políticas de su ciudad natal. **b)** [Derecho] que regula el orden y funcionamiento de los poderes del Estado y sus relaciones con los ciudadanos. | Gambra *Filosofía* 216: El derecho público es el conjunto de normas que regula la estructura y el funcionamiento del Estado, tanto en sí mismo (derecho político y administrativo) cuanto en su función de protección en las relaciones de trabajo .. y [e]l mantenimiento de la ley. **c)** [Economía] **política** → ECONOMÍA. **d)** [Geografía] que trata su objeto desde el punto de vista de la distribución en estados. | Zubía *Geografía* 7: La Geografía suele dividirse en: Geografía Astronómica .. Geografía Física .. Geografía Política. **e)** [Mapa] que representa las divisiones en estados o provincias [de un territorio]. | Zubía *Geografía* 31: Clases de mapas: .. Físicos .. Geológicos .. Humanos .. Políticos .. Económicos. **f)** [Sociedad] organizada en forma política. | Gambra *Filosofía* 241: La autoridad o poder público es así esencial a la sociedad civil o política y la constituye como tal.
2 [Pers.] que interviene en política [5a]. *Tb n*. | *Abc* 25.4.76, 52: López Bravo es el político más conocido. **b)** De los políticos. | G. Elorriaga *Abc* 17.8.75, sn: La República padeció también las consecuencias de heredar, en gran parte, una clase política enfrentada con el peso de un pasado comprometedor. **c)** [Partido] ~ → PARTIDO².
3 Hábil o diplomático. | * Esa medida no parece ser muy política.
4 [Pariente] consanguíneo de la pers. con quien [alguien (*compl de posesión*)] está casado. | *Caso* 14.11.70, 10: No conforme el padre político del declarante, interpuso nuevo recurso. *DNa* 26.7.92, 66: Su esposo .., hijos .., hijos políticos .., hermanos .., hermanos políticos .. agradecerán la asistencia a los funerales. **b)** Propio de los parientes políticos. | Goytisolo *Recuento* 368: Relegados a un papel secundario por su vinculación meramente colateral y política con la difunta.
II *f* **5** Actividad relativa al gobierno de la sociedad. | *País* 8.11.84, 1: Mondale, decepcionado, se retira de la política. DPlaja *Literatura* 383: Sus artículos [de Larra] versan sobre política, costumbres y literatura. **b) política-ficción.** Divagación imaginativa de carácter político [1a]. | Pemán *Encuentros* 174: Algún imberbe niñato, colado en la tertulia, tomaba completamente en serio la política-ficción de Dionisio.
6 Actuación del poder respecto a los asuntos públicos en general o respecto a un campo determinado de ellos. *Gralm con un compl especificador*. | Arenaza-Gastaminza *Historia* 153: Las circunstancias obligaron a los Reyes Católicos a una política antifrancesa. *Pue* 17.4.75, 4: Que cuando se adopten nuevas políticas de precios se acometan, sin que afecten a la retribución salarial. **b)** En el ámbito privado: Conjunto de orientaciones o directrices que rigen una actuación. | *Abc* 10.2.74, 41: Se ofrece: .. Incorporación a Empresa de excelente ambiente sociopofesional con destacada política de personal y sistema de evaluación y revisión anual.
7 Habilidad o diplomacia. | * Con esta gente hay que proceder con mucha política.

politicólogo -ga *m y f* Politólogo. | MPérez *Comunidad* 79: A antropólogos, juristas, politicólogos, geógrafos, sociólogos, etc., se les escapa la dimensión histórica de estos problemas, y al historiador de oficio, avisado, no.

politiquear *intr* (*desp*) Hacer política [5]. | VMontalbán *Galíndez* 79: A él le gustaba el politiqueo al estilo de Galíndez, y a mí nunca me ha gustado el politiqueo, he preferido tener ideas políticas, pero ¡politiquear!

politiqueo *m* (*desp*) Acción de politiquear. | HSBarba *HEspaña* 4, 419: Al final del siglo XVIII, las ciudades son auténticos lugares de acción ciudadana, donde se mezclaban pasiones, politiqueos, intrigas y negocios.

politiquería *f* (*desp*) Politiqueo. | Buero *Sueño* 159: Desde el catorce al veinte la usaron sin freno para sus politiquerías y se ha vuelto impopular [la Inquisición].

politiquero -ra *adj* (*desp*) [Pers.] que politiquea o es amiga de politiquear. *Tb n*. | Guzmán *Sp* 19.4.70, 14: Habría que considerar si las propias camarillas de politiqueros sobornables no son más responsables. **b)** De (los) politiqueros. | FMora *Abc* 6.12.75, sn: Los reformadores ¿nos proponen la vuelta al parlamentarismo infecundo, retórico, fragmentador y politiquero?

politización *f* Acción de politizar(se). *Tb su efecto*. | Aranguren *Juventud* 181: A partir de la decisiva politización de la historia que acontece con la Revolución francesa, lo religioso .. pasa a un segundo término.

politizante *adj* **1** Que politiza. | *Ya* 22.11.74, 8: Se hace así el juego a las minorías audaces y organizadas, politizadas y politizantes.
2 Que tiende a político [1a]. | L. LSancho *Abc* 2.12.75, 4: Privado el país del ejercicio de la opinión pública durante un largo lapso, algunas revistas politizantes .. se apresuraron a sustituirla mediante la creación de listas de "futuribles políticos".

politizar *tr* Dar carácter político [1a y 2] [a alguien o algo (*cd*)]. | *SNue* 26.4.70, 11: ¿Por qué ese interés, ahora, de politizar a la juventud? **b)** *pr* Tomar carácter político [1a y 2] [alguien o algo]. | *Abc* 8.4.86, 11: Añade [Monseñor Suquía] que hay que evitar que "la escuela se politice y se convierta en un campo de enfrentamiento partidista".

politología *f* Ciencia política [1a]. | Miguel *Perversión* 169: No busquemos en el DRAE *comunicología* .., *politología* .. Son saberes novedosos. J. Albert *Ya* 8.11.92, 4: E[l] Instituto Carolinska de Turno, con sede en Estocolmo, ha dado a conocer su decisión sobre el Premio Nobel de Politología 1992.

politológico -ca *adj* De (la) politología. | Umbral *País* 13.4.83, 27: No es un vacile de presidente González, poco dado a eso .. Es una realidad politológica.

politólogo -ga *m y f* Especialista en politología. | Cierva *Ya* 20.11.75, 7: Los politólogos más ponderados, como el profesor español de Yale Juan Linz, optan por las acotaciones negativas. El régimen de Franco se inscribe entre los de tipo "autoritario no fascista".

politonal *adj* (*Mús*) Que tiene diversas tonalidades. | Casares *Música* 162: Milhaud crea .. obras politonales como *La creación del mundo*.

politraumatismo *m* (*Med*) Traumatismo múltiple. | *Ya* 6.3.92, 30: El pequeño sufre politraumatismo y presenta diversas magulladuras por todo el cuerpo.

polítrico (*tb* **politrico**) *m* Musgo común en el suelo de los bosques húmedos de las regiones templadas y frías (*Polytrichum commune*). | Artero *Plantas* 86: El polítrico. Es una planta muy simple, de pequeño tamaño, que forma masas de color verdoso en lugares muy húmedos .. Vulgarmente se la conoce por musgo.

poliuretano *m* Resina obtenida por condensación de poliésteres, caracterizada por su poca densidad. | *Ya* 22.10.64, 16: Duerma en un colchón Rivo. El nuevo colchón de poliuretano. *Sáb* 10.9.66, 23: Colchones Firestone. Espuma de poliuretano.

poliuria *f* (*Med*) Secreción y excreción de gran cantidad de orina. | Navarro *Biología* 204: La ablación de esta parte de la hipófisis o su hipofunción determina la poliuria o diabetes insípida.

polivalencia *f* Cualidad de polivalente. | *Estudios* 49: La polivalencia entraña una multiplicidad –duplicidad al menos– de direcciones, no fundadas sobre el capricho, sino sobre objetividades científicas.

polivalente *adj* Que tiene varios valores o capacidades. | MGaite *Búsqueda* 49: Pocos tratos podían ser más estimulantes a este respecto que el de aquel polivalente Macanaz. VMontalbán *Almuerzos* 125: –Hay quien ha interpretado el mito de Prometeo como una metáfora de la socialización del saber, e incluso como una metáfora de la revolución. –Los mitos están para eso. Son polivalentes. *Reforma* 37: El nivel educativo con mayores problemas es el de las Enseñanzas Medias: Bachillerato Unificado y Polivalente (BUP) y Curso de Orientación Universitaria (COU). **b)** (*E*) Que actúa contra varios microbios o agentes nocivos. | *VozC* 10.8.55, 5: Viene observándose, en diferentes cultivos, un notable incremento de los ataques de las "arañuelas", y, sin que queramos prejuzgarlo, sí hemos de decir que quizá ello sea debido al empleo de insecticidas polivalentes utilizados para combatir las plagas de insectos que atacan a esos cultivos.

polivinílico -ca *adj* De(l) polivinilo. | *Anticonceptivo* 45: Esponja o tampón vaginal. Es un disco cilíndrico de formol polivinílico que se adapta al interior de la vagina, impidiendo el paso de los espermatozoides.

polivinilo *m* Resina termoplástica obtenida por polimerización de un derivado del vinilo. | *Inf* 16.4.70, 31: Ofrécese licencia explotación patentes: .. "Procedimiento preparación dispersiones ésteres polivinilo".

póliza *f* **1** Documento justificativo de un contrato de seguros, de una operación de bolsa o de otra negociación comercial. *Frec con un compl especificador*. | CNavarro *Perros* 86: Carmen .. le sugirió la idea de trabajar en una compañía de seguros. Según dijo .., el cliente suscribiría la póliza sin rechistar. **2** Sello suelto con que se satisface el impuesto del timbre en determinados documentos. | *Abc* 5.6.58, 7: Es utilísimo [el humedecedor] para cerrar sobres, para mojar sellos, pólizas, timbres.

polizón *m* Pers. que viaja clandestinamente en un barco o en un avión. | *Ya* 11.9.85, 32: Aumenta la plaga de polizones en la Marina Mercante española. *Abc* 1.12.70, 34: Frustrado polizón en un avión de Iberia.

polizonte *m* (*col, desp*) Policía (miembro). | M. Daranas *Abc* 1.3.58, 17: El Estado solo tuvo hasta entonces polizontes, asalariados eventuales y removibles de hongo y bastón de nudos.

poljé (*tb* **polje**) *m* (*Geol*) Gran depresión cerrada y alargada, propia de las regiones cársticas. | Cendrero *Cantabria* 215: Ejemplos destacables de estas zonas kársticas se encuentran en los alrededores de Matienzo (bordeando el poljé del mismo nombre).

polka → POLCA.

polla → POLLO[1].

pollada *f* Conjunto de pollos[1] [1a] que saca de una vez un ave. *Tb fig*. | Delibes *Ratas* 106: De ahí que la Columba no recurriera al Nini sino en circunstancias extremas como .. separar la gallina y confiar la pollada al pollo capón. J. A. Parga *Inf* 12.9.75, 28: Gracias a las bonanzas climatológicas del cálido y largo verano, muchas perdices han logrado cuajar dos polladas. Laforet *Mujer* 114: Es .. como si en nuestra pollada de cisnes hubiésemos encontrado un huevo de pato. Laforet *Mujer* 263: El viejo Nives debería de estar sacando adelante una pollada malísima, si se conformaba con que él influenciase algo al hermano.

pollastre *m* **1** Pollo[1] [1b]. | ZVicente *Examen* 124: Arrastran una montaña de líos, bolsas, maletas de cartón .., un par de pollastres tomateros atados por las patas. Cela *Pirineo* 37: Le voy a dar pollastre, ya verá usted cómo le gusta, con sus cebollitas, su poquito de jamón, su laurel. **2** (*hoy raro*) Pollo[1] [2]. | RMéndez *Flor* 134: Un modelo de hijo. Un modelo. Un modelo de ciudadano. Y un modelo de catalán, entérese usted, pollastre.

pollear *intr* (*col*) Ser adolescente y comportarse como tal. *Tb* (*lit*) *fig*. | Delibes *Historias* 73: Desde chico me sentí comprometido y al empezar a pollear me sentí en la obligación de pasear a la Rosa Mari. Cela *Pirineo* 259: La franchuta es la camioneta .., una vieja Berliet que polleó cuando la Dictadura.

pollera[1] *f* **1** (*hoy raro*) Andador de mimbre en forma de campana. | Olmo *Golfos* 63: Desde su pollera situada en la escalinata, Chanín balbuceó. **2** (*reg*) Falda de vuelo. | Salvador *Haragán* 16: Eras una niña de piernas largas, con unas polleras ridículas y unos tirabuzones asquerosos. Torrente *Fragmentos* 24: Venga a danzar todo dios .. y la baraúnda que arman expulsa el silencio de las calles silentes, menea las madreselvas colgantes de una tapia, arrebata la piga a un cura reumático que escapa del barullo, levanta la pollera a una mocita que ha bajado a comprar aceite a la tienda de la esquina. **3** (*hist*) Falda que se pone sobre el guardainfante. | DPlaja *Sociedad* 69: Lo que más caracteriza a una dama es la prenda guardainfante .. Por encima, la pollera o el verdugado, todo ello incómodo para cruzar puertas.

pollera[2] → POLLERO.

pollería *f* Tienda en que se venden pollos[1] [1b] y otras aves para el consumo. | F. Mora *SInf* 5.12.70, 8: Esta es una de las actividades comerciales, junto con las pescaderías y pollerías, en las que el número de establecimientos situados en los mercados supera a las tiendas en la calle.

pollero -ra I *adj* **1** (*raro*) De(l) pollo[1] [1b]. | Seseña *Barros* 53: En Villafeliche, de todos los que hubo queda un solo alfarero, José Martínez Villamil. Fabrica pucheros de 7 tamaños .. Las cazuelas .. se llaman conejera, pollera, de a dos .. y cazolillas de niña. **II** *m y f* **2** Pers. que cría o vende pollos[1] [1b]. | CPuche *Paralelo* 175: Iban llegando los tenderos, electricistas, fumistas, fruteros, polleros.

pollezno *m* (*raro*) Pollo[1] [1a]. | FVidal *Ayllón* 258: El campanón hace graznar a los tordos pollheznos.

pollino -na *m y f* **1** Asno (mamífero). | Payno *Curso* 79: Entre los dos palos de delante un pobre pollino, a veces una triste mula escuálida, .. esperaban con paciencia. Romano-Sanz *Alcudia* 121: La pollina cruza obediente el río. **2** (*col*) Pers. torpe o ignorante. *Tb adj*. | Montero *Reina* 39: El jefe de negociado es un pollino. Aristófanes *Sáb*

27.4.74, 44: Lo confieso. Soy muy pollino y lo de la selectividad universitaria tampoco lo entiendo.

pollito -ta A *m y f* **1** Cría pequeña de gallina, esp. cuando está en plumón. | Bustinza-Mascaró *Ciencias* 194: Las materias nutritivas acumuladas en la yema y en la clara son las que han servido para que se hayan originado millones de células, que diferenciándose en tejidos han dado lugar a todos los órganos del pollito.
B *f* **2** Cría joven de gallina que comienza a poner huevos. | G*Telefónica N.* 515: Pollitos Abejón. Especialidad en pollitas de meses.
3 (*col, hoy raro*) Muchacha (mujer adolescente). | CPuche *Paralelo* 304: Los padres han visto que la pollita ha caído bien y se la deben de estar preparando a algún señorito. *Van* 7.3.71, 2: Zapatos en charol arrugado, en color y negro, tacón 5 cms. para pollita.

pollo[1] -lla I *n* **A** *m y f* **1** Cría [de un ave]. *Gralm sin compl, esp referido a la gallina*. | Delibes *Voto* 122: Solo con ver un huevo ya sabía a ciencia cierta si lo que había dentro era pollo o polla. Alfonso *España* 186: Se "asesinan" a mansalva pollos de las otras especies aún vedadas, especialmente de perdiz. Delibes *Castilla* 151: Tuve yo una vez una canaria timbrada que crió veintiún pollos en cuatro puestas.
b) *Esp*: Cría joven de gallina. | Laiglesia *Tachado* 51: Los huevos se reservarán para los niños, los pollos para los enfermos y los solomillos para los recomendados.
B *m* **2** (*hoy raro*) Hombre joven. *A veces con intención desp. Tb (raro) adj.* | Laiglesia *Ombligos* 153: El pollo bigotudo que guiñaba un ojo se ha convertido en el galán "duro" que pega un tortazo. ZVicente *Traque* 149: Eh, eh, pollo, sin cachondeíto. MSantos *Tiempo* 217: De sobras sabe que está hecho un pollo. MSantos *Tiempo* 218: Tiene que venir a la tertulia. Ya le digo, todos vejestorios. Usted será el más pollo. **b)** ~ **pera** → PERA.
C *f* **3** (*vulg*) Pene. | Cela *SCamilo* 402: Venga, Senén, enséñale la polla a este señor, que no quiere creer que te llega a la rodilla. **b)** *Vacío de significado, y a veces en pl, se usa para reforzar o marcar la intención desp de la frase. Tb* POLLAS EN VINAGRE. | Oliver *Relatos* 79: Nosotros tenemos comido el tarro con tanta liberación de la mujer y tanta polla. Marsé *Dicen* 194: Letreritos, petarditos y pollas en vinagre, eso. Sastre *Taberna* 57: Ni afearme ni pollas. A mi familia ni mentarla, ya lo sabes.
4 polla de agua. Ave zancuda de unos 30 cm, con pico rojo y plumaje negruzco, blanco en los flancos y en la parte inferior de la cola (*Gallinula chloropus*). | Hoyo *ROc* 8/9.76, 91: Podía encontrar un nido de pollas de agua en los más cerrados laberintos de carrizos y espadañas.
5 polla de mar. (*reg*) Cabracho. | VMontalbán *Pájaros* 325: Le apalabró un caldero para las dos con la condición de que no abusara del mújol y lo combinara con polla de mar, araña, rata y pajel si fuera menester.
6 polla lisa. (*vulg*) Buena suerte. *Gralm en la constr* TENER LA POLLA LISA. | CPuche *Paralelo* 448: Los tíos de la polla lisa –perdón, señorita– no tenemos más remedio que celebrarlo.
II *adj* **7** [Culo] **de ~**, [salicor] **~ ~** CULO, SALICOR.
III *loc v y fórm or* (*vulg*) **8 comer la polla.** Hacer la felación [a un hombre]. | Grandes *Lulú* 29: ¿Le has comido la polla a un tío alguna vez?
9 (y) una polla (como una olla). Se usa como negación enfática, con desprecio hacia lo que se acaba de oír. | Torres *Ceguera* 89: –La Madre Patria .. ofrece a cualquier hombre o mujer de aquellos queridos países tantas oportunidades como a la gente de aquí. –Y una polla como una olla.

pollo[2] *m* (*vulg*) Escupitajo o esputo. | * Dos críos competían a ver quién escupía los pollos más grandes.

pollo[3] *m* (*jerg*) Lío o jaleo. *Frec con el v* MONTAR. | Berlanga *Recuentos* 92: Desde la barra escucho al lado cómo la chiquita le dice al chico que el tío se quedó nota cuando le montó un pollo. *ElM* 17.6.92, 12: Los "errores" y "negligencias" detectados [en la gestión de TVE], todas ellas "menores", no son suficientes "para montar el pollo que se ha montado".

polluela *f* Ave zancuda de unos 20 cm, con pico corto y plumaje pardo en el dorso y gris azulado en el pecho en algunas especies (gén. *Porzana*). *Diversas especies se distinguen por medio de adjs o compls*: ~ PINTOJA (*P. porzana*), ~ CHICA (*P. pusilla*), ~ BASTARDA (*P. parva*). | P. Moreno *SInf* 13.8.75, 5: Parque Nacional de Las Tablas de Daimiel: .. pato de diversos tipos, polluela, somormujo y zampullín. Noval *Fauna* 134: La Polluela chica (*Porzana pusilla*) es la más pequeña de las gallinetas asturianas. Noval *Fauna* 135: Otras dos gallinetas: Polluela pintoja (*Porzana porzana*) y Polluela bastarda (*Porzana parva*), se presentan en Asturias solamente en otoño y en invierno.

polluelo *m* Cría de gallina cuando aún está en plumón. | Bustinza-Mascaró *Ciencias* 192: La gallina. El macho adulto es el gallo; el joven, el pollo; las crías, los polluelos.

polo[1] *m* **1** Extremo de los dos del eje de rotación de un cuerpo esférico. | Gironza *Matemáticas* 203: Los extremos del eje A y B son los polos de la superficie esférica. **b)** Punto de la superficie terrestre correspondiente a un polo. *Tb ~* GEOGRÁFICO. | Ortega-Roig *País* 12: La Tierra da vueltas sobre sí misma (movimiento de rotación) ..; este movimiento lo hace alrededor de un eje que la atraviesa en dos puntos: son los polos. **c) ~ magnético.** Punto de los dos de la superficie terrestre hacia los que se orienta la brújula. | Marcos-Martínez *Física* 177: El polo norte magnético N' se encuentra próximo al polo sur geográfico S.
2 Región contigua a un polo [1b] terrestre. *Gralm con los adjs* NORTE *o* SUR. | Zubía *Geografía* 302: Los polos no han sido explorados hasta el siglo XX .. Varias tentativas se llevaron a cabo para llegar hasta el Polo Norte, hasta que en 1909 el americano Peary lo alcanzó.
3 Extremo de los dos de un circuito eléctrico. *Gralm con los adjs* POSITIVO *o* NEGATIVO. | Marcos-Martínez *Física* 184: En ocasiones interesa hallar cuál es el polo positivo de un generador y cuál el negativo.
4 Extremo de los dos de un imán, en que su fuerza atractiva es máxima. | Marcos-Martínez *Física* 174: Cuando se quiere aprovechar la fuerza atractiva de los dos polos para levantar pesos, se acostumbra a dar a los imanes la forma de herradura.
5 (*Mat*) Extremo de los dos del diámetro [de una circunferencia o de un círculo]. | Marcos-Martínez *Matemáticas* 203: Polos de una circunferencia máxima o menor son los extremos de su eje.
6 (*Biol*) Extremo de los dos del huso acromático. | Navarro *Biología* 63: El centrosoma crece alejándose los dos centriolos que posee hasta ocupar cada uno un polo permaneciendo unidos por una tenues fibrillas.
7 Extremo de los dos que se consideran opuestos [en algo (*compl de posesión*)]. *Frec sin compl, por consabido.* | M. Fontcuberta *Mun* 23.5.70, 59: La clase media debe ser el punto de equilibrio entre los dos polos, clase alta y proletariado.
8 Punto destacado [de desarrollo industrial o de otra actividad (*adj o compl especificador*)]. *Tb sin compl, por consabido.* | FQuintana-Velarde *Política* 235: El tema se aborda por el Plan a través de una triple acción: 1ª, fomento de las inversiones agrarias; 2ª, aparición de polos de desarrollo, polos de promoción y polígonos industriales, y 3ª, modernización de los servicios. A. Olano *Sáb* 10.9.66, 5: "H.L.M." Así llaman los franceses a las horribles edificaciones de polos de descongestión. Delibes *Cinco horas* 186: No recuerdo bien dónde me dijo que trabaja, pero desde luego algo de representaciones que tiene que ver con todo este lío del Polo. **b)** Punto destacado [de atracción o de interés]. | * En estos momentos el polo de la atención es otro.

polo[2] (*n comercial registrado*) *m* Helado consistente en un pequeño bloque de hielo aromatizado con distintas esencias, de forma gralm. prismática y con un palito en su base. | Cela *SCamilo* 50: Se pasan el día pidiendo, que si un bocadillo .., que si un polo.

polo[3] I *m* **1** Deporte similar al hockey, que se practica a caballo y con mazos de mango largo. | *Abc Extra* 12.62, 31: Regatean un velero ágil y sencilla como un poney de polo.
2 (*raro*) Deporte similar al polo [1], que se juega en bicicleta. | Repollés *Deportes* 78: Una derivación del polo a caballo es el polo ciclista.
3 ~ acuático. (*raro*) Waterpolo. | Repollés *Deportes* 88: El waterpolo o polo acuático viene a ser en el agua lo que el fútbol en tierra.
4 Jersey de cuello camisero y abierto hasta la parte superior del pecho. *Frec* CAMISA ~. | VMontalbán *Pájaros* 80: Con la mano libre se estiraba sobre el vientre hinchado un polo

de lanilla barata. *Not* 4.5.70, 13: Última novedad en camisa polo, realizada en algodón y fibras.

II *adj invar* **5** [Cuello] propio del polo [4]. | *Mora Sem* 10.5.75, 72: Predomina la "funda" amplia con frunces y canesú, con cuello clásico, polo o de tiras al cuello. *Prospecto* 4.88: El Corte Inglés .. Blusa con cuello polo en punto: 1.575.

polo[4] *m* Cierto canto popular andaluz, perteneciente al cante hondo. | Cela *Viaje andaluz* 246: Son cante jondo –o grande, claro– la caña, el polo, la seguiriya o siguiriya.

polo[5] *m* (*hist*) Prestación personal impuesta a los indígenas filipinos por el impuesto de capitación o por no pagar tributo. | FReguera-March *Filipinas* 125: Las Morenas acariciaba otro proyecto en el que pensaba utilizar los polos.

pololo *m* Pantalón bombacho femenino, esp. el usado para hacer gimnasia o como prenda interior de algunos trajes regionales. *Frec en pl, con sent sg*. | MGaite *Usos* 62: Si el cardenal Segura o el obispo Eijo Garay hubieran descendido de sus altas sedes para visitar uno de aquellos locales .. donde las adolescentes cumplían en pololo con el penoso deber de la gimnasia .., hubieran podido dormir tranquilos. *SPaís* 3.10.76, 22: Los pololos de la abuela, el traje de noche de una tía que nunca llegó a casarse, la blusa de seda de cuando mamá conoció a papá .. El fenómeno del traje usado con historia nació en América hace cuatro o cinco años. G. Cañas *País* 3.10.82, 38: Largos por encima de la rodilla en faldas, vestidos, bombachos o pololos. P. Rubines *SElM* 15.11.92, 74: El traje, un sexy vestido blanco de novia, con una sobrefalda-chal de color fucsia y pololos debajo, dejó sin aliento y sin sitio al resto de los invitados.

polonés -sa I *adj* **1** (*raro*) Polaco. *Tb n, referido a pers*. | C. FCuenca *Tri* 15.9.60, 11: La batalla de Grunwald .. decidió la gran victoria del nacionalismo polonés sobre los Caballeros Teutónicos. *Tp* 22.3.71, 15: En caso de empate total, sería decisivo haberles marcado a los poloneses a domicilio.

II *f* **2** Danza de origen polaco en compás de tres por cuatro. *Frec su música*. | Casares *Música* 59: En la Suite se unirán normalmente danzas de distintas naciones, como la Alemanda (alemana), la Polonesa (polaca) .. y otras de muy diversa clase.

polonio *m* (*Quím*) Elemento radiactivo, de número atómico 84, afín al teluro y al bismuto. | Ybarra-Cabetas *Ciencias* 7: Tiene especial interés el reparto de los elementos radiactivos (Uranio, Thorio, Radio, Polonio .. y sus isótopos).

polovtsiano -na *adj* De un pueblo de lengua altaica habitante, entre los ss. IX al XI, de algunas zonas del sur de Rusia, y de las estepas moldava y válaca. | Montsalvatge *Van* 25.4.74, 59: Estos últimos se distinguieron en la presentación de las vigorosas y evocadoras danzas polovtsianas de "El Príncipe Igor" de Borodine.

poltrón -na I *adj* **1** Perezoso u holgazán. | Torrente *Señor* 172: El demonio me tiene ya ganado; me hizo poltrón y borracho.

II *f* **2** Sillón de gran comodidad. *Frec como símbolo de un cargo destacado, esp ministerial*. | CBonald *Ágata* 165: Se levantó de la poltrona en que había permanecido correlativamente apoltronado. Laiglesia *Tachado* 34: Las crisis no existen, los asientos de las poltronas ministeriales terminan por adquirir, al cabo de los lustros, la forma de las nalgas que los ocupan.

poltronería *f* Cualidad de poltrón [1]. | Villarta *Rutas* 106: Ha narrado, certera y amenamente, lo que fueron aquellos días en los que se iba a sacudir la poltronería de una juventud resignada a ser vieja prematuramente.

polución *f* **1** Contaminación, esp. intensa, del ambiente. *Tb fig*. | *Inf* 31.7.70, 6: La polución, problema mundial. Una nueva palabra terrorífica: el "smog". Vega *Corazón* 43: Respecto a la "polución sonora" o agresión por los ruidos, es sabido que las zonas donde el ruido de los motores del tráfico .. supera el umbral medio de tolerancia (80 fones) ofrecen mayores porcentajes de traumatismos psíquicos y fisiológicos. E. ÁPuga *Mun* 23.5.70, 23: No siempre se practica esa saludable política de cartas boca arriba, de diafanidad, que tanto podría contribuir a combatir la polución del rumor.

2 Emisión involuntaria de semen. | M. H. SOrtega *His* 9.79, 50: El tribunal fue benévolo con este hombre que declaró tener poluciones cuando le azotaban. Torrente *Saga* 530: Don Asclepiadeo era un técnico en poluciones nocturnas, "que, como ustedes deben recordar, no son pecado, al menos así lo dice Santo Tomás, y añade que el sujeto tiene derecho a beneficiarse del placer". **b)** Masturbación. *Tb* ~ VOLUNTARIA. | Valcarce *Moral* 136: De ellos [los pecados] los hay naturales, .. e innaturales (polución, sodomía, bestialidad y onanismo).

polucionante *adj* (*raro*) Que poluciona. | J. Balansó *Abc* 11.5.74, 40: Fontvieille, .. sede de empresas de fabricación de productos que exigen poco espacio y no ocasionan ruidos ni humos polucionantes.

polucionar *tr* Contaminar [el ambiente], esp. de manera intensa. | *CoA* 2.11.75, 21: Es frecuente ver en el Polígono Industrial de la Carretera Amarilla esas humaradas que, durante varias horas, afean el paisaje y polucionan el ambiente.

polutante *adj* (*raro*) Contaminante. *Tb n m, referido a agente o producto*. | Vega *Corazón* 40: Otros polutantes, como el plomo, el mercurio, el humo de carbón, el simple polvo y los cromogénicos, suelen hacer efecto a largo plazo.

polutivo -va *adj* (*raro*) Contaminante. | *SInf* 24.4.70, 7: La polución del ambiente: grave peligro para la humanidad .. La atmósfera terrestre recoge anualmente 800 millones de toneladas de residuos polutivos.

poluto -ta *adj* (*lit*) Sucio o manchado. | X. Salas *SAbc* 10.5.70, 25: El aire poluto .. mantiene en suspensión corpúsculos infinitamente pequeños de polvo.

polvadera *f* (*rur*) Polvareda. | Gerardo *NAl* 6.10.89, 15: La tormenta, el olor a tierra mojada, el huracán, la "polvadera" (polvareda) y el trueno.

polvareda *f* **1** Nube de polvo. | Laforet *Mujer* 321: El coche enfiló su callecita levantando una polvareda.

2 Escándalo o revuelo. *Frec con el v* LEVANTAR. | *Sp* 21.6.70, 9: Se ha levantado, como jamás en nuestra historia legislativa patria, una verdadera polvareda de comentarios. Cossío *Montaña* 88: Es Laverde quien da en un artículo de Azcárate con una frase que, al escribirla poco menos que de pasada su autor, no calcularía la enorme polv[a]reda que había de alzar. [*En el texto*, polvoreda.]

polvera *f* Cajita o estuche para polvos de tocador. | CNavarro *Perros* 163: Sacó la polvera y estuvo mirándose en el espejo unos instantes.

polverío *m* (*reg*) Polvareda. | Berenguer *Mundo* 28: Después, tomábamos para arriba a ochenta, dejando un polverío como el de las cabras. Berenguer *Mundo* 280: Me embobo escuchándoles el polverío que arman con la conversación.

polvete *m* (*vulg*) Polvo [4]. *Gralm en la constr* ECHAR UN ~. | Cela *SCamilo* 30: Don Vicente Parreño .. ha ido .. esta noche a Naciones 3 a echar un polvete pacífico.

polvo I *m* **1** Conjunto de partículas sólidas pequeñísimas que se levantan del suelo, flotan en el aire o cubren los objetos. | Laforet *Mujer* 11: Entre el polvo y los guijos de la calle .. se estaba levantando como un deseo de humedad. Laforet *Mujer* 154: La luz y el polvo entraban por las ventanas. *Economía* 44: Todos los días se quita el polvo de todos los objetos, se friegan los ceniceros.

2 Materia sólida reducida a partículas muy pequeñas. *Gralm en pl con un compl DE que especifica la materia, o en la constr* EN ~. | Ybarra-Cabetas *Ciencias* 57: Entre sus variedades hemos de citar el talco laminar .. y la esteatita .. Se utilizan en la preparación de polvos medicinales y de tocador. S. Araúz *Ya* 19.6.75, 8: Festoneando los polvos de azufre con que sanean los porteros las esquinas. *BOE* 1.12.75, 25023: Sin utilizar para ello otras herramientas o útiles y efectos que el cincel o buril y las diversas variedades de limas y el polvo esmeril. *Lab* 9.70, 60: En tiendas especializadas puede encontrar arcilla en polvo. **b)** *En pl*: Cosmético constituido por una mezcla de sustancias minerales en polvo, que se usa para colorear la piel del rostro y disimular sus imperfecciones. | * Nunca usa polvos, prefiere el maquillaje. **c)** ~ **s de arroz**. (*hist*) Cosmético constituido básicamente por polvo de arroz. | DCañabate *Abc* 27.2.75, 53: Los polvos de arroz eran horrorosos. Les sentaban como un tiro lo mis-

mo a las guapas que a las feas. **d) ~s de gas.** Cloruro de cal, empleado como desinfectante. | Alvarado *Anatomía* 162: La desinfección de las heces fecales se logra mezclándolas con .. cloruro de cal (polvos de gas) al 20 por 1.000. **e) ~s de la madre Celestina.** Remedio maravilloso. | * Ahora añadimos los polvos de la madre Celestina, y listo.
   3 un ~, o **unos ~s.** Una pequeña cantidad [de una materia pulverulenta]. | Trévis *Extremeña* 18: Empezad por freír en aceite abundante las rajas de chorizo, a las que añadiréis un polvo de pimentón. *Cocina* 335: Se añade pimienta blanca, un polvito de nuez moscada y el queso rallado.
   4 (*vulg*) Acto sexual. *Gralm en la constr* ECHAR UN ~. | Marsé *Tardes* 57: Seguramente han estado comiendo en un restaurante de la Barceloneta y ahora vienen en busca de puta. "Chaval, este polvo te costará caro", se dijo observando al que acababa de dejar la motocicleta. CBonald *Noche* 290: Le voy a echar un polvo a esa, dile que salga. Ayerra *Veladas* 192: Yo llegaba a un sitio nuevo y ya sabía, iba a la casa de niñas, echaba un par de polvos y me quitaba el cuidado.
   5 (*jerg*) Droga en polvo, esp. heroína o cocaína. | Tomás *Orilla* 16: –Ya está bien de humo –dijo Rafael, depositando el porro en el cenicero, sin apagarlo–. Ahora un poco de polvo.– Extrajo del bolsillo del pantalón un pequeño sobre confeccionado con un recorte de revista. Contenía heroína. **b) ~ de ángel.** Fenciclidina. | C. B. Runner *Ya* 4.6.84, 31: Son drogas baratas, muy baratas: la "chicha bruja" y el "polvo de ángel" .. El "polvo de ángel", conocido también como PCP y cuyo nombre real es fenciclidina, se desarrolló en la década de los 50 como anestésico para seres humanos, cuando se hicieron evidentes los terribles efectos secundarios del LSD.
   II *loc adj* **6 limpio de ~ y paja.** Limpio o neto. *Referido a cantidad de dinero.* | Delibes *Ratas* 50: Por una perdiz te dan cien reales limpios de polvo y paja.
   III *loc v* **7 hacer ~** [a alguien o algo]. Destrozar[lo]. *Frec fig, con intención enfática.* | Delibes *Cinco horas* 198: Si les pones una bañera nueva .. a lo mejor la haces polvo. Diosdado *Anillos* 1, 226: Les tomas cariño [a los perros], y, como viven menos, luego se te mueren, y te hacen polvo. **b)** *pr* Destrozarse. *Frec en part.* | * Se me caía una copa y se hizo polvo. Berenguer *Mundo* 374: ¿Tienes por ahí un cacho tubo de hierro? –Los rulos del molino, pero están hechos polvo.
   8 matar el ~ → MATAR.
   9 morder el ~ (de la derrota). Resultar vencido o derrotado. *Tb fig.* | J. M. Almela *SAbc* 17.11.68, 33: El Atlético de Bilbao .. se enfrentó luego al Honvéd húngaro .. y también los magyares mordieron el polvo de la derrota. Buero *Fundación* 61: Quienes negaban tu existencia han tenido que morder el polvo.
   10 sacudir el ~ [a alguien]. Pegar[le]. *Tb abs.* | Delibes *Historias* 192: "¿Te gusta el campo?" Yo le dije: "Sí". Él dijo: "¿Y trabajar en el campo?". Yo le dije: "No". Él entonces me sacudió el polvo en forma. ZVicente *Traque* 289: Mi madre tenía buen rejo, y sacudía el polvo con verdadero entusiasmo. Aún tenemos los pedazos de dos o tres mozos de comedor.
   11 tener un ~, o **estar para un ~.** (*vulg*) Ser atractivo sexualmente. | VMontalbán *Rosa* 179: Hace falta ser de derechas para decir que la Thatcher tiene un polvo. Oliver *Relatos* 95: Se nos había ido el vacile con el culo de la tronca .. Y el Guti: "tiene más polvos que el talco".

pólvora I *f* **1** Mezcla explosiva sólida, gralm. granulada, que se usa esp. para impulsar los proyectiles de las armas de fuego, para volar rocas o construcciones y en fuegos artificiales. *Frec con un adj o compl especificador de las distintas variedades.* | Arenaza-Gastaminza *Historia* 133: Se distinguió [Alfonso X] como guerrero .. en la toma de la ciudad de Niebla, en donde los árabes emplearon ya la pólvora. Marcos-Martínez *Física* 273: Estas propiedades oxidantes de los nitratos se utilizan en la fabricación de pólvora negra y en numerosos compuestos de pirotecnia. *Inf* 3.7.74, 1: Se temía por la suerte de los veintiocho obreros que trabajaban en el interior de la nave de la "pólvora blanca". Berenguer *Mundo* 195: Tira con pólvora de barra y cartucho rajado. Aleixandre *Química* 190: Tratando el algodón (celulosa pura) por una mezcla de ácidos nítrico y sulfúrico, se obtienen los ésteres nítricos de la celulosa .. Se les conoce, en general, con el nombre de algodón pólvora. **b) ~ mojada.** *Se usa como término de comparación referido a perss de ideas revolucionarias que, a la hora de la verdad, no actúan en consecuencia.* | CPuche *Paralelo* 293: –Tú eres como la pólvora seca .. –No sé lo que quieres decir. –Pues sí, hay gente que es como la pólvora mojada: en vez de dar el estallido seco, hace pluf o plaf, que son dos maneras de gastar pólvora en salvas inútiles.
   2 Medio o esfuerzo que se emplea para conseguir un fin. *Gralm con el v* GASTAR *y frec en constrs como* GASTAR (LA) ~ EN SALVAS, *o* ÍRSELE LA ~ EN SALVAS, *para ponderar la inutilidad del esfuerzo.* | Benet *Nunca* 11: Se largó sin despedirse .. tratando de disimularse a sí mismo la expresión pueril con que tantas veces nos quiso corregir y seducir, última pólvora que gastaba en honor a una oportunidad. CPuche *Paralelo* 287: Ya está bien .. de gastar pólvora en salvas. Hay que hacer algo más positivo. Torrente *Fragmentos* 128: Allá se nos iba a ambos toda la pólvora en salvas, quiero decir en palabras. Delibes *Europa* 56: Aquí la gente quema mucha pólvora en salvas; se le va mucha fuerza por la boca.
   II *loc v* **3 correr la ~.** Correr a caballo disparando armas de fuego, lo que constituye un festejo propio de los moros. | Cela *Judíos* 239: Las batidas suelen planearse mal, casi siempre se organizan para que vengan los señoritos y corran la pólvora los amigos del gobernador civil.
   4 descubrir, o **inventar, la ~.** Descubrir como novedad algo conocido de todos. | Aguilar *Experiencia* 298: No me apesadumbra la posibilidad de que se diga que en 1907 me portaba como si pretendiera descubrir la pólvora. Todos los días, millares y millares de jóvenes inventan la pólvora, y creo que su mérito no debe rebajarse porque lo hagan con muchos siglos de retraso. **b)** *Se usa normalmente en constr negativa para ponderar la falta de inteligencia o de perspicacia.* | Torrente *SInf* 30.9.76, 12: El menosprecio por el trabajo servil que mantiene vivo y coleando. Conozco a un honrado oficial que hizo una fortuna trabajando de fontanero. A su hijo, que no había descubierto la pólvora (lo tuve como alumno), lo envió a la Universidad. CPuche *Paralelo* 154: Cuando se ponen a hacer trampas, llega un pardillo de pueblo .. y se los merienda en medio minuto. Desde luego, estos no inventan la pólvora. Ellos lo único que hacen es aprovecharse de los inventos de los demás.
   5 tirar con ~ ajena. Gastar dinero ajeno. | * Como tira con pólvora ajena no escatima.
   III *loc adv* **6 como reguero de ~.** Muy rápidamente. *Con vs como* CORRER *o* EXTENDERSE *y referido a noticias.* | *Sp* 19.7.70, 37: Las negativas no han resultado convincentes, consiguiendo solo que el rumor se extienda como reguero de pólvora.

polvorera *f* Recipiente para la pólvora. | CBonald *Noche* 259: El estuche contenía una bella y sencilla arma: un revólver de percusión Colt 1846, con su polvorera y sus tenazas para moldear balas.

polvoriento -ta *adj* Que tiene mucho polvo [1]. | Laforet *Mujer* 171: "No me ha visto Antonio ..", se dijo aquel día .. en el polvoriento camino del cementerio.

polvorilla *m y f* (*col*) Pers. de genio vivo e inquieto. | CPuche *Sabor* 189: Que Andresico era un polvorilla, que no paraba en un sitio, y que él volvería. Lera *Bochorno* 44: –Vamos, polvorilla –insistió, bondadosamente, el padre–, no te sulfures por tan poca cosa.

polvorín *m* **1** Construcción destinada a almacenar explosivos. | FSantos *Hombre* 131: Una gran columna de humo rompía el horizonte. –Eso es el polvorín. **b)** Cosa que amenaza con estallar en cualquier momento. | Herrero *Ya* 23.9.70, 7: Los demás países árabes se sacuden las pulgas como pueden, y Jordania recibe el polvorín de unos guerrilleros dispuestos a todo.
   2 Recipiente para pólvora. | Camón *LGaldiano* 5: La planta cuarta del Museo, en la que se exponen pinturas, telas, armas, medallas, abanicos, polvorines y otros objetos preciosos. Moreno *Galería* 144: La filigrana .. comenzada cuando, preparada la vasija, colodra o polvorín, el pastor iniciaba su decoración.

polvorista *m y f* Pirotécnico. | Cela *Viaje andaluz* 274: Un nene pirotécnico se ensaya en machacar pistones entre dos piedras; la puñetera criatura está feliz .. El vagabundo, ante las euforias del juvenil polvorista, prefirió huir.

polvorón *m* Dulce pequeño, hecho con harina, azúcar y manteca, que se deshace en polvo al comerlo y se presenta envuelto en papel. | *Cocina* 580: Se cortan los polvorones con un vasito pequeño y cortapastas ovalado.

polvoroso -sa I *adj* **1** *(raro)* Polvoriento. | ZVicente *Hojas* 110: Asombro silencioso del llano, olivos polvorosos, las viñas verdes, crecidas.
II *loc v* **2 poner pies en polvorosa** → PIE.

polvoso -sa *adj (raro)* Polvoroso o polvoriento. | FVidal *Duero* 165: Fija la mirada en uno de los arbolitos de la plaza .., alrededor del cual desgrana su inquietud una gran mariposa naranjada, de ala polvosa y más bien lenta.

pom *interj* Imita el ruido de un golpe o una explosión. | Laiglesia *Ombligos* 253: –¿Y si tienen que disparar más tiros? –Pues que hagan "¡pom!" con la boca.

poma *f* **1** *(lit o reg)* Manzana (fruta). | Lera *Olvidados* 253: Sus senos eran como dos pomas maduras que pendulesen. PCarmona *Burgos* 95: Los ábacos tienen pobre decoración, y el único motivo de sus capiteles son las hojas vueltas en la parte superior, pendiendo de ellas pomas. A. Méndez *Abc* 3.11.73, 50: La única solución que se vislumbra para la venta de la fruta que todavía se halla en las pomaradas es su adquisición por las fábricas de zumos y dulces de manzana, aunque se duda que ni siquiera esas plantas puedan absorber la enorme cantidad de pomas que este año existen en la región.
2 ~ rosa → POMARROSA.

pomada *f* **1** Preparado medicamentoso de uso externo, compuesto de una o varias drogas activas incorporadas a una grasa animal o vaselina. | *Economía* 283: Conviene tener en casa un botiquín consistente en: 1 Termómetro .. 1 Pomada para las quemaduras.
2 *(col)* Círculo de la gente destacada o importante. *Gralm en la constr* ESTAR EN LA ~. | Umbral *País* 25.3.83, 26: La otra tarde, en la recepción que los reyes de Suecia nos dieron a la pomada, en El Pardo, estuve con Marcelino Camacho. AMillán *Damas* 21: Para vender chalets y terrenos hay que dejarse ver... y estar en la pomada. A. Pavón *Abc* 18.5.93, 40: ¿Acaso los propagandistas de González, los que se creían "intocables", no están también en la pomada de este sindicato de verdad?

pomar *m (reg)* **1** Manzanar. | Cunqueiro *Crónicas* 14: La manda consistía en un pequeño manzanal en un alto; siempre había ansiado el sochantre poseer un pomar en la ribera.
2 Manzano. | Mayor-Díaz *Flora* 545: *Malus domestica* Borkh. "Manzano silvestre", "Pomar". (Sin. *M. communis* Poiret.)

pomarada *f (reg)* Manzanar. | Arce *Testamento* 67: Recorrimos juntos las pomaradas y los maizales.

pomarino. págalo ~ . → PÁGALO.

pomarrosa *(tb con la grafía* **poma rosa***) f* Fruto tropical semejante a la manzana, de sabor dulce y olor de rosa y con una sola semilla, producido por el árbol *Eugenia jambos. Tb este árbol.* | Ramírez *Lit. Canarias* 1, 145: Una vez, de fugona, mientras cogíamos pomarrosas, Guillermito Medina acertó. El cacho de rolo de platanera golpeó pleno en la espalda de Lile Palangana. GCabezón *Orotava* 11: Poma rosa, *Eugenia Jambos*, Linn., Mirtácea, Indias Orientales.

pomelo *m* Fruta semejante a la naranja, grande, amarilla y ácida, producida por los árboles *Citrus grandis* y *C. decumana o paradisi. Tb este árbol.* | *Ya* 17.11.63, 28: Precios en los mercados centrales .. Piñas, 55, 50 y 45; pomelos, 15, 12 y 10. GCabezón *Orotava* 48: Pomelo o toronja, *Citrus grandis*, Osbeck, Asia tropical.

pomeranio -nia *adj* De Pomerania (región perteneciente en su mayor parte a Polonia). *Tb n, referido a pers.* | Castillo *Polis* 191: Los eslavos occidentales están constituidos en el siglo IX por los checos, moravos, eslovacos, pomeranios, polacos, etc.

pómez *f* Feldespato volcánico, muy poroso y ligero, usado esp. para desgastar y pulir. *Gralm* PIEDRA ~. | Bustinza-Mascaró *Ciencias* 338: En algunas rocas volcánicas se observan huecos que les dan un aspecto poroso (por ejemplo, en la piedra pómez).

pomo *m* **1** Tirador o agarrador redondeado. | Olmo *Golfos* 14: Llegó el momento en que el pomo de la puerta se puso al alcance de su mano. *Van* 1.7.73, 2: Batería de cocina 8 piezas de acero vitrificado, con arillos de acero inoxidable, asas y pomos aislantes recambiables.
2 Extremo de la guarnición de la espada, que está encima del puño. | GNuño *Madrid* 115: Varias espadas .. con leyendas en el pomo.
3 Frasco pequeño, esp. destinado a contener perfume. | GPavón *Hermanas* 45: Se veían .. coquetas como un gran abrazo con espejitos y pomos color de Rastro. PCarmona *Burgos* 162: Llevan sus manos derechas levantadas, pero cubiertas con el amplio manto, medio ocultando los pomos de perfumes. Cabezas *Abc* 15.4.58, 19: Entre los productos de la antigua botica, que se conservan en artísticos pomos de cristal y porcelana, con letras doradas, existen algunos cuyos nombres y cualidades nos trasladan al más primitivo folklore curanderil.
4 *(Bot)* Fruto de mesocarpio carnoso y endocarpio coriáceo que contiene varias semillas. | Ybarra-Cabetas *Ciencias* 290: El fruto del peral es una drupa modificada denominada pomo.

pomoidea *adj (Bot)* [Planta rosácea] de fruto en pomo [4]. *Frec como n f en pl, designando este taxón botánico.* | Legorburu-Barrutia *Ciencias* 290: Muchos frutales pertenecen a la familia de las Rosáceas: Estas se dividen: Prunoideas .. Pomoideas .. Rosoideas.

pomología *f (Agric)* Cultivo de frutos comestibles. | * En Villaviciosa existe un centro de pomología.

pomológico -ca *adj (Agric)* De (la) pomología. | *Asturias* 115: Es digna de resaltar la Estación Pomológica de Villaviciosa, cuya finalidad es mejorar la riqueza manzanera de Asturias.

pompa I *f* **1** Suntuosidad. | CBaroja *Inquisidor* 29: Las pompas de los autos .. daban lugar a mil quehaceres ajenos a lo más específico en la función inquisitorial.
2 Vanidad (cosa vana). | Villapún *Iglesia* 12: El padrino contesta por el niño diciendo públicamente tres veces "que renuncia a Satanás, a sus pompas y a sus obras".
3 ~s fúnebres. Ceremonias relativas al entierro de un difunto. | Pinilla *Hormigas* 262: Poco después, [llegó] el teniente García con dos números .. y un empleado del servicio de pompas fúnebres.
4 ~ de jabón. Burbuja de agua jabonosa. *Tb simplemente ~.* | Gironella *Millón* 169: Todo ello confirmaba las predicciones de Ezequiel, quien siempre le decía a Marta que las guerras se parecían a una de esas camas con que los niños soplan pompas de jabón. S. Medialdea *Ya* 2.1.91, 10: En otra sección se encuentran concentrados los juguetes creativos, entre los que se incluyen las máquinas de pompas, el tomoscopio y los juegos de sombras. | *Frec se usa en constrs de sent comparativo para ponderar lo efímero de algo.* | * Sus ilusiones se disiparon como una pompa de jabón.
II *loc adj* **5 en ~.** *(col)* [Culo] que queda en posición destacada, esp. al doblar el cuerpo hacia delante. *Tb adv.* | Cela *SCamilo* 272: A don Roque le gusta mucho la postura de las mujeres cuando se inclinan ante el lavabo con el culo en pompa.

pompático -ca *adj (raro)* Pomposo. | Lu. Bonet *Abc* 3.10.71, 43: El genio que nos ocupa no es otro que el pompático Salvador Dalí.

pompeyano[1] -na *adj (hist)* De Pompeya (antigua ciudad de Italia). | Tejedor *Arte* 57: El ejemplo más notable lo constituyen las ya mencionadas pinturas murales pompeyanas. **b)** [Estilo] propio de las pinturas pompeyanas. | D. I. Salas *MHi* 7.69, 44: Igualmente ocurre con el dormitorio, cuyos muros estucados al estilo pompeyano son obra, posiblemente, de Gricci el Segundo. **c)** De(l) estilo pompeyano. | GNuño *Madrid* 31: Ornamentación dieciochesca y pompeyana.

pompeyano[2] -na *adj* Partidario del general romano Pompeyo († 48 a.C.). *Tb n, referido a pers.* | *Gar* 21.12.63, 69: La Historia está plagada de banquetes célebres como el que organizó Julio César, al derrotar a los últimos pompeyanos, deslumbrando al pueblo romano.

pompi → POMPIS.

pompier *(fr; pronunc corriente, /pompié/; pl normal, ~ o ~s) adj (desp)* **1** *(Pint)* [Arte o artista] que recurre a procedimientos efectistas. *Gralm referido a ciertos pintores franceses de finales del s XIX. Tb fig, referido a otras artes.* | Á. RCamps *SYa* 9.11.73, 17: La parte gráfica está a cargo de los artistas franceses más reputados en aquella

pompierismo – ponderado

época .. Allí está lo más granado del llamado "arte Pompier". VMontalbán *Rosa* 124: Ya no vivía en su clausurado piso del pasaje Lodares, escenografía de teatro italiano renacentista, neoclásico de un *pompier* gris inquietante bajo una bóveda de cristales fríos. *Abc* 4.12.64, 83: César González-Ruano habla sobre pintura .. Hay que tener cuidado con los "pompier" y los "neopompier". **b)** De(l) arte pompier. | GCaballero *Abc* 12.11.70, sn: Si Dalí hubiera nacido en la época "pompier" sería el bombero plástico más extraordinario de ella. GBiedma *Retrato* 160: No sé si he escrito un buen poema –como pensaba mientras trabajaba en él– o un poema *pompier*. Y no descarto una tercera posibilidad, mucho más deprimente: que haya escrito un buen poema *pompier*.

2 (*raro*) Pretencioso. | GHortelano *Momento* 568: Me presenté en uno de esos hoteles pompiers, con suites para oficinas.

pompierismo *m* Condición de pompier. | L. Calvo *Abc* 16.7.72, 15: Mala cosa caer en una rutina. Entre literatos se llama amaneramiento; entre pintores, "pompierismo"; entre músicos, melancolía; entre fontaneros, chapuza.

pompis (*tb, más raro,* **pompi**) *m* (*euf col*) Trasero. Frec en lenguaje femenino. | Laiglesia *Fulana* 147: Recuerdo que en otra ocasión me confundí también, y le puse a la nena por el pompis unas gotas nasales. Carandell *Madrid* 105: Chicas con mucho pompi, chicas con poco pompi. Chicas culibajas, chicas culialtas.

pompón *m* Bola de lana u otro género, que sirve de adorno. | *Lab* 2.70, 10: Con los tres colores de lana confeccionar un pompón y colocarlo en la parte alta del gorro. Cunquero *Un hombre* 21: Sería novedad para el rey llevarle cada mañana un legajo con lazo de pompón. **b)** (*hist*) Esfera metálica o bola de estambre o seda con que se adorna la parte anterior y superior del morrión. | Torrente *Sombras* 263: Al escuadrón de policía .. le habían disfrazado con uniformes de la Vieja Guardia, pompones en el morrión y enormes espadones.

pomposamente *adv* De manera pomposa. | CSotelo *Muchachita* 302: (Pomposamente.) De dinero y de bondad, la mitad de la mitad. Kurtz *Lado* 117: Aquel colegio llamado pomposamente *finishing school*, que le había costado un ojo de la cara, por añadidura me había desgraciado la nariz.

pomposidad *f* **1** Cualidad de pomposo. | CSotelo *Inocente* 97: La rotación, armonía y pomposidad de las nalgas de Rosa, que un foco subraya, empiezan a perturbarle.

2 (*raro*) Cosa pomposa. | SSuñer *Abc* 11.5.74, 3: No ha conocido Europa .. un solo hombre público .. más alejado de vacías pomposidades. Marías *Almas* 18: Al despedirme de Dewar el Inquisidor tras mis dos años de estancia allí, me dijo entre otras pomposidades: –Echaré de menos tus fantásticos conocimientos etimológicos.

pomposo -sa *adj* **1** [Pers.] que en su aspecto o en su comportamiento hace ostentación de importancia. | R. A. Calle *SYa* 18.11.73, 7: Ellos, que únicamente disponen de un "dhoti" (taparrabos) para cubrir parte de su cuerpo, contemplan extasiados a la pomposa señora que cubre su cuerpo con atractivas pieles y valiosas joyas.

2 [Pers. o cosa, esp. estilo o modo de expresión] altisonante. | * Su estilo es excesivamente acicalado y pomposo.

3 [Cosa] que llama la atención por su lujo o suntuosidad. | Laforet *Mujer* 212: Había dos alcobas. Una matrimonial, muy pomposa.

4 [Cosa] abultada y redondeada. | Torrente *Sombras* 208: Llamaban la atención, por lo pomposos, algunos miriñaques, y, por lo puntiagudos, algunos de los tocados femeninos.

pómulo *m* Hueso de la mejilla. | Bustinza-Mascaró *Ciencias* 36: Los principales huesos de la cara son: .. los dos pómulos, los dos nasales o de la nariz. **b)** Parte saliente de la mejilla, correspondiente al pómulo. | Laforet *Mujer* 316: Los pómulos de Paulina se sonrosaron.

pomuloso -sa *adj* De pómulos marcados. | FVidal *Ayllón* 250: Me encuentro en la llanura repelada frente a frente con un tipejo de pequeña cruz, de cara pomulosa.

ponche *m* **1** Bebida hecha con ron u otro licor, azúcar, agua o leche y a veces otros ingredientes, esp. huevo. | *Cocina* 748: Ponche romano .. Té .. Agua .. Ron .. Azúcar .. Limones .. Naranjas .. Triple seco. *Cocina* 750: Ponche .. Leche .. Coñac y ron .. Huevo .. Nescafé .. Azúcar.

2 Tarta de bizcocho borracho cubierto de mazapán y azúcar tostado, típica de Segovia. | A. Martín *ASeg* 27.5.92, 17: Los caldos más demandados son los rosados y blancos, .. con dulces entre los que se encuentran las yemas de Santa Teresa, .. el ponche segoviano y las mantecadas de Astorga.

ponchera *f* Recipiente para preparar ponche [1]. | Ortega *Americanos* 137: Había acercado al rincón una mesita de ruedas sobre la que había una ponchera.

poncho I *m* **1** Prenda de abrigo propia de América del Sur, en forma de manta con una abertura en el centro para meter la cabeza. | *Inf* 31.10.70, 14: Conjunto pantalón y poncho en ante color ciruela.

II *loc v* **2 pisar el ~** [a alguien]. Aventajar[le]. | P. Rodríguez *SArr* 17.1.71, 8: ¿Por qué se están dejando ustedes, los escritores españoles, pisar el poncho por los hispanoamericanos? Vega *Cocina* 77: Resulta que cuando el solomillo no es de buey, sino de cerdo, tampoco hay quien les pise el poncho a las cocineras orensanas.

poncil *adj* [Limón] de corteza amarilla, gruesa y rugosa. *Tb n m*. | Campmany *Abc* 8.4.85, 13: Fraga ha dicho que naranjas de la China y un limón poncil.

poncio *m* (*humorist*) Gobernador de una provincia. | Escobar *Itinerarios* 246: "Y su señoría, ¿cuándo va a hablar, antes o después?", inquirió del poncio el corregidor. "Antes, a seguida de usted –resolvió el señor gobernador–. Y todo muy breve." CBaroja *País* 27.7.77, 7: No serán algunos célebres profesores de historia medieval, .. ni los representantes del despotismo sin ilustrar más moderno (poncios y ministros de 1940 a 1950), .. los que podrán acusar a los vascos de soberbia, cerrilidad y barbarie.

ponderable *adj* **1** Que se puede pesar. *Tb n m, referido a objeto*. | M. FMiranda *His* 8.77, 53: El resto de los materiales está formado por un gran número de piezas de finalidad decorativa, doméstica o litúrgica, junto con objetos que son transportados como chatarra, panes de fundición que llegan a sobrepasar los cuatro kilogramos de peso y una serie de ponderables de distintas mesuras.

2 Que se puede ponderar. | * No es ponderable el interés que mostró por el relato. A. Espada *Arr* 30.9.70, 24: Lo ponderable y la ponderación de las subidas han motivado una ansiedad inquiridora sobre la altura alcanzada en la escala de medición de la actual coyuntura bursátil.

ponderación *f* **1** Acción de ponderar. | Aranguren *Marxismo* 179: Es en este plano .. de fría, serena ponderación de las concretas vías de promoción de bienes y evitación de males, donde el diálogo entre católicos y marxistas debe entablarse.

2 Cualidad de ponderado [2]. | * Lo que más admiro de él es su ponderación. A. Espada *Arr* 30.9.70, 24: Lo ponderable y la ponderación de las subidas han motivado una ansiedad inquiridora sobre la altura alcanzada en la escala de medición de la actual coyuntura bursátil.

3 (*Econ*) Valor atribuido a una variable de un índice, a fin de reflejar su importancia relativa. | FQuintana-Velarde *Política* 69: Se llama este índice índice del coste de la vida, cuya mejor o peor elaboración se halla en relación directa con lo representativos que sean los artículos elegidos .. así como en la importancia o ponderación dada a cada uno de los artículos al elaborar el índice.

4 (*Arte*) Equilibrio estático [de las figuras]. | Onieva *Prado* 43: Atento a la policromía del conjunto y a la ponderación de figuras, reíase de los anacronismos.

ponderadamente *adv* De manera ponderada. | F. Quesada *Abc* 17.10.70, 51: La dinámica y efectiva labor que la Diputación .. viene desarrollando en la provincia repercute directa y ponderadamente en los medios rurales.

ponderado -da *adj* **1** part → PONDERAR.

2 Equilibrado o mesurado. | CPuche *Paralelo* 7: ¿Sabrá comprender el lector ponderado que la órbita de Genaro y demás personajes de mi novela es cerrada?

3 nunca bien ~. Digno de toda ponderación. *En la constr* EL NUNCA BIEN ~ + *n de pers o cosa. Frec con intención irónica*. | * Vino a vernos el nunca bien ponderado jefe de personal.

ponderal – poner

ponderal *adj* (*E*) De(l) peso. | Prandi *Salud* 581: En las clínicas maternales se sigue generalmente día a día la curva ponderal. GNuño *Escultura* 157: Hasta aquí nuestras monedas del sistema ponderal griego.

ponderante *adj* (*raro*) Importante o de peso. | R. FMosquera *Abc* 27.11.70, 3: La relatividad .. y la extravagancia no son elementos ponderantes en la eterna y progresiva lucha de generaciones. L. Medina *Nor* 2.11.89, 50: Se confirmó que el tabaco es un factor de riesgo ponderante frente a las enfermedades cardiovasculares.

ponderar *tr* **1** Poner de relieve [algo], gralm. exagerándolo. *Tb abs.* | * No dejaba de ponderar sus virtudes y belleza. LTena *Alfonso XII* 136: –¿Eh?... ¡Josú!... ¡Josú!... –No ponderes, Triniá. ¿Qué ves? **b)** Poner de relieve las cualidades o méritos [de alguien o algo (*cd*)], gralm. exagerándolos. | Medio *Bibiana* 91: Todos hablan .. ponderando los estupendos productos de "La Vaca Roja".
2 Considerar con atención e imparcialidad [un asunto]. | Alfonso *España* 36: Los planes educativos, sociales y económicos han de ponderarse, relacionarse y calibrarse entre sí con máximo cuidado.
3 (*Econ*) Atribuir un valor particular [a los elementos de un índice (*cd*) o a alguna de sus variables (*cd*)] a fin de reflejar la importancia relativa de cada elemento. | FQuintana-Velarde *Política* 68: La importancia de muchos artículos exigen en determinados casos darles un mayor valor para que sus oscilaciones se acusen con más resonancia en el nivel de los precios. Se dice entonces que se ponderan los precios de los distintos artículos. S*Abc* 5.1.85, VIII: Se indica puntuación ponderada.

ponderativamente *adv* De manera ponderativa. | Carnicer *Van* 17.10.74, 54: Contra "macho" –muy utilizado ponderativa y amistosamente por la gente joven de hoy– actúa también el hecho de que, además de ser alusivo a animales, plantas y objetos, es sinónimo de "mulo".

ponderativo -va *adj* **1** Que pondera [1]. *Tb n m, referido a término gramatical.* | RIriarte *Adulterio* 319: (Ponderativo.) Una muchacha preciosa. Alta, rubia, deslumbrante. Lapesa *HLengua* 155: Los ponderativos *tanto* y *mucho* se colocan a la cabeza de la frase, separándose de los nombres o adjetivos a que modifican.
2 De (la) ponderación [1]. | Academia *Esbozo* 417: Estas últimas son fórmulas comparativas cuyo carácter ponderativo hace innecesario el término de la comparación.

pondio *m* (*Fís*) Unidad de fuerza equivalente a la milésima parte del kilopondio. | Marcos-Martínez *Física* 222: Un litro de aire en condiciones normales pesa 1,293 pondios.

ponedero *m* Instalación destinada a que las aves, esp. las gallinas, pongan sus huevos. | Cuevas *Finca* 248: Un gallinero para 2000 Leghorns con .. sus ponederos de trampilla.

ponedor -ra *adj* Que pone [21]. *Gralm referido a gallina.* | Bustinza-Mascaró *Ciencias* 212: Un mamífero ponedor de huevos. El ornitorrinco. Ortega-Roig *País* 91: Han aparecido granjas especializadas .. en gallinas ponedoras, de gran rendimiento.

ponencia *f* **1** Informe o propuesta presentados por un ponente. | *Abc* 9.4.67, 82: Se celebrará en Santa Cruz de Tenerife el Pleno de Clausura correspondiente a las ponencias adscritas a la provincia hermana. **b)** *En un congreso científico:* Lección o conferencia extensa que se expone en sesión plenaria. | *REL* 93, 162: XIII Simposio de la Sociedad .. Las ponencias que se leyeron fueron las siguientes: Alberto Díaz Tejera, *Nebrija, lexicógrafo y filósofo.* Jose Polo, *Lectura de Saussure por Dámaso Alonso.* Antonio Roldán, *La obra romance de Nebrija.* Se presentaron asimismo 33 comunicaciones.
2 Pers. o comisión encargadas de presentar una ponencia [1a]. | *Abc* 8.3.58, 17: La ponencia rechaza las enmiendas presentadas y propone una nueva redacción.
3 Cargo de ponente. | * La ponencia le acarreó grandes preocupaciones.

ponente *m y f* Pers. encargada de presentar un informe o propuesta ante una asamblea o una autoridad que normalmente ha de resolver acerca de ellos. | *Voz* 8.11.70, 3: Este será el tema de "Iberodidacta-2", que contará con la participación de doce ponentes iberoamericanos y seis españoles. *Abc* 8.12.70, 21: Se había iniciado la vista con la lectura de documentos a requerimiento de vocales del Tribunal y del ponente.

ponentisco -ca *adj* (*raro*) De poniente y occidente. | FVidal *Duero* 218: A través de los pequeños ventanales penetran los rayos ponentiscos, amoratados de agonía, del Sol.

poner (*conjug* 21) **A** *tr* ➤ **a** *normal* **1** Hacer que [alguien o algo (*cd*)] esté o se encuentre [en un sitio]. *Tb sin compl de lugar, por consabido.* | Medio *Bibiana* 10: El señor Massó .. le azuzaría .. contra los muchachos, aunque más tarde fuese el primero en ponerles en la mano cinco duros para sus gastos. Arce *Testamento* 15: Enzo tenía puesta la mirada en los arandaneros. *Alc* 1.1.55, 3: Pusieron los madrileños .. entusiasmo en la despedida del año viejo. GRamales *Pasitos* 73: Has quedado encantada con los Reyes Magos. ¡Te pusieron tantas cositas! **b)** *pr* Pasar a estar o encontrarse [en un lugar]. | Cela *Pirineo* 173: A las dos horas y media de camino .. los excursionistas se ponen en el collado. **c)** *donde se ponga... que se quite...* → QUITAR.
2 Añadir [algo]. *Frec con ci.* | Delibes *Hoja* 115: –Ya tendrá años Pintado. –Andará por los setenta y cinco; no le pongo ni uno más. *Cocina* 754: Se separa del fuego .. poniendo una cucharadita de azúcar. Cela *Pirineo* 182: Los itinerarios son conocidos y hasta cronometrables ..; las desviaciones que cada cual ponga de su cosecha corren a su cargo.
3 Hacer que [alguien o algo (*cd*)] pase a estar [en determinada situación o posición (*predicat o compl adv*)]. | Arce *Testamento* 70: Sería una tontería intentarlo... Sería ponerlo todo peor. *Economía* 277: En las grandes hemorragias debe ponerse a los sujetos con la cabeza baja. Arce *Testamento* 90: El Bayona se puso de pie. CBonald *Dos días* 92: Unos niños saltaban a la piola. Se ponían en fila, serios y alertas, frente al que permanecía agachado. *Inf* 17.12.73, 32: Acto seguido se pondrá a votación el proyecto de ley de Presupuestos Generales. **b)** *pr* Pasar a estar [en determinada situación o posición (*predicat o compl adv*)]. | CBonald *Dos días* 267: La sangre se iba poniendo marrón. Olmo *Golfos* 143: Es para mi hermanito ¿sabe? Está malo. Y esto le causará alegría. Y hasta puede que por esto se ponga bien. Cela *Inf* 26.11.76, 18: Cuando [el burro] mira parece como si entendiera, aunque hay momentos en los que se distrae y entonces se le pone cara de iluminado o de irlandés. **c)** *~se en razón* → RAZÓN. **d)** *se ponga como se ponga.* (*col*) *Se usa para ponderar el carácter indiscutible de lo expuesto.* | SFerlosio *Jarama* 146: No tenía usted que molestarse en esto. Esta vez, desde luego, no se los pienso aceptar. Se ponga como se ponga. Diosdado *Anillos* 2, 143: La carrera de la mujer es el matrimonio, hija mía. Se ponga como te pongas. **e)** *así se las ponían a Fernando VII.* *Fórmula con se pondera la extremada facilidad con que se le presenta un asunto a alguien.* | * No te quejarás. Así se las ponían a Fernando VII.
4 Hacer que [una prenda de vestir (*cd*)] tenga su posición adecuada [sobre alguien (*ci*)]. *Frec con un compl refl.* | Delibes *Príncipe* 15: Le embutió en una blusita azulona y le puso encima un jersey rojo vivo. Después le puso un pantalón de pana blanda. Medio *Bibiana* 11: Bibiana .. recorre toda la casa recogiendo cosas, .. dando un último vistazo a los zapatos y a la ropa que mañana se van a poner los muchachos. **b)** *~ de largo.* Presentar en sociedad en una fiesta especial [a una muchacha que viste sus primeras galas de mujer]. *Frec el cd es refl.* | MGaite *Visillos* 11: Se pone de largo dentro de pocos días en una fiesta que dan en el Aeropuerto.
5 Instalar (poner [1] algo) en el lugar y en la forma adecuados para que cumpla su función). | Palacios *Juicio* 101: A un amigo que me invitaba a poner una radio en mi coche, hube de contestarle: "¡Prefiero ir cantando yo mismo!". **b)** Instalar o establecer [un negocio]. | * Han puesto una farmacia en la esquina.
6 Hacer que [alguien o algo (*cd*)] empiece [a hacer algo (A + *infin* o EN + *n de acción*)]. | S*Abc* 2.6.74, 24: ¿Ha comprado un coche nuevo? Póngalo en marcha con un tratamiento de Motaloy. * Nos pusieron a hacer cuentas. **b)** *pr* Empezar [a hacer algo (A + *infin* o EN + *n de acción*)]. *Tb sin compl, por consabido.* | *Alc* 1.1.55, 3: Madrugaron y se pusieron a trabajar a su hora. MGaite *Cuento* 38: Fragmentos deliberadamente olvidados que aluden a lo duro que es empezar, ponerse.
7 Hacer que [un aparato (*cd*)] empiece a funcionar. | Cela S*Camilo* 398: Don León pone la radio a todo meter.

8 Hacer los trámites oportunos [para un pleito, una denuncia o una demanda (*cd*)]. | J. Castro S*Inf* 11.10.73, 9: Quizá al Jurado se le fue un tanto la mano en su simpatía a Polonia, pero no por ello vamos a poner pleito al asunto.
9 Dedicar [a alguien (*cd*) a una actividad (DE + n o A + infin o n de acción)]. | *Día* 27.4.76, 16: Su padre le había amenazado que si suspendía otra vez lo ponía a trabajar en donde fuera. CBonald *Dos días* 90: –Hambre no vamos a pasar, descuida. –Y yo me puedo poner a servir. Delibes *Historias* 30: Los hombres de la ciudad dijeron que había que repoblar, que si en Castilla no llovía era por falta de árboles .., y todos, chicos y grandes, se pusieron a la tarea. * Puso a la hija de peluquera.
10 Disponer o preparar. | Halcón *Manuela* 94: –Bueno, madrina, ¿y qué ha puesto usted para esta noche? –Papas al paseo. CBaroja *Inquisidor* 47: En Madrid estaban, pues, hacia 1811, Goya, Moratín y Llorente puestos a secundar los designios napoleónicos. DCañabate *Abc* 26.9.74, 57: –¿Cuántas camisas quiere? .. –Póngame seis. **b)** Disponer [a alguien o algo] para que sufra [una acción (A + *infin*)]. | *Cocina* 754: Se pone a hervir taza y media de agua.
11 Dotar [a un local o edificio (*cd*)] de los enseres y servicios necesarios. | MGaite *Nubosidad* 181: Me da la impresión de estar poniendo casa. Torrente S*Inf* 13.12.73, 16: Me llevan a comer a un restaurante muy bien puesto, decorado con mármoles y columnas procedentes de un palacio de Sevilla.
12 Aportar [algo] o contribuir [con ello (*cd*)]. | Fanjul *Abc* 21.3.58, 52: Los tres señores se habían convenido para construir en Vitoria dos casas y un pabellón o local industrial. Dos de ellos ponían los solares, el tercero aportaba su trabajo y los materiales de construcción.
13 Arriesgar (poner [3] [algo] en riesgo). | * Pongo mi honor en ello. **b)** Apostar [algo]. *Frec con compl de interés*. | Laiglesia *Ombligos* 255: Si ponía una ficha a un número par, salía un non. Si la ponía a un non, salía un par. Torrente *Vuelta* 424: ¡No me deje perder, don Carlos! ¡Puse diez duros a que no se iría! Halcón *Monólogo* 84: Te digo que acabará saliendo con lo más encopetado y difícil. ¿Cuánto te pones?
14 Imponer [una obligación o un castigo]. | *Inf* 8.7.74, 8: El Tribunal número 1 exigió a los opositores que realizaran su examen en un máximo de tres folios, mientras que el Tribunal número 2 no puso tope de papel. GPavón *Rapto* 242: –Oiga usted, ¿y nos pondrán mucha cárcel? –No creo. **b)** (*raro*) Infundir [un sentimiento]. | Cunqueiro *Un hombre* 237: Para él los inmortales griegos no eran nadie, y solamente el señor Edipo le ponía respeto.
15 Asignar [un nombre]. *En constr interrog, a veces se sustituye el nombre por el adv* CÓMO. | Medio *Andrés* 72: Timoteo es Timoteo, porque él le ha puesto ese nombre y de algún modo hay que llamarle. Landero *Juegos* 130: Teníamos un gato y yo le había puesto Edison. Delibes *Siestas* 117: Llegó el cura y dijo que iba a bautizarle: –¿Cómo le ponemos? –¡Nilo!
16 Calificar [a alguien] o hablar [de él (*cd*) de una determinada manera (*compl adv o predicat*)]. | L. Calvo *Abc* 29.12.70, 21: Defendiendo a España, pone la Justicia de Francia, pone a los gobernantes de Francia, pone a los magistrados de Francia que no hay por dónde cogerlos. Carandell *Madrid* 128: Empezaban a decir pestes del casero, poniéndole de avaro y de miserable. SFerlosio *Jarama* 37: El otro día se me va de la lengua mientras le afeito, y el viernes fue, conque lo puso verde.
17 Escribir [algo breve]. | Laforet *Mujer* 14: Telefónéame y ponme dos letras. **b)** (*col*) Tener [una cosa (*suj*) algo (*cd*)] escrito. | Landero *Juegos* 119: Están [los libros], he oído decir, en una cripta, bajo una lápida que pone: Osario sentimental.
18 Enviar [un telegrama, un cable, un fax o un télex] o hacer una llamada telefónica [por conferencia (*cd*)]. | Cela *Pirineo* 247: Por delante va uno, de escampavía; después, a poco que le salgan las cosas, pone un telegrama y le siguen todos los demás. Grosso *Invitados* 207: Puso más de una conferencia telefónica.
19 Hacer que [una pers. (*cd*)] hable directamente [con otra] por teléfono. *A veces se omite el compl* CON. | Berlanga *Pólvora* 40: Perdone, sí, al aparato, póngame .. Bueno, dígale que le ha llamado el redactor-jefe.
20 Presentar o mostrar. | R. Conte *Inf* 30.5.74, 32: Los gaullistas han vuelto a poner reticencias. Laforet *Mujer* 263:

Quien está aquí es Torrent, aquel íntimo tuyo, tan estirado, que papá te ponía como ejemplo. **b)** Presentar u ofrecer [un espectáculo o una emisión de radio o televisión]. | Cela *Judíos* 15: El título de la obra que ponen en el teatro. CPuche *Paralelo* 241: Había comprado .. un transistor y se pasaba las horas tumbado oyendo música. Cuando ponían noticiarios, discursos o consignas, apagaba. **c)** Mostrar [una cara o gesto determinados (*adj o compl especificador*)]. | Hoyo *Caza* 43: Andresillo puso cara de hacer memoria.
21 Expulsar [el huevo (*cd*)] las hembras de los animales ovíparos]. *Tb abs.* | Bustinza-Mascaró *Ciencias* 191: En ese nido pone la hembra los huevos. SFerlosio *Jarama* 135: ¡Qué entenderás de lo difícil y lo costoso que es tener gallinas y que te pongan!
22 Suponer [algo] o considerar[lo] como existente o verdadero. | GPavón *Reinado* 174: –No me he movido de aquí en toda la semana. –Bueno, pongamos que tú no fuiste. ¿A qué hora volvieron? Cela *HLM* 6.5.74, 19: Yo diría que lo que hay es una gusanera. Pon que una selva. Torrente *Vuelta* 97: Mi idea es que los ceda [los barcos] al sindicato durante un plazo, pongamos cinco años, y que después el sindicato los compre a un precio razonable. **b) un ~.** (*reg*) Un suponer. *Se usa como o independiente, expresando que lo que se dice es una suposición*. | CBonald *Dos días* 225: Que no, hombre, que no. De la guerra acá las cosas han cambiado mucho .. Un poner: ¿tú te acuerdas del Insurrecto? Sí, ¿no? ¿Pues sabes lo que hizo? Najarse, y eso que aquí sacaba lo suyo.
➤ **b** *pr* **23** (*pop*) Decir. *Presentando palabras de otro*. | SFerlosio *Jarama* 74: Oye, tú, ¿habéis oído lo que dice? ¡Que él no sube, se pone! SFerlosio *Jarama* 126: Nos puede salta ella en una de esas interviús que le hacen a los artistas, se pone: "Me gustaría ser rubia por todas partes".
➤ **c** *impers* **24** Haber [algo] escrito [en un lugar]. *Tb sin compl, por consabido.* | Diosdado *Anillos* 1, 234: –¿Qué es "arsenita"? –¿Qué es qué? –Arsenita. Lo pone aquí. Carandell *Madrid* 150: Ellos saben cómo tienen que marchar las cosas. Está escrito. Viene en los mamotretos. Lo pone.
B *intr pr* **25** Ocultarse [los astros] debajo del horizonte. | Ortega-Roig *País* 10: El Oeste, llamado también Occidente y Poniente, es el lugar por donde el Sol se pone.
26 (*col*) Competir [con alguien]. | SFerlosio *Jarama* 67: ¡Y a cuentas, y gramática, y geografía, y a todo, me pongo yo con este señor en cuanto quiera!
27 (*col*) Antojársele [algo a alguien] o metérsele en la cabeza. | AAlcalde *Unos* 20 (G): Emilia, que le conocía, sacó en consecuencia, por lo que hablaba, que al chico le había dado la venada y se le había puesto de repente no seguir con los libros. Delibes *Guerras* 233: Si yo empecé a topear es porque se me puso, o sea, gustoso.
28 (*col*) Empeñarse [en algo]. | SFerlosio *Jarama* 65: Usted todavía podría colocarse si se pusiera en ello.
29 (*pop*) Enfermar [de algo]. | Delibes *Hoja* 39: La Caya, con la desgracia, se puso de los nervios.
30 (*col*) Aumentar [alguien] en el peso. | * El niño ha puesto 200 gramos esta semana.
31 (*col*) Llegar [alguien] a un punto alto en los efectos del alcohol, la droga o la excitación sexual. *Gralm en part.* | Cossío *Confesiones* 195: Los policías están ya bien puestos. No sé cómo podrán llegar al barco. [*Han bebido.*] Tomás *Orilla* 84: –Vas pasao de chocolate. –Me fumo el último ya pirrao y estalló en una carcajada incongruente–. Estoy muy puesto. Grandes *Lulú* 151: El tío aquel empezó a calzarme consoladores dorados, grandes, cada vez más gordos, y como yo estaba muy puesta ya, pues me corrí en medio de la prueba.
32 no ~sele [a uno] **nada** (*o palabra equivalente*) **por delante.** (*col*) Actuar sin reparar en ningún obstáculo. | Cela *Inf* 1.8.75, 17: –¿Y cómo se las arreglará Dios Nuestro Señor para recomponer al Asmodeo el día del Juicio Final? .. –¡Mujer! ¡Qué preguntas! .., ¡a Dios Nuestro Señor no se le pone nada por delante!

póney *m* Caballo de raza de poca alzada. | Bustinza-Mascaró *Ciencias* 222: Ganado caballar: Árabe, .. navarro y póney para silla o tiro ligero.

ponferradino -na *adj* De Ponferrada (León). *Tb n, referido a pers.* | J. P. Vera *Reg* 15.7.75, 4: Un ponferradino afincado hace muchos años en Badajoz, que nos escuchaba, dijo.

póngido *adj* (*Zool*) [Primate catarrino] de complexión robusta, extremidades anteriores más largas que las posteriores, con dedo pulgar oponible y sin cola ni abazones. *Frec como n m en pl, designando este taxón zoológico.* | Pericot-Maluquer *Humanidad* 34: Hemos resumido el curso de la cadena de antropoides durante el Terciario y hemos visto cómo alguno de ellos parece hallarse en la línea de nuestros antepasados. Parece probable que los póngidos actuales sean nuestros primos hermanos.

pongotodo *m* Cesto de plástico con rejilla y tapadera, para ropa sucia. | *Prospecto* 10.88: Pryca .. Pongotodo circular Mensa, 345.

poni *m* Póney. | Cela *Mazurca* 42: A los enaniños bravitos, los ponis castaños, .. no se les puede encerrar.

ponible *adj* [Prenda] que puede ponerse en muchas ocasiones. | *Hoy* 22.11.70, 22: Marbel junior adora la alta costura "a lo grande". Nada de trajes de chaqueta, de cosas "ponibles".

poniente I *adj* **1** [Sol] que se pone [25]. | *Sáb* 10.9.66, 24: Oro en las viejas piedras [de Toledo], en las que se refleja el Sol poniente.
II *m* **2** Oeste (punto cardinal). | CNavarro *Perros* 41: En el cielo se agrupaban las nubes camino de Poniente.
3 Viento del oeste. | M. Toharia *SInf* 9.12.70, 16: Los vientos célebres de España son: "Galerna", en el Cantábrico; .. "poniente", en la costa Atlántica.

pontaje *m* Pontazgo. | G. Ruiz *Sáb* 15.3.75, 42: Atravesamos tres controles: primero, un policía, al que tuvimos que pagar un derecho de pontaje; luego, la aduana; después, el puesto de Policía.

pontanés -sa *adj* De Puente Genil (Córdoba). *Tb n, referido a pers.* | J. M. Muñoz *Cór* 8.8.89, 28: Por los foráneos estuvieron presentes de Cabra, Castro del Río, Puente Genil .. El pontanés reaccionó aunque ya era tarde.

pontano -na *adj* De Puente Genil (Córdoba). *Tb n, referido a pers.* | *Cór* 14.8.89, 9: La feria de Puente Genil da comienzo hoy con el XXIII Festival Flamenco .. Pero la fiesta pontana, que no quiere perder sus orígenes comerciales, está abierta a todas las edades y gustos.

pontazgo *m* Derecho que se paga por pasar un puente. | Torrente *Fragmentos* 18: El poder de la mitra se extiende por los valles, trepa por las colinas, cobra foros a los granjeros, portazgos y pontazgos, maquilas, diezmos y primicias del ganado y la cosecha.

pontear *tr* Poner un puente [en algo (*cd*)]. | Aldecoa *Cuentos* 2, 330: En el escuadrado del muelle .. los calafates iban desganándose, cercano el fin de la jornada, en la faena de pontear uno nuevo [motovelero], cuya tarima pintada de minio, con chorr[e]tones por la amura, parecía un tremendo y recién estrenado cadalso.

ponteareano -na *adj* De Puenteareas (Pontevedra). *Tb n, referido a pers.* | Cunqueiro *Pontevedra* 134: Una fiesta de Puenteareas ha sido declarada de interés turístico: la del Corpus Christi. Desde varios días antes de la gran fiesta eucarística, todos los ponteareanos se dedican a recoger flores.

pontevedrés -sa *adj* De Pontevedra. *Tb n, referido a pers.* | Cela *Judíos* 187: El día que un erudito tortosino o pontevedrés no nos demuestre que Colón era, precisamente, de Tortosa o de Pontevedra, el vagabundo empezará a tomarlos a todos algo más en serio.

póntico -ca *adj* **1** Del Ponto Euxino, hoy Mar Negro. | Villar *Lenguas* 219: Su indoeuropeización se habría producido mediante influencias a la vez danubianas y pónticas occidentales.
2 Del Ponto (antigua región de Asia Menor). *Tb n, referido a pers.* | A. Pastor *Abc* 13.5.58, 3: España toda cae en su poder durante el verano, y en octubre César celebra su quinto triunfo .. En los cuatro anteriores había tenido cuidado de no humillar más que a galos (Vercingetorix), africanos (Juba), egipcios (Ptolomeo XIV y Arsinoe) y pónticos (Farnaces).

pontificación *f* Acción de pontificar [1]. | E. Romero *Ya* 22.6.89, 7: El periódico *El País*, que es un "reflexionador" profesional, y siempre con aires de pontificación en su línea editorial, trata el tema de José María Ruiz-Mateos con esos arrebatos de ira que tienen siempre los soberbios.

pontificado *m* **1** Cargo o dignidad de pontífice, *esp* [1a]. *Tb el tiempo que dura.* | Villapún *Iglesia* 16: El Pontificado romano va unido al Obispado de Roma. GLuengo *Extremadura* 13: Inicia su pontificado en Mérida el obispo Mausona, a quien se debe la conversión de San Hermenegildo y Recaredo.
2 Papado (institución papal). | Tejedor *Arte* 105: La disposición de San Odón .. permitió al Pontificado llevar a la Iglesia al esplendor de los siglos XI a XIII.

pontificador -ra *adj* Que pontifica [1]. *Tb n.* | GSerrano *Macuto* 263: Los ánimos eran buenos –aunque algunos pontificadores ya tuviesen apalabrada residencia diplomática para su refugio–.

pontifical I *adj* **1** De(l) pontífice [1a y 2]. | L. LSancho *Abc* 18.4.85, 22: Si la pólvora del Estado va a gastarse en sueldos pontificales, más vale que nos quedemos como estamos. **b)** [Bendición] que dan el papa y los obispos, haciendo tres veces la señal de la cruz al nombrar las tres personas de la Santísima Trinidad. | * El Papa y los obispos se despidieron con la bendición pontifical. **c)** [Misa] solemne celebrada por un obispo. *Tb* DE ~. *Tb n m.* | Ribera *Misal* 16: Misa pontifical, la solemne que celebra el Obispo. *VozC* 29.6.69, 4: Con motivo de celebrarse una solemne misa de pontifical, .. queda prohibido el aparcamiento. M. Vigil *Ya* 14.4.64, 12: El pontifical oficiado por el cardenal Larraona .. tuvo particular solemnidad.
II *m* **2** Conjunto de ornamentos usados por el obispo para celebrar. | Morales *Artífices* 1, 20: Solicita reconocimiento y precintado de una caja conteniendo tres pontificales hechos por don Tomás de Castro, bordador. GNuño *Madrid* 139: El Santo, de pontifical, está tratado con profusos oros.

pontificalmente *adv* Con rito pontifical. | O. Aguilera *SYa* 10.1.88, 54: Un hito a reseñar es el del 10 de agosto de 1884, cuando la Virgen de Lluc fue coronada pontificalmente.

pontificar *intr* **1** Dogmatizar (exponer las propias opiniones como dogmas). | MSantos *Tiempo* 138: Un notable jurisconsulto que pontificaba rodeado de señoras.
2 (*raro*) Actuar como pontífice [1]. | C. Castro *Ya* 21.7.74, 7: En 1370, yendo a Roma por el placer de ver de nuevo pontificar al Papa, vuelto de Avignon, en la Ciudad Eterna, había tenido un síncope.

pontífice *m* **1** Papa (jefe supremo de la Iglesia católica romana). *Frec* SUMO, SOBERANO *o* ROMANO ~. | DPlaja *El español* 41: El español tiene cada uno a Su papa, imagen que resulta ya el original y no la copia. Cuando lo que hace el pontífice no se ajusta con la idea personal que tenemos de él, lo que está mal no es el espejo, sino la figura, que no debe ser así. SLuis *Doctrina* 50: Esta infalibilidad reside: En el Soberano Pontifice, cuando habla "ex cathedra". En el Concilio Ecuménico. **b)** Pers. de autoridad reconocida e indiscutible [en un grupo o actividad (*compl de posesión*)]. *A veces con intención irónica.* | S. RSanterbás *Tri* 11.4.70, 20: Belmonte, a quien todos los viejos pontífices de la tauromaquia auguraban una cornada mortal .., llegó a septuagenario. MGaite *Cuento* 205: Yo había oído hablar bastante de esta novedosa asignatura, que empezó a introducirse en el mercado editorial español por los años sesenta unida al nombre del sumo pontífice de la misma, un tal Chomsky.
2 (*raro*) Obispo. | Ribera *Misal* 817: Misa de confesor pontífice.
3 (*hist*) Sacerdote. | Vesga-Fernández *Jesucristo* 138: Replicó Pilatos: –¿Por ventura soy yo judío? Tu pueblo y los pontífices te han entregado a mí, ¿qué has hecho?

pontificio -cia *adj* De(l) pontífice [1a]. | *Ya* 29.11.70, 11: A las siete de la tarde .. llegaba la comitiva pontificia al recinto del parque. **b)** [Nobleza o título] otorgados por el Papa. *Tb referido a la pers que los tiene.* | Torrente *Off-side* 19: Una joven debutante de reputación perversa, hija de un marqués de cuarta clase –pontificio reciente–, suscita un círculo de golosos que aspiran a verla entera.

pontín *m* Embarcación filipina de cabotaje con anclas de madera y jarcias de abacá. | FReguera-March *Filipinas* 107: Entre ellos [los navíos] se movían multitud de bancas, damalas, guilalos, pontines, lorchas, falcados..., pequeñas embarcaciones construidas con un solo tronco y que se equilibraban con balancines o batangas.

pontino -na *adj* De la región Pontina, en el Lacio (Italia). *Tb n, referido a pers.* | E. Montes *Abc* 11.6.72, 22: El Tribunal de Latina no había determinado con quién debe vivir la niña .. Nuestro compatriota llegó al agro pontino y se llevó a su hijita. Torrente *SInf* 31.7.75, 8: Aunque el mundo era entonces mucho más pequeño, las distancias resultaban mayores, y así no era posible que los galos se pusieran de acuerdo con los pontinos contra Roma.

ponto *m* (*lit, raro*) Mar (masa de agua). | Faner *Flor* 98: Emilia surgía del ponto corita para provocar a la tripulación. Se colgaba del mástil como bandera, con un hierro chantado en la espalda.

pontón *m* **1** Barcaza de fondo chato y proa y popa cortas, que se usa en los ríos y puertos para distintos fines, esp. transbordar cargas, tender puentes provisionales o dragar. | * En el río el transbordo se hacía con un pontón.
2 Buque viejo que, fondeado o amarrado en un puerto, sirve de almacén, hospital o depósito de prisioneros. | Solís *Siglo* 158: Se habían abierto unas salas de hospital para atender a los marineros de la escuadra francesa que estaban prisioneros en los pontones. Zunzunegui *Camino* 307: Compraron al principio de la guerra un barco que hacía agua por todas partes y estaba de pontón en Aspe... Un casco majo de cinco mil toneladas, lo arreglaron y están ahora con él ganando millones.
3 Puente de maderos o de una sola tabla. | Cela *Judíos* 250: Suelen meterse .. a tomar el primer sorbo de vino en el alto Durano o del Largar, más allá del pontón del arroyo de la Isla.

pontona *f* (*reg*) Pontón [3]. | Llamazares *Lluvia* 11: El borbotón del río llenará sus corazones cuando vadeen la corriente por la vieja pontona de maderos y tierra apelmazada.

pontonero *m* Hombre que maneja pontones [1]. | Gironella *Millón* 472: Los defensores, antes de marchar, volaron los puentes sobre el Nervión, incluso el levadizo, si bien pronto pudo cruzarse el río gracias a una pasarela levantada sobre barcazas por los ingenieros pontoneros.

ponzoña *f* Veneno (sustancia nociva). *Tb fig.* | CBonald *Ágata* 255: Bebió de un abrevadero hediondo y tuvieron que sacarlo de allí a duras penas con las tripas reventadas por la ponzoña. J. Redondo *Ya* 24.7.88, 26: La cara de Pedro Delgado .. no era la de un ganador virtual del Tour; están consiguiendo entristecerle con tanta ponzoña.

ponzoñoso -sa *adj* Que tiene o encierra ponzoña. | Conde *Hucha* 1, 108: La ponzoñosa agresión sobrevino cuando dormía su siesta la princesa .. Advirtió el pinchazo, finísimo, sin demasiado dolor. U. Buezas *Reg* 20.10.70, 4: Esa charca social que nos invade, derivada y nacida de subrepticias siembras ponzoñosas y de propaganda de falsos ideales.

pool (*ing; pronunc corriente,* /pul/; *pl normal,* ~s) *m* **1** Agrupación de productores de un mismo sector económico para fijar precios y eliminar competencia. | E. Toda *MHi* 2.64, 32: En cuanto vieron surgir los chorros [de petróleo], se formaron compañías y *pools*. Tamames *Economía* 293: El tráfico con el exterior se opera en régimen de competencia con las compañías extranjeras, si bien existen acuerdos de *pool* con varias de ellas.
2 Equipo de trabajo al servicio general de una empresa. *Esp referido al de mecanografía.* | *Abc* 29.9.77, 32: Si su "pool" mecanográfico no resuelve siempre la urgencia y exigencias de los Departamentos .. Cuente con nuestros servicios.
3 *Se da este n a ciertas variedades de billar, esp la que se juega con 15 bolas de color.* | *SYa* 12.6.88, 13: Mal llamado "billar americano", una de sus múltiples modalidades, la conocida como "pool-8" o "bola-8", se ha impuesto en la noche madrileña como juego de moda.

pop **I** *adj invar* **1** [Música] moderna de origen angloamericano, de carácter popular y ritmo muy marcado, apreciada esp. por los jóvenes. *Tb n m.* | *Des* 12.9.70, 38: Un aficionado a la música pop. **b)** De (la) música pop. | M. MVigo *Abc* 19.11.72, sn: Un "concierto de rock" o un "festival pop" tienen una nula aceptación.
2 Propio del ambiente que rodea a la música pop. | E. Rosillo *Sol* 24.5.70, 16: Torremolinos es, desde luego, la vanguardia de todo eso que es "pop", "in", "camp".
II *m* **3** (*raro*) Pop art. *Tb* ARTE ~. | C. Yanes *Rev* 11.71, 31: Canogar fue situado entre los iniciadores del arte *pop* español. C. Yanes *Rev* 11.71, 30: Canogar ha pasado por la figuración y la abstracción para desembocar en un estilo nuevo. Se acerca al *pop* sin pronunciarse por él. A su arte se le ha introducido dentro de la crónica de la realidad.

popa **I** *f* **1** Parte posterior de un barco. | Aldecoa *Gran Sol* 14: El pie izquierdo sobre el noray de la amarras de popa, las manos en los bolsillos del pantalón. **b)** Parte posterior de un vehículo, esp. un avión. | *ByN* 11.11.67, 11: Tendrá [el avión] dos motores a reacción situados en la popa. F. Cubedo *Act* 8.10.70, 116: El coche es sobrevirador, como todos los de tracción trasera y motor colocado en la popa.
2 (*col*) Trasero o nalgas. | FReguera-March *Filipinas* 40: Descargó en sus posaderas un salvaje puntarazo .. –Te ha quedado la popa tan colorada y sabrosa como la de una señorita.
II *loc adv* **3 viento en ~** → VIENTO.

pop art (*tb con la grafía* **pop-art**) *m* Corriente artística surgida en Estados Unidos en la década de los 60, que utiliza motivos típicos de la sociedad de consumo, como anuncios, cómics, señales de tráfico o envases. *Tb el conjunto de obras pertenecientes a esta corriente.* | D. Enrique *Tri* 4.8.73, 36: Entre los herederos [del dadaísmo] hay algunos legítimos y otros falsos. El ilegítimo que más difusión ha tenido es el "Pop art", a veces llamado "neo-Dadá" por muchas similitudes formales. G. Prieto *Mad* 23.12.70, 25: Hay retratos de tipos y personajes, .. dibujos abstractos, pop-art.

pope *m* **1** Sacerdote de la iglesia cismática griega. | Sampedro *Sonrisa* 105: A veces llegábamos hasta la Sila Greca .. Conservan todavía hasta sus popes, porque también padecen de curas, pero los popes se casan y son muy bragados.
2 Pers. de autoridad reconocida e indiscutible [en un grupo o actividad (*compl de posesión*)]. *A veces con intención irónica.* | *Abc* 20.1.84, 86: Según Stephen King, gran "pope" del género, "es la película más feroz del año". *Ya* 9.9.91, 3: Finalizó [la investigación] con el procesamiento de todos los "popes" del urbanismo burgalés.

popel *adj* (*Mar*) Situado a popa o más a popa. | J. A. Padrón *Día* 26.6.76, 24: Entre la chimenea popel y el palo mayor se instaló una catapulta.

popelín *m* Tejido tupido y fino, gralm. de algodón y con un ligero canutillo transversal, usado esp. para camisas de caballero. | *Inf* 27.7.70, 10: Las ropas de caballero presentan precios inferiores en nuestro país .., y solamente la camisa de popelín está en un punto intermedio.

popero -ra *adj* (*col*) De (la) música pop. *Tb n, referido a cantante.* | L. C. Buraya *SYa* 10.3.85, 45: Todo esto, esta "nueva ola" popera y rockera solo indica una cosa: la música española ha cambiado por completo en siete años. *Ale* 20.8.82, 4: Alaska: la "popera" más llamativa de la música española.

poplíteo -a *adj* (*Anat*) De la corva. | *Ya* 14.9.74, 15: Presentaba asimismo gran agitación psico-motriz, y un cuerpo extraño, que luego supimos que era un tornillo, que se le había alojado en el hueco poplíteo, en la zona posterior de la rodilla.

popó[1] *m* (*col, humoríst*) Coche o automóvil. | SFerlosio *Jarama* 104: –Pues como sea más antiguo que el coche que se gasta, ya será buen amigo, ya. –¡Qué va! No puede haber amistad en este mundo que dure lo que ha durado ese popó.

popó[2] **I** *m* **1** (*col, euf*) Trasero o nalgas. | Paso *Sirvientes* 76: Procura, como quien no quiere la cosa, ponerle el popó al inglés cerca de la mano.
II *loc v* **2 hacer ~**. (*infantil*) Exonerar el vientre. | * Samanta, ¿has hecho popó ya?

popper (*ing; pronunc corriente,* /póper/) *m* (*jerg*) Droga estimulante constituida por nitrito de amilo o de butilo y que se ingiere por inhalación. | L. C. Buraya *Ya* 10.5.87, 26: Dentro del abanico de las drogas veloces se hallan el *popper* y el nitrito de amilo, que se ingieren por aspiración.

populachería *f* (*desp*) Popularidad fácil que se consigue complaciendo al populacho. | A. Olano *Sáb* 20.8.66, 41: Lo que en televisión se consigue no es popularidad, sino populachería.

populacherismo *m* (*desp*) Tendencia a lo populachero. | Mercader-DOrtiz *HEspaña* 4, 55: La duquesa de Alba, por ejemplo, fue retratada por Goya como maja .. Esta costumbre de imitar a los majos (también este realce singular de populacherismo pasó a los varones) no se daba sino en la sociedad madrileña.

populachero -ra *adj* (*desp*) **1** De(l) populacho. | Berceo *Rio* 22.3.89, 4: En el otro límite de la frontera popular y populachera, podría la Residencia convertirse en sede cotidiana de las degustaciones festeras.
2 Que trata de complacer al populacho o de asimilarse a él. | MSantos *Tiempo* 222: La música apropiada que escriben los que tan acertadamente saben interpretar el alma colectiva de las muchedumbres, envueltas en el recuerdo de la historia feudal y fabulosa de las populacheras infantas abanicadoras de sí mismas.

populacho *m* (*desp*) Pueblo bajo. | V. Borreguero *ASeg* 17.3.86, 2: Aquello se convirtió inmediatamente en la comidilla de las tertulias y en el chismorreo del populacho.
b) Plebe desmandada. | Villapún *Iglesia* 137: Los templos fueron saqueados, y el populacho asaltó la cárcel de la Bastilla.

popular *adj* **1** Del pueblo (clase social). | Arenaza-Gastaminza *Historia* 230: La Asamblea decretó a los pocos días, y con el fin de calmar las iras populares, .. la igualdad de todos los franceses ante la ley.
2 Conocido y aceptado por la gente en general. *Tb n, referido a pers.* | Diego *Abc* 15.12.70, 7: Es esta una de las rimas más populares de Gustavo Adolfo. M. CDiego *Ya* 18.12.74, 18: Hubo de nuevo, por tanto, cita de famosos y populares en los salones del hotel Villamagna.
3 (*raro*) Mayoritario o muy extendido. | *Mar* 23.11.70, 2: Ya se habían contabilizado 531 de catorce .. Así que el reparto tendrá auténtico carácter popular en esta jornada.
4 Del Partido Popular. *Tb n, referido a pers.* | *TCR* 1.11.90, 1: El PSOE de Puertollano convocó una rueda de prensa para salir al paso de las acusaciones populares sobre uso indebido de material público. Ma. Moreno *Ya* 30.3.90, 18: "Ofrecen pacto y consenso [los socialistas], pero después no cumplen nada. Han roto el acuerdo", dijo el popular Luis Ramallo.

popularidad *f* Cualidad de popular [2]. | PRivera *Discursos* 9: No vinimos a buscar la popularidad, sino a servir a una idea.

popularismo *m* **1** Tendencia a lo popular [1]. | FCid *Ópera* 64: Nos asombra el tratamiento de las voces graves y el empleo de los conjuntos corales. También algunos momentos coloristas, de popularismo directo.
2 Condición de popular [1]. | GLuengo *Extremadura* 113: Llega [Chamizo] a plasmar algunas frases y expresiones de recia y rancia prosodia, muy estimables sin duda en su sencillo popularismo.
3 Palabra o giro de formación popular [1]. | Rabanal *Ya* 19.11.63, 6: Y si riman bien con la Iglesia, con su latín perdurable, los cultismos latinizantes "concilio" y "conciliar", tampoco son mancos entre el estado llano, entonando con el buen romance que han labrado los legos, los popularismos "concejo" y "concejal".

popularista *adj* Que tiende a lo popular [1]. | Quiñones *SInf* 26.2.70, 1: "Archivo" .. ha sido realizado por tascas de Triana o Jerez .. La elección de ejecutantes correspondió también a este criterio profundamente popularista. Ridruejo *Memorias* 43: Siempre he sido popularista. El hombre de pueblo "puro" me parece en España, con frecuencia, de primera calidad.

popularización *f* Acción de popularizar(se). *Tb su efecto.* | E. Corral *Abc* 14.5.67, 97: Televisión Española ha rendido un estupendo servicio de "popularización" de "la inmortal" y de "los inmortales". RMoñino *Poesía* 62: Última de las reducciones y popularizaciones del *Cancionero general* que han llegado hasta nosotros.

popularizador -ra *adj* **1** Que populariza. *Tb n, referido a pers.* | J. GSoler *Abc* 26.1.71, 39: Tanto Raimon como María del Mar Bonet .. se nos presentan como inteligentes y expertos popularizadores de ese tan rico, amplio y diverso patrimonio colectivo que es la tradición cultural catalana.
2 De (la) popularización. | J. M. Alfaro *SAbc* 21.4.74, 17: "La simiente del diablo" .. ya había sido una especie de tanteo con onda universal y a nivel popularizador.

popularizar *tr* Dar carácter popular [1 y 2] [a alguien o algo (*cd*)]. *Tb abs.* | CBaroja *Inquisidor* 13: Pero, de repente, sale el documento que nos demuestra que, en efecto, hubo .. caballeros que lo eran más en imágenes populares o popularizadas que en la realidad. RMoñino *Poesía* 63: Con seguridad hubo otras muchas reducciones del *Cancionero general*, otros intentos de popularizar su contenido. S. Nerva *Teatro 1959* 317: López Rubio prefiere gustar a ser aplaudido, intelectualizar a popularizar. **b)** *pr* Tomar [alguien o algo] carácter popular. | J. Carabias *Ya* 26.6.75, 8: Ahora los "signos externos" del artista se han popularizado tanto que a muchos pintores, poetas y músicos se les conoce porque van como antes iba todo el mundo. MGaite *Usos* 19: Su régimen solo podría arraigar y popularizarse asociándolo con el concepto de "españolidad" que los republicanos habían traicionado.

popularmente *adv* De manera popular. | Anson *Abc* 9.4.67, 69: Si Liu fuera dimitido o destituido o juzgado popularmente, podría producirse esa reacción. * Se le conoce popularmente como "pelusa".

populismo *m* Tendencia a prestar especial atención al pueblo y a cuanto se refiere a él. *Frec en política y con intención desp.* | *Sp* 19.7.70, 35: No es sorprendente que – Agustín Muñoz Grandes encarnara un cierto populismo y unas líneas políticas leves y reducidas a la comprensión radical de las necesidades del pueblo español. *Tri* 5.12.70, 43: Un cine de sentimientos basado en el populismo, un juego cartesiano donde lo artificial se convierte en regla única, poco nos puede decir hoy.

populista *adj* De(l) populismo. *Esp en política y con intención desp.* | Aranguren *Marxismo* 26: El marxismo es vivido hoy, con frecuencia, como símbolo de distinción socio--intelectual. El fenómeno de que una filosofía populista desempeñe una función semejante no es históricamente nuevo. **b)** Adepto al populismo. *Tb n.* | J. Salas *Abc* 27.4.75, 1: Pese a las afirmaciones en pro de la vía socializante, los populistas democráticos han tenido los votos más moderados de Portugal.

populoso -sa *adj* [Zona, esp. urbana] muy poblada. | J. L. MRedondo *Act* 25.1.62, 50: Volvemos a la populosa barriada. GNuño *Madrid* 19: Madrid era un poblachón menos urbano y populoso que las anteriores residencias reales.

popurrí (*tb, semiculto,* **popurri**) *m* **1** Pieza musical formada por fragmentos de obras diversas. | A. Moncayo *HLM* 26.10.70, 40: Rocío Jurado cantó a continuación un popurrí de Ochaíta, Valerio, León y Solano. Grandes *Lulú* 12: El volumen de la banda sonora, un espantoso popurrí de temas de siempre al piano, disminuyó progresivamente.
2 Mezcolanza [de cosas diversas]. | M. Pizán *Mad* 29.4.70, 14: Las recensiones suelen ser un popurrí de citas del autor en cuestión.

poquedad *f* (*lit*) **1** Escasez o insuficiencia. | *País* 11.6.77, 8: La UCD es un matrimonio de conveniencia entre unos grupos con ideología definida, pero sin capacidad organizativa ni eficacia electoral, y un Gobierno que compensa su poquedad doctrinal con los inmensos recursos del Poder.
2 Insignificancia (cualidad). | Laín *Cua* 12.70, 3: Desde mi personal poquedad, desde nuestro pasado común, desde mi propio pasado y mi propio presente, hoy me siento íntima e imperiosamente obligado a escribir. VMontalbán *Pájaros* 283: Sorprendió desagradablemente al dueño pidiéndole una botella de agua mineral .. La mala cara del dueño del restaurante no se debía solo a la poquedad de Carvalho como consumidor.
3 Timidez o apocamiento. | Lera *Boda* 537: –No te asustarás de mí, ¿verdad? .. –Es la poquedad, muy propia –dijo el padre–. No le hagas mucho caso. La mujer, cuanto más miel, peor.

póquer (*tb con la grafía* **póker**) **I** *m* **1** Juego de cartas en que cada jugador dispone de cinco, con posibilidad de descarte, y apuesta sobre ellas, ganando el que tiene, o hace creer que tiene, la jugada más alta. | Goytisolo *Recuento* 455: La pasión por el juego, por las partidas de póquer, con elevadas apuestas, descubierta en Federico. Aranguren *Moral* 103: El financiero de mayor renombre de todo el siglo XIX, Salamanca .., ejercía su oficio de hombre de negocios .. suntuariamente, a la gran manera tradicional española, como quien juega al *póker*. **b)** ~ **de dados**. Juego de dados con jugadas semejantes a las del póquer. | Fraile *Cuentos* 44: A Nala lo que le volvía loco era jugar al póquer de dados.

2 *En el póquer* [1]: Combinación de cuatro cartas, o caras de dado, iguales. | Paso *Isabel* 235: Jugadorcito de ventaja. Te has descartado de una con el póquer servido.

II *loc adj* **3 de ~**. [Cara] voluntariamente inexpresiva. | VMontalbán *Pájaros* 213: Choroen puso cara de póker y Carvalho dedujo que ya lo sabía.

4 de ~. [Baraja] francesa. | MMolina *Invierno* 85: Se había instalado en una mecedora exigiendo aperitivos y naipes de póquer.

por *(con pronunc átona; se pronuncia tónica en acep 15b) prep* **1** *Introduce un compl que expresa lugar de tránsito en un movimiento real o fig*. | Miquelarena *Abc* 6.6.58, 38: Ha pasado por Londres estos días Elsa Schiaparelli. Cunqueiro *Un hombre* 9: Las jóvenes llevaban el cabello suelto, que les caía por la espalda hasta la cintura. Delibes *Cinco horas* 46: Ya sé que son latosos .., pero es una cosa por la que hay que pasar. **b)** *El compl expresa el lugar al que se ha llegado hasta el momento en ese proceso*. | C. Sentís *Abc* 24.5.58, 31: La Comisión reformadora de la Constitución quema etapas, y ni los diputados saben en este momento por dónde va la cosa.

2 *Introduce un compl que expresa el ámbito en que se realiza un movimiento*. | Cunqueiro *Un hombre* 94: Eumón invitó a Egisto a hacer un viaje por la costa.

3 *Introduce un compl que expresa un punto impreciso dentro de un lugar determinado*. | Cunqueiro *Un hombre* 175: La gente duerme tirada por los suelos. Pinilla *Hormigas* 96: Se contaban como seguras su forastería y su insinceridad, y como probables, su estado casado o .. sus promesas desparramadas por tierras catalanas.

4 *Precede a una expr de lugar que sirve como referencia para señalar la situación aproximada de lo mencionado antes*. | * Ese pueblo está por Badajoz.

5 *Introduce un compl que expresa la parte de un todo sobre la que se ejerce una acción*. | Cuevas *Finca* 16: Otro hombre mete a un mulo, cogido por un ronzal, en la cuadra.

6 En busca de. *Con vs de movimiento*. | Berenguer *Mundo* 106: Tuve que ir por el cabrón, que pesaba como una mujer. **b) a ~ → A**[1].

7 *Precede al término que expresa el objeto de un sentimiento*. | Cuevas *Finca* 13: Su admiración y su amor por ella aumentaba a cada visita. **b)** *El término expresa el objeto de una preferencia*. | Cunqueiro *Un hombre* 24: ¡Yo apuesto por Orestes! SRobles *Pról. Teatro 1958* XVII: Escobar optó por la segunda. **c)** *El término expresa el destinatario de un ofrecimiento o de una alusión*. | *Cam* 23.6.75, 92: Los tres espadas brindaron a Franco uno de los toros. El Niño de la Capea, con un sobrio "Va por usted". Urbina *Carromato* 142: Lo de silencioso iba por ti.

8 *Introduce un compl que expresa tiempo que dura la acción*. | Arce *Testamento* 43: Pero temíamos la aparición de la culebra y estábamos allí por poco tiempo.

9 *Precede a una expr de tiempo indicando que para ella se cumple lo enunciado antes, pero dando a entender que ello no implica que se haya de cumplir también posteriormente*. | Cela *Pirineo* 22: La vida se defiende como puede, y por ahora .. sigue triunfando de la muerte.

10 *Precede a los ns* LA MAÑANA, LA TARDE *o* LA NOCHE, *para expresar la parte del día durante la cual ocurre lo mencionado*. | Delibes *Cinco horas* 57: Por la noche, cuando te los pedí, tú que nones.

11 *Precede, con carácter enfático, al n* VEZ *acompañado de un adj de cantidad*. | Cunqueiro *Un hombre* 12: Posó las manos en el agua del pilón y las llevó después al rostro. Por tres o cuatro veces lo hizo. **b)** *Precede siempre al n* VEZ *cuando le acompaña un adj que expresa orden*. | Arce *Testamento* 32: Mas parecían preocupados y, por primera vez, me sentí dueño de la situación.

12 *Introduce un compl que expresa tiempo aproximado*. | CBaroja *Inquisidor* 48: Llegó a París por el mes de marzo de 1814. Matute *Memoria* 230: Todos se besaban mucho por aquellos días.

13 *Introduce el compl agente de una or de sent pasivo o, a veces, de un n de acción*. | Armenteras *Epistolario* 298: Si en el escrito hay tachaduras y enmiendas, estas deberán ser salvadas, bajo su firma, por el propio testador. *Van* 27.12.70, 1: He aquí las primeras telefotos que han llegado a nuestra Redacción acerca de la liberación del cónsul honorario .. por miembros de la ETA. **b)** *Siguiendo inmediatamente a la mención de una obra literaria, científica o artística, precede al n de su autor, o al de su ejecutante, si lo hay*. | Cuevas *Finca* 3: Historia de una finca. Novela. Por José y Jesús de las Cuevas. FCid *Abc* 12.5.74, 81: Se abre el ciclo con el "Réquiem alemán", de Brahms, por la Orquesta y Coro nacionales.

14 *Con los vs* MULTIPLICAR *o* DIVIDIR, *precede a la palabra que designa el multiplicador o el divisor*. | Marín *Enseñanza* 182: Matemáticas .. Dividimos por tres: concepto de tercio. Marcos-Martínez *Aritmética* 121: El área de un campo rectangular se halla multiplicando lo largo por lo ancho. **b)** *Se emplea sin mención del v correspondiente introduciendo la palabra que designa el multiplicador*. | Aldecoa *Cuentos* 1, 43: Cristóbal no contestaba. Siempre estaba sumido en operaciones matemáticas ..: cuatro por nueve treinta y seis, y un duro de propina. **c)** *Se intercala entre los números que expresan las dimensiones de un objeto*. | Torrente *Off-side* 72: El despacho de don Fernando Anglada mide quince metros por siete.

15 *Introduce un compl que expresa causa*. | *HLM* 14.12.70, 18: Los asturianos llaman al muérdago con el nombre bable "arfueyo", y lo suelen detestar por el mal que hace a los manzanos. Arce *Testamento* 59: Le pregunté que por qué, y él levantó los hombros un par de veces. **b)** *(col) A veces se emplea solo, con pronunc tónica, formando or interrog*. | Zunzunegui *Hijo* 48: –Ese día lo celebraremos. –Lo veo difícil. –¿Por? –Porque bueno eres tú. **c)** *Precede a un adj que expresa la cualidad que es causa del hecho enunciado*. | Cela *SCamilo* 342: Igual sigue un poco más y lo mata por chivato.

16 En lo que depende de. *Seguido de n o pron de pers*. | Forges *SInf* 23.1.74, 16: –Soy Lutero. Tengo hora para ser recibido por el Emperador. –Sí, pasa, macho, que tienes a Charly fino. –Por mí, como si se orea.

17 *Introduce un compl que expresa algo de lo cual se infiere lo enunciado en la or*. | Zunzunegui *Camino* 435: Por lo que cuentas, nos han [sic] tocado vivir épocas mohínas.

18 *Precede al término que expresa la pers o cosa en cuyo favor se realiza la acción*. | Delibes *Emigrante* 37: La chavala aún tuvo que salir por ellas, con que así lo tiene cualquiera. Urbina *Carromato* 124: ¿Es que no sabes hacer ese esfuerzo por tu familia?

19 *Introduce un compl que expresa finalidad*. | Cunqueiro *Un hombre* 186: Se asomó a la puerta por verlos marchar. **b)** *v + ~ + el mismo v en infin (más raro, n + ~ + el mismo n). Expresa una actividad que no tiene finalidad o fundamento fuera de ella misma*. | MGaite *Visillos* 21: Son cosas que se dicen por decir. Delibes *Cinco horas* 44: No me vayáis a negar que inteligente lo es un rato largo, que no es hablar por hablar. *Act* 25.1.62, 3: Que la premien los que defienden el trasnochado lema del arte por el arte.

20 *Introduce un compl que expresa medio*. | Matute *Memoria* 213: Supe, por Antonia, que pidió trabajo en el pueblo y se le negaron. *Abc* 25.5.75, 20: Envíenos por correo su cápsula premiada.

21 *Precede al término que designa lo que se obtiene en un cambio*. | Cunqueiro *Un hombre* 27: Crecí libre .., ayudando, por la merienda, a encender el horno en la tahona. **b)** *El término expresa precio*. | Pinilla *Hormigas* 16: Sus abuelos lo habían tomado en arriendo por una miserable cantidad. **c)** *El término expresa el valor de un documento comercial*. | Zunzunegui *Camino* 88: Era un talón por cinco mil pesetas.

22 *Introduce un compl que expresa lo que es objeto de una sustitución*. | Cunqueiro *Un hombre* 237: Pagaba por Orestes en las posadas .., que el vengador no quería tocar moneda con efigie del rey helénico.

23 *Precede a un n o adj que funciona como predicativo, gralm con vs que significan apreciación o consideración*. | Cunqueiro *Un hombre* 183: Este, que pasa por avaro, le habría guardado las manos. Cunqueiro *Un hombre* 53: Actriz que no lograba esto lo tenía por fracaso. Cunqueiro *Un hom-

bre 175: La gente duerme .. con el miedo por almohada. Pinilla *Hormigas* 89: El cura dijo: "Sabas, ¿tomas a esta mujer por legítima esposa?".
24 *Introduce un compl que expresa modo.* | Cunqueiro *Un hombre* 84: Agamenón se fue contra él y se clavó por su cuenta. *Lab* 9.70, 20: Ofrece todo el delicado encanto de los motivos que se perfilan por transparencia.
25 *Introduce un compl que expresa la unidad de medida que se aplica a la materia mencionada antes.* | Delibes *Ratas* 22: Desde que el Servicio empezó a medir el cereal por kilos, el Antoliano andaba de parado. * Los huevos se venden por docenas. Laiglesia *Tachado* 124: La maltrecha carne de cañón que llega por quintales a los quirófanos de campaña.
26 *Introduce un compl que expresa el término que se toma como base en una distribución.* | Cunqueiro *Un hombre* 130: De pronto un higo por cabeza. Cuevas *Finca* 12: Pronto, se conocieron y organizaron una partida de tresillo, una vez por semana, en la finca. **b)** *El compl expresa la base de una proporción.* | Vesga-Fernández *Jesucristo* 74: Produce fruto mediante la paciencia: en unos, el ciento por uno; en otros, el sesenta, y en otros, el treinta. Delibes *Cinco horas* 109: Y si a Josechu le da por decir que el noventa por ciento de "síes", el cuatro de "noes" y el seis de abstenciones .., pues bueno, él era el jefe, ¿no?
27 *n sin art + ~ + el mismo n, o* **uno ~ uno.** *Indica que la acción se realiza sucesivamente en todos y cada uno de los elementos de un conjunto.* | Aldecoa *Gran Sol* 51: La imaginación escatológica de Macario Martín abría nuevas rutas al comercio carnal .. ensuciando el nombre del patrón letra por letra. Pinilla *Hormigas* 106: El alcalde .. a todos, uno por uno, fue colgando de cada camisa blanca una medalla conmemorativa.
28 *n sin art + ~ + el mismo n, o ~ + n pl. En ors que expresan una progresión, denota el ritmo de esta.* | AVega *Abc* 26.2.58, 51: Se aumentan día por día los medios de transportes. Cuevas *Finca* 182: Don José comprendía que su presencia allí se hacía, por días, absolutamente necesaria.
29 *n sin art + ~ + el mismo n. Plantea una comparación entre dos o más elementos prácticamente equivalentes, y cuyo resultado se formula a continuación.* | Torrente *Señor* 253: Pecado por pecado, el de la simple fornicación en soltería es mucho menor.
30 *~ + adj o adv cuantitativo +* **que** *+ v en subj =* AUNQUE *+ v en subj + adj o adv.* | Castilla *Alienación* 36: Nuestros objetivos personales, por individuales que sean, solo podrán ser definitivamente satisfechos .. si se hallan salvaguardados por el interés colectivo. **b)** **~ más que.** Aunque. | Delibes *Cinco horas* 57: Cuando te los pedí, tú que nones .., y por más que insistí, que esos versos no eran para los demás.
31 *~ + infin =* PENDIENTE DE SER *+ part (si el v es tr) o* PENDIENTE DE *+ infin (si el v es intr).* | Cuevas *Finca* 14: ¡Ha sido una lástima, porque no quedaba mucho por sembrar! Delibes *Cinco horas* 172: Que sentías angustia .. y que me envidiabas a mí, a mí, date cuenta, lo que me quedaba por oír. Marías *Almas* 87: Es ya la inauguración o promesa del nuevo día: está todo por suceder.
32 *Introduce un compl que sirve de apoyo enfático a un aserto o un ruego.* | Valcarce *Moral* 85: No son fórmulas juratorias estas: "juro por mi honor", "juro por mi vida", "por mi madre" .. Pero sí lo son de suyo estas: "por mi alma, que esto es así", "por la Virgen". Urbina *Carromato* 110: Pero Pielito, por Dios, si ya son las diez.
33 *Precede a un infin, en comienzo de or, para ponderar lo expresado en el infin.* | Cela *Pirineo* 21: Los extras, por no tener, no tienen ni cerillas.
34 *Introduce el compl característico de algunas palabras o aceps de las mismas:* BRINDAR, CLAMAR, MIRAR, PREGUNTAR, SUSPIRAR, *etc.* | Medio *Bibiana* 264: Hay que brindar por el... por el aparato este. Delibes *Emigrante* 47: Pusimos las maletas junto a las otras .. y le dije a Melecio si le importaba mirar por ellas.
35 *Forma locs advs, preps y adjs:* ~ FAVOR, ~ FIN, ~ LAS BUENAS, ~ LA TREMENDA, ~ LO GENERAL, ~ PARTE DE, ~ TODO LO ALTO, *etc* (→ FAVOR, FIN, BUENO, *etc*).
36 *Forma perífrasis vs:* ESTAR ~, HACER ~ *+ infin* (→ ESTAR, HACER).

porca *f* Lomo de tierra que se levanta entre dos surcos. | FVidal *Ayllón* 62: El paisaje cambia de capa y pinta y se presenta envejecido y rugoso, abundante en barbechos de porcas elevadas.

porcata *f (jerg)* Bronca o pelea. | Tomás *Orilla* 16: –Como metamos tanto jaleo nos la van a armar los vecinos. –El que quiera tener una buena porcata, que llame a la puerta.

porcelana *f* **1** Material cerámico fino y traslúcido, cuyo principal ingrediente es el caolín. | CNavarro *Perros* 123: Las redondeaba [las bolitas de pan] valiéndose del índice y del pulgar, y luego probaba a meterlas en un jarrón de porcelana. **b)** Objeto de porcelana. | Mihura *Carlota* 350: Su padrino le tenía un gran cariño a esa porcelana.
2 Metal esmaltado que se usa para objetos de menaje. | *Abc* 10.2.74, 12: Permítase el lujo de un frigorífico Sears .. El interior de porcelana es muy fácil de limpiar y no toma olores.
3 Ciprea (molusco). | Legorburu-Barrutia *Ciencias* 151: Univalvos: Lapa, porcelana, caracola.

porcelanero -ra *m y f* Pers. que fabrica o vende porcelana [1]. | A. M. Campoy *Abc* 19.11.64, 24: El ceramista y el porcelanero no son más que consecuencias suyas, proyecciones barroquizas del obrador original.

porcelánico -ca *adj* De (la) porcelana [1]. | Goytisolo *Recuento* 150: Un remate conformado por .. cuatro crestas .. de calidades ferruginosas, carbonáceas, vítreas, porcelánicas, policromadas en carmín, encarnado, oro y blanco pontificios. GTelefónica *N.* 704: Arigrés, S.A. Fábrica de mosaicos de gres porcelánico.

porcentaje *m* Tanto por ciento. | DPlaja *El español* 118: No es casualidad que España tenga .. uno de los más altos porcentajes de cines del mundo. **b)** Porcentaje de inclinación [de una cuesta]. | *Abc* 11.5.58, 90: Los especialistas de la escalada emprendieron un fuerte ataque, fraccionándose el pelotón en diversos grupos. La cuesta, de fuerte porcentaje, contribuyó a que la batalla se hiciera más difícil.

porcentual *adj* Calculado o expresado en tantos por ciento. | Tamames *Economía* 25: Tan interesante por lo menos como el coeficiente de población activa lo es la distribución porcentual de esta entre los distintos sectores de la economía nacional.

porcentualmente *adv* De manera porcentual. | J. Garrigues *Abc* 19.7.75, sn: No sé lo que representan porcentualmente todos esos hombres, pero no hay duda que son tan patriotas como los que más.

porchada *f (reg)* Galería cubierta, con columnas o pilares. | Pla *América* 29: En la Habana hay pocos arcos de medio punto. Sus porchadas son de ángulos rectos.

porche *m* Construcción cubierta y con arcos o columnas que, adosada a un edificio, le sirve de entrada exterior. | Laforet *Mujer* 19: En el porche no había nadie, pero nada más entrar en la casa Eulogio oyó voces.

porcicultor -ra *m y f* Pers. que se dedica a la cría de cerdos. | *País* 22.11.88, 70: Manifestación de porcicultores extremeños ante Agricultura.

porcino -na I *adj* **1** De(l) cerdo (animal). | Ortega-Roig *País* 143: Hay grandes dehesas en las que pastan el ganado porcino y, sobre todo, toros de lidia.
2 [Ojos] cuyo aspecto recuerda los del cerdo. | Laiglesia *Ombligos* 73: El viajero de ojos porcinos continuó más mudo que un jamón. Matute *Memoria* 19: Con su porcina vista baja, las veía huir .. y se le caía el bastón y la caja de rapé.
II *m* **3** Puerco (animal). | *Hoy* 16.10.75, 13: Se recuerda a los ganaderos de porcinos la obligatoriedad que existe de vacunar contra la fiebre aftosa todos sus efectivos a partir de los 2 meses de edad. *Com* 3.8.78, 22: Surgió de las mieses una familia entera de jabalíes compuesta por dos jabalíes adultos y seis pequeños. Los porcinos .. emprendieron veloz huida en dirección a un monte cercano.

porción I *n* **A** *f* **1** Parte [de un todo]. | Bustinza-Mascaró *Ciencias* 5: La madera, el mármol, el agua, el mercurio, el aire, un árbol, un animal, etc., son cuerpos formados por porciones limitadas de materia. **b)** Parte que corresponde [a alguien (*compl de posesión*)] en un reparto. | RMorales *Present. Santiago* VParga 5: Hay dos esperanzas diferentes en esta nostalgia: la porción de Marta, un nuevo Sacro Imperio; y la porción de María, la comunidad espiritual. **c)** ~ **congrua.** *(Rel catól)* Renta eclesiástica establecida para la manutención de un sacerdote. | Mercader-

porciúncula – pormenorización

DOrtiz *HEspaña* 4, 65: Los patronos laicos eran, en realidad, los usufructuarios de los diezmos de las respectivas iglesias, y a veces se olvidaban de abonar a los párrocos la porción congrua, o les daban tan poco que no hubieran podido subsistir sin los auxilios extraordinarios que generosamente les otorgaban sus feligreses.
2 Cantidad [de un alimento, esp. queso o chocolate] que se considera adecuada para una pers. | *GTelefónica* N. 913: El Caserío. Queso en porciones.
3 (*col*) Cantidad grande [de algo]. | Alvarado *Anatomía* 127: El café se falsifica escandalosamente .. En vez de las semillas del cafeto se emplean habichuelas y otra porción de productos.
B *m* **4** (*pop*) Cantidad grande [de algo]. *Gralm en la constr* UN ~. | Moreno *Galería* 147: Celedonio, suelta el ganado, que hace un porción de tiempo que tocaron el cuerno.
II *adv* **5 un ~.** (*pop*) Mucho. | * Me divertí un porción.

porciúncula *f* (*Rel catól*) Indulgencia plenaria que se gana el día 2 de agosto en las iglesias de los franciscanos. | Ribera *Misal* 1484: Indulgencia de la Porciúncula. Es una indulgencia plenaria.

pordiosear *intr* Mendigar o pedir limosna. *Tb fig.* | Delibes *Ratas* 65: Justito adelantó tímidamente una mano: –Aguarda, Jefe. Ese hombre no pordiosea. Tiene su oficio. ZVicente *Traque* 192: A eso se llama desarrollo, caramba, y no a lo que tenemos aquí, siempre atrasados, siempre pordioseando de las grandes potencias.

pordioseo *m* Acción de pordiosear. | García *Abc* 6.7.75, sn: Vivir "de caridad" entienden que es vivir del pordioseo de la mendicidad inhumana.

pordiosería *f* (*raro*) Conjunto de pordioseros. | Zunzunegui *Hijo* 101: La hamponería y pordiosería de la Corte tenía por entonces en los ministerios sus mejores ramificaciones.

pordiosero -ra *m y f* Mendigo. | L. Caparrós *SVoz* 8.11.70, 1: Cientos de generaciones lucharon como fieras para llegar a la corbata, y ahora vienen sus retoños, se visten de pordioseros y se echan a los caminos para reinventar la miseria.

porfía I *f* **1** Acción de porfiar. | *Abc Extra* 12.62, 51: Una niña que se llamaba Asinetinda inventa la porfía de estar de pie, sin moverse, el mayor tiempo posible. *Ya* 2.7.75, 51: En el descenso demarró Melero .. El español insistió en la porfía hasta el control de avituallamiento.
II *loc adv* **2 a ~.** Con emulación o competencia. | * Van a porfía a ver quién aguanta más.

porfiadamente *adv* De manera porfiada. | F. PMarqués *Abc* 27.3.75, 7: En "El Lazarillo de Tormes" cae la lluvia recia, porfiadamente, en la villa de Escalona.

porfiado -da *adj* **1** *part* → PORFIAR.
2 Tenaz u obstinado. *Tb n, referido a pers.* | J. M. Alfaro *Inf* 31.10.74, 18: Madariaga no es hombre fabricado con la madera de las defecciones. Por el contrario, sus humores .. son los de un enfrentador, los de un porfiado, los de un ergotista. R. Pieltáin *Abc* 18.4.58, 15: Poco después toma parte en el porfiado sitio de Orán contra las tropas del Sultán de Marruecos.

porfiar (*conjug* **1c**) *intr* Insistir con tenacidad u obstinación [en lo que se hace o se dice]. *Frec sin compl.* | Arce *Testamento* 112: Tampoco me acordaba yo de nada de esto, y él porfió y dijo que sí: que yo había cogido un susto tremendo. *Abc* 23.8.66, 54: Andrés Hernando, en el tercero, porfió mucho, consiguiendo buenos derechazos y redondos.

porfídico -ca *adj* (*Mineral*) De(l) pórfido. *Esp referido a estructura.* | Bustinza-Mascaró *Ciencias* 337: Las rocas en las cuales ha habido dos tiempos o fases de solidificación presentan la estructura llamada porfídica, con grandes cristales o fenocristales.

pórfido *m* (*Mineral*) Roca eruptiva muy dura y susceptible de hermoso pulimiento, constituida por una materia amorfa y cristales grandes de cuarzo y feldespato. | CBonald *Ágata* 133: Con pórfido de las estribaciones de Alcaduz .. y granito de Benalmijar, comenzó la larga y extenuante construcción del casal de Pedro Lambert.

porfión -na *adj* [Pers.] que porfía. *Tb n.* | SSolís *Blanca* 11: Nunca tuve habilidad para discutir, yo creo que porque papá decía que una mujer discutidora y porfiona es muy desagradable. V. Zabala *Abc* 11.7.74, 81: José Mari anduvo porfión y deslucido, matando mal entre el disgusto general.

porfiria *f* (*Med*) Enfermedad hereditaria caracterizada por la exagerada formación y eliminación de porfirinas. | M. Aguilar *SAbc* 24.11.68, 54: El vello aumentado en la mujer puede esconder infinitas enfermedades, algunas de ellas graves .., enfermedades congénitas como la porfiria.

porfírico^1 -ca *adj* (*Med*) **1** De (la) porfiria. | R. Enríquez *Ya* 17.8.85, 28: La enfermedad porfírica no tiene absolutamente nada que ver con el "vampirismo".
2 Que padece porfiria. *Tb n, referido a pers.* | R. Enríquez *Ya* 17.8.85, 28: Argumentan tales autores que los pacientes porfíricos, a semejanza de los vampiros y hombres-lobo, se ven imposibilitados para soportar la luz.

porfírico^2 -ca *adj* (*Mineral*) Porfídico. | Ybarra-Cabetas *Ciencias* 75: Efusivas [rocas], si el enfriamiento se ha producido en el exterior, con lo que la estructura será vítrea, si se ha realizado totalmente en el exterior, o porfírica, en otro caso. **b)** [Roca] de estructura porfírica. | Ybarra-Cabetas *Ciencias* 75: El carácter, pues, de las rocas porfíricas es poseer cristales entre masa amorfa.

porfirina *f* (*Quím*) Compuesto de color intenso, muy general en organismos animales y vegetales, cuya estructura consiste esencialmente en cuatro anillos de pirrol. | Navarro *Biología* 24: Cromoproteidos. La proteína es una albúmina (globina) y el grupo prostético es un derivado de la porfirina.

porfirínico -ca *adj* (*Quím*) De (la) porfirina. | MNiclos *Toxicología* 121: En prevención de alteraciones del metabolismo porfirínico, complejo B.

porfolio (*tb* **portfolio**) *m* Conjunto de láminas o fotografías reunidas y encuadernadas, frec. con fines publicitarios. *Tb fig.* | J. Cuartas *País* 10.11.93, 28: Los padres y los hermanos de su ex mujer consideran lesivos para ellos los términos de una composición poética, escrita en bable y que, bajo el título de *Alegoría*, apareció publicada en el *porfolio* de las fiestas de Blimea. T. Rabanal *Hoy* 10.8.75, 25: Olivenza es caudal de emociones represadas en el "portfolio" de un ayer que vive todavía en sus piedras y en realidad esplendente de un "ahora"... sin discusión.

poricida *adj* (*Bot*) [Dehiscencia] que se realiza por poros. | Alvarado *Botánica* 49: Se distinguen unas [cajas] de otras por su dehiscenc[ia], que puede ser: poricida, cuando se realiza por poros o agujeros ..; septicida. **b)** De dehiscencia poricida. | Bustinza-Mascaró *Ciencias* 261: Existen también frutos que en la maduración pierden agua y se ponen secos. Son ejemplos: el fruto en legumbre de las leguminosas, .. y el fruto en caja poricida de la amapola y de la adormidera, que se abre por pequeñas aberturas situadas en la parte superior del fruto.

porífero *adj* (*Zool*) Espongiario. *Frec n m en pl.* | Bustinza-Mascaró *Ciencias* 113: Se reúnen en un grupo llamado Espongiarios o Poríferos. Este último nombre alude a los poros u orificios que se hallan en la superficie de su cuerpo.

porlan *m* Pórtland. | S. Menéndez *D16* 19.9.88, 42: Entre los materiales de construcción que emiten gas radón de forma natural están, de mayor a menor: los desechos de minas de uranio .., los ladrillos, el cemento de porlan, la arena y la grava.

pormenor *m* Detalle, o aspecto parcial secundario. *Más frec en pl. A veces en sg con sent colectivo.* | CNavarro *Perros* 23: Habrá que aclarar mil pormenores. MMolina *Jinete* 288: Cada pormenor le confirmaba su amor hacia ella. Lázaro *Crónica* 40: Vamos, pues, a examinar con algún pormenor, en el resto de la crónica, los rasgos de aquella labor. Huarte *Diccionarios* 19: De cómo se han de manejar .. los diccionarios tal vez no se da mucha enseñanza de pormenor en las escuelas.

pormenorización *f* Acción de pormenorizar. | A. Aricha *Caso* 26.12.70, 24: Sentimos que el mutismo de que se ha rodeado la pormenorización del mismo nos impida ser más prolijos.

pormenorizadamente *adv* De manera pormenorizada. | MGaite *Retahílas* 69: Hay muchos ensayos y libros de crítica perfectamente editados comentando lo mismo pormenorizadamente.

pormenorizado -da *adj* **1** *part* → PORMENORIZAR.
2 Que incluye numerosos pormenores. | Tamames *Economía* 315: Más arriba hemos intentado hacer una referencia pormenorizada de cómo y de qué instituciones influyen en la formación de los precios españoles. GNuño *Escultura* 142: En duro y tosquísimo granito que sufre muy mal la labra pormenorizada.

pormenorizador -ra *adj* Que pormenoriza. | A. M. Campoy *Abc* 1.5.70, sn: Esta es otra de las gratas sorpresas de su pintura: la de unir a un concepto mural una técnica pormenorizadora.

pormenorizante *adj* Que pormenoriza. | G. Estal *Ya* 2.3.75, 7: Estas razones fueron elevadas tres años después a norma, por decreto de 13 de septiembre de 1936, con referencia pormenorizante a los partidos "que desde el 16 de febrero de 1936 han integrado el Frente Popular".

pormenorizar *tr* Describir o exponer [algo] con pormenores. *Tb abs.* | Salvador *SLe* 1.91, 2: Mucho de lo que en estos libros se pormenoriza ya estaba compendiado en el que ahora nos ocupa. CBaroja *Inquisidor* 53: En los *Recuerdos de un anciano* pormenoriza más que en las *Memorias*.

porno I *adj invar* **1** Pornográfico. | *Cod* 1.9.74, 2: Nuestros trabajadores del campo no se van a Francia precisamente para ligar, ver películas "porno" o con ideas culturales de aprender el idioma. *Gac* 18.1.76, 67: Aquí no se trata de hacer cine porno.
II *n* **A** *m* **2** Pornografía. | *Abc* 10.11.90, 12: Contenía una fuerte y razonada crítica a la emisión de porno duro en la pequeña pantalla.
B *f* **3** (*raro*) Pornografía. | MAlonso *Mad* 14.11.70, 19: Algunos .. compraron, al pasar por Escandinavia, importantes cantidades de "porno" .. Y allí se quedó la "porno".

porno- *r pref* Pornográfico. | *Por ej*: Umbral *Memorias* 170: La vespa, la novela social realista, los bailables y la pornocultura vinieron de Italia. *Abc* 16.6.88, 50: La decisión fue adoptada por amplia mayoría y podría llevar a la "pornodiputada" ante los Tribunales por escándalo público. *País* 25.5.80, 56: Los machos son la cosa que más le gusta a la actriz asturiana pornoerótica Susana Estrada. *Sem* 28.9.74, 60: Lo que debía haber sido una proyección privada .. se convirtió en un espectáculo para todos los vecinos que, sin terminar de ver el programa normal, se vieron sorprendidos por la irrupción del inesperado pornofilme.

pornografía *f* Representación o descripción de cosas obscenas con el fin de excitar morbosamente la sexualidad. | *Sp* 19.7.70, 54: La prostitución y la pornografía están proscritas.

pornográficamente *adv* De manera pornográfica. | L. Calvo *Abc* 21.11.70, 36: La pornografía y la revolución, la revolución hecha pornográficamente y la pornografía hecha revolucionariamente, eran punible ofensa.

pornográfico -ca *adj* De (la) pornografía. | *Abc* 1.12.70, 35: Detenidos por posesión de material pornográfico y drogas.

pornógrafo -fa *m y f* Autor, editor o artista de obras pornográficas. | Torrente *SInf* 27.6.74, 16: Joaquín Belda, el pornógrafo, sin alcanzar esas cotas, les andaba cerca. VMontalbán *Prado* 172: Era un periodista argentino especializado en prensa pornográfica .. Carvalho recibió en su despacho la visita de unos sobrinos del pornógrafo.

poro *m* **1** Pequeño orificio de la piel, en que desembocan las secreciones de las glándulas sudoríparas y sebáceas. | Palomino *Abc* 17.12.70, 15: Vive sus días de vacaciones en una endósmosis total, absorbiendo a Málaga por todos los poros de la piel. **b)** (*Bot*) Pequeño orificio de la superficie de las plantas, a través del cual pasan los gases y el vapor de agua. | X. Domingo *Cam* 11.10.76, 79: Existen diversas variedades de boleto u hongo, fácilmente identificables por el carácter esponjoso de sus poros y la ausencia de láminas. **c)** (*Anat*) Orificio muy pequeño en que acaba un conducto. | Navarro *Biología* 192: Las pirámides de Malpigio están constituidas por unos 20 finos canales que se terminan en numerosos orificios o poros urinarios.
2 Intersticio que hay entre las partículas constituyentes de una materia sólida. | Bustinza-Mascaró *Ciencias* 19: El diámetro de los poros de papel pergamino es tal que permite el paso de las moléculas de azúcar. Zunzunegui *Camino* 491: El frío ululante penetraba por los poros de los adobes.

porosidad *f* Cualidad de poroso. *Tb fig.* | Delibes *Parábola* 144: El lecho ofrece la porosidad hormigueante de lombrices y lumiacos característica de los bosques seculares. Máximo *Van* 25.4.74, 9: Le hacemos el juego a la revolución con nuestro resentimiento y porosidad a la demagogia.

poroso -sa *adj* **1** Que tiene poros. | *Hacerlo* 134: El yeso es sumamente poroso. **b)** Permeable. *Tb fig.* | M. Aguilar *SAbc* 16.6.68, 39: Después se le puede sacar de la bañera, desnudo, o arropado con algo de ropa porosa, mojada. M. Rubio *Nue* 31.12.69, 18: A pesar de su porosa mitología personal, Gonzalo Suárez es el cineasta más moderno .. con que contamos.
2 (*raro*) Sudoroso. | CPuche *Paralelo* 82: El negro fofo, blandón y sudoroso .. se levantó .. El negro inflado y poroso discutía con Dorita en inglés.

porque (*con pronunc átona*) *conj* **1** Introduce una *prop que expresa la causa de la acción del v pral*. | Medio *Bibiana* 14: Marcelo Prats acepta el diálogo porque es aquí, en la cama, donde están solos. **b)** ~ **sí** → Sí¹.
2 Para que. *El v de la prop va en subj.* | Lera *Bochorno* 204: –No debí venir, Salazar. –¿Y qué más da, Luis? –Vine porque no dijeras que... –Ya.

porqué *m* Causa o motivo. *Gralm precedido del art* EL. | Valls *Música* 11: Aproximarnos a la música, no tanto para entenderla como para comprender el porqué de su presencia.

porquera → PORQUERO.

porquería I *f* **1** Suciedad, o conjunto de cosas que ensucian. | *Cod* 17.5.64, 6: La porquería que llevan encima tapa las junturas de la carrocería. Arce *Testamento* 94: Íbamos entrada la noche y echábamos porquería en las pilas recién limpias.
2 Excremento. | Delibes *Historias* 12: Yo no podía explicar .. que los espárragos, junto al arroyo, brotaran más recio echándoles porquería de caballo.
3 Cosa que produce repugnancia. *Tb en sg con sent colectivo.* | Mihura *Ninette* 78: –¿Y por qué va a comprarte un yogur? –Porque ya te he dicho que estoy enfermo. –Pero ¿tanto como para tomar esa porquería? Goytisolo *Afueras* 17: "Come bien", decía de vez en cuando, y soltaba un cachete a la niña, que, indiferente, seguía haciendo porquerías.
4 Pers. o cosa despreciable o inútil. *Tb en sg con sent colectivo.* | FReguera *Bienaventurados* 125: –Te queda muy bien .. –¿Esta porquería? .. Una bata de percal que puede comprarse cualquier piojosa. Matute *Memoria* 157: Manuel podría bañarte en latín .. Tú y yo, a su lado, porquería. **b)** Alimento o bebida de baja calidad, indigestos o poco nutritivos. *Tb en sg con sent colectivo.* | * Este niño se pasa el día tomando porquerías. Alaska *Abc* 10.10.87, 108: En España la única afición que se ha fomentado en los últimos diez años .. es el salir de noche por obligación y ponerse morado con la porquería que sirven en los bares de moda.
5 *Frec se emplea en constrs de sent comparativo para ponderar la suciedad o el mal estado físico o moral.* | * Llevo unos días hecho una porquería.
6 Acción sucia o indecente. | Laforet *Mujer* 170: Jamás encontrara una persona con una limpieza tan grande en sus juicios .. No es capaz de descubrir ninguna porquería, a menos ninguna porquería de tipo sexual, de esas que a las madres tanto os asustan.
II *loc v* **7 hacer (las) ~s.** (*col*) Copular, o realizar otras acciones encaminadas a proporcionarse placer sexual. | Cela *Mazurca* 10: Me paso las tardes en la cama haciendo las porquerías con Benicia. VMontalbán *Pianista* 30: Mira a esos dos. Han estado haciendo porquerías y aún les dura el acaramelamiento. ¡A su edad! Sois de esos pervertidos capaces de joder en los ascensores.

porquerizo -za A *m y f* **1** Pers. que cuida cerdos. | Gala *Cítaras* 562: La luna se filtra entre las ramas e ilumina un cuadro evangélico: Lázaro rodeado de porquerizos.

porquero - porro

B *f* **2** Establo para cerdos. | J. M. Moreiro *SAbc* 15.2.70, 11: Una vez llegado San Martín, .. es preciso reponerla [la despensa] .. Y esto solo es posible desalojando las porquerizas.

porquero -ra A *m y f* **1** Pers. que cuida cerdos. | Cuevas *Finca* 23: Los porqueros restallan sus látigos.

B *f* **2** Lugar en que se encaman los jabalíes en el monte. | CBonald *Ágata* 136: Unos dientes de jabalí mordiendo en las porqueras del breñal el ombligo de sus crías.

porquerón *m* (*hist*) Agente de la justicia encargado de prender a los delincuentes. | Criado *MHi* 11.63, 22: "Non puede fuir hombre de ti nin se asconder." ¡Por algo van provistos de buenas linternas los porquerones de esta última ronda!

porra I *n* **A** *f* **1** Arma en forma de palo cilíndrico y corto usada por algunos agentes de la autoridad o vigilantes. | Laiglesia *Tachado* 43: ¿Cuánto tiempo cree usted que podríamos oponernos al avance de las divisiones acorazadas con nuestros treinta gendarmes armados de porras? GPavón *Hermanas* 3: Como Jefe [de la Guardia Municipal de Tomelloso], estaba dispensado de llevar porra.

2 Cachiporra (palo cilíndrico y más abultado en su extremo inferior, que frec. se usa como arma). | Benet *Aire* 21: Tiró al suelo el cigarrillo, que aplastó y enterró con la punta de la porra. **b)** Cachiporra (extremo abultado). | MMolina *Jinete* 22: Les golpean el lomo con sus grandes bastones terminados en porra.

3 Pieza comestible alargada, cilíndrica y relativamente gruesa, hecha con masa de agua, harina y sal y frita en aceite, que se toma gralm. en desayunos y meriendas. | Cela *SCamilo* 156: Las churreras despachan porras y buñuelos a los transeúntes.

4 Vacía de significado y gralm en pl, se emplea para reforzar o marcar la intención desp de la frase. | MSantos *Tiempo* 79: Él es así, un poco distraído como intelectual o investigador o porras que es. Paso *Cosas* 259: –Yo me hago cargo de lo que es la juventud. –Pero ¡qué juventud ni qué porras!

5 Juego en que cada participante aporta una cantidad fija apostando a un número, y en el que el acertante gana el total acumulado. | Forges *ElM* 12.4.90, 3: –Oye; que si quieres jugar a la "porra" de la retención de Bailén. –Vale; 51 kms. –Están pedidos todos hasta 186 kms. –Jo.

6 (*col, hoy raro*) Cigarro puro barato. | Borrás *Madrid* 242: A ver, dame unas "porras" de a quincito.

B *m* **7 el ~.** (*col*) El último en un juego. *Tb fig.* | Cela *Sueños* 137: En la revista *Mundo* .. están organizando su democrático concurso titulado "Español y mundial 75" .. El 3 de enero .., yo iba el porra entre los españoles .. A la semana siguiente .. gané dos puestos en la tabla, ¡menos mal! Cela *Escenas* 35: Los conquenses producen más que los granadinos; bueno, más que los granadinos, que son los porras, produce cualquiera.

II *loc adj* **8 de la ~.** (*col*) Despreciable. | CPuche *Paralelo* 74: Qué buena ciudad, americanos de la porra, si tuviera, no ya un señor, sino diez esclavos dispuestos a morir por ella. C. SMartín *MHi* 3.61, 60: ¡Sales putains de máquinas de la porra!

9 de la ~. (*col, hoy raro*) [Guardia] municipal encargado de dirigir el tráfico en la calle. | Montero *Reina* 105: Ahora las mujeres .. eran médicas, y abogadas, y hasta guardias de la porra.

10 de la ~. (*hist*) [Partida o grupo] de carácter irregular, que actúa en favor de un partido determinado. | FReguera-March *Caída* 229: Los Legionarios, grupos de la porra del doctor [Albiñana], chocaron violentamente con el pueblo.

III *loc v y fórm or* **11 a la ~.** (*col*) Fórmula con que se expresa rechazo o desaprobación. | * ¡A la porra, no aguanto más! **b) irse a la ~, mandar a la ~** → IR, MANDAR.

12 (y) una ~. Fórmula con que se pondera lo inadmisible de una pretensión o afirmación que se acaba de oír. | * –¿Me dejas tu coche? –Y una porra.

IV *interj* **13 ~,** o **~s.** (*col*) Expresa contrariedad o rechazo. | Campmany *Abc* 12.9.84, 13: Dios mío, las desgracias llueven sobre tu cabeza, habría que buscarle algún conjuro, porra. RIriarte *Carrusell* 301: –¡Ayyy! –¡¡Porras!! –¡Oh! Un día nos sorprenderán.

porrada (*col*) **I** *f* **1** Cantidad grande [de algo]. | Laiglesia *Fulana* 132: –¡Tú! –exclamó, lo mismo que en esas novelas escritas hace una porrada de años.

II *loc adv* **2 a ~s.** A montones o en gran cantidad. | Laforet *Mujer* 156: ¡El angelito había vivido sus vacaciones en casas de mala nota, y tirando dinero a porradas!

porrazo *m* **1** Golpe dado con una porra [1 y 2]. | J. R. Beloqui *País* 20.11.77, 15: La Policía Armada invitó a los asistentes a dispersarse, cortando el camino hacia la prisión. Se produjeron entonces algunas carreras, porrazos y disparos de pelotas de goma.

2 (*col*) Golpe fuerte, esp. por caída o choque. | P. Trenas *Abc* 25.10.73, sn: Algo tarde llega Máximo Valverde, .. con unas gafas de sol muy oscuras que le ocultaban los ojos. "Es que me he dado un porrazo", nos dijo. ZVicente *Traque* 216: Qué emoción si hubiésemos chocado, oye. Habríamos podido entrar en la clase de nueve sin apurarnos mucho y contar el choque, y el porrazo, y el ruido, y prestar ayuda a las víctimas. DCañabate *Paseíllo* 62: Ya cuidará él de que la mina no se agote a las primeras de cambio del porrazo de un toro.

porredana *f* (*reg*) Pez de bahía que habita entre las algas (*Symphodus melops*). | Pombo *Héroe* 196: Me senté .. con los pies colgando a ver llover, el agua toda verde, se puso toda verde botella, subían a respirar las porredanas.

porrería *f* (*raro*) Necedad o tontería. | Espinosa *Escuela* 488: Panecio pertenece a una facción misionada para conducir el ánimo de las autoridades hacia la barbarie; su víctima es la bestia de Menipo, cuyos desatinos y porrerías crecen por obra de nuestro adicto.

porrero[1] **-ra** *m y f* (*jerg*) Pers. que fuma porros o los vende. | *GOc* 24.11.80, 81: Quiero formar grupo con chicos-as de 25 a 30 años .. Abstenerse macarras y porreros. Á. Río *Ya* 14.7.86, 16: Que este chocolate que te vendo no es de cacao "colgao", que es del "guay" para colocarse. Lo que menos me podía esperar es un porrero al lado de las duchas de la playa.

porrero[2] *m* (*reg*) Individuo disfrazado o enmascarado. | Aldecoa *Historia* 123: –Los porreros, los porreros –piden todos a voces. Los celebrantes de la matraca y el carnaval no salen.

porreta. en ~(s). *loc adv* (*col*) En cueros o sin ropa. | Cela *SCamilo* 338: Bajo el puente del Rey se chapuzan diez o doce golfos en porreta. VMontalbán *Prado* 121: Es el que pintó con espray los cuerpos desnudos de las primeras vedettes que salían en porretas cuando empezó todo este libertinaje.

porreto *m* (*reg*) Cierta variedad de alga marina. | *Ale* 4.8.83, 40: La cuestión fuese dilatando mientras el barco criaba porreto en la ría de San José.

porrillo. a ~. *loc adv* (*col*) En gran abundancia. | Torrente *Señor* 140: Un médico de locos es lo que nos está haciendo falta .. Tendrás clientela a porrillo.

porrina *f* Estado de las mieses o sembrados cuando están muy pequeños y verdes. | Porcel *Catalanes* 268 (G): Por los alrededores la porrina de los sembrados.

porriñés -sa *adj* De Porriño (Pontevedra). *Tb n, referido a pers.* | Cameselle *Faro* 18.7.73, 22: La pujanza de Porriño como núcleo industrial es una realidad palpable .. Se refirió también el señor Ordóñez al personal que va a servir la sucursal porriñesa del Banco Pastor.

porro[1] *m* (*col*) Cigarrillo de hachís o marihuana. | Verdurín *Pro* 22.8.75, 16: Mientras los "hippies" de Cuenca se pasaban con sus porros a los pies del monumento fálico de la plaza del Dam amsterdanesa, nosotros, los valencianos, echamos mano del repertorio local de pasodobles, que siemp[r]e resulta un pasote mucho mayor.

porro[2] **-ra** *adj* Tonto o bobo. *Frec n, referido a pers.* | GPavón *Rapto* 34: –¡Releche! –gritó el porro echando aire y babas. LTena *Luz* 43: Errores he cometido muchos .. Bueno..., muchos, tampoco. Solo cometí uno: dar entrada en la empresa a una partida de porros, a una colección de berzas, a un hato de avestruces. FVidal *Duero* 165: El viajero .. se choca con la expresión entontecida de uno de los adolescentes de la boina, criatura de Dios de rostro porro, que le pregunta.

porro[3]**. ajo ~** → AJO[1].

porrón¹ *m* **1** Vasija de vidrio con un largo pitorro cónico, que sirve para beber vino a chorro. | Aldecoa *Cuentos* 1, 55: Entornaba los párpados y sonreía, húmedos los labios, pensando en el porrón de vino tinto.
2 (*reg*) Botijo (vasija). | R. MTorres *Día* 23.9.75, 8: Dignos de mención son los porroneros que vendiendo botellas de barro y porrones finos aparecían regularmente pregonando sus mercancías junto a su borrico.

porrón² *m* (*col*) Cantidad grande [de algo]. | SFerlosio *Jarama* 112: Hace un porrón de años que murió.

porrón³ *m* Se da este n a varias especies de patos buceadores cuyo color oscila entre el pardo y el gris (*géns Aythya y Bucephala*). Frec con un adj especificador: ~ COMÚN (*A. ferina*), ~ BASTARDO (*A. marila*), ~ MOÑUDO (*A. fuligula*), ~ OSCULADO (*B. clangula*), ~ PARDO (*A. nyroca*), etc. | Man. Garrido *SSur* 7.8.88, 24: A continuación nos centraremos en tres especies: pato colorado, porrón común y porrón moñudo. HLS 3.8.70, 8: Queda prohibida en todo el territorio nacional la caza de las siguientes especies: lince, cigüeñas, espátula, porrón pardo. Noval *Fauna* 131: El Porrón común (*Aythya ferina*) y el Porrón osculado (*Bucephala clangula*) son más escasos .. El Porrón pardo ha sido registrado solo una vez en Asturias.

porronero *m* (*reg*) Vendedor de porrones¹ [2]. | R. MTorres *Día* 23.9.75, 8: Dignos de mención son los porroneros que vendiendo botellas de barro y porrones finos aparecían regularmente pregonando sus mercancías junto a su borrico.

porrudo -da *adj* (*reg*) Testarudo. | Berenguer *Mundo* 24: Así era ella de porruda y de atascada, que hubiera sido buena con una poca menos soberbia y una poca menos mala lengua.

porrusalda *f* (*reg*) **1** Sopa de puerros. | *Cocina* 312: Porrusalda .. Bacalao .. Puerros .. Patatas .. Aceite .. Ajos .. Agua.
2 Cierto baile vasco, suelto y muy movido. | VMontalbán *Galíndez* 154: Los vascos bailamos no solo cuando estamos en plena porrusalda o en el aurresku, sino también cuando jugamos a la pelota en el frontón.

porta¹ *adj* (*Anat*) [Vena] que lleva al hígado la sangre de los órganos digestivos abdominales. | Navarro *Biología* 167: Las venas intestinales, la gástrica del estómago y la esplénica del bazo se reúnen en un tronco común, denominado vena porta.

porta² *f* (*Mar*) **1** Abertura en los costados de un buque, esp. para efectuar la carga y descarga o para colocar la artillería. | E. Toda *Abc* 6.12.59, 15: Su mirada se enfocó sobre el brazo derecho del capitán. Lo tenía extendido hacia la porta, con la mano fuera. Torrente *Isla* 176: Por las portas y troneras de los puentes asomaban su hociquito dorado los cañones, más de cien por cada banda.
2 Puerta, esp. la que cierra una porta [1]. | Aldecoa *Cuentos* 1, 62: Abrió la porta de fuegos y se agachó a contemplar.

porta³ *m* (*argot de laboratorios*) Portaobjetos. | Bustinza-Mascaró *Ciencias* 287: Colocarlo en una gota de agua o de gelatina glicerinada sobre un porta, poner encima un cubreobjetos y examinar al microscopio.

porta⁴. a ~ gayola → PORTAGAYOLA.

porta- *r pref* Que sirve para llevar o transportar, o para sustentar o contener. | *Por ej: Abc* 20.3.71, 31: Durante unas horas permaneció en el puerto gaditano del buque portabarcazas y portacontenedores "Last Turkiye". *ByN* 15.4.90, 86: Portabebidas para coche, por 595 pesetas en Vip's. *Cam* 2.12.74, 45: Se fabricarían en la factoría española solo los aros de cada rodamiento, y se habrían de importar las bolas, los portabolas y los sellos. *País* 30.3.80, 24: Cocina con portabombonas .. 13.950. *ByN* 14.1.90, 89: Botas Golden team (7.975 pesetas) y portabotas manual (350 pesetas), en Sport Shop. *Sem* 10.5.75, 69: La Sigma 2000 .. Doble portacarretes abatible. Durante el cosido permite el rellenado automático de la canilla. *Faro* 1.8.75, 23: Vendo .. máquina de escribir y portacarro. *DBu* 30.6.90, 41: Máquina impresora .. con sistema de bobina a bobina y corte con cuchilla circular, instalación de secado, así como piñones dentados y portaclichés. *Ya* 8.12.70, 32: Instalaciones clínicas Enrique López Ferreiro. Mobiliario clínico .. Portacomidas. *Abc* 25.2.58, 10: Portacubiertos mad[era] barn[izada], 10,75 ptas. *GTelefónica N.* 658: Maquinaria .. Agremop, S.A. Repuestos de abrasión. Dientes. Portadientes. Cuchillas y Cantoneras. *Ya* 8.5.75, 32: Portaescobilla W.C. práctico y recogido. Torrente *Fragmentos* 77: El que viene detrás lleva la espada de la justicia y se llama el portaespada. *Ya* 11.10.70, 6: Estanterías metálicas. Con cajones en 12 medidas, para pequeño material, repuestos, etc. .. Portaetiquetas. *Prospecto* 9.82: Porta-incensario .. de 122 cm. En hierro tono plateado: 5.100. GNuño *Escultura* 66: Una profusa variedad de formas de mayor o menor abolengo griego –urnas, cráteras, orzas, tapaderas, portalucernas, etc.–. *Abc* 3.6.70, sn: Herramientas para agricultura y jardinería .. Carretillas portamangueras. *Gac* 1.6.63, 107: Otra de las notables ventajas del Cosmo 909 es el acondicionamiento del Portapilas estanco, que garantiza un total aislamiento. *Van* 20.12.70, sn: Mueble bar, mesita televisor .., estante metálico porta[r]revistas. [*En el texto*, porta revistas.] Marcos-Martínez *Aritmética* 157: Para medir segmentos emplearemos .. El compás o un portasegmentos de papel. *Ade* 29.10.90, 34: Maletas, bolsos viaje, deporte. Portafolios, portatrajes. *Prospecto* 4.88: El Corte Inglés: Jabonera: 1.275 .. Portarrollos: 1.875 .. Portavasos: 1.475. *Ide* 28.9.87, 32: Los objetos .. que ayer fueron recuperados por la Policía son: un cáliz antiguo ..; un portaviáticos con figura de la Encarnación. *MOPU* 7/8.85, 38: Philips. Luminaria H-SRP 451 .. Acceso a lámpara mediante apertura del marco portavidrio por presión sobre dos pestillos.

portaaeronaves (*tb* **portaeronaves**) *m* Buque de guerra para el transporte de aeronaves, dotado de una amplia plataforma que permite el aterrizaje y despegue de estas. | X. I. Taibo *SYa* 16.6.74, 7: Tanto para estos escoltas como para el portaaeronaves ha de firmarse previamente un protocolo de asistencia técnica con la marina propietaria del diseño básico. *Ya* 7.7.87, 3: El portaeronaves "Príncipe de Asturias" será entregado a la Armada en junio de 1988.

portaaviones (*tb* **portaviones**) *m* Buque de guerra para el transporte de aviones, dotado de una amplia plataforma que permite el aterrizaje y despegue de estos. | *Abc* 16.12.70, 47: Un avión de transporte de la Armada norteamericana .. se estrelló esta mañana en el golfo de Tonkín, poco después de despegar del portaaviones "Rangeer". *Sol* 22.8.76, 9: El portaviones "Midway", rumbo a Corea. Delibes *Mundos* 17: Actualmente la isla es un gigantesco portaviones varado en pleno Atlántico.

portabebés *m* Pequeña cuna portátil, con asas, para transportar a un bebé. | *GTelefónica N.* 284: Launy. Fábrica de Portabebés (Cigüeña). [*En el texto*, Porta Bebés.]

portabilidad *f* Cualidad de portable. | *Cam* 24.12.84, 147: Epson PX-8. Es el último ordenador portátil de Epson .. La mayor ventaja que aporta es la posibilidad de trabajar con diskettes, sin perder la portabilidad, ya que puede funcionar con pilas.

portable *adj* (*hoy raro*) Portátil. | *SVoz* 8.11.70, 14: Máquina escribir portable inmejorable estado, barata.

portabrocas *m* (*Mec*) Cabezal de la taladradora, en el cual se fija la broca. | *Ya* 7.12.84, 3: 1 taladro D-102 de 2 velocidades, 400 W. Portabrocas 10 mm.

portacarné (*tb* **portacarnés**) *m* Cartera, o departamento de cartera, para guardar carnés. | *Ya* 4.12.75, 21: Objetos hallados .. Portacarné con fotos; reloj de pulsera de caballero.

portacarnet (*tb* **portacarnets**; *pronunc corriente*, /portakarné, portakarnés/; *pl normal*, ~s) *m* Portacarné. | *Ya* 20.4.70, 21: Objetos hallados .. Portacarnet de plástico con documentos. *Van* 20.12.70, sn: Billetero monedero piel y tapicería con portacarnets. [*En el texto*, porta carnets.]

portacartas *m* Utensilio para colocar cartas. | *Lab* 2.70, 37: Encuadernar fotografías, dibujos, .. portacartas .. o discos.

portachuelo *m* Puerto de montaña, de poca entidad. | D. Quiroga *Abc* 20.6.58, 27: La carretera de Beizama, .. por bosques y praderas, nos lleva a un portachuelo con soberanísimas vistas y a Beizama.

portacohetes *m* Portamisiles. *A veces en aposición*. | L. Calvo *Abc* 11.6.67, 52: Desbarataron los barcos de

portacontainer – portal

guerra egipcios, y entre ellos portacohetes. Cotano *Ya* 30.5.64, 8: El "Long Beach" fue concebido inicialmente como una gran fragata portacohetes.

portacontainer (*frec con la grafía* **porta-container**; *pl normal*, ~s) *m* Portacontenedor. *A veces en aposición.* | *Sp* 19.7.70, 23: Se ha notado clara ausencia .. de turbinas marinas, habida cuenta de la importancia que está adquiriendo la navegación a vapor en los grandes petroleros y en los porta-containers. *Ya* 23.12.70, 16: Contenemar, S.A. Atemasa. Líneas Mediterráneo-Canarias. Se complacen en anunciar su nueva línea regular semanal de vapores porta-containers frigoríficos.

portacontenedor (*tb* **portacontenedores**) *m* Buque que transporta contenedores. *A veces en aposición.* | *Abc* 20.3.71, 31: Durante unas horas permaneció en el puerto gaditano el buque portabarcazas y portacontenedores "Last Turkiye". A. Cruz *Abc* 14.7.74, 33: El portacontenedor inglés "Bonaty Bay" navegaba en paralelo con el buque ruso "Nicman", transporte frigorífico. *Abc* 14.7.74, 33: Un transporte ruso embistió a un portacontenedores inglés al girar bruscamente.

portada *f* **1** Puerta ornamentada de un edificio monumental. | Angulo *Arte* 1, 360: El [maestro] de San Vicente de Ávila .. nos h[a] dejado en la portada principal de este templo una de las creaciones más emocionantes de nuestro arte de la Edad Media.
2 *En un libro*: Página inicial en que figura el título completo de la obra, el nombre del autor y el pie editorial o el de imprenta. | Buero *Lázaro* 110: Recoge el libro de Amparo, repasa el pie de la portada. **b)** *En una publicación periódica*: Página, normalmente la primera, en que figura la cabecera. *Tb fig, referido a programas de radio o televisión.* | *Alc* 1.1.55, 1: Traemos a nuestra portada este aspecto de la calle de Pelayo. Medio *Bibiana* 84: Tú eres hoy .. La portada de nuestra revista hablada.
3 (*reg*) Puerta grande de dos hojas, propia de las casas de labor. | GPavón *Rapto* 42: La fachada, mire usted, empieza casi donde la misma portada.

portadera *f* Recipiente de madera que sirve para transportar cosas a mano o sobre caballería. | Soler *Caminos* 130: Había que volver pronto para ayudar a las masoveros a llenar y llevar a los cerdos las portaderas de coles y remolachas y nabos cocidos.

portadilla *f* (*Bibl*) **1** *En un libro dividido en varias partes*: Página que antecede a cada parte y en la que figura su título. | Huarte *Tipografía* 62: El cuerpo de la obra ha de comenzar en página impar, precedido o no de una portadilla, semejante a la anteportada del comienzo del volumen, según que la lleven o no las distintas divisiones principales del texto.
2 Anteportada. | Berlanga *Recuentos* 83: El teléfono recuadrado en rojo para llamar a la imprenta y ver si ya tienen el tríptico que les encargué para la novela: en portadilla, mi retrato a la acuarela callejera de Montmartre.

portadista *m y f* Pers. que diseña portadas [2]. | Delibes *Año* 139: Benito se resistió volver a ponerse en manos de los marchantes, pero fue durante muchos años portadista de "Vogue" y ganó dinero a base de exposiciones y encargos.

portado -da *adj* **1** *part* → PORTAR.
2 (*raro*) Vestido o arreglado. *Con los advs* BIEN, MAL *o equivalentes.* | Zunzunegui *Hijo* 50: Le pareció que lo mejor era presentarse, bien portado, para que no sospechasen. Mercader-DOrtiz *HEspaña* 4, 102: Se quedó estupefacto al ver que se le acercaban militares no mal portados a solicitar un pequeño donativo.

portador -ra I *adj* **1** Que porta o lleva [algo (*compl* DE)]. *Tb n, esp referido a transmisor de enfermedades.* | Torrente *Isla* 323: El ministro recibe, tembloroso, el uniforme, de las manos portadoras. Alvarado *Botánica* 49: La dehiscencia tiene lugar separándose los carpelos, pero dejando las zonas de sutura formando un marco portador de las semillas y del falso tabique. C. LServiá *Mad* 23.12.70, 13: Van transformando sus aguas .. en turbios líquidos envilecidos; en aguas enfermas o muertas, cobijo de ratas portadoras de la peste bubónica. Nolla *Salud* 225: Los portadores sanos son sujetos que no han padecido la enfermedad infectocontagiosa o que la han padecido de forma tan leve que ha pasado desapercibida.
II *m* **2** (*Com*) Pers. que tiene o presenta un cheque u otro valor. *Gralm en la loc* AL ~. | Ramírez *Derecho* 131: Las acciones .. pueden ser al portador o nominativas.

portaequipajes *m En un vehículo*: Lugar destinado al equipaje. | CNavarro *Perros* 42: Lo vio alzar la trasera del automóvil, .. hurgar un poco en el portaequipajes. *Mad* 8.1.70, 1: Al levantarse para asaltar a la azafata se dio un fuerte golpe en la cabeza contra el portaequipajes. *Abc* 18.4.58, 46: Portaequipajes "Zacarías" de duroaluminio inoxidable. *Ya* 30.4.70, 39: Un inglés que se introdujo en un vuelo a Barcelona en el portaequipajes del aparato.

portaeronaves → PORTAAERONAVES.

portaestandarte *m y f* **1** Pers. que lleva el estandarte. | Torrente *Fragmentos* 77: El de delante lleva el estandarte con la cruz encarnada .. Se llama el portaestandarte. [*Caballeros Templarios.*] *VozC* 29.6.69, 9: Rompiendo la marcha, "Cruzados del Círculo Católico" con acompañamiento de su Banda y portaestandartes, desfilaron los niños de ambas Agrupaciones hasta la Iglesia de Santa María.
2 Abanderado (portavoz o propagandista de una causa). | Aranguren *Marxismo* 122: El rol que las circunstancias le han forzado a asumir [a Rusia] y .. su entendimiento .. con América le privan de fuerza moral para continuar presentándose como el país portaestandarte de la lucha contra el "Imperialismo".

portafirmas *m* Carpeta donde se llevan los documentos que ha de firmar una pers. | MReverte *Demasiado* 45: Llanos se sentó detrás de la mesa de trabajo y se apoyó con los codos sobre el portafirmas.

portafolios (*tb* **portafolio**) *m* **1** Cartera de mano. | Arce *Precio* 9: Arrojé el portafolios y los guantes sobre la cama. Torrente *Isla* 184: Le mandó que se sentara y empezó a repasar un grueso portafolio que traía bajo el brazo.
2 *En aposición con* FALDA *designa la que se cierra por delante montando un extremo sobre el otro. Solo en la forma* PORTAFOLIO. | M. D. PCamarero *Rev* 11.70, 22: Se lleva mucho la falda portafolio, o sea montada tela sobre tela. *Ya* 12.6.77, 13: Falda portafolio estampada.

portafotos *m* Portarretratos. | *Not* 30.12.70, 15: Regalos de Reyes .. Bolso aseo estampado, 65. Portafotos fibra, 65.

portafusil (*tb* **portafusiles**) *m* Correa para colgar del hombro el fusil u otra arma semejante. | Delibes *Perdiz* 142: El Juan Gualberto .. camina un poco encorvado, la escopeta colgada de un raído portafusil. Aldecoa *Cuentos* 1, 117: El portafusiles mugreaba los monos de polvo y sudor por los hombros.

portagayola (*frec con la grafía* **porta gayola**). **a** ~. *loc adv* (*Taur*) Frente al toril, a la salida del toro. *Gralm con el v* RECIBIR. | J. Vidal *País* 28.3.83, 28: Al sexto lo recibió a porta gayola y el toro, que de salida era un tren, le pasó por encima.

portahelicópteros *m* Buque de guerra semejante al portaaviones, destinado a helicópteros. | L. Pereña *Ya* 7.5.70, 7: Las unidades soviéticas de superficie ascienden a un total de 2.041, entre las que se cuentan dos portahelicópteros.

portaherramientas *m En una máquina*: Pieza que sujeta la herramienta. *A veces en aposición.* | *Ya* 30.5.64, 32: Están construidos para realizar los más duros trabajos agrícolas. Barra portaherramientas operada con control hidráulico.

portainjerto (*tb con la grafía* **porta-injerto**) *m* Planta en que se hace un injerto. | *Inf* 9.11.70, 12: Se está realizando un censo de variedades de agrios, al mismo tiempo que se sustituyen las plantas afectadas por la "tristeza" por portainjertos tolerantes. Bustinza-Mascaró *Ciencias* 256: Injertar es la operación que provoca la soldadura de una parte viva de un vegetal que lleva yemas, llamada injerto, sobre otro vegetal, llamado patrón o porta-injerto, el cual servirá de soporte al primero.

portal *m* **1** *En una casa*: Pieza inmediata a la puerta de la calle y que sirve de entrada. | GPavón *Hermanas* 43:

Desde el portal mal alumbrado .. vieron que en la portería había una niña rubia leyendo un tebeo.

2 Establo en que nació Jesús. *Frec* ~ DE BELÉN. *Tb su representación en un belén*. | Diego *Ya* 2.12.84, 7: En el portal de Belén. Portal abierto, zaguán sin adentros, establo destechado por aquí y por allá. F. PMarqués *Abc* 22.12.74, 13: Doloritas ha puesto su "Portal de Belén".

3 (*raro*) Pórtico de un templo o de otro edificio suntuoso. | O. Aguilera *Ya* 3.7.75, 39: Esta catedral .. está seriamente amenazada por el "mal de piedra" .. Esto explica que la corrosión en el portal del Mirador sea menor .. Todo el portal mayor resulta afectado.

4 (*raro*) Portería de fútbol. | LFrías *As* 14.12.70, 10: Lo demás fue un dominio laborioso de los malaguistas, sobre un portal superdefendido por hombres que se olvidaron por completo de su lucimiento personal.

5 (*reg*) Puerta de ciudad. | C. L. Vega *HyV* 1.75, 81: ¿Cómo un hombre que viene de tierra de moros, espoleado por la impaciencia, no penetra en la ciudad por la puerta más cercana (el portal de Valencia) y pierde el tiempo en rodear la muralla por un camino muy difícil, para franquearla por la puerta de la Andaquilla (portal de Daroca)? V. F. Olmos *Lev* 9.7.75, 14: Las soberbias torres que ahora contemplamos se construyeron entre los años 1442 y 1470. Antes había sido [*sic*] un portal o arco de piedra de escasa importancia.

6 (*reg*) Soportal. | Solís *Siglo* 96: Corren muchos a la muralla intentando ayudar a los navíos ..; pero han de conformarse con contemplar el triste espectáculo guarecidos bajo los portales, defendiéndose de la lluvia y de las olas que saltan sin cesar.

portalada *f* Puerta grande y frec. monumental en la verja o muro delante de la fachada principal, propia esp. de Cantabria. | Ridruejo *Castilla* 1, 68: Las grandes "portaladas" que se abren en las "corralas" o cintas de muro en que se encierran las propiedades –casa, patio, jardín y huerto–.

portalámparas *m* Dispositivo en que se encaja el casquillo de la bombilla. | Aldecoa *Cuentos* 1, 329: Anduvo por el pasillo .. No llegó al portalámparas de hierro. *Hacerlo* 42: También se encuentran en el mercado portalámparas provistos de un interruptor.

portalápiz *m* Utensilio en que se coloca un lápiz para manejarlo con facilidad y que sirve para cubrir su punta cuando no se usa. | *Gar* 6.10.62, 2: Nunca hubo un lápiz de labios como este; de presentación tan original y manejo tan cómodo. Basta quitar la tapa y colocarla en la base del portalápiz.

portalibros *m* Utensilio con correas para llevar libros y cuadernos. | Hoyo *Glorieta* 59: Cuando nos soltaban nuestras mamás para ir al colegio, asía Blasito con los dientes su portalibros, echaba las piernas al aire y caminaba así hasta el colegio.

portaligas *m* Liguero (prenda). | *ByN* 11.11.67, 58: Presenta ahora en España una espléndida y variada colección de fajas, portaligas, "pantys" largos y cortos, bragas. Sampedro *Octubre* 25: Cuánto mejor son los pantis, las medias hasta la cintura. Ni cintajos, ni portaligas.

portalira *m* (*lit, raro*) Poeta. | Borrás *Madrid* 145: Portaliras de chalina y chambergo.

portallaves *m* (*raro*) Llavero. | *As* 1.3.71, 26: Saque el "fósforo" del minúsculo estuchillo, frótelo en la ranura especial colocada en un lado y la llama saldrá a cada frote. Tan pequeño que puede llevarlo en el portallaves.

portalón *m* **1** Puerta grande que da al exterior. | Benet *Aire* 35: Pocos días después de su llegada, el coronel salió a dar un paseo más allá de las murallas y cruzó el portalón .. sin previa autorización. Benet *Aire* 69: El joven golpeó la aldaba del portalón, pero no obtuvo la menor respuesta. Se acercó al arranque de la escalera y dio una voz. Romano-Sanz *Alcudia* 269: –Aquello es la tenada –dice el guarda señalando el muro del fondo que tiene un portalón de madera cerrado y varias ventanas.

2 Portal [1] grande. | Olmo *Golfos* 76: A lo que temíamos era a la lluvia. Esa, si venía fuerte, nos ahuyentaba y hacía que nos metiésemos en el portalón.

3 *En un buque*: Abertura lateral a manera de puerta, para entrada y salida de perss. o cosas. | CBonald *Noche* 238: Subió despacio hacia el portalón. Una vez a bordo, miró David a uno y otro lado.

portamaletas *m* Portaequipajes. | *Mad* 12.12.69, 20: Se lo llevaron los asaltantes en el portamaletas de un automóvil. Aldecoa *Cuentos* 1, 414: –¿Quiere beber un traguillo de vino?– .. El hombre descolgó su bota del portamaletas y se la ofreció a la joven. [*En el tren*.]

portamantas *m* Utensilio constituido por dos correas unidas con un asa, que sirve para llevar la manta de viaje. | FReguera-March *Boda* 32: Llegaron dos viajeros más, a los que acompañaba un mozo cargado con una maleta, un rollo de mantas ceñido por el portamantas y una sombrerera forrada de hule negro.

portamanteo *m* (*raro*) Bolsa de viaje que se cierra por ambos extremos con cordones. | Espinosa *Escuela* 490: No existe hoy enmucetado urbano o provinciano sin su juego de recipientes, que llevan en las faltriqueras, portamanteos y cartapacios.

portamento *m* (*Mús*) Paso gradual de una nota a otra, haciendo sentir, más o menos distintamente, todos los sonidos comprendidos en su intervalo. | FCid *Abc* 15.11.70, 73: "Libro para orquesta" .. nos hace ver desde el principio en función protagonista el color instrumental. En su primera parte se utiliza un portamento muy expresivo. En la segunda, "pizzicatos", miniaturismos, con participación de celesta, piano, arpa.

portaminas *m* Lápiz de mina recambiable. | *GTelefónica N.* 183: For Ever, S.L. Fabricación bolígrafos. Recambios. Portaminas. Marcas especiales.

portamisiles (*tb, hoy raro, con la grafía* **portamissiles**) *m* Buque de guerra dotado de misiles. | C. Osete *Rev* 7/8.70, 9: La escuadra de la U.R.S.S. debía de ser de portamissiles y cohetes atómicos. Grosso *Invitados* 231: Una fragata portamisiles británica leva anclas en el muelle del arsenal de la Roca.

portamonedas *m* Monedero (bolsa pequeña para llevar monedas). | Delibes *Parábola* 93: Don Abdón .. pedía el portamonedas y les daba una moneda reluciente a cada una.

portante I *adj* **1** [Paso de caballería] que se da moviendo a la vez el pie y la mano del mismo lado. *Tb n.* | Viñayo *Asturias* 15: Celebrados fueron entre los équites romanos los caballos asturcones, de paso portante y trenzado.

2 (*raro*) Que porta [1]. | Marsé *Dicen* 231: Jesús cae por tercera vez .., el madero pesa lo suyo aunque los portantes le ayudan y la Fueguiña empuja la silla.

II *loc v* **3 tomar** (*o* **coger**, *o* **agarrar**) **el ~**. (*col*) Irse o marcharse. *Frec usado expletivamente*. | *SAbc* 14.9.75, 32: Llegó temprano, esperó, siguió esperando. Cuando se cansó, tomó el portante. *Ya* 27.6.73, 22: Me han contado el caso de una señora operada de vesícula que cogió el portante y se marchó corriendo a su casa. Diosdado *Anillos* 2, 14: ¡Le acabó hartando, y un buen día agarró el portante y hasta hoy!

portañuela *f* Tira de tela que cubre la bragueta. | Sampedro *Octubre* 428: Alguien se asombra ante su ceñidísimo pantalón, "¡qué me vas tú a desí, si para sacar el billetero tengo que desabrocharme la portañuela!".

portaobjetos (*tb* **portaobjeto**) *m* Lámina de cristal en que se coloca lo que se ha de observar en el microscopio. | Bustinza-Mascaró *Ciencias* 288: Extender con hilo de platino u otro hilo metálico sobre un portaobjetos un poco de yoghurt.

portapapeles *m* Utensilio de escritorio, con uno o más departamentos, para colocar verticalmente cartas y otros papeles. | *ByN* 22.9.91, 83: Portalápices (6.500 pesetas), libreta de notas (6.500 pesetas), abrecartas (3.500 pesetas) y portapapeles (6.500 pesetas), todo hecho a mano y en madera de peral.

portapaz *m* (*Rel catól, hist*) Placa decorada y frec. de metal precioso, destinada a ser besada en la ceremonia de la paz de las misas solemnes. | *HLSe* 3.11.75, 10: Las más valiosas piezas robadas son: una custodia de oro y plata del siglo XVI, .. cruces pectorales de oro y plata del siglo XVI y un portapaz de plata maciza.

portaplumas *m* Mango en que se encaja la plumilla. | VMontalbán *Rosa* 134: Una letra educada por la vieja caligrafía escolar de perfiles gruesos, diríase que escrita inclusive por un viejo portaplumas.

portar A *tr* **1** (*lit*) Llevar de una parte a otra. | Delibes *Parábola* 128: La avecilla no porta comida en el pico. Cuevas *Finca* 111: Los yegüeros .. portaban .. carretas cargadas de cebada segada en verde. **b)** Llevar sobre sí. | *Abc* 14.5.70, 40: A lo largo del trayecto centenares de personas les hicieron objeto de muestras de afecto, simpatía. Muchas de ellas portaban pequeñas banderas nacionales.

B *intr* ➤ **a** *normal* **2** (*reg*) Aparecer o dejarse ver [por un lugar]. *Gralm en constr negat.* | MFVelasco *Peña* 24: Calculaba yo que el oso habría sufrido un sofocón cuando menos como el mío y que no se le ocurriría portar por La Enlutada en el resto de sus días. Peraile *Ínsula* 80: En el palacio trincaron a los señores y a los obreros judas más una armería y un polvorín. Uno, por un respeto al amo, no portó por allí.

➤ **b** *pr* **3** Comportarse. *Con un compl de modo.* | Arce *Testamento* 19: Vamos a portarnos como camaradas. Cuevas *Finca* 228: En el frontón, el alpiste se ha portado bien. **b)** *Sin compl:* Comportarse bien. | CBonald *Casa* 81: —Como no te portes –le recordaba a cada paso–, te vuelvo a traspasar a la cochina calle, te liquido rápido. De modo que pórtate. CBonald *Dos días* 124: —¿También la han vendido [la casa]? –Claro .., y eso que la tierra estaba portándose.

portarretratos (*tb*, *raro*, **portarretrato**) *m* Marco para fotografías. | Marsé *Dicen* 247: Tendría en la repisa del salón muchos cisnes de cristal, .. un portarretratos de vidrio con Tyrone Power y otro con el fulano. *ByN* 17.10.93, 103: A la izquierda, portarretrato en forma de trébol, en el que aparecen las imágenes de los zares y uno de sus hijos.

portarrollos *m* Aparato para sostener rollos de papel, esp. higiénico. | *SYa* 1.10.74, 2: Ferretería Gran Vía. Portarrollos, con tapa cromada y respaldo plástico. Rebaja 179 pts.

portátil I *adj* **1** Que se puede llevar de un sitio a otro con facilidad. | CNavarro *Perros* 102: Una radio portátil pregonaba el diario hablado desde Madrid.

II *m* **2** Lámpara portátil [1]. | ZVicente *Balcón* 99: Oír cómo apagan las luces del baño, y las de su alcoba, y las del portátil de la mesita.

portaventanero *m* Carpintero que hace puertas y ventanas. | CBonald *Ágata* 133: Mandó comprar a tanto la unidad una cuadrilla de canteros, portaventaneros y albañiles eventuales.

portaviandas *m* (*raro*) Fiambrera. | E. Mendaro *Abc* 2.2.58, 13: Abriendo lo que podríamos llamar portaviandas, me mostró una hermosa cola de fresca y blanca merluza.

portaviones → PORTAAVIONES.

portavocía *f* Cargo de portavoz. | A. Díez *País* 13.2.87, 16: Se mantenía la intención de que la portavocía recayera en un hombre del equipo de Hernández Mancha.

portavoz *m* y *f* Pers. autorizada que habla en nombre de una colectividad. | Albalá *Periodismo* 133: Los portavoces de la opinión .. necesitan la información. *Ya* 20.12.89, 9: Castedo iba a ser titular de esta comisión, aunque la portavocía le correspondiera a Fernández Teixidó por ser también portavoz del CDS.

portazgo *m* **1** Derechos que se pagan por pasar por un sitio determinado de un camino. | VParga *Santiago* 14: Le exime de pagar portazgos o peajes por aquellas bestias que lleva consigo.

2 Lugar en que se cobra el portazgo. | Cunqueiro *Crónicas* 111: Un soldado con gorro frigio .. grababa algo con una navaja en la barra del viejo portazgo de los antiguos vizcondes de la Toul-Goulic. Torrente *DJuan* 266: De la soberbia a la lujuria, hay un puente de cuyo portazgo tengo yo la llave.

portazo *m* **1** Golpe dado por una puerta al cerrarse violentamente. | Olmo *Golfos* 70: Oyó un portazo y ruido de cristales rotos. **b)** Acción de cerrar la puerta violentamente al salir, manifestando enfado. *Frec en la constr* DAR UN ~. | MGaite *Nubosidad* 171: —Me espantan las situaciones violentas. Todo lo que sea agresividad. Nunca he sido capaz de dar un portazo. Debe ser por los muchos que daba mi madre.

—No tendrías por qué dar un portazo. Simplemente hablar con él.

2 Negativa tajante [a una petición o propuesta]. *Frec en la constr* DAR ~. | L. Climent *Pue* 29.9.70, 3: Ni el portazo de Dulles cuando Nasser pedía armas a Estados Unidos ..; ni la retirada de la ayuda occidental .. fueron modelos de buena política. J. Montini *SVozC* 31.12.70, 6: Analía Gadé alterna. Ahora teatro y da portazo a cualquier contrato de cine.

porte *m* **1** Acción de llevar algo de un lugar a otro. | *GTelefónica N.* 1071: Transportes Sánchez .. Portes combinados. **b)** Cantidad que se paga por llevar algo de un lugar a otro. | M. Delgado *Abc* 9.10.70, 18: Los portes de los envíos [de correos] eran muy altos y los podían pagar pocas personas.

2 Capacidad de carga [de un vehículo, esp. un barco]. | Zunzunegui *Hijo* 59: Se volvió a contemplar un barco inglés, de gran porte, que subía a cargar mineral. *Abc* 9.10.66, 31: En el paseo de la Virgen del Puerto, cerca de la Cuesta de la Vega, chocaron un camión de gran porte y un utilitario.

3 Aspecto o apariencia [de una pers.]. *Gralm con un adj calificador.* | Buero *Música* 59: Alfredo: cincuenta y seis años, finos y cuidados cabellos grises, buen porte, fisonomía sonriente y agradable. Mercader-DOrtiz *HEspaña* 4, 98: Lamentaba también su desaseo y desastrado porte. **b)** Aspecto general [de una cosa]. | Borrás *SAbc* 15.5.58, 57: Rodríguez de Rivas heredó, al nombrársele director, parco conjunto de obras acumuladas en un caserón-palacio de modesto porte. Ybarra-Cabetas *Ciencias* 10: Puede ocurrir que .. a pesar de existir esa ordenación interior no se manifieste en su porte externo, y entonces el mineral se llama cristalino. E. GGonzález *Pro* 13.8.75, 22: Pedro Ximénez. De porte erguido. Hojas pequeñas, con senos estrechos. Racimos apretados.

4 Calidad o categoría. | CPuche *Paralelo* 42: Con tipos de este porte, qué revolución ni qué leche se iba a hacer. CSotelo *Muchachita* 299: Hombre, es que, perdóname, pero una banda de ese porte solo por lo de la uva...

porteador -ra *adj* Que portea. *Frec n, referido a pers.* | D. Bidaurreta *DNa* 23.7.64, 9: El primer trabajo en Sallent es contratar una caballería que nos suba las mochilas .. Mientras tomamos un bocado, se presenta el porteador con un percherón de ancas rollizas, dispuesto para la marcha. CPuche *Paralelo* 140: A él le debía toda su preponderancia entre los porteadores de la blusa marrón.

portear *tr* Llevar o transportar. | *Ya* 24.5.74, 41: El repartidor que lo porteó [el telegrama] hubo de hacer laboriosas gestiones para localizar su emplazamiento exacto. Zunzunegui *Camino* 512: El hombre lo recogía, lo metía en el bolsillo y avanzaba como si porteara algo pecaminoso. Ero *Van* 10.1.74, 28: Se espera que mientras duran las obras, los restos de Evita no serán porteados a Buenos Aires.

portegado *m* (*reg*) **1** Pórtico. | Berlanga *Gaznápira* 14: Tú sigues recostada en la columna del portegado de la Iglesia.

2 Cobertizo. | Aldecoa *Cuentos* 1, 29: Dando la vuelta a la iglesia, a la que está pegada la casa, se abre un amplio portegado. El portegado está entre una era y un estercolero .. Del portegado se sube al pajar.

portento *m* **1** Hecho extraordinario que sobrepasa lo natural y causa admiración. | * A la muerte de Jesús se produjeron varios portentos. **b)** Hecho extraordinario o fuera de lo común. | FVidal *Duero* 92: Su plaza Mayor .., de nula capacidad de evocación, sin pátina de vetustez honorable, sin recuerdo de portentos felices o infelices, sin paso a la añoranza.

2 Pers. o cosa que causa gran admiración por alguna cualidad, gralm. positiva. *Frec con intención ponderativa.* | Salvador *Haragán* 28: Juana es un portento. Fermín *GOc* 24.11.80, 35: El local es un portento.

portentosamente *adv* De manera portentosa. | CBonald *Ágata* 141: Con una cara portentosamente similar a la del molusco de su apodo.

portentoso -sa *adj* Que tiene carácter de portento. | Peña-Useros *Mesías* 75: La Biblia trae una y otra vez a la memoria los hechos portentosos de Dios en favor de su pueblo al sacarle de Egipto. Gironella *SAbc* 9.2.69, 21: El ajedrez desarrolla en él, en forma portentosa, sus cualidades innatas.

porteño -ña *adj* **1** De Buenos Aires. *Tb n, referido a pers.* | A. Lezcano S*Abc* 18.10.70, 52: Celia Gámez nos recibe sonriente y cordial, .. hablando con su clásico acento porteño. *Abc* 5.9.71, 25: La prensa porteña otorga extraordinario relieve a la devolución de los restos [de Eva Duarte de Perón].
2 De Valparaíso (Chile). *Tb n, referido a pers.* | *Abc* 15.11.68, 49: Valparaíso .. Una invasión de objetos no identificados ("ovnis") mantuvo anteanoche y los primeros minutos de la madrugada de ayer en expectación a porteños y viñamarinos.
3 De alguna de las ciudades llamadas Puerto, esp. del Puerto de Santa María (Cádiz). *Tb n, referido a pers.* | In. Fuente S*País* 13.2.83, 14: El patrimonio familiar se respiraba ya en su airosa casa porteña de arquitectura colonial construida en los tiempos en que los cargadores de Indias atracaban en el Puerto .. El inglés Tomás Osborne y Mann decidió instalarse en el Puerto de Santa María.
4 De una ciudad que tiene puerto. *Tb n, referido a pers.* | N. LPellón *MHi* 11.63, 37: La pluma que un día escribió de "Bahía de Todos os Santos..." calificó a esa ciudad porteña .. como "u[m]a misteriosa cidade de graças".

porteo *m* Acción de portear. | Gironella *Millón* 153: Las dos preocupaciones de Ortiz eran la artillería y la requisa de animales para el transporte y el porteo.

portería *f* **1** Lugar destinado al portero [1]. | GPavón *Hermanas* 43: Desde el portal mal alumbrado, con desconchones y humedades, vieron que en la portería había una niña rubia leyendo un tebeo. J. Carabias *Ya* 26.11.75, 6: En el famoso parque Güell, de Barcelona, hay mucho de oriental y mudéjar, junto a algo como los famosos pabellones de portería, que tienen un cierto sabor de ingenuidad, de pórtico del "país de las maravillas". **b)** Vivienda del portero. | AMillán *Día* 108: Pero, hija... Si es de renta antigua. No saco ni diez mil pesetas al mes. Un piso que tenéis vosotros, otro yo, la portería, y quedan solo tres inquilinos.
2 Cargo u oficio de portero [1]. | * Se hizo cargo de la portería hace dos años.
3 (*Dep*) Marco formado por dos postes y un larguero, por el cual ha de entrar el balón o pelota para conseguir un tanto. | M. GArostegui S*Abc* 20.10.68, 34: Iba hacia la portería, pero .. no tiró a gol. Repollés *Deportes* 87: El balonmano de sala es un deporte de juego colectivo en el que dos equipos .. luchan por conseguir el mayor número de tantos, introduciendo el susodicho balón en la portería del rival.

porteril *adj* De(l) portero [1a y b]. | J. Suevos *Cór* 29.8.76, 2: Debe preocuparnos, pues, y mucho, la reunión de la Internacional terrorista en Dublín .. Sería muy útil que los españoles nos desentendiéramos del cotilleo porteril que padecemos, para pensar en ese gran peligro que también nos afecta.

portero -ra A *m y f* **1** Pers. que tiene a su cargo la vigilancia de la puerta de un edificio. | Laforet *Mujer* 133: La portera le dio las llaves de su piso. GPavón *Hermanas* 37: Los tres tomaron un taxi hasta el Hotel Central .. Siempre el mismo portal .. El portero que sonreía. CBaroja *Inquisidor* 24: Otros empleados de la máxima confianza eran el receptor o tesorero del Santo Oficio y sus subalternos. Y aún quedan los porteros y nuncios, los empleados en las prisiones, con los alcaides a la cabeza. **b)** *En la forma f se usa con intención desp para referirse al hábito de traer y llevar habladurías.* | * Eso son cotilleos de porteras.
2 (*Dep*) Jugador que defiende una portería [3]. | M. GAróstegui S*Abc* 20.10.68, 32: Acabó siendo ganado por sus hermanos: Tomás, portero del Arenas, y Domingo, extremo.
B *m* **3 ~ automático.** Mecanismo que permite abrir el portal de un edificio desde los pisos. | *GacNS* 6.8.70, 16: Piso estrenar Portugalete .. Ascensor-descensor, portero automático, agua caliente continua.
C *f* **4** (*reg*) Puerta rústica en una valla o cierre. | MCalero *Usos* 22: A la alquería se llegaba por el paso de una portera que cerraba el cercado.

portezuela *f* **1** Puerta pequeña. | Onieva *Prado* 152: *San Juan Bautista* .. Es la portezuela de un tríptico.
2 Puerta [de coche]. | MGaite *Retahílas* 13: –¿Y tiene que ser de este pueblo el perro? –preguntó al tiempo que, riéndose, abría la portezuela del coche.

portfolio → PORFOLIO.

porticado -da *adj* Que tiene pórtico [1 y 2]. | Carnicer *Castilla* 39: Las casas, en gran parte porticadas y sostenidas por columnas de piedra, tienen en su segunda planta un entramado de madera. Ortega-Roig *País* 39: Un pueblo gallego, Lage, con cielo nublado, calles mojadas (fijaos en la arcada del primer término: las calles porticadas son frecuentes) y casas con aleros muy saledizos. Tejedor *Arte* 14: En el interior .. se suceden un patio porticado, la sala hipóstila o de columnas y el santuario.

pórtico *m* **1** Galería con columnas situada delante de la puerta de un templo u otro edificio suntuoso. | Laforet *Mujer* 142: Perdió la cuenta del tiempo que estuvo en la iglesia .. En el pórtico se fijó en una señora gruesa.
2 Galería con arcadas o columnas. | Tejedor *Arte* 38: Los propileos o grandes escalinatas bordeadas de pórticos para el acceso a la altura.
3 (*Mec*) Armazón constituida por dos pies derechos que sostienen un elemento horizontal. *Frec en la constr* GRÚA (DE) ~. | *Ya* 5.9.85, 15: Instalación de una red de pórticos de señalización variable, aproximadamente cada 400 metros. G*Telefónica N.* 648: Talleres Santa Bárbara, S.A. Maquinaria de transporte y elevación. Pórticos. Carga y descarga de barcos. Transportadores de banda. Elevadores de cangilones. S*Inf* 4.7.70, 18: Grúas: Puente, de pórtico, de semipórtico, de puente de carga, de astillero, de contenedores, siderúrgicas. *Abc* 11.5.58, sn: Grúa pórtico sin estrenar.
4 (*lit*) Parte previa o introductoria [de algo]. | *Pro* 23.4.74, 45: Petrel se halla en el pórtico de sus fiestas de Moros y Cristianos. M. Cayón *Abc* 15.4.73, 39: Doce procesiones con 30 pasos avalan la calidad de la Semana Santa de León. Su pórtico emocionante lo brinda cada año la procesión de la Virgen del Mercado.

portilla *f* **1** Puerta o cierre rudimentarios en una cerca o algo similar. | Hoyo *ROc* 8/9.76, 91: Las gentes, al verlos, no se apresuraban a guardar las gallinas, no recogían la ropa tendida, no cerraban las portillas de los corrales. Delibes *Parábola* 73: Conforme su mirada se resume, topa Jacinto con la portilla de troncos de pino, totalmente superflua puesto que el acceso a la cabaña es franco por los cuatro costados.
2 Puerta pequeña gralm. no destinada al paso de perss. | Ferres-LSalinas *Hurdes* 19: El Demonio, derrotado, se hunde en las tinieblas por una portilla que se abre en el tablado. Delibes *Príncipe* 29: Se arrodilló y abrió la pequeña portilla, bajo el fogón.
3 Portillo [3]. *Normalmente en topónimos.* | Cela *Mazurca* 44: Para mí que se la llevaron [la raya del monte] a muchas leguas, a lo mejor más allá de las portillas de la Canda y el Padornelo.
4 (*Mar*) Portillo [4]. *Tb, raro, referido a aviones.* | * Llamaba portillas a los ojos de buey. MCampos *Abc* 9.4.67, 5: Dando lugar así al inmaculado telón de fondo que se ve a través de las portillas del avión.

portillera *f* Puerta de entrada a una finca. | Llamazares *Lluvia* 37: Busqué con la linterna la vieja portillera de la huerta. Abrirla me costó mucho trabajo. La nieve la cubría por completo y el cerrojo rechinaba.

portillo *m* **1** Abertura en un muro o tapia. *Tb fig.* | Burgos *Tri* 5.12.70, 10: En esa tapia han abierto un portillo. M. GManzano *Rev* 11.69, 22: Se edita en Mallorca .. En 1966, tercera edición en la "Colección de Clásicos Catalanes del siglo XX", espaldarazo definitivo y portillo para la traducción castellana que ha visto la luz en 1969. **b)** Portilla [1]. | Arce *Testamento* 94: Cuando los mozos dejaban la cortejada, .. se iban en grupo y quitaban los portillos de todas las corraladas del pueblo.
2 Puerta pequeña, esp. la situada en otra mayor. | Delibes *Príncipe* 29: Al cabo se dirigió a la rinconera, junto al fogón, y la abrió de un tirón. El resbalón hacía "clip" al abrirse el portillo, y "clap" al cerrarse. **b)** Puerta pequeña de una población amurallada. *Frec en topónimos.* | J. REstasen *Ya* 2.5.75, 59: Cuando todo estuvo perdido intentaron su salvación en la huida, encaminando sus pasos por los portillos del Conde Duque y de San Bernardino.
3 Puerto pequeño de montaña. | Cela *Judíos* 250: Juzga de mayor sentido no meterse .. a escalar riscos y coronar cumbres y portillos.
4 (*Mar*) Abertura practicada en los costados de un buque para luz y ventilación. | Aldecoa *Gran Sol* 14: Por el por-

tillo de la cocina del *Aril* asomó la pelambre bermeja del engrasador.

portillón *m* (*reg*) Puerta grande de acceso a un corral. | MCalero *Usos* 19: A este gran corralón solamente se podía pasar por el amplio portillón, que utilizaban los carros y ganados de la labor.

pórtland (*pronunc corriente, /pórlan/*) *m* Variedad de cemento fabricada con caliza y arcilla machacadas y cocidas a altas temperaturas. *Tb* CEMENTO ~ y DE PÓRTLAND. | Aldecoa *Cuentos* 1, 49: Un viento suave arremolinaba y extendía breves ondas de polvillo sobre el pórtland de las aceras. Tamames *Economía* 201: La fabricación de cemento pórtland se inició en España a finales del pasado siglo, en Oviedo. [*En los textos, sin tilde.*]

porto-flip (*tb con la grafía* **portoflip**; *pl normal*, ~s) *m* Cóctel de oporto, yema de huevo y azúcar. | *Cocina* 751: Porto-flip. En un recipiente se ponen unos trozos de hielo picado, una cucharada de azúcar, una copa de oporto y una yema de huevo. Batir muy bien y servir en copas con un poco de ralladura de nuez moscada por encima. Gala *Suerte* 594: (Al camarero.) Para mí un "portoflip".

portón *m* **1** Puerta grande de entrada a una casa. | Laforet *Mujer* 85: Llegó hasta el portón claveteado de la casona de los Nives.
2 (*Taur*) Puerta grande que pone en comunicación el ruedo con el callejón. | Quiñones *Viento* 51: Al sonar los clarines, casi le sobresaltó la inesperada voz de don Rafael hablándole de nuevo en voz baja al otro lado del abierto portón de toreros.
3 Puerta trasera de un automóvil. | *País* 12.9.80, 19: El amplio portón trasero [del coche] .. permite una óptima accesibilidad a un espacio de carga de 272 a 1088 dm³.

portona *f* (*reg*) Puerta de acceso a una casa, dividida transversalmente en dos mitades. | Hoyo *Glorieta* 98: Los chicos, una vez refugiados detrás de las portonas, se agazapaban y miraban al tío Niebla desde las boncarillas.

portonovense *adj* De Portonovo (Pontevedra). *Tb n, referido a pers.* | Cunqueiro *Pontevedra* 34: Portonovo tuvo importancia como puerto pesquero en pasados tiempos .. Para ir a pescar allí donde los portonovenses lo hacían, tenían que salir con sus barcas desde la Moureira al mar mayor.

portonovés -sa *adj* De Portonovo (Pontevedra). *Tb n, referido a pers.* | *Faro* 1.8.75, 16: Este año, las organiza este barrio, el cual nos brinda a toda la zona portonovesa unas atra[y]entes fiestas.

portor -ra *m y f En los ejercicios circenses*: Pers. que sostiene o recibe a los que hacen las acrobacias. | GHortelano *Momento* 32: Equilibrios en el trapecio de la jalousie, una y otro alternativamente de ágil o de portor.

portorrealeño -ña *adj* De Puerto Real (Cádiz). *Tb n, referido a pers.* | *Cádiz* 33: Puerto Real .. se encuentra también en la bahía de Cádiz, y en su término irá el estribo occidental del puente sobre la misma, en las cercanías de los astilleros de Matagorda, donde trabajan millares de portorrealeños.

portorriqueño -ña *adj* Puertorriqueño. *Tb n.* | *Últ* 18.8.70, 1: Un pintoresco suceso, del que han sido protagonistas una joven portorriqueña y un funcionario municipal, se registró días pasados en esta ciudad.

portuario -ria *adj* De(l) puerto de mar. *Tb n, referido a obrero.* | *DMa* 29.3.70, 9: Aumento general en los índices de las actividades portuarias. *Inf* 27.7.70, 9: Ha afectado la huelga de portuarios ingleses a los buques de servicio regular de pasajeros.

portuense *adj* De alguna de las poblaciones llamadas Puerto, esp. del Puerto de Santa María (Cádiz). *Tb n, referido a pers.* | *Các* 7.10.74, 7: Puerto de Santa María .. Cincuenta y cinco de los escolares .. que ingresaron el pasado viernes en la clínica portuense del doctor Frontela .. han sido dados de alta hoy.

portugalés -sa *adj* (*hist*) De una facción de la ciudad de Badajoz durante el reinado de Sancho IV, rival de la facción de los bejaranos. *Tb n, referido a pers.* | GLuengo *Extremadura* 16: 1289. Luchas turbulentas en Badajoz entre los partidos de bejaranos y portugaleses, repobladores de la ciudad. Los bejaranos pasaron a cuchillo a los segundos.

portugalización *f* (*hoy raro*) Acción de portugalizar. | *Voz* 10.8.75, 15: Interrogado sobre las declaraciones realizadas por el jefe del Alto Estado Mayor acerca de una pretendida portugalización del Ejército español, el teniente general Coloma Gallegos dice: "¡Bah!, eso lo interpretaron mal".

portugalizar *tr* (*hoy raro*) Dar [a alguien o algo] un carácter semejante a la revolución portuguesa del 25 de abril de 1974. | J. R. Alonso *Sáb* 15.6.74, 10: Sin "portugalizarnos", me parece que España ha cambiado mucho en los últimos meses y que la experiencia es apasionante.

portugalujo -ja *adj* De Portugalete (Vizcaya). *Tb n, referido a pers.* | Vega *Cocina* 53: En el capítulo sopas y potajes, el caldo limpio, .. la sopa de ajo a la portugaluja.

portugués -sa I *adj* **1** De Portugal. *Tb n, referido a pers.* | Ortega-Roig *País* 145: La Meseta Meridional .. al Oeste está abierta hacia la llanura portuguesa. Laiglesia *Tachado* 81: Este maldito sol que baña el territorio peninsular embrutece tanto a los españoles como a los portugueses.
II *m* **2** Lengua románica hablada en Portugal, el Brasil y las antiguas posesiones portuguesas. | Lapesa *HLengua* 201: Algunos elogian el castellano como lengua más universal que el portugués.

portuguesismo *m* **1** Palabra o rasgo idiomático propios de la lengua portuguesa o procedentes de ella. | Cabezas *Abc* 3.6.70, 54: Lo de "León Miufidero" parece ser un portuguesismo, como lo de "Pardo" por Prado. **b)** Tendencia al uso de portuguesismos. *Tb el mismo uso.* | Salvador *Lusismos* 247: Es bien conocida la tendencia al portuguesismo lingüístico de Colón en sus escritos.
2 Carácter portugués. | J. Salas *Abc* 24.2.74, 28: Si alguien tiene algún derecho a proclamar que son pocos, esos serán los de la paciente dureza, es decir, el portuguesismo resistente contra viento y marea, encastillado en una moral de ciudadela.

portulano -na I *adj* **1** (*hist*) [Carta o mapa] que representa detalladamente los puertos y las costas, con indicación de rumbos y distancias, pero sin atenerse a ningún sistema de proyección. *Frec n m.* | *Imagen Mundo* 15: La única cartografía manuscrita de los siglos XV y XVI .. está formada por las cartas portulanas que se construían fundamentalmente en Mallorca y Génova. GNuño *Madrid* 133: La "Carta de marear de las Indias", por Juan de la Cosa, .. mapa portulano con representación muy fiel del mundo antiguo. Tejedor *Arte* 118: En el siglo XIII .. aparecen ya los llamados portulanos .. con exactas y muy completas representaciones de las costas, pero más pobres y arbitrarias del interior.
II *m* **2** Plano o colección de planos de puertos y costas. | CBonald *Noche* 106: –Por aquí hay como veintidós pies de calado, no llega –dijo el otro carabinero sin consultar ningún portulano.
3 (*hist*) Libro que contiene una descripción detallada de puertos y costas. | *Imagen Mundo* 17: Parece que la principal fuente de información [para la construcción de las cartas portulanas] .. fue la experiencia náutica de la gente de mar, escrita en unos libros, llamados portulanos, .. donde se anotaban las particularidades de los puertos y las distancias de unos a otros.

porvenir *m* **1** Tiempo futuro. | Medio *Bibiana* 14: Nadie sabe jamás lo que están pensando, .. ni qué proyectos tienen para el porvenir.
2 Situación en el tiempo futuro. | Laforet *Mujer* 14: –Ten en cuenta a Miguel .. Tendrá que estar interno, o... Ya veremos.– Paulina comprendía que lo que decía Eulogio era de mucha importancia .. Era algo que se refería a la vida de los dos y al porvenir de su hijo. **b)** Medio de vida en el futuro. | Van 17.4.73, 86: Buscamos hombres .. con ganas de trabajar y labrarse un porvenir. **c)** Posibilidad de éxito en lo futuro. | Olmo *Golfos* 43: Aquí no hay porvenir, y yo quiero que tú y Tinajilla viváis mejor.

porvenirismo *m* (*lit*) Atención predominante o exclusiva al porvenir. | *Abc* 17.6.58, 29: Se subía también en las jardineras a los altos de Chamartín y los pinares de la Ciudad Lineal, con su disparatado porvenirismo de barrio razonado.

porvenirista *adj* (*lit*) De(l) porvenirismo. | GSosa *GCanaria* 38: Esta parte de la ciudad se distingue más por su prurito porvenirista que por su sentido reverencial del pasado. **b)** Que se ocupa del porvenir o hace predicciones para el porvenir. *Tb n, referido a pers.* | *Abc* 16.4.58, 39: La "elevación del nivel de vida e incremento del bienestar" que el "porvenirista" Kruschef nos anuncia se han alcanzado en Norteamérica .. precisamente con el sistema político y económico más opuesto a la doctrina y técnica marxistas. Alcántara *Ya* 18.1.85, 2: Los porveniristas aseguran que entre las novedades que va a deparar el siglo XXI está el vuelo individual.

pos. en ~ de. *loc prep* **1** Tras o detrás de. | CNavarro *Perros* 118: El pequeño se puso en pie y comenzó a caminar en pos de ellos. *Van* 19.12.70, 14: La gripe deja en pos de sí decaimiento y anemia.
2 Tras o en busca de. | A. D. Galicia *Sáb* 10.9.66, 13: Ocupan .. el resto [de sus horas] .. en la vida social y en servir a quienes, cámara en ristre, vienen en pos de su popularidad.

pos- (*tb* **post-**) *pref* **1** Denota posterioridad en el espacio, con respecto a lo designado o aludido en el término prefijado. | *Por ej*: Bustinza-Mascaró *Ciencias* 166: Las patas del primer anillo postcefálico [de la escolopendra] están transformadas en unos garfios, o forcípulas. Academia *Esbozo* 48: Se deriva de *u* indoeuropea postconsonántica. MNiclos *Toxicología* 17: Con la pilocarpina tiene lugar .. una fuerte miosis, no por bloqueo de la colinesterasa, sino por excitación postganglionar de las fibras parasimpáticas.
2 Denota posterioridad en el tiempo, con respecto a lo designado o aludido en el término prefijado. | *Por ej*: *Abc* 20.7.67, 32: España pretende que, a través de una consulta popular, el pueblo gibraltareño exponga la manera de articular sus intereses dentro de una situación poscolonial. R. Roquer *Van* 20.12.70, 32: No cabe un "postcristianismo" que transcienda y supere el ideal religioso de la Encarnación. Pericot-Maluquer *Humanidad* 31: Después, el Tirreniense I y II, a niveles más bajos, aceptando algunos autores un nivel Tirreniense III, además de oscilaciones más ligeras que se relacionan con los cambios postcuaternarios. V. BQuirós *Ya* 16.3.90, 72: Fallece el pintor Orlando Pelayo .. Había manejado varios estilos pictóricos, desde el expresionismo hasta la abstrac[c]ión tachista y el expresionismo. *MHi* 3.61, 42: Aparece después .. un dibujo en grisalla sobre lienzo, cuya aparente forma académica encubre una estructura tan cubista como la obra comentada antes. L. Calvo *Abc* 15.10.70, 29: Las diversas fracciones del posgaullismo. GNuño *Madrid* 195: Eugenio Lucas y Leonardo Alenza, los dos grandes maestros postgoyescos. Aranguren *Marxismo* 81: La ruptura de la falsa síntesis hegeliana –síntesis que otro posthegeliano, von Stein, intentará, a su modo, reafirmar– constituye una de las posiciones fundamentales de Marx. Pinillos *Mente* 139: Las sugerencias que se hacen a un individuo hipnotizado pueden continuar actuando y condicionando su conducta posthipnótica. Aranguren *Marxismo* 74: La palabra "burgués" en alemán .. ha cobrado sentido moderno, post-marxista. B. Beltrán *Ya* 7.1.92, 23: En la mujer posmenopáusica, la etiología orgánica comprende el 93% de los casos, y la funcional, el "reducido" resto. Pemán *MHi* 7.68, 10: Las guerras europeas napoleónicas y post-napoleónicas. Laiglesia *Ombligos* 324: Las señoras, por su parte, se habían puesto unos sombreros tan grandes y con tantas cosas encima que hacían pensar en las bandejas del buffet postnupcial. M. D. Gant *Rev* 7/8.70, 8: La caótica economía rusa del período posrevolucionario se rehízo un tanto. Villapún *Iglesia* 125: Época Postridentina. J. Palau *Des* 12.9.70, 37: El músico se encontraba aún dentro de la órbita poswagneriana.

posa *f* (*reg*) **1** Parada que se hace cuando se lleva a enterrar un cadáver, para rezar un responso. | Delibes *Ratas* 129: Hasta la iglesia, los mozos hicieron tres posas con el ataúd, y en cada una don Ciro rezó los oportunos responsos.
2 Detención o parada. | Delibes *Madera* 422: Le sacaron en calzoncillos con una cruz al hombro y le hicieron recorrer el Vía Crucis alrededor de la cotera. En las posas le zurraban la badana con palos y piedras, de modo que, cuando llegó al final, tenía la cabeza rota y estaba muerto.

posada I *f* **1** Establecimiento de poca categoría en que se hospedan viajeros o forasteros. | Cunqueiro *Un hombre* 14: Habría que cortar el miedo con un cuchillo para poder entrar en cualquiera de nuestras posadas. **b)** Cantidad que se paga por alojarse en una posada. | Lera *Clarines* 373: No lo hicimos por ahorrarnos la cena y la posada, mira tú.
2 Alojamiento o albergue. | Vesga-Fernández *Jesucristo* 25: No encontraron posada ni entre sus parientes ni en el mesón.
3 (*lit, raro*) Casa o residencia. | Lázaro *Crónica* 21: El 3 de agosto de 1713, el marqués de Villena convoca en su posada a tres personas más.
4 ~ de colmenas. Trozo de monte bajo en que hay un colmenar no cercado. | JGregorio *Jara* 14: En algún resguardo del monte, asobacado, se ven los corchos meleros, pobres restos de las antaño pujantes posadas de colmenas.
II *loc v* **5 hacer ~.** (*lit, raro*) Vivir o residir [en un lugar]. | Cobos *Machado* 48: Ha sido el segundo [acierto] la fundación de la Casa-museo de Antonio Machado, con punto de partida en el arriendo, luego compra, del piso en que hizo posada el poeta durante los trece cursos docentes de segoviania.

posaderas *f pl* (*col*) Nalgas. | Delibes *Ratas* 113: El señor Gobernador, a quien Justito empujaba por las posaderas, se encaramó torpemente al brocal del pozo.

posaderil *adj* (*raro*) De (la) posada [1]. | Cobos *Machado* 12: Es curiosa la cita expresa de la Posada del Toro, que está al final de la calle Esparteros, en un recodo, todavía en uso posaderil el año 19.

posadero -ra A *m y f* **1** Pers. que tiene o atiende una posada [1]. | Romano-Sanz *Alcudia* 16: –¿Buscan posada? –Sí. ¿Dónde está el posadero?
B *m* **2** Lugar en que habitualmente se posan las aves. | Noval *Fauna* 194: Un típico posadero de lechuzas .. poseía una increíble cantidad de excrementos y egagrópilas.
3 Asiento cilíndrico hecho de espadaña, esparto o corcho, propio esp. de la Mancha y Andalucía. | Sampedro *Octubre* 96: Se ha sentado en el puf de esparto y pellica. Lo compramos en la Puebla de Montalbán .. Allí le llaman "posadero" a ese asiento como tambor.

posado -da *adj* **1** *part* → POSAR.
2 Reposado o sosegado. | Payno *Curso* 204: Piti también se mostró simpática y dulce .. Darío también observó que estaba como más posada; y que tenía un cuerpo excelente.

posante *adj* [Pers.] que posa² [1]. *Frec n.* | T. GPita *SAbc* 5.4.70, 24: No cabe duda que al retratar existe una relación psíquica pintor-posante que quedará reflejada en la tela.

posapié (*tb* **posapiés**) *m* Lugar destinado a poner o apoyar el pie. | Delibes *Hoja* 154: El viejo Eloy .. se apoyó en el posapié y se encaramó en la carroza. Delibes *Vida* 107: –Me gustaría probarla [la moto]. – Desde que la compré tenía ese antojo, y, aunque a mí me asustaba la idea, no me opuse; le sujeté los zapatos en los posapiés y le di unas instrucciones sumarias. *Ya* 16.10.75, 32: Caja calzado, de plástico, y posapié. Sampedro *Octubre* 179: Curiosísima casa de Flora .., maceteros con palmas, un vis-à-vis, cacharritos, búcaros, antiguos abanicos en estuches con cristal, el posapiés.

posar¹ A *tr* **1** Poner suavemente [algo en o sobre alguien o algo]. | Medio *Bibiana* 83: El hombre posa su mano sobre el muslo de la chica. Cunqueiro *Un hombre* 9: Unas campesinas ponen en el suelo cestas con ristras de cebollas. J. L. FRúa *SVozC* 29.6.69, 19: Uno de los viajeros posa la vista sobre el dueño del mesón.
B *intr* ➤ **a** *normal* **2** (*lit, raro*) Alojarse u hospedarse. | Carnicer *Castilla* 52: En Atienza posó varias veces don Alfonso, algunas con su mujer, doña Leonor de Inglaterra.
➤ **b** *pr* **3** Ponerse [en o sobre un lugar un animal o un aparato al dejar de volar]. | L. FSevilla *Abc* 22.10.67, 29: El superviviente díptero se había posado, con toda cortesía, en el no muy limpio cuello del reyezuelo de la tribu.
4 Ponerse suavemente [algo en o sobre alguien o algo]. | Villapún *Iglesia* 8: Vieron descender sobre él como lenguas de fuego, que se posaron sobre las cabezas de los Apóstoles. Olmo *Golfos* 185: La luz, como nueva, se posa en las ramas de los negrillos. FRoces *Hucha* 1, 37: Su mirada, como perdida, se posa ahora en el pichel que hay en la vasera.
5 Depositarse [las partículas que están en suspensión en un líquido o en el aire]. *Tb fig.* | *Economía* 22: Se dejará un espacio de tiempo entre el barrido y la limpieza del polvo, a fin de que el que se quede en el aire se haya posado. GPavón *Reinado* 124: Hasta ahora no me fío de nada .. A ver si se po-

posar – posesión

sa todo un poco. **b)** Quedar [un líquido] libre de partículas en suspensión por depositarse estas en el fondo del recipiente. | *Miss* 18.10.74, 17: Uñas sanas y bellas con Mavala .. No se posa en el frasco.

posar² *intr* **1** Permanecer en una determinada postura para servir de modelo a un pintor, un escultor o un fotógrafo. | Laiglesia *Fulana* 213: –¿Tú sabes posar? –me preguntó [el pintor]. Laiglesia *Fulana* 224: Las tías en cuclillas, cuando posan para un fotógrafo, hacen pornografía. **b)** Dejarse fotografiar. | Delibes *Mundos* 102: A mis indicaciones de que deseaba sacar una fotografía no me respondió sino con entrecortadas risotadas estúpidas. Fue la india .. quien me atendió .. Ella pedía dinero por "posar".
2 Adoptar actitudes estudiadas o afectadas. | Cossío *Confesiones* 317: Ello [la permanencia en Ávila de Larreta] le llevó, al regresar a la Argentina, a convertirse en un hidalgo español del Renacimiento, y al mismo tiempo a posar en la vida.

posavasos *m* Tapete pequeño u objeto similar que se pone debajo de un vaso o copa para recoger el líquido que escurra. *A veces en aposición*. | *Lab* 12.82, 74: Divertidos posavasos .. Esta bonita colección de tapetitos posavasos se teje a ganchillo fácilmente. MReverte *Demasiado* 197: Me tumbé en la cama, con el café cuidadosamente colocado sobre un posavasos para no manchar la mesilla.

posbalance (*tb* **postbalance**) *adj invar* [Venta] de artículos rebajados que un comercio realiza después del balance anual. *Tb n m.* | *Pue* 20.1.67, 5: Drásticas rebajas en nuestra gran venta posbalance. Hache *Cod* 3.5.64, 8: Adquieren verdaderos saldos de "moruchos" a precios de post-balance para soltarlos a los toreros desentrenados.

posbélico -ca *adj* (*lit*) Posterior a la guerra. | Areán *Raz* 5/6.89, 313: La renovación geométrica posbélica la inició en Barcelona en los años cuarenta Enrique Planasdurá .., autor primero de unas estructuras lineales y luego de composiciones con polígonos.

poscombustión (*tb* **postcombustión**) *f* (*Fís*) Combustión suplementaria, esp. la que permite aumentar la potencia o empuje de los turborreactores. | D. Vecino *Ya* 30.10.74, 59: El piloto estudia la ruta al blanco y regreso .. Despega con poscombustión en corto espacio y vuela a gran altura sobre territorio propio.

poscomunión (*tb* **postcomunión**) *f* (*Rel catól*) Oración que se dice en la misa después de la comunión. | Ribera *Misal* 142: Léase la antífona de la Poscomunión correspondiente a la Misa del día. Vesga-Fernández *Jesucristo* 125: Después recita la Postcomunión, que es una oración en la que se piden al Señor gracias especiales por el Sacrificio ofrecido y por la Comunión que se ha recibido.

poscomunismo *m* Época posterior a la caída de los regímenes comunistas en Europa. | En. Merino *Ya* 24.9.91, 6: En un discurso pronunciado ante la 46 Asamblea General, Bush dedicó los veinte minutos de su tiempo a hablar del nuevo orden mundial en la era del poscomunismo.

poscomunista *adj* Del poscomunismo. | *Abc* 1.6.91, 45: Hoy comienza la primera visita de Juan Pablo II a la Polonia poscomunista.

posconciliar (*tb* **postconciliar**) *adj* De(l) posconcilio. *Frec con intención ponderativa de apertura o renovación*. | *SMad* 13.12.69, 3: Las exigencias posconciliares de autonomía recíproca de la Iglesia y del Estado que tendrán que informar el futuro Concordato .. imponen .. la independencia económica de la Iglesia. Escrivá *Conversaciones* 20: Esta es .. la colosal labor de pedagogía que la Iglesia debe afrontar en esta época postconciliar.

posconcilio (*tb* **postconcilio**) *m* Período siguiente al Concilio Vaticano II (1962-1965). *Tb la situación correspondiente*. | Delibes *Año* 58: Habló de la angustia, especialmente en los que tenemos más o menos su edad y fuimos educados en el preconcilio y madurados en el posconcilio.

posdata (*tb* **postdata**) *f* Texto que se añade a una carta ya terminada y firmada o a otra comunicación similar. | Laforet *Mujer* 335: En la carta de Eulogio, una postdata le explicaba a Paulina que en septiembre o en octubre pensaba venir a Madrid. Grosso *Invitados* 38: Junto al cablegrama notarial que le informaba del óbito, una posdata incluía .. la grata noticia de haberse convertido en heredera universal.

pose (*fr; pronunc corriente*, /pos/ o /póse/) *f* **1** Postura, esp. la que se adopta para posar². | Sánchez *Inf* 21.10.69, 27: A la muchacha le han creado cierta fama de "Lolita moderna". Sus fotos en las "poses" más audaces han dado la vuelta al mundo, en revistas y periódicos. J. Rubio *SAbc* 9.2.69, 11: Ana Lázaro, con una reminiscencia de Goa, de danza sagrada, de libro védico en cada "pose".
2 Actitud estudiada o afectada. | Delibes *Año* 133: Me gustó también su persona, retraída, sencilla, muy alejada de poses y dogmatismos.
3 Acción de posar² [1]. | SSolís *Jardín* 49: El primer día de pose fue un tanto decepcionante, porque Olalla se redujo a tomarme unas medidas y a preparar un mogote de arcilla.

poseedor -ra *adj* Que posee [1, 2 y 3]. *Tb n, referido a pers*. | Ramírez *Derecho* 73: Se distingue, a efectos prácticos, entre posesión natural y posesión civil, como se distingue entre poseedor a título de dueño y poseedor mero tenedor de la cosa. L. Calvo *Abc* 4.12.70, 43: Con la estancación económica y la baja de los tipos de interés, incita a los poseedores de capital a corto plazo a llevarlos a Europa. C. HPadilla *Día* 23.9.75, 9: El bosque de El Cedro, uno de los más frondosos y bellos de nuestras islas, poseedor de una masa forestal de gran valor. *Abc* 26.8.75, 64: No son poseedores de la verdad, sino simplemente unos seres que engañan.

poseer (*conjug* **17**) *tr* **1** Ser dueño [de algo (*cd*)]. *Tb abs*. | Vesga-Fernández *Jesucristo* 98: El padre .. repartió entre sus hijos lo que poseía.
2 Tener [una pers. o cosa algo] en sí. | *Abc* 15.4.73, sn: Además de todas las ventajas del sistema Single-8, posee: Zoom de cuatro aumentos, automático y manual. Tres velocidades de filmación y cuadro a cuadro. J. M. GRuiz *Sáb* 20.8.75, 30: Reconozco que P. A. debe poseer una cultura muy vasta.
3 Tener [alguien (*suj*) algo (*cd*)] a su disposición. | * No puede opinar sin poseer todos los datos.
4 Dominar [a alguien] o ejercer una influencia decisiva [sobre él (*cd*)]. *Frec en part*. | Delibes *Hoja* 88: Con la máquina en la mano le poseían unos vanidosos pujos de profesional. DCañabate *Paseíllo* 94: La Martina se revuelve convulsa como poseída del frenesí de la venganza cumplida. **b)** Dominar [un espíritu a una pers.] o tener[la] bajo su poder. *Gralm en part, frec sustantivado*. | Vesga-Fernández *Jesucristo* 83: Una mujer cananea, cuya hija estaba poseída de un mal espíritu, supo que Jesús estaba allí. Pinilla *Hormigas* 244: Parecía haber hallado en el trabajo la única razón por la que seguir respirando, hundiéndose en él con el coraje de un poseído, dispuesto a soportarlo todo.
5 Realizar el acto sexual [con una pers., esp. con una mujer (*cd*)]. | Cela *SCamilo* 374: Toisha se entrega desmayadamente .., tú .. la posees con menos entusiasmo que otras tardes. MMolina *Jinete* 469: Sin conocerlo lo posee como no ha poseído a ningún hombre y se entrega a él desvaneciéndose en su deseo.
6 Conocer [una lengua, arte o ciencia]. | LMiranda *Ateneo* 85: Fue un consumado humanista y un excelente escritor y traductor. Poseyó a la perfección el hebreo y el griego antiguos y modernos.

poseído -da *adj* **1** *part* → POSEER.
2 Creído, o convencido de la superioridad [de uno mismo o de algo suyo]. | ZVicente *Balcón* 62: Casta, dominadora, desprecia la ignorancia de las señoras. Poseída de su lugar: –¡Algo increíble! ¡No tengo fuerzas ni para recordarlo!

poselectoral (*tb* **postelectoral**) *adj* (*Pol*) Inmediatamente posterior a las elecciones. | *Ya* 13.12.93, 13: Se diría que el Partido Socialista está en pie de guerra .. Ni en las elecciones pasadas ni en la campaña poselectoral se consiguieron tender puentes. *Rio* 22.3.89, 1: Fraga no descarta un acuerdo post-electoral con el PSOE si los socialistas pierden la mayoría absoluta.

posesión I *f* **1** Acción de poseer. | Salvador *Haragán* 99: Su instinto primero es la posesión del oro. La posesión de la mujer es secundario. J. R. Alfaro *HLM* 26.10.70, 22: Todavía en la Edad Media se consideró la epilepsia como un encantamiento o posesión del demonio. Delibes *Guerras* 142: –Sí que fue una conquista laboriosa. –Calcule. –Y ¿cambia-

ron algo las cosas con la posesión? **b)** (*Gram*) Hecho de poseer o de tener relación o correspondencia. *Frec en la constr* DE ~. | * En la frase "el cuñado de Anita", *de Anita* es un complemento de posesión.
2 Cosa que se posee [1]. *Gralm referido a terreno*. | * Tuvo que vender sus posesiones para hacer frente a las deudas. C. Castro *Ya* 19.9.74, 18: Hoy, en unos sacos –maletas a veces– llevan sus posesiones todos los jóvenes giróvagos mundo adelante. **b)** Territorio situado fuera de las fronteras de una nación, pero que le pertenece por convenio, ocupación o conquista. | Zubía *Geografía* 185: El imperio colonial portugués es muy importante .. Tiene posesiones: en África .., en Asia.
II *loc v* **3 dar** ~ [de algo a alguien]. Entregár[selo] o transferír[selo] formalmente. | * El ministro dio posesión de su cargo al nuevo director general.
4 tomar ~ [de algo]. Pasar a ocupar[lo] o a ejercer dominio [sobre ello], esp. mediante alguna formalidad. *A veces en fórmulas de cortesía referidas a la propia casa*. | J. D. Mena *Abc* 23.8.66, 15: Tomó posesión del Peñón para la Reina Ana. * Ya sabe, ha tomado usted posesión de su casa.

posesionar A *tr* **1** Dar posesión [a alguien (*cd*) de algo]. *A veces se suprime el compl* DE *por consabido*. | *Faro* 30.7.75, 5: Cabello de Alba posesiona a los seis nuevos delegados de Hacienda.
B *intr pr* **2** Tomar posesión [de algo]. *A veces se suprime el compl por consabido*. | PBustamante *Ya* 3.3.63, sn: El rey de Portugal manifestó su intención de posesionarse de lo descubierto. *Mun* 28.11.70, 22: Se designó nuevo director, quien al poco tiempo de posesionarse solicitó algunas modificaciones.

posesionero *m* (*hist*) Ganadero que ha adquirido la posesión de los pastos arrendados. | P. GMartín *His* 5.85, 35: La estructura media de sus rebaños les revertiría importantes beneficios, procedentes no solo de la comercialización de los vellones, sino también de su condición de posesioneros en las yerbas sureñas.

posesivamente *adv* De manera posesiva [2b]. | Zunzunegui *Hijo* 53: Afianzó bien los dos pies y miró a la redonda; trayéndose posesivamente, hasta los ojos, toda la dársena.

posesivo -va *adj* **1** De (la) posesión [1a]. | DPlaja *El español* 98: El español no dice a la mujer "te amo", sino "te quiero", que es un verbo posesivo, de autoridad y propiedad. **b)** (*Gram*) [Adjetivo o pronombre] que expresa posesión [1b]. *Tb n m*. | Academia *Esbozo* 66: Algunos pronombres posesivos son acentuados o inacentuados según la posición que ocupan, y en parte, según la función sintáctica que desempeñan. Amorós-Mayoral *Lengua* 20: El posesivo sustituye cada vez más a la fórmula de "de + sustantivo". Por ejemplo: "delante mío" (en vez de "delante de mí").
2 [Pers.] que tiene o muestra un excesivo deseo de poseer, controlar o dominar. | V. A. Pineda *Des* 12.9.70, 19: Se encarnan en la figura de Marlene, europea, rubia, posesiva, alegoría-concepto de la posesión colonialista. **b)** Propio de la pers. posesiva. | M. LPalacios *Caso* 26.12.70, 5: La esposa era una mujer de constitución recia, parecía tener un carácter dominante y posesivo.

poseso -sa *adj* [Pers.] poseída por un espíritu. *Frec n. Tb fig*. | CPuche *Paralelo* 201: –Esta tarde, esta tarde –repetía Emiliano como un poseso. Estaba abrumado. CBonald *Ágata* 169: ¿Recuerda usted por un casual la epidemia de posesas que asoló la campiña de la Tabla va ya para seis años? E. Corral *Abc* 6.12.70, 72: Las escenas en la Aduana de Algeciras, el detritus humano de los posesos en último grado ya del vicio [la droga].

posesor -ra *adj* (*lit*) Poseedor. *Frec n*. | Torbado *Corrupciones* 363: ¡Pobre París! Somos nosotros, los extranjeros, sus reyes. Todo el que no está vinculado a nada puede considerarse perfectamente su más exacto posesor.

posesorio -ria *adj* (*Der*) De (la) posesión [1a]. | *Compil. Cataluña* 703: Yacente la herencia, el heredero llamado podrá realizar actos posesorios de conservación, vigilancia y administración de la herencia. *BOE* 27.12.67, 17855: Se concede prórroga de plazo posesorio al Secretario de la Administración de Justicia .. don Miguel Jiménez Doval.

poseur (*fr; pronunc corriente, /posór/*) *adj* (*lit, raro*) [Pers.] afectada o que adopta una pose [2]. | FCid *MHi* 7.68, 40: ¡Qué orquesta! ¡Y qué director! Karajan, con fama de intratable "poseur", de caprichoso "divo".

poseyente *adj* (*raro*) Que posee. *Tb n*. | E. Haro *Tri* 4.8.73, 6: Una economía sin una dirección política determinada conduciría exclusivamente al predominio y privilegio de las clases poseyentes. Delibes *Cartas* 151: Mediante el solape y la falacia nos ayuda a poseer otros cerebros, a suplantarlos, a pensar por ellos. Durante lustros fue este un país de posesos, y uno de los poseyentes más cualificados fue Baldomero.

posfranquismo (*tb* **postfranquismo**) *m* Época, o situación política, inmediatamente posterior al régimen de Franco (1939-1975). | E. Romero *Inf* 26.6.70, 8: Cara al posfranquismo, el panorama político no es tranquilizador. VMontalbán *Almuerzos* 119: Usted, en Londres, ya embajador, recibiendo a la oposición democrática que preparaba el posfranquismo bastante al margen de las predisposiciones de la Ley Orgánica.

posgrado (*tb* **postgrado**) *m* Estudios universitarios inmediatamente posteriores a la licenciatura. | J. Sarramona *PapD* 2.88, 80: Convendría promover programas de posgrado (Maestrías) que llevaran a cabo las Universidades. *Abc* 25.5.91, 40: Master en Seguridad Integral en la Empresa .. Curso dirigido a Ingenieros Superiores y Técnicos, Licenciados Universitarios de últimas promociones o Profesionales en ejercicio que deseen alcanzar una especialización de postgrado en esta disciplina.

posgraduado -da (*tb* **postgraduado**) *adj* [Pers.] graduada en una universidad y que continúa sus estudios para obtener una graduación superior. *Frec n*. | *Ya* 10.12.70, 32: El Gobierno de la República Federal de Alemania ofrece 40 becas, como en años anteriores, en favor de universitarios y jóvenes posgraduados españoles. *PapD* 2.88, 72: La Escuela de Magisterio debe estar abierta a postgraduados para que estos puedan cursar otras especialidades distintas a la que obtuvieron al terminar sus estudios. **b)** De posgraduados. | *GTelefónica 83* 2, 177: Sánchez Galindo, José. Ex profesor de Cirugía Plástica de la Escuela Posgraduada del Ejército. E. Jurado *NotM* 19.1.84, 6: El Real Decreto .. contempla el mantenimiento de la formación postgraduada hospitalaria.

posguerra (*tb, más raro,* **postguerra**) *f* Período inmediato a la terminación de una guerra y en el que se sufren las consecuencias de la misma. *Gralm referido a la Guerra Civil española de 1936 o alguna de las dos Guerras Mundiales*. | PRivera *Discursos* 11: Dos generaciones sacrificadas y entusiastas, la de José Antonio y la de la posguerra .., han hecho posible el milagro español de la elevación del nivel de vida. *Sp* 19.7.70, 41: En 1969, en Irlanda del Norte había más de 440.000 viviendas, de las que más de 176.000 fueron construidas durante la postguerra.

posibilidad *f* **1** Cualidad de posible. *Frec con un adj cuantitativo o de intensidad y esp en pl, para expresar la intensidad o medida de esa cualidad. Normalmente con un compl* DE. | Olmo *Golfos* 157: Mi padre .. sabe darle a su espinazo, cuando se dobla, la suficiente gracia para que las gentes rehúyan la posibilidad de un quebrantamiento. * Hay pocas posibilidades de que esto salga bien.
2 Cosa posible. | *Sp* 19.7.70, 26: Astilleros Españoles se mueve en un muy amplio campo de posibilidades. **b)** *En pl*: Perspectivas. | Matute *Memoria* 68: Al decirlo parecía augurarle un futuro de grandes posibilidades: cuando menos un cardenalato.
3 Capacidad de hacer. *Frec con un compl* DE. | Escrivá *Conversaciones* 151: Que toda persona o asociación capacitada tenga la posibilidad de fundar centros de enseñanza. **b)** *En pl*: Medios, esp. económicos, de que se dispone. | * Cada uno trabaja según sus posibilidades. * Cada persona debe cotizar según sus posibilidades.

posibilismo *m* Tendencia a aprovechar las posibilidades existentes para la realización de un fin. | A. Manent *Abc* 30.11.69, 39: La vieja tradición catalana, en cuyo centro está el posibilismo, el pactismo.

posibilista *adj* De(l) posibilismo. | GBarrientos *Pról. Buero* 24: Interpretación según la cual cualquier elemento distanciador o generalizante respondería a la estrategia "posibilista" del autor para eludir la censura. **b)** Partidario del posibilismo. *Tb n.* | J. M. Caparrós *Mun* 23.5.70, 57: En ese encuentro entre el mundo ciudadano, que representa François –posibilista, con ideales, luchador ..–, y el del pueblo, que representa Sergio .. –aburguesado, sin ideales, vencido.–, se produce una especie de catarsis.

posibilitación *f* Acción de posibilitar. | Castilla *Humanismo* 22: El humanismo así conseguido no ha deparado de inmediato una situación de auténtica o de máxima posibilitación para el hombre.

posibilitador -ra *adj* Que posibilita. | Castilla *Humanismo* 32: Una mayor libertad en la gratificación erótica no tiene por qué llevar consigo una espontaneidad mayor, un encuentro más rico y posibilitador entre persona y persona.

posibilitar *tr* Hacer posible [algo]. | Tejedor *Arte* 42: En lo cultural hay una viva tensión, manifiesta .. en un gran afán de conocimientos, posibilitados por la mayor difusión de los libros. *TeR* 26.1.70, 12: Las nuevas bases posibilitan que España sea representada por un cantante no consagrado.

posible I *adj* **1** Que puede ser o suceder, o que puede realizarse. | *Alc* 1.1.55, 3: Es posible que ambos traten de la conferencia de Bogor. Arce *Testamento* 14: No es posible que vayan a matarme. Laforet *Mujer* 36: Había acelerado la salida de su casa todo lo posible.
II *m pl* **2** (*col*) Medios económicos. *Frec en la constr* DE ~s. | Carandell *Madrid* 131: Cuando un cliente joven se casaba con una chica conocida, ella se enteraba de si la familia de la chica tenía o no posibles. ZVicente *Traque* 203: Se veía que era una persona de posibles y muy bien educada, no faltaba más. **b)** (*col, raro*) Posibilidades o medios de que se dispone para actuar. | Cela *Judíos* 103: Pues usted dirá, y sepa que si cae en mis posibles ya lo tiene.
III *loc v y fórm o* **3 ¿es ~?**, *o* **no es ~**. *Fórmulas con que se expresa asombro o incredulidad ante lo que se acaba de oír.* | Muñiz *Viejas* 207: –¿Es posible? –Posibilísimo. Hay que acabar con todo eso. –Lo pondremos en conocimiento de la Asociación. La Asociación no puede consentir que ocurra eso en nuestra ciudad.
4 es ~. *Fórmula usada para responder sin afirmar o negar aquello que se pregunta o que se afirma.* | * Es un chico muy cumplidor. –Es posible, pero no tengo datos. * –¿Lloverá? –Es posible.
5 hacer (todo) lo ~ (*o, col,* **hacer los ~s**) [por o para algo]. Procurar[lo] por todos los medios. | * Haré todo lo posible para que llegue a tiempo. Sastre *Taberna* 106: Dicen que las desgracias nunca vienen solas; pero hay que hacer los posibles por evitarlo.

posiblemente *adv* Acaso o quizá. | Medio *Bibiana* 16: Bien, posiblemente no haya nadie como una madre para cuidar a sus hijos. Marcelo lo reconoce.

posición I *f* **1** Modo de estar puesta [una pers. o cosa]. *Tb fig.* | Huarte *Tipografía* 60: En la linotipia las matrices .. se colocan en un componedor en posición que permite al linotipista leer lo compuesto. Laforet *Mujer* 154: Julián resultaba raro en el taller. Su posición no estaba demasiado clara. **b)** Modo habitual o adecuado de estar puesta [una pers. o cosa]. | Ramos-LSerrano *Circulación* 288: Las ballestas están constituidas por una serie de láminas de acero. La primera de ellas se llama maestra .. Las demás hojas van unidas a la maestra por medio de un tornillo pasante llamado capuchino, y se mantiene su posición sujetándolas entre sí por medio de abrazaderas.
2 Manera de pensar o de actuar [respecto a algo o a alguien]. | CBaroja *Inquisidor* 34: Una manera que le permitía criticar la posición de Roma.
3 Lugar que ocupa [una pers. o cosa]. *Tb fig.* | Kifi *DVa* 29.2.76, 18: Por su mejor averaje, el Fuenterrabía se mantiene en cuarta posición defendiendo esa plaza que mantuvo tantas jornadas. Escrivá *Conversaciones* 143: La Universidad .. debe contribuir, desde una posición de primera importancia, al progreso humano.
4 Categoría, o condición social o económica. *Frec con adjs como* BUENA, MALA *o equivalentes*. | I. Francisco *SYa* 27.6.74, 12: Existen libros, pero se ha[ll]an en poder de familias de posición sólida que no quieren desprenderse de ellos. E. Montes *Abc* 23.4.72, 3: Esta señora de Magalia estuvo en muy buena posición; su familia pudo ponerle en la frente una diadema de oro purísimo. **b)** *Sin adj*: Buena posición. | * Trata de labrarse una posición. * Es gente de posición.
5 (*Mil*) Emplazamiento de tropas y de instalaciones militares en zona de conflicto. *Tb fig.* | *Gac* 11.5.69, 29: La verdadera línea de alto el fuego no debía estar en el Canal de Suez, sino más hacia el Este, en la Península del Sinaí, en una posición supuestamente ocupada aún por las tropas egipcias al terminar la guerra de los seis días. Arenaza-Gastaminza *Historia* 245: La estabilización de posiciones en el frente occidental señala el comienzo de una segunda fase en la contienda, llamada guerra de trincheras. ILaguna *Ateneo* 86: La nueva generación aprovecha, no obstante, la oportunidad, y paso a paso va conquistando posiciones hasta convertir *Ateneo* en su portavoz.
II *loc adj* **6 de ~**. [Alumbrado] que indica la posición [1 y esp. 3] de un vehículo. | *SVoz* 8.11.70, 2: El alumbrado de posición ha de llevarse encendido simultáneamente con los de cruce e intensivo. VMontalbán *Comité* 184: Esperó a que [el coche] arrancara, a que desaparecieran las luces de posición al final de la noche espesa.
7 de ~es. (*Mil*) [Guerra o campaña] en que las posiciones [5] de los ejércitos contendientes se mantienen inmóviles durante un tiempo prolongado. | * El avance se detuvo; empezó una guerra de posiciones.

posicionado *m* Acción de posicionar [1]. | *Mun* 28.11.70, 66: Velocidad de acceso extremadamente rápida, como lo demuestra el posicionado de los cabezales en un tiempo medio de 30 mseg.

posicionador -ra *adj* Que posiciona [1]. *Frec m, referido a aparato*. | *GTelefónica N.* 1098: Fischer & Porter Ibérica, S.A. Válvulas de acondicionamiento neumático para regulación automática y manual a distancia. Posicionadores licencias Adar. *Pue* 22.5.75, 24: Libre de cargas a su industria, échelas a las espaldas de Caterpillar. Bastidor articulado. Servotransmisión de una sola palanca .. Posicionador automático del cucharón.

posicional *adj* De (la) posición. | APaz *Circulación* 73: A, señal posicional del Agente, que indica *alto* para los que le lleguen de frente o espalda. Academia *Esbozo* 33: Cada uno de estos sonidos de la serie se dice que representa al fonema, o que pertenece a este fonema, o que es variante combinatoria, o variante posicional o alófono de dicho fonema. MMena *Arr* 30.9.70, 2: Remarque era un jovencito de dieciséis años, allá por el lejano 1914, cuando estalló la primera guerra mundial .. Luego, las botas, el casco y las trincheras de una campaña posicional por excelencia, desesperanzadora y absurda para él y para muchos. *Pue* 3.11.70, 25: Motos que casi no llevan luz posicional en su parte trasera.

posicionalmente *adv* En el aspecto posicional. | E. Gorgojo *As* 30.12.70, 21: Ellos son más técnicos, tanto posicionalmente como [en] dominio de patín y stick.

posicionamiento *m* Acción de posicionar(se) [2 y 3]. | V. Ventura *Inf* 20.5.75, 17: Aceptando que partimos de una situación de desarrollo industrial bastante menor que la de la República Federal Alemana .., quizá nuestro "posicionamiento" en el Mercado Común podría ser ese. L. Apostua *Ya* 1.4.83, 8: No nos encontramos ante una nueva situación religiosa o un nuevo posicionamiento ante la fe religiosa.

posicionar A *tr* **1** Poner [algo o a alguien] en una posición [1 y 3] determinada. | * Esta palanca sirve para posicionar la pala.
2 Situar ideológicamente [a alguien], o determinar su posición [2]. | Lázaro *Abc* 4.11.84, 3: Hoy por ejemplo, he leído con el placer de siempre a un gran comentarista ..; a cierto político, dice, "el 50 por 100 de los encuestados no lo posicionan". *Ya* 23.9.89, 1: Con estas palabras el vicepresidente del Gobierno, Alfonso Guerra, posicionó definitivamente al Partido Socialista sobre la cuestión que ha sido eje de la discusión durante la precampaña.
B *intr pr* **3** Tomar una posición [2] determinada. | Lázaro *Abc* 4.11.84, 3: Un delegado estudiantil exigió que nos posicionáramos. *Ya* 29.3.83, 5: Yugoslavia y Suiza, por citar países tan diversos, están "posicionados" –ahora se dice así–, y cosa muy distinta es que en las relaciones económicas jueguen a dos bandas.

posimpresionismo (*tb* **postimpresionismo**) *m* (*Pint*) Época (finales del s. XIX y principios del XX) que sigue inmediatamente a la del impresionismo, caracterizada por cierta reacción frente a este. | Suárez-Vidal *Arte s. XX* 28: En lo que a pintura se refiere, esta época se suele considerar bajo el término "postimpresionismo", aunque este nunca existió como movimiento definido. *Abc* 9.3.91, 56: Considerado uno de los mejores representantes del posimpresionismo, Estalella era pintor de caja plegable y taburete, y recorrió el mundo captando sus luces.

posindustrial (*tb* **postindustrial**) *adj* De la época en que la base de la economía ha dejado de ser la industria pesada. | FCruz *Abc* 29.5.74, 3: El intelectual .. resiste a las incitaciones que ha creado la revolución posindustrial. M. Fontcuberta *Mun* 23.5.70, 58: Su presencia histórica y su particular papel [de las clases medias] dentro de una sociedad postindustrial hizo que en 1903 se fundara en Stuttgart el Instituto Internacional de Clases Medias.

posío *m* (*reg*) Campo que se deja reposar varios años después de haber sido cultivado y que se dedica a pastos. | Romano-Sanz *Alcudia* 33: Los sembrados se espacian dando paso a zonas de terreno de posío o pastizal, donde abundan gamonitos, ceborrinchas, magarzas y flores de pradera.

positivado *m* Acción de positivar. | *Van* 2.4.78, 96: Nuestros alumnos .. disponen de una buena ampliadora, de cubetas para el positivado y revelado de negativos, de papel sensible para sus pruebas, así como de los productos químicos necesarios.

positivamente *adv* De manera positiva, *esp* [1, 9 y 11b]. | Laforet *Mujer* 149: ¿Cómo voy a dudar de lo que positivamente sé que es cierto? L. M. González *VSi* 7.89, 15: Favorecer la protección de las focas de las costas de Marruecos repercutiría positivamente en la instalación en Chafarinas de una buena población. Marcos-Martínez *Física* 203: El átomo pierde un electrón, cuya electricidad es negativa, quedando el átomo cargado positivamente.

positivar *tr* Obtener el positivo [4] [de una imagen fotográfica (*cd*)]. | *MHi* 11.63, 39: Si el reportaje viene realizado total o parcialmente en color, el tamaño de las transparencias, positivadas, no será inferior a 6 x 6 cm. *Ale* 26.8.84, 23: Quien desee positivar sus copias en color para el concurso, Arte 3, S.L. le realiza una ampliación gratis.

positividad *f* Cualidad de positivo. | GÁlvarez *Filosofía* 1, 89: En la idea de Bien cobran positividad y consistencia todas las otras ideas. Aranguren *Ética y polít.* 40: El llamado derecho natural, por muy justo que sea, no es derecho (vigente) mientras no llegue a adquirir positividad. *BES* 23.1.89, 230: Los mayores porcentajes de positividad de Ig E específica han sido a soja alimento (61,3%).

positivismo *m* **1** (*Filos*) Sistema que no admite más ciencia o conocimiento que los basados en la experiencia. | Fernández-Llorens *Occidente* 276: En el siglo XIX, una corriente denominada positivismo creía que el conocimiento científico era exacto y seguro.
2 Cualidad de positivo [9]. | Escartín *Act* 25.1.62, 52: El peligro para los actuales campeones del mundo vendrá de Europa, con menos técnica en su fútbol, pero de mayor positivismo.

positivista *adj* **1** (*Filos*) De(l) positivismo [1]. | F. Blázquez *SYa* 10.6.73, 11: El racionalismo era el sistema filosófico iniciado por Descartes. Pero el espíritu racionalista estaba en el ambiente científico y positivista del momento. **b)** Adepto al positivismo. *Tb n.* | RMorales *Present. Santiago VParga* 4: Comte era un positivista que proclamaba su desdén hacia el estadio religioso en la evolución sociológica.
2 Que tiende a lo positivo [1 y 9]. | N. Luján *Sáb* 14.6.75, 3: En aquellos días victorianos, tan positivistas, el espíritu humano abandonó lo maravilloso para entregarse a lo fantástico.

positivizar *tr* Dar carácter positivo [a algo o a alguien (*cd*)]. | *Abc* 11.6.72, 59: Para romper y positivizar el círculo del "feed-back" negativo, empezando por el de la familia y su entorno más cercano, .. sería aconsejable, en mi opinión, un buen planteamiento de problema tan complejo. Umbral *Mortal* 145: El escritor, el artista, por muy maldito y escandaloso que haya sido, .. es aprovechado, taxidermizado. Se le positiviza y ya sirve para aprender métrica o moral. **b)** *pr* Tomar carácter positivo. | Rábade-Benavente *Filosofía* 40: Cuando el axón está suficientemente excitado, se produce una reversión de polaridad, de tal modo que la carga interna se positiviza.

positivo -va *adj* **1** Cierto o que no ofrece duda. | Onieva *Prado* 171: Créese que a él se refiere un "Ferrando spagnuolo" que ayudó a Leonardo de Vinci .. De todos modos, es positivo que estuvo en Italia. * Se sabe de manera positiva que ha sido él. **b)** [Ciencia o conocimiento] que se basa en la experiencia. | Aranguren *Marxismo* 30: Para el neopositivismo no había más que un lenguaje: el plenamente formalizado de la lógica y las matemáticas y el formalizable de la ciencia positiva.
2 [Cosa] efectiva o que tiene lugar. | Valcarce *Moral* 80: La magia .. es el arte de hacer cosas por medios ocultos .. Se llama maleficio cuando hay intención de hacer un daño positivo al prójimo. Valcarce *Moral* 15: Los [actos humanos] positivos tienen por objeto la realización de un acto, mientras que los negativos tienen por objeto una omisión.
3 [Ley o religión] instituida y promulgada. *Se contrapone a* NATURAL. | Gambra *Filosofía* 196: La ley positiva, que promulga el gobernante humano para la comunidad o el grupo de hombres que rige, viene a ser así un desarrollo o concreción de la ley natural.
4 [Prueba fotográfica] en que aparecen las imágenes con sus verdaderas luces y sombras. *Frec n m.* | Marcos-Martínez *Física* 171: Para obtener la fotografía positiva se dispone sobre el cliché negativo un papel fotográfico .. y se encierra el conjunto en un chasis-prensa. Expuesto a la luz, esta atraviesa las partes transparentes del negativo, ennegreciendo el papel positivo. G. Marco *SYa* 9.12.72, 17: En los diarios compuestos por medio de las fotocomponedoras se sustituyen los fotograbados por positivos o negativos fotográficos de la ilustración de que se trate. **b)** (*E*) [Molde] en que aparecen las formas o dibujos con sus verdaderos relieves y concavidades. | Cabezas *Abc* 12.3.72, 49: El cronista descubre bajo unas naves espaciosas los hornos, los crisoles, las muflas, los grandes moldes negativos y positivos —escayola, cera, barro refractario y, por fin, bronce— de cada pieza que ha sido o va a ser fundida.
5 Que afirma. | *País* 30.11.76, 6: El Gobierno es decididamente beligerante en pro de una votación lo más amplia posible y –lo que resulta lógico– positiva. **b)** [Orden o precepto] en que se manda hacer algo. | Villapún *Moral* 189: En cada Mandamiento podemos distinguir dos partes: La positiva, que manda. La negativa, que prohíbe.
6 (*Gram*) [Grado del adjetivo o del adverbio] en que se expresa su significado sin establecer comparación. *Tb referido al mismo adjetivo o adverbio.* | Amorós-Mayoral *Lengua* 71: Cuando el adjetivo expresa una cualidad sin compararla con nada decimos que está en grado positivo.
7 [Movimiento] que supone un avance en un sentido establecido o convencional. *Tb se dice del sentido mismo.* | Legorburu-Barrutia *Ciencias* 264: La raíz tiene geotropismo positivo, es decir, que siempre crece hacia abajo. Marcos-Martínez *Álgebra* 4: Los números racionales suelen representarse sobre una recta orientada, o eje, que es una recta en la que se admite un origen O, una unidad de longitud OU y un sentido positivo. De ordinario se coloca una flecha en uno de los extremos de la recta orientada para indicar el sentido positivo.
8 Que supone perfección. | MCachero *AGBlanco* 118: Es más lo positivo que lo defectuoso en estas monografías de "La Novela Corta".
9 Beneficioso o favorable. | *Van* 19.5.74, 13: –¿Cuáles son las consecuencias legales de las separaciones de hecho? –Las hay de dos clases: unas negativas y otras positivas. Delibes *Año* 87: Urge rectificar las cosas para que salgan cuanto antes a flote los aspectos positivos .. que la nueva Ley recata. **b)** Útil o práctico. | CPuche *Paralelo* 287: Ya está bien .. de gastar pólvora en salvas. Hay que hacer algo más positivo. **c)** [Pers.] que busca lo práctico. | * Felipe fue siempre muy positivo.
10 (*Mat*) Mayor que cero. | Gironza *Matemáticas* 67: El conjunto de números racionales que hemos llegado a formar ahora es el de los números racionales positivos. **b)** [Signo] propio de las cantidades positivas. | * Es preciso saber si esta cantidad tiene signo positivo o negativo. **c)** Que tiene signo positivo. | Marcos-Martínez *Álgebra* 86: Un trinomio se llama cuadrado perfecto cuando dos de sus términos son po-

sitivos y cuadrados perfectos y el tercer término es el doble del producto de las bases de dichos cuadrados.
11 (*Fís*) [Electricidad] del protón. ǀ Ybarra-Cabetas *Ciencias* 40: Al calentar un cristal alargado de turmalina, sus extremos se cargan de electricidad, uno de ellos de electricidad positiva .. y el otro de negativa. **b)** De (la) electricidad positiva. ǀ Marcos-Martínez *Física* 184: El polo positivo se suele indicar con el signo +. Marcos-Martínez *Física* 189: Al llegar al ánodo el ion Cl⁻, neutraliza allí su carga negativa con la positiva del ánodo, y se desprende en forma de cloro gaseoso neutro.
12 (*Fút*) [Punto] ganado en terreno contrario. *Frec n*. ǀ *Bal* 21.3.70, 27: El Barcelona .. se encuentra con cinco positivos y aspirando a la Copa de Ferias.
13 (*Mús, hist*) [Órgano] portátil. ǀ L. Echeverría *SYa* 21.4.74, 11: Existían, por tanto, varios órganos dentro del recinto catedralicio, fijos algunos de ellos y otros transportables y de fácil manejo (los que con expresión extranjerizante suelen llamarse positivos y en nuestro lenguaje castizo se llamaban realejos).

pósito *m* **1** Depósito, esp. de grano. ǀ Moreno *Galería* 27: No tenía el empaque .. de las otras fachadas de los edificios públicos: la Casa de la Villa, el Consistorio o el Concejo; la Escuela Rural; el pósito y la fuente. *Lugo* 17: Hay realizadas ya, o en vías de ejecución, obras importantes en los [puertos] de Ribadeo, .. Vivero y Vicedo, que disponen, además, de edificios para pósitos, con servicios de lonja y cooperativas.
2 Institución municipal destinada a almacenar grano y prestarlo a los vecinos en momentos de escasez. ǀ *Hoy* 18.6.75, 8: El Servicio de Pósitos del Ministerio de Agricultura ha concedido un préstamo de 100.000 pesetas al pósito de la localidad de Carcaboso y de 385.000 a Jarandilla. Mercader-DOrtiz *HEspaña* 4, 179: El capital escriturado [del Banco] fue de 300.000.000 de reales, que suscribieron el rey, los nobles, los pósitos y los municipios.
3 Asociación de pescadores para cooperación y auxilio mutuo. ǀ CBonald *Noche* 102: −¿Se acuerda de Simón el Trinitario? −¿El del pósito? −preguntó el patrón del *Leonardo II*. *Voz* 1.2.90, 34: El pósito coruñés contratará a una empresa de seguridad para vigilar las zonas de marisqueo.

positrón *m* (*Fís*) Partícula elemental con carga eléctrica igual a la del electrón, pero positiva. ǀ Aleixandre *Química* 6: Mientras que los electrones se obtienen libres con bastantes facilidad, los positrones están fuertemente unidos a la materia.

positura *f* Postura. ǀ Cela *Oficio* 85: Cuerpos que olían a honesto pan recién cocido, cuerpos que olían a vergonzoso pan ázimo ácido y todas las posituras intermedias que son más de mil.

posma *m y f* (*col*) Pers. pesada y molesta. *Tb adj*. ǀ Laiglesia *Ombligos* 136: Mezclando algunos *martinis* para reforzar la carburación cuando me enfrento con algún posma que se me hace muy cuesta arriba. FReguera-March *Boda* 101: Casi nunca voy ..; porque llora. Es muy posma. Empieza a besarme y a llorar.

posmeridiano -na (*tb* **postmeridiano**) *adj* Posterior al mediodía. ǀ García *Abc* 17.6.58, 21: Atienden a los pequeñines, les asean, les dan de comer y les preparan las literas para el reposo postmeridiano.

posmo (*tb* **postmo**) *adj* (*col*) Posmoderno. ǀ Miguel *Abc* 1.6.93, 3: Los periódicos abundarán en impresiones sobre el segundo y definitivo debate .. Sorprendió el decor[ad]o "posmo", un tanto funerario. E. Diego *Ya* 7.7.89, 8: El texto *postmo* y cutre repartido en la selectividad es de vergüenza ajena.

posmodernidad (*tb* **postmodernidad**) *f* Movimiento sociocultural de la década de los 80, caracterizado difusamente por un eclecticismo entre formas viejas y nuevas y un rechazo de todo lo considerado moderno. ǀ Campmany *Abc* 18.4.85, 21: Ya vamos entrando un poco en Europa, en la Reforma, en la modernidad y en la educación del sexo. Á. Vivas *ElM* 3.7.90, 31: Ayer comenzaba, entre otros cursos, uno dedicado a "Comic y postmodernidad", dirigido por Ludolfo Paramio.

posmodernismo (*tb* **postmodernismo**) *m* (*TLit*) Tendencia literaria subsiguiente al modernismo y que en algunos aspectos supone una reacción contra él. ǀ Gaos *Antología* 36: Su punto de partida [de Domenchina] está en el posmodernismo, con influencias de Juan Ramón Jiménez.

posmodernista (*tb* **postmodernista**) *adj* (*TLit*) De(l) posmodernismo. ǀ Baquero-Polo-DRevenga *Lit. española* 527: El año 1954 se publicaron tres libros: uno de Gabriela Mistral, *Lagar*, esencialmente posmodernista; y dos de Pablo Neruda, *Odas elementales* y *Las uvas y el viento*, de plena vanguardia. **b)** Partidario o adepto del posmodernismo. ǀ Gaos *Antología* 10: En esa fecha [1920], el Modernismo .. está definitivamente superado. Solo siguen cultivándolo algunos poetas −los "posmodernistas"− que no están a la altura de los tiempos.

posmoderno -na (*tb* **postmoderno**) *adj* De (la) posmodernidad. ǀ VMontalbán *Almuerzos* 167: La sociedad posmoderna (ya ni siquiera vale el término postindustrial) es hoy una sociedad coprófaga. **b)** Adepto a la posmodernidad. *Tb n*. ǀ L. LSancho *Abc* 14.5.86, 18: Vienen [San Isidro y María de la Cabeza] desde sus silenciosos retiros multicentenarios dispuestos a ser posmodernos. MMolina *Jinete* 404: Bajo unas bóvedas de aluminio y de metacrilato que parecen las de una catedral concebida en el delirio de un arquitecto posmoderno.

posnatal (*tb* **postnatal**) *adj* Que sigue inmediatamente al nacimiento. ǀ B. Cía *TMé* 6.1.84, 14: En un período posnatal los factores de riesgo a tener en cuenta son las parálisis cerebrales, convulsiones o los casos de enfermedades graves en los primeros meses de vida.

poso *m* Sedimento [de un líquido]. ǀ SFerlosio *Jarama* 33: Con el vino, primero son los hombres; las mujeres al poso. F. A. González *Ya* 9.7.72, 62: El aire de las ciudades se parece a su pariente del campo lo que el agua del manantial a los posos del tintero. **b)** Sedimento o huella. ǀ Cossío *Confesiones* 18: Estos olvidos de la causa del llanto de la infancia van dejando en nuestra conciencia un poso de amargura. E. ÁPuga *Mun* 23.5.70, 23: El impulsar, como si tal cosa, la bola de nieve informativa a través de los distintos órganos de difusión puede dejar posos que ni incluso la posterior aclaración de los hechos posee fuerza suficiente para depurar.

posología *f* (*Med*) Indicación de las dosis adecuadas de los medicamentos. *Tb la especialidad que las estudia*. ǀ Nicolau *Salud* 664: De ahí que deba ser siempre el médico .. quien establezca la posología adecuada a cada enfermo.

posoperatorio -ria (*tb* **postoperatorio**) *adj* Inmediatamente posterior a una operación quirúrgica. *Tb n m, referido a período*. ǀ *Abc* 15.4.73, 62: El tema general de las jornadas será la normalización de la técnica de la osteosíntesis y las condiciones asépticas pre o posoperatorias. O. Aparicio *MHi* 7.68, 29: Disertó sobre el postoperatorio de ambos pacientes.

pospaladar → POSTPALADAR.
pospalatal → POSTPALATAL.

pospierna *f En los cuadrúpedos, esp en las caballerías*: Muslo. ǀ *Ya* 28.10.82, 18: El pastor de Oncala Manuel del Río nos ha dejado un verdadero tesoro de voces pastoriles sorianas .. "Cuando una cría presenta sobre los hombros, lomo y encuentros lana que añezca, si no se extiende a la pospierna, haciendo bigote, ni a la gorja o pretal, la lana tendrá medro."

posponer (*conjug* **21**) *tr* **1** Poner [a una pers. o cosa] detrás o después [de otra (*ci*)]. *Frec se omite el ci*. ǀ Amorós-Mayoral *Lengua* 182: En general, la frase significa lo mismo desde el punto de vista lógico con el adjetivo antepuesto o pospuesto. Arce *Precio* 123: Por mí no había inconveniente en posponer la reunión. −Perfecto ..; entonces, mañana a la misma hora le recogeré.
2 Dar menos valor o importancia [a una pers. o cosa (*cd*)] frente a otra (*ci*)]. *Frec se omite el ci*. ǀ PRivera *Discursos* 17: Sería absurdo también posponer otros intereses y deberes primordiales (matrimonio, maternidad) a solo la preocupación de producir.

posposición (*tb* **postposición**) *f* **1** Acción de posponer. ǀ J. D. Mena *Abc* 23.8.66, 15: Sangrienta posposición sería el vincular a los beneficiarios de la perpetrada en 1704 los derechos .. de la verdadera población de Gibraltar.

posprandial – postelectoral

2 (*Ling*) Palabra invariable que sigue a un sintagma nominal desempeñando respecto a este una función análoga a la de la preposición. | RAdrados *Lingüística* 593: En el mismo indoeuropeo hay huellas de que algunos casos se han creado por la unión de postposiciones.

posprandial (*tb* **postprandial**) *adj* (*lit o Med*) De después de las comidas. | Lázaro *Gac* 6.9.81, 49: El almuerzo de enero .., que antes era un refinado simposio en la Academia misma .., ilustrado y embellecido por el arte de nuestros poetas y prosistas con sus lecturas posprandiales.

pospretérito (*tb* **postpretérito**) *m* (*Gram*) En la terminología de Bello: Condicional. | Academia *Esbozo* 263: Condicional (Bello: Pospretérito). Lapesa *HLengua* 54: Una expresión semejante, *cantare habebam*, dio lugar a la formación de un tiempo nuevo, el postpretérito o potencial románico (*cantaría, amaría*).

posquemador *m* (*Fís*) Dispositivo en que se produce la poscombustión. | *Sáb* 5.7.75, 50: El YF-16 nos mostró su capacidad de subida, tras un despegue de máxima potencia .. Efectuó frente al público un viraje de 360° con potencia máxima sin posquemador; acto seguido mete la poscombustión para realizar una espiral ascendente. *Mad* 20.11.70, 31: Quema de basuras sin humos .. Los desperdicios en combustión sueltan materias volátiles y partículas de carbón, gran parte de las cuales se queman en la mitad superior de la cámara de combustión y el resto pasa a través de bloques Venturi a un posquemador.

posromanticismo (*tb* **postromanticismo**) *m* (*Arte y TLit*) Tendencia o conjunto de tendencias artísticas y esp. literarias subsiguientes al romanticismo y que conservan, más o menos evolucionados, algunos caracteres de este. *Tb la época correspondiente*. | ILaguna *Ateneo* 51: Los jóvenes que se adscribirán al posromanticismo conviven con los románticos y los neoclásicos.

posromántico -ca (*tb* **postromántico**) *adj* (*Arte y TLit*) Del posromanticismo. | Calvo *Lit. española* 3, 462: La poesía posromántica se desarrolla al margen de las escuelas europeas. Casares *Música* 157: Strauss sigue produciendo una serie de obras de cuño postromántico, cuando toda Europa estaba lanzada a nuevos inventos.

post- → POS-.

posta[1] *f* **1** Bala pequeña de plomo, mayor que el perdigón. | Cela *Judíos* 239: Lo desloman [al lobo], o lo tumban con una descarga de postas en la cabeza o debajo del codillo.
2 (*Arquit*) Dibujo ornamental compuesto de curvas, volutas, y líneas sinuosas. | M. E. SSanz *Nar* 3.77, 12: No son estos de Priego exactamente los motivos [ornamentales] empleados en lo andaluz, ya que en este foco lo que se da predominantemente son: círculos concéntricos, entorchados, meandros, postas y losan[g]es.

posta[2] **I** *f* **1** (*hist*) Conjunto de caballerías dispuestas en los caminos de trecho en trecho para renovar las de viajeros a caballo, correos o diligencias. *Tb el lugar destinado a ellas*. | GSerna *Viajeros* 27: La organización de las postas, para viajes en caballería, no para carruajes (que no fue posible hasta los tiempos de Carlos III), cubrió, además de los Sitios Reales, las distancias desde Madrid a Cataluña, Navarra, Valencia. Cabezas *Abc* 23.12.70, 23: Parada de arrieros con sus recuas, de cascabeleras diligencias, correos de Postas y servicios ordinarios de carromatos, con las provincias limítrofes. Delibes *Voto* 141: Antes, hace qué sé yo los años, estuvo la posta .. donde Tirso cambiaba los caballos.
2 (*hist*) Servicio de transporte de viajeros o de correo mediante postas [1]. | Mercader-DOrtiz *HEspaña* 4, 162: La intensificación de la vida económica y el sensible fomento de las comunicaciones contribuyeron al auge de la posta, instrumento utilísimo del comercio desde que este pudo contar con una información segura y regular. Cunqueiro *Un hombre* 19: El oficial de forasteros tenía un tío en las postas reales, al cual correspondía el revisado de mojones de legua.
b) (*lit*) Correo (servicio). | GBiedma *Retrato* 129: Querido Paco, me llega ahora, reexpedida, una carta tuya dada a la posta en el ya lejano 25 de abril. Torrente *SInf* 2.1.75, 12: Me llegan por la posta, de una parte, el número 20 de "Poétique"; de la otra, el número (o entrega) cero de una revista roneotipada.
3 (*Dep, raro*) Relevo. | L. Lainz *Mad* 10.9.70, 23: Se conquistaba para España la primera medalla de plata. A cargo, naturalmente, de Santiago Esteva, que ya lo prometiera el día anterior con su segundo puesto en la primera posta.
II *loc v* **4 correr la ~.** (*hist*) Hacer un viaje o recorrido por medio de postas [1 y 2]. | Torrente *Sombras* 97: Al mismo tiempo veía yo a un grupo de extranjeros, negros algunos, organizar una posta, y correrla desde Villagarcía a Santiago, por la noche también.

posta[3]**. a ~** → APOSTA.

postal *adj* [Cosa] de correos. | *HLM* 26.10.70, 22: También hay algunos sellos postales con temas no propiamente cristianos. RMencía *SVozC* 29.6.69, 8: Vemos que cuatro son Talgos .., seis, rápidos. Naturalmente, aparte tranvías, postal, ferrobuses. *Guía Madrid 91* 418: El número del Código Postal .. se halla indicado en la casilla al efecto. *BOE* 6.1.62, 246: Los derechos de examen podrán acreditarse, también, uniendo a la solicitud el resguardo del giro postal dirigido a la mencionada Habilitación. **b)** [Tarjeta] que puede enviarse por correo sin necesidad de sobre y que gralm. presenta en una de sus caras una fotografía o un dibujo. *Frec n f*. | Cantera *Enseñanza* 154: Permite proyectar imágenes opacas: la página de un libro, una tarjeta postal, una fotografía, etc. GTelefónica *N*. 899: Postales Alcalá .. Venta al por mayor de toda clase de postales, Christmas y estampas.

postbalance, postcombustión, postcomunión, postconciliar, postconcilio, postdata → POSBALANCE, POSCOMBUSTIÓN, *etc*.

postdorsal *adj* **1** (*Fon*) [Articulación o sonido] en que interviene fundamentalmente el postdorso. *Tb n f, referido a consonante*. | * La *g* es un sonido postdorsal y velar.
2 (*Anat y Fon*) De(l) postdorso. | * El contacto se produce en la región postdorsal.

postdorso *m* (*Anat y Fon*) Parte posterior del dorso de la lengua. | Academia *Esbozo* 16: Son órganos activos: el labio inferior, .. el predorso, dorso o postdorso de la lengua.

postdorso- *r pref* (*Fon*) Postdorsal. *Se antepone a adjs que expresan punto de articulación*. | *Por ej*: Academia *Esbozo* 23: [x] postdorsovelar o postdorsouvular fricativa sorda. Academia *Esbozo* 21: [k] postdorsovelar oclusiva sorda.

poste *m* **1** Madero, pilar o pieza metálica alargada, que se clava verticalmente en el suelo para servir de apoyo a algo, esp. un tendido o señal. | CNavarro *Perros* 18: Los postes indicadores y las masías iban perdiendo personalidad.
b) Palo vertical de una portería deportiva. | J. Vicente *Abc* 1.12.70, 65: En el segundo [tanto], conseguido por Gárate de cabeza, junto al poste, a nuestro entender no existía falta.
c) *Frec se emplea en frases de sent comparativo para ponderar la inmovilidad*. | * No te quedes ahí como un poste. DCañabate *Paseíllo* 142: Eso que se conoce con hacer el poste, situarse el torero en posición de firmes y esperar a que se le arranque el toro .., es lo más fácil y menos arriesgado que se puede hacer con un toro. *Ya* 1.10.92, 60: Ningún otro jugador .. ha merecido tantas oportunidades como Emilio Butragueño, en otro tiempo santo y seña del club blanco, y hoy un "poste" más sobre el terreno de juego.
2 Surtidor de gasolina. *Tb* ~ DE GASOLINA. | *Van* 21.11.74, 53: De creer a los gasolineros, la inflación en el carburante .. no tiene efecto sensible en los litros que se despachan. Sin embargo, las grandes colas de automóviles que se arman los domingos en los postes suburbanos para tomar sus diez litritos, darían a entender lo contrario.

posteado *m* Acción de postear. *Tb su efecto*. | Cunqueiro *Fantini* 71: Fanto inspeccionó varias veces al alba la presa, y vio claro que era obra fina y de geometría, pero que toda su fortaleza pendía del posteado; tal que, como iba el río crecido, si las vigas cediesen, la presa reventaría.

posteador -ra *adj* Que postea. *Tb n*. | *Inf* 27.10.70, 36: Dos mineros muertos .. En los pozos "Fondón" y "Modesta" ha habido faltas al trabajo en el primer relevo por el fallecimiento del posteador don Armando Álvarez Menéndez .. Murió a causa de un derra[b]e de carbón.

postear *tr* Poner postes [1a] [a algo (*cd*)]. | *País* 14.1.79, 33: Hunosa necesita la madera para postear los pozos.

postelectoral → POSELECTORAL.

postema *f* Absceso que supura. | Castroviejo *Abc* 10.9.68, 8: Su vida es entonces una continua entrega a los lazarados y pobres de Dios, a los que conforta, besa y abraza, sin importarle la repugnancia de llagas y postemas.

póster (*pl normal*, ~s) *m* Cartel ilustrado que se clava como adorno en la pared. | Arce *Precio* 81: Había .. en las paredes pósters.

postergación *f* Acción de postergar. | MercaderDOrtiz *HEspaña* 4, 160: El replanteo de la red rutera significó la paulatina postergación del sistema de arrieros y carromatos.

postergar *tr* **1** Poner [a alguien o algo] en un lugar posterior o inferior al que le corresponde. | *Inf* 23.6.77, 36: El nombre que más posibilidades tiene de sustituirlo es, al parecer, el de don Jaime Guasch, ilustre catedrático de Derecho Procesal, no encuadrado en ningún partido político y que ha permanecido un tanto postergado durante el régimen anterior. J. Sobrequés *Des* 12.9.70, 30: En el aspecto lingüístico las autoridades francesas procuraron postergar el uso del catalán.
2 (*raro*) Retrasar o posponer [algo]. | *NotB* 16.4.73, 45: El combate ha sido postergado al 14 de mayo.

posteridad *f* Conjunto de las generaciones venideras. | PFerrero *MHi* 12.70, 50: Nunca podría estar ausente de la galería de los artistas .. de la generación del 98, ya más extendida, más poblada para la posteridad.

posterior **I** *adj* **1** Que está después o detrás. *Cuando se expresa el término de referencia, este va introducido por la prep* A. | *Abc* 11.12.70, 22: En el asiento posterior de este coche se encontraron tres metralletas. VParga *Santiago* 9: La noticia .. la encontramos ya consignada en un texto .. incorporado .. a los posteriores de Usuardo y Notker.
2 (*Fon*) [Vocal] que se articula aproximando el postdorso de la lengua a la parte posterior del paladar. | Academia *Esbozo* 27: A la articulación de las vocales posteriores acompaña el redondeamiento o abocinamiento de los labios.
II *adv* (*pop*) **3** Después. | SFerlosio *Jarama* 17: Ya venían el año pasado. Pero se me hace a mí que no eran novios todavía. Se tienen que haber hecho posterior.

posterioridad **I** *f* **1** Cualidad de posterior. | * La posterioridad de estos hechos es evidente.
2 (*semiculto*) Posteridad. | A. Becerra *Abc* 13.3.58, 13: Fray Alfonso de Castro .. se afanó en dar a su mundo y en transmitir a la posterioridad el luminoso compendio en torno a las equivocaciones heréticas.
II *loc adv* **3 con ~.** Después. *Cuando se expresa el término de referencia, este va introducido por la prep* A. | Anson *Oriente* 206: Es la civilización la que, con posterioridad, incorpora la contención sexual.

posteriormente *adv* **1** Después, o en un momento posterior. | Laiglesia *Tachado* 75: Este título .. fue ennoblecido posteriormente por los descendientes de Gundemaro.
2 En la parte posterior. | Ybarra-Cabetas *Ciencias* 408: Los ojos están dirigidos hacia el frente y las fosas orbitarias cerradas posteriormente.

postfranquismo, **postgrado**, **postgraduado**, **postguerra** → POSFRANQUISMO, POSGRADO, *etc*.

post hoc (*lat; pronunc,* /post-ók/) *loc adv* (*lit*) Después de esto. | Cierva *Ya* 23.12.83, 10: La muerte provocada directa o indirectamente por la ETA ya saltó al solar francés, a la Euskadi-Norte. No sé si *propter hoc*, pero al menos *post hoc*, Mitterrand llamó a González.

posticería *f* **1** Arte o industria de fabricar pelucas y otros postizos de pelo. | *HLM* 3.3.75, 16: ¿Por qué ser calvo? .. Disponemos de las técnicas más adelantadas de la posticería mundial. Marsé *Amante* 88: Me lo ha prestado Jesús, que ahora trabaja en un taller de posticería. También me ha prestado la peluca y las patillas.
2 Establecimiento en que se venden pelucas y otros postizos de pelo. | GTelefónica *N.* 847: Sumeria. Posticería.

postigo *m* **1** Contraventana. | Romano-Sanz *Alcudia* 38: Frente a la de entrada, hay otra puerta que conduce al corral y una ventana cerrada a medias con los postigos.
2 Hoja de una ventana o balcón. | CNavarro *Perros* 43: Él evocó la figura de su madre sentada tras los postigos .. –¿Sabes lo que estará haciendo ahora mi madre? –No. –Mirar la calle.
3 Puerta pequeña de una sola hoja. | Cunqueiro *Un hombre* 9: Cruzó la plaza en dirección a la puerta del Palomar, la más pequeña de todas, casi un postigo. **b)** Puerta pequeña abierta en otra mayor. | Torrente *Filomeno* 428: Las ventanas del palacio permanecían cerradas .. Por el postigo del portón salió un clérigo joven .. Se escurrió y cerró el postigo. **c)** Puerta pequeña y secundaria de una muralla o un edificio grande. | Cela *Viaje andaluz* 153: Por la de la izquierda –calle de Torrijos– quedan algunas puertas [de la mezquita]: el postigo de Palacio, el de San Miguel, el de San Esteban, el de los Deanes, el de la Leche.

postiguillo *m* (*reg*) Postigo [1]. | Cuevas *Finca* 131: A la noche siguiente volvió el gato. Por un postiguillo abierto, lo vieron pasear la tapia.

postilla *f* Costra de una herida o de un grano. | Pombo *Héroe* 47: Miró fijamente al niño, que .. mostraba los huesos párvulos de la rodilla derecha. Una postilla, todavía reciente el mercuriocromo. Portal *Rev* 2.71, 32: Soñó que era suya .. Y que empezaba a comerla, a arrancarle las peladillas, despacio, como quien goza levantando la postilla seca de un grano.

postillón *m* (*hist*) Mozo que, montado en una caballería, dirige el tiro de un carruaje o sirve de guía a un grupo de viajeros a caballo. | DPlaja *Sociedad* 236: El postillón obliga a moverse [a] las mulas del medio, el zagal salta al pescante y el postillón se monta en la mula delantera.

postilloso -sa *adj* Que tiene postillas. | P. Pardo *SPaís* 10.4.83, 35: "Mira", y te enseñan un paisaje postilloso en la cima del culo, "me lo hizo un tío por sacarle la lengua".

postimpresionismo → POSIMPRESIONISMO.

postín (*col*) **I** *m* **1** Distinción o importancia. *Frec en la loc* DE ~. | CNavarro *Perros* 194: Las compras debían hacerse en los mejores establecimientos, no tanto por la calidad de sus artículos como por el postín que daban las etiquetas. Laiglesia *Tachado* 36: Y los semáforos, a la entrada de las ciudades de postín, guiñaban sus ojos redondos inútilmente.
2 Presunción afectada o sin fundamento. | * No tiene más que postín.
II *loc v* **3 darse ~.** Darse tono o darse importancia. | GPavón *Rapto* 202: Como el hombre es así, un poquillo gilipollas, pues que se está dando postín.

postindustrial → POSINDUSTRIAL.

postinear *intr* (*col*) Darse postín. | GSerrano *Macuto* 446: Mangada postineaba con un Cuartel General lleno de intelectuales, periodistas y amables mecanógrafas.

postinero -ra *adj* (*col*) **1** [Pers.] que se da postín. *Tb n.* | DCañabate *Paseíllo* 75: Tú crees que yo soy un postinero cegao por un sueño. **b)** Propio de la pers. postinera. | Grosso *Invitados* 51: Capaz de confundir .. por su desparpajo a ciertas torcaces pequeñoburguesas y, por su postinera actitud y dura apariencia, a todas las palomas zuritas.
2 [Cosa] de postín [1]. | Mendoza *Ciudad* 74: Habían bebido *champagne* en los restaurantes y cabarets más postineros y absenta en los antros más acanallados.

postinoso -sa *adj* (*col, raro*) Postinero. | ZVicente *Mesa* 209: Con el cenicero postinoso no se viste, no se come, no se hacen relaciones.

postismo *m* (*Arte y TLit*) Movimiento esteticoliterario surgido en Madrid en 1945, que constituye una continuación del surrealismo. | Umbral *Noche* 18: Jesús Juan Garcés se pasó del garcilasismo al postismo e hizo unos poemas llenos de "ángeles blandilebles".

postista *adj* (*Arte y TLit*) De(l) postismo. | J. GSánchez *SInf* 17.10.74, 4: Labordeta, Carriego, Fernández Molina .. publicaron algunas revistas, tales como "Doña Endrina", "Deucalión", etc., de claro crisol postista.

postiza *f* (*Mar, hist*) Pieza de madera colocada exteriormente en los costados de la galera para poner los remos en la posición más ventajosa. | MHidalgo *HyV* 10.71, 77: El talar es el amplio rectángulo delimitado por los yugos de proa y popa y por las postizas montadas sobre los 62 bacallares de cada banda.

postizo -za I *adj* **1** [Parte del cuerpo, esp. diente o pelo] que no es natural y que sustituye o complementa a la natural. | Pemán *Abc* 29.11.70, 3: Un dentista que, con un martillito, asegura los empastes o los dientes postizos. Gironella *Millón* 47: Mosén Francisco estaba desconcertado. Llevaba un bigote postizo. CNavarro *Perros* 109: Susi se preguntó si se trataba del ojo sano de su padre. Comprendió que estaba mirándola con el postizo. Cunqueiro *Un hombre* 10: Me llevaron unas tías mías .. ofrecido a los santos fraternos con unas orejas postizas de masa de bollo suizo. **b)** Añadido o sobrepuesto. | * El cuello de piel es postizo y se lo puedes quitar cuando quieras. * Familia postiza.
2 Falso o ficticio. | A. Sabugo *Nor* 5.12.89, 3: Buenas maneras, que esconden una falta profunda de elemental educación. Sonrisa postiza. Ademanes ejecutivos. Falsos abrazos.
II *m* **3** Cosa postiza [1 y 2]. | Torrente *Vuelta* 69: –No me acosté con ella, porque se me desmayó al descubrir que tiene las tetas postizas .. –Yo ya sabía lo del postizo. E. GChico *Abc* 19.11.64, sn: Por fortuna, en la actualidad, ha sido restaurado concienzudamente .. devolviéndole su prístina pureza arquitectónica, con la limpieza de encalados y postizos. Delibes *Mundos* 66: El acento modulado y cadencioso del criollo .. presta a las mujeres un indiscutible encanto; en el hombre constituye un postizo. **b)** *Esp* Añadido postizo de pelo que se adapta a voluntad al peinado. | Carandell *Madrid* 105: Hay chicas peinadas con moño, chicas con el pelo suelto, chicas con flequillo, chicas con postizos.

postmeridiano, **postmo**, **postmodernidad**, **postmodernismo**, **postmodernista**, **postmoderno** → POSMERIDIANO, POSMO, *etc*.

post mortem (*lat; pronunc corriente*, /pos-mórtem/) *loc adv* Después de la muerte. *Tb adj*. | Laiglesia *Ombligos* 248: Cuando la tierra solo da miseria a los vivos, se vuelven los ojos al cielo pensando que quizá en él pueda encontrarse la riqueza post mortem. CBonald *Ágata* 201: Nombrado a su vez administrador post mortem de los bienes del suegro. [*En el texto*, post-mortem.]

postnatal → POSNATAL.

postnominal *adj* (*Gram*) [Término] que se deriva de un nombre. *Tb n m*. | RGualda *Cine* 84: Solo registramos cuatro casos de enriquecimiento verbal del "corpus" ofrecido por la lengua común .. Tres de los casos son postnominales de términos ya existentes en español: *focar* < foco, *positivar* < positivo, *visionar* < visión.

postónico -ca *adj* (*Fon*) Que sigue a la sílaba tónica. | Lapesa *HLengua* 116: Era general la vacilación respecto a las vocales protónica y postónica.

postoperatorio → POSOPERATORIO.

postor -ra *m y f* **1** Pers. que ofrece precio en una subasta. *Frec en la constr* AL MEJOR ~. | *Abc* 26.8.66, 43: En cuanto al postor a quien se adjudique la pareja ganadora, obtendrá más de seis mil duros. Laiglesia *Tachado* 82: Deseaba venderse al mejor postor en caso de guerra.
2 (*Caza*) Pers. que distribuye los puestos en una cacería. | Valduvez *Abc* 20.3.71, 11: Hace pocos años, en una de estas monterías, un viejo amigo, famoso capitán de montería cordobés, ya retirado, por error de un postor mató un venado que, cerrado, se encaminaba al puesto vecino.

postpaladar (*tb* **pospaladar**) *m* (*Fon*) Parte posterior del paladar. | Academia *Esbozo* 16: Son órganos pasivos: el labio superior, .. el paladar (prepaladar, paladar, postpaladar) y el velo del paladar.

postpalatal (*tb* **pospalatal**) *adj* (*Fon*) [Articulación o sonido] que se realiza mediante el contacto de la raíz de la lengua y el velo del paladar. *Tb n f*. | Salvador *Letra Q* 30: Tan amplia es la zona articulatoria de esa consonante, velar, postpalatal y hasta mediopalatal, que entre los posibles defectos de pronunciación se cuenta el de algunas personas incapaces de pronunciar esta consonante cuando es realmente velar, es decir, en las combinaciones *ca, co, cu*.

post partum (*lat; pronunc corriente*, /pos-pártum/) *loc adj* Posterior al parto. *Tb n m, referido a período.* | M. GSantos *SAbc* 14.12.69, 18: Una de las grandes preocupaciones de la mujer embarazada es conservar la estética "post partum", es decir, recuperar su forma habitual. [*En el texto*, post-partum.]

postposición, **postprandial**, **postpretérito** → POSPOSICIÓN, POSPRANDIAL, *etc*.

postproducción *f* (*Cine y TV*) Conjunto de operaciones que siguen a la filmación de una película a fin de obtener la copia destinada a la exhibición. | *País* 12.5.91, 5: Cursos intensivos. Sonido. Vídeo/TV. Reportero gráfico. Postproducción. Locución. Doblaje.

postración *f* **1** Debilidad o falta de fuerzas, esp. por enfermedad. *Tb fig*. | Bustinza-Mascaró *Ciencias* 104: Es bien sabido que una de las características de la gripe es la postración en que deja a los enfermos durante varios días. MMariño *SVoz* 8.11.70, 4: Ante la postración y atraso de nuestra tierra, es frecuente oír la siguiente pregunta: ¿Cómo se explica que, habiendo dado Galicia tantos políticos influyentes e hijos ilustres, no hayan hecho más por su tierra?
2 Abatimiento o desánimo. | FReguera *Bienaventurados* 40: Escuchaban el estrépito de la calle. El jefe seguía inmóvil, con la cabeza inclinada, sumido en una gran postración. Los gritos de fuera rugían como un temporal.

postrado -da *adj* **1** *part* → POSTRAR.
2 (*Bot*) [Tallo] que, debido a su debilidad, está caído y solo tiene erguida la extremidad. | E. GGonzález *Pro* 13.8.75, 22: Merse[g]uera. Constituye la base de los vinos blancos comunes. Es la mejor adaptada. Sarmientos postrados, largos. Hojas palmeadas. **b)** De tallos postrados. | A. Casanovas *ByN* 27.5.90, 106: La Lantana, de flores color malva-rosado, .. y porte postrado no se ve tan a menudo plantada en nuestros jardines como la llamada "bandera española" (*L. camara*), de flores amarillas y rojas y con las ramas erguidas.

postrar A *tr* **1** Abatir o debilitar. *Tb fig*. Gralm en part. | MNiclos *Toxicología* 38: La víctima se encuentra postrada, en estado de colapso. MMariño *SVoz* 8.11.70, 4: Hace todo esto en aras de su sentimiento de la saudade, para cultivar sentimentalmente la nostalgia, pero sin un propósito .. de ayudar a la tierra que queda postrada.
B *intr pr* **2** Hincarse de rodillas en actitud de humildad, esp. poniendo la cara contra el suelo. | P. GRábago *Abc* 30.12.70, 19: El [sello] del peregrino que cae postrado de rodillas en el lugar del camino en que ya descubre a Santiago.

postre[1] *I m* **1** Último plato de una comida, gralm. constituido por fruta o dulces. | *Cocina* 548: Aunque no es el propósito de este recetario hacer profesionales, dedicamos una parte a los postres, por ser una de las ramas más atrayentes de la cocina la confección de tartas y pasteles. **b)** Final o remate [de una serie de cosas]. | MGaite *Nubosidad* 165: Y ahora, por si era poco la desazón de todo el día, ¡toma postre, a cantar el antonio-divino-y-santo! GPavón *Reinado* 127: Concluyeron el Rosario con no sé cuántos postres y recomendaciones.
2 (*Naipes*) En el tresillo: Pie. | *Abc Extra* 12.62, 89: Para sentarse, simplemente: quien saca oro, escoge sitio; a la derecha del "mano", el "medio", que sacó copas; luego, el "pie o postre", con espadas, y, para terminar, el del basto.
II *loc adv* **3 a los ~s**. A la hora del postre [1]. | Laiglesia *Ombligos* 60: Le permitiría asistir a las comidas oficiales .. sin torturarse el cerebro desde los entremeses hilvanando las palabras que debería pronunciar a los postres. **b)** Al final [de un acto]. | *DNa* 16.8.64, 5: Inauguración de la pavimentación de las calles .. Los actos dieron comienzo con una solemne Misa cantada .. A continuación se procedió a la bendición de las calles con el ceremonial litúrgico propio del caso. A los postres hubo discursos.
4 de ~, o **para ~**. (*col*) Para colmo o por añadidura. | * Para postre nos hemos quedado sin calefacción. * –Dice que no puede venir. –Eso de postre.

postre[2]. **a la ~**. *loc adv* Al fin o por último. | Benet *Nunca* 10: Nos desviábamos del camino, pero, a la postre, cuando ya creíamos que nos separaba de él media Europa, volvía a surgir rodeado de vapor. **b) al fin y a la ~** → FIN.

postrer → POSTRERO.

postreramente *adv* (*lit*) Finalmente. | J. G. Manrique *SYa* 21.9.75, 3: Pero no vamos a descubrir a nadie lo que es Granada, un plato fuerte cuya degustación no se pierde aunque uno se despache postreramente con Venecia y Florencia.

postrero – postura

postrero -ra (*toma la forma* POSTRER *cuando va delante del n m del que es adjunto, aunque se interponga otro adj. Es semiculto el empleo de esa forma ante n f*) *adj* (*lit*) Último. | MChacón *Abc* 27.12.70, 15: Tanto el protagonista como las cinco personas que en las escenas postreras se han movido cerca de él .. se mueven ante nosotros como seres fantasmales. J. Pando *His* 8.82, 27: Las guerrillas de Barbastro y Alcolea llegaban en un postrer impulso a las líneas de Santa Bárbara.

postrimeramente *adv* (*lit, raro*) Postrera o finalmente. | Onieva *Prado* 177: Fueron los Carracci tres hermanos .. Cuando fueron hombres sintieron desvío hacia los pintores manieristas, que solo imitaban postrimeramente el arte de los grandes maestros.

postrimería *f* **1** (*Rel catól*) Realidad última, una de las cuatro (muerte, juicio, infierno y gloria) que esperan al hombre al final de su vida. *Normalmente en pl.* | *Rev* 7/8.70, 22: Claro que hay hombres y hombres. Ahí están para confirmarlo los de *Nueve novísimos*, que, dicho sea de paso, poco tiene que ver con las postrimerías.
2 *pl* (*lit*) Finales. *Referido a tiempo.* | N. FCuesta *Abc* 30.12.70, 3: Es un riesgo, sin embargo, de forzada asunción para quien esto escribe y cumple un cometido que ya le es habitual en las postrimerías de cada año.

postrimero -ra *adj* (*lit*) Postrero. | Valencia *SYa* 24.6.75, 27: El dominio valencianista se extendió en varias fases decisivas del partido y debió tener rúbrica antes del gol postrimero de Planelles.

postromanticismo, postromántico → POSROMANTICISMO, POSROMÁNTICO.

post scriptum (*lat; pronunc corriente,* /pos-kríptum/) *m* Posdata. | Álvarez *Abc* 15.3.68, 23: Veremos, en un próximo y último artículo –¡quiera Dios no colee "post scriptum" alguno!– el significado real de las diversas posibilidades y efectos de este descenso irreversible hacia la verdad.

postuero *m* (*reg*) Lugar del monte en que acostumbra a sestear el ganado. | JGregorio *Jara* 28: Navaltoril y El Robledo del Buey son antiguos postueros de ganado vacuno.

postulación *f* **1** Acción de postular. | ZVicente *Balcón* 46: Siempre estuvo preocupado con que su Piedad estuviese en sitios preferentes, presidenta de todas las postulaciones. Marsé *Montse* 82: Ella solía aparecer con frecuencia en el almacén, alegremente delegada por su junta de postulación .. En la fábrica solía vender números de rifas benéficas y habla[b]a de un Centro de orientación espiritual para oficinistas. **b)** (*Rel catól*) Hecho de solicitar en la curia romana una beatificación o canonización. | *Abc* 6.10.85, 50: Rafael Ceñal, S.J. Secretario de la postulación de la causa de beatificación.
2 Postulado. | Goytisolo *Recuento* 528: El hincha amparado por los colores del club. El militante ínsito en los misterismos de su ideología, en sus postulaciones.

postulado *m* **1** Proposición cuya verdad se admite sin demostración y que sirve de base para ulteriores razonamientos. | Gambra *Filosofía* 67: Las ciencias particulares tienen, además, otros principios no evidentes por sí mismos, pero que admiten sin demostración, a los que se llama postulados. Aleixandre *Química* 7: Para resolver estas dificultades, Bohr estableció los siguientes postulados.
2 Principio o idea básica. | PRivera *Discursos* 9: Vinimos .. a servir a una idea en cuyos postulados fundamentales se apoya la estructura del Estado. Delibes *Parábola* 19: Jacinto es un funcionario escrupuloso que no ha venido a poner la mano ni discute el postulado ("orden es libertad") que rige el establecimiento.

postulador -ra I *adj* **1** Que postula, *esp* [2]. *Tb n, referido a pers.* | J. Trenas *Mun* 12.10.74, 62: Escobar es un entusiasta de este autor británico, menor de cincuenta años, postulador de un teatro difícil en la forma –no obstante la simplicidad con que presenta sus obras– que ha logrado rotundos éxitos en el mundo. *Ya* 16.12.87, 21: Ante el agotamiento del discurso socialista tradicional hay que rechazar reacciones de mimetización política y respuestas hiperpragmáticas postuladoras de una mera oferta de más eficacia en la gestión.
II *m* **2** (*Rel catól*) Clérigo que solicita en la curia romana la beatificación o canonización de alguien. | *HLM* 26.10.70, 1: En el ofertorio, el padre Molinari, postulador de la causa de canonización en Roma, ofreció al Pontífice la cuerda con la que el jesuita Edmundo Campion .. fue llevado al patíbulo antes de ser ajusticiado.

postulantado *m* Tiempo en que se es postulante [2]. | Villapún *Iglesia* 144: Antes de hacer la profesión religiosa, tendrá lugar: a) El postulantado (seis meses por lo menos). b) El noviciado.

postulante -ta (*frec se usa la forma* POSTULANTE *como f, esp en acep 1*) **I** *adj* **1** Que postula, *esp* [1 y 4]. *Tb n, referido a pers.* | *Ext* 19.10.70, 5: Jóvenes postulantes recorrieron nuestras calles con las clásicas huchas solicitando de todos la ayuda para el fin que se proponía con esta celebración. Marías *Almas* 116: Nunca les vi pedir nada .. Simplemente .. dan por supuesto que su actitud y su aspecto (desde luego indigente) hacen ya por sí solos las veces del gesto de tender la mano y de las consabidas frases postulantes. Kurtz *Lado* 146: Yo necesito a mamá para quererla, no para abusar de ella. Me casaré. ¿Crees que faltan postulantes...? Pero no tengo prisa.
II *m y f* **2** Pers. que pide ser admitida en una comunidad religiosa. | CBonald *Noche* 211: Apareció en el recibidor .. una postulanta esmirriada y vergonzosa portando una bandeja .. La monjita colocó la bandeja .. y se retiró mansamente. *Hoy* 24.7.75, 11: Antes, al terminar el noviciado, se vestía con traje de novia a la postulante y se le cambiaban las galas por el del hábito. Escudero *Capítulo* 58: Puede consignarse el caso de los novicios que todavía no se han incorporado al Instituto .. Igualmente puede advertirse sobre los postulantes en sentido canónico.

postular A *tr* **1** Pedir o reclamar. | M. Aznar *SAbc* 16.6.68, 10: ¿En qué consiste la "integración" que los negros –y muchos blancos– postulan?
2 Proponer [algo] como postulado. | Castilla *Humanismo* 20: La verdad o falsedad de lo postulado es en la praxis en donde encuentra su única y posible verificación. L. G., *Cruz SD16* 7.5.87, II: Algunos médicos postulan una pericarditis serosa traumática antes de morir .. Algunos han postulado otras causas de la muerte [de Cristo].
3 Proponer [a alguien] como candidato. | L. Apostua *Ya* 30.12.73, 12: Tal es mi opinión personal sobre el nombramiento de don Carlos Arias Navarro para presidente del Gobierno. No previsto en los primeros momentos por una serie de razones. Quizá la primera de ellas es que el propio interesado no se ha postulado nunca para el cargo.
B *intr* **4** Pedir por la calle en una colecta benéfica. | *ASeg* 9.11.62, 3: Más de cinco mil señoritas han postulado desde primeras horas de esta mañana por las calles de Madrid en demanda de un donativo para la Cruz Roja Española.

póstumamente *adv* Después de la muerte de la pers. en cuestión. | *Abc* 18.6.58, 35: En 1956, después de haber sido rehabilitado póstumamente Bela Kun por Kruschef, Rakosi fue sustituido por Erno Gero en la jefatura del Gobierno. Valverde *Literatura* 190: La obra poética de Bécquer –unas ochenta poesías, algunas brevísimas–, reunida póstumamente en libro, es el umbral de la lírica española del siglo XX.

póstumo -ma *adj* [Hijo] nacido después de la muerte de su padre. | Ramírez *Derecho* 98: La viuda debe poner el hecho en conocimiento de los que tengan, respecto a la herencia, un derecho de tal naturaleza que deba desaparecer o disminuir por el nacimiento del hijo póstumo. **b)** [Obra] publicada después de la muerte de su autor. | Marías *Literatura* 16: El año 1585, Cervantes .. publica *La Galatea*. Todos sus demás libros aparecen entre 1605 (primera parte del *Quijote*) y 1617 (el *Persiles*, obra póstuma). **c)** [Acción] llevada a término después de la muerte de quien la emprendió. | Alfonso *España* 171: Tantos prodigios técnicos y tan grandes dificultades humanas .. vienen a suponer para los viejos una propina, una conquista póstuma. **d)** [Acto] realizado después de la muerte de la pers. a quien se dedica. | *Ya* 11.6.78, 40: Un emocionante homenaje póstumo rendido al marqués de Lozoya ofreció el Círculo de la Unión Mercantil e Industrial.

postura *f* **1** Disposición accidental de las partes del cuerpo [de una pers. o animal]. *Tb fig, referido a cosa.* | Laforet *Mujer* 304: El niño, sin cambiar de postura, se contrajo. Fraile *Cuentos* 40: Quería cambiar "de postura" a la

habitación, echar tierra encima. **b)** Disposición accidental [de una parte del cuerpo]. | F. Tejevo *SYa* 26.5.73, 36: Lo más difícil es enseñarle a recuperar la postura de sus brazos para volver a empezar la brazada sin necesidad de sacarlos fuera del agua.
2 Posición (manera de pensar o de actuar). | PRivera *Discursos* 9: Sé de antemano que habrá quienes no entiendan nuestra postura. *Sp* 19.7.70, 51: Se ha dejado oír la voz y la guitarra de un cantante-autor que, desde sus comienzos, ha mantenido siempre, contra viento y marea, una postura honrada y coherente. Delibes *Año* 196: Al final, los asistentes tomaron postura y se enzarzaron en discusiones amistosas pero de muy elevada temperatura.
3 (*Juegos*) Puesta (cantidad de dinero). | Corral *Cartas* 29: Antes de distribuir las cartas, los jugadores acordarán el tanto de postura. P. Magaz *Abc* 5.11.74, 37: Es un juego peligroso en el que la muerte puede llevarse todas las posturas.
4 Puesta o puja en una subasta. | *Alc* 31.10.62, 29: No admitiéndose postura alguna que no cubra las dos terceras partes del expresado tipo. [*En una subasta.*]
5 Puesta [de los animales ovíparos]. | M. Calvo *SYa* 9.7.72, 33: Es atacado por las hormigas, sobre todo cuando la hembra está inmovilizada y con el abdomen enterrado durante la época de la postura.
6 (*raro*) Puesta [de una astro]. | *Anuario Observatorio 1967* 110: Si se colocaran frente [sic] unos de otros los números que expresan las salidas y posturas de los dos astros, .. resulta .. una aparente anomalía. MCalero *Usos* 110: En este atardecer, y a la muerte puede llevarse todas las posturas, resulta .. una aparente anomalía. MCalero *Usos* 110: En este atardecer, y a la muerte puede llevarse todas las posturas, .. echaban .. la última parlada.
7 (*raro*) Puesta [de una prenda]. | Medio *Bibiana* 170: Vaya una gracia... Las medias nuevas... Treinta pesetas... La primera postura... Pero ellos nada, como locos.
8 Planta que se trasplanta. | FReguera-March *Cuba* 259: La cosecha [de tabaco] se hace a los tres meses de traslado del semillero las plantitas o "posturas". CBonald *Dos días* 209: La aranzada, por estas trochas, viene a tener unos 4.750 metros cuadrados, y las posturas de una aranzada oscilan entre las 1.800 y las 2.000 cepas.
9 (*reg*) Ración de pienso que se da al ganado. | Cela *Judíos* 22: En un rincón de la cuadra medio en penumbra, un caballejo blas, perito en andaduras serranas, rumia su parva postura.
10 (*jerg*) Cantidad de droga que ofrece el vendedor por determinada cantidad de dinero. | Tomás *Orilla* 51: Después fueron a mi casa y me pillaron la recortada y casi dos kilos de chocolate. Lo peor es que lo tenía preparado casi todo en suelas y en posturas.
11 (*hist*) Precio puesto por la justicia a los comestibles. | Mercader-DOrtiz *HEspaña* 4, 122: Después de ser muchos años regidores, discutir interminablemente sobre el aprovechamiento de la dehesa boyal y poner posturas al obligado de la carne y los regatones de verduras, [los hidalgos] podían ascender a alcaldes mayores.

postural *adj* De (la) postura [1]. | Navarro *Biología* 126: Reflejos posturales. S. HConesa *SAbc* 22.6.75, 45: Las repercusiones económicas de la falta de higiene postural en el mundo laboral son tan importantes que, en casi todo el mundo, se han tomado medidas adecuadas.

postventa → POSVENTA.

postverbal (tb **posverbal**) *adj* (*Gram*) [Término] que se deriva de un verbo. *Tb n m.* | FRamírez *Derivación* 17: Sustantivos postverbales en -a, procedentes de verbos en -ar. Náñez *Lengua* 119: Por este camino nos encontraremos con numerosos posverbales en -e plenos de expresividad: ".. el *desmadre* total". **b)** De (los) nombres postverbales. | FRamírez *Derivación* 17: La formación postverbal abunda mucho más que la inversa, es decir, la derivación de un verbo partiendo de un nombre.

posventa (tb **postventa**) **I** *f* **1** Período de tiempo que sigue a la venta de un artículo. | *Abc* 23.8.66, 53: Gama completa de elementos y accesorios para piscinas. Servicio de posventa.
II *adj* (*invar*) **2** Relativo a la posventa [1]. | *Mad* 30.12.69, 6: MG .. Entrega inmediata. Valoramos espléndidamente su coche viejo. Máximas facilidades. Total garantía postventa.

posverbal → POSTVERBAL.

pot *m* (*Naipes*) *En el póquer*: Modalidad de apertura en que cada jugador pone una cantidad convenida antes de distribuirse las cartas y no puede abrirse el juego sin tener al menos una pareja de valets. | *Naipes extranjeros* 15: Si un jugador abre el pot y todos los demás pasan, para poderse llevar el fondo del pot tiene que enseñar su "ley de apertura".

pota[1] *f Se da este n a varias especies de cefalópodos semejantes al calamar, esp al Ommastrephes sagittatus.* | *Voz* 8.11.70, 3: Se registraron las siguientes cotizaciones: Abadejo, de 42 a 60 pesetas kilo; .. potas, de 30 a 46. Mann *DMo* 27.8.85, 2: Se designa con el nombre de "pota" lo mismo a la pota vulgar que al "calamar volador".

pota[2] *f* (*reg*) Olla, esp. más baja y ancha que el pote. *Tb su contenido.* | Ferres-LSalinas *Hurdes* 57: Casi no hay muebles. Dos bancos alargados, una mesa y dos o tres potas de barro. Llamazares *Lluvia* 64: Lo primero que hice fue encender la chimenea y poner agua a calentar en una pota. *SYa* 30.12.84, 27: He tomado potas enteras de leche agria. [*En Asturias.*]

pota[3] *f* (*jerg*) Vómito. *Gralm en la constr* ECHAR LA ~. | * Se mareó y echó la pota.

potabilidad *f* Cualidad de potable [1]. | Aleixandre *Química* 72: Aunque las buenas condiciones químicas de un agua tienen indiscutiblemente gran importancia, no son suficientes para dictaminar acerca de su potabilidad.

potabilización *f* Acción de potabilizar. | E. Bayo *Gac* 22.2.70, 37: Algunos países enfrentados con un grave problema de escasez de agua han tratado de adquirirla mediante la potabilización del mar.

potabilizador -ra *adj* Que potabiliza. *Tb n, m y f, referido a aparato o instalación.* | *Inf* 29.5.70, 15: La potabilizadora de Las Palmas continúa parada .. La planta potabilizadora que fue inaugurada hace unos meses .. sigue sin funcionar.

potabilizar *tr* Hacer potable [el agua]. | *Van* 3.2.74, 9: Ante el encarecimiento de los c[o]mbustibles que incidirán en la elevación del coste de agua potabilizada, reconsiderar los estudios del aprovechamiento de las diversas cuencas de las islas.

potable *adj* **1** Que se puede beber. | M. Calvo *MHi* 7.68, 16: Producirán electricidad para la distribución y al mismo tiempo para la conversión de agua del mar en potable.
2 (*col*) Pasable o aceptable. | Payno *Curso* 198: Tanto a juicio de Fry como de Melletis, tenía el aliciente de que habría muchachillas en abundancia, muchas de ellas "potables", decían. ZVicente *Traque* 173: Esperemos que se gasten una falda potable, porque, si no, doña Terenciana las despacha aprisita.

potación *f* (*raro*) Acción de potar[1] o beber. | L. Calvo *Abc* 10.12.70, 37: Beria y Bulganin .. le habían acompañado toda la noche en la potación.

potaje *m* **1** Guiso de legumbres, esp. con verdura. | Bernard *Salsas* 62: Se reúnen .. habichuelas y verduras, se agrega la cebolla y los macarrones (hervidos previamente para no dar un color blanco al potaje, lo que le haría menos apetitoso). GSosa *GCanaria* 145: En otro orden [de platos] han de nombrarse los potajes (de hinojos, de berros, de jaramagos, etc.) y el puchero, que es un cocido muy gustoso a base de carne y una gran variedad de verduras.
2 (*desp*) Mezcla de cosas heterogéneas. | * ¡Qué potaje de datos!

potajería *f* (*hist*) Almacén de las legumbres para la cocina de palacio. | GSerna *Viajeros* 40: Seguían al rey al menos unas 450 personas ..: dignatarios y oficiales, 22; personal de la Real Cámara, 15, más dos médicos y cinco boticarios; panetería, cava y pota[j]ería, 16. [*En el texto*, potagería.]

potala *f* (*Mar*) Armazón de madera que sujeta una piedra u otro objeto pesado y que sirve de ancla para embarcaciones menores. | Alvar *Envés* 17: La gabarra de escaso porte fondeó la potala por aquellas aguas, y el barquero se dedicó a contemplar sorprendido.

potamogeton *m Se da este n a varias plantas acuáticas del gén Potamogeton, con flores pequeñas en espi-*

ga, y que viven flotantes o sumergidas. | Mayor-Díaz *Flora* 267: *Potamogeton natans* L. "Espiga de agua", "Potamogeton" .. *Groenlandia densa* (L.) Fourreau. "Potamogeton de hojas apretadas". (Sin. *Potamogeton densus* L.) Cendrero *Cantabria* 71: *Potamogeton nodosus*: Potamogeton. *Potamogeton poligonifoliuss*: Potamogeton.

potar¹ *tr (raro)* Beber. | Faner *Flor* 25: Bajó al cobertizo, pagó al mesonero y se fue tras potar el zumo de cuatro limones.

potar² *tr (jerg)* Vomitar. *Frec abs.* | * Creo que voy a potar.

potasa *f Se da este n a varios derivados del potasio, esp al hidróxido de potasio (tb ~ CÁUSTICA), a los carbonatos de potasio (tb ~ CARBONATADA), y a algunos minerales que contienen cloruro de potasio.* | Ortega-Roig *País* 95: Las minas de potasa de Suria están al aire libre: forman una verdadera montaña.

potásico -ca *adj* De(l) potasio. | Ortega-Roig *País* 96: Son también importantes los yacimientos de sales potásicas, de las cuales se obtiene un abono muy apreciado por los agricultores. Bustinza-Mascaró *Ciencias* 18: Coloquemos en un vaso una disolución acuosa concentrada de sulfato de cobre, y en otro una de permanganato potásico.

potasio *m* Metal alcalino, de número atómico 19, blando, de color blanco argentino y muy oxidable. | Ybarra-Cabetas *Ciencias* 69: Es muy frecuente el hecho de que las sales de sodio y potasio .. aparezcan juntas en el mismo criadero.

pote I *m* **1** Vasija cilíndrica de cerámica, usada esp. para guardar sustancias diversas. | ZVicente *Traque* 13: Federico y Honorato y doña Antoñita revolviendo, locos, en los potes de don Facundo –salvia, romero,.. tila, mágicos remedios en azul de Talavera– para calmarle la pataleta. Calera *Postres* 38: Conservad las peras confitadas en un pote de barro.
2 Vasija, gralm. de hierro, panzuda, de boca ancha y con tres pies, que se usa para guisar y es típica de Galicia y Asturias. | Seseña *Barros* 27: A mediados del siglo XIX Madoz reseña la existencia de 6 alfares [en Mondoñedo]. En la actualidad solo un funciona .. fabricando jarras, pucheros, tarteras, potes y demás vasijas funcionales. Escobar *Itinerarios* 52: Lumbres donde cuece el agua en el pote, en la caldera, en las ollas y en los pucheros. **b)** Vasija de cocina, de panza abultada, que se usa para guisar. | *Ya* 5.12.74, 3: Práctica y decorativa batería de cocina .. Compuesta por 3 cacerolas, 2 ollas, 2 cazos y un pote. *Van* 4.11.62, 15: Batería aluminio 15 p[iezas]. 2 ollas, 2 cacerolas, 3 potes.
3 Guiso típico de Galicia y Asturias, semejante al cocido. | Vega *Cocina* 72: Me habían recomendado, por la excelencia de sus potes, la Taberna del Asesino. Trévis *Gallega* 11: Pote gallego.
4 *(reg)* Vaso de vino. | E. Salas *D16* 13.7.91, 16: El recorrido por las calles no llega a un kilómetro, pero hay tres controles en los que es obligatorio parar a tomarse un pote.
II *loc v* **5 darse ~.** *(col)* Darse importancia. | ZVicente *Traque* 80: Quería darse pote ante el público, y pasar por señor bien.

potear *intr (reg)* Beber. | X. Domingo *Cam* 7.11.77, 92: Así que se acaba el verano y se va la turistada, San Sebastián rechaza de plano cualquier tipo de diversión distinta de la de potear o comer.

potencia I *f* **1** Capacidad [de hacer algo o de producir un efecto]. *Frec con un adj especificador.* | Alfonso *España* 106: Casi todo el mundo tiene alguna potencia más o menos escondida de heroísmo. **b)** Facultad o capacidad [de la mente o del alma]. | Pinillos *Mente* 113: Basta saber que un factor de la mente se asemeja en cierto modo a una facultad o potencia de la psicología clásica. **c)** Capacidad de engendrar. *Tb ~* VIRIL *o* SEXUAL. | *País* 30.6.77, 8: Del ridículo se han encargado algunos jueces de paz, que en su afán apostólico han llegado a exigir a parejas que deseaban contraer solo el matrimonio civil hasta el certificado médico de potencia del contrayente. CPuche *Paralelo* 394: Aunque él había quedado exhausto con la entrega a Elena, ahora tendría que sacar toda su potencia viril .. para machacar el brío sexual de aquella casada. **d)** *(Fís)* Capacidad para producir un trabajo o efecto físico, medida por la cantidad de ese trabajo o efecto producida en una unidad de tiempo. | *País* 6.4.80, 14: Vive tu nuevo Vespino Superconfort con más potencia y aceleración. Mingarro *Física* 62: Un ascensor cargado que pesa 500 kg sube a 20 m de altura en 45 s. Calcúlese el trabajo realizado durante la ascensión y la potencia puesta en juego. **e)** Fuerza o energía. | * Me admira la potencia de sus brazos. * La potencia de su voz era increíble.
2 Poderío o poder. | VParga *Santiago* 9: El monarca asturiano Alfonso II, en lucha desigual con la potencia del emir cordobés, consigue afianzar en Oviedo la capital de su reino. FQuintana-Velarde *Política* 13: La riqueza, por sí misma, da origen al Poder. De tal forma, buena parte de la acción de los patriotas se esteriliza por la potencia que la riqueza acumula.
3 Nación o estado soberano y capaz de influir en la política internacional. | Laiglesia *Tachado* 60: Tan pronto como Londres reciba nuestra aceptación, nos enviará un embajador. Yo supongo que muchas potencias seguirán este ejemplo.
4 Pers. o entidad poderosa o influyente. | Torrente *DJuan* 334: –Como amigos les acepto en mi casa, y les saludo; como jueces, les recuso. Porque, ¿quiénes son ustedes para juzgarme? –Somos las potencias de este mundo; somos la autoridad y la fuerza.
5 *(Filos)* Capacidad de llegar a ser. *Se opone a* ACTO. | Gambra *Filosofía* 89: El movimiento será .. el paso de la potencia al acto.
6 *(Fís)* Fuerza o conjunto de fuerzas capaces de producir trabajo u otros efectos. | Marcos-Martínez *Física* 46: En la polea fija se verifica que la potencia es igual a la resistencia.
7 *(Electr)* Proporción o medida en que la energía entra en un aparato o sistema, o sale de él. | *Inf* 7.9.70, 9: Las tarifas se compondrían de dos términos: uno, la cuota de potencia .., y, otro, la cuota de energía. *SAbc* 8.3.70, 15: Potencia de salida, 8 vatios (4 por canal). Dos altavoces, situables y orientables a gusto del oyente.
8 *(Mat)* Producto que resulta de multiplicar una cantidad por sí misma determinado número de veces. | Marcos-Martínez *Álgebra* 37: Toda potencia de exponente par de un número negativo es un número positivo.
9 *(Min y Geol)* Espesor [de un estrato o filón]. | Ybarra-Cabetas *Ciencias* 80: Se llama potencia de un estrato a su espesor, que es muy variable. J. M. FPeláez *Abc* 1.8.70, 45: En ella [la cuenca carbonífera del Bierzo] se explotan capas de antracita cuyo espesor o potencia oscila entre los 0,40 y dos metros.
10 *(Rel)* Grupo de rayos de luz de los tres que se ponen en las imágenes de Cristo o de los dos de la frente en las de Moisés. | *Abc* 17.4.58, 33: Continúa en grave estado S.A.R. la Infanta doña Luisa de Orléans .. Cerca de ella han sido colocadas reliquias de San Pío X y de Sor Ángela de la Cruz, así como también una de las potencias de nuestro Padre Jesús de la Pasión.
11 *(Rel crist)* Espíritu celeste del segundo coro de la segunda jerarquía. *Gralm en pl.* | PAyala *Abc* 30.5.58, 3: Nada hay en el mundo superior al hombre. Con él se inicia el ultramundo, o mundo de los espíritus puros, compuesto de tres jerarquías, cada cual subdividida en tres coros: ángeles, arcángeles y principados; potencias, virtudes y dominaciones.
II *loc v* **12 elevar a ~.** *(Mat)* Multiplicar [una cantidad] por sí misma tantas veces como indica su exponente. *Tb fig, fuera del ámbito técn.* | Marcos-Martínez *Aritmética* 2° 54: Para elevar un quebrado a una potencia es suficiente elevar cada uno de sus términos a esta potencia.
III *loc adv* **13 en ~.** Como posible. *Frec adj.* | * En potencia, existen situaciones peores, pero no mucho. *Mad* 10.9.70, 13: Hay en esta historia un hombre para el que cada novia es una víctima en potencia de su obsesiva locura por matar.

potenciación *f* **1** Acción de potenciar. | *SInf* 16.12.70, 1: Con esta potenciación del desarrollo se crean problemas ambientales de otro orden.
2 *(Mat)* Operación de elevar a potencia. | J. Zaragüeta *Abc* 23.12.70, 3: Se da también la Matemática aplicada en las operaciones sintéticas (Adición, Multiplicación y Potenciación).

potenciador -ra *adj* Que potencia. *Tb n m, referido a producto.* | Ciudadano *Pue* 17.12.70, 3: Que no debe confundirse en ninguna medida con un regionalismo sano y deseable, potenciador de la realidad local. *TMé* 9.9.83, 10: El hecho de no producir depresión respiratoria y tener mínimos efectos secundarios permite contemplarlo con expectación para su posible uso como potenciador de la morfina. *Prospecto* 3.88: Findus. Lasaña al horno .. Ingredientes: Leche desnatada, .. zanahoria, huevo, potenciador de aroma (H 5.805), hidrolizado de proteínas.

potencial I *adj* **1** (*Filos*) Que puede existir, pero que aún no existe. Tb (*lit*) *fuera del ámbito técn.* | Gambra *Filosofía* 143: La creación es el acto de causar un ser sin que anteceda un sujeto potencial.

2 (*Gram*) [Modo verbal, o tiempo del modo indicativo] que expresa hecho hipotético desde una perspectiva presente, o hecho futuro desde una perspectiva pasada. Tb *n m.* | Amorós-Mayoral *Lengua* 81: Vamos a añadir ahora el modo potencial. En él, el hablante presenta los hechos como posibles: "Lo compraría... si tuviera dinero".

3 (*Fís*) [Energía] que posee un cuerpo por el hecho de hallarse sometido a un campo de fuerzas. | Marcos-Martínez *Física* 38: La energía cinética y la potencial son dos formas o manifestaciones de la llamada energía mecánica.

II *m* **4** Poder o potencia. *Gralm con un adj o compl especificador*. | J. Palau *Des* 12.9.70, 32: Que el cine, con el sonido, .. vio aumentar su potencial estético es algo difícil de impugnar. Albalá *Periodismo* 71: Unos géneros informativos propios por el hecho de poseer los medios naturales de comunicación un determinado potencial expresivo.

5 (*Electr*) Energía eléctrica acumulada en un cuerpo conductor y que se mide en unidades de trabajo. | Marcos-Martínez *Física* 200: Julio es el trabajo producido al pasar una corriente de un culombio entre dos puntos que tienen una diferencia de potencial de un voltio.

6 (*Fís*) Energía potencial [3] que posee la unidad de carga situada en un punto de un campo eléctrico. | Mingarro *Física* 104: El valor del potencial en un punto será .. igual a la energía potencial por unidad de carga.

potencialidad *f* **1** Cualidad de potencial. | MPuelles *Filosofía* 2, 161: Aun cuando dicho ente esté existiendo, y en el supuesto mismo de que realice, de hecho, alguna de sus posibles operaciones, no deja por ello de encontrarse esencialmente afectado de potencialidad, pues no es igual .. estar actualizado de algún modo que consistir en el acto mismo.

2 Cosa que existe en potencia. *Gralm en pl.* | Rábade-Benavente *Filosofía* 85: De ahí que la tan traída y llevada "liberación" de la mujer tenga que empezar, ante todo, .. por una actualización efectiva de sus potencialidades. Romeu *EE* nº 9.63, 15: Al ser desvinculado de la misa y pasar a maitines, .. se actualizaron las potencialidades escénicas del tropo.

3 Poder o potencia. | *Abc* 22.2.76, 21: A pesar de que la potencialidad militar del Zaire es respetable, nadie desearía que el ejército del M.P.L.A. se desplazara hacia el Norte. Ybarra-Cabetas *Ciencias* 225: No faltan biólogos que niegan la existencia del cromosoma X y atribuyen el sexo a una secreción interna de los gametos, prevaleciendo el del que tenga más potencialidad.

potencialización *f* Acción de potencializar. | Pericot-Maluquer *Humanidad* 170: El enriquecimiento y potencialización del pueblo de las urnas había sido debido en gran parte a las relaciones comerciales con el mundo micénico.

potencializar *tr* Dar fuerza o potencia [a algo (*cd*)]. | Gironella *Pue* 26.4.66, 3: A mi amigo Narciso Yepes, para potencializar su vista, le han inyectado extracto de placenta de una mujer rusa. P. Castellano *Tri* 8.5.71, 18: Se provoca en ellos [los estudiantes] una lógica y saludable reacción que resulta potencializada el día en que se ven obligados, en la vida práctica, a tener que poner a disposición de los ciudadanos unos instrumentos legales cuyo espíritu y finalidad no son los que inspiran esa nueva forma de concebir la vida actual. **b)** (*Med*) Combinar [una sustancia con otra] para aumentar su potencia o efecto. | *Abc* 28.6.58, 11: Adelgace fortificándose con Superlevure Gayelord Hauser .. En comprimidos (potencializados con germen de trigo).

potencialmente *adv* De manera potencial [1]. | Bustinza-Mascaró *Ciencias* 100: Ha sido a partir de los trabajos de Fleming que se ha iniciado lo que pudiéramos llamar Era Antibiótica, virgen aún, pero potencialmente fecunda.

potenciar (*conjug* **1a**) *tr* **1** Dar potencia o más potencia [1 y 2] [a algo (*cd*)]. | *País* 6.4.80, 14: Vive tu nuevo Vespino .. Nuevo motor potenciado de tres trasvases. L. Álamo *HLM* 26.10.70, 9: Cuando discutíamos la ley de Prensa en las Cortes, parecía que se potenciaba la vieja figura del director. **b)** Aumentar [algo, esp. una acción o un efecto]. | MNiclos *Toxicología* 62: De ninguna forma [pueden administrarse] sedantes derivados de la fenotiazina, que podrían potenciar la acción tóxica. Albalá *Periodismo* 46: Se ha potenciado la responsabilidad del director [de periódico] hasta hipertrofiarla inexplicablemente.

2 Apoyar o impulsar [algo]. | Tarancón *Abc* 6.5.70, 39: Es lícito .. que cada uno utilice los instrumentos de comunicación social para potenciar una causa justa. Berlanga *Gaznápira* 166: Su Ilustrísima obra con sumo acierto al potenciar el Museo Diocesano.

potenciométrico -ca *adj* (*Electr*) De(l) potenciómetro. | *BOE* 8.5.75, 9716: Equipo de laboratorio: Dos microscopios .. Un cromatógrafo de gases, sistema monocolumna, con detector de ionización de llama, .. columna de acero inoxidable, registrador potenciométrico.

potenciómetro *m* (*Electr*) Instrumento para medir las diferencias de potencial eléctrico. | *Ya* 5.1.72, 4: En las placas en las que van montados los generadores de impulsos había observado que era difícil el acceso al tornillo de ajuste de los potenciómetros.

potentado -da *m y f* Pers. rica. | Medio *Bibiana* 325: En las tabernas comen los potentados y los extranjeros.

potente *adj* **1** Que tiene o muestra potencia [1]. | Aleixandre *Química* 173: El ácido láctico es un antiséptico bastante potente. DPlaja *El español* 136: Tiene gracia, labia, es romántico y potente en lo sexual. Arce *Testamento* 24: Se había arremangado hasta cerca del hombro y sus brazos eran velludos y potentes. Olmo *Golfos* 97: Recia, potente, oímos la voz de Enzo.

2 Rico y poderoso. | S. RSanterbás *Tri* 11.4.70, 23: El novato está respaldado económicamente por un apoderado potente o por un padrino ricachón.

3 (*raro*) Grande. | MSantos *Tiempo* 30: Gracias a la potente fritada.

potentemente *adv* De manera potente [1]. | E. Carro *SYa* 28.11.73, 19: Entrar en La Toja ya es penetrar por ese puente de hierro .. Suben potentemente los altos pinos.

potentilla *f* Planta rosácea propia de las regiones templadas y frías (gén. *Potentilla*). | C. Lázaro *SAbc* 4.11.84, 45: Los arbustos más empleados son: los rosales .., el rododendro, la potentilla.

poteo *m* (*reg*) Acción de potear. | X. Domingo *Cam* 7.11.77, 92: Resignémonos a los goces dudosos del poteo y, de tasca en tasca, lleguemos hasta Pamplona, en donde, con un masoquismo delectable, nos hundiremos en el pacharán.

potera *f* Aparejo para pescar potas[1] y otros cefalópodos. | *Animales marinos* 202: Pulpo .. Procedimiento de pesca: Potera, nasa, trasmallo, arrastre y jábega.

poterna *f En una fortificación*: Puerta menor que una principal y mayor que un portillo, que da al foso o al extremo de una rampa. | ZVicente *Traque* 265: Ni adarves, ni poternas, ni artillería. El desplomen de la fortaleza.

potestad *f* **1** Poder (facultad de mandar o de actuar). | Vesga-Fernández *Jesucristo* 156: Jesús se acercó y les dijo: "Se me ha dado toda potestad en el cielo y en la tierra". L. Calvo *Abc* 30.12.70, 22: La clemencia es potestad de los fuertes. **b) patria ~ →** PATRIO.

2 Pers. que ejerce potestad [1]. | *Ecc* 16.11.63, 27: Hay que evitar el abuso de la potestad secular en el nombramiento de los obispos. **b)** (*hist*) Oficial público que, como delegado real, gobierna en un territorio. | F. Cebolla *SPaís* 8.1.78, 21: En septiembre de 1035 hubo un levantamiento nobiliario contra Ramiro II el Monje, rey de Aragón. Intervinieron las potestades de Huesca y los seniors de las fortalezas más importantes del reino.

3 (*Rel crist*) Espíritu celeste del tercer coro de la segunda jerarquía. *Gralm en pl.* | Cela *Pirineo* 97: Arrós .. semeja un caserío poblado de ángeles y arcángeles, querubines y serafines, tronos, dominaciones y potestades.

potestativo -va *adj* Voluntario o no obligatorio. | *IdG* 31.10.70, 19: Acordó aprobar unas bases para un concurso .., en las que figuraba la adjudicación por la Corporación de 25 puntos con carácter potestativo a la proposición licitadora que estimaran más adecuada en conjunto.

potetería *f (reg)* Zalamería. | Zunzunegui *Camino* 42: De cuando en cuando la enviaba una postal con las poteterías de ritual.

potingue *m (desp)* **1** Brebaje. | Carandell *Madrid* 129: Recordaba punto por punto todos sus caprichos y pequeñas manías, los segundos que el paladar de cada uno exigía al huevo cocido .., las gotas, medicinas y potingues que tomaba antes de las comidas.
2 Crema o ungüento. | ZVicente *Ya* 27.12.70, sn: La cómoda .. estaba atestada de cacharros, potingues y todo eso.

potísimo -ma *adj (lit)* Principalísimo. | Laín *Universidad* 104: Muy vario es el fundamento sobre que ese derecho y ese deber se apoyan. Está ante todo el hecho potísimo de mi pertenencia a la Universidad.

potito *m* Tarro de cristal que contiene alimentos infantiles preparados industrialmente para su consumo directo. | Hipócrates *NSa* 31.12.75, 21: La profesión farmacéutica acaba de invocar una razón convincente: que existe una disposición del año de la tana que les concede la exclusiva de dispensación de potitos.

potlach *m* Desafío ceremonial propio de algunos indios americanos, que consiste en hacer pródigos regalos o destruir propiedades para demostrar riqueza. | MGaite *Retahílas* 219: A las fallas les veo también un sentido de despilfarro ostentatorio, pueden tener que ver con el potlach de los antiguos árabes.

potos *m* Planta ornamental de tallos colgantes y hojas coriáceas verdes o verdeamarillentas (*Pothos aureus*). | *Opi* 11.12.76, 96: Si usted piensa en las plantas como "hobby", compre sobre todo potos, helechos y azaleas.

Potosí. valer un ~. *loc v* Valer muchísimo. | P. Narvión *Pue* 14.10.70, 3: La mitológica ciudad de Potosí, "vales un Potosí", era el centro geográfico de una cuenca minera de plata.

potosino -na *adj* De Potosí (Bolivia). *Tb n, referido a pers*. | GCaballero *SYa* 16.6.74, 31: El ojo capitalígeno y providencial de Salazar, buscando a Ayolas, internado en el Chaco tras la plata potosina, y remontando el río, descubrió la bahía fluvial.

pot-pourri *(fr; pronunc corriente,* /popurí/; *tb con la grafía* **potpourri**) *m* Popurrí. | DCañabate *Paseíllo* 124: Del ruedo llegaban ecos del potpourri de zarzuelas que tocaba la banda del Hospicio. J. M. Claver *Ya* 7.5.70, 39: "Anaconda"-ese "pot-pourri" en que se cuecen alborotadamente, del sahumerio al tenebrario, azufres ceremoniales de Genet y de Arrabal ..- falla, a nuestro modesto parecer, rotundamente como pieza escénica representable.

potra[1] *f (col)* **1** Suerte. | Delibes *Emigrante* 19: Tampoco es potra ni nada eso de cerrar aquí la temporada [de caza] y llegar a América a tiempo de abrirla otra vez.
2 Hernia en el escroto u otra parte blanda. | Fraile *Cuentos* 30: Paseaba por la playa con sus tensos y abultados carrillos, .. con su potra abundosa, temblequeante.

potra[2] → POTRO.

potranco -ca *m y f* Caballo que no pasa de tres años. | Cela *Viaje andaluz* 216: Los niños finos y bien peinados juegan a revolcarse por el suelo, como sanos potrancos. CBonald *Ágata* 45: El normando cargó a lomos de un macho y una potranca algunos trastos.

potreador -ra *adj* Que potrea. | CPuche *Conocerás* 37: Había compañeros y compañeras, los había relamidos y los había zafios, los había limpios y los había zarrapastrosos, había los silenciosos, demasiado, y los bullangueros, los tristes y los potreadores.

potrear A *tr* **1** Molestar o mortificar. | Campmany *Abc* 9.3.84, 17: Irritantemente, Francia .. nos mosquea, nos burrea, nos chulea y nos potrea.
B *intr* **2** Retozar alegremente [una pers., esp. joven]. | Cuevas *Finca* 157: Los niños son ya hombres .. ¿Qué hacen aquí? Potrear todo el día.

potrero -ra I *adj* **1** [Cabezada] de cáñamo, que se pone a los potros. | A. Petit *SGacN* 25.8.74, 3: Todo está dispuesto para la doma. Comienza una larga y difícil etapa. Las caricias iniciales, la cabezada potrera, el que sienta en sus lomos la silla y los estribos.
II *m* **2** Lugar destinado a la cría y pasto del ganado caballar. | CBonald *Noche* 35: Todo está como boca de lobo. Me alargué hasta el potrero, eso sí, pero como si nada. Ni rastro.

potrillo -lla *m y f* Caballo que no tiene más de tres años. | Chamorro *Sin raíces* 60: Se quejaba de su discípulo diciendo que había hecho lo mismo que los potrillos: dar patadas a su madre. Cuevas *Finca* 178: Mauca, la niña, preguntaba siempre por la potrilla torda que le estaban domando.

potro -tra A *m y f* **1** Cría de caballo hasta que muda los dientes de leche, aproximadamente a los cuatro años y medio. | Arce *Testamento* 69: Solo la idea me había ido acelerando el corazón, y este me brincaba igual que un potro sin domar. Mañas *Tarantos* 330: Qué punta de potras más guapas.
B *m* **2** Aparato gimnástico para saltos, constituido por un paralelepípedo sostenido por cuatro patas. | Marín *Enseñanza* 349: Gimnasia educativa .. Salto sobre potro o apoyo animado, con piernas abiertas.
3 Aparato para sujetar los caballos u otros animales cuando se resisten a dejarse herrar o curar. | Delibes *Mortaja* 147: Al cruzar frente al potro, Boni, el herrador, estaba quieto, parado, la boina entre los dedos, viendo pasar la comitiva. *CoE* 17.8.76, 5: Si alguna vez pasan frente al caserío Zubiaurre verán al bueno de Juan [el herrador] cortando pezuñas, clavando clavos, mientras el buey, colgado en el potro, se rebela y da coces de protesta.
4 (*hist*) Aparato utilizado para dar tormento. *Tb ~* DE(L) TORMENTO. | Cela *Judíos* 199: García de las Mesuras fue descubierto en Ávila y, puesto en el potro, cantó los nombres de sus cómplices. MSantos *Tiempo* 63: Si se hubiera reído de ellos sin haberse mostrado previamente loco .. hubieran tomado sus medidas montando, por ejemplo, .. su pequeño potro de tormento.

potroso -sa *adj (col, raro)* Que tiene potra[1], *esp* [2]. | Lera *Clarines* 321: –¡Quebrao! –¡Ven para acá, potroso!

poularda *(pronunc corriente,* /pulárda/) *f* Pularda. | Savarin *SAbc* 4.1.70, 52: Su volumen contribuye al prestigio del pavo, cuyas carnes son cien veces inferiores a una poularda.

poule *(fr; pronunc corriente,* /pul/) *f (Dep)* **1** Prueba en que los potros de tres años corren por primera vez a lo largo de una distancia de 1.600 m. | F. Summers *SAbc* 22.2.70, 29: Los aficionados procuran no perderse ni las "poules" con que comienza la temporada ni los Grandes Premios, entre los que se encuentra el Beamonte (Oaks) para potras importadas y nacionales, sobre 2.100 metros.
2 Competición deportiva en que cada participante se enfrenta sucesivamente a cada uno de sus adversarios. | *Abc* 25.2.68, 94: En una "poule" a 25 platos ganó Clemente y Redeuilh; segundo, Ávalos. *VozC* 29.6.69, 5: En el Campo de Tiro de Vista Alegre, a las diez de la mañana, tirada de ferias "poule al jabalí".
3 Grupo de participantes que han de enfrentarse entre sí en la primera fase de una competición. | Villuendas *Ya* 3.11.74, 41: Esgrima .. La competición se inició por la mañana, en la que fueron encuadrados los participantes en dieciséis "poules", de seis tiradores cada una, de la que se clasificaban para la segunda vuelta eliminatoria los tres primeros.

pourparler *(fr; pronunc corriente,* /purparlé/) *m* Conversación para llegar a un acuerdo. | SCabarga *Abc* 4.8.72, 31: El "pou[r]parler" entre los dos personajes se cerró agriamente con esta frase del regidor: "Mientras yo sea alcalde, ni un céntimo". [*En el texto,* pouparler.]

poya *f (hoy raro)* Derecho que se paga, en pan o en dinero, por utilizar el horno común o el de una tahona. *Frec en la loc* DE ~, *referida a horno o a pan*. | Berlanga *Recuentos* 16: Las que cocían tortas de manteca apartaban una de poya por cada docena, para pagar la cochura. Moreno *Galería* 27: El horno de poya .. era una instalación más humilde.

poyal *m* Poyo [1]. | F. Argüelles *Cór* 1.8.93, 2: Mi madre musicaba las historias de la abuela con su voz puntillosa y esmerada, tan antigua como el sonido de la lluvia sobre los poyales.

poyata *f* Vasar o repisa. | Delibes *Voto* 133: En las poyatas, a los lados de la chimenea, se apilaban cazuelas, sartenes, pucheros, platos.

poyato *m* (*reg*) **1** Poyo [1] pequeño. | Delibes *Castilla* 121: Antes de usarlo [el barro], tiene usted que sobarlo en ese poyato para que suavice.
2 Terreno que forma escalón o cornisa. | Gerardo *NAl* 6.10.89, 15: Una vez terminada esta suerte, aún queda algo de tarea. Es el cuarterón del poyato, encima de esos acirates.

poyatón *m* (*reg*) Poyo o poyato. | Landero *Juegos* 49: Construyó para su propio recreo un poyatón de piedra, y cavó un pozo.

poyete *m* (*reg*) **1** Poyo de mampostería. | Halcón *Ir* 101: Mi cama es un jergón sobre un poyete en la vieja gañanía. CBonald *Noche* 42: Estaba tendido en el poyete, una manta pegajosa por encima y todo el cuerpo entumecido. Se puso en pie de un salto y descubrió una tenue luminosidad .. que partía inciertamente las sombras del porche.
2 Pequeña superficie horizontal, frec. a modo de repisa. | Delibes *Príncipe* 10: A sus oídos llegaba .. el piar desaforado de un gorrión desde el poyete de la ventana. Marín *Enseñanza* 259: Limpieza del aula .. Dirigida a lámparas, crucifijos y adornos, piso y poyetes.

poyetón *m* (*reg*) Lugar imaginario destinado a las solteras. *Frec en constrs como* IRSE AL ~, SENTARSE, O QUEDARSE, EN EL ~. | L. LSancho *Abc* 18.11.86, 18: El caudillo Garaicoechea .. se quedaría para vestir imágenes o, como se dice por mi tierra de las que se quedan arregladitas y sin novio, en el poyetón.

poyo *m* **1** Banco de piedra o de obra que se construye arrimado a una pared. | Cela *Judíos* 42: Los niños que juegan a saltar sobre los parapetos y las trincheras de los poyos llevan una luna clara pintada en el verde caqui.
2 (*hist*) Derecho pagado a los jueces por administrar justicia. | *DBu* 19.9.70, 9: Sabemos la localización primitiva del mercado por un documento de venta fechado en 1373 a favor de don Juan Majarrés, pues cita una casa junto a la iglesia de San Pedro y de la Plaza con derecho de los poyos que se pagaban en los días de mercado.

poza *f* **1** Hoyo o concavidad en que hay agua detenida. | Escobar *Itinerarios* 80: Otros [pueblos] existen libres de tal regalo, completamente enjutos al seco, sin más aliciente líquido que el pozo de garrucha o el de cigoñal, la poza o fuente algo salobre. Hoyo *Lobo* 26: Descubrían el manantial .. y ponían a refrescar en el agua, en una pocilla que formaban unas piedras, la fruta, los tomates y la lechuga.
2 Pozo [2]. | Ferres-LSalinas *Hurdes* 59: Esa es la única [fuente] que tiene agua para beber; pa los animales y pa lavar vamos a las pozas del río.
3 Hoyo o concavidad poco profundos. | Cela *Judíos* 217: Navacepedilla de Corneja, en una poza a la sombra del paredón Pie de Mula, es aldea graciosa.

pozal *m* **1** Cubo, esp. el que sirve para sacar agua del pozo [1]. | CPuche *Sabor* 195: Agua de lenguaje entrañable dentro del cántaro o cayendo del pozal sobre la boca del botijo. *Tri* 3.4.71, 45: Tendrán [las vestidoras] a su cuidado la limpieza de candelabros, coronas metálicas, pozales, hisopos y demás utensilios [fúnebres] que forman parte del servicio y son objeto de recuperación.
2 Brocal de pozo [1]. | CPuche *Sabor* 203: Dijo que sí, que había pozos que se habían salido, y que seguramente había que taponarlo hasta que se hiciera el pozal y se trajera el motor.
3 Vasija empotrada en tierra para recoger líquidos. | MCalero *Usos* 80: Una hortera, la vasija, que era de madera, para recoger el vino último que quedaba en el pozal y que no había forma de sacarle si no era así.

pozano -na *adj* De Poza de la Sal (Burgos). *Tb n, referido a pers.* | *Nor* 20.3.80, 14: El párroco de Poza se refirió a la personalidad del ilustre Pozano fallecido.

pozo *m* **1** Hoyo excavado en la tierra del cual se extrae agua subterránea. | GPavón *Hermanas* 9: Salió al patio encalado, con pozo, parra, higuera y tiestos arrimados a la cinta.

2 *En un río*: Hoyo profundo del cauce. | MFVelasco *Peña* 39: Hizo intención de vadearlo [el río], pero no por una tabla, que las había muy poco profundas, sino por un pozo con más de un metro de aguas, al pie de un banzo de peña donde la corriente se agitaba y golpeaba fuerte.
3 Hoyo profundo. | Ramos-LSerrano *Circulación* 229: El surtidor comunica, por medio de orificios calibrados que regulan el paso de gasolina, con un pequeño depósito o pozo. *Abc* 22.8.87, 24: El sonido digitalizado se registra bajo la forma de pozos microscópicos y superficies planas, que son interpretados por un haz de rayos láser. **b)** Hoyo, gralm. vertical, que se hace para permitir el acceso a las galerías mineras y facilitar su ventilación. | *Mun* 23.5.70, 12: Las 34 explotaciones de Hunosa se agrupan en ocho grandes pozos. **c)** Hoyo practicado en el suelo con barrenas para la prospección o la extracción de petróleo. | Zubía *Geografía* 277: Los pozos de petróleo de Venezuela están con frecuencia en pleno mar. **d)** ~ **airón**, ~ **de nieve**, ~ **negro** → AIRÓN, NIEVE, NEGRO. **e)** ~ **sin fondo**. Se usa frec en constrs de sent comparativo para ponderar la insaciable necesidad de aportaciones de alguien o algo. | * Esta casa es un pozo sin fondo.
4 Pers. o cosa llena [de ciencia o de una cualidad oculta]. | *Ya* 20.6.75, 16: Todas estas señorías son amables, simpáticas, cultas, pozos de ciencia, intérpretes de leyes y doctrinas. Huarte *Biblioteca* 54: Las bibliotecas públicas .. son .., no pocas veces, pozos de ciencia donde esta perece de inanición por falta de lectores que la vivifiquen usándola. * Este niño es un pozo de maldad.
5 Situación lamentable de la que es muy difícil salir. *Frec con vs como* CAER *o* SACAR. | * Solo tú podrías sacarme del pozo de amargura en que me encuentro.
6 (*Naipes*) *En la canasta*: Montón de los descartes. | *Naipes extranjeros* 68: El tomar la carta superior del pozo obliga a tomar todas las demás que hubiere.

pozoalbense *adj* Pozoblanquero. *Tb n.* | *Cór* 19.8.89, 11: Pozoblanco. El Ayuntamiento rinde homenaje a los pozoalbenses ausentes.

pozoblanquero -ra *adj* De Pozoblanco (Córdoba). *Tb n, referido a pers.* | Cela *Viaje andaluz* 164: El vagabundo .. se despidió del pozoblanquero Leoncio.

pozuelero -ra *adj* De Pozuelo de Alarcón (Madrid). *Tb n, referido a pers.* | *MadO* 7/8.89, 22: Diez años de oposición socialista en Pozuelo. Su larga y muchas veces dura tarea como "leal" oposición municipal ha convertido a María Carvajales en una persona conocida para los pozueleros.

pozuelo *m En un molino de aceite*: Cavidad en que se deposita el caldo de la aceituna prensada. | *Abc* 25.2.58, sn: Se sacan a la venta .. Seis pozuelos de contadores, para una cabida de unos diez mil kilos de aceite; un motor de gasolina.

pracritismo *m* (*hist*) Palabra o rasgo idiomático propios del prácrito o procedentes de él. | Villar *Lenguas* 80: Otra característica sorprendente de la lengua de los vedas es que presenta ciertos pracritismos .. De estos pracritismos podemos descartar algunos que son debidos, sin duda, a errores de los copistas.

prácrito *m* (*hist*) Lengua o conjunto de lenguas derivadas del indio antiguo y que pertenecen al indio medio. | Villar *Lenguas* 86: Los prácritos propiamente dichos son numerosos y se los suele designar con el nombre de una región.

práctica → PRÁCTICO.

practicable I *adj* **1** Que se puede practicar. | García *Abc* 31.10.75, sn: Para ilustrar la utopía, mejor dicho el dislate, se saca a colación el "comunismo" existente y practicable entre las comunidades religiosas.
2 [Puerta o ventana] que se puede abrir. *Esp en decorados de teatro.* | CSotelo *Herencia* 261: A la izquierda, en primer término, hay un balcón practicable. *GTelefónica N.* 54: Divisiones de oficinas en aluminio. Ventanas practicables. Correderas e instalaciones comerciales. *Ya* 29.7.76, 17: El Seat 127 es un coche que está marcando el camino a otros coches .. Moldura cromada en el vierteaguas. Cristales practicables.
3 [Lugar o camino] que permite el paso o el tránsito. | Ridruejo *Sáb* 9.7.75, 12: Me disponía a regresar de hecho usando el único camino que me era practicable. Benet *Aire* 27: Uno [un recinto] exterior ataluzado, formado por cin-

cuenta y ocho planos y practicable por una única entrada principal con una leva sobre el foso.

II m **4** (*Escén*) Plano elevado, fijo o móvil, sobre el escenario y en el que pueden moverse los actores. | Salom *Noche* 555: Dicho piso está sobre un practicable .. Entre dicho practicable y la corbata queda una zona en la que se jugarán algunas escenas.

practicaje m (*Mar*) Actividad de práctico [9]. | *D16* 5.12.92, 5: La investigación judicial deberá aclarar los motivos por los que el práctico del puerto no se encontraba a bordo del petrolero cuando este inició sus maniobras de aproximación al puerto, tal y como establece el reglamento de practicaje de La Coruña.

prácticamente *adv* **1** De manera práctica [1, 3 y 4]. | *Economía* 39: Hacer prácticamente la limpieza de techos y ventanas.

2 De hecho o en la práctica. | SLuis *Doctrina* 112: En España, prácticamente, el tiempo hábil para cumplir este precepto va, de ordinario, desde el Miércoles de Ceniza al Domingo de la Santísima Trinidad. **b)** Casi. | Delibes *Mundos* 142: Desde que la obra se llevó a cabo, los suicidios han disminuido en Santa Cruz en un 90 por ciento; puede afirmarse que, prácticamente, han desaparecido.

practicante -ta (la forma PRACTICANTA es f col en acep 2) **I** *adj* **1** Que practica [1]. *Tb n, referido a pers.* | Delibes *Perdiz* 131: En principio el ojeo requería para sus practicantes una holgura económica que hoy no es necesaria. *Ya* 23.2.88, 15: Estas piezas utilizadas como ropa interior y también por las practicantes de aerobic producen un cambio en el metabolismo de las mujeres. CBonald *Ágata* 194: Hasta el punto de pasar de ocultista empedernido a católico practicante. L. Calvo *Abc* 27.11.70, 31: Es la nación más católica de Europa, en cuanto al número de practicantes y la devoción confesional.

II m y f **2** Pers. facultada para operaciones de cirugía menor, esp. poner inyecciones o hacer curas. | Medio *Bibiana* 65: Es Mauricia Villar, la señora del practicante.

practicar *tr* **1** Realizar habitualmente [una actividad]. | Corral *Cartas* 5: Este juego, como todos, solo se llega a aprender bien practicándolo. Laforet *Mujer* 273: No te quejarás por falta de iglesias para practicar tus devociones. Villapún *Moral* 39: Jesucristo es, pues, nuestro modelo en la vida, modelo perfecto por las virtudes que practicó, modelo que procede de Dios. **b)** Realizar habitualmente los actos de culto [de una religión (*cd*)]. *Tb abs.* | Arenaza-Gastaminza *Historia* 158: Se les dejó en libertad para practicar su religión, pero no se les permitía levantar nuevas mezquitas. Halcón *Ir* 155: Esto fue lo que tocó el alma de Bruno y le trajo olor del bálsamo con que cuenta siempre el que practicó y ya no practica. **c)** Hacer prácticas [5b] [de algo (*cd*)]. *Tb abs.* | Cantera *Enseñanza* 18: Una decoración acertada contribuye a situar a los alumnos en un ambiente del país cuya lengua practican. P. GSola *SYa* 27.6.74, 17: Un individuo pregunta a la enfermera qué hay de verdad en eso de que dan 70.000 pesetas si, en vida, vendes tu cuerpo a la Facultad de Medicina, con el fin de que, a la muerte, médicos y alumnos puedan practicar.

2 Hacer o realizar. | *Caso* 21.11.70, 20: Luego, con una gran palanca, doblaron la persiana metálica, hasta practicar un agujero por donde colarse. *Hoy* 31.10.75, 1: Le fue practicada una punción evacuadora de líquido ascítico.

practicidad *f* Cualidad de práctico [4a y b]. | GÁlvarez *Filosofía* 2, 16: La ilustración de tal modo transfigura la herencia doctrinal que recibe, y hasta tal punto orienta a la practicidad el quehacer intelectual, que ni le faltan caracteres definidos ni carece de repercusiones históricas para constituir un "período" con fisonomía propia. Serrano *Macuto* 530: La verdad es que [el tabardo] era poco airoso, y eso siempre cuenta, y que su practicidad fue superada por la canadiense, que además llevaba forro y cuello de piel.

practicismo *m* Tendencia a lo práctico [4a y b]. | GNuño *Escultura* 57: Es advertible siempre un prurito de eficacia y practicismo suficiente como para haber perpetuado la habitación ibérica. *SAbc* 8.3.70, 19: Aquí se ha hablado mucho del tema del practicismo con relación a la moda.

practicista *adj* Que tiende a lo práctico [4a y b]. | Pemán *Abc* 4.10.70, 3: Franco había conseguido, para [el] monarquismo tenue y practicista del país, lo primero, que es la Institución; lo segundo, que es la dinastía.

práctico -ca I *adj* **1** De (la) práctica [5 y 7]. | Marcos-Martínez *Física* I: Al fin de cada Lección se ha puesto una cantidad importante de problemas para que el alumno .. adquiera un conocimiento práctico e intuitivo de los asuntos antes de pasar a la Lección siguiente.

2 Que tiene práctica [6] [en algo]. *Tb sin compl, por consabido. Tb n, referido a pers.* | *Abc* 5.5.74, 42: Se precisa taquimecanógrafo práctico, con conocimientos generales de Secretaría. Cunqueiro *Fantini* 88: La cojita .. traía atados por las patas dos pichones y, como quien está práctica en la tarea, corrió hacia la puerta .. y los dejó colgados de la misma alcayata. S. GCasarrubios *Nar* 1.76, 14: La elaboración del vino no resulta complicada; nuestro entrañable amigo y práctico del lugar, Andrés García de Ruguilla, así nos lo explicaba.

3 De la realidad concreta o de la acción, no de la teoría. | R. GTapia *SAbc* 2.2.69, 18: En la vida práctica vemos con frecuencia enfermos que aquejan una sordera profesional. Gambra *Filosofía* 21: ¿Para qué sirven estos estudios? ¿Qué utilidad práctica pueden reportarnos?

4 [Cosa] útil. | FSalgado *Conversaciones* 436: Esa proyectada manifestación está prohibida por la Dirección de Seguridad, pues a nada práctico conduce. **b)** [Cosa] en que predomina el aspecto útil. | *Economía* 138: Los regalos prácticos encajan muy bien para las atenciones familiares. **c)** [Pers.] que busca pralm. el aspecto útil de las cosas. | R. GPlata *País* 12.3.77, 14: Extremadura necesita tanto a los negociadores como a los políticos prácticos.

II n **A** f **5** Realización continuada o repetida de una acción. | Repollés *Deportes* 96: El lanzamiento de peso es una modalidad que requiere para su práctica un atleta fuerte. *Economía* 358: El cumplimiento del deber, la honradez en el trabajo, el actuar siempre con responsabilidad, la práctica de la caridad .. proporcionarán el máximo de felicidad. **b)** Ejercicio en que se aplican determinados conocimientos teóricos a fin de adquirir maestría o destreza. *Más frec en pl.* | Payno *Curso* 53: Estaban en prácticas de Química. Olmo *Golfos* 87: Nuestra gran pasión estaba en tomarlos [los tranvías], y, para saber, hacíamos prácticas.

6 Destreza [en una acción (*compl* DE o EN)], derivada de la práctica [5]. *Tb sin compl, por consabido.* | *Economía* 178: No comprar al por mayor si no se tiene práctica en ello.

7 Hecho de realizar. *Gralm en las constrs* LLEVAR A LA ~ o PONER EN ~. | J. M. Baquero *País* 3.1.78, 12: Seis concejales del ayuntamiento de Oviedo amenazan con dimitir si el ministro del Interior, Rodolfo Martín Villa, lleva a la práctica la sugerencia hecha a las corporaciones locales para que mantengan una postura meramente contemplativa.

8 Costumbre o uso. | Miret *Tri* 12.12.70, 16: Son todos ellos muy cumplidores no solamente de las prácticas religiosas, sino también en su contribución económica a las actividades evangélicas. Escrivá *Conversaciones* 156: Hay que mencionar la cesión de terrenos por parte del Ayuntamiento de Pamplona, para poder construir los edificios, como es práctica habitual en los municipios de tantos países.

B m **9** Hombre de mar que tiene por misión dirigir los movimientos de los buques en sus entradas y salidas, así como en las maniobras de fondeo, atraque y desatraque. | Zunzunegui *Hijo* 129: Lo que siento es que en estas navegaciones no puedo servirte de práctico.

III *loc adv* **10 en la práctica.** De hecho. | Gironella *Japón* 14: Dichas escalas, en vez de significar amenos descanso y relajación, en la práctica habían resultado lo contrario.

practicón -na m y f Pers. que tiene gran conocimiento práctico [de una profesión] pero carece de la adecuada formación teórica. | MSantos *Tiempo* 116: Arrastraba por malos pasos al investigador extinto y recién-nacido practicón quirurgo. FCid *Abc* 16.12.70, 3: ¿Hemos de lamentar, o debemos alegrarnos ante la increíble torpeza de unos sesudos practicones de la burocracia musical?

pradal m (*reg*) Prado. | Castroviejo *Abc* 14.11.74, 25: Es el hórreo .. cual barca pétrea .. anclada en un soñador paraíso, navegante, sin brújula ni sextante, por el ondulado mar de los centenos, las viñas y los pradales en flor.

pradense *adj* De Prades (Tarragona). *Tb n, referido a pers.* | M. Carrió *DEs* 6.8.71, 15: Que continúen en la misma línea de esforzados trabajos y éxitos que todos los pradenses desean.

pradeño -ña *adj* De(l) prado. | Cela *Pirineo* 165: No tiene ni pies ni cabeza comparar una legua de manso caminillo pradeño .. con una legua de incómodo paso por el canchal.

pradera *f* Terreno extenso, llano y con hierba. | Laiglesia *Tachado* 48: Dirigió la edición de folletos y carteles propagandísticos, en los que se convenció a la gente de que no existían praderas tan sanas como los tapetes verdes de Karabí. Berlanga *Gaznápira* 46: En una pradereja alrededor de este cañuelo se solazaban, después de beber en la balsa, tortolillas astutas.

pradería *f* Conjunto de prados. | Lera *Trampa* 1022: Un gran cuadro al pastel mostraba una cacería con caballos y galgos corriendo por una pradería de césped ondulado y grandes árboles.

praderío *m* Pradería. | Hoyo *Pequeñuelo* 22: El Mena camina casi siempre entre dos franjas de praderío, de un verde esmeraldado.

pradero -ra *adj* (*raro*) De(l) prado. | A. MPeña *Abc* 31.3.74, 39: Se siente uno embargado por los mil matices de los jades praderos, que varían, de parcela en parcela, en inigualable espectáculo natural.

pradial *m* (*hist*) Noveno mes del calendario revolucionario francés, que va del 20 de mayo al 18 de junio. | Arenaza-Gastaminza *Historia* 268: Los nombres de los meses era[n] .. Germinal, Pradial, Floreal (Primavera).

prado I *m* **1** Terreno en que se deja crecer o se siembra hierba para pasto del ganado. | Arce *Testamento* 17: Atravesamos un prado recién segado.
II *loc adj* **2** [Grama] **de ~s**, [narciso] **de los ~s**, [reina] **de los ~s**, [veza] **de los ~s** → GRAMA, NARCISO, REY, VEZA.
III *loc adv* **3 a ~**. Pastando el animal en el campo. | Mann *Ale* 21.8.83, 29: Una yugada de bueyes, que se componía de ocho carros de tierra, a prado, producía diez coloños de hierba, que valían diez reales.

pragmáticamente *adv* De manera pragmática. | Ridruejo *Memorias* 42: Aquellos cursos estaban organizados pragmáticamente, más para la habilitación que para la formación.

pragmático -ca I *adj* **1** Que da primacía al aspecto práctico de las cosas. *Tb n, referido a pers*. | Aranguren *Marxismo* 13: El régimen [político] se ha hecho lo bastante pragmático como para desentenderse de los análisis teóricos. FMora *Abc* 8.9.66, 13: ¿Fue un revolucionario o un reaccionario, .. un moralista o un lógico, un pragmático o un especulativo?
2 Práctico (de la realidad concreta o de la acción, no de la teoría). | *Mad* 22.1.70, 4: Para Wilson, unidad política significa cooperación pragmática, sin elaborar grandes constituciones federales.
II *f* **3** (*hist*) Disposición legislativa emanada de un soberano sin mediar el asentimiento o concurrencia de ningún consejo o asamblea política. | CBaroja *Judíos* 1, 67: Se dispuso por pragmática que vivieran en la parte baja de la ciudad. **b)** Pragmática sanción (→ SANCIÓN). | Arenaza-Gastaminza *Historia* 212: Quiso [Carlos VI] asegurar como heredera a su hija María Teresa .. Con este objetivo publicó la Pragmática Sanción .. María Teresa (1740-1780) sucedió a su padre, pero pronto las potencias olvidaron la Pragmática, codiciosas de los Estados de Austria.
4 (*Ling*) Disciplina que estudia el lenguaje en su relación con los usuarios y las circunstancias de la comunicación. | Escandell *Pragmática* 7: La pragmática toma el lenguaje tal y como se manifiesta, es decir, inmerso en una situación comunicativa concreta.

pragmatismo *m* **1** Tendencia a dar primacía al aspecto práctico de las cosas. | Aranguren *Marxismo* 55: ¿Cómo mover a este [el proletariado]? Mediante el mito .. del .. pragmatismo o primacía de la praxis.
2 (*Filos*) Doctrina filosófica que considera el valor práctico de las ideas como el único criterio válido para juzgarlas. | GÁlvarez *Filosofía* 2, 285: El pragmatismo nace como protesta decidida contra el idealismo .. Por otra parte, los pragmatistas quieren entroncar con los sofistas griegos.

pragmatista *adj* De(l) pragmatismo. | Aguilar *Experiencia* 32: En la actitud cívica y moral de mi progenitor debió de intervenir también una circunstancia pragmatista. FMora *Abc* 24.3.66, 45: En el estudio más serio que se ha publicado entre nosotros sobre las ideas filosóficas de Santayana, J. M. Alonso las califica de .. "pragmatistas", "nominalistas" y "ateas". **b)** Adepto al pragmatismo. *Tb n*. | Rábade-Benavente *Filosofía* 200: Para un pragmatista .. el criterio estará en la utilidad o eficacia.

praguense *adj* De Praga. *Tb n, referido a pers*. | Delibes *Primavera* 31: De ambas cosas han dado una soberana lección los escritores y los estudiantes praguenses.

pragués -sa *adj* Praguense. *Tb n*. | PRioja *Abc* 18.10.70, 15: En el ambiente de Praga flota todavía una atmósfera sutil creada por artistas y escritores ..: el poeta Rilke y el novelista –pragués de nacimiento– Kafka.

pragueta *f* (*reg*) Pargo (pez). | IdG 31.7.75, 28: Fue vendido [el pescado] en lonja, distribuido así por especies: 79 [kilos] de abadejo, .. 2 de praguetas.

praliné *adj* [Dulce, esp. chocolate] que contiene almendras caramelizadas. *Tb n m*. | GTelefónica *N*. 686: Casa Limorti. Fábrica de turrones de Jijona y Alicante. Especiales y pralinés. *Envase* 9.85: Galletas Colombianos. (Pralinés de café.) Reglero. Zamora. R. Serrano *SYa* 11.12.88, 65: Las dominicas de Santa Catalina no volverán a mezclarse con el praliné, las guindas y el anís hasta las nueve del día siguiente.

prana *m* (*Rel*) En el hinduismo: Aliento vital. | *SAbc* 17.1.82, 19: Nosotros consideramos como elementos cósmicos, además de los mencionados, la energía eléctrica, magnética y atómica, y añadimos los humores corporales, el prana, las neuronas, los genes y las hormonas.

pranayana *m* (*Yoga*) Control de la respiración. | M. A. Calles *Crí* 1.72, 24: Los discípulos del yoga ponen en práctica sus ejercicios ascéticos: 1) las posturas correctas o asanas; 2) la respiración regular o pranayana.

praseodimio *m* (*Quím*) Metal del grupo de las tierras raras, de número atómico 59, de color amarillo claro y cuyas sales se usan como colorante verde. | MMunicio *Abc* 22.8.90, 3: Los "elementos" hacían cola para situarse en el lugar debido de estas representaciones; pero, antes, los químicos, para nombrarlos, hubieron de .. distinguir los mellizos de praseodimio y neodimio.

prasiolita *f* (*Mineral*) Variedad de cuarzo de color verde. | *SAbc* 14.10.84, 15: Si el cuarzo es incoloro se conoce con el nombre de cristal de roca ..; si es verde, prasiolita.

pratense[1] *adj* De(l) prado. | Bustinza-Mascaró *Ciencias* 273: Herbicultura. Es la rama de la Fitotecnia especial que se ocupa del cultivo de plantas herbáceas: cereales, leguminosas, .. plantas pratenses.

pratense[2] *adj* De Prat de Llobregat (Barcelona). *Tb n, referido a pers*. | J. Codina *DBa* 28.9.75, 9: En caso de riada de regulares proporciones, el agua saltaría por encima del terraplén, con el consiguiente ímpetu y peligro para la llanura pratense.

praticultor -ra *m y f* Pers. que se dedica a la praticultura. | Remón *Maleza* 25: Es una planta .. cuyas hojas salen .. formando una roseta bien conocida del praticultor y alfalfero.

praticultura *f* Cultivo de los prados. | *BOE* 7.11.61, 15892: Clase de cursillo .. Praticultura. Ganadería.

pravedad *f* (*lit*) Depravación o perversión. | CBaroja *Inquisidor* 27: Sin embargo, todo da sensación de placidez en torno a la imagen de este campeón contra la herética pravedad.

praviano -na *adj* De Pravia (Asturias). *Tb n, referido a pers*. | M. DMenéndez *NEs* 28.8.79, 10: Organizado por la Comisión de Cultura del Ayuntamiento praviano, .. se va a cele[b]rar en esta villa un concurso-Exposición de pintura.

pravo -va *adj* (*lit*) Perverso. | R. Pi *Ya* 14.8.88, 3: El intento de suprimir civilmente esta fiesta es cuando menos una torpeza, si no es un pravo designio de alguien con más retorcimiento mental que sentido de la cultura y de la historia.

praxinoscopio – preautonomía

praxinoscopio *m* Instrumento óptico que, pasando ante los ojos los dibujos que representan las fases sucesivas de un movimiento, produce la impresión de ese movimiento. | *País* 14.2.80, 27: El praxinoscopio, el teatro óptico de Reynaud, el kinescopio, así como "el fusil de Marly", que fue, en cierto modo, la primera cámara tomavistas, figuran en las salas de Chaillot como vestigios de la prehistoria del cine.

praxis *f* Práctica o realización. *Se opone a* TEORÍA. | CBaroja *Inquisidor* 21: Una cosa es el pensamiento y otra la praxis. Aranguren *Marxismo* 35: Se formuló, por Marx, en rotundo contraste .. con la filosofía clásica –según la cual la praxis no podía producirse, como mera aplicación de la teoría que es, sino después de esta–, un sistema que unía íntimamente teoría y praxis.

pre. a ~ → APRÉ.

pre- *pref* **1** Denota anterioridad en el espacio con respecto a lo designado en el término prefijado. | *Por ej*: Ortega-Roig *País* 154: La base del triángulo que forma el valle [del Ebro] .. está cerrada por la Cordillera Prelitoral Catalana. Academia *Esbozo* 126: Escribimos hoy generalmente *je, ji* .. para representar el resultado velar de un antiguo fonema palatal fricativo o africado sonoro prevocálico de origen árabe.
2 *Denota anterioridad en el tiempo con respecto a lo designado en el término prefijado.* | *Por ej*: J. F. Lequerica *MHi* 3.61, 65: Se estremecía la España preactual ante la disgregación. Tamames *Economía* 144: La Guerra de la Independencia produjo la ruina de las mejores versiones de nuestra economía moderna precapitalista. J. Baró *Abc* 9.4.67, sn: Bocanadas de humo del puro habanero y precastrista del fabuloso promotor de negocios. Aranguren *Marxismo* 158: Las ventajas del marxismo preestructuralista eran mayores. J. M. Amilibia *Pue* 12.11.70, 14: El día de ayer podría haber pasado por cualquiera del verano o de la primavera. Como otros muchos de esta anormal etapa preinvernal. R. Castellar *Gac* 11.5.69, 19: En menos de cien años de labor misionera, la Iglesia católica .. se ha organizado para cuidar una sociedad premedieval. Pericot-Maluquer *Humanidad* 90: Todas esas poblaciones, entradas por Bering, pertenecían a los grupos humanos asiáticos premongoles e incluso protoeuropidos. MAlonso *Mad* 14.9.70, 17: Esta tarde preotoñal uno de tales turistas solitarios .. enfiló la calle de las Huertas. Acquaroni *Abc* 22.10.67, 45: Hemos bautizado nuestras costas con urgencia de agua de socorro .. Lo importante era impedir el regreso de la criatura al limbo, a la nada preturística. **b)** *El término formado designa cosa de la misma naturaleza que lo designado en el término prefijado, y que se anticipa a ello o lo prepara.* | *Por ej*: J. Medina *PapD* 2.88, 123: Características del preadolescente y adolescente, sus necesidades e intereses. *Abc* 20.8.66, 26: Casas preconstruidas. Estructuras de madera laminada. *País* 24.3.79, 45: Parece aceptado el preconvenio de metal de Vizcaya. C. Saldaña *SInf* 30.12.70, 2: El señor alcohólico, el muchacho predelincuente, el niño subnormal. I. Núñez *Abc* 9.10.70, 7: Colón se lanzó a descubrir porque sabía, o creía saber, regresar: Teorema fundamental en que se basan todas las teorías de Predescubrimiento. *Nue* 15.2.70, 1: Ha declarado el gran triunfador del prefestival de Barcelona. *Act* 15.10.70, 54: Se comienza por someterlo a un tratamiento de prehumidificación. GNuño *Madrid* 5: El Guadarrama se tornó ventoso y gélido y los premadrileños emigraron. Aranguren *Marxismo* 112: La tesis antimarxista, desarrollada por Bakunin, de que son el h[a]mbre y la miseria preproletarios los que conducen a la revolución. Halcón *Monólogo* 122: Para los gerontólogos la juventud dura hasta los cuarenta y cinco años .. A partir de este momento comienza la presenescencia. **c)** *Precediendo a adjs de enfermedad, designa estado o circunstancia favorable a la aparición y desarrollo de ella.* | *Por ej*: N. Retana *SInf* 16.12.70, 3: Humos, nieblas, etc., contribuyen igualmente a desencadenar las crisis asmáticas o a crear un estado en los bronquios que bien puede ser calificado de preasmático.
3 *Antepuesto a un n o adj de acción o a un v (normalmente en part), presenta la acción como realizada antes del tiempo tomado como referencia.* | *Por ej*: SYa 27.6.74, 42: El HP-65 es el primer calculador de bolsillo que tiene una memoria externa. Contiene su propio lector de tarjetas, una obra maestra de la micro-ingeniería que le permitirá usar programas pregrabados. *Castalla* 72: Lamas de aluminio para persianas venecianas, prelacadas al fuego. Valcarce *Moral* 56: Para que obliguen es preciso conocerlos, y solo para algunos se prerrequiere el bautismo.

preabdomen *m* (*Zool*) En el escorpión: Región anterior del abdomen. | Bustinza-Mascaró *Ciencias* 164: El preabdomen [del escorpión], colocado a continuación del cefalotórax y tan ancho como él, está formado por siete anillos.

preacuerdo *m* Acuerdo provisional entre dos partes, pendiente de ratificación. | *Ya* 17.5.88, 13: El Ministerio ha presionado de todos los modos posibles a los votantes para evitar que rechazaran el preacuerdo.

preadamita *adj* [Ser humano] anterior a Adán. *Tb n.* | FAlmagro *Abc* 13.4.58, 9: El proceso en virtud del cual se llega al "homo sapiens", dotado de vida espiritual, constituye uno de los pasajes de mayor interés de "Adán y la prehistoria". El lector, apenas iniciado en el conocimiento de los "preadamitas", se deja llevar por la sugestión de Gómez-Moreno.

preagónico -ca *adj* [Estado] que precede a la agonía. | Laiglesia *Tachado* 132: Entrará en estado preagónico antes del amanecer. V. A. Pineda *Des* 12.9.70, 18: Festival en transición, y no en estado preagónico como algunos sostienen.

prealerta *f* Aviso de una probable situación próxima de peligro o emergencia. | *País* 16.2.89, 33: Renault 25 .. Sintetizador electrónico, dotado de voz propia, capaz de facilitar en todo momento tres niveles de información: Olvido, prealerta y alerta. **b)** Prevención de una probable situación próxima de peligro o emergencia. | *ASeg* 3.1.90, 1: La provincia de Málaga permanece en situación de prealerta tras las últimas lluvias caídas esta noche.

preambular[1] *adj* (*raro*) Que tiene carácter de preámbulo. | Mendoza *Laberinto* 163: Opté por abreviar la arenga a pesar de la fase preambular a la dispositiva.

preambular[2] *tr* (*raro*) Poner preámbulo [1] [a algo (*cd*)]. | *Gerona* 48: Su resurgimiento como tal Diputación Provincial tuvo, pues, lugar en plena vigencia del estatuto provincial de 20 de marzo de 1925, preambulado por su inspirador, José Calvo Sotelo.

preámbulo *m* **1** Introducción a un escrito o discurso. | OMuñoz *Ya* 15.4.64, 17: Según se subraya oportunamente en el preámbulo [del libro]. Cuevas *Finca* 136: Doña María reunió a sus hijas en una especie de consejo de familia .. –Luisa –dijo por todo preámbulo– me ha dicho ayer que quiere a José. **b)** Introducción a un texto legal para explicar sus objetivos. | Tamames *Economía* 260: El establecimiento de contingentes de importación fue autorizado al Ministerio de Agricultura, Industria y Comercio por decreto de 23 de diciembre de 1931, en cuyo preámbulo se aprecia claramente el carácter de arma comercial de represalia.
2 Rodeo o digresión antes de entrar en materia o decir algo claramente. | GPavón *Reinado* 128: Preguntó con voz enérgica y sin más preámbulo: –¿Es usted el Jefe Manuel González?
3 Parte previa o inmediatamente anterior. | A. Semprún *Abc* 15.12.70, 25: San Sebastián dormía disfrutando el preámbulo del domingo. *Anticonceptivo* 47: Tiene [este método] la desventaja de interrumpir el preámbulo sexual o juego erótico previo a la penetración.

preanunciar (*conjug* 1a) *tr* Anunciar [algo futuro]. | Escudero *Capítulo* 133: El carácter escatológico de la vida religiosa dentro de la condición de la Iglesia que .. preanuncia la resurrección futura y la gloria del reino celestial.

preanuncio *m* Acción de preanunciar. *Tb su efecto.* | Moix *Des* 12.9.70, 12: Entre estatuas de titanes .. surge un pedazo de naturaleza, todavía tímida .. Es un preanuncio del campo.

preautonomía *f* (*Pol*) Situación transitoria previa a la proclamación oficial de autonomía de una región o comunidad territorial. | F. Ramos *VozT* 19.7.78, 22: Estamos igual los que no tenemos preautonomía que los que la tienen. *Voz* 25.4.86, 15: Obtiene su escaño de diputado y es nombrado primer presidente de la Xunta de Galicia en la preautonomía.

preautonómico -ca *adj (Pol)* De (la) preautonomía. | F. Ramos *VozT* 19.7.78, 22: La configuración del mapa regional español está tocando a su fin y, presumiblemente antes de aprobarse la Constitución, todas las comunidades territoriales tendrán los correspondientes órganos preautonómicos.

preavisar *tr* Avisar previamente. | *BOE* 28.12.74, 26341: No nace este derecho si el trabajador no preavisó con la antelación debida.

preaviso *m* Aviso previo. | F. Estapé *Van* 28.8.70, 13: Los problemas de la política económica de cualquier país suelen presentarse sin preaviso.

prebélico -ca *adj* Inmediatamente anterior a una guerra o que la preludia. | E. MOrtega *Ya* 16.1.91, 11: Las ochocientas familias de militares norteamericanos .. aguardan en alerta B, prebélica, los acontecimientos de las próximas horas.

prebenda *f* **1** Renta aneja a un oficio eclesiástico. | Jo. Miralles *Sáb* 9.11.74, 31: De la época del anterior Obispo Del Pino quedaba un grupo de canónigos "segovianos" importados de aquella diócesis. Otro grupo leridano y otro de diversas regiones accedido a Lérida, atraído por la prebenda o solicitado por anteriores prelados. **2** Empleo de mucho provecho y poco trabajo. | CBaroja *Inquisidor* 23: Esto, a mi juicio, indica .. un modo de abrir horizontes en las carreras de la juventud estudiosa y ansiosa de cargos y prebendas.

prebendado -da *adj* **1** *part* → PREBENDAR. **2** [Eclesiástico] que disfruta alguna prebenda [1]. *Frec n m.* | Mercader-DOrtiz *HEspaña* 4, 61: Orense contaba con una catedral con 62 canónigos prebendados. Cela *Judíos* 191: La clerecía de Ávila –los párrocos, los diáconos, los tenientes cura, los canónigos, los prebendados, los racioneros ..– se dirigió al papa de Roma.

prebendar *tr (raro)* Dar [a alguien (*cd*)] una prebenda. | Espinosa *Escuela* 694: No se enmuceta beneficiado ni se prebenda listillo o edita libro en la Feliz Gobernación sin licencia del bambarria.

prebiótico -ca *adj (Biol)* Que precede al origen de la vida. | F. Ponce *Abc* 20.8.69, 35: Consideró a continuación el estudio actual de las moléculas fósiles, las síntesis en condiciones prebióticas. M. Calvo *Pro* 8.6.88, 53: El bombardeo intensivo de nuestro planeta por estos fragmentos venidos del cosmos habría traído hasta la Tierra los elementos prebióticos necesarios para el nacimiento de la vida.

preboste *m* **1** En determinados colectivos o comunidades: Pers. que preside o gobierna. | CBonald *Ágata* 125: Apareció un día por el poblado una polícroma banda de peregrinos de raza no aria, mandada por dos prebostes que se hacían llamar condes de la Pequeña Babilonia. *MHi* 8.60, 20: El Capítulo .. cuenta como maestre al cardenal primado de las Españas; como prebaste, al director del Instituto de Cultura Hispánica, ilustrísimo señor don Blas Piñar López. Moreno *Galería* 262: Para todas ellas [las cofradías], sus capellanes, prebostes o "priostes", mayordomos, hermanos y cofrades. **2** *(hist)* Oficial público designado por el rey o por un señor para la administración económica y judicial de un territorio. *Gralm referido a Francia.* | Riquer *Caballeros* 103: Carlos VI recomienda al caballero André Marchand, que había sido preboste de París .., a su "poursuivant d'armes" James. **3** *(hist)* Segundo de un maestro de armas. | PReverte *Maestro* 64: Empleado como preboste, Jaime Astarloa tuvo al principio por única misión ofrecer toallas a los clientes [del maestro de armas].

prebostía *f* Cargo o dignidad de preboste. | L. García *Abc* 15.12.84, 20: A la convención socialista han acudido .. una elevadísima representación de cargos públicos, elegidos .., no por función de su personal prebostía con cargo al erario, sino por su liderazgo en las agrupaciones locales, provinciales y regionales del partido.

precalentamiento *m* **1** *(Dep)* Conjunto de ejercicios destinados a desentumecer los músculos. | *Abc* 20.8.66, 57: Este estadio de la natación .. lo integran una piscina de 50 x 21 metros para las competiciones de natación y waterpolo; otra de 20 x 21 metros para las competiciones de saltos y, finalmente, otra de 25 x 12 metros para el precalentamiento de los nadadores. **2** Calentamiento previo. | *SInf* 4.7.70, 21: El propano está particularmente indicado para la fundición de metales no férreos, para el calentamiento de coquillas y para el precalentamiento de los "bolsillos de colada".

precalentar *(conjug* **6***) tr* Calentar previamente. | *Agenda CM* 126: Pastel de coliflor .. Colocar sobre una cacerola con agua hirviendo y meter en el horno precalentado dejando cocer hasta que esté hecho (como una hora).

precámara *f (Mec)* Oquedad o cámara que precede a otra mayor, esp. la que recibe el carburante en los motores Diesel antes de que lo aspire el émbolo en el cilindro. | Gamo *Hoy* 28.7.74, 12: El Seat 132 Diesel quiere, con creces, suplir el hueco que ha dejado el veterano 1.500 .. Las cámaras de combustión son precámaras con deflector. F. Blanco *NAl* 7.3.81, 24: El cilindro por la parte de arriba queda cerrado por la culata; es una pieza bastante complicada, ya que en ella van puestas las válvulas, los inyectores, que es [sic] la pieza que en motores de gasolina ocupan las bujías, las precámaras en los motores de inyección indirecta, y varios agujeros por donde circulan el agua y el aceite.

precámbrico -ca *adj (Geol)* [Período] inmediatamente anterior al cámbrico. *Tb n m.* | Ybarra-Cabetas *Ciencias* 155: Era Arcaica. Comprende dos períodos: el Arcaico propiamente dicho y el Precámbrico .. En el precámbrico, los materiales pétreos están menos metamorfizados. **b)** De(l) período precámbrico. | V. Moreno *Rev* 12.70, 24: Los geólogos asociaban su presencia a las rocas cristalinas hasta que en Canadá se descubrieron en terrenos precámbricos.

precampaña *f* Período preliminar de una campaña. | *País* 29.8.89, 9: Suárez irrumpe en la precampaña electoral con su oposición al servicio militar obligatorio.

precancerosis *f (Med)* Estado previo al cáncer. | M. González *TMé* 8.6.84, 23: La precancerosis es un hecho achacable a errores técnicos, pero con un porcentaje de frecuencia del 28,8 por 100.

precanceroso -sa *adj (Med)* Que precede al desarrollo de un cáncer. | M. González *TMé* 8.6.84, 23: Importancia del tabaco como agente etiológico indiscutible en las lesiones precancerosas de la laringe.

precandidato -ta *m y f* Pers. que aspira a ser candidato o tiene posibilidades de serlo. | *Ade* 15.9.89, 33: Colombia. Precandidato presidencial critica la ayuda USA contra los narcos.

precargar *tr* Cargar previamente. | *TMé* 20.7.84, 14: Vacuna Antigripal Leti. Presentación en jeringa precargada.

precariamente *adv* De manera precaria. | *DLe* 11.12.74, 12: Es bien sabido que los clubs encuadrados en estas categorías tienen que desenvolverse precariamente.

precariedad *f* Cualidad de precario. | R. Rodríguez *Rev* 7/8.70, 28: Improvisaron escenarios reales y eligieron actores "naturales", callejeros, a fuerza de precariedad de medios. Delibes *Vida* 45: Renunciamos al dinero de bolsillo, a cambio de poder acudir quincenalmente al estadio de la Plaza de Toros. Y esta situación de precariedad no duró un mes, ni dos, sino que se prolongó durante años.

precario -ria I *adj* **1** [Cosa] insegura o inestable. | Fernández-Llorens *Occidente* 235: Francia es la otra potencia que consiguió formar un imperio colonial de importancia mundial. De todas formas sus bases eran más precarias que las del imperio inglés. Salvador *Letra Q* 16: Precaria situación, por consiguiente, la de la letra *q*, limitada en sus posibles usos, constreñida a valerse siempre de una *u*, silenciosa pero insoslayable. **b)** Deficiente o escaso. *Frec referido a medios o recursos económicos.* | *Gar* 15.9.62, 51: Casas construidas con barro reseco en un completo y arbitrario desorden. Es fácil comprender que en tales condiciones, la estabilidad es muy precaria y por eso la fuerza del seísmo las ha pulverizado. *Inf* 18.12.69, 5: Pese a la precaria salud del mariscal .. su muerte ha sorprendido a todos. Arenaza-Gastaminza *Historia* 286: Excesiva parcelación de los imperios austro-húngaro y turco en un momento de Estados de vida económica precaria. **c)** [Situación] de escasez de medios. | * La situación familiar es muy precaria.

2 (*Der*) Que se posee o se ejerce sin título, por tolerancia o inadvertencia del dueño. | * Posesión precaria. * Posee estos inmuebles a título precario.
II *loc adv* **3 en ~**. De manera precaria. | Cabezas *Abc* 10.10.71, 41: La madrileña iglesia de San Cayetano, atribuida al propio José Churriguera, .. fue reconstruida en precario después de la guerra. *OrA* 19.8.78, 9: Se estima petición de la Escudería Automovilística "Villa de Llanes" referente a la utilización provisional y en precario de un local sito en el inmueble municipal emplazado en la calle Posada Herrera, en Llanes.

precarización *f* Acción de precarizar. | A. Bernal *Ya* 5.12.88, 14: Se plantea [el Plan] sobre las bases que en gran medida se han venido desarrollando por el actual Gobierno en la línea de precarización y desregularización laboral.

precarizar *tr* Hacer precario [1] [algo (*cd*)]. | *Ya* 1.12.88, 4: Las distintas organizaciones que componen la plataforma juvenil rechazan el plan del Gobierno, entre otras razones, porque "precariza el empleo, legaliza el fraude y la economía sumergida, y no garantiza el futuro profesional de los estudiantes".

precaución *f* **1** Actitud de quien prevé un posible daño y trata de evitarlo. | Arce *Testamento* 76: Los mozos que iban a otro pueblo a cortejar tenían que regresar cuando aún era de día, y, a pesar de ello, con precaución.
2 Medida para tratar de evitar un daño que se prevé como posible. *Frec con el v* TOMAR. | Legorburu-Barrutia *Ciencias* 126: ¿Qué precauciones se han de tomar contra los enfermos infecciosos? CBaroja *Inquisidor* 44: ¿Se imagina uno un tribunal de justicia en el que el juez sentencie en vista de calificaciones ajenas? Puede esto considerarse alguna vez como una precaución loable, como acto de prudencia excepcional.

precautoriamente *adv* De manera precautoria. | L. Apostua *Ya* 5.6.73, 5: la imagen que ha llamado la atención este fin de semana ha sido el sonriente rostro de "el Lute" y de los policías que, precautoriamente, por viejas cosas pasadas, lo rodean en la Comisaría de Sevilla.

precautorio -ria *adj* Que sirve de precaución. | *Inf* 28.2.74, 1: La autoridad gubernativa ha pedido a monseñor Añoveros, obispo de Bilbao, que permanezca en su domicilio, por razones, al parecer, precautorias.

precaver A *tr* **1** Prever [un peligro o daño] y tomar las medidas oportunas para evitarlo. | Valcarce *Moral* 205: La Iglesia debe precaver esos peligros y en virtud de esta obligación tiene derecho a reclamar del Estado lo que para ello necesita.
B *intr pr* **2** Tomar precauciones [2] [contra alguien o algo que se ve como un peligro (*compl* DE *o* CONTRA)]. *Tb sin compl*. | *RegO* 22.7.64, 9: De qué precaverse. Usted, lector, guárdese lo más que pueda del que habla mal del amigo ausente. Torrente *Filomeno* 202: No quiero ir directamente a Hamburgo; tengo miedo de que me confundan y me maten también. Soy igual a Ethel. Prefiero ir por tierra, con tiempo para meditar y precaverme.

precavidamente *adv* De manera precavida. | Delibes *Parábola* 11: Se arrimaba precavidamente al tronco del alerce.

precavido -da *adj* **1** *part* → PRECAVER.
2 [Pers.] que actúa con precaución [1]. | CBaroja *Inquisidor* 53: Si es así, es que era precavido. **b)** Propio de la pers. precavida. | Vitinowsky *Cod* 9.2.64, 7: Tom Ewell es un estupendo actor, no hay duda. Mantiene una magnífica línea de sencillez y precavido uso de los excesos cómicos.

precedencia *f* Cualidad de precedente, esp. en jerarquía o consideración. | DPlaja *El español* 64: Le lanzó [al niño] como una bala por entre las piernas de los pasajeros para quitarles la precedencia. *Ley Orgánica* 114: Un Consejo del Reino, que tendrá precedencia sobre los Cuerpos consultivos de la Nación, asistirá al Jefe del Estado. Escudero *Juniorado* 13: Entre ellos [los elementos] puede y cabe establecer una jerarquía de valores, una precedencia, para en caso de que haya de sacrificarse alguno .., se prefiera el principal al secundario.

precedente I *adj* **1** Que precede. | LMuñoz *Tri* 26.12.70, 6: Recuperación que había de emprenderse sobre bases distintas de las que caracterizaban la evolución de la economía española en años precedentes.
II *m* **2** Cosa anterior [a otra (*compl de posesión*)] y que le sirve de base o punto de partida. *Frec en constrs como* SENTAR ~ *o* SERVIR DE ~. | J. CCavanillas *Abc* 28.8.66, 16: Creé el precedente del "typical spanish" dibujando flamencas, claveles reventones, burros, guitarras. **b)** Hecho anterior, semejante o igual a uno dado, que se toma como referencia. | J. D. Mena *Abc* 23.8.66, 15: Tomó posesión del Peñón para la Reina Ana, acción sin precedente. GPavón *Reinado* 124: Este es un pueblo muy tranquilo y no hay precedentes de este tipo.

precedentemente *adv* De manera precedente. | Álvarez *Abc* 9.4.67, sn: Tiene, antes que nada y precedentemente, que poseer "oficio", esto es, profesionalidad.

preceder *tr* Ir antes o delante [de una pers. o cosa (*cd*)]. *El cd va siempre introducido por la prep* A. *Tb abs*. | Tamames *Economía* 140: La ciencia precede casi siempre a la técnica. Ribera *SSanta* 115: El agua bautismal se lleva procesionalmente a la Pila del bautisterio, por este orden: precede el Turiferario, sigue el Subdiácono.

precelente *adj* (*lit, raro*) Muy excelente. | Polo *Manifiesto* 65: Más allá de Cervantes y de cualesquiera otros escritores (ilustres, eminentes, insignes, excelentes, precelentes, egregios, eximios, excelsos, únicos) debe estar nuestro idioma.

preceptista *m y f* Pers. que enseña o trata de imponer preceptos literarios. | Lapesa *HLengua* 139: Según los preceptistas árabes, la mixtura de extranjerismos constituía uno de los atractivos de esta clase de poemas.

preceptivamente *adv* De manera preceptiva. | FQuintana-Velarde *Política* 226: El Consejo de Defensa de la competencia debe mantener la legislación al día, informar preceptivamente de las reglas de competencia aplicables a los diversos sectores.

preceptivo -va I *adj* **1** De(l) precepto. | Valcarce *Moral* 32: En su aspecto preceptivo, .. hay que determinar no solo el modo como se nos pone de manifiesto [la regla], sino también cómo se nos impone con carácter coactivo. Delibes *Señora* 59: Esta paciente actitud ante los enfermos adoptaba formas preceptivas con los viejos. En su trato con ellos nunca pretendió ser clemente. **b)** Obligatorio, u ordenado por un precepto. | *HLM* 26.10.70, 2: Ya es bien significativo el hecho de que, fuera de Italia, los medios informativos vengan dedicando espacios muy atentos al proyecto de ley sobre el divorcio que ahora va a pasar en Roma por los tamices preceptivos de la Cámara de Diputados.
II *f* **2** Conjunto de preceptos [1]. *Gralm con un adj especificador, que frec se omite por consabido*. | GArnau *SAbc* 13.12.70, 82: Quedan excluidas aquellas personas que por oficio o afición mantienen un estrecho contacto con la preceptiva literaria. DPlaja *Literatura* 299: El artista debe someterse a una preceptiva rigurosa, que se estudia en Aristóteles y Horacio.

precepto I *m* **1** Regla o mandato de obligado cumplimiento. | Laforet *Mujer* 140: Su cristiana familia .. solo le había cargado la cabeza con preceptos morales. SLuis *Doctrina* 112: El tiempo hábil para cumplir este precepto [la comunión pascual] va, de ordinario, desde el Miércoles de Ceniza al Domingo de la Santísima Trinidad. **b)** Regla o norma [de un arte o ciencia]. | A. Valverde *Abc* 2.3.58, 8: Se le sabía hombre apegado con exceso a los preceptos esgrimísticos.
II *loc adj* **2 de ~**. (*Rel catól*) [Día o fiesta] en que es obligatorio oír misa. | RMaldonado *Est* 1.2.71, 6: El muchacho tendría un tiempo libre, durante las fiestas de precepto, para completar, en autodidacta, su formación artística.
3 de ~. [Cosa] obligada o inevitable. | * Tomaremos turrón y los otros dulces de precepto.

preceptor -ra *m y* (*raro*) *f* Pers. encargada de la educación de un niño o joven en casa. | Laforet *Mujer* 111: Esta pareja criaba a sus hijos con mimos, con lujos de institutrices y preceptores.

preceptual *adj* (*raro*) De(l) precepto. | Rabanal *Ya* 27.4.74, 7: El que los antiguos escribas y los modernos editores trataran y traten de contraponer los textos litúrgicos propiamente dichos a los meramente instructivos o preceptuales por medio de la dicromía negro-rojo, hecho es que él solo se justifica.

preceptuar *(conjug* **1d***) tr* Establecer [algo] como precepto. | Valcarce *Moral* 72: Es también un deber de derecho positivo eclesiástico, conforme a lo preceptuado por los Concilios y los Papas. MGaite *Usos* 42: Tal vez se negaran a sonreír simplemente porque no le vieran demasiada gracia a aquella única salida hacia el matrimonio preceptuada para la mujer que no tuviera vocación de monja.

preces *f pl (Rel catól)* **1** Rezos u oraciones. | Ribera *Misal* 1542: Devotas preces a San José. **b)** Versículos de la Biblia que usa la Iglesia para rogar a Dios. | Vesga-Fernández *Jesucristo* 44: Preces al pie del Altar. En ellas expresa el sacerdote su indignidad y su temor de subir al altar para representar a Jesucristo. Por eso: .. Reza el salmo "Judica me".
2 Súplicas o instancias con que se pide una bula o despacho de Roma. | *Pue* 4.11.70, 3: Por mediación del agente de preces de este Arzobispado nos pide la cantidad de 9.160 pesetas antes de enviar el rescrito de la dispensa de matrimonio rato y no consumado.

precesión *f (Astron)* Movimiento retrógrado de los puntos equinocciales o de intersección del ecuador con la eclíptica, por el que se anticipan las épocas de los equinoccios o el principio de las estaciones. *Tb* ~ DE LOS EQUINOCCIOS. | *Anuario Observatorio 1967* 261: Las coordenadas de un astro, ascensión recta y declinación varían con el transcurso del tiempo, siendo la precesión la causa más importante de estas variaciones. *Anuario Observatorio 1967* 38: Sol .. Precesión anual de los equinoccios para el año 1967: 50",2713.

preciado -da *adj* **1** *part* → PRECIAR.
2 Valioso o de gran estimación. | Acquaroni *Abc* 29.7.67, 7: El noble mestizo Fajardo envía muestras del preciado metal al gobernador Pablo Collado.

preciar *(conjug* **1a***)* **A** *tr* **1** Valorar (determinar o apreciar el valor [de alguien o algo (*cd*)]). | *Com* 8.9.76, 12: A un kilómetro de Arriondas, casería extraordinaria, para ganado o parcelar .. Las cosas que no interesen se precian y se descuentan. * No precia en nada su amistad.
B *intr pr* **2** Sentirse orgulloso [de algo]. | Villapún *Iglesia* 145: Están llamados a cooperar no solo los Obispos y sacerdotes, sino todos los que se precien de tener caridad y sentimientos humanitarios. *Abc Extra* 12.62, 35: También me precio .. de haber hallado el bisabuelo de los "uytoma".
3 Sentir la dignidad de ser lo que se es. *En la loc* QUE SE PRECIE. *Tb fig, referido a cosa.*| J. Albert *Ya* 13.4.92, 4: Ahora, todo conductor de moto que se precie tiene un casco de más, el casco de invitados. Delibes *Historias* 41: Fuentetoba tiene .. un arroyo cangrejero como cualquier pueblo que se precie. *Abc Extra* 12.62, 89: En una partida de tresillo que se precie, tan solo deben oírse contadas palabras.

precinta *f* Precinto [1] de papel que se pone en las aduanas a las cajas de tabaco. | *Mad Extra* 12.70, 33: Esta precinta garantiza la autenticidad de procedencia de los cigarros de la Isla de Cuba.

precintado *m* Acción de precintar. *Tb su efecto.* | Morales *Artífices* 1, 20: Solicita reconocimiento y precintado de una caja conteniendo tres pontificales.

precintador -ra *adj* Que precinta. *Tb n: m y f, referido a pers; f, referido a máquina.* | *Sáb* 5.7.75, 16: La muerte encubre por sí misma, precintadora de puertas y ventanas, enmudecedora de oficio, manipuladora de pruebas, implacable eliminadora de todo casual y directo testimonio. *Prospecto* 2.93: Continente .. Precintadora, 695.

precintaje *m* Acción de precintar. | *Abc* 9.2.68, 72: Mañana comenzará la XV Vuelta Ciclista a Andalucía .. Se ha verificado esta tarde el precintaje y entrega de los dorsales. *País* 14.9.83, 13: La inmediata ocupación y precintaje de aquellas viviendas de protección oficial que infrinjan disposiciones legales.

precintar *tr* Poner precinto [1] a algo (*cd*)]. | A. Aricha *Caso* 26.12.70, 16: Los "containers" venían rigurosamente precintados desde su lugar de origen. Laiglesia *Ombligos* 240: Un turista finlandés .. cerró los ojos y se precintó los párpados con sellos de correos.

precinto *m* **1** Cierre sellado o marcado que se pone esp. en un paquete, envase o puerta y sirve de garantía de que no han sido abiertos. | GPavón *Reinado* 27: Era un cajón de pino ..; de maderas recias, con refuerzos y precintos. Ortega *Americanos* 108: Los precintos de dichos extintores se conservaban en las mismas condiciones en que se hallaban cuando los aparatos salieron del almacén.
2 Acción de precintar. | *Ya* 24.11.79, 5: El embargo y precinto de automóviles como medida encaminada al cobro de multas impagadas es legal.

precio I *m* **1** Cantidad de dinero que hay que pagar para adquirir una cosa. | *Alc* 1.1.55, 3: El precio del ejemplar es, como todos los días, de una peseta. **b)** Sacrificio o esfuerzo con que se paga algo. | E. Alonso *Día* 27.6.76, 31: El líder socialista ha amenazado con la expulsión de todos los militantes que no voten a Eanes. Alto precio va a pagar Mario Soares por la promesa que hizo Eanes de encomendarle la formación de gobierno.
II *loc adj* **2 de ~**. Valioso o de calidad. | Hacerlo 129: No todo el mundo puede poseer un cuadro de precio, pero sí alguna buena reproducción. Ferres-LSalinas *Hurdes* 64: El burro tiene buena alzada y, aunque algo flaco, pues se le notan las costillas, parece animal de precio.
III *loc v* **3 no tener ~**. Ser muy valioso. | JLosantos *Cam* 18.11.85, 59: Como ministro sin cartera de Felipe González, no tiene precio. Torres *Ceguera* 68: Como calientapollas no tenía precio.
4 poner ~ [a algo]. Exigir dinero u otra recompensa a cambio [de ello]. | * Poner precio a su virtud. * Poner precio a su silencio.
5 poner ~ a la cabeza [de una pers.]. Ofrecer una recompensa a quien entregue [a esa pers.] a la justicia. *Tb fig.* | * Han puesto precio a su cabeza.
IV *loc adv* **6 a ~ de oro**. A un precio [1] muy elevado. | Arce *Precio* 23: La huevera se hizo pagar la visita a precio de oro. Otro tanto ocurrió con el carbonero.
7 en ~. A un precio [1a] asequible. *Gralm con el v* ESTAR. | *Ya* 10.5.75, 23: Cabe que, cuando un artículo se pone por las nubes, uno decida no comprarlo. Comprar otra cosa que esté más en precio.

preciosamente *adv* De manera preciosa [2]. | J. M. Javierre *Ya* 18.1.75, 8: Toca preciosamente el piano.

preciosidad *f (col)* Pers. o cosa preciosa [2]. *Designando a una mujer o a un niño, frec como vocativo.* | Laforet *Mujer* 211: Se ve que [el contratista] dio vueltas al magín y se le ocurrió esta preciosidad. Lera *Bochorno* 24: Después se agruparon frente a la muchacha de la cofia, que ya había destapado una botella y vertía su contenido en el vaso: –Oye, preciosidad: ¿recogen aquí las quinielas?

preciosismo *m* **1** Afectación y atildamiento en el estilo. | GNuño *Escultura* 22: El respeto para con la forma intuida y no desvirtuada o alejada del momento creacional primero por sutiles preciosismos de taller se ha desviado del clasicismo *per se* para estimar otros clasicismos de pueblos fuertes y enterizos, como del ibero. **b)** Cuidado esmerado en todos los detalles. *A veces con intención desp.* | E. Corral *Abc* 21.5.67, 107: Elevaron el tono festero del día a regiones selectas de gusto y buen arte que la cuidada realización de Eugenio Pena adjetivó con preciosismo y sencillez.
2 *(hist)* Tendencia al refinamiento excesivo en el lenguaje y el comportamiento, propia de la sociedad francesa de mediados del s. XVII. | Tejedor *Arte* 169: Francia tiene como representante más típico de su barroco –el preciosismo– a Vicente Voiture.

preciosista *adj* De(l) preciosismo o que lo implica. | A. LPeña *HLM* 26.10.70, 29: Debido a su buen tejer nació ese fútbol preciosista santanderino del primer período. Tejedor *Arte* 190: La pintura se acomodó también al gusto rococó de la época y dio un arte cortesano, amanerado y frívolo .. Es una pintura preciosista, muy a lo francés. **b)** Partidario o cultivador del preciosismo. *Tb n.* | Umbral *Snob* 39: Ángel Teruel .. ha salido preciosista, como casi todos los toreros de Madrid, con más estilo que garra, con más código que mensaje.

precioso -sa *adj* **1** [Cosa] de gran valor. | P. Corbalán *SInf* 27.11.69, 1: Pueden añadirse algunos otros datos que siempre habrá que considerar preciosos tratándose de un escritor tan "restringido" como este. **b)** [Metal]

de gran valor usado en joyería. *Se aplica casi exclusivamente al oro, la plata y el platino.* | *Abc* 9.7.93, 53: Metales preciosos .. Oro: Londres: 398,40 dólares/onza .. Plata: Londres: 5,515 dólares/onza .. Platino: Madrid: 2.776 pesetas/gramo. Paladio: Madrid: 889,14 pesetas/gramo. Fuente: Sociedad Española de Metales Preciosos. **c)** [Piedra] rara, fina, dura y transparente o traslúcida, que, tallada, se emplea en adornos de lujo. *Se aplica normalmente al diamante, el rubí, la esmeralda y el zafiro.* | Legorburu-Barrutia *Ciencias* 352: El diamante .. se usa como piedra preciosa, para cortar, perforar y pulir.
2 (*col*) Muy bonito. *Referido a mujeres y niños, frec como vocativo.* | A. P. Foriscot *Van* 14.7.74, 9: Habría que haber visto a Mor de Fuentes dándole a la cuerda, agitando el badajo de la campana, haciendo resonar su sonoro bronce, allí arriba de la Torre Nueva, mudéjar, preciosa. *Com* 3.8.78, 34: Dentro de la sala expositora, una preciosa azafata, Auristela García Fernández, entregó a los visitantes los primeros catálogos. * Calla, precioso, que ya va mamá.
preciosura *f* (*raro*) Pers. o cosa preciosa, *esp* [2]. | Vega *Cocina* 29: El plato fuerte .. fueron las chuletas a la pastora .., en algunos sitios aderezadas con una salsa que es una preciosura.
precipicio *m* Corte muy profundo y vertical del terreno. *Tb fig.* | Laiglesia *Tachado* 27: Una carretilla muy pintoresca que iba ascendiendo entre curvas, precipicios, miradores y merenderos. * No es solo una crisis, estamos al borde del precipicio.
precipitación *f* **1** Acción de precipitar(se), *esp* [5 y 6]. | DPlaja *El español* 149: Muchas veces la encuentran [la aventura] .., otras muchas fracasan por su precipitación. Aleixandre *Química* 58: La precipitación de un cuerpo se produce cuando el producto de las concentraciones de los iones sobrepasa el producto de solubilidad.
2 Caída de agua, líquida o sólida, de la atmósfera. | *Van* 4.11.62, 8: Durante el día de hoy se ha generalizado el mal tiempo en toda España. Las precipitaciones, en general, han sido débiles.
precipitadamente *adv* De manera precipitada (→ PRECIPITAR [3]). | Laiglesia *Tachado* 89: El conde abrió el sobre precipitadamente.
precipitado -da I *adj* **1** *part* → PRECIPITAR.
2 [Pers.] que actúa con precipitación o apresuramiento. | * No seas precipitado, piensa un poco.
3 [Cosa] que denota o implica precipitación o apresuramiento. | CNavarro *Perros* 42: Sus movimientos se hicieron un tanto precipitados.
II *m* **4** (*Quím*) Sustancia que, como resultado de una reacción, se separa del líquido en que está disuelta y se deposita en el fondo del recipiente. *Tb fig, fuera del ámbito técn.* | Bustinza-Mascaró *Ciencias* 248: El CO_2 desprendido por la planta transformará el hidróxido bárico disuelto en el agua en carbonato bárico insoluble, el cual, en forma de precipitado blanco, se depositará en el fondo del vasito. MGaite *Cuento* 35: Esas imágenes fugaces, arbitrarias y fulgurantes que preceden al sueño hasta cristalizar en el precipitado que constituye su propia esencia sombría.
precipitador *m* (*Electr*) Dispositivo electrostático destinado a eliminar del aire humos y polvo. | *Mad* 20.11.70, 31: Quema de basuras sin humos. Una firma británica ha introducido unos sistemas incineradores de poco volumen y económicos .. Son autoestables y no precisan vertederos de agua ni precipitadores. Su capacidad es de 453 o 2.540 kilogramos de basuras.
precipitar A *tr* **1** Lanzar [algo o a alguien] desde un lugar muy alto. | * Subieron al condenado a la torre y le precipitaron desde allí. **b)** *pr* Caer [alguien o algo] desde un lugar alto. | Benet *Penumbra* 181: Al caer giró y se golpeó con el hombro y la nuca en la pared, abatió la cabeza, elevó los pies –uno de ellos deforme– y se precipitó de espaldas escaleras abajo.
2 Lanzar [algo o a alguien] haciéndolo avanzar deprisa [hacia algo (*compl adv*)]. *Frec el cd es refl.* | APaz *Circulación* 266: Como los gases entran con velocidad y son frenados de golpe al llenarse el reducido espacio del cárter, las partículas de aceite, más pesadas, son precipitadas a las paredes y fondo. *Abc* 30.12.65, 93: La máquina del expreso, cuando se disponía a detenerse en el andén, .. se precipitó sobre los coches de tercera clase y mixto de primera y segunda clase.
3 Hacer que [algo (*cd*)] suceda o se desarrolle antes de lo normal o esperable. | Halcón *Ir* 68: ¿Qué he de hacer ahora por esta niña en la que he precipitado su paso a mujer, quién sabe si a madre? **b)** *pr* Suceder o desarrollarse [algo] antes de lo normal o esperable. | L. Contreras *Sáb* 31.5.75, 9: El aviso de que la evacuación del Sahara podría precipitarse no permite dudar sobre lo categórico del propósito.
4 (*Quím*) Hacer que [una sustancia disuelta] se deposite en el fondo del recipiente. | Marcos-Martínez *Física* 193: Hallar la intensidad de una corriente que precipita 6 gramos de plata en 45 minutos.
B *intr* ➤ a *normal* **5** (*Quím*) Depositarse en el fondo del recipiente [una sustancia disuelta o en suspensión]. *Tb pr.* | D. Guiba *NotM* 9.1.84, 30: Las crioglobulinas son moléculas de proteínas que poseen la propiedad peculiar de precipitar de forma reversible cuando se las somete a bajas temperaturas (4 ºC). Aleixandre *Química* 91: El sulfato de plomo se disuelve en el ácido concentrado, pero no en el diluido, por lo que se precipita en la dilución.
➤ **b** *pr* **6** Actuar de manera apresurada e irreflexiva. | Laforet *Mujer* 230: Convenía no precipitarse, ir muy despacio.
7 Caer a la tierra [agua de la atmósfera]. | Bustinza-Mascaró *Ciencias* 310: El agua de las nubes se precipita, a veces, en forma de nieve constituida por bellos cristales hexagonales.
precipitina *f* (*Biol*) Anticuerpo que forma un precipitado insoluble al reaccionar con un antígeno. | Navarro *Biología* 113: Al inyectar a un animal sangre de otro, aparecen trastornos y anomalías que las hace[n] incompatibles. Es debido a que entonces se originan tres clases de sustancias en el medio interno del receptor: precipitinas, aglutininas y lisinas.
precipuo -pua *adj* (*lit, raro*) Notable o señalado. | O. Fullat *Van* 18.6.87, 5: Que el educando aprenda a decir una cosa después de otra con un rigor mental ..; he aquí una ascesis mental precipua.
precisamente *adv* **1** De manera precisa [1]. | Tejedor *Arte* 113: En él [el gremio] aparecían sus componentes agrupados según tres categorías –aprendices, oficiales y maestros– con derechos y deberes precisamente definidos.
2 Se usa con intención enfática, para insistir en que se trata de la misma acción, circunstancia o asunto *que se enuncia, y no de otros*. | Medio *Bibiana* 14: Xenius ¿eh? .. De Xenius precisamente quería yo hablarte. **b)** *Se usa con intención enfática para marcar una coincidencia casual.* | Arce *Testamento* 110: Me dijo que también él había tenido un tío en América .. "Dejó allá un administrador .. y le fue engañando poco a poco, hasta que un buen día se encontró que ya no tenía nada. Precisamente se quedaba en este mismo hotel." **c)** *A veces se usa para poner de relieve la contradicción entre lo que se ha dicho y la realidad que se expresa a continuación.* | *País* 12.3.77, 6: Quienes enarbolan el Código Penal, reformado el pasado mes de julio, como si se tratara de las Tablas de Moisés o de los Principios Generales del Derecho, son, precisamente, los autores de la contingente e imperfecta redacción, impropia de juristas, del artículo 172 del Código Penal.
precisar A *tr* **1** Fijar o determinar [algo] de modo preciso [1a]. | CNavarro *Perros* 94: Se pasaban el día repitiendo que todo terminaría arreglándose, aunque ninguno supiera precisar qué cambios habrían de producirse. *BOE* 1.12.75, 25026: Delineante de segunda. Es el técnico que, además de hacer trabajos de Calcador, ejecuta, previa entrega del croquis, planos de conjunto o de detalle, bien precisados y acotados. **b)** *pr* Fijarse o determinarse [algo] de modo preciso. | Goytisolo *Recuento* 147: La neblina se iba haciendo inmaterial, y poco a poco se precisaba el poblado llano.
2 Necesitar [a alguien o algo]. | SFerlosio *Jarama* 30: Hablaron de que iban a no sé qué sitio que conocen ellos .. Y además no los precisamos para nada. Chamorro *Sin raíces* 177: Agustín estaba malvendiendo las existencias del comercio porque precisaba pagar el importe de la primera tirada.
3 Obligar [a alguien a algo]. *Gralm en part.* | C. Mora *Van* 1.7.73, 53: Para llegar a su sitio se ven precisados a atravesar las primeras plantas.

precisión – preconciliar

B *intr* **4** Necesitar [a alguien o algo (*compl* DE)]. | A. M. Calera *Agromán* 20: La mujer actual precisa, quizá más que nunca, de una serie de conocimientos que la "sitúen" dentro del mundo que le ha tocado vivir.
5 (*lit*) Ser necesario. *Normalmente el suj es una prop constituida por infin o por* QUE + *subj*. | Angulo *Arte* 1, 382: Precisa, sin embargo, reconocer que ninguna de estas escuelas ha sido capaz de sacar las consecuencias que a principios del siglo XII permiten crear en el norte de Francia la arquitectura gótica.

precisión I *f* **1** Cualidad de preciso [1]. | M. Xandró *SYa* 23.11.75, 15: Los procesos mentales son mesurados, de visión clara, de fuerte deducción, donde se aúna la precisión y la observación con un trato afectuoso y cordial.
2 Acción de precisar [1]. *Tb su efecto*. | DPlaja *El español* 140: Ni siquiera la curiosa precisión del mandamiento "no desearás la mujer de tu prójimo", sin mencionar al marido de su prójima, calma el ansia polígama del español. P. L. Serrera *Ya* 9.7.72, 7: Dicho lo anterior, conviene añadir ciertas precisiones.
3 Necesidad (hecho de necesitar). | SFerlosio *Jarama* 179: –No sé a ti quién te manda beber .. –Mandármelo, nadie. Yo que tengo precisión de ello.
II *loc adj* **4 de ~**. [Utensilio o instrumento] construido con especial esmero para que funcione con precisión [1]. | Marcos-Martínez *Física* 51: Balanzas de precisión. Son sensibles hasta más allá del miligramo.

precisivamente *adv* (*Filos*) De manera precisiva. | MPuelles *Filosofía* 2, 137: Precisivamente inmaterial es la entidad de las cosas materiales; positivamente inmaterial, la de las inmateriales.

precisivo -va *adj* (*Filos*) Que implica precisión o distinción. | MPuelles *Filosofía* 2, 137: Desde un punto de vista extrínseco, cabe decir, pues, que la inmaterialidad de que aquí se habla puede ser "precisiva" o "positiva".

preciso -sa *adj* **1** [Cosa] percibida o manifestada con exactitud, sin oscilaciones ni aproximaciones. | Laforet *Mujer* 296: La vida espiritual de Paulina se había ido serenando y removiendo en ciclos precisos, durante aquellos meses. Goytisolo *Recuento* 147: Estaban [los grises] en el chaflán, el morro chato de un coche patrulla asomando tras los turismos aparcados, y se distinguían precisas las metralletas. **b)** [Pers. o cosa] que actúa o funciona con exactitud. | Gimferrer *Des* 12.9.70, 29: El antropólogo es preciso y analítico. *Ya* 20.9.86, 25: Esta oficina .. considera que la candela .. es la medida más precisa de las utilizadas en el mundo.
2 [Cosa] concreta o determinada. | * Es necesario prepararle para que sepa actuar en unas circunstancias precisas. J. M. Moreiro *Ya* 9.6.73, 42: "El Lute" se desliza fuera del muro, de catorce metros de altura. Desde este preciso instante, un caminero salmantino, don Andrés Hernández Peña, se negará en rotundo a salir cien metros más allá de las últimas casas de Valdelosa.
3 Adecuado exactamente a la cosa en cuestión. | Medio *Bibiana* 78: Todo mecánico, bien aprendido de memoria, dicho con la entonación precisa.
4 Necesario. *Frec en la constr* SER ~, *seguido de una prop-·suj constituida por infin o* QUE + *subj*. | L. Gallego *Mad* 20.11.70, 30: Ello hizo que sus extraordinarios escaladores, tan precisos para el montañismo español, se separasen de la F.E.M. *Economía* 354: Si son botes o botellas grandes, es preciso que tengáis un juego de tamaño mediano.

precitado -da *adj* Citado con anterioridad. | FVidal *Duero* 30: Además de tener oportunidad de admirar las osamentas precitadas, mantiene animada e ilustrativa charla con don Pedro Puerta, guarda oficial del museíllo de bolsillo.

precito -ta *adj* (*Rel crist, o lit*) Condenado al infierno. | Torrente *Saga* 332: A cada visita, Bastida descubría [en los capiteles] un nuevo retrato, y aquella mañana había visto con sorpresa la cara del Alcalde entre las de un grupo de precitos a los que Pedro Botero reme[j]ía con un tridente en una inmensa caldera.

preclaramente *adv* (*lit, raro*) De manera preclara. | Lázaro *SAbc* 13.12.91, 11: Lo guía un objetivo preclaramente docente.

preclaro -ra *adj* (*lit*) Ilustre o insigne. | V. A. Pineda *Des* 12.9.70, 18: Bertolucci .. refiere esta especie de apólogo moral, meditación sobre el heroísmo y la traición .. Película desmitificadora de la gloria, de la figura preclara y ejemplar.

preclásico -ca *adj* Anterior a la época clásica. | Lapesa *HLengua* 186: El español preclásico (1474-1525).

preclasificado -da *adj* (*Dep*) Que se ha clasificado en una prueba anterior a la definitiva. *Tb n*. | *As* 29.6.86, 28: Tenis. Noveno preclasificado que cae en Wimbledon-86. Adiós a Edberg.

preclímax *f* (*Bot*) Fase más lejana del óptimo de la clímax. | *BOE* 12.3.68, 3771: Temario de Botánica ecológica .. La sucesión vegetal .. Priseres y subseres. La sérule. La "clímax" como etapa final de la sere. Subclímax, preclímax. [*En el texto, sin tilde*.]

preclínico -ca *adj* (*Med*) **1** De (los) estudios previos a la experiencia clínica. | *Voz* 23.10.70, 2: Vacantes en esta facultad de Medicina varias plazas de alumnos internos, con destino a las diferentes cátedras preclínicas y clínicas, .. se anuncia su provisión mediante concurso oposición.
2 Anterior a la experimentación clínica de un fármaco. | A. ACárcer *Abc* 16.7.93, 74: Según explicó a este diario Paul L. Herrling, jefe de investigación preclínica de los laboratorios Sandoz Pharma, tres millones de europeos sufren actualmente este desorden.

precocidad *f* Cualidad de precoz. | MNiclos *Toxicología* 60: Lavado del estómago con la mayor precocidad posible, preferentemente con agua bicarbonatada. *Med* 12.7.59, 4: La multiplicación de los recursos alimenticios de los pastizales .. permite al animal mayor ganancia en peso y más precocidad para alcanzar el momento favorable de venta.

precocinado -da *adj* [Alimento o plato] que se vende ya cocinado. *Tb n m*. | *SYa* 11.10.70, 9: La carne asada, menos pesada y más apetitosa, se prefiere a la cocida .. Los preparados comerciales precocinados, a los penosos trabajos culinarios. *Sie* 28.12.91, 12: CB Ahorro .. Charcutería. Bollería. Congelados. Precocinados.

precognición *f* (*Psicol*) Conocimiento de hechos futuros antes de que sucedan. | A. ÁVillar *ProP* 17.9.75, 20: La Parapsicología, que es la rama de la Psicología que estudia estos fenómenos extraños como son la telepatía, la clarividencia, la precognición y la telequinesia, se fabrica en los laboratorios y en las bibliotecas.

precognitivo -va *adj* (*Psicol*) De (la) precognición. | *Sáb* 14.9.74, 49: En la transmisión de la información se perderían aspectos cualitativos registrados hiperestésicamente, salvo que esta se llevara a cabo bajo estado de hipnosis del perceptor de la visión precognitiva o sueño premonitorio.

precolombino -na *adj* Anterior al descubrimiento de América por Colón. *Referido a América o a lo americano*. | Valls *Música* 23: Un instrumento de este tipo, la "caramba", se emplea en la actualidad en su país, y su origen se remonta a las civilizaciones precolombinas.

preconcebir (*conjug* **62**) *tr* Concebir de antemano [una idea o un sentimiento]. *Gralm en part*. | Torrente *Off-·side* 40: Tengo que confesarle que he venido a su casa con varios propósitos. Uno de ellos, preconcebido. Franco *Discurso* 29: Sin dejar que su juicio sea deformado por la pasión o el odio preconcebidos.

preconcepción *f* Idea preconcebida. | Á. Viñas *SD16* 18.3.85, 56: El análisis minucioso de su comportamiento muestra, salvo para quien esté obnubilado por preconcepciones ideológicas, que la gestión mussoliniana no solo fue desastrosa para Italia.

preconcepto *m* Idea preconcebida. | M. Lizcano *MHi* 3.61, 6: Gurvitch .. desconfía, con razón, de toda teoría cíclica de la Historia, por el hecho de venir estas apoyadas siempre .. en preconceptos de filosofía de la historia.

preconciliar *adj* De(l) preconcilio. *Frec con intención desp, denotando tradicionalismo o inmovilismo*. | GPavón *Rapto* 213: Aquella dentadura, hecha para la risa sin fatiga, aquel lunar en el labio y, sobre todo, aquel guiñar de ojos cuando miraba, debía [sic] ser un pecado vivo para sus padres preconciliares. Delibes *Voto* 62: Unos ademanes ceremoniosos, como de jesuita preconciliar.

preconcilio – predentina

preconcilio *m* Período anterior al Concilio Vaticano II (1962-1965). *Tb la situación correspondiente.* | Delibes *Año* 58: Habló de la angustia, especialmente en los que tenemos más o menos su edad y fuimos educados en el preconcilio y madurados en el posconcilio.

precongresual *adj (Pol)* Inmediatamente anterior a un congreso. | *Abc* 14.12.93, 28: El debate precongresual de su partido no debe centrarse en asuntos de hegemonías internas.

preconizable *adj* Que se puede preconizar. | Cela *Inf* 25.7.75, 13: Los padres de la patria tienen la obligación de medir y sopesar cuanto dicen, y, en los casos de duda, sería preconizable que contaran hasta diez antes de abrir la boca.

preconización *f* Acción de preconizar. | *Ecc* 5.1.63, 25: En Andorra la Vieja se ha rendido un homenaje al obispo de Urgel .. con motivo de sus bodas de oro sacerdotales, que coinciden con el XX aniversario de su preconización a la mitra de Urgel.

preconizador -ra *adj* Que preconiza. *Tb n, referido a pers.* | *Abc* 30.10.74, 26: Partiendo de la promulgación de la Ley Orgánica del Estado, preconizadora de una total participación de los ciudadanos en la cosa pública, ha sido en materia de Prensa donde se han alcanzado las más altas cotas. A. Blasco *Ya* 19.6.75, 48: Estos argumentos no parecen quitar el sueño a los preconizadores de la innovación.

preconizar *tr* **1** Aconsejar o proponer [algo]. | Castilla *Humanismo* 38: Es preciso que se hable con la suficiente distanciación como para que, al modo que preconizaba Bertolt Brecht para la obra de arte, se pueda considerar al tema o a la cosa como un puro objeto.
2 *(Rel catól)* Nombrar o proclamar [prelado *(predicat)* a alguien]. | L. M. Mezquida *Abc* 27.11.70, 23: Fue preconizado obispo de Segorbe el día 4 de agosto de 1951.

preconsciente *adj (Psicol)* [Proceso mental] que, sin ser consciente, está casi en la consciencia. | Pinillos *Mente* 138: Es preciso .. distinguir desde un principio lo inconsciente de lo subconsciente y de lo preconsciente .. Para referirse a esos procesos que acaso nos pasan inadvertidas, pero están como a flor de la consciencia, [un psicoanalista] emplearía probablemente el vocablo preconsciente.

precontrato *m* Contrato previo por el que dos o más perss. se comprometen a firmar en un plazo dado un contrato que de momento no quieren o no pueden estipular. | *Abc* 28.12.91, 81: Cancelo el precontrato si no firmo el 1 de marzo.

precordial *adj (Anat)* [Región del pecho] correspondiente al corazón. | CBonald *Ágata* 189: El brote de ampollas .. acabaría convirtiéndose, efectivamente, en una especie de estigma móvil, grabado como a buril entre la zona precordial y la boca del estómago. **b)** De la región precordial. | F. Martino *Ya* 29.5.75, 46: Si no muere, prácticamente deviene un inválido, con dolores precordiales, en la nuca, etc., ante el menor esfuerzo físico.

precoz *adj* **1** [Cosa] que se produce antes de lo normal. | * Este año estamos padeciendo unos fríos precoces. **b)** Que se produce en una fase temprana de un proceso. | *Reforma* 41: Los sistemas educativos de los países europeos se caracterizaban por una organización favorecedora de la selección y clasificación precoz de los alumnos. **c)** [Diagnóstico o tratamiento] que se hace en una fase temprana de la enfermedad. | *ByN* 27.9.75, 75: Diagnóstico precoz del reumatismo.
2 [Fruto] que madura o se desarrolla antes de lo normal. *Tb fig.* | * Es una variedad de uva precoz. *Inf* 22.10.69, 25: En España no hay propiamente ciencia .. Ha habido precursores y frutos precoces. **b)** De (los) frutos precoces. | *VozC* 6.10.68, 6: En maíz hay noticias contradictorias, aunque en general se siente sobre el mercado el influjo de la cosecha del país, que se lleva ya a cabo en las zonas más precoces.
3 [Niño o joven] que se anticipa a los de su edad. *A veces acompañando al n que designa la pers que ejerce la actividad o posee la cualidad en que se produce la anticipación.* | *Agromán* 103: Es una creencia general considerar que los genios precoces no logran crear nada de adultos. **b)** Propio de (la) pers. precoz. | MGaite *Usos* 139: No estaban tan seguras algunas niñas, de natural precoz y testigos desde su primera edad de los estragos de la soltería, de los resultados infalibles de aquella receta. DPlaja *Literatura* 229: Infancia precoz.

precozmente *adv* De manera precoz. | *Puericultura* 31: Esta alimentación complementaria debe comenzar precozmente y puede ser realizada con diferentes alimentos. Marías *Gac* 11.5.69, 24: La niña Mary, exasperada por haber sido castigada, precozmente maliciosa, va a denunciar a su abuela la existencia de una escandalosa y anormal relación entre las dos maestras amigas.

precristiano -na *adj* Anterior al cristianismo. | R. Rodríguez *Rev* 7/8.70, 27: Podría pensarse también que en Fellini-Satyricon está la nostalgia de un mundo mejor .. O la del mundo sereno de un cristianismo que la orgía de la carne o del poder de nuestro mundo decadente han borrado hasta tocar .. la época romana precristiana.

precursor -ra *adj* [Pers. o cosa] que precede [a otra *(compl de posesión)*] anunciándola o anticipándola. *Tb n, referido a pers. Frec designa a San Juan Bautista (en este caso se escribe con mayúscula).* | Vesga-Fernández *Jesucristo* 23: Este niño fue Juan Bautista, el Precursor de Jesús. Lapesa *HLengua* 72: *Altarium* por *altare* es forma precursora del español *otero*. *SHie* 19.9.70, 9: Fueron en España los precursores del nuevo largo de falda. Vesga-Fernández *Jesucristo* 21: Anunciación de San Juan Bautista, el Precursor.

predador -ra *adj* **1** [Animal] que mata a otros de distinta especie para comérselos. *Tb n m.* | Lozano *SYa* 5.6.73, 28: Una cosa es que un perro errante se instale en un monte de caza y se convierta en animal predador. Delibes *Inf* 5.6.73, 17: Dentro de un equilibrio natural, la proliferación de caza no está reñida con la abundancia de predadores. **b)** Propio del animal predador. | F. Candela *SPaís* 26.8.90, 46: Una tintorera de aspecto amenazante se suma al loco carrusel que forman millares de peces, olvidando sus instintos predadores.
2 Que sirve para robar o saquear. | Hoyo *Bigotillo* 74: Los vendedores vestían uniformes guerreros .. Al parecer, acababan de regresar de una incursión predadora.

predar *intr* Actuar como predador. *Tb fig.* | B. Varillas *País* 18.3.77, 48: Las focas se alimentan de numerosos peces que, a su vez, predan sobre especies muy apreciadas por el hombre, tales como el salmón. R. M. Rituerto *SPaís* 5.8.90, 8: La docencia es la ocupación que ofrece más y mejores oportunidades a los pederastas; el mes pasado trascendió el caso de uno, multimillonario, que se compró el colegio de Crookham Court para predar con inmunidad y sin mayor esfuerzo entre los chavales.

predatorio -ria *adj* Predador [1b y 2]. | Benet *Volverás* 131: Una de esas colonias de animales pelágicos .. desprovistas de razón de ser hasta el día en que logran aglomerarse en torno al individuo, carente de instinto predatorio y maniatado, esclavizado y sojuzgado por una razón que ya no puede evolucionar. Pericot-Maluquer *Humanidad* 22: El paso más decisivo en la Historia de la humanidad, hasta el presente, fue el cambio de la economía predatoria, de caza y recolección, a la creadora, con cultivo y domesticación animal.

predecesor -ra *m y f* Pers. que ha precedido [a otra *(compl de posesión)*], esp. en un puesto o cargo. | DPlaja *El español* 94: Otro ministro actuó más políticamente que su predecesor.

predecible *adj* Que se puede predecir. | *Inf* 9.3.74, 10: En tiempo y forma no predecibles, el desarrollo político español requerirá reformas constitucionales.

predecir *(conjug* **55***) tr* Anunciar [algo futuro] por conjetura, razonamiento, intuición o revelación. | M. BTopíb *MHi* 2.55, 12: Nadie puede predecir la suerte que van a correr estos acuerdos.

predela *f (Arte)* Parte inferior de un retablo. | GNuño *Madrid* 38: Las predelas con las escenas de la Pasión de Jesús .. son inmejorables pequeños estudios de Coello.

predentina *f (Anat)* Sustancia blanda que constituye la dentina primitiva. | *SPaís* 5.5.93, 8: La anestesia se limita al tiempo de trabajo y su campo de aplicación se extiende del esmalte a la predentina.

predestinación – predicar

predestinación *f* Hecho de estar predestinado para un fin. | Benet *Nunca* 20: Una mezcla de trascendencia, estupefacción, predestinación y sumisión depositado en la cara del escogido un precipitado de seriedad. **b)** (*Rel*) Hecho de tener destinados Dios a los hombres a la salvación o a la condenación desde la eternidad. | Arenaza-Gastaminza *Historia* 170: La doctrina calvinista es más intolerante y antipapista que la luterana. Se basa en la predestinación.

predestinar *tr* Destinar anticipadamente [algo o a alguien para un fin (*compl* A o PARA)]. | CNavarro *Perros* 90: La vejez se les antojaría dulce por el hecho de haber dado un fruto raquítico, alguien predestinado a ser otro hombre mediocre. * Este cuarto lo tenía predestinado para estudio. **b)** (*Rel*) Destinar [Dios a alguien] desde la eternidad [a la salvación o la condenación]. *Frec en part, frec sustantivado y sin compl, esp designando a los destinados a la gloria*. | Arce *Precio* 16: Quiso saber si yo creía en el destino. "¿Cómo en el destino?" "Sí –insistió–: ¿piensas que podemos estar predestinados?" *Abc* 25.8.66, 15: Se necesitan, evidentemente, una fe, una voluntad y una conciencia realmente inexpugnables y asombrosas, las que están reservadas tan solo a los predestinados.

predeterminación *f* Acción de predeterminar. *Tb su efecto*. | Tachín *Abc* 10.10.65, 92: No hubo ánimo de lucro ni nocturnidad y sí reiterada predeterminación del fallo. MPuelles *Filosofía* 2, 298: Fácilmente se advierte que el nudo de la cuestión está en admitir o no admitir la "predeterminación" de la libertad creada.

predeterminante *adj* Que predetermina. | MPuelles *Filosofía* 2, 297: Sin el decreto divino predeterminante, los futuribles no serían más que posibles.

predeterminar *tr* Determinar anticipadamente. | Miguel *Mad* 22.12.69, 13: El día que se descubra cómo predeterminar el sexo en el nacimiento, se habrá logrado avanzar en el camino del control de la natalidad.

prediabetes *f* (*Med*) Estado de escasa tolerancia para el azúcar, que puede convertirse en diabetes. | GAmérigo *Sáb* 10.9.66, 33: Las personas con una diabetes o prediabetes no han resistido la tentación de tomar los dulces famosos de la región que han visitado.

predial *adj* (*Der*) De(l) predio. | Mendoza *Ciudad* 155: Ahora debía dedicar tiempo, esfuerzo y dinero a resolver problemas prediales .. En realidad había sido objeto de una estafa: el terreno era umbrío, muy húmedo e infestado de mosquitos.

prédica *f* Discurso o exposición oral en que se dan consejos o se hacen consideraciones de carácter moral. | Laiglesia *Ombligos* 29: En cuanto un predicador abría la boca, le rodeaba un nutrido corrillo de mirones y escuchones. Y en el silencio de las ciudades antiguas .. las prédicas sonaban con nitidez. MGaite *Cuarto* 93: El "mal fin" contra el que ponía en guardia aquel refrán aludía a la negra amenaza de quedarse soltera, implícita en todos los quehaceres, enseñanzas y prédicas de la Sección Femenina.

predicabilidad *f* (*Filos*) Cualidad de predicable. | GÁlvarez *Filosofía* 2, 110: Planteado el problema de la sustancia en función del ente completo como sujeto de atribución de todos sus posibles predicados y el del accidente en función de la predicabilidad, ya no se ve qué pueda quedar trascendiendo del repertorio total de los atributos reales y que merezca el dicho nombre de sustancia.

predicable I *adj* **1** Que se puede predicar, *esp* [4]. | DPlaja *Literatura* 201: El estilo de fray Luis de Granada es oratorio. Sus obras son siempre predicables, imitando el majestuoso período ciceroniano. | Gambra *Filosofía* 39: Especie: es el concepto universal predicable de una pluralidad cuya esencia o naturaleza común representa. J. Zaragüeta *Abc* 23.12.70, 3: Cualidades y cantidades son predicables de seres y de valores, como cognoscitivas de aquellas y estimativas de estos.

II *m* **2** (*Filos*) Forma de las cinco en que un predicado puede atribuirse a un sujeto. | GÁlvarez *Filosofía* 1, 113: Dos líneas de divisiones estableció Aristóteles con los conceptos universales: los predicables y los predicamentos. Los predicables resultan de la forma de los conceptos; los predicamentos, de la materia.

predicación *f* Acción de predicar. *Tb su efecto*. | Villapún *Iglesia* 9: Se reunían para celebrar el ágape eucarístico, asistiendo frecuentemente a la predicación de los Apóstoles. Academia *Esbozo* 364: En *el jardinero poda los árboles, las ovejas pacían en el prado*, los verbos *poda* y *pacían* son el núcleo de la predicación, es decir, de todo lo que declaramos del sujeto. Gambra *Filosofía* 42: La predicación determina entre el sujeto y el predicado una relación comprensiva y extensiva.

predicado *m* **1** (*Filos*) Término de la proposición en que se predica algo del sujeto. | Gambra *Filosofía* 42: La predicación determina entre el sujeto y el predicado una relación comprensiva y extensiva.

2 (*Gram*) Elemento de la oración cuyo núcleo es una palabra (verbo) caracterizada por su concordancia en número y persona con el núcleo del sujeto. *A veces se llama ~ al mismo núcleo*. | Amorós-Mayoral *Lengua* 104: La persona o cosa de quien se dice algo es el sujeto. Lo que se dice de ella es el predicado. Academia *Esbozo* 207: El neutro *lo* actúa como predicado, reproduciendo anafóricamente cualquier clase de predicados no pronominales. **b) ~ nominal.** Predicativo. *Tb, simplemente, ~* (→ NOMINAL). | Alonso *Lengua* 180: El predicado nominal se expresa por un nombre (sustantivo o adjetivo) con complementos o sin ellos. Suele ir acompañado del verbo *ser* o el verbo *estar*. Valmaseda *Español* 88: Oficios del nombre: sujeto: *Antonio* estudia ..; predicado: el Cid era un *guerrero*. **c) ~ verbal** → VERBAL.

predicador -ra *adj* Que predica [1, 2 y 3]. *Gralm n m, referido a pers*. | VNu 22.7.72, 4: Me quedé .. con unas vagas ganas .. de hablar con el cura predicador en la sacristía. Villapún *Iglesia* 33: Se resistían a dejarse enseñar por aquellos predicadores humildes y despreciables de la nueva religión. Arenaza-Gastaminza *Historia* 96: Pedro el Ermitaño –el predicador de la Cruzada–. J. Aldebarán *Tri* 7.2.70, 5: Bertrand Russell fue un predicador laico y, más que laico, ateo. A. MLlamas *TMé* 17.2.84, 47: Su padre abandonó el pueblo tras una predicadora que se decía nacida para la castidad.

predicamental *adj* (*Filos*) De(l) predicamento [2]. | MPuelles *Hombre* 49: Tal es la forma en que la posesión del accidente predicamental, o propiedad, se distingue de la del accidente predicable.

predicamento *m* **1** Prestigio o estimación. | Gironella *Millón* 150: El código anarquista obligaba a los contrayentes a recíproca fidelidad, cláusula que, en opinión de la Valenciana, estaba en el origen del poco predicamento mundial del anarquismo.

2 (*Filos*) Clase o categoría lógica. | GÁlvarez *Filosofía* 1, 113: Dos líneas de divisiones estableció Aristóteles para los conceptos universales: los predicables y los predicamentos. Los predicables resultan de la forma de los conceptos; los predicamentos, de la materia.

predicante *adj* (*raro*) Que predica [1 y 2]. | GCaballero *SYa* 2.12.73, 22: Es su Orden la primera apostólica y predicante.

predicar *tr* **1** Exponer oral y públicamente [el Evangelio o enseñanzas religiosas o morales]. *Tb fig. Tb abs.* | Laiglesia *Ombligos* 30: Las prédicas sonaban con nitidez. Y las ideas que contenían penetraban en las conciencias de los ociosos, convirtiéndolos a las doctrinas predicadas. Escrivá *Conversaciones* 24: El sacerdote debe predicar .. cuáles son las virtudes cristianas. Vesga-Fernández *Jesucristo* 156: Id, pues, y predicad a todas las gentes.

2 Pronunciar [un sermón o sermones]. *Frec abs.* | Cunqueiro *Crónicas* 57: Vino un cura nuevo .. y empezó a solivianar al paisanaje, predicando un sermón "adversus publicanos". Cela *Judíos* 42: En Ayllón predicó San Vicente Ferrer. **b)** Pronunciar los sermones correspondientes [a un acto o celebración (*cd*)]. | C. Lobato *AbcS* 20.3.75, 49: Estos cultos serán predicados por el reverendo padre José A. Martín Avedillo, religioso franciscano.

3 Aconsejar [algo] o exhortar [a ello (*cd*)], esp. públicamente. | Vesga-Fernández *Jesucristo* 38: Habiendo el Señor hecho entender su palabra a Juan, obedeció este al instante viniendo por toda la ribera del Jordán predicando un bautismo de penitencia para alcanzar el perdón de los pecados. Arenaza-Gastaminza *Historia* 96: La segunda Cruzada. Fue predicada por S. Bernardo.

4 (*Gram* y *Filos*) Decir [algo de un sujeto]. | MPuelles *Filosofía* 1, 98: Lo que de cualquier hombre se predica, cuando empleamos la palabra "hombre" como recurso significativo, no es la misma estructura de esta palabra, sino su significación. FQuintana-Velarde *Política* 177: Cuatro son las principales funciones predicadas del dinero.
5 (*raro*) Hacer público o dar a conocer [algo]. | Torres Ceguera 213: Se enfrascó a continuación en la lectura de los folletos que predicaban las excelencias del Hongo del Dr. Mabuche.

predicativo -va *adj* **1** (*Gram*) [Elemento (adjetivo o sustantivo) del predicado] que, normalmente siguiendo a los verbos "ser", "estar" u otro equivalente, enuncia una cualidad o suma de cualidades de lo designado en el sujeto. *Tb n m*. | Academia *Esbozo* 364: Hay dos clases de predicados: nominal y verbal. El primero se compone de un verbo copulativo (*ser* o *estar*) y un complemento predicativo, formado esencialmente por un nombre (adjetivo o sustantivo) que es el núcleo o base del predicado. José-Carballo *Lengua* 173: No solo encontramos un sustantivo o un adjetivo como núcleos del predicado. Veamos ejemplos: verbo copulativo + adjetivo predicativo: *las casas son altas* ..; verbo copulativo + infinitivo predicativo: *eso es comer*. Academia *Esbozo* 190: Adjetivos y sustantivos poseen caracteres comunes, tanto funcionales como formales. Actúan unos y otros como predicativos con determinados verbos; por ej.: *ser*. **b)** Propio del elemento predicativo. | Alcina-Blecua *Gramática* 499: Un nombre concreto e individual como melón nombra a cada uno de los individuos de la clase (*tengo tres melones*) .. o toma carácter predicativo (*este muchacho es un melón*). **c)** [Complemento] del verbo que al mismo tiempo actúa como predicativo del complemento directo. | Amorós-Mayoral *Lengua* 128: Quedan, por último, unos complementos mixtos, llamados predicativos, que se refieren al mismo tiempo a uno de los núcleos y a otro elemento de la oración.
2 (*Gram*) [Verbo] no copulativo. | Academia *Esbozo* 367: "Ser" y "estar" como verbos predicativos y auxiliares. Además del uso copulativo que acabamos de reseñar, ambos verbos forman oraciones intransitivas de predicado verbal, con significado propio. **b)** Propio de verbo no copulativo. | Academia *Esbozo* 368: Ser y estar, tanto en su uso predicativo como en el copulativo, admiten a veces construcciones seudorreflejas.
3 (*Filos*) De (la) predicación. | Gambra *Filosofía* 42: Materia, pues, de las proposiciones son los términos que hacen de sujeto y de predicado, y forma, la misma función predicativa y enunciativa que enlaza los términos.

predicción *f* Acción de predecir. *Tb su efecto*. | J. A. Donaire *Inf* 19.6.70, 32: La predicción para este fin de semana, según el calendario piscícola .., tiene signos opuestos.

predictibilidad *f* (*raro*) Cualidad de predictible. | J. Sampelayo *Ya* 11.2.75, 43: La seguridad jurídica y la predictibilidad del fallo no pueden ser en el Derecho superiores a la llamada seguridad societal que marca al propio tiempo el límite y pretensiones de mecanización o utilización de técnicas informáticas al mundo del Derecho.

predictible *adj* (*raro*) Predecible. | Castilla *Natur. saber* 35: A veces, la trascendencia real, que está siempre en el futuro y, por tanto, solo es en alguna manera predictible, puede ser ignorada por el propio investigador.

predictivo -va *adj* De (la) predicción o que la implica. | Aranguren *Marxismo* 115: El carácter predictivo –dirección de la historia– frente al capitalismo y, consiguientemente, el historicismo, son notas marxianas. *Reforma* 156: El principal [problema] es el de cómo estructurárla [la prueba] para que sea, al mismo tiempo, equitativa y suficientemente predictiva del rendimiento universitario en los diferentes estudios y carreras.

predictor -ra *adj* Que predice. *Tb n: m y f, referido a pers; m, referido a aparato*. | *Ya* 4.1.85, 3: Mañana, día cinco, víspera de la festividad de los Reyes Magos, Madrid puede amanecer nevado, según manifestó a *Ya* el doctor Castejón, director principal de servicio del Instituto Nacional de Meteorología.

predigestión *f* (*Med*) Digestión preliminar. | *PaísE* 4.8.90, 46: Los lactobacilos producen en la leche una predigestión.

predilección *f* Preferencia [por alguien o algo]. *Tb sin compl*. | F. Valladares *TMé* 8.6.84, 15: Un contraste de tendencias polarizadas entre los que mostraron predilección por la resección gástrica de principio y aquellos otros que consideraron suficiente .. la resección de la úlcera. *Abc* 18.12.70, 26: Españoles, sea cual fuere su personal predilección política, que recusan el condenable juego de la coacción.

predilectamente *adv* (*raro*) De manera predilecta. | GGual *Novela* 93: Luciano añade siempre esos puyazos de sátira contra los pedantes gramáticos o contra los filósofos, predilectamente contra los pitagóricos o los estoicos.

predilecto -ta *adj* Preferido o favorito. | A. Barra *SAbc* 2.2.69, 10: El país sufrió una conmoción al saber que uno de los personajes predilectos de su tesoro artístico tenía las carnes desgarradas.

predinástico -ca *adj* (*hist*) *En el antiguo Egipto*: Anterior a la primera Dinastía. | Pericot-Maluquer *Humanidad* 117: Comienza la utilización de paletas para moler la malaquita que serán características de las culturas predinásticas egipcias.

predio *m* (*Der* o *lit*) Finca (propiedad inmueble, esp. rústica). | Ramírez *Derecho* 65: Al inmueble a cuyo favor se constituye la servidumbre se le llama predio dominante; y al que la sufre, predio sirviente. GPavón *Reinado* 92: Los nobles y órdenes militares que tenían predios y señoríos en su término, poco a poco fueron vendiendo picajos de tierra. **b)** (*lit*) Campo o terreno. *Tb fig*. | Escobar *Itinerarios* 9: Llega a la raya de Portugal por predios salmantinos y zamoranos. Candel *Catalanes* 8: Hasta ahora nuestra labor literaria había discurrido por los poco ortodoxos predios de la novela.

predisponente *adj* Que predispone. | Moraza *SYa* 12.5.74, 39: Nosotros consideramos que son solo circunstancias predisponentes, que actúan sobre las células del organismo.

predisponer (*conjug* **21**) *tr* **1** Preparar o disponer anticipadamente [a una pers. o cosa para algo (*compl* A *o* PARA)]. *Tb abs*. | CBaroja *Inquisidor* 12: Cada palabra relacionada con títulos, cargos, oficios, profesiones y tareas humanas predispone, instintivamente, a una toma de actitud. VMontalbán *Rosa* 118: Basora barajaba y los demás se predisponían al subastado con un ojo puesto en el reloj.
2 (*Med*) Predisponer [1] al organismo [para una enfermedad o una alteración (*cd*)]. | M. Aguilar *SAbc* 29.9.68, 54: Además del desequilibrio endocrino y de la seborrea, hay muchas causas que predisponen o agravan el acné. P. López *TMé* 6.1.84, 10: Dentro de estos factores se distinguió entre aquellos que precipitan un estado depresivo de los que predisponen una enfermedad de este tipo.

predisposición *f* Acción de predisponer. *Tb su efecto*. | *SVozC* 25.7.70, 11: Existe una marcada predisposición psicológica en la inmensa mayoría de los posibles turistas a escoger meses muy específicos de bonanza climática.

predispositivo -va *adj* Que predispone. | MPuelles *Filosofía* 1, 210: Filosofía de la naturaleza y metafísica se relacionan y condicionan mutuamente .. Vistas desde el conjunto y la unidad de la filosofía, la primera aparece, en su total figura y significación –no en sus elementos y detalles– como una cierta causa predispositiva que condiciona la posibilidad de la segunda.

prednisolona *f* (*Med*) Producto derivado de la hidrocortisona, con mayor actividad antiinflamatoria que esta. | Moraza *Ya* 15.1.75, 30: En las fases agudas y agravaciones generalmente empleamos los alcaloides de la vincapervinca, es decir, la vincristina y la vinblastina, y con más eficacia, la prednisona y prednisolona.

prednisona *f* (*Med*) Producto derivado de la cortisona, con mayor actividad antiinflamatoria que esta. | *Tri* 5.12.70, 34: La naturaleza hormonal de estos preparados [anticonceptivos] no los hace .. más peligrosos que los de cortisona, prednisona, etc.

predominancia *f* Cualidad de predominante. | Mascaró *Médico* 118: En la modalidad de intoxicación por inhalación de polen de habas, la aparición de síntomas suele ser mucho más rápida .. y el cuadro es de predominancia nerviosa (vértigos, dolor de cabeza, torpeza mental).

predominante *adj* Que predomina. I CNavarro *Perros* 119: El silencio era la nota predominante.

predominantemente *adv* De manera predominante. I HSBarba *HEspaña* 4, 275: Como ciudades importantes, cabe citar las de Santa Fe de Bogotá en Colombia, Quito en Ecuador y Caracas en Venezuela, donde se habían asentado poblaciones de carácter aristocrático predominantemente criollas.

predominar *intr* Ser el más importante o destacado [entre varios (*compl* SOBRE o ENTRE)]. *Frec se omite el compl, por consabido.* I P. Magaz *Abc* 21.5.67, 14: Las mujeres llevan ropas confeccionadas en serie ..; la mayoría, pañuelos de colores vivos, entre los que predomina el rojo o el naranja.

predominio *m* Hecho de predominar. I Aranguren *Marxismo* 122: Aunque la U.R.S.S. muestre hoy más discretamente que los Estados Unidos su voluntad de predominio.

predorsal *adj* **1** (*Fon*) [Articulación o sonido] en que interviene fundamentalmente el predorso. *Tb n f, referido a consonante.* I Lapesa *HLengua* 326: El tipo extremo y más característico es la *s* predorsal.
2 (*Anat y Fon*) De(l) predorso. I * El contacto se produce en la región predorsal.

predorso *m* (*Anat y Fon*) Parte anterior del dorso de la lengua. I Lapesa *HLengua* 326: La convexidad del predorso lingual puede ser tanta que produzca contacto con los incisivos superiores.

predorso- *r pref* (*Fon*) Predorsal. *Se antepone a adjs que expresan punto de articulación.* I *Por ej:* Academia *Esbozo* 22: [s] apicoalveolar fricativa sorda; .. predorsodental o dentoalveolar. Academia *Esbozo* 25: [y] predorsoprepalatal sonora de deslizamiento.

preelectoral *adj* Previo a las elecciones. I Torrente *Pascua* 99: En el fondo, se trata de una maniobra preelectoral. Como dicen que va a haber elecciones...

preeminencia *f* **1** Cualidad de preeminente. I Fernández-Llorens *Occidente* 225: La vieja aristocracia terrateniente .. ve desaparecer, con la abolición de los siervos, el fundamento de su preeminencia social.
2 Privilegio o ventaja de que alguien disfruta por sus méritos o su categoría. I *Leg. contencioso-adm.* 362: Se percibirá también un aumento del 100 por 100 en los pleitos que versen sobre cuentas, partición y división de bienes; .. prerrogativas de honor y cualesquiera otras preeminencias anejas a las vinculaciones de sucesión, según los llamamientos de la fundación a bienes que fueren vinculados.

preeminente *adj* Destacado o importante. I J. Córdoba *MHi* 11.63, 67: Una de las figuras preeminentes de la cultura hispánica fue –en tiempo cercano y ya remoto– José de Vasconcelos. Gironella *Millón* 150: Varias imágenes habían producido impresionado particularmente a los hombres de Ascaso. En primer lugar, las cruces de término, erguidas siempre en un lugar preeminente de los pueblos.

preeminentemente *adv* De manera preeminente. I Suñén *Manrique* 34: Entre ello[s] se encuentra preeminentemente el apetito sexual, cuya verificación cobra forma a través del cuerpo de la mujer.

preescolar *adj* [Educación] anterior a la escolar. *Tb n f.* I Marín *Enseñanza* 47: La educación preescolar pide .. educadores especializados. *Reforma* 160: El sector escolar que atienda cada equipo psicopedagógico .. abarcará centros escolares de todo tipo y nivel. Desde Escuelas Infantiles o centros de Preescolar hasta Bachillerato y Formación Profesional. **b)** De (la) educación preescolar. I Marín *Enseñanza* 47: Niños preescolares son los comprendidos entre dos y seis años.

preestablecer (*conjug* **11**) *tr* Establecer con anterioridad [una norma]. *Gralm en part.* I *Abc Extra* 12.62, 89: Es una delicia repasar los 94 artículos del Reglamento, conocer lo preestablecido para cada minuto de juego.

preestreno *m* Presentación de una obra teatral o cinematográfica en sesión especial previa a su estreno oficial. *Tb fig.* I *País* 17.3.91, 26 (A): Akira Kurosawa fue objeto de críticas de la prensa extranjera durante el preestreno mundial, el jueves en Tokio, de su última película .., que está previsto sea exhibida en el Festival de Cannes el próximo mayo. E. Toda *MHi* 2.64, 32: Hay tiendas en donde se exhiben [coches] como si fuesen modelos de Dior o Pertegaz, con "pre-estrenos" regados con champán.

preexistencia *f* Hecho de preexistir. I GÁlvarez *Filosofía* 1, 235: San Agustín .. rechaza la teoría platónica de la preexistencia de las almas.

preexistente *adj* Que preexiste. I Bustinza-Mascaró *Ciencias* 335: La mayoría de las rocas sedimentarias proceden de la fragmentación de otras preexistentes con posterior consolidación de los fragmentos por cementación.

preexistir *intr* Existir con anterioridad. I L. LSancho *Agromán* 5: El porvenir existe ya con sus vicisitudes y pormenores y .. desde ese porvenir que preexiste fluye hacia nosotros el río absoluto del tiempo.

prefabricación *f* Acción de prefabricar. I *Mun* 17.10.70, 49: Ha erigido en las inmediaciones de Argel un magnífico hotel, perfectamente utillado, con amplios salones, bar, restaurantes, piscina y 108 habitaciones, por el moderno procedimiento de la prefabricación modular.

prefabricado -da I *adj* **1** *part* → PREFABRICAR.
II *m* **2** Elemento o construcción prefabricados. *Tb fig, con intención desp.* I *Pue* 20.1.67, 17: Fibrocementos, aglomerados, prefabricados. C. Navascués *Pue* 1.12.70, 7: ¿Dónde van a ir los chabolistas del barrio del Hierro? Se habló de la posibilidad de que el Ministerio de la Vivienda cediese unos prefabricados (barracas). *Agenda CM* 172: ¿Qué tengo que comer? De todo un poco. Ni tanto como en los años del cuplé .. ni tan poco como hoy en día a base de prefabricados, hamburguesas, sandwiches y perritos calientes.

prefabricar *tr* Fabricar, gralm. en serie, [elementos (*cd*) o todos los elementos de una construcción o de un objeto (*cd*)] para montarlos posteriormente. *Gralm en part. Tb fig, con intención desp.* I *GTelefónica N.* 871: Kronsa. Pilotes prefabricados. VMontalbán *Pájaros* 40: El coche de Carvalho .. circuló por un camino asfaltado hacia la oficina prefabricada donde le esperaba el final del drama. *Act* 25.1.62, 52: Luwa Española está también fabricando un tipo de acondicionador prefabricado. *SInf* 17.4.70, 1: Esta feria de 1970 ha sido prefabricada una vez más con carteles confeccionados de antemano. CNavarro *Perros* 156: Se trataba de una historia insípida y prefabricada, como eran todas las historias que Televisión ofrecía a los televidentes.

prefaciar (*conjug* **1a**) *tr* Poner prefacio [1] [a algo (*cd*)]. I Gamallo *MHi* 12.70, 23: Don Marcelino Menéndez Pelayo, con sus tres tomos, profusamente prefaciados, de la "Antología de poetas hispanoamericanos", .. y don Miguel de Unamuno .. contribuyen a imprimir frecuencia y altura al diálogo. *SLe* 11.92, 5: Este epistolario que Andrés Soria Olmedo ha encontrado, transcrito, prefaciado y anotado de modo ejemplar.

prefacio *m* **1** Prólogo o introducción. I Gamallo *MHi* 12.70, 21: El espíritu informador de tal propuesta y acuerdo late, de forma profunda y transparente, en estas reflexiones del extenso y jugoso prefacio al articulado del Reglamento.
2 (*Rel catól*) Parte de la misa que precede inmediatamente al canon. I Vesga-Fernández *Jesucristo* 81: En el Prefacio se da[n] gracias a Dios y se recuerdan los principales misterios de la fe.

prefecto *m* **1** *En un seminario o en un colegio eclesiástico*: Sacerdote encargado del control de la disciplina o los estudios. I Sopeña *Defensa* 38: Había sido prefecto de disciplina en el Seminario. Cela *Mazurca* 243: Don Jimeno era el prefecto de estudios del seminario conciliar de San Fernando de Orense. CSotelo *Abc* 27.4.74, 21: Iban al prefecto con el cuento de que habíamos hablado durante la Salve.
2 (*Rel catól*) *En la Curia Romana*: Prelado que está al frente de una congregación o de otro departamento. I P. GCandanedo *VNu* 17.8.74, 11: El P. Stickler es un salesiano austríaco que lleva ya unos cuantos años como Prefecto de la Biblioteca Vaticana. J. Arias *País* 17.4.87, 5: El cardenal Giuseppe Caprio, prefecto para los Asuntos Económicos de la Santa Sede.
3 (*Rel catól*) Delegado eclesiástico con jurisdicción sobre un distrito misionero en que no está organizada la jerarquía ordinaria. *Tb* ~ APOSTÓLICO. I J. Hermida *Act* 25.1.62, 23: La jerarquía nativa del Congo de Léopoldville y Katanga com-

prefectoral - preformar

prende seis arzobispos, veintisiete obispos, siete prefectos apostólicos y cuatro obispos auxiliares.
4 Delegado del gobierno en un departamento francés o en una provincia italiana. *Tb (hist) referido a España en la época napoleónica.* | C. Sentís *CCa* 15.11.70, 11: En París, como es sabido, no hay alcalde. Solamente un presidente del Consejo Municipal elegido por turno anualmente y que tiene menos facultades que un prefecto departamental. GHerrero *Segovia* 355: Este funcionario [el intendente de provincia] es el antecesor de los que luego se llamarían prefectos (al modo gálico, 1810, bajo el imperio de la Constitución de Bayona) .. y gobernadores civiles.
5 Jefe de la policía de París. *A veces referido a otras ciudades francesas.* | CBaroja *Inquisidor* 49: La respuesta dada al prefecto de policía que llamaba la atención sobre Llorente indica que ya había pasado a España. M. Á. Gozalo *Abc* 16.12.73, 26: Si se confirma que el atentado es tan netamente racista –cosa que el prefecto de la Policía de Marsella se niega a creer–, no existen demasiadas dudas en pronosticar .. que "toda la cooperación franco-argelina corre el riesgo de sufrir un grave perjuicio".
6 *(hist) En la antigua Roma*: Alto funcionario civil o militar. *Esp designa al encargado de la administración de Roma o de un departamento del Imperio.* | Villapún *Iglesia* 37: Condenado a muerte, le preguntó el prefecto de Roma por los tesoros de la Iglesia. **b) ~ del pretorio.** Comandante de la guardia pretoriana. | Pericot *Polis* 116: Pasó [Tiberio] a residir a la isla de Capri, dejando el poder a Sejano, prefecto del pretorio.

prefectoral *adj* De(l) prefecto. | Argos *Abc* 16.4.75, 29: También sabemos que en España no existe la carrera prefectoral.

prefectura *f* **1** Cargo o dignidad de prefecto. | Barcelona 54: Al producirse la invasión francesa .. se dividió a España, a semejanza de la nación vecina, en departamentos, figurando Barcelona como sede de una prefectura. Pericot *Polis* 122: La monarquía militar del Principado montó poco a poco su régimen administrativo, cuya pieza esencial fue, con el tiempo, el Consejo imperial .. La prefectura del pretorio desempeñó papel importante en los primeros decenios del Imperio.
2 Territorio gobernado por un prefecto [3, 4, 5 y 6]. | Zubía *España* 239: José Bonaparte hizo en España 54 "Prefecturas". Arenaza-Gastaminza *Historia* 58: En tiempos de Constantino, España forma parte de la prefectura de la Galia.
3 Sede u oficina del prefecto. | Delibes *Siestas* 109: Esta es mi confesión, Lenoir, y en la Prefectura van a llevarse un chasco con ella.
4 Servicios de dirección de la policía de París. *A veces referido a otras ciudades francesas.* | Alfonso *España* 110: En Francia, el tráfico es vigilado por las prefecturas de policía, sin que París sea una excepción.

preferencia I *f* **1** Hecho de preferir. *Frec con un compl POR.* | Medio *Bibiana* 81: Nuestra riquísima mantequilla le agradece cordialmente su preferencia. *BOE* 14.1.76, 770: Los solicitantes de primer curso .. pedirán todas las ramas convocadas, señalándolas por su orden de preferencia.
2 Ventaja, distinción o trato de favor frente a otros. | APaz *Circulación* 39: En los cruces tiene preferencia el que llega por la derecha del otro.
3 *En un estadio*: Localidad de calidad intermedia entre la tribuna y la general. | *Sev* 31.10.75, 13: Siguen las obras del nuevo voladizo de preferencia en el estadio "Benito Villamarín".
II *loc adv* **4 de ~.** Preferentemente. | Alvarado *Anatomía* 167: La tifoidea afecta de preferencia a las personas de quince a treinta años.

preferencial *adj* De (la) preferencia [2] o que la implica. | *Inf* 8.6.70, 1: España-Mercado Común. Hoy se aprueba el tratado preferencial.

preferente *adj* Que tiene preferencia [2]. | APaz *Circulación* 156: Ha sido costumbre generalizada considerar como puesto preferente en el coche el de la derecha. *Sp* 19.7.70, 28: El decreto 1325 de 28 de mayo .. declara de preferente localización industrial el área del Campo de Gibraltar. FQuintana-Velarde *Política* 22: Apunta la dedicación preferente de los sujetos hacia una tarea, la división profesional del trabajo.

preferentemente *adv* De manera preferente. | DPlaja *El español* 112: Dado que era la ciudad a la que acudían preferentemente los extranjeros, Madrid recibió permiso antes que nadie para ofrecer espectáculos que seguían prohibidos en otros lugares.

preferible *adj* Digno de ser preferido. | CBaroja *Inquisidor* 21: La experiencia española hacía preferibles los juristas a los teólogos.

preferiblemente *adv* De manera preferible. | *Van* 20.12.70, 83: Sociedad americana busca para su director gerente torre con jardín o piso .. Barrio residencial, preferiblemente Sarriá.

preferir (*conjug* **60**) *tr* Considerar mejor, o más adecuada al gusto o a las necesidades, [a una pers. o cosa (*cd*) que a otra (*compl* A *o, semiculto,* QUE)]. *Frec se omite el segundo compl por consabido. Tb fig.* | R. Pieltáin *SAbc* 15.5.58, 61: No quiere decir que el teatro gozase de la predilección de sus contemporáneos, que, por lo general, preferían .. cualquier otra diversión a las delicias de Talía y Melpómene. Delibes *Siestas* 58: No podía soportar el que prefiriera a Robinet que a ella. Laín *Abc* 3.5.74, 37: He preferido quedarme en España mientras no me arrojen de ella. * Esta planta prefiere el clima seco.

prefiguración *f* Acción de prefigurar(se). *Frec su efecto.* | Montarco *Abc* 15.12.70, 3: Lo que está ocurriendo en Cuba, Chile .. o Hanoi es una prefiguración del futuro político que ha de darse en los países occidentales capitalistas. ZVicente *Traque* 18: Yo anuncié una boda, pero no dije de quién con quién, no me dejaron acabar .. Y todo por no esperar a que yo terminase de ver su prefiguración.

prefigurador -ra *adj* Que prefigura. | Suñén *Manrique* 78: Cada uno de esos elementos posee su propio papel prefigurador.

prefigurar *tr* Representar o sugerir anticipadamente [algo]. | DPlaja *SAbc* 13.12.70, 27: En los belenes aparecen prefiguradas las Naciones Unidas. MMolina *Jinete* 255: Desconocidos .. a los que yo me quedaba mirando como si prefigurasen mi apariencia futura. **b)** *pr* Representarse anticipadamente [algo]. | MGaite *Nubosidad* 97: Un insomnio horrible que tuve anoche y en el que se prefiguró la carta que te estoy escribiendo.

prefijación *f* (*Ling*) Adición de prefijos. | RAdrados *Lingüística* 267: Nos resulta todavía relativamente familiar la prefijación y sufijación posesiva[s], frecuentes en muchísimas lenguas.

prefijar *tr* Fijar de antemano. | APaz *Circulación* 105: No tenga ansia por hacer una media prefijada si las condiciones del camino, del tiempo o de usted mismo no son las pensadas.

prefijo -ja I *adj* **1** (*Ling*) [Afijo] antepuesto a la raíz. *Más frec n m.* | Amorós-Mayoral *Lengua* 28: Los afijos se llaman prefijos si van antes de la raíz. Por ejemplo: a-brazo, ante-brazo.
II *m* **2** Elemento, constituido por cifras o letras, que se antepone a un número, esp. de teléfono. | *Not* 20.12.70, 28: Los abonados al servicio telefónico de Zaragoza y Calatayud pueden comunicarse directamente con los de Sevilla y Alcalá de Guadaira, marcando el prefijo "950" y, a c[o]ntinuación, el número del abonado con el que deseen hablar.

prefinanciación *f* (*Econ*) Provisión de recursos a título provisional para financiar una operación mientras se logra su financiación a largo plazo. | Tamames *Economía* 402: De hecho, era la Banca privada la que, por medio de la prefinanciación y a través de la continua renovación de créditos a corto plazo, se ocupaba del cometido antes indicado.

prefloración *f* (*Bot*) Época previa a la floración. | B. Ramos *Hoy* 16.2.75, 23: Tradicionalmente el almendro ha sido la especie marginada de la fruticultura .. Aconsejamos como tratamiento sanitario base el de prefloración.

preformación *f* (*Biol*) Desarrollo que consiste en el crecimiento de una célula germen que contiene en sí el organismo completo. *Se opone a* EPIGÉNESIS. | R. Alvarado *Abc* 3.6.85, 3: Esa variante de la preformación se llamó escatulación.

preformar *tr* Dar forma [a algo (*cd*)] anticipadamente. | Benet *Penumbra* 137: Otro [destino], ilusorio, concebido en el dolor y tan solo cognoscible en ese envoltorio de piedad maternal que no permite distinguir sus rasgos, solamente preformarlo mediante sucesivas y siempre las mismas adivinaciones del deseo.

pregancia *f* (*reg*) Cadena que pende sobre el fuego para colgar la caldera u otro utensilio de cocina. | R. M. FFuentes *Nar* 10.76, 27: También sobre el "llar" está el horno para cocer el pan, el vasar y, al lado del fuego, los morillos y el escaño, y, encima del fuego, las pregancias.

preglaciar *adj* (*Geol*) Anterior a la época glaciar. | Pericot *Polis* 16: Hoy se cree que en la primera mitad del cuaternario, en una fase preglaciar (villafranquiense), existía ya industria humana.

pregnancia *f* **1** (*lit*) Cualidad de pregnante. | MSantos *Tiempo* 164: Proseguir a través del mundo exterior, lleno de pregnancias inoportunas, su estela destructora. SFerlosio *Ensayos* 1, 143: Dejando su españolez a merced de la incontrolable circunstancia de que el asémico *ser* copulativo del gramático relegue enteramente al solo predicado la responsabilidad de decidir .. el más fuerte o más débil compromiso de pregnancia conforme al cual el sujeto ha de sentirse alcanzado y afectado por la predicación.
2 (*Psicol*) Fuerza y estabilidad de una estructura perceptiva que se impone al sujeto con más intensidad que las otras estructuras posibles. | Pinillos *Mente* 92: Pueden añadirse detalles o trazos que contribuyan a acentuar la rotundidad o "pregnancia" de la figura.

pregnante *adj* (*lit*) **1** Hinchado o abultado. | MSantos *Tiempo* 11: Y se descubran en sus axilas e ingles tumefactas, .. pregnantes .. tumoridades.
2 Pleno de significado. | SFerlosio *Ensayos* 1, 142: Rabiosamente español .. La falta de convicción no me parece a mí que afecte tanto, en cualquier caso, al simple "ser español" .. cuanto al serlo o no serlo de aquel pregnante y vigoroso modo en que él querría que consistiese el serlo.

pregón *m* **1** Anuncio de una noticia o un aviso, hecho de viva voz por las calles de un pueblo y gralm. por un empleado municipal. | J. C. Llorente *ASeg* 28.2.78, 8: Se reunía el Concejo, por lo general, los domingos después de misa; convocados los vecinos por pregón o a toque de campana. **b)** Anuncio de una mercancía o un servicio, hecho a voces por las calles. | DCañabate *Andanzas* 7: Algunas mañanas llega hasta mi quinto piso el pregón del trapero. **c)** Aviso que se da a voces. | Aldecoa *Gran Sol* 73: Desde las máquinas llegó el pregón de embarque de Gato Rojo.
2 Discurso literario que se anuncia al público la celebración de una fiesta y se le anima a participar en ella. | Burgos *SAbc* 13.4.69, 46: Como ha dicho este año en el pregón de la Semana Santa el escritor Domingo Manfredi, las cofradías de Sevilla tienen cada una origen diverso.
3 (*lit*) Cosa que pregona [3] [algo (*compl de posesión*)]. | C. Monge *Abc* 23.3.71, 47: Ello no quiere decir que no haya notables muestras de otros estilos; pregón de ello, la catedral del Burgo de Osma, las murallas y puerta califal de Ágreda.

pregonado -da *adj* **1** *part* → PREGONAR.
2 (*Taur*) [Toro] ya corrido y conocido por su malicia y peligrosidad. *Tb n m*. | DCañabate *Paseíllo* 23: Tenemos otro, pero a ese le sacamos lo menos posible, porque ese sí es un pregonao que le gusta hacer carne; porque, ¿sabe usté?, es jorobao.

pregonar *tr* **1** Anunciar [algo] mediante un pregón [1]. | VMontalbán *Pianista* 112: Quincalleros, cacharreros, traperos pregonando compras de pieles de conejo. Palacios *Juicio* 119: Siempre ha habido pregones. Siempre se han ofrecido en público las mercancías. Pero nunca se han pregonado con los actuales incentivos, ni emple[a]do en ello cantidades fabulosas de recursos.
2 Pronunciar el pregón [2] [de una fiesta (*cd*)]. | *Abc* 23.3.71, 43: Don Julio Gutiérrez Rubio pregona la Semana Santa cordobesa.
3 Hacer pública [una cosa] o dar[la] a conocer a mucha gente. | CNavarro *Perros* 80: Una voz gangosa pregonó que el sol de su ilusión era su amor. *Ya* 14.2.78, 1: Numerosas pancartas pregonaban los deseos de los vecinos.
4 (*hist*) Declarar malhechor o infame públicamente [a alguien]. | Gala *Sáb* 1.2.75, 5: La Inquisición se había puesto otra vez en marcha .. Hasta Godoy fue pregonado por ateo, por bígamo y por tener una inmoral vida privada.

pregonero -ra I *adj* **1** Que pregona. *Tb n*, *referido a pers y* (*fig*) *a cosa*. | AAzpiri *Abc* 29.6.58, 13: Sonaron los tambores pregoneros y se decidió dar la batalla el día 30 de junio. Palacios *Juicio* 230: La fama pregonera lleva en sus alas el nombre de un Cajal hasta los rincones y personas que jamás supieron ni sabrán en qué consisten sus aportaciones al saber. *Abc* 22.8.72, 37: Moreiro pregonó las fiestas de Sabero .. El pregonero .. estableció las diferencias más acusadas entre el medio rural y el urbano. *Ya* 9.5.75, 1: Las papeleras públicas de Madrid sirven de pregoneras para avisar de una de las medidas anticontaminantes que entrarán en vigor el próximo día 1 de septiembre.
II *m y f* **2** Empleado municipal encargado de dar los pregones [1a]. | PLozano *Ya* 14.6.73, 15: Las mujeres también podrán presentarse a la plaza de pregonero convocada en Ador (Valencia).
III *loc v* **3 dar tres cuartos** (*o* **un cuarto**) **al ~** → CUARTO.

preguerra *f* Período inmediato al comienzo de una guerra. *Gralm referido a la Guerra Civil de 1936*. | Tamames *Economía* 228: Nuestra producción [de lana] es hoy más baja que en la preguerra.

pregunta I *f* **1** Acción de preguntar [1, 2 y 3]. *Tb su efecto*. | CNavarro *Perros* 23: Depende de lo que tarden en encontrar al juez .. Luego llegará la hora de las preguntas. Arce *Testamento* 15: Hice mal respondiendo a la pregunta.
II *loc adv* **2 a la cuarta ~.** (*col*) Sin dinero o con muy poco. *Gralm con vs como* ANDAR, ESTAR, DEJAR *o* QUEDARSE. | Palomino *Torremolinos* 199: Firmas que mueven millones todos los años, que pagan todas sus deudas pero andan siempre a la cuarta pregunta, sin una peseta, con mucho que cobrar y mucho que pagar. ZVicente *Traque* 156: Le han dejado a la cuarta pregunta y, por si fuera poco, en libertad vigilada. ZVicente *SYa* 10.6.73, 33: Fue entonces cuando me quedé a la cuarta pregunta. Mi familia, enterita, no quedaron ni los rabos, espichó en el incendio de un teatro.

preguntador -ra *adj* Que pregunta, *esp* [1 y 3]. *Tb n*, *referido a pers*. | Cela *Viaje andaluz* 158: La respuesta —y ahí la habilidad del preguntado— debe estar a juego con la pinta del preguntador.

preguntante *adj* Que pregunta, *esp* [1 y 3]. *Tb n*, *referido a pers*. | B. M. Hernando *VNu* 16.11.74, 41: Algunos preguntantes son más expeditivos y te sueltan: "¿Qué se chismorrea por ahí?".

preguntar A *tr* ▶ **a** *normal* **1** Pedir [a alguien (*ci*)], mediante palabras o gestos, que aclare [una duda (*cd*)] o diga lo que sabe [sobre algo (*cd*)]. *Tb abs*. | Olmo *Golfos* 143: —¿Y qué es eso? —le pregunta el dueño. Vesga-Fernández *Jesucristo* 23: Preguntaron por señas a su padre cómo había de llamarse el niño. ZVicente *Traque* 215: ¿Qué tenemos hoy a las diez? ¿Física? Arrea, yo me he traído hoy la literatura. Estoy arreglada como me preguntes algo. **b)** Pedir información [a alguien (*cd*)]. | Vesga-Fernández *Jesucristo* 134: ¿Por qué me preguntas a Mí? Pregunta a los que me han oído. Cela *Viaje andaluz* 158: La respuesta —y ahí la habilidad del preguntado— debe estar a juego con la pinta del preguntador. **c) no me** (**lo**) **preguntes** (**pregunte**, *etc*). (*col*) No (lo) sé. | Delibes *Guerras* 100: —Y ¿de qué murió tu madre, Pacífico? —No me lo pregunte, pero para mí que algo malo debió ser, doctor.
▶ **b** *pr* **2** Pensar [algo] como dudoso, hipotético o ignorado. | CNavarro *Perros* 80: Se preguntó si lo imprevisto habría dejado de interesar a los hombres.
B *intr* **3** Pedir información [sobre alguien o algo (*compl* POR)]. | * Olvidé preguntar por su salud. * Pregunta por sus padres, creo que están enfermos.
4 Pedir hablar [con alguien (*compl* POR)]. | Olmo *Golfos* 149: Baje y pregunte por Luisa. Es una mujer gorda, simpática y de buen ver. Ella le orientará.

preguntеo *m* (*col*) Acción de preguntar [1 y 3] repetidamente. | Zunzunegui *Camino* 377: Después de un acoso y preguntеo cada vez más ceñido, acabó confesando.

preguntón -na *adj* (*col*) Que pregunta mucho o de manera insistente o indiscreta. *Tb n*, *referido a pers*. | Halcón *Ir* 75: —A mí no me gusta viajar con personas raras .. —Ni a mí con gente preguntona. Hoyo *ROc* 8/9.76, 90: Quique, de

pregustar – prelación

cuando en cuando, alzaba sus ojos preguntones, sin atreverse a decir nada a su abuelo. Escobar *Itinerarios* 243: Lo único que explicó la mujer a los preguntones es que eran muy ricos.

pregustar *tr (lit)* Gustar anticipadamente [algo, esp. un alimento]. | Escudero *Capítulo* 218: En la Liturgia pregustamos y tomamos parte en aquella Liturgia celestial que se celebra en la santa ciudad de Jerusalén, hacia la cual nos dirigimos como peregrinos.

prehensión *f (Biol)* Prensión. | Ybarra-Cabetas *Ciencias* 310: Realizan una verdadera prehensión de los alimentos por medio de deformaciones del protoplasma.

prehispánico -ca *adj* Anterior a la conquista y colonización españolas. *Referido a América o a lo americano*. | Ballesteros *Abc* 12.9.68, 19: El único pueblo prehispánico e indígena de América que organizó un verdadero estado eran los incas.

prehistoria *f* **1** Período de la vida de la humanidad anterior a la aparición de la escritura. | Tejedor *Arte* 1: La división de la Prehistoria, a falta de testimonios escritos, se ha hecho por los restos materiales de tales días. **b)** Ciencia que estudia la prehistoria. | Tejedor *Arte* 1: La Prehistoria .. nació como ciencia en el siglo XIX.
2 Período inicial [de una pers. o cosa], anterior a su desarrollo o plenitud. | Fraile *Pról. Vida Lagos* VII: La prehistoria literaria de Concha Lagos .. está vinculada por la amistad a nombres como Luis Ruiz Contreras. *Abc* 4.5.75, 52: *Sensación y sinestesia* (estudios y materiales para la prehistoria de la sinestesia y para la valoración de los sentidos en las literaturas italiana, española y francesa), de Ludwig Schrader.

prehistoriador -ra *m y f* Especialista en prehistoria [1b]. | Anson *Oriente* 203: Varios prehistoriadores opinan que la pintura de Cogul representa una danza excitante.

prehistóricamente *adv (raro)* De manera prehistórica. | M. GMora *Abc* 2.12.64, 37: Este hombre es la estampa genuina del cazador elemental, primitivo, que no caza por afición, sino por necesidad, prehistóricamente.

prehistórico -ca *adj* **1** De (la) prehistoria. *Tb (raro) n, referido a pers*. | Tejedor *Arte* 1: El tiempo prehistórico, su contenido, tiene un particular interés, porque es el despertar de la Humanidad. *Abc Extra* 12.62, 47: Unas docenas de huesecillos .. permiten alzar la estructura, la osamenta de un animal prehistórico –de un dinosaurio–. Chamorro *Sin raíces* 43: Él y sus compañeros vivían como pequeños prehistóricos del Cuaternario.
2 Muy viejo o anticuado. | * Usa unos sombreros prehistóricos.

prehomínido -da *adj (Zool)* [Animal] fósil de la familia de los primates, muy próximo a los homínidos. *Gralm como n m en pl*. | J. GPalacio *Act* 26.11.70, 15: La agresividad es un instinto innato, basándose en la agresividad de los animales inferiores, hasta llegar a los prehomínidos y homínidos.

preincaico -ca *adj (hist)* Anterior a los incas. | M. MMuñoz *VozC* 25.7.70, 10: Los primitivos habitantes del Perú preincaico habrían llegado en alguna navegación .. a las islas de la Polinesia.

preindustrial *adj* Aún no industrializado. | M. L. Soto *Inf* 16.9.71, 14: En regiones o poblaciones de un bajo nivel de industrialización, como el correspondiente a zonas preindustriales o subindustriales, la natural interés. el dinero es muy alta. G. González *Inf* 16.1.75, 17: Se da así la paradoja de que un continente como el africano, potencialmente muy rico en materias primas y en productos agrícolas, no consiga superar el primer estadio de una civilización preindustrial.

preinscribir *(conjug* **46)** *tr* Hacer la preinscripción [de alguien *(cd)*]. *Frec el cd es refl*. | *Nav* 16.4.87, 10: Se preinscribieron un total de 130 alumnos de 0 a 3 años frente a los 110 aproximadamente que hay actualmente en la guardería.

preinscripción *f* Solicitud de admisión, previa a la solicitud formal, la cual presenta una pers. para ser incluida en una lista de una entidad, esp. docente, y con el único fin de facilitar las previsiones de carácter administrativo. | *Nav* 16.4.87, 10: Dicha preinscripción se realizó con mínimas garantías de que pueda funcionar el próximo curso el jardín de infancia. *Abc* 27.6.93, 74: Master en museología .. Condiciones básicas: .. 4. Selección, previa preinscripción, a realizar por el comité científico del programa, según méritos.

preinserto -ta *adj* Que ha sido insertado antes en el texto en cuestión. | *BOE* 16.7.75, 15340: Caducará esta autorización por incumplimiento de cualquiera de las preinsertas condiciones.

preinstalación *f* Instalación previa. | I. J. Esarte *Rio* 22.3.89, 26: El equipo de serie incluye elementos como cristales atérmicos, .. elevalunas eléctricos delanteros, cierre centralizado, foco de lectura y preinstalación del equipo de radio.

preinstalar *tr* Instalar previamente. | *SPaís* 5.5.93, 8: El ordenador, denominado Z-Lite 320-L, cuenta con una pantalla de cristal líquido (LCD) de iluminación posterior, en blanco y negro, y lleva preinstalados los programas Windows 3.1 y MS-DOS 5.0.

preislámico -ca *adj (hist)* Anterior al islamismo. | Escolar *Libro* 228: Eran muy pocos los árabes que sabían leer en el período preislámico. Castillo *Polis* 173: El idioma [en el imperio abasí] fue el árabe, y se imitó la poesía preislámica.

prejubilación *f* Jubilación anticipada. | *Ya* 16.3.88, 33: Doscientos mil agricultores pueden optar a la prejubilación.

prejubilar *tr* Jubilar anticipadamente. *Frec en part, frec sustantivado*. | Fieramosca *Ya* 17.2.88, 48: Ruiz-Giménez en el momento de conocer que definitivamente el PSOE, secundado por AP y Minoría Catalana, lo "prejubilan", que diría el ministro de Trabajo. Fieramosca *Ya* 20.3.88, 48: Teníamos el paro estacional, el paro encubierto, los quietos, los prejubilados, invento grandioso de Almunia cuando era ministro de Trabajo, y ahora vienen los desanimados.

prejudicial *adj (Der)* Que debe preceder a un juicio. | *Leg. contencioso-adm.* 14: Actos incluidos: 1. Con carácter general, los actos concretos e individualizados de la Administración pública sujetos al Derecho administrativo .. 6. Las cuestiones prejudiciales e incidentales.

prejudicialidad *f (Der)* Condición de prejudicial. | *Leg. contencioso-adm.* 35: Lo mismo sucede con la prejudicialidad, referida a la inexactitud de un asiento en el R[egistro] C[ivil].

prejuiciado -da *adj* Que muestra o implica prejuicio. | ZVicente *SYa* 3.11.74, 19: Es verdad que mi cuñado Jaime, el forjador, .. podría hacer esos corazones con gran destreza, toma, menudo es él, si lo sabré yo. Pero desengáñese: sería una representación prejuiciada y alienante.

prejuicio *m* Creencia u opinión preconcebida. | CBaroja *Inquisidor* 34: Su autobiografía nos lo pinta como .. persuadido de que sus prejuicios eran dogmas. **b)** Idea rutinaria acerca del comportamiento impuesta por la educación o el medio. *Frec en pl*. | CNavarro *Perros* 15: Le gustaba su libertad, su carencia de prejuicios y su independencia.

prejuicioso -sa *adj* Que muestra o implica prejuicio. | Castilla *Natur. saber* 13: Es [el criterio] evidentemente selectivo y, por tanto, apriórico, esto es, prejuicioso. Fraile *Descubridor* 306: Ese todo, a fin de cuentas, no había sido más –ni menos– que un amor prejuicioso de provincia. ¿Prejuicioso? Quizá no fuera la única palabra.

prejuzgar *tr* Juzgar anticipadamente y sin datos suficientes. *Tb abs*. | F. Blasi *Mun* 19.12.70, 7: Sin prejuzgar el valor de los argumentos en favor o en contra de la licitud o conveniencia de las fiestas de toros. * No prejuzguemos. **b)** Prever. | Delibes *Ratas* 49: Matías Celemín salía a las licitaciones de los pueblos próximos ..; prejuzgaba que no se cogería los dedos, porque él sabía barajar en su cabeza hasta cinco mil reales.

prelación *f* Preferencia que una pers. o cosa tiene frente a otras. | ZVicente *Traque* 257: Estoy preocupado con la presidencia, ya sabe usted, las gentes, las prelaciones, en fin, la presidencia, qué le voy a contar. *Compil. Cataluña* 701: La prelación de nupcialidad .. será relativa si está subordinada a la prelación de sexo, o de otra circunstancia.

prelado *m* Alto dignatario eclesiástico, como cardenal, obispo o abad. | CBaroja *Inquisidor* 21: Esta del prelado gallego, alabado por Feijoo, es una carrera excepcional.

prelaticio -cia *adj* De(l) prelado. | *HLM* 28.12.70, 12: El más joven obispo del mundo, pues se trata de un niño de once años de edad, será exaltado hoy a su silla prelaticia después de serle impuestos la mitra, el anillo, los guantes, el báculo y la cruz pectoral.

prelativo -va *adj* (*Der*) De (la) prelación o que la implica. | *Compil. Cataluña* 701: Las disposiciones contrarias al heredamiento prelativo serán nulas.

prelatura *f* **1** Cargo o dignidad de prelado. | J. MÁlvarez *CoA* 31.10.75, 27: Hasta el año 1874 la comarca de Estepa estuvo regida en lo eclesiástico por un vicario, cuya naturaleza era análoga a la que ahora el Derecho Canónico conoce como "prelaturas nullius".
2 Jurisdicción dependiente de un prelado. | *ASeg* 7.11.79, 16: El Opus Dei quiere transformarse en una prelatura o diócesis personal.

prelegado *m* (*Der*) Legado hecho a favor de un heredero. | *Compil. Cataluña* 769: A los efectos de minorar esta extinción, se imputará al heredero o coheredero su legítima y el prelegado que le atribuya bienes en propiedad plena.

prelegatario -ria *m y f* (*Der*) Pers. a quien corresponde un prelegado. | *Compil. Cataluña* 709: Si el heredero único o todos los herederos instituidos lo son en cosa cierta, se estimarán prelegatarios de ella.

prelenguaje *m* (*Ling*) Forma de comunicación en el niño previa a la adquisición del lenguaje. | Ri. López *PapD* 2.88, 117: Un profesional de la educación que tenga una sólida preparación inicial en las siguientes regiones formativas: Región formativa teórico-fundamental .. Región formativa en las áreas de expresión y comunicación social: Área de prelenguaje. Área de expresión plástica.

preliminar *adj* [Cosa] que antecede [a otra (*compl de posesión*)] y le sirve de introducción. *Tb n m, normalmente en pl.* | A. Campo *Pue* 16.12.70, 26: Esta edición .. es singularmente hermosa y útil por el estudio preliminar y común y por las notas a pie de página. Grau *Lecturas* 205: Cursadas las primeras letras y enseñanza preliminar en Segovia, pasó a Alcalá, .. donde estudió las Súmulas y la Lógica. *Abc* 18.4.58, 33: Identificaron el antro de la Sibila con dos estancias: un atrio preliminar y un "sacellum". Huarte *Tipografía* 61: Un libro consta, desde el punto de vista tipográfico, de preliminares, cuerpo de la obra y suplementos. J. Balansó *SAbc* 9.3.69, 50: En él precisamente empezó a conocer los más sencillos preliminares de la carrera que escogería más adelante: la de oficial de la Marina de Guerra.

preliminarmente *adv* De manera preliminar. | *Ya* 7.9.88, 11: Los respectivos jueces se encontraban y se encuentran en la susodicha situación, es decir, en la de presidir la vista oral y dictar sentencia respecto de hechos que ellos mismos investigaron preliminarmente.

preludial *adj* De(l) preludio. | Borobo *Voz* 6.11.87, 3: Eduardo Dieste, tras haber sido cónsul general de esa República en San Francisco y otras grandes ciudades, desempeñaba ese cargo en Madrid, durante aquel tiempo preludial de la Guerra de España.

preludiar (*conjug* **1a**) *tr* **1** Ser preludio, *esp* [2], [de algo (*cd*)]. | MMolina *Jinete* 356: Él ya conoce esos gestos y sabe que preludian un tranquilo monólogo.
2 Iniciar o comenzar [algo]. | F. HGirbal *Abc* 1.5.70, 11: Cuando terminó la barcarola y apareció Gayarre, tanto Ponchielli, que estaba entre bastidores, como Faccio, esperaron que el tenor, al preludiarse la romanza, avanzara como habían convenido.

preludio *m* **1** (*Mús*) Introducción instrumental a una obra musical, esp. una ópera o una zarzuela o un acto de una ópera. | RÁngel *Música* 57: La suite es una serie de danzas instrumentales, consecuencia de las cortesanas que se bailaban en los salones, que solían ir antecedidas de un preludio. RÁngel *Música* 59: La obertura es una composición que suele anteceder a una obra más larga o a una obra dramática, como si fuera un prólogo, al igual que la antecede un preludio. **b)** (*Mús*) Composición independiente, breve, sin forma preestablecida y gralm. para piano. | Casares *Música* 115: Surgen en cambio nuevos géneros cuya cualidad más clara es que son diminutos, como el nocturno, .. balada, preludio.
2 Cosa que sirve de principio o anuncio [de otra]. | MMolina *Jinete* 527: Quisiera detener la ficción justo en el preludio de un hecho doloroso. *Abc* 15.10.70, 29: Ocasión para una batalla política, si incruenta, preludio de conflictos aumentados en número o agravados.
3 (*lit*) Prólogo o introducción. | *MHi* 12.57, 40: Carlos Lemos .. interpreta .. el preludio de la famosa "Comedia de polichinelas" benaventiana.

premamá (*tb con la grafía* **pre-mamá**) *adj invar* [Ropa] destinada a la mujer embarazada. *Tb* DE ~. *Tb n m, referido a traje o vestido.* | *Prospecto* 4.89: Mamás y Pequitas. Tu ropa joven de premamá y para niños de 0 a 6 años. *PinR* 15.5.90, 22: Globos boutique: Infantil, juvenil y premamá. *Ya* 19.12.90, 15: El PSOE, contra el "pre-mamá" policial .. Hace poco, una de estas mujeres fue sancionada por vestir de paisano. Y ¿cómo van a ir, si no hay uniformes "pre-mamá"?

premarital *adj* (*raro*) [Relación] prematrimonial. | DPlaja *El español* 156: El censor decide que aquí no existe el adulterio ni las relaciones premaritales.

prematrimonial *adj* Anterior al matrimonio. | Tamames *Economía* 295: El comercio .. absorbe una buena parte de la mano de obra femenina que solamente se emplea en el lapso prematrimonial. LIbor *SAbc* 17.11.68, 11: La relación prematrimonial se concibe como una anteposición de la relación matrimonial, institucionalizada, pero tiende a esta.

prematuramente *adv* De manera prematura. | *Abc* 1.11.75, 62: La niña, Virginia d'Alessandro, nació prematuramente. *Gar* 6.10.62, 5: Si el niño se rasca prematuramente, dejará una cicatriz indeleble.

prematuridad *f* Condición de prematuro. | *HLM* 26.10.70, 19: Hizo un análisis detenido de la prematuridad, señalando que hoy la mayor parte de los niños prematuros logran salvarse.

prematuro -ra *adj* **1** [Niño] que nace antes del tiempo normal. *Tb n.* | Laforet *Mujer* 134: Paulina no había visto a la criatura prematura que le había nacido muerta. *Puericultura* 45: Lo mejor son las clínicas para prematuros, ingresándolos inmediatamente de nacer.
2 [Cosa] que se hace o se produce antes del tiempo conveniente. | *Abc* 22.2.62, 33: Al ser preguntado sobre si una conjunción de esfuerzos soviéticos y norteamericanos contribuiría a llevar un hombre a la Luna en fecha más o menos rápida, declaró que considera prematuro tratar de eso en este momento.

premeditación *f* Acción de premeditar. | Arce *Testamento* 18: Me detuve varias veces, sin premeditación.

premeditadamente *adv* De manera premeditada. | S. RSanterbás *Tri* 11.4.70, 24: Dentro del meollo de la Fiesta se dan y se buscan premeditadamente los antagonismos irreconciliables.

premeditado -da *adj* **1** *part* → PREMEDITAR.
2 Que implica premeditación. | *Abc* 5.12.70, 30: Los paros o manifestaciones que .. puedan significar solidaridad alguna con el delito, con la conculcación premeditada de la Ley.

premeditar *tr* Pensar o planear [algo] antes de realizar[lo]. | Torrente *Señor* 403: No he premeditado cazar a Carlos, o, si lo pensé en algún momento, me he vuelto atrás.

premenstrual *adj* (*Med*) Que precede inmediatamente a la menstruación. | *TMé* 23.2.68, 8: Indicaciones secundarias [de los diuréticos]: Cardiopatías asociadas a la obesidad .. Síndromes premenstruales.

premiable *adj* Que se puede premiar. | Diego *Abc* 8.9.66, 3: Nos hacen olvidar la fatiga y enfrascarnos despacio y a fondo en el goce de algún libro premiable.

premiación *f* (*raro*) Acción de premiar. | V. A. Pineda *Des* 12.9.70, 17: Si .. Venecia suprimió los premios .., existe, sin embargo, otra forma de premiación.

premiador – premonitorio

premiador -ra *adj* Que premia. *Tb n, referido a pers.* | Fuster *Inf* 5.2.75, 16: Cuando la noción del Dios "premiador de buenos y castigador de malos" ha empezado a evaporarse, la perspectiva del "fin del mundo" cambia de signo.

premial *adj* De(l) premio [1]. | F. GMercadal *D16* 11.11.87, 4: ¿Por qué tantas dudas sobre nuestro Derecho Premial y distinciones, como el Toisón de Oro o las cuatro órdenes militares?

premiar *(conjug 1a) tr* Dar un premio [1, 2a y 3] [a alguien o algo *(cd)*]. *Referido a acep 3, gralm en constr pasiva.* | *Sáb* 10.9.66, 27: Todos los años Iberia, Líneas Aéreas de España, y la Cadena Ser, convocan la "Operación Plus Ultra" para premiar con un viaje por Italia y España a aquellos niños que se hayan distinguido por sus valores humanos. SRobles *Pról. Teatro 1958* XXVII: Una de las bases de este concurso determina que la obra premiada ha de ser estrenada durante la misma temporada. L. Monje *Abc* 23.12.70, 30: Uno de los hijos tuvo el gesto de dar una participación de diez pesetas a un empleado, después de saber que el número estaba premiado. **b)** Dar un premio [1] [a alguien *(ci)* por algo *(cd)*]. *Frec se omite el ci.* | Gilera *Abc* 22.9.74, 63: La sentencia de los jueces dando campeón del mundo al español fue justa, porque premió la calidad superior de nuestro campeón.

premidera *f (Tex)* Cárcola. | Azorín *Agenda* 1338: Monóvar, que en tiempos había sido industrial –con la premidera, con el telar–, hubo de derivar nuevamente a la industria.

premier *(ing; pronunc corriente, /premiér/) m y f* Primer ministro. *Normalmente referido a Gran Bretaña y países de la Commonwealth.* | *Mun* 23.5.70, 28: Menudo, casi huraño, enorme trabajador, el premier británico.[Harold Wilson] nació el 11 de marzo de 1916. I. Carrión *Abc* 15.4.82, 13: Terminó la "premier" su intervención .. refiriéndose al papel que le ha tocado ahora desempeñar a la Gran Bretaña. *VNu* 28.12.74, 19: La generación de los padres fundadores ha dado paso a otra generación nacida en Israel, los "sabras", representada en el nuevo "premier" Isaac Rabin.

première *(fr; pronunc corriente, /premiér/) f* Estreno, esp. solemne [de una obra teatral o cinematográfica]. *Tb fig.* | *ByN* 31.12.66, 90: Se festejaba el estreno de una revista .. En esta ocasión la "première" se ha celebrado bajo el deslumbrante signo del oro y la plata. *Abc* 21.5.67, 11: Todos los países de potente industria avanzada concurren a la gran "première" con sus modelos último grito. [*Salón Internacional de la Aeronáutica.*]

premio *m* **1** Cosa que se da a alguien como reconocimiento de sus cualidades o acciones. | SLuis *Doctrina* 64: El honor, la riqueza, el placer son premio insuficiente para la virtud heroica. Y no siempre se conceden a los mejores. **b) ~ extraordinario.** Calificación máxima que se obtiene en determinados grados académicos, previa selección especial. | Pemán *MHi* 7,68, 11: Los hispano-americanos son como unos "niños terribles" frente a unos niños modositos del Norte, con sobresaliente y premio extraordinario.
2 Cosa que se da a la pers. o cosa ganadora de un concurso o competición. | Repollés *Deportes* 184: Prueba de los tres días .. Se adjudicó el premio .. el francés Jean-Jacques Guyon. SRobles *Pról. Teatro 1958* XXVII: Fue estrenada *La galera*, .. obra que obtuvo el Premio Lope de Vega 1957. **b)** *Frec forma parte de la denominación de determinados concursos.* | Repollés *Deportes* 184: Gran premio olímpico de adiestramiento (individual). En la Olimpíada de México, resultó vencedor el ruso Iván Kizimov. Delibes *Cazador* 99: De casualidad oí decir esta mañana al de Historia Natural que le han nombrado jurado para los premios de San Antón. **c)** Pers. o cosa que ha obtenido un premio [2a]. | J. Salas *Abc* 14.5.70, 51: Trazó un acabado y brillante diseño histórico de la Casa de Alba, .. así como del actual titular de dicho nombre, y del profesor Pabón, catedrático de la Universidad de Madrid, Premio Nacional de Literatura y autor de numerosos libros.
3 Cosa que se da al agraciado en un juego de azar, lotería o apuestas. | *Inf* 4.1.72, 28: Quinielas .. Los premios se han repartido de una forma que ha contentado a muchas personas a la vez.
4 *(Econ)* Aumento de valor de una moneda. | FReguera-March *España* 151: Nuestra peseta disfruta de premio sobre todas las divisas extranjeras. El 2 por 100 sobre la paridad de la libra esterlina y el franco francés; el 6 por 100 sobre los francos suizos. HSBarba *HEspaña* 4, 311: Las monedas de metales finos llegaron a adquirir, por su escasez, un premio o supervalor de 3 por 100 para la plata y 7 por 100 para el oro.

premiosamente *adv* De manera premiosa. | MPrieto *Inf* 13.6.74, 16: Ahora resulta que la permisividad administrativa les remite [a los periodistas] directa y premiosamente al T.O.P.

premiosidad *f* Cualidad de premioso. | Xandro *Mar* 23.11.70, 23: Yendo al [marcaje] individual en los momentos en que convenía mantener la ventaja en el marcador por premiosidad de tiempo.

premioso -sa *adj* **1** Que se mueve con dificultad por estar muy ajustado. | * Este cerrojo va muy premioso.
2 [Pers.] que actúa o se expresa con lentitud y falta de soltura. | L. I. Parada *Abc* 6.7.91, 75: Han llegado a los puestos de máxima responsabilidad ejecutiva .. Son lentos, premiosos, maniobreros. **b)** [Cosa, esp. lenguaje o expresión] falta de fluidez o soltura. | F. Martino *Ya* 13.3.75, 37: La palabra es premiosa, monocorde y con pausas. S. Millet *Van* 9.5.78, 5: Pongo como ejemplo de su éxito en vencer la timidez su brillante y aguda intervención de réplica en las Cortes, en contraste con su propio discurso escrito, que había sido premioso y vulgar. **c)** *(raro)* Cohibido o embarazado. | *Tri* 12.12.70, 28: A nosotros, como no nos dejan eso del sexo, pues resulta que, claro, hacemos barbaridades y disparates, porque estamos siempre premiosos y contenidos.
3 *(raro)* Que urge o apremia. | * Lo premioso del tiempo nos impidió ir a verte.

premisa *f* **1** *(Filos)* En un silogismo: Proposición de las dos que sirven para inferir la conclusión. | Gambra *Filosofía* 53: En las premisas se comparan dos de los términos con el tercero. **b) ~ mayor, ~ menor** → MAYOR, MENOR.
2 Base o fundamento de un razonamiento o discusión. | PRivera *Discursos* 9: Voy a ver si procuro situaros con claridad en un momento político bastante difícil de explicar; al menos voy a procurarlo con franqueza sincera y serenamente, porque creo que de estas dos premisas debemos partir para sacar consecuencias constructivas.

premoción *f (Filos) En la escolástica:* Impulso divino previo. | Gambra *Filosofía* 151: El instrumento recibe una premoción física de la causa principal.

premolar *adj (Anat)* [Diente] situado entre los caninos y las muelas. *Más frec n m.* | Nolla *Salud* 73: Según la forma de la corona, los dientes se dividen en incisivos, caninos, premolares y molares. Alvarado *Anatomía* 108: Los premolares de la dentición definitiva tienen dos tubérculos; los molares, cuatro o cinco.

premonición *f* Advertencia de algo futuro, esp. intuida o presentida. | CNavarro *Perros* 63: Había algo de premonición, como una advertencia, o una especie de aviso que le avisaba de cuanto estaba fraguándose para determinar su porvenir.

premonitor -ra *adj* Premonitorio. | L. LSancho *Agromán* 5: Temía, no sin fundamento, que por esta clase muy discutible de visiones se le negara la veracidad premonitora de muchos de sus sueños.

premonitoriamente *adv* De manera premonitoria. | *SAbc* 16.6.74, 18: Parece como si Goya, al pintar su cuadro "El coloso del pánico", .. hubiera anunciado premonitoriamente algunos de los males que aquejan a nuestra época.

premonitorio -ria *adj* **1** De (la) premonición o que la implica. | CBonald *Ágata* 100: Aquellas premonitorias imágenes parecieron activar en el normando los finales péndulos de la voluntad.
2 Precursor o antecedente. | J. C. Arévalo *Tri* 15.7.72, 29: El arte de alancear toros, reglamentado por drásticas normas, como la de matar el toro a pie cuando el caballero es derribado de su montura, con la sola defensa de su espada y del ferreruelo –prenda premonitoria de la muleta– so pena de deshonor, ha perdido el prestigio que tuvo en el siglo XV.

premonstratense → PREMOSTRATENSE.

premoriencia f (Der) Hecho de premorir. | Inf 3.11.70, 40: Debido a la premoriencia de la esposa, no puede producirse la transmisión hereditaria entre ambos.

premoriente adj (Der) Que premuere. Tb n. | Compil. Aragón 584: Se entenderá que hay acuerdo tácito de continuarla si en el término de un año, a contar del fallecimiento del cónyuge premoriente, ninguno de los interesados notifica en forma fehaciente a los restantes su voluntad en contrario.

premorir (conjug 52) intr (Der) Morir [una pers.] antes [que otra (ci)]. | Compil. Cataluña 669: Estas donaciones no quedarán convalidadas cuando el cónyuge donatario premuera al donante.

premortal adj Que precede a la muerte. | VMontalbán Tri 11.4.70, 45: Cuando parecía languidecer en un breve otoño premortal, la canción catalana, de pronto, ha recuperado el habla.

premostratense (tb **premonstratense**) adj De la orden de canónigos regulares fundada por San Norberto (s. XII). Tb n, referido a pers. | Cabezas Madrid 351: Mostenses (Plaza de los) .. El nombre le viene de que se abrió en lo que fue convento de San Norberto, de canónigos premostratenses, fundado en 1611. Cela Judíos 54: Los agustinos calzados estudian las ciencias de la filosofía en el viejo Monte Sacro, el monasterio de premostratenses que levantó el beato Domingo.

premura f **1** Prisa o apresuramiento. | CNavarro Perros 34: Mario sintió todo eso que se siente cuando se es besado sin premura. Diosdado Anillos 2, 27: Arturo se apresura a quitarle, no bruscamente, pero sí con premura, la polvera a su mujer.
2 Escasez [de tiempo]. | ZVicente Balcón 7: Todo el mundo comprueba .. su reloj, recapacita sobre la premura de su tiempo.

premuroso -sa adj Que tiene o muestra premura. | Fam 15.11.70, 28: La mujer también está expuesta al encanto de "otro" más premuroso, más galante, más sensible. Gar 28.7.62, 50: La vida y la educación del recién nacido están rodeadas de las preocupaciones atentas y premurosas de los padres y los dignatarios de la corte.

prenatal adj **1** Que precede al nacimiento. | SInf 25.11.70, 4: Ambos tipos no solo se distinguen por la estructura de sus órganos reproductores, sino por otras muchas diferencias que se manifiestan a lo largo del proceso de formación del individuo, desde el estado prenatal a la adolescencia.
2 Destinado a la mujer embarazada. | Torrente Fragmentos 17: Abacerías, tabernas, mercerías .., boutiques para niño y prenatal [sic].

prenavideño -ña adj Que precede inmediatamente a la Navidad. | V. L. Agudo Ya 9.6.68, sn: En una breve tarde prenavideña del 24 de diciembre de 1818.

prenda I n A f **1** Objeto utilizado con vestido o calzado. | GPavón Hermanas 25: Su hija le compró dos pijamas, prenda que Plinio siempre consideró sospechosa. Sp 19.7.70, 50: Jean Fontaine .. luce una chaqueta de lana, una prenda que se llamó "rebeca". **b)** Objeto de tela o material similar usado en una casa. | Economía 97: Si hay flecos en la parte de abajo de un "stor" [sic] o cortina, anudadlos por grupos antes de lavar la prenda.
2 Cosa que se entrega o compromete como garantía del cumplimiento de una obligación. Frec en la constr EN ~, con vs como DAR, DEJAR, TOMAR o QUEDAR. | Ramírez Derecho 120: La prenda exigía antes, además, que la cosa pignorada se pusiera en posesión del acreedor o de un tercero. Salvador Haragán 34: Pedro tuvo un arranque: Toma la petaca en prenda. GGual Novela 205: Conduce a Calírroe, engañada, a una alquería, donde queda en prenda hasta firmar el contrato de venta. **b)** (Juegos) Objeto personal que el jugador que pierde entrega al que lo dirige, comprometiéndose a hacer lo que este le mande para poder recuperarlo. Frec en pl, designando el juego. | ZVicente Traque 79: Se conoce que jugaban a las prendas en sus tiempos.
3 Cosa que se da o se hace como prueba o señal [de algo]. Gralm en la constr EN ~. | * En prenda de amistad.
4 Pers. de buenas cualidades. Frec con intención irónica. | Berenguer Mundo 132: A nosotros nos preguntan ahora si tú tienes buena conducta. ¿Y qué vamos a decir? ¿Que eres una prenda? **b)** A veces se usa como apelativo cariñoso, dirigido a una mujer o un niño. | DCañabate Paseíllo 36: –M'alegraré de que llegue a ser un buen torero. –Estimando, prenda... Ya lo oyes, Araceli; ¿no dices tú na?
5 Cualidad o atributo [de una pers.]. Más frec en pl. | J. L. VDodero Abc 28.2.58, 3: Don Alfonso era ejemplar típico de caballero español: cristianismo, generosidad, gallardía, valor, serenidad, patriotismo fogoso y legendario. Prendas todas que se fundían en un hombre de acusada singularidad. Cunqueiro Un hombre 235: Ragel la tomó por Flegelón, .. pero descubierto que era mujer, Ragel la pretendió en matrimonio, después de examinadas las íntimas prendas. GPavón Reinado 215: A veces pienso si en el cielo habrá un cercao especial para las prendas masculinas.

B m y f **6** (jerg) Individuo o tipo. | ASantos Bajarse 54: Es un cura .. El otro día me lo encuentro por la escalera y empieza a decir gilipolleces. Le dije que se mudara, y me dice el prenda que el que se tenía que mudar era yo, que huelo mal.

II loc v **7 no doler ~s** [a alguien]. No importar[le] admitir o reconocer algo costoso. | Cano Pap 1.57, 97: Como sé que a los Papeles y a su director no les duelen prendas, permíteme una leve puntualización bibliográfica.
8 pagar ~. En el juego de las prendas [2b]: Entregar [alguien] una prenda o hacer lo que le han mandado como castigo. | * Te toca pagar prenda.
9 soltar ~. (col) Romper [alguien] su actitud reservada o de silencio. Gralm en constr negat. | Lagos Vida 8: A cada propuesta de nombre, el Ambrosio entornaba los ojos y se lo pensaba largamente, pero sin soltar prenda. MGaite Retahílas 204: Pues no suelta prenda .., hemos vivido juntos diez años y de su alma no tengo ni idea.

prendar A tr **1** (lit) Enamorar [a alguien]. | * Su belleza me prendó al instante.
2 (Der) Tomar una prenda [2a] [a alguien (cd)]. | Bermejo Estudios 40: Pueden los fiadores también tomar prendas, y ordenar a otros oficiales la toma de prendas. Para ello se sigue cierto orden: la prenda tomada se entrega al fiador de la collación del prendado, que sale responsable de la prenda.
B intr pr **3** (lit) Enamorarse [de alguien o algo]. | * Se prendó de ella en cuanto la vio. Solís Siglo 532: Doña Catalina quedó prendada de la humilde conformidad de María, de su discreción, del cariño que sentía por Chano.

prendario -ria adj (Der) De (la) prenda [2a]. | J. Prat Ya 18.10.90, 41: El propio Mio Cid acudió a la mixtificación para engañar a los banqueros judíos burgaleses don Raquel y don Vidas y llevarse el oro del préstamo con muy pomposa garantía prendaria.

prendedor A m **1** Instrumento que sirve para prender [1]. | Abc 9.12.64, 96: Oprima el prendedor [del bolígrafo] y la punta quedará fuera y lista para escribir uniformemente. **b)** Esp: Broche o alfiler. | ZVicente Traque 204: La Petronila llevaba una mantillita de Almagro .. y un prendedor en el moño, con una perla.
B m y f **2** (raro) Pers. que prende. | Galache Biografía 55: El alcalde .. se vuelve y dice: "Juan, llama a esos que vienen detrás y veremos cómo nos prenden estos". Ante estas palabras, los prendedores manifiestan su temor y huyen. GCaballero Cabra 33: Una mano femenina me ponía un clavel blanco en mi ojal, que era el ojo de mi chaqueta para unirse a los de mi rostro y contemplar agradecidos los negros de mi prendedora.

prender A tr **1** Enganchar o sujetar. Tb fig. | Delibes Siestas 109: Se aproximó a la muchacha rubia, la prendió por la cintura y la besó en los labios. Matute Memoria 54: Prendió de nuevo la llave de la caja a la cadena de su medalla. Laforet Mujer 217: Cortó una rama de madreselva que desbordaba de un jardín. La prendió en su chaqueta. Olmo Golfos 42: Cuando la mirábamos se quedaba prendida, y era muy fácil darle un beso. **b)** Captar y retener [la atención]. | MGaite Nubosidad 202: Las conversaciones sobre política .. tampoco conseguían prender mi atención. **c)** Captar y retener la atención [de alguien (cd)]. | MGaite Cuento 119: El hecho, pues, de que el cuento le prenda más o menos .. depende en razón directa de la significación afectiva que para él tenga ese narrador concreto.

prendería – prensar

2 Apresar o detener [a alguien]. | Cunqueiro *Un hombre* 24: Supongamos que llega Orestes. Lo prendemos y a la horca.

3 Encender [fuego, luz o algo que arde o ilumina]. *Tb abs*. | Laforet *Mujer* 106: Encendió un cigarrillo y quiso iluminar con el fósforo prendido las facciones de Paulina. Delibes *Parábola* 80: Siente frío, cierra la puerta y prende la chimenea, la lámpara, la estufa y la cocina. Montero *Reina* 227: Tenía la luz eléctrica prendida y ella estaba de pie en mitad de su habitación. Delibes *Hoja* 161: Digo que para ti sola, hija, no hace falta que prendas estos días. No hace frío ya.

4 (*raro*) Adornar o engalanar [a una mujer]. *Gralm el cd es refl*. | Buero *Sueño* 183: Doña Gumersinda, que ha venido muy prendida, aparenta unos treinta y cinco años.

B *intr* **5** Arraigar [una planta] o unirse al patrón [un injerto]. | RIriarte *Adulterio* 319: No han prendido las magnolias en el jardín de nuestra finca de Mallorca.

6 Pasar [algo] a hacer su efecto [en alguien o algo]. *Tb sin compl*. | Puericultura 62: La edad más apropiada para efectuar la vacunación es de los tres a los seis meses, y no antes, porque no prende, como vulgarmente se dice. A. Pezuela *Mun* 12.12.70, 62: Esta dualidad lingüística en los programas de televisión fue una de las atracciones que más prendieron en los visitantes de la Feria de Osaka.

7 Causar fecundación. | Lera *Boda* 654: –Él no tuvo hijos con la otra, ¿verdad? .. –No .. –Puede que ahora prenda, mujer.

8 Encenderse [algo que arde o está destinado a arder]. *Tb pr*. | *Economía* 80: Se enciende el papel directamente para que prenda[n] las astillas, que a su vez hacen prender el carbón. *Pue* 17.10.70, 20: La mujer se encontraba en su casa manipulando con una lata de benzol y, al acercarse al fuego, el líquido prendió, propagándose las llamas a su cuerpo. **b)** Incendiarse [algo no destinado a arder]. *Frec pr*. | Halcón *Ir* 121: El rastrojo prendió y fue lentamente corriendo el fuego hasta el trigo del vecino. * Las ropas se prendieron y ocasionaron la desgracia.

prendería *f* Tienda en que se compran y venden ropas y otros objetos usados. | CBaroja *Judíos* 1, 32: La prendería es .. como el símbolo del ghetto. Lo más exterior de ella es lo menos valioso .. A medida que vamos conociendo interioridades vamos conociendo también mayores riquezas.

prendero -ra *m y f* Pers. que comercia en ropas y otros objetos usados. | Neville *Vida* 354: –¿Quién es? –Doña Tomasita, la prendera. –¿Qué vende ahora?

prendido *m* Adorno, gralm. de flores, que se prende al vestido o tocado femeninos. | F. Montero *Abc* 9.4.67, sn: Las mozas, ataviadas con sus primorosos trajes serranos, adornados con prendidos de rosas, entonan sus cantares.

prendimiento *m* Acción de prender [2]. *Normalmente referido al de Jesucristo*. | Onieva *Prado* 47: Obtuvo una victoria absoluta, con prendimiento del Elector de Sajonia, Juan Federico. G. GCalvo *Ya* 28.3.75, 7: Los africanos representan durante la Semana Santa los distintos pasajes evangélicos concernientes al prendimiento, pasión, muerte y resurrección del Señor.

prenestino -na *adj* De la antigua Preneste, hoy Palestrina (Italia). *Tb n, referido a pers*. | Blanco *His* 6.81, 126: Martinetti estaba plenamente capacitado para dotar de una interesante decoración grabada a una de aquellas cistas prenestinas de bronce .. que tan en boga estaban entre los coleccionistas.

prenoción *f* (*Filos*) Noción previa. | Espinosa *Escuela* 169: Las prenociones son intuitivas y anteriores a las ideas.

prenombrado -da *adj* Precitado. | *Ya* 20.6.89, 2: Considera el abogado que "ningún parlamentario podrá ser detenido sin autorización y permiso expreso del Parlamento prenombrado".

prenotando *m* Preámbulo o preliminar. | *Ya* 15.3.75, 22: Orientaciones pastorales del Episcopado acerca del nuevo ritual de la penitencia .. Este escrito tiene un carácter adjetivo y totalmente dependiente de los prenotandos que con la autoridad de la Santa Sede se publican en el mismo ritual, tanto en su edición latina como en la castellana.

prensa I *f* **1** Máquina para apretar o comprimir, constituida básicamente por dos elementos planos o cilíndricos que se aproximan por distintos procedimientos. *Gralm con un adj o compl especificador*. | Marcos-Martínez *Física* 23: El giro de una puerta, de la manivela de una prensa, .. etcétera, se deben a pares de fuerza. Marcos-Martínez *Física* 66: La prensa hidráulica se emplea para los molinos de aceite. M. Calvo *MHi* 12.70, 12: En la Edad Media, un grupo de "expertos" dicen que discutió si merecía la pena desarrollar la prensa de imprimir inventada por Gutenberg. **b)** *Sin compl, esp*: Prensa de imprenta. | Huarte *Tipografía* 21: La prueba de imprenta es la impresión provisional de un molde tipográfico. Se saca en una prensa generalmente manual. **c)** Taller de imprenta. *Gralm en las constrs* DAR A LA ~, *o* EN ~. | *SAbc* 18.6.78, 10: En los veinticuatro años transcurridos solo han aparecido siete volúmenes, el último de los cuales, dedicado a las Melastomatáceas, está en prensa.

2 Conjunto de (las) publicaciones periódicas. | *Alc* 1.1.55, 3: Este esfuerzo por situar a nuestro periódico en el primer plano de la Prensa nacional. *Inf* 7.9.70, 6: Una sonriente señora Onassis estrecha las manos de gente desconocida, público de Prensa del corazón. **b)** Conjunto de perss. que se dedican a la información en un medio de comunicación. | *Rio* 10.08.88, 41: Aquí, en la feria taurina, está toda la prensa, escrita, radiada y televisiva.

II *loc v* **3 tener buena** (*o* **mala**) ~. Disfrutar de una actitud favorable (o desfavorable) de la prensa [2]. | CPuche *Paralelo* 303: –Menos mal que la prensa salió por nosotros. –Eso sí. Tenéis buena prensa vosotros. **b)** Disfrutar de buena (o mala) opinión en un determinado ambiente. | *Raz* 5/6.89, 372: De su largo trato con las leyes, Beneyto nos dice que "no puede afirmarse que la justicia tiene buena prensa". *Her* 12.9.92, 20: El presidente de la Denominación de Origen Cariñena ha puesto de relieve uno de los males que convergen sobre los vinos de Aragón: la mala prensa que tienen entre los propios aragoneses.

prensada *f* (*reg*) Prensado. | R. Armas *Día* 26.9.75, 13: Los mostos resultantes de la prensada de orujos se echarán al mismo envase.

prensado *m* Acción de prensar. | CBonald *Dos días* 210: El mosto que se saca de los primeros prensados de la uva se va trasegando a las botas. CPuche *Ya* 17.11.63, sn: Primero viene el tamizado, mezcla de arcillas, humedecimiento y prensado.

prensador -ra *adj* Que prensa. *Tb n, m y f, referido a máquina o aparato*. | A. Casado *SPue* 17.10.70, 3: Uvas para el lagar, para las "vigas" que estrujan racimos para las máquinas "destrozadoras", para las prensadoras. En Romero *Hoy* 17.10.75, 8: Al final de noviembre será extraído [el vino] de la madre, que se e[s]trujará con un prensador para pasar a otras tinajas. *GTelefónica N*. 644: Fammic. Fabricación de maquinaria industrial de cocina. Peladoras. Batidoras. Prensadoras de puré. Picadoras de carne.

prensaestopas (*tb* **prensaestopa**) *m* (*Mec*) Cámara anular que se rellena de estopa, algodón y otras fibras y que sirve para evitar los escapes en los cilindros de las máquinas de vapor o similares. | *Abc* 10.10.71, sn: Las empaquetaduras para bombas y válvulas de fibra de teflón PTFE sellan fácilmente, reducen al mínimo el rozamiento y desgaste y no son expulsadas del prensaestopas. *Abc* 11.6.67, 18: Bombas centrífugas .. Rendimiento hidráulico y eléctrico máximo. Sin prensaestopa.

prensaje *m* (*raro*) Prensado. | Pik *Ext* 24.11.70, 14: Maxi-abrigo impermeable en terciopelo de algodón con efectos cambiantes originados por prensaje previo.

prensapurés (*tb* **prensapuré**) *m* Pasapurés. | Bernard *Verduras* 12: Se pasan por el tamiz o prensapurés medio kilógramo [*sic*] de patatas mondadas. *Ama casa* 1972 356: Crema de melocotón. Escurrir unos melocotones en almíbar y pasarlos por el prensapuré para reducirlos a pulpa.

prensar *tr* Apretar o comprimir mediante una prensa [1a] u otro instrumento similar. | Marcos-Martínez *Física* 56: Al prensar una gran masa de paja (empacar), ¿qué es lo que cambia? Arce *Testamento* 72: Tenía .. junto a su casa un lagar para prensar la manzana. Calera *Postres* 21: Elíjanse los higos ..; encima se coloca una madera y unos pesos de modo que resulten bien prensados. **b)** Apretar o comprimir. *Tb fig*. | Aleixandre *Química* 191: La presión atmosférica prensa la capa de lechada, privándole de casi toda el agua. Delibes *Madera* 209: La manera de prensarse la cabeza en-

prensatelas – preoperatorio

tre las manos cuando se encontraba solo, como si fuera a cascarla. Porcel *Des* 12.9.70, 14: A medida que el hombre rechaza los factores instintivos, estos lo persiguen. Se les prensa, reduce, hasta que explotan.

prensatelas *m En una máquina de coser*: Pieza móvil que sujeta la tela. I *Máquina Wertheim* 12: La presión del prensatelas sale regulada de fábrica para trabajos normales.

prensil *adj (CNat)* **1** Que sirve para prender o sujetar. I Bustinza-Mascaró *Ciencias* 183: Tiene [el camaleón] la cola prensil.
2 De (la) prensión. I Pinillos *Mente* 22: Al no tener que utilizar las manos para la marcha e independizarlas funcionalmente de los pies, muchas funciones prensiles que antes estaban vinculadas a las fauces ganaron en precisión y eficacia.

prensión *f (CNat)* Acción de prender o sujetar. I Pinillos *Mente* 62: Las esponjas .. o ciertas flores insectívoras se comportan reflejamente sin que tras sus actos de prensión alimentaria exista propiamente un sistema neuromuscular.

prensista *m y f (Impr)* Pers. que trabaja en una prensa de imprimir. I *Abc* 30.12.65, 112: Primerísima Industria Fotomecánica necesita oficiales 1ª, Fotógrafos, Retocadores, Prensistas.

prensor -ra *adj (Zool)* **1** Prensil. I Navarro *Biología* 300: Poseen .. dedos prensores (aves trepadoras). Ybarra-Cabetas *Ciencias* 314: El papel principal de los tentáculos, sin embargo, es prensor.
2 [Ave] de mandíbula robusta y patas con dos dedos dirigidos hacia atrás. *Frec como n f en pl, designando este taxón zoológico*. I Bustinza-Mascaró *Ciencias* 197: Las aves prensoras. Los loros, cotorras .. son aves exóticas.

prenunciar *(conjug 1a) tr* Anunciar de antemano. I CPuche *Sabor* 208: Acabaremos reconociendo .. que la ley de vida es la mala pasada ..; y acaso todo estaba prenunciado en aquellas lágrimas furtivas de tu madre.

prenuncio *m* Anuncio anticipado. I Camón *Abc* 22.12.74, 3: Para el cristiano cada día es "la víspera del gozo". Porque cada nuevo paso es el prenuncio de un gozo lo mismo aquí que en el más allá.

prenupcial *adj* Anterior al matrimonio. I Laiglesia *Ombligos* 303: Para llegar a un matrimonio feliz, debemos subir paso a paso el calvario prenupcial de las parejas decentes.

preñado -da *adj* **1** *part* → PREÑAR.
2 [Hembra] que va a tener un hijo. *Referido a mujer, es pop o lit; a veces con un compl* DE *que designa al padre. Tb n, referido a mujer*. I CPuche *Paralelo* 164: La Ceci no por eso le miraba con mejores ojos .. Para colmo ahora parecía que estaba preñada otra vez. Moix *Peso* 141: Cierto día llegó al barrio una payesa con aires de marimorena y ganas de armarla. Aseguraba estar preñada de papá.
3 Que contiene algo en su interior. I *Asturias* 88: El asturiano continúa comiendo .. el bollo preñado. **b)** *(lit)* Lleno o cargado [de algo]. I Cuevas *Finca* 201: Las nubes pasan mucho más bajas y se las distingue si son huecas o van preñadas de agua. Chamorro *Sin raíces* 33: Agustín, estamos seguros, soñaría en salir fuera de aquel lugar, preñado de recuerdos hirientes.
4 Abultado o abombado. *Dicho esp de pared*. I Delibes *Mundos* 153: En Tenerife es muy difícil encontrar esas paredes preñadas, a punto de resquebrajarse, tan frecuentes en otros lugares de la Península.

preñar *tr* **1** Fecundar [a una hembra]. *Referido a mujer, es pop o lit*. I Moreno *Galería* 66: A partir de aquella fecha en que las ovejas eran preñadas, podía esperarse la fecha en que la paridera tendría lugar. Cela *SCamilo* 28: Cuando llegó del pueblo la preñaron, y las pasó canutas hasta que pudo abortar. **b)** *pr* Quedar fecundada [una hembra]. *Referido a mujer, es pop*. I Sampedro *Sonrisa* 271: Pienso que esas cabras ahora malparen siempre o no se preñan. Alós *Hogueras* 235: Al mes de nacer Eusebiete mi madre se preñó.
2 *(lit)* Llenar. I GPavón *Reinado* 188: Apenas pisó la umbrosa escalera de tierra sintió el fresco vivificador y el aroma del vino del año que preñaba aquella atmósfera. **b)** *pr* Llenarse. I L. Llagostera *Gar* 29.9.62, 56: Los ojos, ya borrosos de por sí, se volvieron más al preñarse de lágrimas.

preñez *f* **1** Estado de preñada [2]. I Ramírez *Derecho* 98: Solo en el caso de que el marido hubiera reconocido en documento público o privado la certeza de la preñez de su esposa, queda esta dispensada de dar aquel aviso. Cuevas *Finca* 24: Se compensaba aquello con la buenaventura de la preñez de las yeguas.
2 Abultamiento o abombamiento. I Acquaroni *Abc* 29.7.67, 11: Bajo los pilares de los puentes, en la preñez de los terraplenes serán encontradas sus osamentas por los arqueólogos de dentro de mil años.

preocupación *f* **1** Hecho de preocupar(se). I Benet *Nunca* 13: Jamás asomó por su cara la menor preocupación ni el menor interés por el resultado del examen.
2 Cosa que preocupa [1]. I Laforet *Mujer* 91: Le gustaba ver vivir a aquella pareja de jóvenes para los que no parecían existir las preocupaciones.

preocupadamente *adv* De manera preocupada [3]. I *Hoy* 29.6.76, 1: Eanes, preocupadamente vencedor. A pesar de haber obtenido más del 60 por 100 de los votos en las elecciones presidenciales de la República Portuguesa, Ramalho Eanes no se encuentra satisfecho plenamente.

preocupado -da *adj* **1** *part* → PREOCUPAR.
2 [Pers.] que se preocupa [3 y 4]. I A. Zunzarren *Mad* 10.9.70, 17: Tú has hecho de Maribel una persona educada, cariñosa, sensible, preocupada, alegre.
3 [Cosa] que expresa o denota preocupación [1]. I Cela *Pirineo* 193: Por el camino cruza, con gesto preocupado y socorredor, un mozo que abriga bajo el jersey a un gato jalde y enfermo.

preocupador -ra *adj (raro)* Que preocupa [1 y 2]. *Tb n, referido a pers*. I Cela *SCamilo* 33: Silverio Lanza .. escribe unas palabras muy preocupadoras. Gala *SPaís* 25.3.79, 5: Los preocupados son el porvenir de los preocupadores.

preocupante *adj* Que preocupa [1]. I CBonald *Ágata* 126: No percibió ningún síntoma preocupante en ese encuentro posiblemente fortuito.

preocupantemente *adv* De manera preocupante. I L. Romasanta *Ya* 21.12.91, 4: Ahondándose preocupantemente, en los últimos tres años, el abismo de la discrecionalidad del gestor.

preocupar A *tr* **1** Ocupar [alguien o algo] insistentemente el pensamiento [de una pers. *(cd)*] causándo[le] desasosiego o temor. I *Hoy* 26.1.75, 9: El que la comida para los perros suba de precio no le preocupa a la señora Gayle Carpenter. Laforet *Mujer* 88: Dicen que a ellos no les pasa nada aun en el caso de que entren aquí las tropas facciosas. A mí me preocupa.
2 Hacer que [alguien *(cd)*] se preocupe [3]. I Medio *Bibiana* 14: Marcelo Prats .. pensó, en principio, que no debía preocupar a Bibiana con sus sospechas.
B *intr pr* **3** Sentir desasosiego o temor [por alguien o algo *(compl* POR, DE *o* CON*)]*. *A veces se omite el compl, por consabido*. I *SHoy* 27.9.74, 3: Gracias a ellos puedo hacer entrenamientos y no preocuparme del precio de los cartuchos. Goytisolo *Afueras* 18: No se preocupe. Verá como todo se arregla.
4 Dedicar [alguien] su atención [a una pers. o cosa *(compl* DE *o* POR*)*]. I Rábade-Benavente *Filosofía* 229: La religión .. se preocupa por el más allá, por Dios; la moral se preocupa del hombre, del aquende.

preolímpico -ca *adj (Dep)* [Prueba] de selección previa a los juegos olímpicos. *Tb n m, referido a torneo*. I *Inf* 20.8.60, 10: España, en primer lugar del Torneo Preolímpico de Baloncesto. *Ya* 5.7.88, 31: Baloncesto: Preolímpico de Holanda. **b)** Que participa en las pruebas preolímpicas. *Tb n, referido a pers*. I *DCu* 16.8.64, 7: Conforme estaba previsto, el preolímpico J. A. Rodríguez, vencedor absoluto en La Toba.

preoperatorio -ria *adj (Med)* Inmediatamente anterior a una operación quirúrgica. *Tb n m, referido a período*. I *Abc* 15.4.73, 62: El tema general de las jornadas será la normalización de la técnica de la osteosíntesis y las condiciones asépticas pre o posoperatorias. E. DRubio *TMé* 24.12.82, 6: La radioterapia preoperatoria se mostró eficaz en el trabajo de Quan. *SPaís* 30.5.93, 100 (A): Tratamientos en el preoperatorio y posoperatorio de intervenciones de cirugía estética.

preopinante *adj* [Pers.] que, en una discusión, ha manifestado su opinión con anterioridad. *Tb n.* | M. Daranas *Abc* 30.5.58, sn: El profesor Barthélemy opuso al proyecto, en las columnas de "Le Temps", algunos reparos técnicos, los cuales refutó el preopinante.

prepaladar *m (Fon)* Parte anterior del paladar. | Academia *Esbozo* 16: Son órganos pasivos: el labio superior, .. el paladar (prepaladar, paladar, postpaladar) y el velo del paladar.

prepalatal *adj (Fon)* **1** [Articulación o sonido] que se realiza acercando el dorso de la lengua a la parte anterior del paladar. *Tb n f, referido a consonante.* | Cantera *Enseñanza* 29: En el mismo campo de las fricativas están las consonantes prepalatales ʃ y ʒ, sorda y sonora respectivamente.
2 De(l) prepaladar. | Alarcos *Fonología* 234: La realización de /tj/ no pasaría más atrás de la región prepalatal.

preparación *f* **1** Acción de preparar(se). *Tb su efecto.* | *Hacerlo* 73: Pintar es relativamente fácil. Lo importante y algo más complicado es la preparación a que deben someterse previamente las paredes y puertas. Escrivá *Conversaciones* 144: El camino .. es formar hombres y mujeres capaces de conseguir una buena preparación. **b)** *(Rel jud)* Víspera o día de preparación [de una festividad]. | Vesga-Fernández *Jesucristo* 146: Era la preparación para la gran solemnidad de la Pascua.
2 Cosa preparada [1b]. | Bernard *Salsas* 10: Se caramelizan levemente en una cacerolita pequeña los 3 terrones de azúcar, mojados con el vinagre. En seguida se añade el vino blanco y el ajo picado. Se reduce y se echa esta preparación en la salsa blanca. **b)** *(Biol)* Porción de tejido u otra sustancia orgánica, preparada para ser observada con el microscopio. | MSantos *Tiempo* 7: Yo miraba por el binocular y la preparación no parecía poder ser entendida.

preparado *m* Cosa compuesta de varios ingredientes y preparada para su utilización o consumo. | Zeda *Ya* 15.10.67, sn: Un preparado farmacéutico de acción digestiva principalmente, que corrige el malestar, los mareos. F. Ramos *Sáb* 3.12.75, 59: No se permitirán matanzas [de cerdos] cuantiosas, en evitación del consumo clandestino de carnes o preparados.

preparador -ra *adj* Que prepara. *Tb n, referido a pers, esp en el ámbito deportivo.* | Tamames *Economía* 110: Esta posición se fortalece aún más .. por su participación en el Consejo de Administración del Instituto de Fomento de la Producción de Fibras Textiles, órgano preparador de todas las disposiciones oficiales sobre el algodón nacional. J. M. HPerpiñá *Zar* 27.1.69, 17: Un preparador, viejo zorro, le rompió la nariz de un puñetazo [a Uzcudun]. *Abc* 24.6.58, 16: Cualquier mancha en su piel desaparecerá a los pocos días de usar Cremagil .. Si aún no lo ha encontrado en su localidad, escriba a los preparadores en España: Laboratorios Arunda, S.L.

preparar *tr* **1** Poner [algo o a alguien] en las condiciones adecuadas [para algo]. *Frec se omite el 2º compl, por consabido.* | W. Delso *TEx* 21.2.75, 13: En el Seminario se nos prepara a los futuros sacerdotes de una manera muy delimitada, para un puesto concreto. Pinilla *Hormigas* 171: –¿Y Berta? .. –Salió antes para prepararse para ir a misa. J. Valdivieso *Ya* 18.5.77, 39: Alfredo Evangelista se preparó concienzudamente y demostró ser capaz de realizar quince asaltos. **b)** Poner [algo] en condiciones de ser utilizado o consumido. | F. Martino *Ya* 24.7.75, 16: Creemos que el mejor modo de combatir el estreñimiento .. es el uso –diario si es preciso– de los enemas ya preparados que se encuentran en las farmacias. **c)** Poner [a alguien] en el estado anímico más conveniente [para algo]. *Tb sin el 2º compl, por consabido.* | * Le estamos preparando antes de darle la noticia. **d)** *Con cd refl, frec se usa en frases de advertencia o amenaza, o como comentario ante algo negativo que se ve como inminente.* | * Si se entera tu padre, te puedes preparar. * –Ha venido el fontanero y ha tenido que cambiar la instalación. –Pues prepárate.
2 Hacer las operaciones necesarias para que [algo *(cd)*] exista o se realice, o lo haga del modo deseado. | J. Carabias *Ya* 7.12.75, 8: Manuelita, enterada de que estaba preparado un golpe para matar a Simón Bolívar, corre de noche al palacio. Rof *Abc* 17.10.71, 3: La llamada telefónica era para pedirle a Reik, en nombre de Freud, que preparase unas páginas en memoria del colega muerto. T. Salinas *MHi* 12.70, 32: Un recuerdo, en la ruta de Francia, del cuartel general que Napoleón allí instaló para preparar su entrada en Madrid, por el pinar de Chamartín. **b)** *pr* Producirse los sucesos necesarios para que [algo *(suj)*] exista o se realice. | * En un momento se prepara una tormenta increíble
3 Modificar [un automóvil o su motor] para que tenga más potencia. | FSantos *Catedrales* 177: Otros .. llegan a prepararlos [los coches], a meterles más agua en la refrigeración, a acelerar la bomba .., total para pisarle más, coger los ciento treinta a base de ir sacando el pie hasta el suelo y palmar contra un árbol.

preparativo -va I *adj* **1** Preparatorio. | M. LMora *Reg* 29.12.70, 7: Se han comenzado ya las actividades preparativas del ambiente.
II *m* **2** Acción con que se prepara [2] [algo *(compl de o* PARA*)*]. *Normalmente en pl.* | *Sp* 21.6.70, 21: Algunos observadores juzgan demasiado lento el ritmo de los preparativos que para tal fin se vienen realizando en los últimos años.

preparatorio -ria *adj* Que sirve para preparar(se). *Tb n m, referido a curso.* | Marlasca *Abc* 27.11.70, 41: Muchos padres de familia a los que gusta el Cuerpo y les agradaría permanecer los seis meses en el centro preparatorio no pueden hacerlo. *ByN* 3.7.76, 99: En Játiva, en un colegio libre, realizó [Maravall] los estudios de bachillerato. Y allí estudió el preparatorio de Derecho, que era entonces el primer curso de Letras.

preponderancia *f* Cualidad de preponderante. | Solís *Ateneo* 15: La falta de una nobleza terrateniente, debido a la escasez de tierras de labor en su contorno, y la preponderancia de su comercio crean esta burguesía.

preponderante *adj* Que prepondera. | R. Castellar *Gac* 11.5.69, 19: Reconozcamos el preponderante papel que ha ejercido el misionero en el despertar del vasto continente.

preponderantemente *adv* De manera preponderante. | FQuintana-Velarde *Política* 28: Las decisiones se adoptan preponderantemente por cierta autoridad, que impone su opinión a los demás.

preponderar *intr* Ser el más importante, influyente o numeroso [en un lugar]. *Frec se omite el compl, por consabido.* | FQuintana-Velarde *Política* 28: En cada país y en determinado momento preponderan una de las tres fuentes para la adopción de las decisiones económicas. GNuño *Escultura* 123: Las formas leoninas y monstruosas preponderaban cerca del litoral. Lapesa *HLengua* 175: También hay castellanismos .., aunque preponderan las formas regionales.

preponer *(conjug* **21***) tr (raro)* Anteponer. | Delibes *Mundos* 118: El chileno distinguido .. no habla de una señora o señorita sin preponer el artículo "la".

preposición *f (Gram)* Palabra invariable que precede a un sustantivo para hacer que funcione como complemento. | Academia *Esbozo* 528: Es frecuente que la preposición se anteponga al artículo y no al relativo.

preposicional *adj (Gram)* De (la) preposición. | Amorós-Mayoral *Lengua* 98: Régimen preposicional.

prepositivo -va *adj (Gram)* De la preposición. | Amorós-Mayoral *Lengua* 97: Existen frases o locuciones prepositivas ..; son dos o más palabras que funcionan como una preposición.

prepósito *m (Rel crist)* En algunas comunidades religiosas: Prelado o superior. | *Inf* 4.5.70, 2: La llegada a España del padre Arrupe, prepósito general de la Compañía de Jesús.

prepóstero -ra *adj (lit, raro)* Contrario a la naturaleza o al sentido común. | Miguel *SD16* 8.11.92, 15: La nueva moda [el "virilismo", reacción contra el feminismo] va a ser efímera. De momento sirve solo para fabricar algunos libros de éxito, lo que a su vez llevará a prepósteros mimetismos.

prepotencia *f* Condición de prepotente. | E. Miguel *DEs* 22.10.76, 3: Lo mismo que un día se desplomó el Imperio Romano .., acabó la prepotencia del Papado, .. lo mismo, repito, puede ocurrir ahora. Oliver *Relatos* 19: Sus súbditos todos, que .. se hacían cruces ante la frailuna prepotencia de su soberano. **b)** Actitud prepotente [2b]. | Escrivá *Conversaciones* 22: Sin timideces ni complejos .. y sin prepotencias clericales que denotarían poco sentido sobrenatural.

prepotente *adj* **1** Superior en poder o influencia. | J. Palau *Des* 12.9.70, 37: No se ha disipado el clima wagneriano, que continúa prepotente.
2 (*desp*) [Pers.] que trata de imponerse mediante la intimidación o la fuerza. | C. B. Runner *SYa* 21.1.90, 13: El acosador se cree importante, es un hombre acomplejado que necesita ponerse a prueba, pero también puede ser prepotente, seguro de que nadie le rechaza. **b)** Propio de la pers. prepotente. | SFerlosio *SPaís* 3.2.85, 17: Una inconsciente necesidad, debida acaso a la más desoladora impotencia cultural, de imponerse a los demás, ya que otra cosa no es posible, mediante el prepotente y agresivo recurso del insulto.

prepuberal *adj* Que precede a la pubertad. | *VAl* 28.1.90, 57: Cuando lo que predomina es una alteración en la posición o el tamaño de los maxilares, es imprescindible instaurar el tratamiento mientras aún existe crecimiento óseo, es decir, en la edad prepuberal .. En esos casos lo ideal es comenzar el tratamiento en torno a los 9 o 10 años.

prepucio *m* (*Anat*) **1** Piel móvil que cubre el extremo del miembro viril. | MSantos *Tiempo* 237: El hombre fálico .. ahí se está paseando orgulloso de su gran prepucio rojo--cefálico, con su pito en la mano.
2 Pliegue mucoso que cubre el clítoris. *Tb* ~ DEL CLÍTORIS. | *Anticonceptivo* 15: Labios menores .. En su parte superior se unen dando lugar al prepucio que rodea al clítoris.

prerrafaelismo *m* (*Pint*) Estilo surgido en Inglaterra en el s. XIX y que se inspira en los artistas anteriores a Rafael de Urbino. | Angulo *Arte* 2, 458: Las tres figuras principales del prerrafaelismo son el propio Rossetti, Hunt y Millais.

prerrafaelista *adj* (*Pint*) **1** [Pintor o pintura] anterior a Rafael de Urbino. *Tb n, referido a pers.* | A. M. Campoy *Abc* 6.6.67, 30: Nuestra idea de los "primitivos" ha cambiado mucho en los últimos tiempos. En el siglo XVIII se entendían como tales a casi todos los artistas prerrafaelistas. Angulo *Arte* 2, 457: Consisten aquellas [las teorías de Rossetti] en volver al arte primitivo e ingenuo de los prerrafaelistas, según él artistas sin convencionalismos y simples imitadores de la Naturaleza.
2 De(l) prerrafaelismo. | Azcárate *HArte* 86: El carácter religioso y místico del movimiento prerrafaelista se muestra .. en la austeridad de las vidas de sus miembros. Torrente *Sombras* 173: Que sus facciones son correctas y muy inglesas, y que su cabello es como una delicada mezcla de oro y ceniza: lo que se dice una estampa prerrafaelista. **b)** Adepto al prerrafaelismo. *Tb n.* | Angulo *Arte* 2, 457: Los prerrafaelistas: Rossetti, Hunt, Millais.

prerrafaelita *adj* (*Pint*) Prerrafaelista [2]. *Tb n.* | R. Saladrigas *Van* 18.6.87, 31: Los últimos años de actividad literaria de quien se había erigido en símbolo del artista en la Inglaterra prerrafaelita. GBiedma *Retrato* 57: Hoy el retrato de Dorian Gray colgaría en el lugar de honor en alguna sala de la Tate Gallery, obra insólita de un artista inglés formado en los prerrafaelitas que se adelantó en bastantes años a los expresionistas alemanes.

prerrenacentista *adj* (*Arte y TLit*) De(l) prerrenacimiento. | Suñén *Manrique* 67: Un aspecto fundamental de las *Coplas* es el de su carácter de reflexión ante la muerte desde la doble –y única en muchos de sus rasgos– perspectiva bajomedieval y prerrenacentista.

prerrenacimiento (*tb con la grafía* **pre-rena-cimiento**) *m* (*Arte y TLit*) Tendencia de la baja Edad Media en que se dan aisladamente algunos caracteres renacentistas. *Tb la época correspondiente.* | Prieto *Lit. española* 2, 49: El período que entendemos por Renacimiento y que de una manera clara se había iniciado en el reinado de los Reyes Católicos y con las cortes literarias del siglo XV, cortes y reinado a los que es equívoco y impreciso considerar como prerrenacimiento. GLópez *Lit. española* 149: Dos épocas pueden señalarse en la evolución de las corrientes renacentistas: el Pre-Renacimiento del siglo XV y el pleno Renacimiento del XVI.

prepotente – presa

prerrequisito *m* Requisito previo. | MMunicio *Biología* 11: Toda discusión de los prerrequisitos psicológicos del lenguaje es, a la vez, una discusión de los mecanismos de inteligencia.

prerrogativa *f* Privilegio o derecho que alguien tiene en razón de su cargo o condición. | Villapún *Iglesia* 17: El Obispo, pues, de Roma es el sucesor de San Pedro, y heredó de él todas las prerrogativas. PRivera *Discursos* 12: Respeto .. a la dignidad del hombre y .. a su prerrogativa como tal hombre de acceder a la cultura. **b)** Privilegio o derecho exclusivo de una autoridad o poder del Estado. | *Leg. contencioso-adm.* 18: La Administración pública necesita actuar en régimen de prerrogativa, haciendo uso del Poder público de que se halla investida.

prerrománico -ca *adj* (*Arte*) [Arte] europeo surgido hacia el s. VI en las antiguas provincias del Imperio Romano de Occidente y que se desarrolla en distintos estilos regionales hasta la aparición del arte románico. | Angulo *Arte* 1, 272: En Italia, la primera etapa del arte prerrománico llega a su máximo florecimiento en los días de Teodorico. **b)** Del arte prerrománico. | Angulo *Arte* 1, 274: Como en las restantes escuelas prerrománicas contemporáneas, los soportes proceden de monumentos romanos.

prerromano -na *adj* (*hist*) Anterior a la conquista y colonización romanas. | *SVozC* 25.7.70, 6: Hay en Clunia dos ciudades. Por una parte, un establecimiento prerromano hispánico que jugó un importante papel en las guerras sertorianas y también contra Roma.

prerrománticamente *adv* (*TLit*) De manera prerromántica. | Aguirre *Aranda* 34: Lloró su desgracia, muy prerrománticamente, en la *Égloga entre Dalmiro y Ortelio*.

prerromanticismo *m* (*TLit*) Tendencia, dentro del clasicismo, en que se dan aisladamente algunos caracteres románticos, esp. el sentimentalismo. *Tb la época correspondiente.* | DPlaja *Literatura* 344: En los versos de Cienfuegos, .. encontramos casi todos los temas del prerromanticismo. ILaguna *Ateneo* 37: Se halla, pues, culturalmente en el prerromanticismo.

prerromántico -ca *adj* (*TLit*) De(l) prerromanticismo. | Valverde *Literatura* 180: La fase propiamente neoclásica solo tiene un verdadero poeta, y aun ello por virtud de una leve sensibilidad prerromántica: Juan Meléndez Valdés. **b)** Adepto al prerromanticismo. *Tb n.* | DPlaja *Literatura* 345: Es tal el entusiasmo y la vehemencia de algunas de sus odas .. que bastan a caracterizarle como poeta prerromántico.

prerrotuliano -na *adj* (*Anat*) Situado delante de la rótula. | Alvarado *Anatomía* 56: Bolsas serosas prerrotulianas.

presa I *f* **1** Acción de prender. *Normalmente con el v* HACER *y un compl* EN. | Canilleros *Abc* 9.4.67, sn: Se dedicaron a guerrear en propio beneficio contra cristianos y moros, haciendo presa en sus ganados. **b)** (*Mar*) Captura de un buque. *Tb el mismo buque capturado.* | A. Ulibarri *Tri* 15.7.72, 14: Las condiciones de legalidad del bloqueo son l[a]s siguientes: 1) Declaración de hostilidades .. 5) Con procedimiento de presa para el buque capturado "in fraganti". Faner *Flor* 98: Diodor navegaba en la goleta de su propiedad, que había registrado con el nombre de *Estela*. Efectuaron dos salidas y lograron nueve presas.
2 Acción con que el luchador inmoviliza al contrario. | A. M. Calera *Agromán* 20: Ofrece [el judo] la ventaja de ser un deporte muy completo, por la serie de golpes, presas, zancadillas, etc., de que consta.
3 Construcción hecha en una corriente de agua a fin de retenerla para su ulterior aprovechamiento. | Arce *Testamento* 16: Me pareció estar viendo aquel remanso del río, más arriba de la presa del molino.
4 Acequia o zanja para regar. | Llamazares *Río* 28: –¡Quia! –exclama el viejo, mirando el puentecillo de piedra que vadea la presa cerca de ellos, al lado de los árboles–. Ese puente es mucho más antiguo.
5 Animal que es o puede ser cazado, esp. por otro animal. *Tb fig, referido a pers.* | Castellanos *Animales* 57: Las uñas le sirven al gato para cazar y retener a sus presas. Legoburu-Barrutia *Ciencias* 208: Tienen [las aves] el pico y las ga-

presagiador – prescriptivo

rras muy fuertes, curvas, aceradas, para coger y desgarrar sus presas. DPlaja *El español* 145: Una mujer que ha estado con un hombre es ya presa fácil.
6 (*lit*) Pers. dominada [por una emoción (*compl* DE)]. *Como predicat o como aposición explicativa*. | Alfonso *Caso* 14.11.70, 7: Leocadio, presa de gran furor, sacó de nuevo la navaja.
7 Tajada o porción pequeña de una cosa comestible, esp. carne. | GPavón *Reinado* 103: Con la jarra de vino a tiro de brazo y las presas de perdiz entre los dedos churretosos, ya tenían otro semblante. GMacías *Hoy Extra* 12.75, 21: El buche está formado por el estómago o vejiga del cerdo, que se llena de presas guisadas y se conservan admirablemente para su utilización.
II *loc adj* **8 de ~.** [Perro] dogo. | * En la finca tiene un hermoso perro de presa.
9 de ~. (*raro*) [Ave] rapaz. | * El halcón es un ave de presa.

presagiador -ra *adj* (*raro*) Que presagia. | JMartos *Ya* 26.3.83, 35: Su arrebatado misticismo, lleno de signos presagiadores, la mantuvo en esa frontera, tan imprecisa, del ser anhelante que escruta el infinito.

presagiar (*conjug* **1a**) *tr* **1** Ser [una cosa] presagio [de algo (*cd*)]. | Lapesa *Ayala* 50: La muerte de los tres perrillos ¿no presagia las muertes perras que sufrirán el necio ministro pateador, Tadeo y doña Concha?
2 Anunciar o prever [alguien algo futuro]. | *Sp* 19.7.70, 51: Su silencio discográfico no hacía presagiar nada bueno.

presagio *m* Señal o anuncio de algo futuro. | Tejedor *Arte* 50: Tenían en cuenta los auspicios o respuestas de las divinidades y los presagios o señales, tales como las entrañas de los animales sacrificados o el canto y el vuelo de las aves. Laiglesia *Tachado* 36: Los trenes cruzaban Europa como fantasmas, lanzando silbidos lastimeros en las noches cargadas de presagios.

presantificado. misa de los ~s → MISA.

presbicia *f* Defecto óptico por el que se perciben confusamente los objetos próximos, debido a pérdida de elasticidad del cristalino y propio de perss. de edad media o avanzada. | Bustinza-Mascaró *Ciencias* 82: La presbicia, o vista cansada, propia de los ancianos, se manifiesta porque el punto próximo se aleja.

présbita *adj* Que padece presbicia. *Tb n, referido a pers*. | Kurtz *Lado* 31: Era muy présbita. S. LTorre *Abc* 22.2.62, 31: Argel miraba con ojos miopes lo que París veía con ojos présbitas. Alvarado *Anatomía* 89: Los présbitas ven bien de lejos.

presbiterado *m* (*Rel catól*) Orden de presbítero. | SLuis *Doctrina* 152: Estas Órdenes mayores son: El Subdiaconado .. El Diaconado .. El Presbiterado.

presbiteral *adj* (*Rel catól*) De(l) presbítero o de (los) presbíteros. | M. LMora *Reg* 29.12.70, 7: El Consejo presbiteral ha vivido durante el año tres sesiones plenarias.

presbiteriado *m* (*Rel catól*) Presbiterado. | Villapún *Iglesia* 105: Habiendo recibido las Órdenes Sagradas, pero no el presbiteriado, por humildad, predicó la verdad del cristianismo.

presbiterial *adj* (*Rel catól*) Presbiteral. | J. L. Torres *Inf* 30.10.70, 10: Su presencia [del Papa] entre los sacerdotes de su diócesis reunidos en congreso presbiterial puede ser considerada una gran noticia.

presbiterianismo *m* (*Rel crist*) Doctrina protestante derivada del calvinismo, que no reconoce la autoridad episcopal. | Vicens *Polis* 372: Jacobo I halló graves problemas ante sí. Primero, el de la colaboración de Inglaterra y Escocia .. Segundo, el de la dirección del mecanismo político estatal .. En tercer lugar, la cuestión religiosa, agravada por el desarrollo del presbiterianismo escocés y el puritanismo inglés.

presbiteriano -na *adj* (*Rel crist*) De(l) presbiterianismo. | Torrente *Fragmentos* 88: Cantarán los coros innumerables acogidos a los pórticos antiguos: el de la catedral presbiteriana .. y el de la catedral católica. J. A. Sobrino *SYa* 16.11.73, 4: Este movimiento pentecostal había comenzado a manifestarse ya en otras iglesias cristianas tradicionales, como son la luterana, presbiteriana y episcopaliana.
b) Adepto al presbiterianismo. *Tb n*. | *Sp* 19.7.70, 40: El 66 por ciento de sus habitantes son protestantes (en su mayoría presbiterianos).

presbiterio *m* **1** *En una iglesia*: Zona correspondiente al altar mayor. | CNavarro *Perros* 133: La gente era escasa: un par de mujeres arrodilladas en unos reclinatorios situados a orillas del presbiterio.
2 Conjunto de los presbíteros sometidos a la autoridad de un obispo. | *Ecc* 16.11.63, 28: El obispo .. debe ser ayudado por sus colaboradores natos, su "presbiterio". Escrivá *Conversaciones* 27: La misión canónica, que le confiere [al presbítero] un ministerio determinado dentro de la unidad del Presbiterio, cuya cabeza es el Obispo.

presbítero *m* (*Rel catól*) Hombre que ha recibido las órdenes sagradas que le permiten celebrar misa. | Escrivá *Conversaciones* 27: El Presbítero depende de su Ordinario.

presciencia *f* Conocimiento o intuición del futuro. | L. MDomínguez *Inf* 15.3.76, 18: Hay analogías entre política y ajedrez. Ambos juegos requieren perspicacia y, sobre todo, presciencia.

presciente *adj* Que tiene presciencia. | FReguera-March *Boda* 196: Él es como Dios. Un Dios presciente e implacable. L. MDomínguez *Inf* 15.3.76, 18: Son [los anglosajones] esencialmente prescientes: condición valiosísima.

prescindencia *f* (*raro*) Acción de prescindir. | GAlvarez *Filosofía* 2, 281: Desde esa ruptura hasta la prescindencia o el abandono de uno de los elementos no hay más que un paso. Miguel *D16* 6.8.89, 4: En verano quizá se lean menos periódicos .., pero los papeles se leen con mayor detención, con cierta prescindencia, incluso, de la fecha del diario.

prescindible *adj* [Pers. o cosa] de la que se puede prescindir. | CBonald *Casa* 248: Tío Alfonso María fue haciéndose poco a poco más prescindible, y llegó un momento en que solo requerían sus servicios para cuestiones de selección y corrección de mostos.

prescindir *intr* Dejar de utilizar o de tener en cuenta [a una pers. o cosa (*compl* DE)] o renunciar [a ellas (*compl* DE)]. | Goytisolo *Afueras* 96: Si piensas menos en mujeres no es por eso, sino porque ahora siempre las tienes a mano. Y cuando uno las tiene a mano le parece muy fácil prescindir de ellas. *Caso* 26.12.70, 8: Si por cualquier causa hubiera que prescindir del presidente o del vocal ponente, el Consejo tendría que volver a empezar. * Prescinde de detalles, por favor.

prescribir (*conjug* **46**) **A** *tr* **1** Ordenar o mandar [algo (*cd*) alguien, esp. un médico, o una norma (*suj*)]. | *Inf* 24.7.70, 10: Era el primer director de periódico nombrado según lo prescrito en la ley de Prensa e Imprenta. Ribera *Misal* 1476: Aténganse los fieles a lo que prescriba el Obispo de su propia Diócesis.
B *intr* **2** Dejar de tener valor o efectividad [un derecho, una obligación o una responsabilidad]. | Diosdado *Anillos* 2, 175: Si es del 73, tiene que haber prescrito. [*Una deuda tributaria.*] *Naipes extranjeros* 42: Las irregularidades prescriben en el momento de terminar su jugada el jugador siguiente al que cometió la irregularidad.

prescripción *f* **1** Acción de prescribir. *Tb su efecto*. | Bustinza-Mascaró *Ciencias* 100: No debe aplicarse la penicilina sin prescripción médica. Villapún *Iglesia* 23: Se distinguió por sus predicaciones entre los gentiles, y los que libró de la carga de las prescripciones de la Ley. Pemán *Gac* 11.5.69, 21: Los propios actos de los gobernantes –levantamiento de la excepción antes de plazo; prescripción de los delitos provenientes de [la] revolución o la guerra– tienen un aire de rayón, de finiquito.
2 (*Der*) Modo de adquirir dominio u otros derechos reales o de extinguirse derechos u obligaciones, por transcurrir el tiempo establecido por la ley. | Ramírez *Derecho* 64: Los modos normales de adquirir la propiedad se reducen a la Ley, a la donación, a la sucesión .., a ciertos contratos, como la compraventa, y a la llamada prescripción.

prescriptivo -va *adj* De (la) prescripción [1] o que la implica. | *Reforma* 68: Los "Proyectos Curriculares" .. tienen más bien una función ilustrativa y ejemplificadora, carecen de valor prescriptivo y están fuera del ámbito de la ordenación educativa en sentido estricto.

prescriptor -ra *adj* Que prescribe [1]. *Tb n, referido a pers.* | G. PArmiñán *Ya* 20.4.75, 8: Los restantes protagonistas, distribuidores, dispensadores, prescriptores y consumidores (es decir, almacenistas, farmacéuticos, médicos y enfermos), no pasan de ser fuerzas intermedias.

presea *f (lit)* Joya u objeto precioso. | GNuño *Madrid* 34: El oratorio se ha podido alhajar con las preseas de Sor Marcela que guardaban las Trinitarias. Lapesa *HLengua* 96: En los inventarios eclesiásticos aparecen citas numerosísimas de enseres, telas, joyas y preseas venidas del Sur.

preselección *f* Primera selección, cuyo resultado ha de ser sometido a una selección definitiva. | *HLM* 26.10.70, 34: El sábado .. comenzará en el edificio central de esta institución .. el sorteo de preselección de números relativos al anunciado reparto de cuatro pisos. **b)** Selección previa. | *País* 18.3.87, 25: Taladradora a percusión .. Preselección electrónica del par de giro.

preseleccionar *tr* Elegir [a alguien o algo] en preselección. | R. Melcón *Alc* 31.10.62, 23: Y hubo, bastantes, quienes opinaron que por qué se había preseleccionado a Jones. *Ya* 15.4.64, 28: Tenis. Preseleccionados para el equipo de España.

presencia I *f* **1** Hecho de estar presente [1]. | GPavón *Hermanas* 37: En el comedor y el recibidor no faltaba algún tomellosero o familias enteras que se turnaban para que aquel hotel soleroso no perdiera tan constante presencia. *Inf* 1.7.70, 5: Crisis interna de los Estados Unidos tras quince años de presencia en el sudeste asiático. V. Gállego *ByN* 31.12.66, 47: Resultó insostenible la presencia en la cancillería del profesor Erhard .. Bonn ha tenido que formar otro Gobierno.
2 Apariencia o aspecto físico. *Frec con los adjs* BUENA (*o* MALA), MUCHA (*o* POCA). | *VerA* 16.3.75, 5: Si: tiene don de gentes. Buena presencia. Posee vehículo .. Acuda el día 17 de marzo .. a una entrevista personal. **b)** Buena apariencia. | DPlaja *El español* 33: Todo bandido es aceptado si tiene prestancia, presencia. **c)** Apariencia que denota alta categoría. | GPavón *Reinado* 215: Cada uno a lo suyo, a lo que le da presencia y orgullo en la vida.
3 ~ de ánimo. Serenidad. | Benet *Nunca* 14: Atribulados padres que procuraban conservar la presencia de ánimo.
II *loc adv* **4 a (la) ~,** *o* **ante la ~,** [de alguien]. Al lugar en que [esa pers. (*compl de posesión*)] está presente. *Con vs como* IR, LLEVAR (*o* TRAER. | J. Balansó *SAbc* 4.10.70, 27: Enojado por las graves pérdidas sufridas por el ejército judío, el emperador Calígula mandó acudir al esposo de Herodías ante su presencia. Ribera *Misal* 1479: Oh, Señor, presentamos nuestras culpas ante vuestra presencia.
5 en (*o, raro,* **a**) **~** [de alguien o algo]. Estando presente [esa pers. o cosa (*compl de posesión*)]. | Marcos-Martínez *Física* 264: Esta reacción ha de verificarse en presencia de un catalizador. Onieva *Prado* 198: *Combate de mujeres*, en que dos bravías luchan a presencia de soldados expectantes.
6 en ~. (*raro*) Enfrente. *Frec adj, referido a fuerzas enfrentadas.* | *País* 2.12.76, 9: El Partido Comunista considera que [en] la experiencia pluripartidista y democrática del Frente Popular .. hay un antecedente que no podría copiarse mecánicamente, puesto que los tiempos y las fuerzas en presencia han cambiado.

presencial *adj* De (la) presencia [1] o que la implica. | CNavarro *Perros* 28: Un transeúnte, un inquilino .. podía constituirse en testigo presencial. Bueno *Tri* 26.12.70, 10: Una de las características del "pensamiento español" de 1970 ha consistido en su propensión a realizarse en marcos "presenciales" .. Y, en cualquier caso, como presencial es preciso considerar, en la labor diaria de las clases impartidas por muchos profesores.

presencialidad *f* Cualidad de presencial. | J. A. Sobrino *Ya* 19.1.75, 20: Su documentación es lo suficientemente genuina y moderna para estar informado tanto de la historia como de la presencialidad posconciliar de los jesuitas. SFerlosio *Ensayos* 1, 33: Tendía a sacrificar su presencialidad [de los personajes], que es específica del género teatral.

presencializar *tr* Dar presencia [a alguien o algo (*cd*)] o hacer[lo] presente. | Á. MSarmiento *Sev* 1.11.75, 7: A él echa el profeta la culpa de la depravación moral del pueblo y de la ausencia de Dios, ya que, como clero, tenía la misión de presencializarlo entre los hombres. **b)** *pr* Cobrar presencia o hacerse presente [alguien o algo]. | A. C. Barrios *SInf* 26.1.78, 1: Fragilidad del tiempo devorador que se presencializa en rostros brumosos.

presenciar (*conjug* **1a**) *tr* Ver [un hecho o un espectáculo], hallándose presente mientras tiene lugar. | CNavarro *Perros* 94: El camarero .. presenciaba la escena sonriente. **b)** Ver [un hecho o un espectáculo]. | *Cam* 9.2.76, 78: Los españoles estuvieron a punto de no poder presenciar y escuchar en directo el discurso del presidente de Gobierno, Carlos Arias Navarro, pronunciado en las Cortes el pasado 28 de enero.

presentable *adj* Que puede ser presentado. | * ¿Crees que mi libro es presentable como mérito? **b)** Que tiene aspecto o calidad aceptables. *Frec se usa como atenuación, esp refiriéndose a buena presencia.* | Laforet *Mujer* 323: Trataré de dormir todo el día .. Quizá así pueda estar presentable esta noche. *VNu* 18.12.71, 5: Los cambios externos a la vista están: un mejor papel que hace más presentable nuestra revista. **c)** Aceptable. | G. Elorriaga *Abc* 6.6.75, sn: Estamos convencidos de que el sentimiento democrático es la única moral social presentable en nuestra época.

presentación *f* Acción de presentar(se). | *Abc* 7.11.76, 49: Presentación del presupuesto. El ministro de Hacienda, don Eduardo Carriles, presentará a los medios de comunicación el presupuesto general del Estado. SSolís *Blanca* 8: ¿Ya había sido entonces tu presentación en sociedad? **b)** (*hoy raro*) Prerrogativa del Jefe del Estado, vigente hasta la década de 1970, por la que podía proponer los candidatos entre los que el Papa había de designar un nuevo prelado. *Tb* DERECHO DE ~. | Mercader-DOrtiz *HEspaña* 4, 222: Control del personal eclesiástico, lo cual se conseguía por el derecho de presentación de los prelados y otras altas dignidades. **c)** Manera de presentar(se). | Cunqueiro *Un hombre* 20: ¡Estos pequeños cuidan muy mucho la presentación!

presentado -da *adj* **1** *part* → PRESENTAR.
2 bien ~. [Pers. o cosa] cuidada o arreglada con esmero. *Gralm con el v* IR. *Tb, raro, simplemente* ~. | DPlaja *El español* 118: El español es generoso .. con sus hijos, .. a quienes permite proseguir sus estudios mientras él se multiplica trabajando para que puedan ir bien presentados. FReguera *Bienaventurados* 132: Él trabaja en una oficina. Tiene que ir presentado.
3 bien ~. [Pers. o animal, esp. toro] de buena presencia. | Torrente *Filomeno* 119: Una noche, al entrar en el comedor, advertí la presencia de un huésped nuevo. Se había sentado a una mesa próxima a la mía, y, aun sentado, parecía corpulento, más de lo normal, y muy bien presentado. G. Carvajal *Pue* 8.9.70, 21: Toreó Santiago Martín de forma espléndida a ese primer toro de doña Eusebia Galache, bien presentado, bien armado.

presentador -ra *adj* Que presenta [5]. *Tb n, referido a pers, esp en un espectáculo.* | J. L. Herrera *Sáb* 9.7.75, 11: Los dos tomos, cuyo peso les hace ina[c]cesibles para cualquier aventura nocturna, en palabras –presentadoras– de Pedro Laín. MGaite *Usos* 186: El deseo explícito de conocer a determinada muchacha le daba ocasión al amigo requerido como presentador para hurgar en el asunto. *Rev* 7/8.70, 23: La lectura reposada de este libro lleva a examinar y a profundizar la actitud personal ante el amor, como apunta el presentador en el prólogo. C. Castroviejo *HLM* 26.10.70, 18: No se trata de un "fulano de tal" o su equivalente femenino, sino del camarero, la señorita de la cafetería, la presentadora de televisión.

presentar A *tr* **1** Poner [a alguien o algo] de manera que sea visto o considerado. | J. M. GEscudero *Ya* 17.7.75, 43: Nada falta en el retablo que se nos presenta. Hoyo *Caza* 46: Temerosos de los tientos que le darían, el Chaparro presentó un botillo de vino. GPavón *Rapto* 230: El muerto estuvo dos noches presentado en la Casa del Pueblo. **b)** Dejar ver o mostrar. | * La gente presenta solo su aspecto agradable. **c)** Tener [algo que se muestra a la vista o a la consideración o que puede ser visto o considerado]. | Navarro *Biología* 277: Muchos animales presentan coloraciones especiales debidas a la presencia en su interior de algas unicelulares de color amarillo o verde. *País* 7.11.76, 11: En cuanto a la prisión del Puerto de Santa María, aun considerándola más blanda que la de Cartagena, puede decirse que también presenta condiciones de vida difíciles. **d)** Hacer que [algo o alguien (*cd*)] aparezca [de una determinada manera (*compl adv o predicat*)]. | * La tentación consiste en presentar el mal de forma agradable. * Procura presentar limpios los trabajos. **e)** Colocar provisionalmente [una cosa] para ver el efecto que causa. | * Vamos a presentar los baldosines con esta greca para que veas cómo quedaría. **f)** ~ **armas** → ARMA.

2 Ofrecer [algo a alguien] o poner[lo] a su disposición. | Goytisolo *Afueras* 89: Si ella me ha golpeado, yo le presento la otra mejilla. **b)** *Con cd refl*: Ofrecerse [en calidad de algo (*predicat*)]. | * Se presentó voluntario para ir.

3 Hacer entrega [de una instancia, solicitud o algo similar (*cd*) en un lugar]. | *BOE* 6.1.62, 243: Los residentes en el extranjero podrán presentar su instancia en cualquier Representación diplomática o consular de España. **b)** Hacer entrega [de una carta de dimisión (*cd*) o de las cartas credenciales (*cd*) a la autoridad correspondiente]. | *ElM* 22.7.93, 1: Mohedano, que presentó ayer su dimisión irrevocable a Felipe González .., afirmó que se ha sentido "en el ojo del huracán de una pelea". *Abc* 23.7.93, 8: Seis nuevos embajadores presentaron sus cartas credenciales al Rey.

4 Dar [quejas, excusas o disculpas a alguien]. | *Abc* 17.10.71, 32: Le piden excusas después de robarla .. Una anciana de setenta y nueve años .. ha recibido un ramo de rosas y una tarjeta postal, en la que uno de los malhechores le presenta sus excusas. **b)** ~ **batalla**, ~ **sus respetos** → BATALLA, RESPETO.

5 Decir [a una pers.] el nombre [de otra (*cd*) que está ante ella] para que inicien su conocimiento mutuo. *A veces solo con cd en pl, que designa ambas perss*. | *Economía* 151: Si llega alguna que no conoce a las demás la presentará sin ceremonia .., diciendo con toda naturalidad: "Esta niña es compañera mía de estudios; se llama Fulanita de Tal". Torres *Él* 168: —Esta es Chuchuchuca, y esta Diana Dial, periodista española —las presentó. **b)** Escribir [a una pers.] dándole el nombre y otros datos [de la pers. que lleva la carta (*cd*)] para iniciar su conocimiento mutuo. | *Economía* 124: Estas cartas suelen ser para agradecer una atención .., o para presentar o recomendar a un amigo o protegido. **c)** Dar a conocer públicamente [algo o a alguien], manifestando sus datos o características más esenciales. | *Abc* 7.11.76, 49: El ministro de Hacienda .. presentará a los medios de comunicación el presupuesto general del Estado. * Mañana presentan su libro en la Biblioteca Nacional. **d)** Dar a conocer al público las características [de un programa o espectáculo que va a presenciar (*cd*)] o anunciar las distintas partes o actuaciones que [lo] componen. | *ElM* 21.7.93, 61: El Príncipe de Asturias presentará una serie documental en TVE. **e)** ~ **en sociedad** → SOCIEDAD.

6 Proponer [a una pers.] para una dignidad o cargo. | J. Sampelayo *Ya* 6.12.75, 45: A esta vacante de la silla F solamente ha sido presentado un candidato, por los académicos señores don Rafael Lapesa, don Alfonso García Valdecasas y don Pedro Laín Entralgo.

7 Hacer que [alguien o algo] participe [en un certamen (*compl* A)] o se someta [a una prueba o examen o a una elección]. *Frec el cd es refl*. | * Presentó su novela al premio Planeta. Delibes *Cazador* 99: Le pregunté a don Ángel qué premios eran esos y me dijo que para los animales más limpios y mejor adornados. Le pregunté qué le parecía que presentara una perrita de caza. F. Blanc *SPaís* 31.10.76, 4: Se presentó con *Escrito a cada instante*, su libro de poemas más importante, al Premio Nacional de Literatura, y no se lo dieron, alegando que era un rojo. Paso *Rebelde* 103: No me dejan presentarme en junio porque he suspendido los trimestrales. L. Blanco *Ya* 24.7.75, 17: Me han asegurado que don Pío no piensa presentarse a la reelección.

B *intr pr* **8** Ponerse a la vista o a la consideración. *Frec con un compl adv*. | *Lab* 9.70, 8: En las vueltas sig[uientes] trabajar los p[untos] como se presenten.

9 Dejarse ver [en un sitio], esp. por primera vez. | L. C. Buraya *Ya* 13.12.75, 46: En resumen: una buena actuación tanto de Toldería como de la coral, que volverán a presentarse en el Barceló el día 17.

10 Acudir a la presencia [de alguien (*ci o compl* ANTE)]. | GPavón *Reinado* 257: El señor Juez dijo que en cuanto acabaran de enterrar a la pobre mujer se presentasen a usted. Bermejo *Derecho* 25: La noticia llega a oídos del obispo. Manda al clérigo presentarse ante él, y cómo no, el obispo dicta sentencia.

11 Acudir o llegar [a un lugar (*compl* EN)], esp. de modo inesperado o a horas intempestivas. *Tb sin compl, por consabido*. | Delibes *Inf* 3.11.76, 18: Al concluir de comer en Casa Javier, en San Felices, se presentó el amigo Peralta con su gente.

12 Producirse [algo], esp. de modo inesperado. | * Las dificultades se presentan cuando menos lo piensas. * Se ha presentado una peritonitis.

C *copulat pr* **13** Ponerse a la vista o a la consideración [de una determinada manera (*adj predicat*)]. | * El asunto se presenta complicado.

presente I *adj* **1** Que está en el mismo sitio que la pers. que habla o de que se habla, o en el lugar de que se habla, o en el lugar en que ocurre el hecho de que se habla. *Frec con un compl* EN *que expresa lugar o suceso. Tb n, referido a pers*. | Navarro *Biología* 161: Para atender a las necesidades materiales deben estar presentes todos los elementos nutritivos en la ración alimenticia. J. Carabias *Ya* 17.6.72, 8: Todos los premiados, excepto Neruda .., estuvieron presentes en el acto. CNavarro *Perros* 47: El barman dejó de sonreír para mirar a los presentes con cara de circunstancias. **b)** *Se usa como respuesta a la mención del propio n al pasar lista*. | * —Luisa Pérez. —Presente. **c) el ~**. (*lit o admin*) Este. *Gralm referido a escrito. En este caso, frec n f*. | F. Oliván *Abc* 28.2.58, 23: En la presente crónica desearía ceñirme tan solo a un eminente diplomático. *Día* 27.4.76, 16: Don Domingo, muy serio, cogió una tarjeta y escribió: Sr... Profesor de... El portador de la presente, íntimo amigo, así como su padre, a quien conozco—. MMolina *Jinete* 107: Apreciable Leonor, espero que al recibo de la presente estés bien. * Y para que conste firmo la presente en Madrid a 5 de junio de 1990.

2 [Tiempo] en que se está cuando se habla. *Frec n m*. | Benet *Nunca* 20: Quimérica e insatisfecha condición de un presente torturado y andarín. **b)** (*Gram*) [Tiempo] que expresa que la acción ocurre en el momento en que se habla. *Frec n m*. | Academia *Esbozo* 254: El singular del imperativo se basa en la segunda variante del tema de presente de indicativo. **c)** [Participio] (**de**) ~ → PARTICIPIO.

3 Actual o de este momento. | *Arr* 30.9.70, 27: No luche contra lo imposible; enjuicie su presente situación de forma más realista.

4 (*hist*) En la época de Franco, grito ritual usado como respuesta a la invocación del n de un muerto del bando nacional, esp durante la Guerra Civil. | *Ya* 21.11.76, 4: La Plaza de Oriente era un clamor. Pañuelos al viento y gritos de "Franco, Franco, Franco", "José Antonio Primo de Rivera, presente" y vivas a España precedieron al discurso de Girón.

II *m* **5** (*lit*) Regalo u obsequio. | T. Rabanal *Hoy Extra* 12.75, 45: Pastores son los primeros que llevan "presentes" al Niño Jesús.

III *loc v y fórm or* **6 hacer ~**. Comunicar [algo a alguien] para que lo tenga en cuenta. | *Leg. contencioso-adm.* 80: Si estimare que el acto no se ajusta a Derecho, lo hará presente en comunicación razonada al Ministro del que dependa el Órgano autor del acto.

7 mejorando lo ~ → MEJORAR.

8 tener ~. Tener en la memoria o tener en consideración [algo o a alguien]. | A. Blázquez *Hoy* 17.9.76, 19: Debe tenerse presente que si el terreno .. es de poco fondo, no es aconsejable emplear avenas forrajeras.

IV *loc adv* **9 al ~**. (*lit*) En el momento presente [2a]. | J. Balansó *SAbc* 12.4.70, 39: La dinastía fantasma del Arauco perdura hasta nuestros días y al presente está representada por el príncipe Felipe.

presentible *adj* Que se puede presentir. | LIbor *Pról. Antología* XIII: La nada .. es presentible. El presentimiento de la nada es la angustia. ZVicente *Traque* 52: A fuerza de tocar en su secreta anatomía apenas presentible [del aire acondicionado], algo falla, y el ventarrón se establece como dueño de la sala.

presentidor -ra *adj* Que presiente. | Zunzunegui *Camino* 18: El médico presentidor la vaticinó: –Se te pasará. R. Faraldo *SYa* 3.3.74, 17: Aunque la pintora, grabadora, trotamundos, trotaalmas, oracular, presentidora, cabalista, .. no hubiese sido quien es, en todo caso existían algunos determinantes.

presentimiento *m* Acción de presentir. *Frec su efecto.* | LIbor *Pról. Antología* XIII: El presentimiento de la nada es la angustia. Delibes *Mundos* 119: Al viajero que abandona Chile le asalta el presentimiento de que deja atrás un país llamado a ser rico.

presentir *(conjug* **60***) tr* Tener la sensación de que [algo *(cd)*] va a ocurrir. | * Presiento que la reunión será tormentosa. **b)** Tener la sensación más o menos precisa [de algo *(cd)*] que no se puede comprobar o que no existe aún]. | Solís *Siglo* 279: La voz salía como de la puerta de la venta .. Chano presintió que era Remedios. C. Galán *Int* 17.7.85, 30: Mandó a los otros dos pequeños que fueran a buscarle, mientras su marido y un grupo de vecinos recorrían todos los bares del pueblo presintiendo una desgracia.

presera *f Se da este n a las plantas Galium verum (galio) y G. aparine (amor de hortelano).* | FQuer *Plantas med.* 749: Galio (*Galium verum* L.). Sinonimia cast.: cuajaleche, hierba cuajadera, presera.

presero -ra *adj (reg)* [Puchero o cazuela] en que se cuecen las presas o tajadas de carne para hacer caldo. | Seseña *Barros* 53: En Villafelicṅe .. queda un solo alfarero .. Fabrica pucheros de 7 tamaños, llamados de doce, presero (para hacer el caldo de la recién parida), viudo .. Las cazuelas .. se llaman conejera, pollera, de a dos, presera.

preservación *f* Acción de preservar. | GValcárcel *HLM* 26.10.70, 16: El estudio se orientó organizando un sistema de penetración en la ciudad mediante un mejor acceso, la preservación del medio ambiental y la no interferencia de vehículos y peatones.

preservador -ra *adj* Que preserva. | Aldecoa *Gran Sol* 56: El casco de la caja de bitácora es como una escafandra preservadora de la siempre lozana rosa de los vientos.

preservar *tr* Proteger [de un daño o peligro]. *Tb sin compl.* | SInf 24.4.70, 7: Una cláusula que reforma la tradicional concepción del derecho marítimo, a fin de preservar a los países costeros de la polución del mar. *SAbc* 16.6.68, 36: El obispo de Sigüenza quiere preservar el patrimonio artístico de su provincia.

preservativo -va I *adj* **1** Que preserva o sirve para preservar. | A. CRoca *Gar* 29.9.62, 5: Tales complicaciones están notablemente reducidas, sea por una innegable mayor benignidad de la enfermedad, sea sobre todo por la acción defensiva y preservativa de los antibióticos.
II *m* **2** Cubierta protectora del pene durante el coito, usada para prevenir infecciones o como medio anticonceptivo. | CPuche *Paralelo* 51: Estos americanos del cochazo y del gorro de puntas, del preservativo y la nevera. **b)** Utensilio equivalente al preservativo [2a], para uso femenino. *Frec ~* FEMENINO. | *Ya* 28.10.92, 56: Un grupo de estudiantes británicas obtendrán ingresos extras al tiempo que se divierten: aceptaron dinero de su Universidad para probar un nuevo preservativo femenino, el "Femidom".

pre-shave *(ing; pronunc corriente, /preséib/) adj invar* [Loción] para antes del afeitado. *Frec n m.* | *Abc* 15.3.68, 32: Crema-espuma de afeitar. Pre-shave para el afeitado con máquina eléctrica.

presi *m (col)* Presidente. | P. Urbano *Abc* 13.4.78, 10: Los turistas nos hacían fotos, y la gente, al reconocernos, se daba codazos y decían: "Mira, mira..., «el presi» sin corbata".

presidencia *f* **1** Cargo o dignidad de presidente [2]. *Tb el tiempo que dura.* | *Abc* 15.10.70, 26: Chile anticipaba en sus elecciones de septiembre el camino a la Presidencia de un Allende, netamente izquierdista. **b)** Hecho de presidir. | * La presidencia de un acto no es nada complicado, pero precisa su experiencia.
2 Lugar destinado al presidente [2]. | M. F. González *País* 20.3.77, 12: Carcajadas y vítores corearon las palabras del líder ultrafranquista mientras banderas de Falange y pretorianos uniformados decoraban el escenario de la presidencia del acto. **b)** Oficina del presidente. | *Ya* 23.4.77, 12: Presidencia del Gobierno. Real decreto por el que se crea la Comisión de Cooperación Jurídica Internacional. *País* 3.5.80, 11: Las diferencias personales entre los dos miembros del Gabinete .. han provocado una profunda reconversión del Ministerio de la Presidencia.
3 Pers. o conjunto de perss. que presiden un acto. | S. Cayol *Ya* 23.9.70, 44: La presidencia, que le había concedido una oreja .., tuvo que otorgar la segunda ante la demanda del público.

presidenciable *adj (col)* [Pers.] que es considerada como posible presidente [2]. *Tb n.* | *Abc* 4.10.75, 19: Se alzan voces en contra del regreso de Isabel Perón y surgen "presidenciables".

presidencial *adj* De (la) presidencia. | Arenaza-Gastaminza *Historia* 289: Fue reelegido [Roosevelt] en cuatro sucesivos períodos presidenciales. L. Contreras *Mun* 26.12.70, 10: El propio Franco, desde el balcón presidencial del palacio de Oriente, .. proclamó.

presidencialismo *m* Sistema político en que el presidente de la república es también presidente del gobierno. | Areilza *Abc* 11.11.70, 3: La V República fue enteramente obra suya, y en ella combinó presidencialismo y parlamentarismo en un equilibrado dosaje de rodamientos institucionales.

presidencialista *adj* De(l) presidencialismo. | Vinatea *Mad Extra* 12.70, 56: Los liberales USA han de forjar todavía su líder, lo cual es imprescindible en un país presidencialista. **b)** Adepto al presidencialismo. *Tb n.* | * Los presidencialistas votaron a su favor.

presidente -ta *(en acep 2 a veces se usa la forma* PRESIDENTE *como f)* **I** *adj* **1** Que preside. | Torrente *Saga* 57: Pregunté al señor Peleteiro qué había sido del busto presidente, y él me respondió que el propietario del café lo había hecho desaparecer.
II *n* **A** *m y f* **2** Pers que preside [1]. | *ElM* 22.7.93, 1: El Presidente de la Junta de Extremadura, Rodríguez Ibarra, recordó que fue Felipe González y no Alfonso Guerra quien le propuso para el cargo. J. M. Rollán *SAbc* 1.12.68, 27: Benilda es .. presidenta de la Agrupación Sindical de Manicuras. *Invitación* 21.5.74: La Presidente del Ateneo de Madrid. **b)** *En una república*: Jefe del estado. | Arenaza-Gastaminza *Historia* 294: Eisenhower, jefe de las tropas aliadas que desembarcaron en Europa y después Presidente de los EE.UU.
B *f* **3** Mujer del presidente [2]. | * La nueva presidenta de los Estados Unidos es muy joven.

presidiario -ria *m y f* Pers. que está en presidio. | Berenguer *Mundo* 300: Tú, ahora que lo pienso bien, tienes cara de presidiario.

presidio *m* **1** Cárcel en que los presos cumplen condena por delitos graves. | Lute *SPaís* 1.5.77, 17: Más que reformatorio era una escuela de capacitación para el delito, futuros delincuentes que más tarde vi pudrirse por los presidios.
2 Pena de privación de la libertad, inferior a la reclusión y superior al arresto. | Ramírez *Derecho* 181: Las penas .. van desde la de muerte a la de multa, pasando por las de privación de libertad (cadena perpetua, reclusión, presidio, prisión, arresto). **b)** ~ **mayor,** ~ **menor** → MAYOR, MENOR.
3 *(Mil, hist)* Guarnición de soldados para custodia y defensa de una plaza o fortaleza. *Tb la plaza o fortaleza.* | HSBarba *HEspaña* 4, 411: Se inició la pacificación de Sonora, se montó todo el sistema militar, la línea de presidios, la capitalidad residencial, se terminó con la feroz resistencia de los seris.

presidir A *tr* **1** Ocupar [alguien] el puesto de máxima autoridad o importancia [en un gobierno, una corporación u otra colectividad, o en un acto *(cd)*]. | Arenaza-Gastaminza *Historia* 275: Se formó un Gobierno provisional, presidido por Serrano. *Leg. contencioso-adm.* 46: Las Salas actuarán divididas en Secciones, presididas por el Presidente de la Sala o por el Magistrado más antiguo de los que integran la Sección. *Van* 4.11.62, 1: Se celebró la solemne inauguración de la I Feria Técnica .. El acto fue presidido por el capitán general de la IV Región.
2 *(lit)* Ocupar [algo] el puesto más importante o destacado [en un acto o en un lugar *(cd)*]. *Tb fig.* | Cunqueiro *Fantini* 15: El médico .. explicaba a Ser Pietro Fantini cuáles estrellas presidían el nacimiento de su primogénito. *IdG* 31.10.70, 3: La honestidad preside desde luego el propósito de sus patrocinadores.
B *intr* **3** *(lit)* Ocupar [algo] el puesto más importante o destacado [en un lugar]. *Tb sin compl, por consabido. Tb fig.* | *Abc* 6.1.68, 58: Tiene este libro, "El Pirineo y los sarrios",

presídium – prestación

por Alfonso de Urquijo, un doble aspecto dentro de la unidad temática que en él preside. *Sp* 19.7.70, 28: La carretera .. ofrece al visitante la bella panorámica del pueblo, empinado graciosamente sobre una colina, con la torre vigilante presidiendo.

presídium *(gralm con mayúscula) m* **1** *En determinados países comunistas*: Comisión permanente de un alto órgano de gobierno. *Gralm referido al Soviet Supremo de la URSS*. | *Ya* 20.6.74, 11: En 1955 [el mariscal Zhukov] fue nombrado ministro de Defensa .. Poco después es promovido a miembro titular del Presídium. L. Calvo *Abc* 26.8.66, 27: Suharto .. es presidente de Gobierno del Presídium.
2 *En algunos partidos socialistas*: Comité ejecutivo no gubernamental. | *País* 25.2.87, 7: Oskar Lafontaine .. ha sido excluido del Presídium del Partido Socialdemócrata de la RFA.

presilla *f* Tirita de cordón, de tela o de varias vueltas de hilo unidas, que se pone en una prenda para abrochar un botón o corchete o para sujetar algo, esp. un cinturón. | *Lab* 2.70, 5: Trabajar 3 presillas en la abertura de la espalda.

presintonía *f (RTV)* Sintonía previa. | *Ide* 28.9.87, 38: ITT presenta el nuevo modelo de su gama de equipos Hifi .. Altavoces de 3 vías con Bass Reflex. Sintonizador de cuarzo con 14 presintonías. *Prospecto* 5.88: Alcampo .. TV color Kraking, 14", portátil, 8 presintonías, preparado vídeo y ordenador: 34.900.

presión I *f* **1** Acción de apretar u oprimir. | F. Martino *Ya* 12.12.75, 38: Los ganglios de la región, particularmente los del cuello, están engrosados y duelen a la presión.
2 Fuerza que ejerce un cuerpo sobre otro. *Gralm su medida por unidad de superficie. Frec con un compl especificador*: ARTERIAL, ATMOSFÉRICA, OSMÓTICA, *etc, que a veces se omite por consabido.* | Marcos-Martínez *Física* 85: Las moléculas de los gases .. chocan con las paredes de los recipientes que los contienen, produciendo en ellas una presión. Alvarado *Anatomía* 96: La sangre se comprime en las aurículas y pasa a los ventrículos .., sin poder retroceder a las venas gracias a que la presión sanguínea en ellas es superior a la que determina la contracción de las aurículas. Navarro *Biología* 175: La presión venosa procede de la presión arterial y por tanto del impulso cardíaco. *Ext* 19.10.70, 6: El pulso arterial, la presión, temperatura y respiración están dentro de los límites normales. Marcos-Martínez *Física* 88: La presión atmosférica varía con la altitud, pero también con el estado atmosférico. Navarro *Biología* 7: Las células poseen una determinada presión osmótica. **b)** Presión superior a la atmosférica. *Frec en la constr* A ~. | Marcos-Martínez *Física* 138: El vapor sin presión que se encuentra a [la] izquierda del émbolo es empujado por este hacia O, de donde pasa al condensador. *GTelefónica N*. 187: Bombas todos tipos y para toda clase de líquidos .. Equipos de agua a presión.
3 Fuerza no física que se ejerce sobre una pers. o cosa para modificar su actuación o su modo de ser. | CBaroja *Inquisidor* 45: El gran inquisidor Abad cayó en 1794 por presiones de otros altos dignatarios de la Iglesia. Carnicer *Van* 3.4.75, 49: Al hablante curioso de los hechos del lenguaje y a aquel que lo maneje como instrumento profesional no les será difícil .. advertir las presiones evolutivas en marcha. **b)** ~ **fiscal.** *(Econ)* Relación de los ingresos fiscales con el producto nacional bruto. | Tamames *Economía* 425: La reforma teóricamente significó una fuerte elevación de la presión fiscal.
II *loc adj* **4 a ~.** Que funciona o se realiza mediante agua o vapor a presión [2b]. | *Ya* 10.10.74, 2: Ferretería Gran Vía .. Olla a presión .. Cafetera a presión. *Ya* 22.10.64, 36: Vendo elevadores compresores, equipo de engrase y lavado a presión.
5 de ~. [Grupo] que, en su propio beneficio, influye en una organización, esfera o actividad social. | *Ya* 12.9.78, 33: Su grupo socialista piensa que los intentos de modificar el artículo 25 en el Senado y lo introducido en el artículo 10 resultan de un grupo de presión antes situado en el sindicato vertical y ahora en la senaduría por León.

presionador -ra *adj* Que presiona. *Tb n f, referido a máquina.* | *Ya* 27.12.74, 14: Los "sprays" pueden ser peligrosos. Científicos eminentes aseguran que el gas presionador producirá efectos terroríficos en la salud humana a finales de siglo. *Act* 8.10.70, 74: La máquina de planchar 830/935 .. Provista de dos motores (el cilindro planchador y la presionadora llevan cada uno motores individuales).

presionante *adj* Que presiona. | V. Villa *As* 14.12.70, 35: La defensa presionante del Madrid no le daba los puntos apetecidos.

presionar A *tr* **1** Hacer presión [sobre alguien o algo *(cd)*]. *Tb abs*. | *Prospecto* 88: Colocar el carrete boca abajo, encajarlo en el centro y presionar .. Puesto que se trata de una "mini" cámara, asegurarse de sostenerla firmemente y tener cuidado en evitar que la cámara oscile al presionar el disparador. V. Gállego *ByN* 31.12.66, 43: Las catorce naciones de la O.T.A.N. fueron presionadas con gran fuerza para que hicieran una manifestación de solidaridad.
B *intr* **2** Hacer presión [sobre alguien o algo]. | Bustinza-Mascaró *Ciencias* 68: Consiste en levantar los brazos –inspiración– y presionar sobre la espalda –espiración–.

preso -sa I *adj* **1** Privado de libertad. *Tb fig*. | *GacR* 27.10.70, 3: No solo los extranjeros sienten compasión por pájaros presos. *FCid Abc* 6.12.70, 73: Su forma de tocar el "Concierto", de Dvorak, fue deslumbradora. Muchas horas después seguimos presos del hechizo que dimana de la versión. **b)** *Esp*: [Pers.] que está en la cárcel. *Tb n*. | Laforet *Mujer* 303: Volvió a sentir .. el hedor especial de la manta que la cubría, una manta que había albergado muchos sudores de otras presas.
II *loc v* **2 coger,** *o* **hacer, ~.** Apresar o detener. | MMolina *Jinete* 47: Nada más llegar vio que habían cambiado la bandera que ondeaba sobre la fachada y lo hicieron preso y tardó más de dos años en volver.
3 darse ~. Entregarse a la autoridad como detenido. | * –¡Date preso! –gritó el guardia.

presocrático -ca *adj (Filos)* [Filósofo griego] anterior a Sócrates († 399 a.C.). *Tb n*. | Chamorro *Sin raíces* 223: Partió de cero como los primitivos griegos y, también a él, como a aquella legión de presocráticos que daban los primeros pasos por la sabiduría, le faltó una cultura, tras sí, de apoyo. **b)** De los filósofos presocráticos. | Torrente *Saga* 195: La segunda definición no debe tomarse en sentido recto, sino cotejándola con la vieja afirmación presocrática de que "nadie se baña dos veces en el mismo río".

presor *m En un aparato*: Elemento que sirve para apretar o sujetar. | *Abc* 15.4.73, sn: El chasis tipo cassette en cine de 8 mm, además de su poco volumen, permite incorporar el presor de la película en el mismo tomavistas.

presoterapia *f (Med)* Tratamiento destinado a eliminar los líquidos acumulados en las piernas, mediante la introducción de estas en un aparato a modo de bota. | *SYa* 12.3.89, 41: Todos los tratamientos actuales conjuntados: Liposucción .. Modeling. Presoterapia. Y la garantía científica de Clínica Barragán.

pressing *(ing; pronunc corriente, /présin/) m (Dep)* Presión (fuerza no física). *Tb fig, fuera del ámbito deportivo*. | V. Villa *As* 7.12.70, 36: Poco a poco la defensa del Juventud se transformó en "pressing" a lo largo de toda la cancha. F. Sancho *SD16* 1.10.84, v: Jugó el Zaragoza como el Athletic lo solía hacer el año pasado cuando se proclamó campeón de Liga, con pressing, entrega física, capacidad de sacrificio. Ro. Rodríguez *Ya* 17.9.89, 26: Se oscurece la imagen de Joaquín Leguina, que, a pesar de las encuestas del CIS, no escapa del *pressing* al que le someten sus amigos del aparato socialista.

prest *m (Mil, hist)* Haber del soldado. | GSerrano *Macuto* 362: El haber del soldado se llama prest .., y la parte que de su conjunto sobre, después de acudir, con poco, a tanto cotidiano remedio, se entrega en mano. Eso son las sobras.

presta *f (reg)* Hierbabuena. | Chamorro *Sin raíces* 203: Allí se daba el tomillo, .. el llantén, la presta, el poleo.

prestación *f* **1** Acción de prestar [3]. | *Abc* 3.6.60, 32: Se regulará la prestación del servicio militar de los objetores de conciencia. Albalá *Periodismo* 49: Por conocer mejor .. a qué nos obliga la prestación contractual y laboral de unos servicios.
2 Servicio, acción o pago a que alguien está obligado por ley o por contrato. | Ramírez *Derecho* 105: El obligado pierde el derecho de elección cuando, de las prestaciones a que alternativamente se hubiere obligado, solamente una fuere realizable. Ramírez *Derecho* 59: Por lo que se refiere a la defensa mutua de esposos, padres e hijos, se traduce en la prestación de alimentos, en la llamada herencia forzosa

sistema de legítimas. FQuintana-Velarde *Política* 252: A las prestaciones en dinero recibidas por los trabajadores habrán de sumarse los servicios sanitarios. **b)** *En gral*: Servicio. | *Gac* 11.5.69, 86: Siempre le dará [el motor fuera borda] las prestaciones que Vd. espera de él.

prestado. de ~. *loc adv* **1** Con cosas prestadas [1]. *Frec fig*. | * Siento que voy como de prestado con este traje.
2 Sin pleno derecho o seguridad. *Gralm con el v* VIVIR. | * Más allá de los setenta años, vivimos de prestado.

prestador -ra *adj* Que presta, *esp* [1]. *Tb n, referido a pers*. | V. Salaner *Inf* 13.6.74, 10: Este acuerdo .. prevé que las reservas nacionales del metal sean utilizables de forma limitada, pudiendo servir de garantía de empréstitos exteriores a un precio que el prestatario y el prestador deberán acordar. *Prospecto* 2.88: La línea adoptada es la de congelar prácticamente las Concejalías de contenido más administrativo, aumentando notablemente los presupuestos de las Concejalías prestadoras de servicios.

prestamente *adv* (*lit*) De manera presta o rápida. | Alfonso *España* 66: Nosotros seguimos con nuestra propensión a imitar prestamente las modas y los modos en sus aspectos más externos.

prestamismo *m* Actividad o sistema de préstamos. | A. Méndez *Abc* 28.6.75, 12: Esta avenencia extrajudicial puede ser el fundamento de solución definitiva para los problemas del prestamismo laboral, que en la región asturiana afecta a varios miles de trabajadores. *País* 13.2.83, 56: Los trabajadores de este sector han venido protagonizando un largo conflicto .. en oposición al prestamismo laboral que –a su juicio– se está produciendo con numerosas empresas subcontratistas.

prestamista *adj* Que presta dinero con interés. *Más frec n, referido a la pers que se dedica a ello*. | *Abc* 16.7.78, 21: El ministerio celebrará los correspondientes convenios con la Banca oficial para que esta sea la entidad prestamista. DCañabate *Paseíllo* 42: El corazón lo tenemos todos; hasta el señor Aquilino el prestamista.

préstamo *m* **1** Acción de prestar [1]. | Marcos-Martínez *Aritmética 2º* 112: El tiempo es la duración del préstamo o de la colocación. Huarte *Biblioteca* 64: He aquí un arma .., el regalo, contra futuras peticiones de préstamo.
2 Cosa prestada [1], esp. cantidad de dinero. | Laforet *Mujer* 206: Si le prestase algo más... Pero por lo menos necesitaba la devolución del préstamo.
3 Hecho de tomar elementos de otra cultura o de otra lengua. | Villar *Lenguas* 234: Los cambios fonéticos no se producen con toda la regularidad postulada como principio metodológico. Lo cual llevaría a expresar dos principios complementarios, básicos también en el empleo del método comparativo: la analogía y el préstamo.
4 Palabra tomada de otra lengua. | ZVicente *Dialectología* 392: Investigaciones recientes han descubierto que ["huracán"] es un préstamo del quiché de Yucatán al taíno antillano. **b)** Elemento cultural tomado de otra cultura. | Pericot-Maluquer *Humanidad* 174: Deja intacto el territorio montañoso pirenaico, donde pervive una población arcaica que toma de sus vecinos préstamos culturales.

prestancia *f* **1** Aspecto distinguido. | DPlaja *El español* 33: Todo bandido es aceptado si tiene prestancia, presencia. GNuño *Madrid* 9: La prestancia y vejez del edificio hizo que, a partir de Felipe II, las juras de los Príncipes de Asturias se verificasen bajo su techo.
2 Excelencia o superioridad. | MPuelles *Persona* 15: Ser persona es un rango, una categoría, que no tienen los seres irracionales. Esta prestancia o superioridad del ser humano sobre los que carecen de razón es lo que se llama "dignidad de la persona humana".

prestancioso -sa *adj* (*lit*) Que tiene prestancia [1]. | Zunzunegui *Camino* 82: Doña Elisa y Sole subieron prestanciosas a sus gradas.

prestante *adj* (*lit*) Que tiene prestancia [1]. | Cruz Torres 48: Apellidos que dejaron sus blasones en edificios tan prestantes como la Colegiata, el Palacio ducal y el castillo que hemos presentado.

prestar A *tr* **1** Dar [alguien algo a otro] con idea de que se lo devuelva. *Tb abs*. | CNavarro *Perros* 93: Se servían de los mismos diccionarios, y a veces se prestaban dinero. Huarte *Biblioteca* 65: Frente al prestar está el tomar prestado. Entre estudiosos sobre todo, con frecuencia es imprescindible pedir prestados libros.
2 Dar o comunicar [una cualidad]. | GNuño *Madrid* 67: Las ocho pilastras que dividen el muro prestan una verticalidad muy acusada.
3 Dar o hacer. *Con determinados ns, como* ATENCIÓN, APOYO, AYUDA, AUXILIO, DECLARACIÓN, SERVICIO. | J. MMorales *Alc* 31.10.62, 12: El defensor solo la pregunta si se ratifica en las declaraciones que tiene prestadas en el sumario. *Faro* 2.8.85, 25: Durante todo el tiempo que la aeronave preste servicio, .. la Administración mantiene una constante inspección de material y de operaciones. **b) ~ oídos** → OÍDO.
B *intr* ➤ **a** *normal* (*reg*) **4** Gustar [algo a alguien]. | GHortelano *Momento* 347: –¿Siguen esos con la música? –Siguen. A ti no te presta mucho, ¿verdad?
5 Sentar bien [algo a alguien]. | Benet *Penumbra* 80: –¿Andas buscando un traje? Esa talla a ti no te presta –le advirtió.
6 Ceder o dar de sí. | * Los zapatos prestan con el uso.
➤ **b** *pr* **7** Acceder [a algo] o consentir [en ello (*compl* A)]. | Lapesa *Ayala* 55: Ayala se ha prestado repetidamente a entrevistas y diálogos. **b)** Ofrecerse [alguien a algo]. | J. PGállego *SPaís* 15.1.78, 25: No di con el párroco en su casa, pero sí con un despierto muchacho, José Luis, que tomando un manojo de llaves y exhibiendo un pulido castellano se prestó a enseñarme todo.
8 Hacer posible [algo (*compl* A)] o dar ocasión [a ello]. | Medio *Bibiana* 14: Es aquí, en la cama, .. donde la intimidad se presta a la confidencia, cuando va a compartir con Bibiana la preocupación que .. no le deja en paz.

prestatario -ria *adj* Que toma dinero en préstamo. *Tb n, referido a pers*. | J. MMorales *Van* 17.4.73, 10: Era habitual que los empleados del Banco trabajaran para otras empresas, incluso prestatarias del mismo. Tamames *Economía* 401: El Banco concede préstamos para la instalación de nuevas industrias o para la ampliación de las ya existentes, sin que en ningún caso los créditos puedan exceder de la mitad del capital social del prestatario. **b)** Que toma algo en préstamo. | Huarte *Exlibris* 12: El exlibris, con toda su carga de afirmación de la posesión .., dirigida a .. fomentar el buen trato y la devolución por parte de los eventuales prestatarios, acaba siendo un testimonio .. de que efectivamente los bibliófilos .. acaban prestando sus libros.

preste *m* **1** (*lit*) Sacerdote o presbítero. | *HLM* 5.10.70, 16: En la iglesia salen primero al presbiterio los acólitos y sacristanes y, por último, el preste. Torrente *Saga* 264: Debía de ser un loro oligofrénico y zampatortas, porque aguantaba al preste.
2 el ~ Juan (de las Indias). Se usa en constrs de carácter enfático, designando a un personaje imaginario de gran importancia. | DCañabate *Paseíllo* 146: Y entonces el comerciante de la Encomienda no se cambiaba, según decía, "ni por el preste Juan de las Indias".

presteza *f* (*lit*) Rapidez o ligereza. | DVillegas *MHi* 12.57, 21: El paracaidismo, que lleva la guerra muy lejos con facilidad y presteza.

prestidigitación *f* **1** Arte o técnica de prestidigitador. | Gironella *Millón* 143: Surgieron profesores de francés y de italiano, de solfeo y de prestidigitación. Medio *Bibiana* 241: Lo curioso .., a juicio de Bibiana Prats, es la facilidad con que las han detenido, sin enterarse nadie, como un juego de prestidigitación.
2 Juego de prestidigitación [1]. *Tb fig*. | Lera *Olvidados* 179: En seguida advirtió los trapicheos y los turbios manejos que, como prestidigitaciones habilísimas, se efectuaban a la vista de todos. Lera *Olvidados* 58: Hacer asientos en unos libros y toda una serie de prestidigitaciones con los números, que él era incapaz de realizar por sí solo.

prestidigitador -ra I *m y f* **1** Pers. que, con la habilidad de sus manos, hace aparecer y desaparecer cosas, o que cambian de aspecto o lugar. *Tb fig*. | L. Calvo *SAbc* 16.3.69, 19: Jugando con las doctrinas y los hombres y descubriendo las trampas y cubiletes de los nuevos prestidigitadores que habían subido al escenario. *Pue* 4.11.70, 30: Cuando Luis Goytisolo Gay publicó "Las afueras" .., para justificar el título de novela que editorialmente se atribuyó al libro, José María Castellet, el fértil prestidigitador de de-

nominaciones, dijo en la presentación que se trataba de una novela en "espiral".
II *adj* **2** *(raro)* De(l) prestidigitador [1]. | *Ya* 9.4.85, 7: Quisiera saber de qué chistera prestidigitadora se saca la última cifra.

prestidigitar *tr (raro)* Hacer juegos de prestidigitación [con algo *(cd)*]. | J. Hermida *Abc* 18.8.73, 11: Predicadores de tiempos antiguos que jugaban a prestidigitar la Palabra de Dios y nos asustaban mucho. **b)** Hacer desaparecer [algo] por prestidigitación. | Grosso *Invitados* 239: Ni un solo dato tenemos sobre él, como si se hubiera pretendido desde el primer momento prestidigitarlo del escenario de la tragedia.

prestigiado -da *adj* **1** *part* → PRESTIGIAR.
2 Prestigioso [1]. | VMontalbán *Comité* 149: Es un ingeniero muy prestigiado. El partido recurre económicamente a él cuando hay problemas.

prestigiamiento *m (raro)* Acción de prestigiar. | R. Fraguas *País* 22.6.76, 15: El prestigio de estas sedes [oficiales y bancarias] subirá un grado, gracias a su instalación sobre una zona calificada de noble .. Desde este prestigiamiento hasta la aparición desatada de la especulación del suelo medió un trecho muy corto.

prestigiante *adj (lit)* Que prestigia. | S*Ya* 10.6.71, 9: El Toledo que se remonta en su cumbre tutelar y prestigiante lo soñó bien, simbólico y dramático, la grave fantasía de Serge Rovinsky.

prestigiar *(conjug* **1a***) tr* Dar prestigio [a alguien o algo *(cd)*]. | Halcón *Monólogo* 212: Este calor de agostadero prestigia a un pueblo que no paraliza su vida de trabajo. DCañabate *Paseíllo* 72: Una tarde entró en el baile de la Costanilla. Hacía mucho tiempo que no lo prestigiaba con su presencia.

prestigio *m* Estimación o buena opinión [de una pers. o cosa] entre la gente. | Escrivá *Conversaciones* 161: La información verdadera .. no se deja llevar por motivos de medro, de falso prestigio o de ventajas económicas.

prestigiosamente *adv* De manera prestigiosa. | A. Figueroa *Abc* 28.3.58, 3: ¿Qué más se pudiera pedir a un hombre que, no contento con servir cabal y prestigiosamente a su Patria, .. aún brinda a España –para engrandecerla más– la [vida] de un hijo?

prestigioso -sa *adj* **1** Que tiene prestigio. | A. Barra *Abc* 15.10.70, 32: Era entregar a uno de los espías rusos más prestigiosos, por el rescate de un principiante.
2 Que da prestigio. | FReguera *Bienaventurados* 62: José Luis lo negó, pero dio pábulo al "prestigioso" infundio, asistiendo a las pistas sin bailar.

prestímano -na I *m y f* **1** Prestidigitador [1]. | Torrente *Isla* 57: Como si al mismo tiempo me hubieran reintegrado al poder de crear mundos o al menos de sacarlos de la manga, como un prestímano.
II *adj* **2** *(raro)* Prestidigitador [2]. | MSantos *Tiempo* 195: "Y seguramente ella tiene la culpa, que la puso en tal paso", opinó el mozo mientras prestaba su hábil auxilio prestímano a la facultad.

prestiño *m* Pestiño (dulce). | F. Delgado *Hoy Extra* 12.75, 48: No podemos olvidar los clásicos dulces de chicharrones, las perrunillas, los prestiños.

prestissimo *(it; pronunc corriente, /prestísimo/) adj (Mús)* [Movimiento] muy rápido. *Tb n m y adv*. | J. L. Legaza *SYa* 1.2.75, 12: Un prestis[s]imo de inenarrable efecto cierra arrebatadoramente la gran construcción beethoveniana. [*En el texto*, prestísimo.]

presto¹ -ta *(lit)* **I** *adj* **1** Rápido o ligero. | CNavarro *Perros* 48: El coche acudió presto. * La yegua vino presta a mi encuentro.
2 Preparado o dispuesto. | Zunzunegui *Camino* 490: Su madre le venía a despertar en las madrugadas para ir al campo a trabajar. –Anda, hijo, que tu padre está ya presto.
II *adv* **3** Pronto o rápidamente. *Tb (raro)* DE ~. | GPavón *Reinado* 35: No queráis certificarme tan presto. Cela *Compañías* 95: ¡Amada mía, mi dulce Elena, mi vida sin ti ya no tiene objeto y voy a quitármela presto! N. SMorales *Reg* 11.8.70, 4: No vayáis tan de presto a la Alberca; penetrad antes en Hervás.

presto² *adj (Mús)* [Movimiento] más rápido que el allegro. *Tb n m y adv*. | RÁngel *Música* 58: Cuarto tiempo [de la sonata] .. Un aire movido y rápido, presto o allegro. R. Benedito *Ya* 18.11.91, 56: El "andante" y el "presto" .. fueron un ejemplo de la adecuada interpretación que merece Mozart.

presumible *adj* Que se puede presumir [1]. | MCachero *AGBlanco* 107: Nuestro crítico .., como es presumible y naturalísimo, repite extremos consignados en el estudio de 1910.

presumiblemente *adv* De manera presumible. | Diosdado *Anillos* 1, 69: Los flanquean [a los novios] Enrique y una chica jovencita, presumiblemente amiga de la pareja.

presumido -da *adj* **1** *part* → PRESUMIR.
2 Que presume [2 y 3]. *Tb n, referido a pers*. | DCañabate *Paseíllo* 17: ¡Ahora va a ver, esos presumidos de los capotes de paseo, quiénes son ellos! J. M. Moreiro *SAbc* 4.10.70, 29: Las ciudades, como las mozas guapas, son presumidas y chulaponas. **b)** Propio de la pers. presumida. | *Economía* 367: No debe ser una satisfacción que se manifieste en una actitud constantemente presumida.

presumir A *tr* **1** Suponer (considerar [algo] como existente o verdadero). | CBaroja *Inquisidor* 42: Recurrían a quienes presumían que sabían de ellos. Ramírez *Derecho* 168: Los bienes adquiridos por la mujer constante el matrimonio, cuya procedencia no pueda justificar, se presumen donados por el marido.
B *intr* **2** Hacer [alguien] ostentación [de algo que posee, hace o le corresponde]. *Tb sin compl*. | Arce *Testamento* 13: Presume de músculo. Arce *Testamento* 83: Presumía de que la cosa no había sucedido de otra manera.
3 Cuidar [alguien] exageradamente su arreglo personal, para resultar elegante y atractivo. | * A esta edad los críos empiezan a presumir.

presunción *f* **1** Acción de presumir. *Tb su efecto*. | *Leg, contencioso-adm*. 195: Ha de tenerse en cuenta .. la dificultad de una prueba plena de la desviación de poder, la que generalmente ha de deducirse de presunciones. GNuño *Madrid* 13: Si en cuanto a los sepulcros no hay sino una presunción del autor, consta, en cambio, que el retablo fue esculpido por Francisco Giralte. Halcón *Monólogo* 59: Aquí está este, que ni canta ni es decidor, que no hay manera de cogerle en presunción de algo.
2 Cualidad de presumido. | Escudero *Capítulo* 155: Debe evitarse toda imprudencia en el modo y en la ocasión, como sería hablar del Instituto con presunción, con falta de sinceridad.

presuntamente *adv* De manera presunta. | *Cua* 6/7.68, 5: Dos meses a partir de la comisión del hecho presuntamente antijurídico. Alfonso *España* 197: Esta es una cuestión que hoy a gentes presuntamente progresistas no les preocupa.

presuntivamente *adv* De manera presuntiva. | *Compil. Aragón* 581: Se incluirán en el inventario todos aquellos bienes que se hallen en poder del cónyuge sobreviviente al tiempo de formalizarlo y que, real o presuntivamente, sean comunes.

presuntivo -va *adj* Que se puede presumir [1]. | PAyala *Abc* 3.7.58, 3: El individuo continúa en estado de naturaleza y la conducta consciente permanece en estado potencial y presuntivo.

presunto -ta *adj* Pretendido o supuesto. *Frec en derecho*. | *ByN* 31.12.66, 48: Pudo .. matar .. a Lee Harvey Oswald, el presunto asesino del presidente. Laforet *Mujer* 311: Por las escaleras descendían un grupo de mujerucas que más que presuntas viajeras parecían incendiarias.

presuntuosamente *adv* De manera presuntuosa. | MSantos *Tiempo* 43: Era muy lógico, pues, encontrar .. presuntuosamente cubierta con cofia de doncella de buena casa a la hija de familia.

presuntuosidad *f* Cualidad de presuntuoso. | DCañabate *Paseíllo* 97: Se jactaba en proclamar que Domingo Ortega poseía con plena autoridad la llave del toreo. No fue vana presuntuosidad.

presuntuoso -sa *adj* **1** Presumido o vanidoso. *Tb n, referido a pers.* | Valcarce *Moral* 172: La jactancia es la adulación para sí mismo, a saber, una presuntuosa alabanza personal.
2 [Cosa] que da una impresión de lujo o grandiosidad exagerados u ostentosos. | * Ese coche es muy presuntuoso. * El montaje resulta presuntuoso.

presuponer (*conjug* **21**) *tr* **1** Suponer o presumir. | *Abc* 28.3.87, 7: En ningún caso hay actuaciones discriminatorias de la Administración de Hacienda contra personas particulares o jurídicas por delitos o presupuestos delitos fiscales. *NotM* 12.1.84, 11: Si, por el contrario, el nódulo experimentó aumento de volumen .., suele presuponerse que es maligno.
2 Suponer o significar. | *Abc* 13.9.70, 15: Todo depende .. del lugar en que se encuentren tales rehenes; es decir, de si están en Amman, lo que en cierto modo presupondría una garantía.
3 (*raro*) Presupuestar. | FReguera-March *Fin* 151: Los cruceros que se construyeron en Bilbao, presupuestos en quince millones cada uno, costaron veintiuno y demostraron en Santiago de Cuba que no reunían condiciones para el combate.

presuposición *f* Acción de presuponer [1]. *Tb su efecto.* | *Inf* 7.3.74, 2: El juez Sirica estima que el desarrollo de la investigación del "impeachment" y un voto en la Cámara de Representantes sobre su conveniencia perjudicarían los derechos constitucionales de los acusados del Watergate con presuposiciones acerca de su culpabilidad.

presupositivo -va *adj* De (la) presuposición o que la implica. | MPuelles *Filosofía* 1, 205: La concepción de la filosofía de la naturaleza como parte integrante de la metafísica exigiría que el ente físicamente móvil fuese idéntico al ente en cuanto ente; lo que supone no solo una mutilación de la realidad, sino también, y de una forma presupositiva, la concepción del ser como pura aptitud de cambio físico.

presupuestar *tr* **1** Hacer el presupuesto [1b] [de una cosa (*cd*)]. | *Cádiz* 36: Se terminaron obras presupuestadas en 80 millones.
2 Calcular [una cantidad] como presupuesto [1c]. | *Inf* 6.3.74, 1: Hizo variadas referencias a la política crediticia y a la aplicación del Fondo de Acción Coyuntural –10.000 millones de pesetas presupuestados– para inversiones de diverso carácter.

presupuestariamente *adv* En el aspecto presupuestario. | *Ya* 29.9.75, 22: Todas estas integraciones y declaraciones a extinguir tendrán efectividad en la fecha en que queden dotadas presupuestariamente las plantillas de los Cuerpos de Catedráticos y de Agregados de Bachillerato.

presupuestario -ria *adj* Del presupuesto [1]. | *Sem* 20.12.69, 3: Para las mujeres se inicia la fiebre galopante de los saldos y rebajas y, para los maridos, el vertiginoso funambulismo del equilibrio presupuestario.

presupuesto *m* **1** Cálculo de los gastos e ingresos previstos [para algo (*compl especificador*)]. *Tb sin compl, por consabido.* | *Economía* 174: Si los ingresos son mensuales, se hará el presupuesto para el mes, empezando por los gastos permanentes. **b)** Cálculo anticipado del coste [de una cosa]. | Cuevas *Finca* 89: Necesito, urgentemente, un presupuesto de los gastos del año que entra. **c)** Cantidad de dinero calculada para los gastos de la vida cotidiana o de algo particular. *A veces con un compl especificador.* | *Economía* 308: Vale más prescindir de ellas por completo si no podemos dedicar una ínfima parte de nuestro presupuesto a adquirir flores naturales.
2 Supuesto o postulado previo. | M. O. Faría *Rev* 12.70, 4: La palabra de Yahvé es el presupuesto, el contenido y la base de todo el profetismo bíblico. Laín *Universidad* 106: Conviene, sin embargo, examinar con alguna calma los presupuestos sobre que formalmente descansa su motivación.
3 Cosa que se necesita previamente. | Valcarce *Moral* 56: Para que obliguen es preciso conocerlos, y solo para algunos se prerrequiere el bautismo, como presupuesto. *Sp* 19.7.70, 28: Queda constituida la sociedad Confecciones Gibraltar, S.A., cuyo objeto social es "confecciones textiles de todas clases, así como todas aquellas que sean presupuesto, complemento o consecuencia de las mismas".

presura¹ *f* (*lit, raro*) Prisa o aprieto. | L. LSancho *Abc* 15.12.84, 18: Ya no se trata .. de temblorosos drogadictos en quienes la presura del síndrome de abstención .. no les dé tiempo para reparar que su víctima es un burgués o un obrero.

presura² *f* (*Fisiol*) Fermento del jugo gástrico que coagula la leche. | Navarro *Biología* 150: Se utiliza la presura de las terneras jóvenes para la fabricación del queso.

presura³ *f* (*hist*) Ocupación de tierras yermas o abandonadas. | Vicens *HEspaña* 1, 323: Es [exponente de la baja demografía] .. el sistema de presuras empleado en tales repoblaciones, que suponía una gran disponibilidad de vastos territorios incultos o despoblados a merced del primer ocupante.

presurización *f* Acción de presurizar. | J. Pedret *Van* 25.4.74, 31: La justificación del vertedero de Garraf es su utilización para el vertido controlado de basuras previa su presurización y trituración.

presurizar *tr* **1** Mantener la presión atmosférica normal [en un recinto (*cd*), esp. un avión o un vehículo espacial], con independencia de la presión exterior. | *Gac* 11.5.69, 38: El cosmonauta llevará dentro de una cápsula presurizada un reloj con diapasón del mismo sistema que Unisonic.
2 Someter [algo] a presión. | J. Pedret *Van* 25.4.74, 31: Allí se recogen las basuras, se presurizan hasta reducir a una tercera parte su volumen en camiones especiales y trasladan por autopista a vertederos lejanos.

presurosamente *adv* De manera presurosa. | L. Álamo *HLM* 30.6.75, 7: Aclaremos presurosamente que no se trata de la esotérica moral del artículo segundo de la ley de Prensa.

presuroso -sa *adj* Que actúa o se produce con prisa. | Arce *Testamento* 35: Yo me escabullía presuroso. *País* 10.11.93, 16: Visita presurosa a los Santos Lugares .. Las prisas del séquito impidieron hacer compras.

pretal *m* Petral. | GPavón *Rapto* 111: Todavía quedaban reliquias invendibles: cabezales, colleras, pretales.

prêt-à-porter (*fr; pronunc corriente*, /prét-ap-porté/) *adj* [Ropa de vestir] confeccionada en serie. *Tb n m. Tb fig.* | *Abc* 21.1.68, 59: También en nuestra sección de "Prêt-à-Porter" efectuamos gran liquidación modelos confeccionados. [*En el texto,* Pret a Porter.] *Abc* 17.10.71, 33: Se ofrece Taller y organización para realizar costura Prêt-à-Porter y confección en general, al por mayor. *Sáb* 26.10.74, 6: Presentamos en exclusiva, al entendido público, una colección monográfica, divertida y económica: Dyane-6. Original de la casa Citroën, París. Modelos prêt-à-porter, diseñados para llevarlos en cualquier época del año.

pretecnología *f* (*Enseñ*) Trabajos manuales. | *Abc* 28.5.75, 35: El Jurado .. ha otorgado los siguientes premios a las diferentes modalidades. En pintura: primer premio a Isabel Piqueras .. En pretecnología: primer premio a Rosana Serrano.

pretecnológico -ca *adj* (*Enseñ*) De (la) pretecnología. | Illueca *Mad Extra* 12.70, 13: Los ciclos pretecnológicos ponen a los alumnos en contacto con las áreas de aprendizaje técnico más significativas: madera, metal, electricidad, agricultura.

pretemporada *f* Período inmediatamente anterior al comienzo de la temporada. *Esp en deportes.* | R. Melcón *Mad* 13.10.70, 22: El club blanco se exhibió brillante y victoriosamente .. en los torneos de pretemporada.

pretenciosamente *adv* De manera pretenciosa. | Delibes *Castilla* 69: El verde vallejo .. al que los nativos, un poco pretenciosamente, denominan la Suiza de Castilla.

pretenciosidad *f* Cualidad de pretencioso. | E. Chamorro *Tri* 29.5.71, 33: Su éxito está basado en la falta de pretenciosidad y la claridad de su texto.

pretencioso -sa *adj* (*desp*) Que tiene o muestra pretensiones [1]. | Cela *Pirineo* 193: A la salida del pueblo, un chalet pretencioso anuncia lo que ya se sabe. * ¡Qué chico tan pretencioso! Alfonso *España* 39: La multitud de médicos, ingenieros, abogados, .. se unen a los no profesionales que tengan también el pretencioso empeño de encontrar colocación.

pretender *tr* **1** Aspirar a conseguir [algo]. | Arce *Testamento* 86: "¿Qué pasará cuando comprenda que Enzo no ha de volver?", me dije. Y no pretendí hallar una respuesta a mi pregunta. **b)** Querer [una pers., esp. un hombre] tener relaciones formales [con otra (*cd*), esp. con una mujer]. | Zunzunegui *Hijo* 69: Ese hombre, con quien me viste la otra noche, me pretende en serio.
2 Afirmar o sostener [algo dudoso o increíble]. | Cunqueiro *Fantini* 144: La digestión se le aparecía a Botelus como una obra casi intelectual, y el bachiller pretendía que, al termi[n]ar cada banquete, sabía dirigir los elementos más finos y esenciales de lo comido a la alimentación de la sesera. **b)** Presentar [a alguien (*cd*) como algo (*predicat*)]. | SFerlosio *País* 13.12.87, 11: ¿Así es que aquí estás tú otra vez, tratando de ofender, con tu sola presencia ante estas puertas, la dignidad de quienes por sus merecimientos se han hecho acreedores a franquearlas y gozar de la Eterna Bienaventuranza, pretendiéndote igualmente merecedor de postularla?

pretendidamente *adv* **1** De manera pretendida [2]. | GRuiz *Sáb* 18.1.75, 42: A 15 kilómetros de Utrera, en la provincia de Sevilla, ha surgido, desde hace pocos años, un fenómeno pretendidamente "apocalíptico" (o "revelacional") que tiene por centro una nueva "aparición" de la Virgen.
2 De manera voluntaria o intencionada. | Arce *Testamento* 64: Me restregué las manos por la cara y bostecé pretendidamente.

pretendido -da *adj* **1** *part* → PRETENDER.
2 Que se quiere hacer pasar [por algo]. *Antecediendo al n de aquello por lo que se quiere hacer pasar.* | F. RBatllori *Abc* 11.6.67, 7: Pasó a La Gomera con esperanza de comprar a doña Beatriz de Bobadilla .. un pretendido carabelón que luego resultó frágil barquichuelo.

pretendiente -ta (*la forma f* PRETENDIENTA, *solo como n*) *adj* [Pers.] que pretende [1a] [algo (*compl* A)]. *Frec n. Tb sin compl, por consabido.* | CBaroja *Inquisidor* 24: Don Diego de Covarrubias .. tenía por costumbre convidar a almorzar a los pretendientes a cargos de la magistratura. Cossío *Confesiones* 232: ¿Qué era, pues, don Jaime de Borbón, duque de Madrid, pretendiente a la corona de España? Arenaza-Gastaminza *Historia* 136: Al no cumplir Don Pedro I su promesa de entrega de puertos Cantábricos, los ingleses le niegan su ayuda, y es derrotado y muerto por el pretendiente en los Campos de Montiel. **b)** [Pers., esp. hombre] que pretende [1b] [a otra (*compl de posesión*), esp. a una mujer]. *Tb sin compl.* | Moreno *Galería* 208: Entre ellos debía haber concilio, antes de que pudiera contestar la muchacha al mozo pretendiente de manera afirmativa o negativa. GPavón *Hermanas* 39: No tuvieron pretendientes... No sé, tal vez los posibles novios pensaban que se tenían que casar con las dos a la vez. Mendoza *Gurb* 45: Le pregunto si, en su opinión, me costaría mucho echarme novia. Me pregunta si voy con intenciones serias o si solo pretendo pasar el rato. Hago protestas de seriedad. Me dice que, en tal caso, me van a sobrar las pretendientas.

pretensar *tr* (*Constr*) Someter a tracción la armadura de acero [del hormigón (*cd*)] antes de que fragüe. *Frec en part, a veces sustantivado como n m.* | GTelefónica *N.* 546: Tuberías de hormigón armado de grandes diámetros y presiones. Con y sin alma de chapa. Pretensados y sin pretensar. *Voz* 11.11.70, 17: Pretensados y postensados .. Contrastada la calidad, nuestro lema es el servicio.

pretensión *f* **1** Acción de pretender. *Frec en pl expresivo con sent sg. A veces con intención desp, denotando exceso, desproporción o falsedad.* | Sobrequés *HEspaña* 2, 83: Los apuros pecuniarios del soberano para financiar sus pretensiones a la Corona imperial alemana impulsáronle a rebajar la ley de los burgaleses. Arenaza-Gastaminza *Historia* 150: Alfonso V renunció a sus pretensiones sobre Castilla, y Juana la Beltraneja se retiró al convento de Santa Clara (Coimbra). Á. Ruibal *Van* 16.5.74, 11: El brigadier Dabán, con pretensiones de ascenso por méritos de guerra, hubo de lucir el segundo entorchado por riguroso escalafón.
* Tiene la pretensión de haber llegado el primero. **b)** *En pl*: Hecho de pretender ser [algo (*compl* DE)] o ser considerado [como tal (*compl* DE)]. | G. Alemán *Día* 27.6.76, 16: En sus ratos libres, cuando ya se acaba la jornada, el cura pinta sin pretensiones de pintor. **c)** *En pl*: Hecho de querer aparentar más calidad o importancia de la real. *Tb fig, referido a cosas.*
| * Es una película de muchas pretensiones.
2 Cosa que se pretende. *Frec en pl, con sent sg.* | CBaroja *Inquisidor* 46: Llorente fue, en principio, un clérigo regalista más y contrario a las pretensiones de Roma.

pretensioso -sa *adj* Pretencioso. | Fuster *País Valenc.* 370: Es una ciudad amplia, con un barrio un tanto pretensioso. Cela *Alcarria* 92: El viajero prefiere decir el jardín a los jardines porque le parece menos pretensioso.

pretenso -sa *adj* (*lit*) Pretendido [2]. | FReguera-March *Cuba* 352: Hubo de liquidar, casi, aquel inoportuno balance de los pretensos errores de la Restauración. Zunzunegui *Hucha* 1, 83: No hay nada que conserve la salud como los malos deseos, sobre todo cuando son de pretensos herederos.

pretensor -ra *adj* (*raro*) Pretendiente [a algo]. *Tb n.* | Bermejo *Derecho* 153: Los de la junta o concejo exponen los méritos que reúnen los "pretensores" o pretendientes a las varas [de alcalde].

preterición *f* **1** Acción de preterir. | CBonald *Ágata* 174: Ni buenas ni malas eran por entonces las relaciones entre Araceli y Manuela, ya que si esta rehuía las intimidades y rosarios en familia, aquella ignoraba con una sucinta preterición a la suegra. *Compil. Cataluña* 724: La preterición de legitimario no dará lugar a la nulidad del testamento.
2 (*TLit*) Figura retórica que consiste en decir que se calla algo que se está diciendo. | López-Pedrosa *Lengua* 54: Preterición: decir lo que prometemos callar.

preterintencional *adj* (*Der*) (*Delito*) que causa un daño superior al pretendido. | *Ya* 3.11.77, 36: El letrado defensor .. alegó que no se habían practicado todas las pruebas, así como que se trataba de un homicidio preterintencional.

preterintencionalidad *f* (*Der*) Cualidad de preterintencional. | *País* 13.5.80, 31: No podrán ser directores [de periódicos] "los condenados por delito doloso no rehabilitados, salvo que se hubiese apreciado como muy cualificada la circunstancia de preterintencionalidad en los delitos contra las personas".

preterir (*solo se conjuga en algunas formas que tienen* -i- *en el formante*) *tr* **1** Postergar. | Lera *Bochorno* 8: Es injusto que los "jóvenes corrientes" permanezcan preteridos y olvidados en la gran escena representativa de nuestra época. V. A. Pineda *Des* 12.9.70, 18: El estatuto de "La Biennale" .. debe sustituirse sin más dilaciones por uno actual, renovado, coherente, preterido a causa de la larga crisis gubernamental italiana.
2 (*Der*) Omitir [a un heredero forzoso] en la institución de herederos, sin desheredarlo expresamente en el testamento. *Frec en part, a veces sustantivado.* | *Compil. Cataluña* 723: Es preterido el legitimario cuando no ha sido mencionado en el testamento de su causante. *Compil. Cataluña* 724: Al preterido le quedará a salvo el derecho a exigir lo que por legítima le corresponda.

pretérito -ta *adj* (*lit*) Pasado o no actual. *Tb n m, referido a tiempo.* | Moix *Des* 12.9.70, 12: Añora tal vez [Pasolini] una pretérita libertad perdida. Alfonso *España* 33: La sencillez y verdadero funcionalismo .. con que el mundo pretérito se desenvolvía frente a muchas necesidades. A. Assía *Van* 4.11.62, 15: Con el inmovilismo, quien parece relegado al pretérito es el ministro de Defensa, Herr Strauss. **b)** (*Gram*) [Tiempo verbal] que expresa que la acción ocurrió en el tiempo pasado. *Frec n m.* | Torrente *Saga* 535: Este objeto fue miembro de un cuerpo, y suplico a Vuesas Señorías que adviertan el uso que hago de un verbo sustantivo en pretérito. Amorós-Mayoral *Lengua* 20: El verbo. Es inaceptable añadir una "s" a la segunda persona del singular del pretérito indefinido. **c)** (*Gram*) [Participio] (**de**) ~ → PARTICIPIO.

preterización *f* (*raro*) Acción de preterizar. | Benet *Otoño* 48: Acaso de esa capacidad para la preterización –frustración de la historia e inmolación del presente– deriva su mejor invento en cuanto novelista.

preterizante *adj* (*raro*) Que preteriza. | GPavón *Teatro* 1963 29: *La Bella Dorotea* ya es un título preterizante y humorístico.

preterizar *tr (raro)* Dar carácter pretérito o pasado [a algo (cd)]. *Tb abs.* | Benet *Otoño* 48: Me pregunto sobre la capacidad de Baroja para preterizar. De alguna manera .. Baroja encerró todo el abigarrado conjunto de los problemas de su tiempo en una boreal y serena novela, aureolada de cierta intemporalidad.

pretermitir *tr (raro)* Postergar o preterir. | J. GAtienza *His* 7.77, 33: Dos santos pretermitidos y tenidos por milagreros contribuyeron, con su influencia, al reconocimiento oficial del primitivo santuario: San Bernabé .., por un lado; por el otro, San Tirso.

preternatural *adj (Rel)* Que sobrepasa lo natural. *Tb fig, fuera del ámbito técn.* | Valcarce *Moral* 61: El pecado original, al exterminar en el hombre los dones preternaturales, soltó las riendas a las pasiones. Lázaro *JZorra* 49: –¡Han resucitado [los cerdos]! ..– Y, en efecto, algo así, desusado, con visos de preternatural, por lo menos, sucedía.

pretextar *tr* Alegar [algo] como pretexto. | Laiglesia *Ombligos* 327: No hay duda de que cada cual está dispuesto a cargar con la parte contraria, y no vale querer librarse después pretextando que uno dijo "sí" a la ligera.

pretexto I *m* **1** Razón que se alega para ocultar el verdadero motivo de una acción u omisión. | Laforet *Mujer* 13: Lo mejor será que él nos lleve a Ponferrada .. Estoy seguro de que a él le gustará tener ese pretexto para cenar fuera de casa.
II *loc prep* **2 con (el) ~, so ~,** *o, semiculto,* **a ~, de.** Alegando el pretexto [1] de. | PRivera *Discursos* 17: La mujer casada tiene otras obligaciones ineludibles, mientras los hijos son pequeños, que no puede escamotear so pretexto de realizarse en su personalidad. *SInf* 11.10.73, 10: Las gentes de un pueblo leonés .. protestando de la venta de algunas piezas religiosas a un anticuario orensano, a pretexto de la construcción de un nuevo templo parroquial.

pretibial *adj (Anat)* Situado en la cara anterior de la tibia. | Alvarado *Anatomía* 56: Bolsa serosa pretibial.

pretil *m* Muro, barandilla o vallado que se pone en los puentes y sitios semejantes para evitar caídas. | CNavarro *Perros* 19: En los pretiles de los puentes .. los faros descubrían anuncios. CBonald *Ágata* 106: Empujaron prontamente el informe amasijo del muerto y lo trastumbaron por el resbaladizo pretil de la charca. Buero *Hoy* 50: Se acerca a la derecha y mira a la calle por el pretil [de la terraza]. SFerlosio *SPaís* 3.2.85, 17: Como cuando se adorna una glorieta, .. haciéndole un parterre, una fuente, unos pretiles.

pretina *f* **1** *En una prenda de vestir, esp un pantalón o una falda:* Tira que se pone en la cintura y sirve para ajustarla. | CNavarro *Perros* 203: Las manos las había ocultado en la pretina de los pantalones. *Puericultura* 14: Se confecciona [el pañal] con tres telas cogidas con una pretina que ajusta en la cintura.
2 *(raro)* Correa o cinta usada como cinturón. | FSantos *Cabrera* 103: Quedó tendida, dispuesta a escapar. Intentó alzarse, mas el antiguo señor la derribó, poniéndola al alcance de su nuevo amo. En un instante volaban por el aire pretina, enaguas, pantalones, hasta quedar los dos convertidos en ciegos gusanos tratando de ponerse a salvo.

preto -ta *adj (reg)* Prieto. | Aldecoa *Cuentos* 2, 104: El muelle está muy preto. [*En el encendedor*.]

pretor *m (hist)* **1** *En la antigua Roma:* Magistrado encargado de la administración de justicia. | Tejedor *Arte* 47: Las principales magistraturas republicanas .. fueron: .. los censores, encargados del censo y de la vigilancia de las costumbres; los pretores, de la administración de justicia.
2 *En la antigua Roma:* Gobernador de provincia. | J. Atienza *MHi* 8.66, 81: Oriundo de Portugal, el apellido Silva desciende de un pretor de Lusitania, llamado Silvo, que vivió en el Imperio de Nerón.

pretorianismo *m* Tendencia a la intervención abusiva de los militares en la política. | P. J. Ramírez *D16* 24.2.85, 3: Si un país .. quedara internacionalmente a la deriva, el pretorianismo subyacente .. en nuestras Fuerzas Armadas volvería a emerger en cuestión de meses.

pretoriano -na *adj* **1** *(hist)* De(l) pretor. | * La autoridad pretoriana era de carácter judicial.
2 *(hist) En la antigua Roma:* [Guardia] personal del emperador. | Arenaza-Gastaminza *Historia* 49: Calígula: Personaje desequilibrado, gobernó tiránicamente; fue asesinado por la tropa pretoriana. **b)** *(lit)* [Guardia] encargada de proteger a un político o a un personaje destacado. | *Sáb* 6.8.75, 13: En Rusia es el poder militar de o contra los "strelitzs", especie de fanática guardia pretoriana, la que permite que los Romanoff funden una dinastía que iba a durar trescientos años. **c)** *(hist o lit)* De (la) guardia pretoriana. *Tb n, referido a pers.* | GNuño *Escultura* 29: Fueron [los iberos] aliados y mercenarios de Dionisio el Viejo de Siracusa y pretorianos de su hijo Dionisio el Joven. Gala *Séneca* 76: En dos días, mientras Burrus convencía al ejército dándole quince mil sestercios a cada pretoriano, yo tuve que escribir la oración fúnebre. M. F. González *País* 20.3.77, 12: Carcajadas y vítores corearon las palabras del líder ultrafranquista mientras banderas de Falange y pretorianos uniformados decoraban el escenario de la presidencia del acto.

pretorio *m (hist) En la antigua Roma:* Palacio en que vive y ejerce sus funciones el pretor. | GNuño *Arte* 17: En ella [la ciudad], los templos, el pretorio, el foro y la curia servían para recordar al hispano que la cabeza del Estado radicaba en Roma. Cela *Viaje andaluz* 224: Según cuentan, [la Casa de Pilatos] está calcada del pretorio de Jerusalén.

pretuberculoso -sa *adj (Med)* Que padece una tuberculosis incipiente. *Tb n, referido a pers.* | J. Balansó *SAbc* 16.6.68, 32: Pretuberculosa, el matrimonio precipitó en la muerte a aquella belleza de dieciocho años. CBaroja *Baroja* 103: Gerardo tenía un aire triste de pretuberculoso.

pretura *f (hist)* Cargo o dignidad de pretor. | *Coruña* 13: Durante la época de la Pretura las huestes de Julio César, tras someter a los herminios de la sierra de la Estrella (Portugal), llegan victoriosos a Brigantium (Betanzos).

preu *m (col)* Curso preuniversitario. | *HLSa* 9.11.70, 2: Bachillerato, reválidas, preu, oposiciones al Magisterio.

preuniversitario -ria *adj* Preparatorio para el ingreso en la universidad. *Gralm m, referido a curso.* | *PapD* 2.88, 209: Se trata en todo caso de una experiencia a tener en cuenta para la definitiva reestructuración de la etapa preuniversitaria. Payno *Curso* 7: A todos los compañeros de curso que he tenido en el Preuniversitario y primeros cursos de la Universidad.

prevalecer *(conjug 11) intr* **1** Imponerse o triunfar [una pers. o cosa sobre otra(s) *(compl* ENTRE, SOBRE *o* CONTRA)]. *Tb sin compl.* | Vesga-Fernández *Jesucristo* 85: Sobre esta piedra edificaré mi Iglesia, y las puertas del infierno no prevalecerán contra ella. J. M. Nieves *ByN* 3.10.93, 77: Vagones cargados de dinosaurios a través de territorio indio, espionaje, zancadillas y toda clase de subterfugios para prevalecer sobre el rival, fueron el escenario en el que se movieron estos dos hombres extraordinarios.
2 Sobresalir o destacarse [una cosa sobre otra(s) *(compl* SOBRE *o* ENTRE) o en otra]. | MMolina *Jinete* 35: Aquella torre oscura que prevalecía como un coloso decrépito sobre los tejados. Onieva *Prado* 173: Hizo pintura religiosa para El Escorial, si bien su fama prevaleció en el retrato.

prevaleciente *adj* Que prevalece. | Carandell *Tri* 19.8.72, 12: La decisión municipal de que aquí se trata es altamente significativa de la marcha de las cosas y de las ideas prevalecientes en estos reinos. Goytisolo *Recuento* 219: Muralla prevaleciente sobre cuantos la fueron reemplazando en la función de proteger las vilanovas medievales.

prevalencia *f* **1** Hecho de prevalecer. | J. M. RGallardón *Abc* 17.12.70, sn: La moderna lucha por el Derecho es en verdad una aspiración a la prevalencia del hombre como su destinatario. *VNu* 9.9.72, 9: En este sentido se prevé una prevalencia creciente de la línea legalista sobre la posible línea de pastoral.
2 *(Med)* Proporción de pers. que sufren una determinada enfermedad. | C. Barbera *TMé* 6.1.84, 12: El grupo pone especial énfasis en la ETS de reciente descripción, como el SIDA, o en las patologías que están aumentando su prevalencia, como puede ser el herpes genital.

prevalente *adj* Que prevalece. | Franco *Discurso* 36: Hay que traer a consideración la tendencia individualista del pueblo español .. y la falta de arraigo de las fórmulas políticas prevalentes en Occidente.

prevalentemente *adv* (*raro*) De manera prevalente. | J. M. Burgos *Ecc* 15.11.63, 35: Se dijo desde el principio que este Concilio sería prevalentemente pastoral.

prevalerse (*conjug* **33**) *intr pr* Valerse o servirse [de algo que supone un privilegio o ventaja]. | *Inf* 27.5.70, 9: Una falta .. de la que son responsables .. los denunciados policías municipales, con la circunstancia agravante de prevalerse de su cargo. Delibes *Castilla* 85: Ángel Rodríguez se prevale de su noble condición didáctica para inculcar en los niños el amor a la naturaleza. **b)** Valerse o servirse [de algo] de manera abusiva o ventajosa. | Mendoza *Ciudad* 121: La ley era generosa en garantías y aun en subterfugios, porque no había sido hecha para que la purria se prevaliese de ella.

prevalimiento *m* Acción de prevalerse. | I. Fuente *País* 23.8.87, 15: Lo habitual es que estos delitos se incluyan en el estupro con prevalimiento (acceso carnal a un menor prevaliéndose de su superioridad).

prevaricación *f* Acción de prevaricar. | M. Llopis *Abc* 22.6.75, 19: El obispo debe sentirse seriamente preocupado .. ante toda prevaricación que dificulte y retarde el plan de salvación, querido por Dios y para sus hijos.

prevaricador -ra *adj* Que prevarica. *Tb n, referido a pers.* | *Economía* 124: Al hacer la recomendación ya damos por sentado que el tribunal que juzgue el concurso o examen es un tribunal prevaricador. S. Vallina *Lev* 22.2.75, 20: Obra [el purgatorio] por demás útil, incluso necesaria, que introducía la posibilidad de un castigo provisional para los prevaricadores de menos cuantía.

prevaricante *adj* (*raro*) Que incita a la prevaricación. | Cobos *Machado* 63: Le sacaba de quicio la otra villanía del obsequio prevaricante en la época de los exámenes.

prevaricar *intr* **1** Faltar [un empleado u organismo público] a sus deberes, actuando injustamente, a sabiendas o por ignorancia inexcusable, para favorecer a alguien. | J. A. Sánchez *Abc* 15.6.91, 31: La ministra también ha prevaricado. Umbral *País* 2.10.76, 20: Dice el espía croata .. que el Consell ha prevaricado.
2 (*lit*) Transgredir una ley, esp. la divina. | * El justo prevarica siete veces al día.

prevaricato *m* (*Der*) Prevaricación. | CBonald *Casa* 220: Era una intrincada historia de prevaricatos, estratagemas impensables y resentimientos.

prevención *f* **1** Acción de prevenir(se). | Villapún *Moral* 65: Prevenir la tentación .. Esta prevención supone dos cosas que nos recomienda el mismo Jesucristo cuando dice: "Vigilad y orad, para que no caigáis en la tentación". J. M. Villar *Ya* 23.9.70, 15: ¿Por qué se cierra el mandato con la prevención de que el conocimiento de tales cuatro clases de "juicios" .. corresponde a los juzgados?
2 Actitud hostil o de recelo hacia alguien o algo. | * Tiene cierta prevención a las piscinas públicas. * Probó mi pastel no sin cierta prevención.
3 Cosa prevenida. | *Inf* 6.5.71, 6: Los que considerándose comprendidos en las prevenciones de esta ley no hagan uso a su debido [ti]empo de la facultad que se les confiere en la base segunda .. quedarán obligados a la prestación del servicio militar.
4 (hoy raro) Puesto de policía o vigilancia de un distrito, adonde son llevados los detenidos. | MSantos *Tiempo* 163: Ella nunca hubiera comprendido que hubiéramos pedido un taxi y hubiéramos enviado su amor a la prevención.

prevenible *adj* Que se puede prevenir. | *Ya* 6.6.74, 6: No es posible remediar la muerte de esos cinco niños y el grave estado de otros, pero sí lo es aprovechar esta dolorosa ocasión para prevenir, con los recursos existentes, todo lo prevenible.

prevenido -da *adj* **1** *part* → PREVENIR.
2 [Pers.] que tiende a prevenirse para cualquier necesidad. | * Como es tan prevenido, llevaba un fusible de repuesto.

prevenir (*conjug* **61**) **A** *tr* **1** Precaver [un peligro o daño]. *Tb abs.* | Villapún *Moral* 65: Prevenir la tentación. Por todos es conocido aquel refrán español que dice: "Más vale prevenir que curar".
2 Prever (pensar que [algo] puede suceder y tomar las medidas adecuadas). | *D16* 5.7.85, 2: El que Felipe González no hubiera prevenido esta eventualidad es claro indicio de una bisoñez conmovedora.
3 Advertir o informar con anticipación [de algo (*cd*) a alguien]. | Armenteras *Epistolario* 168: Le cito y convoco a dicha Junta .. previniéndole que, de no asistir, le parará el perjuicio que en derecho haya lugar. **b)** Advertir o informar con anticipación [a alguien (*cd*) de algo]. *Tb sin compl* DE. | Torrente *DJuan* 157: El Comendador les encargó que previniesen al Ventero, que no tardó en llegar.
4 Establecer u ordenar [algo (*cd*) un reglamento o ley (*suj*), o en un reglamento o ley (*compl* EN)]. | Cossío *Confesiones* 322: Estoy seguro que declinará sus poderes en mí, como previene la Constitución. *Compil. Cataluña* 665: Serán irrevocables [las capitulaciones], salvo lo prevenido en esta Compilación.
5 Predisponer [a una pers. en contra o a favor de otra o de una cosa]. | J. Carabias *Ya* 6.7.75, 8: La reciente edición de ese Festival hacía el número XIII. Esto, aun escrito en números romanos, como figuraba en los programas, ya previene un poco en contra.
6 Preparar o disponer con anticipación. | A. Álvarez *SYa* 6.4.75, 11: Para una reina [Isabel la Católica] piadosa en grado sumo y responsable, era el momento supremo de poner su alma a bien con Dios y prevenir el futuro de una España que se forjó bajo su cetro.
7 (*raro*) Proveer [a alguien de algo] con anticipación. *Frec el cd es refl.* | * Se previno de todo lo necesario para el viaje.
B *intr pr* **8** Precaverse (de o contra alguien o algo). *Tb sin compl.* | *Economía* 330: Conviene, por lo tanto, prevenirse de estos accidentes tomando el sol poco a poco. Ortega *Americanos* 153: Algunos tienen ligas anti-difamatorias. Se previenen porque temen.

preventivamente *adv* De manera preventiva. | Carandell *Madrid* 62: En Madrid .. no se hace contrato ni negocio sin que los contratantes alardeen preventivamente de sus relaciones con abogados.

preventivo -va *adj* **1** Que previene o sirve para prevenir, esp [1]. | Alfonso *España* 97: El punto de vista determinista debe conducir, para ser consecuente, a un tratamiento preventivo. Ramírez *Derecho* 169: El [testamento] hecho a favor de los hijos puede ser puro, preventivo y prelativo ..; por el segundo, el heredante instituye heredero entre sus hijos nacidos o nacederos, para el caso de fallecer sin sucesor universal, contractual o testamentario.
2 [Prisión] que sufre el acusado en espera de juicio. | *Nue* 8.11.70, 4: La orden presidencial se refiere a todos los sometidos a prisión preventiva que no estén directamente vinculados a las acciones terroristas. **b)** [Preso] que está en prisión preventiva. *Tb n.* | Tomás *Orilla* 242: –Como no me ponen en bola, tengo que hacer lo que sea para darme el piro. –Un mal rollo, colega. Nunca sale bien. Y además, te queda poco. Vas de preventivo, que no es condena. **c)** De (la) prisión o de(l) preso preventivos. | Llamazares *Río* 55: Tiempos hubo, y no lejanos, en los que este viejo torreón abandonado fue cárcel preventiva del distrito. *Ya* 30.12.87, 11: De estos siete años, Javier Anastasio ha pasado cuatro en la cárcel en situación preventiva.

preventorial *adj* De(l) preventorio. | *Puericultura* 58: También formas de tuberculosis "cerradas", no contagiosas, .. son justificables del envío a un Centro preventorial. *Alc* 12.11.70, 18: Colonias preventoriales.

preventorio *m* Establecimiento destinado a prevenir el desarrollo de ciertas enfermedades, esp. de la tuberculosis. | *Puericultura* 57: Cómo se evita la tuberculosis, Preservación de la infancia, Preventorios. Sanatorios marítimos. G. L. DPlaja *Tri* 13.2.71, 12: Las grandes ciudades suelen disponer también de un preventorio psiquiátrico.

prever (*conjug* **34**) *tr* **1** Ver con anticipación. | S. Lorenzana *Pap* 1.57, 46: Fray Martín previó, con sagacidad innegable, lo que el descubrimiento de los viejos Cancioneros galaico-portugueses iba a confirmar más tarde. **b)** Conjeturar [algo futuro]. | Kurtz *Lado* 10: Si de la conjunción del pasado y del presente pudiera preverse un futuro, los resultados serían óptimos.
2 Pensar que [algo] puede ocurrir, y tomar las precauciones o medidas adecuadas. | Medio *Bibiana* 11: "No volvamos a hablar más de esto." Así termina siempre Marcelo

Prats sus discusiones con Bibiana. Bibian[a] lo tiene también previsto. Si conocerá ella a Marcelo. * Hay que prever la posibilidad de que te suspendan.
3 Establecer con antelación. | V. Salaner *Inf* 13.6.74, 10: Este acuerdo .. prevé que las reservas nacionales del metal sean utilizables de forma limitada. **b)** Proyectar [algo futuro]. | * Tenía previsto ir al cine esta tarde.

preverbio *m* (*Ling*) Prefijo antepuesto a una raíz verbal. | RAdrados *Lingüística* 200: No es raro que unas lenguas presenten usos estilísticos o esporádicos allí donde otras los tienen gramaticales. Así, por ejemplo, el valor aspectual del verbo con preverbio en lenguas como el gr[iego], el lat[ín] o el gótico.

previamente *adv* De manera previa. | CNavarro *Perros* 49: Junto con el dinero había sacado un papelito previamente preparado.

preview (ing; pronunc corriente, /prebiú/) *f* Exhibición especial de un espectáculo, previa a su presentación pública. | *Ya* 8.6.85, 54: Dos buenos conciertos abrieron una movidísima semana rockera en Madrid. El primero fue el de Mamut, esa especie de "preview" de lo que será su show y que se montó en la Stadium durante la fiesta de reapertura de este local para el rock.

previo -via *adj* Anterior en el tiempo. *Frec en constr absoluta, precediendo al n.* | Lera *Olvidados* 128: El médico insistía en sus palpaciones. Por último, dio por terminado aquel examen previo. R. DHochleitner *Fam* 15.11.70, 49: Brotan .. las bases de una ética social capaz de englobar y hacer valer en el futuro, previa cuidadosa revisión, el conjunto de los valores hoy admitidos casi solamente a escala estrictamente individual.

previsibilidad *f* Cualidad de previsible. | L. LSancho *Abc* 21.6.75, 6: La diferencia esencial entre un planetario celeste y un planetario político está en la previsibilidad o imprevisibilidad de los acontecimientos.

previsible *adj* Que se puede prever. | *SMad* 13.12.69, 3: Esta solución es una exigencia pastoral y una previsible consecuencia de la evolución en el equilibrio de derechos y deberes entre Iglesia y Estado.

previsiblemente *adv* De manera previsible. | *Sp* 19.7.70, 25: En esta cantidad se incluyen .. unos 800 millones de pesetas a invertir, previsiblemente, en la Empresa Nacional Bazán.

previsión *f* **1** Acción de prever. *Tb su efecto.* | L. Monje *Abc* 30.12.65, 85: Los acaparadores que cita Cela vieron superadas sus previsiones de compra y tardaron en concertar los precios que imponía la magnifica cosecha. *Leg. contencioso-adm.* 20: El Instituto Nacional de Previsión está sometido plenamente a la tutela del Estado.
2 Cualidad de previsor [1] . | * Si alguna cualidad destaca en él, es la previsión.

previsor -ra *adj* **1** Que prevé [2]. | C. Lacalle *MHi* 10.60, 5: Esta orquídea, que es Hispanoamérica, tuvo excelente y previsor jardinero. RMartín *Mad Extra* 12.70, 34: Exigía únicamente un plan de ordenación para controlar de una vez el desarrollo de este pulpo con tentáculos desproporcionados que intenta parecerse a una ciudad moderna y previsora.
2 Que implica previsión. | E. Corral *Abc* 21.8.66, 77: Si se tratara de otra clase de espacios televisuales .. nada diríamos, porque entonces la medida previsora era no solo correcta, sino necesaria.

previsoramente *adv* De manera previsora [2]. | Gironella *Millón* 473: Rellenó la postal que llevaba previsoramente.

prez *m o f* (*lit*) Gloria u honor. | Escobar *Itinerarios* 143: Castilla es .. un manantial de hechos y de reliquias de gran prez y gloria.

priápico -ca *adj* (*lit*) De(l) príapo. | Umbral *País* 21.5.78, 17: Al chuzo no le veo yo mayormente la cosa priápica.

priapismo *m* (*Med*) **1** Erección anormal del pene sin apetito venéreo. | Cela *Escenas* 35: Indalecio Villapaderne .. padece de priapismo, lo que siempre consuela.
2 Exaltación exagerada del impulso sexual en el hombre. | *Cam* 11.8.75, 49: A juzgar por la cantidad de penes y vaginas que flotan por sus ciento cincuenta y siete páginas, se puede pensar que .. su autor padecía priapismo.

príapo *m* (*lit*) Pene. | GPavón *Rapto* 134: El hombre habrá querido hacer la última intentona para avivarse el príapo. J. Ximeno *Inf* 14.11.74, 23: Esto es príapo de ciervo, que se recetaba para remediar la impotencia.

priba → PRIVA.

prieguense *adj* Prieguéño. *Tb n.* | *Cór* 31.8.91, 25: La monumental ciudad de Priego de Córdoba se dispone a celebrar, un año más, su feria .. "Agropriego" es un aliciente más a sumar a los muchos espectáculos que estos días de feria ofrecen a los prieguenses y visitantes.

prieguéño -ña *adj* De Priego de Córdoba (Córdoba). *Tb n, referido a pers.* | En. Alcalá *Cór* 31.8.91, 28: Según cuentan las crónicas prieguéñas, los cañonazos de esta batalla cordobesa se oyeron por todo Priego. Pemán *Andalucía* 220: Alcalá Zamora –memorable "prieguéño" presidente de nuestra segunda República–.

priesa *f* (*reg*) Prisa. | MCalero *Usos* 47: Aviaban la era con priesa.

prietamente *adv* (*raro*) De manera prieta [1]. | GPavón *Hucha* 1, 56: Miraban sin hablarse entre sí, con los ojos prietamente empeñados en el trance.

prieto -ta *adj* **1** Apretado. | Torbado *Corrupciones* 346: En el puerto de Amsterdam hay marinos que cantan, marinos que beben .., marinos que fuman, marinos cuyos vientres sudan prietos a los de las prostitutas. E. GGonzález *Pro* 13.8.75, 22: Garnacha. Brotación verde. Porte erguido. Hojas verde claro, pequeñas. Racimos de varios colores, prietos. P. Urbano *Abc* 24.10.76, 13: Se inicia una marcha calle abajo, cantando el "Cara al sol". Los rostros tensos, el gesto duro, las filas... prietas, muy prietas. Ferres-LSalinas *Hurdes* 111: Cuando de novios iba a verla, tenía que cruzar un encinar tan prieto como no le hubo visto por otras tierras. Lera *Bochorno* 35: Leía con suma atención unos folios mecanografiados, prietos de letras y de números.
2 Duro y consistente. *Esp referido a carne o a la pers que la posee.* | Delibes *Ratas* 154: Al ceder el viento empezaran a caer las primeras gotas prietas, turgentes, como uvas, que restallaban en la tierra reseca. Payno *Curso* 182: La carne estaba rosa, prieta y tierna. Cela *Pirineo* 92: Una zagala prieta y sordomuda y aromáticamente verrionda le brinda la revolcada y violenta merced de su compañía.
3 (*reg*) Avaro o tacaño. | E. Satué *Nar* 11.77, 6: Este [el hombre del llano] ve al montañés como a un avaro y huraño, "prieto".
4 (*hist*) [Dinero] de color negro y ley baja, equivalente a 2/3 del burgalés. | Sobrequés *HEspaña* 2, 83: Estos dineros prietos contenían solo 2/3 de la plata que componían los burgaleses, que al parecer fueron llamados corrientemente dineros blancos por oposición a los negros o prietos.
5 [Vómito] ~ → VÓMITO.

prima[1] *f* **1** Premio concedido por una autoridad para estimular una operación o una empresa. | *Abc* 27.1.70, 14: La subvención, la ayuda, la desgravación, la prima, etc., no revelan .. otra cosa que la "enfermedad" económica de un sector. **b)** Cantidad que recibe un deportista como premio especial. | * En caso de empate los jugadores recibirán una prima de 500.000 pesetas.
2 Cantidad añadida, por algún concepto extraordinario, a la que constituye un pago. | Gironella *Millón* 222: El tranviario le cobró prima para devolverle calderilla.
3 Cuota que el asegurado paga al asegurador. | *Inf* 26.12.74, 14: El automóvil. Aumento en la prima de los seguros. No se prevén nuevas revisiones de tarifas.

prima[2] → PRIMO.

primacía *f* Condición de primero o más importante. | PRivera *Discursos* 17: Es preciso darle la primacía a lo que debe tenerla y hacer compatible la vida doméstica con el trabajo de la mujer. M. Mora *Act* 25.1.62, 43: A este concurso acuden, más o menos voluntariamente, todas las primeras damas del mundo, sea su primacía la de la política, la del cine, la del dinero o la de la sangre.

primacial *adj* De (la) primacía. | J. M. Burgos *Ecc* 16.11.63, 35: El Romano Pontífice .. (cuyo derecho primacial

primada - primaveralmente

sobre todos los pastores y fieles queda íntegro y salvo), goza de suprema y plena potestad.

primada *f (col)* Acción propia de un primo [4]. | Delibes *Cazador* 113: Las Mimis dicen que es una primada echarse novio antes de los veinticinco.

primado¹ -da *adj* (Obispo) que tiene primacía sobre los demás obispos o arzobispos [de un país o región]. *Tb n m*. | J. Balansó *SAbc* 16.6.68, 32: El cardenal primado la unge con la Extremaunción. *Hola* 30.7.83, 91: La ceremonia fue presidida y oficiada por don Marcelo González Martín, cardenal arzobispo de Toledo, primado de España y prioste de honor de dicho Capítulo [del Santo Sepulcro de Toledo]. **b)** De(l) obispo primado. | *Abc* 29.8.72, 23: Comenzó en Toledo la Semana de Estudios sobre problemas teológicos .. Finalizada la misa fue ofrecido a los semanistas y público asistente un concierto de órgano a cargo del primer organista de la santa iglesia catedral primada.

primado² *m* Primacía. | Villapún *Iglesia* 14: Le mereció en recompensa la promesa del Primado sobre su Iglesia.

primadona *f* Prima donna. | Cunqueiro *Crónicas* 131: Aquí viene una primadona que se llama Jacomini da Monza.

prima donna *(it; tb con la grafía* **primadonna**; *pronunc corriente, /príma-dóna/) f* Mujer que canta primeros papeles en las óperas. *Tb fig, fuera del ámbito musical*. | L. Alberdi *DBu* 27.12.70, 3: Figuraban el barítono burgalés Luis García Prieto y la prima donna Soledad Curieses-Barbaglia. *Abc* 15.11.93, 90: Las "primadonnas" del tenis, en su cátedra de maestras de Nueva York.

prima facie *(lat; pronunc corriente, /príma-fátie/) loc adv* A primera vista o de primera intención. | L. Calvo *Abc* 7.9.66, 29: Si esas enmiendas no son "prima facie" aceptadas. Aranguren *Marxismo* 169: Conciencia social quiere decir, *prima facie*, conciencia del problema social.

primal -la *adj* [Cabra u oveja] de más de un año y menos de dos. *Tb n*. | Moreno *Galería* 69: Siempre las "primalas" eran unas reses lozanas y jóvenes; lo mejor del rebaño.

primar¹ A *intr* **1** Tener primacía u ocupar el primer lugar. *Frec con un compl* SOBRE *o* EN. | L. Rojas *Abc* 19.11.64, sn: La India es, ante todo, un pueblo religioso, sentimiento este que prima sobre cualquier otro económico, histórico o político. Alfonso *España* 24: Si España prima algo en el mundo, es en el ámbito de la cultura y el arte. **B** *tr* **2** Dar primacía [a algo (*cd*)]. | VMontalbán *Delantero* 60: Los mensajes tienden a dividirse en dos: los que tienen un contenido preferentemente semántico y los que tienen un contenido preferentemente estético. Es decir, los que atienden a primar la significación, la comunicabilidad, y los que introducen la polisemia, una cierta libertad de lectura.

primar² *tr* Conceder una prima¹ [1] [a alguien o algo (*cd*)]. | *Inf* 14.8.70, 9: El gas-oil de referencia procedía .. de los llamados cupos agrícolas y de pesca, que, primados por el Estado, se suministran a los beneficiarios al precio de 3,42 pesetas. **b)** Premiar o recompensar. | Umbral *Ninfas* 52: Los frailes debían primar, seguramente, la aportación de nuevos congregantes por parte de los veteranos.

primariamente *adv* De manera primaria. | Aranguren *Marxismo* 21: El término "marxismo" es, primariamente y en principio, muy preponderantemente cognitivo, puesto que se refiere a una teoría.

primariedad *f* Cualidad de primario, *esp* [2]. | P. Corbalán *SInf* 25.3.71, 3: Al buen tuntún ha dicho que pintó Picasso "Les demoiselles d'Avignon" y ha añadido que lo hizo con "una primariedad inexplicable". JLozano *Inf* 23.3.78, 18: La Prensa periódica o de folleto ganó la partida al libro, y el café o la tertulia se la ganaron al estudio y a la meditación, porque la política había vencido a la mística, la *pose* a la convicción profunda y la primariedad a la reflexión.

primario -ria *adj* **1** Primero o de primer grado. *Normalmente solo se usa en series de muy pocos elementos, contraponiéndose a* SECUNDARIO, TERCIARIO, CUATERNARIO. | *Inf* 30.3.74, 2: Conseguir que los centros [docentes] estatales de los niveles primario y medio tengan un nivel de calidad alto. **b)** (*Geol*) [Era] comprendida entre el precambriano y la Era Secundaria, y cuyos terrenos datan de 500-200 millones de años a.C. *Tb n m*. | Bustinza-Mascaró *Ciencias* 381: Se admiten cinco Eras bien determinadas, denominadas Arcaica, Primaria, Secundaria, Terciaria y Cuaternaria. **c)** Perteneciente a la Era Primaria. | Ybarra-Cabetas *Ciencias* 156: Los terrenos primarios están formados por materiales oscuros de bastante compacidad.

2 Primitivo o elemental. | Valls *Música* 144: Ningún libro ni el más exaltado panegírico de la jota pueden comunicar esta fuerza, un tanto ruda y primaria, pero intensa y vibrante, que trasciende de la ejecución directa de esta singularísima danza.

3 Básico o fundamental. | Martinillos *DBu* 19.9.70, 5: Una de las medidas primarias a adoptar será la de eliminar las graveras, pues una playa artificial no se concibe con ellas. **b)** (*Fís*) [Color] del que pueden ser derivados los demás. | *Hacerlo* 112: Si mezclamos dos primarios, resulta un tercer color llamado secundario.

4 (*Econ*) [Sector] que comprende los productos de la naturaleza. | *SInf* 5.12.70, 2: La evolución del sector primario valenciano ha sido, en la última década, bastante satisfactoria. **b)** De(l) sector primario. | Ortega-Roig *País* 104: La economía de un país puede ser primaria o secundaria. Si solo se limita a obtener productos de la naturaleza, materias primas: trigo, lana de las ovejas, pescado, mineral de hierro, etc., la economía de un país será primaria.

5 (*Quím*) Que resulta de la sustitución de un átomo o grupo. | Aleixandre *Química* 192: Aminas .. Pueden ser primarias, secundarias o terciarias, según que se reemplace uno, dos o tres átomos de hidrógeno del amoniaco.

primate I *adj* **1** (*Zool*) [Mamífero] plantígrado con extremidades terminadas en cinco dedos, de los cuales el pulgar es oponible al menos en las manos. *Frec como n m en pl, designando este taxón zoológico*. | Ybarra-Cabetas *Ciencias* 408: Uno de los caracteres más notables de los primates es el de tener el primer dedo de sus extremidades más o menos oponible a los otros cuatro. **b)** (*raro*) Propio de los primates. | VMontalbán *Pájaros* 34: Con la posibilidad de hacer muchas cosas con la leche, en vez de bebérsela de una manera primate.

II *n* **2** (*lit*) Personaje destacado o importante. | FReguera-March *Fin* 257: Sagasta distribuyó las carteras entre primates de su partido. A. Quiñones *Van* 14.7.74, 53: El cotejo entre San Buenaventura y Santo Tomás proporciona sorprendentes frutos .. La lectura y meditación de los dos primates de la Escolástica nos sobrecoge.

primavera¹ I *f* **1** Estación templada que sigue al invierno y que en el hemisferio norte abarca oficialmente del 21 de marzo al 21 de junio. | Arce *Testamento* 67: Pasamos a través de otoños, de inviernos, de primaveras, de veranos, de nuevos otoños.

2 (*lit*) Juventud. *Tb fig. Frec* ~ DE LA VIDA. | Alonso *Primavera* 15: La primavera "temprana" de la novela moderna –tal como la vemos en el *Tirant*– es cuatro siglos más tardía que la primavera "temprana" de la lírica y la épica. * Están en la primavera de la vida.

3 Proceso de apertura o liberalización política. *Esp en regímenes socialistas*. | Delibes *Primavera* 25: La Primavera de Praga, aunque ocupa lugares destacados en los periódicos de occidente, yo pienso que no ha sido estimada en todo su valor. *Ya* 29.1.87, 23: La "primavera" soviética. *País* 6.4.78, 8: La relativa "primavera" del PCE.

4 (*humoríst*) Año de edad. *Referido normalmente a pers joven*. | *Cod* 2.2.64, 7: Alcanzan la edad de doscientas cincuenta primaveritas.

5 Planta herbácea de hojas basales en roseta y flores amarillas, rojizas o violáceas, solitarias o en umbela (gén. *Primula*). | *Ama casa* 1972 202a: En este mes florecen: Las anémonas, .. las primaveras, las vellorítas. Mayor-Díaz *Flora* 564: *Primula elatior* (L.) Hill .. "Primavera" .. *Primula veris* L. "Primavera". (Sin. *P. officinalis* L.)

II *loc adj* **6** [Rollo, o rollito] (**de**) ~ → ROLLO.

primavera² *adj* (*col*) Inocente o incauto. *Frec n*. | Grosso *Zanja* 145: Eres un gallina y yo un primavera.

primaveral *adj* De (la) primavera¹, *esp* [1]. | A. Barra *Abc* 23.5.74, 41: Su corbata era una sinfonía primaveral de colores.

primaveralmente *adv* (*raro*) En tiempo de primavera¹. | E. Salcedo *Día* 28.9.75, 35: Por haber nacido primaveralmente el decreto-Ley antiterrorista, que ya está teniendo sus legales aplicaciones. No vamos a tener los españoles buen recuerdo de la primavera.

primear *tr* Dar tratamiento de primo [el rey a un grande de España]. *Tb fig*. | CBonald *Agata* 197: Aunque continuara manteniendo patriarcales audiencias y primeando a sus íntimos como el rey a sus duques.

primer → PRIMERO.

prímer *adj invar* (*Juegos infantiles*) Primero [1]. | Ca. Llorca *SPaís* 31.5.81, 52: Las chapas .. Se trazaban en la tierra, o con tizas en el asfalto, las carreteras, y comenzaba la gran carrera; si la chapa tocaba línea se decía que estaba picando; si no picaba, la que llegaba a la meta *prímer* era la vencedora. [*En el texto, sin tilde.*]

primeramente *adv* Primero, o antes de todo. | E. Vegas *Abc* 16.12.73, 9: Intervino primeramente el joven catedrático de Filosofía del Derecho Luis Recasens Siches.

prime rate (*ing; pronunc corriente, /práim-féit/*) *m* (*Econ*) Interés preferente. | J. Vidal *País* 21.12.88, 80: Hay tecnócratas de la nomenclatura que dicen *prime rate* y viven en el lujo de la *jet set*. *Ya* 9.1.90, 30: Varios importantes bancos estadounidenses recortaron ayer finalmente a un 10 por 100 su tipo preferencial ("prime rate"), que desde finales de julio pasado estaba en un 10,5 por 100.

primería *f* (*reg*) Primer lugar. | GPavón *Rapto* 162: Me acuerdo de él en primería porque hace un rato lo he visto entrar en las Carmelitas. GPavón *Rapto* 193: Eufrasio salió con aire reposado, casi majestuoso, como de sujeto que está muy en primería.

primerizo -za *adj* **1** Principiante [en una actividad] o que la realiza por vez primera. *Frec sin compl, por consabido. Tb n*. | F. Gor *SYa* 21.9.74, 11: La cortesana juega cruelmente con el joven Sinuhé, todavía primerizo en las cuestiones de amor. Muñiz *Señas* 55: Días en que los tejados se retejan y las manos de las mujeres llevan a los primerizos a la escuela. Delibes *Cazador* 113: Está más chocho que un abuelo primerizo. **b)** [Hembra] que pare por vez primera. *Tb n f. Tb fig*. | Acquaroni *Abc* 29.7.67, 6: Laborioso fue el nacer que ahora se conmemora. Larga cadena de dolores en una América primeriza. *Agenda CM* 174: Después llega el goteo para dilatar. ¡Ocho cm en dos horas! Todo un récord para una primeriza. A toda mecha vas al paritorio. **c)** Propio de la pers. primeriza. | Aranguren *Marxismo* 116: Lukács, gracias a su hegelianismo primerizo, se interesó por el joven Marx.
2 Precoz o temprano. | Umbral *Ninfas* 124: Olía .. a lilas primerizas de cuaresma. P. Comas *Van* 17.4.75, 37: Las temperaturas bonancibles de diciembre y enero hicieron adelantar la floración de los frutales primerizos, para ser aniquilados también por las heladas de los últimos días de febrero .. En resumen, un invierno largo e irregular, con heladas primerizas y tardías.

primero -ra I *adj* (*toma la forma* PRIMER *cuando va delante del n m del que es adjunto, aunque se interponga otro adj. Es pop o semiculto el empleo de esa forma ante n f*) **1** Que en una serie o en una sucesión ocupa un lugar anterior a todos los demás elementos. *Frec el n va sobrentendido*. | Laforet *Mujer* 61: Podía dar gracias a Dios de tener un marido creyente, que había hecho los nueve primeros viernes. SFerlosio *Jarama* 143: Metió una rana de la primera y se volvió hacia Justi: –La primera en la frente. **b)** [Pers.] que actúa en primer lugar o más decididamente que los demás. *Frec con intención ponderativa y gralm en constrs como* SER EL ~ EN + *infin* (*o* QUE + *ind*), *o* COMO EL ~. | Medio *Bibiana* 10: El señor Massó daría la razón al señor Prats, y le azuzaría contra ella y contra los muchachos, aunque más tarde fuese el primero en ponerles en la mano cinco duros para sus gastos. CPuche *Paralelo* 217: –Habrás pasado lo que sea, pero no como nosotros. –Como tú y como el primero.
2 Principal o más importante. *A veces, enfáticamente,* PRIMERÍSIMO. | Escrivá *Conversaciones* 143: La Universidad .. debe contribuir, desde una posición de primera importancia, al progreso humano. J. Peláez *Sol* 24.5.70, 13: Festivales de España .. Este certamen anual .. supone en Melilla la más importante manifestación artística .. que año tras año ha ido superándose hasta escalar un primerísimo lugar en el conjunto nacional. *Pue* 20.1.67, 34: Nueva compañía de revistas. Primerísima estrella, Ingrid Garbo. **b)** **de primera**. (*col*) Excelente. *Tb adv*. | SFerlosio *Jarama* 22: Pareces tú el que lo vende; hacías un barman de primera, chico. Arce *Precio* 141: Yo beberé whisky .. A mí esto no me sienta de primera. **c) primera** [materia] → MATERIA.
3 (*Mil*) [Soldado, cabo o sargento] de categoría inmediatamente superior al simple soldado, cabo o sargento. *Tb* (DE) PRIMERA. | *D16* 6.11.89, 5: Complemento específico por empleos: .. Brigada: 37.250. Sargento Primero: 33.721. Sargento: 29.776. Cabo Primero: 12.008. CBonald *Dos días* 271: Del cuartelillo habían mandado a un cabo primera y a un número.
4 (*Fotogr, Cine y TV*) [Plano] que se toma a la distancia adecuada para recoger la figura humana desde la cabeza hasta los hombros aproximadamente. *Antepuesto al n*. | CPuche *Paralelo* 353: Todo se quedaría en unos cuantos primeros planos en todas las revistas gráficas del mundo.

II *n* **A** *m* **5** Día primero [1] [de un mes]. | ZVicente *Traque* 187: Pues ya ve usted, se chaló con aquello de Pablo Iglesias, y un primero de mayo, pues que le arrearon de lo lindo.
6 *En pl*: Principios [de una determinada unidad de tiempo no inferior a la semana, esp. mes o año]. | *Pue* 20.1.67, 4: La visita .. que .. proyectaba para primeros de febrero. FSantos *Hombre* 82: Los torniquetes de la entrada, con patente francesa de primeros de siglo.

B *f* **7** Primera [1] categoría. *Frec en la loc* DE PRIMERA. | Chamorro *Sin raíces* 71: El cura pregunta que si de primera [el entierro]. *VNu* 25.12.71, 25: Buero Vallejo –santo padre laico del teatro español–, Clavería –un investigador de primerísima–, Fernández Santos –el multipremiado–, .. son los ases de la baraja cultural de 1971. **b)** *En algunos medios de transporte*: Primera [1] clase. *Tb el billete correspondiente*. | Escobar *Itinerarios* 19: Llamó al jefe de estación .. rogándole .. que le pusieran un tren especial –la máquina y un vagón de primera–. Laforet *Mujer* 14: Eulogio fue hacia la ventanilla para sacar los billetes .. –Te he sacado una primera.
8 (*Juegos*) *En el tresillo, en pl*: Jugada que consiste en ganar las cinco primeras bazas seguidas. | Corral *Cartas* 14: En la bola no se cobran las primeras.

III *adv* **9** Antes de todo o en primer [1] lugar. | *Abc* 27.4.58, 83: Pronunció una conferencia el rector .. Se refirió primero a la evolución filosófico-teológica del concepto de "Demiurgo". ANavarro *Ya* 13.2.74, 12: Al servicio de aquellos fines, y siempre inspirados por los criterios citados, anunciamos: Primero. La retirada del proyecto de Ley de Régimen Local .. Segundo. El desarrollo de la disposición transitoria quinta del Reglamento de las Cortes.
10 Antes o delante. *A veces seguido de un término de comparación introducido por* QUE *o* DE. | Delibes *Guerras* 261: Yo debía entrar después de Patita y primero que el Buque.
11 Con preferencia. *Frec seguido de un término de comparación introducido por* QUE *o* DE. | * Primero pediría limosna que pedir prestado. * ¿Yo trabajar con él? Primero me mato.
12 a lo ~, *o* **de primeras.** Al principio. | Berenguer *Mundo* 250: Los venados, a lo primero, se quedaron mirándome. MSantos *Tiempo* 230: Qué bien lo estaba pasando, aunque de primeras ella creía que se iba a aburrir. **b) a las primeras de cambio** → CAMBIO.

IV *loc conj* **13 ~ que.** Mientras o antes de que. *Con v gralm en ind*. | LRubio *Manos* 20: Ve tú, mientras tanto, a buscarlos. Siempre podríamos destruirlos, primero que llega. Vive lejos.

prime time (*ing; pronunc corriente, /práim-táim/; tb con la grafía* **prime-time**) *m* (*TV*) Banda horaria de mayor audiencia. | *Épo* 19.9.87, 87: Las autoridades olímpicas .. no dudan en supeditar los aspectos deportivos a los intereses televisivos. En Seúl, la mayoría de las pruebas importantes se celebrarán durante el "prime time". Cuatrojos *Ya* 24.10.91, 60: Los espectadores han tomado *El Oro y el Barro* y se lo han llevado a otro horario, al "prime-time", a la noche, para que todo el mundo pueda verla.

primichón *m* (*raro*) Madeja de seda torcida, usada esp. para bordados de imaginería. | Cela *Pirineo* 297: Por Aigüestortes, el Sant Nicolau, más que un río, semeja el primichón de aguas con el que los más delicados querubines habrán de bordar el monte, hebra a hebra, hasta convertirlo en un poético estofo de misterio.

primicia – primo

primicia *f* **1** Fruto primero [de algo]. *Gralm en pl. Tb fig.* | GPavón *Hermanas* 37: Al Central se va .. para gastarse las primicias de la venta del vino. **2** Primera información [de un hecho o de una noticia]. | *País* 25.11.77, 9: La publicación que obtuvo la primicia informativa, *Cuadernos para el Diálogo*, publicará el próximo miércoles un amplio reportaje sobre los entresijos del affaire Constitución, así como un análisis político de este primer borrador. *Abc* 18.12.70, 25: Conocieron inmediatamente las primicias de la llegada. La noticia se difundió en seguida entre la multitud. **3** (*hist*) *En pl*: Tributo en frutos y ganados pagado a la Iglesia. | Mercader-DOrtiz *HEspaña* 4, 62: Los recursos [de la Iglesia] provenían de las tierras y demás bienes inmobiliarios, así como de los diezmos y primicias.

primidera *f* (*reg*) Cárcola o premidera. | D. Orts *Nar* 11.77, 10: La parte móvil [del telar] es la central. En esta parte están los pedales que se les llama "primideras". D. Rufino las llama "pisaderas".

primieval *adj* (*lit, raro*) Primitivo o primero. | Camón *Abc* 9.4.75, 3: Todos sus protagonistas son Adanes o Evas, felices o sombríos. Y su tragedia es la de la lucha de esa materia primieval con la historia.

primigeniamente *adv* De manera primigenia. | J. I. Funes *SMad* 12.9.70, 1: La historia de los secuestros aéreos está íntima, mayoritaria y primigeniamente ligada a la situación sociopolítica de la Cuba moderna.

primigenio -nia *adj* Primitivo u originario. | D. Giralt *Des* 12.9.70, 31: El inconsiderado apoyo oficial a este tipo de promociones [urbanísticas] está acabando con los valores más primigenios de nuestro paisaje.

primilla *f* (*reg*) Cernícalo primilla (→ CERNÍCALO). | Berenguer *Mundo* 64: Se lo llevaban todo, grande o chico, y hasta las primillas y carlancos.

primípara *adj* [Hembra] que pare por primera vez. *Tb n f.* | J. R. Alfaro *SInf* 11.11.70, 10: En el polvo de luna formaba parte, además de su composición, la placenta desecada de una mujer primípara cuyo hijo hubiera sido varón. CBonald *Ágata* 213: Aquella angustiosa especie de bramido de cierva con que acompañaba la primípara los pujos para sacarse al hijo del vientre.

primisecular *adj* De principios de siglo. | MSantos *Tiempo* 146: Aquellos edificios concebidos por un arquitecto alocado en el momento de la apoteosis del mal gusto primisecular.

primitivamente *adv* **1** En época primitiva [1]. | Mercader-DOrtiz *HEspaña* 4, 99: Primitivamente, la situación del oficial era preparatoria a la de maestro. **b)** En un primer momento. | DCañabate *Abc* 29.12.70, 9: La única calle marinera de Madrid es la del Barco. Primitivamente se llamó de Don Juan de Alarcón. **2** De manera primitiva [4 y 5b]. | L. A. Villena *SElM* 29.8.93, 21: Una Fantasía (caballos, chilabas, polvo, griterío y pólvora) puede recordar, más primitivamente –menos aburguesadas o falsificadas–, nuestras celebraciones levantinas de Moros y Cristianos.

primitividad *f* (*raro*) Primitivismo. | Pemán *Abc* 19.11.64, 3: En un mundo de complicaciones los jefes tienen asegurado el éxito con solo usar el diccionario de la primitividad. MGalván *Tri* 27.2.71, 59: Este tiempo, ya se verá un día, es un tiempo de primitividades.

primitivismo *m* Condición de primitivo [4, 5 y 6]. | CNavarro *Perros* 188: Siempre la habían tildado de primitiva, y su primitivismo era lo único que podía salvarla de aquel caos. Pericot *Polis* 10: El historiador-etnólogo observa los restos de culturas pasadas que conservan los primitivos actuales. Comprueba en ellos varios grados de primitivismo.

primitivista *adj* Que tiende al primitivismo. | Aranguren *Marxismo* 54: La aculturación primitivista convierte en valores la productividad y el desarrollo, sin hacerse la pregunta del para qué, o tratando de conjugarlos con una concepción absolutamente primitiva de la existencia. *Abc* 27.6.71, 55: El impulso que inició la escuela negrista en la poesía cubana .. vino de la moda primitivista europea y del movimiento negrista que en otros países americanos se había iniciado en la década de los años veinte.

primitivo -va I *adj* **1** De los orígenes o primeros tiempos. | Arenaza-Gastaminza *Historia* 10: El hombre primitivo de la Península vivía en los valles fértiles, en las riberas de los ríos. **2** Que es el primero o más antiguo. | Marcos-Martínez *Física* 252: Se forma la sal del ácido actuante y queda libre el ácido de la sal primitiva. **3** [Cosa] que es fuente u origen de otra de la misma naturaleza. *Se opone a* DERIVADO. | Academia *Esbozo* 166: En estos derivados .. la base se identifica con un sustantivo, un adjetivo, un adverbio, una preposición... Damos a estas palabras el nombre de palabras primitivas o simplemente vocablos primitivos, o bien nombres primitivos, adjetivos primitivos, etcétera, si pertenecen a la misma categoría que el derivado. **4** Elemental o falto de complicación. | T. Salinas *MHi* 12.70, 33: En él [el friso] aparecen en altorrelieve un primitivo zodíaco que agrupa escenas de la vida campesina correspondiente a los doce meses del año. CNavarro *Perros* 188: Siempre la habían tildado de primitiva, y su primitivismo era lo único que podía salvarla de aquel caos. **5** [Pueblo o individuo] que desconoce la escritura y la industria desarrollada. *Tb n, referido a pers.* | Pericot *Polis* 10: El historiador-etnólogo observa los restos de culturas pasadas que conservan los primitivos actuales. **b)** Propio de un pueblo primitivo. | P. Losán *Ya* 19.6.75, 55: En las llanuras suramericanas –en sus primitivas culturas– se adoró al gran gato. FQuintana-Velarde *Política* 25: La costumbre como base para decidir sobre los tres problemas básicos de la convivencia económica juega un papel importante en las sociedades primitivas. **6** [Arte o artista] de una época anterior a la considerada clásica, esp. anterior al Renacimiento. *Tb n, referido a pers.* | Criado *MHi* 11.63, 22: Muy cerca podemos ver los primitivos hispano-flamencos: una anónima y refinadísima pintura que muestra la viva presencia de Flandes en España a lo largo del siglo XV. **II** *f* **7** Lotería primitiva (→ LOTERÍA). | C. RGodoy *Cam* 18.11.85, 16: Oye, Alfonso, ya que estás tan informado, a ver si averiguas los números que saldrán en la Primitiva, que no doy una.

primo -ma I *adj* **1** (*Mat*) [Número] que solo es divisible por sí mismo y por la unidad. | Gironza *Matemáticas* 32: Los números primos forman una sucesión indefinida. **2** (*lit*) Primero. *Frec en la constr* A PRIMA MAÑANA. | PAyala *Abc* 4.10.59, 3: Día tras día, a prima mañana y al declinar de la tarde, acostumbrábamos deleitarnos en la contemplación del lago de Nahuel Huapi. GPavón *Rapto* 108: En la prima mañana de los veranos, apenas el sol asomaba la ceja .., salía raudo con su tílburi. Galache *Biografía* 63: Cerca del Alcázar, en la prima octava de Adviento, se reunían [sic] junto a la Vera Cruz de Segovia la Asamblea de los Monjes y Caballeros del Temple. **b)** [Materia] **prima** → MATERIA. **II** *n* **A** *m y f* **3** Hijo del tío o de la tía [de una pers. (*compl de posesión*)]. *Tb sin compl, frec en pl, designando a las perss relacionadas por ese parentesco. Tb* ~ HERMANO *o* ~ CARNAL. | Ballesteros *Hermano* 31: Al volver a casa nos comunicaron que el primo Carlino había puesto una postal desde Barcelona. Van 10.2.77, 39: No nos referimos a la decena de libros que Vladimir Nabokov escribió en su ruso natal .. El que aquí nos ocupa es su primo carnal Nicolás, el Nabokov músico. *Van* 10.10.74, 57: Doña Mª Morera, la difunta madre de Martín de Riquer, era prima hermana de Dª Ángela. **b)** ~ **segundo.** Hijo del primo o de la prima del padre o de la madre [de una pers. (*compl de posesión*)]. *Tb, simplemente,* ~. | ZVicente *Traque* 177: El tío vinagrillo tiene del registro está casado con una prima segunda de mi administrador. **c)** ~ **hermano.** (*col*) Pers. o cosa muy semejante en cualidades [a otra (*compl de posesión*)]. *Tb, simplemente,* ~. | Sastre *SInf* 16.6.76, 6: Nuestro informante añade que el desarrollo comercial del nuevo reactor atómico que citamos y su primo hermano "Fast Breeder" .. puede solucionar dicho problema [energético] por espacio de varios siglos. F. Ros *Abc* 6.6.67, sn: Dicha moneda, el quetzal, alude a un pájaro primo de loros. **4** (*col*) Pers. incauta que se deja engañar o explotar. *Tb adj.* | Alfonso *Caso* 5.12.70, 15: Estudia a fondo en la prisión de Carabanchel la manera más decorosa posible que le permita seguir engañando primos. * Chica, no seas tan prima.

5 (*hist*) Usado como tratamiento del rey a los grandes de España. | Mercader-DOrtiz *HEspaña* 4, 46: Los grandes de España se semejaban a los pares de otras naciones. El monarca los llamaba primos, integraban el cortejo real y ocupaban los más elevados cargos del Palacio.
B *f* **6** (*Rel catól*) Hora canónica que se reza después de laudes. | SLuis *Liturgia* 3: El Oficio Divino asigna ciertos rezos a cada hora: .. Durante el día se rezan: Prima –Oración de la Mañana–, integrada por: un himno, tres o cuatro salmos y algunas preces y oraciones. Las horas menores .. Vísperas .. Completas.
7 (*hist*) *Entre los antiguos romanos*: Primera de las cuatro partes en que se dividía el día artificial, y que duraba desde la salida del sol hasta media mañana. *Tb* HORA PRIMA. | Ribera *Misal* 92: Hora romana: .. Hora Prima .. Hora Tercia .. Hora Sexta .. Hora Nona. **b)** (*hist*) *En la universidad de los ss* XVI *a* XVIII: Primera hora lectiva. | J. ÁSierra *Abc* 19.11.57, sn: En lugar de las únicas cátedras entonces existentes, de Prima, dedicada a las obras de Avicena; de Vísperas, .. propone Mutis cinco años de enseñanza teórica y tres de estudios prácticos en los hospitales. **c)** (*Mar*) Guardia de ocho a doce. *Tb* GUARDIA DE PRIMA. | Delibes *Madera* 362: Al margen de la prima y el alba, las guardias nocturnas, al partirle el descanso, le dejaban insatisfecho. **d)** (*reg*) Primera hora. | Cuevas *Finca* 69: Contaron los primeros 122.000 reales de don Tomás. –Hay que llevárselos mañana a prima.
8 (*Mús*) *En algunos instrumentos*: Cuerda más delgada y de sonido más agudo que las demás. | Cunqueiro *Un hombre* 121: El músico hizo decir a su laúd una música soñadora, hecha de susurros en las cuerdas graves y de brincos alegres en la prima. Landero *Juegos* 48: Hurgaba en una cacerola de aluminio donde, entre otras cosas, había .. una prima de vihuela de tripa de lobo.
III *loc v* **9 hacer** [alguien] **el ~.** (*col*) Dejarse engañar, o actuar de modo que otros se aprovechen de su bondad o generosidad. | Diosdado *Olvida* 32: Tengo la desagradable sensación de haberme pasado la vida haciendo el primo.

primogénito -ta *adj* [Hijo] primero. *Tb* n. *Tb fig.* | Peña-Useros *Mesías* 73: El ángel exterminador iba matando a todos los primogénitos de los egipcios. JCarlos *Inf* 2.6.76, 2: Y aquí, en esta tierra primogénita de España, fue también la fe la que dio inspiración y fuerzas a aquellos admirables monjes.

primogenitura *f* Condición de primogénito. | *Ley Orgánica* 117: Instaurada la Corona en la persona de un Rey, el orden regular de sucesión será el de primogenitura y representación. E. La Orden *MHi* 10.60, 21: A Puerto Rico le correspondió, a pesar de la primogenitura hispánica de la vecina isla de Santo Domingo, o La Española, el honor de sustentar la primera sede episcopal del Nuevo Mundo. **b)** Derechos inherentes a la condición de primogénito. *Frec* DERECHO DE ~. | Peña-Useros *Mesías* 51: Esaú era el primogénito .. Pero .. vendió a su hermano el derecho de primogenitura a cambio de un plato de lentejas.

primoinfección *f* (*Med*) Infección que se produce por primera vez. *Gralm referido a la tuberculosis*. | R. Poch *Abc* 2.5.76, 35: El examen alergológico y tuberculínico debe ser realizado por el pediatra, consciente de que una primoinfección tuberculosa activa es una contraindicación operatoria.

primor I *m* **1** Cuidado exquisito con que se hace algo. | Burgos *SAbc* 13.4.69, 43: Unas artesanías que se conservan con primor: cerámica de Triana.
2 Cosa que causa admiración por su belleza o por el primor [1] con que está hecha. *Con intención ponderativa*. | Hoyo *ROc* 8/9.76, 91: Ellos eran mensajeros del buen tiempo, .. de las aventuras del buen parir, del esquileo de las caballerías, a las que dejaban tersas, relucientes, vestidas solo con el primor de sus melenas. Torrente *Isla* 222: Las cosas raras .. son siempre tentadoras. ¡Y un primor como este, más! * Lava las camisas que es un primor.
II *loc adj* **3 de ~.** [Cultivo] en que se protege a las plantas para acelerar su desarrollo. | Ybarra-Cabetas *Ciencias* 304: Si los medios empleados son los más sencillos y económicos, como abrigo de las plantas con esteras, cajoneras, camas calientes, etc., el cultivo se llama de primor.

primordial *adj* **1** [Cosa] principal o fundamental. | DPlaja *El español* 137: Consiste [una característica del tenorio] en contar sus hazañas, cosa tan primordial que muchas veces nos da la impresión de que estas se llevan a cabo con este exclusivo objeto.
2 (*Med*) Primitivo u originario. | Cañadell *Salud* 353: El enanismo primordial o pigmeísmo se caracteriza por su aspecto normal, aparte de la cortedad de talla.

primordialmente *adv* De manera primordial. | Gironella *SAbc* 9.2.69, 20: Ahora el ajedrez está al alcance de todas las fortunas; en cambio, en otras épocas lo practicaban primordialmente los soberanos, los magnates y los nobles.

primordio *m* (*Biol*) Órgano que está en su primer estado de desarrollo. | Bustinza-Mascaró *Ciencias* 239: Cuando las hojas son jóvenes (primordios foliares) están ocultas en la yema terminal e imbricadas unas con otras.

primorear *tr* (*lit, raro*) Hacer [algo] con primor [1]. | Diego *Ya* 2.12.84, 7: Federico viene rico hoy, más que nunca, de sus primoreados juguetes. Él es un boticario de oficio y, claro, trae al Niño villancicos de botica.

primorosamente *adv* De manera primorosa [1]. | C. Jiménez *As* 7.12.70, 34: El Madrid salió lanzado, defendió primorosamente y no perdonó un error.

primoroso -sa *adj* **1** [Cosa] hecha con primor [1]. *Frec con intención ponderativa, denotando perfección o belleza*. | F. Montero *Abc* 9.4.67, sn: Las mozas, ataviadas con sus primorosos trajes serranos, .. entonan sus cantares.
2 Que hace las cosas con primor [1]. | * Es una mujer primorosa planchando. * Tiene unas manos primorosas para bordar.

prímula *f* Primavera (planta). | Cunqueiro *Un hombre* 142: Ifigenia hacía que pacía con él, mordisqueando prímulas y vincas.

primulácea *adj* (*Bot*) [Planta] herbácea dicotiledónea de la familia de la prímula o primavera. *Frec como n f en pl, designando este taxón botánico*. | V. Mundina *Ya* 7.11.86, 35: Que se vende en las floristerías es el cyclamen persicum, perteneciente a la familia de las primuláceas y oriundo de Asia Menor.

primus inter pares (*lat; pronunc,* /prímus-inter-páres/) *loc adj* Primero entre iguales. *Tb* n. | *Inf* 6.9.77, 28: Los parlamentarios catalanes .. deciden reconocer a don Josep Tarradellas como "primus inter pares". Savarin *SAbc* 8.3.70, 12: "Jockey" es el "primus inter pares" de los muchos y buenos restaurantes madrileños.

princesa → PRÍNCIPE[1].

principado *m* **1** Título o dignidad de príncipe[1] [1 a 5 y 14]. | Villapún *Iglesia* 126: Fue tan caritativo que vendió su principado de doce mil ducados de renta para socorrer las necesidades de los pobres.
2 Territorio o estado gobernado por un príncipe[1] [4 y 9] o dos copríncipes. | Bustinza-Mascaró *Ciencias* 344: El principado árabe de Kuwait, al fondo del Golfo Pérsico, en 1953 produjo 43.000.000 de toneladas de petróleo. *Abc* 22.10.67, 61: Víspera de la llegada de De Gaulle a Andorra. Es la primera vez que un copríncipe francés visita el principado. **b)** Territorio gobernado en otro momento por un príncipe [9]. *Referido a Cataluña*. | Veny *Leng. catalana* 104: Fuera de las grandes ciudades, el Principado posee una profunda consciencia de la lengua autóctona.
3 Territorio al que está vinculado un título de príncipe[1] [1b y c]. | *Fam* 15.11.70, 30: La provincia de Oviedo, el Principado de Asturias, es una tierra bien definida.
4 (*hist*) Forma de estado presidida por un príncipe[1] [9]. | Pericot *Polis* 212: El Principado fue un sistema dual, una diarquía, en la que gobernaron el emperador (o jefe del ejército) y el Senado.
5 (*Rel crist*) Espíritu celeste de los que constituyen el primer coro de la tercera jerarquía. *Gralm en pl*. | Villapún *Dogma* 83: Ángeles se llama a los que anuncian cosas menores .. Principados, a ellos están sumisos los que se llaman dominaciones.

principal I *adj* **1** Más importante. | Zubía *España* 145: El principal volcán es el Teide, que forma la montaña más elevada de las islas y de España. *País* 25.6.77, 8: El señor Carrillo .. es .. el principal responsable del acertado, aunque quizá insuficiente, viraje de la organización que dirige.

principalía - principiar

2 Destacado o importante. | Torrente *Sombras* 5: Estas palabras previas quieren tan solo dar cuenta de algunas circunstancias históricas o personales que afectan a los textos en este libro publicados, aunque no de manera tan principal que aclaren sus bondades o disminuyan sus defectos.

3 (*Gram*) [Oración] ~ → ORACIÓN. **b)** (*Gram*) De la oración principal. | Academia *Esbozo* 548: Cuando los verbos principal y subordinado tienen el mismo sujeto, el subordinado va en infinitivo.

4 (*hoy raro*) [Piso] situado sobre el bajo o el entresuelo. Tb n m. | *Ya* 3.3.63, 14: Planta principal. Bisutería, Medias .. Planta primera. Todo para las señoras. Marsé *Dicen* 231: Súbelo y bájalo dos pisos, que en realidad son cuatro con el entresuelo y el principal, anda, verás qué gustito.

5 (*Bibl, raro*) [Edición] príncipe² [1]. | *Ya* 23.9.86, 34: Dentro de la biblioteca que será subastada figuran obras de Unamuno, Azorín, Pío Baroja, Valle-Inclán y Clarín en primera edición, así como ediciones principales de autores de la generación del 27.

II m **6** (*Econ*) Capital. Se opone a INTERÉS. | *País* 26.6.77, 8: Este año deberemos pagar entre 1.500 y 1.700 millones de dólares en concepto de devolución del principal e intereses.

7 (*raro*) Jefe o encargado de una casa de comercio, fábrica o almacén. | Faner *Flor* 51: Se dirigió a las atarazanas y encargó un jabeque. –Ja, ja –rió el principal–. ¿Para qué lo quieres?

principalía f (*raro*) Principalidad. | M. Real *Pro* 16.8.75, 19: Villafamés se muda de blanco, deja el color vinagre de su piedra rodena para la pechera sillar de las casonas de principalía.

principalidad f Cualidad de principal [1 y 2]. | Espinosa *Escuela* 177: Historiarás mis servicios, y minuciarás la multitud de mis insignias y otros atributos de principalidad.

principalmente adv De manera principal [1]. | LMuñoz *Tri* 26.12.70, 6: En ese contexto los mecanismos del equilibrio de la economía española durante muchos años han sido, principalmente, las exportaciones de determinados productos agrícolas.

príncipe¹, princesa A m y f **1** Hijo primogénito de(l) rey, heredero de su corona. | Arenaza-Gastaminza *Historia* 185: Triste fue para el rey el caso del príncipe Don Carlos .. Su enfermedad mental, agravada por una trepanación, le llevó a una rebelión contra su padre. **b)** ~ **de Asturias.** Príncipe heredero de España. | Arenaza-Gastaminza *Historia* 222: Entonces se produjo contra el favorito el motín de Aranjuez, secretamente dirigido por el Príncipe de Asturias, el futuro Fernando VII. **c)** ~ **de Gales.** Príncipe heredero de Gran Bretaña. | *Sem* 23.11.74, 17: Antes de ser investido rey de Inglaterra, el príncipe Carlos debe ejercer durante varios años como príncipe de Gales.

2 Hijo de(l) rey. | *Sem* 23.11.74, 17: Armstrong Jones es, como ustedes sabrán, el esposo de la princesa Margarita, hermana de la reina.

3 Individuo de una familia imperial o real. | J. L. VDodero *Abc* 28.2.58, 3: ¿Y qué español no conoce el estupendo sosiego de Alfonso XIII en el trance atroz de la bomba de la calle Mayor, ante el espanto de más de veinte muertos y cien heridos, al lado de una princesa recién hecha Reina?

4 *En determinados estados*: Monarca. | *Sem* 25.5.74, 23: El día de la celebración del 25 aniversario de Rainiero como príncipe de Mónaco soplaba un fuerte viento.

5 *En algunos países*: Pers. de un alto grado de nobleza, superior al duque. | M. A. Guardia *Van* 20.3.75, 9: Se trata de una nueva urbanización de superlujo, con 400 suites; embarcadero y centro comercial, construido con el asesoramiento del príncipe Alfonso de Hohenlohe.

6 (*lit*) Pers., animal o cosa que tiene la supremacía entre los de su género, en un lugar o en una actividad. | Gala *Séneca* 61: En tiempos de Calígula me dediqué al foro, con tanto éxito que se me llamó príncipe de la elocuencia. MOPU 7/8.85, 83: La encina y el roble tocio, otrora príncipes de la flora provincial, están a estas alturas en flagrante regresión.

7 Se emplea como apelativo cariñoso, esp referido a niños o jóvenes. | * Ven aquí, princesa. Umbral *Ninfas* 98: Cuando me acerqué a ella me dijo, ven aquí, princeso, y me gustó esto de princeso, que era una chulería del mercado más graciosa que príncipe.

8 *Frec se usa en constrs de sent comparativo para ponderar comodidad y lujo*. | * Vive como un príncipe.

B m **9** (*hist*) Individuo que ostenta la autoridad suprema de un estado. | Cela *País* 25.6.83, 9: Un Príncipe en el sentido maquiavélico .. incluiría en su virtud la estabilidad absoluta e indiscutible. Bagué *HEspaña* 1, 428: El impulsivo y soberbio Mir Geriberto, que en los días de Ramón Berenguer I el Viejo se proclamó príncipe independiente de Olérdola. **b)** *En el comienzo del Imperio Romano*: Primero de los senadores. | Pericot *Polis* 114: La República había fracasado, pero también el intento de Julio César para llegar a la monarquía. Adoptó, pues, [Octavio] una solución intermedia. Las formas republicanas subsisten. Él se limita a ser el príncipe, el primero en el Senado .. Prácticamente dirige el país como pudiera hacerlo un monarca absoluto.

10 ~ **azul** (o **encantado**). Enamorado ideal de una mujer. | Solís *Siglo* 183: –Toda mujer piensa en el matrimonio desde niña. –Sí, desde luego, pero piensa en un príncipe azul.

11 ~ **de la Iglesia.** (*lit*) Cardenal. | *Abc* 22.11.75, 5: El cortejo formará de la siguiente manera: Escuadra de motoristas de la Guardia Civil. Fuerzas Navales .. Coronas. Clero castrense, obispos y arzobispos. Príncipes de la Iglesia.

12 ~ **de los demonios**, o **de las tinieblas.** Satanás. | M. Hidalgo *D16* 1.11.88, 44: Ahora que hablamos del diablo, Fu-Manchú, príncipe de las tinieblas por derecho propio.

13 ~ **de Gales.** Tejido de lana con líneas finas cruzadas formando cuadros de color uniforme sobre fondo claro. Tb el traje confeccionado con él. | Laiglesia *Ombligos* 50: Desde el frívolo "Príncipe de Gales" matinal al severo frac nocturno, pasa por diversas metamorfosis.

C f **14** Esposa de un príncipe [1 a 5]. | *Sem* 25.5.74, 23: La princesa Gracia aparece en compañía de sus tres hijos, Carolina, Alberto y Estefanía.

príncipe² adj **1** [Edición] primera. *Normalmente referido a libros de interés filológico o bibliológico*. | *Abc* 25.4.58, sn: Don Quijote de la Mancha .. Texto completo de la Edición Príncipe.

2 (*lit*) Principal o más importante. | Viñayo *Asturias* 92: Museo Provincial. Sala Prerrománica. Al fondo, la pieza príncipe: el altar de Santa María de Naranco. Moreno *Galería* 357: Esta cobertera .. permite producir el mismo sonido .. que los palos entre sí, en el paloteo, el palo y la castañuela, de la danza príncipe.

principescamente adv De manera principesca. | GGual *Novela* 337: Al cabo de un año muere el buen rey, dejando el reino a su hija y a Apolonio. Paseando este por la costa encuentra a aquel pobre pescador que le hospedó y le ofreció la mitad de sus ropas cuando llegó náufrago a la Cirenaica, y entonces le recompensa principescamente.

principesco -ca adj De(l) príncipe¹ [1 a 6 y 9]. | J. CCavanillas *Abc* 13.12.70, 10: Dos de las cuatro gloriosas repúblicas marineras italianas, que con Génova y Amalfi dieron en el pasado al Mediterráneo potencia principesca entre los siete mares de la Tierra.

principiante -ta (*la forma f, col, solo se emplea como n*) adj [Pers.] que empieza [en una actividad]. *Más frec n.* | J. M. HPerpiñá *Zar* 27.1.69, 17: Urtáin es, de momento, un principiante, un aprendiz, un neófito en el ring. J. Parra *Ya* 1.8.86, 48: Se trata de una canción concebida como un soberbio y divertido diálogo entre la maestra y la principianta de la salsa.

principiar (*conjug* **1a**) (*lit*) **A** intr **1** Empezar o comenzar [algo (*suj*)]. | *Anuario Observatorio 1967* 110: Es preciso combinar con un número de la columna de los ortos los de la línea inferior .. para conocer los momentos en que principia, media próximamente y concluye un día lunar. **b)** ~ **a** + *infin* = EMPEZAR A + *el mismo infin*. | F. JVasco *Hoy* 12.1.77, 2: A principios del pasado año 1976 la carretera de Plasencia a Alcorcón principió a ensancharse en dirección a Madrid.

2 Empezar o comenzar [por algo (*ger*, POR + *infin*, o POR o CON + *sust*)]. | Selipe *Ya* 20.5.75, 44: Roberto Domínguez principió por verónicas por el lado izquierdo. Lorenzo *Abc* 2.3.75, 47: Meléndez Valdés, poeta, principia con estos ejercicios. Aleixandre *Química* 9: Este período está formado por dos series de elementos; la primera principia con el potasio y termina con el manganeso.

B *tr* **3** Empezar o comenzar [algo (*cd*)]. I MSantos *Tiempo* 233: Voy a principiar otra cosa. No puedo acabar lo que había principiado.

principio **I** *m* **1** Hecho de empezar. *Frec en la constr* TENER ~. I R. M. FFuentes *Nar* 10.76, 26: En este valle tiene principio el río que más abajo recibe el nombre de Órbigo. G. Palomo *Tiem* 9.2.87, 27: Fue el principio del fin del ministro Enrique Barón.
2 Tiempo en que empieza [algo (*compl de posesión*)]. *Frec en pl y en la constr* A ~S DE, *seguida de un n que significa o implica tiempo*. I *Abc* 13.4.75, 49: Nos encontramos al principio de esa lucha. MGaite *Retahílas* 39: Periodistas ambiciosos llegados de provincias a la corte con diecinueve años, hundidos progresivamente en el marasmo nacional de principios de siglo. RPeña *Hospitales* 56: Este beneficio se conoció más particularmente a fines de 1804 y a principios de 1805. **b)** Fase inicial [de un proceso]. I *Inf* 30.10.75, 21: Estuvo en tratamiento en el hospital por un principio de insuficiencia cardiaca. J. Félix *SYa* 10.6.73, 15: Esta enfermedad [la artrosis] tiene un principio con pocas manifestaciones. Posteriormente aparecen síntomas dolorosos.
3 Lugar por donde empieza o se empieza [algo (*compl* DE)]. I Valverde *Literatura* 55: El argumento [de "La Celestina"] es esquemático –además, conviene prescindir de los resúmenes puestos al principio de los actos, porque a veces introducen elementos que no están en la acción–. **b)** (*Impr*) *En pl*: Partes que anteceden al texto de un libro. I Huarte *Tipografía* 61: Un libro consta, desde el punto de vista tipográfico, de preliminares, cuerpo de la obra y suplementos. Los preliminares constituyen lo que se llama el pliego de principios.
4 Cosa de la que procede [otra (*compl de posesión*)]. I Gambra *Filosofía* 149: Principio es aquello de lo que algo procede, de cualquier modo que sea. Por eso no todo principio es causa. **b)** ~ **activo.** (*Med*) Sustancia que entra en la composición de una droga o fármaco y le confiere las propiedades medicinales. I *Prospecto* 5.75: Orudis .. Activo antiinflamatorio no hormonal, con actividad antipirética y analgésica .. Presentación. Envase de 40 cápsulas dosificadas a 50 mg de principio activo. **c)** ~ **inmediato.** Sustancia orgánica de composición definida que entra en la constitución de los seres vivos o de alguno de sus órganos. I Legorburu-Barrutia *Ciencias* 29: Los principios inmediatos pueden ser minerales.
5 Fundamento o base. I *Ecc* 16.11.63, 28: El obispo es para sus diocesanos principio y centro de unidad. **b)** Proposición o noción en la que se basa el desarrollo de un orden de conocimientos. I Gambra *Filosofía* 67: Es preciso, para que haya demostración, que los principios sean verdaderos. Marcos-Martínez *Física* 74: Principio de Arquímedes. Esta ley fue demostrada experimentalmente por Arquímedes, para un cuerpo cualquiera, 250 años a. de J.C. **c)** **petición de** ~ → PETICIÓN. **d) primeros ~s.** Nociones aceptadas como verdades evidentes para todas las ciencias. I Gambra *Filosofía* 67: Los axiomas o verdades evidentes por sí mismas de que debe partir toda demostración son de dos clases: unos, comunes a todas las ciencias, es decir, generales en el pensar, que se llaman primeros principios; otros, propios de cada ciencia, a los que se llama, en sentido estricto, axiomas. **e)** *En pl*: Nociones fundamentales [de un ciencia o arte]. I *Ya* 26.5.72, sn: *Principios de la educación contemporánea*, por R. Marín Ibáñez. Ediciones Rialp. Madrid.
6 Idea básica en el orden de la conducta. I CBaroja *Inquisidor* 46: No es lo mismo sentar principios desamortizadores en el siglo XVII que a comienzos del XIX. **b)** Idea que rige la conducta [de una pers.]. *Más frec en pl y en las locs* DE ~, *o* SIN ~S, *aludiendo a su conformidad con la moral establecida*. I V. RRozas *Caso* 5.12.70, 11: Es evidente que don Fernando .., avergonzado de su propia manera de proceder, impropia de una persona de sus principios, profesión y cultura, viviera de una manera en cierto modo anormal. CBonald *Ágata* 175: Aquella ignoraba con una sucinta preterición a la suegra, cuya irregular conducta y carencia de principios la enervaban casi tanto como la abochornaban. Istolacio *Cod* 25.8.74, 15: Como si uno fuera de esos individuos sin principios, oportunistas chaqueteros, que son capaces de vender su conciencia por unas pesetas.
7 (*hoy raro*) Plato de los que se sirven en una comida entre el primero y los postres. I SFerlosio *Jarama* 116: Mauricio detenía la cuchara en el aire y miraba a su hija. Luego bajó los ojos a la sopa y decía: –¿A qué hora viene tu novio? –Sobre las cuatro y media o las cinco supongo yo que vendrá.– .. Mauricio hizo una pausa .. –Pon el principio, anda. Escobar *Itinerarios* 18: Lo más que hacía [el cocido] en bodas, funciones, bautizos y otras fechas de jolgorio era reforzarse a modo, y, si llegaba el caso, pedir ayuda a uno o dos principios.
II *loc v* **8 dar** ~ [a una cosa (*ci*)]. Empezar[la] o hacer que comience. I Olmo *Golfos* 49: Bajaron la trampilla del camión y dieron principio al traslado de los muebles.
9 dar ~ [una cosa (*suj*)]. Empezar o comenzar. I *BOE* 9.1.75, 430: Anunciada por el Tribunal la hora en que ha de dar principio la prueba, y el plazo de tiempo máximo para desarrollarla, los aspirantes realizarán su trabajo en el más completo silencio.
III *loc adv* **10 al** ~, **en un** ~, *o* (*pop*) **de** ~. En los primeros momentos. *La loc* AL ~ *puede ir seguida de un compl* DE. I Delibes *Año* 25: Estuve .. pescando truchas. Al principio entraban bien a la cucharilla. C. Ortega *Tri* 15.5.71, 23: Al principio de llegar a Flandes chocó con la tolerancia sexual de los flamencos. *Abc* 4.5.75, 6: Se ha desencadenado una nueva lucha en el seno del P.C.E. provocada, en un principio, por las llamadas Juventudes Comunistas. Delibes *Guerras* 55: –¿Pensaba también tu padre que tu guerra no podía tardar? –De principio, también, sí señor.
11 de(l) ~ **a(l) fin**, *o* **desde el** ~ **hasta el fin.** Completamente. *Referido a cosas que tienen extensión o duración*. I F. A. González *Ya* 7.9.75, 60: Leo el periódico de principio a fin. * Me lo contó del principio al fin. * Estoy conforme desde el principio hasta el fin.
12 desde el (*o* **un**) ~. Desde el primer momento. I * Le cayó mal desde el principio.
13 en ~. En una primera consideración. I Medio *Bibiana* 14: Marcelo Prats .. pensó, en principio, que no debía preocupar a Bibiana con sus sospechas.
14 en ~ . En líneas generales. I *SYa* 24.11.74, 31: –¿Le resulta más fácil pintar figuras femeninas o masculinas? –El médico-hombre resulta más fácil en principio, porque sus rasgos son más duros, más captables desde el primer momento.
15 por ~. Por decisión o determinación tomadas a priori. I MGaite *Nubosidad* 77: Lo barato no gusta nada, está desprestigiado por principio, ya se sabe. F. Guerrero *Ecc* 16.11.63, 37: Repugna .. el hecho de que el Estado, por principio, asuma .. la administración y la gestión total de todas las instituciones.

prinda *f* (*reg*) Prenda. I Carnicer *Cabrera* 108: Terminada la comida, empieza el baile, y después de cenar vienen las *prindas*, los regalos que cantando coplas ofrecen a la novia.

pringado -da I *adj* **1** *part* → PRINGAR.
II *n* **A** *m* (*jerg*) **2** Hombre pobre e insignificante. I ASantos *Bajarse* 113: De entrada naces, y un dinero para que estudies, o viajes, o vivas como quieras, sin tener que estar ahí como un pringao toda la vida. Oliver *Relatos* 91: Bailan para ir entonando al personal y le sacan, si pueden, una consumición, porque llevan comisión en el descorche, pero si ven que el tío es un pringado le dan puerta y se abren buscando un buen cabrito que les solucione la noche. **b)** (*desp*) Hombre despreciable. I Oliver *Relatos* 100: Yo dije que vaya un rollo gilipollas, y el Maestro me llamó bocazas y pringado. Me piqué un poco, y el Guti dijo que tenía razón el Maestro, que nosotros mucho hablar y nada.
3 Víctima de un robo, una estafa o un timo. I F. Carranza *Ya* 18.11.79, 11: Mientras efectúa la operación, el ayudante del carterista tiene distrayendo al "pringao". J. Duva *SPaís* 31.3.91, 3: Cuando el *pringao* (la víctima) abriese la caja esperando contemplar su flamante vídeo, descubriría con espanto que solo había un pedrusco de regular tamaño.
4 Pers. que paga las consecuencias o lleva la peor parte en algo. I Tomás *Orilla* 343: ¿Y los consumados? Los mejores se los ha pulido usted y me ha dado la parte que ha querido. Nunca he protestado, porque yo, mientras no me falte la pasta, voy bien. Pero ahora, se acabó. He ido de pringado toda la vida y ya me he cansado. *Ya* 4.4.87, 24: Los funcionarios vemos las acciones de las mafias: una cara marcada, un ojo morado, pero no a quien los ha producido, y el problema es que tienes que pillarle en el acto, y siempre paga el pobre *pringao* que lleva encima un cuchillo o droga, puesto que los "kies" nunca tienen nada encima.

pringamoza – prioridad

B *f* **5** Rebanada de pan empapada en pringue o grasa. | Trévis *Extremeña* 47: Pringadas extremeñas. Cortad tocino fresco a rebanadas finas y muy largas que se ponen a freír. En la grasa que os sobre, freíd rebanadas de pan, de un dedo de gruesas y también muy largas.

pringamoza *f Se da este n a varias plantas americanas cuyo contacto produce irritación en la piel*. | FReguera-March *Cuba* 171: Rozó una mata próxima y sintió un dolor muy agudo, como una quemadura .. –Has tocado una pringamoza.

pringar A *tr* **1** Manchar o ensuciar con pringue [1]. *Tb fig*. | Berenguer *Mundo* 360: Yo estaba avergonzado, desabotonado, pringado de arriba abajo y con ganas de morirme, porque le manché el vestido nuevo. Fuster *Inf* 9.5.72, 18: Vivir es pringarse: la pringue puede proceder de nuestra propia fisiología o de adherencias que nos llegan del oficio, del ambiente, de cualquier eventualidad habitual.

2 (*col*) Mojar [pan en pringue o en salsa]. *Tb abs*. | Escobar *Itinerarios* 181: Pringaría el galo en todos los mojes y cataría de todos los caldos.

3 (*jerg*) Coger [la policía (*suj*) a alguien (*cd*)] como inculpado. | L. Cantero *Int* 25.8.82, 94: Cuando [la policía] tiene que saldar un delito y no le salen las cuentas pringa al que tiene más a mano. Tomás *Orilla* 201: –Ándate con tiento, Huesos –le advirtió–. Un día te van a pringar. –¿Por qué? –Porque te lo montas muy a las bravas. Y alguna chota se va a ir de la mui.

4 (*col, raro*) Estropear o echar a perder [algo]. | Cela *SCamilo* 64: ¡Hay que fastidiarse y qué habilidad se dan algunas para pringar las ocasiones! **b)** **~la**. Echar a perder el asunto de que se trata. | ZVicente *Traque* 168: Hay que pensarlo con cuidado, no vayamos a pringarla.

5 **~la**. (*col*) Morir. | FReguera-March *Filipinas* 85: Según he sabido, los sitiaron y los pasaron moradas, que casi la pringan todos allí.

6 **~la**. (*col*) Llevar la parte negativa o más desagradable. | CPuche *Paralelo* 217: –Las cosas cambiarán en mi país. Ya están cambiando. –Pero, mientras tanto, otros negros la pringan, ¿no? Ca. Llorca *SPaís* 31.5.81, 51: Y no digamos de las fórmulas para ver "quién la pringaba".

B *intr* ➤ **a** *normal* **7** (*col*) Trabajar, esp. duramente. | Carnicer *Cabrera* 115: Lo que más me cabrea es que mis hijos han de ser igual que yo, analfabetos .. Y después, a reventar, a pringar, como decían en el frente.

8 (*jerg*) Cometer un robo o una estafa. | DCañabate *Paseíllo* 60: Tienes que comer donde puedas y como puedas, y tienes que pringar y que ratear.

9 (*jerg*) Caer en manos de la policía. | L. Cantero *Int* 25.8.82, 95: Cumplió tres años, dos meses y un día por entrar a saco con tres colegas en una tienda de electrodomésticos de Figueres, y pringó a causa de la denuncia del *perista*.

➤ **b** *pr* **10** (*col*) Complicarse en una acción delictiva o poco honrada. | FReguera *Bienaventurados* 181: Todos hemos contribuido a que se fugara el señor Alfonso. Verán que estamos pringados, y a otra cosa.

pringoso -sa *adj* **1** Sucio de grasa u otra sustancia pegajosa. *Tb fig*. | Lera *Olvidados* 32: Es una chusma pringosa, señor Antonio .. Digan lo digan, son gitanos y nada más que gitanos.

2 Que ensucia o se pega como pringue. | Alfonso *España* 44: Está surgiendo una forma de vivir y de ser persona que es como una masa de clara de huevo batida, espesa, pringosa e inconsciente.

pringue *m o f* **1** Grasa, esp. animal. *Tb fig*. | Lera *Clarines* 376: –La pringue, que chorree –tenían advertido las anfitrionas a sus esposas. Seseña *Barros* 141: Podían ir [las orzas] empegadas de pez para guardar el pringue (matanza). CPuche *Paralelo* 33: Así pululaba la golfería de muchachitos y muchachitas españolas en torno a la pringue de los dólares. **b)** Sustancia grasienta o pegajosa. *Tb fig*. | SFerlosio *Jarama* 87: –Lo que te puedo hacer es untarte de nivea; eso sí. –No quiero pringues; luego se pega todo el polvo. Fuster *Inf* 9.5.72, 18: Vivir es pringarse: la pringue puede proceder de nuestra propia fisiología o de adherencias que nos llegan del oficio, del ambiente, de cualquier eventualidad habitual.

2 Suciedad grasienta o pegajosa. | SSolís *Camino* 15: Corría .. con su amiguito Marino .., que solía ir a buscarl[a] cargado de caramelos o bombones, con los que Carmina se rebozaba a conciencia. –¡A esta niña no se la puede coger ni con pinzas! ¡Qué horror! ¡Qué pringue! Delibes *Guerras* 101: Conforme los despachaba [los huevos], se llegaba al pilón y hacía que bebía, ¿se da cuenta?, pero, en realidad, lo que hacía era restregarse el pringue, lavarse los berretes.

3 (*jerg*) Robo. | F. HCastanedo *Pue* 3.11.70, 32: Fue el más "águila" de todos los ratas de hotel .. Solo que ya hará una quincena de años que pidió cuartel, comportándose, desde entonces, inmejorablemente. Quizá porque se había casado enamorado, o porque la mujer era acaudalada, o porque estuviese harto de su vida de "pringue".

pringuera *f* (*reg*) Grasera (vasija). | R. Rubio *Abc* 12.11.70, 11: A esas horas, por lo general, todas las mañanas, si era tiempo de fríos, ya guisaban un fuerte almuerzo, a base de tajadas de cerdo, gazpachos o almortas, que los hombres se comían colocando la sartenilla y la pringuera en una mesa baja o cajón, cerca del fuego.

prior -ra A *m y f* **1** Superior [de un convento], a veces bajo la autoridad del abad. *Tb sin compl*. | J. R. Alfaro *HLM* 26.10.70, 22: En 1480 se nombró a San Valentín Patrono de los epilépticos, y en Alsacia, donde había sido prior de un convento, se construyó un hospital. Cabezas *Madrid* 387: Este lugar era una huerta que Fernando III el Santo regaló a la priora de Santo Domingo. FReguera *Bienaventurados* 8: La madre superiora le preguntó al demandadero: –¿Qué le ha parecido la nueva hermana, Anastasio? .. –Tiene buenas ancas, reverenda madre.– La priora se asustó.

2 Superior [de una hermandad o cofradía]. | Jer. Jiménez *Rio* 22.3.89, 2: La otra mitad [de los componentes de la junta] sería nombrad[a] por el prior de la hermandad.

B *m* **3** Superior [de una orden militar]. | Arenaza-Gastaminza *Historia* 184: Hubo de luchar [Felipe II] contra el pueblo, que se manifestó partidario del Prior de Crato, hijo bastardo del rey Don Sebastián.

4 (*hist*) Cabeza de un consulado comercial. | Bermejo *Estudios* 192: Nos referimos a un consulado de tipo mercantil, con sus priores, cónsules y demás componentes del entramado institucional del comercio, y no de un consulado de tipo político.

prioral *adj* De(l) prior. | Villarta *Rutas* 160: En el convento son de admirar el claustro bajo, .. la celda prioral baja y la iglesia vieja.

prioratino -na *adj* De la comarca del Priorato (Tarragona). *Tb n, referido a pers*. | A. Balasch *DEs* 11.8.71, 14: El agro prioratino recobró en buena parte su antiguo esplendor.

priorato[1] *m* **1** Cargo o dignidad de prior. | FJunípero *Abc* 9.11.91, 58: En aquella época feliz que dicen los que no vivieron en ella que fue la Edad Media, hubo un tipo de clérigos que erraban –en el sentido dinámico– de Curia en Curia y de Universidad en Universidad. No tenían beneficio –canonjía, prebenda o priorato que llevarse a la boca– pero sí tenían oficio.

2 Territorio o convento bajo la autoridad de un prior [1 y 3]. | Torrente *DJuan* 96: Puede usted visitarla, si lo desea, en un priorato benedictino. *Ale* 6.8.74, 10: La catedral de Ciudad Real, priorato de las órdenes militares, va a ser cerrada al culto a partir de mañana. GLuengo *Extremadura* 22: Su historia [de Llerena] está vinculada .. a la orden de Santiago, como centro del priorato de San Marcos de León.

priorato[2] *m* Vino de la comarca tarraconense del Priorato. | CApicius *Voz* 12.2.88, 39: Figuran en la corta relación dos tintos riojanos "de cosecheros", tradicionales de la zona, y con ellos va un Priorato, un Ribera del Duero, un Navarra y un Mancha.

prioridad *f* **1** Anterioridad en tiempo o en orden. | *Abc Extra* 12.62, 76: La prioridad levísima de cualquiera de ellas sería tan solo cuestión de meses. **b)** (*Filos*) Anterioridad de una cosa respecto a otra en cuanto causa suya, aunque existan en un mismo instante de tiempo. | MPuelles *Filosofía* 1, 170: No toda demostración apriorística en una demostración "propter quid". Para ser lo primero, basta con que la prueba se beneficie de una causa entitativa, esto es, de algo realmente anterior al efecto; prioridad que igualmente conviene a la causa propia y a la impropia.

2 Preferencia (ventaja, distinción o trato de favor frente a otros). | APaz *Circulación* 24: Todo conductor que llegue a un camino que tiene prioridad está obligado a ceder el paso a los conductores que circulen por dicho camino.

prioritariamente *adv* De manera prioritaria. | *SInf* 5.12.70, 5: Entre los sectores que observan con mayor inquietud la escalada hacia su victoria final del proyecto Mills se encuentran, prioritariamente, los textiles europeos.

prioritario -ria *adj* Que tiene prioridad, esp [2]. | *Ya* 8.11.70, 5: Entre otros objetivos prioritarios, indica la información libre y responsable y el fomento del asociacionismo.

priorización *f* Acción de priorizar. | *Reforma* 138: Estas adaptaciones se concretan en: a) Modificación del tiempo previsto para alcanzar los objetivos curriculares .. c) Priorización de ciertas áreas u objetivos curriculares frente a otros.

priorizar *tr* Dar prioridad [2] [a algo (cd)]. | *Van* 28.11.74, 17: Aquí se cree que Cuba va [a] atender, priorizándolos, a los países con los que habitualmente ha sostenido comercio. Miguel *Ya* 13.12.89, 20: Nuestro amado presidente dijo en el discurso de investidura que va a "priorizar la lucha contra la inseguridad ciudadana".

prioste *m* Mayordomo de una hermandad o cofradía. | Cea *Religiosidad* 37: Para ello [atender a las necesidades de la imagen] se crea una cofradía .. y unos representantes (abades, priostes o mayordomos) que anualmente administrarán sin fraude los caudales entregados en testamento, ofrenda o limosna. Moreno *Galería* 263: La ayuda que la Hermandad presta solo afecta a los "hermanos" o cofrades. Cada año se constituye una Junta, al frente de la cual hay un presidente o "prioste".

prisa I *f* **1** Rapidez al actuar. | Medio *Bibiana* 279: Acelera el paso, dejando atrás al hombre que la había abordado. Camina con tanta prisa que más que andar emprende un trotecillo hasta que pierde de vista el Monte de Piedad.
2 Necesidad de actuar con rapidez. *Frec en la constr* TENER ~. | Cunqueiro *Un hombre* 20: La prisa es, hijo mío, porque vas creciendo y tienes ya la talla del tío Eustaquio.
3 Acumulación de perss. o cosas que demandan una atención urgente. *Gralm en pl.* | * En la oficina tenemos muchas prisas estos días. * En la frutería las prisas empiezan a las 12.
II *loc v y fórm or* **4 correr ~** [algo]. Ser urgente. | E. Iparraguirre *SAbc* 1.6.69, 24: Tiene cosas que decir y le corre prisa decirlas.
5 darse ~ [alguien]. Actuar con rapidez. | FFlórez *Florestán* 706: El árbitro .. se dio prisa en anular jugadas.
6 meter (o, raro, **dar**) ~ [a alguien]. Instar[le] a actuar con rapidez. | J. Carabias *Ya* 10.5.75, 8: A los que remoloneaban comentando y felicitando al orador, alguien les metió prisa.
7 para qué las ~s. *(col)* Fórmula con que se pondera lo expresado inmediatamente antes. *Normalmente en constr consecutiva.* | Berenguer *Mundo* 194: Se venían en una moto .., desde San Fernando, dándole un mate que para qué las prisas.
III *loc adv* **8 a toda ~.** Muy rápidamente. | Bermejo *Derecho* 127: Transila .. se abre paso, en defensa de su dignidad, entre familiares y conocidos, para huir a toda prisa, mar adentro.
9 de ~ → DEPRISA.

priscilianismo *m* (*Rel crist*) Herejía de Priscilianо (s. IV), semejante en algunos puntos al agnosticismo y al maniqueísmo. | Tarradell *HEspaña* 1, 178: Un fenómeno paralelo que demuestra la vitalidad del cristianismo hispánico, aunque en sentido negativo, es la presencia de las herejías, entre las que destacó en el país el priscilianismo.

priscilianista *adj* (*Rel crist*) De(l) priscilianismo. | ILaguna *Abc* 12.11.70, sn: La historia, contada a tempo lento, en prosa de taracea .., adobada con espíritu priscilianista, es aprovechada para retratar el mundo del campesino gallego. **b)** Adepto al priscilianismo. *Tb n.* | A. Corral *Alc* 10.11.70, 2: No parece sino que el sarpullido de antañonas herejías quisiera de nuevo marcar con sus purulentas cicatrices el rostro de la Iglesia española; aquí, sin que nadie les vaya hoy a la mano, pululan los libeláticos y luciferianos, .. arrianos y priscilianistas.

prisciliano -na *adj* (*Rel crist*) Priscilianista. *Tb n, referido a pers.* | SDragó *SInf* 1.2.79, 4: Galicia concretamente se llena de un sustrato de elementos mágicos en que, como caldo de cultivo, crecían perfectamente los priscilianos y los mil y un misticismos y esoterismos jacobeos.

prisere *f* (*Bot*) Serie de agrupaciones vegetales de una sucesión primaria. | *BOE* 12.3.68, 3771: Temario de Botánica ecológica .. La sucesión de bancos y márgenes de ríos. Pantanos y turberas. Priseres y subseres. La sérule.

prisión *f* **1** Cárcel (edificio público destinado a la custodia de perss. privadas legalmente de libertad). | *Abc* 27.12.70, 19: Familiares y amigos de los procesados han visitado a los detenidos en las prisiones donde se encuentran.
2 (*Der*) Pena de privación de libertad, inferior a la reclusión y superior al arresto. | *Abc* 29.12.70, 15: Por un delito de tenencia ilícita de armas, diez años de prisión. **b) ~ mayor, ~ menor** → MAYOR, MENOR.
3 (*raro*) Acción de prender o coger. | GPavón *Cuentos rep.* 108: Los del Ayuntamiento y los consumistas huyeron entre pellejos de vino, e hicieron prisión en el Pósito Nuevo.

prisionero -ra *m y f* Pers. privada de libertad, esp. en la guerra, por motivos que no son delito. *Tb fig.* | Laforet *Mujer* 242: Estuvo encerrada en su casa, como prisionera, aunque nadie le había impedido la libertad de movimientos.

prisma *m* **1** Poliedro que tiene dos bases iguales y paralelas y cuyas caras laterales son paralelogramos. | Marcos-Martínez *Aritmética* 2e 193: Todas las aristas laterales de un prisma son iguales y paralelas. **b)** (*Ópt*) Prisma de materia transparente y gralm. de sección triangular, que se usa para producir reflexión, refracción y descomposición de la luz. | Ybarra-Cabetas *Ciencias* 36: Los polariscopios más usados en Mineralogía son: las pinzas de turmalina y el prisma de Nicol.
2 (*lit*) Punto de vista. | *Sáb* 18.1.75, 21: Mientras los niños de los ricos son tratados como personas con "desequilibrios psíquicos", los hijos del arroyo son vistos no pocas veces con el único prisma de la maldad.

prismático -ca *adj* **1** De(l) prisma [1a]. | Bustinza-Mascaró *Ciencias* 26: La forma de las células que lo constituyen [el tejido epitelial] puede ser: aplastada, cúbica y alargada o prismática. **b)** De forma de prisma [1a]. | J. G. Manrique *MHi* 11.63, 14: El reloj que se levanta en el centro del "parquet", montado sobre una columna prismática, es un juez inexorable, que nos muestra una fecha.
2 [Anteojo o gemelo] provisto de prismas [1b]. *Gralm como n m en pl.* | Anson *SAbc* 20.4.69, 15: Mira con los prismáticos.

prístino -na *adj* (*lit*) Primitivo o primero. | E. GChico *Abc* 19.11.64, sn: Ha sido restaurado concienzudamente .. devolviéndole su prístina pureza arquitectónica. Cossío *Confesiones* 29: Estos prístinos recuerdos tiene para mí cierto interés el evocarlos.

pritanía *f* (*hist*) *En la república ateniense*: Período de tiempo en que cada una de las tribus de la ciudad desempeña el poder en la bulé o senado. | Estébanez *Pragma* 155: En cada pritanía se celebraban cuatro asambleas ordinarias.

prítano *m* (*hist*) *En la república ateniense*: Miembro de la bulé o senado durante una pritanía. | Estébanez *Pragma* 152: Los prítanos elegían cada atardecer un presidente.

priva (*tb con la grafía* **priba**) *f* (*jerg*) **1** Bebida alcohólica. | MSantos *Tiempo* 46: Llévale priva al Cartucho.
2 Bebida (hábito o vicio de beber). | Umbral *Trilogía* 9: El fotógrafo Basabe, sabio, escéptico y dado un poco a la priva. Sastre *Taberna* 129: ¡Lo que la ha matado más es su propia desgracia ..! ¡Que la priba se la ha llevado!

privacidad *f* **1** Cualidad de privado[1]. | G. L. DPlaja *Tri* 20.2.71, 35: Lo palpable es inmediato y espectacular y se agradece sin más: ambiente acogedor, privacidad, nivel de confort .., así como atención y cuidados. L. Apostua *Ya* 22.1.86, 7: Besteiro había fallecido en la cárcel de Carmona en 1940 y hasta julio de 1960 no fue trasladado al cementerio civil de Madrid, en ceremonia de total privacidad.
2 Vida privada [de una pers.]. | T. GBallesteros *Abc* 27.8.93, 42: Las modernas técnicas de la imagen pueden violar nuestra privacidad.

privación – privilegiado

privación *f* **1** Acción de privar [1]. | *Abc* 29.12.70, 16: En cuanto se refiere a las penas de privación de libertad, es de advertir, a efecto de cumplimiento, el límite máximo de acumulación que señala la legislación aplicable.
2 Hecho de carecer de algo necesario o deseado, por causas externas o por propia voluntad. *Frec en pl.* | Onieva *Prado* 124: El venerable Beda fue monje benedictino .. Pasó su vida en un monasterio, sometido a toda suerte de privaciones. Onieva *Prado* 139: Escapó a Londres, donde el clima y las privaciones determinaron la enfermedad tuberculosa que lo arrastró al sepulcro.

privadamente *adv* De manera privada[1] [2 y 3]. | Clara *Sáb* 10.9.66, 46: No me es posible contestarle privadamente. J. Iribarren *Ya* 25.5.72, 6: En conjunto, los koljozianos poseen privadamente unos 29 millones de cabezas de ganado, 16 millones de ovinos y... quién puede saber cuántas aves.

privado[1] **-da I** *adj* **1** *part* → PRIVAR.
2 Que no es público. | Alfonso *España* 149: Acaso, buscando, debamos reseñar en esa inmensa zona sin verdor el privado club Apóstol Santiago. *VNu* 27.7.74, 4: Opino sensiblemente igual que J. M. V. sobre la libertad de los padres a elegir centro de enseñanza para su[s] hijos en igualdad de condiciones económicas, sobre subvenciones a la enseñanza privada, etc. **b)** (*Der*) [Derecho] que regula las relaciones entre los particulares, en situación de igualdad jurídica. | Gambra *Filosofía* 216: Las partes de derecho privado son el derecho civil y el derecho mercantil.
3 Particular o personal. | M. Á. Gozalo *Abc* 9.12.73, 23: Cuya sanción está prevista por .. los artículos 368 y 372 de la ley del 17 de julio de 1970, relativa a los atentados a la vida privada.
II *f* **4** (*hoy raro*) Lavabo o cuarto de baño. | J. Vidal *País* 17.1.89, 52: La privada, .. dotada de inodoro, su bombillo, su manguera, lavabo, bañera, bidé, entró después, y entonces también fue moda hablar del WC. Carnicer *Castilla* 57: Duermo hasta las nueve. Me levanto a esta hora y .. voy a la privada. Me lavo las manos, pero no la cara. Ni me afeito.
III *loc adv* **5 en ~**. Estando solas las personas en cuestión. | ZVicente *Traque* 143: Me dejan hablar en privado con Chonina unos diez minutos.

privado[2] *m* Valido. | L. Valls *Abc* 16.12.75, sn: Nosotros hemos de instar al Rey a que sea siempre imparcial, a que no tenga privados, a que no se deje guiar por simpatías o antipatías.

privanza *f* **1** Hecho de ser privado[2] del rey. | *Abc* 19.12.76, sn: Don Gaspar de Haro .. sucedió al conde duque de Olivares en la privanza del Rey. **b)** (*lit*) Hecho de ocupar el primer lugar en el afecto y confianza de alguien importante. | CBonald *Ágata* 145: Cuando los profusos .. oficios de don Juan Crisóstomo terminaron de cimentar su privanza, confesó un día el dómine a Pedro Lambert .. que era casado.
2 (*lit*) Hecho de estar de moda. | DCañabate *Paseíllo* 17: Ahora, con la privanza del sinsombrerismo, se la quitan [la montera] en cuanto tocan a banderillas.

privar A *tr* **1** Dejar [a una pers. o cosa (*cd*) sin algo que tiene o podría tener (*compl* DE)]. | Laiglesia *Tachado* 17: Encuentro inconcebible que unos señores, por el mero hecho de ir vestidos con uniforme de un color, se crean con derecho a privar de la existencia a otros señores cuyos uniformes van teñidos de colores diferentes. Nuria *SYa* 10.10.76, 27: Al ser sometido [el arroz] al proceso de descascarillado se le priva del germen y de las capas exteriores, y con ello pierde gran cantidad de proteínas y de vitaminas. *Alc* 4.9.56, 9: Tuvo la desgracia de caer a un riachuelo desde una altura de 14 metros, recibiendo en la cabeza un fuerte golpe que le privó del conocimiento.
2 (*col, raro*) Quitar el sentido [a alguien (*cd*)]. | Delibes *Hoja* 39: Entonces la Caya la sacudió tal bofetada que la chica permaneció cinco minutos privada junto al hogar.
B *intr* ➤ **a** *normal* **3** (*col*) Gustar mucho [a alguien (*ci*)]. *Tb sin ci*. | MGaite *Visillos* 167: Le tendieron una cajetilla de chéster y ella hizo un gesto de asco. –Por Dios, estás loco, de eso no. A mí lo que me priva son los peninsulares.
4 (*col*) Estar de moda. | Delibes *Mundos* 36: El tango sigue privando aquí lo mismo que hace treinta años.
5 (*jerg*) Beber (tomar bebidas alcohólicas). | FReguera-March *Filipinas* 86: También [el gobernador a los soldados] nos hizo dar coñac o ginebra, privando gratis.
➤ **b** *pr* **6** Renunciar [a algo (*compl* DE)] o abstenerse [de ello]. | B. M. Hernando *VNu* 16.11.74, 41: Alguien dice "muy en secreto" la noticia que será repetida "secretamente" a todo el que quiera escucharla. ¡Y quién es capaz de privarse de tal placer de dioses!
7 (*col*) Perder el sentido. | CBonald *Casa* 205: El susto había sido descomunal, y el muchacho, no más salir de la jaula, se cayó redondo sobre el terrizo y se privó.
8 (*jerg*) Emborracharse. *Frec en part.* | * Raro es el día que no llega a casa privado.

privatismo *m* Tendencia a dar preponderancia a lo privado sobre lo público. | Aranguren *Ética y polít.* 171: El verdadero *citoyen* .. es aquel en que no quedan ya vestigios de privatismo, porque se ha convertido enteramente en hombre público, en miembro de la comunidad.

privatista *adj* Que tiende a dar preponderancia a lo privado sobre lo público. | Humberto *Sáb* 12.10.74, 55: Resulta también que, por el juego de la Ley de Costas .., amén de una jurisprudencia desfasada y privatista, las excepciones y los abusos cuajan por doquier.

privativamente *adv* De manera privativa [2]. | *Ley Orgánica* 86: La Jurisdicción Militar se regirá por las Leyes y Disposiciones que privativamente la regulan.

privativo -va *adj* **1** De (la) privación [1]. | *Mad* 22.4.70, 10: Se indulta de la pena privativa de libertad .. a Antonio Totosaus Raventós. **b)** (*Filos*) [Oposición] que existe entre una cualidad normal en un sujeto y su carencia. | Gambra *Filosofía* 36: Esta oposición puede ser, a su vez, contradictoria, contraria, privativa y correlativa.
2 Propio exclusivamente [de alguien o algo]. | CNavarro *Perros* 16: El monólogo es algo privativo de los países latinos.

privatizable *adj* Que se puede privatizar. | *Abc* 27.10.84, 44: La Editora Nacional cumple actividades perfectamente privatizables.

privatización *f* Acción de privatizar. | Aranguren *Juventud* 202: El actual "materialismo" occidental consiste en una privatización de la existencia. J. PAlt *Mad Extra* 12.70, 24: Al momento se llevó adelante, y se aprobó, el proyecto de privatización de parte de la dehesa.

privatizador -ra *adj* **1** Que privatiza. | G. Palomo *Tiem* 9.2.87, 27: La oposición mostrada por el entonces ministro de Transportes, Turismo y Comunicaciones al plan privatizador de Boyer para Disney España.
2 Relativo a la acción de privatizar. | *Abc* 21.3.88, 49: Estas consecuencias .. son muy parecidas en las Bolsas europeas y americanas. Se detiene la corriente privatizadora sobre todo por parte de Francia y Gran Bretaña.

privatizar *tr* Dar carácter privado [a algo, esp. a una propiedad pública (*cd*)]. | Albalá *Periodismo* 133: En los "estados de opinión", esta se encuentra siempre, quiérase o no, subjetivada y, por supuesto, privatizada. Iparaguirre-Dávila *Tapices* 87: De las tres posibilidades existentes, privatizar la Fábrica, estatalizarla o conservar el régimen mixto, este último es el que da mejores resultados.

prive *m* (*jerg*) Priva. | Oliver *Relatos* 129: El prive lo ponían de garrafa de la mala.

privilegiadamente *adv* De manera privilegiada [3]. | Rábade-Benavente *Filosofía* 252: Algo que, privilegiadamente, creemos que tiene el hombre y que no tiene ningún otro individuo de cualquier especie animal.

privilegiado -da *adj* **1** *part* → PRIVILEGIAR.
2 Que tiene privilegio(s). *Tb n, referido a pers.* | SCabarga *Abc* 26.8.66, 42: El sistema anterior entrañaba el exclusivismo al disfrute por solo unos cuantos privilegiados. **b)** (*Rel catól*) [Altar] que tiene el privilegio de la indulgencia plenaria para las misas celebradas en él. | Ribera *Misal* 1484: Llámase Altar privilegiado el que tiene anejo el privilegio de ser aplicada una indulgencia plenaria al difunto por el cual se ofrece la Misa.
3 Que implica privilegio(s). | *Ya* 13.9.89, 31: Ramón Tamames .. declaró ayer que rehabilitar edificios "es una ac-

tividad legal" y que nunca ha utilizado una información privilegiada para realizar sus negocios.
4 Excepcional. *Con intención ponderativa*. | Ma. Román *Ya* 26.12.91, 23: Farina sigue con una voz privilegiada. R. Cermeño *Cua* 8/9.70, 32: La situación geográfica de España es estratégicamente privilegiada.

privilegiar (*conjug* **1a**) *tr* Conceder privilegio(s) [a alguien o algo (*cd*)]. *Tb fig*. | *Sp* 21.6.70, 7: Se encargaría en este caso a las Mutualidades de cada cuerpo de dichas habilitaciones, terminándose con los pingües beneficios que obtienen algunos funcionarios privilegiados con tales prebendas. *SInf* 7.2.76, 2: La "unión de todo el pueblo de Francia" .. no ha sido presentada como una alternativa neta a la "unión de la izquierda" –a pesar de que implícitamente Marchais reconoce que esta privilegia a los socialistas–.

privilegio I *m* **1** Excepción ventajosa a una norma, concedida a alguien o algo. *Tb el documento en que consta*. | Arenaza-Gastaminza *Historia* 157: La agricultura seguía en una situación muy precaria, por los excesivos privilegios del Con[c]ejo de la Mesta. Ribera *Misal* 1484: Llámase Altar privilegiado el que tiene anejo el privilegio de ser aplicada una indulgencia plenaria al difunto por el cual se ofrece la Misa. CBaroja *Inquisidor* 29: Por privilegio de Felipe III, fechado a 16 de diciembre de 1618, a partir de aquella fecha siempre había un dominico entre ellos.
2 Ventaja o don excepcional de que disfruta una pers. o cosa frente a otras. | CBaroja *Inquisidor* 47: Tuvo el doble privilegio de ser retratado por Goya y de que el retrato fuera de los sobresalientes entre los muchos que pintó el maestro. **b)** (*hist*) Permiso exclusivo concedido por la autoridad a un editor por tiempo limitado para publicar un libro. | MSousa *Libro* 99: Para evitar estos abusos [las ediciones piratas], se introdujo el privilegio, es decir, un permiso en exclusiva concedido por el poder civil a favor de un editor por un tiempo determinado y por obra.
II *loc adj* **3 de ~**. (*hist*) [Hidalgo] por compra o merced real. | Delibes *Madera* 155: Don Belarmino de la Vega, hidalgo de privilegio, y su mujer y prima hermana Genovevita Serrada, eran los padres de Peter.

pro[1] I *m* **1** Aspecto favorable o positivo [de algo]. *Normalmente en la constr* EL ~ Y EL CONTRA, *o* LOS ~S Y LOS CONTRAS. | FReguera *Bienaventurados* 34: Se pertrechaba de material dialéctico para defender, sofisticamente, el pro y el contra de cualesquiera clase de cuestiones. Delibes *Mundos* 146: No es un defecto, sino una actitud, y como todas las actitudes tiene sus pros y sus contras.
II *loc adj* **2 de ~**. (*lit*) [Pers.] de bien. | Olmo *Golfos* 23: La gente, ustedes, gentes de pro, los asedia [a los niños], los fastidia, los envuelve en esa maraña de imbecilidades propias del ir tirando. **b)** [Pers.] importante o destacada. | J. L. Auria *Abc* 5.9.71, 33: Revuelve incansablemente, en su finca de Frades, papeles genealógicos, porque es un genealogista de pro. J. Vara *Ya* 1.11.74, 22: Madrileña también de pro. Pero sin escudos nobiliarios en su hogar; más bien de la clase baja, aunque no empobrecida.
III *loc adv* **3 en ~**. En favor [de alguien o algo]. *A veces sin compl*. | N. Luján *Sáb* 5.10.74, 5: Después de haber asolado concienzudamente todo lo que nos pareció, en pro de la utilidad pública, algunas generaciones más tarde intentamos reconstruirlo. Torrente *Isla* 289: Y para chafar a Claire, para que no tuviera réplica que darme, solía traer en mi pro algunos versos de su tataraabuelo.

pro[2] (*con pronunc átona*) *prep* En favor de. *Precediendo inmediatamente al n, sin ningún determinante*. | Delibes *Historias* 56: Don Justo del Espíritu Santo creó una Junta pro Beatificación de la mártir Sisinia.

pro- *pref* **1** Denota postura o actitud en favor de, o a favor de, lo designado por el n que sigue. | *Por ej*: Pue 4.11.70, 7: A pesar de la "jornada pro-amnistía", no hubo incidentes de consideración. J. M. Páramo *VozC* 25.7.70, 7: Se celebrará en todos los templos de la ciudad una colecta pro-templos parroquiales.
2 *Denota condición de partidario o de inclinado a la pers o cosa a que se refiere el n o adj que sigue*. | *Por ej*: J. Alonso *Rev* 11.70, 6: Se hizo prosoviético un hombre cuyo proamericanismo le valió en los primeros tiempos de la revolución el sobrenombre de "coronel Jimmy". L. Mira *SVozC* 31.12.70, 9: Este mismo parece no hacer tanto hincapié en azuzar las guerrillas pro-castristas en América del Sur y en Centroamérica. Carandell *Tri* 20.4.68, 29: Me molesta emplear la palabra burguesía porque ha empezado a adquirir cierto aire libresco, sociológico y prochino. Aranguren *Cua* 6/7.68, 17: "O esto o el comunismo", dilema que ahora, por fin, descubre el General De Gaulle, tras sus culpables veleidades procomunistas. *DBu* 27.12.70, 24: Treinta camboyanos pro-Sihanuk se rindieron ayer a las fuerzas gubernamentales. L. Calvo *Abc* 21.8.66, 45: Dando gritos de .. "Sukarno es comunista", llegaron a la sede de las Juventudes Nacionalistas Prosukarnistas. Miguel *Mad* 22.12.69, 14: El publicitario .. demócrata y simpático, pro-USA, pro-televisión, lector de ciencia-ficción.

proa I *f* **1** Parte delantera de una embarcación. | Aldecoa *Gran Sol* 31: La luz de rumbo en el palo de proa casi no se veía. **b)** Parte delantera de un vehículo, esp. de un avión. | Halcón *Ir* 400: La señora, una madre joven, se dispuso a entrar y puso la proa del coche hacia el parque y avanzó con él desde la acera. *Ya* 3.9.83, 13: Los Suhkoi 15 que escoltaron y según todos los indicios abatieron al Jumbo surcoreano sobre el mar de Ojotsky [*sic*] son cazas provistos de un gran radar de interceptación en la proa.
II *loc v* **2 poner la ~** [a alguien o algo]. Ir en contra suya. | MGaite *Fragmentos* 80: En el *Hola* vino hace poco quejándose de que los empresarios le tienen puesta la proa porque no quiere ser como las demás. Buero *Diálogo* 70: Le canté las verdades a uno de esos revolucionarios de boquilla .., y me empezaron a poner la proa.
3 poner ~ [a un lugar (*compl de lugar adonde*)]. Dirigirse [a él]. | *Mad* 14.11.70, 8: Antes de poner proa hacia el aeropuerto de La Habana el avión tomó tierra en Jacksonville (Florida), para repostar. J. Barquín *Abc* 10.10.87, 106: Cuando Campo de Criptana se le quedó chico a Antonio Cabeza de Jabalí, decidió poner proa rumbo a América.
III *loc prep* **4 ~ a.** Rumbo a. | Pla *América* 22: Seguimos el canal, proa a poniente, teniendo por delante una puesta de sol prodigiosamente bella.

proar *intr* (*raro*) Dirigir la proa [hacia un punto]. | Aldecoa *Gran Sol* 181: Dio el rumbo a Celso Quiroga y comunicó con el barco compañero. Poco después el *Uro* y el *Aril* proaban hacia Irlanda.

probabilidad *f* **1** Cualidad de probable. *Frec con un adj cuantitativo o de intensidad y esp en pl, para expresar la intensidad o medida de esa cualidad*. | Gambra *Filosofía* 202: En caso de duda invencible se puede actuar en el sentido de la mayor probabilidad. J. Vega *Abc* 25.2.68, 71: ¿Sabía usted, que tiene un hijo diabético, que si en su familia y en la de su mujer había diabéticos, sus hijos tenían mayores probabilidades de heredar este mal?
2 Cosa probable. | * Eso que dices no es un hecho, es solo una probabilidad.

probabiliorismo *m* (*Filos*) Doctrina moral que en asuntos dudosos propugna seguir la opción más probable. | Gambra *Filosofía* 202: Otra escuela, el probabiliorismo, .. responde que en caso de duda invencible se puede actuar en el sentido de la mayor probabilidad.

probabilismo *m* (*Filos*) **1** Doctrina moral que en asuntos dudosos propugna seguir cualquiera de las opciones probables. | Gambra *Filosofía* 202: El probabilismo estima lícita la acción en cualquiera de las direcciones probables (probables en conciencia, naturalmente), aun cuando haya alguna más probable en la opinión del sujeto.
2 Doctrina filosófica según la cual solo es posible conocer las cosas de un modo aproximado, excluyendo por principio la certeza. | * Según el probabilismo la certeza absoluta es imposible.

probabilista *adj* **1** (*Filos*) De(l) probabilismo. | * La teoría probabilista tiene muchos seguidores. Rábade-Benavente *Filosofía* 198: Si, con la ciencia actual, se renuncia al fijismo en favor de una concepción estadística y probabilista de esas leyes, entonces no se excluye la excepción. **b)** Adepto al probabilismo. *Tb n*. | * Según los probabilistas, en caso de duda se puede seguir cualquier opción probable, incluso la menos probable.
2 De (la) probabilidad [1]. | L. LSancho *Agromán* 5: Quisiéramos tantear con la mano o con el pie, para conocer de alguna manera, aunque solo sea aproximada o probabilista, lo que nos espera.

probabilístico -ca *adj* Probabilista [1a y 2]. | Aranguren *Marxismo* 156: Probablemente los estructuralistas no niegan la posibilidad de predicciones probabilísticas.

probable *adj* [Cosa] que sin ser cierta o segura es muy posible que lo sea. | Arce *Testamento* 63: Yo le dije que lo creía probable, y él pareció quedar muy satisfecho de que le hablara de tal modo.

probablemente *adv* De manera probable. | *Des* 12.9.70, 29: Aparecerá probablemente a comienzos del próximo año.

probadamente *adv* De manera probada o demostrada. | J. Baró *Abc* 16.12.70, 35: Leer, por ejemplo, a Julián Juderías, uno de los hombres que más han hecho por demostrar muy serena y probadamente la mendacidad de tales asertos.

probadero *m* (*Dep*) Lugar destinado a la prueba de bueyes. | Bengoa *GacNS* 25.8.74, 6: La primera mujer probalari con carnet en la Federación es una santanderina. Mantuvimos con ella amplia conversación, en las pasadas pruebas de bueyes en el probadero de Guecho.

probador -ra I *adj* **1** Que prueba [1]. *Tb n: m y f, referido a pers; m, referido a aparato*. | VMontalbán *Rosa* 43: Narcís pone *Casablanca* en el televisor probador de las videocasetes. *Ya* 15.10.67, sn: Puede usted comprobarlo haciendo que le pongan una bujía y un inflamador de combustible en el mismo probador de bujías, en el taller. *Ya* 30.5.64, 43: Necesitamos modistas, probadoras y oficialas casa modas. Chumy *ByN* 10.2.91, 98: Existen los llamados prob[a]dores de sexo, probadores de señoritas que van a ser saboreadas por los poderosos que disponen de todo, incluso de la capacidad de atrapar una enfermedad venérea si se descuidan. [*En el texto*, probradores.]

II *m* **2** *En una tienda o taller de costura*: Lugar destinado a probarse prendas de vestir. | Torrente *Vuelta* 196: –La quiero así [la blusa]. ¿Podría ponerme esto? –Sí. Acompáñeme.– La metió en un probador, con espejos en todas las paredes.

probadura *f* **1** Acción de probar [3]. | Escobar *Itinerarios* 192: Llenó las aliaras delante de mí del mismo tonel del que hice la probadura.

2 (*reg*) Prueba [7]. | Chamorro *Sin raíces* 16: A la hora del almuerzo se congregó mucha gente en casa. Arroz con hígado. Mondongo. Pruebas o probaduras o pruebe, que de las tres formas puede denominarse. Aceitunas. MCalero *Usos* 100: Ya se relamían pensando en los torreznos de buen tocino fresco que iban a comer pronto y de las probadurillas de que iban a disfrutar.

probanza *f* (*lit o Der*) Prueba o demostración. | MCachero *AGBlanco* 119: Otro testimonio que añadir a los ya aducidos como probanza de la madurez a que se encaminaba muy derechamente Andrés González-Blanco. FQuintana-Velarde *Política* 226: Tiene a su cargo la tarea posiblemente más difícil en esta materia: la averiguación de los hechos justiciables y la acumulación de probanzas de los mismos.

probar (*conjug* **4**) **A** *tr* **1** Hacer que [una pers. o cosa (*cd*)] realice o sufra la acción a que está destinada, a fin de ver si cumple los requisitos exigidos. | G. Ferrari *MHi* 8.66, 34: Los sementales son escogidos entre toda la torada después de haberlos probado en la tienta y en la retienta. Cabezas *Abc* 7.9.66, 45: Cuando podía anunciar que había terminado una nueva guitarra, la probaba para sus amigos. **b)** Someter [a una pers., una cualidad o un sentimiento (*cd*)] a una situación de dificultad o peligro para ver cómo responde. | Villapún *Moral* 62: Tentó Dios a Tobías, diciéndole: "Porque eras querido de Dios era necesario que la tentación te probase". **c)** Poner [a alguien una prenda de vestir o un calzado] para ver cómo le está y hacer, en su caso, los arreglos oportunos. *Tb abs. Frec el ci es refl.* | Laiglesia *Tachado* 188: El sastrecillo se excusó diciendo que la culpa no era suya, sino de los caballos por no haber ido a probarse. Y la ropa a la medida, aunque sea un traje equino, necesita por lo menos un par de pruebas. *Ya* 30.5.64, 42: Alta costura necesita oficiala de primera, indispensable sepa probar y cortar.

2 Demostrar (hacer ver la verdad [de algo (*cd*)] mediante un razonamiento riguroso o hechos evidentes). *Frec en part.* | Gambra *Filosofía* 163: Las cinco vías nos han probado que existe un Primer Motor. FQuintana-Velarde *Política* 179: Una transacción rápida podía llevarse a cabo, no mediante la disposición física del oro o la plata, sino mediante la utilización del recibo de la entidad bancaria en que el oro o la plata estaban depositados, y que probaba su efectiva existencia. Villapún *Iglesia* 9: Decidieron escoger siete varones de probada ciencia y virtud.

3 Tomar una pequeña cantidad [de alimento o bebida (*cd*)], gralm. para conocer su sabor. | M. Lope *País* 10.11.93, 14: Se prueba el caldo. Se rectifica de sal. *ByN* 24.10.93, 63: Muy pocas personas se atreverían a probar una seta con este aspecto. M. Aguilar *SAbc* 9.11.69, 54: En favor de sus enfermos, los médicos se sacrificaban probando la orina. **b)** *En constr negativa*: No tomar absolutamente nada [de un alimento o bebida (*cd*)]. | Delibes *Cinco horas* 149: Mamá .. tuvo que sufrir horrores, ¡con decirte que no volvió a probar los dulces! Arce *Testamento* 21: ¡Hacía tanto tiempo que no había probado uno de aquellos frutitos rojos! **c) no ~ bocado** → BOCADO.

4 Pasar por la experiencia [de algo (*cd*)] durante un breve período de tiempo. *Tb abs.* | *Ya* 12.1.91, 12: He sido sometido a unas cinco sesiones de masajes manuales .. y el maravilloso "invento español": la hipertermia .. Yo doy fe de que lo he probado y los dolores de la espalda y cadera han desaparecido en un 90%. *País* 10.4.80, 27: La pareja sueca prefiere probar antes de casarse. *D16* 2.7.91, 49: Masajes .. ¡El que prueba, repite!

5 ~ fortuna, ~ suerte → FORTUNA, SUERTE.

B *intr* **6** Intentar, o hacer lo necesario para conseguir [algo (*compl* A, o, *reg*, DE, + *infin*)]. *Tb sin compl.* | Marsé *Montse* 335: Pruebas a imaginarla llegando a su casa y reanudando, silenciosa y derrotada, su vida familiar y parroquial. Delibes *Siestas* 68: Le das mil vueltas y pruebas de poner diversas letras en los huecos .. Pero como si nada. Candel *Catalanes* 11: Cueste lo que cueste, hay que probar de digerirlo [el libro]. * Prueba otra vez.

7 ~ bien (**o mal**). Tener [algo] buen (o mal) efecto sobre la salud [de alguien (*ci*)]. *En lugar de* BIEN *o* MAL *puede aparecer otro adv equivalente*. | Grosso *Capirote* 103: –¿Cómo te prueba? –¿El qué? –Esto [la cárcel]. –Bien. **b)** *Sin adv*: Tener [algo] buen efecto sobre la salud [de alguien (*ci*)]. | MSantos *Tiempo* 112: Ella lo decía la pobre, que no se sentía bien, que no la probaba. Se nos iba en sangre, pobrecilla. CPuche *Paralelo* 24: Aquella que se metió en un convento pero que se salió porque no le probaba a la salud.

probática *adj* (*hist*) [Piscina] destinada a lavar y purificar las reses de los sacrificios. *Normalmente referido a la que existía junto al templo de Jerusalén. Tb fig.* | Vesga-Fernández *Jesucristo* 61: A poco de llegar Jesús a Jerusalén, con motivo de la Pascua obró otro milagro en la piscina de Betsaida, llamada también probática o "de las ovejas". Mendoza *Ciudad* 10: Esto atrae a los hebreos cabalistas de Gerona, que fundan sucursales de su secta allí y cavan pasadizos que conducen a sanedrines secretos y a piscinas probáticas descubiertas en el siglo XX al hacer el metro. CBonald *Ágata* 208: Recuperó esta alguna de las capacidades perdidas durante su inmersión en aquella especie de extemporánea piscina probática.

probativo -va *adj* Que sirve para probar [2]. | *Ecc* 16.11.63, 33: Las razones .. no tienen ninguna fuerza probativa.

probatoriamente *adv* En el aspecto probatorio [2]. | Bermejo *Estudios* 74: A través del análisis de los procesos se puede advertir que se utiliza esta categoría como un medio más dentro de los que probatoriamente se conceden al organismo judicial a la hora de su apreciación.

probatorio -ria *adj* **1** Que sirve para probar [2]. | Cobos *Machado* 139: Tendríamos muestras probatorias, muy probablemente, en los cuadernos 2º y 3º, que se perdieron, para nuestro daño. Carnicer *Castilla* 221: La comida es estupenda: una paella y una carne guisada probatorias del arte de la Vasquita.

2 De (la) prueba o demostración. | *Leg. contencioso-adm.* 88: La nueva Ley ha atenuado el rigorismo sobre la admisibilidad de la prueba, confiriendo así al proceso las garantías necesarias para que constituya un instrumento de la Administración de Justicia, que no puede impartirse con la mediatización de las posibilidades probatorias de las partes ante el órgano jurisdiccional.

probatura *f* Acción de probar [1, 3, 4 y 6]. | J. Bonet *Bal* 4.3.70, 8: Novísimas probaturas de la química con sus cobayas, con animales y con seres humanos, en Nueva York. Escobar *Itinerarios* 185: ¡Ojo al beber en bodega y andar de aquí para allá en probaturas! DCañabate *Paseíllo* 70: ¿Que no podía ser torero? Mientras durara la probatura, él se podría dar la gran vida. CPuche *Sabor* 91: De Pinilla tuvimos que salir también después de muchas probaturas, porque tío Cirilo se empeñó en que Murcia sería lo mejor.

probenecid *m* (*Med*) Derivado del ácido benzoico que inhibe el transporte tubular renal de los ácidos orgánicos y que se usa esp. para conseguir niveles de penicilina más elevados y persistentes, ya que retrasa la eliminación de este antibiótico. | *Ya* 21.7.88, 23: Luis Puig agregó que no sabe el producto que se ha encontrado en los análisis: "Todo apunta a que es probenecid".

probeta I *f* **1** Vasija tubular de cristal usada en los laboratorios. | GPavón *Hermanas* 19: Echaba un vistazo .. a la mesa blanca con probetas.
II *adj invar* **2** [Niño o animal] que ha sido engendrado en una probeta [1]. | ASantos *Bajarse* 46: A mí como si me dicen que soy una niña probeta. Paso de orígenes. A. Crovetto *HLO* 7.8.78, 3: Un par de sabios inventan a su vez el "guaje" probeta para que puedan tener hijos aquellas mujeres que no están en condiciones para ello.

probidad *f* (*lit*) Cualidad de probo. | Alós *Hogueras* 221: No podemos hacer sino el inventario de sus errores y señalar las causas y las consecuencias con la probidad de los que son neutrales.

problema I *m* **1** Cuestión a la que se busca una explicación o respuesta adecuada. | Gambra *Filosofía* 171: Si admitimos la Providencia divina, se plantea el problema teológico de la existencia del mal en el mundo. Medio *Bibiana* 9: Un hombre que no tiene casa ni brasa, ni tiene que enfrentarse con los problemas que los chicos nos largan. **b)** Proposición en que se formulan una o más preguntas que se han de contestar a partir de unos datos determinados. | Marcos-Martínez *Física* I: Al fin de cada Lección se ha puesto una cantidad importante de problemas para que el alumno se ejercite en su resolución.
2 Circunstancia adversa que hay que vencer. *Frec en pl.* Ybarra-Cabetas *Ciencias* 304: El problema es disponer del agua necesaria. *Abc* 25.6.93, 75: Caminos paralelos hacia la final, pero con bastantes más problemas para el Madrid. **b)** Dificultad de trato o de relación [con alguien]. *Frec en pl.* | * Tiene problemas con sus hijos, no los entiende.
3 *Pers.* o cosa que supone un problema [1 y 2]. | * Este niño es un problema. MGaite *Búsqueda* 17: La búsqueda de interlocutor no se plantea todavía como problema. Aleixandre *Química* 66: Se toman con una pipeta, por ejemplo, 20 c.c. de la disolución problema.
II *loc v* **4 haber ~** [en algo]. Ser [eso] un problema [2] o dificultad. *Frec en la constr* NO HAY ~ *para manifestar aquiescencia a una petición. A veces en las fórmulas* NINGÚN ~, SIN ~(S). | * ¿Hay algún problema en cambiar de hora? * –¿Puedo ir con vosotros? –No hay problema. PReverte *Maestro* 110: –Tengo que conocerla, don Jaime .. –Naturalmente, Excelencia. Cualquier día de estos. Ningún problema. Sopeña *Defensa* 86: Monseñor Bulart recibió mi promesa y, a traves de él, la petición al Patriarca: sin problema.
5 ser [una cosa] **~** [de alguien]. Ser asunto suyo. *Frec en la constr* ES TU ~, *para manifestar desinterés o despreocupación*. | Diosdado *Anillos* 2, 262: ¡Ah, vamos! ¡Así que no es de su competencia! No es "su problema", ¿no? VMontalbán *Comité* 217: –¿Dónde está ella? –Es su problema.

problemáticamente *adv* De manera problemática. | *Ya* 26.4.75, 23: Nuestra economía y nuestras relaciones laborales se ven envueltas problemáticamente en los pliegues de la crisis mundial.

problematicidad *f* Cualidad de problemático. | Albalá *Periodismo* 102: Con este material de documentación .. el informador verifica la primera fase de un proceso de conocimiento cuya duración estará siempre en función de la problematicidad y el interés que el mensaje entraña.

problemático -ca I *adj* **1** Que supone un problema o tiene carácter de problema. | Rábade-Benavente *Filosofía* 79: Köhler, al comprobar que los animales .. resolvían el problema propuesto, mirando al objetivo y a los "medios" para alcanzarlo, determinó que era la estructura misma de la situación problemática la que posibilitaba que los chimpancés .. llegaran a la solución. CBaroja *Inquisidor* 34: Don Diego de Simancas, como jurista, se especializó en los aspectos del Derecho más problemáticos.
2 Incierto o dudoso. | Heras *Mad* 29.4.70, 25: No puede existir Universidad sin investigación, porque esta convierte a la ciencia en problemática y la hace abandonar viejas posturas. **b)** (*Filos*) [Proposición] que enuncia tan solo una posibilidad. | Gambra *Filosofía* 44: Las proposiciones se dividen en asertóricas, apodícticas y problemáticas. **c)** (*raro*) Que se plantea problemas o dudas. | GBarrientos *Pról. Buero* 39: El contemplativo es un personaje incompleto, hondamente problemático, soñador, altruista.
II *f* **3** Conjunto de problemas [de alguien o algo, esp. de una actividad]. | *Inf* 24.7.70, 10: Este documento trata de la problemática de los estudios de farmacia. *Nue* 15.2.70, 9: Cuestiones propuestas por mí en torno a la actual problemática del pan. **b)** (*semiculto*) Problema. | GPOlaguer *Mun* 23.5.70, 55: "El precio" se centra en hombres grises, en seres cotidianos de la sociedad cuyas angustiosas problemáticas presenta objetivamente Miller.

problematismo *m* Cualidad de problemático. | Gambra *Filosofía* 7: Si la Filosofía ha de ser esclarecedora del saber y orientadora del espíritu, ha de estar anclada en una concepción religiosa del mundo y de la vida, sin la cual caería en la esterilidad del problematismo y de la crítica. GBarrientos *Pról. Buero* 39: El activo es un personaje destinado al rechazo por parte del espectador .. Lejos de todo problematismo, se justifica ante sí y ante los demás.

problematización *f* Acción de problematizar. | FMora *Abc* 1.9.66, sn: ¿Cuál es la personal postura de Guillermo de Torre ante estos hechos? Respecto a la crisis de problematización es optimista.

problematizar *tr* Dar carácter problemático [a alguien o algo (*cd*)]. | A. Marzal *Cua* 6/7.68, 19: Desde la ocupación por sorpresa del Odeón, la vida artística entera la que ha sido radicalmente problematizada. **b)** *pr* Tomar carácter problemático [alguien o algo]. | L. Espina *VNu* 9.9.72, 28: Son sacerdotes muy buenos, celosos y trabajadores, incapaces de una rebeldía ni de una activa resistencia, no tan problematizados como en las zonas más inquietas de la península.

probo -ba *adj* (*lit*) Íntegro u honrado. | Delibes *Parábola* 164: Jacinto es humilde a más de probo (su probidad está al margen de toda duda).

probón -na *adj* (*Taur*) [Res] que tantea o prueba la embestida antes de efectuarla. | Fabricio *AbcS* 1.4.75, 49: Cuarto .. Negro bragao. 533 kilos. Salió escarbando .. Estuvo remiso y probón en las arrancadas a la muleta.

probóscide *f* (*Zool*) Trompa (de elefante o de insecto). | Bustinza-Mascaró *Ciencias* 152: La boca [de la mosca común] es chupadora, y el labio inferior, muy desarrollado, forma una trompa o probóscide, blanda y no articulada.

proboscídeo -a *adj* (*Zool*) [Mamífero] herbívoro de gran talla, caracterizado por una larga trompa móvil. *Frec como n m en pl, designando este taxón zoológico*. | Anson *SAbc* 20.4.69, 11: Un elefante pasa a dos metros del "bungalow" acariciando el cartel que advierte a los forasteros sobre el peligro de aproximarse a los proboscídeos. Ybarra-Cabetas *Ciencias* 404: Los proboscídeos son los ungulados de origen más antiguo.

proboscidio -dia *adj* (*Zool*) Proboscídeo. | *Abc* 30.12.65, 89: El agente municipal detuvo la caravana e impuso la multa al conductor de la caravana y a los proboscidios "por transporte de animales sueltos sin permiso".

proboscis *f* (*raro*) Proboscide. | Mendoza *Ciudad* 9: Los primeros barceloneses quedaron maravillados a la vista de aquellos animales [elefantes]. Hay que ver qué colmillos, qué orejas, qué trompa o proboscis, se decían.

procacidad *f* **1** Cualidad de procaz. | CPuche *Paralelo* 66: Vivían un poco de las migajas que caían de tanta procacidad y libertinaje.
2 Hecho o dicho procaz. | Aldecoa *Cuentos* 1, 70: –¡Vaya gachí! –dijo alguien. El hijo de Casimiro Huertas mecánicamente apuntó una procacidad.

procaína *f* (*Med*) Sucedáneo poco tóxico de la cocaína, usado como anestésico local y en el tratamiento de la senilidad. | G. Monti *SAbc* 20.10.68, 25: Injertos de Voronof, suero de Bogomoletz, procaína de Aslan: el siglo XX ha buscado todavía .. el elixir de larga vida.

procapellán *m* (*hist*) Capellán principal de la capilla real. | L. Echeverría *Ya* 28.3.75, 7: Le salía al paso el patriarca de las Indias, procapellán mayor de palacio.

procaz *adj* Desvergonzado o insolente en el aspecto sexual. | Cossío *Confesiones* 24: María, la más joven, era más procaz en sus cuentos. CNavarro *Perros* 165: Pasaban .. sin dejar de saludar, y los que estaban sentados respondían haciendo ademanes procaces.

procazmente *adv* De manera procaz. | CPuche *Paralelo* 82: Comenzó a moverse procazmente.

procedencia *f* **1** Punto de origen o de partida. | CNavarro *Perros* 128: Pensó en las palabras que aquel mismo hijo le dijo un día, al preguntarle los motivos que pudieron inducirla a aceptar el dinero de Mario, sabiendo como sabía su procedencia. V. Leblic *VozT* 27.12.78, 32: Borox. Etimología: procedencia árabe que significa "torre".
2 Cualidad de procedente o conforme a razón o derecho. *Esp en lenguaje jurídico*. | *Inf* 4.7.74, 7: El acuerdo de los 517 trabajadores de Elsa de desistir de la demanda presentada en la Magistratura de Trabajo presupone lo siguiente: 1. Un reconocimiento tácito de la procedencia del despido.

procedente *adj* Que procede [1 y 5]. | SLuis *Doctrina* 19: Idéntico al Padre y al Hijo, pero procedente de ambos: el Espíritu Santo. DPlaja *El español* 55: Nadie acepta responsabilidad alguna por los horrores del "otro lado", como si los hubiera cometido gente procedente de otro planeta. *Abc* 26.8.66, 46: Lo que se hace público a los efectos procedentes.

proceder **I** *intr* **1** Tener [una pers. o cosa] su origen [en otra (*compl* DE)]. | *HLM* 17.11.75, 17: Juan Servet procedía de una familia vinculada al periodismo nacional. F. Martino *Ya* 16.7.75, 16: La energía citada procede de la combustión del azúcar en que se transforman todos los alimentos que ingerimos, ante la presencia del oxígeno que respiramos. **b)** Tener [un lugar (*compl* DE)] como punto de partida, o venir [de él]. | *Inf* 18.12.74, 32: El fallecido acompañaba a Rafael Luque .. Ambos procedían de la población de Aguinaga, donde habían celebrado el ingreso de una compañera de trabajo en el Instituto Social de la Marina.
2 Actuar (realizar acciones). | Bernard *Salsas* 15: Se procede como para la salsa bechamel, pero, en vez de leche, esta salsa se hace con agua. **b)** Actuar o comportarse [de un modo determinado]. | * Criticó duramente su modo de proceder.
3 Pasar a realizar [un hecho (A + *infin* o *n de acción*) cuyas condiciones previas se han cumplido]. | Aguilar *Experiencia* 600: Procedió al enyesado de la pierna. **b)** *A veces, sin alusión a condiciones, expresa la simple realización de lo indicado por el infin o el n*. | D. I. Salas *MHi* 7.69, 41: En el reinado de Isabel II se procedió a reorganizar la Armería.
4 (*Der*) Promover un juicio [contra alguien]. | * Ante esta calumnia, el director ha decidido proceder contra Blas.
5 Ser [una cosa] conforme a razón o derecho. *Frec en lenguaje jurídico*. | Halcón *Manuela* 99: Me marcho sin saber por qué no procede esa denuncia. JParga *Nue* 31.12.69, 17: En cualquier caso, procede distinguir entre quienes son "no ejercientes" por haberlo así querido .. y los que no ejercen por desempeñar una función permanente incompatible con el ejercicio de la abogacía.
II *m* **6** Modo de proceder [2]. | Laín *Universidad* 116: Tal proceder no es gallardo, desde luego.

procedimental *adj* (*Der*) De procedimiento [2]. | *Abc* 11.12.70, 18: A muchos .. les ha preocupado, sinceramente, que un sistema procedimental que no conocían hasta .. pudiera privar .. de posibilidades normales de defensa a los encartados en el proceso de Burgos.

procedimiento *m* **1** Modo de proceder [2]. | CBaroja *Inquisidor* 15: Católicos sinceros que, cuando menos, discuten o no están de acuerdo con algunos de sus procedimientos [de la Inquisición].
2 (*Der*) Actuación por trámites judiciales o administrativos. | *Inf* 8.1.74, 28: Una vez que existe convencimiento, por parte del juez, .. dicta auto de procedimiento y el sumario pasa a calificación del Ministerio Fiscal.

procela *f* (*lit*) Tempestad o tormenta. *Tb fig*. | PAyala *Abc* 15.11.59, 3: Este fin geográfico del mundo se ha asociado siempre, en Europa, desde la primera y magna aventura de Magallanes, con la representación imaginaria, dramáticamente sombría, de riesgos y procelas tales como en ningún otro lugar de la tierra se pueden correr. Aguilar *Experiencia* 339: Iba yo sorteando las sirtes y las procelas, aleccionado por los ejemplos frecuentes de otros compañeros, quienes caían bajo la sanción judicial.

proceloso -sa *adj* (*lit*) Tormentoso o tempestuoso. *Tb fig*. | MSantos *Tiempo* 170: Pedro .. fue .. conducido al proceloso averno. VMontalbán *Galíndez* 37: Muriel escogió un tema muy proceloso, la ética de la resistencia, y lo orientaba hacia el terrorismo.

prócer **I** *adj* **1** (*lit*) Ilustre o destacado. *Más frec n, referido a pers. Tb fig, referido a cosa*. | Cobos *Machado* 33: En el Instituto, y en cualquiera otro momento o lugar .., se le veía y se le trataba como figura prócer. *Abc* 15.12.70, 22: De esta copiosa semilla nacen en gran parte los próceres libertadores, iniciadores de las otras y nuevas Españas independientes. GLuengo *Extremadura* 125: Herrera del Duque, hoy cabeza de partido judicial, es un pueblo prócer, de características similares a las de Talarrubias, que aunque igual, no obstante, en antigüedad y abolengo. Vega *Cocina* 70: Por la parte de Zornoza se producen unas alubias próceres.
II *m* **2** (*hist*) En el *Estatuto Real* (*1834*): Pers. de categoría social o económica elevada, que forma parte de la cámara alta. | Jover *Historia* 553: Estos liberales moderados .. propugnan .. un régimen basado en la soberanía de dos instituciones históricas —el Rey y las Cortes— y en la convocatoria de estas últimas en dos brazos o estamentos (estamento de Próceres y estamento de Procuradores).

procerato *m* (*lit*) Condición de prócer. | Cobos *Machado* 33: El procerato le acompañó a Machado en todo su segoviano vivir.

procesado *m* Acción de procesar [1]. | *Abc* 22.8.87, 24: La más avanzada tecnología ha hecho posible que con el sistema de procesado digital —una forma nueva no solo de almacenar y procesar señales, sino también de reproducirse— pueda componer e interpretar música. A. M. Yagüe *Ya* 22.2.89, 21: Se necesita desarrollar nuevos microprocesadores con velocidades de operación del orden de 2 a 3 por 109 operaciones por segundo y tiempos de procesado de imagen tan cortos como un nanosegundo/punto.

procesador -ra **I** *adj* **1** Que procesa [1]. | MReviriego *Tri* 22.5.71, 15: Se mira ya hacia una agricultura especializada, una agroindustria de pequeñas plantas procesadoras que permitiría la exportación de frutas en conserva y vino.
II *m* **2** (*Informát*) Dispositivo capaz de recibir información, tratarla ejecutando unas instrucciones programadas y elaborar resultados. | *SAbc* 8.30.70, 38: Es el circuito integrado, verdadero elemento decisivo del Sistema Metaconta, controlado por procesadores ITT de la tercera generación.
3 ~ de texto(s). (*Informát*) Tratamiento de texto. | Millán *SPaís* 10.10.92, 4: Con Word de Microsoft, el otro gran procesador de textos, ocurre lo mismo.

procesal *adj* **1** (*Der*) Del proceso [3]. | J. Hospital *Van* 20.12.70, 33: El Derecho Administrativo es complejo, siempre hay cuestiones de competencia, de prescripción, de error procesal. Ramírez *Derecho* 16: El propio carácter supletorio corresponde a la ley de Enjuiciamiento Civil, respecto a las leyes procesales civiles especiales.
2 (*Paleogr*) [Letra] manuscrita encadenada y de difícil lectura, propia de los ss. XVI y XVII. | FVidal *Mozart* 207: Eso de andar leyendo letra carolina en latín o cortesana y procesal en castellano antiguo te resultaba insuperable.

procesalista *m y f* (*Der*) Especialista en derecho procesal. | *Inf* 18.4.74, 16: El eminente procesalista señor Prieto Castro estima que la reciente instrucción de Justicia .. puede dar facilidades para la comisión de delitos.

procesalmente *adv* (*Der*) De manera procesal. | *Compil. Cataluña* 771: Está también legitimado [el albacea] procesalmente para cuantos litigios o cuestiones se susciten sobre los bienes hereditarios.

procesamiento – proclamar

procesamiento *m* Acción de procesar. | *GTelefónica N.* 672: Olympia International. Autómata de escritura, liquidación y facturación. Máquinas contables y periféricas para el procesamiento de datos. *Ya* 7.7.87, 35: La nueva sociedad resultante estará dedicada al procesamiento de legumbres secas. *Abc* 27.11.70, 36: Se ha celebrado la vista de las apelaciones presentadas contra auto de procesamiento dictado por el Juzgado de Instrucción de San Roque en el asunto de Confecciones Gibraltar.

procesar *tr* **1** Someter [algo] a un proceso [2]. | *Ciu* 8.74, 5: Si un niño toma un alimento mal procesado higiénicamente, .. lo más probable es que atrape una diarrea. R. SOcaña *Inf* 3.1.70, 21: La informática procesó, a 340.000 kilómetros de distancia, los datos correspondientes al alunizaje.
2 (*Der*) Someter [a alguien] a un proceso judicial. *Frec en part sustantivado*. | P. Costa *Caso* 12.12.70, 4: Esta segunda parte hacía referencia a las acusaciones imputadas contra once procesados declarados en rebeldía.

procesión I *f* **1** Marcha ordenada de perss. como acto religioso. | *Sol* 24.5.70, 7: Se ha enviado a los párrocos y rectores de iglesia una circular que se refiere a la procesión del Santísimo Corpus Christi en Málaga. **b)** Marcha ordenada de perss. o cosas. | Bustinza-Mascaró *Ciencias* 149: Las procesionarias. Con este nombre se conocen algunas orugas de mariposas, que para trasladarse de sitio caminan juntas formando filas o "procesiones". A. Navalón *Inf* 22.4.71, 25: Barruntando lo que se cocía en los corrales con las sucesivas procesiones de camiones buscando toritos "agradables" a la medida de El Cordobés, me fui a la marisma.
2 (*Rel crist*) Hecho de proceder el Espíritu Santo del Padre y del Hijo. | C. Castro *Ya* 11.8.78, 6: El año 809 Carlomagno interviene en la cuestión teológica de la procesión del Espíritu Santo.
II *loc v y fórm or* **3 la ~ va por dentro.** (*col*) Fórmula con que se comenta que la aparente serenidad de una pers encubre una grave preocupación o contrariedad. | *SAbc* 24.1.82, 13: –No parece que estés muy afectada por ello actualmente. –La procesión va por dentro. **b)** Fórmula con que se comenta que el buen aspecto de una pers no refleja su estado real. | Cela *Escenas* 93: –¡Yo soy ya viejo, amigo mío, muy viejo! –Pero está usted bien conservado. –No crea, la procesión va por dentro.
4 repicar y estar en la ~. (*col*) Hacer al mismo tiempo dos cosas poco compatibles. | *Act* 14.6.73, 80: –Han dejado los estudios. Al menos durante este curso. –No se puede repicar y estar en la procesión. Campmany *Abc* 30.9.79, 3: Los políticos de la nueva clase, como diría Emilio Romero, quieren estar en todo, repicando y en la procesión.

procesional *adj* De (la) procesión [1a]. | FSantos *Hombre* 31: Entraban en la sacristía y, cruzando esta, más allá de modestas casullas y cruces procesionales arrumbadas, llegaban a la habitación.

procesionalmente *adv* De manera procesional. | Villapún *Iglesia* 48: Con antorchas acompañó procesionalmente a los Obispos por las calles de la ciudad.

procesionante *adj* Que procesiona [2]. *Tb n*. | Rabanal *Ya* 4.3.75, 8: Una procesión muy matinal de la Cofradía del Rosario acabó a farolazos con los mozos trasnochadores y pendencieros, que se burlaron de los procesionantes.

procesionar A *tr* **1** Sacar en procesión [1a]. | Acquaroni *Abc* 13.3.75, 19: Habían organizado una procesión .. La lluvia se anticipó veinticuatro horas a la rogativa pública .. Los gaditanos dijeron que no: que a "El Aguador" había que procesionarlo de todas maneras.
B *intr* **2** Ir en procesión [1a]. | E. GHerrera *SLib* 26.3.75, 25: Ocho magníficos "pasos" procesionan en Nava del Rey en su Semana Santa.

procesionariamente *adv* (*raro*) De manera procesionaria [1]. | LMiranda *Ateneo* 124: Lo izaron hasta la tribuna .. y lo trajeron y llevaron procesionariamente por los pasillos y salones.

procesionario -ria *adj* **1** De (la) procesión [1]. | CBonald *Ágata* 214: Se arrimó Clemente a la cama con lívido paso procesionario.
2 Que va en procesión [1]. *Tb n, referido a pers*. | J. J. Esteban *SolM* 12.10.90, 24: Al no abrirles las puertas de la Iglesia del Salvador, los procesionarios subieron otra vez la imagen hasta el barrio de San Nicolás. **b)** [Oruga] caracterizada por desplazarse formando filas de gran longitud. *Gralm n f y frec con un compl especificador*: ~ DEL PINO (*Thaumatopoea pityocampa*), ~ DEL ROBLE O DE LA ENCINA (*T. processionea*). | *Ya* 20.1.92, 18: El Ayuntamiento de Las Rozas ha acabado con la plaga de orugas procesionarias que invadió algunas zonas de esta casi-ciudad el verano. Bustinza-Mascaró *Ciencias* 149: Las procesionarias .. Las más importantes son la procesionaria del pino y la del roble.

procesionista *adj* Aficionado a las procesiones. *Tb n*. | E. Bonet *NotC* 1.3.71, 2: Yo soy siendo, por cartagenero fetén, procesionista. Luciano *NotC* 25.2.71, 3: Puso de manifiesto el hondo significado que para los procesionistas, y en definitiva para Cartagena entera, tenía la "Llamada".

proceso *m* **1** Conjunto de las fases o estados sucesivos que constituyen un hecho complejo. | Aranguren *Marxismo* 124: Se trata de un proceso inevitable .. Rusia ha perdido .. el liderato internacional del comunismo. *Ya* 6.5.70, 46: En los procesos patológicos es fundamental la importancia de las endocrinopatías.
2 Conjunto de las operaciones a que se somete una cosa. | R. Velázquez *SAbc* 23.11.75, 11: Debido al proceso de laminación, el cospel se encuentra en estado duro y, por tanto, inapropiado para la acuñación. *GTelefónica N.* 5: Fich Instituto .. Proceso de datos. Ordenadores electrónicos.
3 (*Der*) Conjunto de las actuaciones de un tribunal para juzgar sobre un caso. *Tb los escritos correspondientes*. | CBaroja *Inquisidor* 44: No menos terrible también es que varios hombres famosos hayan muerto a raíz de proceso inquisitorial, y que desde la iniciación del proceso Santa Teresa a su beatificación no pasen arriba de treinta y seis años. Torrente *Saga* 409: Tengamos .. en cuenta los siguientes hechos, deducidos de la lectura del proceso mismo .. Figura inmediatamente la deposición de un sabio teólogo dominico .. llamado a consulta por sus hermanos de religión.

procesual *adj* De(l) proceso [1 y 2]. | M. López *PapD* 2.88, 192: Asumimos como positiva y coherente la concepción de la orientación educativa, como proceso continuo, subrayando el carácter procesual, sistemático y continuo a lo largo de toda la escolarización.

proclama *f* **1** Alocución política o militar. | J. M. Moreiro *SAbc* 16.3.69, 42: Martínez Campos y la proclama de Sagunto.
2 (*Rel catól*) *En pl*: Amonestaciones. | Cunqueiro *Crónicas* 51: Ya iban a leerse en las iglesias mis proclamas y las de Pierre Labaule, cuando le llegaron al mozo cartas anunciándole que tenía que ir al castillo de Broglie.

proclamación *f* Acción de proclamar [1]. | Cobos Machado 105: No podía eludir su presencia en los actos de proclamación de la República. PRivera *Discursos* 20: La proclamación de Santa Teresa como Doctora de la Iglesia Universal.

proclamador -ra *adj* Que proclama. *Tb n, referido a pers*. | Í. Cavero *SInf* 25.10.75, 7: Tras el juramento del Príncipe, se procederá a proclamarle Rey, y .. suponemos que tal proclamación la hará el presidente de ambos órganos, que quedará .. como histórico proclamador de un Rey. J. M. Llanos *Ya* 13.6.74, 21: ¿Por qué no somos más que comedores .. y no ostensorios, índices proclamadores con nuestra vida entera de que hay un Corpus Christi aquí en la tierra? Laín *Marañón* 200: El moralista ha mostrado serlo, no como mero proclamador de deberes, sino como hombre que tenía por muy suyos los deberes que públicamente proclamaba.

proclamar A *tr* **1** Anunciar pública y solemnemente [algo]. | L. Echeverría *SYa* 14.9.75, 3: Tenía quince años cuando el Congreso proclamó la Constitución de los Estados Unidos. **b)** Declarar públicamente, gralm. de manera solemne, [a alguien (*cd*) rey, campeón, u otro cargo o título (*predicat*)]. *Tb fig, referido a cosa*. | *Ya* 22.11.75, 1: El Príncipe don Juan Carlos de Borbón será proclamado hoy Rey de España. Arenaza-Gastaminza *Historia* 233: Se hizo proclamar [Napoleón] Cónsul único y vitalicio por el Senado, y, por fin, Emperador hereditario. *ASeg* 10.12.62, 6: Se proclamó asimismo como "anticomunista". * Fue proclamada mejor película del año.
2 Decir [algo] abierta y públicamente. | *Nue* 25.11.75, 2: Su alteza real el conde de Barcelona .. proclama, una vez

proclisis – procuración

más, el derecho de todos los españoles a acceder a la soberanía nacional. RMorales *Present. Santiago VParga* 4: Comte era un positivista que proclamaba su desdén hacia el estadio religioso en la evolución sociológica.

3 Manifestar o mostrar claramente [algo]. | Sampedro *Sonrisa* 175: Un golpe seco de la tapa del piano al cerrarse proclama la indignación de los dos artistas interrumpidos.
b) *pr* Manifestarse o mostrarse claramente [algo]. | Torrente *Sombras* 303: En la esbeltez y euritmia de su cuerpo se proclamaba la eficacia del deporte.

B *intr pr* **4** (*Dep*) Obtener el título [de campeón (*predicat*)] o la condición [de vencedor o de finalista (*predicat*)]. | *SNEs* 27.6.76, 12: El Atlético de Madrid se proclamó campeón de la Copa de España, al vencer en la final al Real Zaragoza por un gol a cero. *SLan* 16.1.79, 14: El púgil portorriqueño Wilfredo Benítez se ha proclamado nuevo campeón del mundo de los pesos welter, de boxeo, versión Consejo Mundial, al derrotar a los puntos al campeón, el americano Carlos Palomino. *País* 14.5.89, 50 (A): Arantxa Sánchez Vicario se proclamó ayer finalista de los Campeonatos Internacionales de Italia.

proclisis *f* (*Ling*) Unión prosódica de un término no acentuado con el que le sigue. | Lapesa *HLengua* 261: Aparecen frecuentes ejemplos de proclisis, en especial tras oración subordinada o inciso.

proclítico -ca *adj* (*Ling*) [Término] que se une a otro en proclisis. | Academia *Esbozo* 427: Un verbo puede llevar dos y aun tres pronombres átonos. En este caso van o todos proclíticos o todos enclíticos.

proclive *adj* Que tiene inclinación o tendencia [a algo]. | J. Aldebarán *Tri* 28.2.70, 13: En un país de machismo y represión sexual, la divorciada será .. una mujer "especial" que parecerá proclive a las aventuras.

proclividad *f* Inclinación o tendencia. *Frec con un compl* A *o* HACIA. | Alfonso *España* 189: No conviene que prospere esa proclividad a legislar de modo impreciso, relegando las normas claras a los reglamentos y decretos. Torrente *Saga* 272: En su meditación, don Acisclo, escrupulosamente objetivo, daba de lado su proclividad sentimental hacia el perdón. F. GLahiguera *Inf* 15.10.75, 18: Conocer un país –cualquier país– se reduce, en esencia, a saber cuáles son las proclividades de su población hacia las diferentes opciones que la regla de cada tiempo dicta.

procomún *m* Utilidad pública. | Cela *Inf* 11.7.75, 16: El derecho administrativo debe tender al adecuado ordenamiento del procomún, pero jamás ha de llegar a convertirse en corsé robustecedor de lo torcido.

procónsul *m* **1** Gobernador o administrador de una colonia, un territorio ocupado u otra dependencia, gralm. con poder absoluto y sin control del gobierno central. | CBonald *Noche* 20: Gracias a la mediación más que aduladora del procónsul británico, logró ponerse de acuerdo con un contratista. H. Cruz *Raz* 5/6.89, 349: La síntesis hecha por el líder de su pensamiento político .. da motivo a los procónsules de Washington para calificar de "fascistas" a Albizu y su creciente número de seguidores. [*En Puerto Rico.*]

2 (*hist*) *En la antigua Roma*: Gobernador de provincia. | Villapún *Iglesia* 39: Mandó a España al procónsul Daciano con el infame propósito de perseguir a los cristianos.

proconsulado *m* Cargo o dignidad de procónsul. *Tb la administración correspondiente.* | *País* 30.1.77, 2: Del trilateralismo a los proconsulados. Algo más que buenas palabras .. Pese a todo, el carácter proconsular de la RFA en la política del imperio [Estados Unidos] quedó a salvo, aunque hay cosas más desagradables que ver a los procónsules entenderse a espaldas del emperador.

proconsular *adj* De(l) procónsul o de(l) proconsulado. | A. Míguez *País* 30.1.77, 2: Pese a todo, el carácter proconsular de la RFA en la política del imperio [Estados Unidos] quedó a salvo, aunque hay cosas más desagradables que ver a los procónsules entenderse a espaldas del emperador.

procordado *adj* (*Zool*) [Animal] marino cuyo sistema nervioso se reduce a un cordón dorsal y que carece de columna vertebral, cráneo y cerebro. *Frec como n m en pl, designando este taxón zoológico.* | Ybarra-Cabetas *Ciencias* 360: La morfología de los procordados es sumamente variada, pues los hay en forma de gusano, de pececillos, de moluscos, etc.

procrastinación *f* (*lit, raro*) Aplazamiento. | Laín *Descargo* 318: La real pereza que por dentro de mi real laboriosidad existe en mí, esa invasora tendencia a la procrastinación –"Bueno, mañana..."– que el Ors eticista y culterano más de una vez fustigó.

procreación *f* Acción de procrear. | Ramírez *Derecho* 50: El padre por naturaleza o procreación no puede dejar de serlo en ningún caso.

procreador -ra *adj* **1** Que procrea. *Tb n, referido a pers. Tb fig.* | GCaballero *Cabra* 13: Además de europea, [Cabra] también es morena. (Patria del Cabrí, moro y europeo, procreador del zéjel.)

2 Relativo a la acción de procrear. | *Abc* 25.5.58, 91: Se impide que el pescado pueda llegar a realizar sus funciones procreadoras, y cuando lo logra, sus crías son rápidamente exterminadas.

procreante *adj* Que procrea. *Tb fig.* | PAyala *Abc* 25.5.58, 3: Como genitor y procreante que fue de las ciencias naturales y de la biología, Aristóteles considera al hombre naturalísticamente, como un animal, pero un animal político y racional.

procrear *tr* Engendrar [el hombre o los animales (*suj*) seres de su especie]. *Frec abs.* | CNavarro *Perros* 37: ¿Crees que tanto la mujer como el hombre no tienen otra finalidad que esa de procrear y multiplicarse?

procreativo -va *adj* Que sirve para procrear. | R. SVicens *Pue* 5.12.75, 27: Hay una base en el comportamiento sexual de esquemas judaicos y es este que basa la bondad y legitimidad de las relaciones sexuales solo en la heterogeneidad de las mismas y, finalmente, en su función procreativa.

proctitis *f* (*Med*) Inflamación del recto. | C. INavarro *SYa* 27.3.77, 14: La blenorragia se manifiesta en el hombre generalmente por una inflamación aguda de la uretra (menos veces, y tras relaciones anormales, por una proctitis).

proctología *f* (*Med*) Rama de la medicina que estudia las enfermedades del recto. | GTelefónica 20: Proctología .. Clínica Drs. Illanes.

proctológico -ca *adj* (*Med*) De (la) proctología. | *Voz* 26.11.88, 22: Hemorroides. Centro proctológico de La Coruña.

proctólogo -ga *m y f* (*Med*) Especialista en proctología. | *ASM* nº 1.88, 5: Dr. Alejandro Illanes. Proctólogo. Enfermedades Ano-Rectales.

proctoscopia *f* (*Med*) Examen visual del recto. | M. Rodrigo *TMé* 17.12.82, 5: Una estimación razonable del rendimiento del carcinoma invasor con proctoscopia en enfermos asintomáticos mayores de cuarenta años es del 1,5 por 100.

procumbente *adj* (*lit*) Echado de cara. | MSantos *Tiempo* 128: Mientras masas inermes son mostradas como revolucionadas, cuerpos selectos yacentes gozan procumbentes penetraciones.

procura. en ~, *o* **a la ~, de.** *loc prep* (*lit*) En busca de. | ILaguna *Abc* 12.11.70, sn: Arte miniaturista que se complace en la mera exposición, a la procura del goce sensorial, del herir fugazmente la sensibilidad con la evocación de la belleza huidiza. Torrente *Fragmentos* 90: Las preguntas se dirigen, sobre todo, a don Procopio, como más enterado de la historia local, en procura de precedentes conocidos u olvidados.

procuración *f* **1** Acción de procurar(se). | GNuño *Escultura* 58: Eran .. capaces .. de construir mediante el empleo de piedra de sillería bien despiezada, incluso con procuración de dificultades buscadas para mejor ensamble de los sillares. *Inf* 23.5.74, 16: No menos cierta la picaresca (o la mera inmoralidad) de la especulación del suelo urbano, de la procuración por los propietarios de declaraciones de ruina.

2 Actuación como procurador. | MMarcos *Lecturas* 131: El resultado de las Cortes de La Coruña irritó a las ciudades, pues varios de los procuradores que enviaron habían

procurador – producción

faltado a los mandatos que recibieron .. Cuando trataba [el procurador Tordesillas] de dar cuenta de su procuración, la muchedumbre, agolpada en las puertas de la iglesia, pedía airadamente la presencia de Tordesillas.
3 Oficio o cargo de procurador. | Bermejo *Estudios* 58: Con independencia de las numerosas y variadas procuraciones concretas otorgadas por el concejo, hay algunas figuras de procuradores que a lo largo de la centuria historiada adquieren consistencia institucional.

procurador -ra A *m y f* **1** Pers. que, con la necesaria habilitación legal, representa a otra ante un tribunal. | *Leg. contencioso-adm.* 74: Las partes deberán conferir su representación a un Procurador o valerse tan solo de Abogado con poder al efecto.
2 Pers. elegida o designada para representar a una comunidad en las Cortes. *Frec* ~ EN (*o*, *raro*, A) CORTES. | *Abc* 14.5.67, 54: Los Consejeros electivos se elegirán por los respectivos grupos de Procuradores en Cortes. **b)** (*hist*) Pers. que, con poder de otra o de una colectividad, actúa en su nombre. *Frec con un adj o compl especificador*. | Arenaza-Gastaminza *Historia* 116: El rey tiene un consejo consultivo llamado Consejo Real .., integrado por dos asambleas: la Cámara Regia .. y el Concilio, más general, que, al intervenir los procuradores de villas y concejos, da origen a las Cortes. Bermejo *Estudios* 58: Con independencia de las numerosas y variadas procuraciones concretas otorgadas por el concejo, hay algunas figuras de procuradores que a lo largo de la centuria historiada adquiere consistencia institucional. Nos referimos a las figuras del procurador síndico y a la de procurador de los hombres buenos pecheros.
3 Pers. encargada de los asuntos económicos de un convento o comunidad religiosa. | Halcón *Ir* 162: –Ahora, ven conmigo, te presentaré a la procuradora ..– Al ponerse en pie la religiosa, Bruno se incorporó rápido.
B *m* **4** (*hist*) En la antigua Roma: Funcionario encargado de las rentas imperiales o del gobierno de una provincia menor. | Villapún *Iglesia* 28: Fue llevado preso a Cesárea, donde residía el procurador romano.

procuraduría *f* **1** Cargo de procurador. | Campmany *SArr* 6.12.70, 11: Belén Landáburu, con su cara de "bambi" y su procuraduría por Burgos.
2 Oficina del procurador. | *Abc* 13.5.73, 33: Según una investigación adelantada por la Procuraduría general [de Colombia], las "divisas" por este singular sistema exportador iban a parar directamente a los bolsillos de los funcionarios.

procurar A *tr* **1** Hacer lo posible para realizar o conseguir [algo]. *Frec con ci refl*. | Arce *Testamento* 13: Procuré fijarme en los alrededores. Vesga-Fernández *Jesucristo* 97: Procuraos amigos con las riquezas de iniquidad para que cuando falleciereis os acojan en las moradas eternas.
2 Proporcionar [algo a alguien]. | DPlaja *Nor* 28.9.71, 3: Uno repasa la huella existencial de los pintores de hace medio siglo –que hoy alcanzan en las subastas precios insospechables– y advierte la paupertad que le[s] procuraron los pinceles.
B *intr* **3** (*raro*) Ocuparse [de alguien o algo (*compl* POR)]. | Nácher *Guanche* 132: Tome asiento; mas si va para largo, avise, que tengo que procurar por el puerco.

prodigalidad *f* Cualidad de pródigo. | Gambra *Filosofía* 205: La liberalidad es un término medio entre la tacañería y la prodigalidad. FCruz *Gac* 18.3.61, 33: La prodigalidad de los viajes por avión, en personas que sufren enfermedades vasculares, respiratorias, .. debe estar sometida a una ordenación.

pródigamente *adv* De manera pródiga. | Lapesa *Santillana* 165: El vocabulario no se acrecienta solo introduciendo palabras latinas: también se acude pródigamente a la derivación.

prodigar A *tr* **1** Dar con prodigalidad. | Medio *Bibiana* 287: Lo malo de la vida es que, a veces, prodiga sus lecciones cuando es tarde para rectificar.
B *intr pr* **2** Desarrollar demasiada actividad. | *Ya* 9.3.75, 5: A la hora de iniciarse el partido se observó la natural retención de circulación, pero sin que alcanzara cotas excesivas. Por su parte, la grúa no tuvo tampoco que prodigarse.
3 Dejarse ver con demasiada frecuencia [por un lugar]. | * No puede decirse de él que se prodigue por aquí.

prodigio *m* **1** Hecho extraordinario que sobrepasa lo natural y causa admiración. | Vesga-Fernández *Jesucristo* 119: Pasados aquellos días de tribulación, se verán prodigios en el sol, la luna y las estrellas.
2 Pers. o cosa que causa admiración por alguna cualidad positiva. *Frec con intención ponderativa*. | Villapún *Iglesia* 21: Físicamente, Pablo no era un prodigio de la naturaleza; más bien pequeño de estatura. **b)** Niño que muestra precozmente grandes dotes en un arte o en una actividad. *Normalmente* NIÑO ~. | Sopeña *Defensa* 25: Lo que solo se da en música y en el ajedrez, se daba también en el sacerdocio: el "niño prodigio".
3 Milagro (hecho extraordinario debido a intervención sobrenatural). | F. SVentura *SAbc* 9.3.69, 31: Se formó el expediente de rigor, y el 27 de abril de 1641 el Tribunal eclesiástico aprobó solemnemente el prodigio.

prodigiosamente *adv* De manera prodigiosa. | *SVozC* 25.7.70, 2: Se detendrían a orar ante el "cuerpo santo" de un romero muerto en el camino y traído prodigiosamente hasta allí por Santiago.

prodigioso -sa *adj* Que tiene carácter de prodigio. | Villapún *Moral* 109: Consiste [la magia blanca] en hacer cosas aparentemente prodigiosas, como juegos de manos. Tejedor *Arte* 37: El Partenón es un prodigioso ejemplo de equilibradas proporciones y de maravillosa armonía.

pródigo -ga *adj* **1** [Pers.] que malgasta o dilapida sus bienes. *Tb n*. | Vesga-Fernández *Jesucristo* 100: Relata con detalle la parábola del hijo pródigo. Alfonso *España* 41: Usted se ve atrapado en una clase tal de inhabilitación para obtener ingresos que ni a los pródigos o los alienados más grandes suelen imponer los Tribunales.
2 Muy generoso o dadivoso. | * Es pródigo con sus amigos.
3 Muy abundante [en algo]. *Tb sin compl*. | DPlaja *El español* 109: España ha sido tan pródiga en santos y héroes que siempre hay una figura de que echar mano en momentos de apuro. SBaldomero *NRi* 2.6.64, 9: Aunque no cayó granizo, sí fue [la tormenta] pródiga en agua.

pro domo sua (*lat; pronunc*, /pro-dómo-súa/) *loc adv* (*lit*) En su propio provecho. | L. Calvo *Abc* 11.6.67, 52: Rusia y China, cada una por su lado y "pro domo sua", hubieran querido que el fuego no se apagase del todo ni tan rápidamente en el Oriente Medio.

prodrómico -ca *adj* (*Med*) De(l) pródromo [1]. | Mascaró *Médico* 34: El contagio ocurre principalmente durante el período llamado "prodrómico", o de síntomas iniciales no característicos.

pródromo *m* **1** (*Med*) Síntoma que precede a una enfermedad. | MNiclos *Toxicología* 68: El cuadro clínico inicial se caracteriza por signos de confusión mental o embriaguez ... Pero en los niños es regla que falten estos pródromos, instalándose el coma bruscamente en el intervalo de pocos minutos.
2 (*lit*) Cosa que anuncia [un hecho (*compl de posesión*)]. | Tovar *Gac* 11.5.69, 26: Temas todos que son los pródromos de 1936 y, por consiguiente, los fundamentos de la España actual.

producción *f* **1** Acción de producir. | CBaroja *Inquisidor* 10: ¿Con qué derecho entretiene usted a la gente vulgar, tratando de materias hechas para la meditación o la producción del sueño furtivo en hombres sesudos? FQuintana-Velarde *Política* 36: Toda actividad, pues, que contribuya a acercar los bienes hacia su consumo cae dentro de la producción.
2 Cosa o conjunto de cosas producidas. | Legoburu-Barrutia *Ciencias* 290: La producción de aceite es muy variable de unos años a otros. *ByN* 11.11.67, 11: Los precios de las joyas expuestas en Bruselas-Nacional se acaban de reducir un 20 por 100. Esta medida, que ha sido posible gracias a un esfuerzo suplementario de los productores, tiene por objeto el dar a conocer mejor esta producción belga.
3 (*Mil*) Comportamiento o rendimiento de un soldado. | *BOE* 12.4.69, 5385: Córdoba Fernández, José; hijo de José y de Concepción, .. color sano, frente ancha, aire marcial, producción buena, domiciliado últimamente en la Representación del Tercio Sahariano Don Juan de Austria, .. comparecerá dentro del término de treinta días ante el Juzgado Eventual del Gobierno Militar de Las Palmas.

producente *adj* (*raro*) Útil o provechoso. | *CoE* 21.8.74, 8: Dichas protestas no han conducido a nada producente, ya que .. los japoneses han ocasionado ya perjuicios muy considerables a la flota "cimarronera" de Fuenterrabía.

producible *adj* Que se puede producir. | F. Gor *Ya* 16.2.75, 6: Ni aun en la hipótesis de alegados cambios sobrevenidos o producibles en la mentalidad o ideología oficial, cabría amparar la conducta enjuiciada.

producir (*conjug* 41) **A** *tr* **1** Hacer que [algo (*cd*)] exista o llegue a ser realidad. | *DRe* 29.10.75, 1: Parálisis intestinal .. Produce dolor, náuseas y vómitos. **b)** *pr* Llegar [algo] a existir o ser realidad. | Medio *Bibiana* 103: A Marcelo Prats le agrada que en la casa se produzca una innovación.

2 Dar [algo] como fruto, utilidad o rendimiento. *Tb abs.* | Legorburu-Barrutia *Ciencias* 298: El olivo produce las aceitunas. Marcos-Martínez *Aritmética* 2º 112: Renta de un capital es el interés producido durante un año. Laforet *Mujer* 66: Solo hablaba de la manera de hacer producir su pequeño capital.

3 (*Econ*) Elaborar o crear [cosas útiles]. *Tb abs.* | FQuintana-Velarde *Política* 28: Los bienes o medios de producción son aquellos que no se aplican directamente a la satisfacción de necesidades, sino que sirven para obtener o producir bienes de consumo. PRivera *Discursos* 17: Sería absurdo también posponer otros intereses y deberes primordiales (matrimonio, maternidad) a solo la preocupación de producir.

4 Proporcionar los equipos y perss. necesarios para realizar [una película, un programa de radio o televisión o un disco] y controlar sus presupuestos y gastos. | P. Crespo *Arr* 30.9.70, 22: Al producir y dirigir esta película, Rafael Gil ha venido a cerrar .. un ciclo en el que figuran obras con indudable dignidad.

5 (*Der*) Presentar [una alegación o una prueba]. | Armenteras *Epistolario* 300: Al Juzgado suplico .. se sirva disponer que se adjunte al expediente la certificación producida.

B *intr pr* (*lit*) **6** Expresarse o hablar. *Gralm con un compl adv o un predicat.* | Halcón *Ir* 306: Lo vi y se vino para él como para recibir la venia antes de producirse por primera vez en público. Delibes *Tesoro* 56: La voz de Jero se hizo aún más premiosa. Se producía con tanta prudencia como si temiera espantar un pájaro. **b)** Manifestarse ante los demás [con una actitud o unos modales determinados (*compl adv o predicat*)]. | DAlegría *Héroe* 16: Merece resaltarse la elegancia moral con que se produce en ocasión de acompañar al emir Feisal en una audiencia ante Jorge V. Zunzunegui *Camino* 298: —Si va a suceder eso..., que no entre ..— Se producía nerviosa, pero ufana y gozosa Sofi. **c)** Comportarse o actuar [de un modo determinado (*compl adv*)]. | *ElM* 11.2.93, 45: Diego Armando Maradona, sancionado con un partido por "producirse de forma violenta" contra Albistegui.

7 Mostrarse o aparecer. | Cossío *Confesiones* 37: Donde se producía con mayor carácter su personalidad era en plena naturaleza, trepando por vericuetos inverosímiles. C. Pujol *Inf* 8.12.77, 16: Edwige Feuillère se produce en escena con una sazón de fruta madura y aromática.

productible *adj* (*raro*) Producible. | GÁlvarez *Filosofía* 1, 438: Escoto parte en ellas [las pruebas] .. de que existe algo productible.

productivamente *adv* De manera productiva [1]. | *País* 8.8.76, 8: Si los recursos de inversión privada han de ser utilizados tan productivamente como sea posible, la inversión debe dejarse a la decisión de los empresarios individuales que se enfrentan con la disciplina del mercado.

productividad *f* **1** Cualidad de productivo [1]. | * Los abonos aumentan la productividad de la tierra.

2 (*Econ*) Relación entre la producción y los medios que intervienen en ella. | Aranguren *Moral* 155: El propietario no comprendía como costo de producción el salario del esclavo, puesto que no se lo daba, sin darse cuenta de que lo pagaba con creces, al precio de una muy baja productividad.

productivismo *m* (*Econ*) Tendencia a incrementar la producción. | J. M. Llanos *VNu* 21.10.72, 41: Nos encontramos con problemas como estos...: el nuevo ahorro, el segurismo, la productividad o inversión, el productivismo y su correspondiente consumismo.

productivista *adj* (*Econ*) De(l) productivismo. | Miguel *D16* 29.4.89, 4: Ante el criterio productivista cabe redargüir que, si hay tanta avidez de ocio, por algo será. **b)** Partidario del productivismo. *Tb n, referido a pers.* | Miguel *D16* 29.4.89, 4: El lector puede inclinarse por los argumentos de los productivistas o por los de sus críticos.

productivo -va *adj* **1** Que produce [2 y 3]. | S. RSanterbás *Tri* 11.4.70, 19: Los adelantos científicos en zootecnia y nutrición .. son aplicados a especies animales productivas. R. DHochleitner *Fam* 15.11.70, 47: El primer gran resultado de todo este proceso de cambio ha sido la movilización general de todas las fuerzas productivas para lograr el desarrollo económico y social. **b)** Útil o provechoso. | * No hemos llegado a ningún resultado productivo.

2 (*Econ*) Relativo a la acción de producir [3]. | Carrero *Pue* 22.12.70, 6: El rendimiento de una explotación productora depende .. del trabajo de todos los hombres que, en los distintos escalones de la actividad productiva, intervienen en ella.

product manager (*ing; pronunc corriente,* /pródukt-mánayer/) *m y f* (*Com*) Pers. responsable de la promoción y venta de un producto. | *SPaís* 15.12.91, 40: Para Dale Miller, *product manager* en Europa de Electrohome, "el sector de las presentaciones audiovisuales está soportando un crecimiento espectacular en Europa".

producto *m* **1** Cosa producida [1, 2 y 3]. | CBaroja *Inquisidor* 16: Del alegato histórico-jurídico del canónigo Llorente, seco y frío producto de la cabeza dieciochesca de un antiguo empleado del Santo Oficio. Zeda *Ya* 15.10.67, sn: Una bebida, producto o preparación que, reuniendo las propiedades de las frutas útiles, carezca de los inconvenientes de las frutas contraindicadas. J. A. Gaciño *Tri* 18.7.70, 20: Francisco Rabal es uno de nuestros pocos productos cinematográficos que han conseguido rebasar los límites nacionales. **b)** (*Econ*) Conjunto de bienes producidos en un período de tiempo. | FQuintana-Velarde *Política* 62: La renta nacional equivale .. al producto nacional neto al coste de los factores.

2 (*Mat*) Resultado de una multiplicación. | Marcos-Martínez *Aritmética* 44: La suma de los productos parciales es el producto pedido.

productor -ra **I** *adj* **1** Que produce [1, 2, 3 y 4]. *Tb n: m y f, referido a pers; f, referido a empresa.* | Ramos-LSerrano *Circulación* 46: Todo automóvil estará provisto de un aparato productor de señales acústicas. Miguel *Mun* 12.12.70, 40: Se han de esperar fantásticas aplicaciones de las ciencias biológicas a la consecución de especies productoras de carne adaptadas a los climas tropicales. Castilla *Humanismo* 25: La antigua división en señores y esclavos se ha perpetuado en la forma, muchas veces anónima, de productor y consumidor. A. Olano *Sáb* 10.9.66, 6: La primera gran fiesta que el año trajo fue la del productor [de cine] Jaime Prades. H. Tió *Abc* 19.9.64, 49: Estas pequeñas productoras no pueden afrontar las cada vez más apremiantes necesidades que la creciente demografía exige.

II *m y f* **2** (*Econ*) Trabajador. | *BOE* 28.12.74, 26340: Las Empresas de más de 50 productores deberán poner el máximo interés en el perfeccionamiento profesional de todo su personal. *Día* 29.8.72, 21: Los cincuenta y siete productores que integran la plantilla de mañana de "Autobuses Urbanos" permanecían en los talleres de las guaguas.

proel (*Mar*) **I** *adj* **1** Situado a proa o más a proa. | *Ya* 10.1.87, 8: Apareja [el Juan Sebastián Elcano] veinte velas, con una superficie total de 3.153 metros cuadrados. 1: Bauprés. 2: Palo trinquete ("blanca"). 3: Palo mayor proel ("Almansa"). 4 : Palo mayor popel ("Asturias").

II *m y f* **2** Pers. que maneja el remo de proa y el bichero. | *Sol* 24.5.70, 13: La tripulación formada por el matrimonio Moreno-Trujillo no tuvo .. mucha fortuna, pues al .. no participar en la 2ª por indisposición de la proel no alcanzó una puntuación que les colocara entre los primeros lugares.

proemial *adj* De(l) proemio. | Lázaro *Crónica* 28: El mismo discurso proemial habla, dos veces más, de lengua española.

proemio *m* Prólogo o preámbulo. | *Ecc* 16.11.63, 23: Sería interesante introducir en el proemio algo sobre la santidad de los obispos. J. A. Ferrer *His* 7.77, 39: En el citado proemio de la Ley de 1º de marzo de 1940, dirá Franco. Lozoya *SAbc* 18.10.70, 13: El bello proemio de quien se dis-

proeza – profesional

pone a recibir el "susto" de Pedraza o de Sepúlveda es la iglesia de Sotosalbos.

proeza *f* Hazaña o acción destacada. *A veces con intención irónica.* | S. Gasch *Des* 12.9.70, 40: En el arte del esmalte, Andreu ha realizado proezas raras veces igualadas.

profanación *f* Acción de profanar. | A. Alférez *Abc* 29.12.70, 13: La profanación de Cromwell hizo que la posteridad perdiera los restos del santo arzobispo.

profanador -ra *adj* **1** Que profana. *Tb n, referido a pers.* | Torrente *Saga* 489: Se me acusaba de panteísta, fornicario, profanador del sacramento del Orden, rebelde a la Iglesia. Villalaín *SInf* 2.12.70, 14: Confesó que había profanado una tumba en el momento en que el proceso de descomposición había iniciado el desprendimiento de dermis y epidermis. El profanador se llevó las epidermis.
2 De (la) profanación. | M. J. Cordero *Tri* 17.11.73, 58: El Tenorio realiza a lo largo de la obra y delante del espectador, semiológicamente, diversos actos profanadores.

profanamente *adv* De manera profana. | L. RVargas *FaC* 21.3.75, 8: Hacer lo que hace[n] el obispo y el párroco en la sacristía y como hacen profanamente los actores, los médicos y los abogados: vestirse la túnica.

profanar *tr* Tratar sin el debido respeto [algo sagrado]. | RMorales *Present. Santiago VParga* 5: Estaba a punto [Almanzor] de profanar y destruir la tumba del Apóstol. **b)** Tratar sin el debido respeto [algo que se considera digno de él]. | Diego *Arr* 25.10.70, 3: Imposible hacer un análisis de esta poesía sin profanarla.

profanidad *f (lit, raro)* **1** Cualidad de profano [1]. | L. LSancho *Abc* 27.11.85, 18: La mujer desnuda representaba la verdad, luego la virtud; y la vestida, si no el vicio, la profanidad.
2 Cosa profana o mundana. | Laín *Espera* 160: Lutero no se suicidó ni trató de disiparse en profanidades, mas tampoco se arrepintió.

profanizar *tr* Dar carácter profano [a algo (cd)]. | GGual *Novela* 17: El cuento maravilloso .., que convoca en sus fantásticos prestigios la noche, el sueño y el milagro de sus simbólicas criaturas, de una profanizada mitología, se distingue bastante claramente de la novela y de la novela breve.

profano -na *adj* **1** Que no es sagrado o no sirve para usos sagrados. | Torrente *SInf* 29.9.77, 12: El hecho indiscutible de que nuestra civilización haya consistido .. en la .. sustitución .. de los contenidos sacros por los profanos.
2 Ignorante o lego [en una materia]. *Tb n.* | D. Quiroga *Abc* 2.3.58, 32: La necrópolis de Ereso es tan impresionante con sus tres mil hipogeos tallados en roca .., que su visita interesa incluso al más profano. Bueno *Tri* 26.12.70, 12: No se trata de que digan errores, sino de que las fórmulas que utilizan son propias de profanos, no consagrados.

profase *f (Biol)* Primera fase de la mitosis. | Ybarra-Cabetas *Ciencias* 191: Los fenómenos preliminares de la división cariocinética reciben también el nombre de profase.

profe -fa *(la forma f* PROFA *es rara; normalmente se usa* PROFE *como m y f) m y f (col)* Profesor. | GPavón *Rapto* 98: —Eso ahora se dice mucho, jefe –siguió Maleza en plan de profe y sin comprender la situación. SSolís *Blanca* 7: La Madre Gloria, con su intuición, no se dio cuenta de que la profe no era trigo limpio. Romeu *País* 11.3.93, 32: En mi cole, con el profe de educación física nos habríamos fugado todas, incluidas las profas, pero es un estrecho...

profecía *f* **1** Predicción de algo futuro hecha por inspiración divina. | Vesga-Fernández *Jesucristo* 119: Jesús termina la profecía del juicio final exhortando a la vigilancia. **b)** Predicción de algo futuro. | *Sp* 19.7.70, 36: Pese a todas las profecías militares, la vietnamización será una realidad.
2 Capacidad de hacer profecías [1]. | RMorales *Present. Santiago VParga* 5: El lazo de la Cáritas .. vale .. más incluso que el don de profecía.

proferir *(conjug* **60***) tr* Emitir [palabras o sonidos, esp. violentos]. | Villapún *Moral* 112: La blasfemia puede ser: .. Indirecta, cuando sin intentar directamente ofender a Dios se profieren palabras que son una ofensa contra el mismo Dios. LMiranda *Ateneo* 142: Tales exabruptos se solían proferir con frecuencia.

profermento *m (Biol)* Sustancia capaz de producir un fermento. | Navarro *Biología* 112: Se encuentra [la trombina] en la sangre en forma de un profermento (fermento precursor) denominado trombógeno.

profesante *adj* Que profesa. *Frec con un compl* DE. | Gala *Séneca* 134: Castígueseles; pero como incendiarios, no como profesantes de una idea. Alfonso *Inf* 14.9.74, 17: Wagner .. se declaraba profundamente influido por la doctrina de Buda y casi profesante y practicante de ella.

profesar A *tr* **1** Seguir [una idea o doctrina]. | PRivera *Discursos* 14: Hemos de partir lo primero de asentar nuestras realizaciones sobre la idea política que profesamos. Umbral *Ninfas* 25: Iba buscando aquel círculo Académico donde se reunían los justos de la ciudad, los que profesaban, como quería profesar yo, la sosegada y cobarde religión de la cultura. **b)** Confesar públicamente [una idea o doctrina]. *Tb abs.* | Valcarce *Moral* 16: El acto de profesar la fe de Dios es expreso cuando digo: "Creo en Dios"; el acto de creer en la Asunción de la Santísima Virgen es tácito o implícito cuando digo: "Creo en la Iglesia Católica", pues entonces profeso abiertamente solo la fe en la Iglesia Católica. Umbral *Mortal* 147: Si usted tiene pluma mística, escribirá de Dios toda su vida, aunque no crea ni profese.
2 Tener [un sentimiento o actitud hacia alguien o algo (*ci o compl* HACIA *o* POR)]. *Tb sin compl.* | M. Márquez *Hoy* 6.10.74, 3: Este endogrupo profesará un odio brutal, más o menos reprimido, a "la gente", a todos los grupos restantes. P. Larrañeta *VNu* 7.10.72, 8: La reunión se mantuvo en unos términos relativamente moderados, sin tomas de posición extremas y con una última referencia a la jerarquía, hacia la que se profesó numerosas veces una actitud inquebrantablemente fiel. Carandell *Madrid* 91: Son [las tascas] templos de la amistad, donde se profesa la amistad con mayúscula.
3 *(lit)* Ejercer [una profesión o un oficio]. | Valdeavellano *Burguesía* 32: Los "defensores" o "caballeros", el estado noble de los que profesan las armas.
4 *(lit)* Ser profesor [de algo *(cd)*]. *Tb abs.* | Cela *Viaje andaluz* 123: El maestro Gonzalo Correas, que profesó hebreos y latines en Salamanca. HSBarba *HEspaña* 4, 404: Desde Nueva España hasta Chile [los jesuitas] sembraron el territorio de colegios, profesando la enseñanza media y superior. Cobos *Machado* 62: Don Blas fue a Segovia de regente de la Escuela aneja a la Normal de Maestros y profesó la cátedra de Gramática castellana. *SLe* 11.92, 4: Es catedrático de Literatura Española en la Universidad de su ciudad natal, tras haber profesado en las de Barcelona y La Laguna.
B *intr* ➤ **a** *normal* **5** Hacer los votos [en una orden religiosa]. *Tb sin compl.* | DCañabate *Abc* 22.10.75, sn: Discúlpele, reverenda madre .. Jugamos de niños juntos y desde que profesé no le había vuelto a ver.
6 Entrar a formar parte [de una comunidad religiosa *(compl* EN*)*]. | Cossío *Montaña* 95: Ello le hizo .. refugiarse en Inglaterra, donde acabó profesando en la secta anglicana.
➤ **b** *pr* **7** Confesarse o proclamarse [lo que se expresa *(predicat)*]. | *VNu* 7.10.72, 15: Mientras reconocemos un pluralismo legítimo, nos oponemos a otro que se invoca para desvirtuar la verdad dogmática y permite profesarse católicos mientras se propalan verdaderas aberraciones teológicas indisciplinarias.

profesión *f* **1** Actividad habitual [de una pers.], de la que gralm. obtiene una retribución. | GRobles *Inf* 19.11.75, 36: Ahora solo deseo estudiar, escribir y ejercer mi profesión de abogado.
2 Acción de profesar [1 y 5]. | Rábade-Benavente *Filosofía* 286: La profesión de una religión institucional determinada tiene que ser una decisión personal responsable. *País* 24.5.89, 44: Sábato subrayó el carácter internacional de la iniciativa .. e hizo una profesión de fe en la integración. Villapún *Iglesia* 144: Se llama profesión religiosa al contrato por el cual una persona se entrega libremente para el servicio divino a un Instituto religioso legítimamente aprobado.
3 Conjunto de (los) profesionales [2]. | Diosdado *Anillos* 1, 183: –¿Qué tal te fue con el tipo que te recomendó Ramón? –No me hables. El más engreído, más estúpido y más comediante de toda la profesión.

profesional I *adj* **1** De (la) profesión [1]. | *Inf* 24.7.70, 10: Comenzó su carrera profesional en el antiguo

profesionalidad – profetisa

"Alcázar". **b)** (*admin*) [Actividad] que supone por parte del sujeto pasivo la ordenación por cuenta propia de los medios de producción y de recursos humanos. ‖ Martín-Escribano *Decl. Renta* 53: Existen ciertas actividades que no reúnen las características que acabamos de apuntar, pero sin embargo, a efectos legales, reciben el tratamiento de profesionales.
2 [Pers.] que tiene [determinada actividad (*compl especificador*)] como profesión. *Frec se omite el compl, por consabido. Tb n.* ‖ *Sem* 23.11.74, 102: La semipesada Jackie Tonawanda se cuida y se prepara para cuando suene la hora de poder subir al cuadrilátero como boxeadora profesional. Gala *Sáb* 31.8.74, 5: Se suprimen las limitaciones impuestas a la mujer para participar en los espectáculos taurinos –como profesional, se entiende–. **b)** [Pers.] que ejerce su profesión con preparación y competencia. *Tb n. Frec con intención ponderativa.* ‖ * –¡Qué pronto lo has hecho! –Uno, que es profesional. **c)** Propio de la pers. profesional. ‖ *Abc* 30.10.66, 113: Debe haber una Federación Nacional, y dentro de ella la Liga de Clubs o Liga profesional, separada también del fútbol "amateur".
3 [Pers.] que practica [algo (*compl especificador*)] de forma habitual. *Tb n.* ‖ Cossío *Confesiones* 81: El profesor de estas bromas era un señor soltero y ya incasable .. Era un profesional del cinismo. *Ya* 23.12.70, 44: Dos profesionales del crimen le buscan ansiosamente para yugular su vida.
4 (*admin*) [Pers.] que realiza trabajos independientes en el libre ejercicio de su profesión. *A veces se aplica extensivamente a otros trabajadores que no reciben sueldo fijo.* ‖ Martín-Escribano *Decl. Renta* 53: Los profesionales son aquellas personas que realizan trabajos independientes en el libre ejercicio de su profesión, estén titulados o no, y los que están dados de Alta en la Licencia Fiscal de Profesionales (abogados, médicos, arquitectos, ingenieros, etc.). Martín-Escribano *Decl. Renta* 53: Tendrán tratamiento de profesionales todas aquellas personas que, por ejemplo, explotan en concesión una gasolinera, siempre y cuando las instalaciones pertenezcan a CAMPSA y no reciban sueldo fijo de ella.
5 (*Pol*) [Miembro de una organización política o sindical] que trabaja exclusivamente para la organización y a expensas de esta. *Frec n.* ‖ VMontalbán *Comité* 191: Cuando decidí dejar el partido como profesional, ¿usted cree que me censuraron?
II *f* **6** (*euf*) Prostituta. ‖ MSantos *Tiempo* 165: Había una lucecita rosa en la mesilla de noche. Dándole al botón se convertía en blanca. Pero todos –clientes y profesionales– preferirían la luz rosa.

profesionalidad *f* Condición de profesional [2a y b]. ‖ Umbral *Ninfas* 29: Tampoco aspiraba yo a otra cosa que a escritor aficionado, ya que la profesionalidad, toda profesionalidad, siquiera fuese la profesionalidad literaria, me daba miedo.

profesionalismo *m* Utilización de una profesión como medio de lucro. ‖ Laín *Marañón* 100: El profesionalismo, una de las dos grandes lacras de la Medicina de nuestro tiempo, consiste "en el intento, deliberado o no, de convertir en lucrativa, en fuente de riqueza, una profesión que, aunque legítimamente remunerada, debe tener siempre sobre su escudo el penacho del altruismo".

profesionalización *f* Acción de profesionalizar(se). ‖ *Shot Mad* 23.12.70, 31: El año 1971 se abre con .. la consolidación de la profesionalización del tenis.

profesionalizador -ra *adj* **1** Que profesionaliza. ‖ *Reforma* 107: Este curso debería dirigirse, fundamentalmente, a .. adquirir unas destrezas profesionalizadoras básicas y generales mediante la organización de la enseñanza en torno a talleres diversos.
2 Relativo a la acción de profesionalizar. ‖ T. Escudero *PapD* 2.88, 135: Tiene que ser algo con un sentido profesionalizador más claro.

profesionalizar *tr* Dar carácter profesional [1 y 2] [a alguien o algo (*cd*)]. ‖ *Abc Extra* 12.62, 75: Usted puede profesionalizar ahora su afición al dibujo y a la pintura. **b)** *pr* Tomar carácter profesional [alguien o algo]. ‖ Lera *Olvidados* 54: Unos compañeros desertaban hacia campos más propicios al medro personal, otros se profesionalizaban en el ejercicio del terror. *País* 22.2.77, 8: Esta degeneración de los deportes cuando abandonan el amateurismo y se profesionalizan es particularmente sensible en el mundo del boxeo.

profesionalmente *adv* De manera profesional. ‖ *Ya* 10.10.70, 4: Buenos inmuebles, profesionalmente gestionados por un equipo de expertos en inversiones inmobiliarias.

profeso -sa *adj* [Pers.] que ha profesado [5]. *Tb n.* ‖ E. La Orden *MHi* 7.69, 32: El fastuoso convento de la Concepción, en el que vivían en 1730 ciento tres monjas, ciento cuarenta novicias, doce beatas profesas. Ramírez *Derecho* 29: No pueden contraer matrimonio civil: .. 4) los ordenados *in sacris* y los profesos de una Orden religiosa canónicamente aprobada.

profesor -ra *m y f* **1** Pers. que enseña [una ciencia o arte (*compl especificador*)]. *Frec sin compl.* ‖ Cantera *Enseñanza* 167: Un buen profesor de francés no se contentará con un conocimiento perfecto de la lengua, sino que deberá sentir inquietud por su metodología.
2 Pers. de gran sabiduría o habilidad [en una ciencia o arte (*compl* DE *o* EN)]. ‖ Cossío *Confesiones* 81: Estas bromas [de carnaval] solían ser pesadas, y era un arte en ellas contestar con ingenio las impertinencias. El profesor de estas bromas era un señor soltero y ya incasable .. Era un profesional del cinismo. Carnicer *Castilla* 235: Ana Mary Rueda, profesora en partos.
3 Músico que toca un instrumento. ‖ FCid *ByN* 31.12.66, 115: El trabajo de Frühbeck y los profesores de la Nacional resultó magnífico.

profesorado *m* **1** Actividad de profesor [1]. ‖ *País* 13.2.77, 8: No conceder convalidaciones, por lo demás, es cerrar las puertas de la Universidad a la gran mayoría de profesionales del periodismo, que podrían de otro modo aportar su experiencia y su profesorado, para que se dejen de explicar tantas perogrulladas como se explican a los alumnos de los actuales cursos de la Facultad.
2 Conjunto de (los) profesores [1]. ‖ Escrivá *Conversaciones* 151: Algunas manifestaciones, para la efectiva realización de esta autonomía, pueden ser: libertad de elección del profesorado y de los administradores; libertad para establecer los planes de estudio.

profesoral *adj* De(l) profesor o de (los) profesores. ‖ CPuche *Paralelo* 471: Las gafas le daban aspecto profesoral. CBaroja *Inquisidor* 19: Cantó fray Luis la descansada vida del que huye del mundanal ruido, pero pasó la suya en trincas, competiciones y sobresaltos, dentro de un espeso ambiente profesoral.

profesoralmente *adv* De manera profesoral. ‖ Delibes *Tesoro* 58: Dijo profesoralmente: –A ver, identificado.

profeta -tisa I *m y f* **1** Pers. que por inspiración divina predice cosas futuras. ‖ Peña-Useros *Mesías* 138: En medio de tantos pecados, los profetas levantaron su voz reprendiendo a los reyes sus crímenes y anunciando los castigos de Dios. GÁlvarez *Filosofía* 1, 202: El montanismo fue fundado por Montano y las profetisas Prisca y Maximila. **b)** Pers. que predice cosas futuras. ‖ *RegO* 4.8.64, 1: Orden de capturar a la "profetisa" Abie Lanshina "viva o muerta".
II *loc v* **2 ser** [alguien] **~ en su tierra.** Alcanzar en su ambiente el éxito que alcanza fuera de él. *Gralm en constr negativa.* ‖ ZVicente *Traque* 238: Anda, para que veas, esto se llama no ser profeta en su tierra. GPavón *Reinado* 67: Manuel González .. era profeta en su tierra. Todos le querían y admiraban.

proféticamente *adv* De manera profética. ‖ Ribera *SSanta* 34: Invita a postrarnos ante el Cristo obediente y humillado, cuyos padecimientos describen proféticamente las dos Lecturas de Isaías. N. Luján *Van* 2.4.78, 7: En 1884 contemplaba [Nietzsche] proféticamente el siglo XX que se acercaba, y escribía: "La civilización es solo una muy sutil capa .. El bárbaro se va pronto a afirmar en cada uno de nosotros, la fiera también".

profético -ca *adj* De (la) profecía o de(l) profeta. ‖ Peña-Useros *Mesías* 138: Fue llamado [Isaías] al ministerio profético mediante una grandiosa visión en el templo. **b)** Que tiene carácter profético. ‖ Alfonso *España* 54: El Quijote fue un libro tan realista como simbólico y profético. Gala *Ulises* 753: Qué sencillo, ¿verdad? Y usted, qué generoso. Y Ulises, qué profético y qué tierno.

profetisa → PROFETA.

profetismo – profundo

profetismo *m* Actividad profética. | M. O. Faría *Rev* 12.70, 4: La palabra de Yahvé es el presupuesto, el contenido y la base de todo el profetismo bíblico.

profetizar *tr* Predecir [algo] como profeta. *Tb abs.* | P. GRábago *Abc* 30.12.70, 19: Magnífica serie de sellos por todos los conceptos, a la que profetizo un total éxito en todos los estilos. Peña-Useros *Mesías* 140: Tenía [Jeremías] veinte años cuando Dios le llamó a profetizar.

proficuamente *adv* (*lit, raro*) De manera proficua. | Galache *Biografía* 167: El desarrollo de varias [leyendas] nos recuerda procedimientos proficuamente explotados por ese género.

proficuo -cua *adj* (*lit, raro*) Provechoso. | L. LSancho *Abc* 22.3.86, 18: Una cosa es que el ministro Almunia le escamotee cuartos a ciertos pensionistas para dárselos a otros, y otra, muy diferente, que ese proficuo reparto de millones no se quede en casa.

profidén (*n comercial registrado*) *adj invar* (*col, humoríst*) [Sonrisa] que enseña mucho los dientes. | VMontalbán *País* 13.2.89, 56: Si quien puede hacerlo le ordena que mate al mensajero, lo mata; con una sonrisa *profidén*, pero lo mata.

profilácticamente *adv* (*Med*) De manera profiláctica. | M. Aguilar *SAbc* 13.12.70, 102: Recomiendan la vacuna contra el tracoma .. en los tratamientos asociada a los demás medicamentos, y profilácticamente en las regiones con tracoma para evitar nuevos casos de infección.

profiláctico -ca I *adj* (*Med*) **1** De (la) profilaxis. | *Puericultura* 75: La primera medida profiláctica que se tomará será aislar al niño enfermo. **b)** Que sirve para prevenir la enfermedad. *Tb n m, referido a sustancia o agente.* | F. Zamora *SYa* 5.7.87, 23: Tilo (flor) .. Indicaciones .. Enfriamientos de todo tipo (como profiláctico muy en especial), enfermedades infecciosas, como sudativo.
II *m* **2** Preservativo. | GPavón *Liberales* 154: La dueña, al fin, se levantó de mala gana con ambas manos en los bolsillos del mandilón del oficio, en los que guardaba las llaves, las fichas, los profilácticos y otras minucias de su tráfico.

profilaxis *f* (*Med*) Prevención de la enfermedad. *Tb fig.* | F. ACandela *SAbc* 25.1.70, 20: Únicamente una profilaxis y una medicina sicosomática adecuada puede contribuir a encontrar correctas soluciones. Mercader-DOrtiz *HEspaña* 4, 244: La separación de sexos en las iglesias, los teatros y demás lugares de reunión era propugnada como medida de profilaxis moral.

profiterole (*fr; pronunc corriente,* /profiteról/) *m* Pastelillo relleno de crema o de otra pasta dulce o salada. | Savarin *SAbc* 8.2.70, 49: Nuestros "souflés" eran extraordinarios. Los "profiteroles" (pastelitos de crema) con chocolate, bien.

pro forma (*lat; pronunc,* /pro-fórma/; *tb con la grafía* **proforma**) *loc adj* (*Com*) [Contrato, factura u otro documento similar] que se extiende antes de llevarse a cabo la operación comercial correspondiente. *Tb n f.* | *BOE* 1.12.75, 25029: Las solicitudes de plantación de campos de pies madres con materiales clonales se presentarán .. acompañado factura proforma del suministrador del material. *Ya* 10.4.75, 13: ¿Por qué se les llamó en la primera sesión de este juicio contrato[s] "pro forma"? *Int* 24.8.83, 8: La compañía solicita de su distinguido cliente "se sirva remitirnos debidamente firmada la proforma de carta que le adjuntamos".

prófugo -ga *adj* Que huye de la justicia o de otra autoridad. *Tb n.* | CBonald *Ágata* 123: Ejerciendo a partir de entonces una alimbarada tutoría sobre la pareja, que empezó por el prohijamiento de la prófuga del corcho. **b)** [Mozo] que huye o se oculta para eludir el servicio militar. *Tb n m.* | *Mad* 13.12.69, 20: Serán declarados prófugos los mozos incluidos en el alistamiento que, estando obligados a presentarse personalmente en los actos de clasificación, dejen de hacerlo sin causa justificada.

profundamente *adv* De manera profunda, *esp* [5 y 8]. | C. Laredo *Abc* 26.8.66, 29: Una tradición religiosa profundamente arraigada en las costumbres árabes.

profundar *intr* (*reg*) Profundizar. | Hipócrates *NSa* 31.12.75, 21: La escuela compostelana, que siempre tuvo fama, sigue "profundando". No hace mucho, "La Voz de Galicia" informaba del "descubrimiento de una nueva técnica podológica aborigen: los zuecos".

profundidad I *f* **1** Cualidad de profundo. | A. Barra *Abc* 12.9.68, 27: El despliegue de las fuerzas judías a lo largo del Canal carece de profundidad. A. Barra *SAbc* 2.2.69, 11: Velázquez exhibe su talento rompiendo la monotonía gracias a la imagen de Cupido, que da profundidad a la escena.
2 Distancia del borde al fondo de una cavidad. | Seseña *Barros* 70: El barreño de bastante profundidad y pequeño solero también es forma muy frecuente.
3 Distancia bajo la superficie. | Ybarra-Cabetas *Ciencias* 150: La Litosfera. Ya hemos dicho que su profundidad se calcula en unos 1.200 kms. J. M. Moreiro *SAbc* 9.2.69, 46: Es casi segura la existencia de unos segundos yacimientos, más ricos que los detectados, en una capa situada a mayor profundidad.
4 Dimensión perpendicular al plano que se presenta de frente. | * Necesito saber qué profundidad tiene el armario.
5 Lugar profundo. *Frec en pl, con intención expresiva.* | Navarro *Biología* 297: Los peces de las grandes profundidades suelen poseer una gran boca.
II *loc adv* **6 en ~.** Afectando a la esencia, o de modo no superficial. | Anson *Abc* 3.12.70, 3: La hemorragia que se nos viene encima no se contiene con esparadrapos caseros. Requiere la urgente intervención quirúrgica, la cura en profundidad.

profundización *f* Acción de profundizar. | *Asturias* 120: Esta expansión en la producción fue posible gracias a las mejoras realizadas dentro de las minas en los últimos tiempos: mecanización, electrificación, reforma de estructuras, de lavaderos, profundización de pozos. ZVicente *Asedio* 13: El nuevo libro suponía una clara profundización en algunos rasgos exagerados.

profundizador -ra *adj* Que profundiza. | J. M. Alfaro *Abc* 18.5.75, 49: El despliegue reflexivo va levantando el andamiaje novelesco .. Aunque en Delibes se conjuguen, por debajo de los temas dominantes, otros muchos y profundizadores ingredientes.

profundizar A *tr* **1** Hacer más profunda [una cosa]. | A. Míguez *Hoy* 28.9.75, 36: Los gravísimos incidentes de ayer y de hoy han profundizado todavía más la honda crisis que atravesaban las relaciones luso-españolas. Umbral *Mortal* 99: El pintor .. enciende el rojo, matiza el verde, .. profundiza el naranja.
2 Penetrar o comprender [algo]. | Gambra *Filosofía* 18: Además de estos tres modos de saber o de profundizar la realidad, distinguía Aristóteles una ciencia previa.
B *intr* **3** Penetrar [en algo] de manera profunda [5]. *Tb fig.* | *Abc* 11.6.67, 53: Las tropas israelíes profundizaron en territorio sirio. *Mad* 10.9.70, 20: En la segunda parte hay dominio inicial del Feyenoord, pero sin poder profundizar por el marcaje a presión del campeón de América. **b)** Ir más adentro. | Delibes *Madera* 428: El *Castillo de Olite*, furtivamente, sin luces, amparándose en las sombras, profundizaba hacia la costa.

profundo -da I *adj* **1** [Cavidad] que tiene el fondo más distinto del borde que lo normal. | T. Alcoverro *Van* 21.3.74, 26: Junto al castillo hay un pozo profundo. E. Torrico *SYa* 28.9.75, 42: Después de atravesar profundos valles, .. alcanzamos el refugio Kami-Hut. **b)** *Con un adv cuantitativo*: Que tiene el fondo [más o menos] distante del borde. | An. Castro *NEs* 11.8.78, 4: Cavan en las grutas una fosa bien profunda.
2 Que se encuentra muy distante bajo la superficie. *Tb fig.* | Marcos-Martínez *Física* 111: El hielo flota sobre el agua, impidiendo que se hielen en los inviernos rigurosos las capas profundas de los ríos o mares. Osorio *Hucha* 1, 67: Corrí hacia el mar; ni pensé en su inmensidad, ni en sus corrientes profundas. *Pue* 11.11.70, 7: Algunos dan la sensación de ser muy teóricos, y no han penetrado en la teoría profunda. **b)** *Con un adv cuantitativo*: Que se encuentra [más o menos] distante bajo la superficie. | Ybarra-Cabetas *Ciencias* 424: Las condiciones de vida no pueden ser las mismas en las zonas poco profundas y en las profundas.
3 [Agua o suelo] cuyo fondo dista mucho de la superficie. | P. GSola *SYa* 17.3.74, 19: Se han realizado numerosos estudios e investigaciones para determinar los efectos de las mareas, las aguas profundas y las corrientes submarinas.

profusamente – prognato

b) *Con un adv cuantitativo*: Que tiene el fondo [más o menos] distante de la superficie. | P. GSola *SYa* 17.3.74, 19: Algunas [plataformas] pueden asentarse en el fondo cuando las aguas son poco profundas. Santamaría *Paisajes* 22: Los valles, caracterizados por la existencia de unos suelos más profundos y ricos y por un mayor grado de humedad, presentan un tapiz vegetal más uniforme.

4 [Cosa] que tiene mucha distancia entre el punto de entrada y el final. | Ybarra-Cabetas *Ciencias* 413: Hay animales que viven debajo de tierra –hipogeos–, en cuevas profundas, en el fondo de los mares –fauna abisal–, etc. **b)** *Con un adv cuantitativo*: Que tiene [más o menos] distancia entre el punto de entrada y el final. | *Economía* 188: Para la ropa blanca del servicio de la casa conviene un armario suficientemente grande y profundo.

5 [Cosa] que penetra mucho o va hasta muy adentro. *Tb fig.* | Delibes *Perdiz* 119: En la frente, bajo la boina, se le dibujan al Juan Gualberto unos surcos profundos. J. Carabias *Ide* 27.2.75, 27: Sin un profundo conocimiento de Francia, Salabert no hubiera podido escribir su libro sobre Julio Verne. **b)** [Pers.] cuyo pensamiento ahonda en las cuestiones. | *Nor* 28.9.71, 5: Conferenciante profundo, y con una visión muy clara de los problemas actuales de la Iglesia es llamado frecuentemente a intervenir en reuniones de estudio. **c)** [Ojo o mirada] que evoca profundidad [1]. | J. L. Simón *SYa* 15.6.75, 25: Una morena de ojos bellísimos, profundos y dulces, bastante impulsiva y sentimental.

6 [Voz, tos o suspiro] que procede de muy adentro, del fondo de los pulmones. *Tb fig.* | J. Carvajal *Abc* 27.11.75, 4: El Rey .. ha oído a lo largo de cuatro días la voz profunda, la dolorida, serena y esperanzada voz de un pueblo. **b)** [Voz] grave. | * Lo que más me gusta de él es su voz, tan suave y profunda. **c)** (*Mús*) [Bajo] cuya voz excede en volumen y gravedad a la ordinaria de bajo. | * Me encanta el bajo profundo.

7 [Cosa] trascendente o no superficial. | A. González *Abc* 23.2.58, 11: Sin entrar en el profundo contenido de estas obras que escalonaron las más altas y sublimes cimas del pensamiento humano. *País* 6.4.78, 8: Algo muy serio y profundo está sucediendo en una organización que se había caracterizado, hasta ahora, por el monolitismo ideológico.

8 Muy intenso. *Referido esp a sensaciones o sentimientos.* | *Ya* 13.9.75, 34: Ha causado profunda sorpresa, en los ámbitos docentes, la recepción .. de una circular del subsecretario del Departamento. *Ya* 4.12.75, 8: La Meditación Trascendental .. produce un reposo más profundo que el sueño. Arce *Testamento* 49: Guardamos un profundo silencio. M. P. Ramos *Inf* 1.2.75, 24: Los tonos preferidos por Pedro Rodríguez han sido .. los tostados, los azules profundos, el blanco.

9 (*Med*) [Oligofrénico] cuya edad mental no sobrepasa nunca los siete años. *Tb, más raro, referido a la enfermedad.* | *Abc* 31.8.75, sn: Se ha hecho cargo de una niña de seis años, oligofrénica profunda y sin familia conocida. *Abc* 3.12.70, 49: Hay pocos centros para tratar la oligofrenia profunda.

10 (*Ling*) *En gramática generativa*: [Estructura] constituida por el significado de la oración. | Lázaro *Lengua* 2, 100: Todas las oraciones poseen una estructura profunda y una estructura superficial.

II *m* **11** (*raro*) Profundidad [2, 3, 4 y 5]. | * El pozo mide 20 metros de profundo. Landero *Juegos* 68: Fijos los ojos en algún profundo entreabierto por donde la tarde se iba yendo.

III *adv* **12** De manera profunda [2, 5 y 6]. | * Está enterrada muy profundo. Umbral *Ninfas* 125: El padre Tagoro tenía el perfil apretado .. y hablaba profundo, escondiendo los ojos debajo de las cejas.

profusamente *adv* (*lit*) De manera profusa. | Laiglesia *Tachado* 11: Y se mandó hacer un retrato publicitario, con gran tiraje de copias que reparte profusamente en todas partes.

profusión *f* (*lit*) Cualidad de profuso. | M. E. Juliá *TEx* 21.2.75, 4: Los capiteles que están adosados a la pared se podrían confundir muy bien con algún capitel corintio de reducido tamaño pero con una mayor profusión de volutas.

profuso -sa *adj* (*lit*) **1** Abundante o copioso. | Cossío *Confesiones* 22: La mayor parte de la casa, toda ella alfombrada y con profusos cortinajes, estaba cerrada. Cossío *Confesiones* 154: La misma Academia de la Lengua, que .. ha conseguido hacer un magnífico diccionario, aunque quizá peque por exceso de profuso, no ha podido hacer una buena gramática. C. Fuentes *Abc* 20.9.75, 59: En caso de ingestión de esta seta los síntomas de envenenamiento son muy tardíos, .. y comienzan con fuertes dolores abdominales y de estómago, así como diarreas profusas.

2 (*raro*) Pródigo o generoso. | FCid *Ópera* 96: Los últimos años de su vida, hasta el fallecimiento en 1953, los pasa [Prokofiev] en la U.R.S.S., profuso en declarar su afán de incorporar la música al contexto social del país.

progenie *f* (*lit*) **1** Linaje o ascendencia. | U. Buezas *Reg* 20.10.70, 4: Aquella raza de progenie netamente mongólica, denunciada somáticamente por sus abultados y salientes pómulos.

2 Descendencia o conjunto de hijos. | Ma. Gómez *Ya* 2.2.91, 10: Mantuvo [San Blas] a lo largo de más de dos siglos la devoción de los friolentos y de las madres, protectoras de su progenie.

3 Generación (acción de generar). | *Hoy Extra* 12.69, 20: En la estación pecuaria se construyen un centro de progenie de vacuno y lanar y otro de inseminación artificial.

progenitor -ra I *adj* **1** (*Biol*) [Ser vivo] que es origen directo [de otro]. *Tb n m. Tb fig.* | Navarro *Biología* 44: En ellos [los cromosomas] residen los caracteres que han heredado de las células progenitoras. Aleixandre *Química* 19: Los elementos radiactivos están originados por la desintegración más o menos rápida de los de elevado peso atómico .. El estudio sistemático de la cuestión ha llevado a considerar cuatro familias radiactivas o series distintas .. Los progenitores son el uranio .., el torio .., el protoactinio .. y el plutonio.

II *m y f* **2** (*lit*) Padre o madre. *Tb como m en pl, designando la pareja.* | J. Parra *Ya* 24.7.86, 52: Rocío estaba en Melilla haciendo una gala cuando le comunicaron la muerte de su progenitor. GMacías *Relatos* 72: La novia, con la mayor naturalidad y llaneza, dijo a su progenitora sencillamente esto: –Pues nada. He dormido estupendamente. Cossío *Confesiones* 19: Al perder súbitamente el contacto con mis progenitores perdí esa línea de continuidad afectiva.

progenitura *f* Progenie. | Humberto *Sáb* 22.3.75, 54: Se promulga una Ley de Protección de las obtenciones vegetales .. destinada a tutelar los derechos de progenitura o autoría de quienes, por trabajos de mejora, selección o descubrimiento, consigan una variedad vegetal nueva.

progeria *f* (*Med*) Vejez prematura. | Cañadell *Salud* 353: Algunos casos [de hipopituitarismo], con el transcurso del tiempo, presentan síntomas de envejecimiento prematuro o progeria, de forma que el enfermo pasa de niño a viejo sin el estado intermedio de hombre o mujer adultos.

progestativo -va *adj* (*Med*) Que ejerce una acción favorable a la gestación. *Tb n m, referido a medicamento o sustancia.* | *Cam* 24.12.84, 133: Se atribuye la causa [de los embarazos extrauterinos] a los métodos anticonceptivos .., pero también a las minipíldoras estroprogestativas y, sobre todo, a los progestativos de dosis mínima (8 por 100).

progesterona *f* (*Biol*) Hormona segregada por el ovario, que prepara el útero para la gestación. | Torrente *Off-side* 107: En una caja, un termómetro basal, un tubo de progesterona, y el cuadernito donde la inquilina del piso lleva el gráfico de sus temperaturas.

proglotis *m* (*Anat*) Anillo de tenia. | Ybarra-Cabetas *Ciencias* 324: Cada anillo [de la tenia] posee un aparato reproductor hermafrodita propio, pero solo producen huevecillos los proglotis más alejados de la cabeza.

prognático -ca *adj* (*Anat*) Prognato. | Pemán *Abc* 23.8.66, 3: La mandíbula que teníamos prognática y saliente por su empleo constante en alcanzar el alimento.

prognatismo *m* (*Anat*) Disposición saliente de uno o de los dos maxilares. | Goytisolo *Recuento* 184: Los mofletes como descolgados, las pestañas rizadas en torno a los ojos juntos .., y la boca afable y débil, y el leve prognatismo, todo él, en suma, con algo de joven monarca de Velázquez. Mascaró *Médico* 23: Se empujan con los dedos los ángulos maxilares a fin de que la mandíbula inferior quede en estado de prognatismo, o sea proyectada hacia adelante y arriba.

prognato -ta *adj* (*Anat*) Que presenta prognatismo. | FVidal *Duero* 31: Uno se va enterando de cómo se supone que cazaban los hombres peludos y prognatos del Paleolítico Inferior.

prognosis *f (lit o E)* Pronóstico. | J. Mateo *SAbc* 30.11.69, 21: Obtenemos para el año próximo de 1970 la siguiente prognosis de circulación: carretera del Norte, 16.016 vehículos diarios; ídem del Centro, 14.059.

programa *m* **1** Serie ordenada de las distintas partes [de un acto público, esp. un espectáculo o una emisión de radio o televisión]. *Tb el impreso en que consta*. | *Música Toledo* 5: La Dirección General de Bellas Artes .. organiza su II Decena de Música en Toledo, cuyo programa acompaña estas líneas. Es un programa que se asoma a los oratorios .. y a la música renacentista. MGaite *Visillos* 21: Cogió el programa de las ferias y con una tijera de bordar le empezó a hacer dientes y adornos por todo el filo. **b)** Prospecto explicativo de una sesión de teatro o de otro espectáculo. *Tb ~ DE MANO*. | Pemán *Abc* 26.6.75, sn: Basta ver el reparto de actores en el programa. Torrente *DJuan* 296: –¿Tiene usted un programa de mano? –No.– .. Se levantó el telón. GAmat *Conciertos* 23: Las notas en los programas de mano tienen en España su historia.
2 Serie ordenada de los distintos temas que constituyen la materia [de un curso o examen]. *Tb el impreso en que consta*. | Gambra *Filosofía* 8: Otras preguntas o cuestiones no figuran expresamente en el programa oficial. DPlaja *Literatura* 6: El texto debe subdividirse en párrafos separados, con epígrafes que puedan seguirse a través del programa.
3 Serie ordenada de actividades o proyectos. *Frec con un adj o compl especificador. Tb su exposición o el documento en que consta*. | *Abc* 3.6.58, 24: El discurso-programa de De Gaulle solo duró seis minutos. *Sp* 19.7.70, 29: Tal liquidación ha alcanzado más del 97 por ciento del pasivo .., continuando .. la actividad laboral, programas de adiestramiento e instalaciones. * El programa del partido se repartía a la entrada del mitin.
4 Conjunto de instrucciones detalladas y codificadas que permiten a una computadora u otro aparato automático efectuar las operaciones necesarias para resolver un problema o realizar su función. | R. SOcaña *Inf* 3.1.70, 21: Muchos de los programas –conjuntos de instrucciones de cálculo al ordenador– fueron idénticos a los usados en el "Apolo 11". Diosdado *Anillos* 1, 276: Alicia .. marca un programa en la lavadora y la pone en marcha.
5 Parte independiente, de las que constituyen un programa [1] de radio o televisión. | Laforet *Mujer* 274: El tintineo de las cucharillas y un programa de radio convertían aquello en algo terriblemente ruidoso. E. Corral *Abc* 21.1.68, 91: Veintiséis coches ligeros entregados a asilos; 3.200 personas humildes operadas quirúrgicamente; .. y mil realidades más, lleva cumplidos desde que apareció en TVE el programa de Ramón Barreiro, que, además, imparte cada semana alegría y espectáculo.
6 (*RTV*) Cadena o canal. | *Ya* 27.4.75, 47: Carnet del oyente .. Televisión .. Segundo programa (UHF). Tarde y noche. 18,30: Carta de ajuste.
7 (*Mús*) Asunto que se trata de describir o ilustrar musicalmente. *Gralm en la loc* DE *~*. | Carra *Música* 228: Los poemas sinfónicos –"Don Juan", "Muerte y transfiguración" ..– plantean, una vez más, el problema de la "música de programa", ya que todos ellos poseen un significado extramusical, filosófico o descriptivo. Pero ¿hasta qué punto la música es capaz de reflejar de manera suficientemente clara las ideas que contiene o las peripecias que vive la "programa"? La contestación del propio Strau[s]s es que cualquier programa "es apenas el estímulo para la creación de formas nuevas, nada más".

programable *adj* Que se puede programar. | *Ya* 10.4.74, 3: Hoy, Ataio-Ingenieros S.A. le ofrece el primer Mini-Computador portátil programable a baterías y conectable a la red.

programación *f* Acción de programar. *Tb su efecto*. | Eliza *Inf* 4.4.70, 18: La programación en el Canódromo Madrileño sigue al máximo. A las veinte pruebas de esta tarde, en programa, que dará comienzo a las cinco y media, seguirán las dos domingueras, mañana y tarde. GAmat *Conciertos* 21: Se quejaba Pedrell de la programación durante la "llamada temporada de conciertos de cuaresma". FQuintana-Velarde *Política* 222: El Gobierno ordenó .. que se elaborase un catálogo de tales intervenciones, tarea que fue encomendada a la Oficina para la Coordinación y Programación Económica.

programador -ra I *adj* **1** Que programa [1, 2 y 4]. *Frec n: m y f, referido a pers; f, referido a máquina*. | *Mad* 22.4.70, 10: Un equipo de 80 entrevistadores, ocho codificadores, 10 listadores, seis programadores, seis controladores, un sociólogo, dos economistas y tres arquitectos .. decidieron estudiar exhaustivamente la situación de 7.500 familias radicadas en el área metropolitana. *Van* 20.12.70, 87: Nueva línea de máquinas de oficina. Calculadoras electrónicas, programadoras trabajo.
II *m* **2** Aparato que ejecuta un programa [4] automáticamente. | *SAbc* 14.12.69, 30: Una lavadora de concepción original, con un revolucionario programador que permite 14 tipos de lavado actualizados a los nuevos sistemas biológicos.

programar A *tr* **1** Hacer el programa [1, 2, 3 y 4] [de algo (*cd*)]. | A. SPalomares *Sáb* 14.9.74, 11: Portugal puede programar con cierta confianza su futuro. R. SOcaña *Inf* 3.1.70, 21: El personal [de los ordenadores] ha programado las más complicadas ecuaciones matemáticas.
2 Establecer determinado programa [4] [en una máquina automática, esp. en una computadora (*cd*)]. *Tb fig*. | * Esta máquina no ha sido programada para eso. * Ayúdame a programar este horno, que no sé. F. A. González *Ya* 12.10.74, 60: Usted dijo que estamos programados –como se usa ahora– parar vivir mucho más de cien años.
3 Incluir [algo] en un programa [1, 2 y 3]. | *Mun* 23.5.70, 57: Se están programando últimamente ciclos de notable interés en ambas cadenas. *Sol* 24.5.70, 9: Para la próxima semana, el Ateneo de Málaga ha programado las siguientes actividades. *BOE* 1.12.75, 25024: Instrumentistas. Son los operarios que realizan el mantenimiento programado de todo tipo de instrumentos de medidas eléctricas, electrónicas, galvanométricas, electrodinámicas y ópticas.
B *intr* **4** (*Informát*) Elaborar programas [4]. | *PCM* 6.91, 350: En este libro Peter Norton condensa toda su experiencia y saber didácticos para enseñar a programar en Ensamblador de una forma práctica y directa.

programáticamente *adv* De manera programática. | Laín *Universidad* 45: Educados bajo consignas unitarias y dogmáticas, programáticamente sometidos en su adolescencia y en su mocedad a la acción de las "grandes frases" de que habla Schelsky, los españoles que hoy andan entre los treinta y los cuarenta y cinco años constituyen .. nuestra particular versión de esa "generación escéptica".

programático -ca *adj* De(l) programa, *esp* [3]. | *DMa* 29.3.70, 3: El nuevo gobierno cuatripartito .. se presentará ante las cámaras el 7 de abril próximo, para la exposición de la línea programática. Kucharski *Música* 163: Este autor [Liszt] introdujo en sus composiciones elementos literarios, dramáticos y pictóricos; en otras palabras, escribió música "programática".

progre *adj* (*col*) Progresista. *Tb n, referido a pers*. | E. Sopena *Inf* 8.7.74, 6: Con la irrupción de 14 asociaciones "progres" se prevé que la Federación cambiará también sus objetivos e incluso sus estatutos. Forges *Forges* 150: ¡Déle un capón a un progre! Grandes *Lulú* 111: Hacíamos muchas cosas solamente por eso, porque quedaba progre.

progrediente *adj* (*lit, raro*) **1** Que avanza o progresa. | *Raz* 2/3.84, 1: La razón es progrediente por naturaleza, es lo menos retrógrado de la vida humana.
2 Que implica avance o progreso. | FMora *Abc* 18.11.75, sn: Las minorías traicionan a la especie cuando, en lugar de orientarla al señorío del ánimo para la consecución esforzada y progrediente de los valores, la invitan a la rebeldía universal.

progresar *intr* **1** Avanzar hacia un estado de mayor perfección o desarrollo. | Villapún *Iglesia* 8: En Jerusalén progresó rápidamente la nueva Iglesia. Umbral *Ninfas* 158: Solo tocaban zampoñas. Un pueblo bárbaro .. La música es lo único que no progresa ni se refina en ellos.
2 Avanzar, o ir hacia adelante. | D. Solar *SD16* 8.3.85, 22: Las tropas soviéticas progr[e]saban lentamente, sangrientamente, por las ruinosas calles de Berlín. [*En el texto*, prograsaban.] Aleixandre *Química* 138: Las diferencias entre cada dos términos consecutivos disminuyen a medida que se progresa en la serie.

progresía – prohibitorio

progresía f (col) **1** Conjunto de (los) progres. | SCamporro *Ast* 26.9.73, 9: Las tropas revolucionarias de Nuria Espert pasmaban a la progresía local. Umbral *Des* 22.2.75, 14: La reacción ya tiene su musa y madrina en la Dama de Baza. La progresía tiene ahora su musa nueva y clara en Rocío Dúrcal, que ha pagado una multa política de mucho dinero.
2 Condición de progre. | *Abc* 1.10.83, 15: Están reapareciendo ahora, en plena progresía municipal, con camionetas y motocarros, que recogen envases, cartones, papeles.

progresión f **1** Avance o marcha hacia adelante. *Tb fig.* | Benet *Volverás* 64: La ocupación de todo el valle bajo del Torce –haciendo la progresión en el sentido opuesto al de las aguas ..– significaba cuando menos una campaña de cuatro meses.
2 (*E*) Avance o variación con arreglo a una secuencia. *Gralm con un adj especificador*: ARITMÉTICA, GEOMÉTRICA, ASCENDENTE o DESCENDENTE. *Tb la serie de números así formada.* | Gambra *Filosofía* 108: La sensación crece en progresión aritmética al paso que el estímulo lo hace en progresión geométrica. J. Zaragüeta *Abc* 23.12.70, 3: Estas ramas de la Matemática llegan a conclusiones de igualdades y desigualdades, proporciones y progresiones, con sus logaritmos, y las ecuaciones.

progresismo m Movimiento progresista. *Tb la doctrina correspondiente.* | Arenaza-Gastaminza *Historia* 273: La Unión Liberal era un partido de centro, formado por los elementos más moderados del progresismo y por los más exaltados del partido moderado. Castilla *Humanismo* 15: El humanismo, la afirmación del hombre en su realidad .. es de alguna manera progresismo.

progresista adj Partidario del progreso político y social. *Tb n, referido a pers.* | Arenaza-Gastaminza *Historia* 273: Reinado de Isabel II (1843-1868). Moderados y progresistas. **b)** (*Pol*) Partidario de un cambio político y social hacia un máximo de libertades. *Gralm referido a los partidos de izquierda. Tb n, referido a pers.* | Aranguren *Marxismo* 158: El intelectual progresista partidario de un orden socialista sigue .. desgarrado entre su compromiso .. y su escepticismo. Umbral *Ninfas* 79: Creer que la felicidad existe en algún sitio y para alguien (en el cielo para los cristianos, en el futuro para los progresistas). **c)** Propio de la pers. progresista. | Laín *Marañón* 130: Sin caer en beaterías progresistas, más aún, pensando que siempre habrá dolor sobre la Tierra, Marañón cree resueltamente en el progreso. Buero *Lázaro* 43: Una reproducción del *Guernica* de Picasso pone la nota progresista.

progresivamente adv De manera progresiva, *esp* [1]. | Aranguren *Marxismo* 158: Al haber ido [el marxismo] soltando lastre .. y haberse ido en cambio progresivamente eticizando, se convertía en más apto para la praxis política.

progresividad f Cualidad de progresivo [1, 2 y 3]. | Ramos-LSerrano *Circulación* 339: Embrague brusco y sin progresividad. FQuintana-Velarde *Política* 249: El cuadro siguiente muestra las recaudaciones obtenidas por dos impuestos fundamentales para juzgar la progresividad de un sistema impositivo.

progresivo -va adj **1** Que progresa gradualmente. | CNavarro *Perros* 40: Sus espaldas se pusieron a oscilar de una manera progresiva.
2 De (la) progresión o que la implica. | Mariequis *Caso* 12.12.70, 16: La escritura de dirección progresiva o dextrógira .. indica mayor naturalidad y sencillez que la de dirección regresiva o sinistrógira. Marcos-Martínez *Física* 110: En los fenómenos progresivos el calor absorbido se emplea en aumentar la movilidad de las moléculas.
3 (*Pol*) Progresista. *Tb n, referido a pers.* | Miret *Tri* 26.12.70, 14: No solamente los progresivos desean esta mayor independencia entre la Iglesia y la sociedad civil, sino que también algunos conservadores le ven fuertes inconvenientes a esta estrecha unión. DPlaja *Literatura* 383: Cree [Larra] .. que la literatura debe ser filosófica, útil y progresiva. **b)** (*Econ*) [Impuesto, o sistema impositivo] que grava más las rentas elevadas. | FQuintana-Velarde *Política* 240: Necesariamente han de ser impuestos progresivos (esto es, gravámenes que aumenten cuando la renta personal se eleve).

4 (*Gram*) [Aspecto verbal] que expresa acción prolongada o considerada en su desarrollo. | Academia *Esbozo* 461: Las locuciones verbales que estudiamos en el capítulo anterior denotan aspectos de la acción (progresivo, durativo, perfectivo, etc.), aplicables a cualquier verbo.

progreso m **1** Avance hacia un estado de mayor perfección o desarrollo. | Tejedor *Arte* 4: Tuvo .. la repulsa de los demás prehistoriadores extranjeros, que .. aceptaban como artículo de fe la doctrina del progreso indefinido. Gambra *Filosofía* 17: Fue más tarde, con el progreso del saber, cuando se fueron desprendiendo del tronco común las llamadas ciencias particulares. Arenaza-Gastaminza *Historia* 161: Los progresos técnicos .. permitían emprender largos viajes con relativa seguridad. **b)** (*Pol*) Avance de la humanidad hacia un estado ideal de perfección o desarrollo. | Pemán *MHi* 7.69, 11: Era la idea del liberal y progresista del siglo XVIII: un progreso que ya no tiene que progresar más.
2 Avance, o marcha hacia adelante. | Delibes *Madera* 322: Conforme fue cediendo el tropel y el grupo comenzó a ralear, iniciaron su lento progreso hacia el cuadro, dos pasos adelante y uno atrás.

prohibible adj Que puede o debe ser prohibido. | Cela *Inf* 11.7.75, 16: Al legislador habría que pedirle que no idealizase las circunstancias de por sí vulgares y que no prohibiera sino lo prohibible.

prohibición f Acción de prohibir. *Tb su efecto.* | Laforet *Mujer* 64: Cuando don Pedro .. le hacía alguna prohibición, Paulina sentía siempre la misma oleada de asco.

prohibicionismo m Actitud o tendencia favorable a la prohibición como medio para combatir el uso del alcohol o las drogas o como sistema de protección aduanera. | Marco *Van* 25.4.74, 53: La parte más original y la aportación básica del libro corresponde al estudio del prohibicionismo. A. Escohotado *Ya* 4.3.90, 16: Como el prohibicionismo está peleándose finalmente con la química, cuanto más se extreme más subvencionará sus progresos incontrolados, y más convertirá a los ciudadanos en cobayas para laboratorios clandestinos.

prohibicionista adj De(l) prohibicionismo. | A. Escohotado *Ya* 4.3.90, 16: Cualquier normativa prohibicionista multiplica consumos irracionales, corrupción institucional y envenenamiento con sucedáneos mucho más tóxicos que los originales prohibidos. **b)** Partidario del prohibicionismo. *Tb n.* | * Los prohibicionistas implantaron la ley seca.

prohibidor -ra adj Que prohíbe. | ZVicente *Hojas* 70: Siempre la tortura de la tarjeta prohibidora: no se cortan ramas, no se andará por el monte.

prohibir tr Mandar que no se use o no se realice [algo (cd)]. *Tb abs.* | Cunquiero *Un hombre* 13: El mirlo .. se puso a silbar una marcha solemne .. –¡Esto es de profano! –exclamó el mendigo– .. Estuvo prohibido muchos años, y se puso de moda cuando suprimieron la censura. Laforet *Mujer* 12: Aquel puente antiguo de piedras romanas, por donde estaba prohibido cruzar carruajes. Cela *Inf* 11.7.75, 16: Prohibir por prohibir es más cómodo que eficaz y también más arbitrario que inteligente. Al legislador habría que pedirle .. que no prohibiera sino lo prohibible.

prohibitivo -va adj **1** [Cosa] que prohíbe. | *Compil. Aragón* 559: La costumbre tendrá fuerza de obligar cuando no sea contraria al Derecho natural o a las normas imperativas o prohibitivas aplicables en Aragón. **b)** De (la) prohibición o que la implica. | *Anticonceptivo* 74: Una educación restrictiva o prohibitiva no solo en el aspecto anticoncepcional, sino también sexual, puede crear condicionamientos morales que durarán toda la vida.
2 [Precio o coste] excesivamente alto. | *ProP* 17.9.75, 7: Dos artículos con precios prohibitivos: la merluza, 300 pesetas, y la carne vacuna extra, 420 pesetas. **b)** De precio prohibitivo. | Delibes *Caza* 120: Salvo para las escopetas negras .., la caza resultaba un deporte caro, una actividad selecta, prohibitiva.

prohibitorio -ria adj [Cosa] que prohíbe. | R. Saladrigas *Abc* 3.12.70, 47: Debería mencionar el estado demencial de la circulación, la asombrosa proliferación de señales prohibitorias de aparcar, los súbitos cambios de dirección de las calles.

prohijamiento *m* Acción de prohijar. | CBonald *Ágata* 123: Ejerciendo a partir de entonces una almibarada tutoría sobre la pareja, que empezó por el prohijamiento de la prófuga del corcho.

prohijar *tr* **1** Adoptar por hijo [a alguien]. | Cunqueiro *Crónicas* 82: Estábamos en casa de un médico algo pariente, quien me aconsejó .. que me hiciese médico en Montpellier .., y cuando regresase a Caen, me prohijaba y traspasaba la clientela.
2 Adoptar como propio [algo ajeno, esp. ideas o doctrinas]. | FQuintana-Velarde *Política* 14: Lo corriente entre los preocupados por el problema de la pobreza fue el propugnar soluciones tajantes .. Múltiples banderas políticas prohijaron tal cosa. A. Barra *Abc* 5.12.70, 47: No hay ley alguna que imponga el abandono del sistema tradicional para prohijar al metro.

prohombre *m* Hombre ilustre o destacado. | Delibes *Parábola* 84: Jacinto observaba que cuanto más hablaban los prohombres entre sí más se alborotaba la Humanidad.

proindivisión *f* (*Der*) Condición de proindiviso [1]. | SSuñer *Van* 9.6.71, 13: Responde [la soberanía] a un esquema objetivamente unitario, similar en su esfera a esa cualidad de la copropiedad germánica o en mano común que, en Derecho privado, se contrapone a la proindivisión.

proindiviso (*tb con la grafía* **pro indiviso**) (*Der*)
I *adj invar* **1** [Bien] que se posee en comunidad, sin repartir. *Tb n m*. | Delibes *Guerras* 70: Las colmenas de casa eran proindiviso, ¿entiende?, o sea, todas de todos, no estaban repartidas. Cela *Judíos* 269: El término municipal de Candeleda, mal medido, da ochenta leguas cuadradas, sin contar el proindiviso con Arenas de San Pedro.
II *adv* **2** En comunidad o sin repartir. | Ramírez *Derecho* 174: Los bienes que no sean privativos de uno de los cónyuges pertenecerán a ambos por mitad y proindiviso. Ramírez *Derecho* 102: Toda vez que, salvo en aquellas cosas asignadas específicamente, en todo lo demás suceden los herederos *pro indiviso*, hay que saber si la indivisión ha de mantenerse o no.

pro infirmis (*lat; pronunc,* /pro-infírmis/) *loc adj* (*Rel catól*) [Misa] por los enfermos. | *Abc* 26.7.70, 21: Se celebra una misa votiva "pro infirmis".

proís *m* (*Mar*) Piedra u otra cosa en tierra, en que se amarra una embarcación. *Tb la amarra*. | Alvar *ByN* 5.6.88, 18: El poeta .. introduce en su texto versos ajenos para prestigiarlo .. y aduce nombres propios para asegurar al proís de su muralla los bajeles a que pudiera arrastrar el vendaval.

prójimo -ma A *m* **1** Pers., considerada como miembro del género humano y objeto de caridad o solidaridad. *Frec se usa con sent colectivo*. | Vesga-Fernández *Jesucristo* 90: ¿Quién es mi prójimo? Escrivá *Conversaciones* 146: La Universidad .. debe preparerles para una tarea de generosa ayuda al prójimo.
2 Pers. cercana [a otra (*compl de posesión*)]. *Tb fig*. | SRobles *Pról. Teatro 1959* XVI: En ella existe una fuerza arrolladora para someter a la suya la voluntad de sus prójimos. Campmany *Abc* 14.11.85, 17: Es curioso observar el sino político de Fraga. Muchos de sus prójimos y muchos de sus adversarios le censuran y critican, pero al final le imitan.
B *m y f* **3** (*desp*) Individuo. | Delibes *Emigrante* 243: A mí no se me caen los anillos por cepillarle las botas a un prójimo. DCañabate *Paseíllo* 120: ¿Quién será esa prójima?
4 (*jerg*) Esposo. | CPuche *Paralelo* 14: Él sabía mejor que nadie con quién tenía que gastarse los cuartos. Él, sobre todo, conocía a su prójima. Y con la Ceci pocas bromas.

prolactina *f* (*Biol*) Hormona segregada por la hipófisis y que estimula la secreción láctea. | Cañadell *Salud* 352: La prolactina es la sexta de las hormonas de la adenohipófisis. Estimula la secreción de leche después del parto.

prolapso *m* (*Med*) Caída o salida de una parte u órgano. | Rascón *TMé* 8.6.84, 4: Las hemorroides internas son la causa más frecuente, seguidas del pólipo fibroso y el prolapso rectal.

prole *f* Conjunto de hijos [de una pers. o animal]. | Pinilla *Hormigas* 243: Convirtiéndose [la madre] .. en guía y protectora de toda la familia, la prole. *SInf* 12.5.71, 5: En el caso del conejo, después de una ingestión de talidomida por animales machos, parece que existe una influencia claramente adversa sobre la prole de las hembras que se habían apareado con estos machos tratados con la droga.

prolegómeno *m* Cosa que antecede [a otra (*compl de posesión*)] y le sirve de introducción o preparación. *Normalmente en pl*. | Acquaroni *Abc* 7.5.75, sn: ¿Es que no era posible la paradoja, el despropósito, el prodigio si ustedes quieren, de una Semana Santa más reflexiva, con mayor temple y moderación en los conductores y, por supuesto, con un prolegómeno de revisiones mecánicas más responsables? GPavón *Hermanas* 19: Su cerebro empezaba a dibujar los prolegómenos misteriosísimos de la muerte de siete hombres importantes del Casino de Tomelloso.

proleta *m y f* (*col*) Proletario. | Umbral *Gente* 292: El Atlético es el equipo de los proletas.

proletariado *m* Clase social constituida por los proletarios. | Aranguren *Marxismo* 35: El marxismo .. se propone cambiar la estructura político-social .., para lo cual se necesita contar con una fuerza que no puede ser otra que la del proletariado.

proletario -ria I *adj* **1** De(l) proletario o de (los) proletarios [2]. | Aldeco *Historia* 124: En la cabeza, una gorra, lutosa y rural, terciada, infunde al rostro una falsa gravedad proletaria. V. Gállego *ByN* 31.12.66, 42: Grandes acontecimientos .. como la "Gran Revolución Cultural Proletaria" en China.
II *m y f* **2** Pers., esp. obrero, que no posee más medio de vida que su salario. | Delibes *Pegar* 210: Ha afrontado la crítica de la sociedad española desde dos vertientes encontradas: la mísera condición del proletario –del explotado– y la existencia sobrada y vacía del gran burgués –del explotador–.

proletarismo *m* Condición de proletario. | Marías *Abc* 23.3.58, 3: Es muy probable que este fenómeno se atenúe decisivamente en los próximos años, como se desvaneció el "proletarismo" de los obreros y de los intelectuales.

proletarización *f* Acción de proletarizar(se). | Iparaguirre-Dávila *Tapices* 38: En el último tercio del siglo se hace evidente un proceso de proletarización de los artesanos y aun de los pequeños comerciantes.

proletarizador -ra *adj* Que proletariza. | VMontalbán *Tri* 6.3.71, 44: Se me revela totalmente "occidentalizada" .. la tesis de la dialéctica total superadora de la posible oposición entre dialéctica histórica y artística, a la vista, por una parte, de la supervivencia del stalinismo en la política cultural del campo socialista y, por otra parte, del voluntarismo proletarizador de la revolución cultural china.

proletarizante *adj* Que proletariza. | J. MBedoya *Inf* 27.1.72, 16: Italia .. está triturando su clase media a través de una política social proletarizante que aniquila los pequeños negocios.

proletarizar *tr* Dar carácter proletario [a alguien o algo (*cd*)]. | Morodo *ByN* 27.12.75, 7: El movimiento comunista sigue captando a sectores proletarizados directamente.
b) *pr* Tomar carácter proletario. | SSolís *Jardín* 45: La ciudad se proletarizaba, olvidando el exquisito gusto de épocas anteriores.

proliferación *f* Acción de proliferar. | Alfonso *España* 51: ¿Hay algo que limite la proliferación de los garitos electrónicos? *Inf* 23.1.70, 9: España no ha tomado posición sobre el tratado de no proliferación de armas nucleares.

proliferante *adj* Que prolifera. | S. Adame *Abc* 7.9.66, 8: Trinquete americano, antepasado de las hoy proliferantes boleras.

proliferar *intr* **1** Multiplicarse o reproducirse [algo vivo, esp. células]. | Bustinza-Mascaró *Ciencias* 23: La célula se nutre, respira, .. crece, prolifera y, por fin, muere. Laiglesia *Tachado* 97: Las restricciones alimenticias producidas por cualquier catástrofe de gran magnitud .. hace[n] proliferar este virus político.
2 Multiplicarse abundantemente [algo]. | CPuche *Paralelo* 7: No teníamos carnicería ni pescadería, tahona ni farmacia. En cambio proliferaban las cafeterías alegres.

proliferativo -va *adj* Capaz de proliferar. | Bustinza-Mascaró *Ciencias* 229: Están formados [los parénquimas] por células vivas meristemáticas que han perdido su carácter proliferativo.

prolífero -ra *adj* Prolífico. | FReguera-March *Caída* 173: Los carlistas, al contrario de la Casa reinante, han sido muy prolíferos, y entre tantos hijos hubiera podido salir un buen rey. M. Landi *Caso* 21.11.70, 8: La imaginación prolífera de Lucía seguía funcionando de maravilla.

prolíficamente *adv* De manera prolífica. | A. Aricha *Sáb* 12.10.74, 74: El mérito consistía en llevar el pelo largo y reírse de todo el mundo, objetivos tan logrados como prolíficamente imitados.

prolificidad *f (raro)* Cualidad de prolífico. | SFerlosio *Ensayos* 1, 51: De los juguetes de la técnica, quizá el más insensato y delirante, si es que no por sí mismo, sí por sus condiciones de uso y su prolificidad, haya venido a ser el automóvil.

prolífico -ca *adj* **1** Capaz de producir copiosa descendencia. | *Gac* 11.5.69, 58: Hombres y mujeres se pintan las caras con arcilla roja, amarilla y blanca y embadurnan el cuerpo con grasa de cerdo, el animal prolífico.
2 Que produce abundantes frutos. | J. J. Porto *VozC* 31.12.70, 6: Está inspirado en la pieza "Estado civil, Marta", de la que también es autor Alonso Millán, convertido ya en el guionista más prolífico y solicitado del cine español.
3 Abundante. | F. Po *SPaís* 2.6.91, 17: Con sus magníficos paisajes y su prolífica variedad de animales salvajes, unido a la más moderna infraestructura turística, Kenia ofrece la mayor variedad de safaris fotográficos y de vacaciones.

prolijamente *adv* De manera prolija. | L. Calvo *Abc* 29.12.70, 21: M. Noel enumera luego prolijamente los atropellos.

prolijidad *f* Cualidad de prolijo. | MCachero *AGBlanco* 126: De la técnica naturalista .. impugna la prolijidad descriptiva de algunos de sus corifeos.

prolijo -ja *adj* **1** Pesado por excesivamente largo o minucioso. | A. Olano *Sáb* 10.9.66, 6: Sería prolijo enumerar todos los festejos que se celebran durante el mes de agosto. GYebra *Traducción* 56: Para no ser prolijo, me limitaré, en principio, a las traducciones hechas por escritores bien conocidos.
2 Largo en exceso. | GPavón *Reinado* 247: Seguía el prolijo itinerario de la petaca de don Lotario, que pasaba de mano en mano.
3 Cuidadoso o esmerado en exceso. | MMolina *Jinete* 108: La letra inclinada, prolija, revelando el esfuerzo que le costaba elegir y transcribir cada palabra.

prologal *adj* Que tiene carácter de prólogo. | Gimferrer *Des* 1.3.75, 30: Una presentación prologal grave y pomposa .. nos entera de que Agustín García Calvo .. opta por atender al interés de la editora.

prologar *tr* **1** Escribir el prólogo [de un libro (*cd*)]. | CSotelo *Pról. Epist. Armenteras* 8: El mérito esencial del Manual que prologo .. es el de poner en nuestras manos un ramillete de frases.
2 Servir de prólogo [3] [a algo (*cd*)]. | A. Rubio *Hoy* 2.2.75, 13: Del bullicio que prologa la fiesta solo se perdían el paseíllo.

prólogo *m* **1** Escrito de introducción a un libro. | *Sáb* 10.9.66, 24: Lo mismo puede ser el prólogo de un libro que un artículo de periódico.
2 Primera parte [de una novela o de una obra teatral o cinematográfica] que presenta acontecimientos anteriores a la acción principal. | RIriarte *Noche* 123: Esta noche es la víspera. Comedia en un prólogo y dos actos.
3 Parte preliminar [de algo, esp. una celebración]. *A veces en aposición, esp referido a etapa.* | J. Roldán *AbcS* 2.11.75, 50: El festival tuvo el bello prólogo de los coches enjaezados. *Inf* 1.3.72, 23: Mortensen ganó el prólogo de la vuelta a Levante .. Cincuenta y seis corredores tomaron la salida ayer para disputar la etapa prólogo de la Vuelta Ciclista a Levante.

prologuista *m y f* Autor de un prólogo [1] o de prólogos. | Goytisolo *Recuento* 423: Cultivadores de una lengua de público numéricamente modesto, modesto hasta el punto de que uno cualquiera de sus mandarines –autor, lector, jurado, premio, prologuista, antólogo– .. pudo llegar a decir: si ahora estallase una bomba, se acababa Cataluña.

prolongable *adj* Que se puede prolongar. | Fuster *Van* 25.12.71, 11: Después se regresa a la "sobriedad": al hervido cotidiano, al caldo prolongable.

prolongación *f* **1** Acción de prolongar. | *Abc* 8.1.75, 26: Sentencia del Supremo por prolongación de funciones sindicales.
2 Cosa o parte con que otra se prolonga. | Marcos-Martínez *Aritmética* 185: Ángulo externo de un polígono es el ángulo formado por un lado y la prolongación de un lado consecutivo. *Hacerlo* 44: Una prolongación consta de una clavija en un extremo y una base de enchufe en el otro. Se utiliza cuando deseamos alejar, del enchufe que se utiliza normalmente, una lámpara o aparato cualquiera.

prolongadamente *adv* De manera prolongada, *esp* [2]. | Valcarce *Moral* 137: Cuando directamente se provocan estos actos buscando exprofeso y prolongadamente la deleitación lujuriosa, son simplemente pecados mortales de lujuria.

prolongado -da *adj* **1** *part* → PROLONGAR.
2 [Cosa] que se prolonga o dura mucho tiempo. | *Caso* 26.12.70, 10: "Los importantes del año" gustan de hacer padecer antesalas prolongadas a los informadores.
3 De forma alargada. | Ybarra-Cabetas *Ciencias* 325: Tienen el cuerpo prolongado y blando. Castañeda *Grafopsicología* 44: Jambas prolongadas. Bajan demasiado, son muy largas. Tendencia a lo material, a lo práctico.

prolongador -ra *adj* Que prolonga. | Murciano *Abc* 19.11.64, 3: Mientras prepara su próximo viaje a París, con su adorno de víboras y esas hierbas de Cadaqués prolongadoras de sus guías, anuncia la gran traca, .. el sacrificio de algo consustancial a su persona: sus bigotes.

prolongamiento *m* Prolongación. | *Lib* 26.3.75, 1: Se atribuye este prolongamiento de la gestación materna, cuatro meses más de la cuenta, a que durante determinado tiempo del embarazo el feto se encontraba en estado de hibernación intermitente. Alvarado *Anatomía* 30: Ciertas células neuróglicas emiten prolongamientos cuyo extremo se aplica sobre los vasos sanguíneos.

prolongar *tr* Alargar [una cosa] en el espacio o en el tiempo. | Marcos-Martínez *Física* 20: Para hallar gráficamente su punto de aplicación C [de la fuerza resultante] .. se prolonga la fuerza BF", en sentido opuesto, una longitud BN. C. Pineda *Sáb* 20.8.66, 27: Los avances de la ciencia y la medicina han permitido prolongar la vida y con ello la salud.
b) *pr* Alargarse [una cosa], esp. en el tiempo. | P. J. Ramírez *SAbc* 21.11.76, 12: Se le escucha con interés y la conversación se prolonga, decidiéndose, por fin, continuar al día siguiente. M. R. Puigvert *Abc* 4.5.75, 89: Después vino una celebración familiar que se prolongó hasta última hora de la tarde.

proloquio *m (lit)* Dicho o sentencia. | Soler *Caminos* 128: Tenía un proloquio que le oí día a día: –Arriba, bestias con pelo.

prolusión *f (lit)* Introducción a un discurso o tratado. | J. Sampelayo *Ya* 20.11.73, 14: Era él quien con una comunicación hacía breve la sesión académica, aunque su prolusión tardase una hora larga.

promediar (*conjug* 1a) **A** *tr* **1** Calcular el promedio [1] [de algo (*cd*)]. | FQuintana-Velarde *Política* 78: La Comisión adoptó entonces una solución salomónica: partió la diferencia, promediando cifras y ofreciendo la media de ambas como la oficial de la renta nacional de España.
2 Dividir o repartir [algo] en dos partes iguales o aproximadamente iguales. | * Procura promediar el pollo para dos días.
3 Colocar [algo] en el promedio [2]. | ARíos *Tri* 13.4.68, 30: Ahora le ofrecen el timón del arado romano y le recomiendan que lo promedie bien para que no le venza el peso de un lado.
B *intr* **4** Mediar, o intervenir como mediador. | *Pue* 20.1.67, 10: La posibilidad de que un tribunal de arbitraje promedie en el conflicto para tratar de conseguir un acuerdo entre las partes interesadas.

5 Llegar [un espacio de tiempo] a su mitad. | * Se trasladaron ya promediado el año.

promedio I *m* **1** Media (resultado de dividir la suma de varias cantidades por el número de estas). | Payno *Curso* 203: Siguió luchando contra el tiempo –que ya se iba acabando– porque había suspendido el promedio del curso.
2 Punto medio [de algo]. | CBonald *Ágata* 235: Recorrió con la vista el cuadro del terrizo –solo interrumpido en su promedio por el nevado brocal y los herrajes del pozo–. Zunzunegui *Hijo* 51: El Banco abría su Central no lejos, en el promedio del muelle.
II *adj* **3** [Precio] medio o de promedio [1]. | *Ya* 3.3.63, 16: La relación .. entre los precios promedios de exportaciones y los promedios que rigen en los mercados interiores es la siguiente. *D16* 14.12.79, 12: El precio promedio del petróleo subió ayer a 30 dólares por barril.

promesa *f* **1** Acción de prometer. *Tb su efecto*. | *Sor* 5.10.75, 3: En años anteriores el hombre que se prestaba a hacer de Cascamorras lo hacía la mayoría de las veces por una promesa hecha a la Virgen. Arce *Testamento* 86: Me hice una promesa: "Cuando salga de esto, buscaré a Antonino y le pediré que me hable con sinceridad". Peña-Useros *Mesías* 44: Abraham cree en las promesas de Dios.
2 Pers. o cosa que promete [4 y 7]. | *VozA* 8.10.70, 24: Formaré un equipo de promesas que nos servirá para el entrenamiento del equipo "A". PLozano *Ya* 10.10.74, 17: Me ha dado alegría encontrar estos dos fascículos, como buena promesa, de la serie "Jesucristo" en el quiosco de mi barrio. * Las lluvias de mayo son una promesa de buena cosecha.

prometedor -ra *adj* Que promete [7]. | CSotelo *Inocente* 463: Ahora se da cuenta de la doble intención que puede atribuirse a sus palabras, pero .. las repite, acompañadas de una prometedora sonrisa.

prometedoramente *adv* De manera prometedora. | RValcárcel *VozC* 6.10.68, 2: Desde la Ley Orgánica del Estado, .. y ahora, prometedoramente, por los nuevos estatutos del Movimiento Nacional, hemos alcanzado ya y adquirido la plataforma de lanzamiento necesaria.

prometeicamente *adv* (*lit*) De manera prometeica. | L. Calvo *Abc* 10.6.73, 24: La gesta espacial se hizo plena y únicamente humana. Humano el tesón, humana la intuición, humanas las acciones, humana, prometeicamente humana la superioridad sobre la mecánica.

prometeico -ca *adj* (*lit*) **1** De Prometeo (personaje mitológico que robó al cielo el fuego del Olimpo para dárselo a los hombres). | * Desconocía el mito prometeico.
2 Que se rebela contra la condición humana. | JLozano *Des* 12.9.70, 9: A una conciencia y a una literatura prometeicas, .. "donde el hombre se queja de todo", Mauriac opone una conciencia y una literatura "en la que solo se queja de sí mismo".

prometeísmo *m* (*lit*) Actitud prometeica. | N. SMorales *Reg* 25.3.75, 10: Todos los tiempos han sido proclives al prometeísmo humano. Torrente *SAbc* 23.2.85, III: La secuencia en que Salieri arroja al fuego un crucifijo me parece patética, casi sublime y, en el fondo, grotesca, pues lo es todo prometeísmo, por mucho que ensalcemos a Prometeo como salvador de la humanidad.

prometer **A** *tr* ▶ **a** *normal* **1** Decir [alguien] que hará o dará [algo], obligándose a ello. | *Abc* 25.5.58, 79: Pierre Flimlin [*sic*] ha prometido al Parlamento que dimitirá formularmente tan pronto como la Asamblea Nacional vote sobre la reforma constitucional. Torres *Ceguera* 134: Exigiré una reparación pública, se prometió. Peña-Useros *Mesías* 57: Jacob entró y tomó posesión de la tierra de Canán, que Dios le había prometido. Grosso *Invitados* 179: –Exigirían una millonada. –Se les promete el oro y el moro.
2 Prometer [1] que [una pers. (*cd*)] se casará [con otra (*compl* CON O A)]. *Gralm el cd es refl. Tb sin compl, con cd recípr*. | GGual *Novela* 230: Tuvo que huir raptando a su amada cuando su familia la prometió a otro. FReguera-March *España* 259: Se alegró sinceramente cuando se prometió con su hermano. Siempre la tuvo por una excelente muchacha. *Sáb* 10.9.66, 28: Dinamarca está de fiesta. La heredera del trono, Margareth [*sic*], se ha prometido en matrimonio al conde francés Henry de Laborde y Mompezat. FReguera-March *Fin* 167: Cuando .. se enteró de que Juan y Catalina se habían prometido, no le sorprendió.

3 Prometer [1] solemnemente [una pers.] que se someterá a los deberes y exigencias inherentes [a algo, esp. un cargo (*cd*)]. *Tb abs.* | *Inf* 2.12.82, 1: Felipe González Márquez .., nuevo presidente del Gobierno, prometió a la diez de esta mañana su cargo ante el Rey.
4 Augurar o anunciar [algo futuro y positivo]. | V. Caballero *Hoy* 28.7.74, 26: Las viñas, en su cantar extraño de chicharras panzudas y verdes, prometían vendimias.
5 Asegurar la certeza [de lo que se dice (*cd*)]. *Frec en la fórmula* (TE) LO PROMETO, *usada con intención enfática.* | Delibes *Cinco horas* 12: Nunca vi un muerto semejante, te lo prometo. No ha perdido siquiera el color.
▶ **b** *tr* **6** Tener confianza en la consecución [de algo (*cd*)]. | GPavón *Reinado* 59: Consumidas las cervezas y las divagaciones sobre el negocio de las caretas que se prometía el industrial Alcañices, decidieron irse a comer. *SYa* 17.3.74, 27: Salimos tres montañeros ..; nos prometíamos estar en Madrid el lunes siguiente. **b) ~selas (muy) felices.** (*col*) Esperar un buen resultado con demasiado optimismo. | MChacón *Abc* 14.7.74, 61: La tropa "anti Merckx" se las promete muy felices ante esas visiones. GPavón *Reinado* 60: El hombre estaba eufórico y se las prometía felices en los días que podían faltar hasta dar a su muerto el destino final.
B *intr* **7** Ofrecer [una pers. o cosa] buenas perspectivas para el futuro. | CBaroja *Inquisidor* 20: La cuestión .. es sentar plaza de prodigio o, cuando menos, de joven que promete, ante un público limitado e interesado. Buero *Lázaro* 64: Pues el índice [del libro] promete.

prometido -da I *adj* 1 *part* → PROMETER.
II *m y f* **2** (*lit*) Pers. que tiene contraída [con otra (*compl de posesión*)] promesa de matrimonio. | *Sáb* 10.9.66, 29: Margarita tiene veintiséis años y su prometido ha cumplido los treinta. **b)** (*euf, raro*) Amante o querido. | Neville *Fidelidad* 107: –Timoteo no es mi esposo. –Usted perdone. –Es lo que se llama ahora "mi prometido". –Entonces, ¿se va a casar con usted? –No creo que lleguemos a ese extremo. Diosdado *Usted* 36: A tus lectoras, lo único que les interesa es con quién se acuestan fulanita o menganita, y para eso, ni siquiera lo puedo decir, tengo que hablar de "su prometido".

prominencia *f* **1** Elevación o abultamiento. | Bustinza-Mascaró *Ciencias* 91: La superficie inferior de la lengua es lisa, pero la superior tiene pequeñas prominencias o papilas.
2 Cualidad de prominente. | Academia *Esbozo* 65: Una importante dimensión acústica de la intensidad es el ritmo, sucesión de intervalos de duración delimitados por dos puntos de prominencia acústica. *Cam* 21.7.75, 43: Portavoces como el semanario norteamericano "Time" informaban al mundo de la prehistoria y reciente prominencia de "las 20 familias" de Portugal.

prominente *adj* **1** [Cosa] que sobresale respecto a lo que está a su alrededor. | Ybarra-Cabetas *Ciencias* 428: Sus caracteres principales [del tronco amarillo] son: cráneo braquicéfalo, nariz poco prominente.
2 Destacado o importante. | *Abc* 6.12.70, 27: El primer ministro, Mr. Lynch, denuncia una conspiración para secuestrar y asesinar a varias personas prominentes. *Act* 25.1.62, 38: La Casa Sulzer Frères, S.A., de Winterthur, que ocupa un lugar prominente entre las empresas de industrias mecánicas de Suiza, celebró en 1959 su 125 aniversario.

promiscuación *f* Acción de promiscuar, *esp* [2]. *Gralm en la constr* BANQUETE DE ~. | DCañabate *Abc* 12.5.74, 47: Todos los años el Viernes Santo celebramos nuestro banquete de promiscuación con un menú, ¡que menudo menú...! Fíjate: merluza a la vinagreta y estofado de carne con patatas.

promiscuamente *adv* De manera promiscua. | Chamorro *Sin raíces* 31: Intentaría abandonar el capullo, cárcel sonrosada, en donde convivían, promiscuamente, tres mundos en agresión.

promiscuar (*conjug* 1b o 1d) *intr* **1** Tratar indistintamente perss. o cosas heterogéneas e incluso opuestas. | CSotelo *Resentido* 199: La poesía o las leyes son suficientemente profundas para absorberla a uno por completo. Con las dos en la mano y promiscuando no se puede andar a la vez. Usted es uno de los que promiscuan. A. Figueroa *SAbc* 15.5.58, 75: A la tertulia .. acuden hombres políticos, escrito-

promiscuidad - promotor

res, diplomáticos: el marqués de La Habana, .. Zabala –a quien se acusa de promiscuar con los carlistas–.

2 Comer carne y pescado en una misma comida, en días en que la Iglesia lo prohíbe. | * Promiscuar el día de Viernes Santo era para él un acto de rebeldía. Cela *Oficio* 42: No promiscúes y finge una inocencia absoluta.

promiscuidad *f* **1** Cualidad de promiscuo. | Hoyo *Bigotillo* 38: Más allá de la cerca estaba lo ignoto. Más acá, si ahora no buscábamos remedio, si no dábamos el salto, estaría la promiscuidad, el hambre, la miseria y tal vez el mayor de los males, la guerra civil.

2 Relación sexual con varias perss., de manera irregular o mezclada. *Frec* ~ SEXUAL. | MMolina *Jinete* 271: Mi hijo menor .., ahí lo tienes, .. con esas melenas y esas barbas de salvaje y drogándose y revolcándose en la promiscuidad.

promiscuo -cua *adj* **1** Mezclado de manera confusa e indiferenciada. | Ortega *Americanos* 90: Presidía una sociedad de lo más promiscua y animada. Miguel *Mad* 22.12.69, 13: Esta puritana sociedad adopta sin rechistar los promiscuos vagones-literas.

2 [Pers.] que tiene relación sexual con varias perss. y de manera irregular o mezclada. *Tb referido a la misma forma de relación.* | J. L. Serna *SElM* 16.9.93, 4: La mayor parte de sus enfermos [de enfermedades de transmisión sexual] está compuesta por personas promiscuas. * Las relaciones promiscuas son un foco de infección.

promisión (*con mayúscula en acep 1*). **de ~. 1** *loc adj* [Tierra] prometida por Dios al pueblo de Israel. *Precedido del art* LA. | * Moisés no pudo ver la Tierra de Promisión.

2 (*lit*) [Tierra] muy fértil y rica. *Tb fig.* | M. Abizanda *Sáb* 20.8.66, 5: Salió de su ciudad natal, de Estocolmo, en Suecia, muy niña aún, rumbo a la tierra de promisión del mundo nuevo.

promisor -ra *adj* (*lit*) Prometedor. | C. Lacalle *MHi* 10.60, 5: Años del 1500 .. Años iniciales, flamantes y promisores que miran con desdén a los pasados, a los finiseculares.

promisorio -ria *adj* **1** Que encierra en sí promesa. | Valcarce *Moral* 85: Si confirma un aserto, el juramento se llama asertorio; si una promesa, promisorio.

2 Prometedor. | Lorén *Pue* 9.12.70, 2: Han encontrado quizá el principio de un promisorio camino evolutivo. *Prog* 26.8.75, 7: Brillante. Promisorio. Grande. Nuestra gente y nuestro trabajo así lo garantizan.

promitente *m y f* (*lit*) Pers. que hace una promesa. | Ramírez *Derecho* 116: El contrato de opción de compra faculta al optante para exigir el otorgamiento de la venta a su favor, sin que el promitente pueda negarse a ello. Valcarce *Moral* 169: El modo de obligar la fidelidad depende de la intención del promitente si la promesa es acto de pura liberalidad.

promoción *f* **1** Acción de promover, *esp* [3]. | F. J. Peña *Inf* 21.6.77, 36: Con su promoción a capitán general .. se trataría de alargar su edad de retiro. Marín *Enseñanza* 234: Las pruebas de promoción correspondientes a este curso deberán ser practicadas con la máxima atención y objetividad. **b)** Elevación a un nivel cultural o social superior. | PRivera *Discursos* 15: No creo que en España exista nadie que haya hecho más por la promoción de la mujer que la Sección Femenina. *Nue* 29.3.70, 24: Un llamamiento .. "a cuantas entidades y personas sientan como los trabajadores el justo deseo de la promoción humana y social del pueblo gallego". **c)** (*Dep*) Hecho de disputar la pertenencia a una categoría o división mediante un enfrentamiento general entre los equipos implicados. *Tb el encuentro o el torneo en que se disputa.* | Gilera *Abc* 9.4.67, 105: El Sevilla está afectado por la promoción y necesita ganar este partido. **d)** (*Com*) Hecho de tratar de incrementar las ventas mediante publicidad, demostraciones, rebaja de precios u otra acción similar. | *Ya* 19.5.70, 40: Importante empresa internacional necesita [señoritas] para promoción de productos durante los meses de julio y agosto. *Bal* 21.3.70, 19: Vendemos con facilidades a precios de promoción. **e)** Hecho de hacer publicidad de una pers. o cosa para que se la conozca y valore. | A. Ramos *Sol* 24.5.70, 7: Los promotores de música española .. se alegran más viendo a autores e intérpretes españoles con deseos de promoción que contemplando a portugueses sin nombre.

2 Conjunto de individuos que obtienen al mismo tiempo un título, empleo o grado. | *Abc* 16.12.70, 53: La Escuela de Hostelería va sacando promociones anuales de cien alumnos especializados.

promocionable *adj* Que se puede promocionar. | Van 17.4.73, 86: Mecanógrafa promocionable. Aspire a mejorar de trabajo y de sueldo.

promocionador -ra *adj* Que promociona. | JLozano *Tri* 27.5.72, 30: En este momento, pretendidamente promocionador de la mujer, se goza con exhibirla como a mono de circo. Cruz Torres 3: Los peldaños del saber son infinitos, y nada holgaría tanto a la Caja de Ahorros Municipal de Burgos como haber sido y seguir siendo promocionadora de las nobles aspiraciones de su pueblo.

promocional *adj* De (la) promoción. | ZVicente *Traque* 115: Me veo haciendo ruedas de prensa y saliendo en la televisión en los temas promocionales esos. *Abc* 26.5.74, 68: Finaliza hoy la larga liga de los veinte: en Madrid, el Rayo recibe al Orense, en trance promocional.

promocionante *adj* Que promociona. | E. Corral *Abc* 27.4.75, sn: Parece urgente encararse con la realidad del cine, del teatro y sus problemas al margen de lo mera y específicamente promocionante.

promocionar A *tr* **1** Hacer promoción [1b, d y e] [de alguien o algo (*cd*)]. | *Sáb* 10.9.66, 42: En España, pese a la desidia de su compañía grabadora –que no se ha molestado en promocionarle ni medianamente bien–, sigue subiendo.

2 Promover. | Torrente *Saga* 40: Me había ofrecido muchas veces tenerme gratis en la posada si me prestaba a transmitir mensajes de los espíritus y a promocionar materializaciones y otras experiencias de parecida dificultad. *BOE* 14.1.76, 749: Los aspirantes que superen el curso de capacitación para el mando serán promocionados a Comisarios.

B *intr* **3** Subir de rango o categoría. | Marín *Enseñanza* 337: La correspondencia entre puntuaciones y calificaciones, para los alumnos que promocionen, será la siguiente. F. Mugueta *Abc* 17.8.72, sn: Ellos, sacerdotes ancianos, son gracia y armonía y equilibrio .. Nacieron dentro del siglo pasado, y promocionaron en nuestro siglo.

promocionista *m y f* **1** Pers. que hace promoción [1d]. | *Ya* 5.1.72, 34: Odeón. Busca en Madrid un Promocionista para sus discos. *Abc* 7.5.72, 77: Starlux, S.A. Solicita señoritas promocionistas.

2 (*Dep*) Equipo que juega un partido de promoción o ascenso a una categoría superior. | *HLM* 20.5.74, 43: Osasuna y Levante acompañan a Coruña y Linares a Tercera, y son seguros promocionistas Burgos, Rayo y Sabadell.

promontorio *m* **1** Elevación del terreno que penetra en el mar. | Ortega-Roig *País* 64: Las rocas más duras resisten mejor [la fuerza de las olas] ..; acaban formando salientes (promontorios o cabos).

2 (*Anat*) Eminencia o elevación. *Esp referido al sacro o al tímpano.* | * Además del promontorio del sacro o de la pelvis existen el lacrimal y el del tímpano.

promotor -ra I *adj* **1** Que promueve o promociona. *Tb n, referido a pers.* | GAlvarez *Filosofía* 1, 273: Centros promotores de la cultura árabe fueron la corte de los Abbasidas, en Bagdad, y la de los Omeyas, en Córdoba. *Sol* 24.5.70, 15: Promotor de ventas. Se necesita, para artículos de decoración de fácil venta, un promotor. Se exige dotes de relaciones públicas y capacidad de persuasión. J. M. Gironés *Mun* 23.5.70, 14: Enric Barbat .. fue uno de los componentes del grupo "Setze Jutges", promotor a lo largo de casi diez años de la canción catalana. **b)** [Pers. o empresa] que organiza y financia [algo (*compl de posesión*)]. *Esp referido a boxeo o construcción.* *Tb n.* | *Ya* 6.4.80, 17: Los promotores del *camping* Caravaning, que se construye en el término municipal de El Escorial, no han recibido todavía la suspensión de la licencia .. El director de la empresa promotora Planeta Azul, S.A., .. ha manifestado .. que obran en su poder las licencias de obras. Berlanga *Acá* 19: El descoyuntado columpio, último resto de lo que llamaron en la promotora amplia zona de juegos infantiles.

II *m* **2 ~ de la fe.** (*Rel catól*) Individuo de la Sagrada Congregación de Ritos encargado de suscitar dudas y objeciones en las causas de beatificación y canonización. | * El

promotor de la fe debe suscitar cuantas objeciones crea oportunas.
3 ~ fiscal. (*hist*) Fiscal. I CBaroja *Inquisidor* 22: El fiscal, o promotor fiscal, por lo común, no hacía más que sumar los testimonios de cargo.
4 (*Quím*) Sustancia que incrementa la acción de un catalizador. I * Esta sustancia se usa como promotor.

promovedor -ra *adj* Promotor [1]. *Tb n, referido a pers*. I Clarasó *Van* 9.10.75, 82: Paso a la competencia, que, bien explotada, es, según dicen, gran fuerza promovedora de los buenos negocios. *Pro* 23.7.77, 4: Condenamos como autores de un delito consumado de sedición .. al procesado, policía armado, Severino Escudero Martínez, promovedor del mismo, a la pena de seis años y un día de prisión militar; a los .. meros ejecutores, a la pena de tres años de prisión militar.

promover (*conjug* **18**) *tr* **1** Impulsar el progreso o la existencia [de algo (*cd*)]. I Escrivá *Conversaciones* 26: Se pedía que no hubiera más asociaciones sacerdotales que las promovidas o dirigidas por los Obispos diocesanos. *Alc* 31.10.62, 29: Los autos de secuestro promovidos por el procurador don Luis de Pablo y Olazábal.
2 Causar o producir [algo, esp. un hecho]. I Delibes *Madera* 54: Temió que el niño .. pudiese sufrir un nuevo repeluzno y promover un espectáculo. *Abc* 28.6.58, 33: Que se pueda uno morir de estornudo no es cosa que se pueda poner en duda. Un estornudo puede promover el derrame cerebral y la muerte instantánea.
3 Elevar [a alguien a un rango o categoría superior]. I *HLM* 6.1.75, 10: El general Galarza Sánchez, del Ejército del Aire, promovido a teniente general.

promulgación *f* Acción de promulgar. I Carrero *Pue* 22.12.70, 5: Nuestro sistema institucional .. quedó totalmente terminado con la promulgación de la Ley Orgánica del Estado.

promulgador -ra *adj* Que promulga. *Tb n, referido a pers*. I MPuelles *Filosofía* 2, 337: Si, por el contrario, es precisa una comunicación o promulgación especial, se denomina "ley positiva", que se subdivide en "divina" y "humana", según que su promulgador sea Dios o el hombre.

promulgar *tr* Publicar oficialmente [una ley o norma] para que comience a regir. I DPlaja *El español* 57: Las leyes que el Estado promulga tienen valor mientras está la tinta fresca. Laforet *Mujer* 140: En aquel año aún no se había promulgado la disposición del Papa diciendo que el agua no rompe el ayuno.

pronación *f* (*Anat*) Movimiento del antebrazo que hace girar la mano de fuera adentro. I Navarro *Biología* 126: A su cargo está realizar rápidamente movimientos antagónicos como, por ejemplo, la pronación y supinación del brazo.

pronaos (*tb* **pronao**) *m* (*Arquit*) *En los templos griegos y romanos antiguos*: Pórtico o vestíbulo abierto situado delante de la cella. I Tejedor *Arte* 36: Las dependencias eran solo tres: el vestíbulo o *pronaos*; el santuario, *naos* o *cella*, .. y el *opisthodomos* o cámara del tesoro. Angulo *Arte* 1, 83: En su interior suele [el templo] tener varias subdivisiones ..: el *nao* o *cella*, es decir, la capilla misma del dios; el *pronao* o vestíbulo abierto flanqueado por la prolongación de los muros laterales.

prono *adj* (*Med*) [Decúbito] en que el cuerpo descansa sobre el vientre. I *Inf* 12.9.74, 20: Encontraron el cadáver de un hombre que se hallaba en posición decúbito prono, con las piernas flexionadas por las rodillas y atado el cuerpo con cable eléctrico.

pronombre *m* (*Gram*) Palabra sustantiva con contenido semántico ocasional. *Se opone a* NOMBRE. I Amorós-Mayoral *Lengua* 13: En Argentina .. dos personas, para hablarse, usan el antiguo pronombre personal "vos" en vez de "tú".

pronominal *adj* (*Gram*) **1** De(l) pronombre. I Academia *Esbozo* 421: Pronombres personales. Expondremos los usos sintácticos más importantes de estas formas pronominales según la clasificación inserta en la Morfología.
2 Que tiene forma o naturaleza de pronombre. I Alonso *Lengua* 58: ¿A qué se llaman adjetivos pronominales?
3 [Verbo] que se construye en todas sus formas con pronombres reflexivos. I Academia *Esbozo* 381: En el habla corriente y popular existe fuerte tendencia a construir como pronominales muchos verbos, transitivos e intransitivos, que suelen no usarse así en el habla culta y literaria.

pronosticable *adj* Que se puede pronosticar. I Pinillos *Mente* 130: Los deseos de vivir en un mundo ordenado donde los acontecimientos sean en cierta medida pronosticables.

pronosticador -ra *adj* Que pronostica. *Tb n, referido a pers*. I *ASeg* 3.5.78, 2: Los pronosticadores meteorológicos vienen a decir eso, que mayo no va a ser un mes delicioso.

pronosticar *tr* **1** Anunciar [algo futuro] por conjetura o razonamiento. I *VozC* 29.6.69, 8: Según lo pronosticado por el médico que la atiende.
2 Anunciar o presagiar [una cosa (*suj*) algo futuro]. I Onieva *Prado* 47: El rostro de Carlos V, de gran severidad, el yelmo y la armadura, están impregnados de la luz rojiza de aquel crepúsculo matutino que pronosticaba sangre.

pronóstico I *m* **1** Acción de pronosticar. *Tb su efecto*. I *Sp* 19.7.70, 35: Se cumplió el sombrío pronóstico que circulaba en los medios informados de Madrid. **b)** Juicio que forma el médico sobre el curso probable de una enfermedad. I *Caso* 21.11.70, 19: Padecía "shock" hemorrágico. Pronóstico grave.
II *adj* **2** (*Med*) De(l) pronóstico [1b]. *Frec usado como invar*. I *DMé* 27.5.93, 11: El estudio del contenido de las células del ADN, de las fases de la mitosis, así como de la expresión de los oncogenes, son los nuevos factores pronósticos del cáncer de mama. *DMé* 27.5.93, 11: Presidente del simposio sobre factores pronóstico del cáncer de mama. E. DRubio *TMé* 24.12.82, 5: El valor pronóstico del CEA es incuestionable.
3 de ~ (reservado). (*col*) Terrible o de cuidado. *Con intención ponderativa*. I Cela *Viaje andaluz* 284: –¿Es usted portugués? –No, señor, yo soy búlgaro.– El abacero pegó un respingo de pronóstico.

prontamente *adv* Con prontitud. I CBonald *Ágata* 106: Manuela y su hijo, sin dubitaciones ni reparos .., empujaron prontamente el informe amasijo del muerto. A. Bolarín *Abc* 19.9.64, 45: Una Asamblea general que habrá de celebrarse prontamente.

prontitud *f* Rapidez o celeridad. I Laforet *Mujer* 298: Algo debió ver en ella que le hizo soltar una maldición tan fresca, seguida de un piropo tan descarado, y todo con tan inesperada prontitud que Paulina se echó a reír.

pronto -ta I *adj* **1** Que se hace u ocurre dentro de un plazo breve. I Mezquida *Van* 28.8.70, 24: La creación de un Museo de Oficios y Artes Populares .. va a ser una pronta realidad. RMoñino *Poesía* 9: Trasladose a Madrid, y aquí .. halló acogida pronta en las redacciones de los periódicos.
2 Que actúa con rapidez. I * Juan es pronto en sus decisiones. CNavarro *Perros* 48: Sentía como si un nudo, la sangre toda hubiera acudido pronta a la llamada del recuerdo, estacionándosele en la boca.
3 Dispuesto a actuar o funcionar rápidamente. *Tb fig. Frec con un compl* A *o* PARA. I Cela *Judíos* 60: Aranda de Duero tiene .. algún caballero con la mano pronta, el bolsillo presto, y la voluntad dispuesta a la pelea. Anson *SAbc* 20.4.69, 12: El cazador profesional .. tiene su rifle pronto para subsanar cualquier fallo. Cela *Viaje andaluz* 126: En Jaén hay, mezclándose con el jaranero Jaén del dinero pronto y el copeo a la caída de la tarde, un Jaén artesano y sosegado. Hoyo *Glorieta* 33: La tarde es un piar constante de pájaros, un revoloteo infantil, una pronta lana materna.
4 Arrebatado o vehemente. I D. Gálvez *Rev* 12.70, 13: El cholo que la trabaja, con su mezcla de razas, es de índole revoltosa y pronto de genio. Arce *Precio* 94: Le sospeché cansado de aquella alegría un tanto pueril y pronta de Chano.
5 [Moda] prêt-à-porter. I *Ya* 16.2.84, 15: Se necesita señorita de 17 o 18 años para moda pronto.
II *m* **6** Arrebato o movimiento repentino del ánimo. I Cela *Judíos* 77: ¡No, hombre; el que le tiene que pedir perdón a usted soy yo! A veces, uno tiene un pronto algo brusco. MGaite *Nubosidad* 35: Hoy me ha dado el pronto por dibujar.

prontosil – propaganda

III *adv* **7** En un plazo breve. | Benet *Nunca* 14: La Escuela empezó a aburrirnos pronto.
8 En un momento o en un tiempo anterior al habitual, al debido o al esperado. | Hoyo *Glorieta* 34: Siempre le tocó demasiado pronto lo malo. **b)** *En el pred de una or cualitativa, se sustantiva:* Momento o tiempo anterior al habitual, al debido o al esperado. | * No te vayas; es pronto todavía.
9 al ~. En el primer momento. *Tb* DE ~. | Mihura *Maribel* 20: –¿Y nosotras, qué le parecemos? –Pues qué sé yo... Así al pronto... Laforet *Mujer* 256: Luisa no entendía al pronto. Cuando entendió se quedó helada. Torrente *Fragmentos* 253: No entendí, de pronto, el chiste de don Felipe Segundo.
10 de ~. De repente. | Cunqueiro *Un hombre* 13: –Tú eres extranjero, ¿no? –preguntó el mendigo, serio de pronto.
11 más ~ o más tarde. Tarde o temprano. | * Más pronto o más tarde, volverá.
12 por lo ~, *o* **por de ~.** Por el momento o para empezar. | Laín *Universidad* 146: Los estudiantes de los últimos años son, por lo pronto, jóvenes que quieren ingresar en la existencia histórica. Delibes *Mundos* 163: Por de pronto, el tinerfeño .. ha hecho verdaderos milagros en el campo.
13 tan ~ ... como ..., *o* **tan ~ ... tan ~ ...** → TANTO.
IV *loc conj* **14 tan ~ como**, **tan ~ ~** → TANTO.

prontosil (*n comercial registrado*) *m* Primera sulfamida conocida, utilizada como poderoso bactericida. | *Antibióticos* 18: En 1923, un químico de Düsseldorf llamado Förster .. elaboró un producto rojo de enorme resistencia y adaptabilidad: el prontosil. Nolla *Salud* 238: Antes de 1935, año en que Domagk introdujo el prontosil, la primera sulfamida utilizada en terapéutica, la cifra de mortalidad por neumonía .. era de 55,4 por 100.000.

prontuario *m* Resumen de las reglas [de una ciencia o arte]. | *Abc* 22.10.67, 38: Recibe gratis todo el material necesario para montar un moderno televisor ..., y además diccionarios, esquemas, prontuarios que harán más fácil su labor.

pronúcleo *m* (*Biol*) Núcleo haploide de un gameto masculino o femenino antes de la fecundación. | B. Cía *TMé* 26.11.82, 22: El mencionado proceso sigue los pasos de capacitación del espermatozoide, penetración de la zona pelúcida, fusión de los gametos, formación de los pronúcleos y, por último, la fusión de estos.

pronunciación *f* **1** Acción de pronunciar [1]. | Blecua *Lengua* 23: También podrían definirse [las consonantes] como los sonidos que tienen necesidad de algún otro para su pronunciación.
2 Manera de pronunciar [1]. | Ortega *Americanos* 59: –Yes. I do –contestó, esforzándose en conseguir una pronunciación absolutamente correcta.

pronunciadamente *adv* De manera pronunciada [2]. | *ByN* 2.10.76, 12: Es a los más modestos ahorradores del país a los que más pronunciadamente ha perjudicado este movimiento bajista.

pronunciado -da *adj* **1** *part* → PRONUNCIAR.
2 [Cosa] acusada o marcada. | Bustinza-Mascaró *Ciencias* 163: El abdomen .. está unido al cefalotórax por un estrechamiento muy pronunciado.

pronunciador -ra *adj* Que pronuncia [1 y 2]. *Tb n, referido a pers.* | Torrente *Sombras* 203: Agatha Christie, también muda hasta entonces, o quizá no tan muda si bien pronunciadora de palabras al margen de la acción .., dijo entonces con bastante claridad: "¡No es usted un caballero!".

pronunciamiento *m* **1** Acción de pronunciar(se) [2b y 4]. *Frec su efecto.* | *Van* 20.12.70, 25: Un acusado tiene el derecho a esperar el pronunciamiento de una sentencia en un período de tiempo razonable. Delibes *Año* 108: La sentencia de Burgos .. me ha angustiado. Todavía faltan, es cierto, el pronunciamiento del capitán general y el derecho de gracia del Jefe del Estado. L. Contreras *Mun* 5.12.70, 9: Esta crónica .. no recoge el último pronunciamiento de la ponencia –todavía viuda de Suárez–. Pero sí puede referirse a lo que don Fernando Herrero Tejedor anunció, poco antes, como miembro de aquella. **b)** (*Der*) Resolución de las varias que comprende una sentencia o decisión judicial. *Tb fig, fuera del ámbito legal.* | *Caso* 14.11.70, 19: Confirmamos, por otra parte, el resto de los pronunciamientos de la sentencia impugnada en lo referente a la indemnización. Delibes *Madera* 59: Mamá Zita y papá Telmo se casaron en Santa Brígida con todos los pronunciamientos favorables.
2 Sublevación, promovida por su jefe, de una fracción del ejército contra el gobierno. | Vicens *Polis* 434: En Cabezas de San Juan, Andalucía, se sublevaron los jefes del ejército que se disponía a pasar a América .. El pronunciamiento de Riego triunfó.
3 Cualidad de pronunciado [2]. | Ybarra-Cabetas *Ciencias* 428: Perfil de la cara. Depende este, en el esqueleto, del mayor o menor pronunciamiento de la mandíbula superior.

pronunciar (*conjug* **1a**) **A** *tr* **1** Realizar [un sonido o conjunto de sonidos del lenguaje]. | Lapesa *HLengua* 326: El tipo extremo y más característico es la *s* predorsal, que se pronuncia con la lengua convexa y el ápice en los incisivos inferiores. Cunqueiro *Un hombre* 21: Por lo bien que pronunciaba los nombres extranjeros lo puso Egisto el primero en la sucesión para la Oficina de forasteros. **b)** Realizar el sonido o conjunto de sonidos correspondiente [a un signo escrito (*cd*)]. | * ¿Cómo se pronuncia esto que pone aquí el periódico? **c)** Articular los sonidos [de una lengua (*cd*)]. | Amorós-Mayoral *Lengua* 6: Algunas gentes siguieron hablando sus propias lenguas. Pero la mayoría hablaron las dos [el latín y la lengua indígena], aunque no pronunciasen el latín con toda perfección.
2 Emitir oralmente [un discurso, una frase o una palabra]. | *Alc* 1.1.55, 3: Su Excelencia el Jefe del Estado pronunció anoche .. el siguiente mensaje de fin de año. Medio *Bibiana* 116: Bibiana no se hubiera atrevido a pronunciar la palabra. **b)** Emitir o dar a conocer [una sentencia]. | CBaroja *Inquisidor* 60: Tampoco [demostraron mucha cordura] los que después pronunciaron sentencia contra el protonotario de Aragón.
3 Hacer pronunciada o acusada [una cosa]. | *Abc* 19.9.76, 23: La pocería, arquetas y pozos de registro inspeccionados no presentan ningún problema, aunque sí aconsejamos se repasen los fondos de los mismos, pronunciando las pendientes. **b)** *pr* Hacerse pronunciada o acusada [una cosa]. | Ybarra-Cabetas *Ciencias* 113: Las curvas se pronuncian cada vez más, aproximando sus vientres hasta que, por fin, el meandro se corta.
B *intr pr* **4** Manifestar [alguien] su opinión o su postura [sobre un asunto que se debate]. *Tb sin compl. Tb fig.* | Cela *Viaje andaluz* 49: Sobre estos temas .. el vagabundo, percatándose de que no es quién para hacerlo, prefiere no pronunciarse. Halcón *Manuela* 19: Ninguno .. se atrevió a pronunciarse ni a favor ni en contra. *Faro* 2.8.85, 33: Las sentencias anteriores no se pronunciaban sobre una posible vulneración sobre el derecho a la libertad de expresión.
5 Iniciar un pronunciamiento [2]. | Cierva *Triángulo* 244: Rogaba el ministro-presidente a Zurbano que no se pronunciase, porque el esparterismo seguía muy verde y tal gesto solo podría provocar una catástrofe sangrienta.

pronuncio *m* (*Rel catól*) Eclesiástico que ejerce transitoriamente las funciones de nuncio. | *Ya* 28.10.70, 19: Pablo VI nombra a monseñor Cassidy pronuncio apostólico en Formosa.

propagación *f* Acción de propagar(se). | Ybarra-Cabetas *Ciencias* 242: Las esporas son .. medio de propagación en condiciones favorables de vida. Este medio de reproducción es el más corriente en los hongos. Arenaza-Gastaminza *Historia* 60: Propagación del cristianismo. Bustinza-Mascaró *Ciencias* 210: Intervienen también [los ratones y ratas] en la propagación de la triquinosis a los cerdos. Mingarro *Física* 78: *u* es la velocidad de propagación de la perturbación a lo largo de la cuerda.

propagador -ra *adj* Que propaga. *Tb n, referido a pers.* | Villapún *Iglesia* 44: Los propagadores de esta religión fueron doce rudos pescadores. L. FSevilla *Abc* 22.10.67, 28: La mosca, la terrible mosca, propagadora de enfermedades, .. pasaba a ser solo un recuerdo.

propaganda I *f* **1** Acción de dar a conocer algo, para atraer adeptos o compradores. *Esp referido a ideas.* | Medio *Bibiana* 78: Parece que está hablando ante un micrófono, cara al público, en una emisión de propaganda. Todo mecánico, .. dicho con la entonación precisa y amanerada de la publicidad.
2 Conjunto de mensajes de propaganda [1], o de los medios en que se divulgan. | *Ya* 2.10.74, 20: Dos activistas de la E.T.A., detenidos en Guipúzcoa .. Se les ha intervenido en

sus domicilios numerosa propaganda subversiva. Marsé *Amante* 68: El buzón rebosaba de propaganda, y Marés la tiró al suelo.
II *loc v* **3 hacer ~** [de o a alguien o algo]. Ponderar públicamente sus virtudes. | J. Carabias *Ya* 22.6.74, 8: La Asociación de la Prensa confeccionó el "cartel de los valientes". Así lo dijimos muchos, y todo el mundo pudo ver que la propaganda que les hicimos en los periódicos no era una propaganda engañosa. * Te hizo una propaganda increíble.

propagandismo *m* Tendencia a la propaganda [1]. | Falete *Cod* 1.9.74, 20: ¡El "Venga" tiene que bailarle el agua a los monstruos rinocorvos que medran en Wall Street! .. ¡El virus del propagandismo, del triunfalismo, del topiquismo y del guarismo de doble sentido!

propagandista *m y f* Pers. que hace propaganda, esp. ideológica. | CBaroja *Inquisidor* 39: A ello contribuyen bastantes relatos de personas penitenciadas, de propagandistas protestantes y judíos. *Día* 26.9.75, 26: No hacemos propaganda; Vd. nos visita y será nuestro propagandista. Nuestros precios harán que nos visite con frecuencia.

propagandísticamente *adv* De manera propagandística. | *Abc* 4.8.72, 17: No dar oportunidad y gusto a Hanoi de que se utilice la plataforma de la Conferencia para intentar segarle propagandísticamente a Nixon la hierba debajo de los pies durante la campaña electoral.

propagandístico -ca *adj* De (la) propaganda. | Torrente *Off-side* 526: Hay algo de ardid propagandístico en todo esto, como puedes sospechar. Yo no estoy dispuesto a ser el genio ignorado durante un siglo. Laiglesia *Tachado* 48: La misión de Wolf .. había consistido en atraer turistas del mundo entero. Para conseguirlo dirigió la edición de folletos y carteles propagandísticos.

propagar *tr* **1** Multiplicar por reproducción. | * Propagar la especie. **b)** *pr* Multiplicarse por reproducción. | * Es una planta que se propaga rápidamente.
2 Hacer que [algo (*cd*), esp. una idea] sea conocido y aceptado por muchas perss. en distintos lugares. | Tejedor *Arte* 61: Sus sucesores restauran y propagan el Cristianismo. **b)** *pr* Pasar [algo] a ser conocido y aceptado por muchas perss. en distintos lugares. | Arenaza-Gastaminza *Historia* 60: La nueva doctrina se propagó rápidamente por Asia Menor, Grecia, Roma y el Occidente.
3 Hacer que [algo (*cd*)] se extienda o llegue a sitios distintos de aquel en que se produce. | CNavarro *Perros* 16: Llegaba .. la música escandalosamente propagada por los altavoces. CNavarro *Perros* 152: Los apliques de luz daban una tonalidad rosácea, y los espejos la propagaban sobre las caras de las parejas. **b)** *pr* Extenderse o llegar [algo] a sitios distintos de aquel en que se produce. | Marcos-Martínez *Física* 58: El sonido no se propaga en el vacío.

propágulo *m* (*Bot*) Parte que sirve para multiplicar vegetativamente una planta. | Delibes *Parábola* 124: Las rosetas foliares alumbran docenas de propágulos a manera de estolones.

propalación *f* Acción de propalar. | *Mun* 23.5.70, 22: La declaración del Tribunal Supremo por la que se reconoce competente para juzgar el caso "Matesa" ha contribuido también a la propalación de rumores.

propalador -ra *adj* Que propala. *Tb n, referido a pers.* | SRobles *Van* 16.10.70, 45: Yo, que fui constante habitante de Arenys, .. propalador de sus magias y de los efectos líricos de estas magias en los escenarios arenyenses, hace dos años no acudo al paraíso .. con la frecuencia acostumbrada.

propalar *tr* Divulgar [algo secreto o poco conocido]. | Laforet *Mujer* 160: ¡Seguir propalando la calumnia contra esta criatura inocente...!

propanal *m* (*Quím*) Aldehído derivado del propano. | Aleixandre *Química* 165: Los aldehídos se designan con el nombre del hidrocarburo de que derivan, terminando en *al*. Por ejemplo: .. etanal, .. propanal.

propano *m* (*Quím*) Hidrocarburo saturado gaseoso derivado del petróleo y empleado como combustible. | *HLM* 26.10.70, 8: Propano, energía cómoda y eficaz, para satisfacer a un mismo tiempo los más diversos usos: Cocina. Agua caliente. Calefacción.

propanoico *adj* (*Quím*) [Ácido] propiónico. | Marcos-Martínez *Física* 302: Ácido propanoico.

propanona *f* (*Quím*) Acetona. | Aleixandre *Química* 168: El término más importante es la propanona o acetona .., que se obtiene en la industria de la destilación de la madera.

propanotriol *m* (*Quím*) Glicerina. | Navarro *Biología* 17: Grasas. Se originan por la acción de una molécula de glicerina o propanotriol .. con tres moléculas de un ácido graso.

proparoxitonismo *m* (*Fon*) Condición de proparoxítono. | Academia *Esbozo* 82: En contraste con el proparoxitonismo de las formaciones griegas en -*sis*.

proparoxítono -na *adj* (*Fon*) Esdrújulo. *Tb n m.* | Lorenzo *Español* 195: Hemos tenido la impresión de que [José Camón Aznar] tratara de compensar la oxitonía de su nombre con proparoxítonos o esdrújulos que restauraran el ritmo normal del español. Quilis *Métrica* 23: Verso proparoxítono, cuando la última sílaba acentuada es la antepenúltima del verso.

propasarse *intr pr* **1** Excederse de lo razonable en lo que se hace o se dice. | GNuño *Escultura* 41: Pero el aprendizaje no quiso propasarse a más, y nuestros antepasados procuraron evitar que el espíritu de sus obras resultara mera traslación de originales extraños.
2 Tomarse excesivas confianzas [con alguien]. *Referido a la relación hombre-mujer, esp en el aspecto sexual. Frec sin compl.* | *Caso* 14.11.70, 11: Las sigue [a las niñas] y trata de ligar conversación con ellas, pero sin propasarse nunca, tan solo alguna obscenidad o alguna vergonzante proposición.

propedéuticamente *adv* De manera propedéutica. | Aguirre *Aranda* 22: Rafael Olaechea .. no tiene empacho alguno en repetirse acerca de estos asuntos, antes por el contrario se complace en hacerlo propedéuticamente.

propedéutico -ca I *adj* **1** De (la) propedéutica [2]. | F. GEsquiva *Abc* 13.9.75, sn: Véome en la necesidad primeramente de aludir –no sin ciertas y modestas intenciones propedéuticas– [a] la importancia de los poderes extrasensoriales del mundo animal.
II *f* **2** Enseñanza preparatoria para estudios superiores o más profundos. | ZVicente *Balcón* 14: La voz pertenece a doña Angustias Gil y Castelvillier, profesora titular por oposición en la Escuela Normal Técnica (Propedéutica universitaria, Primer ciclo, Plan antiguo). Torrente *SAbc* 1.10.83, III: *Los ojos con mucha noche*, dijo Góngora de Medoro, y ya está, ya no hay nada que decir, que lo discuta quien pueda, que para esa clase de conocimientos las propedéuticas son complejas y, sobre todo, inseguras.

propelente *adj* [Gas] que sirve para expulsar el líquido de un aerosol. *Tb n m.* | GTelefónica *N.* 916: Kali. Chemie Ibérica, S.A. Productos químicos. Gases propelentes. *Van* 19.6.75, 4: Frigen, un producto de gran versatilidad que se utiliza tanto como propelente en los aerosoles (sprays) como en las instalaciones de climatización de los aviones.

propender *intr* Tender o inclinarse [a algo (*compl* A o, *raro,* HACIA)]. | Cela *Pirineo* 89: El viajero, que propende a la holganza y a la contemplación, se sienta a la vera del camino. Lapesa *HLengua* 53: El latín vulgar propendía a una marcha en que las palabras se sucedieran con arreglo a una progresiva determinación. Bueno *Tri* 26.12.70, 12: Todos estos debates sobre temas de "lingüística no lingüística" propenden mucho más hacia la "cuestión alfa" de lo que podían haber sido como metacienica de la "lingüística-lingüística".

propeno *m* (*Quím*) Propileno. | Aleixandre *Química* 221: Se quiere obtener propino a partir de propeno. Indíquese el camino a seguir.

propensión *f* Inclinación o tendencia. | R. Saladrigas *Des* 12.9.70, 28: Francisco Umbral es de estatura elevada y tiene cierta propensión a dejarse ir adelante. Prados *Sistema* 205: Otro de los coeficientes de gran importancia en la política monetaria es el que se denomina la "propensión a ahorrar".

propenso -sa *adj* Que tiene propensión o tendencia [a algo]. | A. Pujol *Caso* 21.11.70, 11: Discutió con Evaristo Erra Sánchez, persona propensa a toda clase de disputas. *DBu* 10.6.64, 6: Las plantas enfermas de "amarillez" son más propensas que las sanas a padecer enfermedades causadas por hongos.

propergol *m* (*Quím*) Sustancia o conjunto de sustancias que, al reaccionar en una cámara de combustión, producen la energía necesaria para la autopropulsión de cohetes. | P. Rodrigo *Mad* 23.12.70, 16: Imaginen que no son los Estados Unidos .., sino un país sin tanto dinero .., y, dentro de él, un modesto grupo de artesanos locales (un mecánico, un doctor especialista en propergoles, un fontanero ..), quienes intentan poner en órbita una nave espacial.

propi (*col*) **I** *f* **1** Propina. | MSantos *Tiempo* 33: El difunto Don Manolo nunca dio propi pero le enseñó mucho. ZVicente *Traque* 42: Allí trabaja uno de mi pueblo en el mostrador, y está su mujer en los servicios, que vaya propis que saca.
II *loc adv* **2 de ~.** De propina o por añadidura. | ZVicente *Mesa* 83: Este que, de propi, es educado y fino y tal, vaya bicoca que se ha encontrado.

propiamente *adv* **1** De manera propia [3, 4 y 5]. | Alvarado *Biología* 12: Las hormonas propiamente dichas son las elaboradas por las glándulas endocrinas o de secreción interna de los animales, así llamadas porque la secreción la vierten a la sangre. **b)** Hablando con exactitud. | SAbc 16.3.69, 17: El gran escritor y periodista, que tan bien conocía al humorista inolvidable, no ha puesto propiamente un prólogo al libro, sino que ha escrito un riente, sagaz, profundo .. prólogo.
2 Precisamente. | * Hizo propiamente lo contrario.

propiciación *f* Acción de propiciar [1]. | R. Roquer *Van* 11.4.71, 22: Regeneración, reconciliación y propiciación, podemos conseguirlas si el impulso renovador del misterio pascual empapa y transfigura nuestra existencia. **b)** Sacrificio ofrecido para propiciar a la divinidad. *Tb fig.* | RSanterbás *Tri* 11.4.70, 20: Deberá [el torero] cumplir ordenadamente todas las normas rituales del holocausto. Y la asamblea asistente a la propiciación juzgará sin paliativos de qué modo se han cumplido esas normas.

propiciador -ra *adj* Que propicia. *Tb n, referido a pers.* | Cela *Inf* 29.8.75, 14: Frecuenta [el demonio] los bailes y los pasajes umbríos y propiciadores del soben para animar a los jóvenes a acceder a la caldera hirviente. *País* 27.8.78, 6: Sería .. un Papa atento a la Iglesia y a los problemas del Tercer Mundo, inflexible con los poderosos, pero propiciador de la coexistencia pacífica.

propiciamiento *m* Acción de propiciar [2]. | Ussía *Abc* 7.2.87, 12: El período álgido de la transición, marcado por el propiciamiento interesado de la derecha, con .. sus móviles programáticos obsoletos, nos hac[e] ver que han sido superados en este lustro de Administración socialista.

propiciar (*conjug* **1a**) *tr* **1** Hacer propicio [a alguien (*cd*)]. | Vicent *País* 17.3.87, 72: Culturas distintas elevan la misma hoguera. Unas se prenden para propiciar a los dioses, otras para realizar un simulacro de purificación.
2 Favorecer [algo]. | Tomás *Orilla* 218: Levantó la cabeza hacia el tragaluz .. Estaba excesivamente alto, el marco era demasiado estrecho y no conducía a ningún lugar que propiciara la huida.

propiciatoriamente *adv* De manera propiciatoria. | J. D. Mena *Abc* 23.8.66, 15: El Rey Alfonso XI pereciendo propiciatoriamente víctima de la peste que asolaba al Ejército.

propiciatorio -ria I *adj* **1** Que sirve para propiciar. | *Des* 12.9.70, 3: En mi juventud también fui víctima propiciatoria de los plumíferos de relumbrón. Gamallo *MHi* 12.70, 22: Supuso un decisivo refuerzo para De la Puente y Apecechea, para sus nobles ansias propiciatorias del alumbramiento de nuevas Academias ultramarinas.
II *m* **2** (*hist*) Lámina cuadrada de oro situada sobre el arca de la alianza. | Peña-Useros *Mesías* 81: El Arca de la Alianza era .. una especie de caja riquísima .. Encima de la tapa estaba el propiciatorio, desde donde Dios hablaba.

propicio -cia *adj* **1** [Pers.] favorable o bien dispuesta. *Frec con un compl* A; *o en la constr* SER ~ [a alguien], *con ci.* | Ribera *Misal* 133: Os suplicamos, pues, Señor, que os dignéis admitir propicio esta ofrenda de nuestro homenaje. Laforet *Mujer* 212: Él la había prostituido. Es cierto que Paloma estaba propicia .. Pero Julián la había convencido. Miret *Tri* 26.12.70, 14: La mayoría [de los sacerdotes] .. están en España propicios a reflexionar sobre las nuevas corrientes teológicas.
2 [Cosa, esp. circunstancia] favorable o adecuada. *Frec con un compl* A *o* PARA. | VMontalbán *Pájaros* 10: El contento por la noche propicia esperada le hacía remirar pared por pared. Laforet *Mujer* 88: Llevaba una vida propicia a enloquecer. VMontalbán *Pájaros* 19: Hacen de Pueblo Nuevo un barrio húmedo y propicio para vegetaciones espontáneas de sus patios y solares abandonados.

propiedad I *f* **1** Cualidad de propio [3, 4, 5 y 6]. | *BOE* 22.1.65, 1257: El orden de las palabras en la frase .. Pureza y propiedad del lenguaje. * Es admirable la propiedad del retrato.
2 Cualidad propia [3] [de alguien o algo]. | Marcos-Martínez *Aritmética* 28: Propiedades de la sustracción. 1ª La sustracción de números naturales no siempre es posible .. 2ª La sustracción no es una operación conmutativa. Zeda *Ya* 15.10.67, sn: Una bebida, producto o preparación que, reuniendo las propiedades de las frutas útiles, carezca de los inconvenientes de las frutas contraindicadas.
3 Derecho de usar o disponer libremente [de algo o de alguien] o de ocupar vitaliciamente [un puesto (*compl de posesión*)] sin más limitaciones que las legales. | Villapún *Moral* 120: El derecho de propiedad hace al hombre más trabajador y más activo .. La propiedad de una cosa se puede adquirir principalmente: Por ocupación. Por hallazgo. Accesión. Prescripción.
4 Cosa sobre la que [alguien (*compl de posesión*)] tiene derecho de propiedad [3]. | J. Ezcurra *HLA* 6.10.75, 8: La iglesia propiedad de los PP. Capuchinos ha sido vendida a una inmobiliaria de Madrid. **b)** Finca o conjunto de fincas que tienen un propietario. *Frec en pl.* | Ortega-Roig *País* 82: El reparto de la propiedad .. perjudica a la agricultura española en grandes regiones. En la mayor parte de Galicia y Castilla la Vieja, la propiedad es tan pequeña que apenas produce para la alimentación de la familia. GPavón *Hermanas* 29: La señora vivía en Madrid desde mucho antes de la guerra, pero tenía propiedades en Tomelloso.
5 la ~. El propietario. | Halcón *Ir* 98: Este guarda está puesto por la propiedad, o sea, el patronato del asilo.
II *loc adv* **6 en ~.** Como titular o propietario. | CBaroja *Inquisidor* 20: Como colegial, ya lee en escuelas y desempeña cátedras, en propiedad o acumuladas.

propietario -ria *adj* Que tiene la propiedad [3] [de algo o de alguien]. *Frec n, referido a pers.* | SLuis *Doctrina* 100: Donación: cuando el propietario nos cede su derecho a una cosa (nos la regala). *Abc* 26.12.93, 10: Un grupo de fondos de inversión extranjeros liderados por Mercapital firmarán antes de fin de año el precontrato de venta del 85 por 100 del capital del Parque de Atracciones de Madrid a la constructora OCP (antigua Ocisa), propietaria de un 65 por 100 del capital. **b)** [Pers.] que tiene la propiedad [de una o varias fincas]. *Frec n. Frec sin compl.* | Laforet *Mujer* 109: Los paredones del castillo tuvieron un encanto especial para Antonio .. Sintió orgullo de propietario al mirarlos.

propilenglicol *m* (*Quím*) Líquido viscoso derivado del propileno, usado esp. como anticongelante y disolvente. | *BOE* 12.4.69, 5381: Se concede a la firma "Sociedad Italo Española de Resinas, S.A." (SIERSA) el régimen de reposición con franquicia arancelaria para la importación de anhídridos maleico y ftálico, propilenglicol y estabilizante a la luz.

propileno *m* (*Quím*) Hidrocarburo gaseoso e incoloro que se obtiene en la refinación del petróleo y es usado para la sintetización de numerosos compuestos. | V. Moreno *Rev* 7/8.70, 7: Partiendo de compuestos químicamente sencillos, como el etileno, propileno, butadieno y cloruro de vinilo, el hombre ha logrado sintetizar materiales con características muy variadas de elasticidad.

propileo *m* (*hist*) Pórtico de entrada a un templo u otro edificio suntuoso. | Tejedor *Arte* 21: Presentaban [los palacios persas] colosales pórticos o propileos, en cuyas puertas había grandes toros alados.

propina I *f* **1** Gratificación voluntaria por un servicio o favor. | CNavarro *Perros* 49: Cogió el cambio, y dio unas pesetas de propina.

2 Cosa que se da voluntariamente por encima de lo establecido o esperado. | Alfonso *España* 171: Tantos prodigios técnicos y tan grandes dificultades humanas .. vienen a suponer para los viejos una propina, una conquista póstuma. Delibes *Cazador* 106: Tocó esta tarde .. la Orquesta Municipal .. Había buena gente y se aplaudió de verdad. Al final dieron cuatro propinas.
3 (*col*) Cantidad de dinero que se da a un niño para sus gastos. | Delibes *Príncipe* 52: Mamá se agachó y adoptó una actitud de extrema energía. –No os lo digo más veces, ¿me oís? –dijo–. A la próxima os quedáis sin propina. Umbral *Memorias* 135: Con los estudios avanzados, con un empleo, incluso, seguíamos dependiendo de la propina.
II *loc adv* **4 de ~.** Por añadidura. | ZVicente *Traque* 245: A lo mejor anda por ahí un energúmeno de esos que me pide responsabilidades por haber sido algo sin carrera, sin méritos de guerra y, de propina, cojo.

propinación *f* (*Med*) Acción de propinar [2]. | F. Martino *Ya* 10.6.73, 45: Al suprimirse la secreción la piel se ennegrece, y la propinación de cortisona tiende a hacer que no trabaje "in toto" la glándula en cuestión.

propinar *tr* **1** Dar o pegar [un golpe]. *Tb fig* (*humoríst*). | Delibes *Parábola* 71: Don Abdón propinó un puntapié a la perra. * Le propinó un par de besos.
2 (*Med*) Administrar [un medicamento]. *Tb fig* (*humoríst*). | F. Martino *Ya* 10.6.73, 45: Otro efecto indeseable [de la cortisona], que denota las más de las veces se está propinando una dosis fuerte, es el cambio de coloración de la piel, que tiende a ennegrecerse. J. M. Amilibia *Pue* 20.10.70, 14: ¡Ah, el catarro! También hay quien arrima el ascua a la sardina de su comodidad y aprovecha la coyuntura microbial para propinarse unos días de "relax".
3 (*reg*) Dar propina [a alguien (*cd*)]. | Cunqueiro *Un hombre* 49: No me propinaba en mano, sino dejando los reales debajo de la almohada.

propincuidad *f* (*lit*) Cualidad de propincuo. | Miguel *Mad* 22.12.69, 12: No es casual .. la folklórica propincuidad de reclutas y chachas.

propincuo -cua *adj* (*lit*) Cercano o próximo. | Torrente *Off-side* 303: Cierta clara leyenda aclara lo referente a las costumbres de "Marujita" y a las prácticas que se le atribuyen, en un solar propincuo, con un mancebo de botica. RPeña *Hospitales* 35: Si bien parece ser lo deja todo en manos del Obispo y Cabildo, a su sucesor más propincuo al que encarga de velar por la institución.

propino *m* (*Quím*) Hidrocarburo acetilénico derivado del propileno. | Aleixandre *Química* 221: Se quiere obtener propino a partir de propeno. Indíquese el camino a seguir.

propio -pia I *adj* **1** Mismo. *Gralm precediendo al n y con art* EL *o un posesivo. A veces con intención enfática.* | Valdeavellano *Burguesía* 43: Al propio tiempo, la Sociedad de la Alta Edad Media .. se caracteriza también por la multiplicación y generalización de los vínculos de dependencia. Matute *Memoria* 14: Mi propio cabello .. resaltaba oscuramente contra mi hombro. * Conocerse a sí propio no es fácil. **b)** *Tb sustantivado con el art* LO. | Villapún *Iglesia* 11: Los demás Apóstoles hicieron lo propio, dispersándose por diversas partes.
2 De la misma pers. o cosa de que se habla. *A veces con intención enfática reiterando la propiedad ya enunciada por un posesivo.* | R. SOcaña *Inf* 7.9.70, 12: Un hijo propio que llora, molesta, sin duda alguna. *Alc* 1.1.55, 3: Una información directa, de primera mano, a través de sus propios enviados. **b)** Que se posee en propiedad. | * El piso en el que vive no es propio sino alquilado. *TMé* 6.1.84, 21: Médico ecografista, con ecógrafo propio, ofrece sus servicios de ecografías. **c)** [Amor] ~ → AMOR.
3 Característico [de una pers. o cosa], o que se produce [en ella (*compl* DE)] con más frecuencia o intensidad que en otras. *A veces sin n compl, en la constr* SERLE ~. | Laforet *Mujer* 163: Le molestaban [a Julián] de cuando en cuando los dichosos granos propios de su edad. Castilla *Alienación* 14: Lo que caracteriza a la alienación es el hecho .. de hacer de ese hombre que está alienado un hombre distinto, alguien que no es el que es, porque no hace lo que le es propio. **b)** (*Gram*) [Nombre] que designa a un ser sin atender a sus características y con la intención de distinguirlo entre los otros de su especie. | Academia *Esbozo* 188: El uso normal de los nombres propios de persona y de los apellidos constituye un modo de mención muy diferente del que realizan los nombres apelativos.
4 *Se aplica a determinados ns para indicar que expresan su concepto esencial o normal.* | Academia *Esbozo* 170: Los llamados prefijos no son siempre morfemas trabados. No lo son las preposiciones propias, es decir, las que pueden entrar en la formación del verbo y al mismo tiempo regir nombres o pronombres, como *con*. **b)** [Sentido o significado] normal u original [de una palabra o locución]. *Se opone a* FIGURADO. | M. S. Salcedo *SCór* 1.8.93, XX: En el francés clásico ["ragoût"] designaba, en sentido absolutamente propio, "todo lo que abre el apetito", y en sentido figurado, "todo lo que despierta interés". **c)** (*Mat*) [Fracción o quebrado] cuyo numerador es inferior al denominador. | Marcos-Martínez *Aritmética* 68: Las fracciones propias son menores que la unidad.
5 Adecuado o apto [para algo]. | CBaroja *Inquisidor* 59: Nadie diría que de aquella mansión, propia para extasiar a don José Pereda, pudo salir semejante figura. **b)** (*col*) Acertado u oportuno. | Benet *Nunca* 63: Admirable, admirable. Muy propio.
6 (*pop*) [Pers. o cosa] representada o fotografiada con mucha fidelidad o realismo. *Frec como predicat con* ESTAR, SALIR *o* QUEDAR. | GPavón *Reinado* 61: ¿A que ha salido muy propio? [*En una fotografía*]. **b)** [Imagen] que representa a una pers. o cosa con mucha fidelidad o realismo. | ZVicente *Traque* 162: Encima de todo colocó un muñequito vestido de legionario .., con gorro y la bandera nacional. Estaba la mar de propio. Diosdado *Anillos* 2, 124: Va a quedar muy propia, muy propia .. ¿Cuándo quieren los señores que se la traiga [la fotografía]?
7 [Cura] en propiedad [de una parroquia]. | Halcón *Manuela* 16: Cuando la enfermedad le atenazaba .. llamó al único pariente cercano, sobrino carnal, .. cura propio de una parroquia lejana.
8 (*Astron*) [Movimiento] independiente del de la Tierra y de la aberración astronómica. | Marcos-Martínez *Matemáticas* 237: Al mismo tiempo que tiene el Sol este movimiento propio sobre la esfera celeste, es arrastrado por esta, es decir, participa del movimiento diurno.
II *m* **9** Mensajero. *Frec con intención humoríst.* | Delibes *Guerras* 187: –Y ¿cómo te enteraste? –Por un propio, ¿entiende? O sea, una mañana me llamaron a jueces, y un mandado me dijo que no, que la Sala no se había tragado lo de loco.
10 (*Filos*) Concepto universal que expresa una cualidad que no es esencial pero que acompaña siempre a la esencia. | Gambra *Filosofía* 39: Especie, género, diferencia, propio y accidente son, pues, los predicables o modos lógicos de atribución.
11 (*hist*) Terreno u otro bien público [de una población]. *Gralm en pl y en la loc* DE ~S. | Bermejo *Estudios* 52: Han surgido a su lado otros oficios de mayor relevancia institucional. Tal es el caso del mayordomo y receptor de los bienes y propios del concejo. Mercader-DOrtiz *HEspaña* 4, 18: La mayoría de las villas y los pueblos poseían bienes de propios, gracias a los cuales podían hacer frente a los dispendios públicos del concejo o Ayuntamiento. T. HHernández *Castronuño* 5: Se calificó "por escrito" [el predio] .. como bien de propios del Ayuntamiento.
12 ~s y extraños. (*lit*) Los de casa y los de fuera. | DPlaja *El español* 109: La censura .. no ha permitido enturbiar con ironías el que debe ser perfecto estado de la nación ante propios y extraños.
III *loc adv* **13 de ~.** (*raro*) Expresa o intencionadamente. | *D16* 4.7.85, 29: También había gente tan curiosa como un niño de unos ocho o nueve años, su madre y su abuelo, que habían venido de propio desde Reus a ver el circo.

propioceptor *m* (*Fisiol*) Receptor interno que informa sobre los movimientos del propio cuerpo. | Rábade-Benavente *Filosofía* 50: Dentro de estos sentidos internos aún cabría distinguir dos grupos: los propioceptores y los interoceptores. Los primeros comprenden una serie de receptores situados en los músculos, articulaciones y oído interno; su misión es informar al sujeto de sus movimientos, equilibrio, etc.

propiónico *adj* (*Quím*) [Ácido] saturado presente en la leche, usado frec. para evitar el enmohecimiento del pan. | *Ya* 18.5.75, 43: El fenoprofen, sal de sodio de DL-2, ácido

propóleo – proposición

propiónico, pertenece a un grupo de sustancias que en los estudios en animales ha demostrado tener cualidades analgésicas, antiinflamatorias y antipiréticas.

propóleo (*tb* **propóleos**) *m* (*E*) Sustancia resinosa o gomosa que las abejas recogen de algunos árboles y que utilizan para tapar grietas o agujeros o tapizar las paredes de la colmena. | Bustinza-Mascaró *Ciencias* 139: Las sustancias resinosas (propóleo) sirven para pegar los panales, tapar rendijas, etc. D. Frades *Hoy* 30.7.75, 12: Queda por generalizarse la extracción de polen, jalea real, propóleos, cera.

proponente *adj* [Pers.] que propone [1 y 2]. *Tb n.* | *Van* 4.11.62, 3: Si Ud. conoce algún caso digno de ser premiado, escríbalo a Almacenes Jorba, Barcelona .. Debe constar: Nombre y dirección del proponente. Nombre y dirección del candidato.

proponer (*conjug* 21) *tr* ➤ **a** *normal* **1** Exponer o manifestar [algo a alguien] con intención de que lo acepte. | Laforet *Mujer* 326: Concha y Rafael habían propuesto a Paulina darle un paseo en coche. **b)** Manifestar el deseo de que [alguien (*cd*)] sea elegido [para un puesto, un premio o algo similar]. | *Inf* 26.3.74, 16: Cela presentó el pasado día 2 de marzo su renuncia al cargo de presidente del Ateneo de Madrid, para el que había sido propuesto por .. don Ricardo de la Cierva.
2 Exponer [un problema o cuestión] para que se resuelva. | Marcos-Martínez *Aritmética* 8: El profesor propondrá estos [problemas] y otros parecidos en el número que sea necesario.
➤ **b** *pr* **3** Aspirar a conseguir. | J. Balansó *SAbc* 24.3.74, 23: ¿Qué se proponía aquel obcecado individuo? **b)** *En un tiempo pf:* Decidir. | Chamorro *Sin raíces* 222: Como sabía que recordar es malo .., se propuso no mirar para atrás.

proporción *f* **1** Relación entre las dimensiones de un cuerpo, o entre las de distintos cuerpos que forman un conjunto, según un ideal estético. | Tejedor *Arte* 37: El Partenón es un prodigioso ejemplo de equilibradas proporciones y de maravillosa armonía. **b)** *En pl:* Tamaño o dimensiones. *Tb fig.* | Laforet *Mujer* 269: Las cosas se habían ido serenando tanto, tomando sus verdaderas proporciones.
2 Equilibrio o adecuada relación entre las cosas. | CNavarro *Perros* 189: Su humanidad, su sentido de la proporción, la sensibilidad y la inteligencia solo servían en abstracto.
3 Relación cuantitativa entre dos o más cosas. | *Cocina* 31: Se puede sustituir la nata por claras de huevo batidas a punto de nieve, en la proporción de dos claras por cuarto de litro de leche o de nata. Gimferrer *Des* 12.9.70, 29: Su excelencia [del libro] guarda proporción directa con su falta de novedad literaria.
4 (*Mat*) Igualdad de dos razones. | Gironza *Matemáticas* 96: Proporción numérica es la igualdad de dos razones numéricas.
5 Ocasión o posibilidad [de algo]. *Frec sin compl, por consabido, esp referido a trabajo o matrimonio.* | Delibes *Emigrante* 24: Ahora me sale con que en América le tenga presente y si encuentro una proporción le ponga cuatro letras porque todavía se siente joven para empezar otra vez. Delibes *Hoja* 60: En su día tampoco ellas se casaron por atenderle a él. No obstante, en el círculo, donde todo se sabía, aseguraban que Áurea, la menor, jamás tuvo una proporción. **b)** Partido (pers. interesante como posible consorte). | SSolís *Camino* 159: Eres muy buena proporción, hija, y debes tenerlo en cuenta, para no atortolarte con cualquiera, que puedes picar muy alto.

proporcionadamente *adv* De manera proporcionada. | A. J. Revuelta *Ya* 25.4.75, 8: ¿Cuál era el problema clave del país? El reparto de la riqueza proporcionadamente y el reparto equilibrado de las cargas.

proporcionado -da *adj* **1** *part* → PROPORCIONAR.
2 [Pers. o cosa] cuyas medidas tienen proporción [1a]. *Tb* BIEN ~. | Delibes *Cartas* 27: Mi hermana, hasta que falleció, conservó un cutis terso, unos ojos vivaces, una figurita proporcionada y una atractiva gracia juvenil.
3 [Cosa] que guarda proporción [2] [con otra (*compl* A)]. *Tb sin compl, con suj pl.* | *VozC* 2.1.55, 5: En todo local de carácter colectivo, o en el que hayan de reunirse gran número de personas, se dispondrá de aparatos sanitarios proporcionados al número de aquellas y a la duración de su estancia.

proporcional *adj* De (la) proporción [3 y 4]. *Esp en matemáticas.* | Marcos-Martínez *Aritmética* 2º 78: Hallar la media proporcional entre .. 108 y 243. **b)** [Cantidad o magnitud] que tiene una razón o relación constante [con otra (*compl* A)]. *Tb sin compl, con suj pl.* | *Act* 25.1.62, 6: Los índices de natalidad son casi inversamente proporcionales a los niveles de vida. Cero *Cod* 9.2.64, 2: Quedarán obligados durante el plazo que señal[e] la autoridad gubernativa, que será proporcional al daño causado, a ponerse a la disposición del propietario del vehículo. **c)** Que se ajusta a una proporción [3 y 4]. | Marcos-Martínez *Aritmética* 2º 103: Reparto proporcional simple y directo.

proporcionalidad *f* Condición de proporcional [1b y c]. | Marcos-Martínez *Física* 9: La constante de proporcionalidad entre el espacio recorrido y el tiempo empleado en recorrerlo se denomina velocidad. *Anuario Observatorio 1967* 125: Las distancias relativas de las órbitas en el dibujo son arbitrarias y muy apartadas de la realidad y aun de la proporcionalidad.

proporcionalmente *adv* De manera proporcional. | Marcos-Martínez *Aritmética* 2º 103: Es natural que cada cual pague proporcionalmente al número de piezas que adquirió.

proporcionar *tr* **1** Hacer que [una pers. o cosa (*ci*)] tenga [algo] o pueda disponer [de ello (*cd*)]. *Frec sin ci.* | *Abc* 26.9.75, 17: Washington y Moscú están proporcionando ayuda secreta a Portugal y Angola. J. GCastillo *ByN* 27.9.75, 19: Sueldos altos, incentivos, sobres y complementos de destino proporcionan ingresos diez o veinte veces superiores a la renta per cápita. Benet *Nunca* 16: La despedida de soltero .. le proporcionó tan soberano cólico que aquella misma noche el capitán vació todas sus entrañas. **b)** Causar o producir. | C. LServiá *Sáb* 31.8.74, 32: En agosto de 1973, la contaminación proporcionada por los denominados "lodos rojos" .. ocasionó una protesta del Gobierno francés al italiano.
2 Ajustar [algo] a proporción [1, 2 y 3]. | * Debes proporcionar las medidas del patrón. * Proporcionar ingresos y gastos es elemental.

proposición *f* **1** Acción de proponer [1]. *Frec su efecto.* | *Inf* 9.3.74, 32: Una carta que contiene .. una serie de proposiciones a los gobernantes soviéticos para "salvar la Unión Soviética de los peligros que la amenazan". **b)** (*col*) Proposición de matrimonio. | Lagos *Vida* 109: Ten tenía buen palmito, le surgieron varias proposiciones, pero ninguna lo bastante seria. Delibes *Cartas* 27: Rafaela tuvo una buena proposición. Sergio, un capitán de Regulares, que empezó siendo su ahijado de guerra, terminó declarándosela. **c)** *En pl, frec referido a acciones deshonestas.* | *País* 26.2.78, 15: Una joven de dieciséis años, Ángela Terriza, fue herida en la espalda por un disparo de arma de fuego, como consecuencia de una agresión efectuada por un hombre que, minutos antes, le había hecho proposiciones deshonestas. **d)** Escrito en que se propone algo. | *Ya* 30.5.64, 20: Los pliegos de condiciones, modelo de proposición [de oferta para subasta] y relación detallada del material pueden examinarse en la secretaría.
2 (*Filos*) Expresión de un juicio. | Gambra *Filosofía* 43: Atendiendo a la cualidad, las proposiciones se dividen en afirmativas .. y negativas. **b)** Afirmación o tesis. | CBaroja *Inquisidor* 19: En alguna ocasión reunió a sus discípulos con objeto de hacerles denunciar proposiciones oídas en sus lecciones a otros maestros rivales. **c)** (*Mat*) Enunciado de una verdad demostrada o que se pretende demostrar. | Ríos-RSanjuán *Matemáticas* 2: La primera proposición [el postulado fundamental de la Aritmética] no parece tan evidente que la admitimos como cierta. La segunda [el teorema de Pitágoras] hay que demostrarla.
3 (*Gram*) Conjunto de palabras organizado con estructura de oración, pero sin autonomía sintáctica. | Pleyán-GLópez *Paradigma* 59: La oración adjetiva es una oración subordinada o proposición porque es solo un elemento –aquí un adjetivo– dentro de la oración total. **b)** Oración, o estructura de oración, que forma parte de una oración compuesta. | Bustos *Lengua* 329: Es posible que entre las dos proposiciones no exista ninguna relación de dependencia gramatical .., por lo que podrían funcionar como oraciones indepen-

dientes: tales proposiciones reciben el nombre de proposiciones coordinadas.
4 (*TLit*) Parte del discurso en la que se anuncia el tema que se va a tratar. | GLópez-Pleyán *Teoría* 159: Tradicionalmente, la pieza oratoria se divide en exordio o introducción ..; la proposición o enunciado del tema; la división .., la refutación .., el epílogo.

proposicional *adj* (*Filos*) De (la) proposición [2a]. | Rábade-Benavente *Filosofía* 148: Adoptaremos el sistema de poner la negación encima de las variables proposicionales simples. J. Sampelayo *Ya* 11.2.75, 43: Utilizó la llamada lógica deóntica, proposicional y de clases como técnica más depurada de la lógica moderna.

propósito I *m* **1** Hecho de proponerse algo. *Frec su efecto*. | * Hizo el propósito de no volver jamás. SLuis *Doctrina* 143: Debe llevar verdadera contrición y propósito sincero de no volver a pecar. Barrera *Inf* 6.3.74, 10: Declarada la flotación de la peseta con el propósito de desligar sus vicisitudes de las del dólar, el cambio .. se ha sostenido.
2 Oportunidad o justificación. | *Inf* 6.3.74, 10: Carecería de todo propósito subvencionar el consumo de una energía que España no produce.
3 (*raro*) Asunto o materia de que se trata. | ZVicente *Traque* 245: Me estoy alejando del propósito, yo soy muy distraído, usted perdone.
II *loc adj* **4 a ~**. Adecuado. *Tb adv*. | Laforet *Mujer* 12: Iba vestido con una chaqueta gruesa de tejido artesano, a propósito para el campo. * Viene muy a propósito.
III *loc adv* **5 a ~**, *o* (*lit*) **de ~**. Voluntariamente o con intención expresa. | Á. Bayod *Raz* 2/3.84, 289: Acentuando los puntos de coincidencia y silenciando, a propósito, otros aspectos claramente divergentes e incluso en abierta oposición. Delibes *Guerras* 63: ¿Es que salías de propósito a mirar el humo?
6 a ~. Indica que lo que se dice a continuación está sugerido por lo que se acaba de oír. *Frec la idea sugeridora se expresa por medio de un compl* DE. | Benet *Penumbra* 64: –A propósito –apuntó el desconocido–, ¿no te quedará por ahí un poco de castillaza? J. Bassegoda *Van* 4.2.77, 29: A propósito de arquitectos, vista la importancia y originalidad de aquella estructura, se impuso la necesidad de averiguar quién fuera su inventor.
7 a este ~, *o* **al ~**. (*lit*) A propósito [9] de esto. | SLuis *Doctrina* 145: Recuerda a este propósito lo que dijimos de la fe como conocimiento confidencial de Dios al hombre. GPavón *Hermanas* 48: Recordó al propósito que cierta vez .. halló en el envés de una de aquellas baldosas de mármol antiguo .. esta escritura.
8 fuera de ~. (*lit*) A destiempo o inoportunamente. | * Tiene una especial facilidad para hacerlo todo fuera de propósito.
IV *loc prep* **9 a ~ de**. Acerca de. | Arce *Testamento* 34: Y así discutían las mujeres en el lavadero a propósito de mi marcha a América. Medio *Bibiana* 19: Marcial Basurto le dijo algo a propósito de los muchachos en los internados.

propretor *m* (*hist*) En la antigua Roma: Pretor que, al finalizar su magistratura en Roma, pasa a gobernar una provincia. | Tejedor *Arte* 47: Las principales magistraturas republicanas, todas electivas y temporales, fueron: los dos Cónsules .. y, por fin, los procónsules y propretores, gobernadores de las provincias.

propter hoc (*lat; pronunc*, /propter-ók/) *loc adv* (*lit*) A causa de esto. | Cierva *Ya* 23.12.83, 10: La muerte provocada directa o indirectamente por la ETA ya saltó al solar francés, a la Euskadi-Norte. No sé si *propter hoc*, pero al menos *post hoc*, Mitterrand llamó a González.

propter nuptias (*lat; pronunc corriente*, /propter--núptias/ *o* /propter-núpθias/) *loc adj invar* (*Der*) [Donación] hecha por los padres a los hijos por causa del matrimonio de estos. | CBonald *Casa* 215: Abuelo Sebastián se lo había regalado a mi madre con otras donaciones propter nuptias.

propuesta *f* Proposición, esp. la presentada a una autoridad para que resuelva sobre ella. *Frec en la constr* A ~ DE. | *Inf* 9.3.74, 32: Una solución al problema pesquero se ha producido como consecuencia de una propuesta formulada al Gobierno por el ministro de Comercio. *Inf* 9.3.74, 11: A propuesta del Ministerio de Educación y Ciencia, el Gobierno podrá establecer normas para el acceso a la Universidad.

proposicional – prórroga

propugnáculo *m* (*lit, raro*) Baluarte o defensa. | Cañigral *Entrambasaguas* 42: Defensor de la idea de que fuese Almagro propugnáculo del teatro de nuestro Siglo de Oro.

propugnador -ra *adj* Que propugna. *Tb n, referido a pers*. | J. Córdoba *MHi* 11.63, 67: Vasconcelos fue ardiente propugnador de la nacionalidad de los pueblos hispánicos de América.

propugnar *tr* Defender o apoyar [una idea o proyecto]. | D. Giménez *Mun* 23.5.70, 24: El filósofo expuso una serie de nuevos principios radicalmente distintos a los propugnados por el PCF.

propulsante *adj* (*E*) Que propulsa. *Tb n m, referido a producto*. | *Pue* 9.5.74, 18: Se han llevado a cabo trabajos de desarrollo en tecnología y de nuevos abonos NPK y fosfo-potásicos, .. transesterificación de ésteres acéticos propulsantes sólidos.

propulsar *tr* Impulsar [algo o a alguien] poniéndolo en movimiento. *Tb fig*. | Mingarro *Física* 43: Toda la energía del combustible se utiliza en propulsar al cohete, que puede llegar a adquirir .. enorme velocidad. F. Tejevo *SYa* 26.5.73, 36: El niño, por lo general, no mueve sus brazos instintivamente, como hace con sus piernas cuando se le introduce en el agua, pero es fácil enseñarle a moverlos a los lados y hacia abajo, lo que le ayuda a propulsarse hacia adelante. L. LSancho *Abc* 29.7.67, 3: ¿No estamos asistiendo al prodigioso nacimiento de una nueva lengua castellana propulsada por los doblajes hispanoamericanos que .. difunde nuestra televisión?

propulsión *f* Acción de propulsar. | Marcos-Martínez *Física* 76: La propulsión se verifica mediante hélices, accionadas por turbinas de vapor de agua o por motores Diesel. Prados *Sistema* 261: Una estabilidad monetaria interna que no excluyera el mantenimiento del pleno empleo y la propulsión del desarrollo de la economía nacional. **b) ~ a chorro** → CHORRO.

propulsor -ra *adj* Que propulsa. *Tb n: m y f, referido a pers; m, referido a aparato*. | *Sp* 19.7.70, 25: En el galeón de gran tamaño, ésta la vela el único elemento propulsor. Solís *Siglo* 478: Si te deshaces del niño todos pensarán que he sido yo el propulsor. Pericot-Maluquer *Humanidad* 58: El arte mueble es riquísimo, habiéndonos dejado preciosas piezas, como los propulsores de lujo o los llamados bastones de mando.

prorrata *f* Reparto proporcional. *Frec en la constr* A ~. | L. Calvo *Abc* 22.10.70, 29: Será más justa la prorrata en el reparto de los beneficios. *Compil. Cataluña* 725: La reducción o supresión de donaciones empezará por la más reciente, y así sucesivamente por orden inverso de fecha, reduciéndose a prorrata si esta fuese indeterminada.

prorratear *tr* Repartir o calcular a prorrata. | *BOE* 26.7.74, 15463: El personal femenino que cese voluntariamente en la Empresa por contraer matrimonio percibirá una dote equivalente a una mensualidad del salario base y antigüedad por cada año de servicio prestado, prorrateándose las fracciones de año, con un límite de seis mensualidades. *BOE* 30.12.74, 26401: Al personal que cese o ingrese en la Empresa en el transcurso del año se le abonarán los complementos de vencimiento superior al mes antes expresados, prorrateando su importe en razón del tiempo de servicios.

prorrateo *m* Acción de prorratear. *Frec en la constr* A ~. | M. Delgado *Abc* 9.10.70, 18: A estos enunciados fundamentales se agregan reglas esenciales para la ejecución del servicio; la de la uniformidad de las tasas .., así como la de la no repartición y prorrateo de las tasas de franqueo de los envíos de correspondencia. *Abc* 3.12.57, sn: El importe de los anuncios de esta subasta será abonado por los adjudicatarios, a prorrateo.

prórroga *f* **1** Acción de prorrogar. | Laforet *Mujer* 206: El otro le había suplicado una prórroga hasta la vuelta del veraneo. D. Castro *DEs* 20.10.76, 3: Las Cortes viven en estado de prórroga.
2 Tiempo por el que se prorroga algo. *Frec en deportes, referido a encuentro*. | *Van* 10.2.77, 32: Baloncesto .. En la prórroga ganó el Juventud en Lyon (95-96).

prorrogable – prosificación

3 (*Mil*) Aplazamiento de la incorporación a filas de un soldado, a petición de este. | * Este año le tocaba entrar en filas, pero ha pedido prórroga.

prorrogable *adj* Que se puede prorrogar. | *Leg. contencioso-adm.* 40: La competencia de las Salas de lo Contencioso-administrativo no será prorrogable.

prorrogación *f* (*raro*) Acción de prorrogar. | PGarcía *Sáb* 6.8.75, 54: –Y usted ve la necesidad de un Ministerio de Prórrogas. –Así es. Un Ministerio de Prórrogas, con un ministro de Prórrogas, un director general de prorrogaciones, secretarios y subsecretarios pertinentes.

prorrogar *tr* Hacer [algo (*cd*)] dure más allá de un límite previamente fijado. | *Abc* 11.12.70, 21: El Gobierno decretó el estado de excepción en la provincia de Guipúzcoa durante tres meses, que fue prorrogado por tres meses más.

prorrumpir *intr* Iniciar repentina y vehementemente [una acción que muestra un estado de ánimo (*compl* EN)]. | Ortega *Americanos* 69: Las *cheer-leaders* y todo el mundo prorrumpían en gritos delirantes.

prosa *f* **1** Forma de expresión oral o escrita que no está sujeta a reglas de medida, ritmo o rima. *Se opone a* VERSO. | Amorós-Mayoral *Lengua* 186: El curso pasado vimos ya las diferencias que existen entre el verso y la prosa. **b)** ~ **rítmica** → RÍTMICO.
2 Modo de expresión en prosa [1] propio [de un autor, de un ámbito o de una época]. *Tb el conjunto de obras escritas así.* | DPlaja *Literatura* 182: Hemos notado, al estudiar la prosa del siglo XV .., cómo a través de la influencia renacentista se ponía de moda el amplio y recargado período latino. CBaroja *Inquisidor* 47: No en balde era uno un genio y el otro un erudito de prosa burocrática.
3 (*col*) Palabrería. | Torrente *Vuelta* 490: Menos prosa, madre, y más espabilar, que estoy caliente y quiero dormir con mi marido.

prosador -ra *m y f* Prosista. | Umbral *País* 26.4.77, 24: Yo, sencillo cronista, modesto prosador, miope literario.

prosaicamente *adv* De manera prosaica. | Laforet *Mujer* 26: Había sido educado para .. dirigir prosaicamente la fábrica de quesos.

prosaico -ca *adj* Vulgar o falto de poesía. | Laforet *Mujer* 129: Ella .. hacía .. cosas tan prosaicas como arreglar su maleta.

prosaísmo *m* **1** Cualidad de prosaico. | Lera *Bochorno* 8: Bajo el aparente prosaísmo de sus vidas, bajo su pudoroso silencio, vibra un clamor humano que es preciso oír. GLuengo *Extremadura* 116: Cabeza del Buey fue patria .. del poeta don Manuel José Quintana .., el del prosaísmo docente.
2 Rasgo prosaico. | Cuevas *SAbc* 3.9.93, 17: El Canciller Ayala sale, sin embargo, de sus páginas más inteligible y paladeable, pese a sus conocidos prosaísmos.

prosapia *f* Alcurnia o linaje. | DPlaja *El español* 28: Esta fórmula de saludo [el tuteo] estaba en épocas pasadas limitada a los nobles de prosapia, los Grandes de España.

prosario -ria *adj* (*raro*) De (la) prosa [1]. | Galmés *Dialectalismos* 311: A partir principalmente del gran esfuerzo prosario de la obra alfonsí, el castellano .. acentúa su prestigio.

proscenio *m* **1** *En un teatro*: Parte anterior del escenario, comprendida entre el borde y el primer orden de bastidores. *Tb fig.* | Buero *Soñador* 206: En el primer término y de frente al proscenio, está la mesa taraceada con su sillón detrás. Pemán *MHi* 11.63, 8: El centenario del Monasterio de El Escorial ha puesto otra vez en el proscenio iluminado de la actualidad la figura rítmica de Felipe II.
2 Palco situado junto al proscenio [1]. *Tb* PALCO ~. | FCid *Abc* 26.12.70, 25: En su despacho del Teatro .., en su puesto de vigía desde el proscenio, para seguir la marcha de todas, absolutamente todas las representaciones. Soler *Caminos* 306: Convertían su palco proscenio en una cantina y tragueaban de lo lindo.

proscribir (*conjug* **46**) *tr* **1** Condenar o prohibir. | J. M. ÁRomero *MHi* 11.63, 73: Felipe II puso en práctica la declaración vigente .. de libertad de los indígenas, y proscribió la esclavitud. MGaite *Usos* 67: Naturalmente no se proscribían [los estudios universitarios], pero se rodeaban de salvedades o se idealizaban con una retórica superflua. Payno *Curso* 110: Oían conciertos de Sostakovitch en el tocadiscos de Melletis. Beethoven era un proscrito: pertenecía al siglo de la Ilustración burguesa.
2 (*lit*) Declarar [a alguien] fuera de la ley, frec. por causas políticas y gralm. obligándole al exilio. *Tb fig.* | Solís *Siglo* 180: Quizá la mejor solución sea abandonar la plaza de Cádiz y marcharme a otro lugar para empezar de nuevo .. Aquí estoy proscrito, y difícilmente se olvidará mi actuación política. *Pro* 16.1.77, 10: El decreto en virtud del cual se proscribe a los barbudos señala que estos deben rapar sus barbas cuando tramiten sus documentos de identidad.
3 (*hist*) *En la antigua Roma*: Desterrar [a alguien] confiscándole sus bienes. | * Numerosos adversarios fueron proscritos por Sila.

proscripción *f* Acción de proscribir. | MGaite *Búsqueda* 23: No se me oculta que estoy tocando un punto peliagudo al sacar a relucir un concepto tan teñido de proscripción y de matices peyorativos como es el de juego. M. Unciti *SYa* 10.6.71, 3: La condenación de las doctrinas de Lutero en 1520 y la proscripción del mismo en la Dieta de Worms, al año siguiente, estaban a la vuelta de la esquina. Arenaza-Gastaminza *Historia* 48: Promulgó [Sila] los edictos de proscripción, por los que se deshizo de todos sus enemigos, confiscando sus bienes.

prosecución *f* Acción de proseguir. | Gambra *Filosofía* 13: La virtud se adquiere por el esfuerzo continuado del sujeto en el dominio de sus pasiones y en la prosecución del bien.

proseguidor -ra *adj* Que prosigue. *Tb n, referido a pers.* | Lapesa *HLengua* 266: La labor iniciada por Nebrija tuvo muchos proseguidores.

proseguir (*conjug* **62**) **A** *tr* **1** Seguir o continuar [algo]. | Prandi *Salud* 581: Es aconsejable que la madre prosiga esta vigilancia del peso del recién nacido.
B *intr* **2** Seguir o continuar. *A veces con un compl* EN, CON *o un ger, que expresa actividad o estado.* | E. Haro *Tri* 26.12.70, 5: Las conversaciones de limitación de armas nucleares .. han proseguido. *Voz* 21.12.89, 37: La directiva del colegio envió una nota circular a los padres .. especificándoles las deficiencias existentes en el edificio del colegio, que impedían proseguir con las clases.

proselitismo *m* Celo para ganar prosélitos. | Montarco *Abc* 26.12.70, 11: El proselitismo y la fe en el triunfo final de la revolución subversiva mundial. **b)** Actividad tendente a ganar prosélitos. | MMolina *Jinete* 266: Se tenía información fehaciente sobre sus actividades de proselitismo en la Universidad de Madrid.

proselitista *adj* Que tiende a ganar prosélitos. *Tb n, referido a pers.* | R. Castellar *Gac* 11.5.69, 19: El Islam cuenta además con el espíritu proselitista cerrado y tenaz de sus creyentes. *VozA* 28.7.72, 16: ¡Inefables Testigos de Jehová, intrépidos proselitistas, que, con la audacia y la dulzura de la ignorancia, quieren poner en un brete la ciencia de los cristianos viejos!

proselitizar *tr* Convertir [a alguien] en prosélito. | *Abc* 11.6.72, 59: La verticalización progresiva de las toxicomanías mediante el "contagio" y propagación de las "metástasis anímicas" que expende el toxicómano desde los "focos alienantes" que proselitizan a los "predispuestos" a las toxicofilias.

prosélito -ta *m y f* Partidario ganado para una idea o doctrina. | Laiglesia *Tachado* 214: Para hacer prosélitos en un país hambriento, vale más un tubérculo frito que un opúsculo impreso. **b)** (*hist*) Pers. convertida al judaísmo. | Fernández-Llorens *Occidente* 81: Existían ya desde hacía tiempo personas que, aun sin pertenecer al pueblo judío, aceptaban algunos aspectos de su religión: eran los llamados prosélitos.

prosificación *f* Obra en que se pone en prosa otra escrita en verso. | Pedraza-Rodríguez *Literatura* 1, 377: En algunas ocasiones [Alfonso X] hace un resumen bastante amplio del asunto de un poema .. Otras veces tenemos prosificaciones de extensísimos fragmentos que incluso conservan la asonancia.

prosificar *tr* Poner [algo] en prosa [1]. | *Ya* 27.11.92, 30: Según sus últimas investigaciones, Cervantes escribió una primera redacción del Quijote en verso, que luego prosificó. GLópez *Lit. española* 28: Tenemos noticia de varios poemas perdidos, por los romances a que dieron origen en el siglo XV y por hallarse prosificados en diversas crónicas.

prosimio -mia *adj* (*Zool*) [Primate] nocturno de pequeño tamaño, con manos en las cuatro extremidades, cara cubierta de pelo, ojos grandes y dentición semejante a la de los insectívoros, propio esp. de Madagascar. *Frec como n m en pl, designando este taxón zoológico*. | Navarro *Biología* 308: Madagascar constituye una subregión faunística caracterizada por los monos prosimios o lemúridos. Pericot-Maluquer *Humanidad* 26: La búsqueda puede empezar en los lemures y tarsios, prosimios del terciario inferior que han seguido hasta tiempos actuales. **b)** Propio de los prosimios. | Ybarra-Cabetas *Ciencias* 393: Lo que no se puede asegurar es .. si los simios pasaron por un estado prosimio.

prosista *m y f* Autor de obras en prosa. | DPlaja *Literatura* 466: El mejor prosista didáctico del siglo XIX es, sin duda, don Marcelino Menéndez y Pelayo.

prosístico -ca *adj* De (la) prosa. | LEstrada *Lit. medieval* 403: La prosa que se sitúa frente al verso .. se vale de un uso de la lengua en el cual un autor, siguiendo un criterio determinado, establece una expresión de orden prosístico con un fin literario.

prosodema *m* (*Fon*) **1** Rasgo fónico que afecta a una secuencia superior al fonema. | Academia *Esbozo* 11: Irreductibles al análisis por segmentos son los llamados prosodemas, que en español se reducen a la entonación y al acento de intensidad.
2 Secuencia mínima capaz de recibir un acento. | Alarcos *Fonología* 202: La sílaba es, pues, el prosodema del español; esto es, la unidad mínima fonemática susceptible de recibir un acento.

prosodia *f* (*Fon*) **1** Estudio de los rasgos fónicos que afectan a secuencias superiores al fonema. *Tb el conjunto de esos rasgos*. | Academia *Esbozo* 81: Casi todos los helenismos, introducidos o no a través del latín, se han acomodado en español .. a la prosodia latina.
2 Conjunto de las normas relativas a la entonación y la acentuación. *Tb la aplicación de esas normas*. | E. Haro *País* 18.4.80, 36: La compañía no es capaz de decir el texto con claridad, con prosodia, sabiendo desentrañar los versos.

prosódicamente *adv* (*Fon*) En el aspecto prosódico. | Salvador *LFelipe* 307: Prosódicamente, ["solo"] adjetivo y adverbio tienen idéntica pronunciación.

prosódico -ca *adj* (*Fon*) De (la) prosodia. | Alarcos *Fonología* 88: La unidad signi[fi]cante mínima diferenciada por un rasgo prosódico se llama prosodema. **b)** [Acento] ~ → ACENTO.

prosopografía *f* (*TLit*) Descripción del exterior de una pers. o de un animal. | Lapesa *Ayala* 56: Las prosopografías y etopeyas que traza nuestro autor son insustituibles, porque pueblan de humanidad el panorama cultural argentino y el puertorriqueño.

prosopopeya *f* **1** (*TLit*) Figura retórica que consiste en personificar cosas o animales, o en hacer hablar o actuar a perss. imaginarias, muertas o ausentes. | FAlmagro *Abc* 23.2.58, 15: Son tantos y tan variados los personajes .. que el conjunto desborda vida, y el pueblo en que conviven se alza frente a nosotros, como clásica prosopopeya, haciéndonos pensar que tiene alma propia y que comparte con Carlos el protagonismo de la novela.
2 Solemnidad, gralm. afectada. | DCañabate *Paseíllo* 41: La Media Almendra y el Niño de la Fuentecilla, con prosopopeya ritual, embebidos en el arte de moverse con elegancia, con ritmo, se entregaban a la habanera, al chotis. Sampedro *Octubre* 40: En tono solemne se congratula del honor de alojar a Luis, que reprime una sonrisa. Pero la prosopopeya no es astuta ni falsa. Su énfasis es natural.

prosopopéyico -ca *adj* **1** Afectadamente solemne. | GPavón *Reinado* 63: La atención .. se centró de pronto en Aurelio Carnicero, hombre prosopopéyico y de aventajada estatura, que .. decía algo con tono muy radical y convincente. VMontalbán *Rosa* 94: De las destrucciones se salvaban edificios de un modernismo tardío y prosopopéyico.
2 (*TLit*) De (la) prosopopeya [1] o que la implica. | Salvador *LFelipe* 307: Esa concordancia prosopopéyica del *quien* en el verso 15, que cumple además la función de hacer más vivo el dialogismo del fragmento.

prospección *f* **1** Exploración de un terreno para buscar yacimientos. | *ByN* 31.12.66, 123: Las intensivas prospecciones que se llevan a cabo en la provincia de Burgos .. han culminado de nuevo con el descubrimiento de otro campo petrolífero. A. Naharro *Hoy* 14.11.75, 8: Actualmente se están llevando a cabo trabajos de prospección y excavaciones arqueológicas en las proximidades de Trujillo con aparente éxito.
2 Examen o exploración, esp. para buscar posibilidades o tendencias futuras. | Albalá *Periodismo* 74: Esta simplificación puede facilitarnos .. una prospección didáctica más eficaz.
3 Reconocimiento que se hace para descubrir enfermedades latentes o incipientes. | *Hoy Extra* 12.69, 20: Sobre el cabrío se hizo amplia prospección y fue sacrificado con indemnización todo el afectado de Malta.

prospectar *tr* Hacer prospecciones [de algo (*cd*) o en un lugar (*cd*)]. *Tb fig*. | *HLBR* 26.8.74, 3: Agruminsa, filial de Altos Hornos de Vizcaya, construye en la actualidad una planta de concentración y sinterización de carbonatos de hierro para tratar siderúrgicamente los procedentes de las reservas prospectadas en Vizcaya .. con los últimos sondeos de la Empresa Nacional Adaro. B. Forcano *VNu* 29.4.72, 8: La misma vivencia de los votos y del apostolado venía prospectada en una visión individualista. SFerlosio *SPaís* 3.2.85, 15: Esas políticas, la cultural y la económica, .. apuntan a otros fines, se subordinan a ellos, o sea, que se urden y prospectan solo con vistas a esos fines últimos.

prospectivamente *adv* De manera prospectiva. | Cantarero *ByN* 22.11.75, 9: Han actuado retrospectivamente, negativamente, y no prospectivamente, positivamente.

prospectivo -va I *adj* **1** De (la) prospección. | Albalá *Periodismo* 62: Una introducción .. a esta ciencia habrá de limitarse .. a una cala prospectiva sobre el fenómeno de la comunicación periodística. *SElM* 16.9.93, 8: Aún es pronto .. para recomendar tajantemente suplementos vitamínicos a todo el mundo. Antes tendrán que confirmarse, con más trabajos prospectivos y controlados, los hallazgos obtenidos en China.
2 Que se refiere al futuro. | Aranguren *Marxismo* 48: La filosofía marxista de la historia .. constituye un lenguaje "sensato" .. consistente en previsiones y predicciones perfectamente razonadas (al modo puramente discursivo, no científico-probabilista y prospectivo). R. DHochleitner *PapD* 2.88, 207: Conviene mencionar, entre estas reflexiones prospectivas sobre los nuevos principios que puedan llegar a imponerse, la probable necesidad de generalizar un primer ciclo de la educación superior en condiciones de abierta competitividad.
3 [Pers.] especialista en prospectiva [4]. *Tb n*. | *Diógenes Ya* 2.1.92, 1: ¿Qué se espera? Pues que en 1992 vuelvan a equivocarse todos –economistas, prospectivos y políticos– y el nuevo año sea nuevo y distinto.
II *f* **4** Estudio de las posibilidades o tendencias futuras en una determinada materia. *Frec con un compl especificador*. | *Rev* 7/8.70, 23: Están presentes temas universales: violencia, universidad, situación de Europa, juventud, sociedad, ciencia-ficción, prospectiva. R. DHochleitner *PapD* 2.88, 206: En los años 1968-1969 se tuvo que reducir el esfuerzo especulativo limitado de unas muy pocas personas, seguido más tarde por un seminario internacional sobre prospectiva de la educación.

prospecto *m* **1** Impreso explicativo que acompaña a determinadas mercancías, esp. un medicamento. | *Hacerlo* 68: Si usted adquiere en una tienda guías metálicas, le entregarán junto con ellas un prospecto con las indicaciones necesarias para su colocación.
2 Hoja, gralm. plegada, o folleto, de carácter publicitario. | P. GRábago *Abc* 30.12.70, 19: Presentar las más notables series [de sellos] que se pongan en curso cada año por medio de un prospecto o folleto ilustrativo.
3 (*hist*) Folleto publicitario que da noticia del contenido de un libro o periódico de próxima aparición. | Mercader DOrtiz *HEspaña* 4, 237: Destaca el intento de Juan Bautista Musante, de Cádiz, para imprimir un diario. Le fue denega-

prospector - protagonismo

da la licencia en 1792, pero el prospecto da idea del cambio operado en el concepto de la prensa diaria.

prospector -ra *adj* Que prospecta. *Tb n, referido a pers.* I *EOn* 10.63, 9: Una institución prospectora de los mercados africanos. Pericot-Maluquer *Humanidad* 151: Técnicos y prospectores mineros alcanzan las costas de Almería.

prósperamente *adv* De manera próspera. I H. Jiménez *Abc* 25.2.68, 40: Al frente de ella estaba un señor buenísimo, trabajador, cariñoso, competente, que durante más de veinte años condujo prósperamente la empresa. J. Cufí *Van* 21.3.74, 39: Crece también [el alcornoque] prósperamente en terrenos silíceo-arenosos y de buena pendiente.

prosperar *intr* **1** Mejorar [alguien o algo] en el aspecto económico. I CNavarro *Perros* 86: Alguien .. le habló de una agencia de viajes .. Aquello, se dijo, podía facilitarle conocer mundo .. y prosperar sin tener que recorrer calles y más calles bajo el sol y la lluvia. Chamorro *Sin raíces* 237: A medida que la editorial prosperaba, también se fue alejando de ella.
2 Progresar o desarrollarse con éxito [algo]. I E. Corral *Abc* 6.12.70, 72: ¿Puede prosperar, en medio del mundo de la prisa .., la quietud suave del romanticismo? Lapesa *HLengua* 129: En el extremo Sur de Málaga a Almería, el diptongo no debió de prosperar ..; tampoco parece haber tenido fortuna en la antigua Lusitania. **b)** Obtener resultado favorable [algo, esp. una enmienda o un recurso]. I E. ÁPuga *Mun* 28.11.70, 29: Sigamos el hilo de los preceptos establecidos para descubrir las posibilidades de que una enmienda prospere.

prosperidad *f* **1** Condición de próspero. I *Alc* 1.1.55, 1: La calle de Pelayo .. una de las vías más céntricas y animadas de la Ciudad Condal, demostración de la prosperidad y pujanza económica de la gran urbe.
2 (*lit*) *En pl*: Sucesos prósperos. *Frec en fórmulas de felicitación con el v* DESEAR. I *Not* 18.12.70, 20: El señor Horno Liria intercambió con los periodistas cordiales frases de sincera felicitación y afecto .., deseándose mutuamente toda suerte de venturas y prosperidades en el año 1971. *NRi* 10.7.64, 3: Le deseamos muchas prosperidades en el negocio.

próspero -ra *adj* **1** Que tiene éxito en el aspecto económico. I Franco *VozC* 31.12.70, 2: Nuestro pueblo es cada vez más rico y próspero en lo material.
2 [Cosa] favorable o propicia. I Palacios *Juicio* 27: Un día levantamos el ánimo al pensamiento de ganar amigos, y de coligarnos con ellos para componer un gremio de discretos .. Todo llevaba buen camino y prometía próspero suceso.

prostaglandina *f* (*Fisiol*) Compuesto del grupo de los ácidos grasos no saturados, presente en la mayor parte de los tejidos animales y de acción biológica múltiple. I C. Dávila *VNu* 2.9.72, 41: Investigaciones posteriores .. demostraron que la auténtica fuente de producción de las prostaglandinas se encontraba en las vesículas seminales de los testículos.

próstata *f En los machos de los mamíferos*: Glándula unida al cuello de la vejiga y a la uretra, que segrega un líquido que contribuye a formar el semen. I Navarro *Biología* 192: En el hombre [la uretra] es de unos 15 cm de longitud; en su parte inicial está rodeada de una masa glandular o próstata.

prostático -ca *adj* **1** De (la) próstata. I Mascaró *Médico* 47: Se trata de enfermedades prostáticas, o de las vesículas seminales.
2 [Hombre] que padece afección de la próstata. *Tb n m.* I Alós *Hogueras* 106: Ya quisieran todos los prostáticos de la Clínica mejorar como usted.

prostatismo *m* (*Med*) Estado morboso debido a una afección prostática, esp. a la retención urinaria causada por la hipertrofia de la próstata. I Nicolau *Salud* 707: Es preciso, pues, observar una cuidadosa vigilancia médica de todo paciente con prostatismo.

prostatitis *f* (*Med*) Inflamación de la próstata. I Jaén 3.7.64, 11: El limón cura la prostatitis.

prosternación *f* Acción de prosternarse. I Fernández-Llorens *Occidente* 258: Piensa en las prosternaciones del Islam, el orar de rodillas y con la frente en el suelo.

prosternarse *intr pr* Arrodillarse o postrarse. I Torrente *Sombras* 309: ¡Ya verás tú cuando ya estén maduras para la fe, y me revele a ellas en mi esplendor de dios! Acabarán prosternadas, como nuestras antiguas fieles atenienses.

prostético -ca *adj* (*Quím*) [Grupo] no proteico de un prótido complejo. I Navarro *Biología* 24: Glucoproteidos. El grupo prostético lo forma un glúcido.

prostibular *adj* Prostibulario. I Torrente *Sombras* 318: Los tenduchos de los suburbios eran suyos ..; y las grandes organizaciones prostibulares, y las casas de modas.

prostibulario -ria *adj* De(l) próstibulo. I Gironella *Millón* 446: También le sorprendió la importancia de la organización prostibularia. Había muchas prostitutas en España.

prostíbulo *m* Casa de prostitución [2]. I CNavarro *Perros* 163: Su aspecto [del local] recordaba instantáneamente la sala de cualquier prostíbulo.

próstilo -la *adj* (*Arquit*) [Edificio, esp. templo] que tiene una de sus fachadas adornada con una hilera de columnas. I Tejedor *Arte* 36: La planta rectangular quedaba precisada por la plataforma escalonada o estilobato, sobre el que se levantaban las columnas, unas veces solo en la fachada principal (templo próstilo), otras en la principal y la opuesta (anfipróstilo).

prostitución *f* **1** Acción de prostituir(se). I Moix *Des* 12.9.70, 12: La sociedad de consumo ha sumido al pensamiento y al lenguaje en un mar de prostituciones y agonías.
2 Actividad propia de quien tiene relaciones sexuales con otra pers. por dinero. I *Sp* 19.7.70, 54: La prostitución y la pornografía están proscritas.

prostituidor -ra *adj* (*raro*) Que prostituye. I *SArr* 17.1.71, 7: Hablo de los [premios] que son prostituidores.

prostituir (*conjug* **48**) *tr* **1** Entregar [a alguien, esp. a uno mismo] a los deseos sexuales de otro por dinero. I Ramírez *Derecho* 39: Solo permito el divorcio, digo, la separación, en caso de adulterio, .. o de conato para corromper a los hijos o prostituir a las hijas. Torrente *Pascua* 306: Estaba desesperada. Pensaba huir de casa y prostituirme. Pensaba .. venderme a ti por mil pesetas y un equipo de ropa.
2 Deshonrar o envilecer [algo o a alguien] por intereses indignos. I *Tri* 17.12.70, 28: Jurábamos solemnemente .. no prostituirnos, no caer en los vicios del teatro profesional. Solís *Siglo* 461: Soy médico, y eso [provocar un aborto] sería prostituir mi carrera.

prostituto -ta *m y f* Pers. que ejerce la prostitución [2]. *Normalmente referido a mujer.* I Anson *Abc* 9.4.67, 69: Se han exhibido carteles pintándole como un borracho y a su mujer como una prostituta. Palomino *Torremolinos* 259: El acto sexual, primero con un compañero de clase y luego con un prostituto turco, un bigardo del Soho recomendado por sus amigas, resultó decepcionante.

prostodoncia *f* (*Med*) Prótesis dental. I *MMé* 15.6.87, 2: I Curso Teórico Práctico de Implantes Oste[o]-integrados .. Matrícula: Cirugía y Prostodoncia, 175.000 pesetas.

prostomio *m* (*Zool*) *En los anélidos*: Lóbulo situado en el extremo de la cabeza. I Bustinza-Mascaró *Ciencias* 119: Su extremo anterior [de la lombriz de tierra], desprovisto de apéndices, se prolonga en un lóbulo o prostomio, en cuya cara inferior se abre la boca.

protagónico -ca *adj* (*lit*) De(l) protagonista. I *Abc* 1.9.83, 55: Posiblemente esté el jovencísimo actor, hoy por hoy, un poco "verde" para un papel tan absolutamente protagónico como es el suyo. P. Calvo *Gac* 29.2.76, 10: Su presencia [del rey] en Cataluña ha sido protagónica .. Pero no son protagónicas sus decisiones para la marcha política ordinaria, si se exceptúan sus actividades arbitrales o moderadoras.

protagonismo *m* Carácter o condición de protagonista, *esp* [1b]. I Alfonso *España* 23: Nuestra técnica, nuestra industria, .. nuestro deporte... ¿son las cosas que nos dan algún protagonismo en la historia? L. Contreras *Mun* 26.12.70, 10: El matutino madrileño apuntaba probablemente hacia todo lo relacionado con el juicio de Burgos y al protagonismo castrense en su espectacular desarrollo.

protagonista I *m* y *f* **1** Personaje principal [de una obra literaria, teatral o cinematográfica]. *Tb, en teatro o cine, el actor que lo encarna.* | CNavarro *Perros* 156: Se trataba de una historia insípida .. La protagonista estaba enamorada de su jefe. **b)** Pers. o cosa que desempeña un papel principal [en algo, esp. en una acción o en un suceso (*compl de posesión*)]. | Medio *Bibiana* 81: Cada una de ellas podía ser otro día la protagonista de un suceso como este.
II *adj* **2** De(l) protagonista [1]. | FCid *Abc* 15.11.70, 73: "Libro para orquesta" .. nos hace ver desde el principio en función protagonista el color instrumental. E. Sancho *SD16* 21.6.85, I: Hay que aprovechar para dedicarles [a las plantas] un lugar protagonista en el hogar, destacando su presencia.

protagonístico -ca *adj* De(l) protagonista. | GGual *Novela* 103: Las cortesanas, .. los parásitos y las jóvenes ingenuas tenían también sus sentimientos, un tanto ignorados por el arte anterior, y ahora se les concedía papel protagonístico.

protagonización *f* Acción de protagonizar. | *Ya* 28.5.67, 18: "Anónima de asesinos", presentada por la Warner Bros, es una superproducción donde el factor suspense juega continuamente y donde la protagonización es un alarde de realismo impresionante. Tierno *Humanismo* 99: Cuanto más culta es una persona .., menos entusiasmo. Incluso se pudiera decir que el experto significa seguridad, y en este sentido no se puede estimular la protagonización contra el destino del que se participa.

protagonizar *tr* Ser protagonista [de algo (*cd*)]. *Tb abs.* | A. Moncayo *HLM* 26.10.70, 40: Ya hace cuatro o cinco temporadas dieron un avance sobre lo ya conocido .. con "Pasodoble", protagonizado precisamente por Rocío Jurado. FQuintana-Velarde *Política* 32: La economía de mercado es un sistema económico caracterizado por el hecho de que el comportamiento económico se gobierna mediante los precios y el mecanismo de la competencia, protagonizando la producción la empresa privada. MGaite *Búsqueda* 60: En pocos países como en el nuestro gustará tanto hablar y tan poco escuchar. La cuestión es deslumbrar por cuenta propia, protagonizar, se tenga algo que decir o no.

protalo (*tb* **prótalo**) *m* (*Bot*) Producto de la germinación de las esporas, sobre el que nacen los anteridios y los arquegonios. | Ybarra-Cabetas *Ciencias* 268: El protalo es hermafrodita, y en él aparecen los anteridios en forma de verruga. Bustinza-Mascaró *Ciencias* 286: Si una espora [del helecho macho] cae al suelo y las condiciones son favorables, germina produciendo como una hojita pequeña .., de color verde, que se denomina prótalo.

protamina *f* (*Quím*) Proteína de carácter básico que se presenta asociada con los ácidos nucleicos y que está presente en el esperma de algunos peces. | Aleixandre *Química* 199: Proteínas propiamente dichas: Albúminas. Globulinas .. Protaminas.

protandria *f* (*Bot*) Hecho de madurar antes los estambres que los pistilos. | Ybarra-Cabetas *Ciencias* 275: La maduración de estambres es unas veces anterior a la de los pistilos –protandria– y otras posterior –protoginia–.

protándrico -ca *adj* (*Bot*) [Planta o flor] en que maduran antes los estambres que los pistilos. | Alvarado *Botánica* 45: El hermafroditismo floral generalmente es solo morfológico. Unas veces maduran antes los estambres (flores protándricas) .., otras los carpelos (flores protóginas).

prótasis *f* **1** (*Gram*) *En una constr condicional*: Parte en que se expone la condición. | Lapesa *HLengua* 258: La hipótesis más dudosa o irreal .. lleva *cantase* en la prótasis, *cantase* o *cantaría* en la apódosis. **b)** (*Filos*) Proposición que expresa una condición. | Rábade-Benavente *Filosofía* 146: La primera de las proposiciones se denomina condición, antecedente o prótasis. La segunda, condicionado, consecuente o apódosis.
2 (*Fon*) Rama tensiva de la entonación. | Alcina-Blecua *Gramática* 461: Las oraciones de tipo enunciativo compuestas por dos o más grupos fónicos suelen estar formadas por dos partes: la rama tensiva (prótasis) y la rama distensiva (apódosis).

proteácea *adj* (*Bot*) [Planta] dicotiledónea leñosa, de hojas coriáceas y flores en espiga o racimo, propia esp. de Australia y África meridional. *Frec como n f en pl, designando este taxón botánico.* | GCabezón *Orotava* 36: Avellano de Australia, *Macadamia ternifolia*, F. Muell., Proteácea, Australia.

proteasa *f* (*Biol*) Enzima que hidroliza los prótidos. | Alvarado *Anatomía* 12: Las proteasas hidrolizan las proteínas en polipéptidos, dipéptidos y aminoácidos.

protección *f* **1** Acción de proteger. | DPlaja *El español* 111: Un club al que acuden de todas partes los españoles pidiendo protección administrativa. *Ya* 3.3.63, sn: Da instantáneamente resistencia y protección a las uñas débiles.
2 Cosa que protege. | Legorburu-Barrutia *Ciencias* 102: La piel. Es la envoltura externa de nuestro cuerpo .. Sirve de protección.

proteccional *adj* (*raro*) De (la) protección. | RPeña *Hospitales* 146: El ansia de notoriedad, las envidias familiares, los deseos de aparentar por encima de lo cierto, .. fueron causa de más de un edificio, de unas mandas protecionales o de un Hospital de los que hemos hablado.

proteccionismo *m* (*Econ*) Política o teoría económica que tiende a proteger [3] el sistema productivo nacional contra la competencia extranjera. | Ortega-Roig *País* 107: España ha tenido que proteger siempre sus industrias con fuertes impuestos de aduanas para encarecer los productos extranjeros (proteccionismo). Tamames *Economía* 244: El proteccionismo fue inscrito como uno de los dogmas del partido conservador.

proteccionista *adj* (*Econ*) De(l) proteccionismo. | LMuñoz *Tri* 26.12.70, 9: La expansión de las mismas [exportaciones] está ligada, en parte, al desarrollo de nuevos sectores, habiendo de superar grandes dificultades, como las originadas por el reforzamiento de posiciones proteccionistas. **b)** Partidario del proteccionismo. *Tb n.* | FReguera-March *Boda* 16: Usted, como fabricante, será proteccionista. R. RSastre *Mun* 12.12.70, 44: Los proteccionistas también aducen el viejo argumento de que debe protegerse a las industrias nacionales.

protector -ra (*tb f* PROTECTRIZ, *raro, en acep 1*) *adj* **1** Que protege. *Tb n: m* y *f, referido a pers; m, referido a utensilio.* | VMontalbán *Mares* 199: En sus nudillos brillaban los aros protectores. J. A. Padrón *Día* 25.6.76, 25: Disponía de una cubierta protectriz de 25 milímetros. FReguera *Bienaventurados* 10: Doña Josefina solía visitar diariamente el convento y era una de sus protectoras más espléndidas. R. M. Echeverría *Act* 5.11.70, 60: Antes de ponerse el protector de nuevo para seguir boxeando, descubre una amplia sonrisa vacía de los dientes delanteros.
2 De (la) protección [1]. | Laforet *Mujer* 14: La actitud de Eulogio era cariñosa, protectora.

protectorado *m* **1** (*hist*) Soberanía parcial que, esp. en las relaciones exteriores, ejerce un estado sobre un territorio con gobierno propio. *Frec el territorio en que se ejerce esta soberanía.* | Arenaza-Gastaminza *Historia* 301: En la Conferencia de Algeciras de 1905 España y Francia se repartieron el territorio de Marruecos y se comprometieron a ejercer su protectorado y asegurar la paz y el orden en sus respectivas zonas. *Abc* 18.4.58, 32: Explicar la importancia de la decisión española de evacuar la zona sur del protectorado.
2 Dirección e inspección que se reserva el poder público sobre las instituciones de beneficencia particular. | *Barcelona* 211: Cabe destacar el número e importancia que tienen las instituciones acogidas al régimen de protectorado del Ministerio de la Gobernación.

protectoramente *adv* De manera protectora. | Lera *Bochorno* 202: Miró a Luis protectoramente, de arriba abajo.

protectoría *f* (*raro*) Acción protectora. | CBonald *Ágata* 137: Corrió .. en busca de su madre, a quien halló en la plácida compañía de sus leales prohijados Alejandra y Clemente, que seguían acogidos a l[a] protectoría de Manuela.

proteger *tr* **1** Evitar que [alguien o algo (*cd*)] sufra daño. *Frec con un compl* DE *o* CONTRA *que expresa el daño o la pers o cosa que lo causa.* | Legorburu-Barrutia *Ciencias*

101: Nuestro cuerpo está rodeado de una muralla o coraza que le protege: es la piel. *Gar* 29.9.62, 61: Tony Armstrong-Jones va a su despacho del "Sunday Times" invariablemente acompañado de tres detectives, para protegerle de sus "colegas", los periodistas. *Economía* 83: Los vestidos protegen nuestro cuerpo, hasta cierto punto, contra pequeñas heridas y golpes.
2 Ayudar [alguien] con su influencia o apoyo [a una pers. o cosa]. *Frec en part sustantivado, referido a pers.* | Arenaza-Gastaminza *Historia* 145: Se construyen suntuosos palacios, escenario de fiestas mundanas, y se protege a artistas y literatos. FReguera *Bienaventurados* 169: A este lo protegía el jefe. Lo enchufó en el despacho. *Economía* 125: A menudo tendréis que hacerlas [solicitudes], unas veces para asuntos vuestros y otras para asuntos de protegidas sin instrucción.
3 Favorecer [la economía o los productos nacionales] frente a la competencia extranjera, esp. mediante la imposición de gravámenes aduaneros. | Tamames *Economía* 253: Si con el arancel se protege la producción nacional directamente, por medio de gravámenes a la importación, el tipo de cambio que se practique para las operaciones de comercio exterior es igualmente decisivo para la defensa del propio sistema económico. FQuintana-Velarde *Política* 257: Para que los Aranceles de Aduanas protegiesen a la industria nacional.
protegible *adj* Que se puede proteger. | Alfonso *España* 121: El problema del Derecho resulta ser siempre, y en definitiva, el problema del bien jurídicamente protegible.
protegido -da I *adj* **1** *part* → PROTEGER.
II *m y f* **2** Pers. que goza de la protección [1] [de otra]. | A. Pavón *Inde* 24.1.90, 48: Desde que Fidias, que era protegido de Pericles, mangó el marfil destinado a la escultura de Atenea Pártenos, empezó el tráfico de influencias.
proteicamente *adv* (*lit*) De manera proteica[1]. | A. M. Campoy *Abc* 10.9.68, sn: Ramón Casas, en una misma temporada, pinta de maneras tan varias, con conceptos tan distintos que, más que proteicamente, resulta claro que lo hace en mimesis de –eso sí– muy honda afinidad.
proteico[1] **-ca** *adj* (*lit*) Que cambia fácilmente de forma. *Tb fig.* | Alfonso *España* 31: ¿Libertad, acaso, frente a esos modos proteicos y arbitrarios, tan injustos y antidemocráticos en su propio estilo? MCachero *AGBlanco* 73: ¿Y quién es el crítico? Un raro ser proteico capaz de sumirse hasta la entraña en las creaciones ajenas.
proteico[2] **-ca** *adj* (*Quím*) De (los) prótidos o de (las) proteínas. | J. M. Falero *SAbc* 8.11.70, 17: El crecimiento es el factor que más influye sobre las necesidades proteicas del organismo. **b)** Que tiene naturaleza proteica. | Navarro *Biología* 22: La hidrólisis de las sustancias proteicas destruye su edificio molecular.
proteido *m* (*Quím*) Prótido compuesto por una proteína y un compuesto no proteico. *A veces se usa como sinónimo de proteína.* | Navarro *Biología* 151: Entre los alimentos no digeridos están la mayor parte de las grasas y muchos proteidos, como las escleroproteínas (queratina) y los nucleoproteidos.
proteiforme *adj* (*lit*) Proteico[1]. | Goytisolo *Recuento* 149: A la izquierda, la Puerta de la Esperanza .., la arquivolta encrespándose proteiforme, como en erupción, hasta la linterna rematada por una gruta.
proteína *f* Sustancia química constituida por carbono, oxígeno, hidrógeno, nitrógeno y frec. fósforo y azufre, que es componente esencial de todos los organismos vivos. | *Inf* 1.5.70, 28: Se sabe que las enzimas atacan a las proteínas.
proteínico -ca *adj* (*Quím*) **1** De (las) proteínas o de (los) prótidos. | M. Callaved *SYa* 12.5.74, 25: Los huevos son el alimento más importante desde el punto de vista proteínico.
2 Que contiene proteínas. | *Ciu* 8.74, 28: El grupo control utilizaba champúes normales sin proteínas ni vitaminas, y el grupo experimental utilizaba champúes proteínicos de diferentes marcas.
proteólisis (*tb* **proteolisis**) *f* (*Quím*) Hidrólisis de las proteínas por la acción de los fermentos. | RPGuerrero *Inde* 26.1.90, 8: Tras agotarse las reservas de glucógeno hepático y mantenerse nulo el aporte exógeno de alimentos, se produce .. un aumento rápido de la proteolisis para proporcionar aminoácidos.
proteolítico -ca *adj* (*Quím*) **1** De (la) proteólisis. | *Inf* 1.5.70, 28: Es posible que la acción proteolítica de las enzimas sobre la queratina de la piel pueda aumentar los efectos de otros agentes nocivos.
2 Que produce proteólisis. | MNiclos *Toxicología* 56: Su ponzoña [de la víbora] .. es más bien hemolítica y proteolítica.
protervia *f* (*lit*) Cualidad de protervo. | Delibes *Madera* 291: Él había creído que el cambio de la condición civil por la castrense equivalía a trocar la libertad por la disciplina, pero la protervia gratuita del cabo Ortigueira le había abierto los ojos.
protervo -va *adj* (*lit*) Perverso o malvado. | Torrente *Fragmentos* 80: El archivero, los anarquistas y demás personajes protervos reciben su merecido. Cossío *Montaña* 94: *Artes de la Inquisición*, protervo, pero muy curioso líbelo publicado a nombre de Raimundo González de Montes.
protésico -ca I *adj* **1** De (la) prótesis. | J. PIrisarri *Sor* 24.9.75, 3: Otro punto a considerar es el error de muchos padres que creen que los niños que necesitan una corrección son minusválidos y como lógica consecuencia que las gafas son un material protésico u ortopédico.
II *m y f* **2** Pers. que prepara y ajusta las piezas de una prótesis dental. *Tb* ~ DENTAL. | M. Á. Gozalo *Abc* 30.12.72, 35: El protésico que le cuidó la dentadura en 1942 .. y que le colocó un puente, al examinar este cráneo magullado por la Historia, no ha tenido ningún titubeo. *País* 26.10.82, 35: Los protésicos dentales piden su reconocimiento legal y profesional.
prótesis *f* **1** Sustitución total o parcial de un miembro u órgano, mediante piezas o aparatos artificiales. | *Hoy* 15.11.70, 6: Óptica Diplomada Sigüenza, diplomado en prótesis auditivas. **b)** Pieza o aparato con que se realiza una prótesis. | O. Aparicio *MHi* 7.68, 27: Su mujer e hijas .. le preparan las prótesis valvulares que utilizará al día siguiente en sus enfermos. *GTelefónica* 9: Alonso. Clínica dental de urgencia .. Composturas de prótesis en el acto.
2 (*Ling*) Adición de un sonido, esp. vocal, al principio de una palabra. | Echenique *HVasco-románica* 45: Hay una serie de rasgos que afloran en la Edad Media en gascón, tales como la aspiración de la F- inicial latina, la prótesis vocálica ante R-.
protesta *f* Acción de protestar [1, 2 y 3]. *Tb su efecto*. | *Zar* 27.1.69, 22: Aceptó sin una sola protesta .. la insólita decisión del juez. Laiglesia *Tachado* 77: Su antesala se llenaba de embajadores airados, que le traían enérgicas notas de protesta. Olmo *Golfos* 175: Anguilucha, sin escuchar la protesta de sus huesos, se levanta. **b)** Manifestación de disconformidad con las autoridades, las formas de vida o las ideas establecidas. *A veces en aposición con* CANCIÓN. | Delibes *Año* 41: Antes quiere hacer algo en Armand Colin (una antología) sobre la protesta o "contestation" en la novela española contemporánea. Ordovás *Pop* 145: En el momento en el que Serrat aparece en el mundo de la canción está de moda la "canción protesta".
protestable *adj* Que se puede protestar [3]. | L. Caparrós *SVoz* 8.11.70, 1: Protestar es necesario, porque todo el armazón de nuestra sociedad es perfectamente protestable.
protestación *f* (*raro*) Acción de protestar [5]. | C. Lobato *AbcS* 20.3.75, 49: El domingo día 16, a las once de la mañana, función principal de instituto, en la que se tendrá comunión general y protestación de fe de los hermanos.
protestante *adj* **1** Cristiano que no reconoce la autoridad del Papa de Roma. *Tb n, referido a pers.* | CBaroja *Inquisidor* 15: No hay que ser protestante o judío para hallar injustificados o peligrosos procedimientos tales como el del secreto en las denuncias o las penas trascendentes. **b)** De (los) protestantes. | Tejedor *Arte* 160: Causas de la reforma protestante .. Las doctrinas protestantes.
2 Que protesta [1 y 3]. *Tb n, referido a pers.* | N. Luján *Sáb* 1.10.75, 5: Un grupo de doctora[n]dos de Biología .. hicieron pública su sorpresa expresando su disconformidad en que se organicen homenajes tan caros .. Según parece, este

homenaje ha costado unos siete millones, y los protestantes tienen esta cifra por excesiva.
3 De (la) protesta. I *Inf* 21.6.73, 7: Improcedente el despido de dos profesores que participaron en el movimiento de protesta del pasado febrero .. El colegio toleraba y compartía la postura protestante del profesorado.

protestantismo *m* Religión protestante [1b]. I CBaroja *Inquisidor* 60: Después de quemar muchos [judaizantes], reprimió también con violencia los brotes de protestantismo.

protestar A *intr* **1** Manifestar disconformidad [con algo o, más raro, alguien (*compl* DE o CONTRA)]. *Tb sin compl, por consabido. Tb fig.* I P. GBlanco *Abc* 18.4.58, sn: Ya en 1893 protestaba Rocha Peixoto de que se tomara el "fado" por canción típica de un pueblo. Delibes *Año* 41: Protesto contra las sociedades autocráticas .. y protesto por igual contra los que protestan de estas sociedades mediante la evasión. Medio *Bibiana* 11: Ella lanza la idea, él protesta y se marcha, enfadado, a la habitación.
2 (*lit*) Proclamar [algo (*compl* DE)]. I * El acusado protestó de su inocencia.
B *tr* **3** Manifestar disconformidad [con algo (*cd*)]. I Aldecoa *Gran Sol* 78: Orozco os distingue a vosotros .. Será porque vosotros no le protestáis nada de lo que dice. A. Relaño *País* 18.6.77, 37: El público .. protestó airadamente un veredicto a todas luces justo.
4 (*Com*) Hacer el protesto [de una letra de cambio (*cd*)]. I Miguel *Mad* 22.12.69, 13: Las letras .. han perdido todo su poder de obligar, todo su misterio. Se endosan, se pelotean .. y al final, cuando no queda más remedio, se protestan.
5 (*lit*) Proclamar o declarar [algo] pública o formalmente. I L. Calvo *Abc* 18.12.70, 28: Por mal camino andan los sentimientos de amistad que Francia tiene protestados a España. MFVelasco *Peña* 7: No voy a protestar .. que cuanto se dice en este libro sea la verdad, toda la verdad y nada más que la verdad.

protestatario -ria *adj* **1** Que protesta [1 y 3]. *Tb n, referido a pers.* I Ramírez *Derecho* 136: Para que no formes parte del grupo de protestatarios, te ruego tomes buena nota de cuanto paso a exponerte. Delibes *Año* 100: Los más grandes no-violentos del mundo –Ghandi [*sic*] y Lutero King– fueron protestatarios, protestatarios pacíficos pero inflexibles.
2 De (la) protesta. I Lera *Clarines* 445: El rumor protestatario de la gente continuaba. B. Mostaza *SYa* 28.3.74, 25: La autora analiza la razón de ser y la estructura de la literatura de cordel, .. el carácter levemente protestatario que denotan.

protestativamente *adv* De manera protestativa. I Aldecoa *Cuentos* 1, 416: Pidió permiso para acercarse a la ventanilla, y todos encogieron las piernas. La mujer mayor suspiró protestativamente.

protestativo -va *adj* Que expresa o denota protesta. I Laín *Marañón* 203: Un gesto .. protestativo (aquel con que hacía notar las súbitas y fugaces irritaciones).

protesto *m* (*Com*) Diligencia notarial para hacer constar que una letra de cambio no ha sido aceptada o pagada. *Tb el documento en que consta.* I Ramírez *Derecho* 137: Cada uno de estos términos obliga al pago de las letras, a saber: .. el de "a días o meses vista", el día en que se cumplan los señalados, contándose desde el siguiente al de la aceptación o del protesto por falta de ello. Oliver *Relatos* 40: Te preguntaban la situación del balance de impagados o del cobro de protestos sobre letras de cambio presentadas al notario.

protestón -na *adj* Que protesta [1 y 3], esp. con insistencia. *Tb n, referido a pers.* I *Inf* 5.11.82, 25: En Inglaterra, dispuestos a cortar por lo sano. Los futbolistas protestones, a la cárcel. Lera *Clarines* 322: –Lo que nos has dado ¿es vino o es agua?– El tabernero rompió a reír .. Y .. se quedó mirando maliciosamente al protestón.

protético -ca *adj* (*Ling*) [Sonido] que se añade al principio de una palabra. I GYebra *Traducción* 165: Un periodista notable escribe habitualmente *snobismo* y *stalinista*, sin tener en cuenta que la *s* líquida pide en español una *e* protética.

protídico -ca *adj* (*Quím*) De (los) prótidos. I *BOE* 12.3.68, 3770: Temario de Bioquímica general .. Tema 21. Esquemas generales de biosíntesis protídica. **b)** Que tiene naturaleza de prótido. I *BOE* 12.3.68, 3770: Tema 17. Hormonas protídicas.

prótido *m* (*Quím*) Proteína u otra sustancia de los organismos animales y vegetales, cuya hidrólisis da aminoácidos. I Navarro *Biología* 21: Los prótidos más simples se pueden considerar formados por unas moléculas denominadas aminoácidos. La unión de ellos forma los péptidos, quienes a su vez constituyen las proteínas.

protio *m* (*Quím*) Isótopo del hidrógeno, de peso atómico 1 y cuyo núcleo es un protón. I Aleixandre *Química* 77: El hidrógeno ordinario está constituido casi en su totalidad de protio.

proto *m* (*argot, Mil*) Profesor de una escuela militar. I Fe. Rueda *SYa* 11.1.87, 10: Desde que volviera de Canadá, el joven Príncipe de Asturias ha ido madurando de una forma que no ha pasado inadvertida a sus "protos" o educadores.

proto- *r pref* **1** Primero. I *Por ej*: Valcarce *Moral* 71: Se llama culto de protodulía el que se mira al glorioso Patriarca San José. GÁlvarez *Filosofía* 2, 146: La sensación es la protoelemento de la vida espiritual. Valencia *SYa* 14.6.75, 8: Esopo .. escribió cerca de cuatrocientas fábulas .., y por ello es considerado como el protofabulista. F. Izquierdo *SYa* 9.11.73, 7: Luchó don Francisco Vindel por demostrar que en 1470 se había publicado en Sevilla, con letrería xilográfica y por protoimpresores españoles, el famoso "Sacramental", de Sánchez de Vercial. J. Manzano *SYa* 15.5.77, 15: Si es cierto que el ligur buscaba en esta ocasión el Cipango, no es menos evidente para mí que el Cipango que trataba de alcanzar en su primer periplo atlántico no era el de Toscanelli (el actual Japón), sino la isla Española, descubierta por el protonauta.
2 Primitivo. I *Por ej*: Burgos *Tri* 5.12.70, 10: Lo que más me llamó la atención .. fue el carácter catacumbario y .. hasta protocristiano con que una señora con una botella de agua en las manos .. ponía los ojos en blanco. MSantos *Tiempo* 75: Magma, la protoforma de la vitalidad que nace.
3 Precursor inmediato del más antiguo conocido históricamente. I *Por ej*: Pericot-Maluquer *Humanidad* 60: Los problemas de mayor o menor mongoloidismo de las gentes de estas culturas y sus relaciones con los protoamericanos han de quedar, por ahora, sin resolver. *Van* 17.10.74, 25: Esos protobúlgaros procedentes de Asia Central encontraron una población de eslavos, griegos, tracios y de algunas comunidades de judíos. GNuño *Madrid* 108: Rico fondo de cerámica peruana protochimú. GYebra *Traducción* 26: La que los hetitas llamaban "hattili", lengua aglutinante y como tal aislada entre las demás, a la que modernamente se ha dado el nombre de "protohático" o, sencillamente, "hático", para diferenciarla del "hetita". Pericot-Maluquer *Humanidad* 90: A partir de este momento van a inmigrar grupos protomongoloides que dieron nuevo matiz al poblamiento de América. Pericot-Maluquer *Humanidad* 63: El hallazgo .. de un cráneo y otros huesos pertenecientes a un período del Paleolítico o Epipaleolítico fue muy discutido, por sus rasgos negroides .. Acaso represente un grupo protonegroide. Pericot-Maluquer *Humanidad* 83: Recientemente aparecieron manos pintadas en la decoración mural de habitaciones protoneolíticas en Catal Huyuk (Anatolia). Lapesa *HLengua* 116: En León contendían las latinas *altariu*, *carraria*, las protorrománicas *autariu*, *autairo*, *carraira* .. y las modernas *otero*, *carrera*.

protoactinio *m* (*Quím*) Elemento metálico radiactivo, de número atómico 91, perteneciente a la familia del actinio. I Aleixandre *Química* 19: Los progenitores son el uranio .., el torio .., el protoactinio .. y el plutonio.

protocolariamente *adv* De manera protocolaria. I LTena *Alfonso XII* 135: Pierre .. (Anunciando protocolariamente.) Señoga: El señog Tato y su acompañante.

protocolario -ria *adj* De(l) protocolo [1]. I Laiglesia *Tachado* 66: El diplomático aceptó la excusa con tacto profesional, y se despidió de Cirilo con un cordial apretón de manos acompañado de una protocolaria reverencia.

protocolización *f* Acción de protocolizar. I *Compil. Cataluña* 705: En el caso de que este [testamento ológra-

protocolizar – protonotario

fo] contenga únicamente disposiciones a favor de todos los descendientes del testador, .. no estará sujeto a plazo alguno para su protocolización.

protocolizar *tr* **1** Incorporar al protocolo [2] [un documento]. | *Compil. Cataluña* 706: El testamento se custodiará en el archivo parroquial y se protocolizará conforme a las reglas de la legislación vigente.
2 (*E*) Dar forma de protocolo [4]. | Vega *Corazón* 31: Para exponer la problemática cardiovascular de la gran ciudad, he de echar mano de fuentes referibles a cardiología antropológica, a la propia experiencia médica (sin protocolizar) y al sentido común.

protocolo *m* **1** Conjunto de reglas de etiqueta y comportamiento establecidas para las ceremonias oficiales. | LTena *Triste* 59: Consulta [Alfonso XII] un pliego que habrá sobre la mesa con el protocolo del acto que se celebra. **b)** Conjunto de normas de cortesía y urbanidad establecidas socialmente. | * Ya sé que esto de las felicitaciones es una lata, pero el protocolo es el protocolo.
2 Conjunto de documentos originales que un notario autoriza y custodia con ciertas formalidades. | *HLM* 26.10.70, 22: Además de un copioso archivo de protocolos de 2.205 escribanos públicos, .. el citado Real Colegio posee pinturas maestras.
3 Acta o conjunto de actas de una conferencia o un acuerdo internacional. | APaz *Circulación* 17: Como consecuencia de la adhesión de España al Protocolo formulado en Ginebra por la O.N.U. en 19 de septiembre de 1949, resultan obligatorias las prescripciones y señales allí acordadas. **b)** Acta de un acuerdo o de una reunión. | *Alc* 31.10.62, 6: Durante el registro de "Der Spiegel" fueron encontrados, en sus redacciones de Hamburgo y Bonn, documentos secretos y protocolos de las sesiones del Comité de Defensa del Parlamento alemán. *Sáb* 17.3.76, 32: El primer día de la Ficia-76 se renovó el protocolo financiero suscrito por Cepex y el Banco de Bilbao.
4 (*E*) Informe científico escrito. | MSantos *Tiempo* 210: Los frutos de sus investigaciones han sido pobres, muy pobres..., casi nulos (esparciendo desdeñosamente sobre la mesa cuatro o cinco protocolos de autopsias ratoniles). **b)** (*Med*) Información científica sobre medicamentos. | *DMé* 30.3.93, 1: Las sociedades de primaria obtienen 15 millones para los protocolos. El subdirector general de Ordenación Farmacéutica .. y los representantes de las sociedades de Medicina General .. han acordado financiar con quince millones de pesetas los proyectos presentados por estas para uso racional del medicamento.
5 (*E*) Plan de un tratamiento o de un experimento científico. | *SPaís* 9.4.89, 28: Según Cacabelos .., "es difícil pensar en la posibilidad de conseguir un protocolo terapéutico específico para tratar la demencia senil".

protodórico -ca *adj* (*Arquit*, *hist*) En el antiguo Egipto: [Pilar o columna] con estrías. | Angulo *Arte* 1, 33: Empléase también [en la arquitectura egipcia] la llamada columna protodórica .., de sección poligonal y coronada por un paralelepípedo, como en el futuro ábaco de la columna griega.

protoestrella *f* (*Astron*) Nube de gas y polvo espacial que da lugar a la formación de una estrella. | L. G. Cruz *SD16* 3.5.89, IV: Algunas medidas recientes del diámetro del sol parecen indicar que se contrae, como –según los modelos teóricos– hacen las protoestrellas antes de convertirse en estrellas plenas.

protofito -ta (*tb* **protófito**) *adj* (*Bot*) [Planta] talofita muy primitiva. *Frec como n f en pl, designando este taxón botánico*. | Alvarado *Botánica* 54: Antes [las Esquizofitas] se llamaban tambien Protofitas, pero esta determinación se aplica en la actualidad a todas las plantas unicelulares y a las pluricelulares sencillas en las cuales todas las células son iguales y pueden asimilar y reproducirse independientemente unas de otras.

protoginia *f* (*Bot*) Hecho de madurar antes los pistilos que los estambres. | Ybarra-Cabetas *Ciencias* 275: La maduración de estambres es unas veces anterior a la de los pistilos –protandria– y otras posterior –protoginia–.

protógino -na *adj* (*Bot*) [Planta o flor] en que los pistilos maduran antes que los estambres. | Alvarado *Botánica* 45: El hermafroditismo floral generalmente es solo morfológico. Unas veces maduran antes los estambres (flores protándricas) .., otras los carpelos (flores protóginas).

protohistoria *f* Período de la vida de la humanidad, o de una parte de ella, inmediatamente anterior a la aparición de la escritura. | Pericot-Maluquer *Humanidad* 11: Cuando la Prehistoria se acerca a los tiempos históricos, esto es, con escritura, puede recibir indirectamente luz de fuentes escritas, y entonces solemos llamarla Protohistoria. Fernández-Llorens *Occidente* 150: Los historiadores llaman Protohistoria americana a este período, poco definido cronológica y culturalmente, que se encuentra en el tránsito entre la prehistoria y los pueblos históricos que conocieron los españoles.

protohistórico -ca *adj* De (la) protohistoria. | Pericot-Maluquer *Humanidad* 143: Siempre empero podrá observarse en todas las creencias protohistóricas o en las primeras religiones de las altas culturas históricas la pervivencia y reconocimiento del principio de la diosa madre.

protolítico -ca *adj* (*Prehist*) Del período más antiguo de la Edad de Piedra. | Pericot-Maluquer *Humanidad* 88: En toda Sudamérica, la distinción entre las llamadas industrias protolíticas, toscas, y las de puntas bifaces, posteriores sin duda, ha sido mejor observada que en el continente septentrional.

protomártir *m y f* Primer mártir del cristianismo. | Villapún *Iglesia* 10: San Esteban fue el primer mártir de la Iglesia, por eso se le da el título de "Protomártir". **b)** Primer mártir [de una causa]. | F. Casares *HLM* 26.10.70, 13: Nadie desconoce los excelentes servicios que la Campsa ha prestado a España desde que la creó, siendo ministro de Hacienda, el protomártir de la Cruzada, don José Calvo Sotelo. Seco *Historia* 958: Sobre la tumba del que más adelante había de ser llamado "protomártir" [Calvo Sotelo], el jefe de Renovación Española .. pronunció unas palabras solemnes.

protomedicato *m* (*hist*) Tribunal encargado de examinar y conceder licencias para el ejercicio de la medicina y dotado también de funciones consultivas. | J. ÁSierra *Abc* 19.11.57, sn: A principios de junio de 1757 llega a Madrid, recibiendo el título de médico del Tribunal del Real Protomedicato el 5 de julio.

protomédico *m* (*hist*) Médico principal perteneciente al protomedicato. | Castroviejo *Abc* 10.10.65, 25: Francisco Hernández, el protomédico de cámara de Felipe II, .. nos deja .. detalles precisos al respecto.

prótomo (*tb* **protomo**) *m* (*Arte*) Motivo ornamental constituido por la cabeza o parte del busto de un animal o una pers. | GNuño *Escultura* 119: En el Museo Arqueológico Nacional hay un protomo de carnero, saliendo de un sillar, figura muy ornamental de rizados y revueltos cuernos. Delibes *Tesoro* 28: Fíjate en los prótomos [de la fíbula]. No conozco otro caso en la joyería prerromana hispánica, con prótomos de animales.

protón *m* (*Fís*) Partícula elemental estable y cargada positivamente, que se encuentra en el núcleo del átomo en un número fijo y característico igual al número atómico. | *Abc Extra* 12.62, 47: El niño juega a descomponer con pinzas la materia, a desenredar protones y neutrones de plástico.

protonema *m* (*Bot*) *En las plantas briofitas:* Cuerpo celular, gralm. filamentoso, que se produce al germinar una espora. | Alvarado *Botánica* 68: Cuando estas [las esporas] caen a tierra y encuentran humedad suficiente, germinan, originando un insignificante cuerpo vegetativo indiferenciado llamado protonema .., del que nacerán por gemación un cierto número de muscíneas sexuadas.

protónico -ca *adj* (*Fon*) Que precede a la sílaba tónica. | Lapesa *HLengua* 56: En menor grado se debilitó también la vocal protónica.

protonotario *m* **1** (*hist*) Notario principal. | CBaroja *Inquisidor* 60: Tampoco [demostraron mucha cordura] los que después pronunciaron sentencia contra el protonotario de Aragón.
2 ~ **apostólico.** (*Rel catól*) Prelado de la Curia Romana nombrado por el Papa y de rango superior entre los que no tienen carácter episcopal. | *Ya* 1.6.84, 29: El ilustrísimo y reverendísimo monseñor Lisardo Díaz Hernández, Protono-

tario apostólico, dignidad de chantre de la santa iglesia catedral y ex abreviador de la Nunciatura Apostólica, Descansó en la paz del Señor el día 31 de mayo de 1984.

protoplasma *m* (*Biol*) Sustancia coloidal, de composición química compleja, que constituye la parte viva de la célula. | Navarro *Biología* 42: La materia que compone el protoplasma es de una extremada complejidad.

protoplasmático -ca *adj* (*Biol*) De(l) protoplasma. | Bustinza-Mascaró *Ciencias* 24: Absorberá [el protoplasma] la porción útil del alimento, que será empleada como fuente de energía para los movimientos de la ameba y también para reconstruir la propia materia protoplasmática.

protoplásmico -ca *adj* (*Biol*) Protoplasmático. | Ybarra-Cabetas *Ciencias* 183: Los fenómenos vitales de la materia protoplásmica están muy relacionados con el medio exterior.

protórax *m* (*Zool*) *En los insectos*: Primer segmento del tórax. | Legorburu-Barrutia *Ciencias* 165: El tórax [del saltamontes] está formado por tres anillos: protórax, mesotórax y metatórax.

prototerio *adj* (*Zool*) [Mamífero] monotrema. *Tb n*. | Ybarra-Cabetas *Ciencias* 410: Los Mamíferos prototerios. El ornitorrinco. Los prototerios son los mamíferos más inferiores.

prototípicamente *adv* De manera prototípica. | E. Carro *Van* 19.3.72, 10: Nuestra época .. ya le quita lo que en algunos siglos .. le han otorgado como atributo decisorio: la vejez. Y esto ya sí que no encaja con las nervadas y perfectas representaciones románico-catalanas en que José, prototípicamente, tiene aire de Cristo, tanto por edad como por dignidad.

prototípico -ca *adj* De(l) prototipo. | GNuño *Escultura* 181: Son pequeñas recompensas que la historia concede, no a las prototípicas correcciones clásicas, sino a la espontaneidad provinciana y no poco tosca de los campesinos ibéricos. **b)** Que tiene carácter de prototipo [2]. | E. Tijeras *Abc* 29.11.70, 7: Llega un momento en que la persona –mayoritaria, prototípica– se encuentra inmersa en plena cultura de masas.

prototipo *m* **1** Primer ejemplar [de un objeto, esp. una máquina o vehículo] construido como modelo para su fabricación en serie. | *Abc* 5.8.70, 16: Las pruebas de vuelo del prototipo Concorde 002, el avión supersónico anglo-francés, .. han tenido que ser retrasadas.
2 Pers. o cosa que sirve de tipo o modelo [de algo]. | DPlaja *Literatura* 223: Don Quijote y Sancho han quedado convertidos en prototipos del idealismo y del materialismo de la humanidad.

protóxido *m* (*Quím*) Óxido que contiene la mínima cantidad de oxígeno. | *Ya* 8.12.70, 32: Importancia principal debe ser prestada a los servicios totalmente automáticos de oxígeno y protóxido de nitrógeno, que garanticen un suministro ininterrumpido del gas.

protozoario -ria *adj* (*Zool*) **1** Protozoo. *Tb n*. | J. Botella *SAbc* 4.1.70, 30: El sexo es un epifenómeno muy tardío en el desarrollo de las especies. Así, en los protozoarios, los seres unicelulares inferiores, la reproducción no es más que una continuación del crecimiento.
2 De (los) protozoos. | Nolla *Salud* 232: Las leishmaniosis son, asimismo, infecciones protozoarias transmitidas por dípteros.

protozoo *adj* (*Zool*) [Animal], gralm. microscópico, constituido por una sola célula o por una colonia de células iguales entre sí. *Frec como n m en pl, designando este taxón zoológico*. | Bustinza-Mascaró *Ciencias* 23: La ameba es un protozoo; un animal microscópico formado por una sola célula.

protozoología *f* Estudio de los protozoos. | Navarro *Biología* 233: Comprende [la microbiología] cuatro ramas: Bacteriología .. Virología .. Protozoología .. y Micología.

protráctil *adj* (*Zool*) Que puede extenderse hacia adelante. *Dicho esp de la lengua de los reptiles*. | Ybarra-Cabetas *Ciencias* 372: La lagartija .. La hendidura de la boca es profunda, la lengua bífida y protráctil y funciona como órgano del tacto.

protrombina *f* (*Fisiol*) Sustancia que por la acción de la trombocinasa se transforma en trombina. | Bustinza-Mascaró *Ciencias* 58: Cuando se produce una herida, las células dañadas, así como las plaquetas de la sangre que sale por la herida, ponen en libertad una sustancia llamada tromboplastina, la cual transforma a la protrombina, presente en la sangre, en trombina.

protrusión *f* (*Med*) Hecho de sobresalir o avanzar hacia adelante. | N. Retana *Inf* 25.4.70, 20: Deformaciones dentales .. en los niños, que mueven a los padres a consultar al especialista: .. protrusión de los dientes superiores anteriores o maxilar inferior prominente, girado o desviado hacia un lado.

protuberancia *f* Parte que sobresale en una superficie. | Pericot-Maluquer *Humanidad* 71: Es curioso que se consiga a veces un efecto especial de relieve cuando, como en el caso de Altamira, se aprovechan las protuberancias de la roca para que cada una de ellas ocupe el cuerpo de un bisonte pintado. Navarro *Biología* 122: Presenta [la médula espinal] dos hendiduras longitudinales .. y dos protuberancias, una superior y otra inferior. **b)** (*Astron*) Proyección gigantesca de gas que sobresale del disco solar. *Frec* ~ SOLAR. | Zubía *Geografía* 12: De ella [la cromosfera] salen a veces enormes surtidores luminosos que se llaman "protuberancias solares". **c)** ~ **anular** o **cerebral.** (*Anat*) Órgano, situado en la parte inferior del encéfalo, que pone en conexión el cerebro, el cerebelo y el bulbo raquídeo. | Bustinza-Mascaró *Ciencias* 76: En él [el cerebelo] se distinguen dos partes laterales, hemisferios cerebelosos, unidos por una porción central estrecha, la protuberancia anular o puente de Varolio.

protuberante *adj* Que sobresale en una superficie. | CBonald *Dos días* 13: Tenía las orejas gachas y un protuberante lobanillo en la sien.

protutor -ra *m y f* (*Der*) Pers. designada legalmente para vigilar las funciones de la tutela. | *Compil. Aragón* 567: Solo existe el cargo de protutor cuando fuere estatuido en testamento o en otro documento público.

proustianamente (*pronunc*, /prustiánaménte/) *adv* De manera proustiana. | FAlmagro *Abc* 29.6.58, 17: Con exquisito pormenor, proustianamente.

proustiano -na (*pronunc*, /prustiáno/) *adj* **1** Del escritor francés Marcel Proust (1871-1922). | *Tri* 7.2.70, 38: Luchino Visconti pospone su adaptación del proustiano "En busca del tiempo perdido".
2 (*lit*) Nostálgico o evocador. *Referido esp a autor u obra literaria*. | Amorós *Introducción* 47: Todos tenemos una cierta sensibilidad proustiana al recordar nuestra infancia, al intentar la búsqueda del *tiempo perdido*.

proustita *f* (*Mineral*) Mineral de color rojo vivo, mena de la plata, consistente en un sulfuro de arsénico y plata. | Ybarra-Cabetas *Ciencias* 63: Platas rojas. Con este nombre .. se designa un grupo de sulfoarseniuros y sulfoantimoniuros de plata, de los que los más importantes son la pirargirita y la proustita.

provecho I *m* **1** Efecto positivo, material o moral, [de algo (*compl de posesión*) o para alguien o algo (*compl de posesión*)]. | Villapún *Moral* 67: Los provechos o bienes que puede sacar el alma que es tentada son grandes, y se reducen principalmente a que la tentación: Nos instruye. Nos purifica. Hace merecer. *Sáb* 15.3.75, 38: Consecuencia de todo esto, Agaete, y más aún el Puerto de las Nieves, sacarían gran provecho de ese .. proyectado hotel.
2 Capacidad de producir provecho [1]. *En constrs como* DE ~, SIN ~, *o* TENER ~. | * Este trasto no tiene provecho.
3 (*col*) Eructo. *Normalmente referido a niños*. | * A ver cómo hace mi niño un provechito.
4 buen ~. Se usa como fórmula de cortesía o en la constr DESEAR BUEN ~, para manifestar el deseo de una buena digestión a quien va a comer o ha eructado, o de un resultado grato y provechoso a quien va a tener o disfrutar algo. *Frec irónicamente*. | Romano-Sanz *Alcudia* 19: Vicente ha abierto la tartera donde vienen chuletas y chorizos fritos. Ofrece la cortesía al posadero y al viejo, que desean buen provecho. * –Le ha tocado la lotería, pero no da nada a nadie. –Pues buen provecho.

provechosamente – providencia

II *loc adj* **5 de ~**. [Pers.] útil a la sociedad. | Muñiz *Tintero* 123: A los chicos hay que educarlos desde muy pequeños para que luego sean hombres de provecho.

provechosamente *adv* De manera provechosa. | *País* 6.1.78, 8: En el caso español, la condena de las Naciones Unidas fue utilizada provechosamente por el dictador para consolidar su posición.

provechoso -sa *adj* Que proporciona provecho [1]. | Ú. Buezas *Reg* 22.10.74, 4: En su cátedra aprendimos, además de sus sabios postulados, esta provechosa enseñanza: de que el triunfo no es patrimonio exclusivo de los hombres de talento, sino más bien de los tenaces.

provecto -ta *adj* (*lit*) [Edad] avanzada. | Llamazares *Río* 172: María González Cañón, muerta el 6 de noviembre de 1946 en Rediluera a la provecta edad de 108 años. **b)** [Pers.] de edad avanzada. | Cossío *Confesiones* 132: Por aquella época se era provecto a los cuarenta años, y, aparte de que la vida era más corta, la barba envejecía mucho.

proveedor -ra *adj* Que provee [3]. *Frec n, referido a pers*. | Rivas *Hucha* 1, 157: Yo tengo una ventana que da al solar reseco de la trasera de mi casa. La ventana es la única proveedora de luz de mi escritorio, y yo vivo y pienso por la ventana. F. SJosé *Abc* 12.4.75, 28: Matesa tiene un pasivo de 9.000 millones de pesetas, cuyos intereses no ha pagado; debe, asimismo, 700 millones a sus proveedores. Grosso *Invitados* 60: Que sirviera como proveedor de una batería antiaérea en la zona del área metropolitana.

proveer (*conjug* **22**) **A** *tr* **1** Preparar o disponer [lo necesario]. *Tb abs*. | Peña-Useros *Mesías* 46: –Padre mío, .. aquí llevamos el fuego y la leña; pero la víctima ¿dónde está? –Dios proveerá, hijo mío.
2 Resolver o decidir. *Tb abs*. | J. M. ÁRomero *MHi* 11.63, 74: Felipe no aceptó el descanso y quemó los días enteros de su vida en despachar con su mano cédulas reales y en proveer lo que los reinos habían menester. FReguera *Bienaventurados* 96: Tengo asuntos muy importantes .. Son cosas que urgen. Tengo que proveer, tengo que proveer. **b)** (*Der*) Dictar [un juez o tribunal una resolución]. *Tb abs*. *Frec en la constr* PARA MEJOR *~*. | J. Miralles *Abc* 1.8.63, 16: En el caso que por esta sentencia se resuelve, se fijó pericialmente, para mejor proveer, el precio del piso objeto del retracto.
3 Proporcionar [algo (*compl* DE *o*, *más raro*, CON) a una pers. o cosa (*cd*)] o dotar[las de ello]. | Torrente *Sombras* 228: La policía local se encargará de proveerle de documentación. * Les proveyó con lo necesario. * Deberán proveer de cinturón de seguridad a los nuevos modelos.
4 Hacer que se cubra [un puesto o cargo vacante (*cd*)]. | *Ya* 16.5.88, 14: Se definirán los puestos de trabajo que por su perfil profesional revistan carácter singular y que puedan ser provistos con carácter permanente. Villapún *Iglesia* 92: Hubo autoridad civil que .. proveyó por sí mismo [*sic*] los cargos eclesiásticos que estaban vacantes.
B *intr* **5** Atender [a algo] u ocuparse [de ello (*compl* A)]. | *Compil. Cataluña* 739: En el ínterin administrarán los bienes de la herencia o del legado los herederos del fiduciario, si el testador no ha proveído a ello. **b)** Proporcionar lo necesario [para algo (*compl* A)]. | Gambra *Filosofía* 36: El concepto .. ha de expresarse en la vida de relación mediante signos captables por los sentidos. A ello provee el lenguaje mediante un número .. de signos gramaticales a los que llamamos palabras. S. Araúz *Inf* 20.1.76, 16: Hace veinte, veinticinco años, dar una cacería, organizar una batida, le costaba los cuartos al propietario de la finca. Su gente hacía las posturas, y él pagaba a los ojeadores, proveía al "taco" y acogía en su casa, "ars gratia artis", a las escopetas invitadas.

proveído *m* (*Der*) Resolución judicial interlocutoria o de trámite. | *BOE* 4.12.75, 25325: En virtud de lo acordado por el señor Juez de Primera Instancia número 1 de Mataró, por proveído de esta fecha, .. por el presente se hace saber .. que .. ha sido favorablemente votado el convenio.

provenciano -na *adj* De El Provencio (Cuenca). *Tb n, referido a pers*. | L. Martínez *DíaCu* 14.8.84, 8: El Provencio .. Provencianos, vuestro alcalde, de todo corazón, os desea felices fiestas.

proveniencia *f* Hecho de provenir. | * Se discute la proveniencia francesa de este término.

proveniente *adj* Que proviene. | *Mun* 23.5.70, 61: Este Sevilla, proveniente de Segunda División .., ya hubiera cumplido eludiendo un nuevo descenso. Mendoza *Ciudad* 152: Algunas noches los vecinos oían canciones provenientes del piso.

provenir (*conjug* **61**) *intr* Proceder o venir [de algo]. | CNavarro *Perros* 130: Sus intenciones .. eran limpias y maravillosas. El cambio, por tanto, tenía que provenir de alguna parte ajena a sus voluntades. *Abc* 23.5.74, 52: El topónimo actual de Escombreras no proviene de escombros o desechos, sino de escómbrido o caballa.

provenzal I *adj* **1** De Provenza (región del sur de Francia). *Tb n, referido a pers*. | Cunqueiro *Fantini* 107: Los que creen en la estancia provenzal de Fanto estiman que murió allí de sus heridas chipriotas. GCaballero *Abc* 29.12.70, 3: De todos esos pueblos debemos a uno de ellos, los provenzales, .. el nombre que hoy portamos de españoles.
2 De(l) provenzal [3]. | DPlaja *Literatura* 60: La poesía provenzal empieza con Guillem de Poitiers. Villar *Lenguas* 118: El grupo provenzal. Consta de los dialectos de Provenza, Languedoc, Gasconia [*sic*], etc. .. Existen casi diez millones de hablantes.
II *m* **3** Occitano (lengua), esp. de la región de Provenza. | Lapesa *HLengua* 142: En Navarra y Jaca .. hay muchas escrituras y algunos fueros en gascón o provenzal.

provenzalismo *m* Palabra o rasgo idiomático propios del provenzal [3] o procedentes de él. | Lapesa *HLengua* 143: De esta época data la introducción de numerosos galicismos y provenzalismos.

provenzalista *m y f* Especialista en lengua y literatura provenzales [2]. | * Los provenzalistas presentaron esta lírica como la más antigua de las literaturas europeas.

proverbial *adj* **1** [Frase] que tiene carácter de proverbio. | GCampos-Barella *Refranes* X: Citamos estos ejemplos por la claridad con que se advierten sus características de frases proverbiales.
2 [Cosa] conocida de siempre o por todos. | *Zar* 27.1.69, 22: ¿Por qué Legrá, pese a su fanfarronismo proverbial, aceptó .. la insólita decisión del juez?

proverbialmente *adv* De manera proverbial. | *Tri* 11.4.70, 41: Es facilísimo traspasar la paciencia pública, aun en el caso de un pueblo proverbialmente paciente.

proverbio *m* Frase breve y concisa de carácter tradicional, que encierra una enseñanza moral. | CBaroja *Inquisidor* 14: "Como creo lo que invento, no me parece que miento", dice un proverbio viejo.

provicario *m* (*Rel catól*) Individuo que desempeña las funciones de vicario en caso de ausencia de este. | *Not* 30.12.70, 2: El Arzobispado de Pamplona, por medio del provicario general de la Archidiócesis, ha publicado una carta en relación con el "Día de la Paz".

próvidamente *adv* (*lit*) De manera próvida. | S. Adame *HyV* 10.71, 40: El caballo .. tenía una conmovedora resistencia para el trabajo, sin arredrarse ante las más empinadas cuestas de que Madrid estaba próvidamente dotado.

providencia *f* **1** Gobierno o cuidado que Dios ejerce sobre la creación. *Frec con mayúscula, designando a Dios en esta función, esp en la forma* DIVINA *~*. | Anson *Abc* 21.5.67, 55: No hubo incidentes porque la providencia no quiso. SLuis *Doctrina* 23: Los textos más llamativos referentes a la Providencia divina se encuentran en el sermón del Monte.
2 Disposición o medida, esp. de carácter preventivo. *Frec con el v* TOMAR. | Buero *Sueño* 169: Cuando le suplico que tome providencias, que escape como tantos de sus amigos, grita que no hay motivo para ello. Mercader-DOrtiz *HEspaña* 4, 25: Las Cortes de Cádiz comenzaron por decretar .. la expropiación por parte del Estado de todos los bienes pertenecientes a establecimientos públicos, eclesiásticos, regulares o seculares de ambos sexos, disueltos, extinguidos o reformados por efectos de la invasión o de providencias del gobierno intruso.
3 (*Der*) Resolución judicial no fundamentada, que decide cuestiones sencillas o de trámite. | Salom *Delfines* 388: Llegó la providencia del Juzgado hace apenas una hora.

providencial *adj* Muy oportuno y beneficioso. | Olmo *Golfos* 112: El descuido providencial de don Cipriano .. nos vino justo.

providencialismo *m* (*Filos*) Doctrina según la cual todo sucede por disposición de la divina Providencia. *Tb la actitud correspondiente.* | CBaroja *Inquisidor* 11: Para hacer ver también cómo gravita sobre todos nosotros .. el peso de las acciones generales, colectivas y aun extrahumanas, dejando también ahora a un lado providencialismos o fatalismos religiosos.

providencialista *adj* (*Filos*) De(l) providencialismo o que lo implica. | Fernández-Llorens *Occidente* 175: En Francia, el tratadista más característico es Bossuet, representante de una teoría de base bíblica, que da un carácter providencialista a la realeza. B. M. Hernando *Inf* 4.1.72, 18: Pocas cosas tan cristianas, tan "providencialistas", como el "quemar las naves". **b)** Adepto al providencialismo. *Tb n.* | J. M. Moreiro *SAbc* 9.2.69, 42: Un Cristóbal Colón providencialista, discutiendo en el convento dominico de San Esteban su increíble proyecto.

providencialmente *adv* De manera providencial. | F. SVentura *SAbc* 29.9.68, 24: Dios puede llamar a su seno para darle la felicidad eterna y premiarle por sus servicios a quien ha cumplido su misión, sin perjuicio de que aquella vacante abra, a la vez, providencialmente, una vía que se había cerrado contra los planes divinos.

providenciar (*conjug* **1a**) *tr* (*lit*) Disponer [algo] como providencia [2]. *Tb abs.* | JLozano *Íns* 9.84, 16: Apenas se juntan cuatro o seis niños –decía la diligencia– se providencia el trasponerlos. *BOE* 30.7.93, 23269: Las atribuciones y obligaciones del Director son: .. Providenciar en cualquier caso urgente, sin perjuicio de dar cuenta después a la Academia.

providente *adj* (*lit*) **1** [Pers.] que cuida y vela por las necesidades de alguien o algo. | Gambra *Filosofía* 171: Si Dios es providente, ¿cómo permite el mal? MSantos *Tiempo* 147: Al palacio de las hijas de la noche donde, inmóvil ero siempre providente, reposaba .. Doña Luisa. **b)** Propio de la pers. providente. | MSantos *Tiempo* 169: Mostraba hacia él una simpatía más desbordante, .. una magnanimidad más fina y providente.
2 (*raro*) Previsor. | Van 15.5.75, 51: Lo propio de las fábulas es subrayar el horror, como providente tirocinio infantil que prepare a la lectura de los diarios.
3 (*raro*) Próvido. | Gala *Séneca* 77: Y triunfó .. llevando la luz y el águila de Roma, por Oriente y por Occidente, a los extremos rincones del universo; derramando, providente y dadivoso, la ciudadanía romana sobre los pueblos.

providentemente *adv* (*lit*) De manera providente. | Torbado *Corrupciones* 149: La casa caerá, y vendrán hermosos lagartos a habitar entre la hierba que aquí nazca .., y los pájaros del cielo, de quien Dios providentemente se ocupa.

próvido -da *adj* (*lit*) Generoso o pródigo. | Cela *Pirineo* 320: El viajero .. se dio a patearse Pont de Suert, la próvida fuente de los kilowatios.

provincia *f* **1** Demarcación administrativa del territorio español sometida a la autoridad de un gobernador. | *CoE* 21.8.74, 32: Valencia .. El gobernador civil de la provincia ha ordenado que no se levante la veda para la caza de las especies tórtola, codorniz y paloma torcaz debido al riesgo de incendios forestales.
2 Territorio gobernado como parte de un país o imperio. | Arenaza-Gastaminza *Historia* 234: Con sus provincias polacas, obtenidas en los recientes repartos de Polonia, Napoleón fundó el Gran Ducado de Varsovia. **b)** (*hist*) Territorio perteneciente al Imperio Romano fuera de Italia y sometido a la autoridad de un gobernador. | Amorós-Mayoral *Lengua* 5: Durante muchos años, antes de las invasiones de los visigodos y de los musulmanes, nuestra Patria fue una provincia romana.
3 División territorial eclesiástica bajo la autoridad de un arzobispo. *Frec* ~ ECLESIÁSTICA. | Zubía *España* 243: España se halla dividida en 11 provincias eclesiásticas o arzobispados.
4 División territorial de una orden religiosa, que contiene determinado número de casas o conventos. | *Abc* 4.10.70, 34: Participan en esta Asamblea delegados elegidos por las 84 provincias, viceprovincias y misiones de la Orden ignaciana.
5 Parte del territorio nacional, especialmente ciudad, que no es la capital del estado. *Frec en pl.* | Laforet *Mujer* 47: No se trata de "atraparte legalmente", como una señorita de provincias ansiosa de marido. GBiedma *Retrato* 9: Se trasluce en ellos, además, una cierta sobrentendida petulancia que hace pensar en las familias pretenciosas de provincia.

provincial *adj* **1** De (la) provincia. *Tb* (*raro*) *n*, *referido a pers.* | J. M. Moreiro *SAbc* 9.2.69, 45: La industria provincial acusa una serie de defectos: excesiva diseminación de plantas, utillaje anticuado. GGual *Novela* 368: La facundia expresiva, de un latín lleno de colorido, .. es uno de los talentos de este provincial africano [Apuleyo], de la misma procedencia que el más famoso retórico de la época, Frontón.
2 [Religioso] que gobierna una provincia [4]. *Tb n.* | *Ya* 19.11.63, 32: El padre provincial de los franciscanos de Madrid hizo el domingo en la iglesia magistral de Alcalá de Henares la solemne proclamación del Año Santo Franciscano. F. Cebolla *Tri* 12.6.71, 19: En marzo se retirarán las acusaciones que pesaban contra los inculpados considerados como "colaboradores"; entre ellos, la provincial de la Orden del Sagrado Corazón para la Costa Este de los Estados Unidos, Josefina Egan.

provincialato *m* Cargo o dignidad de provincial [2]. | HSBarba *HEspaña* 4, 347: La tensión que se manifiesta en todos los órdenes de la vida, de modo especial en el religioso, y, dentro de este, con respecto al problema de la provisión de provincialatos de las Órdenes religiosas.

provincialidad *f* Cualidad de provincial [1]. | *País* 21.9.77, 6: Mantenida irresponsablemente la doctrina de la provincialidad del Sahara hasta 1974, en ese año el Gobierno y el Jefe del Estado abrazaron la doctrina de la independencia por medio de la autodeterminación.

provincialismo *m* **1** Preferencia por las cosas de la provincia [1] propia. *Frec con intención desp.* | Alfonso *España* 68: Nuestra cultura urbana ha sido bastante mezquina, de un enteco provincialismo.
2 Palabra o rasgo idiomático propio de alguna provincia [1]. | Lázaro *Crónica* 42: No se excluían los provincialismos y arcaísmos, en abierto desacuerdo con casi todos los demás diccionarios examinados.

provincialista *adj* (*Pol*) Que centra su actividad en una sola provincia [1]. *Tb n*, *referido a pers.* | E. Domaika *Ya* 25.1.92, 12: El presidente del Partido Popular en el País Vasco, Jaime Mayor Oreja, responsabilizó ayer a los partidos provincialistas de contribuir a la perpetuación del socialismo en el poder. **b)** De los provincialistas. | *Ya* 25.1.92, 12: El PP reclama el voto provincialista.

provincialización *f* Acción de provincializar. | Oreja *Ya* 15.6.75, 7: Tanto el decreto de provincialización del Sahara como la ley organizadora del territorio –siguiendo la pauta portuguesa– fueron graves errores que muchos descubren ahora.

provincializar *tr* Dar carácter provincial [1] [a algo (*cd*)]. | *Leg. contencioso-adm.* 12: Tampoco están comprendidas en el concepto legal de "corporaciones e instituciones públicas" la Red Nacional de los Ferrocarriles Españoles, ni las diversas personas jurídicas creadas por el Instituto Nacional de Industria .. Ni, por la misma razón, los servicios públicos municipalizados o provincializados en régimen de empresa privada o de empresa mixta. E. Racionero *Ya* 8.5.89, 15: Lo que proponen nuestros políticos (?) es simplemente provincializar lo universal.

provincianamente *adv* De manera provinciana. | *Nor* 29.5.80, 36: La vida fluía provincianamente.

provincianismo *m* Condición de provinciano. | MChacón *Abc* 20.8.69, 31: Incluso figuran en el censo madrileño gentes cuyo provincianismo lleva en sus entrañas esencias de más de una provincia. Delibes *Madera* 222: Mediante su irreflexivo matrimonio había querido dar un no rotundo a la ciudad, a su cursilería, a su provincianismo, a su mal gusto.

provinciano -na *adj* De (la) provincia [5]. *A veces con intención desp, denotando rusticidad o paletería. Tb n*, referido a pers. | RMoñino *Poesía* 9: Granadino .., trasladóse a Madrid, y aquí, en esta humanísima ciudad, madre común de todos los provincianos, halló acogida pronta en las redacciones de los periódicos. V. A. Pineda *Des* 12.9.70, 18: La ceremonia .. fue penosa, provinciana y verbenera.

provinencia *f* (*semiculto*) Proveniencia. | Pla *América* 26: Los seres humanos viven aquí rodeados de vibraciones del aire, de los matices y de las provinencias más diversas.

provinente *adj* (*semiculto*) Proveniente. | V. D'Ors *SAbc* 15.5.58, 35: Un arquetipo de palacio-caserón, provinente del alcázar menor, domesticado o civilizado, .. viene a ser lo que podemos llamar "palacio madrileño".

proviniente *adj* (*semiculto*) Proveniente. | ZVicente *Asedio* 23: Tal afirmación, proviniente de Rubén Darío, .. tenía que ser un mandato casi para Ramón del Valle Inclán.

provisión *f* **1** Acción de proveer. | *Economía* 203: Es más práctico hacer mensualmente la provisión del jabón y guardarlo en sitio seco cortado en pedazos para que seque. CBaroja *Inquisidor* 24: Felipe II, por su parte, creyó siempre que acertaba en la provisión de cargos semejantes.
2 Conjunto de cosas que se tienen prevenidas por si se necesitan. *Frec en pl y con un compl especificador*. | Laforet *Mujer* 34: Siempre pedía a Villa de Robre grandes provisiones de ellos [de caramelos]. FQuintana-Velarde *Política* 27: Los bienes que han de producirse se manifestarán en los deseos y en las provisiones de dinero de los demandantes. **b)** *Esp*: Víveres. *Gralm en pl. Tb* ~ES DE BOCA. | Laforet *Mujer* 89: Esperaron un buen rato, comiendo al aire libre las provisiones que habían traído. Palacios *Juicio* 32: Gracias a la subsistencia pueden atravesar nuestras almas el vado de la muerte sin anegarse en el Todo, y subsistir sin cuerpo en otro mundo, donde no existen las provisiones de boca.
3 (*hist*) Despacho o mandamiento expedido por algunos tribunales, esp. consejos o audiencias, en nombre del rey. | Grau *Lecturas* 236: Carlos III, por provisión de 27 de julio de 1778, le prestó su real aprobación, disponiendo la creación de dicha Escuela de Dibujo.

provisional *adj* Temporal, o sujeto a cambio posterior. | Laforet *Mujer* 185: Mi niño está en el taller de una manera provisional. **b)** [Libertad] concedida, con o sin fianza, a un procesado durante la tramitación de la causa, no sometiéndolo a prisión preventiva. *Tb n f.* | Tomás *Orilla* 190: –¿Qué dice el abogado? –Que me saca en dos días .. Dos días y me dan la provisional. **c)** (*hist, Mil*) Durante la Guerra Civil de 1936 y en el Ejército Nacional: [Alférez o sargento] nombrado con carácter provisional tras un curso de escasa duración. *Tb n.* | J. Baró *Abc* 8.11.70, 25: Carlistas y alféreces provisionales acudieron al palacio de la Zarzuela para cumplimentar al Príncipe y expresarle su lealtad y su adhesión. L. Contreras *Mun* 19.12.70, 9: Los sargentos provisionales de Asturias .. han provocado una marea de protesta en papel timbrado. Marsé *Dicen* 143: Se interesa amablemente por los enfermos ..: Conradito el primero, un elogio a su glorioso uniforme de provisional, la salvación de España había salido de las universidades.

provisionalidad *f* Cualidad de provisional. | Marsé *Tardes* 61: Cierta confianza en sí mismo que se derivaba de la fragilidad en torno, del carácter de provisionalidad con que había visto siempre marcadas las cosas de su barrio. GSerrano *Macuto* 401: Cobró entonces la categoría de alférez un ademán irremediablemente juvenil, y aquella provisionalidad de su grado era como un símbolo, muchas veces, de la fugacidad de sus vidas.

provisionalmente *adv* De manera provisional. | *VozC* 29.6.69, 2: Están programadas provisionalmente a cargo de los astronautas.

provisionar *tr* Hacer provisión [de una cantidad determinada (*cd*)]. | *Ya* 14.3.87, 13: La banca tendrá que provisionar este año 80.000 millones de pesetas tras la circular que ayer aprobó el Banco de España en virtud de la cual bancos y cajas, además de las provisiones que su personal pasivo, vendrán obligados a partir de ahora a realizar provisiones respecto a la parte devengada de los riesgos potenciales por servicios prestados por su personal en activo. **b)** Hacer provisión de fondos [para algo (*cd*)]. | *D16* 19.3.93, 18: El Grupo Prisa tuvo un beneficio consolidado después de impuestos de 5.168 millones de pesetas .. Estos resultados se obtuvieron tras provisionar las pérdidas de Canal +.

provisionista *m y f* Proveedor o abastecedor. | *Ale* 4.8.83, 40: Algunos [pagos] ya estaban liquidados, de obras, gastos de provisionistas, etcétera.

provisor -ra A *m y f* **1** Proveedor o abastecedor. | Cela *Mazurca* 226: Doña Dorita es provisora del ropero de los pobres.
B *m* **2** (*Rel catól*) Juez diocesano nombrado por el obispo, con autoridad ordinaria para entender en causas eclesiásticas. | Hoyo *Bigotillo* 97: Los cuatro eclesiásticos tomaron asiento en las sillas. Se constituyeron en tribunal para las censuras, por mandato del obispo. Velaría por la justicia, mandando más que ninguno de ellos, .. el llamado Provisor.

provisoriamente *adv* De manera provisoria. | GSosa *GCanaria* 25: En su origen fue un campamento militar: el "Real de Las Palmas", que instalaran, tosca y provisoriamente, .. los conquistadores españoles que ese día arribaron a Gran Canaria.

provisorio -ria *adj* Provisional. | Aranguren *Juventud* 202: El actual "materialismo" occidental consiste .. en contentarse con una acomodación tal vez provisoria pero funcional a la realidad inmediata. *Fam* 15.11.70, 10: Lo que quieren los detenidos, en una palabra, es .. que se bajen las tarifas a pagar para obtener la libertad provisoria.

provitamina *f* (*Biol*) Sustancia que se convierte en vitamina en los tejidos animales. | Navarro *Biología* 19: El ergosterol de los vegetales se considera como provitamina D.

provo *adj* Perteneciente a un movimiento de protesta antiburgués surgido en Holanda alrededor de 1965, caracterizado por el desprecio a las convenciones y a la autoridad estatal y que, no obstante, busca la consecución de sus objetivos políticos a través de los métodos del orden social existente. *Tb n, referido a pers.* | D. A. Manrique *Tri* 12.8.72, 20: Los "provos" nacieron de la unión de este puñado de inquietos agitadores con los grupos de jóvenes holandeses más o menos emancipados .. Y uno de estos días, en julio de 1965, apareció allí "Provo", la revista que iba a servir de portavoz al movimiento.

provocación *f* **1** Acción de provocar [1]. | Benet *Nunca* 17: La misma subsistencia hubiera sido un problema difícil si a su debido tiempo no le hubieran excitado el orgullo y una cierta afición a la burla las provocaciones de una tía virtuosa.
2 Cosa que provoca [1]. | * Tu actitud es una provocación, no te niegues.

provocador -ra *adj* Que provoca [1 y 2]. *Tb n, referido a pers.* | CPuche *Paralelo* 70: El tono del español remilgado era casi provocador. Riquer *Caballeros* 146: El marqués de Ferrara sentenció que Johan Tolsá y Johan Marrades han de desistir de su batalla y no se han de provocar ni ofender nunca más; y si lo hacen, el provocador tendrá que pagar cuatro mil ducados de oro. Fernández-Llorens *Occidente* 238: Su aportación más importante para la medicina es el descubrimiento del bacilo provocador de la tuberculosis. **b)** *Esp*: Que provoca disturbios o revueltas. *Tb n, referido a pers.* | VMontalbán *Almuerzos* 71: Los socialistas vascos son los más viscerales; basta ver a García Damborenea, que es un provocador nato.

provocadoramente *adv* De manera provocadora. | Hierro *Gal* 11.88, 13: La pintura de Viola no era provocadoramente nueva.

provocante *adj* Que provoca [1]. | Payno *Curso* 106: Despiertan –con lo anterior más bocas pintarrajeadas, ojos traviesos y provocantes, y gestos desenfadados– el macho en el hombre.

provocar *tr* Incitar [a algo, esp. a la ira, la violencia o el deseo sexual]. *Frec sin compl, por consabido.* | Riquer *Caballeros* 146: El marqués de Ferrara sentenció que Johan Tolsá y Johan Marrades han de desistir de su batalla y no se han de provocar ni ofender nunca más. Cela *SCamilo* 277: Estas criadas son unos pendones que no hacen más que provocarle.
2 Ocasionar o causar. | GGual *Novela* 246: Los protagonistas son jóvenes y hermosos, pero ni tan soberbiamente castos como en otras novelas, ni tan maravillosos que provo-

quen a su paso desmayos y congregaciones multitudinarias. L. Foix *Inf* 25.5.78, 9: La resistencia de los katangueses a obedecer las órdenes de los soldados zambianos provocó pequeños incidentes anteanoche.
 3 (*reg*) Producir náuseas [a alguien (*cd*)]. | Nácher *Guanche* 110: Usté no quiere bien más que a su dinero. Me provoca verlo.
 4 (*reg*) Vomitar [lo contenido en el estómago]. *Frec abs*. | Arce *Precio* 212: Quiso saber si cuando yo había llegado aquella mañana el paciente tenía náuseas o deseos de provocar.

provocativamente *adv* De manera provocativa. | *Ya* 20.11.75, 2: Dos columnas al mando conjunto del general Aguilera salen de Tetuán para rechazar una penetración enemiga que se acercaba provocativamente a la capital del Protectorado.

provocativo -va *adj* Que provoca [1]. *Esp referido a mujer o a su físico o actitudes*. *Tb n*. | ZVicente *Traque* 210: También venía Rebeca, esa gordita, que es una provocativa, a ver, tan gorda. Olmo *Golfos* 164: Su cuerpo tenía un aire provocativo, incitante. CNavarro *Perros* 81: Poncio hizo amago de golpear a su hermano .. Poncio notó que Andrés estaba mirándole de una manera provocativa, y salió de la cocina. Tovar *Gac* 11.5.69, 26: Consideramos por eso un acierto la selección de cinco de sus estudios con un provocativo título para ponerlos a disposición de cualquier lector en una colección popular.

provocatorio -ria *adj* [Cosa] provocadora. | Ju. Ruiz *Nor* 2.11.89, 3: Los esposos manifiestan una continua tensión provocatoria que al mismo tiempo parece alimentar una energía también intercambiable en todos los órdenes.

proxeneta *m y f* (*lit*) Pers. que negocia con la prostitución ajena, o favorece por dinero relaciones sexuales ilícitas. | *ByN* 31.12.66, 24: "Celestina" .. Como su nombre indica, se trata de un retrato de una proxeneta –real o imaginaria–. Palomino *Torremolinos* 123: Un proxeneta estafador que trata de pasar un cheque sin fondos.

proxenetismo *m* (*lit*) Actividad de proxeneta. | Umbral *Ninfas* 194: Unos días hacía proxenetismo y celestineo a principiantes jóvenes, y otros días .. oficiaba ella misma.

proximal *adj* (*Anat o Med*) Próximo al centro, a la línea media o al punto de origen. | *DPo* 10.8.75, 2: Recibieron asistencia en el Sanatorio Santa Rita .., de herida punzante en porción neutro proximal del primer dedo de pie derecho. MNiclos *Toxicología* 21: Al extremo proximal de la sonda se acopla un embudo o jeringa.

próximamente *adv* **1** En un futuro próximo [1a]. | *Abc* 22.10.57, 25: ¡La producción más laureada del mundo! Próximamente Cantinflas en la realización de Michael Todd La Vuelta al Mundo en 80 días.
 2 Aproximadamente o con poca diferencia. | Ybarra-Cabetas *Ciencias* 75: Formando un conjunto constituido por cristales próximamente iguales.

proximidad *f* **1** Cualidad de próximo. | Zubía *España* 193: Por la proximidad de los montes al mar, son ríos cortos y rápidos. GNuño *Escultura* 54: Otras manifestaciones plásticas de los galos señalan, más que proximidades, identidades con el arte peninsular.
 2 Lugares próximos. *Más frec en pl*. | DPlaja *El español* 151: El lejano que estira el cuello .. intenta deslizarse a sus proximidades [de la muchacha agraciada].

próximo -ma *adj* **1** Cercano. *Tb fig. Frec con un compl* A. | F. PMarqués *Hoy* 20.7.75, 23: Es salo el pastizal que canea en los cerros próximos. Fuster *Inf* 9.5.72, 18: El trato con la gente que nos es próxima exige de nosotros una presentación medianamente discreta, no repulsiva. *País* 19.1.79, 1: Cuatro muertos y un número de heridos próximo a la veintena constituye el balance del choque frontal de trenes producido ayer. *Abc* 22.4.75, 39: A las siete de la mañana de ayer falleció cristianamente .. el teniente general don Francisco Franco y Salgado-Araújo, secretario militar (lo fue también particular) de Su Excelencia el Jefe del Estado, de quien era, asimismo, próximo pariente. **b)** Que ocupa el lugar más cercano en un orden lógico. *Se opone a* REMOTO. | Valcarce *Moral* 32: La [regla de moralidad] próxima es nuestra propia naturaleza humana. **c)** (*Rel catól*) [Materia] que consiste en aplicar la materia remota con las palabras rituales de un sacramento. *Se opone a* REMOTO. | Villapún *Dogma* 163: La materia del Bautismo se divide en: a) Remota (agua). b) Próxima (ablución).
 2 Que está inmediatamente después. | *Des* 12.9.70, 29: Aparecerá probablemente a comienzos del próximo año.
 3 ~ pasado. (*admin*) Inmediatamente anterior. *Referido a tiempo*. | *Mad* 10.9.70, 18: El "B.O. del Estado" número 208, del día 31 de agosto próximo pasado, inserta anuncio convocando concurso.

proyección *f* Acción de proyectar [3 a 9]. *Tb su efecto. Referido a acep 7, frec con un adj especificador*. | Marcos-Martínez *Física* 168: Entre los principales instrumentos de proyección están: la linterna de proyección, el cinematógrafo y la cámara fotográfica. Arce *Testamento* 65: Lo veía tan claro que se me antojaba que lo estaba presenciando de igual modo que había presenciado tantas proyecciones horripilantes en los cinematógrafos de Tombstone. Zubía *Geografía* 35: Para construir un mapa se proyecta el dibujo de la esfera sobre una hoja plana convenientemente dispuesta. Se emplean diversas clases de proyecciones: la cilíndrica, la cónica, la estereográfica. S. Gasch *Des* 12.9.70, 40: En el cultivo de esas diversas modalidades artísticas ha alcanzado una considerable proyección internacional. Pinillos *Mente* 136: Otro mecanismo egodefensivo es la proyección. Todos tenemos rasgos de conducta poco deseables que no reconocemos o que nos cuesta reconocer. Pues bien, el mecanismo de proyección consiste justamente en atribuir a los demás aquellos rasgos indeseables que padecemos nosotros mismos.

proyeccionista *m y f* Pers. encargada de la proyección de películas. | GSerrano *Macuto* 173: El proyeccionista confesó que se había hecho un lío con el orden de los rollos de la película.

proyectante *adj* (*Geom*) [Línea recta] que se proyecta un punto en una superficie. | Marcos-Martínez *Matemáticas* 116: E'F' es la proyección ortogonal de EF, y C'D' es la proyección ortogonal de CD. Las rectas EE', FF', CC', DD', etcétera, se llaman proyectantes.

proyectar *tr* **1** Pensar [una acción futura], esp. calculando el modo de realizarla. | *Alc* 1.1.55, 3: Los franceses .. tienen proyectado [sic] la retirada escalonada que alejará todas sus tropas antes .. de 1956. M. L. Nachón *Inf* 13.3.78, 17: Publicadas el pasado sábado las grandes obras proyectadas en el Plan de Accesos de la Periferia.
 2 Idear [una obra, esp. una construcción] realizando los cálculos, esquemas o dibujos precisos para su realización. | *Cam* 21.7.75, 49: Espacio .. Han sido necesarios tres años para construir y proyectar el módulo de acoplamiento. Lapesa *Diccionarios* 104: ¿No es una lección de prudencia la que nos da el *Trésor de la langue française* proyectando diccionarios independientes para cada época?
 3 Lanzar o impulsar con fuerza. *Tb fig*. | S. Adame *Abc* 7.9.66, 8: "La plataforma de la risa" .. proyectaba contra acolchados bordes de pista a cuantos intentaban desafiar la fuerza centrífuga. Olmo *Golfos* 167: Me parece estar viéndolo, .. su dedo índice furiosamente proyectado hacia la puerta.
 4 Enviar o hacer llegar [luz o rayos luminosos sobre algo (*compl* SOBRE *o* EN)]. *Tb sin compl de lugar*. | Marcos-Martínez *Física* 169: Un espejo plano inclinado 45° proyecta los rayos que de él provienen sobre la lente. Laforet *Mujer* 116: La noche era muy honda. La lámpara de sobre la mesita proyectaba su haz de luz. En los rincones quedaban grandes sombras.
 5 Hacer visible [sobre una superficie (*compl* SOBRE *o* EN) la imagen o la sombra (*cd*) de un cuerpo]. *Frec fig*. | Marcos-Martínez *Física* 168: Sirve [la linterna de proyección] para proyectar sobre una pantalla imágenes muy ampliadas de grabados o películas. Zubía *Geografía* 27: La sombra que la Tierra proyecta en la Luna en el curso de los eclipses es circular. Aranguren *Marxismo* 122: Que la imagen proyectada hoy por Rusia ante el mundo sea mucho más la de "gran potencia mundial" que la del país comunista. **b)** *pr* Hacerse visible [sobre una superficie (*compl* SOBRE *o* EN) la imagen o la sombra de un cuerpo]. | * La sombra de la Tierra se proyecta sobre la Luna.
 6 Formar [sobre una pantalla (*compl* SOBRE *o* EN)] la imagen ampliada [de diapositivas, películas u objetos opacos (*cd*)]. | Marcos-Martínez *Física* 168: Admite dos formas [la linterna de proyección]: se llama diáscopo cuando sirve para

proyectar diapositivas .., y se llama episcopio cuando proyecta grabados o vistas opacas. **b)** Exhibir [una película en una sala de cine]. *Tb sin compl de lugar*. | *Tri* 12.12.70, 28: Es que [la película] no se ha estrenado, lo que me parece una barbaridad, porque las cosas se pasan de moda y hay que proyectarlas en cuanto se acaban.

7 Representar [algo, esp. la Tierra u otro cuerpo] en un plano, trazando rectas imaginarias desde todos sus puntos, según determinadas reglas. | Zubía *Geografía* 35: Para construir un mapa se proyecta el dibujo de la esfera sobre una hoja plana convenientemente dispuesta.

8 Hacer llegar [a algo externo o lejano (*compl* SOBRE *o* EN) algo que sale de uno mismo]. | * Proyecta su actividad sobre cuanto le rodea. * Proyecta su influjo benéfico sobre todos nosotros. **b)** *Con cd refl*: Extender [alguien] su actividad o su influjo [a algo externo o lejano (*compl* SOBRE *o* EN)]. | Fernández-Llorens *Occidente* 229: Las potencias europeas se proyectan sobre todos los continentes en el siglo XIX. PRivera *Discursos* 18: No perder nunca nuestra visión de futuro; quien no se proyecta en el futuro está llamado a desaparecer.

9 (*Psicol*) Atribuir [a otro (*compl* SOBRE *o* EN) sentimientos, impulsos o estados de ánimo propios]. | Pinillos *Mente* 170: Proyectividad: Predisposición a proyectar en otros grupos sociales o personas los impulsos agresivos interiores.

proyectil *m* Objeto que se lanza o proyecta, esp. mediante un arma de fuego. | *Ya* 14.10.76, 20: Una bala de cañón de 150 milímetros fue hallada ayer en un solar .. El proyectil quedó custodiado por la Policía Municipal.

proyectismo *m* (*raro*) Tendencia a idear proyectos [1]. | Pemán *Abc* 20.7.65, 3: Mala señal sería que no hubiera inquietud, proyectismo y hasta arbitrismo.

proyectista I *adj* **1** (*raro*) Dado a idear proyectos [1]. *Tb n, referido a pers.* | Pemán *Gac* 1.6.63, 35: Desde los caballeritos de Azcoitia, y Peñaflorida y la Sociedad de Vergara y la tertulia de Eguilior, hay un constante núcleo de ingenio proyectista, que mira la España arrebatada y mística desde un tranquilo palco positivo y mercantil.

II *m y f* **2** Pers. que se dedica a preparar proyectos [2b]. *A veces en aposición*. | *Pue* 24.12.69, 2: Una planta para el tratamiento de aguas residuales .. va a ser instalada .. La planta ha sido construida por astilleros del Cadagua .. bajo licencia inglesa .. Proyectistas e ingenieros de la firma británica .. han trabajado con sus colegas de la firma de Bilbao. M. Calvo *MHi* 12.70, 15: La programación de las calculadoras electrónicas de la era espacial .. ha sido adaptada para emplearla en las calculadoras destinadas al control del tráfico aéreo, .. al trabajo de los ingenieros proyectistas.

proyectividad *f* (*Psicol*) Tendencia a proyectar en otras perss. los sentimientos, impulsos o estados de ánimo propios. | Pinillos *Mente* 170: Rasgos [de la personalidad autoritaria] .. Proyectividad: Predisposición a proyectar en otros grupos sociales o personas los impulsos agresivos interiores.

proyectivo -va *adj* De (la) proyección. | Marías *Cataluña* 170: La razón sirve para aprehender la realidad en su conexión, y solo ella hace posible la proyección de nuestras vidas. Quiero decir con esto que tienen carácter proyectivo y futurizo, como la vida misma. **b)** [Geometría] que estudia las propiedades que permanecen invariables al proyectar una figura sobre un plano. *Tb n f.* | Ríos *SLe* 2.90, 8: Continuaron publicándose tratados de Aritmética universal y de Geometría proyectiva. Benet *Otoño* 32: No explicaba "asignaturas" –ni la geometría, ni la proyectiva, ni la analítica, ni el cálculo, ni la teoría de funciones–. **c)** (*Psicol*) [Test o prueba] en que se presentan al sujeto estímulos ambiguos, en cuya interpretación proyecta rasgos importantes de su personalidad. | Rábade-Benavente *Filosofía* 60: Basándose en estímulos ambiguos, que pueden interpretarse de muy diversos modos, se construyen los llamados test proyectivos, en los que el sujeto, al interpretarlos, se "proyecta".

proyecto I *m* **1** Cosa que se tiene intención de hacer. | Medio *Bibiana* 14: Nadie sabe jamás lo que están pensando, .. ni qué proyectos tienen para el porvenir. *Alc* 1.1.55, 3: Los habitantes .. decidirán lo que se haya de hacer respecto al proyecto de Gobierno unificado. **b)** Idea de una situación o de un estado que se desea alcanzar. | Castilla *Humanismo* 16: Solo a través del conocimiento de lo humano como tal ha sido factible dirigir el proyecto del hombre hacia sí mismo, sin recabar nada de un presupuesto sobrehumano y, por tanto, sobrenatural.

2 Esquema o bosquejo [de algo que se piensa realizar]. | Torrente *Off-side* 31: –¿Qué haces?– Miguel señala una cartulina sujeta al panel con chinchetas. –Proyectos.– .. Despliega ante Verónika media docena de sanguinas en que se repite el mismo rostro con ligeras variantes de pelo y barba. Lapesa *Diccionarios* 32: La falta de un verdadero Diccionario Histórico de nuestra lengua incitó a la Academia Española a elaborar en 1914 un primer proyecto. **b)** Conjunto de dibujos y textos explicativos para realizar una obra de arquitectura o ingeniería. | *GTelefónica* 83 1, 1154: Foster .. Ingeniería. Montaje refinerías .. Proyectos. **c)** Redacción provisional [de determinados textos, esp. de una ley]. | Academia *Esbozo* 5: Por su carácter, pues, de simple proyecto, el presente *Esbozo* carece de toda validez normativa. *Ya* 11.10.74, 16: La Comisión de Justicia de las Cortes Españolas aprobó los siguientes preceptos del proyecto de ley de bases de la ley Orgánica de la Justicia.

II *loc adv* **3 en ~**. En fase de proyecto [1]. | * Tengo en proyecto un viaje.

proyector -ra I *adj* **1** Que proyecta imágenes. *Frec n m, referido a aparato*. | Cantera *Enseñanza* 147: Las técnicas visuales comprenden todas aquellas que permiten visualizar, presentar algo a la vista. Unas se limitan a presentar la imagen sin aparato alguno proyector, y otras lo hacen mediante algún aparato. *Nue* 22.12.70, 25: Regale una cámara fotográfica o de cine. Proyectores.

II *m* **2** Aparato que concentra y dirige en la dirección deseada los rayos de un manantial luminoso intenso. | *GTelefónica N.* 560: Carandini .. Pantallas para alumbrado comercial e industrial. Proyectores para iluminación artística.

prudencia *f* Cualidad de prudente. | APaz *Circulación* 161: Lo frecuente es tender a ir más de prisa de lo debido, y ante los lamentables resultados se insiste en las reglas de la prudencia. CBaroja *Inquisidor* 13: Aquel rey no tuvo prudencia, es decir, la capacidad de discernir lo que realmente convenía hacer en cada caso.

prudencial *adj* **1** De (la) prudencia. | Gambra *Filosofía* 207: Las reglas prudenciales cambian según las situaciones.

2 [Cantidad o medida] moderada y suficiente. | *SVoz* 8.11.70, 2: El denunciado, a una distancia prudencial del camión que le precedía, hizo varios destellos para pedir paso.

prudencialmente *adv* De manera prudencial. | Carrero *Pue* 22.12.70, 6: El abanico de los distintos niveles de ingresos debe ser prudencialmente cerrado. *VozC* 8.1.55, 3: La Alcaldía comunicará las obras a realizar por el propietario en el plazo que prudencialmente se le señale.

prudente *adj* **1** [Pers.] que actúa con sensatez y moderación, tratando de evitar peligros o daños innecesarios. | Palacios *Juicio* 171: Hay veces y situaciones en que la verdad suena a locura, y entonces Dios escoge precisamente lo que el mundo tiene por loco para confundir la sabiduría de los sabios y reprobar la prudencia de los prudentes. **b)** [Pers.] que piensa y actúa con sentido común. | Vesga-Fernández *Jesucristo* 121: Parábola de las vírgenes prudentes y de las vírgenes necias. **c)** [Cosa] propia de la pers. prudente. | Arce *Testamento* 63: Me pareció que lo más prudente era callarme la boca sobre tal punto. Lapesa *HLengua* 220: Cervantes .. propugnaba como técnica estilística la misma de Valdés: habla llana regida por el juicio prudente.

2 [Cantidad o medida] moderada y suficiente. | Merlín *Abc* 6.2.68, 25: En un estrado, acondicionado al efecto, se sitúan los parientes del extinto. Y a prudente distancia de los mismos desfilan los amigos y allegados. *Economía* 332: Disfrutar lo más posible, pero dentro de unos límites prudentes.

3 Tímido o poco atrevido. | Noval *Fauna* 133: El Rascón .. es un pájaro muy poco conocido en Asturias, porque es tan prudente que pocas personas tienen ocasión de verlo.

prudentemente *adv* De manera prudente. | DCañabate *Paseíllo* 24: El albañil se retira prudentemente masculando por lo bajines atroces insultos.

prueba I *f* **1** Acción de probar. *Frec en constrs como* ESTAR, PONER *o* TENER A ~. | Cunqueiro *Un hombre* 12: ¡Canta de iglesia y de profano! ¡No hay otro! .. Te lo pongo a

prueba en la taberna. Peña-Useros *Mesías* 45: Dios quiso someter a su fiel siervo Abraham a la más dolorosa de las pruebas. Laiglesia *Tachado* 188: La ropa a la medida .. necesita por lo menos un par de pruebas.
2 Dificultad o situación apurada que ponen a prueba [1] a alguien o algo. | *Agenda CM* 132: Los fríos días de esta época constituyen una dura prueba para los pájaros que no emigraron a zonas más cálidas.
3 Cosa, esp. hecho o razón, que prueba o con que se intenta probar o demostrar algo. | Gambra *Filosofía* 162: De las cinco vías o pruebas tomistas, la tercera tiene un valor especial.
4 Operación aritmética que sirve para comprobar la exactitud [de otra]. | Marcos-Martínez *Aritmética* 24: Para hacer la prueba de una suma se la puede efectuar en otro orden.
5 Acto deportivo en que los participantes compiten entre sí. | Eliza *Inf* 4.4.70, 18: La programación en el Canódromo Madrileño sigue al máximo. A las veinte pruebas de esta tarde .. seguirán las dos domingueras.
6 (*Impr*) Muestra de una composición tipográfica, para corregir los posibles errores antes de su tirada definitiva. *Gralm en pl*. | Huarte *Tipografía* 21: Pero a nuestro intento, lo que más interesa es la prueba en cuanto medio para la corrección. M. Aguado *SYa* 23.11.74, 16: Conocía bien su tarea, porque antes la había vivido como linotipista, ajustador, corrector de pruebas. **b)** Muestra que se hace [de una reproducción, esp. un grabado o fotografía] antes de su realización definitiva. | E. Clares *Ya* 13.11.87, 53: La otra moneda, también de 500 pesetas, es de acero, de doce gramos de peso y el mismo tamaño que la anterior. Salen en principio solo para numismáticos, en un estado de conservación que se llama de pruebas y tiene un brillo casi de espejo.
7 (*reg*) Cantidad pequeña [de algunas partes del cerdo recién sacrificado, o de sus embutidos], que sirve para probarlo o para obsequiar a los amigos. *Gralm en pl. Tb sin compl.* | Cunqueiro *Un hombre* 113: Llegaban en otoño a las arcas reales parvas rentas de centeno y de miel, y por Adviento algo de vino y unas pruebas de cerdo. Chamorro *Sin raíces* 16: A la hora del almuerzo se congregó mucha gente en casa. Arroz con hígado. Mondongo. Pruebas o probaduras o pruebe, que de las tres formas puede denominarse. Aceitunas.
II *loc adj* **8 a ~** [de algo]. Resistente [a ello]. *Tb adv*. | *Inf* 25.2.70, 8: Max Factor nos hará el regalo del primer sombreador de ojos a prueba de agua.
III *fórm or* **9 a las ~s me remito.** *Fórmula con que se aduce la realidad como prueba* [3] *de lo dicho*. | J. Alvarez *VozT* 27.9.78, 21: Cebolla ha celebrado sus fiestas patronales .. siguiendo la trayectoria de pueblo-ciudad que se ha marcado y que le permite .. su alto standard de vida, muy superior a casi todos los pueblos de la provincia, y, si no, a las pruebas me remito. *Béj* 28.11.70, 5: A veces los foráneos captan con más exquisitez y cariño nuestras cosas que los propios, ya que a las pruebas nos remitimos con la publicación de la carta.

pruebe *m* (*reg*) Prueba o probadura. | Chamorro *Sin raíces* 217: Ramón fue recogiendo, con puntualidad, los principales acontecimientos del pueblo: la llegada de la nueva maestra .., el pruebe del vino de la pitarra de su tío Ángel. Chamorro *Sin raíces* 16: A la hora del almuerzo se congregó mucha gente en casa. Arroz con hígado. Mondongo. Pruebas o probaduras o pruebe, que de las tres formas puede denominarse. Aceitunas.

pruebero *m* (*Per*) *En los talleres de un periódico*: Operario que saca pruebas [6]. | *Sáb* 12.2.72, 11: Tras la suspensión del diario "Madrid" .. nos declaramos solidarios de nuestros compañeros, desde el pruebero hasta el director.

pruina *f* Tenue recubrimiento céreo de las hojas, tallos o frutos de algunos vegetales. | Santamaría *Paisajes* 29: *Prunus spinosa*, endrino: arbusto de hasta 2 m., muy ramoso y con largas espinas; tiene corteza pardo oscura, hojas mate, lanceoladas y con pecíolo corto, flores blancas muy precoces y fruto en drupa, la endrina, de color negro azulado, cubierto de una pruina cérea, y sabor ácido.

prunal *m* (*reg*) Ciruelo silvestre. | Mateo *Babia* 42: Se hermanan en los bosques, que talará el tiempo, los arces y los tejos, los robles y los tejos, los pláganos y los fresnos, los abedules y los capudres, los prunales y las hayas.

pruno *m* **1** Ciruelo (árbol). *Esp designa la variedad silvestre u ornamental*. | Vicent *País* 17.3.87, 72: La prima-

pruebe – psicastenia

vera ha llegado otra vez, los prunos están en flor y las golondrinas vienen ya de camino. Loriente *Plantas* 39: *Prunus cerasifera* Ehrh. Variedad *pissardii* (Carrière) L. H. Bailey. "Cerezo de Pisardi"; "Ciruelo colorado o purpúreo"; "Mirobolán"; "Pruno". Arbolito muy utilizado en parques y jardines, como ornamental.
2 (*reg*) Ciruela silvestre. | * Salieron a coger prunos.

prunoideo -a *adj* (*Bot*) [Planta rosácea] de fruto en drupa. *Frec como n f en pl, designando este taxón botánico*. | Legorburu-Barrutia *Ciencias* 290: Muchos frutales pertenecen a la familia de las Rosáceas. Estas se dividen: Prunoideas .. Pomoideas .. Rosoideas.

pruriente *adj* (*lit, raro*) Picante. *Tb fig*. | Lázaro *Gac* 5.10.75, 16: Ignoro si por ahí fuera, a esas alturas de la civilización, podrían verse y oírse en los teatros tan directas .. procacidades .. Ningún intento de enredar la trama: ¿para qué complicarla con ingenio? Perrín y Palacios van siempre derechos al pruriente grano.

pruriginoso -sa *adj* (*Med*) De la naturaleza del prurigo o que produce prurito [1]. | Mascaró *Médico* 76: En la quemadura de primer grado se observa solo un enrojecimiento e hinchazón dolorosa y pruriginosa (que pica) de la región afecta.

prurigo *m* (*Med*) Afección cutánea caracterizada esencialmente por prurito violento y pápulas. | M. Encabo *Ya* 6.8.86, 30: El prurigo (pápulas cubiertas de costras debidas a excoriaciones de la piel) es otra de las afecciones veraniegas que toma el aspecto de la varicela.

prurito *m* **1** (*Med*) Picor. | Corbella *Salud* 453: Otra enfermedad papulosa de un cierto interés, menos por su frecuencia que por el intenso prurito a que da lugar, es el liquen plano. Mascaró *Médico* 64: También pueden obedecer a la misma causa la diarrea, colitis y prurito anal.
2 (*lit*) Deseo incontenible [de algo]. | Alfonso *España* 65: Bastaba que se invocara algo como hecho más allá de los Pirineos para que se tuviera el prurito de hacer aquí todo lo contrario.

Prusia. (de) ~. *adj* [Azul] oscuro de ferrocianuro férrico. | Torrente *Off-side* 51: Ese violeta tenía que ser un azul Prusia.

prusianismo *m* Espíritu militarista y de severa disciplina, característico del Imperio Prusiano. | GSerrano *Macuto* 1: En cuanto al tamaño del parche, se acató y se cumplió por todos aquellos que se tenían por la flor y nata del prusianismo ibérico, pero el resto .. hizo de su capa un sayo.

prusiano -na I *adj* **1** De Prusia (antiguo Imperio alemán). *Tb n, referido a pers*. | Castilla *Alienación* 33: Bauer alzaba su voz nada menos que en la intimidad del estado prusiano en pro de la igualdad de derechos para ellos, los judíos.
II *f* **2** (*raro*) Especie de sartén que se adapta a la chimenea. | *GTelefónica N.* 281: Loubinoux. Cocinas. Marmitas. Freidoras. Prusianas. Gratinadores. Mesas calientes. *GTelefónica N.* 282: S.A.M. Mas-Bagá .. Fabricación de equipos industriales de cocinas. Cocinas. Freidoras. Marmitas. Paelleras basculantes. Gratinadoras. Armarios-mesa caliente. Prusianas. Fregaderos.

prúsico -ca *adj* (*Quím*) [Ácido] cianhídrico. | *Agromán* 46: No se conocían el ácido prúsico, la estricnina, los venenos de serpientes.

psche, pse → PCHE.

pseudo-, pseudocientífico, pseudoictericia, pseudoisódomo, pseudónimo, pseudópodo, pseudosolución → SEUDO-, SEUDOCIENTÍFICO, SEUDOICTERICIA, *etc*.

psi *f* Letra del alfabeto griego que representa la suma de los sonidos [p] y [s]. (V. PRELIM.) | Estébanez *Pragma* 43: Alfabeto griego: .. ípsilon, fi, ji, psi, omega.

psicastenia (*tb, raro*, **sicastenia**) *f* (*Med*) Neurosis caracterizada por fobias, ansiedad u obsesiones. | Mariequis *Caso* 26.12.70, 9: Breve interpretación grafológica .. Destello de luchas internas de psicastenia y de susceptibilidad.

psicasténico -ca (*tb, raro,* **sicasténico**) *adj* (*Med*) **1** De (la) psicastenia. | Vilaltella *Salud* 425: Los estigmas psicasténicos del obsesivo, constituidos por una serie de trastornos intelectuales y afectivos, como dudas, abulia, perplejidad.
2 Que padece psicastenia. *Tb n.* | * Tiene varios enfermos psicasténicos.

psico- (*tb, raro,* **sico-**) *r pref* Del psiquismo o de la psicología. | *Por ej:* Ro. García *PapD* 2.88, 115: Contenidos teóricos. Psicología General: Medio instrumental para conocer los procesos conductuales del niño, atención, memoria, .. psicoafectividad. J. Manegat *CoE* 10.4.77, 39: "El arte de mandar." Es un curso de mucho vuelo psicocibernético. J. L. Calleja *Abc* 30.12.70, 7: Podríamos .. preguntarle curiosamente por qué nos da el parte psicoemocional en cartulina doble. *Abc* 27.6.93, 15: Curso: Auxiliar de geriatría. Auxiliar de psicogerontología. C. Paniagua *Méd* 6.5.88, 128: Los psicohistoriadores y sociólogos quizás puedan explicar por qué estalló esta psicosis colectiva. *Inf* 22.10.69, 26: Coordinar, en el estudio del pensamiento humano, los diversos métodos y perspectivas de la neurología, la bioquímica, la psicología general .. y la psicomatemática. Castañeda *Grafopsicología* 126: Divide sus psicotipos en introvertidos y extrovertidos [*sic*].

psicoactivo -va (*tb, raro,* **sicoactivo**) *adj* (*Med*) Que afecta a la actividad mental. | *Ya* 29.11.70, 45: Los profesores Sánchez García y González Sastre .. presentaron el aspecto bioquímico y farmacológico de la actividad nerviosa por el estudio de las catecolaminas y fármacos psicoactivos.

psicoanálisis (*tb, más raro,* **sicoanálisis**) *m* Método de investigación y tratamiento de trastornos mentales o emocionales, basado en el estudio del subconsciente. | Aranguren *Marxismo* 146: Lacan .. continúa la vía de "complementariedad" del marxismo y psicoanálisis de Marcuse y Erich Fromm. CNavarro *Perros* 119: El médico continuó hablando de sicoanálisis, de complejos y de simplejos.

psicoanalismo (*tb, raro,* **sicoanalismo**) *m* (*raro*) Psicoanálisis. | GPavón *Reinado* 133: Fue uno de los primeros médicos españoles que empezó a ocuparse seriamente del psicoanalismo.

psicoanalista (*tb, más raro,* **sicoanalista**) *m y f* Especialista en psicoanálisis. | *ByN* 31.12.66, 116: En algunos casos será útil recurrir al psicoanalista. Conflictos profundos que escapan al análisis médico pueden aparecer si los busca el "médico del espíritu".

psicoanalítico -ca (*tb, más raro,* **sicoanalítico**) *adj* De(l) psicoanálisis. | LIbor *SAbc* 17.11.68, 8: En las primeras historias psicoanalíticas .. no aparece el tema sexual. *Sp* 19.7.70, 50: El drama sicoanalítico de "Recuerda", su historia de amor .. son algo que ha entrado ya a formar parte de la historia del cine.

psicoanalizar (*tb, más raro,* **sicoanalizar**) *tr* Someter a tratamiento psicoanalítico. | Torrente *DJuan* 108: Me he hecho psicoanalizar un par de veces.

psicobiología (*tb, raro,* **sicobiología**) *f* Estudio de las relaciones entre el cuerpo y la mente. | *NEs* 7.6.87, 32: Jesús Martín Ramírez, investigador y doctor en Psicobiología de la Universidad de Sevilla.

psicobiológico -ca (*tb, raro,* **sicobiológico**) *adj* De (la) psicobiología. | VNágera *SAbc* 22.2.70, 39: La bravura es una variante instintiva .. En torno a ella queda un terreno casi virgen para el estudio y la experimentación psicobiológica.

psicocirugía (*tb, raro,* **sicocirugía**) *f* (*Med*) Terapéutica de trastornos mentales mediante intervenciones quirúrgicas en el cerebro. | *Inf* 16.4.70, 19: Por lo que se refiere a la psicocirugía, tiene un campo muy esperanzador, sobre todo en la modificación de las conductas en niños que padecen lesiones de origen orgánico.

psicodelia (*tb, más raro,* **sicodelia**) *f* Mundo de lo psicodélico. | F. Ponce *Ya* 30.1.75, 34: La llamada contracultura, .. la borrachera de las imágenes, la psicodelia, parecían signos inequívocos de un próximo cambio de derroteros.

psicodélico -ca (*tb, más raro,* **sicodélico**) *adj* **1** [Estado mental] de incremento y alteración de la sensibilidad causados esp. por alucinógenos. | * Estaba en estado psicodélico. **b)** De(l) estado psicodélico. | Perucho *Botánica* 143: Su perfume provoca alucinaciones psicodélicas.
2 [Droga] que produce estado psicodélico [1]. | Vilaltella *Salud* 429: Finalmente están las drogas psicodélicas, de gran difusión actual (ácido lisérgico y derivados).
3 [Cosa] que sugiere un efecto similar al de las drogas, esp. mediante la intensidad sonora, el color llamativo o el rápido y continuo cambio de luces. | Arce *Precio* 18: Lo otro es más juvenil. Ya sabe: luces psicodélicas también, pero con otro ambiente. LTena *Luz* 54: Se pasaba la vida en los "cabarets". Eso que llaman ahora salas de fiestas "sicodélicas".
4 [Pers.] del mundo psicodélico [2 y 3]. | LTena *Luz* 54: Aparecen por un lateral unas muchachas "sicodélicas".

psicodelismo (*tb, raro,* **sicodelismo**) *m* Psicodelia. | J. R. Alfaro *SInf* 11.8.76, 4: El cáñamo indiano .. era conocido desde el siglo XV antes de J.C., pero su eclosión en el mundo actual se produce alrededor de los años sesenta, cuando Timoteo Leary .. se erige en papa del psicodelismo.

psicodiagnóstico (*tb, raro,* **sicodiagnóstico**) *m* (*Psicol*) Diagnóstico psicológico. | *BOE* 26.11.82, 32471: Tribunal de las oposiciones a plazas de Profesores adjuntos de Universidad en la disciplina de "Psicología (Psicodiagnóstico)".

psicodinámico -ca (*tb, raro,* **sicodinámico**) *adj* (*Psicol*) De los procesos mentales. | Vilaltella *Salud* 417: A principios del siglo XX .. nace el concepto psicodinámico de la psiquiatría a partir de los descubrimientos de Freud.

psicodrama (*tb, raro,* **sicodrama**) *m* Representación teatral de fines psicoterápicos. | Población *Sesión* 305: Se hizo evidente la constante aparición en los enfermos que participaron en las sesiones del psicodrama de una lucha entre el deseo de depender y el deseo de libertad.

psicodramático -ca (*tb, raro,* **sicodramático**) *adj* De(l) psicodrama. | Población *Sesión* 306: Intentamos recrear la estructura de una sesión psicodramática.

psicofármaco (*tb, raro,* **sicofármaco**) *m* (*Med*) Medicamento que actúa sobre los procesos psíquicos. | *TMé* 9.9.83, 10: Hubo además 15 simposios sobre nuevos sistemas de liberación de fármacos, .. psicofármacos.

psicofísico -ca (*tb, raro,* **sicofísico**) *adj* (*Psicol*) De la relación entre la actividad psíquica y sus manifestaciones físicas. | L. Pablo *SAbc* 20.4.69, 37: La música tiene su mundo propio, tanto en lo semántico como en lo psicofísico y, en general, expresivo.

psicofisiología (*tb, raro,* **sicofisiología**) *f* (*Psicol*) Fisiología de los procesos mentales. | *Ide* 11.8.90, 4: La psicofisiología aplicada a la enseñanza del piano, base de un curso impartido en Granada.

psicofisiológico -ca *adj* (*Psicol*) De (la) psicofisiología. | Valls *Música* 16: El sonido .. es "el hecho psicofisiológico determinado por unas vibraciones, cuya altura e intensidad se adaptan a las posibilidades de captación de nuestro oído".

psicofonía (*tb, más raro,* **sicofonía**) *f* (*Parapsicol*) Registro en cinta magnetofónica de voces atribuidas a espíritus. *Tb las mismas voces*. | *Pue* 27.9.80, 20: En su interior [de la cueva] se harán estudios arqueológicos, se grabarán psicofonías .. La experiencia en sí que se trata de conseguir es .. la realización de psicofon[ía]s, ya saben, la grabación de cinta virgen en la que aparecen extrañas voces. [*En el texto,* psicofonaís.] Alcántara *Ya* 2.6.90, 56: La vida española está llena de parecidos y de sicofonías.

psicofónico -ca (*tb, más raro,* **sicofónico**) *adj* (*Parapsicol*) Que se manifiesta por medio de psicofonías. *Tb humoríst, fuera del ámbito técn*. | *Abc* 23.6.90, 31: Chaves es Manolo el psicofónico, porque no aparece por ningún sitio y es un político de alto voltaje. J. Hermida *Ya* 1.6.90, 80: Los fantasmas y demás sicofónica caterva son, o no son, gente de mucho ruido, pero poca nuez.

psicogenético -ca (*tb, raro,* **sicogenético**) *adj* (*Med*) Psicógeno. | Sales *Salud* 400: Los tics son trastornos funcionales o psicogenéticos que comienzan habitualmente durante la segunda infancia.

psicógeno -na (*tb, raro,* **sicógeno**) *adj* (*Med*) Que se origina en la psique. | Alvarado *Anatomía* 145: Las emociones psíquicas intensas originan corrientes nerviosas que se escapan por el simpático .. y ponen en actividad los órganos por él inervados. Esta actividad psicógena de los órganos substraídos a nuestra voluntad constituye las "expresiones emocionales" más características.

psicogeriatra (*tb, raro,* **sicogeriatra**) *m y f* Especialista en psicogeriatría. | *Ya* 30.12.89, 15: El Defensor del Pueblo denuncia .. que no hay médicos especialistas, geriatras, psicogeriatras y fisioterapeutas.

psicogeriatría (*tb, raro,* **sicogeriatría**) *f* (*Med*) Psicología geriátrica. | *TMé* 15.6.84, 33: Seminario sobre Psicogeriatría: La psicología clínica y organizacional de los ancianos.

psicolingüista (*tb, raro,* **sicolingüista**) *m y f* (*Ling*) Especialista en psicolingüística. | Echenique *Psicolingüística* 272: La polémica actual está centrada, sobre todo, en torno a la defensa de una teoría del lenguaje concebido en términos de aprendizaje verbal y los psicolingüistas orientados hacia la psicología cognitiva.

psicolingüístico -ca (*tb, raro,* **sicolingüístico**) (*Ling*) **I** *adj* **1** De (la) psicolingüística [2]. | LGarcía *Psicolingüística* 10: Se añade .. una relación de trabajos monográficos en los que se abordan cuestiones psicolingüísticas de la lengua española.
II *f* **2** Estudio del comportamiento lingüístico desde el punto de vista psicológico. | LGarcía *Psicolingüística* 10: Se ha adoptado el punto de vista de partir de las propiedades esenciales de las lenguas naturales para posteriormente proceder a valorar la contribución de las distintas ramas de la psicolingüística al establecimiento de las mismas. R. Hinojosa *Ide* 28.9.87, 4: Otras autonomías del idioma obligan a ir desatándolo de las correas con la sociolingüística y sicolingüística.

psicología (*tb, más raro,* **sicología**) *f* **1** Estudio científico de los fenómenos psíquicos. | Laforet *Mujer* 173: Las personas trastornadas atacan siempre a los que quieren más... Cualquier manual de psicología te diría lo mismo. CNavarro *Perros* 118: Se trataba de la cátedra de Sicología.
2 Organización mental [de una pers. o colectividad], que le hace pensar y actuar de un modo determinado. | Halcón *Monólogo* 183: No debo aspirar a poner mi sicología de mujer de mundo a compás de mis principios religiosos. DPlaja *El español* 90: "Cubrir las apariencias" es una frase de mucha entraña en la psicología española.
3 Capacidad para comprender la psicología [2] ajena y prever sus reacciones. | * Hay que tener psicología para tratar con los niños.

psicológicamente (*tb, más raro,* **sicológicamente**) *adv* En el aspecto psicológico. | Umbral *Ninfas* 138: Me interesaba el caso psicológicamente. T. La Rosa *Van* 20.12.70, 27: Difieren del original en la medida que cada ser humano es sicológicamente hablando el producto único de una época dada.

psicológico -ca (*tb, más raro,* **sicológico**) *adj* De (la) psicología. | LIbor *SAbc* 17.11.68, 6: Los hallazgos psicológicos realizados en el estudio de las neurosis .. han pasado a ser definidores del hombre normal. *Sp* 19.4.70, 5: La enseñanza de la escritura en la lengua oficial origina un trauma sicológico y un esfuerzo mental innecesario. **b)** [Obra literaria] que se centra en el análisis psicológico. | Fernández-Llorens *Occidente* 281: La novela psicológica alcanza en *Moira* de Julien Green una capacidad de escrutamiento en el alma humana realmente excepcional.

psicologismo (*tb, más raro,* **sicologismo**) *m* Tendencia a dar importancia preponderante a la psicología, o a enfocar o explicar las cosas desde el punto de vista de ella. | Gambra *Filosofía* 35: Esta distinción es más psicológica que lógica, e introducirla en pie de igualdad con las anteriores es incurrir en psicologismo. FAlmagro *Abc* 29.7.65, 18: El humor, buen humor, de don Silvio, es un elemento mezclado en la novela a determinado efecto complementario. No es la novela misma, tornasolada por ese ingrediente a veces en su sicologismo y en su larvada poesía.

psicologista (*tb, más raro,* **sicologista**) *adj* De(l) psicologismo. | MPuelles *Filosofía* 1, 192: La historia abunda en ejemplos de estas dificultades. La interpretación psicologista de la lógica .. vale como uno de ellos. Umbral *Ninfas* 204: Mi interés era más psicologista que esteticista. **b)** Adepto al psicologismo. *Tb n.* | Umbral *Ninfas* 138: Los narradores psicologistas franceses y españoles –Galdós– que estaba empezando a leer. Palacios *Juicio* 200: Eran proporcionalmente lo mismo los adversarios contra los que combatían poniéndose en su propio terreno: los empiristas y sensualistas del siglo XVIII, y los positivistas y psicologistas del siglo XIX.

psicologización (*tb, raro,* **sicologización**) *f* Acción de psicologizar. | N. Retana *SInf* 21.10.70, 3: Los progresos técnicos y sociales que hoy día alcanza el mundo están deshumanizando a los pueblos. Deshumanización que puede neutralizarse a través de la psicologización de esos progresos.

psicologizar (*tb, raro,* **sicologizar**) *tr* Estudiar o tratar psicológicamente. | Ju. Echevarría *Ya* 5.4.91, 49: ¿Quién psicologiza a los psicólogos?

psicólogo -ga (*tb, más raro,* **sicólogo**) *m y f* **1** Especialista en psicología [1]. | FAlmagro *Abc* 18.8.64, 3: Lo sabe mejor que nadie .. no ya el sicólogo de las multitudes, .. sino el sociólogo. *Nue* 22.12.70, 16: Albertina Gómez (psicóloga).
2 Pers. que tiene psicología [3]. *Tb adj.* | * Es un psicólogo increíble; en cuanto ve a un cliente ya sabe lo que le va a pedir. * Qué poco psicólogo eres.

psicometría (*tb, raro,* **sicometría**) *f* (*Psicol*) Medida y examen de los fenómenos psíquicos. | J. Zaragüeta *Abc* 23.12.70, 3: Recientemente se ha aplicado la Matemática, con el nombre de Psicometría, a las realidades mentales.

psicométrico -ca (*tb, raro,* **sicométrico**) *adj* (*Psicol*) De (la) psicometría. | Vilaltella *Salud* 422: Para conocer si existe o no un nivel normal de inteligencia se utilizan los test psicométricos (pruebas psicológicas de exploración de la inteligencia) que dan la edad mental del sujeto.

psicomotor -ra (*tb f* **psicomotriz**; *tb, más raro,* **sicomotor**) *adj* (*Psicol*) De los movimientos corporales asociados con la actividad mental. | Pinillos *Mente* 117: El campo psicomotor está constituido por un verdadero enjambre de pequeños factores sin apenas correlación mutua. Pinillos *Mente* 117: Casi todos ellos [los factores de la inteligencia], con excepción quizás de algunas aptitudes psicomotoras, presentan una correlación con el factor general "g". *Inf* 3.6.71, 30: Las dos mujeres fueron ingresadas en el Instituto Psiquiátrico Municipal, en donde se les apreció "excitación sicomotriz", al parecer por haber ingerido una fuerte dosis de LSD.

psicomotricidad (*tb, raro,* **sicomotricidad**) *f* (*Psicol*) Actividad psicomotriz. | Vilaltella *Salud* 434: Las características básicas de la fase maníaca son las siguientes: alegría, exaltación del estado de ánimo, exaltación de la psicomotricidad.

psicomotriz (*tb* **sicomotriz**) *adj* **1** *forma f de* PSICOMOTOR.
2 (*invar en gén*) (*semiculto*) Psicomotor. | M. Forcada *Cór* 21.8.90, 10: La IV Escuela de Verano .. tratará en seminarios sobre educación infantil temas como: El juego sicomotriz y la educación corporal, Percepciones sensoriales, Educación infantil y Reforma.

psiconeurosis (*tb, más raro,* **siconeurosis**) *f* (*Med*) Neurosis cuyos síntomas psíquicos o somáticos son expresión de un conflicto psíquico. | Vilaltella *Salud* 418: Ejemplos [de enfermedades mentales agudas] pueden ser las psiconeurosis o disreacciones emocionales, las crisis maníacas, las crisis depresivas.

psicópata (*tb, más raro,* **sicópata**) *m y f* Pers. que padece una psicopatía. *Tb adj.* | S. Lorenzana *Pap* 1.57, 37: Su aislamiento, su hosquedad y la defensa que hace de esta denunciar a un psicópata depresivo. Torrente *Off-side* 177: Ella andaba metida en un lío muy gordo con su hija, que es una psicópata incurable. CPuche *Paralelo* 239: Eran mujeres .. empujadas por la miseria a aguantar las mayores brutalidades de quien fuera, de un blanco sicópata o de un negro borracho.

psicopatía (tb, más raro, **sicopatía**) f (Med) Enfermedad mental, esp. caracterizada por comportamientos antisociales y falta de sentido de la responsabilidad moral. | Pinillos Mente 151: Las neurosis de los extravertidos propende[n] .. a tomar la forma de histeria y psicopatías, con sus consiguientes problemas de conducta: mentiras, estafas, robos, agresiones, desobediencias, "escenas", etc. P. HMontesdeoca NEsH 4.7.72, 3: Establecimientos hospitalarios son el Hospital Penitenciario .. y las instalaciones dedicadas a deficientes mentales, sicopatías, homosexualismo.

psicopático -ca (tb, más raro, **sicopático**) adj (Med) **1** De (la) psicopatía. | DPlaja El español 78: Si se quiere advertir que Fulano es realmente un caso psicopático habrá que insistir: "Fulano está loco, pero no loco... sino ¡loco-loco!".
2 Que padece psicopatía. Tb n. | Vilaltella Salud 418: Según su grado de potencial destructivo, pueden citarse las siguientes: las neurosis, las personalidades psicopáticas, las psicosis delirantes crónicas. Puericultura 70: En los segundos [se acoge] a los anormales (ciegos, sordomudos, psicopáticos, etc.).

psicopatología (tb, raro, **sicopatología**) f (Med) Estudio de las enfermedades mentales. | A. M. Campoy Abc 28.4.74, sn: Cuando releí sus ensayos sobre una psicopatología de la vida cotidiana, no encontré en ellos tipos humanos que me fueran familiares. TMé 20.1.84, 21: En la asamblea de la Asociación Española de Psiquiatría y Psicopatología Sociales, celebrada en Mérida, se tomó el acuerdo de renovar la Junta directiva.

psicopatológico -ca (tb, raro, **sicopatológico**) adj (Med) De (la) psicopatología. | Castilla Humanismo 30: Es completamente baladí que hablemos de la incomunicación como un problema exclusivamente psicológico o psicopatológico. P. GGallardo DBu 19.9.70, 16: Yo no sé si el bacilo de Koch –según el parecer de tratadistas sico-patológicos– sirviese o no, en el caso de Bécquer, para avivar su sensibilidad.

psicopedagogía (tb, más raro, **sicopedagogía**) f Aplicación de la psicología experimental a la pedagogía. | Illueca Mad Extra 12.70, 13: Servicio de Psicopedagogía, que instrumenta los medios adecuados para la explo[r]ación psicológica del alumno con vistas a la orientación escolar. VNu 13.7.74, 13: El nuevo superior ha desarrollado gran parte de su ministerio en Colombia y es un especialista en sicopedagogía y reeducación de menores.

psicopedagógico -ca (tb, más raro, **sicopedagógico**) adj De (la) psicopedagogía. | M. López PapD 2.88, 191: Creo por tanto conveniente partir de una breve descripción de los equipos psicopedagógicos que actualmente funcionan en la provincia de Badajoz.

psicopedagogo -ga (tb, más raro, **sicopedagogo**) m y f Especialista en psicopedagogía. | A. Barca PapD 2.88, 214: Considero importante, por otra parte, resaltar brevemente el hecho de la incorporación efectiva de psicopedagogos al proceso educativo.

psicosexual (tb, raro, **sicosexual**) adj De (los) aspectos mentales del sexo. | Sp 19.4.70, 4: El efecto del tratamiento es el rejuvenecimiento e incluso el restablecimiento de muchas funciones de la esfera física, psíquica y psicosexual.

psicosis (tb, más raro, **sicosis**) f **1** (Med) Enfermedad mental, esp. con alteración grave de la personalidad y de la relación con la realidad. | LIbor SAbc 17.11.68, 6: Los hallazgos psicológicos realizados en el estudio de las neurosis y de las psicosis han pasado a ser definidores del hombre normal.
2 Obsesión. | Inf 4.4.70, 16: Se pretende crear un[a] atmósfera adecuada, sin rayar en la psicosis, que incline a la gente a abstenerse de aquellos usos y costumbres que producen o, por lo menos, facilitan la aparición de los cánceres. Halcón Monólogo 183: Sufro como sicosis de mala conciencia. Me resisto a llamarme pecadora, pero me siento en pecado.

psicosocial (tb, raro, **sicosocial**) adj (Psicol) De origen simultáneamente social y psicológico. | Vilaltella Salud 430: Pueden existir diversos factores [en la esquizofrenia]: genéticos, biotipológicos, psicotípicos de predisposición, neurobiológicos .. y finalmente psicosociales.

psicosociología (tb, raro, **sicosociología**) f Estudio psicológico de los fenómenos sociales. | Mad 14.9.70, 10: El tercer curso consta de las asignaturas de patología, microbiología, .. psicosociología y farmacología.

psicosociológico -ca (tb, raro, **sicosociológico**) adj De (la) psicosociología. | L. Sastre SMad 22.11.69, 2: La estimación del mercado negro de la piastra, las declaraciones de los dirigentes de ambos bandos y diversas informaciones psicosociológicas cuyo detalle no conocemos.

psicosociólogo -ga (tb, raro, **sicosociólogo**) m y f Especialista en psicosociología. | C. Lama Abc 21.5.67, 7: Un médico y psicosociólogo cubano, Luna Caballero, decía: "El que solo sabe medicina, ni medicina sabe".

psicosomático -ca (tb, más raro, **sicosomático**) adj (Med) **1** De la mente y el cuerpo. | Vilaltella Salud 418: El hombre .. presenta una integración de vertientes muy diversas, que a veces pueden llegar a parecer opuestas, pero que en conjunto constituyen la unidad psicosomática. ZVicente Mesa 47: Hay grandes diferencias entre el macho y la hembra, especialmente sicosomáticas.
2 [Enfermedad] física debida a causas psíquicas. | ByN 31.12.66, 116: Existen desarreglos funcionales que escapan al examen clínico .. Llevan un nombre que ha prosperado hace unos años: psicosomáticos. GTelefónica 20: Tratamiento del dolor en todas sus formas y trastornos sicosomáticos por la técnica china de la acupuntura.
3 [Medicina] de las enfermedades psicosomáticas [2]. | F. ACandela SAbc 25.1.70, 20: Únicamente una profilaxis y una medicina sicosomática adecuada puede contribuir a encontrar correctas soluciones.
4 [Médico] especialista en enfermedades psicosomáticas [2]. Tb n. | P. Berbén Tri 28.2.70, 31: Esta autoalimentación se desarrolla de una manera perfectamente planificada por lo que los psicosomáticos .. han llamado "la sabiduría del cuerpo".

psicotecnia (tb, raro, **sicotecnia**) f Rama de la psicología cuyo objeto es examinar y clasificar las aptitudes de los individuos con fines de selección u orientación. | Mad 10.9.70, 18: La matrícula en la escuela de Psicología y Psicotecnia de la Universidad de Madrid podrá efectuarse en la Secretaría de la Escuela.

psicotécnico -ca (tb, raro, **sicotécnico**) adj De (la) psicotecnia. | Alfonso España 35: Son seleccionados y rechazados en bloque por medio de unos test psicotécnicos.

psicoterapeuta (tb, raro, **sicoterapeuta**) m y f (Med) Especialista en psicoterapia. | Rof Rev 7/8.70, 13: Palabras que son exactamente el mejor elogio que podría hacer de la Santa un psicoterapeuta de nuestros días.

psicoterapéutico -ca (tb, raro, **sicoterapéutico**) adj (Med) De (la) psicoterapia. | Vilaltella Salud 427: El tratamiento de estas enfermedades agudas debe ser medicamentoso y psicoterapéutico.

psicoterapia (tb, más raro, **sicoterapia**) f (Med) Tratamiento de las enfermedades, esp. mentales, por métodos psicológicos. | Población Sesión 305: Uno de nosotros requirió la ayuda del grupo T.E.I. .. para que sus constituyentes formaran parte del equipo de "yo-auxiliares" que se precisa en esta forma de psicoterapia. Agromán 142: En los hospitales actualmente se trata a los enfermos alcoholizados, por medio de sicoterapia.

psicoterápico -ca (tb, más raro, **sicoterápico**) adj (Med) De (la) psicoterapia. | ByN 31.12.66, 116: Existen muchos casos de hipertensión, asma tenaz o eczema que han cedido con tratamientos psicoterápicos.

psicótico -ca (tb, más raro, **sicótico**) adj (Med) **1** De (la) psicosis. | Vilaltella Salud 423: Al ser [los síntomas neuróticos] reacciones originariamente normales, no tienen el carácter cualitativamente patológico de los síntomas psicóticos. S. Contreras Sur 7.2.88, 15: No hay enfermedades mentales perfectamente definidas, sino que en cada persona la enfermedad aparece de una manera, incluso con varios rasgos sicóticos imbricados.
2 Que padece psicosis. Tb n. | Inf 16.4.70, 19: En cuanto a técnicas de diagnóstico, la electroencefalografía resulta muy interesante .. en los niños con trastornos de conducta o en los psicóticos.

psicotónico -ca (*tb, raro,* **sicotónico**) *adj* (*Med*) Que estimula la actividad mental. *Tb n m, referido a medicamento.* | M. Riberi *Rev* 12.70, 20: Hay que evitar no solamente el abuso de estimulantes psicotónicos, sino también el de sustancias propiamente medicinales.

psicotrópico -ca (*tb, raro,* **sicotrópico**) *adj* (*Med*) Psicótropo. *Tb n m.* | G. Valverde *Ya* 11.6.89, 20: Julián García Vargas, ministro de Sanidad, ha firmado en las Naciones Unidas .. un protocolo .. contra el tráfico ilícito de estupefacientes y sustancias sicotrópicas. M. Mancebo *Inf* 21.10.70, 22: Con el tema "Los sicotrópicos" pronunció ayer una conferencia en el VI Curso-Coloquio sobre Estupefacientes la doctora García-Monge Redondo.

psicótropo -pa (*tb, raro,* **sicótropo**) *adj* (*Med*) [Medicamento] que actúa sobre los procesos psicológicos. *Tb n m.* | Vilaltella *Salud* 435: El tratamiento indicado en estos casos es fundamentalmente medicamentoso (hormonoterapia anabolizante y fármacos psicótropos, tanto antidepresivos como tranquilizantes).

psicrómetro (*tb, más raro,* **sicrómetro**) *m* (*Fís*) Instrumento para medir la humedad del aire mediante comparación de las temperaturas registradas simultáneamente por un termómetro seco y otro mojado. | *Ya* 22.10.64, sn: Barómetro Fortin. Psicrómetro de Assmann.

psique (*tb, raro,* **sique**) *f* (*Psicol*) Mente o alma humana. | Gironella *SAbc* 9.2.69, 20: El gran enemigo en el tablero es el yo inestable, la precipitación, el sistema nervioso, el aparato digestivo o la psique.

psiquedelia (*tb* **siquedelia**) *f* Psicodelia. | L. C. Buraya *Ya* 10.5.87, 25: El ácido fabricaba fantásticos viajes por mundos de colores .. Poco a poco fue ganando terreno a las hoy casi inofensivas –si las comparamos con las drogas duras que por ahí circulan– hojitas del cannabis (marihuana, hachís), y la psiquedelia lo convirtió en producto de moda. Pereda *Poesía* 33: En los 80 .. tal parece que [las drogas] van a ser las del trabajo y el abandono –que propiciaban todo un estilo y unos temas, la siquedelia, a las marcas culturales venidas de otros mundos–.

psiquedélico -ca (*tb* **siquedélico**) *adj* Psicodélico. | J. Hermida *Ya* 26.1.91, 52: Esto lo cantaba Tony Orlando (y Dawn) allá por los años, no magníficos, ni brillantes, ni siquedélicos, pero bastante pasables, de la década setenta.

psiquiatra (*tb, más raro,* **siquiatra**) **I** *m y f* **1** Especialista en psiquiatría. | *ByN* 31.12.66, 116: Además de los tratamientos psicoterápicos del médico o del psiquiatra existen métodos más sistemáticos. *Agromán* 46: Un doctor se encuentra con un colega siquiatra. **II** *loc adj* **2 de ~.** (*col*) Loco. | MGaite *Nubosidad* 306: No te preocupes, porque no estoy de psiquiatra ni pienso tirarme por el viaducto.

psiquiatría (*tb, más raro,* **siquiatría**) *f* Parte de la medicina que trata de las enfermedades mentales. | LIbor *SAbc* 17.11.68, 8: La importancia de la psiquiatría depende, en buena parte, de la que el hombre da a sus problemas internos. CNavarro *Perros* 119: Los médicos dedicados a la siquiatría manifestaron que no era justo cargar con las culpas de un desaprensivo.

psiquiátricamente (*tb, más raro,* **siquiátricamente**) *adv* En el aspecto psiquiátrico. | A. ÁVillar *SYa* 22.11.67, 7: Se achacan los trastornos psicológicos que padece un niño a factores hereditarios, y con ello los cónyuges permanecen con la conciencia tranquila, cuando no le utilizan como un arma contra la familia del esposo o de la esposa afectada psiquiátricamente.

psiquiátrico -ca (*tb, más raro,* **siquiátrico**) *adj* De (la) psiquiatría. *Tb n m, referido a hospital.* | Ramírez *Derecho* 55: Una visita a cualquier establecimiento psiquiátrico acongoja el alma. *Abc* 6.1.68, 7: Hospital Oncología, Siquiátrico. S. Contreras *Sur* 7.2.88, 15: El psiquiátrico debe quedar solo para enfermos mentales residuales.

psiquiatrizar (*tb, más raro,* **siquiatrizar**) *tr* Estudiar o tratar psiquiátricamente. | Castilla *País* 10.3.91, 12: Me bombardean con la pretensión de que califique psiquiátricamente a Sadam Husein. Me niego, asimismo, a psiquiatrizar a Bush. *Inde* 6.8.89, 42: –Usted formó parte del equipo de salud mental que atendió a los afectados. ¿Cómo abordaron el problema? –El punto de partida fue no psiquiatrizar el problema.

psíquicamente (*tb, más raro,* **síquicamente**) *adv* En el aspecto psíquico. | V. Ruiz *HLM* 28.10.74, 45: Psíquicamente, el encuentro de esta tarde tenía bastantes factores en favor de los rojiblanco[s] vizcaínos. *País* 12.2.77, 40: El recién liberado, aseguraron, está bien física y síquicamente.

psíquico -ca (*tb, más raro,* **síquico**) *adj* Del alma o de la mente. *Se opone a* FÍSICO. | Gambra *Filosofía* 97: Puede, pues, definirse a los hechos psíquicos como aquellos que acaecen en la intimidad de un animal (o sujeto, racional o irracional), en tanto que se encuentra en una conexión con un mundo. Delibes *Guerras* 185: En el mundo hay millones de desequilibrados síquicos adaptados a la vida diaria.

psiquis *f* Psique. | R. Pieltáin *Abc* 24.8.66, 3: ¿La demencia se debe a un proceso degenerativo cerebral, a un microbio, o es únicamente un trastorno misterioso de la psiquis, de origen vario e incierto?

psiquismo (*tb, raro,* **siquismo**) *m* Conjunto de caracteres y funciones de orden psíquico. | Rábade-Benavente *Filosofía* 37: La Psicología, en efecto, es la ciencia que estudia el psiquismo, su estructura, sus leyes, etc.

psitácido -da *adj* (*Zool*) [Ave] prensora con plumaje de vivos colores y pico corto y muy encorvado. *Frec como n, m o f, en pl, designando este taxón zoológico.* | A. Valle *SYa* 20.10.74, 49: Cualquier jaula común no sirve para un papagayo .. El psitácido, que tiene sus áreas de difusión en Asia, África, Australia, Oceanía y en América Central, es muy famoso desde la más remota antigüedad.

psitacosis *f* (*Med*) Enfermedad infecciosa propia de los papagayos y otras aves, que es transmisible al hombre. | Nolla *Salud* 229: La psitacosis es una enfermedad propia de los papagayos, loros y periquitos, que también pueden padecerla otras aves (palomos, canarios, gallinas, etc.).

psoas *m* (*Anat*) Músculo que se inserta en la parte anterior de las vértebras lumbares y dorsales y termina en el fémur. | Alvarado *Anatomía* 60: La gran masa carnosa de las posaderas está formada casi en su totalidad por los músculos glúteos y psoas ilíaco.

psoraleno *m* (*Quím*) Sustancia presente en algunas plantas, que provoca una pigmentación oscura de la piel. | *SYa* 5.7.81, 43: La esencia de bergamota se usa desde hace mucho tiempo como bronceador. Contiene unas sustancias llamadas psoralenos, que aumentan la producción de gránulos de pigmento moreno en la piel.

psoriásico -ca *adj* Que padece psoriasis. *Tb n.* | *DMo* 16.8.85, 55: Psoriasis. Si la padece, pida información gratis. Curación garantizada por ex Psoriásico Homeópata.

psoriasis (*tb* **soriasis**) *f* (*o m*) **1** Enfermedad de la piel que se caracteriza por la formación de puntos y manchas rojizos cubiertos de escamas blanquecinas. | Corbella *Salud* 454: Con la denominación de lepra se han diagnosticado históricamente numerosas enfermedades que solo tenían de común con la misma su curso crónico y su curación difícil, aunque a menudo eran más contagiosas; desde el impétigo a las tiñas, o incluso la psoriasis. Delibes *Historias* 48: Estas son las aguas de la Fuente de la Salud que .. tienen excelentes propiedades contra .. el psoriasis y otras afecciones de la piel. *Ya* 24.2.88, 18: El aceite de pescado ayuda a combatir la soriasis.
2 (*Bot*) Enfermedad de las plantas del gén. *Citrus,* caracterizada por la corteza escamosa del tronco y las ramas. | *Med* 2.9.67, 5: El uso de Per-Sintol contra la Psoriasis, roña, goma o corteza escamosa, ha sido experimentado durante dos años en la estación de Fitopatología de Levante.

pteridofito -ta (*tb* **pteridófito**) (*pronunc corriente,* /teridofito/) *adj* (*Bot*) [Planta] criptógama vascular, de generación alternante. *Frec como n f en pl, designando este taxón botánico.* | Alvarado *Botánica* 10: Pteridofitas o Criptógamas fibrovasculares. Plantas rizofitas que carecen de flores, frutos y semillas, y cuyos gametos femeninos se forman en arquegonios. Comprende [este tipo] los helechos, los equisetos o colas de caballo, los licopodios, etc.

pterigio – pubis

pterigio (*pronunc corriente*, /teríxio/) *m* (*Zool*) Miembro corporal del tipo de la aleta, característico de los peces. | Ybarra-Cabetas *Ciencias* 362: Esta última [la extremidad libre] tiene el esqueleto de tipo pterigio, es decir, constituido por radios espinosos que sostienen la membrana aletiforme. [*En el pagel*.]

pterigión (*pronunc corriente*, /terixión/) *m* (*Med*) Engrosamiento triangular de la conjuntiva, que parte del ángulo interno del ojo hacia la córnea y puede dificultar la visión. | Dolcet *Salud* 477: Una curiosa formación conjuntival, en general benigna, que suele partir del ángulo interno del ojo hacia la córnea, con tendencia a cubrirla, es el pterigión.

pterigoideo -a (*pronunc corriente*, /terigoidéo/) *adj* (*Anat*) Que tiene forma de ala. *Gralm referido a las apófisis del hueso esfenoides*. | Alvarado *Anatomía* 53: Se distingue en él [el esfenoides] un cuerpo cuadrangular, del cual salen, hacia los lados, un par de alas mayores .. y hacia abajo un par de apófisis pterigoideas.

pterodáctilo (*pronunc corriente*, /terodáktilo/) *m* (*Zool*) Reptil volador fósil, de alas membranosas, propio esp. del período jurásico (gén. *Pterodactylus*). | M. Calvo *SYa* 14.8.83, 25: Los pterodáctilos, reptiles alados más grandes que una avioneta, vuelan sobre los pantanos.

pterosaurio (*pronunc corriente*, /terosáurio/) *m* (*Zool*) Reptil fósil volador de los períodos jurásico y cretácico, con alas membranosas sostenidas por un dedo. *Frec como n m en pl, designando este taxón zoológico*. | Bustinza-Mascaró *Ciencias* 188: Los reptiles alcanzaron en la Era Secundaria un extraordinario desarrollo. Los hubo .. voladores (Pterosaurios) y terrestres.

ptialina (*pronunc corriente*, /tialína/) *f* (*Fisiol*) Fermento de la saliva, que interviene en la digestión del almidón. | Navarro *Biología* 146: La acción química de la saliva se debe a su fermento ptialina.

ptialismo (*pronunc corriente*, /tialísmo/) *m* (*Med*) Secreción excesiva de saliva. | *Hoy* 15.11.70, 25: Los becerros .. ofrecieron el siguiente cuadro clínico durante el breve período transcurrido entre la aparición de los primeros signos de enfermedad y su muerte ..: embotamiento del sensorio, ptialismo, anorexia.

ptolemaico → TOLEMAICO.
ptolomeico → TOLOMEICO.

ptosis (*pronunc corriente*, /tósis/) *f* (*Med*) Caída o descenso de un órgano o parte de él. | Dolcet *Salud* 476: Los párpados pueden ofrecer diversos vicios de posición, sea desviados hacia dentro (entropión), hacia fuera (ectropión), o estar más o menos caídos o cerrados (ptosis).

púa[1] *I n A f 1* Cuerpo pequeño, rígido y puntiagudo que parte de determinados objetos o del sistema defensivo de algunos animales o plantas. | M. Aguilar *SAbc* 14.12.69, 54: Los peines deben tener su[s] púas o dientes más separados cuanto más fuerte y graso sea el cabello. Ramos-LSerrano *Circulación* 157: Se prohíbe colocar en los vehículos púas, garfios o cualquier otro dispositivo que pueda causar daño a los menores que intenten subir o asirse a la parte posterior de ellos. Bustinza-Mascaró *Ciencias* 133: Todo el cuerpo [del erizo de mar] se halla cubierto de púas rígidas. Halcón *Ir* 99: Por los mismos callejones pasó el camión rozando con los costeros las púas de las chumberas.

2 Pequeña pieza de marfil, concha o plástico, usada para tocar algunos instrumentos de cuerda. | *Ya* 12.9.85, 3: Carmen Romero se colocó las púas en las uñas, como muestra la fotografía, y tomó una improvisada clase para aprender a tocar el okoto.

3 Fragmento de vástago que se introduce en el patrón para injertarlo. | Bustinza-Mascaró *Ciencias* 257: El primero [el injerto de hendidura] consiste en cortar el injerto en forma de bisel –púa– e introducirle en el patrón previamente cortado.

4 (*raro*) *euf por* PUTA. | GMacías *Relatos* 115: –Compadres, si este vino es igual que el que les pongo todas las tardes.– Los compadres se callaron como unas "púas.

B *m y f 5* (*col*) Pers. astuta. *Gralm con intención desp*. | Berlanga *Recuentos* 81: ¿Cuántas ediciones llevas de "¿Es Dios del PSOE?"?, un pastón, menudo lince, vaya púa.

II *loc v* **6 saber** (*o* **enterarse de**) **cuántas ~s tiene un peine**. (*col*) Saber lo que vale un peine o lo que es bueno. | L. LSancho *Abc* 10.4.92, 22: Nos vamos a enterar todos de las púas que tiene un peine. Redondo nos lo enseñará.

púa[2] *f* (*col*) Peseta. | Sastre *Taberna* 110: –Me arreglo con un verde, si no te hace extorsión. –Que son exactamente... –Mil púas.

puaf *interj* (*col*) Expresa molestia o repugnancia. | Faner *Flor* 68: Puaf, al muchacho no le gustaba la cerveza.

pub (*ing*; *pronunc corriente*, /pab/; *pl normal*, ~s) *m* Bar pequeño y elegante con mesas y música ambiental. | *RegO* 31.7.75, 1: Dominique. Sala de fiestas. Pub whiskería. MGaite *Fragmentos* 58: Y el dinero fluyendo a la par del hastío en ríos paralelos por la noche del sábado, serpenteando, pasando de los taxis a los *pubs*, a los mesones de carretera.

pubarquía *f* (*Med*) Aparición del vello pubiano. | Cañadell *Salud* 186: El crecimiento del vello pubiano se denomina pubarquía.

púber (*a veces* PÚBERA *para el f*) *adj* **1** [Pers.] que está en la pubertad. *Tb n*. | Torrente *Off-side* 214: Verónica lleva una túnica blanca, amplia, de canéfora púber. Grosso *Invitados* 215: El amor de una púber targui .. costaba media esterlina. CBonald *Ágata* 113: La púbera Alejandra .. resolvía su dolor de corazón en unas mansas y diferidas lágrimas.

2 [Edad] de la pubertad. | CBonald *Ágata* 112: También había dado albergue .. a una fugitiva de las tierras del corcho, de nombre Alejandra y de edad púbera.

puberal *adj* (*Med*) De (la) pubertad. | R. ASantaella *SYa* 16.10.83, 33: En la mujer, la feminización se desarrolla en el período puberal. *Nutrición* 143: Estirón puberal. Es un cambio brusco en la velocidad del crecimiento.

pubertad *f* Período de la vida en que comienza a manifestarse la madurez sexual. | CBaroja *Inquisidor* 39: Discutieron los tratadistas acerca de si se debía o no aceptar el testimonio de menores de catorce años, próximos a la pubertad.

pubescencia *f* (*raro*) Pubertad. | Critón *Inf* 4.12.70, 14: Apenas encaramado al alféizar de pube[sc]encia biológica, el hombre sintió la enorme tentación de poner nombre a las cosas que le rodeaban. [*En el texto*, puberesencia.]

pubescente *adj* **1** Que ha llegado a la pubertad. *Tb n*. | Ynduráin *SAbc* 6.7.85, III: El despertar a la vida plena de la pubescente viene frenado por convenciones.

2 (*Bot*) Cubierto de pelo fino y suave. | Mayor-Díaz *Flora* 569: *Pulmonaria longifolia* (Bast.) Boreau. "Pulmonaria." Pl[anta] de 15-40 cm., pubescente.

pubescer (*solo se usa en las formas en que la c va seguida de e o i*) *intr* (*raro*) Llegar a la pubertad. | Benet *Viaje* 276: Muchos de ellos .., en su niñez, en su pubescer o en su adolescencia, habían entrevisto algo parecido al mandato.

pubiano -na *adj* De(l) pubis. | C. LTena *SAbc* 29.6.75, 22: Se trata de restos humanos: una vértebra, un fragmento de la región axilar y otro de la pubiana.

púbico -ca *adj* De(l) pubis. | VMontalbán *Pájaros* 206: Las frotaciones de los pechos y la vaguada púbica de la muchacha habían despertado el interés por la vida de su pene.

pubill *m* (*Der, reg*) Hombre no instituido como heredero, que se casa con una pubilla [2]. | *Compil. Cataluña* 678: La mujer o sus herederos, al serles reclamada la "soldada", podrán compensarla con los créditos que tengan contra el "pubill".

pubilla *f* **1** Mujer que preside una fiesta típica catalana. | *Abc* 14.5.67, 78: Fueron obsequiadas las señoras de Arias Navarro, de Del Moral, pubilla, maja y otras damas, con sendos ramos de flores.

2 (*Der, reg*) Mujer instituida como heredera. | A. Nadal *Van* 7.3.71, 52: Luis Requesens, genuinamente catalán, se desposó a los veinticuatro años con la "pubilla", o sea, con la hermosa heredera de la opulenta casa Gralla, Jerónima.

pubis *m* **1** Parte inferior del vientre, cubierta de vello en los adultos. | Aparicio *César* 152: Analiza Juan de Acocha el color de los cabellos de ella, lo compara con el triste tono del pubis y constata con desilusión la inequívoca desemejanza.

publicable – público

2 (*Anat*) *En los mamíferos*: Hueso delantero de los tres que forman el coxal. | Bustinza-Mascaró *Ciencias* 201: El esqueleto de las extremidades posteriores [del gato] consta de un hueso de la cadera, a cada lado, formado por la unión de tres: íleon, isquión y pubis.

publicable *adj* Que se puede o debe publicar. | MPrieto *Inf* 13.6.74, 16: Hay que ir dejando en manos de la Justicia el dirimir lo que es publicable y lo que no lo es. C. Castro *Ya* 21.7.74, 8: Escribía rimas desde los catorce años, pero solo consideró publicables las escritas a partir de 1330.

publicación *f* **1** Acción de publicar. | DPlaja *El español* 145: El acto en sí es importante, pero su publicación lo es mucho más.
2 Obra o escrito publicados [2]. | Lapesa *Ayala* 41: Entremos en el terreno de las publicaciones de tema político--social.

publicador -ra *adj* Que publica [2]. *Tb n.* | VMontalbán *Tri* 12.6.71, 41: El grupo de novelistas mallorquines sigue activísimo. Guillem Frontera, el más publicador, .. se predispone a una larga carrera narrativa.

públicamente *adv* De manera pública [1 y 2]. | Laforet *Mujer* 33: Su padre y Mariana .. se habían declarado públicamente enemigos de la iglesia.

publicano *m* (*hist*) *En la antigua Roma*: Arrendador de impuestos, rentas o minas del Estado. | Vesga-Fernández *Jesucristo* 108: Había .. un hombre rico llamado Zaqueo, jefe entre los publicanos, que tenía empeño por conocer a Jesús de vista.

publicar *tr* **1** Hacer público [1] [algo]. | Ribera *SSanta* 61: No moriré, sino que viviré, y publicaré las obras del Señor. Hoyo *Bigotillo* 47: La Constitución fue publicada por el pregonero, con ayuda de su caracola. **b)** Divulgar [algo reservado]. | Laforet *Mujer* 240: Nada de lo que no tenga que ver directamente con el caso será publicado. Nadie se enterará de lo que me diga usted esta noche.
2 Hacer llegar [algo] al público [un autor o editor (*suj*)] mediante la imprenta u otro procedimiento gráfico. *Tb abs.* | DPlaja *Literatura* 228: La primera parte del *Quijote* se publicó en 1605. L. Contreras *Inf* 30.8.74, 1: Augusto Assía publicada en "La Voz de Galicia" una carta abierta, en la que se preguntaba por los resultados del dinero aplicado al sector. **b)** Incluir (*cd*) un periódico o revista]. | F. A. González *Ya* 11.10.74, 60: Leo que la prensa valenciana ha empezado a publicar una especie de bolsa matrimonial.

publicata *f* (*reg*) Amonestación matrimonial. | Berlanga *Gaznápira* 97: Incluso al rematar la misa en la cual, tras leer la publicata, dijo "sirva esta de primera amonestación".

publicidad *f* **1** Cualidad de público [1]. | *Abc* 24.3.66, 89: Muchas otras inteligencias son capaces, tarde o temprano, de inteligirla [la realidad] también: es el carácter público de la verdad. En esta publicidad hay una dimensión más honda. S. Lorenzana *Pap* 1.57, 38: Sarmiento no huye de la gente por sistema, sino de todo aquello que puede vincularlo a la publicidad fácil, a convencionalismos sociales u honras vanas.
2 Acción de publicar [1]. *Frec en la constr* DAR ~. | GHortelano *Tormenta* 5: El juez le dijo a Emilio que se daría la menor publicidad posible al asunto.
3 Actividad de atraer la atención pública sobre alguien o algo, esp. con fines comerciales. | P. F. Benito *Día* 2.6.76, 21: Dos son las razones que nos han movido a detener nuestra atención y nuestro interés en la publicidad y los publicistas. **b)** Conjunto de mensajes de publicidad, o de los medios en que se divulgan. | Ayala *Periodismo* 16: Todavía a la fecha de hoy, pese a que el atractivo predominante de nuestros diarios y revistas radica en sus informaciones y comentarios de alcance general .., hay muchas personas a quienes les interesa de manera primaria la publicidad comercial.
* El buzón está todos los días lleno de publicidad.

publicismo *m* (*raro*) Publicidad [2 y 3]. | VMontalbán *Kennedy* 37: Se descubre pronto el carácter fotográfico de esa intimidad, como es descubrimiento continuo el publicismo de su pulso, de su respiración o de sus excrementos. *VNu* 23.12.72, 10: Otra novedad de Alfred Läpple. *Jesús de Nazaret, reflexiones críticas* (título provisional). Publicismo,

teología y biblia en torno a un tema puesto de actualidad por entusiasmos y polémicas.

publicista *m y f* **1** Pers. que se dedica a la publicidad [3]. | P. F. Benito *Día* 2.6.76, 21: Dos son las razones que nos han movido a detener nuestra atención y nuestro interés en la publicidad y los publicistas.
2 Pers. que escribe y publica libros o artículos de periódico. | Laín *Marañón* 21: Como estudiantil redactor de las lecciones de cátedra de San Martín, inició Marañón, en 1907, su carrera de publicista médico. Cossío *Confesiones* 125: Entre nosotros sigue viviendo tan tranquilo el médico a quien se le muere un enfermo, el arquitecto a quien se le hunde una casa, el general que pierde una batalla, el publicista que no vende ni un solo ejemplar de su libro.

publicístico -ca *adj* De(l) publicista [2]. | Laín *Marañón* 27: Sobre la iniciación de su actividad publicística, véase "La Revista ..", de Cl. Costa.

publicitar *tr* Hacer publicidad [3] [de algo (*cd*)]. | Gala *Sáb* 1.3.75, 5: Que .. de lo gastado en publicitar un transporte colectivo –subterráneo o de superficie– sucio, malo y caro, de la eliminación de los taxis del aeropuerto .. no pueda sospecharse que son arbitrariedades.

publicitariamente *adv* En el aspecto publicitario. | *Abc* 25.11.70, 81: La iniciativa de la velada ha correspondido a la firma .. a la que están adscritos publicitariamente ambos boxeadores.

publicitario -ria I *adj* **1** De (la) publicidad [2 y esp. 3]. | Halcón *Ir* 176: Tendría que enfrentarse con la denuncia por suplantación de persona. Por desgracia, un asunto de policía que se aclararía al fin pero con escándalo publicitario. GPavón *Hermanas* 32: Caserones abandonados entre señales de tráfico y carteles publicitarios.
II *m y f* **2** Pers. que se dedica a la publicidad [3]. | Miguel *Mad* 22.12.69, 14: El publicitario ("ejecutivo de cuentas") con chaleco a cuadros.

público -ca I *adj* **1** [Cosa o, más raro, pers.] conocida por todos. | Cabezas *Madrid* 101: En la iglesia de los Recoletos .. fue enterrado el escritor y político Don Diego de Saavedra Fajardo. Fue público que, pasado el tiempo, su calavera era la destinada, como macabra decoración, para colocar sobre el catafalco en los funerales de la citada iglesia. T. GBallesteros *Abc* 27.8.93, 42: También hay personas voluntariamente públicas, cuyas actividades están necesariamente relacionadas con la publicidad, como son las gentes de la política o del espectáculo.
2 [Cosa] hecha a la vista de todos o en presencia de testigos. | SLuis *Doctrina* 57: Todos los hombres resucitados comparecerán públicamente ante Jesucristo .. para escuchar su sentencia pública. *Sp* 19.7.70, 29: El préstamo se concede mediante escritura pública. **b)** [Penitencia] **pública**, [vergüenza] **pública** → PENITENCIA, VERGÜENZA.
3 [Cosa] abierta o accesible a todos. | *Inf* 6.5.71, 17: Italia: Prohibido fumar en bailes y otros lugares públicos. *Ya* 27.6.75, 44: El Colegio Mayor Alcalá, adscrito a la Universidad Complutense, convoca concurso público de méritos para la adjudicación de las plazas de que dispone para el curso 1975-76.
4 [Cosa] de (la) colectividad social en su conjunto. | Tejedor *Arte* 54: Construcciones públicas. Fueron muy diversas, según sus destinos o función .. Finalmente son de destacar como construcciones de utilidad pública .. los numerosísimos puentes. **b)** De(l) Estado. | Tamames *Economía* 432: Estas cuentas del sector público han comenzado a publicarse sistemáticamente en 1967. **c)** [Derecho] que regula el orden jurídico del Estado y sus relaciones con otros entes públicos y privados. | Gambra *Filosofía* 216: El derecho público es el conjunto de normas que regula la estructura y el funcionamiento del Estado. **d)** [Deuda] **pública**, [fuerza] **pública**, [hacienda] **pública**, [ministerio] ~, [opinión] **pública**, [orden] ~ → DEUDA, FUERZA, HACIENDA, MINISTERIO, OPINIÓN, ORDEN.
5 [Pers.] que interviene públicamente en asuntos políticos. *No referido a mujer.* | GPruneda *Raz* 2/3.84, 344: No es el trono el que ha muerto en La Granja .., sino su porvenir de hombre público, el proyecto político de su moderantismo.
6 [Cosa] relativa a la función social de una pers. | Vesga-Fernández *Jesucristo* 47: Contamos los años de vida pública

de Jesucristo de Pascua a Pascua. **b)** [Relaciones] **públicas** → RELACIÓN.

7 [Mujer] que se dedica a la prostitución. | R. Castleman *Cod* 1.9.74, 14: El hígado pertenecía a una mujer pública ya ajada cuyo cuerpo destilaba alcohol. **b)** [Casa] de prostitución. | Aldecoa *Gran Sol* 176: Juan Arenas gorgoriteaba soñador de damas de cabarets, de noches con dinero .. Venancio Artola prefería la contemplación cinematográfica desde anfiteatro segundo, por cuatro pesetas, que aquel despilfarro de la casa pública.

II *m* **8** Conjunto de perss. que asiste a un espectáculo o a determinados actos públicos. | *Ya* 23.6.70, 1: El entusiasmo del público azteca, enloquecido y jubiloso, apoyó a los brasileños. C. Bellver *País* 12.4.80, 20: Pero el ingenioso Ganasa pensó que el sol madrileño de primeras horas de la tarde —las funciones comenzaban a las dos de la tarde— quitaría público a su espectáculo. *TCR* 27.11.90, 8: Además de esta conferencia están previstas otras charlas .. A la inauguración acudieron, además del alcalde, representantes de todos los grupos políticos municipales y gran cantidad de público. **b)** Conjunto de perss. que participan de una preferencia o afición común. | DPlaja *Literatura* 330: La burguesía se interesa por los escritores, que, de esta suerte, viven de su público y no de la protección del rey o la nobleza. **c)** *(pop)* Gente o conjunto de (las) perss. que están en un lugar. | SSolís *Juegos* 130: El entierro fue muy sencillo y con poco público de Fontán.

9 el ~. La gente o el conjunto de las perss. | Berlanga *Gaznápira* 185: Son dueños, desde luego, de los periódicos, pero en absoluto de las noticias que estos publican y del derecho del público a conocerlas. **b) el gran ~**. La mayoría de la gente. | *Ecc* 16.11.63, 3: Pero para el gran público .. el hecho no parecía entonces de tanta importancia.

III *loc v* **10 dar**, o **sacar**, **al ~**. Publicar [2a]. | * Acaba de dar al público su nueva novela.

IV *loc adv* **11 en ~**. Públicamente o a la vista de todos. | *País* 10.4.80, 52: El tanga, la más minúscula de las prendas de vestir en público, tiene tras de sí una excitante historia.

public relations *(ing; pronunc corriente,* /públik řeléisons/*)* **A** *f pl* **1** Relaciones públicas (actividad). | M. Salabert *Inf* 8.10.74, 17: Más convincente, y más eficaz en el plano de las "public relations", habría sido el citado portavoz si hubiera recordado la célebre frase de Jacques Vaché.

B *m y f* **2** Relaciones públicas (pers.). | J. L. Legaza *SYa* 15.6.74, 12: Liszt aparece como una especie de "public relations" del romanticismo.

publirreportaje *m* Reportaje publicitario de cine o televisión. | Berlanga *Recuentos* 57: De eso había vivido en los peores momentos lejos de las aulas: poniendo diálogos a guiones infectos, redactando publirreportajes de Galerías Preciados.

puchelón -na *m y f (jerg)* Cantante. | VMontalbán *Prado* 74: El chófer miró de reojo al Sinántropus mientras masculiaba un "¿no te jode?" .. —Usted va disfrazado de chófer y yo de puchelón. Cada cual se busca la vida como puede.

pucherazo *m (col)* Fraude electoral que consiste en falsear el resultado del escrutinio de votos. | Zunzunegui *Camino* 395: A mí me da la impresión de unas elecciones con falsificación de actas y pucherazos.

pucherero -ra *m y f (raro)* Pers. que fabrica o vende pucheros [1]. | P. Lahorascala *NAl* 21.12.84, 11: Otros [artesanos] han venido de fuera, como quizá antaño vinieran los herreros, alfareros, cesteros, puchereros .. Los últimos tejeros se los llevó la crisis; antes cesó el pucherero de Lupiana.

puchero I *m* **1** Vasija de guisar, frec. de barro cocido, alta, de panza abultada y con una sola asa. | ASáez *Abc* 18.12.70, 21: Cuenta que, como Teresa entre sus pucheros, el hombre de la mina, habiendo encontrado a Dios entre los tercios de su copla, haya establecido con Él un .. diálogo.

2 Cocido (guiso). | GSosa *GCanaria* 145: En otro orden [de platos] han de nombrarse los potajes .. y el puchero, que es un cocido muy gustoso a base de carne y una gran variedad de verduras. Vega *Cocina* 112: Fue Santa Ana .. quien inventó el puchero. No la vasija .. Con el guiso que todavía los andaluces continúan llamando puchero, la adafina, combinación gastronómica madre de nuestro actual cocido.

3 *(col)* Cocido (alimentación o sustento). | Berenguer *Mundo* 212: Ella no podía ver a Pablo aunque comía de su puchero.

4 *(col)* Gesto que precede al llanto. *Frec en la constr* HACER ~S. | Montero *Reina* 71: Los ojos se le inundaron de lágrimas y contrajo toda la cara en un puchero. Laiglesia *Tachado* 80: En vez de hacer llorar a la gente, solo consigue que haga pucheros.

II *loc v* **5 oler** [una cuestión] **a ~ de enfermo.** *(col)* Cansar por haber sido dicha o planteada muchas veces. | Delibes *Año* 123: He dicho [en la encuesta] algo que ya huele a puchero de enfermo, a saber, que los primeros premios literarios, al hacer coincidir el interés de escritores, lectores y editores sobre la novela autóctona, fueron el espolazo de la narrativa de posguerra. MGaite *Búsqueda* 112: Ni con lo conseguido o por conseguir en este campo de batalla que más bien nos huele ya un poco a puchero de enfermo.

puches *m o f pl* Guiso consistente en harina cocida con agua, sal y otros condimentos. | Vega *Cocina* 122: Caldereta, olla de segadoras, puches toledanos, barbos del Tajo fritos. M. M. Vías *Ya* 24.12.75, 31: La sartén con sus puches de verdad, como las que cada mañana se hacen estos santacruceros artistas. A. Marín *Ya* 12.10.89, 20: La cocina típica de esta localidad madrileña son las gachas y puches.

puchinela *m (reg)* Polichinela. | Faner *Flor* 101: Había salas de juego, gimnasio y un teatrillo para puchinelas.

puching *(pronunc corriente,* /púćin/*) m (Boxeo, semiculto)* Punching-ball. | Olmo *Cuerpo* 8: Esta termina con un formidable puñetazo al "puching".

puching-ball *(pronunc corriente,* /púćin-ból/*) m (Boxeo, semiculto)* Punching-ball. | F. Vadillo *As* 25.8.74, 23: Perico Fernández .. ha jugado con él, le ha transformado en un simple "puching-ball".

pucho *m (raro)* Colilla de cigarro. | Gala *Strip-tease* 326: Ya está bien, señores .. Mentira parece que estén, con el vaso en una mano y el pucho en la otra, haciéndose los desentendidos.

puck *(ing; pronunc corriente,* /pak/*) m (Dep)* Pelota de hockey sobre hielo. | *SAbc* 1.2.76, 4: Hockey sobre hielo .. La "pelota" se llama "puck". Es un disco de caucho endurecido de 7,62 centímetros de diámetro y 2,54 de grueso. El peso máximo es de 170 gramos.

pudding *(ing; pronunc corriente,* /púdin/; *tb con la grafía* **puding***) m* Budín. | *Coc* 12.66, 20: Asegúrese de su cocción, pinchando con la punta de un cuchillo: si al retirar el filo del cuchillo este sale limpio, quiere decir que el "pudding" está cocido. VMontalbán *Balneario* 43: Empozoñado por el bacalao al pil-pil .., el puding de merluza y mejillones de roca.

pudelación *f (Metal)* Transformación de hierro colado en dulce, quemando parte de su carbono en hornos de reverbero. | Vicens *Polis* 413: Estas últimas [las innovaciones técnicas] afectaron principalmente la industria textil .. y la siderurgia (acero fundido, de Huntsman; pudelación, de Onions).

pudendo -da I *adj (lit)* **1** [Parte del cuerpo] que se oculta por pudor. | A. ÁCadenas *Reg* 11.8.70, 8: Las sirenas cubren sus zonas pudendas con el "bikini". **b)** [Partes] **pudendas** → PARTE[1].

II *m* **2** *(raro)* Órgano viril. | GPavón *Rapto* 134: La verdad es que un hombre con el pudendo inservible, máxime si es joven, es para enloquecer.

pudibundez *f* Cualidad de pudibundo. | CBonald *Ágata* 158: La tal Araceli .. era doncella inocua .. instruida esmeradamente en la pudibundez y el bordado.

pudibundo -da *adj* Muy pudoroso. *Frec con intención desp.* | Laforet *Mujer* 181: Le irritaba más Concha que las personas pudibundas que se asombran de que una pueda andar descalza.

púdicamente *adv* De manera púdica. | Torrente *Señor* 47: Llamaron a la puerta del baño, y la mano de la criada introdujo púdicamente su traje planchado, una muda interior, una camisa limpia. CBaroja *Inquisidor* 10: Aquellas biografías .. satisfacían púdicamente el deseo de leer folletines.

púdico -ca *adj* Pudoroso. | GPavón *Reinado* 215: –Siempre está pensando en lo mismo –dijo Plinio, que era muy púdico. L. Calvo *Abc* 15.10.70, 30: No puedo recoger de los comentarios sino pesimismo y escepticismo. El protocolo púdico no desflora casi nada.

pudiente *adj* Rico o que dispone de medios de fortuna. *Tb n, referido a pers*. | ZVicente *Traque* 118: Si la casa era pudiente, me daban, al acabar la faena diaria, una copita de benedictino o de coñac. FQuintana-Velarde *Política* 250: En cuanto incrementan el nivel de vida de las clases menos pudientes, mejoran .. la distribución de la renta nacional. J. L. FRúa *SVozC* 29.6.69, 19: En su mayor parte, aquellos viajeros venían caminando ... Los pudientes, los grandes señores –que eran pocos– lo hacían a caballo.

pudín *m* Budín. | R. GSantos *SYa* 22.12.90, 10: Nos estamos refiriendo a los *christmas pudding*, entre los que sobresale el pudín de ciruelas.

puding → PUDDING.

pudinga *f* (*Mineral*) Roca formada por un conglomerado de cantos rodados. | Benet *Volverás* 43: Cuando se abandonan las vegas bajas y los valles cuaternarios las márgenes se estrechan, y surgen las primeras cerradas, pudingas y conglomerados de color ocre y vegetación rala.

pudio *adj* (*reg*) [Pino] negral (→ PINO¹). | Cela *Judíos* 298: La huerta de la Adrada .. brinda dos cosechas, y el pinar .. dos suertes de pino: el negral de la resina, que por Ávila es rodeno y, para algunas gentes, salgareño y pudio, y el albar de la madera.

pudor *m* **1** Sentimiento que mueve a ocultar el propio cuerpo a la vista de los demás o a evitar lo relacionado con el sexo. | *Economía* 323: Nunca se arrepentirán las muchachas de ser modestas, ya que no solo no les resta ningún encanto, sino, al contrario, les conserva .. el pudor y la feminidad, cualidades esenciales en la mujer.
2 Sentimiento que mueve a ocultar a los demás los sentimientos, pensamientos o hechos que se consideran íntimos o personales. | Olmo *Golfos* 126: Nuestra amistad nacía de un modo de ver las cosas que en lo profundo era dramático. Y esto, por pudor, mantenía una parte de nosotros mismos en reserva.
3 Vergüenza, o estimación de la propia dignidad. | Laiglesia *Tachado* 53: ¿Se detuvieron allí [en la frontera] las divisiones *panzer* por falta de gasolina, o por exceso de pudor?

pudorosamente *adv* De manera pudorosa [2]. | Cossío *Confesiones* 29: Las señoras llevaban trajes para sumergirse en el mar, con pantalones hasta el tobillo, y aun así llegaban hasta la orilla envueltas pudorosamente en capas de felpa.

pudoroso -sa *adj* **1** [Pers.] que tiene pudor. | Kurtz *Lado* 24: Yo soy muy pudoroso, doctor, y no quiero enseñar mis nalgas a la familia.
2 [Cosa] que denota pudor. | C. LTena *SAbc* 1.6.75, 32: No hay alegría en este mundo de Sancha, en este planeta de gentes humildes y necesitadas. Pero hay una enorme compasión, una exquisita y pudorosa ternura. Halcón *Ir* 326: –¿Esperar qué?– Los labios algo gruesos de Fernanda dibujaron una sonrisa pudorosa: –Es que dentro de unos meses...

pudrición *f* Acción de pudrir(se). *Tb su efecto*. | Torrente *Sombras* 283: No como muerte con pudrición ulterior, sino como mero olvido. Benet *Volverás* 113: Las paredes habían sido .. blanqueadas con cal o pintadas con temple, pero las goteras y humedades habían aparecido de nuevo, impregnando todos los rincones con olor a pudrición.

pudridero *m* **1** Lugar destinado a los cadáveres antes de pasarlos al panteón. | FSantos *Catedrales* 169: Cada pequeña capilla-panteón tiene en su fondo su escalera de caracol para bajar al pudridero. P. Monasterio *HLM* 12.1.76, 5: El pudridero de reyes y reinas está vacío desde mediados del año 1971.
2 Lugar en que se ponen determinadas cosas para que se pudran. *Tb fig*. | Seseña *Barros* 14: En muchos alfares los bloques de pasta son trasladados luego a un pudridero, sótano húmedo, donde reposan, a veces hasta un año. MGaite *Búsqueda* 99: Los conflictos y descontentos que origina el hecho de confinarlos [los sentimientos] a un pudridero sin ventilación da hoy a los psiquiatras tanto que hacer como a los confesores de nuestras abuelas diera la brega con aquellos "demonios".

pudridor -ra *adj* (*raro*) Que pudre [1]. | CNavarro *Perros* 235: Abandonó los grupos de los que Mario denominaba "pudridores de la patria".

pudrimiento *m* Acción de pudrir(se). | Huarte *Biblioteca* 84: Manchas y emborronaciones, pudrimiento de la materia escriptoria o de encuadernación .. son algunas manifestaciones.

pudrir (*tb, raro,* **podrir**; *conjug* **56**) **A** *tr* **1** Hacer que [algo (*cd*)] se pudra [3 y 4]. | Ybarra-Cabetas *Ciencias* 229: Son perjudiciales las bacterias parásitas como .. el *Bacterium fosforescens* [*sic*], que pudre las carnes dando fosforescencia. VMontalbán *Pájaros* 177: El sudor me ha podrido la correa del reloj. Gala *Séneca* 131: Qué sencillo seguir pudriendo a un pueblo fatigado.
B *intr* ▶ **a** normal **2** (*raro*) Pudrirse [3]. | Delibes *Historias* 36: Daban vuelta a la tierra para que la paja pudriera y se orease la tierra.
▶ **b** *pr* **3** Descomponerse [una sustancia orgánica]. | Bustinza-Mascaró *Ciencias* 91: Hay distintos tipos de olores, tales como .. el olor a ácido sulf[h]ídrico de los huevos podridos.
4 (*col*) Corromperse moralmente. *Normalmente solo en part*. | Lera *Bochorno* 151: No sé por qué, me da el corazón que Salazar va a acabar siendo el contable de Soriano... ¡Está podrido!
5 (*col*) Estar encerrado [en un lugar, esp. en la cárcel]. | Halcón *Ir* 176: Un asunto de policía que se aclararía al fin, pero con escándalo publicitario si no quería pudrirse en la cárcel. Lute *SPaís* 1.5.77, 16: Se pudrió unos años en la cárcel.
6 (*col*) Colmarse o llenarse a rebosar [de algo, esp. dinero]. *Normalmente solo en part*. | Matute *Memoria* 140: Te casarán con un hombre blando y seboso, podrido de dinero. Benet *Nunca* 29: A pesar de llegar siempre tarde y podrido de sueño, nunca dejaba de echarle un vistazo.
7 no decir [a alguien] **por ahí te pudras**. (*col*) Mostrar absoluta indiferencia [por él]. | DCañabate *Paseíllo* 43: Me tiene entre ojos porque nunca la he dicho por ahí te pudras, ni he bailao con ella.

pudú (*tb* **pudu**) *m* Cérvido de pequeño tamaño propio de la región andina (*Pudu pudu*). | SArr 27.9.70, 5: El mejor zoo de Europa, en Madrid .. Fauna sudamericana .. Cóndor .. Pudu.

puebla *f* **1** (*hist*) *En la Edad Media*: Población de nueva fundación a la que se dota de ciertos privilegios. | Carande *Pról. Valdeavellano* 16: Confirman los burgueses su nombre .. asentándose en barrios o pueblas periféricas y llegando a ampliar el casco urbano de la ciudad.
2 (*hist*) Carta puebla (→ CARTA). | Alvar *Español* 63: En 1095 se concedió a la población [de Logroño] un fuero .. Por fortuna, sobre este fuero y sus consecuencias jurídicas tenemos un trabajo fundamental .. Gracias a esto podremos con todo rigor determinar el sentido de esta puebla.
3 (*reg*) Barrio viejo [de un pueblo]. | Zunzunegui *Hijo* 55: A los pocos días toda la puebla marinera de Axpe y Erandio supo que Manolo era dueño de aquella gabarra.

pueblano -na *adj* De alguna de las poblaciones denominadas Puebla. *Tb n, referido a pers*. | A. Oliva *VozT* 26.7.78, 24: Las Fiestas de La Puebla de Montalbán .. A todos estos festejos hay que agregar, claro, la típica vaca enmaromada, delicia de todos los pueblanos.

pueblense *adj* De alguna de las poblaciones denominadas Puebla, esp. Puebla del Caramiñal (La Coruña). *Tb n, referido a pers*. | T. Rabanal *Hoy* 29.6.76, 43: Fiestas de Puebla de la Calzada, que son como el chorro vivificante para el alma y cuerpo del vecino pueblense. *Voz* 17.5.87, 20: Inaugurado en A Puebla do Caramiñal el nuevo Museo Valle-Inclán .. Entre las autoridades se encontraban .. representantes de la Diputación Provincial y concejales pueblenses.

puebleño -ña *adj* De alguna de las poblaciones denominadas Puebla. *Tb n, referido a pers*. | M. RGamero *Odi* 5.7.68, 5: Puebla de Guzmán .. El Hermano Mayor saliente .. hizo entrega al entrante, don Bartolomé Martín Márquez, de las insignias que son atributo de mandato, .. abrazándose emocionados, entre la no menos [*sic*] emoción de todos los puebleños que abarrotaban el templo.

pueblerinismo – puente

pueblerinismo *m* (*desp, raro*) Condición de pueblerino. | Burgos *Andalucía* 23: Don Francisco Rodríguez Marín .. llega al pueblerinismo de escribir: "Dios puso en nuestra Andalucía .. todo lo que tenía que poner".

pueblerino -na *adj* **1** Del pueblo[1] [1]. *Frec con intención desp. Tb n, referido a pers.* | DCañabate *Abc* 29.10.70, 15: Aprendió en la escuela pueblerina muy sumarios conocimientos. A. Olano *Sáb* 10.9.66, 5: Marbella pueblo no tiene prisa, y así, junto a "boutiques" al día del mundo entero, vemos las tiendecillas deliciosamente pueblerinas de los nativos del pueblo.
2 (*desp*) [Ciudad] que tiene carácter de pueblo[1] [1]. | CPuche *Paralelo* 17: La giba de un camello .. prometiendo al Madrid pueblerino, mísero y acogedor un espléndido regalo de felicidad.

pueblo[1] **I** *m* **1** Población de categoría inferior a la de ciudad, de tamaño variable pero frec. pequeño. | Zubía *España* 231: En los campos de la España húmeda predomina el poblamiento disperso .. Las viviendas están aisladas o formando pequeños pueblos. En la submeseta norte las viviendas se agrupan formando pueblos pequeños o de tamaño medio. En la submeseta sur .. se agrupan formando grandes pueblos (de 15 a 20.000 habitantes).
2 Conjunto de habitantes [de una nación, una región o una población]. | Torrente *Pascua* 438: Mire, don Baldomero: .. Todo el belén lo movió Clara para convencer al pueblo de su honradez. **b)** *Esp, por contraposición a los gobernantes*. | CPuche *Paralelo* 156: —Pero que no eche tantos discursos. Es demasiado .. —Cuando el pueblo se los escucha y le sigue, por algo será. Arenaza-Gastaminza *Historia* 228: El poder de los reyes procede del pueblo.
3 Conjunto de perss. pertenecientes a una misma raza y que forman una comunidad. | Zubía *España* 234: En el poblamiento de la Península Ibérica han intervenido multitud de pueblos. Primeramente los iberos y los celtas. **b)** Conjunto de perss. que forman una sociedad o comunidad espiritual. | Escrivá *Conversaciones* 21: Eso pondría en peligro el mismo prestigio de la Jerarquía y sonaría a burla para los demás miembros del Pueblo de Dios.
4 Clase social constituida fundamentalmente por los que viven del trabajo manual. | Arenaza-Gastaminza *Historia* 94: La última categoría de la sociedad feudal la constituía el pueblo llano.
II *loc adj* **5 de ~**. (*col, desp*) [Pers.] rústica o que no sabe desenvolverse en los ambientes urbanos. | * El portero es muy amable, pero un poco de pueblo.
III *loc v* **6 ser** [alguien] **de su ~**. (*col*) Tener rarezas o manías. | Delibes *Cazador* 52: Dijo que no salía más que los domingos .. También la chavala es de su pueblo.

pueblo[2] *adj* [Individuo] perteneciente a un grupo de tribus indígenas habitantes en los actuales estados norteamericanos de Nuevo Méjico, Arizona y Colorado, y caracterizadas por la dedicación a la agricultura. *Tb n.* | Pericot *Polis* 142: En América del Norte [destacan] los esquimales .., los atapascos .., los algonquinos e iroqueses .., los siux .., los curiosos pueblos, que practicaban ya la agricultura.

puelche *adj* De un pueblo indígena americano de la región oriental de los Andes en Argentina y Chile. *Tb n, referido a pers.* | Fernández-Llorens *Occidente* 151: Pueblos indígenas de la América Precolombina: .. Tupíes. Guaraníes. Puelches. Patagones.

puente *m* (*o, lit o rúst, f en acep 1*) **1** Construcción sobre una corriente de agua, una depresión del terreno o una vía de comunicación, para poder salvarlos por encima. | Cunqueiro *Un hombre* 11: Lentamente el hombre se dirigió hacia el foso, y antes de llegar al puentecillo de madera, con el pie derecho impulsó un guijarro a las aguas verdosas. Cela *Viaje andaluz* 81: Poco tendría Guadiana que enseñar si la naturaleza no le hubiera dado más encanto que la del puente. MFVelasco *Peña* 201: La otra pareja de civiles, la de nuestra vereda, llegaba a la puentecilla cuando la alcancé.
2 Pers. o cosa que sirve de nexo o de paso. *En sent no material. Frec en aposición.* | I. Palou *Sáb* 5.4.75, 33: Los peritos, tasadores e intermediarios. Estos hacen de puente entre ladrón y ladrón. J. I. Landa *SYa* 10.1.90, 7: Solo puede encajar en el concepto de puente biológico (colocación de un órgano temporalmente, hasta la colocación del definitivo). Diosdado *Usted* 88: Pertenezco a lo que llaman una generación puente, y nunca he entendido muy bien lo que querían decir.
b) ~ aéreo. Enlace aéreo muy frecuente entre dos lugares, establecido como línea regular o de emergencia. | Umbral *País* 21.5.78, 17: Estos muchachos son modernos, van a navaja, .. y hacen mucha vida en el puente aéreo. Vicens *Polis* 505: Los distritos de Berlín que ocupaban los occidentales constituían una avanzadilla en pleno país sovietizado. Para eliminarla, la U.R.S.S. decretó el bloqueo de Berlín (1948). Solo la prodigiosa organización de un "puente aéreo" durante el invierno de 1948-1949 evitó el éxito de la estratagema soviética.
3 Vacación formada por dos o más días festivos próximos y sus intermedios o inmediatos. *Frec en la constr* HACER ~. | *Pue* 4.5.66, 39: Fines de semana y puentes en autocar a Torrevieja. L. LSancho *Abc* 25.4.87, 18: El viernes será fiesta y haremos puente.
4 Pieza o elemento que se coloca horizontalmente entre otros dos verticales o inclinados. *A veces en aposición. Tb el conjunto formado por los elementos verticales y horizontales.* | *Prospecto* 11.87: Muebles Bersán .. Maletero puente con 4 puertas .. 20.000 pts. Galería-Librería bajo puente .. 7.000 pts. *Prospecto* 11.87: Puente completo, 292 x 40 x 235 (sin tapicería): Sin montaje, 44.000. Con montaje, 48.000. Moreno *Galería* 46: Había .. cuelgasartenes, en el puente de la chimenea.
5 Prótesis dental compuesta por una o más piezas falsas que se sujetan a las naturales inmediatas. | Cela *Rosa* 13: La edad del dolor .. es la de la juventud que se pierde, es la de la primera cana, la del primer puente en la dentadura.
6 Parte que une los dos cristales de las gafas y se apoya sobre la nariz. | Berlanga *Barrunto* 78: Al acabar cada frase repetía su tic de empujarse las gafas por el puente con el dedo corazón.
7 Parte curva de la planta del pie o del hueso de la nariz. | * Necesita plantillas porque tiene problemas con el puente. Payno *Curso* 165: Darío miraba a Bele .., estudiando las líneas de su cara: la suave curva del puente de la nariz, la tersura del pómulo.
8 Ejercicio gimnástico que consiste en arquear el cuerpo hacia atrás, apoyando en el suelo los pies y las manos. | * Nunca fui capaz de hacer el puente como Dios manda.
9 *En los instrumentos de cuerda*: Pieza de madera que sirve de apoyo a las cuerdas y transmite sus vibraciones a la caja. | *Ya* 25.10.89, 68: Al observar las esculturas de los instrumentos en todos sus detalles –agujeros sonoros, colocación del puente, cordal, etc.–, llegué a la conclusión de que Mateo se limitó a reproducir .. los instrumentos musicales que tenía delante.
10 Cable o cosa similar que une dos puntos estableciendo entre ellos una conexión eléctrica. *Tb la misma conexión.* | Ramos-LSerrano *Circulación* 334: Con el disyuntor averiado se puede continuar viaje colocando un cable (puente) conexionado a los bornes de entrada y salida del disyuntor, pero cuidando de quitar el puente inmediatamente de parar el motor. *Ya* 14.9.88, 5: Los empleados de Telefónica pueden negarse a realizar incluso aquellos pinchazos ordenados por el juez, "y en este caso es la propia Policía quien debe hacer el "puente"".
11 (*Electr*) Montaje constituido por cuatro elementos conectados en forma de un cuadrilátero cuyas diagonales son un manantial de corriente y un instrumento de medida. | Mingarro *Física* 121: Medición de resistencias. Puente de Wheatstone.
12 (*Mec*) Conjunto formado por el eje de las ruedas y los órganos solidarios del mismo. | Ramos-LSerrano *Circulación* 199: El bastidor, cualquiera que sea el tipo de motor que soporte, consta de los siguientes elementos: a) Bastidor propiamente dicho. b) Embrague. c) Caja de cambios. d) Transmisión. e) Puente.
13 (*Mar*) *En un buque*: Superestructura más elevada, en el sentido de la manga, desde donde el oficial de guardia dirige las maniobras. | Aldecoa *Gran Sol* 30: En los cristales de las ventanas del puente tabaleaba la lluvia.
14 *En un carro*: Palo o barra horizontal de los dos que aseguran por la parte superior las estacas verticales. | MCalero *Usos* 16: Tenían carros de yugo con su pértiga o trasga .. Tabla de zaga, puente trasero, compuerta, telerines y adrales.
15 ~ de Varolio. (*Anat*) Protuberancia anular. | Alvarado *Anatomía* 70: Los dos hemisferios cerebelosos están re-

puentear – puerperal

lacionados con un órgano de color blanco llamado puente de Varolio, por debajo del cual pasan las vías conductoras que relacionan la médula y el bulbo raquídeo con los centros superiores del encéfalo.

puentear tr **1** Colocar un puente [10] [en un circuito o aparato eléctrico, o en un vehículo (cd)]. | Ramos-LSerrano *Circulación* 320: Para localizar la bujía defectuosa, póngase el motor en marcha de ralentí y colocar un destornillador de forma que toque el borne de una de las bujías y masa. Si la bujía que se puentea funciona correctamente se notará inmediatamente cierta reducción de la velocidad del motor. F. Varela *Voz* 14.10.80, 42: No hacía otra cosa que forzar la cerradura del primer coche que hallaba aparcado, puentearlo y adelante.
2 (col) Saltarse [algo o a alguien] obviando el orden jerárquico o lógico. | *Abc* 28.9.84, 26: Ledesma niega que el Gobierno haya "puenteado" al Consejo Judicial. A. Ollero *Ide* 28.9.87, 40: Se comenta que el Gobierno ha acariciado esperanzas de llegar a entenderse con Roma puenteando a Obando.
3 (Dep) Lanzarse al vacío [desde un puente (cd)] sujetándose con cuerdas. | *Ya* 5.11.89, 67: Escalar un glaciar, ascender un pico de ocho mil metros sin ayuda de oxígeno, puentear el Viaducto, escalar la Torre de Europa o tirarse en paracaídas desde "el Pirulí" son algunas de las hazañas a las que tendremos acceso con el programa de TVE "Al filo de lo imposible".

puenteareano -na adj De Puenteareas (Pontevedra). *Tb n, referido a pers.* | *Faro* 3.8.75, 21: Acaso está bien que tratemos algunas cosas relacionadas con nuestro río y el esparcimiento que atañe a muchos puenteareanos y a otros que no lo son.

puenteño -ña adj De Puente del Arzobispo (Toledo). *Tb n, referido a pers.* | JGregorio *Jara* 65: A comienzos del siglo XX seguía la bujía el comercio buhonero a cargo .. de los hombres de Campanario .., de los manchegos .., de los puenteños.

puenteo m (col) Acción de puentear [2]. | P. Urbano *ElM* 1.5.91, 12: Era, por parte de Benegas, un puenteo a los ministros Solchaga y Aranzadi.

puentesino -na adj De Puente la Reina (Navarra). *Tb n, referido a pers.* | J. Riaño *DNa* 28.7.64, 9: En plenas fiestas hemos estado hablando con una de estas peñas puentesinas.

puénting (pronunc corriente, /puéntin/) m (Dep) Deporte que consiste en tirarse al vacío desde un puente sujetándose con cuerdas. | *Inde* 18.8.89, 17: Un joven deportista alemán .. murió en la población alicantina de Calpe al estrellarse contra el suelo mientras practicaba el llamado "puénting". *DBu* 15.5.90, 16: Todo comenzó con una salida .. y concluyó con otra, una escapada a Pancorvo para contemplar allí exhibiciones de técnicas de escalada y puénting. [*En los textos, sin tilde.*]

puercamente adv De manera puerca [6]. | Torbado *Corrupciones* 359: ¡Annika! Me he olvidado de ella puercamente.

puerco -ca I n A m **1** Cerdo (mamífero doméstico). *Tb designa solamente el macho de la especie.* | *Ya* 20.6.73, 10: Salvan un cerdo en el océano .. Una vez embarcado, el puerco bebió mucha agua y comió la comida que le ofrecieron.
2 Jabalí. *Tb ~ MONTÉS, MONTUNO o SALVAJE.* | Cela *Pirineo* 34: Un conde de Pallars .. que andaba al puerco montés por estas fragas, tal pasión puso en la caza y tal frenesí que se cayó. C. Zeda *SYa* 14.5.72, 46: Muerto el venado o el puerco salvaje, Emilio Ramos lo recoge y se lo come con los compañeros de montería.
3 ~ **espín** → PUERCOESPÍN.
B f **4** Hembra del puerco [1 y 2]. | *Cuevas Finca* 23: Los lechones y las puercas que no salgan de la zahúrda. CBonald *Ágata* 231: Vino a cruzar inesperadamente la jabalina .. La puerca arrastraba lastimosamente la pesadumbre de su vientre de preñada. CBonald *Ágata* 232: Ni en broma iba a llevarse una puerca montuna salida de las rayas del común.
C m y f **5** (col) Pers. sucia. *En sent físico o moral. Tb adj. Frec se usa como insulto gral, más o menos vacío de su significado.* | Matute *Memoria* 137: ¡Son unos puercos, no me quieren llevar con ellos! CNavarro *Perros* 100: –María sabe cómo hacerlo sin perder nada por ello. –María es una puerca; y tú otra.
II adj **6** [Cosa] sucia. *En sent físico o moral.* | Laiglesia *Ombligos* 247: Las aguas sagradas, amarillentas y puercas como las túnicas que envuelven a nuestros sacerdotes, habrán cubierto el ochenta y nueve por ciento del territorio. A. MGarrido *Pue* 1.10.70, 2: No es que los "hippies" aquí estén prohibidos, pero representan uno de los esquemas de la puerca civilización occidental.

puercoespín (tb con la grafía **puerco espín**) m **1** Roedor de unos 60 cm de largo, con el lomo y los costados cubiertos de púas córneas (gén. *Hystrix*, esp. *H. cristata*). | J. Navarro *Alc* 31.10.62, 13: Hemos visto dos nuevos inquilinos del "zoo". Una pareja de puercoespines que han venido de Guinea. Ybarra-Cabetas *Ciencias* 392: Son roedores el ratón, .. el puerco espín.
2 (col) Pers. huraña y poco sociable o cariñosa. | SSolís *Blanca* 140: Pude haber conocido el amor y la ternura con .. un hombre lleno de delicadeza, no como Gabriel, que tengo que reconocer que fue un puercoespín.

puericia f (lit) Período de la vida humana que abarca desde la infancia hasta la adolescencia. | Cossío *Confesiones* 167: Tenían los Power cinco hijos. Un muchacho, aún en la puericia, y cuatro hijas.

puericultor -ra I m y f **1** Especialista en puericultura. *A veces en aposición.* | J. Arroyo *Ya* 15.4.64, 13: Sí, soy médico, puericultora. *GTelefónica* 19: Amador González. Médico puericultor.
II adj **2** De (la) puericultura. | F. Martino *SYa* 31.5.74, 3: Las funciones puericultoras de la madre, o persona al cuidado del niño, distan de quedar reducidas a lo indicado.

puericultura f Conjunto de reglas y cuidados para el mejor desarrollo físico y moral de los niños durante su primera infancia. | *Puericultura* 5: ¿Cuál es la madre que no preferirá aplicar a su hijo los consejos de la Puericultura y evitar una enfermedad? Prandi *Salud* 577: Puericultura viene a ser la ciencia del cuidado del niño sano, y pediatría la del cuidado del niño enfermo. En la práctica corriente suelen convertirse en dos palabras sinónimas.

pueril adj Infantil. *Frec con intención desp.* | Benet *Nunca* 11: Se largó sin despedirse, .. tratando de disimularse a sí mismo la expresión pueril con que tantas veces nos quiso corregir y seducir. Laforet *Mujer* 128: Le pareció que, si alguna vez ella intentase explicarlo [el cielo], su explicación sería también pueril y limitada.

puerilidad f **1** Cualidad de pueril. | Cossío *Confesiones* 264: Demostraban [las condecoraciones] hasta qué punto llega la puerilidad humana.
2 Dicho o hecho pueril. | L. Riber *DBu* 28.3.56, 6: La crítica actual fruncirá el entrecejo ante las adorables puerilidades que hinchen los gruesos flancos de sus libros; pero por la mente de Fray José y por su ancha frente cándida no pasa ningún recelo sombrío.

puerilización f (raro) Acción de puerilizar. | Cándido *Pue* 9.4.75, 3: El resultado no podría ser otro que el de la puerilización o descomposición de las ideas generales de gobierno.

puerilizar tr (raro) Hacer pueril. | Cobos *Machado* 94: Estas cartas nos muestran dos realidades: Primera. Un reverdecimiento erótico .. Segunda. Una efusión que nos lo pueriliza.

puerilmente adv De manera pueril. | J. M. Claver *Ya* 14.11.70, 40: El gozo sádico .. late oculto en ellas. Sadismo y masoquismo equitativamente repartido entre un puñado de escolares puerilmente alucinados.

puérpera f (lit o Med) Mujer recién parida. | CBonald *Ágata* 54: Tres semanas .. habían pasado desde el parto del segundogénito, y Manuela volvía con un renuevo de lozanías en los ojos y una recién barnizada hermosura en las carnes de puérpera. Nolla *Salud* 244: Logró que la mortalidad de las puérperas descendiese desde un 26 por 100 a poco más de un 1 por 100.

puerperal adj (Med) De(l) puerperio. | Nolla *Salud* 244: Una septicemia muy frecuente y grave, antes de la era antibiótica, era la puerperal. *SYa* 4.11.73, 17: Él descubrió

puerperio – puerta

a los médicos .. lo que ahora se conoce como estreptococo, demostrando ante ellos el origen microbiano de la fiebre puerperal.

puerperio m (Med) Tiempo que sigue inmediatamente al parto. | Vega Salud 574: Durante el puerperio, la región vulvar ha de recibir cuidados especiales para evitar la infección.

puerro¹ m Planta herbácea anual de la familia de las liliáceas, de tallo bulboso y cilíndrico, cultivada como hortaliza (Allium porrum). Tb, raro, AJO ~. | Bernard Verduras 82: Se cuecen los puerros en agua levemente salada.

puerro² m (jerg) Porro (cigarrillo de droga). | Ortiz Relatos 118: Ahora había que tomar posiciones, dejar que la otra se enrollara, liar un puerro si fuera preciso.

puerta I f **1** Vano abierto en una pared o cerca, a nivel del suelo, para permitir el paso. | Cunqueiro Un hombre 9: Cruzó la plaza en dirección a la puerta del Palomar. Moreno Galería 33: En esta sala acostumbraba a haber dos puertas sin puerta. **b)** Frec se usa en topónimos urbanos tradicionales, designando una antigua puerta de entrada a la ciudad, o la plaza que ocupa el lugar en que está o estuvo una puerta. | Zubía España 35: La Puerta del Sol. A la derecha, el reloj que rige la hora en España.

2 Armazón móvil que se pone en la puerta [1a] para poder cerrarla. | Olmo Golfos 153: Abrí, lentísimamente, la puerta. **b)** Pieza móvil que permite el acceso a un vehículo, un mueble o un aparato. | Economía 192: Los lados y la espalda del armario no forman las mismas paredes de la habitación, y solo es preciso hacer construir el techo y las puertas. **c)** Se usa, gralm seguido de un número o una letra, para distinguir las diferentes viviendas de una misma planta. | Armenteras Epistolario 272: Comerciante, residente en..., con domicilio en la calle..., número..., piso..., puerta...

3 (Dep) Portería. Esp en fútbol. | Escartín Act 25.1.62, 51: España .. es posible, pero no seguro, caiga delante de Brasil, venza a Méjico y bata a los checos, muy precisos, duros, incansables, con buen tiro a puerta.

4 (Esqu) Espacio comprendido entre dos estacas, por donde debe pasar el esquiador. | A. Mercé Abc 26.3.72, 65: La primera manga .. tenía 62 puertas colocadas en disposición muy técnica, muy trabajosa, sin el ritmo debido que todo "slalom" debe tener.

5 Abertura que sirve de entrada y salida. | Millás Visión 227: El sol calentaba las puertas de los nichos.

6 Medio de acceso. | DPlaja El español 153: Para el español el beso es la puerta que conduce a todo lo demás. **b)** Pers. o cosa que puede facilitar o impedir la realización o el éxito de algo. | ZVicente Balcón 85: No hay estudiante peor que el Aljicenito, pero, eso sí, la Portales tiene buen unto, y con unto para qué te voy a contar, no hay puerta que se resista.

7 (Informát) Circuito lógico de entrada y salida de datos. | Ya 7.10.87, 4: Podemos también modificar la tasa de baudios al enviar información a la puerta serie.

8 (col) Negativa o desaire. Frec con los vs DAR o PEGAR. | Umbral País 12.9.80, 22: El Gobierno Civil de Madrid ha desautorizado el happening. ¿Y por qué nos pega usted esta puerta, don Mariano?

II loc adj **9 de ~s abiertas.** [Día] en que se permite la visita pública de un edificio donde habitualmente no está permitida. Referido esp a recintos militares. | Ya 4.10.85, 43: La jornada de puertas abiertas se había programado para facilitar la visita a las instalaciones militares a los alumnos de EGB, BUP y FP de la provincia, grupos de la tercera edad y otros colectivos. **b)** [Régimen penitenciario] en que el recluso puede entrar y salir con ciertas restricciones. | * El régimen de puertas abiertas ha dado buenos resultados en esta prisión. **c)** [Política] de transparencia informativa. | Umbral España 7: Con una política de puertas abiertas, siempre cabe equivocarse de puerta.

III loc v **10 abrir la(s) ~(s).** Dar buena acogida [a alguien o algo], o facilidad para [algo (ci)] suceda o [alguien (ci)] tenga éxito. | Payno Curso 171: Se hizo más afable en la Universidad y hasta llegó a trabar conversación con bastantes compañeros. Allí se le abrieron las puertas. V. Moreno Rev 7/8.70, 7: Su ligereza, facilidad de limpieza, estética y resistencia a los agentes atmosféricos abren la puerta a numerosas posibilidades.

11 cerrar la(s) ~(s). Despedir [a alguien (ci)] no dándo[le] entrada, o poner dificultades para que [algo (ci)] suceda o [alguien (ci)] tenga éxito. | PGarcía Sáb 22.3.75, 73: –Y con Flaminaria, ¿cómo vas a quedar? .. –¡No voy a tolerar que me cierre sus puertas! ¡Yo no soy de la Asamblea Cristiana de Vallecas!

12 coger (o **tomar**, o **agarrar**) **la ~.** (col) Irse. Frec usado expletivamente. | Savarin SAbc 30.11.69, 37: Desconfiemos de los restoranes donde nos dicen que todos los platos son buenísimos. Resulta preferible coger la puerta y marcharse.

13 dar [a alguien] **con la ~ en las narices.** (col) Cerrar bruscamente la puerta [2a] [ante él], impidiéndo[le] el paso. | * Cuando iba a entrar me dio con la puerta en las narices. **b)** Desairar[le] o negar[le] bruscamente lo que pide. | Laiglesia Ombligos 103: Hasta los bondadosos ancianos que me daban pequeños informes por caridad se hartaron de mi insistencia y me dieron con la puerta en las narices.

14 dar (o **pegar**) ~ [a alguien]. (col) Despedir[lo] o echar[lo]. | Umbral País 22.10.76, 20: Lo han suprimido. Era el artículo laboral del despido, o sea que ya se puede dar puerta a los obreros sin mayores complicaciones. Oliver Relatos 61: Cuando uno va tras algo, pues hasta le parece lógico que te den puerta; no les gustas, lo cual en mi caso es bastante lógico, y ellas aire, lo normal. Umbral Españolas 12: A aquella noviecita le di puerta. **b) darse** (**una**) ~. Marcharse. | AMillán Damas 23: No te hagas ilusiones, no pienso quedarme; un cuarto de hora y me doy una puerta.

15 entrar por ~s. (lit) Llegar o presentarse [alguien o algo] cuando no se los espera. | Cunqueiro Fantini 31: Los huéspedes [del mesón] se preguntaban quién sería aquel príncipe que les entraba por puertas.

16 llamar a la ~ [de alguien]. (lit) Pedir[le] ayuda. | Sp 21.6.70, 7: Y digo privilegiada, para poder seguir manteniendo una situación semiautárquica y no tener que estar llamando a puertas maliciosamente sordas. **b) llamar** [algo] **a la ~.** (lit) Estar muy próximo o inminente. | Solís Siglo 7: Un siglo llama a la puerta.

17 no caber [alguien o algo] **por la ~.** (col) Ser muy grande. Con intención ponderativa. | * Es un hombrón que no cabe por la puerta.

18 poner ~s al campo. (lit) Limitar lo que no admite límites. | DCañabate Abc 6.12.70, 10: ¿Quién le pone puertas al campo de las apetencias y deseos de una niña mimada?

IV loc adv **19 a la(s) ~(s),** o **en ~s.** Muy cerca o en situación de inminencia. Frec con los vs ESTAR o QUEDAR. | Vesga-Fernández Jesucristo 119: Enviará Él a sus ángeles con sonora trompeta .. Cuando viereis estas cosas, tene[d] por cierto que está ya cerca, a las puertas. CPuche Paralelo 171: –A nosotros nos torean como a inocentes cabritos. –Ya veremos al final de la corrida. Ellos tienen ahora un buen tomate en puertas.

20 a ~ cerrada. Sin presencia de público. Tb adj. | G. Batllé Rev 7/8.70, 3: Los juicios "a puerta cerrada", el secreto del sumario son técnicas que aseguran la garantía de la justicia y la reserva.

21 (de) ~ a ~. Desde el domicilio del remitente al del destinatario. Tb adj. | Tamames Economía 286: El cabotaje regular se encuentra en crisis estructural por la competencia creciente del ferrocarril, y sobre todo del camión, que asegura un servicio de puerta a puerta. GTelefónica N. 405: Uniexco, S.L. Alquiler de containers metálicos .. Servicios puerta a puerta.

22 de ~ en ~. De casa en casa. | Sanz Custodia 350: Para ello se nombraron comisarios, .. que se encargaron de recabar dinero, pidiendo limosna de puerta en puerta.

23 de ~s. (Mil) En servicio de vigilancia a las puertas de un cuartel u otro edificio. Tb adj. | GPavón Reinado 143: El guardia de puertas se acercó a Plinio.

24 de ~s (**para**) **adentro.** En la intimidad o sin que trascienda a otros. | * Todo esto solo sucede de puertas adentro, nadie se entera. **b) de ~s** (**para**) **afuera.** Fuera de la intimidad o con conocimiento de otros. | Halcón Ir 365: Quien debe trabajar de puertas para afuera eres tú.

25 por la ~ falsa. A escondidas o de manera no legal. | Palomino Torremolinos 273: Cuando te compraste el "Pontiac" y lo pagaste en pesetas, tu dinero fue cambiado en dólares por la puerta falsa.

26 por la ~ grande. (*Taur*) Por la puerta principal de la plaza. *Referido, normalmente con el v* SALIR, *a un torero que ha obtenido un éxito resonante.* | *Abc* 17.3.93, 10: El diestro salió por la puerta grande de la plaza de Valencia .. tras cortar dos orejas. **b)** De manera triunfal. *Gralm con los vs* ENTRAR *o* SALIR. | Torres *Ceguera* 229: Ella ingresaría por la puerta grande en la galería de sublimes narradores de nuestra época. *Cam* 6.12.82, 38: Las cortes del cambio. Por la puerta grande .. Fue esta primera investidura socialista de la historia una doble jornada declamatoria con luz, taquígrafos y televisión.
27 por ~s. (*raro*) En extrema pobreza. *Con vs como* ESTAR, DEJAR *o* QUEDARSE. | Torrente *Filomeno* 93: "Pues aquí el caballerete, nadie puede decir de él que esté por puertas", rió una vez el director, todo picarón, y entonces ellas mostraron curiosidad por conocer mis riquezas. Cunqueiro *Crónicas* 164: Embarazó a la mediana y huyó con la más joven, dejando a la familia por puertas. Torrente *Pascua* 126: El día que entregues a la francesa el capital de doña Mariana vas a quedarte por puertas.
V *interj* **28** (*col*) Fuera. | Olmo *English* 22: Anda, déjate el pelo, cómprate una guitarra y puerta.

puertaventana *f* Contraventana. | Aldecoa *Cuentos* 1, 182: –¿Enciendo la luz? .. –Sí; y cierra las puertaventanas.

puerto I *m* **1** Lugar de la costa o de la orilla de un río navegable, abrigado natural o artificialmente, donde los barcos pueden permanecer seguros y efectuar operaciones. | Arenaza-Gastaminza *Historia* 191: El comercio exterior adquiere enorme desarrollo y se traslada a los puertos atlánticos, donde Sevilla y Lisboa monopolizan la actividad económica con las colonias de Ultramar. **b) ~ franco** → FRANCO¹.
2 (*lit*) Lugar de refugio o amparo. *Frec ~* DE SALVACIÓN. | CSotelo *Resentido* 248: De improviso, por el foro, Monteverde. Diríase que le vienen pisando los talones y que aquel es su puerto de salvación.
3 Paso entre montañas. | Ortega-Roig *País* 29: Los puertos o pasos más importantes entre las dos submesetas .. son el de Somosierra .. y el de Navacerrada.
4 (*reg*) Dehesa o terreno de pasto. | Mateo *Babia* 59: El regreso era a primeros de junio .. El camino era el mismo. Y se llegaba aquí y se hacían las divisiones en el rebaño ..: uno pa el puerto este y otro pa el otro, que aquí se llaman puertos y allí dehesas.
5 (*Informát*) Puerta [7]. | *Ya* 7.10.87, 4: Por el puerto paralelo podemos utilizar, por ejemplo, una DMP 2000 u otra impresora centronics.
6 ~ seco. (*hist*) Aduana de frontera. | Mercader-DOrtiz *HEspaña* 4, 151: El R.D. de 19 de noviembre de 1714 suprimió los puertos secos (aduanas) entre Castilla y los distintos países de la Corona de Aragón.
7 ~ de arrebatacapas. (*lit*) Lugar en que sopla mucho viento. | * Esta esquina es un puerto de arrebatacapas. **b)** (*col*) Lugar en que hay riesgo de robos o fraudes. | *Inf* 9.6.70, 2: Nueva York: Puerto de arrebatacapas .. Desbordada por los crímenes de sangre .., la Policía no tiene tiempo de ocuparse de hurtos.
II *loc v* **8 arribar,** *o* **llegar, a (buen) ~,** *o* **alcanzar ~.** Llegar a la meta propuesta tras superar una situación difícil o peligrosa. | M. Merino *Abc* 25.6.58, 23: La comedia de Linares Rivas llegó a buen puerto... Los tres actos gustaron, sin reservas, al "respetable público". MSantos *Tiempo* 158: A pesar de su ceguera, estos gusanos terminan por alcanzar puerto. **b) llevar** [algo] **a buen ~.** Hacer que llegue a buen puerto. | Mendoza *Ciudad* 70: Esta vez, le dijeron, llevaremos las cosas a buen puerto.
9 tomar ~. (*Mar*) Llegar a puerto [1] [un barco]. | Aldecoa *Gran Sol* 197: –En seis horas embicábamos la bahía –dijo el patrón de costa–. Con que calmara la mar durante seis horas, tomábamos puerto.

puertollanense *adj* Puertollanero. *Tb n.* | E. Duarte *TCR* 6.11.90, 4: Puertollano es una ciudad en obras .. Los afectados no son solo puertollanenses, sino gentes de los pueblos cercanos que acuden a utilizar los servicios del centro comarcal.

puertollanero -ra *adj* De Puertollano (Ciudad Real). *Tb n, referido a pers.* | *TCR* 10.11.90, 1: Repsol-Petróleo construirá un nuevo oleoducto entre Puertollano y Cartagena para abastecer de crudo a la refinería puertollanera.

puertorriqueño -ña *adj* De Puerto Rico. *Tb n, referido a pers.* | *HLM* 26.10.70, 11: Han sido detenidos y puestos a disposición judicial un grupo de jóvenes drogadictos, seis de ellos de nacionalidad puertorriqueña. L. LSancho *Abc* 10.11.70, 26: No deforman lo mismo nuestra lengua los colombianos que los argentinos, ni estos igual que los cubanos, venezolanos o puertorriqueños.

pues¹ (*con pronunc átona*) *conj* **1** (*lit*) Introduce una or o una prop que expresa causa: Porque o ya que. *Con el v en ind. Tb* → QUE. | Candel *Catalanes* 7: Nos limitaremos a exponer someramente ciertas fugaces impresiones, pues aún no hay una relativa calma o serenidad. SRobles *Pról. Teatro 1956* 16: Nadie debe achacar al gran dramaturgo un preconcebido pesimismo, pues que él se limita a observar y aquilatar cuanto la Vida ofrece como más apremiante.
2 Introduce una or que expresa consecuencia: Entonces. | Olmo *Golfos* 44: –¡Media con lique! –No juego. –Pues te quedas.
3 Introduce una idea para la cual la or anterior sirve de premisa o exposición de antecedentes. | GNuño *Arte* 225: Ya conocimos al Hans de Colonia, que aguzó las flechas de la catedral burgalesa, y a su hijo Simón, el fautor de la capilla del Condestable; pues hijo de Simón fue Francisco, mencionado en anterior capítulo como debiéndosele el retablo .. de la iglesia de San Nicolás. Delibes *Perdiz* 141: ¿Tenía usted noticia, jefe, de que en Bellver de los Montes agarraron quinientas parejas para los americanos esos? Bueno, pues por si fuera poco, el lacero estaba autorizado a quedarse con las estranguladas. **b) ~ bien** → BIEN¹.
4 (*col*) Introduce la vuelta al tema anterior, después de una pausa, interrupción o digresión. | * Pues, como iba diciendo, no me gustó nada.
5 (*col*) Se usa expletivamente para introducir una respuesta o una réplica. | Olmo *Golfos* 93: –¿Esperas a alguien? –Pues... no. Hoyo *Glorieta* 20: –No me lo creo –le dije .. –Pues es verdad.
6 (*col*) Se usa expletivamente precediendo a la parte principal del enunciado cuando ocupa el primer lugar del mismo un compl o prop adv. | Mihura *Decisión* 37: Y como tiene ese corazón, pues la trajo aquí para cuidarla. CPuche *Oro* 454: Aquello ya era España. Una vez en su país, pues viviría. Si ganaba tres, pues con tres; si ganaba uno, pues con uno. MGaite *Visillos* 112: Cuanta más ilusión conserve, pues mejor.
7 Introduce, con matiz de protesta, una or exclam, aunque esta tenga a veces forma interrog. | * ¿Pues no me ha dicho que estaba gorda?

pues² (*con pronunc tónica*) *adv* **1** (*lit*) Por consiguiente. *Nunca va encabezando la frase.* | Pinilla *Hormigas* 258: –¿Aún insistes? .. –No, padre. –¿Estás arrepentida, pues? –Sí, padre. **b) así ~** → ASÍ.
2 (*lit*) Introduce la vuelta al tema anterior después de una digresión. *Nunca va encabezando la frase.* | Cunqueiro *Un hombre* 94: A hora de alba salieron los dos reyes de la ciudad, Eumón en su árabe inquieto y Egisto montando su viejo bayo Solferino, y formaban el séquito los dos ayudantes de pompas de Eumón y el oficial de inventario de Egisto .. Salieron a hora de alba, pues, los ilustres monarcas, y bajaron por el camino real.
3 En forma interrog: ¿Por qué? *Formando frase por sí solo.* | Zunzunegui *Camino* 424: –Ahora esto parese que irá con más calma. –¿Pues? –le preguntó la mujer. Kurtz *Lado* 44: –Le veo muy bien. –Fatal –repuso. –¿Y pues? –¿No ve cómo me he quedado? En los puros huesos.
4 (*reg*) Usado expletivamente en final de frase. | Aldecoa *Gran Sol* 23: Si le molestaban, decía, extendiendo sus grandes manos: –Calla pues, hablas como las viejas, calla pues, me cago en tal y en cual. Zunzunegui *Hijo* 14: –¿Ya te fijas bien, pues? –le preguntaba, desconfiado, de cuando en cuando.

puesta *f* **1** Acción de poner(se). *Tb su efecto.* | Gimferrer *Des* 12.9.70, 29: Inserta no menos de tres páginas para describir una puesta de sol en alta mar. Bustinza-Mascaró *Ciencias* 133: Recoger caracoles, y teniéndolos en un terrario o simplemente en un bocal con mantillo húmedo y algunas hojas frescas de lechuga o col, observar la puesta de huevos. *Gac* 11.5.69, 11: María del Carmen Martínez

Bordiu Franco ha cumplido dieciocho años. La edad de la puesta de largo. Lapesa *ROc* 3.66, 374: La única actitud positiva consistirá en .. evitar en lo posible que tal puesta al día menoscabe su belleza [del lenguaje] y peculiaridad. *Pue* 20.1.67, 3: Las mismas causas que podrían aconsejar la puesta en marcha de empresas públicas en nuestro país. *Inf* 30.12.69, 1: Simultáneamente con la puesta en libertad, se le ha comunicado que debía abandonar el país. Delibes *Año* 58: La puesta en escena [de la película] (ambientes, decorados, color, composición de planos) me pareció de una cursilería de tarjeta postal. **b)** ~ **de espaldas** (*o simplemente* ~). (*Dep*) Lance de ciertos tipos de lucha en que el vencido da con los omóplatos en el suelo durante varios segundos. | *Mar* 17.7.66, 11: Muy igualados continuó el forcejeo, hasta que Wiracocha, a solo dos minutos del final, dobleó a El Greco, por puesta, redondeando así las dos decisiones que los proclamaban vencedores. **c)** ~ **en marcha.** Mecanismo de arranque del automóvil. | Ramos-LSerrano *Circulación* 181: Inmediatamente que se oiga arrancar el motor, se deja de accionar sobre el mando de la puesta en marcha.
2 (*Juegos*) Cantidad que se pone en el fondo en disputa, por participar en el juego o por haber perdido. | *Abc Extra* 12.62, 91: Con cinco palabras .. y un par de horas hay bastante para descalabrar una fortuna. Todo dependerá de la cuantía de la "puesta" y de la categoría del "envite". [*En el póker.*] Corral *Cartas* 14: Cuando la jugada resulta codillo, el que juega pondrá una puesta en el plato y entregará otra igual al contrario que haya conseguido más bazas que él. **b)** Apuesta. | Torrente *DJuan* 172: Solo hay una carta en la mesa y una puesta en la vida.
3 (*Juegos*) *En el tresillo:* Empate a bazas entre dos o los tres jugadores. | Corral *Cartas* 12: Puesta. Si uno de los contrarios hace cuatro bazas, cuatro el jugador y la restante el otro contrario, la jugada se pierde de puesta. Si hicieran tres bazas cada uno, la puesta se denomina de tres o sabia. Si el que juega solo hace una baza y cuatro cada uno de los otros dos, la puesta se llama real.
4 Puja en una subasta. | * No se admiten puestas inferiores al precio fijado.

puestero -ra *m y f* Pers. que posee o atiende un puesto [7]. | Cabezas *Madrid* 126: El viejo mercado ha desaparecido, y en otro lugar inmediato de la misma plaza, los mil puesteros del mismo, constituidos en cooperativa, han levantado el mejor mercado de Madrid.

puesto -ta (*en el grupo IV se pronuncia átono*) **I** *adj* **1** *part* → PONER.
2 (*col*) [Pers.] vestida y arreglada con esmero. *Tb* BIEN ~. | J. Serrallonga *Tri* 21.10.67, 45: Los directivos de las empresas, todos muy bien puestos y fardados, están tomando un whisky en los bares de la calle Tuset. Marsé *Dicen* 262: Una momia, pero muy pintada y teñida, muy puesta. **b)** (*col*) [Lugar] elegante o decorado con gusto. | *Inf* 31.7.82, 15: Esta terraza, recientemente abierta, se ha convertido en el sitio más puesto de todo Madrid: ejecutivos con vocación de modernizarse, rockeros, mirandas, punkies finos de pelas, .. etcétera. Tomás *Orilla* 46: –Tienes un apartamento muy puesto –dijo. –Normalito.
3 (*col*) Enterado [en una materia]. *Tb sin compl, por consabido*. | Carandell *Tri* 27.4.74, 14: Le pregunté .. si había concejalas en Argamasilla. "Mire usted, yo no lo sé. No estoy puesto yo en ello." Berlanga *Recuentos* 47: Días atrás había escuchado en una cafetería de Cuatro Caminos la receta de uno que parecía puestísimo: "si te mola una tía, t'enrollas y s'acabó, tío". **b)** (*Taur*) Que está en forma y domina el oficio. | *HLM* 26.10.70, 36: Gregorio Lalanda estuvo muy puesto y mandón.
4 (*Taur*) Dotado físicamente. *Con los advs* BIEN *o* MAL *y frec con un compl* DE. *Tb fig, fuera del ámbito taurino*. | Umbral *SPaís* 29.5.77, 20: Los revisteros taurinos, con Vicente a la cabeza, piden hoy que vuelva el toreo de capote, pero no sé cómo va a volver, con el viento que hace, lo puestos que están los victorinos y lo que ha subido todo. Torrente *Pascua* 30: –Es una chica guapa, desde luego. Y muy bien puesta de pitones ..– Cubeiro metió las manos bajo el jersey y remedó unos pechos. ZVicente *Traque* 222: La Matilde es una chica bárbara, es guapetona, bien puesta, menuda estampa tiene la niña, y mujer de su casa, y muy ilustrada.

II *m* **5** Lugar que ocupa o ha de ocupar [una pers. o cosa]. *Tb fig*. | Olmo *Golfos* 45: El Doblao, después de arreglar el montoncito de arena que hacía de raya, le dejó el puesto a Tinajilla. J. A. Donaire *Inf* 21.3.75, 29: Jesús Peláez, Asunción Martín y Luis Sierra coparon los primeros puestos en las tres categorías. **b)** Sitio donde se oculta el cazador para tirar desde él a la caza. | *Ya* 22.11.73, 15: Cada cazador se colocó en su respectivo puesto. Jane [W]ellesley acompañó en todo momento a Carlos de Inglaterra en los puestos que ocupaba.
6 Empleo (trabajo remunerado). *Frec* ~ DE TRABAJO. | CBaroja *Inquisidor* 20: Aún pasa algunos [años] más disputando conclusiones y oposintando a puestos en colegios. Carrero *Pue* 22.12.70, 6: Realizar inversiones que aseguren la creación de nuevos puestos de trabajo.
7 Establecimiento comercial situado en la calle, en un mercado o en una feria. | Olmo *Golfos* 127: Me acerqué .. a la parte trasera del puesto ..; nada más llegar, el melonero volvió la cabeza.
8 Destacamento permanente de fuerzas armadas, esp. de guardia civil, cuyo jefe inmediato tiene grado inferior al de oficial. | Halcón *Manuela* 100: Usted mantiene en la mano todo un pago y todo un poblado en el que los líos y las contradenuncias costó [*sic*] el traslado a cuatro comandantes de puesto.

III *loc adv* **9 con lo ~.** Sin llevar consigo más que la ropa puesta (→ PONER [4a]). *Frec con intención ponderativa. Con vs que significan ir o llegar*. | * Tuvimos que salir del país con lo puesto. * Llegaron a Madrid con lo puesto.

IV *loc conj* **10 ~ que.** Porque. | Torrente *SInf* 10.1.74, 16: En los países burgueses, la literatura .. ha entrado en un proceso de disolución perfectamente comprensible, puesto que nace en una sociedad disoluta.

puf¹ *m* Asiento bajo y gralm. circular, en forma de un grueso cojín de piel o tapicería, que se apoya directamente sobre el suelo. | Sampedro *Octubre* 96: Se ha sentado en el puf de esparto y pellica. Lo compramos en la Puebla de Montalbán. Peraile *Insula* 46: Se ve el salón-estar, mullido con divanes, solado de cojines, abollonado con pufes.

puf² *interj* Expresa molestia o repugnancia. | Payno *Curso* 227: ¡Puff, qué calor hace!

pufista *m y f* (*col*) Pers. que hace pufos. | SSolís *Camino* 10: Contaba entre sus clientes con un Cuervo, pufista renombrado, que le parecía la negación de toda nobleza.

pufo *m* (*col*) **1** Estafa o engaño. | *País* 28.8.77, 8: Si estos señores son freudianos y dicen a las mujeres que la sexualidad clitoridiana es síntoma de inmadurez, las están engañando y manipulando. Si no es así, y les demuestran el "pufo" que es lo de la frigidez, que en su anuncio sustituyan dicha palabra por la de "falocracia".
2 Deuda de dinero. | Torrente *Saga* 40: "Don Joseíño, ya que no quiso cobrarle por adelantado, yo, en su caso, esperaría a tener los cuartos bien cogidos." "Es una chica de dinero", le respondí. "Sí, pero eso no quiere decir que sea buena pagadora." "¿Y por qué piensas que puede dejarme el pufo?" SSolís *Camino* 159: La Marquesa debe en Montalvo un pufo de años, y eso que no se toma más que un cafetito.

puga *f* (*reg*) Púa. | GPavón *Nacionales* 259: Al día siguiente estaban acabadas las reservas de bebida, las pupilas deslomadas y los músicos de cuerda con las muñecas rotas de tanto darle a la puga.

púgil *m* **1** Boxeador. | J. M. HPerpiñá *Zar* 27.1.69, 17: Un pugil ruso, Touroff, le auguró que sería su primera víctima, y Paulino le tumbó en tres asaltos.
2 (*hist*) Luchador que pelea con los puños. | * Los púgiles griegos protegían sus manos con tiras de piel.

pugilato *m* **1** Lucha de púgiles. | Repollés *Deportes* 104: Los antiguos griegos le daban el nombre de pugilato y era una especie de boxeo, pero a un solo asalto sin limitación de tiempo. **b)** Pelea a puñetazos. | *Abc* 17.9.78, 48: La Policía intervino a Ángel Marcos el arma, una navaja automática, así como una llave de pugilato (una pieza con cuádruple anillo de acero que se acopla a los nudillos de una mano).
2 Contienda o disputa. | Delibes *Parábola* 137: Asistía impasible al pugilato dialéctico. FReguera *Bienaventurados* 13: Las restantes damas del pueblo se picaron, y el caritativo pugilato deparó un ajuar muy discreto al futuro matrimonio.

pugilismo *m* Boxeo. | *SAbc* 13.4.69, 28: Krenos fue descalificado al propinar el primer golpe bajo que recuerda la historia del pugilismo mundial.

pugilista – pulga

pugilista *m* Púgil. | Caporte *Ya* 6.12.70, 41: Figuran en el cuartel general de Clay su padre ..; su hermano, pugilista también, incluido como telonero. Repollés *Deportes* 104: Los pugilistas griegos protegían sus puños con tiras de cuero de buey.

pugilístico -ca *adj* De(l) pugilismo. | J. M. Gozalo *Pue* 16.12.70, 19: Goyo Peralta, argentino de nacimiento, vino a Madrid dispuesto a conquistar la cátedra pugilística de la capital.

pugna *f* Lucha, esp. de carácter inmaterial. | DCañabate *SAbc* 16.2.69, 36: Precisamente en esta pugna –no tan desequilibrada como aseguran sus detractores– se encuentra la singularidad de la fiesta. *Abc* 28.5.75, 35: Analizó las dos interpretaciones en pugna: la demoliberal y la marxista.

pugnacidad *f* (*lit*) Cualidad de pugnaz. | Aguilar *Experiencia* 332: Aunque Azzati no hubiese tenido sangre italiana, la pugnacidad política le habría decidido a convertirse en esgrimidor.

pugnante *adj* (*lit*) Que pugna. *Tb n, referido a pers.* | D. Sevilla *Pue* 17.4.76, 2: Ha de parecerme muy triste que la mayoría de los pugnantes por el cambio –la mayoría, nada más– sean como el progresista de Pereda, atrasados en el vestir y en las ideas.

pugnar *intr* (*lit*) Luchar. *Frec con un compl* POR. *Tb fig.* | Van 20.12.70, 33: La historia de un médico, pugnando entre la pasión y el espíritu. Romano *Abc* 19.3.72, 33: La afirmación del recurso de que el penado utilizó medios normales y admitidos en cualquier género de operaciones mercantiles pugna con el relato de los hechos. L. Llagostera *Gar* 29.9.62, 57: Sorbía las lágrimas, que pugnaban por acudirle a los ojos. *SPaís* 23.11.90, 6: 50 grupos pugnan para ensayar en los nuevos locales del Metro.

pugnaz *adj* (*lit*) **1** Belicoso o guerrero. | Goytisolo *Recuento* 565: Un pueblo .. con sus expediciones a Oriente, con sus pugnaces almogávares.
2 Agresivo. *Tb fig.* | Torrente *Saga* 390: Si dejaba que aquella palabra pugnaz saliera a la superficie de su conciencia, detrás saldría la temerosa cadena excogitativa como sale el cuerpo estirado de una tenia. Delibes *Ratas* 88: A los lados [del río], bajo un sol pugnaz, blanqueaban los barbechos sedientos. Delibes *Cinco horas* 16: Los pechos de Carmen, aun revestidos de negro, eran excesivamente pugnaces para ser luto.

pugnazmente *adv* (*lit*) De manera pugnaz. | Andes *Abc* 14.12.75, sn: Lo que no podré nunca justificar es la campaña solapada, mendaz, pugnazmente antimonárquica, que se hizo en nuestra Patria.

puja[1] *f* (*raro*) Acción de pujar[2] [2]. | *Tb su efecto.* | Aldecoa *Gran Sol* 187: El *Uro* y su tripulación aguantaban bien las embestidas de las olas, la puja del viento, la estampida de las aguas pluviales desde sus celestes corralizas.

puja[2] *f* **1** Acción de pujar[2]. | Laiglesia *Tachado* 104: Es como la puja de una subasta.
2 Cantidad ofrecida por un licitador. | * –¿Cuál ha sido la última puja? –Diez mil pesetas.

pujador -ra *m y f* Pers. que puja[2]. | *Abc* 26.8.66, 43: Pujadores animosos y muy arriesgados dieron gran animación [al concurso].

pujante *adj* Que tiene o muestra fuerza o empuje. | *Mun* 23.5.70, 60: Una acertada política de fichajes efectuada por el club le ha permitido a Domingo hallar una plantilla rejuvenecida y pujante. Villapún *Iglesia* 131: Nace pujante la devoción al Sagrado Corazón de Jesús.

pujantemente *adv* De manera pujante. | Aguirre *Tri* 24.4.71, 45: Solo lo que de veras es antiguo puede llegar a ser pujantemente joven.

pujanza *f* Fuerza o empuje. | *Alc* 1.1.55, 1: La calle de Pelayo, de Barcelona, .. demostración de la prosperidad y pujanza económica de la gran urbe. *Rue* 22.12.70, 13: En el primer encuentro .. el toro embiste con su intacta pujanza.

pujar[1] *intr* **1** Luchar o esforzarse [por algo]. | Cuevas *Finca* 118: En la habitación había un abejorro negro que pujaba por alcanzar la luz a través del cristal.
2 (*raro*) Hacer fuerza o empujar. *Tb fig.* | Benet *Volverás* 61: Acosados por todos lados los navarros se pegaron al terreno, estrechando sus líneas, obligados a luchar a media ladera; pero, aleccionados por el desastre de la vega, prefirieron pujar en la dirección del monte –la que estaba más desguarnecida– que volver a pisar el terreno llano. *Abc* 28.2.87, 31: Un émbolo de funcionarios, mayormente de CCOO y bastante enfurecidos, pujaban escaleras arriba de la Casa de la Villa, para rebasar el tapón de policías municipales. **b)** Hacer pujos [4]. | CBonald *Ágata* 51: Los ajetreos de la caminata hicieron más inminente la necesidad de pujar, y la fugitiva pensó que iba a parir allí mismo.
3 Subir o crecer con fuerza. | Torrente *Isla* 212: Que veas bajar la savia lenta de los árboles, y cómo pujan, creciendo, las flores del otoño.

pujar[2] **A** *intr* **1** Ofrecer precio en una subasta. | CPuche *SYu* 10.11.63, 17: No puja lo suficiente y se queda sin un objeto con el que ya mentalmente estaba encariñado.
B *tr* **2** Ofrecer precio [por algo (*cd*)] en una subasta. | J. Ballesté *Abc* 30.5.85, 123: Cuatro magníficos sillones .. salieron pujados por escrito en 500.000 pesetas y se remataron por 1.600.000.

pujo *m* **1** Deseo frecuente y doloroso de orinar o evacuar el vientre, con dificultad para lograrlo. | G. Anrich *VAl* 3.9.75, 15: Es [el síndrome disentérico], repito, muy violento, exteriorizándose por dolor en barra fortísimo, .. pujos (esfuerzo inmenso para expulsar el contenido intestinal), diarrea. Berenguer *Mundo* 199: Cuando a la vuelta dejé la yegua, me quedé disgustado porque al animalito no quiso beber agua y tenía como pujos de mear.
2 Gesto que manifiesta deseo incontenible de reír o llorar. | CBonald *Ágata* 84: Agregó la madre entre los pujos de un llanto que Perico Chico nunca le había conocido: yo lo cuidé.
3 Pretensión. *Gralm en pl.* | Lera *Boda* 622: Por un pujo de hombría son capaces de la mayor barbaridad. Cela *Judíos* 281: Arenas es villa con pujos de ciudad.
4 Contracción abdominal, voluntaria o involuntaria, durante el período expulsivo del parto. | CBonald *Ágata* 213: Aquella angustiosa especie de bramido de cierva con que acompañaba a la primípara los pujos para sacarse al hijo del vientre.
5 Conato o intento. | CBonald *Dos días* 267: –Joaquín –dijo por lo bajo, en un pujo de voz.

pularda *f* Gallina joven cebada. | J. Sampelayo *Abc* 27.12.70, 11: Los lenguados, los filetes "mignon", las pulardas de Mans, sin olvidar el "foie" de Strasburgo.

pulcramente *adv* De manera pulcra. | Laforet *Mujer* 282: Sus cabellos brillantes y pulcramente peinados armonizaban perfectamente con su blusa.

pulcritud *f* Cualidad de pulcro. | Olmo *Golfos* 157: Mi padre es alto y viste con mucha pulcritud. A. MTomás *Van* 15.10.76, 46: Ken Hughes ha sabido demostrar, con esta cinta, que pueden ser tratados los temas vidriosos con una delicada pulcritud, sin menoscabo de su fuerza expresiva. L. Calvo *Abc* 7.9.66, 29: El Gobierno de Ky les ha invitado, por la vía diplomática, a presenciar la pulcritud de las elecciones del domingo próximo.

pulcro -cra (*superl* PULQUÉRRIMO o PULCRÍSIMO) *adj* **1** Limpio o aseado. | Ridruejo *Des* 1.3.75, 11: Entramos en la tienda, pequeña y blanca, con su mostrador de zinc, sus alacenas de obra con papeles rizados, sus cántaras y medidas de estaño, todo pulquérrimo.
2 Esmerado o cuidado. | Gamallo *Ya* 19.5.72, 8: Así se explica que en la bibliografía de don Eduardo, al lado de sus pulcras traducciones del francés y de sus libros de versos propios .., se registre uno titulado "Pasión y gloria de Gustavo Adolfo". A. P. Foriscot *Van* 7.3.71, 9: Voy a hablarles hoy de un interesante libro .. De un flamante y tipográficamente pulcrísimo volumen. Avellaneda *Ya* 17.6.72, 62: Los servidores del restaurante se han contagiado de su jefe, y es francamente agradable ir allí donde se unan un servicio pulcro y el trato acogedor de quienes atienden a los clientes.

pulga I *n* **A** *f* **1** Insecto de pequeño tamaño, sin alas y con patas adaptadas al salto, parásito del hombre y algunos animales (*Pulex irritans* y otras especies). | Legorburu-Barrutia *Ciencias* 169: Las pulgas y piojos .. son ejemplos de animales parásitos del hombre y los animales.
2 (*col*) Bocadillo muy pequeño. *Frec en la forma* PULGUITA. | Forges *ElM* 1.2.93, 3: Especial funcionarios. ¿Cafés solos,

pulgada – pulir

con leche, cortados, fina bollería, deliciosas "pulguitas"? Despacho, domicilio y hotel. Sandro. Ordenanza.
3 ~ de agua (**dulce**). Pequeño crustáceo propio de aguas estancadas, que nada como a saltos (gén. *Daphnia* y otros). | C. Otero *Abc* 21.6.79, 48: El cultivo clave del Centro es la Daphnia, un cladócero conocido vulgarmente como pulga de agua. Bustinza-Mascaró *Ciencias* 161: Nacen [los crustáceos entomostráceos] en forma de larva libre llamada *Nauplius* .. Ejemplos: las pulgas de agua dulce .., percebe.
4 ~ de mar (o **de arena**). Pequeño crustáceo que queda en las playas bajo las algas en la bajamar y que se desplaza a saltos (*Talitrus saltator*). | Ybarra-Cabetas *Ciencias* 425: Existe una fauna muy curiosa de animales marinos que se adaptan a quedar en seco durante la bajamar (pulga de mar). Cendrero *Cantabria* 79: Fauna .. Invertebrados. *Talitrus saltator*: Pulga de arena.
5 malas ~s. (*col*) Mal genio. *Gralm con el v* TENER. | MSantos *Tiempo* 48: El Muecas tiene malas pulgas y también sabe tirar de corte.
B *m y f* **6 malas ~s.** (*col*) Pers. de mal genio. *Tb adj.* | Cela *Judíos* 191: El Tostado, enano y genial, zarrioso, letrado y malas pulgas, se encaró con el papa Eugenio IV.
II *loc v* **7 buscarle** [a alguien] **las ~s.** (*col*) Provocar[le]. | Delibes *Cazador* 123: A Tochano le va haciendo falta un guapo que le baje los humos. Por si acaso, que no me busque las pulgas.
8 sacudirse las ~s. (*col*) Eludir responsabilidades. | Herrero *Ya* 23.9.70, 7: Los demás países árabes se sacuden las pulgas como pueden.

pulgada *f* Medida de longitud equivalente a la duodécima parte del pie. | *Abc Extra* 12.62, 9: Cocinitas de bronce de menos de dos pulgadas.

pulgar I *adj* **1** [Dedo] primero y más grueso de la mano. *Tb n m*. | Cunqueiro *Un hombre* 21: El rey .. pasaba el tiempo alisándose el espeso bigote rubio con los dedos pulgar y anular de la mano derecha. CNavarro *Perros* 123: Las redondeaba [las migas del pan] valiéndose del índice y del pulgar.
II *m* **2** Parte de sarmiento, con dos o tres yemas, que se deja en las vides al podarlas para que broten los vástagos. | Delibes *Ratas* 27: Un majuelo de verdejo de 30 años llevará dos varas de empalmes, dos nuevas, dos o tres calzadas y dos o tres pulgares.

pulgarada *f* Cantidad que puede tomarse entre las yemas del pulgar y otro dedo. | Trévis *Extremeña* 33: Machacad los ajos y mezcladlos con la cebolla, una pulgarada de pimienta, media cucharadita de pimentón.

pulgareta *f* (*reg*) Castañuela que se sujeta en el dedo pulgar. | *Abc* 9.10.66, 43: –¿Cómo se llaman las castañuelas de la jota? –Pulgaretas.

pulgón *m* Se da este n a distintos insectos hemípteros de pequeño tamaño, de color negruzco o verde, que viven parásitos sobre algunas plantas. | Legorburu-Barrutia *Ciencias* 167: Un pulgón muy dañino es la filoxera, que destruye los viñedos.

pulgoso -sa *adj* Que tiene pulgas [1]. | Torres *D16* 27.1.86, 48: Estábamos hablando del perro pulgoso, o sea de Ferdinand Marcos.

pulguera *f* Se da este *n* a varias plantas herbáceas, esp *Inula viscosa* y *Jasonia glutinosa*. *Tb* HIERBA ~. | Mayor-Díaz *Flora* 312: *Jasonia glutinosa* (L.) DC. "Pulguera fina".

pulguero *m* (*jerg*) Cama. | Aldecoa *Cuentos* 1, 48: –¿Has leído? .. No se alinearán ni Rubio ni Ramonín. Los tenemos en el pulguero. –A última hora se alinearán. Son cosas del entrenador .. –Ramonín está lesionado.

pulguillas *m y f* (*col*) Pers. de mal genio. | Delibes *Cazador* 104: El de Francés es un pulguillas. De entrada, esta mañana, se puso a zamarrearme.

pulicán *m* Tenaza de dentista. | Cela *Judíos* 89: El descarnador y el pulicán, el gatillo y la gatilla, la dentuza, el botador y los alicates –quizás un hierro por cada uno de los siete pecados capitales– enfriaron el frío aire del camino.

pulidamente *adv* De manera pulida[1] [2]. | FReguera *Bienaventurados* 94: Comía muy pulidamente, excediéndose en sutilezas de cortesía y urbanidad.

pulidez *f* (*raro*) Cualidad de pulido[1]. | J. LDepetre *Abc* 17.9.68, 3: No sabemos fabricar aparatos de óptica, .. ni ningún objeto que exija atención exquisita, acabado perfecto, "pulidez".

pulido[1] -da *adj* **1** *part* → PULIR.
2 Pulcro o primoroso. *A veces con intención desp, denotando afectación.* | Lagos *Vida* 20: Todo era limpio, pulido casi y hasta confortable. Olmo *Golfos* 17: Luisito Ramírez era un niño muy bien hecho: pulidito él. J. PGállego *SPaís* 15.1.78, 25: Tomando un manojo de llaves y exhibiendo un pulido castellano, se prestó a enseñarme todo.

pulido[2] *m* Acción de pulir [1]. | Lera *Trampa* 1031: –Cada día son más idiotas estos programas –comentó Paloma .. sin suspender el pulido de sus uñas.

pulidor -ra *adj* Que pule [1]. *Tb n, m y f, referido a pers, máquina o aparato.* | Gironella *Millón* 662: Río parlanchín, río pulidor de guijarros perfectos. *Van* 16.10.70, 65: Pulidores habituados a trabajar pequeñas piezas metálicas de gran serie. Presentarse en Metamar. Pericot-Maluquer *Humanidad* 91: La lista de los tipos de útiles en hueso y asta .. asciende a un centenar y medio de ellos, que reflejan unos sesenta tipos fundamentales, entre los cuales figuran puntas, azagayas, cinceles, pulidores, agujas de coser. *Ya* 22.10.64, sn: Viscosímetros. Termostatos. Pulidoras para minerales.

pulienta *f* (*reg*) Polenta. *Frec en pl.* | Arce *Testamento* 74: A los chiquillos nos los hacían más pequeños [los boronos], y cuando estaban fríos eran deliciosos tomados con la pulienta. Cossío *Montaña* 75: Es nombre ["harrepas"] que también reciben las pulientas, cocimiento de leche y harina de maíz.

pulimentación *f* Acción de pulimentar. | *GTelefónica N.* 54: Manufacturas Derivadas del Aluminio .. Pulimentación electroquímica y mecánica.

pulimentado *m* Acción de pulimentar. | *GTelefónica N.* 18: Acuchillado. Barnizado. Encerado. Pulimentado. Entarimado.

pulimentador -ra *adj* Pulidor. *Frec n.* | Espinosa *Escuela* 43: Lisastro. Pulimentador, autor de narraciones. A. GBellido *Odi* 1.7.64, 8: Encontramos un bastón de los llamados de mando de asta de reno .., algunos pulimentadores de piedra y dientes de animales.

pulimentar *tr* Pulir [1]. *Tb abs.* | Arenaza-Gastaminza *Historia* 9: Predomina [en el Neolítico] la técnica de la piedra pulimentada y del hueso. Bustinza-Mascaró *Ciencias* 339: Se utiliza [la piedra pómez] para pulimentar y para usos domésticos.

pulimento *m* **1** Acción de pulir [1, 2 y 3]. *Tb su efecto.* | Ybarra-Cabetas *Ciencias* 54: Para muchos autores, son variedades del cuarzo: .. los jaspes, de gran dureza , y susceptibles de hermoso pulimento. E. Corral *Abc* 21.8.66, 77: Se advierte ahora mejor dirección, realización más idónea, reposo y pulimento que antes no tenía tan a las claras. Palacios *Juicio* 17: De nada sirve el pulimento y la cultura de una sociedad si no se mantiene en los quicios de leyes y costumbres que nos hagan tomar sobre los hombros las cargas morales de la civilización.
2 Sustancia que se usa para pulir [1]. | *Ya* 30.5.64, 11: Pulimentos y abrillantadores: Polish, limpiador de cromados.

pulir *tr* **1** Poner lisa y brillante la superficie [de algo (*cd*)] por frotamiento, esp con un abrasivo. *Tb abs.* | Legorburu-Barrutia *Ciencias* 361: Los mármoles: presentan gran variedad de colores; se pueden pulir. *GTelefónica N.* 911: Fábrica de artículos para el pulimento industrial. Pasta para pulir, apomazar, abrillantar, etc.
2 Perfeccionar [algo o a alguien]. | Payno *Curso* 173: Los estudiantes volvían una y otra vez sobre lo sabido, para amartillarlo y pulirlo. Delibes *Santos* 94: El Ivancito se acostumbró a la compañía de Paco, el Bajo, y a sacar partido de su olfato y su afición, y resolvió pulirle, pues Paco, el Bajo, flaqueaba en la carga.
3 Educar [a alguien] haciendo que pierda su tosquedad. | * Es un chico de pueblo al que es preciso pulir.
4 (*col*) Gastar. *Frec denotando exceso o derroche.* | *DEs* 17.8.71, 16: En once días "pule" las 41.700 pesetas que había robado en una discoteca de Tortosa. A. Pavón *Inde* 24.1.90,

48: En el Café Placentines nos vamos a pulir todo lo que se haga de caja por la noche.
5 (col) Vender. | Peraile *Ínsula* 41: Ahora, después del bum de su exposición, por ese cuadro, si lo pudiera pulir, le sacudían veinte mil pavos.
6 (col) Robar o hurtar. | ZVicente *Mesa* 103: Me extraña sobremanera que don Carlos no se haya puesto hoy sus condecoraciones. Lo lamento en el alma. Alguna podríamos pulirle a la hora de los abrazos.

pulla *f* Dicho agudo con que se zahiere a alguien, frec. en broma. | Lera *Bochorno* 27: Reían con la camarera, a quien obligaban, entre bromas y pullas, a ir pegando los sellos en los papelitos. Delibes *Tesoro* 75: Sonó una carcajada general, entreverada de gritos y pullas soeces.

pullés -sa *adj* De Apulia (región de Italia). *Tb n*, referido a *pers*. | Riquer *Caballeros* 35: Jehan de Saintré recibe del rey de Aragón un corcel pullés y dos hermosos caballos andaluces.

pullman (ing; pronunc corriente, /púlman/; pl normal, ~s o invar) *m* Autocar de lujo destinado esp. a turismo. *A veces en aposición.* | *Gar* 29.9.62, 63: Al pie de la torre Eiffel, Vittorio había montado su máquina tomavistas cuando llegó allí el pullman con su cargamento de regios turistas. GTelefónica *N*. 92: Autocares Juliá, S.A. Autocares "Pullman" de alquiler para gran turismo.

pullover (ing; pronunc corriente, /pulóber/; pl normal, ~s) *m* Jersey, con o sin mangas, que se mete por la cabeza. | *Economía* 93: Emplear agua templada (37°-40°) abundante (10 litros para un pullover mediano). M. Amat *Des* 19.9.70, 40: En Italia: Lencería, pullovers, sedas, camisas y corbatas.

pulmón I *m* **1** Órgano de la respiración de los dos que los vertebrados superiores tienen en el tórax. *A veces, en sg, designando el conjunto.* | Legorburu-Barrutia *Ciencias* 79: El aire entra en los pulmones y sale de ellos mediante los movimientos respiratorios. GTelefónica 20: Médicos .. Pulmón y Corazón. **b)** Órgano análogo al pulmón [1a], de otros vertebrados o invertebrados terrestres. | Ybarra-Cabetas *Ciencias* 326: En esta cavidad están contenidos los siguientes órganos [del caracol]: a) el pulmón, que no es otra cosa que la superficie del manto que tapiza la cavidad paleal y en cuyo espesor se hallan lagunas vascularizadas en las que penetra el aire por un orificio o pneumostoma. b) el corazón .. c) el riñón. Legorburu-Barrutia *Ciencias* 177: En la parte inferior lleva [el abdomen de la araña] dos orificios respiratorios o estigmas, que comunican con las filotráqueas o pulmones, los cuales son cavidades con numerosas láminas colocadas como las hojas de un libro.
2 Capacidad respiratoria. | Benet *Aire* 76: En los repechos Barceló se detenía con frecuencia para recobrar aliento; no tenía mucho pulmón.
3 *En pl*: Voz potente [de una pers.]. *Gralm en constrs de intención ponderativa.* | *¡Qué niño! ¡Qué pulmones! ¡Qué manera de gritar!
4 Zona de arbolado que funciona como fuente de oxígeno [de una población]. | *Ya* 23.6.70, 4: Conjunto Residencial .. Por su situación: única, en pleno pulmón de Madrid.
5 ~ de acero. Cámara destinada a provocar los movimientos respiratorios del enfermo, mediante alternativas de la presión del aire regulada automáticamente. | Halcón *Ir* 260: Acaban de regalar al Hospital General de Prisca dos pulmones de acero.
II *loc adv* **6 a pleno ~.** Llenando completamente los pulmones [1a] de aire puro. *Con el v* RESPIRAR. | GMacías *Relatos* 23: Él necesitaba espacios abiertos para respirar a pleno pulmón.

pulmonado -da *adj* (*Zool*) [Molusco gasterópodo] que tiene pulmón [1b]. *Frec como n m en pl, designando este taxón zoológico.* | Navarro *Biología* 297: Los de origen terrestre son: aves zancudas y palmípedas, insectos, moluscos pulmonados .., etc.

pulmonar *adj* De(l) pulmón [1]. | Legorburu-Barrutia *Ciencias* 78: Terminan [los bronquios] en unas vejiguitas llamadas alvéolos pulmonares. Ybarra-Cabetas *Ciencias* 385: La respiración [de las aves] es pulmonar. **b)** Que afecta al pulmón. | Navarro *Biología* 253: La tuberculosis pulmonar o tisis se caracteriza por formarse masas redondeadas o tubérculos.

pulmonaria *f* **1** Planta herbácea usada en medicina contra las afecciones pulmonares (gén. *Pulmonaria,* esp. *P. affinis* y *P. officinalis*). | Cendrero *Cantabria* 92: Estrato herbáceo: *Pulmonaria longifolia* (Bast) Boreau.: Pulmonaria.
2 Liquen coriáceo cuya superficie se asemeja a la de un pulmón cortado (*Lobaria pulmonaria* o *Lichen pulmonarius*). | Ybarra-Cabetas *Ciencias* 248: Líquenes .. Abundan en las rocas y troncos de árboles, y citaremos como especies notables: la *Usnea barbata* o barbas de capuchino; el árbol liquen pulmonario (*Sticta pulmonacea*).

pulmonía *f* Inflamación del pulmón [1a]. | Olmo *Golfos* 180: Te mojas y puede agarrarte una pulmonía. Cuevas *Finca* 23: La piara de cerdos que va a llegar del monte viene con pulmonía.

pulpa *f* **1** Parte carnosa de algunos frutos, esp. de las frutas. | Ybarra-Cabetas *Ciencias* 278: La piel [de la uva] es el epicarpio, la pulpa el mesocarpio y las pipas las semillas. *Inf* 2.3.78, 13: La plaga deteriora la pulpa del grano de café. **b)** (*raro*) Carne sin hueso ni ternilla. | * Del pollo sirve tan solo tajaditas de pulpa.
2 Pasta [de papel o de una materia vegetal]. | *Tri* 17.12.66, 77: Se ensayaron sucesivamente el caucho, la gutapercha, el papel disecado, la pulpa de papel y el cable coaxial.
3 Residuo pastoso que resulta del tratamiento de algunos vegetales, esp. de la remolacha. | *Inf* 9.11.70, 12: Los ganaderos andaluces estudiarán el grave perjuicio que representa para la economía de la región el hecho de que se exporte gran parte de la pulpa de remolacha.
4 (*Anat*) Tejido conjuntivo que rellena la cavidad dentaria. | Bustinza-Mascaró *Ciencias* 46: En el interior del diente hay un hueco ocupado por la pulpa dentaria.
5 (*Anat*) Pulpejo del dedo. | GCaballero *Cabra* 16: Yo le veo a don Juan, allá en su natío, quitándose .. los lentes de académico y senador para dejar que sus labios y las pulpas de sus dedos saborearan cerezas garrafales, peras de Priego, melones de Montalbán.

pulpada *f* Comida a base de pulpo o en la que abunda el pulpo, propia de Galicia. | Vega *Cocina* 163: En Galicia, caldo gallego, .. pulpada.

pulpar *adj* (*Anat*) De (la) pulpa [4]. | Alcalde *Salud* 300: Se denomina "pulpitis" a la infección de los tejidos blandos que rellenan la cavidad pulpar.

pulpejo *m* **1** Parte carnosa y blanda de un miembro pequeño del cuerpo, esp. de la oreja, de la punta de los dedos o del arranque del pulgar. | Legorburu-Barrutia *Ciencias* 117: Los salientes del pabellón de la oreja se denominan: hélice, antihélice, trago, antitrago, lóbulo o pulpejo. Mascaró *Médico* 156: Para el recuento y la fórmula leucocitaria, basta obtener una gota de sangre por puntura del pulpejo de un dedo. ZVicente *Traque* 148: El Fefo [un perro] le arreó un bocado de órdago la grande, .. aquí, así, ¿ve?, en el pulpejo.
2 Parte blanda y flexible de la parte inferior y posterior del casco de las caballerías. | * El caballo tenía una herida en el pulpejo.

pulpería *f* (*reg*) Preparación del pulpo. | Cunqueiro *Pontevedra* 148: El dezanense almuerza alguno de los mejores pulpos del país, cocido por las pulpeiras de allí mismo, o de Silleda, educadas en el arte compostelano de la pulpería.

pulpero -ra *m y f* (*reg*) Pers. que prepara y vende pulpo en las ferias. *Gralm referido a mujer.* | MGaite *Ataduras* 71: También desde por la mañana, muy temprano, habían llegado los pulperos, los indispensables, solemnes pulperos de la feria. *Abc* 24.8.66, 40: Esta comarca carballinesa es célebre en toda Galicia por existir en la localidad de Arcas las mejores pulperas del país.

pulpeta *f* (*raro*) Tajada de carne sin hueso. | MPilar *SSe* 17.3.91, 58: Pulpetas de pollo. Ingredientes: 8 filetes de pollo. 8 salchichas frescas. Una cebolla mediana.

pulpileño -ña *adj* De Pulpí (Almería). *Tb n, referido a pers.* | G. Belmonte *VAl* 22.6.75, 8: Aprovecho esta oportunidad para encarecer a mi buen amigo Ginés Martínez Martínez, alcalde de la villa pulpileña, a los deudos del admirado pastor y al pueblo de Pulpí en general, se reviva el homenaje que al menos el pueblo adeuda a su hijo más preclaro.

pulpitis – pulsión

pulpitis *f (Med)* Inflamación de la pulpa dentaria. | Alcalde *Salud* 300: Cuando el dolor es despertado solamente por los alimentos fríos, se habla de pulpitis parciales o totales, según la localización y la intensidad del mismo.

púlpito *m* **1** *En una iglesia*: Plataforma elevada, con antepecho y tornavoz, para predicar o para dirigir algunos rezos. | CNavarro *Perros* 14: El resto, como dicen los curas en el púlpito, lo dejo a la imaginación de los oyentes.
2 Actividad de predicador. | Marqueríe *Abc* 25.10.73, 17: Excluye del tablado todo lo pedagógico-didáctico, lo sermoneante, lo propio de otros menesteres: tribuna, cátedra, púlpito.

pulpo *m* **1** Molusco cefalópodo de gran tamaño, con ocho tentáculos provistos de ventosas, de carne comestible y apreciada esp. en los de pequeño tamaño (*Octopus vulgaris, Eledone aldrovandii* y *E. moschata*). *Las dos últimas especies, tb* ~ BLANCO y ~ ALMIZCLADO, *respectivamente*. | Bustinza-Mascaró *Ciencias* 132: La sepia y el pulpo son parecidos al calamar. **b)** *(col) Se usa a veces en constrs de sent comparativo para ponderar despiste, aburrimiento o capacidad de llegar con los tentáculos a muchos sitios*. | ZVicente *Mesa* 47: Ahí le tiene usted, .. sin parar de sonreír de aquí para allá y más aburrido que un pulpo en un garaje. Torres *Ceguera* 101: Había descubierto que al hombre, amén de los estimulantes, le gustaban los malos tratos. La revelación se produjo la noche en que él irrumpió en su tienda hecho un pulpo y, después de recibir un linternazo en la cabeza .., le suplicó que le atizara más. A. Salinas *Ya* 4.9.87, 22: El *full-contact* hace el que lo practique se convierta en un pulpo, que puede tirar a su rival a base de combinaciones rapidísimas de manos y pies. VMontalbán *Soledad* 143: Ambos tienen relaciones propias con la Petnay, el primero como consejero de empresas filiales y el segundo como gerente propietario de una empresa muy dependiente del gran pulpo.
2 Utensilio con numerosos brazos de goma, que sirve para sujetar bultos en la baca. | * Necesito un pulpo para la baca.
3 Aparato de feria constituido por numerosos brazos móviles que suben y bajan alternativamente. | *Ya* 19.5.86, 45: Una niña de ocho años muere al caerse de "el pulpo" en el Parque de Atracciones de Madrid.

pulposo -sa *adj* Que tiene pulpa. | *HLM* 14.12.70, 18: Esta última palabra [vasca] se ha formado de otras dos: "mamia", que significa carne pulposa, y "ura", que significa agua. **b)** Carnoso. | Sampedro *Sonrisa* 14: La mujer .. curva exquisitamente la mano derecha acercándola a sus labios pulposos.

pulque *m* Bebida alcohólica mejicana fabricada con el jugo de algunos agaves. | Benet *Nunca* 87: Era una especie de vasija incaica para el pulque, tallada a cuchillo con un gusto primitivo.

pulquería *f* Establecimiento público donde se sirven pulque y otras bebidas. *Referido a países americanos*. | HSBarba *HEspaña* 4, 363: En Méjico se consumían diariamente 2000 arrobas de vino .. Las pulquerías .. cobijaban una multitud abigarrada, entre la que andaban los indios. V. L. Botín *SArr* 18.10.70, 6: Quizá tengan razón los maliciosos parroquianos de las "pulquerías". [*En Bolivia*.]

pulquérrimo → PULCRO.

pulsación *f* **1** Acción de pulsar [1]. | Marcos-Martínez *Física* 61: Pueden hacerse vibrar [las cuerdas] por pulsación, como en la guitarra.
2 Presión hecha en una tecla de una máquina de escribir u otro aparato semejante. *Gralm con un numeral*. | *BOE* 1.12.75, 25025: En esta categoría se incluyen los Operarios de Télex y Mecanógrafos, de uno u otro sexo, que, con pulcritud y corrección, alcanzan un promedio de 250 pulsaciones por minuto al dictado.
3 Latido arterial. | Alvarado *Anatomía* 98: El número de pulsaciones corresponde al de latidos y tiene importancia médica. **b)** *(Fisiol)* Latido. *Frec con un adj especificador*. | Navarro *Biología* 173: El registro gráfico de la pulsación cardíaca o cardiograma .. se hace con el cardiógrafo. **c)** *(lit)* Latido o manifestación de vida. | J. Otero *Abc* 1.9.66, sn: Es una lástima que pasen los años y no se considere con la debida importancia en las programaciones radiofónicas y televisivas el tiempo de los espacios literarios captadores de la pulsación creacional del momento.
4 *(Fís)* Variación cíclica de la amplitud de una vibración o del brillo de una estrella. | Mingarro *Física* 33: ¿Qué relación existe entre la pulsación y el período en un movimiento sinusoidal?

pulsador -ra *adj* [Botón o mando] que se acciona pulsándolo. *Gralm n m*. | *GacR* 31.12.70, 11: Stingrays. Una verdadera pieza maestra entre los modernos cronómetros. Escala Taquimétrica; pequeño segundero, contador central, acumulador de minutos y horas (se opera con los dos botones pulsadores). *Hacerlo* 44: En el momento de apretar el pulsador [del timbre], se cierra el circuito. Palomino *Torremolinos* 239: El marqués cuelga el teléfono de golpe; Arturo pega unos cuantos berridos, sacude el pulsador de su aparato hasta que la telefonista le desengaña. –Han colgado en Marbella, señor.

pulsante *adj* *(Fís)* Que tiene pulsaciones [4]. | *Impreso* 2.88: Fitoterapia y tratamientos sinérgicos. Fitoterapia y Homeopatía .. Fitoterapia y Campos magnéticos pulsantes. *Anuario Observatorio* 1967 201: En el cuadro de las páginas 176 a 178 hay numerosos ejemplos de estrellas variables elegidas entre las pulsantes y eclipsantes.

pulsar *tr* **1** Presionar con el dedo [una tecla, un botón o las cuerdas de un instrumento]. | CNavarro *Perros* 28: Alguien acababa de pulsar el botón del ascensor. Cabezas *Abc* 7.9.66, 45: Alguno de sus amigos presume de haber tenido el privilegio de pulsar sus cuerdas [de una guitarra].
2 Tomar el pulso [7b]. | Halcón *Ir* 378: Había llegado, por consiguiente, el momento de pulsar la opinión de Basabe. Marlasca *Pue* 9.12.70, 18: Nos trasladamos a Éibar para pulsar el ambiente de la llamada "villa armera".

púlsar *(pl normal,* ~ES *o, raro,* ~S) *m (Astron)* Estrella que emite radiaciones muy intensas a intervalos cortos y regulares. | M. Calvo *Ya* 8.12.70, 8: Otro importantísimo descubrimiento de estos últimos años lo constituyen los púlsares, estrellas que emiten con gran exactitud impulsos de radio con intervalos de millonésimas de segundo y que quizá son estrellas de neutrones. M. Calvo *Ya* 18.10.74, 12: Los púlsars o púlsares o estrellas pulsantes son una especie de extraños radiofaros.

pulsátil *adj* **1** Que golpea rítmicamente. | Legorburu-Barrutia *Ciencias* 73: La onda pulsátil se propaga mucho más rápidamente que la sangre.
2 Que se contrae y dilata rítmicamente. | Navarro *Biología* 8: En los protozoos de agua dulce .. la regulación osmótica está a cargo de las vacuolas pulsátiles.

pulsatila *f* Planta herbácea propia de los prados, de acción sedante, usada en medicina en determinadas inflamaciones y en afecciones respiratorias (*Anemone pulsatilla, A. pratensis* o *Pulsatilla pratensis*). *Tb se da este n a otras especies del gén Pulsatilla*. | FQuer *Plantas med.* 222: Pulsatila (*Anemone pulsatilla* L.) .. La pulsatila es una anemone de rizoma relativamente grueso.

pulsatilla *f* Pulsatila. | Mayor-Díaz *Flora* 282: *Pulsatilla alpina* (L.) Delarbre. "Pulsatilla", "Hierba del viento".

pulsera I *f* **1** Aro o cadena que se lleva en la muñeca, esp. como adorno. | J. V. Puente *Inf* 14.7.78, 26: Voy a comprarme una pulsera sensacional, con una esmeralda y una cenefa de brillantes, toda en oro, montada por Cartier. **b)** Aro o cadena de metal con que se sujeta a la muñeca un reloj. | * Tengo que cambiar la pulsera del reloj.
2 *(jerg) En pl*: Esposas. | GPavón *Reinado* 177: Tome, don Lotario, póngale las pulseras.
II *loc adj* **3 de ~**. [Reloj] que se lleva en la muñeca. | Laforet *Mujer* 268: Al volver a la cama vio en su reloj de pulsera una hora absurdamente temprana.

pulsión *f (Psicol)* Impulso o tendencia instintivos. *Tb (lit) fig*. | Pinillos *Mente* 133: En virtud de sus propias reacciones motivacionales, rompe el hombre con todos los esquemas fijos .. y consigue que sus necesidades no sean pulsiones necesarias, sino deseos, sujetos en último extremo a la regulación superior de su voluntad. Vega *Corazón* 56: La gran ciudad contemporánea es no solo un manantial permanente de cargas o tensiones o pulsiones alertantes. Millán *Fresa* 10: Al servicio de esa difícil clientela que se debate entre la pulsión hacia las *cookies* y la añoranza del crujido de los brotes de alfalfa.

pulsional *adj* (*Psicol*) De (la) pulsión. | A. Camba *SInf* 14.1.76, 8: Resulta fácil, al margen de los conceptos filosóficos, descubrir la tendencia al goce en el análisis de las vivencias pulsionales de la vitalidad.

pulso I *m* **1** Sucesión de latidos de las arterias, que se percibe esp. en la muñeca. *Tb* (*pop*) *en pl con sent sg*. | Navarro *Biología* 174: El pulso depende de los latidos del corazón, por lo que se utiliza para medir el ritmo cardíaco. * Se le pararon los pulsos.
2 Parte de la muñeca donde se siente el latido de la arteria. *Más frec en pl*. | Mayoral *Muerte* 14: Te das un poco [de perfume] por aquí, detrás de la oreja y en los pulsos; así, cuando saludas, la otra persona nota el buen olor. **b)** (*raro*) Muñeca. | SFerlosio *Jarama* 57: Enseñaba una muñequera de cuero en el pulso de la mano derecha.
3 Seguridad o firmeza en la mano para ejecutar determinadas acciones con acierto y precisión. | *Abc Extra* 12.62, 83: Fama tenían los borgoñones y los castellanos en meterle un flechazo al ojo de una aguja. Cuestión de pulso y de paciencia.
4 Tacto o cuidado al actuar. | A. Cobos *Ya* 23.5.73, 35: Dicho rincón de arte puede tener garantizada su altura, al contar con la experiencia supervisora del experto barcelonés Javier Lasaleta y el buen pulso directivo de Marta Contreras.
5 Prueba que consiste en cogerse dos perss. por la mano y, con los codos apoyados sobre una mesa u otra superficie similar, tratar cada uno de doblar el brazo del contrario. *Frec en la constr* ECHAR UN ~. | Goytisolo *Afueras* 195: Algunos hombres comenzaron a fluir hacia una mesa en la que el hijo del herrero disputaba un pulso con un joven murciano que trabajaba en la fábrica. Muñiz *Nue* 21.9.75, 6: A ver, echa un pulso, Arturín .. Pon la mano aquí, en la mía. **b)** Desafío o reto. *Frec en la constr* ECHAR UN ~. | *Ya* 13.6.92, 2: El pulso que los expropiados mantienen con el Ministerio ya tiene una víctima. P. Urbano *Ya* 27.11.88, 2: Una oposición capaz de echarle un pulso al Gobierno.

II *loc adj* **6 de ~ y púa**. (*Mús*) De cuerda pulsada con dedos y púa. | *TCR* 1.12.90, 13: Jornadas de Música de Pulso y Púa en Mazanares.

III *loc v* **7 tomar el ~** [a alguien]. Reconocer al tacto la frecuencia u otras características de su pulso [1]. *Tb sin ci.* | Delibes *Madera* 140: Se inclinaba sobre él, le levantaba un párpado, le tomaba el pulso. Legorburu-Barrutia *Ciencias* 73: El pulso es debido a la onda que se produce al cerrar de golpe las válvulas sigmoideas .. Se toma en la arteria radial de la muñeca. **b) tomar el ~** [a alguien o algo]. Tratar de conocer sus características o sus condiciones. | Halcón *Ir* 289: Lo iba pensando mientras lo tomaba el pulso al nuevo coche. An. Miguel *Abc* 17.10.71, 59: Antes ya había intentado, con grandes artificios de ingenio, tomar el pulso a la economía mundial, a través de sus conocidas y famosas "extrapolaciones" hacia el futuro de la actividad económica.

IV *loc adv* **8 a ~**. Con el brazo en el aire, sin apoyarlo. *Con vs como* SOSTENER *o* LEVANTAR. | Moreno *Galería* 138: Y a pulso, al aire libre, aquel fiel [de la romana] debía señalar .. la cantidad exacta de materia pesada. **b)** Con trabajo o esfuerzo. | J. M. ÁRomero *MHi* 6.60, 14: Brasilia es el Eldorado del siglo XX levantado a pulso. **c)** Por el propio comportamiento o por méritos propios. *Frec irónicamente, referido a castigos*. | Delibes *Cinco horas* 154: El expediente te lo ganaste a pulso, hijo.

pulsógrafo *m* (*Med*) Instrumento que registra las pulsaciones arteriales. | Gambra *Filosofía* 100: Existen numerosos aparatos .. Así por ejemplo: el pulsógrafo, el ergógrafo.

pulsómetro *m* (*Med*) Aparato para medir la amplitud de la onda sanguínea. | J. Garai *Mar* 30.6.90, 24: Entonces, igualmente, experimentó un pulsómetro que quizá ahora le sea de gran utilidad en etapas contra-reloj.

pululación *f* (*lit*) Hecho de pulular. | Torrente *Saga* 50: Por los mil agujeros entraron mil luces de otro mundo al que me asomé con terror y entusiasmo y de cuya apasionante pululación quedé asombrado. GBiedma *Retrato* 10: Varios más que me fueron presentando [en el aeropuerto de Manila], todos inmaculadamente vestidos de blanco, gloriosamente distintos entre la pululación de rostros oscuros.

pululante *adj* (*lit*) Que pulula. | DPlaja *Abc* 12.11.70, sn: De un lado la vitalidad enardecida y pululante, que el poeta expresa con lo que ya desde Spitzer venimos denominando "enumeración caótica". Valverde *Literatura* 43: El lenguaje usado por el poeta resulta completamente nuevo: latinizante hasta en la sintaxis contorsionada .., cuanto más en el vocabulario, pululante de alusiones a la cultura grecolatina.

pulular *intr* **1** Bullir (moverse o agitarse [algo, esp. una masa de perss., animales o cosas]). | Cuevas *Finca* 110: Se sentaron los dos sobre el césped, donde los saltamontes pululaban. Laforet *Mujer* 169: La vida pululaba en los animalillos de la tierra.
2 Abundar. | Torrente *Isla* 55: Si alguna vez la iniciaron en la magia, habrá sido en la vuestra .., no en esas otras que ahora pululan, sin tradición, sin raíces, sin fundamento.

pulverizable *adj* Que se puede pulverizar. | *VozE* 26.7.55, 9: Elimínelos totalmente [los insectos] con el más eficaz de los insecticidas pulverizables.

pulverización *f* Acción de pulverizar. *Tb su efecto*. | Bustinza-Mascaró *Ciencias* 5: El azúcar, entre otros muchos cuerpos, puede ser reducido por trituración y pulverización a polvo fino impalpable. Torrente *Pascua* 281: Soy tan anarquista como tú, y me encanta la idea de que colaboremos en la pulverización del universo. C. Rivero *HLM* 26.10.70, 13: El dime lo que haces y te diré quién eres plantea hoy por hoy un cúmulo de perplejidades que presenta la personalidad del individuo fraccionada hasta la pura pulverización.

pulverizado *m* Acción de pulverizar [2]. | N. Rubio *SInf* 11.11.70, 12: El hipopótamo señala los límites de su territorio con un pulverizado de sus excrementos con la cola.

pulverizador -ra *adj* Que pulveriza [1 y esp. 2]. *Tb n m, referido a aparato*. | *Libro agrario* 91: Máquinas pulverizadoras. *Abc* 15.3.68, 96: Equipos para pintar Devilbiss .. Pistolas pulverizadoras. Mangueras y conexiones. *Economía* 37: Se aplica un insecticida con un pulverizador.

pulverizar *tr* **1** Reducir a polvo [una sustancia]. | Marcos-Martínez *Física* 220: Para pulverizar un sólido se emplea el almirez. **b)** Reducir [una sustancia] a partículas muy pequeñas. | *SYa* 27.10.74, 40: Estas ondas suaves y potentes atacan su grasa, la bombardean pulverizándola en microscópicas partículas. **c)** *pr* Reducirse a polvo o a partículas muy pequeñas [una sustancia]. | MMolina *Jinete* 102: El papel podría pulverizarse cuando intentara desdoblarlo.
2 Esparcir [una sustancia líquida o pulverulenta] en partículas muy pequeñas. | APaz *Circulación* 242: La corriente de aire aspira el líquido por el tubo vertical y lo pulveriza. **b)** Esparcir [una sustancia líquida o pulverulenta (*compl* CON)] en partículas muy pequeñas [sobre algo (*cd*)]. *A veces se omite el compl* CON, *por consabido*. | Bustinza-Mascaró *Ciencias* 271: Antes de meterlas [las plantas] en la carpeta definitiva .. se las pulveriza con DDT al objeto de que las bacterias, los mohos y los insectos no las estropeen. Mihura *Modas* 19: Coge de cualquier parte un frasco de líquido insecticida y pulveriza el aire.
3 Destruir o aniquilar por completo [algo, esp. no material, o a alguien]. *Frec fig y con intención ponderativa*. | *Abc* 3.12.57, 43: Una ráfaga de metralleta, que pulverizó el faro de la motocicleta, fue mortal para el conductor de la misma. L. Prados *SArr* 27.12.70, 49: Algunos [récords] se pulverizaron dos y tres veces dentro de la misma jornada. MGaite *Retahílas* 148: Laclos pulverizaba el concepto de amor arraigado en Occidente. CPuche *Paralelo* 219: Genaro lo miró pulverizándolo con los ojos. Diosdado *Anillos* 1, 90: Son definitivas [las fotos], ¿no cree? .. Con esto la pulverizamos, ¿no? [Trata de obtener el divorcio.]

pulverulento -ta *adj* Que se presenta en forma de polvo. | Ybarra-Cabetas *Ciencias* 56: El caolín blanco se presenta .. en masas pulverulentas.

pum (*tb* **pun**) **I** *interj* **1** (*col*) Imita el sonido de un golpe, una explosión o un disparo. | ZVicente *Traque* 133: Se cayó por la escalera, efectivamente. Cra, cra, pun, catapún. MSantos *Tiempo* 234: Se toma la escopeta de dos cañones como el tío Miguel, el hombre de la bufanda, y pum, pum, muerta.

II *loc pr* **2 ni ~.** (*col*) Absolutamente nada. *Tb adv.* | ZVicente *Traque* 233: La Junta no sabía ni pun de esa petición. Delibes *Cinco horas* 133: Hambre ni pun, hija, que matan unos cerdos que para mí los quisiera. ZVicente *Ya* 27.12.70, sn: Se echa de ver enseguidita que usted no entiende ni pum de estas cosas.

puma *m* Mamífero felino americano semejante al tigre, de pelaje suave y leonado (*Felis concolor*). | Bustinza-Mascaró *Ciencias* 203: El tigre es asiático; el puma y el jaguar son americanos.

pumarada *f* (*reg*) Manzanar o pomarada. | Noval *Fauna* 308: A partir de noviembre se ve abundante por las pumaradas y en los campos la Paniega o Zorzal real.

pumba[1] *interj* (*col*) Imita el sonido de un golpe o de una explosión. | DCañabate *Paseíllo* 144: La gente está suspensa, y en esto, ¡pumba!, le atiza una patada en el testuz. Ridruejo *Memorias* 188: Unos y otros zapaban el suelo adversario y, un día dado, ¡pumba!, por los aires.

pumba[2] *adj* (*Juegos*) *En el pináculo y otros juegos*: [Jugador] que, después de su descarte, se queda con una sola carta. *Gralm en la constr* ESTAR ~. | *Naipes extranjeros* 33: Cuando un jugador, después de su descarte, se queda solamente con una carta en la mano, deberá avisarlo a los demás jugadores diciendo en voz alta: "Pumba". *Naipes extranjeros* 33: Cuando un jugador esté "Pumba" y no haya sobre la mesa más que un descarte, no lo podrá tomar.

pun → PUM.

puna *f* **1** Meseta alta y fría de los Andes. *Gralm en denominaciones geográficas*. | *Ya* 8.2.87, 62: TV-1 .. "Los camélidos de la puna y el pastor aimarae [*sic*]." Zubía *Geografía* 278: Al Oeste está la altiplanicie de Bolivia o Puna boliviana.

2 Malestar debido a la altura, que se experimenta en las regiones elevadas de los Andes. | Ro. Rodríguez *Ya* 22.5.87, 9: Van más de cuarenta y ocho horas de estancia en La Paz, y la "puna" ya comienza a mostrarse más hospitalaria con las sienes y el estómago del forastero.

punch[1] (*ing; pronunc corriente*, /punĉ/) *m* **1** (*Boxeo*) Golpe dado con el puño. | M. Olías *HLM* 26.10.70, 35: Quarry es tres años más joven que su inmediato adversario y también le aventaja en la potencia de "punch" de su demoledora izquierda.

2 (*lit*) Fuerza o potencia. | E. Teus *Ya* 9.5.75, 68: A pesar de haber hecho una excelente ascensión por el Urquiola, Luis Ocaña no ha podido dar el golpe definitivo .. Le ha faltado hoy el "punch" que hubiera podido tener y que tuvo antaño.

punch[2] (*ing; pronunc corriente*, /panĉ/) *m* Bebida combinada, fría o caliente, gralm. con licor. | Ortega *Americanos* 135: En cuanto que me vio entrar vino hacia mí una muchacha muy mona con una bandeja llena de vasos con aquello: una especie de *punch*, algo como sangría.

puncha *f* (*reg*) Pincha o espina. *Tb fig.* | CPuche *Sabor* 57: De lo que siempre me preocupo y tengo que preocuparme es de esa especie de puncha clavada en medio del cerebro.

puncheur (*fr; pronunc corriente*, /punĉér/) *m* (*Boxeo*) Boxeador de punch potente. | F. Yagüe *Inf* 8.5.75, 20: Parece casi imposible que pueda hacer tanto daño con golpes de trayectoria tan corta. Es un "puncheur" nato, un contragolpeador, pero que al mismo tiempo boxea.

punching (*pronunc corriente*, /púnĉin/) *m* (*Boxeo*) Punching-ball. | F. Vadillo *Mar* 2.7.59, 10: El negro Patterson golpeaba con saña el saco, el punching y los sparrings.

punching-ball (*ing; pronunc corriente*, /púnĉin-ból/) *m* (*Boxeo*) Balón sujeto con ataduras elásticas, que se golpea como ejercicio, esp. para entrenamiento de boxeadores. | *NotB* 16.4.73, 45: En la jornada del sábado, Jofre continuó con las sesiones matinales de "footing" y varios "rounds" de sombra, saco y "punching-ball".

punción *f* (*Med*) Operación que consiste en introducir una aguja u otro instrumento similar en una parte del cuerpo, frec. para extraer líquidos o material de análisis. | Mascaró *Médico* 155: La extracción de sangre debe efectuarla siempre un técnico analista, bien recurriendo a la punción de una vena y extrayendo la sangre por aspiración con una jeringa, bien por medio de la simple picadura o punción del pulpejo de un dedo.

puncionar *tr* (*Med*) Realizar una punción o punciones [en una parte del cuerpo (*cd*)]. | A. Sierra *Abc* 1.4.87, 58: El procedimiento de las esclerosis vasculares consiste en, como indica el dibujo, a través de una aguja de finísimo calibre, pinchar y cateterizar cada una de estas ramas de las arañas vasculares e inyectar en su interior una sustancia esclerosante que irritará las paredes del vaso puncionado.

pundonor *m* Sentimiento de la propia estima, que impulsa a superarse en el cumplimiento del deber. | DCañabate *SAbc* 16.2.69, 37: El pundonor de los tremendistas que los torearon no se ha tambaleado.

pundonoroso -sa *adj* **1** Que tiene pundonor. | *Zar* 27.1.69, 22: El bravo y pundonoroso jugador zaragozano.

2 Que denota o implica pundonor. | * Su pundonorosa actitud nos conmovió.

pungencia *f* (*lit*) Cualidad de pungente. | Camón *Abc* 10.9.68, 3: Ahí está .. lo más hiriente y demoledor de la sensibilidad, lo que se ofrece en un primer plano de cruda pungencia: la sensualidad envolvente.

pungente *adj* (*lit*) Punzante o hiriente. *En sent fig.* | Delibes *Hoja* 189: Ella no experimentaba miedo ahora, sino una pungente compasión. | Umbral *Gac* 21.3.76, 17: Cuando la televisión –pese a todos sus filtros sedantes– nos ha hablado de la marcha del mundo .., las palabras del cura, tan distantes, tan sabidas, no conectan con la realidad pungente del mundo y de España.

punibilidad *f* (*lit*) Cualidad de punible. | A. Becerra *Abc* 13.3.58, 13: Fray Alfonso de Castro .. se afanó en dar a su mundo y en transmitir a la posterioridad el luminoso compendio en torno a las equivocaciones heréticas, delineando su falsedad y la punibilidad consiguiente de las mismas.

punible *adj* (*lit*) Que merece castigo. | CBonald *Ágata* 46: Al no alcanzar ni por asomo las causas –legítimas o punibles– de aquel cambio de fortuna.

punicácea *adj* (*Bot*) [Planta] dicotiledónea, arbustiva o arbórea, con flores vistosas y fruto de pericarpio coriáceo con muchas semillas alojadas en celdas. *Frec como n f en pl, designando este taxón botánico*. | GCabezón *Orotava* 31: Granado, *Punica granatum*, Linn., Punicácea, Europa meridional. Marta *SYa* 19.6.77, 31: El granado enano. Perteneciente a la familia de las punicáceas.

punición *f* (*lit*) Castigo. | Goytisolo *Recuento* 310: La conversación acaba por centrarse .. en lo que de una u otra manera nos interesa a todos .. por lo que implica para cada uno de nosotros como desquite indirecto, punición ejemplar o identificación en el triunfo.

púnico -ca (*hist*) **I** *adj* **1** Cartaginés. *Tb n, referido a pers.* | GNuño *Madrid* 97: Las colecciones .. dan principio .. por la colonización púnica. Pericot-Maluquer *Humanidad* 195: Cartago había asumido la dirección de todas las ciudades fenicias mediterráneas .. Era inevitable el choque entre púnicos y griegos.

II *m* **2** Lengua de los cartagineses. | GYebra *Traducción* 35: Demuestra lo contrario el hecho de que el Senado, poco después de la conquista de Cartago el año 146 a. de C., hiciera traducir del púnico los 28 volúmenes de una obra de Magón sobre agricultura.

punitivo -va *adj* (*lit*) De(l) castigo. | Alfonso *España* 124: Cada día aparece más clara [la inclinación a intimidar], entre otras cosas con la institución de .. una larga serie de normas administrativas y reglamentarias de tipo técnico y punitivo. A. ÁCadenas *Reg* 4.8.70, 5: Sienten culpabilidad en sus ajadas conciencias, ante la inminente llegada del Revisor. Esta punitiva sensación se acrecienta cuando sube al vagón la trilogía.

punk (*ing; pronunc corriente*, /punk/ o /pank/; *pl normal*, ~s) *adj* [Movimiento] contracultural juvenil, manifestado pralm. en el campo de la música popular como una modalidad del "rock" y caracterizado por el feísmo, la estridencia y la exaltación de la violencia. *Frec en m.* | Burgos *Tri* 22.10.77, 47: Cuando ya los promotores del Rrollo están prácticamente pasados y ya han descubierto otras formas culturales o han hallado una etapa más adelantada, el "punk", .. viene el fenómeno no desacostumbrado del éxito social del lenguaje que ellos crearon. VMontalbán *Rosa* 95: Carvalho se preguntaba sobre la extensión del movimiento punk en Albacete. **b)** De(l) punk. | J. L. Rubio *Cam* 26.12.77, 69: Entre los miles de indiferenciados grupos *punk* hay uno que resume todas las características del fenómeno. Y que además hace una música excepcional: los Sex Pistols. **c)** Adepto del punk. *Frec n.* | J. M. Costa *SPaís* 19.2.78, x: Expresión definitiva de la visión que los *punks* tienen acerca de sí mismos es la siguiente: "Son idiotas, se toman en serio todo lo que decimos". J. L. Rubio *Cam* 26.12.77, 69: Los *punk* han sido el fenómeno musical o cultural o social más importante del año, al menos en Europa y Estados Unidos.

punkero -ra *adj* Adepto del punk. *Frec n.* | *Ya* 1.6.78, 31: Sid Vicious, la perfecta imagen de un punkero.

punki (*pronunc corriente*, /púnki/ o /pánki/; *pl normal*, ~s, *a veces con la grafía ing* PUNKIES) *adj* Punk. *Tb n, referido a pers.* | *Inf* 31.7.82, 15: Esta terraza, recientemente abierta, se ha convertido en el sitio más puesto de todo Madrid: ejecutivos con vocación de modernizarse, rockeros, mirandas, punkies finos de pelas. *D16* 20.8.85, 32: La Policía Municipal de Bilbao ha obligado a una veintena de jóvenes *punkis* a su desinfección y limpieza. P. Pardo *SPaís* 10.4.83, 35: Su sensibilidad es algo inexplicable, le lleva a distinguir el negro *depre* del de la parafernalia *punki*.

punk-rock (*ing*; *pronunc corriente*, /púnk-rók/ o /pánk-rók/) *m* Modalidad de rock propia de finales de los años 70, de letras obscenas y ofensivas y realización agresiva. | Alba *Gar* 23.5.83, 17: En la capital vizcaína contactó con Lupe, Begoña, Mamen y Loles que, siete meses antes, habían formado un grupo de punk-rock –como ellas lo definen– "Para protestar contra todo lo establecido".

punkrockero -ra *adj* Adepto al punk-rock. *Frec n.* | *Gar* 23.5.83, 17: Pelos tiesos y engomados, cazadoras de cuero negro y chapas que más que crear, matan símbolos, son los signos externos de estas punkrockeras.

punta I *f* **1** Extremo (punto en que comienza o esp. en que termina algo). *Frec con un compl especificador.* | Lera *Bochorno* 23: Otro de los muchachos .. se empinó sobre las puntas de los pies y se estiró todo lo que pudo hacia la camarera. Calera *Potajes* 41: Una lata grande de puntas de espárragos. D. Quiroga *Abc* 2.3.58, sn: Calzan espardeñas de pita con la punta muy levantada. MGaite *Búsqueda* 119: No sé si cortarme también un poco .. No mucho .., así las puntas de delante un poco más largo, pero que quede lisa .., es que no sé qué hacerme con el pelo. **b)** Extremo agudo o que se estrecha progresivamente. | Marcos-Martínez *Aritmética* 161: Los dos extremos libres [del compás] terminan, uno en punta afilada y otro en un tiralíneas o portalápices. DCañabate *Abc* 7.3.58, 34: Las puntas aceradas de las lanzas de los lanceros de la escolta de honor brillan refulgentes. **c)** Extremo agudo (de un lápiz o instrumento semejante) que se trazan los rasgos. | Julio *Cod* 2.2.64, 11: Ahora se va a entretener en sacarle punta a todos estos lápices. **d)** Colilla [de cigarro o cigarrillo]. | *Pue* 4.11.70, 40: No es extraño, pues, que una punta de cigarrillo encendida provocara el fuego.

2 Clavo pequeño. | GTelefónica *N.* 42: Telas metálicas. Enrejados y espino. Puntas y clavazón. **b)** ~ **de París.** Clavo pequeño de cabeza plana y extremo piramidal. | *Hacerlo* 99: Deberemos antes clavar una punta de París en los primeros.

3 Saliente de tierra, gralm. bajo y de poca extensión, que penetra en el mar. *Frec en denominaciones geográficas.* | Zubía *España* 160: El punto más alejado por el sur es la Punta de Tarifa. **b)** (*Mar*) *En pl:* Espacio de mar comprendido entre la punta del rompeolas y el muelle. *Constr como* ENTRE ~S *o* FUERA DE ~S. | *DMa* 29.3.70, 32: Mar rizada. Marejadilla fuera de puntas.

4 Protuberancia del asta del ciervo. | Halcón *Ir* 312: El guarda mayor del Coto Nacional de Prisca había hecho posible que el lord realizara su ambición de matar un ciervo de más de diecisiete puntas.

5 (*Taur*) Pitón. | DCañabate *SAbc* 16.2.69, 37: Lo intolerable es lo que sucede hoy. Los toritos sin puntas son solo y exclusivamente para los toreritos postineros.

6 Pers. o cosa que ocupa la parte más avanzada o vanguardista. *Frec* ~ DE LANZA. | *MOPU* 7/8.85, 184: He aquí una provincia cuya capital es, aunque en modesto grado, ejemplo y punta en cuanto a medidas de conservación y protección del medio ambiente. *Mad* 3.1.70, 3: Este amplio sector, punta de lanza quizá en lo ideológico de una parte cada vez más extensa de profesionales liberales, parece esperar el reconocimiento práctico de sus derechos.

7 Punto máximo [de velocidad]. | Lozano *Ya* 29.11.70, 40: Falta por ver si los velocísimos galgos de las dos cuadras punteras atacan con la misma punta de velocidad los metros finales.

8 Pequeña porción [de ganado]. | Neville *Vida* 370: Tenía un almacén de granos y también una punta de vacas. **b)** Cantidad muy pequeña [de algo]. | *Ama casa 1972* 212: Esta fórmula de canapés solo puede hacerse con un puré de tomate muy concentrado y muy condimentado a la vez. Añadirle una punta de pimienta de Cayena. Delibes *Año 102*: Umbral, como Ruano, sabe sacar algo de la nada, pero es que además ese algo va arropado inevitablemente de rango literario, gracia y una punta de intención. **c)** **~s y ribetes.** (*lit*) Algo. *Normalmente en la constr* TENER [alguien] SUS ~S Y RIBETES [de algo]. | CBaroja *Inquisidor* 12: Nadie piensa, por ejemplo, en la posibilidad .. de que un tirano, sanguinario e inculto, haya tenido sus puntas y ribetes de hombre de leyes.

9 Cantidad considerable [de perss. o cosas]. | Zunzunegui *Camino* 395: Son todos, todos una punta de cabrones. Torrente *DJuan* 202: Necesito una punta de doblones.

10 Sabor que tira a agrio. *Esp en el vino que se avinagra.* | * Este vino no está avinagrado, pero tiene una punta.

11 ~ de diamante. (*Arquit*) Pirámide de poca altura que como adorno se labra sobre una superficie plana, esp. de piedra. | Cela *Viaje andaluz* 115: El seminario de San Felipe Neri, con su fachada de puntas de diamante. **b)** Diamante pequeño que, engastado en una pieza de acero, se usa esp. para cortar el vidrio. | * Tiene una punta de diamante para cortar vidrio.

12 ~ de lanza. Forma aproximadamente triangular y puntiaguda. *Tb el objeto que tiene esa forma.* | Castillo *Polis* 253: El arco redondo de las puertas y ventanas lo fue [sustituido] por otros de punta de lanza u ojiva. Benet *Volverás* 60: En las primeras horas de la madrugada .. la columna avanzó en punta de lanza, apretando el paso a fin de alcanzar la vega con las luces matinales. Benet *Volverás* 97: La rodeaba por todas partes un pequeño jardín en estado salvaje .. limitado por una verja de puntas de lanza, casi todas descabezadas o desplomadas.

13 ~ seca. (*Arte*) Aguja con que se graban los trazos finos sobre el cobre. *Tb este procedimiento de grabado, y el grabado obtenido con él.* | Onieva *Prado* 37: La última ilusión de Pontormo fue por Alberto Durero, maestro del dibujo apretado y firme, como trazado por una punta seca. S. Gasch *Des* 12.9.70, 40: Su habilidad realmente prodigiosa le ha permitido sobresalir en las principales modalidades del grabado: boj, aguafuerte, punta seca.

II *adj invar* **14** [Velocidad] máxima. | *ByN* 31.12.66, 98: El motor, de 4,2 litros y seis cilindros, .. alcanza una velocidad punta de 192 km./h.

15 [Hora o momento] de máxima intensidad de trabajo o de movimiento. *Frec referido a tráfico. Se opone a* VALLE. | *Alc* 31.10.62, 7: Aparece una carta de don Antonio Suárez relativa a la falta de taxis a las horas "punta" en la Puerta del Sol. Tamames *Economía* 293: Ha experimentado [el tráfico charter] en Europa un importante desarrollo en los últimos años, debido a la insuficiencia de los servicios regulares en los momentos punta de vacaciones. J. GRangel *Ya* 1.2.91, 5: Los viernes, día considerado "punta", son los de mayor demanda de coches sin conductor.

16 [Cesta] ~ → CESTAPUNTA.

17 (de) ~. Puntero o que está en cabeza. | JLozano *País* 8.8.78, 7: Entonces el catolicismo francés era el catolicismo de punta que hacía temblar el sosiego de las oficinas vaticanas. Torres *Ceguera* 220: Los mensajes telefónicos desde el coche son importantes también a la serie las tecnologías de punta. *SPaís* 16.4.89, 309 (A): El blindaje resulta en general muy elevado de precio. La tecnología punta empleada es cara.

18 de ~. [Sierra u otro utensilio] que termina en punta [1b] aguda. | *Hacerlo* 25: La sierra de punta tiene una hoja mucho menor que el serrucho.

19 de (o en) ~s. (*Taur*) [Toro] que se lidia sin tener serradas o emboladas las astas. | M. Lozano *Agromán* 17: Es lástima que algunos de los buenos rejoneadores existen-

tes .. no se decidan a torear toros en puntas, .. con lo que el rejoneo adquiría mayor importancia, que a nuestro juicio pierde en cuanto el toro tiene serrados o embolados los pitones.
20 de (*o en*) **~s.** (*Danza*) [Baile] que se realiza sobre las puntas [1a] de los pies. *Tb adv.* | *SPaís* 26.6.83, 6: Clases de ballet clásico, puntas, variaciones, paso a dos.
III *loc v* **21 sacar ~** [a algo o de algo]. (*col*) Inferir [de ello], a veces forzadamente, consecuencias o conclusiones que no eran evidentes. | FReguera-March *Caída* 135: También eso es una exageración. Se le saca punta a todo. Hasta al viaje que se ha anunciado de don Alfonso a Londres se le quiere dar una torcida interpretación. Delibes *Año* 56: Estos hombres sacan punta de todo. Hay que ver el libro de Anthony Lamb. ¡Qué tío! En diez renglones de "El camino" ha encontrado dilogías, metonimias y sinécdoques para llenar un camión. **b) sacar ~** [a alguien]. (*col*) Criticar[le] o comentar sus defectos. | CBonald *Dos días* 282: –¿Cómo están estas parlanchinas? –preguntó. –¿Qué hay, papá? –Pues aquí sacándole punta a la gente.
22 tener [una cosa] **en la ~ de la lengua.** (*col*) Estar a punto de decir[la]. | CPuche *Paralelo* 407: –Y dice uno: "Coño, con lo fácil que es..." –Claro, y dice uno: "Pero si esto lo tuve yo en la punta de la lengua". **b)** Estar a punto de recordar[la]. | Cela *Mazurca* 68: Su mujer (por más esfuerzos que hago no consigo recordar cómo se llamaba, lo tengo en la punta de la lengua pero no me acuerdo) se le escapó.
23 tener [algo] **en la ~ de los dedos.** (*col*) Dominar[lo] o conocer[lo] a fondo. | SSolís *Camino* 10: A doña Purina Gutiérrez se le notaba mucho que .. procedía .. de la rancia Ciudad Rodrigo, cuyos linajes, escudos y blasones se tenía en la punta de los dedos.
24 tocar [a alguien] **la ~ de un pelo** (*o* **de un cabello**). (*col*) Hacer[le] la más mínima agresión. | * –¿Le habéis pegado? –No le hemos tocado la punta de un pelo.
IV *loc adv* **25 a ~ de capote** (*o* **con la ~ del capote**). (*Taur*) Cogiendo la capa de una punta [1a] y ofreciendo la otra al toro. *Tb fig fuera del ámbito técn, ponderando habilidad o destreza.* | CSotelo *Muchachita* 300: Lo de las concesiones, que nos trae a mal traer y que es la base de la comida de hoy, ¿crees que tu tía Úrsula lo llevaría también con la punta de capote, como quien no quiere la cosa?
26 a ~ de gas. (*Mec*) Pisando levemente el acelerador. | R. Escamilla *Sáb* 26.10.74, 75: En esas carreteras llanas no es necesario pisar a fondo. El coche va mejor a punta de gas.
27 a ~ de lanza. (*lit*) Con todo rigor. *Gralm con el v* LLEVAR. | Delibes *Siestas* 69: En la oficina llevan todo eso de los retrasos a punta de lanza.
28 a ~ (de) pala. (*col*) En gran cantidad. *Con intención ponderativa.* | Delibes *Voto* 130: Pues abrevia, coño, va a caer agua a punta de pala.
29 de ~. En posición más o menos vertical. *Esp referido a pelo* (→ PELO). | * Me he levantado con el flequillo de punta.
30 de ~. (*col*) En situación de excitación. *Referido a nervios* (→ NERVIO). | Marsé *Tardes* 136: –Lleva tres noches sin dormir y con los nervios de punta .. –¡Ay, mamá, déjame, estoy bien!
31 de ~. (*col*) En actitud tirante u hostil. | Kurtz *Lado* 50: Desde entonces todos están de punta, doctor. La vida se ha vuelto imposible para mí en la Residencia actual. SSolís *Camino* 32: Entre doña Purina y su hermano y cuñada surgieron rencillas quisquillosas que, por varios años, los mantuvieron de punta.
32 de ~ a ~, *o* **de ~ a cabo**. Desde el principio hasta el fin, o desde un extremo hasta el otro. *Tb fig.* | A. LPeña *HLM* 26.10.70, 29: Nos ahorraría decir más sobre un partido que fue de punta a punta de absoluta superioridad. MGaite *Ritmo* 118: Crucé Madrid de punta a cabo, sin mirar la hora en ningún reloj. CPuche *Paralelo* 214: –Yo lo que pasa es que tengo más experiencia. –¿Más experiencia que yo? –De la amarga, sí. –En eso te equivocas tú a punta en punta.
33 de ~ en blanco. En el mayor esmero en el vestir. *Gralm con vs como* IR, PONER *o* VESTIR. *Tb adj.* | Arce *Precio* 162: Echó un vistazo a mi indumentaria. –Vas de punta en blanco. Laiglesia *Tachado* 64: También Cirilo II se había puesto de punta en blanco. **b)** (*hist*) Con todas las piezas de la armadura. *Gralm con el v* ARMAR. | A. Maciá *VozC* 6.1.55, 4: Ir de punta en blanco .. era llevar alpargatas, cota de malla, .. canilleras, gre[b]as, musequíes.

34 en ~. (*Fút*) En posición de ataque. | Miró *As* 14.12.70, 7: Hernández, ex atlético y único hombre en punta, estaba tomando un refresco.
35 en ~. (*Mar*) En posición perpendicular al muelle. *Referido al modo de estar amarrado un barco.* | Torrente *Isla* 12: Quiere decir ["abarloado"], más o menos, que dos barcos, atracados en punta, tienen vecinas las panzas de los costados.
36 hasta la ~ de los pelos. (*col*) En estado de sumo fastidio o cansancio. *Normalmente en las constrs* ESTAR [de alguien o algo] HASTA LA ~ DE LOS PELOS, *o* TENER [alguien o algo a alguien] HASTA LA ~ DE LOS PELOS. | * Estoy de ese niño hasta la punta de los pelos.
37 por la otra ~. (*col*) *Se usa para negar enfáticamente lo que se acaba de decir.* | SFerlosio *Jarama* 148: –La gente esta, los alemanes quiero decir, tienen que ser muy trabajadores, todos ellos .. –Ya; ¡parecido a nosotros!... –Desde luego; por la otra punta.
V *loc prep* **38 a ~ de.** Mediante el uso de. *Seguido de un n sin art, que designa arma o, fig, cualquier instrumento.* | Goytisolo *Recuento* 206: Les hicieron salir de uno en uno, a punta de pistola, y les fueron metiendo en furgonetas. Cela *Judíos* 287: En Lanzahíta, el vagabundo leyó los hermosos signos de las dádivas, puestos a punta de navaja .. sobre las tapias. Torrente *DJuan* 101: Las tres o cuatro [mujeres] que de veras conquisté lo fueron a punta de dialéctica impecable.

puntada I *f* **1** Acción de meter y sacar la aguja, u otro instrumento semejante, con el hilo, en la materia que se cose. *Tb la porción de hilo que queda visible como resultado de esta acción. Frec con el v* DAR. | Ferres-LSalinas *Hurdes* 103: –¿Me tendrás el vestido para la fiesta? –pregunta la moza. –Tengo que dar muchas puntás hasta la fiesta –dice la modista. *Lab* 2.70, 28: Las servilletas se filetearán con un pequeño dobladillo y, sobre este, unas puntadas en azul.
2 (*col*) Alusión hecha como al descuido en la conversación. *Frec en la forma* PUNTADITA *y con vs como* TIRAR *o* SOLTAR. | Diosdado *Olvida* 18: Está acostumbrado a Tony y a sus puntadas, y no suele darle más importancia que a las gracias de un "clown", pero en ese momento está poco dispuesto a aguantarle. Delibes *Cinco horas* 258: Y déjate de puntaditas .., enredador, que siempre disfrutaste buscando las vueltas al prójimo. Berenguer *Mundo* 190: En seguida, los colonos le soltaron una puntada a Pablo. Pero todo quedó en puntada.
II *loc adv* **3 sin perder ~.** (*col*) Sin distraerse lo más mínimo o con toda atención. | CBonald *Dos días* 234: En el angosto local había poca gente: tres hombres apoyados en la barra y una pareja sentada al fondo, desayunándose sin perder puntada con churros y café con leche.

puntal *m* **1** Madero hincado en firme con que se sostiene un edificio, o parte de él, que amenaza ruina. | *Inf* 20.7.77, 19: Es frecuente que los apuntalamientos se produzcan en calles estrechas, tanto en sus aceras como en sus calzadas, y el asentamiento de los puntales invada una superficie de calzada que reduce a límites mínimos el espacio de que disfruta la circulación rodada.
2 Madero o soporte vertical que sirve de apoyo. | CBonald *Ágata* 42: Oyó .. una sucesión de crujidos, mezclados aún dentro del sueño con la difusa imagen de la comadreja persiguiendo a la rata, o del camaleón trepando por los puntales del chamizo. *Cádiz* 109: Se ha construido un muelle de hormigón sobre puntales.
3 Pers. o cosa que es el principal apoyo o sostén [de alguien o algo]. *A veces en aposición.* | *SInf* 23.3.70, 8: Natación .. Aurora Chamorro, puntal del Pueblo Nuevo, sufrió en la primera jornada una indisposición. *Pue* 30.1.67, 23: Baja producida .. por lesión .. de algunos de sus jugadores puntales. Halcón *Ir* 258: Contrajo nupcias nuevas con la hija de un marqués, puntal de la sociedad sevillana.
4 Pequeño saliente costero en forma de punta. | SFerlosio *Jarama* 27: Tan solo a la derecha tenía un poco de agua todavía: un brazo muerto, que separaba de tierra el puntal de la isla, formando una península puntiaguda.
5 (*Mar*) Altura medida en el centro de la eslora de un buque, desde la quilla hasta las diversas cubiertas. | *SYa* 11.7.93, IV: Sus medidas [del yate] son 46,65 metros de eslora, 7,70 metros de manga y un puntal de 3,86 metros.

puntapié I *m* **1** Golpe dado con la punta del pie. *Tb fig.* | Laiglesia *Tachado* 39: Las sospechas me llevan a supo-

ner que este discípulo .. fue expulsado del territorio español de un tremendo puntapié. CNavarro *Perros* 211: Al crítico le interesaba el idioma, excepto cuando uno de sus protegidos daba un puntapié a la gramática o al diccionario.
II *loc adv* **2 a ~s.** (*col*) Con desconsideración o de malos modos. *Gralm con vs como* ECHAR O TRATAR. | Laiglesia *Tachado* 7: Se empieza en la vida creyendo en el reinado de los Reyes Magos y se acaba destronando a puntapiés a los reyes de verdad.

puntaumbreño -ña *adj* De Punta Umbría (Huelva). *Tb n, referido a pers.* | *Odi* 21.7.64, 13: Demostrarían con ello su espíritu de ciudadanía y su hospitalidad y agradecimiento a los veraneantes que nos honran anualmente formando parte de la colonia puntaumbreña.

puntazo *m* **1** Herida hecha con la punta de un arma blanca u otro instrumento punzante. | DCañabate *Paseíllo* 94: –¿Queréis que lo mate? –¡Tanto como eso!... Un puntacito en mitad del corazón no le vendría mal del todo. Delibes *Año* 52: Un espontáneo, ante un puntazo atornillado, chilló ..: "¡No le pinches más, que, si no, mañana no hay quien le coma!".
2 (*Taur*) Herida poco profunda causada por la punta del cuerno. | *Inf* 16.5.75, 1: Los facultativos apreciaron a Morenita de Quindío contusión en la columna dorsal a nivel de la novena vértebra, puntazos en los muslos y contusiones.

punteado[1] -da *adj* **1** *part* → PUNTEAR[1].
2 Que tiene puntos [1]. | Navarro *Biología* 105: Las membranas que forman los vasos leñosos presentan espesamientos de lignina con dibujos muy variados (vasos anillados, espirilados, punteados, etc.).
3 [Forma de tocar un instrumento de cuerda] que se realiza hiriendo cada cuerda con un dedo. | T. Rabanal *Hoy Extra* 12.69, 62: No le faltó ese instrumento de lenguaje mundial que es la guitarra clásica, tañida por Carmelo Martínez .. con una digitación punteada digna de cualquiera de aquellos vihuelistas del Renacimiento.

punteado[2] *m* **1** Conjunto de puntos [1]. | F. Martino *Ya* 12.12.75, 38: La piel, más o menos roja, presenta un punteado que recuerda a la carne de gallina.
2 (*Encuad*) Decoración de dibujos pintados o grabados con puntos [1]. | MSousa *Libro* 115: Este estilo [de encuadernación] fue utilizado también en España en la segunda mitad del siglo XVII y la primera del XVIII. El punteado, aplicado también a la encuadernación estilo *fanfare*, modifica su aspecto.

punteador -ra *adj* Que puntea[1] [1]. *Tb n, m y f, referido a pers y a máquina o aparato.* | *Abc* 4.5.74, 77: Sigma .. precisa. 1 Planeador, Oficial 1ª para trabajar a relevos. 1 Punteador, Oficial 1ª. *Van* 20.12.70, 87: Fresador para trabajos de precisión en fresadora-punteadora lo precisa importante Empresa Metalúrgica.

puntear[1] A *tr* **1** Hacer puntos [1] [en algo (*cd*)]. *Tb fig.* | GMorell *Abc* 1.6.58, 31: Al frente de esta empresa de puntear el mapa andaluz con los doscientos treinta botones de otros tantos puntos de encuesta, está la figura del profesor Manuel Alvar. *Lab* 9.70, 23: El remate romántico de las bellotas azules punteando un borde de ondas a ganchillo se inserta perfectamente en una decoración moderna. MMolina *Invierno* 113: Dobló una curva y vio la alta sombra de una montaña punteada de luces. GHortelano *Tormenta* 79: El silencio estaba punteado de pequeños choques, de rumores indistintos, de una especie de vacío lejano. **b)** Marcar [algo] con puntos [1]. | FQuintana-Velarde *Política* 137: Si punteamos las provincias con coeficiente de industrialización situad[o] entre 35 y 50, señalaremos las zonas de incipiente actividad industrial.
2 Comprobar [las partidas o datos de una cuenta o relación], gralm. marcando con un punto cada comprobación. | Delibes *Voto* 18: Ante cada asiento había unas largas relaciones de nombres y direcciones meticulosamente punteadas. E. G. SMontero *Ya* 22.11.86, 4: Vuelven a teclear absortos en el cursor que les parpadea, .. que les señala con implacable precisión el importe de la última factura facturada, del último débito debitado o del último sumando sumado, arrastrado, punteado, validado y almacenado en el misterioso y inabarcable almacén de su PC.
3 Tocar [un instrumento de cuerda] hiriendo cada cuerda con un dedo. *Tb abs.* | Cossío *Confesiones* 68: En torno de una mesa bebían unos hombres, y uno de ellos punteaba una guitarra.
B *intr* **4** Mostrarse [una cosa] en forma de punto. | Aldecoa *Gran Sol* 62: Punteaban al norte las estrellas postreras. Lera *Boda* 593: Había palidecido y le punteaba en las pupilas un inquieto brillo de angustia y de zozobra.

puntear[2] *tr* (*Taur*) Cornear rápida y ligeramente. *Frec abs.* | C. Rojas *Inf* 16.5.74, 28: Su primero punteaba la muleta, pero metía la cara y tenía recorrido en la embestida. J. Urrutia *SMad* 19.10.70, 9: Primero: "Guitarra", negro zaíno, bien encornado, escaso de fuerza y que se vence y puntea por el derecho.

punteo *m* Acción de puntear[1] [3]. | J. Lorente *VNu* 26.3.77, 44: Más de 3.000 chicos y chicas .. guardaban un expectante silencio. Se oía el punteo de una guitarra.

punterazo *m* Golpe dado con la punta del pie. | Hoyo *Pequeñuelo* 72: Sus ojos se iban .. tras de los chicos que veía por la calle .. soltando punterazos a cualquier cosa.

puntería *f* **1** Destreza del tirador para dar en el blanco. *Tb fig.* | Alfonso *España* 132: Ni siquiera educan la puntería de un futuro cazador. Laforet *Mujer* 312: Apuntó cuidadosamente y disparó el trocito de pan con buena puntería a uno de los ojos de don Jacinto.
2 Acción de apuntar con un arma o un telescopio a un objetivo. | *Anuario Observatorio* 1967 209: Se enfilará con el anteojo la Polar dos veces seguidas y, juntamente con la hora, minuto y hasta segundo en que se efectuaron las punterías, se anotarán las lecturas hechas en el círculo horizontal del instrumento.

puntero -ra I *adj* **1** Que va en cabeza. *Frec en deportes. Frec fig.* | E. Gorgojo *As* 30.12.70, 20: Luchar con amplias posibilidades frente a los equipos punteros del hockey catalán, español. Lera *Clarines* 467: Al año que viene, novillero puntero. Delibes *Mundos* 158: El comercio sigue constituyendo uno de los factores punteros de su economía. Torres *Ceguera* 186: Una imagen de país puntero hiperactivo.
II *n* **A** *m* **2** Palo largo terminado en punta que sirve para señalar, esp. en una clase. | Chamorro *Sin raíces* 50: El maestro pasaba la bola con el puntero y los alumnos contaban el número a grito pelado.
3 Cincel de boca puntiaguda y cabeza plana usado por los canteros para labrar piedras muy duras. | F. PMarqués *Hoy* 27.8.75, 13: Familias con una honda tradición de canteros continúan en el tajo, y firmas venidas de fuera .. entonan a diario el duro trabajo de la maceta y el puntero en la pedrera, en el bloque, en el tablero.
4 Tubo de la gaita gallega o asturiana que sirve para dar las notas. | Peyroux *NEs* 10.8.79, 11: Entralgo .. Los próximos sábado y domingo todo el valle será una gran fiesta de hermandad, donde no faltarán las alegres notas del puntero y del roncón de Fuxó, "gaitero mayor de Teverga".
B *f* **5** *En el calzado o en la media o calcetín*: Parte que cubre la punta del pie. | CNavarro *Perros* 52: Tropezó en la alfombra y se detuvo a arreglarla con la puntera del zapato. *Ya* 5.12.73, 19: Cálidos y prácticos calcetines sport de Orlón .. En canalé, talón y puntera remallados.
6 Pieza que cubre la punta o extremo de algo. | *Ya* 8.5.75, 60: Sofá-cama "Concorde" .. Punteras plásticas en las patas. *País* 19.7.92, 25: Horquilla: Super-oversize, con punteras forjadas. [*En una bicicleta*.]

puntiagudo -da *adj* Que termina en punta aguda. | Bustinza-Mascaró *Ciencias* 181: En la parte anterior de la cabeza [del lagarto] está la boca, provista de numerosos dientecillos puntiagudos.

punticular *adj* (*Med*) [Fiebre] maligna con manchas. | RPeña *Hospitales* 139: Este doctor Quirós bien pudo ser el médico placentino con el que Luis de Toro mantuvo su conversación sobre la fiebre punticular en el huerto de don Fabián.

puntiforme *adj* (*E*) Que tiene forma de punto [1]. | Alvarado *Anatomía* 152: Bacterias puntiformes (m), llamadas micrococos.

puntilla I *f* **1** Encaje de hilo en forma de puntas u ondas que se pone como remate de adorno de una prenda. | Medio *Bibiana* 13: Bibiana Prats se pone su camisón de

puntillado – punto   3748

percal rosa, adornado con una puntilla blanca, bastante aparente.
2 Puñal corto para rematar las reses, esp. en las corridas de toros. *Frec en la constr* DAR LA ~. | DCañabate *SAbc* 16.2.69, 36: Mira las puntas de los pitones, sin puntilla han caído. **b) la ~**. (*col*) El remate, o lo que termina de estropearlo todo. | ZVicente *Traque* 111: El colmo fue cuando le preguntó al hombre que bajaba detrás de ella si me conocía .. Aquello fue la puntilla.
II *loc v* **3 dar la ~** [a alguien o algo]. (*col*) Terminar de destruir[lo]. | Delibes *Mundos* 116: En otro lugar ya mencioné la despreocupación chilena para manejar el crédito y su desprecio por el ahorro. La inflación ha exacerbado aquel y ha dado a este la puntilla.
III *loc adv* **4 de** (*raro*, **en**) **~s**. Sobre la punta de los pies, sin apoyar los talones. *Tb fig, denotando cuidado de no hacer ruido*. | CNavarro *Perros* 53: El hombre se puso de puntillas, como si hubiera de mirar por encima de una valla. Torrente *Pascua* 370: Abrió la puerta, salió, cerró sin ruido .. En puntillas, se acercó al pozo. Olmo *Golfos* 192: Un vientecillo triste pasa leve, como de puntillas.

puntillado *m* (*Arte*) Procedimiento de dibujo o grabado por medio de puntos [1]. | Pericot-Maluquer *Humanidad* 74: Algunas de estas pinturas de Covalanas muestran la técnica del puntillado y pueden fecharse en el Solutrense o el Graveltiense.

puntillar *tr* Puntear o marcar con puntos [1]. | Marcos-Martínez *Aritmética* 2° 120: Sobre el fondo puntillado de la parte superior de estos efectos se consigna la cantidad en cifras, y sobre el del medio, en letras.

puntillazo *m* Golpe de puntilla [2]. *Frec fig.* | * El toro murió al primer puntillazo, J. Díez *Ya* 6.9.83, 31: Los puntillazos de Schuster. El inefable Bernd Schuster aportó su granito de arena a la polémica al manifestar al regreso: "No sé lo que bebió Pes Pérez en el descanso". *Abc* 11.5.91, 15: Puntillazo a cualquier esperanza competitiva de todo el sector industrial español.

puntillero *m* Hombre que tiene por oficio dar la puntilla [2a] a las reses. | DCañabate *Abc* 23.8.66, 54: Pie a tierra, breves pases y media estocada de la que tarda en doblar el novillo, al que levanta dos veces el puntillero. Arce *Testamento* 74: El chon gruñía, y yo siempre me distanciaba un poco .. cuando el puntillero .. le hacía chillar escandalosamente.

puntillismo *m* (*Pint*) Procedimiento, propio de los neoimpresionistas de finales del s. XIX, caracterizado por la descomposición de los tonos en pequeñas pinceladas o puntos. *Tb la escuela correspondiente. Tb* (*lit*) *fig, fuera del ámbito técn*. | GNuño *Arte* 425: Su técnica [de Regoyos] es la de la impresión, primero meticulosa, luego más difusa, alguna vez con puntillismo a lo Seurat. Tejedor *Arte* 227: La pintura también sigue los más diferentes rumbos: el estructuralismo de Cézanne, .. el puntillismo o neoimpresionismo. VMontalbán *Galíndez* 340: Contempla hipnotizado el puntillismo del lucerío de Brooklyn.

puntillista *adj* (*Pint*) De(l) puntillismo. | J. M. Gironés *Mun* 12.12.70, 14: Se hallan en la última donación una serie de lienzos de técnica puntillista y cubista. **b)** Adepto al puntillismo. *Tb n*. | R. Urgoiti *Abc* 19.3.58, 21: Los impresionistas y puntillistas de finales del XIX rompieron el callejón sin salida en que se encontraba confinada la pintura.

puntillo *m* **1** Dosis [de un sentimiento]. | Cuevas *Finca* 35: Gregorio había dicho la frase con un cierto inconsciente puntillo de crueldad. Cuevas *Finca* 97: Cuando .. hablaba de su hijo, decía con un cierto puntillo de orgullo: –Mi hijo está casado con una señorita.
2 Amor propio. *Tb* ~ DE HONOR. | VMontalbán *Mares* 121: –Cuando a uno le reconocen la categoría de funcionario ya no hay quien se la quite. Viva tranquilo. –A mí el dinero no me importa. Es por el puntillo. *Abc* 10.5.58, 35: Los escoceses tienen muy buenas cualidades, pero son picajosos, con mucho puntillo de honor, como los españoles.

puntillosamente *adv* De manera puntillosa. | Delibes *Madera* 331: Como de costumbre, callaba y cumplía puntillosamente con su deber.

puntillosidad *f* **1** Cualidad de puntilloso. | Lapesa *HLengua* 251: La puntillosidad de nuestros antepasados relegó el *tú* a la intimidad familiar. Berlanga *Pólvora* 10: Sabía falsificar un carné con puntillosidad de monja.
2 Hecho o dicho puntilloso. | Benet *Viaje* 124: Le podría llegar a parecer una improcedente ¿impertinencia?, ¿puntillosidad?, indagar la última razón que les moviera a trasladarse allí.

puntilloso -sa *adj* **1** [Pers.] que tiene amor propio susceptible. | CPuche *Paralelo* 65: –Yo les invito.– Nadie se esperaba aquello. A los españoles les pareció una chulería, y el más puntilloso dijo con cierto retintín: –Aquí estamos acostumbrados a que cada uno pague lo suyo. **b)** Propio de la pers. puntillosa. | L. Molla *Mun* 14.11.70, 41: Violencia verbal, un intento puntilloso por identificarse con los esquemas de la guerrilla.
2 Minucioso o escrupuloso. | Sopeña *Defensa* 52: Aquello en primer lugar no era Teología .., enredo complicadísimo de "casos", sistema puntilloso y puntillista montado sobre un mundo inexistente.

puntiseco -ca *adj* [Vegetal] seco por las puntas. | Delibes *Voto* 102: Víctor miraba en torno, los bancales escalonados hasta el río, los manzanos puntisecos.

puntista (*Dep*) **I** *m y f* **1** Jugador de pelota en la modalidad de cestapunta. | Eguía *CoE* 12.3.75, 40: El paro en Estados Unidos no afecta a nuestros puntistas.
II *adj* **2** De(l) juego de pelota en la variedad de cestapunta. | *Inf* 29.5.70, 28: Pelota .. El encuentro de hoy encierra suma importancia para ambas parejas a efectos clasificatorios del torneo puntista de primavera.

punto I *m* ➤ *a como simple n* **1** Señal o marca de dimensiones pequeñas, ordinariamente circular, perceptible en una superficie. | *MHi* 3.61, 40: El cubismo utiliza con frecuencia los valores autónomos del color y de la mancha o el punto.
2 Signo ortográfico, en forma de punto [1], con que se señala el final de una oración, o que indica que la letra o letras que preceden constituyen una abreviatura. | Arce *Testamento* 38: –Querida Ángeles. Punto –dictó de nuevo.
3 Extremo [de la pluma de escribir], que se apoya directamente sobre el papel. | *Abc* 7.3.58, 10: La pluma Parker 61 se llena limpiamente y es resistente a los derrames de tinta. Su exclusivo punto "Electroacabado" Parker proporciona escritura inmaculada y suave.
4 Agujero que forma parte de una serie destinada a graduar o ajustar la disposición [de una cosa]. | CNavarro *Perros* 46: Se subió los pantalones y aflojó el cinturón en un punto.
5 Punta de metal que sobresale, sola o formando pareja con otra, junto a la boca de un arma de fuego, y que sirve para hacer puntería. *Tb* ~ DE MIRA. | Berenguer *Mundo* 255: Ese venado llegó a granarse en la Zarza y muchas veces lo tuve luego en los puntos de la escopeta, no lo quise tirar. FReguera-March *Cuba* 519: El centinela le quitó el seguro al fusil .. y esperó cachazudamente, dirigiendo el punto de mira hacia el individuo que marchaba en cabeza.
6 (*Geom*) Porción mínima concebible del espacio. | Marcos-Martínez *Aritmética* 154: El punto no tiene ni longitud, ni anchura, ni altura; tiene solo posición.
7 Lugar preciso. | Vega *Cocina* 112: Consideré importante saber el punto de nacimiento de los corderos que llegan a Madrid. Ortega-Roig *País* 10: La orientación nos permite situarnos en el espacio mediante unos puntos fijos, que se llaman puntos cardinales y son: Norte, Sur, Este y Oeste. **b)** (*hoy raro*) Lugar señalado en la vía pública para el estacionamiento de taxis, u otros vehículos de alquiler, libres. | Arce *Precio* 44: La verdad es que yo debí seguir con el taxi .. Con un coche en el punto se es un tipo libre. APaz *Circulación* 19: Los sitios especialmente designados para los taxis y demás vehículos de alquiler privado se denominan "puntos" o "situados".
8 (*lit*) Instante o momento. *Tb* ~ Y HORA, *esp en la constr* DESDE AQUEL ~ Y HORA. | GPavón *Hermanas* 10: Sonrió un punto .. y salió por la portada. Ferres-LSalinas *Hurdes* 63: Las mujeres no se dan punto de descanso. Cunqueiro *Un hombre* 20: El rey mandó que desde aquel punto y hora solamente el señor Eustaquio pondría el título en los papeles reales. Berenguer *Mundo* 52: Antes ni aparecía por allí,

pero desde el punto y hora que yo volví del hospital, no perdía día.

9 Extremo o grado. *En frases de sent ponderativo, frec seguidas de una prop consecutiva con* QUE. | *Puericultura* 6: Hasta tal punto es importante este índice de mortalidad infantil que por él puede deducirse el estado de cultura y progreso de un pueblo. Torrente *Off-side* 522: La perspectiva de unas copas de aguardiente me reanima, hasta el punto de renunciar a las vistosas hetairas de los cafés de los ricos. Matute *Memoria* 15: Su aroma .. lo invadía todo, hasta el punto de que, tonta de mí, acerqué la nariz a las paredes por si se habían impregnado de aquel perfume.

10 Grado de desarrollo o elaboración. | *Cocina* 680: Dulce de melocotón .. A la media hora se retira del fuego y se prueba el punto que tiene. **b)** Grado perfecto de desarrollo o elaboración. *Gralm en la constr* EN SU ~. *Tb fig.* | *Cocina* 698: Esta mezcla se echa en un molde de bizcocho .. y se mete al horno moderado durante media hora. Ya en su punto, se saca del horno y se desmolda. DCañabate *Paseíllo* 39: Dejarla a la chica. La llantina está en su punto. Marsé *Tardes* 30: Había consentido en llevarla consigo a instancias del Sans, quien se la había recomendado asegurándole que la chica estaba en su punto. **c)** (*Coc*) Grado de consistencia. *Con un compl especificador:* DE NIEVE, DE CARAMELO, *etc*. (→ acep. 64b.) | Nebot *Golosinas* 14: Se baten las yemas de huevo de forma espumosa, las claras a punto de nieve. C. Cortés *SAbc* 1.2.70, 22: Se montan seis claras de huevo a punto de merengue con 100 gramos de azúcar.

11 (*Fís*) Grado de intensidad de una variable, esp. de la temperatura, en que se produce [un fenómeno (*compl* DE)]. | Marcos-Martínez *Física* 111: Hay cuerpos que al fundir empiezan por reblandecerse .. En estos resulta difícil, si no imposible, determinar el punto de fusión.

12 Unidad de valoración. *Se usa en calificaciones escolares, en concursos, en deportes y en juegos. Tb fig, fuera de estas circunstancias, en constrs como* PERDER ~S *o* GANAR ~S. | *Abc* 1.12.70, 63: El Sevilla [club de fútbol] de Max Merkel volvió a hacer sufrir a sus miles de seguidores, aunque al final, los puntos (y la alegría) quedaron en casa. *SLan* 16.1.79, 14: El púgil portorriqueño Wilfredo Benítez se ha proclamado nuevo campeón del mundo de los pesos welter, de boxeo, versión Consejo Mundial, al derrotar a los puntos al campeón, el americano Carlos Palomino. *SPaís* 15.3.92, 2: La línea de tres puntos está situada a 6,25 metros de la canasta. * He perdido muchos puntos para mí desde que le oí hablar. **b)** Unidad de valoración del derecho a subsidio o ayuda familiar de los trabajadores. *Frec en pl, designando la misma ayuda familiar.* | CPuche *Paralelo* 90: Vosotros, con una porquería de aumento de sueldo o dos puntos más, ya sois felices. CNavarro *Perros* 96: Un día .. todo será inútil. Inútil el subsidio de paro y el cobro de los puntos.

13 Medida de longitud equivalente a 6,6 mm, usada en zapatería. | *Impreso* 9.84: Calzado en existencia .. Con una numeración que va: En señora, del 30 al 45 .. Todos con medios puntos y en diferentes alturas de tacón.

14 (*Impr*) Unidad de medida equivalente a 0,375 mm. | Huarte *Tipografía* 53: La unidad de medida tipográfica es el punto .. Los cuerpos reciben su nombre del número de puntos que tienen, y así se habla de letra del cuerpo 10, del cuerpo 12, etcétera.

15 (*Naipes*) *En algunos juegos:* As de cada palo. | Corral *Cartas* 10: El valor de las cartas es el siguiente: .. As de espadas, siete del palo .., as de bastos, as del palo (denomínase punto).

16 Tema o cuestión. | *Mad* 3.1.70, 3: Los Acuerdos con Estados Unidos .. y el apoyo a la causa árabe han sido los principales puntos abordados en materia internacional. **b)** Aspecto parcial o particular. | Delibes *Mundos* 25: Buenos Aires ha levantado un aeropuerto gigante, de una capacidad exagerada. Aun dando por bueno el argumento de que el aéreo será el transporte del futuro, Buenos Aires en este punto hace el efecto de que se ha excedido. Cunqueiro *Un hombre* 155: Salí de la ciudad para prepararme para el crimen, para poder estudiar el asunto, atando todos los puntos, no fallase el golpe.

17 Tejido hecho con una sola hebra que va de un lado a otro de la pieza formando lazadas unidas con las de la vuelta anterior y la siguiente. *A veces* ~ DE MEDIA. *Frec en la loc adj* DE ~ *o en la constr* HACER ~. *A veces con un compl que especifica el modo en que se unen esas lazadas.* | *Lab* 2.70, 44:

Punto a todas horas. Umbral *Van* 20.1.77, 12: Hoy, las comadres no tienen que ir con la labor de punto a la plaza de las ejecuciones, como en la revolución francesa. Laforet *Mujer* 157: La mujer hacía punto de media. *Lab* 2.70, 4: Puntos empleados: Jersey: 1 p[unto] derecho, 1 v[uelta] rev[és]. **b)** *En una labor de punto:* Lazada. | *Lab* 2.70, 40: Para añadir puntos: Entrar con la aguja derecha en el primer punto de la aguja izquierda. **c)** *En una prenda de punto:* Rotura de una lazada. | *Ya* 19.9.75, 47: Coge puntos a las medias y hace jerseys a mano y a máquina.

18 Puntada con que se cose o borda. *Gralm con un compl especificador.* | *Economía* 187: Antes de guardarlos veremos si es necesario darles algún punto, plancharlos, limpiarlos, etc. *Lab* 10.76, 8: Sobre el fondo claro del edredón, dos flores de tonalidad distinta, bordadas a punto de cruz. *Lab* 2.70, 7: El bordado nos ofrece un perfil a punto de tallo y cordoncillo. **b)** (*Med*) Puntada. *Frec* ~ DE SUTURA. | *Caso* 21.11.70, 19: Tuvo que recibir más de setenta puntos de sutura .. Pronóstico grave.

19 (*col, raro*) Individuo o sujeto. | Aldecoa *Cuentos* 1, 113: Los suboficiales .. sumaban trienios y a veces se regocijaban con el punto pícaro de la escala de complemento, camarada de galón. Cela *Judíos* 296: El colega del vagabundo .. era un punto medio mulato. **b)** (*desp*) Individuo poco escrupuloso o del que no puede uno fiarse. *Frec* ~ FILIPINO. *A veces se usa con intención afectiva.* | Delibes *Parábola* 44: Menudo punto Amando, castrador de oficio o como quieras llamarlo. DCañabate *Andanzas* 185: "Ten mucho cuidado con Rafaelito, que es un punto filipino." .. ¿En qué se notará que es un punto filipino?

20 Pers. que toma parte en una partida de cartas o de dados. | Carnicer *Castilla* 120: Hay una mesa de tapete verde, y en ella le da al naipe una mujer gruesa .. A veces pone en mí su mirada ..; se lo agradezco mucho, porque los demás, los tres puntos que juegan con ella .., no parecen darse cuenta de que estoy allí. **b)** *En algunos juegos:* Jugador que apunta contra el banquero. | Torrente *DJuan* 236: –¿Me permite pedir carta?– El banquero me miró con sorna; los puntos sonrieron; los mirones rieron a carcajadas.

21 (*raro*) Pers. que frecuenta [un local público]. | DCañabate *Paseíllo* 113: Antes de cenar, Damián era punto fijo en una taberna de la calle de la Magdalena. DCañabate *Paseíllo* 40: Marquitos era un punto de baile, un bailón de reconocido prestigio en los pequeños antros que se titulaban enfáticamente "salones de baile".

22 (*jerg*) Prostitución. *En constrs como* ESTAR EN EL ~ *o* PONERSE AL ~. | Cela *SCamilo* 22: Tú tuviste amores con una criadita joven ..; después, cuando se decidió a cortar por lo sano y a ponerse al punto, el remedio fue la mierda.

▶ **b** *en locs n* **23 dos ~s.** Signo ortográfico constituido por dos puntos [2] dispuestos en vertical, con el cual se indica, en general, que lo que sigue es desarrollo lógico de la oración que precede. | Alonso *Lengua* 150: Los dos puntos indican pausa larga, y se diferencian del punto en que llevan siempre alguna aclaración a continuación de lo dicho.

24 los ~s de la pluma. (*lit*) La mente en el acto de redactar. *Frec en la constr* VENIRLE [algo a uno] A LOS ~S DE LA PLUMA. | Cela *Inf* 17.6.77, 20: Los precept[is]tas distinguen .. entre poema en prosa, cuento, relato, narración, novela breve y novela, quizá entre otras especies todavía cuyos nombres no me vienen ahora a los puntos de la pluma.

25 medio ~. (*Arquit*) Curva formada por un semicírculo. *Gralm en la loc adj* DE MEDIO ~, *referida a arco o bóveda.* | VParga *Santiago* 21: Van unas tribunas abovedadas con medios cañones y abiertas al interior de la nave central con ventanas formadas por arcos gemelos de medio punto bajo otro de la misma forma.

26 ~ cero. Punto de partida. *En sent fig.* | SFerlosio *Ensayos* 1, 134: De aquí la destrucción y la degradación moral que inevitablemente parecen suceder a toda guerra .., la vuelta a Caperucita y el lobo feroz, al punto cero de la experiencia moral: aquel en que el bueno y el malo aparecen absolutizados y encarnados como figuras ontológicas.

27 ~ de apoyo. Elemento en que se apoya algo. *Tb fig.* | Marcos-Martínez *Física* 49: Una barra de 7 metros se apoya por sus extremos en dos puntos M y N .. ¿Qué presión soportan cada uno de los puntos de apoyo?

28 ~ débil o **flaco.** Aspecto o parte más vulnerable [de alguien o algo]. | * Las matemáticas han sido siempre su punto flaco.

punto – punto

29 ~ de honor, *o* **de honra.** (*lit*) Pundonor. | Mercader-DOrtiz *HEspaña* 4, 244: Incluso casadas, el punto de honor del marido y el horror a los matrimonios desiguales .. podían conducir .. a verdaderas aberraciones. DCañabate *Andanzas* 143: Esta honradez, en los toros, se califica de pundonor, y este punto de honra se reflejaba en lo recio y enjundioso de su toreo.
30 ~ de partida. Lugar del que se parte. *Frec fig, referido a acciones o razonamientos.* | Alcina-Blecua *Gramática* 69: La clasificación de Sánchez de las Brozas se basa en criterios morfológicos, frente a Villalón, que lo hace con un punto de partida semántico.
31 ~ de referencia. Pers. o cosa que se toma como elemento de contraste o confirmación de algo. | E. Pablo *Abc* 20.8.65, 18: Los almiares en los ejidos son el único punto de referencia de que la recolección ha concluido.
32 ~ de (la) vista. Punto [6] en que el rayo principal corta el plano óptico y al cual parecen concurrir todas las líneas perpendiculares al mismo plano. | Angulo *Arte* 1, 17: Según ella [la perspectiva lineal], las líneas paralelas que se alejan en el sentido de la profundidad se aproximan cada vez más hasta converger en un punto, que es el de la vista o el de vista, y está situado en la línea del horizonte. **b)** **~ de vista.** Forma de considerar las cosas. | PAyala *Abc* 19.6.58, 3: Desde luego objecionable a la sazón desde el punto de vista religioso y ético. **c)** Opinión. | J. F. Puch *Inf* 31.12.71, 16: Los administrados, para manifestar sus opiniones y puntos de vista sin recurrir a intermediarios.
33 ~ fijo. (*Fís*) Temperatura de las varias que se producen invariablemente en ciertos fenómenos. | Catalá *Física* 239: Se recurre ordinariamente a otros termómetros, previamente calibrados, de modo que sus indicaciones coincidan con las dadas por un termómetro de gas para las diversas temperaturas correspondientes a distintos puntos fijos.
34 ~ filipino. → acep. 19.
35 ~ final. Punto [2] con que se termina un escrito o una parte importante de un texto. | Academia *Esbozo* 148: Punto final es el que acaba un escrito o una división importante del texto (parte, capítulo, etc.). **b)** Término o fin [de algo]. (→ acep. 55.) | * Con esto llegamos al punto final del asunto.
36 ~ G. Parte de la vagina en que la excitación sexual femenina es especialmente intensa. | *Anticonceptivo* 15: Vagina .. En la parte anterior está el área de Grafenberg –el famoso punto G–, que proporciona un gran nivel de excitación a la mujer. J. Berlanga *Abc* 4.7.87, 105: Su hijo va feliz con su BMW .. No hay nada mejor que ese cosquilleante run[r]ún que me pone las gónadas a tono y a las niñas les calienta el punto G hasta convertirlas en Mesalinas con playeras.
37 ~ muerto. *En un motor:* Posición de los engranajes de la caja de cambios en que el movimiento del árbol del motor no se transmite al mecanismo que actúa sobre las ruedas. | APaz *Circulación* 263: También [el cambio] permite girar el motor, aunque esté embragado, sin que se transmita el movimiento a la rueda propulsora; esta posición del cambio se llama punto muerto. **b)** *En un negocio o en un trabajo:* Situación en que no se produce ningún avance. | *País* 24.3.77, 43: Cuando se cumple el octavo día de huelga, el conflicto de la cadena de supermercados Aurrerá ha entrado en punto muerto. **c)** (*Geol*) Lugar de la desembocadura de un río en que se equilibran las fuerzas de las aguas de este y del mar. | Alvarado *Geología* 102: Las desembocaduras de los ríos son el asiento de formaciones costeras que intervienen el río y el mar .. Los sedimentos se depositan en el punto en que esas dos fuerzas se equilibran (punto muerto).
38 ~ negro. Lugar de una carretera en que se producen numerosos accidentes mortales. | *D16* 14.12.76, 15: Puente de Vallecas. Punto negro en el "túnel de la muerte". **b)** Pers. que se destaca desfavorablemente [en una colectividad (*compl de posesión*)]. | Cuevas *Finca* 217: Matías había sido, durante muchos años, el punto negro del pueblo. *Reg* 24.11.70, 7: Es .. un caldo de cultivo apropiado, por medio del cual se descubren ciertos "puntos negros" del elemento social humano: los gamberros.
39 ~ rubí. (*Med*) Pequeño angioma debido a una dilatación arterial. | Corbella *Salud* 455: Deben distinguirse diversos tipos: el angioma tuberoso ..; el angioma plano ..; el punto rubí, pequeño angioma que aparece sobre todo en la madurez de la vida.

40 ~s suspensivos. Signo ortográfico constituido por tres puntos [2] seguidos, con el cual se representa una interrupción o suspensión en el enunciado. | Academia *Esbozo* 149: Cuando conviene al escritor dejar la oración incompleta y el sentido suspenso, lo denota con los puntos suspensivos.
41 ~ triple. (*Fís*) Intersección de las curvas de fusión, vaporización y sublimación de un cuerpo puro, que indica a qué valor de esas magnitudes se hallan en equilibrio las fases sólida, líquida y gaseosa. | Catalá *Física* 317: La temperatura del punto triple para cualquier sustancia es muy próxima a la de fusión normal.
42 ~ y aparte. Punto [2] con que se termina un párrafo. | ZVicente *Traque* 84: No pone usted un punto y aparte ni por chiripa, ¿eh? **b)** Pers. o cosa que merece especial consideración. | Lera *Clarines* 386: ¡Ojo con la Fina! Esa es punto y aparte, ¿eh? Ridruejo *Memorias* 31: Los domingos eran punto y aparte: Días de tibieza afectiva con las tardes tristes.
43 ~ y coma. Signo ortográfico constituido por una coma con un punto [2] encima, con el cual se indica separación entre dos oraciones coordinadas, esp. de sentido adversativo, o bien pausa mayor que la de coma, en el interior de una oración. | Delibes *Año* 91: Ya empleó en uno de sus poemas la puntuación literal (coma, punto, punto y coma).
44 ~ y seguido (*o, más raro,* **~ seguido**). Punto [2] a continuación del cual sigue el mismo párrafo. | Academia *Esbozo* 148: En la escritura, se le llama punto y seguido (o punto seguido), cuando el texto continúa inmediatamente después del punto en el mismo renglón, o en el siguiente sin blanco inicial.

II *loc adj* **45 al** (*o* **de**) **~.** (*jerg*) [Mujer] que ejerce la prostitución. | Cela *Abc* 12.12.80, sn: Picasso tenía veinticinco años cuando pintó en París *Les demoiselles d'Avignon*, que son las señoritas al punto de la calle de Aviñó en Barcelona.
46 de (*o* **al**) **~.** (*hoy raro*) [Coche] de alquiler, que suele situarse en un punto [7b]. | Salom *Baúl* 109: Mozo. Ponga las maletas en aquel coche al punto. [*Un landó*.] Benet *Aire* 83: Su hijo mayor tenía un coche al punto en Región.
47 en su ~. [Cosa] acertada u oportuna. | Delibes *Año* 194: Me indignó el despiadado ataque televisivo de Emilio Romero contra don Marcelo, arzobispo de Barcelona, por su pastoral sobre el 1 de mayo, documento ponderado y muy en su punto.

III *loc v y fórm or* **48 calzar muchos ~s.** (*col*) Ser muy inteligente. *A veces en lugar de* MUCHOS *se usa otro cuantitativo.* (→ acep. 58.) | LTena *Luz* 63: Tu padre, que calzaba muchos puntos .. Algún día te contaré cosas de tu padre. Era un tío colosal. Zunzunegui *Camino* 225: El primer día le hizo un dictado a ver qué puntos calzaba. FReguera-March *Dictadura* 1, 461: No sé por qué me parecía que el Madrilés calzaba más puntos que todos nosotros. GPavón *Reinado* 125: –Lo veo colaborando con la "Interpol" .. –Yo no calzo tantos puntos.
49 coger el ~ [a algo]. (*col*) Acertar con las condiciones óptimas [para ello]. | * Ya le he cogido el punto al microondas. J. Carvallo *SD16* 12.3.89, 32: Cuenta a voces que "la música «house» hay que escucharla a todo volumen para cogerle el punto".
50 hacer ~. Suspender lo que se está haciendo. | GPavón *Reinado* 48: Entraron dos mujerucas hablando también del muerto, y la Rocío hizo punto.
51 ni ~ de comparación. *Fórmula con que se pondera lo incomparable de una pers o cosa. Tb* (*raro*) NI ~. | Berlanga *Gaznápira* 92: Por san Pedro eran la comidilla de todo Monchel (aunque ni punto de comparación con las habladurías que retoñarían a raíz de la desgraciada noche de bodas). Berlanga *Gaznápira* 20: ¿Será el mar tan enorme como la Balsa Grande, la Balsa Pequeña, los Charcos, las Acequias y el Cañuelo, todos juntos? Dice que "¡ni punto; qué sé yo, ya verás!".
52 poner [una cosa] **en su ~.** Exponer[la] o juzgar[la] con justeza. | * Antes de tomar una decisión, vamos a poner las cosas en su punto.
53 poner los ~s [a una pers.]. (*col*) Tratar de conquistar[la] en el terreno amoroso. *Tb fig.* | Zunzunegui *Camino* 22: El criado que era joven y presumía empezó enseguida a ponerla los puntos. Medio *Bibiana* 35: José Prats es estupendo. Pero, chica, no nos toca. A ese le ha puesto los puntos la mosquita muerta. **b)** **poner los ~s** [a una cosa]. (*col*) Poner la mira [en ella] o tratar de conseguir[la]. | CBonald *Dos días* 68: A Ayuso le hacía falta una mujer para que le

echara una mano en el negocio. Ya le tenía puestos los puntos al traspaso de una tienda de vinos y ultramarinos que no tardó en caer.
54 poner los ~s sobre las íes. Hacer las aclaraciones necesarias para disipar versiones o interpretaciones erróneas o torcidas. | *Gar* 6.10.62, 52: Para resolver de una vez las discusiones, Paquita Rico ha reunido [a] la prensa madrileña y ha puesto los puntos sobre las íes.
55 poner ~ (final) [a algo]. Terminar[lo] o dar[lo] por terminado. (→ acep. 35b.) | Cela *Judíos* 81: El príncipe don Juan Manuel creó el género novelesco. A su *Libro de exemplos del Conde Lucanor et de Patronio* le puso punto trece años antes de la peste de Florencia. *Sp* 19.7.70, 36: El informe del presidente Nixon .. poniendo punto final a la intervención norteamericana en Camboya, repercutió en la nación.
56 ~ en boca. (*col*) *Fórmula con que se describe o propone una actitud, voluntaria o impuesta, de silencio.* | Medio *Bibiana* 45: Le encierran en una habitación y punto en boca. Todo el mundo a callar. Buero *Música* 61: –¿Queréis callaros? .. –Punto en boca.
57 ~ redondo. (*col*) *Fórmula con que se pone fin a una discusión.* | * Si lo dice él, ya sabes, punto redondo.
58 saber los ~s que calza [una pers.]. Conocer[la] a fondo. (→ acep. 48.) | Salom *Espejo* 178: Bueno es que sepas los puntos que calza, antes de que te hayas enamorado demasiado.
59 subir de ~ [algo abstracto, esp. un estado de ánimo o un sentimiento]. (*lit*) Crecer. | * La tensión subió de punto al recibir la noticia.
60 tomar los ~s [a una pieza de caza]. Hacer puntería [sobre ella]. *Tb abs y fig.* | Delibes *Vida* 183: Él la tomó los puntos y disparó. La perdiz se hizo un ovillo y se vino al suelo. Delibes *Santos* 95: El Ivancito se armó en silencio, tomó los puntos y, en un decir Jesús, descolgó dos perdices por delante y dos por detrás.
61 y ~. *Se usa como remate de una o para indicar que lo dicho anteriormente no admite discusión, réplica o comentario adicional.* | Delibes *Voto* 17: Lo enfocaremos como tú dices y punto. ZVicente *Mesa* 97: Pues no te lo creas, y punto.
IV *loc adv* **62 al ~.** (*lit*) Inmediatamente. | CBonald *Ágata* 298: Mandó al punto Pedro Lambert .. que se cerrara la nauseabunda alcoba mortuoria.
63 a ~. En el momento oportuno. | *Ya* 20.6.75, 16: Contemplamos con admiración a estas simpáticas señorías .. Saben anécdotas, que colocan a punto en una oración parlamentaria.
64 a ~. En el estado o forma perfectos o correctos. *Gralm. con el v* PONER. *Tb adj.* | Peraile *Ínsula* 68: Las ramas altas del cerezo se asoman por lo alto del tapial y contemplan los trigos morenos a punto. Fraile *Cuentos* 18: Se paró a poner su reloj a punto. **b) a ~ de caramelo.** En disposición inmejorable. (→ acep. 10c.) | A. Hernández *Inf* 19.3.77, 3: "¿Se une o no se une la Democracia Cristiana?" Los demócrata-cristianos toman sus cautelas, pero creen que "todo está a punto de caramelo".
65 a ~ fijo. (*lit*) Con certidumbre. *Gralm con el v* SABER. | DCañabate *Paseíllo* 117: Los que saben de esto dicen que nació en Lavapiés, no se sabe a punto fijo en qué calle.
66 con ~s y comas. Textualmente. | * Repitió con puntos y comas las palabras de la señora.
67 de todo ~. (*lit*) Absolutamente o de manera rotunda. | Castilla *Humanismo* 18: El pensamiento humanista es de todo punto una instancia desalienante y liberadora.
68 en ~. Con exactitud. *Referido a hora o momento. Frec siguiendo a una mención numérica de hora.* | PLozano *SYa* 15.6.74, 20: Nació en el mismísimo museo el 7 de mayo de 1922, a las cinco en punto en todos los relojes, a las cinco en punto de la tarde. * Quiero llegar en punto al teatro.
69 hasta cierto ~. En cierto modo. | * La cosa ha salido bien hasta cierto punto. * Hasta cierto punto, lo que dices es verdad.
70 por ~s. Por muy poco. | Torrente *Filomeno* 389: El que finalmente dio en el clavo fue un abogadete sin pleitos que había salvado la pelleja por puntos y que se distinguía por su sentido común.
71 ~ menos. Casi totalmente. *En la forma ~* MENOS QUE, *cuando precede al término modificado.* | FAlmagro *Abc* 18.8.64, 3: ¿Responderá a exagerada observación el afirmar que .. el ser humano procura ajustarse a un patrón que hace imposible, o punto menos, el distinguirse, el individualizarse, el sustantivarse? Bermejo *Derecho* 107: Hacer la defensa de los criados era punto menos que imposible.
72 ~ por ~. De manera pormenorizada. *Normalmente referido a relatos.* | CPuche *Paralelo* 438: Esta tarde nos dirán todo, mejor dicho, nosotros expondremos lo que vamos a hacer punto por punto. Cuevas *Finca* 39: Doña Carmen recordó su vida punto por punto.
V *loc prep* **73 a ~ de.** En situación inminente de. *Gralm seguido de infin.* | CNavarro *Perros* 30: Aquel silencio .. iba propagándose como un ahogo o una amenaza a punto de realizarse.
74 en ~ a. (*lit*) En cuanto a. | Lapesa *HLengua* 166: Esta preferencia por un texto romance .. respondía a los afanes del monarca en punto a difusión de la cultura. Aranguren *Ética y polít.* 280: ¿Dónde estaríamos ahora, en punto a justicia social, si no hubiese existido, si no existiese el comunismo?

puntuable *adj* Que puede puntuar [4] o ser puntuado [1]. *Esp en deportes.* | *Pue* 20.1.67, 24: La solución está en conceder un trofeo con el mismo nombre, pero que sea conseguido a lo largo de diversas pruebas que sean puntuables con este fin.

puntuación *f* **1** Acción de puntuar. | Amorós-Mayoral *Lengua* 55: Los signos de puntuación intentan reflejar en la escritura los cambios de nuestra entonación y las pausas que hacemos al hablar.
2 Conjunto de los signos gráficos con que se puntúa [2]. | Delibes *Año* 91: Ya empleó en uno de sus poemas la puntuación literal (coma, punto, punto y coma).
3 Número de puntos [12a]. | Ortega *Americanos* 39: Las puntuaciones que les parecían justas y las que les llevarían directamente a quejarse en el despacho del decano.
4 (*Bot*) Punto de la pared celular en que no se produce engrosamiento y que corresponde a un pequeño orificio a través del cual se produce la permeabilidad del agua con las sales que lleva en disolución. *Gralm en pl.* | Navarro *Biología* 46: Se deposita [la celulosa] en capas concéntricas, y su espesamiento no es igual y constante .., sino que presenta muchos lugares, denominados puntuaciones, en donde no se acumula.

puntual *adj* **1** Exacto o preciso. | A. Aricha *Caso* 5.12.70, 9: En el deseo de que los lectores .. tengan puntual conocimiento de lo ocurrido, no hemos vacilado en volver sobre el tema. GPavón *Hermanas* 32: Respiraba con ritmo puntual.
2 Que llega o actúa en el momento debido o previsto. | Olmo *Golfos* 149: Venía don Cosme, puntual, y siempre que el tiempo era bueno.
3 Concreto o que afecta solo a un punto concreto. | JLosantos *D16* 9.11.84, 3: Lo fundamental es, además de informaciones puntuales abundantes, la crítica del meollo del problema político español. *Voz* 5.11.87, 48: En el ámbito de los problemas municipales, Domingo Merino dijo que su partido proponía la búsqueda de soluciones globales a cuestiones puntuales, como las económicas o urbanísticas.
4 (*Fís*) Que carece aparentemente de extensión, o que está concentrado en un punto, sin dimensiones aparentes. | *Unidades* 28: El lumen nuevo es el flujo luminoso emitido en el ángulo sólido unidad (estereorradián) por una fuente puntual uniforme que tenga una intensidad luminosa de 1 bujía nueva.
5 (*Ling*) [Aspecto verbal] que expresa la acción considerada en un momento de su desarrollo. *Se opone a* DURATIVO. | RAdrados *Lingüística* 825: La oposición indoeuropea entre durativo y puntual se expresaba desde antiguo por .. grado pleno y cero.

puntualidad *f* Cualidad de puntual, *esp* [2]. | MCachero *AGBlanco* 118: Consume hasta cuatro páginas en informar de la existencia de teatro social en varios países de Europa, información que por su puntualidad no desplace al lector. Benet *Nunca* 16: Creció el horror del sobrino a las virtudes domésticas, la puntualidad inútil, el rigor.

puntualizable *adj* Que puede ser puntualizado. | GNuño *Arte* 55: Influencias árabes más concretas, puntualizables en la labra de capiteles, no se hacen evidentes hasta el período románico.

puntualización *f* Acción de puntualizar. *Tb su efecto.* | FQuintana-Velarde *Política* 62: Estos dos nuevos

puntualizador – puñal

conceptos que hemos introducido .. obligan a concretar a qué clase de producto nacional nos referimos .. Vayamos ahora a una tercera puntualización. **b)** *(euf)* Rectificación de una afirmación ajena equivocada. | Cano *Pap* 1.57, 97: Como sé que a los *Papeles* y a su director no les duelen prendas, permíteme una leve puntualización bibliográfica.

puntualizador -ra *adj* Que puntualiza. *Tb n, referido a pers.* | Espinosa *Escuela* 206: Si transportáis un poeta, un exquisito esteta, un sutil puntualizador u otro tostón por el estilo, estoy perdido. GYebra *Traducción* 148: Es relativamente nuevo el término ing. *skyscraper*, asimismo metafórico, que muy pronto apareció como calco en el fr. *gratte-ciel*, .. esp. *rascacielos*, .. al. *Wolkenkratzer* (aquí con una variación puntualizadora: sustitución del concepto "cielo" .. por el más realista de *Wolken* "nubes").

puntualizante *adj* Que puntualiza. | Candel *Catalanes* 16: Los hombres somos hoscos y huraños y nunca tenemos entre nosotros esa larga y puntualizante conversación que, cuando alguien muere, nos arrepentimos de no haber tenido.

puntualizar *tr* Precisar o concretar. | *Mar* 23.11.70, 2: Esta noche, terminado el escrutinio, será posible puntualizar el reparto de premios en sus tres categorías. Ybarra-Cabetas *Ciencias* 353: Cuyos trabajos fueron coronados por el éxito al puntualizar las causas de las enfermedades denominadas pebrina .. y muscardina.

puntualmente *adv* De manera puntual [1, 2 y 3]. | Bermejo *Estudios* 78: Para comprender con algún detalle el grado de participación del poder en el mundo carcelario habría que conocer puntualmente la distribución geográfica y precisa configuración de los establecimientos penitenciarios en el Antiguo Régimen. *SAbc* 18.5.69, 18: Julio Verne .. creó sus novelas y profetizó en ellas asombrosos hechos, que se están cumpliendo puntualmente. Aranguren *Ética y polít.* 22: Sería menester concebirle siempre como un "primer hombre", reiterado Adán, incapaz de aprender nada .., totalmente acultural, sin embargo, puntualmente genial.

puntuar *(conjug* **1d)** **A** *tr* **1** Dar puntos [12a] [a una pers. o cosa (cd)]. | ZVicente *Traque* 152: Estaba apuntada en un concurso, y estaba muy bien puntuada.
2 Poner [en un texto (cd)] los signos ortográficos necesarios para expresar relaciones sintácticas y lógicas de las frases. *Tb abs.* | *Economía* 126: También es importante, y esto se descuida generalmente, el puntuar bien las cartas.
B *intr* **3** Obtener puntos [12a]. *Frec en deportes.* | Cobo *As* 14.12.70, 7: ¿Mereció puntuar el Elche? CApicius *Voz* 12.2.88, 39: Dentro de cada categoría, los vinos puntúan sobre 10 puntos.
4 Entrar [algo, esp. una prueba deportiva] en el cómputo de puntos [12a]. | * Esta etapa puntúa para el Premio de la Montaña.

puntura *f (Med)* Herida con objeto que pincha. | Mascaró *Médico* 69: Las heridas se clasifican en abrasiones .., punturas (pinchazos por astillas, agujas, clavos, espinas, etc.).

punzada *f* **1** Pinchazo (dolor agudo y momentáneo). | Cuevas *Finca* 222: Sintió una punzada dentro del pecho, como cuando bebemos agua helada sudando.
2 Sentimiento penoso agudo y momentáneo. | Laforet *Mujer* 227: Sentía una rara punzada al pensar en Mariana.
3 Acción de punzar [1 y 2]. *Tb su efecto.* | GGual *Novela* 85: No pierde la ocasión de dar unas punzadas irónicas a los filósofos.

punzador -ra *adj* Que punza. | *GTelefónica* N. 640: Otero Tremoya, G. Máquinas. Herramientas .. Cizallas a palanca. Cizallas punzador[a]s. [*En el texto,* punzadores.]

punzante *adj* **1** Que punza. | Laforet *Mujer* 55: No quería pensar... Era como estar envuelta en una punzante alambrada. MSantos *Tiempo* 216: –¿Cuándo os casáis? –preguntó punzante. Á. Zúñiga *Van* 30.5.74, 25: La caída de la tarde nos sume en melancolía punzante. **b)** Incisivo o agresivo. | *Sp* 21.6.70, 56: En esta línea punzante, aguda y realista, está toda la novela ganadora del Ateneo Jovellanos 1969 de novela corta. GPavón *Reinado* 256: De su escaso cabello salía un punzante aroma de colonia añeja.
2 [Herida] producida por algo que se clava. | *Economía* 264: Las heridas que se producen por espinas y astillas pueden considerarse como pequeñas heridas punzantes.

punzantemente *adv* De manera punzante. | M. GManzano *Crí* 6.74, 18: El humor hace posible que las afirmaciones incidan punzantemente en el lector y provoquen una postura dispar.

punzar A *tr* **1** Pinchar (clavar algo puntiagudo). | Palacios *Juicio* 271: Sabe cortar las rosas sin punzarse. GPavón *Rapto* 109: Un día que fue preciso matar a un caballo cojo, él mismo lo punzó para que se sangrara dulcemente mientras le daba azucarillos y palabras de ánimo.
2 Herir o zaherir. *Tb abs.* | M. Aznar *Van* 20.12.70, 9: ¿Cómo no han advertido ya .. que no hay sino incitar, punzar, ofender los sentimientos de orgullosa independencia de este país, para que al punto .. se alce .. y adopte actitudes que, por espontáneas y por elementales, son más concluyentes?
3 Pinchar o incitar. | Ero *Van* 11.5.78, 8: El elefante es muy juicioso y solo comete desaguisados si lo colocan detrás de un vagón lleno de leones y le punzan a que le empuje con la testa rugosa. B. Piñar *MHi* 10.60, 4: No nos duele el momento de Hispanoamérica; al contrario, nos punza y empina para contemplarla.
B *intr* **4** Producir punzadas [1 y 2]. | Delibes *Hoja* 166: –¿Te ocurre algo, hijo? –La nuca, me punza la nuca.

punzón *m* **1** Instrumento puntiagudo que sirve para hacer agujeros u ojetes. | Laforet *Mujer* 153: Los ojos de Julián lo taladraban como punzones.
2 Instrumento de acero con una figura grabada en la boca, que se usa para imprimir esa figura, mediante presión o percusión, en monedas, medallas, tipos de imprenta u otras piezas semejantes. | C. Bellver *SInf* 14.4.76, 4: A partir de esta matriz, única mientras la moneda esté en circulación, se sacan unos pocos punzones –positivo esta vez de la moneda–, que serán los que darán lugar a los troqueles. *Abc* 19.11.72, 48: Edita periódicamente un boletín informativo que recoge interesantes trabajos, dibujos, fotografías y planos sobre las armas y su historia, fabricación, diseños, punzones y signos o firmas de identificación.

punzonado *m (E)* Acción de punzonar. *Tb su efecto.* | *GTelefónica* N. 423: Industrias Ibaiondo, S.A. Estampaciones Metálicas. Estampación, punzonado y embutizaje de la chapa en frío.

punzonar *tr (E)* Taladrar o marcar con punzón. | Vicenti *Peseta* 117: Ayuntamiento de Gratallops .. Cospel octogonal hecho de un cuadro de 21 milímetros de lado (aprox.), de ángulos seccionados, llevando punzonadas en una de sus áreas las marcas 5-C sobre una G. *Van* 20.12.70, 8: Moqueta punzonada Meraklon en piezas continuas.

puñada *f* **1** Puñetazo. | Olmo *Golfos* 83: Empezó a darle puñadas en el vientre.
2 *(raro)* Puñado. | Lera *Boda* 612: Empezó a quitarse a puñadas el jabón de la cara. J. E. Casariego *Abc* 17.4.58, 37: Fidel Castro ha lanzado ya tres veces su pequeño grupo a la pelea .. Sus juveniles parciales –unas puñadas de muchachos– sí le siguieron dispuestos a todo.

puñado **I** *m* **1** Cantidad [de algo] que cabe en la mano cerrada. | Olmo *Golfos* 87: Hacíamos prácticas, sin miedo .. a los puñados de arena que nos arrojaba el conductor.
2 Conjunto pequeño [de perss. o cosas]. | MReverte *Pue* 9.10.70, 2: Un Gobierno no se compone únicamente de docena y media de ministros, otros tantos subsecretarios y un puñado de directores generales. CNavarro *Perros* 35: Cualquier mentecato podía avergonzarme presentándome un puñado de facturas.
II *loc adv* **3 a ~s.** En gran cantidad. | * Este año hay rosas a puñados.
4 a ~s. *(hoy raro)* Sujetando en vilo por los brazos. | * Tuvieron que llevarle a puñados a la enfermería.

puñal I *m* **1** Arma de acero de 20 o 30 cm de largo, que solo hiere de punta. | D. I. Salas *MHi* 7.69, 41: Allí existen armaduras españolas, italianas, .. alfanjes argelinos, puñales otomanos. **b)** *Se usa frec en constrs de sent comparativo para ponderar la agudeza de algo o su facilidad para clavarse.* | A. Navalón *Inf* 15.12.69, 16: Delante de mí están las cinco fotografías de los novillos. Tres cómodos de pitones y dos más descarados, con cuatro puñales.

puñalada – puño

II *loc v* **2 poner** [a alguien] **el ~ en el pecho.** Coaccionar[le] gravemente. | * Decir eso es ponerle el puñal en el pecho.

III *interj* **3 ~es.** (*hoy raro*) *euf por* PUÑETA. | * ¡Puñales, qué frío hace!

puñalada I *f* **1** Herida causada con un puñal u otra arma semejante. | *Abc* 21.6.75, 92: Mató primero a puñaladas a un cliente que se hallaba en el establecimiento. Buero *Tragaluz* 163: Empuña las tijeras .. Apenas se oye el alarido del hijo a la primera puñalada. Chamorro *Sin raíces* 95: Su fin más probable [de la jaca] debió ocurrir en un patio de caballos, recosida a puñaladas por un toro bravo.
2 (*col*) Disgusto o pesadumbre grandes causados de repente. | Palomino *Torremolinos* 267: Relee el borrador, se lo guarda en un bolsillo y marcha a la sede del Consejo, donde .. piensa largar una puñalada fulminante a Luis. **b) ~ trapera.** Traición o mala pasada. | MGaite *Retahílas* 38: Aunque me pareció una puñalada trapera indigna de un cura, me facilitó por otra parte una especie de autoabsolución.

II *loc v y fórm or* (*col*) **3 ser** [algo] **~ de pícaro.** Correr prisa o ser urgente. *Normalmente en constr neg.* | Medio *Andrés* 123: –Yo puedo ir a pagarlo, si usted quiere .. –Bueno, tampoco es puñalada de pícaro. Ya se pagará.
4 mala ~ le den. Fórmula usada para maldecir. | * Mala puñalada le den al idiota ese; mira que dejarse engañar así.

puñalero *m* (*hist*) Fabricante de puñales [1a]. | Sobrequés *HEspaña* 2, 263: Otras manufacturas de notorio desarrollo fueron las relacionadas con el armamento y la caballería : espaderos, ballesteros, puñaleros, dagueros.

puñalón *m* (*raro*) Puñalada [1]. | J. M. Moreiro *SAbc* 6.12.70, 42: Soñaba Antonio con esos toros enormes que llevan escrita sobre la frente la tragedia en ciernes del puñalón.

puñema *interj* (*raro*) *euf por* PUÑETA. | ZVicente *Mesa* 81: Me parece que en el rollito de los postres no digo nada de su finadito de su corazón, y algo tendré que decir, puñema.

puñeta[1] (*col o vulg*) **I** *f* **1** Cosa fastidiosa o molesta. | CPuche *Paralelo* 263: Ahora, ya verás, .. incluso a algunos los mandarán fuera. Es una puñeta todo esto. **b)** Tontería o bobada. | Goytisolo *Recuento* 104: Lo mejor es comer en la cantina, más o menos pareció a comer como una persona, sabes, déjate de puñetas. Payno *Curso* 60: Si te olvidas de las gammas, las pis y demás puñetas, y vas al fondo, ves como es poco más que una idiotez. **c)** Cosa sin importancia. *Frec en la forma* PUÑETITA. | Burgos *Tri* 13.3.71, 23: Quería que le hicieran puñetitas de azulejos. **d)** Manía o rareza. | VMontalbán *Rosa* 80: Tourón está cargado de puñetas, ese está más loco que tú.
2 *Se usa como segundo elemento de una comparación de intención ponderativa.* | * Eres más lento que la puñeta.
3 *Vacía de significado, se emplea, frec en pl, para reforzar o marcar la intención desp de la frase. En constrs como* NI + *n* + NI + ~(S), *o* QUÉ ~(S). | Ayerra *D16* 21.7.85, 47: Los hombres que se acuestan vestidos y con botas, sin pijamas ni puñetas. Medio *Andrés* 205: No sé qué toros ni qué puñetas vas a matar con ese canguelo. Cela *Judíos* 180: Entonces, ¿de dónde puñeta es usted? GPavón *Reinado* 165: Se sintió agobiado por tener alrededor tanta copia del difunto de la puñeta.
4 la quinta ~. Lugar muy lejano. | Goytisolo *Recuento* 105: Algunos viven en la quinta puñeta y los permisos de fin de semana no les llegan a tiempo.

II *loc adj* **5 de la ~**, *o* **de** (**mil**) ~s. Muy grande o extraordinario. *Referido a cosas negativas.* | Delibes *Guerras* 43: Hacía un calor de mil puñetas.

III *loc v* **6 hacer la ~.** Fastidiar. | Cela *SCamilo* 316: Lo que les gusta a los españoles es hacer la puñeta al prójimo.
7 hacerse la ~. Masturbarse [un hombre]. | CTrulock *Compota* 123 (Cela): Esteban había pensado ir con ella al cine y ya no puede, eso es lo que más siente. Lo demás poco importa; con hacerse la puñeta todo se soluciona.
8 ser la ~. Ser el colmo. | * Esto es la puñeta. * Eres la puñeta, chico.
9 importar tres ~s, irse a hacer ~s, mandar a hacer (*o* **a freír**) **~s** → IMPORTAR, IR, MANDAR.

IV *interj* **10** Expresa enfado, protesta o sorpresa. | CPuche *Paralelo* 52: Iba dando puteadas patadas en la acera y diciendo casi en voz alta: –Puñeta, puñeta, puñeta... Goytisolo *Afueras* 195: ¡Cómo aprieta el jodido, puñeta!

puñeta[2] *f* (*raro*) Adorno de puntilla o encaje en la bocamanga de algunas prendas, esp. de la toga. | Sampedro *Octubre* 179: Ya no se hacen estas cosas, solo un viejo maestro en la calle de Peligros hace puñetas para togas y borlas de birretes, pero van a tirarle la casa. Cela *Judíos* 260: Tenía .. un camisón de lino de manga larga, con pasacintas por el decente escote y tira bordada en el jaretón y en las puñetas.

puñetazo *m* Golpe dado con el puño [1]. | Arce *Testamento* 28: Yo me volví violentamente y tiré un puñetazo a ciegas. Olmo *Golfos* 163: Don Poco se hizo a la costumbre de reforzar sus afirmaciones con un puñetazo sobre la mesa.

puñeteramente *adv* (*col o vulg*) De manera puñetera. | Torrente *Off-side* 532: De modo que estás solo, puñeteramente solo, y nadie escuchará tu primer alarido. FReguera-March *Caída* 158: No hay que tomarlas muy en serio [a las mujeres] .. Son puñeteramente peligrosas.

puñetería *f* (*col o vulg*) Puñeta[1] [1]. | Lera *Bochorno* 201: Pero, además, hay otra cosa. Vamos a dejarnos de puñeterías. Yo necesito ese dinero. FVidal *Ayllón* 27: Vio pasar la camioneta de José María, fontanero de Ayllón, que ocupa el tiempo en hacer toda clase de arreglos y de puñeterías a aparatos domésticos.

puñetero -ra *adj* (*col o vulg*) **1** Fastidioso o molesto. | CPuche *Paralelo* 446: ¿A ti, mejor dicho, a tu avión le han disparado alguna vez con un antiaéreo? Debe de ser muy puñetero eso de ir arriba y que le suelten a uno el pepinazo.
2 Pícaro o malicioso. *A veces con intención afectiva.* | GPavón *Hermanas* 31: Se le notaba la puñetera intención y la gente se reía. Arce *Precio* 201: Eres un puñetero .. Me dijiste que cenabas en "Villa Daniela". ¡Buen pájaro estás hecho!
3 *Se usa, gralm antepuesto al n, como calificativo desp genérico.* | Cela *SCamilo* 309: ¡Sería mejor que empezaran los tiros de una puñetera vez! Olmo *Camisa* 99: Como si en este puñetero mundo to estuviera bien hecho. CPuche *Paralelo* 370: La vieja, por respuesta, le largó una bofetada .. –Pega fuerte la puñetera –dijo.

puño I *m* **1** Mano cerrada. | Medio *Bibiana* 11: Marcelo Prats se golpea el pecho con los dos puños.
2 *En una prenda de vestir*: Parte que rodea la muñeca. *Esp pieza que constituye esta parte.* | PReverte *Maestro* 13: Se estiró los puños inmaculadamente blancos de la camisa. *Gac* 11.5.69, 84: Ofrece variedad de modelos en cuellos y puños y un corte moderno suavemente entallado.
3 *En algunos objetos, esp un bastón o una espada*: Parte por donde se agarra. | Matute *Memoria* 66: El bastoncillo de bambú resbaló y cayó al suelo .. La luz brilló en el puño y su reflejo recorrió la pared. R. Llidó *Abc* 9.6.66, 25: La espada simbolizaba las cuatro virtudes cardinales: por el pomo, la Fortaleza; por el puño, la Prudencia; por el áliger, la Templanza; y por la cuchilla, la Justicia. *Hacerlo* 21: Berbiquí. Instrumento que sirve para taladrar y está compuesto por un doble codo que gira alrededor de un puño ajustado en una de sus extremidades.
4 Puñado [1]. | Aldecoa *Gran Sol* 18: Saláis bacalao con los siete [sacos de sal], ni un puño más. Delibes *Guerras* 30: Se cogía un puño de tierra de alrededor, a su decir, para analizarlo. GSosa *GCanaria* 145: Se acompañan [el pescado y las patatas], a la hora de comerlos, con breve puñado ("puños") de gofio amasado con agua levemente salada.

II *loc adj* **5 de a ~**, *o* **como un ~.** Muy grande. *Referido a argumentos o verdades.* | Ridruejo *Memorias* 58: De vez en cuando se proponían arbitrismos de a puño. Laforet *Mujer* 258: Le dije veinte mil verdades como puños.
6 de(**l**) **~ en rostro.** (*col*) Tacaño. | Delibes *Cinco horas* 92: Era de los del puño en rostro, madre mía qué hombre tan tacaño.
7 [Fanega] **de ~** → FANEGA.

III *loc adv* **8 de** (**mi, tu, su,** *etc*) **~ y letra.** De manera autógrafa. *Tb adj. Tb simplemente* DE ~. | Armenteras *Epistolario* 24: Se habrá de escribir de puño y letra la frase o frases de felicitación. Ramírez *Derecho* 138: Las letras han de .. firmarse por el librador, ya de su puño y letra, ya por medio de apoderado con poder bastante. A. Álvarez *SYa* 6.4.75, 11: Otra [carta] –con cuatro líneas de puño de la so-

pupa – puré

berana–, en que se pide al prior que fray Juan de Avilés vaya a la corte.
9 en un ~. En un estado de sometimiento o intimidación total. *Con vs como* ESTAR, TENER *o* METER. | Mihura *Modas* 25: Siempre supuse que me iba a casar con un gendarme y que me iba a tener en un puño. VMontalbán *Pájaros* 296: Cuentos que se inventa el gobierno para meter en un puño a la gente.
10 por (mis, tus, sus, *etc*) **~s.** (*raro*) Por (mi, tu, su, etc.) propio esfuerzo. | * Lo ha ganado por sus puños.
pupa[1] *f* **1** Pústula u otra lesión cutánea similar. | Delibes *Voto* 87: Con el agua de cocer esas flores, sanan las pupas de los ojos.
2 (*infantil*) Daño. *Frec en la constr* HACER ~. *Tb humoríst, fuera del ámbito infantil.* | GPavón *Hermanas* 37: –Ay, pupa, mama –saltó el otro riéndose. Alfonso *España* 98: Esas cosas políticamente no hacen pupa.
pupa[2] *f* (*Zool*) Ninfa o crisálida. | Legorburu-Barrutia *Ciencias* 159: Tienen metamorfosis complicada, pasando por las fases de huevo, oruga (larva), crisálida (pupa) y mariposa (insecto adulto).
pupas *m y f* (*col*) Pers. desgraciada. *Frec en la constr* MÁS DESGRACIADO QUE EL PUPAS. | *DLi* 3.3.78, 18: Ruiz, Marcial y Rubén Cano volvieron tristes. Los "pupas" se sienten culpables. Pero piensan que la eliminatoria puede salvarse. Aristófanes *Sáb* 30.11.74, 61: En un santiamén le dejan a uno con el sueldo oficial, que entonces es cuando descubre uno que es más desgraciado que el Pupas.
pupila[1] *f* **1** Orificio central del iris del ojo, por donde penetran los rayos luminosos. | Laforet *Mujer* 175: Blanca pensó que a veces era como si se corriera la pupila de Antonio en toda la estrecha raya del ojo.
2 (*col*) Ojo (perspicacia o sagacidad). | CNavarro *Perros* 162: Con mis horas de vuelo y mi pupila no hay tío que me la pegue.
3 (*col*) Ojo (atención o cuidado). | Olmo *Golfos* 120: ¡Mucha pupila, eh! El guarda es un tipo con muy mala uva.
pupila[2] → PUPILO.
pupilaje *m* **1** Condición de pupilo [1]. | Palacios *Abc* 6.11.75, sn: No es malo que la mujer, por su condición de costilla del hombre, se sienta niña y pupila .. El daño está en que los modos femeninos de seducción, gracias a este mismo pupilaje, no solo consiguen domar al varón, sino que logran cautivarlo.
2 Pensión (lugar en que uno se hospeda y hecho de hospedarse). | Cándido *HLM* 12.5.75, 10: Su vida, dice él mismo, era por entonces "solitaria y esquiva". Pero se nota hasta qué punto le acompañaba amorosamente el pan en los pupilajes en los que vivió.
3 Alquiler permanente de una plaza en un garaje u otro lugar similar. *A veces en la constr* A ~. | *EOn* 10.64, 47: Del epígrafe 23 se suprimen los apartados b) y d), que gravan, respectivamente, el pupilaje en garajes de alquiler y el uso de las cajas de seguridad. Mendoza *Gurb* 64: Muchas familias acomodadas han de enfrentarse a una terrible disyuntiva: o enviar a los hijos a estudiar a los Estados Unidos o tener el coche a pupilaje.
4 Cantidad que se paga de pupilaje [2 y 3]. | Delibes *Siestas* 55: La patrona, que andaba liada con un estudiante jovencito y no le cobraba el pupilaje.
5 Conjunto de pupilos [2]. | Grosso *Capirote* 45: Nadie tiene mejor mano que el propio posadero para tratar a su pupilaje.
pupilar[1] *adj* (*Anat*) De (la) pupila[1] [1]. | Bustinza-Mascaró *Ciencias* 223: Examinar y fijar la atención sobre los dedos y uñas del perro y del gato y sobre el intenso reflejo pupilar de este último.
pupilar[2] *adj* (*Der*) De(l) pupilo [1]. | Compil. *Cataluña* 730: Las sustituciones pupilar y fideicomisaria implican siempre la vulgar tácita.
pupilarmente *adv* (*Der*) De manera pupilar[2]. | Compil. *Cataluña* 730: El padre o la madre, mientras ejerzan la patria potestad sobre su hijo legítimo impúber, podrán sustituirlo pupilarmente en el testamento que otorguen para su propia herencia.
pupilero -ra *m y f* (*raro*) Pers. que tiene pupilo(s) [1 y 2]. | CBonald *Ágata* 30: Con cuyos menesterosos padres, deudos o pupileros debió cerrar el normando algún ignominioso trato. J. Río *DBu* 1.4.56, 8: Vivía a lo estudiantil, en una modesta pensión, regida por una pupilera de alma maternal.

pupilo -la A *m y f* **1** Huérfano menor de edad que está a cargo [de un tutor]. | Ramírez *Derecho* 29: Está prohibido el matrimonio .. al tutor con su pupila.
2 Pers. que se hospeda en una pensión o casa de huéspedes. *A veces en la constr* ESTAR A (*o* DE) ~. | *Ade* 6.2.75, 11: Se admiten pupilos, avenida Villamayor, 38. Halcón *Ir* 251: Un trabajador del cortijo de Estiva va a casarse con la muchachita que está de pupila en el asilo. GGarrido *SAbc* 18.10.70, 21: Algunos viven en las barracas a pie de obra, pero la mayoría, en cuanto puede, se escapa de pupilo a casa de un "cacereño" con piso en propiedad. Les cobran de mil a dos mil pesetas la habitación.
3 Pers. o animal que está a cargo [de un entrenador]. | Merlín *HLM* 26.10.70, 34: Labor tenaz del entrenador Jesús Méndez, que, con una yegua que no es ni [con] mucho de lo mejor que tiene dentro de sus pupilos, lleva a sumar una victoria más para el conde de Villapadierna. *Inf* 12.12.70, 32: Cuando suena la campana para el decimotercer asalto, el manager de Saldívar le impide a su pupilo continuar la lucha.
B *f* **4** Prostituta que trabaja en un prostíbulo. | Cela *SCamilo* 20: Villa Milagros es .. una casa por lo fino en la que se selecciona el género con un criterio muy exigente, las pupilas parece que han ido todas a las monjas.
pupilometría *f* (*Med*) Técnica de medición del diámetro de la pupila[1] [1] mediante el pupilómetro. | M. Calvo *Ya* 18.4.75, 40: Existe una técnica cuyo nombre es nuevo, aunque el principio había sido ya tratado en estudios y observaciones del siglo XVIII. Se trata de la "pupilometría", que relaciona las reacciones fisiológicas de la pupila con las emociones humanas.
pupilómetro *m* (*Med*) Instrumento para medir el diámetro de la pupila[1] [1]. | M. Calvo *Ya* 18.4.75, 40: Si el "pupilómetro" midiera con seguridad el "stress", podría sustituir ventajosamente al detector de mentiras.
pupitre *m* **1** Mueble semejante a una mesa pequeña, con tapa en forma de plano inclinado, usado esp. en los centros de enseñanza. | GTelefónica *N*. 780: Industrias del metal .. Pupitres y mobiliario escolar.
2 Tablero de mandos, gralm. en forma de plano inclinado, [de una máquina o una instalación]. | J. Botella *SAbc* 31.5.70, 10: Un estudiante sentado ante una mesa, con un pupitre rematado por una pantalla de televisión, podría tener no solamente acceso a bibliotecas, y archivos, sino también ser instruido.
3 Mueble destinado a colocar las botellas inclinadas en una bodega. | *Cam* 11.5.81, 107: El pupitre sigue siendo nuestro símbolo. En él se colocan las botellas con la cabeza hacia abajo y cada día estas se giran a mano –1/8 de vuelta– inclinándolas cada vez más.
puposis *f* (*Zool*) Fase de pupa[2]. | Legorburu-Barrutia *Ciencias* 159: Fabrican [las orugas] un capullo con los hilos de seda que segregan por una glándula y se encierran en él. Allí pasan la puposis.
puposo -sa *adj* Que tiene pupas[1]. | GHortelano *Momento* 392: Al sereno me le das una buena propina .. Ahí viene el puposo de él.
puramente *adv* Única o estrictamente. | DPlaja *El español* 107: Este desahogo es puramente verbal.
purasangre *m* Caballo de pura sangre (→ SANGRE). | Palomino *Torremolinos* 89: Acariciando uno de los compresores, como se acaricia la grupa de un caballo purasangre y caprichoso. LTena *Abc* 11.12.70, 19: Competían en sus pruebas purasangres ingleses y arábigo-andaluces.
puré I *m* **1** Guiso de patatas, legumbres, verduras u otras sustancias, cocidas y trituradas. *Frec con un compl especificador.* | Medio *Bibiana* 227: Una vez que estuvo enferma del estómago .. tenía que comer purés y pescados blancos. *Cocina* 127: Conchas de menudillos de aves con puré de patatas.
2 ~ de guisantes. Niebla que lleva en suspensión partículas tóxicas procedentes de humos. | *Nue* 22.12.70, 20: Una intensa niebla, similar en ocasiones al famoso "smog" o "pu-

ré de guisantes" londinense, cubrió durante la mañana de ayer Bilbao y numerosos puntos de la provincia de Vizcaya.
 II *loc v* **3 hacer ~** [algo o a alguien]. (*col*) Hacer[lo] trizas o destrozar[lo]. *Tb fig.* | Mihura *Modas* 34: Si a los curas les da por decir que en vez de venir a mi librería vayan a la de la calle de Azucaque, me hacen puré el negocio. **b) hacerse ~** [algo o alguien]. (*col*) Hacerse trizas o destrozarse. *Tb fig.* | Mendoza *Ciudad* 107: Belcebú [el gato] ha muerto; se cayó del tejado y se hizo puré contra el pavimento.

purero -ra A *m y f* **1** Fabricante de puros [11]. | Paso *Abc* 3.6.75, sn: Allí se había aficionado al cigarro puro. Después me comentó: –Pero como los buenos pureros de Cuba se han ido a las Islas Canarias.
 B *f* **2** Estuche para puros [11]. | Paso *Abc* 3.6.75, sn: Recuerdo que me ofreció uno de estos cigarros que extrajo de una purera de cuero azul.

pureta *m y f* (*jerg*) **1** Pers. vieja. *Tb adj.* | Barriocepo *Río* 7.5.89, 6: Los chavales y los ancianos son los que más sed tienen siempre que llega el verano .. Cuando el calor aprieta, todos necesitamos beber, pero los infantes y los puretillas, en particular. SFerlosio *Jarama* 298: Déjate que se pasen los años, tampoco hacen falta muchos, nada más que ella empiece a ponérsele pureta, verás, verás cómo evoluciona.
 2 Pers. de ideas anticuadas o reaccionarias. *Tb adj.* | SEIM 12.9.93, 33: No es que seamos unos puretas ni unos angelitos, pero no puedes durar mucho tiempo si siempre te inyectas la energía de forma artificial.

pureza *f* Cualidad de puro. | J. Acinas *SVozC* 25.7.70, 3: Su situación y la pureza del aire que se respira hacen a nuestra comarca lugar ideal para el recreo y el descanso. *SAbc* 16.2.69, 32: Ante la nueva temporada taurina .. hay que alentar a la autoridad gubernativa para que continúe defendiendo la pureza de la fiesta. J. J. TMarco *Ya* 18.5.77, 16: En cada sección electoral habrá una mesa encargada de .. velar por la pureza del sufragio. Laforet *Mujer* 275: Me es necesaria, absolutamente necesaria, la pureza que ahora tengo en mi vida. Ribera *Misal* 975: Sufrió el martirio esta Santa por defender su pureza y su fe el año 228.

purga *f* **1** Acción de purgar [1, 2 y 3]. | C. RAvelló *Abc* 4.3.58, 27: Nada se consiguió con los habituales recursos de purgas y sangrías. R. VZamora *Des* 12.9.70, 26: Ha pasado la época terrible de las purgas masivas y se filtran hacia Occidente libros y cartas de protesta. *BOE* 3.12.75, 25183: Se usan [los escapes] principalmente en conexión con operaciones de purgas, puesta en marcha y otras.
 2 (*raro*) Medicina purgante. | * El ricino es una de las purgas más odiosas. **b) la ~ de Benito.** (*col*) Algo de efectos inmediatos. *En constrs de sent comparativo.* | CPuche *Paralelo* 198: –¿Ya? –Tú te has creído que esto es la purga de Benito. Berlanga *Recuentos* 25: El capador, mano de santo, y que Dios me perdone. Pero el capador no es la purga Benito.

purgación *f* **1** Acción de purgar [4 y 5]. | *Abc Extra* 12.62, 25: Para Virgilio .. supone la purgación de los pecados por el aire.
 2 *En pl*: Blenorragia. | Cela *SCamilo* 29: Una de estas francesas le pegó unas purgaciones de pronóstico. **b) ~es de garabatillo** → GARABATILLO.

purgado *m* Acción de purgar [3]. | Ramos-LSerrano *Circulación* 267: Normalmente existe una bomba de accionamiento a mano, cuyo objeto es cebar de combustible la propia bomba de alimentación, así como los filtros y bomba de inyección, y facilitar la eliminación del aire (purgado).

purgador -ra *adj* Que purga [3]. *Tb n m, referido a aparato.* | GTelefónica *N.* 30: Aparatos de regulación y control para aire acondicionado .. Purgadores de aire.

purgante *adj* **1** Que hace evacuar el vientre, esp. con fines curativos. *Más frec n m, referido a medicina.* | Cunqueiro *Crónicas* 89: Nadie me evita examen de lanceta de Lyon y limonada purgante. *SYa* 3.1.90, 5: Tienen [las aguas sulfatadas] propiedades purgantes que mejoran el funcionamiento intestinal y facilitan la evacuación. *Puericultura* 41: En los casos de fuertes dolores de vientre, ni siquiera se dará agua, y menos purgantes.
 2 (*raro*) Que purga [5]. | Campmany *Abc* 26.4.85, 21: Vamos a convertir a las Batuecas, no en dos Españas, sino en tres: la España turística, la España delictiva y la España purgante, sufriente, doliente y chinchada.

purgar *tr* **1** Administrar [a alguien (*cd*)] una medicina para evacuar el vientre. | *Puericultura* 40: Por cada diez veces que las madres purgan a sus hijos, ocho no les hacía falta.
 2 Destituir o eliminar [a alguien] por motivos políticos. *Gralm referido a los países comunistas.* | Anson *SAbc* 1.2.70, 8: Desplazar de los puestos dirigentes del partido al grupo de personas que se había deslizado hacia la línea capitalista. Es decir, purgar a todos aquellos que .. caminaban hacia la restauración de la dictadura de la burguesía en China roja.
 3 Extraer de una máquina o aparato [aire, agua o algún residuo que dificulta su funcionamiento]. | Ramos-LSerrano *Circulación* 326: El motor no se pone en marcha. Causas posibles .. Aire en la bomba de inyección .. Correcciones .. Purgar el aire. **b)** Extraer [de una máquina o aparato (*cd*)] aire, agua o algún residuo que dificulta su funcionamiento. | F. Merayo *Ya* 24.5.73, 6: Desde el Space Center de Houston se ha "purgado" varias veces la cabina de la gran estación, se ha ventilado por radio repetidamente su atmósfera.
 4 Limpiar o purificar. | CNavarro *Perros* 177: Se afincaba [el pecado] en el alma, y era el alma a la que incumbía purgarlo o hacerse a él.
 5 Pagar la pena debida [por un delito o falta (*cd*)]. | Delibes *Madera* 172: Entreveía a papá Telmo retorciéndose desnudo entre las llamas del infierno .. Esta pesadilla de papá Telmo purgando su extravío le acompañó mucho tiempo. A. Blanco *SAbc* 8.3.70, 39: Este exiliado yugoslavo .. purgó años ha en las cárceles de Tito sus inquietudes anticomunistas. **b)** Pagar o cumplir [una condena]. | Grosso *Invitados* 49: La celebérrima prisión londinense, donde purgara una condena por espacio de veinte meses.

purgativo -va *adj* De (la) purgación [1]. *Se dice gralm de una de las vías místicas.* | DPlaja *Literatura* 199: Ambas [ascética y mística] son parte del camino de perfección de la vida espiritual, que, según los teólogos, tiene tres etapas, en su acercamiento a la divinidad: 1. Vía purgativa .. 2. Vía iluminativa .. 3. Vía unitiva. J. RPadrón *Día* 21.9.75, 39: A la confesión personal del escritor, a la progresiva asimilación del exilio como vía purgativa, se viene a sumar ahora esta afirmación unánime de la crítica de que ese y no otro es el camino que necesita transitar nuestra narrativa actual.

purgatorio *m* **1** (*Rel catól*) Lugar en que las almas de los justos purgan sus culpas antes de acceder a la gloria. | Villapún *Iglesia* 94: Las indulgencias son un medio excelente para librarnos de las penas del purgatorio. CNavarro *Perros* 54: Le decía que pensara en Dios y en las almas del purgatorio. **b) las penas del ~** → PENA.
 2 Lugar de padecimiento. | *SVoz* 8.11.70, 14: Conforme las metrópolis se convierten, cada vez más, en purgatorios de polución y violencia, la tribu de los partidarios de la vuelta a la Naturaleza crece.
 3 Cosa que implica grandes padecimientos. | N. Carrasco *MHi* 7.69, 23: Conocen [las modelos] el purgatorio de dietas severas, pruebas fotográficas y sesiones de gimnasia.

puri *m y f* (*jerg, raro*) Pers. vieja. *Tb adj.* | DCañabate *Paseíllo* 44: La Juncal estaba ya para pocas bromas. Empezaba a estar puri; ya no lo ganaba [el dinero] con tanta facilidad como antes.

púrico -ca *adj* (*Quím*) Que se deriva de la purina. | Navarro *Biología* 159: Los ácidos nucleicos a su vez se desdoblan en ácido fosfórico, pentosas .. y bases nitrogenadas (púricas y pirimídicas).

puridad. en ~. *loc adv* (*lit*) En realidad. | Delibes *Ratas* 12: El Pruden, en puridad, era Acisclo por bautismo, pero se quedó con Pruden, o Prudencio, por lo juicioso y previsor. Alfonso *España* 67: La cultura del campo es la básica, matriz del idioma y de lo distintivo de cada pueblo. En puridad, es la cultura más democrática.

purificación *f* Acción de purificar(se). | M. Calvo *MHi* 7.68, 16: En el campo agrícola, los beneficios de la nueva energía no se reducirán a la purificación del agua. RMorales *Present. Santiago VParga* 4: El Jubileo .. se transformó en el ciclo cristiano en una purificación del espíritu, en una amnistía general para traer de nuevo la paz a las

purificador – puro

conciencias. Vesga-Fernández *Jesucristo* 27: Purificación de María y presentación de Jesús en el templo.

purificador -ra I *adj* **1** Que purifica. *Tb n m, referido a aparato.* | *Puericultura* 13: Se dispone de parques y jardines donde pueden .. bañarse en oxígeno y sol purificador. GTelefónica *N.* 25: Instalaciones depuradoras industriales. Purificadores para piscinas.
II *m* **2** (*Rel catól*) Paño litúrgico con que en la misa el sacerdote limpia los vasos sagrados y sus propios dedos y labios. | Peña-Useros *Mesías* 186: Accesorios de los vasos sagrados .. Los corporales .. El purificador .. La palia o hijuela.

purificante *adj* Que purifica. | G. Estal *Ya* 15.9.74, 8: Las diferencias .. entre el socialismo utópico y la doctrina social de los papas estriban radicalmente en que el primero es solo reaccionario .., mientras que la segunda es progresista, renovadora, purificante, de índole en absoluto evangélica.

purificar A *tr* **1** Hacer puro o más puro [1, 2 y 3] [a alguien o algo]. | Aleixandre *Química* 88: El azufre así obtenido es impuro; para purificarle se le somete a la destilación en unas cámaras. Bustinza-Mascaró *Ciencias* 72: El riñón purifica la sangre liberándola de sustancias nocivas. Laforet *Mujer* 275: Lo menos que Dios pide a una persona que le conoce .. es que esa persona se purifique y abandone el pecado. **b)** Limpiar [un defecto o falta (*cd*), o a alguien (*cd*) de un defecto o falta]. | Villapún *Moral* 67: Con la tentación conocemos mejor los defectos y debilidades que debemos purificar y arrancar de nosotros. Ribera *SSanta* 22: Haced, Señor, que por la virtud de este misterio seamos purificados de nuestros vicios.
B *intr pr* **2** (*Rel jud*) Acudir [una mujer] al templo a los cuarenta días de haber dado a luz un hijo, para quedar libre de impureza legal. | Vesga-Fernández *Jesucristo* 27: María no estaba obligada a purificarse: su caso era una excepción a causa de la milagrosa Encarnación del Verbo.

purificatorio -ria *adj* Que sirve para purificar. | B. M. Hernando *Inf* 8.7.74, 15: No creo que ningún país del mundo presuma tanto de detergentes y desodorantes como el nuestro .. La televisión nos fríe cotidianamente con anuncios purificatorios y supuestamente bienolientes.

purili *m y f* (*jerg, raro*) Pers. vieja. *Tb adj.* | Sastre *Taberna* 110: Ya estoy hecho un purili; pero tú... Qué bárbaro. Y con todo tu pelo.

purín *m* Líquido formado por las orinas de los animales y lo que rezuma del estiércol. *Frec en pl.* | MFVelasco *Peña* 93: Fue [su caída] en el sumidero donde desaguan los purines del tenado, y, aunque salió de él rebozado, como puede imaginarse, todo se arregló con unos calderos de agua. Remón *Maleza* 155: El "amargón" o "diente de león" .. y la "romaza" –que se desarrollan enormemente con los purines y estiércol–.

purina *f* (*Quím*) Sustancia cristalina e incolora cuya oxidación produce ácido úrico. | Navarro *Biología* 25: La oxidación de la purina de los nucleoprótidos origina el ácido úrico.

purísima (*con mayúscula en acep 1*) **I** *f* **1 la ~**. (*Rel catól*) La Virgen María. | GSerrano *Macuto* 322: Una diana floreada es algo inolvidable, por ejemplo el día de la Purísima. Cela *Viaje andaluz* 108: En la parroquia de la Purísima, las campanas .. tocan a cunini por un niño marceño que el aliento del primer verano remató.
II *adj invar* **2** [Azul] celeste. | Cela *Pirineo* 181: La habitación .. es una celda minúscula, con las paredes pintadas de azul purísima.

purismo *m* Tendencia a ajustarse rigurosamente a los cánones tradicionales de corrección y pureza, esp. en el lenguaje o en el arte. | Tejedor *Arte* 154: Entre los arquitectos del purismo sobresalen Diego de Siloe .., Pedro Machuca. C. Murillo *SAbc* 14.12.69, 33: Lo anterior equivale a decir que los males de los flamencólogos son los que apuntábamos en nuestro anterior artículo: La erudición y el purismo.

purista *adj* De(l) purismo. | Lapesa *HLengua* 73: En la Bética, apartada y culta, .. se hablaría seguramente un latín conservador, purista en cierto grado. GNuño *Madrid* 90: Siguió después la factura del templo propiamente dicho en gótico exagerando purista. **b)** Adepto al purismo. *Tb n.* | GAmat *Conciertos* 121: En casi todo, dentro de los límites de este bajo mundo, es necesario librarse de la plaga de los puristas. *MHi* 11.63, 47: Los puristas de la Fiesta, los críticos más ortodoxos –y ya van quedando pocos–, no se explican el triunfo de este muchacho.

puritanamente *adv* De manera puritana. | GHortelano *Amistades* 28: Le sacaría el doble de rendimiento a lo mío, si mi madre no fuese tan puritanamente intransigente.

puritanismo *m* **1** Condición de puritano. | Pemán *Testigos* 288: –Los padres de ella... ¿no sabían nada? .. –No, no sabían nada. Su puritanismo no era cosa de juego. R. Saladrigas *Des* 12.9.70, 29: Ha sido testigo [Mauriac] de cómo la activísima evolución de las ideologías enterraba para siempre .. la trascendencia de su puritanismo contradictorio.
2 (*hist*) Doctrina de los puritanos [2]. | Vicens *Polis* 372: Jacobo I halló graves problemas ante sí, .. [entre ellos] la cuestión religiosa, agravada por el desarrollo del presbiterianismo escocés y el puritanismo inglés.

puritano -na *adj* **1** De moral muy estricta, esp. en el aspecto sexual. *Tb n, referido a pers. Frec con intención desp.* | Laforet *Mujer* 180: –Si no hay más que zancadillas y crueldades, robos en gran escala y una obsesión sexual desmedida .. –Hablas como una puritana, hija. * Su actitud es absolutamente puritana.
2 (*hist*) *En los ss XVI y XVII:* De una secta protestante inglesa que pretendía practicar un cristianismo más puro que el oficial. *Frec n, referido a pers.* | Aldebarán *Tri* 7.2.70, 5: Lord Russell, heredero de una familia histórica, radical y puritana. Vicens *Polis* 372: El nuevo monarca .. persiguió a los católicos ..; los puritanos también fueron objeto de medidas represivas.

purna *f* (*reg*) Partícula. | Alvar *Envés* 18: Los dedos .. cogían cuidadosamente las purnas de tabaco caídas sobre el tapete.

puro -ra I *adj* **1** Que no tiene mezcla. | Gambra *Filosofía* 90: Potencia y acto son .. dos principios metafísicos que entran en la composición de todos los seres, con la sola excepción de Dios, que es acto puro, es decir, ser pleno sin mezcla de potencialidad. **b)** (*Quím*) Que no contiene ningún elemento ajeno a su propia composición. | Aleixandre *Química* 71: Las aguas naturales no son puras, sino que contienen .. sustancias disueltas (sales y gases). **c) químicamente ~** → QUÍMICAMENTE.
2 Que no contiene ningún elemento extraño o nocivo. | Legorburu-Barrutia *Ciencias* 81: Respirar aire lo más puro posible, evitando estar mucho tiempo en habitaciones cerradas.
3 Carente de imperfección moral o de pecado. | * Solo un corazón puro como el suyo era capaz de tal sacrificio. **b)** Limpio de lujuria u obscenidad. | SLuis *Doctrina* 92: El noveno Mandamiento nos manda que seamos puros y castos en pensamientos y deseos. **c)** Virgen. | SLuis *Doctrina* 31: Nació milagrosamente, saliendo del seno purísimo de María, sin romper ni manchar la virginidad de su madre. Ortega *Americanos* 53: Se llamaba doña Pura, pero que de pura...
4 Que no contiene nada que le reste perfección o belleza. | Laforet *Mujer* 123: Descorrió la cortinilla, recibiendo una pura y serena impresión de belleza. **b)** Que se ajusta totalmente a un canon o a un modelo que se toman como perfectos. | J. RFernández *Ya* 17.9.90, 49: Ese anuncio .. nos señala el camino emprendido por los Pixies: turbios manejos guitarrísticos, en la más pura línea del *hardcore*, y melodías sofisticadas.
5 *Gralm antepuesto al n*, pondera la ausencia de cualquier circunstancia ajena a lo expresado por el *n*. | Laforet *Mujer* 243: Paulina, desde su llegada de la playa, notaba que el mundo le parecía pura pesadilla. CBaroja *Inquisición* 20: Ve acaso en la carrera eclesiástica un posible modo de ascender más seguro que ejerciendo de puro legista.
6 [Arte o artista] que deja de lado cualquier preocupación ajena a su naturaleza específica. | MCachero *AGBlanco* 128: Este es –debe ser– un artista puro, nunca un preocupado, interesado sermoneador.
7 [Poesía o poeta] que busca una lírica esencial prescindiendo de todo elemento formal accesorio. | DPlaja *Literatura* 487: A partir de su libro *Diario de un poeta recién casado* (1916) el poeta busca una poesía esencial, o pura, que no se apoye en la versificación sino en el contenido. Gaos *Antología* 19: El anhelo de perfección formal, de medida, es co-

mún al "poeta puro" –Guillén–, al "creacionista" –Gerardo Diego– y a un artista tan espontáneo como Lorca.

8 [Ciencia o científico] que no se ocupa del aspecto práctico o experimental. | CPuche *Inf* 18.12.69, 5: El administrador del comité de investigación de los fenómenos de aeronáutica .. se mostró encantado con la noticia de que los militares dejan el tema a los científicos puros.

9 (*Matem*) [Fracción periódica] en que el período comienza en la primera cifra decimal. | Marcos-Martínez *Aritmética 2º* 65: Las expresiones decimales periódicas se clasifican en puras y mixtas. Se llaman puras cuando el período empieza en la primera cifra decimal ..; y son mixtas cuando el período empieza más allá de la primera cifra decimal.

10 (*Der*) Que no incluye ninguna condición, excepción o restricción ni plazo. | *Compil. Cataluña* 700: Si también faltare esta elección, quedará instituido el hijo que reúna las circunstancias determinadas en el heredamiento puro.

II *m* **11** Cigarro constituido por hojas de tabaco prensadas que forman una masa compacta. *Tb* CIGARRO ~. | Olmo *Golfos* 63: Todas las tardes, recién tomado su café, encendía un buen puro. J. SMiera *Gal* 11.88, 25: Un cuadro de Tapies se inscribe en esta misma órbita: junto a una depuración de los elementos pictóricos casi absoluta, un verdadero cigarro puro se ha pegado a la tela.

12 Anea o espadaña, planta cuya inflorescencia recuarda un puro [11]. *Tb la misma inflorescencia*. | Cendrero *Cantabria* 71: *Thypha* [sic] *latifolia*: Espadaña, puro.

13 (argot, *Mil*) Castigo o sanción. *Frec con el v* METER. *Tb* (col) *fuera del ámbito militar*. | *Ya* 15.10.91, 5: Si hay que meterle un puro a la banca, que se le meta. Julio Anguita, IU.

III *loc adv* **14 de ~** + *adj* (o *n*) = DE TAN (o TANTO) + *adj* (o *n*). | Medio *Bibiana* 115: Una mujer buena. Tonta, de puro buena. Laiglesia *Tachado* 201: –¡Sí, sí, pintura! –lloriqueó un pusilánime, que de puro miedo le dolían todas las manchas que si fueran heridas de verdad.

púrpura I *f* **1** Materia colorante de color rojo, extraída pralm. de algunos moluscos del gén. *Murex* o *Purpura*. | Bustinza-Mascaró *Ciencias* 128: La cañadilla, comestible, de alguna de cuyas especies es extraída una materia colorante (púrpura). Tejedor *Arte* 25: También traficaba [el comercio fenicio] con las abundantes elaboraciones de sus propias industrias .., sobre todo, .. el vidrio transparente y el tinte de púrpura; este, obtenido del múrice, un marisco muy abundante en sus propias costas.

2 Molusco gasterópodo que produce la púrpura [1] (*Purpura haemostoma*). | Artero *Invertebrados* 90: Hay muchos más representantes en el mar, que llamamos en general "caracolas" y que en vez de pulmones tienen una o dos branquias. Son muy conocidas la púrpura, la bocina, la oreja de mar.

3 Tejido o vestidura de color rojo, símbolo de una alta dignidad. *Tb la misma dignidad. Frec, referido al cardenalato*, ~ CARDENALICIA. | Vesga-Fernández *Jesucristo* 140: Después de este tormento le colocaron un manto viejo de púrpura .. y .. le saludaban burlonamente, diciendo: "Salve, Rey de los judíos". V. Gállego *ByN* 31.12.66, 47: Es triste perder la púrpura y querer mantener los andrajos. *Inf* 21.1.71, 10: La púrpura cardenalicia le había sido concedida por Su Santidad Juan XXIII el 28 de marzo de 1960. J. M. González *Nor* 2.11.89, 51: El peso de la púrpura, quiera él [Cela] o no, siempre transforma.

4 (*Med*) Afección caracterizada por la aparición de manchas rojas en la piel, debidas a pequeñas hemorragias subcutáneas. | Mascaró *Médico* 64: La púrpura es una hemorragia cutánea puntiforme, de variable extensión, originada generalmente por una alergia medicamentosa o infecciosa.

5 (*Anat*) Sustancia rojiza de la retina. *Gralm* ~ RETINIANA. | Alvarado *Anatomía* 86: El papel de la sal de plata fotosensible de las placas fotográficas lo desempeña la púrpura retiniana, y quizá otras substancias incoloras.

II *adj invar* **6** [Color] rojo oscuro que tira a violado. *Frec* ROJO ~. *Tb n m*. | Zenón *SYa* 27.10.85, 45: El clásico caparrón es pinto, color púrpura sobre blanco, pero **también** los hay completamente rojos. **b)** (*Herald*) [Color] que en pintura se representa por el violado y en dibujo por trazos diagonales que suben de izquierda a derecha. *Gralm n m*. | Em. Serrano *Sáb* 6.8.75, 63: Traen, en campo de oro, un león rampante de púrpura, coronado de oro. **c)** De color púrpura. | MMolina *Invierno* 54: En mi memoria aquel verano se resume en unos pocos atardeceres de indolencia, de cielos púrpura y rosa sobre la lejanía del mar.

purpurado *m* Cardenal de la Iglesia Romana. | Torrente *Isla* 53: La Santa Inquisición todos los días encima, aunque también protegida por varios purpurados. **b)** (*semiculto*) Obispo. | Marsé *Dicen* 145: Con la cabeza el obispo le indica que se siente .. Él espera en vano unas palabras del purpurado.

purpurar *tr* **1** Teñir de púrpura [1]. | Benet *Viaje* 169: Retirarse al abstracto, palatino y translúcido medio que el convenio no hizo más que purpurar.

2 Vestir de púrpura [3]. | Marsé *Dicen* 143: Se abre silenciosamente la puerta y queda un instante enmarcada la figura purpurada de su Ilustrísima.

purpúreo -a *adj* [Color] de (la) púrpura [1]. | Bustinza-Mascaró *Ciencias* 267: Las flores [del guisante] son .. de color purpúreo o blanco. **b)** De color púrpura. | Navarro *Biología* 237: Las bacterias purpúreas o Rhodobacterias son fotosintéticas.

purpurina *f* Polvo finísimo de bronce o de metal blanco, que se añade a una pintura para dorarla o platearla. *Tb la pintura que lo contiene*. | Laforet *Mujer* 260: La iglesia estaba adornada con mal gusto. Mucho yeso y purpurina. GPavón *Reinado* 192: Muy repintada [la casa], y con los hierros de las ventanas y balcón en purpurina plata.

purpurinar *tr* Pintar con purpurina. *Frec en part, a veces sustantivado*. | GTelefónica *N.* 813: Manipulados del Ter, S.A. Engomados. Parafinados. Matizados. Purpurinados. Imitación piel .. Cartulinas.

purpurino -na *adj* Purpúreo. | Lera *Bochorno* 218: La sorpresa paralizó al pronto a Piluca .. Su palidez quedaba oculta por el fulgor purpurino de la pantallita.

purrela *f* (col) **1** Cosa despreciable o sin valor. | Buero *Hoy* 90: Todo es una purrela. Papeletitas de a peseta, o poco más.

2 Montón o conjunto grande [de cosas]. | *Ya* 28.12.92, 34: Después de una "purrela" de años en el banquillo como seleccionador nacional.

3 (*desp*) Conjunto de perss. *Frec con intención afectiva, referido a niños*. | ZVicente *Traque* 173: Como el colegio de doña Terenciana, que este año, por fin, parece que trae dos licenciadas de fuera, se ve que la purrela aumenta que es un gozo.

purria *f* (*reg*) Gentuza. | Mendoza *Ciudad* 121: No había sido hecha [la ley] para que la purria se prevaliese de ella.

purriego -ga *adj* Del valle de Polaciones (Cantabria). *Tb n, referido a pers*. | Cossío *Montaña* 54: El genio cazurro y bienhumorado de los purriegos se adivina en la inscripción que se lee sobre el portón de entrada.

purrusalda *f* (*reg*) Porrusalda. | *Ama casa* 1972 12*b*: Vascongadas. Bacalao a la vizcaína .. Purrusalda.

purulencia *f* Formación purulenta. | N. Luján *Sáb* 5.4.75, 3: En la mentalidad de nuestro tiempo esto de ser rico es grave pecado, según la mayoría de escritores. Es peor que sufrir la lepra leonina y estar cubierto de pústulas y purulencias contagiosas.

purulento -ta *adj* **1** Que tiene pus. | Mascaró *Médico* 111: La forma crónica se manifiesta por conjuntivitis irritativa, .. tos irritativa, expectoración purulenta.

2 De(l) pus. | Corbella *Salud* 452: Cuando el contenido de la vesícula se infecta o es inicialmente purulento, se habla de pústula.

3 Que tiene aspecto de pus. | CPuche *Paralelo* 82: Aquel negro de palidez purulenta se levantó vacilando.

pus *m* (*tb, pop, f*) Líquido amarillento, compuesto pralm. por leucocitos muertos, que se produce en los focos de infección del organismo. | CPuche *Paralelo* 56: Tiene los párpados hinchados y amarillentos, como llenos de pus. Berlanga *Gaznápira* 20: El casco de tomate seca la pus.

pusco *m* (*jerg*) Pistola o revólver. | Tomás *Orilla* 255: Así pues, quedaba el revólver, único nexo entre él y el Sevillano. Podía quemar. Tenía que hacer desaparecer el pusco.

pusher (*ing*; *pronunc corriente*, /púćer/) *m* y *f* (*jerg*) Traficante de drogas duras. | Montero *SPaís* 5.3.78, 13:

pusilánime – puto

Alguien le rompe la mandíbula a otro acusándole de *pusher*, de comerciante de droga dura.

pusilánime *adj* [Pers.] falta de ánimo o coraje. *Tb n*. ǀ CNavarro *Perros* 184: Como todo ser mezquino y pusilánime, solo sentía necesidad de herir cuando alguien se le presentaba a pecho descubierto. CNavarro *Perros* 87: Aquí .. solo hay sitio para .. los pobres de espíritu y los pusilánimes. **b)** Propio de la pers. pusilánime. ǀ CBonald *Noche* 75: Sacudió la cabeza como rechazando ese pusilánime y tal vez indebido estupor.

pusilanimidad *f* Cualidad de pusilánime. ǀ CSotelo *Proceso* 354: Sé también que ha sido la pusilanimidad, la falta de entereza, lo que ha motivado alguna de esas repulsas.

pústula *f* Vesícula inflamatoria de la piel, llena de pus. ǀ CBonald *Ágata* 98: No tardó en dar alcance a aquella criatura amorfa y comida de pústulas que corría a cuatro patas.

pustuloso -sa *adj* (*Med*) Caracterizado por la presencia de pústulas. ǀ Corbella *Salud* 452: El progreso de la terapéutica antimicrobiana ha hecho que en el momento actual las enfermedades pustulosas tengan un carácter mucho menos acusado.

puta[1] → PUTO.

puta[2] *adj* (*reg*) **1** Astuto o taimado. *Tb n, referido a pers*. ǀ Marsé *Dicen* 287: Pero contestó con una evasiva el muy puta. Marsé *Dicen* 172: Verás, es una función muy especial, decía el puta.
2 Malvado. ǀ VMontalbán *Comité* 136: Una mantis religiosa se había posado sobre las patatas .. –Ese es el animal más puta que hay. Mata al macho después de tirárselo.

putada *f* (*vulg*) Faena o mala pasada. ǀ R. L. Goicoechea *D16* 10.12.77, 5: Un servidor cree que hay una campaña para poner en libertad al Lute y dejarnos entre rejas a todos los demás. Si hacen eso, ¡vaya putada!

putañeo *m* (*vulg, raro*) Puteo (acción de putear [1 y 2]). ǀ Torrente *Off-side* 114: Se dedicó [Paquita] durante algún tiempo al putañeo artisticoliterario, con vino tinto y citas de Simone de Beauvoir.

putañería *f* (*vulg, raro*) **1** Condición de putañero. ǀ Cela *Gavilla* 24: El rey .. está casado, pero separado de su mujer ..: él dice que por putería de ella; ella afirma que por putañería de él.
2 Hecho propio de putañero. ǀ Torrente *Filomeno* 403: Aseguró que es usted recuperable, y que todo consistirá en hallarle una novia conveniente. Se la están buscando, señor Freijomil, una señorita de pazo que le quite de sus putañerías.

putañero -ra *adj* (*vulg*) [Hombre] putero. *Tb n*. ǀ Torrente *Saga* 243: Mi vida vacía, mi vida de soltero putañero, ya tiene una finalidad. Grosso *Capirote* 184: Para ese ya no hay tierra ni dinero ni mujeres .. Poco le importa haber sido un putañero o un borracho. **b)** De(l) hombre putañero. ǀ Torrente *DJuan* 71: Se le había ordenado especialmente que no estropease con trapisondas impías o con aventuras putañeras la buena fama del fraile.

putativo -va *adj* **1** [Padre o, raro, otro pariente] que es considerado como tal sin serlo naturalmente. ǀ J. M. Llanos *Ya* 19.3.74, 19: José no pasaba de ser un padre putativo. *Ya* 2.5.92, 6: Los artesanos somos hijos putativos del Gobierno central.
2 Que se considera como existente. ǀ *Ya* 4.5.82, 8: El militar .. deberá atenerse a lo que se mande, quedando legitimada su propia conducta por tal causa de justificación si la orden fuera cierta, o exculpado por virtud de error, como eximente putativa, cuando actuare en la racional creencia de existir la orden en cuestión.

puteado -da *adj* (*vulg*) **1** *part* → PUTEAR.
2 Desgraciado, esp. por implicar trato desconsiderado o abusivo. ǀ SSolís *Blanca* 98: ¡Juventud puteada la mía! Y todavía dicen algunos resignados: ¡no exageres, mujer, que también nos reíamos y nos divertíamos!

putear (*vulg*) **A** *intr* **1** Actuar como puta (→ PUTO [2 y 4]). ǀ Goytisolo *Recuento* 60: La noia, de su hermano para abajo, ha puteado más que una gallina. Marsé *Dicen* 287: Hasta quizá fueron novios, esa tuvo muchos, a los quince años empezó a putear bajo una manta, dicen. **b)** Tener [un hombre] relación homosexual. ǀ Cela *SCamilo* 222: Matiitas los sábados por la tarde .. se dedica a putear con algún señor de confianza.
2 Ir de prostitutas [un hombre]. ǀ Ayerra *Veladas* 105: Había contraído unas secretas, ya que era calentón y puteaba.
B *tr* **3** Prostituir [un hombre a una mujer]. ǀ Ayerra *Veladas* 244: Del rufián más artesanal que putea a hija, esposa o querida. **b)** Explotar [a alguien]. ǀ Umbral *Trilogía* 238: Camilo iba a crear Alfaguara, con dinero del constructor Huarte –Camilo siempre ha sabido putear buenos mecenas–, para mandar, más aún, en la literatura española.
4 Tratar [a alguien] de manera desconsiderada o abusiva. ǀ Ayerra *D16* 25.2.82, 3: Se trata de la cuestión gitana, un personal puteado a manta y a cuya persecución y mal trato se entrega con igual ilusión el payo rico que el pobre. Umbral *País* 18.9.83, 33: El cabreo solo es una cosa de funcionarios puteados y de cornudos.

puteo *m* (*vulg*) Acción de putear, esp [1 y 2]. ǀ Goytisolo *Recuento* 133: Rememora los buenos malos ratos pasados, el novieo con las novias y el puteo con las putas. *Int* 25.8.82, 95: –¿No hay hembras en el carril? –le preguntó. –Pocas .., y las pocas que hay, de paso. –¿De paso hacia dónde? –Hacia el puteo o el hoyo.

putería *f* (*vulg*) **1** Condición de puta (→ PUTO [2]). ǀ Cela *Gavilla* 24: El rey .. está casado, pero separado de su mujer ..: él dice que por putería de ella; ella afirma que por putañería de él.
2 Prostitución (actividad). ǀ VMontalbán *Tatuaje* 135: También en la putería la teoría es compañera inseparable de la práctica.
3 Zalamería femenina. ǀ Cunqueiro *Merlín* 157: ¡Con lo fácil que le salía a José llamarles puterías a las delicadezas y melindres de las mujeres.
4 Astucia. ǀ *Papus* 13.8.77, 3: Son rebajas de comerciantes que saben que solo pueden vender en este tiempo si tienen la putería de poner en las etiquetas que su producto antes valía más.

puteril *adj* (*vulg*) De (las) putas (→ PUTO [4]). ǀ VMontalbán *Mares* 90: Tal vez sea una nueva técnica de márketing puteril.

puterío *m* (*vulg*) **1** Prostitución (actividad). ǀ Berenguer *Mundo* 142: Una de aquellas con muy poquísima vergüenza, del puterío eran todas como hay sol. VMontalbán *Rosa* 75: La menos ilustrada y por lo tanto sofisticada para buscar niveles de puterío mejor cotizados.
2 Conjunto de (las) prostitutas. ǀ GPavón *Cuentos rep.* 166: Las mujeres decentes que presenciaban el espectáculo miraban boquiabiertas tanto puterío junto.

putero -ra *adj* (*vulg*) **1** De (las) putas (→ PUTO [4]). ǀ VMontalbán *Rosa* 75: La puta tradicional de calle o bar de barrio putero.
2 [Hombre] aficionado a las prostitutas. *Tb n*. ǀ Cela *SCamilo* 398: Don Leopoldo es hombre de hogar y de buenas costumbres, y don Vicente en cambio es putero y medio tarambana. Marsé *Montse* 193: Ese que te hablé, mi amigo, era un putero.

puticlub (*tb, más raro, con la grafía* **puti-club**) *m* (*vulg*) Bar de alterne. ǀ *Int* 23.3.78, 14: Nos adentramos en el submundo de las barras americanas –también llamadas "puticlubs"– para conseguir una aproximación real y objetiva al universo del alterne. *Int* 27.7.83, 9: Yo sabía que Rafi iba mucho a puti-clubs de mariquitas.

putiferio *m* (*col, humoríst*) Puterío. ǀ Paso *Sirvientes* 85: –Un consejo de una tía buena: te va puteando en el inglés. Mira que tú no sabes lo que es esto .. –¿Usted me perdona que diga lo que es? ¡El putiferio! Eso es. –Nene: el putiferio ya lo es casi todo .. Ahora, hay el putiferio de los veinte duros, que es una pilipirucha, y el putiferio de los seis millones, que es un alto asunto financiero. GGarrido *Año 80*: El perentorio grito provocó un tenso silencio, brevísimo, roto por los abrazos del putiferio siempre al quite.

puto -ta (*vulg*) **I** *adj* **1** *Se usa, gralm antepuesto al n, como calificativo despectivo genérico*. ǀ Oliver *Relatos* 102: No paraba de rajar dirigiéndose al Maestro, que no la hacía ni puto caso. R. Alonso *SPaís* 4.10.81, 39: La falta de información facilita el *enganche* .. Cuando empezamos nosotros

no se tenía ni puta idea. Goytisolo *Recuento* 107: Mientras eres un puto aspirante todos te dan por el saco. Aldecoa *Gran Sol* 187: "¡Qué setenta millas negras!", dijo el patrón de pesca. "¡Qué setenta millas putas!", dijo el hombre del timón.
  2 [Mujer] fácil en el aspecto sexual. *Tb n.* | Torrente *Fragmentos* 110: Tenían fama de putas, las criaturitas, y por lo que supe de ellas, la merecían.
  3 [Hombre] astuto o taimado. *Tb n.* | Berlanga *Pólvora* 23: Dudando en si contarle a Chon todo lo de la bomba o callarse como un puto.
  4 [Hijo] **de (la gran) puta** → HIJO.
  II *n* **A** *m y f* **5** Prostituto. *Normalmente referido a mujeres.* | GPavón *Hermanas* 35: El río negro de la carretera .. invita a la partida, a dejar .. la puta veterana riendo histérica en el portal. VMontalbán *Rosa* 211: Tu amigo Andrés es el que trabaja de puto en una casa de masajes. **b)** *Más o menos vacío de significado, se usa frec como insulto, esp dirigido a mujeres. Tb adj.* | Olmo *Golfos* 82: –Bueno, bueno, ¡qué fiera! –¡Y tú qué puta! Delibes *Voto* 48: –Con más ardor, compañera. No seas estrecha.– La atrajo hacia sí. Laly movió los hombros incómoda: –Agarra el volante y no hagas chorradas, cacho puto. Oliver *Relatos* 79: Bien nos hicieron la puñeta las estrechas de la mierda, y se irían descojonando en el camino de nosotros, tú, que son así de putas todas ellas.
  B *m* **6** Homosexual masculino. | Cela *Escenas* 31: La bofia, cuando toca baldear los calabozos, suele organizar alguna cacería de maricones ..; en una de estas redadas cayeron dos peones de la cuadrilla del Pompeyano .., y el Exuperancio .. le dijo al Pompeyano .. que él no volvía a torear con putos.
  C *f* **7** Sota de la baraja. | Gironella *Millón* 257: Les complacía horrores decir "puta" cuando salía una sota.
  8 *Frec se usa en fórmulas interjectivas como* LA PUTA (DE OROS), ME CAGO EN LA PUTA, ME CAGO EN TU PUTA MADRE, *etc.* | * Me cago en la puta de oros, qué golpe.
  III *loc v* **9 pasarlas putas.** Pasar grandes apuros o dificultades. | Delibes *Guerras* 236: Que dice don Santiago que en la vida las ha pasado más putas, y que Dios Padre me perdone.
  IV *loc adv* **10 como puta por rastrojo.** En mala situación. | * Está como puta por rastrojo.
  11 como putas en cuaresma. Sin dinero. | * Todos los fines de mes están igual, como putas en cuaresma.
  12 de puta madre → MADRE.

putón *m* (*vulg*) Puta (→ PUTO [2 y 4]). *A veces* ~ VERBENERO *o* DESOREJADO. | Zunzunegui *Camino* 351: –Tú vete arriba, que a este pollo le tengo que arreglar yo las cuentas. –Y a ella..., que es un... un pu... putón... ¿no? Montero *Reina* 57: Una noche me la encontré con uno, un viejo gordo y rico, de putón.

putrefacción *f* Acción de pudrir(se) o corromper(se). *Tb su efecto. Tb fig.* | Bustinza-Mascaró *Ciencias* 91: El olor pestilente y nauseabundo de las carnes y pescados en putrefacción.
  2 De (la) putrefacción. | Navarro *Biología* 237: Las principales fermentaciones bacterianas son las siguientes: fermentación acética, láctica, amoniacal, butírica y pútrida.
  3 [Fiebre] **pútrida** → FIEBRE.

putrefactivo -va *adj* De (la) putrefacción o que la implica. | P. Berrocal *Hoy* 7.10.76, 18: Se tendía al consumo inmediato [de la carne], ya que era temida lógicamente la aparición de fenómenos putrefactivos.

putrefacto -ta *adj* Podrido o corrompido. *Tb fig.* | Apicio *Sáb* 6.8.75, 43: El cangrejo de río .. se nutre de lombrices, de pájaros de carnes casi putrefactas, de pececitos, de renacuajos y de los desperdicios de diversa índole que hay en las aguas. *Cod* 3.5.64, 2: Lo que se pretende .. es dar estado legal a un caciquismo representativo de todos los residuos putrefactos de la burguesía.

putrescible *adj* Que puede pudrirse o corromperse. | Ybarra-Cabetas *Ciencias* 228: Cuando las bacterias actúan sobre sustancias no putrescibles .. transforman su alcohol en vinagre.

pútrido -da *adj* **1** Podrido o corrompido. *Tb fig.* | Solís *Siglo* 103: Se manifestaron .. los primeros síntomas de la gangrena .. Se le aplicó .. en las partes pútridas ungüento egipcíaco. CBonald *Ágata* 63: Venía de esas cavernas a la vez pútridas y lozanas de la noche.

putsch (*al; pronunc corriente,* /puĉ/) *m* Golpe de mano de un grupo político o militar con el fin de adueñarse del poder. | A. Assía *Van* 17.4.73, 21: El asesinato por los nazis del pequeño pero magnífico canciller cristiano-demócrata austríaco con el consiguiente "putsch" me facilitó, por pura casualidad, uno de mis mayores éxitos. *Sp* 19.4.70, 30: Se produjo [la deposición de Kruschef] según las normas de lo que se ha dado en llamar "putsch de palacio", que consiste, fundamentalmente, en conseguir la mayoría para la moción propia forzando la dimisión del número uno.

putt (*ing; pronunc corriente,* /pat/; *pl normal,* ~s) *m* (*Golf*) Golpe para introducir la pelota en el hoyo o para acercarla a él. | Gilera *Abc* 25.11.73, 73: Más espectadores cada día, sin que se pueda precisar la cifra: cinco mil, seis mil, distribuidos por las tribunas, los "tee" de salida, .. y los círculos alrededor de los "green" para ver la precisión de los golpes finales, los llamados "putt".

puya *f* **1** Punta de acero de la garrocha. | D. Lechuga *Ya* 17.3.89, 44: La reducción en la puya se efectuará en las cuerdas, y no en la arista cortante, que permanecería igual. Con ello, la distancia desde la punta de la puya hasta la cruceta se ve disminuida, y por tanto, la herida es menor.
  2 Garrocha. | CPuche *Paralelo* 238: A él sí que habría que herirlo, pero con una puya de picar toros bravos.
  3 Puyazo [1]. | DCañabate *Paseíllo* 130: El toro no se deja pegar porque es certero y hiere de la primera cornada al caballo... Vamos a ver si en esta puya le coge los altos y le sangra bien.
  4 Pulla (dicho agudo con que se zahiere a alguien). | S. Chanzá *SAbc* 16.3.69, 48: Este año las más irónicas puyas han estado dirigidas, cómo no, al matrimonio Onasis.

puyazo *m* **1** Pinchazo dado con la puya [1]. | J. Vidal *País* 15.5.77, 42: En el cuarto, que tomó un puyazo crecido para venirse abajo en los siguientes, vimos unas chicuelinas de Tinín y un magnífico quite de Aranda.
  2 Puya [4]. | GGual *Novela* 93: Luciano añade siempre esos puyazos de sátira contra los pedantes gramáticos o contra los filósofos.

puzle *m* Rompecabezas (juego). *Tb fig.* | Marín *Enseñanza* 103: Juegos de "puzle", como algunos dominós, hoy a la venta, en que las figuras están divididas en dos mitades y deben completarse. M. A. Castañeda *DMo* 13.8.87, 3: Tres cántaros de nacimiento, dos palentinos y dos extremeños son el puzle autonómico de nuestra propia Cantabria.

puzolana *f* (*Mineral*) Roca eruptiva muy porosa, usada en construcción como aislante térmico y acústico y para la fabricación de cemento hidráulico. | *Sol* 24.5.70, 7: Movimiento de buques ..: Buque: .. Mario Attanasio .. Descarga: .. pu[z]olana. [*En el texto,* puzzolana.]

puzolánico -ca *adj* (*Mineral*) De (la) puzolana. | J. GAbad *Inf* 18.4.74, 14: Existen además en la zona amplias extensiones de rocas puzolá[n]icas, única riqueza mineral de la isla. [*En el texto,* puzolámico.]

puzzle (*ing; pronunc corriente,* /puθle/) *m* Puzle. | Cossío *Confesiones* 220: Las cosas que usé y contemplé allí están en mi memoria un poco desordenadas, como las piezas de un *puzzle*. Laiglesia *Tachado* 78: Una nueva pieza del *puzzle* europeo pasaba a formar parte de la Gran Alemania.

PVC (*pronunc,* /pé-úbe-θé/; *sigla del ing* polyvinyl chloride) *m* Materia termoplástica obtenida por polimerización del cloruro de vinilo, usada frec. para aislamientos. | S. Pey *TEx* 21.2.75, 19: Las tuberías de PVC pueden conformarse fácilmente con un calor suave.

PYME (*tb con la grafía* **pyme**; *pl,* ~ *o* ~s) *f* Pequeña y mediana empresa. *Normalmente en pl. A veces en sg con sent colectivo.* | *País* 2.8.83, 35: Los convenios paralelos para las 'pymes', del ICO y el Gobierno vasco, dificultan su instrumentación. *Ya* 26.6.85, 29: Su invención, desarrollo y puesta a punto han estado dirigidos por el empresario Luis Llopis,

pyrex – pyrex

presidente del Consejo de Administración de PROPYME, S.A. (sociedad dedicada a la informatización de las PYME).

pyrex (*n comercial registrado; pronunc corriente,* /píreks/ *o* /píres/; *tb con la grafía* **pírex**) *m* Vidrio que resiste altas temperaturas, usado esp. para vajillas y menaje de cocina. *A veces* VIDRIO ~. | *Ya* 25.5.78, 13: Fuente de horno .. De pyrex transparente. C*Puche Ya* 19.11.63, 5: Le insinuó .. Que si no sería mejor quitarse los guantes para fregar al menos los vasos, las fuentes de pírex y otras cosas delicadas. Bustinza-Mascaró *Ciencias* 346: Calentar un poco de hulla pulverizada en un tubo de vidrio pyrex cerrado en su parte superior.

Q

q → CU.
qasida → CASIDA.
quado → CUADO.
quadrívium *m* (*hist*) *En la Edad Media:* Grupo de disciplinas constituido por la aritmética, la geometría, la música y la astronomía. | GÁlvarez *Filosofía* 1, 248: Las siete artes liberales constituían el *trívium* –gramática, retórica y dialéctica– y el *quadrívium* –aritmética, geometría, astronomía y música–. [*En el texto, sin tilde.*]
quántico → CUÁNTICO.
quanto → CUANTO².
quántum (*pl* QUANTA) *m* **1** (*Fís*) Cuanto (unidad de radiación). | *Cod* 9.2.64, 6: Poniéndonos en trance de averiguar la relación existente entre el fútbol y el amor, la teoría de los "quanta" y el amor.
2 (*lit*) Cantidad. | M. Pont *Van* 21.3.74, 35: La cuestión litigiosa se limita en esencia a decidir si el Jurado Tributario al fijar el "quántum" de las bases se mantuvo en el área de la específica competencia que le asigna el precepto. MSantos *Tiempo* 209: Lamentando el quántum que en tales investigaciones está reservado a la suerte.
quark (*pl normal*, ~s) *m* (*Fís*) Hipotética partícula elemental con que se forman otras partículas. | M. Calvo *SYa* 19.6.77, 15: Hoy, toda nueva partícula que se descubre parece apoyar la llamada teoría de los "quarks", propuesta por el premio Nobel norteamericano Gell-Mann.
quásar (*tb* **quasar**; *tb con la grafía* **cuásar** *o* **cuasar**; *pl normal*, ~s *o* ~ES) *m* (*Astron*) Cuerpo celeste de apariencia estelar cuyo espectro se caracteriza por líneas de emisión anchas y muy desplazadas hacia el rojo. | Artero *Inerte* 20: Gracias al radiotelescopio, surge en 1963 el último descubrimiento –por ahora–: las radio-fuentes casi estelares o *quásars*, a distancias superiores a los 6.000 millones de años-luz. M. Calvo *Ya* 8.12.70, 8: La galaxia Andrómeda .. tiene en su parte central una fuente de luz extraordinariamente poderosa y que recuerda a los quasares. M. Calvo *SYa* 28.11.73, 24: Se producen "agujeros negros" en los cuales hay sitio para cuasares, nubes de gas cósmico y estrellas neutrónicas.
Quattrocento (*it; pronunc corriente,* /kuatroĉénto/). **el ~.** *m* El siglo XV. *Con referencia a Italia, esp a su arte y a su cultura.* | Tejedor *Arte* 147: La arquitectura renacentista italiana, iniciada en Florencia en el Quattrocento, alcanza su apogeo en Roma en el siglo XVI.
que¹ (*con pronunc átona*) *pron relativo* **A** *Introduce una prop adj (con antecedente).* **1** *El antecedente es un sust. Puede ir precedido de prep, y en este caso se usa frec con art.* (*Cuando la prop es explicativa, no se construye con prep sin art.*) | Cela *Judíos* 294: Lo vino a despertar el susto que se pegó –que no fue manco– cuando su mula .. se fue. Lera *Bochorno* 14: –Cualquier sábado nos echan de aquí. Nunca nos gastamos un céntimo... –Mientras vengamos este yo –dijo Juanito, señalando a Paco–, que somos del barrio... Matute *Memoria* 64: Ni siquiera leía los periódicos y revistas de que se rodeaba amontonadamente. DPlaja *Soliloquio* 81: En unos casos serían .. asientos desde los que pronunciar un parlamento. Cunqueiro *Un hombre* 48: Me fijé en su hombro izquierdo, en el que tenía una mancha rojiza en forma de león. Cunqueiro *Un hombre* 47: Escuchaban las historias que corrían por la ciudad, y con especial apetito aquellas en las que salían altezas y todo el señorío. **b)** (*lit*) *Cuando el v de la prop es* SER, *el predicat puede anteponerse al relativo.* | Cunqueiro *Un hombre* 112: Es una mujer honrada, lavandera que fue de la inclusa. **c)** *Se omite frec la prep* EN *cuando el pron* ~ *representa noción de tiempo*: el día que llegué. *Tb* (*col*) *cuando representa noción de lugar*: la casa que viven ellos. | Umbral *Noche* 9: La primera noche que entré en el Café Gijón puede que fuese una noche de sábado. Grosso *Capirote* 45: Sé la litera que duerme. Sastre *Taberna* 99: Rogelio tropieza en la mesa que está el Caco. **d)** (*col*) *En otras nociones adverbiales normalmente representadas por prep +* ~, *se omite a veces la prep y se precisa la noción por medio de un ulterior compl "prep + pron pers":* el amigo que estuvimos ayer con él '*el amigo con el que estuvimos ayer*'.
2 lo ~. *El antecedente es gralm una or. El pron puede ir con o sin prep.* | M. Lozano *Agromán* 17: Es lástima que algunos de los buenos rejoneadores existentes .. no se decidan a torear toros en puntas, como lo hacía don Antonio Cañero, con lo que el rejoneo adquiría mayor importancia.
3 como quiera ~, cualquiera ~, dondequiera ~, quienquiera ~ → COMO, CUALQUIERA, DONDEQUIERA, QUIENQUIERA.
B *Introduce una prop sust (sin antecedente).* **4** *Precedido siempre de art, con o sin prep.* | Cela *Judíos* 287: Mientras no reviente, coma las que le quepan.
5 lo ~. Cuánto. | Torrente *Pascua* 305: ¡Tú no sabes lo que ha significado en la economía de Pueblanueva ese millón de menos! **b)** *Cuando se refiere a un adj o un adv, estos se intercalan entre* LO *y* ~. | MGaite *Retahílas* 45: Es curioso lo de prisa que se lee a esa edad.
C *Acompañado de diversas palabras, forma locs y constrs.* **6** *locs conjs de sent temporal.* **a) a lo ~**, **a la ~.** (*pop*) Cuando. | * A lo que llegué me dijeron lo sucedido. Buero *Hoy* 51: A la que subimos, nos traemos las sillas para luego. **b) en lo ~.** (*pop*) Mientras. | Delibes *Cinco horas* 191: En lo que te enseñan los monigotes, si te pueden quitar la cartera, no te creas que se lo piensan dos veces.
7 *constrs vs* **a) dar ~** + *infin* (HACER, HABLAR, PENSAR, *etc*) → DAR. **b) tener mucho** (*o* **algo, poco, nada**) **~** + *infin* → TENER. **c) lo ~ es.** *Se usa expletivamente precediendo a un sust o a una prop, con intención enfática.* | Torrente *Pascua* 273: Lo que es llover, lloverá todo el día. MGaite *Visillos* 77: Lo que es como te metas en discusiones con ella, no acabáis en toda la noche.
8 *loc pr cuantitativa* **el ~ más y el ~ menos.** Todo el mundo, unos más y otros menos. | Lagos *Vida* 57: El que más y el que menos sospechaba que el dicho Barbas debía tener, por fuerza, parte en el asunto.
que² (*con pronunc átona*) **I** *conj* **A** *Introduce una prop.* **1** *Introduce una prop sust que desempeña en la or la función de cd, suj, predicat o compl de un sust o un adj. A veces precedido del art* EL, *esp en función de suj.* | Olmo *Golfos* 149:

Un trozo de madera, haciendo de cartel, le anunciará que en el sótano existe un taller de planchado. Berenguer *Mundo* 23: Le daba rabia que se pareciera a abuelo. Cela *Judíos* 188: No deja de ser curioso el hecho de que .. no haya quedado recuerdo alguno. Delibes *Cinco horas* 243: Eso de que te pegase no me lo creo. * El que seas tú no importa. **b)** *Iniciando la contestación a una pregunta, dependiendo del v de esta.* | Matute *Memoria* 231: –¿Qué tengo que saber? .. –Que estás en mis manos. **c)** *Reitera algo dicho anteriormente y que no ha tenido respuesta.* | Ferres-LSalinas *Hurdes* 57: –¿Tiene tabaco? –¿Qué? –la mujer hace bocina con la mano derecha sobre la oreja .. –¡Que si tiene tabaco! **d)** *(col) A veces, cuando entre la conj y el v va intercalado un compl, se repite la conj delante del v.* | Cunquiero *Un hombre* 35: La cabeza de mujer gritaba que, si aparecía la tal, que a ella le diesen veneno. **e)** *Tb dependiendo de vs que exigen compl precedido de una determinada prep:* ACORDARSE DE, AVERGONZARSE DE, APROVECHARSE DE, NEGARSE A, CONFORMARSE CON, *etc.* | Cela *Judíos* 196: Había de convencer al mesonero de que los dejase al fiado. **f)** ~ **si** (*tb, más raro,* ~). *Introduce una prop en la que se reproducen argumentos de otra pers a los que se niega validez. A veces se omite el v del que depende la conj.* | Lera *Bochorno* 205: Ya sabes cómo habla: que si relativamente por aquí, que si qué singular por allá. A. ÁCadenas *Reg* 24.11.70, 5: Que Pakistán es zona de "paso" ciclónico. Bueno ¿y qué? Que en el delta del Ganges ya ocurrieron inundaciones, maremotos y ciclones en otras ocasiones. ¿Y qué?

2 *Introduce un término (prop o palabra) que se toma como base de una comparación. Va siempre precedido de un antecedente* (MÁS, MENOS, MAYOR, MENOR, MEJOR, PEOR, ANTES, DESPUÉS, IGUAL, DOBLE, *etc*). | Hoyo *Glorieta* 35: Carlos es más valiente que Luis. Olmo *Golfos* 153: Él iba por un lado y ella por otro, igual que si fuesen enemigos. Lagos *Vida* 48: Doble trabajo que los de don Pascual me dan. **b)** *A veces va seguido de un* NO *expletivo.* | S*Inf* 18.7.74, 2: Más graves problemas que no precisamente los de las bombas de la extrema derecha. **c) preferir** [a una pers. o cosa] ~ [otra] → PREFERIR. **d) otro** ~ o OTRO.

3 *Introduce una prop presentada como consecuencia del hecho expuesto en la or. Puede ir precedido de un antecedente* TAL, TAN o TANTO, *u otra palabra equivalente.* | Cela *Judíos* 230: La cabeza me pega semejantes retembleros que para mí que va a acabar estallando! Lera *Bochorno* 250: Si la veo ojerosa o preocupada, estoy que no vivo. Medio *Bibiana* 14: Una razón tan clara, tan irrebatible, que Marcelo se rinde sin luchar.

4 ~ **no** + *v en subj* = SIN QUE + *v en subj*, o SIN + *v en infin. Dependiendo de un v en forma negativa.* | * No habla que no meta la pata.

5 *Para que. Después del v principal.* | Lagos *Vida* 36: Mujer, entra que te veamos.

6 *Porque. Después del v principal.* | Cunquiero *Un hombre* 14: Los reyes .. corrieron a esconderse en su cámara secreta y tardaron en salir un mes, que con el susto se les había olvidado la palabra que abría la puerta. **b)** *Siguiendo a un n o adj, pondera lo expresado por estos, frec presentándolo como causa de algo comentado antes.* | ZVicente *Mesa* 127: A aquel pichafría que escribías tus contestaciones muy deprisa le ponía la mar de alegre que tú hubieras aborrecido a tu padre, se ve que era uno de estos modernos destructores de la familia. Progre que es el funcionario. * ¡Suerte que tiene la chica!

7 *Como. Introduce una prop con la que se presentan como palabras ajenas las que se acaban de enunciar.* | L. Calvo *Abc* 1.12.70, 30: Si la Unión Soviética, computando beneficios, opta por sacar adelante el Pacto con la Alemania Federal, y Varsovia el suyo .., abonan el escorzo al Occidente neocapitalista (que llaman).

8 *Precediendo a una negación, pone de relieve la idea que precede contraponiéndola a otra que sigue.* | Torres *Ceguera* 42: Hermana melliza, que no gemela. **b)** *Precedido de una or negativa: Sino que.* | J. Cueto *País* 1.12.83, 56: El accidente no existe *per se*, no es en sí, que es en otro.

9 *Introduce una or aclaratoria intercalada entre paréntesis o comas.* | Cela *Judíos* 194: Rebañe hasta el Cristo, si sabe hacerlo, que me pienso que sí.

10 ~ + *suj* (*gralm pron pers*) + *v* (*solo de conocimiento*) *en subj* = *v en gerundio* + *suj:* ~ yo sepa 'sabiéndolo yo'. | Valdeavellano *Burguesía* 27: Término que por primera vez se encuentra consignado, que yo sepa, en un documento de la abadía de Beaulieu. Cela *Judíos* 297: Censo anual que la Adrada todavía paga o, que el vagabundo sepa, aún pagaba hace muy pocos años.

11 ~ + *v en subj,* ~ **no** (*o* ~ **no** + *el mismo v*). *Aunque no* + *v en subj. A veces se suprime el primer* ~. | * Que quiera, que no quiera, irá. Lera *Bochorno* 164: Quieras que no, siempre alivia un poco el frescor de la cueva que hay debajo.

B *Introduce una or independiente.* **12** *Introduce una or (con v en ind) que expresa una advertencia.* | Fraile *Cuentos* 92: Profesor, ¡que Núñez no me deja ver con su cabezota!

13 *Introduce una or (con v en subj) que expresa deseo.* | Cunquiero *Un hombre* 9: –Hoy es día de ofrecerles cebollas a los santos Cosme y Damián .. –¡Que nos ayuden!

14 *Introduce una or (con v en subj) que expresa lamentación.* | * ¡Que me pase esto a mí!

15 *Introduce una or interrog o exclam, que expresa incomprensión o asombro ante lo que se acaba de oír.* | MGaite *Visillos* 23: –A esta la pondréis de largo. –No quiere. –¿Que no quiere? **b)** *Introduce una or exclam con la que se constata un hecho.* | LTena *Alfonso XII* 130: –¡Vamos, que no te fías de mí! –Todo lo contrario, señora.

16 *Si. Introduce una or que, con entonación más o menos interrog, presenta una objeción hipotética, a la que sigue inmediatamente su solución.* | MGaite *Visillos* 19: ¿Que riñes? Pues santas pascuas.

17 *(col) En comienzo de frase y a veces repetido dentro de ella, denota énfasis en una apreciación.* | GPavón *Hermanas* 23: Que muy bien, Manuel .., que es una oportunidad para tu historial. Aldecoa *Gran Sol* 19: ¿Las miras y las matas...? ¡Que te crees tú!

18 *a* ~... *Se usa para dar relieve al enunciado que sigue.* | Lera *Bochorno* 24: ¿A que sé cómo te llamas? Lo he soñado esta noche. SFerlosio *Jarama* 111: El conejo se había asustado al ver moverse a Amadeo. Juanito dijo: –A que se me atalló.

19 *y* + *ci de pers* + ~. *Introduce una observación que contradice lo que otro acaba de decir.* | Neville *Vida* 384: –Los anuncios me cargan siempre. –Y a mí que me distraen...

C *Se usa expletivamente.* **20** *Siguiendo a advs de afirmación* (SÍ, CLARO, NATURALMENTE, SEGURO, *etc*), *o a las locs advs de tiempo* EN ESTO, EN ESO. | Cela *Judíos* 194: –¿Tiene usted memoria? –Sí, señor, memoria sí que tengo. ZVicente *Traque* 37: Claro que, si las decía su difunto, hacía bien en repetirlas. Aldecoa *Gran Sol* 38: Subieron todos a cubierta, y en esto, patrón, que un golpe de mar... MSantos *Tiempo* 48: Yo pensando en la hartá de tetas que me iba a dar la Florita. Na más salir. Y en eso que llega el padre.

21 *(pop) Siguiendo a expresiones exclams con* QUÉ + *adj o adv, o con* MENUDO (*u otro adj ponderativo semejante*) + *n.* | FSantos *Catedrales* 96: Aunque fuera esa casa, ¡qué bien que nos vendría! Medio *Bibiana* 39: Si te descuidas, no te toca nada. Menudo saque que tienen esos.

22 *(reg) Introduciendo una interrogación.* | Marsé *Dicen* 91: –Por qué. –Por el color del pelo .. ¿Que no lo ves?

D *Se combina con otras palabras.* **23** *Precedido de otras palabras, gralm advs o preps, forma locs conjs* (AL PUNTO ~, A MENOS ~, ANTES (DE) ~, ASÍ ~, BIEN ~, COMO QUIERA ~, CON TAL ~, DADO ~, DE MANERA ~, DE MODO ~, DE ~, DESPUÉS (DE) ~, DONDEQUIERA ~, EN CUANTO ~, EN TANTO ~, ENTRE TANTO ~, LUEGO ~, MAL ~, MIENTRAS ~, NADA MÁS ~, NI ~, PARA ~, POR MÁS ~, PUESTO ~, SINO ~, SUPUESTO ~, YA ~, Y ESO ~, *etc*) → PUNTO, MENOS, ANTES, *etc.*

24 por + *adv o adj* + ~ (POR PRONTO ~, POR BUENO ~) → POR.

25 *Forma constrs y perífrasis vs:* **ser** (*en 3ª pers sg*) + *adv o sust* + ~ (ES ASÍ ~, FUE ENTONCES ~, ES AQUÍ ~, ERA POR ESTO ~, *etc*) → SER; **haber** → HABER; **tener** ~ → TENER; **digamos** (*o* ~ **se diga**) → DECIR; **es** (**era**, *etc*) ~ → SER.

26 *Forma locs prs:* **alguno** ~ **otro, uno** ~ **otro** → ALGUNO, UNO.

II *locs y constrs advs* **27** *v en 3ª pers sg de pres de ind* + ~ + *la misma forma verbal* (*o el mismo v en 2ª pers sg del fut de ind*) = *v en gerundio* + CONSTANTEMENTE: canta ~ canta 'canta constantemente'. *Frec el 2º término va precedido del pron* TE: canta que te canta, canta que te cantarás. | Pinilla *Hormigas* 14: La abuela está cose que cose los sacos. Mihura *Carlota* 337: ¡Siempre toca que toca y toca que te toca! **b) dale** ~ **dale, dale** ~ **le das** → DAR; **erre** ~ **erre** → ERRE.

qué – quebrado

28 *(raro) adj + ~ + el mismo adj* = SUMAMENTE + *adj*. | ZVicente *Balcón* 12: ¡Pues no te hagas ilusiones! ¡Estás gorda que gorda!
29 pero ~. *(col) Precediendo a una expresión de intensidad, la refuerza.* | Cela *Judíos* 195: –¿Le gusta? –¡Ya lo creo! ¡Muy bonito, pero que muy bonito!
30 ~ para qué. *(pop; tb en la forma ~ PA QUÉ) Se usa para ponderar lo expresado por el v que precede. Tb adj, referido a un sust.* | ZVicente *Traque* 98: Este hijo, hay que ver cómo se ha puesto, le ha sentado el campo que para qué. Delibes *Cinco horas* 32: Me he agarrado un catarro que para qué. ZVicente *Traque* 37: No le repito a usted las palabras exactas porque decía algunas que para qué.

qué *(con pronunc tónica)* **I** *pron interrog y exclam* **1** *En uso interrog, sirve para preguntar por la identidad de una cosa o por la cualidad de una pers o cosa. A veces tb (col)* EL ~, *o (pop)* LO ~. | Arce *Testamento* 31: Yo aguardé a ver qué pasaba. CPuche *Paralelo* 371: Se había quedado muy quieta .., como pensando algo, aunque probablemente ella no sabía lo qué. **b)** *¿y ~?* Se usa para pedir la ampliación de una noticia que se acaba de recibir. | Delibes *Ratas* 20: –¿Terminaste de pintar el establo? –Ayer tarde. –¿Y qué? –Da tiempo al tiempo. **c)** *¿de ~?* ¿Por qué? *Implica negación. A veces en forma exclam.* | SSolís *Jardín* 154: ¡Casarme con un oscuro empleadillo, o con un artesano? .. ¿De qué, por Dios? Delibes *Guerras* 34: –¿Sientes ahora la bombilla en el pecho alguna vez? –De qué, no señor. **d)** *¿por no...?* Fórmula con que se invita a la acción que se expresa a continuación. | FSantos *Cabeza* 218: ¿Por qué no andamos hasta el faro?
2 *En uso interrog, sirve para preguntar por la cantidad o el precio de algo.* | Marcos-Martínez *Aritmética* 79: ¿Qué hay que añadir a 4/7 para tener 2/3? CBonald *Dos días* 90: –¿Tú que le crees que vale mi carné? –Mucho. **b)** *En uso exclam, seguido de la prep* DE, *sirve para ponderar la cantidad.* | * ¡Qué de coches!
3 *¿y ~? o ¿y eso ~? Expresa desprecio ante una objeción, o indiferencia hacia la cuestión que se acaba de exponer.* | Torrente *Vuelta* 242: –Dáselos al oficial del Ayuntamiento. Que haga tres copias. –Hará cuatro –sonrió el Cubano–; una para Salgado. –¿Y qué? No tramamos nada a espaldas de nadie. **b)** *A veces se expresa la pers que toma esa actitud, mediante la constr ¿Y* A + *pron o n + ~?* | Payno *Curso* 103: –¡Hombre, van a protestar! –¿Y a mí, qué?
4 *Formando or por sí solo: En uso interrog, ante algo dicho por otro y que no se ha comprendido, o respondiendo a una llamada. Tb (col)* ¿EL ~? | MGaite *Visillos* 35: –Oiga..., señor..., usted .. –¿Qué? ¿Me llamaba a mí? Matute *Memoria* 72: –¿Tú crees que es malo? –¿El qué? **b)** *En uso exclam (aunque a veces en forma interrog), expresa protesta o sorpresa.* | RIriarte *Noche* 145: –Ya no hay que pensar en reanudar el viaje esta noche .. –¿Qué? –¿Qué dice usted? –¿Se ha vuelto loco?
5 *En diversas constrs y locs con v:* **no hay de ~** → HABER; **¿~ es de** + *sust?* → SER; **¿~ hay?** → HABER; **~ más da** → DAR; **no sé ~**, **~ sé yo**, **yo ~ sé** → SABER; **~ va** → IR.
II *adj interrog y exclam* **6** *En uso interrog, sirve para preguntar por la identidad o la cualidad de una pers o cosa.* | Rosales *MHi* 3.61, 29: ¿Por qué razón quieres entrar de noche en el Toboso? **b)** *En uso exclam (a veces en concurrencia con un adj calificativo precedido de* TAN *o* MÁS*) sirve para ponderar la condición de lo expresado por el n o la cualidad expresada por el adj.* | Lera *Bochorno* 18: –Y tú, ¿de quién eres? .. –¡Ay, qué cosas pregunta usted! Yo, del Real Madrid, hombre. Lera *Bochorno* 115: ¡Qué mujer más singular!
7 *En uso interrog, sirve para preguntar por la cantidad.* | M. GMora *Abc* 13.6.58, sn: ¿Qué tiempo hará desde la construcción de esta plaza? **b)** *En uso exclam, pondera la cantidad.* | Matute *Memoria* 125: ¡Qué pena da! Está perdiendo algo.
8 *En uso interrog retórico (a veces en forma exclam) implica negación. A veces con un incremento expresivo introducido por* NI. | Sampedro *Sonrisa* 215: ¿Qué cuento ni cuento?... ¡Es más verdad que los libros! Delibes *Cinco horas* 108: Qué rey ni qué niño muerto.
III *adv interrog y exclam* **9** *En uso interrog, sirve para preguntar por el modo de un hecho.* | MGaite *Visillos* 71: –Antes me ha dado calabazas .. ¿Qué te parece a ti? –Pues muy bien.

10 *En uso interrog, sirve para preguntar por la intensidad de un hecho.* | * Yo quería saber qué nos importaba aquel asunto. **b)** *En uso exclam, sirve para ponderar la intensidad de una cualidad o una circunstancia.* | *Alc* 1.1.55, 3: ¡Y qué espléndido día ha sido este primero de 1955! Matute *Memoria* 129: ¡Qué lejos todo!
11 *Precediendo a una pregunta, la anticipa.* | MGaite *Visillos* 32: –¿Qué? ¿Echó usted un sueñecito?
12 *Precediendo a una interj, la refuerza enfáticamente.* | Laforet *Mujer* 165: Soy más listo de lo que creen todos ellos, qué caray. Buero *Hoy* 84: ¡Pues hay que esperar, qué demonios!
13 *(col) En uso interrog anticipa de manera vaga un compl adv por el que se pregunta a continuación.* | * ¿Qué vienes, en metro o en coche? * ¿Qué sois, siete?
14 *En uso interrog retórico (a veces en forma exclam), implica negación.* | Matute *Memoria* 100: ¡Ca, tú qué vas a ser como él! MGaite *Visillos* 226: Y es lo malo, que ya no se casa, qué se va a casar. Con el carácter que tiene. MGaite *Ritmo* 152: ¡Y a mí qué me importa casarme con ella o no!
15 ¿~ tal? → TAL.
16 sin ~ ni para ~, *o* **sin venir a ~.** Sin motivo. | * Se enfadó sin qué ni para qué. Delibes *Ratas* 48: De súbito, el Pruden, sin venir a qué, o tal vez porque por San Dámaso había llovido y ahora lucía el sol, soltó una risotada.
17 que para ~ → QUE[2] [30].
IV *m* **18** *Naturaleza o entidad [de una cosa]. Precedido del art* EL. | Delibes *Guerras* 92: Que eso de las quemaduras no es el qué, es el cuánto, decía.
19 el ~ dirán. La opinión de la gente. | Tellado *Gac* 11.5.69, 81: Por eso tengo miedo a las entrevistas; luego se interpretan... Sí, sí: miedo al qué dirán.
20 un no sé ~. Una cosa que no se sabe explicar. | Arce *Precio* 147: Charo había encontrado en él algo extraño desde el primer día. –Cuando se le conoce mejor –opinó–, se le nota un no sé qué.

quebecense *adj* Quebequés. *Tb n.* | L. Calvo *Abc* 20.10.70, 27: Existía un litigio, que iba agudizándose con los años entre los canadienses franceses e ingleses, de un lado, y los quebecenses separatistas de otro.

quebequeño -ña *adj* Quebequés. *Tb n.* | Ibero *Pue* 23.5.80, 3: Una mayoría de quebequeños han optado por el realismo: la escisión sería, a medio pla[z]o, la ruina de Quebec.

quebequés -sa *adj* De Quebec. *Tb n, referido a pers.* | P. Sastre *Inf* 20.10.70, 1: Fueron detenidas .. las dos hermanas de un individuo buscado en relación con el asesinato del ministro quebequés Pierre Laporte.

quebracho *m Nombre común a varias especies de árboles de América del Sur cuya madera es muy rica en tanino, esp la Aspidosperma quebracho-blanco, la Schinopsis lorentzii y la S. balansae. Frec tb su madera.* | Zubía *Geografía* 99: El tanino: Se saca del quebracho y otros árboles. **b)** *~ rojo. Nombre común a las especies Schinopsis lorentzii y S. balansae.* | Vicens *Universo* 424: Los bosques, muy extensos en el Paraguay propiamente dicho, .. ofrecen los máximos recursos nacionales. El quebracho rojo y la hierba mate son los principales productos.

quebrada *f* Abertura estrecha y áspera entre montañas. | Crémer *Abc* 26.11.70, 23: Era un muchacho vigoroso .. Le recuerdo enderezando las mulas al filo de una quebrada.

quebradero *m (col)* Preocupación. *Normalmente ~* DE CABEZA. | Laiglesia *Ombligos* 12: Hay un cartelito con la solución para evitar quebraderos de cabeza a los turistas.

quebradizo -za *adj* Que se quiebra [2 y 4] con facilidad. | Bustinza-Mascaró *Ciencias* 35: Si calentamos a elevada temperatura un hueso para destruir su oseína, veremos que pierde elasticidad y que se hace quebradizo. CBonald *Ágata* 49: El bracero se arrimó entonces y le dijo con una voz quebradiza que adónde iba Frey y si era suyo el niño. **b)** [Salud] débil o delicada. | * Su salud fue siempre muy quebradiza. **c)** *(raro)* Débil o inconsistente. | Escartín *Act* 25.1.62, 52: En estos cuartos de final, en Arica jugará el vencedor del grupo primero, Rusia, según nuestro aleatorio y quebradizo pronóstico .., contra Alemania Occidental.

quebrado -da *adj* **1** *part* → QUEBRAR.

quebradura – quechua

2 [Terreno] desigual y escabroso. | Cela *Judíos* 307: Cebrero, en español, quiere decir sitio áspero y quebrado preferido por las cabras monteses.
3 [Línea] constituida por varias porciones de rectas, unas a continuación de otras, sin que dos consecutivas caigan en la misma recta. | Gironza *Matemáticas* 178: Esta propiedad puede enunciarse también de otro modo al considerar en el polígono ABCDE, la línea quebrada que va de A a E como extremos, es decir, todo el contorno del polígono suprimiendo el lado AE.
4 [Número] que expresa una o más partes alícuotas de la unidad y que se representa mediante dos cantidades separadas por una raya horizontal u oblicua. *Frec* n m. | J. Zaragüeta *Abc* 23.12.70, 3: De esta unidad .. brotan una doble serie de números cardinales, en sentido de números enteros suprauntiarios hacia el infinito inalcanzable, e infrauntiarios o fraccionarios (quebrados y decimales) hacia el cero inalcanzable. Marcos-Martínez *Aritmética* 2º 54: Toda potencia de un quebrado irreducible es otro quebrado irreducible.
5 (*Coc*) [Pasta] para horno preparada con harina, aceite o mantequilla, agua, huevos y sal. | *Cocina* 401: Hojaldre y pasta quebrada.
6 [Pie] ~ → PIE.

quebradura *f* **1** Hendedura. | Matute *Memoria* 58: La luz amarilla de la linterna lamía despaciosamente los hoyos y las quebraduras de la roca.
2 (*pop*) Hernia, esp. en el escroto. | *Van* 20.12.70, 13: Herniado (quebraduras). La solución la hallará, si utiliza nuestros aparatos herniarios.

quebrantable *adj* (*raro*) Que se puede quebrantar. | *DCu* 11.7.76, 6: Es de adhesión pero quebrantable.

quebrantador -ra *adj* Que quebranta. *Tb* n: m y f, *referido a pers; f, referido a máquina.* | Selipe *Ya* 12.4.75, 41: Bohórquez, antes de prender las banderillas, prendió rejones de castigo, quebrantadores de la res, que dobló sin que el jinete jerezano hubiera de repetir el rejón de muerte. Lera *Abc* 22.10.70, sn: Somete al mismo rasero a quienes han obrado correctamente y a los supuestos quebrantadores de la norma. *Abc* 21.5.67, 68: Barrenadoras, rompedoras y quebrantadoras. Pisones compactadores de la marca Warsop.

quebrantahuesos *m* Ave rapaz de gran tamaño, de plumaje pardo oscuro en la parte superior del cuerpo y blanco rojizo en la cabeza (*Gypaetus barbatus*). | *HLS* 3.8.70, 8: Queda prohibida en todo el territorio nacional la caza de .. águilas, .. buitres, quebrantahuesos.

quebrantamiento *m* Acción de quebrantar(se), *esp* [4]. | APaz *Circulación* 32: Si el quebrantamiento fuere de sanción impuesta por sentencia judicial, se aplicarán ambas penas conjuntamente. *SAbc* 14.9.75, 29: José Antonio Primo de Rivera entró en los calabozos de Gobernación para responder de una acusación de quebrantamiento de precintos del centro de Falange clausurado en la calle de Nicasio Gallego.

quebrantaolas *m* (*Mar*) Navío que se echa a pique para que rompan en él las olas. | CBonald *Noche* 129: Allí quedó [el barco] –y quedaría durante años– hundido a manera de quebrantaolas.

quebrantar *tr* **1** Producir quebraduras o grietas [en una cosa (*cd*)] de modo que se rompa más fácilmente. | * El choque quebrantó el muro. **b)** *pr* Producirse quebraduras o grietas [en una cosa (*suj*)]. | * El muro se quebrantó a consecuencia del choque.
2 Machacar [una cosa (*cd*)] reduciéndola a trozos, pero sin triturarla. | * En la quebrantadora se quebranta la piedra.
3 Disminuir las fuerzas, el ímpetu o la resistencia [de alguien o algo (*cd*)]. *Tb fig.* | *Rue* 22.12.70, 12: Delante tiene [el toro] un torero poderoso, que le aguanta y quebranta. Delibes *Guerras* 147: –¿Experimentabas hastío tal vez? –Bueno, vamos, o sea, según bajaba me sentía como quebrantado, ¿entiende?, como con mugre. **b)** Disminuir [las fuerzas o la salud *cd*) de alguien (*compl de posesión*)]. | * Esa vida acabará por quebrantar su salud. **c)** *pr* Decaer o disminuir [las fuerzas o la salud (*suj*) de alguien (*compl de posesión*)]. | * Su salud se quebrantó bruscamente.
4 Violar o incumplir [una ley u obligación (*cd*)]. | Vesga-Fernández *Jesucristo* 61: Vosotros me preguntáis por qué quebranto el sábado. Pues sabed que mi Padre no ha cesado en su trabajo .. y yo obro también como él. APaz *Circulación* 32: El que quebrantare la sanción gubernativa de privación temporal o definitiva del permiso de conducción, será castigado con la pena de uno a seis meses de prisión. **b)** Violar [una cerradura]. | * Han quebrantado el precinto.

quebranto *m* **1** Acción de quebrantar(se), *esp* [3]. *Tb su efecto.* | DCañabate *SAbc* 29.9.68, 53: No lo es con el borrego, que no precisa quebranto de sus inexistentes fuerzas. Ahora bien, la fiesta, lo queramos o no, está basada en la peligrosidad del toro.
2 Pérdida o perjuicio. *Frec* ~ ECONÓMICO. | Tamames *Economía* 262: La convertibilidad de las monedas desapareció casi por completo, pues solo podía hacerse a través de las bolsas libres de divisas, con un fuerte quebranto respecto a los cambios oficiales. **b)** ~ **de moneda.** Comisión o gratificación concedida a los habilitados o pagadores. | Martín-Escribano *Decl. Renta* 24: Las cantidades que se abonen a los habilitados o pagadores en concepto de gastos por quebranto de moneda.

quebrar (*conjug* **6**) **A** *tr* **1** Romper [algo duro (*cd*)] con violencia. | Vesga-Fernández *Jesucristo* 146: A fin de que no quedasen los condenados sobre la cruz el sábado, los judíos rogaron a Pilatos que mandase quebrar las piernas a los ajusticiados. **b)** Romper [algo material o inmaterial]. *Tb fig.* | Olmo *Golfos* 193: Un sollozo quiebra la angustia del momento. P. Urbano *ElM* 1.5.91, 12: Lo que a Txiki Benegas le abrumó, le quebró los nervios y le desbrujuló .. fue el hecho sin vuelta de hoja de que le estaban espiando. **c)** Hacer que se quiebre [4] [la voz (*cd*)]. | MMolina *Jinete* 336: El esfuerzo del desafío y del grito le quebró la voz.
B *intr* ➤ **a** *normal* **2** Romperse [algo material o inmaterial]. *Frec pr. Tb fig.* | Delibes *Año* 75: He hecho el ensayo de poner en castellano algunos de los párrafos más acentuadamente peruanos, y la eufonía quiebra, resultan mucho más vulgares .. y secos. M. Ferrero *SAbc* 17.2.80, 28: La norma ha quebrado. Desde hace unos años se ha generalizado el tú para cualquier pariente. Olmo *Golfos* 159: El alambre .. que .. sostuvo nuestra vida se había quebrado. Chamorro *Sin raíces* 84: Entre padre e hijo hubo algún conato de diálogo que se quebró rápidamente. Laforet *Mujer* 225: Es que yo no sé amoldar las cosas... Yo me doy toda o me quiebro.
3 Cesar [alguien] en un negocio por no poder hacer frente a las obligaciones contraídas al no alcanzar el activo a cubrir el pasivo. *En part, frec sustantivado.* | *Ya* 24.6.76, 6: Quiebra el grupo de prensa más potente de Bélgica. La bancarrota afecta a cinco diarios y siete semanarios. Ramírez *Derecho* 160: En cierta forma, [la quiebra] sigue siendo una especie de muerte civil, ya que el quebrado no puede ejercer el comercio ni puede tener cargo ni intervención directa administrativa o económica en compañías mercantiles o industriales.
➤ **b** *pr* **4** Sonar [la voz] discontinua y alterada, esp. a causa de la emoción. | Paso *MHi* 12.70, 49: De pronto a Dimas se le quebró la voz.
5 Interrumpir su continuidad [el terreno]. | F. Presa *MHi* 2.64, 43: Es una zona estéril, una faja arenosa uniforme, que solo se quiebra en unos cuantos valles fértiles.
6 (*pop*) Herniarse. *Frec en part, a veces sust.* | Mañas *Tarantos* 348: Lo hemos dejado [al niño] allí liado a llorar hasta casi quebrarse. Lázaro *JZorra* 26: Yo los he visto [los pantalones] una vez que el Señortonete ha estado quebrado .. y se levantó de la cama.

quechemarín *m* Embarcación pequeña de dos palos. | Cuevas *Finca* 72: Los grandes troncos rectos que iban a servir de mástiles de fragatas y quechemarines.

quechua (*tb, raro, con la grafía* **kechua**) **I** *adj* **1** [Indio] que en el momento de la colonización habitaba la región que se extiende al norte y poniente del Cuzco (Perú). *Tb n.* | Alvar *Regiones* 11: La unidad del hombre .. que se sienta, cansado, con una vieja habitante del Pirineo, o que habla con un ticuna en Arara, con una india mixteca en Oaxaca, con un quechua en El Cuzco .. Es el hombre viendo –a través de su lengua– el espectáculo del hombre. **b)** Propio de los indios quechuas. | Céspedes *HEspaña* 3, 348: Entre las comunidades campesinas indígenas, el concepto de propiedad del suelo difería mucho del europeo. Tanto el *ayllu* quechua como el *callpuli* mejicano se basaban más bien en una propiedad comunal que privada.

2 Del quechua [3]. | Buesa *Americanismos* 341: Además de muchos verbos formados sobre sustantivos y adjetivos, hay otros derivados directamente de verbos quechuas.

II *m* **3** Lengua hablada por los quechuas [1] y que se extendió como lengua general por gran parte de América del Sur. | ZVicente *Dialectología* 390: En quechua solamente existen tres vocales: *a, u, i.* Buesa *Americanismos* 340: Aparte de *quechua,* se utilizan otras grafías, como *kechua, quichua.*

quechuismo *m* Palabra o giro propios de la lengua quechua o procedentes de ella. | Laín *Gac* 5.10.75, 19: En nuestro diccionario .. hay ya como quinientos quechuismos.

queda *f* **1** Prohibición militar de circular por las calles durante determinadas horas' de la noche, que se establece en tiempo de guerra o de desórdenes. *Más frec* TOQUE DE ~. | *Inf* 6.2.75, 1: Las autoridades de Lima decretaron ayer en el estado de excepción, que suspende las garantías constitucionales, y establecieron la queda. *Abc* 26.8.66, 26: A partir de mañana el toque de queda comenzará a las once de la noche.

2 (*reg*) Juego infantil en que el que se queda permanece quieto un tiempo esperando a que los demás se alejen, para correr luego tras ellos y tratar de cogerlos. | SSolís *Camino* 15: Ni siquiera cuando acudía con la niñera al vecino parque de San Lorenzo se atrevía Carmina a descuidar las cortapisas propias de su condición y sexo, y procuraba portarse con modosidad y recato, que solo olvidaba, a veces, cuando corría al escondite, a la queda o al aro, con su amiguito Marino.

quedado -da *adj* **1** *part* → QUEDAR.

2 (*Taur*) [Toro] que se queda [7]. | *Abc* 2.5.58, 51: Ortega .. alternó los pases con ambas manos, pero el toro, probón y quedado, le hizo desistir de la faena.

quedamente *adv* (*lit*) De manera queda (→ QUEDO [1]). | Arce *Precio* 205: Me agaché nuevamente hacia él y lo llamé bisbiseando su nombre muy quedamente, al oído. CSotelo *Proceso* 411: Ambos, entonces, quedamente, para no turbarle, se van por la lateral derecha.

quedante *adj* (*raro*) Que queda. | M. GMora *SYa* 9.11.73, 21: Las pinturas (solo podemos hablar de las quedantes) presentan un a modo de figuras humanas.

quedar A *intr* ➤ **a** *normal* **1** Continuar estando [en un lugar o en una situación]. *Frec pr. Referido a lugar, el uso intr es lit.* | Cela *Pirineo* 225: Y ahora te quedas ahí, mirando pasar francesas. S. Córdoba *Abc* 17.5.58, 25: De estos setecientos niños, ¿cuántas madres quedaron aquí? Cela *Judíos* 92: La moza, aun a pesar de su gentil apostura, se iba a quedar para vestir santos. **b) no ~ por** [alguien o algo]. No ser [esa pers. o cosa] la causa de que [algo (*suj*)] continúe sin realizarse. | Torrente *SInf* 25.7.74, 12: Acaso sea este el destino de Valeiras, y por mí que no quede. **c) ahí queda eso.** (*col*) Fórmula que pondera la rotundidad y oportunidad de lo que se acaba de hacer o decir. | DCañabate *Paseíllo* 143: Se aparta del toro con andares despectivos y jactanciosos, como diciendo: "¡Ahí queda eso!".

2 Pasar a estar [de una determinada manera] como consecuencia de un hecho. *Con un predicat o un compl adv. Tb pr, esp en sent material.* | Olmo *Golfos* 127: Me dirigí a la esquina de enfrente, como si me marchase. El melonero quedó de espaldas. P. Magaz *Abc* 26.9.74, 37: Nos ha quedado por ver un largo tramo de frontera. A. Figueroa *Abc* 29.9.74, 9: Inmediatamente se produjo el tumulto propio de estos casos. Quedó el tráfico interrumpido. R. Saladrigas *Abc* 3.12.70, 47: Todo este maremágnum de obras responde a un intento desesperado de colocar parches a una prenda que se nos ha quedado chica. **b)** *A veces el predicat se omite:* ~ [interrumpido], ~ [muerto], ~ [fijo], ~ [embarazada], *etc.* | * La conversación quedó en este punto. Olmo *Golfos* 80: ¡No te quedaste en el sitio por chiripa! Olmo *Golfos* 87: Uno de estos cartelones se quedó para siempre en nuestra memoria. Berlanga *Gaznápira* 119: El derroche de velas alumbrando estampitas a ver si se quedaba de una vez. [*Embarazada.*] **c)** Aparecer ante los demás [de una determinada manera (*adv,* COMO + *art* + *adj, o* POR + *adj*)]. | Cela *Pirineo* 231: A veces, cuando uno más lúcidamente quiere quedar, peor queda. Medio *Andrés* 181: Se les ha metido en la cabeza que tiene que zurrar a Fausto para quedar como un hombre. * Quedar por tonto no le gusta a nadie. **d)** Resultar. *Con un predicat o compl adv.* | Medio *Bibiana* 64: Quedan mejor [las patatas] atadas mientras cuecen... No se les sale el relleno. Cela *Pirineo* 212: Llamar, pomposamente, Les Bordes de Castell-Lleó a estas parideras queda un poco excesivo y rimbombante. **e)** Tener [una acción o una serie de acciones] como resultado final y desproporcionadamente pequeño [algo (*compl* EN)]. | *HLM* 4.11.74, 39: Lucharon dos titanes: Atlético y Barcelona. Fútbol, emoción y goles. Los dos pudieron ganar y todo quedó en empate. **f)** Pasar a ser [alguien (*compl* POR) algo que está en liza]. | Grau *Lecturas* 60: Hubo las inevitables refriegas y, finalmente, Segovia quedó por el Infante don Felipe.

3 Estar [una cosa en determinada situación local o temporal]. | Berenguer *Mundo* 103: Burgos es un pueblo que queda de Madrid para arriba. P. Corbalán *Inf* 14.1.74, 23: Él [Eurípides] es la tragedia moderna; detrás suyo quedan los orígenes.

4 Ser [alguien o algo] el resto de un todo del que se van empleando o cumpliendo elementos o porciones. | *Abc* 29.9.74, 5: Si de la copiosa, dilatadísima, frondosa nota de la Embajada, se podan las retóricas proclamaciones políticas de la Revolución peruana .., apenas queda materia nueva para el comentario. Arce *Testamento* 13: Queda un buen trecho hasta El Palacio. I. Millán *DMo* 1.8.74, 3: A primeros de septiembre empezarán los exámenes de los ¡ay! suspendidos. Entre medias queda un mes y pico nada más. **b)** (*col*) Resultar suspendida [una asignatura (*suj*) para alguien (*ci*)]. | GHortelano *Amistades* 64: –Me dijo que iba a estudiar un rato .. –¿Cuántas le han quedado? **c) ~le otra** [a alguien]. (*col*) No estar íntimamente en conformidad con lo que se acaba de decir. | GPavón *Hermanas* 31: –¡Hace un bochorno! –Sí hace, sí –coreaba Plinio, aunque otra le quedaba en respective a la temperatura y al epicentro de su origen.

5 Acordar [dos perss. o una con otra algo (*compl* EN + *sust*)]. *Tb* (*pop*) ~ DE + *infin o una prop con* QUE. | Sánchez *Inf* 2.1.75, 12: Habíamos quedado en cenar juntos. Torrente *Señor* 340: Habíamos quedado en que no te meterías en mi vida. Ballesteros *Hermano* 34: Quedamos de llevar una especie de código de señales por escrito. * Quedó de que vendría. **b)** Citarse [dos perss. o una con otra]. | Peraile *Ínsula* 37: Bueno, pues hasta dentro de un rato .. Si os parece, quedamos en el apartamento de esa chica. A las once, ¿no? Carandell *Madrid* 110: Las mujeres con las cuales es muy fácil ligar o quedar se llaman "quedonas". **c) ¿en qué quedamos?** Fórmula con que se invita a poner término a una indecisión o aclarar una incongruencia. | Delibes *Guerras* 135: –Sí, doctor, o sea, no. –¿En qué quedamos, Pacífico?

➤ **b** *pr* **6** Fijarse [algo] en la memoria [de alguien (*ci*)]. | Ballesteros *Hermano* 32: Apuntábamos en un block los nombres para que se nos quedaran mejor.

7 (*Taur*) Evitar [el toro] las arrancadas, por agotamiento o por temperamento. | Lera *Clarines* 397: Te verás frente a un marrajo de media embestida, que se queda, que derrota.

8 *En algunos juegos infantiles:* Desempeñar [alguien] el papel menos agradable. | Pemán *Abc* 5.12.70, 3: Tain dio unas cuantas vueltas con cierto aire del que "se queda" en la gallina ciega, sino que con los ojos sin vendar. Olmo *Golfos* 44: –¡Media con lique! –No juego. –Pues te quedas.

9 Pasar a la posesión [de algo (*compl* CON)], esp. mediante compra. *Tb fig.* | * Me quedo con estos dos libros. Envuélvalos, por favor. Berenguer *Mundo* 61: Lo de cazador es eso, arrimarse al animal avisado y quedarse con él, con la escopeta o a bocados. **b)** Pasar [alguien] a la posesión definitiva [de algo (*compl* CON) que se le había confiado temporalmente]. | Medio *Andrés* 117: Y se queda con las propinas para él solo, cuando no le vemos. Si lo sabré yo... Y se queda con el dinero de la Caja... Vaya si se queda. **c)** Retener [algo (*compl* CON) en la memoria. | * Trato de quedarme con su cara, pero no lo consigo. **d)** Decidirse [por alguien o algo (*compl* CON) o elegir[lo (*compl* CON)]. | Torrente *SInf* 26.9.74, 12: Prescindo de momento de sus efectos nocivos, que he tenido ocasión de comprobar, y me quedo con ese atractivo que la droga tuvo y tiene para muchos artistas. **e)** (*col*) Sentir o mostrar atracción [por alguien o algo (*compl* CON)]. | Oliver *Relatos* 93: No veas el vacile de la basca cuando se fue la tía, el Manuel y hasta el gilipollas de mi hermano descojonándose del Maestro y diciendo que la abuela se había quedado con él. Pero luego los que nos cortamos fuimos nosotros. Joder, que la siguiente también se quedó con él, pero desde el principio .., que estaba un rato buena a pesar de los michelines.

10 (*col*) Burlarse [de alguien (*compl* CON)]. | Berenguer *Mundo* 43: Antes que uno pregunte, ya contestó; siempre con retranca, haciendo el chiste, quedándose con uno.
11 ~se solo. (*col*) Ser exagerado. *Normalmente seguido de ger o de* A + *infin*. | Delibes *Parábola* 45: Unos pechos de seguridad, qué más quisiéramos todos, .. te quedas solo pidiendo, Jacinto, que eso se acabó con el destete. Delibes *Emigrante* 38: Se puso a hablar Asterio, el sastre, y se quedó solo a elogiarme. * Cuando te pones a contar chistes malos, te quedas solo.
B *tr* ➤ **a** *normal* **12** (*pop*) Dejar [algo o a alguien (*cd*) de una determinada manera (*predicat o compl adv*)]. | Delibes *Emigrante* 15: La carta me ha quedado achucharrado. MFVelasco *Peña* 234: No se le ocurra mover un dedo y sacarme de quicios más de lo que estoy o le pego un tiro que le quedo tieso como al perro.
13 (*pop*) Acordar [algo (*prop con* QUE) dos perss. o una con otra]. | Arce *Precio* 99: Quedé que esperaría su llamada.
➤ **b** *pr* **14** (*col*) Pasar a la posesión [de algo (*cd*)], esp. mediante compra. *Tb fig*. | Grosso *Capirote* 136: —Evaristo, el que me ha mandado, ha dicho que a sesenta y cinco .. Viniendo de parte de él es lo que me dijo que pagarían .. —Ya le digo que no, que le deben haber informado mal. Si le viene bien a cincuenta y cinco me la puedo quedar. *SD16* 13.12.89, I: Contratan a los mejores ingenieros y no podemos quedárnoslos nosotros, porque en la libre competencia somos los que peor oferta hacemos. **b)** Pasar [alguien] a la posesión definitiva [de algo (*cd*) que se le había confiado temporalmente]. | CPuche *Paralelo* 346: Genaro tomó el reloj .. —Y si no vuelvo, te lo quedas.

quede *m* (*jerg*) Burla o broma. | Aristófanes *Sáb* 1.3.75, 56: Ya que tengo pegada la hebra al quede de las vocaciones, voy a deciros que la vocación buena, la fetén, ya no es la posconciliar, sino la "ultra".

quedo -da **I** *adj* (*lit*) **1** Que apenas hace ruido. | Arce *Precio* 87: Sonaban unos pasos quedos bajando la escalera.
2 Quieto o que no se mueve. | FReguera-March *Dictadura* 1, 476: No hizo ella movimiento alguno de huida, sino que permaneció queda. **b)** Quieto o sosegado. | Delibes *Parábola* 34: El polvo .. va disipándose gradualmente en la atmósfera queda y transparente.
II *adv* **3** Sin apenas hacer ruido. | Payno *Curso* 212: Poco después Pititi llamó muy quedo: —Oye. ¡Chss! ¿Cómo se hace esto?

quedón -na *adj* **1** (*col*) [Pers.] bromista o propensa a quedarse [10] con otras. *Tb n*. | Delibes *Voto* 45: Sacó del bolsillo una "cassette" .. —¿Te importa poner eso? .. —¡Ostras!, ¿qué es? .. —*La del manojo de rosas* .. —Jo, Diputado, no seas quedón.
2 (*col*) [Mujer] fácil de conquistar amorosamente. *Tb n*. | FSantos *Catedrales* 183: Cuando el casino o el club, o lo que sea, cierra, siempre hay dos o tres chavalas quedonas, las más de las veces extranjeras. Oliver *Relatos* 142: De bute, colegas, con una voz preciosa y un tono de quedona de los que te dicen que hay rollo seguro.
3 (*Taur*) [Toro] propenso a quedarse [7]. | Lera *Clarines* 493: A nadie se le ocurre querer torear al natural a un toro quedón.

quehacer *m* Actividad en que uno se ocupa, esp. por obligación o necesidad. | ZVicente *Asedio* 10: Fue [Fernández Almagro] de los afortunados voluntariosos que supieron acotarse una parcela de la Historia .. Pero no debo detenerme en su quehacer estrictamente histórico. Torrente *Señor* 413: Ella se había acostado .. y oía vagamente los gritos, como si no fuesen con ella, y más tarde el ruido de los últimos quehaceres, hasta que todo quedó en silencio. *SInf* 27.4.78, 9: Animador de tantos quehaceres culturales.

queimada *f* Bebida típica gallega que se obtiene de mezclar aguardiente de orujo, azúcar y limón y flamearlo hasta que se consume parte del alcohol. *Tb la operación de prepararla*. | *Sáb* 20.8.66, 20: Es una de las "bienaventuranzas" que pronuncia el barbado escultor Carlos, hoy al frente de una taberna "bohemia" en La Coruña. Las pronuncia durante el rito clásico de preparar la "queimada".

queismo *m* (*Gram*) Uso de la conjunción *que* en casos en que la norma establece *de que*. | *País* 8.7.91, 22: No es extraño .. que nos encontremos con pobreza de vocabulario .. además de casos más genéricos de incorrección, como *dequeísmos, queísmos*.

queja **I** *f* **1** Acción de quejarse. *Tb su efecto*. | Zunzunegui *Camino* 170: Las camas se agolpaban inmediatas y las quejas y lamentos tendrían de lecho a lecho sus arcos inmisericordes. Olmo *Golfos* 141: Entre sus quejas, suele repetir: —¡Cuánto me gustaría que eso fuera mío!
II *loc v* **2 dar ~(s).** Quejarse [2] [de alguien o algo]. | * Si esto sigue así, daré queja al Ayuntamiento. **b) tener ~** (*o* **~s).** No estar satisfecho [de alguien o algo]. *Frec en constr negativa*. | Laforet *Mujer* 157: El chico .. es muy habilidoso y hasta entonces no tuvimos la menor queja.

quejarse *intr pr* **1** Emitir [alguien] sonidos o palabras que expresan dolor o pena. *Tb fig*. | Medio *Andrés* 197: A lo mejor, le rompí algún hueso... Se quejaba mucho.
2 Manifestar [alguien] disgusto o protesta [por algo o alguien (*compl* DE)]. *Tb sin compl*. | L. PCutoli *Inf* 4.3.74, 14: No hay de qué quejarse. Medio *Bibiana* 12: Yo, por mí, no me quejo... Ando siempre por la casa de aquí para allá, haciendo esto o lo otro, pero no me quejo. Zunzunegui *Camino* 224: El pobre no hace otra cosa sino quejárseme en todos los momentos a ver qué te sucede.
3 Manifestar [alguien] padecimiento [en alguna parte del cuerpo (*compl* DE)]. | * Se queja de la cabeza. **b)** Manifestar [un padecimiento (*compl* DE)]. | * Se queja de escozor en los ojos.

quejica *adj* (*col*) [Pers.] que se queja mucho, y frec. con poco motivo. *Tb n*. | GPavón *Hermanas* 21: Las cuatro pesetas que valió el kilo de uva contentaron en buena parte a los quejicas. **b)** (*raro*) Propio de la pers. quejica. | VMontalbán *Rosa* 135: Salió a la calle Carvalho, con la noche cerrada por testigo de sus ganas de volver a casa, .. a la cháchara quejica de Charo.

quejicoso -sa *adj* (*col, raro*) Quejumbroso. | I. Montero *Inf* 29.12.77, 16: En vez de las babas de la oligofrenia, el aire quejicoso del explotado a perpetuidad.

quejido *m* Acción de quejarse [1]. *Tb su efecto*. | Halcón *Monólogo* 61: ¿Qué importan los quejidos, y si he gritado, qué importa?

quejigal *m* Terreno poblado de quejigos. | CBonald *Casa* 241: Me dirigí a campo traviesa hacia los vestigios podridos de unos chozos de colonos que aún asomaban por la linde del quejigal.

quejigar *m* Quejigal. | P. MRuipérez *Ya* 14.12.87, 37: Al igual que sus congéneres (robledales, melojares y quejigares) ha sufrido [el encinar] históricamente fuertes e[nv]lites.

quejigo *m* Se da este n a las variedades de roble *Quercus lusitanica, Q. faginea y Q. canariensis*. | CBonald *Casa* 240: Una bruma malva flotaba entre los quejigos del fondo de las lomas. Mayor-Díaz *Flora* 532: *Quercus faginea* Lam. "Quejigo".

quejilloso -sa *adj* (*raro*) [Pers.] que se queja mucho. | E. JRey *Reg* 24.11.70, 1: Quejilloso estáis, viejo amigo.

quejosamente *adv* De manera quejosa [2b]. | Arce *Testamento* 110: Y mis tripas sonaban quejosamente y de una manera grotesca en medio de aquel silencio, bajo la sombra de los fresnos.

quejoso -sa *adj* **1** Que tiene quejas [de alguien o algo]. *Frec con el v* ESTAR. | *Tie* 14.8.76, 22: Ese constante crecimiento es consecuencia de la creación del polo de desarrollo .. Sin embargo, hay mucha gente queda que está quejosa.
2 Que se queja. | Buero *Hoy* 99: Llevan a Sabas hacia la puerta, quejoso y medio desvanecido. **b)** Propio de quien se queja. | * Se dirigió a él en el tono quejoso.

quejumbre *f* (*lit*) Queja, esp. reiterada. | Zunzunegui *Camino* 274: La voz se le troceaba en lamentos y quejumbres. Sampedro *Sonrisa* 114: Vuelven los hachazos .. De pronto un chasquido y, tras brevísimo silencio, prolongada quejumbre de madera rota. Delibes *Castilla* 144: Que luego hay quien se queje, no digo que no, que eso de la quejumbre está en nuestra condición.

quejumbrosamente *adv* De manera quejumbrosa [2]. | Lera *Clarines* 401: —Por poco me ahogas —dijo quejumbrosamente.

quejumbroso -sa *adj* **1** [Pers.] que se queja continuamente y esp. con poco motivo. *Tb fig, referido a cosa.* | Lagos *Vida* 47: Doña Paulita rebulló en su sillón de mimbre, que crujió quejumbroso.
2 [Cosa] propia de la queja, o que la implica. | FReguera *Bienaventurados* 173: Oía los murmullos de su mujer, la canción que entonaba de vez en cuando con voz torpe y quejumbrosa.

quel *m* (*jerg*) Casa (lugar en que se vive). | Sastre *Taberna* 123: Nájate para el quel, que ya voy yo, Vicenta.

quelante *adj* (*Med*) [Agente] capaz de fijar iones de carácter metálico o semimetálico, usado esp. para eliminar del organismo los metales pesados. *Tb n m.* | MNiclos *Toxicología* 22: Calcio E.D.T.A. .. Es un agente quelante, muy empleado en envenenamientos por metales pesados al combinarse con sus iones.

quelato *m* (*Quím*) Compuesto originado por la unión de átomos metálicos con moléculas orgánicas o inorgánicas. | SAbc 10.4.83, 39: Carencias: .. Hierro .. Tratamientos: .. Quelatos de hierro.

queli *m* (*jerg*) Casa (lugar en que se vive). | Oliver *Relatos* 110: Se vinieron a vivir al piso que está debajo de mi queli.

quelícero *m* (*Zool*) Apéndice bucal de los arácnidos, frec. modificado en forma de pinza. | Legorburu-Barrutia *Ciencias* 178: El escorpión .. Comparándolo con la araña tiene de especial: Los quelíceros, que son pequeños y acaban en pinza. Los pedipalpos están muy desarrollados y terminan en una fuerte pinza.

queloide (*tb* **queloides**) *m* (*Med*) Tumor cutáneo que forma un saliente duro, compacto, de color rosa encarnado y superficie lisa. | L. GPaz *SYa* 6.5.90, XII: Los queloides no llegan a desaparecer totalmente, pero sí llegan a aplanarse y tomar un color menos rojizo.

quelonio *adj* (*Zool*) [Reptil] provisto de un caparazón de elementos óseos y córneos, cuatro patas gruesas y cortas, cabeza pequeña, cola cónica y mandíbulas sin dientes cubiertas por una envoltura córnea. *Frec como n m en pl, designando este taxón zoológico.* | CBonald *Ágata* 172: Y fue entonces cuando asomó la tortuga por detrás de un altillo salpicado de juncos .. Ya se acercaba el orífice al quelonio para examinar no se sabía qué rastros del extravío en el caparazón. Ybarra-Cabetas *Ciencias* 377: Clasificación de los reptiles ..: Saurios (lagartos), Ofidios (culebras), Cocodrilos (cocodrilo) y Quelonios (tortuga).

quema I *f* **1** Acción de quemar [1]. | DPlaja *El español* 69: Abolición de moneda, intercambio de productos, quema de iglesias.
II *loc v* **2 huir de la ~**. (*col*) Esquivar un peligro o una situación desagradable. | SFerlosio *Jarama* 18: Será porque ya se aburren de tanta Capital; si estuvieran a gusto no saldrían. Y que no es uno ni dos..., ¡es que son miles!, los que salen cada domingo, huyendo de la quema.

quemadero *m* Lugar destinado a quemar [1a] cosas en él. *A veces con un compl especificador.* | Berenguer *Mundo* 37: Cuando marcaba reses en un lado, buscaba los quemaderos del picón para untarme ceniza. J. R. GInchorbe *Ciu* 8.74, 59: Se trataba de un vertedero municipal de basuras .. A fines de noviembre de 1973 finalizaron las gestiones y se logró que el quemadero fuese apagado.

quemado -da *adj* **1** *part* → QUEMAR.
2 (*col*) [Pers.] disgustada o molesta por algo que se le ha hecho. | ZVicente *Traque* 302: Estaba muy quemada de que su hijo se casase conmigo, con la hija de un guarda jurado que no tenía dónde caerse muerto.

quemador -ra I *adj* **1** Que quema. | Marlasca *Abc* 9.1.72, 39: Hay en nuestra Villa un polo industrial, cercador de ella, agente contaminante del aire que respiramos, foco de atracción para las emigraciones provinciales, quemador de muchas ilusiones. R. Mesa *Cua* 1.72, 73: No por ello puede ignorarse, sino destacarse, .. lo que supuso la presencia británica como factor externo en la lucha contra el feudalismo asiático precisamente en esta zona, como elemento quemador de etapas en el proceso de desarrollo social.
II *m* **2** *En una cocina, un calentador u otro aparato similar:* Dispositivo en que se efectúa la combustión de un combustible líquido, gaseoso o pulverulento. | Palomino *Torremolinos* 211: La visita empieza por la impresionante sala de máquinas .. La sala de calderas, con cinco quemadores funcionando en pleno verano; cinco calderas solo para agua caliente.
3 Aparato destinado a quemar [algo (*compl especificador*)]. | *Des* 12.9.70, 42: Mur-Vi tiene un quemador de basuras colectivo.

quemadura *f* **1** Lesión causada en los tejidos orgánicos por el calor o por una sustancia corrosiva o cáustica. | *Economía* 269: Las quemaduras tienen tanta más gravedad cuanto mayor es la extensión de la superficie quemada. Marcos-Martínez *Física* 272: Ácido nítrico .. Es muy corrosivo y produce quemaduras dolorosas. **b)** Señal o daño causados en algo por el calor o por una sustancia corrosiva o cáustica. | * Me han hecho dos quemaduras en el traje.
2 (*Bot*) Enfermedad de las plantas caracterizada por el decaimiento de las hojas y partes tiernas, causada por el calor o el frío intenso y a veces por hongos o bacterias. | F. Ángel *Abc* 25.3.58, 11: Combate [el azufre] las siguientes plagas: Vid. Oídio; Ceniza de la vid .. y Quemadura de las hojas.

quemante *adj* (*lit*) Que quema. *Tb fig.* | Mascaró *Médico* 19: Los verdaderos medicamentos a incluir en el botiquín son: un antihistamínico, en pastillas o gotas; .. cremas contra la acción quemante del sol. Lera *Trampa* 1120: Julita no podía resistir aquella mirada quemante, ni oír aquella voz que apretaba el pecho.

quemar I *v* **A** *tr* **1** Destruir [algo o a alguien (*cd*)] el fuego, o alguien mediante este]. | Arenaza-Gastaminza *Historia* 120: Santa Juana de Arco es quemada viva por los ingleses en Rouen. **b)** *pr* Destruirse [algo] a causa del fuego. | ZVicente *Traque* 247: La casa se nos quemó... Todita.
2 Someter [algo] a la acción del fuego. | Medio *Andrés* 198: Voy a quemar una aguja, para darte una puntada... Ni lo sentirás. **b)** Someter [azúcar] a la acción del calor para convertirlo en caramelo. | *Cocina* 559: En una flanera se ponen cincuenta gramos de azúcar y unas gotas de limón y se acerca al fuego. Se hace un almíbar de caramelo. Se coge el molde y se mueve en todos los sentidos para que se embadurne el fondo y paredes con el azúcar quemada.
3 Someter [algo] a combustión. | *Ya* 15.10.67, sn: La gasolina sin quemar .. disuelve el revestimiento protector de aceite de las paredes del cilindro. Legorburu-Barrutia *Ciencias* 80: La respiración en las células. Es la verdadera respiración. Las células toman el oxígeno que les lleva la sangre y lo utilizan para quemar los alimentos que han absorbido.
4 Tostar o curtir [el sol o el aire (*suj*) la piel, una parte del cuerpo o a una pers.]. | Torbado *En el día* 25: Vestidas la mayor parte de ellas con harapos negros, en vano los pañuelos rojos anudados al cuello o a la cintura ponían un destello de color sobre las mejillas marchitas, pálidas unas y quemadas las otras por la intemperie y el trabajo callejeros. **b)** *pr* Tostarse o curtirse. | * El cutis se quema con este aire.
5 Inutilizar [un alimento al someterlo a un fuego excesivo o demasiado prolongado. | Aldecoa *Gran Sol* 44: Las ventrechas las voy a preparar yo porque este no sabe, las quema. **b)** *pr* Inutilizarse [un alimento] al someterlo a un fuego excesivo o demasiado prolongado. | *Cocina* 18: Si está demasiado caliente [el aceite], se quema por fuera y sale crudo por dentro.
6 Causar daño o lesión [a alguien o algo (*cd*)] el calor o una sustancia corrosiva o cáustica, o alguien mediante estos]. *Tb abs.* | *Economía* 24: Dos agarradores pequeñitos .. son prácticos para coger las asas de las cacerolas sin quemarse o quemar los paños de cocina. Marcos-Martínez *Física* 270: Se comprueba que el amoníaco reacciona con el agua formando hidróxido de amonio .. Esta base es menos corrosiva y menos fuerte que la de sodio o potasio: cauteriza las picaduras de insectos sin quemar la piel. * El amoniaco cauteriza sin quemar. **b)** *pr* Sufrir daño o lesión [alguien o algo] a causa del calor o una sustancia corrosiva o cáustica. | I. Carrión *SAbc* 16.7.78, 12: Conducían el automóvil alocadamente; se quemaban al cocinar. Ramos-LSerrano *Circulación* 184: Se le contiene con frenadas suaves y cortas, no debiéndose frenar continuamente, ya que daría lugar al calentamiento de los tambores y hasta quemarse los frenos. *Economía* 67: Para que no se queme el filamento ni se en-

quemarropa – quera

fríe, ha de estar en un medio desprovisto de oxígeno; para eso se encierra en una ampolla de cristal (bombilla).
7 Producir quemadura [2] [a una planta o a una parte de ella (*cd*)]. | Delibes *Voto* 97: Las heladas de abril quemaron la flor, lo malrotaron todo. *Inf* 20.7.78, 10: Más de cien mil matas de tomates se han perdido, quemadas por el sol. **b)** *pr* Sufrir quemadura [2] [una planta o una parte de ella]. | Marta *SYa* 10.4.77, 33: Hay que evitar su aplicación [de productos químicos] cuando haga calor, porque se pueden quemar las plantas.
8 Producir una sensación intensa de ardor o escozor [a alguien o a una parte de él (*cd*)]. *Frec abs. Tb fig.* | Sampedro *Sonrisa* 209: Los gritos le queman como trallazos.
9 Destruir [una cosa], o causar[le (*cd*)] un grave daño. | Lagos *Vida* 13: No me digas que puedes pasarte sin ella, porque te estás quemando la vista. Matute *Memoria* 108: ¿Por qué no acaban esos viajes que le queman la salud y el dinero, y vive como todos los hombres?
10 Consumir o gastar sin provecho [algo (*cd*)]. | Olmo *Golfos* 165: No recuerdo ahora en qué Ministerio quemaba las horas. Tomás *Orilla* 196: Se lo monta muy mal. Quema pasta en cantidad.
11 Dejar [algo o a alguien] sin posibilidades futuras para desempeñar su función, debido a una utilización excesiva o abusiva. | *Mun* 23.5.70, 61: Que los férreos y agotadores sistemas de entrenamiento aplicados por "míster Látigo" surten efecto positivo a corto plazo, pero dejan negativa secuela a plazo más largo. O lo que es lo mismo, que "quema" a los jugadores. Tomás *Orilla* 161: Antonio corroboró todos los datos de filiación, pero mintió cuando fue preguntado por su domicilio. Una vez más, dio el de su madre. El piso que compartía con Maica seguramente lo ignoraban los de la policía, y no era cosa de quemarlo por un loco de la vida. **b)** *pr* Quedar [alguien o algo] sin posibilidades futuras para desempeñar su función, gralm. debido a una utilización excesiva. | A. Sotillo *Abc* 11.12.93, 31: Incluso los políticos más yeltsinistas han preferido no dar la batalla de la Constitución para evitar "quemarse" en un intento de imprevisibles resultados. CPuche *Paralelo* 185: Hay que incorporar gente nueva. Los demás estamos quemados.
12 Impacientar o desazonar [a alguien (*cd*)]. | Arce *Precio* 32: A nosotras no nos importa estar solo por el alterne .. Lo que me quema es lo otro.
13 (*col*) Producir [algo a alguien (*cd*)] un deseo vehemente de desprenderse de ello. *Gralm en la constr* PARECE QUE TE QUEMA (EN LAS MANOS). | MGaite *Nubosidad* 124: Vender por cuatro perras los muebles tan buenos de la difunta señora, que parecía que les quemaba tenerlos.
14 (*col*) Vender [algo] a menos de su precio. *Con intención ponderativa.* | * Grandes rebajas. Quemamos todas las existencias.
15 ~ etapas, ~ la sangre → ETAPA, SANGRE.
B *intr* ▶ **a** *normal* **16** Estar [algo] muy caliente para tocarlo o tomarlo. | DCañabate *Abc* 3.2.74, 49: ¡Calentitas, que van calentitas, las chuletas de huerta! .. ¿Te atreves a cogerlas? Te prevengo que queman lo suyo. **b)** Calentar intensamente. *Dicho esp del sol.* | J. Segur *Nor* 22.6.74, 13: El mercado era en la calle. Pero aquí los inviernos hielan y los veranos queman. Se inventó el refugio del "Soportal".
17 (*jerg*) Resultar comprometido [algo]. | Tomás *Orilla* 255: Así pues, quedaba el revólver, único nexo entre él y el Sevillano. Podía quemar. Tenía que hacer desaparecer el pusco.
▶ **b** *pr* **18** Se usa en el juego de las adivinanzas, en *constrs como* QUE TE QUEMAS o TE HAS QUEMADO, *para indicar acierto muy aproximado o total, respectivamente.* | Olmo *English* 36: –¿Viajante de comercio? –Casi se quema, amigo. Viajante de comercio... internacional. Sastre *Oficio* 99: –¿"Strip tease"? –Te has quemado.
II *loc adv* **19 por donde quema.** (*col*) Por el lado ofensivo. *Con vs como* COGER o TOMAR. | Delibes *Príncipe* 105: Tú todo te lo tomas por donde quema.

quemarropa. a ~. *loc adv* **1** Desde muy cerca. *Con el v* DISPARAR *u otro equivalente. Tb adj.* | *Abc* 11.12.70, 21: Le disparó tres tiros en la cabeza, prácticamente a quemarropa, y por la espalda. *País* 10.10.79, 14: Dos personas .. efectuaron disparos a quemarropa contra ellos.
2 Por sorpresa. *Gralm con el v* PREGUNTAR *u otro equivalente. Tb adj.* | Albalá *Inf* 22.10.69, 25: ¿Hay ciencia en España? Con esta pregunta en los labios y en el ánimo, formulada así, a quemarropa, he venido a conversar con uno de los investigadores mejor preparados. P. Urbano *Ya* 8.4.88, 2: Tienen que improvisar una "estrategia" de ataque parlamentario a quemarropa.

quemazo *m* (*reg*) Acción de quemar, *esp* [2 y 6]. | I. PMerino *DNa* 1.8.64, 9: Los changarros o chabisques tienen una vida intensa en estos días. Programa igual para casi todos ellos, que comienza con el quemazo de la mistela.

quemazón *f* **1** Sensación de quemadura, ardor o escozor. | DCañabate *Paseíllo* 92: Los estampidos de la pólvora, .. los brincos que al sentir la quemazón pegaba el manso, .. enardecían a la multitud. *Abc* 18.6.58, 50: Contra los trastornos prostáticos, deseos frecuentes e imperiosos de orinar, quemazón del conducto, pinchazos .., se indican las Grageas de Magnopore.
2 Desazón o inquietud. | Torrente *Isla* 144: Se me subió a la cabeza, como se sube un furor, la quemazón de conocer al poeta, de escucharlo.
3 Hecho de estar quemado o disgustado. | Delibes *Tesoro* 106: Un servidor barruntaba la quemazón del vecindario, o sea, su descontento.

quena (*tb con la grafía* **kena**) *f* Flauta con cinco agujeros y sin embocadura, propia de los indios del Perú, Bolivia y el norte de Argentina. | VMontalbán *Tri* 28.9.71, 70: Esa síntesis [entre la tradición musical española y la precolombina] se manifiesta en una riqueza instrumental en que elementos de origen europeo modificados, como el guitarrón, se combinan con la "quena" –flauta indígena del altiplano boliviano–, la "zampoña", el "pinquillo". *País* 28.12.76, 1: Garrido. Instrumentos de música. Acordeones piano .. Flautas: Dulces. Trav[e]seras. Tarkas. Kenas. Pinkillos.

quencia *f* Kentia (planta). | Cuevas *Finca* 134: En el jardín, los rosales, .. las quencias se doblaban.

quenista *m y f* Músico que toca la quena. | *País* 18.7.76, 29: Creadores en la composición y en la interpretación, como el quenista Antonio Pantoja, y el poeta bonaerense Héctor Negro .. eran sistemáticamente ignorados.

quenopodiácea *adj* (*Bot*) [Planta] dicotiledónea con fruto en aquenio, de la familia de la espinaca y la remolacha, uno de cuyos géneros principales es *Chenopodium*. *Frec como n f en pl, designando este taxón botánico*. | F. Campos *Hoy* 12.3.78, 13: Al parecer las reses caprinas .. ingirieron la planta llamada garbancillo, nombre vulgar con que por estas tierras es denominada la quenopodiácea Kalidium foliatum.

quenopodio *m* Se da este n a distintas plantas del *gén Chenopodium*, en especial a la *Ch. ambrosioides* y la *Ch. anthelminticum*, usadas en medicina como vermífugas. | Alcalde *Salud* 333: Actualmente, el tratamiento clásico [de la ascaridiosis] a base de aceite de quenopodio .. está abandonado.

queo (*jerg*) **I** *interj* **1** Se usa para avisar de un peligro o de la llegada de alguien cuya presencia no se desea. | Olmo *Golfos* 98: Todo hasta que alguien gritó: –¡Queo! ¡Los guardias!
II *loc v* **2 dar el ~.** Avisar de un peligro o de la llegada de alguien cuya presencia no se desea. | Olmo *Camisa* 34: Hala, vete y da el queo.
3 darse el ~. Marcharse. | Sastre *Oficio* 97: Voy a buscar a Vanel .. y me doy el queo para Madrid, que tengo un rato de cosas que hacer.

quepis (*tb con la grafía* **kepis**) *m* Gorra cilíndrica con visera horizontal que forma parte de algunos uniformes. | Gironella *Millón* 42: "Curieux", farfulló el gendarme, echándose el quepis para atrás. FReguera-March *Fin* 61: Incluso el quepis, estilo francés [del uniforme del colegio], tenía vivos de oro, y todo el conjunto producía un efecto deslumbrante, casi militar, que le gustaba. Grosso *Capirote* 46: En el cinematógrafo al aire libre no había terminado aún la segunda sesión. En el telón cabalgaba un apache con las manos a la espalda [en] medio de soldados con kepis y uniformes azules.

quera *f* (*reg*) Polvo de madera carcomida. | Moreno *Galería* 295: Para reprimir la sangre y curar escoceduras, emplearon "polvos de quera" –madera apolillada y triturada–.

querandí I *adj* (*hist*) **1** De un pueblo indio que en la época de la conquista habitaba en la margen derecha del Río de la Plata. *Tb n, referido a pers.* | * Es posible que los querandíes llegasen en sus correrías hasta la actual provincia de Córdoba.
2 De(l) querandí [3]. *Tb n m, referido a término.* | Lapesa *HLengua* 348: Es crecidísimo el número de palabras indígenas familiares en América y desconocidas en España; así .. el querandí *bagual* 'potro salvaje'.
II *m* **3** Lengua de los indios querandíes. | * Conoce algunos términos procedentes del querandí.

querargirita *f* (*Mineral*) Mineral constituido por cloruro de plata, que suele presentarse en masas compactas de color gris verdoso y consistencia de cera. | Ybarra-Cabetas *Ciencias* 15: De este tipo [de enlace iónico] son: la sal gema .., la querargirita.

querático -ca *adj* (*Quím*) De (la) sustancia córnea. | Mora *Sem* 2.11.74, 97: Para no dañar la uña, el Non Smudge Remover, quitaesmaltes, que posee un ingrediente querático y que tiene como novedad su agradable aroma de limón.

queratina *f* (*Quím*) Sustancia albuminoidea rica en azufre, que, en los vertebrados, constituye parte de la epidermis y de los órganos derivados de esta, como plumas, uñas o pelos. | *Inf* 1.5.70, 28: Es posible que la acción proteolítica de las enzimas sobre la queratina de la piel pueda aumentar los efectos de otros agentes nocivos.

queratinización *f* (*Fisiol*) Acción de queratinizarse. *Tb su efecto.* | Corbella *Salud* 450: Cuando no hay modificaciones de tamaño, pero sí de color de la piel, se habla de manchas .. Otras veces hay un aumento de la queratinización de la piel, y se forma una escama, de grosor distinto según la enfermedad que la origine.

queratinizarse *intr pr* (*Fisiol*) Endurecerse [algo] por la acción de la queratina. | Alvarado *Anatomía* 37: Esta es la única parte del pelo dotada de vitalidad .. El resto está formado de células queratinizadas.

queratitis *f* (*Med*) Inflamación de la córnea. | Mascaró *Médico* 63: Manifestaciones oculares. Las más frecuentes son el escozor e hinchazón de los párpados y conjuntiva ocular, con lagrimeo y sensación de molestia por la luz (fotofobia), la inflamación de la córnea (queratitis) y de la úvea.

queratocono *m* (*Med*) Deformidad de la córnea en forma cónica. | *Ya* 17.9.74, 5: Tales son los casos de deformación de la córnea en forma cónica (queratocono), operados de cataratas solamente de un ojo (afaquia unilateral o monocular) y descompensación considerable del defecto visual entre ambos ojos (anisometropía).

queratoma *m* (*Med*) Afección de la piel producida al queratinizarse los tegumentos. | O. Aparicio *VozC* 6.10.68, 6: Sobre la piel modificada de este modo se presentan con frecuencia formaciones verrugosas, .. que forman la seborroides o roña de los viejos, y también elementos duros, que constituyen los queratomas seniles.

queratoplastia *f* (*Med*) Cirugía plástica de la córnea. | M. CDiego *Ya* 3.11.74, 21: Castroviejo .. ha dado la vista a miles de seres gracias a los trasplantes de córnea, técnica –en medicina, queratoplastia– inventada por él en un 95 por 100.

quercínea *adj* (*Bot*) Cupulífera. *Frec como n f en pl.* | *MOPU* 7/8.85, 122: En el Campo de Tarragona los cultivos fundamentales son de secano, y en las zonas montañosas abunda el bosque de pino carrasco con matorral de labiadas y quercíneas.

querella *f* **1** (*lit*) Disputa o pendencia. | Arenaza-Gastaminza *Historia* 151: Las querellas intestinas en los reinos cristianos y lo abrupto del relieve permitieron la pervivencia del reino nazarita de Granada. MGaite *Nubosidad* 71: Consuelo dice .. que todo el día está buscando querella y que no se la puede aguantar.
2 (*Der*) Acusación de un delito propuesta ante el juez o tribunal competente por el agraviado. | Armenteras *Epistolario* 284: Podrá decretarse el depósito: 1º De mujer casada que se proponga intentar o haya intentado demanda de divorcio o querella de amancebamiento contra su marido.

querellante *adj* (*Der*) Que se querella. *Tb n, referido a pers.* | A. Pujol *Mad* 14.9.70, 16: En estas circunstancias de mutua confianza, el procesado hizo saber al querellante la situación difícil que su economía atravesaba.

querellarse *intr pr* (*Der*) Presentar querella [2] [contra alguien]. | *Caso* 14.11.70, 18: El citado procesado y condenado se querelló contra nuestro director, José María de Vega, por el delito de injurias y calumnias.

querelloso -sa *adj* (*Der, raro*) Que se querella. *Tb n.* | Bermejo *Derecho* 170: Ni la villana, resistente y peleona, ha sido aún forzada por el sensual don Tello, ni su rendido labrador y querelloso principal llegaría aún a tomarla por esposa.

querencia *f* **1** Inclinación del hombre y de ciertos animales a volver a un lugar, esp. aquel en que se han criado. | MCalero *Usos* 66: Iban .. separando los becerros y llevándolos a la parada, que colocaron en buen lugar de querencia. **b)** Lugar hacia el que se tiene inclinación a volver. | Berenguer *Mundo* 249: Me tentaba aquello de poner la trampa en una querencia.
2 Inclinación o tendencia. | Berenguer *Mundo* 9: La justicia tiene la querencia del que más puede.
3 Afecto o cariño. | GPavón *Rapto* 39: Desde chica le tomó querencia a la Sabinilla. Y la crió mayormente. Zunzunegui *Hijo* 106: Le había hecho Cid un traje de paño inglés, azul oscuro, que le daba un aire de gran lord, y al que cogiera mucha querencia, probablemente porque se encontraba dentro de él muy señorial.

querenciarse (*conjug* 1a) *intr pr* (*Taur*) Aquerenciarse [el toro]. | Lera *Clarines* 425: Los mozos .. se habían situado en los callejones, dispuestos a formar con sus estacas y sus pértigas un cerco hostil al toro e impedirle que se querenciase en tablas.

querencioso -sa *adj* **1** Que tiene o muestra querencia, esp [1a]. *Gralm referido a animales.* | Delibes *Historias* 91: De la misma llanada que se extiende entre los árboles eran querenciosas, en el otoño, las avutardas una vez los pollos llegaban a igualones. GSosa *GCanaria* 52: Entre tales creaciones populares sobresalen los cantos y bailes, en los que se evidencian la elegancia espiritual del canario y su condición apacible y querenciosa, así como su fino sentido del humor.
2 [Lugar] al que tienen querencia [1a] algunos animales. | Berenguer *Mundo* 117: Él se pensaba que la Peña era querenciosa y por eso compró la cacería.

querendón -na *adj* (*raro*) Cariñoso. | Zunzunegui *Camino* 36: Se acogió a él querendona. La sintió contra su pecho dejativa y dulce.

querer[1] (*conjug* 23) I *v tr* ➤ **a** *normal* **1** Tender con la mente a la obtención [de algo (*cd*)] o a la realización [de un hecho (*cd*)]. *El cd puede ser un sust, un infin o una prop introducida por* QUE. | C. Rojas *Inf* 30.5.74, 24: El toro fue a su aire, inocente y queriéndose ir de la muleta. Delibes *Príncipe* 165: –Tu mamá está ocupada. –¡Pues quiero que venga! **b)** *En forma interrog* (*en pres o en pospret*), *introduce una petición cortés que se dirige a la pers designada en el suj. Lo que se solicita va en forma de prop de infin.* | Torrente *Vuelta* 293: ¿Quieres arreglarme estas almohadas? Estoy cansada.
2 Pretender o aspirar a conseguir [algo (*cd*) de alguien]. *A veces (col), en lugar de compl* DE, *tiene ci.* | Arce *Testamento* 14: Aún no sabía lo que querían de mí. Zunzunegui *Camino* 286: "¿Qué me querrá la policía?", pensó, "creo que tengo todo en orden". **b)** Pedir [cierta cantidad por algo]. | * ¿Cuánto quieres por tu pito?
3 Pretender o aspirar a hacer creer [algo]. *Normalmente seguido de infin o de una prop introducida por* QUE. | Tovar-Blázquez *Hispania* 245: La riqueza posiblemente creció, como quiere Rostovtzeff, hasta alcanzar su apogeo en el siglo II, y más concretamente en la época de los Antoninos.
4 Requerir o necesitar [algo (*suj*) una cosa (*cd*)]. | Lera *Bochorno* 127: Tendremos dinero, no te preocupes por eso .. Todo quiere su tiempo, hombre.
5 Sentir afecto [hacia una pers. (*cd*) o hacia una cosa personificada (*cd*)]. | Zunzunegui *Camino* 177: La mitad de la salud es verse como me veo yo ahora, atendida y querida. A. J. GMuñiz *Ya* 30.5.74, 15: Palabras de afecto, a veces dolidas, para la Universidad. Todas sus señorías quieren a la

querer – querubín

Universidad. **b)** ~ **bien** (*o* **mal**). Sentir afecto (o aversión) [hacia alguien (*cd*)]. | Delibes *Príncipe* 38: –¿Tan mal me quieres? .. –Yo no te quiero ni bien ni mal, para que te enteres.

6 Sentir afecto y atracción de carácter sexual [hacia una pers. (*cd*)]. *Tb abs.* | Olmo *Golfos* 134: Se quisieron. Ella lo quiso para siempre. Él no. MGaite *Nubosidad* 170: Siempre conviene que el hombre quiera más que la mujer. **b)** Hacer el amor [dos perss. o una a otra]. | Delibes *Guerras* 148: Aparte de registrar arcones y quereros, ¿qué hacíais en Prádanos, un pueblo abandonado, un día tras otro?

7 Estar a punto [de producirse un fenómeno (*infin*)]. | * Quiere salir el sol.

8 (*Naipes*) Aceptar [un envite]. *Frec abs.* | Corral *Cartas* 42: Quiero. Indica que se acepta la apuesta ofrecida, quedando en suspenso hasta ver las cartas para determinar quién gana la apuesta correspondiente a la jugada o lance que se envidó y se quiso.

▶ **b** *en locs y fórm o* **9 cómo quieres.** (*col*) *Fórmula con que se niega enfáticamente lo dicho por otro. Seguido de una prop introducida por* QUE, *en veces se omite por consabida.* | MMolina *Invierno* 36: Y cómo quieres que me acuerde. SFerlosio *Jarama* 15: No es mía [la moto]. ¿Cómo quiere? Es del garage donde yo trabajo.

10 dejarse ~. Dejar [alguien] que otros actúen erróneamente de modo favorable respecto a él, sin intervenir para aclarar la situación. | Delibes *Madera* 195: Gervasio ni afirmaba ni desmentía nada; se dejaba querer.

11 no ~ nada [con alguien]. Rehuir el trato [con él]. | Matute *Memoria* 141: Dicen que mi abuela no quería nada con mi padre.

12 no quieras saber, *o* **pensar**, *o* **ver.** (*col*) *Fórmulas con que se pone de relieve el hecho que se narra.* | Delibes *Cinco horas* 69: Yo, no quieras saber, ni contestar, salí despepitada.

13 ¿qué más quieres? (*col*) *Fórmula con que se comenta que lo conseguido por otro es más que suficiente teniendo en cuenta sus méritos o sus circunstancias.* | * Ya te han subido el sueldo hace cinco años. ¿Qué más quieres?

14 qué más quisieras (**tú**). (*col*) *Fórmula con que se rechaza en tono de burla lo que otro acaba de decir.* | Arce *Precio* 146: –¿Por qué no .. salimos juntos? –invitó, bromeando, Jesús. –Qué dirían si me vieran con un chiquillo –exclamó. –No me conoces tú bien –rió maliciosamente. –Qué más quisieras tú.

15 qué quieres, *o* **qué quieres que** (**le**) **haga**. (*col*) *Fórmulas con que se expresa conformidad o excusa ante lo dicho antes.* | Buero *Fundación* 157: –¿Tú lees eso? –¿Qué quieres? Me aburro. * ¿Qué quieres que haga, si soy así de tonta? * –Hace frío. –Ya. ¿Qué quieres que yo le haga?

16 que si quieres. (*col*) *Fórmula con que se expresa enfáticamente la imposibilidad de lo que se ha expuesto como deseo o esperanza. Tb* QUE SI QUIERES ARROZ, CATALINA. | Delibes *Año* 23: Le azoté [al gallo] con la caña, pero que si quieres; no retrocedió un paso. Lera *Clarines* 331: ¡Menos mal que el alcalde pudo arreglar aquello con cincuenta duros! Pero que si quieres arroz, Catalina.

17 ~ decir. Significar. | R. Conte *Inf* 13.10.70, 3: Pompidou ha subrayado las dificultades, pero calificándolas precisamente de dificultades, lo cual quiere decir que hay una voluntad de enfrentarse a ellas.

18 ¿quieres más? (*col*) *Fórmula con que se pondera algo que se acaba de decir o que se dice a continuación.* | Delibes *Guerras* 104: Parecía que se habían jurado la vida. Pero ¿quiere usted más? ¡Si hasta don Prócoro tuvo que binar para que unos y otros no se quedaran los domingos sin misa, hágase cuenta!

II *loc adv* **19 como quiera**, **cuando quiera**, **donde quiera** → COMOQUIERA, CUANDO, DONDEQUIERA.

20 como quiere. (*col*) Muy bien. *Gralm con el v* ESTAR *y referido al aspecto físico o a la situación económica.* | * ¿Guapo? Está como quiere. * Ha entrado en una multinacional y está como quiere.

21 no (**así**) **como quiera.** No de cualquier manera. Pondera la importancia o magnitud de algo. | MGaite *Nubosidad* 77: Resulta incluso un poco ofensivo en ciertos ambientes hablar de personas .. que no mueven mucho dinero, pero no así como quiera, dinero a paletadas.

22 por lo que más quieras. *Fórmula que antecede o sigue a la expresión de un ruego.* | * Por lo que más quieras, no me hables de eso ahora.

23 que quieras, que no quieras; *o* **quieras que no** (**quieras**). Ineludiblemente. | MGaite *Búsqueda* 21: Tiene que atenerse, quieras que no, a las limitaciones que le impone la realidad circundante.

24 sin ~. Sin intención o de manera involuntaria. | * Le pisé sin querer.

III *loc adj* **25 de quiero y no puedo.** Que pretende parecer algo mejor o superior, sin conseguirlo. | SSolís *Jardín* 66: Siempre con lacitos, corbatas, volantes, sobrepuestos, bordados, calados..., todo el recargamiento cursi de las señoritas de quiero y no puedo.

IV *loc n* **26 quiero y no puedo.** Pretensión de parecer uno mismo, o de hacer que algo parezca, mejor o superior, sin conseguirlo. | Miguel *Mad* 22.12.69, 13: El antiguo "quiero y no puedo" .. era el flan de polvos, la malta y los abrigos "vueltos".

querer^2 *m* **1** Acción de querer^1 [1 y 5]. | Rábade-Benavente *Filosofía* 113: Podemos .. establecer que en Dios hay inteligencia y voluntad .. Pero de ahí a dejar en claro los mecanismos de su conocimiento y su querer hay un abismo. Caso 14.11.70, 10: Sitúan a González Zaera como víctima propiciatoria, ya desde hace bastante tiempo, de algunos malos quereres.

2 (*col*) Amor o acción de querer^1 [6]. | * Las cosas del querer.

querido -da I *adj* **1** *part* → QUERER^1.

2 *Se usa con valor más o menos afectivo (a veces como pura fórmula) en encabezamientos de cartas, precediendo inmediatamente a un n propio o al n que designa la relación que se tiene con el destinatario.* | Berlanga *Pólvora* 21: La carta empezaba como casi siempre .. "Queridos padres, hermanos y demás familia: al recibo de la presente desearía que se encuentren bien; por esta todos bien y sin novedad."

3 (*col*) *Se emplea como vocativo afectivo.* | Delibes *Cinco horas* 30: Gracias, querida, no sabes cuantísimo te lo agradezco.

II *m y f* **4** (*col*) Pers. que mantiene relaciones sexuales ilícitas [con otra (*compl de posesión*)]. *Tb sin compl.* | Laforet *Mujer* 49: La criada de la casa .. era la querida de su padre. Cela *SCamilo* 136: A Mimí le suelen durar poco los queridos, es guapa sí, y más zorra que nadie, pero también es antojadiza y despótica.

queriente *adj* (*raro*) Que quiere. *Tb n, referido a pers.* | Espinosa *Escuela* 574: Todo el Imperio acudirá a la Ciudad, preñada de enmuzetados y alcaldes, .. legiones de teólogos y la turbamulta de querientes, pues "la Feliz Gobernación hace a los buenos y a los malos".

querindongo -ga *m y f* (*col, desp*) Querido [4]. | J. J. González *Hoy* 2.4.86, 27: Estaba dormida en el domicilio de sus padres, y no "con algún querindongo", como siempre ha pensado atormentadamente su marido. Delibes *Cinco horas* 29: "¿Quién es?" ..; "Lo mismo es la querindonga"; "Por lo visto es su cuñada".

quermés → KERMÉS.

quermese → KERMESSE.

queroseno (*tb con la grafía* **keroseno**) *m* Líquido amarillento derivado del petróleo, usado inicialmente para el alumbrado y en la actualidad como combustible para reactores y propulsores de cohetes. | *Abc* 18.12.70, 40: Parecía tener por objeto volar la terminal del oleoducto, encargado de suministrar queroseno (combustible para reactores) a la base aérea. Delibes *Parábola* 48: Ya en la cabaña, Jacinto enciende la lámpara de keroseno.

querube *m* (*lit*) Querubín. | Aparicio *Retratos* 247: Llegó a la altura de uno de los efebos de piedra que montaba un delfín .. Iturmendi se le acercó, se aupó sobre el primer querube y gracias a su elevada estatura pudo pasarle el mechero.

querubín *m* (*Rel crist*) Espíritu celeste de los que constituyen el segundo coro de la primera jerarquía y que se caracterizan por la plenitud de ciencia con que ven la belleza divina. | Cela *Pirineo* 97: Arrós, a las primeras luces de la mañana, semeja un caserío poblado de ángeles y arcángeles, querubines y serafines, tronos, dominaciones y potestades.

b) (*Arte*) Niño pequeño con alas que representa un querubín. | GNuño *Madrid* 55: Profusión de óvalos, estípites, volutas y querubines. **c)** *Se emplea para designar afectivamente a un niño pequeño.* | * Tiene un niño que es un querubín.

querubínico -ca *adj* (*raro*) De(l) querubín. | Vega *Corazón* 68: Hagan una ciudad que sea grata para los niños, con campo verde, cielo abierto y libertad para mover las alas querubínicas de la ilusión.

quesada *f* (*reg*) Quesadilla. | *Santander* 76: La quesada o quesadilla es un dulce exquisito confeccionado con cuajada fresca, azúcar, harina, huevos.

quesadilla *f* Pastel de queso y masa. | Vega *Cocina* 64: No fue precisamente en Santander donde lo descubrí, sino en la isla de Hierro, donde a la almojabana llaman quesadilla.

quesería *f* **1** Lugar en que se fabrica o vende queso [1]. | * Trabaja en una quesería. **2** Industria del queso [1]. | *Lugo* 66: La quesería, tierra de gran cabaña, no es de extrañar que ofrezca quesos de buena calidad.

quesero -ra I *adj* **1** De(l) queso [1]. | A. Assía *Voz* 23.10.70, 22: La zona de puertos, para comunicarse con la zona maderera, quesera y ganadera más importante de la provincia, tiene que dar la vuelta por La Coruña. *GTelefónica N.* 913: Central Quesera, S.A. .. Industrial Quesera Española. **II** *n* **A** *m y f* **2** Pers. que fabrica o vende queso [1]. | Mendoza *Ciudad* 21: Trató de desempeñar oficios cuya existencia había ignorado hasta entonces: cigarrero, quesero, buzo. CPuche *Sabor* 144: Venía también el zagalón del herrero, que traía un bidón enorme ..; y las queseras, que eran amigas de mi madre y siempre nos traían una garrafita de vino. **B** *f* **3** Recipiente u otro lugar destinado a guardar y conservar queso [1]. | *Act* 17.12.70, 12: Contrapuerta con departamentos: quesera y mantequera independientes con bandejas. [*En un frigorífico.*] Romano-Sanz *Alcudia* 269: Ahí tenemos el molino .. Esa es la quesera. A la vuelta pasaremos a verla. **4** Mesa o tabla a propósito para hacer queso [1]. | Alvar *Islas* 48: En una cocina amplia .. las mujeres apeñusgaban cuajada en las queseras. **5** Fábrica o local en que se hace queso [1]. | Romano-Sanz *Alcudia* 269: El guarda se detiene junto a los pilones. En uno de ellos hay un palo con un cartel que dice: "Se prohíbe lavar ropa en estos pilones excepto los trapos de la quesería".

quesiqués *m* (*raro*) Quisicosa. | S. Vallina *Lev* 22.2.75, 20: Séneca, como buen estoico, despreciaba las riquezas, lo que no le impidió acrecentarlas y vivir, aunque guardando las formas .., en los excesos del lujo. Cierto que por aquellas calendas semejante contradicción era un simple quesiqués estético, nunca ético.

quesito *m* Porción pequeña e independiente, de las varias que forman parte de un envase de queso en porciones. | Calera *Postres* 56: Se mezclan 250 gramos de harina con dos huevos enteros, 30 gramos de tuétano de vaca, un quesito de crema.

queso I *m* **1** Alimento sólido obtenido de la maduración de la cuajada de la leche y al que suele darse forma cilíndrica. *Tb la pieza fabricada de este alimento.* | Laforet *Mujer* 26: Había sido educado .. para dirigir prosaicamente la fábrica de quesos. **b)** *Diversos tipos se distinguen por medio de compls o adjs:* DE BOLA, DE CABRALES, MANCHEGO, ROQUEFORT, *etc.* | *Cocina* 711: Canapés de queso .. Pan de centeno, 12 rebanadas. Huevos, 5. Mantequilla, 50 gramos. Queso de Parma, 60. Cela *Mazurca* 223: Toman queso de teta, dulce de membrillo y melocotones en almíbar de postre. Nácher *Guanche* 180: Antier mismamente me robó un queso de flor que tenía en el armario. **2 ~ de cerdo.** Fiambre fabricado a base de carne de cabeza de cerdo o jabalí picada y prensada, y al que suele darse forma cilíndrica. | *Cocina* 8: Del cerdo se aprovecha todo .. Cabeza, para confeccionar queso de cerdo. **3** (*col, humoríst*) Pie. | * Te huelen los quesos. **II** *loc adj* **4 de ~** (*o* **de medio ~**). [Sombrero] de forma semiesférica cuya ala va sujeta por encima de la copa. | Cela *Viaje andaluz* 178: El sombrero de queso es el calañés de copa y ala ancha. *Ya* 21.2.91, 6: En el XIX, los manolos, más castizos, lucen .. "zapatos con hebillas de plata, siempre con redecilla y sombrero de medio queso". **III** *loc v* **5 dársela** [a alguien] **con ~**. (*col*) Engañar[le]. | Delibes *Cinco horas* 189: A mí me la diste con queso, Mario, que quién lo iba a decir.

queta *f* (*Zool*) Cerda [de los anélidos]. | Bustinza-Mascaró *Ciencias* 119: La lombriz de tierra .. Cada segmento posee cuatro pares de cortas cerdas o quetas (dos ventrales y dos laterales), que son los órganos de locomoción.

quetzal *m* **1** Ave trepadora de la América tropical, de plumaje verde tornasolado en las partes superiores del cuerpo y rojo en el pecho, con larga cola y moño de color verdoso (*Pharomachrus mocinno*). | Bustinza-Mascaró *Ciencias* 197: Como trepadoras pueden considerarse también el tucán .. y el quetzal, mejicano y de bellísimos colores, que era animal sagrado para los aztecas. **2** Unidad monetaria de Guatemala, en una de cuyas caras va grabada la imagen del quetzal [1]. | F. Ros *Abc* 6.6.67, sn: Aunque Guatemala no es barata .., por equiparar al dólar su moneda, aquella artesanía lo es. Dicha moneda, el quetzal, alude a un pájaro primo de loros.

quevedos *m pl* (*lit*) Gafas de cristales redondos. | PFerrero *MHi* 7.69, 69: Es, en esa novela, don Alberto de Monte-Valdés con los años de bohemia, los quevedos, el aire estrafalario y quijotesco .. que retratara en verso inmortal Rubén Darío.

quia *interj* (*col*) Expresa negación o rechazo más o menos vehemente de lo que se acaba de decir. | Buero *Hoy* 46: –¿Va a salir esta tarde? –Quia, hija. Las fiestas son mis días. Es cuando viene más gente. ZVicente *Traque* 244: Yo siempre pensé que la guerra me ayudaría a salir adelante .. Pero, quia.., tuvimos que dejar el pueblo.

quiasma *m* (*Anat*) Lugar en que se produce un cruzamiento en forma de X. *Frec con un adj especificador.* | Nolla *Salud* 107: Trígono. Quiasma óptico. Hipófisis. [*En un grabado titulado "Corte sagital del encéfalo y de la porción inicial de la médula".*]

quiasmo *m* (*TLit*) Disposición de un período en cuatro miembros que se cruzan, correspondiendo el primero al cuarto y el segundo al tercero. | GYebra *En torno* 54: Uno [punto de vista sobre la traducción] que llaman "tradicional", cuya meta sería reproducir los detalles estilísticos del texto que se traduce: transmitir los ritmos, las rimas, los juegos de palabras, los quiasmos, los paralelismos.

quiástico -ca *adj* (*TLit*) De(l) quiasmo. | RAdrados *Lingüística* 362: Tenemos primero el verbo separado del complemento directo, luego una construcción quiástica.

quibla *f* Punto del horizonte o lugar de la mezquita orientados a La Meca, hacia el que los musulmanes dirigen la vista cuando rezan. | Angulo *Arte* 1, 300: El brevísimo plazo en que Abderrahmán construye la mezquita ha hecho pensar que los árabes se reducen a desmontar las cinco largas naves hasta entonces dirigidas de Oeste a Este, y a montar con sus materiales once más cortas en dirección Norte-Sur, quedando así convertido el muro meridional o de la Epístola, de San Vicente, en la quibla o cabecera de la mezquita.

quiche (*fr; pronunc.* /kiʃ /) *f* Tarta de pasta quebrada, con un preparado de crema y huevos y trocitos de jamón, queso, champiñones, espárragos u otros ingredientes. | *Ya* 11.5.89, 54: En el menú. Quiche de espárragos. *Envase* 11.92: Quiche Lorraine de Frudesa .. Retirar el molde de aluminio y poner la quiche en la parte media del horno.

quiché I *adj* **1** [Indio] de origen maya que habita la zona occidental de Guatemala. *Tb n.* | E. La Orden *MHi* 7.69, 30: Aprender las lenguas indígenas y desparramarse después, como un ejército pacífico, por los inmensos territorios de los mayas y de los quichés. **b)** Propio de los quichés. | J. M. Terrón *Abc* 2.1.66, 4: Se ocupaba con creciente interés .. en importantes investigaciones filológicas y lingüísticas, especialmente de las lenguas quiché y cakchiquel. **II** *m* **2** Lengua de los quichés. | ZVicente *Dialectología* 392: Investigaciones recientes han descubierto que [la voz "huracán"] es un préstamo del quiché de Yucatán al taíno antillano.

quichua – quiescente

quichua *adj* Quechua. *Tb n.* | Buesa *Americanismos* 340: Aparte de *quechua*, se utilizan otras grafías, como *kechua*, *quichua*.

quicial *m* Madero o eje al que van unidas las hojas de una puerta o ventana y que encaja en el quicio. *Tb el mismo quicio.* | GHortelano *Amistades* 99: Gregorio apoyó la espalda en un quicial de la puerta.

quicio *m* **1** *En una puerta o ventana:* Parte en que entra el madero o eje al que van unidas las hojas y sobre el que estas giran para abrirse o cerrarse. *Tb la zona correspondiente.* | Laforet *Mujer* 189: Apoyado en el quicio de la puerta de la frutería, junto a su casa, estaba Julián. ZVicente *Traque* 314: Quizá se han retrasado con la novia en el quicio oscuro.
2 Orden o equilibrio adecuado de una cosa. *En constrs como* FUERA DE ~, SACAR, *o* SALIRSE, DE ~. | L. Calvo *Abc* 21.11.70, 36: Los periodistas .. consideran hiperbólicos y sacados de quicio los homenajes póstumos al general. * Con el lío de las obras la oficina está estos días fuera de quicio. **b)** Estado de normalidad psíquica o de equilibrio nervioso de una pers. *En constrs como* FUERA DE ~, SACAR, *o* SALIRSE, DE ~. | CBonald *Dos días* 32: Por Dios, si te ocurren unas cosas, es que me sacas de quicio. * El dolor le tenía fuera de quicio.

Quico. ponerse como el ~. *loc v (col)* Hartarse o saciarse [de algo]. *Tb sin compl, esp referido a comida.* | Cela *Inf* 12.9.75, 16: Al mediodía .. me pongo como el Quico de centolla. Carandell *Madrid* 156: Cuando se tercia, comer caliente y ponerse las botas, ponerse como el quico y ponerse morao.

quicuyú → KIKUYU.

quid *m* Esencia o punto clave [de algo]. *Normalmente con el art* EL. | *Tri* 12.12.70, 29: Ese es el quid del asunto. ZVicente *Traque* 224: Y ahora viene aquí el quid. Considerémoslo despacio.

quídam *(pl invar) m (desp, raro)* Individuo desconocido y sin importancia. | ZVicente *Mesa* 155: Y el quídam que la escolta es un pasota de mucho cuidado.

quiddidad *f (Filos)* Esencia. | MSantos *Tiempo* 128: La quiddidad de la manzana quedará mostrada ante las mujeres a las que la quiddidad indiferencia.

quid divinum *(lat; pronunc corriente, /kíd-dibínum/) loc n m (lit)* Inspiración propia del genio. | Onieva *Prado* 167: No era [Bayeu] mal colorista, pero carecía del *quid divinum* de que Dios dota a los elegidos.

quid pro quo *(lat; pronunc corriente, /kíd-prokuó/) loc n m (lit)* Error que consiste en confundir a una pers. o cosa con otra. | L. LSancho *Abc* 18.3.75, 71: La comedia enhebra situaciones continuas de "quid pro quo", de equívoco, muy graciosas. **b)** Confusión de una pers. o cosa con otra. | Torrente *Saga* 415: "Eso me dijo el Papa cierta vez." "Dirá usted el Obispo?" "¿No dije el Obispo?" "No. Dijo el Papa." "Fue un *quid pro quo*, porque yo no estuve nunca con el Papa."

quiebra *f* **1** Acción de quebrar (cesar en un negocio por no poder hacer frente a las obligaciones contraídas). | Ortega *Americanos* 126: Harían falta millones y millones .. para llevar a la quiebra a las compañías de seguros.
2 Ruptura o deterioro [de algo inmaterial]. | Delibes *Año* 66: La quiebra moral de nuestra época ofrece cada día perfiles más inquietantes.
3 Deficiencia o fallo. | Rábade-Benavente *Filosofía* 57: Sin embargo, esta capacidad organizativa de la percepción humana tiene sus quiebras.
4 Quebradura o hendedura. | CBonald *Ágata* 135: Lo primero que hubo que hacer .. fue desmontar y roturar a brazo la marisma, abriendo las costras del salitre y la magnesia, desecando la apestosa red de los esteros y cegando las filtraciones que rezumaban por dentro de las quiebras.

quiebrahacha *m* Quebracho. | FReguera-March *Cuba* 222: Esos árboles son caobos y cedros. Más allá tienes el quiebrahacha o ciguaraña y el sabicú.

quiebro *m* Movimiento rápido del cuerpo doblándolo por la cintura. | CNavarro *Perros* 59: Mario eludió el impacto mediante un quiebro rapidísimo. **b)** Cambio brusco de dirección. | Grosso *Capirote* 73: La carretera se torcía a la izquierda para tomar la recta de Puebla del Río. Cuando la carriola dio el quiebro, Juan abrió los ojos, que llevaba entornados. Delibes *Emigrante* 14: Yo sé que ahora la vida mía va a pegar un quiebro, y una cosa así no ocurre todos los días. **c)** (*Mús*) Alternancia rápida entre una nota dada y otra que es un tono o un semitono más alta. *Tb fig.* | * Hace quiebros con la voz.

quien *(con pronunc átona excepto en aceps 3 y 4) pron* **A** *relativo* **1** *Sin antecedente:* El que. *Normalmente referido a pers.* | L. LSancho *Agromán* 5: A quienes piensen así contestaba Dunne que el tiempo tiene numerosas dimensiones. Albalá *Periodismo* 47: La información periodística tiene siempre un interés social, comunitario. Y es ese interés social quien condiciona el tratamiento que el periódico da a la información. **b)** *Precedido de negación:* Nadie que. | Lera *Bochorno* 137: La fruta está que no hay quien la toque. **c)** Alguno que. *Referido a pers.* | Grosso *Capirote* 69: Ahora, teniendo como tienen montado el tinglado, echarse a dormir, que ya hay quien trabaje para ellos.
2 *Con antecedente:* El cual. *Normalmente referido a pers. Cuando el pron funciona como suj, solo se usa introduciendo props explicativas (lit); precedido de prep, puede usarse introduciendo tb props especificativas.* | *Mun* 28.11.70, 22: Se designó nuevo director, quien al poco tiempo de posesionarse solicitó algunas modificaciones. Vesga-Fernández *Jesucristo* 88: El Sacerdote se recoge un momento para rogar por los fieles por quienes ofrece el Santo Sacrificio. Aleixandre *Química* 59: No es solamente la temperatura quien influye sobre la velocidad de reacción. **b)** *(raro)* A veces se usa como *pl la forma* ~. | J. M. Carrascal *Pue* 31.1.76, 22: El Presidente argelino, Bumedian, ha enviado un telegrama a todos los jefes de Estado con quien mantiene relaciones, defendiendo la actitud de su país ante la crisis.
B *indefinido* **3 cada ~** → CADA.
C *cuantitativo* (*a veces con pronunc tónica*) **4 ~ más ~ menos.** Todo el mundo, unos más y otros menos. | Gironella *Millón* 576: La palabra *checa* les cortaba la respiración, pues quien más quien menos tenía parientes o amigos en la de Fomento, en la de Bellas Artes.

quién *(con pronunc tónica)* **I** *pron* **A** *interrog y exclam* **1** ¿Qué persona? | Cunqueiro *Un hombre* 14: Nunca se supo quién había inventado ese juego. **b)** *A veces usado exclamativamente, en ors que expresan gralm deseo o admiración.* | VAzpiri *Fauna* 162: Dios, quién fuera tapete. Olmo *Golfos* 105: ¡Quién me verá examinando a los nuevos! **c)** *(pop) A veces se usa como pl la forma* ~. | Ferres-LSalinas *Hurdes* 51: –¿Hay cama, patrona? –¿Quién son ustés?
B *indefinido* **2** *(lit, raro)* Alguien o alguno. | Torrente *Señor* 11: Decir de los valses que eran de Viena era como decirlo del pan. Quién, creyó que Viena era una panadería, y cuando doña Matilde mostraba las tarjetas postales con palacios, iglesias y parques, abría la boca de una cuarta: "¡Ah! ¿Es que el pan viene de ahí?".
3 ~..., ~... (*o* ~**es...,** ~**es...**). Uno..., otro... (o unos..., otros...). | MSantos *Tiempo* 185: Quién era cobrador de recibos del Gas, quién cobrador de una Mutua recreativa, quién cobrador de un alto club de campanillas. [*En el texto, sin tilde.*] * Quiénes charlaban en la sala, quiénes paseaban por el jardín. **b)** *A veces* ~(ES) *alterna con otros prons, como* UNO(S), ALGUNO(S), OTRO(S). | Aldecoa *Cuentos* 1, 136: Al entierro del artista asistió mucha gente: unos por tipismo ciudadano; quién, arrastrado por el espectáculo; muchos, por nada.
4 no sé ~. Alguien. | * Cuando estaba con él vino no sé quién y nos interrumpió.
5 cada ~ → CADA.
C *cuantitativo* **6 ~ más ~ menos.** Todo el mundo, unos más y otros menos. | Campmany *Abc* 27.4.93, 19: Todos somos autodidactas, quién más, quién menos.
II *loc v* **7 no ser ~.** No estar capacitado [para algo (PARA + *infin*)]. | CBaroja *Inquisidor* 44: Por muy escrupuloso que sea un jurista, no es quién para dictar sentencia justa y precisa en un asunto como los que hicieron que aquellos hombres pasaran años en la cárcel.
8 ~ sabe, ¿~ va? → SABER, IR.

quienquiera *(pl, raro,* QUIENESQUIERA*) pron (lit)* Cualquiera. *Normalmente seguido del relativo* QUE. | Zunzunegui *Hijo* 82: Ver morir a quienquiera que sea me horripila.

quiescente *adj (lit)* Que está quieto pudiendo tener movimiento propio. | Navarro *Biología* 44: El núcleo tiene

quietamente *adv* (*lit*) De manera quieta [2]. | Laforet *Mujer* 124: Era un deseo de poder saborear, quietamente y sin interrupciones, esta paz.

quietismo *m* **1** Condición de quieto [1]. | Alfonso *España* 80: La rotundidad, el repliegue del cuerpo y de las extremidades, la actitud concentrada en que se encuentra la figura, su quietismo..., sí, no cabe duda, es lo español. Aguilar *Experiencia* 684: Desde la invención de la imprenta no caben la autarquía y el quietismo del pensamiento.
2 (*Rel catól*) Doctrina mística heterodoxa surgida en España en el s. XVII, que cifra la perfección del alma en el abandono de la voluntad para unirse con Dios y en la aceptación pasiva e indiferente de cuanto pueda sucederle. | Vicens *Polis* 387: El misticismo de Santa Teresa de Jesús .. y de San Juan de la Cruz .. cruza muy pronto los Pirineos e irrumpe en Francia e Italia .. Ciertamente que viene acompañado de la ganga del iluminismo y el quietismo, pero sus efectos se traducen en una renovación profunda de la vida religiosa francesa.
3 Actitud de apatía e indiferencia, basada gralm. en la aceptación fatalista de cuanto sucede. | Gambra *Filosofía* 16: Los indios son panteístas, creen que el mundo es una gran unidad, de la que cada uno no somos más que una manifestación, y a la que todos hemos de volver. Ante ese fatalismo que anula la personalidad, la consecuencia natural es el quietismo, la indiferencia. Kurtz *Lado* 258: No comparto las metas de esos muchachos porque en el fondo no creo que las tengan. El quietismo me resulta imposible, también la promiscuidad.

quietista *adj* (*Rel catól*) Del quietismo [2]. | GLópez *Lit. española* 343: La prosa religiosa decae sensiblemente al llegar al siglo XVII. Hay que citar, no obstante, .. al heterodoxo Miguel de Molinos .. Las doctrinas "quietistas" de este último aparecen expuestas en su *Guía espiritual*. **b)** Adepto al quietismo [2]. *Tb n*. | Sánchez *MPelayo* 13: Sectas de alumbrados y quietistas durante el siglo XVII.

quieto -ta *adj* **1** Que no se mueve. *Tb fig*. | Medio *Bibiana* 71: ¿Podrás estarte quieto a ver si te veo? Cuevas *Finca* 138: En Mayo se casaron en la Iglesia Mayor del pueblo .. Estuvieron un mes quietos en el cortijo. * El pensamiento no puede permanecer quieto, ha de evolucionar. **b)** Frec se usa, formando or independiente, para pedir u ordenar a alguien que no se mueva. | Olmo *Golfos* 113: –¡Quieto! –gritó al ver que Cabrito quería rescatarla [la novela].
2 (*lit*) Sosegado (apacible o tranquilo). | * Es un rincón quieto y acogedor.

quietud *f* **1** Ausencia de movimiento. | Savarin *SAbc* 8.3.70, 13: La hipertrofia provocada por la alimentación especial y la quietud absoluta comunica al ave un aroma y mantecosidad exquisitos.
2 (*lit*) Sosiego o tranquilidad. | Matute *Memoria* 27: Cuando en el pueblo caía la hora de la siesta, o al resguardo de cualquier otra quietud, en esos momentos como de espera, resonaban en las callejuelas las pisadas de los hermanos Taronjí.

quif (*tb con la grafía* **kif**) *m* (*jerg*) Hachís. | *Abc* 9.12.73, 34: Aprehensión de más de dos kilos de quif. P. Berbén *Tri* 12.9.70, 24: Parece que no había drogas .., o las que había eran las llamadas menores: el kif.

quifi (*tb con la grafía* **kifi**) *m* (*jerg*) Quif. | AAlcalde *Unos* 68 (G): Hamido sacó su pipa y, como no llevaba quifi ni tabaco .., cogió una colilla del suelo, la deshizo en la cazoleta y se puso a fumar muy despacio. VMontalbán *Tatuaje* 38: Ese está un día privado y otro privado. Tiene las macetas de su casa llenas de kifi.

quijada *f En los vertebrados con dientes:* Mandíbula. | Cuevas *Finca* 257: La barba le brotaba ceniza sobre la quijada pálida.

quijal *m* (*raro*) Muela (de la boca). | FVidal *Duero* 164: Los mastica con fruición, aunque en ocasiones le atormente el redolor del quijal del juicio.

quijera *f En la cabezada de las caballerías:* Correa que va de la frontalera a la muserola. | CBonald *Noche* 15: La yegua se adelantó unos pasos, haciendo tintinear los cascabeles de la quijera.

quijero *m* Lado en declive de una corriente de agua, frec. de una acequia. | Cela *Pirineo* 86: De la Vall Ferrera puede pasarse al valle de Cardós por el monte, por los senderos que cruzan desde las bordas del Capitá o de Gabachó hasta la cabaña de Sallente o las bordas de Alertamot o de Gallimorta, en el otro quijero de las aguas. Azorín *Cine* 28: Lo cotidiano, lo anodino: calles incoloras, un pedazo de río, con su quijero, un puente, un andadizo en forma de túnel.

quijotada *f* (*desp*) Acción propia de un quijote. | Kurtz *Lado* 199: ¡Vaya con Lucía! Meterse a su edad en libros de caballería, hacer quijotadas de tal calibre.

quijote *m* **1** Hombre idealista que actúa desinteresadamente en defensa de causas que considera justas. *Frec con intención desp. Tb adj*. | Paso *Pobrecitos* 243: Usted es un quijote. Sería capaz de sacrificarse por una gallina. Solís *Siglo* 205: –Lo que he hecho es cumplir con mi deber. No comprendo cómo vosotros no lo habéis hecho antes. –Porque no somos tan quijotes como tú.
2 (*hist*) Parte de la armadura destinada a cubrir el muslo. | Riquer *Cervantes* 79: "Quijote" es el nombre de la pieza de la armadura que cubre el muslo.

quijotescamente *adv* De manera quijotesca. | Rof *Abc* 15.9.74, 3: El protagonista .. se enamora de una loca, quijotescamente, pensando que ella es víctima de un complot.

quijotesco -ca *adj* **1** De don Quijote (personaje de Cervantes). | Camón *Abc* 10.11.73, 3: Una vez más se nos plantea el problema quijotesco. La excepcionalidad de Don Quijote ¿es un producto racial, un fósil celta en una sociedad viva de íberos?
2 Propio de un quijote [1]. | L. Calvo *SAbc* 16.3.69, 18: Tenía la aptitud de hacer un espectáculo de sí mismo, cuándo por su valor temerario, .. cuándo por su intromisión generosa –quijotesca– en pleitos ajenos.

quijotil *adj* Quijotesco. | GPavón *Reinado* 87: Las viejas y suculentas historias quijotiles fueron las únicas letras que no se tragó el paisaje en su renacencia de cada día y de cada primavera. GPavón *Teatro 1963* 30: Hay una rara vena quijotil en Dorotea. Es un ejemplo de esas extraordinarias personalidades que a veces se dan en los pueblos y que emplean su vida entera en desmentir la rutina, la monotonía, el conformismo.

quijotismo *m* **1** Condición de quijote [1]. | Riquer *Cervantes* 225: *La vida de don Quijote y Sancho* de Miguel de Unamuno .. se impone .. por haber llevado el mito del "quijotismo" a una altura impresionante. *Abc* 19.11.57, 49: Evocó las tesis fundamentales del pensador y catedrático español: hipóstasis islámico-cristiana; quijotismo de España.
2 Acción quijotesca [2]. | C. Bellver *País* 23.7.76, 32: Pudiera pensarse que esos cien millones de pérdidas se debe[n] al quijotismo de ofrecer pan más barato sin llegar a cubrir costes de fabricación, pero no es así.

quijotizar *intr* (*raro*) ➤ **a** *normal* **1** Actuar [alguien] como un quijote [1]. | J. MAlonso *MHi* 2.64, 42: Ella también [Santa Teresa], a su modo, quijotizó, se lanzó a una aventura en la que los riesgos acechaban.
➤ **b** *pr* **2** Tomar carácter quijotesco [alguien o algo]. | Camón *Abc* 10.11.73, 3: ¡Qué aceptación en el mismo instante de la realidad hostil y de los sueños gloriosos! ¡Y cómo se quijotiza esa tierra por azares que están además en el curso de sus terreros días!

quilar *tr* (*jerg*) Realizar el acto sexual [con alguien (*cd*)]. *Tb pr*. | Ayerra *D16* 25.2.82, 3: La afición de este [el negro] por quilarse a una nena blanca si a cuento viene.

quilataje (*tb con la grafía* **kilataje**) *m* Cantidad de quilates. | C. Aguilera *Ya* 4.2.87, 51: Las esmeraldas han sido tasadas .. en ciento ochenta millones de pesetas. Una de las piezas, la de mayor tamaño y kilataje, aparece en la portada de un monográfico sobre esmeraldas editado por el citado Instituto. GPavón *Rapto* 21: Con cosas de este quilataje cómo no va a perder uno la compostura, jefe.

quilate (*tb con la grafía* **kilate**) *m* **1** Unidad de peso equivalente a 200 mg y que se emplea para pesar perlas y piedras preciosas. *Tb la pesa correspondiente*. | Marcos-

quiliástico - químicamente

Martínez *Aritmética* 132: Los comerciantes de piedras preciosas emplean el quilate, que vale 2 dg.
2 Veinticuatroava parte de oro puro. *Se emplea para indicar la proporción de oro puro de una aleación.* | *ByN* 31.12.66, 118: Con pulsera de 18 quilates. *SPaís* 4.10.92, 13: Como obsequio, la cafetera exprés de 6 tazas, realizada en acero y oro de 24 kilates.
3 *En pl:* Grado de perfección o de calidad [de algo no material]. *Frec en la constr* DE MUCHOS ~S. | Sopeña *Abc* 20.8.66, 58: Después de Mozart, casi todas las músicas parecen impuras, rebajadas de quilates por lo menos.

quiliástico -ca *adj (lit, raro)* Milenarista. | JLozano *Inf* 22.9.77, 18: Estaría de acuerdo [yo] incluso con una cierta religiosidad de la iconoclastia, y así, en efecto, pueden interpretarse los gestos iconoclastas de muchos movimientos quiliásticos del Medioevo.

quilífero *adj (Anat)* [Vaso] linfático de los intestinos que absorbe el quilo y lo conduce al canal torácico. | Navarro *Biología* 154: Cada vellosidad intestinal es un saliente de la mucosa intestinal al que llega un pequeño vaso linfático denominado vaso quilífero.

quilificación *f (Fisiol)* Acción de transformar en quilo el alimento ingerido. | Alvarado *Anatomía* 120: El líquido alcalino formado por los alimentos digeridos y los jugos digestivos del intestino recibe el nombre de quilo, por lo cual se llama quilificación a la digestión intestinal.

quilla I *f* **1** Pieza que va de popa a proa por la parte inferior del barco y sostiene toda su armazón. | *Sp* 19.7.70, 24: Las rudimentarias quillas de las piraguas se mejoran.
2 Pieza de las varias que constituyen una falda, que se ajusta en la parte superior y va ensanchándose en la inferior. *Frec en la constr* FALDA DE ~S. | *Ya* 19.12.74, 42: La falda de quillas y los cortes de la chaqueta esbeltecen la figura.
3 *(Zool) En las aves:* Parte saliente del esternón. | Bustinza-Mascaró *Ciencias* 190: El esternón [de la paloma] es muy grande y se prolonga hacia abajo en una lámina dura, la quilla, en donde se insertan los músculos de la pechuga. **b)** *En otros animales:* Parte longitudinal saliente y afilada. | GLarrañeta *Flora* 210: Pez teleósteo marino de la misma familia que el jurel, pero sin las quillas laterales en los flancos. Bustinza-Mascaró *Ciencias* 161: Aspecto externo del percebe: *e*, escudo; *t*, tergo; *q*, quilla; *a*, placas accesorias; *p*, pedúnculo.
4 *(Bot) En las plantas papilionáceas:* Parte de la corola formada por los dos pétalos inferiores. | Alós *Hogueras* 142: Cuelgan en racimos con su flor amariposada y de su quilla asoman, apenas visibles, los pistilos rizados como pestañas.
II *loc adv* **5 en ~.** *(Mar)* En construcción. *Tb adj.* | Torrente *Pascua* 122: Los dos barcos en quilla se botarán en las mareas vivas de abril y los entregaré en la fecha estipulada.

quillacinga *adj* De un pueblo indígena colombiano del departamento de Cauca. *Tb n, referido a pers.* | Tovar *Español* 519: El Obispo .. dispuso que se tradujera el catecismo y confesionario en las propias lenguas y encomendó .. a Andrés Moreno de Zúñiga y a Diego de Bermúdez, presbíteros, la quillacinga.

quillado -da *adj (Mar)* [Embarcación] que, proporcionalmente, tiene bastante elevación de las varengas sobre la horizontal del canto alto de la quilla. *Tb n m.* | M. Pujol *Van* 18.4.74, 41: El "Fortuna" .. se proclama vencedor de su clase, así como del trofeo S.A.R. Princesa Sofía en la clase quillados ("dragón" y "soling").

quilo¹ I *m* **1** *(Fisiol)* Linfa blanquecina y asimilable procedente de la transformación del quimo en el intestino. | Bustinza-Mascaró *Ciencias* 54: El resultado de la digestión en el intestino delgado es un líquido alcalino llamado quilo.
II *loc v* **2 sudar el ~.** *(col)* Trabajar con fatiga. | * Para conseguir tirar ese muro tuvieron que sudar el quilo.

quilo² → KILO.
quilo- → KILO-.
quilómetro → KILÓMETRO.

quilópodo *adj (Zool)* [Artrópodo] de cuerpo alargado y dividido en segmentos, cada uno de los cuales lleva un par de patas, cabeza con antenas y patas maxilares con glándula venenosa. *Frec como n m en pl, designando este taxón zoológico.* | *Nor* 28.11.79, 13: La Escolopendra, de la familia de los Miriápodos Quilópodos, es un animal adaptado a la vida del suelo, se oculta bajo piedras y hojarasca.

quima *f (reg)* Rama. | Zunzunegui *Camino* 189: Los árboles del camino doblaban sus quimas ante la pesadumbre de la nieve.

quimbambas *f pl (col)* Sitio muy lejano. *Frec en la constr* ESTAR [algo] EN LAS ~. | DCañabate *Abc* 6.12.70, 11: ¿Vamos a ir hasta allí, que está en las quimbambas?

quimbaya *adj* [Individuo] de una tribu indígena colombiana habitante de la zona comprendida entre la Cordillera Central y el río Cauca. *Tb n.* | Ballesteros *HEspaña* 1, 505: Fueron los quimbayas los grandes orfebres chibchas. Fabricaron piezas de un arte extraordinario por el procedimiento de las ceras perdidas y con sistemas cuyo secreto se ha perdido. **b)** De (los) quimbayas. | C. Gil *SYa* 10.4.85, v: La cultura quimbaya es una de las múltiples culturas indígenas de Colombia.

quimera *f* **1** Cosa que se propone a la imaginación como posible o verdadera, sin serlo. | J. M. Moreiro *SAbc* 13.9.70, 45: Torremolinos, la ciudad alucinada, trasnochadora y fantástica, surgida en un punto de esos 148 kilómetros costeros y solo comparable a aquellas ciudades del oeste americano nacidas cuando la quimera del oro. M. GMartín *Ya* 25.11.75, 10: La civilización cristiana, .. sin la cual la libertad es una quimera, nos habla de la necesidad de Dios en nuestras vidas.
2 *(col, raro)* Riña o contienda. | Lera *Boda* 531: —Pero si es viudo y forastero... ¡Menuda quimera se va a formar en el pueblo! .. —No serás tú quien la emprenda.
3 *(Mitol clás)* Animal con cabeza de león, cuerpo de cabra y cola de dragón, que vomitaba llamas. | GNuño *Arte* 126: El cantero hispano .. se refugió en las aldeas, en los templos alejados de los monasterios, y siguió volcando su abigarrada fantasía de quimeras y trasgos. **b)** Animal mitológico monstruoso. | Goytisolo *Recuento* 211: San Jorge, émulo de Perseo y de Sigfrido, salvador de princesas cautivas, destructor de quimeras, del mítico grifo que una vez muerto se convierte en rosal.
4 *(Biol)* Organismo, esp. creado artificialmente, compuesto por tejidos genéticamente diferentes. | *Ya* 11.1.89, 20: Una ley protegerá a los embriones humanos en Alemania .. Tanto el clonaje (reproducción de seres genéticamente idénticos) como la creación de quimeras (organismos compuestos por tejidos genéticamente diferentes) o híbridos de humanos y animales están de la misma manera castigados con prisión.
5 Pez selacio marino, con el hocico prolongado, una fuerte espina en el dorso y cola en forma de látigo (*Chimaera monstrosa*). | GLarrañeta *Flora* 210: Ambos nombres [pez gato y rata de mar] se usan también para designar otras especies, por lo que en los medios cultos, o relativamente cultos, se le llama quimera, de su nombre científico *Chimaera monstrosa.*

quimérico -ca *adj* Fantástico o imaginario. | Goytisolo *Recuento* 566: ¿De qué forma interpretarlo [el combate de San Jorge con el dragón], si no es ... como expresión simbólica de un deseo, de sus ansias de resolver mediante un combate quimérico el combate real que Cataluña sigue librando consigo misma?
2 [Pers.] fantasiosa o dada a las quimeras [1]. | L. Calvo *Abc* 28.8.66, 47: Los chinos son milagreros y quiméricos. Viven –y también los vietnamitas– en un mundo poblado de ricas fantasías.

quimerista *adj* [Pers.] fantasiosa o dada a las quimeras [1]. *Tb n.* | Bermejo *Estudios* 176: Recordemos a los mílites, .. o a los quimeristas, que con muchas trazas y quimeras embaucan a los más ingenuos.

químicamente *adv* **1** En el aspecto químico [1]. | Bustinza-Mascaró *Ciencias* 319: Los denominados agentes geológicos externos (la atmósfera, .. los glaciares, las aguas marinas, etc.) actúan sobre las rocas y minerales que están a su alcance y las alteran, mecánica, física o químicamente. **b)** *En sent fig y precediendo al adj* PURO, *se emplea como intensificador, con intención ponderativa.* | J. Baró *Abc* 27.12.70, 21: Algo así, valga la expresión, como a nivel de política químicamente pura.

químico – quina

2 Por medios químicos [1]. I Torrente *Saga* 146: Aquellas cuerdas actuaban sobre las tapas de un sistema de pucheros instalados en el sótano, en los que se producían químicamente humos de los colores fundamentales.

químico -ca I *adj* **1** De (la) química [3a]. I Laforet *Mujer* 294: El sótano había estado desocupado durante un tiempo, pero luego lo alquilaron para almacén de productos químicos. **b)** Concerniente al objeto de la química [3a]. I Navarro *Biología* 26: Con el nombre de catalizadores orgánicos o biocatalizadores se reúne a determinadas sustancias orgánicas dotadas de gran actividad química que aceleran y regulan los procesos vitales. Navarro *Biología* 42: Los métodos más finos de análisis químico aplicados al estudio del protoplasma indican su variadísima composición.
II *n* **A** *m* y *f* **2** Pers. especialista en química [3a]. I *Abc* 6.6.68, 87: Trabajan doce técnicos –médicos, químicos y veterinarios– relacionados con la Organización Mundial de la Salud.
B *f* **3** Ciencia que estudia la composición de la materia, sus transformaciones y sus propiedades. *Diversas especialidades se distinguen por medio de compls o adjs*: ORGÁNICA, INORGÁNICA, DEL CARBONO, *etc*. I *Tri* 15.8.70, 12: Con estos sanitarios del bosque [las hormigas], se dice, no puede competir ni siquiera la química más desarrollada. Marcos-Martínez *Física* 296: A la Química orgánica se la llama también Química del carbono. **b)** Conjunto de fenómenos que son objeto de la química. I Aleixandre *Química* 206: La química de las macromoléculas no se diferencia esencialmente de la de las moléculas corrientes. **c)** (*col*) *En pl*: Licenciatura en química. I * Estudia químicas.
4 (*col*) Producto químico [1]. *A veces en sg con sent colectivo*. I Delibes *Castilla* 145: La miera o la resina, de la que se sacan la trementina, la colofonia y qué sé yo qué otras químicas, tuvo su mejor momento en los años 50 a 70. Berlanga *Gaznápira* 135: A Gabriela no la alivió nada el saber que no venían a echar química a las fuentes.
5 (*col*) Buen entendimiento [entre dos perss.]. I T. GBallesteros *Ya* 20.4.92, 9: Los problemas importantes de gobernabilidad de este país no se solucionan porque no hay "química" entre González y Aznar.

quimio- *r pref* (*E*) Químico. I *Por ej*: AVega *Ya* 30.5.64, 14: Gracias al empleo masivo de los quimioantibióticos .. se pasó de los 30.000 muertos anuales .. a los 7.500. *Ya* 8.4.91, 55: Descubren un tratamiento hormonal para prevenir el cáncer de mama .. Los científicos han bautizado el sistema como "quimioprevención" y se orienta hacia aquellos grupos de mujeres con mayor riesgo. L. F. Pintor *SYa* 17.1.74, 12: El interior se destinará para alojar los laboratorios del departamento de quimiotaxonomía, es decir, la química vegetal aplicada a la clasificación de las plantas.

quimioprofilaxis *f* (*Med*) Profilaxis mediante sustancias químicas [1]. I J. L. Serna *SYa* 15.7.90, 2: El plasmodio es resistente a la cloroquina, el fármaco más comúnmente usado en la quimioprofilaxis de la malaria.

quimiorreceptor -ra *adj* (*Biol*) [Órgano] receptor de estímulos químicos [1b]. I Navarro *Biología* 133: Se pueden distinguir y clasificar los diferentes receptores en: fotorreceptores .., fonorreceptores .., quimiorreceptores, si [los excitantes] son las sustancias químicas (olfato y gusto).

quimiosíntesis *f* (*Biol*) Síntesis de compuestos químicos orgánicos por la energía derivada de reacciones químicas [1b]. I Navarro *Biología* 57: La síntesis de la materia orgánica por estos seres [bacterias] se llama quimiosíntesis.

quimiosintético -ca *adj* **1** (*Biol*) De (la) quimiosíntesis. I * Hay bacterias de acción quimiosintética.
2 Que produce quimiosíntesis. I Alvarado *Anatomía* 151: Estas bacterias pueden sintetizar materia orgánica a expensas de la materia mineral. Las hay fotosintéticas y quimiosintéticas.

quimiotácticamente *adv* (*Biol*) De manera quimiotáctica. I Alvarado *Botánica* 10: En el canal del cuello .. hay unas células que se transforman en un líquido que rezuma al exterior y atrae quimiotácticamente a los espermatozoides.

quimiotáctico -ca *adj* (*Biol*) De (la) quimiotaxis. I Navarro *Biología* 243: Los glúcidos que forman la capa superficial de las bacterias son las sustancias que más intensamente determinan la atracción quimiotáctica.

quimiotaxia *f* (*Biol*) Quimiotaxis. I Navarro *Biología* 59: Según la índole del estímulo reciben [los movimientos celulares] diferentes nombres: fototaxias, si son provocadas por la luz; .. quimiotaxias, si por agentes químicos.

quimiotaxis *f* (*Biol*) Tendencia de las células a moverse en una dirección determinada por la influencia de estímulos químicos [1b]. I Navarro *Biología* 210: El óvulo atrae por quimiotaxis al espermatozoide.

quimioterapia *f* (*Med*) Tratamiento mediante sustancias químicas [1]. *Esp con referencia al cáncer*. I Nolla *Salud* 252: La quimioterapia consigue en muchos casos remisiones completas del proceso neoplásico.

quimioterápico -ca *adj* (*Med*) De (la) quimioterapia. I O. Aparicio *SPue* 17.10.70, 8: Gracias a estos recursos biológicos y al tratamiento quimioterápico .. la situación ya no es tan pesimista. **b)** [Agente o medicamento] usado en la quimioterapia. *Tb n m*. I Nicolau *Salud* 667: Los medicamentos quimioterápicos, para cumplir su misión, deben difundirse de tal suerte que lleguen al lugar de la infección en concentración suficiente. Nicolau *Salud* 667: Los quimioterápicos son activos frente a un gran número de agentes patógenos.

quimismo *m* (*Biol*) Actividad química [1]. I Ybarra-Cabetas *Ciencias* 178: Son también [las hormonas] catalizadores que influyen en el quimismo vital.

quimo *m* (*Fisiol*) Pasta homogénea y agria que resulta de la transformación de los alimentos en el estómago por la digestión. I Nolla *Salud* 77: En el intestino delgado, y por la acción de esta serie de secreciones, el quimo formado por el estómago es transformado en un líquido denominado quilo.

quimógrafo *m* (*Fon*) Aparato que registra por medio de curvas las cualidades de los sonidos del habla. I Alcina-Blecua *Gramática* 270: La cantidad silábica .. Las experiencias realizadas por S. Gili Gaya en un texto .., con ayuda de un quimógrafo, dieron el siguiente resultado en centésimas de segundo.

quimograma *m* (*Fon*) Registro gráfico hecho mediante un quimógrafo. I Academia *Esbozo* 10: Un quimograma o un oscilograma reproduce gráficamente una emisión oral como un todo continuo.

quimono (*tb con la grafía* **kimono**) *m* Túnica japonesa que usan esp. las mujeres. I GSanchiz *Ya* 15.4.64, 5: La familia americana no aceptaría que la mamá llevase en ese gran lazo dorsal, el "obi", de los quimonos a su bebé. M. Amat *Des* 12.9.70, 40: En Kioto podrá comprar un "kimono" y un "obi" (faja de seda). **b)** Bata de casa de amplias mangas, cruzada por delante y ceñida por un cinturón. I Laforet *Mujer* 184: Cuando apareció en su vida [Amalia] con uno de aquellos kimonos que se ponía siempre dentro de casa, .. fue un gran alivio para Paulina.

quina[1] I *f* **1** Corteza del quino, rica en alcaloides, usada en medicina bajo distintas formas, frec. polvos o extractos, por sus propiedades tónicas y febrífugas. *Tb la sustancia extraída de ella*. I MVictoria *Ya* 17.4.77, 61: En el grupo febrífugas, que alivian al enfermo con fiebre alta, destaca la quina, procedente de la corteza del quino, árbol tropical. **b)** Quino. *Tb* ÁRBOL DE LA ~. I Navarro *Biología* 263: El primer medicamento usado para combatir el paludismo ha sido la quinina, sustancia febrífuga extraída de la corteza de la Quina, Quinquina o Cinchona. GCabezón *Orotava* 41: Quino o árbol de la quina, *Chinchona* [sic] *officinalis*, Linn.
2 Vino u otro líquido medicinal en cuya composición entra la quina [1a]. I *Pue* 29.10.70, 1: Quina Santa Catalina.
3 (*col*) *Se usa frec en frases comparativas con el adj* MALO, *para ponderar la maldad de alguien o algo*. I * Este chico es más malo que la quina.
II *loc v* **4 tragar ~.** (*col*) Aguantar una contrariedad sin manifestar protesta o disgusto. I Laforet *Mujer* 84: Entre ella y su marido habían acordado no abrir más por enterados .. y tragaban quina, esperando que el tiempo aburriese al muchacho. Buero *Lázaro* 63: He tragado no poca quina viendo vuestras relaciones.

quina – quinceño

quina² *f* **1** (*raro*) Conjunto de cinco elementos. | Delibes *Castilla* 147: Un pino puede dejarle a usted veinte quinas de piñas, es decir, un ciento de ellas, casi media carga.
2 (*hist*) En la lotería antigua: Acierto de cinco números. | *DBu* 6.1.55, 3: El 70 por ciento de las mujeres neoyorquinas juegan al "bingo". Se trata ni más ni menos que del clásico juego de la quina española o lotería.

quinado -da *adj* [Vino u otro preparado] que contiene quina [1a]. *Tb n m, referido a vino.* | CBonald *Casa* 21: Locuaz y voluble, muy dada al vino quinado y al rosario en familia. *SHoy* 15.8.75, 6: Bodegas y Destilerías "Espronceda". Fabricantes de anisados, coñac, licores, ron, wodka, vermut y quinados.

quinador *m* (*jerg*) Quinqui. | J. M. Moreiro *SAbc* 20.4.69, 31: Los "quinquis" o "languis", también conocidos por "quinadores".

quinario *m* **1** Ejercicio devoto que se practica durante cinco días seguidos. | CBonald *Casa* 20: Amiga de tresillos y quinarios, .. se comportó impensadamente la noche de bodas como una famélica en un festín.
2 (*hist*) Moneda romana de plata equivalente a 5 ases o medio denario. | GNuño *Escultura* 157: Los denarios y quinarios de Iltirda (Lérida), Cose (Tarragona), etc., ya no muestran en sus anversos la cabeza de Aretusa.

quinasa *f* (*Biol*) Sustancia existente en varios tejidos, que activa la enzima específica de los mismos. | N. Marcos *Pro* 2.5.90, 16: Descubrieron que el producto que estaban utilizando afectaba a una enzima del cerebro, la proteína quinasa.

quincalla *f* **1** Conjunto de objetos de escaso valor, como tijeras, dedales o bisutería de baja calidad. *A veces con intención desp.* | FReguera-March *Boda* 300: El lencero guardó los de los reales. –¡Pañuelos! –gritó–, ¡telas!, ¡quincalla! Goytisolo *Recuento* 110: Por el extremo opuesto del corredor [de letrinas] apareció un puto caballero aspirante en traje de paseo y, plantándose con sonrisa boba, empezó a desabrocharse la quincalla.
2 (*raro*) Quincallería [1]. | Torrente *Señor* 403: Tengo un bajo vacío, cerca del mercado, y quiero montar allí un negocio, una quincalla .. No quiero decir que vaya a ponerme al frente, y a vender metros de puntilla a las aldeanas. Necesito una persona de confianza, y tú me sirves.

quincallería *f* **1** Comercio de quincalla [1]. | SSolís *Camino* 9: El suegro del capitán había sido un quincallero de La Pola de Gordón .. En los bajos del edificio abrió una tienda de ferretería y quincallería.
2 Quincalla [1]. *A veces con intención desp.* | Reglá *Historia* 319: En cuanto al comercio [en el siglo XVI], la exportación se basa esencialmente en lanas, sal, aceite ..; y la importación, en tejidos finos, papel, libros litúrgicos, trigo, pescado, quincallería. FReguera-March *Caída* 383: Se había enjoyado mucho –quizá demasiado– ..–Se ha puesto toda la quincallería encima –refunfuñó Catalina al verla.

quincallero -ra *m y f* Vendedor de quincalla [1]. | Cela *Judíos* 45: Los quincalleros y los pañeros, y los confiteros del mercado, prestan su pausado y antiguo guirigay. Torrente *Saga* 277: Don Anníbal Mario descubrió, en una tiendecita de la calle del Camino Nuevo, un peperete a punto de reventar, cuya tía y tutora, la quincallera Micaela Barros, se mostraba dispuesta a avenirse a razones.

quince I *adj* **1** *Precediendo a susts en pl*: Catorce más uno. *Puede ir precedido de art o de otros determinantes, y en este caso sustantivarse.* | Arce *Testamento* 72: Tenía más de quince jornaleros en la época del maíz, de la hierba.
2 *Precediendo o siguiendo a n s en sg* (o, más raro, en pl): Decimoquinto. *Frec el n va sobrentendido.* | Ley P. Administrativo 31: Artículo quince. En casos de ausencia o de enfermedad .. el Presidente y el Secretario .. serán sustituidos. E. Guzmán *Tri* 16.8.75, 24: El Pleno Nacional para consultar a la oposición se celebrará el quince de noviembre.
II *pron* **3** Catorce más una o cosas. *Referido a perss o cosas mencionadas o consabidas, o que se van a mencionar.* | Arce *Testamento* 61: Cuando salimos de la taberna éramos lo menos quince. J. Trenas *Van* 6.1.74, 10: Es una tablita de diez centímetros por quince, titulada "Joaquín dormido". * Quince de los invitados no acudieron. **b) dar ~ y raya** → RAYA¹.

III *n* **A** *m* **4** Número de la serie natural que sigue al catorce. *Frec va siguiendo al n* NÚMERO. | * El número premiado es el quince. Olmo *Golfos* 149: Vaya usted al número quince. **b)** Cosa que en una serie va marcada con el número quince. | * Le han calificado con un quince.
B *f pl* **5** Tres de la tarde. *Normalmente precedido de* LAS. | *HLM* 27.1.75, 10: A las quince treinta, comida y disgregación de los concurrentes.

quinceañero -ra *adj* [Pers.] que tiene alrededor de los quince años. *Tb n.* | M. ÁLlana *VozA* 8.10.70, 16: Paquita, con muchos años de tablas, no supo o no quiso captarse las simpatías de los "fans" quinceañeros. FSantos *ROc* 5.76, 19: Se abrió de par en par el cuello de la blusa y echó fuera un corazón pequeño, dorado, de esos que llevan ahora las quinceañeras. **b)** Propio de las perss. quinceañeras. | *MHi* 2.64, 48: Evoca quizá años adolescentes, noches estivales con guitarras quinceañeras y novios de bachillerato.

quincena *f* **1** Conjunto de quince unidades. *Gralm seguido de un compl* DE. *Frec solo con sent aproximativo.* | Berlanga *Not* 12.4.74, 4: Doscientos vehículos de auxilio en carretera, casi una quincena de helicópteros .. procurarán que la estadística [de accidentes] tenga una curva descendente. *Inf* 14.9.74, 11: Poco después de producirse el siniestro acudieron al lugar una quincena de ambulancias y varias dotaciones de bomberos. **b)** *Sin compl especificador*: Quince días. *A veces solo con sent aproximativo.* | *Alc* 1.1.55, 3: A nuestros corresponsales .. se unirán, en la primera quincena de este mes, los de Roma y Washington. Benet *Nunca* 60: Yo, al cabo de una quincena, consideré prudente y político arriar para siempre la enseña rosa del ultraje. **c)** (*hist*) Arresto de quince días. | * El robo de aquella tontada le costó una quincena.
2 (*Mús*) Intervalo que comprende las quince notas sucesivas de dos octavas. *Tb el registro correspondiente en el órgano.* | *SYa* 21.4.74, 11: Consta [el órgano] de un teclado de octava corta, con cuarenta y cinco notas; diez registros partidos, flautado, dos octavas, quincena, docena, lleno, címbalo y trompetería con dos registros.
3 (*reg*) Junta compuesta de quince vecinos, encargada de regir los concejos de 401 a 500 habitantes, y que interviene también en determinados asuntos de la administración de municipios regidos por ayuntamiento de 251 a 500 habitantes. | *Navarra* 54: En los municipios que no excedan de 250 habitantes .. existe también la junta de oncena. En los restantes, y además de la corporación municipal respectiva, se nombran también juntas de quincena y veintena. Corresponde quincena a los municipios que tienen de 251 a 500 habitantes .. Las quincenas se componen de quince vocales.

quincenal *adj* **1** De una quincena [1b]. *Con idea de duración.* | * Este año mis vacaciones son quincenales. * La periodicidad es quincenal.
2 Que corresponde a cada quincena o se produce cada quincena [1b]. | *Asturias* 80: Edita la revista quincenal *Mundo Asturiano*.

quincenalmente *adv* Cada quince días. | Gironella *Millón* 623: Mateo no olvidaba a sus falangistas de Gerona, que combatían dispersos por la España "nacional". Quincenalmente les escribía.

quincenario -ria I *adj* (*raro*) **1** [Publicación] que aparece cada quince días. *Tb n m.* | MCachero *Novela* 56: Los treinta y ocho números de "Fantasía", semanario, primero, y quincenario, más tarde, "de la invención literaria", ofrecieron .. muchas páginas a nuestros narradores del momento.
II *m y f* **2** (*hist*) Pers. que sufre en la cárcel una o más quincenas [1c]. | FReguera-March *Fin* 315: –¿Maleantes? .. ¿Vos creía que eran lerrouxistas. –¿Hay alguna diferencia? .. Quincenarios y ex presidiarios todos ellos.

quinceno -na *adj* **1** [Caballería] de quince meses. *Tb n.* | Delibes *Castilla* 105: Siendo yo joven, un tratante quiso meterme gato por liebre y va y me trae un caballo ya hecho, que había cubierto mucho, como si fuera quinceno.
2 (*reg*) Quinceañero. | Moreno *Galería* 283: Los "marzalotes" o quincenos, como se llamaba a los chavales de 14 a 18 años, .. y los mozos de ronda la habían enganchado.

quinceño -ña *adj* (*raro*) Quinceañero. *Tb n.* | MSantos *Tiempo* 14: Ciudades ingenuamente contentas de sí mismas al modo de las mozas quinceñas. E. Corral *Abc*

25.2.68, 99: La tragedia de Donniachka, quinceña convertida en "la femme soumise" del maduro prestamista de la historia de Dostoievski.

quincineta *f* Avefría (ave zancuda). | Delibes *Año* 108: Nos colocamos entre los pinos a acechar a los bandos de avefrías que huían .. (no puedo calcular los cientos de miles de quincinetas que vimos esta mañana).

quincuagenario -ria *adj* (*lit*) [Pers.] de edad comprendida entre los cincuenta y los sesenta años. | M. D. Asís *SYa* 13.12.70, 10: Los dos protagonistas pertenecen a dos mundos de difícil comunicación: Henry Pulling, un soltero quincuagenario, dedicado a cultivar los rosales de su villa, y la tía Augusta, que con su vida escandalosa cambiará la existencia de Henry.

quincuagésimo -ma I *adj* (*lit*) **1** Que ocupa un lugar inmediatamente detrás o después del cuadragesimonoveno. *Seguido de los ordinales* PRIMERO *a* NOVENO, *forma los adjs ordinales correspondientes a los números 51 a 59.* | E. Valero *SAbc* 11.1.70, 28: Ese mismo año, la Iglesia católica enviaba una delegación a Moscú con motivo de la celebración del quincuagésimo aniversario del patriarca Alexis.
II *f* **2** (*Rel catól*) Domingo que precede al primero de Cuaresma. | Ribera *Misal* 246: Tenemos ..: La preparación remota [para la Pascua], constituida por la Septuagésima, Sexagésima y Quincuagésima; La preparación próxima, formada por el tiempo de Cuaresma. Ribera *Misal* 258: Domingo de Quincuagésima. Quincuagésima o cincuenta días antes de Pascua.

quincuagesimo- *r pref* (*lit*) Unida sin guión a los ordinales PRIMERO *a* NOVENO, *forma los adjs ordinales correspondientes a los números 51 a 59.* | *Por ej:* * Quincuagesimoquinto aniversario.

quindenio *m* (*lit, raro*) Período de quince años. | * En el último quindenio las realizaciones han sido numerosas.

quinesiología (*tb con la grafía* **kinesiología**) *f* Estudio de los movimientos del cuerpo humano y tratamiento de las afecciones relativas a ellos. | *País* 13.9.90, 20: Formación de terapia holística .. Iridiología. Kinesiología. Dietética.

quinesiterapia (*tb con la grafía* **kinesiterapia**) *f* (*Med*) Cinesiterapia. | Sales *Salud* 405: El dolor se combatirá con cura postural y fomentos calientes .. y, en cuanto lo permita el dolor, iniciar la kinesiterapia pasiva durante breves momentos, en varias sesiones al día.

quingentésimo -ma *adj* (*lit*) Que ocupa un lugar inmediatamente detrás o después del cuadringentésimo nonagesimonoveno. | *Trobes* 3: La Editorial Espasa-Calpe, S.A. desea feliz Navidad .. a sus colaboradores y amigos con el presente de este facsímil del único ejemplar existente .. de *Les trobes en lahors de la Verge Maria* al cumplirse el quingentésimo aniversario de su edición.

quinidina *f* (*Med*) Alcaloide que se extrae de la quina[1] y cuyas propiedades terapéuticas son semejantes a las de la quinina. | M. Aguilar *SAbc* 16.6.68, 39: Facilitan las quemaduras (o producen otros cuadros más graves de fotosensibilidad) el tomar medicinas, como sulfamidas, quinidina, fenotiacinas, usar perfumes, agua de colonia, pomadas con brea de hulla, o comer perejil.

quiniela *f* **1** Apuesta mutua en la que el apostante pronostica los resultados de una competición deportiva, esp. de fútbol. *Tb fig, referido a otros pronósticos múltiples.* | CNavarro *Perros* 84: El día que acierte una quiniela de las buenas, mandaré hacerte un porche para que no te constipes cuando llueva. Cabezas *Abc* 12.9.68, sn: Entre los "ye-yes" literatos de las Cuevas de Sésamo (tertulia permanente), la temática giró en torno a la quiniela literaria de octubre.
2 Boleto que se utiliza para tomar parte en las quinielas [1]. | CPuche *Paralelo* 404: Entraban también mujeres humildes, con la necesidad pintada en la facha. Traían su quiniela ya escrita, una o dos columnitas. *Hoy* 23.11.85, 1: Casi seis millones de pesetas para un pacense en la lotería primitiva .. Emilio González rellenó la quiniela haciendo trozos de papel con los restos de sacos de yeso, introduciéndolos en una bolsa y sacándolos para ir colocando los números en la quiniela.

quinielista *m y f* Pers. que apuesta en las quinielas [1]. | C. GCampo *SAbc* 27.4.69, 35: El resto va con cargo a las inmensas posibilidades de la Combinatoria, esa especie de magia con la que todo quinielista suele estar ya bien familiarizado.

quinielístico -ca *adj* De las quinielas [1]. | *VozA* 8.10.70, 21: En el caso quinielístico, buscar tres pies al gato quiere decir que queremos buscar una cosa difícil que no esté dentro del pronóstico de cualquier apostante.

quinielón *m* (*col*) Quiniela en que se aciertan 15 resultados. | F. Navacerrada *Ya* 12.1.93, 35: Jamás hubo siquiera un boleto parecido al del pasado domingo. Es un "quinielón" imposible. Un Pleno al 15 que a todo el mundo le hubiera gustado acertar.

quinientista *adj* (*raro*) Del siglo XVI. *Tb n, referido a pers.* | P. GBlanco *Abc* 6.2.58, 25: "Saudade" que, desde los "quinientistas" a los de la "seara nova", ha melificado toda la literatura portuguesa.

quinientos -tas I *adj* **1** *Precediendo a susts en pl:* Cuatrocientos noventa y nueve más uno. *Puede ir precedido de art o de otros determinantes, y en este caso sustantivarse.* | Alfonso *España* 165: En España había más de quinientos ríos "limpios".
2 *Precediendo o siguiendo a ns en sg (o, más raro, en pl):* Quingentésimo. *Frec el n va sobrentendido.* | J. P. Quiñonero *Inf* 15.4.75, 21: Solo son auténticos 18 de los 178 grabados de Miguel Ángel expuestos en la monumental retrospectiva montada .. con motivo del quinientos aniversario del nacimiento del genio italiano. * Página quinientas.
II *pron* **3** Cuatrocientas noventa y nueve más una perss. o cosas. *Referido a perss o cosas mencionadas o consabidas, o que se van a mencionar.* | Torrente *SInf* 21.3.74, 16: Si calculamos a tres [chistes] por minuto, resultan unos quinientos cuarenta, que ya no me parecen pocos.
III *m* **4** Número de la serie natural que sigue al cuatrocientos noventa y nueve. *Frec va siguiendo al n* NÚMERO. | * El número premiado es el quinientos.
5 Siglo XVI. | Reglá *Historia* 342: La tensión espiritual de los españoles del Quinientos motivó el esplendoroso florecimiento .. del Siglo de Oro.

quinina *f* Alcaloide que se extrae de la quina [1] y que se emplea como estimulante nervioso y como específico contra el paludismo. | Nolla *Salud* 234: Contra el paludismo [se disponía] de la quinina (cuya utilización terapéutica fue introducida en Europa por la condesa de Chinchón).

quino *m* Se da este *n* a varios árboles del *gén Cinchona*, cuya corteza es rica en alcaloides utilizados en medicina por sus propiedades tónicas y febrífugas. | MVictoria *Ya* 17.4.77, 61: En el grupo febrífugas, que alivian al enfermo con fiebre alta, destaca la quina, procedente de la corteza del quino, árbol tropical. GCabezón *Orotava* 41: Quino o árbol de la quina, *Chinchona* [sic] *officinalis*, Linn.

quínoa *f* (*raro m*) Cereal americano semejante al trigo sarraceno. | HSBarba *HEspaña* 4, 372: El arroz, producto típicamente europeo, no debe confundirse con el quínoa, llamado "arroz pequeño", extendido en el Perú y en el valle de Bogotá. [*En el texto*, quinoa.]

quínola *f* **1** (*Naipes*) Juego cuyo lance principal consiste en reunir cuatro cartas de un mismo palo. *Tb ese lance.* | *Abc Extra* 12.62, 95: En los "tres sietes" aparece el tres como la carta más fuerte. Y en la napolitana. En la quínola, será la sota de oros.
2 (*raro*) Rareza o extravagancia. | Cela *Mazurca* 191: Don Venancio empezó a criar quínolas y rarezas cuando se marchó monseñor Múgica, obispo de Vitoria, de zona nacional.

quinona *f* (*Quím*) Compuesto derivado por oxidación de ciertos hidrocarburos. | Aleixandre *Química* 165: Con el cloruro férrico los ortodifenoles se colorean de verde; los meta, en violeta, y los para no se colorean, pero se transforman en quinonas.

quinqué *m* **1** Lámpara de petróleo que consta de un depósito para el combustible y de un tubo y una pantalla de cristal para proteger la llama. | Pinilla *Hormigas* 57: Vencieron hasta a la Naturaleza, creando el fuego y las teas y las velas de sebo y los quinqués y los faroles de petróleo y carburo y las bombillas.

2 (*col*) Vista o perspicacia. | ZVicente *Mesa* 94: Ya te lo decía yo, pero no me haces caso, y yo tengo pero que mucho quinqué, hija, que la vista es la que trabaja de aquí a la Cava Baja.

quinquenal *adj* **1** Que dura cinco años. | Aranguren *Marxismo* 115: El sistema del Plan –Plan quinquenal– es concebido .. como la intención de programar desde la economía misma.
2 Que ocurre cada cinco años. | M. Rico *Gac* 21.9.75, 18: Bastaría una consignación anual de medio a un millón de pesetas, con revisión quinquenal, para mantenerla en perfecto estado.

quinquenio *m* Período de cinco años. | E. Romero *Pue* 30.10.70, 3: En el primer quinquenio de la posguerra se crearon las Cortes Españolas.

quinqui *m y f* Individuo, perteneciente a un grupo social marginado, que gralm. va por los pueblos como lañador o quincallero. | *Inf* 29.5.70, 25: Tres "quinquis" fueron detenidos por la Guardia Civil tras espectacular persecución .. Habían salido de Madrid con el ánimo de robar doscientos kilos de chatarra de un almacén.

quinquillero -ra *m y f* Quincallero. | Berlanga *Rev* 4.68, 25: Los quinquilleros me dejaron una muñeca de plexiglás a cambio de mi tapabocas. **b)** Quinqui. | Sastre *Taberna* 53: Si no es que tenga queja; y ni de los quinquilleros en ese sentido .. Pero es la cosa del vino.

quinquina *f* Quina (corteza o árbol). | Navarro *Biología* 263: El primer medicamento usado para combatir el paludismo ha sido la quinina, sustancia febrífuga extraída de la corteza de la Quina, Quinquina o Cinchona.

quinta[1] **I** *f* **1** Reemplazo anual para el ejército. | Lera *Boda* 539: Cuando sortearon mi quinta, me libré por el número.
II *loc v* **2 entrar en ~s.** Llegar [un hombre] a la edad en que es llamado para cumplir el servicio militar. | * Este año entra en quintas mi sobrino.
3 ser [uno] **de la misma ~** [que otro], **de la (misma) ~** [de otro], *o* **compañero de ~** [de otro]. Tener la misma edad. *Tb fig. Tb sin compl, con suj pl.* | A. MTomás *SDBa* 28.3.76, 26: Él tiene la misma edad que yo, ¿eh?, somos de la misma quinta, y esto facilitó que fuésemos amigos. Cela *Inf* 18.8.75, 14: Según síntomas bastante estudiados, *El sombrero de tres picos* es compañero de quinta de *Pepita Jiménez*.

quinta[2] *f* Vivienda de recreo en el campo. | Carandell *Madrid* 82: Hacía falta estar absolutamente asqueado para pintar las pinturas negras que Goya pintó los últimos años de su vida, en su quinta.

quinta[3] → QUINTO[1].

quintacolumnista *adj* De la quinta columna (→ COLUMNA). | *Abc* 14.1.73, 17: El general –el más relevante de los expertos norvietnamitas en la táctica militar quintacolumnista– fue dado por muerto varias veces a lo largo de la guerra. **b)** [Pers.] que pertenece a la quinta columna de una causa o nación. *Frec n.* | D. Merino *VozC* 3.7.63, 7: Un comandante y un capitán salen de la plaza de Lerma a dar un paseo .. Apenas habían dado unos pasos cuando fueron acribillados a balazos por los guerrilleros de Merino y sus quintacolumnistas.

quintada *f* Broma que gastan los soldados veteranos a los de nuevo reemplazo. *Tb fig, fuera del ámbito militar.* | Berenguer *Mundo* 99: Los otros chavales, cincuenta nos juntamos allí entre quintos y veteranos, no paraban de tomarlo a uno de cachondeo y de darle quintadas.

quintaesencia (*tb con la grafía* **quinta esencia**) *f* (*lit*) Última esencia o extracto [de una cosa]. | S. Medialdea *Ya* 13.7.86, 19: Los tres principales aparatos que existían en esta torre eran el destinado a obtener las quintaesencias; la llamada "torre filosofal", para destilar aguas de todas clases, y el "destilatorio" de vapor. R. MHerrero *Abc* 11.12.70, 10: Designa aquella apetecible solidez de concepción que nunca pierde de vista la firme vinculación que entre lo concreto y su quintaesencia, lo abstracto, debe existir.
b) *Normalmente se usa con intención ponderativa, designando a una pers o cosa que es lo más puro o refinado en el aspecto que se expresa.* | CBaroja *Brujas* 120: En esta época de la Edad Media los ritos y creencias de los judíos precisamente eran considerados como la quinta esencia de la perversión. Goytisolo *Recuento* 284: Madrid, quintaesencia farragosa de Castilla.

quintaesenciar (*conjug* **1a**) *tr* (*lit*) Reducir [algo] a su quintaesencia. | Uña *Not* 12.4.74, 21: Los sistemas de seguridad en esta clase de empresas son quintaesenciados y llevados a los últimos extremos de minuciosidad. A. M. Campoy *Abc* 26.12.70, 21: Hay, en definitiva, todo lo que Verlaine hubo de vivir para poder quintaesenciar luego en breves canciones el dolor de la lluvia en su alma.

quintal *m* **1** Unidad de peso equivalente a 100 kg. *Tb ~ MÉTRICO.* | Marcos-Martínez *Aritmética* 2º 88: Análogamente se tienen las siguientes correspondencias: .. Hectolitro: Quintal. Marcos-Martínez *Aritmética* 2º 87: La principal unidad de peso es el gramo .. Múltiplos: El decagramo .. El hectogramo .. El quintal métrico .. La tonelada métrica.
2 Unidad de peso equivalente a 100 libras, que en Castilla son 46 kg. | Cela *Viaje andaluz* 228: La giralda que remata la torre sevillana representa la Fe, mide cerca de cinco varas de alta, pesa más de veinticinco quintales y la fundió en bronce .. el artista Bartolomé Morel. Romano-Sanz *Alcudia* 237: Se la pagan [la corcha] a unas doscientas pesetas el quintal castellano.

quintana *f* (*reg*) Explanada delante de una casa, de propiedad particular o común a varios vecinos. | Medio *Andrés* 199: Desde el establo, siente llegar, alborotando, a los segadores. Invaden la quintana.

quintanareño -ña *adj* De Quintanar de la Orden (Toledo). *Tb n, referido a pers.* | J. MNicolás *SYa* 13.7.75, 9: Hace unos treinta años, un pintor quintanareño, Emilio Botija, plasmó en una acuarela una escena que veía cada semana: los miguelets en el mercado de Quintanar.

quintante *m* (*Mar*) Instrumento óptico similar al sextante, cuyo arco es la quinta parte del círculo. | T. GYebra *Ya* 9.3.90, 70: Actualmente el Observatorio no se considera museo .., pero solicitándolo previamente se puede acceder a algunas de sus dependencias, y poder ver, así, un quintante de 1853, cronómetros náuticos, brújulas.

quintañón -na *adj* (*raro*) Centenario. | FRoces *Hucha* 1, 36: Seguimos caminando y yo te dije que ya estaba cerca la cabaña, la cabaña que había, que hay aún, pasadas las tierras pedrizas, más allá del carbayo quintañón.

quintar *intr* (*hist*) **1** Sortear uno de cada cinco hombres para el servicio militar. | Unve *ASeg* 4.4.78, 6: En este pueblo no se podía quintar en las levas que para el ejército se hacía[n].
2 Pagar un impuesto del 20%. | HSBarba *HEspaña* 4, 311: En el Perú, mientras no hubo Casa de Moneda se contrató por marcos en las cosas de pequeño precio y por barras en las de alto valor, suponiendo para cada barra el valor de 250 castellanos, con lo cual la Real Hacienda perdía mucho, al no quintar la plata que corría en barras.

quinteo *m* Acción de sortear o seleccionar uno de cada cinco. *Esp en milicia para trabajos o castigos. Tb fig.* | Goytisolo *Recuento* 132: Las mismas tardes de instrucción en orden cerrado, repitiendo una y otra vez movimientos y evoluciones, sobre todo la imperfecta variación en fila que tanto exasperaba al capitán Mauriño; entonces, el teniente Noguero organizaba un quinteo y a uno de cada cinco le tocaba verbena. Huarte *Diccionarios* 116: De aquí la conveniencia de que haya entre los redactores gente sabia, prudente y entendida, para que la selección de lo más interesante entre toda la información disponible se haga por un proceso de filtro y no de un simple quinteo.

quintería *f* (*reg*) Casa de campo o cortijo para labor. | Lera *Olvidados* 78: Salía Mercedes de la gran cocina .. en el momento en que el ama llegaba al patio central de la quintería. Carandell *Tri* 27.4.74, 14: Una sierra áspera y de gran belleza .. en medio de la cual se alzan, de trecho en trecho, las blancas construcciones de las quinterías, que es como se denomina a las fincas o cortijos en esta región [Argamasilla de Alba].

quinterno *m* (*Encuad*) Cuaderno de cinco pliegos. | MSousa *Libro* 33: Por el número de las hojas que constituían el códice, recibía este nombres distintos; por ejemplo, si constaba de dos hojas de pergamino dobladas por la mitad (ocho páginas), se llamaban duernos ..; los de cuatro (16 páginas), cuadernos .., y los de cinco (20 páginas), quinternos.

quinteto *m* **1** Grupo de cinco perss. o cosas. | Goyo *VozA* 8.10.70, 24: Como preámbulo a esta entrega, un gran encuentro entre el quinteto campeón de Asturias de la presente temporada .. contra el quinteto de la peña ovetense de "La O.N.C.E.". **b)** Conjunto de cinco instrumentos o cantantes. | Vitinowsky *Cod* 9.2.64, 7: Archivisto y pasado del desquiciamiento y la histeria del quinteto de "rock". **c)** (*TLit*) Estrofa de cinco versos de arte mayor que riman de la misma manera que los de la quintilla. | Quilis *Métrica* 99: Estrofas de cinco versos .. Quinteto .. Fue una ampliación de la quintilla, y, por lo tanto, conserva sus mismos tipos de rima. **2** Composición o parte musical para cinco instrumentos o para cinco cantantes. | Música *Toledo* 34: En la actualidad solo se ejecutan algunas de sus composiciones de cámara, principalmente algunos de sus 32 quintetos.

quintilla *f* (*TLit*) Estrofa de cinco versos octosílabos, con dos rimas consonantes distribuidas a gusto del poeta, siempre que no vayan rimando entre sí tres versos seguidos y que los dos últimos no formen pareado. | López-Pedrosa *Lengua* 31: El quinteto es de arte mayor, la quintilla de arte menor.

quintillizo -za *adj* [Pers.] nacida del mismo parto que otras cuatro. *Más frec como n y en pl.* | *SVozC* 31.12.70, 7: Una de las quintillizas Diones, .. María Houle, de 35 años, fallece en Montreal (Canadá).

quintillón *m* Quinta potencia del millón. | *D16* 25.9.86, 56: El "Magic Rubik", que es como se llamará el nuevo juego, supera al anterior en diversión y en dificultad, porque si el cubo tenía 43 quintillones de combinaciones, las del puzzle son innumerables.

Quintín → SAN QUINTÍN.

quinto¹ -ta **I** *adj* **1** Que ocupa un lugar inmediatamente detrás o después del cuarto. *Frec el n va sobrentendido.* | *Cocina* 53: Minuta quinta. **b) quinta** [columna], **quinta** [esencia] → COLUMNA, QUINTAESENCIA.
2 [Parte] que es una de las cinco en que se divide o se supone dividido un todo. | *HDo* 21.4.74, 2: Se calcula que las dos quintas partes de la población de Guadix habita en las cuevas.
II *n* **A** *m* **3** Parte de las cinco en que se divide o se supone dividido un todo. *Gralm seguido de un compl* DE. | Ramírez *Derecho* 175: La legítima o herencia forzosa se halla constituida por los cuatro quintos de la totalidad de los bienes del testador.
B *f* **4** (*Naipes*) Escalera de cinco cartas. | *Naipes extranjeros* 105: Cualquier Escalera superior a una Quinta –por ejemplo, una Escalera de seis o siete cartas– no tiene valor superior a la Quinta.
5 (*Mús*) Intervalo que consta de tres tonos y un semitono mayor. | Valls *Música* 33: Dichas escalas [en la música china] se forman a base de un sistema de quintas superpuestas.
III *adv* **6** En quinto lugar. | *VozC* 25.7.70, 5: Tras larga y detenida deliberación, se acuerd[a] por unanimidad .. Quinto. Conceder los premios "Diputación Provincial".

quinto² *m* Hombre llamado a filas para cumplir el servicio militar y que todavía no ha jurado bandera. | Miguel *Mart* 22.12.69, 12: Las tallan para engrosar el "mili". Anotemos cada año la proporción que supera el metro setenta centímetros (más o menos, la estatura media de los quintos de este año). **b)** (*col*) *Se usa frec en constrs de sent comparativo para ponderar la ingenuidad.* | * Le engañaron como a un quinto.

quinto³ *m* (*reg*) Parcela de gran extensión resultante de la división de una dehesa u otro terreno. | JGregorio *Jara* 27: Las primeras se localizan en los quintos, esto es, en las grandes parcelas de doscientas cincuenta a trescientas Has., en los que se dividen las antiguas dehesas localizadas en los cursos medios y bajos de los ríos Pusa, Sangrera y Jébalo amén del Tajo. Romano-Sanz *Alcudia* 127: Luego explica que .. el cortijo del Águila solo es medio quinto, es decir, su extensión ronda las quinientas fanegas. M. GMora *Abc* 2.12.64, 37: En la lejanía suenan los disparos; están de ojeos. La "razzia" en los quintos perdiceros, lebreros y conejeros es enorme.

quintón *m* (*hist*) Instrumento musical del s. XVIII, semejante a la viola pero más pequeño, y de cinco cuerdas. | Perales *Música* 32: Su importancia [del rabel y la fídula] fue notoria .., dando lugar .. a la familia de las "violas de gamba" .., diferenciadas de aquellas conocidas como "violas de brazo" .., familia a la que pertenecen "violines", "quintones" y "violas".

quintoso -sa *adj* (*Med*) [Tos] típica de la tos ferina. | Prandi *Salud* 616: Así se llega [en la tos ferina] al llamado "período convulsivo", en el cual se observan verdaderas crisis de tos, que se inician con cierta angustia y cosquilleo de la garganta y, después de coger aire, se desencadenan varios golpes de tos, que han recibido el nombre de tos quintosa. **b)** De (la) tos quintosa. | Prandi *Salud* 616: Al ser muy intensos y seguidos [los golpes de tos], casi se acompañan de asfixia, hasta que a continuación se produce una inspiración ruidosa ("gallo"), muchas veces seguida de un nuevo acceso quintoso.

quíntuple **I** *adj* **1** Cinco veces mayor en cantidad o en intensidad. *Frec seguido de un término de comparación introducido por* QUE *o* DE. | *Inf* 5.9.74, 13: Parto quíntuple de una primeriza. Cuatro niñas y un niño, con un peso medio de 700 gramos. * Su sueldo es quíntuple que el nuestro. * Esta cantidad es quíntuple de la otra.
2 [Cosa] formada por cinco elementos gemelos. | Merlín *HLM* 26.10.70, 34: Cinco acertantes fueron los que aparecieron en el escrutinio de la apuesta quíntuple con la combinación ganadora, 3-5-2-2-6. **b)** ~ + n = CINCO + *el mismo n en pl*. | *Cam* 18.8.75, 5: Las investigaciones del quíntuple crimen del Cortijo de Los Galindos, cometido en el pueblo sevillano de Paradas, no han producido mayores noticias.
II *m y f pl* **3** (*raro*) Quintillizos. | P. Narvión *Pue* 26.3.66, 5: El tratamiento .. ya el año pasado había sido la causa de otro nacimiento de quíntuples.

quintuplicar *tr* **1** Multiplicar por cinco [una cosa]. *Frec fig, con intención ponderativa.* | * Al dividir por cinco el denominador de una fracción, el valor de esta queda quintuplicado. * Has quintuplicado tus posibilidades de éxito. **b)** *pr* Pasar [algo] a ser cinco veces mayor. | FQuintana-Velarde *Política* 127: Se producían en 1906 3.398.000 Tm. En 1957 casi se había quintuplicado la cifra, alcanzando los 17 millones de toneladas.
2 Ser [una cantidad] cinco veces mayor [que otra (*cd*)]. | Vega *Corazón* 18: La enorme mortalidad actual por enfermedades cardiovasculares es bastante mayor que la mortalidad por cáncer y quintuplica a la de accidentes de tráfico.
3 Hacer [algo] quíntuple [2a]. | *Ya* 30.5.64, 20: Las ofertas se presentarán en quintuplicado ejemplar.

quíntuplo -pla *adj* (*raro*) [Cantidad] cinco veces mayor. *Gralm como n m.* | Gironza *Matemáticas* 93: El quíntuplo del cuadrado de un número es 699.380. ¿Cuál es dicho número?

quinzal *m* (*reg*) Madero en rollo de 15 pies de largo. | Escobar *Itinerarios* 185: En uno de estos lugares ponen, o ponían, una cuba de muchas cántaras en el centro del redondel, en medio de la plaza acotada con palcos de ripias, quinzales y carros.

quiñar *tr* (*reg*) Aguijar [a un animal]. | Pinilla *Hormigas* 198: –Esto también deberemos hacerlo desaparecer –dice Sabas, quiñando a los bueyes para que saquen la carreta de allí.

quiñón *m* **1** Parte que una pers. tiene con otras en una cosa productiva. *Gralm referido a tierras o pesca. Tb fig.* | MCalero *Usos* 12: El reparto de estos bienes comunales de cultivo, que decían quiñones, se hacía siguiendo el uso y costumbre tradicionales. Cancio *Bronces* 23: A mí dame la mar, que es el único prao que ni paga renta ni le puede quitar el amo .., y onde hay hasta mareas, como acontece con las de las manjúas, que se reparten quiñón a quiñón entre cuantos llegan a tiempo pa largar al copo. Cossío *Montaña* 390: No llegó Taborga a repatriar su fortuna intelectual, y en su abintestato hemos sido partícipes todos, y los montañeses podemos llamarnos a la parte del quiñón que más puede ufanarnos.
2 (*col*) *euf por* COJÓN. | *Int* 24.8.83, 1: Manuel Fraga: "Hacen falta más... quiñones para gobernar".

quiosco – quiromasajista

quiosco (*tb con las grafías* **kiosco** *o* **kiosko**) *m* **1** Templete, gralm. de forma circular u octogonal, que, destinado a la banda de música, se instala en los parques y jardines. | ZVicente *Traque* 225: Ay mi pueblito bonito, con su torrecita y su casinito, y su quiosquito de la banda municipal. Delibes *Mundos* 110: Nada diré del romántico paseo de Rubén Darío .. Ni del recoleto .. Paseo 21 de Mayo .. con su kiosco "ad hoc" .. para la musiquita de los domingos primaverales. Zunzunegui *Camino* 312: La plaza al aire libre se cuajaba de aldeanas verduleras con sus cestos y de compradoras en torno del kiosko de la música.
2 Construcción pequeña instalada en una calle o paseo para la venta de periódicos, flores, refrescos, helados o lotería. *Gralm con un compl especificador. Sin compl, normalmente designa al de prensa.* | Cándido *Abc* 30.12.65, 91: Ayer hablé de los quioscos de Prensa. Miguel *Mad* 22.12.69, 12: En los quioscos hay fascículos de enciclopedias. * En la plaza hay un quiosco de flores. *Abc* 13.6.88, 45: En los próximos días saldrán a concurso los quioscos con terraza.

quiosquero -ra (*tb con las grafías* **kiosquero** *o* **kioskero**) *m y f* Pers. que atiende un quiosco [2], esp. de prensa. | Cándido *Abc* 30.12.65, 91: Ayer hablé de los quioscos de Prensa .. Yo he defendido a los quiosqueros. Isidro *Abc* 2.5.58, 47: El mismo Ayuntamiento que arruina a un kiosquero por asomar sus libros diez centímetros más de lo autorizado, tolera la golferancia de los que venden periquitos.

quipu *m* (*hist*) Haz de cuerdas anudadas y de distintos colores utilizado por los indios del Perú como sistema de signos. | Ballesteros *HEspaña* 1, 506: Los tributos, que eran cuidadosamente percibidos, se anotaban en los famosos quipus o haces de cuerdas anudadas, de diversos colores, que tenían un valor numérico.

quipucamayo *m* (*hist*) Funcionario encargado de la factura e interpretación de los quipus. | *Impreso* 88: Ediciones Atlas .. *Suma y Narración de los Incas* (Obra Completa), de Juan de Betanzos .. El estar casado con la princesa Cuxirimay Ocllo .. le permitió rodearse de viejos orejones y quipucamayos, quienes le contaron las versiones directas de su pasado histórico.

quiqui *m* (*col*) Quiquiriquí [2]. | * A la niña la peinan con un quiqui muy gracioso. * He dormido fatal y mira qué quiqui tengo.

quiquiriquí (*tb con la grafía* **kikirikí**; *pl* ~S *o* ~ES) **I** *interj* **1** Imita el canto del gallo. *Frec se sustantiva como n m.* | Delibes *Ratas* 24: El gallo blanco se encaramó inopinadamente sobre las bardas del corral, rayano a la Sierra, ahuecó sus plumas al sol, estiró el pescuezo y emitió un ronco quiquiriquí. Olmo *Golfos* 181: Cuno .. oyó un extraordinario kikirikí.
II *m* **2** (*col*) Mechón de pelo que se destaca sobre la cabeza. | * Vaya quiquiriquí que llevas.
3 (*Taur*) Pase ayudado a la altura de la cintura, en el que el torero retira la muleta tan pronto como el toro intenta cogerla, para colocársela delante del otro ojo. | G. Sureda *Sáb* 12.10.74, 75: ¿Por qué emocionaron la media verónica de Belmonte, el kikirikí de Gallito, la verónica de Curro Puya, el trincherazo de Ortega, .. entre otros muchos pases del toreo? Hache *Cod* 9.2.64, 5: El toro andaba centímetro a centímetro embebido en la muleta y molinetes, afarolados, quiquiriquíes, pases de la firma.

quiragra *f* (*Med*) Gota de las manos. | F. J. FTascón *SYa* 18.9.77, 15: A finales del siglo XIII, el obispo Radolfo la bautiza definitivamente como gota, atribuyéndola a la caída desde la sangre de gotas de veneno, que si fluían hacia la cabeza, darían la gota migraña; .. si hacia las manos, gota quiragra.

quirguiz → KIRGUÍS.

quiridio *m* (*Zool*) Extremidad propia de los vertebrados tetrápodos. | Alvarado *Zoología* 78: El quiridio es una extremidad articulada, como la de los artrópodos, pero con esqueleto interno. Se distinguen en el quiridio tres regiones, llamadas brazo, antebrazo y mano, en las extremidades anteriores; muslo, pierna y pie, en las po[s]teriores.

quirie → KIRIE.

quirio *m* (*reg*) Grito. | GPavón *Carros* 19 (G): El mercado había recobrado ya su aspecto normal .., se oía el ruido metálico de los pesos y el quirio de los pregones. GPavón *Hermanas* 28: El Caracolillo, al oír "policía" amainó el quirio.

quiritario -ria *adj* (*lit*) De(l) quirite o de (los) quirites. | Castroviejo *Abc* 20.3.71, 14: El aguardiente de Portomarín, que ya paladeó el glotón romano de recio cuello y quiritario gesto, sigue siendo exquisito. Miguel *D16* 30.12.87, 2: Hay que mantener el juicio en suspenso porque la ambivalencia es lo propio del intelectual. Eso es precisamente lo que significa el "veredicto escocés", una práctica del *common law*; por tanto, bárbara para el derecho quiritario.

quirite *m* (*lit*) Ciudadano romano. *Normalmente en pl. Frec fig, referido a época moderna.* | Campmany *Abc* 24.9.88, 17: El Senado va a su aire, y el pueblo al suyo. A los quirites de Celtiberia, lo que el Senado dice y hace les trae más o menos al fresco.

quirófano *m* Local acondicionado para realizar en él operaciones quirúrgicas. | Medio *Bibiana* 299: Bibiana despliega la actividad de una enfermera en un quirófano.

quirografario -ria *adj* (*Der*) De(l) quirógrafo. | Prados *Sistema* 214d: Garantías por aval .. Italia .. Simples garantías quirografarias en favor de casas italianas.

quirógrafo *m* (*Der*) Documento privado no autorizado o legalizado oficialmente. | *Abc* 21.7.76, 23: Por medio del quirógrafo "Romani Sermonis", el Santo Padre Pablo VI ha constituido la Fundación Latinitas, con la finalidad de promover el estudio y el uso de la lengua latina en toda la Iglesia.

quirogués -sa *adj* De Quiroga (Lugo). *Tb n, referido a pers.* | B. Lazaré *Ya* 1.4.86, 6: Una docena de pueblos de la comarca lucense de Quiroga producen el único aceite que todavía se obtiene en Galicia, de poca importancia económica, pero que puede alcanzar un precio de mil pesetas litro en alguna feria quiroguesa.

quirola *f* Arbusto enano de flores purpúreas, propio de la mitad occidental de la Península (*Erica umbellata*). | Rodríguez *Monfragüe* 152: Encontramos las siguientes [especies] en el bosque y matorral mediterráneo: lentisco (*Pistacia lentiscus*), .. quirola (*Erica umbellata*) y coscoja (*Quercus coccifera*).

quirología *f* (*E*) Estudio de la mano y de sus líneas con fines adivinatorios. | Horus *Sáb* 26.10.68, 41: También se interesa por la quirología, la grafología y la parapsicología.

quirólogo -ga *m y f* (*E*) Especialista en quirología. | L. Cappa *SYa* 9.8.90, 4: Una buena echadora de cartas se hace rápidamente famosa entre los incondicionales de esta variedad, al igual que ocurre con una buena quiróloga o una astróloga reconocida.

quiromancia (*tb, raro,* **quiromancía**) *f* Adivinación por las rayas de la mano. | Villapún *Moral* 108: Formas de adivinación: .. La quiromancia .. La [n]igromancia .. La oniromancia .. El sortilegio. Valcarce *Moral* 80: Así ocurre en la astrología, que se funda en la posición y aspecto de los astros; .. en la quiromancía, que estudia las rayas de la mano.

quiromante *m y f* (*raro*) Pers. que practica la quiromancia. | L. Cappa *SYa* 9.8.90, 4: Quizás sea esta la razón por la que julio y agosto constituyen la temporada alta para los videntes, echadores de cartas, brujas y quiromantes.

quiromántico -ca *adj* **1** De (la) quiromancia. | CBonald *Ágata* 127: Continuó empero hasta su puerta y la empujó imaginándose que una mano de quiromántica alucinación se aplastaba contra su vientre.
2 [Pers.] que practica la quiromancia. *Tb n.* | *SAbc* 8.11.70, 27: Pequeños sabios, adivinadores furtivos y ancianas quirománticas han tratado de averiguar los misterios del gran libro del destino.

quiromasaje *m* (*Med*) Masaje realizado con las manos. | *Rio* 22.10.89, 20: Cursos de quiromasaje. Masaje deportivo.

quiromasajista *m y f* (*Med*) Especialista en quiromasaje. | *Van* 17.4.73, 74: Quiromasajista a domicilio.

quironomía *f* (*Mús*) Arte de dirigir con las manos, esp. un coro. | P. Darnell *VNu* 13.7.74, 31: Poseía [el canto gregoriano] una notación propia que luego se fue perfeccionando poco a poco a través de las frases de la notación en quironomía (arte de dirigir el canto moviendo las manos).

quiropráctico -ca (*Med*) **I** *adj* **1** De (la) quiropráctica [2]. | J. HPetit *Ya* 18.6.75, 52: Es fundador y director del primer centro quiropráctico que hay en España.
II *n* **A** *f* **2** Sistema de tratamiento mediante manipulaciones en diversas partes del cuerpo, esp. en la columna vertebral. | J. Vasallo *Abc* 18.6.75, sn: Destaco el hecho porque se complementa con lo que, por ejemplo, el mencionado Agustín Iturbe lleva a cabo en su dedicación profesional: la quiropráctica.
B *m y f* **3** Especialista en quiropráctica [2]. | * La ha estado tratando un quiropráctico.

quiróptero *adj* (*Zool*) [Mamífero] volador y nocturno cuyas alas están formadas por una membrana que se extiende entre los dedos de las extremidades anteriores y los lados del cuerpo, y engloba total o parcialmente las extremidades posteriores y la cola. *Frec como n m en pl, designando este taxón zoológico*. | Ybarra-Cabetas *Ciencias* 391: Características de los Quirópteros. Son mamíferos de caracteres muy semejantes a los Insectívoros .., pero están adaptados para el vuelo.

quirosano -na *adj* De Quirós (Asturias). *Tb n, referido a pers.* | Peyroux *NEs* 26.8.79, 15: En el quirosano pueblo de Ricabo, de donde él es originario, las gentes del concejo han hecho un sencillo pero bien merecido homenaje a Emilio Rodríguez.

quirúrgicamente *adv* De manera quirúrgica. | Dolcet *Salud* 480: Su alteración [de la tensión del ojo] .. representa estar afecto de glaucoma, enfermedad grave e importante en cuanto que comporta la probable pérdida visual, a veces irreparable médica y quirúrgicamente.

quirúrgico -ca *adj* De (la) cirugía. | Campmajó *Salud* 507: Los [tumores benignos de garganta] más corrientes son los llamados pólipos y nódulos .; se asientan en las cuerdas vocales y su tratamiento es quirúrgico (extirpación).

quirurgo *m* (*lit, raro*) Cirujano. | MSantos *Tiempo* 152: La mano de Pedro, fina, pero no tanto como hubiera sido si él fuera un hábil quirurgo.

quisicosa *f* (*col*) **1** Cosa insignificante o de poca importancia. | Torrente *Sombras* 210: "¿Piensas que puedo renunciar a todo eso por una quisicosa?" .. "¿A la muerte llamas quisicosa?" ZVicente *Traque* 235: Charló demasiado de estas quisicosas de su viaje, ya sabes, esas menudencias que siempre tienen que ocurrir.
2 Cosa extraña y difícil de explicar. | * Cada vez que le veo me entra una quisicosa...

quisling (*noruego; pronunc corriente,* /kuíslin/) *adj invar* (*hoy raro*) [Gobernante o gobierno] de un país ocupado por una potencia extranjera, a cuya autoridad se ha sometiéndose a la voluntad de esta. | Cela *Compañías* 229: No olvidemos que príncipe es tan solo aquel que no es vasallo, que no puede haber príncipes por delegación o príncipes *quisling*.

quisque, quisqui → CADA, TODO.

quisquilla *f* Crustáceo comestible semejante a una gamba de pequeño tamaño (*Crangon crangon*). *Tb se da este n a otras especies similares.* | GAmérigo *Sáb* 10.9.66, 33: El aperitivo raquítico que autorizó el médico se ha convertido en una orgía de nécoras, quisquillas, cigalas.

quisquillosidad *f* **1** Cualidad de quisquilloso. | Torrente *Isla* 49: Tengo desde hace días en mi cuarto una biografía breve .., escrita para halagar a los escoceses exaltando el genio del poeta, y para no disgustar su quisquillosidad nacionalista con el relato de sus padecimientos en Inglaterra.
2 Actitud quisquillosa. | JLozano *VNu* 21.10.72, 33: Es imposible escribir en medio de un ambiente de quisquillosidades e hipersensibilidades.

quisquilloso -sa *adj* [Pers.] dada a ofenderse o disgustarse por poca causa. *Tb n.* | *Miss* 9.8.68, 9: Este es el jardín de la casa de Zurich, construida por su marido para evitar molestar con su piano a los vecinos quisquillosos. **b)** [Pers.] excesivamente delicada. *Tb n.* | Laiglesia *Tachado*

51: Los quisquillosos tendrán que suprimir los dengues, y no dejar ni un desperdicio en sus platos. **c)** Propio de la pers. quisquillosa. | SSolís *Camino* 32: Entre doña Purina y su hermano y cuñada surgieron rencillas quisquillosas que, por varios años, los mantuvieron de punta.

quiste *m* **1** Saco membranoso cerrado, de contenido más o menos líquido, que se desarrolla, gralm. de manera anormal, en distintas partes del cuerpo. | Legorburu-Barrutia *Ciencias* 143: La tenia equinococus .. origina el terrible quiste hidatídico, es decir, una gran bolsa de larvas y agua que destruye órganos enteros, como el cerebro, hígado, pulmones.
2 (*Biol*) Membrana que envuelve a un animal o vegetal microscópico o de pequeño tamaño, manteniéndolo totalmente aislado del medio. *Tb el cuerpo formado por esta membrana y el animal o vegetal que contiene.* | Legorburu-Barrutia *Ciencias* 143: La Triquina es un gusanito .. Se halla en la carne del cerdo, encerrada en una cápsula o quiste calizo. Navarro *Biología* 280: *Entamoeba histolytica*, agente productor de la disentería tropical, que se adquiere al beber agua portadora de sus quistes.

quístico -ca *adj* (*E*) De(l) quiste. | *Abc* 11.5.74, 68: Ha propiciado el año más el plan de erradicación de la tuberculosis .., ampliándose el mecanismo de acción y los medios técnicos utilizados al más amplio campo de las enfermedades del tórax, .. así como los procesos quísticos y tumorales. Cañadell *Salud* 181: Al iniciarse la menstruación comienza el desarrollo de un óvulo dentro de una cavidad quística llamada folículo de Graaf.

quisto. bien ~, mal ~ → BIENQUISTO, MALQUISTO.

quita *f* (*Der*) **1** Remisión o liberación que de la deuda o parte de ella hace el acreedor al deudor. | *D16* 10.11.92, 45: El Tesoro no aceptará una quita en la deuda de Fesa-Enfersa para que la compre Freeport.
2 ~ y espera. Petición que un deudor hace judicialmente a sus acreedores para que aminoren los créditos o aplacen el cobro. | Ramírez *Derecho* 159: El deudor .. puede anticiparse a la actuación judicial de sus acreedores y ponerse a salvo de la quiebra o del concurso .. Si es comerciante, mediante la iniciación de un expediente judicial denominado suspensión de pagos; y, si no lo es, mediante la iniciación de un expediente similar llamado de quita y espera.

quitaesmalte (*tb* **quitaesmaltes**) *m* Sustancia especial para limpiar el esmalte de las uñas. *Tb adj.* | *HLS* 5.8.74, 5: Para quitar el esmalte existen los prácticos discos quitaesmaltes que no necesitan de mucho tiempo para dejar las uñas perfectamente limpias y brillantes.

quitaipón *m* Quitapón. | Moreno *Galería* 31: Hacía [el jalmero] toda clase de enterrollos, cinchas, cabezadas, quitaipones, correas y trilladeras.

quitamanchas *m* **1** Producto o sustancia que sirve para quitar las manchas, esp. de la ropa. *Tb adj.* | *Abc* 1.8.70, 31: Nettosol. Maravilloso quitamanchas .. Cuidado con quitamanchas que deterioran el tejido. *Economía* 100: Para el empleo de las sustancias quitamanchas se deben tomar algunas precauciones.
2 (*raro*) Establecimiento donde se limpia la ropa. | Delibes *Hoja* 114: No olvidéis que tengo mi traje gris en el quitamanchas.

quitameriendas *m o f* Planta herbácea muy parecida al cólquico, propia de eras y prados (*Merendera bulbocodium*). *A veces designa al mismo cólquico*. | Hoyo *Pequeñuelo* 23: No hay más que campo de hierba, nada más que hierba y, a ras, el primor de los quitameriendas o rodales de aterciopelado malvavisco. MSantos *Tiempo* 227: Las orquestinas de los pueblos que tocan en la noche de verano, en una era que es la zona de suelo más lustrosa de un municipio castellano y que al olor de la paja pisada y quitameriendas machacadas ordenan el estrujarse de las parejas.

quitamiedos *m* Parapeto o baranda que se coloca en los lugares elevados donde hay peligro de caer y que sirve pralm. para evitar el vértigo. | *Ya* 12.1.74, 42: Ruth Harris perdió el control de su coche el martes por la tarde, y el vehículo cayó por el terraplén después de haber chocado contra los quitamiedos de la carretera.

quitanieves *m* Mecanismo o vehículo destinado a quitar la nieve acumulada en las vías de comunicación. *Frec* en aposición con PALA o MÁQUINA. | Abc 8.12.70, 33: El padre era decapitado por el quitanieves de la locomotora. País 21.3.79, 16: Un quitanieves para la candidatura centrista .. Los vecinos de Ibias, municipio asturiano vecino de León por el Sur y de Lugo por el Oeste, tienen ya un serio motivo de agradecimiento a las elecciones locales: la pala quitanieves que les regaló UCD para salvar las montañas que les rodean.

quitapenas *m (col)* Quitapesares. | Delibes *Vida* 196: Yo he utilizado el agua –la piscina, el río o el mar–, y en consecuencia la natación, como un recurso fruitivo, un quitapenas, tras un esfuerzo físico de otro orden.

quitapesares *m (col)* Cosa que proporciona consuelo o alivio. | A. Barra *Abc* 17.1.76, 21: España es, desde hace algunas semanas, el quitapesares de los confeccionadores de Fleet Street.

quitapón *m* Adorno con borlas de colores que se pone en la cabezada de una caballería. | Gala *Petra* 847: A la Dorotea la cepillamos para que el día de la boda dé gloria verla .. Con una silla forrada de granate y unas bridas doradas y quitapones verdes.

quitar I *v* **A** *tr* **1** Tomar [algo o a alguien] separándolo [del lugar en que estaba]. *Tb abs. Tb sin compl, esp referido a prendas*. | Medio *Andrés* 219: ¿Un revolcón?... Como que le mata si no se lo quitan de entre los cuernos. *Economía* 47: Alfombras y cortinas. Se quitan, se ponen a ventilar un día o dos en el terrado, se sacuden luego muy bien. Medio *Bibiana* 12: Se ha quitado la combinación y ahora no encuentra su camisa de dormir. **b)** *(col)* Apartar [a alguien de algo no físico]. *Frec con compl refl.* | SFerlosio *Jarama* 48: Hace bien ..; así se quita de complicaciones. Cela *Pirineo* 10: El viajero se quitó hace unos días de fumar papel. **c)** ~ **de en medio**, **del medio**, **de encima**, o **de delante**. Hacer que [una pers. o cosa (*cd*)] deje de estorbar. *Frec con un ci refl.* | B. Seoane *NSa* 31.12.75, 9: Al quitar de en medio a aquellas personas que podían limitar, y de hecho limitaban, los poderes del director, este ha recobrado su feudo. Pinilla *Hormigas* 154: Un solterón .. a quien sus familiares desean quitárselo de encima o, por lo menos, probar el último procedimiento para lograr hacerle sentar la cabeza. * Quita algún chisme de en medio. **d)** ~ **de en medio**, o **del medio**. *(col)* Matar. | Arce *Testamento* 82: Mira eso que es un mal bicho. Si Enzo no vuelve no vacilará en quitarme del medio. **e)** ~ **de en medio**, o **del medio.** *(col)* Hacer que [alguien o algo (*cd*)] deje de estar expuesto a peligros o dificultades. *Frec el cd es refl.* | * Cuando vio que el asunto se ponía feo se quitó de en medio. **f) donde esté** (*o* **se ponga**) [una pers. o cosa] **que se quite** [otra]. *(col)* Fórmula ponderativa que se usa para manifestar preferencia. | Chistera *Cod* 2.2.64, 10: Donde esté una buena novela, que se quite esto. CBonald *Dos días* 288: A mí donde se ponga una comedia americana que se quite las películas del estilo de las noches esas de Cabiria. **g)** ~ **la mesa** → MESA.
2 Eliminar o suprimir. | M. Morgan *Miss* 9.8.68, 74: Al pedirle que no fuera me contestó que sus costumbres no se las quitaba nadie. *Economía* 102: Extender sobre la mancha un poco de manteca para quitar la densidad. La mancha se quita con bencina.
3 Hacer que [una pers. o cosa (*ci*)] deje de tener [algo (*cd*)]. | *Các* 7.10.74, 2: No nos oponemos a que Ciudad Real mejore sus combinaciones por ferrocarril .. Pero quitar a una provincia un medio para mejorar a otra, esto ya nos huele peor. Medio *Andrés* 196: Matías se alza de hombros, como quitándole importancia al hecho. **b)** ~ **la vida**; **que le quiten lo bailado** → VIDA, BAILAR. **c)** Robar (tomar para sí [algo ajeno] sin consentimiento del dueño). | Ortega *Abc* 4.9.74, 11: Se dedican [los gamberros] a asaltar a los estudiantes extranjeros. Les sacuden y les quitan lo que llevan. Berlanga *Rev* 4.68, 25: El Saturnino les dejaba que pintarrajeasen los retales con las puntas del jaboncillo o que le quitasen alfileres para rellenar acericos. **d)** ~ **de las manos** → MANO.
4 Impedir [algo]. | * Eres raro, pero eso no quita que te aprecie.
5 Exceptuar. *Frec en ger.* | DCañabate *Paseíllo* 146: Mejorando a los presentes, que sois todos unos chambones chapuceros, y quitándome a mí, que uno doy sopas con honda en los envites. Delibes *Guerras* 89: Ellos, los del Otero, tenían munición en abundancia, mientras nosotros, si quita usted la cascajera del Matayeguas, allá abajo, a desmano, no teníamos de qué.
6 *(Der)* Redimir o recuperar. *Frec en la loc* AL ~. | *Compil. Cataluña* 814: En las ventas a carta de gracia o con pacto de retroventa no podrá ejercitarse dicha acción rescisoria hasta que se haya extinguido o caducado el derecho de redimir, "luir", "quitar" o recuperar.
7 *(reg)* Sacar. | Cela *Mazurca* 198: –¿Quieres que me quite una teta por el escote? –No, mejor sácate la blusa. Cela *Mazurca* 31: Un día que fue a Orense a quitarse una foto, tuvieron que dejarlo a oscuras lo menos media hora para que las moscas se amansaran y se durmieran.
B *intr* **8** Ser obstáculo. *Si lleva compl, va precedido de* PARA. | SFerlosio *Jarama* 18: –Bueno, en Madrid, te digo yo que te ves a las mujeres vestidas con un gusto como en tu vida lo has visto por los pueblos .. –Eso no quita. También se contempla cada espectáculo que es la monda. Alfonso *España* 28: Lo que no quita para que deseemos a nuestro deporte .. cuanto merecen los muchos que lo practican con entrega y entusiasmo.
9 ni ~ ni poner. Hacer un relato o exposición sin alterar ningún detalle y con total imparcialidad. *Más frec en la constr* YO NI QUITO NI PONGO. | *Abc* 9.9.75, 2: ¿Está dotado realmente de un poder extrasensorial? ¿Se trata simplemente de una sugestión colectiva? ¿Es un hábil ilusionista? Nosotros no quitamos ni ponemos. Solo nos limitamos a recoger las opiniones de científicos, psiquiatras, psicólogos, parapsicólogos y un relojero. J. L. Martín *Pue* 17.1.76, 3: Para encontrar explicaciones se recurre a allende de nuestras fronteras. Echamos entonces mano de entelequias –ni quito ni pongo–, para llegar a que tales situaciones vienen provocadas por fuerzas que quieren aprovecharse .. del resultado de una negociación prioritaria.
10 quita, o **quita de ahí.** *(col) Se usa para rechazar a alguien o algo que se le acerca*. | SFerlosio *Jarama* 125: Le hacía una carantoña, y ella se retiraba. –¡Quita, antipático! MGaite *Retahílas* 21: Cuando se lo acercamos [el baúl] entre las dos y en vez de besarlo y acariciarlo dijo: "quita", y lo apartó con la mano, pensé: "aparta su propia memoria". **b) quita**, **quita allá**, o **quita de ahí.** *(col) Se usa para rechazar lo que dice otro o uno mismo*. | SFerlosio *Jarama* 47: ¡Vamos, quita de ahí! Por lo que más quieras. No vengas con disparates y cochinadas ahora; me vas a hacer que me ponga malo. Delibes *Guerras* 117: Entonces el Teotista agarró un cabreo del demonio y que eso también lo hago yo, ¿comprende? –Y ¿lo hizo? –¡Quite usted de ahí! Si nos hizo subir a todo el vecindario .., total para nada. Medio *Andrés* 190: –¡Separadles!... Van a matarse .. –Quite usted allá, mujer... ¡Qué van a matarse! ZVicente *Traque* 148: Todos le hablaron o nos hablaron de la rabia, Jesús, qué muerte tan aperreada, se me pone la carne de gallina al pensarlo, quite usted allá, todos diciendo de lo que le pasó a Fulanito.
II *loc adj* **11 de quita y pon.** Que se puede quitar y poner. | Marsé *Dicen* 118: Dentro, la pequeña puerta de tablas, y una de las tablas era de quita y pon: por allí pasábamos, Hermana. **b)** [Prenda o pieza] destinada a sustituir a otra en el uso. | Halcón *Ir* 295: Dos mudas de nylón de quita y pon.
III *loc n m* **12 quita y pon.** Juego de dos cosas de caracteres similares y que se alternan en el uso. *Normalmente sin art.* | Paso *Isabel* 286: Tiraré todos mis vestidos y me quedaré con quita y pon.
IV *loc adv* **13 por un quítame allá esas pajas** → PAJA.

quitasol *m* Sombrilla grande para proteger del sol. | Laforet *Mujer* 132: El guardia del tránsito seguía la mariposa de sombra que le daba su quitasol de colores vivos.

quitasueño *m (col)* Cosa que causa desvelos. | Campmany *Abc* 12.5.93, 23: Eso no es para dormir tranquilos. Eso es un quitasueño.

quite I *m* **1** *(Taur)* Suerte que ejecuta el torero, gralm. con el capote, para desviar la atención del toro respecto del torero o caballo al que está acometiendo. *Frec en la constr* ACUDIR AL ~. | PLuis *HLM* 26.10.70, 36: Era su primero, bizco y meano, un buen toro, que el de Santaolalla aprovechó cumplidamente, tanto en los lances de recibo y en un quite por chicuelinas como con la franela. DCañabate *SAbc* 29.9.68, 53: Derribó el caballo en la primera vara, le corneó

con fiereza en el suelo, sin hacer caso de los capotes que acudieron al quite.
2 (col) Acción de salvar a otro en una situación de peligro o apuro. *Frec en la constr* ACUDIR AL ~. | ZVicente *Balcón* 45: –¿Has recapacitado que se trata de mis nietos? ¿Por quién nos has tomado? ¡Quiero pensar que se te fue la lengua!– Piedad acude al quite: –¡Hombre, es la curiosidad!
3 (reg) Habilidad. | Cunqueiro *Fantini* 62: Este era el único que no se cansaba de escucharle sus triunfos en el juego y un quite que tenía de echar los dados sobre el dorso de la mano del cubilete. J. Landeira *Voz* 6.11.87, 3: Por un colega papelista de entonces, Jerónimo Barrionuevo, .. se conoce la talla escalofriante de los bajitos de la corte aupados a la dignidad por el quite.
II *loc adv* **4 al ~.** Alerta para salvar una situación de peligro o apuro. *Frec con el v* ESTAR. | Lera *Clarines* 404: Nada de filigranas con el torito ese .. Yo estaré al quite, desde luego. ZVicente *Traque* 168: Vamos, sí, disimula, que no sabes lo que va a pasar. Y que yo no voy a estar siempre al quite para evitarlo. Lagos *Vida* 110: A borbotones le salían los golpes de gracia, aunque, eso sí, siempre al quite: –Una cosa es pasarlo bien y otra perder el decoro.

quiteño -ña *adj* De Quito. *Tb n, referido a pers.* | MPérez *Comunidad* 28: Un oído experto y preparado puede distinguir, por ejemplo, a un quiteño de un guayaquileño.

quitina *f* (*Biol*) Hidrato de carbono nitrogenado, de color blanco, insoluble en agua y en los líquidos orgánicos, que se encuentra en el dermatoesqueleto de los artrópodos, en la piel de los nematelmintos y en la membrana celular de muchos hongos y bacterias. | Legorburu-Barrutia *Ciencias* 172: Tienen [los insectos] el cuerpo formado por anillos y recubierto de quitina.

quitinoso -sa *adj* (*Biol*) De quitina. | Bustinza-Mascaró *Ciencias* 168: El revestimiento quitinoso [del cuerpo de los artrópodos] funciona como un esqueleto externo o exoesqueleto.

quitón *m* (*hist*) Túnica griega, de hombre o de mujer. | Sampedro *Sirena* 344: Ella se ha retrasado por sus vacilaciones en cuanto al atuendo más adecuado .. Al fin se ha decidido por un quitón jonio de lino verde pálido sin mangas .., sujetado a los hombros con dos fíbulas.

quizá (tb, *más raro,* **quizás**) *adv* **1** Expresa duda o inseguridad. | Payno *Curso* 207: Quizá me rehuyó por poco hombre, porque a sus ojos era mozuelo. SAbc 1.2.70, 34: Quizás, lo primero que hay que asimilar es la idea de que usar medias elásticas no significar[á] en su vida el final de nada.
2 ~ y sin ~. Expresa seguridad ante algo que ha empezado pensándose o presentándose solo como posible. | * Este personaje, quizá y sin quizá, es imbécil.

quodlibeto *m* (*hist*) Conjunto de disquisiciones sobre un tema teológico. | GÁlvarez *Filosofía* 1, 363: Guillermo de Melitón .. completó la *Suma* de Alejandro y escribió algunos quodlibetos.

quórum (*pl invar*) *m* Número necesario de individuos de un cuerpo deliberante para que este pueda tomar determinados acuerdos. | L. Contreras *Inf* 31.10.70, 11: El presidente .. lo sometió a votación .. Don Fermín Sanz Orrio protestó porque, a su juicio, no había "quórum" en la sala.

R

r → ERRE.

ra *interj* (*col*) *Se usa, repetida tres veces, para animar a un equipo de fútbol. A veces se sustantiva como n m.* | S. LCastillo *SYa* 30.4.90, XXIV: Son los fieles. Los que, domingo a domingo, se llegan al campo .. para entonar el *ra, ra, ra* como una letanía.

raba *f* **1** Cebo que usan los pescadores, hecho con huevas de bacalao. | Aldecoa *Gran Sol* 127: –Un pobre no puede tener muchos hijos, a no ser que los quiera alimentar con cabezas de pescado. –Con raba como a las sardinas.
2 (*reg*) Tentáculo [de un cefalópodo]. | Aldecoa *Cuentos* 1, 57: Pagó la mitad en dinero, la mitad en especies: vino, cámbaros y rabas de jibia. **b)** Rodaja o tira de calamar. *Gralm en pl.* | D. Río *DMo* 14.8.87, 38: Los caracolillos, las rabas, las quisquillas y los muergos suelen ser los productos más consumidos [en los bares de Laredo].

rabada *f* (*reg*) Rape (pez). | *Voz* 8.11.70, 3: 89.668 kilos de pescado fueron subastados en la lonja municipal, .. 94 de rabadas, de 10 a 25 [pesetas]; 25 de nécoras.

rabadán *m* Pastor. *Tb fig.* | Romano-Sanz *Alcudia* 80: Un rebaño [trashumante] consta de mil cabezas, a cargo de un mayoral, varios pastores o rabadanes –generalmente tres– y un zagal para preparar la comida y cuidar de los perros. L. Calvo *Abc* 30.12.70, 22: El triste juego político que llevaba al partido comunista, como rabadán de la C.G.T. y de las otras fuerzas anárquicas tendidas a la izquierda, sigue desde "L'Humanité".

rabadilla *f* Extremo inferior de la columna vertebral. | Olmo *Golfos* 137: La pregunta que, cortésmente, tenía yo preparada, se me hundió. Bajó hasta la rabadilla y, rebotando, subió por mi columna vertebral. Vega *Cocina* 59: Los filetes a la rabana tienen que ser de rabadilla de buey. **b)** *En las aves:* Extremidad móvil en que se insertan las plumas de la cola. | Legorburu-Barrutia *Ciencias* 204: La cola se reduce a unas pocas vértebras, que constituyen la rabadilla, muy móvil.

rabanero -ra A *m y f* **1** Pers. que vende rábanos [1]. | R. Sénder *SAbc* 14.6.81, 3: Está pasando el "rabanero" por delante de mi casa.
B *f* **2** Fuente pequeña y alargada, usada esp. para servir aperitivos. | Bernard *Salsas* 59: La sopa se sirve así, y el queso rallado, en rabanera aparte, para que cada comensal se lo ponga por sí mismo en la sopa.
3 (*col*) Mujer descarada y ordinaria. *Tb adj.* | SSolís *Jardín* 116: ¡Cállate, descarada, rabanera, que tienes contestación para todo! Canellada *Penal* 65: Rafaela era .. muy rabanera, muy mandona, muy inaguantable, muy aprovechada.

rabaneta *f* (*reg*) Rábano pequeño que se toma como entremés. | *Hoy* 2.11.75, 14: Para el consumidor .. Puerros. Rabanetas (manojo) 15. Rábanos.

rabanillo *m* Rábano silvestre. | Mayor-Díaz *Flora* 443: *Rapistrum rugosum* (L.) All. "Rabanillo" .. Herbazales en los bordes de caminos.

rabaniza *f* Se da este *n* a las plantas *Diplotaxis erucoides, Raphanus raphanistrum, Spergularia marina, S. rubra y Sisymbrium columnae. A veces con un adj o compl especificador:* BLANCA, DE LOS SOSEROS, MORISCA. | Mayor-Díaz *Flora* 440: *Diplotaxis erucoides* DC. "Rabaniza blanca" .. Cultivos, bordes de caminos, escombreras. Remón *Maleza* 94: *Raphanus raphanistrum* L. Nombre común: Rabaniza, Rábano silvestre .. Es una maleza anual, muy común en tierras de mies, ribazos y campos incultos de todo el país. Mayor-Díaz *Flora* 220: *Spergularia marina* (L.) Griseb. "Rabaniza de los soseros" .. Saladares y marjales.

rábano **I** *m* **1** Planta herbácea cultivada por sus raíces, comestibles y más o menos picantes (*Raphanus sativus*). *Frec su raíz.* | Bustinza-Mascaró *Ciencias* 272: Raíces que contienen azúcares y almidón (rábanos, nabos). **b)** *Otras especies o variedades se distinguen con un compl o adj:* SILVESTRE, DE MAR, *etc.* | Remón *Maleza* 94: *Raphanu[s] raphanistrum* L. Nombre común: Rabaniza, Rábano silvestre .. Es una maleza anual, muy común en tierras de mies, ribazos y campos incultos de todo el país. Cendrero *Cantabria* 78: Flora: Playas .. *Raphanus raphanistrum* L. subsp. *maritimus* (Sm) Tell: Rábano de mar. Remón *Maleza* 105: S[inapis] *arvensis* L. Nombre común: Mostaza de los campos, Mostaza silvestre, Mostaza negra, Alhelí amarillo, Rábano silvestre .. Se dice de esta especie .. que es planta venenosa para el ganado, aunque solo después de la floración. Mayor-Díaz *Flora* 248: *Rorippa islandica* (Oeder) Borbás. "Rábano acuático" .. Orillas de ríos y arroyos.
2 (*col*) *En pl y vacío de significado, se emplea para reforzar o marcar la intención desp de la frase. Gralm en la constr* NI (QUÉ) ~s. | CSotelo *Resentido* 246: ¡Qué hermana ni qué rábanos! Soy don Abilio, padre.
II *loc pr* **3 un ~.** (*col*) Nada. *Con intención ponderativa. Tb adv. Gralm con el v* IMPORTAR. | CPuche *Paralelo* 364: Yo no puedo esperar. Y me importa un rábano lo que pase aquí.
III *loc v y fórm or* **4 coger** (o **tomar**) **el ~ por las hojas.** (*col*) Equivocarse totalmente en la interpretación o ejecución de algo. | Cela *Judíos* 263: El vagabundo tiene para sí que es humilde fortuna, en estos menesteres, tomar el rábano por las hojas, ascendiendo a nombre lo que no es más que condición.
5 (**y**) **un ~.** (*col*) *Fórmula con que se pondera lo inadmisible de una pretensión o afirmación que se acaba de oír.* | * –Ella lo hace antes que tú. –Y un rábano.

rabassa morta *f* (*Der, reg*) Contrato por el que el dueño de un terreno lo cede en renta a un cultivador, para plantación, esp. de viñas, durante la vida de las primeras plantas. | *Compil. Cataluña* 811: Establecimiento a primeras cepas o a "rabassa morta".

rabdomancia (*tb, raro,* **rabdomancía**) *f* Adivinación por medio de una varita. | L. LSancho *Abc* 1.7.75, 4: El pueblo confía a la rabdomancia la consulta del futuro y deja de orar.

rabdomante *m y f* Pers. que practica la rabdomancia. | L. LSancho *Abc* 1.7.75, 4: El farmacéutico Fontana es rabdomante.

rabel *m* Instrumento músico pastoril semejante al laúd, con tres cuerdas que se tocan con arco, usado en la Edad

Media, y modernamente en algunas regiones. | Criado *MHi* 11.63, 18: Todo un concierto estruendoso y maravilloso (como en el Buen Amor), sin que falten las notas dulces .. de las vihuelas, dulzainas y rabeles. *HLS* 3.8.70, 11: El rabelista mayor de Campoo, don Antonio López, "Lin", les obsequió también con un concierto de rabel.

rabelista *m y f* Pers. que toca el rabel. | *HLS* 3.8.70, 11: El rabelista mayor de Campoo, don Antonio López, "Lin", les obsequió también con un concierto de rabel.

rabeo *m* Acción de levantar a un animal tirándole del rabo. | J. Calvo *SurO* 18.8.76, 18: Si persistiendo en estos movimientos no logran incorporarse y para ello se utiliza el procedimiento del "rabeo", suelen reanudar la lidia con casi entera normalidad.

rabera *f* **1** *En el carro:* Pieza de madera con que se une la tablazón de su asiento. | I. Cicero *Ale* 30.6.85, 28: Cantabria de punta a cabo se está metamorfoseando en guadaña, colodra, hastil, rastro, carro con rabera, horca y aguijada.
2 (*reg*) Extremo de los dos que tiene la almadraba. | F. Candela *SPaís* 26.8.90, 44: Las partes auxiliares de la almadraba son dos: la rabera de tierra y la rabera de fuera.

rabero. págalo ~ → PÁGALO.

rabí *m* Rabino. | DPlaja *Soliloquio* 64: La intervención de los sabios y los rabíes .. permite dibujar unos caracteres entre asustados y fariseicos. Fernández-Llorens *Occidente* 79: Los Evangelios nos presentan a Jesús como un rabí —o sea, un maestro en la interpretación de la Biblia—. CBaroja *Judíos* 3, 269: Había sabios respetados por toda la comunidad por su sabiduría y virtud... Pero también los había conocidos por su ignorancia o su donjuanismo, como .. un rabí Aboab.

rabia[1] *f* **1** Sentimiento de desagrado y rechazo que va acompañado de agitación nerviosa y que impulsa a la violencia. | Medio *Bibiana* 16: El pecho de Marcelo Prats se levanta bruscamente, respirando de un modo fatigoso bajo la violencia de la rabia contenida.
2 Sentimiento de disgusto o contrariedad. *Frec en la constr* DAR [a una pers.] ~ [una cosa]. | Medio *Bibiana* 12: Esto de la casa no cansa tanto... Pero tú... ¡Me da una rabia que trabajes tanto! Cela *Mazurca* 85: Se los hubieran comido fritos para darme rabia, bueno, para marear.
3 (*col*) Antipatía o aversión. *Frec en la constr* TENER ~ [a alguien o algo (*ci*)]. | * A mí no me dejan entrar porque me tienen rabia.
4 (*raro*) Pasión o entusiasmo pasajeros. | Palacios *Juicio* 252: Lope de Vega hubiera podido blasonar de infinidad de innovaciones, si hubiese padecido esa rabia de originalidad que hoy aqueja sin compasión a los escritores mediocres.

rabia[2] *f* **1** Enfermedad mortal producida por un virus y que se transmite por mordedura de animales, esp. perros. | Nolla *Salud* 229: En el hombre, la rabia no tratada es mortal siempre.
2 Roya [del garbanzo]. | F. Ángel *Abc* 18.9.70, sn: "Ceralsano" .. se aplica de un modo sencillísimo .. para combatir las siguientes enfermedades: Tizón de los cereales, .. Sueño de la remolacha, Rabia del garbanzo.

rabiacán *m* Planta semejante al espárrago (*Arum italicum* e *Iris pseudacorus*). | J. Domingo *Hoy* 11.3.77, 4: Fácil es encontrarse al regreso del trabajo campesino a mayores y pequeños cargados con los manojos de este sucedáneo del espárrago que se cría en los lugares soleados. Luego el ama de casa preparará la sabrosa tortilla de rabiacanes.

rabiado -da *adj* **1** *part* → RABIAR.
2 (*reg*) Rabioso[2]. | Medio *Bibiana* 191: A ver si te muerde [el perro] y está rabiado. Cela *Mazurca* 36: A Marcos Albite le mordió un raposo rabiado en las piernas, después le dio un paralís.

rabiantín *m* (*reg*) Labrantín. | Cela *Viaje andaluz* 100: Por Venta Nueva, en la carretera otra vez, nacen al nuevo día los campesinos garrufos y poco madrugadores: el rabiantín que mira por lo suyo; el mozo que acabará emigrando.

rabiar[1] **I** *v* (*conjug* **1a**) *intr* **1** Sentir rabia[1] [1 y 2]. | Laforet *Mujer* 285: ¡No sabes la historia que me contó tu amigo Pepe!... Es claro que para hacerme rabiar. **b)** (*col*) Manifestar rabia[1]. | * Se pasa el día rabiando. **c) hacer ~** [a alguien]. (*col*) Decir o hacer algo que se sabe que le molesta, para provocar su enfado. | MGaite *Nubosidad* 364: Más perversas y retorcidas eran aquellas historias del gitano andrajoso inventadas en mi adolescencia para hacer rabiar a mamá.
2 (*col*) Padecer intensamente [un dolor, u otra sensación física penosa (*compl* DE)]. | Medio *Andrés* 180: Los segadores están rabiando de sed. **b)** (*col*) Tener deseo vehemente [de algo (*compl* POR)]. | Hoyo *ROc* 8/9.76, 93: Quique rabiaba por contar su aventura.
3 (*col*) Ser muy picante [un alimento]. *Frec en la constr* (PICA) QUE RABIA. | *HLBR* 26.8.74, 2: No hubo otra bebida que el vino tinto llegado de la Rioja. Ni otro acompañamiento que una guindilla de las que "rabian".
II *loc adv* **4 a ~.** (*col*) Enormemente. *Tb adj.* | Medio *Bibiana* 66: A mí me gusta a rabiar el campo. GArnau *Inf* 8.12.77, 17: La niña es tan fea al nacer como será guapa en su adolescencia. Guapa a rabiar.

rabiar[2] (*conjug* **1a**) *intr* Enfermar de rabia[2] [1]. | Alós *Hogueras* 111: Decía la gente que en Horcajada habían rabiado dos mulas y tres gorrinos. Paso *Isabel* 262: Ese tipo anda tan tranquilo pensando que el perro que le mordió no estaba enfermo. Compréndelo. El pobre muchacho va a rabiar de un momento a otro.

rabicano -na *adj* [Animal] que tiene cerdas blancas en el rabo. | *País* 17.5.81, 31: Malicioso, negro bragao meano, codillero entrepelao y rabica[n]o, con lunar en el pecho. [*En el texto,* rabicado.]

rabiche. paloma ~ → PALOMA.

rábico -ca *adj* (*Med*) De (la) rabia[2] [1]. | Nolla *Salud* 229: El hombre mordido por un animal rabioso debe ser tratado con vacuna específica a base de virus rábico atenuado.

rabicorto -ta *adj* [Animal] de rabo corto. | GPavón *Rapto* 59: Quiere hacerle el féretro al pecho en flor, al gozquecillo rabicorto .. y al muslo joven que goza en la cuneta.

rabieta *f* (*col*) Manifestación vehemente y pasajera de rabia[1] [2]. | Kurtz *Lado* 117: Allí, y con un palo de hockey, me rompieron la nariz. No puedes imaginar la rabieta que tuvo papá al verme. Marlasca *Abc* 3.12.70, 49: Creo que los padres .. mecerán conmigo el simbólico botafumeiro en honor del barquillero, eficaz panacea contra las rabietas de sus hijos.

rabil *m* Pez marino semejante al atún, propio de mares cálidos (*Thunnus albacares*). | L. Ramos *Abc* 13.12.70, 37: La pesca básica de la isla debe estar en la captura de petos, .. melvas, rabiles, patudos.

rabilargo -ga I *adj* **1** [Animal] que tiene el rabo o la cola largos. | Rodríguez *Monfragüe* 93: Un extenso grupo de especies paseriformes tales como jilgueros .., c[u]rrucas rabilargas (*Sylvia undata*).
II *m* **2** Ave semejante a la urraca, con alas azules, garganta blanca y el resto del cuerpo grisáceo (*Cyanopica cyanus*). | Delibes *Ratas* 26: Así aprendió el niño a acechar a los erizos y a los lagartos, y a distinguir un rabilargo de un azulejo, y una zurita de una torcaz.

rabillo *m* **1** Ángulo externo del ojo. *Gralm* ~ DEL OJO. | Laforet *Mujer* 284: Mariana volvió a quitarse las gafas. Se puso de pie, observó a Eulogio con el rabillo del ojo. SSolís *Jardín* 63: Luego venía el *ey*[*e*] *line*[*r*] por el borde de las pestañas: un fino ribetito a lo largo del párpado superior, prolongado por la zona del rabillo. **b)** Línea que se pinta en la parte del rabillo para alargar el ojo. | Berlanga *Barrunto* 28: ¿Traería rabillo en los ojos? .. Seguro que traería falda de vuelo, como si no la viera.
2 Rabo [de una hoja, una flor o un fruto]. | Legorburu-Barrutia *Ciencias* 248: Pecíolo, o rabillo que le une al tallo. Las hojas que no tienen pecíolo se llaman sentadas.

rabinato *m* Cuerpo de rabinos. | Alonso *Abc* 31.5.73, 23: Es capital del nuevo Estado, asiento del Parlamento y de la Corte Suprema, sede de la Agencia Judía, [d]el Rabinato y de la famosa Universidad.

rabínico -ca *adj* De(l) rabino, o de (los) rabinos. | Delibes *Cinco horas* 11: Moyano, desde su palidez lechosa, con el rostro enmarcado por una negra y sedosa barba rabínica, le censuró con una acre mirada muda. I. Gomá

rabino – rabotada

HyV 12.70, 97: Estos o semejantes textos, espigados en el intrincado dédalo de las colecciones rabínicas, tienen mucho de tópico.

rabino *m* **1** Jefe religioso de una comunidad judía. | *ByN* 31.12.66, 69: En primer plano aparece la tumba del rabino Jehuda Löw, creador de Golem, un hombre artificial.
2 (*hist*) Escriba o doctor de ley judía. | Vesga-Fernández *Jesucristo* 18: Los escribas o doctores de la ley, que explicaban e interpretaban la ley. Eran llamados rabinos.
3 (*Naipes*) Cierta variedad del rummy (juego). | *Naipes extranjeros* 99: Remigio o rabino. Este juego .. no es sino una de las muchas variantes del tan popularísimo juego internacional del Rummy.

rabiñoso -sa *adj* (*reg*) Rabioso[1]. | Landero *Juegos* 148: De pronto se llenó de un odio ciego y rabiñoso hacia Gil.

rabión *m* (*reg*) *En una corriente de agua:* Parte muy impetuosa, debido a la estrechez o inclinación del cauce. | MFVelasco *Peña* 228: Dejé caer la escopeta en un rabión donde el borboteo del agua la disimulaba por completo.

rabiosamente *adv* De manera rabiosa[1] [1c y 2b]. | Aldecoa *Gran Sol* 200: Paulino Castro miró rabiosamente a Juan Quiroga. Luego se fue calmando. Delibes *Parábola* 28: Don Abdón .. sumergía su cabeza cuadrada durante unos segundos y pateaba el agua rabiosamente. MGaite *Nubosidad* 215: Si no fueras tan rabiosamente guapa...

rabioso¹ -sa *adj* **1** Que siente rabia[1] [1 y 2]. | Arce *Testamento* 30: Yo escupí, rabioso .. Bajo el pañuelo, mis ojos lloraban. **b)** Que tiene furia o agresividad violenta. | Aldecoa *Gran Sol* 24: Uno de los hijos del contramaestre Afá entró en el bar con un pulpo pequeño, rabioso en su agonía. **c)** [Cosa] que denota o implica rabia[1] [1 y 2]. | Lera *Boda* 729: Un odio oscuro y legendario de razas se debatía allí entre la vida y la muerte. La masa de animales corría, se detenía, rodaba... Se presentía al salpicar de la sangre y de las babas rabiosas.
2 [Pers.] apasionado o fanático. | * Un rabioso defensor de la autonomía. *Inf* 3.11.79, 6: Sabemos ser bravos, impetuosos, aguerridos y hasta rabiosos en la defensa de nuestra querida España. **b)** [Cosa] muy intensa .. o extremada. | Laforet *Mujer* 84: Se iba envenenando .. con el enamoramiento rabioso que sentía por la muchacha. Gilera *Abc* 19.1.75, 59: Es el gran choque de la jornada, pues agrega a su clasicismo una rabiosa actualidad. CPuche *Sabor* 147: El río se presentía a la derecha de la vía, entre arrabaletes macizos de verde rabioso. **c)** [Cosa] sumamente llamativa. | *Des* 12.9.70, 47: Póngase cuanto antes la moda más rabiosa del mundo.
3 (*col*) Que rabia[1] [2b] [por algo]. | * Estoy rabioso por saber en qué queda todo.
4 (*col*) Que rabia[1] [3]. | * La guindilla está rabiosa.

rabioso² -sa *adj* Que padece rabia[2] [1]. | Paso *Isabel* 262: Le ha mordido un perro rabioso.

rabisaco *m* (*Taur*) Señal que se hace en la oreja del toro rasgando una tira desde la punta hasta cerca de la base. | *Abc* 17.5.81, sn: Novillos de Lisardo Sánchez .. Señal: horquilla en la derecha y rabisaco en la izquierda.

rabisalsera *adj* (*col*) [Mujer] muy viva y desenvuelta. *A veces con intención peyorativa.* | DCañabate *Abc* 7.7.74, 47: Una de mis nietas, a la que llamo Marisalsas, porque es muy inquieta y rabisalsera, .. me preguntó.

rabiza¹ *f* (*raro*) Prostituta. | Sastre *Taberna* 102: Pues .. dejarla tirada, que es lo suyo, por ser una rabiza, que es lo que es y de lo más tirado.

rabiza² *f* (*Mar*) Cabo corto con que se sujeta algo. | El. Serrano *SYa* 16.6.74, 5: La embarcación dispondrá de un achicador hecho firme por medio de una rabiza.

rabo I *m* **1** Cola [de determinados animales, esp. cuadrúpedos]. | Arce *Testamento* 74: Al fin, cuando todo lo tenían preparado, sacaban al chon del cubil tirándole fuerte del rabo. **b)** ~ **de lagartija** → LAGARTIJA.
2 Ramita que sostiene [a una hoja, una flor o un fruto (*compl de posesión*)]. *Esp la parte que queda unida a estos una vez cortados.* | Alvarado *Botánica* 18: Se componen [las hojas] de tres partes: 1ª, el limbo ..; 2ª, el peciolo o rabo .., y 3ª, la base. Alvarado *Botánica* 34: Una porción ensanchada que se llama receptáculo o tálamo floral .., que se prolonga hacia abajo, formando el pedúnculo o rabo de la flor. Halcón *Manuela* 48: Mirarle [al melón] bien la corteza, el rabo y apretarle con los pulgares en la culera.
3 Saliente largo, delgado y frec. colgante [de un objeto]. *Tb fig.* | Olmo *Golfos* 127: Partió en tres pedazos un trozo de cordel. Luego nos puso delante una de sus manos, cerrada, y tres rabitos que salían de ella. Torbado *En el día* 121: Se quedó junto al mostrador escarbándose los dientes con el rabo de una cerilla. R. Nieto *Gac* 1.6.63, 54: Pide unas tijeras y corta el "rabo" de la corbata, que cuelga próximo a las rodillas. GPavón *Hermanas* 48: No quedaba absolutamente ningún rabo de recuerdo. **b)** Mango [de determinados utensilios, esp. la sartén]. | Chamorro *Sin raíces* 91: Un individuo disfrazado de payaso, esgrimiendo sartén de largo rabo untada en grasa y requemada, se ocupaba de ensanchar el círculo. ZVicente *Balcón* 49: Tú estás hoy más seria que el rabo de un badil.
4 (*vulg*) Órgano sexual masculino. | * En esta foto al chico se le ve el rabo.
5 *Seguido de un compl* DE + *n de animal, designa varias plantas de diversos géns:* ~ DE ZORRA, ~ DE ZORRO, ~ DE GATO, *etc.* | Mayor-Díaz *Flora* 482: *Koeleria phleoides* (Vill.) Pers. "Rabo de zorra" .. Bordes de caminos. Mayor-Díaz *Flora* 388: *Alopecurus pratensis* L. "Rabo de zorra" .. Pastizales de siega. Cendrero *Cantabria* 78: Flora: Dunas .. *Phleum arenarium* L.: Rabo de zorro. Mayor-Díaz *Flora* 390: *Arrhenaterum elatius* (L.) .. "Rabo de gato" .. Frecuente. Toda Asturias. Pastizales de siega. *Ya* 25.11.83, 4: Una planta venenosa, fácilmente confundible con una de tipo medicinal comúnmente usada en Extremadura, como es el "rabo de gato", ha causado la muerte de una persona.
II *loc v* **6 quedar** (o **faltar,** *o* **estar**) **el ~ por desollar.** (*col*) Faltar aún lo más difícil para concluir algo. | Palomino *Torremolinos* 12: La gran máquina contable recoge datos de las pequeñas máquinas de cada departamento ..; en aquel momento muestra una cifra anticipada de facturación: quinientas sesenta y tres mil pesetas. Y aún queda el rabo por desollar.
7 poner un ~ [a alguien]. (*jerg*) Hacer que alguien [le] siga o vigile. | Tomás *Orilla* 296: –Se le puede poner un rabo. –Ya lo hacemos. Pero es difícil, porque los ambientes que frecuenta son de chusma, y te muerden en seguida.
8 poner ~s. (*vulg*) Sobar [a una mujer] pegándose por detrás. | Umbral *País* 3.7.76, 20: A mi amigo, ligón de autobús (no confundir con el polizón de Metro que pone rabos, especie inferior), le gustaba el perfume a sobaquina de hembra.
III *loc adv* **9 con el ~ entre las piernas.** (*col*) Quedando avergonzado o humillado. Gralm *con los vs* IRSE *o* SALIR. | Ramírez *Derecho* 60: Algunas doctrinas políticas pretenden suprimir las herencias; pero, si preguntas a quien se sabe heredero forzoso de un padre o de un hijo rico, saldrás con el rabo entre las piernas.

rabón¹ -na I *adj* **1** [Animal] que no tiene rabo [1], o lo tiene más corto de lo normal. | Berenguer *Mundo* 202: Dos han visto: ese cachorro rabón que tienes y la perra.
2 (*reg*) [Cosa] falta de algo característico. | Halcón *Campo* 13: El panadero del año 1962 prefiere la harina de trigo tierno, sin barba –rabón, como dicen los campesinos–. *Ya* 30.10.74, 52: Judías .. Poco producto de las variedades rabonas y brasileñas.
II *f* **3** (*reg*) Liebre. | Lázaro *JZorra* 22: Escuchó, de pronto, el estampido de una escopeta. –¡Repapo, cazadores! Y ¿eso qué es? Diría yo que una rabona. Y viene dada la tía .. ¿Pues no se ha tumbao aquí mismo? .. ¡Al zurrón, hermana!

rabón² *m* (*reg*) Papilla de harina y leche, esp. de vaca recién parida. | R. M. FFuentes *Nar* 10.76, 27: Rabón o Calostros, especie de papilla hecha de leche y harina (la leche debe ser de las vacas recién paridas). [*En Valle Gordo, León.*]

rabona. hacer ~. *loc v* (*col, hoy raro*) Faltar a una obligación, esp. a clase. | FReguera-March *Dictadura* 1, 260: Haría rabona diariamente y no volvería a pisar nunca el colegio. Hoyo *Bigotillo* 63: Los propios ratonillos, encontrándose sin gato que por sí mismos, hacían rabona y abandonaban el hogar paterno.

rabotada *f* **1** (*col*) Réplica o expresión destemplada u ofensiva. | Berenguer *Mundo* 121: Pablo la largaba de allí y entonces ella daba la rabotada: –¡No, si aquí solo se puede

hablar de la mierda de la cacería! Delibes *Madera* 302: Las rabotadas del instructor de marinería .., su desaprobación tonante y desabrida ("¡Ese cuello! ¡Fuera!") .. le infundieron el demoledor complejo de que aún no había aprendido a andar.
2 (*reg*) Huida o escapada. | E. Haro *Tri* 20.12.69, 6: Les ha llamado "hipócritas" en el momento de su rabotada, de su salida del "club".

rabotar *tr* Cortar el rabo [a un animal, esp. a un cordero (*cd*)]. | Moreno *Galería* 274: Rabotar las corderas era otra fiesta en la vida pastoril y labradora.

rabotazo *m* (*raro*) Coletazo. | T. Medina *SAbc* 3.8.75, 5: Da un rabotazo [el pez] sobre cubierta y queda como una navaja abierta .., con una brizna de sangre en el lomo.

rabudo -da *adj* [Animal] de rabo o cola largos. *Frec como especificador de un ánade*. | *MOPU* 7/8.85, 142: Entre las aná[t]idas destaca el ánade silbón y el ánade rabudo.

rábula *m* (*lit*) Abogado ignorante y charlatán. | Tovar *Gac* 22.2.70, 12: En contra tiene don Melchor su horrendo estilo de rábula. Las más imprecisas palabras de la jurisprudencia y de la triquiñuela se le enredan en la pluma.

raca *m* (*jerg*) Coche. | Tomás *Orilla* 189: Para conducir no tengo papeles. Vale. Pero cuando me ligaron estaba aparcado, con una tía dentro del raca.

rácanamente *adv* (*col*) De manera rácana. | Barquerito *D16* 16.8.90, 27: A Espartaco, que hizo cosas muy importantes a sus dos toros, le regatearon rácanamente las ovaciones.

racanear (*col*) **A** *intr* **1** Comportarse como un rácano. | Berlanga *Barrunto* 89: El "Cuatro Ojos", y no digamos Moncho, racaneaban toda la tarde hasta que aparecía el capataz.
B *tr* **2** Escatimar [algo], o dar[lo] con tacañería. | *Abc* 27.12.83, 20: En la última campaña electoral tuve que racanear los puros de Suárez, porque si daba a quienes me pedían no hubiera habido bastantes.

racaneo *m* (*col*) Acción de racanear. | *País* 4.3.79, 8: Es preciso reconocer la cortedad, tardanza y racaneo que han presidido la política estatal hacia la preautonomía vasca.

racanería *f* (*col*) Cualidad de rácano. | J. Juanes *Arr* 24.2.65, 3: Creo que es de justicia dar el nombre de una tienda que se porta bien, aunque solo sea para que aprendan los contumaces de la racanería.

rácano -na *adj* (*col*) **1** [Pers.] que rehúye el trabajo o escatima esfuerzos. *Frec n*. | Goytisolo *Recuento* 103: Este Ferracollons es un rácano. Ni ha barrido ni ha llenado el cántaro ni nada.
2 Miserable o mezquino. | *Ciu* 8.74, 10: Hay muchas más cosas que destrozan este llamado séptimo arte en aras de la comercialización más mediocre y rácana. Mihura *Dorotea* 41: —Estarás nerviosa, ¿verdad? .. —Bueno..., cuando ustedes lo dicen .. —Pero ¿habéis visto? Esta sí que es rácana... —Y que no hay quien le saque nada.

racconto (*it; pronunc corriente,* /r̄akónto/) *m* (*Mús*) Raconto. | MTriana *Ópera* 161: Sobresalen el bonito *racconto* de Giorgio en el acto II; el bello dúo.

raccoon (*ing; pronunc corriente,* /r̄akún/; *tb con la grafía* **racoon**) *m* Mamífero carnívoro de cerca de un metro de longitud, pelaje abundante gris amarillento con manchas negras y cola con anillos grises y negros, propio de América septentrional (*Procyon lotor*). *Tb su piel*. | *País* 12.2.83, 20: Chaquetón de raccoon siberiano: 100.000 .. Irueste peleteros. Mora *Sem* 23.11.74, 96: En los cuadros restantes, una completa gama de visones, una selección increíble de "manchados": pantera, jaguar, guepardo, ocelote; .. el racoon, el kolensky, el lobo, el pekan, la marmota.

raccord (*fr; pronunc corriente,* /r̄akór/; *pl normal,* ~s) *m* **1** (*Mec*) Racor. | *Abc* 14.5.70, 71: Lleve siempre en su coche Finilec .. Atornille el raccord del aerosol a la válvula del neumático y deje salir la espuma de goma contenida en Finilec.
2 (*Cine y TV*) Ajuste y continuidad [de movimientos, luz, decorado u otra cosa] al pasar de un plano a otro. *Frec con un compl especificador*. | Torres *Ceguera* 19: Algo .. impulsa a doña Sol a conducir a la mujer hacia el sofá (con cuidado de no mancharlo porque tiene *raccord*). [*En la filmación de una serie televisiva*.]

racémico -ca *adj* (*Quím*) Ópticamente inactivo, por estar compensadas las moléculas dextrógiras y levógiras. | Aleixandre *Química* 179: Este último [isómero inactivo], que procede de la unión, molécula a molécula, de los dos isómeros ópticos, recibe el nombre de racémico.

racemoso -sa *adj* (*Bot*) [Inflorescencia] que tiene forma de racimo. | Legorburu-Barrutia *Ciencias* 269: Inflorescencias indefinidas o racemosas.

racha *f* **1** Ráfaga [de viento]. | Salvador *Haragán* 8: Despierto, me encuentro cerrando los puños, apretando en ellos una rama, una piedra, una racha de viento.
2 Período breve de fortuna. *Frec con los adjs* BUENA, MALA *o equivalentes*. | *As* 9.12.70, 15: Se ha quebrado la buena racha de Abelardo. Después de siete partidos consecutivos sin recibir un solo impacto en sus redes, el guardameta del Valencia encajó un gol. **b)** Período breve de tiempo caracterizado por la abundancia [de algo (*compl especificador*)]. | Alfonso *España* 109: Tras la racha de matar niños en los pasos de cebra, en 1967, vino el 1968, a partir de cuyo año lo normal viene siendo que en Madrid mueran niños atropellados todos los días.

racheado -da *adj* [Viento] que sopla a rachas [1]. | *Alc* 31.10.62, 10: Chubascos y precipitaciones en Vascongadas, Cataluña y mar Balear, con riesgo de fenómenos tormentosos y vientos racheados del Noroeste y Norte. Delibes *Ratas* 140: El viento tomó voz y empezó a descender de los cerros ásperamente .. A poco fue un bramido racheado el que sacudió los campos con furia.

rachear *intr* ➤ **a** *impers* **1** Soplar viento a rachas [1]. | Llamazares *Lluvia* 97: Durante casi una semana, estuvo racheando día y noche sobre Ainielle.
➤ **b** *pr* **2** Hacerse racheado [el viento]. | *Ale* 26.8.84, 2: Se racheará el viento de poniente en los pandos y colladas abiertos a las tierras leonesas.

rachel -la *adj* De Covarrubias (Burgos). | Cruz Torres 2: La Caja de Ahorros Municipal desea .. rendir homenaje a la villa rachela en el milenario (978-1978) de la constitución del glorioso Infantado.

racial *adj* De (la) raza. | Ortega-Roig *País* 214: Las tres provincias .. forman el País Vasco .. Mismo tipo racial, mismas costumbres y folklore, mismo idioma. **b)** Que representa los caracteres típicos de la raza. | Anteno *Mad* 16.1.70, 30: La racial Maruja Garrido –genio, temperamento volcánico y todos los "duendes" en formación de combate– acaba de presentarse en el Olympia de París.

racialmente *adv* En el aspecto racial. | CBaroja *Judíos* 1, 90: Sin pretender caracterizar racialmente de judíos a los que ejercían las profesiones de banqueros o cambistas, regidores, arrendadores, mayordomos, mercaderes y sastres.

racimo *m* **1** Conjunto de flores o de frutos cuyos pedúnculos nacen y terminan a distinta altura sobre un eje común. | Santamaría *Paisajes* 29: Las flores [de la zarza], dispuestas en racimos, son de un blanco violáceo, y el fruto, la mora, negro cuando está maduro y comestible. Laforet *Mujer* 189: La puertecilla .. abría detrás de los racimos de plátanos. **b)** *Esp*: Racimo de uvas. | GPavón *Hermanas* 21: Bandadas de rebuscadores pasaban minuciosos entre los hilos, husmeando .. el racimo medroso bajo el sobaco de la cepa.
2 Conjunto [de cosas, esp. frutos] agrupado en forma semejante a la del racimo [1]. | GPavón *Hermanas* 43: A medida .. que el camarero preparaba los racimos de percebes, don Lotario perdió sus melancolías. Aldecoa *Gran Sol* 13: En el cielo del atardecer se apretaban las nubes como un racimón de mejillones, cárdeno y nacarado. MMolina *Jinete* 153: Esperaban semanas a que de aquel copo amarillo de seda surgiera una mariposa muy gorda y torpe con las alas blancas que ponía racimos de diminutos huevos blancos.
3 Conjunto apretado [de perss. o cosas]. | Matute *Memoria* 76: La higuera aún húmeda, con racimos diminutos de gotas, brillaba en el envés de sus hojas más escondidas. E. LRamos *SAbc* 29.11.70, 39: Verán los españoles muy pronto el material por ellos, ese racimo de hombres entregados, están en trance de pulir.

raciocinante – racionar

raciocinante *adj (lit)* **1** Que raciocina. *Tb n, referido a pers.* | PAyala *Abc* 30.5.58, 3: La racionalidad del alma humana es mucho más que la pura y mera razón raciocinante; es una reminiscencia de su origen divino. Torrente *Saga* 390: Don Acisclo .. sabía también que, contra su voluntad, el raciocinante empezaba a raciocinar.
2 De(l) raciocinio [1]. | Rábade-Benavente *Filosofía* 83: Se trata de saber la capacidad raciocinante del sujeto.

raciocinar *intr (lit)* Razonar. | Torrente *Saga* 390: Don Acisclo .. sabía también que, contra su voluntad, el raciocinante empezaba a raciocinar.

raciocinio *m* **1** Acción de raciocinar. *Tb su efecto.* | Gambra *Filosofía* 50: Como en el juicio, en esta más compleja forma del pensamiento, que es el raciocinio, cabe distinguir una materia .. y una forma. Gironella *SAbc* 9.2.69, 21: Su raciocinio se hace implacable, demoledor y en las disciplinas que dominan le dan a uno fácilmente jaque-mate.
2 Facultad de raciocinar. | Torrente *Saga* 390: El freno que había puesto a su raciocinio tascaba como a un caballo.

ración I *f* **1** Cantidad [de comida] que se asigna o reparte [a una pers. o animal (*compl de posesión*)]. | Arce *Testamento* 25: Había dado cuenta a [sic] su ración de sardinas. **b)** Cantidad [de un alimento] que se considera suficiente o apropiada para una pers. | Á. Río *Ya* 22.11.74, 49: Invasión de bares para tomarse unas raciones de conejo al ajillo o unas patatas a la brava. **c)** Cantidad [de algo] establecida como suficiente [para alguien o para un período de tiempo (*compl especificador*)]. | *Últ* 18.8.70, 4: Tomás Monserrat .. disparó su cámara sobre el grupo de gentes que, convenientemente engrasadas, toman su diaria ración de sol.
2 ~ de vista. (*col*) Contemplación de algo grato y deseable que no se tiene posibilidad de alcanzar. *Gralm con el v* DAR. | * El pobre crío se contentaba con la ración de vista de los escaparates de las pastelerías. * Va a la playa a darse una ración de vista.
3 (*hist*) Prebenda eclesiástica que tiene su renta en la mesa del cabildo. | Villarta *Rutas* 58: Aumentó las canon[j]ías y raciones, disponiendo que aquellas fuesen ocupadas por los profesores de la Universidad.
II *loc adv* **4 a ~.** Con limitación o tasa. *Tb adj.* | * ¿Por qué quitas la tele? Nos tienes a ración.
5 a cuarta (o **media**) **~.** Con escasez de medios de subsistencia. | Cossío *Confesiones* 134: Era un gran caballero, su madre tenía una cuantiosa renta, mas Camilo estaba siempre a cuarta ración.

racional I *adj* **1** [Ser] dotado de razón (facultad de razonar o pensar). | Gambra *Filosofía* 57: El hombre es racional.
2 De (la) razón. | Gambra *Filosofía* 129: Cuando se trata de un conocimiento no sensible, sino intelectual, la tendencia que le sigue se llama apetito racional y también voluntad. **b)** [Cosa] conforme con la razón. | Escrivá *Conversaciones* 149: Es necesario un estatuto que regule el modo de que esta tarea se realice con eficacia, con justicia y de un modo racional.
3 (*Mat*) [Número] entero, o fraccionario, cuyo cociente no es una representación decimal de infinitas cifras. | Gironza *Matemáticas* 67: Números enteros y fraccionarios se abarcan juntos con el nombre de números racionales. **b)** [Expresión algebraica] que no contiene ningún radical. | Marcos-Martínez *Matemáticas* 33: Racionalización. Es convertir en racional una expresión irracional. **c)** Relativo a números o expresiones racionales. | Marcos-Martínez *Matemáticas* 1: Operaciones racionales con expresiones enteras.
II *m* **4** (*hist*) *En la Corona de Aragón*: Contador mayor. | V. F. Olmos *Lev* 9.7.75, 14: Las soberbias Torres que ahora contemplamos se construyeron entre los años 1442 y 1470. Antes había[n] sido un portal o arco de piedra de escasa importancia. De ahí que los honorables jurados, obreros de muros y valladares y racional de la ciudad determinaran, en 6 de marzo de 1442, la construcción de esta monumental puerta.

racionalidad *f* Cualidad de racional. | Tejedor *Arte* 34: El arte griego, como basado en la racionalidad humana al igual que toda su cultura, presenta como sus más relevantes caracteres el orden, la armonía y el equilibrio.

racionalismo *m* **1** Actitud que concede a la razón primacía sobre la voluntad y la emoción. | Tejedor *Arte* 32: Aprovecharon [los griegos] los anteriores hallazgos y observaciones de los pueblos orientales, pero ellos los transformaron .., iniciando con su racionalismo la orientación científica moderna.
2 (*Filos*) Teoría según la cual la razón es la única fuente de conocimiento. | Gambra *Filosofía* 122: Para el racionalismo, .. el entendimiento constituye una actividad independiente de la experiencia sensible.

racionalista *adj* De(l) racionalismo. | Areilza *SAbc* 15.2.70, 29: El mito racionalista llevado a sus extremos ha producido una civilización supertécnica que alberga en sus bienestar grandes vacíos espirituales. Gambra *Filosofía* 311: Las teorías históricamente dadas acerca del conocimiento de los universales. Las teorías empiristas. Las teorías racionalistas. **b)** Adepto al racionalismo. *Tb n.* | JLozano *Inf* 12.9.75, 17: Se rumorea que hay .. fuerzas misteriosas capaces de trasladarnos en volandas de un lugar a otro, como decía que le había ocurrido a él el licenciado Torralba, un buen peje, a quien los inquisidores, más racionalistas, sacaron al fin de su error, encerrándole de por vida.

racionalización *f* Acción de racionalizar. *Tb su efecto.* | LMuñoz *Tri* 26.12.70, 6: La alianza tácita entre los principales grupos de poder existentes .. iba a suponer un alto precio para la economía española: orientar la industria naciente hacia un mercado interior agarrotado en sus posibilidades por la ausencia de una transformación y racionalización de esas estructuras agrarias. Aranguren *Marxismo* 95: Comprendo .. que, desde el corazón de la violencia .., se ejerza aquella trágicamente. Lo que no comprendo es el cálculo, la racionalización de la violencia. Marcos-Martínez *Matemáticas* 33: Racionalización. Es convertir en racional una expresión irracional.

racionalizador -ra *adj* Que racionaliza. | MSantos *Tiempo* 142: Se dispone del número suficiente de objetos a manipular para que las normas racionalizadoras alcancen su eficacia indudable.

racionalizante *adj* Racionalizador. | Aranguren *Marxismo* 98: Las tres visiones anteriores son "racionales" –la segunda más bien racionalizante– y, por tanto, en un sentido radical son "ajenas" a la violencia. Marcos-Martínez *Matemáticas* 33: Factor racionalizante es el factor por el que hay que multiplicar una expresión irracional para que el producto sea racional.

racionalizar *tr* Hacer que [algo (*cd*)] sea racional [2 y 3]. | Alfonso *España* 41: Cada empresa tendría una "galaxia" menor de "colaboradores", pero los que quedasen harían su trabajo de modo más normal y racionalizado. Marcos-Martínez *Matemáticas* 33: Para racionalizar el denominador cuando este es una raíz cuadrada basta multiplicar por ella los dos términos de la fracción. **b)** *pr* Hacerse racional [algo]. | Delibes *Madera* 145: En pocos meses, los principios que informaron su vida maduraron, se racionalizaron.
2 Reducir [algo] a normas o conceptos racionales. | Población *Sesión* 311: Miente mucho y se lo cree ella misma. Racionaliza y justifica todas sus acciones.

racionalmente *adv* De manera racional [2]. | Alfonso *España* 106: El desarrollo y la sociedad expansiva .. precisan un sentido de la responsabilidad muy despierto, exigible .. ante toda conducta o situación que suponga un peligro racionalmente apreciable.

racionamiento *m* Acción de racionar [1]. | Laforet *Mujer* 184: Amalia dijo inmediatamente que ella se encargaría .. de conseguir el alta de la cartilla de racionamiento. *ByN* 31.12.66, 53: La Habana .. no es ya la ciudad alegre que era. Persiste el racionamiento. **b)** Ración [1] establecida por un racionamiento. | Goytisolo *Recuento* 26: La Nieves se encargaba de recoger el racionamiento y guardaba las cartillas en el cajón de la mesa de la cocina.

racionar *tr* **1** Someter [algo, esp. víveres (*cd*)] a un reparto por raciones [1] establecido por la autoridad. | Laiglesia *Tachado* 51: Lo único que podemos hacer es resistir hasta el final de la guerra. Racionaremos los víveres rigurosamente.
2 Dividir en raciones [1]. | *Economía* 321: Los comestibles se deben llevar .. trinchados y racionados de antemano, de manera que simplifiquen su reparto.
3 (*Mil*) Proveer de víveres [a la tropa (*cd*)]. | FReguera-March *Caída* 339: Tampoco se ha racionado a la tropa,

lo que considero otro error, porque, si nos retrasan las averías .., ¿qué van a comer los soldados?

racionero -ra A *m y f* **1** *En una comunidad religiosa:* Pers. que tiene a su cargo la distribución de las raciones [1a]. | SSolís *Camino* 272: Ellas [las religiosas] tampoco habían pasado por más variaciones que las de los años o las de haber sido superioras, o sacristanas, o racioneras.
B *m* **2** (*hist*) Eclesiástico que tiene una ración [3]. | Cela *Viaje andaluz* 153: Don Luis de Góngora .. fue racionero de esta catedral.

raciovitalismo (*tb* **racio-vitalismo**) *m* (*Filos*) Filosofía de la razón vital, creada por José Ortega y Gasset († 1955). | Rábade-Benavente *Filosofía* 24: Surgen así, junto a sistemas filosóficos referidos fundamentalmente al problema humano –como el existencialismo, el racio-vitalismo, .. etc.–, toda una serie de ciencias antropológicas.

racismo *m* Tendencia a considerar unas razas superiores a otras y, como consecuencia, a discriminar a las inferiores. | Aranguren *Marxismo* 125: ¿Y no hay, por debajo de esa "buena conciencia" de sentirse amigos de Israel, un oscuro racismo –desprecio por los "piojosos" egipcios–?

racista *adj* De(l) racismo. | Arenaza-Gastaminza *Historia* 288: Las características del nazismo eran: espíritu racista, nacionalismo exaltado, odio al catolicismo y ansias desenfrenadas de expansión imperialista. **b)** Partidario del racismo. *Tb n.* | Cela *Judíos* 42: En Ayllón predicó San Vicente Ferrer, que era racista, y que consiguió del rey que obligase a los moros a usar capuces verdes con lunas claras, y a los judíos a llevar una marca sangrienta en el tabardo.

raconto *m* (*Mús*) Fragmento cantado [de una ópera o zarzuela] en que se narra algún suceso. | FCid *Ópera* 54: "La bohème" es una joya, un modelo de inspiración y también de sensibilidad teatral. Los racontos, los dúos .. El más trascendido lirismo se impone y nos capta con su ternura.

racoon → RACCOON.

racor *m* (*Mec*) Pieza, frec. con rosca, que sirve para unir dos tubos u otras piezas que deben estar en comunicación. | S. Pey *TEx* 21.2.75, 19: Las tuberías de PVC pueden conformarse fácilmente con un calor suave (hacer codos, ensanchamientos, etc.), y ser fácilmente empalmables entre tubos, racores y accesorios diversos, por simple encajado y aportación de una cola adecuada.

rad (*pl normal*, ~s) *m* (*Fís*) Unidad de dosis de radiación ionizante absorbida, equivalente a la energía de 100 ergios por gramo de materia irradiada. | *País* 2.3.77, 40: Para presentar el síndrome agudo, la radiación ha de haber sido superior a los 2.000 rads.

rada *f* Bahía o puerto natural propios para servir de fondeadero. | *Van* 28.8.70, 21: Entre esa flota que desfila ante nuestra rada figuran muchos barcos de bandera nacional.

radar (*tb, más raro,* **rádar**) *m* **1** Sistema de detección de objetos mediante la emisión de ondas hertzianas muy cortas, que, al reflejarse en ellos, permiten determinar su posición. | * El descubrimiento del radar supuso un avance. **b)** Sexto sentido (capacidad de intuir o adivinar). | MGaite *Nubosidad* 367: Pues fíjate, lo dijo Raimundo, que igual habíais ligado, que te pegaba a ti ligar con gatos, ya ves. Para esas cosas tiene radar el tío.
2 Aparato de radar [1]. | *Ya* 28.5.67, 11: Estos misiles utilizan un sistema de persecución automática del blanco mediante radares y equipo electrónico.

radarista *m y f* Especialista en el funcionamiento, instalación y mantenimiento de radares [2]. | J. RVentosa *Ya* 14.10.92, 2: En su mayoría se trata de casos que han sido visualizados por personal del Ejército del Aire –pilotos, radaristas, etc.–.

radiable *adj* Que se puede radiar. | *VNu* 13.7.74, 41: Después que ha salido el disco, igual te dicen que no puede ser radiable.

radiación *f* **1** Emisión [de ondas electromagnéticas, de partículas atómicas o de rayos de cualquier índole]. | Bustinza-Mascaró *Ciencias* 69: En las plantas verdes, la energía para sus actos vitales procede de las radiaciones solares. **b)** (*Fís*) Modo de propagación del calor sin intervención de ningún medio transmisor. | Marcos-Martínez *Física* 118: El calor se propaga de tres formas: por conductibilidad, por convección y por radiación.
2 Acción de radiar [1 y 3]. *Tb su efecto.* | CNavarro *Perros* 138: Participaba en la radiación de obras de teatro. *Inf* 17.12.73, 32: La restricción de horario de radiación televisiva puede significar un ahorro considerable de energía. P. Cuartero *SPaís* 21.5.78, 22: Han empezado a radiarme tangencialmente el cráneo con cobalto .. Lo único bueno es que a primeros de año dejaré, seguramente, las radiaciones.

radiactivamente *adv* De manera radiactiva [2]. | *Ya* 14.6.78, 9: En colaboración con cardiólogos de Düsseldorf, el Instituto ha conseguido crear un sistema para marcar radiactivamente productos obtenidos del organismo del paciente.

radiactividad *f* Cualidad de radiactivo. | *Sp* 19.7.70, 15: La técnica francesa es precisa y .. reduce al mínimo la radiactividad.

radiactivo -va *adj* **1** [Cuerpo] cuyos átomos se desintegran espontáneamente emitiendo radiaciones corpusculares o electromagnéticas. | F. Merayo *SYa* 28.5.72, 9: En el áspero e irregular suelo de la Luna existen cuerpos radiactivos: uranio, torio, etc.
2 De (la) radiactividad. | Aleixandre *Química* 5: Los restantes [elementos] se han aislado recientemente al estado de radioelementos por transformaciones radiactivas.

radiado[1] -da *adj* **1** Que consta de elementos dispuestos como los radios de la circunferencia. | Bustinza-Mascaró *Ciencias* 105: Cuando presentan simetría con relación a un eje, alrededor del cual parecen estar colocadas las partes del cuerpo, se dice que poseen simetría radiada. **b)** (*Zool*) [Animal] que tiene simetría radiada. *Frec como m m en pl, designando este taxón zoológico.* | * Los celentéreos son radiados.
2 Que tiene radios[1] [2]. | Payno *Curso* 20: Volvían todos en grupo, con las cestas repletas, sobre carros del país: de dos bueyes yugados, ruedas radiadas.

radiado[2] -da *adj* **1** *part* → RADIAR.
2 Que se produce por radio[3]. | *Rio* 2.10.88, 41: Aquí, en la feria taurina, está toda la prensa, escrita, radiada y televisiva.

radiador -ra I *adj* **1** (*Fís*) Que radia o emite radiaciones. *Tb n m, referido a cuerpo.* | *Unidades* 28: La magnitud de la bujía nueva es tal que la brillantez del radiador integral a la temperatura de solidificación del platino sea de 60 bujías nuevas por centímetro cuadrado.
II *m* **2** Aparato de calefacción formado normalmente por una serie de tubos yuxtapuestos por los que circula un fluido caliente. | *Hacerlo* 82: Cuando los radiadores están disimulados, lo más práctico es pintarlos de color negro.
3 Órgano de refrigeración de los motores de explosión, consistente en una serie de tubos por los que circula agua. | J. M. Moreiro *SAbc* 1.12.68, 36: No había aceite en el cárter ni agua en el radiador. **b)** Órgano de refrigeración de otros aparatos. | Mingarro *Física* 191: Un filamento de volframio se pone incandescente por la corriente eléctrica; .. para evitar su calentamiento excesivo se le refrigera mediante unas aletas exteriores que hacen el papel de radiador.

radial *adj* **1** De(l) radio[1], *esp* [1, 2 y 4]. | Ybarra-Cabetas *Ciencias* 332: El número total de zonas de placas es de diez, cinco radiales o ambulacrales y otras cinco interradiales o interambulacrales. Bustinza-Mascaró *Ciencias* 62: Se aprecia mejor el pulso colocando un dedo sobre la arteria llamada radial. *Các* 23.9.74, 15: Fue atendido en la enfermería de la plaza de herida .. de cinco centímetros en el lado radial del pulgar derecho.
2 Que tiene radios[1] [2]. | C. MQuemada *Nar* 10.76, 11: Supone Haddon que el carro chillón precedió al de ruedas radiales en todas partes.
3 Que parte del centro a la periferia, como los radios de la circunferencia. | Ortega-Roig *País* 120: Fijaos cómo nuestras comunicaciones tienen sentido radial: carreteras y ferrocarriles salen de Madrid como los radios de una rueda. Tamames *Economía* 278: La estructura de la red nacional es radial. **b)** [Vía] que forma un radio[1] [1] partiendo del centro a la periferia. *Tb n f.* | *Prog* 8.8.75, 1: La variante de la radial VI entrará en servicio el día 22.
4 Situado en la periferia. | MCampos *HLM* 26.10.70, 15: Los fabricantes de instalaciones periféricas, perfeccionando

radialmente – radicando

sus sistemas, van dotando a los puestos radiales de nuevos medios electromecánicos, cuyo empleo rinde más que los anteriores.

radialmente *adv* De manera radial [3a]. | Bustinza-Mascaró *Ciencias* 283: Se aprecian en su parte inferior láminas de color rosa, .. distribuidas radialmente alrededor del pie.

radián *m* (*Geom*) *En el sistema internacional:* Unidad de medida de ángulos planos, equivalente al ángulo central de una circunferencia en el cual la longitud del arco subtendido es igual a la de su radio. | *Ya* 10.4.74, 3: Para las funciones seno, coseno y tangente puede trabajar [el computador] en grados centesimales, sexagesimales y radianes.

radiante[1] *adj* **1** Que emite rayos o radiaciones. | Peña-Useros *Mesías* 186: Custodia .. La forma preferida es la de sol radiante. En el centro está el viril. *Ya* 10.12.83, 42: El contrato preveía suministros de nueve transmisores de UHF y cuatro transmisores de VHF, sistemas radiantes y diplexores de programas, con destino a distintos centros emisores de RTVE.
2 Muy brillante o luminoso. *Tb fig.* | MCampos *Abc* 9.4.67, 8: En un día radiante, cuesta trabajo comprender que hay poca vida en Groenlandia. *Van* 4.11.62, 15: Junto con San Paciano y San Olegario, compone un radiante conjunto de santos.
3 [Pers.] que da muestras visibles [de alegría o bienestar], esp. por la animación del rostro. *Frec se omite el compl por consabido.* | A. Aricha *Caso* 26.12.70, 9: Minutos después, satisfecho, radiante, ha venido desde su despacho a nuestra Redacción. **b)** [Pers. o belleza] que se muestra en todo su esplendor. | * Estaba radiante con su traje largo. * Su belleza radiante destacaba.
4 (*Fís*) [Calor] emitido por radiación. | Marcos-Martínez *Física* 120: El calor radiante .. se propaga, como la luz, en línea recta.
5 (*E*) Radial [3a]. | Ybarra-Cabetas *Ciencias* 55: Algunas variedades de tremolitas tienen sus cristales prismáticos en disposición radiante.

radiante[2] *m* (*Geom*) Radián. | Mingarro *Física* 65: Para θ muy pequeño y medido en radiantes, se puede sustituir el seno por el arco sin error apreciable.

radiar (*conjug* 1a) *tr* **1** Transmitir [algo] por medio de ondas hertzianas. | Gironella *Millón* 366: La idea de Núñez Maza era que el comandante dirigiera a la población un mensaje radiado. Mingarro *Física* 182: Aunque en la televisión moderna no se utiliza en absoluto, es importante desde el punto de vista pedagógico describir el primer camino utilizado para la descomposición ordenada y rapidísima en puntos del objeto cuya visión desea radiarse.
2 Emitir [una radiación [1]]. | Marcos-Martínez *Física* 121: Una lámpara de incandescencia radia 15 calorías por segundo y cm².
3 (*Med*) Tratar con radiaciones [1]. | P. Cuartero *SPaís* 21.5.78, 19: Tras la operación, me radiaron con cobalto.

radicación *f* **1** Acción de radicar. | Halcón *Ir* 13: Los Gobiernos siempre respetaron que aquel legado que con irresoluble radicación en Inglaterra recibiera Ladislao .. no tributase al Tesoro.
2 Arraigo [de algo, esp. un uso o costumbre]. | Domínguez *Pról. Donado-Peña* 15: Se comprende la inconmovible radicación de que goza en Getafe el fervor a Nuestra Señora de los Ángeles.
3 (*Mat*) Extracción de raíces. | Gironza *Matemáticas* 83: El caso de radicación que más frecuentemente se presenta en los problemas .. es el de la raíz cuadrada.

radical I *adj* **1** Esencial o fundamental. | Gambra *Filosofía* 164: Su infinitud radical es lo que hace que todas las perfecciones aparezcan en grado infinito. Castilla *Humanismo* 26: Lo radical del hombre no es la soledad. **b)** Que afecta a lo esencial o fundamental. | * Reforma radical.
c) Total o absoluto. | O. Aparicio *SPue* 17.10.70, 8: Los cirujanos españoles citados obtienen una cifra de un 59,5 por 100 a los cinco años y de un 27,3 por 100 al cabo de los diez años, porcentajes muy equivalentes a los resultados obtenidos por otros especialistas extranjeros en casos de mastectomía radical.
2 Extremoso o tajante. | GPavón *Hermanas* 53: La Gertrudis se expresaba con ademanes radicales. **b)** (*Pol*) Partidario de reformas profundas en sentido democrático. *Tb n, referido a pers.* | J. Aldebarán *Tri* 7.2.70, 5: Lord Russell, heredero de una familia histórica, radical y puritana. *HLM* 26.10.70, 3: Una coalición que iba desde los radicales hasta los comunistas proporcionó la victoria al radical Juan Antonio Ríos.
3 (*E*) De (la) raíz, *esp* [1 y 4]. | Navarro *Biología* 104: Cerca de la región terminal de la raíz, la epidermis posee células incoloras cuyas membranas se prolongan hacia fuera a manera de digitaciones para formar así los pelos radicales.
b) (*Gram*) [Palabra] constituida exclusivamente por una raíz, sin ningún sufijo. | Academia *Esbozo* 167: Los morfemas flexivos, en los derivados nominales, lo mismo que en las palabras radicales, se sitúan siempre en posición final.
c) (*Bot*) Que nace inmediatamente de la raíz. | *Ama casa* 1972 95: El lirio de los valles. Es una planta vivaz de hojas radicales, ovaladas y lisas.
II *m* **4** (*Gram*) Raíz [4]. | Academia *Esbozo* 166: Si suprimimos de una palabra nominal todos los sufijos, lo que queda se denomina radical o raíz, especialmente cuando es parte de una forma verbal. **b)** Forma que toma la raíz en cada una de las voces de una misma familia. | * En *amado* la raíz sería *am-* y el radical *ama-*.
5 (*Quím*) Grupo de átomos que mantiene íntegra su estructura en reacciones que afectan al resto de la molécula. | *Abc* 2.1.66, 82: Al doctor Manuel Ballester .. se deben asimismo los descubrimientos de la nueva química orgánica referente a una teoría del color y los radicales libres inertes.
6 (*Mat*) Signo con que se indica la operación de extraer raíces. | Marcos-Martínez *Álgebra* 43: El símbolo √ se llama radical y se lee "raíz cuadrada de".

radicalidad *f* Cualidad de radical [1 y 2]. | Rábade-Benavente *Filosofía* 18: La filosofía .. pretende ser un conocimiento radical .. Es cierto que este afán de radicalidad .. puede resultar excesivo .. Este anhelo, esta tendencia a la sabiduría plena, es algo rigurosamente insoslayable. Tierno *Humanismo* 15: Cuando se vive en un ámbito en el cual hay tolerancia, se puede afirmar que se vive en un ámbito en el cual apenas hay radicalidad.

radicalismo *m* **1** Cualidad de radical [2]. | R. DHochleitner *Fam* 15.11.70, 49: La toxicomanía de los jóvenes adquiere hoy en día en algunos países tintes ritualistas del mayor radicalismo. Mercader-DOrtiz *HEspaña* 4, 214: Fue creciendo [la penetración de la literatura francesa] en intensidad y en radicalismo, hasta tomar bajo la Revolución el aspecto de un alud propagandístico.
2 Actitud radical [2]. | Alfonso *España* 91: Aunque las guerras, de tanto en cuan[t]o, hayan traído radicalismos trágicos en este sentido.
3 Doctrina política de los radicales [2b]. | Tierno *Humanismo* 17: Si el liberalismo se radicaliza de modo total, deja de ser radicalismo político, convirtiéndose en un radicalismo moral o filosófico.

radicalización *f* Acción de radicalizar(se). | Alfonso *España* 100: Es algo [el orden público] que, a veces, se presta a un achicamiento y radicalización, dentro de la inevitable dialéctica entre los gobernantes y los gobernados.

radicalizador -ra *adj* Que radicaliza. | P. GAparicio *HLM* 28.4.75, 5: Lo que esos resultados revelan ante todo es un afán colectivo de moderación que rechaza las estridencias radicalizadoras.

radicalizante *adj* Que radicaliza. | P. Corbalán *SInf* 17.10.74, 8: Su formación humanística y su carácter le frenaron cualquier toma de posición descompuesta, radicalizante e indiscriminada.

radicalizar *tr* Dar [a algo o a alguien (*cd*)] carácter radical [2]. | FMora *Abc* 8.9.66, 15: Esta es la causa de que radicalice sus posiciones interpretativas. **b)** *pr* Tomar [alguien o algo] carácter radical. | R. Manzano *Faro* 9.8.75, 21: A nadie se le oculta que la nación se está, desgraciadamente, radicalizando y polarizando en extremos.

radicalmente *adv* De manera radical [1 y 2]. | PRivera *Discursos* 16: La situación de la mujer ha cambiado radicalmente en el mundo desde hace años.

radicando *m* (*Mat*) Número del que se ha de extraer una raíz. | Marcos-Martínez *Matemáticas* 30: Toda raíz de índice par y radicando positivo tiene el doble signo ±.

radicante *adj* **1** (*admin*) Que radica [1]. | Cobos Machado 42: De los fundadores, eran segovianos Gila, Rodao, Moreno, Cabello y Quintanilla. De los incorporados, solo Otero era segoviano; pero era radicante Zuloaga. *Compil. Vizcaya* 637: Tienen consideración de troncales: .. Los adquiridos por permuta de bienes troncales con otros que no lo sean, radicantes en el Infantado.
2 (*Bot*) Que produce raíces adventicias. | Santamaría *Paisajes* 35: Es [el berro] una crucífera de varios tallos tendidos y radicantes, gruesos y carnosos.

radicar *intr* ➤ **a** *normal* **1** Estar establecida [en un lugar una pers. o cosa, esp. una propiedad o una empresa]. | Huarte *Tipografía* 62: Portada. Figuran en ella el nombre del autor, el título de la obra, el nombre de la editorial y lugar donde radica. *Compil. Cataluña* 677: Si la mujer viviere en el extranjero o los bienes .. radicaren fuera del territorio nacional, deberá terminar el inventario dentro del plazo de un año.
2 Tener [una cosa] su origen o fundamento [en otra]. | A. GOrantos *Reg* 22.11.66, 5: El éxito de este deporte infantil radica entre otras cosas en la belleza del juego.
➤ **b** *pr* **3** Establecerse [alguien en un lugar]. | Gaos *Antología* 140: Abandonó España a la terminación de la guerra civil en 1939, radicándose en Méjico.

radicícola *adj* (*Biol*) Que vive parásito sobre las raíces de un vegetal. | Navarro *Biología* 277: Se denominan esas bacterias con el nombre de *Rhizobium leguminosarum* o bacterias radicícolas.

radiciforme *adj* (*Bot*) Que tiene forma de raíz. *Tb* (*lit*) *fuera del ámbito técn.* | Torrente *Saga* 308: Con la mejilla en la mano y la mirada perdida en las grietas radiciformes del techo, meditaba.

radícula *f* (*Bot*) Parte del embrión que al desarrollarse formará la raíz. | Legorburu-Barrutia *Ciencias* 279: El embrión es ya una planta en miniatura y consta de radícula (raíz), tallito .., gémula .., cotiledones.

radicular *adj* (*Bot*) De (la) raíz. | Bustinza-Mascaró *Ciencias* 293: Como en estos terrenos el agua está siempre fría, aun en pleno verano, no es fácilmente absorbida por las plantas, cuyo sistema radicular es muy superficial.

radiculitis *f* (*Med*) Inflamación de las raíces de los nervios espinales. | I. LMuñoz *País* 6.4.80, 21: El AU-8 .. tiene favorable influencia en otra serie de enfermedades, como son las enfermedades nerviosas, reumatismo, radiculitis, arteriosclerosis.

radiestesia *f* Sensibilidad especial para captar ciertas radiaciones. *Tb el procedimiento de detección basado en ella.* | *Hoy* 4.9.75, 14: Los 78 años de don Rufino y su tardía vocación en el campo de la radiestesia no le han impedido, ni mucho menos, coger carrera en el campo de sus investigaciones radiestésicas.

radiestésico -ca *adj* De (la) radiestesia. | *NAl* 26.2.88, 7: –¿Qué otras actividades radiestésicas realizas? –He descubierto corrientes de agua subterráneas.

radiestesista *m y f* Pers. que practica la radiestesia. | *Hoy* 4.9.75, 14: Los radiestesistas utilizan métodos muy sencillos: varillas de madera, alambres, péndulos.

radio¹ *m* **1** (*Geom*) Segmento que une el centro del círculo con un punto cualquiera de la circunferencia. | Marcos-Martínez *Aritmética* 162: Las circunferencias descritas por radios iguales son iguales. **b)** ~ **vector.** Segmento que une un punto de una curva con el foco o con uno de sus focos. | Marcos-Martínez *Matemáticas* 222: Los segmentos .. que unen un punto P de la elipse con los focos se llaman radios vectores.
2 *En una rueda:* Pieza de las que unen el cubo con la llanta. | Ortega-Roig *País* 120: Carreteras y ferrocarriles salen de Madrid como los radios de una rueda.
3 (*Anat*) Hueso más pequeño de los dos que forman el antebrazo. | Bustinza-Mascaró *Ciencias* 38: El antebrazo tiene dos [huesos], radio y cúbito, que se extienden del codo a la muñeca.
4 (*Anat*) Pieza larga y delgada de las que sostienen la parte membranosa de las aletas de los peces. | Bustinza-Mascaró *Ciencias* 170: Las aletas [de la sardina] tienen un esqueleto formado por unas varillas de hueso, llamadas radios.
5 (*Bot*) Elemento de los dispuestos alrededor del eje medular a manera de radios [1]. | Legorburu-Barrutia *Ciencias* 245: Sección de un tronco joven. Corcho. Corteza .. Capas de madera. Radios medulares. Albura. Duramen. [*En un gráfico.*]
6 ~ **de acción.** Zona de actividad o de influencia [de alguien o algo]. | DPlaja *El español* 104: Como [el español] ignora mucho, el desprecio es casi general para todo lo que esté fuera de su radio de acción inmediata. **b)** Distancia máxima a la que [un vehículo (*compl de posesión*)] puede llegar regresando al punto de partida sin repostar. | A. Romerales *Mad* 19.4.71, 6: El C.A.S.A.-212 presenta las siguientes características: 19 metros de envergadura, 15,5 metros de longitud, .. radio de acción: 1.900 kilómetros.

radio² *m* Elemento metálico radiactivo, de número atómico 88, perteneciente a la familia del uranio. | Ybarra-Cabetas *Ciencias* 7: Tiene especial interés el reparto de los elementos radioactivos (Uranio, Thorio, Radio .. y sus isótopos).

radio³ *f* **1** Sistema de transmisión de sonidos mediante ondas hertzianas. | GTelefónica *N.* 921: Aprenda radio en su propio domicilio.
2 Radiodifusión. | Medio *Bibiana* 78: El hombre, un locutor de radio posiblemente, parece que está hablando ante un micrófono. *Inf* 15.12.69, 2: Unas bases acordadas en principio para la creación de un Estatuto de los profesionales de la radio y la televisión. **b)** Conjunto de programas de radio. | * Oye poca radio.
3 Emisora de radio [2]. | *Alc* 1.1.55, 3: Pronunció anoche por Radio Nacional el siguiente mensaje de fin de año. VMontalbán *Rosa* 92: El Rincón de Ortega, laboratorio de la nueva cocina manchega, según había oído en cierta ocasión por la radio, qué radio no importaba. **b)** ~ **macuto.** (*argot Mil*) Emisora imaginaria de donde parten rumores y bulos. *Tb* (*col*) *fuera del ámbito militar.* | GSerrano *Macuto* 326: Si lo que cuenta Radio Macuto suena excesivamente a fantasía .., la tropa lo rechaza con laconismo. *Inde* 28.8.90, 1: En España funciona mejor "radio macuto" que RNE.
4 Aparato radiorreceptor. | CNavarro *Perros* 127: Alguien conectó la radio.

radio⁴ *m* Radiotelegrama. | *Faro* 31.10.70, 2: El barco alemán .. ha enviado un radio diciendo que no necesitaba ayuda.

radio⁵ *m* Radiotelegrafista. | CPuche *Paralelo* 118: –Yo soy radio. –¿Radio? –Radiotelegrafista de un bombardero.

radio- *r pref* De las ondas electromagnéticas. | *Por ej:* M. Calvo *Ya* 18.10.74, 12: Tienen una especialidad relativamente nueva en el campo de la ciencia: radioastrofísica. *Ya* 8.3.90, 49: Equipos de radiobúsqueda. *Abc* 14.5.70, 51: "Producción y control de radiofármacos", por la doctora Daría Rebollo. *Mun* 12.12.70, 57: Con un adaptador especial .. sirve también [el receptor Braun] para la radio-marcación marítima con el mismo rendimiento que un equipo comercial. M. Calvo *MHi* 7.68, 17: Su aplicación [de las radiaciones] abarca los siguientes campos: inhibición de brotes en tubérculos y raíces comestibles, .. radiopreservación para prolongar la duración de los alimentos. **b)** De (la) radio³. | *Por ej:* Ya 5.6.90, 13: 40 radioaficionados crean un grupo de radioayuda. Gironella *Millón* 271: Faltaban aparatos de radio-emisión. VozA 8.10.70, 27: Radiogaceta de Avilés. F. Leyva *Ya* 21.6.90, 68: El programa matinal de Carmen Abenza .. desbancaba en audiencia [a] los radiopredicadores de la mañana. *DBu* 19.9.70, 12: Guía del radioyente .. 14,15, Radior[r]eportaje; 14,30, Diario hablado de R. N. E. [*En el texto*, radioreportaje.] *País* 20.5.90, 45: Hay mucha radiocátedra, radiosentencia y radiopredicación, y las emisoras se han decantado por ofrecer una mayor opinión en detrimento de la información.

radioactividad *f* Radiactividad. | GTelefónica *N.* 400: Eliasa. Electrónica Iberamericana, S.A. Semi-conductores. Equipos para medida de radioactividad.

radioactivo -va *adj* Radiactivo. | Ybarra-Cabetas *Ciencias* 7: Tiene especial interés el reparto de los elementos radioactivos.

radioaficionado -da *m y f* Pers. autorizada para comunicarse privadamente por radio, usando bandas de frecuencia jurídicamente establecidas. | *Mad* 22.4.70, 16: La primera noticia del tornado se produjo a las ocho de la tarde de ayer, cuando un radioaficionado se comunicó con la ciudad de Florida.

radioaltímetro *m* (*Aer*) Altímetro fundado en el uso de ondas radioeléctricas. | M. Valdecantos *Sáb* 8.3.75, 38: Suena por segunda vez el radioaltímetro, y dos segundos más tarde el avión se estrella a unos 70 pies de la cima de una montaña de la sierra Blue Ridge.

radioastronomía *f* Parte de la astronomía que estudia las radiaciones electromagnéticas de los cuerpos celestes. | M. Calvo *Ya* 8.12.70, 8: La radioastronomía ha permitido ensanchar hasta límites insospechados nuestros conocimientos del Universo.

radioastrónomo -ma *m y f* Especialista en radioastronomía. | M. Calvo *Ya* 18.10.74, 12: Los radioastrónomos y astrofísicos de Cambridge viven estos últimos años jornadas apasionantes.

radiobaliza *f* (*Aer y Mar*) Baliza dotada de aparatos radioeléctricos para la emisión y recepción de señales. | *Inf* 25.4.74, 32: El próximo julio serán entregadas las 22 radiobalizas .. contratadas por nuestro país a la empresa Decca Navigator. *Abc* 17.8.84, 34: El hundimiento del sardinero "Islamar III", que navegaba sin radiobaliza, lo que impidió su rápida localización. Millán *Fresa* 69: El piloto automático de nuestra locomotora volante intercambió dos palabras con la radiobaliza lejana y reajustó levemente la ruta.

radiobiología *f* Parte de la biología que estudia el efecto de las radiaciones sobre los organismos. | A. GPintado *Abc* 21.5.67, 84: Trabajó un año en el laboratorio de Radiobiología del Hospital Cantonal de Zurich.

radiocanal *m* (*Radio*) Canal de radio[3]. | *Abc* 6.7.91, 86: Un grupo de usuarios acceden de modo dinámico a radiocanales disponibles en el momento de pedir llamada en un área de cobertura concreta.

radiocarbono *m* (*Quím*) Carbono radiactivo. | Pericot-Maluquer *Humanidad* 119: Gracias a las fechas absolutas que nos facilita el análisis por el radiocarbono, podemos aquilatar la rapidez con que se extiende la nueva economía.

radiocasete *m* Aparato en que se combinan un receptor de radio y un magnetófono de casetes. | M. D. Martínez *Abc* 3.4.83, 32: Puede que su coche sea un objetivo del "chorizo", o el radiocasete que lleve dentro del vehículo.

radiocassette (*fr; pronunc corriente,* /radiokasét/) *m* Radiocasete. | *SYa* 14.8.83, 31: Otros dos radiocassettes estéreo están aquí para ser sorteados entre quienes nos escriban.

radiocirugía *f* (*Med*) Combinación de la cirugía y la radiología. | *Ya* 17.12.86, 38: El tratamiento de tumores cerebrales mediante la radiocirugía ha sido el tema estrella de la reunión internacional sobre neurocirugía que concluyó ayer en Barcelona.

radiocomedia *f* Comedia especialmente escrita o adaptada para ser transmitida por radio. | *Tri* 20.2.71, 32: La radionovela es algo como la telecomedia, la telenovela, la radiocomedia.

radiocomunicación *f* (*Radio*) Comunicación por medio de ondas hertzianas. | Mingarro *Física* 83: Entre estos fenómenos se hallan los en apariencia tan distintos del sonido, el calor radiante, la luz, los rayos X o Röntgen, la radiocomunicación.

radiodespertador *m* Reloj despertador que funciona haciendo sonar un aparato de radio a la hora prevista. | O. Pin *Cod* 2.2.64, 13: El analfabeto recalcitrante se levantó al ponerse en marcha su aparato de radio-despertador. *ByN* 30.12.90, 55: Si lo tuyo es la música, ya no tendrás problemas para conseguir lo que te gusta .. Compact Disc portátiles .., radiodespertadores o grabadoras.

radiodiagnóstico *m* (*Med*) Diagnóstico mediante radioscopias y radiografías. | *GTelefónica* 21: Clínica radiológica .. Radiodiagnóstico. Radiografías a domicilio.

radiodifundir *tr* (*raro*) Radiar (transmitir por medio de ondas hertzianas). | *Not* 18.12.70, 7: Respecto al número de muertos .., empleó Cyrankiewicz una expresión polaca, en su discurso radiodifundido, que equivale a más de diez y menos de veinte muertos.

radiodifusión *f* **1** Transmisión por ondas hertzianas de programas destinados al público. | *Inf* 13.6.74, 13: El teléfono, la radiodifusión, la radiotelefonía móvil, el télex y la televisión no han agotado las posibilidades de aplicación. **2** Actividad relativa a la radiodifusión [1]. | J. Balansó *SAbc* 9.3.69, 51: No ha dudado en demostrar su valía públicamente, dirigiendo la orquesta del teatro Real de Copenague y la Sinfónica de la Radiodifusión y Televisión danesas.

radiodifusor -ra *adj* (*raro*) De (la) radiodifusión. *Tb n f, referido a emisora.* | M. Aznar *SAbc* 16.6.68, 10: Las pantallas de la televisión, los estudios radiodifusores, las comedias musicales. Borrás *Abc* 27.4.58, sn: España .. ha creado [en Marruecos] 44 carterías. Y una Radiodifusora.

radioelectricidad *f* (*Radio*) Técnica de la producción, propagación y recepción de ondas hertzianas. | *GTelefónica N.* 919: Espsa-Fono. Radioelectricidad.

radioeléctrico -ca *adj* (*Radio*) De (la) radioelectricidad. | *Abc* 18.4.58, 32: El ministro recorrió las nuevas instalaciones de equipos electrónicos para localización aérea y submarina y las destinadas a todas las aplicaciones de la nueva técnica radioeléctrica. FQuintana-Velarde *Política* 172: La empresa estatal Torres Quevedo .. contribuye al desarrollo de las comunicaciones radioeléctricas con las provincias y zonas africanas.

radioelemento *m* (*Quím*) Elemento radiactivo. | Aleixandre *Química* 5: Los restantes [elementos] se han aislado recientemente al estado de radioelementos por transformaciones radiactivas.

radioenlace *m* (*Radio*) Sistema de transmisión de las señales de radio desde el centro de producción hasta el centro emisor. | *MHi* 6.60, 42: Radiofaros. Radioenlaces. Tubos Electrónicos.

radioescucha *m y f* Radioyente. | CNavarro *Perros* 127: Alguien conectó la radio. Una voz aguardentosa llamó "queridos" a los radioescuchas.

radiofacsímil *m* (*Radio*) Sistema de transmisión a distancia de imágenes fijas por medio de ondas radioeléctricas. | A. Jordana *País* 13.12.82, 29: La *Idus de Marzo* .. lleva dos radares de 48 y 32 millas de alcance .., un radiofacsímil destinado a la lectura e interpretación.

radiofaro *m* (*Aer y Mar*) Aparato emisor de ondas hertzianas que permite a los barcos o aviones determinar su posición. | *MHi* 6.60, 42: Radiofaros. Tubos Electrónicos. *D16* 9.3.78, 24: Vayan a Getafe. ¿Conoce la frecuencia del radiofaro?

radiofonía *f* Transmisión del sonido mediante ondas hertzianas. | J. L. Torres *DVa* 15.3.75, 24: Hay también una imprenta, .. una central telefónica .., una emisora (instalada por el mismo inventor de la radiofonía, Guillermo Marconi).

radiofónicamente *adv* En el aspecto radiofónico. | Aristófanes *Sáb* 4.1.75, 40: ¿Qué os parece si hablamos de la radio ..? La radiodifusión aquí nos ha cumplido el medio siglo de existencia .. Bueno; pero si no estamos radiofónicamente maduros, lo retiro, me lo trago y me embaúlo lo dicho.

radiofónico -ca I *adj* **1** De (la) radiofonía. | Albalá *Periodismo* 145: El periódico, como el receptor radiofónico .., no es más que un instrumento de difusión simultánea, masiva, del mensaje. **II** *m y f* **2** Profesional de la radio[3]. | *DBu* 27.12.70, 9: El radiofónico del año –"Antena de oro", máxima distinción que la Agrupación nacional de Radio y Televisión otorga a los profesionales destacados–, a don Amado Gracia Jiménez. J. Carabias *Ya* 13.6.74, 8: La impresión en los medios informativos fue tan grande que dio como resultado el que los periodistas, los "cameramen" de televisión y de cine, así como los radiofónicos de toda Europa y América .., asaltaran literalmente la Embajada de Guatemala hasta casi destrozarla.

radiofonismo *m* Conjunto de actividades relacionadas con la radio[3]. | J. Sampelayo *SYa* 20.6.74, 40: Ha sido un hombre de las letras y del teatro entreverado de radiofonismo.

radiofonista *m y f* Profesional de la radio[3]. | P. Sagrario *Sáb* 28.9.74, 14: Es nombrado .. subdirector del Centro Oncológico, en virtud .. de una petición realizada por el señor Fernández Campos a la Asociación Española Contra el Cáncer, apoyada en su labor como radiofonista en favor de las cuestaciones para la lucha contra el cáncer con destino a las instalaciones del centro sevillano.

radiofoto *f* Fotografía transmitida a distancia por ondas hertzianas. | *Inf* 16.6.70, 6: Emitir por televisión una radiofoto de los prisioneros en el aeropuerto argelino.

radiofotografía *f* (*Med*) Técnica radiográfica que consiste en fotografiar la pantalla radioscópica. *Tb la fotografía así obtenida.* | AVega *Ya* 30.5.64, 14: Para conseguir estos resultados se dispone de los medios del P.N.A. con sus 57 centros de internamiento, con 17.816 camas, 153 ambulatorios, 35 equipos de radiofotografía.

radiofotografiar (*conjug* **1c**) *tr* (*Med*) Someter a radiofotografía. | AVega *Ya* 30.5.64, 14: Centenares de miles de personas, aparentemente sanas, serán radiofotografiadas todos los años.

radiofrecuencia *f* (*Radio*) Frecuencia de las ondas electromagnéticas empleadas en la comunicación por radio^3. | M. Calvo *Ya* 19.11.74, 11: El transmisor genera dos señales de radiofrecuencia, polarizadas por una antena común y que permiten medir la densidad total de electrones en la ionosfera.

radiofuente *f* (*Astron*) Punto del cielo en el que se produce una emisión de ondas electromagnéticas captadas en radioastronomía. | M. Calvo *Ya* 8.12.70, 8: El primer O.A.O. ha mostrado que la galaxia Andrómeda .. tiene en su parte central una fuente de luz extraordinariamente poderosa y que recuerda a los quasares, esas misteriosas y brillantes radiofuentes descubiertas en 1963.

radiogalaxia *f* (*Astron*) Radiofuente que se origina en una galaxia. | M. Calvo *Ya* 8.12.70, 8: Se han descubierto las "radiogalaxias", cuya emisión llega a ser un millón de veces más fuerte que la de las galaxias que podríamos llamar normales.

radiogoniómetro *m* (*Aer y Mar*) Radiorreceptor especial que permite saber la dirección de las emisoras captadas y determinar así la posición de un barco o un avión. | Pla *América* 20: ¡Hay tantas cosas que ver en un barco! .. El radar; el giro-compás, que es el timonel mecánico del barco; el radiogoniómetro, para fijar la posición en caso de niebla.

radiografía *f* Procedimiento que permite fotografiar la estructura interna de un cuerpo atravesado por rayos X. *Frec la fotografía así obtenida. Tb fig.* | Mingarro *Física* 192: Explíquese la diferencia entre radioscopia y radiografía. | Sales *Salud* [392b]: Una de las primeras radiografías en color obtenidas en el mundo .. nos permite apreciar con toda claridad cómo se desarrolla la circulación vascular en el interior del cerebro humano. RMencía *VozC* 31.12.70, 10: Se hace una radiografía a todos los problemas de nuestra provincia.

radiografiar (*conjug* **1c**) *tr* Obtener la imagen radiográfica [de alguien o algo (*cd*)]. *Tb fig.* | Sampedro *Sonrisa* 71: Le pasan de una prueba a otra, de un médico a su colega, de una sala con claras ventanas esmeraldas a otra sumida en penumbra, donde le exploran con rayos X .. Inmóvil durante media hora para ser radiografiado en serie, llega casi a adormilarse. *Mad* 18.11.70, 5: Lord Thomson .. siente una típica tendencia profesional a radiografiar la economía y la política editorial de los periódicos.

radiográfico -ca *adj* De (la) radiografía. | *Nue* 24.1.70, 1: El puente .. ha sido construido en acero de alta resistencia soldable. Las soldaduras están llevando un control radiográfico completo, que asegura los empalmes con plena perfección.

radiograma *m* Radiotelegrama. | L. Escardó *Rev* 11.70, 17: Qué lejos se quedaba aquella primera antena que, en 1898, en esa misma isla, instalaba lord Kelvin, como un primer intento de enviar radiogramas.

radiogramófono *m* (*hoy raro*) Radiogramola. | *Alc* 10.1.55, 20: Philips ofrece los tocadiscos y radiogramófonos que colman al más exigente criterio.

radiogramola *f* (*hoy raro*) Mueble que consta de un gramófono y un radiorreceptor. | Salvador *Haragán* 64: Este aparato moderno se llama radiogramola.

radiofoto – radionovela

radioguiado *m* (*Radio*) Teledirección por medio de ondas hertzianas. | *Abc* 20.1.84, 21: El oponente en el conflicto fue el Rapier, que consiguió también bastantes éxitos, aunque, según los observadores, demostró fallos en su sistema de radioguiado. Además, el Ejército británico se quejó del corto alcance de su radar –unos doce kilómetros– y de la lentitud en la recarga de los proyectiles.

radioisotópico -ca *adj* (*Quím*) De(l) radioisótopo. | M. Calvo *Ya* 21.5.75, 44: Estos estimuladores radioisotópicos del ritmo cardíaco son también alimentados con plutonio.

radioisótopo *m* (*Quím*) Isótopo radiactivo. | M. Calvo *MHi* 7.68, 16: En biología y medicina, los radioisótopos empiezan a ser de uso habitual.

radiolario -ria *adj* (*Zool*) [Protozoo] marino de esqueleto silíceo formado por agujas que parten de un centro común o por capas concéntricas. *Frec como n m en pl, designando este taxón zoológico.* | Ybarra-Cabetas *Ciencias* 101: Los barros orgánicos se deben a las globigerinas, radiolarios y diatomeas.

radiolocalización *f* (*Radio*) Determinación de la posición de un objeto por medio de las ondas hertzianas. | *Ya* 13.6.85, 39: La radio está teniendo este año una mayor presencia. El sábado día 8 se realizó una experiencia de radiolocalización con objeto de localizar las señales emitidas por dos estaciones en dos casetas.

radiología *f* Parte de la medicina que estudia las radiaciones, esp. los rayos X, en sus aplicaciones al diagnóstico y tratamiento de las enfermedades. | M. Carracedo *Hoy Extra* 12.69, 7: Instalaciones que cuentan con un circuito cerrado de televisión que une los departamentos de radiología (radioterapia, radiodiagnóstico y telecobaltoterapia).

radiológicamente *adv* De manera radiológica. | A. Peralta *SYa* 18.9.77, 15: Los "tofos" también se pueden detectar radiológicamente.

radiológico -ca *adj* De (la) radiología. | *GTelefónica* 15: Sanatorio Ruber. Clínica radiológica. Ybarra-Cabetas *Ciencias* 68: Se emplea [la baritina] como pigmento o para preparar blanco fijo o litopón, usado en las exploraciones radiológicas.

radiólogo -ga *m y f* Especialista en radiología. | *GTelefónica* 21: Radiólogos. A. Clares. Onda Corta. Ultrasonido. Lámpara de cuarzo.

radioluminiscente *adj* (*Fís*) Que tiene luminiscencia provocada por los rayos X. | J. FMoral *D16* 19.9.88, 42: La radiactividad artificial es producida por las distintas utilizaciones que hace el hombre hoy de los elementos radiactivos: en medicina, en centrales nucleares, en armamento y, en menor medida, objetos radiolumini[s]centes, TV, determinados dispositivos electrónicos, etcétera. [*En el texto,* radioluminicentes.]

radiomarítimo -ma *adj* (*Radio*) De (la) comunicación de los barcos entre sí, o de estos con emisoras terrestres, por medio de ondas hertzianas. | *Abc* 16.10.88, 109: Alta tecnología para seguir la Ruta del Descubrimiento .. Este centro contará asimismo con una central radiomarítima que permitirá la comunicación con los participantes en la prueba.

radiomensaje *m* Mensaje transmitido por radio^3. | Franco *Alc* 1.1.55, 3: Es ya una costumbre que en el final de cada año os dirija en un radiomensaje una salutación.

radiómetro *m* (*Fís*) Instrumento para medir la intensidad de las radiaciones. | A. Alférez *Abc* 14.9.75, sn: Un detector infrarrojo, un radiómetro igualmente infrarrojo y un analizador manual completarán el instrumental con el que los científicos de la N.A.S.A. en Pasadena piensan arrancar de la superficie de Marte los secretos de este planeta.

radionavegación *f* (*Aer y Mar*) Navegación que se realiza con el auxilio de dispositivos emisores y receptores de ondas hertzianas. | *MHi* 6.60, 42: Tubos Electrónicos. Equipos de radionavegación.

radionovela *f* Novela transmitida por radio^3 en episodios. | *Tri* 20.2.71, 32: La radionovela es algo como la telecomedia, la telenovela, la radiocomedia.

radionucleido – radón

radionucleido m (Fís) Radionúclido. | Al. Rivera País 29.3.92, 27: La empresa Medgenix se dedica .. a fabricar generadores de tecnecio 99 a partir de otro elemento radiactivo, el molibdeno 99. Este último radionucleido .. llega en unas pequeñas ampollas.

radionúclido m (Fís) Núclido radiactivo. | Unidades 40: El curio es utilizado en muchos países como unidad de la actividad de los radionúclidos.

radiopatrulla m Coche patrulla dotado de sistema de comunicación por radio³. Tb COCHE ~. | Alanis MHi 7.68, 77: Entre las medidas de precaución adoptadas .. se cuenta la de emplear 150 coches radiopatrullas.

radioquímica f Parte de la química que estudia los fenómenos provocados por la radiactividad. | E. Angulo Ya 15.4.64, 4: Las variadísimas tareas que nuestros investigadores pueden realizar en los laboratorios de radioquímica.

radiorreceptor -ra adj [Aparato] que capta y reproduce sonidos u otras señales transmitidos por ondas hertzianas. Frec n m. | Sp 21.6.70, 38: Los Tupamaros consiguieron llevarse uno de los botines más importantes hasta el momento: centenares de fusiles "Garand", .. seis aparatos radior[r]eceptores, granadas de mano. [En el texto, radiorceptores.] Cela Viaje andaluz 202: Ya no viajaba alpargatas, sino radiorreceptores, abonos químicos, elevadores de agua.

radioscopia f Procedimiento que permite el examen del interior de un cuerpo opaco mediante la imagen que proyecta en una pantalla al ser atravesado por rayos X. Tb el examen realizado con este procedimiento. | Mingarro Física 192: Explíquese la diferencia entre radioscopia y radiografía. M. Aguilar SAbc 16.11.69, 54: Descubierta por las campañas sanitarias de radioscopias seriadas o de reacciones de la tuberculina.

radioscópico -ca adj De (la) radioscopia. | Puericultura 58: El reconocimiento radioscópico de los supuestos sanos tiende a revelar este peligro.

radiosonda m o f (Meteor) Equipo de medición meteorológica transportado por un globo sonda que transmite automáticamente por radio³ las medidas registradas. | Medina Meteorología 53: El radiosonda no es más que un observatorio que transmite sus propios partes continuamente. Para ello va provisto de una minúscula emisora de radio en onda corta, alimentada con pilas.

radiosondeo m (Meteor) Exploración vertical de la atmósfera mediante radiosondas. | Ya 25.2.90, 28: Se están efectuando radio-sondeos para mediciones relacionadas con la capa de ozono, investigaciones sobre el mapa geomorfológico y florístico de la isla Livingstone.

radiotaxi m Taxi dotado de receptor-transmisor de radio³, por medio del cual se mantiene en comunicación con una central que le da instrucciones para el servicio. Tb el mismo servicio de radiotaxis. | Ya 24.11.90, 5: Yo me apunté al radiotaxi .. desde una noche en la que dos macarras me llevaron a punta de navaja por casi todos los puntos de venta de droga de Madrid.

radiotecnia f Técnica relativa a las comunicaciones por radio³. | Abc Extra 12.62, 56: Sírvase enviarme Gratis información acerca de los cursos .. Radiotecnia. Electrónica.

radiotécnico -ca adj **1** De (la) radiotecnia. | * Estudios radiotécnicos. Abc 30.12.65, 80: Telefunken Radiotécnica Ibérica, S.A. precisa taquimecanógrafa con conocimientos de alemán.
II m y f **2** Especialista en radiotecnia. | Abc 17.7.66, 6: Escuela Radio Maymó .. Ud. puede ser Radiotécnico sea cual sea su edad y ocupación.

radiotelefonía f (Radio) Sistema de comunicación telefónica mediante ondas hertzianas. | Mingarro Física 179: A la onda fundamental producida por el circuito oscilante entretenido se superpone la onda sonora transformada en impulsos eléctricos por un micrófono ..; ambas se componen para dar una onda llamada modulada .. En esto se funda la radiotelefonía.

radiotelefónico -ca adj (Radio) De (la) radiotelefonía. | AVega Abc 26.2.58, 51: La adecuada dotación de cuantos vehículos y medios de locomoción son indispensables, provistos de las instalaciones radiotelefónicas adecuadas.

radioteléfono m Teléfono que funciona mediante ondas hertzianas. | Gar 6.10.62, 55: Cada pasajero tiene un puesto reservado en el "pullma[n]", además de un ejemplar del periódico preferido, servicio de radioteléfono y la comida. Alc 31.10.62, 30: Se instalarán radioteléfonos en los servicios móviles municipales.

radiotelegrafía f (Radio) Sistema de comunicación telegráfica mediante ondas hertzianas. | Mingarro Física 178: El sistema Morse, empleado todavía en la radiotelegrafía.

radiotelegráfico -ca adj De (la) radiotelegrafía. | Van 4.11.62, 5: Crónica radiotelegráfica de nuestro corresponsal.

radiotelegrafista m y f Pers. que se ocupa de la instalación o servicio de aparatos de radiotelegrafía. | CPuche Paralelo 118: –Yo soy radio. –¿Radio? –Radiotelegrafista de un bombardero.

radiotelegrama m Despacho transmitido por radiotelegrafía. | Abc 16.4.75, 34: Los telegramas y radiotelegramas impuestos por teléfono desde el domicilio del expedidor .. se extiende[n], con horario permanente, a todas las localidades de la nación que dispongan de servicio telefónico.

radiotelescopio m (Astron) Aparato que capta las ondas radioeléctricas de origen cósmico. | M. Calvo SYa 1.2.70, sn: Los grandes telescopios astronómicos han detectado efectivamente objetos que se encuentran a una distancia de 5.000 millones de años-luz de la Tierra, y los radiotelescopios pueden penetrar todavía más lejos.

radioteletipo m (Radio) Teletipo que funciona al recibir señales transmitidas por ondas electromagnéticas. | Inf 14.1.71, 27: Roban el radioteletipo a la policía municipal.

radiotelevisar tr Retransmitir simultáneamente por radio y televisión. | Sp 19.7.70, 15: En discurso radiotelevisado, Caetano se pronunció de un modo definitivo.

radiotelevisión f Conjunto de instalaciones y transmisiones de radio y televisión. | Abc 21.5.67, 106: La celebración de algunos conciertos de importancia, tales como anuncian para fechas próximas las Orquestas Nacional y de la Radiotelevisión.

radioterapeuta m y f (Med) Especialista en radioterapia. | Ya 3.9.85, 20: El radioterapeuta y coleccionista de obras de arte Román Amador Huélamo.

radioterapia f (Med) Tratamiento de las enfermedades mediante rayos X o sustancias radiactivas. | Nolla Salud 251: La introducción de instrumentos cada vez mejores y potentes (aparatos de rayos X de supervoltaje, cobalto radiactivo, betatrones, etcétera) y de técnicas más refinadas ha permitido mejorar los resultados obtenidos con la radioterapia.

radioterápico -ca adj (Med) De (la) radioterapia. | GAmérigo Sáb 3.12.66, 43: El rádium, las instalaciones radioterápicas, la cobaltoterapia, son medios costosísimos.

radiotermia f (Med) Diatermia por medio de radiaciones de onda corta. | GTelefónica N. 961: Sanatorio San Camilo. Clínica quirúrgica. Tres quirófanos. Sala de partos. Quirófano de traumatología. Rayos X. Radiotermia, etc.

radiotransmisor -ra adj [Aparato] que transmite sonidos u otras señales por ondas hertzianas. Frec n m. | MHi 6.60, 42: Equipos Télex y Facsímil. Radiotransmisores telegráficos y telefónicos.

radioyente m y f Pers. que escucha una emisión de radio³. | Gironella Millón 401: La operación constituyó un éxito completo. El día 8 de febrero fueron ocupados la ciudad y el puerto. Queipo de Llano no defraudó a sus radioyentes.

rádium (Med) m Radio². Tb su empleo terapéutico. | GTelefónica 21: Instituto Radiológico .. Radiografías .. Radioterapia. Rádium. Electrología.

radiumterapia f (Med) Empleo terapéutico del radio². | GTelefónica 21: Sanatorio Ruber. Radiumterapia y radioterapia.

radón m (Quím) Gas radiactivo, de número atómico 86, que se origina en la desintegración del radio². | Aleixandre Química 94: Excepto el radón, estos gases [nobles] se encuentran en el aire.

rádula *f (Zool) En algunos moluscos:* Placa lingual, quitinosa, dura y dotada de pequeños dientecillos. | Ybarra-Cabetas *Ciencias* 327: El aparato digestivo [del caracol] se compone de la boca, que conduce a una faringe en el interior de la cual se encuentra una especie de lengua quitinosa provista de dientes, llamada rádula.

raedera *f* Utensilio que sirve para raer [1]. | Moreno *Galería* 47: Dentro se guardaba el reciento en su cazuelo, la raedera, los retalillos de tapar la masa, etc. GNuño *Madrid* 5: Los cazadores chelenses .. nos dejaron en el cerro de San Isidro sus torpes raederas de sílex, sus cuchillos y sus flechas.

raedor -ra I *adj* **1** Que rae [1]. *Tb fig.* | Zunzunegui *Hijo* 15: Sonaban mazos y mandarrias en torno a la maltrecha gabarra; y el ruido seco de las trenchas desguazando algunos tablones; y el silbante de los cepillos, y el raedor de las rasquetas.
II *m* **2** Raedera. | Laforet *Mujer* 232: Bajo el rayo de sol, los útiles de trabajo .. Todo tenía un aire maligno aquella mañana, mirado por sus ojos. Sobre todo, los dos raedores .. Justamente con ellos estaba trabajando don Alberto, pulimentando.

raedura *f* Partícula desprendida de una cosa al raerla [1]. *Gralm en pl.* | Seseña *Barros* 109: Se enasa [el cántaro] utilizando las recortaduras, que se llaman raeduras.

raer (*conjug* 24) *tr* **1** Raspar. | Seseña *Barros* 137: Primeramente hacen el cuerpo [del botijo] y al día siguiente lo colocan boca abajo en una horma de barro puesta sobre la cabeza (rueda superior) del torno para raerlo con una caña y hacerle el fondo.
2 Eliminar completamente [algo o a alguien de un lugar]. | Villapún *Iglesia* 21: Enemigo acérrimo del nombre cristiano, que había que raer de la tierra. Faner *Flor* 93: Para raer de la memoria su permanente enemiga, mosén Martí Dasi concertaba con caballeros, oficiales y altas dignidades buenas partidas de caza.

rafa *f (Arquit)* Machón o pilar que se introduce en un muro para reforzarlo o reparar una grieta. | Angulo *Arte* 1, 8: Para darle mayor fuerza [al muro], es frecuente introducir fajas verticales de ladrillo en el de tierra, o de piedra en el de ladrillo, llamadas machones, rafas o cadenas.

ráfaga *f* **1** Soplo de viento repentino y fuerte. | Laforet *Mujer* 70: Por la puerta abierta entraban luces y algunas ráfagas del fresco de la carretera.
2 Destello rápido y repentino [de luz]. | *SDía* 27.6.76, 2: Unas veces les avisaremos con el claxon y otras con ráfagas de luz, según las circunstancias. M. A. GViñolas *Pue* 4.11.70, 33: En la pintura de Manuel Viola siempre hay tormenta. La ráfaga de luz que deja sobre el lienzo su pincel o su espátula es sobrecogedora.
3 Manifestación repentina y pasajera [de algo]. | Cuevas *Finca* 179: Era un muchacho alegre, pero lleno de repentinas ráfagas de seriedad.
4 Serie de disparos [de un arma automática, esp. una ametralladora]. | E. Haro *Tri* 26.12.70, 5: Los palestinos .. recibían ahora los cañonazos y las ráfagas de ametralladora de sus hermanos de raza.

rafagosidad *f (Meteor)* Cualidad del flujo de aire caracterizado por las ráfagas. | *Van* 23.6.74, 14: La velocidad del viento medio en el litoral catalán, entre 5 y 6 nudos en orto y ocaso, y rafagosidad de hasta 18 a 20 nudos con la mayor altura del sol.

rafe[1] A *m o f* **1** *(Bot)* Saliente en forma de costura que se observa en determinadas semillas. | Legorburu-Barrutia *Ciencias* 280: En la parte central de su concavidad presenta [la judía] tres detalles: El hilo .. El micropilo .. El rafe.
B *m* **2** *(Anat)* Línea prominente de la región media de determinados órganos o partes, que parece producida por la unión de dos mitades simétricas. | Alvarado *Anatomía* 107: Rafe del paladar.

rafe[2] *m (reg)* Alero [del tejado]. | A. P. Foriscot *Van* 25.4.71, 9: Arriba, bajo el rafe del tejadillo a dos vertientes –a dos aguas–, hay dos ventanitas.

rafia *f* Fibra muy resistente y flexible, empleada esp. para tejer objetos de adorno, que se extrae de las hojas de distintas palmeras tropicales del gén. *Raphia. Tb la planta.* | Bustinza-Mascaró *Ciencias* 257: El injerto de escudete, llamado también de yema, consiste en colocar una porción de corteza con una yema del injerto en una hendidura del patrón, y luego se ata con rafia. Halcón *Campo* 30: Se estrellará [el cuervo] contra el suelo fatalmente si el Santo mismo no le amortigua el golpe en su túnica de rafia o le brinda el milagro.

rafita *adj (reg)* [Mujer] agria, desdeñosa y rápida en el decir. *Tb n f.* | GPavón *Reinado* 48: La Rocío hizo punto quedándole cara de rafita.

raft (*ing; pronunc corriente,* /ráft/*; pl normal,* ~s) *m (Dep)* Balsa para practicar el rafting. | *SYa* 12.7.90, 7: Existen propuestas que adentran al viajero en parajes recónditos e insólitos, realizando *trekking* (viajar andando), *rafting* (a bordo de una embarcación denominada raft).

rafting (*ing; pronunc corriente,* /ráftin/) *m (Dep)* Descenso de ríos en balsa. | R. Ruiz *SPaís* 10.7.88, 33: Prácticamente, solo el Noguera Pallaresa reúne las condiciones idóneas para prolongar la temporada de *rafting* en los meses más calurosos.

raga (*tb con la grafía* **râga**) *m o f En música hindú:* Forma convencional de melodía y ritmo de las que sirven de base a composiciones interpretadas libremente. | Valls *Música* 32: En su apariencia externa, el *râga* presenta una estructura similar al modo que sumariamente se ha examinado al tratar de la música griega. *Ya* 14.4.89, 40: Poco después se unió a la compañía de Ustad Sllaudin Khan, uno de los maestros de la música hindú, quien le enseñó a tocar el sitar, a combinar cientos de notas, para escoger la estructura básica de una "raga", la música religiosa de la India.

raglán (*tb, más raro,* **raglan**) **I** *adj invar* **1** [Manga] que empieza en el cuello y cubre el hombro. | Villarta *Ya* 27.11.74, 39: Los "trench" .. se feminizan y alargan .. Mangas anchas raglán. *País* 19.3.78, 13: Las cazadoras .. con cuellos de punto, manga raglan y aspecto muy deportivo. **b)** *(raro)* Que tiene manga raglán. | *Mad* 23.12.70, 10: Deportiva gabardina .. Recta, raglán, en Tergal.
II *m* **2** Escote propio de la manga raglán. | *Lab* 2.70, 41: Disminuciones formando un pequeño borde en relieve. Adecuado para formar el raglán.

ragoût (*fr; pronunc corriente,* /ragú/*; pl normal,* ~s) *m* Ragú. | *Cocina* 89: "Ragoût" de cordero.

ragtime (*ing; pronunc corriente,* /rágtaim/) *m* Estilo de música de piano de jazz, de moda hacia 1900, que tiene por base un ritmo de 2 por 4 y una melodía sincopada. | Anson *Oriente* 117: En África alienta todavía un primitivismo que va más allá del "jazz" y el "ragtime".

ragú *m* Guisado de carne en trozos con patatas y otras hortalizas. | Bernard *Verduras* 33: Salsa de un ragú, de un estofado o de un asado.

ragusiano -na I *adj* **1** De Ragusa, hoy Dubrovnik (Yugoslavia). *Tb n, referido a pers.* | * La población ragusiana.
II *m* **2** *(hist)* Lengua hablada en Ragusa. | Villar *Lenguas* 119: Fue hablado [el grupo dálmata] en la costa del Adriático, en la isla de Veglia y en Ragusa. Precisamente el ragusiano fue el último dialecto de este grupo en desaparecer.

rahez *adj (lit)* Vil o despreciable. | JLozano *Des* 1.3.75, 22: El hecho de que lo rahez y lo escatológico .. emparenten en castellano con lo erótico .. no quiere decir que esto ocurra en todos los idiomas. Sánchez *Pról. Quijote* 34: Fue un "historiador muy curioso y muy puntual en todas las cosas", incluso en las mínimas y raheces.

raicilla *f (Bot)* **1** Filamento de los que nacen del cuerpo principal de la raíz. | Bustinza-Mascaró *Ciencias* 232: La raíz se llama napiforme cuando la raíz principal se desarrolla y engrosa mucho, en tanto que las raicillas se desarrollan poco.
2 Radícula. | Bustinza-Mascaró *Ciencias* 261: Se distinguen [en el embrión] las mismas partes que en una planta completa: una porción de forma cónica, que será la raíz, y se llama rejo o raicilla; otra, que será el tallo.

raid (*ing; pronunc corriente,* /ráid/*; pl normal,* ~s) *m* **1** Incursión o asalto de carácter militar. | C. Sentís *Inf* 9.1.70, 2: Después del "raid" de ayer sobre el delta del Nilo –los

raído – raja

aviones llegaron a 28 kilómetros del Cairo–, los egipcios quedan sin cobertura ni defensa aérea.
2 (*Dep*) Recorrido de larga distancia, destinado a probar la resistencia del material y de los participantes. | FReguera-March *Caída* 259: Era Rada, el famoso mecánico que acompañó a Ramón Franco en el triunfal *raid* del *Plus Ultra*. O. Viza *SSe* 4.2.90, 30: Seducido por el mundo de los *raids*, en 1984 .. se inscribió en el París-Dakar. *DMo* 18.8.90, 48: Dieciocho jinetes en el Raid "Ciudad de Santander".

raído -da *adj* **1** *part* → RAER.
2 [Prenda] muy gastada por el uso. | Delibes *Cinco horas* 25: Observa .., a sus pies, la raída alfombra llena de huellas del tiempo.
3 [Pers.] que viste prendas raídas [2]. | R. A. Calle *SYa* 18.11.73, 7: Niños y hombres se apretujan en las rejas que hay frente al hotel .. Están sucios, raídos, semidesnudos.

raigal *adj* (*lit*) De (la) raíz [3c]. | Umbral *País* 7.12.78, 32: Xirinachs, .. con esa cosa raigal e insolente que da la beatitud agravada por la castidad. Á. Lázaro *SPue* 22.3.80, 8: Maragall pensaba que, sin una raigal unión de Lusitania y España, no habría una Iberia capaz de contar en Europa.

raigalmente *adv* (*lit*) De manera raigal. | MGalván *Tri* 15.9.73, 49: Cuevas sí es mexicano .. No por circunstancias mortuorias, sino por una cultura mortificativa, raigalmente mexicana desde los más lejanos ancestros.

raigambre *f* Conjunto de raíces [1 y esp. 2c]. | A. Zoido *Hoy* 10.12.75, 3: La Monarquía, pues, no ha tenido aún razones ni tiempo para insertarse en el alma del pueblo. Ello dependerá en el porvenir de los frutos que produzca ese árbol de raigambre añosa. *Mun* 23.5.70, 42: Torras Hostench es una de las primeras sociedades catalanas de tipo familiar .. Ahora .. ha adquirido el control de "Rafael Torras Juvinya, S.A.", de honda raigambre en el sector papelero.

raigón *m* Raíz [de una planta o de un diente], esp. la que queda después de desaparecer el resto. | CBonald *Ágata* 52: Se arrastró como pudo hasta los musgosos raigones de un cañaveral. P. Álvarez *SVozC* 29.6.69, 24: Una burbuja como la que se hincha a las ranas al croar, y que tenía entre la encía y el raigón de una muela.

raigrás *m* Planta gramínea utilizada para formar céspedes (*Lolium perenne* y *L. multiflorum*). Tb ~ INGLÉS y ~ ITALIANO, *respectivamente*. | Loriente *Plantas* 76: *Lolium multiflorum* Lam., "Ballico o raigrás de Italia". Herbácea anual o bianual. Como forrajera o para pastos en toda la región y para crear césped. *Lolium perenne* L., "Ballico"; "Raigrás inglés". Herbácea perenne. Comunísima en praderas temporales, como forrajera, en toda la región. También se usa para crear césped.

raíjo (*tb* **raijo**) *m* (*reg*) Brote o renuevo. | Campmany *Abc* 10.2.93, 19: Don Felipe González se le ha aparecido en carne mortal al mahatma Gandhi y ha plantado un raijo de "shampa" en su tumba.

raíl (*tb, más raro*, **rail**) *m* Carril de la vía férrea. | Ortega-Roig *País* 111: En el País Vasco, Santander y Asturias se fabrica material ferroviario (locomotoras, vagones, raíles). Laforet *Mujer* 131: El tren pitaba en la playa de raíles.

railite (*n comercial registrado*) *m* Materia de revestimiento de muebles, similar a la formica. | Villena 116: Luis Díaz Coloma, taller de carpintería mecánica, muebles de cocina chapados en railite y formica sobre medida.

rais *m* (*raro*) Presidente de la república de Egipto. | F. Lasala *Not* 31.12.70, 3: El conflicto tuvo su momento más álgido con .. el fallecimiento dramático del "rais" egipcio y líder de los árabes y de la RAU, Gamal Abd El-Nasser.

raíz I *f* **1** Órgano vegetal que, introducido en la tierra u otro medio, absorbe las sustancias alimenticias y sirve de elemento de fijeza. | Arce *Testamento* 13: El césped era breve, pero estaba muy verde, como si por los alrededores el agua de algún manantial le empapase la raíz. **b)** Madera extraída de la raíz de algunos árboles. | *Prospecto* 4.88: Dormitorio "Samantha", de matrimonio, combinado en laca negra brillo con raíz y níquel negro perla .. Colección de muebles auxiliar en estilo inglés, chapado en raíz de olmo. **c)** *Con un adj o compl* DE, *designa varias plantas de diversos géns:* ~ BLANCA, ~ NEGRA, ~ DE BICHO, ~ DEL TRAIDOR, *etc*. | Mayor-Díaz *Flora* 579: *Doronicum plantagineum* L. "Raíz de bicho" .. No frecuente .. Bosques. Mayor-Díaz *Flora* 579: *Doronicum grandiflorum* Lam. "Raíz de bicho mayor". (Sin. *Aronicum scorpioides* DC.) .. Bosques y pedregales. Cela *Judíos* 166: Por una esquina .. dobla un herbolario ambulante y vocinglero .. –¡Llevo la raíz del traidor!

2 Parte [de una cosa] por donde se fija al punto en que está implantada. | Navarro *Biología* 73: Cada pelo consta de una parte libre o tallo .. y de una parte profunda, llamada raíz o bulbo piloso. **b)** Parte [de un diente] que está engastada en los alveolos. | Nolla *Salud* 73: En cada pieza dentaria debemos distinguir dos porciones: la raíz y la corona. **c)** Elemento de implantación o fijeza [de alguien o algo]. *Frec en pl.* | *Mad* 13.12.69, 3: Anticlericalismo que todavía tiene raíces muy fuertes en nuestro país. Torrente *SInf* 5.8.76, 8: Hoy se me va el recuerdo a tantos, muchos de ellos amigos o parientes, que han rehecho su vida fuera .. Con las raíces en tierras lueñes, la nostalgia que les queda es de una España que ya no existe.

3 Punto de arranque [de algo]. | Navarro *Biología* 123: Cada nervio nace de la médula por dos raíces. *SVozC* 25.7.70, 1: La Europa medieval se sintió solidaria de una civilización que hundía sus raíces en el mundo clásico. FQuintana-Velarde *Política* 188: La primera raíz del Banco de España se encuentra en el Banco de San Carlos, creado .. por real cédula de Carlos III. **b)** Origen o causa [de algo]. | L. Rojo *VSi* 7.89, 36: Este planteamiento identifica las causas naturales y humanas del fenómeno y permite el diseño de una estrategia de corrección que vaya a las raíces del problema. **c)** Base esencial [de algo, esp. un pueblo]. | Llorca *Pue* 24.12.69, 3: El anarquismo está demasiado en la raíz del pueblo italiano para desaparecer.

4 (*Gram*) Elemento [de una palabra] que queda después de quitar las desinencias, prefijos y sufijos. | Amorós-Mayoral *Lengua* 28: De "caballo" proceden "caballero", "caballería", "caballeriza", etc. En las cuatro palabras hay una parte común ("caball-") que se llama raíz.

5 (*Mat*) Valor de los que puede tener la incógnita de una ecuación. | Marcos-Martínez *Álgebra* 104: Resolver una ecuación es hallar sus raíces o soluciones.

6 (*Mat*) Cantidad que se ha de multiplicar una o más veces por sí misma para obtener [un número determinado (*compl de posesión*)]. | Gironza *Matemáticas* 83: Tiene por objeto [la radicación], dada la potencia, llamada radicando, y el exponente, llamado índice, hallar la base de la potencia, denominada raíz. Gironza *Matemáticas* 82: La operación que permite hallar un número cuando se conoce su cubo se llama extracción de la raíz cúbica.

7 (*Der*) Bien raíz [8]. | *Compil. Vizcaya* 644: Las deudas del causante se pagarán con el importe de los bienes muebles y con las raíces no troncales.

II *adj* **8** (*Der*) [Bien] inmueble. *Frec en pl.* | *Compil. Vizcaya* 636: La troncalidad en el parentesco se determina siempre con relación a un bien raíz sito en el Infanzonado. Ramírez *Derecho* 74: Establezco que la posesión de una cosa raíz o inmueble supone la de los muebles y objetos que se hallen dentro de ella. Benet *Nunca* 22: Su familia tenía una fortuna tan seria como reservada; gente tranquila y serena, poseedora de bienes raíces y propietarios de media provincia.

III *loc v* **9 echar raíces.** Fijarse o establecerse [en un lugar]. *Tb fig.* | L. Espina *Ya* 15.10.67, sn: Radio Ecca ha echado hondas raíces en el alma popular.

IV *loc adv* **10 de ~.** Enteramente o incluyendo la raíz [1, 2 y 3]. *Con vs como* ARRANCAR, CORTAR, SUPRIMIR *o equivalentes.* | Cuevas *Finca* 37: Las calles estaban cubiertas de .. matas de romero arrancadas de raíz. * Hay que cortar de raíz los abusos.

V *loc prep* **11 a ~ de.** A partir de. | M. Porter *Des* 12.9.70, 33: Ya a raíz de la publicación del primer volumen expresamos nuestro contento. CNavarro *Perros* 97: Las normas solo tendrían que ser promulgadas a raíz de las necesidades de los clientes.

raja *f* **1** Corte o abertura lineal cuyos bordes están poco distantes. | ZVicente *Traque* 205: Era un espejito de mano .. y tenía una raja de lado a lado. **b)** (*col*) Hendidura de las nalgas. Tb ~ DEL CULO. | Torrente *Saga* 348: Coralina Soto fue identificada como Lilaila Souto Colmeiro a causa precisamente de siete lunares rubios, ordenados de mayor a menor y simétricos a la raja del culo. **c)** (*vulg*) Órgano sexual femenino. Tb (*fig*) *designando la mujer.* | * Estaba sentada de tal manera que se le veía la raja. Sastre *Taberna*

123: –Va a salir a su padre. –¿Pero es chico? –Míralo a ver. –Creí que habíais tenido una rajita. –Qué va, muchacho.
2 Trozo [de un alimento] no muy grueso y cortado de manera uniforme. | GSerrano *MHi* 6.60, 32: Son apetitosas como las rajas de un melón.
3 Trozo de leña que resulta de abrir un leño a lo largo. | * Mete una raja a la estufa.

rajá (*tb, raro, con la grafía* **rajah**) *m* **1** (*hist*) Soberano indio. | Savater *Cua* 20.11.76, 70: Nos amenaza el poderío de sir James Brooke, el rajah exterminador de piratas. **b)** (*col*) Se usa frec en constrs de sent comparativo para ponderar la opulencia o el regalo con que alguien vive. | * Vive como un rajá. * Estás hecho un rajá.
2 Noble indio. | Laiglesia *Ombligos* 246: Le sigue en jerarquía el [título] de "marajá", que viene a ser una especie de marqués, y hay luego el de "rajá" pelado.

rajado -da *adj* **1** *part* → RAJAR[1].
2 (*col*) [Pers.] cobarde o que tiende a rajarse[1] [5]. *Tb n.* | Berlanga *Barrunto* 48: ¡Eh, tú, a que no te vienes mañana de pellas! .. Se lo he dicho al "Cucho", pero es un "rajao".
3 (*Heráld*) [Flor o fruto] que deja ver su interior. | *Abc* 8.3.80, 70: Entado en punta, de plata y una granada al natural, rajada de gules, tallada y hojada de dos hojas de sinople, que es de Granada.

rajador -ra *adj* Que raja[1] [1 y 3]. *Tb n, referido a pers.* | *SPaís* 8.7.90, 11: Los recogedores o arrecogeore transportan las planchas de corcho hasta la pila que prepara el rajador.

rajadura *f* Acción de rajar(se)[1] [1]. *Frec su efecto.* | Foxá *Abc* 18.5.58, 14: Alguien rajó el vientre del toro .. y de aquella larga rajadura en la débil bolsa vital brotó una papilla dorada y digerida. Berlanga *Recuentos* 33: Píter se palpaba los bolsillos, miraba las rajaduras de su relojito de cristal.

rajah → RAJÁ.

rajar[1] **A** *tr* **1** Hacer una raja [1a] [a alguien o algo (*cd*)]. | Foxá *Abc* 18.5.58, 14: Alguien rajó el vientre del toro. **b)** *pr* Hacerse una raja [en algo (*suj*)]. | Ramos-LSerrano *Circulación* 313: Se deben de tomar precauciones para que el agua de refrigeración no se congele, pues, si esto sucediese, se pueden rajar las camisas de los cilindros, la culata, la bomba del agua o el radiador. MSantos *Tiempo* 98: Se miró en el pequeño espejo rajado.
2 (*col*) Herir [a alguien] con arma blanca. | Berenguer *Mundo* 24: Padre dijo que al que le pusiera a ella un dedo encima, lo rajaba.
3 Hacer rajas [3] [un leño]. | * Cuando termine de rajar este tronco, iré. **b)** (*raro*) Destrozar o hacer pedazos. *Frec fig.* | GPavón *Reinado* 17: El vino no me daña .. Lo que me raja es la coñá. Payno *Curso* 123: Ya no habrá fiesta las noches con luna. Porque el fuego raja la vida. El valle arde en llamas.
4 (*reg*) Arar [la tierra]. | MCalero *Usos* 95: Entre tanto, los pares se acercaron a las cabeceros y, mancera en mano, arreando a sus ganados, iban rajando los cerros .., y la semilla quedaba bien tapada.
B *intr pr* **5** (*col*) Desistir, o volverse atrás. | Lera *Clarines* 339: El año antepasado, cuando llegó la hora de la corrida, no se pudo encontrar a los toreros por ninguna parte .. ¡Lo que es hogaño no se raja ningún hijo de madre! **b)** (*Taur*) Acobardarse [el toro] después de un buen comportamiento en la lidia. | F. López *Abc* 10.9.93, 72: Manseó y se rajó antes de que Caballero pudiera darle un solo muletazo.

rajar[2] *intr* (*col*) Hablar mucho. | Berenguer *Mundo* 359: Nos sentamos en un banco y no paraba de rajar contándome cosas de vestidos, de lo que hacía donde la señorita. FReguera-March *Filipinas* 307: Pedro Acosta seguía hablando. "¡Hay que ver lo que raja este fulano!"

rajatabla. a ~. *loc adv* De manera estricta y sin concesiones. | Alfonso *España* 174: En muchos países se exige a rajatabla un plazo de 48 a 72 horas para poder inhumar o incinerar los cadáveres.

rajear *tr* (*reg*) Rasguear [la guitarra]. | Halcón *Manuela* 69: La guitarra del "Zandanguero", vecino del pueblo, estuvo bastante mal rajeada.

rajo[1] *m* (*reg*) Desgarro. | ASáez *Abc* 24.8.66, 17: Sobre el "whisky" y la "Coca-Cola" triunfan la "láguena" y el "carajillo", ásperos y viejísimos caldos unionenses que acaban por meter aún más "rajo" en la escalofriante voz que canta.

rajo[2] *m* (*reg*) Lomo de cerdo. | *Voz* 25.8.86, 36: Mesón Os Bocois .. Especialidades: Rajo y Truchas de Río. Vinos del país.

rajuca *f* (*reg*) Chochín (pájaro). | Lama *Aves* 120: Varios nombres le dan en Cantabria a este curioso pajarillo [el chochín]. Así, en algunos lugares le llaman Ratín, en otros Rajuca y en otras zonas o comarcas Ratonero.

rajuela *f* Piedra delgada y pequeña que se usa en construcción. | Benet *Volverás* 81: Enardecidos por el coñac barato, intentaron durante siete días y sus noches el asalto a las viejas torres de rajuela.

raki (*tb con la grafía* **raqui**) *m* Aguardiente perfumado con anís, propio de algunos países de la Europa oriental. | Torbado *SInde* 24.8.90, 9: Los turcos no parecen estar por la labor [en religiosidad]. Beben raki, que es un aguardiente de anís, vino y otros licores, muy alegremente y sin pudor alguno. L. Galán *SPaís* 5.8.79, 17: Se fabrica [en Albania] un vino muy apreciado por todos los turistas y el fortísimo *raki*.

ralea *f* (*desp*) Clase o raza. | SCabarga *HLS* 26.8.74, 2: La marquesa logró que su hijo desistiese de largarse a Sevilla, donde tal vez se perdería entre la gente de coleta y la ralea calé. ZVicente *Traque* 247: Me harté de la compasión de todos .. La gente es buena, ya se lo he dicho antes. Qué ralea.

ralear *intr* Hacerse ralo [algo, esp. la vegetación]. | Delibes *Mundos* 133: La vegetación empieza a ralear, salvado el bosque de La Esperanza. Delibes *Tesoro* 83: Al sonreír, mostraba un diente de oro y le raleaba el rubio bigote. Cabezas *Madrid* 19: Cuando empezaban a ralear las filas de los defensores diezmados por la muerte.

ralenti (*fr; pronunc corriente*, /ṛalantí/ o /ṛalentí/) *m* Ralentí. | Grosso *Capirote* 16: Una carriola con el motor a *ralenti* esperaba a los hombres aparcada junto a la cuneta del arrozal. *Rev* 2.71, 16: Se han utilizado todos los recursos de la cámara, desde las tomas desde el aire hasta el *ralenti* en algunas cargas de caballería.

ralentí *m* **1** Mínima velocidad de rotación de un motor. *Frec en la loc* EN (*o* AL) ~. | *Gac* 11.5.69, 86: Y como fuera borda para pescadores, puede hacerle navegar muchas horas, a un ralentí pacífico y silencioso. Marsé *Tardes* 13: Con el motor en ralentí, respirando la fragante noche de junio .., recorrió las calles desiertas.
2 (*Cine*) Cámara lenta. *Frec en la loc* EN (*o* AL) ~. *Tb fig.* | R. RRaso *Rev* 12.70, 6: Clair entrecruza en el film algunos temas: París en panorámica, .. las colinas de Saint Cloud, las curvas de una danza en ralentí. Álvarez *Abc* 15.3.68, 22: Además este partido se dilata igualmente en el tiempo: sus jugadas aparecen "al ralentí".

ralentización *f* Acción de ralentizar. | *Cam* 6.1.75, 4: La manera de conseguir una ralentización en el crecimiento económico .. es distribuir los recursos generados por la producción nacional más las importaciones, de tal forma que se canalicen hacia la inversión y las exportaciones.

ralentizar *tr* **1** Poner en ralentí [un motor]. | Benet *Nunca* 59: Me empujaba .. a terminar las tardes en los muelles .. adivinando .. en el lento y acompasado sonido de los motores ralentizados de las barcazas una cierta proporción.
2 Hacer lento o más lento [algo]. | Losada *CBranco* XXIV: Las escenas patéticas .. se suceden encaminadas hacia la catástrofe final en un "tempo" progresivamente ralentizado.

rálido -da *adj* (*Zool*) Rállido. *Frec como n f en pl, designando este taxón zoológico.* | J. A. Parga *Inf* 12.9.75, 28: Aves acuáticas. Anátidas: Gansos y patos. Rálidas: Rascón, polla de agua, fochas y polluelas.

rallador *m* Utensilio de cocina consistente en una lámina metálica provista de agujeros salientes. | Bernard *Salsas* 75: Se lavan, raspan y rallan todas las verduras con rallador grueso.

ralladora *f* Máquina de rallar. | *Ya* 19.11.63, 10: ¡Panaderías! ¡Por fin, lo que esperaban! Ralladora de pan, gran rendimiento, boca ancha, motor inducción-repulsión.

ralladura *f* Partícula que se obtiene al rallar algo. *A veces en sg con sent colectivo.* | Vega *Cocina* 128: Mezclar la manteca con la mitad de la harina, añadiendo el vino y las ralladuras de limón. *Cocina* 571: En un recipiente se baten los huevos con el azúcar, la ralladura de limón y el agua.

rallar *tr* Desmenuzar [algo] frotándolo contra una lámina metálica provista de agujeros salientes. | Bernard *Salsas* 75: Se lavan, raspan y rallan todas las verduras con rallador grueso.

rállido -da *adj* (Zool) [Ave] acuática, de pico recto, robusto y comprimido y alas cortas y redondeadas. *Frec como n m en pl, designando este taxón zoológico.* | F. RFuente *Act* 12.4.73, 84: Se piensa que sus antepasados fueron aves pequeñas, pertenecientes al grupo de los rállidos, es decir, de los vulgares rascones.

rallo *m* (reg) Botijo. | Moreno *Galería* 43: La hermana moza cogía sus dos cántaros y el rallo para traer el agua fresca de la fuente.

rally (ing; pronunc corriente, /ráli/; a veces con la grafía **rallye**; pl normal, ~s) *m* (Dep) Prueba, gralm. automovilística, de resistencia y regularidad, en que los participantes deben reunirse en un lugar determinado, a veces siguiendo itinerarios diferentes. | FSantos *Catedrales* 177: Con más trabajo cada vez, sobre todo cuando llegan los rallys. Cuando llegan los rallys, allí están los de siempre a que les quiten los bollos de los coches. | *ByN* 31.12.66, 18: España ha aceptado la invitación .. para organizar el "Rally" aéreo de Europa en 1967. Tendrá seis etapas y participarán 130 avionetas que, previamente, se concentrarán en la ciudad francesa de Toulouse y partirán de esta población el día 6 de mayo de 1967. Gilera *Abc* 9.4.67, 107: El Real Automóvil Club de Cataluña, que preside el buen piloto de "rallyes" e incansable organizador que es Salvador Fábregas, continúa la tradición automovilística de Barcelona. E. Pavón *Abc* 2.12.90, 53: Esta prueba [ciclista] constará de un rally de 40 kilómetros aproximadamente, distribuidos en dos o tres bucles y un "slalom" paralelo, dentro de un circuito preparado en la Casa de Campo.

ralo -la *adj* Poco denso o poblado. *Referido esp a pelo o vegetación.* | Cuevas *Finca* 227: Don José parecía al lado suyo un viejo. Desencajado, la barba rala, las manos temblorosas. Arce *Testamento* 19: Entonces El Bayona posó su chaqueta en el suelo, sobre el césped ralo y ennegrecido.

RAM *m* (Informát) Memoria de acceso directo. *Gralm* MEMORIA ~. | *Ya* 7.10.87, 4: Sinclair Plus 3. Características. Memoria RAM. 128 Kbytes divididos en 3 bancos de 64 Kbytes .. Comandos para utilizar el RAM Disc. *País* 23.11.90, 10: Impresoras Láser. 8 y 11 páginas/minuto. RAM hasta 4,5 MB.

rama[1] **I** *f* **1** *En una planta:* Parte que resulta de dividirse o subdividirse el tallo. | Ybarra-Cabetas *Ciencias* 255: El tallo se ramifica en otros denominados ramas. **b)** *Esp:* Parte que resulta de dividirse el tronco. | Arce *Testamento* 17: El sol entraba por entre las ramas de los arces.
2 División de las que surgen de una parte común. | Marcos-Martínez *Física* 59: Se le hace sonar [al diapasón] sujetándolo por el mango y golpeando una de las ramas con un cuerpo duro. Ybarra-Cabetas *Ciencias* 339: Tiene dos grandes antenas, formadas cada una por dos ramas, sobre las que se implantan pelos plumosos. CSotelo *Proceso* 416: Ni aplicada a la religión ni a ninguna otra rama de la vida humana. **b)** Conjunto de perss. que descienden de un ascendiente común. | A. D. Galicia *Sáb* 10.9.66, 10: El pleno de una rama de los príncipes Hohenlohe .. ha elegido Marbella para dar reposo a su fama. **c)** (Anat) División [de un vaso o de un nervio]. | *Abc* 21.11.75, 7: Cardiopatía isquémica .. Se suele producir por obstrucción de una de las ramas de las arterias coronarias.
II *loc v* **3 andarse** (*o* **irse**) **por las ~s.** (col) Entretenerse en lo accesorio o menos importante, o desviarse de lo principal. | DCañabate *Abc* 23.8.66, 54: Decide terminar con el toro sin andarse por las ramas del toreo, y lo mata. Delibes *Mundos* 79: En Santiago es muy frecuente detener un automóvil en la calle para preguntarle si lleva la misma dirección que nosotros deseamos .. Mas me voy por las ramas; volvamos a los pies de Juan Verdejo.

rama[2] *f* (Impr) Cerco cuadrangular de hierro con que se sujeta el molde que se ha de imprimir. | Huarte *Tipografía* 63: La forma, o molde compuesto y preparado para la impresión, va encerrada en un marco llamado rama.

rama[3] **I** *f* **1** (raro) Materia en rama [2]. | *IdG* 31.10.70, 7: Dispone la fábrica de un amplio parque de maquinaria elaboradora y de unas modernas instalaciones de preparación de rama y picadura.
II *loc adv* **2 en ~.** Sin manufacturar o sin completar la manufactura. *Frec adj.* | Medio *Bibiana* 106: Bibiana .. saca el trozo de algodón en rama manchado de sangre.
3 en ~. Sin encuadernar. *Tb adj.* | Huarte *Biblioteca* 74: Los libros llamados de bibliófilo que se expenden en rama .. vienen recogidos en una caja que, para los efectos, hace las veces de encuadernación. J. Ballesté *Abc* 19.3.82, sn: Un ejemplar .. de "Mes voyag[e]s", de Fernand Léger, tamaño folio, en rama, París, 1960.

ramadán *m* Noveno mes del año lunar mahometano, dedicado al ayuno. | Vega *Cocina* 158: Cuando Marruecos era imperio cheriffiano, todos los atardeceres del mes de ramadán los vendedores de sopa se instalaban .. en las esquinas de la ciudad.

ramaje *m* Conjunto de ramas[1] [1]. | Laforet *Mujer* 288: Al fondo del jardín, alcanzaba a distinguirse una casa pequeña, entre los ramajes ya despojados.

ramal I *m* **1** Cabo de los que forman una cuerda o cosa similar. | E. Castellote *Nar* 1.76, 18: Para hacer el empiece cogen un puñado de esparto, lo atan y lo dividen en ramales; de ahí saldrán los 15 que debe tener la pleita.
2 Cuerda que se pone en el cabezón o la cabezada de una caballería, para dirigirla o tirar de ella. | *Abc* 18.6.58, 49: El nublado sorprendió al regreso de las faenas del campo al joven de dieciséis años Modesto Mora Granados, que conducía del ramal la yunta de labor.
3 Rama o derivación [de algo principal, esp. una vía de comunicación]. | Cela *Judíos* 235: Lo que sí halló el vagabundo .. fue Gasca, un caserío de media docena de habitantes .. que depende del ayuntamiento de Villaflor, en un ramal de la carretera de Ávila a Salamanca por Peñaranda de Bracamonte. J. M. Moreiro *SAbc* 13.9.70, 50: El aeropuerto de Málaga será uno de los pocos que disponga en Europa de un ramal suburbano al pie de pista.
4 Tramo de escalera de los que concurren al mismo rellano. | Gala *Hotelito* 9: Se conserva, sin embargo, la estructura sólida y bella a un tiempo [de la casa-palacio]: el ramal de una escalera que acaso tuvo dos.
II *loc adv* **5 a ~ y media manta.** (col) Con escasez. | * Siempre andan a ramal y media manta.

ramalazo *m* **1** Acometida brusca y pasajera [de algo no material, esp. un dolor o un sentimiento]. | Cuevas *Finca* 30: Del campo en granazón llega un ramalazo de vida. Zar 27.1.69, 22: Todo en él era como un relámpago. Como un ramalazo de fuerza y de genio. ZVicente *Traque* 205: El otoño de Madrid tiene ramalazos de muy mal café. R. GMarqués *Abc* 3.11.70, 23: Incluso entre los observadores más escépticos hubo un ramalazo de optimismo.
2 (col) Tendencia acusada [a la locura o a un comportamiento anormal (*compl especificador*)]. *A veces se omite el compl por consabido, esp referido a homosexualidad.* | Laforet *Mujer* 29: Pepe ha sacado el ramalazo de locura del padre. MGaite *Fragmentos* 64: Es marica, papá, se le nota a la legua. Pero eso ahora es fruta del tiempo, y Jaime tiene también su ramalazo.
3 Ráfaga [de viento, lluvia u otra precipitación]. | Delibes *Ratas* 156: A ratos, los ramalazos de granizo formaban una cerrada cortina, tupida e impenetrable.

ramalera *f* (reg) Rienda de una caballería de tiro. *Frec en pl.* | GPavón *Cuentos rep.* 115: Gumersindo, liado en mantas, casi tumbado, asomaba una mano, en la que llevaba las ramaleras.

ramaliego -ga *adj* De Ramales de la Victoria (Cantabria). *Tb n, referido a pers.* | *DMo* 6.8.92, 7: La Dirección General de Carreteras .. ha aprobado el estudio informativo de la variante de Ramales, requisito previo para variar el trazado de la carretera N-629 Burgos-Santoña a su paso por la localidad ramaliega.

ramalillo *m* (reg) Rienda de una caballería de tiro. *Frec en pl.* | M. E. SSanz *Nar* 6.77, 31: Las caballerías que conducen estos carros iban ataviadas con los siguientes aparejos: 1, para el carro de yugo: collera, ventril. 2, para el carro de varas: bridón en la cabeza, .. retranca, ramalillos.

rambla – ramón

rambla *f* **1** Cauce natural por el que discurren las aguas de lluvia. | Cela *Viaje andaluz* 77: Por Madridejos, tras unas largas rectas y con las casas arropando el cauce –casi rambla– del arroyo Amarguillo, aparecen los primeros molinos de viento. **b)** *(reg)* Cauce de una corriente intermitente de agua. | Ortega-Roig *País* 39: En Almería la sequía puede ser tan grande que los ríos, que se llaman ramblas, apenas si llevan agua. **c)** *(reg)* Corriente impetuosa de agua debida a las lluvias. | CPuche *Sabor* 123: De la calle ascendía un ruido sucio y sordo de rambla desatada, que toda la calle era un cauce pedregoso y desbocado.
2 Calle ancha y con árboles, gralm. con andén central. *Referido a Cataluña y otras zonas de Levante.* | *Ya* 17.11.63, 31: Un vigilante nocturno municipal de las ramblas observó que una mujer había arrojado excrementos. Goytisolo *Afueras* 182: La parte vieja del pueblo se extendía a lo largo de la rambla, perpendicular al mar, formando una sola calle de casas blancas y bajas, sombreadas por el espeso follaje de los plátanos.

ramblazo *m* Rambla [1] grande. | R. León *Abc* 9.8.72, 31: El poeta ansiaba al Señor como los ciervos braman, exigentes de agua, en los secos ramblazos.

rambleño -ña *adj* De La Rambla (Córdoba). *Tb n, referido a pers.* | J. M. Muñoz *Cór* 8.8.89, 28: El rambleño Juan Gonzalo Ruiz Estrada venció en la XI Carrera Popular de Montalbán, que se celebró el pasado fin de semana con motivo de la feria y fiestas de esta localidad.

ramblero -ra *adj* De las Ramblas de Barcelona. | J. Massot *Gar* 18.8.62, 45: Empiezan a aparecer los primeros turistas que se desayunan en los múltiples bares rambleros .. Las Ramblas se transforman en una vía cosmopolita. **b)** [Pers.] que frecuenta las Ramblas de Barcelona. *Tb n.* | Marsé *Tardes* 56: El difícil equilibrio que aquellos jóvenes rambleros habían logrado establecer entre su vestimenta y sus veloces máquinas. Marsé *Tardes* 57: Los rambleros empezaron a escasear, algunos se inmovilizaban en medio del paseo.

ramblizo *m* Ramblazo. | CPuche *Paralelo* 14: Un silencio forzado .. los iba acompañando por los caminillos que a ratos desaparecían entre tapiales o en el embudo de los ramblizos.

rambután *m* Fruta roja brillante y cubierta de pelos, producida por el árbol asiático *Nephelium lappaceum*. *Tb el mismo árbol.* | VMontalbán *Pájaros* 155: Frutas tropicales, piñas, bananas, pomelos, .. mangos, jujubes, rambutanes.

rameado -da *adj* [Dibujo] de ramos [3]. *Tb n m.* | Lorenzo *SAbc* 20.12.70, 6: Su dormitorio da al patio. Le cobran seis reales. Todo es plebeyamente pobre: catre, mesa, la jofaina de rameados lila. **b)** Que tiene dibujo de ramas. | MGaite *Visillos* 16: Isabel se había quedado de pie junto a la camilla cubierta de tela rameada.

rameo *m* (raro) Movimiento de las ramas de un árbol. | Goytisolo *Recuento* 49: Tomaron asiento al pie de los altos plátanos, contemplando el rameo estremecido.

ramera[1] *f* Mujer que por oficio tiene relación sexual con hombres. | DPlaja *El español* 40: Todas las rameras españolas creen que su caso está mezclado con tan fabulosas muestras de lo extraordinario que daría tema para una narración literaria.

ramera[2] *f* *(reg)* Leña de rama[1]. | Escobar *Itinerarios* 44: Atizados los cándalos del pinar con ramera, piñas y serojas.

ramería *f* (*lit, raro*) Casa de rameras[1]. | Cela *SCamilo* 15: Tú estás entre el público –en la catequesis, en la ramería, en el frente–.

ramificación *f* Acción de ramificar(se). *Frec su efecto.* | Alvarado *Botánica* 44: Por la forma de ramificación, las inflorescencias pueden ser .. racemosas .. y .. cimosas. Anson *Oriente* 111: Tiene esta secta numerosas ramificaciones.

ramificado -da *adj* **1** *part* → RAMIFICAR.
2 Que tiene ramificaciones. | Navarro *Biología* 41: Según su forma, las células pueden ser cilíndricas, esferoidales, poliédricas, ramificadas, fusiformes y filamentosas.

ramificar **A** *intr* **1** Dividirse en ramas[1] [1 y 2]. *Frec pr.* | Santamaría *Paisajes* 30: Tiene [la encina] un tronco grueso y retorcido que ramifica a poca altura. Legorburu-Barrutia *Ciencias* 301: Su tallo [del pino] .. se ramifica mucho y tiene unos conductos por donde vierte la resina. Bustinza-Mascaró *Ciencias* 163: Hay otras tráqueas o tubos que se ramifican en el interior del cuerpo.
B *tr* **2** Dividir [algo] en ramas[1] [2]. | MGaite *Cuento* 186: Creo que de él he heredado esa afición a comentar de la que ya voy dejando sobrada constancia en las divagaciones que ramifican este cuento.

ramillete *m* **1** Ramo pequeño [de flores o plantas]. | Trévis *Extremeña* 43: Echadle las cebollas, las zanahorias, a trozos; sal, pimienta, el ramillete de hierbas y el caldo. Legorburu-Barrutia *Ciencias* 286: Las flores [del peral] aparecen en primavera ..., formando ramilletes.
2 Conjunto selecto [de perss. o cosas]. | Marsé *Tardes* 77: Fotografiada en las páginas de la revista *Hola*, en medio de un alegre ramillete de jovencitos con smoking y muchachas vestidas de blanco. *Pue* 16.12.70, 26: "Ramillete de Entremeses y Bailes", del XVII.

ramio *m* Planta asiática de la que se extrae una fibra textil muy resistente (*Boehmeria nivea*). *Tb su fibra.* | GCabezón *Orotava* 147: Ramio blanco .. Es una planta perenne, arbustiva y vigorosa, con hojas blancas por el envés y cultivándose en algunos países por su fibra. También se utiliza como planta de adorno. *Economía* 83: Las primeras materias .. pertenecen a los reinos vegetal, animal y mineral. Vegetal: Lino, cáñamo, yute, ramio, pita.

ramirense *adj* De Ramiro I, rey de Asturias († 850). *Gralm referido al arte asturiano de este período.* | Tejedor *Arte* 95: Tales manifestaciones artísticas –visigoda, carolingia, ramirense o asturiana, otoniana, mozárabe–, aunque muy sencillas y modestas, tienen la significación de esbozar determinadas soluciones.

ramiro *m* (*Naipes*) Remigio. | Marsé *Tardes* 212: Prefería la ruidosa mesa de los solteros que pasaban de la treintena y que jugaban fuerte (a veces a peseta el tanto) al ramiro, al julepe, o al cuarenta y dos.

ramnácea *adj* (*Bot*) [Planta] dicotiledónea leñosa de las regiones templadas y tropicales, de flores pequeñas y hojas simples. *Frec como n f en pl, designando este taxón botánico.* | GCabezón *Orotava* 20: Árbol de las pasas, *Hovenia dulcis*, Thunb., Ramnácea, Japón y China.

ramo (*con mayúscula en acep 5*) **I** *m* **1** *En las plantas:* Rama[1] [1] que nace de otra. | SLuis *Liturgia* 8: Lo más característico de esta día es la procesión de las Palmas o Ramos. **b)** (*raro*) Rama pequeña. | Calera *Potajes* 27: 35 gramos de queso rallado, una col pequeña y tierna, 2 ramos de apio.
2 Conjunto [de flores, ramas o hierbas, esp. cortadas] dispuesto de modo que tengan sus tallos juntos. | Laforet *Mujer* 273: Antonio llevaba en la mano, como un ramo de flores, el cucurucho de castañas.
3 Motivo decorativo que representa un conjunto de flores y hojas. | *Lab* 2.70, 29: Los ramos que la decoran se bordan en blanco.
4 Rama[1] [de una actividad]. | Alfonso *España* 156: Solo en el ramo de la construcción muere cada día un obrero en España. Kurtz *Lado* 166: Es hombre de vasta cultura en todos los ramos, tanto en letras como en ciencias. **b)** (*raro*) Clase. *Con compl especificador.* | Cunqueiro *Un hombre* 218: No había tenido otro amante que el propio hermano .., y no por calores que Electra tuviese, y en ramo de príncipes no había cerca más que el hermano, sino por haber hijo. **c)** *Sin compl.* Clase de los homosexuales. *Frec en la loc* DEL ~. | GPavón *Hermanas* 26: Mariposeaba moviendo el pompis y fumeteando muy redicho entre sus familiares y admiradores, algunos de ellos también del ramo perverso.

II *loc adj* **5 de ~s.** (*Rel catól*) [Domingo] en que se conmemora la entrada triunfal de Jesús en Jerusalén, y que se celebra con una procesión de palmas y de ramos [1] de olivo. | SLuis *Liturgia* 8: El Domingo de Ramos empieza la Semana Santa.

III *loc adv* **6 de pascuas a ~s** → PASCUA.

ramón *m* **1** Conjunto de ramas[1] [1] pequeñas y delgadas [de una planta]. | Cuevas *Finca* 45: Tejas cocidas con el ramón de los chaparros.

ramonear – rancho

2 (*reg*) Rama[1] [1] pequeña y delgada. | Berenguer *Mundo* 38: Pisábamos los ramones para sacar la mostaza.

ramonear A *intr* **1** Pacer [un animal] el ramón o los brotes tiernos de una planta. | Aldecoa *Cuentos* 1, 101: Soltaron la mula y le enlazaron las patas delanteras. El animal ramoneaba en el ribazo.
B *tr* **2** Pacer [un animal] el ramón o los brotes tiernos [de una planta (*cd*)]. | Delibes *Ratas* 97: La resignada actitud del rebaño .. ramoneando obstinadamente, entre las grietas y los guijos, los escuálidos yerbajos.

ramoneo *m* Acción de ramonear. | Chueca *Abc* 27.12.86, 24: Una tierra inhóspita, unos calores intempestivos, el soplo de un huracán o cosas más triviales, como el ramoneo de un rebaño próximo, la larga ausencia de la lluvia o el descuido y la torpeza humanas, acaban con el retoño.

ramoso -sa *adj* **1** [Planta] que tiene muchas ramas[1] [1]. | *Ama casa 1972* 90: El cornejo. Es un arbusto muy ramoso que crece hasta ocho pies, cubierto de corteza, que llega a tomar color de sangre en el invierno. **b)** [Cuerno] que tiene ramas o ramificaciones. | Ybarra-Cabetas *Ciencias* 396: Posee [el ciervo] cuernos ramosos y macizos.
2 Que tiene forma de rama[1] [1]. | Bustinza-Mascaró *Ciencias* 324: El cobre nativo. Se presenta en hilos, placas, masas ramosas y, a veces, en cristales.

rampa[1] *f* Plano inclinado entre dos superficies de diferente nivel, que facilita el paso de una a otra. | CPuche *Paralelo* 14: Los obreros preferían subir por las rampas por algún día serían escaleras a montarse en el horripilante ascensor. **b)** Superficie en pendiente. | Cela *Judíos* 252: Después de la rampa de las Escaleruelas .. se llega sin mayor trabajo al hito de las Tres Cruces.

rampa[2] *f* (*reg*) Calambre. | Marsé *Dicen* 99: Suponía que Sergio tenía rampa en una pierna.

rampante *adj* **1** (*Heráld*) [Animal, esp. león] que está de pie y con las garras tendidas en actitud de agarrar. *Tb* (*lit*) *fuera del ámbito técn*. | S. Cámara *Tri* 17.6.72, 11: Merecerían un escudo en el que la tortuga rampante sobre campo de gules apareciera protegida por la divisa "Plus Ultra". *Zar* 27.1.69, 22: Este que aquí veis .. fue ayer vuelo de águila en los campos de fútbol y león rampante a la hora de disputar balones.
2 Que asciende o sube de manera acusada. *Tb fig.* | Villarta *Rutas* 75: Es ciudad magnífica, pero, por sus rampantes cuestas, no demasiado cómoda de recorrer. P. J. Ramírez *D16* 17.4.88, 2: La calidad de vida en este país no se corresponde ni de lejos con la rampante presión fiscal a que está sometida la clase media.
3 (*Arquit*) [Arco] que tiene los arranques a distinta altura. | Angulo *Arte* 1, 10: El arco que tiene sus salmeres a distinta altura se denomina rampante o por tranquil.

rampar *intr* (*raro*) **1** Trepar o encaramarse [a un lugar]. | Laiglesia *Ombligos* 32: Este título, como ya recordarás, tenía como escudo tres botellas en campo de gules color tinto, un borracho rampante intentando rampar al mostrador de una taberna.
2 Reptar. | Laiglesia *Ombligos* 207: Hace siglos que el escudo de mi familia (una larga lengua rampando alrededor de un cetro) se transmite de generación en generación sin mácula de plebeyez.

ramplón -na *adj* Vulgar o falto de altura. | Laiglesia *Ombligos* 7: Esta crisis, fruto de la escasez fosfórica, ha inundado las bibliotecas actuales de libros ramplones.

ramplonamente *adv* De manera ramplona. | Espinosa *Escuela* 265: Resumió ramplonamente el saber en catorce celebérrimos manuales, implantando la tiranía de su pedestre método.

ramplonería *f* **1** Cualidad de ramplón. | CBaroja *Inquisidor* 59: Ya no se trata de pasiones fuertes, sino de simple ignorancia y ramplonería.
2 Cosa ramplona. | * Ese regalo es una ramplonería.

ramplús *m* (*raro*) Herramienta, a modo de taladro, que se usa para hacer agujeros. | *Todo* 12.79, 52: Herramientas necesarias en el hogar .. Ramplús. Sirve para hacer agujeros en caso de no tener taladro; hay de diversos tamaños, y el precio del más pequeño es de 80 pesetas.

rampojo *m* (*reg*) Escobajo [del racimo de uvas]. | MCalero *Usos* 62: Si en un principio todo fue uvas en racimos, ahora mosto por un lado, y rampojos, titos y hollejos por otro, volvían a mezclarse.

ramujo *m* (*reg*) Conjunto de ramas pequeñas y delgadas cortadas. | Lorenzo *SAbc* 15.9.74, 6: Extremadura gustará de presentarse en especie natural más consistente, bajo signo de roca. Grises del berrocal, cálidos grises lagarteros; en el tapiz de coscoja, la bruma plata del ramujo, liviano: gris de la encina y la oliva, matizados.

rana I *f* **1** Batracio sin cola, de piel verdosa, ojos grandes y salientes, y patas posteriores más largas y adaptadas para el salto, que vive galtim. en charcas (*Rana ridibunda*). *Tb* ~ VERDE *o* COMÚN. *Otras especies se distinguen por medio de compls o adjs:* ~ BERMEJA *o* DE LOS PRADOS (*R. temporaria*), ~ DE MONTAÑA (*R. iberica*), ~ DE SAN ANTONIO (*Hyla arborea*), *etc*. | Laforet *Mujer* 100: Se oían ranas y grillos. Cendrero *Cantabria* 74: Anfibios .. *Rana ridibunda*: Rana verde. Cendrero *Cantabria* 60: Fauna .. Anfibios .. *Rana temporaria*: Rana bermeja. Noval *Fauna* 380: La Rana de los prados (*Rana temporaria*) es probablemente la más abundante de todas en Asturias. Noval *Fauna* 382: La Rana de montaña (*Rana iberica*) es muy pequeña, .. de color variable entre el amarillento y el marrón claro y a veces gris y aun rojizo. Noval *Fauna* 382: Muy pequeña es la Rana de San Antonio (*Hyla arborea*). **b) hombre-~, salto de la ~** → HOMBRE, SALTO.
2 Juego que consiste en introducir desde cierta distancia chapas o monedas por la boca de una rana [1] de metal situada sobre una mesita especial provista además de otras aberturas. | Hoyo *Glorieta* 21: Unos hombres jugaban a la rana, de espaldas al sol.
3 Traje infantil consistente en unas bragas amplias con peto. | * He comprado una rana preciosa para el pequeño.
II *loc v* **4 salir ~** [alguien o algo]. (*col*) Fallar o defraudar. | Olmo *Golfos* 68: Él les salió rana, y con razón. Porque hay sobones que no saben tratar a los niños.
III *loc adv* **5 cuando la(s) ~(s) críe(n) pelo.** (*col*) Nunca. | * Eso se solucionará cuando las ranas críen pelo. Delibes *Tesoro* 29: No saldríamos de aquí hasta que la rana críe pelos.

ranchería *f* Conjunto de chozas o casas pobres. | Landero *Juegos* 329: En un confín se veían edificios grandes de ladrillo, agrupados confusamente en bloques. En otro, la apretada ranchería de chabolas.

ranchero -ra I *adj* **1** De(l) rancho [2]. | L. Calvo *SAbc* 12.4.70, 10: El canto es Tucson y la vía ranchera que llevamos en Tucson.
II *n* **A** *m y f* **2** Pers. que se ocupa del rancho [1a]. | FReguera-March *Filipinas* 119: El ranchero se presentó una mañana al teniente Martín para advertirle que la podredumbre de los víveres se acentuaba de modo alarmante. Grosso *Capirote* 120: Los rancheros fregaban las grandes perolas delante de la cocina. [*En la prisión.*]
3 Pers. que posee y atiende un rancho [2]. | Cuevas *Finca* 58: Saldremos del rancho para entrar en el cortijo, pasaremos de rancheros a labradores.
B *f* **4** Cierta canción popular mejicana. | J. Montini *VozC* 2.6.70, 8: Me caen bien los mejicanos. Soy gran entusiasta de las rancheras.
5 Turismo cuya carrocería tiene forma cuadrada en la parte posterior, lo que le da mayor capacidad. | *VozT* 2.4.75, 17: La forma idónea de transportar al can requiere algunos medios. Lo ideal sería disponer de un coche tipo ranchera.

rancho I *m* **1** Comida que se hace para muchos en común, esp. soldados o presos. | CPuche *Pastelito* 118: Eso es estupendo. Sin hacer la instrucción, sin uniforme, sin comer rancho, sin hacer guardias... Así también me apuntaría yo. Cossío *Confesiones* 163: La cárcel era un lugar inhóspito .., y allí pasó dos semanas imperfectísimo, sin inmutarse y comiendo rancho. **b)** *En gral:* Comida poco cuidada. *Frec con intención humoríst.* | A. Barra *Abc* 9.12.70, 39: No pocas familias tienen que alimentarse con ranchos en frío. **c)** *Se usa como denominación de determinados guisos.* | Ed. Gómez *SSe* 18.9.88, 21: Con el cordero se hace también un guiso muy campestre, que es el rancho o caldereta. Vega *Cocina* 139: No os dejéis equivocar si alguien os dice que al rancho del Maestrazgo no le va bien un vino tinto de Castellón.

2 Finca de gran extensión dedicada a la cría de ganado. *Referido a América.* | Arce *Testamento* 66: Trataba de recordar a mi tío cuando abandonábamos en su coche la ciudad [Tombstone] para visitar el rancho y presenciar el embarque de las reses en los aparcaderos de ganado del ferrocarril. **b)** (*reg*) Finca rústica de poca extensión y gralm. con vivienda. | Halcón *Manuela* 45: Yo saldré sólo lo preciso para hacernos una casita y compraros un ranchito y "viví" de lo que dé.
3 *En un barco:* Lugar destinado a alojamiento de la tripulación. | Aldecoa *Gran Sol* 32: Luego abrió la puerta del rancho de los marineros.
4 (*reg*) Pequeña porción residual de un copo de pescado. | Guillén *Lenguaje* 34: *Miar* .. equivale a decir ¡mío! en las lonjas o, mejor dicho, lotas de pescado, cuando al subastarse este a la baja alguien quiere adjudicarse el lote o rancho.
5 (*reg*) Breca (pez). | J. Cortés *Ide* 27.2.75, 13: En la pescadería: Aguja, de 200 a 300 pesetas kilo; .. rape, de 100 a 240; rancho, 40.
II *loc v* **6 hacer** (*o* **formar**) ~ **aparte.** Aislarse o separarse [un grupo de perss.] dentro de un grupo mayor. | SSolís *Camino* 214: Enseguida se separaron de la bullanguera pandilla y formaban, casi siempre, rancho aparte.

rancidez *f* (*raro*) Cualidad de rancio [1]. | P. Berrocal *Hoy* 7.10.76, 18: La carne de cerdo es ya comestible después de la matanza .. El almacenamiento por un período prolongado conduciría a la rancidez de la grasa extracelular.

ranciedad *f* Cualidad de rancio. | C. SFontenla *Sáb* 8.3.75, 75: Este cine nuestro .. ha tenido siempre una querencia por lo "antiguo". Entendiendo la palabra en el [sentido] .. de ranciedad.

rancio -cia **I** *adj* **1** [Alimento] que con el tiempo ha sufrido una ligera alteración en su sabor o ha adquirido un sabor más fuerte. | Moreno *Galería* 289: Cuando había congrio rancio en el menú .., la comida se calificaba de "día de repicar". Calera *Postres* 32: Bizcocho, vino rancio, 4 claras de huevo. **b)** [Cosa] ligeramente corrompida o en mal estado. | *Abc* 30.12.65, 95: El cuadro está en buen estado de conservación, pero cubierto de barnices rancios, por lo que se ha procedido a levantarlos en el taller del Museo. Olmo *Golfos* 35: El aire se tornaba rancio, no había quien lo respirase.
2 [Cosa] antigua o tiene muchos años. | J. Balansó *SAbc* 22.11.70, 22: Pertenecía a una de las familias de la más rancia aristocracia del antiguo ducado. Miguel *Mad* 22.12.69, 13: El automóvil ha posibilitado, paradójicamente, que cambie su antónimo y rancio competidor: el tren.
3 (*desp*) [Pers. o cosa] anticuada. | CBaroja *Inquisidor* 52: Así resulta que su actuación debió de ser en un momento bastante comprometida, .. siendo ministro de Justicia Caballero, personaje al que todo el mundo verá de acuerdo en pintar como a un pícaro o perillán, pero un pícaro con ideas rancias.
II *m* **4** Tocino rancio [1]. | Escobar *Itinerarios* 17: Respecto al jamón, que peque de limpio y no allegue rancio alguno.

rancioso -sa *adj* (*raro*) Rancio. | Al. Figueroa *AbcS* 2.11.75, 54: Hidalgos ranciosos son sus cuatro apellidos de Franco, Bahamonde, Salgado y Araújo y Pardo de Andrade, varias veces descendiente de la sangre regia de Alfonso XI, el de la batalla del Salado.

rand (*pl normal*, ~s) *m* Unidad monetaria de la República Sudafricana. | M. L. Sánchez *Ya* 26.9.74, 57: La cercanía de Suráfrica se advierte nada más llegar al aeropuerto de Lourenço Marques .. Todos se han dejado una buena cantidad de rands en los hoteles, restaurantes y comercios mozambiqueños.

randa¹ *m y f* (*col, hoy raro*) Ratero o ladrón. | DCañabate *Abc* 18.5.75, sn: Al entrar en el juzgado, el guardia, apostado en la puerta, pregunta: –¿Qué traéis? ¿Un randa de poca monta? –Hombre, claroco. ¿Quién quieres que sea, Luis Candelas? Cela *Viaje andaluz* 201: Por el campo de Jaén llaman algarín al reclamo de perdiz que, a fuer de viejo, ya no chifla; por Córdoba, se lo dicen al gomarrero o randa de gallinas.

randa² *f* Franja o tira de encaje. | Cuevas *Finca* 132: Nunca había visto .. encajes semejantes. Parecían espuma de cerveza. Randas de piñón, de diente de perro.

ranglán (*tb, más raro,* **ranglan**) *adj* Raglán. *Tb n m.* | Pik *NAl* 7.11.70, 11: Abrigo corto en loneta de algodón color canela .. Es de mangas ranglan. Pik *NAl* 7.11.70, 11: Como firma francesa Akilón nos presenta su modelo de abrigo impermeable corto .. Mangas ranglán, con canesú abrochado en el delantero y suelto en la espalda.

rango *m* Calidad o categoría. | Laiglesia *Tachado* 306: En la cédula, naturalmente, no figuraba el rango de la noble dama. Alfonso *España* 189: Esas previsiones debieron haber sido adoptadas con rango de Ley.

ranita *f* **1** *dim de* RANA.
2 ~ **de San Antonio.** Rana de San Antonio. | Cendrero *Cantabria* 85: Anfibios .. *Hyla arborea*: Ranita de San Antonio.

ranking (*ing; pronunc corriente,* /ŕánkin/; *pl normal,* ~s) *m* Lista de clasificación. *Tb la misma clasificación.* | *Mad* 10.9.70, 22: Abundan en todos los ámbitos "rankings" y clasificaciones, que sirven para comparar a unos atletas con otros de distintas nacionalidades. Paso *MHi* 7.69, 36: Los libros de especialización tienen un "ranking" .. estupendo.

rano *m* (*reg*) Rana [1], esp. grande. | Berlanga *Gaznápira* 27: Fuera; el canto de los ranos pespunteaba la noche. Cuevas *Finca* 260: Pedro mandó hacer un nuevo análisis de Mauca. Era el veintidós. Pedro pagó a duro el rano a los chiquillos del cortijo.

ranunculácea *adj* (*Bot*) [Planta] dicotiledónea herbácea de la familia del ranúnculo, con hojas divididas y frec. con principios venenosos que se usan en medicina. *Frec como n f en pl, designando este taxón botánico.* | FQuer *Plantas med.* 202: La familia de las ranunculáceas se compone de unas 1200 especies.

ranúnculo *m* Se da este n a distintas plantas herbáceas del gén *Ranunculus*, silvestres o cultivadas como ornamentales, con flores de tres o cinco pétalos, gralm amarillas o blancas. *Frec con un compl o adj especificador:* AMARGO, CAMPESTRE, DE RÍO, DE PRADO, *etc.* | Bustinza-Mascaró *Ciencias* 233: En algunas plantas (por ejemplo, en el ranúnculo) el centro del cilindro central puede estar ocupado por un vaso de mayor diámetro. Remón *Maleza* 90: *R*[*anunculus*] *acris* L. Nombre común: Ranúnculo amargo, Botón de oro .. El "ranúnculo amargo" es una planta vivaz, pubescente, pudiendo alcanzar hasta 75 cm; hojas palmeadas, profundamente divididas. Remón *Maleza* 91: *R*[*anunculus*] *arvensis* L. Nombre común: Ranúnculo campestre, Pie de gallo, Botón de oro .. Este ranúnculo se diferencia de todos sus congéneres, en la fase de plántula, por la forma de sus cotiledones y el pronunciado redondeo de sus ápices. Cendrero *Cantabria* 71: Flora .. *Ranunculus fluitans*: Ranúnculo de río. Mayor-Díaz *Flora* 434: *Ranunculus repens* L. "Ranúnculo de prado".

ranura *f* Canal estrecha y larga abierta en un madero o en un objeto metálico o duro, que frec. sirve para hacer ensambles. | CNavarro *Perros* 45: Hurgaba en su bolsillo tratando de encontrar una rubia para meterla en la ranura de la gramola. *SPaís* 5.5.93, 8: El modelo más potente, el 500-X, funciona a 200 megahercios y ofrece una memoria interna máxima de un gigabyte, con cinco ranuras de expansión.

ranurado *m* Acción de ranurar. *Tb su efecto.* | Ramos-LSerrano *Circulación* 280: Transmitiéndose el movimiento a través de los dientes de los piñones del ranurado del cuerpo central del desplazable.

ranurar *tr* Hacer ranuras [en algo (*cd*)]. *Frec en part.* | Ramos-LSerrano *Circulación* 280: Con la palanca del cambio se actúa sobre el desplazable S montado en el secundario, que lleva su periferia ranurada exactamente igual a la de los piñones. *Ya* 22.10.64, 4: Estanterías y angulares ranurados. Montaje en 48 horas.

raña *f* **1** Terreno de monte bajo. | Ridruejo *Castilla* 2, 388: Son tierras abiertas, tendidas .. La corteza no tarda, sin embargo, en levantarse, iniciando las encrespaduras serranas que durante largo espacio son aún pedregales diseminados .. o bien rañas de gran aspereza que pierden tierra donde pierden árboles.
2 (*Geogr*) Acumulación aluvial depositada sobre una llanura o una ladera poco pendiente, con grandes bloques rocosos y cantos rodados. | JGregorio *Jara* 8: Las rañas colma-

taron la red fluvial pliocena, convirtiendo todo en amplias y desoladas llanuras.

rañero -ra *adj* De (la) raña. | JGregorio *Jara* 12: Alcanza la jara dos o tres metros de altura .., invade las trochas, veredas y caminos serranos y rañeros.

raño *m* (*reg*) Cabracho (pez). | GLarrañeta *Flora* 184: La baila y el raño son especies diferentes.

rap (*ing*; *pl normal*, ~s) *m* Música muy sincopada en que el monólogo prevalece sobre el canto. | J. Á. González *DGa* 13.3.88, 35: La banda, que está grabando su primer álbum, pretende diferenciarse del "country" acústico de Los Carayos, para realizar música "algo más roquera, en el sentido clásico del término, con influencias de «ska» .. y algo de «rap»". Torres *Ceguera* 29: Sus intereses musicales se encontraban divididos, en la actualidad, entre la ópera y las diferentes manifestaciones del rock, con alguna veleidad hacia el rap, que practicaba por las mañanas, mientras hacía ejercicios gimnásticos.

rapa *f* (*reg*) Acción de rapar. | *Ya* 26.10.74, 23: La Guardia (Pontevedra) .. En este monte es donde se celebra una de las más típicas romerías de rapa de caballos salvajes que moran por estos parajes.

rapabarbas *m* (*col*) Barbero. | Lera *Boda* 610: El taller del rapabarbas había pasado .. de la pequeña habitación del portal al sombrajo de la parra.

rapacería *f* **1** Rapacidad. | J. M. Moreiro *Ya* 5.6.73, 39: El quinqui .. es más bien el prototipo del marginado social .., que ha tenido que agudizar el ingenio para subsistir tras su carro, en un medio habitualmente hostil, para llegar al camino de la rapacería, el robo o el atraco a mano armada.
2 Acción propia de la pers. rapaz[1] [1]. | FReguera-March *Filipinas* 11: Era objeto de acerba crítica la conducta de los religiosos: sus abusos, sus rapacerías, su inmoralidad.

rapacidad *f* Cualidad de rapaz[1] [1]. | Zunzunegui *Hijo* 13: Alguna vez tuvo que consolar el maestro a discípulos engañados por la rapacidad de Manolo.

rapado *m* Acción de rapar. | Máximo *Van* 28.11.74, 10: Esta operación parece que tiene por objeto conseguir el rapado al cero, o cuando menos a cepillo, de todos los escolares españoles.

rapadura *f* Dulce canario de gofio y miel de caña. | GSosa *GCanaria* 145: Entre los productos de la repostería popular hay que citar el turrón de gofio, el bienmesabe, la trucha navideña, la tirijala, la rapadura, etc.

rapagón *m* (*raro*) Joven al que aún no le ha salido la barba. *Tb adj.* | Cela *Gavilla* 12: Kagpha, que en su remota lengua quiere decir tahúr, es joven y rubiasco, barbilucio y casi rapagón.

rapante *m* (*reg*) Gallo (pez). | Castroviejo *Abc* 8.5.58, 43: Un honrado patrón .. evaluaba ante este corresponsal en más de 100 toneladas diarias el pescado —"carioca", fanecas, buraces, chinchos, rapantes..."– que se tira muerto al agua.

rapapiés *m* Buscapiés. | A. Barra *Abc* 2.1.66, 75: La capital ha rendido honores al nuevo año con el lanzamiento de cohetes, rapapiés y triquitraques.

rapapolvo (*tb* (*pop*) **rapapolvos**) *m* (*col*) Reprimenda. | CPuche *Paralelo* 200: Intervino el dueño [del bar] .. En seguida echó un rapapolvo al camarero. L. Apostua *Ya* 2.5.75, 15: Aprovecha ["El Alcázar"] la coyuntura para dar otro rapapolvos a los obispos.

rapar *tr* Cortar [algo, esp. el pelo] al rape. | T. Medina *SAbc* 28.9.75, 6: Las manos, de uñas muy cortas, manos muy frías a veces, y a veces muy calientes, de uñas rapadas. **b)** Cortar el pelo al rape [a alguien o algo (*cd*)]. | Laforet *Mujer* 307: Debajo de la marquesina de la Estación del Norte se fueron agrupando todos aquellos niños rapados. Laforet *Mujer* 34: Aquel niño grande de cabeza rapada, .. el canto de los pájaros .. a Eulogio le conmovían. Berenguer *Mundo* 345: Yo me dije que rapaba el rebaño y lo rapé. **c)** Afeitar. | Umbral *Ninfas* 72: Al barbero que le estaba en la puerta de su barbería, sin nada que rapar.

rapatán *m* (*reg*) Rabadán. | C. GCasarrubios *Nar* 11.77, 12: Estos danzantes son ocho más el "mairal" o mayoral y el "rabadán" o "rapatán".

rapaz[1] *adj* **1** [Pers., o a veces animal] inclinados al robo o a la rapiña. | J. Baró *Abc* 16.12.70, 35: Se nos tacha de crueles, sanguinarios, fanáticos, rapaces, inquisitoriales. Moreno *Galería* 224: Homologación o semejanza .. del zorro rapaz y cazador .. con el "homo sapiens". **b)** Propio de la pers. rapaz. | R. Cristóbal *SPaís* 23.7.78, 24: Dado el planteamiento rapaz y agresivo de ciertas razas .., la vida de las clases más pobres ha tenido que estar siempre orientada hacia la lucha y dispensada del tabú social de no matar.
2 [Ave] carnívora, de pico y uñas robustos y encorvados. *Frec como n f en pl, designando este taxón zoológico.* | Legorburu-Barrutia *Ciencias* 208: Las aves carniceras o rapaces. CBonald *Ágata* 215: La noche, que era de luna creciente y se dilataba en una atronadora orquestación de sapos y llamamientos de rapaces. **b)** Propio del ave rapaz. *Tb* (*lit*) *fig.* | Delibes *Ratas* 133: Retornaba [el águila] al nido apresando entre sus garras rapaces un lagarto, una rata o una perdiz. Escobar *Itinerarios* 168: El señor Deogracias es de la Moraña, garbancero, de nariz rapaz y mofletudo. **c)** [Águila] ~ → ÁGUILA.

rapaz[2] -za *m y f* (*reg o lit*) Muchacho. | Lagos *Vida* 47: El rapaz, divertido con el reír de la hermana, seguía sordo a la advertencia. Laforet *Mujer* 312: Don Jacinto sonreía a los rapaces. SSolís *Juegos* 45: En el chigre me habían comentado que era "muy buena rapaza, muy buena, oro de ley", aunque lo de rapaza ya no le cuadraba, por edad.

rape[1]. al ~. *loc adv* A la raíz o al límite. *Gralm con el v* CORTAR. *Tb adj.* | M. E. SSanz *Nar* 3.77, 15: Se corta la cepa al rape. L. Calvo *Abc* 15.10.70, 30: Las chicas lo toman tan en serio que se pintan rayitas rojas en la frente y se ponen cristalitos en las aletas de la nariz y lucen muchos abalorios. Ellos, al rape, con una rodaja de panderete al cuello.

rape[2] *m* Pez marino de cuerpo deprimido y cabeza muy grande, que vive a menudo inmóvil en el fondo y cubierto de arena y es comestible apreciado (*Lophius piscatorius*). | Calera *Potajes* 50: Se incorpora un litro y medio de agua, el rape desprovisto de piel y espinas y cortado a trocitos.

rapé *m* (*hist*) Tabaco en polvo que se aspira por la nariz para provocar el estornudo. | Matute *Memoria* 19: Con su porcina vista baja, las veía huir .. y se le caía el bastón y la caja de rapé.

rapel *m* (*Dep*) Descenso mediante una cuerda que se desliza. *Gralm en la loc* EN, O A, ~. | *Cam* 10.8.81, 16: En seis segundos descienden, a rapel, doscientos metros desde un helicóptero en marcha.

rápel *m* (*Com*) Descuento progresivo en función del importe de la compra. | Tamames *Economía* 304: Cuando no existen precios impuestos, lo normal son [*sic*] la concesión de "rápeles" por los fabricantes a los comerciantes (es decir, la concesión de descuentos progresivos en función del valor de los artículos).

rapelar *intr* (*Dep*) Descender en rapel. | A. Bourgon *DMo* 8.8.89, 3: Una vez allí [en la azotea de la torre], dos de los voluntarios rapelaron por la pared de la torre, utilizando material de escalada.

rápidamente *adv* De manera rápida [1]. | Arce *Testamento* 18: Cuando llegamos a la falda del monte me volví rápidamente.

rapidez *f* Cualidad de rápido [1]. | *Abc* 21.5.67, 16: Economía de mano de obra. Rapidez de puesta en marcha. Gran aprovechamiento del calor.

rápido -da I *adj* **1** Que actúa o se produce en poco tiempo, o en menos de lo normal o esperado. | FCid *Ópera* 39: Tuvo fama de rápido y fácil, hasta el punto de redondear en siete días una ópera. Arce *Testamento* 15: Enzo y El Bayona cambiaron una rápida mirada. **b)** [Cosa] que se hace o puede hacerse en corto espacio de tiempo. | *Lab* 10.69, 31: Mantel de hilo color naranja bordado a rápidos puntos y de dibujo adaptable a cortinas y almohadones. **c)** [Restaurante] de comida rápida [1b]. | *Ya* 29.6.75, 19: El primer establecimiento que abre en Europa una de las importantes cadenas norteamericanas de restaurantes "rápidos" ha sido en Madrid, con el nombre de Burger King. **d)** [Tren] que realiza su recorrido a más velocidad que el normal, por no parar más que en estaciones importantes. *Frec n m.* | FAlmagro *Abc* 18.8.64, 3: Cada cual .. en su sitio. En el tren, como en el teatro. "Sud-express", Exprés, Rápido. **e)** *(Metal)* [Acero] en cuya composición entra el volframio, capaz de resistir las temperaturas producidas por rozamiento a gran velocidad y que se emplea en máquinas-herramientas. | Aleixandre *Química* 129: El vanadio y el volframio comunican al acero gran dureza; particulamermente los aceros al volframio (aceros rápidos) se caracterizan por no perder el temple aunque se calienten al rojo.

II *n* **2** *En un curso de agua:* Parte en que la corriente es rápida y agitada. | Delibes *Año* 19: Cuando la traía [la trucha pescada], tiraba tanto que el carrete empezó a patinar, y la trucha se metió en un rápido.

III *adv* **3** Rápidamente. | SFerlosio *Jarama* 59: Como tuviera usted una úlcera .., aborrecía usted la cazalla pero rápido.

rapincho *m* Planta bianual de raíces carnosas y flores azules en ramilletes largos *(Campanula rapunculus).* | Mayor-Díaz *Flora* 374: *Campanula rapunculus* L. "Rapinchos" .. Frecuente. Toda Asturias. Prados, bordes de caminos, linderos de bosques.

rapiña **I** *f* **1** Acción de robar, o de apoderarse de cosas ajenas contra la voluntad de su dueño. | Moreno *Galería* 192: Alguna que otra reiterada mala acción de rapiña de quienes, olvidando la legítima propiedad y su respeto, cambiaban haces de una era a otra. J. Balansó *SAbc* 16.3.69, 37: Las alhajas de la Corona, es decir, cuadros, vajillas, tapices, etc., que pudieron ser salvados de la rapiña napoleónica, se conservan actualmente en los distintos Sitios Reales.

II *loc adj* **2 de ~.** [Ave] rapaz (→ AVE). | CNavarro *Perros* 141: La posición de sus manos recordaba la posición de ciertas aves de rapiña.

rapiñador -ra *adj* Que rapiña. | J. L. VDodero *Abc* 27.3.58, 3: La había acumulado [la pingüe fortuna] estrujando y despojando a muchos, como la mayoría de sus rapiñadores y odiados colegas.

rapiñar *tr* Robar [algo] o apoderarse indebidamente [de ello *(cd)*]. | Onieva *Prado* 20: Rapiñado [el cuadro] durante la guerra de la Independencia, volvió en 1818.

rápita *f (hist)* Fortaleza árabe defendida por una comunidad de carácter religioso y militar. | GTolsá *HEspaña* 1, 228: En las fronteras y en las costas se solían construir castillos fortificados, llamados *rabats* (rápitas). En ellos vivía una guarnición, singular comunidad religioso-militar, anterior a las Órdenes militares cristianas.

raposera *f* Madriguera de raposa. | Cela *Mazurca* 45: La raposa del Xeixo .. tose sin entusiasmo a la entrada de su raposera.

raposería *f (lit)* Astucia. | García *Abc* 27.3.75, 3: Nos indignan las vacilaciones y cobardías de Pilatos, la duplicidad y raposería de Herodes y de Caifás.

raposero -ra *adj* [Perro] de pelo corto y orejas grandes y caídas, usado esp. en la caza del zorro. *Tb n.* | CBonald *Casa* 69: Soltó entonces a dos perros medio ahogados de excitación, unos raposeros de mucho coraje, con el manifiesto propósito de que se encargaran de levantar al jabalí.

raposo -sa **I** *n* **A** *m* **1** Zorro (animal). *A veces designa solo el macho de esta especie.* | Cela *Judíos* 299: El raposo que va de retirada cruza, enhiesto el rabo de la confianza, por el camino.

B *f* **2** Zorra (animal). | F. J. Peña *Inf* 8.8.74, 16: El enterramiento es sanitariamente deficiente, ya que con la fermentación revientan las vísceras y remueven la tierra: raposas, zorros o ratas que se alimentan con esta carne se convierten así en agentes epidemiológicos.

C *m y f* **3** Pers. astuta y taimada. | Torrente *Pascua* 363: Tengo ya dos compradores. Dos raposos que me quieren engañar. Buero *Sueño* 200: ¡Perdularios! ¡Raposos! ¿Así me pagáis?

II *adj* **4** *(reg)* Astuto. | Cunqueiro *Crónicas* 110: El escribano, que era muy atento, raposo y apuntador, le decía – ¿No andará en amores el mirlo? Torrente *DJuan* 224: Había recobrado la sonrisa raposa.

5 [Uva] **de raposa** → UVA.

rappel *(fr; pronunc corriente,* /Ŧapél/*) m (Dep)* Rapel. | SYa 17.3.74, 27: La única vez que me he visto envuelto en un accidente .. fue en un "rappel", que es una forma de descenso.

rapper *(ing; pronunc corriente,* /Ŧáper/*; pl normal* ~s) *m* Cantante de rap. | *SYa* 15.7.89, 2: Hace unas noches, en la discoteca Cobre, los "rappers" madrileños combatieron contra los ritmos ácidos, presentando un original LP, llamado "Madrid hip-hop".

rapport *(fr; pronunc corriente,* /Ŧapór/*) m* Informe. | *Abc* 6.1.68, 41: Finalmente el cardenal presentó a los reunidos el "rapport" que será estudiado por los miembros de esta Asamblea.

rapsoda **A** *m y f (lit)* **1** Pers. que recita poesías. | *Abc* 3.5.58, 40: Posteriormente, en la Plaza del Dos de Mayo, hubo una lección de Historia a cargo de D. Jesús Suevos; la rapsoda Matilde Rosario recitó las décimas al Dos de Mayo.

2 Poeta. | Cancio *Bronces* 16: Al decir de uno de tus más líricos rapsodas, hasta los faros que jalonan tu litoral .. semejan catapultas arrojando estrellas fugaces.

B *m* **3** *(hist) En la antigua Grecia:* Cantor errante de poemas épicos. | DPlaja *Abc* 14.9.74, 3: Los viejos rapsodas –el padre Homero– le ha[n] contado ya, muchas veces, que el enemigo estaba allí, abrigado en los muros de Troya.

rapsodia *f (Mús)* Composición instrumental de carácter fantástico, basada en temas populares. | Subirá-Casanovas *Música* 83: Las *Rapsodias* no carecen ciertamente de notoria importancia, pero tras de ellas se oculta el autor de las *Consolaciones* y del *Mefisto.*

rapsódico -ca *adj (Mús)* De (la) rapsodia. | Subirá-Casanovas *Música* 103: Enesco y Stan Golestan no sintieron la inquietud de crear una escuela que los liberara del folklorismo colorista que preside sus composiciones –por lo general rapsódicas–.

raptar *tr* **1** Llevarse [un hombre a una mujer] violentamente o con engaño. | DPlaja *Literatura* 17: Aquiles –ofendido porque Agamenón .. le ha raptado una esclava– se retira del combate.

2 Secuestrar [a alguien]. *Tb fig.* | Pemán *Abc* 29.11.70, 3: Ha aparecido la promoción de los "cerebros": que se exaltan, se alquilan, se compran, o se raptan. Gironella *Millón* 89: Por un momento un silencio de madrugada raptó las calles.

rapto *m* **1** Acción de raptar, *esp* [1]. | Ramírez *Derecho* 26: Así como el secuestro acoge por igual a hombre y mujer, cuando es esta la robada o desaparecida se habla de rapto. S. LTorre *Abc* 13.9.70, 17: El Frente Popular de Liberación de Palestina, ejecutor de los raptos y guardián en el desierto de sus prisioneros, .. no pertenece a la Organización de Palestina.

2 Arrebato (acometida violenta y repentina [de un sentimiento o de un estado de ánimo]). *Tb sin compl.* | Gironella *Millón* 199: Los camareros, en un rapto de entusiasmo, acordaron incorporarse como tales, en bloque. Alvarado *Anatomía* 126: Siendo muchos los robos y crímenes cometidos por borrachos en raptos de locura. Kurtz *Lado* 203: En su rapto hizo tabla rasa de mil temores.

raptor -ra *adj* Que rapta, *esp* [1]. *Tb n, referido a pers.* | Ramírez *Derecho* 37: Son nulos los siguientes matrimonios: .. los celebrados por el raptor con la robada, mientras esta se halle en su poder. *Abc* 4.12.70, 28: Cabe pensar como conjetura que en cualquiera de sus rincones estuviera esperando otro coche, al que se hubiera trasladado al secuestrado y con él parte de sus raptores.

raque *m (reg)* Acción de raquear. | Zunzunegui *Hijo* 29: Los mismos tipos pintorescos del raque poblaban aquella margen marineramente tan sabrosa.

raquear *intr (reg)* Vagar por puertos y playas recogiendo restos y objetos diversos. | Cancio *Bronces* 41: Se gana la vida raqueando de playa en bajío con un chinchorro de su propiedad.

raquerada *f (reg)* Acción propia de un raquero. | J. A. Liaño *Abc* 18.8.64, 21: Si cree que mi comentario dirigido por aquel camino puede concluir en "raquerada", estoy dispuesto a elegir otro rumbo.

raquero -ra *adj (reg)* Golfo o vagabundo de puerto. *Frec n. Frec, vacío de significado, se emplea como término*

raqueta – raro

desp o cariñoso. | Aldecoa *Gran Sol* 113: Dos campesinos, con las viseras muy caladas .., se refrescaban .. Macario Martín definió. –Raqueros del sur parecen estos tíos. Aldecoa *Gran Sol* 25: Petra Ortiz hizo ademán de tender su vaso de *orange* al pequeño. –Toma, raquerín. **b)** Propio del raquero. | Aldecoa *Gran Sol* 13: Por los grandes cangilones de la draga de cadena discurría la aventura de la chiquillería, destemplada a ratos por las advertencias de las mujeres del pescado: mímica y guirigay raqueros.

raqueta *f* **1** Instrumento de forma oval y con mango, que se utiliza para impulsar la pelota en distintos juegos, esp. el tenis. | Olmo *Cuerpo* 11: Después te dio por el encenseste .. Ahora quieres que te compre una raqueta. **b)** (*lit*) Tenista. | *Abc* 6.7.75, 79: Las primeras raquetas femeninas del mundo .. tomarán parte en el Torneo Internacional femenino de tenis que se disputará en Barcelona.
2 Utensilio semejante a la raqueta [1] de tenis, que se pone en los pies para andar sobre la nieve sin hundirse. | Repollés *Deportes* 144: Parece ser que fue en los pueblos del norte de Asia donde se dieron las primeras manifestaciones de esta actividad [esquí], pero utilizando raquetas.
3 Utensilio semejante a un rastrillo, que se emplea en las mesas de juego para retirar las posturas. | * La raqueta se deslizaba por la mesa con impresionante rapidez.
4 *En una calle o carretera:* Trazado o dispositivo para canalizar el cambio de dirección en una bifurcación o cruce. | *Abc* 2.3.75, 70: Nos desviaremos a la izquierda por la N-101. Hay una "raqueta" con "stop" que evita el giro directo a la izquierda. *Inf* 16.12.78, 32: Para facilitar el traslado de los madrileños que deseen plantar un árbol, mañana domingo, en las raquetas del puente del Alcázar de Toledo, la Delegación Municipal de Circulación y Transportes ha establecido un servicio gratuito de autobuses.

raquetazo *m* Golpe de raqueta [1a]. | Olmo *Cuerpo* 11: Y ahora, ¡tacatá!, ¡raquetazo que te crió!, ¡y la "Deivis" pa casa!

raquetista *m y f* Jugador de pelota con raqueta [1a]. | *Inf* 19.4.74, 32: Pelota .. También el cuadro de raquetistas se verá, en fecha breve, reforzado.

raqui → RAKI.

raquídeo -a *adj* (*Anat*) De la columna vertebral. | Navarro *Biología* 123: De la médula nacen 31 pares de nervios, denominados nervios raquídeos. **b)** [Bulbo] ~ → BULBO.

raquis *m* **1** (*CNat*) Eje central [de una pluma, una hoja o una espiga]. | Alvarado *Zoología* 92: En una pluma .. se distingue .. el eje central o raquis, con su parte inferior o cañón alojada en la piel. Santamaría *Paisajes* 23: *Pteris aquilina*, helecho .. Tiene un tallo aéreo de hasta 2 m., rojizo, del que salen dos o tres hojas pinnadas con pinnas numerosas triangulares, insertas en el raquis por la base y más largas las de abajo.
2 (*Anat*) Columna vertebral. | F. Vinyes *Ya* 12.9.89, 42: Al torero le han extraído un hueso de la cadera para hacer un injerto en las vértebras tercera y cuarta, que son las que estaban rotas por el golpe y comprimían el raquis.

raquítico -ca *adj* **1** [Ser vivo] pequeño y endeble. | CNavarro *Perros* 90: La vejez se les antojaría dulce por el hecho de haber dado un fruto raquítico, alguien predestinado a ser otro hombre mediocre. Zubía *Geografía* 61: Estepa: Es una formación de hierbas raquíticas resistentes al frío y a la sequedad.
2 [Cosa] pequeña o escasa. | FQuintana-Velarde *Política* 112: El financiar la inversión en el campo español .. ha tenido siempre un desarrollo raquítico. Mendoza *Ciudad* 184: Solo admitían [los edificios] una vivienda por planta, y aun esta sumamente raquítica y oscura.

raquitismo *m* **1** Cualidad de raquítico. | Tamames *Economía* 186: Reflejo de ello ha sido la fragmentación de la propiedad minera, la multiplicación de pozos y galerías y el raquitismo de las instalaciones.
2 Enfermedad propia de los niños que se manifiesta por deformaciones variables del esqueleto y que es debida a una alteración en el metabolismo del fósforo y del calcio. | Navarro *Biología* 30: Vitamina D o antirraquítica. Así llamada porque su carencia origina el raquitismo, debido a que contribuye en la fijación del calcio y fósforo por los huesos.

rara avis (*lat; pronunc corriente*, /ȓára-ábis/) *f* Pers. o cosa singular o extraordinaria. | A. ÁVillar *Abc* 14.9.68, 15: Desde entonces ha sido "rara avis" el español que no se contentaba con dominar, más o menos bien, su lengua materna.

raramente *adv* De manera rara [1a y esp. 2]. | Cela *Judíos* 242: El lobo vuelve a la carga, gruñendo raramente, extrañamente, regocijadamente. DCañabate *Paseíllo* 16: Hablo del fútbol callejero, o jardinero, en el cual rarísimamente se aprecia un atisbo, no ya de arte, sino de primorosa habilidad.

rarefacción *f* **1** (*Fís*) Disminución de la densidad [de un gas]. | * La rarefacción de los gases es un fenómeno interesante.
2 (*Med*) Disminución de la densidad y peso [de un órgano] por atrofia o resorción, conservando el mismo volumen. | F. Martino *Ya* 20.12.75, 14: Consiste [la osteoporosis] en una rarefacción del hueso causada por decremento del calcio de los huesos.
3 (*raro*) Disminución de la cantidad [de algo]. | M. Elegido *Inf* 7.8.75, 12: Carecen .. de fundamento quienes se atreven a asegurar que han sido los cazadores deportivos españoles los culpables de esta rarefacción del urogallo.

rarefaciente *adj* (*Med*) Que causa rarefacción [2]. | R. ASantaella *SYa* 24.4.83, 33: Cuando hay una carencia de calcio o de la vitamina D, .. tenemos las enfermedades óseas rarefacientes.

rareza *f* **1** Cualidad de raro [1, 2 y 3]. | Pericot-Maluquer *Humanidad* 141: La rareza del estaño constituyó un constante estímulo de viajes y exploraciones que contribuyeron en buena parte a la incorporación del Occidente de Europa a la civilización histórica.
2 Cosa rara [1 y 2]. | *Abc Extra* 12.62, 13: Cabe considerar como rarezas los viejos tipos. **b)** Hábito o manía de una pers. rara [3a]. | Clarasó *Van* 9.6.71, 86: El show de Inglaterra, por ejemplo, el Albionia-show, podría llenar toda la edición de un rotativo, empezando por las rarezas de las más encumbradas familias y terminando por las soflamas del más desharrapado voceras de Hyde-Park.

rarificación *f* Acción de rarificar(se). | *Hoy* 12.4.74, 7: Algunas zonas .. constituyen el hábitat típico de animales y plantas que se hallan en peligro de extinción o de rarificación.

rarificar *tr* **1** Hacer raro [2] [algo]. | * La pesca indiscriminada ha rarificado la especie. **b)** *pr* Hacerse raro [2] [algo]. | Pericot-Maluquer *Humanidad* 106: Algunas de ellas llegan a extinguirse. Otras se rarifican, y la población que vive a su costa tiene que enfrentarse con graves y crecientes limitaciones. *Gar* 6.10.62, 5: Las glándulas hinchadas provocan un dolor sordo; la saliva se rarifica y se seca la boca.
2 (*Fís*) Enrarecer [un gas]. | * La máquina neumática sirve para rarificar el aire. **b)** *pr* Enrarecerse [un gas]. | E. Novoa *Abc* 22.2.58, 13: Electrones y protones .. que alteran la ionosfera y que, modificando el magnetismo terrestre, son atraídos hacia las regiones polares, excitando la luminiscencia de otros gases atmosféricos rarificados.

raro -ra *adj* **1** Que se sale de lo común. | L. Pancorbo *Ya* 14.12.75, 7: La vida en las ciudades raras, como Estocolmo, puede ser de dos tipos. **b)** Sorprendente o extraño. | Laforet *Mujer* 57: Es raro. Los encuentros con los seres que amamos son siempre una sorpresa. Matute *Memoria* 65: Se hacía raro pensar que amaba al tío Álvaro.
2 Poco abundante o poco frecuente. | E. Pastor *SYa* 28.9.75, 23: Se revela así hombre superior, de espíritu aristocrático. Solidario y generoso. Y a la vez, con esas cualidades tan raras y admiradas como son el temple, la impavidez, la serenidad. Umbral *Mortal* 146: Me ha elegido al azar .. Quizás me ha elegido precisamente por desconocido, por raro.
3 [Pers.] de carácter o comportamiento difícil o extravagante. *A veces* (*humoríst*) *en constr comparativa con intención intensificadora:* MÁS ~ QUE UN PERRO AZUL, QUE UN CANARIO A CUADROS, *etc.* | *País* 19.9.81, 12: Con lo del teatro y mis cositas nunca me considerarían un político, sino un joven rarito. MGaite *Nubosidad* 80: Eres más rara que un perro azul. **b)** (*col*) [Hombre] homosexual o afeminado. *Tb n.* | Valencia *HLM* 8.9.75, 23: Estamos ante una comedia de "raros", como se les llama a los homosexuales. **c)** Propio de la

pers. rara. | * Tienes un carácter muy raro. Ridruejo *Memorias* 98: A los regulares y de la Mehala les atribuía costumbres sexuales "raras" una copla en boga.
3 (*Quím*) [Gas] noble. | Ybarra-Cabetas *Ciencias* 89: La composición química de la atmósfera .. es la siguiente: oxígeno, nitrógeno, anhídrido carbónico, vapor de agua, gases raros (neon, argon, xenon, cripton y helio). **b)** [Tierras] **raras** → TIERRA.

ras[1] *loc adv* **1 a(l)** ~. Al mismo nivel. *Gralm con un compl* DE. | Hoyo *Pequeñuelo* 23: No hay más que campo de hierba, nada más que hierba y, a ras, el primor de los quitameriendas o rodales de aterciopelado malvavisco. CNavarro *Perros* 35: El aire corría a ras de tierra. **b) a(l) ~ de tierra** (o **del suelo**). Sin altura o elevación. *En sent moral. Tb adj*. | CSotelo *Resentido* 239: Pero el público que tuvo no es sino la consecuencia natural de la vida española, tan a ras de tierra, tan vulgar. J. M. Gironés *Mun* 23.5.70, 15: Mis canciones nacen todas al ras del suelo. Son palabras y versos bien lisos y llanos.
2 ~ con ~. Al mismo nivel. | * Las mesas quedaban ras con ras.

ras[2] *interj* Imita el sonido de algo que se rasga o roza. *Frec se enuncia repetida*. | Torrente *Vuelta* 191: Inés sintió el ruido de las tijeras. Ras, ras. Unas guedejas cortas le cayeron sobre el pecho. ZVicente *Traque* 43: Me santigüé, llamé. ¿Quién? Una servidora. ¡Ras, ras! –ruido de cerrojos–.

ras[3] *m* Jefe etíope. | J. Carabias *Ya* 13.9.74, 8: Los "rases" abisinios tenían un poder semejante al de los nobles en las épocas del feudalismo europeo.

rasa *f* (*reg*) **1** Llanura alta y despejada. | *Ale* 10.8.83, 4: Precipitaciones solo esporádicas en la rasa de Potes.
2 Extensión costera grande, de topografía suave y débil pendiente hacia el mar. | Cendrero *Cantabria* 18: La línea de costa abunda en rasas litorales de levantamiento.

rasamente *adv* (*lit*) **1** De manera clara y sin embozo. | J. LSellés *Lev* 22.2.75, 18: En el fondo, las musas son claramente y rasamente reinas, en toda la extensión de la palabra.
2 De manera rasa (→ RASO[1] [5]). | G. Alemán *Día* 20.5.76, 12: El coche salta, se tambalea, levanta nubes de polvo que el viento continuo, que sopla levemente, rasamente, por aquel lugar, se encarga de depositar en el coche que nos sigue con el consiguiente berrinche del chófer uniformado.

rasante I *adj* **1** Que rasa [2]. | P. Mateu *Van* 23.6.74, 47: El sol de medianoche estaba rasante en el horizonte. **b)** [Vuelo] cuya trayectoria se mantiene muy próxima a tierra. | FVidal *Duero* 56: Anhelamos gastar sangre en vuelos rasantes, sin perspectiva de altura.
2 [Tiro] cuya trayectoria se aproxima a la línea horizontal. | * Dispara un tiro rasante contra el punto C.
II *f* **3** Inclinación respecto a un plano horizontal. *Normalmente referido a una calle o camino. Frec en la constr* CAMBIO DE ~. | CBonald *Noche* 45: El túnel iba encajonándose por una hondonada y la bovedilla apenas sobresalía unos palmos de la rasante del barbecho. S. Adame *Abc* 7.9.66, 8: Un solar irregular, con acusada diferencia de rasante hábilmente aprovechada para situar en dos planos diversos las atracciones. APaz *Circulación* 34: Si la infracción se comete en cambios de rasante .., la multa puede acompañarse con retirada del carnet.

rasar *tr* **1** Igualar la superficie [de una medida llena (*cd*)] para que contenga la cantidad justa. | Moreno *Galería* 86: Los recaudadores disponían de unos buenos raseros tipo rodillo de madera para rasar "las medias".
2 Pasar rozando [algo (*cd*)]. *Tb abs.* | Faner *Flor* 45: Buceaba más de diez brazas para arrancar las apreciadas conchas .. Si le sobraba tiempo se dejaba mecer, sin salir a flote. Rasaba la arena del fondo, y las algas de fibras oscilantes. Aldecoa *Gran Sol* 54: Por el onduleo de las aguas volaban rasando los petreles.
3 (*raro*) Cortar al rape el pelo [de algo (*cd*)]. | *HLSa* 9.11.70, 5: Originales combinaciones a base de Zorro, Nutria, Gato Salvaje, Conejo Rasado.

rasca *f* (*col*) **1** Hambre. | CBonald *Dos días* 148: –Yo me quedo .. –Y eso ¿por qué? .. –Porque no me huele bien el asunto, ¿más claro? Prefiero seguir con el carbón. –Pasando más rasca.
2 Frío intenso. | * Vaya rasca que hace.

rascacielismo *m* (*raro*) Tendencia excesiva a la construcción de rascacielos. | *Inf* 23.1.70, 15: El rascacielismo es una consecuencia inmediata del mal planteamiento de Madrid.

rascacielístico -ca *adj* (*raro*) De(l) rascacielos. | FFlórez *Abc* 31.5.58, 3: Las sugerencias que os insuflo serán, como apreciaréis, de volumen rascacielístico.

rascacielos *m* Edificio muy alto y de muchos pisos. | Laforet *Mujer* 211: Recibió la impresión extraña de un hermoso Madrid, .. dibujado con sus rascacielos y sus tejados.

rascacio *m* Pez marino comestible semejante al cabracho (*Scorpaena porcus*). *Tb* (*reg*) *designa al propio cabracho* (*Scorpaena scrofa*). | *ProP* 17.9.75, 7: Los precios del pescado del país se mantienen igual que cuando dimos nuestra última información. Pero ahora incluimos el de la merluza, a 300 pesetas, el pez espada, a 140, y el rascacio, 90 pesetas.

rascadera *f* **1** Almohaza. | G. GHontoria *Nar* 3.77, 36: También es muy rico el capítulo de ganadería con sus "aciales" de madera para el morro de las mulas durante el herraje, sus tijeras para arreglarles el pelo, sus mosqueras de cáñamo para que no les piquen las moscas en el pecho, sus "rascaeras".
2 Rascador [3]. | MCalero *Usos* 72: Al descuido raspaban las patas de los galgos con rascaderas de cajas de mixtos.

rascado *m* Acción de rascar, *esp* [1]. | *Puericultura* 63: Puede prestarse fácilmente a infecciones secundarias .. por la mayor facilidad para el rascado.

rascador -ra I *adj* **1** Que rasca [1]. | Goytisolo *Recuento* 264: Los perros rascadores, olisqueadores, aulladores.
2 (*Mec*) [Segmento] inferior de un émbolo, que sirve para recoger y eliminar la capa de aceite de la pared del cilindro. | Ramos-LSerrano *Circulación* 221: Al subir y bajar el pistón, el segmento rascador de aceite recoge el que impregna las paredes del cilindro.
II *m* **3** Instrumento que sirve para rascar [1 y 2]. | *Ya* 28.5.67, sn: Vibrator con rascador automático .. Pieza de masaje corporal. *Economía* 51: Necesitáis dos recipientes: uno para fregar, otro para aclarar .. Un rascador de goma.

rascadura *f* Acción de rascar(se) [1]. | Castellanos *Animales* 68: La suciedad y las sedimentaciones pardas, grasas, así como el sacudido de la cabeza, la rascadura intensa, y la constante inclinación de la cabeza, son síntomas de la presencia de ácaros en las orejas.

rascar A *tr* **1** Frotar la piel [de alguien o de una parte de su cuerpo (*cd*) con algo duro o áspero, esp. las uñas]. *Frec se omite el segundo compl*. | GPavón *Hermanas* 9: Al octavo [campanazo] .. ya estaba sentado en el borde del lecho, rascándose la nuca.
2 Frotar la superficie [de algo (*cd*) con un instrumento duro o áspero]. *Frec se omite el segundo compl*. | Arce *Testamento* 55: Sacó un candil de carburo .. Rascó una cerilla y lo encendió. Hoyo *Caza* 17: Rascaban la tierra con sus patas delanteras, a prisa, a ver quién terminaba antes. **b)** Raspar [algo] para quitarlo de la superficie a que está unido. | *Economía* 35: Las manchas de pintura se quitarán con esencia de trementina, después de haberlas rascado con un cuchillo. Delibes *Santos* 11: Luego, rascaba la gallinaza de los aseladeros.
3 Producir roces o arañazos [en alguien o algo (*cd*)]. *Tb abs*. | Ero *Van* 19.12.70, 35: La bufanda es peluda y me rasca la piel del cuello. *Ciu* 8.74, 18: Las marchas rascan al cambiar, siendo cada día más difícil meterlas, sobre todo la tercera.
4 (*col*) Tocar mal [un instrumento de cuerda]. | Buero *Sueño* 173: Rascan bandurrias, vociferan y creen que es música.
5 (*col*) Conseguir o lograr. *Gralm en la constr* NO HABER NADA QUE ~. | *D16* 26.9.77, 4: El Consejo de Ministros del pasado viernes firmó el acta de liquidación de la AISS .. La primera impresión al conocer la referencia del Consejo de Ministros es que los grandes perdedores vuelven a ser las centrales sindicales, pues poco es, a este paso, lo que van a poder rascar. Ni un bolígrafo les dejarán. AAlcalde *Unos* 48

(G): Si no barandelamos al Percha, pero de verdad, no hay nada que rascar.
6 llevar, o **tener**, **qué ~**. (col) Haber de ocuparse en algo muy fastidioso o que ocasiona grandes molestias. | * No te preocupes, que este de momento no molesta más; ya lleva qué rascar con el encarguito.
B intr pr **7** (reg) Enfadarse o irritarse. | Nácher Guanche 217: –Espere un pisco y yo le arreglo el negosio. –Me vengo rascando con tanta espera.

rascatripas m y f (col) Pers. que toca mal un instrumento de arco. | CSotelo Resentido 202: ¿Cuántos millones de rascatripas de balneario soñaron con tocar en Viena el concierto de Brahms?

rascón m Ave zancuda de unos 30 cm de longitud, de cola y alas cortas y plumaje oliváceo (Rallus aquaticus). | Noval Fauna 133: El Rascón (Rallus aquaticus) .. es un pájaro muy poco conocido en Asturias.

raseado[1] -da adj **1** part → RASEAR.
2 (Fút) Que va o se desarrolla a ras de tierra. | L. LSancho Abc 17.4.58, 61: Jugaban los azules .. un fútbol de pases largos sobre el centro de desmarque, rápido, de menosprecio a la triangulación y juego raseado de su primer partido.
3 [Vuelo] rasante. | P. MGarrido SYa 28.9.75, 15: Estos últimos [aviones] son más grandes y cargan hasta seis toneladas de agua, recogiéndolas directamente de un pantano, dársena o similares, en vuelo raseado.

raseado[2] m (reg) Acción de rasear [3]. | Rio 18.3.89, 12: En lo que se refiere al desglose de las cuentas, es como sigue: Estructuras metálicas, 514.800 pesetas; .. suministro y vertido de recrecido hormigón, 92.649 Pts.; levante de hasta entera con raseado de interior y exterior, 230.070 Pts.

rasear tr **1** (Fút) Llevar [la pelota] a ras de tierra. | E. Teus SYa 24.10.78, 5: Fue un Madrid pródigo de buen juego, con gran moral y rapidez, que raseó con facilidad la pelota y que careció de "pólvora" en sus acciones.
2 Rasar [2]. | Al. Sánchez Ya 15.9.91, 5: En toda la ciudad se divisan los cazas del Ejército federal yugoslavo, raseando la ciudad.
3 (reg) Igualar con la paleta [una pared] mientras está el yeso fresco. | CoE 3.8.74, 4: El Ayuntamiento de Baracaldo .. recuerda a todos los propietarios de lonjas sitas en el Municipio la obligación de proceder al cierre de las mismas con pared de ladrillo raseada y enlucida hasta una altura de 2,50 metros.

rasero -ra I adj **1** (raro) Que va a ras del suelo. | Chamorro Sin raíces 109: Los cohetes solían resultar un eficaz coadyuvante .. Cohetes raseros y zigzagueantes que se metían entre piernas y faldas.
II n **A** m **2** Utensilio que sirve para rasar [1]. | Moreno Galería 86: Los recaudadores disponían de unos buenos raseros tipo rodillo de madera para rasar "las medias".
3 Medida o valoración [de una pers. o de cosa no material]. Normalmente en la constr EL MISMO ~. | DPlaja El español 54: ¿Cómo va a tratar Dios con el mismo rasero a un holandés que a un español, a alguien de la tierra de la Virgen del Pilar? DPlaja Abc 6.6.67, 3: Hacer pasar por el mismo rasero el trabajo, importante, sin duda, pero coherente en su trámite, del burócrata, con la pequeña hazaña de creación intelectual que supone una clase bien dada, me parece un pequeño atropello al espíritu.
4 (reg) Campo llano y sin arbolado. | MÁngel ASeg 27.2.76, 6: Todavía eran numerosos los riazanos que explotaban sus pequeños cultivos, se veían las mulas trillando en "el rasero".
B f **5** (reg) Utensilio de cocina consistente en una paleta metálica, gralm. con agujeros, que se emplea esp. para los fritos. | C. GCasarrubios Nar 7.76, 12: También se hace la rasera; es una especie de pala plana con el mango muy largo y que se utiliza para remover la comida en la lumbre y en especial las migas.
6 (reg) En una corriente de agua: Parte pendiente y poco profunda, con el cauce cubierto de cantos rodados. | Delibes Inf 24.9.75, 16: El río se cierra, y tan solo de tarde en tarde, en alguna rasera, saco una truchita que no alcanza la marca.

rasgado[1] -da adj **1** part → RASGAR.

2 [Ojo] alargado y con la comisura de los párpados muy prolongada. | Anson SAbc 20.4.69, 8: Monumentos vivos como el apacible elefante, el león incomparable, el bestial rinoceronte, el antílope de ojos rasgados.

rasgado[2] m Acción de rasgar(se). | Ciu 8.74, 30: Análisis comparativo de pantalones vaqueros .. Marca Lois oscuro .. Resistencia al rasgado: Algo baja.

rasgador -ra adj Que rasga. | Tri 26.6.71, 44: Es igualmente efectuada [la operación de empaquetado] de forma totalmente automática en todas sus fases: Control, .. celofanado y colocación de la cinta rasgadora.

rasgadura f Acción de rasgar(se). Frec su efecto. | Lera Boda 692: Ellas lograban desasirse aun a cambio de rasgaduras en los vestidos. Not 19.12.70, 18: Si lo adquiere [el pescado] en piezas enteras, observe que esté totalmente duro, sin erosión ni rasgaduras en la piel.

rasgamiento m Acción de rasgar(se). | Pue 7.9.68, 14: Ni campanas al vuelo ni rasgamiento de vestiduras.

rasgar tr Romper [algo, esp. papel o tela] tirando con fuerza y sin usar ningún instrumento cortante. Tb (lit) fig. | Abc 14.5.67, 42: Rasgue el libro y tírelo a la papelera. Laforet Mujer 193: Cuando el teléfono comenzó a sonar, era como si rasgaran toda su piel sobre los nervios. **b)** Romper [algo, esp. papel o tela] haciendo fuerza [con un instrumento más o menos cortante]. Tb (lit) fig. | * El loco rasgó el cuadro con un cuchillo. T. Salinas MHi 12.70, 33: Tres ventanas rasgaron el tambor del ábside patinado por la nieve y el viento en su color grisáceo. **c)** pr Romperse o abrirse [algo, esp. un papel o una tela]. | Vesga-Fernández Jesucristo 146: El velo del Templo se rasgó. **d) ~se las vestiduras** → VESTIDURA.

rasgo I m **1** Línea trazada al escribir, esp. ornamental. | Clara Sáb 10.9.66, 46: Fragmentación y retoques de varias letras, falta de continuidad en el rasgo, que suele ser lento, trémulo y brisado.
2 Línea característica [del rostro de una pers.]. Normalmente en pl. | E. Rey Ya 21.5.74, 23: Los auténticos gemelos son portadores del mismo bagaje genético: se parecen plenamente y son siempre del mismo sexo. Los rasgos de la cara, el arco de las cejas y el color del pelo y de los ojos es idéntico.
3 Peculiaridad o nota característica [de alguien o algo]. | Escrivá Conversaciones 158: Los rasgos que las caracterizan [a las instituciones] pueden resumirse así. Alarcos Fonología 42: Cada sonido presenta, pues, los rasgos pertinentes del fonema de que es realización, más otra serie de rasgos fónicos irrelevantes.
4 Acción que manifiesta [una cualidad (adj o compl especificador)]. | J. Carabias GacNS 16.8.74, 9: Ha sido un rasgo de generosidad digno de todo elogio. **b)** Sin compl: Acción amable o generosa. | A. RAntigüedad Abc 3.12.57, 17: Cementos Rezola .. tuvo ayer tarde el feliz rasgo de invitar a una nutrida representación de los elementos constructores de San Sebastián y de la provincia para que visitaran la fábrica de Añorga.
II loc adv **5 a grandes ~s**. Sin entrar en detalles. Tb adj. | GÁlvarez Filosofía 1, 239: El despliegue histórico del agustinismo puede ser descrito a grandes rasgos como sigue.

rasgón m Rotura hecha al rasgar(se). Tb (lit) fig. | DCañabate Paseíllo 37: La punta de una navaja le hizo un rasgón en la chaqueta. Hoyo Glorieta 23: A veces se producía un rasgón de luz, rápido y vibrátil. Cossío Montaña 267: Llegados a Santander, sentimos la necesidad de volver a reunirnos para deplorar en común el rasgón dolorosísimo que en nuestras pobres filas había hecho la muerte.

rasgueado m Rasgueo [1]. | DNa 8.7.64, 4: Al amanecer del día 29 recorrieron las calles cantando la aurora .. un grupo de unos setenta muchachos y muchachas que al rasgueado de violín, bandurrias y guitarras anunciaron el acontecimiento.

rasgueante adj Que rasguea. | M. Merino Abc 21.3.58, 37: En aquellos tablados y tabladillos nacieron a la vida artística Amalia Molina, .. Adela del Barco –luego Lulú–, moviendo su cuerpo de flor al aire rasgueante de la guitarra mágica de Adela Cubas.

rasguear A tr **1** Tocar [la guitarra u otro instrumento similar] rozando varias cuerdas a la vez con la punta de los dedos. Tb abs. | Delibes Mundos 161: El pordiosero tinerfeño no ha renegado de la música, mas en lugar de rasguear la guitarra o tantear un acordeón asmático, como hicieron sus antepasados, se vale de un transistor japonés. RIriarte *Muchacha* 339: Acomoda la guitarra sobre sí. Rasguea un poco.

B *intr* **2** Hacer rasgos [1] al escribir. | Medio *Bibiana* 264: Firma y rasguea, rompiendo con la rúbrica el papel.

rasgueo *m* **1** Acción de rasguear. *Tb su efecto.* | Cossío *Confesiones* 68: Al pasar por una calle escuchamos dentro de una casa el rasgueo de una guitarra. Sanz *Abc* 18.1.76, 25: Entre esta riqueza bibliográfica hay que destacar unos cuantos códices de los siglos XII y XIII, interesantísimos, escritos con letra bellísima, con miniaturas y rasgueos en las capitales.

2 Ruido del roce de la pluma al escribir. | Lagos *Vida* 16: Su mano empuñó la pluma y volvió a deslizarse por el papel con un rasgueo de carcoma, insistente, monótono.

rasguño *m* **1** Arañazo. | R. Saladrigas *Abc* 3.12.70, 47: Es el bálsamo que alivia el escozor de los rasguños. J. J. RLara *Hoy* 5.11.78, 28: Para que el sello tenga auténtico valor debe presentar ciertas características .. La impresión también debe ser nítida, sin rasguños ni manchas.

2 (*Pint*) Dibujo de tanteo. | Camón *Abc* 1.8.63, 3: El artista consigna aquello que solo se substantiva en la conciencia del espectador. Es decir, lo que .. antecede al rasguño y aun al borrón.

rash (*ing; pronunc corriente,* /ɾas/) *m* (*Med*) Erupción cutánea. | MNiclos *Toxicología* 29: Es frecuente observar un rash eritematoso, tal vez acompañado de descamación.

rasilla *f* Ladrillo hueco y delgado que se emplea para solar y para hacer construcciones ligeras. | Pombo *Héroe* 109: Eugenia .. quería dividir la casa en dos, total cuatro tabiques, cuatro rasillas, cuatro nadas.

rasmia *f* (*reg*) Empuje y tesón. | J. M. Zaldívar *Not* 30.12.70, 22: Su asistencia no se resumía [*sic*] a dejar constancia física, sino a colaborar en todo menester: llevar las cuentas rosarieras, mantener el báculo de los arzobispos, lanzar hisopo o panegírico con la misma rasmia baturra.

raso¹ -sa I *adj* **1** Liso o que no tiene relieves ni asperezas. | * Cara rasa. **b)** [Campo] llano, sin árboles ni edificaciones. | *Ama casa 1972* 81: Si se está en campo raso, la posición más aconsejable es la de tumbarse sobre la tierra. **c)** [Cielo] ~ → CIELO.

2 [Cielo o tiempo] que carece de nubes. | Moreno *Galería* 78: El cielo, raso "como la patena", empezaba a mancharse de frailones blancos. Delibes *Santos* 137: La mañana está rasa.

3 [Medida] llena justo hasta el borde. | Bernard *Salsas* 49: Se rehoga en manteca la cebolla y la zanahoria picadas finamente, añadiendo .. dos cucharadas soperas rasas de harina.

4 [Soldado] que carece de graduación. *A veces se usa referido a otras actividades ajenas al ámbito militar.* | Laforet *Mujer* 221: Eulogio era el único soldado raso entre los recién casados. Aldecoa *Gran Sol* 98: Las motoras, .. el juego de las artes ocupaban sus cálculos imaginativos de marineros rasos, pobres y esperanzados. E. ÁPuga *Mun* 17.10.70, 17: El que la quiera ejercer, que actúe a nivel de simple ciudadano raso, como uno más entre tantos.

5 Que va o se realiza a ras del suelo. | Miró *As* 14.12.70, 7: Hicimos juego raso y no perdimos nunca la calma. R. Santidrián *HLM* 26.10.70, 26: Marcial, el repescado de Kubala, que solo respiró, digamos, en un disparo raso en la segunda mitad que Miguel Ángel salvó estupendamente.

6 [Silla o asiento] que no tiene respaldo. | GPavón *Reinado* 54: Lo sacaron del Depósito y lo sentaron en una silla rasa que por allí había.

II *m* **7** Terreno sin arbolado ni edificaciones. | Tamames *Economía* 123: La diferencia entre esas dos cifras .. es la expresión de los claros o rasos de la superficie arbolada ya existente.

8 Intemperie de la noche. *Normalmente en la constr* AL ~. | Moreno *Galería* 61: Los pastores que pasaban, como acostumbraban a decir ellos mismos, "las noches al raso".

III *loc v* **9 hacer tabla rasa** → TABLA.

raso² *m* Tejido que presenta por su derecho una superficie lisa y brillante, sin trama perceptible. | CNavarro *Perros* 51: Sobre una de las sillas tapizadas en raso salmón había un paraguas negro.

rasoliso *m* Cierta variedad de raso². | CBonald *Ágata* 39: Se entró con el niño en el chozo, poniéndose el holgado traje de rasoliso que encontró en el hato.

raspa I *n* **A** *f* **1** Espina de pescado, esp. la central. | Moreno *Galería* 215: La pieza necesaria para el sortilegio era la raspa de la sardina. **b)** (*col*) Columna vertebral. | ZVicente *Mesa* 62: Sí, sí, apresúrate a recoger el libro, dobla la raspa bien, bien, que se te vea que te caes del zepelín para dar las gracias.

2 Filamento del cascabillo [del grano de trigo u otra gramínea]. | Halcón *Campo* 13: Los romanos .. adoptaron el *triticum siligo*, trigo desnudo, sin raspa y blando, porque da un pan más tierno y ligero. **b)** (*reg*) Cereal que tiene raspa. | Cuevas *Finca* 14: A don Santiago y a Gregorio .. les disgusta la raspa tardía.

3 (*raro*) Filamento duro que sobresale de una superficie. | *BOE* 2.9.77, 19710: Serán [los cinturones] de fibra natural, artificial o mixta, de trenzado y diámetro uniforme y carecerán de imperfecciones (raspas, empalmes, etc.).

4 Baile popular de carácter festivo, surgido alrededor de 1950, que se realiza cruzando las piernas con los brazos en las caderas y girando después alternativamente a un lado y a otro unidos los brazos opuestos de cada pareja. *Tb su música.* | Alfonso *Abc* 24.3.66, 55: A través de aquellos hitos, hemos rematado en el cha-cha-cha, la raspa, la pachanga, el rock, el madison, la yenka.

B *m y f* **5** (*col*) Pers. pilla o sinvergüenza. *Tb adj. Gralm referido a mujer.* | Olmo *English* 60: –Pero ¿qué te pasa? .. –¡Que las raspas no me van! –¡No arañes! –¡A ti te señalo yo!

II *loc pron* **6** (**ni**) **la**(**s**) **~**(**s**). (*col*) Nada. *Gralm en la constr* NO QUEDAR NI LAS ~S. | *D16* 26.9.88, 1: Luis Ramallo, portavoz parlamentario de Alianza Popular, declaró ayer que .. "si no superamos la imagen de división y crisis, en AP no quedarán ni las raspas".

raspado¹ -da *adj* **1** *part* → RASPAR.

2 (*col*) Muy justo en cantidad o medida. | *Abc* 7.11.89, 19: Con la raspada mayoría absoluta o sin ella, el Partido Socialista no puede seguir gobernando del modo y manera en que se venía haciendo.

raspado² *m* Acción de raspar. | F. Ángel *Abc* 21.1.72, 10: Es muy recomendable que, antes de efectuar el tratamiento, se haga una limpieza intensiva de los troncos y ramas gruesas, mediante un descortezado o raspado con guante de malla de acero y después con cepillo metálico. **b) ~ de matriz.** Operación que consiste en raspar con una cuchilla cortante la mucosa de la matriz. *Frec simplemente ~.* | Cela *Viaje andaluz* 314: Muchachas .. que muy de tarde en tarde van a la ciudad para asistir a la boda de una prima segunda o para hacer un raspado de matriz. MSantos *Tiempo* 109: Ya no gritaba. Dormía o estaba muerta .. Amador a la oreja le decía: "Hay que hacer un raspado".

raspador -ra I *adj* **1** (*raro*) Que raspa. | Chamorro *Sin raíces* 197: Tampoco podía recostarse sobre el lado derecho porque la asaltaba una tos seca, sil[b]ante y raspadora, una tos que, al no arrancar nada, iba en aumento.

II *m* **2** Utensilio que sirve para raspar. | Pericot *Polis* 18: Llegaron al continente tribus asiáticas .. y trajeron consigo técnicas distintas en el trabajo de la piedra: hojas pequeñas, puntas, raspadores, buriles.

raspadura *f* **1** Acción de raspar. *Tb su efecto.* | Romeu *EE* nº 9.63, 26: Tales raspaduras han sido causa de laceraciones en el folio correspondiente. Mascaró *Médico* 69: Las heridas se clasifican en abrasiones (raspaduras, .. excoriaciones), punturas.

2 Partícula desprendida de una cosa al rasparla [1]. *Gralm en pl. A veces en sg con sent colectivo.* | Legorburu-Barrutia *Ciencias* 239: Observar al microscopio .. raspaduras de patatas. Calera *Postres* 63: El arroz se cuece en la leche y se le agregan la harina, el azúcar, los huevos, la raspadura de limón.

raspalengua *f* Planta vivaz de tallos ásperos, hojas escuras, coriáceas, con aguijones, y flores amarillentas en racimo (*Rubia peregrina*). | Cendrero *Cantabria* 88: Estrato herbáceo: *Rubia peregrina* L.: Raspalengua.

raspanera f (reg) Arándano (planta). | Mayor-Díaz *Flora* 564: *Vaccinium myrtillus* L. "Arándano", "Raspanera", "Arandanera" .. Las bayas, de alto valor nutritivo, se utilizan contra la diarrea.

raspante adj Que raspa [2]. *Frec fig.* | Arce *Precio* 152: El olor un poco seco y raspante del maíz descabellado se pegaba al olfato. GHortelano *Amistades* 26: Ella le miró desconcertada e inmediatamente emitió una risita raspante.

raspar tr **1** Frotar la superficie [de algo (cd) con un objeto áspero, punzante o cortante]. *Frec se omite el segundo compl.* | Laforet *Mujer* 32: El hombre raspaba con su navaja la cazoleta de la pipa. Trévis *Gallega* 28: Patatitas nuevas, previamente raspadas. **b)** Frotar [algo con un objeto áspero, punzante o cortante] para quitarlo de la superficie a la que está unido. *Frec se omite el segundo compl.* | Borrás *Abc* 13.5.58, 19: Es ahora cuando a los Borja, o Borgia, se les va raspando la capa de lodo con que el antiespañolismo les cubrió.
2 Producir arañazos o roces [en algo (cd)]. *Frec abs. Tb (lit) fig.* | *Economía* 31: Lo más fácil es pasar sobre ella con el pie un estropajo de viruta de acero, que al raspar quita toda la suciedad. Laforet *Mujer* 213: Aquel relincho desagradable y obsesivo .. le raspaba por dentro la sensibilidad. M. Morgan *Miss* 9.8.68, 74: Su angustia se irá transformando en un recuerdo triste hasta que llegue a ser .. un recuerdo triste pero que no raspe.

raspilla f Planta anual hirsuta, tendida o trepadora, de flores pequeñas rojas o violetas (*Asperugo procumbens*). | C. Sáez *Nar* 7.76, 13: Con respecto a los temas [de los bordados de los arreos], hay una gran variedad de ellos y pasan desde estrellas enmarcadas en círculos .. hasta círculos, medios o enteros, enmarcando flores y hojas de raspilla.

raspinegro -gra adj [Trigo] de raspa [2] negra. | Delibes *Ratas* 152: Los trigos secos y raspinegros no aguantarían la piedra.

raspón m **1** Lesión o erosión causada por un roce violento. | Cero *Cod* 17.5.64, 2: Haber circulado todos los sábados a las horas punta por la Gran Vía de Madrid en coche sin haber sufrido un solo raspón.
2 (reg) Escobajo [del racimo de uvas]. | R. Armas *Día* 26.9.75, 13: El estrujado o pisado de los racimos debe ser, para vinos tintos, cuidadoso y enérgico, pero sin desgarrar o despedazar con exces[o] los raspones ni triturar pepitas, pues perjudicarían la calidad del vino.

rasponazo m Raspón [1]. | Sampedro *Río* 23: Los labios apretados, la firmeza del pecho y los rasponazos en las manos eran los de una mujer viviendo en plena sierra.

rasposo -sa adj Áspero o que raspa [2]. *Tb fig.* | MSantos *Tiempo* 93: La mano se impregna del yeso acre de la pared, siempre tan rasposo. Buero *Lázaro* 153: A poco suenan sus voces: aflautadas y rasposas como las de ciertos enanos.

rasqueta f Utensilio de forma variada, frec. formado por una chapa afilada y un mango, y usado para raspar o frotar determinadas superficies. | *Hacerlo* 61: Cambiar un vidrio no es problema insoluble, pero hay que tener a mano los instrumentos necesarios. Son precisos: un martillo pequeño, clavos sin cabeza, una rasqueta pequeña, masilla .. y un diamante. APaz *Circulación* 159: No ponga en marcha el limpiaparabrisas con el cristal seco .. Es preferible esperar a que se moje en abundancia, para que las rasquetas puedan limpiar el lodo. *Animales marinos* 200: Mejillón .. Procedimiento de pesca: .. Con rasqueta en las rocas.

rasquil m (reg) Rastro o rastrillo (utensilio agrícola). | E. Satué *Nar* 11.77, 6: Un útil de laboreo agrícola, el "rasquil" o "retabillo", tabla dentada con mango que servía para no dejar abandonado ningún resquicio de cereal o paja durante la cosecha, puede ser el símbolo de lo que fue la existencia del hombre de Sobrepuerto.

rasquilar tr (reg) Recoger [la mies] con el rasquil. *Tb abs.* | E. Satué *Nar* 11.77, 6: El "rasquil" o "retabillo" .. puede ser el símbolo de lo que fue la existencia del hombre de Sobrepuerto: "rasquilando toda su vida".

rasquiña f (reg) Comezón que incita a rascarse. | CBonald *Ágata* 205: Cuando llegó Manuela, no sin una creciente rasquiña, a su habitación, comprobó que efectivamente tenía toda la carne plagada de ladillas.

rasta adj (Rel) Rastafari. | *SYa* 12.6.88, 18: Se llamaba Bob Marley y se convirtió en leyenda cuando consiguió poner de moda en todo el mundo la música reggae y la filosofía rasta. *Ya* 3.10.90, 46: La cultura rasta en Jamaica.

rastacuero (tb, más raro, **rastacueros**) m (desp) Nuevo rico. *Tb adj.* | Cossío *Confesiones* 14: Los descendientes de aquellos asaltantes de los bienes eclesiásticos .. en el curso de los años crearon una aristocracia de rastacueros. **b)** *Frec se usa para ponderar el mal gusto o la ignorancia.* | LTena *Luz* 12: El rastacueros de Pepito Sanmiguel, que es un zote y que no rebuzna porque Dios es bueno, me descubre la piedra filosofal. M. Boyer *D16* 12.1.89, 4: No conozco a nadie tan loco o tan rastacueros para planear semejante cosa [un dormitorio de 400 metros cuadrados].

rastafari adj (Rel) De un grupo religioso jamaicano que adora como dios a Haile Selassie. *Tb n, referido a pers.* | L. C. Buraya *SYa* 12.6.88, 20: Ziggy Marley .. tiene tres hermanos, y como toda buena familia rastafari, todos trabajan juntos .. Bob Marley, el legendario rastafari, dejó en el mundo una especie de fotocopia de sí mismo.

rastel m Barandilla. | Delibes *Tesoro* 117: El Alcalde se adelantó ceremoniosamente hasta el rastel del remolque y se encaró con el indiferente auditorio.

rastra[1] I f **1** Tabla que, arrastrada por una caballería, sirve para recoger la parva de la era. | Moreno *Galería* 141: Horcas y palas de volver, rastras y algunos otros objetos para la faena de trillar fueron desplazados por la máquina trilladora.
2 Grada[2] (utensilio para alisar la tierra labrada). | A. Álamo *Abc* 30.5.71, 39: Entre la maquinaria agrícola .. figuran tractores, .. abonadoras, rastras, rastrillos, arados.
3 Cosa que va arrastrando. | Matute *Memoria* 122: Rondaba .. por fuera de los muros del declive, con mi sombra como una rastra.
4 Cría [de una res], esp. la que aún mama. *Tb en sg con sent colectivo.* | Cela *Viaje andaluz* 206: Un rebaño de treinta o cuarenta yeguas –la zanquilarga rastra retozando– está inmóvil al sol. MFVelasco *Peña* 264: El olor de la carne pasada atrajo a una jabalina con su rastra de rayones.
5 (raro) Pers. o animal que sigue o acompaña ordinariamente [a alguien (compl de posesión)]. | Cela *Pirineo* 192: El viajero y el perro Llir, su rastra, más mohínos que alegres, .. repostaron en la fonda del señor Delseny.
6 (reg) Narria. | G. GHontoria *Nar* 6.77, 32: Para las secciones de Trabajos agrícolas se ha adquirido un arado radial .. Transporte: "Rastra" y "carpancha" para el transporte de la hierba y del estiércol en el Valle del Pas, Aldano (Santander).
7 (reg) Rastrillo[1] [5]. | G. GHontoria *Nar* 6.77, 33: Muestra de las famosas alforjas "morellanas" de Castellón .. Rastra de madera con púas de hierro para "rastrillar" el lino.
II *loc adv* **8 a ~s** (o, más raro, **a (la) ~**). Arrastrando. *Tb fig.* | DCañabate *Paseíllo* 144: Entonces el tremendista se pronuncia por ir él hacia el toro muy pausadamente, con la muleta a rastras como si le pesara mucho y quisiera abandonarla. Delibes *Guerras* 45: ¿No se estarán haciendo los muertos para arrimarse a la rastra, como culebras? Torrente *Off-side* 16: A rastras vendría a la Embajada, lo sabes bien. Champaña de marca, caviar, y la ocasión de hablar un poco de francés. **b)** De mala gana o a la fuerza. | * Si ves que todo lo hacen a rastras, se te quita la gana de pedir nada.

rastra[2] f (reg) Ristra [de ajos o cebollas]. | Moreno *Galería* 47: Rastras u horcas de ajos.

rastrar tr (raro) Llevar a rastras. | Guillén *Lenguaje* 31: Garrar –que es rastrar por el fondo el ancla defectuosamente fondeada–.

rastreable adj Que se puede rastrear. | CBonald *Ágata* 298: Aquel otro desajuste entre la todavía rastreable suntuosidad y el ostensible desmoronamiento del propio espacio habitado.

rastreador -ra adj Que rastrea, esp [1]. *Frec n, referido a pers.* | Anson *SAbc* 20.4.69, 12: En un "jeep" sube el cazador profesional, dos cazadores aficionados españoles, los rastreadores indígenas y yo. Á. Río *Ya* 23.2.78, 26: Dos [ratas] por cada madrileño, .. formando auténticas colmenas en las zonas más deprimidas de Madrid, en los suburbios, compañeras de la miseria chabolista, rastreadoras de basuras amontonadas.

rastrear *tr* **1** Seguir el rastro[1] [1] [de alguien o algo (*cd*)]. | GNuño *Escultura* 44: Otros hallazgos del mismo fondo racial conducen hacia la relación que andamos rastreando.
2 Buscar un rastro[1] [1] examinando detenidamente [un lugar (*cd*)]. *Tb fig.* | *Abc* 3.12.70, 22: Fuerzas de la Policía están rastreando diversas zonas guipuzcoanas que .. podrían estar de algún modo relacionadas con el secuestro del cónsul alemán. E. Franco *SArr* 27.12.70, 47: Si rastreamos el período que clausuran las fiestas navideñas próximas, daremos con un par de fenómenos.
3 Arrastrar [por el agua o su fondo (*cd*)] un utensilio adecuado para pescar o sacar algo. | *Abc* 18.8.73, 29: Un equipo de cuatro buzos de Gijón vienen rastreando en los últimos días el fondo del pantano.
4 (*reg*) Llevar [algo] arrastrando. | Delibes *Castilla* 175: Yo atraigo a los raposos con las tripas de ellos mismos .. O sea que yo rastreo las tripas desde el monte .. ¿Que cómo?, .. agarro las tripas, las ato con una cuerda y las pongo en un bote ocho o diez días .. Después me subo con ellas al monte y las traigo rastreando por caminos y cameras hasta el mismo cepo.
5 (*Taur*) Llevar [el toro la cabeza] casi tocando el suelo. *Tb abs.* | Lera *Clarines* 427: El novillo rastreó la cabeza e intentó acometerles por uno de los intersticios de la valla.

rastrel *m* Listón grueso de madera. | *DMo* 22.8.90, 16: Promoción de 24 viviendas .. Parquet tillado sobre rastreles en dormitorios, salón y pasillos.

rastreo *m* Acción de rastrear. | CBonald *Ágata* 85: Quiso hacerlo partícipe del viejo secreto de los vasos, sabiendo quizá que se acercaban a las finales probabilidades habidas y por haber para el rastreo de su origen. A. Semprún *Abc* 19.12.70, 33: La Guardia Civil ha "peinado" prácticamente la provincia guipuzcoana y continúa su ingente labor de rastreo. *NotC* 25.2.71, 5: Acababan [los bailes], dentro de una atmósfera polvorienta .., en un apretujado rastreo de pies al son de la marcha de los Judíos.

rastreramente *adv* De manera rastrera[1] [2]. | Borrás *Abc* 13.5.58, 19: Cae César, nos avergüenza decir cómo, y Lucrecia queda a merced del Romanticismo y de los papanatas o iletrados, que siguen rastreramente la huella de los primates.

rastrero[1] **-ra** *adj* **1** Que va a ras del suelo. | Delibes *Ratas* 36: De la parte del pueblo una tibia calina se fundía con el humo rastrero de la paja quemada en los hogares. **b)** (*Bot*) [Tallo] que crece a ras del suelo. | Ybarra-Cabetas *Ciencias* 256: Por su orientación se clasifican [los tallos] en verticales .., horizontales y rastreros. **c)** [Planta] de tallo rastrero. | Delibes *Mundos* 133: Más arriba, las retamas languidecen; aparece .. el escoedo, una insignificante planta rastrera coronada por unas deleznables escobillas. **d)** [Enebro] ~, [sabina] **rastrera** → ENEBRO, SABINA.
2 (Pers.] que para conseguir su propósito no duda en recurrir a procedimientos viles, tales como la adulación o la propia humillación. | * No seas tan rastrero, defiende al menos tu dignidad. **b)** Propio de la pers. rastrera. | * No resisto esa actitud tan rastrera. **c)** Vil o despreciable. | Olmo *Golfos* 151: Una frase vulgar, una frase rastrera, hizo de mí lo que soy.

rastrero[2] **-ra I** *adj* **1** De(l) rastro[2]. | J. Sampelayo *SYa* 16.3.75, 7: En las estanterías de las hemerotecas .. están los tomos de las revistas de otros días. Por el santo suelo de los baratillos rastreros, .. andan los números sueltos de las mismas para atracción de nostálgicos.
II *m y f* **2** Vendedor de un rastro[2]. | *Ya* 28.12.87, 20: Los vendedores ambulantes de fruta, más conocidos por *rastreros*, que todos los sábados se reúnen .. para vender sus productos en el popular Rastro de Aranjuez, han recogido firmas en contra de la decisión del Ayuntamiento, que pretende que desaparezca el 50 por 100 de los puestos de frutas.

rastrilla *f* Rastro[1] [2] que tiene el mango unido al travesaño en la parte opuesta a la de las púas. | Lama *Aves* 82: Provistos de las correspondientes rastrillas, nos encamina- mos .. hacia el prado de la mies, lugar en que debíamos de llevar a efecto nuestro sencillo trabajo [de esparcir el heno]. Moreno *Galería* 26: Arrastradas las brasas con la rastrilla, y barrido el suelo con el barredero.

rastrillado *m* Acción de rastrillar. *Tb* (*lit*) *fig.* | Umbral *Mortal* 12: Era mi pelo rubio trigal por donde .. hoy solo pasan peines tristes, y el rastrillado de las ideas, que un día me alborotó la cabellera de metáforas, y que hoy me va dejando la cabeza como un campo sembrado, roturado.

rastrillar *tr* **1** Recoger [algo, esp. hierba o mies] con el rastro o rastrillo. *Tb abs.* | Cela *Viaje andaluz* 30: El hombre del gallinero apoyó el rastrillo en la tela metálica .. –Si a usted le parece bien, un servidor le [r]astrilla el excremento, vamos, quiere decirse la mierda. [*En el texto,* trastrilla.] MGaite *Nubosidad* 144: De entonces acá no paro de podar y de rastrillar cada vez más a fondo, arrancando hierbajos.
2 Allanar [la tierra] con la rastra o el rastrillo. | Delibes *Parábola* 49: Por la tarde, Jacinto siembra el seto en torno al refugio .. rastrillando suavemente, al final, la superficie de tierra removida. Mendoza *Ciudad* 110: Una brigada de obreros rastrillaba la arena para borrar las últimas huellas del campamento que allí había existido durante más de dos años.
3 Limpiar [el lino o el cáñamo] con la rastra o rastrillo. | G. GHontoria *Nar* 6.77, 33: Para las secciones de Trabajos agrícolas se ha adquirido un arado radial .. Rastra de madera con púas de hierro para "rastrillar" el lino.

rastrillear *tr* (*reg*) Rastrillar. | *Ya* 2.12.70, 39: Se procede a arreglar la arena, rastrilleando el ruedo.

rastrillo[1] *m* **1** Rastro[1] [2]. | Arce *Testamento* 47: Se hallaban en sus hazas esparciendo la hierba por lo alto con los rastrillos.
2 Utensilio semejante al rastrillo [1], sin púas, que se emplea en las mesas de juego para retirar las posturas. | Laiglesia *Ombligos* 251: Los *croupiers*, con sus rastrillos, recolectaban abundantes cosechas de fichas.
3 Verja o puerta de hierro [de una fortaleza o penal]. | Grau *Lecturas* 177: La artillería del Alcázar disparaba sus salvas, con sonoro estruendo, cuando Ana de Austria cruzaba el rastrillo para entrar en la medieval fortaleza. Delibes *Guerras* 179: –De ahí me pasaron a la Provincial. –¿Qué impresión te hizo ver caer el rastrillo detrás de ti?
4 Reja que se pone en una boca de admisión de agua para impedir el paso de objetos flotantes. | * El rastrillo de la alcantarilla estaba lleno de suciedad.
5 Peine de púas verticales de hierro usado para limpiar lino o cáñamo. | * En la cámara había un rastrillo de limpiar cáñamo.
6 Utensilio de labranza para alisar la tierra después de labrada. | A. Álamo *Abc* 30.5.71, 39: Entre la maquinaria agrícola .. figuran tractores, .. abonadoras, rastras, rastrillos, arados.

rastrillo[2] *m* Mercadillo de objetos variados. | *Abc* 28.10.75, 33: Un grupo de jóvenes ha solicitado del Ayuntamiento de León autorización para montar, en la Plaza Mayor de la capital, un rastrillo en el que ellos mismos pondrían a la venta objetos propios.

rastro[1] **I** *m* **1** Vestigio o huella. | GPavón *Rapto* 79: Todo nos pasa por la cabeza y el corazón como el río bajo los puentes, sin dejar otro rastro que alguna rama entre los juncos y un retronar sin bordes. J. Balansó *SAbc* 16.3.69, 37: Desde este momento se pierde todo rastro de las joyas de la Corona española. **b)** Olor que deja [alguien o algo]. | Delibes *Castilla* 175: Si tal que aquí está el cepo, le pongo una tajadita de tocino delante, a cuatro metros .. Y de la parte de fuera, a la salida del rastro, otra tajadita de cebo por si acaso .. De forma que él viene tal que así .., coge el rastro, ve la tajadita de tocino y se mete de bruces en el cepo. Á. Zúñiga *Van* 30.5.74, 25: Las magnolias dejan un rastro perfumado en los cercanos parques.
2 Instrumento consistente en un mango largo que lleva en un extremo un travesaño con púas y que se utiliza para arrastrar hierba o mies. | MCalero *Usos* 46: Al atardecer se recogía lo trillado, por medio de canizas de madera y rastros de metro.

rastro – ratero

3 Instrumento a modo de azada con pala de dientes, que se emplea esp. para extender piedra. | * Los obreros extendían la piedra sobre la carretera con sus rastros.
4 (*Pesca*) Instrumento consistente en un palo o una armazón de madera con púas de hierro, usado para extraer crustáceos y moluscos. | *Animales marinos* 184: Procedimiento de pesca: Rastro y draga.
II loc pr **5 ni ~(s).** (*col*) Nada. *Gralm con los vs* HABER o QUEDAR. | ZVicente *Traque* 237: Cuando llegamos, ni rastros de nadie.

rastro² *m* Mercado de compraventa de objetos variados. | *MHi* 6.60, 44: En estos "rastros" californianos los habitantes de aquellas latitudes compran, venden, regatean. *Ya* 28.12.87, 20: Los vendedores ambulantes de fruta .. que todos los sábados se reúnen .. para vender sus productos en el popular Rastro de Aranjuez, han recogido firmas en contra de la decisión del Ayuntamiento.

rastrojal *m* Tierra de rastrojo. | J. M. Sanjuán *Hucha* 1, 18: Ya nadie pensaba en los rastrojales para poder echar una mano a la perdiz roja.

rastrojera *f* Tierra de rastrojo. *A veces en sg con sent colectivo.* | Hoyo *Caza* 10: Ya estábamos en el campo. Campo de rastrojeras, de barbechos, de cascajares. GPavón *Reinado* 91: Las más empinadas familias tomelloseras se criaron junto al sarmiento y la rastrojera.

rastrojo *m* **1** Conjunto de los restos de cañas que queda después de segar la mies. *Tb* (*lit*) *fig*. | Arce *Testamento* 73: Mi madre salía por las tardes con el caballo y regresaba cansada de llevar el arado, de quitar el rastrojo de las tierras. Escobar *Itinerarios* 220: Es viejo y esconde el rostro en barbas de quince días, en rastrojos grises.
2 Campo del que se ha segado la mies y aún no se ha labrado de nuevo. | * Tuvimos que atravesar un rastrojo y salimos con las piernas destrozadas.

rasura *f* (*raro*) Raedura. | J. R. Alfaro *SInf* 11.11.70, 10: Los huesos del cráneo fueron muy usados .. Raspado, o sea, en rasuras, formaba parte, entre otras preparaciones, del polvo contra la epilepsia.

rasuración *f* Acción de rasurar. | M. Rosales *Ya* 28.11.85, 36: El corte de pelo se practica de la misma manera que con el Fox-Terrier. La cabeza se rasura al rape en la parte superior del cráneo y la rasuración disminuirá a medida que nos acerquemos al cuello.

rasurado *m* Acción de rasurar. | *Act* 7.7.66, 13: ¡La revolución de las barbas! Rasurado plástico.

rasurador -ra *adj* Que rasura. *Tb n, m o f, referido a aparato o máquina*. | *Tri* 10.11.73, 28: Las fabulosas cabezas rasuradoras 90 Super que se acercan más o menos a la superficie de la barba le proporcionarán el más impecable afeitado. *Gac* 1.6.63, 90: Entre la gama de productos Braun figuran: Electrodomésticos, .. rasuradores. *Abc* 14.5.67, 37: Braun ofrece un estudiado y completo programa de rasuradoras.

rasurar *tr* Afeitar [a alguien o una parte de su cuerpo]. | Lera *Boda* 588: Ahora vamos a que nos rasure el Escaso. CNavarro *Perros* 224: Sus caras se veían recién rasuradas.

rata I *n* **A** *f* **1** Mamífero roedor de unos 30 cm de longitud, con hocico puntiagudo y cola larga, muy prolífico y voraz, que vive en todo el mundo (gén. *Rattus*). | Laforet *Mujer* 186: Veía .. las ratas, corriendo por el suelo de piedra. Cendrero *Cantabria* 64: Fauna. Mamíferos .. *Rattus rattus*: Rata campestre. Noval *Fauna* 70: De mayor tamaño [que la campestre] es la Rata común (*Rattus norvegicus*), que incluyendo la larga cola puede sobrepasar el medio metro de longitud. **b**) (*col*) *A veces se emplea como término de comparación para ponderar la pobreza. Gralm en la constr* MÁS POBRE QUE LAS ~S. | Gala *Sáb* 20.8.75, 5: ¡Un país, pobre como las ratas, intentando recobrar, a base de un mal gusto oficial reconocido .., lo que ese mismo país hizo cuando tenía empuje y obligación de hacerlo! **c**) **cola de ~** → COLA.
2 *Se da este n a otros roedores de aspecto semejante al de la rata* [1]. *Frec con un compl especificador:* DE AGUA (*Arvicola amphibius*), ALMIZCLERA (*Ondatra zibethica*), *etc*. | Noval *Fauna* 70: La Rata de agua (*Arvicola amphibius*) y la Rata de agua norteña (*Arvicola terrestris*) son difíciles de distinguir entre sí a simple vista .., pero la primera es de mayor tamaño que la segunda.
3 Pez marino de unos 30 cm, de color oscuro y con un filamento en el maxilar inferior (*Uranoscopus scaber*). *Tb* PEZ y ~ DE MAR. | VMontalbán *Pájaros* 325: Le apalabró un caldero para las dos con la condición de que no abusara del mujol y lo combinara con polla de mar, araña, rata y pajel. Aldecoa *Gran Sol* 82: La suprarreal creación del pez rata, incisivos de roedor, pelo o escama, larga cola barbada, coloración gris, grandes ojos, verdes o azules, de animal asustado. Trévis *Gallega* 13: 150 gramos de rape .. 125 de rata de mar.
4 (*col*) Pers. despreciable. *A veces con intención afectiva*. | Aldecoa *Gran Sol* 34: –¿Qué te ha dicho el Matao? –Que no me preocupe aunque esté embarazada, que eso no tiene importancia. –No le hagas caso a esa rata. **b**) Pers. cobarde. | Delibes *Madera* 328: Captada, en cambio, la acción por una cámara oculta que pudiera demostrar que el muerto no había muerto como una rata, ensuciándose los calzones .., cobraba otro significado.
5 ~ del desierto. (*col*) Soldado especializado en la lucha en el desierto. | *ByN* 13.1.91, 58: Entre la increíble babel de ejércitos desplegados en las arenas del desierto saudí se encuentran regimientos y unidades que han entrado en el mundo de las leyendas épicas. La Legión Extranjera francesa, el Séptimo de Caballería, las "ratas del desierto" que mandara Montgomery en Libia. *Ya* 19.12.90, 27: Una "rata del desierto" vigila un puesto militar en el desierto saudí.
6 (*hist, col*) Avión de caza ruso. | D. Vecino *Ya* 17.5.75, 35: Sirvieron para contrarrestar eficazmente primero a los cazas de origen francés .., y luego a los modernos de origen soviético, los famosos "chatos" y "ratas", que, a su llegada, consiguieron momentáneamente el dominio del aire sobre Madrid.
B *m* **7 ~ de hotel.** (*col*) Individuo que se introduce en las habitaciones de los hoteles para robar a los clientes. | *Ya* 11.5.78, 22: Aprehendidos cuatro "ratas" de hotel. Robaron a los clientes efectos valorados en más de un millón de pesetas.
II loc adj **8 de ~.** (*col*) [Pelo] ralo y de poco cuerpo. | Olmo *Golfos* 176: Su pelo de rata desmiente un poco el remanso de sus ojos azules.

ratafía *f* Licor aromatizado con diversas frutas y hierbas, propio de Cataluña. | Cela *Pirineo* 85: La ratafía del Pallars .. es de nueces.

ratán *m* Caña de cierta palmera trepadora malaya (géns. *Calamus* y *Daemonorops*), usada en la fabricación de muebles. | *Pro* 6.7.88, 55: Indonesia ha dejado de exportar ratán desde el uno de julio.

rataplán *interj* Se usa para imitar el sonido del tambor. *A veces se sustantiva como n m.* | Torrente *Isla* 111: Los penitentes, no obstante, mantienen imperté̵rritos el ritmo sin quejarse, rataplán-plán-plán, el pie firme, el pie cojo .. A la gente ya no la despierta el rataplán.

ratear A *tr* **1** Robar [cosas de poco valor]. *Tb abs.* | DCañabate *Paseíllo* 60: Tienes que comer donde puedas y como puedas, y tienes que pringar y que ratear.
B *intr* **2** Andar arrastrándose. | Castroviejo *Abc* 25.3.58, 27: A pocos metros yacía un enorme lobo muerto, que salió ante él "rateado". Le había disparado con perdigón del ocho.
3 Fallar [un motor de explosión]. | Ramos-LSerrano *Circulación* 321: Marchando a gran velocidad el motor ratea.

ratel *m* (*reg*) Retel. | Moreno *Galería* 64: Para ponerla [la carne] más apetitosa en los rateles y que acudan a ellos los cangrejos devoradores.

ratería *f* **1** Hurto de poca importancia. | J. Ruiz *Gar* 25.8.62, 7: Es el relato que un pillueló hace de su vida en un reformatorio; está encerrado allá por unas raterías.
2 Acción vil o ruin. | Halcón *Ir* 144: Detenerse ante una escena así, motivada por descuido, era, moralmente, una ratería.

ratero -ra *adj* **1** Ladrón que roba con maña cosas de poco valor. *Más frec como n m*. | Laiglesia *Ombligos* 51: Para que ese valioso marisco mecánico [el reloj] no se escapara a las manos de los rateros.
2 Que caza ratas [1 y 2]. *Tb n, referido a pers.* | Delibes *Ratas* 91: A la mañana siguiente, cuando acechaba a la nu-

tria, en el cauce, el Nini se topó con el ratero de Torrecillórigo. Era un muchacho apuesto, de ojos vivaces y expresión resuelta.

raticida *adj* Que destruye ratas y ratones. *Gralm n m, designando producto.* | Bustinza-Mascaró *Ciencias* 210: Para combatir ratas y ratones pueden utilizarse diferentes medios: cepos, otros animales .. y raticidas diversos.

ratificación *f* Acción de ratificar. | Armenteras *Epistolario* 314: A continuación .. firmarán de nuevo las partes y los testigos, y después se extenderá la diligencia de ratificación del contrato.

ratificar A *tr* **1** Confirmar la verdad o validez [de algo (*cd*)]. | FQuintana-Velarde *Política* 185: No parece tan claro que los hechos ratifiquen las afirmaciones de la teoría cuantitativa. *Leg. contencioso-adm.* 17: Los convenios internacionales sobre seguros sociales, una vez ratificados y promulgados, forman parte del Derecho positivo español.
B *intr pr* **2** Confirmar [alguien algo que ha dicho anteriormente (*compl* EN)]. | Abellán *Tri* 2.2.74, 23: Aunque reconoce otras influencias y cambios posteriores en su actitud intelectual, acaba ratificándose en el juicio anterior.

ratihabición *f* (*Der*) Ratificación en que alguien aprueba y confirma lo que otro ha hecho en su nombre sin estar previamente autorizado para ello. | Escudero *Capítulo* 109: Tienen voto consultivo los Consultores generales .. Para dispensar de la asistencia de un individuo al Capítulo general, bajo condición de la ratihabición del Capítulo general.

ratilla *f* Roedor semejante a la rata, pero de menor tamaño (gén. *Microtus*). *Frec con un adj especificador:* AGRESTE, CAMPESINA, NIVAL, *etc.* | Noval *Fauna* 69: La Ratilla campesina (*Microtus arvalis asturianus*) vive en prados y campos de la zona montañosa oriental y es muy activa, de noche, excavando galerías. Noval *Fauna* 70: Otra ratilla que vive en nuestra región es la nival (*Microtus nivalis*), con el pelaje muy apretado y largo de color gris inconfundible. Cendrero *Cantabria* 106: Mamíferos .. *Microtus nivalis:* Ratilla alpina. Cendrero *Cantabria* 60: Mamíferos .. *Microtus agrestis:* Ratilla agreste.

ratimago *m* (*col*) Engaño o artimaña. | B. Mostaza *Ya* 14.12.73, 7: Con todos sus ratimagos y trapacerías, el mismo Richard Nixon, al que vituperan e insultan sus compatriotas, es un concienzudo y previsor Presidente.

ratín *m* (*reg*) Chochín (pájaro). | Lama *Aves* 120: Varios nombres le dan en Cantabria a este curioso pajarillo [el chochín]. Así, en algunos lugares le llaman Ratín, en otros Rajuca y en otras zonas o comarcas Ratonero.

rating (*ing; pronunc corriente,* /rátin/; *pl normal, ~s o ~*) *m* **1** (*Mar*) Clasificación de una embarcación de regatas, según sus características. | F. Castañeira *Abc* 6.8.88, 67: Tanto estos dos barcos como el "Sirius III" del Príncipe Felipe (tercero en la clase) quedaron en excelente posición en la clasificación general de la prueba (tercero, cuarto y quinto), desplazando a los barcos de mayor *rating* a los puestos subsiguientes.
2 (*Econ*) Calificación de solvencia [de una empresa]. | *Ya* 9.3.90, 31: IBCA ha asignado al Exterior el "rating legal 1", que no tiene ningún otro banco español. *Ya* 3.12.90, 40. Herrero y Santander, mejores "rating" de la banca española. M. Portela *SPaís* 7.4.91, 17: Es posible que .. veamos próximas salidas de pagarés con *rating*.

ratino -na *adj* (*reg*) [Res vacuna] de pelo gris. | MFVelasco *Peña* 65: Topamos de sopetón con una novilla ratina de Félix, muy recia y espantadiza. *DBu* 30.7.75, 16: Se venden dos vacas ratina y pinta.

ratio *f o m* (*E*) Razón (relación entre dos magnitudes o cantidades). | *Reforma* 78: Para que los maestros y educadores puedan desarrollar adecuadamente su labor y los niños puedan beneficiarse al máximo de las experiencias educativas, se establecerá una ratio adecuada niños/profesional. Dicha ratio deberá situarse entre los 8-10 niños por profesional. Tamames *Economía* 433: El resultado nos proporciona aproximadamente el *ratio* de la inversión pública, equivalente al 19,1 por 100. **b)** (*Econ*) Relación entre dos elementos o conjuntos de elementos cuantitativos de un balance o de las magnitudes características de una empresa. | *D16* 14.6.87: La compañía continuará mejorando sus ratios financieros y seguirá con su plan de inversiones de 20.000 millones de pesetas.

rat musqué (*fr; pronunc corriente,* /rá-muské/; *tb con la grafía* **rat-musqué**) *m* Piel de la rata almizclera. | P. Narváez *Abc* 5.3.89, 154: Las pieles más utilizadas fueron el visón, .. rat-musqué y conejo.

rato[1] **I** *m* **1** Porción indeterminada de tiempo, gralm. no mayor de una hora. | Laforet *Mujer* 273: Vamos a entrar un rato en el local que encontremos más a mano. **b) ~ perdido** (*o* **suelto**). (*col*) Momento libre entre una ocupación y otra. *Frec en pl y en la constr* A ~S PERDIDOS (*o* SUELTOS). | *SAbc* 20.7.75, 19: –¿Ha sido usted alguna vez un hombre feliz? –No. ¿Quién lo es? Algún idiota cree serlo, a ratos perdidos.
2 buen (*o* **mal**) **~**. Rato [1] de disfrute (o de sufrimiento). *Normalmente con el v* PASAR. | Ortega *Americanos* 67: Fuimos juntos al campo. Pocas veces en mi vida he pasado tan mal rato. * Los buenos ratos no se olvidan fácilmente.
b) mal ~. Disgusto o preocupación. *Gralm en constrs como* DARSE, *o* LLEVARSE, UN MAL ~. | Grosso *Capirote* 170: Un hombre puede estar sin comer. Lo que no puede nunca es estar sin cantar. Con el cante se van las malas entrañas, los malos pensamientos y los malos ratos. Delibes *Cinco horas* 169: Si a su tiempo le dan el pasaporte en vez de andar con tantos miramientos, bien de malos ratos que nos hubiéramos ahorrado. Gala *Petra* 812: Qué mal rato te estás llevando, Don Monchito. Grosso *Capirote* 69: Ni malos ratos se pegan ya. Ahora, teniendo como tienen montado el tinglado, echarse a dormir, que ya hay quien trabaje para ellos.
II *loc v* **3 pasar** (*o* **matar**) **el ~**. Entretenerse pasajeramente. | Olmo *Golfos* 27: Si os cuento esto, no es con afán de estorbaros la digestión, es por pasar un poco el rato.
III *loc adv* **4 a cada ~**. Cada pocos minutos. | * Viene a cada rato a preguntarme la hora.
5 a ~s. De manera intermitente. | Olmo *Golfos* 120: A ratos, nerviosamente, miraba a un lado y a otro.
6 para ~. Para mucho tiempo. | Delibes *Hoja* 32: –¿Llamó el cartero, hija? –Ya va para rato. *Tri* 11.4.70, 39: Solamente me permito un último comentario por no alargar, pues habría para rato.
7 un ~. (*col*) Mucho. *A veces, con intención enfática, seguido del adj* LARGO. | Berlanga *Barrunto* 26: Le diré: "Estás un rato bonita". SFerlosio *Jarama* 25: Hombre, me choca un rato el que tú lo preguntes. Delibes *Cinco horas* 177: Torcido será un rato largo, pero se le ve venir.
IV *loc interj* **8 hasta otro ~**. (*col*) Fórmula de despedida. | Peraile *Ínsula* 72: –Hasta otro rato, Alfonso. –Vayan con Dios.

rato[2] *adj* (*Der*) [Matrimonio] celebrado legítimamente y aún no consumado. | Ramírez *Derecho* 37: Este [el matrimonio] queda, además, sin efecto en el supuesto conocido por matrimonio rato y no consumado.

ratón -na A *m* **1** Mamífero roedor de pequeño tamaño, de hocico puntiagudo, larga cola y pelaje gris, muy prolífico y voraz, que vive en las casas (gén. *Mus*). *A veces designa solamente el macho.* | Cunqueiro *Un hombre* 23: Egisto escuchaba .. los ratones en el desván. Ardanuy *Cod* 2.2.64, 13: A los ratones les odia todo el mundo menos las ratonas. Cendrero *Cantabria* 60: Mamíferos .. *Mus domesticus*: Ratón común.
2 Se da este *n* a otros roedores de aspecto semejante al del ratón [1]. *Frec con un compl especificador.* | Noval *Fauna* 71: El Ratón de campo (*Apodemus sylvaticus*) y el Ratón casero (*Mus musculus*) son los más abundantes en Asturias. Noval *Fauna* 71: La presencia en Asturias del Ratón leonado (*Apodemus flavicollis*) está ya bien comprobada. Cendrero *Cantabria* 78: Mamíferos. *Micromys minutus*: Ratón espiguero.
3 ~ de biblioteca (*o* **de archivo**). (*col, humorist*) Pers. estudiosa que trabaja mucho entre libros o archivos. | GRuiz *Sáb* 9.7.75, 26: Volví a mi nativa Sevilla, donde el Cardenal Segura .. me fue dando diversos cargos pastorales que me situaban muy al margen de mi vocación de ratón de biblioteca. J. Berruezo *DVa* 29.2.76, 9: Como he sido toda la vida un ratón de archivo, y luego fui nombrado archivero de la Diputación, esta faceta facilitó a mis alumnos sus trabajos de investigación para sus tesis de fin de carrera.
4 (*Informát*) Dispositivo móvil de pequeño tamaño, que controla el movimiento del cursor en la pantalla. | *SPaís*

ratonar – raya

18.9.88, 16: Tú mismo puedes preparar la configuración adecuada según tus necesidades: CPU con una o dos unidades de diskette, disco duro, monitor monocromo o color, ratón, joy-stick, diferentes impresoras, etc.
 B *f* **5** Hembra del ratón [1]. | MSantos *Tiempo* 55: La ultima ratio de la reproducción ratonil consiste en conseguir el celo de las ratoncitas ..; el Muecas había dispuesto tres bolsitas de plástico donde se metían las ratonas.
 C *m y f* **6** (*col*) Se usa como apelativo cariñoso, esp dirigido a un niño. | * Ven aquí, ratoncita.
  ratonar *tr* Roer [algo (*cd*) los ratones [1 y 2]]. | ZVicente *Mesa* 138: Lo mejor que comíamos eran onzas de chocolate ratonadas.
  ratoneo *m* (*reg*) Acción de robar cosas de poco valor. | Berenguer *Mundo* 175: Todo es de parche y no de fábrica, sacado del ratoneo y la trampa que inventa el hambre.
  ratonería *f* Acción que implica intriga o engaño. | Aldecoa *Cuentos* 1, 135: En el hospital hacía las delicias de los enfermos y de las monjas. Contaba triquiñuelas de hambrón y ratonerías golfantes. M. GBaró *SYa* 14.5.74, 12: El gol que decide la contienda vino por los cauces rayistas clásicos, lo que solemos denominar una gatada o, más bien, ratonería: tenía que ser un rayista menudo el que maniobrara con picardía para escabullirse de una alta defensa.
  ratonero -ra I *adj* **1** Que caza ratones [1 y 2]. | Hoyo *Bigotillo* 36: Robledo arriba se llegaba a la montañona, nada apta para la vida ratonil, .. con la amenaza de las águilas ratoneras y sus congéneres. Delibes *Siestas* 115: Los pájaros ratoneros andan todo el tiempo bajo los árboles. PAvelló *Hucha* 2, 58: —Y, ojo con pararte con el perro de Brígida. —Es ratonero. —Sea lo que sea.
 2 De(l) ratón [1 y 2]. | Alós *Hogueras* 119: Cuando Telmo Mandilego ríe enseña sus dientes ratoneros, casi cubiertos de fundas de oro.
 3 (*col, desp*) [Música] mala. | E. Mallorquí *Cod* 1.9.74, 12: Se tomaba la vida apocalípticamente en serio. La vida, el noviazgo, incluso las canciones ratoneras. **b)** De (la) música ratonera. | L. C. Buraya *SYa* 30.12.84, 36: De ser un mercadillo ratonero y cutre hemos pasado a ser uno de los diez mercados discográficos más importantes del terráqueo globo.
 II *n* **A** *m* **4** Ave de presa semejante al águila, pero de menor tamaño, que caza ratas y ratones (gén. *Buteo*, esp. *B. buteo*). | Delibes *Ratas* 97: Más atrás se alzaba el monte de encina del común, y las águilas y los ratoneros lo sobrevolaban a toda hora acechando su sustento. Cendrero *Cantabria* 56: Aves. *Buteo buteo*: Ratonero común. Noval *Fauna* 174: La presencia en Asturias de otra especie, el Ratonero calzado (*Buteo lagopus*), está comprobada, pero su reproducción aquí no se ha demostrado.
 5 (*reg*) Chochín (pájaro). | Lama *Aves* 120: Varios nombres le dan en Cantabria a este curioso pajarillo [el chochín]. Así, en algunos lugares le llaman Ratín, en otros Rajuca y en otras zonas o comarcas Ratonero.
 B *f* **6** Trampa para ratones [1]. | G. GHontoria *Nar* 7.76, 25: Entre las piezas que forman esta colección canaria hay objetos de madera, como una ratonera en haya o una mortera para hacer el mojo y para comer el potaje. **b)** Trampa. *Frec fig.* | C. Nonell *Abc* 22.10.67, 11: También con nasa se pesca la jibia, y en este caso, la preparación de esta ratonera marina es distinta. Chamorro *Sin raíces* 118: Contados días con margen para la aventura, la fantasía, el natural esparcimiento y, después, volver a la cárcel de las tradiciones, a la red de las normas consuetudinarias, a la ratonera de la represión. CPuche *Paralelo* 223: Por esto había salido por el mundo; para huir de aquella ratonera infecta de Chicago, donde parecía que la única salida era eliminar o ser eliminado.
 7 Jaula para ratones [1 y 2]. | Bustinza-Mascaró *Ciencias* 224: Cría de ratones blancos. Lo mejor es en ratoneras de vidrio con tapa de tela metálica.
  ratonesco -ca *adj* De(l) ratón [1 y 2]. | L. Calvo *Abc* 15.4.72, 33: Es allí el año nuevo de "su" budismo, aún que también se llama de La Rata, subsiguiendo al del Cerdo .. El príncipe Penn Nouth .. libra a los camboyanos un mensaje del año ratonesco.
  ratonicida *adj* Que destruye ratones [1 y 2]. *Gralm n m, designando producto.* | *País* 17.11.82, 19: Ratonicida Ibys es el único que los elimina definitivamente.

  ratonil *adj* De(l) ratón [1 y 2]. | MSantos *Tiempo* 9: Aire acondicionado ex profeso para la mejor vida ratonil. Hoyo *Bigotillo* 10: Don Rabuelo sabía interpretar debidamente mi bigote, es decir, como signo de aseo y dignidad ratonil.
  rattan (*ing; pronunc corriente,* /ŕatán/) *m* Ratán. | *Abc* 28.4.90, 14: El rattan, la caña, la médula y otros materiales tradicionalmente usados en los muebles de exterior ocupan cada vez más un papel protagonista de puertas adentro.
  rauco -ca *adj* (*lit*) Ronco. | Arce *Precio* 191: Aquí y allá, intermitentemente, sonaba el rauco canto de los sapos.
  raudal *m* **1** Cantidad grande (de algo que fluye). *Frec en la loc* A ~ES. *Tb fig.* | FReguera-March *Filipinas* 468: La lluvia se desplomó por todas partes .. Algunos soldados levantaban la cabeza .. Se incorporaban para huir a los raudales que filtraba la techumbre. Medio *Bibiana* 272: Por la puerta de la sala se escapa un raudal de música. Arce *Testamento* 92: La luz entraba a raudales por los huecos que hacían de ventanas y por la puerta.
 2 Masa de agua que corre violentamente. | X. Moro *SAbc* 2.6.74, 31: Por fin, a las cinco de la tarde, llegamos a Samariajo. Por río no se podía seguir el viaje debido a los raudales.
  raudamente *adv* (*lit*) De manera rauda. | L. Calvo *Abc* 22.10.70, 29: Las disposiciones oficiales se siguen raudamente unas a otras.
  raudense *adj* De Roa (Burgos). *Tb n, referido a pers.* | J. L. Zanetti *DBu* 21.7.81, 19: Un grupo numeroso de raudenses y de Puymirol, encabezados por sus primeras autoridades, colocaron al margen de la carretera una señal.
  raudo -da *adj* (*lit*) Rápido o veloz. | Faner *Flor* 141: Don Juan .. traducía, preparaba debates eruditos, intervenía en las sesiones públicas. Sin dejar de adorar a su mujer, que colaboraba en sus monografías, y al hijato, que crecía raudo como un héroe épico.
  ravioles *m pl* Ravioli. | *Cocina* 333: Ravioles: 500 gramos. Salsa de tomate 1/4 litro.
  ravioli (*tb, semiculto,* ~s) *m pl* Pasta alimenticia en trozos rectangulares que se rellenan gralm. con carne picada. | *Ama casa 1972* 280: "Ravioli". Engrasar una fuente para horno. Ordenar los "ravioli" encima. *Cocina* 332: Raviolis con besamel gratinados.
  raya[1] **I** *f* **1** Dibujo o señal en forma de línea. | Olmo *Golfos* 44: Has pisao la raya. Laforet *Mujer* 24: Sus ojos alargados .. ahora parecían dos rayas. An. Miguel *HLM* 26.10.70, 20: En vez de leer en las rayas de la palma de la mano, .. lo hacen escudriñando y analizando otras "rayas" que se dibujan en gráficos y curvas. Olmo *Golfos* 147: Joaquín, el chófer, .. lucía raya en los pantalones. **b)** Señal longitudinal que queda en la cabeza al dividir los cabellos peinando unos a un lado y otros a otro. | CNavarro *Perros* 97: Iba peinada con raya en medio. **c)** Lista (dibujo en forma de línea que se forma por alternancia de colores). | Laiglesia *Tachado* 53: La bandera del principado –blanca con rayas azules– continuó ondeando. **d)** mil ~s → MILRAYAS.
 2 Signo ortográfico en forma de raya [1] horizontal, que se usa para separar oraciones incidentales o para indicar el diálogo. | Academia *Esbozo* 153: De la raya .. Este signo se emplea en los diálogos.
 3 Linde o frontera. | CBonald *Ágata* 116: Esta vez aquella tétrica visión con apariencia de ave del otro mundo no los acompañó hasta la raya del caserío. Moreno *Galería* 39: Llevando su comercio a las tierras serranas y a la raya de Aragón.
 4 Límite. *En sent fig. Frec en la constr* PASARSE DE LA ~. | Lera *Bochorno* 223: Pide dos combinados. Es lo mejor, porque el efecto es rápido y se pone una en la raya en seguida. Alfonso *España* 136: Otras veces nos pasamos de la raya en sentido contrario. Carnicer *Castilla* 55: Eso .. pasa de la raya, y a mí no me parece serio, la verdad. Halcón *Ir* 295: En la raya de la amanecida .. Fernanda salió del coche.
 5 (*reg*) Vino oloroso de inferior calidad. | CBonald *Dos días* 36: Al fondo .. estaba el mostrador .. Lucas y el hombre del lobanillo se acercaron y pidieron dos vasos de raya.
 6 (*jerg*) Dosis de cocaína o heroína en polvo. | L. Bernabeu *Ya* 7.10.86, 40: Al parecer, tanto el marido de

Gunilla von Bismarck como el mencionado industrial fueron sorprendidos con sendas "rayas" de cocaína. Tomás *Orilla* 303: Cristina se esnifó una raya y continuó en la misma posición adormilada.

7 tres en ~. Juego que consiste en colocar tres fichas sobre una de las rayas [1] de un cuadrado subdividido en otros cuatro y con las diagonales trazadas. | Hoyo *Glorieta* 33: Esos niños juegan a tres en raya.

II *loc v* **8 dar ciento** (*o* **quince**) **y ~** [a alguien o algo]. (*col*) Superar[lo] con mucho. | Gironella *Millón* 160: Había alguien en la columna Durruti que en cuestiones de amor y de euforia .. les daba ciento y raya a todos. A. P. Foriscot *Van* 3.2.74, 9: El bogavante, con unas considerables pinzas, con unas tenazas muy respetables, le da quince y raya a la langosta, a la hora de la verdad, a la hora de su presencia sobre la mesa.

III *loc adv* **9 a ~.** Dentro de los justos límites. *Normalmente con los vs* TENER, PONER *o* MANTENER. | Hoyo *Lobo* 22: Solo así, confiando el uno en el otro, podremos mantenerlo a raya. FReguera *Bienaventurados* 31: Llevó en Madrid una existencia anodina y tediosa. En las oficinas y en la pensión, todos lo mantenían a raya o huían de él descaradamente.

raya[2] *f* Pez marino de cuerpo aplanado, con aletas pectorales muy desarrolladas que le dan forma romboidal, y cola larga y delgada con espinas (gén. *Raja*). *Frec con un adj o compl especificador:* BLANCA, ESTRELLADA, DE CLAVOS, *etc*. A veces designa otras especies de *géns* afines. | Bustinza-Mascaró *Ciencias* 174: Las rayas tienen el cuerpo ensanchado y deprimido, y los cinco pares de hendiduras branquiales ocupan posición ventral. Noval *Fauna* 416: De las rayas existen en la costa asturiana muchas variedades, entre las que la más conocida y abundante es la Raya común (*Raja clavata*) .. La Raya negra o *Chucho* (*Dasyatis pastinaca*), que mide entre 50 y 100 cm. de longitud.

rayable *adj* Que se puede rayar[1] [1]. | Ybarra-Cabetas *Ciencias* 42: Calcita, Fluorita, Apatito: Rayables por el cortaplumas.

rayadillo *m* Tela de algodón de rayas[1] [1c] estrechas. | Torrente *Off-side* 58: Un dependiente de la taberna, en mangas de camisa y con mandil de rayadillo, entra en el reservado.

rayado[1] **-da** *adj* **1** *part* → RAYAR[1].

2 Que tiene rayas[1] [1a y c]. | Bustinza-Mascaró *Ciencias* 227: Los vasos leñosos pueden ser anillados, espiralados, rayados y punteados, según la forma de depositarse la lignina en las paredes celulares. Laforet *Mujer* 92: Siempre quedó el recuerdo .. de un toldo rayado en un restaurante de la Barceloneta.

3 [Disco] que ha sufrido una incisión que le impide girar normalmente, volviendo sin cesar al mismo surco. *Frec fig* (→ DISCO). | Medio *Bibiana* 57: Un disco rayado repite sin cesar: "Esperanza, por Dios... Esperanza, por Dios".

rayado[2] *m* Acción de rayar[1] [1]. *Tb su efecto*. | Cuevas *Finca* 260: El barbecho había sido trazado, línea a línea, como el rayado hecho por la pauta. Mingarro *Física* 189: Para montarlos existe la dificultad de requerir rayados finísimos imposibles de construir artificialmente.

rayadura *f* Rayado[2]. | *Ciu* 2.75, 15: Hacía ruido el ventilador y además tenía un golpe en un lado, una rayadura en el otro y daba la sensación de haber sido usado anteriormente.

rayajo *m* (*desp*) Raya[1] [1a]. | S. Araúz *Ya* 27.6.75, 7: Es un coche de pedales, un coche de niño. Diminuto, de plástico blanco troquelado, tiene las huellas del cotidiano sobo batallón de su propietario: tal cual rayajo, alguna escoriación.

rayano -na *adj* **1** Que raya o linda. | Delibes *Guerras* 11: Sembró calabazas y calabacines en el huerto, en cuadros rayanos. CNavarro *Perros* 25: Un sábado del que guardaría memoria, siquiera fuese para admitir que la desesperación tenía límites rayanos en el absurdo.

2 Que está en la raya o frontera. | Moreno *Galería* 39: Arrieros de "la rinconada", llevando su comercio a las tierras serranas y a la raya de Aragón –de aquí y de allá–, de cuya existencia conservamos un rico anecdotario, vivido en la posada de Manuel Modrego en la rayana villa de Borobia.

rayar[1] **A** *tr* **1** Hacer rayas[1] [1a] [en algo (*cd*)]. | Bustinza-Mascaró *Ciencias* 317: Dureza. Es la resistencia que oponen los minerales a ser rayados. Cuevas *Finca* 12: Cuando una aguja raya la cara de ese disco, vuelven a oírse las palabras. MSancho *Pue* 13.10.62, 13: Los proyectiles de las tercerolas, de muy grueso calibre y disparados por un arma de cañón sin rayar, se aplastan al chocar contra un hueso. **b)** Marcar [algo] con rayas. | FQuintana-Velarde *Política* 137: Si en un mapa de España rayamos las provincias con coeficiente de industrialización superior a 50, obtendremos algo así como la localización de las zonas industriales más importantes. **c)** Estropear o deteriorar [algo] con rayas o incisiones lineales. | *Economía* 39: Como para la plata, evitar cuanto pueda rayar la superficie.

B *intr* **2** Lindar [con algo]. *Tb fig.* | * Este pueblo raya con la provincia de Guadalajara. **b)** Ser [una cosa] aproximadamente igual [a otra (*compl* EN *o* CON)]. | Burgos *SAbc* 13.4.69, 48: La Confederación Hidrográfica del Guadalquivir ha efectuado hasta ahora inversiones que rayan en los cinco mil millones de pesetas.

3 Llegar [a determinada altura moral]. | J. M. GEscudero *SYa* 1.6.75, 7: Salas reconoce que las milicias rayaron "a cierta altura".

rayar[2] *intr* Comenzar a aparecer la luz [del alba o el día (*suj*)]. | G. Carvajal *Pue* 3.7.70, 28: De esta fábula, historia real o conseja, que escuché rayando el alba .., me acordaba ayer por la tarde.

rayente *adj* (*reg*) Fastidioso o cargante. | CAssens *Novela* 2, 94: Su jefe inmediato es ese otro poeta con facha de bandido, ojos de búho, nariz corva, greñas hirsutas y hablar ceceante y rayente.

rayero -ra *adj* De La Raya (Murcia). *Tb n, referido a pers*. | *SLín* 15.8.75, 14: En agosto, el mes de los frutos maduros y los graciosos gorjeos de golondrinas, el rayero viejo y nuevo, el rico y el pobre, abre sus brazos de par en par y colabora de la manera más espontánea.

ray-grass (*ing; pronunc corriente,* /ȓai-grás/) *m* Raigrás. | Ybarra-Cabetas *Ciencias* 299: Entre las gramíneas más corrientes, citaremos: el Ray-Gras[s] (*Lolium perenne*), diversas especies de Bromus, Holcus, Festuca .., etc. [*En el texto,* Ray-Gras.]

ráyido *adj* (*Zool*) [Pez] de cuerpo comprimido del grupo cuyo tipo es la raya[2]. *Frec como n m en pl, designando este taxón zoológico.* | *Animales marinos* 11: Familia 5. Ráyidos.

rayo I *m* **1** Línea de las que, partiendo de un punto en que se produce una forma de energía, señalan la dirección en que esta se transmite. | Marcos-Martínez *Física* 141: A esta dirección rectilínea de la luz se denomina rayo luminoso. **b)** Línea de luz [de un cuerpo luminoso, esp. del Sol]. | Zubía *Geografía* 24: Cuando los rayos del sol caen perpendicularmente sobre el Ecuador, el día y la noche son iguales. Marcos-Martínez *Física* 146: El rayo incidente, la normal y el rayo reflejado están en un mismo plano. **c)** *En pl:* Radiación. *Con un adj o compl especificador.* | GTelefónica 9: Clínica dental de urgencia .. Rayos X. *Mad* 22.1.70, 7: Se usan Rayos Láser en Vietnam. *Luc* 1.7.57, 2: Estos impulsos, que se registran en el tubo de rayos catódicos, detectan cualquier deficiencia del material. **d)** (*col*) *En pl y sin compl:* Rayos X. | Torrente *Pascua* 442: –Nunca vi que una patada en la espinilla rompiera el hueso .. –Mi opinión es que hay que ver esto por rayos y escayolar. Pero que venga el médico.

2 Chispa eléctrica producida por descarga entre dos nubes o entre una nube y la tierra. | Zubía *Geografía* 54: El relámpago es el resplandor que produce el rayo. **b)** *Se usa frec en constrs de sent comparativo para ponderar la rapidez o velocidad.* | * Pasó como un rayo. Cierva *Triángulo* 62: Luisa Carlota tomó el codicilo, lo leyó como el rayo, lo rasgó en veinte pedazos.

3 (*lit*) Pers. o cosa que actúa de modo rápido, repentino o violento. | E. La Orden *SYa* 12.5.74, 19: Cuando don Pedro de Alvarado, aquel rayo de la guerra, se quejaba en su larga y dolorosa agonía, le preguntaron qué le dolía.

4 (*lit*) Pers. o cosa que ilumina o alegra el espíritu. *Normalmente con los compls* DE LUZ, DE SOL, *o* DE ESPERANZA. | Carandell *Tri* 27.11.71, 45: Pero en este desolado relato aparece de pronto un rayo de esperanza.

5 (*col*) *Vacío de significado y normalmente en pl, se emplea para reforzar o marcar la intención desp de la frase.* | FVidal *SYa* 9.7.88, 7: ¿Qué rayos hubiera hecho yo con el dichoso mondaoídos de plata de tu padre?

6 Radio [de una rueda]. | APaz *Circulación* 256: Constan [las ruedas de los automóviles] de cubo .., llanta .. y rayos. GPavón *Rapto* 129: Don Lotario recordaba al hermano Gayo .. puliendo los radios de la rueda, hembrando el cubo. Y al viejo Lillo, con la brocha en la mano pintando los "rayos", como allí los llamaban.

II *loc v y fórm or* (*col*) **7 echar ~s.** Manifestar gran ira o enojo. | * Cuando le vi estaba echando rayos no sé por qué.

8 (y) a mí (**ti, él,** *etc*) **que me** (**te, le,** *etc*) **parta un ~.** *Fórmula con que se comenta el desinterés que alguien muestra por la pers designada por el pron, frente a una atención especial a otra.* | SFerlosio *Jarama* 29: A las demás que nos parta un rayo. Deja un huequito siquiera.

9 mal ~ te (**le,** *etc*) **parta.** *Fórmula de maldición.* | *Sur* 3.8.88, 17: Publique usted esta carta, y que mal rayo me parta si la escribo con rencor.

III *loc adv* **10 a ~s.** (*col*) Muy mal. *Normalmente con vs como* OLER *o* SABER. | Cela *SCamilo* 21: A don Roque .. el aliento le huele a rayos. Benet *Nunca* 12: No fue así, hoy suena a rayos.

11 cagando ~s. (*vulg*) A toda prisa. *Normalmente con el v* IR. | Cela *Viaje andaluz* 315: El gavilán y el palomo burraco que le huía huyeron juntos: espantados los dos del ave del diablo que habían inventado los hombres. –¡Van cagando rayos, maestro!

IV *interj* **12 ~s.** (*col*) *Expresa sorpresa.* | Umbral *País* 31.10.76, 18: –Tú eres Umbral .. –Rayos, me ha conocido pese a la bufanda.

rayola *f* (*reg*) Rayo [del sol]. | Castroviejo *Abc* 11.5.58, 13: Al fin, desperté recuperado una mañana, en que las rayolas del sol entraban por las antiguas maderas aldeanas.

rayón[1] *m* Raya[1a] grande o mal trazada. | Pemán *Gac* 11.5.69, 21: El tono de cierre y balance de la mayor parte de los articulistas, y los propios actos de los gobernantes .. tienen un aire de rayón, de finiquito. * Te han llenado el coche de rayones. * Has hecho un rayón en la carta.

rayón[2] *m* Fibra textil artificial obtenida de la celulosa, de propiedades similares a las de la seda. *Tb el tejido fabricado con ella.* | GTelefónica *N.* 41: Cordones en fibra de vidrio. Conductores eléctricos recubiertos en algodón, rayón, etc. Ortega-Roig *País* 112: Más importante es la fabricación de tejidos artificiales, como rayón y nylón.

rayón[3] *m* Cría de jabalí, de pelaje a rayas. | MFVelasco *Peña* 264: El olor de la carne pasada atrajo a una jabalina con su rastra de rayones.

rayuela *f* **1** Juego infantil que consiste en tirar monedas o tejos a una raya hecha en el suelo, para tocarla o aproximarse a ella lo más posible. | Espinosa *Escuela* 182: No olvides que sufrí el Carlante en mi propia aldea, jugando a la rayuela.

2 Juego propio de niñas, que consiste en llevar un tejo, saltando sobre un solo pie, a través de diversas divisiones dibujadas en el suelo y sin pisar las rayas. | Ca. Llorca *SPaís* 31.5.81, 51: El juego de la rayuela .. se relaciona con los mitos sobre el tránsito de la tierra al cielo.

raza I *f* **1** Grupo de individuos de una misma especie que se distinguen por determinados caracteres que se transmiten por herencia. | Zubía *Geografía* 86: La Etnografía es la ciencia que estudia las razas y sus caracteres. Ybarra-Cabetas *Ciencias* 400: El caballo árabe es el más noble de todas las razas caballares. M. Aguilar *SAbc* 4.10.70, 54: El germen causante .. es el vibrión colérico o bacilo en coma .. Clásicamente se describían varias razas o cepas de bastante virulencia.

2 Hecho de pertenecer a una raza[1] o a una familia. | T. Medina *SInf* 16.5.70, 5: El año diecinueve había muerto la gitana de más raza de que se tiene noticia en la enciclopedia de la sangre de bronce: la Gabriela, su madre.

II *loc adj* **3 de ~.** [Animal] que pertenece a una raza[1] no cruzada. *Tb fig, con intención ponderativa.* | J. L. Calleja *Abc* 30.12.70, 7: ¿Comprarse un perro de raza? *Tri* 5.12.70, 3: Todo un coche de raza. **b)** *Siguiendo a un n que designa pers que se dedica a determinadas profesiones*: Auténtico. | Fraile *Pról. Vida Lagos* XI: Un libro de los que solo escritores de raza son capaces de hacer.

razia (*frec con la grafía* **razzia**) *f* Incursión en territorio enemigo para destruir o saquear. *Tb fig.* | Tejedor *Arte* 104: Estas luchas [entre señores feudales] presentaban dos formas: la hueste .. y la cabalgada, de devastación de la tierra enemiga a manera de razzia. Pericot-Maluquer *Humanidad* 175: Grandes familias regidas por verdaderos reyezuelos campan con sus rebaños por el territorio y efectúan constantes razzias sobre el sudeste y mediodía, donde con el estímulo de la cultura del Argar se había iniciado una cultura verdaderamente urbana. *País* 8.12.91, 1: Seis heridos tras una razia de 50 encapuchados en una discoteca de Alcalá de Henares.

razón I *f* **1** Facultad de razonar o de pensar. | Gambra *Filosofía* 159: Si Dios fuera evidente, la fe carecería de todo mérito moral; si fuera inasequible a la razón, la teología no podría ayudarse de la razón ni esta nos conduciría a la verdadera causa de las cosas. **b) uso de ~** → USO. **c)** Facultad de razonar con cordura. | Delibes *Ratas* 62: El hombrecillo enlutado decía con mucha prosopopeya Instituto Psiquiátrico en lugar de manicomio, pero, de una u otra manera, la Marcela, su madre, no recobró la razón.

2 Acierto en el modo de pensar o de actuar. *A veces, con incremento expresivo,* MÁS ~ QUE UN SANTO. | *Cam* 4.8.75, 25: Con más razón que un santo, la Hermandad Nacional de Labradores y Ganaderos puso el grito en el cielo. *ByN* 3.7.76, 44: Es de esperar que los trágicos sucesos de Soweto ayuden a inclinar la balanza del lado de la razón.

3 Motivo o justificación. | Arce *Testamento* 59: –Al primero que me cargué fue a un cura.–.. Le pregunté que por qué .. –¡Qué sé yo!... Pero me han fastidiado siempre los curas. –No es razón. Armenteras *Epistolario* 36: Tal censura .. solo tiene razón de ser cuando se abusa del empleo de esa fórmula. DPlaja *El español* 133: La reina Isabel contestó que lo que Dios había unido no podía separarlo ella ni siquiera por razón de Estado. **b)** (*Filos*) Causa. | Gambra *Filosofía* 157: Si lo que conocemos es, ante todo, las cosas finitas, y si estas no tienen en sí mismas su causa o razón de ser, será necesario que exista una causa o razón suprema. **c)** Argumento que se aduce en apoyo de algo. | *Inf* 20.12.75, 24: Afirmó que el Ayuntamiento había escuchado las razones de los taxistas y que las había expuesto ante la instancia competente.

4 (*Mat*) Relación entre dos magnitudes o cantidades. | Gironza *Matemáticas* 135: La soldadura que emplean los lampistas contiene plomo y estaño en la razón de 2 a 1. Gironza *Matemáticas* 95: La razón entre dos números es el cociente de ambos. **b) ~ aritmética, ~ directa, ~ geométrica, ~ inversa** → ARITMÉTICO, DIRECTO, GEOMÉTRICO, INVERSO. **c)** Número constante que, sumado a un término de una progresión aritmética, o multiplicado por un término de una progresión geométrica, da el término siguiente. | Ríos-RSanjuán *Matemáticas* 86: Cuando la razón es positiva, cada término es mayor que el anterior, y la progresión se llama creciente. Ríos-RSanjuán *Matemáticas* 93: La sucesión de los números 2, 4, 8, 16, ..., es una progresión geométrica de razón 2.

5 Información. *Frec con el v* DAR. | *DPa* 10.9.75, 7: Se vende o cambia casa vieja por piso. Razón, Tlfno. 721344. Salom *Playa* 419: En la comandancia de marina no dieron razón. También preguntamos en los hoteles de los alrededores, y tampoco. **b)** (*pop*) Recado o mensaje. *Gralm con los vs* DAR, MANDAR *o* ENVIAR. | Carnicer *Cabrera* 51: "Dígale a mi compañero que lo esperamos en la ermita el día de la fiesta." Conque voy, le doy el recado, y me contesta: "Pues cuando vuelva el domingo, dígale que no me espere .." Vuelvo al otro domingo, doy la razón, y el día de la fiesta me presento en la ermita. Berenguer *Mundo* 73: Decirle a Lobón que en cuanto vea por dónde anda esa gente nos mande razón. Delibes *Parábola* 33: César Fuentes vociferaba .. y, a cada grito, sangraba más, y, en vista de ello, Jacinto envió razón a Darío Esteban.

6 ~ social. Nombre con que está registrada legalmente una sociedad mercantil. | *Registro Mercantil* 618: En la inscripción primera de las Compañías colectivas deberán constar necesariamente las circunstancias siguientes: 1ª La razón social. 2ª El domicilio de la Sociedad. **b)** Sociedad mercantil. | Armenteras *Epistolario* 180: En la parte superior

izquierda lleva impreso el nombre del comerciante o de la razón social.
II *loc adj* **7 de** ~. (*Filos*) [Ente] que solo existe en el entendimiento. | Laín *Ciencia* 48: Sube de punto el carácter histórico del concepto cuando el contenido de este se halla constituido por entes de razón no intuibles ni imaginables.
8 de ~, *o* **puesto en** ~. [Cosa] razonable. | Armenteras *Epistolario* 13: Como es de razón, esta obra no va a ser ningún manual para llegar a dominar el aspecto artístico de tales dibujos. Cabezas *Abc* 10.11.74, 44: El día de San Martín es el Día de la Capa, cosa muy puesta en razón.
III *loc v* **9 cargarse** [alguien] **de** ~. Hacer acopio de razones o motivos que justifican su actuación. | SFerlosio *Jarama* 154: –¿No lo sabía? –intervino el otro guardia más viejo, moviendo la cabeza, con la sonrisa de quien se carga de razón. Torrente *DJuan* 212: Si seducía y abandonaba a Elvira, el Comendador, de pronto, se cargaría de razón contra mí, de todas las razones, y podría llamarme villano y escupirme a la cara.
10 dar la ~ [a alguien]. Reconocer que es acertada su opinión. | Medio *Bibiana* 10: Sabe que el señor Massó daría la razón al señor Prats, y le azuzaría contra ella.
11 darse a ~**es.** Dejarse convencer. | Delibes *Emigrante* 90: Le aclaré que eso, como todo, es cuestión de educación .. El gilí se dio a razones y dijo que pagaba un trago. Delibes *Parábola* 59: Ahora Darío Esteban, sin darse a razones, vociferaba.
12 entrar, *o* **ponerse**, **en** ~. Pasar a ser razonable. *Tb fig.* | *Ale* 20.8.78, 12: Hasta se habla de un abad de Santa María del Puerto, despechado, que no pudiendo hacer entrar en razón a estos súbditos, cedió aquella especie de coto al rey de Navarra. CBonald *Dos días* 253: –Por mí no va a quedar –dijo la mujer. –Eso es ponerse en razón. Heras *Mad* 13.5.70, 32: Hay que esperar que el tiempo se ponga en razón y acompañe.
13 tener (*o* **llevar**) ~ [una pers.]. Ser acertada su opinión. *A veces, con incremento expresivo,* TENER MÁS ~ QUE UN SANTO. | Medio *Bibiana* 12: Y, además, tienes razón, todo por los chicos. ZVicente *Traque* 146: Ah, sí, lleva razón, ya se lo he dicho dónde ha venido... Bueno, discúlpeme. MGaite *Nubosidad* 349: En eso, hay que reconocerlo, tenía más razón que un santo.
14 tomar ~ [de una cosa]. Inscribirla en el registro correspondiente. | Armenteras *Epistolario* 303: En el nombramiento de tutores no tienen intervención los Jueces, porque esa misión corresponde al Consejo de Familia, y al Juez solo incumbe tomar razón en el libro de tutelas.
15 venir(**se**) **a** ~**es.** Ponerse de acuerdo tras una discrepancia. | Buero *Hoy* 95: Señora Tomasa, vengámonos a razones, que yo tengo mucho que hacer.
IV *loc prep* **16 a** ~ **de** [una cantidad] (**por**) [unidad de medida]. Correspondiendo [la una a la otra]. | Jo. Cortés *Ide* 27.2.75, 13: Los caracoles tienen desde hace unas fechas espacio en el mercado de San Agustín, vendiéndose a razón de catorce duros el kilo. Marcos-Martínez *Aritmética* 145: Calcular el camino recorrido por un auto, a razón de 36 Km por hora, en 3 h 40 mn 30 s.
17 en ~ **de** (*o*, *semiculto*, **a**). Por causa de, o debiéndose a. | Gambra *Filosofía* 43: En razón de la cantidad se dividen las proposiciones en universales y particulares. FSantos *Catedrales* 10: El solar también fue ocupado, tiempo después, por una edificación peculiar .. y que, en razón a su destino, se llamaría más tarde La Casa de la Química. **b)** En lo relativo a. | *Abc* 14.5.68, sn: Celso García reúne las más recientes conquistas de la técnica .. tanto en razón a comodidad del público como de climatización.

razonabilidad *f* Cualidad de razonable. | Torrente *Sombras* 193: Rogar a Mr. Holmes que se acerque a este despacho .., y que discurra después con entera libertad mental, lo tengo por razonable, aunque de una razonabilidad desconocida, claro.

razonable *adj* **1** [Pers.] sensata o que atiende a razones. | P. Alba *Hoy Extra* 12.69, 63: Tabaco, alcohol, salsas picantes, grasas, amores... van quedando en la cuneta si somos razonables y queremos subsistir. **b)** Propio de la pers. razonable. | Clara *Sáb* 10.9.66, 46: Grafológicamente, le atribuyo carácter serio, reflexivo y razonable; buen temperamento varonil.
2 [Cosa] ajustada a la razón [2]. | Laforet *Mujer* 98: Eran palabras razonables; a pesar suyo la convencieron. **b)** [Cosa] proporcionada o equilibrada. | *Inf* 22.12.75, 16: Sabía que en el empeño de conseguir estos resultados "en un plazo razonable" surgirían "disgustos, provocaciones y bajas". Cela *Pirineo* 84: El confitat es un segundo plato razonable.

razonablemente *adv* De manera razonable. | Carrero *Pue* 22.12.70, 5: Para que el país .. se preocupe de lo que razonablemente deba preocuparse. Alfonso *España* 67: La cultura del campo se produce de abajo hacia arriba. Precisa .. verdaderos campesinos, de reflejos seguros, parsimoniosos, razonablemente desconfiados.

razonadamente *adv* De manera razonada. | Rábade-Benavente *Filosofía* 267: Debemos empezar por aducir las principales significaciones que la filosofía le atribuye, para poder decidir razonadamente nuestra elección.

razonado -da *adj* **1** *part* → RAZONAR.
2 Que se basa en razones [3]. | E. Romero *InA* 8.7.75, 3: Nada hay más políticamente necesario y civilizado que .. ofrecer al país las diferencias de criterios, las opiniones distintas, la concurrencia de varias soluciones, la manifestación de un espíritu crítico, razonado y responsable. * Hizo una exposición razonada del problema.

razonador -ra *adj* [Pers.] dada a razonar. | FReguera *Bienaventurados* 128: También era hombre muy modesto, razonador y con tendencia al pesimismo. **b)** Propio de la pers. razonadora. | M. Aznar *Van* 20.12.70, 9: Les habría dicho todo esto .. sin necesidad de acudir a palabras de carga vehemente .. Simplemente por mi condición razonadora.

razonamiento *m* Acción de razonar, *esp* [2]. *Tb su efecto.* | DPlaja *El español* 136: Es en vano que se les explique que en el país vecino existe la misma proporción entre Costumbre y Deseo que hacía que nuestros padres se alegrasen ante la vista de un tobillo. Para el español .. esto no es razonamiento. Gambra *Filosofía* 50: Una sucesión de juicios cualesquiera no constituye un razonamiento. Para que este exista es preciso un nexo lógico entre antecedentes y consiguiente, una ilación concluyente entre ambos.

razonante *adj* Razonador. | J. Marco *Van* 10.10.74, 59: Su actitud razonante había neutralizado los rasgos de virulencia naturales.

razonar A *intr* **1** Establecer relaciones entre distintas ideas o nociones, a fin de llegar a otras nuevas o formar un criterio. | J. GJiménez *SInf* 10.3.76, 8: Estos chicos conocían bien las afirmaciones teóricas necesarias para la solución (definiciones, teoremas, etc.), y sin embargo razonaban mal. Medio *Andrés* 48: Este deseo secreto impide a Pablo razonar sobre el modo más acertado de devolver el dinero a su dueño. **b)** Hacer uso de la inteligencia o de la capacidad de razonar [1a]. | * Es imposible hablar con él porque no razona.
2 (*Filos*) Inferir un juicio desconocido de otro u otros conocidos. | Gambra *Filosofía* 122: Juzgar y razonar son, como veremos, las funciones del entendimiento que completan la función abstractiva.
3 Argumentar (exponer argumentos). | H. Jiménez *Abc* 25.2.68, 40: Me está usted razonando igual que lo hace don José, pero ni él me convence, ni usted tampoco.
B *tr* **4** Dar las razones o motivos [de algo (*cd*)]. | Aleixandre *Química* 211: ¿Podría esta reacción explicar la enorme cantidad de energía que se libera en el Sol? Razónese la respuesta. **b)** Demostrar [algo] con razones. | Buero *Lázaro* 61: Yo te sabría razonar que no es ninguna catástrofe.

razzia → RAZIA.

re *m* Segunda nota de la escala musical. | Valls *Música* 31: Una escala integrada por siete sonidos que llamamos notas ..: do, re, mi, fa, sol, la, si.

re- *pref* **1** Indica repetición. | *Por ej*: Barcelona 13: Tal orden de cooperación recíproca del Estado y las Entidades locales .. implica, desde luego, reacomodación de relaciones entre aquel y estas. Aparicio *César* 58: Él era incapaz de reandar lo andado. Miguel *Mun* 17.10.70, 24: Todas ellas exigirán un "reciclaje" de sus miembros: volver otra vez a reaprenderlas, porque en rigor no será siempre la misma ocupación. Pericot-Maluquer *Humanidad* 101: Pinturas en Sierra Morena que en parte están reaprovechadas o enmascaradas. E. Toda *MHi* 2.64, 32: Allá acude una especie de saltamontes metálico, que, montado por un obrero especialista .., pica, allana, reasfalta. CBonald *Dos días* 220: Hay que podar y limpiar las cepas, desbragar y sacar las sierpes, cavar, castrar y recastrar. E. Barrenechea *Inf* 19.4.74, 6: El censo de 1970 arrojó una población de 8.668.267 almas .. En 1969 se recensaron, con vistas a las elecciones legislativas, 1.809.780 ciudadanos. M. Cruz *Pue* 9.12.70, 9: Es la primera fase de un vasto complot dirigido por los países imperialistas para recolonizar África. Alonso *SAbc* 3.8.75, 14: Hay que mirarla [a Roma] en el recruce de los imperios o creaciones civilizadoras: la romana y la cristiana. PFerrero *MHi* 7.69, 71: Aquel café, que habían redecorado los arquitectos Arniches y Domínguez. Halcón *Manuela* 54: El pueblo es blanco, mil veces reencalado y sin árboles. Torrente *Off-side* 495: Se le apagó el puro, y tuvo que reencenderlo un par de veces. Miret *Tri* 26.12.70, 14: Muchos de ellos necesitan una especie de reentrenamiento para soportar el choque que este cambio tan radical de su vida entraña. RMoñino *Poesía* 69: Su primer pensamiento fue reestampar, modificado, el libro de Nucio. Tamames *Economía* 58: Habría que suspender de momento la iniciación de nuevos planes de regadío, reestudiar el conjunto de los que están en curso de realización. *Inf* 12.6.70, 8: Solicitud española de prórroga automática de la refinanciación de la deuda pública del Perú. C. Saldaña *SInf* 30.12.70, 3: Cada vez son más numerosos los textos que se expresan más o menos en los mismos términos, proponiendo una "reformulación del servicio social". *HLM* 26.10.70, 22: Se modernizó y mejoró el Carlton, y el Carlton salió a flote. En su reinauguración, en el gran banquete de gala se hallaba la famosa cantante de ópera Melba. *Abc* 4.10.70, 69: Baygón contiene dos nuevas sustancias de efecto rápido, que se mantienen a lo largo de muchos meses y prolongan contra la reinfestación. Aranguren *Marxismo* 53: La superestructura no reinfluye sobre la infraestructura. G. Monti *SAbc* 20.10.68, 26: Una piel normal de ratón solo sobrevive a un número limitado de reinjertos. Aranguren *Marxismo* 56: La cohesión, la unidad y la fuerza parecen así centuplicarse. Sí, pero al precio de reintroducir un bajo coeficiente de "valor de verdad". GacR 27.10.70, 2: Se retapizan tresillos y sillerías. G. Monti *SAbc* 20.10.68, 27: A fuerza de ser retranscrito, el código se llena de errores. A. Calles *Crí* 9/10. 73, 7: Hace algunos años estuvo muy de moda utilizar la secreción de las abejas para revigorizar a los enfermos aquejados de pérdida de vitalidad.

2 (col) Antepuesto a un término que acaba de enunciarse y formando pareja con él, expresa enfáticamente reiteración. | *Por ej:* FVidal *Duero* 110: Dispuesto siempre a buscar causas y recausas a todo lo que ve. Aldecoa *Cuentos* 1, 58: –Me va a oír. –Ojo, que después de la siesta me va una galerna .. –Me cisco y me recisco. Berenguer *Mundo* 183: Se han casado siempre unos con otros y todos son primos y reprimos por parte de los cuatro abuelos.

3 (col) Denota intensidad en la cualidad o en el modo, o intensificación en la acción. | *Por ej:* GPavón *Rapto* 31: Tan reapañá que iba, tan airosa. FVidal *Duero* 44: Lo pasa rebién incorporándose él mismo a su ensueño. Cela *Judíos* 45: El vagabundo tuerto estaba terminando de rechupar unas raspas de pescadilla. J. MArtajo *Ya* 17.11.63, sn: Doña Nieves, sentada a la mesa, se relamía los dedos después de rechupetear el cuello y el alón del pichoncito. R. Serna *Abc* 2.3.58, 12: Darse entonces una vuelta por la Alcaicería al atardecer, aquello sí que era pasarlo recontento. GPavón *Reinado* 56: La luz refina que se desprende de los cristales .. cuajaba un ambiente suave. Buero *Hoy* 91: ¡Qué reguapísima estás, hija! Olmo *Golfos* 181: Las gallinas repicotean de un lado a otro por la plaza. Buero *Hoy* 79: ¡Pues ya están todas en la acera muy resentadas a su alrededor! *Alc* 31.10.62, 7: ¡Y hay que ver cómo están de resucios los manteles de muchos restaurantes baratos!

4 (col) *Actúa* como mero refuerzo expresivo. | *Por ej:* Aristófanes *Sáb* 4.1.75, 40: ¿Y todavía el pan más caro? ¡Releñe con este país!

reabrir (conjug 37) *tr* Volver a abrir. | Gironella *Millón* 711: Los "nacionales" estaban transformando a Lérida. Habían procedido al meritorio desescombro de sus calles, adecentaban los jardines, las tiendas reabrían sus puertas. *D16* 20.1.78, 5: Una rueda de prensa que reabre este turbio asunto.

reabsorber *tr* **1** (*Fisiol*) Hacer desaparecer [el organismo (*suj*) un cuerpo o una sustancia que se ha producido o situado en él]. | M. Aguilar *SAbc* 23.11.69, 54: Se han logrado permanencias de unos siete años antes de que el verdadero diente .. sea reabsorbido o sufra rechazo. **b)** *pr* Desaparecer [algo] del lugar en que estaba o en que se había producido. | Bustinza-Mascaró *Ciencias* 190: La mayoría de los huesos [de la paloma] son huecos, por haberse reabsorbido la médula, con lo cual su peso es menor.

2 (*Dep*) Alcanzar [el pelotón (*suj*) a un corredor que se había destacado]. | J. M. Casanova *SHie* 19.9.70, 10: Ambos [corredores] llegaron a tener un minuto y cuarenta segundos de ventaja sobre el grupo, pero ya en las vueltas finales del Montjuich fueron reabsorbidos.

reabsorción *f* Acción de reabsorber(se). | *Inf* 18.12.69, 5: Los doctores confiaban en la reabsorción del líquido que había empezado a invadir sus pulmones.

reacción I *f* **1** Acción o cambio producidos en un ser vivo como respuesta a un estímulo. *Tb fig.* | Ybarra-Cabetas *Ciencias* 188: El protoplasma tiene la propiedad de acusar las excitaciones del medio exterior .. La reacción más característica a tales excitaciones es el movimiento. *Ya* 26.4.74, 11: Reacciones ante el levantamiento. Preocupación y asombro en las colonias portuguesas. **b)** Erupción u otra pequeña alteración producida en el organismo por un medicamento o una vacuna. | Sastre *Muerte* 129: Le voy a hacer un poco de daño .. Sobre todo esta primera [inyección] puede que le dé un poco de reacción. **c)** (*Biol*) Modificación del organismo producida por una causa mórbida o una alteración del medio y que tiende a contrarrestar sus efectos. | Navarro *Biología* 250: En las reacciones alérgicas se produce en los tejidos histamina. **d)** (*Psicol*) Formación reactiva (→ FORMACIÓN). | Pinillos *Mente* 137: Un mecanismo egodefensivo más es el de la reacción o formación reactiva.

2 Recuperación de la vitalidad normal después de una baja en la misma. *Tb fig.* | * Dale una copa para que entre en reacción. *CoE* 9.8.74, 18: La sesión de esta mañana [de la bolsa] ha experimentado una reacción considerable.

3 (*Fís*) Fuerza que un cuerpo sometido a la acción de otro ejerce sobre él en dirección opuesta. | Mingarro *Física* 40: Principio de la acción y reacción.

4 (*Quím*) Acción recíproca de dos o más sustancias que da lugar a transformaciones en ellas. | Payno *Curso* 53: Dio dos vueltas a la habitación mirando una reacción, ayudando a lavar tubos a otro. Volvió al sitio. La reacción había empezado.

5 (*desp*) Actitud conservadora. *Esp en política.* | * Revolución y reacción son términos que van unidos. ILaguna *Ateneo* 39: Estos hombres, nacidos en su mayoría bajo la reacción fernandina, carecen del impulso regeneracionista de los románticos. **b)** Conjunto de los reaccionarios. | Paso *Rebelde* 104: Pero, papá, no son la reacción. Son unas personas como tú y como las demás.

II *loc adj* **6 de**, o **a**, **~**. Basado en el principio de la acción y de la reacción [3]. | Marcos-Martínez *Física* 71: Péndulo de reacción. RMorales *Present. Santiago* VParga 4: A pesar de nuestros ascensores .. y nuestros aviones de reacción, "despegamos" de la materia de este mundo con mucha más dificultad que nuestros homólogos medievales.

reaccional *adj* (E) De (la) reacción [1]. | Mascaró *Médico* 66: Contra los fenómenos alérgicos inmediatos, podemos recurrir a medios eficaces, como la administración de medicamentos antihistamínicos y simpaticomiméticos .. o modificadores del terreno reaccional, como la cal y los sedantes barbitúricos.

reaccionante *adj* (*Quím*) Que reacciona. | Aleixandre *Química* 52: En el primer miembro de las mismas [ecuaciones] se escriben las fórmulas de los cuerpos reaccionantes, y en el segundo las de los cuerpos resultantes.

reaccionar *intr* Tener una reacción [1, 2, 3 y 4] [con algo o ante algo]. | CNavarro *Perros* 23: Habrá que aclarar .. cómo reaccionamos al verla muerta. A. Casanovas *ByN* 3.10.93, 116: Hay que valorar si realmente vale la pena hacer el esfuerzo, o es mejor renovarlas [las plantas]. Por lo general reaccionan bien los ejemplares grandes y con tronco. Marcos-Martínez *Física* 246: Al reaccionar el ácido clorhídrico con 100 gramos de cinc, ¿cuántos litros de hidrógeno se obtienen?

reaccionario -ria *adj* (*desp*) De (la) reacción [5]. | Castilla *Humanismo* 11: Lo que se denomina pensamiento reaccionario no es otra cosa sino el intento para no ver lo que caracteriza al pensamiento de hoy, para confundir la nostalgia del tiempo pasado con la imposibilidad de su revitalización. Aguilar *Experiencia* 705: En su biblioteca tenía, muy anotado, un ejemplar de *El Capital*, y los milicianos .. manifestaron su sorpresa de que hombre de significación tan reaccionaria leyera y estudiara semejantes libros. **b)** Partidario de la reacción. *Tb n.* | Torrente *Off-side* 38: Ha elegido usted la época azul [de Picasso], con la que transigen hasta los más reaccionarios.

reaccionarismo *m* (*desp*) Tendencia reaccionaria. | Aranguren *Moral* 177: El catolicismo como actitud aparecía siempre ligado al reaccionarismo, a la crítica de la civilización moderna, a la defensa de los "intereses" de la Iglesia. E. Merino *SVoz* 8.11.70, 1: Se comprende, pues, que sus concepciones choquen con el proverbial reaccionarismo de las gentes que lucharon denodadamente para conseguir una posición.

reacio -cia *adj* [Pers. o animal] que se opone o se resiste [a algo]. *A veces se omite el compl por consabido.* | A. Rivero *Ya* 8.7.76, 27: El noventa y nueve por ciento del público es reacio a hacer reclamaciones en la oficina del mercado de Torrijos, a la que no acude casi nadie. **b)** Propio de la pers. o el animal reacios. | * Su actitud es totalmente reacia a los conflictos. Tamames *Economía* 43: Es preciso disponer de las obras secundarias de transformación .., que no pueden dejarse a merced de una iniciativa privada manifiestamente reacia o incapaz de ejecutarlas.

reacondicionamiento *m* Acción de reacondicionar. | *Ya* 21.3.90, 10: El Ayuntamiento de San Sebastián de los Reyes ha terminado hace unas semanas las obras de reacondicionamiento de la avenida de España.

reacondicionar *tr* Acondicionar de nuevo. | E. La Orden *MHi* 7.69, 30: Restauró hacia 1850 el Palacio de los Capitanes Generales y la iglesia de la Merced, reacondicionó las fuentes y puso en pie de nuevo la ciudad.

reactancia *f* (*Electr*) Componente de la impedancia debido a la existencia de una autoinducción, una capacidad o ambas. | Mingarro *Física* 148: La resistencia total, suma de la óhmica R y de la reactancia X_2, se denomina impedancia.

reactivación *f* Acción de reactivar. | *Faro* 31.10.70, 2: Destacan .. otros proyectos .. acerca del plan comarcal de reactivación de los municipios.

reactivador -ra *adj* Que reactiva. | *Ya* 16.10.75, 25: Diversidad de criterios ante las posibles medidas reactivadoras de la Bolsa.

reactivar *tr* Devolver la actividad [a algo (*cd*)]. | FMora *Abc* 8.9.66, 13: Hace dos milenios y medio, Aristófanes abrió el debate sobre Sócrates; lo reactivaron Hegel, Kierkegaard.

reactividad *f* Cualidad de reactivo. | Aleixandre *Química* 94: No tienen [los gases nobles] ninguna reactividad química. *Ya* 18.6.75, 53: La prescripción de medicamentos debe efectuarse como aconsejan los médicos, que conocen a fondo la reactividad de los enfermos. Pinillos *Mente* 137: Un mecanismo egodefensivo más es el de la reacción o formación reactiva. Tal reactividad consiste en que el sujeto se oculta a sí mismo un motivo determinado, acentuando el motivo opuesto.

reactivo -va I *adj* **1** Capaz de reaccionar o que favorece una reacción. | *TribAl* 1.2.90, 16: El paciente se encuentra consciente y reactivo. * Hay sustancias más reactivas que otras.

2 De (la) reacción [1, 2, 3 y 4]. | Gambra *Filosofía* 101: Se llama *test* reactivo a ciertas pruebas a que se somete a un sujeto para comprobar en él aptitudes naturales o adquiridas. **b)** [Formación] **reactiva** → FORMACIÓN.

II *m* **3** Sustancia que se emplea para provocar una reacción química. | J. Sampelayo *Abc* 12.6.73, 61: Hay que colocar a los fotógrafos al minuto .. Blusón y máquina de fuelle sobre el alto trípode. El humilde laboratorio del cubo y los reactivos y a veces hasta un telón de fondo.

4 (*Psicol*) Prueba. | Rábade-Benavente *Filosofía* 81: Un *test* es una prueba o reactivo que consiste en proponer a un sujeto una tarea cuya solución implica la posesión de inteligencia.

reaccionarismo – reafirmar

reactor *m* **1** Instalación destinada a la producción y regulación de fisiones nucleares. *Tb* ~ NUCLEAR. | E. Angulo *Ya* 15.4.64, 3: Los reactores ya existentes en España son el de piscina que tiene la Junta de Energía Nuclear en la Moncloa y dos reactores de investigación de 10 kilovatios, que se encuentran en Barcelona y Bilbao.

2 Motor de reacción [6]. | *Ya* 12.11.70, 13: Dispone [el Falcon-10] de dos reactores de 1.000 kilos de empuje.

3 Avión con motor de reacción [6]. | *Inf* 17.6.70, 3: Un reactor israelí fue alcanzado durante el combate aéreo.

reactualización *f* Acción de reactualizar. | L. Contreras *Mun* 26.12.70, 9: La reactualización de la Ley de Bandidaje y Terrorismo y la inhibición de la jurisdicción ordinaria hicieron recaer sobre el Ejército la incómoda responsabilidad legal.

reactualizar *tr* **1** Volver a actualizar. | Goytisolo *Recuento* 401: Más objetable todavía, la utilidad de poner a prueba en circunstancias tan desfavorables la incómoda relación con Leo, de reactualizar cada vez su progresivo distanciamiento.

2 Volver a poner de actualidad. | VMontalbán *Tri* 11.4.70, 31: Dicen unos versos de Antonio Machado, hoy reactualizados por Serrat y competitivos en el "hit parade".

reacuñación *f* Acción de reacuñar. *Tb su efecto.* | Vicenti *Peseta* 12: Dichas siglas son las siguientes: CM: Cartón Moneda .. RO: Reacuñaciones oficiales en oro.

reacuñar *tr* Volver a sellar [una moneda]. | * Esta moneda ha sido reacuñada.

readaptación *f* Acción de readaptar(se). | PFernández *Abc* 15.12.70, 27: Incorporó a su ámbito .. la utilización de nuevos métodos para atender a los problemas de reeducación y readaptación social de los delincuentes. *GTelefónica* 21: Readaptación Funcional. Blanco Argüelles, Manuel. Rehabilitación y Ortopedia.

readaptar *tr* Adaptar [a alguien o algo] a una nueva situación. | Salvador *Haragán* 88: Te encuentras con la necesidad de readaptar tus pensamientos. | **b)** *pr* Adaptarse [alguien o algo] a una nueva situación. | *Abc* 25.2.68, 83: Ha solicitado .. la creación de puestos de trabajo para inválidos civiles readaptados.

readmisión *f* Acción de readmitir. | A. Barra *Abc* 2.1.66, 75: Los resultados más valiosos de la política alemana de la posguerra han sido la readmisión del país en el círculo de las naciones libres y la amistad con el pueblo francés.

readmitir *tr* Admitir de nuevo [a alguien o algo que ha salido o que ha sido expulsado]. | *Sp* 21.6.70, 5: No quiso [el director] readmitir a los cinco muchachos de la comisión que expulsó.

readquirir (*conjug* **38**) *tr* Adquirir de nuevo. | M. Bayón *País* 5.7.91, 38: Hace un mes, Difusora Internacional, que poseía la empresa, ofreció a Mario Muchnik readquirirla por un precio cercano a los 80 millones de pesetas.

readquisición *f* Acción de readquirir. | * La readquisición de esas acciones no entra en sus cálculos.

reafirmación *f* Acción de reafirmar(se). | Escrivá *Conversaciones* 18: El *aggiornamento* de la Iglesia .. es fundamentalmente eso: una reafirmación gozosa de la fidelidad del pueblo de Dios a la misión recibida.

reafirmador -ra *adj* Que reafirma. | L. Contreras *Sáb* 8.3.75, 5: Estos dos puestos son decisivos a la hora de plataformar una operación reafirmadora de esencias ideológicas originarias.

reafirmante *adj* Que reafirma. | *Abc* 18.11.75, sn: Tratamiento reafirmante de los tejidos, tratamiento anti-arrugas.

reafirmar *tr* **1** Afirmar de nuevo o confirmar. | Escrivá *Conversaciones* 26: Esta tradición secular .. ha sido repetidamente reafirmada en la enseñanza y disposiciones de los últimos Romanos Pontífices. J. Monleón *Tri* 11.4.70, 45: Aquí queda mi modesto y alegre testimonio de su vuelta al teatro, de su reafirmado talento de gran actriz. **b)** *pr* Afirmarse de nuevo o confirmarse. | N. FPascual *Abc* 27.4.75, 4: Por mi parte, me reafirmo decididamente en mis declaraciones: Estoy contra el "bunker" y contra el fascismo.

2 Dar mayor firmeza [a algo (cd)]. *Tb abs.* | *Mad* 29.4.70, 1: Esto no ha hecho sino reafirmar el temor de que la recesión se apodere de la economía. *Sem* 15.3.75, 13: Por su acción en profundidad afina y desinfiltra los tejidos .. Tonifica y reafirma.

reagrupación *f* Acción de reagrupar(se). | *Cruz Burgos* 23: El Partido ha padecido una despoblación .. La reanimación urgente habrá que buscarla en la reagrupación municipal.

reagrupador -ra *adj* Que reagrupa. *Tb n, referido a pers.* | M. Á. Gozalo *Abc* 24.11.74, 23: Chaban-Delmas .. hace un llamamiento para un fortalecimiento de la U.D.R., .. y se presenta como posible reagrupador, en línea con la más pura tradición gaullista, del "gaullismo vivo".

reagrupamiento *m* Acción de reagrupar(se). | *Abc* 28.8.66, 72: Los cinco corredores reunidos no tardaron en alcanzar a su vez al inglés Hill, seguidos de cerca por el pelotón, produciéndose poco después el reagrupamiento.

reagrupar *tr* Agrupar de nuevo, o de modo diferente. | *Castellano Cod* 2.2.64, 16: Antes de enviar las tropas al sur, habrá que reagruparlas en el norte.

reajuntarse *intr pr (reg)* Amancebarse. *Gralm en part.* | *Marsé Dicen* 198: La dueña y su marido tampoco es que sean marido y mujer, al parecer viven reajuntaos.

reajustar *tr* Ajustar de nuevo. | *Pue* 2.2.67, 5: Este proceso de independización dentro del bloque oriental da a los Estados Unidos .. la posibilidad de reajustar sus relaciones con ciertos países comunistas. *Cod* 2.2.64, 6: En todos los reajustes de tarifas –llamados así porque el usuario tiene que reajustarse el cinturón– se tienen siempre en cuenta los intereses de la empresa.

reajuste *m* Acción de reajustar. | E. LRamos *SAbc* 29.11.70, 39: Es la postura más acorde con los tiempos y la más necesitada para España en esta hora crítica de reajuste institucional. **b)** *(euf admin)* Subida [de precios o tarifas]. | *Cod* 2.2.64, 6: En todos los reajustes de tarifas .. se tienen siempre en cuenta los intereses de la empresa.

real¹ *adj* **1** Que tiene existencia verdadera. | R. Saladrigas *Des* 12.9.70, 29: François Mauriac había "muerto" mucho antes de acaecer su defunción real.
2 (E) Relativo a las cosas. *Esp en derecho.* | Rábade-Benavente *Filosofía* 185: La definición real nos dice lo que la cosa es. FQuintana-Velarde *Política* 247: Cuando el impuesto .. se establece no sobre las persona[s] sino sobre las cosas, .. se dice que el impuesto es real. Ramírez *Derecho* 64: Todos los referidos derechos .. parten de un mismo supuesto: que la cosa sobre la que se tiene el derecho real pertenezca a otro. **b)** [Derechos] que se han de pagar en concepto de impuesto en la transmisión de bienes y en otros actos civiles. | * Nos descontaron 20.000 pesetas por derechos reales.
3 (Mat) [Número o expresión] racional o irracional. *Se opone a* IMAGINARIO. | Mingarro *Física* 155: Se llama suma algebraica de varios complejos a otro complejo cuya parte real es la suma algebraica de las partes reales de los sumandos.
4 (Fís) [Imagen] que se forma por convergencia de los rayos de luz y que puede ser proyectada. *Se opone a* VIRTUAL. | Marcos-Martínez *Física* 150: La imagen de un objeto situado fuera de la distancia focal de un espejo es siempre real e invertida.

real² I *adj* **1** De(l) rey. | Arenaza-Gastaminza *Historia* 222: Napoleón consiguió que la familia real española fuera a Bayona. **b)** De la familia del rey. | * Este sitio está reservado a las personas reales. **c)** ~ [decreto] → DECRETO.
2 *Se emplea, siguiendo a ns, pralm de animales o plantas, para designar variedades o especies caracterizadas por su mayor tamaño o belleza.* | Noval *Fauna* 164: Sin duda el ave más extraordinaria y más amenazada de extinción es el Águila real. Noval *Fauna* 234: Aparecen en el mes de mayo los grandes Vencejos reales (*Apus melba*). Noval *Fauna* 112: El Zarapito real (*Numenius arquata*) es el mayor limícolo europeo. Noval *Fauna* 308: También a partir de noviembre se ve abundante por las pumaradas y en los campos la *Paniega* o Zorzal real (*Turdus pilaris*).
3 [Cosa] principal o más destacada en su género. | Corral *Cartas* 12: Si el que juega sólo hace una baza, y cuatro cada uno de los otros dos, la puesta se llama real, que, aunque rara, suele presentarse alguna vez. **b)** *(hist)* [Camino] público capaz para carruajes y que comunica poblaciones de cierta importancia. | Hoyo *Caza* 41: Erguido en la mocha del alto, miraba fijo el camino real. Una columna de franceses avanzaba hacia Burgos.
4 ~ [hembra], ~ [mozo] → HEMBRA, MOZO.
5 *(hist)* [Navío] de tres puentes y armado al menos con 120 cañones. | A. Maura *SAbc* 7.2.88, 14: La flota de los aliados se componía de 90 galeras reales, 24 naves y 50 fragatas y bergantines por parte de España.
6 *(hist)* [Galera] que lleva el estandarte del rey. *Tb n f.* | A. Maura *SAbc* 7.2.88, 14: Dividió Don Juan de Austria en cuatro escuadras sus fuerzas, reservándose el mando de la del centro con el distintivo de una flámula azul en el calcés de la Real y gallardetes del mismo color en las demás galeras.
II *l f* **7 la realísima.** *(col)* La realísima gana (→ GANA). | SFerlosio *Jarama* 74: ¡Ya he dicho que no voy! ¡No me da la realísima!, ¿más claro?

real³ *m* **1** *(hoy raro)* Unidad de cuenta equivalente a 25 céntimos de peseta. | Halcón *Manuela* 23: Se lleva usted el melón entero, total tres reales. **b) un ~,** *o* **dos ~es.** *(col)* Cantidad mínima de dinero. *Con intención ponderativa. Gralm con los vs* TENER *o* VALER. | J. Montini *Sáb* 10.9.66, 25: Olvidada de su pierna escayolada. Sin pensar en que está sola en el mundo, sin un real en el bolsillo, sin ahorro alguno. Delibes *Mundos* 137: El isleño actual ofrece mucha resistencia a abandonar estos refugios naturales, aunque se le ofrezca una vivienda decorosa por dos reales.
2 *(hist)* Antigua moneda castellana de plata utilizada como unidad monetaria desde el s. XIV al XIX. | GNuño *Madrid* 36: Ejemplar del barroco madrileño costeado por Felipe IV, la Villa de Madrid y los Virreyes de Méjico y Perú, hasta un total de 11.160.000 reales. A. Téllez *Abc* 25.7.68, sn: La unidad monetaria de aquel tiempo [1868] era el real, que constaba de 34 maravedíes. **b)** *(hist) Con los compls* DE A DOS, DE A CUATRO, DE A OCHO, DE A CINCUENTA, *designa distintas monedas cuyo valor es 2, 4, 8 o 50 reales de plata.* | Lázaro *Crónica* 84: La asistencia se retribuirá con un real de a ocho.
3 ~ de vellón. *(hist)* Moneda de cuenta equivalente a la vigésima parte del duro. | Chamorro *Sin raíces* 108: El artífice de la tambora era el zapatero de la localidad, cuyos honorarios ascendían a veinte reales de vellón, cantidad más que considerable.

real⁴ I *m* **1** Espacio acotado en que se celebra una feria. | Pemán *Andalucía* 104: Si visita sus paseos y el "real" de la Feria fuera de su momento, no verá nada.
2 *(hist)* Sitio en que está acampado el ejército. | Cela *Judíos* 73: Castro, en castellano, vale por campamento, por real militar.
II *loc v* **3 alzar** (*o* **levantar**) **sus ~es** (*o* **el ~**). *(hist)* Levantar el campamento [un ejército] y marcharse. *Tb fig.* | * Alzó sus reales y se fue a Sevilla.
4 sentar (*o* **asentar**, *u otro v equivalente*) **sus ~es** (*o* **el ~**). *(hist)* Acampar o establecerse [un ejército en un lugar]. | Cela *Viaje andaluz* 73: Alfonso VI, en el siglo XI, plantó sus reales en Ocaña. **b) sentar** (*o* **asentar**) [alguien] **sus ~es.** Establecerse [en un lugar]. | A. Cabanillas *Abc* 20.10.70, 23: En Monturque, pues, ha asentado sus reales como arqueólogo el padre Serna.

realce *m* **1** Acción de realzar, *esp* [1]. *Tb su efecto.* | Laiglesia *Tachado* 98: Esta noche, para dar realce a la fiesta, se sirven tentempiés sin cupones de racionamiento. GNuño *Madrid* 20: A guisa de patio cerrado, el lienzo continuo de casas en tres pisos con porches se embellece en el centro de los lados mayores por el airoso realce de la Casa de la Panadería y de la dependencia municipal que se le enfrenta.
2 Labor, esp. bordado, que sobresale de la superficie. | I. Salas *MHi* 7.69, 44: El despacho está recubierto en todos sus muros por ataujías de bronce y maderas preciosas, enmarcando paneles bordados en oro y con realce. *Lab* 2.70, 15: Juego de cama .. bordado al pasado, pespunte y realce.
3 Parte elevada o sobresaliente. | Cela *Mazurca* 252: También encontramos impronta dentaria en la zona laterosposterior derecha del cuello, es decir, por detrás del realce del esternocleidomastoideo.

realejero -ra *adj* De Los Realejos (Tenerife). *Tb n, referido a pers.* | J. Díaz *Día* 22.6.76, 15: Tiene su corazón

bien puesto en su pueblo, en Los Realejos, pues netamente realejero es su sentir.
realejo adj (*Mús, hist*) [Órgano] positivo o portátil. Tb n m. | L. Echeverría *SYa* 21.4.74, 11: Existían, por tanto, varios órganos dentro del recinto catedralicio, fijos algunos de ellos y otros transportables y de fácil manejo (los que con expresión extranjerizante suelen llamarse positivos y en nuestro lenguaje castizo se llamaban realejos) .. Ejemplo de órgano fijo es el de la capilla de San Bartolomé, probablemente el más antiguo de España. Y ejemplo de órgano realejo, el nunca suficientemente ponderado de Salinas.
realengo -ga adj (*hist*) Que pertenece a la corona y está bajo el dominio y administración del monarca. Tb n m, *referido a territorio*. | *Ade* 27.10.70, 3: Don Antonio nos habló de las ovejas merinas de la cabaña realenga de El Escorial. Mercader-DOrtiz *HEspaña* 4, 19: Existían los realengos, o territorios baldíos, en realidad tierras de nadie (mostrencos), casi siempre sin cultivo y a disposición del Honrado Concejo de la Mesta.
realera f Celda de la abeja reina. | L. MDomínguez *Inf* 29.5.70, 2: Abejas soviéticas y realeras rumanas.
realeza f 1 Dignidad de rey. | *Abc* 22.11.75, 1: A última hora de la tarde de ayer llegaron a las Cortes los atributos de la realeza –la corona y el cetro– que se conservan en el Palacio de Oriente.
2 Carácter o condición de rey. | DCañabate *Teatro 1959* 12: La reina doña María Cristina .. también perdona. Porque en su espíritu predomina la realeza sobre la feminidad.
3 Conjunto de los reyes. | J. Balansó *SAbc* 20.10.68, 38: Durante toda la vida constituirían una de las parejas más felices y unidas de la realeza.
realidad I f 1 Cualidad de real[1] [1]. | Gambra *Filosofía* 73: Ha habido, a lo largo de la historia del pensamiento, diversas concepciones del espacio, es decir, de qué clase de realidad sea la suya.
2 Cosa real[1] [1]. *Frec en pl*. | Gambra *Filosofía* 31: Esta realidad abstracta .. y universal, que es el concepto, constituye el primer y fundamental elemento del pensamiento. Laforet *Mujer* 46: La consideraba .. como a una niña .. que ignora las realidades esenciales de la vida. **b)** Hecho cierto o verdadero. | JLozano *Inf* 28.10.75, 16: Lo que resulta un tanto aterrador .. es .. la gran cantidad de exorcismos que vamos a necesitar después para percatarnos de la realidad, de que ya somos mayorcitos y de que, después de todo, aquí tenemos nuestros demonios particulares.
3 Conjunto de lo real[1] [1]. | GLópez *Lit. española* 14: Lo cual [el desdén por lo maravilloso, en el intenso realismo] no quiere decir que el artista español se contente con la pura materialidad de las cosas, ya que, en sus creaciones literarias, la realidad aparece a menudo envuelta en un halo de poesía o de elevada trascendencia. **b)** Conjunto de hechos que concurren [en un momento o situación determinados (*compl de posesión*)] configurándolos. | Valdeavellano *Burguesía* 28: Ya en la realidad social del siglo XI, la ciudad empieza a ser, sobre todo, el asiento de una población.
II loc adv **4 en ~**. Realmente. | Medio *Bibiana* 15: Lo que Marcelo piensa sobre Xenius no es cosa que, de momento, preocupe a Bibiana. En realidad, ¿qué razón hay para que Marcelo piense nada sobre Xenius?
realismo m 1 Cualidad de realista[1] [1]. | Carrero *Pue* 22.12.70, 5: Exponiendo con claridad y realismo cuál es nuestra situación general. **b)** (*Arte y TLit*) Tendencia a representar la realidad tal como es. | GLópez *Lit. española* 148: En íntima relación con este doble plano popular y culto se hallan otras dos direcciones ..: la que tiende hacia el realismo y la que desemboca en el idealismo.
2 (*Filos*) Sistema que admite la existencia de cosas reales con independencia del sujeto que conoce. | Gambra *Filosofía* 293: La filosofía contemporánea del siglo XX intenta de nuevo establecer una síntesis de racionalismo y empirismo, de realismo e idealismo.
realista[1] adj **1** [Pers.] que actúa teniendo muy en cuenta la realidad. Tb n. | P. SQueirolo *Van* 18.4.74, 6: Por esta razón los más pesimistas –o quizá los más realistas– piensan que en los días que faltan para que Kissinger tome su avión, podría materializarse la dureza ruso-siria en hechos bélicos sobre el terreno. **b)** (*Arte y TLit*) [Artista o arte] que aspira a representar la realidad tal como es. | GLópez *Lit. española* 474: El escritor realista ya no concibe el arte como expresión "libre" de una inspiración personal. **c)** Propio de la pers. o el arte realistas. | *Inf* 10.11.75, 8: La decisión del Consejo de ministros .. viene a darnos otra muestra rotunda de la acertada y realista visión política de quien está llamado a ser Rey de España. GLópez *Lit. española* 524: Hacia 1870 surge en Francia una escuela literaria que habrá de tener amplias repercusiones: el Naturalismo. En cierta manera viene a ser este una derivación de las tendencias realistas, "su nota más aguda", al decir de la Pardo Bazán. Alfonso *España* 54: El Quijote fue un libro tan realista como simbólico y profético.
2 (*Filos*) Propio del realismo [2]. | MPuelles *Hombre* 235: La realidad es que ni Moro ni Platón quisieron suprimir la propiedad .. Es, en suma, la tesis realista y escolástica que funda la institución de la propiedad privada, entre otras cosas, en su objetiva utilidad para el bienestar común. **b)** Adepto al realismo [2]. | GÁlvarez *Filosofía* 1, 283: La polémica de realistas y antirrealistas se desarrolla a lo largo de los siglos IX-XII.
realista[2] adj (*hist*) Partidario del rey. Tb n, *referido a pers*. | Buero *Sueño* 182: ¿Los voluntarios realistas? *Asturias* 24: A pesar del predominio del liberalismo en las clases ilustradas de Asturias, había algunos realistas entre ellas.
realistamente adv De manera realista[1] [1]. | J. Rodríguez *SYa* 10.6.73, 5: Hoy esta experiencia solo es patrimonio de seres infantiles, pues el hombre post-Disney se enfrenta con sus problemas más realistamente.
realísticamente adv Realistamente. | *Ya* 8.10.74, 7: El ministro señor Barrera, prudente y realísticamente, subraya el posible empeoramiento obligado de los últimos meses del año frente a los primeros.
realístico -ca adj Realista[1]. | SFerlosio *Ensayos* 1, 403: Esta [la diplomacia] se anquilosa y se consume en una especie de ficción que sustituye las cazurras, sensatas y realísticas oficiosidades del comercio por los aparenciales y ostentosos alardes de la guerra.
reality-show (*ing*; pronunc corriente, /ŕeáliti-sóu/ o /ŕeáliti-ʃóu/) m Programa de televisión que presenta casos reales de desapariciones, asesinatos o sucesos similares. | *País* 11.11.93, 51: *Código uno* nació tras la estela de *¿Quién sabe dónde?*, el programa pionero de los reality-shows españoles, el género de moda en la televisión. *País* 12.11.93, 24: El mundo judicial critica la participación de abogados en un 'reality show' televisado.
realizable adj Que se puede realizar. | Ramírez *Derecho* 105: El obligado pierde el derecho de elección cuando, de las prestaciones a que alternativamente se hubiere obligado, solamente una fuere realizable. *Compil. Cataluña* 677: No podrá retener bienes en concepto de tenuta si existen en la herencia dinero o créditos realizables para verificarse la restitución de la dote.
realización f Acción de realizar(se). *Tb su efecto*. | B. Arrizabalaga *Tri* 18.7.70, 14: Mientras las ideas urbanísticas de Arturo Soria son aplicadas en otros países, su realización parcial en Madrid tiende a desaparecer. Ramírez *Derecho* 158: En ambos [procedimientos de quiebra] se dan las mismas fases: ocupación del patrimonio; .. realización o liquidación del patrimonio del común deudor, y reparto de su importe, en efectivo, entre los acreedores. FCid *Abc* 9.4.67, sn: Por los artistas, por los directores, por los encargados de la realización escénica.
realizador -ra I adj **1** Que realiza. Tb n, *referido a pers*. | J. Segur *Nor* 22. 6. 74, 11: La creación este año de un Instituto demuestra que "algo sigue". Aquella antigua y realizadora conciencia –consciencia– de nuestros padres no se ha perdido. *Sp* 19.7.70, 29: La fábrica se inaugura .. bajo la dirección del propio realizador del estudio, Nicolás Lamparero. J. M. Cortés *País* 12.5.89, 79: La inversión institucional no decrece, y gracias a ello se han suavizado los efectos del torbellino realizador de la barandilla durante las últimas 48 horas.
II m y f **2** (*RTV y Cine*) Pers. responsable de la ejecución artística y funcional de un programa o de una película. | M. Garrido *Inf* 10.11.75, 31: Josefina Molina, la realizadora y una de las adaptadoras de la obra [para la televisión], comenta que se ha intentado simplificar al máximo a "Hedda Gabler". R. Rodríguez *Rev* 7/8.70, 27: Se ha dicho de Truf-

realizar – rearmar

faut que es, aparte del más serio, el más consistente realizador de una generación (la "nouvelle vague") abrumantemente moralizadora.

realizar A *tr* **1** Convertir en real[1] [algo (*cd*) que solo existía como idea o posibilidad]. | LTena *Alfonso XII* 127: No llegaré a realizar mi sueño dorado. F. GAlemán *Abc* 1.12.74, 13: La Comisión de Planificación del Desarrollo .. reúne a sus huestes para criticar severamente y, en definitiva, pedir cuentas sobre las notables desviaciones apreciadas entre lo que se había planificado y lo que en realidad se ha realizado. **b)** *pr* Convertirse en real[1] [algo que solo existía como idea o posibilidad]. | * Mi sueño se ha realizado. Gambra *Filosofía* 31: El triángulo se realiza y multiplica en isósceles..., o en este o en aquel objeto triangular.
2 (*lit*) Hacer. | *Not* 4.5.70, 13: Última novedad en camisa polo, realizada en algodón y fibras. F. Carazo *Sor* 24.9.75, 1: Una máquina vieja puede hacer, de hecho, una función semejante a la que realiza otra de técnica avanzada.
3 Convertir en dinero [cualquier tipo de bienes (*cd*)], mediante su venta. | GPavón *Liberales* 52: En dos sacos los trasladó [los jamones] a su casa, y desde su casa al tren, para realizarlos pronto. *Inf* 19.11.75, 17: Bolsa: La sesión de esta mañana. Hizo su aparición la oferta para realizar beneficios y castigó los valores más cotizados en las últimas jornadas.
4 (*RTV y Cine*) Ser [alguien] el responsable de la ejecución artística y funcional [de un programa o de una película (*cd*)]. | M. Garrido *Inf* 10.11.75, 31: La emisión de teatro esta semana estará ocupada por la obra de Henrik Ibsen "Hedda Gabler". El guión televisivo es de Pando, Irazabaleta y Molina; ha sido realizado por Josefina Molina.
B *intr pr* **5** Llevar a efecto [una pers.] todas sus capacidades intelectuales o morales. | Umbral *Des* 12.9.70, 28: Escribo para realizarme. Kurtz *Lado* 257: Mauricio, sin sospecharlo, quiso realizarse a través del nieto.

realmente *adv* De manera real[1] [1]. | Benet *Nunca* 21: "¿Cuánto tienes? –Una fortuna, créeme. Una verdadera fortuna, si se tiene en cuenta mi juventud; realmente empecé hace poco. **b)** *Frec se emplea con intención ponderativa.* | *Alc* 1.1.55, 4: Las declaraciones, realmente trascendentales.

realojamiento *m* Acción de realojar. | *Ya* 12.1.89, 17: El pleno de la Junta Municipal del distrito de Villa de Vallecas aprobó el pasado martes una resolución de apoyo a los vecinos del Pozo del Huevo ante el futuro realojamiento de más de 300 familias en el edificio situado en el distrito de Moratalaz.

realojar *tr* Dar nuevo alojamiento [a alguien (*cd*)]. | *Ya* 30.10.91, 18: Procurarán "que las familias que vendan droga no sean realojadas".

realojo *m* Acción de realojar. | *Ya* 12.1.89, 17: La junta de Vallecas-Villa apoya el realojo de 300 familias.

realpolitik (*al; pronunc corriente,* /r̄ealpolitík/) *f* (*Pol*) Política basada en principios realistas, por encima de los ideológicos o morales. | Areilza *Pue* 17.1.76, 22: Existen dos grandes superpotencias, con gran influencia en sus áreas respectivas, que en alguna manera condicionan la "realpolitik" del mundo entero, incluido el Occidente.

realquilado -da *adj* **1** *part* → REALQUILAR.
2 [Pers.] que ocupa un local realquilado. *Frec n.* | RArellano *SAbc* 16.3.69, 47: Los realquilados tienen cierto retraimiento a censarse.

realquilador -ra *adj* Que realquila. *Tb n.* | Laiglesia *Ombligos* 83: Había que llamar a la realquiladora de la habitación.

realquilar *tr* Ceder en alquiler [algo, esp. un local (*cd*), su arrendatario]. | Gala *Suerte* 624: Buscaremos una habitación, chica o grande: qué más da; realquilada, con vistas a un retrete, como sea, y nos casaremos.

realzador -ra *adj* (*raro*) Que realza. | DCañabate *Abc* 22.9.74, 47: Hace años que no he visto a una mujer de pasitos armoniosos realzadores de su gentileza.

realzar *tr* **1** Destacar, o poner de relieve. | GLópez *Lit. española* 113: El estado fragmentario en que se conservan muchos de ellos [los romances], lejos de constituir un defecto, realza a menudo su interés poético. *Lab* 12.70, 8: El modelo que brindamos es de fina batista blanca, con un profuso encaje de flores aplicadas, realzadas con perfiles y detalles bordados a punto al pasado, pespunte y realce. **b)** Hacer que [alguien o algo (*cd*)] aparezca como más importante, mejor o más hermoso. | D. I. Salas *MHi* 7.69, 44: Sus alfombras y tapices, sus artísticas y valiosas arañas de cristal, que realzan el conjunto en forma indescriptible.
2 Levantar o elevar. | MHidalgo *Van* 26.1.77, 30: En el proceso evolutivo del tronco de árbol, ahuecado después para ser canoa monóxila, que se convertiría en embarcación al realzarse con tablas .., se llega al barco sin elementos estructurales primero y con ellos después.
3 Labrar de realce [2]. | C. Bellver *SInf* 14.4.76, 4: Para que .. el disco no alcance, convertido ya en moneda, un diámetro superior al pedido, se realza, tras su corte, su canto, lo que en términos especializados se denomina rebordeado o "torculado".

reanimación *f* Acción de reanimar(se). *Esp en Med.* | HLM 26.10.70, 11: Fue trasladado por un guarda a la casa de socorro del Mediodía, de donde pasó a la sala de reanimación de la residencia Francisco Franco.

reanimador -ra *adj* Que reanima. *Tb n, referido a pers.* | O. Aparicio *MHi* 7.68, 27: Había en 1967 equipos de cirujanos y cardiólogos, con su correspondiente corte de inmunólogos, reanimadores, etc. *Barcelona* 73: Se constituyó en la ciudad el nuevo Ayuntamiento, que desenvolvió una gigantesca tarea reconstructora y reanimadora de la vida barcelonesa.

reanimar *tr* **1** Restablecer las fuerzas [a alguien decaído (*cd*)]. *Tb fig.* | * Un café te reanimará. **b)** (*Med*) Restablecer las funciones vitales momentáneamente alteradas [de alguien (*cd*)]. | *Nue* 23.7.70, 4: En ellos [los interrogatorios] suele estar presente un médico para reanimar a los presos con inyecciones cuando estos no pueden soportar más la tortura. **c)** *pr* Recobrar [alguien] las fuerzas, o la normalidad de las funciones vitales. | J. GGreen *SYa* 27.1.74, 9: Acabamos derrengados en las sillas de una venta, .. agarrados a una jarra de cerveza para reanimarnos.
2 Dar ánimos [a alguien (*cd*)]. | Payno *Curso* 170: Si estaba con alguien, este comprendía lo delicado del asunto y le dejaba meditar en silencio. A lo más daba algunos consejos de amigo y frases para reanimarle. **b)** *pr* Cobrar ánimos. | * Tuvo un disgusto que le afectó mucho, pero parece que se reanima.

reanudación *f* Acción de reanudar(se). | *Abc* 18.12.70, 27: Adhesión popular al Ejército, himno de la Falange y reanudación de la marcha, con pancartas y banderas, por la calle Mayor.

reanudar *tr* Continuar [algo que se había interrumpido (*cd*)]. | *Nue* 11.1.70, 5: Se reanudarán en Washington las conversaciones de la comisión mixta hispano-norteamericana.

reaño → REDAÑO.

reaparecer (*conjug* **11**) *intr* Volver a aparecer. | Zitro *Mar* 24.1.68, 3: Registrándose las altas de Alfonso y de López, que se espera reaparezcan el domingo ante el Valencia.

reaparición *f* Acción de reaparecer. | Cobo *As* 14.12.70, 7: No tuvo suerte Betancort en su reaparición.

reapertura *f* Nueva apertura. | Laiglesia *Tachado* 94: Se eligió para la reapertura [del Casino] una espléndida noche primaveral.

reargüir (*conjug* **48**) *tr* Redargüir. *Tb abs.* | Torrente *Fragmentos* 147: La cofradía de San Carallás .. elevó un escrito al señor arzobispo .. en el sentido de que debía elevarse un altar al santo en la catedral .., a lo que se negó el arzobispo .. Rearguyó la cofradía con mención de sus antiguos papeles .. y razonó su oposición con el texto de su reglamento.

rearmar *tr* **1** Armar más o de nuevo [a una nación o a un ejército]. | E. Arce *Ade* 27.10.70, 16: La guerra civil jordana y el "plan Rogers", que ha servido para rearmar a Israel y reorganizar el sistema defensivo de Egipto, ha endurecido el tono de expresión diplomática por parte rusa y norteamericana.
2 (*raro*) Volver a armar o montar [algo]. | J. Pascual *Abc* 5.6.58, 17: El cardenal Gomá y el Cabildo me encomendaron la delicada labor de rearmar nuestra custodia después de

haber sido encontradas .. sus innumerables piezas metidas en siete ordinarios cajones de embalaje.

rearme *m* Acción de rearmar [1]. *Tb fig.* | *Alc* 1.2.56, 3: Los principales aliados de la coalición del canciller Adenauer acusan hoy fuertemente al Gobierno de titubear en el asunto del rearme. *PapD* 2.88, 107: Existe una conciencia de la necesidad del perfeccionamiento, una preocupación por el rearme teórico, una disposición y un ansia de cambio.

reasegurador -ra *adj* [Pers. o entidad] que asume el riesgo garantizado en un contrato de reaseguro. *Frec n m, referido a pers.* | *GTelefónica N.* 975: Seguros .. Centro Hispano de Aseguradores y Reaseguradores 1879, S.A.

reaseguro *m* Contrato por el que un asegurador toma a su cargo, total o parcialmente, un riesgo ya cubierto por otro asegurador, sin alterar lo convenido entre este y el asegurado. | *Mad Extra* 12.70, 35: Mediodía, Cía. Española de Seguros y Reaseguros, ha celebrado un acto simpático con motivo de su traslado al nuevo domicilio social.

reasumir *tr* Volver a asumir o tomar. | P. Franco *Inf* 5.9.74, 28: La familia se enteró por TVE de que mi hermano reasumía los poderes.

reasunción *f* Acción de reasumir. | *Inf* 14.9.74, 3: Tras su recuperación física y consiguiente reasunción de funciones, el Jefe del Estado ha presidido nuevamente un Consejo de ministros.

reata I *f* **1** Cuerda o correa para atar dos o más caballerías, una detrás de otra. | G. GHontoria *Nar* 3.77, 36: Es muy rico el capítulo de ganadería con sus "aciales" .. Aparte de otras piezas más usuales como collares, cabezales, ramales, reatas, látigos.
2 Hilera [de caballerías o de presos] en que los componentes van atados uno tras otro. | Moreno *Galería* 23: Llenar el pesebre con los bozalejos de su reata de caballerías. L. Caballero *Abc* 13.6.58, sn: "La hija del penal" es un alias que parece cuadrar a Ceuta porque, aherrojada todavía al vetusto concepto de las "reatas de presos" con truculencia a cuestas por sus calles, subsiste por esos mundos de Dios sin lograr sacudirse de encima el "sambenito". **b)** Conjunto grande [de perss. o cosas] en que los componentes van unidos uno tras otro. | Cossío *Abc* 30.4.58, 3: A la salida de Sevilla, la plebe, a seguro a los diputados, se ensañó con los equipajes y demás reata de enseres que debía seguirles.
II *loc adv* **3 de ~**, o **en ~**. Formando reata [2]. | Cuevas *Finca* 224: Fue por los mulos y los trajo de reata.

reatar *tr* (*raro*) Atar fuertemente. | Landero *Juegos* 163: Se vio .. vestido conforme al maniquí, pero con cartuchera al cinto y un látigo de piel de hipopótamo reatado al hombro.

reato *m* (*Rel catól*) Obligación que queda a la pena correspondiente a un pecado, aun después de perdonado. | SLuis *Doctrina* 121: Cualquiera de tus pecados mortales echa sobre ti el reato de aquel deicidio.

reavivación *f* Acción de reavivar(se). | Rof *Rev* 7/8.70, 13: Esa melancolía que la Santa quería desterrar .. procede —pensamos hoy— las más de las veces de una reavivación o reactivación de una carencia afectiva primordial.

reavivamiento *m* Acción de reavivar(se). | Miguel *Inf* 2.1.75, 15: Muchos movimientos "liberacionistas" se apoyan en un intenso reavivamiento religioso.

reavivar *tr* Hacer más vivo [algo]. | *Hoy* 9.1.77, 5: Con la cabalgata de Reyes .. se completaron las actividades que los jóvenes se habían propuesto para reavivar la navidad ceclavinera. CSotelo *Inocente* 85: Ella [la luz], en efecto, subrayará las vicisitudes de la acción, reavivará a unos personajes, olvidará a otros y cuidará, en suma, de crear la atmósfera en que se desenvuelven. **b)** *pr* Hacerse más vivo [algo]. | Torrente *DJuan* 187: Eres el que el Señor me manda para que se reaviven mis recuerdos. Paso *MHi* 12.70, 48: ¿Qué genial pintor supo darle a tu piel esa delicada oscuridad que es como un crepúsculo, como una llama extinguiéndose, como un carbón reavivándose?

rebaba *f* Parte sobresaliente formada por la materia sobrante en el borde o las juntas de una pieza. *Tb fig.* | *Abc* 15.3.68, 20: Malcus, brocas helicoidales laminadas en caliente. Mejor salida de virutas. Menor formación de rebabas. Romano-Sanz *Alcudia* 128: Ahora se deja reposar unas horas. Luego se quitan los trapos y se recortan las rebabas que dejan los moldes .. Y ya no hay más que poner los quesos en salmuera otras veinticuatro horas. Delibes *Mundos* 137: Aun siendo una capital extendida, con rebabas un tanto anárquicas, los fondos de sus calles rara vez están cerrados. F. A. González *Ya* 21.12.74, 56: Si hace no mucho nos hubiesen dicho lo de los dos mil dólares antes de terminar el año 1974, no nos lo habríamos creído. Bueno, pues ya los tenemos. Dos mil, con rebaba: 2.072, exactamente.

rebabador *m* Operario que quita la rebaba. | *Các* 15.4.74, 7: Ofertas de empleo: Peones construcción .. Especialistas rebabadores y desmoldeadores.

rebaja *f* Acción de rebajar algo, esp. un precio. *Tb su efecto.* | J. M. Moreiro *SAbc* 25.1.70, 41: El país ha vuelto a descubrir .. la rebaja de los grandes almacenes. *Ya* 16.2.75, 7: Lo primero que salta a la consideración de cualquiera es la atenuación de condenas, que .. supone rebajas de hasta catorce y quince [años] en tres de los condenados. *Inf* 21.3.75, 9: El señor López Alonso era redactor-jefe .. En el año 1969, de acuerdo con la empresa, convino una rebaja en su categoría laboral y pasó a ser redactor de libre disposición.

rebajado -da *adj* **1** *part* → REBAJAR.
2 (*Arquit*) [Arco, o cañón de bóveda] cuya altura es menor que la mitad de su luz. | Angulo *Arte* 1, 10: El [arco] de menos altura que la mitad de su luz es rebajado .., y el de mayor altura, peraltado. Angulo *Arte* 1, 12: El [arco] de medio punto, moviéndose sobre dos muros paralelos, produce la bóveda de cañón .. La diversa forma del arco generador hará que el cañón sea rebajado, peraltado, apuntado, etc.

rebajador -ra *m y f* Obrero especializado en rebajes o rebajos. | *Các* 23.9.74, 4: Ofertas de empleo. Especialistas rebajadores y desmoldeadores: Durango (Vizcaya).

rebajamiento *m* Acción de rebajar(se), *esp* [3b]. | Castilla *Humanismo* 16: Ha sido la conciencia del hombre de ser "naturaleza" y de ser "historia" .. la que ha deparado no el rebajamiento del hombre, sino la adquisición, de una vez para siempre, de la conciencia de la propia potencia del hombre. M. Bastos *Ya* 27.12.70, sn: En los campos de concentración se daban condiciones especialísimas —el hambre, el miedo, las injusticias, las vejaciones— para tales rebajamientos de la dignidad humana.

rebajar A *tr* **1** Poner [algo] a menor altura. *Tb fig.* | *Cór* 21.8.90, 10: Sería necesario asimismo rebajar el nivel del suelo, ya que el nivel actual dificulta enormemente la salida de las procesiones. S. García *Ya* 22.10.64, 27: Será posible rebajar las marcas establecidas.
2 Reducir la altura (dimensión vertical) [de una cosa (*cd*)]. | *Abc* 25.5.75, 19: Rebajarán un edificio. La Comisión Municipal Permanente de Málaga ha dispuesto la demolición de una planta, en un edificio (de seis) que se construye en la calle de Tejón y Rodríguez, del centro de la capital.
3 Quitar [a algo (*cd*)] calidad o importancia. | *Reg* 1.12.70, 1: Una vida a la que hemos rebajado al ignorar los hitos religiosos. **b)** Hacer perder dignidad [a alguien (*cd*)]. *Frec el cd es refl.* | F. HGil *Hoy* 28.9.75, 16: Antes en Extremadura se moría uno de hambre, pero no se rebajaba al punto de trabajar, que era estimado como poco digno. Kurtz *Lado* 144: Yo no le he ofrecido mi casa y, sin embargo, él se ha rebajado y me lo ha pedido. * El tratarnos así es rebajarnos.
4 Poner más bajo el grado de concentración [de un líquido (*cd*)]. | R. Casado *Nar* 6.77, 24: Las limpia con ácido sulfúrico rebajado. **b)** Poner más baja la graduación alcohólica [de un licor (*cd*)]. | *Ya* 8.10.70, 12: Aguardientes compuestos: Los productos elaborados con aguardientes simples o con otros alcoholes naturales o sus mezclas, aromatizados directamente o en el momento de su redestilación, rebajados con agua o añejados o no.
5 Quitar [a algo (*cd*)] relieve, volumen o intensidad. | Palacios *Abc* 30.12.65, 3: Mucho mejor que acalorarse tras de los bienes es rebajar las apetencias inútiles. DCañabate *Paseíllo* 46: Al amparo de esta tolerancia, .. los mangoneadores taurinos se aprovechan en rebajar muy seriamente la peligrosidad del toro. *Inf* 15.2.75, 1: La Sala 2ª del Tribunal Supremo ha rebajado considerablemente la condena de los diez procesados del "1.001". FQuintana-

rebaje – rebatible

Velarde *Política* 13: Lograr que disminuya el número de pobres, rebajando el número de los ricos, es empeño, en principio, simpático y loable. **b)** Poner más bajo [el precio]. | *Ya* 16.7.72, 9: Rebajamos el precio, no la calidad. **c)** Poner más bajo el precio [de una cosa (*cd*)]. | *Ya* 14.7.72, 3: Todo rebajado del 10 al 40%.
6 Quitar o descontar [una cantidad (*cd*)] en el precio o la medida]. | J. Carabias *Ya* 6.6.72, 8: De lo que marca cada libro te rebajan el diez por ciento. *Abc* 21.5.67, 40: Piense en lo que D.R.T. puede hacer por su figura: rebajarle 3 cms. de cintura; 5 cms. de cadera. DPlaja *El español* 44: La deducción sería más pesimista si de los feligreses rebajáramos los que van a la iglesia como obligación social.
7 Dispensar temporalmente [a alguien, esp. a un soldado (*cd*) de un servicio]. *A veces el cd es refl con sent factitivo*. | *Abc* 29.5.77, 56: Lleva [el guardia civil] una temporada rebajado de servicios de riesgo y no portaba arma alguna cuando se enfrentó a los delincuentes. *Inf* 26.4.77, 27: No jugará mañana en Sevilla. Ayala, otro rebajado de servicio. Goytisolo *Recuento* 113: Estoy de una leche... Me parece que me voy a rebajar por unos cuantos días. Aunque nada más sea para compensar lo del permiso.
B *intr* **8** Bajar de nivel [un líquido (*suj*)]. *Tb pr*. | J. A. Donaire *Inf* 19.6.70, 33: Guadalix. Aguas con nivel bajo y tendencia a rebajar. J. A. Donaire *SInf* 24.4.70, 2: Alberche. Aguas normales, una vez que se han rebajado tras haber sufrido una reciente crecida.

rebaje *m* Acción de rebajar, *esp* [5a]. *Tb su efecto*. | APaz *Circulación* 60: Se prohíbe el estacionamiento .. delante de las entradas destinadas a los carruajes (rebaje en el bordillo de la acera o señal en la puerta). Mihura *Modas* 53: Hay un rebaje de luz. J. A. Donaire *Inf* 21.3.75, 29: La boga, especie que se halla en plena "subida" y en ciclo reproductor, ha disminuido su actividad durante los últimos días. El pasado miércoles, festividad de San José, se pudo apreciar un "rebaje" en los ríos Pusa, Ibor, Lozoya, Henares y Bornoba. *D16* 1.5.81, 9: Los rebajes de los soldados se reducen en un 20 por 100 y se refuerzan los retenes en las unidades. **b)** Corte que se da en el canto de una pieza para disminuir su espesor. | *Van* 20.12.70, 77: Pulidos, rebajes, abrillantado por método especial antideslizante de mármoles, terrazos.

rebajista (*raro*) **I** *adj* **1** De las rebajas, esp. de los grandes almacenes. | Carandell *Tri* 12.8.72, 30: Las rebajas de invierno tienen, como se sabe, un día fijo .. Otras secciones .. se benefician también de la invasión rebajista.
II *m y f* **2** Comprador de artículos rebajados. | S. Cámara *Tri* 4.8.73, 21: Para compensarme por los deterioros físicos sufridos durante el baldío intento de aguantar el peso de dos toneladas de rebajistas pugnando por un bikini frutal, Encarna me ha regalado un surtido completo de hierbas aromáticas.

rebajo *m* Corte que se da en una pieza para disminuir su espesor. *Tb la parte correspondiente*. | Ramos-LSerrano *Circulación* 257: Para variar a voluntad la cantidad de combustible que manda la bomba por medio del acelerador, el pistón tiene tallada una ranura vertical y a su lado un rebajo con un borde en forma de rampa sesgada.

rebalsa *f* Porción de agua detenida que forma balsa. | Borrás *Abc* 23.3.58, 14: Desplomóse la casa reventando con ruido de terremoto, desmenuzándose entre la rebalsa y los filos del llover segante.

rebanada *f* Porción delgada [de algo, esp. de pan] cortada en toda su anchura. | Bernard *Salsas* 66: Se echa el potaje sobre rebanaditas de pan secado en el horno. MSantos *Tiempo* 102: Aplicación de rebanadas frescas de patata recién cortada a las sienes.

rebanador -ra *adj* (*raro*) Que rebana. | E. Romero *Ya* 13.5.82, 5: La hoz y el martillo comunista significan la agricultura y la industria .. Pero fueron también hoces rebanadoras de cuellos y martillos de herejes reaccionarios.

rebanar *tr* **1** Cortar [algo] en rebanadas. | *Ama casa* 1972 293: Cocer unas patatas, pelarlas y cortarlas en rodajas finas. Rebanar también finamente unas trufas.
2 Cortar [algo] separándolo del todo del que forma parte. | Delibes *Madera* 89: Al que entre, le rebano el gañote. MFVelasco *Peña* 231: Mi intención no era apresar al animal, sino rebanarle manos o patas.

rebanco *m* (*Arquit*) Segundo zócalo, situado sobre el primero. | GNuño *Arte* 181: El sarcófago de los reyes Carlos el Noble y Leonor .., obra extraordinariamente sugestiva en las figuras de plorantes del rebanco.

rebañador -ra *adj* (*raro*) Que rebaña. *Tb n, referido a pers*. | Ju. Iglesias *Abc* 5.3.72, 13: Diré algo de ellos: De Juan .. De don Juan Bautista. Rebañador de sobriedades.

rebañaduras *f pl* Partes [de algo] que se recogen al rebañar. *Tb fig*. | Millás *Visión* 67: Los supuestos críticos desde los que contemplo la vida toda de los hombres no son un don gratuito, no son siquiera el resultado de una manipulación inteligente sobre las rebañaduras de mi educación.

rebañar *tr* Recoger [algo] sin dejar nada. *Tb fig*. | FReguera *Bienaventurados* 125: Se le iba en trapos y afeites todo el exiguo saldo que podía rebañar de las rapaces manos del "Eléctrico". D. Solar *SD16* 7.3.85, 17: A esas alturas, Berlín disponía de más de tres millones de hombres sobre las armas y, quizá, rebañándolo todo podría juntar diez mil blindados. **b)** Apurar o consumir [algo] de modo que no quede nada. *Tb fig*. | CBonald *Ágata* 254: Se fue sin más [el perro] por donde había venido una vez rebañados los últimos restos de la bazofia. V. Zabala *Abc* 18.5.75, 87: Alcancé la última temporada de "Cagancho" en Madrid en los comienzos de la década de los cincuenta, cuando, ya viejo, arrastraba el nombre y las glorias pretéritas, rebañando los últimos contratos. **c)** Apurar los restos contenidos [en un recipiente (*cd*)]. *Tb fig*. | Medio *Bibiana* 209: Lorenzo Massó echa trocitos de pan en la salsa y, después de comerse las gambas, rebaña la cazuelita. Lera *Boda* 678: El tío Trucha se rebañaba los bolsillos de la chaqueta ante el insistente canturreo de los muchachos: –¡Padrino roñoso! **d)** Vaciar [algo] quitando restos o adherencias. | *Abc* 29.7.67, 19: El fenómeno en sí es elemental: el globo ocular de un jaquetón y la punta de un cuerno que tropieza en él y lo rebaña limpiamente.

rebañego -ga *adj* De(l) rebaño. | Palacios *Juicio* 82: Emergen oleadas y oleadas de criaturas deshumanizadas, que suben en todo el mundo enarbolando las virtudes mágicas de una técnica material que manejan y que no comprenden, y que les permite embestir con tozudez rebañega contra las minorías selectas.

rebaño *m* Grupo grande de ganado, esp. ovino. *Tb (desp) referido a perss. A veces se usa como metáfora designando a los fieles de la iglesia*. | Moreno *Galería* 69: Siempre las "primalas" eran unas reses lozanas y jóvenes; lo mejor del rebaño. J. M. Massip *Abc* 13.9.70, 15: Los comandos, con su dramático rebaño de prisioneros indefensos e inocentes, son los amos. **b)** Grupo de animales salvajes que viven juntos. | Ybarra-Cabetas *Ciencias* 401: De los asnos asiáticos, el más desarrollado es el llamado "kiang", que vive formando rebaños en compañía de sus crías. Pla *América* 19: El acercamiento a las Azores nos permitió ver un rebaño de delfines que pasaron, se alejaron y desaparecieron en el vasto espacio marino.

rebarbar *tr* Quitar la rebaba [a algo (*cd*)]. *Tb abs*. | GTelefónica *N*. 2: Abrasivos, discos para rebarbar, tronzar, abrasivos en polvo, muelas.

rebasamiento *m* Acción de rebasar. | Á. Amo *Cua* 10.68, 46: La angustia de Alain Leroy no es el efecto clarísimo de una causa: su pertenencia a la OAS, el rebasamiento histórico, su lucidez burguesa dentro de la burguesía.

rebasar *tr* **1** Ir más allá [de un límite o una señal determinados (*cd*)]. | CBaroja *Inquisidor* 42: La cuestión es ver hasta qué punto .. el otro rebasó los dominios del derecho. Delibes *Madera* 306: Los berrinches de Peter no les calaban, no rebasaban su piel.
2 Dejar atrás [algo o a alguien]. | G. García *As* 7.12.70, 4: Cuando el extremo lanzó su centro el ariete del Manzanares salía desde delante de la defensa forastera, que se quedó clavada y rebasada.

rebase *m* Acción de rebasar. | *Abc* 22.7.72, 17: La causa estimada del accidente .. ha sido el talonamiento de la aguja de salida de la estación de El Cuervo, con rebase, por parte del ferrobús, de la señal de salida en rojo.

rebatible *adj* Que se puede rebatir, *esp* [1]. | Gironella *Millón* 778: La argumentación de Julio era rebatible en parte.

rebatimiento *m* Acción de rebatir, *esp* [1]. | J. M. RGallardón *Abc* 12.4.75, 28: Del conjunto de las declaraciones prestadas ante la Sala se desprende la existencia, para mí indubitada o de muy difícil rebatimiento, de un conjunto de circunstancias que rodean con halo de sospechosidad penal a los directivos de Matesa.

rebatiña *f* (*col*) Acción de disputarse entre muchos algo que será para el primero que lo coja. *Frec en la constr* A LA ~. | ZVicente *Balcón* 39: Comienza a sacar las fotografías. Las vuelca sobre la mesa y esconde la carterita anunciadora. Las demás mujeres se abalanzan, raudas, sobre las cartulinas, repartiéndoselas en alocada rebatiña. Lera *Boda* 677: El señor Tomás se vio obligado a lanzar puñados de monedas al grupo de zagales. Estos se tiraban a la rebatiña y, cuando cesaba la lluvia de calderilla, tornaban a gritar.

rebatir *tr* **1** Refutar [un argumento]. | CNavarro *Perros* 134: Su madre le había hablado durante algún tiempo de Dios; luego, conforme fueron ellos rebatiendo todas y cada una de sus afirmaciones, la madre dejó de frecuentar la iglesia.
2 (*E*) Doblar o replegar. | Alvarado *Anatomía* 86: Se ven muy bien rebatiendo ligeramente hacia fuera el borde palpebral. Camón *LGaldiano* 159: El brocalete español con dibujos de hojas rebatidas, sembradas en losanges, es muy bella pieza del siglo XVI.
3 (*Mar*) Dar [a las costuras (*cd*)] el último repaso de calafatería. | Zunzunegui *Hijo* 15: Volvió junto a su padre, que en aquel momento rebatía las costuras dándolas el último repaso de calafatería.

rebato *m* Llamada precipitada a los habitantes de un pueblo ante la proximidad de un peligro inminente. *Frec fig y en la constr* TOCAR A ~. | Lorenzo *SAbc* 8.9.74, 9: Leguas a la redonda convoca el rebato de la fortaleza octógona de Badajoz. Benet *Volverás* 52: Deben ser muy viejos [los pastores], tan insaciables y crueles que cuando en un pueblo se advierte su proximidad las campanas tocan a rebato.

rebautizar *tr* Volver a dar nombre [a alguien o algo (*cd*)]. | M. Olías *HLM* 26.10.70, 35: Cassius Clay –ya rebautizado como Mohamed Alí– fue desposeído de su entorchado mundial. Marlasca *Abc* 21.4.70, 43: Yo me atrevería a rebautizar al Salón de la Electrificación con la denominación de "El sueño de trescientas sesenta y cinco noches del ama de casa".

rebeca *f* Chaqueta femenina de punto ligero, sin cuello y esp. abrochada desde la garganta. | Miguel *Mad* 22.12.69, 14: La señorita minifaldera sentada y con la rebeca (azul clarito) por las rodillas.

rebeco *m* Rumiante salvaje, del tamaño de una cabra grande, con los cuernos negros, lisos y derechos hasta la punta, que se dobla a manera de anzuelo (*Rupicapra rupicapra*). | Laforet *Mujer* 32: Ibamos a cazar rebecos; ¿sabes lo que son?, cabras salvajes. Cendrero *Cantabria* 148: La fauna de esta zona es también notable, mereciendo señalarse la presencia de grandes vertebrados (oso, lobo, ciervo, rebeco). Noval *Fauna* 47: El Rebeco asturiano .. (*Rupicapra rupicapra parva*) es el animal más representativo de la fauna cinegética de alta montaña.

rebelarse *intr pr* **1** Llevar a cabo [un grupo] una sublevación organizada y de cierta importancia. | *HLM* 8.12.75, 8: Los isleños, de población muy mezclada, se rebelaron vez tras vez contra el duro yugo luso.
2 Negarse a obedecer [a quien manda (*compl* CONTRA)]. | J. Montini *SVozC* 31.12.70, 6: El esposo no se somete, se rebela.
3 Negarse a aceptar o seguir [algo establecido (*compl* CONTRA)]. | * Se rebelan contra el machismo.

rebelde *adj* **1** [Pers.] que se rebela. *Tb n*. | ByN 31.12.66, 56: Challe respira por vez primera el aire de la libertad después de su condena como rebelde. **b)** (*Der*) [Pers.] que no ha acudido al llamamiento que formalmente le ha hecho el juez. *Tb n*. | * Juez de penados y rebeldes.
2 [Cosa] difícil de dominar. | ZVicente *Balcón* 17: Casta se aproxima a la camilla y se agacha para remover el brasero y recoger el ovillo rebelde. * Un rizo rebelde. **b)** [Enfermedad o síntoma] que no cede, o cede mal, al tratamiento. | *País* 7.5.77, 18: Hernius .. le garantiza la perfecta contención de su hernia, por antigua y rebelde que sea. *Puericultura* 52: La segunda [la tos ferina] origina una tos convulsiva muy intensa y rebelde.

rebeldía *f* **1** Cualidad de rebelde, *esp* [1a]. | J. M. Alfaro *Abc* 13.12.70, 3: La primera y más unánime manifestación es la de la rebeldía. Una rebeldía estridente, denodada. **b)** (*Der*) Situación jurídica de la pers. rebelde [1b]. | *Sol* 20.2.76, 4: También fue juzgado en rebeldía otro de los quince procesados en esta causa.
2 Acto propio de rebelde [1a]. | * Aquella rebeldía de su hijo le desconcertó.

rebelión *f* Acción de rebelarse, *esp* [1]. | Arenaza-Gastaminza *Historia* 56: La parte Sur y Este peninsulares aceptaron la dominación, pero no así la interior, que ofreció gran resistencia, debido, sobre todo, a la rapacidad de los pretores o gobernadores, que provocaba frecuentes rebeliones. Escrivá *Conversaciones* 144: La religión es la mayor rebelión del hombre que no quiere vivir como una bestia.

rebencazo *m* Golpe dado con un rebenque [1]. *Tb fig*. | Cancio *Bronces* 14: Los pescadores, esos franciscanos de encerado sayal que luchan estoica y tenazmente contra los rebencazos de su malhadado destino.

rebenque *m* **1** Látigo. | Anson *SAbc* 8.2.70, 28: Es el espectáculo tremendo y cruel del gladiador que mata a trallazos, sobre la arena del circo, al esclavo genuflexo ante el rebenque.
2 (*Mar*) Trozo de cabo, de longitud adecuada, destinado a amarrar determinados objetos. | Delibes *Madera* 295: Extendió la colchoneta sobre el linóleo, junto a la batayola, colocó botas, abisinio y rebenque por cabezal. **b)** Cuerda o cabo cortos. | CBonald *Dos días* 151: Ana entró en la casa y volvió a salir con un manojo de llaves cogidas de un rebenque.

rebina *f* Acción de rebinar [1]. | Cela *Viaje andaluz* 147: No se ven más que vides, alineadas, limpias, lozanas, trabajadas con las cinco labores: arada, bina, rebina, despampanado y poda.

rebinadura *f* (*reg*) Acción de rebinar [2]. *Tb fig*. | GPavón *Hermanas* 34: En las mujeres, la otoñada de la vida no solo se manifiesta en .. la rebinadura de las pasadas biografías, sino también en aquella guerrilla de acaloros.

rebinar *tr* **1** Cavar por tercera vez [las viñas]. | Acquaroni *SAbc* 17.3.74, 52: Solo existe en el pueblo una persona que, por no saber segar el cereal, sembrar la col, rebinar la viña o esquilar la oveja, está indicada y hasta admirablemente dotada para ocupar el cargo de contador de vencejos.
2 (*reg*) Reflexionar o volver a meditar [sobre algo (*cd*)]. *Tb abs*. | GPavón *Hermanas* 41: –Desde hace un tiempo siempre me estoy preguntando cuál es el secreto de la vida .. –Yo rebino lo mismo desde hace años. GPavón *Reinado* 115: Empezó a re[b]inar y cayó en la cuenta de lo que había pasado. [*En el texto,* revinar.]

reblandecer (*conjug* 11) **A** *tr* **1** Poner o hacer blando [algo o alguien (*cd*)]. *Frec fig*. | *Gac* 11.5.69, 74: La lluvia había reblandecido el terreno, que estaba convertido en un barrizal. Delibes *Madera* 393: La magnanimidad del cabo Pita acabó de reblandecerle el corazón; se sintió tierno, cirineo, audaz. Lera *Boda* 606: El final del esfuerzo había reblandecido su cara. Sampedro *Sonrisa* 326: Entre tanto le pasan al viejo un café y unas galletas .. "Esto es para reblandecerme", cavila el viejo .. Lo único que siento es pasar la noche encerrado [en comisaría].
B *intr* **2** Ponerse o hacerse blando. *Frec pr. Tb fig*. | Moreno *Galería* 303: La tripa de tabla había reblandecido. Aleixandre *Química* 130: Como el acero, reblandece antes de fundir. Aleixandre *Química* 129: Se reblandece [el acero] antes de fundirse, por lo que puede forjarse y soldarse. Aparicio *Mono* 167: Algo me estaba ocurriendo, algo se estaba reblandeciendo dentro de mí.

reblandecimiento *m* Acción de reblandecer(se). | CPuche *Paralelo* 374: –No se trata de eso, querido –y se mantuvo firme para alejar toda sospecha de reblandecimiento. **b)** (*Med*) Disminución de la consistencia natural de los tejidos orgánicos. | *Ya* 9.10.70, 42: Componentes químicos de los tejidos, .. descalcificación y reblandecimiento.

reblar *intr* (*reg*) Acobardarse o retroceder [ante algo]. | JLosantos *Abc* 9.5.93, 28: Ante el contraataque felipista y la inundación Garzón veo reblar a los que deberían mantenerse firmes en sus posiciones.

rebobinado *m* Acción de rebobinar. | *Abc* 27.4.74, 18: Reproductor de cassette stéreo .. Una sola tecla para introducción de la cassette, reproducción, avance y rebobinado rápido. *SVozC* 29.6.69, 16: Instalaciones industriales y domésticas. Instalación de pararrayos. Rebobinado de motores.

rebobinador -ra *adj* Que rebobina. *Frec n, m o f, referido a aparato o máquina*. | * El dispositivo rebobinador es muy útil. *ByN* 16.12.90, 88: Rebobinador de cintas de vídeo para mantener el aparato en buen estado. *Ya* 3.6.90, 64: La policía descubrió dos laboratorios de duplicaje de cintas de casete donde recogieron duplicadores, rebobinadoras, compresores, carátulas, etiquetas y cartuchos listos para salir al mercado.

rebobinar *tr* Volver a enrollar [un hilo, cinta o película] en su bobina. *Tb abs. Tb fig.* | *Abc* 8.9.66, 14: No es necesario enrollar, ni rebobinar. Ya sabe Vd. que fotografiar con Instamatic es Abrir, Cargar, Disparar. Buero *Música* 60: –¿Retrocedemos? Hasta los veinte años, por ejemplo. –No hace falta. –Entonces rebobino. (Lo inicia con el mando a distancia, que deja luego sobre el aparato.) *Ya* 22.1.92, 4: Parece cierto que estamos rebobinando la historia.

rebocillo *m* (*hist*) Mantilla o toca usada por las mujeres para cubrirse el rostro. | CSotelo *Poder* 205: Bianca .. se ha envuelto en una especie de rebocillo como si se dispusiera a marcharse.

rebociño *m* (*hist*) Rebocillo. | Faner *Flor* 12: Esbirros y soldados acarreaban garrafas de vino, enseres valiosos y bolsas de dineros que habían afanado. O arrebataban el rebociño a las doncellas, para agarrarlas de la melena y violentarlas.

rebojo *m* (*reg*) **1** Pedazo [de pan], esp. de sobras. | Berlanga *DMo* 13.8.74, 3: Seamos prácticos: un cafetito con leche bien largo de agua, un dedalito de mermelada y un rebojo de pan.
2 Pan con huevo. | LAparicio *Ya* 24.5.72, 16: Tinto y clarete .. están diciendo desde sus cárceles de cristal que ahí están, para ser catados .. Zamora también confitería, con sus rebojos.

rebolada *f* Ronda popular segoviana dada al amanecer. | *ASeg* 16.8.78, 5: Daban los alcaldes la "rebolada" por las calles, y en la plazuela se ponían farolillos de colores, y había bailes.

rebolla *f* (*reg*) Rebollo. | Mann *DMo* 9.8.91, 4: En Cabuérniga se llama "rebollar" a un pequeño bosque de robles aislados, para obtener "rebollas", es decir, robles muy en sazón, cuyo tronco es aserrado en sus dos caras, por igual, a fin de dotarle de tres patas y convertirle en banco de trabajo del albarquero.

rebollar *m* Sitio poblado de rebollos. | Santamaría *Paisajes* 26: La degeneración del robledo y la posterior del rebollar dan paso a un matorral de Cistus laurifolius y Cistus ladaniferus. Mann *DMo* 9.8.91, 4: En Cabuérniga se llama "rebollar" a un pequeño bosque de robles aislados.

rebollo *m* Se da este n a varias especies de árboles del gén Quercus, esp Q. cerris y Q. pyrenaica. | Cendrero *Cantabria* 48: Esta comarca, situada al Sur del Embalse del Ebro, constituye una región biogeográfica de clara transición entre el mundo cantábrico y la alta meseta castellana, en la que se desarrolla como óptimo vegetal extensas manchas de rebollo (Quercus pyrenaica), especie de climas continentales y substratos silíceos. Lueje *Picos* 34: Se elevan .. árboles de las más diversas especies, como el haya, esencialmente representativa, el roble –rebollo o carbayo–, el tilo, el tejo, el humero o aliso.

rebolludo -da *adj* [Pers.] gruesa. | Campmany *Abc* 22.11.93, 20: Todos se la pasaron [la ley] por las tragaderas, el ministro de Justicia .., el Fiscal General del Estado, ese temible, jampón y rebolludo Pollo del Pinar.

rebombe *m* (*reg*) Ruido fuerte o estrepitoso. | Cossío *Montaña* 52: Al pie .. se abre una sima que llaman el *pozón de Peña Sagra*, sin duda laguna natural .., que produce el *rebombe* o ruido sordo que se oye desde las aldeas de una y otra cuenca, en los días de temporal, y que debe ser el fragoroso romper de las olas en la costa, no muy lejana de allí.

rebomborio *m* (*reg*) Alboroto. | A. P. Foriscot *Van* 21.3.71, 9: Yo me ufano de mi paternidad respecto a la propaganda del pan con tomate. Me complace pensar en el gran rebomborio que por mayo y junio del pasado año se produjo, produje yo al tratar desde aquí mismo acerca del pan con tomate.

rebordador -ra *adj* Rebordeador. *Tb n.* | *Van* 17.4.73, 88: Importante industria textil de Bordados precisa .. especialistas en máquinas de recortar hilos, rebordadoras y especialistas en máquinas de recortar tiras.

rebordar *tr* Rebordear. | *Abc* 2.1.66, 45: "Magda" es el nombre de este elegante modelo, en raso natural y encaje rebordado.

reborde *m* Saliente estrecho a lo largo de un borde. | Bustinza-Mascaró *Ciencias* 205: La encía está provista de un reborde endurecido. Ortega-Roig *País* 141: El reborde meridional de la Cordillera Cantábrica forma en las provincias de León y Palencia unos pequeños y altos valles.

rebordeado *m* Acción de rebordear. | R. Velázquez *SAbc* 23.11.75, 11: Este disco se somete a una operación de torculado o rebordeado que realza el canto del mismo, convirtiéndose en cospel.

rebordeador -ra *adj* Que rebordea. *Tb n, m o f, referido a máquina o aparato*. | *Ya* 22.2.75, 40: Taller de calderería en general, con fabricación propia de fondos, prensa y rebordeadora Boldrini, cilindradora en tres metros hasta 25 mm. y con mecanización de tornos y fresas, ofrece sus servicios con plazos de entrega inmediatos.

rebordear *tr* Formar el reborde [de algo (*cd*)]. | Burgos *SAbc* 13.4.69, 43: En la orilla izquierda del río queda la campiña, que rebordea a la capital desde los alcores.

rebosadero *m* Orificio o parte para dar salida a un líquido y evitar que rebose [1]. | *Ya* 3.3.63, 9: Fregaderos acero inoxidable .. Incluido válvulas y rebosadero especiales. Aleixandre *Química* 161: Los platillos [de la caldera de destilación del vino] están siempre cubiertos de líquido .. y comunican unos con otros por un tubo (rebosadero) que vierte en el inferior el exceso del superior. MCalero *Usos* 106: Se desviaba [el arroyuelo] del cauce principal por ataguía suficiente, cogiendo pronto buena altura y embalse de agua suficiente, que represaba con tan buen nivel en todo su largo que casi no hubiera sido necesario el rebosadero.

rebosamiento *m* Acción de rebosar. | *Gerona* 99: A este plan deben sumarse otros, como el del grupo sindical de Bañolas, que, aprovechando el caudal de rebosamiento del lago, regaría 600 hectáreas. Laín *Marañón* 134: Hay médicos que se hacen historiadores o literatos "por evasión" ..; hay otros, en cambio, que escriben literatura o Historia "por rebosamiento", porque su afición y su talento desbordan el vaso de la práctica médica más rigurosa y triunfadora.

rebosante *adj* Que rebosa. | Lera *Bochorno* 55: Dejó correr el agua sobre el vaso rebosante. Laforet *Mujer* 144: Paulina sintió el corazón rebosante.

rebosar A *intr* **1** Derramarse [un líquido] por encima de los bordes del recipiente que lo contiene. *Frec fig.* | Ramos-LSerrano *Circulación* 219: El aceite pasa a través de estos orificios y engrasa las cabezas de biela, rebosando por los bordes. Sampedro *Sonrisa* 214: Brotan las palabras sin pensarlas, rebosan de su boca en esa voz de veinte años menos. Cossío *Confesiones* 220: Estas maletas están llenas y desordenadas, no se pueden cerrar. Rebosan de ellas los libros que me han ido mandando.
2 Estar [un recipiente] lleno [de algo] hasta los bordes. *Frec fig. Frec en la constr* A ~. | Halcón *Ir* 107: Ha de esperar a los mulos y llevarlos al pilar, al que antes hizo rebosar de agua a brazo, cubo a cubo. Pue 17.12.70, 5: La plaza rebosaba de un público entusiasta y que portaba numerosas pancartas. FReguera *Bienaventurados* 49: La plaza de Oriente rebosaba. La gritería era menor allí. *Inf* 26.1.78, 36: Se encontraba [la parroquia] a rebosar.
B *tr* **3** Dejar que [algo (*cd*)] rebose [1]. *Frec fig.* | Solís *Siglo* 134: Era la furia de la masa innominada. Los mediocres, erigidos en dominadores, rebosaban el odio contenido de su incapacidad y su impotencia.
4 Mostrar gran abundancia [de algo (*cd*)]. | Cossío *Confesiones* 192: La calle de Alcalá rebosa gente que inunda

las terrazas de los cafés. Torbado *En el día* 121: El arquetipo de prelado español .. era un hombre que rebosaba grasa por todos los poros, cuellicorto, pelón, con ojos blandos y manos torpes.
5 Llenar [algo] hasta sobrepasar los bordes. | Medio *Bibiana* 109: El agua rebosa la pila y empieza a verterse sobre el suelo. Torbado *Corrupciones* 154: Sus muslos y sus pechos rebosaban el traje de baño.

rebose *m* Acción de rebosar. | *BOE* 3.12.75, 25185: Capacidad útil. Es la que se usa en la práctica al realizar las operaciones de llenado o vaciado del tanque, o en la que por la geométrica por las limitaciones debidas a la altura de la boca de extracción o las que se impongan para evitar la toma de residuos, cavitación de bombas o rebose de producto.

rebotada *f (pop)* Rabotada (réplica descarada e insolente). *Tb fig.* | DCañabate *Abc* 31.8.75, sn: También resulta aparente [la manta] para servirse de ella como almohada, y ni que decir tiene como abrigo en una rebotada del tiempo. Sopeña *Inf* 10.1.77, 15: Para esa "izquierda cultural" que su consuegro Aranguren predica, Tovar tiene el instinto de la rebotada que, precisamente porque no parece venir a cuento, es en absoluto oportuna.

rebotado -da *adj* **1** *part* → REBOTAR.
2 *(col)* [Sacerdote o religioso] que ha abandonado la vida eclesiástica. *Tb n m.* | Matute *Memoria* 22: –Cura rebotado –le decíamos. Berlanga *Recuentos* 80: Carlos le entrevistaba, le sonsacaba, le confesaba; que no en balde era un rebotado, el Seminario enseña mucho.

rebotar A *intr* **1** Botar de nuevo [una pelota o algo similar *(suj)*] tras chocar [contra algo *(compl* EN o CONTRA)]. | CNavarro *Perros* 137: Jugaban al fútbol, y la pelota a veces rebotaba contra la pared.
2 Cambiar [algo *(suj)*] de dirección por chocar [con un obstáculo *(compl* EN o CONTRA)]. | *Ya* 28.5.67, 14: Herida por asta de toro en la margen del ano que dilacera el esfínter externo y en una trayectoria ascendente que diseca en unos dieciocho centímetros el recto sin lesionarlo, otra segunda trayectoria que rebota en el pubis y diseca uretra posterior.
B *tr* **3** Rechazar o despedir [algo o a alguien] en dirección contraria. | *As* 9.12.70, 24: Clay empieza a bailar en torno a Bonavena, este le prende con fuerte gancho de izquierda a la cara y Clay sale rebotado hacia atrás. *Prospecto* 6.87: Estos satélites funcionan como espejos, "rebotando" las señales que les llegan desde una estación terrestre de TV.
4 *(col)* Expulsar [de un lugar]. | SSolís *Camino* 290: Los increíbles problemas que suscitaba el dichoso párroco, un joven de la nueva ola que había llegado allí rebotado de varios sitios. Cela *Viaje andaluz* 34: Había sido santero en San Salvador de Limiñón .., donde se ganaba el caldo sin dar golpe, pero de donde hubo de salir rebotado porque se jugó al chamelo el pan de las ánimas.

rebote I *m* **1** Acción de rebotar, esp [1]. *Tb su efecto.* | *Abc Extra* 12.62, 55: Se las lanzaban [la pelota] de unos a otros o procuraban su rebote en una pared. J. M. Doménech *Pro* 18.3.89, 59: Una vez más, coger el rebote será la clave.
2 *(juv)* Enfado. *Frec con el v* PILLAR. | A. Castilla *SPaís* 18.8.91, 10: Cuando "la policía se pilla un rebote y se pone borde" –asegura un habitual de la zona–, como la madrugada del pasado viernes, ellos se esconden en los aledaños y esperan a que se vayan para volver al puesto.
II *loc adv* **3 de ~**. De rechazo. | Pemán *MHi* 12.70, 8: Nunca se han escrito tantas páginas apologéticas del niño, como en estos días, de rebote de los planteamientos de la paternidad razonada.

reboteador -ra *adj (Balonc)* **1** [Jugador] que rebotea. *Frec n.* | *Ya* 7.3.90, 42: Hank Gathers fue el máximo encestador y reboteador.
2 Relativo a la acción de rebotear. | *Ya* 26.12.86, 43: Falta de precisión en el tiro de ambos conjuntos, sobre todo de los estadounidenses, y mayor potencial reboteador por parte de los brasileños.

rebotear *intr (Balonc)* Recoger la pelota en los rebotes. | *SPaís* 15.3.92, 1: Ala-pívot .. Debe rebotear con solvencia y contraatacar con velocidad.

rebotica *f* **1** Habitación interior de la botica o farmacia, que le sirve de desahogo y que en otro tiempo era lugar de tertulia. | Cossío *Confesiones* 182: Era farmacéutico, y su rebotica, frecuentada de noche por amigos de todas las ideas, llegaban las informaciones sensacionales antes que al periódico.
2 *(reg)* Trastienda. | Delibes *Príncipe* 18: En la tienda olía a chocolate, a jabón y a la tierra de las patatas .. La señora Delia salió de la rebotica.

rebozar *tr* **1** Envolver [un alimento *(cd)*] con harina, huevo u otra sustancia *(compl* EN o CON)], esp. para freírlo después. *Tb fig.* | Medio *Bibiana* 56: Es bacalao rebozado. Delibes *Mundos* 164: El turismo .. acaba de descubrir las islas y empieza a "colonizarlas". Los suecos y los ingleses buscan en ellas ávidamente el sol de diciembre y se rebozan en las arenas negras de sus playas con desaforada fruición. **b)** Manchar o ensuciar [a alguien o algo con una sustancia que se queda pegada]. *Frec se omite el segundo compl.* | SSolís *Camino* 15: Corría .. con su amiguito Marino .., que solía ir a buscar[la] cargado de caramelos o bombones, con los que Carmina se rebozaba a conciencia. –¡A esta niña no se la puede coger ni con pinzas! ¡Qué horror! ¡Qué pringue!
2 Cubrir o tapar. *Tb fig.* | GPavón *Rapto* 108: En invierno paseaba en tartana, bien rebozadas las piernas con una manta. VMontalbán *Rosa* 125: Pasaban mujeres afanadas rebozadas por tres o cuatro ropajes contra el frío.
3 *(hoy raro)* Cubrir casi totalmente [el rostro o la cabeza con el manto o la capa]. | GNuño *Escultura* 137: Otras [damas] rebozan la cabeza con el manto. **b)** Cubrir casi totalmente el rostro [de alguien *(cd)* con el manto o la capa]. *Frec el cd es refl.* | DPlaja *Sociedad* 70: Por encima [la dama lleva] un manto .. muy útil para aventuras callejeras, rebozándose a la manera morisca.

rebozo I *m (raro)* **1** Prenda femenina a modo de mantilla. *Frec referido a países americanos.* | F. Rico 6.6.67, 51: Los colores de sus huipiles (chaquetas), sus rebozos [de los mayas] .. deslumbran aún.
2 Embozo de la sábana. | GMacías *Abc* 26.5.74, 45: Llama la atención una cama de Montehermoso por cuantas piezas la integran: colcha de lino fuerte, crudo, .. el rebozo en la sábana superior, la almojá o almohada, las mantas.
II *loc adv* **3 sin ~**. (*o, raro,* **sin ~s**). De manera franca y sin disimulos. | Delibes *Ratas* 55: El niño, el perro y el zorro jugaban a la luz del carburo, hechos un ovillo, y el Nini, en esos casos, reía sin rebozo. Aranguren *Cua* 6/7.68, 17: Los jóvenes franceses se han levantado contra este materialismo común a la derecha y a la izquierda; contra la realidad política de un país que, sin rebozos ya, se constituye en autoritarismo unipersonal.

rebozuela *f* Rebozuelo. | I. Medina *PaísE* 20.8.89, 43: Me sucedió con una butifarra negra que acompañaba a un plato de rebozuelas [*sic*], esas setas pequeñas y delicadas que crecen a lo largo de todo el verano entre la hojarasca de los bosques.

rebozuelo *m* Hongo comestible, de color amarillo dorado, común en los bosques *(Cantharellus cibarius)*. | *SYa* 20.11.90, 10: Estos modernos rastreadores .. pasean felices por el monte deseosos de encontrar los más valiosos ejemplares de hongos comestibles: .. los dorados rebozuelos, las vistosas rúsulas.

rebramo *m* Bramido con que el ciervo u otro animal de su género responde al de otro de su especie o al reclamo. | CBonald *Ágata* 52: No oyó el rebudio del jabalí, ni el croar de los sapos, ni el rebramo de la corza.

rebrillar *intr* Brillar con fuerza. | Delibes *Perdiz* 142: La escarcha empieza a rebrillar en las rodadas.

rebrillo *m* Acción de rebrillar. *Tb su efecto.* | Borrás *Abc* 23.3.58, 15: El tío Toni se levantó para afrontar con la mirada los alrededores: inmensa marina de ocre oscuro con rebrillo de ráfaga gris. Delibes *Madera* 361: La luna reverberaba en el mar y su rebrillo formaba una gran aspa con la estela.

rebrincado -da *adj* **1** *part* → REBRINCAR.
2 *(Taur)* [Toro] que embiste de manera descompuesta y a saltos. | PLuis *HLM* 4.9.78, 37: Gracias al poderío de El Mozo, no se quedó el manso sin picar, y aunque entró rebrincao y se salió suelto de los tres encuentros, pudo el manso ser castigado cumplidamente. **b)** Propio del toro rebrincado. | A. Salinas *Ya* 9.9.91, 47: No acertó a templar la embestida rebrincada del astado.

rebrincador -ra *adj* Que rebrinca. | G. Comín *Not* 4.12.70, 18: No somos tan fáciles de templar y tañer en nuestro guitarrico rebrincador de dentro y fuera del pecho.

rebrincar *intr* Brincar reiteradamente. *Tb fig.* | Chamorro *Sin raíces* 57: Pensando en su huerto le rebrincaba en la cabeza la palabra "dimisión". **b)** (*Taur*) Embestir [el toro] de manera descompuesta y a saltos. | B. Campoy *Ver* 10.9.75, 5: Lo mete Dámaso al caballo, y el toro entra muy bien .. Le ponen el primer par, y el animal se duele mucho, salta y rebrinca.

rebrotar *intr* Volver a brotar. | P. Comas *Van* 28.3.74, 36: Cuando no hay sazón, como ocurrió en la pasada primavera, los espárragos salen débiles y son escasos, se espigan pronto, y los tallos cortados rebrotan y ya no aparecen más. PAyala *Abc* 30.5.58, 3: La época científica comienza con el Renacimiento y se consolida en los tiempos modernos. Justamente en los umbrales de esta época rebrota la palabra "antropología".

rebrote *m* **1** Acción de rebrotar. | *Hoy* 7.10.76, 19: Además de ser prometedor el rebrote de los pastos, se está formalizando la buena montanera que venimos pronosticando. S. LTorre *Abc* 15.10.70, 27: La incapacidad de los pequeños para oponerse a los "grandes", las luchas ideológicas que fragmentan el mundo en áreas marxistas y antimarxistas y el rebrote virulento del nacionalismo.
2 Retoño (de una planta). | Delibes *Ratas* 141: Rosalino, el Encargado, aligeró el majuelo de raíces y rebrotes en los patrones injertados.

rebudiar (*conjug* **1a**) *intr* Gruñir [el jabalí]. | Cela *Mazurca* 61: El lobo aúlla y el jabalí rebudia, pero la silveira no se asusta jamás.

rebudio *m* Gruñido del jabalí. | CBonald *Casa* 72: Dos guardamontes remataban al cochino –que aún emitía un sordo rebudio– y cargaban con él.

rebufar *intr* Bufar o resoplar con fuerza. | CBonald *Noche* 71: No tardó [el potro] en aquietarse, rebufando con el hocico metido en el pajuz del pesebre.

rebufo *m* Expansión del aire alrededor de la boca de un arma de fuego o de un vehículo en movimiento. | *Abc* 18.4.58, 45: El señor Cadenas, piloto del avión "Herón", en maniobra de descenso, advirtió la presencia del "Douglas" y para evitar el choque maniobró violentamente hacia la izquierda en picado, entrando en la zona de rebufo del "Douglas", lo que le hizo perder el control del avión, cayendo al mar. *Ya* 30.5.74, 23: El rebufo levantado por el paso de los dos trenes desprendió a los viajeros de sus asideros. **b)** (*Dep*) Situación favorable del motorista que corre inmediatamente detrás de otro. *Frec en la constr* A(L) ~. *Tb fig, fuera del ámbito deportivo.* | Á. Arredondo *SYa* 28.5.74, 30: La veteranía de Nieto se notó, pues, tras colocarse primero antes de enfilarse la recta de llegada, al entrar en esta dio un brusco viraje, con lo que privó del "rebufo" a Grau, que venía pegado a sus talones, y se proclamó vencedor. *SEIM* 25.5.92, 14: En una de las últimas vueltas de la carrera, cuando era primero y tenía a rebufo, como única amenaza, a Bruno Casanova, su rueda trasera derrapó. *SPan* 22.3.93, 7: Al rebufo del gran movimiento feminista, surgía el inicio de otra gran rebelión ..: la del movimiento "gay".

rebujal *m* Terreno de extensión inferior a media fanega. | MCalero *Usos* 15: Estaba este caserío o alquería de la propiedad cerca del pueblo, pasados los últimos rebujales y herrenales.

rebujar *tr* Arrebujar. | SFerlosio *Jarama* 63: Al fin cayó Miguel, rebujado con Sebas, y en seguida los otros se les echaron encima.

rebujina *f* (*reg*) Rebujiña. | MRevirirgo *D16* 3.6.90, 54: A ver quién aguanta un tío así en el ya inmediato verano con sus calores. Para soportar a un pegajoso no es cosa de pasarse todo el año en la nieve, donde con lo del mucho frío se agradecen los achuchones y las rebujinas.

rebujiña *f* (*reg*) Revoltijo. *Tb fig, esp en sent sexual.* | CBonald *Noche* 220: Las ninfas volvieron a preguntarle entre arrumacos si tenía ganas de follarse a alguna de las dos, o a las dos juntas, o bien prefería simplemente jugar con ellas a la rebujiña, dulce apelativo con el que solían referirse a todo ejercicio erótico de cierta similitud con sus acrobacias.

rebujo[1] *m* Apelotonamiento arrugado y apretado [de algo, esp. de papel o tela]. | Berenguer *Mundo* 122: Con el rebujo de papeles se me cayó una foto mía.

rebujo[2] *m* Resto o residuo. | *SD16* 14.10.86, 1: Con la venta del "rebujo", así llama el ganadero a su resto de camada, Victorino se ha quedado finalmente este año sin un solo toro en casa.

rebujo[3] *m* (*hist*) Embozo usado por las mujeres para no ser conocidas. | Faner *Flor* 160: Se quitó el rebujo, descubrió su espléndida melena rubia.

rebullicio *m* Alboroto o agitación. | Lera *Boda* 582: Dispararon [los proyectiles] sobre el inocente y bienhechor nogal, produciendo la caída de unas cuantas hojas y el rebullicio de unos gorriones. L. Calvo *Abc* 21.11.70, 35: Sorprende al Kremlin el rebullicio internacional alrededor de Kruschef.

rebullir (*conjug* **53**) *intr* Moverse levemente [alguien que estaba quieto]. *Tb pr. Tb fig.* | Lagos *Vida* 47: Doña Paulita rebulló en su sillón de mimbre. Arce *Testamento* 29: Traté de rebullirme bajo la rodilla que me aprisionaba por la espalda. Arce *Testamento* 91: Algo comenzó a rebullirme en la cabeza. Palacios *Juicio* 59: Ahítos de alimentarle, muelen a palos sus costillas. Y en el animal vuelve a rebullir la fiera.

rebullo *m* (*reg*) Rebujo[1] o burujo. | G. Comín *Not* 20.12.70, 12: El frío, la muerte caída desde la rama a la raíz, como una piedrecilla seca, como el rebullo que vemos tan repetido por el suelo helado.

rebumbio *m* (*reg*) Barullo o bullicio. | Landero *Juegos* 92: No dejaron de preguntar si iban bien para la verbena hasta que vieron de lejos el cabrilleo de los colorines y oyeron el rebumbio de la música.

rebuño *m* (*reg*) Rebujo[1]. | DCañabate *Paseíllo* 37: No lleva la muleta adelantada, sino pegada a sus piernas, hecha un rebuño.

reburdear *intr* (*Taur*) Emitir [el toro] un sonido ronco, esp. cuando va a pelear o ventea sangre. | Á. Domecq *Abc* 8.6.58, 35: El toro es una masa hipersensible, inquieta, que pita cuando presiente el mal tiempo, o reburdea en cuanto le llega el olor de la sangre.

reburdeo *m* (*Taur*) Acción de reburdear. *Tb su efecto.* | G. Sureda *Sáb* 15.3.75, 87: En el campo se produce un silencio absoluto, roto solo por los mugidos, por los reburdeos de los toros encelados, por los pitidos de esos dos animales enfrentados.

reburujar *tr* (*reg*) Mezclar o revolver. *Tb fig.* | J. Isla *Día* 19.6.76, 5: Y de una cosa que no se entiende, como muchos discursos de los que suelta la gente de ahora, se dice que está reburujada.

reburujina *f* (*reg*) **1** Revoltijo o mezcla. | J. Isla *Día* 3.6.76, 5: Con esto de las palabras se arma cada reburujina. Cada cual las entiende a su manera.
2 Alboroto de gente. | J. Isla *Día* 19.6.76, 5: Reburujón, lo sabe todo hijo de cristiano, es un enredijo, y reburujina, un lío de esos que arma la gente, que muchas veces empieza de palabra y termina a variscazo limpio. ¡Menudas reburujinas se armaban, hasta no hace mucho, en el Cristo de Tacoronte!

reburujo *m* (*reg*) Rebujo[1]. *Tb fig.* | J. A. Castro *Ya* 1.4.75, 7: Hay que aprestar el esportón minúsculo, con el capote apenas sin color, la frágil muletilla y el reburujo espeso de los sueños posibles.

reburujón *m* (*reg*) Rebujo[1] o reburujo. | J. Isla *Día* 19.6.76, 5: El lambido de siempre ha venido a decirme que "reburujón", una cosa que se dice aquí, no es palabra de la tierra, sino de toda la España peninsular. J. Isla *Día* 19.6.76, 5: Reburujón, lo sabe todo hijo de cristiano, es un enredijo.

rebús *m* Desperdicio o desecho. | ZVicente *SYa* 12.1.75, 23: Usted se lo imagina: un poblachón grande .. En fin, unos pocos que eran siempre don fulano, don mengano, con un don así de grande, y, luego, los demás, el rebús, una pobre gente triste, que cantaba de vez en cuando, que jugaba a la lotería.

rebusca *f* Acción de rebuscar. | Pericot *Polis* 10: La Historia busca sus fósiles .. en la rebusca bajo el suelo actual de los restos personales y de los objetos que se perdieron o depositaron por los hombres desaparecidos. GNuño *Madrid* 199: Toda su ruta estética [de Sorolla] fue una rebusca de la luz y del color, siempre ambicionados por su gran temperamento levantino.

rebuscado -da *adj* **1** *part* → REBUSCAR.
2 Que denota rebuscamiento. | Laforet *Mujer* 154: Su corbata rebuscada parecía llena de brillantes culebras.

rebuscador -ra *adj* Que rebusca. *Tb n, referido a pers.* | GPavón *Hermanas* 21: De cuando en cuando, bandadas de rebuscadores pasaban minuciosos entre los hilos, husmeando la gancha que se dejó la vendimiadora manisa o deprisera; el rincón de fruto que perdonó la navaja.

rebuscamiento *m* Afectación o falta de naturalidad. | Laforet *Mujer* 12: Daba la impresión de una gran seguridad en sí mismo, .. sin ningún rebuscamiento. J. L. MRedondo *Abc* 8.9.66, 62: La tesis llega al espectador por una vía natural, sin rebuscamientos inútiles.

rebuscar *tr* Buscar con minuciosidad o con especial interés. *Tb abs.* | N. Luján *Sáb* 1.3.75, 3: Pensamos cuánto tiempo durará la peseta como moneda fraccionaria, porque busco y rebusco en mi mente cualquier cosa que valga una peseta monda y lironda .. Y no creo que hoy se emplee para algo más que para adquirir un trocito de regaliz. J. F. Báez *Caso* 14.11.70, 13: Rebuscaron en los cajones de las estanterías, y al encontrar la llave de la registradora, procedieron a abrir la misma. **b)** Buscar y recoger el fruto que queda en los campos una vez levantada la cosecha. | Grosso *Capirote* 34: Él era solo un chico con los pies descalzos que se escondía en la cuneta cuando ellos [los guardias civiles] pasaban por la carretera, las noches que regresaba con su padre de rebuscar garbanzos o de levantar espárragos entre los trigales.

rebusco *m* Acción de rebuscar, *esp* [1b]. | CBonald *Dos días* 39: –Aquí, a cabro guita o no hay con qué. –Y luego cinco meses parao .. –Se saca más con el rebusco.

rebusque *m* (*reg*) Rebusca o rebusco. | Llamazares *Río* 19: El día anterior debió de celebrarse el baile de la fiesta. –No se moleste. Ya estuvieron hace un rato los chavales al rebusque.– .. Aun así, el viajero encuentra todavía un caramelo escondido entre la hierba.

rebus sic stantibus (*lat; pronunc.* /rébus-sík--estántibus/) *loc adv* (*lit*) Estando así las cosas. | Gala *Sáb* 14.6.75, 5: Habrá quien se pregunte –"rebus sic stantibus"– si el maestro Aznar no hubiera acertado más invirtiendo los términos que titulaban su artículo.

rebuznar *intr* Emitir [el asno] la voz que le es propia. *Tb fig, dicho de pers, con intención desp.* | CNavarro *Perros* 94: –Un hato de asnos; eso es lo que sois vosotros. –Muy bien –dijo Ignacio–. Rebuznaremos.

rebuzno *m* Acción de rebuznar. *Más frec su efecto.* | Olmo *Golfos* 179: Todo era nuevo: .. el reguerito de agua, los rebuznos de *Arrogante.*

recabador -ra *adj* Que recaba. | *Abc* 10.11.74, 17: El llamado mundo de la opulencia ha hecho mucho más por los países del furgón de cola que el Tercer Mundo recabador de divisas.

recabar *tr* **1** Conseguir [algo] mediante petición o súplica. | Sanz *Custodia* 350: Para ello se nombraron comisarios, .. que se encargaron de recabar dinero, pidiendo limosna de puerta en puerta. Torrente *DJuan* 208: Recabé pluma y papeles, y escribí de nuevo.
2 Pedir o reclamar [algo inmaterial]. | Castilla *Humanismo* 29: Es inútil que se recabe la exigencia de deportividad en el perder. Mendoza *Ciudad* 265: El perdulario chistó para recabar silencio y atención.

recacha *f* (*reg*) Abrigo o resguardo. | S. Cuevas *País* 2.9.83, 44: En una casilla semiderruida, María .. estaba a la recacha del frescor de la mañana.

recadero -ra *m y f* Pers. que se dedica a hacer o llevar recados [1 y 2a]. | ZVicente *Traque* 246: Me coloqué .. como recadero, cosario que le dicen. Benet *Aire* 50: Aquella misma tarde el recadero fue despachado a Región, con cuyo Juzgado el cabo se comprometió a comunicar .. por el telefonillo del instituto.

recadista *m y f* Recadero. | Zunzunegui *Camino* 56: –Se lo enviaremos a tu padre por un cosario. –¿Qué es eso? –Un ordinario .. –Ah, sí, sí..., un recadista.

recado *m* **1** Mensaje dado de palabra. | Arce *Precio* 37: ¿Por qué no me llamas el lunes? Deja recado si no estoy.
2 Encargo que implica desplazamiento. | Buero *Diálogo* 109: Me mandó Teresa a un recado. **b)** Gestión que implica desplazamiento. | * Entre otros recados esta mañana tengo que ir al banco y a teléfonos. **c)** Gestión (acción que se realiza para la consecución o resolución de algo). | Laforet *Mujer* 323: Paulina tenía que telefonear a la planchadora .. ¡Su último recado de la mañana!
3 Conjunto de objetos necesarios [para algo, esp. para escribir (*compl* DE)]. | Moreno *Galería* 159: Una repisa torneada para el despertador y el recado de escribir: tintero de bronce, pluma de hueso y plumilla de pico de cigüeña. Landero *Juegos* 48: Entre otras cosas, había recado de encender, librito y petaca. L. Calvo *Abc* 16.5.73, 35: Los grandes diarios .. los domingos pesan dos kilos y medio. Cada ejemplar. Tanto como un maletín lleno de libros y recados de toilette.
4 (*raro*) Precaución o seguridad. | Cunqueiro *Crónicas* 107: En el arzón llevaba dos pistolas de recado.

recaer (*conjug* **13**) *intr* **1** Volver a caer. *Más frec fig.* | S. Prieto *Ya* 8.12.70, 19: No ocurre esto con el polvo que .. recae sobre el suelo y es respirado por las personas. Castilla *Humanismo* 19: Esta especie de maniqueísmo en la que el propio Teilhard de Chardin recae cuando atribuye la suplantación de una mística fideísta por una mística científica.
2 Agravarse de nuevo, o volver a caer enfermo de la misma enfermedad [alguien convaleciente o ya curado]. *A veces se especifica la enfermedad con un compl* EN. | *Abc* 25.2.68, 102: En los primeros momentos se temió que sir Laurence, que el año pasado fue operado de próstata cancerosa, hubiese recaído en esta enfermedad.
3 Ir a parar [algo, esp. un peso o responsabilidad, sobre alguien o algo (*compl* EN o SOBRE)]. | Arce *Testamento* 84: Y al pensar esto me entró un temblor espantoso en las piernas, y sentí necesidad de que todo el peso de mi cuerpo recayese sobre ellas para aminorarlo. *Estudios* 55: Todo ello hace que la supuesta mayor libertad de elección de los alumnos sea una fuente incontrolable de irregularidades, cuyas consecuencias recaen en aquellos a quienes se dice favorecer: los alumnos.

recaída *f* Acción de recaer, *esp* [2]. | Millás *Visión* 69: Después debe seguir tratándose para evitar una recaída. ¿Es usted, por casualidad, alérgico a la penicilina?

recalada[1] *f* Acción de recalar[1]. | VMontalbán *Rosa* 84: Enfiló [el barco] la ruta de la bocana que le marcaba la boya de recalada. Salvador *Haragán* 135: La Feria Internacional, .. lugar de recalada de todas las parejas en viaje de bodas.

recalada[2] *f* (*jerg*) Aspiración de humo de hachís o marihuana. | Tomás *Orilla* 40: Antonio se levantó con muestras visibles de desagrado. –Tú lo que necesitas es una recalada.

recalado *m* Acción de recalar(se)[1]. | M. F. Lucas *Nar* 6.77, 10: Una vez acarreado, el barro se extiende fuera del edificio para que se solee y se seque .. Acto seguido pasa la arcilla a la pila ya citada, y en ella se realiza la operación llamada "recalado", consistente en mezclarla con agua.

recalar[1] *intr* **1** (*Mar*) Detenerse transitoriamente [una embarcación] a la vista de la costa. | Cela *Viaje andaluz* 287: Las dunas del Asperillo y de Arenas Gordas [en el Guadalquivir] .. confunden sus arenas con las de la playa de Castilla, que no tiene fin. Esta playa de Castilla, dura y sin un solo abrigo donde recalar, está sembrada de viejas torres militares.
2 Detenerse [alguien en un lugar]. | Ridruejo *Memorias* 31: Después de comer, el jefe de la casa me sacaba de paseo, recalábamos luego en una chocolatería y con frecuencia íbamos al teatro. *MOPU* 7/8.85, 44: En Gallocanta recalan la casi totalidad de las 15.000 grullas procedentes de Europa. **b)** Pasar o aparecer [por un lugar]. | CPuche *Paralelo* 368: Genaro pagó su copa y se dirigió como un autómata a casa

de Elena .. Y no solo por necesidad física .. Elena tenía buen olfato y por su casa recalaban todos.

recalar[2] *tr* **1** Penetrar [un líquido] por los poros [de algo (*cd*)] dejándolo mojado. | Alós *Hogueras* 42: La tierra removida, suelta, le tapa los tobillos. Está fría, y él siente su humedad sobre la piel recalando sus alpargatas, sus calcetines. **b)** *pr* Quedar [algo] mojado al penetrar un líquido por sus poros. | Moreno *Galería* 283: Echando en él [el vino] trozos suficientemente grandes de "torta buena y rollos recogidos en la garrofa" para ofrecerlos luego, bien recalados, en cacillos de aluminio. * Este pan no se recala.
2 Hacer que [algo (*cd*)] se recale [1b]. | * Estaba recalando sopas cuando llegamos.

recalcado -da *adj* **1** *part* → RECALCAR.
2 (*reg*) Rechoncho. | GMacías *Relatos* 129: Los hurdanos son pequeños, bajos y *recalcaínos* de tanto andar.

recalcar A *tr* **1** Decir [algo] de manera enfática o insistente. | Arce *Testamento* 32: Y recalcó El Bayona, mirando a su compañero: –Si su mujer le quiere vendrá con el dinero. **b)** Remarcar o subrayar [un gesto o expresión]. | Berlanga *Recuentos* 31: El Torrubiano se sirve otro sol y sombra y brinda con un ademán muy recalcado. MGaite *Nubosidad* 390: Recalcó su mirada con una sacudida del dedo índice.
2 Machacar o golpear [una pieza metálica]. | *Ya* 24.6.75, 35: Mi escultura es de hierro, clásica .. Soy mecánico, y hago las esculturas a base de martillo, de recalcar mucho la chapa hasta conseguir el relieve.
B *intr pr* **3** (*reg*) Arrellanarse. | GPavón *Rapto* 237: Rosario el Sietemachos bajó los párpados como acosado. Plinio, para estrechar el cerco, se recalcó en el asiento.

recalce *m* Acción de recalzar. | *Ya* 23.5.75, 17: Poseemos informes técnicos de algunos bloques recalzados y otros afectados .. que confirman la gravedad de la situación de los bloques y la provisionalidad de los recalces. L. Montero *Hoy* 4.5.74, 17: Cuando ya la marchitez de la planta nos demuestra que el riego es deseado por la misma, se hace nuevamente el recalce y se le da un riego no muy copioso.

recalcificación *f* (*Med*) Restauración de las sales de cal en los tejidos orgánicos. | *Ya* 5.7.88, 17: Otros consejos que pueden evitar trastornos de este tipo es [*sic*] el tomar el sol en la espalda, que ayuda a la recalcificación de la columna, .. y tener un régimen alimenticio natural.

recalcitrante *adj* Obstinado. | S. RSanterbás *Tri* 11.4.70, 19: Los espectadores –salvo algunos ortodoxos recalcitrantes .. quieren ver cómo su ídolo da interminables tandas de pases. Alfonso *España* 44: Tecnificación y frivolidad se han aliado muy bien con el recalcitrante individualismo español.

recalcitrantemente *adv* De manera recalcitrante. | J. CRuiz *Día* 21.9.75, 17: Hablaba el señor López Rodó de las falacias de la Gran Bretaña .., que se negaba, recalcitrantemente, a abandonar el predio gibraltareño.

recalcitrar *intr* (*raro*) Obstinarse [en algo]. | Diego GDiego 369: Yo .. he recalcitrado y recalcitro en poetizar.

recalentador *m* Dispositivo o instalación que sirve para elevar la temperatura de algo ya caliente. | GTelefónica *N*. 215: Calderas de vapor. Economizadores. Recalentadores. Parrillas. Centrales térmicas.

recalentamiento *m* Acción de recalentar(se). | *Abc* 1.12.70, 33: A consecuencia del recalentamiento de una chimenea de metal, se provocó un incendio, con expansión de gases nocivos. J. M. NLagos *Fut* 5.88, 137: Óptima situación. No hay recalentamientos embriagadores como los del año pasado. La Bolsa sube.

recalentar (*conjug* 6) *tr* **1** Volver a calentar. | *Act* 12.11.70, 98: No lo deje hervir ni lo recaliente [el café].
2 Calentar en exceso. *Tb fig*. | F. Fidalgo *País* 28.1.78, 3: En un clima recalentado por la propaganda que precedió al discurso del *bon choix* (buena elección), .. el señor Giscard d'Estaing hizo recordar el tono grave, dramático, de los tiempos ya idos del general Charles de Gaulle. **b)** *pr* Calentarse en exceso. | Laforet *Mujer* 134: Las frágiles paredes .. amenazaban .. con recalentarse hasta convertir aquello en un horno.

recalentón *m* Recalentamiento. | Cela *Alcarria* 169: Todo [el guiso] bien cocido hasta que merma a un medio, y después recalentado. –¿Gana con el recalentón? –Sí, todos los guisos ganan, es la regla general. A. Aberasturi *Ya* 14.8.90, 14: Una avería telefónica, un recalentón en una centralita .. desencadenó una más que tensa jornada aérea.

recalificación *f* Acción de recalificar. | Aparicio *Retratos* 204: Habló con el alcalde y le pidió la recalificación de los terrenos.

recalificar *tr* Calificar de nuevo [a alguien o algo]. | *Ya* 28.6.90, 44: Después de la Olimpíada de Seúl, tratado su caso, María José Martínez Patiño fue recalificada por la Federación Internacional y volvió a participar en su especialidad: los 100 metros vallas. **b)** Calificar como edificable [un terreno que no lo era]. | *Abc* 20.1.90, 29: Un alcalde socialista recalifica la finca de un amigo a cambio de un aval.

recalmón *m* Estado atmosférico caracterizado por ausencia de viento y mucho calor. | CBonald *Dos días* 66: Por delante de la puerta, las moscas volaban sin cansancio, produciendo como una zumbadora réplica al recalmón de la asfixiante mañana.

recalzar *tr* **1** (*Arquit*) Reparar los cimientos [de un edificio (*cd*)]. | *Ya* 23.5.75, 17: El bloque 82, recalzado en su mitad hace unos meses, vuelve a abrirse.
2 (*Agric*) Arrimar tierra alrededor [de una planta (*cd*)]. | * Hay que recalzar los frutales.

recamado *m* Acción de recamar. *Frec su efecto*. | CBonald *Noche* 57: Paulina permanecía inmóvil .., examinando el recamado del mantel como para disimular su turbación.

recamar *tr* Bordar en realce. *Tb* (*lit*) *fig*. | J. G. Manrique *Abc* 3.9.68, 11: Es confortante que en ese estilo propio de carmañolas y vestes recamadas, de chorreras de encaje, .. un rey equilibrado y digno .. languidezca de amor por su reina. Lapesa *HLengua* 239: Resalta la expresión brillante, recamada de imágenes.

recámara *f* **1** *En un arma de fuego:* Ensanchamiento del ánima del cañón, en el extremo opuesto a la boca, en el cual se coloca el cartucho. | *Abc* 11.12.70, 22: Llevaba pistola del 7,65, con proyectil en su recámara.
2 (*col*) Conjunto de pensamientos o intenciones que una pers. oculta o disimula. | Delibes *Cinco horas* 187: La gente, con la recámara que se gasta, que habría que oírla.
3 (*hist*) Habitación situada detrás de la cámara. | S. Araúz *Ya* 19.6.75, 7: En las recámaras de la Alhambra, con reverberaciones de rosas y albercas, esos alicatados que son el precedente de los "esgrafiados" segovianos dan a las paredes una calidad vegetal.

recambiable *adj* Que puede recambiarse. | *ByN* 11.11.67, 7: Novísimo diseño de [la cafetera] Bra: sin rosca, totalmente desmontable y recambiable.

recambiar (*conjug* **1a**) *tr* Cambiar o sustituir [una cosa que ha dejado de servir, esp. una pieza, o, raro, a una pers.] por otra que haga sus funciones. | DBorque *SInf* 30.9.71, 12: La novela policíaca requiere una técnica .. Esta técnica ha de conseguir retener al lector, convirtiéndole en consumidor pasivo que necesita unas excitaciones fijas, para asegurarse las cuales ha de recambiar el producto periódicamente.

recambio I *m* **1** Acción de recambiar. | GTelefónica *N*. 114: Equipos automáticos para el recambio de luces en automóviles.
2 Cosa o pers. destinada a sustituir a otra que ha dejado de servir. | GTelefónica *N*. 129: Materiales y repuestos eléctricos. A. Salinas *Ya* 16.1.92, 40: Francisco Javier Castillejo, actual campeón de España de los pesos welter, puede ser el recambio de Poli Díaz.
II *loc adj* **3 de ~**. [Cosa o pers.] destinada a sustituir a otra que ha dejado de servir. | V. RFlecha *Cua* 6/7.68, 9: Nunca vio el cristiano con buenos ojos al capitalismo, ni tampoco el Magisterio de la Iglesia. Pero siempre se dudó .. al llegar a la solución de recambio.

recamo *m* Acción de recamar. *Frec su efecto*. *Tb* (*lit*) *fig*. | Onieva *Prado* 163: El pincel ha ido trabajando pacientemente cabello a cabello, plieguecillo a plieguecillo, recamo a recamo, con la minuciosidad de un neerlandés. J. C. Luna *VozC* 12.7.55, 5: El sueño dorado de los gitanos es la soltura

recantón *m* Poste o saliente de piedra que sirve para resguardar una esquina. | FVidal *Ayllón* 64: Se sienta en el recantón de una piedra sillar al borde de su puerta.

recapacitar *intr* Volver a considerar [algo, esp. una decisión (*compl* SOBRE *o* EN)]. *Tb sin compl.* | Laforet *Mujer* 99: Las señoritas Martí, recapacitando en las supuestas actividades de Eulogio, se sintieron en el deber de denunciarla. A. Ramos *Sol* 24.5.70, 7: Se dijo que de ninguna manera se invitaba a José María Íñigo .. Después se ha recapacitado y se le ha cursado invitación.

recapitulación *f* Acción de recapitular. *Tb su efecto.* | *País* 1.12.76, 41: Con este libro blanco .. se pretende hacer una recapitulación de las realizaciones y de la situación de la Seguridad Social.

recapitulador -ra *adj* Que recapitula. | *VozC* 29.6.69, 5: Criatura por antonomasia de Dios es María, la Virgen, la Madre de Cristo, el cincel recapitulador.

recapitular *tr* **1** Recordar de manera sumaria y ordenada [algo dicho o pensado con extensión]. | Carandell *Madrid* 39: En la antesala, recapitulará brevemente sus ideas y tomará carrerilla como quien se dispone a lanzar una jabalina.
2 (*semiculto*) Recapacitar o reflexionar. | J. MTorres *SInf* 2.3.74, 8: El conflicto lechero es la chispa que les ha hecho recapitular sobre su situación laboral en el campo. CPuche *Paralelo* 189: Nadie esperaba que la reunión concluyera de aquel modo. Cuando quisieron moverse y recapitular, Genaro estaba en la calle, a bastantes pasos de distancia.

recarga *f* **1** Acción de recargar [1 y 2]. | M. JCasado *Abc* 23.5.76, 30: Pueden presentarse arritmias y alteraciones de la recarga eléctrica de las fibras del músculo cardíaco.
2 Repuesto que contiene materia de recarga [1]. | *Abc* 29.5.92, 72: El Ayuntamiento paga los repuestos más caros de lo que cuestan en la calle .. Recarga gas de dos kilos: 2.350.

recargable *adj* Que se puede recargar [1]. | *Últ* 18.8.70, 4: –¿Cómo funcionan estos aparatos? –Mediante una batería de 9 voltios, recargable.

recargadamente *adv* De manera recargada. | Zunzunegui *Hijo* 111: Era el piso de Velázquez amplio, y amueblado un poco recargadamente.

recargado -da *adj* **1** *part* → RECARGAR.
2 Que tiene excesivos adornos. | GPavón *Hermanas* 44: Todo él [el piso] puesto al gusto del último tercio del siglo pasado, ni lujoso ni corriente, ni sobrio ni recargado.

recargamiento *m* Acumulación excesiva de elementos desde un punto de vista estético. | Alfonso *España* 81: Lo español no se conlleva con fugacidades locas ni con vanas y externas ostentaciones, recargamientos, exhibicionismos y perifollos. Fernández-Llorens *Occidente* 195: La grandiosidad del Barroco y el recargamiento decorativo del Rococó empezaban ya a cansar. **b)** Acumulación excesiva [de elementos varios]. | F. Bastida *PapD* 2.88, 191: No puede confundirse la necesaria formación humanística con un recargamiento de estudios teóricos y académicos.

recargar A *tr* **1** Volver a cargar. | Berenguer *Mundo* 60: Pablo estuvo cuatro días de viaje, para buscar avíos para recargar cartuchos.
2 Cargar en exceso. | * Estoy recargada de trabajo.
3 Adornar con exceso. | J. J. Perlado *SAbc* 8.3.70, 24: Su primera esposa, convertida en vieja actriz barroca, recargada de bordados y plumas. *Economía* 293: Podrá quizá resultar una habitación un poco sencilla; pero dará una sensación de paz, orden y bienestar que nunca podrá producir una habitación recargada. **b)** Poner exceso [de algo en un lugar (*cd*)]. | Onieva *Prado* 170: Muy recargado de oro en fondo y telas [el cuadro].
4 Aumentar [algo que se debe pagar o satisfacer]. | * Este recibo viene recargado por retraso en el pago. **b)** Aumentar [una pena o penalización]. | Cossío *Confesiones* 222: El vicario no le escribe [al cura], y cuando le escriba será para recargarle la pena.
B *intr* ➤ **a** *normal* **5** (*Taur*) Insistir reiteradamente [el toro] en la misma suerte, esp. en la de varas. | DCañabate *Abc* 3.6.58, 43: El primero no tomó mal dos varas .. El cuarto se arrancó de lejos, pero no recargó.
➤ **b** *pr* **6** Aumentar de temperatura e hincharse [una parte del cuerpo, esp. las extremidades]. | * Llevo unos días que se me recargan los pies.

recargo *m* Acción de recargar, *esp* [4]. *Tb su efecto.* | Mascaró *Médico* 61: Hoy tiende a considerarse la personalidad alérgica como debida a una perturbación "de fondo" de los centros nerviosos del cerebro intermedio (hipotálamo) originado por choques emotivos diversos y recargo emocional trivial, pero persistente. Vicens *Polis* 390: La Literatura barroca se complica con recargos inútiles de palabras o conceptos. *Abc* 22.6.58, 82: Se establece un recargo en el precio de la tasa del cinc. *As* 22.7.88, 32: BH pasa a ser primero por equipos a causa de los diez minutos de recargo al holandés.

recastado -da *adj* (*reg*) De casta cruzada. | Cunqueiro *Un hombre* 131: Allí estaba, tumbada en paja, la cerda, que era galesa recastada, con manchas negras en el lomo.

recatadamente *adv* De manera recatada [2b]. | *Huelva* 3: Que pueda presentarse ante el mundo dignamente ataviado y no tenga que dar dos cuartos al pregonero de sus problemas y dificultades, que debe guardar recatadamente para sí.

recatado -da *adj* **1** *part* → RECATAR.
2 [Pers.] que se comporta con recato. *Tb fig.* | J. Carabias *Ya* 21.1.75, 6: Si cuento todo esto no es como alabanza de una persona que es recatada y sencilla. E. Marco *MHi* 8.60, 38: Unas tiernas, verdes y recatadas judías harán un sencillo papel de comparsas. **b)** [Cosa] que denota o implica recato. | Buero *Lázaro* 94: Con recatada emoción.

recatar A *tr* **1** Encubrir u ocultar. | Lera *Trampa* 990: Ella aparecía estallante de hermosura .. Se recató el seno desbordado. J. Baró *Abc* 11.12.70, 24: Todos ellos recatan discretamente sus nombres. **b)** Encerrar o contener [una cosa (*suj*) algo (*cd*)] en su interior. | Delibes *Año* 87: Urge clarificar las cosas para que salgan cuanto antes a flote los aspectos positivos –gratuidad, obligatoriedad y alto nivel de la enseñanza– que la nueva Ley recata. Delibes *Madera* 74: Iba guardando en la maleta su caracola (que Gervasio le regaló un verano en Fuenterrabía y recataba el bramido del mar).
B *intr pr* **2** Mostrar recato [1] [de hacer algo]. | R. Saladrigas *Des* 12.9.70, 28: Él mismo no se recató de confesarlo.

recato *m* **1** Reserva o cautela. | M. Aguilar *SAbc* 16.11.69, 54: Cuantos sufrieron infección primaria en su niñez o juventud y acuden luego al médico siempre se comportan con recato y prevención.
2 Modestia y falta de desenvoltura en el comportamiento. *Dicho esp de mujeres.* | *Economía* 323: Conviene utilizar un vestuario adecuado que permita libertad de movimientos, conservando todo el recato necesario. L. Calvo *SAbc* 16.3.69, 18: Temperamento ("temperamentum") significa, en su origen, moderación y recato.

recauchutado *m* Acción de recauchutar. | *Van* 4.11.62, 15: Fabricación y recauchutado de toda clase de ruedas.

recauchutar *tr* Aplicar una nueva capa de caucho [a un neumático desgastado (*cd*)]. | APaz *Circulación* 177: Si en vez de neumáticos de goma virgen se usan de la llamada "regenerada", o cubiertas recauchutadas, este factor es tan decisivo que .. hay que marchar despacio.

recaudación *f* **1** Acción de recaudar. | MSantos *Tiempo* 40: Yo estuve de jovencita en varios tés de esos, con recaudación, y había parejas que bailaban maravillosamente el charlestón.
2 Cantidad recaudada. | MSancho *Alc* 31.10.62, 30: Le atacaron con piedras, acaso para robarle la recaudación del día.

recaudador -ra *adj* **1** Que recauda, *esp* [1]. *Tb n, referido a pers.* | *BOE* 3.12.75, 25214: Personal Recaudador. J. Sobrequés *Des* 12.9.70, 30: En 1789 fue saqueada la casa del recaudador de las contribuciones de Prada.

2 Relativo a la acción de recaudar. | *BOE* 3.12.75, 25214: A tenor de lo dispuesto en el número 2º del artículo 59 del Estatuto Orgánico de la Función Recaudadora.

recaudar *tr* **1** Cobrar [impuestos]. | FQuintana-Velarde *Política* 62: Para cubrir las necesidades colectivas de la nación, .. el Estado recauda contribuciones.

2 Reunir [dinero] por distintas aportaciones o cobros. | *Abc* 20.8.69, 30: Se tienen previstos diversos festejos, entre los que se destaca un magno festival artístico, con el que tradicionalmente los reclutas del C.I.R.E. recaudan fondos.

recaudatorio -ria *adj* De (la) recaudación. | *Caso* 14.11.70, 9: Parece ser que González Zaera regía sus funciones ejecutivas y recaudatorias en dos zonas del Ayuntamiento madrileño.

recaudo. a buen ~. *loc adv* En lugar seguro. *Gralm con los vs* ESTAR *o* PONER. | Gironella *Millón* 46: Tampoco el Comité Antifascista podía abarcarlo todo. Marta estaba a buen recaudo, al obispo se lo había tragado la tierra.

recayente *adj* (*reg*) Que cae o va a dar [a un lugar]. | V. Vidal *Pro* 17.8.75, 28: Para el paso de la procesión se derribó la llamada puerta del Cojo, en la parte de las murallas recayente a la plaza de la Encarnación.

recazo *m* Pieza de metal redonda y cóncava, que forma parte de la guarnición de la espada y sirve para proteger la mano. | Riquer *Amadís* 89: Aquí *puño* no está en el sentido corriente con que se aplica a la espada: parte de la guarnición que está entre el pomo y el recazo.

rección *f* (*Gram*) Relación que existe entre dos términos, uno de los cuales depende gramaticalmente del otro. | RAdrados *Lingüística* 361: Existe la rección con dos variantes: cuando una palabra exige otra automáticamente, caso, por ejemplo, de las preposiciones; y cuando, en el caso no obligatorio de llevar otra, la exige en una forma determinada.

recebado *m* Acción de recebar. | F. Páez *SPaís* 26.9.82, 53: Hay que recebar con mantillo la superficie de la pradera .. La mejor época para el recebado es diciembre.

recebar *tr* **1** Volver a llenar [un recipiente mermado]. | Cela *Pirineo* 47: El señor Gasset, con la sabiduría de los anfitriones antiguos, recebó el porrón. **b)** Volver a poner [la cantidad gastada]. | Cela *Viaje andaluz* 22: Un arriero .. le ofrece de su petaca .. –¿Gasta? .. –Sí, señor, que sí gasto. Y que Dios te recebe lo que le gaste y hasta se lo aumente.

2 Echar [en una carretera (*cd*)] arena o gravilla para igualar y consolidar el firme. | * Están recebando la carretera. **b)** Echar [tierra (*compl* CON) en una superficie (*cd*)]. | F. Páez *SPaís* 26.9.82, 53: Hay que recebar con mantillo la superficie de la pradera, añadiendo una capa de al menos un centímetro de altura en toda la superficie.

recebo. de ~. *loc adj* [Jamón] de cerdo de montanera cebado posteriormente. | *Prospecto* 9.87: El Corte Inglés .. Paleta ibérica de recebo Julián Martín, 1.690 (Kg).

rececho *m* **1** Acción de cazar andando cautelosamente a fin de sorprender a la pieza. | Cela *Judíos* 265: El montés es el animal totémico de Gredos, la bestia sagrada que el cazador .. acabaría por desterrar, si la ley no lo sujetase, con las traidoras artes del rececho.

2 Acecho. | J. M. González *Nor* 2.11.89, 51: Los que entonces le acompañábamos [a Cela] en su reducto semisecreto de los altozanos alcarreños al rececho del fallo de la Academia sueca.

recelante *adj* Que recela. | *Inf* 18.7.74, 24: Yugoslavia, a pesar de su condición de país no alineado, está temerosa y recelante de que la preponderancia territorial nacionalista de Grecia .. desnivele el equilibrio de la zona.

recelar A *tr* **1** Sospechar o temer [algo]. *A veces con un compl de interés*. | Delibes *Siestas* 108: Yo empezaba a recelar que Robinet deseara aumentar su fama despachándome a mí también. Peraile *Cuentos* 53: Entonces noté que un tipo me seguía los pasos... y di un rodeo .. recelándome que el elemento era policía.

B *intr* **2** Sospechar o desconfiar [de alguien o algo]. *A veces con un compl de interés.* | CNavarro *Perros* 27: Su aspecto recordaba el de esos seres que jamás terminan de creer en nada, recelando incluso de su propia incredulidad. Cossío *Montaña* 402: Fue mortalmente herido de flechas emponzoñadas, de las que el piloto santoñés se recelaba.

recelo *m* Inquietud o desconfianza. | Laforet *Mujer* 217: Quería ella perder el recelo que en su infancia le habían causado las beatas.

recelosamente *adv* De manera recelosa [2]. | FFlórez *Floristán* 684: Al ver a sus visitantes, aquellos individuos se ocultaban recelosamente.

receloso -sa *adj* **1** [Pers. o animal] que siente recelo. | L. Calvo *Abc* 9.9.66, 25: Los vietnamitas, en general los asiáticos, son hombres recelosos, maliciosos.

2 [Cosa] que denota recelo. | Laforet *Mujer* 79: Leonela .. la esperó en un silencio receloso.

recena *f* Cena segunda que se toma de madrugada. | A. Petit *GacNS* 25.8.74, 9: Con mejor vista, dada la tradición y la realidad misma de estos toros, gastronómicamente habría que considerarles algo como recena, que solo postre .. es demasiado poco para tanta negrura.

recenar *tr* Tomar [algo] de madrugada como segunda cena. | J. L. Lacruz *Ya* 6.3.76, 7: De Cánovas cuenta un panegirista, en tono admirativo, que recenaba medio pollo y una botella de Burdeos.

recensión *f* **1** Reseña o comentario [de un libro]. | Aranguren *Marxismo* 186: Su obra *On the Nature of Meanings* .., a la que he dedicado una recensión en el núm. 49 .. de la *Revista de Occidente*.

2 Cotejo de una edición de una obra antigua con su manuscrito. *Tb la edición resultante.* | Pinell *Horas* 248: Debe admitirse la posibilidad de que, en la copia de uno de nuestros códices, se adoptase una óptima recensión del responsorial.

recensionar *tr* Hacer la recensión [1] [de algo (*cd*)]. | M. Pizán *Mad* 29.4.70, 14: Porque exista un libro sobre los filósofos españoles en América .. ¿es motivo para que el señor López Quintás se considere eximido de recensionar el pensamiento de esos autores más por extenso?

recensionista *m y f* Pers. que hace recensiones [1]. | B. RNin *SPue* 19.1.80, 6: Véase .. lo que acaba de escribir, con escalofriante brutalidad, un recensionista cegato.

recensor -ra *m y f* Recensionista. | Berlanga *Recuentos* 87: Salvo un crítico literario de verdad, el resto se podrían clasificar en articulistas con ínfulas, poetas cortados de recensores, cronistas con sección.

recental *adj* [Cordero o ternero] lechal. *Frec n m, referido a cordero.* | Escobar *Itinerarios* 24: Quien así blasfema no cató nunca tajada de recental o lechal en Castilla.

recentar (*conjug* **6**) *tr* (*reg*) Poner [en la masa (*cd*)] la levadura reservada de la masa anterior. *Tb abs.* | Moreno *Galería* 27: En su casa y en su despensa habían recentado, cernido la blanca harina candeal en sus cedazos, y habían amasado luego.

recentísimo → RECIENTE.

recepción *f* **1** Acción de recibir. | Villapún *Iglesia* 131: La recepción de los Sacramentos no es tan frecuente. M. Cayón *Abc* 16.12.70, 55: Durante la campaña de recepción e industrialización del fruto, trabajarán en la factoría .. 359 operarias. *Sp* 21.6.70, 28: La contabilidad de los administradores de los diarios da cifras bastante diferentes: todo depende de la evaluación de gastos de amortización, impuestos, .. transmisión y recepción de despachos. A. Lezcano *SAbc* 13.4.69, 51: Fotos de sus recepciones en las Academias de Bellas Artes de San Fernando con el rey Humberto de Italia. Ybarra-Cabetas *Ciencias* 111: Podemos .. definir un río como un torrente de gran cuenca de recepción, largo canal de desagüe y caudal más regular y constante. *Ya* 28.8.82, 25: La sentencia del Tribunal Supremo obliga a la recepción de las urbanizaciones, ya que de hecho se debe admitir que el Ayuntamiento está haciendo uso público de las mismas.

2 *En algunos edificios, esp hoteles:* Mostrador del personal destinado a recibir al público. *Tb el servicio correspondiente.* | *Sol* 24.5.70, 15: Hotel "Tres Estrellas" necesita un jefe de recepción. **b)** (*raro*) Recibimiento (habitación de entrada a una casa). | *Ya* 22.10.64, 36: Pisos. Ofertas .. Lujoso amueblado, amplísima recepción, terraza.

3 Fiesta social de carácter oficial dada por una autoridad. | Laiglesia *Tachado* 97: En los pequeños países, .. a los gobernantes les sobra tiempo para asistir a todas las recepciones, inauguraciones y exposiciones de la temporada. **b)** Fiesta social dada por una pers. de alta categoría. | *Mad* 13.11.71, 1: Su Alteza Real el Infante de España don Jaime de Borbón y Battemberg, duque de Segovia, ha dado una recepción en el hotel Meurice, de París, para comunicar la noticia del compromiso matrimonial de su hijo mayor.

recepcionar *tr (raro)* Recibir. | Prieto *Lit. española* 2, 51: Me permito .. recalar muy brevemente, muy rápidamente, en la Italia que da forma al Renacimiento y que están visitando, escuchando, escritores españoles, que a su vez son recepcionados en Italia, como Juan de Mena lo fue en la corte de Ferrara. *Ya* 28.8.82, 25: El Ayuntamiento de Madrid se verá obligado a recepcionar todas aquellas urbanizaciones de las que hasta el momento no se había hecho cargo porque las constructoras no habían cumplido todos los compromisos de urbanización.

recepcionista *m y f* Pers. encargada de atender al público en una recepción [2a]. | *Pue* 17.2.66, 32: Fue a ocupar un puesto como recepcionista en un hotel de lujo.

receptación *f (Der)* Acción de receptar. | J. MMorales *Pue* 31.1.76, 41: El fiscal acusó a la encartada de un delito de receptación. *País* 14.9.88, 26: Se ha condenado al ex interventor del centro sanitario .. a seis meses de arresto por un delito de receptación de 10 millones.

receptáculo *m* **1** Cavidad destinada a contener algo. | *Sáb* 10.9.66, 47: Juego completo; incluido pulverizador, tobera, depósito metálico, cable, toma de corriente, así como receptáculo de materia plástica.
2 *(Bot)* Ensanchamiento del pedúnculo, en que se asientan los verticilos de la flor o las flores de una inflorescencia. | Alvarado *Botánica* 48: La parte comestible de la fresa .. es el receptáculo, mientras el verdadero fruto está formado por la reunión de los granitos duros periféricos.

receptador -ra *m y f (Der)* Pers. que recepta. | *País* 23.7.78, 14: Los dos hermanos Del Peral .. están conceptuados como delincuente habitual, el primero, y como facineroso y receptador –comprador de mercancías robadas–, el segundo.

receptar *tr (Der)* Ocultar o encubrir [a un delincuente], o recibir [los efectos de un delito] para ocultarlos o lucrarse con ellos. | *Ya* 12.6.88, 22: El menor había acudido a un domicilio de la calle Lagartijo, donde vendió por mil pesetas la pulsera de la chica a una mujer, que luego fue detenida por los funcionarios de la comisaría del distrito, bajo la acusación de receptar objetos robados.

receptibilidad *f (semiculto)* Receptividad. | *Inf* 27.7.70, 9: Los barcos ha[n] escogido los puertos españoles de Santander y Vigo, cuyas condiciones de receptibilidad y proximidad a Inglaterra son aceptables.

receptible *adj (semiculto)* Receptivo. | *Ide* 27.2.75, 19: Para proteger el ganado receptible, se ha dispuesto por la Superioridad comience urgentemente la campaña antiaftosa obligatoria.

receptivamente *adv* De manera receptiva. | Albalá *Periodismo* 137: Nos hemos visto obligados a subrayar el término-objeto de la información tomando la palabra objeto en su sentido etimológico: lo que está delante –receptivamente– del sujeto.

receptividad *f* Cualidad de receptivo. | A. Travesí *Abc* 14.5.67, 23: El turista .. es un ser mentalmente libre, de gran receptividad, apto para asimilar cuanto de positivo se le enfrenta en su recorrido. Alvarado *Anatomía* 156: El caso contrario de la inmunidad es la receptividad o facultad de recibir una infección.

receptivo -va *adj* Capaz de recibir. | *SHie* 19.9.70, 2: Sea receptivo a ideas únicas.

receptor -ra **I** *adj* **1** Que recibe. *Tb n: m y f, referido a pers; m, referido a aparato o sistema*. | J. Juan *SVozC* 25.7.70, 9: España es receptora de un turismo muy voluminoso. VNágera *SAbc* 22.2.70, 39: En las ganaderías de toros bravos, cuando un animal acepta el papel pasivo homosexual, de inmediato otros toros del grupo lo utilizan sistemáticamente, por lo que los encargados de la ganadería separan al animal "receptor". Valls *Música* 21: Las llamadas o toques militares .., por los cuales .. el receptor de la orden .. sabrá inmediatamente si tiene que avanzar, retirarse, levantarse o prepararse para el paseo. *Mun* 12.12.70, 57: El receptor universal Braun T 1000 CD .., aun siendo compacto y portátil, tiene la capacidad de una estación receptora fija, que capta incluso las emisoras más lejanas. Bustinza-Mascaró *Ciencias* 73: Sistema nervioso cerebro-espinal o somático, mediante el cual nuestro organismo responde a las circunstancias del medio exterior recogidas por los receptores sensoriales externos.

II *m* **2** *(hist)* Escribano comisionado por un tribunal para hacer cobranzas, recibir pruebas u otros actos judiciales. | CBaroja *Inquisidor* 24: En la Sevilla del siglo XVI los tres inquisidores en ejercicio estaban asistidos por un fiscal, .. un receptor.

recercar *tr (raro)* Cercar. | V. D'Ors *SAbc* 15.5.58, 37: La arquitectura de los Austrias .. representa .. la germinal síntesis de todo un mundo: grises pizarras .., portadas con números, sosteniendo balcones; severos rejones; vanos recercados, áureos o cuadrados.

recesión *f* **1** *(Econ)* Disminución de la actividad económica. *Tb ~* ECONÓMICA. | *Mad* 29.4.70, 1: Esto no ha hecho sino reafirmar el temor de que la recesión se apodere de la economía.
2 *(E)* Retroceso. | Pericot-Maluquer *Humanidad* 25: La tendencia humana en la evolución del cráneo de los primates está sintetizada por el antropólogo inglés Le Gros Clark en los siguientes factores: el progresivo crecimiento de la capacidad cerebral, .. la recesión de la cara.

recesionista *adj (Econ)* De la recesión [1]. | C. Sentís *Abc* 16.5.58, 31: El primer frenazo a este proceso recesionista vino poco después de mediodía.

recesivo -va *adj* **1** *(Econ)* De (la) recesión [1]. | A. MEstévez *Pro* 14.8.75, 5: La relación entre inversión y empleo está fuera de discusión .. Dicha magnitud se encuentra sumida en la más profunda de las simas recesivas.
2 *(Biol)* [Carácter] que no se manifiesta en el fenotipo del individuo que lo posee, pero que puede aparecer en su descendencia. | Navarro *Biología* 225: Unos [caracteres] son dominantes y otros recesivos. Las anomalías más importantes .. suelen ser recesivas.

receso *m (lit)* Cese temporal en una actividad. *En lenguaje col se usa con intención humorística*. | *Act* 10.12.70, 46: Un breve receso en el desarrollo del juicio para evitar la fatiga que producen los hechos que se juzgan.

receta *f* **1** Prescripción médica. *Esp la nota en que se hace*. | ZVicente *Traque* 10: Sale al mostrador cada vez que entra una mozuela a comprar algo, y le hace propaganda de la receta y disfruta la mar pesándolas una y otra vez. *SVozC* 31.12.70, 3: Óptica Internacional Guillermo Frühbeck. Despacha sus recetas en el acto.
2 Relación detallada de los componentes y el modo de preparación [de algo, esp. un guiso]. | Bernard *Verduras* 5: Todas las recetas están dosificadas para cuatro comensales.
3 Procedimiento adecuado [para algo]. | *Ya* 23.5.72, 11: Su receta para la longevidad es la siguiente: carne y pescados crudos, jugo de alcachofa y coñac.

recetador -ra *adj* [Pers.] que receta. *Tb n*. | SRobles *Abc* 28.8.66, sn: ¡Cómo se acreditaban los farmacéuticos de hace cuarenta años, quienes en ocasiones eran hasta médicos recetadores certerísimos!

recetar *tr* Prescribir [un médico *(suj)*] un remedio, esp. un medicamento]. *Tb fig. Tb abs.* | *Pue* 16.12.70, 30: No olvides los calmantes, que muy posiblemente te han recetado ya. Kurtz *Lado* 166: Voy a recetarle una terapia mental. Paso *Cosas* 243: ¡Ah, las batas blancas de algunos médicos! .. ¿Por qué no recetan de paisano?

recetario **I** *m* **1** Conjunto de recetas, *esp* [2]. | C. Ayala *Pue* 10.5.74, 25: Al Ministro de Trabajo, a través de la Dirección General de la Seguridad Social, le toca la aceptación de incluir los tratamientos termales en el Recetario del Seguro Obligatorio de Enfermedad. Trévis *Extremeña* 8: Un comisario de guerra salvó el recetario de cocina. Albalá *Periodismo* 23: Esos recetarios informativos .. hacen a tantos colegas nuestros plagiarios y miméticos.

rechace – recibir

II *adj* **2** (*raro*) De (las) recetas. | Cabezas *Abc* 15.4.58, 23: La gran curiosidad [de la biblioteca] son los libros recetarios, en que se anotaban con fecha, nombre del paciente de la Real Familia, enfermedad que padecía y otros minuciosos detalles, cuantas recetas se suministraban desde la botica a las reales personas.

rechace *m* Rechazo [1]. | *HLM* 26.10.70, 28: Lora sacó una falta en las cercanías del área asturiana y, tras varios rechaces, Acosta llevó el balón a la red. VMontalbán *Tri* 5.12.70, 42: Quisiera hacer algunas precisiones sobre la nota que publicó *Triunfo* .. sobre el rechace de una obra de Terenci Moix. S. FArdanaz *Ya* 15.2.90, 52: Como se trata de un tejido del mismo paciente, no hay rechace en el trasplante.

rechazable *adj* Que se puede o se debe rechazar. | *Ciu* 8.74, 62: Este criterio clasista, con todo lo que tiene de rechazable, no es lo más grave.

rechazamiento *m* Rechazo [1]. | P. GAparicio *HLM* 17.6.74, 5: El Presidente .. ha rechazado la dimisión que .. le presentó el Gobierno .. Las razones de ese rechazamiento .. son comprensibles.

rechazar *tr* **1** Hacer retroceder [algo o a alguien (*cd*)] o impulsar[lo] lejos. | * Los sitiados consiguieron rechazar al ejército atacante. **b)** Impedir que tenga éxito [un ataque o una agresión]. | *Ya* 20.11.75, 2: Dos columnas al mando conjunto del general Aguilera salen de Tetuán para rechazar una penetración enemiga que se acercaba provocativamente a la capital del Protectorado.

2 No aceptar [algo]. | DPlaja *El español* 130: El subconsciente rechaza aterrado la posibilidad de elogiar a seres del mismo sexo. **b)** Negar [una afirmación]. | F. Bonamusa *Tri* 1.12.73, 19: Empieza con un análisis retroactivo de la actividad del PCE durante la Dictadura, .. y rechazando y devolviendo las acusaciones de trotskismo que le había dirigido la dirección del PCE. **c)** (*Med*) No asimilar [un organismo (*suj*) un órgano o tejido trasplantado] por incompatibilidad inmunológica. | O. Aparicio *MHi* 7.68, 28: Reingresó en el hospital .. con síntomas de que su organismo empezaba a rechazar el corazón de Clive Haupt.

rechazo **I** *m* **1** Acción de rechazar. | *Cua* 6/7.68, 8: El sentido profundo de los acontecimientos de mayo ha consistido en señalar las contradicciones de la sociedad capitalista y el rechazo de la sociedad de consumo. G. Gallego *Reg* 27.2.68, 9: Todo el episodio del rechazo se plantea sobre la base de ser el cuerpo destinatario el que por fuero natural de individualidad .. no se aviene a la convivencia con un elemento orgánico que no nació ni se formó con él.

II *loc adv* **2 de ~**. Como efecto secundario y no pretendido. *Tb adj*. | C. Sentís *Abc* 21.5.58, 15: Los poderes excepcionales .. que se va tomando el Gobierno pueden, a la larga, favorecer de rechazo a De Gaulle.

rechifla *f* (*col*) **1** Burla o mofa. | CBaroja *Inquisidor* 40: Cuando Moratín publicó la relación del auto de fe de Logroño de 1610 hizo rechifla de los tres inquisidores.

2 Acción de silbar insistentemente. | CSotelo *Resentido* 236: Cuando cayó el telón .. entre rechiflas y protestas, yo tuve la sensación de que no era *Una tarde de lluvia* lo que rechazaban, sino mis quince años de trabajos y de ilusiones.

rechinamiento *m* Acción de rechinar. *Tb su efecto*. | Aldecoa *Gran Sol* 179: Las poleas, el cable y la red crujieron y hubo como un rechinamiento sostenido.

rechinante *adj* Que rechina. | Lera *Olvidados* 192: Unos triunfan; otros caen, y muchos permanecen tiempo y tiempo al acecho con los dientes rechinantes.

rechinar **A** *intr* **1** Crujir [algo, esp. los dientes]. | Arce *Testamento* 69: Rechinó una tabla del catre y yo me quedé suspenso, conteniendo la respiración. * Con este frío me rechinan los dientes. **b) ~ los dientes** → DIENTE.

2 Disonar [una expresión] o producir un efecto desagradable. *Tb fig*. | F. A. González *Ya* 31.7.74, 50: Podrá haber quien opine que señora presidente está mejor que señora presidenta, o al revés. Pero la árbitra, sinceramente, rechina.

B *tr* **3** Hacer que [algo (*cd*)] rechine [1]. | Espinosa *Escuela* 678: El primero de ellos .. no cesaba de rechinar los dientes. C. Otero *Abc* 6.7.80, 54: Las cigarras rechinan sus alas con cansina monotonía.

rechistar *intr* (*col*) Romper [alguien] su silencio, esp. para replicar. *Frec en constr negativa*. | Escobar *Itinerarios* 168: Cuando él dice en la sesión municipal que esto ha de ser así, allí no rechista ni Dios. Alfonso *España* 111: Casi nadie se atreve a rechistar ante quien hace un cruce como una exhalación.

rechoncho -cha *adj* Gordo o ancho y de poca altura. | GPavón *Hermanas* 38: Don Anselmo, hombre más bien rechoncho, .. les contó el caso.

rechupado -da *adj* (*col*) Chupado o muy delgado. | Torrente *Señor* 43: Solo el hombre que parecía un espantajo se le quedó mirando .. Bajo, enteco, rechupado.

rechupete. de ~. *loc adv* (*col*) Muy bien. Con intención ponderativa. *Tb adj*. | ZVicente *Traque* 41: De vez en cuando cobra unas beatas más, y nos vienen de rechupete. *Abc* 2.1.66, 28: Deléitese con el agradable placer de saborear la más deliciosa de las golosinas. ¡¡Humm!!, son de rechupete.

recial *m* Corriente impetuosa de agua. | Delibes *Voto* 113: El recial rompía contra la roca, deshaciéndose en espuma. FRoces *Hucha* 1, 38: La torrentera creció y el agua inundó el corral .. Todo se fue con el recial.

reciamente *adv* De manera recia. | J. Bassegoda *Van* 20.5.73, 3: Del buen puñado de iglesias góticas del siglo xiv que guarda Barcelona, Santa María del Mar es la más reciamente estructural y osadamente arquitectónica.

recibí *m* Documento en que se certifica haber recibido algo. | *País* 21.5.77, 20: Solo firmó el recibí del informe.

recibido -da *adj* **1** *part* → RECIBIR.

2 Tradicional, o comúnmente aceptado. | Ridruejo *Memorias* 28: Mi madre sufría y se inquietaba por las jactancias de racionalismo y hasta de marxismo de segunda mano con las que yo quería "contestar", sin verdadera decisión, la religiosidad recibida. Marías *Andalucía* 33: La imagen recibida de Andalucía era hasta hace no muchos decenios inequívocamente de riqueza; en nuestro tiempo se piensa y se dice que Andalucía es muy pobre.

recibidor -ra **I** *adj* **1** (*raro*) Que recibe. | *Voz* 5.11.87, 31: Asociación esta de prestigio, recibidora de un Premio Nobel de la Paz.

II *n* **A** *m y f* **2** Pers. encargada de recibir [1a] las entradas en un lugar de espectáculos. | *Abc* 5.8.70, 79: La otra cara de la fiesta. No torean, pero trabajan. En las Ventas .. 10 Recibidores de barrera. 33 Recibidores exteriores. 40 Recibidores de tendido. 14 Recibidores de grada. 20 Recibidores de andanada. 100 Acomodadores.

3 (*reg*) Pers. encargada de recoger el vellón después de cortado. | P. GMartín *His* 5.85, 39: Esquileo .. Esquiladores. Pelambreros. Recibidores. Velloneros. Apiladores. Ligadores.

B *m* **4** Habitación de entrada a una casa. *Tb los muebles correspondientes*. | Kurtz *Lado* 13: Casas de pescadores con un gran recibidor y suelos de ladrillo rojo. *Nue* 22.12.70, 25: Muebles .. Percheros. Gabaneros. Recibidor moderno. Taquillones.

recibiente *adj* (*raro*) Que recibe. | Borrás *MHi* 7.68, 68: En un mercado los tenderetes .. Unos y otros, expedentes [*sic*] y recibientes, servidores del mismo propósito.

recibimiento *m* **1** Acción de recibir [3, 4 y 5]. | R. Marichalar *Inf* 10.10.74, 25: Recibimiento multitudinario a la selección española.

2 Recibidor [4]. | CNavarro *Perros* 69: La luz del rellano de la escalera entraba hasta mitad del recibimiento.

recibir **A** *tr* **1** Pasar [una pers. o cosa] a tener [algo que se le da o se le envía, o que llega a ella]. | *Ya* 9.7.75, 15: Diecinueve sordomudos recibieron ayer el diploma que acredita su capacitación como codificadores de grabadoras de banda magnética para ordenadores electrónicos NCR. Laforet *Mujer* 334: Después de recibir la carta de Eulogio .. fue un día a casa de Amalia. PLozano *Ya* 16.6.72, 21: Igualmente cloaca el Jarama, que recibe al Manzanares en Vaciamadrid. **b)** Ser [alguien o algo] aquello adonde van a parar los efectos [de una acción o un fenómeno (*cd*)]. | Gambra *Filosofía* 150: Cuando una bola de billar recibe el impulso del taco y choca con otra bola, decimos que es causa del movimiento de esta. **c)** Tomar [un juramento]. | Í. Cavero *SInf* 25.10.75, 7: La tarea que fundamentalmente compete al

Consejo de Regencia será la de convocar conjuntamente a las Cortes y al Consejo del Reino para recibir juramento al Príncipe. **d)** Recibir [1a] [el sacramento de la comunión, o a Cristo bajo las especies sacramentales]. *Tb abs.* | Ribera *Misal* 1488: Al acostarte, piensa en Jesús, a quien has de recibir al día siguiente. Halcón *Ir* 151: Antes de terminar de hablar, ya el sacerdote le había bendecido. –¿Quiere recibir? Puede hacerlo ahora. **e)** (*Der*) Aceptar formalmente [una obra o construcción terminada (*cd*) el organismo público que ha de hacerse cargo de ella (*suj*)]. | P. M. Barreda *DPa* 29.5.93, 14: El gobernador civil se negaba a recibir el edificio, pues los sótanos embalsaban más agua que la "Pesquera del Buen Consejo".
2 Aceptar la visita [de alguien (*cd*)]. *Tb abs.* | J. M. Gironés *Mun* 12.12.70, 22: Fue recibido en audiencia por Pablo VI. Delibes *Guerras* 67: La Mística solo recibía los sábados, pero esos días, una peregrinación, oiga. *Pen* 20.8.74, 2: La conducción del cadáver al Cementerio se verificó en la intimidad .. La familia no recibe. No se invita particularmente. **b)** Celebrar [alguien] en su domicilio reuniones sociales [con amigos (*cd*)]. *Gralm abs.* | Halcón *Monólogo* 42: Antonia Caral, que ni es rica, ni noble, ni viste bien, ni recibe en su casa, ni tiene talento .., tiene algo que la salva de la soledad.
3 Esperar [a alguien que acomete]. | Selipe *Ya* 22.6.76, 35: Con una larga afarolada de rodillas recibió Giraldo al segundo novillo. **b)** (*Taur*) Citar y esperar [al toro] a pie firme y con el estoque montado, hasta introducírselo. *Frec abs.* | Bellón *SYa* 1.6.75, 27: Cúchares y Chiclanero discutieron de forma agria una vez por si recibían bien o mal a los toros en la suerte suprema.
4 Ir al encuentro [de alguien que llega (*cd*)]. | R. Marichalar *Inf* 10.10.74, 25: Varios miles de personas .. han recibido a la expedición española.
5 Reaccionar [de determinada manera ante alguien que llega o algo que se produce (*cd*)]. | Payno *Curso* 233: La excursión fue excitante. En todas partes se nos recibió bien. FCid *MHi* 8.66, 71: Se han celebrado ya buen número de pruebas, recibidas con aplauso invariable.
6 Sustentar o sostener [un cuerpo a otro]. | Angulo *Arte* 1, 12: La bóveda semiesférica, o media naranja .., que tiene que ser recibida por un muro circular.
7 (*Constr*) Sujetar [con una masa algo que se introduce en la obra]. | J. Bassegoda *Van* 4.2.77, 28: Los témpanos de la bóveda .. son de tablero tabicado de ladrillo de solo dos gruesos, el sencillo y el doblado, recibidos con yeso. CBonald *Casa* 188: Habían cerrado un rincón con una reja de barrotes medio podridos, recibiéndola con cemento a cada lado del ángulo del muro.
B *intr pr* **8** Pasar a ser oficialmente [algo (*compl* DE + *n que expresa título*)]. *A veces se omite el compl por consabido.* | Lapesa *Necrol*. Gili Gaya 200: La Academia lo eligió miembro de número .., distinción a la que correspondió con diligencia, recibiéndose el 21 de mayo de aquel mismo año.

recibo I *m* **1** Acción de recibir [1a, 2 y 3]. | Delibes *Guerras* 67: El día de recibo, a la mañana, con el rocío, ya sabían quién había de ser el aparecido, por el olor. PLuis *HLM* 26.10.70, 36: Era su primero, bizco y meano, un buen toro, que el de Santaolalla aprovechó cumplidamente, tanto en los lances de recibo y en un quite por chicuelinas como con la franela.
2 Documento en que se certifica haber recibido [1a] algo. | *Leg. contencioso-adm*. 132: El recibo suscrito por el Oficial encargado del Registro es suficiente para justificar la interposición. **b)** Documento que se entrega al que paga una deuda. | *Reg* 22.10.74, 7: Se hallan al cobro, en período voluntario, los recibos de arbitrios y tasas.
II *loc adj* **3 de ~.** Aceptable. *Gralm con el v* SER. | DCañabate *Paseíllo* 31: Ya vemos que el ganao es de recibo, porque no está el atravesao del chepa. F. A. González *Ya* 28.5.75, 100: Eso de más salud que un toro ya no está de recibo, porque, por lo que se ve, los toros es que ni se tienen. **b)** Presentable. *Gralm con el v* ESTAR. | * Ciertamente con esa pinta no estás de recibo.
III *loc v* **4 acusar ~.** Manifestar, gralm. por escrito, haber recibido [1a] [algo (*compl* DE)]. *Frec se omite el compl por consabido.* | Grosso *Capirote* 80: Sírvase acusar recibo. [Al final de una comunicación escrita.] GPavón *Hermanas* 14: Plinio, al ver la cara con que Braulio acusaba recibo a [sic] las interpelaciones, sintió llenársele la boca de risa.

reciclable *adj* Que se puede reciclar. | *Ya* 18.1.92, 23: Los envases de refrescos serán reciclables. Torres *Ceguera* 32: Diana, llegada a la conclusión de que [la secretaria] era difícilmente reciclable, la dejó caer de nuevo en el limbo de las no concienciadas.

reciclado *m* Reciclaje. | *Abc* 8.9.79, 21: Don Amadeo Hernández, ingeniero de la Delegación de Saneamiento y Medio Ambiente del Ayuntamiento, anunció la construcción de una planta de reciclado, consistente en la separación de los productos y recuperación de los residuos sólidos urbanos.

reciclaje *m* Acción de reciclar. | Miguel *Mun* 17.10.70, 24: Todas ellas exigirán un "reciclaje" de sus miembros: volver otra vez a reaprenderlas, porque en rigor no será siempre la misma ocupación. *Cam* 30.12.74, 7: El reciclaje, o entrada de inversiones procedentes de las ganancias de los árabes por venta de petróleo, no tiene muchos visos de convertirse en realidad para la península.

reciclamiento *m* Reciclaje. | *Alc* 27.4.79, 27: La solución no debe estar en nuevos parches, sino .. en cursillos periódicos de reciclamiento en el aspecto idiomático.

reciclar *tr* **1** Someter [a alguien o algo] a un proceso de puesta al día. | P. Urbano *Abc* 3.7.77, 85: Últimamente se empeñó [Suárez] en "reciclar" su francés del Bachillerato y contrató una profesora, siendo ya jefe del Gobierno.
2 Dar nueva utilidad [a alguien o algo (*cd*)]. | P. Rodríguez *Gac* 6.8.78, 10: Se sabe que ucedé conseguirá en el país doble número de alcaldes que el pesoe, incluyendo, claro, los antiguos jefes locales del Movimiento, reciclados.

recidiva *f* (*Med*) Nuevo acceso de una enfermedad después de curada. | N. Retana *SInf* 11.11.70, 3: Unas veces el mal se cura; otras, no, y el paciente muere. Pero incluso cuando las cosas van bien, queda siempre el temor a una recidiva.

recidivante *adj* (*Med*) Que recidiva. | F. Martino *Ya* 25.11.75, 13: La causa determinante de las "úlceras digestivas agudas recidivantes con hemorragia[s] masi[v]as reiteradas" se debe, desde luego, al "stress".

recidivar *intr* (*Med*) Reaparecer [una enfermedad] después de curada. *Tb pr.* | *Abc* 2.11.75, 1: La situación del Caudillo se mantiene estacionaria .. El síndrome hemorrágico-digestivo ha recidivado intermitentemente. Berlanga *Recuentos* 13: Las viejas le decían, a cada hinchazón, que serían las paperas mal curadas o quién sabe si las fiebres de Malta que se le recidivaban por beberse la leche de cabra sin un hervor.

reciedumbre *f* Cualidad de recio. | *Hoy Extra* 12.69, 4: Algunos [castillos], como los de Alburquerque, Medellín, .. Feria, son harto conocidos, pero hay otros que, a pesar de su belleza y reciedumbre, no lo son tanto.

recién *adv* Muy poco tiempo antes. *Referido a un part, al que precede*. | *Testamento* 17: Atravesamos un prado recién segado. Laforet *Mujer* 129: El respirar y el gemir le es natural a un recién nacido. **b)** (*col*) Muy poco después de hacerse [lo que expresa el n. al que precede]. | Delibes *Cinco horas* 216: Todavía no sé, te lo digo sinceramente, cómo no te planté entonces, recién novios.

reciente (*superl*, RECENTÍSIMO *o, col*, RECIENTÍSIMO) *adj* Que acaba de hacerse, de ocurrir o de empezar a ser. | Moreno *Galería* 28: El aroma del pan reciente y las tortas de aceite dejaba una estela, un reguero perfumado. VParga *Santiago* 9: Recientes excavaciones arqueológicas .. han dado como resultado .. el hallazgo de la losa sepulcral.

recientemente *adv* En tiempo reciente. | Casanovas *Des* 12.9.70, 36: Recordamos .. lo que recientemente escribíamos con ocasión de un recital pianístico.

reciento *m* (*reg*) Porción de masa que se reserva para levadura. | Moreno *Galería* 26: Dejaba su puñado de masa en un puchero de barro .., que era la levadura, el reciento, para la próxima hornada.

recilla *f* (*reg*) Rebaño pequeño de ovejas o de cabras. | Cossío *Montaña* 61: Es famoso el [engaño al lobo] que ocurriera en el mismo cercado de guardar la recilla que el lobo buscaría como lugar de más segura operación.

recinto *m* Espacio limitado y cerrado. *Tb fig.* | D. I. Salas *MHi* 7.69, 41: Durante la invasión francesa en 1808 la soldadesca asaltó este recinto [la Armería de Palacio]. Bueno *Tri* 26.12.70, 11: El libro de Alfonso Sastre *La Revolución y la crítica de la Cultura* .. se movía en el recinto de la "cuestión alfa", planteada desde la perspectiva del autor teatral.

recio -cia I *adj* **1** Fuerte y vigoroso. | Van 11.7.74, 62: Eduardo Blanchard, el más veterano del grupo, recio montañero aragonés, destacó que esta primera mundial a uno de los picos más altos del Himalaya, en España no ha sido valorada como se merece. Olmo *Golfos* 97: Recia, potente, oímos la voz de Enzo. **b)** Fuerte e intenso. | Murciano *Hucha* 2, 95: Lejos, en la playa, se veían, pequeñitos, los bañistas y la banderola roja que anunciaba peligro, mar mala, viento recio. FReguera *Bienaventurados* 14: Se abalanzó sobre el insolente y le propinó un recio coscorrón. **c)** Fuerte y sólido. | Villarta *Rutas* 121: Hay que aplazar el descubrimiento de la población porque primero hay que mirarla desde fuera, recia, insospechada arquitectura castrense. **d)** [Líquido] fuerte y con cuerpo. | LAparicio *SYa* 31.5.72, 13: Las bodegas, con sus tinajas rebosantes de vino recio, de buen caldo de Quintanar de la Orden, Toboso, Méntrida, Romeral. **e)** [Trigo] duro. | Ybarra-Cabetas *Ciencias* 287: Los trigos duros o recios, de grano frágil y quebradizo, dan harina, pero más bien se aprovecha[n] para hacer sémola.
2 Grueso o gordo. | CPuche *Paralelo* 13: Ellos se defendían del frío de diciembre como podían, con recios jerseys hechos en casa.
II *adv* **3** Reciamente. | Delibes *Historias* 12: Yo no podía explicar .. que los espárragos, junto al arroyo, brotaran más recio echándoles porquería de caballo.

récipe *m* (*lit, raro*) Receta. | Lázaro *Gac* 24.8.75, 13: Hay que seleccionar el texto .. Hay que prepararlo con un cuidado meticuloso .. Y perdón por el récipe ..: al fin y al cabo, me resulta difícil sustraerme a los hábitos de recetador que suelen tener los profesores.

recipiendario -ria I *adj* **1** Que recibe [1a]. *Tb n, referido a pers.* | *País* 25.6.78, 8: Sobre la mesa tenía dos carpetas, una destinada a recibir los problemas que el tiempo resolvería y otra recipiendaria de los problemas que el tiempo resolvió. *Abc* 16.12.70, 60: Se celebró la tradicional entrega de la llave de Barcelona .. Destacó [el señor Auger] la personalidad del nuevo recipiendario.
II *m y f* **2** Pers. que entra solemnemente en una corporación. | LTena *Triste* 59: Los dos académicos más modernos .. saldrán a buscar al recipiendario.

recipiente I *adj* **1** (*lit*) Que recibe. *Tb n, referido a pers.* | MPuelles *Filosofía* 2, 278: Dado que esta [la entidad encausada] es el Ser por sí, no puede limitarse en modo alguno, ni por un sujeto recipiente ni por una causa productiva. MPuelles *Filosofía* 2, 273: Todo acto, en efecto, se limita de una doble manera: por parte del agente y por parte del recipiente.
II *m* **2** Utensilio hueco que sirve para contener sustancias sólidas, líquidas o gaseosas. | *Cocina* 36: La terrina es el nombre que se da a los recipientes de gres o loza y a los alimentos que en ellas se conservan. **b)** Campana de la máquina neumática. | Marcos-Martínez *Física* 96: El aire del recipiente R, llamado campana, se irá enrareciendo.

recíprocamente *adv* De manera recíproca [1 y 2]. | Bueno *Tri* 26.12.70, 10: Desde los marcos "mundanos" suele pensarse que el trabajo de las aulas es puramente rutinario; recíprocamente, desde marcos académicos, es frecuente poner entre comillas el pensamiento realizado en marcos mundanos.

reciprocar *tr* (*raro*) Responder [a una acción (*cd*)] con otra semejante. | Benet *Penumbra* 46: Una mirada, te lo advierto, que nunca debe ser correspondida, un gesto que jamás será reciprocado.

reciprocidad *f* Cualidad de recíproco [1 y 2]. | J. Pasquau *Abc* 21.5.67, 29: Los sucesos de todos los lugares de la Tierra se influyen y se integran ya en una reciprocidad inmensa.

recíproco -ca I *adj* **1** [Acción o sentimiento] que se produce a la vez entre varios sujetos, cada uno sobre los otros. | * El odio es recíproco. **b)** (*Gram*) [Verbo u oración] que expresa una acción recíproca. | Amorós-Mayoral *Lengua* 156: "Los Pérez y los García no se saludan". Son elementos fundamentales de estas oraciones los dos sujetos, el verbo recíproco y el pronombre. Amorós-Mayoral *Lengua* 151: Oraciones recíprocas.
2 (*Mat*) Inverso. *Tb n f, referido a función.* | Gironza *Matemáticas* 56: Números recíprocos o inversos son aquellos cuyo producto es la unidad. Marcos-Martínez *Física* 128: La densidad .. es la recíproca del volumen específico.
II *loc v* **3 estar a la recíproca.** Corresponder recíprocamente. | Gala *Sáb* 5.5.76, 5: Tercero, porque no pienso verlo: al parecer, el Presidente manifestó el deseo de no verme a mí en televisión –y de que no me viese nadie en el país– y yo en estos asuntos tengo por norma estar a la recíproca.
III *loc adv* **4 a la recíproca.** Recíprocamente. | Rábade-Benavente *Filosofía* 207: Vivir en sociedad .. no es simplemente coexistir con una agrupación humana .. a la que prestamos nuestra colaboración y de la que, a la recíproca, obtenemos ciertos beneficios.

recisión *f* (*raro*) Rescisión. | *Compil. Cataluña* 815: El comprador o adquirente demandado podrá evitar la recisión mediante pago en dinero al vendedor o enajenante del complemento del precio.

recitación *f* Acción de recitar. | J. CCavanillas *Abc* 19.9.64, 33: Todo el rito, perfecto de voces moduladas en las recitaciones litúrgicas de los salmos .. era un regalo para los oídos. FVidal *Duero* 112: El caminante interpreta la pregunta en sentido correcto, es decir, si la visita debe ir acompañada de recitación por parte de la ministrante o no .. –Explique solo lo esencial.

recitado *m* **1** Acción de recitar. *Tb su efecto.* | Benet *Nunca* 63: Volvimos a tumbarnos en nuestro compartimento para continuar el recitado .. Habíamos adquirido la costumbre de meternos mutuamente los dedos cuando nos cargábamos de verso. GPavón *Rapto* 187: Gañanes de Peñalosa / no diréis que no os aviso .., recitó don Lotario .. –Coño, ¿qué es eso? –preguntó Plinio, que nunca le había oído aquel recitado.
2 (*Mús*) Recitativo [2]. | Casares *Música* 62: La Cantata: Es una forma musical .. formada por arias y recitados.

recitador -ra *adj* [Pers.] que recita. *Tb n.* | Delibes *Hoja* 112: El tío Hermene poseía una hermosa y profunda voz de recitador.

recital *m* Sesión musical a cargo de un solo artista o un solo instrumento. *Frec con un compl especificador.* | FCid *ByN* 31.12.66, 115: El estreno de Joaquín Rodrigo, que figuraba en el recital violinístico de su yerno Agustín León Ara, buen concertista. **b)** Sesión [de danza o de poesía] a cargo de un solo artista. | Tejedor *Arte* 103: Las fiestas .. consistían .. en exhibiciones de los juglares, recitales de los trovadores y baile de los asistentes. J. Cantavella *Ya* 20.2.75, 13: A sus setenta y un años lleva dados más de veinte mil recitales poéticos por toda España. **c)** Actuación en que [alguien o algo (*compl especificador*)] se convierte en centro de la atención general. | L. Dávila *Tri* 12.8.72, 11: La pelea comenzó y se convirtió en un recital del mejor boxeo que público español alguno haya contemplado en muchos años. A. Alférez *Abc* 26.6.75, 9: Duke Johnson fue el piloto encargado de dar el recital ayer en el cielo castellano; en este tur por el mundo de YF-16, Johnson se alterna con su compañero Neil Anderson.

recitar *tr* Decir en voz alta [algo que se sabe de memoria, esp. versos]. | Revilla *Lecturas* 63: Cuando recitaban sus versos [de Juan Ruiz] decían: "Ahora viene el arciprestre". R. Plaza *Ya* 1.3.78, 47: Recitábamos a coro los tiempos del verbo. **b)** Decir en voz alta y de memoria versos u otros textos [de alguien (*cd*)]. | Delibes *Voto* 167: ¿De veras te parece más importante recitar Althusser que conocer las propiedades de la flor del saúco?

recitativo -va (*Mús*) I *adj* **1** [Estilo] que consiste en cantar recitando. | FCid *Ópera* 140: Cavalieri .. Compositor italiano. ¿1550? Uno de los primeros representantes del "estilo recitativo" llevado a la escena.
II *m* **2** Parte cantada que por su ritmo e inflexiones se asemeja al recitado [1] y que suele preceder a un aria. | Casanovas *Des* 12.9.70, 36: Un recitativo y un aria de concierto de Mozart pueden representar ante todo una exhibición de facultades y técnica.

reciura *f* Cualidad de recio. | Delibes *Madera* 283: Algo le movió a atraerlo de nuevo hacia sí con tal reciura que el muchacho notó su corazón acongojado.

reclamable *adj* Que se puede reclamar [1, 2 y 4]. | *Leg. contencioso-adm.* 108: La resolución ministerial de adjudicación provisional de un servicio de transporte ni es reclamable en la vía gubernativa ni ante esta Jurisdicción.

reclamación I *f* **1** Acción de reclamar, *esp* [1 y 4]. *Tb su efecto.* | Ramírez *Derecho* 164: Cuando se trata de una acción relacionada con el tráfico mercantil, no basta su reclamación judicial para que la interrupción surta efectos.
II *loc adj* **2 de ~es.** [Libro] que, en algunos establecimientos o servicios públicos, registra las quejas formuladas por los usuarios. | *VAl* 2.9.75, 6: Él nos argumentó que una cosa era el restaurante y otra la cafetería .. Le pedimos el libro de reclamaciones para dejar constancia de esta anomalía.

reclamador -ra *adj (raro)* Que reclama [1, 2 y 4]. *Tb n, referido a pers.* | J. A. Alcedo *Lev* 9.7.75, 16: ¿Faltará mucho para que todo lo que es ilícito y punible haga su demanda reivindicativa a nivel supranacional? ¿Dónde están los futuros reclamadores del tráfico de drogas, del crimen, que tienen también su "ocupación" y a lo mejor querrán sus garantías de ejercicio?

reclamante *adj* Que reclama [1, 2 y 4]. *Tb n, referido a pers.* | Umbral *Mortal* 96: La única realidad reclamante, viva y concreta, era en aquel momento tu pie desnudo. Ramírez *Derecho* 164: Cuando se trata de una acción relacionada con el tráfico mercantil, no basta su reclamación judicial para que la interrupción surta efectos; es preciso además que la instancia no caduque y que la sentencia sea favorable al reclamante.

reclamar A *tr* **1** Exigir [algo a lo que se tiene derecho]. | Carandell *Madrid* 124: Cuando el cliente acudía a reclamar su piso, el agente le iba dando largas, y si alguno se ponía demasiado excitado, le devolvía el importe percibido. **b)** Exigir [un tribunal *(suj)* la presencia de un reo *(cd)*]. | Alfonso *Caso* 5.12.70, 15: Juan Miguel López Medina, .. profesional de la estafa y reclamado por Juzgados de diferentes capitales, decidió hace bastante tiempo no doblar el espinazo en funciones laborales.
2 Pedir con firmeza. | Laforet *Mujer* 30: Se quitó del cuello con un horror histérico un insecto duro, .. que Miguel reclamó para su colección. *Van* 18.4.74, 30: El casi nulo interés prestado a esta Arqueología rigurosamente científica ha provocado un aletargamiento lógico de nuestra ciencia que está reclamando mayor atención y medios.
3 Llamar [un ave a otra de su misma especie]. *Frec abs.* | Delibes *Castilla* 129: Arriba, en los trigos del alto, reclama una codorniz. **b)** Llamar [a la caza *(cd)*] con el reclamo. *Tb abs.* | Delibes *Vida* 10: Todavía le recuerdo .. agachado en los trigales, reclamando a la codorniz. Cela *Judíos* 267: Algunos alimañeros .. reclaman haciendo la pedorreta sobre la mano desnuda.
B *intr* ➤ **a** *normal* **4** Protestar contra algo injusto, esp. por el incumplimiento de un acuerdo o trato. | *Ya* 7.6.75, 35: Me prometió [el ministro] una nevera. Yo la esperé y nada...; la nevera no venía. Me fui al Sindicato de Guadalajara a reclamar, y un poco más tarde el ministro me envió una nevera y una estufa.
➤ **b** *pr (semiculto)* **5** Invocar [algo o a alguien *(compl* DE)] a su favor. | M. MCuadrado *Ya* 1.5.76, 7: En dicho futuro han de encontrar cabida precisamente las fuerzas que se reclaman de la democracia y no aquellas que la combaten. V. Bozal *SPue* 21.6.78, 2: En el seno del marxismo, del cual me reclamo.
6 Proclamarse [algo *(compl* DE)]. | Umbral *País* 12.11.77, 22: La derecha clerical y feligresa se reclama en España de tradicionalista y vestal de la tradición.

reclamista *m y f* Pers. que practica el reclamo [3]. | *HLM* 6.11.78, 25: Reclamistas y publicitarios. Empresa fabricante de artículos exclusivos para reclamos y promociones desea colaboradores para difusión de sus nuevos artículos.

reclamo *m* **1** Voz con que un animal, esp. un ave, llama a otro de su misma especie. | Cela *Pirineo* 298: En un árbol muerto y fantasmal que luce tendido de orilla a orilla, silba su reclamo de amor el pájaro solitario. **b)** *(raro)* Voz con que se llama a alguien. | CBonald *Ágata* 129: Se apartó bruscamente del ventanuco .. para correr en dirección a las gándaras de los mimbrales, desoyendo los vociferantes reclamos de la partera. **c)** Llamada o atracción. *Frec en la constr* ACUDIR AL ~. | Laforet *Mujer* 87: Una noche empezó a sentir el reclamo de su casa. C. Nonell *Abc* 22.10.67, 11: Y la nasa .. queda también cara a la marea, con la boca abierta al camino de los peces, que acudirán al reclamo de la carnada. Carnicer *Cabrera* 146: Graznan en lo azul unos cuervos, que deben de venir al reclamo de un esqueleto de burro tendido junto a un manantial.
2 Ave amaestrada o fingida que emplea el cazador para atraer a otras de su especie. | Carandell *Tri* 8.8.70, 15: Una vez preparado el cardo, se coloca cerca del mismo el reclamo, es decir, un pájaro de la misma especie dentro de una jaula. **b)** Utensilio con que se imita el canto de un ave para atraer a otras de su especie. | *HLVa* 20.10.75, 5: Escopetas y cartuchos .. Y todos los complementos: morrales, cananas, bolsas para cartuchos, estuches para escopetas y rifles, faltriqueras, reclamos, etc.
3 Recurso para atraer la atención sobre una cosa, gralm. con fines publicitarios. | V. A. Pineda *Des* 12.9.70, 19: Los medios de su acción son ingenuos y superficiales, como en definitiva lo son, en órdenes distintos, los reclamos de la publicidad.
4 *(Der)* Reclamación. | *Inf* 14.12.74, 3: Asociaciones dentro del Movimiento institución, controladas por el Consejo Nacional, con fines electorales pero sin posibilidad de acceso de reclamo ante los Tribunales de Justicia.
5 *(Bibl, hist)* Palabra o sílaba puesta al final de una página, que corresponde a aquella con que comienza la página siguiente. | MSousa *Libro* 66: El reclamo, que sería abandonado, también por primera vez, por la Folius Press, de Glasgow, en 1747.

reclinable *adj* Que se puede reclinar. | *Inf* 17.6.70, 8: Todas las excursiones en confortables autocares con butacas reclinables.

reclinar *tr* Inclinar y apoyar [algo, esp. la cabeza o el cuerpo *(cd)* sobre algo *(compl* SOBRE, EN o CONTRA)]. *Frec el cd es refl.* | Cossío *Confesiones* 88: Traqueteaba la diligencia de firme .. Al fin una aldeana vieja, que llevaba una cesta sobre el halda, halló acomodo reclinando su cabeza sobre mi hombro. L. LSancho *Abc* 29.7.67, 3: Me hace imaginármelo con los pies sobre su mesa, reclinado en el sillón giratorio y basculante de un despacho. **b)** Inclinar el respaldo [de un asiento *(cd)*]. | * Reclina un poco el asiento y verás cómo estás más cómodo.

reclinatorio *m* Mueble semejante a una silla baja, destinado a arrodillarse. | Arce *Testamento* 113: Cuando le querían embromar, acostumbraban a decirle que ya solo le quedaba el reclinatorio de la iglesia.

recluir *(conjug* 48) *tr* Encerrar [a una pers.]. *Tb fig.* | MGaite *Retahílas* 115: La abuela, aunque no la habíamos incapacitado ni recluido, iba perdiendo progresivamente la aguja de marear. Laforet *Mujer* 110: Poco a poco [Blanca] se había ido recluyendo en casa. U. Buezas *Reg* 10.12.74, 5: Pasado este estruendo emocional se recluye imperturbable en su ingente tarea de investigador, su biblioteca y andanzas literarias.

reclusión *f* Acción de recluir. | *Abc* 29.12.70, 15: Por un delito de terrorismo, con la agravante de ejecutarlo de noche, en despoblado y por dos o más personas, treinta años de reclusión. * Tienes que salir más; esta reclusión no puede ser buena. **b)** ~ **mayor,** ~ **menor** → MAYOR, MENOR.

recluso -sa *m y f* Preso. *Tb adj.* | *Abc* 27.12.70, 30: Un principio de amotinamiento en el interior de la cárcel .., en el que participaron ochenta reclusos, fue rápidamente sofocado ayer. *Inf* 1.11.74, 28: La población reclusa española era de 15.348 personas al concluir el pasado mes de junio.

recluta A *f* **1** Acción de reclutar. | Casares *Música* 140: Surgió un nuevo tipo de música .. que se oía en la recluta de soldados. Halcón *Ir* 39: De pronto sonaron las cuernas de los guardas llamando a recluta .. Era una batida.
B *m* **2** Soldado que aún no ha jurado bandera. | DPlaja *El español* 66: Tuve ocasión de servir en una oficina militar a la que llegaban numerosos reclutas.

reclutador -ra *adj* [Pers.] que recluta. *Frec n.* | F. Alemán *SArr* 18.10.70, 19: En 1875 está Rimbaud en Marsella, donde encuentra a un reclutador del ejército carlista. FReguera-March *Cuba* 52: Al "Pajarito" lo engancharon los reclutadores.

reclutamiento *m* Acción de reclutar. | MMariño *Abc* 8.12.70, 11: Sucedió esto cuando los romanos inventaron el censo, según parece con fines de reclutamiento militar.

reclutar *tr* Reunir [perss.] para el ejército. | Gironella *Millón* 307: La consigna era esta: reclutar hombres de todos los países. **b)** Reunir [perss. para un fin determinado]. *Tb fig.* | Mascaró *Médico* 83: Las víctimas del golpe de calor o acaloramiento se reclutan entre obreros que trabajan en ambientes sobrecalentados (fogoneros, vidrieros, bomberos, etc.).

recobramiento *m* Recobro. | DPlaja *SAbc* 12.11.78, 36: El tiempo de los recobramientos nacionales está muy lejano.

recobrar A *tr* **1** Volver a tener [algo perdido, prestado o depositado]. | Salvador *Haragán* 60: Vuelve la habanera a recobrar, con su señorío, el ánima en suspenso de los indianos y curiosos. F. Martino *Ya* 19.2.78, 36: El pundonoroso boxeador fue puesto fuera de combate frente a Francis, pero no recobró el conocimiento. FQuintana-Velarde *Política* 179: La convertibilidad de este recibo en oro o plata era automática, bastando la simple presentación del recibo al Banco para recobrar el oro.
B *intr pr* **2** Volver [alguien] a la normalidad tras haber sufrido [un daño o una pérdida materiales o morales (*compl DE*)]. *Frec se omite el compl por consabido.* | CNavarro *Perros* 16: Barcelona empezaba a recobrarse. La gente tomaba refrescos .., los pequeños se divertían. Clarasó *Van* 11.7.74, 86: M. W., víctima de depresión, se encerró en su casa y abusó de los barbitúricos. Se recobró y desde el hospital llamó a su madre por teléfono.

recobro *m* Acción de recobrar(se). | *Compil. Aragón* 613: Recobro de dote y firma de dote. *Ya* 19.11.63, 4: Balneario de Archena .. Modifica o predispone al recobro de la sensibilidad anulada en los miembros paralíticos. B. Mostaza *Ya* 29.6.75, 10: Parece que los indicadores apuntan un importante recobro de la economía en los Estados Unidos, en la República Federal y en Japón.

recocer (*conjug* **18**) *tr* **1** Volver a cocer. | * No es preciso recocer la leche, con que la calientes vale.
2 Cocer mucho. *Tb fig.* | * La sopa le gusta bien recocidita. Arce *Testamento* 41: El suelo abrasaba al pisar sobre las piedras; recocía los pies dentro de los zapatos.
3 Calentar [vidrio o metal] a temperaturas elevadas para disminuir su fragilidad. *Tb abs.* | Bustinza-Mascaró *Ciencias* 329: Si se vuelve otra vez al horno [el acero] para ser calentado, recocido, entonces su fragilidad desaparece. *Abc* 21.3.58, 7: Factoría de Villaverde. Horno de recocer en campana. Manufacturas Metálicas Madrileñas S.A.

recochineo *m* (*col*) Burla con regodeo. | CPuche *Paralelo* 35: Miró al taxista con cierto recochineo para mayor efecto y le dijo: –¿Le ha pasado algo? **b)** Regodeo. | Laiglesia *Fulana* 225: Le hice prometerme, para tranquilizar mi conciencia, que me miraría lo menos posible. –Sin recochineo, vamos –concretó.

recocho -cha *adj* Recocido (→ RECOCER). *Tb fig.* | Zunzunegui *Camino* 25: No huele a chotuno a y recocho como los mineros, huele a gloria.

recocido *m* Acción de recocer, *esp* [3]. | Moreno *Galería* 102: El rollo de Santiuste, muy ennegrecido por el azote de los temporales y el recocido del sol, no está podrido. Marcos-Martínez *Física* 289: Los objetos de vidrio hay que someterlos al recocido.

recocina *f* Habitación contigua a la cocina y que le sirve de desahogo. | Moreno *Galería* 46: La recocina venía a ser una especie de despensa. J. Buesa *Nar* 11.77, 8: La primera planta encierra la cocina con un hogar y su correspondiente recocina.

recodo *m* Curva o ángulo que forma al cambiar de dirección [algo, esp. un río o camino (*compl de posesión*)]. | Laforet *Mujer* 297: Sobre la barandilla de la escalera, que hacía un recodo muy estrecho, casi encima de su cara, apareció la cara del vecino.

recoge- *r pref* Que recoge. | *Por ej: Prospecto* 4.88: Plancha Rowenta DA-47 supervapor con spray y recogecable. *Prospecto* 1.89: La combustión cerrada produce pocos residuos. Pero si Ud. lo hace funcionar con la puerta abierta, Fondis ha previsto para ello un cajón recogecenizas. Armenteras *Epistolario* 21: Dejarla depositada [la tarjeta] en la bandeja o urna colocada a tal efecto en la mesa recogefirmas. *Ya* 25.7.76, 23: Útil limpiafondos .. Compuesto por cepillo, recogehojas, manguera de 10 m. y mango telescópico. Marsé *Dicen* 111: Parecía jugar a detectives, tanto preguntar a mendigos recogepapeles, mutilados de guerra sin trabajo y pajilleras de cine de barrio. S. Álvarez *Río* 2.10.88, 18: Las votaciones se hicieron en los salones del Hotel Virrey, actuando de "recogevotos" el amigo José Luis García.

recogedero *m* Parte en que se recoge o junta algo. | P. VSanjuán *Abc* 19.3.72, 43: Barcelona es el recogedero de toda el hampa europea.

recogedor -ra I *adj* **1** Que recoge, *esp* [4 y 5]. *Frec n: m y f, referido a pers; f, referido a máquina.* | FVidal *Duero* 178: Explotados [los pinos] por los resineros del país, según se intuye por las largas cicatrices de los troncos en cuyo final cuelga la redonda capuchina metálica, recogedora de la sangre del árbol. *DBu* 19.9.70, 4: Participan en este Concurso más de 20 máquinas trabajando sobre 40 hectáreas de patata: arrancadoras, .. ensacadoras, recogedoras. Chamorro *Sin raíces* 14: Agustín con los vareadores y recogedoras se diseminaron por el olivar.
II *m* **2** (*reg*) Cogedor (utensilio para recoger la basura). | *Economía* 23: Los utensilios empleados en la limpieza de la casa son: Escobas; Sirven para barrer suelos .. Recogedor: [Sirve para] recoger la basura de las habitaciones.

recogemigas *m* Utensilio para recoger las migas que quedan sobre el mantel. | *ByN* 17.12.89, 109: Recogemigas plateado por 2.500 pesetas.

recogepelotas *m y f* (*Dep*) Pers. encargada de recoger las pelotas en un partido de tenis. | MSantos *Tiempo* 16: Los guardacoches, los recogepelotas de los clubs y los infinitos limpiabotas quedan incluidos en una esfera radiante.

recoger *tr* **1** Volver a coger [algo o a alguien]. | Buero *Diálogo* 83: Tira el libro sobre la mesa .. Recoge el libro y lee su título. **b)** Coger [a alguien o algo que ha caído o que está en el suelo]. | DCañabate *Abc* 24.5.58, 57: Recoge la montera para saludar a los brindados.
2 Volver a poner [algo] ordenado en su sitio. *Frec abs, referido a los útiles de trabajo al final de la jornada.* | Medio *Bibiana* 11: Bibiana .. recorre toda la casa recogiendo cosas, cerrando grifos. Medio *Andrés* 120: Es que estamos recogiendo, ¿sabe?, que ya es la hora, y que usted tiene que irse. **b)** Ordenar [un lugar] poniendo las cosas en su sitio. | C. Castro *Abc* 11.5.58, sn: Se hacen su comida y recogen su cocina como cualquier cristiano. **c)** **~ la mesa** → MESA.
3 Disponer [una cosa] de manera que ocupe menos espacio, gralm. plegándola o sujetándola. | Aldecoa *Gran Sol* 70: Recogía las piernas, las estiraba. Lera *Bochorno* 60: Hubo de separar su frente de la barbilla de Miguel para recogerse el cabello hacia atrás. CBonald *Dos días* 280: Mientras recogían el toldo se iba derramando sobre el patio el crecido depósito de la lluvia. **b)** **~ velas** → VELA.
4 Juntar [perss. o cosas dispersas]. | *Economía* 21: Se deben barrer con una escoba sin levantar esta del suelo y recogiendo los residuos en la puerta de la habitación. **b)** Juntar o congregar en sí [perss. o cosas dispersas]. | R. Bernardo *Hie* 19.9.70, 4: Han aprovechado sus saludables aguas, construyendo laboriosamente entre todos una fuente .., provista de una arqueta de cemento que recoja sus aguas. *Economía* 22: Se limpian las puertas y muebles fijos con paños de gamuza, que de vez en cuando se sacudirán por el balcón para que el polvo que han recogido no vuelva a caer dentro. **c)** Juntar o reunir con un fin determinado [algo que se solicita a otros]. | *Inf* 4.7.74, 6: Desautorizo a los que recojan firmas. Berlanga *Pólvora* 152: –La fuerza está entrando por la puerta pequeña. Ahora salen corriendo estudiantes. Nosotros vamos para allá. –Recojan todos los carnés, los carnés de todo el mundo. **d)** *pr* Juntarse [cosas dispersas]. | Aleixandre *Química* 150: Se agita durante una hora y se de-

cantan los líquidos ácidos que se recogen en el fondo del lavador.
5 Tomar y reunir [los frutos del campo], esp. guardándolos adecuadamente. ǀ *Fam* 1.11.70, 11: Imagínese usted recogiendo fresas bien maduras y limpias de esas freseras gigantes que llegan a alcanzar la altura de una persona. **b)** Tomar y reunir [una serie de cosas que interesan]. ǀ Lapesa *HLengua* 222: Véanse algunos casos de los muchos que pueden recogerse en el teatro o en la prosa más cuidada. **c)** Pasar a tener o a disfrutar [los frutos de un trabajo]. ǀ A. MVarela *Abc* 23.10.74, 89: La antipatía que en Rotterdam .. han despertado siempre los jugadores del Ajax se incrementó todavía más cuando Cruyff y Neeskens se fueron a Barcelona para recoger los frutos que su clase y afición al fútbol podían proporcionarles.
6 Tomar [una cosa o a una pers.] haciéndose cargo de ella o llevándosela consigo. ǀ R. Santamaría *Arr* 7.2.58, 9: El "páter" recoge los efectos personales de Enrique. Lo que lleva un militar español en sus bolsillos: un carnet, tabaco, un "detente". *SInf* 8.7.74, 1: Copa que al final del encuentro recogería Beckenbauer de manos del Presidente, Scheel. Millás *Visión* 25: –Aún he de arreglar a Bárbara y vestirla .. –¿A qué hora la recoge el coche? **b)** Reunirse [con una pers. (cd) en un lugar] para llevarla o ir con ella a alguna parte. *Frec se omite el compl de lugar por consabido.* ǀ GPavón *Reinado* 256: A las seis y media lo despertaron. Cuando llegó don Lotario a recogerlo estaba hecho una rosa.
7 Dar asilo [a una pers. o animal desamparados]. ǀ *Abc* 11.2.58, 21: Aparece radiante de belleza y sobrenatural claridad, una Inmaculada Señora, a la que adora, de rodillas, una pastora niña, .. recogida, por caridad, en la casa de su antigua nodriza.
8 Registrar o hacer constar. ǀ VParga *Santiago* 9: Teodomiro, a quien una tradición, recogida en textos relativamente tardíos, atribuye el descubrimiento del sepulcro de Santiago. *Arr* 7.2.58, 4: La fotografía situada sobre estas líneas recoge el momento en que Enrique Carrasco Lanzós recibe de manos de su padre el título.
9 Retirar de los puntos de distribución o venta [una publicación], frec. por orden de la autoridad. ǀ Cossío *Montaña* 244: Sus juicios sobre Carlos IV y la conducta de la Reina María Luisa, conocidos de estos, debieron moverles a pedir que se recogiera la edición, como se verificó.
B *intr pr* **10** Retirarse a casa o a descansar. ǀ Lorenzo *SAbc* 22.9.74, 10: Llega la noche y los hombres se recogen. Han venido de la dehesa y los cercones.
11 Aislarse o retirarse del trato social. ǀ Gala *Campos* 24: Yo llevo muchos años andados .. Y ya me llegó la hora de recogerme. **b)** Abandonar [alguien] la vida desordenada. ǀ MGaite *Cuarto* 158: El padre .. era mejor persona, .. creo que hasta me agradecía que Alejandro conmigo se hubiera recogido un poco.
12 Abstraerse o concentrarse. ǀ L. LSancho *Abc* 18.12.74, 30: La actitud del prohombre, que, sentado en el banco azul, le escucharía. Estaría –me parece evocar– profundamente recogido. La mejilla descansaría sobre la palma.
13 Acogerse o refugiarse. ǀ CNavarro *Perros* 102: Las palomas iban de un sitio para otro, sin saber tampoco dónde recogerse.

recogida *f* Acción de recoger(se) [1 a 10]. ǀ Palomino *Torremolinos* 182: En el Bar Americano, Amadeo Cascante, subcamarero, se ha quedado terminando cuidadosamente la recogida. L. Granell *Inf* 4.7.74, 6: Reconoció la legalidad de la recogida de firmas en el pueblo. *GTelefónica N.* 48: Limpieza de polvo en seco. Lavado y apresto. Recogida y entrega a domicilio. AMillán *Juegos* 142: Ya voy de recogida. A las seis acabo mi turno.

recogidamente *adv* (*lit*) De manera recogida (→ RECOGIDO[1] [2]). ǀ CPuche *Abc* 22.6.74, 23: Es la luz que se percibe íntima y recogidamente.

recogido[1] -da I *adj* **1** *part* → RECOGER.
2 Que implica recogimiento. ǀ GPavón *Hermanas* 39: Eran mujeres de vida normal y recogida. Delibes *Siestas* 57: Prefería reflexionar sobre mis cosas en el Banco, aprovechando el sitio tan cuidado y agradable que me han asignado. FCid *Ópera* 70: Nada nos recuerda el Tschaikowsky de tintes melodramáticos y largas parrafadas. Su afán es más íntimo, recogido y tierno.

3 Que está poco extendido o que ocupa poco espacio. ǀ Al. Menéndez *NEs* 7.6.87, 22: Pola de Allande es una villa recogida, y todo se sabe de forma inmediata. * El quinto tenía los cuernos recogidos. **b)** [Animal] corto de tronco. *Frec en Taur. Tb* ~ DE CUERPO. ǀ * Es un caballo muy recogido. **c)** (*Taur*) [Animal] que tiene los cuernos muy juntos o que se cierran en la punta. *Tb* ~ DE CUERNOS (*o* CUERNA). ǀ J. Vidal *Inf* 30.5.74, 25: En su lugar se lidia el sobrero, .. que reúne estas características: cornicorto, recogido, astigordo y exageradamente romo. P. Merchán *SHoy* 15.8.75, 21: Toros a su medida, bravos, que embistan bien, recortaditos, recogidos de cuerna y que no hagan extraño alguno.

II *f* **4** (*hist*) Mujer pública arrepentida que vive retirada en un convento. ǀ Mercader-DOrtiz *HEspaña* 4, 103: La caridad pública y privada erigió infinidad de hospitales, hospicios y asilos en toda España .. Las casas de misericordia, de recogidas, de expósitos eran innumerables.

recogido[2] *m* Acción de recoger [3]. *Esp su efecto. Gralm referido a vestido y peinado.* ǀ M. P. Ramos *Inf* 1.2.75, 24: Recuerdo de la moda Gatsby .. Empleo de las gasas, los creps, los recogidos y los frunces. *ByN* 7.10.90, 87: Capa de lana ajustada a la cintura con un botón que hace un recogido a modo de drapeado. S. Milla *SSe* 24.12.89, 37: Recordando el aspecto de las mujeres del siglo XIX, los estilistas de Rizo's han creado este recogido de mucho volumen, muy favorecedor para las personas con la frente estrecha.

recogimiento *m* Acción de recogerse [11 y 12]. *Tb su efecto.* ǀ Villapún *Iglesia* 131: La recepción de los Sacramentos no es tan frecuente, ni la vida familiar tiene el recogimiento que tenía anteriormente. RMencía *VozC* 25.7.70, 1: El eco del redoble de campanas que convocan a la oración y el recogimiento.

recognoscibilidad *f* (*raro*) Cualidad de recognoscible. ǀ FQuintana-Velarde *Política* 178: Muy pronto los metales nobles adquirieron preferencia .. Su recognoscibilidad era relativamente sencilla, y su divisibilidad clara.

recognoscible *adj* (*raro*) Reconocible. ǀ MSantos *Tiempo* 11: Un virus recognoscible incluso en los defectuosos microscop[i]os binoculares.

recolección[1] *f* Acción de recolectar. *Tb la época del año en que se realiza la de frutos.* ǀ Delibes *Siestas* 29: Al concluir la recolección, cualquier mañana, el Pernales .. se marchaba. *BOE* 7.11.61, 15864: Recolección e investigación de datos estadísticos.

recolección[2] *f* Orden religiosa de recoletos [1]. ǀ *Ya* 1.12.88, 18: Apertura del IV centenario de los agustinos recoletos ..; el arzobispo de Madrid, cardenal Ángel Suquía, presidirá la apertura del IV centenario de la recolección agustiniana.

recolecta *f* (*raro*) Colecta de donativos. ǀ L. Bettonica *Van* 27.12.70, 25: Cuando el sacerdote murió era tan pobre que sus feligreses tuvieron que hacer una recolecta para sufragar los gastos del modestísimo entierro.

recolectar *tr* **1** Recoger [los frutos]. *Tb abs.* ǀ *NAl* 30.5.70, 9: Recolecte más y mejor con cosechadora Dania.
2 Recoger [cosas dispersas]. ǀ G. L. DPlaja *Tri* 26.8.72, 19: Los ciudadanos alemanes pagan religiosamente .. sus "Kirchensteuer", impuestos eclesiásticos. Cantidades .. que el propio Gobierno se encarga de recolectar.

recolector -ra *adj* **1** Que recolecta. *Tb n: m y f, referido a pers; f, referido a máquina.* ǀ C. Vázquez *País* 13.11.89, 65: Entre 130.000 y 140.000 collidors (jornaleros recolectores) y trabajadores de manipulado y envasado de naranja en el País Valenciano han derrotado .. un régimen de contratación sustentado en la palabra. F. RFuente *Act* 12.4.73, 85: Esta criatura .. ha causado numerosos accidentes mortales entre los recolectores de conchas. M. Bermejo *Hoy* 27.7.76, 2: Aportarán maquinaria de todo tipo. Desde las recolectoras por hojas hasta las trasplantadoras.
2 De (la) recolección[1]. ǀ L. Romasanta *Pue* 1.10.70, 7: Los cultivadores de tomates y pimientos se hallan tremendamente inquietos .. ante los resultados de su campaña recolectora.

recoleto -ta *adj* **1** [Religioso o convento] que practica una estrecha observancia de la regla. *Tb n. Referido normalmente a los agustinos reformados fundados a finales del*

recolocación – reconcentración

s XVI. | GNuño *Madrid* 38: Parece será obra del recoleto agustino Fray Lorenzo de San Nicolás.
2 (*lit*) [Pers.] de vida o costumbres tranquilas y retraídas. *Tb fig.* | * Es una mujer muy recoleta. Cela *Judíos* 301: El vagabundo, a la vista de los perdidos toros de Guisando, se siente casi dichoso al encontrarlos tan pobres, tan mudos, tan recoletos. **b)** Propio de la pers. recoleta. | ZVicente *Balcón* 52: Casta, que se acerca a la mesa, recoleto vaivén, larga, despaciosa: –¿Qué? ¿Ya tenemos bronca?
3 (*lit*) [Lugar] tranquilo, de poca actividad o poco concurrido. | R. Sierra *Abc* 19.12.70, 3: Ya no se ven tejas más que en algunas recoletas y frías ciudades, donde los viejos clérigos saben que las sotanas .. permiten usar pantalones raídos. Alfonso *España* 149: Llegaremos a Vallecas y luego a Palomeras y Villaverde, sin encontrar más parque de importancia que el recoleto –y tampoco demasiado grande– de la Quinta del Berro.
4 (*lit, raro*) Oculto (poco visible o poco conocido). | Cela *Inf* 5.11.76, 20: El tonto de los pies a la cabeza a quien la gente, en su falta de caridad, llama tonto del culo, lleva la característica pintada en la cara –y quizá también en el culo, parte del organismo más recoleta y menos habitualmente mostrable y descarada–. Torrente *Isla* 260: Acaso convenga compensar tanta grandeza visible con algunas pequeñeces recoletas, pues, de lo contrario, si encima de vencedor en las batallas hacemos a Napoleón un victorioso en el lecho, no va a haber quien lo resista.

recolocación *f* Acción de recolocar. | J. Á. Lacoste *Rio* 7.10.88, 12: Las obras consistirán en: Retirada de escombros bajo el tercer ojo del puente .. Recolocación de las piedras-p[ret]il que faltan. J. GRangel *Ya* 15.11.91, 3: La recolocación [de trabajadores] en casi todos los casos es muy lenta.

recolocar *tr* Colocar de nuevo [a alguien o algo]. | P. GOrtiz *Rio* 17.3.89, 26: No se puede decir que el Banco de España haya estado lento de facultades estos días para responder mediante una rápida acción a las operaciones de algunos bancos destinadas a recolocar su autocartera de acciones por métodos considerados poco ortodoxos. J. GRangel *Ya* 15.11.91, 3: De los siete trabajadores que había en Estaca de Bares, tres han sido recolocados en diferentes instalaciones militares de El Ferrol.

recomendable *adj* Que se puede recomendar. | M. Calvo *SYa* 18.11.73, 9: Una iluminación de 1.000 o hasta 2.000 lux es recomendable en oficinas, comercios, etc.

recomendación *f* Acción de recomendar, *esp* [2]. | CNavarro *Perros* 105: Policía implica juzgado, declaraciones, escándalo, fianza, recomendaciones. Villapún *Iglesia* 112: La recomendación del alma se hará cuando el enfermo entra en agonía.

recomendador -ra *adj* (*raro*) Que recomienda, *esp* [2]. *Tb n, referido a pers.* | Arce *Anzuelos* 15: Mi libro fue delicadamente rechazado, y yo se lo comuniqué, casi con júbilo, a mi recomendador.

recomendar (*conjug* **6**) *tr* **1** Aconsejar [algo a alguien]. | A. Obregón *Abc* 20.8.69, 51: Le reprocha que tenga excesivo pelo y le recomienda se lo corte. J. A. Donaire *As* 9.12.70, 21: Las condiciones climatológicas así lo recomiendan.
2 Hablar [a una pers. (*ci*)] en favor [de otra (*cd*)] para que la ayude, esp. en el aspecto laboral. *Frec en part, gralm sustantivado.* | Laforet *Mujer* 157: Había pensado indignarse con la señora de Nives, que le recomendaba a una pieza así. GPavón *Reinado* 146: –Le buscaba, Manuel –dijo el párroco ..–, porque me han llamado del obispado recomendándome a esa señora que ha venido a reclamar el cadáver. Laiglesia *Tachado* 51: Los huevos se reservarán para los niños, los pollos para los enfermos y los solomillos para los recomendados. **b)** Hacer [a alguien o algo] digno de aprecio o consideración. | * Esto se recomienda por sí solo.
3 (*Rel catól*) Encomendar a Dios [el alma de un moribundo]. | CPuche *Sabor* 128: Tío Cayetano le recomendaba el alma, mezclando latines y frases cariñosas.

recomendaticio -cia *adj* Que sirve para recomendar. | C. Humanes *País* 29.8.82, 43: Los puntos en los que se mostraban de acuerdo las dos partes .. fueron: la aceptación de las prejubilaciones a los 58 años dentro de las normas que establece el pacto recomendaticio del sector; aceptación de las suspensiones de contrato propuestas.

recomenzar (*conjug* **6**) **A** *intr* **1** Volver a comenzar. | R. Rodríguez *Rev* 7/8.70, 27: Hay todo un mundo de amor, de inocencia reencontrada, de deseos de recomenzar, en el último film de Truffaut. J. J. Perlado *Abc* 12.9.68, 30: El peligro de que todo recomience está en el aire.
B *tr* **2** Volver a comenzar [algo (*cd*)]. | * Hoy recomenzamos la tarea.

recomer A *tr* **1** Comer o corroer. *Tb fig.* | *Van* 28.8.70, 8: Las ratas habían ido recomiendo las envolturas de los cables. CNavarro *Perros* 185: Le vio insignificante, recomido por la envidia.
B *intr pr* **2** Reconcomerse. | Matute *Memoria* 214: Está ahí, todo el día, recomiéndose. Delibes *Señora* 63: Allí me dejó recomiéndome, no sé si de envidia, de celos o de impotencia.

recompensa *f* Premio por un servicio, una virtud o una acción meritoria. | J. Balansó *SAbc* 12.4.70, 37: Solo dos granjeros franceses se muestran, al fin, acordes con la idea, en espera de las abundantes recompensas que el extraño personaje les promete. SLuis *Doctrina* 57: Recibir el castigo o la recompensa pública que no pudimos recibir durante nuestra estancia en este mundo.

recompensar *tr* Premiar [un servicio, una virtud o una acción meritoria]. *Tb fig.* | F. P. GSabater *Pro* 11.7.75, 18: Los méritos del doctor Julio Magraner Marinas fueron recompensados en vida con muchas condecoraciones. **b)** Premiar [a alguien (*cd*) por un servicio, una virtud o una acción meritoria]. *Tb fig.* | *Fam* 1.11.70, 11: Usted las planta en un momento [las fresas] y se verá recompensado durante años por ricas cosechas de frutos.

recomponer (*conjug* **21**) *tr* **1** Componer de nuevo [algo deshecho o descompuesto]. *Tb fig.* | Hoyo *ROc* 8/9.76, 91: Sí, Quique tendría que crecer aprisa y buscar un día compañera y recomponer la familia. Buero *Lázaro* 101: Amparo y él recomponen, en lo posible, su aire normal. **b)** *pr* Componerse de nuevo [algo deshecho o descompuesto]. | Marcos-Martínez *Física* 157: La luz blanca se ha descompuest[o], pues, en siete colores. Si hacemos incidir estos en otro prisma igual al anterior, pero invertido, notaremos que se vuelven a recomponer, formando de nuevo luz blanca.
2 Reconstruir o reproducir [algo que ya no existe o que no está presente]. | Valls *Música* 22: Si bien no trataremos de recomponer aquellas estructuras [musicales], sí intentaremos descubrir los móviles que determinaron la aparición de unas fórmulas sonoras. GPavón *Reinado* 79: –Lo que no consigo es recomponer su cara. –¿Ni si tenía el pelo blanco?
3 Componer o reparar [algo estropeado o viejo]. | E. Beladiez *SAbc* 9.3.69, 47: Acercaba al cuadro sus contraídos ojos miopes para descubrir en la carne citerea las terribles cicatrices disimuladas por la habilidad artesana del cirujano estético que recompuso los destrozos.
4 Componer o engalanar mucho [a alguien]. *Gralm el cd es refl. Frec en part.* | * La señora va siempre muy recompuesta.

recomposición *f* Acción de recomponer(se). | *NSa* 31.12.75, 23: Dada la gravísima entidad de los resultados de los hechos (.. consecuencias humanas dramáticas sin horizonte de recomposición para una humilde familia numerosa rota), las penas solicitadas, aun por la acusación particular, parecen leves.

recompra *f* Acción de recomprar. | *MHi* 2.64, 68: Finalizado el período turístico por Europa, le garantizamos la recompra del vehículo.

recomprar *tr* Volver a comprar [algo a aquel a quien se vendió]. | Mendoza *Ciudad* 186: Tenían que recurrir al método oneroso de indemnizar a los Gatúnez para que se fueran o recomprarles la casa que acababan de adquirir por la suma que a los Gatúnez se les antojase fijar.

reconcentración *f* Acción de reconcentrar(se). | Aguirre *Aranda* 26: La monarquía española de los Austrias había, desde sus dos últimos reyes, extremado su inmovilidad. El teatro coetáneo, sin embargo, compensaba tal inmovilismo, tamaña reconcentración, siendo el gran teatro del mundo.

reconcentrado -da *adj* **1** *part* → RECONCENTRAR.

2 [Pers.] excesivamente reservada. | Torbado *En el día* 113: Normalmente se mostraba reconcentrado y silencioso; no le gustaba demasiado hablar de sí mismo.

reconcentrar A *tr* **1** Concentrar intensamente. | * La población se reconcentra en las grandes ciudades costeras. * Trata de reconcentrar la atención en este asunto.

B *intr pr* **2** Concentrarse o abstraerse. | Lagos *Vida* 13: Él asintió con la cabeza, sin levantar la vista, haciendo esfuerzos para reconcentrarse y no perder el hilo.

reconciliable *adj* Que se puede reconciliar. | *Sáb* 6.8.75, 35: Roma es, sigue siendo, un argumento vivo de reconciliación, un testimonio permanente de la reconciliación misma de todas las cosas reconciliables.

reconciliación *f* Acción de reconciliar(se). | *Pue* 16.12.70, 30: Mañana será el día más apropiado para afianzar lazos sentimentales y también para iniciar una reconciliación.

reconciliador -ra *adj* Que reconcilia [1]. | *HLM* 10.3.75, 2: El sumario comprende los siguientes apartados: 1. Una respuesta al Año Santo .. 2. El designio de Dios: Una humanidad fraterna; el peso del pecado; Cristo reconciliador.

reconciliar (*conjug* **1a**) **A** *tr* **1** Hacer que [una pers. (*cd*)] vuelva a tener buena relación [con otra]. *Tb sin el segundo compl, con cd pl*. | J. Nos *Med* 15.4.60, 1: Cristo nos gana la salvación eterna, nos reconcilia con Dios. * Consiguió reconciliar a los dos. **b)** Poner de acuerdo [a perss. o cosas contrarias, o unas con otras]. | Mendoza *Ciudad* 346: Al fundarlo había pensado que engrosarían sus filas personalidades de tendencias diversas, que reconciliaría en el seno de este partido a la flor y nata del país. G. Valverde *Ya* 28.5.75, 5: Los objetivos .. Reconciliar los puntos en discordia entre Grecia y Turquía. J. Pla *SPue* 17.10.70, 2: Cuando canta Luisa Ortega reconcilio el corazón con las verdades.

2 (*Rel catól*) Hacer que vuelva al seno [de la Iglesia (*compl* CON) alguien (*cd*) separado de ella]. *Tb sin compl*. | GRuiz *Sáb* 5.4.75, 42: Tanto él como su padre, Juan Sánchez de Cepeda (abuelo de la santa), habían sido reconciliados por la Inquisición de Toledo en 1485, debido a recaídas en el judaísmo.

B *intr pr* **3** Volver [una pers.] a tener buena relación [con otra]. *Tb sin compl, con suj pl*. | J. L. Calleja *Abc* 30.12.70, 7: ¿Implantar la paz universal? ¿Reconciliarse con sus enemigos?

4 (*Rel catól*) Volver al seno [de la Iglesia (*compl* CON) alguien separado de ella]. | Villapún *Iglesia* 139: Murió [Napoleón] reconciliado con la Iglesia Católica.

5 (*Rel catól*) Confesarse, esp. de manera breve o de culpas ligeras. | Delibes *Madera* 205: De vez en cuando, se reconciliaba con el P. Rivero paseando por el jardín y subía a casa reconfortada. *Abc* 17.4.58, 33: Persiste el estado de gravedad de Su Alteza Real la Infanta doña Luisa de Orléans .. Por la tarde llamó a su capellán para reconciliarse.

reconciliatorio -ria *adj* Que sirve para reconciliar. | S. Arriazu *Hola* 26.4.80, 62: Esa bien puede decirse que fue la gran noche –emotiva y reconciliatoria– de Luis Miguel Dominguín y sus hijos Miguel y Paola.

reconcomer A *tr* **1** Corroer moralmente [a alguien]. | ZVicente *Traque* 212: Lo que pasa es que os reconcome que ese tipillo .. salga a verme todas las mañanas.

B *intr pr* **2** Sentir [alguien] un intenso y callado desasosiego moral. | Zunzunegui *Hijo* 98: Se reconcomió unos días, pero se decidió al fin. Delibes *Emigrante* 44: Mañana no podré hacerlo y si lo pienso me reconcomo.

reconcomio *m* **1** Inquietud o desasosiego moral. | Lera *Boda* 587: –Ella estuvo todo el tiempo sin moverse .. –Tiene reconcomio .. ¡A ver! La copla del Margarito no es para menos.

2 Cosa que reconcome [1]. | DCañabate *Paseíllo* 111: Ahí está mi reconcomio, que siempre que lo nombra es pa decir que es un gilí, un palomino.

recónditamente *adv* De manera recóndita. | E. Romero *Pue* 19.10.70, 3: ¿Se equivoca Pemán con don Juan de Borbón? No. Pemán dice desenfadadamente lo que siente recónditamente el voluntario expatriado de Estoril.

reconditez *f* **1** Cualidad de recóndito. | Torrente *Isla* 108: Un acto religioso que en otros tiempos requería la presencia de los druidas y de las hoces de oro, la reconditez de una caverna o por lo menos la proximidad del cielo.

2 Parte recóndita. | P. Rocamora *Abc* 22.10.70, sn: Nos descubre a un Marañón escudriñando las recondiceces de almas atormentadas.

recóndito -ta *adj* [Cosa] oculta o secreta. | ILaguna *Ateneo* 143: El espíritu .. es, pues, de condescendencia, y, en el fondo, de recóndita admiración. **b)** [Lugar] escondido o poco accesible. | Arce *Testamento* 93: ¿Qué hacía yo allí sentado en lo más recóndito de un monte y en compañía de mi propio asesino?

reconducción *f* Acción de reconducir. | M. Pont *Van* 18.4.74, 31: Por minuciosa y meticulosa que resulte la técnica que se emplee, la reconducción de cada tributo en particular a una u otra vertiente de la imposición puede hallar resistencias.

reconducir (*conjug* **41**) *tr* Rectificar la dirección u orientación [de algo, esp. una acción o una situación]. | L. Apostua *Ya* 10.6.73, 14: Hace menos de tres semanas registrábamos en los periódicos la gran ofensiva de la ultra-derecha contra el Gobierno .. La respuesta parece ser esta crisis, donde la situación es reconducida a su verdadero camino: el cumplimiento de la ley Orgánica.

reconfortación *f* **1** Acción de reconfortar. *Tb su efecto*. | *Gar* 21.12.63, 54: Allí se encontraron también con el capellán del establecimiento, un amable pastor que les dirigió palabras de reconfortación.

2 Pers. o cosa que reconforta. | A. Nadal *Van* 9.6.71, 51: Consagró el pan y el vino transformándolo en su Cuerpo y Sangre, deseoso de quedarse entre nosotros para así continuar siendo nuestro consuelo y reconfortación.

reconfortador -ra *adj* Que reconforta. | Cela *Viaje andaluz* 277: Se quedó dormido en compañía de sus sueños, que, como siempre, fueron gratos y reconfortadores.

reconfortante *adj* Que reconforta. | A. Olano *Sáb* 10.9.66, 6: Allí también tomamos esa sopa calentita y reconfortante del amanecer.

reconfortantemente *adv* De manera reconfortante. | MSantos *Tiempo* 76: ¡Qué reconfortantemente les aseguraba esta bebida .. que ellos eran capaces de todo, absolutamente de todo en esta noche dislocada!

reconfortar *tr* Confortar física o moralmente. | Laforet *Mujer* 99: Sus palabras la reconfortaron. Vega *Cocina* 103: La trucha es bastante sosa. Hay que hacer intervenir algo que alivie su sosera. Los segovianos las reconfortan con jamón.

reconocedor -ra *adj* Que reconoce. *Tb n, referido a pers*. | *Cod* 9.2.64, 6: Las declaraciones deben ser escritas por el médico reconocedor y firmadas por el solicitante. G. Sureda *Sáb* 5.4.75, 44: En ese tiempo [de Belmonte y Joselito] se crea lo que luego se llamará "reconocedor". Por Belmonte, ese reconocedor será Domingo Ruiz; por Joselito el Gallo, Juan Soto. Los dos les buscan a sus amos corridas de poco peso para las plazas pueblerinas.

reconocer (*conjug* **11**) *tr* **1** Identificar [a una pers. o cosa], o distinguirla entre otras. | N. Luján *Gac* 28.9.75, 21: Solo si la seta está completa puede reconocerla fácilmente un micólogo. GPavón *Hermanas* 46: Jiménez les señaló fotografías en las que aparecían las hermanas Peláez a distintas edades .. Plinio y don Lotario las reconocieron en seguida.

2 Admitir como cierta, íntima o públicamente, [una cosa]. | Medio *Bibiana* 14: El viejo zorro ha .. aceptado el diálogo. Lo que significa que reconoce que ella tiene razón. *Inf* 18.9.75, 5: Los cinco para los que se pide pena de muerte reconocieron pertenecer como militantes al ilegal Frente Revolucionario Antifascista y Patriótico. **b)** Considerar [a una pers. o cosa (*cd*) con una determinada condición o cualidad (*predicativo o compl* POR *o* COMO)]. | Torrente *SInf* 29.1.76, 12: Si es esa la lección que se desprende del texto, no la reconozco como mía, y algo ha debido trabucarse en la transcripción.

3 Admitir [una cosa] como legítima. | Arce *Testamento* 33: Mi mujer no tiene la firma reconocida por el Banco. R. DArias *Inf* 30.9.75, 16: Esta permeabilidad entre formación profesional y Universidad, aunque reconocida por la ley de

reconocible – reconvención

Educación, está en gran parte a falta todavía del necesario desarrollo reglamentario. **b)** Declarar que se considera legítimo [un régimen político establecido de forma anormal]. | *SAbc* 12.10.75, 31: El 28 de febrero Inglaterra y Francia reconocían al Gobierno de Burgos. **c)** Admitir legalmente [una pers. *(suj)*] que [alguien *(cd)*] es hijo suyo. | Piqué *Abogado* 247: El hijo natural reconocido tiene el derecho de llevar el apellido del que le reconoce.
4 Agradecer [un beneficio o favor]. | *Inf* 15.10.75, 19: Hay momentos en que son muy de reconocer palabras como estas.
5 Examinar físicamente [a alguien o algo] con detenimiento. | *BOE* 13.11.75, 23688: Terminado el reconocimiento de los alumnos, se levantará un acta .. en la que se especificarán los extremos siguientes: a) las fechas en que se ha llevado a cabo el reconocimiento; b) el número de alumnos reconocidos. P. Magaz *Abc* 5.1.75, 21: Llegaron varias escuadrillas de helicópteros y aviones para reconocer el terreno.

reconocible *adj* Que se puede reconocer, *esp* [1]. | MGaite *Ritmo* 178: Es de esta manera como a veces emergen, del guiso donde todo se ha mezclado, aromas reconocibles y precisos.

reconocidamente *adv* De manera reconocida. | *Inf* 22.10.69, 7: Puede dar lugar a producir diciclohexilamina, producto reconocidamente cancerígeno. Cela *Viaje andaluz* 267: La señorita Gracita Garrobo, arrebolada por el vino y la gimnasia, estaba hermosa .. El vagabundo, reconocidamente, le sonrió.

reconocido -da *adj* **1** *part* → RECONOCER.
2 Que se considera cierto o notable por un gran número de perss. | *Sp* 19.7.70, 28: Don Nicolás Lamparero, ingeniero industrial y textil de reconocido prestigio, realiza el estudio económico.
3 Que reconoce un beneficio o favor. | J. Sierra *Ya* 18.9.91, 21: Su iglesia no podía por menos que estar reconocida al régimen.

reconocimiento *m* Acción de reconocer. | Bustinza-Mascaró *Ciencias* 283: Esta última .. solamente debe ser recogida por especialistas en el reconocimiento de las setas. *Inf* 30.9.75, 5: No es la primera vez que el Gobierno mejicano decide interferir en los asuntos internos españoles. Es sabido que una de las formas más flagrantes de hacerlo es el reconocimiento de un pretendido Gobierno en el exilio. *Ext* 19.10.70, 4: La Cruz de Caballero del Mérito Civil que recientemente le fuera concedida en recompensa y reconocimiento a sus méritos al servicio del bien común. *Van* 20.12.70, 36: El reconocimiento médico especializado consiste en el examen minucioso de todos los sistemas y aparatos. B. González *Abc* 21.5.67, 69: Se van señalando los aviones de transporte, reconocimiento, caza, radares y antiaéreos.

reconquista *f* Acción de reconquistar. *Frec con mayúscula*, designando la realizada por los reinos cristianos contra los moros en la Edad Media. | DPlaja *Literatura* 82: Alfonso X .. no heredó el espíritu militar que llevó a su padre a la reconquista de Córdoba y de Sevilla. Arenaza-Gastaminza *Historia* 132: Con Fernando III la Reconquista llega a su apogeo. J. F. Puch *Inf* 31.12.71, 16: Esa conquista o reconquista de la atención de las gentes se debe apoyar en el sólido suelo de la confianza.

reconquistable *adj* Que se puede reconquistar. | L. Calvo *Abc* 5.3.72, 21: La China es Formosa. El Continente es tierra reconquistable.

reconquistador -ra *adj* **1** Que reconquista. *Tb n, referido a pers.* | J. DMena *Abc* 23.8.66, 15: Guzmán el Bueno, el ya glorioso, por su hazaña en Tarifa, primer reconquistador de Gibraltar.
2 De (la) reconquista. | Lapesa *HLengua* 112: Tales ideas .. agrupaban a los distintos Estados en la empresa reconquistadora.

reconquistar *tr* Conquistar [algo perdido]. | Villapún *Iglesia* 74: Don Jaime el Conquistador reconquista Valencia y Mallorca.

reconsideración *f* Acción de reconsiderar. | *Ya* 27.9.90, 37: No aceptar bajo ningún concepto posturas de fuerza, lamentando la actitud adoptada por los jugadores de William Álvarez, e instarles a la reconsideración de la misma.

reconsiderar *tr* Volver a considerar o a estudiar [un asunto] con vistas a un posible cambio de la decisión tomada. | *Pue* 20.1.67, 4: Que reconsideren las consecuencias de su veto .., ya que el hecho puede ser considerado como una expresión de antagonismo hacia los Estados Unidos. *Inf* 19.5.70, 19: Los comerciantes esperan que el Ayuntamiento reconsidere la situación.

reconstitución *f* Acción de reconstituir. | *Música Toledo* 17: Entre todos ellos es el "Concierto en la mayor, BWV 1055" el que menos dudas ofrece respecto a la autenticidad de su reconstitución y su actual ejecución para oboe de amor y cuerda.

reconstituir (*conjug* **48**) *tr* **1** Reconstruir o rehacer. | Benet *Nunca* 71: Elevada sobre las terrazas de jardines italianos que mi abuela nunca se cuidó de reconstituir, la casa ocupada uno de los vértices de una propiedad bastante extensa.
2 (*Med*) Volver [algo (*cd*)] a su estado normal. | *Arte* 4.72, 15: Los ingredientes activos de *Egregia* .. consiguen llegar hasta las capas más profundas de la dermis. Allí reconstituyen la sustancia fundamental, normalizan el nivel de hidratación y contribuyen a la formación de nuevas fibrillas.

reconstituyente *adj* Que restituye las fuerzas al organismo. *Frec n m, referido a medicamento. Tb fig.* | Gironella *Millón* 102: ¡Jesús, esta chica necesita un reconstituyente! Campmany *Abc* 13.6.88, 26: Nuestros socialistas necesitan una temporada reconstituyente en los escaños de la oposición.

reconstrucción *f* Acción de reconstruir. *Tb su efecto.* | E. La Orden *MHi* 7.69, 30: Se acomodaron entre los escombros y empezaron obstinadamente la reconstrucción. V. RRozas *Caso* 5.12.70, 11: No sería demasiado aventurada una reconstrucción de los hechos.

reconstructivo -va *adj* De (la) reconstrucción. | FSalgado *Conversaciones* 516: Aspira, en una palabra, a que España no pueda pasar jamás la vergüenza de ser excluida del plan Marshall en su articulado reconstructivo.

reconstructor -ra *adj* **1** Que reconstruye. *Tb n, referido a pers.* | VParga *Santiago* 18: Carlomagno aparece como reconstructor del camino de Santiago. *Sem* 1.3.75, 53: Líquido reconstructor de uñas instantáneo.
2 Relativo a la reconstrucción. | J. Castro *SInf* 14.1.71, 8: Las brigadas del Patrimonio artístico Nacional iniciaron sus actividades bajo la dirección de don Severino Gómez, cuya intervención reconstructora se dejó sentir con anterioridad en el monasterio de Poblet.

reconstruible *adj* Que se puede reconstruir. | Benet *Aire* 197: Solo conservaban el enigma de una ordenación original desaparecida y no reconstruible.

reconstruir (*conjug* **48**) *tr* **1** Volver a construir [un edificio destruido]. | J. Iribarren *Ya* 25.5.72, 6: Iván III .. hace reconstruir –mejor diríamos, construye– el Kremlin.
2 Rehacer [algo deshecho o roto]. *Tb fig.* | M. Mancebo *Inf* 16.11.70, 15: Fue sometido [el papel] a un complejo proceso de limpieza del "icor cadavérico" y después reconstruido minuciosamente hasta que pudo descubrirse la existencia de un trozo de rúbrica y una dirección francesa. *Ya* 20.11.75, 3: Gil Robles había entrado a formar parte del Gobierno como ministro de la Guerra. El entonces líder de la C.E.D.A. dio absoluta preferencia a la necesidad de reconstruir el Ejército.
3 Reproducir [algo que ya no existe o no está presente, o un suceso pasado]. | J. M. Amilibia *Pue* 16.10.70, 36: Acababa de reconstruir sus movimientos del día de autos, cuando él se encontraba paseando árboles cerca del lugar donde ocurrió el crimen. CBonald *Noche* 92: Hasta ahí lo que alcanzó a saber o a reconstruir por su cuenta Valerio Gazul.

recontar (*conjug* **4**) *tr* **1** Volver a contar o narrar. | Lagos *Vida* 65: –Al morir mi Antonio –contaba y recontaba la abuela–, yo no veía el momento de casar a Isabel.
2 Contar [algo numerable], esp. para comprobar su número. | DPlaja *El español* 33: Por un lado, el rey receloso, desconfiado, mezquino, recontando el dinero...; por el otro, un héroe vencedor. MGaite *Nubosidad* 173: Iba recontando los bultos, y me gustaba estar viajando sola.

reconvención *f* Acción de reconvenir. *Tb su efecto.* | Salvador *Haragán* 22: No intenté seguir tu razonamiento.

Temía las eternas reconvenciones. Fanjul *Abc* 11.5.58, 74: Tramitado el proceso, el Tribunal Metropolitano de Toledo .. desestimó la demanda del marido y, dando lugar a la reconvención de la esposa, le concedió la separación por tiempo indefinido.

reconvenir (*conjug* **61**) *tr* **1** Reprender o censurar [a alguien]. | Delibes *Parábola* 11: Gen se aprestaba nuevamente a brincar sobre él, y Jacinto había de reconvenirle. **2** (*Der*) Demandar durante el juicio [el demandado al demandante]. *Tb abs.* | Fanjul *Abc* 11.5.58, 74: El marido provocó el juicio de separación ante el Tribunal Eclesiástico de Madrid, pero la esposa reconvino acusando de sevicias al marido demandante.

reconversión *f* Acción de reconvertir, *esp* [2]. *Gralm referido a industrias*. | *Abc* 7.9.66, 44: Por reconversión de industria, importante Empresa .. precisa derribar viejas instalaciones. P. Berbén *Tri* 8.8.70, 17: En muchos países .. doctrinalmente puritanos .. se está operando en estos tiempos una reconversión que tiende a liberar el estímulo visual y a reprimir el objeto final de muchas y muy sutiles maneras.

reconversor -ra *adj* Relativo a (la) reconversión. | *Obs* 26.10.90, 5: Este plan, en palabras del *lehendakari* Ardanza, tuvo que realizarse "por la cortedad del planteamiento reconversor de la Administración central en Euskadi".

reconvertible *adj* Que se puede reconvertir. | *País* 13.11.83, 10: Empresas reconvertibles.

reconvertir (*conjug* **60**) *tr* **1** Transformar [algo] volviéndo[lo] a su estado primitivo. | *Ya* 28.10.87, 28: Los biosensores .. utilizan los anticuerpos monoclonales para recibir las señales biológicas, que más tarde se decodifican y sufren una amplificación que cierra el ciclo con la señal reconvertida y que podemos leer.
2 Transformar [algo o a alguien (*cd*) en algo distinto desde el punto de vista de la actividad o utilidad]. *Frec sin compl* EN. | Merino *SYa* 14.4.85, 48: Lo que sucede con la generación vigente es que ha aprendido a elaborar objetos más sofisticados, a crear y esculpir. Paco acude a certámenes, recibe premios, pronuncia conferencias... Se ha "reconvertido" en alfarero erudito.

recoño *interj* (*vulg*, *raro*) Coño. | Marsé *Montse* 213: Vamos a fumar, recoño. Hala, coge uno.

recopa *f* (*Fút*) Competición de copa entre los campeones de copa. | C. Bribián *Mar* 24.1.68, 3: En el plazo de unas pocas fechas van a celebrarse los partidos de Copa de Europa y Recopa.

recopiar (*conjug* **1a**) *tr* Copiar de nuevo [algo]. | Huarte *Tipografía* 39: No es práctico el empleo de la máquina de escribir, pero para recopiar algún trozo extenso que tuviera muchas correcciones, será bueno recurrir a ella.

recopilación *f* Acción de recopilar. *Frec su efecto*. | ILaguna *Ateneo* 86: A su sombra se edita la obra "La España del siglo XIX", recopilación de las mejores conferencias allí pronunciadas.

recopilador -ra *adj* **1** Que recopila. *Tb n*, *referido a pers*. | P. Corbalán *SInf* 10.10.74, 3: Nos hablaba Arturo del Hoyo de su aventura lorquiana, es decir, de los veinte años que lleva trabajando, como recopilador y anotador, en las "Obras Completas", de García Lorca.
2 De (la) recopilación. | *Coruña* 44: La ley de 2 de diciembre de 1963 .. merece la consideración máxima .. por la ambición recopiladora.

recopilar *tr* Reunir o juntar [algo, esp. escritos]. | M. Aznar *SAbc* 16.6.68, 9: Todo ello –advierten las páginas recopiladas por Davis– debe afirmarse. *ProP* 17.9.75, 5: Se ha tratado de recopilar las ideas aportadas.

recopilatorio -ria *adj* Que sirve para recopilar. | L. C. Buraya *Ya* 2.11.89, 52: Rosendo grabó en directo su quinto álbum, en esta ocasión doble .. Rosendo se merecía esto, el homenaje de su gente y tener un doble recopilatorio de tanto tema bueno.

recórcholis *interj* (*euf*, *col*, *raro*) Córcholis o caramba. | CPuche *Paralelo* 182: –Recórcholis con el señorito. –Cualquiera le tose a este.

récord (*pronunc corriente*, /ŕekor/; *pl normal*, ~s) **I** *m* **1** (*Dep*) Marca. *Frec con los vs* BATIR O ESTABLECER. *Frec fig, fuera del ámbito deportivo*. | J. Pinedo *SYa* 3.12.72, 55: La quimera de todo deportista es batir un récord .. Jules Dubois pulverizaba el primer récord con una marca de asombro. J. Pardo *SInf* 3.1.78, 11: El telón de fondo es un récord de 240 yens por dólar, o sea, algo más del 11 por 100 de subida en menos de dos meses.
II *adj invar* **2** No alcanzado hasta el momento de referencia. | *Fam* 15.11.70, 9: Los más pobres y anémicos cabellos se vuelven en un tiempo récord en sanos y vigorosos como nunca antes lo habían sido.

recordable *adj* Que se puede recordar [1 y 2]. | E. Corral *Abc* 24.11.74, 76: Ahormamiento de la publicidad, producción propia enriquecida, liberación del colonialismo telefílmico son datos claros y recordables.

recordación *f* Acción de recordar [1 y 2]. | F. Montero *Abc* 9.4.67, sn: Aquí también dejó la fe constancia de perdurable recordación. *País* 28.10.76, 6: ¿Qué se deduce de toda esta historia? Varias cosas, pero algunas de urgente recordación.

recordador -ra *adj* (*raro*) Que recuerda [1 y 2]. *Tb n*, *referido a pers*. | Cobos *Machado* 62: Recuerda Quintanilla, el gran recordador, que decía don Antonio que era el de Segovia el Instituto de más escaleras.

recordar (*conjug* **4**) **A** *tr* **1** Pasar [alguien] a tener en la mente [algo percibido anteriormente]. *Tb abs. A veces* (*pop*) *con un compl refl de interés*. | Benet *Nunca* 9: Un inglés borracho al que encontramos no recuerdo dónde. Gambra *Filosofía* 112: El arte de recordar voluntariamente se llama mnemotecnia. Delibes *Guerras* 21: Me recuerdo que Madre .. siempre decía: conforme se pone, el mejor día nos va a dar que sentir. **b)** Tener presente [a alguien o algo]. | Crémer *Abc* 2.1.66, 18: La niñaza de la casa .. exige a los Magos que la recuerden en sus oraciones, pero sobre todo en la hora del reparto. **c) si mal no recuerdo**, o **si no recuerdo mal**. *Fórmula con que se atenúa la seguridad de la afirmación a la que acompaña*. | Areilza *Abc* 19.3.72, 3: Fue, si no recuerdo mal, la Unión Soviética la primera que optó por publicar los documentos secretos de la Rusia zarista para darlos a conocer al mundo entero.
2 Hacer que [alguien (*ci*)] recuerde [1] [algo (*cd*)]. *Frec sin ci*. | Cierva *Ya* 16.2.82, 5: Viven mejor que nadie su altísima responsabilidad sin que necesiten que nadie se la recuerde. *Anuario Observatorio 1967* 54: Conviene, pues, recordar la significación precisa de estas palabras, aunque se trata de conocimientos muy vulgares.
3 Traer [algo] a la mente [de alguien (*ci*)] por asociación de ideas. | Arce *Testamento* 14: El Bayona tenía un enorme pescuezo. Un pescuezo que de pronto me recordó al del toro de don Juan. **b)** Ser [una pers. o cosa] semejante [a otra (*cd*)]. | CNavarro *Perros* 136: El cabello recordaba al lino cuando es puesto a secar sobre cañas.
B *intr pr* **4** (*pop*) Acordarse [de alguien o algo]. *Tb sin compl.* | Delibes *Emigrante* 13: Uno nunca se confía del todo a los demás y si quiere recordarse de algo, no hay como comerlo a palo seco. Sastre *Taberna* 77: –Que te estoy hablando y no me conoces. –Sí que te escucho, hombre. –Pero no te recuerdas. –Ni tú tampoco. –Pero yo estoy con la trompa. Es una diferencia.
5 (*reg*) Venir [algo] a la mente [de alguien (*ci*)]. | Torrente *Señor* 296: El encuentro con Clara le había hecho olvidarlo, pero ahora se le recordaba.

recordatorio -ria I *adj* **1** Que sirve para recordar [1 y 2]. | Laiglesia *Tachado* 29: Estas mercancías son siempre heterogéneas y superfluas, compuestas en su mayor parte de chucherías recordatorias del viaje realizado.
II *m* **2** Aviso o comunicación para recordar [1 y 2]. | Pemán *Abc* 29.11.70, 3: Se repite .. una sinopsis de lo ya narrado .. Lo mismo conviene hacer, algunas veces, como recordatorio de premisas establecidas en artículos anteriores.
3 Impreso breve en que se recuerda [2] el fallecimiento, la primera comunión, los votos o el cante de misa de alguien. | GPavón *Hermanas* 46: Nadie volvería a .. mirar los recordatorios incluidos en los libros de misa.

recordman (*falso anglicismo; pronunc corriente*, /ŕekórman/ o /ŕékorman/; *pl normal*, ~s) *m* Plusmarquista masculino. | *HLM* 26.10.70, 33: Se ha impuesto el danés Ole Ritter, recordman mundial de la hora.

recordwoman *(falso anglicismo; pronunc corriente,* /r̄ekorwóman/; *pl normal,* ~s) *f* Plusmarquista femenino. | *Sem* 12.10.74, 28: Boda de una de las figuras del atletismo español .. Ella, que ha sido diez veces internacional, fue "recordwoman" de España de salto de altura.

recorrer *tr* **1** Ir [por un lugar (*cd*) o a lo largo de [una distancia (*cd*)]. | Medio *Bibiana* 11: Bibiana .. recorre toda la casa recogiendo cosas, cerrando grifos. Cunqueiro *Un hombre* 13: Y como a tientas de ciego, .. recorría el rostro del extranjero. Marcos-Martínez *Física* 9: En el movimiento uniforme los espacios recorridos son proporcionales a los tiempos empleados.
2 Pasar la vista o la atención [por algo (*cd*)]. | Buero *Diálogo* 127: Recorre el salón con la vista hasta mirar, con enorme desolación, el pasillo de la derecha. * Durante unos segundos recorre mentalmente la lista de reyes godos.
3 Reparar [el tejado]. | *Reg* 14.10.75, 5: A don Higinio Andrade Rodicio se le autoriza para recorrer el tejado en Obispo Laso, 30, pero debiendo reponer la cubierta con teja árabe.
4 (*Impr*) Justificar [líneas] pasando letras de una a otra. *Tb abs*. | Huarte *Tipografía* 57: A veces es necesario pasar letras de una línea a otra; a esto se le llama recorrer.

recorrida *f* (*raro*) Recorrido [1]. | Torrente *Isla* 156: Así empezó la recorrida de terrazas, el husmeo en recovecos.

recorrido *m* **1** Acción de recorrer. | P. Magaz *Abc* 27.10.74, 17: Llegar hoy al corazón de Rabat es una proeza .. Impresiona lo que el visitante percibe en su azaroso recorrido por carreteras y calles. Huarte *Tipografía* 51: Se arrostrarán .. los inconvenientes de la corrección anormal, procurando que si de la corrección se deriva un recorrido, este no afecte más que a una o dos páginas.
2 Espacio que se ha recorrido, se recorre o se ha de recorrer. | M. Á. Velasco *SYa* 20.12.70, 15: Si usted no se atreve a tener una manada de leones rodeándole por todas partes, puede subir a un teleférico, con un recorrido de más de dos kilómetros. *Abc* 15.7.75, 71: El francés Bernard Thevenet ha remachado su victoria de ayer en los Alpes, al vencer, en la decimosexta etapa, disputada entre Pra-Loup y Serre-Chevalier, con 107 kilómetros de recorrido.
3 (*col*) Represión. *Gralm en la constr* DAR UN ~. | * El jefe le dio ayer un recorrido que para qué.

recortable *adj* Que se puede recortar. | PLozano *Ya* 27.11.73, 18: Queremos decir dos cosas: ejemplo desde arriba, recortando cuanto gasto público sea recortable .. Y plena conciencia, abajo. **b)** *Esp:* [Figura] que se puede recortar de un papel. *Tb m*. | *Abc Extra* 12.62, 26: Había casas especializadas en caballitos de madera, en animales recortables. *Obs* 26.10.90, 54: En el Mercat de Sant Antoni es posible también comprar cromos de colecciones antiguas, estampas, sellos, recortables, y otras curi[o]sidades de coleccionista.

recortado¹ -da I *adj* **1** *part* → RECORTAR.
2 [Borde] con muchos entrantes y salientes. | Ortega-Roig *País* 200: La España atlántica .. Una región montañosa .. Con unas costas muy recortadas.
3 Pequeño o de poca estatura. | P. Merchán *SHoy* 15.8.75, 21: A esta clase de toreros hay que echarle los toros de las ganaderías que ellos prefieran, toros a su medida, bravos, que embistan bien, recortaditos, recogidos de cuerna.
II *f* **4** (*jerg*) Escopeta de cañones recortados. | Tomás *Orilla* 51: Después fueron a mi casa y me pillaron la recortada y casi dos kilos de chocolate.

recortado² *m* Acción de recortar. | Marín *Enseñanza* 146: En la distribución semanal de actividades hay solo un espacio en el que se ha de atender a modelado, plegado y recortado.

recortadura *f* Recorte [2]. *Gralm en pl*. | Seseña *Barros* 109: Se enasa [el cántaro] utilizando las recortaduras, que se llaman raeduras.

recortar *tr* **1** Cortar los extremos o bordes [de una cosa (*cd*)] que sobresalen. | Laforet *Mujer* 94: Paulina recortaba la hiedra polvorienta que rodeaba su ventana. *Van* 17.4.73, 88: Importante industria textil de Bordados precisa .. especialistas en máquinas de recortar hilos, rebordadoras y especialistas en máquinas de recortar tiras.

2 Hacer [algo] un poco más corto de lo que era. *Frec fig, a veces como euf*. | M. Rubio *Nue* 31.12.69, 18: La película, recortada, montada de nuevo .., quedaría como una pequeña obra maestra. *Abc* 4.10.74, 36: El comando .. está dispuesto a recortar la lista de presos que pretende liberar. *Abc* 4.10.70, 33: Todas las sedes episcopales de Hungría están cubiertas, si bien la libertad de actuación de los obispos está recortada. Halcón *Ir* 379: El que recorta y ajusta los presupuestos, el que redacta los convenios y contratos.
3 Cortar [un texto, una figura o una pieza] separándolos del papel u otra superficie en que se encuentran. | *SYa* 10.5.75, 20: Recórtela [la invitación] y véngase con su familia, o rellénela pidiendo información. Marcos-Martínez *Matemáticas* 164: Si tenemos un cilindro de cartulina y recortamos primero las dos bases, y a continuación lo abrimos a lo largo de una generatriz, se obtiene su desarrollo. *Lab* 2.70, 18: Se recortan las piezas y se aplican sobre una tabla forrada de arpillera.
4 (*Pint*) Señalar los perfiles [de una figura (*cd*)]. | Onieva *Prado* 140: Luis XIV de cuerpo entero, a pie, con armadura y la banda del Saint-Esprit .. La cabeza aparece recortada. **b)** *pr* (*lit*) Mostrar [alguien o algo] netamente su contorno [sobre un fondo (*compl* SOBRE, EN *o* CONTRA)]. | CNavarro *Perros* 57: La cara del hombre se recortaba contra el techo. MAbril *Act* 7.7.66, 7: En la lámina tersa, dorada y rosa, del firmamento, se recortan los postes metálicos.
5 (*Taur*) Hacer recortes [4] [al toro (*cd*)]. | DCañabate *Paseíllo* 18: El toro, llamado Celedonio, ya está en la arena, desafiante .. El peón lo recorta a una mano.

recorte *m* **1** Acción de recortar. | GNuño *Escultura* 60: Las entradas de la construcción dibujan un falso arco formado mediante el recorte de los grandes sillares. *Cierzo Sit* 10.4.74, 3: La "tele" debiera cerrarse mucho antes de lo que lo hace actualmente; claro que supondría un recorte en la publicidad, pero merecería la pena.
2 Trozo sobrante que queda al recortar [1, 2 y 3] algo. *Frec en pl*. | Laiglesia *Tachado* 58: Preparo unas albóndigas estupendas con los recortes de carne que en la carnicería me guardan para el gato. Ridruejo *Memorias* 22: Aun en verano, ardía el llar con recortes de serrería y con troncos de enebro.
3 Cosa recortada (→ RECORTAR [3]). | CNavarro *Perros* 224: Se entretenía ordenando los recortes de los periódicos que habían hablado de ella.
4 (*Taur*) Cambio rápido de dirección para evitar la cogida del toro. *Tb fig, fuera del ámbito taurino*. | DCañabate *Paseíllo* 37: Lo intentó todo: las verónicas, .. los recortes capote al brazo, las tijerillas. Sampedro *Sonrisa* 337: Mediante un hábil recorte, el cochecito esquiva el golpe de un camión.

recoser *tr* Coser [algo descosido o roto] de manera intensa o descuidada. *Tb fig*. | *Lab* 2.70, 11: Rellenadlo con guata. Recosed la abertura. Chamorro *Sin raíces* 95: Su fin más probable [de la jaca] debió ocurrir en un patio de caballos, recosida a puñaladas por un toro bravo.

recostar (*conjug* **4**) *tr* Apoyar [algo, esp. la cabeza o la parte superior del cuerpo, o a alguien] en posición inclinada [sobre algo (*compl* SOBRE, EN *o* CONTRA)]. *Frec el cd es refl*. | Delibes *Cinco horas* 9: Carmen recuesta levemente la nuca en la pared hasta notar el contacto frío de su superficie. Marsé *Montse* 339: Recosté la espalda en la almohada y encendí un cigarrillo. Mendoza *Ciudad* 358: Los enfermos habían sido recostados contra los muros de las casas. Medio *Bibiana* 77: Bibiana se recuesta cómodamente sobre el respaldo.

recova *f* (*reg*) **1** Mercado de comestibles. | Solís *Siglo* 299: Era ya la hora en que la plaza de San Juan de Dios comenzaba a despertar tras el letargo de la noche. Los puestos de la reco[v]a abrían sus puertas y los tenderetes comenzaban su agitada venta mañanera. [*En el texto*, recoba.] R. MTorres *Día* 23.9.75, 8: S[o]l[a]mente había en Icod y en los dem[á]s pueblos de las islas unas vulgares recovas, aunque, eso sí, muy bien surtidas con abundante[s] verduras frescas de todas clases.
2 Cuadrilla de perros de caza. | E. Jaraíz *SHoy* 27.9.74, 12: ¿Era muy amplia su reco[v]a? ¿Cuántos perros tenía normalmente? [*En el texto*, recoba.]

recoveco *m* Vuelta [de una calle, o de otra cosa de estructura lineal]. *Frec en pl*. | D. Quiroga *Abc* 4.12.70, 20: Ese barrio de La Peña .. es algo de verdadera fantasía, como las callejas y sus recovecos. **b)** Rincón o zona escondida [de algo] formados por un ángulo o un cambio de dirección. *Tb fig.* | SFerlosio *Jarama* 24: Habían traído las tarteras; las guardaba Mauricio en algún recoveco del mostrador. DCañabate *Paseíllo* 81: ¡Pobre inexperto Marquitos! ¿Qué sabía él de los recovecos femeninos?

recovero -ra *m y f (reg)* **1** Pers. que vende en una recova [1]. | Altober *Día* 27.4.76, 5: Estaba despachando un kilo de manzanas en la Recova. Pero hubo una que se le cayó dos veces. –¡Jesús, comentó la recovera, debe ser la dichosa "manzana mecánica" esa!
2 Pers. que compra determinados productos, esp. alimenticios, para revenderlos. | Arce *Testamento* 45: "Fue un buen mercado", decía. "Las alubias, un real más en tercia. Las quitaban de las manos las recoveras de Oviedo y Santander." JGregorio *Jara* 46: En Aldeanueva de B. había un recovero de cera que visita[ba] las posadas de colmenas para adquirir ese producto. **b)** Revendedor ambulante, esp. de alimentos. | Romano-Sanz *Alcudia* 236: En dirección opuesta avanzan dos recoveros a caballo, figura familiar en el valle por dedicarse a abastecer los cortijos de telas, comestibles, carburo, cacharros y otros objetos de primera necesidad.

recreación[1] *f* Recreo [1a]. | Santamaría *Paisajes* 71: Generalmente, como forma de aprovechamiento de las áreas cubiertas por el bosque, se ha desconocido su valoración como elemento de recreación o esparcimiento. **b)** *En un convento:* Tiempo de diversión para descanso del trabajo. | A. DCabrera *DÁv* 25.2.75, 7: No conocía, incluso, los sencillos aviones .. Muchas veces, desde la huerta del Monasterio, durante las recreaciones, o, incluso desde la celda, .. los había oído.

recreación[2] *f* Acción de recrear[2]. | M. Rubio *Nue* 31.12.69, 18: De los jóvenes .. hay que esperar otra cosa. Y, sobre todo, un impulso, un deseo de destrucción: de síntesis y de recreación.

recreador -ra *adj* Que recrea[2]. *Tb n, referido a pers.* | J. Castro *SInf* 17.10.74, 12: Murió siendo surrealista, inventor de sueños, recreador de intimidades.

recrear[1] **A** *tr* **1** Proporcionar distracción o esparcimiento [a una pers. o a sus sentidos (*cd*)]. | GLestache *Ya* 2.5.75, 40: La permanencia en la sierra .. recrea la vista. **b)** *pr* Tener distracción o esparcimiento [una pers. o sus sentidos]. | E. Arroyo *Hoy* 2.3.75, 12: En la explanada de la ermita de la Virgen de Sequeros fueron colocadas en su día, para divertimiento y entretenimiento de los niños, instalaciones de juegos donde se recrean y esparcen en muchos ratos de ocio.
B *intr pr* **2** Gozar [con algo (*compl* EN o CON, o *ger*)], esp. de una manera voluntaria. | Medio *Bibiana* 109: Empieza a peinarse pausadamente, recreándose en la contemplación y en el tacto de su pelo. CBaroja *Inquisidor* 43: El tribunal .. se recrea acumulando culpas sobre un hombre .. al que hay que meter en vereda.

recrear[2] *tr* Volver a crear. | Laín *Gac* 22.2.70, 8: Buero ha tomado un pequeño fragmento de la vida de Goya y lo ha recreado imaginativamente.

recreativo -va *adj* Que sirve para recrear[1]. | DPlaja *El español* 57: Es normal para un ciudadano ser miembro de cinco o seis organizaciones patrióticas, benéficas, religiosas o recreativas. **b)** [Salón] provisto de mesas de billar, futbolines y máquinas de juego, destinado al esparcimiento de muchachos. *Tb n m, en pl.* | GTelefónica 83 2, 712: Salones recreativos.

recrecer (*conjug* 11) **A** *tr* **1** Aumentar o acrecentar. | BOE 1.12.75, 25024: Soldadores. Son los operarios capacitados en todas las operaciones y cometidos siguientes: .. caldear, rellenar, recrecer, cortar y soldar, con el mínimo de deformación posible, elementos de acero o hierro fundido. Cabezas *Abc* 3.12.75, sn: Relacionados con el ya polémico tema madrileño del cambio de nombre a la vieja y recrecida plaza de Colón, recibo .. dos cartas.
B *intr* ▸ *a normal* **2** Crecer o aumentar. | * Recrece la ansiedad ante las noticias procedentes de Egipto. Camón *Abc* 7.3.58, 15: Las cosas concretas y singulares emergen más insolidarias de la unidad sustancial, según su materia se va haciendo más recrecida y dominante.
▸ **b** *pr* **3** Crecerse o cobrar bríos. | DCañabate *Abc* 23.8.66, 53: El toro embestía, recreciéndose.

recrecido *m (raro)* Acción de recrecer(se). *Tb su efecto.* | Acquaroni *Abc* 13.3.75, 19: Un aparato estatal debe ser en sí un fin, una estructura operativa sin necesidad de constantes añadidos, recrecidos circunstanciales y de urgencia.

recrecimiento *m* Acción de recrecer(se). | J. Dorao *SInf* 5.12.70, 3: Por lo que se refiere a las obras del espigón número 1 y recrecimiento del espaldón (refuerzo del rompeolas), su terminación estaba prevista para febrero de 1971 y agosto de 1970. Castilla *Humanismo* 12: El pensamiento cristiano tradicional .. ha seguido dando amplio margen, pese al recrecimiento de la conciencia del hombre por el hombre mismo, al desvalimiento que como criatura le acontece.

recreo *m* Diversión o esparcimiento. | J. Acinas *SVozC* 25.7.70, 3: Su situación y la pureza del aire que se respira hacen a nuestra comarca lugar ideal para el recreo y el descanso. **b)** *En un colegio:* Tiempo entre clases dedicado a descansar o jugar. | Marín *Enseñanza* 243: Conseguir que los niños se esmeren en la ordenada entrada y salida de los recreos.

recría *f* **1** Acción de recriar [1a]. | *MHi* 2.55, 43: Toda una tradición encarada a la recría y doma del noble animal, juntamente con una especialísima propensión a los deportes que de él dimanan, hacen de España un país de excelentes jinetes. Berenguer *Mundo* 129: Me acuerdo que como era la berrea una vez saqué un venado de recría saltando la hembra.
2 Animal de recría [1]. *Gralm en sg con sent colectivo.* | Delibes *Siestas* 10: Aportaron al río alevines de carpa y pequeños lucios. Llegaron tres camiones de Aranjuez cargados de perolas con la recría. J. P. Río *DMo* 23.8.85, 37: En la recría hembra poco de particular, como no sea que se hicieron muchas transacciones para la propia región.

recriador -ra *adj* Que recría [1a]. *Tb n, referido a pers.* | Ybarra-Cabetas *Ciencias* 434: Comprar los animales jóvenes para criarlos hasta que alcancen el estado adulto, vendiéndolos entonces al mercado .. Es lo que efectúan los industriales que se denominan "recriadores".

recriar (*conjug* 1c) *tr* Criar [un animal pequeño nacido en otra parte]. | *DBu* 19.9.70, 11: Ponedoras Golden Comet .. Pollitas recriadas. **b)** Criar [una pers. en un lugar distinto al de su nacimiento]. *Frec en part.* | Torbado *En el día* 289: Nada de extraño tenía que un brasileño recriado en Cuba hablara correctamente español.

recriminación *f* Acción de recriminar. *Tb su efecto.* | Armenteras *Epistolario* 134: Un testamento que por alguno de los herederos sea tachado de ilegal o injusto motivará una serie de recriminaciones y ofensas.

recriminador -ra *adj* Que recrimina. *Tb n, referido a pers.* | Aparicio *Retratos* 60: Dijo recriminador: –Que lo haga Mari Coro, por Dios. Aparicio *Retratos* 220: Desde los bancos de los escasos fieles que había frente al altar mayor se oyó un siseo recriminador.

recriminar *tr* Reprender o censurar [a alguien (*cd*)]. | Arce *Testamento* 83: Seguí todavía recriminándome por la torpeza que había cometido hablándole de Enzo y de su tardanza. **b)** Censurar [algo a alguien]. | Ribera *Misal* 1476: Examinen .. si la conciencia puede recriminarles algún voluntario descuido, injusticia, etc.

recriminatoriamente *adv* De manera recriminatoria. | CSotelo *Inocente* 132: –(Recriminatoriamente.) Don Dominico... –Perdóneme, pero a mí este señor desde el primer momento que le vi me cayó muy mal.

recriminatorio -ria *adj* Que recrimina o sirve para recriminar. | CBonald *Noche* 14: Inquirió mamá Paulina, dirigiéndose luego al muchacho en un tono no exactamente recriminatorio.

recrío *m* Recría. | Ybarra-Cabetas *Ciencias* 434: Podríamos citar como ejemplo los de la zona pirenaica, que aprovechando los prados de verano de esta región se dedican al "recrío" de ganado mular. G. GHontoria *Nar* 6.77, 33: Apicultura: Colmenas de corcho para recrío, cuadradas y cilíndricas unidas con tiras de sabina. MFVelasco *Peña* 102: Decimos aquí cabaña a las vacas secas que no trabajan y al recrío.

recristianización *f* Acción de recristianizar. | *DBu* 27.12.70, 18: Alentándoles a proseguir sin desmayos en la tarea que la Iglesia les tiene confiad[a] en orden a la recristianización de la sociedad.

recristianizar *tr* Devolver [a alguien o algo] al cristianismo. | Villapún *Iglesia* 82: Tú debes inscribirte en alguna de las Asociaciones católicas instituidas por la Iglesia para recristianizar esta sociedad.

recrudecer (*conjug* **11**) **A** *intr* **1** Tomar incremento [algo negativo]. *Frec pr.* | Iparaguirre-Dávila *Tapices* 99: La campaña en contra del último Borbón se recrudecía y su popularidad se hallaba tremendamente disminuida. **b)** (*Med*) Tomar incremento o nueva actividad [una enfermedad o un síntoma] después de remitir temporalmente. *Frec pr.* | M. Aguilar *SAbc* 6.4.69, 54: Las personas que sean alérgicas acudirán al especialista en cuanto sufran la más pequeña conjuntivitis .. Es una enfermedad a brotes, que si no se la vigila se recrudece todos los años.
B *tr* **2** Dar incremento [a algo negativo (*cd*)]. | FQuintana-Velarde *Política* 122: Esta situación de la pesca recrudece cada cierto tiempo el problema de las aguas territoriales.

recrudecimiento *m* Acción de recrudecer(se). | C. Laredo *Abc* 30.12.65, 75: El comienzo de este recrudecimiento de la campaña contra Washington coincide con los acuerdos ruso-argelinos recientemente concertados en Moscú.

recrudescencia *f* (*lit*) Recrudecimiento. | Pericot *Polis* 19: La cultura magdaleniense .. es propia de cazadores de renos, en el último momento de recrudescencia del frío.

recruzar *tr* Cruzar de nuevo. | PCarmona *Burgos* 121: En el espacio que hay entre el arco mayor y los dos arquillos bajo él cobijados se ve una cruz latina florenzada o dos veces recruzada en sus extremos.

rectal *adj* (*Med*) De(l) recto [7]. | Mascaró *Médico* 19: En un estante o rincón aparte se tendrán en depósito los medicamentos que determinados individuos de la familia tomen, por prescripción facultativa, al sobrevenir determinados síntomas (hipotensores, .. supositorios rectales calmantes de los cólicos nefríticos o hepáticos, etc.).

rectamente *adv* De manera recta [3 y 4]. | *Cua* 6/7.68, 8: La democracia, rectamente entendida, es un concepto "límite" al que hay que tender, pero que en ningún caso se da plenamente realizado.

rectangular *adj* **1** De(l) rectángulo [2]. | Tejedor *Arte* 53: El templo romano, aunque coincide con su modelo griego en la general disposición y en la forma rectangular de su planta, presenta también con él algunas sensibles diferencias. **b)** Que tiene forma de rectángulo. | *SVozC* 25.7.70, 7: Adosado al norte de este grupo hay otro conjunto centrado alrededor de un patio rectangular.
2 (*Geom*) Que tiene uno o más ángulos rectos. | Marcos-Martínez *Matemáticas* 151: Volumen de un paralelepípedo rectangular.
3 (*Geom*) Que forma ángulos rectos. | Marcos-Martínez *Álgebra* 152: En un sistema de ejes rectangulares representa los puntos siguientes.

rectángulo I *adj* **1** [Triángulo o paralelepípedo] que tiene uno o más ángulos rectos. | Marcos-Martínez *Álgebra* 231: Relaciones entre los elementos de un triángulo rectángulo. Marcos-Martínez *Matemáticas* 151: El volumen de un paralelepípedo rectángulo es igual al producto del área de su base por su altura.
II *m* **2** Paralelogramo que tiene los cuatro ángulos rectos y los lados contiguos desiguales. | Marcos-Martínez *Aritmética* 197: El área de un rectángulo es igual al producto de los números que miden sus dos dimensiones.

rectificable *adj* Que se puede rectificar. | Torrente *Saga* 412: Los que no van a ninguna parte están haciendo algo como matar el tiempo, tomar el sol o pasar el rato, finalidades estas que conceden a la trayectoria cierta indeterminación o incluso cierta vacilación rectificable.

rectificación *f* Acción de rectificar. *Tb su efecto.* | *Cua* 6/7.68, 7: La transformación no va acompañada de una adecuada rectificación de las estructuras existentes. *Cua* 6/7.68, 5: Se explica la aparente incongruencia de la rectificación "verbal". Gironza *Matemáticas* 182: Rectificación gráfica .. Se obtiene la circunferencia rectificada tomando un segmento igual a 3 diámetros más 1/7 de diámetro. Mingarro *Física* 179: Las varias funciones de los tubos de vacío que se han estudiado son: 1. Rectificación .. 2. Amplificación .. 3. Oscilación .. 4. Detección. *Ya* 8.10.70, 12: Alcohol natural es el alcohol etílico procedente de la destilación o rectificación de productos resultantes de la fermentación alcohólica de materias vegetales azucaradas o amiláceas. *GTelefónica N.* 138: Rectificadores. L. Ripio. Talleres mecánicos de precisión. Rectificado de cigüeñales. Rectificación general de bloques.

rectificado *m* Acción de rectificar [6 y 7]. | *Ya* 8.10.70, 12: Alcohol rectificado es el alcohol natural obtenido por rectificado cuya graduación alcohólica no sea inferior a 96 grados. *SNot* 19.12.70, 13: Rectificados Anadón. Rectificados y camisaje de cilindros.

rectificador -ra I *adj* **1** Que rectifica [1 y 7]. *Tb n, referido a pers.* | Ridruejo *Ya* 6.6.75, 43: Algunos de nosotros hemos tenido una doble presentación. La presentación originaria por participación en el Sistema y una presentación rectificadora de nuestra propia imagen por la persecución del Sistema. *GacNS* 6.8.70, 17: Para importante fábrica en expansión necesitamos fresadores y rectificadores de primera.
II *n* **A** *m* **2** (*Electr*) Dispositivo que sirve para rectificar [5]. | Mingarro *Física* 174: El díodo como rectificador de corriente.
B *f* **3** (*Metal*) Máquina que sirve para rectificar [7]. | *Van* 20.12.70, 75: Tornos, fresadoras y limadoras, rectificadoras y usadas.

rectificante *adj* (*raro*) Que rectifica [1 y 2]. | Cantarero *ByN* 22.11.75, 6: Después ya hemos visto las declaraciones moderantes de Willy Brandt y la actitud rectificante, en el mismo sentido, de otras figuras de la izquierda democrática.

rectificar *tr* **1** Corregir [algo equivocado, inexacto o que no se ajusta a lo deseado]. | Bernard *Salsas* 16: Antes de servir, se rectifica la sal y se retira tomillo y laurel. Delibes *Año* 11: Esto de la cirugía estética .. era una profesión para rectificar las narices de las señoras. **b)** Corregir [alguien lo dicho (*cd*) por él o por otro]. *Tb abs.* | J. M. GEscudero *Ya* 28.5.75, 46: Este argumento recibió tan fuerte impacto con la publicación, en 1963, del libro de Southworth, "El mito de la cruzada de Franco", que Thomas rectificó en la edición "Penguin" de su libro, publicada en 1965, pasándose a la tesis opuesta. GLuengo *Pue* 9.4.75, 2: Me rogó un pariente .. que le señalara las manifestaciones .. a las que pudiera asomarse un forastero curioso .. Le rectifiqué, primeramente, lo de forastero, ya que en Madrid lo somos todos. **c)** Corregir lo dicho [por alguien (*cd*)]. | W. Mier *Alc* 3.11.70, 2: Forteza acumuló datos y razones históricas .. Algunos mallorquines trataron de rectificar públicamente a Forteza.
2 Corregir [alguien su conducta o su actitud]. *Frec abs.* | Laforet *Mujer* 170: Te confieso que hubo un tiempo en que [Paulina] no fue santo de mi devoción... Pero he rectificado. Olmo *Golfos* 149: Ya no podemos .. gritarle a alguien que rectifique y que deje de ser un desgraciado.
3 Hacer que [algo (*cd*)] sea recto. | F. JVasco *Hoy* 10.8.75, 12: Hemos visto hace unos días una lápida de mármol tirada en la calle al ser rectificada recientemente.
4 (*Geom*) Determinar la longitud [de una curva (*cd*)]. | Gironza *Matemáticas* 182: Se obtiene la circunferencia rectificada tomando un segmento igual a 3 diámetros más 1/7 de diámetro.
5 (*Electr*) Transformar [una corriente alterna] en continua. | Mingarro *Física* 174: El hecho fundamental de que la corriente eléctrica en el díodo solo puede circular en el sentido placa-cátodo .. tiene una inmediata aplicación práctica para rectificar corrientes alternas.
6 (*Quím*) Someter [un líquido] a destilación fraccionada para purificarlo o para separar sus constituyentes. | *Ya* 23.9.70, 25: Los alcoholes industriales procedentes de melazas tendrán los precios siguientes: neutros rectificados de 96-97 grados .. 20,60 pesetas litro.
7 (*Metal*) Afinar la superficie ya labrada [de una pieza (*cd*)]. | *GTelefónica N.* 15: Aceros especiales aleados .. Perfiles forjados, laminados, calibrados y rectificados.

rectilíneamente *adv* De manera rectilínea. | M. Ballester *Van* 7.4.78, 6: En la especie humana, si fuera posible desarrollar una de ellas [las macromoléculas] rectilíneamente, constituiría un finísimo hilo de la longitud de una pista de tenis. Cándido *Pue* 1.12.70, 2: Hay "cola" para oírle. ¡Y es que sus canciones son tan inocentes y pánfilas, tan rectilíneamente melancólicas!

rectilíneo -a *adj* De (la) recta. | Marcos-Martínez *Aritmética* 157: La distancia más corta entre dos puntos viene dada por el segmento rectilíneo que los une. **b)** Que tiene forma de línea recta. *Tb fig.* | Anson *Abc* 3.12.70, 3: Convertir sus barrios nuevos y algunos de los antiguos en remedos o "pastiches" de las ciudades americanas, con avenidas rectilíneas, estadios ciclópeos. Castilla *Humanismo* 43: Fue siempre conquista dolorosa, salpicada de fracasos, que se obtuvo no en un proceso rectilíneo del devenir histórico, sino en zig-zag.

rectinervio -via *adj* (*Bot*) [Hoja] de nervios rectos. | Ybarra-Cabetas *Ciencias* 261: Las [hojas] rectinervias son generalmente paralelinervias, es decir, de nervios paralelos, como las de los cereales.

rectitis *f* (*Med*) Inflamación del recto [7]. | G. Anrich *VAl* 3.9.75, 15: La disentería amebiana es una enfermedad tropical o subtropical .. Su inoculación al gato provoca rectitis disentérica.

rectitud *f* Cualidad de recto [2]. | Laforet *Mujer* 201: Mariana, .. con .. su gran rectitud y bondad, influiría mejor que ella misma en un cuidado directo del niño.

recto -ta **I** *adj* **1** Que no cambia de dirección. *Frec n f, referido a línea.* | Marcos-Martínez *Física* 145: Los rayos de luz se propagan en línea recta. Marcos-Martínez *Aritmética* 181: Dos rectas perpendiculares a una tercera son paralelas entre sí.
2 Que no se aparta de la norma moral o de una norma de conducta. | Escrivá *Conversaciones* 27: Los sacerdotes pueden libremente fundar asociaciones o inscribirse en las ya existentes, siempre que se trate de asociaciones que persigan fines rectos. **b)** [Pers.] exigente, consigo y con los demás, en el cumplimiento de la norma moral o de una norma de conducta. | Umbral *Ninfas* 49: Con aquel padre tan recto, había salido un chico formal.
3 Correcto o adecuado. | Aranguren *Marxismo* 22: Se hace de él [el término "marxismo"] un uso predominantemente emocional .. Este uso es perturbador de la recta inteligencia del término. MSantos *Tiempo* 14: Incapaces para hablar su idioma con la recta entonación. **b)** Adecuado a la norma lógica. | * La recta razón nos impide aceptar tal aserto.
4 [Sentido] literal [de una palabra o frase]. | * La palabra *joya* tiene dos sentidos, uno recto y otro figurado.
5 Vertical (perpendicular al horizonte). | * Esta pared no cae recta. **b)** [Prenda de vestir] que cae verticalmente, sin ajustarse al cuerpo y sin amplitud. | *Lab* 9.70, 61: Abrigo corto: recto muy corto o bien 11/12º. **c)** (*Anat*) [Músculo] de fibras verticales. *Tb n m.* | *Alc* 12.10.59, 29: Penetrando en la aponeurosis del oblicuo mayor y músculo oblicuo mayor y menor, abre la vaina del músculo recto del lado izquierdo. Alvarado *Anatomía* 60: Músculos del tronco .. El gran dorsal .. y el recto mayor del abdomen. H. Fernández *Ya* 6.1.89, 23: Aquejado de un tirón en el recto anterior de la pierna derecha, tuvo que abandonar la sesión preparatoria de ayer.
d) (*Geom*) [Ángulo] formado por dos rectas [1] perpendiculares. | Marcos-Martínez *Aritmética* 170: Para medir ángulos se toma como unidad el ángulo recto. **e)** (*Geom*) [Cilindro o cono] cuyo eje es perpendicular a la base. | Marcos-Martínez *Matemáticas* 182: Cono de revolución. Es el cono circular recto. **f)** (*Geom*) [Prisma o sección] cuyas aristas son perpendiculares a la base. | Marcos-Martínez *Matemáticas* 141: Prisma regular es el prisma recto cuyas bases son polígonos regulares.
6 (*Mús*) [Flauta] dulce. | Perales *Música* 1º 173: Durante la Edad Media se conocen dos variedades [de flautas], las rectas y el [l]as traveseras.
II *m* **7** (*Anat*) Parte final del intestino grueso, que termina en el ano. | Nolla *Salud* 75: El ciego presenta un estrecho divertículo, llamado apéndice .. El recto comunica con el exterior por el ano.
8 (*Bibl*) Folio recto (→ FOLIO). | Huarte *Tipografía* 9: Solo algún añadido entre líneas que no quepa en el recto de la hoja podrá continuarse al dorso.
III *adv* **9** En línea recta [1]. *Con vs como* IR *o* SEGUIR. *Tb* TODO ~. | * Siga todo recto hasta la segunda bocacalle. **b)** Sin desviarse o detenerse. | Payno *Curso* 201: Cuando salió del colegio fue recto a su casa.

rectocolitis *f* (*Med*) Inflamación simultánea del recto y el colon. | *Abc* 19.11.57, 49: Anatomía patológica de la rectocolitis mucohemorrágica.

rector -ra (*f* **rectriz** *en acep 1b*) **I** *adj* **1** Que rige o dirige. *Tb n, referido a pers.* | *Inf* 31.10.70, 12: Dimite la Junta Rectora de la Mutua Nacional de Taxistas. Castilla *Humanismo* 24: Vivimos en un mundo en donde la ley rectora y reguladora es la competencia. MGaite *Usos* 13: Dejaron unas secuelas muy hondas de encogimiento y tacañería, que los rectores de la moral imperante supieron aprovechar para sus fines. **b)** (*Zool*) [Pluma] de la cola de las aves, que sirve para dirigir el vuelo. *Tb n f.* | *SYa* 4.1.87, 27: Collalba rubia .. Plumaje bello y contrastado, con pecho, dorso y nuca ocre amarillento; resto, negro, salvo la cola, que presenta las plumas rectrices externas casi enteramente blancas. Lama *Aves* 54: La cola es parda, con las rectrices inferiores blancas.
2 Relativo a la acción de regir o dirigir. | GNuño *Escultura* 36: Ancianos, hemos sugerido, por entender que el privilegio de la edad comportaba funciones rectoras.
II *n* **A** *m y f* **3** Director [de una universidad o de un seminario o colegio de religiosos]. | *Inf* 4.7.74, 32: Cesan cuatro rectores de Universidad.
B *m* **4** Párroco. | Mendoza *Ciudad* 48: He organizado unas oraciones para dar gracias a Dios Nuestro Señor por tu regreso, había dicho el rector. **b)** Sacerdote encargado de una iglesia dependiente de una parroquia. *Frec ~ DE IGLESIA.* | *Sol* 24.5.70, 7: De la Vicaría General del Obispado se ha enviado a los párrocos y rectores de iglesia una circular.

rectorado *m* **1** Cargo de rector [3]. | *Abc* 16.12.70, 34: Es atribución del Rectorado establecer la ordenación de estos periodos no lectivos.
2 Oficina del rector [3]. | *Inf* 6.4.76, 8: Un grupo de alumnos arrojó ayer piedras contra la fachada del rectorado de la Universidad Autónoma de Madrid.

rectoral **I** *adj* **1** De(l) rector [3 y 4]. | Laín *Universidad* 27: En el primer año de mi gestión rectoral suscité la constitución de una Asociación de Amigos de la Universidad de Madrid. Llamazares *Río* 39: Se encamina hacia la casa rectoral .. La casa de don Anastasio, el párroco de Pardesivil y de otros dos o tres pueblos vecinos, está cerca del bar.
II *f* **2** Casa del rector [4]. | ILaguna *Abc* 12.11.70, sn: La escena en que el "Lagarteiro" y sus secuaces asaltan la rectoral y, borreguilmente, se dejan invitar a tabaco y aguardiente por el cura, la juzgo digna del mejor Fernández Flórez.

rectoría *f* **1** Cargo de rector [3 y 4]. | *Inf* 4.7.74, 32: Cesan cuatro rectores de Universidad .. Como nombres de los que se habla para cubrir las vacantes .. figuran don Narciso Murillo, actual decano de la Facultad de Ciencias de Zaragoza, para la Rectoría de este distrito; el doctor Cruz Hernández para la de Salamanca. *Reg* 27.2.68, 9: La Rectoría de este Seminario de Plasencia no escatima ni medios ni tiempo para proporcionar a los seminaristas elementos formativos.
2 Dependencia o conjunto de dependencias donde el rector [4] tiene su oficina y frec. su vivienda. | *Act* 24.12.70, 38: Se llega hasta la puerta principal de la rectoría subiendo una escalera lateral. Marsé *Montse* 112: Un muchacho despierto y servicial creciendo .. entre cirios chisporroteantes y genuflexiones, entre siseos y murmullos de rectoría .. Un auténtico hijo de la parroquia.
3 (*lit*) Condición de rector [1]. | FCid *MHi* 12.70, 46: Eso, tres conciertos sinfónicos más, tuvieron como base la rectoría ejemplar de Rafael Frühbeck de Burgos. C. Rivero *HLM* 26.10.70, 13: Se puede pretender .. que las funciones de rectoría ejecutiva .. estén desempeñadas por quienes ostentan las indispensables investiduras gremiales.

rectoscopia *f* (*Med*) Examen visual del intestino recto por vía rectal. | T. M. RRincón *TMé* 10.12.82, 5: Se de-

rectriz – recuncar

be practicar la .. rectoscopia convencional en pacientes en los que la radiología ha sido negativa.

rectriz → RECTOR.

recua f **1** Conjunto de animales de carga usados para transportar mercancías. | Cabezas *Abc* 23.12.70, 23: Parada de arrieros con sus recuas, de cascabeleras diligencias, correos de Postas y servicios ordinarios de carromatos.

2 (col) Conjunto de perss. o cosas que van juntas o unas tras otras. | Torrente *Filomeno* 13: Tampoco es imposible, según ciertos barruntos, que no le fuesen simpáticos los abades con ama y una recua de sobrinas.

recuadrar tr Encerrar [algo] en un recuadro. | VParga *Santiago* 20: Las puertas de la misma catedral llevan, recuadrando los tableros esculpidos con escenas de la vida de Cristo, unas borduras con caracteres árabes. GPavón *Reinado* 111: Hizo como que releía el texto, que lo traía recuadrado con trazos de lápiz rojo.

recuadro m Cuadrado o rectángulo que limita una superficie. | CNavarro *Perros* 80: Ser oficinista era algo calamitoso. Algo de lo que el ser humano tendría que estar exento, aunque solo fuera .. por consideración a esa vida que asoma cada mañana .. al recuadro de la ventana. **b)** *En un periódico*: Escrito enmarcado en un recuadro para darle mayor relieve. | E. Romero *Ya* 27.10.83, 6: Yo no conocía bien la biografía militar de este general .. El currículum me lo ha revelado "El País" a través de un recuadro muy interesante.

recuaje m (hist) Tributo pagado por el tránsito de recuas [1]. | Sobrequés *HEspaña* 2, 310: El derecho de roda se tributaba en concepto de la vigilancia de los caminos, y el de recuaje gravitaba sobre las caballerías de transporte.

recubridor -ra adj (raro) Que recubre. | SAbc 2.6.74, 24: Las pruebas con el trazador de isótopos radiactivos confirman la acción recubridora del Motaloy.

recubrimiento m **1** Acción de recubrir. | Navarro *Biología* 103: Tejidos protectores o de recubrimiento.

2 Cosa que recubre. | *Ya* 30.5.64, 11: Productos para protección: recubrimientos de bajos, protectores de cromados.

recubrir (conjug **37**) tr Cubrir enteramente la superficie [de algo (cd)]. | Bustinza-Mascaró *Ciencias* 116: Las madréporas. Tienen un esqueleto calizo bastante complicado, pues rodea a los individuos de la colonia y, además, en cada uno de ellos, forma láminas radiales y una columna central que recubren los tejidos blandos del animal.

recuelo m **1** Café hecho con los posos que quedan después de un primer cocimiento. *Tb* CAFÉ DE ~. | Cela *SCamilo* 27: Una noche .. le tiró una taza de recuelo hirviendo a la señora de un brigada.

2 (hoy raro) Lejía muy fuerte. | Hoyo *Glorieta* 19: Hay viejos .. que atienden los pedidos de añil, lejía o recuelo en los lavaderos.

recuenco m Seno o concavidad, esp. del terreno. | Cela *Judíos* 257: La laguna .. brilla, en su recuenco, más allá de los Barrerones. Berlanga *Gaznápira* 106: Les da a besar el Santo Guijarro (descubierto por el caballo del Cid cuando se arrodilló delante mismo de esa piedra que parece llevar grabado un santocristo en el recuenco).

recuento m Acción de recontar, *esp* [2]. | MGaite *Cuento* 314: Aquellos papelitos de pupitre a pupitre .., la carta al amigo .., el recuento de los sueños, el paso al diario íntimo. Buero *Fundación* 149: Todas las noches, después del último recuento, uno de ellos [de los presos] va al retrete y se está allí una media hora. Medio *Bibiana* 306: En el recuento de sus defectos y sus virtudes, Marcelo Prats se inclina al lado de la clemencia.

recuerdo m **1** Acción de recordar. | Gambra *Filosofía* 106: El acto de la memoria es el recuerdo. Mascaró *Médico* 38: En todos los calendarios o pautas de vacunación se insiste en la necesidad de las revacunaciones periódicas, administrando las llamadas dosis de refuerzo o de recuerdo.

2 Cosa que se recuerda. | Arce *Testamento* 27: Aquellos recuerdos de niño me robaban el pensamiento.

3 Cosa que recuerda [algo o a alguien (compl de posesión)]. | J. Castell *Van* 19.5.76, 49: Solo esta población autóctona [de Alguer] habla el alguerés, reliquia de finales del siglo XIV, una variación dialectal que tiene el catalán arcaico como base, recuerdo de sus orígenes históricos. **b)** Objeto que se compra o regala para recuerdo [1] [de un lugar, de un hecho o de una pers.]. | Laiglesia *Tachado* 30: Fabricantes emprendedores, ayudados por artesanos con tanta habilidad manual como pésimo gusto, inundaron las tiendas de "recuerdos" en cantidades masivas.

4 *En pl*: Saludo afectuoso que se envía a una pers. por escrito o a través de otra. | GPavón *Hermanas* 23: Muchos recuerdos al bueno de don Lotario.

recuero m Individuo encargado de una recua [1]. | M. E. SSanz *Nar* 1.76, 27: La hazaña quedó reservada, como hemos dejado apuntado, a la cofradía de recueros, arrieros o trajinantes de Atienza.

recuesta f **1** (lit) Requerimiento. | Albalá *Periodismo* 130: Provocar un determinado comportamiento del término-objeto ante el vaso de agua ya no sería información. Este es el quehacer de la *doxa*, el flanco dialéctico que toda información mostrará siempre, la recuesta intelectual de los grupos.

2 (hist) Desafío. | Riquer *Caballeros* 106: Desvalls sería sin duda joven todavía, .. no tan solo por el carácter típicamente juvenil de su recuesta, sino porque lo encuentro documentado hasta cuarenta años después.

3 (TLit) *En la poesía de cancionero*: Poema breve de carácter satírico e intención provocativa dirigido a una pers. determinada. | Pedraza-Rodríguez *Literatura* 1, 632: Muy próxima a la pregunta, hasta llegar a confundirse con ella, está la recuesta. Labrador .. la distingue de aquella porque es casi siempre una provocación dirigida a alguien en concreto; aunque el poeta no pide respuesta, como en el otro caso, es frecuente que se le dé.

recuesto m (raro) Cuesta o pendiente. | Cela *Pirineo* 164: A Tredós se llega bajando el pedregoso recuesto que sale frente a la parroquia de Santa María de Cap d'Arán.

recula (reg) **I** f **1** *En un río*: Lugar en que el agua va en sentido contrario al de la corriente. | J. A. Donaire *Inf* 19.6.70, 33: Buendía .. Sus lugares más recomendables [para la pesca] son las reculas próximas a Villalba del Rey.

II *loc adv* **2 de ~**. Retrocediendo, o andando hacia atrás. | Landero *Juegos* 333: Desde el otro lado se volvió de recula.

reculada f Acción de recular. | Landero *Juegos* 203: El grupo oscilaba, entrando y saliendo de un espejo enloquecido por aquel asalto interminable. En una de las reculadas, Gregorio se metió en lo más compacto del auditorio.

reculamiento m Acción de recular. | VMontalbán *Pájaros* 260: Repitió Khao Chong la maniobra de reculamiento, y Carvalho pasó de la furgoneta al almacén. J. M. Llanos *VNu* 26.10.74, 39: Todavía nos resta mucho camino por rectificar dando marcha atrás .. Rectificación y reculamiento que no puede tener otro punto de partida que el acentuado en esta sugerencia y recuerdo.

recular intr Retroceder. *Tb fig*. | Torrente *Off-side* 27: Se vuelve rápidamente hacia la viuda, por recula asustada. Delibes *Año* 90: A lo mejor es que el proceso de apertura aquel está reculando y yo ni siquiera me había enterado.

reculeo m (raro) Reculada o reculamiento. | Ridruejo *Memorias* 22: A veces, en una cuesta, las cadenas se salían de los piñones y el coche iniciaba un reculeo peligroso hasta que funcionaban el freno de mano.

reculón[1] -na adj Que recula. *Esp referido a toros*. | PLuis *HLM* 3.6.74, 35: El primer Tassara, cornalón y astifino, salió huido; tomó dos varas, .. y llegó tarde y reculón al último tercio. J. J. Romero *SDLP* 8.10.90, 34: Pepe el Parranda iba por la calle torpe de pata, recubierto de andá, .. porque llevaba una tajá tan requintá que solo le faltaba una guitarra de fajarse a folías.

reculón[2] m Reculada. *Gralm en la constr* A ~ES. | Landero *Juegos* 191: El grupo, por efecto del empuje, y sostenido a reculones por los oyentes delanteros, tan pronto se deslizaba hacia el maestro como retrocedía alejándose de él.

recumbente adj (Med) [Posición] echada o de dormir. | MSantos *Tiempo* 174: La tercera posible utilización del lecho no es otra que la posición recumbente o postura de dormir.

recuncar intr (reg) Repetir el disfrute de algo. | Sopeña *Abc* 2.2.65, 58: Los que "recuncan" el domingo, siempre dicen que sale mucho mejor que el viernes: aparte de que sea muy buena la sonoridad y más cálido el público, ciertas obras como el "Concierto", de Bartok, saldrán siempre mejor.

recunque *m* (*reg*) Acción de recuncar. | GSerrano *Madrid* 296: Los "jeeps", las tertulias con bota, el jovial recunque.

recuperable *adj* **1** Que se puede recuperar, *esp* [1 y 2]. | *Ya* 15.4.64, 9: Los gastos no recuperables se calculan en 7.388 millones de libras.
2 Que se debe recuperar [3]. | *Nue* 22.12.70, 8: El salario medio en mano del peón sin especializar se situó, para septiembre, en 269,78 pesetas por día (incluyendo festivos no recuperables, en su parte proporcional).

recuperación *f* Acción de recuperar(se). | LMuñoz *Tri* 26.12.70, 6: De ahí que, a finales de los años 50, una nueva orientación, forzada por las circunstancias, intentara la recuperación del tiempo perdido. Arce *Precio* 226: Pedro se hallaba en recuperación, atendido por los médicos, y no teníamos por qué esperar lo peor. *Faro* 30.7.75, 12: Beland. Centro de Estudios .. Recuperaciones para Universitarios, C.O.U., Bachillerato, Básica.

recuperador -ra I *adj* **1** Que recupera. *Tb n: m y f, referido a pers; f, referido a empresa*. | Mingarro *Física* 66: Fuerza recuperadora. *Ya* 22.6.88, 52: Muere Francisco Palacios, "El Pali", recuperador de las "sevillanas corraleras". *Día* 23.9.75, 3: El grupo de recuperadores del hierro y del metal del Sindicato del Metal de Santa Cruz de Tenerife ha elevado su enérgica protesta por la elevación de los fletes Península-Canarias. *GTelefónica N.* 192: Recuperadora Botellera Castellana (Cooperativa Industrial). Compra-venta de botellas.
2 Que sirve para recuperar(se). | Escartín *Act* 25.1.62, 52: España, que con cinco semanas de concentraciones, entrenamientos y descanso recuperador, debe salvar el escollo checo y estar entre los ocho mejores en los cuartos de final.
II *m* **3** Aparato o instalación que permite recuperar una parte del calor arrastrado por los gases de combustión de un horno o caldera, antes de que se pierda en la atmósfera. | Aleixandre *Química* 128: Los gases que salen del horno contienen mucho calor y para aprovecharlo se les hace pasar por los recuperadores, cuyos ladrillos refractarios calientan.

recuperar A *tr* **1** Volver a tener [a alguien perdido, o algo perdido, prestado o depositado]. | A. Zúñiga *Van* 31.10.74, 43: Muhammad Alí recuperó el título de campeón del peso fuerte. Laforet *Mujer* 306: Paulina le miró dormir durante un rato y le parecía que acababa de recuperarlo. GPavón *Hermanas* 9: Hacia el cuarto campanazo recuperaba del todo la conciencia de su ser. **b)** Rescatar (recuperar por la fuerza o mediante otro tipo de acción [a alguien o algo perdidos o en poder ajeno]). | *Inf* 16.4.70, 32: A mediodía solo se habían recuperado nueve cadáveres.
2 Aprovechar o poner de nuevo en servicio [algo dado por inservible]. | * Este motor se puede recuperar, pero hacen falta herramientas y tiempo.
3 Trabajar horas o días suplementarios para compensar [un tiempo de vacación]. *Tb abs.* | *Ya* 17.2.90, 1: El hecho de que el 26 y el 27 de febrero, así como el 7 de diciembre, sean vacaciones escolares modifica, pero no recorta, el actual calendario escolar, ya que es[a]s jornadas se "recuperarán" en cuanto el curso se inicie unos días antes o se termine unos días después.
4 Volver a examinarse [de una asignatura o de un examen suspensos (*cd*)]. | Ramón *Ya* 23.6.88, 11: No podemos ir de vacaciones. El niño tiene que recuperar dos asignaturas.
B *intr pr* **5** Volver [alguien] a la normalidad tras haber sufrido [un daño o una pérdida materiales o morales (*compl* DE)]. *Frec se omite el compl por consabido.* | Arce *Testamento* 40: Tuve un vahído y temí perder la cabeza. Todo se había puesto a girar en torno. Me quedé sentado en el catre hasta recuperarme. **b)** Volver [algo] a la normalidad tras haber sufrido una crisis o un retroceso. | FQuintana-Velarde *Política* 96: Acudiendo a este índice, llamado de tasa neta de reproducción .., nos encontramos con que en España iba disminuyendo progresivamente; pero parece recuperarse de modo muy fuerte.

recuperativo -va *adj* [Cosa] que recupera o que sirve para recuperar(se). | A. MAedo *Van* 20.12.70, 17: No debe olvidarse la sensibilidad de la Bolsa a todos los factores que condicionan la vida de un país, para cerrar, insistimos, en situación de moderada trayectoria recuperativa.

recuperatorio -ria *adj* **1** Que sirve para recuperar(se). | Fanjul *Abc* 11.5.58, 74: De ahí el interés que entraña esta Sentencia .., en un litigio estrictamente reducido a la reclamación por el cónyuge inocente de los regalos que recibió del culpable y que este retenía o había perdido por razones fortuitas. El fallo penetra, por primera vez, en la naturaleza de esta acción recuperatoria. *Pul Extra* 6.64, 15: Habrá que darle esta medicina cada dos horas; masajes, y gimnasia recuperatoria en el brazo derecho.
2 Relativo a la recuperación. | J. Iriondo *Mad* 14.11.70, 10: Algunos valores se habían excedido en la velocidad recuperatoria, dadas las circunstancias en que se desenvuelve nuestra economía en general.

recurrencia *f* **1** Acción de recurrir [1]. | Torrente S*Inf* 6.6.74, 12: Desde hace algún tiempo observo .. la reiteración de ciertas fórmulas sintácticas, la recurrencia a verbos elementales.
2 Hecho de aparecer o producirse algo de modo intermitente o repetido. | Savater *SInf* 16.1.75, 5: Es evidente que la filosofía es una forma de literatura caracterizada por la recurrencia de ciertos modos expresivos y de ciertos temas.

recurrente *adj* **1** Que recurre, *esp* [2 y 3]. *Tb n, referido a pers.* | *Abc* 11.12.70, 17: Dictaminada por el fiscal la inadmisibilidad del mismo [del recurso de casación], se dio vista de este dictamen a los recurrentes.
2 Que aparece u ocurre de nuevo después de intermisiones. | J. Larraz *Ya* 22.10.64, 13: La primera respuesta de la sociología cultural a la pregunta flotante ante nosotros es que la auténtica religiosidad se produce a lo largo de la historia de manera recurrente. Mascaró *Médico* 33: Fiebre recurrente.
3 Que vuelve hacia atrás o hacia su origen. | *Economía* 266: Vendajes recurrentes.

recurribilidad *f* (*Der*) Cualidad de recurrible. | *Leg. contencioso-adm.* 194: El distinto tratamiento de las sentencias en orden a su recurribilidad por desviación de poder planteará en la práctica continuas vacilaciones.

recurrible *adj* (*Der*) [Sentencia o resolución] contra la que se puede recurrir [2]. | *Leg. contencioso-adm.* 212: Únicamente son recurribles los autos y sentencias de las Salas de las Audiencias, mientras que no son recurribles las providencias.

recurrido -da *adj* **1** *part* → RECURRIR.
2 (*Der*) [Parte] a quien favorece la sentencia de que se recurre. *Tb n.* | M. Fórmica *Abc* 25.2.68, 89: El profesor Entrería .. actuó en segundo lugar, según ordena la norma que regula la posición, siempre más confortable, del recurrido.

recurrir A *intr* **1** Buscar ayuda o remedio [en una pers. o cosa (*compl* A)] en un caso de necesidad. | *Ya* 16.1.75, 27: Doña Laura se ha visto obligada a recurrir a la mendicidad porque no recibía hasta hace poco ningún tipo de pensión. **b)** Usar o utilizar [algo (*compl* A)]. | Gimferrer *Des* 12.9.70, 29: Al principio [del libro] los datos aparecen dispersos, se suceden en un orden disgregado: son las intermitencias de la memoria, para recurrir a una expresión proustiana.
2 (*Der*) Entablar recurso [3] [contra una sentencia o resolución (*compl* DE o CONTRA)]. *Frec se omite el compl por consabido.* | *Inf* 15.5.75, 11: El Sindicato del Metal recurre contra el decreto de protección del medio ambiente. *Leg. contencioso-adm.* 150: No admite la subsanación de la efectividad del pago si este no se hubiere realizado en el término del plazo señalado para recurrir.
B *tr* **3** (*Der*) Entablar recurso [3] [contra una sentencia o resolución (*cd*)]. | *Sp* 21.6.70, 27: Esta decisión administrativa puede ser recurrida en reposición y en alzada ante el propio Ministerio de Información y Turismo.

recurso *m* **1** Acción de recurrir [1]. | *Tri* 5.12.70, 35: El recurso, tan trillado, a Galileo afecta únicamente al catolicismo romano.
2 Cosa a la que se recurre o se puede recurrir [1]. | Laforet *Mujer* 18: Se había confiado en su matrimonio como en un recurso. Pero desde que se había casado iba mucho peor aún. Zubía *Geografía* 102: La pesca. Ha sido uno de los primeros medios de existencia del hombre. Hoy día es aún úni-

recusable – redención

co recurso de las regiones polares. **b)** *En pl:* Dinero o bienes. | CNavarro *Perros* 97: Carezco de recursos para emprender el regreso. **c)** *En pl:* Posibilidades o capacidad para actuar. | Ero *Van* 26.1.77, 6: Seguramente López Aguado sea hombre de menos recursos que Silvestre y González Velázquez; sin embargo, dejó en la capital unas obras de cierta estimación.
3 (*Der*) Reclamación contra una sentencia o resolución, ante la autoridad que las dictó o ante otra superior. *Gralm con un compl especificador.* | *Sp* 21.6.70, 27: Esta decisión administrativa puede ser recurrida en reposición y en alzada ante el propio Ministerio de Información y Turismo y posteriormente en recurso contencioso-administrativo ante el Tribunal Supremo.

recusable *adj* Digno de ser recusado. | Montarco *Abc* 15.12.70, 3: Ese tercer mundo subdesarrollado donde se trabaja para subsistir y cuya existencia es lamentable y recusable.

recusación *f* Acción de recusar. *Tb su efecto.* | CSotelo *Proceso* 364: Esos extremos fueron sin duda aducidos en el juicio de recusación contra el señor Inquisidor. *Abc* 4.12.70, 33: Dieron cuenta de que habían presentado una recusación contra varios miembros del Tribunal, que no ha sido aceptada.

recusar *tr* Rechazar o no aceptar [algo o a alguien]. | L. Calvo *Abc* 10.12.70, 37: La evocación de un pasado cruel –etapa negra del culto de la personalidad, recusado por todos los partidos comunistas del mundo–. **b)** (*Der*) Rechazar [a un juez, perito o testigo que ha de intervenir en un juicio]. | *Inf* 27.6.70, 26: Manson .. compareció ayer para recusar a los doce jurados seleccionados en principio.

red *f* **1** Utensilio hecho con un tejido de mallas. | Laforet *Mujer* 56: A Paulina le pesaba [la maleta], intentando sacarla de la red. **b)** (*Fút*) Portería. | M. GAróstegui *SAbc* 20.10.68, 30: Un Zarra presto siempre al remate, .. pidiendo a gritos el balón para enviarlo a la red. **c)** Aparejo de pesca o de caza constituido esencialmente por tejido de mallas. | Vesga-Fernández *Jesucristo* 154: Echad la red a la derecha del barco. **d)** Medio engañoso o astuto para atraer a alguien. *Normalmente con los vs* TENDER *o* CAER. | *País* 7.11.81, 48: Luis Sánchez Polak .. ha caído en las redes de Cupido.
2 Tejido de mallas. | * ¿Sabes hacer red?
3 Conjunto de cosas de estructura lineal que se cruzan o entrelazan. *Frec con un adj o compl especificador.* | MSantos *Tiempo* 234: Los hematíes pálidos como lentejas viudas por la red capilar. **b)** Conjunto de calles que afluyen a un mismo punto. *Normalmente formando parte de denominaciones de conjuntos de este tipo.* | Cabezas *Madrid* 347: En la Red de San Luis se instaló en 1832 una fuente monumental.
4 Conjunto organizado de elementos de conducción o comunicación. *Normalmente con un compl especificador.* | Aranguren *Marxismo* 123: Una excelente red de transportes colectivos extendida por todo el país. **b)** *Sin compl, esp:* Red eléctrica. | *País* 23.6.76, 11: Campo o ciudad (pilas o red), un magnetófono lleno de osadía que estará a su lado incluso donde nadie se atreva.
5 Conjunto organizado de elementos que actúan en distintos puntos. *Gralm con un compl especificador.* | *Alc* 1.1.55, 3: Una red de corresponsales informativos en todas las regiones .. garantizan nuestra información nacional. *Nue* 11.1.70, 3: Un delegado-jefe médico salió hoy de Suiza para ir a reforzar la red sanitaria en Biafra.
6 (*Mineral*) Disposición regular de los iones, átomos o moléculas. | Ybarra-Cabetas *Ciencias* 12: Los elementos o puntos materiales que forman la materia se sitúan en los nudos de una red paralelepipédica, formada por la intersección de tres series de planos paralelos a tres ejes coordenados.
7 (*reg*) Majada (lugar donde se recoge de noche el ganado). | Lázaro *JZorra* 64: Me ha dicho mi madre que lleve la cena a los pastores, que van a quedarse a dormir en la red.

redacción *f* **1** Acción de redactar. | *Abc* 30.12.65, 91: El presidente de la Comisión de Hacienda, señor Del Moral, informó del proceso de formación y redacción de los presupuestos. *GMundo* sn: Es norma del Centro dar una importancia .. a la exposición clara de ideas, .. con clases adicionales de ortografía y redacción. **b)** Ejercicio escolar consistente en desarrollar por escrito un tema narrativo o descriptivo. | Amorós-Mayoral *Lengua* 56: Cuando hagas redacciones o escribas cualquier cosa debes prestar mucha atención a la puntuación.
2 Conjunto de los redactores [de una publicación periódica o colectiva]. | *Inf* 30.3.74, 2: La redacción de la revista "Criba" .. es despedida por la empresa editora.
3 Oficina de los redactores de una publicación periódica o colectiva. | MCachero *AGBlanco* 18: Sus hermanos Edmundo y Pedro .. tenían ya un parvo y juvenil prestigio fundado en la frecuencia de tertulias y redacciones, y en trabajos insertos en revistas.

redaccional *adj* De (la) redacción. | *Unidades* 43: Esta definición fija bien la magnitud de la unidad de intensidad luminosa, pero se presta a críticas de orden redaccional. **b)** [Publicidad] que se presenta como un artículo ordinario de periódico o revista. | *Mad* 10.9.70, 10: El día 31 de agosto, en una plana de publicidad redaccional, el vespertino madrileño de Sindicatos publicaba unas declaraciones de don Victoriano Piñeiro Acosta.

redactar *tr* Dar expresión escrita [a algo que se dice o se piensa (*cd*)]. *Tb abs.* | Laforet *Mujer* 55: Si empezaba a redactar mentalmente la carta lloraría otra vez. ZVicente *Traque* 253: Doña Victoria, usted, tan entendida, ¿ha visto cómo redacta Fernandito?

redactor -ra *m y f* Pers. que redacta. *Esp designa al profesional de una publicación periódica o colectiva.* | Lapesa *HLengua* 142: Sus redactores o copistas [de los fueros] eran sin duda ultramontanos. Delibes *Cartas* 68: Nadie puso objeción a que yo accediera al cargo de redactor-jefe. Antes, a lo largo de diez años, había hecho calle, sucesos, cine y, por último, redacción de mesa.

redada *f* **1** Acción de lanzar y recoger la red [1c]. *Frec el conjunto de peces o animales capturados de una vez.* | J. A. Donaire *Inf* 27.6.74, 25: Icona ha implantado, por vez primera, la prohibición de capturar cangrejos cuatro días de la semana .. Tan solo los jueves, sábados y festivos queda autorizada la "redada" del preciado astacus. Aldecoa *Gran Sol* 161: Con media docena de redadas así se llenan los barcos.
2 Operación policial en que se detiene a varias perss. en un mismo recinto. *Tb el conjunto de perss detenidas.* | *Ext* 19.10.70, 6: La Policía llevó a cabo ayer más de 100 redadas con un total de 306 detenidos.

redaño (*frec en la forma pop* **reaño** *en acep 2*) *m* **1** Repliegue del peritoneo. | Navarro *Biología* 135: Colon transverso. Intestino delgado. Redaño. Vejiga. [*En un grabado del abdomen humano.*]
2 (*col*) *En pl:* Brío o valor. | DCañabate *Paseíllo* 30: Somos hombres y tenemos redaños. CPuche *Paralelo* 293: Algún día me tocará poner a prueba tus reaños.

redargüir (*conjug* **48**) *tr* Replicar o argüir en contra. *Tb abs.* | Zunzunegui *Camino* 101: La ilusionaba el viaje a París. ¿Por qué no hacerlo? Que supone un compromiso. ¿Y qué? Su conciencia le redargüía: Es un hombre casado.

redecilla *f* **1** Utensilio pequeño hecho con un tejido de mallas. | MSantos *Tiempo* 236: Las nalgas del mozo que sube sin esfuerzo con sus .. seis bultos a mi departamento y me los coloca en la redecilla. **b)** *Esp:* Prenda a modo de bolsa de mallas, usada para recoger el pelo. | J. L. Gotor *País* 31.7.76, 16: Dolores lleva el cabello anudado en un moño con redecilla, a la española. Buero *Soñador* 208: Es un majo de buen porte: blanco sombrero redondo, redecilla .. y larga capa terciada.
2 (*Anat*) Segunda cavidad del estómago de un rumiante. | Marín *Enseñanza* 215: El estómago de un rumiante se compone de panza, redecilla, libro y cuajar.

rededor **I** *m* **1** (*raro*) Contorno o entorno. | Payno *Curso* 174: Cuando los padres o los profesores han sido capaces de confiarles una imagen sensata del mundo del rededor, va siempre plagada de matices personales.
II *loc adv* **2 en ~.** (*lit*) Alrededor. | FSantos *Hombre* 95: Todo en rededor, antes helado, se hacía cálido.

redención *f* Acción de redimir. *Frec con mayúscula, designando la realizada por Cristo.* | T. GFigueras *Abc* 6.3.58, 15: Los Trinitarios, en una de sus redenciones en Marruecos, encontraron a los cautivos de la guarnición de La Mamora. SLuis *Doctrina* 36: La Redención de Jesús fue sobreabundante y universal. E. Corral *Abc* 6.12.70, 72: Algunos drogadictos que esperan una redención sin esperanza.

redentor – redimir

FReguera-March *Filipinas* 79: Yo sé un rato [de la pobreza], y más que nada por estar en los tiros, pues por trescientos duros me habría salvado con la redención y tan contento en mi casa. *Compil. Cataluña* 817: El censatario podrá exigir en cualquier tiempo la redención del censal.

redentor -ra I *adj* **1** Que redime. *Tb n, referido a pers. Frec designa a Jesucristo (en este caso se escribe con mayúscula).* | G. Marañón *Abc* 18.12.70, 3: Gustavo Adolfo, con sus *Rimas*, busca el latido redentor del humano corazón. Delibes *Parábola* 114: Jacinto teme también a los redentores que redimen con la misma vara que combaten. SLuis *Doctrina* 38: Cristo es el Redentor, el Salvador de los hombres. **2** Relativo a la acción de redimir, *esp* [2]. | MGaite *Cuento* 277: Sin argumentos que oponer a los que esgrimía su amigo con afán redentor.
II *loc v* **3 meterse a ~.** Intentar solucionar problemas ajenos sin tener atribuciones para ello. | ZVicente *Traque* 311: No te metas a redentor, hijo mío, que el hombre es malo y no anda nunca a derechas.

redentorismo *m* Actitud de quien trata de redimir [2]. | *Abc* 22.10.57, 29: No se sabría aquí lo que es peor: el falso redentorismo o la perversión amañada.

redentorista *adj* **1** De la congregación del Santísimo Redentor, fundada en 1732 por San Alfonso María de Ligorio. *Tb n, referido a pers.* | *Abc* 30.8.66, 49: Predicará todas las tardes el P. Ángel Carrillo Sevillano, redentorista. **2** De(l) redentorismo. | Campmany *Abc* 31.3.87, 17: Dirige los ejercicios espirituales de sus cofrades casi al modo ignaciano, con la teoría de las dos banderas: la bandera redentorista de Felipe y la bandera reaccionaria de la derecha. **3** Que tiende a redimir [2]. | Llamazares *Río* 128: Su antiguo alumno tenía tal vocación redentorista .. que no le extrañaría nada que saliera detrás de él y le siguiera hasta Valverde para intentar convertirle.

redeño *m (reg)* Saco pequeño de red sujeto a un aro y provisto de mango, que se utiliza para sacar la pesca o para pescar. | Arce *Precio* 44: Olvidándonos de nuestro juego y atraídos por las rocas de la playa, improvisábamos pequeños redeños con nuestros pañuelos y nos dedicábamos a las esquilas.

redero -ra *m y f* Pers. que hace o arma redes [1]. | Aldecoa *Gran Sol* 154: Macario Martín ya no estaba en disposición de cumplir las órdenes de abastecer a los rederos.

redescontable *adj (Econ)* Que puede redescontarse. | Tamames *Economía* 84: El Servicio abona a los agricultores con pagarés que son descontables en la Banca y redescontables en el Banco de España.

redescontar *(conjug 4) tr (Econ)* Descontar [los efectos presentados por un banco y ya descontados por él]. | Tamames *Economía* 269: Los efectos representativos de tales créditos pueden redescontarse a su vez en una línea especial de redescuento del Banco de España a un tipo del 3,6 por 100.

redescubridor -ra *adj* Que redescubre. *Tb n, referido a pers.* | Castroviejo *Abc* 10.10.65, 29: Fernando Benítez, en un recientísimo y sugestivo libro .., nos relata, día por día, los contactos de estos redescubridores con la india María Sabina. M. Campo *SSe* 8.9.91, 38: Fue necesario esperar hasta mitad del siglo XIX para que el redescubridor de estos parajes, el valenciano Francisco Martí de Veses, iniciara su explotación cinegética de una manera ordenada y rentable.

redescubrimiento *m* Acción de redescubrir. | Castilla *Humanismo* 8: El humanismo renacentista .. es el redescubrimiento del hombre en cuanto hombre.

redescubrir *(conjug 37) tr* Volver a descubrir [alguien o algo que estaba olvidado]. | *Sp* 19.7.70, 50: El ciclo Bogart .. ha redescubierto a Lauren Bacall. M. D. Asís *Rev* 7/8.70, 4: Hay que olvidar su envoltura novelesca y dedicarse a definir el mecanismo intelectual que la novela redescubre.

redescuento *m (Econ)* Nuevo descuento de los efectos presentados por un banco y ya descontados por él. | FQuintana-Velarde *Política* 192: Una elevación del tipo de redescuento encarece la utilización del crédito.

redicho -cha *adj* [Pers.] que habla o se expresa con corrección afectada. | Escobar *Itinerarios* 239: –Oye, ¿no ves allí un muelo de algo, persona, animal o enseres? –el alguacil era muy redicho.

rediez *interj (col, euf)* Rediós. | ZVicente *Traque* 165: ¡Fausto, rediez, te estoy hablando! RIriarte *Adulterio* 347: –He decidido repartir todas mis acciones entre los empleados del Banco .. –¡Ayyy! .. –¡Rediez!

redil *m* **1** Lugar cercado, esp. con estacas y redes, para guardar el ganado. | Villarta *Rutas* 193: Edificó rediles para el ganado y chozas para los pastores.
2 *(lit)* Ambiente en que una comunidad de perss. vive acatando unas normas o principios. *Frec en la constr* VOLVER AL ~. | Arenaza-Gastaminza *Historia* 171: Motivaron la reforma protestante que a tantos fieles separó de su redil.

redimensionamiento *m* Acción de redimensionar. | G. L. DPlaja *Tri* 5.8.72, 26: Se ha dado cuenta [el capitalismo suizo] de las necesidades de redimensionamiento que exige la competencia del desafío americano. *Abc* 6.11.74, 35: Las circunstancias actuales por las que atraviesa la industria automovilística mundial están obligando a reducciones en la programación de producción y, en consecuencia, a un redimensionamiento de sus efectivos.

redimensionar *tr* Dar nuevas dimensiones [a algo, esp. a una empresa], adaptando[lo] a las nuevas circunstancias. | G. L. DPlaja *Tri* 5.8.72, 26: Las firmas que quieren sobrevivir están pasando a redimensionarse y fusionarse.

redimente *adj (Der)* Pers. que redime [4 y 5]. *Gralm n.* | *Compil. Cataluña* 816: El comprador o sucesor deberán [*sic*] indemnizar al redimente la disminución de valor que hubiere sufrido la cosa por causa a ellos imputable.

redimible *adj* Que se puede redimir. | *Ya* 16.10.89, 56: La sociedad debe conocer a esas criaturas que están dentro de la cárcel y hacerse a la idea de que son gente redimible.

redimir *tr* **1** Liberar [a un esclavo o cautivo] mediante precio. | SLuis *Doctrina* 71: Las obras de misericordia .. Redimir al cautivo. Enterrar a los muertos. **b)** *(Rel)* Liberar [Jesucristo al hombre] del poder de Satanás reparando la ofensa hecha a Dios por el pecado original. | SLuis *Doctrina* 35: Jesús pudo redimirnos con cualquiera de sus actos.
2 Sacar [a alguien o algo de un estado o de una situación lamentables o penosos]. *Frec se omite el compl* DE, *por consabido.* | Delibes *Año* 47: El plan, aunque ambicioso, no iba a redimir la economía agrícola de Castilla, o, si es caso, redimiría una zona. J. M. Llompart *Pap* 1.57, 94: Ese corazón que, venturosamente, redime a nuestra literatura de claudicaciones propias y olvidos ajenos.
3 Librar [a alguien o algo de una obligación]. | *Alc* 15.10.70, 5: El topógrafo tenía que salir al campo y realizar unos trabajos costosísimos: medir distancias, relieves, determinar ríos, carreteras, etc. Hoy la fotografía aérea nos ha redimido de esta labor. **b)** *(hist)* Librar [a alguien del servicio militar] mediante el pago de una cantidad. *Frec sin compl* DE. | Villarta *Rutas* 200: En los tiempos en que los mozos se redimían con metálico del servicio militar, la Sociedad de Cosecheros de Chinchón, La Mojona, libraba a todos los quintos nacidos en el pueblo. FReguera-March *Cuba* 18: Ignacio .. también había sido redimido. ¿Y él? Él quizá fuera a morir en Cuba o en Filipinas.
4 *(Der)* Comprar de nuevo [algo que se había vendido]. | *Compil. Cataluña* 815: En las ventas a carta de gracia .. el derecho de redimir que el vendedor se reserva para adquirir lo vendido por el precio mismo de la venta caducará al extinguirse el plazo de duración estipulado.
5 *(Der)* Cancelar [una hipoteca, obligación o gravamen]. | *Compil. Cataluña* 818: El pagador de la pensión podrá redimir en cualquier tiempo la obligación contraída mediante la restitución íntegra del capital.
6 Hacer perdonar [una pena o castigo]. | Grosso *Capirote* 112: La lluvia continuó cayendo .. Tuvo que ser evacuada la barriada de El Cerro del Águila .. Y los hombres del celular y de las brigadas, los *destinos*, los que redimían pena por el trabajo, tuvieron durante diez días más la esperanza de que serían evacuados.
7 *(Rel catól, raro)* Expiar [un pecado]. | RMorales *Present. Santiago* VParga 4: Creemos en la vida perdurable ..;

pero también en la posibilidad de redimir nuestros pecados en este mundo.

redingote *m* (*hist*) Capote de poco vuelo y con mangas ajustadas. | Buero *Sueño* 170: Leocadia ayuda a Goya a despojarse del redingote.

rediós *interj* (*pop*) Expresa enfado, admiración o sorpresa. | Torrente *Vuelta* 267: Rediós con la galerna. Berlanga *Gaznápira* 52: ¡Rediós, qué tino: en metá del corazón! FReguera-March *Boda* 145: ¡Rediós! Me parece mentira. ¿Cuánto hace que no nos vemos?

redistribución *f* Acción de redistribuir. | FQuintana-Velarde *Política* 246: Una auténtica política de redistribución de renta tiene en las cifras que ofrecemos datos elocuentes para orientar su estrategia.

redistribuidor -ra *adj* Que redistribuye. | Aparicio *César* 88: Desde esa divina intención compensadora, redistribuidora, .. pueden explicarse todas las apariciones.

redistribuir (*conjug* **48**) *tr* Distribuir de nuevo. *Tb abs*. | *Mad* 10.9.70, 10: Este Iberpuerto se piensa como receptor de crudo de petróleos para ser después redistribuido, en barcos de menor tonelaje, a las diversas refinerías del país. FQuintana-Velarde *Política* 246: Exige siempre el aumentar la producción para mejorar su distribución "después". Y es bien sabido que ese camino no suele ser adecuado para redistribuir, sino para conservar.

redistributivo -va *adj* De (la) redistribución. | FQuintana-Velarde *Política* 246: Es aquí donde la política redistributiva debe montar su campo de acción.

rediticio -cia *adj* De(l) rédito. | *Abc* 12.9.68, 66: Es una empresa conocida de la industria farmacéutica alemana, con un volumen de venta de 53 millones de DM en 1967 y buena situación rediticia.

rédito *m* Interés (cantidad producida por un capital en un período determinado). | Ramírez *Derecho* 33: Con cargo a tal sociedad se pagan .. los atrasos o réditos devengados durante el matrimonio por las obligaciones a que los bienes estuvieren afectos. **b)** Interés (cantidad producida anualmente por cada cien unidades de un capital). | Gironza *Matemáticas* 121: Esa renta se calcula señalando previamente lo que producen cada cien pesetas prestadas, o sea el tanto por ciento de interés, que se llama rédito.

redituable *adj* Que produce utilidad o beneficio. | Aguirre *SInf* 1.4.71, 16: Julio Mathías contribuye a la investigación, a esa labor poco apreciada en España, en la que lo erudito no es redituable.

redituar (*conjug* **1d**) *tr* Producir [utilidad o beneficio]. | Mendoza *Misterio* 84: Los peligros por ella arrostrados [podían tacharse] de desmedidos en relación con el beneficio redituado.

redivivo -va *adj* Resucitado. | CRistol *Van* 26.3.70, 11: Quisiera plantear una delicada cuestión .. a muchos que hoy truenan contra Patufet y el patufetismo: ¿Y si fuerais el redivivo, el verdadero Patufet de nuestros días? **b)** *Se usa en constrs de sent comparativo para ponderar el parecido de una pers con otra*. | * Este niño es su abuelo redivivo.

redoblamiento *m* Acción de redoblar(se) [1 y 2]. | GSalomé *Ya* 8.5.74, 10: Las medidas tomadas por las autoridades provocaron un redoblamiento del terrorismo en la Argentina.

redoblante I *adj* **1** Que redobla [4 y 5]. | Alfonso *España* 20: La tierra ibérica tiene forma de piel de toro; piel que parece tensa y demasiado persuasiva, como la de un gigantesco tambor redoblante. SFerlosio *Jarama* 45: Retumbaba [el tren] en lo alto del puente, por encima de todos, con un largo fragor redoblante.

II *m* **2** Tambor de caja alta y sin bordones en la parte inferior. | Carnicer *Cabrera* 60: En medio de ellos, tocando una marcha, van cuatro músicos forasteros: trompeta, clarinete, redoblante y bombo.

redoblar A *tr* **1** Aumentar [algo (*cd*)] al doble. | *Abc* 7.9.66, 28: Es de suponer que las medidas de seguridad que entonces se tomaron se hayan visto redobladas en esta ocasión. **b)** *pr* Aumentar [algo (*suj*)] al doble. | Alfonso *España* 21: También este novísimo exceso se redobla y aferra entre nosotros.

2 Doblar [algo] sobre sí mismo. *Tb abs*. | *Economía* 43: Se coloca después la sábana de encima, dejando para redoblar un embozo de aproximadamente cincuenta centímetros. * Redoblar un clavo.

3 Tocar [un tambor] con redobles. *Tb abs*. | Marlasca *Abc* 11.12.70, 43: Si hemos de conseguir la seguridad propugnada, redoblemos los tambores simbólicos de tal preocupación.

B *intr* **4** Sonar [un tambor] con redobles. | Peraile *Cuentos* 90: Redobló el tambor, crujió el tambor redondamente, como hogaza candeal.

5 Producir [algo] un sonido reiterado. | Delibes *Madera* 418: Entre los estampidos de las torres y el tableteo de las ametralladoras del *espardek*, sobrevino en el puesto H un movimiento de estupor .. Pero antes de que volvieran a redoblar las torres de proa, el cabo Pita giró la manivela.

redoble *m* **1** Toque vivo y sostenido del tambor o de otro instrumento similar, que se realiza haciendo rebotar los palillos sobre la piel del instrumento. | Chistera *Cod* 2.2.64, 10: Apenas suena el redoble que anuncia el "show", el caballero dirá.

2 Sonido reiterado [de algo]. | L. Calvo *Abc* 7.9.66, 29: El redoble pertinaz de los cañones en todo el contorno de Saigón lo mismo sacude que concilia el sueño. RMencía *VozC* 25.7.70, 1: Hasta aquí lleva el eco del redoble de campanas que convocan a la oración.

3 Acción de redoblar(se) [1 y 2]. | Halcón *Ir* 392: Tendrás que reducir mucho la salida del príncipe de palacio y exigir el redoble de la guardia. L. Calvo *Abc* 21.8.66, 45: El radar de Singapur registra un nuevo redoble de angustias en Yakarta.

redolada *f* (*reg*) Comarca. | J. M. Javierre *Gac* 18.1.76, 14: En el pueblecito del Palmar, y en toda la redolada, .. la gente decía: la Virgen se aparece en los descampados de Urquijo.

redolor *m* Dolor sordo. *Tb fig*. | FVidal *Duero* 164: Los muerde y los mastica con fruición, aunque en ocasiones le atormente el redolor del quijal del juicio. Berlanga *Gaznápira* 46: Habría terminado aquel redolor que te atosigaba al pensar que existían otras personas que podían estar más tiempo con él.

redoma *f* Botella de laboratorio, de fondo ancho y cuello estrecho. | GNuño *Madrid* 115: Platos, botes y redomas de reflejos, casi todo en oro y azul.

redomado -da *adj* Consumado o perfecto. *Siguiendo o acompañando a un n que expresa cualidad negativa*. | DCañabate *Paseíllo* 27: Antes que torero, te prefiero un vago redomado.

redondamente *adv* De manera redonda [7]. | G. Sureda *Sáb* 28.9.74, 60: Ese estar hoy no redondamente bien, pero sí lleno de detalles geniales, y mañana, espantosamente mal, es consecuencia de vivir en un mundo mágico. Peraile *Cuentos* 90: Redobló el tambor, crujió el tambor redondamente, como hogaza candeal.

redondeado -da *adj* **1** *part* → REDONDEAR.

2 Que tira a redondo [1a y b]. | Bustinza-Mascaró *Ciencias* 211: En la boca hay en cada mandíbula seis incisivos cortantes, dos caninos fuertes .. y catorce muelas cuyas coronas tienen salientes redondeados.

redondeamiento *m* Acción de redondear(se). *Tb su efecto*. | Salvador *Letra Q* 28: Cuando la articulación verdaderamente velar, retrasada, añade el rasgo de redondeamiento labial para reafirmar su condición, puede llegar a independizarse fonemáticamente. GNuño *Escultura* 123: Son obras más tardías y ocasionadas, a juzgar por su redondeamiento de formas. F. LNegrín *Pue* 8.9.70, 3: El curso político va a ser, presumiblemente, de redondeamiento constitucional.

redondear *tr* Hacer redondo [1, 2, 4 y 5] [algo]. *Referido a cantidad, tb abs y a veces con un compl* A. | Medio *Bibiana* 62: Bibiana Prats acaba de redondear el hueco de la patata. Lera *Boda* 644: Había cogido una miga de pan y la redondeaba, formando una bolita. Salom *Cita* 262: ¡A redondear la cifra! *Naipes extranjeros* 55: Si nuestras cartas suman 6 1/2 puntos positivos, redondearemos a 7, es decir, que los medios puntos positivos se redondean siempre por exceso. ZVicente *Traque* 103: A duras penas va uno sacando para redondear su formación. **b)** *pr* Hacerse redondo [algo].

Ybarra-Cabetas *Ciencias* 370: Su cola [de las larvas] se va redondeando. *Arr* 22.10.70, 1: No cuajó [la nieve], porque la abundante lluvia caída la noche anterior no permitió que el acontecimiento se redondeara.

redondel *m* Círculo o circunferencia. | Cela *Judíos* 287: El vagabundo, en Lanzahíta, vio la marca de la caridad pintada en muchas casas, la cruz dentro de un redondel. CNavarro *Perros* 52: El paraguas daba vueltas sobre el hombro desnudo, y el redondel de la tela se proyectaba contra las paredes. **b)** (*Taur*) Ruedo de una plaza de toros. | Escobar *Itinerarios* 226: El toro escapó del redondel y, como viera abiertas de par en par las puertas del Ayuntamiento, allí que se zampó el bicho.

redondela *f* (*reg*) Utensilio de paja, redondo y plano, usado para llevar el pan al horno. | Hoyo *Señas* 6: El olor casi viviente de la entretejida paja de las redondelas con que se llevaban las hogazas amasadas, blancas, húmedas, al horno.

redondelano -na *adj* De Redondela (Pontevedra). *Tb n, referido a pers*. | Cunqueiro *Pontevedra* 110: Cabe la orilla redondelana de la ría, la islilla de San Simón.

redondeo *m* **1** Acción de redondear(se). | *Inf* 6.3.75, 14: El Ministerio de Obras Públicas ha autorizado a las empresas concesionarias de servicios públicos regulares de transporte de viajeros por carretera el redondeo a peseta por exceso de los precios de los billetes.
2 Cualidad de rendondeado [2]. | Remón *Maleza* 91: Este ranúnculo se diferencia de todos sus congéneres en la fase de plántula, por la forma de sus cotiledones y el pronunciado redondeo de sus ápices.

redondez *f* **1** Cualidad de redondo [1, 2 y 5]. | Camón *SAbc* 19.4.70, 29: Esa Hera de Samos con frutal redondez, con el tronco del árbol apenas velado por un paño con pliegues matemáticos. R. Rodríguez *Rev* 7/8.70, 28: Al considerar la difuminada redondez expresiva de Fellini, recuerdo que Rossellini le definía como un ayudante "emotivo y o[b]stinado".
2 Parte redonda [1 y 2]. | Lera *Clarines* 480: Fina se desperezó después estirando los brazos. Luego, palpándose sus redondeces, dijo.
3 Superficie [de un cuerpo redondo, esp. de la Tierra]. | Villapún *Iglesia* 8: Predicar la fe de Cristo por la redondez de la tierra.

redondillo -lla I *adj* **1** [Trigo] de grano blando, redondeado y rojizo. | Ybarra-Cabetas *Ciencias* 287: Los trigos redondillos, llamados así por tener unos granos esféricos, dan también harina blanca y son panificables.
2 [Letra manuscrita y caligráfica] vertical y circular. | Delibes *Parábola* 17: La caligrafía de Jacinto es minuciosa, lo mismo la inglesa que la redondilla.
II *f* **3** (*TLit*) Estrofa formada por cuatro versos octosílabos que riman el 1º con el 4º y el 2º con el 3º. | Quilis *Métrica* 110: La estructura de la décima está formada por dos redondillas, con rima abrazada, .. y uniéndolas, dos versos de enlace.

redondo -da I *adj* **1** Circular. | Cunqueiro *Un hombre* 11: El palomar estaba cabe la puerta, redondo. **b)** Esférico. | P. Crespo *Ya* 7.1.90, 58: No importa que sepamos ya .. que la Tierra es redonda. **c)** (*Taur*) [Pase] que da el torero girando sobre los pies y obligando al toro a dar la vuelta a su alrededor. *Tb n m*. | *Abc* 23.8.66, 54: Andrés Vázquez, pases de rodillas, redondos y manoletinas.
2 Redondeado. | * Este mueble tiene las esquinas redondas.
3 (*Impr*) Letra derecha, más o menos redondeada y poco gruesa. *Tb n f*. | Huarte *Tipografía* 15: No hay versalitas de tipo cursiva ni negrita, sino solo las correspondientes a la redonda.
4 [Cantidad numérica] que resulta de suprimir en otra las unidades de orden inferior. *Gralm en la constr* EN NÚMEROS ~S. | Cuevas *Finca* 57: Cuatrocientos mil reales en números redondos. Delibes *Cartas* 95: Digo el 10 por más redondo, pero lo mismo me daría el 9 que el 11.
5 [Cosa] perfecta o bien acabada. *Frec como predicat con vs como* SALIR *o* QUEDAR. | J. M. Caparrós *Mun* 23.5.70, 56: Gene Kelly .. ha sabido renovarse y darnos una de las piezas más redondas del género.

6 Regular o sin desigualdades. *Dicho del funcionamiento de un motor*. | Halcón *Monólogo* 50: –Este motor no va bien, Tomás. –No, señora; no va redondo, lo vengo observando. Ferres-LSalinas *Hurdes* 45: Los viajeros echan los morrales sobre la caja del camión. El ruido redondo del motor espanta a un asno peludo. **b)** (*Dep*) [Pedaleo] armónico y regular, que produce el máximo rendimiento. | * Delgado tiene un pedaleo redondo y potentísimo. **c)** (*Dep*) [Ciclista] de pedaleo redondo. | *Valencia SYa* 31.6.75, 21: Luis Ocaña .. es otro tipo de corredor más fino y redondo en el llano.
7 Claro o categórico. | *Sp* 19.7.70, 3: Nuestra verdad redonda: "nos esforzamos más".
8 Desmayado o exánime. *Como predicat con* CAER(SE). | RBuded *Charlatán* 224: ¡Se ha caído redonda otra vez! Cunqueiro *Crónicas* 168: Dio con la frente en la viga de la Puerta de los Frailes, y cayó redondo.
9 (*Mar*) [Vela] cuadrilátera que se usa en las goletas y otras embarcaciones, con vientos largos y regulares. *Tb n f*. | F. RBatllori *Abc* 11.6.67, 6: También era preciso cambiar en redonda la vela latina de la "Niña".
10 (*Mar*) [Viaje] de ida y vuelta de un puerto a otro, esp. sin escalas. | J. A. Padrón *Día* 14.5.76, 23: A mediados del pasado siglo, se habilitó la fragata mercante "Elcano" para que, en el curso de un viaje redondo a Manila, llevase alumnos de la Escuela Naval Militar.
11 (*jerg*) Bisexual. *Tb n*. | Umbral *Gente* 251: Redondos, o sea, multisexuales, accesibles por cualquier orificio, ellos y ellas.
12 [Coto] ~, [mesa] **redonda**, [punto] ~ → COTO, MESA, PUNTO.

II *n* A *m* **13** Parte inferior, de corte circular, del lomo de una res vacuna. | MFVelasco *Peña* 26: Dudaba yo si .. echarle también .. la fiambrera con unos medallones de redondo mechado que llevaba.
14 Barra de hierro o acero de sección circular. | *Ya* 3.3.63, 16: Los precios de los productos siderúrgicos en España .. Palanquilla .. 5.754 .. Coils .. 7.434 .. Redondos .. 7.011.

B *f* **15** (*Mús*) Nota del máximo valor. | RÁngel *Música* 46: Estas figuras musicales indican duraciones relativas entre las siete que existen, que son las siguientes ..: redonda, blanca, negra, corchea, semicorchea, fusa y semifusa.
16 (*lit*) Alrededores. | CBonald *Ágata* 49: El mimbreral de Malcorta bullía de taladores y por toda la redonda trasminaba el sudor de los hachores.

III *loc adv* **17 a la redonda.** Alrededor. | Cela *Pirineo* 117: La herrería de La Guingueta tuvo fama en muchas leguas a la redonda. Lorenzo *SAbc* 8.9.74, 10: Hacha en mano, el sacador tantea el tronco. Siguiendo las gemas, la huella del anterior corte, hace en los macheros a la altura de la cruz una incisión, y otra incisión a la redonda, junto al suelo.
18 en ~. Circularmente. *Normalmente con vs como* GIRAR *o* VIRAR. | RIriarte *Noche* 174: Gira en redondo, sobresaltadísima.
19 en ~. Rotundamente. *Normalmente con los vs* AFIRMAR *o* NEGAR. | LTena *Alfonso XII* 177: Si lo que desea el Gobierno es que yo escriba a mi madre para reñirla, me niego en redondo.
20 por ~. (*Mar*) Haciendo pasar la popa por la dirección del viento. *Con el v* VIRAR. | El. Serrano *SYa* 16.6.74, 4: se puede virar de dos formas: por avante y por redondo, según se haga pasar la proa o la popa por el viento.

redondón *m* (*raro*) Figura redonda [1 y 2] grande. | Zunzunegui *Camino* 523: La primavera incipiente acuchillaba en claridades el redondón de los montes.

redopelo. a ~. *loc adv* (*raro*) A contrapelo. *Tb fig*. | Delibes *Madera* 405: Se acarició el cogote a redopelo antes de hablar. Delibes *Madera* 151: Sabía que actuaba a redopelo de mamá Zita .., pero pudo más en él la esperanza que la prudencia.

redor[1]. en ~. *loc adv* (*lit*) Alrededor. *Frec con un compl* DE. | GNuño *Arte* 61: La Torre del Oro es dodecagonal, disponiendo habitaciones alternativamente triangulares y trapezoidales en redor de un machón hexagonal.

redor[2] *m* (*reg*) Capacho de esparto con dos asas en que se pone a solear la uva. | CBonald *Dos días* 56: Salieron al almijar, por donde se adivinaban los verdes montones de la uva puestos a solear sobre unos redores de esparto.

redoso *m* (*Mar*) Abrigo o resguardo. | Guillén *Lenguaje* 40: Redoso ya es equívoco, porque significa también esto último ['parte no azotada por la mar'] con más aceptación que su primitiva acepción ['parte azotada por la mar'].

redox *adj invar* (*Quím*) [Reacción] reversible en que una sustancia sufre oxidación y la otra reducción. | Aleixandre *Química* 68: Los fenómenos de oxidación-reducción son siempre simultáneos e inseparables, y por eso se les llama fenómenos de óxido-reducción o reacciones redox.

redropelo. a ~. *loc adv* (*raro*) A contrapelo. *Tb fig.* | Torrente *SInf* 10.10.74, 12: Sus protagonistas son gentes que se salvaron así: unos, a redropelo; otros, a favor de la corriente.

reducción *f* **1** Acción de reducir(se). | Navarro *Biología* 67: La reducción cromosómica de los animales se realiza cuando se originan los gametos. *Sp* 19.7.70, 25: Su puesta en funcionamiento supondrá la reducción o anulación de la capacidad de producción de otros astilleros. Marcos-Martínez *Aritmética* 69: Reducción de fracciones a común denominador. Marcos-Martínez *Física* 294: Los óxidos obtenidos se someten en seguida a la reducción. **b)** ~ **al absurdo**. (*Filos*) Demostración de la verdad o falsedad de una proposición, por la imposibilidad de su contraria, o por la falsedad de sus consecuencias. | MPuelles *Filosofía* 1, 171: Indirecta o negativa es la que patentiza una verdad manifestando la falsedad de la que se le opone; por lo que también se la llama demostración "por reducción al absurdo".

2 (*hist*) *En la América colonial*: Pueblo de indios con cabildo propio, fundado por la Corona y con organización dirigida por misioneros. | Arenaza-Gastaminza *Historia* 196: Se puede considerar como un Cabildo particular la organización de los indios en sus reducciones.

reduccional *adj* (*E*) De (la) reducción [1]. | Navarro *Biología* 67: La meiosis es un proceso reduccional.

reduccionismo *m* Tendencia a la reducción de elementos complejos a otros más simples. | Aranguren *Marxismo* 147: La unidad de infraestructura y superestructura se convierte en estructural, con lo cual la polémica entre el reduccionismo y la afirmación de la posibilidad de reinflujo de la superestructura pierde todo sentido. E. Pacho *SAbc* 13.12.91, 15: Hay que superar ese reduccionismo y aceptar que el simbolismo de los poemas sanjuanistas desborda abundantemente el amor profano.

reduccionista *adj* De(l) reduccionismo. | Aranguren *Marxismo* 52: La tesis reduccionista ha tendido a reducir la estructura a la *Unterbau* y hacer de la *Überbau* una mera superestructura que estaría en relación de efecto [a] causa con aquella. **b)** Partidario del reduccionismo. *Tb n*, *referido a pers*. | *DVa* 29.2.76, 3: Este grupo de CPS no acepta el marxismo globalmente, pero pretende conciliar su filosofía con la cristiana .. Su teología y su moral se muestran manifiestamente reduccionistas; propugnan una iglesia popular contrapuesta a la institucional.

reducibilidad *f* Cualidad de reducible. | GÁlvarez *Filosofía* 2, 308: El criterio de solubilidad de un problema vendrá dado por su reducibilidad a la experiencia.

reducible *adj* Que se puede reducir. | *Compil. Cataluña* 765: Los legados cuyo valor exceda de lo que obtenga por causa de muerte la persona gravada por voluntad del testador serán reducibles por ineficaces. Albalá *Rev* 11.70, 20: Concepto que consideramos formalmente reducible a la fórmula: noticia + documentación = información.

reducidamente *adv* De manera reducida. | T. Rabanal *Hoy* 30.8.75, 19: Más tarde aparecieron unos papeles en que se cuenta reducidamente, en síntesis, que Rangel de Zayas y Quirós había fallecido siendo obispo de Lugo.

reducido -da *adj* **1** *part* → REDUCIR.

2 [Cosa] pequeña en tamaño, cantidad o importancia. | *Van* 4.11.62, 15: Sofás-cama, muebles-cama .. La solución para las viviendas reducidas. Onieva *Prado* 113: Hízose transportar en silla de manos a los lugares del combate, para dictar urgentes órdenes a sus capitanes, Diego Ruiz y otros, cuyas tropas eran muy reducidas. FQuintana-Velarde *Política* 123: La capitalización privada goza de reducidas posibilidades.

reducir (*conjug* 41) **A** *tr* **1** Hacer [algo o a alguien] más pequeño. *A veces con un compl* A. | *Inf* 12.4.73, 4: Reducen costos y eliminan mano de obra. Ortega *Americanos* 54: Moviendo uno de aquellos mandos redujo la imagen en la pantalla a un tamaño que era aproximadamente el mismo que tenía en mi aparato. APaz *Circulación* 33: La velocidad debe reducirse a la equivalente a la del paso de un hombre, cuando .. tenga que pasar rozando las aceras. **b)** *pr* Hacerse [alguien o algo] más pequeño. *A veces con un compl* A. | Buero *Diálogo* 48: Aracne se está reduciendo. Navarro *Biología* 222: Al reducirse a la mitad la guarnición cromosómica en la formación de los gametos, los machos originarán espermatozoides de dos clases.

2 Transformar [una cosa (*cd*) en otra (*compl* A), esp. de menor valor, calidad o importancia]. | Cunqueiro *Sáb* 20.8.75, 23: Uno de los santos de allá, San Efflam, sale a recoger las ánimas que vagabundean por el país. Con su mano taumatúrgica las reduce a grano de trigo de Orleans. Marcos-Martínez *Aritmética* 134: Reducir a complejos los incomplejos siguientes. Marcos-Martínez *Aritmética* 69: Reducir varias fracciones a común denominador es transformarlas en otras equivalentes que tengan el mismo denominador. **b)** *pr* Transformarse [una cosa en otra (*compl* A) de menor valor, calidad o importancia]. | Porcel *Mad* 2.3.70, 3: Los Juegos Florales fueron decayendo: a medida que avanza el siglo XX, van reduciéndose a un simple acto de banalidad poético-arqueológica. Olmo *Golfos* 113: La novelucha se reducía a cenizas.

3 (*Mec*) Poner [la marcha inmediatamente inferior]. *Frec abs y con un compl* A. | *Luc* 3.8.64, 5: Al entrar en un camino cubierto de grava, el conductor debe reducir la marcha. * Reduce a segunda.

4 Hacer que [una cosa (*cd*)] consista exclusivamente [en otra (*compl* A) de poca o menor entidad o importancia]. | Rábade-Benavente *Filosofía* 132: Esto es, precisamente, lo que pretende el psicologismo: reducir la lógica a la psicología. **b)** *pr* Consistir [una cosa (*suj*) en otra (*compl* A) de poca entidad o importancia]. | Gambra *Filosofía* 123: El universal se reduce para ellos a un mero nombre .., y no tiene otra realidad propia.

5 (*Coc*) Disminuir y concentrar [un líquido (*cd*)] por evaporación. | *Ama casa 1972* 525: Dejar hervir hasta reducir la salsa. **b)** *pr* Disminuir y concentrarse [un líquido] por evaporación. | Bernard *Verduras* 20: Cuando están doradas [las cebollas] se riegan con un vaso de caldo y se deja reducir lentamente, hasta que todo el líquido esté embebido.

6 (*Quím*) Hacer que [un cuerpo (*cd*)] pierda átomos de oxígeno u otros átomos, o grupos de átomos, electronegativos. | Marcos-Martínez *Física* 258: Cuerpos reductores son los que se apoderan del oxígeno con facilidad, privando del mismo a los demás cuerpos, o sea, reduciéndolos. **b)** *pr* Perder [un cuerpo] átomos de oxígeno u otros átomos, o grupos de átomos, electronegativos. | Marcos-Martínez *Física* 258: Un cuerpo se reduce cuando disminuye su proporción de oxígeno.

7 Someter o dominar [a alguien o algo que ofrece resistencia]. | M. Torres *Abc* 10.12.70, 25: La Policía se rehace y se abalanza sobre ellos para reducirlos. Algunos agentes sacan sus armas. *Ya* 3.3.63, 15: El siniestro fue reducido rápidamente. **b)** Someter [a una situación no deseada (*compl* A) a una pers. o cosa]. | Arce *Testamento* 29: El dolor de aquellos golpes me redujo a una imposibilidad total. Esperabé *Sáb* 6.8.75, 28: No es que [el juez] ejerza, como ejerce, autoridad y hasta pueda reducir a prisión a los ciudadanos, sino que, por imperativo legal, le compete perseguir los delitos electorales que se cometan.

8 (*Med*) Volver a la posición normal las partes [de una fractura, de una dislocación o de una hernia (*cd*)]. | GTolsá *HEspaña* 1, 241: Inventaron [los médicos musulmanes] un modo especial de curar las fiebres ..; practicaron la cirugía, reduciendo fracturas. Mascaró *Médico* 93: Las manipulaciones que deben efectuarse para reducir una luxación solo puede realizarlas el médico.

B *intr pr* **9** Centrar [alguien] la atención exclusivamente [en algo (*compl* A)]. | *Puericultura* 54: Podemos, por tanto, reducirnos al ser enfermo como manantial productor de nuevos casos de tuberculosis.

10 (*raro*) Volver [alguien a un lugar]. | Lera *Olvidados* 129: Cuando hubo atendido al último de los enfermos y se redujo de nuevo a su despacho, apareció otra vez silenciosamente doña Sara.

reductasa *f* (*Biol*) Enzima que cataliza reacciones de reducción. | A. Álamo *Abc* 20.7.67, 54: La prueba de reductasas dio como resultado solamente la existencia de cinco muestras que superaron las dos horas, quedando conceptuadas como leche aceptable para el consumo.

reductible *adj* Que se puede reducir. | Rábade-Benavente *Filosofía* 132: Las "leyes lógicas" no son reductibles a leyes psicológicas.

reductivo -va *adj* Que reduce o sirve para reducir. | G. VGómez *PapD* 2.88, 217: Parece algo reductivo y exclusivista el planteamiento dado a las lenguas clásicas y a la informática. *Ya* 10.11.90, 16: Es verdaderamente del todo lamentable que la preocupación del Gobierno por la educación juvenil tenga como meta enseñarles un comportamiento sexual tan irresponsable y tan reductivo y negativo.

reducto *m* (*Mil*) Lugar fortificado y aislado. *Frec fig, fuera del ámbito militar.* | R. Pieltaín *Abc* 18.4.58, 15: Se hallaba Castaños defendiendo con sus granaderos uno de los reductos en el histórico monte de San Marcial. R. Saladrigas *Abc* 27.12.70, 39: La triste realidad se ceba en la sistemática absorción de reductos de recreo o culturales por instituciones de créditos e intereses.

reductor -ra *adj* **1** Que reduce, *esp* [1 y 6]. *Tb n m, referido a agente o a aparato.* | *Abc* 14.5.67, 42: Es el verdadero reductor de peso que muchísimas personas esperaban. *País* 23.3.80, 39: Fábrica de variadores y reductores de velocidad. Aleixandre *Química* 68: El compuesto químico que contiene el elemento que se oxida se llama agente reductor, ya que reduce al otro elemento. Marcos-Martínez *Física* 248 bis: El hidrógeno es un reductor enérgico.
2 Relativo a la acción de reducir, *esp* [6]. | Aleixandre *Química* 69: Los elementos alcalinos .. son los que tienen mayor fuerza reductora.

redundancia *f* **1** Repetición innecesaria de un concepto. | Salvador *Haragán* 61: Podría parecer una redundancia volver sobre lo sabido. **b)** (*semiculto*) Repetición de una misma palabra o de otra de su misma familia. *Frec en la fórmula* VALGA LA ~. | R. Heredia *HLM* 23.11.81, 17: Ni siquiera ahora que es también presidente de la UCD, su partido-partido, y valga la redundancia. C. SFontenla *Sáb* 8.3.75, 76: Se ha limitado .. a hacer un cine de rutina que ni siquiera tiene el encanto de lo "camp", de remitir a los exaltados films de exaltación –perdón por la redundancia– de un tiempo ido.
2 (*Ling*) Parte de un mensaje innecesaria para que este sea esencialmente completo. | Lázaro-Tusón *Lengua* 9: En una lengua como el español, se calcula que las redundancias constituyen más del cincuenta por ciento de cada mensaje emitido.

redundante *adj* Que implica redundancia. | *Leg. contencioso-adm.* 59: Puesto que el interés, lejos de ser un elemento de la acción, lo es en rigor de la legitimación, afirmar que están legitimados quienes "tuvieren interés directo" en la anulación del acto reclamado resulta redundante. Lázaro-Tusón *Lengua* 8: Son redundantes, por ejemplo: la elevación de la voz para compensar la sordera del oyente; los subrayados.

redundar *intr* Tener [una cosa (*suj*) algo (*compl* EN)] como consecuencia. | S. RSanterbás *Tri* 11.4.70, 20: Esta transformación redundaría .. en la revalorización de numerosas zonas del campo español.

reduplicación *f* Acción de reduplicar(se). *Tb su efecto.* | MSantos *Tiempo* 127: Tener dos cuernos no es sino reduplicación de la potencia.

reduplicar *tr* **1** Duplicar o redoblar. | M. Á. Velasco *Ya* 24.5.70, 48: No hubiera hecho más que reduplicar su gentileza. **b)** *pr* Duplicarse o redoblarse. | * En esta época se reduplica el trabajo.
2 Repetir [algo, esp. una palabra]. | Isidro *Abc* 3.5.58, 39: Nuestra hermosa y concretísima lengua comienza a carecer de fuerza expresiva si no reduplica las palabras. ¿Qué es café? ¡Nadie lo sabe! ¿Y "café, café"? Todo el mundo lo sabe.

reduplicativamente *adv* De manera reduplicativa. | Aranguren *SInf* 31.7.75, 2: Nos presenta el libro de Espinosa una utopía negativa ..: utopía absolutamente negativa, la del Estado sarcásticamente llamado Feliz Gobernación, y utopía reduplicativamente negativa, o negación de tal Estado.

reduplicativo -va *adj* Que reduplica o sirve para reduplicar. | MSantos *Tiempo* 127: Se complace en depositar la pezuña izquierda .. sobre el .. cuerpo del raquitismus enclencorum de las mauvaises couches reduplicativas. **b)** (*Filos*) [Proposición] en que uno de los términos se repite con la expresión *en tanto que*. | MPuelles *Filosofía* 1, 130: La proposición "reduplicativa" es aquella en la que el predicado se enuncia del sujeto en tanto que este tiene la propiedad directamente significada por la palabra que la expresa ("El que yerra, en tanto que yerra, debe ser excluido").

reedición *f* Acción de reeditar. *Tb su efecto. Tb fig.* | Gimferrer *Des* 12.9.70, 29: La "Biblioteca Selecta" .. ha presentado dos reediciones de innegable arraigo popular: "Pàtria" y "Aires del Montseny", de Verdaguer. L. Contreras *Mun* 19.12.70, 11: Los tumultos registrados en Francia .. durante aquellos días de 1909 acaban de tener .. reedición en la reciente manifestación registrada en París.

reedificación *f* Acción de reedificar. | Villarta *Rutas* 12: Estuvo durante mucho tiempo paralizada la obra, y su reedificación y embellecimiento no se hizo hasta el año 1841.

reedificar *tr* Edificar de nuevo. *Tb fig.* | Vesga-Fernández *Jesucristo* 48: Destruid este Templo y yo en tres días lo reedificaré. Laforet *Mujer* 297: Un cuerpo acostumbrado al placer puede regenerarse, y una voluntad deshecha reedificarse.

reeditar *tr* Editar de nuevo. *Tb fig.* | Adriano *IdG* 31.10.70, 2: Una veterana y prestigiosa editorial madrileña va a reeditar "El Alba". *Ya* 8.6.86, 58: Chris Evert-Lloyd reeditó en París su triunfo del pasado año.

reeducación *f* Acción de reeducar. | H. PFernández *Abc* 15.12.70, 27: Incorporó a su ámbito .. la utilización de nuevos métodos para atender a los problemas de reeducación y readaptación social de los delincuentes. *ByN* 31.12.66, 116: A menudo es necesaria una reeducación profunda del carácter.

reeducador -ra *adj* Que reeduca. *Tb n, referido a pers.* | *Inf* 10.9.70, 14: Ha dado comienzo por primera vez en Madrid un cursillo sobre psicomotricidad .. Tendrá lugar en la Escuela Normal .., y estará dirigido a maestros, reeducadores, fisioterapeutas, etc.

reeducar *tr* Volver a educar. | Gironella *Millón* 566: Nuestras mujeres son hembras, nada más. Cocina y maternidad. No se trata de reeducarlas, sino de educarlas. **b)** (*Med*) Enseñar [a un paciente (*cd*)] la práctica de actos o movimientos impedidos o dificultados por una enfermedad. | * Tras determinadas enfermedades es preciso reeducar al paciente.

reeducativo -va *adj* Que reeduca o sirve para reeducar. | G. Batllé *Rev* 11.70, 27: El concepto de la pena-venganza y de la pena-castigo está siendo sustituido por la pena-rehabilitación. En su lugar, será necesario un tratamiento reeducativo y todo lo que entrañe la normal vuelta al seno de la sociedad de un individuo.

reelaboración *f* Acción de reelaborar. | FAlmagro *Abc* 30.12.65, sn: El interés de Sebastián Juan Arbó por el ser humano, clave o piedra angular de cualquier reelaboración de la vida, ajena o propia, se hace patente en sus biografías.

reelaborar *tr* Elaborar de nuevo. | *MHi* 3.61, 43: Un detalle puede ser reelaborado de mil distintas formas.

reelección *f* Acción de reelegir. | Anson *SAbc* 25.1.70, 6: Es el presidente de la nueva República desde 1949 e impone su reelección en 1954.

reelegible *adj* Que puede ser reelegido. | M. MMaqueda *Inf* 26.12.74, 16: Desde el primer día de su mandato, el actual Presidente ha orientado toda su estrategia a conseguir ser un hombre reelegible.

reelegir (*conjug* **62**) *tr* Elegir de nuevo [a alguien]. | M. Torres *Abc* 20.8.69, 19: Kiesinger cuenta con tantas probabilidades de resultar reelegido como de perder la Cancillería.

reembarcar *tr e intr* Embarcar de nuevo. | Gironella *Millón* 239: El capitán Bayo tuvo que reembarcar y regresar a Barcelona.

reembarco *m* Acción de reembarcar. | O. Falcón *Abc* 16.12.70, 54: Terminará a las once horas del mismo viernes, procediéndose al reembarco de las tropas que actuarán en el ejercicio.

reembolsable (*tb, raro,* **rembolsable**) *adj* Que se puede o debe reembolsar. | R. RSastre *Mun* 12.12.70, 43: Casi solo tienen impuestos directos, no reembolsables al exportador de ninguna de las maneras.

reembolsar (*tb, raro,* **rembolsar**) *tr* ➤ **a** *normal* **1** Devolver [a una pers (*ci*) una cantidad (*cd*) desembolsada por ella]. | Iparaguirre-Dávila *Tapices* 45: Se les dieron vales reales que rentaban un moderado interés, los cuales serían rembolsados cuando la situación financiera lo permitiera. **b)** Devolver [a una pers. (*cd*)] una cantidad desembolsada por ella. | *Ya* 15.10.67, sn: Devuelva simplemente el libro y será inmediatamente reembolsado sin que se le formule la más pequeña pregunta sobre el particular.
➤ **b** *pr* **2** Recuperar [alguien (*suj*) una cantidad que había desembolsado (*cd*)]. | Lera *Abc* 22.10.70, sn: Los editores .. han de esperar, en cambio, de dos a tres años para reembolsarse el importe de sus envíos a América.

reembolso (*tb, raro,* **rembolso**) **I** *m* **1** Acción de reembolsar(se). | F. HSayans *Ciu* 8.74, 50: Puede plantearnos complicaciones de reexpedición y de reembolso, en caso de aceptación. *Inf* 16.4.70, 12: En el año 1985 los tenedores de títulos tendrán derecho a obtener rembolso de sus obligaciones.
II *loc adv* **2 contra**, *o* **a**, **~**. Para ser pagado en el momento de la entrega. *Con el v* ENVIAR. *Tb adj*. | *ByN* 31.12.66, 58: Los coleccionistas .. pueden pedirlos, para que les sean enviados contra reembolso al precio de 20 pesetas. *Abc* 25.2.58, sn: Envíos a reembolso mínimos de Ptas. 25.

reemisor *m* (*RTV*) Repetidor. | *VozC* 29.6.69, 3: Televisores. Magnetofones. Transistores. Reemisores. *Pue* 30.9.70, 9: Este satélite se usará para comunicaciones a larga distancia radiotelefónicas y radiotelegráficas, y como reemisores [*sic*] de televisión a estaciones en Siberia.

reemplazable (*tb, raro,* **remplazable**) *adj* Que se puede reemplazar. | A. Moncada *Ya* 16.10.75, 5: Ese desempleo .. afecta sobre todo a este tipo de trabajador, que mal puede enorgullecerse de lo que en el mercado es solo una mercancía perecedera y reemplazable.

reemplazamiento (*tb, raro,* **remplazamiento**) *m* Acción de reemplazar. | *Ya* 27.6.74, 2: En Estocolmo, en donde la rotura de lámparas de vidrio por el vandalismo es extremadamente elevada .., con el reemplazamiento por pantallas de policarbonato se han reducido las roturas al 7 por 100.

reemplazante (*tb, raro,* **remplazante**) *adj* Que reemplaza. *Tb n: m y f, referido a pers; m, referido a producto*. | Gironella *Millón* 83: Él también hubiera querido alistarse –tenía en David un buen reemplazante en la UGT–; pero la sola palabra "alistarse" le acoquinaba. PCamacho *LibBa* 9.10.79, 30: Novedades anticonceptivas. ¡Las píldoras ya tienen un seguro reemplazante!

reemplazar (*tb, raro,* **remplazar**) *tr* Sustituir [una pers. o cosa (*suj*) a otra (*cd*)]. *El cd siempre con* A, *excepto si es pron pers átono*. | GPavón *Reinado* 244: Te vas a estar de velatorio en casa del Pianolo hasta la hora de comer, que te reemplazará otro número. *Economía* 77: Al ascender el aire caliente, deja un vacío, que se llena por el aire del exterior al bajar a reemplazar al que sale. **b)** Sustituir [a una pers. o cosa (*cd*) por otra (*compl* CON *o* POR)]. *A veces se omite el 2º compl por consabido*. | Bernard *Salsas* 68: Este potaje es muy bueno remplazando las patatas por un poco de arroz. Onieva *Prado* 19: La Sagrada Familia de la Galería Pitti de Florencia, semejante a esta, se denomina del lagarto, por el que está pintado junto a la base de la columna, remplazado aquí por un fruto. *Inf* 17.6.70, 3: Es probable que el Presidente acuerde reemplazar los reactores israelíes perdidos en combates.

reemplazo (*tb, raro,* **remplazo**) *m* **1** Acción de reemplazar. | *Pue* 17.12.70, 11: El reemplazo de una válvula aórtica en el corazón de un paciente hemofílico fue llevad[o] a cabo con éxito en un hospital de Chicago.
2 (*Mil*) Renovación parcial periódica de los soldados que cumplen el servicio militar. | *Ya* 21.2.75, 14: Ha sido llamada a filas la joven .. Rolindes Rojo Fernández como quinto correspondiente al reemplazo de 1975. M. Casablanca *SYa* 14.11.82, 4: La BRIPAC dispone de unos 4.000 h[o]mbres en activo. Se dividen en dos escalas: voluntarios y de reemplazo. **b)** Conjunto de soldados que cumplen el servicio militar en un mismo período. | Chamorro *Sin raíces* 107: Un pueblo cuyos quintos no sonasen la tambora era un pueblo sin casta .. Cada reemplazo tenía el prurito de construir una tambora de mayor tamaño que las precedentes.

reemprender *tr* Continuar [una acción interrumpida (*cd*)]. | CNavarro *Perros* 28: Escondía la cara entre los brazos para reemprender el llanto.

reencarnación *f* **1** Acción de reencarnar(se). | Fernández-Llorens *Occidente* 44: Los fieles budistas podían iniciar un largo camino que los conduciría, también a través de sucesivas reencarnaciones, a la salvación.
2 Ser en que ha tomado nueva forma corporal [otro ser (*compl de posesión*)]. *Tb sin compl*. | J. Aldebarán *Tri* 11.4.70, 16: El carpintero del Nilo había tenido un hijo póstumo, Abderramán, un hijo nacido cinco meses después de su muerte. Los mahdistas entendían que era una reencarnación.

reencarnar *intr* Tomar [un ser, esp. humano] nueva forma corporal. *Frec pr. Frec con un compl* EN. | Umbral *Mortal* 119: Mediante este ritual sencillo de cortarle las uñas a un niño he conseguido que ella [mi madre] reencarne en mí, y reencarnar yo en el hijo. Fernández-Llorens *Occidente* 41: La forma de vida en la que el ser se reencarna depende de su actuación en su vida anterior.

reencontrar (*conjug* **4**) *tr* Encontrar de nuevo. *Frec referido a cosas abstractas*. | R. Rodríguez *Rev* 7/8.70, 27: Hay todo un mundo de amor, de inocencia reencontrada, de deseos de recomenzar. *ByN* 31.12.66, 117: Al cabo de diez sesiones de entrenamiento psíquico y físico se llega no solo a reencontrar el equilibrio nervioso, sino a autoeducarse.

reencuentro *m* Acción de reencontrar(se). | RValcárcel *Pue* 22.12.70, 4: Este hecho doloroso .. nos ha traído la alegría del reencuentro con nosotros mismos.

reenganchar *tr* **1** Alistar de nuevo [a un militar que ha cumplido su período de servicio]. *Gralm el cd es refl. Tb fig*. | FReguera-March *España* 206: Despotricaba constantemente contra su hermano Paco por haberse reenganchado en el Ejército. Espinosa *Escuela* 201: Menipo tomó la palabra y disparató nuevas alabanzas y glorificaciones del Hecho, seguido por .. el propio notario, reenganchado como soldado al rancho.
2 Enganchar de nuevo. | Castañeda *Grafopsicología* 70: Es muy difícil la ligadura total [de letras] .. En estos niños es más frecuente encontrar la escritura reenganchada.

reenganche *m* Acción de reenganchar(se). | Moncada *Juegos* 326: Los soldados no hacen eso; se juegan el reenganche. Berlanga *Barrunto* 66: No me [m]uevo para el reenganche en el almuerzo. Castañeda *Grafopsicología* 124: Si además hay reenganches, se omiten puntos y se hacen retoques, son niños con agotamiento o muy inhibidos. P. Arranz *VNu* 23.12.72, 18: Hoy estamos asistiendo a un reenganche masivo de los pensadores españoles en la corriente filosófica occidental.

reentrada *f* Acción de reentrar. | *Inf* 16.4.70, 4: La agencia espacial ha elaborado el siguiente plan para la reentrada del "Apolo 13" en la atmósfera terrestre.

reentrar *intr* Volver a entrar. | Gironella *Millón* 723: La División 43, al mando del Esquinazao, huyó a Francia, desde donde reentró por Port-Bou a la España "roja".

reenviar (*conjug* **1c**) *tr* Enviar [algo o a alguien que se recibe o llega (*cd*), a otro lugar, esp. el de origen]. | Laforet *Mujer* 238: Había reenviado el ascensor. CBaroja *Inquisidor* 49: Se insiste en la necesidad de vigilarle e incluso no prevé la necesidad de reenviarle a su país.

reenvidar *tr* (*Juegos*) Envidar sobre lo envidado. *Tb abs.* | *Naipes extranjeros* 16: Un jugador podrá pasar sin quedar eliminado del juego .., pudiendo entrar en el juego al llegarle su segundo turno de hablar, aceptando o aumentando (reenvidando) los envites anteriores.

reenvío *m* Acción de reenviar. | *Ciu* 8.74, 50: Pero en este mundo de las ventas por correspondencia no todo son fallos en la fecha del reenvío o pérdida del objeto.

reenvite *m* (*Juegos*) Envite que se hace sobre otro. | *Naipes extranjeros* 17: Suelen limitarse a un máximo de dos reenvites los que cada jugador puede hacer.

reequipamiento *m* Acción de reequipar(se). | LMuñoz *Tri* 26.12.70, 7: Destaca el fuerte incremento de las importaciones, hecho que, como se ha señalado, está en la base del reequipamiento industrial.

reequipar *tr* Volver a equipar. | *Gac* 11.5.69, 27: El enemigo se ha retirado sencillamente para permitir que las tropas descansen y se reequipen.

reescribir (*tb, raro,* **rescribir**) (*conjug* **46**) *tr* **1** Escribir de nuevo. | J. GPalacio *Act* 5.11.70, 11: Escribe generalmente en gallego y él mismo reescribe después en castellano.
2 (*Ling*) *En gramática generativa:* Convertir [un elemento] en otro u otros elementos. | Bustos *Lengua* 205: Sintagma nominal se rescribe determinante y nombre.

reescritura (*tb, raro,* **rescritura**) *f* **1** Acción de reescribir [1]. *Tb su efecto.* | Burgos *D16* 11.7.91, 64: A punto estuvieron ustedes de quedarse sin esta reescritura de la copla que acabo de hacer.
2 (*Ling*) *En gramática generativa:* Conversión de un elemento en otro u otros. *Normalmente en el sintagma* REGLA DE ~. | Lázaro *Lengua* 2, 101: Consta [la gramática básica] de muy pocas reglas, que se llaman reglas de rescritura.

reescritural (*tb, raro,* **rescritural**) *adj* (*Ling*) De (la) reescritura. | Lázaro *Lengua* 2, 106: Se observará que, en las reglas rescriturales, no se prevé la presencia de adverbios.

reestrenar *tr* **1** Volver a presentar [una obra cinematográfica, dramática o musical] pasado algún tiempo de su estreno. | * Mañana reestrenan "Gilda".
2 (*raro*) Estrenar por segunda vez. | *Alcoy* 14: Tuvo lugar en Santa María una solemne Misa mayor con sermón en honor a San Jorge, en la que se reestrenaron los ornamentos sagrados de color rojo.

reestreno I *m* **1** Acción de reestrenar. | P. GAparicio *SYa* 23.11.75, 31: La última temporada .. estuvo principalmente dedicada a Amadeo Vives, con el reestreno, entre otras, de "Maruxa".
II *loc adj* **2 de ~.** [Sala de cine] que presenta películas inmediatamente después de retiradas del local de estreno. | * El cine Concepción es de reestreno.

reestructuración *f* Acción de reestructurar. *Tb su efecto.* | *Inf* 27.5.70, 10: El director de la Escuela Oficial de Periodismo .. presentó .. su plan de reestructuración de las enseñanzas.

reestructurador -ra *adj* Que reestructura. | Cierva *Gac* 4.1.76, 52: Cinco días después del decreto reestructurador [de la Falange] .., Franco nombraba presidente de la Junta Política .. a su inteligente cuñado.

reestructurar *tr* Dar nueva estructura [a algo (*cd*)], o modificar la estructura [de algo (*cd*)]. | *Inf* 1.7.70, 36: El primer ministro griego .. ha reestructurado su Gobierno. M. Quintero *Nue* 22.12.70, 19: Se hace el programa .. Y si hay que variar algo, se reestructura el programa.

reevaluación *f* Acción de reevaluar. | J. Sagarmínaga *Abc* 30.12.65, 66: Hace unos días comentaba en una crónica el anuncio de una reevaluación de los posibles efectos nocivos de la "píldora" hecho por la Food and Drug Administration.

reevaluar (*conjug* **1d**) *tr* Evaluar [algo] sobre nuevas bases. | C. Reixa *Ya* 15.2.91, 26: La Casa Blanca ha desmentido que el Pentágono fuera a "reevaluar" algunos de los blancos potenciales.

reexamen *m* Acción de reexaminar. | *Abc* 25.2.68, 55: La segunda gran necesidad era la renovación del régimen de estudios. No porque el anterior régimen fuera malo, sino porque la transformación de la investigación y la ciencia exigían hoy un profundo reexamen.

reexaminar *tr* Volver a examinar. | E. RVadillo *Abc* 23.10.88, 50: Todo condenado tiene derecho a que otro Tribunal reexamine la causa para decidir lo que en derecho proceda.

reexpedición *f* Acción de reexpedir. | F. HSayans *Ciu* 8.74, 50: Recuerde que puede suponer un desequilibrio para nuestro presupuesto una incitación para adquirir artículos superfluos, y que puede plantearnos complicaciones de reexpedición y de reembolso, en caso de aceptación.

reexpedir (*conjug* **62**) *tr* Expedir [algo que se recibe]. | F. Mora *SInf* 16.5.70, 3: En Bilbao solo interesa el muelle para petroleros, que pueda recibir los crudos para la refinería, bien de un modo directo o bien reexpedidos desde la costa irlandesa.

reexportación *f* Acción de reexportar. | *Ya* 30.9.82, 28: El análisis al que fueron sometidas las muestras de cacahuetes antes de su reexportación a España reveló un contenido en ellas de 850 partes de aflotoxina por cada mil millones.

reexportar *tr* Exportar [algo importado]. | *Ya* 30.9.82, 28: Sotocal compró en Brasil la partida de 25.000 kilos [de cacahuetes] y, al no obtener el certificado de calidad en Portugal, los reexportó a España.

reexposición *f* (*Mús*) Vuelta a un tema precedente. | Casares *Música* 100: La Sonata a tres se construye según el siguiente esquema: A. Exposición .. B. Desarrollo .. A'. Reexposición.

refacción *f* **1** (*lit*) Comida ligera que se toma para reparar fuerzas. | Valcarce *Moral* 193: En el siglo XV ya se generalizó la costumbre de hacer una comida hacia las doce, permitiéndose después una refacción a la hora de la conferencia o colación espiritual.
2 (*Der*) Arreglo o reparación de algo dañado o estropeado. *Tb fig, fuera del ámbito técn.* | *Compil. Cataluña* 746: Para atender a los gastos extraordinarios de conservación y refacción de bienes del fideicomiso. Seco *SPaís* 21.7.85, 4: El rapidísimo proceso de refacción de España –por utilizar un término azañista– que ha significado la modélica transición a la democracia.

refaccionario -ria *adj* (*Der*) De (la) refacción [2]. | *BOE* 30.1.81, 2154: El arrendatario tendrá, respecto de las cantidades que haya de pagarle el arrendador, los mismos privilegios y garantías que el acreedor refaccionario.

refajo *m* (*hoy raro*) Falda interior de tela gruesa usada para abrigo. | Laiglesia *Ombligos* 334: Entre esas ropas había fajas y refajos, con los cuales se envolvió apretujada.

refajona *adj* (*reg*) [Mujer] rústica que viste falda larga y refajo. *Tb n.* | *NotC* 25.2.71, 5: Hombres y mujeres se disfrazaban con más o menos gusto .. Niños vestidos de baturros, gitanos y gitanas, char[r]as o refajonas (disfraz modesto para salir del paso).

refanfinflar *tr* (*col, humoríst*) Dejar indiferente. *Normalmente en la constr* ME LA REFANFINFLA. | Umbral *País* 13.7.76, 19: Carmen .. me dice que a ella la *ostpolitik* se la refanfinfla.

refección *f* Refacción [1 y 2]. | Escudero *Capítulo* 207: La lectura en la mesa común, a la vez que da a este acto una nota de espiritualidad, constituye una doble refección: se alimenta el espíritu a la vez que el cuerpo.

refectorio *m* Comedor de un convento o de un seminario. | VParga *Santiago* 23: Pueden verse en el nuevo Museo algunos bellos restos escultóricos .. de la antigua catedral románica, sustituida por la actual gótica, con magnífico claustro y bellas portadas esculpidas, y refectorio. CPuche *Conocerás* 65: Salimos del refertorio y fuimos al salón de estudio. [*En el seminario.*]

referencia I *f* **1** Acción de referir(se). *Tb su efecto.* | V. Royo *Sp* 19.7.70, 19: Un chiste de Mingote .. hacía expresa referencia a los casos de Confecciones Gibraltar y Matesa. Bueno *Tri* 26.12.70, 10: "Pensamiento español" es una expresión que se utiliza aquí con la referencia habitual. MPuelles *Filosofía* 2, 353: Ello no podría acontecer si el hombre

referenciable – refinado

careciese de toda conformación subjetiva. No habría, en tal caso, el término de referencia que el último fin exige para ser naturalmente conveniente.

2 *En un escrito:* Remisión. | Huarte *Diccionarios* 42: La referencia, o invitación a que el lector consulte un artículo relacionado con el que está leyendo, se hace mediante la abreviatura *V o v*, antepuesta al otro encabezamiento.

3 Informe sobre las aptitudes y cualidades [de una pers.]. *Normalmente en pl.* | SVan 23.6.74, 27: Taller peletería detall precisa cortador, maquinista y clavador con demostrada experiencia y buenas referencias.

4 *(raro)* Información. | Cossío *Confesiones* 189: Se acercó a mí, tímidamente, un muchacho que yo creía era un forastero que deseaba alguna referencia.

II *loc adj* **5 de ~.** [Obra] de consulta. | Huarte *Diccionarios* 39: Lo menos que se espera de quien utiliza una de estas obras de referencia es que acuda a la tabla de abreviaturas.

III *loc adv* **6 por ~(s).** De manera indirecta. *Con el v* CO-NOCER *u otro equivalente.* | DCañabate *Abc* 7.7.74, 47: Qué desgracia no conocer ni siquiera por referencia el teatro de las sábanas blancas. Laforet *Mujer* 252: Yo soy la culpable de que los que no lo conocen no sepan siquiera por referencias cómo es Cristo.

IV *loc prep* **7 con ~ a.** En relación con. | * Con referencia al problema del empleo no hay nada nuevo.

referenciable *adj (raro)* Que se puede referenciar. | Benet *Aire* 127: La casa de Mazón no era una casa de campo sino la casa de Mazón, el origen geográfico del nombre y la familia, el único lugar referenciable al norte de El Salvador.

referencial *adj (raro)* De (la) referencia [1]. | A. M. Campoy *Abc* 6.6.67, 38: Serve es otro colorista que, para expresarse, no necesita acudir a las formas referenciales.

referenciar *(conjug* **1a***) tr (raro)* Hacer referencia [1] [a algo *(cd)*]. *Gralm en part.* | *Caudete* 35: Se han desarrollado los turnos de Campamentos de la Organización Juvenil Española .. Y hemos vuelto a recoger los frutos de nuestros jóvenes, que han participado en los campamentos referenciados.

referendario -ria *adj* De(l) referéndum. | P. Lucas *País* 5.12.76, 7: En la Monarquía de don Alfonso XIII, "por la gracia de Dios y la Constitución Rey de España", no existieron votaciones referendarias.

referendo *m* Referéndum. *Gralm en pl.* | *País* 24.2.80, 10: La proliferación de los referendos y elecciones.

referéndum *(pl normal,* ~s *o invar) m* Consulta al pueblo, mediante votación, de una ley o un acto administrativo, para su ratificación. *Tb fig.* | PRivera *Discursos* 11: Así .. fue el Régimen español configurándose en leyes, aprobadas las fundamentales por referéndum. L. Calvo *Abc* 12.11.70, 31: Su manía de referéndums, sus luchas con los partidos y con el suyo propio. | I. Luna *Ya* 24.1.91, 11: Los 4.500 trabajadores de CASA decidieron en referéndum que el horario de trabajo fuese de 7 a 15.15 horas.

referente I *adj* **1** Que se refiere [3 y 4] [a alguien o algo]. | CNavarro *Perros* 30: El inquilino decía algo referente a la bonanza del tiempo.

II *m* **2** Término de referencia. | Pombo *Héroe* 62: El gigantismo de aquellas cualidades divinas, monótonamente atribuidas, contribuía a ocultar .. el hecho de la falta de referente en que apoyarlas, por remoto que fuera. C. Rigalt *ElM* 9.12.91, 40: Martes y Trece, que siempre confecciona sus shows con referentes de actualidad, ha convertido el caso Pantoja-Sánchez en el eje central de su espectáculo de fin de año. **b)** *(Ling)* Ser u objeto a que se refiere el signo. | Alcina-Blecua *Gramática* 500: Cuando el referente que representa el nombre es múltiple, los nombres pueden ser aplicados con verdad y en el mismo sentido a una cualquiera de un número indefinido de cosas.

III *loc prep* **3 ~ a.** Con referencia a o en relación con. | *Ya* 7.10.82, 39: Referente a si había habido alguna pelea entre el agreso[r] y la víctima, testigos y amigos nos decían: "Aquí no discutieron".

referibilidad *f (raro)* Cualidad de referible. | GÁlvarez *Filosofía* 2, 179: La realización kantiana de la filosofía poco o nada tiene que ver con esa cuatripartita división y con esa referibilidad a la antropología.

referible *adj* Que se puede referir [1, 2 y 3]. | MPuelles *Filosofía* 1, 103: Lo que es singular y concreto no puede concebirse como algo referible y comunicable a otros seres que no sean él mismo. Pinillos *Mente* 142: Se comienza generalmente por soñar con hechos muy recientes .., para concluir a últimas horas de la noche con escenas quizás referibles a la niñez o a fases ya lejanas de la vida pasada.

referido *m (Ling)* Referente [2b]. | Lázaro *Lengua* 2, 153: Los investigadores de estos dominios [semánticos] introducían, en el acto de significar, la consideración del objeto significado o referido .. Mediante esta propuesta [de Trier], la importancia de las relaciones significante-referido y significado-referido quedaba muy atenuada.

referir *(conjug* **60***) A tr* **1** Contar o narrar. | Villapún *Iglesia* 13: El Evangelio nos refiere cómo Jesucristo .. escogió a doce. **b)** Comunicar [algo] o dar noticia [de ello *(cd)*]. | Laín *Marañón* 86: Originales o referidos, los datos fisiológicos y fisiopatológicos bullen en las páginas de *La edad crítica*.

2 Poner [una cosa *(cd)*] en relación [con otra *(compl* A)]. *Frec en part.* | CBonald *Ágata* 253: Analizó más atentamente la índole de aquellos rozamientos y dedujo que eran demasiados tenues y sigilosos para poder ser referidos a la marcha de un hombre.

B *intr pr* **3** Hablar o tratar [de alguien o algo *(compl* A)]. | *Alc* 1.1.55, 4: El radiomensaje .. ofrece múltiples e interesantísimos aspectos .. a los que será obligado referirse en días sucesivos. CBaroja *Inquisidor* 52: Llorente habla de aquellas persecuciones sin fijar bien las fechas, refiriéndose en bloque al reinado de Carlos IV. **b)** Citar o mencionar [a alguien o algo *(compl* A)]. *Frec en part.* | *Sol* 24.5.70, 9: Reunión de la Sección de Música, que dirige don Pedro Gutiérrez Lapuente, .. quien, dentro del ciclo dedicado a Beethoven, dará a conocer .. una serie de audiciones del referido compositor. **c)** Aludir [a alguien o algo]. | J. Carabias *Ya* 4.5.75, 8: La revista satírica francesa "Le Canard Enchaîné" .. pasó los cinco años del papado de Juan XXIII sin hacer la menor sátira ni publicar el menor chiste que pudiera referirse al Vaticano.

4 Estar [una cosa] en relación [con alguien o algo *(compl* A)]. | Laforet *Mujer* 14: Era algo que se refería a la vida de los dos.

refilón. de ~. *loc adv (col)* **1** Oblicuamente. *Tb fig. Tb adj.* | ILaguna *Ateneo* 40: Estos y los carcamales isabelinos supervivientes condicionan la vida ateneísta. El 98 les coge de refilón. Se llevan un gran susto, pero no reflexionan. MSantos *Tiempo* 84: El deseo mudo se expresaba en miradas casi de refilón.

2 De pasada. | Kurtz *Lado* 104: Lucía me habló de refilón al decirme que no siguió la suerte de los hermanos.

refilonazo *m (Taur)* Puyazo dado de pasada y no estando el toro fijo para la suerte. | *Abc* 13.6.58, 72: Al quinto de Pablo Romero, grande, cornicorto y que aguantó dos varas y un refilonazo, lo toreó de capa con lucimiento.

refinación *f* Acción de refinar [1]. | Tamames *Economía* 103: La refinación fue inicialmente un gran progreso para la industria del aceite de oliva. Marcos-Martínez *Física* 265: Se emplean grandes cantidades [de ácido sulfúrico] en la preparación de abonos .. Para las baterías de acumuladores y la refinación del petróleo.

refinadamente *adv* De manera refinada[1] [2]. | J. Suevos *Cór* 29.8.76, 2: La reunión, en Dublín, de lo que podría calificarse de internacional terrorista. Es decir, la consagración solemne de un modo, a la vez salvaje y refinadamente técnico, de hacer de la política un instrumento de destrucción.

refinadera *f (hist)* Piedra larga y cilíndrica con que se labra el chocolate a mano después de hecha la mezcla. | C. Aganzo *SYa* 16.4.89, 12: La pasta se trabajaba sobre la "silleta" o "metate", una piedra cóncava sobre la que actuaba el "rollo" o "refinadera", otra piedra larga y cilíndrica para labrar, a brazo, el chocolate.

refinado[1] -da I *adj* **1** *part* → REFINAR.

2 Exquisito, o carente de tosquedad y vulgaridad. | Laforet *Mujer* 65: Víctor le pareció un hombre refinado, supersensible. *Abc* 30.12.65, 63: La Puerta de Moros. Refinada cocina internacional.

II *m* **3** Producto refinado [1]. | *VozA* 8.10.70, 7: España también vende en el exterior una cifra importante de refinados petrolíferos.

refinado[2] *m* Acción de refinar, *esp* [1]. | Marcos-Martínez *Física* 281: Se aplica esta propiedad para el refinado del azúcar.

refinador -ra *adj* Que refina. *Tb n: m y f, referido a pers; f, referido a máquina.* | *GTelefónica N.* 660: Sacudidoras de sacos y cianuros refinadores. *SPaís* 30.9.84, 34: Emulsión refinadora suave a base de cápsulas de aceite que eliminan las células descamadas. *Abc* 13.11.74, 39: La exacción grava .. Las ventas de aceite de oliva existentes a la entrada en vigor del decreto .. en almacenes, depósitos o comercios, ya sea[n] propiedad de exportadores, refinadores, envasadores, almacenistas o minoristas. *GTelefónica N.* 308: Artículos para confitería en general y maquinaria marca Conchita. Batidoras. Amasadoras y refinadoras.

refinamiento *m* **1** Acción de refinar. | E. Jiménez *Pue* 17.5.78, 14: Esto ha hecho que empezara una especulación por parte de ciertas industrias de refinamiento [de aceites].
2 Cualidad de refinado[1] [2]. | Umbral *Ninfas* 158: No hacían distinción entre muchacho y muchacha, y esto se da como prueba de su refinamiento.
3 Cosa que denota o implica refinamiento [2]. | Laforet *Mujer* 161: Él .. se ha criado con todo refinamiento. Laforet *Mujer* 146: Vivir pendiente de Dios .. le parecía un refinamiento de su gozo, una golosina que le brindaban.

refinanciar (*conjug* **1a**) *tr* (*Econ*) Financiar de nuevo [una deuda] sustituyendo los recursos utilizados por otros distintos. | *SPaís* 22.12.91, 1: Para materializar estos objetivos, el Gobierno actual trata de refinanciar la deuda exterior como primer paso para conseguir más inversiones externas.

refinar *tr* **1** Purificar [un producto] suprimiendo sus impurezas. | Arce *Testamento* 46: Y cada dos meses compraba .. una lata de aceite refinado y auténtico de Sevilla. **b)** Tratar [el petróleo o el gas natural] para eliminar sus impurezas y separar sus componentes. | *Ya* 28.5.75, 6: Ford .. impuso también una tarifa de 60 centavos de dólar a cada barril de productos petrolíferos refinados de importación.
2 Pulir [algo o a alguien] perfeccionándolo o haciendo que pierda su tosquedad. | *Nar* 11.77, 5: Después de realizarse la pieza, se refina y se repasa. De aquí ya pasa a secarse, hasta que esté toda la hornada hecha. PRivera *Discursos* 19: Proponemos recalar cuanto más y mejor en la formación total de la persona, por cuanto esto supone de perfeccionar su naturaleza, de refinar sus sentimientos. DPlaja *Literatura* 147: Con el robustecimiento del poder central, el noble feudal, indómito y salvaje, se aproxima a la Corte, donde se le refina y cultiva. **b)** *pr* Perfeccionarse [alguien o algo] o perder su tosquedad. | Umbral *Ninfas* 158: La música es lo único que no progresa ni se refina en ellos [los griegos].

refinería *f* Instalación industrial para refinar [un producto (*compl de posesión*)]. *Sin compl, frec designa la de petróleo.* | Ortega-Roig *País* 179: Ambas ciudades .. son centro de una gran revalorización económica de toda la comarca, con la creación de una gran refinería de petróleo.

refinero -ra *adj* Que se dedica a la refinación o el refino. *Tb n: m y f, referido a pers; f, referido a fábrica o empresa.* | GCaballero *Cabra* 45: Todo huele a olivar .. Allá, la gran fábrica refinera y envasadora. *Ya* 10.8.90, 19: Dos personas resultaron heridas graves en la zona refinera de Petrogal (Portugal), al hacer explosión un camión cisterna. J. Garrido *Ya* 12.2.92, 32: Es el momento para cerrar filas entre gasolineros y refineros. *Abc* 3.2.93, 44: Las refineras deciden una ligera rebaja en el precio de gasolinas y gasóleos.

refino *m* Acción de refinar [1]. | *Abc* 3.12.70, 51: Comenzará en Madrid un seminario sobre introducción al proyecto de construcción de plantas petroquímicas y de refino de petróleo.

refitolear *tr* Curiosear. | Zunzunegui *Camino* 122: Le gustaba aprovechar los días que les tocaba salir a las chicas para meterse en sus cuartos y refi[tol]earles todo. [*En el texto*, refitolearles.]

refitolero -ra *adj* **1** Curioso o entrometido. | * ¿Qué buscas? Mira que eres refitolero.
2 Afectado o falto de naturalidad. | Torrente *Saga* 193: Me encargaron a mí de escribir el artículo, y lo hice, y nunca me salió prosa más almibarada, refitolera y sofística, así como respetuosa y conformista. **b)** [Pers.] redicha. | MGaite *Nubosidad* 164: Qué niña tan refitolera –era una palabra que usaba ella para llamarme marisabidilla o algo así–.
3 Muy acicalado o compuesto. | Berlanga *Gaznápira* 106: Por más que se vista de seda, se queda en una sin substancia, tan refitolera.
4 [Monje] encargado del refectorio. *Tb n.* | L. Calvo *Abc* 9.5.71, 19: Pompidou .. se desmigaja en obsequiosidades y palabras lindas y promisorias, con una sonrisa ladeada y humilde de hermano refitolero, que cuida el refectorio de la comunidad. Cela *Oficio* 35: Vengo a matar a María Pipí, vuestra refitolera.

reflación *f* (*Econ*) Conjunto de acciones encaminadas a un aumento de la demanda y a una reanudación de la actividad económica y del empleo. | *Faro* 9.8.75, 21: Europa por la "reflación".

reflectante *adj* Que reflecta. *Tb n, referido a dispositivo.* | *MHi* 2.64, 73: Cointra .. da más calor por su perfección técnica en el sistema de parrilla y parábola reflectante. Galache *ASeg* 14.3.78, 6: El carrito no llevaba luz alguna, ni reflectantes ni captafaros.

reflectar *tr* (*E o lit*) Reflejar [1]. | Torrente *Fragmentos* 70: Los muros de piedra reflectaban el rumor de los rezos como las imágenes de un espejo.

reflectómetro *m* (*E*) Aparato para medir la reflexión de un cuerpo. | M. J. Pintor *Ade* 14.10.91, 8: Cruz Roja ha mandado a Cabo Verde dos mil doscientos frascos de insulina, .. diez reflectómetros para leer la diabetes.

reflector -ra I *adj* **1** Que refleja [1]. | Marcos-Martínez *Física* 151: Espejos convexos. Son aquellos cuya superficie reflectora es la parte externa del casquete esférico.
2 Relativo a la acción de reflejar [1]. | Aleixandre *Química* 117: Los primeros se caracterizan por tener un brillo especial, llamado metálico, debido al gran poder reflector que poseen.
3 (*Astron*) [Telescopio] cuyo objetivo es un espejo cóncavo. *Frec n m.* | *Ya* 2.4.87, 11: Telescopios Celestron .. Refractores, Reflectores Newton.
II *m* **4** Aparato empleado para reflejar ondas o radiaciones, esp. luminosas. | P. Berbén *Tri* 8.8.70, 17: Los discos a volumen máximo, los reflectores paseando por el público .. constituyen parte del sistema de escamoteo. *Prospecto* 6.91: Alcampo .. Cadena Aiwa .. Potencia de salida 25 W por canal, .. altavoces de 3 vías con reflector de bajos. *GacNS* 11.8.74, 28: El periódico no explica cómo funcionan las cocinas; únicamente indica que utilizan un reflector de forma esférica, para recoger los rayos solares.

reflejamente *adv* (*E*) De manera refleja[2] [2 y 5]. | Pinillos *Mente* 62: Las esponjas .. o ciertas flores insectívoras se comportan reflejamente sin que tras sus actos de prensión alimentaria exista propiamente un sistema neuromuscular. MPuelles *Filosofía* 1, 74: El primero es el hombre directamente considerado en sí mismo; el segundo es también el hombre, pero considerado reflejamente, según una situación que le es extrínseca.

reflejante *adj* **1** Que refleja. | *SInf* 4.12.70, 2: La exposición helvética ha tenido carácter primordialmente económico, reflejante del momento por que atraviesan las economías europeas occidentales.
2 Relativo a la acción de reflejar. | Areán *Est* 1.2.71, 41: La tersura de los materiales, la calidad de la ejecución, la refracción de la luz y la capacidad reflejante de muchas de las superficies prestan las imprescindibles notas de suntuosidad y de lirismo a este rigor apasionado [del artista].

reflejar *tr* **1** Desviar [una superficie (*suj*) las ondas o rayos que llegan a ella]. | Marcos-Martínez *Física* 148: Espejo esférico es aquel cuya superficie es una porción de superficie esférica dispuesta para reflejar la luz. **b)** *pr* Desviarse [las ondas o rayos (*suj*) al llegar a una superficie (*compl* EN)]. *Frec se omite el compl por consabido.* | Marcos-Martínez *Física* 145: Al entrar los rayos solares en una habitación, si inciden sobre un espejo, se reflejan y van a dar en el techo.
2 Devolver [una superficie brillante, esp. un espejo o el agua (*suj*), la imagen de alguien o algo (*cd*)]. | * El espejo re-

fleja su rostro cansado. **b)** *pr* Aparecer [la imagen de alguien o algo (*suj*) en una superficie brillante, esp. un espejo o el agua]. | Payno *Curso* 222: Vio reflejadas sus figuras en el agua de la piscina.
3 Mostrar o hacer patente [algo]. | Tamames *Economía* 21: El aumento continuado de la población que refleja el Cuadro 2-1 tiene una serie de consecuencias para nuestra economía. Tejedor *Arte* 16: Los asirios reflejaron en ellas [las divinidades] su espíritu guerrero. **b)** *pr* Mostrarse o hacerse patente [una cosa en otra]. | DPlaja *Literatura* 256: El pesimismo que se refleja en sus escritos políticos se proyecta también sobre su propia vida.

reflejo[1] *m* **1** Acción de reflejar. | I. AVillalobos *Ya* 9.4.87, 23: La empresa reconoce una diferencia importante –de casi 113.000 millones– entre los costes *standard* que se consideran remunerables a efectos de amortizaciones y el llamado coste auditado, que refleja una cifra mucho mayor a causa del reflejo de costes intercalarios, diferencias de cambio y ajustes por regularización.
2 Luz reflejada [1] por un objeto, a veces acompañada de una sensación de color. | Laforet *Mujer* 48: Su imagen tiembla bajo el reflejo de la bombilla del vagón. Laforet *Mujer* 157: Aquel espeso reflejo verde del tapete, el olor de las castañas que se asaban entre el cisco, .. todo eso .. resurgiría en él.
3 Imagen reflejada [2]. | * Vi el reflejo de su rostro en el cristal. **b)** Cosa que es imagen [de otra anterior] o que presenta semejanza [con ella (*compl de posesión*)]. | DPlaja *Literatura* 116: Su educación renacentista le hace soñar en un gran Imperio español, reflejo del Imperio romano.
4 Cosa que refleja [3] (*otra* (*compl de posesión*)]. | * Este balance es reflejo de la situación.
5 Cosmético que proporciona al cabello reflejos [1] de color. | SSolís *Jardín* 221: Me peinaron con una fantástica corona de rizos .. No acepté tintes ni reflejos.

reflejo[2] **-ja** *adj* **1** Reflejado. | Torrente *Pascua* 142: La luz refleja del ábside iluminaba a Clara, la ofuscaba. **b)** [Efecto, esp. dolor] que se percibe en un lugar distinto a aquel en que se produce. *Frec n m.* | * Parece que los dolores de estómago eran solo reflejos.
2 (*Fisiol*) [Cosa, esp. acto] que se produce involuntariamente como respuesta a un estímulo. *Frec n m, referido a acto.* | Bustinza-Mascaró *Ciencias* 78: La sustancia gris de la médula espinal elabora actos nerviosos involuntarios o reflejos. Gambra *Filosofía* 118: El condicionamiento de reflejos ha sido un método muy fecundo para estudiar la psicología animal.
3 (*Gram*) [Construcción pasiva] que se forma con el verbo en activa y el pronombre *se*. | Academia *Esbozo* 379: En este último caso nos hallamos en los límites que separan las oraciones de pasiva refleja de las impersonales.
4 (*Gram*) Reflexivo [3]. | Academia *Esbozo* 208: Los pronombres personales reflejos.
5 (*Filos*) Reflexivo [2]. | Rábade-Benavente *Filosofía* 132: De ahí que sea precisa una lógica refleja, una lógica que reflexione sobre "la razón" .. para saber cuáles son las leyes que la rigen.

réflex *adj invar* [Visor fotográfico] que da una imagen de tamaño igual al del cliché. *Tb n m.* | *Abc* 15.4.73, sn: Fujica Single-8 Z-450 .. posee: Zoom de cuatro aumentos .. Visor réflex a través del objetivo con enfoque por imagen partida. **b)** [Cámara] dotada de visor réflex. *Tb n f.* | *Abc* 18.12.70, 16: La "SRT 101" .. es la más reciente creación de Minolta en materia de cámaras réflex de 35 mm. AAzpiri *Abc* 29.6.58, 13: Los turistas provistos de una "réflex".

reflexión *f* **1** Acción de reflexionar. *Tb su efecto.* | T. Berrueta *Rev* 11.70, 25: Lleva al lector a la reflexión sobre el significado de la frase "yo creo". Payno *Curso* 154: A veces caminaba en estas reflexiones cuando se cruzaba con Bele.
2 Pensamiento que se expone a alguien para que reflexione sobre él antes de decidir. *Normalmente con el v* HACER. | * Fui a verle con la intención de hacerle algunas reflexiones sobre el tema. * Me hice la siguiente reflexión.
3 Acción de reflejar(se) [1]. *Tb su efecto.* | Marcos-Martínez *Física* 146: El ángulo de incidencia es igual al de reflexión. *Van* 19.5.74, 49: Fotografía de las reflexiones y la fluorescencia de un brillante excitado con luz ultravioleta.

reflexionante *adj* (*lit, raro*) Que reflexiona. *Tb n, referido a pers.* | L. LSancho *Abc* 27.3.75, 17: Tener, pues, conciencia de la ínsita perfeccionalidad de todo lo humano debe conducirnos a propugnar un constante, reflexionante, evolucionismo. MSantos *Tiempo* 30: La marcha .. hacía .. menos probable la fatiga del reflexionante.

reflexionar *intr* Pensar detenidamente [sobre algo (*compl* SOBRE, *o, más raro,* EN)]. *Tb sin compl.* | C. Yanes *Rev* 11.70, 8: Surge una pregunta nada más ponernos a reflexionar sobre el tema. Burgos *Tri* 22.10.77, 46: La reciente aparición de una colección de libros sobre estos temas me ha hecho reflexionar en el lenguaje que tantas veces he oído en mi ciudad.

reflexivamente *adv* De manera reflexiva [1b y 2]. | Gambra *Filosofía* 11: Evoca .. la idea de un arte de vivir reflexiva y pausadamente.

reflexividad *f* (*raro*) Cualidad de reflexivo [1]. | *Abc* 24.3.66, 89: El hombre .. es un sujeto dotado de reflexividad y subjetivo.

reflexivo -va *adj* **1** [Pers.] dada a la reflexión [1]. | Halcón *Manuela* 36: Era un muchacho noble y sincero, si no muy trabajador, sí reflexivo. **b)** [Cosa] propia de la pers. reflexiva. | Lapesa *HLengua* 172: La prosa de Alfonso X se continúa y perfecciona en la obra de don Juan Manuel, que le da acento más personal y reflexivo.
2 [Cosa] hecha con reflexión [1]. | L. LSancho *Abc* 3.12.57, 52: Entrenar es convertir en espontáneos una serie de actos, entrenar es mecanizar, automatizar actitudes que en su origen son reflexivas.
3 (*Gram*) [Verbo u oración] que expresa una acción cuyo objeto designa la misma persona o cosa representada en el sujeto. | Academia *Esbozo* 379: En las [oraciones] de verbo reflexivo, el sujeto es a la vez agente y paciente. Amorós-Mayoral *Lengua* 151: Oraciones reflexivas. Son aquellas en las que la acción que realiza el sujeto recae de nuevo sobre él. **b)** [Pronombre] que, como complemento, representa a la misma persona o cosa designada por el sujeto de un verbo reflexivo. | Amorós-Mayoral *Lengua* 45: "Sí", pronombre personal reflexivo ("hacia sí") y adverbio de afirmación ("sí quiero").
4 (*raro*) Reflectante. | GTelefónica *N.* 169: Amedina. Pinturas reflexivas para señales de tráfico. Luminosas. Fluorescentes y fosforescentes.

reflexología *f* (*Med*) Estudio de los actos reflejos[2] [2]. | MSantos *Tiempo* 106: Se cumplieron los cánones modernos que hoy, por obra y gracia de la reflexología, la educación previa .. consiguen de vez en cuando hermosísimos ejemplos de grito sin dolor.

reflexológico -ca *adj* (*Med*) De la reflexología. | Laín *Universidad* 65: ¿Acaso no hay sociologías marxistas y personalistas, neurofisiologías reflexológicas y holísticas, lingüísticas estructuralistas y culturalistas, y matemáticas intuicionistas y formalistas?

reflexólogo -ga *m y f* (*Med*) Especialista en reflexología. | M. Á. Calles *Crí* 12.73, 17: Para los antiguos "vitalistas", los instintos eran fuerzas misteriosas e inexplicables que gobernaban al individuo. Los neurólogos o "reflexólogos", fascinados por el acto reflejo, consideraban el comportamiento como un puro mecanismo.

reflexoterapia *f* (*Med*) Utilización terapéutica de los reflejos condicionados. | *Con* 11/12.91, 6: Centro Vital .. Osteopatías: Dolores vertebrales; .. Reflexoterapia.

reflorecer (*conjug* **11**) *intr* Volver a florecer. *Tb fig.* | L. LSancho *Abc* 5.12.70, 30: De pronto, hacia 1965, las insignias reflorecieron. L. Apostua *Ya* 23.9.70, 15: Ahora, con el reflorecer de la persona humana y de sus atributos, renacen todos los estudios que tienen como objeto al hombre.

refloreciente *adj* Que reflorece. | *SYa* 28.9.75, 33: Por tratarse de una especie refloreciente, Ud. recogerá abundantes cosechas [de fresas] varias veces al año.

reflorecimiento *m* Acción de reflorecer. | Villarta *SYa* 28.5.72, 31: En la moda de la lencería hay una especie de reflorecimiento.

reflotación *f* Acción de reflotar. | *SPaís* 7.4.91, 7: Más de 100 empresas se encuentran en proceso de reflotación.

reflotamiento *m* Acción de reflotar. | X. Ameixeiras *Voz* 5.11.87, 53: Durante el día de ayer resultó imposible el reflotamiento del arrastrero "Generosa". *Nor* 2.3.92, 51: El reflotamiento de Pegaso costará 10.500 millones de pesetas.

reflotar *tr* Poner de nuevo a flote [una embarcación sumergida o encallada]. | *Abc* 16.11.75, 73: Ha sido reflotado el potente remolcador "Punta Añaga", que el pasado 15 de octubre embarrancó al entrar en el puerto arrecifeño de Naos. **b)** Sacar a flote [una empresa en crisis]. | *País* 21.8.81, 33: Ensidesa se puede reflotar con una inversión de 100.000 millones de pesetas.

refluir (*conjug* **48**) *intr* **1** Retroceder o volver hacia atrás [un líquido]. | E. Toda *MHi* 2.64, 32: Arterias por las que fluye la vertiginosa vitalidad de los glóbulos rojos de sus millones de autos; venas por las que refluyen las toxinas mortíferas.
2 Repercutir [sobre alguien o algo]. | Lapesa *HLengua* 223: Literatura y arte refluían sobre la vida. Alfonso *España* 69: No solo es de temer que perdure aquí la falta de una verdadera cultura urbana moderna, sino que ello refluya sobre el campo.

reflujo *m* **1** Movimiento de descenso de la marea. | Bustinza-Mascaró *Ciencias* 314: Después comienza a bajar [el nivel del mar], denominándose reflujo a este movimiento de descenso.
2 (*Med*) Retroceso de un líquido. *Frec con un adj especificador*. | *Ya* 28.1.86, 6: Padece [mi hija] una cardiopatía congénita, reflujo esófago-gástrico.

refocilación *f* (*raro*) Acción de refocilar(se). | *Ya* 29.1.90, 12: Los temas de cotilleo en los que entr[a] por medio la vida privada de personas deberían quedar acotados en los medios y ámbitos propios, para refocilación de los que gusten de ello.

refocilamiento *m* Acción de refocilar(se). | E. Amezúa *Sáb* 5.7.75, 31: Léase –como refocilamiento– la obra reciente del doctor Abril y J. A. Valverde .. para entender en retrospectiva la era de gracia en la que nacimos.

refocilar *tr* Divertir o regocijar. *Gralm con intención peyorativa, denotando modo grosero o maligno*. | CPuche *Sabor* 191: Lo que más refocilaba a todos era la muerte de los ricos, porque entonces se sacaban cuentas de lo que se sabía que dejaba [*sic*] .., y luego cuántos curas habían ido al entierro. **b)** *pr* Divertirse o regocijarse. *Normalmente con intención peyorativa*. | Torrente *Saga* 490: Mañana a estas horas, me estaré refocilando con una de estas mujeres. Mendoza *Ciudad* 257: De esta situación aciaga se refocilaban muchos en Barcelona.

refocile *m* (*col*) Acción de refocilarse. | Yale *Int* 24.8.83, 99: No sé yo cómo se me ocurre a mí invitar a una entrevista a jai tan desmelenada y desmadrada como Susana, .. mujer tan liberada para las cosas del refocile.

reforestación *f* Acción de reforestar. | *Cádiz* 98: Se incrementará [la playa] cuando el Ayuntamiento gaditano culmine sus proyectos de urbanización, reforestación y servicios.

reforestar *tr* Repoblar [un terreno] con plantas forestales. | MMariño *Abc* 3.8.76, sn: Hay que reforestar la región, pensando, con preferencia, en las especies autóctonas que tienden a desaparecer.

reforma (*normalmente con mayúscula en acep 2*) **I** *f*
1 Acción de reformar. *Tb su efecto*. | DPlaja *Literatura* 202: Una de las preocupaciones de Santa Teresa es .. la reforma de la Orden carmelita y su extensión. *Ya* 24.1.86, 44: Asaltan un reformatorio para "rescatar" a una chica .. Cuatro muchachos de edades comprendidas entre doce y quince años saltaron el muro del colegio de reforma San Vicente Ferrer.
2 (*hist*) Movimiento religioso del s. XVI caracterizado por el propósito de reformar la Iglesia y del cual derivan las Iglesias protestantes. | Arenaza-Gastaminza *Historia* 168: Martín Lutero .. fue el iniciador de la Reforma.
II *loc adj* **3 de ~.** (*Der*) [Recurso] que se interpone para pedir a los jueces que reformen sus resoluciones, cuando estas no son sentencias. | *ByN* 28.8.76, 21: Ante la denuncia, presentada por el abogado de su esposa, García de Sáez presentó un recurso de reforma.

reformable *adj* Que se puede o debe reformar. | Pemán *Abc* 9.4.67, 3: La Reforma y el Renacimiento habrían sido menos perturbadores si hubieran "reformado" todo lo que había reformable.

reformación *f* (*raro*) Reforma [1]. | Bermejo *Estudios* 197: La reformación pretendía además poner orden en la Junta de aposento y cortar los "bandos" que en su seno se habían suscitado en los últimos tiempos. A tal fin la Junta de reformación de la casa elevaría una consulta al rey, que fue resuelta favorablemente.

reformado¹ -da *adj* **1** *part* → REFORMAR.
2 [Iglesia o creyente cristiano] que sigue la Reforma protestante, esp. luterana. *Tb n, referido a pers*. | Arenaza-Gastaminza *Historia* 172: Los reformados constituyeron después la Unión Calvinista.
3 [Religioso] perteneciente a una rama reformada de una orden (→ REFORMAR [1a]). *Tb n*. | C. M. Luis *NEs* 26.8.79, 35: La iglesia .. responde a la típica estructura de los monjes reformados del Císter.

reformado² *m* (*E*) Reforma [1]. | *BOE* 3.12.75, 25177: Cada unidad toma el nombre del proceso que le es más característico o representativo de su función principal, tal como unidad de destilación de crudo, unidad de reformado catalítico, unidad de desparafinado, etcétera.

reformador -ra *adj* **1** Que reforma. *Tb n, referido a pers*. | Correa *Abc* 29.6.58, sn: Decía Cabarrús que "basta salir a dos leguas de Madrid para retroceder dos siglos". Puede ser que la afirmación del ilusionado reformador .. necesite hoy una ligera rectificación.
2 De (la) reforma. | DPlaja *Literatura* 206: Más joven que Santa Teresa, Juan de Yepes .. conoció a la Santa, que le infiltró su mismo espíritu reformador y le hizo colaborador suyo.

reformar *tr* Introducir cambios [en algo (*cd*)], esp. para corregir[lo] o mejorar[lo]. | *Ya* 23.9.70, 22: Se conservan el magnífico claustro y algunas partes de la iglesia, bárbaramente reformada en el siglo XVIII. DPlaja *Literatura* 202: Al mismo tiempo inicia la gran labor de reformar, con reglas más severas, la Orden carmelita. **b)** Cambiar, mejorándolo, el comportamiento [de alguien (*cd*)]. *Frec el cd es refl*. | * En la cárcel no se reforma a los presos. * Si no te reformas no hay nada que hacer.

reformatorio *m* Establecimiento en que son recluidos para su rehabilitación los delincuentes menores de edad. | *Mun* 28.11.70, 21: El director recibió la orden de trasladar a los tres menores al reformatorio de Zaragoza.

reformismo *m* Doctrina o tendencia que preconiza reformas políticas, sociales o religiosas. | *Inf* 7.9.70, 6: La política del futuro no consiste ni en el gaullismo ni en el comunismo, sino en el "reformismo", que él representa y preconiza.

reformista *adj* De(l) reformismo. | DPlaja *Literatura* 202: Santa Teresa de Jesús .. El fervor reformista. L. Blanco *Ya* 26.4.74, 5: Se llegó a hablar del "caetanismo" como un impulso reformista de tipo político con una válida proyección social. **b)** Partidario del reformismo. *Tb n*. | CBaroja *Inquisidor* 16: Del alegato histórico-jurídico del canónigo Llorente .. al neoescolástico de Ortí y Lara hay la misma distancia que existe entre las ideas de Menéndez Pelayo y las de los diputados reformistas de las Cortes de Cádiz. Tejedor *Arte* 151: Lucas Cranach, conocido como "el pintor de la Reforma" por la galería de sus retratos de los principales reformistas alemanes.

reforzado *m* Acción de reforzar. | *GTeléfonica N.* 255: Cartonajes Inmacar. Manipulado general del papel y cartón. Reforzados de carteles y displays. Especialista en envases cilíndricos.

reforzador -ra *adj* Que refuerza. *Tb n m, referido a producto*. | SHie 19.9.70, 9: Quizás él [el peluquero] le propuso antes del marcado la aplicación de un reforzador, y usted se negó a aceptarlo porque iba a aumentar el precio del servicio.

reforzamiento *m* Acción de reforzar(se). | LMuñoz *Tri* 26.12.70, 9: En cuanto a las exportaciones, recientemente se ha puesto de manifiesto que la expansión de las mismas está ligada, en parte, al desarrollo de nuevos secto-

reforzante – refrendar

res, habiendo de superar grandes dificultades, como las originadas por el reforzamiento de posiciones proteccionistas.

reforzante *adj* Que refuerza. *Tb n m, referido a producto*. | Castañeda *Grafopsicología* 23: Es reforzante de agresividad el que después de haber hecho el garabato destroce y tire el papel. *Ciu* 8.74, 41: ¿De verdad, esa subida .. del pan arrinconará el uso de reforzantes no autorizados y nos traerá un pan de peso exacto?

reforzar *(conjug* **4**) *tr* Dar más fuerza [a algo (*cd*)] o hacer[lo] más fuerte. | *SAbc* 1.2.76, 4: Las espinilleras están muy reforzadas y se sujetan con correas. *Nue* 11.1.70, 3: Un delegado-jefe médico salió hoy de Suiza para ir a reforzar la red sanitaria en Biafra. Vega *Cocina* 94: Las palentinas las guisan muy bien [las espinacas], reforzándolas con productos aptos. Rábade-Benavente *Filosofía* 94: La rata, en sus exploraciones y de modo casual, puede accionar la palanca; y entonces su acción es reforzada con comida. **b)** *pr* Tomar más fuerza o hacerse más fuerte. | *Van* 4.2.77, 24: Las altas presiones del norte de Alemania se reforzaron notablemente y se trasladaron al sur de Finlandia.

refracción *f (Fís)* Acción de refractar(se). *Tb su efecto*. | Ybarra-Cabetas *Ciencias* 35: En otros cuerpos .. el rayo incidente se desdobla en dos rayos refractados; la refracción es, pues, doble. Bustinza-Mascaró *Ciencias* 330: El brillo intenso y característico es debido al elevado índice de refracción y a la dispersión intensa.

refractar *tr (Fís)* Hacer [un cuerpo (*suj*)] que cambie de dirección [un rayo u onda (*cd*)] que procede de un medio de distinta densidad]. | Pemán *Abc* 21.6.75, sn: En plena canícula, la cal, que refracta los rayos del sol, se conserva fría. **b)** *pr* Cambiar de dirección [un rayo u onda (*suj*)] al pasar a un medio de distinta densidad. | Marcos-Martínez *Física* 154: Del punto B salen varios rayos que al pasar al aire se refractarán alejándose de la normal.

refractario -ria *adj* **1** [Material o cuerpo] que resiste, sin alteraciones notables, elevadas temperaturas. *Tb n m*. | *Abc* 7.9.66, 44: Gran volumen de material siderúrgico, eléctrico y refractario. Marcos-Martínez *Física* 111: Se llaman cuerpos refractarios aquellos que funden únicamente a temperaturas elevadísimas. Tamames *Economía* 189: La producción de nuestros yacimientos de bauxita .. se destina en su totalidad a la fabricación de refractarios y otros usos distintos de la producción de alúmina.
2 Reacio u opuesto [a algo]. *Tb sin compl*. | Delibes *Señora* 81: Estando encinta era refractaria a medicarse. L. Pablo *SAbc* 20.4.69, 35: El hecho de que "las cosas cambian" ha penetrado incluso en las mentes más refractarias.
3 *(Med)* Resistente o inmune [a una enfermedad]. | *Puericultura* 64: Inyectada en el niño [la vacuna], le hace refractario a la infección diftérica. Mascaró *Médico* 36: Si la duración del estado refractario o de inmunidad es corto (meses o pocos años), la infección puede repetir varias veces (anginas, gripe, etc.).

refractividad *f (Fís)* Capacidad de producir refracción. | A. M. Yagüe *Ya* 25.1.86, 37: Mediante las pruebas de refractividad se puede intentar saber de qué están formados tanto los satélites como los anillos [de Urano].

refractometría *f (Med)* Medición del índice de refracción ocular mediante el refractómetro. | Dolcet *Salud* 487: La exploración y corrección de estos defectos constituyen la refractometría, el capítulo más frecuente tal vez de la especialidad oftalmológica.

refractómetro *m (Fís)* Instrumento para medir el índice de refracción. | Ybarra-Cabetas *Ciencias* 35: Si se quiere mayor precisión, hay que acudir a refractómetros.

refractor *adj (Astron)* [Telescopio] que consta de dos lentes. *Frec n m*. | *Ya* 2.4.87, 11: Telescopios Celestron .. Refractores, Reflectores Newton.

refrán *m* **1** Dicho sentencioso de carácter popular y tradicional, breve y frec. en verso o con alguna rima. | Medio *Bibiana* 12: El refrán lo dice: "Hijos criados, trabajos doblados".
2 Estribillo. | Romeu *EE* nº 9.63, 60: Las tres Mujeres entonan el refrán, reforzadas por el coro.

refraneador -ra *adj (raro)* [Pers.] que refranea. *Tb n*. | Cabezas *Abc* 30.12.65, 63: Tratamos de adentrarnos en el pensamiento inicial del refranista o refraneador.

refranear *intr* Decir refranes [1]. | Aldecoa *Gran Sol* 177: Juan Ugalde rompía el augurio de los malos tiempos esperados, refraneando. –Norte, noble. Sur, albur.

refranero -ra I *adj* **1** [Pers.] aficionada a decir refranes [1]. | S. Nadal *Act* 25.1.62, 16: Me parece ver en "K" un campesino inculto en el fondo .., cauteloso y astuto, refranero, y con todas las características aldeanas.
II *m* **2** Conjunto de los refranes [1]. | CBaroja *Inquisidor* 14: No hay que recurrir al refranero para tener conciencia de la cantidad de agudezas que ha producido su práctica y uso. **b)** Colección o recopilación de refranes. | Lapesa *Santillana* 262: Sánchez y Escribano ha demostrado que la confusión entre el refranero atribuido al Marqués y los *Proverbios* no se dio en Mal-Lara.

refranesco -ca *adj* De(l) refrán [1]. | Espinosa *Escuela* 629: Apenas cumplí los cinco años, di en lavarme y cortarme las uñas cada semana, portento que hizo exclamar a mi padre en su refranesca lengua: "Viuda que no duerme, casarse quiere".

refranista *m y f* Pers. aficionada a decir refranes [1]. | Cabezas *Abc* 30.12.65, 63: Tratamos de adentrarnos en el pensamiento inicial del refranista o refraneador.

refregar *(conjug* **6**) *tr* **1** Volver a fregar. | SFerlosio *Jarama* 10: Macas, muescas, .. se dibujaban en el fregado y refregado mostrador de madera.
2 Refrotar. *Tb fig*. | Caballero *Dos días* 226: Le ardían las rodillas, igual que si se las hubiese estado refregando con estopa. ZVicente *Traque* 73: Y eso que yo le refregué el brazo al salir .. Con un perfume carísimo. * Se pasa el día refregándonos su dinero. Salvador *Van* 19.12.70, 15: Ustedes, los mayores, nos las refriegan por las narices [las anécdotas de guerra].

refregón *m* Acción de refregar [2]. *Frec su efecto*. | CBonald *Ágata* 249: El refregón contra el cáñamo de las manos ulceradas. GPavón *Cuentos rep*. 33: Llevaban los uniformes empapados en sudor, con refregones de tierra.

refreír *(conjug* **47**) *tr* **1** Volver a freír. | * No debes utilizar el aceite refrito.
2 Freír bien o mucho. | Romano-Sanz *Alcudia* 265: La paisana de Vicente prepara un revuelto de huevos con tomate. Refríe el guiso durante unos minutos, moviéndolo con una espumadera.

refrenado -da *adj* **1** *part* → REFRENAR.
2 Que denota o implica freno o contención. | Delibes *Madera* 335: Gervasio seguía sin pestañear el desplazamiento del buque, su avance refrenado hendiendo las aguas oleosas.

refrenar *tr* **1** Frenar y sujetar al caballo con el freno. | Sampedro *Sonrisa* 81: Trajeron [sus manos] corderos al mundo y refrenaron caballos, lanzaron dinamita y plantaron árboles. **b)** Frenar o disminuir la velocidad [de alguien o algo (*cd*)]. | Chamorro *Sin raíces* 44: Pequeñas charcas remansadas a la sombra de nogales y negrillos, refrenadas por grandes piedras planas y pulidas. Delibes *Madera* 270: Aceleró su carrera hasta que .. sintió un puntazo doloroso en el costado y entonces se refrenó, se puso al paso, resollando.
2 Contener o reprimir. | DPlaja *El español* 125: La Lujuria española está en el aire. No hay nada de clandestino en la apreciación española de ese pecado, nada de subterráneo, de recomido, de refrenado. Torrente *Sombras* 236: Lo que pudiera haber en sus palabras de patético lo refrenaba y lo disimulaba su sosiego aparente.

refrendante *adj (raro)* Que refrenda. *Tb n*. | Herrero *SInf* 25.10.75, 6: El Rey necesita un ministro refrendante, pero la decisión sobre lo refrendado corresponde, en último término, al Rey. Herrero *SInf* 25.10.75, 6: El refrendo adquiere, de esta manera, un segundo sentido. Se trata de un compromiso del refrendante de dar cumplimiento al acto refrendado.

refrendar *tr* **1** Autorizar con la firma [un documento (*cd*)] la pers. indicada para ello]. | Herrero *SInf* 25.10.75, 6: El Rey necesita un ministro refrendante, pero la decisión sobre lo refrendado corresponde, en último término, al Rey.

2 Ratificar o confirmar. | *SVozC* 25.7.70, 1: Las iglesias de la Magdalena y la desaparecida de San Nicolás refrendan la importancia que tuvo Sangüesa en la época románica.

refrendario -ria *m y f* Pers. que refrenda. | L. Calvo *Abc* 20.12.70, 18: Como algún necio español haya dicho que mis escritos de Praga estaban hechos en un lujoso hotel de Viena, evoqué, en un inciso, nuestros viajes a Checoslovaquia, poniéndole [a Guilleme-Brulon] implícita y cariñosamente de refrendario.

refrendatario -ria *adj* De(l) referéndum. | MVilla *País* 26.11.78, 14: El Gobierno no espera un revés refrendatario en el País Vasco, si acaso una elevada abstención en Guipúzcoa.

refrendo *m* Acción de refrendar. | PRivera *Discursos* 11: Toda esta trayectoria ha dado como consecuencia el refrendo por las Cortes de la institucionalización del futuro en el Príncipe don Juan Carlos.

refrescador -ra *adj* Que refresca [1]. *Tb n m, referido a dispositivo o aparato.* | *Abc* 29.8.71, 14: Si París no pudo prescindir de su Sena, ¿por qué Madrid va a prescindir de su cuaternario, romántico, .. refrescador .. río Manzanares? *SInf* 29.12.70, 12: En primer lugar, los alquitranes y las aguas amoniacales se condensan en un barrilete; seguidamente prosigue la operación en los condensadores, o refrescadores, donde el gas se enfría a 10/15 grados centígrados. *Prospecto* 6.93: Alcampo .. Refrescador Solac 488, sin instalación, compartimento especial para hielo, flujo de aire orientable, 3 velocidades.

refrescamiento *m* Acción de refrescar(se), *esp* [4]. | Roderico *Mad* 10.9.70, 2: Los chubascos han sido intensos en la región noroccidental de la Península, con aumento de la nubosidad a lo largo de todo el litoral cantábrico y refrescamiento general del ambiente. J. C. Arévalo *Tri* 15.7.72, 29: Un numeroso grupo de aristócratas, militares y jinetes, deslumbrados por las teorías del naturalista Buffon sobre el refrescamiento de sangre, consiguieron los más desatinados cruces.

refrescante *adj* **1** Que refresca [1]. *Tb fig.* | S. Jiménez *Abc* 9.9.66, 26: Es .. concesionario de una conocida bebida refrescante norteamericana. *CCa* 24.10.71, 4: Los balcones abiertos implorando una pizca de refrescante brisa. *SHie* 19.9.70, 8: Es una película refrescante, alegre y optimista.
2 Relativo a la acción de refrescar. | CDelgado *SPaís* 26.7.87, 43: Aúna [el gazpacho] .. su valor nutritivo con el poder refrescante y el placer gustativo.

refrescar A *tr* **1** Poner fresco o más fresco [a alguien o algo]. | Marcos-Martínez *Física* 122: ¿Por qué un trozo pequeño de hielo refresca un vaso grande de agua? Salvador *Haragán* 167: Estoy sentado en mi pala, junto a un reguero de agua que está refrescando la tierra. M. D'Azur *Miss* 9.8.68, 2: Limpiar, quitar el maquillaje viejo, extraer la suciedad acumulada en los poros y refrescar con ello el cutis es una medida higiénica. Hoyo *Señas* 6: Pon agua en la jofaina para que se refresque tu hermano. **b)** *pr* Ponerse fresco o más fresco [alguien o algo]. | CBonald *Dos días* 52: Oye, saca una jarra de la solera. Y mete un par de botellas en el pozo, que se vayan refrescando.
2 Actualizar o poner al día [la memoria o un recuerdo]. | *Ciu* 2.75, 4: Esperemos a ver cuáles serán los beneficios del sector en 1975, y entonces refrescaremos la memoria de nuestros lectores. Moreno *Galería* 181: Regresar, aunque sea en esta línea de refrescar costumbres y andanzas, a otros tiempos ya pasados .. obliga a crear su propia composición de lugar.
3 (*Mar*) Renovar [el agua o los víveres]. | F. RBatllori *Abc* 11.6.67, 7: Las carabelas refrescaban su aguada, se adquirían provisiones y aumentaba la tripulación con gentes del país. **b)** (*raro*) Renovar o rejuvenecer [algo]. | *Abc* 28.8.66, 43: Deja ver bien claro la voluntad de la Iglesia de refrescar sus cuadros dirigentes en un catolicismo en el que más del 65 por 100 de los fieles tienen menos de cuarenta años.
B *intr* **4** Ponerse fresco [el tiempo]. *Tb como impers.* | Sueiro *SYa* 31.3.74, 19: Esperan callados bajo la sombra a que la tarde refresque un poco antes de reanudar viaje. Gala *Días* 404: Con el buen tiempo parece que esos puercos trasnochan algo más. (Por la botella.) Me llevo esto por si refresca o por si conviene convidar a alguien.
5 Ponerse [alguien] fresco, esp. bebiendo algo frío. | Cela *Viaje andaluz* 319: En el cruce de Isla Cristina, a una legua de donde el vagabundo refrescó, se oye cantar al negro calderero.
6 (*Mar*) Hacerse más fuerte [el viento]. | * Por la noche refrescó el viento, pero no demasiado.

refresco I *m* **1** Bebida refrescante. | CNavarro *Perros* 16: La gente tomaba refrescos bajo el entoldado de los bares.
2 Agasajo en que se sirven bebidas y cosas de comer. | Delibes *Guerras* 129: –Y a hablar .., ¿cuándo empezasteis? –.. Talmente en la boda del Parmenio Marrero, durante el refresco. J. J. Saiz *ASeg* 14.3.78, 6: Habló el presidente de la Asociación, Mariano Barrero, dando paso a un refresco a base de pastas y limonadas.
II *loc adj* **2 de ~.** Que se incorpora al trabajo o al servicio tras un descanso. *Tb. adv.* | Berenguer *Mundo* 339: Vete al pueblo y dile al cabo lo que pasa. Que mande gente de refresco. Aldecoa *Gran Sol* 165: En máquinas ya estaba en la guardia Manuel Espina. Al entrar de refresco en el trabajo de cubierta Juan Arenas, cantineaba su flamenco barato.

refriega *f* Lucha o enfrentamiento de poca importancia o con poca gente. | Laforet *Mujer* 91: Se asomó a la ventana al oír gritos y tiros, y nunca pudo enterarse de qué había motivado aquella refriega callejera. *Inf* 16.6.70, 6: Bolivia: Sangrienta refriega en Cochabamba.

refrigeración *f* **1** Acción de refrigerar. *Tb su efecto.* | DPlaja *El español* 154: Para muchos españoles que viven en casas antiguas, [el cine] equivale a sillones mullidos, calor en invierno y refrigeración en verano.
2 Sistema de refrigeración [1]. | FSantos *Catedrales* 177: Otros, en cambio, llegan a prepararlos [los coches], a meterles más agua en la refrigeración, a acelerar la bomba, tonterías, nada, porque el agua se calienta lo mismo. *Van* 4.11.62, 13: Anglo, la marca preferida en TV... y también en Aire Acondicionado y Refrigeración.

refrigerador -ra I *adj* **1** Que refrigera. *Tb n, m o f, referido a máquina o aparato.* | Mingarro *Física* 170: Para evitar una excesiva elevación de temperatura se les coloca al aire y provistos de aletas metálicas refrigeradoras. Huarte *Biblioteca* 90: El aparato proyector es delicado y ha de contener un refrigerador, porque la exposición continuada del celuloide al calor de la lámpara lo daña. *DNa* 14.5.77, 29: Ordeñadoras, refrigeradoras de leche, salas de ordeño.
II *n A m* **2** Nevera o frigorífico. | Medio *Bibiana* 222: Lo que nos hace falta es un refrigerador... El que tenemos es ya viejo... De esos de hielo, ¿sabe?
B *f* **3** (*raro*) Refrigerador [2]. | *Ama casa* 1972 133: Tapar y dejar enfriar; luego, colocar en la refrigeradora.

refrigerante I *adj* **1** Que refrigera. *Tb n m, referido a agente o producto.* | *Unidades* 49: La parte inferior de la lámpara, incluido el capilar, se sumergirá en un baño refrigerante. Aleixandre *Química* 110: La nieve carbónica .. se emplea mucho como refrigerante, especialmente en la industria de los helados.
II *m* **2** (*E*) Recipiente o dispositivo para refrigerar algo o para condensar vapores. | Marcos-Martínez *Física* 116: El vapor producido pasa al serpentín, contenido dentro del refrigerante, donde se enfría y se condensa. [*En el alambique.*]

refrigerar *tr* Enfriar [algo] por procedimientos técnicos. | Medio *Bibiana* 332: Yo creo, Marcelo, que podíamos ir al cine .. Hay algunos refrigerados. Ramos-LSerrano *Circulación* 223: Los motores de automóviles que disponen de este tipo de refrigeración llevan una turbina que, accionada por el propio motor, produce la corriente de aire necesaria para refrigerar el motor. M. Calvo *MHi* 8.66, 24: Se ha insistido en la necesidad de divulgación de las posibilidades prácticas del frío .. con objeto de que .. se pierda cierta prevención que todavía existe hacia los alimentos congelados y refrigerados.

refrigerio *m* **1** Comida ligera. | Valcarce *Moral* 193: Más tarde se permitió también un pequeño refrigerio a primera hora del día.
2 (*lit, raro*) Alivio o consuelo. | Ribera *Misal* 136: Os suplicamos, Señor, que a estos y a todos los que descansan en

refringencia – refunfuñador

Cristo les concedáis el lugar del refrigerio, de la luz y de la paz.

refringencia *f* (*Fís*) Cualidad de refringente. | Marcos-Martínez *Física* 155: Cuando un haz de rayos incide sobre un medio diáfano (transparente) de mayor refringencia, parte de los rayos se refracta y parte se refleja.

refringente *adj* (*Fís*) Que produce refracción. | Marcos-Martínez *Física* 144: Un cuerpo se dice que es más refringente que otro cuando tiene mayor índice de refracción que él.

refritar *tr* (*col*) Hacer un refrito [3] [con algo (*cd*)]. | Torrente *SInf* 29.5.75, 16: Todos recordamos, o podemos recordar, si no nos avergüenza y oprime, la misericordia de unos artículos publicados, si no refritados, y otros expedientes con que se acude en socorro de una decadencia física y a veces también intelectual.

refrito -ta **I** *adj* **1** *part* → REFREÍR.
II *m* **2** Condimento formado por aceite frito con otros ingredientes, esp. ajo, cebolla y tomate. | Trévis *Navarra* 18: Una vez estén bien cocidos guisadlos con un refrito a base de la cebollita y el tomate.
3 (*col*) Obra, esp. literaria, hecha mezclando trozos de otras o dándoles nueva forma. | E. Corral *Abc* 5.1.75, 61: Se trataba de un "refrito" del programa de Nochevieja que gozó de repetición innecesaria. *Ya* 13.2.90, 17: El 90% de los métodos, estudios o diccionarios sobre gallego, catalán, vascuence o habla caló de los gitanos son refritos con poco valor científico.

refrotar *tr* **1** Frotar repetida e intensamente. | F. A. González *Ya* 29.4.75, 62: Tiene uno que leerlo una y otra vez, que volver a leerlo, que refrotarse los ojos, para entender que sea posible.
2 (*col*) Repetir o mostrar [a alguien] con insistencia [algo que le humilla o le ofende]. *Frec* ~ POR LAS NARICES, o POR LA CARA. | Delibes *Abc* 24.1.82, sn: Una cosa que .. enojaba a Picasso era que le refrotase una y otra vez el éxito popular de Romero de Torres. Berenguer *Mundo* 146: Yo no me atrevía a levantar la vista, no fuera que don Gumersindo se pensara que quería refrotarle por las narices lo que le había dicho de mañana.

refuerzo *m* **1** Acción de reforzar(se). | *HLM* 9.2.76, 10: Sus fuerzas afrontan una situación militar crítica ante la agrupación y refuerzo de más de siete mil cubanos con el bando enemigo.
2 Cosa o pers. que refuerza o sirve para reforzar. | J. Bassegoda *Van* 1.7.73, 27: La ausencia del cemento portland en las piezas de piedra artificial y en los núcleos de los pilares de ladrillo ha provocado la oxidación de los refuerzos metálicos. *SAbc* 1.2.76, 3: Las botas cubren el tobillo .. Los refuerzos del talón dan al corredor el apoyo necesario. Moreno *Galería* 148: Para que, al mediar la jornada y mientras él mismo tomaba su refuerzo, la yunta .. tomara también .. el refuerzo o alimento necesario para la segunda etapa de la jornada. *Mar* 24.1.68, 1: Podrá contar con un refuerzo para esa delantera hasta ahora incapaz de asustar a las más inocentes de las caperucitas rojas que por el mundo haya. **b)** (*Psicol*) Estímulo que aumenta la probabilidad de que un sujeto repita determinada respuesta. | Rábade-Benavente *Filosofía* 93: La actual psicología ha estudiado detenidamente la problemática y aplicaciones de la teoría del refuerzo.

refugiado -da **I** *adj* **1** *part* → REFUGIAR.
II *m y f* **2** Pers. que, a consecuencia de una guerra o una persecución política, vive en un país extranjero. | CBaroja *Inquisidor* 48: El 28 de febrero de 1818, un diputado francés .. arremetió contra los refugiados españoles.

refugiar (*conjug* **1a**) **A** *tr* **1** Dar refugio [1] [a alguien (*cd*)]. *Tb fig.* | *Abc* 28.3.92, 1: El obispado de San Sebastián conocía que "el espíritu de ETA" refugiaba a etarras. Buero *Fundación* 124: Inclinado hacia delante y con sus brazos cruzados sobre las rodillas, refugia en ellos su cabeza.
B *intr pr* **2** Buscar o procurarse refugio [1] [en alguien o algo]. *A veces con un compl* DE *que expresa aquello contra lo que se desea protección*. *Tb fig.* | Torrente *Sombras* 23: Un hombre débil y sensible, que escapa a su condición refugiándose en el violoncello. *Sp* 19.7.70, 49: Se ha convertido en uno de los escasos lugares a donde se puede acudir refugiándose del calor. Lapesa *HLengua* 344: Las [lenguas] que han dejado más huellas en el habla hispanoamericana son el arahuaco, de las Antillas, hoy desaparecido; .. el araucano o mapuche, refugiado en el Sur de Chile.

refugio *m* **1** Protección o amparo. | J. REstasen *Ya* 2.5.75, 59: Intentaron su salvación en la huida, encaminando sus pasos por los portillos del Conde Duque y de San Bernardino, con la esperanza de encontrar refugio en los jardines de la real posesión de la Florida.
2 Lugar apropiado para servir de protección. | PAngulo *SYa* 25.5.75, 14: Los hombres, las mujeres, los conductores de las ambulancias, los soldados corren hacia el más próximo refugio antiaéreo. **b)** Zona de la calzada reservada a los peatones y protegida del tráfico. | Ramos-LSerrano *Circulación* 147: Los vehículos de todas clases podrán circular por las zonas en que están tendidas las vías de los tranvías ..; pero evitarán circular donde existan refugios de peatones al lado de las vías. **c)** Construcción de montaña destinada a servir de alojamiento a caminantes o excursionistas. | Villarta *Rutas* 44: Cuentan con pistas tan buenas como las de Suiza y excelentes paradores y refugios. Delibes *Mundos* 47: Los santiaguinos suelen aprovechar la cordillera para .. esquiar cuando hace malo. Esta es la razón del pueblecito de Farellones .. donde las casas no son tales, sino refugios.
3 Pers. o cosa en que alguien encuentra protección. | Laforet *Mujer* 105: Si vieras qué distinto sería el sufrimiento si tuvieses el refugio de Dios. MGaite *Nubosidad* 139: No tengo más refugio que el de la escritura.

refugo *m* (*reg*) Parte inservible del corcho, que se emplea para serrín. | *Hoy* 1.8.76, 13: La situación..., mala. Mejor dicho, pésima. Se ha llegado a ella debido al poco valor de los refugos.

refulgencia *f* Resplandor. *Tb fig.* | Borrás *Abc* 3.12.57, sn: La síntesis la ha de dar después esa refulgencia, "Doña Francisquita", prendida para siempre como un brinquillo de diamantes en el pecho de la villa.

refulgente *adj* (*lit*) Que refulge. | D. I. Salas *MHi* 7.69, 41: Allí pueden admirarse brillantes armaduras recubriendo a arrogantes guerreros; alazanes con sus gualdrapas de sedas multicolores y corazas refulgentes.

refulgir *intr* (*lit*) Resplandecer. *Tb fig.* | CNavarro *Perros* 83: El asfalto refulgía como si alguien se hubiera entretenido en sacarle lustre. Cela *SCamilo* 43: Al Paquito cuando don Leoncio Romero le invita a un polvo le refulgen los ojillos con alegría.

refundación *f* Acción de refundar. | Cierva *Raz* 5/6.89, 340: Ahora que estamos en tiempos de refundaciones, hay que refundar también el espíritu y la eficacia de aquella inolvidable Acción Española.

refundar *tr* Transformar radicalmente [una institución u organización, esp. un partido político] adaptándo[los] a las nuevas circunstancias. | *ElM* 18.7.93, 1: El CDS decide continuar como partido .. Triunfó la tesis de Rafael Calvo Ortega de intentar refundar el partido.

refundición *f* Acción de refundir. | RMoñino *Poesía* 26: Concepto que, en siglos pasados, autorizaba la refundición de obra ajena, sin que el refundidor se creyera obligado a confesarlo. **b)** Obra resultante de la refundición de otra. | Riquer *Caballeros* 152: La refundición de la *Crónica del Halconero* acredita esta escena.

refundidor -ra *m y f* Pers. que refunde. | Riquer *Caballeros* 51: ¿Estamos frente a un retrato del refundidor del *Amadís de Gaula*?

refundir *tr* **1** Dar nueva forma [a un texto escrito (*cd*)]. | Lapesa *HLengua* 141: El primero de ellos es el venerable Cantar de Mio Cid, .. refundido hacia 1140 en tierras de Medinaceli.
2 Reunir [varias cosas en una]. *Tb sin el 2º compl.* | *Mun* 28.11.70, 20: La ley .. fue promulgada por decreto del día 11 de junio de 1948, y su texto refundido en el decreto del 2 de julio del mismo año. *Ley Orgánica* 119: En el plazo de cuatro meses a contar desde la promulgación de la presente Ley, se publicarán los textos refundidos de las Leyes Fundamentales.

refunfuñador -ra *adj* Que refunfuña. | Alós *Hogueras* 50: Colocando al lado una heladera de corcho a la que daba vueltas alguna vieja refunfuñadora o un impaciente niño.

refunfuñante *adj* Que refunfuña. | Montero *Reina* 83: Fue una mala tarde, en suma, con Menéndez refunfuñante y mosqueado.

refunfuñar A *intr* **1** Manifestar enojo o desagrado hablando entre dientes. | Olmo *Golfos* 178: –¡Condenado! ¡Malos lobos te coman!– .. Y así, refunfuñando, llega al cuchitril.
B *tr* **2** Decir entre dientes [algo] expresando enojo o desagrado. | GPelayo *SPaís* 3.3.91, 14: Me miró con cierto estupor, refunfuñó algo y no quiso o no se atrevió a repetirme el estúpido dicho africanista de que EM significa Estorbo Mayor.

refunfuño *m* Acción de refunfuñar. *Tb su efecto.* | Berlanga *Gaznápira* 14: Los hombres vuelven al refunfuño para convencer al Alcalde de que es una payasada ir al día siguiente a echar el camino a la Cabezuela. Aguilar *Experiencia* 979: Los homenajes del público, de la Prensa y de los círculos literarios no lograban contrarrestar sus refunfuños por las astronómicas facturas del hotel donde se hospedaba.

refunfuñón -na *adj* [Pers.] que refunfuña mucho. | Berlanga *SYa* 2.5.74, 5: Un mayorzote juega en el tobogán canijo .. La vieja refunfuñona le sermonea con que bien claro lo dice el cartelón. **b)** Propio de la pers. refunfuñona. | Halcón *Monólogo* 87: Modernizada y engrandecida con la aportación refunfuñona de todos los españoles.

refutación *f* Acción de refutar. *Tb su efecto.* | CBaroja *Inquisidor* 23: A veces se atreve a hacer una refutación de los cargos fiscales.

refutador -ra *adj* Que refuta. *Tb n, referido a pers.* | G. Comín *Not* 4.12.70, 18: Tenemos muchos robustos, limpios y generosos motivos refutadores contra espúreos y advenedizos expropiadores de nuestras propiedades inalienables. J. P. Quiñonero *SInf* 3.1.74, 5: Neruda, en este sentido, es un nuevo inventor de cosmologías; así como el Poe de Eureka y la casa Usher se convierte en su refutador.

refutar *tr* Contradecir [algo dicho por otro] tratando de demostrar su falsedad. | Villapún *Iglesia* 132: La doctrina protestante movió poderosamente a los hombres fieles a la Iglesia Católica a estudiar y profundizar más en la ciencia teológica, para refutar las herejías del protestantismo.

regabina *f* (*reg*) Arado usado especialmente entre líneas o hileras. | Halcón *Ir* 171: Perezosamente fue cada cual alzando la manilla de la canga, hincando la regabina entre las dos hileras de las plantas.

regabinador *m* (*reg*) Operario que regabina. | Halcón *Ir* 101: Figuro en la cuadrilla de regabinadores, con una canga.

regabinar *tr* (*reg*) Labrar con regabina. | Cuevas *Finca* 90: Hay que regabinar los maíces.

regable *adj* Que se puede regar. | Ortega-Roig *País* 87: Las pequeñas manchas azules de arroz .. se encuentran [en el mapa] en las zonas regables.

regacha *f* (*reg*) Reguera pequeña. | Berlanga *Gaznápira* 128: Había atesorado como munición guijos lustrosos y piedras de las regachas, tan suaves como las bombillas.

regada *f* Acción de regar. | J. Mauricio *Día* 28.5.76, 13: El agua producida se utiliza para riegos, aunque en platanera no se puede dar más de tres regadas al año. A. Semprún *Abc* 29.4.73, 49: Tan solo el llamado F.R.A.P. .. ha hecho, según nuestras fuentes, acto de presencia con sus "regadas" durante la noche madrileña.

regadera *f* **1** Vasija portátil para regar [1], provista de un tubo con boca de orificios. | Legorburu-Barrutia *Ciencias* 273: Los recibía en traje de faena, remangado, con una azadilla o una regadera entre las manos. **b)** (*col*) *Se usa frec en constrs de sent comparativo para ponderar la locura.* Gralm ESTAR COMO UNA ~. | Neville *Tiempos* 154: –Ni te habrán dicho que estoy loca. –No, nada de eso, que estás nerviosilla a veces, nada más. –¿Nerviosilla? Como una regadera. Palomino *Torremolinos* 161: El fulano está como una regadera. Cree que el príncipe está conspirando.
2 (*reg*) Reguera. | *CCa* 31.12.70, 11: Promoción de terreno susceptible de edificación .. Linda: Norte, con Ignacio de Ros, mediante regadera de la finca; Sur y Este, con resto de la finca de que se segregó.
3 (*Zool*) Esponja en forma de larga bocina, propia de los mares de Filipinas (*Euplectella aspergillum*). *Tb ~ DE FILIPINAS.* | Bustinza-Mascaró *Ciencias* 112: La *Euplektella* o regadera, de Filipinas, con forma de cuerno, es notable porque su esqueleto silíceo está formado como de finísimos hilos de vidrio.

regadío -a I *adj* **1** De(l) riego agrícola. | SFerlosio *Jarama* 27: El agua estaba remansada en un espacioso embalse, contra el dique de cemento de una aceña molinera o regadía. Cunqueiro *Un hombre* 56: Ya tenía ante ella las amarillentas colinas, .. la amplia vega regadía, los viñedos y las tierras de pan.
2 de ~. [Tierra] que se puede regar. | Ortega-Roig *País* 80: Las tierras de regadío son pequeñas en proporción a las de secano.
II *m* **3** Tierra de labor que se puede regar [1]. | CNavarro *Perros* 96: Un día .. todo será inútil .. Inútil el seguro de enfermedad, los impuestos de lujo, las hectáreas de secano convertidas en regadío.
4 Riego agrícola. | Ortega-Roig *País* 55: Las dos fotografías os muestran el curso del Júcar, donde podéis ver un canal de toma de agua, lo que indica cómo los ríos levantinos sirven para el regadío.

regado *m* Acción de regar [1]. | J. Fibla *Tri* 24.8.74, 30: También he hablado de la proliferación de bares, con su inevitable secuela de ruidos, humos y contaminación. A todo ello hay que añadir que el regado de las calles es defectuoso.

regador -ra *adj* Que riega, *esp* [1]. *Tb n, m o f, referido a pers o a máquina o aparato.* | S. GMartínez *Villena* 83: Se determina que el riego no lo lleven a cabo los propietarios y sus criados, como se hacía con los consiguientes excesos, sino unos individuos asalariados –los regadores–. Aldecoa *Cuentos* 1, 70: –Eso es vivir –dijo Justo Moreno, el regador de brea. Delibes *Madera* 431: En círculos cada vez más ceñidos, como el abanico de agua de un regador. FQuintana-Velarde *Política* 112: Maquinaria agrícola –arados, sembradoras, regadoras, cosechadoras, etc.–.

regadura *f* Acción de regar [1]. | Carnicer *Cabrera* 58: Fermina trae agua en una palangana y da una regadura a los negros tablones del piso.

regajal *m* (*reg*) Regato. | V. M. Arbeloa *DNa* 9.7.87, 52: Al Salazar que abre la vega a nuestra izquierda le caen, a derecha e izquierda, regajales que vienen entre barrancos.

regajo *m* **1** Charco de agua tras regato o de un arroyo. | Zunzunegui *Camino* 196: La sierra toda se traspasaba de regajos y lapachares, boteales y blandizales y las laderas rumorosas se vestían de fluyentes arroyos.
2 Arroyo pequeño. | L. Calvo *Abc* 21.10.70, 32: Es como un manantial que se echa a discurrir por un regajo y va recibiendo .. el caudal que le llega de todos los montes, ríos y riberas.

regal *m* Órgano portátil propio de los siglos XVI y XVII. | *Música Toledo* 82: Música antiqua de Viena .. Regal, flauta de pico: Widensky, Peter.

regala *f* (*Mar*) Tabla que constituye el remate superior de la borda de una embarcación. | Aldecoa *Gran Sol* 82: Las puntas de la red .. patinaron por la regala hasta el comienzo de la obra muerta.

regaladamente *adv* De manera regalada [2]. | Delibes *Vida* 220: La dureza de nuestras cacerías de los cincuenta, sesenta y setenta había pasado a la historia. Todo se hacía ahora más descansado, más confortable, más regaladamente.

regalado -da *adj* **1** *part* → REGALAR.
2 Placentero o grato. | *Ecc* 16.11.63, 4: Los atractivos e incentivos para una vida siempre más regalada. Zunzunegui *Hijo* 34: El salto de la calle húmeda a aquella regalada tibieza le ponía fervorines en los poros. **b)** Delicado o exquisito. | Delibes *Cartas* 104: Las pechugas de palomino son tiernas y regaladas, y su sabor a bravío, un gusto misceláneo de todos los aromas del campo.
3 (*col*) Muy barato. | Benet *Penumbra* 82: Mil doscientas sesenta, un precio regalado, tratándose de ese género.

regalar *tr* **1** Dar [algo] gratuitamente, esp. en señal de afecto o de simpatía. *Frec fig.* | Laforet *Mujer* 296: Le gustaba permitirse el lujo de regalar algún dinero. *País* 5.2.77, 8: Se pretendía, de un lado, atender los justos ruegos de los periodistas, y del otro, eliminar las no menos justificadas suspicacias de quienes creían que lo que los profesionales de la información querían era que les regalaran un título universitario. **b)** Vender [algo] muy barato. | V. Serna *ElM* 14.7.92, 27: ¿Qué indujo al señor Catalán [a] regalar su 34% del accionariado del colegio a Comisiones Obreras? Porque cobrar un millón de pesetas por más de un tercio de un colegio privado de prestigio nacional .. tiene un nombre en román paladino: regalo.
2 Halagar [los sentidos, esp. el oído]. | * Vive pendiente de regalar sus sentidos. * La música que regala los oídos. **b)** ~ los oídos → OÍDO.
3 Agasajar [a alguien]. | Torrente *Sombras* 195: Tomó nota de la marca y la cosecha [del brandy] para regalar a su novia con una muestra como aquella de la química francesa. Lázaro *Crónica* 67: Los Académicos fueron regalándose mutuamente con disertaciones así durante cinco años, hasta que se cayó en la cuenta de que era mejor avanzar en el *Diccionario*, y dejarse de asuntos.

regalgo -ga *m* y *f* (*reg*) Perro mixto de podenco y galgo. *Tb adj.* | Berenguer *Mundo* 59: Ya instalado en la lobera, empecé a adelgazar a a crecer, y si antes, mala comparación, era como pachón, terminé en regalgo.

regalía *f* **1** Derecho privativo de la corona. | *Ya* 12.2.75, 11: La acuñación de la moneda .. no siempre fue una prerrogativa real ni regalía de la Corona. **b)** (*hist*) Prerrogativa real en asuntos de índole religiosa. | MGaite *Macanaz* 98: Uno de ellos [ministros del Santo Oficio] fue depuesto perpetuamente de su empleo porque osó escribir contra esta regalía o derecho del rey a inmiscuirse en los asuntos de la Inquisición.
2 Participación en los ingresos o cantidad fija que se paga al propietario de un derecho por el permiso de usarlo. | *Abc* 29.6.75, 18: Como se sabe, en esta cuestión está de por medio el petróleo de Cabinda, del que actualmente ya cobra regalías el Gobierno provisional de Angola. *Abc* 30.11.79, 25: Los Estados que participan en la Conferencia Diplomática sobre Derechos de Autor se han puesto previamente de acuerdo sobre los aspectos más sustanciales que afectan a la regulación de transferencias de regalías.
3 ~ **de aposento.** (*hist*) Tributo pagado por el dueño de una casa en la corte, por la exención del alojamiento debido a la servidumbre de la casa real y a las tropas. | Bermejo *Estudios* 197: Al lado del personal dirigente –aposentadores y aposentador mayor– se fue organizando un grupo de colaboradores de formación técnica o especializada. Un fiscal, al cuidado y defensa de la regalía de aposento ..; dos contadores.

regalicia *f* (*reg*) Regaliz (planta). | Gerardo *NAl* 6.10.89, 15: En el arroyo la zarza y el espino, el junco, el carrizo, la boquilla, la reguera, el presillo y la maleza. La regalicia en Valdemoro.

regalismo *m* (*hist*) Tendencia o doctrina que defiende las regalías [1b]. | Villapún *Iglesia* 135: El fin del Regalismo fue ensalzar el poder real para disminuir el del Papa.

regalista *adj* (*hist*) De las regalías [1b]. | MGaite *Macanaz* 96: Algo de miedo le tenía también [a Felipe V] en nombre de las tendencias regalistas y galicanas que, como nieto de su abuelo, le suponía. **b)** Partidario de la regalía. *Tb n, referido a pers.* | CBaroja *Inquisidor* 46: Llorente fue, en principio, un clérigo regalista más y contrario a las pretensiones de Roma. Vicens *Polis* 416: Después de los ataques que habíanle asestado galicanistas, regalistas y jansenistas .., [la Iglesia] tuvo que sufrir los deístas, libertinos y enciclopedistas.

regaliz *m* Planta herbácea, de alrededor de 1 m de altura, hojas compuestas de hojillas elípticas, y flores pequeñas azuladas, en racimos axilares, y cuyos rizomas contienen un jugo usado en farmacia (*Glycyrrhiza glabra*). | Ybarra-Cabetas *Ciencias* 257: Los rizomas, que crecen horizontalmente cerca de la superficie del suelo (lirio, regaliz). **b)** Extracto de rizoma de regaliz, esp. en forma de pastillas o de barras, que toman los niños como golosina. | ZVicente *Examen* 101: Los regatones de altramuses [*sic*] y chufas, regaliz y confites.

regalo *m* **1** Cosa que se regala [1]. | *Economía* 138: Entre amigos, los regalos más finos son flores, libros, bombones. **b)** (*col*) Cosa muy barata. | * Ese traje a ese precio es un regalo.
2 Cosa que regala [2]. | J. CCavanillas *Abc* 19.9.64, 33: Todo el rito .. era un regalo para los oídos. **b)** Conjunto de comodidades y placeres que rodean a una pers. | Lapesa *HLengua* 112: No era un vivir muelle el de los cristianos independientes. En contraste con el regalo y brillantez de la España musulmana, la guerra asolaba campos y ciudades con incursiones destructoras. Halcón *Ir* 120: Recordó el anterior regalo de su mesa.
3 Acción de regalar. | *Economía* 137: Hacer un regalo es muy agradable. V. Serna *ElM* 14.7.92, 27: Cobrar un millón de pesetas por más de un tercio de un colegio privado de prestigio nacional, con 2.000 alumnos y unas instalaciones imponentes, tiene un nombre en román paladino: regalo.
4 (*lit*) Gusto o placer. | Berenguer *Mundo* 37: Daba regalo estarse allí solo. Cossío *Montaña* 70: Todo cuanto les sirve para sus trabajos o su regalo procede de los montes.

regalón -na *adj* [Pers.] que vive con mucho regalo [2b]. | ILaguna *Abc* 12.11.70, sn: Campesinos suspicaces y abades y curas regalones, en comilonas de sesión continua, que no se distinguen por su apertura a nada. **b)** Propio de la pers. regalona. | Hoyo *Pequeñuelo* 11: Con su vida regalona de guardesa ha engordado más de lo debido.

regante *adj* Que riega. *Tb n, referido a pers.* | MOPU 7/8.85, 154: Parecida a las otras provincias de su comunidad, [Alicante] es hortelana, mediterránea al cien por cien, heredera de tradiciones artísticas, culturales y científicas romanas y árabes (regantes muchas de ellas). E. JRey *Reg* 18.8.70, 1: La Comunidad de Regantes del Tiétar ha solicitado también la moratoria para el pago de la cuota.

regañadientes. a ~. *loc adv* Con disgusto o de mala gana. | Laforet *Mujer* 96: Las señoritas Martí la ayudaban, a regañadientes, a preparar el equipo.

regañado -da I *adj* **1** *part* → REGAÑAR.
2 [Ojo o boca] que tiene un frunce que le impide cerrarse por completo. | Aldecoa *Cuentos* 1, 80: Era pequeño, flaquito, calvorota, con el ojo derecho regañado.
3 [Pan o ciruela] que se abre al llegar a su punto. | Lorén *Aragón* 571: Gentes autárquicas, poco dadas a novedades, que se reúnen cabe el hogar y alrededor de la "cazoleta" de cordero con pan "regañao" de poca miga.
II *f* **4** (*reg*) Torta de pan muy delgada y recocida. | MCalero *Usos* 30: En buena artesa heñían la masa .. para el pan y las hogazas, y hasta algún día se hacían también buenos y suculentos hornazos, alguna regañada.

regañar A *tr* **1** Reñir o reprender [a alguien]. | Olmo *Golfos* 180: Agradecido, le regaña.
2 Enseñar [el perro los dientes] en señal de amenaza. | Carnicer *Cabrera* 92: Esquiva [el mastín] los punterazos y se retuerce con las manos en alto y los ojos encendidos, regañando amenazador los dientes como un demonio el día del Juicio.
B *intr* **3** Reñir o pelearse [con alguien]. *Tb sin compl, con suj pl.* | A. ÁVillar *ByN* 28.8.76, 64: Un grupo de investigadores norteamericanos sometió a un estudio estadístico los motivos por los que un matrimonio suele regañar. Delibes *Voto* 119: ¿Es que no se tratan? .. ¿Están regañados?

regañina *f* Acción de regañar [1]. | Amable *Sáb* 3.12.66, 34: A veces llego yo a casa antes que mi mujer, y resulta que la comida o la cena no está a punto, con el consiguiente disgusto por mi parte, que en ocasiones se traduce en las inevitables "regañinas".

regaño *m* (*raro*) Acción de regañar [1]. | *Ama casa* 1972 39: Los regaños, las amenazas y el aislamiento se usan más conforme el niño va creciendo.

regañón -na *adj* **1** [Pers.] que regaña [1] mucho. | Fuster *Inf* 6.6.74, 18: Para certificar su aserto, los doctrinarios regañones citan tantos "datos" como convengan al caso, y en general saben llevar el agua a su molino. **b)** Propio de la pers. regañona. | *Ya* 29.11.70, 35: Este señor de la derecha con aire regañón es un veterano actor madrileño.

2 [Viento] del noroeste. Tb n m. | Delibes *Guerras* 48: Tanto daba que soplase el regañón como el levante.

regar (*conjug* 6) *tr* **1** Esparcir agua [sobre algo (*cd*), esp. el suelo o las plantas]. | Legorburu-Barrutia *Ciencias* 273: Tengo que cuidar y regar mis flores.
2 Proporcionar agua [un río o algo similar (*suj*) a una zona (*cd*)]. | Zubía *Geografía* 196: Pasa [el Guadiana] por Mérida y Badajoz, donde riega grandes extensiones. **b)** Proporcionar sangre [una vena (*suj*) a una parte del cuerpo (*cd*)]. | Navarro *Biología* 166: De la aorta descendente nacen también la arteria mesentérica superior .. y finalmente la mesentérica inferior que riega el intestino grueso.
3 Esparcir [un líquido (*compl* CON) sobre algo (*cd*)]. | Bernard *Verduras* 20: Cuando están doradas [las cebollas] se riegan con un vaso de caldo. **b)** Acompañar [una comida (*cd*) con una bebida]. | Vega *Cocina* 113: Mi opinión particular es que el cocido de Madrid debe ser regado con un vino tinto.
4 Esparcir [algo (*compl* DE o CON) por un lugar (*cd*)]. Tb *fig. Tb sin el primer compl por consabido*. | Vega *Cocina* 122: No importa que Toledo no sea provincia arrocera. Tampoco lo es Asturias, lo que no impide que el principado esté regado de arroz. Payno *Curso* 13: En casi todas las sillas cangrejas se estaban haciendo aviones de papel. En pocos momentos quedó el suelo regado. **b)** Esparcir o desparramar [algo]. | *Nue* 23.9.75, 5: El día 4 de agosto acudió a una cita con un "liberado" [de ETA] conocido por "Ramón", que le hizo entrega de propaganda subversiva para ser "regada" en las fiestas de Miravalles. * Has ido regando los garbanzos por el pasillo.

regasificación *f* (*Quím*) Acción de regasificar. | *Van* 20.12.70, 18: Aún sin disponer de gas natural libio .., Gas Natural S.A. ha venido desarrollando sus programas de ventas hace año y medio, cuando las instalaciones de regasificación de Barcelona quedaron terminadas.

regasificador -ra *adj* (*Quím*) Que regasifica. | *Inf* 2.1.75, 28: Valencia: sondeos para la planta regasificadora de gas natural.

regasificar *tr* (*Quím*) Volver al estado gaseoso [un producto petrolero que ha sido licuado]. | *País* 8.11.81, 51: Campsa no tiene que licuar, transportar en barcos y regasificar el producto, como ocurre con el gas importado, por encontrarse el gas a la puerta de la planta reductora.

regata[1] *f* Carrera entre varias embarcaciones ligeras. | CNavarro *Perros* 17: Para Quique todo eran manifestaciones atávicas, excepto el fútbol, las regatas y la música sacra. **b)** Carrera entre varios aparatos aeronáuticos. | *SPaís* 5.1.92, 3: Un madrileño ganó en la regata de globos. Al. Gómez *Ya* 26.4.90, 51: Están poniendo a punto unas sofisticadas velas espaciales con las que competirán, en 1992, en una "regata" por el espacio para llegar a la cara oculta de la Luna.

regata[2] *f* (*reg*) Regato. | Aize *DNa* 14.5.77, 25: El lugar en que fue capturado el extraordinario ejemplar es el denominado "regata de Kontín", zona en la que no se conocía la existencia de truchas de semejante tamaño. Mann *DMo* 3.8.89, 4: La fuente del Espino da una regatuca de agua que una vaca no puede meter le morru allá p'alcalzarlu. *BOE* 4.10.77, 21994: Descripción [del camino]: Desde el puente situado sobre la regata Aixola-Erreka, del polígono número 6, parcela catastral número 88 de Zaldíbar.

regate *m* Movimiento rápido para esquivar algo o a alguien. Tb *fig. Frec en deportes, esp fútbol*. | M. GArostegui *SAbc* 27.4.69, 28: Su habilidad en los regates, su forma de esquivar las entradas de los rivales conservando el control y la posesión del balón. Aldecoa *Gran Sol* 76: Macario Martín no hacía caso de la ironía de Domingo Ventura, que se entretenía en la discusión con los engrasadores, teniendo el oído atento a los regates de Macario y Afá.

regateador -ra *adj* Que regatea[1]. Tb *n, referido a pers*. | F. Frade *Abc* 27.4.74, 25: La mayoría compra hermosas telas, saharis [*sic*] y pañuelos para sus mujeres .. Por supuesto, hay que ser un experto regateador. Acquaroni *Hucha* 1, 30: La donación o el relevo no me los podía imaginar sino por vía de sus manos cálidas, un tanto regateadoras y distantes para la caricia.

regatear[1] **A** *tr* **1** Discutir [el vendedor y esp. el comprador el precio (*cd*) de algo]. *Frec abs*. | *MHi* 6.60, 44: En estos "rastros" californianos los habitantes de aquellas latitudes compran, venden, regatean.
2 Escatimar. *Frec en constr negat*. | FCid *MHi* 7.68, 40: No regatearon el menor esfuerzo. A. Izquierdo *SArr* 27.12.70, 39: El relevo ministerial del 29 de octubre de 1969 paralizó aquella gestión, y a Madrid le fueron regateados los cinco mil millones de pesetas.
3 Hacer regates [a alguien o algo (*cd*)]. | Á. Domecq *Abc* 8.6.58, 37: Mis caballos sabían, mejor que yo, cuándo un toro era difícil o bronco. Todos ellos habían convivido con el toro en el campo, le habían regateado para fijarlo. Á. Río *SYa* 27.6.74, 11: Don Teodoro continúa explicándonos que poca o muy poca gente se extraña de ver a un rebaño cruzar por los pasos de peatones o regatear una fila de coches estancados.
B *intr* **4** Hacer uno o más regates. | SFerlosio *Jarama* 43: Fernando, Santos y Sebas arrancaron corriendo tras de Tito y gritando hacia el árbol donde estaba Luci; ella huyó un poco, regateó hacia el agua, pero al fin entre los cuatro la alcanzaron. Delibes *Historias* 78: El matacán regateaba muy por lo fino y así que alcanzaba las pajas de la vaguada podía darse por salvado. M. GArostegui *SAbc* 27.4.69, 31: Por la forma de regatear de Molowny, muchos jugadores se sentían burlados.

regatear[2] *intr* Competir en una regata[1]. | Arce *Precio* 41: Regateaban los balandros frente al "Marítimo". A. Montagut *País* 4.8.88, 28: El rey Juan Carlos no regateó ayer, por motivos de seguridad.

regateo[1] *m* Acción de regatear[1]. | M. Amat *Des* 12.9.70, 40: En los mercados es habitual el regateo. Franco *Discurso* 35: Es esta base histórica, estas virtudes, esta fe, este entusiasmo, lo que verdaderamente hay que institucionalizar .. como servicios sin regateos a la disciplina de la Patria. J. Vicente *Abc* 1.12.70, 65: Irureta se entretuvo con exceso en el regateo y burló la salida de Ñito, para enviar la pelota a la red.

regateo[2] *m* Acción de regatear[2]. | Cancio *Bronces* 27: Su hija, una sardinera alta, fina y remangosa como balandro en pleno regateo.

regatero -ra *m y f* (*hist*) Regatón[2]. | Bermejo *Derecho* 144: La reventa a través de regatones y regateras estaba prohibida.

regatista *m y f* Pers. participante en una regata[1]. | *DMa* 29.3.70, 30: El viento va cayendo, y los regatistas intentan aprovechar las menores rachas por medio de pequeñas bordadas.

regato *m* **1** Arroyo. | Delibes *Historias* 48: Tengan o no tengan eficacia las aguas del Moradillo .., lo que está fuera de duda es que es un regato cangrejero.
2 Reguera. | Benet *Nunca* 83: La propia señorita Cordón había advertido a Ramón Huesca de la existencia de tales documentos en cuanto empezó a abrir los primeros regatos. Arce *Testamento* 78: Y era en estos días cuando me acordaba .. del lagar de don Juan, al que iba algunas veces .. para echar un trago del dulcísimo jugo que corría por el regato hasta los barriles. Aldecoa *Gran Sol* 50: Atenta la mirada .. al agua que se escapaba por los imbornales y que corría por el regato de la cubierta.

regatón[1] *m* Pieza de hierro, gralm. en forma de gancho o punta, que cubre el extremo de un bastón, una lanza u otro objeto similar. | G. GHontoria *Nar* 7.76, 26: Las piezas adquiridas en todos estos viajes son de gran interés .. "Astia" o palo de madera con "regatón" o punta de hierro, usado por los pastores de la Gomera para bajar las pendientes de la isla y dar saltos de risco a risco. DCañabate *Abc* 17.9.68, 75: Después de torearle mal .. lo mete debajo del caballo y allí deja que un torpe picador –que luego no se atrevió a picarlo con el regatón– le sangre abundantemente.

regatón[2] **-na** *m y f* (*hist*) Pers. que vende al por menor comestibles comprados por junto. Tb n. | Mercader-DOrtiz *HEspaña* 4, 122: Después de ser muchos años regidores, discutir interminablemente sobre el aprovechamiento de la dehesa boyal y poner posturas al obligado de la carne y los regatones de verduras, [los hidalgos de las villas] podían ascender a alcaldes mayores.

regazo *m* Hueco que forma entre la cintura y las rodillas la falda de una mujer sentada. *Tb la parte del cuerpo correspondiente.* | Laforet *Mujer* 304: Ella le señaló su regazo... El chiquillo corrió allí, se sentó sobre ella y le echó los brazos al cuello. **b)** *(lit)* Lugar de refugio y consuelo. | Carandell *Madrid* 113: Nunca se debe suplicar a una mujer el ligue, a no ser que se emplee la técnica del ligue por compasión, que consiste en insinuar lo terriblemente solo que uno se encuentra. Este es ligue de regazo.

regencia *f* **1** Gobierno de un regente o de un conjunto de regentes [1]. *Tb el tiempo que dura.* | Arenaza-Gastaminza *Historia* 271: Durante la menoría de Isabel II hubo dos regencias: la de María Cristina, la Reina Gobernadora, y la del general Espartero. *Ley Orgánica* 76: Asumirá sus funciones el heredero de la Corona si lo hubiere y fuese mayor de treinta años, o, en su defecto, el Consejo de Regencia. **b)** Conjunto de perss. que ejercen conjuntamente la regencia. | GNuño *Madrid* 178: Las dos escenas del Dos de Mayo madrileño suspenden el ánimo; Goya las pintó en 1814 por encargo de la Regencia.
2 Cargo de regente [1 y 2]. | LTena *Triste* 72: Señora: corresponde a vuestra majestad ejercer la regencia, según la Constitución, durante la minoría de edad de la princesa de Asturias. Aguilar *Experiencia* 784: ¿Conoce usted a Bolaños? Ha dejado la regencia de los talleres de Rivadeneyra.
3 *(raro)* Acción de regir o gobernar. | Rodríguez *Monfragüe* 10: A los moros les sucedieron los cristianos en la regencia de la comarca, bajo el mandato de Fernando II de León.

regeneración *f* Acción de regenerar(se). | *Ya* 3.3.63, 31: Productos de biocosmética de síntesis .. Para la regeneración y el rejuvenecimiento biológico e integral de la piel.

regeneracionismo *m* Tendencia ideológica que fija su atención en las realidades concretas de la vida nacional, para actuar eficazmente sobre ellas. *Normalmente designa el preconizado a fines del s XIX por Joaquín Costa.* | VMontalbán *Pájaros* 309: Dile a tu alumna que se lea los artículos de Tamames en *Tiempo* y se enterará de las ideas pedagógicas de Joaquín Costa. Tamames se ha ido del marxismo al regeneracionismo sin pasar por Gandhi.

regeneracionista *adj* De(l) regeneracionismo. | Tamames *Economía* 126: En España fue con la iniciación de nuestro siglo cuando la política de repoblación forestal comenzó a pasar del plano de las aspiraciones regeneracionistas a la realidad. **b)** Partidario del regeneracionismo. *Tb n.* | Ridruejo *Memorias* 23: Era ingeniero agrónomo, regeneracionista .. y uno de los primeros técnicos que hablaron en España de colonización agrícola.

regenerado -da I *adj* **1** *part* → REGENERAR.
II *m* **2** Materia regenerada (→ REGENERAR [3]). | *Alcoy* sn: Vda. de Camilo Miró. Hilados y regenerados.

regenerador -ra *adj* Que regenera. *Tb n: m y f, referido a pers; m, referido a producto.* | DCañabate *Paseíllo* 168: Unas cuantas planas publicadas en diversos periódicos anunciando la aparición de Paco López "Lopito" como "el regenerador del toreo, la quintaesencia del arte". *Abc* 21.4.70, 12: Al maquillarse: Crema Todo uso, de belleza al acto, evitando arrugas. Protectora y regeneradora, toda clase de cutis. *Arte* 4.72, 55: Una mujer de 40 años no olvida cada noche: limpiar, nutrir y tonificar su rostro. Sabe que debe usar productos hidratantes y que dos veces al año, por lo menos, debe usar regeneradores.

regenerante *adj* Que regenera, *esp* [1]. | B. Andrada *SD16* 29.12.91, 12: Este es prácticamente el único dato que existe sobre el fabuloso negocio de cremas de día, cremas de noche, hidratantes, revitalizantes, reestructurantes, afirmantes o regenerantes, del mercado de la belleza.

regenerar *tr* **1** Dar nuevo ser [a algo destruido o degenerado]. | Bustinza-Mascaró *Ciencias* 115: Si una hidra se parte en varios trozos, cada uno de ellos regenera un nuevo individuo. *SAbc* 8.3.70, 32: Es un maravilloso Tónico Capilar que regenera y revitaliza el cabello. **b)** *pr* Tomar nuevo ser [algo destruido o degenerado]. | Bustinza-Mascaró *Ciencias* 107: Se multiplica [el paramecio] dividiéndose transversalmente en dos partes, en cada una de las cuales se regenera lo que falta.
2 Hacer que [alguien (*cd*)] vuelva al camino recto o recobre las cualidades perdidas. | Ribera *SSanta* 46: Usáis del ministerio de los sacerdotes para regenerar a vuestro pueblo. **b)** *pr* Volver [alguien] al camino recto o recobrar las cualidades perdidas. | Cossío *Confesiones* 118: Quizá aquel hombre había pasado por un mal momento y podía regenerarse y ser útil a la sociedad.
3 Tratar [una materia usada] para que pueda servir de nuevo. | APaz *Circulación* 177: Si en vez de neumáticos de goma virgen se usa de la llamada "regenerada", o cubiertas recauchutadas, .. hay que marchar despacio.
4 *(Quím)* Restituir o formar de nuevo [algo]. | Aleixandre *Química* 141: En esta reacción se forma sulfato ácido de etilo, el cual se descompone a temperatura más elevada, regenerando ácido sulfúrico y liberando etileno.

regenerativo -va *adj* De (la) regeneración o que sirve para la regeneración. | Á. FSantos *SInf* 22.4.71, 16: El hecho escénico grotowskiano es, ante todo, "una cuestión moral", cercana a un doctrinarismo casi regenerativo.

regentar *tr* **1** Actuar como regente [1 y 2] [de algo (*cd*)]. | J. Balansó *SAbc* 22.11.70, 23: Maciot de Béthencourt regentó los territorios de su tío [Jean de Béthencourt, rey de Canarias]. *Abc* 23.12.70, 31: La serie del número 19381, premiado con el "gordo" del sorteo de hoy, ha sido vendida en Calzada de Calatrava por la Administración de Lotería que regenta Ezequiela Ruiz Valencia.
2 Estar al frente [de un centro o de un puesto docente]. | Lera *Olvidados* 55: –Yo tengo una escuela en Madrid. –Yo la tenía en Málaga. Ahora voy a regentar una en Jaén. *País* 4.11.76, 20: Manuel Pizán, periodista, que durante varios años fue adjunto a la cátedra de Historia de la Filosofía, regentada por el profesor Calvo Serer, ha sido propuesto de nuevo para ocupar la misma adjuntía.

regente -ta *(la forma f* **regenta** *solo en acep 8)* **A** *m y f* **1** Pers. que, designada para ello, gobierna una monarquía durante la menor edad, ausencia o incapacidad del soberano. | A. Iniesta *Abc* 18.4.58, 19: Hay un simpático episodio poco divulgado y del que fue protagonista la Reina Regente, doña María Cristina.
2 *En determinados negocios, esp una imprenta o farmacia:* Pers. que, sin ser propietaria, está al frente de las operaciones. | Cossío *Confesiones* 344: Sospecho que al día siguiente no se podrá sacar el periódico a la calle .. Los obreros están en los talleres en torno de una radio .. Yo entonces llamo al regente.
3 *(raro)* Pers. o cosa que rige [1]. | Indra *Miss* 9.8.68, 82: Excelentes aspectos del Sol y de Mercurio garantizan a vuestro regente (Saturno), días afortunados, que benefician familia, padres, hogar.
4 *(hist)* Pers. que dirige una escuela aneja a la Escuela Normal de magisterio. | * Fue regente de la escuela aneja de Ávila.
B *m* **5** *En algunos conventos:* Religioso que dirige los estudios. *Tb ~ DE ESTUDIOS.* | Viñayo *Asturias* 94: En muchos monasterios y conventos, repartidos por el solar asturiano, había cátedras y regentes de estudios.
6 *(Gram)* Término que rige. *Tb adj.* | Lapesa *HLengua* 154: Domina ya el orden en que el regente precede al régimen. Estébanez *Pragma* 138: Si transformamos en verbo el sustantivo regente, el genitivo funciona como objeto directo.
7 *(hist)* Magistrado que preside una audiencia territorial. | Pedraza-Rodríguez *Literatura* 7, 798: La protagonista es Ana Ozores, esposa de Víctor Quintanar, antiguo regente de Vetusta.
C *f* **8** *(hist)* Mujer del regente [7]. | Pedraza-Rodríguez *Literatura* 7, 801: Después de un primer contacto con el mundo vetustense, espléndidamente descrito, la atención pasa a centrarse en la figura de la Regenta.

reggae *(ing; pronunc corriente,* /régei/) *m* Música popular de origen jamaicano, de ritmo muy marcado, y que combina elementos indígenas con el rock y el soul. *Tb adj.* | J. M. Costa *SPaís* 15.3.80, 7: La música de estos franceses es sencillamente jazz, con más o menos carga de rock y sobre la inhabitual base de la música tradicional celta (aunque aquí también incluyen un *reggae*). *SYa* 12.6.88, 18: Se llamaba Bob Marley y se convirtió en leyenda cuando consiguió poner de moda en todo el mundo la música reggae y la filosofía rasta.

regiamente *adv* De manera regia [2]. | CBonald *Ágata* 163: Había que ver lo regiamente instalado que estaba.

regicida *adj* **1** Que comete regicidio. *Tb n, referido a pers.* | Torrente *Isla* 250: Hubieran movido igual a los ejércitos del orden contra ese pueblo regicida. Gironella *Millón* 500: La Gran Vía se llamaba Avenida de Rusia; .. la calle Mayor, ¡calle de Mateo Morral!, el regicida.
2 (*raro*) De(l) regicidio o de(l) regicida [1]. | Cunqueiro *Un hombre* 84: En la imaginación de Egisto la jornada regicida iba tomando aspectos nuevos.

regicidio *m* Acción de matar o intentar matar a un rey o soberano. | Arenaza-Gastaminza *Historia* 231: Luis XVI fue .. guillotinado el 21 de enero de 1793. Las consecuencias del regicidio fueron: La revuelta de la Vendée .. La formación de la Primera Coalición contra Francia.

regidor -ra **I** *adj* **1** Que rige [1]. *Tb n, referido a pers.* | F. Casares *HLM* 26.10.70, 13: En el conjunto de problemas, complicados y atosigantes, que gravitan sobre las grandes ciudades, determinando, lógicamente, preocupación y tratamiento por parte de las autoridades regidoras, descuella .. el de la contaminación atmosférica. Gilera *Abc* 4.10.70, 63: La presencia, en la clausura del Mundial, de Pilar Primo de Rivera .. y de Alicia Lage, regidora central de Educación Física y Deportes, la interpreté como símbolo de lo que se pretende hacer de la mujer. M. Aguilar *SAbc* 6.12.70, 54: Podemos, pues, delimitar dos partes importantes encefálicas: la primera, el primitivo cerebro de los vertebrados inferiores, regidor de los instintos y movimiento automáticos de dichos animales .. La segunda parte cerebral aparece en los mamíferos.
II *n* **A** *m* y *f* **2** (*Escén*) Pers. responsable del orden en escena y del cumplimiento de las instrucciones del director. | J. Baró *Abc* 9.4.67, sn: Palabras irreproducibles del regidor de escena en respuesta a otras nada edificantes de la mamá o la tía de la "supervedette".
B *m* **3** (*hist*) Miembro de un cabildo municipal. | Mercader-DOrtiz *HEspaña* 4, 252: Tudela decidió cerrar la casa de comedias .. El mismo acuerdo tomó el concejo pamplonés ..; más tarde se arrepintieron los regidores de su voto.

regidorato *m* (*hist*) Cargo de regidor [3]. | Mercader-DOrtiz *HEspaña* 4, 87: También los matriculados en el servicio de las Armas fueron facultados para ejercer oficios de República .. Con la salvedad de que, mientras desempeñaran sus alcaldías mayores, bailías, regidoratos .., quedaría suspenso en ellos el fuero de Marina.

regiduría *f* **1** Dirección o gobierno. | *Caso* 14.11.70, 9: Que el ayuntamiento de Madrid no se viera agobiado por los infinitos problemas que crea la regiduría de una ciudad, capital del Estado. *SVozC* 25.7.70, 4: El turismo, su regiduría y beneficios.
2 (*hist*) Cargo de regidor [3]. | Mercader-DOrtiz *HEspaña* 4, 21: Fue muy corriente incorporar a los mayorazgos regidurías municipales y otros oficios enajenados.

régimen (*pl*, REGÍMENES. *Frec con mayúscula en acep 1b y c*) *m* **1** Sistema por el que se rige un estado. | PRivera *Discursos* 10: Tuvo buen cuidado de aclarar su postura con respecto a los regímenes dominantes por aquellos días en Europa. **b)** *Durante la dictadura de Franco (1939-1975)*: Régimen de Franco. | Aranguren *Marxismo* 13: Este esfuerzo .. podría .. "ponerme en un compromiso" .. ante el aparato estatal de control .. Espero que no ocurra, pues el régimen se ha hecho lo bastante pragmático como para desentenderse de los análisis teóricos. **c) antiguo ~.** (*hist*) Monarquía absoluta. *Tb fig, después de 1975, referido al régimen de Franco.* | Fernández-Llorens *Occidente* 3: Todo un sistema social –el Antiguo Régimen– se hundió para dar paso a un nuevo tipo de sociedad. E. Romero *Ya* 27.12.81, 5: El antiguo Régimen tenía en sus últimos diez años un gran abanico de personalidades, preferentemente en las áreas económicas y sociales, que nunca habrían cometido los gravísimos errores de la transición.
2 Sistema por el que se rige una actividad o una institución. *Normalmente con un compl especificador*. | Torbado *En el día* 200: Cualquier alteración en su régimen de vida le proporcionaba aquella tembladera. *Inf* 8.5.75, 28: Unas mil trescientas cincuenta niñas del colegio Santa Joaquina Vedruna .. han permanecido por espacio de dos horas con los reclusos del destacamento de régimen abierto de Mirasierra.
b) Conjunto de normas alimenticias o de higiene para conservar o recobrar la salud. | M. Aguilar *SAbc* 9.11.69, 54: La enfermedad se sobrelleva bien, en cuanto se han acostumbrado al régimen alimenticio adecuado en relación con el trabajo que realicen. **c)** Dieta (alimentación metódica basada en el uso exclusivo de determinados alimentos o en la exclusión de otros, gralm. con fines médicos o de control de peso). | *GTelefónica N.* 52: Alimentos de régimen para sanos y enfermos.
3 Conjunto de condiciones generales que caracterizan determinados fenómenos meteorológicos o hidrográficos. | Zubía *España* 193: Los ríos ibéricos son: De curso corto .. De régimen irregular. Grandes crecidas en primavera y otoño. Mínimo caudal en verano. Zubía *Geografía* 57: El régimen de vientos, que es una consecuencia de las diferencias de presión.
4 (*Mec*) Velocidad de rotación de un motor. | Ramos-LSerrano *Circulación* 278: El rendimiento del motor es óptimo cuando gira a la velocidad de régimen, por lo que en todos los casos se ha de procurar mantener esta velocidad del motor .. Esto se consigue con el cambio de velocidades. **b)** Ritmo permanente de funcionamiento de una máquina o instalación. | * Las refinerías no pueden interrumpir su régimen.
5 (*Fís*) Modo de circular un fluido por un conducto. | Mingarro *Física* 70: El paso de régimen laminar a turbulento tiene lugar para cada líquido y cada conducto a una velocidad denominada crítica.
6 (*Gram*) Término regido [2] [por otro (*compl de posesión*)]. | Balasch-Roquet *Acrópolis* 170: El verbo *caer* rige en castellano la preposición *a* ..; pero en catalán estricto el régimen del verbo correspondiente, *caure*, es *per*. RAdrados *Lingüística* 361: Son tipos normales de rección la del verbo y los complementos ..; la de las preposiciones y su régimen.
b) Rección. | Balasch-Roquet *Acrópolis* 170: La justeza de expresión y uso de un idioma se canaliza en buena parte por el régimen preposicional.

regimentación *f* Acción de regimentar. | J. Oyarzun *Abc* 15.10.70, 11: La[s] diferencias que encontramos en España y en Inglaterra son "estimulantes", como dirían los ingleses, y nos alegran a aquellos que rechazamos la uniformidad y la regimentación como algo deseable.

regimental *adj* **1** De(l) regimiento [1a]. *Tb n, referido a pers.* | Laiglesia *Tachado* 261: Soldados de todas las armas, pertenecientes a unidades diezmadas o desaparecidas, se mezclaban en aquella última y larga caminata .. Bandas regimentales que tiraron a las cunetas sus pesados instrumentos. Goytisolo *Recuento* 107: Hostia, pobres regimentales. Esto sí que es pasarlo puta. Al menos, a nosotros no nos sacuden ni nos cortan el pelo, ni tenemos que limpiar letrinas, tú.
2 (*raro*) De(l) régimen [2]. | *País* 11.3.79, 16: Las funciones de vigilancia y control de actividades regimentales las tienen atribuidas los funcionarios de instituciones penitenciarias.

regimentar *tr* Someter [algo (*cd*)] a régimen [2]. | L. Calvo *Abc* 26.8.72, 19: Hace vida regimentada; es hombre de disciplina. Come parvo, duerme hondo, pasea largo. *Cam* 17.5.76, 3: Tantos años esperando y temiendo la desaparición de la figura histórica que ha manejado a este país con la frialdad con que se regimenta un orfanato, daban pábulo a múltiples temores.

regimiento *m* **1** Cuerpo de tropa bajo la dirección de un coronel. | Laforet *Mujer* 285: En la guerra tenían un curita en su regimiento que era una calamidad. **b)** (*col*) Conjunto numeroso de perss. | LAparicio *Ya* 8.6.86, 42: Manuel González Pérez .. reside con los suyos –en total, son siete personas– en la primera vivienda de la casa de labor, amplia, rectangular, con un patio interior en el que cabe un regimiento.
2 Acción de regir(se) [1 y 5]. | Torrente *Isla* 101: No parecía ser .. la persona pintiparada para el regimiento y conducción del Imperio Della Croce.

regio -gia *adj* **1** De(l) rey o de la realeza. | Cunqueiro *Un hombre* 20: Eustaquio pasó a ser el hombre de los secretos regios. **b)** *En determinados edificios*: [Salón] destinado a grandes ceremonias. | *Faro* 31.10.70, 2: El caudillo .. pasó al salón regio de la Diputación.
2 [Cosa] suntuosa o magnífica. | * Tiene un piso regio.
3 [Agua] **regia** → AGUA.

regiomontano -na *adj* De Monterrey (Méjico). *Tb n, referido a pers.* | A. Navarro *Rue* 17.11.70, 10: El mejicano Manolo Martínez .. se lució en su primero .. La figura del regiomontano salió a escena.

región *f* **1** Porción de territorio relativamente amplia y caracterizada por determinadas circunstancias, esp. geográficas, históricas o económicas. | Ortega-Roig *País* 28: La Meseta castellana es una amplia región llana y de elevada altura.
2 Parte de las que se establecen en el territorio nacional a efectos militares. *Gralm con los adjs* MILITAR, AÉREA *o* MARÍTIMA. | *Van* 4.11.62, 1: El acto fue presidido por el capitán general de la IV Región, don Luis de Lamo Peris. Zubía *España* 240: Las nueve Regiones Militares, Baleares y Canarias. A la cabeza de cada una hay un Capitán General.
3 Parte o zona [del cuerpo]. *Gralm con un adj especificador.* | A. M. Calera *Agromán* 20: Las regiones más sensibles .. son las siguientes: el plexo solar .., los testículos.
4 Ámbito o esfera. | Camón *Abc* 8.12.70, 3: Se ensimisma en la región de los sueños. Pero en esos éxtasis que parecen ultraterrenos la sangre es impetuosa.

regional *adj* De (la) región [1 y 2]. | DPlaja *El español* 112: Muchos provincianos .. procuran ocultar su acento regional y convertirlo, si no en un estilo madrileño, al menos en un castellano aséptico.

regionalidad *f (raro)* Condición de regional. | Ramírez *Derecho* 14: Mientras unas leyes rigen por igual en todo el territorio español y para todos sus habitantes, hay otras que solo rigen en determinadas regiones o para los que gozan de tal regionalidad.

regionalismo *m* **1** Doctrina o tendencia que preconiza una atención especial a lo regional. | J. Ferrando *Mad* 20.1.70, 3: No hay que infravalorar la dimensión humana que encierra el regionalismo.
2 Palabra o rasgo idiomático propios de una región [1]. | Lapesa *HLengua* 307: Regionalismos. En el habla castellana de regiones bilingües o dialectales, y aun fuera de ellas, en pleno suelo del idioma, hay rasgos específicos que no responden al tipo de dicción o frase generalmente admitido.

regionalista *adj* De(l) regionalismo [1]. | J. Mathías *Abc* 9.9.66, 3: Uno de los mayores atractivos de España, repito, es el español mismo, su modo de vivir y de aprovechar la vida, sin distinciones regionalistas. **b)** Adepto al regionalismo. *Tb n.* | Delibes *Año* 98: "Si hubiera partidos y elecciones libres, ¿a quién votaría usted?" R[espuestas:] .. Socialistas 16%; Regionalistas 2%.

regionalización *f* Acción de regionalizar. | *Nue* 26.4.70, 2: Un nuevo proyecto sobre la regionalización en Francia será propuesto próximamente ante la Asamblea Nacional francesa.

regionalizar *tr* Transferir [algo] a la administración o gobierno regional. | *SInf* 16.5.70, 2: Se impone la necesidad de regionalizar los servicios de distribución [de energía eléctrica].

regionalmente *adv* **1** De manera regional. | G. L. DPlaja *Tri* 5.8.72, 26: Las seis principales empresas suizas tienen repartidas sus inversiones en el extranjero regionalmente así: Mercado Común, 45 por 100; EFTA, 17 por 100.
2 Desde el punto de vista regional. | A. Aradillas *Pue* 6.11.70, 7: Desde Extremadura, se ven muchas cosas en España que regionalmente no hay quien las entienda.

regir *(conjug 62)* **A** *tr* **1** Dirigir o gobernar. | J. Montini *Ya* 24.5.70, sn: En Collique hay una escuela que rigen los jesuitas. **b)** Establecer [una ley (*suj*)] la norma que se debe seguir [en algo (*cd*)]. | Prados *Sistema* 9: El sistema bancario español demostró funcionar en la práctica –pese a las insuficientes disposiciones legislativas que lo regían– como un sistema esencialmente elástico.
2 *(Gram)* Exigir [un término (*suj*)] la presencia [de otro (*cd*)]. | RAdrados *Lingüística* 220: Se distingue [la rección] de la determinación en que no es forzosa la existencia del regido. Balasch-Roquet *Acrópolis* 170: El verbo *caer* rige en castellano la preposición *a*: *caer al suelo*.
B *intr* ▶ **a** *normal* **3** Estar en vigor. | FQuintana-Velarde *Política* 28: La producción .. se˜ distribuye a los demandantes que puedan desembolsar los precios que rijan en el mercado. *Leg. contencioso-adm.* 108: La Orden resolutoria de un concurso implica un acto de aplicación, interpretación y adaptación concreta a cada caso de las normas legales que rijan en la materia.
4 Funcionar [un mecanismo o un organismo]. *Frec referido a la mente.* | Buero *Fundación* 111: Tu cabeza no rige bien. Landero *Juegos* 153: Tú no riges bien. Cela *Pirineo* 273: El viajero, que –gracias sean dadas a San Cirilo, santo mártir a quien los gentiles vaciaron el vientre y patrono de estitiqueces, flojera de muelles y otros torcijones y trastornos– rige como un reloj, no tuvo precisión de pasar a la banda contraria.
▶ **b** *pr* **5** Tener por norma o guía [algo (*compl* POR)]. | M. G. SEulalia *SYa* 7.9.75, 7: En 1847, Correos había uniformado su horario, y todas sus funciones y desplazamientos se regían por la llamada "hora de Londres". **b)** Estar [un asunto] sujeto [a determinada ley o norma (*compl* POR)]. | *Leg. contencioso-adm.* 344: Los asuntos iniciados con anterioridad a la entrada en vigor del presente Decreto seguirán rigiéndose, en cuanto a la distribución en períodos, por la legislación anterior.

regista *m y f (Escén, raro)* Director. | Marquerie *Abc* 25.6.58, 15: Empezarán con "La vida es sueño", de Calderón, en una realización totalmente nueva de Luis Escobar. Y a esta pieza seguirán otras de análoga importancia, dirigidas, también, por nuestros primeros "registas". E. Corral *Abc* 21.1.68, 91: Claudio Guerin, director-realizador de "El Mito de Fausto", es, sin duda, uno de los más inteligentes y responsables registas de TVE 2.

registrabilidad *f* Condición de registrable. | *GTelefónica N.* 832: Todo sobre patentes y marcas .. Ficheros propios, para investigaciones instantáneas sobre registrabilidad de Marcas para productos farmacéuticos, textiles, confecciones.

registrable *adj* Que se puede registrar. | J. Zaragüeta *Abc* 23.12.70, 3: Todas estas, determinadas y registrables por la experiencia intuitiva, al paso que las de la Matemática son adoptadas convencionalmente e inferidas por deducción. *Ya* 3.5.74, 13: Reversión al Estado de concesiones de explotación de hidrocarburos .. La superficie será declarada franca y registrable en los mismos supuestos previstos en dicho precepto.

registración *f (Mús)* Selección de los registros[2] [1b] que deben emplearse en la ejecución de una obra para órgano. | A. RTarazona *HLM* 6.11.78, 40: El nuevo estilo organístico del barroco se detecta fundamentalmente en dos aspectos: el empleo reiterativo de "falsas" o disonancias, que suelen interpretarse en la registración más solemne, de "lleno", .. y el cultivo del "tiento de medio registro".

registrador -ra I *adj* **1** Que registra. | GÁlvarez *Filosofía* 2, 180: La forma y el contenido de las ideas son aportaciones del objeto, reduciéndose a mera función registradora la actividad del intelecto humano en el acto de conocer. F. Lara *Tri* 12.12.70, 27: En una cafetería discreta, .. magnetofón en el centro, registrador implacable de la música ambiente, charlamos durante varias horas. **b)** *Esp:* [Aparato] que anota automáticamente las indicaciones variables de su función. *Tb n: f, referido a caja (→ CAJA); m, referido a aparato.* | Ybarra-Cabetas *Ciencias* 148: Para apreciar los macrosismos no hacen falta aparatos registradores. Marcos-Martínez *Física* 89: El barómetro registrador o barógrafo. J. F. Báez *Caso* 14.11.70, 13: Rebuscaron en los cajones de las estanterías y, al encontrar la llave de la registradora, procedieron a abrir la misma. *GTelefónica N.* 332: Contadores .. Fisher & Porter Ibérica, S.A. Indicadores. Reguladores. Registradores para agua, vapor y toda clase de fluidos en general.
II *m y f* **2** Pers. encargada de un registro[1] [3] público. *Con un compl especificador.* | *Inf* 19.6.70, 40: Cargos de la Administración, como abogados del Estado, registradores de la propiedad. **b)** *Sin compl:* Registrador de la propiedad. | ZVicente *Traque* 172: Pues lo mismo piensa don Sebas, el registrador, y don Silvino, el inspector. *Abc* 7.2.92, 11: Asesor fiscal .. Registradora .. En 1992, Hacienda les pone piso en Sevilla.

registral *adj* De(l) registro[1] [2]. | Compil. *Vizcaya* 653: Haciendo constar en la correspondiente inscripción registral si se dio o no, en forma legal, el llamamiento.

registralmente *adv* De manera registral. | *Ya* 6.7.87, 11: La ficción de la transexualidad .. Se quería convertir registralmente al varón en hembra.

registrar *tr* **1** Examinar [algo o a alguien] para buscar algo oculto. *Tb abs.* | *Mad* 10.9.70, 16: Los equipajes .. fueron concienzudamente registrados por cuatro policías. FReguera *Bienaventurados* 177: Los habían cogido en las escaleras. Junto a ellos se hallaba un miliciano. Otros cuatro empezaron a registrar.
2 Inscribir [algo o a alguien] en un registro[1] [2]. *A veces el cd es refl con sent factitivo.* | Laforet *Mujer* 221: Muchos matrimonios .. ni siquiera fueron registrados. Cunqueiro *Un hombre* 22: Cuando un forastero entraba a registrarse, Eusebio miraba si gastaba espuela.
3 Recoger o constatar [algo] por escrito o gráficamente. | Lapesa *HLengua* 323: En 1525 un documento mejicano registra *Haznal* por *Aznar*. Ybarra-Cabetas *Ciencias* 147: Las distintas ondas en que se descompone un sismo quedan registradas en el sismograma.
4 Marcar [un aparato o instalación (*suj*) datos propios de su función]. | M. D'Urgell *CCa* 31.12.70, 7: La estación meteorológica de esta ciudad registró en la madrugada de ayer la mínima de 10 grados bajo cero.
5 Grabar [imágenes o sonidos] mecánicamente. | A. Pezuela *Mun* 12.12.70, 61: Aparatos para registrar y reproducir imágenes y sonidos.
6 Percibir o conocer [algo] y tomar nota [de ello (*cd*)]. *Frec en forma pasiva.* | V. Marrero *MHi* 5.64, 13: No es .. para causar extrañeza que la hipersensibilidad isleña registre con exactitud la más leve onda del palpitar nacional. O. Gómez *HLM* 26.10.70, 21: En los dos meses se registraron dos quiebras y fueron presentadas nueve solicitudes de suspensión de pagos.
7 (*raro*) Poner un registro[1] [7] entre las hojas [de un libro (*cd*)]. | Ribera *Misal* 43: Conviene registrar siempre el misal antes de la Misa .. Los registros o señales del misal habrían de ser, por lo menos, cinco.
8 (**a mí**) **que me registren.** (*col*) Fórmula con que alguien alega falta de conocimiento o de responsabilidad respecto a aquello de que se habla. | Lera *Trampa* 995: –¿Hacia dónde caerá eso, Rodri?– El muchacho .. se encogió de hombros. –En tratándose de niños pobres –dijo–, que me registren. Sastre *Taberna* 62: –Oye, Rojo, ¿te quieres quedar conmigo o qué? –¿Yo? A mí que me registren.

registro[1] *m* **1** Acción de registrar. *Tb su efecto.* | Cossío *Confesiones* 226: En mi ausencia se había hecho un registro en mi casa. *SInf* 16.12.70, 2: El equipo .. comprende desde sencillos dispositivos medidores de esfuerzos límites a un complejo equipo electrónico de cálculo y registro.
2 Libro destinado a que en él se anoten nombres o datos de los que debe quedar constancia. *Frec con un compl especificador:* CIVIL, DE LA PROPIEDAD, MERCANTIL, *etc.* | Laforet *Mujer* 317: Hay gentes .. que viven sin haberse inscrito en ningún registro civil.
3 Oficina en que se registra [2]. | *BOE* 3.6.74, 11385: Las solicitudes, dirigidas al Director General de Personal, habrán de ser presentadas en el Registro General del Ministerio.
4 Cargo o función de registrador [2]. | Carandell *Madrid* 63: Si te haces abogao entonces puedes hacer diplomático, registros, notarías.
5 Abertura que permite examinar o reparar una conducción subterránea o empotrada. | M. Mancebo *Inf* 20.6.74, 19: No existe ningún alumbrado público .. Tampoco existe alcantarillado; solo se construyó la tapa del registro de los darros de las viviendas.
6 Llave o válvula para regular el tiro de una chimenea o la circulación de un fluido por un conducto. | * La chimenea tiene estropeado el registro y el humo sale mal.
7 Cinta, unida a la encuadernación de un libro, que sirve para señalar la página en la que se debe iniciar o continuar la lectura. *A veces tb se da este n a otros objetos usados con la misma función.* | Aguilar *Experiencia* 900: Aún recuerdo las curiosas y varias gestiones que mi esposa realizó, tan solo para procurarse las cintitas indicadoras que llevan los volúmenes de *Obras Eternas* y *Joya* y que se conocen con el nombre de registro. Huarte *Diccionarios* 31: Muchos escolares pegan en los bordes de las hojas unos cuadraditos de papel o cartulina, a imitación de los registros de los misales de altar.
8 (*Mar*) Tonelaje o arqueo. | Tamames *Economía* 286: En 1967 la flota bajo pabellón español asciende a unos 2.000 buques .. con un total de 2,2 millones de toneladas de registro bruto.
9 (*Informát*) Estructura digital destinada a almacenar información y a restituirla bajo determinadas condiciones. | *PCM* 6.91, 194: Simplificaban la gestión de los datos almacenándolo todo en tablas bidimensionales que contenían unos cuantos campos y unos cientos de registros.

registro[2] *m* **1** (*Mús*) Sección de timbre y calidad similares, de aquellas en que se divide la extensión de la voz humana o de un instrumento. *Tb fig, fuera del ámbito musical.* | Cabezas *Música* 53: En los hombres existen tres tipos determinados de voces, o registros: Tenor .. Barítono .. Bajo. Viriato *HLM* 29.4.74, 57: Es una gran actriz de amplio registro, que, además, canta muy bien. **b)** *En el órgano:* Serie de tubos que producen sonidos de timbre y calidad similares. *Tb el mecanismo que los incorpora a la acción musical.* | Perales *Música* 37: Cada época dejó sentir su influencia en el "órgano". En una primera etapa, el siglo XVI, tenía registros compuestos por tubos de lengüeta batiente.
2 Modo de comportamiento o de expresión escogido entre los varios de que se dispone. *Frec en constrs como* CAMBIAR DE ~, SACAR *tal* ~, SALIR POR *tal* ~, *o* TOCAR *tal* ~. | Delibes *Guerras* 79: Me renegué todo, que él, el tío, digo, con el registro de siempre: de ahí no puedes pasar, Pacífico, tenlo presente. Halcón *Ir* 32: Para decir algo que rebajara la presión, el médico de palacio solicitó con la mirada la venia del príncipe. Pero el gesto severo de este le indujo a tocar otro registro. **b)** (*Ling*) Forma de expresarse condicionada por la situación en que se produce el acto lingüístico. | Huarte *Diccionarios* 72: Para evitar .. reiteraciones o vocablos demasiado altisonantes (o, al revés, de registro vulgar). S. Medialdea *Ya* 30.4.87, 33: La tercera y cuarta entrega del programa está destinada a los más mayorcitos. En ella, y siempre en un registro fácil de leer y sugerente, se recorre la historia de Valdemoro.
3 (*jerg*) Sistema de robo. *Frec con el v* TOCAR. | Tomás *Orilla* 153: –¿Qué registro toca? .. –Dicen que lo suyo son los pisos, con llave falsa.

regla I *n* A *f* **1** Utensilio en forma de listón o barrita alargada, empleado esp. para trazar rectas o tomar medidas. | Marcos-Martínez *Aritmética* 157: Para trazar segmentos rectilíneos se usa la regla, y, si está graduada, se utiliza también para medirlos. **b)** ~ **de cálculo.** Utensilio de cálculo constituido por dos reglas con graduación logarítmica que se desplazan una sobre otra. | Escrivá *Conversaciones* 23: No sé de ninguno que haya considerado necesario .. acercarse a las almas con una regla de cálculo.
2 Norma (principio o fórmula que determina cómo debe hacerse una cosa o cómo debe suceder). | Gambra *Filosofía* 54: Todo razonamiento falso por incorrecto lo es siempre por faltar alguna de estas ocho reglas. CNavarro *Perros* 14: Siempre que le encontraba esperándolo algo anormal y supuso que no sería aquella la excepción que justificara la regla. Navarro *Biología* 218: Actualmente no se considera a esta tercera ley como una verdadera ley, sino como una regla, porque presenta numerosas excepciones. **b) las ~s del juego.** Los usos a los que hay que someterse cuando se participa en determinada actividad. | F. Ros *Abc* 6.6.67, sn: Alguno de los bordados que acabas de comprar tendrá la greca al revés, o será más grande, o más corta, o variará su color. No te preocupe. Entra en las reglas del juego.
3 Conjunto de normas que rigen una orden religiosa. | Villapún *Iglesia* 59: San Benito escribió una regla, cuya máxima era: *Ora et labora* (reza y trabaja).
4 Moderación o medida. | * Tienes que aprender a moderarte; las cosas con regla siempre son mejores.
5 Fórmula o procedimiento que permite solucionar un problema o hacer un cálculo. *Esp en matemáticas. Gralm con un compl especificador:* DE TRES, DE INTERÉS, DE COMPAÑÍA, *etc* (→ TRES, INTERÉS, COMPAÑÍA). | Marcos-Martínez *Aritmética* 2º 113: Regla. Para calcular el interés producido durante cierto número de años, se halla el producto del capital por el tanto por ciento y el tiempo, y se divide por 100. J. Zaragüeta *Abc* 23.12.70, 3: Se da también la Matemática aplicada .. en las reglas de tres, de interés y otras similares. **b)** ~ **de tres.** Manera de razonar. *Gralm en las constrs* POR

ESA ~ DE TRES o ¿POR QUÉ ~ DE TRES?, *para criticar falta de lógica o de justificación*. | Lera *Bochorno* 26: Por esa regla de tres, somos gamberros todos. CBonald *Casa* 212: ¿Por qué regla de tres .. la habían desvalijado de toda esa belleza tan santamente disfrutada? **c) las cuatro ~s.** Las cuatro operaciones aritméticas fundamentales: suma, resta, multiplicación y división. | Zunzunegui *Camino* 226: Le enseñó las cuatro reglas, y le ponía problemas de división de seis y siete cifras, y le enseñó a resolver decimales. **d) ~ de oro.** Procedimiento o norma de actuación de la máxima validez [para algo (*compl* DE o PARA)]. | F. Estapé *Van* 28.8.70, 8: Nadie puede asegurar que exista una regla de oro para establecer la relación entre las reservas y los pagos corrientes.
6 Menstruación. | SSolís *Jardín* 218: A mediodía, Olalla me preguntó por qué no había bajado a la piscina. –La regla –le susurré, fingiéndome pudibunda para aquellos temas femeninos y tabúes.
B *m y f* **7** (*reg*) Pers. que dirige un coro o un grupo teatral. | Chamorro *Sin raíces* 102: Era diplomático e iba venciendo, apoyado en su poderoso tesón, la gran cadena de inconvenientes. Él era "el regla", oficio que englobaba el de director, apuntador, tramo[y]lista y decorador.
II *loc adj* **8 en** (**toda**) **~.** Acorde con las reglas [2]. | J. Oneto *Cam* 11.5.81, 27: Todos están crispados entre sí, en una gravísima ceremonia de la confusión y después de haber vivido todos un golpe de Estado en regla. Torbado *En el día* 232: Tal vez incluso podría alquilar un piso en la calle de Velázquez y poner un estudio fotográfico en toda regla. **b) en ~.** Acorde con la ley. *Tb adv.* | Vega *Cocina* 49: Por lo menos en lo que concierne a la merluza a la vasca, tiene en regla los papeles que se le pueden pedir a una merluza.
III *loc adv* **9 por ~ general.** En la mayoría de los casos. | J. A. Recio *SVozC* 31.12.70, 6: No necesita más operaciones, por regla general, que las de toda fotografía.

reglado -da *adj* **1** *part* → REGLAR[1].
2 Que se ajusta a una regla [2]. | Rábade-Benavente *Filosofía* 190: Estas conductas instintivas son regladas, fijas y, en términos generales, inmutables dentro de cada especie.

reglaje *f* Acción de reglar[1] [2]. *Tb su efecto.* | APaz *Circulación* 185: Conviene efectuar las siguientes comprobaciones y reglajes. *SVoz* 8.11.70, 2: Uno de los principales factores que garantizan la seguridad en la conducción nocturna es el reglaje de los faros del alumbrado de los vehículos.

reglamentación *f* **1** Acción de reglamentar. | * Hay que reglamentar el trabajo, pero esa reglamentación debe hacerse con prudencia.
2 Reglamento [1], o conjunto de reglas [2]. | DPlaja *El español* 62: La idea que predomina es que la inteligencia de cada uno es muy superior a la reglamentación anónima.

reglamentador -ra *adj* Que reglamenta. *Tb n, referido a pers.* | FRamírez *Lengua* 27: La óptica de precisión está bien como juguete en las manos de los reglamentadores, pero nada más.

reglamentar *tr* Someter [algo] a reglamento [1]. | Mercader-DOrtiz *HEspaña* 4, 103: Después de algunos intentos hechos en siglos anteriores de reglamentar la mendicidad y acabar con la vagancia, se había terminado por llegar a un régimen de libertad completa. *Inf* 30.7.70, 1: Reglamentar por ley las relaciones entre obreros y patronos.

reglamentariamente *adv* De manera reglamentaria. | Alfonso *España* 189: A partir de esta fecha, los derechos y deberes de los ciudadanos se fijarán reglamentariamente.

reglamentario -ria *adj* Que se ajusta al reglamento o está establecido en él. | J. Barriga *SVozC* 31.12.70, 1: Toda la opinión pública tuvo conocimiento del texto del proyecto, iniciándose los trámites reglamentarios para su discusión dentro de la Sección Segunda del Consejo.

reglamentarismo *m* Tendencia a reglamentarlo todo. | *Reforma* 62: Ampliar el margen de libertad de los centros y de los profesores en la definición del currículum, abandonando así la tendencia a un excesivo reglamentarismo.

reglamentista *adj* [Pers.] que busca el cumplimiento estricto del reglamento [1]. | APaz *Circulación* 165: El avaro puede ser conductor muy reglamentista y cauteloso, pero aprovecha sus neumáticos hasta adelgazarlos como percal.

reglamento **I** *m* **1** Conjunto de reglas [2] dadas por la autoridad competente para regir un organismo, una actividad o la aplicación de una ley. | *Abc Extra* 12.62, 53: El fútbol no es más que la pelota jugada por equipos. En el primer reglamento, firmado en 1863 .., se le llama Foot Ball Association.
II *loc adj* **2 de ~.** Reglamentario. | GPavón *Hermanas* 9: Ceñido el correaje con la pistola de reglamento .., salió al patio. Laiglesia *Tachado* 103: Le faltó tiempo para comprarme un balón de reglamento.

reglar[1] **A** *tr* **1** Someter [algo] a regla(s) [2]. | Fraile *Pról. Vida Lagos* XIV: La vida absurdamente reglada, sin resquicios para la fantasía y la libertad, aparece .. de forma clara.
2 (*Mec*) Ajustar o reajustar [un mecanismo] para mantenerlo en perfecto funcionamiento o en la posición adecuada. | *SVoz* 8.11.70, 2: Los frenos mal reglados desgastan las cubiertas. APaz *Circulación* 185: Un motor mal reglado consume más combustible que una máquina perfectamente puesta a punto.
B *intr* **3** (*reg*) Tener la regla [6] [una mujer]. | Delibes *Hoja* 23: Afirmaba que la Tasia reglaba con coágulos.

reglar[2] *adj* (*raro*) De (la) regla [3] o de una orden religiosa. | E. GChico *Abc* 19.11.64, sn: De la primitiva fábrica lo único que subsiste es un grupo de estancias situadas a lo largo del muro oriental del claustro reglar.

reglazo *m* **1** Golpe dado con una regla [1]. | Kurtz *Lado* 172: Y había de responder al punto, sin el menor titubeo, .. so pena .. de algún que otro reglazo.
2 (*col*) Regla [6] muy abundante. | VMontalbán *Pájaros* 92: ¡Tengo un reglazo! .. ¡Cuando me viene la regla tengo una desangría!

regleta *f* **1** (*Impr*) Lámina o plancha de metal que sirve para espaciar las líneas de un texto. | Huarte *Tipografía* 57: Compuesta y justificada una línea, se coloca la regleta si el texto ha de ir interlineado.
2 (*Electr*) Soporte aislante sobre el que se colocan uno o más componentes de un circuito. | GTelefónica *N.* 390: Electricistas .. Margil. Fabricación y Distribución de Regletas Flexibles para Conexiones Eléctricas.

regletear *tr* (*Impr*) Espaciar [líneas o texto] con regletas [1]. | Lázaro *Crónica* 73: Discuten nuestros hombres con algún calor si las planas han de ir regleteadas o con viñetas.

regloscopio *m* (*Mec*) Aparato para comprobar el reglaje de los faros. | J. Massot *Gar* 28.7.62, 23: Los cuatro "puestos" citados están enclavados en la autopista de Castelldefels .. Todos están equipados con regloscopios o aparatos para comprobar la luz de los faros.

regnícola *adj* De(l) reino. *Tb n, referido a pers.* | M. Marqués *Mad Extra* 12.70, 6: Primero hay que estudiar el problema de la lengua vernácula en relación con la castellana, existente en la ciudad de Valencia y en las ciudades importantes del Reino, y en segundo lugar, la misma cuestión referida al resto de villas y poblados de su territorio regnícola. F. Dicenta *Pro* 13.8.75, 21: En el barrio del Carmen .. se sintetizan centenares de huellas de reliquias cerámicas de varias generaciones de artistas valencianos, regnícolas.

regocijadamente *adv* De manera regocijada [2]. | Cela *Judíos* 242: El lobo vuelve a la carga, gruñendo raramente, extrañamente, regocijadamente.

regocijado -da *adj* **1** *part* → REGOCIJAR.
2 Que denota o implica regocijo. | Alarcos *Abc* 6.1.88, 3: No debemos encarnizarnos en la censura regocijada o agria de semejantes presuntos disparates.

regocijante *adj* Que regocija [1a]. | *Abc* 30.12.65, 73: Mingote inicia en el número que hoy se pone a la venta la publicación de una regocijante y divertida biografía de la capital de España.

regocijar *tr* Causar regocijo [a alguien (*cd*)]. | Gironella *Millón* 249: El espectáculo regocijó a mucha gente. **b)** *pr* Sentir regocijo. | *Abc* 31.5.73, 34: No comprendemos cómo algunos se regocijan tanto con las crisis de Norteamérica.

regocijo *m* **1** Júbilo o alegría. | DCañabate *Paseíllo* 17: Los tres enmonterados no caben en sí de gozo .. ¡Ah!, pero su regocijo no es duradero.
2 (*lit*) Fiesta o festejo. *Frec* ~ PÚBLICO. | E. Romero *Voz* 1.7.86, 9: Sería perfectamente normal que los ex-combatientes de uno y de otro lado se reunieran en fiestas y regocijos familiares, y por separado. * Se celebraron con este motivo numerosos regocijos públicos.

regodeado -da *adj* **1** *part* → REGODEARSE.
2 Que denota o implica regodeo. | Torrente *Saga* 233: Las famosas rosquillas de Santa Clara .., que .. servían de regodeado entretenimiento al paladar de invitadas y monjas.

regodearse *intr pr* Deleitarse o complacerse [con algo (*compl* EN *o* CON)]. *Frec con intención peyorativa, denotando modo grosero o maligno*. | Vega *Cocina* 99: Es el bizcocho con el que se regodeaba la princesa de Éboli.

regodeo *m* Acción de regodearse. | F. M. León *SDVa* 29.2.76, 10: Al que, todo sea dicho de paso y en honor de la verdad, pagamos luego su sacrificarse en aras de nuestro regodeo y de nuestro paladar, llamándole cerdo despectivamente. Juancho *Cod* 15.3.64, 4: Mira, regodeos, no. Si me das los tres duros, estoy dispuesto a que me recites la "Inspirantrancia" esa.

regojo *m* (*raro*) Trozo de pan que queda sobrante del que se ha partido para comer. | FVidal *SYa* 9.7.88, 7: Durante la comida estiró su brazo derecho, colocó su mano sobre la mía abandonada en la mesa, jugando con los regojos de pan esparcidos junto a mi plato.

regola *f* (*reg*) Canal de riego. | Grosso *Capirote* 126: Como si el largo pasillo fuera el estrecho recodo de una regola de agua de la campiña.

regoldador -ra *adj* (*pop*, *raro*) Que hace regoldar. | Cunqueiro *Un hombre* 148: Acierto siempre en traer un tinto regoldador, que es muy del gusto de estos pastores. Cela *Judíos* 76: Tiene [el viajante] la barbilla metida para dentro, el labio leporino, rojos los párpados, regoldador el escabeche, y la color ajada.

regoldano -na *adj* [Castaño o castaña] silvestre. | Isidro *Abc* 22.10.57, 31: Simultaneamos actualmente el frígido mantecado con la dorada castaña asada, despreciando la seca y ascética pilonga o la silvestre regold[a]na. [*En el texto*, regoldona.]

regoldar (*conjug* **4**) *intr* (*pop*) Eructar. | Cela *SCamilo* 334: Don Avelino se lleva la servilleta a la boca cuando regüelda, es un detalle correcto.

regoldo *m* Castaño silvestre. | Cela *Judíos* 285: El ruiseñor, aquella noche, había cantado sus romanticismos en el copudo y casi maternal regoldo, en el agraz membrillo.

regolfo *m* Lugar en que se remansa el agua. | Sampedro *Sonrisa* 257: Bañándome con ella en el regolfo, ayudándola a echar grano en la tolva, comiendo juntos, ¡cómo se palpaba su madera de reina!

regomello (*tb* **regomeyo**) *m* (*reg*) Malestar físico. | Garciasol *Cuadernos* 2, 9: Resulta que no se produce, que carecemos de orden moral, que todo se queda en retórica, ya cansina y mala hasta el regomello.

regordete -ta *adj* (*col*) Pequeño y algo gordo. | CNavarro *Perros* 94: La llama era azulada, y sus manos .. cortas y regordetas.

regordido -da (*frec en la forma pop* **regordío**) *adj* (*Taur*) [Res] excesivamente gorda. | DCañabate *Paseíllo* 91: Al salir el segundo, un torazo regordido, con largos pitones astifinos, fue acogido con gran regocijo. *SD16* 21.5.89, 1: Hubo un toro regordío, de 652 kilos, que cerró plaza, y otro, en cambio, de 515, corrido en tercer lugar, muy justo de cuajo.

regosto *m* (*raro*) **1** Deseo de repetir algo que proporciona gusto o placer. | Cela *Viaje andaluz* 176: El vagabundo sabe que no debe echar el ancla en los placenteros lugares en los que su regosto le asaltará algún día.
2 Regusto [2]. | Delibes *Madera* 374: Las ideas y el tono de voz del Escorbuto le llevaban a evocar a papá Telmo con un regosto de ternura. –Es como oír a mi padre.

regraciar (*conjug* **1a**) *tr* (*raro*) Dar las gracias [a alguien (*cd*)]. | *VNu* 9.9.72, 2: Es la acucia de mi mente el esculcar palabras sinceras con las que regraciar a todos los .. que con su cooperación hacen posible el auge y medro de nuestro pueblo.

regresar A *intr* **1** Ir de nuevo [alguien o algo (*suj*)] a un lugar del que ha salido]. *Tb fig. Frec se omite el compl por consabido. A veces con un compl de lugar que expresa origen*. | Olmo *Golfos* 192: Muchas noches regresé borracho a casa. *País* 6.1.78, 8: Las declaraciones del presidente Carter como abanderado de los derechos humanos hacen concebir fundadas esperanzas de que la estrategia de Estados Unidos en América Latina no regresará a la etapa de incondicional apoyo a los dictadores. Arce *Testamento* 48: Regresaré de madrugada. Arce *Testamento* 16: De seguro ha regresado del río.
B *tr* **2** (*raro*) Hacer que [alguien (*cd*)] regrese [1]. | Campmany *Abc* 14.5.86, 17: Todo eso contan[d]o también con que algún coronel no tome un avión a Trípoli y se traiga unos dólares del Gadafi para desatar la involución y regresarnos a la dictadura.

regresión *f* (*lit o E*) Acción de ir hacia atrás. *Gralm fig.* | Delibes *Parábola* 63: Pensaba que el mono provenía del hombre y el hombre del mono, las dos cosas, esto es, que el hombre, tras progresar hasta la madurez tope, regresaba al punto de partida, y que el momento de la regresión parecía llegado. PRivera *Discursos* 17: Es preciso .. hacer compatible la vida doméstica con el trabajo de la mujer. Esta postura no es una regresión, sino, por el contrario, sentir un respeto tremendo por el ser humano. **b)** (*Geol*) Retroceso de las aguas o del hielo, abandonando las tierras que cubrían. | Bustinza-Mascaró *Ciencias* 373: Transgresiones y regresiones. Así se llaman los avances y retrocesos que .. han experimentado las aguas marinas. **c)** (*Biol*) Retorno a una fase anterior de evolución. | Navarro *Biología* 203: La castración .. en los gallos produce una regresión o pérdida de la cresta y de los espolones. **d)** (*Ling*) Creación de un nuevo término a partir de otro considerado erróneamente como derivado. | Lorenzo *Español* 166: Podemos aducir el caso de *Conchita* .., donde el participio italiano *Concetta*, "concepta, concebida", ha sido adaptado al castellano con el sufijo -*ita*, de donde, por regresión, nace *Concha*.

regresismo *m* (*Pol*) Tendencia a la regresión. | *Inf* 6.6.74, 18: Escaldados quedan ya quienes esperaban de las conversaciones entre el "número uno" y el "número tres" .. un giro hacia el regresismo político.

regresista *adj* (*Pol*) Partidario de la regresión. | M. R. Alonso *Día* 8.5.76, 4: Gran parte de la gente es ahora regresista.

regresivamente *adv* De manera regresiva. | *Pro* 24.7.77, 3: Una inflación tan intensa como la que actualmente padecemos .. actúa regresivamente sobre la distribución del bienestar social.

regresividad *f* Cualidad de regresivo. | Lorén *Pue* 16.12.70, 3: De aquí su responsabilidad fatal, su falta de futuro, su inoperancia actual, aunque en su nombre se aterrorice y se mate. *Pro* 23.7.77, 5: No se ha hecho un estudio serio de la progresividad o regresividad efectivas de las figuras impositivas a adoptar.

regresivo -va *adj* **1** De (la) regresión o que la implica. | Mariequis *Caso* 12.12.70, 16: La escritura de dirección progresiva o dextrógira .., indica mayor naturalidad y sencillez que la de la dirección regresiva o sinistrógira. O. Gómez *HLM* 26.10.70, 21: El volumen de la mano de obra fue regresivo, salvo en el sector alimentario. **b)** (*Ling*) [Término] derivado por regresión. *Tb n m.* | RAdrados *Lingüística* 785: Son numerosas las formas regresivas en todas las lenguas.
2 (*Pol*) [Cosa] que no es progresiva o que se opone al progreso. | R. RSastre *Mun* 12.12.70, 43: La carga del proteccionismo caerá con todo su peso sobre las clases norteamericanas más modestas, con claro sentido regresivo. **b)** (*Econ*) [Impuesto o sistema impositivo] que grava más las rentas pequeñas. | FQuintana-Velarde *Política* 247: Se dice que un sistema fiscal es regresivo cuando recae sobre las rentas reducidas, gravando más a los que menos tienen.

regreso *m* Acción de regresar. | Arce *Testamento* 45: Al regreso me encontraba cansado y tenía que acostarme.

regruesador – regularmente

regruesador -ra *adj* (*Carpint*) [Máquina o aparato] que sirve para dar el grueso debido a las tablas. *Tb n f.* | *Van* 20.12.70, 75: Maquinaria para la madera, sierras cepilladoras tupís y regruesadoras de ocasión. *BOM* 19.6.76, 9: Una máquina regruesadora, de 40 centímetros de ancho, marca "Marinello", motor eléctrico de 5 HP.

regüeldo *m* (*pop*) Acción de regoldar. | Cela *SCamilo* 141: Los mismos ruidos, el regüeldo, el suspiro, el plato que se lava.

reguera *f* **1** Cauce pequeño para conducir el agua, esp. de riego. | Hoyo *Pequeñuelo* 65: Aquí estoy con mis rosas, con mis injertos, con mis molinillos .. y con mis regueras. Romano-Sanz *Alcudia* 245: Entran por la única calle, empedrada y con reguera en el centro.
2 Reguero [1a]. | E. Barrenechea *Gac* 17.8.80, 13: Al Bidasoa se le llama "Las regatas del Bidasoa" por la cantidad de riachuelos, regatos y pequeñas regueras corrientes que le forman y se le añaden a lo largo de su breve recorrido.

regueral *m* (*reg*) Reguera [1]. | Alós *Hogueras* 42: Antes del alba encontraron al tío Blas. Estaba junto al regueral, tieso y frío de la serena.

reguero *m* **1** Hilo [de agua u otro líquido]. | CNavarro *Perros* 155: Sobre el suelo quedó un reguero de agua. **b)** Hilo [de algo que se vierte]. *Tb fig.* | * La bolsa dejaba a su paso un reguero de arena. CBonald *Ágata* 104: ¿Con qué me pagaste sino con un asqueroso reguero de miserias? **c) ~ de pólvora.** *Se usa como término de comparación para ponderar la rapidez. Normalmente con los vs* CORRER o EXTENDERSE. | Solís *Siglo* 126: La noticia de lo ocurrido en Madrid el día 2 de mayo de 1808 corrió por la ciudad como reguero de pólvora. *Sp* 19.7.70, 37: Las negativas no han resultado convincentes, consiguiendo solo que el rumor se extienda como reguero de pólvora.
2 Reguera [1]. *Tb fig.* | *Sáb* 31.8.74, 40: Las aguas sucias son arrojadas a calles, plazas, cunetas y regueros.

reguerón *m* (*reg*) Reguera [1], esp. grande. | GPavón *Rapto* 63: Apenas llegamos, el mastín empezó a husmear por esta parte. Me llegué y vi a la mujer metida en una bolsa de plástico, un poco escondida entre la maleza, en ese reguerón. CPuche *Sabor* 175: La tierra daría de todo si aquel pozo ciego llegaba a ser alumbrado, porque el agua de los reguerones pasaba lejos y resultaba cara.

regulable *adj* Que se puede regular². | *HLM* 26.10.70, 35: Mantiene una temperatura uniforme y regulable a voluntad.

regulación *f* Acción de regular². | Alfonso *España* 125: Lo más atractivo de la regulación de los delitos de riesgo es su efecto protector de la tranquilidad pública y privada. *Ya* 3.9.91, 19: La Dirección Provincial de Trabajo de Valladolid ha dado el visto bueno al expediente de regulación de empleo que solicitó FASA Renault.

regulador -ra *adj* Que regula. *Tb n: m y f, referido a pers; m, referido a dispositivo o sistema.* | Castilla *Humanismo* 24: Vivimos en un mundo en donde la ley rectora y reguladora es la competencia. Aparicio *César* 167: El Salvador de la Patria es una persona tocada por la mano de Dios .. El ha sido el regulador del cauce político. *Abc Extra* 12.62, 23: Locomotoras eléctricas sin un fallo, obedientes al simple control de unos botones. Reguladores de velocidad, frenos exactos. Ortega-Roig *País* 46: El mar sirve de regulador de las temperaturas.

regular¹ **I** *adj* **1** Que se ajusta a una regla [2] establecida. | *Pos* 10.11.77, 2: Entra en una Agencia de Viajes. Pide el Libro Mundicolor y viaja en vuelo regular. *SHoy* 31.8.75, 28: Mateu & Mateu, S.A. Transportes. Consignaciones. Servicios regulares directos desde toda España a Extremadura. **b)** Que se ajusta a la regla general. | Amorós-Mayoral *Lengua* 90: El futuro regular sabéis que se forma añadiendo al infinitivo la vocal "e".
2 Uniforme o que no tiene variaciones sensibles. | * El coche lleva una marcha muy regular. **b)** Que se realiza a intervalos uniformes. | * Sus visitas son regulares: por verano y por Navidad.
3 Mediano o corriente. *A veces con intención eufemística o irónica.* | Laforet *Mujer* 236: La caja de metal de las joyas, envuelta en un papel, sería un bulto regularcillo. CPuche *Ya* 7.9.65, 12: Yo creo que el gallego es regular de taciturno. An. Castillo *Ya* 21.5.77, 18: Estos transeúntes llegaron a cercar a un miembro del grupo de revoltosos, a quien propinaron una regular paliza. CPuche *Paralelo* 406: –Lo único que está claro es que están metidos en algo .. –Esto es un bollo regular.
4 (*Geom*) [Polígono o poliedro] cuyos ángulos y lados o caras son iguales. | Gironza *Matemáticas* 171: Polígonos regulares son los que tienen todos sus lados iguales y todos sus ángulos iguales.
5 (*Mineral*) Cúbico. | Ybarra-Cabetas *Ciencias* 25: Cruz axial del sistema regular.
6 (*Bot*) Simétrico con relación a un eje. | Alvarado *Botánica* 39: Atendiendo a la simetría del perianto las flores se clasifican en actinomorfas o regulares (simétricas con relación al eje, como la rosa y la campanilla) y zigomorfas o bilaterales (simétricas con relación a un plano).
7 Que pertenece a una orden religiosa. *Tb n, referido a pers.* | PCarmona *Burgos* 116: La iglesia monasterial de San Juan de Ortega perteneció a los canónigos regulares.

II *m* **8** (*hist*) *En pl:* Fuerzas militares españolas de infantería o caballería organizadas para prestar servicio en Marruecos. | Salvador *Haragán* 121: Tu hijo Pedro, oficial de regulares que seguía en África.

III *adv* **9** De manera regular [3]. | CPuche *Paralelo* 113: –Tú vives bien .. –No creas, regular nada más.
10 por lo ~. General o habitualmente. | * Por lo regular está aquí a esa hora.

regular² *tr* **1** Someter [algo] a regla [2], ajustándo[lo] a un ritmo o intensidad adecuados, deseados o uniformes. | Pemán *MHi* 12.70, 9: Que existe en el mundo una tendencia, incluso una campaña, para regular los nacimientos, es indudable. Aldecoa *Gran Sol* 27: Eran [los engrasadores] los que regulaban la marcha, pegados al motor.
2 Establecer las reglas [2] [de algo (*cd*)]. | Escrivá *Conversaciones* 149: Es necesario un estatuto que regule el modo en que esta tarea se realice con eficacia.
3 Reducir [una plantilla de empleados] para ajustarla a las necesidades de la empresa. | *Ya* 3.9.91, 19: Renault regula a 3.200 trabajadores.

regularidad *f* Cualidad de regular¹, *esp* [2]. | Bustinza-Mascaró *Ciencias* 163: Es frecuente observar a esta araña en el campo y en los jardines con su tela, construida con mucha regularidad, colocada verticalmente y de forma circular, entre ramas. Arbó *Van* 1.7.73, 50: El Ebro fue perdiendo caudales y perdiendo fiereza; los pantanos construidos a lo largo de su curso, los "embalses" han dado regularidad al caudal.

regularización *f* Acción de regularizar(se). | *Abc* 17.7.93, 39: La secretaría de Estado de Hacienda está analizando el auto de la Audiencia Nacional que declara que la regularización fiscal no exime del delito. **b)** (*Econ*) Sustitución de un título antiguo por uno nuevo. | A. Luna *SInf* 5.12.70, 6: El fin de semana nos trajo el conocimiento de la ampliación por regularización del Banco Hispano Americano.

regularizador -ra *adj* Que regulariza. | *Ya* 28.5.67, 15: Se refirió a la cuenta regularizadora, en la que se ha conjugado adecuadamente la política de consolidación y seguridad.

regularizar *tr* Hacer regular¹ [1 y esp. 2] [algo (*cd*)]. *Tb abs.* | * Una pareja con hijos debe regularizar su situación. Ramos-LSerrano *Circulación* 206: Únicamente durante media vuelta [del cigüeñal] recibe el esfuerzo motor, dando lugar a fuertes vibraciones y sacudidas que obliga[n] a colocar un volante muy pesado para regularizar la marcha. Bustinza-Mascaró *Ciencias* 275: Cuando [los árboles] cubren mucha superficie de terreno, atenúan los rigores del clima, .. regularizan las lluvias. *Abc* 17.7.93, 39: La secretaría de Estado de Hacienda .. anunció que considerará todas las posibilidades para clarificar la situación de quienes han regularizado. **b)** *pr* Hacerse regular [algo]. | * El pulso se regulariza.

regularmente *adv* De manera regular¹ [1, 2 y 3]. | *Ya* 27.4.75, 17: A partir del 1 de mayo. Madrid y Londres enlazados regularmente con aviones reactores. *Ya* 15.10.67, sn: Las bujías corrientes tienen que reponerse regularmente. CBaroja *Inquisidor* 25: Los cargos estaban regularmente pagados. Torrente *DJuan* 141: Yo no soy así, ni audaz ni encantador, sino lo menos donjuán posible, bastante tímido y solo regularmente seguro de mí mismo.

regulativo -va *adj* Que regula o sirve para regular. | GÁlvarez *Filosofía* 2, 202: Todos los juicios reflejos tienen mero valor regulativo.

regulín *adv (col)* Regular[1] [9]. *Tb adj. Frec* ~, REGULÁN. | * –¿Qué tal está? –Regulín, regulán. P. Cercadillo *Ya* 21.9.92, 30: La gran ovación subrayó la entrega a Ángel y a Rafael Peralta de las orejas de un toro regulín regulán.

régulo *m* Soberano de un país pequeño. | CBaroja *Judíos* 1, 49: Cuando tuvieron coyunturas, como la que les brindó el régulo de Murcia Ibn Mardanis, en Granada, se sublevaron contra el poder almohade.

regurgitación *f (Fisiol)* Acción de regurgitar. | Bustinza-Mascaró *Ciencias* 205: Cuando el animal [la vaca] está tranquilo, los alimentos de la panza, pasando por la redecilla, suben a la boca (regurgitación).

regurgitar *tr (Fisiol)* Volver [alguien alimentos] del estómago o del esófago a la boca, sin esfuerzo de vómito. *Tb abs.* | Alvarado *Zoología* 49: Una vez elaborada [la miel], la obrera la regurgita en las celdas. En unas celdas vierten miel pura; en otra[s], una pasta formada de polen y miel. *Puericultura* 44: Un niño normal no vomita; lo más que puede hacer es regurgitar.

regusto *m* **1** Sabor que queda tras ingerir un alimento o bebida, distinto de su sabor natural. | * Esta sopa tiene un regusto extraño. **b)** Gusto o sabor. | X. Domingo *Cam* 11.5.81, 81: Los catadores profesionales escupen ese primer vino. Es aconsejable que el simple aficionado lo beba. El regusto procederá entonces del trago mismo, viéndose apoyado por los rastros de vino que hayan quedado en las encías y en los carrillos.
2 Sabor (cualidad peculiar que produce impresión en el ánimo). *Gralm con un adj o compl especificador*. | ZVicente *Asedio* 14: Ha sobrenadado, de las varias voces, el regusto amargo y desencantado que esos libros exhalan. **b)** Sabor (cualidad que evoca o recuerda). *Gralm con un adj o compl especificador*. | * Esa película tiene un claro regusto romántico. PFerrero *MHi* 7.69, 70: Las sonatas también llevarían cierto regusto al poeta y dramaturgo italiano entonces en plena celebridad.
3 Placer o complacencia. | GPavón *Reinado* 40: –¡Buen blanco! –dijo labieando con regusto. PLuis *HLM* 26.10.70, 36: Espectáculo para paladeo y regusto del aficionado, y tema, si me apuran un poco, para quedar en la historia del toreo.

rehabilitación *f* Acción de rehabilitar. | J. Barriga *SVozC* 31.12.70, 1: Otras leyes de indudable trascendencia aprobadas por la Cámara fueron la Ley de Caza, Ley de Peligrosidad y Rehabilitación Social. Marías *Gac* 11.5.69, 24: La proclamación de la inocencia de las muchachas llega tarde. ¿Tarde para qué? ¿Para su rehabilitación, para que reciban indemnizaciones o compensaciones? *Hoy* 27.6.93, 50: Empresa constructora precisa encargado de obra. Se requiere: 15 años de experiencia mínima demostrable en obras de edificación y rehabilitación de edificios. **b)** *(Med)* Conjunto de prácticas destinadas a recuperar una actividad o función perdida o disminuida. | GTelefónica 21: Readaptación Funcional. Blanco Argüelles, Manuel. Rehabilitación y Ortopedia.

rehabilitador -ra *adj* Que rehabilita. *Tb n, referido a pers.* | Romeu *EE* nº 9.63, 51: Preside en esta labor rehabilitadora un criterio de síntesis y de abstracción. **b)** Especialista en rehabilitación [1b]. *Tb n.* | M. López *PapD* 2.88, 193: Un médico rehabilitador. S. HConesa *SAbc* 22.6.75, 46: Vienen a confluir, así, en la columna vertebral muy diversas facetas del saber médico: el internista, neurólogo, cirujano ortopédico, neurocirujano, rehabilitador.

rehabilitar *tr* Restituir a su estado anterior [a alguien o algo *(cd)*]. | M. Marqués *Mad Extra* 12.70, 5: Carlos de Austria .. deja sin vigencia los derechos forales de Cataluña y Valencia, aunque años más tarde rehabilita la vigencia del derecho privado catalán. Palomino *Torremolinos* 35: Reconstruyó fácilmente un árbol genealógico lleno de antecedentes aristocráticos. Decidió rehabilitar el marquesado de Ministral por ser el más antiguo. **b)** *Esp* Restituir a la estimación pública [a una pers., su nombre o su memoria *(cd)*]. | *Sp* 19.4.70, 14: Después de muchos intentos .. para rehabilitar al Stalin "jefe militar", llega ahora la noticia de que dos películas históricas de larga duración, dirigidas por Yuri Ozerov, presentan a Stalin bajo una luz claramente favorable. **c)** Volver a poner en condiciones de uso o de habitabilidad [un edificio antiguo]. | * Están rehabilitando muchos edificios del casco antiguo.

rehacer *(conjug 16)* **A** *tr* **1** Volver a hacer. | Lera *Bochorno* 20: Él se ahuecó el cuello de la camisa y se rehízo el nudo de la corbata. *Economía* 245: Al deshacer una cama es necesario airear bien .. las sábanas y mantas, si ha de rehacerse con las mismas prendas.
B *intr pr* **2** Recuperarse. | Delibes *Cinco horas* 24: "Tome nota. ¿Ya? Rogad a Dios en caridad..." Por un momento Carmen tuvo la debilidad de sentirse protagonista y pensó: "por doña Carmen Sotillo", pero se rehízo a tiempo. Olmo *Golfos* 111: Oímos un golpe tremendo que, cogiéndonos de improviso, nos puso de pie .. –¡Será mamón el tipo ese! –se rehízo el Doblao.

rehala *f* Jauría o agrupación de perros de caza mayor. | Escobar *Amor* 319: Ayer vieron un magnífico ciervo a cien pasos del molino. He dicho que preparen la rehala.

rehalero *m* Hombre que dirige una rehala. | *SAbc* 12.7.81, 37: Corzos de verano en la Penibética. Los rehaleros se unen para defenderse.

rehén *m y f* Pers. a la que se retiene como garantía del cumplimiento de una promesa o como elemento de presión en una negociación. | *Mun* 23.5.70, 25: China ha protestado ante el Gobierno de Camboya .. al detener a miembros de las embajadas de Corea del Norte y de la República Popular China como rehenes en la capital camboyana. *País* 22.12.82, 20: Dos atracadores huyen con una rehén tras asaltar un banco.

rehidratación *f (E)* Acción de rehidratar. | M. Calvo *MHi* 8.66, 24: Otro trabajo examina los aspectos fundamentales de las investigaciones sobre liofilización de productos alimenticios y su rehidratación. MNiclos *Toxicología* 26: Será preferible iniciar .. la rehidratación con suero gluco-salino.

rehidratante *adj (E)* Que rehidrata. | *Van* 9.6.71, 19: Esta última está enviando vacunas anticoléricas, líquidos rehidratantes y antibióticos.

rehidratar *tr (E, esp Med)* Reponer [en un cuerpo, organismo o tejido *(cd)*] el agua perdida. *Tb abs.* | MNiclos *Toxicología* 105: Cuando fue ingerido [el magnesio], combatir sintomáticamente la diarrea y rehidratar.

rehilado -da *adj* **1** *part* → REHILAR.
2 *(Fon)* Rehilante. | Rabanal *Ya* 27.4.74, 10: En la Argentina, por ejemplo, el doblete ortográfico ha dado pie para un doblete léxico o semántico, ya que allí "yerba" –con una "y" rehilada, bastante afín a la "j" francesa ..– significa exclusivamente "mate", "yerba mate", mientras que "hierba" alude a todas las demás plantas herbáceas de la flora nacional. Alarcos *Fonología* 278: Articulación rehilada y estrecha de /y/.

rehilamiento *m (Fon)* Vibración que se produce en el punto de articulación de algunas consonantes y que suma su sonoridad a la originada por la vibración de las cuerdas vocales. | Lapesa *HLengua* 328: Gracias a esto, al yeísmo y al rehilamiento de la *y*, el andaluz más avanzado simplifica el heterogéneo trío de fonemas palatales castellanos.

rehilante *adj (Fon)* [Consonante o articulación] que tiene rehilamiento. | Lapesa *HLengua* 320: Plebeya en Madrid, pero muy pujante en otras zonas yeístas, es la tendencia a articular una *y* tensa y rehilante con la lengua adelantada hacia los alvéolos.

rehilar *(conjug 1f)* **A** *tr* **1** *(Fon)* Hacer rehilante [una consonante]. | Lapesa *HLengua* 354: En el Norte y Centro de la Sierra ecuatoriana la *ll* no se articula como *l̬*, sino como *y* rehilada o *ž* mediopalatal, a veces africada; el rehilamiento la distingue de la *y* (*caže* 'calle' .., frente a *maya*, *saya*, con *y* sin rehilar). **b)** *pr* Hacerse rehilante [una consonante]. | Alarcos *Fonología* 262: Martinet supone que [l̬] .. pasó a una [d] cacuminal, que luego .. se rehiló confundiéndose con [ž].

rehilete - reina

B *intr* **2** (*lit, raro*) Temblar o agitarse [alguien o algo]. | Alvar *Abc* 12.4.87, 3: Es blanca la tez del soldado, lleva desenvainada la espada y rehíla la cimera de su casco.

rehilete *m* (*Taur*) Banderilla. | Lera *Clarines* 431: –Tú no has puesto nunca banderillas ..– Luego salió andando .. con los brazos en alto y apuntando hacia el toro con el hierro de los rehiletes.

rehiletero *m* (*Taur*) Banderillero. | Á. Domecq *Abc* 19.6.58, sn: El segundo tercio es el de las banderillas .. Banderillas que pueden ponerse con la gracia y el garbo de los rehileteros de a pie.

rehilón -na *adj* (*raro*) Tembloroso. | Palomino *Torremolinos* 205: Arturo deja el vaso en el suelo. Se pone en pie. Está pálido y un poco rehilón.

rehogado *m* Acción de rehogar. | *Córdoba* 83: Paella de la campiña, hecha sin rehogado previo.

rehogar *tr* (*Coc*) Freír [algo] a fuego lento antes de añadirle el agua o caldo. | Bernard *Verduras* 50: Se rehogan los hongos un buen rato.

rehostia. la ~. *f* (*vulg*) El colmo. *Gralm como predicat con* SER, *referido a pers o cosa*. | Gironella *Millón* 88: Algunas pancartas eran jocosas. "¡Llegaremos hasta Portugal!" "¡Somos la rehostia!" VMontalbán *Pájaros* 171: –Hay yemas de Ronda. –La hostia, la rehostia, Biscuter, con lo que me gustan a mí las yemas.

rehoya *f* Hoyo o barranco profundo. | JGregorio *Jara* 15: Arcilla y cantos, muchos cantos, en todas partes, en el lecho de los arroyuelos, en las reho[y]as, en los barrancos. [*En el texto*, rehollas.]

rehuible *adj* Digno de ser rehuido. | Pinilla *Hormigas* 155: Era el ser medio monstruo que yo exigí ..: repulsivo y rehuible, nauseabundo para cualquier mujer a quien le fuera impuesto como marido o amante.

rehuir (*conjug* **48**) *tr* Procurar evitar [algo o a alguien]. | Cossío *Confesiones* 125: El mismo empresario que le iba a buscar los días triunfales le cerrará la puerta de su despacho ante una comedia rechazada por el público, y aun rehuirá su saludo. **b)** *~ el bulto* → BULTO.

rehundido[1] -da *adj* **1** *part* → REHUNDIR.
2 Que presenta una depresión o concavidad. | Camón *Abc* 20.8.66, 3: Se sustituyen las superficies redondas por otras cóncavas y rehundidas.

rehundido[2] *m* Acción de rehundir. *Tb su efecto*. | Seseña *Barros* 137: Luego es labrado [el botijo] con unos motivos vegetales conseguidos por rehundidos que hacen mujeres con increíble rapidez valiéndose de las yemas de los dedos y los nudillos de la mano.

rehundimiento *m* Acción de rehundir(se). | Angulo *Arte* 1, 7: Además de esta decoración .. existe la del almohadillado .., producida por el rehundimiento de la unión de los sillares, con lo que el frente de cada uno de estos resulta en relieve.

rehundir *tr* **1** Producir una depresión o concavidad [en algo (*cd*)]. | APaz *Circulación* 19: Badén es un cauce o paso que rebaja o rehúnde la calzada de una carretera para dar paso superficial a las aguas intermitentes. **b)** *pr* Producirse una depresión o concavidad [en algo (*suj*)]. | Halcón *Ir* 100: En cuanto caen dos gotas no hay quien pase por aquí. Solo las bestias acostumbradas al fango y con poca carga. Esta arcilla se rehúnde.
2 Hundir o sumergir. | Angulo *Arte* 1, 20: Entre las representaciones grabadas considéranse de época muy remota las hechas rehundiendo los dedos en la pared blanda por la humedad. Lorenzo *SAbc* 22.9.74, 10: La aceitunera ha ido en casa echando el celemín de verdeo en la salmuera; ha rehundido en las ollas el aliño, ajo y orégano y pimiento molido y laurel.

rehúsa *f* (*raro*) Acción de rehusar. | L. Contreras *Inf* 9.7.82, 3: La oferta de Calvo-Sotelo quedaría así desierta por rehúsa del invitado.

rehusar (*conjug* **1f**) **A** *tr* **1** Rechazar o no aceptar [algo]. | Armenteras *Epistolario* 65: Que no rehuséis esta invitación .. es de lo que tanto me importa a vuestro amigo.
2 Negar [a alguien algo que pide o a lo que tiene derecho]. | CSotelo *Proceso* 344: Rodrigo se dispone a imitarle [besando el anillo]. Carranza le rehúsa el anillo. J. Balansó *SAbc* 4.10.70, 27: Enojado por las graves pérdidas sufridas por el ejército judío, el emperador Calígula mandó acudir al esposo de Herodías ante su presencia, rehusóle el título de rey y lo relegó, desterrado, a Lyon de las Galias.
B *intr* **3** (*semiculto*) Negarse [a algo]. *Frec pr*. | *SAbc* 14.10.84, 16: De ahí que muchos rehusaran a laborar semejante piedra. *Tri* 15.5.76, 9: Se había rehusado a dar los nombres de sus compañeros.

rehúso *m* Acción de rehusar. | *BOE* 2.9.77, 19684: La Dirección General de Exportación podrá excluir del régimen previsto para los envíos por vía aérea de categoría "extra" a las firmas que hayan sido objeto de más de tres rehúsos por incumplimiento de las condiciones exigidas.

reich (*al; pronunc corriente*, /ŕáiĉ/) *m* Imperio alemán. *Normalmente referido al III Reich o estado nacionalsocialista (1933-1945)*. | Arenaza-Gastaminza *Historia* 290: Hitler puso los ojos en Polonia, que le serviría como base de operaciones para la conquista de Ucrania, cuyo granero convertiría al Reich en una potencia inexpugnable.

reichsmark (*al; pronunc corriente*, /ŕáiĉmark/) *m* (*hist*) Unidad monetaria alemana entre 1924 y 1948. | DÁv 25.2.75, 3: Los hombres que hoy rigen la economía alemana hubieron de padecer en su infancia o en su juventud la ruina del "reichsmark" y el establecimiento de una nueva moneda, el "deutschmark".

reidor -ra *adj* **1** [Pers.] que ríe con facilidad o con frecuencia. | Isidoro *Cod* 9.2.64, 9: Manolita siempre había sido una chica alegre, simpática, reidora. **b)** Propio de la pers. reidora. | Cela *Viaje andaluz* 54: El vagabundo, por la vía del tren, se tropezó con un gallo sangrante y aún con calor que el providencial correo de las señoritas de los reidores adioses había decapitado.
2 [Gaviota] **reidora** → GAVIOTA.

reificación *f* (*Filos*) Acción de reificar. | Castilla *Humanismo* 42: Se habla de cosificación, de reificación, pero no tomemos el rábano por las hojas.

reificador -ra *adj* (*Filos*) Que reifica. | SFerlosio *SPaís* 3.2.85, 15: La pedagogía de moda ha puesto en circulación el reificador concepto y repugnante palabra *motivar*.

reificar *tr* (*Filos*) Cosificar. | Aranguren *Marxismo* 50: La inscripción de lo económico en el más amplio círculo de lo social libera de las meras relaciones pseudoconcretas de un mundo económico abstracto y reifica y reafirma el humanismo moral. **b)** *pr* Cosificarse. | Azancot *Ya* 10.10.87, 47: La cultura se reifica si pierde el contacto con lo comunitario general.

reimplantación *f* (*Med*) Acción de reimplantar. | N. Retana *Inf* 25.4.70, 20: La reimplantación dental, consistente en practicar el tratamiento de un diente enfermo fuera de la boca, colocándolo después nuevamente en su sitio.

reimplantar *tr* (*Med*) Volver a colocar en su lugar [un órgano que había sido arrancado de él]. | *Abc* 14.9.68, 62: Un médico australiano ha reimplantado hoy una oreja, arrancada a un niño de cuatro años por un caballo que le mordió.

reimplante *m* (*Med*) Acción de reimplantar. | M. Aguilar *SAbc* 23.11.69, 54: La medicina está progresando mucho y los esfuerzos de los profesionales de la estomatología .. han llegado hasta a los reimplantes y trasplantes dentarios.

reimpresión *f* **1** Acción de reimprimir. *Tb su efecto*. | *Hoy* 15.11.70, 4: Agotados prácticamente todos los ejemplares de la primera y segunda edición .., se procede en estos días a la reimpresión de la tercera edición.
2 Conjunto de ejemplares que se hacen en una reimpresión [1]. | * Un ejemplar de la tercera reimpresión.

reimprimir (*conjug* **49**) *tr* Imprimir de nuevo [un texto] tal como fue impreso anteriormente, sin variaciones. | J. L. MRedondo *Abc* 8.9.66, 52: Con los libros aprendidos de memoria para legárselos algún día a generaciones venideras que los puedan reimprimir, viven casi primitivamente. **b)** Hacer nueva tirada de una edición [de un libro (*cd*)], aprovechando los mismos moldes de esta. | * Vamos a reimprimir el libro porque se ha agotado la primera tirada.

reina → REY.

reinado *m* **1** Ejercicio de la dignidad real. *Frec el tiempo que dura.* | A. D. Galicia *Sáb* 10.9.66, 13: El único Hohenlohe con reinado en un país es Konstantin, que es Príncipe de Liechtenstein. CBaroja *Inquisidor* 52: Llorente habla de aquellas persecuciones sin fijar bien las fechas, refiriéndose en bloque al reinado de Carlos IV.
2 Predominio o preeminencia [de alguien o algo]. *Tb el tiempo que dura.* | *Inf* 12.2.75, 1: Mrs. Thatcher acabó la semana pasada con el reinado de Mr. Edward Heath.

reinal *m* Cuerda de cáñamo compuesta de dos ramales retorcidos. | Galache *Biografía* 161: Todo ha ocurrido como en las antiguas leyendas orientales de peregrinos y lotos. Un monje, un hábito pardo de estameña, un cíngulo de reinal y guindaleta.

reinante *adj* Que reina. | *Abc* 8.11.70, 14: Liechtenstein anuncia para diciembre una serie ordinaria de alto valor [de sellos] con la efigie del Príncipe reinante. Villapún *Iglesia* 43: Trabajando por hacer desaparecer los males reinantes en aquella sociedad.

reinar *intr* **1** Ejercer [alguien] la función de monarca. | VParga *Santiago* 9: Teodomiro, a quien una tradición .. atribuye el descubrimiento del sepulcro de Santiago, reinando Alfonso el Casto y el emperador Carlomagno. RMorales *Present. Santiago* VParga 4: Reinaba en Roma el Papa Calixto II.
2 Tener [una pers. o cosa] predominio o preeminencia. | Matute *Memoria* 84: Mossén Mayol y la abuela reinaban, despreciaban y callaban. García *Abc* 22.10.67, 3: Donde la intemperancia reina se apaga y agosta el entendimiento.
3 Existir [algo] de una manera prolongada o general. | CNavarro *Perros* 13: Durante unos instantes reinó el silencio. *DEs* 22.10.76, 6: En el resto de España reinará buen tiempo.

reincidencia *f* Acción de reincidir. | *Abc* 26.1.75, 35: No es, naturalmente, frecuente la múltiple reincidencia en el asesinato.

reincidente *adj* Que reincide. *Tb n, referido a pers.* | *Odi* 29.7.64, 9: Por infracciones en materia de Hospedería: Multa de 500 pesetas a Nicolasa Hidalgo Conde, vecina de Huelva (reincidente). Torrente *SInf* 18.7.74, 12: No son libros de hoy, sino casi de antaño. No figuran en las listas de "lecturas" universitarias, reincidentes en títulos y autores favorecidos por la propaganda.

reincidir *intr* Volver a incurrir [en un error, falta o delito]. *Tb sin compl. Tb fig.* | *Abc* 26.1.75, 35: La severidad de las penas inhabilit[a] materialmente al delincuente para reincidir. C. Araúz *Abc* 6.3.58, 13: Las circunstancias que rodearon este sangriento suceso fueron las más propicias para que los comentaristas reincidieran en el tópico de considerarlo como un chispazo.

reincorporación *f* Acción de reincorporar(se). | Olmo *Golfos* 165: Era un ser en espera de las vacaciones, ese desesperado intento de reincorporación a la fortaleza original.

reincorporar *tr* Volver a incorporar [a alguien o algo] a su puesto. *Frec el cd es refl. Frec con un compl* A. | *Nue* 22.12.70, 9: Una de las primeras medidas que ha adoptado el ministro .. al reincorporarse a las tareas de gobierno ha sido .. declarar que .. se haga el boicot a todos los barcos franceses.

reindustrialización *f* Acción de reindustrializar. | L. Romasanta *Ya* 1.12.91, 4: Las negociaciones en Hunosa echan humo, y no de carbón precisamente, ya que empresa y sindicatos dudan cabalmente de un compromiso de reindustrialización.

reindustrializar *tr* Dotar de nuevas industrias [a un país o región (*cd*)]. | *Ya* 1.12.91, 12: El presidente del Partido Nacionalista Vasco .. aseguró ayer que la Administración central "no tiene ninguna idea ni intención para reindustrializar Euskadi".

reineta *adj* [Manzana] muy aromática, de sabor algo ácido y forma ligeramente aplanada. *Frec n f.* | Arce *Testamento* 78: Y era en estos días cuando me acordaba .. del lagar de don Juan, al que iba algunas veces para ver cómo prensaban la manzana reineta.

reineto *m* Variedad de manzano cuyo fruto es la reineta. | Delibes *Cartas* 139: Tengo veintitrés manzanos (cinco reinetos y docena y media de camuesos) .. Los reinetos, por más tardíos, pueden aguardar hasta la segunda quincena.

reinfección *f* (*Med*) Nueva infección con el mismo germen u otro semejante. | M. Aguilar *SAbc* 16.11.69, 54: Se ha pasado de la etapa de infección primaria y se tienen reinfecciones a brotes.

reingresar *intr* Ingresar de nuevo [en un lugar, esp. una colectividad o cuerpo o en un centro sanitario]. | O. Aparicio *MHi* 7.68, 28: Mejoró, pero volvió a reingresar en agosto, presentando un fallo cardíaco total intratable. MGaite *Nubosidad* 281: Aspiré unos instantes con delicia el olor a tierra mojada, antes de reingresar en mi precario mundo interior.

reingreso *m* Acción de reingresar. | *VozC* 25.7.70, 3: Derecho a solicitar una excedencia voluntaria de 1 a 3 años, con opción de reingreso, por maternidad.

reiniciar (*conjug* **1a**) *tr* Iniciar de nuevo [algo]. | Delibes *Cinco horas* 34: Reinicia su sonrisa y lee en voz alta.
b) *pr* Iniciarse de nuevo [algo]. | *Inf* 13.5.70, 1: La retirada judía .. ha ido acompañada de amenazas de nueva invasión si se reiniciaran los golpes de mano guerrilleros a las ciudades israelíes.

reinicio *m* Acción de reiniciar. | Mancebo *Hora* 16.1.77, 20: Año nuevo y reinicio de la actividad rugbística en nuestra provincia.

reino *m* **1** Territorio que está bajo la autoridad de un rey. | VParga *Santiago* 9: El monarca asturiano Alfonso II .. consigue afianzar en Oviedo la capital de su reino. **b)** Estado monárquico. | Arenaza-Gastaminza *Historia* 304: España se constituye en Reino bajo la jefatura de Franco. **c)** *Se da este n a determinadas regiones, esp las que históricamente constituyeron un reino.* | M. Marqués *Mad Extra* 12.70, 6: Primero hay que estudiar el problema de la lengua vernácula en relación con la castellana, existente en la ciudad de Valencia y en las ciudades importantes del Reino.
2 Ámbito en que [alguien o algo (*compl de posesión*)] tiene predominio o preeminencia. | *Hoy* 16.7.74, 32: Allí habrá quien se sienta tan alto como el "enhiesto ciprés" de Gerardo Diego, de Unamuno y de los doscientos pájaros poetas que anidan dentro de su esbeltez en aquel claustro de Silos, reino del románico.
3 (*CNat*) División de las tres en que se clasifican los seres y objetos naturales. *Gralm c los adjs* ANIMAL, VEGETAL *o* MINERAL. | Bustinza-Mascaró *Ciencias* 105: El conjunto de animales existentes en la naturaleza constituye el reino animal.
4 ~ de los cielos. (*Rel crist*) Cielo o gloria. | Vesga-Fernández *Jesucristo* 113: Los publicanos y los pecadores se os adelantarán en el reino de los cielos.
5 ~ de Dios. (*Rel crist*) Estado social de justicia, paz y felicidad espiritual predicado por Jesucristo. | Vesga-Fernández *Jesucristo* 64: Buscad primero el reino de Dios y su santidad, y todas las demás cosas se os darán por añadidura.

reinona *f* (*col*) Mujer de gran prestancia. *Tb referido a homosexuales.* | K. Marchante *Tiem* 27.6.88, 214: Rocío Jurado, de amarillo y negro, saludó como una reinona.

reinosano -na *adj* De Reinosa (Cantabria). *Tb n, referido a pers.* | Cossío *Montaña* 122: Un momento hay en la vida reinosana en que puede señalarse el tránsito de la vida comercial a los preludios de la industrial.

reinserción *f* Acción de reinsertar(se). *Frec* ~ SOCIAL. | *Ya* 5.9.87, 2: Ardanza, escéptico sobre la reinserción. Berlanga *Recuentos* 43: Cargo alto de la Junta de Comunidades, abrazos y moqueta, buenas palabras y prisas, promesas miles y, al despedirme, el pálpito de que tendría que buscar mi reinserción social –como dice Ramón– por otros recovecos.

reinsertar *tr* Insertar de nuevo en la sociedad [a alguien separado de ella, esp. a un delincuente o a un terrorista]. | Ramón *Ya* 1.9.87, 9: Se empieza hablando con ETA y veremos si al final no hay que reinsertar al Gobierno. *Ya* 6.7.90, 22: Un grapo pide reinsertarse.

reinstalación *f* Acción de reinstalar. | *País* 18.3.79, 8: Empezó a perderse, con la reinstalación de las democracias de posguerra, el magisterio de las clases superiores.

reinstalar *tr* Instalar de nuevo. | *Abc* 6.6.58, 26: Cuando el gorro frigio se reinstala sobre el escudo de Francia, es un príncipe el que ocupa la presidencia.

reinstauración *f* Acción de reinstaurar. | ILaguna *Ateneo* 33: No podía ser ajeno a la circunstancia histórica, sobre todo en el período convulso que va de la reinstauración fernandina al final de la Segunda República.

reinstaurar *tr* Instaurar de nuevo. | Ramírez *Derecho* 145: Aún anida en el ánimo de muchos la pretensión de que se reinstaure la prisión por deudas.

reintegrable *adj* **1** Que se puede reintegrar. | * Hay varias personas reintegrables al servicio.
2 Que se debe reintegrar. | Torrente *Off-side* 46: Mientras dura la gestión, sus gastos por nuestra cuenta y un discreto anticipo jamás reintegrable.

reintegración *f* Acción de reintegrar, *esp* [1 y 4]. | *Ide* 14.4.92, 18: El PP "no es partidario de la reintegración a la sociedad de asesinos que se han manchado las manos con sangre de los españoles inocentes". E. Amezúa *SInf* 25.4.74, 2: Solo en la reintegración equilibrada y serena de lo judío, lo árabe y lo cristiano volveremos a reconstruir un universo amoroso bueno.

reintegrador -ra *adj* Que reintegra. | J. P. Quiñonero *SInf* 3.1.74, 5: Su labor [de Huidobro] reintegradora del pasado más fecundo (la herencia modernista), su atormentada y pasional búsqueda de la modernidad, son una de las fuentes más ricas que alimentan nuestro presente.

reintegrar A *tr* **1** Devolver [a alguien o algo (*cd*) a un lugar o a una situación dados]. *Frec el cd es refl.* | Gironella *Mad* 10.9.70, 4: Proseguimos la marcha, reintegrándonos a la carretera general. Mendoza *Ciudad* 280: Que ofuscado llegó a raptarla .., que la llevó consigo al pueblo de Gòssol .. y que la reintegró a los estudios al cabo de dos o tres días sana y salva.
2 Devolver [a alguien (*ci*) una cantidad]. | *Abc* 3.12.57, sn: El nuevo humedecedor americano "Ever-wet" .. ¡Gratis durante 10 días! De devolverlo en este plazo, reintegraremos su importe. **b)** Devolver [a una pers. (*cd*) una cantidad (*compl* DE)]. | Ramírez *Derecho* 140: Perjudicada una letra, perderá su tenedor el derecho a ser reintegrado de su importe por los endosantes que le precedieron.
3 Poner [en un documento (*cd*)] las pólizas o estampillas reglamentarias. | *Abc* 4.10.70, sn: Las proposiciones, certificadas y debidamente reintegradas y dirigidas al teniente coronel jefe de la Base .., conviene sean remitidas con cuatro días de antelación a la fecha de la celebración de la subasta.
4 Volver a integrar. | * Tratan de reintegrar las diversas etnias y culturas.
B *intr pr* **5** Cobrar [alguien una cantidad (*compl* DE) que se le adeuda]. | Armenteras *Epistolario* 197: Le cargamos en cuenta Ptas. ..., importe de dicha factura, de cuya cantidad nos reintegraremos en su día en L. a ocho d/v.

reintegro *m* **1** Acción de reintegrar(se), *esp* [2 y 5]. | J. Aldaz *Abc* 4.10.70, 57: En estos mercados, como en cualquier otro de tipo financiero, la única razón de su existencia es obtener dinero a distinto plazo de reintegro.
2 Póliza o estampilla reglamentarias en un documento. | *BOE* 18.1.77, 1178: Las hojas de servicios y cuantas certificaciones se presenten deben hallarse reintegradas con póliza de 10 pesetas .. No se admitirá ninguna fotocopia que carezca de la diligencia de compulsa o reproduzca documentos originales faltos del reintegro que para ellos establezcan las Leyes tributarias.
3 *En la lotería*: Premio igual a la cantidad jugada. | *Inf* 15.10.71, 40: Lotería Nacional .. 6.999 reintegros de 2.500 pesetas para los billetes terminados en 9.

reinterpretación *f* Acción de reinterpretar. | A. Hera *Ya* 7.1.92, 48: No ha querido ahora repetir aquellas puestas en escena, sino que se ha planteado una reinterpretación de la obra de Albee.

reinterpretar *tr* Interpretar o explicar [algo] de una manera nueva. | ZVicente *Asedio* 18: En cuanto al espejo como materia de logro literario, nos quedaría todavía que considerar su vigencia como motivo folklórico .. que fácilmente podía ser reinterpretado por Valle Inclán.

reinvención *f* Acción de reinventar. | PFerrero *MHi* 7.69, 70: En la reinvención constante que de sí mismo hacía Valle-Inclán le gustaba dejar como dilatadas y oscuras lagunas en su existencia.

reinventar *tr* Inventar de nuevo. | M. Rubio *Nue* 31.12.69, 18: El mundo .. se hace y se rehace, se reinventa en cada instante.

reinversión *f* (*Econ*) Acción de reinvertir. | *Pue* 20.1.67, 4: Reinversión de beneficios.

reinvertir (*conjug* **60**) *tr* (*Econ*) Invertir [los beneficios obtenidos]. | T. Huerta *Act* 8.10.70, 53: Se obligaría al trabajador a ahorrar .. y se le convertiría en pequeño capitalista, restándose así parte del impacto que los aumentos de salario suponen para la economía, ya que este ahorro forzado sería reinvertido por sus administradores.

reír (*conjug* **57**) **A** *intr* ➤ **a** *normal* **1** Manifestar alegría con determinados sonidos y movimientos de la boca y con la expresión general del rostro. *Tb pr.* | Cunqueiro *Un hombre* 9: Charlaban y reían colocando las cestas. Medio *Bibiana* 116: Natalia .. empieza a sonreír. Se ríe. Suelta la carcajada. **b)** Manifestar alegría [el rostro o los ojos]. | * Le ríen los ojos. **c) no me hagas ~**. (*col*) *Fórmula con que se pondera irónicamente la imposibilidad o la falsedad de lo que se acaba de mencionar*. | ZVicente *Traque* 310: No sirve de nada ponerse a ahorrar, aparte de que de dónde voy a ahorrar yo, no me hagas reír.
2 (*lit*) Producir [algo, esp. el agua] un sonido placentero y alegre. | * El agua reía por entre las piedras.
3 (*col*) Estar rota [una prenda]. *Tb pr.* | * A Gómez le ríen los pantalones.
➤ **b** *pr* **4** Burlarse [de alguien o algo]. *Tb* (*reg*) *intr no pr.* | Zunzunegui *Camino* 192: Todos tenemos derecho a todo, pero luego la vida se ríe de nosotros. * Los poderosos se ríen de las leyes. Torrente *Isla* 315: Las monjas mentaban a los franceses toda su parentela .., y los franceses reían de aquellas artilleras que armaban tanto ruido. **b) me río yo**, *o* **ríete tú**, [de algo]. (*col*) *Fórmulas con que se comenta irónicamente la falsedad de algo*. | * Me río yo de sus sacrificios, así cualquiera. * Anda, ríete tú de su bobería; una de catorce esta semana.
B *tr* **5** Reírse [1a] [de algo (*cd*)]. | Escobar *Itinerarios* 46: Es celebrada y reída la ocurrencia.
6 (*raro*) Reírse [4] [de alguien (*cd*)]. | Paso *Rebelde* 117: –Usted se está riendo de mí. –¡Por Dios bendito, no! –Y eso ya no. Sojuzgado, bueno; pero reído, no.

reiterable *adj* Que se puede reiterar. | *Leg. contencioso-adm.* 109: La naturaleza singular de los actos administrativos que otorgan las licencias .. hace que las peticiones a ellas relativas sean siempre reiterables.

reiteración *f* Acción de reiterar(se). | FQuintana-Velarde *Política* 234: Esta política económica del Plan 1964-1967 está definida con reiteración a lo largo del texto del Plan.

reiteradamente *adv* De manera reiterada. | Delibes *Parábola* 123: Al sentarse en la cama oye reiteradamente el modulado canto de un ruiseñor.

reiterado -da *adj* **1** *part* → REITERAR.
2 Que denota o implica reiteración. | *SVozC* 25.7.70, 8: Una reiterada mala fama acompaña al clima burgalés.

reiterante *adj* Que reitera. | *Inf* 16.4.70, 26: Un partido de suspensión al argentino Viberti, del Málaga, por ser reiterante de juego peligroso.

reiterar A *tr* **1** Repetir (volver a hacer o decir [algo]). | Valcarce *Moral* 9: Son [las costumbres] un conjunto de actos humanos reiterados. GYebra *Traducción* 112: La prefijación y la sufijación pueden coexistir en la misma palabra .., y tanto una como otra pueden reiterarse.
B *intr pr* **2** Repetir o reafirmar [alguien] su condición [de algo (*predicat*)]. *Normalmente en fórmulas de cortesía*. | Armenteras *Epistolario* 175: Con tal motivo nos es grato reiterarnos de V. attos. s.s.
3 Reafirmarse [en algo]. | * Me reitero en lo dicho.

reiterativamente *adv* De manera reiterativa. | Mendoza *Ciudad* 61: Analizaba las frases que ella había pronunciado con prolijidad, reiterativa y sistemáticamente tratando de extraer información de ellas.

reiterativo -va *adj* Que denota o implica reiteración. | J. M. Fontana *Pue* 28.12.70, 3: La reiterativa reivindicación del vínculo indisoluble y la exposición de los horrendos males sociales del divorcio.

reitre *m* (*hist*) Soldado de la caballería alemana. | CBaroja *Inquisidor* 178: El reitre alemán [del ejército del duque de Alba] tampoco luchó bajo el amparo del famoso grito de guerra: "¡Santiago y cierra España!".

reivindicable *adj* Que se puede reivindicar. | Cabezas *Abc* 5.5.74, 44: Él, por decisión vocacional, se ha propuesto la reivindicación sindical y social de grupos de trabajadores hasta ahora no reivindicables.

reivindicación *f* **1** Acción de reivindicar. | Ramírez *Derecho* 63: Se llama reivindicación al hecho o posibilidad de exigir la entrega de una cosa de quien, sin ser su dueño, la posee o detenta. | *Inf* 16.6.70, 1: Mauritania abandona sus reivindicaciones sobre el Sahara.
2 Cosa reivindicada. | * El derecho a la huelga es una de nuestras reivindicaciones.

reivindicador -ra *adj* Que reivindica. | M. D. Asís *Rev* 7/8.70, 5: Es un escritor reivindicador de la novela policíaca.

reivindicante *adj* Que reivindica. | PLozano *Ya* 1.6.74, 20: En Madrid, 1.500 carteros .. se manifiestan en Comunicaciones, reivindicantes.

reivindicar *tr* **1** Reclamar [algo a lo que se tiene derecho]. *Esp en política. Tb fig.* | Aranguren *Marxismo* 109: Las ganancias del capitalista constituyen la expropiación de una parte del valor del trabajo del obrero, que el tiene que reivindicar. G. Cañas *SPaís* 23.9.79, 8: Las plantas reivindican un lugar tranquilo donde florecer. **b)** (*Der*) Reclamar [algo propio a quien, sin ser dueño, lo posee o detenta]. | Ramírez *Derecho* 63: Tanto al Estado como a los particulares, por el hecho de ser dueños, les corresponden sobre sus respectivos bienes los mismos derechos, y .. uno y otros tienen acción contra el tenedor y el poseedor de la cosa para reivindicarla.
2 Reclamar la autoría [de un atentado]. | * El atentado de ayer aún no ha sido reivindicado.
3 Rehabilitar, o restituir a la estimación pública [a una pers. o su nombre (*cd*)]. | Cabezas *Abc* 5.5.74, 44: Entre los reivindicados por Carrés, están desde hace unos meses (Gobierno de Arias Navarro) los serenos de Comercio y Vecindad de Madrid.

reivindicativo -va *adj* Que reivindica. | S. Plou *Her* 12.9.92, 20: La "autonomía plena ¡ya!", reivindicativa y jolgoriosa, popular como pocas, sufre del mal de verborrea y amenaza decepción.

reivindicatorio -ria *adj* **1** Que sirve para reivindicar. | *Compil. Cataluña* 793: Regirán las normas de la acción reivindicatoria.
2 De (la) reivindicación. | L. Caparrós *SVoz* 8.11.70, 1: La opresión era entonces absoluta y el paternalismo constituía la única esperanza reivindicatoria.

reja¹ I *f* **1** Conjunto de barrotes, frec. enlazados artísticamente, que se ponen esp. en las ventanas y otras aberturas para protección y adorno. | A. Olano *Sáb* 10.9.66, 5: En sus fachadas y paredes encaladas, en las flores que se escapan de las rejas, prisiones de corazones típicamente andaluzas. *Hoy* 7.4.76, 4: La salida desde este colector subterráneo al exterior se encuentra cerrada por una reja de hierro con redondos de 32 milímetros de diámetro.
II *loc adv* **2 entre ~s.** En prisión. *Tb adj.* | Alfonso *Caso* 5.12.70, 15: Trabajan a su estilo, eso sí, y tan solo se secan el sudor cuando se ven entre rejas, comiendo la sopa boba por cuenta de la nación.

reja² *f* **1** *En el arado:* Pieza de hierro que sirve para romper y volver la tierra. | Halcón *Monólogo* 227: Ahora mismo la tierra está, para mí, en su momento más hermoso del año. Desnuda. La reja la alzó, la grada la pulverizó.
2 Vuelta que se da a la tierra con el arado. | Lázaro *JZorra* 36: Entre el alzar, binar, terciar y cuartar, que aquí no es costumbre dar la quinta reja a la tierra, se llegaron los días de noviembre.

reiterativo – rejoncillo

rejalcar *tr* (*reg*) Dar una cava superficial [a las mieses nacientes (*cd*)]. *Tb abs.* | Moreno *Galería* 40: Los mozos se ocupaban en binar, terciar, rejalcar u otras tareas semejantes de preparación de terrenos.

rejalgar *m* **1** Mineral constituido por sulfuro de arsénico, de color rojizo y lustre resinoso. | Ybarra-Cabetas *Ciencias* 66: Rejalgar .. Es sulfuro de arsénico.
2 Ranúnculo de hoja arriñonada (*Ranunculus thora*). | Mayor-Díaz *Flora* 284: *Ranunculus thora* L. "Tora", "Rejalgar" .. Tallos simples, glabros. Hojas glaucas .. Flores amarillas, solitarias, pequeñas.

rejería *f* **1** Arte de construir rejas¹. | *Música Toledo* 27: La reja de Villalpando, obra maestra de la rejería universal.
2 Conjunto de rejas¹. | GNuño *Madrid* 101: Las primitivas rejerías artísticas nos adentran en lo gótico.

rejero *m* Constructor de rejas¹. | *Jaén* 94: Consiste principalmente [la artesanía] en labores de esparto, cerámica, forja de hierro que recuerda a los grandes rejeros de los siglos XVI y XVII.

rejilla *f* **1** Pieza formada por tiras o láminas paralelas o entrecruzadas, tela metálica o chapa perforada, que sirve esp. para cubrir una abertura. | GTelefónica *N.* 923: Refrigeración .. Filtros de aire y gases. Tipos intercambiables lavables y continuos. Rejillas. Separadores de gotas. Silenciadores. *Abc* 14.5.67, 37: Sixtant es el nuevo sistema de rasurado con rejilla de platino. **b)** (*Radio*) Electrodo en forma de malla que se interpone entre el ánodo y el cátodo para regular el flujo de electrones. | Mingarro *Física* 175: Las curvas características de un tríodo .. varían profundamente en función del potencial de la rejilla.
2 Tejido formado con tallos flexibles entrecruzados, que se emplea para la fabricación de muebles. *Frec en la loc* DE ~, *referida a muebles.* | Ridruejo *Memorias* 23: Era [el coche correo] un coche mediano, negro y amarillo, con los exteriores de la caja pintados imitando la rejilla isabelina.
3 *En un tren o un autocar:* Red o rejilla [1] para colocar el equipaje. | Cuevas *Finca* 187: Un mozo subió las maletas de Fernando a la rejilla del vagón de primera.
4 (*RTV*) Cuadro de programación de una emisora. | *Abc* 8.12.83, 78: Presentada la rejilla de programación de TVE para el primer trimestre. E. Carvajal *SAbc* 15.7.89, II: A la emisora de Radio Nacional de Logroño llegaba la nueva rejilla de agosto, de la que ha desaparecido ese programa.

rejo *m* **1** (*Bot*) Radícula o raicilla. | Bustinza-Mascaró *Ciencias* 261: El embrión de una semilla viene a ser como una planta en miniatura, .. en la que se distinguen las mismas partes que en una planta completa: una porción de forma cónica, que será la raíz, y se llama rejo o raicilla; otra, que será el tallo, y se llama tallito.
2 (*raro*) Robustez o fortaleza. | ZVicente *Traque* 288: Mi madre tenía buen rejo y sacudía el polvo con verdadero entusiasmo.

rejón *m* **1** Asta de madera con punta de lanza y una muesca cerca de esta, que se utiliza en la lidia a caballo. | DCañabate *Abc* 23.8.66, 54: Álvaro Domecq nos deleita .. con su precisión en clavar los rejones.
2 Púa del trompo. | *Abc Extra* 12.62, 11: Al principio, el trompo baila inclinado; pero, poco a poco, se pone de pie; el centro de gravedad se eleva por la punta redondeada del rejón.
3 (*Pesca*) Bolsa de malla para sumergir en el agua los peces cogidos. | J. A. Donaire *Inf* 2.3.74, 25: Pesca .. Entre cañas, carretes, nylon, veletas, rejones, etcétera, los madrileños se gastarán unos diez millones de pesetas.
4 (*Pesca*) Saliente puntiagudo de la parte interior de la punta del anzuelo. | *Voz* 6.11.87, 51: Lograda la penetración con una afilada punta, si no cuenta con el rejón o muerte en perfectas condiciones, el pez se soltará.

rejonazo *m* (*Taur*) Herida de rejón [1]. | V. Zabala *Nue* 19.4.70, 35: Como toda su actuación [del rejoneador] resultara tan espectacular como entonada, y la finiquitara de un rejonazo no muy ortodoxo, que ha resultado suficiente, le han dado una oreja.

rejoncillo *m* (*Taur*) Rejón [1]. | C. Castañares *Ya* 28.5.67, 14: Fermín Bohórquez comenzó la jornada lidiando a la jineta un torillo de su propia ganadería, al cual puso rejoncillos de adorno.

rejoneador -ra *m y f* Pers. que rejonea. | DPlaja *El español* 28: Veamos un cartel de toros. Si actúa un rejoneador, se antepondrá a su nombre el don. Cela *SCamilo* 166: La rejoneadora .. monta a caballo como Dios, parece una centaura.

rejonear *tr* Torear [toros] a caballo. *Tb abs.* | F. A. González *Ya* 31.7.74, 50: Cuando Conchita Cintrón salió en los ruedos españoles para rejonear toros –y rejonearlos bien–, muchos se escandalizaron. Á. Domecq *Abc* 26.6.58, 19: Los portugueses rejonean con el viejo caballo español, grande y hermoso.

rejoneo *m* Acción de rejonear. *Tb el arte correspondiente.* | HSBarba *HEspaña* 4, 342: En las fiestas mejicanas .. no faltaban nunca los ejercicios ecuestres, torneos y rejoneo a caballo.

rejuntado *m* (*Constr*) Acción de rejuntar [2]. *Tb su efecto.* | J. Á. Lacoste *Rio* 7.10.88, 12: Las obras consistirán en: Retirada de escombros bajo el tercer ojo del puente .. Proceder al rejuntado de los pretiles como en el otro puente. A. LAndrada *Cór* 25.8.90, 9: Fachadas construidas a base de sillares de granito, adornadas con rejuntado blanqueado en los bordes.

rejuntamiento *m* (*Constr*) Rejuntado. | J. Á. Lacoste *Rio* 7.10.88, 12: Las obras consistirán en: Retirada de escombros bajo el tercer ojo del puente .. Rejuntamiento de los pretiles, contrafuertes y pequeñas zonas con hendiduras con mortero rico en cemento, polvo con ligera mezcla de resina epoxi.

rejuntar *tr* **1** (*pop*) Juntar. *Frec humoríst, fuera del nivel pop.* | L. Calvo *Abc* 8.3.72, 23: Chinos y americanos parece como si pensasen que el enemigo es la Unión Soviética, y se rejuntan, a la chita callando, sin papeleo, de boquilla.
2 (*Constr*) Tapar o reparar las juntas de las piedras u otros elementos [de una pared u otra construcción (*cd*)]. | * Hay que rejuntar los pretiles del puente.

rejuvenecedor -ra *adj* Que rejuvenece [1 y 2]. | G. Monti *SAbc* 20.10.68, 26: El suero obtenido .. presentaba, según el investigador, una multiplicidad de acciones rejuvenecedoras y ningún efecto nocivo.

rejuvenecer (*conjug* **11**) **A** *tr* **1** Dar [a alguien o algo (*cd*)] un aspecto o un carácter más juvenil. | MGaite *Nubosidad* 29: Noté que me estabas devolviendo algo olvidado, algo que me rejuvenecía. Caldas *SAbc* 1.12.68, 38: Moisés rejuveneció a los judíos.
2 Dar un carácter o un aspecto más nuevo o moderno [a algo viejo (*cd*)]. | *Abc* 30.12.65, 98: Méjico tiene la intención de rejuvenecer su flota para crear una industria pesquera más viable y aumentar el consumo nacional de pescado. M. G. SEulalia *HLM* 26.10.70, 19: El Club de la Corbata .. nació allí mismo, y pertenecen a él una treintena de industriales, animados del deseo de rejuvenecer este adminículo y vitalizarlo.
B *intr* **3** Recobrar [alguien o algo] un aspecto o un carácter más juvenil. *Tb pr.* | Torrente *Filomeno* 328: Se levantó de un salto, como si hubiera rejuvenecido. MMolina *Jinete* 237: La figura del jinete sin nombre que cabalgaba de noche y cuyos rasgos parecían rejuvenecer con la claridad de la mañana.
4 Renovarse o recobrar fuerza [algo]. *Tb pr.* | Bustinza-Mascaró *Ciencias* 354: La cuenca hidrográfica o cualquiera de los elementos de su red pueden rejuvenecer. Bastaría para ello un cambio climático que aumentara la cantidad de agua caída.

rejuvenecimiento *m* Acción de rejuvenecer(se). | Caldas *SAbc* 1.12.68, 38: Médicamente se entiende por rejuvenecimiento las técnicas curativas de la vejez. M. FAreal *Mun* 19.12.70, 4: Conocer a escala nacional los intentos de rejuvenecimiento del teatro .. nos parece interesante.

relación **I** *n* **A** *f* **1** Hecho de estar dos o más cosas unidas, real o mentalmente, por alguna circunstancia. | GÁlvarez *Filosofía* 1, 15: La filosofía antigua se constituye en relación con la religión. Pero esta relación es muy distinta según se trate de la filosofía cristiana o de aquella otra que no fue iluminada por los resplandores del Evangelio. J. SReal *DEs* 22.10.76, 9: Los documentos muestran, por hoy, que no hay relación entre la lengua que se habla en la región valenciana y el origen de los repobladores. **b)** Hecho de estar dos cosas en una situación tal que cualquier modificación en una de ellas afecta también a la otra. | * Los gastos deben guardar relación con los ingresos.
2 Hecho de actuar un ser vivo en dependencia con otros seres o con factores externos del medio que le rodea. | Ybarra-Cabetas *Ciencias* 199: Los seres superiores están dotados de una facultad de sensibilidad que les relaciona con el medio que les rodea; la relación es, pues, otra función vital. Bustinza-Mascaró *Ciencias* 23: Funciones de relación, que permiten a las células, por ser sensibles, responder a los estímulos, calor, luz, aire, etc.
3 Hecho de tener una pers. o animal, o un grupo, alguna actividad común con otros. *Frec con un adj o compl especificador:* AMOROSA, SEXUAL, LABORAL, DE TRABAJO, CULTURAL, *etc, que frec se omite por consabido.* | *Ya* 22.11.74, 6: Se refirió a las relaciones comerciales y turísticas hispano-búlgaras. **b)** *Sin especificador:* Relación amorosa. *Gralm en pl, frec designando las previas al matrimonio. A veces en constrs como* ESTAR EN ~ES *o* PONERSE EN ~ES. | *Fam* 15.11.70, 3: Tengo una hermana .. que tiene una relación con un hombre casado. Lagos *Vida* 71: Abuela y madre estaban contentas de las relaciones. Los padres de Elisa mostraron su conformidad haciendo los saludos más expresivos. Palomino *Torremolinos* 38: Con Yago no se va a casar [la estrella]. Yago tiene relaciones con un señor alemán muy rico. Pemán *Abc* 8.11.63, 3: Vino a servirlas un tractorista .. En seguida explicó: –Se ha puesto en relaciones con mi niñera.
4 *En pl:* Amigos o conocidos. | ZVicente *Traque* 285: No hemos querido emplear nunca nuestras relaciones, nuestras buenas amistades, que las tenemos.
5 ~es públicas. Actividad profesional encaminada a crear, promocionar o mantener en el público o una entidad. | *Sol* 24.5.70, 15: Se ofrece un joven libre del Servicio Militar, con vastísima cultura a nivel superior .. Se ofrece para agencia de viajes, relaciones públicas, publicidad o similar.
6 Serie escrita de nombres o datos. | D. Mateo *País* 12.2.77, 7: La lista cerrada y bloqueada .. no permite al votante, como tal vez prefiriera, construir su propia relación de candidatos, que puede pretender pluriideológica. *Economía* 174: Se entiende por presupuesto la relación ordenada de ingresos y gastos.
7 Relato. | GPavón *Rapto* 182: El hombre .. parecía excitado con su propia relación .. –¿Y qué más?– El de Zumárraga .. sonrió ante la infantil ansiedad del albéitar y continuó con aire de narrador casi profesional. **b)** (*hist*) Relato poético sobre un suceso, que cantan y venden los ciegos por la calle. *Tb* ~ DE CIEGO. | Mercader-DOrtiz *HEspaña* 4, 102: Los ciegos .. estaban redimidos de la mendicidad gracias al privilegio que tenían de vender las gacetas, relaciones, romances y otros papeles sueltos.
8 (E) Resultado de comparar dos magnitudes o cantidades. | Zubía *Geografía* 37: Escala. Es la relación existente entre las distancias reales y las representadas en el mapa. Gambra *Filosofía* 108: La cantidad de estímulo que es preciso aumentar a un estímulo dado para que se note un cambio en la intensidad de la sensación no es siempre la misma, pero es una cantidad tal que guarda relación con el estímulo dado es constante. *BOE* 12.4.69, 5367: Para transformar la energía producida se dispondrán dos transformadores, trifásicos, de 25.000 KVA. de potencia cada uno, y relación 6,6/138 kilovoltios.
B *m y f* **9 ~es públicas.** Pers. dedicada profesionalmente a las relaciones públicas [5]. *Tb fig.* | *Inf* 3.8.70, 17: Un relaciones públicas explica que estos señores pretenden hacerse publicidad a costa de la fiesta del señor Banús.
II *loc adj* **10** [Acusativo] **de** ~ → ACUSATIVO.
III *loc v* **11 hacer ~** [a algo]. Referirse [a ello] o estar en relación [1] [con ello]. | * Esto hace relación a lo que comentábamos ayer.
IV *loc prep* **12 con ~ a**, *o* **en ~ con** (*tb, semiculto*, **en ~ a**). De acuerdo con, o según. | *Economía* 174: Hay que fijar los gastos .. en relación a los ingresos seguros.
13 con ~ a, *o* **en ~ con** (*tb, semiculto*, **en ~ a**). Acerca de, o a propósito de. | *Ya* 26.1.74, 3: A pregunta sobre cómo ve la medida con relación a Europa y la situación de la Comunidad en estos momentos, nos señala lo siguiente. *Leg. contencioso-adm.* 75: En relación con el art. 877, referente a

la defensa de pobres, hay que tener presentes: R.O. de 11 ene. 1886; R.O. 24 ene. 1893.

relacionable *adj* Que se puede relacionar [1]. | GNuño *Escultura* 17: Este busto en piedra .., no relacionable con preocupaciones religiosas actuales, supera .. los grados admirativos otorgados a una *Dolorosa* de Gregorio Fernández.

relacionado -da *adj* **1** *part* → RELACIONAR.
2 Que se relaciona [3]. | Medio *Bibiana* 81: Todas empezaron a contarse mutuamente algo relacionado con la radio.
3 [Pers.] que tiene amigos o conocidos. *Frec con los advs* BIEN o MAL. | Carandell *Madrid* 63: Para un joven bien relacionado no hay nada mejor que tener bufete propio.

relacionador -ra *adj* Que relaciona [1]. | *Gac* 11.5.69, 67: Una visión integral, relacionadora, de su obra. (Para unir al pintor con su tiempo histórico se proyectan, por ejemplo, con los cuadros de Miró de la guerra civil española, documentales sobre la misma.)

relacional *adj* (*E*) De (la) relación [1, 2 y 3]. | FCruz *Abc* 29.5.74, 3: El arquetipo intelectual .. está siempre dispuesto a sentarse para conversar y dialogar en una mesa redonda, o cuadrada, con actitud relacional aprioristica de buen amigo. *País* 27.4.88, 46: Nuevo Horizonte. Centro relacional. 15 años haciendo amigos. Matrimonio. Amistad.

relacionante *adj* Que relaciona [1]. | Albalá *Periodismo* 43: El sujeto .. viene a ser solo, en esta peculiar relación informativa, un catalizador, un como elemento relacionante entre el acontecer que es noticia y el término-objeto. Rábade-Benavente *Filosofía* 85: El nivel más concreto de las clases "bajas" .., frente al más abstracto y relacionante de las clases mejor dotadas, está profundamente influido por el mayor o menor dominio del lenguaje.

relacionar A *tr* **1** Establecer una relación [1, 2 y 3] [entre dos o más perss. o cosas (*cd*), o de una(s) (*cd*) con otra(s)]. | Gironza *Matemáticas* 164: Medir las distancias de sus cuerdas al centro y relacionar sus valores con los de los arcos. Ybarra-Cabetas *Ciencias* 199: Los seres superiores están dotados de una facultad de sensibilidad que les relaciona con el medio que les rodea. C. Santamaría *País* 27.8.77, 7: La foralidad nunca debe servir para separar a las cuatro provincias forales, sino para relacionarlas mejor que lo han estado bajo el centralismo.
2 Hacer una relación [6] [de algo (*cd*)]. | S. Lorenzana *Pap* 1.57, 35: Resultaría en verdad inacabable relacionar los trabajos salidos de la pluma de Sarmiento en torno a las más dispares materias. FQuintana-Velarde *Política* 161: Los parques de vehículos crecen fuertemente, como muestra el siguiente cuadro .. que relaciona numéricamente los vehículos de motor que circulaban por nuestras calles y carreteras.
B *intr pr* **3** Tener relación [1, 2 y 3] [dos o más perss. o cosas entre sí, o una(s) con otra(s)]. | *Economía* 361: Desde que el hombre empezó a relacionarse con sus semejantes, fue comprendiendo la necesidad de reprimir su egoísmo y de respetar los derechos de su prójimo.

relais (*fr*; *pronunc corriente*, /relé/; *pl invar*) *m* Relé. | Mingarro *Física* 175: En esta propiedad se fundan las extensísimas aplicaciones del triodo en la moderna electrónica, sobre todo como *relais*, amplificador y oscilador.

relajación *f* Acción de relajar(se). *Tb su efecto.* | Medio *Bibiana* 11: Bibiana se fija en sus ojos, cerrados obstinadamente, demasiado apretados los párpados para fingir la relajación natural del sueño. Lapesa *HLengua* 31: La primera fase del fenómeno (relajación de la *k* en un sonido equivalente a nuestra *j* moderna) aparece en inscripciones galas. Huarte *Tipografía* 31: Cuando al autor le entreguen el primer ejemplar impreso de su obra, sea por el mejor papel, sea por la más nítida impresión, sea por una relajación de su inquietud cuando la impresión se preparaba, el caso es que en seguida echa de ver .. erratas. CBaroja *Inquisidor* 43: Dejando aparte los casos poco frecuentes de relajación al brazo secular. **b)** (*E*) Pérdida de tensiones que sufre un material sometido a una deformación constante. | *BOE* 4.12.75, 25330: Se convoca concurso público para la adjudicación de "Varios equipos para el estudio de fluencia lenta y relajación en tracción de materiales metálicos".

relajado -da *adj* **1** *part* → RELAJAR.

2 Poco severo o riguroso en el aspecto moral. *Gralm referido a costumbres sexuales.* | *Sp* 19.7.70, 54: Los ciudadanos soviéticos más jóvenes tienen las costumbres, respecto al sexo, considerablemente más relajadas que los de la generación anterior.
3 Distendido o falto de tensión. | C. Galilea *SPaís* 17.12.89, 100: Afronta la cuestión de forma relajada.
4 (*Fon*) [Sonido] que se realiza con una tensión muscular inferior a la normal. | Academia *Esbozo* 28: Las llamadas vocales relajadas .. no se incluyen en el cuadro.

relajador -ra *adj* Que relaja. | J. Meliá *Abc* 16.5.73, 27: La diversión es la válvula relajadora que ha aprendido a reír.

relajamiento *m* Acción de relajar(se) [1, 2, 3 y 5]. *Tb su efecto.* | Alvarado *Anatomía* 140: Nervios vasomotores que determinan, o bien contracción [del vaso], .. o bien su relajamiento. *Barcelona* 10: El Estado nuevo sustituyó inveteradas ausencias y relajamientos de los Gobiernos respecto a la vida local.

relajante *adj* Que relaja [1a y 2a]. *Tb n m, referido a medicamento.* | *HLS* 5.8.74, 5: Te sugerimos que, un par o tres de veces por semana, te prepares un buen baño de hierbas relajantes antes de acostarte. Mascaró *Médico* 104: En todos los casos de abdomen agudo debe el paciente guardar un reposo absoluto en cama, bien abrigado. No debe administrarse ningún calmante opiado o relajante muscular.

relajar A *tr* **1** Hacer que [algo (*cd*), esp. un músculo] deje de estar tenso o contraído. | Gala *Ulises* 735: Relaja tu cintura; tus caderas ..; tus muslos. **b)** *pr* Dejar de estar tenso o contraído [algo, esp. un músculo]. | I. Sarasqueta *Ant* 25.5.86, 22: El esfínter vesical está tan contraído en esos momentos que el comenzar a orinar puede retrasarse unos instantes, ya que el esfínter tarda en relajarse.
2 Hacer que [alguien (*cd*)] deje de estar tenso física o psíquicamente. | Payno *Curso* 107: Se levantó con gran dolor de cabeza. Tomó una larga ducha de agua caliente. Le relajó. **b)** *pr* Dejar [alguien] de estar tenso física o psíquicamente. | Medio *Bibiana* 83: Los otros se acomodan a su lado y empiezan a hablar entre sí, permitiéndole a ella relajarse de la tensión que suponía sostener conversación con el locutor. Delibes *Cinco horas* 10: No duermas si no quieres, pero relájate.
3 Hacer que [algo, esp. una norma (*cd*)] pierda rigor o fuerza. | Aguirre *Aranda* 20: Ernst Cassirer nos advierte .. sobre cómo en el siglo XVIII relajan los sistemas su vigor vinculatorio. * La invasión turística contribuye a relajar las costumbres. **b)** *pr* Perder [algo] rigor o fuerza. | Payno *Curso* 223: Unos días después pareció que la tensión se relajara. Una de las chicas .. se le acercó. Le ofreció, de parte de todas, una bola de anís. Tamames *Economía* 412: Tras la reforma bancaria, los grupos financieros .. lejos de relajarse se han fortalecido.
4 (*hist*) Entregar [un juez eclesiástico (*suj*)] al secular un reo (*cd*) digno de la pena capital]. | CBaroja *Inquisidor* 58: Estos mandaron prender, juzgaron y sentenciaron al maestro don Antonio Ripoll y lo relajaron a la justicia secular, .. de suerte que Ripoll murió en el cadalso.
B *intr pr* **5** Abandonarse moralmente [una pers. o colectividad] relajando [3] sus costumbres o normas de convivencia. | Alfonso *España* 135: Algunas zonas de España se relajan en demasía ante las ganas de juerga de un turismo que viene por aquí.

relajo *m* (*col*) **1** Relajamiento. *Esp referido a las costumbres o a la disciplina.* | Torrente *Sombras* 225: El cuerpo de Sybila se asemejó al de una sierpe abandonada al relajo de una tarde calurosa que, de repente, se siente pisada en la cola. L. Apostua *Ya* 13.9.74, 16: Hay síntomas de relajo y distensión en varios frentes noticiosos. Halcón *Monólogo* 70: Un incipiente relajo en los criados, que se nota ante todo en los uniformes descuidados, peor llevados que en Madrid.
2 Barullo o desorden. | *As* 10.1.71, 27: –¿No cree usted que el boxeo es un relajo? –Sí, señor; es un negocio donde no se tienen en cuenta los merecimientos del boxeador.

relamer A *tr* **1** Lamer repetidamente. *Tb fig.* | J. MArtajo *Ya* 17.11.63, sn: Doña Nieves, sentada a la mesa, se relamía los dedos después de rechupetear el cuello y el alón del pichoncito. Hoyo *Caza* 16: Cantaba despacio. Despacio y

relamida – relativista

arrastrando mucho los finales. Cantaba como si relamiera los finales.
2 (*raro*) Hacer relamido [2] [algo]. | Landero *Juegos* 332: –¿Ah, no? –relamió y afeminó el tono Antón.
B *intr pr* **3** Lamerse los labios de gusto después de comer o beber. *Frec con intención ponderativa. Frec fig.* | Payno *Curso* 182: Dan un cordero asado estupendo. A la castellana. ¿Lo has comido? ¡Pues ya verás! ¡De relamerse! Delibes *Vida* 86: Los coches seguidores ya se relamían con el *sprint* final.

relamida *f* (*raro*) Acción de relamer. | GPavón *Reinado* 33: Hubo una pausa, pausa de pito liao, gota, chupada, relamida y expelencia de humos.

relamido -da *adj* **1** *part* → RELAMER.
2 Afectadamente pulido. | CPuche *Paralelo* 69: Volvió a la carga el español relamido. Laiglesia *Tachado* 95: Con su estilo relamido y academicista, el viejo Bras inmortalizó a Cirilo II en más de cien lienzos.

relámpago *m* **1** Resplandor vivo y momentáneo que se produce en las nubes por una descarga eléctrica. | Laforet *Mujer* 23: Las cortinas corridas .. no dejaban ver los relámpagos. **b)** *Frec se usa, como metáfora o como comparación, para ponderar la rapidez y fugacidad de algo.* | Gironella *Millón* 24: Ignacio veía aquella cabeza rapada echada para atrás, y no se movía. Como un relámpago recordó que había dado en ella muchas palmadas.
2 *Se usa en aposición para expresar la rapidez y brevedad de lo expresado por el n al que acompaña.* | FReguera-March *España* 38: Fue un noviazgo relámpago, poco protocolario. **b)** (*raro*) [Cierre] de cremallera. | LIbor *Pról. Antología* IX: Cientos de personas han escrito al estudio donde trabajaba Dean pidiendo la chaqueta roja con cierre relámpago que vieron en *Rebelde sin causa*.
3 Pastel relativamente grande y alargado relleno de crema. | *Cocina* 628: Sobre una placa engrasada se marcan los relámpagos en forma de una tira de cuatro centímetros de largo.

relampagueante *adj* **1** Que relampaguea, *esp* [2]. *Tb fig.* | Laiglesia *Tachado* 316: –¡Basta! –tronó de nuevo el dueño del chaquetón, con los ojos relampagueantes. Torrente *DJuan* 116: No hablaban nuestro idioma intelectualizado, sino un francés relampagueante de inteligencia y entusiasmo lírico.
2 Rápido como un relámpago [1a]. | S. García *Ya* 22.10.64, 27: Si el dios del estadio es el ganador de los relampagueantes 100 metros, el rey de los juegos es el vencedor de la maratón. *As* 9.12.70, 24: Un relampagueante gancho de izquierda de Cassius Clay .. acabó esta noche con Óscar "Ringo" Bonavena.

relampaguear *intr* ▸ **a** *impers* **1** Producirse relámpagos [1a]. | Torrente *Sombras* 25: Seguía lloviendo, cada vez con más fuerza, y relampagueaba.
▸ **b** *personal* **2** Producir destellos. | Lera *Bochorno* 44: Piluca levantó la cabeza y las negrísimas pupilas relampaguearon. FSantos *Hombre* 114: Hubiera jurado que en el escote abierto de la oscura camisa relampag[u]eaba una medalla.
3 (*raro*) Presentar relámpagos [1a]. | Aldecoa *Gran Sol* 172: Era totalmente de noche .. Al oeste relampagueaba el cielo.

relampagueo *m* Acción de relampaguear, *esp* [2]. | Goytisolo *Afueras* 20: El cielo estaba cubierto de nubes bajas que se revolvían descompuestas entre un relampagueo lejano y sordo. T. Medina *Inf* 4.6.70, 21: Del avión pasaron entre el relampagueo de los flases y el cintar de las cámaras de cine y televisión hasta el departamento de internacional del aeropuerto.

relance. al ~. *loc adj* (*Taur*) [Suerte] que se realiza aprovechando la salida del toro de una suerte anterior. *Tb adv.* | J. Vidal *Inf* 30.5.74, 25: Primera vara al relance en el cuarto; derriba, cornea al caballo y lo pone sobre las cuatro patas.

relanzamiento *m* Acción de relanzar. | N. FCuesta *Abc* 30.12.70, 3: El año transcurrido debe servirnos para iniciar un prudente relanzamiento, un trote más alegre, pero sin galopadas.

relanzar *tr* Dar nuevo impulso [a algo (*cd*)]. | J. M. RGallardón *Nue* 22.12.70, 3: Opondremos nuestra razón a toda medida que esencialmente no tienda a relanzar a la sociedad hacia metas de Justicia y de Libertad. An. Miguel *Abc* 6.1.68, 3: El Estado, cuando hay que "remoldear" estructuras o "relanzar" inversiones .., tiene que limitarse.

relapso -sa *adj* (*Rel catól, hist*) [Pers.] reincidente en una herejía de la que ha abjurado. *Tb n.* | GRuiz *Sáb* 5.4.75, 42: Hernando .., tío carnal de Santa Teresa, se libró de la humillante escena del "arrepentimiento" de los relapsos, porque en aquella época era estudiante en Salamanca.

relatable *adj* Que se puede relatar [1]. | V. Verdú *País* 9.3.83, 56: Pero la vida no es .. ni tan retórica ni benevolente. Discurre, más allá de lo relatable, en un orden desmemoriado, casi suicida y lineal.

relatador -ra *adj* **1** Que relata [1]. *Tb n, referido a pers.* | * Es un buen relatador de historias fantásticas.
2 Relativo a la acción de relatar [1]. | A. Assía *Sp* 1.3.65, 53: La multiplicidad de detalles que introduce en el registro, y la gracia relatadora a que somete registros y detalles, justifican la siguiente interrogación.

relatante *adj* Que relata [1]. *Tb n, referido a pers.* | Cossío *Montaña* 103: Con razón podía afirmar don Sabas, que acompañaba al protagonista y relatante de la novela, que desde allí se veía "algo de las grandes obras de Dios".

relatar A *tr* **1** Referir o contar. | *Caso* 26.12.70, 22: Todos los "affaires" de este escandaloso siglo XX, tales como Wilma Montesi, .. Charles Manson, relatados íntegramente y con gran crudeza.
B *intr* **2** (*reg*) Reñir o regañar. | *SPaís* 24.6.79, 21: Mi madre vivía esclavizada; los niños no teníamos más ropa que la puesta, y todos los días oía a mi madre quejarse y discutir y relatar entre ellos dos.

relativamente *adv* De manera relativa [1, 2 y 3]. | Gambra *Filosofía* 76: El espacio, según ella [la teoría de la relatividad], es el conjunto mismo de los cuerpos en tanto se relacionan y se mueven relativamente. Benet *Nunca* 14: Intento aclararme qué es lo que realmente logré –relativamente joven– con aquel triunfo.

relatividad *f* **1** Cualidad de relativo [1, 2 y 3]. | Rábade-Benavente *Filosofía* 225: La relatividad de fines implica, a la vez, una relatividad de normas. A. Montero *Ecc* 8.12.62, 23: Comprende [la ortodoxia] a unos doscientos millones de cristianos, si bien la estadística, en lo que a Rusia se refiere, puede llevar su relatividad hasta reducir la cifra más segura a unos ciento treinta millones.
2 (*E*) Teoría formulada por Einstein († 1955), según la cual la luz se propaga a una velocidad constante e independiente del movimiento del emisor o del receptor, no existen espacio o tiempo absolutos y no es posible saber si un cuerpo está en reposo o en movimiento rectilíneo y uniforme. *Frec* TEORÍA DE LA ~. | Gambra *Filosofía* 76: La teoría de la relatividad es acaso el argumento científico más importante del siglo XX.

relativismo *m* **1** Doctrina según la cual todo conocimiento o valor es relativo. | Rábade-Benavente *Filosofía* 225: Caemos de nuevo en el relativismo moral: el bien y el mal no son valores absolutos, sino relativos a los distintos ambientes sociales, culturales, etc. Rábade-Benavente *Filosofía* 125: Las teorías antropolingüísticas del relativismo cultural han mostrado cómo las gramáticas de distintas lenguas pueden condicionar no solo el modo de pensar, sino incluso el modo de percibir.
2 Condición de relativo [1]. | Ynduráin *SAbc* 13.12.91, 15: Pero esa aspiración va acompañada por el descubrimiento del yo, de la subjetividad y de la perspectiva histórica; del relativismo, en una palabra.

relativista *adj* **1** De (la) relatividad [2]. | * La doctrina relativista ha revolucionado la ciencia moderna. **b)** (*E*) [Velocidad] cercana a la de la luz y que produce alguno de los efectos físicos previstos por la teoría de la relatividad. | F. Martino *Ya* 10.12.72, 6: Se trataba de unos rayos que llegaban a la Tierra desde todas las partes del cosmos, y, naturalmente, también del Sol, con una velocidad relativista (análoga a la de la luz) y dotados de una extraordinaria energía.
2 Adepto al relativismo [1]. *Tb n.* | P. Maisterra *Van* 11.4.71, 39: Uno, a pesar de todo, es optimista y relativista, claro. Uno cree que pierna más, escote menos, piel albina o

cutis yodado, no son factores que cuenten demasiado en el curso decisivo de la historia.

relativización f Acción de relativizar(se). | Anson *Oriente* 219: La relativización de la verdad es tal vez la principal de las causas que han provocado la quiebra de Occidente.

relativizador -ra adj Que relativiza. | J. M. Sala *Van* 25.7.74, 34: Al escepticismo personal .. se añadía la situación caótica, relativizadora, de la poesía.

relativizar tr Hacer relativo [1, 2 y esp. 3] [algo (cd)]. | Anson *Oriente* 218: El gran pecado de Occidente ha sido relativizar la verdad. VMontalbán *Rosa* 154: A pesar de la oscuridad relativizada por un cielo estrellado, una luminosidad particular resaltaba el cuerpo de Encarna. **b)** pr Hacerse relativo [algo]. | VMontalbán *Pájaros* 128: El milagro de haber sobrevivido a la explosión de la primera materia existente en el universo se relativizaba en el Chad por la carencia de agua y en España por la generación espontánea de salvadores de la patria. Delibes *Señora* 64: Se apagó tan dulcemente que mi horror a la muerte física se relativizó desde entonces.

relativo -va adj **1** [Cosa] que está en relación [1] [con otra (compl A)]. | Gambra *Filosofía* 76: No puede decirse .. que un cuerpo mida tres metros, absolutamente .., sino que está longitud es relativa a la velocidad y al sujeto que hace las medidas. J. FAlonso *Raz* 2/3.84, 374: Ha sido casi completamente desatendido .. el tercer orden de problemas: el relativo a los monumentos y a la arqueología.
2 Considerado según una relación o comparación. *Se opone a* ABSOLUTO. | A. Blasco *SYa* 28.11.73, 26: Demográficamente, existe un aumento del volumen absoluto y relativo de las poblaciones del mundo en la fase de envejecimiento.
3 Parcial o no completo. *Frec con intención eufemística*. | Pinillos *Mente* 131: Presentamos, a título de mera ilustración, alguna de las muchas clasificaciones que los psicólogos han intentado ..; pero lo hacemos con la conciencia de lo relativo valor científico que poseen. *Pue* 20.1.67, 4: Reacción destemplada, que muestra cuán relativo es el respeto de ciertos demócratas ante una Constitución ajena.
4 *En una votación:* [Mayoría] constituida por el mayor número de votos de los obtenidos por las perss. o cosas que se votan. *Se opone a* ABSOLUTO. | P. Villalar *Hoy* 27.6.93, 22: El candidato a la investidura obtiene la presidencia si logra mayoría absoluta en primera votación o mayoría relativa en la segunda.
5 (*Mat*) [Valor] que tiene una cifra según el lugar que ocupa en una cantidad. *Se opone a* ABSOLUTO. | Marcos-Martínez *Aritmética* 17: Todo número es la suma de los valores relativos de sus cifras.
6 (*Gram*) [Pronombre, adjetivo o adverbio] que, además de su función de pronombre, adjetivo o adverbio, tiene un papel de enlace, convirtiendo en subordinada la oración a que pertenece. *Tb n m*. | Amorós-Mayoral *Lengua* 46: Los pronombres interrogativos llevan acento ortográfico y solo se distinguen de los relativos en eso. Academia *Esbozo* 526: Con cierta frecuencia, los relativos *que* y *quien* se usan sin antecedente expreso. **b)** [Oración] introducida por un relativo. | Academia *Esbozo* 525: Oraciones relativas especificativas y explicativas.
7 (*Gram*) [Superlativo] en que el alto grado de la cualidad señalada en una pers. o en un objeto se pone en relación con el grado de ella en otros. *Se opone a* ABSOLUTO. | Academia *Esbozo* 199: Los superlativos latinos con el morfema -*issimus* y variantes han conservado en español .. su valor de superlativos absolutos, pero han perdido el de superlativos relativos equivalentes a la fórmula *el más* + adjetivo.
8 (*Gram*) [Tiempo verbal] que expresa un hecho futuro o pasado con relación a otro. *Se opone a* ABSOLUTO. | Academia *Esbozo* 463: Los tiempos del subjuntivo, subordinado o dependiente, son todos relativos. En las oraciones independientes pueden usarse como absolutos.

relato m Acción de relatar [1]. *Tb su efecto*. | Lapesa *HLengua* 162: La variedad de temas, que no se limitaban ya al relato de hazañas guerreras, favorecía el uso de un léxico más amplio que el de los juglares épicos. **b)** Cuento (obra literaria y género). | *SPaís* 21.9.80, 2: *La pirámide de Kheops*, de Ricardo Doménech .. Diez relatos de un narrador enamorado del género.

relativización – relevación

relator -ra I adj **1** Que relata. *Tb n, referido a pers*. | GPavón *Rapto* 182: El puñetero de Zumárraga dilataba adrede el clímax de su historia .. El relator .. continuó cada vez con razones más morosas.
II m y f **2** (*Der*) Letrado que en un tribunal hace relación de los autos o expedientes. | *Inf* 3.6.82, 1: A los relatores corresponde dar lectura al fallo del tribunal.
3 Pers. que en un congreso o asamblea hace relación de los asuntos tratados y de las deliberaciones y acuerdos. | *Ecc* 16.11.63, 29: El relator de la comisión de obispos .. presentó el nuevo capítulo.

relatoría f Cargo de relator [2]. *Tb su oficina*. | * Desempeñó la relatoría en el juicio citado. *Inf* 3.6.82, 1: A las diez y cinco minutos de esta mañana, la relatoría del Consejo Supremo de Justicia Militar anticipaba la citación a los abogados. **b)** Conjunto de los relatores [2]. | *Inf* 3.6.82, 1: La comunicación de la sentencia se hará simultáneamente en los lugares indicados, lo cual obligará a los miembros de la relatoría a distribuirse por ellos, ya que a los relatores corresponde dar lectura al fallo del tribunal.

relavar tr Lavar mucho o a fondo. | J. A. Donaire *Inf* 27.5.77, 39: Las últimas precipitaciones han "relavado" los fondos de los ríos, arrastrando gran cantidad de cieno e incluso de légamo hasta la boca de confluencia con los pantanos y embalses. * ¿Dónde vas tan limpia y relavada?

relax (*pl invar*) m Relajación física o psíquica. | Payno *Curso* 95: Iba con el ánimo atlético, fortalecido por el esfuerzo diario sin descanso, sin relax alguno. Pinillos *Mente* 124: No se trata [en la educación] solo de fomentar la seguridad en sí mismo y el relax afectivo.

relé m (*Electr*) Dispositivo que, mediante el empleo de una pequeña corriente auxiliar, permite la regulación y dirección de la corriente principal de un circuito dado. | *Act* 25.1.62, 40: Entre los productos especiales de Oerlikon figuran .. aparatos pequeños, como relés, reguladores, etc.

relectura f Acción de releer. | J. M. Llompart *Pap* 1.57, 82: La antología .. invita a una provechosa relectura, a una revisión de conceptos.

releer (*conjug* 17) tr Leer de nuevo. | *Cod* 9.2.64, 6: A uno .. le desagrada profundamente tener que dejar constancia escrita, exponiéndose a que el encargado de la ventanilla lo relea en sus narices.

relegable adj Que se puede relegar. | Torrente *Saga* 98: De dónde les vino a aquellas mujeres la creencia de que con tal operación la muerte de J. B. iba a ser evitada es cosa de averiguación relegable.

relegación f Acción de relegar. | Castilla *Humanismo* 13: Si bien este pensamiento humanista neocristiano es cada día de mayor relevancia, ello entraña de alguna manera la relegación de Dios.

relegar tr Poner [a alguien o algo (cd)] en un lugar secundario o en una situación de alejamiento u olvido (compl A)]. *Frec se omite el segundo compl por consabido*. | PRivera *Discursos* 13: El mundo de ahora, y España con el mundo, han pasado de un extremo al otro sin guardar el equilibrio necesario: .. de negarle a la mujer los mínimos derechos como si fuera un ser inferior, a relegar incluso a segundo grado los deberes familiares más ineludibles.

releje m Surco o señal que deja en el suelo la rueda de un vehículo. | Cela *Judíos* 117: El carro saltaba más de la cuenta sobre los relejes del camino.

relente[1] m Humedad que se nota en la atmósfera en las noches serenas. | Delibes *Parábola* 48: El sol se acuesta ya y empieza a notarse el relente.

relente[2] m (*raro*) Mal olor persistente. | MSantos *Tiempo* 93: Entonces golpea su rostro el hedor violento y familiar de la casa. Los relentes de la cocina, los del lavadero.

relentizar tr (*raro*) Ralentizar (hacer lento o más lento). | FSantos *Catedrales* 176: Ramón, el diskyokey mejor .., el que combina mejor las luces con los discos, se vuelve loco allá adentro, en su cabina de cristales, cuando da la luz que relentiza el movimiento y las parejas, de pronto, van despacio como en esas películas antiguas del cine mudo.

relevación f (*Der*) Exención [de una obligación o un requisito]. | Ramírez *Derecho* 53: Están exentos de esta obli-

relevador – religión

gación el padre, la madre y los abuelos, en los casos en que son llamados a la tutela; .. y el [tutor] nombrado con relevación de fianza por extraños que hubiesen instituido heredero o legatario de importancia al menor o incapaz.

relevador *m* (*Electr*) Relé. | *Abc* 3.12.57, 20: Una extensa red de relevadores, accionando los motores correspondientes, permite que el robot .. pueda andar en todos los sentidos.

relevancia *f* Cualidad de relevante. | *Inf* 7.8.70, 1: La Prensa norteamericana concede hoy una gran relevancia a estos nuevos acuerdos entre Madrid y Washington.

relevante *adj* **1** Notable o importante. | *Abc* 13.9.70, 14: Se señalan nuevos horizontes para la cooperación en campos no estrictamente militares. Y este es uno de los significados más relevantes del Acuerdo.
2 (*Ling*) [Rasgo] distintivo. | RAdrados *Lingüística* 89: Hay luego una serie de rasgos que son a veces relevantes .. Estos rasgos son los siguientes: a) Oposición sonora/sorda .. b) Tensa/floja.

relevantemente *adv* De manera relevante. | J. D. Mena *Abc* 23.8.66, 15: No es posible que haya un lugar histórico que merezca tan relevantemente como Gibraltar el triste título de teatro de usurpaciones.

relevar *tr* **1** Quitar [a alguien de un puesto o cargo]. *Frec se omite el segundo compl por consabido*. | *Ya* 16.10.64, 6: Alexei Adyubei, yerno de Jruschef, ha sido relevado de su puesto como director del órgano gubernamental "Izvestia".
2 Sustituir [una pers. a otra] en un puesto o servicio. | *Ya* 15.9.74, 5: Se ofrecían [los bomberos], aún jadeantes, a relevar a sus compañeros que trabajaban sin descanso, en su deseo de salvar el mayor número posible de personas. **b)** Sustituir [a una pers. o cosa con otra]. *Frec se omite el segundo compl por consabido*. | A. Barra *Abc* 18.5.76, 23: En el Ulster, el Gobierno británico se dispone a realizar un hermoso juego de prestidigitación: ir relevando a las unidades militares que operan en Irlanda del Norte.
3 Eximir [a alguien de algo]. | *Caso* 14.11.70, 7: La expresión que se refleja en los rostros de estas señoras, unidas a la familia de la víctima por lazos de amistad, nos releva de especificar sus lógicos comentarios. *Ya* 12.7.86, 6: El inspector de Policía Fernando Herrero González, citado a declarar por el juez Lerga en relación con el atraco al Banesto, quedó relevado de toda sospecha.
4 Poner de relieve [algo]. | Bagué *Lingua* 23: Es frecuente también que un sustantivo, solo, no sea eficaz. Entonces hay que darle vida por medio de algún determinativo o de algún epíteto expresivo que, al relevar la cualidad, aclare y aumente poderosamente el significado.

relevista *m y f* (*Dep*) Pers. que participa en una carrera de relevos [1b]. | *Mar* 31.3.75, 28: Los relevistas, 41,8, y Cordovilla, 10.8 .. En la carrera de relevos cortos, varios atletas actuaron sin quitarse el chandal.

relevo *m* **1** Acción de relevar [1 y 2]. | *Sp* 19.7.70, 53: Otro relevo anunciado es el del director español Rafael Frühbeck de Burgo[s] de su cargo de director musical de la ciudad alemana de Düsseldor[f]. GPavón *Hermanas* 11: En el zaguán se hacía el relevo del servicio. **b)** (*Dep*) *En pl*: Prueba de velocidad en que la distancia total es recorrida por varios participantes que se relevan. | Burges *Ya* 15.4.64, 28: Los dos últimos récords nacionales absolutos correspondieron a los relevos.
2 Pers. que releva [2a] a otra en un puesto o servicio. | J. Huerta *Ya* 7.4.90, 60: El relevo de Hermida, María Teresa Campos, estuvo presente en la tertulia.

relicario *m* Lugar, esp. estuche, en que se guardan reliquias. *Tb fig*. | A. Lezcano *SAbc* 13.4.69, 50: En el lado derecho hay un gran relicario con marco antiguo, y dentro, medallas y pequeños relicarios. VParga *Santiago* 24: Burgos, *caput Castellae*, es un gran relicario de arte y historia.

relicenciado -da *adj* (*reg*) Curioso o metomentodo. | GPavón *Rapto* 80: Si no fueras tan relicenciá, no sufrías.

relíctico -ca *adj* (*CNat*) De seres o elementos relictos [2]. | *MOPU* 7/8.85, 50: Monegro .. Gran interés ecológico y natural por ser una muestra relíctica de pino negro en precarias condiciones .. Altas y Prado de Javalambre .. Valores naturales por la extensa masa de sabina rastrera y los pastizales relícticos.

relicto -ta *adj* **1** (*Der*) [Bienes o caudal] que deja alguien al morir. | Ramírez *Derecho* 60: Llegado el momento de la muerte, se parte del supuesto de que, en la formación del caudal relicto, o sea de la masa hereditaria, tomaron parte ciertos familiares, a los que se llama legitimarios.
2 (*CNat*) Que queda como resto de un grupo, especie o formación prácticamente desaparecidos. | *MOPU* 7/8.85, 175: Cabe destacar la perdiz roja, el conejo y una población relicta de avutarda. Santamaría *Paisajes* 20: Los hay [suelos] relictos o formados bajo condiciones climáticas diferentes a las actuales como los rotlehm calcáreos y terra rossa abundantes al este de la provincia.

relieve I *m* **1** Diferencia de planos en una superficie. *Tb fig referido a sonido*. | Legorburu-Barrutia *Ciencias* 110: En cada ojo se forma una imagen ligeramente distinta y, al juntarse las dos en el cerebro, dan la sensación de relieve. * Hay que dar más relieve a esa partitura.
2 Cosa que sobresale en una superficie. | * Esta tela no tiene relieves. **b)** Conjunto de partes sobresalientes y deprimidas [de una superficie, esp. de la tierra]. | Ortega-Roig *País* 24: Para conocer el suelo de la Península estudiaremos su relieve, es decir, los accidentes que existen en él.
3 Escultura cuyos elementos se destacan más o menos sobre un fondo plano. | GNuño *Arte* 244: El principal mérito de estos relieves valencianos es el de la fecha. **b) alto** ~, **bajo** ~ → ALTORRELIEVE, BAJORRELIEVE. **c) medio** ~. Escultura cuyos elementos destacan la mitad de la figura. | Angulo *Arte* 1, 44: Prefiere [el escultor egipcio] el bajo al medio relieve. **d) hueco** ~. Escultura formada por elementos rehundidos respecto al plano. | Angulo *Arte* 1, 44: Prefiere [el escultor egipcio] el bajo al medio relieve, e incluso con frecuencia prescinde de rebajar la parte del fondo –hueco relieve–, procedimiento que .. desaparece en la escultura posterior.
4 Hecho de destacar o sobresalir de lo común o del resto. *Frec en la loc* DE ~. | *Ya* 20.4.74, 15: Sesión [de las Cortes] sin relieve, llena de tecnicismos. Torrente *Isla* 292: Cuanto a la alfombra, había venido de Persia un par de siglos antes. Pero eso carece de relieve en el conjunto; no resalta, como en seguida se advierte. R. Frühbeck *SAbc* 20.9.70, 12: Se podría, igualmente, pensar en las posibles invitaciones a figuras de relieve.
II *loc v* **5 poner de** ~. Destacar o hacer notar. | E. Pastor *SYa* 25.5.75, 23: Una poco edificante anécdota pone de relieve cuál hubo de ser la causa principal de estas dilaciones.
III *loc adv* **6 en** ~. Formando relieve [1]. *Tb adj*. | Legorburu-Barrutia *Ciencias* 110: Si no tuviéramos dos ojos no veríamos las cosas en relieve, es decir, unas más cerca que otras. J. Carabias *Ya* 7.2.75, 8: El director de *Ya*, don Alejandro Fernández Pombo, entregó a Iríbar el largo estuche con el trofeo: una placa, reproducción exacta de la cabecera del periódico, con las letras en relieve.

relieves *m pl* (*lit*) Restos de lo que se come. | Carnicer *Cabrera* 32: Los doscientos y pico de habitantes de Santalavilla tuvieron ayer su fiesta, y de los relieves de ella me beneficio yo al comer en casa de Primo Rodríguez.

religación *f* Acción de religar. *Tb su efecto*. | Castilla *Humanismo* 23: Ha desprendido del hombre aquella religación con lo sobrenatural.

religar *tr* Unir o ligar estrechamente. | A. Garrigues *Abc* 27.9.70, 3: Todo .. se ha hecho para el hombre y lo religa a la única dependencia de Dios, de quien recibe el ser y la vida.

religión *f* **1** Conjunto de creencias relativas a la divinidad y de normas y ritos derivados de ellas. *Frec con un adj o compl especificador*. | Arenaza-Gastaminza *Historia* 172: Guerras de religión en Francia. Pemán *MHi* 2.64, 9: Las anchas religiones orientales, moteadas apenas por grupitos misionales escasos.
2 (*Rel catól*) Virtud que mueve a dar a Dios el culto debido. | Villapún *Moral* 90: La virtud de la Religión comprende todos los actos que el hombre puede practicar en honor y servicio de su Creador.
3 Vida religiosa [3b]. *Frec en la constr* ENTRAR EN ~. | Bermejo *Derecho* 24: Las Decretales admiten la disolución

del matrimonio no consumado si uno de los cónyuges quiere entrar en religión. SSolís *Camino* 254: Su madre le contaba la muerte de personas que no conocía: amigos o vecinos posteriores a su ingreso en Religión. **b)** Orden religiosa [3b]. I Escudero *Capítulo* 135: De no establecer otra cosa las Constituciones, pueden adquirir y poseer bienes con réditos estables o fundados no solo la Religión, sino también la Provincia y la Casa religiosa.

4 (*lit*) Cosa que se respeta como sagrada. I Buero *Tragaluz* 113: Nos inculcó la religión de la rectitud.

religiosamente *adv* **1** De manera religiosa [1]. I A. Pelayo *Ya* 21.2.76, 18: El milagro o se acepta religiosamente o apenas dice nada.

2 En el aspecto religioso [1]. I *Lib* 26.3.75, 8: A Jorge Mejía –cuando analiza "Los Diez Mandamientos"– le "duele ver cómo much[o] público se extasía ante esta especie de «western» religiosamente vacuo".

3 Puntual o escrupulosamente. *Gralm con los vs* PAGAR *o* CUMPLIR. I GacR 27.10.70, 3: Después de pagar religiosamente el importe de la compra, el señor citado se permitió el lujo de ir dando suelta .. a los pajarillos. CNavarro *Perros* 82: Personas como tú, que se limitan a seguir un horario y a entregar religiosamente a sus padres la totalidad de lo que ganan, las hay a montones.

religiosidad *f* Cualidad de religioso [2]. I GGual *Novela* 45: El drama estaba obligado a la religiosidad de su público, y se representaba en un lugar y un tiempo bien definido por la fiesta ciudadana.

religioso -sa *adj* **1** De (la) religión [1]. I SVozC 25.7.70, 2: Se acaba de levantar un nuevo templo, elocuente testimonio de la renovación del arte religioso en la actualidad.

2 [Pers.] que tiene una religión [1] y practica sus normas. I Zunzunegui *Camino* 11: Era hija de pobrísimo labriego palentino y de una zamorana, seca, sufrida, religiosa y de pocas palabras.

3 [Pers.] que vive en comunidad y consagrada a Dios mediante los votos de pobreza, castidad y obediencia. *Tb n.* I S. Lorenzana *Pap* 1.57, 39: El paleógrafo Terreros también se aprovechó de los trabajos del sabio religioso. **b)** De (los) religiosos. I Arenaza-Gastaminza *Historia* 171: Fueron reformadas algunas Órdenes religiosas. Escudero *Capítulo* 240: El vestido debe ser regulado en lo que se refiere al hábito religioso.

4 [Cosa, esp. silencio o atención] que recuerda el respeto o la veneración propios de las cosas sagradas. I MSantos *Tiempo* 196: El policía le escuchó con religiosa atención.

relimpio -pia *adj* (*col*) Sumamente limpio. I DCañabate *Abc* 6.7.75, sn: ¡Que ni fumar a gusto puede uno con estas mujeres tan relimpias!

relinchador -ra *adj* Que relincha. I Hoyo *Glorieta* 98: Los relinchos del ganado del tío Niebla pudieron a los otros ruidos. Imponía verle escoltado por tanta alegría animal y relinchadora.

relinchar *intr* Emitir [el caballo] la voz que le es propia. *Tb (desp o humoríst) referido a pers o a otro animal.* I Cuevas *Finca* 27: Relincha una yegua a lo lejos. Sampedro *Río* 14: El asno relinchó salvajemente, alzando el belfo hacia los astros.

relincho *m* Acción de relinchar. *Tb su efecto.* I GPavón *Hermanas* 18: De aquella gloria de coces, relinchos, martillazos y voces arrieras, solo quedaba un yunque oxidado. Hoyo *Caza* 59: Nerviosas friegas, estremecidos relinchos, bufidos, palmoteos, líquido brollar. [*En la ducha.*]

relinga *f* (*Mar*) Cuerda con que se refuerzan las orillas de las velas o de las redes grandes. I CBonald *Noche* 103: –¿Ya estrenó las velas? .. –Estuve dudando entre el vitre y la lona, pero me decidí por la lona. Más pesada pero más fuerte .. Ese condenado falucho pesa demasiado .. –Una buena relinga .. Con un buen cabo de relinga cualquier trapo aguanta lo que le echen.

relingar *tr* (*Mar*) Afianzar con relingas. I Cancio *Bronces* 36: Piola y azoca un aparejo como nadie, corta sin guiñar y relinga y arrisa con singular esmero las pañadas de una vela.

reliquia *f* **1** Resto venerado [de un santo o de un objeto relacionado con él]. I *HLM* 26.10.70, 1: Quinientos sacerdotes católicos ingleses han desfilado esta mañana en procesión por la basílica vaticana llevando reliquias de los cuarenta mártires ingleses y galeses canonizados por Su Santidad el Papa Pablo VI. **b)** Cosa preciada que se guarda como recuerdo de algo querido y ya pasado. I PRivera *Discursos* 10: Esta fidelidad no debemos entenderla como a cosa pasada, como a una reliquia que se venera.

2 Resto [de algo pasado o desaparecido casi en su totalidad]. I F. Martino *Ya* 17.1.75, 15: La sangre derramada se coagula .. Este proceso dista de ser rápido y completo, de forma que el primitivo coágulo deja reliquias en el lugar donde se produjo. J. Castell *Van* 19.5.76, 49: Solo esta población autóctona habla el alguerés, reliquia de finales del siglo XIV, una variación dialectal que tiene el catalán arcaico como base. Navarro *Biología* 304: Se denominan especies reliquias cuando su área geográfica no se explica por su distribución actual, sino por la que tuvo en otros tiempos geológicos. **b)** Achaque subsiguiente a una enfermedad o accidente. I * De estos accidentes siempre queda alguna reliquia; a mí me ha tocado el dolor de cabeza.

rellamada *f En un teléfono*: Repetición, esp. automática, de la última llamada realizada. I *Prospecto* 11.92, 134: El Corte Inglés .. [Teléfono]. Escucha amplificada con volumen regulable .. Tecla de rellamada al último número marcado. *País* 26.11.93, 30: Este teléfono sin hilos .. está provisto de 10 memorias de marcación, .. función automática de rellamada.

rellano *m* **1** Espacio llano entre dos tramos de escalera. I CNavarro *Perros* 69: La luz del rellano de la escalera entraba hasta mitad del recibimiento.

2 Parte llana horizontal que interrumpe la pendiente de un terreno. I *Lugo* 70: En la capital se alza un hermoso Pabellón de los Deportes, enclavado en un gran rellano que forma la bajada al río Miño desde el Parque de Rosalía de Castro.

rellena *f* (*reg*) Cría de choco. I Mann *DMo* 27.8.85, 2: El "choco" es una sepia, también denominada "chopo" o "chopito", aunque el ejemplar pequeño de la especie sea para nosotros la "rellena".

rellenable *adj* Que se puede rellenar. I *ByN* 21.1.90, 88: Neceser con frascos y cajitas rellenables, por 600 pesetas.

rellenado *m* Acción de rellenar. I *Sem* 10.5.75, 69: Durante el cosido permite [la Sigma 2000] el rellenado automático de la canilla. *VozC Extra* 1.1.55, 6: Si después de acabada la obra se produce, por la mala ejecución del rellenado, algún hundimiento en las aceras o en el pavimento de las calles, .. el propietario queda obligado a hacer la reparación a su costa.

rellenar *tr* **1** Volver a llenar [algo que ha perdido parte o la totalidad de su contenido]. I Ramos-LSerrano *Circulación* 323: Averías .. El motor se calienta .. Falta de agua en el radiador. Comprobar si existen fugas. Rellenarlo. GPavón *Reinado* 40: Volvió Braulio a menear el vaso dentro del vino, lo rellenó y ofreció a Plinio.

2 Llenar [un hueco]. I *Agromán* 89: Parece que el calco se formó porque la arcilla iba rellenando las partes del cuerpo que iban desapareciendo. M. GOrtiz *Ya* 15.10.67, sn: Rellena los cuadritos [del crucigrama] y firma. **b)** Llenar el interior [de una cosa (*cd*), esp. un alimento, con otra (*compl* DE *o* CON)]. I *Cocina* 441: Se sacan los pimientos .. y se rellenan con el picadillo. * Rellenó la almohada de lana. **c)** Llenar los huecos [de un impreso (*cd*)]. I Payno *Curso* 212: Cuando Sebastián terminaba de rellenar su tercera página se oyó la voz indignada del auxiliar.

relleno[1] **-na** *adj* **1** Que contiene [algo (*compl* DE *o* CON)] en su interior. *Tb sin compl.* I Laforet *Mujer* 100: Dime si has querido a ese burgués relleno de grasa. *Cocina* 440: Pimientos rellenos a la bilbaína.

2 (*col*) [Pers.] ligeramente gorda. *Gralm referido a mujer y frec en la forma* RELLENITA. I Payno *Curso* 212: Era una mocita de buen ver, rellena y torneada.

relleno[2] *m* **1** Acción de rellenar [2]. I Acquaroni *Abc* 29.7.67, 11: Los c[a]terpillar –las excavadoras gigantes– ¡se arrojaban al fondo de las barranqueras para acuñar y hacer más rápidos los rellenos! J. Iriondo *Mad* 10.9.70, 12: Goteos en eléctricas con bastante buena digestión del papel en varias y relleno del cuadro de cotizaciones en el resto.

reloj – relumbro

2 Cosa que rellena o sirve para rellenar [2]. | CPuche *Paralelo* 54: No estaba para hundirse en el ya destartalado asiento del taxi. En las posaderas se le iban clavando mimbres y pelotas del relleno. Bernard *Verduras* 42: El jamón se pica finamente y se reúne con la carne raspada de las hojas de la alcachofa .. Se dan unas vueltas a este relleno durante un par de minutos. **b)** Parte superflua con que se alarga algo, esp. un escrito. *Frec en la loc* DE ~. | Pemán *Abc* 29.11.70, 3: Me tengo que repetir a veces. No lo hago por pereza o relleno de facilidad literaria. G. Garcival *SAbc* 2.11.69, 31: La música instrumental es apenas un relleno. J. M. Juana *SMad* 19.10.70, 9: El público que acudió a Vista Alegre fue únicamente con el propósito de pasar una tarde divertida, gracias a un actor inmejorable, llamado artísticamente Platanito. Bernadó y Currito eran el relleno, el pretexto. A. SGómez *SYa* 24.5.75, 5: Hay exces[o] de telefilmes, muchos programas de relleno. **c)** Amasijo de pan rallado, huevo, especias y a veces carne picada, que se añade al cocido. | Escobar *Itinerarios* 17: Y, por fin, el relleno, de pan duro, rallado, y huevos bien movidos –con perejil y ajo. Savarin *SAbc* 15.11.70, 39: El cocido está muy bueno .. Echo de menos la pelota o relleno, formado por un amasijo de carne de cerdo picada, miga de pan, un huevo crudo y especias.

3 *(reg)* Embutido hecho gralm. con carnes picadas, huevos y especias. | A. LAndrada *Cór* 25.8.90, 10: El relleno es costumbre prepararlo [en Añora] cuando la feria del pueblo: se cocina a base de huevo cocido, carnes y jamón, perejil, y otros condimentos, todo ello embutido en una tripa. Cela *Abc* 21.3.82, sn: Los huesquerinos .. se ponen morados del prócer embutido que llaman relleno.

reloj *(pronunc corriente, /*reló/; *tb, raro, con la grafía* **reló**; *pl normal,* RELOJES) **I** *m* **1** Aparato para medir y marcar las horas. *A veces con un adj o compl especificador.* | Arce *Testamento* 15: Miré el reloj. Gala *Suerte* 649: Por si lo que querías era enseñarme el reló. GPavón *Hermanas* 26: El reloj de pulsera era la única cosa que le daba una apariencia moderna. **b)** Mecanismo hipotético responsable de la periodicidad de los procesos vitales o evolutivos. *Con un adj especificador:* BIOLÓGICO, GENÉTICO, *etc.* | J. L. Serna *SYa* 12.8.90, 4: El *jet-lag* es un conjunto de síntomas que ocurren en los viajeros que cambian de [h]usos horarios de una forma muy brusca .. Es la consecuencia de la desadaptación del reloj biológico al nuevo horario. *Ya* 19.9.90, 37: La vida obedece a un reloj genético. A. Lucio *Ya* 19.9.90, 37: El profesor Francisco Ayala –que impartió la conferencia inaugural sobre *El reloj molecular de la evolución*– es un especialista en los factores ecológicos determinantes de la diversidad biológica y de la evolución.

2 *(reg)* Pez marino de pequeño tamaño, cuerpo comprimido, cabeza y boca grandes, color rosáceo en el dorso y aletas rojizas (*Hoplostethus mediterraneus*). | *Voz* 11.11.70, 3: En cajas de 40 kilos, la actividad fue la siguiente: 88 de abadejo, de 80 a 650 [pesetas]; 90 de agracín, de 700 a 800; .. 2 de relojes, a 200.

II *loc adj* **3 contra ~** *(tb, raro,* **contra el ~**). *(Cicl)* [Etapa o carrera] que se realiza saliendo los corredores, o a veces los equipos, de uno en uno a intervalos regulares. *Tb adv. Tb fig.* (→ CONTRARRELOJ.) | *Abc* 6.7.75, 81: Merckx continúa remachando el clavo: ganó el segundo sector, contra reloj, de la novena etapa del Tour. *Ya* 2.7.90, 1: Clasificación de la segunda etapa contra-reloj por equipos. 1. Panasonic: 53,24; 2. PDM: a 0,7; 3. Once: a 22. *VozC* 29.6.69, 3: Se disputan dos sectores, uno en línea de 170 kilómetros y otro contra el reloj. T. Huertas *Inf* 16.4.70, 3: Esta situación se ve complicada por el hecho de que los negociadores en Viena han de efectuar una carrera contra el reloj .. y contra sus propios Gobiernos. **b)** [Cosa] muy rápida o que ha de hacerse en un plazo de tiempo muy corto. *Tb adv.* | E. Corral *Abc* 6.12.70, 72: ¿Puede prosperar en medio del mundo de la prisa .. y la lucha contra reloj la quietud suave del romanticismo? *Ale* 8.8.81, 15: La operación fue muy complicada .., con la paciente sangrante y a un ritmo quirúrgico contra-reloj.

III *loc v* **4 parársele el ~** (a una pers.]. Quedarse [esa pers.] atrás o no evolucionar al ritmo debido. | Delibes *Parábola* 45: Si te asustan las novatadas de Amando García .. no es porque sean bromas pesadas, sino porque a ti, hijo, se te ha parado el reloj, como suele decirse, no has evolucionado.

IV *loc adv* **5 como un ~**. Con absoluta regularidad. *Con vs como* FUNCIONAR, IR *o* REGIR. | Cela *Pirineo* 273: El viajero, que .. rige como un reloj, no tuvo precisión de pasar a la banda contraria. **b)** En perfecto estado de funcionamiento. *Con vs como* ESTAR *o* QUEDAR. | * –¿Qué tal estás? –Como un reloj. * Con un baño así te queda el cuerpo como un reloj.

relojería **I** *f* **1** Tienda o taller del relojero [2]. | *Abc* 3.12.57, 2: Relojería Usder. Esquina Fuencarral.

2 Arte u oficio de hacer o arreglar relojes [1a]. | FQuintana-Velarde *Política* 23: En el grabado superior vemos el antiguo sistema de trabajo artesano en el taller de relojería y joyería donde trabajó San Eloy.

3 Industria o comercio de relojes [1a]. | *GTelefónica* N. 927: Unión Relojera Suiza. Sociedad Española de Relojería, S.A.

4 Conjunto de relojes [1a]. | *GTelefónica* N. 927: Toda la gama de relojería industrial.

II *loc adj* **5 de ~**. [Artefacto o mecanismo] que funciona con un reloj o con un sistema similar al del reloj [1a]. | *Mun* 23.5.70, 12: El domingo nueve de mayo hubo cuatro intentos de sabotaje, con bombas incendiarias de relojería.

relojero -ra **I** *adj* **1** De(l) reloj [1a]. | *Gac* 11.5.69, 38: El Unisonic ya no está en relación con el pasado relojero, sino con el futuro de la electrónica. Carnicer *Cabrera* 69: Eran .. unos pantalones, con su bragueta, sus bolsillos –los grandes y el relojero– y toda la virguería de trabillas, vueltas, hebillas y botones.

II *m y f* **2** Pers. que fabrica, arregla o vende relojes [1a]. | FQuintana-Velarde *Política* 23: Vemos el antiguo sistema de trabajo artesano en el taller de relojería y joyería donde trabajó San Eloy, hoy Patrono de relojeros y joyeros.

reluciente *adj* Que reluce [1]. | Olmo *Golfos* 167: El chico de la zapatería .., ya arreglados y relucientes, traía los zapatos.

relucir *(conjug* **51**) **A** *intr* **1** Brillar o resplandecer. *Tb (raro) fig.* | *Ya* 3.3.63, sn: Su hornillo o cocina relucirán con Vim. Carandell *Madrid* 140: A partir de ese momento está dispuesto a todo para que reluzca en su demarcación el orden más perfecto.

2 Ser tema incidental de conversación. *En la constr* SACAR, *o* SALIR, A ~. | S. LTorre *Abc* 15.10.70, 27: Aprovechan la menor ocasión para sacar a relucir los eternos "slogans" de su propaganda habitual. CPuche *Paralelo* 368: En el mostrador de Ramón solían salir a relucir todos los cuentos, todas las habladurías y hasta las consignas del partido.

B *tr* **3** *(reg)* Sacar brillo [a un objeto de metal *(cd)*]. | Moreno *Galería* 153: Estropajos, agua, jabón y arena para relucirlos [los cacharros de cobre].

reluctancia *f* **1** *(lit)* Resistencia u oposición. | DPlaja *El español* 91: Muchos extranjeros se extrañan de la reluctancia del español a invitar al forastero a su casa, mientras está dispuesto a llevarle a los mejores espectáculos.

2 *(Fís)* Resistencia magnética. | Catalá *Física* 534: A los efectos del flujo magnético, tiene la misma reluctancia (o resistencia magnética) un espesor de 1 mm. de aire que una longitud de 20 cm. de hierro.

reluctante *adj (lit)* Reacio u opuesto. | JLozano *Inf* 12.9.77, 17: Esta novela policíaca nos hace, en último término, la tremenda afirmación kierkegaardiana de que siempre somos los contemporáneos de Cristo y los responsables de su muerte. Incluso si vivimos en Arbol Seco City, perfectamente secular y reluctante a toda clase de misterios.

relumbrante *adj* Que relumbra. | G. MVivaldi *Ya* 4.7.75, 8: ¿Ha perdido puntos la figura del intelectual a [sic] beneficio de otras profesiones o situaciones vitales más relumbrantes o remuneradoras?

relumbrar *intr* Resplandecer o brillar. | Arce *Testamento* 84: El pedregal relumbraba como la cal viva y hasta parecía echar humo.

relumbre *m* Brillo o resplandor. *Tb fig.* | CBonald *Ágata* 46: Se reincorporó a la inestable memoria de Manuela el enigmático relumbre de los vasos. Torrente *Sombras* 279: Zeus solía considerarlo como su gineceo privado en épocas en que otras aventuras de más singularidad y relumbre no se ponían a tiro.

relumbro *m (raro)* Relumbre. | PAvelló *Hucha* 2, 62: El chiquillo quedóse inmóvil, con ojos de relumbro creciente.

relumbrón I *m* **1** Relumbre. *Tb fig. Frec con intención desp.* | P. Manglano *Reg* 31.12.74, 5: ¿No será .. que el Señor ha permitido restricciones para evitar que .. los relumbrones cegadores de las innumerables luces de artificio no [*sic*] mengüen o atenúen y hasta eclipsen la luz del Portalito? MCachero *AGBlanco* 145: Escritores que iniciaban su carrera literaria y a los que la vida por venir reservaría olvido absoluto .. o éxito y relumbrón por otros caminos que los de la novela.
II *loc adj* **2 de ~.** Muy brillante en apariencia, pero sin verdadero valor. *Gralm con intención desp.* | *Sp* 19.7.70, 53: La labor parisina de Karajan se había limitado a unos cuantos conciertos de relumbrón.

rem *m* (*Fís*) Unidad de cantidad de radiación equivalente a la dosis de radiación que produce en el organismo humano los mismos efectos biológicos que un rad de rayos X. | *País* 31.3.79, 3: Como las diferentes formas de radiación afectan de modo diverso al tejido vivo, otra unidad, el rem, se utiliza para la exposición humana, y representa un "roentgen equivalente hombre".

rema *f* Acción de remar. | R. Yzquierdo *Cór* 21.8.90, 2: De todo esto sabe mucho Albino del Russi .., que, después de largos años de rema con su góndola por los diferentes canales, le llegó la [h]ora del descanso.

remachado *m* Acción de remachar. | GTelefónica N. 106: Comercial Boiz, S.A. .. Pegado y remachado de zapatas.

remachador -ra *adj* Que remacha [1 y 2]. *Frec n f, referido a máquina.* | Torrente *Señor* 80: La sirena del astillero había hecho callar el estruendo de las remachadoras.

remachar *tr* **1** Golpear la punta [de un clavo o remache [1] (*cd*) ya introducido] para doblarlo o ensancharlo y evitar que pueda salirse. | GTelefónica N. 193: Alberto Bassat, S.A. Fábrica de broches presión de todas clases .., tenazas para remachar los broches presión. **b) ~ el clavo →** CLAVO.
2 Unir mediante remaches [1]. | MHidalgo *Van* 26.1.77, 30: Se ofrecía un brillante porvenir a las planchas remachadas.
3 Decir [algo] con énfasis o insistencia para que quede bien claro. *Frec abs.* | Torrente *Sombras* 237: Como si remachase la conclusión de un teorema no entendido e insistentemente discutido, agregó. LRubio *Noche* 71: Ya estaba bien, Villanueva. No remache.
4 (*Dep*) Rematar (hacer las últimas operaciones [en algo (*cd*)] de modo que quede perfecto). | Javal *As* 7.12.70, 12: El balón, tocado por un defensa andaluz, ha llegado a Costa, quien, a cinco metros de la puerta, pese a ser zancadilleado, ha remachado el tanto. *Abc* 15.7.75, 71: El francés Bernard Thevenet ha remachado su victoria de ayer en los Alpes, al vencer en la decimosexta etapa.

remache *m* **1** Clavija que, una vez introducida en un taladro, se golpea para formar una segunda cabeza que impida su salida. | Angulo *Arte* 1, 51: En cuanto al trabajo del metal, empléase al principio la lámina de cobre, unida con remaches.
2 Acción de remachar. | Delibes *Madera* 335: El remache de los roblones martilleaba día y noche en el astillero, como un tambor automático. *SCCa* 23.5.71, 6: "Yo he hecho un cine comercial sin ambiciones." Cara escéptic[a] por mi parte y remache verbal por la suya.

remachón -na *adj* [Pers.] que remacha [3]. | PLozano *Sa* 30.5.74, 17: Perdón si uno es remachón, pero el caso es que uno lee que también van a subir los seguros del automóvil. **b)** Propio de la pers. remachona. | Lera *Boda* 565: Luciano había escuchado la remachona exposición de José con una mal disimulada impaciencia.

remador -ra *m y f* Pers. que rema. | García *Abc* 16.7.75, sn: La marinería española .. proclama a la Virgen del Carmen remadora y marinera por excelencia, "Capitana de los mares".

remake (*ing; pronunc corriente,* /ˈreméik/; *pl normal,* ~s) *m* Versión nueva de una película antigua. | J. M. Caparrós *Mun* 23.5.70, 56: Los "remake" siempre son peligrosos .. No debe extrañarnos, pues, que la reciente cinta de Herbert Ross "Goodbye, Mr. Chips" (1969) resulte un filme menor al lado de la pieza de Sam Wood .. que data de 1939.

remallador -ra *adj* Que remalla. *Frec n f, referido a mujer o a máquina.* | *Ya* 28.10.70, 11: Ofrécese trabajo. Maestra taller con experiencia máquinas industriales. Oficialas remalladoras. *Ya* 3.8.82, 42: Fábrica de confección de blusas de señora necesita maquinistas y remalladoras. *NAl* 26.5.89, 27: Se vende remalladora.

remallar *tr* Reforzar las mallas [de un tejido o prenda de punto (*cd*)]. | *Ya* 5.12.73, 19: Cálidos y prácticos calcetines sport de Orlón .. En canalé, talón y puntera remallados.

remallosa *adj* [Máquina] remalladora. *Tb n f.* | *Ya* 9.6.68, 40: Vendo máquina ojales, máquina remallosa y máquina botones.

remamada *adj* (*reg*) [Mujer] que está amamantando y queda extenuada por mamar demasiado la criatura. | Cela *Judíos* 28: Una mujer remamada cruza, en busca de la collera, levantando una nube de polvo con los pies.

remanecer (*conjug* **11**) *intr* (*reg*) **1** Volver a aparecer. | ZVicente *Mesa* 211: Empeñándose en ahorrar otro poquito para cuando vuelvan a remanecer las vacaciones.
2 Despertar. | SFerlosio *Jarama* 61: –¡Daniel! ¡Danielito! .. ¡Despierta, chico, que llegas tarde, que ya han abierto la zapatería! .– Entreabría los ojos, encandilado por la luz .. –¡Remanece, muchacho!

remanente I *adj* **1** (*lit*) Que queda o resta. | Benet *Nunca* 128: Un algo remanente que a duras penas podía llamarse orgullo le había impedido colocar un cartel de venta.
II *m* **2** Resto o residuo. | Lera *Clarines* 464: Mira tú si es verdad lo que me han dicho [de la cosecha de vino] ..; ya podéis andar bien listos los que tengáis algún remanente. *Sp* 21.6.70, 42: Un incremento de 98 millones que, unidos a los remanentes de años anteriores .., ofrece un saldo de 184.315.000 pesetas.

remangado -da *adj* **1** *part →* REMANGAR.
2 (*col*) Levantado o vuelto hacia arriba. *Frec referido a nariz.* | * Es pecosa y algo chata, con la nariz remangada.

remangar A *tr* **1** Recoger hacia arriba las mangas [de una prenda (*cd*)]. *Frec con compl de interés.* | FerresLSalinas *Hurdes* 119: Llevan remangadas las camisas, las boinas caladas y en sus caras un aire de fiesta. **b)** Recoger hacia arriba [una prenda de vestir o una parte de ella]. *Frec con compl de interés.* | SSolís *Camino* 279: Subió la escalera casi corriendo .., remangando el hábito para no pisarlo.
2 Descubrir [el brazo] recogiendo hacia arriba la manga que lo cubre. *Tb abs. Frec con compl de interés.* | MSantos *Tiempo* 111: Una mujer de brazos remangados. CPuche *Paralelo* 69: El tiorro americano que se había remangado cogió la chaqueta y se fue.
B *intr pr* **3** Disponerse con energía a emprender una acción. | * Éste es de los que se remangan en seguida; pensado y hecho.

remango *m* (*col*) Disposición para desenvolverse con habilidad y prontitud. *Frec en la constr* DE ~. | MSantos *Tiempo* 226: Ellas, algunas, ya gordas fondonas, de remango y aire concupiscente, enarbolaban sobre sus hombros mantones de manila. MGaite *Nubosidad* 286: Se intensificó la alianza de Eduardo con su hermana .., cuyas capacidades de organización y convivencia doméstica no se cansa de ensalzar: el remango de Desi, el punto que logra dar a los guisos, .. su altruismo.

remangoso -sa *adj* (*reg*) Que tiene mucho remango. | Cancio *Bronces* 27: La Sula, su hija, una sardinera alta, fina y remangosa como balandro en pleno regateo.

remanguillé. a la ~. *loc adv* (*col*) De manera descuidada o inadecuada. *Tb adj.* | Á. FSantos *SPaís* 23.11.90, 3: ¿Quién, si la vio, no recuerda la *sacada* (en jerga *cheli* de entonces "a la remanguillé") con que Joel McCrea da pasaporte al otro barrio a Anthony Quinn en *Unión Pacífico*?

remansado -da *adj* **1** *part →* REMANSAR.
2 (*lit*) [Cosa] sosegada o tranquila. | Fraile *Cuentos* 91: Era una hora remansada, limpia, en que el sol empezaba a colarse en los ojos de algún niño, inquietándole.

remansador -ra *adj* (*lit*) Que remansa [1]. | J. MNicolás *SYa* 13.7.75, 9: Aquí no se conoce el sosiego remansador del descanso. La tierra acecha y la azada debe estar presta para buscar el agua, para aflorarla y canalizarla.

remansar A *tr* **1** (*lit*) Hacer que [algo (*cd*)] se remanse [2 y 3]. | Lapesa *HLengua* 207: La marcha pausada del período nos lleva .. a remansar el pensamiento. MGaite *Cuento* 361: Todos [los juegos infantiles] detenían y remansaban el tiempo.
B *intr pr* **2** Detenerse o hacerse muy lenta [una corriente de agua]. | Hoyo *Caza* 35: El Chorrillo .. es un arroyo pequeño .. De cuando en cuando se remansa, y a esos remansos suben a lavar algunas mujeres.
3 (*lit*) Detenerse o aquietarse [algo]. | CPuche *Ya* 17.11.63, sn: Todo el rápido proceso de fabricación electrónica a que venimos asistiendo se remansa al llegar a esta sala de clasificación. Sampedro *Sonrisa* 256: Su cavilación se remansa en esas últimas palabras.
   remanso *m* **1** Lugar donde el agua se remansa [2]. | Arce *Testamento* 83: Ella se estaba bañando ayer en el remanso cercano a los cañaverales.
2 Lugar donde [algo (*compl especificador*)] se remansa [3]. | Escrivá *Conversaciones* 150: Solo así la Universidad será hogar de paz, remanso de serena y noble inquietud.
   remar *intr* **1** Mover el remo para impulsar una embarcación. | Aragón *Sáb* 10.9.66, 36: El mar le había alejado de la costa, y al intentar acercarse a ella remando se le rompió uno de los remos.
2 Bogar (nadar con aletas). | Artero *Hombre* 93: La aleta es propia de animales acuáticos que la utilizan para bogar o remar.
   remarcable *adj* Notable o digno de mención. | C. Reixa *Ya* 1.2.90, 57: El hecho de que el niño haya superado las tres primeras semanas de su vida es un hecho remarcable en la historia de la medicina.
   remarcar *tr* Subrayar o poner de relieve [algo]. | E. Barrenechea *Inf* 20.4.74, 8: La sublevación de Caldas, así como las ideas expuestas por el general Spínola, son fruto —y es preciso remarcarlo— del pensamiento político de la derecha. Lera *Bochorno* 256: La casa estaba sumida en ese silencio adusto y desdeñoso de las mansiones señoriales, que es como dar la espalda al bullicio de la plebe y remarcar así una diferencia esencial.
   rematadamente *adv* Total o completamente. *Precediendo a un adj desp, esp* LOCO *o* TONTO. | *Gac* 11.5.69, 11: Podría parecer que los astrólogos británicos estaban ligeramente despistados, por no decir rematadamente locos.
   rematado[1] **-da** *adj* **1** *part* → REMATAR.
2 Total o completo. *Siguiendo a un adj desp, esp* LOCO *o* TONTO. | * Es tonto rematado. **b)** Loco de remate. | * Está rematado, no digas; mochales perdido. **c)** Muy malo. | * Este café está rematado, no hay quien se lo tome.
   rematado[2] *m* Acción de rematar. | Á. L. Calle *SInf* 9.12.70, 9: Se realizan las últimas operaciones: rematado, forrado, para evitar que se vean las uniones de los hilos.
   rematador -ra *adj* Que remata, esp [2]. *Tb n: m y f, referido a pers; f, referido a máquina*. | Je. Jiménez *SHie* 19.9.70, 10: Victoria local, clara y contundente, si los delanteros gualdinegros se esfuerzan en conseguirla y acreditan su condición de gente rematadora. Fielpeña *Ya* 15.4.64, 27: Los italianos no consiguieron marcar un solo gol .. y defraudaron como rematadores Mazzola y Rivera. *DBu* 19.9.70, 12: Necesito rematador. Razón: Sastrería Forturbel. *Abc* 30.12.65, sn: Máquinas tricotosas sistema italiano. Especiales para menguados. Rematadoras de una y más agujas.
   rematante *m y f* Pers. a quien se adjudica un objeto en una subasta. | *Compil. Cataluña* 749: Los bienes fideicomitidos que se enajenen en ejecución forzosa por deudas del fideicomitente o de las que responda el fideicomiso, los adquirirá el rematante o adjudicatario libres del gravamen fideicomisario.
   rematar A *tr* **1** Terminar de matar [a una pers. o animal heridos de muerte]. *Tb fig.* | Moreno *Galería* 220: Le soltó un garrotazo [el pastor a la zorra] ..; recogió de nuevo el cayado y con él le arreó otro par de estacazos en la cabeza y acabó rematándola. * Esta ley ha venido a rematar nuestro negocio.
2 Acabar o terminar [algo]. *Tb abs. A veces con un compl adv de modo, gralm introducido por* EN. | Lera *Bochorno* 53: Ese mismo año empezó a construir por su cuenta una casa .. Para rematarla, tuvo que vencer serios contratiempos económicos. **b)** Hacer las últimas operaciones [en algo (*cd*)] de modo que quede perfecto. | Cela *Judíos* 133: Con el arte del diablo, por un lado, y con su tardanza en rematar la obra, por el otro, Segovia se encontró con agua y la muchacha, por tablas, pudo salvar el alma. *Abc* 31.8.75, sn: Para ayudar a su madre a sacar adelante a la numerosa familia, va a rematar prendas durante seis horas diarias, sacando un sueldo de 150 pesetas diarias. **c)** (*Dep*) Lanzar [la pelota] contra la meta contraria, poniendo fin a una serie de jugadas. *Frec abs.* | *SInf* 23.3.70, 1: Rodri .. se lanza espectacularmente a despejar de puño un balón que trataba de rematar Chapela II. **d)** Sujetar [una costura] de modo que no se deshaga. | * ¿Cómo se remata un pespunte? **e)** Ser remate [2] [de algo (*cd*)]. | Tejedor *Arte* 28: La Puerta de los Leones .., puerta así designada y conocida en atención al bajorrelieve que la remata.
3 Poner fin a la subasta [de algo (*cd*) con determinada oferta (*compl* EN)]. | CPuche *SYa* 10.11.63, 15: Si no hay quien mejore la oferta las remataremos [las tazas] en veinticinco pesetas.
B *intr* **4** Terminar (tener final físico o temporal [de una determinada manera]). *Tb sin compl.* | Canilleros *Cáceres* 24: Único es también el grandioso puente de Alcántara .., que remata con arco de triunfo y tiene un templo en la entrada. Berlanga *Recuentos* 29: Entre dos luces don Dimas puso el pasodoble y al rematar apagó el picú. *Rue* 22.12.70, 12: El toro bravo .. debe .. continuar su embestida hasta rematar en tablas. **b)** Terminar o acabar. *Tb pr.* | Delibes *Castilla* 145: Si a un pino de resina se le hacen cuatro caras, o como aquí le decimos, entalladuras, en cinco años ese pino remata, hay que quitarle y dejar que crezcan los nuevos que están con él. Berlanga *Recuentos* 27: Con la excusa, a media misa, de que el vino se había rematado, se plantó en el curato en un voleo.
   remate I *m* **1** Acción de rematar. *Tb su efecto.* | GPavón *Hermanas* 20: Fue un lunes .., pocos días después del remate de vendimia. M. GAróstegui *SAbc* 20.10.68, 30: Un Zarra presto siempre al remate, pugnando con las defensas en la boca del gol.
2 Final o terminación. | Savarín *SAbc* 1.2.70, 22: El "biscuit" fue un remate digno de tan buena comida. **b)** (*Arquit*) Motivo ornamental que corona la parte superior de una construcción. | Tejedor *Arte* 121: Profusa decoración de calados en rosetones y agujas de torres o con remates de ventanas en forma de llama.
3 Puja que obtiene la adjudicación de algo subastado. | * El remate fue muy alto, creo que varios millones.
4 Subasta. | HSBarba *HEspaña* 4, 299: Tuvieron [los cabildos] un importante papel en el régimen de tierras, especialmente en el XVIII, a través de dos prácticas, que fueron las composiciones colectivas y el acudir a los remates como persona jurídica.
   II *loc v* **5 dar ~** [a algo]. Rematar[lo] [2a y b]. | Palacios *Juicio* 143: Dos meses antes de su muerte, .. Juan de Santo Tomás daba remate a la corrección de su tratado sobre los dones del Espíritu Santo.
   III *loc adv* **6 al ~**. (*col*) A fin de cuentas. | GPavón *Hermanas* 15: Al remate, igualico, Plinio. Te digo que igualico. Todo conduce al olvido total bajo el terrón de la sepultura.
7 de ~. Rematadamente. *Siguiendo a un adj desp, esp* LOCO *o* TONTO. | Matute *Memoria* 101: Sí, don Jorge estaba loco, loco de remate.
8 para ~. Para colmo. | DPlaja *El español* 109: El director del periódico, Álvaro de Laiglesia, recibió docenas de cartas indignadas de esta ciudad [Murcia] y para remate un telegrama que decía: "Si eres hombre, ven a Murcia".
   rembolsable, rembolsar, rembolso → REEMBOLSABLE, REEMBOLSAR, REEMBOLSO.
   remecer *tr* (*lit*) Mover reiteradamente [algo] con movimiento de vaivén. | Delibes *Madera* 354: Dos explosiones consecutivas, secas, ensordecedoras, remecieron al navío. **b)** *pr* Moverse reiteradamente [algo] con movimiento de vaivén. | SFerlosio *País* 13.12.87, 11: Las muelas, que, aunque remeciéndosele ya las más en los alveolos, con todo, conservaba, le permitían roer el pan.
   remedador -ra *adj* Que remeda. *Tb n, referido a pers.* | Acquaroni *Abc* 2.12.70, 3: Este mundo .., aprisionante y gregario como una jaula de simios remedadores.

remedar *tr* Imitar. *Gralm implica que se hace de manera torpe o por burla.* | Medio *Bibiana* 32: –Yo quiero un pastel.– Bibiana remeda al chico: –¡Yo quiero un pastel, yo quiero un pastel!... Y yo quiero que me dejes tranquila. Lapesa *HLengua* 180: Se pretende .. remedar el hipérbaton, dislocando violentamente el adjetivo del sustantivo.

remediable *adj* Que se puede remediar. | *Cua* 6/7.68, 6: El País Vasconavarro .. sigue con su pesar y su insatisfacción a cuestas, contra los reconocidos males de la centralización, solo remediables a través de una política vigorosa.

remediador -ra *adj* Que remedia. *Tb n, referido a pers.* | CPuche *Paralelo* 403: A las once en punto Genaro estuvo como un clavo en el despacho de las apuestas mutuas .. Como a un templo remediador entraban los supersticiosos de [la] suerte. Cela *Pirineo* 315: La Virgen de los Remedios, en su ermita, oficia de piadosa remediadora de fábulas imposibles.

remediar (*conjug* **1a**) **A** *tr* **1** Hacer que [un mal o daño (cd)] deje de existir o pierda intensidad. | J. Carabias *Ya* 9.12.73, 8: La labor divulgadora, orientadora y señaladora de abusos no basta para remediar el mal. J. Ximeno *Inf* 14.11.74, 23: Esto es príapo de ciervo, que se recetaba para remediar la impotencia.
2 Evitar que se produzca [algo (cd)] que se considera un mal en sí o posible causa de mal]. | Laforet *Mujer* 195: "No es pecado esta alegría, no es pecado", se dijo. "No la puedo remediar."
3 Ayudar o socorrer [a alguien que se encuentra en una necesidad]. | * Cuando he recurrido a él me ha remediado siempre.
B *intr pr* **4** Salir [alguien] de un apuro o necesidad. | Buero *Fundación* 146: Propuse la treta de hacer pasar por enfermo al muerto por .. remediarnos algo con su comida.

remediavagos *m* (*col, desp*) Resumen o guía destinados a reducir al mínimo el esfuerzo necesario para el estudio, eludiendo toda profundización. | * El manualito no es más que un remediavagos.

remedio I *m* **1** Cosa que hace que un mal deje de existir o pierda intensidad. | Chamorro *Sin raíces* 150: Si la enfermedad era fiebres tercianas o cuartanas, el remedio era en ayunas agua de altramuces crudos machacados.
2 Acción de remediar. | Laín *Universidad* 100: Para el total y definitivo remedio de esa situación serían necesarias dos importantes operaciones.
3 Cosa que puede hacerse en determinadas circunstancias. *En las constrs* NO HABER, NO TENER, *o* NO QUEDAR MÁS (*u* OTRO) *~. Seguido de una prop con* QUE, *que frec se omite por consabida.* | Béj 21.8.70, 9: No tenía más remedio que corresponder a las muestras de agradecimiento de los bejaranos.
II *loc adj* **4 sin ~.** Inevitable. *Tb adv.* | GPavón *Hermanas* 14: Lo primero que descubrió con su inteligencia no fue la rueda, la llama o el vestido, sino su fin sin remedio.
III *loc v y fórm or* **5 no tener ~** [una pers.]. (*col*) Ser incorregible. | GPavón *Hermanas* 24: –De eso tú le das sopas con [h]onda a toda la policía de España. –No tiene usted remedio.
6 poner ~ [a algo]. Remediar[lo] [1]. *Tb sin compl.* | * Hay que poner remedio a tantos abusos. *VozAl* 9.4.82, 11: Todo niño que no alcanza un nivel normal en estos aprendizajes .. debe pasar por un psicólogo para que se le haga el estudio oportuno y poner remedio lo más pronto posible.
7 ser peor el ~ que la enfermedad. Fórmula con que se comenta lo negativo de una solución. | *Ya* 9.2.90, 49: Ya no podían rectificar porque "era peor el remedio que la enfermedad". MGaite *Nubosidad* 107: Está siendo peor el remedio que la enfermedad, porque no me gusta nada de lo que tengo escrito.
8 qué ~. (*col*) Fórmula con que se comenta la imposibilidad de hacer otra cosa. | * –¿Vienes? –¡Qué remedio!
IV *loc adv* **9 ni para un ~.** (*col*) En absoluto. *Con valor negativo.* | Halcón *Ir* 24: A partir de aquel feliz momento en Prisca no quedó un pobre ni para un remedio.

remedo *m* Imitación. *Gralm implica torpeza o burla.* | Anson *Abc* 3.12.70, 3: Convertir sus barrios nuevos y algunos de los antiguos en remedos o "pastiches" de las ciudades americanas, con avenidas rectilíneas.

remejer *tr* (*lit*) Remover (mover). *Tb fig. Tb abs.* | Lorenzo *SAbc* 22.9.74, 10: Un cucharón de palo remeje la orza. Torrente *Off-side* 287: Landrove se remeje, inquieto, en el asiento. Torrente *SInf* 17.10.74, 16: A vueltas con lo del surrealismo. Remejo recuerdos, y van saliendo. CBonald *Dos días* 137: El levante removía toda la viña, a ráfagas cálidas y violentas, remejiendo por los entreliños y cuarteando la lisura de la albariza.

remembranza *f* (*lit*) Recuerdo (acción de recordar y cosa recordada). | GPavón *Hermanas* 34: Cuando tenía "caso" se olvidaba de sus años y perezas, de su inclinación a la remembranza. *Mun* 23.5.70, 44: Ha dirigido al Consejo de la sociedad una misiva plena de remembranzas del largo periodo recorrido.

remembrar *tr* (*raro*) Recordar, o traer a la memoria. | MFVelasco *Peña* 136: Tranquilo, amigo, tranquilo. Hemos de volver a ser tan buenos amigos como siempre, pero tú debes esconder ese genio y tratar de remembrar.

rememoración *f* (*lit*) Acción de rememorar. *Tb su efecto.* | CBonald *Ágata* 113: Como si una mampara de esmeril se hubiese interpuesto entre el buen uso de la prosperidad y la acongojante rememoración de cuantas complicidades habían vivido juntos. Porcel *Mad* 2.3.70, 3: Las rememoraciones del discurso de don Marcelino son solo una ineficaz, aunque quizá grata, reminiscencia.

rememorador -ra *adj* (*lit*) Que rememora. | GGual *Novela* 222: Las recapitulaciones, abundantes en la trama, tienen probablemente una función rememoradora para el lector o el auditor.

rememorante *adj* (*lit*) Que rememora. | Gullón *Abc* 4.12.84, 3: Cuando muere, muy raramente el escritor sube directo al cielo; por lo general, tras las necrologías prefabricadas, algún artículo rememorante o tal ajuste de cuentas, el difunto es despachado a un purgatorio o sala de espera.

rememoranza *f* (*lit, raro*) Remembranza. | *SLín* 15.8.75, 8: Como símbolo del pasado está la "Fiesta del Mar", título que se da a las fiestas patronales en rememoranza de aquellos huertanos que en sus carros y tartanas se desplazaban a este pedazo de costa y plantando sus "barracas" decían que venían a su "fiesta".

rememorar *tr* (*lit*) Recordar, o traer a la memoria. | VParga *Santiago* 13: Encuentra en pie la antigua capilla, .. y borrosos los relieves y pinturas que rememoraban en ella a los héroes de la gesta carolingia.

rememorativo -va *adj* (*lit*) Que rememora o sirve para rememorar. | J. L. Calleja *Abc* 21.5.67, 3: La curiosidad y un afán rememorativo nos dieron la paciencia necesaria.

remendado *m* Acción de remendar. *Tb su efecto.* | Campmany *Abc* 4.5.89, 29: Hasta la puerta del "siete", nombre para un remendado, el citado Ruiz-Mateos arriba con su abogado.

remendador -ra *adj* Que remienda. *Tb n, referido a pers.* | Lamelas *Hucha* 2, 25: Conocí a los cinco hermanos de Jonás, pescadores de bajura, y a la única hermana, poco mayor que nosotros, remendadora de redes por las tardes.

remendar (*conjug* **6**) *tr* Poner remiendos [a algo (cd)]. | Laforet *Mujer* 166: Un chiquillo de ojos negros y trajecillo muy remendado le miraba fumar. Laforet *Mujer* 70: Una bicicleta .. como remendada con alambres se apoyaba contra la pared.

remendería *f* (*Impr*) Conjunto de labores de poca importancia, esp. de impresos comerciales o de fantasía. | *Van* 20.12.70, 77: Imprentas, daría trabajo todo el año de remendería y confección revistas mensuales sobrantes.

remendón *adj* [Zapatero] que arregla zapatos usados. *Tb n m.* | *Act* 7.7.66, 56: Dependen de los mil y un talleres que son la pervivencia del cuchitril del zapatero remendón. Alós *Hogueras* 75: Los zapatos que arreglaba su marido se quedaron abandonados .. Cuando su marido salió de la cárcel, Raimunda ya tenía una casa pequeña .. Se forjó ilusiones. Su marido, de remendón como en el pueblo.

remenear *tr* (*raro*) Mover o menear de manera intensa o reiterada. | GPavón *Cuentos rep.* 50: Comía remeneando tanto las quijadas y dando tales lengüetazos que yo solté la carcajada.

remensa. de ~. *loc adj* (*hist*) *Durante la Edad Media, en Cataluña:* [Payés] adscrito a la tierra que cultiva, de la que solo puede salir mediante el pago de una cantidad a su señor como redención. | Fernández-Llorens *Occidente* 136: Provoca también levantamientos de las masas campesinas, como el de los payeses de remensa en Cataluña.

remero -ra I *adj* **1** (*Zool*) [Pluma] grande del ala de las aves. *Tb n f.* | Bustinza-Mascaró *Ciencias* 190: Las plumas grandes de las aves se denominan remeras; las grandes de la cola, timoneras. CBonald *Ágata* 59: El águila seguía en el mismo sitio en que la dejó, las negras remeras entoldando el depósito de desperdicios.
II *m y f* **2** Pers. que rema [1]. | CNavarro *Perros* 19: Las estrellas se mecían blandamente sobre las aguas como diminutas barcas encaladas, sin mástiles y sin remeros.

remesa *f* Conjunto de perss. o cosas que llegan o se envían de una vez. | LMuñoz *Tri* 26.12.70, 9: Ni el impacto de las inversiones extranjeras, .. ni las remesas de emigrantes, tendrán un impacto tan decisivo como en años precedentes.

remesar *tr* (*raro*) Remitir o enviar. | Cabezas *SAbc* 18.6.78, 9: Cuando en mayo de 1816 entraron de nuevo las fuerzas reales en Santa Fe, al mando del general don Pablo Morillo, este traía orden de remesar a España los materiales científicos de la Expedición Botánica.

remeter *tr* **1** Meter [algo en un sitio] empujándolo. | Berenguer *Mundo* 192: Bucheábamos los visos para remeter los pájaros a la casa del Fraile, donde los machacábamos.
2 Sujetar [algo, esp. una prenda] metiendo los bordes en el sitio adecuado. | *Economía* 43: Si tiene cubrecamas, se remete la colcha todo alrededor. | Payno *Curso* 19: Las mozas .. las echaban [las mazorcas] en el regazo de su delantal. Delantales a rayas, levantados, las puntas remetidas en la cintura.
3 Meter más adentro. | *VozC* 8.1.55, 3: En las fincas cuya alineación debe remeterse se prohíbe la elevación de pisos aun cuando lo permitiera el ancho actual de la calle. **b)** *pr* Meterse más adentro. | Pemán *Abc* 23.8.66, 3: La mandíbula, que teníamos prognática y saliente .., se remetió hacia adentro.

remiche *m* (*hist*) *En una galera:* Espacio comprendido entre banco y banco, destinado a los remeros. | MHidalgo *HyV* 10.71, 78: Entre los bancos [de los remeros de galera] había la estrecha plataforma denominada banqueta o remiche, sobre la que se ponían de pie los remeros.

remiendo *m* **1** Trozo de tela que se cose sobre una parte desgastada o rota. *Frec con los vs* ECHAR *o* PONER. | Mendoza *Ciudad* 179: Seguía llevando el traje de dril, .. deformado por zurcidos y remiendos innumerables.
2 Añadido que se pone a algo para arreglarlo o suplir una deficiencia. *Tb fig.* | T. Salinas *MHi* 12.70, 33: Conserva en la zona pinariega y serrana de Galve .. y Campisábalos un núcleo de iglesias románicas bastardeadas por remiendos y ampliaciones. Delibes *Cartas* 43: Me desayunaba un par de huevos con jamón, cereales y café con leche .. Con este remiendo, y sin emparedado por medio, podía tirar desahogadamente hasta las seis y media de la tarde.
3 Arreglo o reparación. | Alós *Hogueras* 193: Piensa que es necesario que haga reparar la barca, casi seguro que necesita algún remiendo.

rémige *adj* (*Zool*) [Pluma] remera. *Tb n f.* | Ybarra-Cabetas *Ciencias* 378: Rémiges son [en la paloma] las plumas de las alas y la cola, fuertes, y las barbillas unidas unas a otras por pequeños ganchos. Lama *Aves* 41: Su cola es negra, con las plumas laterales amarillas en una gran parte, como también las plumas de sus rémiges primarias.

remigio *m* (*Naipes*) Cierta variedad del rummy (juego). | *Naipes extanjeros* 99: Remigio o rabino. Este juego .. no es sino una de las muchas variantes del tan popularísimo juego internacional del Rummy.

remilgado -da *adj* **1** *part* → REMILGARSE.
2 [Pers.] afectadamente pulida y delicada. | Laforet *Mujer* 196: Estuvo a punto de tropezar con un joven algo remilgado que olía a fijador. **b)** Propio de la pers. remilgada. | Vega *Cocina* 82: Podía leerse, escrito en una remilgada caligrafía, un letrero que anunciaba: "Se dan clases de inglés y se varean colchones".

remilgarse *intr pr* Hacer remilgos. | Torrente *Off-side* 323: Cerca de los obreros, una pareja mixta de jóvenes burgueses .. hace experiencias de confraternización y proximidad, aunque con relativo resultado, ya que la chica se remilga cada vez que los de la construcción se llevan el cuchillo a la boca.

remilgo *m* Gesto o actitud que denotan delicadeza o escrúpulos exagerados. | Ortega *Americanos* 92: Allí estaría fuera de tono al andar con remilgos: "Que no fumo, que no bebo".

remilgoso -sa *adj* (*reg*) Remilgado [2]. | ZVicente *Traque* 197: ¡Bien que te gusta, no te me vistas ahora de remilgosa! SSolís *Jardín* 195: Los caballeros abrían paso, seguidos por las damas y damiselas, que se recogían, altivas y remilgosas, las faldas bordadas, drapeadas, lisas.

remilguero -ra *adj* (*reg*) Remilgado [2]. | Gala *Suerte* 619: ¡Ay, niña!, no me seas tan remilguera.

remilitarización *f* Acción de remilitarizar(se). | J. España *Ya* 1.4.77, 7: El mariscal soviético Bulganin denunció la remilitarización de Alemania.

remilitarizar *tr* Volver a dotar de fuerzas armadas [a un país (*cd*)]. *Frec el cd es refl.* | M. BTobío *MHi* 2.55, 12: Alemania no quiere remilitarizarse.

reminiscencia *f* **1** Recuerdo vago o impreciso. | Torrente *DJuan* 116: Las reminiscencias fugaces se referían a una situación muy anterior en el tiempo al paso de las mujeres por la casa de Don Juan.
2 Elemento literario o artístico que evoca [algo (*compl de posesión*)] o denota [su] influencia. | * En esta obra las reminiscencias árabes son innegables.

reminiscente *adj* Que recuerda o evoca [algo (*compl* DE)]. | Trías *Tri* 22.5.71, 72: ¿Es posible una crítica efectiva que no se afinque en ese "lugar vacío" al que apunta toda reflexión escatológica o toda reflexión reminiscente de una "Arcadia"? **b)** Que denota o implica reminiscencia. | Torrente *DJuan* 115: Insisto en que la naturaleza de aquella experiencia pertenecía al orden de lo reminiscente, y su material era el recuerdo. Ferrón *Abc* 8.3.58, 34: Apenas llega hasta el interior del país otra cosa que ciertas reminiscentes canciones y, eso sí, peces y mariscos.

remirado -da *adj* **1** *part* → REMIRAR.
2 (*desp*) Excesivamente mirado o cuidadoso. | Cierva *Triángulo* 166: Los fabricantes de Cataluña pusieron el grito en el cielo y enviaban a París cuantiosas sumas, con lo remirados que son para esto del dinero. Berlanga *Gaznápira* 47: Sigue tan remirado y ahorrador; cogiendo caracoles por los ribazos, en cuanto caen cuatro gotas, para solventar un guiso.

remirar *tr* (*col*) Mirar de nuevo poniendo especial atención. | ZVicente *Ya* 27.12.70, sn: La portera se levantaba, nos miraba y remiraba. **b)** Mirar de manera atenta y reiterada. | Berlanga *Gaznápira* 47: La Abuela también te recibió con ansia: te miraba, te palpaba para comprobar que .. tampoco estabas tan flacucha.

remisible *adj* Que se puede remitir. | HSBarba *HEspaña* 4, 391: El sobrante de estos gastos e ingresos era el líquido remisible, que .. fluctuaba entre 8 y 9 millones de pesos.

remisión I *f* **1** Acción de remitir(se). | *MHi* 3.61, 60: El procedimiento de remisión será el habitual de plica, o sea, que a los trabajos, que se remitirán sin firma y con un lema, ha de acompañar un sobre cerrado. Alfonso *España* 189: Pidieron la remisión de cuanto a esto rozase a la Comisión de Justicia. RMorales *Present. Santiago* VParga 4: El Jubileo .. en el Antiguo Testamento era la festividad civil para la remisión de las deudas. RPeña *Hospitales* 143: A partir del siglo XVI desaparecen totalmente las referencias al Hospital de San Lázaro. Deducimos que su vida terminó por entonces, coincidiendo con la remisión del mal en la comarca. J. P. Vera *Reg* 24.12.74, 29: Se tocó el tema de los toponímicos en el mapa mundi .. Discusión extensa e intensa, y re-

misión de los discutidores a mi trabajo publicado hace años "Toponimia Extremeña en el Mapa Mundi".
2 *En un escrito:* Indicación con que se remite [2] al lector a otro lugar. | *Ya* 1.12.74, 25: Se ha seguido el criterio de mantener la funcionalidad lógica y escalonada de los textos litúrgicos, evitar remisiones o vueltas atrás para encontrar el texto oportuno.
3 (*lit, raro*) Cualidad de remiso. | CBonald *Noche* 118: Una mano cerrada con la insegura remisión del que acaba de acariciar a una mujer.
II *loc adv* **4 sin ~.** Irremediablemente. *Tb adj.* | N. Dorado *Hora* 31.12.76, 15: La nieve es muy traicionera .. Así es que el caminante se pierde sin remisión.

remiso -sa *adj* Que muestra lentitud o indecisión al actuar. *Frec con un compl* A. | GPavón *Hermanas* 28: Tocó el claxon para avisar a los remisos .. Todos los viajeros ocuparon sus asientos. E. Martínez *Ade* 27.10.70, 11: Jugó un poco retraído, algo miedoso y remiso a lanzar sus hombres al ataque. Fabricio *AbcS* 1.4.75, 49: Estuvo [el toro] remiso y probón en las arrancadas a la muleta.

remisorio -ria *adj* Que sirve para remitir [4]. | Cunqueiro *Crónicas* 72: La mujer que tuviera lo había dejado por un cabo dragón, alegando que no le cumplía el débito conyugal... –Que en Lorena es causa remisoria –apuntó el escribano de Dorne.

remite *m* *En un sobre o en un paquete que se envía:* Indicación del nombre y de las señas de la pers. que lo remite [1]. | Payno *Curso* 249: Leyó de nuevo la carta. Se dejó caer en un sillón. Miró el remite. La dirección.

remitente *adj* **1** Que remite, *esp* [1]. *Tb n, referido a pers.* | Armenteras *Epistolario* 180: El memorándum (comunicación del tamaño de una cuartilla, que en la parte superior izquierda lleva impreso el nombre del comerciante o de la razón social remitente, y en la derecha, el nombre y señas del destinatario) ha venido a substituir al volante. Armenteras *Epistolario* 32: La recomendación .. de que, en el reverso del sobre que encierra la carta escrita, se haga constar el nombre y dirección del remitente.
2 (*Med*) [Fiebre] que presenta alternativas de aumento y disminución en su intensidad. | *Economía* 251: Según los tipos que la fiebre toma en su curvatura es: Continua .. Intermitente .. Remitente.

remitido -da **I** *adj* **1** *part* → REMITIR.
II *m* **2** Artículo o noticia que por encargo de un particular se inserta en un periódico mediante pago. | * En un remitido puntualizó los hechos.

remitir **A** *tr* **1** Enviar o hacer llegar [algo a una pers. o a un lugar distantes]. | *Bal* 6.8.70, 1: Más de cinco toneladas de ropa y alimentos ha remitido Mallorca a Perú. *SAbc* 8.3.70, 32: Remítanos hoy mismo el cupón de prueba gratuita.
2 Mandar [a una pers. (*cd*)] que se dirija [a otra o a otro lugar] para hallar lo que busca. | SRobles *Abc* 28.8.66, sn: Nos remite [el médico de cabecera] al cardiólogo, al reumatólogo. * En el diccionario, en el artículo "rembolsar" se remite a "reembolsar".
3 Ceder [a alguien un asunto] para que actúe o resuelva. | *Leg. contencioso-adm.* 40: Cuando se declare la incompetencia de la Sala con anterioridad a la sentencia, se remitirán las actuaciones a la que sea competente para que siga ante ella el curso de los autos.
4 Perdonar [una pena o una obligación]. | SLuis *Doctrina* 144: El Sacramento de la Penitencia .. Remite una parte de la pena debida por dichos pecados.
5 (*raro*) Aplazar o diferir. | L. Contreras *Mun* 23.5.70, 10: La ponencia remitió la referencia a los colegios mayores [en las Cortes] al "lugar y tiempo oportunos".
B *intr* ➤ **a** *normal* **6** Disminuir o perder intensidad [algo, esp. un síntoma o enfermedad]. | *Sáb* 10.9.66, 31: La enfermedad va remitiendo. GPavón *Reinado* 55: Supongo yo que a la hora de comer remitirá la parroquia.
➤ **b** *pr* **7** Tomar [algo (*compl* A)] como punto de referencia o de apoyo. | J. J. Plans *Ya* 24.5.70, sn: Su final es triste; lo siento. Pero me remito a los hechos.

remo **I** *m* **1** Pala larga y estrecha de madera, que sirve para mover una embarcación haciendo fuerza en el agua. | Cunqueiro *Un hombre* 13: El mirlo .. se puso a silbar una marcha solemne .. que marcaba los graves pasos o el golpe unísono de los remos.
2 Deporte de la navegación a remo [1]. | J. A. Filgueira *Hie* 19.9.70, 10: El honor del remo vizcaíno está en manos de Ciérvana.
3 Brazo o pata [de un cuadrúpedo]. | M. Rodríguez *Rue* 17.11.70, 14: En la plaza de Madrid .. los toros "patudos" .. son protestados, aun siendo más grandes que los toros denominados "zapatos", cortitos de remos, pero muy enmorrillados, y con el tercio posterior redondo. **b)** (*col, humoríst*) Brazo o pierna [de una pers.]. | GPavón *Reinado* 217: Muerte maldita que arruga las carnes, .. apaga los ojos, agarrota sus remos. **c)** Ala [de un ave]. | CBonald *Ágata* 107: Un inusitado pájaro nocturno, de plumaje carmesí y remos pensiles como andrajos .., les dio escolta a media altura.
II *loc v* **4 meter el ~.** (*col*) Meter la pata. | *Pro* 6.10.74, 30: El Ayuntamiento, en este caso, metió el remo.

remoción *f* Acción de remover(se). | Cela *Pirineo* 131: En el camino de Esterri trabajan los murcianos en la polvorienta y aparatosa remoción de tierras de una presa. Torrente *DJuan* 31: Él va a veces por la Embajada, pero nunca se presenta con su verdadero nombre .. Lo cambia cada diez o doce años, aprovechando cualquier remoción del personal. Rábade-Benavente *Filosofía* 94: Hay dos clases fundamentales de refuerzo: el positivo y el negativo. El primero actúa por presencia u obtención de un estímulo agradable. El segundo, por el contrario, actúa por remoción: cesación de un estímulo desagradable.

remodelación *f* Acción de remodelar. | J. Carvajal *Mad* 22.1.70, 3: La extensión y remodelación de las grandes ciudades es el camino menos imaginativo .. para afrontar los males que padecemos.

remodelado *m* Acción de remodelar. | M. Á. Calles *Crí* 7/8.73, 28: Son campos específicos de la cirugía plástica: A) Las deformidades congénitas .. B) Los defectos adquiridos por accidentes, quemaduras, desgarrones de la piel, una nariz mutilada o una mejilla hendida, que requieren un remodelado con injertos. P. Urbano *Abc* 29.6.85, 21: Dejo el quién sale y quién entra, y voy al fondo de la cuestión, a la plataforma donde aparecen las claves del remodelado gubernamental.

remodelador -ra *adj* Que remodela. | G. Estal *Ya* 20.4.75, 7: Todo se reduce a un proceso remodelador de las Cortes.

remodelaje *m* (*raro*) Remodelado. | *SYa* 28.9.75, 18: Tratamiento especial senos (tonificación, remodelaje).

remodelar *tr* Dar nueva forma o estructura [a algo (*cd*)]. | J. Carvajal *Mad* 8.1.70, 3: Necesidad de remodelar nuestras ciudades para acomodarlas .. a las exigencias de la vida contemporánea. R. LIzquierdo *HLM* 26.10.70, 24: Dediquemos un recuerdo a Trainco, titular de los microbuses de Madrid, dispuesto siempre a remodelar sus itinerarios al mejor servicio del público.

remojar **A** *tr* **1** Mojar [algo] completamente, esp. sumergiéndo[lo] en agua u otro líquido. | Bernard *Verduras* 42: En una taza se remoja la miga de pan con leche. Payno *Curso* 221: Dará gusto remojarse al caer la noche, después de este calor .. ¿Por qué no nos ponemos los trajes de baño? **b)** Mojar previamente [la ropa que se va a lavar] sumergiéndo[la] en agua, con o sin jabón, a fin de facilitar el lavado. *Tb abs.* | *Abc* 29.7.65, 4: Automáticamente remoja la ropa (Prelavado). *Impreso* 11.91: Con el nuevo Wipp .. Se acabó el frotar .. Se acabó el remojar. **c)** *pr* Mojarse completamente. | * Debes dejar que las torrijas se remojen bien.
2 Celebrar [algo] bebiendo. | Nacho *Rue* 17.11.70, 3: La inspiración de preguntas y respuestas es remojada con tintorro del país.
B *intr* **3** (*col*) Beber. *Tb pr.* | Cunqueiro *Crónicas* 166: Podía hablar nueve horas sin remojar, y todo por la Enciclopedia. CPuche *Paralelo* 451: –El artista, si no se remoja un poco, no trabaja. –Pues remojémonos...– Con cierta solemnidad Genaro bebió y volvió a abstraerse.

remojo *m* Acción de remojar(se) [1]. *Normalmente en la constr* PONER EN, *o* A, ~. | *Economía* 206: El lavado de la ropa comprende varias operaciones: a) Clasificación de prendas. b) Remojo o maceración en agua fría o templada. Bernard *Verduras* 40: Se ponen en remojo las pasas en agua ca-

remojón – remontada

liente. C. Payá *MHi* 8.60, 35: Otro día lo hizo con garbanzos puestos a remojo la noche anterior.

remojón *m* **1** Acción de mojarse completamente, gralm. por tirarse o caer al agua o por efecto de la lluvia. | *Sáb* 10.9.66, 32: En el caso de la más pequeña, Estefanía, su remojón es parejo al de la mamá, quien amorosamente se encarga de darle la inevitable zambullida del llanto.
2 (*reg*) Trozo de pan o de bollo empapado en vino, leche, aceite o salsa. | Moreno *Galería* 282: Estos se dedicaban a la fabricación de "la soparra, la sopeta y los remojones".
3 (*reg*) Cierta variedad de ensalada. | Zenón *SYa* 25.8.85, 46: El remojón, ensalada cordobesa, lleva también patatas cocidas y se diferencia en que se asan los pimientos y hasta el ajo; debe descender del remojón granadino, de claro acento morisco en la utilización de bacalao desmigado y naranjas amargas.

remolacha *f* Planta herbácea de hojas ovales y raíz gruesa, carnosa y pivotante, utilizada para alimento del hombre y del ganado y también para la obtención de azúcar (*Beta vulgaris*). *Sus variedades se distinguen por medio de adjs:* AZUCARERA, FORRAJERA, ROJA. *Tb su raíz.* | Bernard *Verduras* 90: Las remolachas se cuecen, poniéndolas tal cual, una vez lavadas, pero sin mondarlas. Ortega-Roig *País* 86: También es una planta industrial en el tabaco .., y la remolacha y la caña azucareras.

remolachal *m* Remolachar. | C. Bustamante *Nor* 2.3.92, 20: Sigún la color que tie el remolachal, diquiá dos meses allá que le andarán las veinte toneladas por la obrada.

remolachar *m* Terreno sembrado de remolacha. | *VozC* 5.7.55, 5: En general, buenos remolachares. Parece que vamos a tener buena campaña remolachera.

remolachero -ra *adj* **1** De (la) remolacha. | *Ya* 23.3.75, 25: Mientras la producción remolachera .. alcanza cifras de producción que nos permitan autoabastecernos, tendremos que seguir importando.
2 Que se dedica al cultivo, industrialización o venta de la remolacha. *Tb n, referido a pers.* | *Abc* 15.12.70, 65: Promoverán .. los acuerdos zonales e interzonales previos necesarios entre los grupos provinciales remolacheros. *Abc* 5.6.58, 39: España ha ingresado oficialmente en la Confederación Internacional de Remolacheros Europeos.

remolcable *adj* Que se puede remolcar. | *Abc* 2.2.91, 25: Irak tiene alrededor de 3.500 piezas de artillería –3.000 de ellas remolcables y el resto autopropulsadas–.

remolcador -ra *adj* Que sirve para remolcar [1]. *Frec n m, referido a embarcación.* | T. Auñón *Ya* 24.12.85, 18: El propietario del vehículo y su hermano montaron en un taxi para seguir al camión remolcador. Delibes *Emigrante* 48: Cuando quisimos dar con el bote, los remolcadores ya tiraban de nosotros hacia fuera.

remolcar *tr* **1** Arrastrar tras de sí [un vehículo a otro]. *A veces el suj y el cd designan a los ocupantes de dichos vehículos. Tb abs. Tb fig.* | *Abc* 15.12.70, 35: Otro pesquero le remolcó hasta el puerto de Pasajes. Aldecoa *Gran Sol* 102: Está toda la red abierta. Habrá que remolcarnos. APaz *Circulación* 101: ¿Cuáles son las velocidades máximas permitidas cuando se remolca? Buero *Tragaluz* 135: –¡Vamos, te he dicho! (El hombre remolca a la mujer.)
2 Arrastrar [a alguien o algo a un lugar o a una situación a los que no tienden por sí mismos]. | *Valencia Mar* 23.11.70, 3: Aludir con intención zahiriente a mis modestas actividades .. para añadir el deporte alguna cultura aneja suele ser revelado[r] de quienes hacen cotidianamente lo posible por remolcar este fenómeno social a Beocia, que no al Ática.

remolinar A *intr* **1** Formar remolinos. *Tb pr.* | Fegube *Inde* 13.8.90, 47: Con su viento encajonado por la calle de la Princesa, remolinándose en la plaza de España y subiendo por la Gran Vía.
B *tr* **2** Formar remolinos [en algo (*cd*)]. | Faner *Flor* 49: Los peces chapaleaban, remolinando el agua como una lluvia tenaz.

remolinear *intr* Formar remolinos. | Benet *Volverás* 112: El polvo remolineó en torno a sus pies. R. Nieto *Gac* 1.6.63, 54: Él no cesa de agitarse en la butaca, de remolinear con los brazos.

remoliniego -ga *adj* De Arroyomolinos de la Vera (Cáceres). *Tb n, referido a pers.* | J. Domingo *Hoy* 30.11.76, 2: Desde tiempo inmemorial vienen las amas de casa remoliniegas depositando todas las inmundicias que componen la actual "bolsa de la basura" en vertederos convencionales.

remolino *m* **1** Masa [de aire o de agua] en movimiento rápido y giratorio. *Tb el mismo movimiento. Tb fig.* | Ero *Van* 19.3.72, 27: Es tiempo marcero, de remolinos y chubascos. Torrente *DJuan* 242: Bramaba, hacía remolinos con la espada, se tiraba a matar. GGual *Novela* 53: El lector gusta de las novelas largas, que desenroscan sus anillos serpentinos y multiplican los remolinos argumentales.
2 Grupo de pelos que nacen en distintas direcciones, esp. en círculo. | Hoyo *Glorieta* 11: Nada podía contra el remolino de mi frente y menos aún contra el de la coronilla.
3 Amontonamiento confuso [de perss. o cosas en movimiento]. | J. Carabias *Ya* 27.6.73, 8: De pronto, en medio del remolino de autos, divisé un taxi libre.

remollada *f* (*reg*) Montón. | Cancio *Bronces* 23: Larga sin duelo por la borda, incluso la remollá de peces que te costó tantos sudores abracar, pa que la lancha naje a su antojo y obedezca en un santiamén al aparejo.

remolón[1] -na *adj* (*col*) Que se resiste a trabajar o a hacer algo, esp. por pereza. *Frec en la constr* HACERSE EL ~. | Buero *Fundación* 82: ¿Quién es el remolón que está hoy de limpieza? Medio *Bibiana* 32: –Anda, hija, abre tú ..– Ana se hace la remolona. –Creo que ya fue a abrir alguien.

remolón[2] *m* Colmillo de la mandíbula superior del jabalí. | Delibes *Guerras* 64: El jabalí, digo, tenía la pelambre entrecana y los remolones careados.

remolonear *intr* (*col*) **1** Hacerse [alguien] el remolón[1]. | DCañabate *Paseíllo* 126: El toro remoloneaba.
2 Vagar perezosamente. | Umbral *Ninfas* 205: Algunos vecinos y curiosos del barrio remoloneaban por allí. Torrente *DJuan* 184: Remoloneé un poco por Sevilla.

remolque I *m* **1** Acción de remolcar [1]. | *Abc* 25.2.68, 16: Una batería agotada e irreparable puede ocasionar remolques caros y que a su vez puedan estropear su coche.
2 Vehículo remolcado. | Aldecoa *Gran Sol* 104: Los tirones del remolque, que frenaban da *Aril* sobre las olas, le hacían tener movimientos de inseguridad. **b)** Vehículo sin motor destinado a ser remolcado. | Cuevas *Finca* 247: Se encontraban todavía el mundo nuevo y el mundo viejo en anacronismos extraños, por ejemplo, un remolque de siete toneladas al lado de un pozo con cigoñal. **c)** Vehículo con remolque [2b]. | GPavón *Hermanas* 11: Como era lunes se veía mucho tráfago de remolques, camiones y motos.
II *loc v* **3 dar ~.** (*Mar*) Remolcar [1]. | Aldecoa *Gran Sol* 103: El barco que daba remolque se fue de proa, se clavó en la mar.
III *loc adv* **4 a ~.** Remolcando, o siendo remolcado [1 y esp. 2]. *Normalmente con los vs* LLEVAR *o* IR, *y frec con un compl* DE *que expresa el agente que remolca.* | APaz *Circulación* 138: Cuando vea un peatón con bastón blanco o a remolque de un perro o con brazalete blanco, deje paso. Lapesa *ROc* 3.66, 373: Desde hace tres siglos vamos a remolque del restante mundo occidental.

remondar *tr* Limpiar de nuevo [árboles o vides] quitando lo inútil o perjudicial. | Delibes *Castilla* 146: Si el pino ese estaba claro y no le abrían más que una cara y le remondaban por ella una y otra vez, ese pino podía vivir hasta cincuenta años.

remonta *f* Establecimiento militar destinado a la compra, cría y cuidado de caballos o mulas. | Torrente *Sombras* 191: Hasta llegar al primer Blake nombrado, el que había recibido de Enrique VII el título de caballerizo mayor y mamporrero de las reales remontas.

remontable *adj* Que se puede remontar. | *Valencia SYa* 24.6.75, 5: Los dos tantos de distancia es la medida opinable. Puede bastar para clasificarse a quien los lleva o puede ser remontable, al circunstante por decir.

remontada *f* Acción de remontar(se). | A. SPrieto *Abc* 9.8.72, 52: Con 4-5 y su saque, en plena racha de aciertos, desaprovechó un 40-15 y perdió el partido. Había, no obstante, dulcificado a los espectadores indignados y pudo salir de la pista en medio de una ovación .. en premio a su inoportuna remontada. *Ya* 15.10.86, 46: Cuando el tren de aterrizaje tocaba el suelo de una de las pistas de Barajas, el comandante volvió a acelerar el avión e inició la remontada al aire.

remontado -da *adj* **1** *part* → REMONTAR.
2 (*raro*) Alto o elevado. *En sent intelectual o moral.* | Lázaro *Aguirre* 81: Hay otros que, pluma en mano, tiemblan. Temen ser triviales o remontados, difusos o herméticos, arrogantes o encogidos. Zunzunegui *Camino* 105: La encuentra más remontada, más decidida.

remontaje *m* (*raro*) Acción de remontar [4]. | *Abc* 7.5.58, 18: Un reloj verdaderamente impermeable ha de tener resueltas de manera permanente tres dificultades: El cristal, el cierre de la caja, la corona de remontaje.

remontante *adj* Que remonta. | Ybarra-Cabetas *Ciencias* 115: Este trabajo lo realizan [los ríos] en sentido inverso a la dirección de su corriente –acción remontante–.

remontar A *tr* **1** Recorrer [una corriente de agua] hacia su origen. *Tb fig.* | Bustinza-Mascaró *Ciencias* 172: Vive [el salmón] en el mar, pero para poner los huevos sube a los ríos remontándolos en contra de la corriente hasta llegar a lugares de aguas claras y muy agitadas. Laforet *Mujer* 278: Es como volver, remontando la corriente de los años, .. hasta llegar de nuevo a la fuerza limpia de la juventud.
2 Subir [una cuesta o pendiente]. | Laforet *Mujer* 201: El hombre es incapaz de subir lo que ha bajado, de remontar los caminos ya trillados por su cuerpo.
3 Superar [algo, esp. una prueba, una dificultad o una situación negativa]. | Tejedor *Arte* 61: La Iglesia remonta firme la crisis. Marlasca *Abc* 27.11.70, 41: Aquellos que remontan con éxito las pruebas de ingreso han de pasar seis meses de prácticas en la Academia del Cuerpo. GPavón *Reinado* 117: Titubeó un poco al oír lo de "salvajadas", que estaba dicho con toda intención..., en seguida remontó el efecto.
4 (*raro*) Dar cuerda [a un reloj (*cd*)]. | *Abc* 20.7.67, 18: El Rolex Oyster Submariner es automático: no es necesario remontarlo, ni variarlo.
B *intr pr* **5** Subir o elevarse. *Tb fig.* | Torbado *En el día* 315: Los tiradores eran muy hábiles y los cenicientos zuritos, poderosos y fuertes, apenas conseguían remontarse en el aire.
6 Ir [hacia algo (*compl* A, HACIA *o* HASTA) que está más atrás en el tiempo]. | PFerrero *MHi* 12.70, 50: Parte "Azorín" de la evocación del estudio del pintor en la calle de Caulaincourt, número 54, para remontarse a antiguas moradas.
7 Situarse [el origen de algo en un determinado momento pasado (*compl* A)]. | Repollés *Deportes* 140: El alpinismo es una excelente práctica atlética cuyo origen se remonta a tiempos muy antiguos. **b)** Tener [algo] su origen [en un determinado momento pasado (*compl* A)]. | G. González *SYa* 31.3.74, 5: A dos millones de años se remontan los ancestros etíopes.
8 Alterarse o estropearse [el vino] por llevar tiempo embotellado. | Burgos *Abc* 13.6.87, 17: A la testiculocracia con Jerez le pasa como a la manzanilla con Sanlúcar: que en cuanto se saca de allí se remonta.

remonte *m* **1** Acción de remontar(se). | Laín *País* 31.3.79, 9: Acaso hayamos estado juntos .. en el Urumea, de San Sebastián, para admirar el remonte de Irigoyen. VMontalbán *Pájaros* 305: Por fin, subió al avión, y el remonte de la península en dirección a Bangkok se le hizo larguísimo. *Abc* 6.11.74, 9: Ha sido tanta la nieve caída que las empresas concesionarias de las dos pistas .. han decidido abrir y los medios de remonte y preparar las pistas para la práctica del esquí.
2 Aparato utilizado para remontar [2] una pista de esquí. | *Abc* 20.2.93, 77: En La Pinilla tienes la nieve asegurada .. Unos remontes con capacidad para 8.900 personas/hora.
3 Variedad de juego de pelota que se realiza con cesta. | *Abc* 5.1.73, 66: Participarán en partidos de remonte Goico y Lizaso contra Ayerra III y Cestau.
4 (*reg*) Remiendo, esp. grande o sobrepuesto a otro. | Cunqueiro *Crónicas* 179: Ya se veían en el Infierno remiendos a voleo, remontes bicolores, zurcidos y sobrepuestos, y hasta calzas rotas.

remontista I *adj* **1** De(l) remonte [3]. | *Pen* 20.8.74, 9: Pelota .. Otro entradón en el palacio remontista de Hernani, lo cual entra, también, dentro de lo normal.
II *m y f* **2** Jugador de remonte [3]. | * El partido entre los mejores remontistas del momento iba a comenzar.

remontoir (*fr; pronunc corriente,* /ʀemontuár/; *pl normal,* ~s) *m* Dispositivo para dar cuerda a un reloj de bolsillo. *Tb el reloj dotado de este dispositivo.* | *Abc* 27.9.81, sn: Relojes de bolsillo .. Reloj oro remontoir.

remoquete *m* (*col*) Mote o apodo. | DCañabate *Paseíllo* 40: Pronto fue conocido en el barrio, y en los lugares jaraneros del entonces chulapón Madrid, por el remoquete de "Niño de la Fuentecilla".

remoquetear *tr* (*raro*) Apodar. | Aparicio *Mono* 104: Era ya el muchacho más alto de todo el colegio, "Cabeza oxidada Schatzmann", como le remoqueteaban sus condiscípulos.

rémora *f* **1** Se da este n a varias especies de peces marinos de cuerpo alargado y con un disco adhesivo en la cabeza, con el que se fijan a otros animales o a objetos flotantes (*gén Echeneis y otros próximos*). | Ybarra-Cabetas *Ciencias* 420: Algunas veces el comensal utiliza únicamente a su huésped como medio de transporte; tal es el caso del pez rémora. *Tie* 22.2.93, 98: En mi último viaje al continente americano pude observar in situ varios especímenes de rémoras.
2 Pers. o cosa que detiene o dificulta una acción. | FQuintana-Velarde *Política* 56: La carencia de tal espíritu de empresa constituye una fuerte rémora para el desarrollo del capital del país.

remordedor -ra *adj* (*raro*) Que remuerde. | Cela *Pirineo* 262: Desde Viella hasta el túnel hay poco más de siete kilómetros de remordedor aburrimiento.

remorder (*conjug* **18**) *tr* Inquietar o desasosegar interiormente [a alguien (*cd*)], esp. haciendo que se sienta culpable. | Medio *Bibiana* 227: En cuanto se puso buena suprimió el gasto, porque la conciencia le remordía. Delibes *Siestas* 115: Los ojos vacuos y como hambrientos de Nilo, el joven, le remordían.

remordimiento *m* Sentimiento de culpabilidad y pesar causado por una mala acción. | Laforet *Mujer* 47: Para vengar el honor de su hija pegaría un tiro a cualquiera, sin el menor remordimiento de conciencia.

remostarse *intr pr* Ponerse pegajosa o pringosa [la fruta, esp. las uvas]. | * Tanto las uvas como las peras estaban remostadas.

remotamente *adv* De manera remota, *esp* [3 y 4]. *Frec en la constr* NI ~, *usada con intención enfática.* | DCañabate *SAbc* 16.2.69, 37: Se despeña la razón de ser de la fiesta basada en el peligro, en ese peligro remotamente existente en los cuernos de merengue. * No lo conocía ni remotamente.

remoto -ta *adj* **1** Sumamente distante o lejano, en el espacio o en el tiempo. | Fernández-Llorens *Occidente* 233: Su capital y su técnica ayudan a descubrir los recursos de las tierras remotas. Arce *Testamento* 64: Habían pasado demasiadas cosas por mi frente desde aquella mañana, ya tan remota, en la que yo estuve paseando entre los arces de la ribera del río. **b)** Que ocupa el lugar más lejano en un orden lógico. *Se opone a* PRÓXIMO. | Valcarce *Moral* 32: La [regla de moralidad] remota es la misma naturaleza de Dios. **c)** (*Rel catól*) [Materia] sobre la cual se aplican las palabras rituales de un sacramento. *Se opone a* PRÓXIMO. | SLuis *Doctrina* 148: La Materia remota de la Extremaunción es la unción con el "Óleo de los enfermos".
2 Que está o se realiza a distancia. | VMontalbán *Tri* 20.3.71, 33: Se perderán honores, honras y virtudes por conseguir un submarino intersanguíneo que circule por las venas del propio cuerpo, en misión secreta y bajo control remoto.
3 [Idea] vaga o imprecisa. | * Tiene una remota idea del asunto.
4 Poco probable. | DCañabate *Paseíllo* 29: Le bastaba, para engañarse a sí mismo, con el juego de las navajas, el cual, después de todo, entrañaba un riesgo que se le antojaba remoto.

removedor -ra *adj (raro)* Que remueve. | CPuche *Paralelo* 302: También esta clase de hombres, cuando se echaban al mundo a las espaldas, resultaban decididos y expeditos. Lo importante era crearles un sentimiento sulfurante y removedor.

remover *(conjug 18) tr* **1** Mover [algo] haciendo que sus componentes o partes cambien de posición. *Tb abs.* | Pericot-Maluquer *Humanidad* 12: Si los yacimientos no han sido removidos posteriormente a su formación, cada uno de ellos nos da una estratigrafía a la que podemos aplicar el método del estudio estratigráfico usado ya por los geólogos. Bernard *Verduras* 29: Se cuece a fuego suave durante diez minutos, removiendo frecuentemente. **b)** Mover, esp. de manera ligera y reiterada. *Frec el cd es refl. Tb fig.* | Zunzunegui *Hijo* 45: Apenas oyó removerse a su madre se tiró de la cama. GPavón *Reinado* 151: Las tales señoras han removido a todas las eminencias del país para que les demos el muerto.
2 Sacar [algo inmaterial] del estado de quietud o abandono en que se encuentra. | Torbado *En el día* 354: Fabiani estaba pensando en una historia que no quería remover. **b)** *pr* Salir [algo inmaterial] del estado de quietud o abandono en que se encuentra. | Laforet *Mujer* 296: La vida espiritual de Paulina se había ido serenando y removiendo en ciclos precisos.
3 Alterar o cambiar [algo]. | Montarco *Abc* 15.12.70, 3: Se están elaborando unas leyes orgánicas que han de ser inamovibles ..; pretender removerlas equivale a producir una subversión.
4 Deponer o apartar [a alguien de su cargo o destino]. | Ramírez *Derecho* 54: Corresponde al consejo de familia: declarar la incapacidad del tutor y del protutor y removerlos.
5 Quitar o apartar [un inconveniente u obstáculo]. | J. R. Giner *Mad Extra* 12.70, 47: Una cultura provincial que se empeña en salir del subdesarrollo y se ve obligada a remover pesadas losas. Tamames *Economía* 37: Todos los obstáculos citados fueron removiéndose a lo largo del siglo XIX.
6 Quitar o eliminar [algo negativo]. | *Abc* 13.4.58, 70: Se ha descubierto un método de remover el exceso de fea grasa. *Abc* 11.6.67, 65: El comunicado médico de hoy califica de "benigno" el tumor removido de la vesícula.

removible *adj* Que se puede remover. | M. Daranas *Abc* 1.3.58, 17: El Estado solo tuvo hasta entonces polizontes, asalariados eventuales y removibles de hongo y bastón de nudos. **b)** *(Informát)* [Disco duro] extraíble. *Tb n m.* | *SPaís* 7.4.91, 3: El disco magneto-óptico Tahití. El más rápido del mercado. Tipo: Regrabable y removible. Capacidad: 1 Gigabyte.

removiente *adj (raro)* Que remueve o se remueve. | L. LSancho *Abc* 11.1.86, 14: Quizá aquí, en el removiente caos cispirenaico, llegue un día en que el renglón del IVA ni lo veamos de puro habitual.

remozador -ra *adj* Que remoza [1]. *Tb n, referido a pers.* | *Gar* 15.9.62, 42: Su constructor y actual remozador, don Federico Gründel, afirma que el trasbordador barcelonés ahora sí será rentable. S. Araúz *Inf* 12.9.74, 17: Esa dignidad inglesa, por ejemplo, estaba en pleno auge todavía hace un cuarto de siglo ..: con el orgullo nacional, remozador, de la recientemente trabajada victoria en la Gran Guerra.

remozamiento *m* Acción de remozar(se). | *SVozC* 25.7.70, 11: Remozamiento y puesta en marcha de la estación invernal en Pineda de la Sierra. E. BAmor *País* 10.4.79, 9: El notable remozamiento de don Santiago Carrillo se debe a que los eurocomunistas italianos le mandaron secretamente el otro brazo de Santa Teresa.

remozar A *tr* **1** Dar un carácter o aspecto más joven o moderno [a alguien o algo viejo (*cd*)]. | Lapesa *HLengua* 283: Enrique de Mesa remoza la tradición medieval de inspiración pastoril y serrana. SRobles *Pról. Teatro* 1963 12: El éxito de esta obra, como el de casi todas las de Mihura, nace de ese prodigioso equilibrio con que sabe mezclar la angustia que encoge el corazón y la ternura que lo remoza.
B *intr* **2** Volverse [alguien o algo] más joven o moderno. *Gralm pr.* | Cunqueiro *Un hombre* 216: Imaginaba que envejeciendo Ifigenia, ella remozaría, y volvería a la suave piel de los quince años. GPavón *Reinado* 87: El río siempre mozo y remozado, entre los álamos y chopos remecidos, pasaba ignorante de las viejas aceñas.

remplazable, remplazamiento, remplazante, remplazar, remplazo → REEMPLAZABLE, etc.

remplón. de ~. *loc adv (reg)* De repente. | J. J. Romero *SDLP* 8.10.90, 34: De remplón, al doblar una esquina, se le engrifó el mostacho como un estropajo de verguillas al ver a un antiguo amigo de su quinta.

rempujar *tr (pop)* Empujar. | Mendicutti *Palomo* 94: La Mary no decía empujar sino rempujar, que aún sonaba peor y más ordinario.

rempujón *m (pop)* Empujón. | Quiñones *Viento* 239: El Lucas no es que fuera pegón, pero del primer manotazo que me tiraba en la cama ya estaba yo en mis glorias, y al primer rempujón, loca.

remudar *(reg)* **A** *tr* **1** Mudar o cambiar [algo]. | Fa. Rubio *Ya* 10.2.90, 16: Hace [Umbral] el oficio de refinado portero ciudadano, el último que sale a la calle para cazar y remudar des[e]chos con los que reconstruir la memoria común.
2 Mudar [a alguien] de ropa. *Frec el cd es refl.* | GMacías *Relatos* 70: Cuando fue a casa y se *remuó*, poniéndose el traje dominguero y festero, le llevó la madre a la iglesia rural.
B *intr pr* **3** Mudarse o cambiar. | Torrente *DJuan* 238: Habían entrado nuevos puntos que permanecían en las penumbras, como esperando. En poco tiempo se remudó la clientela.

remugar *tr* Rumiar. *Tb fig.* | Aldecoa *Gran Sol* 79: Revuelto el humor, remugando la mala, la violenta palabra y la saliva biliaria del despertar, Paulino Castro bajó a la cocina.

remunerable *adj* Que se puede o debe remunerar. | I. AVillalobos *Ya* 9.4.87, 23: La empresa reconoce una diferencia importante –de casi 113.000 millones– entre los costes *standard* que se consideran remunerables a efectos de amortizaciones y el llamado coste auditado.

remuneración *f* **1** Acción de remunerar. | Benet *Nunca* 18: Semejante trabajo .. tenía la ventaja de una remuneración total.
2 Cosa, esp. cantidad de dinero, con que se remunera. | Prados *Sistema* 237: En lo que respecta a los servicios propiamente dichos, y a las remuneraciones que corresponden a los capitales ya transferidos, no se introducirán nuevas restricciones.

remunerador -ra *adj* Que remunera. *Tb n, referido a pers.* | Mercader-DOrtiz *HEspaña* 4, 116: Los poderosos podían guardar sus productos años enteros en espera de precios remuneradores. Gambra *Filosofía* 184: El sujeto merece ante sus propios ojos, ante los del prójimo y, en definitiva, ante los de Dios, único remunerador supremo y adecuadamente justo.

remunerar *tr* Recompensar [algo o a alguien (*cd*)]. | Ybarra-Cabetas *Ciencias* 429: Viven y se reproducen indefinidamente al lado del hombre, al que prestan valiosos servicios, remunerándole sobradamente de las atenciones y cuidados que les presta. **b)** *Esp:* Recompensar en dinero [un servicio o trabajo, o a la pers. que lo presta (*cd*)]. | *Abc* 2.1.66, 44: Valorizar su capacidad. Procurarle una actividad moderna altamente remunerada.

remunerativo -va *adj* [Cosa] que remunera. | Bustinza-Mascaró *Ciencias* 283: Su cultivo es muy remunerativo.

remuneratorio -ria *adj* Que sirve para remunerar. | * Hay cargos y privilegios que pueden considerarse remuneratorios. **b)** *(Der)* [Contrato] en que se da algo a cambio de lo recibido. | Ramírez *Derecho* 111: Se entiende por causa .., en los [contratos] remuneratorios, el servicio o beneficio que se remunera.

remusgo *m* Inquietud o desasosiego. *Frec en la forma dim* REMUSGUILLO. | Aldecoa *Gran Sol* 94: Juan Arenas tenía el estómago revuelto y un cierto remusgo de miedo. Delibes *Año* 18: Sigo con el remusguillo por lo de Granada. Pensando que tenía que hacer algo, he enviado una carta al P. Llanos (para que la firme también y la envíe personalmente al ministro de la Gobernación).

renacentismo *m* Estilo renacentista. | GGómez *Abc* 15.9.84, 3: Llevados [los católicos] por los remolinos de la Contrarreforma, adoptaron el renacentismo manierista italiano, a dos dedos del barroco.

renacentista *adj* De(l) Renacimiento [2]. | DPlaja *Literatura* 146: La política y la sociedad renacentistas: "El príncipe". CBaroja *Inquisidor* 27: Existe una de las esculturas sepulcrales más hermosas que hay en España, de corte renacentista.

renacer (*conjug* **11**) *intr* Volver a nacer. *Tb fig, en sent moral*. | Palomino *Cod* 3.5.64, 3: Hacer desaparecer el pelo en las piernas de las señoras o hacerlo renacer en las calvas de los caballeros. Villapún *Dogma* 166: Si no renaciereis del agua y del Espíritu Santo no podéis entrar en el reino de los cielos. **b)** Cobrar nuevo impulso o vitalidad. | * Renace la esperanza.

renaciente *adj* (*lit*) De(l) Renacimiento [2]. | GNuño *Arte* 222: El hermosísimo claustro del monasterio de los Jerónimos de Lupiana, muestrario de órdenes y composturas renacientes al superponer en cada ala tres crujías.

renacimiento (*en acep 2, gralm con mayúscula*) *m* **1** Acción de renacer. | Pinilla *Hormigas* 212: Convencidos de que la amenaza seguía allí, expectante y como muerta, aguardando el renacimiento de su apoteosis. Tejedor *Arte* 113: El renacimiento medieval de las ciudades fue naturalmente, y en primer término, consecuencia del renacimiento de la industria y el comercio.
2 Movimiento cultural y artístico, propio de los ss. XV y XVI, caracterizado por el estudio e imitación de la antigüedad grecolatina. | Tejedor *Arte* 131: El Renacimiento, como todo gran movimiento ideológico, tuvo sus precursores. **b)** Época del Renacimiento. | M. Mora *Act* 25.1.62, 47: Las bellas del Renacimiento, las coquetas del dieciocho, .. quedarían estupefactas si pudieran enterarse de quién ha merecido este año el Óscar.
3 Resurgimiento cultural. | *Abc* 16.12.69, 55: La segunda etapa está marcada por el signo del renacimiento carlovingio.

renacuajo -ja A *m* **1** Larva de la rana. | Ybarra-Cabetas *Ciencias* 369: El renacuajo tiene una forma parecida a un pez.
B *m y f* **2** (*desp*) Pers. pequeña. *Frec como apelativo cariñoso, referido a niño. Frec se usa la forma m referida a mujer.* | Gala *Strip-tease* 325: ¿Y la fidelidad?... ¿No tiene mérito? Aguantar a un renacuajo toda la vida .. Amar y despreciar a quien se ama: esa es mi cruz, Señor. *VNu* 18.12.71, 23: Niños y Dios .. Este otro renacuajo de siete años posee un gran sentido universalista y ecuménico. Marsé *Dicen* 221: Siempre abre una renacuaja de puntillas que apenas alcanza el cerrojo.

renaixença (*cat; pronunc corriente*, /reɲaʃénsa/; *gralm con mayúscula*) *f* Movimiento de recuperación de la lengua y de la literatura catalanas surgido hacia la segunda mitad del s. XIX. | DPlaja *Literatura* 424: La literatura catalana. La Renaixença.

renal *adj* De(l) riñón. | Bustinza-Mascaró *Ciencias* 100: Hay tuberculosis pulmonar, ósea, intestinal, renal, etc., según los órganos atacados.

renano -na *adj* **1** De Renania (región alemana). | Camón *LGaldiano* 105: Se halla [esta pintura] cercana al arte renano.
2 Del río Rin. | Zubía *Geografía* 163: Alemania Renana: Territorios de la cuenca del Rhin, Baden y Palatinado.

renard (*fr; pronunc corriente*, /renár/; *pl normal*, ~s) *m* (*Peletería*) Zorro. | P. SMartín *Nue* 24.1.70, 21: Abrigo maxi adornado con renard negro del Canadá.

rencilla *f* Resentimiento o rencor mutuo, que a veces se manifiesta en discusiones o enfrentamientos. *Gralm en pl*. | A. Pujol *Caso* 21.11.70, 11: Existían entre uno y otro de los citados relaciones normales, ausentes de toda rencilla o enemistad.

renco -ca *adj* Rengo o cojo. | FSantos *Cabrera* 43: Oyéndole tales razones, el cojo y yo callamos, el renco dando trabajo a su cayado y yo a la cabeza con mis meditaciones.

rencor *m* Sentimiento de hostilidad y deseo de venganza, motivado por el recuerdo de una ofensa o un perjuicio. | Arce *Testamento* 22: No debes guardar rencor a El Bayona.

rencorosamente *adv* De manera rencorosa [2]. | E. Tijeras *Abc* 14.9.68, 10: Que alguien diga casi rencorosamente: "España es agria y... fascinante".

rencoroso -sa *adj* **1** [Pers.] que tiene rencor. | DCañabate *Paseíllo* 19: Yo no soy rencoroso.
2 [Cosa] que denota o implica rencor. | Lera *Trampa* 1069: Y allí se quedó contemplando las hileras de libros y discos, envuelto en un silencio rencoroso.

rendez-vous (*fr; pronunc corriente*, /randebú/; *pl invar*) *m* (*raro*) Cita (para un encuentro). | A. M. Badell *Ya* 28.5.67, 3: En el día señalado cogí el coche para dirigirme al "rendez-vous" que habíamos concertado en el domicilio de mi presunta entrevista.

rendibú *m* (*raro*) Agasajo o lisonja. | E. Romero *Imp* 13.12.77, 1: Vamos hacia la Democracia; pero ¿dónde está eso? .. Parece que con los viajes de "rendibú" a los Estados Unidos y a Rusia no está.

rendición *f* Acción de rendir(se) [1 y 5]. | M. BTobío *MHi* 2.55, 12: Hoy, a una década de la rendición de Alemania, Europa nos presenta una fisonomía bien diferente. Aldecoa *Gran Sol* 153: El puente era una fresca, una serena rendición a la luz. Escudero *Capítulo* 140: En el Directorio se pueden poner algunas normas que toquen lo más importante de los distintos actos de administración: prohibir la negociación, .. ordenar lo referente a gastos y a la rendición de cuentas.

rendidamente *adv* De manera rendida [2]. | Palacios *Juicio* 64: Cuando un extranjero os dijere que habláis muy bien su lengua, dadle rendidamente las gracias, pues os perdona la vida.

rendido -da *adj* **1** *part* → RENDIR.
2 Que muestra sumisión o acatamiento. *Gralm en frases de cortesía*. | DCañabate *Paseíllo* 17: Con un gesto rendido y galano les depositan en las manos de un par de presidentas que los reciben con sonrisas estallantes de orgullo. Tejedor *Arte* 34: Sí procura la pura absoluta belleza, por la que los griegos sintieron la más rendida vocación.

rendija *f* Abertura larga y estrecha que atraviesa un cuerpo de parte a parte o que queda entre dos elementos próximos. *Tb fig*. | Laforet *Mujer* 123: Por las rendijas de las cortinillas pudo ver una ligera claridad. Pemán *Abc* 19.12.70, 3: El humanismo reaparece inesperadamente por cualquier rendija.

rendimiento *m* **1** Sumisión o subordinación. | Valcarce *Moral* 103: La obediencia en ambos respectos como rendimiento a la voluntad del Superior. RPeña *Hospitales* 14: El ajimez de la Iglesia de San Pedro .. debió de formar parte no de una casa árabe, sino de un templo religioso elevado sobre otro romano y este, a su vez, sobre un recinto sagrado indo-europeo, todo ello en oferente rendimiento dedicado a rezar a sus deidades.
2 Amabilidad obsequiosa y generosa con que se trata a alguien. | Alfonso *España* 92: El extranjero, cuando viene aquí, se admira del rendimiento con que le tratan las personas que llega a conocer.
3 Producto o utilidad que rinde [6] [alguien o algo (*compl de posesión*)]. | Ortega *Americanos* 104: Hasta que por la escasez de mi propio rendimiento me hubiesen expulsado del Colegio. Carrero *Pue* 22.12.70, 6: El rendimiento de una explotación productora depende de la calidad de la técnica que se emplee. **b)** Proporción entre el resultado obtenido y los medios utilizados. | Mingarro *Física* 200: Los focos luminosos de mayor rendimiento son los de luz fría.
4 Acción de rendir(se) [2 y 7]. *Tb su efecto*. | GNuño *Escultura* 28: Sus familias se extienden, por un lado, hacia Cataluña .., y, en rendimiento de viaje, a Portugal.

rendir (*conjug* **62**) *tr* **1** Poner [algo o a alguien] bajo la propia autoridad o voluntad venciendo su oposición o resistencia. | *Cam* 2.12.74, 13: Un individuo corría velozmente hacia Vía Roma. Sin pérdida de tiempo, dos redactores salieron en su persecución y lograron alcanzarlo y rendirlo. Olmo *Golfos* 181: Ve cómo las gallinas repicotean .. También ve cómo las rinde el gallo cuando el gallo quiere. **b)** Poner [a una pers. o cosa] bajo la autoridad o el dominio [de otra (*ci*)] haciendo que cese toda oposición o resistencia. *Frec el cd es refl. Frec se omite el ci por consabido. Tb fig*. | GLuengo *Extremadura* 20: El nuevo comandante de la plaza, general Imaz, después de un consejo de guerra, la rinde al duque de Trevise. Mendoza *Ciudad* 174: En vez de deponer las armas, rendirse al vencedor y confiar en una amnistía, habían optado por echarse al monte. FQuintana-Velarde *Política* 255: España, con Trafalgar, ha dejado de ser una de las grandes potencias europeas. Ello se confirma al rendirse San Juan de Ulúa y perderse toda proyección sobre el continente americano. Corral *Cartas* 13: Cuando el que juega .. desiste de sacar el juego, se rinde; en este caso ninguno de los contrarios puede defender la jugada. F. Ángel *Abc* 21.5.67, 13: La idealidad de las figuras es de una belleza vaporosa e inverosímil, solo concebible en un cerebro que rindiera a la hermosura todos sus sentires. **c)** *pr* Dejar [alguien] de resistirse u oponerse. *Frec con un compl* A O ANTE. | Laforet *Mujer* 258: El seráfico Francisco se rindió a las lágrimas de Luisa. Aleixandre *Hucha* 1, 136: Daniel se había rendido a mi proposición y .. terminamos la barricada de piedras que debía proteger al niño.

2 Dejar sin fuerzas [a alguien]. | * Este trabajo rinde a cualquiera. **b)** *pr* Quedarse sin fuerzas [alguien]. *Más frec en part.* | Van 4.3.77, 16: En el reinado de Ahuizotl, .. se sacrificaba en un solo día a veinte mil personas. Debían de acabar rendidos.

3 Bajar [el arma o la bandera] en señal de sumisión o respeto. | Halcón *Ir* 411: Tiene cinco heridas. Bastaba con la de la cabeza. O con la de la garganta. Los guardas rinden sus armas. Uno de ellos la arroja como inservible: "¡Lo torpe[s] que estuvimos. Han matado al príncipe ante nuestras barbas!". **b)** Entregar [las armas] reconociéndose vencido. *Tb (lit) fig.* | B. Berasategui *Abc* 3.2.74, 42: Esta vez no hay batalla. El general cristiano convence al moro, que rinde sus armas y accede a bautizarse. Escobar *Itinerarios* 116: La multitud alegre de los frutales arraiga en esta tierra quebrada de Ávila, hasta que rinde sus armas ante la llanura moraniega del buen trigo y los supremos garbanzos.

4 Dar [algo que implica sumisión o reconocimiento de superioridad, esp. culto u homenaje]. | N. SLópez *Ya* 15.8.76, 33: Todavía los regatos mantienen un caudal suficiente .. para que los miles de veraneantes y turistas puedan rendir culto profano a la zambullida cotidiana en los charcos y piscinas. Laiglesia *Tachado* 214: Entre la abundancia de patatas y los honores militares la rendían, la voluminosa archiduquesa acabó por sentirse bastante "colaboracionista".

5 Dar o presentar [cuentas a alguien que tiene derecho a exigirlas]. *Tb fig. Frec en la constr* ~ CUENTAS. | Delibes *Guerras* 154: –¿Rendía cuentas directamente a tu padre? –Quia, no señor, me las rendía a mí. CNavarro *Perros* 95: Libre, para él, era no estar en la cárcel, .. ir o dejar de ir a un cinematógrafo .. y cerrar o abrir la puerta de su casa sin tener que rendir cuentas a nadie.

6 Dar [alguien o algo producto o utilidad]. *Frec abs. Tb fig.* | Laforet *Mujer* 245: Delante del niño habló solamente de la fábrica, de que podía rendir bastante. CBonald *Dos días* 212: Los pisadores rinden hasta cinco carretadas por día. Población *Sesión* 312: Se encierra en su habitación a estudiar, pero, aunque inteligente, no rinde; está bloqueado. G. Revuelta *Zar* 27.1.69, 19: Todos los jugadores que visten los colores del Real Madrid suelen rendir al máximo.

7 Acabar [un viaje (*cd*)]. *Frec en la constr* ~ VIAJE. | Tejedor *Arte* 187: Las flotas rendían viaje en los puertos americanos de Cartagena de Indias, Portobelo y Veracruz. Zunzunegui *Hijo* 57: El primer viaje que rindió entró desde la punta del muelle de Portugalete ensordeciendo el Abra y la ría.

renegado -da *adj* **1** *part* ~ RENEGAR.
2 [Pers.] que ha renegado de su fe o creencias. *Frec n.* | CSotelo *Proceso* 347: ¿Por qué no vais contra esos renegados de Dios en lugar de proceder contra el Arzobispo de Toledo?
3 [Pers.] maldiciente o de mal carácter. *Tb n.* | *¡Qué mujer más renegada!

renegador -ra *adj (raro)* Que reniega [3 y 4]. *Tb n.* | Iparaguirre-Dávila *Tapices* 62: En el Norte, un ejército mal abastecido realizaba esporádicas escaramuzas, con los carlistas, renegadores sempiternos de "la canalla liberal".

renegar (*conjug* 6)**A** *intr* **1** Abandonar [una fe o creencia (*compl* DE)]. | Villapún *Iglesia* 36: Este emperador publicó un edicto invitando a los cristianos a renegar de su fe.
2 Apartarse afectiva o intelectualmente [de alguien o algo que deja de considerarse aceptable]. | C. Sentís *Abc* 21.5.58, 15: De Gaulle había renegado de la Constitución. Marías *Van* 2.6.74, 17: Son muchos los autores que reniegan de todo lo que habían hecho hasta el decenio anterior (o hasta hace tres años), lo descalifican y tratan de olvidarlo.
3 Hablar mal o quejarse [de alguien o algo]. | Ortega *Americanos* 18: Se durmió todavía renegando del país en que se hallaba.
4 Decir maldiciones, blasfemias o palabras de enojo. | Ero *Van* 18.4.74, 30: Unos mozalbetes osados .. se acercaban de escondite a los turismos y ejecutaban el vacío de ruedas. Los mecánicos, al volver a sus coches, renegaban.
B *tr* **5** (*raro*) Renegar [1 y 2] [de alguien o algo (*cd*)]. | Villapún *Moral* 166: La fortaleza supera con heroísmo los tormentos y hasta la muerte propia antes de renegar la fe y la religión de Jesucristo. Valverde *Schiller* XXI: Tal vez hay aquí una soterrada crítica de la Revolución francesa, ya renegada por Schiller. MMolina *Jinete* 201: Fuera de su casa y renegado de los suyos, un hombre en seguida se hundía en la depravación.
6 (*reg*) Enojar o irritar. | Delibes *Guerras* 150: Mire, a ella, a la Candi, digo, la renegaba ser mujer. **b)** *pr* (*reg*) Enojarse o irritarse. | Delibes *Guerras* 79: Me puso la cachava entre los pies y cogí una liebre, que yo, ¡tío, jolín!, ¿entiende?, o sea, me renegué todo.

renegociación *f* Acción de renegociar. | *Inf* 18.2.71, 11: Renegociación del acuerdo entre la Rolls y la Lockheed.

renegociar (*conjug* 1a) *tr* Negociar de nuevo. | *País* 26.7.86, 29: Brasil renegoció 15.500 millones de dólares de su deuda externa.

renegrear *intr* Negrear intensamente. | Gerardo *NAl* 13.10.89, 13: Llegó la vendimia .. Y la oliva que ya renegrea.

renegrido -da *adj* [Color] que tira a negro. | Mann *Ale* 4.8.81, 2: Ese color dorado de la playa, nunca confundible con el renegrido del campo. **b)** Que tiene color renegrido. | Cela *Viaje andaluz* 100: Unos obreros pequeños, angulosos y renegridos hacen explotar barrenos, ruidosos como cañonazos.

rengliz *f* (*reg*) Rendija. | Berlanga *Gaznápira* 46: A la muerte le basta una rengliz estrecha para entrar a borbotones.

renglón I *m* **1** Serie de palabras o caracteres escritos o impresos en la misma línea. | PCarmona *Burgos* 44: El primer problema es el orden en que ha de leerse. Nos ha parecido más lógico el que hemos seguido, comenzando por las jambas de la izquierda y de la derecha, .. completándolas con los renglones del sillar cercano al capitel de la izquierda. **b)** (*raro*) Línea señalada en el papel para escribir sobre ella. | Laiglesia *Ombligos* 11: Los niños con talento no respetan los renglones del cuaderno caligráfico. **c)** *En pl:* Escrito, esp. breve. | * Estos renglones testimonian su respeto.
2 Parte o capítulo [de una cuenta o balance]. | FQuintana-Velarde *Política* 106: Constituye así [la producción rural] uno de los renglones más importantes de nuestra vida económica. **b)** Apartado o capítulo [de algo]. | Hacerlo 117: Añadiríamos algunas tareas .. que caen en el renglón costura.
II *loc adv* **3 a ~ seguido.** A continuación o seguidamente. | Delibes *Parábola* 136: A renglón seguido, Jacinto sacó un cuatro y abrió la barrera.

rengo -ga *adj* Cojo por lesión en la cadera. | Landero *Juegos* 148: Caminaba aprisa y con aspavientos de pájaro rengo. **b)** [Cosa] coja. *Tb fig.* | Berlanga *Gaznápira* 28: Entre las cuatro paredes .. ves de frente el crucifijón, el encerado carcomido, la estufa de pezuñas, la mesa renga. Savater *Cua* 20.11.76, 68: Las consecuencias de esta revelación inesperada hacen volar a la imaginación más renga.

reniego *m* Maldición o exclamación de cólera o enojo. | Zunzunegui *Camino* 307: Sonaban puñetazos sobre la mesa y reniegos y engarrotamientos.

reniforme *adj* (*E*) De forma de riñón. | Bustinza-Mascaró *Ciencias* 240: Por su forma, las hojas simples pueden ser aciculares, .. reniformes, acorazonadas.

renio *m* (*Quím*) Metal blanco, de número atómico 75, muy duro y pesado y difícilmente fusible. | Aleixandre *Química* 10: El sexto período está formado por dos series, una de veintiún elementos .., que empieza en el cesio y termina en el renio, y otra serie de ocho elementos.

renitente *adj (raro)* Que se resiste u opone. | Delibes *Madera* 347: Provocó la náusea oprimiendo la lengua con dos dedos, mas el estómago, renitente, se contrajo sin resultado.

reno *m* Mamífero de la familia del ciervo, con cuernos planos, propio de los países fríos del hemisferio norte, donde se le utiliza como animal de tiro *(Rangifer tarandus)*. | Bustinza-Mascaró *Ciencias* 206: Entre los [animales parecidos a la vaca] más conocidos están: el ciervo, .. el reno de las regiones septentrionales muy frías.

renombrado -da *adj* Que tiene renombre [1]. | CNavarro *Perros* 91: Ambos se servían mutuamente: ella trayéndole corbatas con etiqueta de los modistos más renombrados, y él presentándole bailarines.

renombre *m* **1** Fama o celebridad. | Zeda *Ya* 15.10.67, sn: Aludo a un preparado de renombre universal y antigüedad que acredita su prestigio.
2 *(raro)* Sobrenombre. | Morales *Isabel* 24: Al escribir sus cartas [Isabel la Católica] calificaba de ángeles a sus hijas. Es delicioso el renombre que da a una de ellas llamándola con sutilidad inapreciable "mi suegra" por parecerse un poco a la madre de Fernando.

renovable *adj* Que se puede renovar. | *Abc* 20.7.67, 71: El acuerdo definitivo podría tener diez años de duración, siendo renovable en idénticas condiciones que la Convención de Yaundé.

renovación *f* Acción de renovar(se). | *Economía* 81: Es imprescindible un buen tiraje, que consiste en la renovación constante del aire por un tubo del aparato calorífico. *SVozC* 31.12.70, 4: Se desató una campaña .. en torno a la renovación del concordato.

renovadamente *adv* De manera renovada. | J. Trías *Van* 26.1.77, 6: El momento político español pide, urgentemente, una actitud renovadamente crítica por parte de aquellos que hablan, semanalmente, por boca de 38 millones de españoles.

renovado[1] **-da** *adj* **1** *part* → RENOVAR.
2 Que denota o implica renovación. | * Se lucha de modo renovado por objetivos eternos.

renovado[2] *m (raro)* Renovación. | *GTelefónica N.* 868: Reflejo. Artículos de piel. Renovado y teñido de bolsos, carteras. F. Martino *Ya* 6.6.75, 46: El renovado del hábitat bucal, como consecuencia del mascado, combate "manu prima" el mal aliento.

renovador -ra *adj* Que renueva. *Tb n, referido a pers.* | *Voz* 8.11.70, 7: Su labor [de Bianchi-Bandinelli] renovadora de los estudios de Arqueología Clásica. *VNu* 7.10.72, 4: La Iglesia española necesita sacerdotes conservadores que no se opongan a la renovación, como necesita renovadores que no destruyan la tradición.

renovar *(conjug 4) tr* **1** Sustituir [una cosa vieja o sin validez] por otra nueva. *Tb abs.* | *Economía* 76: Ventilar los cuartos donde se tengan con frecuencia [braseros], abriendo las ventanas y renovando el aire. Cuevas *Finca* 249: El maíz híbrido, cuya semilla había que renovar cada año. J. Vidal *País* 13.5.77, 48: La venta de abonos .. ha sido muy superior al año anterior. Los que ya estaban abonados han renovado prácticamente en su totalidad. **b)** *pr* Pasar a ser sustituida [una cosa] por otra nueva de su misma naturaleza. | * A través del tiro el aire se renueva constantemente.
2 Hacer de nuevo [una acción]. | * El partido renueva sus ataques contra el Gobierno. **b)** *pr* Producirse [algo] de nuevo. | *HLVi* 28.7.75, 2: Se renovó hoy, como cada año en este día, el milagro de la licuación de la sangre de San Pantaleón.
3 Dar nuevo impulso o intensidad [a algo *(cd)*]. | L. Marañón *MHi* 8.66, 75: Y esa fuerza que da la Virgen viene del cielo, da serenidad, renueva las fuerzas, es eterna. **b)** *pr* Cobrar [algo] nuevo impulso o intensidad. | * Se renuevan mis temores.
4 Dar carácter o aspecto nuevo [a alguien o algo *(cd)*]. | * La Reforma fue un intento de renovar la Iglesia. **b)** *pr* Adquirir carácter o aspecto nuevo [alguien o algo]. | * –¡Qué cambiado te encuentro, chico! –¡Renovarse o morir!

renqueante *adj* Que renquea. | A. Uroz *Inf* 16.4.70, 27: En la misma puerta aparca su coche y se apea, renqueante aún, Graham Hill. J. M. Moreiro *SAbc* 13.12.70, 95: Solamente dos espectáculos lograban hendir la monotonía de los días de labor: la llegada del autobús, asmático y renqueante, .. y la trompeta del señor Eugenio, el alguacil.

renquear *intr* **1** Cojear [una pers. o animal]. | Miró *As* 14.12.70, 7: Aparece, también, Araquistáin, renqueando de la pierna izquierda. **b)** Marchar [un vehículo] con dificultad. | Agustí *SAbc* 22.11.70, 18: Murió .. atropellado por un tranvía viejo, de esos que renqueaban por la noche en una plaza solitaria.
2 Realizar [alguien o algo] su actividad o función con dificultades. | Alfonso *España* 73: Si nuestra sensibilidad renquea en asunto de mayor rango, no digamos lo que ocurre con otros valores de menos prestigio oficial.

renqueo *m* Acción de renquear. | J. M. Zaldívar *Not* 30.12.70, 22: Pequeñico, macizo y ondulante, pito para llegar a todo sin agobio ni renqueos.

renquera *f (raro)* Cojera. | ZVicente *Examen* 66: El señor Primitivo estaba cojo, una herida en la guerra .. Ni un triste real cobro por la renquera.

renta *f* **1** Utilidad o beneficio económico que rinde [algo *(compl de posesión)*]. | Marcos-Martínez *Aritmética* 2º 123: Los títulos de la Deuda y los valores industriales se compran y venden en la Bolsa .. La renta que estos producen se calcula siempre sobre el valor nominal.
2 Ingresos anuales [de una pers.] no debidos al trabajo. *Frec en pl.* | Benet *Nunca* 13: Llevaban [los compañeros] diez años intentando el ingreso con el único objeto de apurar la renta y prolongar la paciencia de un padre cosechero. **b)** Recursos no monetarios debidos a un esfuerzo o a unas circunstancias anteriores. *Gralm en la loc* VIVIR DE LAS ~S. | A. Línes *Ya* 2.12.73, 5: Ahora estamos viviendo un poco de las rentas de aquellas copiosísimas precipitaciones.
3 Total de ingresos [de una pers. o entidad] en un período de tiempo dado, gralm. un año. *Frec con un adj o compl especificador.* | Ortega-Roig *País* 105: Cuanto mayor sea la renta nacional mayor será la renta por cabeza. Se llama renta por cabeza a la cantidad de dinero que teóricamente le corresponde a cada persona del total de la riqueza nacional. *Abc* 20.5.75, sn: Ministerio de Hacienda. Impuesto general sobre la renta de las personas físicas.
4 Cantidad que se paga por un arrendamiento o alquiler. | Laforet *Mujer* 164: La madre de Julián alquilaba todas las habitaciones posibles en el piso que vivían, que era grande y de renta antigua. **b)** *(col)* Gasto fijo de cierta importancia. | * En una capital el transporte supone una renta. * Tiene una renta entre los médicos.
5 Arrendamiento o alquiler. *Gralm en las locs* DE ~, *o* EN ~. | *Hacerlo* 127: Se trata de un piso de renta. Delibes *Cartas* 45: En renta, no encuentra usted uno [un piso] ni por casualidad. * ¿Quién tiene la renta de tus tierras?

rentabilidad *f* **1** Cualidad de rentable. | *Abc* 27.1.70, 14: Analizar en qué medida una intervención estatal .. en el bloqueo o definición administrativa de los precios provoca la no rentabilidad de las empresas. *Pue* 20.1.67, 24: Es nuestra opinión y también la del vicepresidente .. que la puesta en marcha de estas carreras sea estudiada, ya que su rentabilidad no es interesante.
2 *(Econ)* Relación entre un capital invertido y la renta [1] que produce. | *Pue* 20.1.67, 4: La rentabilidad será del 6,25 por 100 neto, habida cuenta de la desgravación del 95 por 100.

rentabilización *f* Acción de rentabilizar. | J. V. Sevilla *País* 19.11.81, 50: Mecanismos que actúan preferentemente sobre el patrón de distribución de la renta, intentando con ello conseguir, en definitiva, el mantenimiento y la rentabilización del aparato productivo existente.

rentabilizar *tr* Hacer rentable [algo]. | REsteo *SNue* 21.9.75, 2: Bien comercializada y rentabilizada, la cosa esta de la estética y la política .. puede dar mucho jugo [sic]. **b)** Aprovechar [algo no material] o sacar utilidad [de ello *(cd)*]. | C. Ollero *Cam* 17.5.76, 50: ¿A quién debe rentar el hecho de que no se hayan producido los temidos traumatismos? Si consigue rentabilizarlo el Régimen, se pretenderá que el proceso democratizador sea conducido, controlado y mediatizado por él. A. Catalá *PapD* 2.88, 133: El fomento de la profesionalidad debería establecerse sobre elementos como la evaluación rigurosa de la labor docente real, .. la posibilidad de rentabilizar para el sistema la experiencia y cualificación de determinados docentes.

rentable *adj* Que produce una renta [1] suficiente. | *Abc* 27.1.70, 14: Resulta absurdo que ciertas minas, por el hecho de ser rentables, no hayan sido integradas todavía. **b)** Que produce resultados válidos o interesantes. | J. Berlanga *Abc* 22.11.88, 92: ¿A quién cargarle el asesinato? .. Probablemente, al gran capital, incomodado con un presidente poco rentable. R. R. Sáez *M16* 20.10.84, 7: La "rapidez" del avión no resulta rentable cuando tiene que competir con el automóvil particular en distancias medias, tan frecuentes en España.

rentablemente *adv* De manera rentable. | Gironella *Pue* 26.4.66, 3: El día que se potabilice rentablemente el agua del mar.

rentar **A** *tr* **1** Producir [algo (*suj*) determinada renta [1] (*cd*)]. | FQuintana-Velarde *Política* 71: La mano de obra que no tiene ocupación económica debe entonces buscar la emigración, dirigiéndose hacia tierras con elementos productivos capaces de rentar por la aplicación del trabajo cantidad suficiente.
2 Pagar [algo (*suj*) determinada renta [4] (*cd*)]. | Delibes *Ratas* 61: La Sagrario, la Gitana, y el Mamés, el Mudo, se consideraron afortunados al poder cambiar su cueva por una de las casitas de la Era Vieja, con tres piezas y soleadas, que rentaba veinte duros al mes.
B *intr* **3** Producir renta [1]. *Tb fig*. | MGaite *Cuento* 170: ¿Por qué no poner a rentar esa herencia .. y sacar de ella el mayor partido posible? C. Ollero *Cam* 17.5.76, 50: ¿A quién debe rentar el hecho de que no se hayan producido los temidos traumatismos?

renteriano -na *adj* De Rentería (Guipúzcoa). *Tb n, referido a pers*. | P. Gutiérrez *Sáb* 7.8.76, 34: Yuste, el primer alcalde elegido por los concejales renterianos, no ha durado más que tres meses.

rentero -ra *m y f* Pers. que tiene algo en renta [5], esp. una casa o una finca. | ZVicente *Balcón* 62: Esta Casta sin grandes obligaciones, yendo a cobrar a los renteros de Piedad. Torrente *Señor* 121: Lo menos media docena de tus renteros tienen hijas mozas ..; como quedes aquí solo unos días, empezará la procesión, y con ella las lamentaciones: que si la tierra no da, que si veinte duros son muchos duros...

rentilla *f* Juego con seis dados, cada uno de ellos numerado en una sola cara. | Cela *Judíos* 196: Ya cada uno en su banqueta y con los dos blancos delante, Inicial Barbero sacó a la bolsa donde dormía el tarafe. –A qué la damos, ¿a la rentilla?

rentista *m y f* Pers. que percibe rentas [2] de alguna propiedad. | FQuintana-Velarde *Política* 228: Pero los componentes de la clase media y obrera –rentistas, militares, funcionarios, asalariados– ven cómo en esta carrera, carrera de precios y rentas, son otros, y no ellos, los que consiguen ventaja. **b)** *Esp*: Pers. que vive de sus rentas. | Valdeavellano *Burguesía* 30: A veces invertían sus ganancias en propiedades rústicas, convirtiéndose de este modo en rentistas ociosos.

rentoy (*pl normal*, ~S o RENTÓIS) *m* (*raro*) **1** (*Naipes*) Juego que suele jugarse por parejas, repartiéndose tres cartas a cada jugador, y en que el valor máximo corresponde al dos. | DCañabate *Paseíllo* 54: Nos quedamos en la posá jugando al rentoy.
2 (*col*) Chulería o desplante. | DCañabate *Paseíllo* 36: Eso es una declaración de verdad y no los rentoyes de los chulines.
3 (*col*) Pulla o indirecta. | S. Miranda *Abc* 23.12.70, 9: Ya que me tira usted ese rentoy, le recojo diciéndole que me encantaría que me pintase usted tres manzanitas como esas ocho o diez que está usted pintando.

rentrée (*fr; pronunc corriente*, /rantré/) *f* Vuelta o regreso, esp. después de las vacaciones de verano. | *Inf* 15.8.70, 2: Una serie de cuestiones importantes para la vida nacional se encuentran definitivamente aplazadas a la espera de la "rentrée" de septiembre.

renuencia *f* (*lit*) Cualidad de renuente. | Abella *Vida* 1, 23: Tras larga renuencia, el falangismo se adscribió a un bando en el que ni la nacionalización de la banca ni la socialización de los servicios entraban en su programa.

renuente *adj* (*lit*) Reacio o remiso. *A veces con un compl* A. | P. Posada *Pue* 22.3.80, 9: En el fondo del valle, aguas de cristal corren serenas y lentas, como renuentes a alejarse de tan gratos parajes. Delibes *Santos* 122: Si los bandos se mostraban renuentes o desconfiados, pues abajo.

renuevo *m* **1** Tallo nuevo [de una planta, esp. de un árbol podado o cortado]. | J. MArtajo *Ya* 9.7.74, 5: Las pitas de maguey lanzan sus renuevos.
2 (*raro*) Acción de renovar(se). | GPavón *Reinado* 156: El sol .. daba a los Paseos y al campo ese aspecto de renuevo, de vida sin memoria alguna de lo pasado.

renuncia *f* Acción de renunciar [1 y 3]. | Compil. *Aragón* 604: La renuncia a la legítima .. no afectará a los derechos que correspondan al renunciante en la sucesión intestada. Villarta *Rutas* 178: La tristeza de las necesarias renuncias vino después con sus graves desgracias familiares.
b) Documento en que consta una renuncia legal. | * Para que esto tenga validez es preciso presentar la renuncia del padre.

renunciabilidad *f* (*raro*) Cualidad de renunciable. | Portal *VozE* 28.8.74, 28: La negociación aboca casi siempre .. a la transacción. Esta renunciabilidad de posiciones, de actitudes, de ideales .. implica .. una duda.

renunciable *adj* Que se puede renunciar [3 y 4]. | Ramírez *Derecho* 123: Los derechos concedidos por las leyes son renunciables.

renunciación *f* Renuncia, esp. con sacrificio o abnegación. | Cossío *Montaña* 76: Previamente había hecho renunciación de su oficio de párroco en dicho pueblo y en Celis. Gambra *Filosofía* 190: El bien de los demás .. no puede exigir los sacrificios y renunciaciones que en tantos casos supone el obrar mal.

renunciador -ra *adj* **1** Que renuncia. | Cela *Pirineo* 48: En fin, ¡flaca es la carne y renunciadora!
2 De (la) renuncia. | LIbor *Rebeldes* 28 (G): La primera paradoja aparece cuando el hombre satisface un impulso por la negación de otros, como cuando toma una actitud renunciadora frente a la vida instintiva. El hombre, decía Scheler, es el ser capaz de decir "no" a las reclamaciones de sus instintos.

renunciamiento *m* Renunciación. | RIriarte *Carrusell* 294: Esa ambición romántica, tan generosa, llena de renunciamiento, degenera.

renunciante *adj* Que renuncia. *Tb n, referido a pers*. | Compil. *Aragón* 604: La renuncia a la legítima .. no afectará a los derechos que correspondan al renunciante en la sucesión intestada. MSantos *Tiempo* 85: Una chupada anciana .. renunciante a todo manejo provocativo de partes corporales. [*En un burdel*].

renunciar (*conjug* **1a**) **A** *intr* **1** Cesar voluntariamente en los derechos [sobre algo (*compl* A)]. *Tb sin compl, por consabido*. | C. Nonell *Abc* 3.6.73, 13: Vencido y prisionero Francisco I en Pavía y traído a Madrid, .. firma el pacto por el que renuncia a la Borgoña. Arenaza-Gastaminza *Historia* 121: Los Papas que había renunciaron o fueron depuestos, y se eligió como único Papa a Martín V. **b)** Cesar voluntariamente [en una pretensión o proyecto (*compl* A)], gralm. con sacrificio. | Laiglesia *Tachado* 297: Renuncio a la fundación de mi Hermandad. **c)** Abstenerse voluntariamente [de algo (*compl* A)]. | Paso *Rebelde* 101: El autor renuncia, de antemano, a una acotación minuciosa. **d)** Apartarse voluntariamente [de alguien o algo (*compl* A)]. | Ribera *SSanta* 116: ¿Renunciáis a Satanás?
2 (*Juegos*) Faltar a las leyes del juego, no jugando la carta o la ficha debida. | Corral *Cartas* 46: Si alguno de los que renunciaron, sea como fuere, reconociese su falta antes de recoger la baza, puede enmendarla.
B *tr* **3** Renunciar [1] [a algo (*cd*)]. | CSotelo *Poder* 231: Sería absurdo que el reino pasase a sus manos hoy para renunciarlo mañana. *Pue* 22.5.65, 1: Caamaño, dispuesto a renunciar su cargo. Fuster *Van* 25.12.71, 11: Las "austeridades" dejan de serlo en el mismo momento en que se presenta la ocasión de renunciarlas.

4 Rechazar o no aceptar. | *Ya* 20.4.82, 14: El fiscal pretendió interrogar al comandante Moreno, ayudante del entonces general Aramburu, testigo que había sido renunciado por la defensa.

renuncio *m* **1** Falta que se comete contra las leyes de un juego, no jugando la carta o la ficha debida. *Tb fig.* | *Abc Extra* 12.62, 71: Otras recomendaciones establecen considerar jugada la ficha enseñada, obligación de nombrarla al mirarla, perder 20 puntos en el "renuncio" –tenerla y no ponerla–. Lera *Clarines* 415: Cuando la moza volvió a sentarse, pudo rozarle la espalda .. Pero la tal Mariquita se volvió rápida. Ni corta ni perezosa .. le dio una sonora bofetada .. –Si le estaba viendo venir .. Y ahora le he cogido en un renuncio bien claro.
2 Mentira o contradicción. *Gralm en la constr* COGER EN ~. | GPavón *Hermanas* 34: Solo se fijaba en las personas mayores para buscarles en el gesto, pelo, ademanes y renuncios, similitudes con su otoño propio. Delibes *Voto* 122: –¿Acertada siempre? –En sesenta años no le cogimos en un renuncio.

reñidamente *adv* De manera reñida [2]. | Umbral *Ext* 23.10.74, 3: Marcel Proust tuvo que disputar reñidamente el Goncourt con un novelista tan olvidado hoy como Ro[land] Dorgelès.

reñidero *m* Sitio destinado a riñas de animales, esp. de gallos. | NMota *Abc* 16.5.68, sn: Lo que da al reñidero un carácter peculiar, emotivo, es el diálogo fuerte, vibrante, de los aficionados, que apuestan por el gallo favorito.

reñido -da *adj* **1** *part* → REÑIR.
2 [Cosa] que implica competencia o rivalidad. | *DMa* 29.3.70, 30: La última ceñida se presenta muy reñida, ya que Paco Oliver .. ha visto disminuir su ventaja.
3 [Cosa] opuesta o incompatible [con otra]. *Normalmente como predicat con* ESTAR. | Laforet *Mujer* 326: Esta mañana me parecía que la felicidad humana estaba reñida con mi vida.

reñidor -ra *adj* Que riñe con frecuencia. | E. Pardo *SAbc* 7.7.74, 52: Días de observación y búsqueda nos permitieron descubrir un "rino", viejo reñidor, al que encontramos grandes cicatrices, testimonio de antiguas peleas.

reñir (*conjug* **58**) **A** *tr* **1** Reprender con energía o brusquedad [a alguien]. *Tb abs.* | Arce *Testamento* 74: Teníamos que estar riñéndonos a todas horas. Medio *Bibiana* 71: Que si una riñe por todo, que si les amarga la vida.
2 Llevar a cabo [una batalla o algo similar]. | Salvador *Haragán* 182: En el río Ebro, cerca de Gandesa, se está riñendo una batalla terrible.
B *intr* **3** Enfrentarse [con alguien] de palabra o de obra. *Tb sin compl, con suj pl.* | FSalgado *Conversaciones* 437: No tengo el menor deseo de que España riña con esa nación, pero sí la obligación de defender nuestros intereses. **b)** Enemistarse o romper las relaciones [con alguien]. *Tb sin compl, con suj pl.* | FSalgado *Conversaciones* 546: Estuvo reñido con él por no considerarlo leal. A. Yébenes *Sáb* 26.2.72, 19: Su cita con Bergaz .. tenía por objeto aclarar de una vez y para siempre la posición de ambos, ya que estaban reñidos totalmente. **c) echar a ~.** Comparar o poner en parangón. | Delibes *Año* 49: El "nouveau roman" es un género híbrido, nacido de las circunstancias, al que no hay por qué echarle a reñir con la novela. Son cosas distintas.

reo¹ -a (*la forma f es rara; normalmente se usa la forma ~ como m y f*) *m y f* **1** Pers. acusada en un juicio. | CBaroja *Inquisidor* 23: Había en el tribunal provincial .. abogados y a veces procuradores de los reos. CBonald *Ágata* 148: Oyendo –igual que una rea el injusto veredicto– las acometidas de la horda volante. **b)** Pers. acusada o inculpada. | Ramírez *Derecho* 13: Las leyes penales tienen siempre efecto retroactivo en cuanto favorezcan al reo de un delito o falta.
2 Pers. que por sus culpas es merecedora [de un castigo, esp. la muerte]. | Vesga-Fernández *Jesucristo* 134: Todos a una sentenciaron: –Es reo de muerte.

reo² *m* Trucha que vive en el mar y en los ríos (*Salmo trutta*). | Noval *Fauna* 413: Se dice en Asturias que cuantos más salmones hay en el río, menos reos, y al revés.

reo³ (*reg*) **I** *m* **1** Vez o turno. | Moreno *Galería* 50: A las hacenderas acostumbraba a seguir una reunión vecinal en la Casa del Concejo, para disfrutar del simbólico pago al trabajo: el reo de vino.
II *loc adv* **2 a ~** → ARREO².

reobrar *intr* Actuar [sobre algo] como respuesta o reacción. | FRamírez *Lengua* 26: Que ese mundo interior y sus leyes peculiares reobren sobre la lengua, y la lengua venga a ser algo así como una impronta de lo que se produce dentro, eso es mucho decir.

reoca. la ~. *f* (*col*) La oca (una cosa exagerada o disparatada). *Se usa normalmente como predicat con* SER, *referido a pers o cosa.* | ZVicente *Traque* 99: Oiga, encargada, ¿es que me han cortado? La reoca, estaría bueno. Tono *Abc* 15.4.75, 21: Cuando se le antoja a uno describir a una señorita estupenda, por ejemplo, puede uno decir que está para parar un tren o que es la reoca.

reófilo -la *adj* (*CNat*) [Pez o planta] que vive en aguas de corriente impetuosa. | Navarro *Biología* 298: Pocos peces, entre los que se encuentran los adaptados a nadar contra la corriente (peces reófilos) como el salmón y la trucha.

reóforo *m* (*Electr*) Conductor de los dos que establecen la comunicación entre un aparato eléctrico y una fuente de electricidad. | Umbral *País* 5.11.78, 23: Nadie .. se pone todos los chismes, ortopedias, reóforos, pilas, reostatos, vibraciones, cables, calambres, timbres y cosas del sex.

reógrafo *m* (*Electr*) Instrumento para registrar las variaciones de la intensidad de una corriente. | E. Rey *Ya* 20.3.75, 36: Hay un aparato, el "reógrafo de impedancia bilateral", que está destinado a detectar cualquier oclusión debida a trombos o coágulos de sangre en el sistema circulatorio de una forma totalmente incruenta para el paciente.

reojar *tr* Mirar de reojo. | Quiñones *Viento* 43: Estaban .. más atentos que a nada, a las dispuestas sábanas blanquísimas y a la amplitud del lecho, reojado por ambos en temerosas miradas inevitables.

reojo I *m* **1** (*raro*) Mirada que se produce con el rabillo del ojo y sin volver la cabeza. | GPavón *Rapto* 239: El Rosario pensó un poco y echó un reojo a la gorda, que parecía distraída. VMontalbán *Pájaros* 229: Agradeció la velocidad del coche, el mutismo del conductor, sus periódicos reojos a través de los retrovisores.
II *loc adv* **2 de ~.** Con el rabillo del ojo y sin volver la cabeza. *Normalmente con el v* MIRAR. *Tb adj, referido a mirada.* | Medio *Bibiana* 41: Hablan unas con otras y miran a los chicos de reojo. Laforet *Mujer* 241: Empezó a fumar, de pie, observando de reojo la orgullosa cabeza de la mujer y sus labios cerrados.
3 de ~. Con antipatía o prevención. *Con el v* MIRAR. | * Su suegra siempre te miró de reojo, eso es cierto.

reordenación *f* Acción de reordenar. | M. MLobo *Ya* 22.10.64, sn: La urgente reordenación que requería el viejo solar español la estaba realizando ya, y por su cuenta, el éxodo rural.

reordenador -ra *adj* Que reordena. | HLM 5.10.70, 2: Lo que más vale de este esfuerzo previsor y reordenador es que huye de las concepciones abstractas.

reordenamiento *m* Acción de reordenar. | D. Gálvez *Rev* 12.70, 13: Muchas disposiciones de la ley favorecen la concentración parcelaria y el reordenamiento rural para constituir unidades agrícolas de superficie adecuada.

reordenar *tr* Dar nueva ordenación [a algo (*cd*)]. | *BLM* 9.74, 2: Se proponían adecuar los contenidos y sistemas a las necesidades de la industrialización, reordenando las titulaciones en función de la dependencia tecnológica.

reorganización *f* Acción de reorganizar. | L. M. Mezquida *Abc* 27.11.70, 23: Con ocasión de la reorganización de las diócesis hispanas, fue agregado a la diócesis de Segorbe el arciprestazgo de Castellón de la Plana.

reorganizador -ra *adj* **1** Que reorganiza. *Tb n, referido a pers.* | * Él fue el auténtico reorganizador de la empresa.
2 De (la) reorganización. | J. L. Mayoral *Abc* 24.6.58, sn: Este Registro lanero, cuya misión reorganizadora y beneficiosa nadie puede discutir.

reorganizar *tr* Dar nueva organización [a algo (*cd*)]. | D. I. Salas *MHi* 7.69, 41: En el reinado de Isabel II se procedió a reorganizar la Armería.

reorganizativo -va *adj* De (la) reorganización. | J. Salas *Abc* 1.6.75, 16: Movimiento reorganizativo del partido del proletariado.

reorientación *f* Acción de reorientar. | R. Castellar *Gac* 11.5.69, 19: El cambio implica, con una reorientación general, la necesidad de reformas urgentes.

reorientar *tr* Dar nueva orientación [a algo (*cd*)]. | Bermejo *Estudios* 85: La documentación puede reorientarse, como se ha hecho en algunos otros países.

reóstato (*tb, semiculto,* **reostato**) *m* (*Electr*) Resistencia variable que, intercalada en un circuito, permite variar y regular la intensidad de la corriente. | Mingarro *Física* 122: ¿Qué ventaja presenta un reóstato sobre una caja de resistencias? Umbral *País* 5.11.78, 23: Nadie .. se pone todos los chismes, ortopedias, reóforos, pilas, reostatos, vibraciones, cables, calambres, timbres y cosas del sex.

repajo *m* Lugar cerrado con arbustos y matas. | CBonald *Casa* 57: Esa tierra –casi toda de repajo– estaba entonces bastante desatendida.

repajolero -ra *adj* (*col*) **1** Maldito o condenado. | ZVicente *Traque* 17: A ver si hacen el repajolero favor de no tirar las colillas en la alfombra.
2 Pícaro o travieso. | Cela *SCamilo* 53: ¡Qué alegre era la jodía!, ¡qué repajolera gracia tenía en la cama!

repanchigarse *intr pr* (*col*) Repantigarse. *Frec en part.* | Gamallo *Ya* 19.5.72, 8: Ya está, pues, repanchigado entre los "inmortales", hecho un varón respetable y respetuoso, el antiguo mordaz guerrillero.

repanchingarse *intr pr* (*pop*) Repanchigarse. *Frec en part.* | MSantos *Tiempo* 224: Podrá, repanchingado en sillones a los que el pueblo también .. tiene a veces acceso, fumarse los puros.

repanocha. la ~. *f* (*col*) El colmo. *Gralm como predicat con* SER, *referido a pers o cosa.* | Gironella *Millón* 581: ¡Pasando un fascista a los nacionales! ¡Lo que faltaba! ¡La repanocha!

repantigarse *intr pr* Sentarse extendiendo los miembros para mayor comodidad. *Frec en part.* | Delibes *Parábola* 48: Jacinto .. toma un libro de la estantería y se repantiga en un sillón. CNavarro *Perros* 115: El señor Ventosa miró a un par de individuos repantigados en los sillones.

repantingarse *intr pr* (*col*) Repantigarse. | Marsé *Montse* 148: Se está bien aquí, repantingando en el banco y con la americana doblada bajo la nuca.

repápalo *m* (*reg*) Dulce casero a modo de buñuelo con relleno de pan. | *Hoy* 31.3.88, 32: Repápalos. Ingredientes: Abundante miga de pan, huevo, azúcar y anises.

reparable *adj* Que se puede reparar [1, 2 y 3]. | *Inf* 12.6.75, 19: El viaducto es reparable.

reparación *f* Acción de reparar [1, 2 y 3]. | GTelefónica *N.* 139: Autosa. Reparación general de automóviles. Valcarce *Moral* 95: Reparación de la blasfemia.

reparado -da *adj* **1** *part* → REPARAR.
2 (*Taur*) Que tiene un defecto visual. *Frec* DE LA VISTA. | Hache *Cod* 9.2.64, 5: Con un animal que gazapea, que se vence de un lado, que es reparado de la vista, .. es un toreo impracticable.

reparador -ra *adj* **1** Que repara [1, 2 y 3]. *Tb n, referido a pers.* | *Ya* 30.5.64, 31: La cirugía plástica y reparadora juega un papel principalísimo. *Caso* 5.12.70, 15: Mendaco te devuelve la tranquilidad, el bienestar y un sueño reparador. Donald *Abc* 14.6.58, 61: Refleja la acción con un episodio de la vida de un reparador de automóviles.
2 [Religiosa] de la orden de María Reparadora, fundada por Émilie de Oultremont en 1854. *Tb n f.* | *Santander* 134: Las nuevas edificaciones religiosas cuentan con el seminario diocesano de Monte Corbán, la parroquia de San Roque, .. la escuela-taller y la nueva iglesia de los salesianos, Sagrados Corazones, Madres Reparadoras.

reparar A *tr* **1** Arreglar [algo estropeado o roto]. | Ramos-LSerrano *Circulación* 328: Sustituir el inyector por otro nuevo; el averiado debe ser reparado por taller especializado. **b)** Arreglar [una rotura o desperfecto]. | Ramos-LSerrano *Circulación* 154: Si involuntariamente se produjera deterioro en las señales destinadas a regular la circulación, .. existe el deber de comunicarlo, sin pérdida de tiempo, a la autoridad competente y repararlo.
2 Dar compensación [a algo (*cd*) que ha sufrido un daño o menoscabo]. | SLuis *Doctrina* 36: La Redención .. reparó sobradamente el Honor de Dios ofendido. FQuintana-Velarde *Política* 60: Si del valor total del producto anual no se dedujese una cierta cantidad para reparar el capital fijo desgastado durante el proceso de producción, nos encontraríamos con que, al cabo de cierto tiempo, no teníamos capital fijo. **b)** Remediar [una falta cometida o un daño causado]. | SLuis *Doctrina* 35: Reparar la ofensa hecha a Dios por el pecado. FQuintana-Velarde *Política* 60: Todo empresario debe deducir una cierta cantidad del valor del producto total que le permita reparar el desgaste experimentado en el capital fijo.
3 Restablecer [las fuerzas]. | C. Nonell *Abc* 17.7.66, 50: Aquí repararemos las fuerzas del cuerpo, que por desgracia también cuenta y es el que nos tiene que llevar monte arriba.
4 (*reg*) Ver [a una pers. o cosa] o reparar [5] [en ella (*cd*)]. | Faner *Flor* 12: Registraron la vivienda. En un aposento hallaron a dos mujeres, una de ellas anciana, junto a un niño, que huyeron al repararlas.

B *intr* **5** Darse cuenta de la presencia o de la existencia [de alguien o algo (*compl* EN)]. *Cuando el compl es una prop, a veces no lleva prep.* | Medio *Bibiana* 87: Por suerte, el hombre no repara en ella.
6 Detenerse a considerar [algo (*compl* EN)]. *Cuando el compl es una prop, a veces no lleva prep.* | *Ext* 19.10.70, 2: "Los insaciables" es la historia de un hombre de negocios, implacable y difícilmente saciable, quien no repara en medios para encontrar lo que busca. Escobar *Itinerarios* 226: Comenzaron a descolgarse por la barandilla, sin reparar siquiera que podían perniquebrarse.

reparcelación *f* Nueva parcelación. | *Hoy Extra* 12.69, 34: Está aprobado el plan parcial del proyecto de reparcelación y urbanización.

reparo *m* **1** Dificultad o inconveniente. *Frec con el v* PONER. | Lapesa *HLengua* 253: El lenguaje literario admitía sin reparo formas como *haiga*. DPlaja *El español* 45: Es probablemente [la confesión] el único reparo para su general aceptación de una situación en la que hay muchas ventajas.
2 Advertencia de oposición o disconformidad. *Frec con el v* HACER. | *Sp* 19.7.70, 17: No había que hacer reparos al control de la natalidad.
3 Vergüenza o retraimiento. | CNavarro *Perros* 52: Dígamelo sin reparos. CNavarro *Perros* 51: Aquella situación empezaba a avergonzarla. Se veía en los espejos, y su propia figura le daba reparo. **b)** Recelo o desconfianza. | Halcón *Ir* 102: La mula "Peregrina" loquea un poco .. Los otros gañanes le tienen reparo.
4 (*raro*) Acción de reparar, *esp* [1]. | Tamames *Economía* 429: La contribución territorial urbana grava el suelo urbano .., con un tipo global del 38,8 por 100 de la renta catastral de la finca urbana .. reducida en un 30 por 100 que se imputa a huecos, reparos y servicios. Ridruejo *Memorias* 23: Aneja a la casa quedaba una casilla con corral donde se dejaban al reparo las ovejas enfermas, modorras o heridas.
5 (*hist*) Remedio que se pone al enfermo en la boca del estómago para darle vigor. | Cabezas *Abc* 15.4.58, 23: El día 2 de abril de 1806 se preparó para los Reyes un "reparo", con esta fórmula: "Se toma un bizcocho redondo, se empapa en caldo y un poco de vinagre; se rocía con chocolate y quina en polvo. Entre dos lienzos calientes se aplica sobre el estómago".

reparón -na *adj* (*raro*) [Pers.] que tiende a poner reparos [1] exagerados. | Azorín *Recuadros* 1356: Todos nos alegramos. Soy reparón, señor presidente. He dicho todos nos "alegramos", y veo que hablo al mismo tiempo en pasado y en presente. **b)** Propio de la pers. reparona. | Espinosa *Escuela* 492: Entregaremos el Poder a un solo hombre, llamado Liquidador de la Impostura, que desmontará el Hecho de la forma más escrupulosa, reparona, porfiada e inflexible que pueda imaginarse.

repartible *adj* Que se puede repartir. | F. Lozano *Inf* 25.9.75, 32: Renfe .. no busca obtener un beneficio repartible, sino obtener los mejores resultados posibles en beneficio del propio ferroviario.

repartición *f* Acción de repartir. | A. ÁCadenas *Reg* 24.11.70, 5: A fin de enderezar los entuertos de la injusta repartición de la riqueza.

repartidor -ra *adj* Que reparte. *Tb n, m y f, referido a pers y a aparato o máquina*. | Van 25.4.74, 10: La instalación [de electricidad] constará de las siguientes líneas y elementos: caja general de protección (situada en el portal o en la fachada), línea repartidora, centralización de contadores, derivaciones individuales. ZVicente *Balcón* 37: Pasa un repartidor de telégrafos en una bicicleta. M. Vigil *Ya* 10.6.73, 5: El incendio [de la Telefónica] comenzó en la planta sexta en uno de los repartidores, tras una mesa de pruebas. *Asturias* 105: Cabe destacar los vehículos de todo terreno, .. máquinas quitanieves para los puertos, compresores, repartidoras de aire, cisternas para riego, etc.

repartimiento *m* Reparto [1]. | Marcos-Martínez *Aritmética* 2º 103: Repartimientos proporcionales y regla de compañía. P. GMartín *His* 5.85, 34: La fuente primordial manejada estriba en una serie de estadillos elaborados en 1765 con motivo de un repartimiento de cuatro maravedís por cabeza entre todos los ganaderos mesteños para costear la conducción de 50.000 fanegas de trigo. **b)** *(hist)* Reparto de un determinado número de indios entre los colonizadores españoles, para dotar de mano de obra a las explotaciones agrícolas y mineras. | J. M. ÁRomero *MHi* 11.63, 73: El nuevo clima de autoridad se difundió rápidamente en encomiendas y repartimientos.

repartir *tr* **1** Dividir [algo] dando a cada parte un destino particular. *Frec con un compl* ENTRE. | Marcos-Martínez *Aritmética* 48: El profesor va a repartir 12 lápices de colores entre 3 alumnos. *Inf* 27.4.77, 7: Este hecho ha dado lugar a que los alumnos y profesores hayan sido desalojados, siendo repartidos en otros centros de enseñanza. Lute *SPaís* 1.5.77, 20: Nos dispusimos, antes de llegar al barrio, a hacer el reparto de las joyas. En realidad poco había que repartir: seis pulseras de oro y un reloj de señora del mismo metal. **b)** *pr* Estar [algo] dividido [de un modo determinado]. | F. Cebolla *Tri* 26.8.72, 23: La media española de 0,8 plazas para subnormales por cada mil habitantes se reparte de forma muy irregular.
2 Hacer llegar [algo a perss. distintas o lugares diferentes (*ci o compl* POR *o* ENTRE)]. *Tb sin el 2º compl*. | Laforet *Mujer* 314: Yo iba con dos señoras que querían dejar en su casa no sé qué medicinas que usted tenía que repartir. Moreno *Galería* 251: Todo lo demás consistía ya en "coger luz" de una de las lámparas de aceite .. y repartirla luego, de candela en candela. * Se reparte a domicilio.
3 Colocar [algo] extendiendo[lo] o distanciándo[lo]. | J. Carabias *Ya* 25.4.77, 8: Aquí debería implantarse, como en otros países, el derecho a ponerse enfermo quince días al año, repartidos en la forma que mejor convenga al "doliente". **b)** *pr* Estar [algo] extendido o distanciado. | * Las hojas se reparten a lo largo del tallo de un modo simétrico. Rodríguez *Monfragüe* 122: Sapo corredor .. Aspecto característico a base de grandes rugosidades o tubérculos repartidos por toda la piel.
4 Adjudicar [a un actor un papel]. | Diosdado *Olvida* 72: De lo que sí empiezo a estar un poco hasta las narices es de que hayas decidido repartirme a mí el papel del malo, como en las películas antiguas.

reparto *m* **1** Acción de repartir(se). | Marcos-Martínez *Aritmética* 2º 103: Reparto proporcional simple y directo. *Ya* 28.5.67, 13: Cuando iba en motocicleta por el paseo del Prado cayó de la máquina al quedar la cesta de reparto que llevaba en la moto enganchada en un turismo.
2 Relación de los actores [de una obra teatral o cinematográfica] y de los personajes que encarnan. | Buero *Soñador* 205: Reparto. (Por orden de intervención.) **b)** Conjunto de actores [de una obra]. | E. Corral *Abc* 22.11.70, 66: Bien elegidos los escenarios y cualificadísimo el reparto, generoso de nombres.

repasado *m* Acción de repasar [3 y 6]. | *BOE* 30.12.74, 26404: Se dedica a la construcción de ataúdes, forrado, tapizado, repasado y adorno de los mismos. *Alcoy* sn: Espí Hermanos S.A. Regenerados de algodón, repasados y tintados.

repasador -ra *adj* Que repasa, *esp* [3]. *Tb n, referido a pers*. | J. M. Alfaro *Abc* 24.8.75, 30: "El otoño del patriarca" .. es una tremenda y repasadora crónica de la decadencia de un dictador. *Ext* 30.12.70, 8: Las remuneraciones oscilan .. de 145 pesetas diarias el jefe de almacén a 120 el ordenanza, vigilante y portero y de 15 pesetas hora los repasadores de sacos y mujeres de limpieza. *Van* 20.12.70, 86: Taller confección precisa repasadora.

repasar A *tr* **1** Volver a pasar [algo (*cd*) por un sitio]. *Tb sin compl de lugar*. | * Pasa y repasa la mano por su cabeza. D. Bidaurreta *DNa* 23.7.64, 9: El arriero, muy voluntarioso, pone equilibradamente la carga, pasa y repasa la soga, lo tapa todo con una lona. **b)** Volver a pasar [una cosa (*compl* CON) por otra (*cd*)]. | Cunqueiro *Un hombre* 22: Tenía la espada en las rodillas y repasaba el doble filo con el meñique. **c)** *(raro)* Volver a pasar [por un sitio (*cd*)]. | VParga *Santiago* 22: Es, por tanto, fácil, sin esclavina ni bordón, ni aun cabalgadura, el repasar las viejas rutas en un moderno automóvil.
2 Volver a mirar o examinar [algo]. | Matute *Memoria* 9: Repasando antiguas fotografías creo descubrir en aquella cara espesa .. un resplandor de Borja y aun de mí.
3 Revisar o examinar con cuidado. | CNavarro *Perros* 13: Antolín, luego de repasar el coche y a la muchacha, como si hubiera de ajustar el precio de ambos, preguntó. FQuintana-Velarde *Política* 12: Repasa los campos de Badajoz, los suburbios de Madrid .., y observarás cómo al lado de las medias, altas y en ocasiones altísimas rentas, se extiende el fantasma de la carencia, de la pobreza. **b)** Revisar [algo] para corregir[lo] o arreglar[lo] si lo necesita. | Ramos-LSerrano *Circulación* 336: Averías .. Conexiones defectuosas. Repasar las conexiones del interruptor, motor y muy especialmente los bornes de la batería. Delibes *Pegar* 73: Cossío había rematado su artículo en un cuarto de hora .. Y, en un más difícil todavía, lo entregaba a las linotipias sin repasarlo. **c)** Revisar [la ropa] y coser[la] si lo necesita. *Tb abs*. | ZVicente *Traque* 306: Él daba clases, yo repasaba la ropa para los internos. *Lab* 9.70, 2: Puede utilizarse igual para telas finas o gruesas; para coser botones o para repasar.
4 Leer de nuevo o repetir [algo, *esp*. una lección] para recordar[lo]. *Tb abs*. | M. Veyrat *MCr* 9.65, 29: Este verano, unas horas diarias para repasar .. Hay cientos de familias en todo el mundo que han resultado suspendidas o aprobadas. **b)** Ayudar [a alguien] a estudiar o recordar [algo, *esp*. una lección, que ya es materia conocida]. | Solís *Siglo* 65: Don Sebastián habló con el superior de los Dominicos, que tenían fama de buenos latinistas y filósofos, para que durante los meses de verano le repasaran el latín y le instruyeran en filosofía.
5 Leer [algo] por encima o de manera ligera. | Buero *Diálogo* 53: Le da el periódico, que él repasa por encima.
6 *(Tex)* Abrir de nuevo [la lana] y peinar[la] después de teñida. | * Han comprado una máquina de repasar lana.
B *intr* ➤ **a** *normal* **7** Pasar otra vez [por un sitio]. | Pinilla *Hormigas* 200: Sus descomunales manos de carretero pasando y repasando por los hocicos de los animales. Laiglesia *Tachado* 189: En las escenas multitudinarias de las películas, los "extras" pasan y repasan varias veces ante la cámara para que parezcan más a los ojos del espectador.
➤ **b** *pr* **8** Dejar pasar [un cuerpo] humedad o pequeñas gotas de líquido a través de sus poros. *Tb fig*. | * Esta cazuela se repasa un poco. Delibes *Príncipe* 43: Quico no se ha meado hoy en la cama; ni se ha repasado tampoco.

repasata *f (col, raro)* Regañina o reprimenda. | *Abc Extra* 12.62, 87: De todas maneras, reprobaciones, afeamientos, repasatas y rapapolvos .. no sirven para nada.

repaso *m* **1** Acción de repasar, *esp* [2, 3, 4 y 5]. | Laforet *Mujer* 141: Poco a poco fue haciendo un repaso de los mandamientos. Huarte *Tipografía* 14: Antes de entregar el original debe dársele un repaso para cerciorarse de que están correctamente indicados los cambios de tipo. *Mar* 24.1.68, 5: Para la próxima semana (miércoles), nuevo repaso, si es posible en la Ciudad Deportiva ante un equipo sin designar.
2 Acción de recordar [a alguien], en tono enérgico, una serie de cosas, *esp*. fallos, que debe tener en cuenta. *Gralm en la constr* DAR UN ~. | *Ya* 10.6.78, 12: El señor Fraga Iribarne

repatear – repente

utilizó ayer una oratoria encrespada de tono y tajante. Les dio un repaso con ademán enérgico a los socialistas porque defendieron introducir en la Constitución el reconocimiento de la iniciativa pública en la actividad económica. **b)** Demostración de superioridad en conocimientos. *Gralm en la constr* DAR UN ~. | * El opositor nos dio un repaso a todos, incluido el presidente del tribunal.

repatear A *intr* **1** (*col*) Desagradar profundamente. | Arce *Precio* 31: A estos tipos .. no hay Dios que les aguante. Lo que más me repatea de él es su idealismo papanateril y utópico.
B *tr* **2** (*raro*) Patear repetidamente [un lugar]. | GJiménez *Ya* 4.6.75, 47: Gentes de Aragón, de las dos Castillas, del Levante o de las Andalucías .. patean y repatean el recinto. ZVicente *Traque* 264: Las tres desgracias del piso de arriba, que me repatean la casa hasta desprender los retratos.

repatriación *f* Acción de repatriar(se). | Mercader-DOrtiz *HEspaña* 4, 3: Las paces de Utrecht y Rastatt, con la retirada de las guarniciones hispanas de Flandes, Italia y otros puntos de nuestro Imperio europeo, ocasionaron la repatriación de muchas familias allí residentes. Tamames *Economía* 142: La inversión extranjera y la repatriación de capitales españoles de Cuba y Filipinas fueron hechos decisivos para el desarrollo de nuestra industria.

repatriar (*conjug* **1c** o **1a**) *tr* Hacer que [alguien o algo (*cd*), esp. dinero] vuelva a su patria de origen. *Referido a pers, frec el cd es refl.* | Alfonso *España* 141: Los repatriados de Rusia (llevados allí de niños) que, al ser incorporados aquí a la vida nacional, exclamaban que los *soviets* habrían mandado a Siberia a gente tan perezosa como los españoles.

repe *adj* (*col*) Repetido. *Frec referido a cromos.* | Laiglesia *Ombligos* 48: Te cambio a Foster Dulles, que lo tengo "repe", por Moloto[f]. MGaite *Cuento* 385: En ese terreno todo resulta "repe", nadie pestañea. *Ya* 4.9.86, 50: Teatro "repe".

repechar *intr* Subir por un repecho o cuesta. | Peraile *Cuentos* 33: Por lo que a bulto se vislumbra, el Moracho repecha en cabeza de la fila.

repecho *m* **1** Cuesta corta y empinada. | Escobar *Itinerarios* 136: Aun las espigas del trigo suben por oteros, lomas y repechos, coronando alturas.
2 (*raro*) Antepecho [de una ventana]. | Mascaró *Médico* 131: Diariamente deben cambiarse los calcetines o medias y airear los zapatos colocándolos durante la noche en el repecho de la ventana u otro lugar.

repeinar *tr* Peinar cuidadosamente. *Frec en part.* | Laiglesia *Tachado* 269: Después, los inevitables huerfanitos de la beneficencia, limpios y repeinados, lanzarán sonoros "vivas" en honor nuestro.

repelado *m* (*reg*) Dulce de almendra y clara de huevo. | GMacías *Hoy Extra* 12.75, 23: El capítulo de dulces cacereños es asaz interesante. Mencionemos la "sopa de almendra", .. "roscas de palo", "repelaos".

repelar *tr* **1** Pelar completamente. | Paso *Pobrecitos* 234: Por el arco entra Isidro, un pobrecito cabo, de uniforme, en quien manda el corazón más que la cabeza, a pesar de tenerla grande y repelada. *Prospecto* 6.90: Alcampo .. Cacahuete repelado y salado, 1 Kg. "Borges": 520 pts.
2 Tirar del pelo [a alguien (*cd*)]. *Tb abs.* | * No uses ese peine, que me repelas. * Ese peine repela.

repelencia *f* **1** Acción de repeler. | *Abc* 1.6.71, 60: El poder de repelencia de *Aután* es eficaz no solo contra los mosquitos, sino contra toda clase de tábanos, garrapatas, chinches, avispas, etc.
2 Cualidad de repelente. | * Es un niño de una repelencia increíble.

repelente *adj* Que repele, esp [4]. *Tb n m, referido a producto.* | J. Minaya *VozC* 6.10.68, 8: El hecho es que una corriente tan somera como límpida, la de Bañuelos, aparece afeada, .. ofreciendo una estampa antiestética, repelente a la vista. J. Félix *SYa* 28.11.73, 30: Utilizar repelentes contra los mosquitos. **b)** (*col*) [Niño] que resulta antipático por ser excesivamente estudioso o disciplinado. | Arce *Precio* 185: Le interesaba saber .. si [yo] había sido malo .. o un niño triste; o un repelente acusica. *Ya* 5.5.88, 36: De tanto alabarle, yo creo que le he convertido en un niño repelente que no soporta que alguien le supere en los estudios. Solo sirve para destacar en el colegio.

repeler A *tr* **1** Rechazar (hacer retroceder o impulsar lejos de sí). | Buero *Fundación* 88: Forcejean. Tomás se abalanza de nuevo contra Tulio, que lo repele. Mingarro *Física* 124: La unidad cgs de masa magnética es la de un polo que en el vacío repele a otro igual y de su mismo nombre con la fuerza de una dina. **b)** Rechazar (impedir que tenga éxito [un ataque o una agresión]). | *Abc* 11.12.70, 22: Intentaron hacer uso de las armas de fuego. Repelió la agresión la Policía.
2 No admitir [una materia (*suj*)] que [algo (*cd*)] penetre en ella. | *Ya* 3.4.62, 5: Un "acabado" textil que repele las manchas. Al parecer, hasta la tinta resbala sobre la tela sin dejar huella alguna.
3 Rechazar (no aceptar). | Alfonso *España* 169: La monotonía masiva y despersonalizada acaba por repelerse, consciente o inconscientemente.
B *intr* **4** Causar repugnancia o aversión [a alguien (*ci*)]. *Tb sin compl.* | Olmo *English* 26: Si no fuera porque usté me repele...

repellar *tr* (*Constr*) Echar pelladas de yeso [a una pared (*cd*) que se construye o repara]. *Tb abs.* | *Ya* 30.4.87, 33: La restauración de la iglesia de Valdemoro fue aproximadamente como se describe en este dibujo. Cada cual realizó una labor, transportando agua, haciendo la argamasa, repellando, blanqueando.

repelo. a (*o* **de**) ~. *loc adv* (*raro*) A contrapelo. | Mendoza *Ciudad* 155: Seguía llevando miriñaque a repelo de la moda y arrastraba una cola orillada de dos metros. Campmany *Abc* 6.5.89, 17: Un cosque que ni siquiera fue de repelo y arrastrado, vamos, que tampoco Ruiz-Mateos es Cas[s]ius Clay.

repelón I *m* **1** Tirón de pelo. | * Lleva cuidado, no me des esos repelones, que me dejas calva.
II *loc adv* **2 a** ~. (*reg*) A contrapelo. | Castroviejo *Abc* 26.2.81, sn: Le brotaron dos alas .., según comprobación concienzuda del patriarca de Constantinopla, que varias veces le pasó a repelón las manos por la espalda creyéndole avícola.
3 de ~. (*raro*) Por los pelos. | R. Rubio *SYa* 16.11.75, 58: Estos papás, sí, sí se vuelcan hacia sus hijos. Y les dan el cielo, si el cielo les piden y lo pueden agarrar, siquiera de repelón.

repeluco *m* (*col*) Repeluzno. | Lera *Clarines* 393: –Que no me gustan los toros. –Ni a mí, niño. Me dan cada repeluco...

repelús I *m* **1** (*col*) Repeluzno. | C. RGodoy *D16* 17.12.76, 17: Me da como repelús que mi vida futura dependa de un sí o de un no.
II *loc v* **2 dar el** ~ [a alguien]. (*reg*) Hacer[le] pagar si pierde a las cartas. | Delibes *Parábola* 40: Doña Palmira, muy aficionada a las cartas, propuso jugar a la mona y al que perdiera darle el repelús.

repeluzno *m* (*col*) Sacudida nerviosa causada por el frío, el miedo o la repugnancia. | CPuche *Sabor* 200: Tampoco sabrías qué hacer con la libertad absoluta, que solo de pensarlo te dan repeluznos. **b)** Sensación de frío, miedo o repugnancia. | Delibes *Ratas* 146: Poco a poco el niño empezó a experimentar un repeluzno supersticioso hacia la Simeona.

repensar (*conjug* **6**) *tr* Volver a pensar, o reflexionar, [sobre algo (*cd*)]. | Payno *Curso* 154: Luchaba por mejorar, por establecer una línea personal, analizándose y analizando a los demás en largas horas de insomnio. Pensando y repensando las nuevas cosas.

repente I *m* **1** Impulso repentino. | Lera *Clarines* 486: ¡Está bien! .. ¡Jesús, y qué repentes los tuyos! Medio *Andrés* 205: Señor José, nada tiene que ver un toro con un andamio... me entró un repente al verme tan alto.
II *loc adv* **2 de** ~. De manera repentina. | Laforet *Mujer* 182: El teléfono comenzó a sonar de repente.
3 en un ~. (*lit*) En un instante. | Cunqueiro *Un hombre* 180: Parece que todo vaya a derrumbarse en un repente. Delibes *Tesoro* 57: El Coronel no sabía que iba a morir así, como murió, en un repente, sin decir oste ni moste.

repentinamente *adv* De manera repentina. | Delibes *Cinco horas* 28: Repentinamente, como si alguien, compadecido, la hubiera depositado en su cabeza, le había asaltado la idea.

repentino -na *adj* Que se produce de manera rápida e imprevista. | Benet *Nunca* 11: Debió despertarse una mañana con una repentina energía, dispuesto a no sufrir más.

repentista m y f Pers. que repentiza. | Lorenzo *Abc* 22.12.74, 49: Cristóbal de Breña, capitán de la legión de Leales extremeños y emigrado a Londres, donde, 1831, fabulador, buen repentista, publica este libro: "La lira de la libertad".

repentización *f* Acción de repentizar. | J. Talega *Lín* 15.8.75, 14: Sé que estás diciendo a esa afición que ellos son los responsables de esos fracasos, de esos malos entendidos y, claro está, de esa poca pureza en el arte de la repentización.

repentizador -ra *adj* Que repentiza. *Tb n, referido a pers.* | FCid *Ópera* 123: Niño precoz, repentizador de un pianillo de juguete, cuando solo tenía cinco años, .. Usandizaga lleva en el alma el espíritu de su raza.

repentizar *tr* Improvisar [una composición musical o literaria, o la ejecución de una obra musical]. *Tb abs.* | GCotorruelo *Cartagena* 131: En estas veladas actúan dos troveros o poetas improvisadores, repentizando cada uno una quintilla o décima, que cantan acompañándose de la guitarra. Cossío *Confesiones* 75: Con una intuición increíble, repentizaba en las comedias de repertorio de la época.

repera. la ~. *f (col)* La pera (una cosa exagerada o disparatada). *Se usa normalmente como predicat con* SER, *referido a pers o cosa*. | R. Sánchez *As* 14.12.70, 5: Muñoz trata de encontrar un término apropiado, hasta que finaliza: ¡ha sido la repera! Delibes *Voto* 32: Este Paco es la repera. ¡Que le tapan los carteles! ¡Joder, qué novedad! Nosotros se los tapamos a ellos. **b)** Una cosa excepcionalmente buena. | C. Rigalt *D16* 3.12.84, 39: "Usted, por ejemplo" es un programa que, sin ser la repera, ha sabido mantener unos niveles de audiencia bastante aceptables.

repercusión *f* Acción de repercutir. *Tb su efecto.* | VParga *Santiago* 9: Ocurre entonces un hecho singular, llamado a tener extensa repercusión en todo el Occidente.

repercutible *adj* (*Econ*) Que se puede repercutir [2]. | Tamames *Economía* 320: La neta preponderancia de los impuestos repercutibles sobre los precios.

repercutir A *intr* **1** Influir o tener algún efecto [una cosa sobre una pers. o cosa (*compl* EN *o* SOBRE)]. | *Sp* 19.7.70, 36: El informe del presidente Nixon .. repercutió en la nación exclusivamente por sus alusiones.
B *tr* **2** (*Econ*) Hacer que [una cosa (*cd*), esp. una carga financiera] recaiga o tenga efecto [sobre otra]. | *Inf* 6.3.74, 10: Repercutir íntegramente los 125.000 millones de pesetas sobre la economía española equivaldría a una detracción del orden del 3 por 100.

repertorio *m* **1** Conjunto de obras preparadas [de una compañía teatral, una orquesta o un intérprete]. | J. Montini *Sáb* 10.9.66, 25: Era algo poeta y además sabía música. Me montó un repertorio ingenuo y alegre, adaptado a mi edad y a mi estilo artístico. Cossío *Confesiones* 75: Con una intuición increíble, repentizaba en las comedias de repertorio de la época.
2 Colección de datos notables [de diversas materias o de alguna en particular]. | Moreno *Galería* 71: En realidad queríamos llamarle "repertorio", porque lo era, en razón de la cantidad de noticias que incluía: santoral, calendario, temperaturas, fases de la luna, .. pesas y medidas .. y qué sé yo cuántas cosas más. * Escribió un repertorio de juegos.
3 Conjunto o serie [de cosas homogéneas]. | Pericot-Maluquer *Humanidad* 128: En cuanto al repertorio de especies cultivadas, .. incluye el tomate, la coca, quina, quinoa, tabaco, cacao. CNavarro *Perros* 55: Fue poniéndole más sombreros, y, finalmente, cuando acabó con el repertorio, le echó un abrigo sobre los hombros.

repesca *f (col)* Acción de repescar. | J. RLlorente *Mar* 16.8.75, 19: Hubo que hacer repesca de corredores atendiendo a las circunstancias desfavorables contra las que habían tenido que luchar. *Ya* 31.5.88, 16: Los alumnos piden repesca.

repescar *tr (col)* **1** Admitir nuevamente [a alguien ya eliminado en una prueba o selección]. | R. Santidrián *HLM* 26.10.70, 26: Serio, casi triste, Marcial, el repescado de Kubala, que solo respiró, digamos, en un disparo raso en la segunda mitad.
2 Recuperar [algo desechado en otro momento, omitido u olvidado]. | *País* 20.5.90, 13: Un texto repescado .. Este documento será ahora rescatado como texto base para la nueva negociación. *Ya* 31.5.88, 1: Los alumnos quieren "repescar" la parte del temario no dada por las huelgas. MGaite *Nubosidad* 271: Su penumbra acogedora .. me devolvía, como piedras preciosas, momentos de aquel verano distante que otras veces trato en vano de repescar.

repeso *m* **1** Peso que se hace para comprobar la exactitud de otro previo. | Berlanga *Ya* 5.2.75, 17: El dependiente se negaba a realizar el repeso de una mercancía adquirida en su puesto.
2 Lugar destinado al repeso [1] oficial. | Cunqueiro *Crónicas* 71: Terminó de pupila en un tapadillo que en la villa ducal tenía un peinador marsellés, detrás del repeso de la carne.

repetible *adj* Que se puede repetir [1 y esp. 6]. | L. Apostua *Hoy* 18.6.75, 6: ¿Es repetible la experiencia de 1969?

repetición I *f* **1** Acción de repetir(se). *Tb su efecto.* | Valcarce *Moral* 9: Suponen, generalmente al menos, repetición de actos. R. Luján *Hoy* 15.11.70, 4: El madrileño es casi una repetición de aquel guarda de obras de los nuevos ministerios. **b)** (*TLit*) Figura retórica consistente en repetir [1a] palabras. | López-Pedrosa *Lengua* 49: Figuras de la palabra: polisíndeton, .. asíndeton, .. repetición.
II *loc adj* **2 de ~.** [Arma de fuego] provista de una reserva de cartuchos que penetran en la recámara cuando el tirador acciona el cerrojo. | *Abc Extra* 12.62, 37: Los almacenes de juguetes ponen en las manos de los niños fusiles de repetición.
3 de ~. [Mecanismo] que repite su acción automáticamente. | * Se ha estropeado el mecanismo de repetición. **b)** [Reloj] dotado de un mecanismo de repetición para dar la hora. | Mendoza *Ciudad* 104: Había relojes comunes de bolsillo, relojes de torre y establecimientos públicos, relojes de repetición.

repetidamente *adv* De manera repetida [2]. | *Caso* 26.12.70, 20: Les hizo frente y, a pesar de haber sido herido repetidamente, logró poner en fuga a sus asaltantes.

repetido -da *adj* **1** *part* → REPETIR.
2 Que denota o implica repetición [1a]. | V. RRozas *Caso* 5.12.70, 11: Debió caerse repetidas veces.

repetidor -ra *adj* **1** Que repite. *Tb n, referido a pers.* | *Ya* 30.4.83, 27: Ruiz-Giménez, padre del actual defensor del pueblo, el alcalde más repetidor. Miret *Tri* 3.7.71, 27: Hasta los integristas conservadores se rebelan ya contra tal automatismo, reivindicando la libertad para sus propias ideas .. A esto –a ser un mero repetidor– ya casi nadie está dispuesto. **b)** [Estudiante] que repite [1a] un curso o una asignatura. *Tb n.* | A. Piñeiro *Hoy* 28.7.74, 19: Quedan interrumpidos los cursos durante varios meses cada año; con ello, los hijos de temporeros suelen sumarse a las largas listas de "repetidores". **c)** (*Telec*) [Dispositivo] que reproduce, amplificándolas, las señales que recibe. *Gralm n m.* | *VozA* 8.10.70, 10: La T.V. llegará a todas las aldeas y caseríos del concejo con gran nitidez de imagen, gracias al post repetidor que ha sido instalado. M. Torres *Abc* 4.12.70, 33: Llevó cargas explosivas para colocar en repetidores de televisión. *Abc* 13.12.91, 77: El error cometido en la programación del ordenador que maneja el "Hubble" dio un giro excesivo a su antena de comunicaciones situándola en una zona que no permite la transmisión de datos del telescopio espacial a un satélite repetidor.
2 [Arma de fuego] de repetición [2]. | Delibes *Emigrante* 23: Si yo allá voy a disponer de un par de docenas de negros que me ojeen las piezas y de una Sarasqueta repetidora .., en ese caso hay que dejar el sentimiento a un lado.

repetir (*conjug* **62**) **A** *tr* **1** Volver a hacer o a decir [algo]. *Tb abs.* | Gambra *Filosofía* 118: Repitiendo la operación varias veces, se consigue que el mero sonido de la cam-

pana suscite la secreción salivar. Olmo *Golfos* 142: –¡Déjame en paz! ¡Te digo que es mía! –¡Ladrón! –¡Repite eso! **b)** Decir [algo oído o aprendido]. | *Puericultura* 19: Durante los primeros tiempos da gritos incoordinados, después empieza a repetir lo que le dicen sus progenitores. **c)** Hacer [algo hecho por otro]. | Castañeda *Grafopsicología* 16: El niño atraviesa por distintas etapas en el aprendizaje de la escritura .. Logra dominar el lápiz y es capaz de repetir muestras y caligrafías.
2 Reproducir [algo (*suj*) un sonido o una imagen]. | Marcos-Martínez *Física* 61: Para reproducir el sonido basta poner en rotación este disco .. y hacer que una aguja vaya recorriendo el surco en espiral. Repetirá los mismos sonidos. Arce *Precio* 17: La lluvia y el asfalto brillante repitiendo las luces de los semáforos .. le daban a las calles .. un .. fantasmal aspecto.
B *intr* **a** *normal* **3** Venir a la boca el sabor [de algo comido o bebido (*suj*)]. | MSantos *Tiempo* 98: Aquella gran copa de coñac que aún me repite.
4 Tomar una nueva ración [de algo que se acaba de tomar]. *Tb sin compl.* | * Repitió el segundo plato. M. Hervás *Ya* 14.6.86, 39: Una vez tomada la primera dosis [de crack], el impu[l]so de repetir es casi irresistible.
▶ **b** *pr* **5** Repetir [1a] [alguien] las mismas cosas. | Candel *Hucha* 2, 166: Y se daba cuenta de que sus rollos no eran lo originales que al principio: tantos meses dándole a la sinhueso, se repetía aun sin quererlo.
6 Volver a suceder o presentarse [algo]. | Legorburu-Barrutia *Ciencias* 134: Allí se desarrolla [el microbio] formando numerosas esporas que rompen el glóbulo y salen, repitiéndose el proceso.

repetitivo -va *adj* Que implica repetición [1a]. | J. Goytisolo *Recuento* 622: El actor que una buena noche descubre el tedio de repetir por enésima vez su papel y se pregunta .. si, en realidad, podría estar dedicándose a cualquier otra cosa menos monótona y repetitiva. Pombo *Héroe* 84: Repetía "No te asustes, no voy a hacerte nada, no te asustes", como si la repetitiva lluvia fuera contagiosa.

repicado[1] *m* (*RTV*) Acción de repicar[2]. *Tb su efecto.* | *País* 8.11.93, 11: Las cadenas de televisión, por ejemplo, tienen todas un departamento de repicado, con lo que técnicamente van actualizando periódicamente vídeos grabados seis, ocho, diez años antes.

repicado[2] *m* Acción de repicar[3]. | Marta *SYa* 17.4.77, 35: Petunia .. En mayo, o antes si el tiempo es favorable, se plantan en el lugar definitivo, después de haber hecho uno o dos repicados.

repicar[1] **A** *tr* **1** Tocar [una campana] produciendo un sonido vivo y gralm. alegre. *Frec abs.* | Cunqueiro *Fantini* 15: El párroco de San Félix silbaba .. avisando al sacristán Filippo para que acudiese a repicar la pequeña y clara campana bautizada Catalina. GPavón *Reinado* 215: El día que el campanero me repique por triste.
2 Producir [un sonido reiterado semejante al de las campanas]. | Moreno *Galería* 347: Seguía vaciando jotas la dulzaina del gaitero y repicando redobles de acompañamiento los palillos del músico de la caja.
B *intr* **3** Sonar [una campana] con sonido vivo y gralm. alegre. | CNavarro *Perros* 135: La campanilla .. seguía repicando.
4 Producir un sonido reiterado semejante al de las campanas. | MSantos *Tiempo* 91: Se oyó el ruido almohadillado de sus pies calzados con babuchas y el repicar de sus nudillos en las paredes buscando orientación.
5 ~ **gordo** (*o, raro,* **grande**). Ser día de fiesta o de celebración importante. *Frec en la constr* DÍA DE ~ GORDO. | SSolís *Jardín* 18: No volví a usar nunca la gran escalera central, que se reservaba para los días de repicar gordo. J. M. Moreiro *SAbc* 6.12.70, 42: Soñaba con un pueblo perdido entre un horizonte de carros .. Un pueblo de esos que, cuando repica grande, adorna el baile de luces y cadenetas.

repicar[2] *tr* (*RTV*) Pasar [algo] a un soporte o formato distinto. | J. GPastor *Ya* 16.6.89, 56: Este vídeo no se presta para exhibirlo en pantalla grande porque no daría la necesaria calidad de imagen y sonido que requiere aquella proyección. Sin embargo, se podría "repicar" para cine, mejoraría algo su calidad, pero no sería la óptima para la pantalla grande.

repicar[3] *tr* (*raro*) Trasplantar [una planta]. | A. Valle *SYa* 16.3.75, 55: Hay algunas crasas y cactus que emiten rebrotes alrededor de la base de la planta, que se pueden repicar fácilmente.

repilo *m* Enfermedad del olivo producida por un hongo y caracterizada por la aparición de unas manchas redondeadas en las hojas, que acaban por caer. | *Inf* 17.8.70, 11: Las zonas de tratamiento obligado contra el "repilo" del olivo en la campaña de otoño se fijan por resolución de la Dirección General de Agricultura.

repinar A *tr* **1** Subir [una cuesta o pendiente]. | Alfonso *Abc* 26.1.71, sn: ¡Ya no podremos hablar de todas estas cosas que tanto nos gustaban!, como cuando repinábamos los cuetos del Samelar "axuntando" los ganados.
B *intr pr* **2** Remontarse o elevarse. | Delibes *Santos* 165: La grajeta se arrancó a volar y, al topar con la portada de la Capilla, se repinó airosamente.

repintado *m* Acción de repintar. | Pericot-Maluquer *Humanidad* 101: Tanto Alpera como Minateda ofrecen numerosos problemas de evolución estilística, repintado, etc.

repintar *tr* **1** Pintar de nuevo. | Lagos *Vida* 36: Le dio un buen blanqueo a la cocina, adecentó las alcobas, pintó la fachada, las puertas, las ventanas.
2 Pintar mucho y con cuidado. *Frec el cd es refl.* | M. GLucas *SYa* 17.1.74, 3: Barrios como El Tejar de Sixto, El Tejar de Lucio, Pozo del Hielo, Chabolas de Madrid, pudieron ser demolidos y sus habitantes trasladados a repintados barrios prefabricados, higiénicos y ordenados. * Va siempre tan repintadita que da gusto verla.

repinte *m* Acción de repintar. *Tb su efecto.* | J. IGalán *Abc* 29.1.75, 33: El equipo de restauraciones artísticas .. procedió a la restauración de la valiosa talla. Fueron cuidadosamente resanadas antiguas burdas composturas, claveteados y repintes.

repipi *adj* (*col*) [Pers., esp. niño] afectada y pedante. *Tb n.* | Cela *SCamilo* 217: Abre un paraguas para protegerse del sol, él dice los rayos solares porque es un poco repipi en el hablar. SFerlosio *Jarama* 52: Es una escandalosa. Y una repipi como la copa un pino. No la aguanto. **b)** [Cosa] propia de la pers. repipi. | Alfonso *España* 21: Lo tosco y lo repipi concurren sin medida en alienarnos y lavar el cerebro de las gentes.

repipiez *f* (*col*) **1** Cualidad de repipi. | Salom *Cita* 228: ¿Es que la humilde violeta, pongo por caso, y perdonen la repipiez, no es una flor tan digna de ser deseada como una orquídea?
2 Cosa repipi. | Umbral *Memorias* 86: Pero había que aguantar los alfileres, las pruebas, .. la del manojo de rosas y todas aquellas repipieces que decía Luisa Fernanda.

repique *m* Acción de repicar[1]. *Tb su efecto.* | *Van* 28.8.70, 8: Las ratas provocaron el repique de campanas en la giralda. Solís *Siglo* 280: Bailaba ahora al compás de la guitarra, todo su cuerpo azogue, levantando sus brazos al cielo .., mientras sus pies batían el suelo en un repique frenético y melodioso.

repiquete *m* Repiqueteo. | MGaite *Nubosidad* 333: Limitándome a comprobar, mientras tanto, que respiraba mejor y que el repiquete de aquel odioso estribillo de rock duro se iba debilitando.

repiquetear A *tr* **1** Repicar[1] [1 y 2] [algo] con fuerza e insistencia. | Lera *Boda* 681: Continuaba la musiquilla agria de las chirimías repiqueteada por los tambores. **b)** Golpear repetidamente [sobre algo (*cd*)] produciendo ruido. | M. Flores *VozAl* 8.4.82, 8: Participan en el toque del tambor –hay algunas que lo "repiquetean" mejor que los hombres–.
B *intr* **2** Repicar[1] [3 y 4] con fuerza e insistencia. | MSantos *Tiempo* 218: El timbre de la puerta repiqueteó insistentemente.

repiqueteo *m* Acción de repiquetear. | Olmo *Golfos* 179: La lluvia, machacona, no cesa en su repiqueteo. *Cod* 17.5.64, 7: En el bailar de las "Sevillanas" y el repiqueteo de los palillos, enloquecían a las multitudes.

repisa *f* **1** Tabla o cosa similar que se fija horizontalmente a la pared y sirve para colocar objetos sobre ella. | Carandell *Madrid* 99: En principio, la palabra *bote* solo se utiliza en las tascas madrileñas y designa .. un bote de hojalata que está colocado en una repisa detrás del mostrador y en el que se meten las monedas que los clientes dan como propina para el fondo común. **b)** Parte o pieza horizontal que sirve para colocar algo sobre ella. | Benet *Aire* 148: Apareció el coche detrás del de Amaro, colocó la tarjeta de *libre* en la repisa y observó el aspecto poco animado de la plaza.

2 (*Arquit*) Parte sobresaliente del muro, más larga que ancha y que gralm. sirve de apoyo a un balcón. | Angulo *Arte* 1, 8: La ménsula .. o repisa es un saledizo en el muro que transmite a él la carga vertical que recibe generalmente de la cubierta.

3 Saliente horizontal de una montaña. | Je. Delgado *Ya* 22.5.77, 42: Se tuvo otra vez la impresión de que uno de los bultos pudiera corresponder a un hombre, dudándose respecto del otro, que recuerda las proporciones de una mochila o un anorak. Situado sobre la nieve, casi a cielo abierto, al borde de una repisa.

repiso -sa *adj* (*reg*) Arrepentido. | GPavón *Rapto* 102: Al ver a los legales se incorporó rauda y cerró con dos vueltas de llave la puerta de la casa. Después de hacerlo se le notaba en la cara que estaba repisa por tan poca simulación.

replantación *f* Acción de replantar. | Armenteras *Epistolario* 37: Debido a las últimas heladas, son muchos los que solicitan semillas para proceder a la replantación.

replantar *tr* Plantar de nuevo. | *Ya* 8.10.70, 12: No se quiere que esas autorizaciones para plantar viñedos, replantar viñas y reponer marras quede[n] exclusivamente en manos de la Administración.

replanteador -ra *m y f* Pers. que replantea [2]. | *Abc* 3.2.74, 26: Friacon, S.A. precisa replanteador delineante de primera.

replanteamiento *m* Acción de replantear [1]. | *Abc* 21.5.67, 48: La cuestión exige un replanteamiento a fondo.

replantear *tr* **1** Volver a plantear [un asunto]. | Bueno *Tri* 26.12.70, 12: La cuestión es la que ha vuelto a ser replanteada.

2 (*Constr*) Trazar en el terreno la planta [de un edificio u otra obra (*cd*)]. *Tb abs*. | *BOE* 1.12.75, 25024: Albañiles. Son los operarios capacitados en todas las operaciones o cometidos siguientes: leer planos o croquis de obra o de fábrica replanteando sobre terreno y, de acuerdo con ellos, construir con ladrillos muros, paredes o tabiques. F. JVasco *Hoy* 9.7.75, 16: Mientras tomaba mis notas se me acercaron varios amigos para rogarme que dijera algo sobre la carretera de Garganta a Cuacos, pasando por Yuste, que ya está replanteada desde hace un mes.

replanteo *m* **1** Acción de replantear, *esp* [2]. | Mercader-DOrtiz *HEspaña* 4, 160: La famosa Ordenanza .. prescribió el remozamiento de la red rutera .. y dio lugar a la aparición de los legendarios "caminos reales", las primeras carreteras pavimentadas desde la época de los romanos .. El replanteo de la red rutera significó la paulatina postergación del sistema de arrieros y carromatos. *Ava* 7.12.68, 5: Topografía: necesaria para replanteos, alineaciones, nivelaciones y levantamientos taquimétricos relacionados con la arquitectura y urbanismo.

2 Replantación. | L. Armiñán *Abc* 12.4.58, 19: Pinos, hay uno en la calle de Alcalá .. Y las plazas se han quedado mondas y las calles secas, aunque las estadísticas de replanteo digan lo contrario. *Ya* 16.10.70, 23: Al referirse a los cambios de pies en los naranjos, ¿se refería al deseo de racionalizar la producción de determinadas variedades, o al replanteo de las zonas atacadas o amenazadas por la tristeza?

repleción *f* (*Med o lit*) Cualidad de repleto. | ZVicente *Mesa* 195: Y allá van todos, desencanto a cuestas, repleción agobiante.

replegable *adj* Que se puede replegar. | F. Brío *Abc* 28.4.74, 67: La puesta en marcha es eléctrica, con un mando de pedal replegable de emergencia.

replegar (*conjug* **6**) **A** *tr* **1** Plegar [algo desplegado]. | * El animal replegó sus alas.

2 (*reg*) Recoger o recolectar. | G. GHontoria *Nar* 6.77, 32: Los cestos para recolección: el "capazo" de esparto para "replegar" o recoger fruta, almendras, olivas, etc., en Castelnovo (Castellón).

B *intr pr* **3** Retirarse o retroceder ordenadamente [las tropas en campaña]. | *Abc* 14.5.70, 29: Las fuerzas blindadas israelíes fueron atacadas por el ejército libanés al replegarse.

4 Pasar [alguien] a una actitud defensiva. | Laiglesia *Ombligos* 296: –¿Qué? –le animó a continuar ella, tragando un buche de espinacas a la crema. –Nada –se replegó él, acobardado. Benet *Nunca* 9: A partir de una de aquellas noches se replegó en un espectacular e infantil silencio.

repletar *tr* (*raro*) Llenar completamente. | *Abc* 17.9.78, 53: Una multitud de 60.000 espectadores, que repletaron la capacidad del astródromo de Nueva Orleans y dejaron más de cinco millones de dólares en taquilla, vitoreó a Alí incansablemente.

repleto -ta *adj* Completamente lleno. | CNavarro *Perros* 161: El local se hallaba repleto de americanos.

réplica **I** *f* **1** Acción de replicar. *Tb su efecto*. | *MHi* 2.55, 62: La dejó a falta de tres asignaturas, absorbido por los negocios, grandes negocios familiares, que tuvo que atender sin apelación ni réplica. **b)** Acción con que se responde a otra. | Gala *Strip-tease* 339: Bofetada que se ve correspondida. Réplica. Dúplica. Terminan estrechamente abrazados en un amor furioso. **c)** (*Geol*) Temblor que sucede a un sismo. | *Ya* 5.10.74, 9: Los temblores que suceden a los seísmos se conocen como réplicas .. Las réplicas de ayer fueron periódicas y algunas se percibieron directamente.

2 Copia o reproducción. | MSantos *Tiempo* 93: Todo es cuestión de abrir la pesada puerta con la gran llave –réplica en aluminio, para que no pese, de la vetusta de hierro que guarda la portera–. **b)** Pers. o cosa que parece copia o imagen [de otra]. | Goytisolo *Recuento* 301: Se podría establecer una correlación o equivalencia entre el trabajador voluntarioso y el funcionario no catalán, réplica aquel, en cuanto componente del público, de este en cuanto funcionario. **c)** (*Arte*) Copia o repetición hecha por el mismo autor del original y que puede presentar ligeras variantes. | M. Gordon *Ya* 7.5.74, 18: La finca fue notablemente enriquecida por Carlos III, que la constituyó en museo y refugio. Atesoró cuadros de Velázquez, El Greco, Carreño, .. y algunas réplicas del Tiziano y Veronés.

II *loc v* **3 dar** (**la**) **~**. Decir [un actor o personaje] la parte de diálogo que se opone o complementa [a otro]. *Tb fig*. | *Abc* 1.10.71, 21: Romy Schneider interpreta el papel principal, el de una joven acusada de matar a su amante. Le da réplica el conocido actor francés Maurice Ronet.

replicación *f* (*Biol*) Producción de copias exactas de una molécula compleja. | *Inf* 18.9.75, 19: Se han presentado cinco trabajos, todos ellos de gran importancia por el papel posible que pueden jugar estos virus defectivos, como en el caso del herpes, .. o en el caso de ciertos virus satélites de las plantas por su capacidad de interferencia con la replicación de los virus completos.

replicante *adj* (*raro*) Que replica. *Tb n, referido a pers*. | *Ya* 19.11.83, 4: Guillermo Kirkpatrick intervino seguidamente para pedir que se retiraran los epítetos de su replicante, y él retiraría sus palabras.

replicar *tr* Decir [algo a alguien] como respuesta o reacción a lo que acaba de decir, y esp. en contra de ello. *Frec abs*. | Arce *Testamento* 51: –Enzo es un tipo muy especial .. –¿Sí? .. –Me parece... Eso es lo que me parece a mí –repliqué. DCañabate *Abc* 30.6.73, 59: Su novia le oía, mirándole muy fijamente. Apenas le replicaba. **b)** Decir [algo] como respuesta o reacción [a lo que alguien acaba de decir (*compl* A)], y esp. en contra de ello. *Frec abs*. | Mendoza *Ciudad* 261: A esto no supo qué replicar. Laforet *Mujer* 159: –Tráeme la otra chaqueta– .. La mujer no replicó a esto.

repliegue *m* **1** Acción de replegar(se). | *Hoy* 18.10.74, 13: Se han realizado diversas actividades propias del Arma, tales como tendido y repliegue de puentes. *Inf* 13.5.70, 3: La retirada [de tropas] tuvo que ser interrumpida ayer .. Israel explicó sus razones, asegurando que al amanecer de hoy continuaría su repliegue.

2 Pliegue muy marcado. | Bustinza-Mascaró *Ciencias* 114: Algunas medusas tienen un velo o repliegue en el borde inferior de la umbrela que al contraerse facilita la natación.

3 (*lit*) Parte disimulada o secreta. | R. Hernández *Ade* 27.10.70, 3: Ningún repliegue, ninguna sinuosidad en su espíritu. Era diáfano siempre.

repoblación *f* Acción de repoblar. | Lapesa *HLengua* 111: A cada reconquista definitiva sigue la repoblación de tierras yermas. A. Montejo *Abc* 9.9.66, 7: A la trucha común o nativa .. se une una repoblación de 20.000 ejemplares de la especie "arco iris". Ortega-Roig *País* 88: Se está llevando a cabo .. una gran repoblación forestal.

repoblador -ra *adj* **1** Que repuebla. *Tb n, referido a pers.* | E. Haro *Tri* 12.12.70, 4: Se requería que regresaran los alemanes desplazados y que se fueran los repobladores polacos.
2 De (la) repoblación. | Tamames *Economía* 127: Posteriormente, la labor repobladora se ha desenvuelto como muestra el cuadro.

repoblar (*conjug* **4**) *tr* **1** Volver a poblar [un lugar que ha quedado sin población o con muy poca]. | Ortega-Roig *País* 182: Durante la Reconquista, hace unos 700 años, esta tierra fue repoblada por catalanes. *SVozC* 31.12.70, 8: Se calcula que la ría tardará en ser repoblada un año.
2 Plantar de árboles [un terreno de escasa vegetación]. | *Alc* 30.11.59, 9: En esta zona habría que repoblar hasta un total de 50.000 hectáreas de pinos para un buen aprovechamiento de la riqueza forestal.

repóker → REPÓQUER.

repollez *f* (*col*) Cursilería. | Gala *SPaís* 13.11.88, 154: La recibía [la revista] mi hermana, que ignoro cómo superó con elegancia tamaña repollez.

repollo *m* Variedad de col comestible, de color verde claro, cuyas hojas están estrechamente unidas formando un cuerpo compacto y redondo. | Calera *Potajes* 55: 2 zanahorias, un repollo, un trozo de apio. **b)** (*col*) *Se usa frec en constrs de sent comparativo para ponderar la cursilería.* | * Eres más cursi que un repollo con lazo.

repolludo -da *adj* **1** (*col*) [Pers.] rolliza. | Torrente *Off-side* 347: El señor, en cambio, para lo bien que ha vivido, debería estar más repolludo.
2 [Planta] que forma en su parte superior un conjunto de hojas compacto y redondeado. | Á. Ruibal *Van* 16.5.74, 11: El inmenso naranjal verdea lozano y repolludo.

reponer (*conjug* **21**) **A** *tr* **1** Volver a poner [algo o a alguien en el lugar o estado en que estaba]. *Tb fig. Frec se omite el 2º compl.* | *Inf* 20.7.74, 8: Dijo con especial énfasis que si deseaban evitar la confrontación, el Gobierno del Presidente Makarios debería ser repuesto en el Poder. M. Mancebo *SInf* 16.12.70, 7: Si la salud no existe, el yoga acude a reponerla.
2 Reemplazar [lo que falta o lo que se ha sacado de algún sitio]. | J. Minaya *VozC* 6.10.68, 8: ¿Por qué unas barandillas rotas de un puente deben estar meses y meses sin que haya ningún organismo que, o las quite, o las reponga, pero en el mínimo plazo? Tamames *Economía* 420: El cuadro 13-4 recoge esa visión con el desglose de los diferentes conceptos: amortizaciones (fondos destinados a mantener constante el capital fijo reponiendo su desgaste), ahorro del sector público.
3 Volver a llenar [un recipiente]. | Á. Río *SYa* 14.3.74, 3: La fuente de Segovia configuraba una de las estampas más típicas de Madrid, con un asiduo público, entre los que se podía encontrar a aguadores que reponían las cubas vaciadas en las Peñuelas o en el Portillo de Embajadores.
4 Volver a presentar [una obra de teatro o de cine que hace tiempo que no se exhibe]. | L. LSancho *Abc* 14.7.74, 16: La pastoral .. le ofrece triunfos tan populares como el de su comedia "Las ferias de Madrid" –¿por qué no reponerla?– escrita probablemente hacia 1585.
5 Responder o replicar. *El v va siempre en pret de ind o de subj.* | S. Miranda *Abc* 23.12.70, 9: –Querido Ignacio –le repuse–. Ya sabe usted el proverbio gitano que dice: "Entre calé y calé no vale el remanguillé".
B *intr pr* **6** Recuperarse [una pers. o cosa de algo]. *Frec se omite el compl, por consabido.* | Arce *Testamento* 30: Casi me sentí repuesto de los golpes. CNavarro *Perros* 17: –Prisa, prisa –farfulló la abuela, sin terminar de reponerse del reciente sobresalto. Kurtz *Lado* 212: La muerte de Andrea y lo que él mismo padeció dejaron en Luciano honda huella. Pero se repuso. FQuintana-Velarde *Política* 120: La mejoría de las comunicaciones y el incumplimiento de las disposiciones legales arruinó la fama de nuestros ríos y lagunas, que hoy van reponiéndose gracias a la ayuda del Ministerio de Agricultura.

repóquer (*tb con la grafía* **repóker**) *m* (*Naipes*) *En el póquer:* Combinación de póquer más comodín. *Tb fig.* | *Naipes extranjeros* 9: Si se jugase con dos comodines, dado que tenga el repóker de cartas más altas. *Ya* 22.2.90, 50: Habrá repóquer de ases en el Campeonato de España de campo a través por clubes, que se disputará el próximo domingo en Ciudad Real.

reportaje *m* **1** Trabajo periodístico de carácter informativo, gralm. con fotografías o filmación, sobre perss. o temas que frec. se presentan en su propio ambiente. | *Alc* 1.1.55, 3: Periodistas y escritores que .. sean, a través de sus colaboraciones, de sus artículos, de sus reportajes, como la llama viva del mejor espíritu.
2 ~ **gráfico.** Conjunto de fotografías sobre un suceso. *Tb simplemente* ~. | MMolina *Jinete* 269: Le daba aprensión ir al estudio de Ramiro, y también un poco de remordimiento, porque cuando casó a su hija le había encargado el reportaje de bodas a un fotógrafo de la competencia.

reportar[1] **A** *tr* **1** Proporcionar o traer como consecuencia [algo a alguien]. | CNavarro *Perros* 106: Una acción era buena o mala, más que por su naturaleza, por el beneficio que pudiera reportarles.
B *intr pr* **2** Moderar o refrenar [alguien] sus impulsos. | Delibes *Tesoro* 29: Sus ojos quedaron imantados por un torques de plata, y, sin poder reportarse, regresó hasta la mesa.

reportar[2] *tr* (*Econ*) Informar. | *SPaís* 27.9.92, 65: Para entidad de primer orden se precisa responsable económico-financiero. Reportando a la Dirección General, se encargará de la gestión administrativa financiera de la Entidad.

reporte *m* (*raro*) Reportaje. | *Van* 4.7.74, 47: Exactamente lo que habrán experimentado quienes se vieron agradablemente sorprendidos, el pasado lunes, con un extenso reporte –en el espacio televisivo Arte y Cultura– de la gran exposición Juan Gris.

repórter (*pl normal*, ~**s**) *m* (*hoy raro*) Reportero. | Cossío *Confesiones* 324: Me acompañaba un repórter fotógrafo. *HLS* 3.8.70, 1: Hicieron que el .. puerto .. ofreciera esta animada perspectiva que captó nuestro repórter gráfico M. Bustamante. MMolina *Jinete* 23: Lorencito Quesada, futuro periodista local con vehemencias de repórter, corresponsal en la ciudad del periódico de la provincia.

reporteril *adj* De(l) reportero. | Altabella *Ateneo* 109: Realizó un viaje a pie por Francia e Inglaterra, a manera de gesta medieval entreverada de juglaría y nomadismo reporteril.

reporterismo *m* Actividad de reportero. | M. Quadra *SAbc* 10.8.75, 53: El seleccionar noticias, el viajar a través de los datos es reporterismo.

reportero -ra *m y f* Periodista que recoge noticias. | A. D. Galicia *Sáb* 10.9.66, 11: Alfonso de Hohenlohe .. parece nacido para que en él fijen su atención los reporteros. Berlanga *Recuentos* 87: Cuando una reportera fondona empieza a defender la libertad de expresión .., llega Leopoldo Lopetegui.

reporting (*ing; pronunc corriente,* /ˈrepórtin/) *m* (*Econ*) Informe. | *Abc* 31.3.73, 48: Profesor mercantil o similar .. Familiarizado con sistemas de "reporting" americano.

reportorio *m* (*hist*) Calendario en forma de libro que incluye un repertorio de datos variados. | Moreno *Galería* 72: Si alguna vez se trataba del tiempo que haría en aquella luna .., el padre o el abuelo encargaban al chico ..: "Mira a ver lo que dice el reportorio".

reposabrazos *m* Pieza que en un vehículo sirve para que la pers. sentada pueda apoyar en ella el brazo. | J. Carrasco *Alc* 8.5.81, 9: La gorra del teniente general estaba en el hueco del reposabrazos trasero.

reposacabezas *m* Pieza acoplada en la parte superior de un asiento de automóvil, que sirve para apoyar en ella la cabeza. | *Faro* 14.8.75, 9: El Seat 131 responde, en todo, a las normas de seguridad más rigurosas .. Volante regulable en altura. Reposacabezas resistentes y adaptables.

reposadamente *adv* De manera reposada [2]. | Delibes *Año* 68: Conversé reposadamente con Eduardo Rico para "Triunfo".

reposadero *m* Lugar de reposo. | Delibes *Vida* 144: Antonio Merino, un serviola disciplinado, le enfocaba los prismáticos y señalaba el nuevo reposadero. Y hasta allí conducía yo la barca sin dar pausa al pez.

reposado -da *adj* **1** *part* → REPOSAR.
2 Sosegado y tranquilo. | *Abc Extra* 12.62, 59: La Reforma, en líneas generales, es burguesa, hecha en casa por hombres reposados y caseros. Goytisolo *Afueras* 60: Se afeitaba en el cuarto de baño, operación cuidadosa y reposada.

reposante *adj* (*raro*) Que produce sosiego o reposo. | *SAbc* 27.4.69, 52: Hermosos árboles que componen un bello y reposante paisaje. MGaite *Ritmo* 237: Su compañía me era reposante, sobre todo porque nunca le sorprendí afán ninguno por tratar de romper mi silencio.

reposapiés *m* Pieza u objeto que sirve para que la pers. sentada apoye en ellos los pies. | *MHi* 5.64, 30: Vespa .. Borde cromado. Alfombrilla reposapiés. *Nue* 5.9.68, 4: Utiliza un reposapiés de madera con una rampa de estrechas tablillas.

reposar **A** *intr* ▶ **a** *normal* **1** Permanecer [alguien] inactivo para descansar. *Tb* (*raro*) *pr*. *Tb fig*. | Arce *Precio* 135: –Está arriba, reposando en el antiguo cuarto de juegos.– .. Se hallaba tumbada en un viejo diván floreado. MSantos *Tiempo* 209: El Director, tras este solemne exordio y constatación acusatoria, se reposó un momento antes de comenzar el discurso. * La naturaleza reposa durante el invierno. **b)** Permanecer [algo] quieto y sin sufrir ninguna acción exterior. | *Cocina* 628: Cuando rompe a hervir se echa de golpe la harina y se trabaja con la espátula .. Se retira del fuego y se deja reposar un poco.
2 Dormir o descansar. | Calín *Cod* 9.2.64, 8: Me resulta incomprensible imaginar cómo lograrán los campesinos reposar, subidos en la increíble percha donde se suben las gallinas a dormir.
3 (*lit*) Yacer o estar enterrado [en un lugar]. | J. REstasen *Ya* 2.5.75, 59: El campo santo de la Florida sigue en importancia .. al obelisco del Prado, donde reposan las cenizas de los capitanes Velarde y Daoíz y del teniente Jacinto Ruiz.
4 Descansar o apoyarse [una cosa sobre o en otra]. | MSantos *Tiempo* 209: La gris cabellera leonina que .. reposaba blandamente en sus orejas.
▶ **b** *pr* **5** (*raro*) Tranquilizarse o sosegarse. | GPavón *Reinado* 173: Al ver al policía se restregó los ojos con fuerza. –¿Qué pasa, qué pasa? .. –No pasa nada. Repósate. MSantos *Tiempo* 211: Váyase a una provincia .. Vivirá más tranquilo y lejos de ciertas compañías. Repósese.
B *tr* **6** Reposar [1] [después de una comida (*cd*)]. | Llamazares *Río* 84: Saca su cuaderno para tomar algunas notas mientras reposa el desayuno y la mistela.
7 Descansar o apoyar. *Tb fig*. | * Reposó su cabeza en mi hombro. Payno *Curso* 242: Seguiré abandonado. Pero, por lo menos, ¡tener a alguien en quien reposar mi soledad, dándome a ella!

reposición *f* **1** Acción de reponer(se) [1, 2, 3, 4 y 6]. *Tb su efecto*. | Laiglesia *Ombligos* 211: Se vigoriza el sentimiento monárquico en la patria del augusto cliente hasta el punto de lograr su reposición en el trono. *BOE* 1.12.75, 25028: Cualquier reposición de faltas deber[á] realizarse con materiales procedentes del mismo clon. N. Figueroa *MHi* 2.64, 53: "L'aiglon", de Rostand, ha vencido al tiempo. Gloriosa reposición y .. cartel de "No hay billetes".
2 (*Der*) Petición dirigida a los jueces para que reformen sus resoluciones, cuando estas no son sentencias. | *Sp* 21.6.70, 27: Esta decisión administrativa puede ser recurrida en reposición y en alzada ante el propio Ministerio de Información y Turismo.

reposo *m* **1** Acción de reposar(se), *esp* [1]. | Arce *Testamento* 45: El médico me aconsejaba reposo. Marta *SYa* 19.6.77, 31: El granado enano - Exigente en abonos, que en época florida necesita cada quince o veinte días. Su época de reposo coincide con el otoño e invierno. **b)** (*Fís*) Inmovilidad de un cuerpo respecto a un sistema de referencia. | Marcos-Martínez *Física* 15: Fuerza es toda causa que tiende a modificar el estado de movimiento o de reposo de los cuerpos.
2 Sosiego o tranquilidad. | GNuño *Madrid* 14: Un apostolado y escenas secundarias completan este retablo, donoso de movimiento y desenfado, acaso falto de reposo y mesura.
3 el ~ del guerrero. (*humoríst*) La mujer dedicada a mimar y complacer al hombre cuando vuelve del trabajo. | FReguera-March *España* 112: –Y si creen tener derecho al voto, ¿por qué no se lo dan? –Porque se resquebrajarían las estructuras de nuestra admirable sociedad, hermanita; porque los varones nos quedaríamos sin el dulce "reposo del guerrero", que tan cómodo nos es.

repostar *tr* **1** Reponer [combustible o provisiones]. *Frec abs, esp referido a combustible. Tb fig*. | VMontalbán *Pájaros* 298: Primero repostaron gasolina en una gasolinera que parecía un cementerio de coches. VMontalbán *Pájaros* 311: Era mejor buscar aparcamiento cerca de la farmacia donde había tenido suerte la última vez, repostar bragas de plástico, gasas. *Mad* 8.1.70, 1: Era necesario descender en el aeropuerto de Zaragoza para repostar. Cela *Judíos* 212: El vagabundo hace su primer alto para repostar. El reposte que, a lomos, carga el vagabundo, ni está repleto, ni huele como la cocina de las bodas.
2 (*raro*) Reponer combustible [en un vehículo (*cd*)]. *Tb fig*. | FReguera-March *Dictadura* 1, 168: Le dio dinero para que comiera y repostara el automóvil. J. Pasquau *Abc* 21.5.67, 29: Acaso es posible aún repostar el espíritu deseoso de desceñirse de sus cinturones acuciantes .. Está, por ejemplo, la pequeña ciudad.

reposte *m* (*reg*) Lugar en que se guardan los víveres. | Cela *Judíos* 212: El vagabundo hace su primer alto para repostar. El reposte que, a lomos, carga el vagabundo, ni está repleto, ni huele como la cocina de las bodas.

repostería *f* **1** Arte y oficio de hacer pastas y dulces. | *Cocina* 30: A muchos preparados de cocina y repostería hay que ponerles nata.
2 Conjunto de productos de repostería [1]. | * La repostería castellana es muy rica y abundante.
3 Establecimiento en que se venden pastas y dulces junto con fiambres, embutidos y algunas bebidas. | GTelefónica *N*. 305: Cafetería repostería Río Frío.

repostero -ra **I** *adj* **1** De la repostería [1]. | Vega *Cocina* 171: Medina Sidonia fue la capital repostera del mundo musulmán.
II *n* **A** *m* y *f* **2** Pers. que se dedica a la repostería [1]. | Laiglesia *Ombligos* 128: Sobre el manto, sustituyendo la tinta por crema de chocolate, un repostero había escrito con excelente caligrafía: "¡Viva el Presidente!".
B *m* **3** Paño cuadrado o rectangular con emblemas heráldicos. | *Các* 26.10.70, 2: El templo de Santiago se encontraba profusamente adornado con reposteros y plantas.
4 (*hist*) Pers. que en los palacios tiene a su cargo el orden y custodia de los objetos pertenecientes a alguno de los ramos del servicio. | DPlaja *Sociedad* 37: El osero traído por el repostero de plaza, pues no ha besado antes de entregárselo al maestresala, que lo colocará respetuosamente junto a la persona real, para que est[á] pueda echar en él los huesos mondos.

repregunta *f* (*Der*) Segunda pregunta que hace al testigo el litigante contrario al que lo presenta. | * El defensor hizo al testigo una sola repregunta.

repreguntar *tr* (*Der*) Hacer repreguntas [al testigo (*cd*)]. | *Act* 30.10.69, 8: Que se conceda a los abogados de Kennedy el derecho de repreguntar a todos los testigos en el mismo acto de su declaración.

reprender *tr* **1** Manifestar [una pers. a otra (*cd*)] enojo o disgusto [por algo que esta ha hecho]. *Frec se omite el segundo compl*. | Vesga-Fernández *Jesucristo* 102: Los discípulos .. reprendían y reñían a los niños juzgándolos molestos e inoportunos.
2 (*raro*) Afear o censurar [algo]. | Villapún *Iglesia* 53: Como reprendiese la mala vida que llevaban los altos empleados y algunos obispos, la emperatriz Eudoxia le depuso de sede patriarcal.

reprensible *adj* Digno de reprensión. | Aranguren *Van* 19.5.74, 15: ¿Es reprensible que venga a ganar a América del dinero de que me privó el Estado español?

reprensión *f* **1** Acción de reprender. | *Abc Extra* 12.62, 61: En una hora de dados pueden dilapidarse los re-

reprensor – representar

sultados del viaje, la fortuna y hasta la propia mujer. De nada sirven prohibiciones o reprensiones.
2 Palabras con que se reprende. | * Al oír tan dura reprensión rompió a llorar.

reprensor -ra *adj* **1** Que reprende. *Tb n, referido a pers.* | * El reprensor no ha de tener vicios, decía papá.
2 Que denota o implica reprensión. | FReguera-March *Boda* 163: Le dirigió una mirada reprensora.

represa *f* **1** Presa u obstáculo que detiene un curso de agua. | *Inf* 31.10.70, 23: La gigantesca masa de agua y tierra se precipitó sobre la zona de Uraba, al romperse la represa que se formó por sucesivos aludes y que contenía al desbordado río Sucio.
2 Acumulación de agua detenida. | * Al llegar a esta zona el agua forma una represa.

represada *f* Cantidad de agua represada (→ REPRESAR [1]). | Moreno *Galería* 24: A cambio de las cargas que dejaba, otras cogía de sacos de grano para llevarlos al molino, a formarlos en turno y molerlos con otras represadas del agua de la aceña.

represalia *f* Acto hostil [de una nación contra otra] como respuesta a un daño o una ofensa. *Frec en pl y con el v* TOMAR. | Pla *Des* 12.9.70, 24: Tito se separó del sistema ruso y advirtió al dictador moscovita que en caso de una represalia .. el pueblo yugoslavo se levantaría en masa. **b)** Acto hostil y vengativo [contra alguien]. *Frec en pl y con el v* TOMAR. | J. Carabias *Ya* 13.4.75, 8: Tantos años de ocupación extranjera .. han dado lugar a que muchos de esos niños nacieran ya sin padre. Las madres –si sobrevinen– temen severas represalias de los victoriosos cuando vean a esas criaturitas, oscuras de tez la mayoría y algunas otras con el cabello rubio.

represaliar (*conjug* **1a**) *tr* Tomar represalias [contra alguien (*cd*)]. *Frec en part.* | FReguera-March *Dictadura* 1, 32: Se llegó a un acuerdo sobre la base de libertar a los detenidos .., admitir a los represaliados y aumentar los jornales. *Alc* 14.10.78, 22: Queipo de Llano no represalió Jaén por la matanza del "tren maldito", que en realidad sucedió en Madrid.

represamiento *m* Acción de represar(se). | Delibes *Mundos* 164: El represamiento de estos torrentes circunstanciales es posible que llegase a ser una reserva capaz de producir una energía considerable.

represar **A** *tr* **1** Detener mediante una presa o un obstáculo [un curso de agua]. *Tb fig.* | J. Cienfuegos *Hoy Extra* 12.69, 3: Una nueva y feliz obra de ingeniería viene a represar las aguas de Extremadura. Represar las aguas, represar el esfuerzo de los brazos.
2 Reprimir o contener. | Halcón *Monólogo* 8: El verdadero protagonista es Jesús, un hombre algo sombrío, materialmente encerrado en el relato, pero que impone la estructura del carácter represado de la amante.
B *intr* **3** Detenerse o estancarse [un curso de agua]. *Frec pr.* | MCalero *Usos* 106: Se desviaba del cauce principal por ataguía suficiente, cogiendo pronto buena altura y embalse de agua suficiente, que represaba con tan buen nivel en todo su largo que casi no hubiera sido necesario el rebosadero.

representable *adj* Que se puede representar, *esp* [2 y 4]. | J. M. Claver *Ya* 7.5.70, 39: "Anaconda" .. falla .. rotundamente como pieza escénica representable.

representación *f* **1** Acción de representar(se) [1 a 5]. | DPlaja *Literatura* 125: *La Celestina* es una obra en prosa dialogada, de difícil representación, por el número de sus actos y por la crudeza de sus escenas. *VozC* 29.6.69, 2: El subdirector general de Prensa .. ostentaba la representación del ministro de Información. **b)** (*Der*) Derecho de una pers. a ocupar el lugar de otra difunta, para la sucesión en una herencia o mayorazgo. | Ramírez *Derecho* 95: En la sucesión intestada existe el llamado derecho de representación, que es aquel que tienen los parientes de una persona para sucederle en todos los derechos que tendría si viviera o hubiera podido heredar.
2 Cosa que representa [1b, 2 y 3b] [a otra (*compl de posesión*)]. | Halcón *Abc* 11.5.58, 7: Esto debería estar todo como un bizcocho, pero su capataz es la más sólida representación de la rutina que existe en el campo. Tejedor *Arte* 15: En estas [las tumbas] no faltaban nunca representaciones del muerto.
3 Pers. o conjunto de perss. que representan [5] [a otras (*compl de posesión*)]. | *Ya* 18.3.83, 9: El Rey recibió ayer .. una representación de la Junta de gobierno de la Universidad de Granada.
4 Cargo de representante diplomático o comercial. *Tb la oficina correspondiente.* | L. Calvo *SAbc* 16.3.69, 18: Todos eran "presentados", como se decía antes; pretendientes a embajadas, gobiernos civiles, representaciones, pensiones. *Ya* 22.10.64, 36: Maestro Mecánico de reparación de automóviles .. atendería representación o estación de servicio.
5 Importancia o categoría social. | Escobar *Itinerarios* 90: Todos los personajes de cierta representación que en la cantina entraban no descubrían aquel intríngulis del letrero. **b)** Apariencia que denota alta categoría social. *Referido frec a edificios.* | Huarte *Diccionarios* 104: Acaso su fruto .. más que científico es meramente de representación, como el de la asistencia de personajes conocidos a ciertos actos sociales.

representante *adj* Que representa [1, 2, 3 y esp. 4 y 5]. *Normalmente como n, referido a pers.* | Tejedor *Arte* 33: La tragedia .. tuvo sus días más gloriosos en Atenas .. Fueron sus representantes: Esquilo .., Sófocles .. y Eurípides. Grau *Lecturas* 201: En carros preparados al efecto, se trasladaban los representantes, para repetir los "autos", al Azoguejo y a Santa Eulalia. Ramírez *Derecho* 30: El marido es el representante de su mujer. FSalgado *Conversaciones* 462: ¿Cuál sería la reacción de Alemania si se anunciase que en Roma tenía lugar un congreso de cualquier partido político al que oficialmente fueran invitados grupos representantes del partido nazi? L. Mendoza *SCór* 1.8.93, V: Hizo una brillante carrera de Ciencias y, por enchufe, naturalmente, logró un puesto de representante de laboratorios.

representar *tr* **1** Traer a la mente [una cosa ausente o abstracta (*cd*) por medio de otra sensible]. | Marcos-Martínez *Aritmética* 16: La numeración escrita tiene por fin representar todos los números por medio de algunos signos especiales, llamados cifras. **b)** Traer a la mente [una cosa sensible (*suj*) otra ausente o abstracta (*cd*)]. | Marcos-Martínez *Aritmética* 17: La primera cifra de la derecha representa unidades simples. **c)** *pr* Venir [algo] a la mente [de alguien (*ci*)]. | Laforet *Mujer* 321: De nuevo se le representaron aquellas muchachas jóvenes que se habían llevado a veranear a una veintena de niños. Berlanga *Rev* 3.69, 28: Bebía cerveza en bota porque si la veía se le representaban los meados.
2 Dar forma gráfica o plástica [a algo (*cd*)]. | Tejedor *Arte* 66: Todos los animales allí [en Altamira] representados son otras tantas obras maestras. **b)** Ser [una cosa, esp. un dibujo o una pieza artística] la forma gráfica o plástica [de alguien o algo (*cd*)]. | Tejedor *Arte* 87: Los [mosaicos] que representan a Justiniano y su corte y a la emperatriz Teodora y su séquito .. son los mejores ejemplos. RBuded *Charlatán* 175: La escena representa el comedor.
3 Ser [una pers. o cosa], entre varias, el elemento en que [algo no material, gralm. una condición o cualidad (*cd*)] resulta particularmente característico. | Tejedor *Arte* 135: La Universidad de Alcalá .. representó las nuevas corrientes renacentistas, como la de Salamanca la tradición. **b)** Ser [una pers. o cosa] el elemento que atestigua la existencia o la presencia [de algo (*cd*)]. | * El teatro medieval está representado en España por el Auto de los Reyes Magos.
4 Ejecutar [una obra de teatro]. | Laín *Gac* 11.5.69, 22: Vengamos .. a la última de las comedias estrenadas por el autor en cuestión: la que bajo el título de "El armario" viene representándose en una obra de teatro. **b)** Hacer [determinado papel] en una obra de teatro. *Tb fig, fuera del ámbito teatral.* | Á. Río *Ya* 28.3.75, 29: La Verónica, representada este año por Pilar Ruiz, una joven industrial, dará vida a esta escena de la Pasión. FQuintana-Velarde *Política* 15: Es muy fácil señalar defectos; más difícil, comprender nuestra participación en su gestación, y más difícil todavía, saber el papel que conviene representar para solucionarlos.
5 Actuar en nombre [de una pers. o de una entidad (*cd*)] en virtud de un derecho o de un encargo. | J. Carabias *Ya* 7.2.75, 8: Estos niños .. vienen representando a varios centenares de otros niños, alumnos del mismo colegio. L. Calvo *Abc* 31.5.73, 40: Puede defenderse a sí mismo, puede hacerse representar por un abogado. **b)** Actuar oficialmente

en nombre de una casa comercial como responsable de los contratos [de un determinado producto (*cd*)]. ǀ MSantos *Tiempo* 35: Había un hombre largo y triste que representaba medicinas.
6 Aparentar [determinada edad]. ǀ GPavón *Reinado* 130: Su marido .. representa muchísima menos edad que ese cuerpo.
7 Suponer o significar. ǀ *Alc* 1.1.55, 3: Periodistas y escritores .. fieles a cuanto nuestro periódico representa. *Sp* 21.6.70, 43: Comentó el problema de los precios de venta y señaló las disposiciones dictadas a este efecto, suministrando datos acerca de la elevación de costos, ofreciendo a los asistentes datos precisos sobre el gravamen que representan diversos renglones de la Seguridad Social. * Alguien como tú representa mucho en la oficina.
8 (*raro*) Exponer o manifestar [algo a una autoridad]. ǀ Cossío *Montaña* 262: Hallábase el italiano preso en la cárcel de San Sebastián .. Representó al Rey que en la cueva de Peña-Castillo había un tesoro que ofrecía a la corona, siempre que fuera recompensada su confidencia a su satisfacción.

representativamente *adv* De manera representativa. ǀ GÁlvarez *Filosofía* 2, 93: Conocer la extensión inteligible es conocer a Dios inmediatamente, y no representativamente.

representatividad *f* Cualidad de representativo. ǀ *Pue* 20.1.67, 16: Un sector minoritario, quizá muy minoritario, de nuestra Prensa .. abusa de la representatividad católica. Gimferrer *Des* 12.9.70, 29: Tanto un volumen como el otro .. ostentan .. la representatividad histórica que justifica su inclusión en la vasta serie que iniciara Josep María Cruzet.

representativo -va *adj* **1** Que representa o sirve para representar [1, 2 y 3]. ǀ RValcárcel *Pue* 22.12.70, 4: La lección de unidad dada por el pueblo de España potencia el ejercicio de la correspondencia verdaderamente representativa de todos los varios y ricos matices de este pueblo. DPlaja *El español* 96: Uno de los españoles más representativos de su tiempo –siglo XVII– fue el capitán Alonso de Contreras.
2 De (la) representación [1 y 5]. ǀ *VozC* 31.12.70, 4: Fui elegido durante varios cursos por mis compañeros en puestos representativos del S.E.U. **b)** (*Ling*) [Función] por la que se establece una comunicación de carácter objetivo. ǀ Alarcos *Fonología* 34: La diferencia esencial entre los elementos fónicos de función representativa y los de función expresiva estriba en que la relación de aquellos con el significado no es previsible.

represión *f* Acción de reprimir. *Tb su efecto*. ǀ CBaroja *Inquisidor* 21: No hay que buscar más benevolencia hacia los herejes en textos jurídicos, como los de Simancas mismo u otros especialistas de la época en materias de represión legal de herejías. SSolís *Jardín* 133: ¿Creemos, acaso, que liberando el idioma de sus tradicionales prohibiciones, liberamos también nuestro espíritu de represiones y tabús? **b)** (*Psicol*) Rechazo inconsciente de ideas, impulsos o sentimientos que no son aceptables para el sujeto. ǀ Pinillos *Mente* 137: La represión es la negación de los impulsos indeseables, de los impulsos que perjudican la propia estimación. Hay una diferencia entre ocultación y represión. La represión es inconsciente; la ocultación, consciente.

represivo -va *adj* **1** Que reprime o sirve para reprimir. ǀ Gimferrer *Des* 12.9.70, 29: La opción del pensamiento salvaje ofrece la única salida a la claustrofobia represiva de la investigación científica.
2 De (la) represión. ǀ J. Sobrequés *Des* 12.9.70, 30: Cataluña ha aprovechado siempre .. las oportunidades que se le han presentado. Oportunidades que han tenido por objeto deshacerse del totalitarismo .. que imponían las estructuras dirigentes del país .. con unas claras tendencias opresivas y represivas.

represor -ra *adj* Que reprime. *Tb n, referido a pers.* ǀ *Ciu* 8.74, 42: El sistema represor de sanciones previsto no alcanzará viabilidad alguna si los medios de control son mínimos. CBaroja *Inquisidor* 44: Cuando actúan como represores de ciertas costumbres .., su actuación es regular.

reprimenda *f* Represión. ǀ Umbral *Ninfas* 49: Me aplicaba la burla más que la reprimenda, la reticencia más que el castigo.

reprimido -da *adj* **1** *part* → REPRIMIR.
2 [Pers.] que no se atreve a manifestar sus impulsos o tendencias. *Gralm con un adj especificador, que frec se omite por consabido. Tb n.* ǀ E. Merino *SVoz* 8.11.70, 1: El exceso de dureza, por otra parte, transforma a los muchachos en unos verdaderos reprimidos. **b)** Propio de la pers. reprimida. ǀ *SPaís* 2.7.78, 10: Después de salir de una época de deshumanización, de un ambiente general reprimido y lleno de temor a decir cosas, pensé que pasaríamos a un ambiente general más humano, más libre.

reprimir **A** *tr* **1** Impedir, frec. mediante violencia, que [algo no material, esp. un impulso o tendencia] se desarrolle o se manifieste. ǀ Lera *Bochorno* 19: –Conformes, pero ¿qué? –le preguntó Juanito, sin poder reprimir su impaciencia. CBaroja *Inquisidor* 60: Se fundó la Inquisición española con el objeto primordial de reprimir las apostasías de los judíos bautizados. **b)** Dominar y castigar [una acción o un movimiento políticos o sociales o a las perss. que participan en ellos]. ǀ Mendoza *Ciudad* 162: Se mostraba partidario de reprimir con mano durísima a los anarquistas.
B *intr pr* **2** Contenerse o dominarse. ǀ CNavarro *Perros* 98: Andrés no pudo reprimirse por más tiempo. Como si aquello fuera la ocasión tanto tiempo esperada, decidió aprovecharse.

reprís *f* (*o m*) Reprise. ǀ Berlanga *Pólvora* 18: Su "seiscientos" –rectificado, cilindros especiales ..– arrancó con reprís.

reprisar *tr* (*Escén*) Representar de nuevo. ǀ Vizcaíno *Posguerra* 152: Rafael L. Somoza reprisa *El último Bravo*, de Muñoz Seca y García Álvarez.

reprise (*fr; pronunc corriente,* /ˈreprís/) **A** *f* (*o m*) **1** Paso rápido de un régimen bajo de motor a otro superior. *Tb fig.* ǀ APaz *Circulación* 9: Lo que más importa es la capacidad de aceleración, la "reprise", la facultad de arrancar rápidamente y dispararse, en un abrir y cerrar de ojos, a 60 por hora. *Gac* 11.5.69, 98: Lo primero que usted notará en el nuevo Simca 1000 será el reprise aún mayor (0 a 100 kilómetros por hora en solo 36 segundos). *Ya* 11.1.87, 16: "Reprise" bancario .. El sector bancario, cuyo índice avanza vertiginosamente hacia el 300 por 100, contribuyó en gran medida al desarrollo espectacular de esta semana.
B *f* **2** Reposición teatral o cinematográfica. ǀ Marsé *Montse* 72: Años después, al verla [la película "Rebeca"] de reprise, ¡qué decepción!
3 (*raro*) Repetición. ǀ Gala *Sáb* 21.12.74, 11: Si para ser ex combatiente hay que amenazar con la "reprise" –echarse al monte, defender con uñas y dientes la victoria como si fuese una patente de corso "ad perpetuam" ..–, mejor sería que no hubiera habido tal Combate.

reprobable *adj* Digno de ser reprobado [1]. ǀ A. Obregón *Abc* 1.12.70, 81: No estará de más reconocer que en el país donde suceden tales cosas reprobables existe también una libertad merced a la cual se puede hacer una película como esta.

reprobación *f* Acción de reprobar, *esp* [1]. ǀ L. Calvo *Abc* 22.12.70, 47: Me llueven las cartas de reprobación de mis recientes escritos en *ABC*. Delibes *Mundos* 72: Caben .. muchos grados de aprobación o reprobación entre el máximo, la matrícula de honor, tres bolas rojas, y el mínimo, tres bolas negras, del suspenso unánime.

reprobador -ra *adj* **1** Que reprueba, *esp* [1]. ǀ SSolís *Camino* 228: Había movido la cabeza reprobador [el confesor] y la había reñido por dejarse abatir ante fracasos humanos.
2 Que denota o implica reprobación. ǀ FReguera *Bienaventurados* 80: Don Alfonso hizo una mueca reprobadora.

reprobadoramente *adv* De manera reprobadora [2]. ǀ Sampedro *Sonrisa* 79: "No sabe hacerlo sobre sus faldas .. como se ha hecho toda la vida", piensa el viejo reprobadoramente.

reprobar (*conjug* **4**) *tr* **1** Censurar o desaprobar [algo]. ǀ *SVozC* 31.12.70, 3: Una postdata al documento segundo reprobaba el secuestro del cónsul alemán en San Sebastián.
2 Suspender [a alguien en una prueba]. ǀ *BOE* 26.7.74, 15455: El personal a que se refiere la disposición anterior que no solicite participar en las pruebas restringidas o no

reprobatoriamente – reptar

las supere, o sea reprobado en el curso de perfeccionamiento, continuará prestando servicio en su actual destino.

reprobatoriamente *adv* De manera reprobatoria. | CSotelo *Inocente* 155: En distinto tono, como a un niño pequeño, reprobatoriamente.

reprobatorio -ria *adj* Que denota o implica reprobación. | MSantos *Tiempo* 206: La madre y la abuela le esperaban con un gesto entre alegre y reprobatorio.

réprobo -ba *adj* (*Rel crist*) **1** [Pers.] condenada a las penas eternas. *Tb n. Tb* (*lit*) *fig.* | J. CCavanillas *Abc* 13.12.70, 11: La multitud de figuras que representan .. la Crucifixión y, finalmente, los Elegidos y los Réprobos.
2 [Pers.] condenada por su heterodoxia religiosa. *Tb n.* | CBaroja *Tri* 3.6.72, 28: Mi tío era no solo anticlerical, sino anticristiano .. Conocido es el empeño que se pone en "convertir" y hacer que mueran en el seno de la Iglesia los réprobos.

reprocesamiento *m* (*Quím*) Tratamiento a que se somete el combustible nuclear después de utilizado, con el fin de recuperar el uranio y el plutonio. | *País* 16.3.78, 5: Debate en el Parlamento británico sobre el reprocesamiento nuclear.

reprochable *adj* Digno de reproche. | *País* 21.11.76, 6: El que se hayan visto en la plaza de Oriente brazaletes y banderines con cruces gamadas .. nos parece a la postre poco reprochable desde un punto de vista democrático.

reprochador -ra *adj* (*raro*) **1** Que reprocha. | * Se dirigió a mí reprochador, indignado casi.
2 Que denota o implica reproche. | * Me miró con aire reprochador.

reprochadoramente *adv* (*raro*) De manera reprochadora. | CSotelo *Poder* 219: –¿Qué pasa? –(Reprochadoramente.) Tiene razón Rómulo.

reprochar *tr* **1** Manifestar [a alguien (*ci*)] censura o queja [por algo (*cd*)]. | Olmo *Golfos* 158: Cumple como marido, y yo, como hijo, no tengo nada que reprocharle.
2 Censurar o reprender [a alguien]. | Población *Sesión* 344: Yo no tengo ningún problema con mi madre. Mi madre me reprocha y yo lo comprendo.

reproche *m* **1** Acción de reprochar. | Laforet *Mujer* 49: Era [su padre] grosero con su madre, a la que había llegado a golpear cuando le hacía reproches por celos. Laforet *Mujer* 172: A Blanca la miraría con reproche.
2 Expresión con que se reprocha. | Benet *Nunca* 11: Para repetirme .. aquella mezcla de reproches inconclusos.

reproducción *f* **1** Acción de reproducir(se). | *SHie* 19.9.70, 2: Es destacable de la grabación la calidad de los arreglos vocales e instrumentales, así como la fidelidad de su reproducción. Ybarra-Cabetas *Ciencias* 205: La reproducción asexual se denomina más bien multiplicación.
2 Cosa que reproduce [1b] [otra (*compl de posesión*)]. | Laforet *Mujer* 158: Tenía la casa llena de reproducciones de cuadros de Romero de Torres.

reproducible *adj* Que se puede reproducir. | *Reg* 5.11.74, 3: Comunicaciones. Del jefe del Gabinete de Investigación de Audiencia de R.T.V.E. solicitando datos sobre esta población y plano de delimitación reproducible.

reproducir (*conjug* **41**) **A** *tr* **1** Hacer o producir [una cosa (*cd*)] que es igual o muy semejante a otra que se toma como referencia]. | Gambra *Filosofía* 110: Llámase imaginación al sentido interno que nos permite evocar y reproducir las impresiones sensoriales y perceptivas en ausencia de sus objetos. A. Pezuela *Mun* 12.12.70, 61: Al anuncio de la comercialización de aparatos para registrar y reproducir imágenes y sonidos, .. aún siguieron, durante la primavera última, la obtención de imágenes en relieve, el vídeo-disco. **b)** Ser [una cosa] igual o muy semejante [a otra (*cd*) que se toma como referencia]. | * La copia reproduce parcialmente el original, ya que una parte ha salido borrosa.
2 Repetir [algo dicho o hecho por uno mismo o por otro]. | Olmo *Golfos* 164: Hubo comentarios .. Y si no los reproduzco, es por consideración y respeto a la memoria de nuestro pequeño amigo. A. Catalá *PapD* 2.88, 128: Es frecuente el tipo de profesor que reproduce, con mayor o menor criticidad, el modelo educativo que él mismo padeció como alumno.

B *intr pr* **3** Producir [un ser vivo] seres semejantes a sí mismo. | Ybarra-Cabetas *Ciencias* 205: La facultad de reproducirse, o sea, la de originar nuevos individuos, no es exclusiva del reino animal.
4 Producirse [algo] de nuevo. | * La úlcera se reproduce con frecuencia. Publio *Nor* 15.1.80, 4: Volvieron a funcionar los taxis el domingo, poniendo fin, de momento, a la huelga. Un paro que puede reproducirse dentro de un par de días.

reproductividad *f* Facultad de reproducirse. | FQuintana-Velarde *Política* 96: La reproductividad futura de la familia española está avanzando de nuevo.

reproductivo -va *adj* De (la) reproducción. | Marta *SYa* 10.10.76, 33: Si los peces que viven en su acuario no se reproducen, es un claro síntoma de que algo falla en su mantenimiento. Sobre todo en los de agua dulce, donde las técnicas reproductivas se han perfeccionado en muy alto grado.

reproductor -ra *adj* **1** Que reproduce. *Tb n, m y f, referido a pers y a máquina o aparato.* | *Mun* 12.12.70, 62: Han llegado las video-cassettes; con ellas, y mediante el aparato grabador y reproductor, puede recoger los programas que emite la televisión. *Van* 25.4.74, 85: Reproductor de planos. Precisa imp. empresa de montajes eléctricos industriales. *Ya* 19.6.75, 47: Introduzca su cartucho de ocho pistas en el reproductor. Se pondrá en marcha al instante. *Abc* 15.11.68, 17: "Casa Guillamet" está debidamente preparada .. Buena prueba de esto es su amplio "stand" en esta octava edición del S.I.M.O., en donde acude con sus unidades electrónicas, sus reproductoras y demás máquinas convencionales.
2 De (la) reproducción [1]. | Bustinza-Mascaró *Ciencias* 119: Otros individuos se han especializado en la función reproductora y se llaman gonantes. **b)** [Animal] destinado a la reproducción. *Tb n.* | Bustinza-Mascaró *Ciencias* 223: Primeramente será necesaria una buena elección de los reproductores, que deberán estar sanos y ser previamente seleccionados entre aquellos que presenten caracteres favorables y transmisibles a los hijos.

reprografía *f* Reproducción mecánica de documentos, esp. mediante fotocopia. | *Nue* 22.12.70, 25: Reprografía. Todo tipo de impresos. Servicio urgente. Organización A.M.P. Sociedad Anónima.

reprográfico -ca *adj* De (la) reprografía. | *Van* 20.12.70, 56: La organización de Hoechst ofrece una gama de 22.000 tipos de productos, de empleo en tantos heterogéneos como el de medicamentos, .. papel reprográfico.

reprógrafo -fa *m y f* Especialista en reprografía. | *Ya* 26.7.88, 35: Los reprógrafos recurrirán la ley de Propiedad Intelectual.

reptación *f* Modo de locomoción en el que el cuerpo avanza sobre la cara ventral mediante movimientos ondulatorios de conjunto. | Bustinza-Mascaró *Ciencias* 182: Cuando está quieto [el lagarto] y quiere moverse, aprieta, primeramente, al suelo sus uñas y las escamas del vientre y luego mueve las patas. Al mismo tiempo el cuerpo y la cola realizan movimientos de ondulación muy rápidos. Este método de locomoción se llama reptación.

reptador -ra *adj* Que repta. | Ybarra-Cabetas *Ciencias* 328: El pie [de los gasterópodos] es de forma plana (suela reptadora).

reptante *adj* Que repta. | Delibes *Madera* 71: Nada le repugnaba tanto como los ratones y los animales reptantes. CBonald *Ágata* 249: De pronto hubo sombras reptantes, bultos agazapados que se desplazaban en lo absorto hacia algún impreciso lugar de la noche.

reptar *intr* **1** Desplazarse [un animal] por reptación. | Legorburu-Barrutia *Ciencias* 195: Los vertebrados que reptan.
2 (*lit*) Avanzar o moverse arrastrándose por el suelo. | Pinillos *Mente* 45: El niño repta antes de sentarse, se puede sentar antes de ponerse de pie, balbucea antes de hablar. Delibes *Parábola* 78: Las plantas más precoces sobresalen ya cinco centímetros del suelo y unas se yerguen y otras se alabean y otras reptan por las losetas del pavimento. Laforet *Mujer* 309: La cola de aquellos niños rapados se deshacía, reptaba, se alargaba.

reptil *adj* **1** [Animal] vertebrado, ovíparo u ovovivíparo, de sangre fría y respiración pulmonar, que, por carecer de extremidades o tenerlas muy cortas, repta [1]. *Gralm n m, frec en pl, designando este taxón zoológico.* | Bustinza-Mascaró *Ciencias* 158: Hay muchas aves, reptiles y batracios comedores de insectos. Ybarra-Cabetas *Ciencias* 377: Clasificación de los reptiles.
2 [Pers.] de carácter rastrero, sinuoso y traicionero. *Gralm n m.* | CPuche *Paralelo* 322: El Penca era un reptil, un verdadero reptil .. Lo que le hacía vibrar a él era el goce físico del golpe fino y traidor.
3 (*raro*) Propio del reptil [2]. | R. Pi *Ya* 23.7.89, 9: "Bananismo" mondo y lirondo, tremendo ejercicio reptil de agradar al poderoso que tiene toda la arbitrariedad en su mano.
4 [Fondo] **de ~es** → FONDO.

reptilario *m* Lugar destinado a la cría o exhibición de reptiles [1]. | T. Auñón *SYa* 13.7.89, 4: Respecto a los ofidios .., su proliferación es enorme. Estos animales .. son criados y exportados a reptilarios de todo el mundo.

reptiliano -na *adj* De (los) reptiles [1]. | Rábade-Benavente *Filosofía* 30: Parece que el orden seguido por la evolución fue el paso de los peces a formas de vida anfibias, posteriormente a formas reptilianas. Pinillos *Mente* 79: Nuestra vida afectiva y nuestros apetitos continúan siendo dominados por un sistema primitivo básicamente reptiliano.

república *f* **1** Forma de gobierno en que el jefe de estado es un presidente elegido. | Gambra *Filosofía* 251: La república (aristocrática o democrática) fue posible solo en países pequeños o en ciudades autónomas. **b)** Estado cuya forma de gobierno es la república. | Arenaza-Gastaminza *Historia* 287: El Kremlin no renunció al imperialismo zarista, consiguiendo pronto la integración de las tres repúblicas caucásicas y Ucrania.
2 (*lit*) Conjunto de asuntos de interés público. | SAgesta *Ya* 26.1.74, 5: La vocación del hombre político exige, sin duda, otras condiciones. Desde luego, una cierta pasión por la "república", esto es, por los intereses y el bien común, como opuestos y complementarios de los intereses privados.
3 ~ literaria, o **de las letras**. (*lit*) Conjunto de los escritores. | MCachero *AGBlanco* 147: Gabriel Miró irrumpía, inequívoco y distinto, en la española república de las letras.
4 (*hoy raro*) Lugar donde reina el desorden por falta de disciplina. | * Esta casa es una república.

republicanismo *m* **1** Cualidad de republicano. | Cossío *Confesiones* 229: Procedente de un partido monárquico, su republicanismo [de Ortega] era muy superficial.
2 (*Pol*) Doctrina o tendencia que propugna la república [1a] como forma de gobierno. | FReguera-March *Caída* 228: El republicanismo .. se había derramado por toda la geografía nacional.
3 *En Estados Unidos*: Simpatía o apoyo al Partido Republicano [2]. | *Mad* 8.9.70, 8: U.S.A. Los obreros hacia el republicanismo.

republicanización *f* Acción de republicanizar. | *Ya* 26.4.83, 9: No estamos por la republicanización de la Monarquía.

republicanizar *tr* Dar carácter republicano [a alguien o algo (*cd*)]. | * Tratan de republicanizar el país. * No es fácil ahora republicanizar a las masas.

republicano -na *adj* **1** De (la) república [1a]. | Arenaza-Gastaminza *Historia* 303: Todas las fuerzas disolventes .. encontraban ambiente propicio en el régimen republicano. **b)** Partidario de la república [1a]. *Tb n, referido a pers.* | Laiglesia *Tachado* 76: A los republicanos, aunque no lo confiesen, les agrada seguir alternando con los aristócratas de la monarquía que acaban de derrocar.
2 *En Estados Unidos:* [Partido] de tendencia conservadora. | *Mad* 20.11.70, 10: Un representante de Maryland figura entre los posibles candidatos para el puesto de ministro del Interior, Rogers C. B. Morton, presidente nacional del partido republicano. **b)** De(l) Partido Republicano. *Tb n, referido a pers.* | *Mad* 20.11.70, 10: También se menciona a David Rockefeller .. y a George Bush, representante republicano en la Cámara.

republico *m* (*lit*) Hombre público. | Torrente *Pascua* 394: Proletarios quiere decir ante todo padres de prole, como explicaba cierta vez el gran repúblico Unamuno.

repucharse *intr pr* (*reg*) Acobardarse o amilanarse. | DCañabate *Abc* 7.9.75, sn: Les veo [a los niños] entrar en el agua al encuentro de las olas con intrepidez y despreocupación, como viejos lobos de mar. Ninguno chilla, ninguno se repucha. Halcón *Manuela* 69: Algo se repuchó la jaca con los cincuenta y ocho kilos de Purita sobre la culata.

repudiable *adj* **1** Que se puede repudiar. | * La herencia es repudiable.
2 Digno de ser repudiado. | *Abc* 5.12.70, 30: Nacen de motivaciones distintas y repudiables. CBonald *Noche* 50: Veía de reojo .. el destello dorado que emitía todo aquel cuerpo a la vez atrayente y repudiable.

repudiación *f* Acción de repudiar. | L. Calvo *Abc* 25.8.68, 25: Han influido en el ánimo de los soviéticos .. la repudiación de los comunistas del mundo entero y la inconsistencia de su posición legal en la O.N.U. B. Andía *Ya* 15.10.67, sn: Cualquiera que sea la disolución del matrimonio: separación, repudiación o muerte, la comunidad de bienes cesa con la separación física de los esposos. Ramírez *Derecho* 100: La aceptación y la repudiación de la herencia son actos enteramente voluntarios y libres.

repudiante *adj* Que repudia, esp [3]. *Tb n, referido a pers.* | Ramírez *Derecho* 100: Si hay repudiación, el repudiante se sustrae a las obligaciones y cargas de la herencia.

repudiar (*conjug* **1a**) *tr* **1** Rechazar o no aceptar [algo o a alguien), esp. por motivos morales. | R. DHochleitner *Fam* 15.11.70, 47: Repudiar al mismo tiempo la sociedad que ha venido instrumentalizando esa violencia. Pinilla *Hormigas* 123: Josefa te repudiará, tus hijos te repudiarán, yo mismo te repudiaré. Lapesa *HLengua* 265: En Italia fueron repudiados los tecnicismos.
2 Rechazar legalmente [el marido a su esposa], rompiendo el vínculo matrimonial. | C. L. Álvarez *Abc* 22.10.67, 37: El Sha repudió a Soraya el mes de marzo de 1958.
3 (*Der*) Renunciar [a algo (*cd*), esp. a una herencia]. | Ramírez *Derecho* 99: Cabe la posibilidad, aunque no muy frecuente, de que alguno de los herederos no acepte o repudie la herencia.

repudio *m* Acción de repudiar [1 y 2]. | L. Contreras *Mun* 23.5.70, 10: El procurador Fernando Suárez .. citó a Duverger para coincidir con él en el repudio de lo que Duverger ha llamado "la Universidad en rodajas". J. Balansó *SAbc* 4.10.70, 27: El rey de los árabes, Aretas, en represión [sic] por el repudio de su hija, declaró una guerra a su antiguo yerno, Herodes Antipas.

repudrir (*conjug* **56**) *tr* **1** Pudrir mucho. *Tb fig.* | Anson *Abc* 11.10.74, 3: Sinceridad y autenticidad es lo que reclama la opinión pública frente a la confusión y corrupción que zocatea y repudre una parte considerable del cuerpo social español. **b)** *pr* Pudrirse mucho. | * El estiércol se va repudriendo en el muladar.
2 Consumir moralmente. | * Tengo una pena que me repudre. **b)** *pr* Consumirse moralmente. | Delibes *Abc* 5.4.86, 28: Para Goya, pintor de Corte, abrumado de encargos, esta situación se repite y, lógicamente, va en aumento .. Se repudre de añoranza.

repuesto -ta **I** *adj* **1** *part* → REPONER.
2 (*col, raro*) [Pers.] vestida y arreglada con mucho esmero. | Lera *Trampa* 1039: En la barra del bar, unos jóvenes muy peinados, muy repuestos, dejaban pasar el tiempo casi sin beber.
3 (*lit, raro*) Escondido o retirado. | Van 17.7.75, 47: Cuesta entender quién pudo esconder tal cantidad de libretas, abandonándolas u olvidándolas, en tan repuesto rincón.
4 de ~. [Cosa] destinada a sustituir a otra igual inservible o gastada. | Arce *Testamento* 95: Tener una aldea propia y vivir lejos de ella es como tener un corazón de repuesto: da fuerzas para luchar. Laforet *Mujer* 39: Llevaba siempre unos litros de repuesto en un bidón.
II *m* **5** Cosa o conjunto de cosas destinadas a sustituir a otras iguales inservibles o gastadas. | C. RGodoy *Cam* 23.8.76, 47: Es Marcelino Camacho, que dice que a ver cuándo te lo tienes terminados los jerseys que te encargó, que ya no le queda ninguno, que se los han destrozado los fans, y que necesita repuesto. *Ya* 22.10.64, 36: Romeos nuevos, usados. Repuestos. Garaje Abascal.

repugnancia – reputación

repugnancia *f* **1** Sensación física de desagrado intenso que impulsa al rechazo. | Castroviejo *Abc* 10.9.68, 8: Su vida es entonces una continua entrega a los lazarados y pobres de Dios, a los que conforta, besa y abraza, sin importarle la repugnancia de llagas y postemas. **b)** Sentimiento de rechazo moral o intelectual. | D. Giménez *Mun* 23.5.70, 24: El desencanto de Roger Garaudy respecto al comunismo oficialista .. viene de lejos. Nace en la repugnancia por los crímenes de Stalin denunciados en el XX Congreso del PCUS.
2 (*lit*) Oposición o contradicción. | MPuelles *Filosofía* 1, 226: ¿Hay, tal vez, una cierta repugnancia entre tal unidad y la pluralidad, aunque ordenada y fluidamente coherente, que se halla supuesta en la continuidad?

repugnante *adj* Que repugna [1]. | Arce *Testamento* 25: El Bayona engullía el atún de un modo repugnante.

repugnantemente *adv* De manera repugnante. | Zunzunegui *Hijo* 99: ¡Qué repugnantemente egoísta eres!

repugnar A *intr* **1** Causar repugnancia [1]. | Laiglesia *Tachado* 269: Estos gestos democráticos, aunque repugnen un poco, son muy convenientes para los príncipes modernos que deseen conservar sus puestos. Mingarro *Física* 35: Podemos distinguir en su enunciado dos partes en apariencia diferentes: la primera no repugna a nuestra imaginación, pues nos parece evidente que si un cuerpo se encuentra en reposo continúe en él mientras no actúa ninguna fuerza exterior.
B *tr* **2** Sentir repugnancia [por algo (*cd*)]. | Suárez *Monedas* 275: Es que acaban [las fieras] repugnando la carne. Dicen que la de cristiano es muy dulzona. Lera *Olvidados* 215: Era su típica reacción siempre que se creía sorprendido en plena desnudez espiritual. Repugnaba todo alarde de los propios sentimientos.
3 (*lit*) Estar [una cosa] en oposición o contradicción [con otra (*cd*)]. | MPuelles *Filosofía* 1, 75: Una cosa posible es algo que de suyo no repugna la existencia real, algo que puede ejercer esa existencia, aunque no la esté cumpliendo.

repujado¹ -da I *adj* **1** *part* → REPUJAR.
II *m* **2** Objeto de cuero o metal repujado. | Tejedor *Arte* 90: Las industrias de perfumes, aceros, marfiles, repujados, cueros, cerámicas, etc., llegaron a exquisita perfección.

repujado² *m* Acción de repujar. *Tb su efecto.* | *Abc* 30.8.66, 6: Difícil arte este de pintar sobre cuero .. Lejos, muy lejos, está la técnica del repujado y pirograbado.

repujador -ra *m y f* Pers. que tiene por oficio repujar. | *Abc* 10.10.65, 82: La idea del homenaje a los artistas cacereños desaparecidos surgió a raíz del fallecimiento del pintor y escultor-repujador Eulogio Blasco.

repujar *tr* Labrar en relieve [cuero o chapa]. | Arazo *Alcoy* 72: Los alcoyanos cincelan las corazas, repujan los cueros y fabrican los alfanjes y arcabuces. GNuño *Escultura* 73: Quizá sea pieza más sensacional la Vegadeo, en finísima chapa de oro, repujada con ornatos geométricos.

repulgado -da *adj* Remilgado. | Ridruejo *Memorias* 60: La "sociedad" más repulgada censuraba mucho su amistad [de la condesa] con los intelectuales más o menos republicanos.

repulgo *m* **1** Remilgo. | J. Jurenito *Día* 1.6.76, 34: Ese añejo letrerito de "Ocupado" será sustituido por otro que diga: "¡Empuje! ¡Pase sin repulgos y vea lo que se está haciendo dentro, si le da tiempo para esperar!".
2 (*raro*) Borde saliente, esp. hecho como remate. *Tb fig.* | L. Armiñán *Abc* 19.9.64, 23: Recordamos a los jefes que conocimos, a los hombres que pasaron y que perdimos de vista en un repulgo de la hosca tierra en llamas.
3 (*raro*) Dobladillo hecho en una tela. *Tb el punto con que se cose.* | * Convendría hacerle un repulgo a este paño, se está deshilachando.

repuliciar (*conjug* **1a**) *tr* (*reg*) Acicalar. | Berlanga *Gaznápira* 35: La barbería se fue llenando de hombres y mozos que querían repuliciarse para tan señalado acontecimiento.

repulido -da *adj* **1** *part* → REPULIR.
2 Muy pulido o cuidado. *Frec con intención peyorativa.* | Espinosa *Escuela* 686: Un joven y repulido sujeto, sin pelo de barba, .. se dirigió al reo.

repulir *tr* Pulir intensamente. *Tb fig. Frec con intención peyorativa.* | L. Lázaro *SGacN* 25.8.74, 7: El Goya más que cuarentón se repule al contacto de gobernantes, escritores y duquesas.

repullarse *intr pr* (*reg*) **1** Levantarse [un ave] en el vuelo. | Delibes *Santos* 95: ¿A qué distancia tiré yo .. al pájaro aquel de la primera batida, el del canchal, el que se repulló a las nubes?
2 Mostrar contrariedad. | Halcón *Ir* 102: Es cosquillosa la "Peregrina", y a la mañana, al echarla el collerón, se repu[ll]a y mueve la cola como avisando de que, si siguen las cosquillas, acabará dando una coz. [*En el texto,* repuya.]

repullo *m* (*reg*) Respingo de susto o sorpresa. *Tb la sensación correspondiente.* | CBonald *Noche* 175: Sentía una aversión atávica y supersticiosa por la culebra, un repullo maléfico oriundo tal vez del mismo poso sensorial que espantaba hasta el pánico furioso a los caballos.

repulsa *f* Rechazo condenatorio [de alguien o algo]. | Aranguren *Cua* 6/7.68, 17: No es fácil .. emitir un juicio firme sobre el movimiento francés del pasado mes de mayo, consistente .. en una repulsa global de la estructura de la sociedad del vecino país.

repulsado *m* (*raro*) Repujado en metal. | *HLVi* 4.8.75, 7: En la escuela se realiza el aprendizaje de las técnicas del .. repulsado y repujado, cincelado, grabado en metal y en acero.

repulsador -ra *m y f* (*raro*) Repujador en metal. | *Van* 17.4.73, 83: Tornero repulsador de 2ª falta en taller de platería.

repulsar *tr* (*raro*) Manifestar repulsa [contra alguien o algo (*cd*)]. | LRubio *Abc* 28.5.84, 3: Alguien, cambiando sus terrenos, acaba de repulsar, entre otros, en un diario, "aquella España torera, de pandereta, navajuda y frenética de Mérimée".

repulsión *f* **1** Acción de repeler o impulsar lejos de sí. | Marcos-Martínez *Física* 1: La cohesión entre sus moléculas no existe, y al contrario, parecen tener una fuerza de repulsión de unas con otras que las lleva a ocupar el mayor volumen posible.
2 Repugnancia o aversión. | Laiglesia *Tachado* 180: Un cadáver entero, con todas sus cosas en su sitio, al que se puede amortajar en una postura mona y exhibir sin que al público le cause horror ni repulsión.

repulsivo -va *adj* **1** Que causa repulsión, *esp* [2]. | Bustinza-Mascaró *Ciencias* 377: La traslación es debida a la fuerza repulsiva del polo. Olmo *Golfos* 115: Su boca, aumentada por el lápiz rojo, me pareció repulsiva.
2 De (la) repulsión. | Mingarro *Física* 98: La acción atractiva de uno queda exactamente compensada con la repulsiva del otro.

repunta *f* (*raro*) Indicio o atisbo. | L. Calvo *Abc* 18.12.70, 27: ¿Creen ustedes que hubo una palabra, un ademán, una ligera repunta no digamos de vituperio, no de ira, sino de elemental análisis crítico?

repuntar *intr* ▶ **a** *normal* **1** (*Mar*) Comenzar [la marea, ascendente o descendente]. | Aldecoa *Gran Sol* 29: Ya repunta a creciente la marea.
2 (*Econ*) Subir [un valor, esp. bursátil]. | I. AVillalobos *Ya* 29.3.87, 19: Sorprendentemente, el mercado mostró el jueves un comportamiento calmado y algunos valores significativos comenzaron a repuntar.
▶ **b** *pr* **3** Agriarse ligeramente [el vino]. *Frec en part.* | GPavón *Cuentos rep.* 114: La preocupación por sí .. el vino se habría repuntado con la calina que hizo. Berlanga *Gaznápira* 113: Dejaste a mano el porrón con ese vino áspero y repuntado que solamente bebes en Monchel.

repunte *m* Acción de repuntar [1 y 2]. | I. AVillalobos *Ya* 26.12.82, 24: Las ventas no mostraron en ningún momento excesiva insistencia, al continuar vigentes para la última semana del año los factores que produjeron este repunte navideño.

reputación *f* Opinión de los demás [respecto a una pers. (*compl de posesión*)] en el aspecto moral o profesional. *Frec con los adjs* BUENA, MALA *o equivalentes. Referido a mujer, gralm alude a su moral sexual. Tb fig, referido a cosa.* | Mendoza *Ciudad* 158: Había hecho venir de Barcelona el

un abogado joven, pero de muy buena reputación. Torrente *DJuan* 96: Tiene reputación de santa. * Esa casa tiene mala reputación. **b)** *Sin calificativo:* Buena reputación. | Villapún *Moral* 165: Será leve, o pecado venial, [la hipocresía] cuando tiene por fin conservar la propia reputación y conservar la opinión que de nosotros tienen los demás.

reputado -da *adj* **1** *part* → REPUTAR.
2 Que tiene buena reputación profesional o social. | Á. RCamps *SYa* 9.11.73, 17: La parte gráfica está a cargo de los artistas franceses más reputados en aquella época. A. Nadal *Van* 12.9.74, 65: [L]e procuraron valiosas amistades la asistencia a la Escuela de Bellas Artes y a la tan reputada Escuela de Arte de Francisco Galí.

reputar *tr* Juzgar o considerar. *Con un predicat, o con un compl* DE, COMO *o* POR. | Ramírez *Derecho* 42: Los que nacen dentro de los seis meses siguientes a la celebración del matrimonio requieren, para ser reputados legítimos, un acto de reconocimiento, ex[pres]o o tácito, del marido. MCachero *AGBlanco* 114: Beneficia aquellos pormenores que reputa de significativo interés. FQuintana-Velarde *Política* 7: Las afirmaciones que se hacen en cada lección hemos procurado estén abonadas por las autoridades científicas que normalmente se precisan para que estas puedan reputarse como rigurosas.

requebrar (*conjug* **6**) *tr* Dirigir palabras de halago [a una pers., esp. una mujer (*cd*)], gralm. ponderando su belleza. | DCañabate *Abc* 9.2.75, 40: Dos galanes de fanfarrona presencia osaron requebrarlas en el sagrado recinto. Las dos hermanas se desmayaron.

requemar *tr* **1** Quemar intensamente [algo o alguien], esp. por la acción del fuego o de la intemperie. *Frec en part.* | Cela *Judíos* 88: El hombre se sentó al lado del vagabundo, prendió la yesca para encender su requemada colilla .. y habló. J. Olmo *Ya* 10.4.77, 21: Acoge gente laboriosa y requemada por los soles de Castilla. **b)** *pr* Quemarse intensamente, esp. por la acción del fuego o de la intemperie. | * No dejes que se te requeme el aceite. * Con este aire y este sol la piel se requema.
2 Quemar (desazonar intensamente). | DCañabate *Paseíllo* 85: Su intención era que ella le suplicase casi de rodillas que no fuera; así se hubiera tranquilizado algo que le requemaba por dentro. Su cobardía.

requenense *adj* De Requena (Valencia). *Tb n, referido a pers.* | *Pro* 22.8.75, 17: Requena .. Día 29. Dianas .. Homenaje a los requenenses ausentes.

requeridor -ra *adj* (*raro*) Que requiere. | Camón *Abc* 1.8.63, 3: Ante ese golpeo requeridor del lienzo llamando a la intimidad del artista .. todo ese mundo de la realidad que el hombre asimilaba imperiosamente con su arte ha sido negado.

requerimiento *m* Acción de requerir, *esp* [2]. *Tb su efecto. Frec en derecho.* | *Abc* 8.12.70, 21: Se había iniciado la vista con la lectura de documentos a requerimiento de vocales del Tribunal y del ponente. Benet *Nunca* 75: El hombre solicitaba .. mi ayuda .. para resolver algunos requerimientos de ciertos propietarios que estaban a punto de promover una demanda judicial.

requerir (*conjug* **60**) *tr* **1** Exigir [algo] o imponer la necesidad [de ello (*cd*)]. | Laforet *Mujer* 141: Las circunstancias sociales .. requerían que viviesen juntos. *Van* 17.4.73, 85: Inspector ventas Importante Empresa .. necesita para su Delegación-Cataluña. Se requiere: Buena formación. Experiencia puesto similar y afán de superación. **b)** Necesitar. | *Economía* 331: La piel requiere que se la proteja contra estas sustancias.
2 Pedir [algo (*compl* A *o* PARA) a alguien (*cd*)] como obligación o como favor. *Tb sin compl* A *o* PARA. *Frec en derecho.* | Gala *Séneca* 135: En desagravio a Roma y al emperador, se les requerirá a ofrecer un sacrificio. *Ya* 29.11.70, 35: Convirtió aquello en un "show" de participación al requerir a los asistentes a que expresaran su opinión sobre la moda futura. MMolina *Jinete* 70: Requiriendo a Julián para que aproximara más la lámpara, había rozado los pómulos de la momia. MPuelles *Hombre* 87: Esas exigencias naturales, en las que consisten mis deberes, me vienen dadas .. No son .. simples imperativos hipotéticos, sino imperativos categóricos, en su modo de requerirme.
3 (*lit*) Solicitar el amor [de una pers. (*cd*)]. *Más frec ~* DE AMORES. | Cunqueiro *Un hombre* 22: Dijo llamarse Andrés y estar huido de su madrastra, que lo requería de amores en los plenilunios.
4 (*lit*) Solicitar la presencia [de alguien (*cd*)]. | Torrente *DJuan* 73: –¿Qué sucede? .. –Le requieren a usted, padre, y perdone la hora intempestiva .. ¿Quiere usted acompañarme?
5 (*lit*) Buscar [algo]. | MGaite *Retahílas* 31: Ese afán por buscar cosas que no se hallan perdidas en esas páginas donde se encontraron, que se han ido perdiendo luego, quedándose enganchadas por otros caminos y zarzales donde no se le ocurre a nadie en ese instante en que se echan en falta irlas a requerir.
6 (*lit*) Echar mano [de algo (*cd*)]. | Cunqueiro *Un hombre* 19: El oficial de forasteros se puso el sombrero de copa .. y requirió el paraguas, pero al llegar ante la puerta de su despacho vaciló, y finalmente volvió el paraguas al paragüero y colgó el sombrero en la percha.

requesón *m* Cuajada que se saca de los residuos de la leche después de hecho el queso. | Bernard *Verduras* 40: Se espolvorean con la cebolla finamente picada y el requesón desmenuzado.

requesonero -ra *m y f* Pers. que hace o vende requesón. | DCañabate *Andanzas* 45: Pensando .. en los ojillos de la requesonera.

requete- *pref* (*col*) Se antepone a adjs, advs y a veces vs para añadir énfasis al significado. | *Por ej*: E. RGarcía *MHi* 6.60, 8: Ya estoy requetelisto, señor. ZVicente *Ya* 27.12.70, sn: La portera se levantaba, nos miraba y remiraba y requetemiraba. Berenguer *Mundo* 197: Me lavé allí fuera, me peiné muy requetepeinado, y así me llegué al bar de la plaza. CPuche *Paralelo* 420: No había nada que pensar, todo estaba pensado y muy requetepensado.

requeté *m* (*hoy raro*) **1** Individuo perteneciente a la organización militar carlista. | *VozC* 31.12.70, 4: Nuestro marido y padre Jesús Izco Anocíbar luchó como voluntario en la Cruzada, en un Tercio de Requetés de Navarra.
2 Organización militar carlista. | GSerrano *Macuto* 497: Los jefes legionarios del Requeté, como Rada, verían con agrado esto. **b)** Unidad militar carlista similar a la sección en el ejército regular. | Gironella *Millón* 175: Seis escuadras formaban un requeté, tres requetés formaban un tercio.

requetebién *adv* (*col*) Sumamente bien. | Caldentey *Bal* 29.3.70, 13: Nuestros socios, a la vista de lo requetebién que lo pasaron en anteriores años, nos obligan a seguir en la brecha.

requiebro *m* Palabra o frase con que se requiebra. | L. Contreras *Mun* 23.5.70, 10: Don Adolfo Muñoz Alonso descargó dialécticamente algo del resquemor que le produjeron los requiebros de Pemán .. Habló de los piropos que le llegan desde la bahía.

réquiem (*pl normal, ~s*) *m* **1** Misa de difuntos. *Frec* MISA DE *~. Frec fig.* | G. Valverde *Ya* 9.6.68, 1: La catedral tenía que ser limpiada y preparada para la misa solemne de réquiem por Robert Kennedy. *NAl* 18.9.92, 35: Réquiem por el Alto Tajo. Delibes *Perdiz* 145: Pues yo digo, Barbas, que de no ser por los cotos, a la perdiz ya podíamos cantarle un réquiem.
2 Composición musical que se canta con el texto de la misa de difuntos, o con parte de él. | Subirá-Casanovas *Música* 71: Más de cincuenta sinfonías .., dieciocho misas, obras religiosas menores, diez cantatas, y el *Réquiem*, obra incompleta y póstuma.

requilorio *m* (*desp*) **1** Complicación o detalle innecesario. *Gralm en pl.* | G. Lorente *Abc* 31.10.70, 19: Con todos estos aditamentos y requilorios se tiene, en fin, un artilugio que, si ahorra dolores de cabeza a los navegantes, los originó a sus constructores. Delibes *Madera* 219: Procura dejar huecos entre ambas intervenciones [de la mujer que vote dos veces] y, a ser posible, que la interesada se cambie de atuendo con objeto de dificultar su identificación. Si se tratase de ancianas no es preciso tanto requilorio: las viejas son todas iguales.
2 Adorno o complemento excesivo o innecesario. *Gralm en pl.* | Escobar *Itinerarios* 117: Ellas, las mozas, aireaban la vestimenta castiza, de colorines y requilorios.

requintado – resaltar

3 *En pl:* Palabras formularias e innecesarias. | Torrente *Vuelta* 333: Media hora de requilorios, de lamentaciones, de letanías. La finada, Dios la tuviera en gloria, había sido la madre de los pobres. GPavón *Cuentos rep.* 14: Luego los requilorios y apostillas finales por el Papa, por el Rey, por el general y por las ánimas.

requintado -da *adj (reg)* Refinado o exquisito. | Torrente *Sombras* 24: No por desmerecimiento de su cuerpo, que como premio o remedio satisfacía aparentemente las exigencias más requintadas. *Van* 3.10.74, 51: Recuerdo el gozo incontenible de mi amigo Gabriel Jabra, un sirio jacobita que vivía desde siempre en Jerusalén, porque un largo poema suyo .. lo habían incluido en una de las entregas de la requintada "London Poetry".

requinto *m* **1** Clarinete pequeño y de tono agudo que se usa en las bandas de música. *Tb el músico que lo toca.* | Lera *Clarines* 374: Aparecieron unos hombres sudorosos que empuñaban instrumentos musicales: una trompeta, un requinto, un clarinete, un saxofón.
2 Guitarrillo que se toca rasgueando con el dedo índice o el medio. | Landero *Juegos* 251: Ella cantaba y bailaba, y yo, con estos dos dedos libres, la acompañaba con un rasgueo al requinto.

requirente *adj (Der)* [Pers.] que requiere [2]. | *Nue* 29.9.68, 2: Resulta plenamente acreditada la personalidad del requirente.

requisa *f* **1** Acción de requisar. | Gironella *Millón* 153: Las dos preocupaciones de Ortiz eran la artillería y la requisa de animales para el transporte y el porteo.
2 Inspección o registro. | *Alc* 31.10.62, 6: Los abogados del "Der Spiegel" en Hamburgo han declarado que han presentado un recurso ante el Tribunal de Garantías Constitucionales alemán .. contra la continua requisa de la casa de la revista.

requisar *tr* Apoderarse [el gobierno o una autoridad *(suj)* de algo particular *(cd)*], esp. con fines militares. | Arce *Testamento* 57: Se lo requisaron cuando la guerra... Ahora no tenemos toro en el pueblo. CNavarro *Perros* 210: El jefe de Aduanas .. requisó la maquinaria.

requisición *f (raro)* Requisa [1]. | *Mad* 10.9.70, 16: El producto de las distintas requisiciones es confiado al comandante de la nave, con la promesa de que será devuelto al final del viaje.

requisito *m* Condición necesaria [para algo]. | DPlaja *El español* 142: Una mujer decente hace unas cosas y deja de hacer otras en público. La que no cumple con estos requisitos resulta una cualquiera.

requisitoriar *(conjug 1a) tr (Der)* Hacer una requisitoria [a alguien *(cd)*]. | *VozC* 6.7.55, 2: Detención de un requisitoriado. En Santa Cruz de la Salceda ha sido detenido por la Guardia Civil Antonio Gil García .. requerido por el juez de Instrucción de Aranda de Duero. *Rio* 17.3.89, 3: La Guardia Civil del puesto de Autol ha detenido a L.M.S. .. al encontrarse requisitoriado por la Audiencia Provincial de Málaga.

requisitorio -ria *(Der)* **I** *adj* **1** [Carta o despacho] de requerimiento. | Bermejo *Estudios* 81: Para ello bastaba con enviar una carta requisitoria por parte del organismo competente.
II *f* **2** Requerimiento, esp. el publicado por un juez. | *Inf* 20.6.74, 32: Se informó a la Guardia Civil del pueblo de San Roque del Romeral que procediera a la detención de Manuel Cobo Cobo por existir una requisitoria de busca y captura del juez que se ha hecho cargo de este caso. *Bal* 4.3.70, 4: Advirtieron [los guardias civiles] a un hombre cuya actitud les infundió sospechas. Le dieron el alto, y aquel hombre, lejos de atender a la requisitoria, intentó la huida.

res *f Se da este n a determinados cuadrúpedos domésticos, esp la vaca y la oveja, y a algunos salvajes que se cazan, esp el venado y el jabalí.* | Arce *Testamento* 66: Trataba de recordar a mi tío cuando abandonábamos en su coche la ciudad para .. presenciar el embarque de las reses en los aparcaderos de ganado del ferrocarril. Delibes *Guerras* 64: Las reses, cuando viejas, si no da en dolerles las muelas, rabian o algo peor, ¿entiende? Y como quiera que el bicho aquel, el jabalí, digo, tenía la pelambre entrecana y los remolones careados, todos dimos por buena la explicación.

resabiar *(conjug 1a)* **A** *tr* **1** Hacer que [alguien, esp. un animal *(cd)*] adquiera resabios. | V. Zabala *Abc* 8.4.75, 117: No entiendo cómo se empeña en tomar las banderillas para convertir el segundo tercio en una interminable sucesión de capotazos que van agotando, resabiando y avisando a los toros. **b)** *pr* Adquirir resabios. | Á. Domecq *Abc* 29.6.58, 23: Los caballos, cuando son buenos y se cansan, protestan. Si son malos, protestan, pero además se resabian.
B *intr pr* **2** Disgustarse o desazonarse. | MGaite *Nubosidad* 64: Un discurso típico de madre acaparadora que pone a su hijo en guardia contra las malas compañías. Y, entrándole por ese lado, Raimundo se resabia y empieza a hacer extraños.

resabido -da *adj* [Pers.] que se precia de sabia o entendida. | FVidal *Duero* 29: El caminante .. recuerda todavía las palabras del resabido doctor. **b)** Propio de la pers. resabida. | Torrente *DJuan* 123: Casi me molestaban las palabras de Leporello por la sonrisa resabida que las acompañaba.

resabio *m* Vicio o mala costumbre. | Villapún *Iglesia* 40: Constantino, aun con algunos resabios paganos, fue hombre de grandes virtudes. DCañabate *Paseíllo* 34: Como no conozcas los resabios que puede sacar el toro, estás perdido.

resaca *f* **1** Movimiento de retroceso de las olas después que han llegado a la orilla. | Bustinza-Mascaró *Ciencias* 314: Al retroceder hacia el mar chocará contra la base de la ola siguiente y se acelerará la caída de la cresta, produciéndose la resaca.
2 Malestar físico que se padece al día siguiente de beber alcohol en exceso. *Tb fig.* | Medio *Andrés* 255: Esto debe ser la resaca... Lo que ellos dicen, ¡jo!, uno se queda molido cuando bebe mucho y al día siguiente, uno no está para nada. GRuano *MHi* 6.60, 5: Madrid, con la resaca de la primera gran guerra europea, empezaba lo intoxicación de su universalismo. MGaite *Nubosidad* 34: No sé si es el somnífero que tomas, pero, si no, te lo recomiendo. No deja resaca.
3 *(Com)* Letra de cambio que el tenedor de otra que ha sido protestada gira a cargo del librador o de uno de los endosantes. | *BOE* 2.6.59, 7886: De conformidad con lo dispuesto en el artículo 528 del Código de Comercio, se justificará, donde no exista Bolsa, con certificación de Corredor Colegiado de Comercio, que las partidas de cuentas de resaca se ajustan a lo dispuesto en el citado artículo.

resacador -ra *m y f (reg)* Ojeador. | *Hoy* 22.11.74, 22: Con varios días de antelación, los encargados de la finca "El Egido" tenían contratados a numerosos resacadores.

resacón *m (col)* Resaca [2] muy grande. | J. Berlanga *Abc* 3.3.90, 125: Lo peor de este fenómeno del relleno espúreo no son sus consecuencias. El resacón morrocotudo, la barrena en la sien.

resacoso -sa *adj* Que tiene resaca [2]. | A. Vicens *Int* 14.10.87, 81: A la mañana siguiente se despertó con la cabeza pesada y resacosa. **b)** Propio de la pers. que tiene resaca. | MReverte *Demasiado* 31: Pilar, con aspecto resacoso, observaba a Merche sin mucha atención.

resalado -da *adj (col)* Muy salado o gracioso. *Frec como piropo.* | GPavón *Hermanas* 31: –¡Olé ahí tu gracia, resalao! –gritó una mujer. J. M. Moreiro *SAbc* 9.11.69, 45: Te "sablean" y tienes que reírte. Pidiendo de esa forma tan resalada hay que quitarse la corbata y dar.

resalir *(conjug 59) intr (raro)* Sobresalir o resaltar. | Zunzunegui *Camino* 20: Existe una añorante pintura de Bilbao en 1808, tomada desde Miravilla, en la cual resale graciosamente el cuartel llamado Volantín.

resallo *m (reg)* Nueva escarda. | Bartolomé *Ale* 2.8.78, 20: En cuanto al maíz, vemos que al lado de algunos sembrados que ya enseñan la "cerla", otros están a punto de resallo.

resaltable *adj* Que se puede resaltar [3]. | Á. L. Calle *Inf* 30.10.75, 8: Es resaltable la noticia no confirmada de que Gali Sidi Mustafá .. saliese esta mañana de la capital del Sahara por vía aérea.

resaltar A *intr* **1** Sobresalir. *Tb fig.* | *BOE* 2.9.77, 19711: Cuando el sistema de cierre de la faja sea mediante hebijones sobre agujeros, aquellos no tendrán una sección

menor que la correspondiente a un diámetro de cinco milímetros y, colocados en posición de enlace normal, resaltarán sobre el trinquete de la hebilla al menos dos milímetros.
2 Aparecer [una pers. o cosa] como más destacada o visible respecto a lo que la rodea. | Alicia *Fam* 15.11.70, 50: El rostro no resalta, no tiene armonía si el cuello es obscuro y tiene arrugas.
B *tr* **3** Hacer que algo resalte [2]. | Berlanga *Gaznápira* 118: Poco a poco Gabriela desplegó sus artimañas –atusándose, remetiéndose la blusa para resaltar la delantera ..–, y el Cristóbal se fue encandilando.

resalte *m* **1** Acción de resaltar. | FCid *MHi* 7.68, 40: La tónica de este año, en realidad, señala un cambio de posiciones muy digno de resalte, con respecto a las anteriores.
2 Parte que sobresale. | *Nue* 22.12.70, 32: El hombro de seguridad, en ambos lados de la banda de rodaje, permite salvar los resaltes laterales en ruta con una suave maniobra de volante. FReguera-March *Caída* 351: Se hallaban allí, muy cerca, tendidos junto a un resalte del terreno.

resalto *m* Resalte. | *Hola* 14.8.82, 78: La prensa .. siempre pone en resalto las actitudes, casi siempre simpáticas, de la princesa. Villarta *Rutas* 21: El centro de cada una de estas fachadas y los resaltos o pabellones de los ángulos están adornados de medias columnas estriadas de orden jónico compuesto.

resalvo *m* Vástago que, al limpiar un monte, se deja para formar un árbol. | Santamaría *Paisajes* 39: El monte medio es el que se desarrolla a partir del monte bajo, dejando sin talar algunos pies –resalvos–, distribuidos con cierta regularidad.

resanar *tr* Reparar [algo dañado o estropeado]. | Anson *Abc* 11.5.74, 3: Salazar, llamado al Poder, serenó al país, resanó la Hacienda. **b)** Reparar [un daño o desperfecto]. | Landero *Juegos* 364: Había una casa baja y casi en ruinas, con paredes de cal .. y grietas mal resanadas.

resarcidor -ra *adj* (*raro*) Que resarce. | Espinosa *Escuela* 532: ¡Resarcidora casualidad!, ahora la arbitrariedad compensa de la arbitrariedad.

resarcimiento *m* Acción de resarcir. | Ramírez *Derecho* 118: El perjudicado podrá escoger entre exigir el cumplimiento o la resolución de la obligación, con resarcimiento de daños y abono de intereses en ambos casos.

resarcir *tr* Compensar [a alguien (*cd*) de un gasto o un daño]. | E. JRey *Reg* 18.8.70, 1: A ese aparcero ha de resarcírsele de alguna manera del gasto realizado. FReguera-March *España* 133: Javier, entonces, centuplicaba las salidas y las fiestas, como si quisiera resarcirla de sus días de enclaustramiento. **b)** Compensar [un gasto o un daño]. | Compil. *Cataluña* 749: Aceptar indemnizaciones por siniestros asegurados o por daño resarcido por el responsable.

resbalabueyes *m* Junco de hojas planas propio de arenales húmedos (*Juncus bufonius*). | Mayor-Díaz *Flora* 408: *Juncus bufonius* L. "Resbalabueyes" .. Tallos fasciculados .. Hojas planas .. Flores espaciadas y solitarias .. Muy frecuente. Toda Asturias. Céspedes y arenales húmedos.

resbaladero *m* Lugar resbaladizo. | Sampedro *Río* 29: Algo más arriba del resbaladero otra pasarela cruzaba el río.

resbaladizo -za *adj* **1** [Cosa] en la que se resbala [1a y b y 2] fácilmente. | Arce *Testamento* 42: El agua estaba rodeada por piedras; por rocas resbaladizas. Rosales *MHi* 3.61, 30: ¿A qué viene esa nueva actitud que hace entrar el diálogo en un terreno resbaladizo y peligroso?
2 Que resbala [1a] fácilmente. | SFerlosio *Jarama* 50: Se amasaron en una lucha alborotada y violenta; un remolino de sordos salpicones, donde se revolvían ambos cuerpos y aparecían y desaparecían los miembros resbaladizos. * Esta suela es muy resbaladiza.
3 (*col*) [Pers.] con la que uno no sabe a qué atenerse. | * ¡Qué tipo tan resbaladizo! Nunca sabes cómo va a reaccionar.

resbalador -ra *adj* (*raro*) Que resbala [1]. | M. I. JArqués *Nar* 4.76, 28: Se sabe que hubo otras piedras fecundantes resbaladoras ... Según Joan Amades, en el Santuario de Bellmunt, en Vich, se encuentra una roca plana e inclinada cuya leyenda dice que la mujer que resbale por la misma,

antes de un año se habrá casado, y la casada que lo haga será madre.

resbalamiento *m* Acción de resbalar(se) [1a]. | APaz *Circulación* 116: Si está el piso mojado, las distancias –además del peligro de resbalamiento o patinazo– llegan al doble. Ybarra-Cabetas *Ciencias* 119: Los estratos que descansan sobre ella pueden deslizarse por resbalamiento a zonas más bajas con velocidad variable.

resbalar *intr* **1** Deslizarse [sobre una superficie (*compl adv*)]. *Tb pr. Frec sin compl*. | Laforet *Mujer* 294: La lluvia resbalaba por los cristales del vehículo. Arce *Testamento* 33: A mí también se me resbalaban los párpados. **b)** Írsele [a alguien (*suj*)] los pies al pisar [algo liso o húmedo (*compl* EN)]. *Frec se omite el compl por consabido. Tb pr*. | CNavarro *Perros* 70: Mario .. resbaló, sin llegar a perder el equilibrio. **c)** Ser o estar resbaladizo [1] [algo]. | *Día* 27.4.76, 16: Hasta el mosquetón resbalaba por la humedad.
2 (*col*) Cometer [alguien] un desliz o equivocación. | P. Sebastián *País* 4.9.77, 2: Oreja, muy serio, sufrió mucho en la conferencia de prensa final, donde Suárez resbaló con alguna imprecisión sobre la competencia de las Cortes en la eventual revisión del tratado Madrid-Washington.
3 (*col*) Pasar sin dejar huella. | Gambra *Filosofía* 112: El nombre de una persona, .. una lección, no se fijan a menudo porque no ponemos interés en que se fijen; antes bien, deseamos, acaso sin darnos cuenta, que resbalen sobre nosotros.
4 (*col*) Resultar indiferente [algo a alguien]. | ZVicente *Traque* 232: Dice algo bajito, no sé si en ruso o en inglés, ya sabes tú que a mí eso me resbala.

resbalón *m* **1** Acción de resbalar [1a y esp. b y 2]. | Castroviejo *Van* 20.12.70, 15: Expertas campesinas cebadoras hacen ingerir el antes ágil gallo un amasijo de harina y maíz molido, humedecido con agua y unas gotas de aceite, para el resbalón garganta abajo. *Ya* 23.9.70, 36: Nadie está libre de un golpe, de una torcedura, de un resbalón. Isidro *Abc* 26.2.58, 57: Nuestro estupendo colega en la crónica madrileña, espigador ameno y sin hiel de los resbalones que todos damos, y no en cáscaras, ¡qué cáscaras!, estará de acuerdo.
2 Pestillo que queda encajado por la presión de un resorte. | CBonald *Casa* 52: Sonó más fuerte de lo común el resbalón de la cancela.

resbaloso -sa *adj* Resbaladizo. | MCalero *Usos* 90: Iban luciendo la fusta [la cucaña] y poniéndola tan resbalosa que a veces se pasaban horas antes de que algún gañán se pudiera llevar el palio. * Es un personaje que no me gusta nada; me resulta muy resbaloso.

rescaño *m* (*reg*) Cantero [de pan]. | Escobar *Itinerarios* 202: Veréis que en algunas bodegas cuelgan perniles y hojas de tocino. Cortad del colgajo y un buen rescaño de hogaza antes de la mojadura.

rescatable *adj* Que se puede rescatar. | J. M. Vaquero *País* 25.5.80, 13: El PSOE debe salir el lunes a la arena política y negociar con el PCE, PNV, Convergencia, PSA y los diputados centristas rescatables. MPrieto *D16* 9.7.91, 64: De entre los cuales [parlamentarios] solo con pinzas de cirujano se puede extraer alguna pieza intelectual y moral rescatable.

rescatador -ra *adj* Que rescata. *Tb n, referido a pers*. | *Hoy* 24.8.75, 10: Manolo "El Churrero", rescatador de cadáveres. Berlanga *Recuentos* 68: Cuando la pesadilla se va desvaneciendo hasta que aparece el abrazo rescatador del héroe.

rescatar *tr* **1** Recuperar mediante dinero [a alguien o algo que está en poder ajeno]. | DPlaja *Literatura* 215: Su nave es asaltada por piratas berberiscos, que le llevan a Argel, donde permanece cautivo más de cinco años. Rescatado por los frailes trinitarios, regresa a España. **b)** Recuperar por la fuerza o mediante otro tipo de actuación [a alguien o algo perdido, preso o en poder ajeno]. *Tb fig*. | Lapesa *HLengua* 195: España había defendido la suerte de la civilización occidental, librándola, al rescatar su propio suelo, de la amenaza musulmana. *Abc* 16.12.70, 48: Solamente han podido ser rescatados 15 muertos, mientras continúa la tarea de remoción de tierras. Chamorro *Sin raíces* 63: Las cosas están en el mundo para que el hombre las piense. Pensándolas rescatamos su esencia, la asimilamos y

rescate – resentir

la hacemos nuestra. *Naipes extranjeros* 37: En la Escalera solo pueden rescatarse los "Comodines" que haya en los extremos.

2 Sacar [a alguien o algo de una situación lamentable o no deseada]. | M. Calvo *MHi* 12.70, 13: Podría establecerse un sistema general de satélites de comunicaciones para la transmisión de programas educativos, y ello podría simplemente rescatar a nuestro planeta de la ignorancia. Torrente *Isla* 35: Va a casarse con un químico cuáquero al que ha rescatado de la droga.

rescate *m* **1** Acción de rescatar. | RMorales *Present. Santiago* VParga 5: Solo hacia el año 1100 .. se concreta la creencia en el rescate ceremonial y en la purificación de las conciencias durante el Jubileo. *Naipes extranjeros* 36: El rescate de "Comodines" lo hace cada pareja de jugadores en sus combinaciones ya expuestas.

2 Precio que se exige para rescatar a alguien. | Arce *Testamento* 26: Lo único cierto es que piensan pedir un rescate a cambio de mi vida.

3 (*Juegos*) Juego de muchachos que consiste en atrapar a los componentes del equipo contrario, que luego pueden ser rescatados por sus compañeros. | Ca. Llorca *SPaís* 31.5.81, 53: Quedan muchos [juegos] más: el balón prisionero, el rescate, el escondite inglés.

rescindible *adj* (*Der*) Que se puede rescindir. | Compil. *Cataluña* 726: Esta renuncia será, no obstante, rescindible por lesión en más de la mitad de su justo valor a partir del otorgamiento de la misma.

rescindir *tr* (*Der*) Dejar sin efecto [un contrato u obligación (*cd*)]. | *As* 9.12.70, 15: La directiva del club alicantino decidió rescindir el contrato de César como entrenador.

rescisión *f* (*Der*) Acción de rescindir. | L. Álamo *HLM* 26.10.70, 9: La empresa tiene entonces un remedio fulminante: la rescisión del contrato. *Mad* 22.4.70, 10: Rescisión unilateral de la adjudicación de un estudio sobre la vivienda.

rescisorio -ria *adj* (*Der*) Que rescinde o sirve para rescindir. | Ramírez *Derecho* 172: No procederá la acción rescisoria en las ventas hechas en pública subasta.

rescoldo *m* **1** Conjunto de brasas que quedan entre la ceniza. | Escobar *Itinerarios* 9: Una lumbre de encina o de pino, apañada con paja trigal, o de cebada, o, mejor, algarrobera, para el rescoldo, que dura día y noche.

2 (*lit*) Residuo mortecino [de algo muy vivo en otro momento, esp. de un sentimiento]. | Laforet *Mujer* 147: Un rescoldo de aquel amor .. ayudaba al esfuerzo que hacía. *Abc Extra* 12.62, 97: Quedan también rescoldos de la brisca, como queda triunfante el julepe. *Hoy* 5.8.75, 9: La casa tiene tres pequeños apartamentos, y en uno de ellos se apilan los moldes de escayola de los que salen estos caballos de cartón que fueran antes producto de una industria y que hoy son rescoldos de una artesanía agonizante.

rescribir, **rescritura**, **rescritural** → REESCRIBIR, REESCRITURA, REESCRITURAL.

rescripto *m* (*Rel catól*) Respuesta pontificia a una petición de gracia, privilegio o dispensa. | *Hoy* 12.3.76, 6: El señor Fernández Naves, sacerdote secularizado, perteneció a la Diócesis de Oviedo .. Posteriormente regresó otra vez a Iberoamérica y obtuvo el rescripto de secularización.

resecación *f* Acción de resecar(se)[1]. *Tb su efecto*. | Goytisolo *Recuento* 296: A partir de cierto grado y en virtud de la misma familiaridad que da la convivencia, la vejez deja de ser advertida en su espantosa progresión de arrugamientos y resecaciones.

resecamiento *m* Acción de resecar(se)[1]. *Tb su efecto*. | L. Cappa *SYa* 28.1.90, 8: Para combatir el resecamiento provocado por el frío, usar guantes de lana.

resecar[1] *tr* Hacer que [alguien o algo (*cd*)] pase a estar muy seco o carente de humedad. | S. RSanterbás *Tri* 11.4.70, 21: Miedos que resecan la boca antes del paseíllo.
b) *pr* Pasar [alguien o algo] a estar muy seco o carente de humedad. | *Agenda CM* 38: Para conservarla [la yema de huevo] sin que se reseque, se guarda en la nevera dentro de un recipiente con agua. J. Vidal *SPaís* 16.11.93, 20:
Sobre el velador, los apuntes y el vaso de manchadito donde se resecaban los posos.

resecar[2] *tr* (*Med*) Extirpar total o parcialmente [un órgano o parte]. | *Abc* 8.11.75, 1: En el ángulo superior derecho, entre las dos líneas, el trozo de estómago que ha sido resecado.

resección *f* (*Med*) Acción de resecar[2]. | *Abc* 20.5.65, 80: Se hizo una resección de los dedos de ambos cadáveres con el fin de intentar regenerar en el laboratorio los pulpejos digitales.

reseco -ca I *adj* **1** Muy seco o carente de humedad. *Tb fig.* | Arce *Testamento* 95: Fui a recoger una boñiga reseca y la dejé flotando en el agua de la pila de aclarar. Laforet *Mujer* 300: Quizá un esfuerzo demasiado grande la había agotado... Le parecía que estaba reseca para todo lo que no fuese su inteligencia tratando de saber.

2 Muy seco o delgado. | GPavón *Hermanas* 51: Era una mujer reseca y nerviosa.

II *m* **3** Sensación de sequedad en la boca. | MSantos *Tiempo* 100: Intentaba luchar contra las bascas del reseco.

reseda *f Se da este n a distintas plantas del gén Reseda, esp la R. odorata, de flores amarillentas y perfumadas, cultivada como ornamental*. | *Ama casa 1972* 168a: En arriates, las flores que no soportan el trasplante, como resedas, adormideras, amapolas, etc.

reseguir (*conjug* **62**) *tr* Golpear [el filo de una espada] para quitarle las ondas o torceduras y dejarlo recto. *Tb fig.* | Matute *Memoria* 121: Con el bastoncillo de bambú me reseguía la espalda y me golpeaba las rodillas.

resellar *tr* Volver a sellar [algo, esp. una moneda]. *Tb fig.* | Vicenti *Peseta* 30: 1 Peseta .. 1869 .. Resellada con la marca GP .. por las autoridades portuguesas para circular en las Azores. CSotelo *Muchachita* 284: A la cancillera .., o yo sé muy poco de eso, y creo que sé mucho, la ha resellado hoy el ministro de España.

resello *m* Acción de resellar. *Tb su efecto*. | Vicenti *Peseta* 127: Existe una notable variedad de resellos con iniciales (J.G.M.) y marcas de valor que parecen proceder de utilizaciones posteriores de estas piezas como fichas particulares.

resembrar (*conjug* **6**) *tr* Volver a sembrar [algo] por haberse malogrado la primera siembra. *Tb abs*. | Delibes *Ratas* 36: Si no llueve para Santa Leocadia, habrá que resembrar.

resentido -da *adj* **1** *part* → RESENTIR.
2 [Pers.] que tiene resentimiento. *Tb n.* | Torrente *Fragmentos* 10: Ni odio, ni ambiciono, ni desprecio, y no puedo ser resentido. **b)** Propio de la pers. resentida. | A. Calderón *Hoy* 11.10.75, 3: La familia italiana es una institución bicéfala .. Es casi seguro que la recién estrenada potestad incite a su abuso a quien la estrena o a una actitud resentida en el que se considera capitidisminuido.

resentimiento *m* Sentimiento contenido de hostilidad hacia una pers. o hacia la sociedad en general por considerarse injustamente tratado por ellas. | Olmo *Golfos* 186: Cuno .. sabe que de un momento a otro caerá sobre él .. el inacabable resentimiento de su abuela.

resentir (*conjug* **60**) **A** *intr pr* **1** Sentir dolor o molestias [en una parte del cuerpo (*compl* DE)]. | C. Bustamante *Nor* 16.11.89, 3: La perra se resintió de la pata, que, según predijo Silviano, nunca quedó bien del todo.

2 Estar dolorida [una pers. o una parte del cuerpo a consecuencia de un daño ya pasado (*compl* DE *o* POR)]. | Torrente *Off-side* 182: ¡Aún se me resienten los cuadriles de una caída que tuve, ya va para un año! Arce *Testamento* 63: Giré disimuladamente mi cabeza hacia los lados para comprobar si mi pescuezo seguía resentido por los golpes de la mañana.

3 Sufrir [una pers. o cosa] el efecto negativo [de algo (*compl* DE, POR *o* CON)]. | *Economía* 75: A esta irradiación de calor ha de oponerse un foco calórico que compense la baja temperatura del ambiente, para que el organismo humano no se resienta del frío. *Mun* 23.5.70, 41: Los productos españoles .. ya se han resentido de estas medidas.

4 Disgustarse [con alguien (*compl* CON *o* CONTRA) a consecuencia de una acción injusta o desconsiderada (*compl* DE *o*

POR)]. *Frec sin compl, por consabido.* | Laforet *Mujer* 241: –Váyase. Haga el favor de irse.– El joven la miró un poco resentido. No entendía tanto orgullo en estos momentos.
B *tr* **5** (*raro*) Resentirse [3 y 4] [de algo (*cd*)]. | C. Padilla *Nar* 3.77, 21: Nos explicó que esto [la calidad de las guitarras] se debía en parte [a]l clima seco y frío de esta zona, que da a la madera el punto idóneo de sequedad, a diferencia de otras provincias más húmedas que no lo pueden conseguir, ya que la madera resiente esta humedad. DPlaja *El español* 35: Cualquier español resiente como ofensa grave que se dude de su honorabilidad.

reseña *f* Acción de reseñar. *Tb su efecto.* | N. LPellón *MHi* 7.68, 47: Traemos ahora aquí la reseña de la jornada de la inauguración. Umbral *Ninfas* 85: Darío Álvarez Alonso había comenzado a colaborar en el periódico local haciendo unas reseñas de libros franceses. *Ya* 13.9.74, 23: El Gabinete Central de Identificación seguía su labor para poder determinar a quién correspondían las huellas que obtuvieron del cadáver. Este trabajo .. determinó que la reseña dactilar obtenida pertenecía a un tal José Antonio Martín Manzanero.

reseñable *adj* Digno de ser reseñado. | *Inf* 19.9.74, 32: El único incidente reseñable ha tenido lugar durante las alegaciones del procesado Zabarte Arregui, quien profirió repetidos gritos subversivos.

reseñador -ra *adj* Que reseña. *Tb n.* | Rabanal *Abc* 30.6.73, 3: A este modesto helenista .. no le corresponde el papel de reseñador. La reseña del discurso académico de Luca de Tena y Brunet ya la hizo, como Dios manda, Pedro Rocamora.

reseñar *tr* **1** Dar noticia sucinta [de algo (*cd*)], gralm. por escrito. | *País* 5.2.77, 8: También reseñamos a veces en *Revista de la Prensa* editoriales, artículos y opiniones de diarios como *El Alcázar*. **b)** (*lit*) Mencionar o señalar. | *Hie* 19.9.70, 9: Los apostantes que tuvieran en su poder resguardos correspondientes a boletos de los reseñados anteriormente.
2 Dar noticia [de un libro (*cd*)], gralm. comentando[lo]. | Á. Carrasco *REL* 93, 407: El libro que reseñamos constituye una versión revisada de la tesis doctoral de la autora.
3 Describir [algo] dando sus señas distintivas. | L. Rojo *VSi* 7.89, 36: El estudio para su delimitación se materializa en un documento que reseña los fenómenos torrenciales existentes, sus mecanismos, intensidades y localización.

reserva **I** *n* **A** *f* **1** Acción de reservar(se). | *GTelefónica N.* 420: Belvis .. Reserva de toda clase de localidades. J. Baró *Abc* 28.5.72, 29: Hubo exposición y reserva del Santísimo Sacramento. **b)** (*Der*) Hecho de reservar obligatoriamente ciertos bienes para transmitirlos a determinadas perss. | *Compil. Cataluña* 790: Esta reserva no afectará a la legítima de los ascendientes en la sucesión testada o intestada de sus hijos o descendientes. **c)** (*E*) Procedimiento por el que una parte de superficie se protege de la acción de un agente que ha de actuar sobre las zonas contiguas. *Frec en la constr* EN ~. *Tb la zona protegida.* | Seseña *Barros* 48: La temática –musulmana– incluye círculos unidos, piñas enrejadas, zonas con motivos vegetales en reserva o negativo, pájaros y zancudas.
2 Conjunto de perss. o cosas que se tienen reservadas [1, 2, 3 y 4]. *Tb fig.* | Tamames *Economía* 326: En caso de superávit de la balanza, las reservas nacionales de oro y divisas aumentan. * No estaba en primera línea de combate, sino en los batallones de reserva. Campmany *Abc* 13.6.93, 23: Somos la reserva socialista de Europa. **b)** Cantidad aún no explotada [de una sustancia mineral]. | Ybarra-Cabetas *Ciencias* 84: Las reservas [de carbón] investigadas en nuestra Patria .. se elevan a 7.500 millones de toneladas. **c)** (*Dep*) Conjunto de jugadores destinados a sustituir a los titulares en caso de necesidad. *Frec en la loc* DE ~. | * El Real Madrid tiene una reserva de 20 jugadores. **d)** (*Biol*) Cantidad de sustancias acumuladas en los tejidos y utilizables en la nutrición en caso de necesidad. *Frec en la loc* DE ~. | Navarro *Biología* 158: El exceso de grasa se almacena .. Forma una gran reserva alimenticia que al mismo tiempo protege a los órganos y aísla el cuerpo del exterior. Navarro *Biología* 56: Los glúcidos y muchos lípidos se almacenan en forma de sustancias de reserva para ser movilizados cuando las células las necesiten. **e)** (*Econ*) Beneficio que se conserva a disposición de una empresa y no es incorporado al capital. | *Nue* 24.1.70, 11: Se solicitará de la Junta de Inversiones la aptitud de estos títulos para la cobertura de reservas de Compañías de Seguros y Capitalización.
3 Parte del ejército formada por los militares que ya no están en activo pero pueden ser llamados en caso de necesidad. | A. Mínguez *Ya* 23.3.75, 5: El Consejo de la Revolución Portuguesa .. decidió pasar a la reserva a aquellos militares que "no ofrezcan garantías de fidelidad a los principios del Movimiento de las Fuerzas Armadas". **b)** Situación propia del militar que pertenece a la reserva. | *Inf* 23.11.76, 2: El general laureado don Antonio Aranda (en reserva) ha sido ascendido hoy.
4 Lugar destinado a la conservación de especies botánicas o zoológicas. *Frec con un compl especificador.* | J. Reis *Abc* 25.11.70, 27: Existen vastas y variadas reservas de animales que deambulan en las actitudes más pacíficas.
5 Territorio destinado exclusivamente a los indios y sometido a un régimen especial. *Tb* ~ DE INDIOS. | *Fam* 15.12.70, 11: Los navajos, cuya reserva se extiende por los territorios desérticos y los campos de pastoreo de los Estados de Utah, Arizona y Nuevo Méjico.
6 Condición de reservado [2 y 3]. | Medio *Bibiana* 15: La muchacha, a pesar de su reserva, parece dócil y se deja gobernar por Bibiana.
7 Prevención o cautela. | Carandell *Madrid* 70: Los de Castaños tenían alguna reserva contra Julito y no querían formar parte de una combinación en la que estuviera presente.
8 Restricción o salvedad. *Gralm en la constr* CON, *o* SIN, ~S. | A. Quiñones *Van* 14.7.74, 53: San Buenaventura .. admite a Aristóteles, pero con reservas, entre otras razones por la fuerte interpolación averroísta de aquel entonces. Laforet *Mujer* 195: Envidiaba a la mujer de otros tiempos que se habría entregado sin reservas a este goce. Villapún *Moral* 102: Clases de votos: .. Absoluto, cuando se hace sin reservas ni condiciones .. Condicional, si depende de alguna condición.
B *m y f* **9** (*Dep*) Jugador de (la) reserva [2c]. *A veces en aposición con* JUGADOR. | J. Montini *VozC* 31.12.70, 5: Habrá cantidad de reservas en el banquillo para los cambios y las posibles lesiones. Delibes *Vida* 39: Conocía el nombre de sus campos, de sus entrenadores, de los jugadores reservas.
C *m* **10** Vino que posee una crianza mínima de tres años en envase de roble y botellas. | CApicius *Voz* 12.2.88, 39: Solamente dos vinos, uno en la categoría de "reservas" y otro en "grandes reservas", alcanzan los 9,5 puntos.
II *loc adv* **11 sin ~s.** Abierta y sinceramente. *Con vs como* HABLAR *o* DECIR. *Tb adj.* | L. Contreras *Mun* 23.5.70, 11: El ministro de Educación y Ciencia envió una carta personal a todos los catedráticos solicitando su opinión sin reservas sobre la futura ley.
III *loc prep* **12 a ~ de.** Con la salvedad de. | *Ya* 10.12.72, 16: Esta semana, la ponencia que ha estudiado las 4.184 enmiendas al proyecto de ley de Régimen Local ha concluido su informe, a reserva de algunos temas concretos, que deben ser consultados.

reservable *adj* Que se puede reservar. | Tamames *Economía* 54: Asimismo se determina la unidad tipo de cultivo y el máximo reservable a los propietarios cultivadores directos de la zona regable. **b)** (*Der*) [Bien] heredado bajo precepto legal de que pase después a otra pers. en casos determinados. | *Compil. Cataluña* 789: La delación de los bienes reservables tendrá lugar según las reglas de la sucesión intestada.

reservadamente *adv* De manera reservada [3]. | *País* 12.8.79, 10: Los restos de Alcalá Zamora, enterrados reservadamente en Madrid.

reservado -da I *adj* **1** *part* → RESERVAR.
2 [Pers.] reacia a comunicar a otros sus ideas o sentimientos, o algo que conoce. | Medio *Bibiana* 14: Natalia y Xenius son los dos hijos que más se le parecen en lo reservados. Nadie sabe jamás lo que están pensando. **b)** Propio de la pers. reservada. | *Economía* 163: Parece que les decís con vuestra actitud reservada: No os necesitamos para nada.
3 [Cosa] secreta o confidencial. | *Abc* 4.10.70, sn: Alta investigación privada reservadísima. J. R. Alonso *Sáb* 31.5.75, 6: Se ha declarado "materia reservada" cuanta noticia se refiera a Guipúzcoa y Vizcaya. *Ya* 29.6.88, 2: Barrionuevo or-

reservar – residencia

dena no hablar sobre los gastos reservados. **b)** [Fondos] ~s → FONDO.
4 (*Med*) [Pronóstico] que el médico se reserva a causa de las contingencias previsibles. (→ PRONÓSTICO.) | * El accidente fue muy aparatoso, pero el pronóstico es reservado.
II *m* **5** *En algunos lugares públicos, esp un café o restaurante*: Lugar dispuesto para que determinadas perss. puedan aislarse del resto. | Goytisolo *Recuento* 56: Por la tarde la llevaba a un bar con reservados y poca luz y música de ambiente.

reservar A *tr* **1** Dejar sin utilizar por el momento [algo o a alguien]. *Frec con un compl* PARA *que expresa el destino o momento futuro.* | *Cocina* 332: Se pican [las espinacas] sobre la tabla hasta dejarlas hechas puré y se reservan.
2 Hacer que [una pers. o cosa (*cd*)] quede a la disposición [de alguien (*ci o compl* PARA)] para un momento futuro. *Frec en constr causativa.* | *CCa* 31.12.70, 19: Reserven su mesa para fin de año 1970 en Restaurante Park Montjuich.
3 Destinar [a una pers. o cosa (*cd*)] en exclusiva [a alguien o algo (*ci o compl* PARA)]. | Laiglesia *Tachado* 51: Los huevos se reservarán para los niños, los pollos para los enfermos y los solomillos para los recomendados. Angulo *Arte* 1, 14: Convendría .. reservar el nombre de cúpula para la que descansa sobre pechinas.
4 Dejar sin hacer o sin tratar [algo] por el momento. *Frec con un compl* PARA *que expresa el momento futuro.* | FQuintana-Velarde *Política* 120: Para mantener algo la unidad de la lección consideramos en ella solo la caza y la pesca, reservando la minería .. para la lección siguiente.
5 Callar o no decir por el momento [algo, esp. una opinión o diagnóstico]. *Frec con compl de interés.* | *Reg* 11.3.75, 3: Los facultativos se reservaron el pronóstico. Horacius *HLT* 22.9.75, 3: Para tanto fanatismo vociferante, me reservo los calificativos que acuden al bolígrafo.
6 (*Rel catól*) Guardar [la hostia consagrada]. | Villapún *Iglesia* 69: En todas las iglesias y capillas de colegios y aun de Institutos, está Jesús reservado en el Sagrario.
B *intr pr* **7** Reservar [1] [alguien] sus facultades [para una ocasión futura]. | J. Vidal *País* 1.10.77, 40: La excusa es decir que los toreros se reservan para la muleta (como si instrumentar estas suertes supusiera espantoso agotamiento).
8 Reservar [5] [alguien] su opinión o algo que sabe. | GPavón *Reinado* 67: Varios de ellos negaron lentamente. Y Enriquito se reservó.

reservatario -ria *adj* (*Der*) [Heredero] que tiene derecho a bienes reservables. *Tb n.* | *Compil. Cataluña* 788: Los bienes reservables o sus subrogados se deferirán a los referidos hijos o descendientes reservatarios que existan al acaecer dicho fallecimiento. *Compil. Cataluña* 789: El cónyuge podrá distribuir para después de su muerte entre los reservatarios los bienes reservables.

reservista *adj* **1** [Militar] de la reserva [3a]. *Tb n.* | *DMa* 29.3.70, 3: Ha decretado la movilización de todos los reservistas para que acudan voluntariamente al servicio activo.
2 (*Der*) [Pers.] obligada a una reserva de bienes. *Frec n.* | *Compil. Cataluña* 789: La delación de los bienes reservables tendrá lugar según las reglas de la sucesión intestada, con exclusión de los que hayan renunciado a la reserva después de contraer el reservista segundas nupcias.

reservón -na *adj* **1** (*col*) [Pers.] muy reservada [2]. | Cela *SCamilo* 23: Antonio comparte el destino de sereno .. con Enrique, sujeto muy reservón.
2 (*Taur*) [Toro] cauteloso en las embestidas. | Fabricio *AbcS* 2.11.75, 49: Es reservón [el toro] y busca, sobre todo, por el pitón derecho.

reservorio *m* **1** (*CNat*) Lugar en que se almacena [algo (*compl de posesión*)]. | Ybarra-Cabetas *Ciencias* 385: Presenta una dilatación que corresponde al esófago, llamada buche, verdadero reservorio de alimentos. Bustinza-Mascaró *Ciencias* 229: Dejan entre sí grandes espacios o lagunas, formando el llamado aerénquima, verdadero reservorio del aire para las plantas acuáticas.
2 (*Med*) Organismo en que se reproducen virus, bacterias o parásitos y que gralm. no es afectado por estos. | *SInf* 16.6.76, 5: El hombre, único reservorio del germen causante de esta afección [blenorragia], no puede ser sometido en la actualidad a un régimen de cuarentena.
3 (*raro*) Reserva (masa o conjunto acumulados). | *Abc* 15.3.68, 95: Pedían más agua para los olivos, porque no se había formado aún la reserva de humedad a fondo que necesitan. Sin ese reservorio, y afectado como estaba el arbolado por la prolongada sequía y el frío, era de temer que se repitiese este año el descalabro olivarero.

reseso -sa *adj* (*reg*) [Alimento, esp. pan] seco o endurecido por el tiempo. | Cela *Mazurca* 31: –Dolores. –Mande, don Merexildo. –Este pan está reseso, cómelo tú.

reset (*ing; pronunc corriente,* /r̄esét/) *m* (*Informát*) Dispositivo para poner a cero un ordenador. | *Ya* 22.11.90, 25: Foxen PC 386-SX .. Caja tipo mini-tower con llave, reset, turbo y testigos.

resetear *tr* (*Informát*) Poner a cero [un ordenador]. *Tb abs.* | * Es preferible resetear el ordenador a desenchufarlo.

resfriado *m* Estado morboso, debido frec. a la exposición al frío o a la humedad y asociado con inflamación y secreción de las mucosas respiratorias. | *Abc* 21.1.68, 17: Resfriados, Tos, Anginas, Catarros, Bronquitis. Ha aparecido en España *Tirocetas*.

resfriarse (*conjug* 1c) *intr pr* **1** Coger un resfriado. | F. A. González *Ya* 24.5.72, 62: Si usted ve que su vecino se resfría con mucha frecuencia debe aconsejarle que, más que curarse del constipado, se cure del pluriempleo.
2 (*raro*) Enfriarse o entibiarse [un afecto o pasión]. | Zunzunegui *Camino* 485: Al poco tiempo .. se les resfrió su fervor, y dejando las danzas, se retiraban mozos y mozas a divertirse y a jugar .. fuera de poblado.

resfrío *m* (*reg*) Enfriamiento. | Pombo *Héroe* 21: La caldera de la cocina se dejó encendida anteanoche y anoche. Solía costar un par de días quitar el resfrío de aquella parte de la casa.

resguardar *tr* Proteger [de alguien o algo nocivo]. *Frec sin compl.* | S. Araúz *Inf* 16.11.74, 17: Agavillaba con vencejos o manijas, y para resguardarla [la mies] del pedrisco, formaba con las gavillas montones triangulares. A. Aradillas *SVozC* 25.7.70, 2: La fe resguardada con censuras múltiples y con la cerrazón de fronteras.

resguardecer (*conjug* 11) *tr* (*reg*) Resguardar. | *Nor* 2.11.89, 8: La cogió "perra" con dormir allí dentro, concretamente en las sepulturas tipo capilla que hay en el interior .., donde se resguardecía del frío de la noche.

resguardo I *m* **1** Acción de resguardar(se). *Tb su efecto.* | Umbral *Ninfas* 57: Predicaba una moral de la seguridad y el resguardo.
2 Cosa, esp. lugar, que sirve para resguardar(se). | Aldecoa *Gran Sol* 82: Su oscura maraña, en la cubierta inclinada, avanzada, es la resguardo y apoyos de las amuras. JGregorio *Jara* 14: En algún resguardo del monte, asobacados, se ven los corchos meleros.
3 Documento en que consta la entrega de algo. | *Hie* 19.9.70, 9: Los apostantes que tuvieran en su poder resguardos correspondientes a boletos de los reseñados anteriormente, pueden solicitar del receptor o de esta Delegación el reembolso de la cantidad que debió abonar.
4 (*raro*) Prevención o cautela. | Berenguer *Mundo* 59: Otra [que me besó fue] María, la casera de Almafuente, que yo le tomaba resguardo porque me acharaba diciéndome que era una pena que yo fuera una mujer.
II *loc prep* **5 a ~ de.** Al abrigo de, o a cubierto de. | Tamames *Economía* 89: Nuestros competidores han mejorado progresivamente sus variedades y se han adaptado a las necesidades de los mercados, de forma que están, cada vez más, a resguardo de nuestra exportación.
6 a(l) ~ de. Al abrigo de, o protegiéndose con. | Marsé *Dicen* 336: Palau dispara a resguardo del coche. Carnicer *Castilla* 57: Al resguardo de la pared, me esponjo al sol en la calma de la mañana.

residencia *f* **1** Acción de residir [1]. | A. Pastor *Abc* 3.5.58, 3: Tito Pomponio (109-32 a.Cr.), llamado Ático por su larga residencia en Atenas .., fue el más íntimo amigo de Cicerón.
2 Lugar en que se reside [1]. | A. Olano *Sáb* 10.9.66, 6: Lola Flores y Antonio González pidieron que a su residencia de "Los Gitanillos" todos acudiesen con algún "detalle flamenco". J. PIriarte *Mun* 23.5.70, 17: Mario Vargas Llosa, es-

critor peruano, va a fijar su residencia en Barcelona. **b)** Domicilio [de una entidad o corporación]. | * El ministerio de Información va a cambiar de residencia.

3 Casa en la que, con arreglo a determinadas normas, residen perss. afines por su profesión, edad o condición. *Con un compl especificador. A veces designa un establecimiento similar destinado a animales domésticos.* | MGaite *Usos* 67: Las residencias para señoritas .. tenían en sus estatutos y en sus horarios cierto tufillo de colegio de monjas. *Lín* 15.8.75, 2: Residencia canina Villa Rosario. General Sanjurjo, 43. **b)** Conjunto de viviendas familiares independientes para perss. de una misma profesión. *Con un compl especificador.* | *Ya* 27.6.82, 47: Luis Morales Oliver .. ha fallecido en la residencia de profesores de la Ciudad Universitaria de Madrid.

4 Establecimiento hotelero que no presta servicio de comedor, aunque suele tener cafetería. *Frec en las constrs* HOTEL-~, HOSTAL-~. | A. Olano *Sáb* 10.9.66, 5: En hoteles, residencias y pensiones muy cercanas al pueblo, apenas se puede hablar español. *GTelefónica N.* 934: Bretón. Hotel Residencia.

5 ~ sanitaria. Hospital. *Alguna vez se omite el adj por consabido.* | *Ya* 15.2.75, 16: María Teresa Abraira Piñeiro, de dieciséis años, falleció repentinamente en la residencia sanitaria de esta ciudad el pasado martes. *Mad* 28.4.70, 20: Un horticultor del término de Valsequillo .. ha fallecido en la residencia del Seguro de Enfermedad.

residenciación *f* Acción de residenciar. | *Inf* 2.3.74, 2: El Vaticano no ha reaccionado oficialmente hasta ahora ante la residenciación de un obispo español.

residenciado -da *adj* **1** *part* → RESIDENCIAR.

2 (*semiculto*) Residente [en un lugar]. | Vega *Cocina* 27: Durante el viaje que hicimos por Aragón .. veinte periodistas y pintores residenciados en Madrid, nuestra meta estaba fijada en el Pirineo.

residencial *adj* **1** [Zona] destinada pralm. a viviendas, esp. de clase acomodada. | Corregidor *Ya* 30.5.75, 52: Hay que diferenciar dentro de la estructura urbana de Guadalix lo que podríamos llamar "colonia" o zona residencial y el casco urbano propiamente dicho. *Abc* 13.12.70, 39: Refiriéndose al polígono residencial San Antón, promovido por el Ministerio de la Vivienda, el mismo delegado declaró que se levantarán 4.000 viviendas.

2 [Obispo] que debe residir en su diócesis. | *SMad* 13.12.69, 3: En el escalón episcopal, varias son las diócesis en las cuales el prelado residencial tiene una nómina que solo alcanza la cantidad de 7.500 pesetas.

3 (*raro*) De (la) residencia [1 y 4]. | A. Olano *Sáb* 10.9.66, 5: "La otra Marbella", la constante, la población "casi fija", la residencial, puede dividirse en tres núcleos principales. *GTelefónica N.* 554: Hotel Ntra. Sra. del Carmen. Hotel Residencial. Restaurante. Garaje.

residencialidad *f* (*raro*) Cualidad de residencial [3]. | J. Salas *Abc* 27.2.58, 41: Los negros .. ni figuran como votantes ni como votados .. Tal vez por lo disgregado de su residencialidad, tal vez por ese urbanismo un tanto enfático y envarado que suelen tener los países de origen nórdico. *Día* 14.5.76, 3: Se cita .. otra característica que abona la residencialidad pretendida. No solo es La Laguna sede de la Universidad regional, sino que también en su término se encuentra la Obispado con su correspondiente Tribunal eclesiástico.

residenciamiento *m* Acción de residenciar. | *Inf* 19.1.74, 2: El "residenciamiento" de activistas de E.T.A. lejos de la frontera española está resultando inefectivo .. Los "residenciados" abandonan ilegalmente sus lugares de confinamiento.

residenciar (*conjug* 1a) *tr* **1** Someter a investigación la conducta [de un juez o de otra pers. que ha ejercido un cargo público (*cd*)]. | *Cam* 16.2.76, 13: Su decisión [del tribunal] se cursa entonces al Consejo Supremo de Justicia Militar, que, si estima cumplidos todos los requisitos y formalidades, l[a] traslada al Ministerio correspondiente para que se decrete la separación del servicio y baja del residenciado en el Ejército a que pertenezca.

2 Hacer que [alguien o algo (*cd*)] resida [en un lugar]. | A. D. Galicia *Sáb* 10.9.66, 12: Los niños tienen profesores particulares y a partir de este invierno serán residenciados en un colegio para completar su educación. L. Contreras *Inf* 30.9.76, 2: Sustrae [el proyecto de ley] de la competencia de estas Cortes actuales la ley Electoral para entregársela al Gobierno, y residencia en las futuras Cámaras la potestad legislativa sin el concurso del Rey.

residente I *adj* **1** Que reside [1]. *Tb n, referido a pers. Frec con un compl* EN. | *Sp* 19.7.70, 40: El pueblo de Irlanda del Norte paga los mismos impuestos .. que los residentes en la Gran Bretaña. M. Campo *SSe* 8.9.91, 41: Enumerar la larga lista de aves residentes en estos parajes sería interminable. **b)** [Pers.] que vive en una residencia [3a]. *Tb n.* | Cabezas *Abc* 25.8.68, 48: Teme que allí [en la residencia de ancianos] se rompan piernas y brazos muchos de los "mozos" residentes. MGaite *Usos* 67: Se regían [las residencias para señoritas] por normas que ponían el acento .. en la formación moral de las residentes.

2 [Médico] recién licenciado que presta sus servicios en un centro hospitalario para completar su formación clínica. *Tb n.* | *VNu* 30.9.72, 24: Los residentes de hospitales pedían el pasado año una docencia que se decía era impartida, pero que no existía.

3 (*Informát*) [Programa] instalado de forma permanente en la memoria. | *SPaís* 16.11.93, 18: Rapid Europa 5 idiomas. ¡El Diccionario Multilingüe para su Ordenador! Residente .. Rápido .. Completo.

II *n* **A** *m y f* **4** Ministro residente. (→ MINISTRO.) | * Tienes que hablar con el residente para arreglar ese asunto del pasaporte.

B *m* **5** (*hist*) Alto funcionario puesto por el estado protector en un protectorado. *Tb ~* GENERAL. | FSalgado *Conversaciones* 172: Los marroquíes desean que se rebaje ya la categoría del alto comisario, como lo han hecho los franceses. Dice que no es partidario de ello, ya que lo que ha rebajado Francia ha sido de residente general a alto comisario.

residir *intr* **1** Vivir habitualmente [en un lugar]. | Laiglesia *Tachado* 18: Sacaba a su familia una asignación para residir en Madrid con el truco de que estaba realizando prácticas de periodismo.

2 Estar o encontrarse [algo inmaterial en alguien o en algo]. | *SInf* 17.10.74, 7: Su valor máximo reside en las desconcertantes coordenadas de la libertad expresiva que esgrime el escritor. Espinosa *Escuela* 663: En el término medio reside la virtud.

residual *adj* **1** De(l) residuo o de (los) residuos. | * Se potencia al máximo el reciclaje residual. *Sp* 21.6.70, 23: Reintroduce como principal la competencia de los tribunales militares y residual la de Orden Público. **b)** [Agua] que, después de haber sido utilizada, conserva sustancias disueltas o materias en suspensión. | *Abc* 24.12.69, 55: En el área de Leganés, el Ministerio de Obras Públicas instalará una planta para el tratamiento de las aguas residuales.

2 Que constituye un residuo o tiene carácter de residuo. | *MOPU* 7/8.85, 43: En áreas próximas a los 700 metros de altitud surgen bosques residuales degradados de pino carrasco (*Pinus halepensis*) y coscoja (*Quercus coccifera*). S. Contreras *Sur* 7.2.88, 15: El psiquiátrico debe quedar solo para enfermos mentales residuales, es decir, aquellos que no pueden vivir en sociedad de ninguna forma.

residualmente *adv* De manera residual. | *Sp* 21.6.70, 23: El Tribunal de Orden Público sustituye a los Tribunales militares, .. pero también a las audiencias provinciales que enjuiciaban residualmente lo que no era competencia de los primeros.

residuo *m* Parte que queda [de un todo]. *Frec se omite el compl por consabido. Gralm en pl.* | GNuño *Madrid* 9: Las ventanas altas y el barandal del coro son obra del siglo XIX, mas parece que el restaurador copió los temas de residuos antiguos. Cuevas *Finca* 194: El arroyo venía del pueblo y tomaba fuerzas con los residuos de las huertas. **b)** *Esp:* Parte inservible que queda [de algo]. *Gralm en pl.* | Navarro *Biología* 154: El papel del intestino grueso en la digestión es la formación y eliminación de las heces fecales o excrementos formados con los residuos de los alimentos.

resiembra *f* Acción de resembrar. | *Abc* 15.3.68, 94: No había, pues, necesidad de efectuar resiembras.

resignación *f* Acción de resignarse [2]. | M. Calvo *SYa* 27.4.75, 43: El peso de la ignorancia sigue siendo enorme, especialmente en el medio rural, donde la mujer sigue estando en una situación de "colonizada" y donde el fatalismo marca una especie de resignación sin rebeldía. **b)** (*Rel crist*) Virtud que inclina a resignarse con la voluntad divina. *Tb* ~ CRISTIANA. | Laforet *Mujer* 61: Paulina estaba harta de escuchar que a su madre los sacerdotes le aconsejaban resignación. Villapún *Moral* 51: Una persona que sufre con resignación cristiana un día y otro las dificultades de esta vida llega a poseer la virtud de la fortaleza.

resignadamente *adv* De manera resignada [3]. | Hoyo *Caza* 59: El otro, silenciosa, resignadamente, se desprendió de sus ropas todas.

resignado -da *adj* **1** *part* → RESIGNAR.
2 Que tiene resignación [1b]. | Cierva *Triángulo* 237: Como la reina se sintió esa primavera mucho peor de su afección por toda la piel, que daba pena verla tan doliente y resignada, la reina madre dispuso un largo viaje a ese Principado para ver si se conseguía remedio.
3 Que denota o implica resignación. | Mendoza *Ciudad* 212: Soy yo quien le ruega deponga su actitud resignada y fatalista.

resignar A *tr* **1** Entregar [una autoridad el mando o los poderes a otra (*compl* EN)] en circunstancias especiales. *Tb sin el 2º compl.* | LTena *Alfonso XII* 163: El Gobierno resigna sus poderes en el Capitán General de Madrid. Zunzunegui *Camino* 412: Creían llegado el momento de que la autoridad civil resignara el mando.
B *intr pr* **2** Aceptar [algo negativo (A + *infin* o *n*, o CON + *n*)], renunciando a luchar para evitar[lo]. *Frec se omite el compl por consabido.* | Gala *Campos* 65: Los demás resignémonos a perderlos, ¡qué caramba! M. Calvo *SYa* 27.4.75, 43: Las mujeres se niegan cada día más a resignarse al papel subalterno, pasivo o tímido que desempeñaran a lo largo de la historia. V. Gállego *Abc* 26.3.75, 3: Dejemos a los poderosos la conquista del espacio y resignémonos los demás con el puesto al sol que nos corresponde. FSalgado *Conversaciones* 247: Los rusos .. siempre han tenido gobiernos autócratas y obedecen ciegamente y se resignan sin hacer la menor reclamación.

resina *f* **1** Sustancia sólida o pastosa, de color pardo amarillento e insoluble en agua, segregada por diversas plantas, esp. el pino. | Ortega-Roig *País* 88: Se puede obtener también del bosque leña, resinas (de los pinos), que sirven para fabricar barnices, y corcho. Navarro *Biología* 57: Los lípidos y prótidos, así como otras sustancias orgánicas (vitaminas, hormonas, resinas, .. etc.), son también sintetizad[o]s por las plantas verdes.
2 ~ artificial, *o* **sintética.** Producto orgánico obtenido artificialmente y empleado en la industria como constituyente principal de las materias plásticas. | * La baquelita es una resina sintética.

resinable *adj* Que se puede resinar [1]. | Santamaría *Paisajes* 43: Sobre la duna continental, de varias decenas de metros de profundidad en ocasiones, como puede apreciarse en este corte, se desarrollan nuestros pinares resinables.

resinación *f* Acción de resinar [1]. | Lugo 14: Se está tratando de la instalación en Ribadeo de un centro de obtención de mieras por resinación.

resinado -da *adj* **1** *part* → RESINAR.
2 [Vino] blanco griego aromatizado con resina de pino. | Gironella *Mad* 10.9.70, 4: Sonrió, y levantando una copa de vino "resinado" nos invitó a dar por terminado el tema y a brindar.

resinar *tr* **1** Beneficiar la resina [de una planta o de un conjunto de plantas (*cd*)]. | *BOE* 10.1.75, 586: Número de pinos a resinar: 20.848 a vida y 1.157 a muerte. M. Velasco *Abc* 13.3.83, 28: En poco tiempo pueden quedar sin resinar .. muchos montes.
2 Tratar [algo] con resina. | Cunqueiro *Un hombre* 226: Yo le vendía .. velas para sus lecturas nocturnas, de pabilo trenzado resinado, que dan luz seguida y blanca.

resinero -ra I *adj* **1** De (la) resina. | *Abc* 26.8.66, 45: Se han quemado en ellas 150.000 pinos entre resineros y piñoneros.
II *n* **A** *m y f* **2** Pers. que recoge o vende resina. | *Abc* 12.11.75, 72: Tomás Adrián tiene treinta y dos años. Es resinero de profesión. Delibes *Hoja* 22: Cada vez que concluía, volvía a aparecérsele la Adriana, la resinera.
B *f* **3** Industria resinera [1]. | *Ale* 2.8.74, 3: La Comisión Provincial de Urbanismo ha dado luz verde a la urbanización de un polígono industrial, sito en los terrenos de la antigua Resinera.

resinificar *tr* (*Quím*) Transformar en resina [una sustancia]. | * Puedes resinificar aldehídos por medio de los álcalis. **b)** *pr* Transformarse en resina [una sustancia]. | Aleixandre *Química* 167: Por la acción de los álcalis [los aldehídos] se resinifican en forma de masas anaranjadas.

resinoso -sa *adj* **1** Que contiene resina. | Bustinza-Mascaró *Ciencias* 139: Los materiales que acarrean las obreras son: agua, polen, néctar de las flores y sustancias resinosas.
2 Que produce resina. | Delibes *Castilla* 145: En esta tierra tiene usted pino negral y pino albar, o, por mejor decir, pino resinoso y pino piñonero.
3 Propio de la resina. | Bustinza-Mascaró *Ciencias* 318: El lustre o brillo que presentan algunos minerales puede ser metálico, vítreo, diamantino, resinoso.

resistencia *f* **1** Capacidad de resistir(se). *A veces con un compl* A. | Laforet *Mujer* 56: No se consideraba una mujer débil .. Tenía resistencia física. *Economía* 87: Su resistencia [del rayón] disminuye cuando se moja. Cela *Viaje andaluz* 53: Se hartaría de comer y de beber, de balde y sin frontera ni más linde conocida que su resistencia o su voluntad. *CoA* 31.10.75, 18: El cansancio que se observaba en la sesión anterior [de la bolsa] se vio reflejado en esta jornada, con menor resistencia en los cambios. * Su resistencia a los dulces y golosinas es nula.
2 Acción de resistir(se), *esp* [3 y 5]. *Frec con un compl* A. | Arenaza-Gastaminza *Historia* 239: Agustina de Aragón, símbolo del patriotismo y de la resistencia civil a los invasores franceses. Arce *Testamento* 19: –Puede seguir andando ..– No me moví del sitio. Pareció sorprenderse un poco mi resistencia. A. GPintado *MHi* 11.63, 35: Hay países que aún no aceptan el arpa .. Existe en ellos una absurda resistencia hacia este instrumento. **b)** Movimiento armado, frec. clandestino, de lucha contra un dominador extranjero o contra un régimen al que se considera ilegítimo. *Tb fig.* | GRuiz *Sp* 21.6.70, 45: Actualmente la resistencia palestina se compone de cuatro grandes movimientos. **c) ~ pasiva** → PASIVO.
3 (*Fís*) Fuerza que se opone a la acción de otra. *Tb el cuerpo que la ejerce.* | Marcos-Martínez *Física* 42: Palanca .. Tiene por fin, de ordinario, vencer una resistencia R mediante una potencia P más pequeña. Marcos-Martínez *Física* 43: Primer género [de palanca]: El punto de apoyo está entre la potencia y la resistencia. **b)** (*Electr*) Dificultad que opone un conductor al paso de la corriente. | Mingarro *Física* 115: La resistencia opuesta por un conductor al movimiento de la electricidad depende de su naturaleza, es proporcional a su longitud e inversamente proporcional a su sección. **c)** (*Electr*) Elemento que se intercala en un circuito para dificultar el paso de la corriente o para hacer que esta se transforme en calor. | Marcos-Martínez *Física* 205: Una estufa eléctrica tiene una resistencia de 25 ohmios y está conectada en una línea de 120 voltios. ¿Cuál es su potencia? G. Lorente *Abc* 9.4.67, 18: Los transistores, como las válvulas electrónicas, son componentes de los circuitos. Son otros las resistencias y los condensadores.

resistencialismo *m* (*Pol*) **1** Actitud contestataria o de resistencia frente al régimen de Franco. | Marsé *Tardes* 139: Marta Serrat tendía a aprobar cosas a veces sorprendentes –por ejemplo, el resistencialismo universitario de su hija–.
2 Actitud inmovilista. | Goytisolo *País* 24.8.88, 7: Ese *resistencialismo 88* que estamos viviendo, un tipo de actividad que rebasa con creces el mero ejercicio de la oposición política: el temor .. a que, si los socialistas se hacen con una nueva legislatura, los logros alcanzados puedan suponer los cambios más importantes realizados en España desde el reinado de Carlos III.

resistencialista *adj* (*Pol*) De(l) resistencialismo. | *Ya* 19.6.92, 3: Serra y Bono apoyan la propuesta. Los "aperturistas" critican las actitudes "resistencialistas". **b)** Adepto al resistencialismo. *Tb n.* | GBiedma *Retrato* 40: Después de reírse de Castellet, que al parecer extrema sus precauciones de intelectual resistencialista, añadía. [*Época* de Franco.] Goytisolo *País* 24.8.88, 7: El resistencialista, más que un hombre de partido era hombre de contactos. Vamos, un conspirador.

resistente *adj* **1** Que (se) resiste. | *Mad* 8.1.70, 1: Diez familias, las resistentes a ultranza, se ven lanzadas de los que hasta ahora fueron sus hogares. *Ide* 18.8.93, 1: El déficit llegará al 5% del PIB .. La resistente inflación y la inestabilidad de la peseta, principales efectos. **b)** Que tiene resistencia [1]. *A veces con un compl* A. | *Economía* 88: Estas fibras son algo menos resistentes que el nylon, pero son indeformables. Bernard *Pescados* 22: En una cazuela o fuente de porcelana resistente al fuego se pone un lecho de tomate, ajo y perejil. **c)** Que pertenece a la resistencia [2b]. *Tb n, referido a pers.* | J. Salas *Abc* 28.8.66, 49: Según Burger y sus dinamiteros, el "Bas" es un movimiento de patriotas resistentes y pare usted de contar. Sastre *GTell* 24: Está fichado por el Gobernador. La Policía lo tiene bien vigilado. No lo dejan moverse. Está acusado de resistente, de patriota.

2 (*Fís*) [Trabajo] equivalente al producto de la resistencia por su espacio recorrido. | Marcos-Martínez *Física* 40: En toda máquina el trabajo motor es igual al trabajo resistente.

resistero *m* **1** Calor intenso [producido por el sol (*compl* DE)]. *Tb sin compl. Tb fig.* | P. Álvarez *SVozC* 29.6.69, 22: Me agrada el caserón umbroso .. que transforma .. el resistero del sol que bate los tejados en sombras que se enfrían por las habitaciones espaciosas. CBonald *Noche* 175: —La cosa no está como para andar de excursión —dijo amparándose del resistero con la mano. R. Serna *Abc* 2.3.58, 13: Los comienzos de época vuelven a lo primitivo siempre como para abreviarse y poder aguantar el resistero de la infernal pugna que queda por delante.

2 Lugar en que se hace sentir el resistero [1]. | GPavón *Rapto* 128: Al cabo de una hora larga, medio amodorrados, aguantaban en aquel resistero.

resistible *adj* [Pers. o cosa] a la que se puede resistir. | J. Aldebarán *Tri* 9.12.72, 22: El perfectamente resistible ascenso del senador McGovern supuso para este amplio grupo de pensamiento liberal .. una posibilidad que se fue, después, deshaciendo a sí misma. *Ya* 30.7.87, 14: La resistible fascinación de Gorbachov.

resistir A *tr* **1** Ser objeto [de un sufrimiento, una circunstancia adversa o una fuerza exterior (*cd*)] sin ser vencido por ellos. *Tb abs.* | R. Saladrigas *Des* 12.9.70, 28: Conocen la existencia real de tales islotes .. que saben resistir con asombroso estoicismo los envites de las corrientes. Halcón *Manuela* 41: Más de uno pensó que aquella era la prueba decisiva de la virtud de Manuela, y que estaba por ver si resistiría. **b)** Ser [algo, esp. una materia] objeto [de una acción (*cd*)] o recibir los efectos [de un agente (*cd*)] sin sufrir daño o alteración. | *Economía* 209: No todas las prendas pueden ponerse en lejía, pues hay tejidos que no resisten su acción corrosiva. **c)** Ser objeto [de una comparación (*cd*)] sin resultar inferior o peor. | FQuintana-Velarde *Política* 75: Los economistas y la Administración han logrado que nos aproximemos al nivel científico de otros países al disponer hoy de datos satisfactorios que resisten la comparación internacional.

2 Tolerar [a una pers. o cosa que molesta]. | Matute *Memoria* 82: De pronto, no pude resistir su mano sudorosa.

B *intr* ▶ **a** *normal* **3** Defenderse por la fuerza [contra una agresión o un agresor (*compl* A)]. *Frec se omite el compl.* | Arenaza-Gastaminza *Historia* 57: La ciudad resistió a los ejércitos romanos, venciéndoles repetidas veces. Cela *SCamilo* 267: Se trata de entregarse o de resistir, ¿nos entregamos?, no, ¿resistimos?, sí, bien, entonces hay que armar a los obreros.

4 Mantenerse [durante cierto tiempo]. | Bustinza-Mascaró *Ciencias* 109: Cuando el agua en donde viven desaparece por evaporación .. forman un quiste, dentro del cual quedan encerrados, pudiendo permanecer en estado de vida latente, en el cual pueden resistir mucho tiempo.

▶ **b** *pr* **5** Oponer fuerza [contra algo, esp. un hecho (*compl* A)]. *A veces se omite el compl.* | R. Nieto *Inf* 2.6.76, 18: Los intelectuales hacen muy bien en no colaborar, pues la dignidad de su función está en pensar libremente y en resistirse a ser utilizados. Cela *SCamilo* 228: A las bigotudas de difícil casarlas porque los novios se resisten.

6 Resultar [una pers. o cosa a alguien] difícil de dominar o conseguir. | Delibes *Inf* 22.1.76, 16: En realidad, a Paco Umbral nada se le ha resistido, siquiera él haya confesado recientemente que era un lírico frustrado.

resistividad *f* (*Electr*) Resistencia que presenta un conductor cuya longitud y sección son iguales a la unidad. | Mingarro *Física* 116: La resistividad de los metales es función de la temperatura.

resma *f* Conjunto de 500 hojas o pliegos de papel. | J. MArtajo *Ya* 28.5.67, sn: Pronto se sentirán troceados, triturados y reducidos a espesa y blanca pulpa que, laminada y guillotinada, se convertirá en infinitas resmas y bobinas de finísimo papel.

res nullius (*lat; pronunc,* /rés-nulius/) *f* (*Der*) Cosa sin dueño. | MSantos *Tiempo* 57: Un derecho consuetudinario en el que la res nullius había vuelto a surgir por intususcepción.

resobado -da *adj* **1** *part* → RESOBAR.

2 Muy ajado por el uso. | Ferres-LSalinas *Hurdes* 111: Palomares saca del bolsillo de la zamarra una carterilla negra, sucia y resobada.

3 Manido o trillado. | J. M. Osuna *Abc* 16.12.70, 57: Para conseguir un rendimiento económico justo no bastará con saberse al dedillo una docena de refranes más o menos resobados.

resobar *tr* Sobar o manosear intensamente. | Lera *Bochorno* 63: Se desasieron por fin con desgana, resobándose las manos muchas de las parejas.

resobrino -na *m y f* Hijo del sobrino carnal [de una pers.]. | Gala *Cítaras* 515: Un resobrino mío se casó con una holandesa.

resol *m* Reverberación del sol. | CBonald *Dos días* 140: Se tapaba los ojos. Le escocía el brusco centelleo del resol punzando entre la cal.

resolana *f* Lugar donde se toma el sol al abrigo del viento. | R. Carapeto *Hoy* 26.1.75, 21: Siento un deseo incontenible de escribir .. prosa fluida y natural de personaje popular de resolana, sin prisas y con sosiego.

resolí (*tb* **resolí**) *m* (*reg*) Rosoli. | Comendatore *Ya* 21.1.75, 18: Se podía probar el típico resoli, una especie de vino añejo con una esencia especial. [*En Chinchón, Madrid.*] Vega *Cocina* 132: Durante una semana santa descubrí el resolí y la zurra, dos combinaciones con acento moruno que nos han copiado los ingleses, llamándolas *cup*, pero con menos gracia que los conquenses.

resollante *adj* [Pers. o animal] que resuella, *esp* [1]. | Fraile *Cuentos* 59: Apareció el tren como un animal negro, resollante. **b)** Propio de la pers. o animal que resuella. | Lera *Boda* 555: Su respiración era resollante, como la de un animal poderoso después de una carrera.

resollar (*conjug* 4) *intr* **1** Respirar agitadamente. | Delibes *Guerras* 141: Ella resollaba ya, doctor, y yo, para qué voy a decirle, ni podía con mi alma.

2 Respirar (absorber y expulsar aire [una pers. o animal]). *Tb fig.* | ZVicente *Traque* 292: Le molestaba verle allí, tan quieto y tan mal vestido, decía, en la cama, y sin resollar.

3 Dar un suspiro, esp. de alivio. | Aguilar *Experiencia* 152: Pasado ya un segundo, resollé, liberado de las palpitaciones y de la histérica bola laríngea. Delibes *Madera* 431: Era el espanto en estado puro .. Resolló acongojadamente, abrió las piernas en V y miró por los prismáticos.

resoluble *adj* Que se puede resolver. | Castilla *Humanismo* 17: La realidad deja de constituirse en misterio para tornarse simplemente problema, y problema resoluble.

resolución I *f* **1** Acción de resolver(se). *Tb su efecto.* | Huarte *Tipografía* 34: Una vez leídas todas las pruebas, se les dará un repaso por si alguna corrección quedó sin completar en espera de consulta o resolución de una duda. Medio *Bibiana* 256: Arrastrada por una circunstancia, no podía tomar ninguna resolución por cuenta propia. *BLM* 9.74, 10: El tema más destacado ha sido el de los despidos .. El índice de resoluciones de contratos .. sigue creciendo año tras año.

2 Ánimo o decisión. | GPavón *Reinado* 133: Después de .. encender un cigarrillo rubio con gran resolución, .. comenzó.

resolutivo – resoplante

3 (*E*) Poder de separación de un instrumento de medida, de observación o de reproducción. | *Abc* 18.9.70, 49: Una técnica especial conocida como espectrometría gamma de alta resolución. *SSolM* 3.6.90, 29: Las [gafas] más modernas tienen un cristal líquido de gran resolución. *País* 31.3.86, 7: Su rapidez [de la impresora Laserjet] es realmente impresionante: Hasta 8 páginas por minuto; con gráficos de alta resolución.

II *loc adv* **4 en ~**. En definitiva. | MPuelles *Hombre* 25: Tal dependencia no da lugar en el hombre a una permanente rectitud de su conocer y su querer, sino a que el uso correcto de su capacidad cognoscitiva y de su facultad de apetecer se mida, en resolución, por lo que Dios conoce y lo que Él quiere.

resolutivo -va *adj* **1** De (la) resolución. | Castiella *MHi* 11.63, 65: Ni olvidando que solo en el mutuo entendimiento está la clave resolutiva de cualquier cuestión que se plantee. M. J. Barrero *Ya* 6.11.89, 19: En el registro de la holografía se utilizan materiales fotosensibles de alto poder resolutivo. **b)** (*Med*) Que favorece la resolución o sirve para resolver [4]. *Tb n m, referido a medicamento o agente.* | Solís *Siglo* 103: Ya una vez en el Hospital, se le sangró copiosamente. Se aplicaron sobre todas las partes hinchadas cataplasmas emolientes y resolutivas.
2 Que actúa con resolución [2]. | J. Berenguer *As* 7.12.70, 12: En los primeros minutos del segundo tiempo, el Elche se mostró más resolutivo.

resoluto -ta *adj* Decidido o resuelto. | GPavón *Rapto* 191: Entró Eufrasiete, digo, con aire resoluto y la cara henchida de satisfacción.

resolutorio -ria *adj* Que resuelve o sirve para resolver, *esp* [1 y 3]. | Pinillos *Mente* 110: Se ha discutido .. acerca de si esa actividad resolutoria de problemas que ejercen los animales superiores implica una elaboración de conceptos. *Compil. Cataluña* 709: El que es heredero lo es siempre, y, en su consecuencia, se tendrán por no puestos en la institución de heredero la condición resolutoria y los términos suspensivo y resolutorio.

resolver (*conjug* **35**) **A** *tr* **1** Dar solución [a un problema o dificultad (*cd*)]. | Marcos-Martínez *Álgebra* 130: En la práctica se presentan muchos problemas que se resuelven planteando varias ecuaciones a las cuales han de satisfacer simultáneamente las soluciones buscadas. M. Rubio *Nue* 31.12.69, 18: Esa maravillosa escena de amor resuelta en una partida de ping-pong. **b)** *pr* Solucionarse o dejar de existir [un problema o dificultad]. | * Las cosas no se resuelven; habrá que actuar.
2 Decidir. *Tb abs.* | A. Gabriel *Abc* 23.8.66, 16: Así resolvió hacerlo con gente de sus estados y señoríos. * Siempre he de ser yo quien resuelva.
3 (*Der*) Anular o dejar sin efecto. | *BOE* 28.12.74, 26340: Durante el período de prueba, por la Empresa y por el trabajador podrá resolverse libremente el contrato sin plazo de preaviso y sin derecho a indemnización alguna.
4 (*Med*) Hacer que desaparezca o se cure espontáneamente [algo, esp. una inflamación o edema]. | J. R. Alfaro *SInf* 11.11.70, 10: Se recomendaba [la orina] para uso externo, cuando aún estaba caliente, contra la gota y para resolver y resecar la sarna, los herpes y los [sic] picazones de la piel. **b)** *pr* Desaparecer o curarse espontáneamente [algo, esp. una inflamación o edema]. | * A veces el tumor se resuelve sin necesidad de cirugía.
5 Transformar [una cosa en otra de menor entidad o importancia]. | C. Senti *Abc* 25.6.72, 37: Durante la tormenta del día 13, en Sueca, se dispararon numerosos cohetes, que resolvieron el nublado en agua benéfica para los campos. **b)** *pr* Transformarse [una cosa en otra de menor entidad o importancia]. | * Todo se resuelve en agua.
B *intr pr* **6** Decidirse [a algo]. | Escudero *Capítulo* 160: Cuando se trate de novicias o religiosas de votos temporales indecisas, que no tienen valor para resolverse por sí mismas a abrazar la vida religiosa o a retirarse de ella.

resonador -ra **I** *adj* **1** Que resuena. | C. Castro *Ya* 5.11.74, 8: El púlpito de Guápulo está en toda su perfección .. Es un prodigio dorado: su gran concha resonadora, su escalera, su pie barroco. L. Calvo *Abc* 22.12.70, 47: Los estallidos de la calle y de la Prensa popular. Son móviles y resonadores, pero no interpretan el pensamiento francés.

II *m* **2** Aparato o dispositivo capaz de resonar [4] o de producir resonancia [1]. *Tb fig.* | APaz *Circulación* 71: Queda terminantemente prohibida la circulación por calles o carreteras de vehículos con "escape libre" o silenciador incompleto, averiado o dotado de resonadores. Cossío *Montaña* 280: Allí tenían su ágora y su casino el Padre Apolinar, y Sidora, y Cleto .., y aquel era el resonador de las hazañas pesqueras de ambos Cabildos. **b)** (*Fon*) Cavidad orgánica capaz de amplificar la onda sonora que la atraviesa y cuya frecuencia de vibración está próxima a la suya. | Academia *Esbozo* 27: Por la amplitud de su resonador .. y por el hecho de ser siempre sonoras, las vocales poseen .. el grado máximo de perceptibilidad.

resonancia *f* **1** Hecho de resonar. *Frec su efecto.* | Rosales *MHi* 3.61, 29: La noche aumenta la resonancia de vuestros pasos. Marcos-Martínez *Física* 59: Para evitar la reverberación o resonancia en una sala se recubren las paredes de vitrofil. *Mun* 23.5.70, 12: Quizás uno de los factores que más contribuye a que los problemas de la minería asturiana alcancen resonancia nacional .. sea que se trata de un trabajo especialmente duro. Á. GPintado *MHi* 11.63, 33: Con este pedal que yo he introducido se consigue apagar las cuerdas graves, cuya resonancia molesta y produce cacofonías desagradables.
2 (*Mús*) Sonido parcial de los que acompañan a una nota y comunican timbre particular a una voz o instrumento. | * Está estudiando el modo de anular las resonancias.
3 (*Fís*) Aumento de amplitud que experimenta un movimiento periódico cuando el móvil recibe impulsos de frecuencia igual a la suya o múltiplo de ella. | Marcos-Martínez *Física* 62: Fenómenos de resonancia se observan frecuentemente en la naturaleza. Los tubos sonoros vibran por resonancia.
4 (*Quím*) Fenómeno que presentan determinadas moléculas que se pueden representar por dos o más estructuras electrónicas sin cambiar la disposición de los núcleos de sus átomos. | Aleixandre *Química* 34: Según la teoría de la resonancia, el óxido nitroso no tiene ni la estructura representada por la fórmula 1 ni por la 2, sino que posee una estructura intermedia o híbrida.
5 ~ magnética (nuclear). (*Fís o Med*) Fenómeno de absorción de energía por los átomos de una sustancia al ser sometidos a campos magnéticos de frecuencias específicas, usado como método de diagnóstico médico. *Frec el mismo método.* | *País* 3.11.91, 40: Cuenta en su Clínica Central con las últimas tecnologías en medios de diagnóstico y tratamiento con Resonancia magnética nuclear. Scanner (TAC). *Ext* 17.6.91, 24: Resonancia magnética. Litotricia. Scanner.

resonante *adj* **1** Que resuena. | Olmo *Golfos* 95: Berto .. le atizó una resonante guantada al pobre Telesforo. J. Castelló *MHi* 3.61, 61: Ha hecho perfectamente dándonos a conocer *El Rinoceronte*, que .. ha alcanzado un éxito resonante.
2 (*Quím*) De (la) resonancia [4]. | Aleixandre *Química* 34: La existencia de resonancia o mesomería de una molécula se representa por las fórmulas resonantes.

resonar (*conjug* **4**) *intr* **1** Prolongarse o amplificarse [un sonido] por reflexión. *Tb fig.* | Camón *Abc* 8.12.70, 3: Una nota queda resonando en la lejanía nostálgica.
2 Producir [algo (*suj*)] un sonido que resuena [1]. | CPuche *Paralelo* 13: El hierro de otras obras resonó a lo lejos dando al telón del crepúsculo fragilidad de cristal. **b)** Reflejar [un lugar (*suj*)] los sonidos que recibe. | * La habitación vacía resonaba.
3 Conocerse [un hecho o su noticia (*suj*)] en un lugar lejano de aquel en que se produce]. | Bueno *Tri* 26.12.70, 11: La polémica sobre la filosofía .. ha resonado vivamente en los marcos más diversos del país.
4 (*Fís*) Vibrar [un cuerpo] al recibir impulsos de frecuencia igual a la suya o múltiplo de ella. | Marcos-Martínez *Física* 62: Las cajas de resonancia sobre las que se colocan los diapasones y otros instrumentos han de tener la longitud conveniente para que resuene el aire contenido en su interior, al dar su nota el instrumento.

resoplante *adj* Que resopla. *Tb fig.* | Montero *Reina* 229: El revisor [del tren] la jaleaba, cogiéndola, aupándola, empujándola, instalándola en una plataforma resoplante.

resoplar I *intr* **1** Respirar con mucho ruido, esp. como señal de cansancio o de enfado. *Tb fig, referido a cosa.* | Laforet *Mujer* 77: La señora entró entonces resoplando, gruñendo algo entre dientes.
II *interj* **2 resopla.** (*col*) Sopla. | Salom *Casa* 311: ¡Qué días llevamos, resopla!

resoplido *m* Acción de resoplar. *Frec su efecto.* | ZVicente *Traque* 82: Dando un gran resoplido, sí, muy grande muy grande, más grande que el de una vaca. Torbado *En el día* 167: No se oían voces: únicamente los violentos choques de los furgones entre sí, al ir frenando la locomotora, y el apagado resoplido de otras máquinas que maniobraban en vías muertas.

resoplo *m* Resoplido. | Hoyo *Lobo* 15: La alegría de Lucero .., su paso vivo, sus trotecillos, sus resoplos, su brío y arremango y el movimiento de su cabeza .., hacían que me olvidase de mí.

resopón *m* Segunda cena que se toma cuando pasa mucho tiempo entre la cena y el momento de ir a dormir. | VMontalbán *Soledad* 38: –¿Y tú vas a cenar después de esta merendola? –Desde luego. Todo lo que sobre me lo meto entre pecho y espalda a la hora del resopón. AMillán *Cuéntalo* 38: ¿Saben en cuánto se pone una noche con señorito, cena, discoteca, flamenco y hotel con resopón?

resorcina *f* (*Quím o Med*) Fenol utilizado como antiséptico y para la preparación de determinados colorantes. | M. Aguilar *SAbc* 29.9.68, 54: Luego se lava con un jabón azufrado y, finalmente, se deja actuar una loción (no crema) que contenga azufre o resorcina.

resorción *f* (*Med*) Absorción [de un humor natural o patológico] o desaparición total o parcial [de algo normal o patológico]. | Mascaró *Médico* 75: La contusión de los párpados requiere la inmediata aplicación de compresas frías; más tarde .. puede recurrirse a las compresas calientes para acelerar la resorción del hematoma o cardenal.

resorte *m* **1** Muelle (pieza elástica capaz de soportar deformaciones y que siempre a recobrar su forma primitiva). | Ramos-LSerrano *Circulación* 213: En la parte posterior de la cola existe un muelle o resorte que, apoyado en un tope dispuesto en el extremo de la cola y en el bloque, tiende a mantener la válvula continuamente cerrada sobre los asientos.
2 Fuerza o energía, gralm. oculta, que hace actuar o moverse. | Salvador *Haragán* 57: Interpretados por la terrible añoranza de aquellos hombrones, gandules y sin resortes.
3 Medio de que se dispone para conseguir algo. | J. HPetit *SAbc* 9.2.69, 39: Para someterse a su atención médica, vienen a España enfermos de todo el mundo. Y no porque mueva hábiles resortes de publicidad.

respaldar[1] A *tr* **1** Apoyar o amparar [algo o a alguien]. | *Sp* 19.7.70, 50: Su aparición viene respaldada .. por el ciclo Bogart.
2 Proteger o defender. | Cruz *Burgos* 40: Cuando la tierra se respalda del cierzo, entrega legumbres, verduras y patatas.
3 Cubrir o proteger la espalda [de alguien (*cd*)]. *Tb fig.* | MGaite *Cuarto* 17: Negros los cuernos, negras las dos grandes alas que le respaldan. VMontalbán *Pájaros* 74: Más allá, una escalinata de granito respaldada por una vidriera policrómica.
4 Escribir en el dorso [de algo (*cd*), esp. de un documento]. | *BOE* 3.12.75, 25200: A la instancia se unirán dos fotografías del interesado; una, pegada en el lugar señalado al efecto, y otra, suelta y respaldada con su nombre y apellidos.
B *intr pr* **5** Apoyar la espalda [en algo]. *Tb (lit) fig.* | L. J. Buil *SYa* 10.6.73, 19: Al otro extremo del pequeño anfiteatro en que se respalda el pueblo, la ermita de Fajanillas, adosada a una robusta torre que revela un uso castrense no lejano.

respaldar[2] *m* Respaldo [2]. | FSantos *Catedrales* 102: Vinieron las cornucopias con sus ángeles, los clavos de bronce de igual peso y hechura para las puertas exteriores, .. más los bancos de respaldar.

respaldo *m* **1** Apoyo o amparo. | J. M. ÁRomero *MHi* 11.63, 73: El nuevo clima de autoridad se difundió rápidamente en encomiendas y repartimientos, y dio respaldo y efectividad a los derechos establecidos por la legislación.
2 *En un asiento:* Parte para apoyar la espalda. | Laforet *Mujer* 143: Paulina .. se sentó en una silla dura de respaldo negro.
3 *En un escrito o algo similar:* Dorso. *Tb lo escrito en él.* | *BOE* 9.1.75, 428: La otra [fotografía] irá suelta y llevará en el respaldo el nombre del aspirante a que pertenece.

respectar *intr* Referirse o atañer. *Normalmente en la constr* POR (*o* EN) LO QUE RESPECTA A. | M. Esturo *Hie* 19.9.70, 8: La contratación ha resultado más ágil que de ordinario por lo que respecta al sector de electricidad.

respectivamente *adv* De manera respectiva. | Marcos-Martínez *Aritmética* 182: Si dos ángulos tienen sus lados respectivamente paralelos y ambos son agudos o ambos obtusos, son iguales.

respective (*pop*) I *loc prep* **1** ~ **a** (*más raro,* ~ **de**). Respecto a. *Frec* EN LO ~ A. | DCañabate *Paseíllo* 77: Ese uno es un cualquiera que nada tiene que ver con ella en lo respective al cariño.
II *loc adv* **2 al** ~. Respectivamente. | Cela *Pirineo* 63: Los substantivos arri y erre o erri –que la e y la i se confunden en la pronunciación– significan, al respective, piedra, pueblo, etc.

respectivo -va *adj* Que atañe o se refiere [a cada pers. o cosa mencionada o presente (*compl de posesión*)]. | Chamorro *Sin raíces* 214: Los había que llevaban consigo cartel y puntero y, al tiempo que cantaban, iban señalando los respectivos cuadros del drama.

respecto I *loc prep* (*se pronuncia gralm átona, esp si no va precedida de* CON) **1** ~ **a** (*más raro,* ~ **de**). A propósito de, o con relación a. *A veces precedido de* CON. | CBaroja *Inquisidor* 29: Cada mes informaban respecto a asuntos económicos. DCañabate *Paseíllo* 122: La un[a]nimidad en el juicio con respecto a la actuación de los toreros no existía. Tejedor *Arte* 1: El hombre .. se encuentra en casi absoluta dependencia respecto de la Naturaleza.
II *loc adv* **2 a este** ~, *o* **al** ~. A propósito de esto. | Torrente *SInf* 19.12.74, 28: A este respecto [los del 27] fueron afortunados. Ninguna generación como esta gozó de la crítica que necesitaba. *Abc* 21.7.76, 10: La Junta de gobierno .., ante la nueva convocatoria de oposiciones para cubrir plazas de profesores agregados y catedráticos, considera necesario manifestar de nuevo públicamente su oposición al respecto.

respegones *m pl* (*reg*) Lampazo (*Lappa minor*). | Mayor-Díaz *Flora* 475: *Arctium minus* Bernh. "Lampazo", "Bardana", "Respegones". (Sin. *Lappa minor* Hill.) .. Tallo de 80-120 cm., derecho, robusto, muy ramoso. Hojas largamente ovales .. Capítulos brevemente pedunculados .. Frecuente. Toda Asturias. Herbazales perennes de bordes de caminos, escombreras. Utilizada contra las enfermedades de la piel y para purificar la sangre.

respetabilidad *f* Cualidad de respetable [1]. | Aranguren *Marxismo* 165: La virginidad, la fidelidad .. se convierten en "símbolos de respetabilidad burguesa.

respetable I *adj* **1** Que merece ser respetado. *A veces en fórmulas de cortesía.* | Benet *Nunca* 18: Semejante trabajo –además de ahorrarme el horror y la vergüenza que me producían las firmas respetables– tenía la ventaja de una remuneración total. Armenteras *Epistolario* 127: Muy Sr. mío y respetable amigo.
2 Importante o considerable. *Con intención ponderativa.* | *Abc Extra* 12.62, 77: El "record" en tres horas de carretera: 33 kilómetros hora. En pista: 41,985 Km. Cifras ya respetables en aquellos años postreros del XIX.
II *m* **3 el** ~. (*col*) El público. | Á. GPintado *MHi* 11.63, 33: Saludó con una reverencia al respetable y luego se puso a dialogar aparte y en voz baja con el arpa.

respetablemente *adv* De manera respetable. | Iparaguirre-Dávila *Tapices* 75: Una vez tranquilizado el espíritu con la posesión de enormes fortunas, quedaba tiempo para pensar respetablemente en Dios y hacer pías obras de caridad.

respetar A *tr* **1** Sentir respeto [1a] [por alguien o algo (*cd*)]. | Espriu *ByN* 17.7.76, 6: Soy hombre capaz de irritarme y no consiento que me falten al respeto. Me respeto a mí mismo y respeto a los demás. Laiglesia *Tachado* 17: Este libro es también un himno a la Vida. A esa vida maravillosa

respeto – respiración

que yo adoro, y que muchos hombres apenas respetan. **b)** Comportarse con respeto [1b] [con alguien o algo (*cd*)]. | *Economía* 157: Cada una de vosotras tiene que ser alegre, modesta, culta y amable; y eso basta para hacerlo respetar de vuestros amigos. **c)** Obedecer [una ley o norma]. | *DCá* 16.4.76, 2: Al llegar a la esquina no respetó el "stop".
2 Mantener o conservar [algo o a alguien] sin alterarlo. | F. Martino *Hoy* 11.11.75, 5: Le han sido extirpadas las dos terceras partes del estómago .. Solo ha sido respetado del estómago su tercio superior. L. Apostua *Ya* 1.7.76, 14: El pacto es ..: "los cuarenta" sacan adelante la reforma, pero a ellos se les respeta la situación presente.
B *intr pr* **3** Preciarse (sentir la dignidad de ser lo que se es). *Normalmente en la constr* TODO EL QUE (*o* CUALQUIERA QUE) SE RESPETE. | *Economía* 353: En muchos casos no a las maletas de piel buena, imprescindible en tiempo de nuestros padres para toda persona que se respetase, sino a las de lona con cantoneras y correas de piel.

respeto I *m* **1** Sentimiento [hacia una pers. o cosa] que lleva a actuar con cuidado de no ofender[la], dañar[la] o desobedecer[la]. | Villapún *Moral* 152: También se extiende la piedad al amor y respeto que debemos a nuestros familiares. **b)** Actitud o comportamiento propios de la pers. que siente respeto. | *Economía* 144: Merece el aprecio quien lo guarda [el luto] con respeto. **c) ~ humano.** Temor a la opinión de los demás, que retrae de actuar conforme a la moral o a la propia conciencia. *Frec en pl.* | Villapún *Moral* 167: El respeto humano, de quien no se atreve a practicar su religión o a cumplir sus deberes por temor a los demás, por temor "al qué dirán".
2 (*euf*) Miedo. | SFerlosio *Jarama* 62: –Eres tú el que lo haces adrede de asustarme y te diviertes con eso. –Para que te acostumbres, Carmela, y le pierdas el agua el respeto que la tienes y se te quite la aprensión. J. MMorales *Alc* 31.10.62, 12: Ellos eran muchos y yo les tenía mucho respeto.
3 Acción de respetar. | SLuis *Doctrina* 93: Tenemos obligación de respetar la dignidad de nuestro cuerpo .. Este respeto exige dominio propio para no dejarse arrastrar a actos indignos.
4 *En pl*: Manifestación o muestra cortés de respeto [1a]. *Precedido de posesivo. Frec en frases de cortesía.* | *Ya* 16.6.90, 55: En dicha pista fue encontrado un arreglo floral y una carta dirigida a Gorbachov, en la que le expresaba sus respetos y le pedía disculpas por las molestias causadas. Aparicio *César* 52: "Mis respetos." "A sus pies, señora."
II *loc adj* **5 de ~.** [Lugar] destinado a perss. importantes o a ocasiones solemnes. | GPavón *Rapto* 212: Botellas de incienso en la despensa y una imagen de la Purísima, una imagen enorme, en un rincón del comedor de respeto.
6 de ~. [Pers. o cosa] destinada a sustituir a otra en caso de necesidad. | Cierva *Triángulo* 89: Al verme tan niña en su coche, sin más escolta que otro de respeto, las gentes .. me aclamaban. FReguera-March *Caída* 339: –¿Cree usted que vamos a llegar muy lejos con esos camiones..? –Llegaríamos .. si lleváramos los elementos de respeto necesarios, pero parece que no los hay. Cancio *Bronces* 35: La suculenta cena .., alrededor de la cual se sentarán con el armador los patrones de mando y de respeto, los atalayeros y los proeles.
III *loc v y fórm or* **7 campar** [alguien] **por sus ~s** (*o*, *raro*, **por su ~**). Actuar a su antojo, sin someterse a norma alguna. | *Agromán* 22: El transeúnte, ni que decir tiene, campaba por sus respetos. Grosso *Capirote* 193: Habiendo como ha tenido hoy todo el día libre para campar por su respeto y darle al vaso, no habrá hecho otra cosa.
8 faltar al ~ [a alguien]. Comportarse [con él] de modo desconsiderado u ofensivo. | Espriu *ByN* 17.7.76, 6: Soy hombre capaz de irritarme y no consiento que me falten al respeto.
9 presentar [una pers.] **sus ~s** [a otra]. Saludarla en señal de respeto [1a]. *Normalmente en fórmulas de cortesía.* | * Presente mis respetos a su madre.
10 (**dicho sea**) **con todos los ~s.** Fórmula que acompaña a una afirmación que podría resultar ofensiva o molesta para el oyente o para la pers o cosa que se menciona. | J. GBedoya *HLS* 5.8.74, 7: Si eso fuera verdad, uno, con todos los respetos, no tendría más remedio que llamar cosas muy gordas a los responsables del Ministerio de Agricultura. M. GMora *Lan* 11.2.92, 4: Uno, nacido en Campo de Criptana,

alega que si se tratase de Don Quijote más que de Colón (con todos los respetos para el almirante), que iría.
11 un ~. (*col*) Fórmula con que se pide moderación ante la aparente falta de consideración o respeto que encierra lo que se acaba de oír. | * –Los diccionarios son todos copia del académico. –Un respeto, oye, que eso no siempre es así.

respetuosamente *adv* De manera respetuosa [2]. | CNavarro *Perros* 98: Se presentó respetuosamente ante su jefe.

respetuosidad *f* Cualidad de respetuoso. | *InA* 9.7.75, 29: Uno, aquí [en Denia], puede vivir cómodamente, sin que nadie le moleste. La respetuosidad y la condescendencia está en el espíritu de todos sus habitantes.

respetuoso -sa I *adj* **1** [Pers.] que se comporta con respeto [1b]. | Ortega *Americanos* 88: –¡Yes, sir! ..–afirmé rotundo, aunque respetuoso al mismo tiempo.
2 [Cosa] que denota o implica respeto [1a y b]. | Espadas *SYa* 20.10.74, 19: Si el breve reinado de Amadeo intentó un acercamiento respetuoso a la Iglesia .., la primera República acentuó la postura anticlerical.
II *f* **3** (*raro*) Prostituta. | Umbral *Tri* 30.3.68, 26: Las "respetuosas" menudean en los parques.

réspice *m* (*lit*) Reprensión o amonestación. *Tb fig.* | GBiedma *Retrato* 169: Un anterior conocimiento de lo que sus versos [de Boileau] dicen nos hace más sensibles a lo bien dichos que están .. y a la elegancia perfecta de su réspice.

respigo *m* (*reg*) Parte alta del maíz, el nabo o la berza. | *DMo* 14.8.87, 42: Cervecería Ond'antuán. Platos típicos pejinos, con nuestros famosos respigos de Laredo.

respingado -da *adj* **1** *part* → RESPINGAR.
2 Respingón. | M. Aguilar *SAbc* 8.3.70, 54: Hay narices, vistas de perfil, con el dorso cóncavo, convexo, en caballete, onduladas, en silla de montar, puntiagudas, respingadas. Montero *Reina* 169: Una trotona de culo respingado, como tantas.

respingar *intr* ➤ **a** *normal* **1** Dar respingos [1]. | Delibes *Guerras* 35: Cada vez que la mentaba, la bayoneta, digo, yo, un respingo. Conque si la Bisa se renegó todo, .. ¿por qué coños respingas así? **b)** Sacudirse y gruñir [un animal] porque algo le molesta o le hace cosquillas. | CBonald *Noche* 154: Se quedó un momento indeciso, acortándole bruscamente el freno al potro hasta hacerlo respingar.
➤ **b** *pr* **2** (*reg*) Ponerse de puntillas. | G. Comín *Not* 31.12.70, 47: El extraño anciano se acercaba a la jaula de la cocina, menudo, miserable, astroso..., y por congraciarse con la vieja, se respingaba como un casi centenario gorrión de canalera y colocaba un tormito de azúcar.

respingo *m* **1** Sacudida violenta del cuerpo, esp. debida a un susto o a una sorpresa. | Delibes *Guerras* 35: Cada vez que la mentaba, la bayoneta, digo, yo, un respingo.
2 Movimiento con que se expresa desprecio o enfado. | DCañabate *Paseíllo* 77: –Hazme el favor de dar media vuelta y de separarte de mí pa los restos.– Y, pegando un respingo, se aleja presurosa.

respingón -na *adj* **1** [Nariz] cuya punta tira hacia arriba. | ZVicente *Balcón* 61: Casta recorre la ciudad de parte a parte, siempre la nariz respingona. **b)** De (la) nariz respingona. | Umbral *País* 7.12.78, 32: Xirinachs, con su perfil respingón de santo de palo mal terminado .., me ha recordado sin querer a Ernesto Cardenal.
2 (*col*) [Trasero] graciosamente prominente. | * Los vaqueros resaltaban su culito respingón.

respirable *adj* Que se puede respirar [7 y 8]. | *Abc* 10.10.65, 30: Otsein .. es el primer radiador catalítico que asegura una atmósfera completamente respirable.

respiración I *f* **1** Acción de respirar [1a]. | Bustinza-Mascaró *Ciencias* 17: Es precisamente el aire disuelto en el agua el que utilizan para su respiración los peces y la mayoría de los seres acuáticos. **b)** (*Biol*) Función que consiste en absorber oxígeno y expulsar anhídrido carbónico y agua. | Navarro *Biología* 187: La respiración celular es la verdadera respiración. **c) ~ artificial.** Conjunto de acciones encaminadas a restablecer la respiración [1a] en alguien exánime. | *Economía* 273: Se empieza a realizar la respiración artificial provistos de paciencia.

2 Entrada y salida de aire [de un recipiente o de un local cerrado]. | * Es un cuarto sin respiración.
II *loc adv* **3 sin ~.** Respirando [1a] con dificultad o agitadamente a causa de la fatiga. *Frec con el v* LLEGAR. | * Maldita escalera; llega uno sin respiración.
4 sin ~. En estado de paralización total a causa del asombro o de la impresión. *Con vs como* DEJAR *o* QUEDAR. | * Se quedó sin respiración al verla aparecer.

respiradero *m* Abertura por donde entra y sale el aire. | Lera *Olvidados* 44: Colocaron la bomba en la boca del respiradero del sótano .. y echaron a correr. **b)** *(raro)* Conducto de la respiración [1a]. | GPavón *Rapto* 95: Todos esperaron a que la señora desaguase su tristeza. En la congoja se le caló el respiradero, y sus pechos, todavía lucidos, vibraron como palomas mal sujetas.

respirador -ra *adj* Que sirve para respirar [1a]. *Frec n m, referido a aparato.* | *Van* 1.7.73, 2: Aletas desde 77 p. Gafas con respirador 93 p. O. Aparicio *MHi* 7.68, 29: Es el caso del clásico enfermo que ha tenido una lesión cerebral que es incompatible con la vida y que se le sostiene con un respirador, con transfusiones.

respirar A *intr* **1** Absorber y expulsar aire [una pers. o animal]. | Medio *Bibiana* 13: Respira fuerte antes de deslizarse entre las sábanas al lado de Marcelo. Ybarra-Cabetas *Ciencias* 404: Necesita [la ballena] subir a la superficie y asomarse para respirar. **b)** *(Biol)* Realizar [un ser vivo] la función que consiste en absorber oxígeno y expulsar anhídrido carbónico y agua. | Ybarra-Cabetas *Ciencias* 264: Que las plantas respiran es un hecho que puede demostrarse.
2 Recibir [algo] aire, o tener comunicación con el aire exterior. | APaz *Circulación* 185: Haga que el motor pueda respirar bien: filtro de aire limpio, estrangulador abierto y el silenciador de escape despejado. S. Magán *Ya* 6.3.76, 55: Es necesario también dejar tras él una cámara de aire para que la máquina respire.
3 Tener un ambiente más fresco o limpio en comparación con otro precedente caluroso o viciado. | * Esta semana ha hecho un calor agobiante, pero hoy parece que se respira. * La sala de espera está llena de humo; menos mal que aquí se respira.
4 Experimentar una sensación de alivio tras una angustia o preocupación. | PLozano *Ya* 7.5.74, 14: Respiran los estudiantes .. al anunciarse que con toda probabilidad no habrá pruebas selectivas en este curso.
5 Parar o cesar momentáneamente en una acción, esp. en el trabajo o en la atención. *Normalmente en frases negativas de intención ponderativa.* | Mendoza *Ciudad* 305: Déjeme respirar, señor, y en seguida reanudaré esta historia. * No tenemos tiempo ni de respirar. * Me escuchaba sin respirar.
6 *(col)* Manifestarse [alguien] en lo relativo a sus sentimientos o intenciones. | LRubio *Noche* 43: –¿Por fin han respirado? –Sí. –Poco. –¿Y qué dicen? –Que vengamos aquí y que esperemos. CSotelo *Muchachita* 269: –Y el canciller, ¿cómo respira? –Yo creo que le caemos bien.
B *tr* **7** Aspirar [algo] por las vías respiratorias. | *Economía* 274: Debe echarse al sujeto sobre la cama .. haciéndole respirar alcohol o éter. MGaite *Nubosidad* 130: He respirado hondo, con delicia, el olor del mar que se extiende inmenso ante mi vista. **b)** *(Biol)* Absorber [oxígeno] en la respiración [1b]. | Ybarra-Cabetas *Ciencias* 265: Cuando las circunstancias del medio no son propicias para respirar directamente el oxígeno del aire, lo toman las células de ciertas sustancias .. que lo ceden fácilmente.
8 Estar inmerso [en un clima o ambiente determinado (cd)]. | *EOn* 10.64, 7: Aquel triunfal desfile .. empezó con su presentación en las calles palmerinas a sembrar la emoción de los días que se iban a vivir y la alegría maravillosa que se respiraría más tarde en el centro neurálgico del Condado. J. Fortes *His* 8.77, 92: Intervino como mediador .. sin otro resultado que exacerbar los ánimos, peligrosamente solivantados ante la sensación de fuerza que se respiraba.
9 *(lit)* Exhalar [algo inmaterial]. | Diego *Abc* 1.11.73, 3: La obra de Ortega Muñoz respira serenidad y equilibrio.

respiratorio -ria *adj* De (la) respiración [1]. | Navarro *Biología* 183: El ritmo respiratorio es de dieciséis veces por minuto aproximadamente en el hombre adulto .. Mediante los movimientos respiratorios normales se inspira o espira medio litro de aire.

respiro *m* **1** Descanso o alivio pasajeros [en un trabajo, una preocupación o un malestar]. *Frec sin compl por consabido.* | Zunzunegui *Hijo* 72: Su juventud y su salud espléndidas le permiten moverse desde las siete de la mañana a las nueve de la noche con solo un respiro para comer a bordo. Buero *Hoy* 59: Parece que no y es un respiro esto de poder subir aquí. L. Calvo *Abc* 25.11.70, 41: Designan un estado mayor que se encargue de ir alternando las huelgas, sin dar respiro a los patronos y al Gobierno.
2 Respiración [1a y 2]. *Tb fig.* | Cunqueiro *Des* 14.5.75, 31: Yo escribí una vez .. la entrada de Alberoni en la Guaita [de San Marino] .., montado en una mula blanca, y estornudando, que le enfriaba el respiro por la nariz la tramontana. GPavón *Hermanas* 34: Aquellas viejas ideas y sensaciones .. se nos quedaron sin salida ni respiro.

resplandecer *(conjug* **11***) intr* **1** Brillar con resplandor. *Tb fig.* | Arce *Testamento* 15: Los riscos que nos rodeaban resplandecían como la cal viva. * Su rostro resplandecía de alegría.
2 Manifestarse [algo, esp. la verdad] de modo patente. | FSalgado *Conversaciones* 302: Eso que los portugueses en franca unión estamos llevando a cabo una gran labor para que resplandezca la verdad.
3 Brillar (sobresalir provocando admiración). | Llovet *País* 6.2.77, 25: Ese tremendo rigor de Marsillach, presente en el más nimio detalle, resplandece en la dirección de intérpretes.

resplandeciente *adj* Que resplandece. | Torrente *Off-side* 49: También Sócrates fue feo, y sin embargo su sabiduría lo hacía resplandeciente. M. Mora *Act* 25.1.62, 44: El primer método es divertido, apasionante, fácil y consigue a veces resplandecientes resultados.

resplandor *m* **1** Luz muy viva y brillante. | Zubía *Geografía* 54: El relámpago es el resplandor que produce el rayo. **b)** Luz que se destaca de la luminosidad ambiente. | Laforet *Mujer* 114: En la capilla, detrás de los vitrales, había un resplandor. Quizá fuese la lámpara del Sagrario.
2 Brillo o esplendor. | M. O. Faría *Rev* 12.70, 4: La obra de la fe pascual no es absorber todos los misterios en su resplandor, sino, al contrario, permitirnos reconocer en la plenitud de su significado los misterios de Navidad y Epifanía.

responder A *tr* **1** Contestar [algo (*cd*) a una comunicación, esp. a una pregunta o llamada (*ci*), o a quien la hace (*ci*)]. *Tb abs.* | Vesga-Fernández *Jesucristo* 41: Jesús le respondió [al Diablo]: –Escrito está. Vesga-Fernández *Jesucristo* 118: A estas preguntas respondió Jesús: –Procurad que nadie os engañe. Cunqueiro *Un hombre* 12: El hombre .., sin responder palabra a la oferta que le hacían, pasó por entre compradores y vendedores. Olmo *Golfos* 150: –¡Vaya, qué elegante! ..– No supe responder. **b)** Contestar [a una comunicación, esp. a una pregunta o llamada (*cd*), o a quien la hace (*cd*)]. | MMolina *Jinete* 184: A veces los mayores se quedan callados y no responden las preguntas. * El diputado fue respondido por el propio Presidente. **c)** *(raro)* Replicar. *Frec abs.* | * A mí no me respondas, eh.
B *intr* **2** Contestar [a una comunicación, esp. a una pregunta o llamada (*ci*) o a quien la hace (*ci*)]. | Arce *Testamento* 15: Fue entonces cuando comprendí que hice mal respondiendo a la pregunta.
3 Actuar [de un modo determinado (*compl adv*) ante una acción ajena o ante la pers. que la hace (*ci*)]. *Tb sin compl adv.* | * A tal agresión solo se puede responder con las armas. * Hay que responder a los provocadores. **b)** Acusar [una pers. o cosa] el efecto [de algo (*compl* A)]. | *Abc* 18.11.75, 48: El doctor Hidalgo Huerta manifestó que, "de momento, y dentro de la gravedad, responde bien al tratamiento".
4 Estar [una cosa] motivada o justificada [por otra (*compl* A)]. | * Esta reforma responde a una auténtica necesidad.
5 Corresponder o ajustarse [a algo]. | Lapesa *HLengua* 307: Hay rasgos específicos que no responden al tipo de dicción o frase generalmente admitido.
6 Dar [alguien o algo] el rendimiento debido o esperado. | *Tri* 12.12.70, 36: Lo nuestro es fabricar buenas baterías. Baterías que responden, que cumplen su misión calladamente.
7 Tener o asumir [alguien] la obligación de aceptar las consecuencias derivadas [de una acción propia o ajena]. | *Economía* 320: Cuando hagáis una cosa, .. pensad antes si es

respondón – respuesta

buena o mala; así obraréis conscientemente y podréis responder de vuestros actos. *Economía* 139: No prometáis lo que no pensáis cumplir, porque no tenemos obligación de regalar, pero sí de responder de nuestras palabras. **b)** Tener o asumir [alguien] la obligación de aceptar las consecuencias derivadas de las acciones [de alguien] o del funcionamiento [de una empresa o parte de ella]. | * A partir de hoy tú responderás ante el jefe de estas tres personas a tu cargo. * Cada uno responde de su sección. **c)** Tener o asumir [alguien] la obligación de aceptar las consecuencias derivadas de que [un hecho (*compl* DE)] deje de producirse, o de que [alguien o algo (*compl* DE)] sufra daño, alteración o menoscabo. | * Tú me respondes de que la carta llegue a tiempo. * Me responderás de su integridad. MMolina *Jinete* 85: Se defendió a tiros cuando unos encapuchados quisieron robarle el sobre con mensajes secretos que le había confiado el comandante Galaz para que le entregara personalmente y respondiendo con su vida al general Miaja.
8 Garantizar [algo o a alguien (*compl* DE)]. | Ramírez *Derecho* 84: Cuando el demente pretenda hacer testamento en un intervalo lúcido, podrá hacerlo, siempre y cuando dos facultativos, además del notario, respondan de su capacidad.
9 Salir fiador [de alguien (*compl* POR)]. | Kurtz *Lado* 80: Papá, que ya veía la quiebra, se apresuró a emanciparme. Prefería verme en la cárcel antes que responder por mí.

respondón -na *adj* (*col*) [Pers.] que replica irrespetuosamente. *Tb fig.* | Aranguren *Van* 19.5.74, 15: Me considero obligado a contestar a la "polemista que te ha salido respondona", como graciosamente describe mi hija-secretaria el pequeño incidente, al remitirme el recorte. Bellón *SYa* 14.9.75, 23: Se dispusieron a sortear una res, una vaquilla alegre y respondona a los cites que se le hacían. **b)** Propio de la pers. respondona. | S. Jiménez *SArr* 27.12.70, 58: Con Pancho [Cossío] hemos perdido al último socrático, que, en su sencillez cabuérniga y respondona, tantas lecciones de insobornable honradez ha dado.

responsabilidad I *f* **1** Cualidad de responsable [2]. | * No he visto persona con menos responsabilidad. *Economía* 319: Qué quiere decir "tener sentido de responsabilidad".
2 Obligación legal de aceptar las consecuencias [de una acción propia o ajena]. | Ramírez *Derecho* 180: Esta responsabilidad, en ciertos casos, la hago extensiva a personas que no intervinieron en el delito. Ejemplo: a los padres respecto a los delitos cometidos por sus hijos menores sometidos a su potestad; en tales casos, hablo de responsabilidad civil subsidiaria. Laiglesia *Tachado* 76: Ocupó entonces cargos altísimos cargados de responsabilidad .. Sus responsabilidades aumentaron hasta hacerse insoportables.
3 Obligación moral de aceptar las consecuencias [de una acción propia o ajena]. | Laforet *Mujer* 47: No seré tu amante hasta que tú no te decidas a cargar con la responsabilidad de ello.
II *loc adj* **4 de ~ limitada.** (*Com*) [Sociedad] formada por número reducido de socios con derechos en proporción a sus aportaciones y en la que solo se responde de las deudas por la cuantía del capital social. | *Registro Mercantil* 631: En las Sociedades de responsabilidad limitada, el acuerdo se adoptará por las mayorías previstas en los respectivos Estatutos.

responsabilización *f* Acción de responsabilizar(se). | J. Sanz *Hoy* 15.11.70, 6: La constitución de unas reservas especiales .. viene a poner de manifiesto, en consecuencia, tanto la posibilidad de que el "siniestro" Matesa repercuta sobre su sociedad aseguradora, reduciendo los llamados costes políticos del Banco de Crédito Industrial, como la responsabilización de Crédito y Caución por los compromisos contraídos con anterioridad.

responsabilizador -ra *adj* Que responsabiliza. | VMontalbán *Tri* 13.5.72, 29: Una comunidad pulcra, noble, .. si además tiene una norma jurídica responsable y responsabilizadora, ¿qué más necesita para ser feliz históricamente hablando?

responsabilizar *tr* Hacer responsable [1] [a alguien]. *Frec con un compl* DE. *Frec el cd es refl.* | PRivera *Discursos* 18: Seguir incorporando .. al elemento joven .. para responsabilizarlas también en la tarea colectiva. FReguera-March *Semana* 333: Él también se responsabilizaba. Tomaba partido. Mendoza *Ciudad* 365: Bah, se dijo, ¿de qué me responsabilizo? Si alguien pudiera oírme pensaría que en el mundo no hay otra causa de aflicción que yo.

responsable *adj* **1** [Pers.] que debe responder [7] [de alguien o algo]. *Tb n.* | Villapún *Moral* 12: Si una persona lee, para entretenerse, un libro peligroso, será responsable de las tentaciones que puedan provenir de la lectura. **b)** Culpable. | DPlaja *El español* 125: De los crímenes sexuales, antes o después de la violación, acostumbra a ser responsable un puritano. **c)** [Pers.] que ejerce la función de jefe o director [de algo]. *Frec n.* | *SPaís* 27.9.92, 65: Para entidad de primer orden se precisa responsable económico-financiero. Reportando a la Dirección General, se encargará de la gestión administrativa financiera de la Entidad.
2 [Pers.] sensata, consciente de sus obligaciones y que actúa de acuerdo con ellas. | *Abc* 25.9.92, 112: Necesito interna responsable, informes. Excelente casa, trato familiar. **b)** Propio de la pers. responsable. | *D16* 24.9.92, 1: Los sindicatos UGT y CCOO y la patronal CEOE iniciaron ayer, después de tres años, un diálogo responsable para paliar la crisis.

responsablemente *adv* De manera responsable [2b]. | Aranguren *Marxismo* 159: Para comportarse responsablemente, para responder, es necesario el previo sometimiento.

responsar *intr* Rezar responsos. | Cunqueiro *Crónicas* 17: Lo llamaban para responsar y tocar el bombardino en casi todos los entierros importantes en Bretaña.

responsear A *intr* **1** Rezar responsos. | Moreno *Galería* 270: Don Antonio, el cura, responseaba en las sepulturas que tenían luz.
B *tr* **2** (*reg*) Dar [monedas] al sacerdote para que rece un responso. | Berlanga *Recuentos* 26: Recontaba la calderilla de lo responseado, porque no estaba a lo que estaba.

responsión *f* (*Arquit*) Pilastra o elemento de soporte adosado a un muro, que se corresponde con una columna o un contrafuerte. | PCarmona *Burgos* 53: En las ruinas de San Pedro de Arlanza pueden apreciarse hasta seis pilares acodillados sobre un plinto cilíndrico que dividirían la iglesia en tres naves con cuatro tramos cada una, pero sin responsiones en los muros interiores y sin crucero.

responso *m* Conjunto de preces y versículos que se dicen por los difuntos. *Tb* (*lit*) *fig.* | Cela *SCamilo* 161: Los enterradores suelen descubrirse mientras el cura reza sus responsos. Villarta *Rutas* 19: Hubo quien le cantó prematuramente el responso a la Puerta del Sol.

responsorial (*Rel catól*) I *adj* **1** De(l) responsorio. | Subirá-Casanovas *Música* 27: En lejanos tiempos [la misa] tuvo varias partes, adoptando el estilo responsorial en graduales, la aleluya y el tracto, y el estilo antifónico en el introito, el ofertorio y la comunión. **b)** [Salmo] leído o cantado como estribillo después de las lecturas de la misa o del oficio. | * En la misa leyó la primera lectura y el salmo responsorial.
II *m* **2** Libro o colección de responsorios. | Pinell *Horas* 248: Debe admitirse la posibilidad de que, en la copia de uno de nuestros códices, se adoptase una óptima recensión del responsorial.

responsorio *m* (*Rel catól*) **1** Conjunto de versículos, o preces, y respuestas, leídos o cantados alternativamente por un solista y el pueblo o el coro, después de algunas lecturas de las Sagradas Escrituras. | Pinell *Horas* 207: Contiene .. algunos responsorios monásticos, en un apéndice. Otros .. se encuentran en el antifonario. Ribera *Misal* 503: Terminado el Responsorio, se levantan todos. [*Tras las lecciones de la función de Viernes Santo.*] **b)** Versículo cantado por un solista y contestado por el coro o por el pueblo. | *BFM* 1.87, 26: Estos primitivos cantos litúrgicos presentan pronto dos formas, el responsorio, especie de estribillo con que los fieles respondían a cada versículo de un salmo entonado por un solista; y la antífona, frase musical introductoria de un salmo.
2 Composición musical sobre el texto de un responsorio [1]. | P. Darnell *VNu* 13.7.74, 27: Se conservan de este autor 10 misas, 16 responsorios y motetes, .. conciertos para órgano y piano.

respuesta *f* Acción de responder [1, 2, 3 y 4]. *Frec su efecto.* | Arce *Testamento* 13: Enzo no había esperado la respuesta. Aranguren *Marxismo* 176: El ecumenismo no es sino la "respuesta" religiosa a la situación de secularización. Pinillos *Mente* 72: La conducta quedó un poco reducida a una red de conexiones sensomotoras de asociaciones entre estímulos y respuestas, concebida en unos términos mecánicos muy simplistas. *Ya* 22.10.64, sn: Registrador de respuesta rápida.

respulear *intr* (*reg*) Contestar o replicar. | Berlanga *Gaznápira* 11: Ganas te dan de respulearle a don Dimas, cuando habla de milagros, contándole cómo ocurrieron de verdad.

resquebrajadura *f* Grieta o hendidura. *Tb fig*. | Delibes *Ratas* 58: Él se las ingenió para perforar la masa de tierra sin producir en el techo más que una ligera resquebrajadura.

resquebrajamiento *m* Acción de resquebrajar(se). *Tb fig*. | Navarro *Biología* 30: La xeroftalmía, que es la desecación de la conjuntiva del ojo y en general resquebrajamiento y endurecimiento de las membranas orgánicas. X. Ribera *Mad Extra* 12.70, 10: La sociedad valenciana se apercibe del resquebrajamiento de los cimientos económicos sobre los que ha construido su bienestar.

resquebrajar *tr* Producir grietas o hendiduras [en algo (*cd*)]. *Tb fig*. | CBonald *Dos días* 198: Le parecía que cada golpe de la guitarra era como un hacha despiadada que estuviese resquebrajando la mansa madera de la noche. **b)** *pr* Producirse grietas o hendiduras [en algo (*suj*)]. *Tb fig*. | *Abc Extra* 12.62, 5: Hacer .. muñecos que se resquebrajen y se agrieten al sol del verano. E. Corral *Abc* 6.12.70, 72: Cuando de un hogar "numeroso" sale momentáneamente Lupe, la "chica para todo", el hogar se resquebraja en la armonía del trabajo.

resquemar *tr* (*raro*) Quemar (desazonar intensamente). | SSolís *Jardín* 142: Lo que se resquemaba, realmente, no era que el prófugo no rindiera homenaje a Su Ilustrísima, sino que no esperara la triunfal salida de su señora.

resquemor *m* Sentimiento de malestar o desasosiego moral, frec. acompañado de recelo o desconfianza. | Laforet *Mujer* 154: Sentía la admiración y también el resquemor de Martín .. Martín no le tenía demasiada simpatía desde que él estaba "saliendo" con su hermana. L. Contreras *Mun* 23.5.70, 10: Don Adolfo Muñoz Alonso descargó dialécticamente algo del resquemor que le produjeron los requiebros de Pemán a propósito de los virus idiomáticos del alma.

resquicio *m* **1** Abertura estrecha, esp. la que queda entre el quicio y la puerta. *Frec fig*. | Agustí *Abc* 4.12.70, 3: ¡Cuánto trabajo tendrán los historiadores del futuro en taponar los resquicios que han quedado abiertos, en colmar los huecos que han quedado por tapar!
2 Ocasión u oportunidad pequeña. | * Aprovecha cualquier resquicio para meterse con él.
3 (*raro*) Resto (parte que queda de un todo). | J. M. Castaños *SYa* 28.9.75, 5: A Olañeta le interesaba que el virrey fracasara en su lucha por mantener los últimos resquicios del imperio español. E. Satué *Nar* 11.77, 6: Tabla dentada con mango que servía para no dejar abandonado ningún resquicio de cereal o paja durante la cosecha.

resta *f* Acción de restar [1 y 2]. | Marcos-Martínez *Aritmética* 28: Sustracción o resta de dos números .. es la operación que tiene por objeto hallar otro número .. que, sumado con el sustraendo, dé el minuendo. MPuelles *Hombre* 268: Hay quienes creen estar en el derecho de disminuir o de aumentar el mensaje cristiano, concibiendo, de esta manera, "su" personal Cristianismo como el resultado de esa resta o de esa adición.

restablecedor -ra *adj* (*raro*) Que restablece [1]. | Cela *Izas* 57: El niño ve a la mujer como una meta, como un fin cuajado de restablecedoras perfecciones.

restablecer (*conjug* **11**) **A** *tr* **1** Volver a establecer. | L. Calvo *Abc* 25.8.66, 25: El ministro .. quisiera restablecer en seguida las relaciones diplomáticas con Malasia.
B *intr pr* **2** Recuperarse [de una enfermedad o dolencia]. *Frec se omite el compl por consabido*. | Fielpeña *Ya* 22.10.64, 27: Aunque se confíe en que todavía se restablezca nuestro jinete.

restablecimiento *m* Acción de restablecer(se). | L. Molla *Mun* 26.12.70, 56: El inmediato restablecimiento de relaciones diplomáticas entre el Gobierno Allende y Cuba tiene fuerza de símbolo.

restallante *adj* **1** Que restalla [1]. | * El látigo restallante voló sobre su cabeza.
2 Llamativo y brillante. | Delibes *Mundos* 64: No solo el escamoteo de la "c" .., el ingenio pronto y restallante y el sombrero alón del "huaso" .. les es común. Lera *Bochorno* 126: Quizá no fuera nunca una mujer de restallante y cegadora venustidad.

restallar A *intr* **1** Producir [algo, esp. el látigo] un ruido seco y sonoro. | CPuche *Sabor* 96: Cuando .. yo aplicaba los oídos a los amplios ventanales siempre escuchaba el restallar del látigo de los muleros.
2 Manifestarse [algo] de modo violento, llamativo o brillante. | Marsé *Montse* 146: Entornó los párpados en medio de la luz que restallaba por todo el recinto. Aparicio *Retratos* 192: El salón se iluminó. La exposición estaba a punto de inaugurarse. Los rojos, los caobas y los blancos restallaron.
B *tr* **3** Hacer que [algo, esp. el látigo (*cd*)] restalle [1]. | FReguera-March *Filipinas* 297: El conductor hacía trotar el poderoso tronco de mulas, voceando y restallando el látigo.

restallido *m* Acción de restallar [1]. *Frec su efecto*. | Torrente *Saga* 469: Llegó [la diligencia] un poco retrasada, con barullo de cascabeles y restallidos de látigo.

restante *adj* Que queda sin incluir en lo enunciado o consabido. | *Des* 12.9.70, 29: Las restantes distinciones han sido obtenidas por Clementina Arderiu .., Terenci Moix.

restañar[1] *tr* **1** Detener la salida [de la sangre (*cd*)]. | Salom *Casa* 337: Hay que restañar la sangre. **b)** Curar [una herida] haciendo que deje de sangrar. *Frec fig*. | Buero *Hoy* 99: Daniela le restaña la herida con un pañuelo. Marlasca *Abc* 11.12.70, 43: Den un repaso a sus fachadas restañando desconchones y asegurando, mediante las obras que convengan, los balcones y cornisas que amenazaren ruina.
2 (*raro*) Secar o enjugar. | Mendoza *Ciudad* 305: Se restañó los ojos con un pañuelo de hierbas. Landero *Juegos* 17: Se arrancó la servilleta del pecho, la dobló en triángulos exactos, se restañó los labios y la devolvió al cajón.

restañar[2] *tr* (*raro*) Restallar [3]. | Nácher *Guanche* 165: Restañaba la lengua contra el paladar gustando la golosina, y cuando terminó la copa sintió un poco de vergüenza al ver cómo le miraba el del mostrador.

restaño *m* Remanso [de agua]. | Cela *Pirineo* 14: La vida se inventó .. para bañarse en el restaño del río que cae del monte y secarse después al sol, sobre la yerba.

restar A *tr* **1** (*Mat*) Quitar [una cantidad (*cd*) de otra (*ci o compl* DE)]. *Tb sin el segundo compl, con cd pl. Tb abs*. | Marcos-Martínez *Aritmética* 29: Si a los dos miembros de una igualdad se resta un mismo número, resulta otra igualdad. Marcos-Martínez *Aritmética* 30: Hemos añadido 5 de más y, por tanto, debemos restar 5 del resultado. Marcos-Martínez *Aritmética* 33: Para restar dos números se escribe el sustraendo debajo del minuendo. *Ya* 18.5.77, 18: El ábaco enseña la técnica de contar, sumar y restar en cualquier base.
2 Quitar [una cosa (*cd*) de otra (*ci o compl* DE)]. | *Economía* 70: Pantalla preferentemente de pergamino, que quita el reflejo de la luz sin restarle luminosidad.
3 (*Dep*) *En determinados juegos de pelota:* Devolver [un saque]. *Frec abs*. | Zunzunegui *Camino* 466: Era un pelotari mimbreño .. Y sus saques [eran] arrimadísimos y difíciles de restar. A. SPrieto *Abc* 7.5.72, 71: Gimeno restó a la derecha y Gisbert a la izquierda.
B *intr* **4** Quedar como resto [2a]. | FSantos *Hombre* 77: Don Antonio se preguntaba qué restaría aún por preparar. CNavarro *Perros* 29: Solo existía un vacío inmenso, como si la muerte hubiera querido arrebatarles toda seguridad en la existencia que les restaba. GLuengo *Extremadura* 165: El interior se halla también muy destruido, pero restan lienzos sin almenas y dos torres redondas.

restaurable *adj* Que se puede restaurar. | A. M. Campoy *Abc* 13.9.66, 15: Parece absurdo que se construyan otros núcleos urbanos teniendo ahí cientos y cientos de calles restaurables.

restauración – resto

restauración (*frec con mayúscula en acep 1b*) *f* **1** Acción de restaurar. | *GTelefónica* 10: Sanz Herranz, Joaquín. Escultor profesional en piedra artificial y madera. Dorado y restauración. Imaginero. *Luc* 16.9.64, 3: Restauración de la halconería. Una escuela de cetrería en la República Federal de Alemania. **b)** Restablecimiento en el poder [de un régimen político o de una pers. o dinastía]. *Gralm referido a la de la monarquía borbónica en España en 1874. Frec la época y el régimen correspondientes.* | Tamames *Economía* 40: Entre la Restauración (1874) y la proclamación de la Segunda República (1931) se abre un largo periodo en el que la cuestión agraria no se suscitó con la intensidad política con que había sido tratada antes. Arenaza-Gastaminza *Historia* 236: La Restauración y el Imperio de los Cien Días. GLópez *Lit. española* 492: La expresión "Poetas de la Restauración" con que agrupamos las figuras estudiadas en el presente capítulo no ha de entenderse en un sentido riguroso. Jover *Historia* 725: Esbozamos, en los artículos que siguen, tres aspectos esenciales de la Restauración en cuanto régimen político.
2 Actividad o industria del restaurante. | N. Luján *Sáb* 22.6.74, 39: Acabo de leer un largo ensayo .. sobre los malos restaurantes franceses, que ilustra suficientemente sobre manipulaciones fraudulentas, falsificaciones de platos, trucos en la elaboración y demás perversidades al uso y abuso de la restauración pública francesa.

restaurado *m* (*raro*) Acción de restaurar [1]. | *GTelefónica* N. 19: Acuchillado. Encerado. Barnizado. Policanizado. Restaurado de pisos.

restaurador -ra I *adj* **1** Que restaura [1 y 2]. *Frec n, referido a pers.* | A. M. Campoy *Abc* 6.6.67, 38: Antonio Bisquert, que además de pintor original es uno de los grandes restauradores europeos, ha realizado estos días una de sus obras más comprometidas y de mayor éxito. Arenaza-Gastaminza *Historia* 87: Carlomagno .. se nos presenta como .. restaurador del Imperio de Occidente.
2 De (la) restauración. | M. Cayón *Abc* 28.4.74, 38: Tenemos que resaltar ahora la gran novedad restauradora del famoso Palacio de la Diputación Provincial. Millán *Fresa* 40: Se movía Felipe con soltura por entre la oferta restauradora .. Siete vías de acceso, siete campos significantes, siete ventanas a la cena.
II *m y f* **3** Pers. que posee o dirige un restaurante. | VMontalbán *Rosa* 33: No quería el restaurador rebasar la distancia clientelar, aunque Carvalho acudía con frecuencia en busca de sus platos de hígado de oca.

restaurán *m* (*semiculto*) Restaurante. | Medio *Bibiana* 315: A Marcelo no le gusta el campo. Le gusta un buen restaurán.

restaurant (*fr; pronunc corriente,* /ɾestauɾán/ *o* /ɾestoɾán/; *pl normal,* ~s) *m* Restaurante. | Marsé *Tardes* 156: Rincón sofisticado .. en la terraza de una vieja torre de los años treinta convertida en residencia y restaurant.

restaurante *m* Establecimiento público en que se sirven comidas y cenas mediante pago. | *Ya* 17.11.63, 31: Comía en restaurantes.

restaurar A *tr* **1** Arreglar [algo estropeado o roto]. | *Cabezas Abc* 27.10.74, 45: Otro lector .. se queja del abandono en que continúa la monumental fuente de la plaza de la Cruz Verde .. Cree mi comunicante que bien restaurada y con agua sería una pieza ornamental de aquella barriada. *Tri* 17.12.66, 47: Líquido para limpiar y restaurar el color de las pieles de ante.
2 Volver a poner [algo o a alguien] en el estado o situación que tenía. | FQuintana-Velarde *Política* 32: La misión de las decisiones de la autoridad es entonces restaurar la competencia cortando las situaciones de monopolio. SRobles *Pról. Teatro 1959* XXV: Rogar a sus majestades que regresen a su patria, donde serán restaurados, pues la Monarquía supo hacer felices a sus súbditos. Arenaza-Gastaminza *Historia* 275: Alfonso XII .. restauró la dinastía borbónica. **b)** *pr* Volver a ponerse [alguien o algo] en el estado o situación que tenía. | Buero *Diálogo* 41: En el cuadro del fondo se restauraran todos los colores.
B *intr pr* **3** Recuperar fuerzas comiendo. | APaz *Circulación* 111: Doña Parca suele invitarse a pasear en los coches de los que acaban de restaurarse con comidas copiosas, bien regadas, o simplemente con unos "copetines".

restinga *f* Banco de arena situado bajo el agua a poca profundidad. | Alvarado *Geología* 101: Las restingas, llamadas también cordones litorales, son bancos de arena de situación muy superficial, que constituyen bajos fondos, e incluso emergen en forma de islotes de arena. Cuando las restingas se depositan en la boca de un golfo, obturándola, dan origen a las albuferas.

restitución *f* **1** Acción de restituir. | Valcarce *Moral* 159: No hay perdón sin que antes se cumpla con lo que exige el deber de la restitución.
2 (*Topogr*) Operación que consiste en reproducir en el plano las formas y detalles de un terreno, a partir de dos fotografías del mismo tomadas desde puntos de vista diferentes. | *Van* 20.2.75, 44: Cuando el terreno no es plano, también es posible obtener una proyección cenit-nadir de él mediante pares de fotografías o fotogramas, en virtud de cierto proceso que se llama "restitución".

restituidor -ra *adj* **1** Que restituye. *Tb n, referido a pers.* | Huarte *Biblioteca* 63: Puede ir sin firmar o con media firma, pero, eso sí, con una clara especificación de las señas del reclamante para dar facilidades al restituidor.
2 (*Topogr*) [Aparato] que sirve para realizar la restitución [2]. *Tb n m.* | *Van* 20.2.75, 44: Cuando el terreno no es plano también es posible obtener una proyección cenit-nadir de él mediante pares de fotografías o fotogramas, en virtud de un cierto proceso que se llama "restitución" y figura descrito, así como los aparatos restituidores, en los capítulos (3,3), (3,4) y (3,5) de esta obra. *Alc* 15.10.70, 5: Hoy la fotografía aérea nos ha redimido de esta labor. Las fotografías son expuestas en los restituidores, y estos aparatos, además de proporcionar una visión en relieve del paisaje, dibujan lo que llamamos "minuta", casi automáticamente.

restituir (*conjug* **48**) *tr* **1** Devolver [una cosa a alguien o algo que había dejado de tenerla]. | CNavarro *Perros* 97: No quieren restituirme la plata adelantada en consepto de un año de internamiento. Buero *Diálogo* 65: El pintor que ha sabido encontrar y armonizar gamas que restituyen a la pintura el derecho de llamarse así. Mendoza *Ciudad* 267: A la sala de proyección había sido restituida su apariencia primigenia. **b)** *Esp:* Devolver [algo robado a su dueño]. | SLuis *Doctrina* 101: Debe restituirse lo robado o su equivalente a su dueño o acreedores.
2 Volver a poner [algo o a alguien en el lugar o situación en que estaba (*compl* A)]. | Aranguren *Van* 28.12.75, 13: Era social [la "Historia"] en el sentido de que .. procuraba restituir a los artistas y sus obras a la sociedad en que vivieron, situándolos en su ambiente.

resto I *m* **1** Parte [de un todo] que queda sin incluir en lo enunciado o consabido. | CNavarro *Perros* 47: Mario empezó a jugar con el vaso, y el resto continuó bebiendo o dormitando. FQuintana-Velarde *Política* 121: Adolecen de la misma atomización reinante en el resto de los sectores de la economía nacional.
2 Parte [de un todo] aún no destruida, gastada o desaparecida. *Frec en pl.* | VParga *Santiago* 9: Estas mismas excavaciones han permitido determinar la planta de la iglesia .. y probables restos de otra anterior más modesta. Tamames *Economía* 415: Aparte están, con una importancia mucho más reducida, los créditos de las Cajas de Ahorro, los créditos interpersonales .. y los restos de usura que pueden existir todavía. **b)** *En pl:* Cuerpo muerto [de una pers.], o lo que queda de él. *Tb* ~s MORTALES. | VParga *Santiago* 18: Decide que sus restos, como los de los demás paladines de Roncesvalles, deberán recibir culto de mártires. *Alc* 14.10.78, 5: Los restos mortales de Ramón Muiño Fernández serán trasladados inmediatamente después de los oficios religiosos a Valeira (Lugo).
3 (*Mat*) Resultado de la resta. | * El resultado de la resta se llama resto o diferencia. **b)** Diferencia entre el dividendo y el producto del divisor por el cociente. | Marcos-Martínez *Aritmética* 49: El resto es inferior al divisor. **c)** Diferencia entre el radicando y el cuadrado de la raíz cuadrada. | Gironza *Matemáticas* 84: Resto de la raíz cuadrada es la diferencia entre el radicando y el cuadrado de la raíz cuadrada entera por defecto.
4 (*Juegos*) Cantidad de que puede disponer cada jugador para el juego. | *Naipes extranjeros* 7: Si un nuevo jugador ocupase un puesto vacante, deberá empezar con un resto igual a la media de los restos de los demás jugadores.

5 (*Dep*) Acción de restar [3]. | HSBarba *HEspaña* 4, 426: Los frontones eran altas galerías sin techo .. Los muros oriental y occidental se denominaban, respectivamente, de saque y de resto. A. SPrieto *Abc* 3.5.70, 59: Santana .. echa fuera un "lob" y falla un resto.

II *loc v* **6 echar** [alguien] **el ~.** Hacer el máximo esfuerzo, o poner todos los medios a su alcance. | Buero *Hoy* 69: Vienen muy entrenados los daneses. Y con una delantera fantástica .. Los nuestros van a tener que echar el resto.

III *loc adv* **7 para los ~s.** (*col*) Para siempre. | DCañabate *Paseíllo* 77: Hazme el favor de dar media vuelta y de separarte de mí pa los restos.

restorán *m* Restaurante. | Zunzunegui *Hijo* 122: Cenaron en el jardín de un restorán que se acababa de abrir.

restregar (*conjug* **6**) *tr* **1** Frotar repetida e intensamente [una cosa o a una pers. (*cd*) con algo]. *Tb sin compl o compls.* | SFerlosio *Jarama* 57: En el invierno te restriegas la cara con nieve. Medio *Bibiana* 17: Empieza a restregarse las manos nerviosamente. Delibes *Madera* 260: Doña Guadalupe desalojó el recinto de polvorientos cachivaches, pasó los techos, restregó el entarimado. **b)** Frotar repetida e intensamente [una cosa o a una pers. (*cd*) sobre otra (*compl adv*)]. *Tb sin compl o compls.* | Cuevas *Finca* 125: "Ahora, dejarme dormir" –dijo. Y se restregó entre las pajas. Lera *Bochorno* 59: Se rozaban las mejillas y entornaban los párpados. Se restregaban. Y ellos besaban las orejas y los cuellos de las muchachas.

2 (*col*) Repetir o mostrar [a alguien] con insistencia [algo que le humilla o le ofende]. *Frec* ~ POR LA CARA *o* POR LAS NARICES. | Medio *Bibiana* 70: Y venga a restregarnos por la cara el coche.

restregón *m* Acción de restregar(se) [1]. *Frec su efecto.* | Carnicer *Cabrera* 129: Entre el escote de la blusa, sueltos los botones, y al compás de los golpes y restregones dados a la ropa, bailan unas tetas poderosas, rotundas. Lera *Boda* 579: Esta tarde se casará. ¡Menudo gustazo! Y nosotras, que si quieres... Un restregón y a la cama.

restricción *f* Acción de restringir. | J. Zaragüeta *Abc* 23.12.70, 3: A veces la calificación sin restricciones proviene de la negligencia de un factor. **b)** Limitación en el ministro [de algunos productos de consumo, esp. agua o electricidad], gralm. por escasez de los mismos. | Laforet *Mujer* 297: La única cosa notable .. fue el encuentro con el vecino del sexto, en la escalera, una tarde de restricciones eléctricas. **c) ~ mental.** Acción por la que, sin llegar a mentir, se limita o desvirtúa el sentido de lo que se dice. | Villapún *Moral* 163: Casos en que es lícita la restricción mental.

restrictamente *adv* De manera restricta. | MPuelles *Filosofía* 2, 266: Es necesario que exista un ser que la tenga [la perfección] de un modo ilimitado y la haya conferido, según grados diversos, a los que l[a] poseen restrictamente.

restrictivamente *adv* De manera restrictiva. | *Leg. contencioso-adm.* 220: Dada su naturaleza de privilegio, esta norma debe interpretarse restrictivamente.

restrictivo -va *adj* De (la) restricción [1a] o que la implica. | *Nue* 28.6.70, 3: La política monetaria de carácter restrictivo ha sofocado la inflación. **b)** (*Gram*) [Oración adversativa] que limita el alcance de lo expresado en la oración a la que va coordinada. | Amorós-Mayoral *Lengua* 174: Si la oposición indicada no excluye a la otra oración, la adversativa se llama restrictiva porque restringe el alcance de la primera.

restricto -ta *adj* (*raro*) Restringido [2]. | Miguel *Inf* 31.3.75, 14: Los medios colectivos que más se desarrollan son aquellos que se dirigen a una audiencia especializada y relativamente restricta.

restringible *adj* Que se puede restringir. | MPuelles *Hombre* 31: El concepto de unos valores absolutos por los que el hombre debe medir la rectitud de su conocer y su operar no es restringible a una época o una situación.

restringidamente *adv* De manera restringida [2]. | J. P. Quiñonero *Inf* 9.3.78, 13: Los sondeos confidenciales que están circulando, muy restringidamente, en círculos diplomáticos y financieros, dan como vencedora a la izquierda.

restringido -da *adj* **1** *part* → RESTRINGIR.

2 Que denota o implica restricción [1a]. | MPuelles *Filosofía* 1, 106: Se conviene en llamar "predicamentos" a los supremos géneros que resultan de dividir los universales por la materia, y se reserva el nombre de "predicables", según una acepción más restringida que la que antes fue tenida en cuenta, a las especies o modalidades que resultan de dividir los universales por su forma. *BOE* 23.2.78, 4406: Las plazas convocadas .. se distribuirán en la forma que se indica entre los turnos siguientes: a) 325 plazas para el turno de concurso-oposición libre ..; b) 325 plazas para el turno de concurso-oposición restringido.

restringir *tr* Limitar o reducir. | FQuintana-Velarde *Política* 155: Producción más ineficaz, más cara, .. que reduce el número de cosas producidas, que restringe el número de personas ocupadas. *Act* 7.7.66, 18: Debe reconocerse al hombre lo más posible su libertad, y no debe restringirse sino cuando y en cuanto sea necesario. **b)** Limitar o reducir [a determinados límites]. | *HLM* 22.7.74, 6: Manifestó .. que las operaciones militares turcas debían restringirse al enclave de la comunidad turco-chipriota.

resucitación *f* (*Med*) Acción de reanimar a un muerto aparente. *Tb fig.* | *SInf* 11.9.74, 1: La muerte y la resucitación del organismo han sido objeto de un estudio multifacético. *Coruña* 44: La ley .. por la que se aprueba la compilación del Derecho civil especial de Galicia merece la consideración máxima, por la intención a que responde –no "resurrección", sino "resucitación" de instituciones buenas que vivían en penumbra–.

resucitador -ra *adj* Que resucita [1 y 2]. *Tb n, referido a pers.* | Aparicio *Mono* 17: Mook pensó en la paradoja de que el aparato resucitador tuviese el mismo aspecto que un ataúd. *Alc* 21.10.70, 26: Encarnita Polo, resucitadora de Quintero, León y Quiroga.

resucitante *adj* (*raro*) Que resucita. *Tb n, referido a pers.* | C. GCampo *SAbc* 27.4.69, 35: ¿Sería realmente el propio faraón Tutankhamen el posible resucitante?

resucitar A *tr* **1** Volver a la vida [a un muerto (*cd*)]. | Vesga-Fernández *Jesucristo* 105: Jesús resucita a Lázaro. **b) ~ a un muerto** → MUERTO.

2 Dar nuevo auge o vigor [a alguien o algo desaparecido, decaído u olvidado (*cd*)]. | Arce *Testamento* 50: El temor a que pueda pasarme cualquier cosa resucitará en ella el sentimiento que en otro tiempo demostraba tener para conmigo. *Hoy* 9.1.77, 5: Desgraciadamente ya no es posible resucitar aquellas típicas "borrascas" con el "sacrificio de la machorrita".

B *intr* **3** Volver a la vida [un muerto (*suj*)]. | Vesga-Fernández *Jesucristo* 153: Jesucristo resucitó. ¿Resucitaremos también nosotros?

4 Cobrar nuevo auge o vigor [alguien o algo desaparecido, decaído u olvidado]. | S. RSanterbás *Tri* 11.4.70, 22: Pasó al olvido [el torero]. Pero resucitó. Y su resurrección fue sonada.

resudar A *intr* **1** Sudar (expeler sudor) intensamente. | Aldecoa *Historia* 124: A David le resuda la piel de la cara embetunada.

B *tr* **2** Sudar (impregnar de sudor) intensamente. *Frec en part.* | * Me trajo unos calcetines resudados.

resuello I *m* **1** Acción de resollar. | ZVicente *Traque* 200: En el chisme ese de la tele no se me nota la tos, ni el resuello roto que me queda un rato largo, después de los ataques de tos.

II *loc v* **2 cortar** [a alguien] **el ~.** Dejar[le] sin respiración a causa de la impresión o del asombro. | DCañabate *Paseíllo* 57: Nos cortó el resuello el ¡ay! de una cogida.

3 meter [alguien] **el ~ en el cuerpo.** Asustar[le] o intimidar[le]. | Delibes *Hoja* 107: El Picaza sacaba una tenebrosa voz de ultratumba solo por el gusto de asustar a las viejas. Y ellas lo comentaban a la salida: "Jesús, qué demonio de Picaza; hoy me metió el resuello en el cuerpo".

resueltamente *adv* **1** De manera resuelta [2b]. | Alfonso *España* 87: Solo cabe ir bien a lo de cada uno, yendo honrada y resueltamente a lo de todos.

2 Clara o decididamente. | *Sem* 20.12.69, 3: Varios catedráticos encabezaron una exposición ..: "Lejos de nosotros la peligrosa novedad de discurrir". La sombra de Platón debió de reírse mucho del carácter resueltamente modernista atribuido por aquellos universitarios a la cogitación.

resuelto -ta *adj* **1** *part* → RESOLVER.
2 [Pers.] que actúa con ánimo o resolución. | CNavarro *Perros* 49: Óscar y Mario se dirigieron resueltos hacia la puerta. **b)** Propio de la pers. resuelta. | Escudero *Juniorado* 69: Deben entregarse con ánimo resuelto a las buenas obras.

resulta I *f* **1** Vacante que se produce en un cuerpo por traslado o ascenso de su ocupante. *Gralm en pl.* | *Impreso* 5.88: Los vigentes concursos de traslados del profesorado tendrán una nueva configuración en atención a los siguientes principios: .. Concurso único por especialidades .. Incorporación de todas las resultas a la resolución del concurso.
2 Partida de un presupuesto que no ha sido pagada y pasa a otro. *Gralm en pl.* | * Esta partida pasa a resultas.
II *loc adv* **3 de** (o **a**) **~s.** Como consecuencia. *Gralm con un compl* DE. | Benet *Volverás* 56: La mano derecha la tenía casi inmovilizada de resultas de una antigua herida de arma blanca. Cela *Pirineo* 109: Por el valle de Espot, quizás a resultas de una alimentación demasiado monótona, había mucho bocio.

resultado *m* **1** Cosa que resulta [1a y b] [de otra]. | VParga *Santiago* 9: Recientes excavaciones arqueológicas .. han dado como resultado .. el hallazgo de la losa sepulcral. Marcos-Martínez *Aritmética* 24: Si se suman muchos números, se pueden efectuar adiciones parciales y hallar luego la suma de los resultados obtenidos.
2 Efecto [de algo]. *Con un adj como* BUENO, MALO *o equivalentes.* | *Cocina* 30: Esta harina da mejor resultado en las frituras de pescado que la más fina. **b)** *Sin adj:* Efecto bueno. | * Es una tela de resultado, ya verás. * Este sistema no da resultado.

resultancia *f* (*raro*) Resultado [1]. | J. R. Yordi *Abc* 7.9.66, 37: Ese singular optimismo .. es una resultancia de las virtudes de la ciudad y sus moradores.

resultando *m* (*Der*) Fundamento de hecho aducido en una sentencia o auto judicial, o en una resolución gubernativa. | P. A. Ribas *Inf* 31.10.74, 11: La sentencia .. ocupa una extensión de 36 folios mecanografiados a doble espacio. El primer resultando que recoge los hechos probados ocupa 15 folios y medio.

resultante I *adj* **1** Que resulta [1a y b]. | Bustinza-Mascaró *Ciencias* 15: Si ponemos zinc en un tubo y agregamos ClH hasta que todo el zinc ha sido disuelto, y evaporamos el líquido resultante, obtendremos .. el cloruro de zinc.
II *n* **A** *f* **2** (*Fís y Mat*) Elemento único que resulta de otros varios. *Tb fig, fuera del ámbito técn.* | Marcos-Martínez *Física* 17: De ordinario hay una fuerza única que produce el mismo efecto que el conjunto de las componentes del sistema: es la resultante del mismo. J. Carvajal *Mad* 8.1.70, 3: Estas precisiones son resultantes de tres fenómenos confluyentes.
B *m* **3** (*Fís y Mat*) Resultante [2]. | Mingarro *Física* 89: La sinusoide OA'BC'D representa el resultante. Tamames *Economía* 209: A la escasa productividad hay que agregar, para explicar el resultante final del precio, el hecho de que gran parte de las materias que consume la industria química española .. resultan a precio mucho más elevado que las internacionales.

resultar *intr* **1** Producirse [una cosa] a causa [de otra]. *Tb sin compl.* | Gambra *Filosofía* 57: Modos son las variedades del silogismo que resultan de la ordenación de la materia próxima. Marcos-Martínez *Aritmética* 23: Sumando desigualdades del mismo sentido, resulta otra del mismo sentido. **b)** (*Mat*) Ser [algo] el efecto [de una operación o de una serie de operaciones]. | Marcos-Martínez *Aritmética* 25: Debe resultar el mismo total, ya que en una suma se pueden sustituir varios términos por su suma efectuada. **c)** Ocurrir o suceder [algo (*prop con* QUE)]. | CBonald *Ágata* 224: Pues resulta que con el calor que hacía se echó Esclaramunda al suelo.
2 Producir un efecto [determinado (*compl adv, esp los advs* BIEN, MAL *o equivalentes*)]. | * Esos zapatos resultan muy bien con ese vestido. * ¿Qué tal resulta comprar así? **b)** (*col*) *Sin compl:* Producir un efecto bueno o satisfactorio.

| * Ese sillón no resulta ahí. Umbral *Abc* 19.9.93, 3: Un hombre que entre golpe y golpe de Estado pinta una acuarela es que lleva dentro un Cézanne dormido, frustrado, torcido, y por eso da golpes de Estado. Saca los tanques a la calle porque no acaba de resultarle la acuarela.
3 Dar [una pers. o cosa] impresión [de algo (*predicat*)]. | Laforet *Mujer* 21: Sonrió para cargar de naturalidad las últimas frases, que por esto mismo resultaron afectadas. **b)** (*col*) *Sin predicat:* Dar [alguien o algo] una impresión buena o grata. | Urbina *Carromato* 226: Y tampoco es demasiado guapo, pero resulta. Delibes *Cinco horas* 137: Es uno de esos hombres que te dan el pego, porque de entrada no resulta, de acuerdo, pero a medida que le tratas te das cuenta de que tiene algo.
4 Acabar [una pers. o cosa] siendo [algo (*predicat*)]. | Arce *Testamento* 16: ¡El trabajo resultaría inútil, o por lo menos embrollado! *Cocina* 30: Las salsas resultan más finas pasadas por colador de agujeros muy finos y juntos. **b)** Ser [una pers. o cosa (*suj*) algo (*predicat*)] desde un determinado punto de vista o teniendo en cuenta determinados factores. *Gralm con ci o compl* PARA. | ILaguna *Ateneo* 37: El paralelismo con el Ateneo "patriótico" de 1820, incluso con el antifernandino de 1835, resulta palpable. * La casa le resulta pequeña.
5 Tener [algo (*suj*) una cantidad (*compl* A *o* POR)] como precio final o definitivo. | Pinilla *Hormigas* 270: Todo incluido: sacerdotes, féretro, cirios y otros gastos, le resultaría por setecientas cincuenta pesetas.

resultón -na *adj* (*col*) [Pers.] que resulta [4b] atractiva. | Delibes *Cinco horas* 69: Tu hermano sin ser lo que se dice guapo era resultón. **b)** [Cosa] que resulta [4b] agradable o satisfactoria. | G. Bartolomé *Ya* 5.12.85, 9: Existe la entrevista "banal" ..; la de "ocasión", que, a veces, queda resultona. C. Rojas *Inf* 10.7.75, 27: Esos dos toros, en otras manos, hubieran deparado dos faenas memorables. En manos de Galán dio pena verlos, tan nobles y tan resultones para el torero y tan mal toreados.

resumen I *m* **1** Acción de resumir [1 y 2]. *Frec su efecto.* | Payno *Curso* 107: Pasaba las horas largas con los textos abiertos, haciendo resúmenes, cuadros sinópticos. Ybarra-Cabetas *Ciencias* 351: Resumen de las propiedades fundamentales de los insectos.
2 Cosa que resume [2]. | Gambra *Filosofía* 136: Se ha dicho que es [el hombre] un resumen o compendio del Universo.
II *loc adv* **3 en ~.** Resumiendo [1]. *Normalmente precede a una frase que se presenta como el resumen o la conclusión de lo dicho o pensado antes.* | J. Cruz *SYa* 22.11.67, 7: En resumen, las enseñanzas que podemos obtener de esta importante reunión internacional son que los tratamientos con clomifeno o gonadotropinas humanas se mantienen en constante y ascendente fase de experimentación y, por lo tanto, con poca unanimidad de criterios y posturas terapéuticas definitivas.

resumible *adj* Que se puede resumir [1 y 2]. | MGaite *Cuento* 387: Lo fácilmente resumible es porque no tiene paradoja ni secreto. Pasa con las novelas, con las películas, con las conversaciones, con la gente.

resumidamente *adv* De manera resumida. | Bustinza-Mascaró *Ciencias* 105: Se irán esbozando los caracteres más salientes de los distintos grupos que pueden establecerse para, al final, establecer resumidamente la clasificación general del reino animal.

resumido -da I *adj* **1** *part* → RESUMIR.
2 Que denota o implica resumen. | * Exponer de manera resumida los caracteres de los gusanos.
II *loc adv* **3 en resumidas cuentas** → CUENTA.

resumidor -ra *adj* Que resume. *Tb n, referido a pers.* | L. Luis *Abc* 27.4.75, 48: A Machado se le ha estudiado como simbolista, como noventaiochista .. Yo he pretendido hacer un libro resumidor y comprensivo que ofrezca una visión de conjunto. Onieva *Prado* 138: Resucitó [Poussin] los temas mitológicos, .. pero, en general, más que un "innovador" fue el "resumidor" de un arte pretérito.

resumir A *tr* **1** Reducir o abreviar [algo, esp. una exposición], ateniéndose a lo más esencial. *Tb abs.* | Vesga-Fernández *Jesucristo* 58: Resume la curación del leproso y sus consecuencias. S. MJiménez *País* 11.8.76, 14: Resumien-

do, en una alternativa para la enseñanza juzgo que se debe estar de acuerdo con las aspiraciones a una mayor justicia.
2 Presentar [algo o a alguien] en sus rasgos más esenciales. | Moix *Van* 28.4.72, 11: El autor se refiere a la pintura románica resumiéndola como "infantil y encantadora". Sopeña *Ya* 12.12.72, 7: Esta es la frase que resume, creo yo, a nuestro director.
B *intr pr* **3** Presentarse [una pers. o cosa] en sus rasgos esenciales [en otra]. | * En el hombre se resumen todas las pasiones.

resurgente *adj* (*Geogr*) [Corriente de agua] que aparece en la superficie tras haber sido subterránea. | Zubía *España* 196: El Ebro nace en Fontibre, en una fuente resurgente que le proporciona bastante caudal desde el principio.

resurgimiento *m* Acción de resurgir. | *Abc* 25.2.68, 16: Después de dos minutos con todo apagado la batería arrancó el motor con un resurgimiento de potencia adquirido durante ese lapso de 90 segundos.

resurgir *intr* **1** Volver a surgir. | ILaguna *Ateneo* 37: El Ateneo actual renace, pues, como acto político de los españoles que rechazan el desafuero .. Resurge como órgano cultural.
2 Cobrar nuevo impulso o vitalidad. | * Asistimos a un resurgir de la Universidad.

resurrección *f* Acción de resucitar. | Villapún *Iglesia* 14: Jesús, en una de sus apariciones después de su resurrección, nombró Jefe de su Iglesia a San Pedro. Delibes *Año* 60: La novedad .. es .. la resurrección espectacular del conejo tras el grave y prolongado bache de la mixomatosis.

resurrecto -ta *adj* (*lit, raro*) Resucitado. | J. L. Calleja *Abc* 1.11.75, sn: Nos gustaría entregar ese sujeto a un palafrenero resurrecto de Hernán Cortés. ZVicente *Examen* 70: Estas fichas rancias de fin de año, con su cuidada letra y su arcaica ortografía, desparraman sobre nuestra mesa, al intentar juntarlas en resurrecto diálogo, un pálido encanto.

retabillo *m* (*reg*) Rastro o rastrillo (utensilio agrícola). | E. Satué *Nar* 11.77, 6: Un útil de laboreo agrícola, el "rasquil" o "retabillo", tabla dentada con mango que servía para no dejar abandonado ningún resquicio de cereal o paja durante la cosecha, puede ser el símbolo de lo que fue la existencia del hombre de Sobrepuerto.

retablista *adj* De(l) retablo [1]. | J. IGalán *Abc* 29.1.75, 33: La imagen de Jesús de la Pasión puede fecharse hacia 1618-1619, cuando ya había salido de las gubias de Montañés el grandioso conjunto retablista y escultórico de San Isidoro del Campo.

retablo *m* **1** Elemento decorativo arquitectónico que cubre el muro que queda tras un altar. | Arenaza-Gastaminza *Historia* 160: La figura más destacada es la de Pedro González Berruguete, que pintó el retablo de Santo Tomás de Ávila.
2 Conjunto de figuras pintadas o esculpidas que representan en serie una historia o suceso. *Tb fig.* | Gironella *Millón* 14: Un retablo novelístico tiene sus peculiares exigencias formales.
3 (*hist*) Pequeño escenario ambulante. | Pedraza-Rodríguez *Literatura* 4, 49: Los dueños del retablo maravilloso fabricado por el sabio Tontonelo, que tan bien saben aprovecharse de las taras sociales, son Chanfalla y la Chirinos.
4 (*col, desp, hoy raro*) Pers. muy vieja. | L. LSancho *Abc* 8.7.89, 16: ¿Qué chico o qué chica de hoy le cederá el asiento en el Metro a un retablo, masculino o femenino, de la "tercera edad"? **b)** Pers. anticuada. | SSolís *Juegos* 65: Aquel desprecio hacia los *carcas* y *machistas* y *fascistas* y *carrozas* y *retablos*, que eran los términos con que la muy descarada nos honraba a todas horas.

retacar *tr* Apretar o hacer más compacto [un contenido] para que quepa más. *Tb abs.* | *Abc* 14.5.72, 38: Herramienta múltiple autónoma. Perfora. Rompe. Apisona. Retaca. **b)** Llenar [algo] apretando su contenido para que quepa más. *Tb fig.* | GEspina *HLM* 26.1.70, 40: El ambiente familiar del mozo .. no era demasiado confortable allá en la localización arbitraria por la que discurría el revuelto discurso de la pieza de Witkiewicz, retacada de apreturas, de ahogos y complejos.

retaco -ca I *adj* **1** (*col*) [Pers.] de poca estatura. *Más frec como n m. Tb fig, referido a cosa.* | CPuche *Paralelo* 45: También pasaba algún americano retaco y contrahecho. I. Camacho *D16* 18.8.90, 48: María José Santiago, tonadillera pizpireta y algo retaquita, quiere meterse a monja. SFerlosio *Jarama* 65: Chica, un retaco no eres, la talla ya la das. J. M. Llanos *VNu* 9.9.72, 39: Esas aldeas pardas y retacas de una masa que agazapada por ahí lleva siglos viendo culebrear el tren de siempre. **b)** Propio de la pers. retaca. | Berlanga *Pólvora* 10: Podía haber sido dandy, pero su estatura retaca .., su aire rechoncho no le acompañaban.
II *m* **2** (*raro*) Escopeta de cañones recortados. | Á. FSantos *SPaís* 23.11.90, 3: En el diccionario sentimental español originado por las mitologías hollywoodienses, una *sacada* lo es siempre un arma de fuego: un revólver, un rifle, una pistola, una metralleta, un *retaco* o una navaja, enumerados estos violines por su orden de jerarquía en las leyes de la muerte cinematográfica violenta.

retador -ra *adj* **1** [Pers.] que reta. *Tb n. Tb fig.* | Lera *Clarines* 378: –¡A beber te apuesto yo! –¡Y yo! –¡Y yo!– Fueron varios los retadores. MGarrido *Pue* 9.12.70, 14: El gigante murallón de piedra se levanta ya retador. Bajan las aguas fuertes.
2 [Cosa] que denota o implica reto. | DCañabate *Paseíllo* 138: El toro ha salido a la arena no con aire retador.

retadoramente *adv* De manera retadora [2]. | CPuche *Paralelo* 21: En la cárcel había aprendido a sonreír retadoramente.

retaguardia I *f* **1** Parte del ejército que cierra la marcha. | DPlaja *Literatura* 47: Pacta con Marsilio un ataque a la retaguardia carolingia mandada, precisamente, por Roldán.
2 Zona que no es frente de combate. | Laforet *Mujer* 90: A ella le colmaba saberle seguro, en la retaguardia .. A veces se extrañaba de ella misma... ¡Una mujer con el corazón colmado de dicha, paseando por las calles de una ciudad a la que la guerra da un aspecto vivo y como exultante!
3 (*col, humoríst*) Trasero. | ZVicente *Mesa* 78: No saben que a mí todos me dan por la mismísima retaguardia, tener que verlos, oírlos, mantenerlos.
II *loc adv* **4 en** (*o* **a**) **~.** Detrás. | Delibes *Madera* 159: En la carretera .. aceleró aún más el artefacto [la moto], de tal modo que el niño, en retaguardia, sentía el siseo de los árboles al pasar.

retahíla (*tb* **pop, retahila**) *f* Serie larga e ininterrumpida [de cosas, esp. palabras]. | DPlaja *El español* 62: Ir sentado al lado de un ibérico por la carretera o calle es oír una retahíla de tremendos juicios sobre los demás conductores.

retajadero *m* (*reg*) Acción de retajar. | MCalero *Usos* 89: Allí demostraban su valor al lazar una res. Buena maña en los retajaderos.

retajadura *f* (*raro*) Corte circular. | Peraile *Ínsula* 54: Wences corta una retajadura de piel con la chaira.

retajar *tr* Cortar circularmente [algo]. | MCalero *Usos* 68: Entonces no había más remedio que retajarla. Se apartaba la vaca .. El mayoral, con afilada cuchilla, toma la ubre de la vaca y en las puntas de sus tetas hace unos cortes circulares.

retal *m* **1** Recorte o trozo sobrante [de algo, esp. de una tela]. *Tb fig.* | Medio *Bibiana* 74: ¿Por qué no buscas en la tienda un retal de paño? Marsé *Dicen* 233: Las monjitas tienen allí una maquinita que las fabrica [las hostias], salen muy redondas, y a veces me regalan los retales. J. M. Cortés *País* 22.12.88, 79: La sesión de ayer acabó siendo bajista a pesar del descenso del IPC. Todo estaba vendido, excepto los retales que acabaron por caer.
2 Fragmento desgajado [de algo]. | *Ya* 19.3.86, 61: La despedida de "Un, dos, tres", a base de retales. J. PAlbéniz *País* 29.8.89, 38: Los numerosísimos aficionados al *heavy metal* deben conformarse con los retales que, muy de cuando en cuando, aparecen en los espacios dedicados al *pop-rock*.
3 (*reg*) Pieza tejida con retales [1] de tela y lana. | Moreno *Galería* 230: Se reunía en él una pareja de paños, el uno áspero y de tejido semejante al usado para retalillos, cortinas o alforjas, y otro de lino blanco.

retallar *intr (raro)* Retoñar. | Conde *Hucha* 1, 110: Ahora que ella no era princesa los podía ver [a los niños]. Pobres. Resignados. Y el campo lleno de sol y de brazos que se lo iban metiendo para que retallara en frutos.

retama *f* Se da este n a diversas plantas papilionáceas, gralm arbustos de flores amarillas, esp el *Spartium junceum* (tb ~ DE OLOR), la *Genista tinctoria* (tb ~ DE TINTES o DE TINTOREROS), el *Cytisus scoparius* (tb ~ DE ESCOBAS o NEGRA) y la *Genista cinerea*. | Laforet *Mujer* 64: Estaba agachada .. sobre la lumbre de piornos y retamas que ardía alegremente. Loriente *Plantas* 45: *Spartium junceum* L. "Junco florido"; "Retama de olor". Mayor-Díaz *Flora* 499: *Cytisus scoparius* (L.) Link. "Xiniesta", "Retama negra". Mayor-Díaz *Flora* 499: *Cytisus multiflorus* (L'Her.) Sweet. "Retama blanca".

retamal *m* Retamar. | R. LIzquierdo *HLM* 29.4.74, 26: El conde de Mayalde .. la abrió [la Casa de Campo] de verdad en todas sus cotas, llanos y umbrías, pinares, encinar y retamales.

retamar *m* Lugar poblado de retamas. | Cendrero *Cantabria* 176: En las tierras altas de la cabecera del río, donde el arbolado ha sido sustituido por los cervunales y retamares .., aparece con relativa frecuencia el lobo.

retambufa *f (col, raro)* Trasero. | Cela *Inf* 1.4.77, 18: Al insuflado navarro lo inflaron por pedorro y para que escarmentase. En Navarra se persigue muy sañudamente a los artistas de la música de viento por retambufa.

retamilla *f* Agracejo (planta). | J. L. Aguado *SInf* 3.12.75, 3: El doctor Tchikov menciona entre los [remedios] más importantes de los siguientes: Los alcaloides securina y berberina, extraída .. la segunda del agracejo o retamilla.

retamón *m* Retama (*Cytisus purgans*). | FVidal *Duero* 67: El retamón y el brezo dificultan el lento caminar.

retar *tr* Provocar o incitar [una pers. a otra] a luchar o competir con ella. | *Abc* 1.6.74, 87: Llegó Bonavena para retar a Urtáin. A. Assía *Ya* 1.6.75, 45: A mí su pasión por las vacas me producía gran regocijo; porque, si sobre historia no lo podía, sobre vacas sí que podía retarle. **b)** Provocar o incitar [a alguien (cd) a algo]. | * Su padre le retó a que terminase la carrera de esos años. Olmo *Golfos* 142: –¡Ladrón! –¡Repite eso! –reta, furioso, el hermano mayor.

retardación *f* Acción de retardar(se). *Tb su efecto*. | GGual *Novela* 176: En las retardaciones y bordeos del peligro, en los reconocimientos y desenmascaramientos, ya hemos resaltado la maestría de Heliodoro. **b)** *(Fís)* Disminución de una velocidad por unidad de tiempo. | J. L. Aguado *SInf* 5.5.76, 3: Con aceleración de una g (unidad igual a la aceleración de la gravedad a la cual estamos acostumbrados en la Tierra) hasta la mitad del viaje, y después con una retardación de una g, se podría viajar a cualquier parte de la galaxia en el lapso de una vida.

retardado -da *adj* 1 *part* → RETARDAR. 2 Que implica retardación. | *Abc* 27.5.92, 82: Las multivacunas de acción retardada inmunizarán contra varias enfermedades. **b)** *(Fís)* [Movimiento] en que hay retardación [1b]. | Marcos-Martínez *Física* 10: En el primer caso el movimiento es retardado; en el segundo, acelerado.

retardador -ra (tb f **retardatriz**) *adj* Que retarda. *Tb n m, referido a instrumento o producto*. | *SYa* 24.11.74, 11: Emplear materiales ignifugados o retardadores del fuego. Bustinza-Mascaró *Ciencias* 377: La deriva hacia el O. es la resultante de la fuerza retardatriz de las mareas. GTelefónica *N.* 85: Ascensores .. Orbis, S.A. Retardadores S. Enrique, 7.

retardante *adj* Retardador. | *Abc* 20.12.81, 28: Resistente al fuego significa que las fibras producen un efecto retardante ante las llamas.

retardar A *tr* 1 Retrasar (hacer que [algo (cd)] venga u ocurra después del tiempo previsto). | Aranguren *Marxismo* 22: El término "marxismo" .. suele funcionar como un eufemismo .. Diríase que es como un intento de disimular o de frenar, de retardar en el discurso, la soflama o simplemente la dialéctica.

2 Hacer más lento [un movimiento, o algo que se mueve o implica movimiento]. *Tb fig*. | Laforet *Mujer* 244: El ascensor le parecía subir más lentamente que de costumbre, como si el mundo estuviera paralizado, retardado.

B *intr* 3 Hacerse más lento [un movimiento, o algo que se mueve o que implica movimiento]. *Más frec pr*. *Tb fig*. | Marcos-Martínez *Física* 10: Lo ordinario es que un tren .. comience acelerando, llegue a un máximo de velocidad y luego vaya retardando al aproximarse a la estación. Cuevas *Finca* 256: Se abalanzó sobre el tractor. Lo golpeaba ciego .. Pero el monstruo no lo notó, y ni siquiera se aceleró o se retardó una revolución su respiración tartamuda.

retardatario -ria *adj* Que se opone a un avance o progreso, o tiende a retrasarlo. | Lapesa *HLengua* 131: El habla castellana estuvo menos sujeta a presiones retardatarias que la de León. ZVicente *Voz* 19: Público retardatario, opuesto a lo que llega sin aval previo.

retardo *m* Acción de retardar(se). *Tb su efecto*. | Umbral *Ninfas* 54: Me incorporaba tarde al fenómeno y, por lo tanto, me incorporaba con ojos críticos, pues el retardo implica siempre crítica. Ybarra-Cabetas *Ciencias* 100: Las pleamares sufren un retraso diario de unos cincuenta minutos, igual al retardo diurno del paso de la Luna por el meridiano.

retazo *m* 1 Fragmento o parte [de algo] que están o se consideran separados del resto. | Villarta *Rutas* 106: Si donde nos diri[g]imos es al Club Alpino de Navacerrada, el camino más breve es el del retazo de carretera que va de Villalba a Navacerrada. Payno *Curso* 258: Se despanzurró en el asiento y fue recordando retazos de otra vida.

2 Retal o trozo [de tela]. | L. Monje *Abc* 11.6.72, 40: Interviene también el botarga, con su traje hecho de retazos de vivos colores.

retechado *m* Acción de retechar. | Aparicio *Año* 101: Quizá .. por la costumbre de verle en los altos de la *civitas*, a los que acudía de modo espontáneo, así cuando el retechado de San Isidoro, .. nadie reparaba en él.

retechar *tr* Retejar [un edificio]. | Halcón *Ir* 159: Yo pensaba escribiros para que me ayudarais a retechar la capilla, que se llueve toda.

retejado *m* Acción de retejar. | MGaite *Retahílas* 116: Más carta blanca que le hemos dado en todo, para la cosecha de patatas, para el retejado, para la venta de la fruta y del maíz.

retejador -ra *adj* Que reteja. *Frec n, referido a pers*. | Torrente *Saga* 321: "El Santo Cuerpo será tuyo mientras que en la capilla que edifiques no aparezcan goteras." ¿Sabe usted que, por esto, los de Castroforte son los mejores retejadores del mundo?

retejar *tr* Arreglar [un tejado] colocando las tejas que faltan o están rotas o corridas. *Tb abs*. | Muñiz *Señas* 55: Días en que los tejados se retejan. MGaite *Retahílas* 47: Al año siguiente [la gotera] ya no estaba, habrían retejado. **b)** Arreglar el tejado [de un edificio (cd)] colocando las tejas que faltan o están rotas o corridas. | Delibes *Historias* 59: La tía Zenona afirmaba .. que careciendo de dinero para retejar el palomar acudió a la mártir Sisinia y al día siguiente cobró tres años de atrasos.

retejo *m* Retejado. | Moreno *Galería* 187: Harán barro para el retejo de la ermita.

retel *m* Arte de pesca consistente en un aro con una red en forma de bolsa, usado para pescar cangrejos. | Delibes *Año* 15: Estuve con la familia .. a pescar cangrejos .. Entre dieciséis reteles sacamos 637 cangrejos, de los cuales solamente cinco daban la talla. *Animales marinos* 229: Cangrejo verde .. Procedimiento de pesca: Nasa, a mano y retel.

retemblante *adj* Que retiembla. | L. LSancho *Abc* 23.5.87, 18: Sus banderas y chinchines [de AP] eran ahogados por las "sevillanas" de la calle de Génova y la retemblante megafonía del sacro chiringuito colombino que navega por el canal de Jorge Juan.

retemblar (*conjug* 6) *intr* Temblar repetida o intensamente [alguien o esp. algo]. | Buero *Hoy* 98: El ruido crece y la puerta retiembla bajo los primeros golpes.

retemblón *m* Retemblor. | ZVicente *Balcón* 35: Llega de la plaza un temblor de cristales al paso de un carromato tirado por caballerías, retemblón en el empedrado.

retemblor - reticencia

retemblor *m* Acción de retemblar. | Cela *Judíos* 230: La cabeza me pega semejantes retemblores que para mí que va a acabar estallando.

retén *m* **1** Grupo reducido de perss. que están al cuidado de un puesto para un caso de necesidad. *Tb el puesto en que está instalado.* | G. Bartolomé *Ya* 8.10.87, 5: Solo quedó [en el Parlamento] para contarlo el retén de turno, Virgilio Zapatero. *Abc* 27.11.70, 41: Dijo que se habían adquirido vehículos para formar los nuevos parques [de bomberos] en los viveros de El Escorial, .. así como cread[o] nuevos retenes. **b)** (*Mil*) Grupo de soldados destinado a reforzar la vigilancia de un puesto. *Tb el puesto en que está instalado.* | *D16* 2.4.92, 24: Tombilla, que estaba haciendo un servicio de retén durante la madrugada, sorprendió a José Amancio en la residencia. Buero *Sueño* 171: Habían instalado un retén de voluntarios realistas, y paraban a todos. *VozC* 3.5.63, 4: Varios gitanos faltaron a lista, pues habían pasado la noche en el retén y no estuvieron libres hasta después de la una de la tarde de ayer. **2** Reserva (conjunto de cosas que se tienen reservadas). | R. Cermeño *Cua* 8/9.70, 31: El pueblo que posee suficiente número de retén atómico no se hace escuchar en las asambleas internacionales y se arroga el derecho del león. **3** (*Mec*) Pieza que sirve para inmovilizar. | S. Magán *Ya* 1.2.75, 58: Las primeras piezas afectadas son los retenes de grasa, rodamientos, ejes acanalados, y al final, cuando estos puntos de apoyo pierden sus ajustes, derivan en averías de más consideración.

retención *f* **1** Acción de retener. | *GTelefónica N.* 1098: Sidema, S.L. Representantes exclusivos Válvulas "Cavo". Interrupción, retención, fuelle, mariposa. Bustinza-Mascaró *Ciencias* 265: Posee [el humus] un gran poder de retención para el agua. *Inf* 5.10.76, 32: Se espera que esta tarde se celebre una rueda de Prensa para notificar a los medios de información si se ha producido o no alguna detención y no simples retenciones. Martín-Escribano *Decl. Renta* 30: En estos casos no se practica retención alguna. R. ASantaella *SYa* 15.5.77, 30: Existen algunos otros fármacos que tienden a aumentar la capacidad de retención y de ideación. DPlaja *El español* 125: Durante años el hombre comprime los deseos que pugnan por salir a la superficie, y cuando la explosión se produce, está tan fuera de lo normal como fuera de lo normal era su retención. **b)** Detención o marcha lenta de vehículos por exceso de tráfico o dificultades de circulación. | *País* 10.10.92, 18: A última hora de la mañana de ayer había retenciones de hasta dos horas en los accesos a Valencia. **c)** (*Med*) Detención anormal y prolongada, en el cuerpo, de materias que debieran expelerse. | Nolla *Salud* 473: Debido a este crecimiento excesivo [de la próstata], se suele producir una disminución de la luz uretral, que puede conducir a una obstrucción total de la uretra, con retención de orina consecutiva. **2** Cantidad retenida (→ RETENER [2]). | Martín-Escribano *Decl. Renta* 30: Se retiene el 15% de los intereses brutos, retención que se deduce de la cuota del Impuesto.

retenedor -ra *adj* Que retiene. | *NotB* 21.3.74, 41: Freno retenedor de puertas .. Bisagra simple acción.

retener (*conjug* **31**) **A** *tr* **1** Impedir que [alguien o algo (*cd*)] pase o salga [del lugar o situación en que está (*compl* EN)]. *Frec se omite el compl por consabido.* | Bustinza-Mascaró *Ciencias* 103: Algunas enfermedades de plantas y de animales son producidas por agentes más pequeños que las bacterias, los cuales atraviesan los poros de los filtros que retienen a las bacterias. *Ya* 2.3.75, 33: El señor Armero estuvo retenido, junto a su socio norteamericano Alf Johnson, durante trece días en un hotel de Lisboa, vigilados por un piquete de obreros de su empresa y la policía política. C. MBarbeito *SVoz* 8.11.70, 16: Los bailarines no eran profesionales. No se les podía retener año tras año. Se casaban, se iban a cuidar a o a trabajar a otras tierras. Villarta *SYa* 10.11.63, 25: Es un excelente conversador que capta la atención del oyente y la retiene. **b)** Mantener [a alguien o algo (*cd*) en determinada situación (*predicat*)]. | J. Barriga *SVozC* 31.12.70, 1: El ministro delegado nacional de Sindicatos sufre .. un infarto de miocardio, que le retuvo separado de las tareas administrativas durante tres meses. **c)** Conservar [algo] en sí o para sí, esp. impidiendo que pase o lo dé a otro. | *Ya* 2.1.74, 4: La memoria MX-70 retiene cada cálculo parcial, suma o resta, y le da el resultado final correcto. Marathon *Abc* 23.8.66, 57: Acabó volviendo a sus pasados e inveterados yerros de retener la pelota, menudear los pases. **d)** (*Der*) Detener [a una pers.] reteniéndola en comisaría o en el juzgado por un plazo máximo de 72 horas. | MPrieto *D16* 9.7.91, 64: ¿Estos empleados de los partidos .. van a votar mañana para que los pobres y sufridos policías entren en nuestras casas sin mandamiento judicial, nos *retengan* por ir en agosto sin chaqueta y sin cartera de documentos? **2** No pagar [a alguien un sueldo u otros haberes devengados, o una parte de ellos] por disposición judicial o administrativa, para que satisfaga lo que debe. | * A los separados les retienen una parte del sueldo. **b)** Descontar [una cantidad de un pago, esp. del sueldo] en concepto de impuesto fiscal. | Martín-Escribano *Decl. Renta* 30: Se retiene el 15% de los intereses brutos, retención que se deduce de la cuota del Impuesto. **3** Conservar [algo] en la memoria. | Ortega *Americanos* 105: Lo había leído en la cama: Sin duda tenía demasiado sueño y no había retenido nada. **4** Detener o parar. | A. Pezuela *Mun* 12.12.70, 62: Un sistema de mandos permite .. el retener la imagen en el momento deseado. Mendoza *Ciudad* 295: El chófer .. hizo amago de seguirlos, pero él lo retuvo con un gesto. **5** (*raro*) Reprimir o contener [un sentimiento o pasión]. | * Es difícil retener los impulsos. **B** *intr pr* **6** (*raro*) Reprimirse o dominarse. | MSantos *Tiempo* 18: Él, que era muy hombre y que no podía retenerse, tuvo que ver con una tagala.

retenido -da *adj* **1** *part* → RETENER. **2** (*raro*) Contenido (que tiene o muestra contención). | C. Castro *Ya* 1.12.77, 6: Don Ramón Menéndez Pidal trabajó sabiamente, y sin descanso, y con grande pasión contenida –don Ramón era todo menos frío; que fuera retenido es otro carácter suyo–, sobre los textos viejos. Castañeda *Grafopsicología* 60: Si la escritura es lanzada, debemos pensar más bien en una escritura de ritmo rápido; si por el contrario es retenida o contenida, pensaremos en un trazado lento.

retentar (*conjug* **6**) *tr* **1** Volver a amenazar [a alguien (*cd*) un dolor o enfermedad que ya ha padecido]. | * Me retienta el dolor de cabeza. **2** (*Taur*) Volver a tentar [a una res]. | G. Sureda *Sáb* 30.11.74, 72: La tienta es un rito que tiene que hacerse en silencio. La becerra sale alocada .. En caso dudoso, será tentada de nuevo, es decir, retentada.

retentivo -va I *adj* **1** De (la) retención. | B. Mesanza *CoE* 12.3.75, 26: Tiene [el suelo] buena capacidad retentiva del agua. **II** *f* **2** Facultad de retener [3]. | Gironella *SAbc* 9.2.69, 21: Alarde de retentiva mental, pues ello supone estar combinando "en el espacio" 1.440 piezas que andan recorriendo libremente las casillas.

retentor -ra *adj* (*raro*) Que retiene. *Tb n.* | *Inf* 24.4.75, 11: Los Bancos .. y demás establecimientos de crédito que paguen o abonen los intereses tendrán la consideración de sujetos pasivos sustitutos del contribuyente, como meros retentores del impuesto.

reteñir (*conjug* **58**) *tr* Teñir de nuevo. | N. Luján *NotB* 8.10.75, 5: Los peores males se anuncian para quienes tiñen y retiñen la cabellera. FVidal *Duero* 42: Averiguar el porqué de su desidia de alma y de la abundancia de pensamientos que retiñen sus hieles con tonos de mal agüero.

reteso *m* Teso pequeño. | Ferres-LSalinas *Hurdes* 76: Cuando han ascendido otros centenares de metros tienen que agacharse para descansar en un reteso.

retestinado -da *adj* (*reg*) Muy sucio. | CPuche *Paralelo* 325: Era como si le molestara aquel insoportable olor a ropa vieja y retestinada. **b)** Propio de las cosas retestinadas. | MMolina *Jinete* 397: Volver a la pobreza, a las casas de comidas con manteles de hule y sopas de fideos en platos de duralex y a las pensiones con un olor retestinado a calcetines en los pasillos.

reticencia *f* **1** Hecho de dar a entender algo, esp. maliciosamente. | Medio *Bibiana* 214: ¿Quieres que hablemos como dos amigos, como dos hermanos?... Sin reticencias y sin ofenderte. **b)** (*TLit*) Figura retórica que consiste en dejar una frase sin acabar por sobrentenderse el sentido. |

reticente – retiñir

López-Pedrosa *Lengua* 54: Figuras de pensamiento .. Oblicuas: Preterición .. Reticencia .. Ironía.
2 Actitud de reserva o desconfianza. | V. G*Hoz Abc* 26.9.75, sn: Hemos asistido a las más dispares expresiones de reticencias, temores o disconformidad respecto del nuevo plan.

reticente *adj* **1** Que se expresa o actúa con reticencia. | *Act* 30.10.69, 13: El Líbano conoce y teme el peligro; por esto se ha mostrado siempre reticente ante la mística guerrillera.
2 Que denota o implica reticencia. | Umbral *Ninfas* 70: Creía reconocer las miradas reticentes e irónicas de las vecinas.

reticentemente *adv* De manera reticente [2]. | Burgo *Mun* 28.11.70, 8: Nunca .. he tergiversado los hechos ni comentado malévola o reticentemente actitudes y conductas.

rético -ca I *adj* **1** De Retia (antigua región de los Alpes centrales). *Tb n, referido a pers.* | * El dialecto tirolés pertenece a la lengua rética.
II *m* **2** Retorromano (lengua). | Cela *Pirineo* 20: Palea, en latín, significó, antes de paja larga, cascabillo y paja trillada; el primer sentido lo conserva el rético y vive, todavía, entre grisones.

retícula *f* (*E*) Conjunto de líneas o elementos de estructura lineal que se cruzan o entrelazan estrechamente. | Pinillos *Mente* 63: El primer sistema nervioso surgió probablemente como una indiferenciada retícula. Seseña *Barros* 128: La orla [de los lebrillos] es casi siempre una retícula o red de rombos de línea zigzagueante.

reticulación *f* (*E*) **1** Formación reticular[1]. | Ybarra-Cabetas *Ciencias* 189: Mientras la reticulación nuclear se fragmenta para producir los cromosomas, una serie de fibrillas plasmáticas se adaptan a la pared del núcleo envolviéndolo.
2 Formación de enlaces suplementarios entre las cadenas de varias macromoléculas. | *Inf* 3.6.71, 20: Ofrécese licencia explotación patentes: .. "Procedimiento reticulación materiales celulares polímeros".

reticulado -da *adj* **1** *part* → RETICULAR[2].
2 (*E*) Reticular[1]. | T. Salinas *MHi* 12.70, 33: Muy notable es la ventana central que ostenta decoración reticulada en la columna que la sostiene a la izquierda.

reticular[1] *adj* (*E*) Que tiene forma de red o retícula. | Ybarra-Cabetas *Ciencias* 190: Los cromosomas vuelven a adoptar la estructura reticular.

reticular[2] *tr* (*E* o *lit*) Dar [a algo (*cd*)] estructura de red o de retícula. | Azúa *Diario* 31: La vida civil está reticulada en sectas, castas, tribus y sociedades secretas que se hacen mutua guerra de exterminio.

retículo *m* (*E*) **1** Tejido en forma de red. | Ybarra-Cabetas *Ciencias* 182: Se apelotona de tal manera [el filamento nuclear] cuando la célula está en reposo que más que filamento es un retículo enmarañado y complejo. Las mallas de la red están llenas de jugo nuclear.
2 *En un instrumento óptico:* Conjunto de líneas cruzadas del foco, que sirve para efectuar medidas o precisar la visual. | Mascaró *Médico* 156: Para el recuento y la fórmula leucocitaria, basta obtener una gota de sangre por puntura del pulpejo de un dedo .. y examinar después al microscopio contando el número de glóbulos en varios cuadritos de un retículo de 1 mm^2 dividido en 400.

reticuloendotelial (*tb con la grafía* **retículo--endotelial**) *adj* (*Anat*) **1** [Tejido] de características reticulares[1] y endoteliales. | G. Monti *SAbc* 20.10.68, 26: El suero obtenido estimulaba, gracias a sus anticuerpos, el tejido retículo-endotelial.
2 [Sistema] formado por las células endoteliales de los vasos, del bazo, de la médula ósea y de los ganglios linfáticos. | *Ya* 21.5.74, 23: En 1960 descubrió .. un niño de cinco años con amígdalas hipertróficas y de coloración anaranjada, causada por una evidente acumulación grasa en el sistema reticuloendotelial.

retienta *f* (*Taur*) Repetición de la tienta. | G. Ferrari *MHi* 8.66, 34: Los sementales son escogidos entre toda la torada después de haberlos probado en la tienta y en la retienta.

retina *f* Membrana interna del ojo, formada por una expansión del nervio óptico y encargada de recibir y transmitir las sensaciones luminosas. | Legorburu-Barrutia *Ciencias* 109: La visión es una interpretación que da el cerebro a las corrientes nerviosas que le llegan de la retina.

retinal *adj* (*Anat*) De (la) retina. | *Día* 23.6.76, 8: El resultado inmediato es muy satisfactorio, habiéndose logrado la reaplicación retinal, y las posibilidades de recuperación son muy buenas.

retinglar *intr* (*reg*) Resonar o producir ruido. | J. L. Blanco *Ale* 25.8.83, 12: El bullicio de su bolera y el retinglar de los bolos estarán silenciados.

retiniano -na *adj* (*Anat*) De (la) retina. | Cañadell *Salud* 375: A veces, al quitarlas [las cataratas], el oftalmólogo se encuentra con que ya existen alteraciones retinianas.

retinitis *f* (*Med*) Inflamación de la retina. | *Abc* 31.3.74, sn: Se ha presentado en Estados Unidos un aparato electrónico para amplificar la luz, que puede aliviar la ceguera provocada por retinitis pigmentosa.

retinoblastoma *m* (*Med*) Tumor de la retina. | C. I*Navarro SYa* 17.4.77, 27: Durante el año 1976 se diagnosticaron noventa y tres casos de cáncer, distribuidos de la siguiente forma: .. Tumores óseos: 3 (3,3%). Retinoblastomas: 2 (2,2%).

retinógrafo *m* (*Med*) Aparato para obtener fotografías de la retina y el fondo del ojo. | *País* 3.11.91, 40: Cuenta en su Clínica Central con las últimas tecnologías en medios de diagnóstico y tratamiento, con Resonancia magnética nuclear .. Retinógrafo.

retinol *m* (*Med*) Vitamina A. | *País* 8.4.90, 5: El éxito de las investigaciones ha motivado que los "buscadores de la juventud" se hayan apresurado a solicitar en las farmacias la pomada con retinol.

retinopatía *f* (*Med*) Trastorno inflamatorio de la retina. | Cañadell *Salud* 374: La complicación ocular más temible y frecuente es la retinopatía diabética.

retinosis *f* (*Med*) Afección degenerativa de la retina. | *Ya* 14.3.90, 62: La ONCE subvencionará este año a la Federación de Asociaciones de Afectados por Retinosis Pigmentaria con tres millones de pesetas.

retintar *tr* (*raro*) **1** Remarcar con tinta. | Gironella *Millón* 128: Cuando en el Banco tropezaba con el número 315, que era el número de la casa en que Marta habitaba, lo retintaba deleitosamente.
2 Tintar intensamente. | Moreno *Galería* 136: Estas [las medidas de vino] estaban retintadas de un color violáceo negruzco.

retinte *m* Tinte o matiz. *Tb fig.* | J. M. Alfaro *Abc* 14.9.75, 49: La perspectiva desde la cual contempla y se introduce en las trepidaciones creadoras de la conciencia religiosa y revolucionaria son neta y abruptamente españolas, sin sombras ni retintes de galicanismo alguno.

retintín *m* (*col*) Tono irónico con que se habla. | CPuche *Paralelo* 65: –Yo les invito ..– A los españoles les pareció una chulería, y el más puntilloso dijo con cierto retintín: –Aquí estamos acostumbrados a que cada uno pague lo suyo.

retinto -ta *adj* De color castaño muy oscuro. *Dicho esp de animales.* | Cuevas *Finca* 147: Don José compró los 180 [cochinos]. Retintos, largos, portugueses. Aldecoa *Gran Sol* 82: Algas ocres y retintas. Mendoza *Ciudad* 24: Acababan casando aquellas esclavas con masoveros turulatos. De estas uniones salían hijos retintos, desplazados, que solían acabar entrando en religión. **b)** (*Taur*) [Res] de color colorado, desigual de tono y gralm. con cabos más oscuros o negros. | Cela *Viaje andaluz* 176: En mitad del camino, a la vuelta de unas matas, un toro retinto y brocho, encampanado y altanero, miraba el paisaje con el mirar de un rey.

retiñir *intr* (*lit*) Producir un sonido vibrante [un metal o un cristal]. | Azorín *Ejercicios* 1351: Lo español es .. el sonido de una campana –con retiñir– en una vieja ciudad, a lo lejos.

retiración f (*Impr*) Acción de retirar². | Huarte *Tipografía* 64: Al hacer la retiración se imprime en el dorso de la mitad A de la hoja lo que va en el anverso de la mitad B.

retirada I f **1** Acción de retirar(se)¹, excepto [7]. | Laiglesia *Ombligos* 124: En la pausa entre la retirada de la vajilla sopera y la entrada de las bandejas portadoras del pescado, se produjo un incidente. Arenaza-Gastaminza *Historia* 235: Al comenzar el invierno, con su inmenso ejército, aislado y sin provisiones, perdido en la estepa rusa, Napoleón ordenó la retirada. *HLM* 24.3.75, 9: Además de la retirada de pasaporte por la Jefatura Superior de Policía de Barcelona al señor Rovira, se han producido otras de estos estudiantes. | *Mar* 24.1.68, 2: Anquetil anuncia su retirada, para fin de temporada.
II *loc v* **2 batirse en ~** → BATIR.

retirado -da I *adj* **1** *part* → RETIRAR.
2 [Lugar] distante o apartado. | * Vive en un sitio bastante retirado.
II *adv* **3** (*col*) Lejos. | Berenguer *Mundo* 286: Con la agonía de subir a firmar al pueblo, no podía irme muy retirado, ni soñar con dormir en lo mío.

retirar¹ A *tr* **1** Separar o alejar. *Frec el cd es refl.* | Medio *Bibiana* 70: Bibiana Prats se retira de la ventana. * Retira un poco la silla de la pared. **b)** Separar o apartar [de un todo]. | FQuintana-Velarde *Política* 63: El Estado se interpone entre empresa e individuos y retira para sí una parte de los beneficios empresariales.
2 Hacer que [alguien o algo (*cd*)] deje de estar [en un lugar (*compl* DE)]. *Frec se omite el 2º compl por consabido. Frec el cd es refl.* | D. I. Salas *MHi* 7.69, 44: Se utilizan para almacenar muebles de distintas épocas retirados de las habitaciones. *Alc* 1.1.55, 3: Los franceses han retirado, hasta ahora, un diez por ciento de sus fuerzas armadas en Indochina. V. Gállego *ByN* 31.12.66, 42: Francia ha liquidado su presencia después de anunciar a los otros catorce miembros asociados que se retiraba de la organización.
3 Sacar [algo del lugar en que está guardado o depositado]. *Frec se omite el 2º compl por consabido.* | Arce *Testamento* 26: Si Ángeles se enteraba de lo del rescate le faltaría tiempo para ir a Llanes y retirar el dinero del Banco.
4 Quitar [la autoridad (*suj*) a alguien algo que previamente le había concedido]. | *Ya* 25.4.75, 24: Retiran el pasaporte al "cantaor" flamenco Manuel Gerena. **b) ~ el saludo** → SALUDO.
5 Dar por no dicho o presentado [algo]. | G. Valverde *Ya* 15.1.75, 3: El propio Schlesinger ha convocado otra conferencia de prensa para retirar sus palabras de ayer. Carandell *Tri* 24.11.73, 28: Ante este acto ministerial, los demás participantes retiraron sus candidaturas.
6 Hacer que [alguien (*cd*)] cese [en una lucha o competición (*compl* DE)]. *Gralm el cd es refl. Frec se omite el 2º compl por consabido.* | Á. Arredondo *SYa* 29.4.75, 29: Primero fueron Regazzoni y Lauda los que se tocaron en la "largada" .. Esto motivó que inmediatamente Lauda se tuviese que retirar.
7 Hacer que [alguien (*cd*)] abandone [una actividad (*compl* DE)]. *Frec se omite el 2º compl por consabido. A veces el cd es refl.* | Aldecoa *Gran Sol* 142: Yo a mis chavales les compré la última marea un balón de fútbol, a ver si les entra la afición y un día son jugadores y me retiran de la mar. Laiglesia *Ombligos* 100: Todos los altos oficiales del Espionaje que conocí y enamoré en el año catorce habían sido retirados. **b)** Hacer que [una mujer (*cd*)] deje de ejercer la prostitución, poniéndole piso y manteniéndola. | CBonald *Casa* 106: Solo se permitió unos pocos lujos personales. Por ejemplo .., retirar a una puta vasca. **c)** *pr* Cesar [alguien, esp. un militar] en el servicio activo. *Frec en part a veces sustantivado.* | *Abc* 18.8.73, 37: El dinero percibido por su descubrimiento fue utilizado en 1949 para fundar el Instituto de Microbiología Rutgers, que dirigió Waksman hasta que se retiró en 1958. Cossío *Confesiones* 26: Le reconocieron su grado [en el ejército], y en él permaneció hasta su muerte, en situación de retirado, pero fiel a sus ideas tradicionalistas.
8 Hacer que [algo (*cd*)] deje de estar en uso. | *Lab* 2.70, 30: Las pantallas que habían sido retiradas por nuestras madres .. vuelven a estar de moda. *DVa* 15.3.75, 2: Allá por los aledaños de San José, esos ropajes de abrigo eran, si no retirados absolutamente, sí al menos postergados a un término segundo.
9 Hacer que [alguien (*cd*)] vaya [a un lugar en que esté protegido o aislado]. *Frec el cd es refl.* | Ortega *Americanos* 56: Obligado a retirarse ¡vaya a saber dónde! A un convento tal vez. **b)** Hacer que [alguien (*cd*)] vaya [a su casa o a su habitación], esp. para descansar. *Gralm el cd es refl. Frec se omite el 2º compl por consabido.* | DCañabate *Abc* 23.3.75, 32: El Domingo de Ramos presenciaba la procesión de las palmas en la catedral .. Al retirarse a su casa de la vecina calle de la Colegiata, se compraba una palma de buen ver. Torbado *En el día* 256: Ahora, si no le importa, me gustaría retirarme. Tengo la costumbre de dormir la siesta después de comer.
B *intr pr* **10** Retroceder [un ejército]. | *País* 16.5.78, 1: Los rebeldes ocupan Mutshasha después de que las tropas zaireñas se retiraran "tácticamente".
11 Dejar de presentarse [algo]. | Cela *SCamilo* 147: Maripi Fuentes tiene miedo de estar embarazada .. –¿Ha tenido usted alguna falta?, .. que si se le ha retirado a usted la regla. FReguera-March *Boda* 296: Estoy criando un niño. He pasado mucho miedo. Se me puede retirar la leche.

retirar² *tr* (*Impr*) Imprimir la segunda cara [de un pliego (*cd*)]. *Tb abs.* | Huarte *Tipografía* 64: Cuando se han impreso todas las hojas por una de las caras .. y han reposado lo necesario para que no se corra la tinta, se imprime la otra cara (retirar), sobre la misma máquina sin alterar la forma.

retiro m **1** Acción de retirar(se)¹ [7, 8 y 9]. | Delibes *Hoja* 13: –Voy a que me den el cese. –¿El cese? –El retiro, hija. * Ese traje está ya para el retiro. **b)** Ejercicio piadoso que consiste en apartarse durante uno o varios días de las ocupaciones diarias para dedicarse a la meditación. *Frec ~* ESPIRITUAL. *Tb fig.* | *Ya* 30.9.71, 23: Los retiros y ejercicios espirituales .. servirán no para aislarnos, sino para fortalecernos. Pemán *Abc* 9.4.67, 3: Ya sea por inercia perezosa o porque en estos veinte años de retiro espiritual hemos adquirido la virtud de la prudencia, ni por asomo se comenta en la Prensa el anecdotario político.
2 Jubilación (pensión). | Carandell *Madrid* 117: Doña Sagrario, la viuda .., no tiene más ingresos mensuales que un pobre retiro o un humilde vitalicio.
3 Lugar apartado al que alguien se retira [9]. | E. Laborde *Arr* 11.11.70, 1: El cielo, gris, dibuja el promontorio donde se alza el retiro del general.

reto m Acción de retar. | Alfonso *España* 122: Para la nueva sensibilidad surgida en el siglo XVIII era un reto la vieja estructura social y los conceptos jurídicos que la defendían.

retocado m Acción de retocar [1]. | Marsé *Montse* 73: Allí el fotógrafo tenía .. una tiendecita con clientela, y me puse a trabajar con él .. Aprendí los secretos del revelado y del retocado.

retocador -ra *adj* Que retoca [1, esp. 1b]. *Frec n, referido a pers.* | *Abc* 30.12.65, 112: Primerísima Industria Fotomecánica necesita oficiales 1ª, Fotógrafos, Retocadores, Prensistas.

retocar *tr* **1** Dar unos toques [a algo (*cd*) o al arreglo de alguien (*cd*)] para perfeccionar[lo]. | Huarte *Tipografía* 10: El original que se envíe a la imprenta debe estar retocado hasta sus últimos detalles en cuanto al contenido. Medio *Bibiana* 90: La "Golondrina" sigue retocándose los labios frente al espejito de su polvera. Laforet *Mujer* 326: Olía a buena madera, al perfume de Concha y a la barra de labios con la que se retocaba. **b)** Modificar [un grabado o fotografía] para corregir imperfecciones suyas o del original. *Tb abs.* | X. Domingo *Tri* 19.12.70, 33: La mayor parte de la gente .. se contenta con las fotomatón y, en las grandes ocasiones .., con la hermosa foto del maestro fotógrafo de la esquina, que retoca para embellecer.
2 (*raro*) Tocar repetida o intensamente. | * Se pasa el día tocando y retocando todo.

retomar *tr* Tomar de nuevo [algo no material]. | Castilla *Humanismo* 21: Me interesa retomar el problema que iniciamos al principio para plantearlo a la luz de nuestra actual situación. Moix *Des* 12.9.70, 13: Las últimas poesías aquí publicadas por aquel retoman el ímpetu de sus momentos poéticos más conseguidos.

retoñar *intr* **1** Echar nuevos tallos [una planta, esp. un árbol podado o cortado]. *Tb* (*lit*) *fig*. | CNavarro *Perros* 85: Eran los primeros árboles en retoñar, después del invierno, y lucían una hojas grandes, tiernas, casi amarillentas. Olmo *Golfos* 148: Sus años, ya viejos, se resistían a retoñar.
2 Renacer o revivir [algo]. | FReguera *Bienaventurados* 138: A Sánchez, con la satisfacción, le retoñaron sus antiguos deseos de hablar.

retoño *m* **1** Tallo nuevo de una planta, esp. de un árbol podado o cortado. | E. JRey *Reg* 18.8.70, 1: Acaso en estas circunstancias y en estas fechas fuera un buen remedio permitir ese cultivo de los retoños de las plantas afectadas.
2 (*col*) Hijo, esp. de corta edad. | Cunqueiro *Un hombre* 157: Mi madre no quiso asistir [a la boda] .. Pero, unos meses más tarde, lloraba de alegría acunando el retoño. L. Caparrós *SVoz* 8.11.70, 1: Cientos de generaciones lucharon como fieras para llegar a la corbata, y ahora vienen sus retoños, se visten de pordioseros y se echan a los caminos para reinventar la miseria.

retoque *m* Acción de retocar [1]. *Tb su efecto.* | Delibes *Señora* 131: Eran viejos cuadros deslucidos por el tiempo y el retoque. *Ya* 15.10.67, 3: Estas manifestaciones .. pueden significar el retoque de esas posiciones exageradamente optimistas. *MCr* 9.65, sn: El Curso Afha de Fotografía le proporciona todos los conocimientos que necesita, tanto artísticos como técnicos: manejo de la cámara, .. ampliaciones, retoque.

retor *m* Tejido de algodón, fuerte y ordinario, en que la urdimbre y la trama están formadas normalmente por dos hilos torcidos. | *Ya* 22.10.64, 10: Retales de batistas, franelas, retores. **b)** Trozo de retor. | Berlanga *Recuentos* 14: Los ojos vendados con un retor, la mula tiraba de las anillas.

rétor (*tb* **retor**) *m* (*hist*) Maestro de retórica. | Lázaro *Lenguaje* 47: Desde la perspectiva de los gramáticos, la [lengua] escrita constituía un modelo para la hablada; desde el punto de vista de los rétores, era el resultado de un apartamiento culto. Diego *Abc* 4.3.75, 3: Los retores (retores, no rectores) atraían a los jóvenes futuros políticos y abogados con la promesa de que bajo su férula convertirse en elocuente agorero (pero no de augurio, sino de ágora) era coser y cantar.

retorcedura *f* Retorcimiento. | Torrente *Pascua* 413: Admito que todas las retorceduras de estas almas, todos sus recovecos, y hasta me atrevería a decir que sus misterios, sean creación de Cayetano.

retorcer (*conjug* **18**) **A** *tr* **1** Torcer (dar vueltas [a una cosa (*cd*)] sobre sí misma, de modo que tome forma helicoidal). *Tb fig*. | Medio *Bibiana* 110: Baja la cabeza y empieza a retorcer el delantal. E. La Orden *MHi* 7.69, 31: Un temblor inspirado que retuerce las formas clásicas para adaptarlas al espíritu de una nueva cristiandad. **b)** *pr* Tomar [algo] forma helicoidal al dar vueltas sobre sí mismo. | * ¡Qué hilo tan antipático, cómo se retuerce! F. Páramo *SYa* 17.2.85, 36: Las contracciones de la madera hacen que el rodapié se retuerza y se combe. Salvador *Haragán* 101: El camino se retuerce y desciende.
2 Torcer (dar un movimiento de giro o flexión, violento y antinatural, [a un miembro (*cd*) del cuerpo]). *A veces con un ci refl, implicando que el hecho es involuntario.* | CNavarro *Perros* 117: Ante una de las puertas había un niño jugando con su perro. El animal se dejaba retorcer las orejas. Arce *Testamento* 19: La arena del caminillo era blanca, cegadora. A veces me retorcía el pie.
3 Torcer o cambiar [el sentido o contenido de lo dicho (*cd*)]. | Gambra *Filosofía* 61: Tal puede ser el caso del dilema que nos sirvió de ejemplo si lo retorcemos de este modo.
B *intr pr* **4** Doblarse [alguien] o girar convulsivamente su cuerpo, gralm. por dolor o por risa. | GPavón *Reinado* 17: Me dan unas dolascas que me retuerzo. Zunzunegui *Camino* 377: Lloraba retorciéndose de canguelo el muchacho.

retorcha *f* (*Arte*) Banda de bordado de oro que, sobrepuesta, sirve para bordear. | Camón *LGaldiano* 151: Estos dos bordados se hallan enmarcados por retorchas góticas sobre temas de ajedrezado y listas.

retorcido -da *adj* **1** *part* → RETORCER.
2 [Cosa] que presenta muchas curvas o cambios de dirección. | Salvador *Haragán* 101: Sigue siendo paseo, pero un paseo un poco áspero, retorcido.
3 [Lenguaje o estilo] difícil de entender por su complicación o artificiosidad. | Armenteras *Epistolario* 39: El estilo epistolar debe ser lo más sencillo posible. Ni palabras rebuscadas, ni frases retorcidas: naturalidad. **b)** [Pers. o cosa] de lenguaje o estilo retorcidos. | J. M. Massip *Abc* 3.6.70, 21: Una última línea de defensa del "Post", muy retorcida ..: "un ajuste limitado de seguridad entre este país y España provocaría una presión indirecta sobre nuestros aliados de la O.T.A.N.".
4 [Pers.] sinuosa y maligna. | ILaguna *Abc* 12.11.70, sn: Lo más granado de la narración lo encuentro en la llegada a la taberna del Concho –retorcido, avariento y camastrón–. **b)** [Cosa] propia de la pers. retorcida. | *Reg* 27.2.68, 7: Hay veces que se ponen en circulación rumores y noticias nacidas nadie sabe dónde, que dan lugar a malas interpretaciones y retorcidos juicios.

retorcijón *m* (*pop*) Retortijón. | Moreno *Galería* 84: El arrastre de las gallinas .. mangadas con cuerda y garbanzo y asesinadas a retorcijón. Moreno *Galería* 303: Si consiguió que los retorcijones se resolvieran en ruido, aire .. y la normal evacuación de las heces interrumpidas .., el mal estaba resuelto.

retorcimiento *m* **1** Acción de retorcer(se). | M. Fernández *Abc* 15.3.68, 28: Es una sátira contra los "ye-yés", sus bailes y retorcimientos.
2 Cualidad de retorcido. | Torrente *SInf* 1.8.74, 12: Quizá estos días mi mente, fatigada de interpretar noticias y no dar una en el clavo, funcione con retorcimiento, más lejos cada vez de la razón racional.

retóricamente *adv* De manera retórica [1]. | Lorenzo *Abc* 13.7.75, sn: La oratoria es signo de Extremadura. Cabeza del Buey habla .. de la manera más complicada: retóricamente.

retoricismo *m* (*desp*) Tendencia a la retórica [3c]. | J. Monleón *Tri* 11.4.70, 45: Cierto retoricismo, propio del engolado cine español de aquellos días, unido al peso del "estrellato", configuraron la imagen de una actriz joven.

retoricista *adj* (*desp*) De(l) retoricismo. | Suñén *Manrique* 89: "Nuestra[s]" y "morir" actualizan la acción, al tiempo que dan a la copla una dimensión que aleja a la metáfora de cualquier coordenada retoricista.

retórico -ca I *adj* **1** De (la) retórica [3]. | Aranguren *Marxismo* 141: Los estudios mitológicos amplían el ámbito de aplicación de los códigos semántico y retórico. DPlaja *Literatura* 385: Donoso es .. un formidable orador. Aun los trabajos compuestos para ser leídos muestran su ampulosidad retórica. **b)** [Figura] **retórica**, [interrogación] **retórica** → FIGURA, INTERROGACIÓN.
2 [Pers.] versada en retórica [3a]. *Tb n*. | Lapesa *HLengua* 73: En la Bética, .. patria de retóricos y poetas, se hablaría seguramente un latín conservador. **b)** (*desp*) [Pers.] que al hablar o escribir concede más importancia a la elegancia y al efecto de la expresión que al contenido. *Tb n*. | Delibes *Año* 32: Otros [novelistas] que no me gustan nada, que son meros retóricos en busca de la eufonía.
II *f* **3** Técnica de hablar o escribir de manera persuasiva y eficaz. | Arenaza-Gastaminza *Historia* 122: Además del *Trivium* (Gramática, Retórica, Dialéctica) y el *Quadrivium* .., se enseñaba también la Filosofía. **b)** Habilidad [de una pers.] para expresarse con persuasión. | Umbral *Ninfas* 128: Gracias a la retórica del padre Tagoro y a la magia del ambiente, veían un infierno llameante y luego un cielo azul. **c)** (*desp*) Forma de expresión excesivamente artificiosa y falta de contenido. | Laiglesia *Ombligos* 7: Yo atribuyo la aparición de este estilo novelístico pedestre, hecho a base de inflar con más o menos retórica unos cuantos periódicos atrasados, a una crisis.

retornable *adj* Que se puede o debe retornar [1]. | *Mun* 12.12.70, 47: Obtuvo de ella 100.000 pesetas, retornables en doce plazos mensuales.

retornar A *tr* **1** Volver o devolver [algo o a alguien (*cd*) a un lugar o situación anterior]. | FQuintana-Velarde *Política* 72: Los emigrantes siempre guardan lazos afectivos con su país de origen y retornan de una o de otra forma sus ganancias a su país natal. Murciano *Ya* 26.7.88, 13: Los ov-

ninautas se apoderaban brevemente de una persona para someterla a ciertas pruebas, retornándola luego al mismo lugar.
B *intr* **2** Volver [alguien o algo (*suj*)] a un lugar o situación anterior]. *A veces se omite el compl por consabido*. | *Abc Extra* 12.62, 39: Uno, a veces, piensa .. que los tamboreros han retornado también a la infancia. J. CAlberich *Mun* 23.5.70, 26: En caso de verse estrechamente perseguidos, atraviesan la frontera de Laos para retornar cuando ha pasado el peligro.

retornelo *m* Ritornello. *Tb fig*. | J. M. Gárate *Abc* 16.12.75, sn: La unidad es como un retornelo que iniciara y cierra el párrafo central de los tres.

retorno *m* Acción de retornar. | *GTelefónica N*. 1052: Transportes Internacionales Mateos. Transportes en general a toda España. Cargas completas y retornos. *Leg. contencioso-adm*. 26: El determinar si continúa o no vigente el derecho de retorno que concedía el D. de 5 sep. 1952 a los arrendatarios es cuestión de naturaleza civil.

retorromano -na I *adj* **1** De(l) retorromano [2]. | Villar *Lenguas* 118: El grupo ret[o]rromano, hablado en ciertas zonas de Suiza, Austria e Italia, cuenta con medio millón de hablantes. [*En el texto,* retrorromano.]
II *m* **2** Grupo de dialectos románicos hablados en la región de los Alpes centrales, que comprende el grisón y los dialectos afines tirolés, friulano y triestino. | Lapesa *HLengua* 57: Grado que ofrecía el romance de la España visigoda y que conservan el italiano, retorromano, rumano y picardo.

retorsión *f* Acción de devolver contra alguien argumentos o medidas iguales o similares a los presentados por él. | *País* 25.7.76, 5: El Gobierno de Uganda decidió cortar ayer el suministro de energía eléctrica a amplias zonas de Kenya, como medida de retorsión por las dificultades en el abastecimiento en petróleo causadas a Kampala por las medidas tomadas por Nairobi. E. Cruz *Pue* 29.10.70, 3: El inventor de esas nuevas armas justifica su empleo con el razonamiento de que todo es permisible para conseguir la victoria final. Esto hasta que el contrario, utilizando el derecho de retorsión, comienza a usar esas armas u otras parecidas.

retorta *f* Vasija de laboratorio, de cuello muy largo y dirigido hacia abajo, que se usa esp. para destilar. | D. I. Salas *MHi* 7.69, 41: También constituye un fascinante museo de colección de retortas, probetas.

retortero. al ~. *loc adv* (col) **1** Sin sosiego, o de acá para allá. *Con vs como* TRAER, LLEVAR *o* ANDAR. *Frec fig*. | *ByN* 31.12.66, 78: Hace tres días que han llegado a Roma para andar al retortero entre la ciudad y la prisión de Viterbo. *Abc Extra* 12.62, 11: A quien le sienta bien el trompo es a la mujer, que trae al retortero a los hombres. Kurtz *Lado* 252: Papá era un teórico, en la práctica le llevaron al retortero una demente como Catalina y una resentida como Felisa. FReguera-March *Dictadura* 1, 255: El Tino y algún otro de los picardeados chavales de su pandilla andaban también al retortero de Leonor.
2 En desorden o en forma revuelta. *Con vs como* ESTAR, TENER *o* DEJAR. | * Los niños han dejado todos los juguetes al retortero.

retortijar *tr* Retorcer mucho. | E. Castellote *Nar* 1.76, 20: Antes de empezar a transmallar pasa varias veces el cabo por una anilla fija en la pared, estirándolo con las dos manos para que al rozarse con ella se estire; esta operación se repite con cada enhebradura, porque a veces el sobijo está retortijao, y así se endereza.

retortijón *m* **1** Acción de retorcer(se) intensamente. | * Mató al gallo por el procedimiento del retortijón.
2 Dolor intestinal breve y agudo, que produce sensación de retorcimiento. *Tb* ~ DE TRIPAS. | Arce *Testamento* 41: Tuve un fuerte retortijón y me agaché allí mismo.

retostar (*conjug* **1a**) *tr* Tostar intensamente. *Tb pr*. | R. MHerrero *SYa* 10.4.77, 3: A su alrededor [de la piscina], braquicéfalos rubios y dolicocéfalos morenos .. se tuestan y retuestan en poco razonables posturas. J. Vara *Alc* 24.10.70, 16: Unos cuantos pasos más hacia el exterior, y se encontraban los majos y manolos de la época con las planicies secas y retostadas de la iniciación manchega.

retozador -ra *adj* Que retoza. | Umbral *Memorias* 57: El hombre era tierno con su propio cuerpo .., como con el cordero retozador y gimiente de remotos veranos en campos remotos.

retozante *adj* Que retoza. | A. Papell *Ya* 24.3.90, 15: Estas gentes aspiran a convertir el planeta en un remanso idílico, con cristalinas fontanas y animales retozantes.

retozar *intr* **1** Saltar o moverse alegremente [un animal pequeño o un niño], esp. como juego. *Tb fig*. | Umbral *Memorias* 57: Luego, con el tiempo, el cordero se haría macho cabrío .. El macho cabrío ya no retozaba. Torbado *Ya* 28.5.67, 12: La Feria se nos ha ido a retozar bajo los árboles del Retiro.
2 Entregarse [alguien, esp. una pareja] a juegos eróticos. | * Las parejas retozaban en la alameda.
3 Pugnar por manifestarse [la risa]. | Buero *Diálogo* 99: Le retoza la risa.

retozo *m* Acción de retozar. | CBonald *Ágata* 37: Nunca se daba ya por aludido [el normando] ante algún esporádico y lúbrico retozo de la hembra.

retozón -na *adj* Que retoza. | Rabanal *Abc* 16.4.75, 21: Para que sus murallas, gentiles murallas de violetas y de corderos retozones, abran sus portillos al asalto gozoso de la luz. A. Otaño *SNue* 13.12.70, 8: La "mamma" Carrillo se pasea retozona, vivaracha, alegre, llenando de vida el teatro.

retracción *f* **1** Acción de retraer(se). | Castilla *Humanismo* 26: Significa, en primer lugar, la retracción del hombre a un yoísmo antinatural. *Faro* 9.8.75, 1: El problema de la presencia ante las playas de California de tiburones ha provocado una considerable retracción en la demanda turística de aquella zona.
2 (*Med*) Encogimiento o reducción de volumen. | MNiclos *Toxicología* 38: Pasados 4 a 6 días, se iniciarán los cateterismos esofágicos para evitar las retracciones cicatriciales.

retractación *f* Acción de retractar(se). | Tejedor *Arte* 85: El Pontífice intentó una retractación de Cerulario y, al no conseguirlo, decretó su excomunión.

retractar A *tr* **1** Retractarse [2 y 3] [de algo (*cd*)]. | Valcarce *Moral* 18: Aunque al realizar su última obra no había retractado su primera resolución, el derrumbamiento no se puede atribuir a esta voluntad. A. Aldama *SYa* 11.11.73, 11: El papa dice que el Instituto ha sido aprobado por muchos papas: Paulo III, Julio III, Paulo V, Gregorio XIV, etc., y no retracta esas aprobaciones.
B *intr pr* **2** Desdecirse [de algo]. | Pinilla *Hormigas* 254: Ignorábamos que alguna vez Antón se habría presentado a él a retractarse de su primera retractación.
3 Renegar [de algo]. | FSalgado *Conversaciones* 380: Desea se revoque la sanción de pérdida de carrera por haber sido masón en el año 1929 en la logia de Tetuán. De todo ello se retractó en el año 1931.
4 (*Med*) Retraerse [4]. | MVictoria *Ya* 24.11.74, 61: El embarazo puede ejercer una influencia desastrosa sobre el pecho: la hipófisis, cansada por un trabajo anormal, reduce su función reguladora; la glándula mamaria se retracta más rápidamente que la piel y los senos se vuelven fláccidos.

retráctil I *adj* **1** [Parte del cuerpo animal, o mecanismo] que puede retraerse [1] ocultándose. | Ybarra-Cabetas *Ciencias* 385: El gato es un mamífero de mediano tamaño, con la cabeza redondeada, .. las patas provistas de uñas retráctiles y la cola más o menos larga. *Abc* 22.10.67, 14: Este producto de la mundialmente famosa fábrica de lápices Schwan posee además una revolucionaria punta fina y retráctil que evita la presión de la mano. I. J. Esarte *Rio* 22.3.89, 26: El equipo de serie incluye .. cinturones retráctiles delanteros y traseros.
2 (*lit*) Retraído [2]. | Delibes *Madera* 437: El alcohol fomentaba la animación, pero, cuanto más cundía esta, más exiguo y retráctil se sentía Gervasio.
II *m* **3** Envase hermético, ajustado y transparente, en plástico o celofán. | *Impreso* 10.80: Retráctil de 3 perchas falda cromadas: 225 Pts.

retractilado *m* Acción de retractilar. | F. Gracia *D16* 7.10.90, 6: Ante la imposibilidad de empaquetar junto con el diario el volumen de una carátula por medios automatizados, se tuvieron que organizar cadenas de operarios que se ocupaban del retractilado (envasado al vacío) del suplemento "Gente" .., "Revista TV", los suplementos Dossier, Salud, Dinero, Juegos y la cinta de vídeo.

retractilar *tr* Envasar [algo] en retráctil [3]. | *Ya* 9.9.88, 11: El famoso vate editará una "cassette" en la que irán grabadas, sin censurar, otras manifestaciones de su talento, esta vez fisiológicas, imposibles de reproducirse por escrito ni retractiladas en "Diario 16".

retracto *m* (*Der*) Derecho a quedarse por su precio con una cosa vendida a otro. | Ramírez *Derecho* 124: Concedo al inquilino, para el caso de venta por el propietario, los llamados derecho de tanteo y retracto sobre el piso o vivienda que ocupa.

retraducir (*conjug* 41) *tr* Volver a traducir. | G. Campo *Ya* 22.9.87, 15: Los profesores, curso a curso y evaluación a evaluación, tienen que traducir su nota numérica, su 5, su 7, su 9,5, su 3, en "aprobado", "notable", "sobresaliente", "insuficiente". Pero el caso es que, al llegar a la selectividad, toda esa "cualificación" se ha de "retraducir" en números exactos que vienen dictados por órdenes rigurosos.

retraer (*conjug* 32) **A** *tr* **1** Llevar [a alguien o algo (*cd*) a un lugar o situación que está más atrás en el espacio o en el tiempo]. *A veces se omite el 2º compl por consabido.* | Lapesa *HLengua* 300: El habla vulgar de Castilla tiende a retraer la base de articulación hacia la parte posterior de la boca. J. Delgado *MHi* 6.60, 25: La reacción absolutista fernandina ha demostrado que el rey sólo intentaba retraer las cosas a la situación que tenían antes de 1808. **b)** *pr* Pasar [alguien o algo (*suj*) a un lugar o situación que está más atrás en el espacio o en el tiempo]. *A veces se omite el compl por consabido.* | Lapesa *HLengua* 348: El sonido de *j* y *x* dejó de ser palatal y se retrajo, como en España, hacia el velo del paladar o la faringe.
2 Apartar [de un intento]. *Frec se omite el compl por consabido. Frec el cd es refl.* | E. Iparraguirre *SAbc* 8.2.70, 43: Solo se permite su ocupación temporal, por ser montes públicos; y esto retrae la iniciativa privada. Mendoza *Ciudad* 353: Sé que no rehúye usted los riesgos; el hecho de que hace unos años usted mismo le diera su tarjeta demuestra lo que digo: que no le retrae lo desconocido ni lo nuevo.
B *intr pr* **3** Aislarse, o retirarse del trato. | Pericot-Maluquer *Humanidad* 180: Egipto, retraído en sí mismo y con numerosos problemas políticos y religiosos, no se hallaba en condiciones de adquirir productos extranjeros.
4 (*Med*) Sufrir retracción [2]. | A. Peralta *SYa* 26.6.77, 19: Las células disminuyen de tamaño y, entonces, el cerebro se retrae, rompiéndose los vasos sanguíneos por estiramiento, originándose la hemorragia cerebral en un 10 por 100 de los casos.

retraído -da *adj* **1** *part* → RETRAER.
2 [Pers.] poco sociable o comunicativa. *Tb n.* | A. Barra *Abc* 23.5.74, 41: Desde los años de la mocedad, Ian Ball era un retraído, sin amigos en el colegio. **b)** [Pers.] tímida. | E. Martínez *Ade* 27.10.70, 11: El Salmantino .. jugó un poco retraído, algo miedoso. **c)** [Cosa] propia de la pers. retraída. | MPuelles *Hombre* 264: El miedo a ser mundanos puede hacer que quienes siguen en el mundo se sitúen en él de un modo retraído y vergonzante, o como si el asunto, en realidad, ni les fuese ni les viniese.

retraimiento *m* **1** Acción de retraer(se) [2 y 3]. *Tb su efecto.* | DCañabate *Paseíllo* 180: El cansancio del público, manifestado en un todavía incipiente retraimiento en acudir a las corridas. Mendoza *Ciudad* 393: La viuda mientras tanto se había retirado a un chalet situado en Llavaneras .. Allí permaneció en el mayor retraimiento hasta su muerte.
2 Cualidad de retraído [2a y b]. | Medio *Bibiana* 113: Su retraimiento, habitual en ella, le parecía exagerado.
3 Actitud retraída [2c]. | CBonald *Ágata* 169: Ojodejibia se acercó a la ventana en actitud de gran apatía .., evitando al parecer una respuesta .. Pero Pedro Lambert interpretó ese retraimiento como un signo de consternación.

retranca *f* **1** (*col*) Intención disimulada u oculta. | GPavón *Cuentos rep.* 152: Gustaba de hacerle preguntas con retranca.
2 Correa ancha a manera de ataharre, que forma parte del atalaje y sirve para frenar o hacer retroceder el vehículo. | *Nor* 28.9.71, 4: Ventas .. Atalajes, retrancas, tiros, sillines, cuerdas, monturas.
3 (*Caza*) Línea de puestos situada detrás de los que baten. | Delibes *Perdiz* 133: De que se abre la veda, se planta allí un autobús con treinta escopetas: veinte adelante y diez de retranca.

retranquear *tr* (*Arquit*) Remeter el muro de fachada [de un edificio o de parte de él (*cd*)]. | L. Marañón *MHi* 8.66, 75: El Pocito, la otra capilla, un poco retranqueada, se oscurece en las sombras de ceniza de sus piedras.

retranqueo *m* (*Arquit*) Acción de retranquear. | *Reg* 31.12.74, 1: Teniendo en cuenta que dicha parcela está situada al otro lado de la carretera de Montehermoso, que el terreno es abrupto, y que tiene que efectuarse un retranqueo obligado de quince metros y medio sobre la carretera, se acuerda desestimar tal adquisición.

retransmisión *f* Acción de retransmitir. *Tb su efecto.* | CNavarro *Perros* 169: Se trataba de la retransmisión de un concierto.

retransmisor -ra *adj* Que retransmite. *Tb n: m y f, referido a pers; m, referido a estación.* | Gala *Sáb* 5.10.74, 7: Estricta regulación, además, que por lo visto solo conocen contadísimas personas: ni los reporteros, ni los retransmisores de "ma[tch]", ni el público, ni los cronistas deportivos, ni los ex campeones, ni nadie.

retransmitir *tr* Transmitir [algo que se recibe]. | * Esta central retransmite los mensajes a las distintas oficinas. **b)** Transmitir [una emisora de radio o televisión algo transmitido a ella desde otro lugar]. | A. Ramos *Sol* 24.5.70, 7: Después de ver la retransmisión completa del Festival de Lisboa, donde no actuaba ningún español, tan solo Julio Iglesias en el fin de fiesta que no se retransmitió, uno se siente algo dolido.

retrasadamente *adv* Con retraso. | MSantos *Tiempo* 27: Amador retrasadamente contestaba: "Sí".

retrasado -da *adj* **1** *part* → RETRASAR.
2 [Pers.] con desarrollo mental deficiente. *Frec n; en este caso puede ir acompañado del adj* MENTAL. | GPavón *Hermanas* 41: ¿Quieres decir entonces que soy un poquito retrasado? Je. Heras *País* 12.7.77, 24: La querella de Nadiuska contra Careaga .. podría tal vez dificultar a este su defensa de los intereses de Fernando Montalbán, el retrasado mental esposo de la actriz.
3 Que se sitúa muy atrás o más atrás de lo normal. | Millás *Visión* 75: Fue a sentarse solo en un banco retrasado. [*En clase.*] Salvador *Letra Q* 28: Cuando la articulación verdaderamente velar, retrasada, añade el rasgo de redondeamiento labial para reafirmar su condición, puede llegar a independizarse fonemáticamente. FQuintana-Velarde *Política* 112: La comparación internacional muestra la situación aún retrasada de España en 1962.

retrasar A *tr* **1** Poner o situar más atrás. *A veces con un compl* A *de lugar.* | Tejedor *Arte* 6: Los últimos estudios sobre este arte Levantino español tienden a retrasar su origen a los días del Mesolítico.
2 Hacer que [algo (*cd*)] venga u ocurra después del tiempo previsto. | *Abc* 12.3.75, 47: Según parece, la fuga estaba preparada para hace tres sábados, pero por dos veces fue retrasada.
3 Hacer que [un reloj (*cd*)] marque una hora anterior a la que marca. | *NotB* 4.10.75, 1: Hoy, a medianoche. Retrase su reloj una hora.
B *intr pr* **4** Quedarse atrás [en el espacio, en una actuación o en una evolución]. *Frec en part.* | Arce *Testamento* 113: Nos quedamos un poco retrasados de los demás, y él empezó hablándome de las cosechas de sus buenos tiempos. Arce *Testamento* 38: Yo seguía muy retrasado escribiendo todo aquello.
5 Ir o presentarse más tarde de lo previsto. | *Hoy* 13.3.75, 17: Cabezuela del Valle: Retrasada la floración de los cerezos. Peraile *Cuentos* 58: Es raro que el chico se retrase.

retraso *m* Acción de retrasar(se). *Tb su efecto.* | Ribera *Misal* 1465: Mira de tener un confesor fijo y de que no te falte director espiritual a quien manifestar tus adelantos o retrasos en la vida del espíritu. Medio *Bibiana* 77: Oye, Juan, vamos aprisa, que llevamos diez minutos de retraso. **b)** Tiempo que alguien o algo se retrasa [5]. | Marcos-Martínez *Física* 143: El satélite tardaba más tiempo del debido en sus revoluciones, y la suma de los retrasos era de 16 minutos y 37 segundos.

retratar A *tr* **1** Hacer el retrato [1] [de una pers. (*cd*)]. | CBaroja *Inquisidor* 24: Don Diego de Covarrubias, .. al que retrató el Greco, tenía por costumbre convidar a almorzar a los pretendientes a cargos de la magistratura. A. F. Rubio *País* 7.10.92, 28: Su mirada de ave rapaz la destinó a la fotografía. El resultado es una extraordinaria galería de personajes, retratados con originalidad y sentido crítico. **b)** (*pop*) Fotografiar. *Tb abs.* | SFerlosio *Jarama* 31: Lástima de no habernos traído una máquina de retratar.
2 Describir fielmente [a alguien o algo]. | ILaguna *Abc* 12.11.70, sn: La historia, contada a tempo lento, .. es aprovechada para retratar el mundo del campesino gallego.
3 Reflejar o mostrar. | Cuevas *Finca* 174: Con la avaricia retratada en el fondo de los ojos. Fernández-Llorens *Occidente* 275: Su alto porcentaje de consumo de fuentes de energía retrata la superioridad de su industria.
4 (*col, humoríst*) Enseñar accidentalmente la entrepierna [una mujer a alguien (*cd*)]. | SFerlosio *Jarama* 28: –Pues nos has dado la función, Carmela –le decía Mely–; se te ha visto hasta la vacuna. –¡Bueno!, .. si no habéis visto más que eso. –Nos has retratado a todos, eso sí.
B *intr pr* **5** (*col*) Pagar, o dar dinero. | Aristófanes *Sáb* 21.9.74, 48: ¿Será que, desde que han subido las entradas, el respetable pasa menos por taquilla a retratarse, y hay que promocionar el negocio?

retratismo *m* Actividad de retratista [1a]. | A. Cobos *Ya* 12.10.74, 35: Genaro de Nó .. es y fue siempre un incisivo retratista marcadamente expresionista, pero conocedor de que existe una barrera insalvable que separa el retratismo pictórico de la caricatura a secas.

retratista *m y f* Pers. que hace retratos [1a]. | Arenaza-Gastaminza *Historia* 224: Obra cumbre de su arte de retratista es el cuadro de la *Familia de Carlos IV*. **b)** (*pop*) Fotógrafo. | Romano-Sanz *Alcudia* 152: Fernando prepara la máquina, intentando la difícil foto .. –¿Usted es retratista?

retratístico -ca *adj* De(l) retrato o de los retratos [1a]. | J. Rubio *SAbc* 28.4.74, 50: El artista se libera de todo "sambenito" ilustrativo para desarrollarse en el lienzo .. a través de un itinerario .. brillante y lejano de aquella salida retratística colectiva en Macarrón. J. SMiera *Gal* 11.88, 28: La misma tradición de instituciones y empresas que también han acumulado como patrimonio artístico e institucional este tipo de colecciones retratísticas.

retrato I *m* **1** Representación [de alguien, esp. de su rostro], mediante dibujo, pintura o, más raro, escultura. | CBaroja *Inquisidor* 47: Por esta época tuvo el doble privilegio de ser retratado por Goya y de que el retrato fuera de los sobresalientes entre los muchos que pintó el maestro. **b)** Fotografía [de una pers.]. | AMillán *Marta* 226: –No te importa que me lleve esta fotografía, ¿verdad? –¿Te vas a llevar ese retrato?
2 Descripción fiel [de alguien o algo]. | * En cuatro palabras ha hecho el perfecto retrato del personaje.
II *loc v* **3 ser** [una pers.] **el** (**vivo**) **~** [de otra]. Parecerse mucho físicamente [a ella]. | Kurtz *Lado* 107: Es el vivo retrato de Hugo, pero labios y dientes son míos.

retrechero -ra *adj* (*col, hoy raro*) Atractivo o seductor. | Zunzunegui *Hijo* 146: Le miró retrechera. GPavón *Rapto* 38: Si la Sabina era la campeona de los muslos y el culo retrechero, la Lorenza lo era del horcate y el culo tablajero.

retreparse *intr pr* **1** Sentarse [en un asiento] acomodándose y recostándose plenamente. | Delibes *Siestas* 99: Robinet se retrepó en el sofá.
2 (*raro*) Apoyarse o recostarse. | SFerlosio *Jarama* 54: Se retrepaba toda hacia Santos, abrazada a sus hombros. [Nadando.] *Tri* 28.2.70, 3: José Luis Arrabal y Gervasio Lastra .. llevaban doce días retrepados en la cornisa "Roca Solano", del Naranjo de Bulnes.
3 (*raro*) Echar hacia atrás la parte superior del cuerpo. | FReguera-March *Boda* 34: Mateo Morral se retrepó sobresaltado.

retreta *f En el ejército o en la cárcel*: Toque con que se ordena recogerse por la noche. | Grosso *Invitados* 170: Es preciso .. cenar el rancho en frío, tocar la retreta y el silencio. Mad 13.12.69, 20: A las nueve y media de la noche del jueves, tras el toque de retreta, se efectuó el habitual recuento de reclusos.

retrete *m* **1** Habitación dotada de las instalaciones necesarias para orinar y evacuar el vientre. | Delibes *Des* 26.12.70, 15: Después de comer probamos el té silvestre .. Allí le decían té purgante. Al cuarto de hora, Juan, que se había tomado dos tazas, ya estaba en el retrete. **b)** Taza de wáter. | Medio *Bibiana* 106: Bibiana Prats tiene que vencer la sensación de asco que le produce meter los dedos en el retrete.
2 (*lit, raro*) Habitación íntima. | Torrente *Saga* 522: No sé si fue también el olor [del cadáver] lo que sacó de sus retretes y de sus glorias de recambio a la Señora Viuda.

retribución *f* **1** Acción de retribuir. | * El sistema de retribución es imperfecto.
2 Cosa, esp. cantidad de dinero, con que se retribuye. | FQuintana-Velarde *Política* 29: Volverá a elevarse la oferta de trabajadores, y, si la demanda ha permanecido constante, el resultado será una baja de las retribuciones.

retribuidamente *adv* Con retribución. | A. Corniero *NotB* 21.3.74, 14: Santos .. se llegaba cojeando a un kiosko de periódicos, donde suplía –retribuidamente, claro está– al titular, un primo suyo.

retribuir (*conjug* 48) *tr* **1** Recompensar en dinero [un servicio o trabajo, o a la pers. que lo presta (*cd*)]. | FQuintana-Velarde *Política* 29: Acudirán a ella mayor número de trabajadores que a otras actividades peor retribuidas. *Hoy* 15.11.70, 3: Se ven en la necesidad de aumentar su cuadro de profesores con seglares a los que, lógicamente, cada día han de retribuir de acuerdo con las necesidades de la vida.
2 (*raro*) Compensar [algo], esp. económicamente. | Alfonso *España* 124: ¿Se puede retribuir o compensar un homicidio o la destrucción de un objeto artístico irremplazable? FQuintana-Velarde *Política* 7: Sirva esta Advertencia de disculpa ante las numerosísimas personas que observarán hemos manejado sus aportaciones científicas sin retribuirlas con la obligada cita bibliográfica.

retributivamente *adv* En el aspecto retributivo. | *Abc* 19.5.74, 29: Se pone claramente de manifiesto la improcedencia de homologar retributivamente a los funcionarios interinos y al personal contratado con quienes han accedido a los Cuerpos docentes tras superar las pruebas selectivas exigidas en los mismos.

retributivo -va *adj* De (la) retribución. | Alfonso *España* 124: No resulta consistente la teoría compensatoria o retributiva del Derecho penal.

retrillar *tr* Trillar de nuevo [lo ya trillado]. *Tb abs.* | Cuevas *Finca* 68: Aquel año, la paja estaba muy dura, y se enganchaban diez mulos a tres trillos para remover aquel bere[nj]enal de espigas; luego, retrillaban cinco cobras de yeguas –a cuatro por cobra–.

retro[1] (*adj*) (*col*) **1** [Moda, estilo o modelo] que se inspira en otros pasados. | R. Conte *SInf* 17.10.74, 2: Palinodia para la moda "retro" universal se llama la figura. GLinares *Sem* 1.2.75, 3: Es la "garçonne" estilo "retro" de los años 25.
2 (*hoy raro*) Retrógrado [1]. *Tb n, referido a pers.* | L. LSancho *Abc* 10.10.74, 35: Cualquier mujer de las que hoy se enorgullecen de su feminismo fulminaría con el terrible y apocopado adjetivo de "retro" el libro del sabio agustino concuense. L. LSancho *Abc* 23.3.75, 15: Los "progres", europeizantes, liberalizantes, beberían pomelo, en tanto que los "retros", arcaizantes, inmovilistas, .. le "pegarían" al "whisky" escocés y al champán francés.

retro[2]. **de ~**. *loc adj* (*Der*) [Pacto] por el que el comprador se obliga a devolver lo comprado al vendedor, por su precio. | Ramírez *Derecho* 149: Castigo la usura .. cuando se oculta tras un contrato distinto al préstamo. El caso más usual es la llamada "venta a carta de gracia" o "venta con pacto de retro", en el que el préstamo se disfraza de compraventa.

retro[3] *f* Retroexcavadora. | *DCu* 17.2.77, 8: Palas cargadoras, retros de reparto y cadenas, buldozers, excavadoras reacondicionadas garantizadas.

retro- *r pref* Expresa dirección o movimiento hacia atrás, o situación detrás. | *Por ej:* P. Rubines *SElM* 22.7.90,

retroacción – retropropulsión

8: Un nuevo estilo de vida comienza a marcar el ocio diario de algunos españoles. Se trata del "cocooning", término que engloba las manías "retro-avanzadas" de los americanos. *Abc* 22.11.93, 10: Cursos .. Operador y mantenedor de maquinaria obras públicas. Espec. en retrocargadoras. *Cua* 6/7.68, 6: La red comunicativa de que dispone el Magisterio adolece de básicos defectos estructurales. No permite que exista auténtica circulación en doble sentido, ni, por tanto, que haya .. ocasión de que puedan valorarse críticamente los importantes efectos de la retrocomunicación. *DSo* 12.10.90, 23: Liquidamos maquinaria obras públicas. Retropalas ruedas: J[oh]n Deere 500, M.F. 50, Volvo 646. Retropalas cadenas. [*En el texto*, retro palas.] Umbral *País* 25.3.83, 26: La burguesía de elite, la retroprogresía de elite y los lectores de elite, que solo leen un libro al año. *SInf* 27.1.71, 4: Allí descarga otra pieza del equipo científico: el retro-reflector láser de exploración a gran distancia.

retroacción *f* **1** (*Der*) Efecto retroactivo. | *Compil. Cataluña* 790: La retroacción no afectará a los bienes enajenados o gravámenes constituidos por el cónyuge viudo antes de contraer nuevas nupcias.
2 (*Electrón, Mec*) Retorno de una parte de la salida de un circuito electrónico o un sistema mecánico a su entrada, con modificación consiguiente de las características de estos. | Pinillos *Mente* 75: A estos sistemas donde la retroacción, o retroalimentación (feed-back), desempeña un cometido central, se los suele llamar .. sistemas cibernéticos.

retroactivamente *adv* De manera retroactiva. | Ramírez *Derecho* 82: Si el donante fallece sin haberse arrepentido de la donación, o sin revocarla, la donación queda retroactivamente convalidada.

retroactividad *f* Cualidad de retroactivo. | *Voz* 23.10.70, 10: Según informaciones particulares, la divergencia pesaba sobre los capítulos relacionados con pagas extras y retroactividad.

retroactivo -va *adj* Que actúa o se produce sobre algo pasado. | Ramírez *Derecho* 13: Las leyes penales tienen siempre efecto retroactivo en cuanto favorezcan al reo de un delito o falta.

retroalimentación *f* (*Electrón, Mec*) Retroacción [2]. | Pinillos *Mente* 75: A estos sistemas donde la retroacción, o retroalimentación (feed-back), desempeña un cometido central, se los suele llamar .. sistemas cibernéticos.

retroauricular *adj* (*Anat*) Situado o que ocurre detrás de la oreja. | J. Félix *Ya* 19.6.75, 44: La aparición de ganglios en el cuello, en la región retroauricular.

retrobulbar *adj* (*Anat*) Situado o que ocurre detrás del bulbo raquídeo o del globo ocular. | MNiclos *Toxicología* 124: De aparecer la terrible ambliopía, .. inyección retrobulbar de vasodilatadores.

retrocarga *f* Procedimiento de carga de un arma de fuego que consiste en efectuarla por la culata o por la recámara. *Frec en la constr* DE ~. | J. Castillo *SYa* 9.9.84, 10: La retrocarga había ganado la batalla a esos complicados mecanismos de tiro que utilizaban nuestros abuelos. *Inf* 2.12.70, 17: Después de rescatar una lombarda de retrocarga de época "colombina", estuve durante tres años haciendo presión para que fuese recogida en un museo.

retroceder *intr* Ir hacia atrás. *Tb fig*. | DPlaja *El español* 94: Al "caballero de Olmedo" le matan porque "siendo quien es" no puede retornar al oír la canción que predice su muerte. * No pienso retroceder, pase lo que pase. Tengo que conseguirlo. * Procura abrigarte, no vayas a retroceder ahora.

retrocesión *f* (*Der*) Cesión [de algo a quien lo había cedido antes]. | *Inf* 8.10.75, 1: El representante de Rabat pidió que España acceda inmediatamente a entablar negociaciones directas para la retrocesión de estos "territorios del Norte" a Marruecos.

retroceso *m* Acción de retroceder. *Tb su efecto*. | Alfonso *España* 132: Carecen del efecto de retroceso de las armas de fuego. *Cod* 17.5.64, 6: Sirve [la palanca] para el retroceso del carro y para cambiar la línea de escritura. *Ya* 30.12.65, 97: Muchos de los retrocesos que se producen ahora [en la bolsa] han de atribuirse a una reserva casi absoluta de la demanda.

retrocohete *m* (*Aer*) Cohete que lanza sus gases en el sentido de la marcha y sirve para frenar o retroceder. | *Abc* 21.1.72, 14: Las ondas o ecos de rebote que se van reflejando en la superficie lunar señalan, con tiempo suficiente, el momento de encendido de los retrocohetes.

retrodonación *f* (*Der*) Donación [de algo a quien lo había donado antes]. | *Compil. Cataluña* 667: Son nulas ..: Las retrodonaciones hechas por el heredero o donatario a favor de los heredantes o donantes o de sus herederos de los bienes comprendidos en un heredamiento o donación por causa de matrimonio otorgadas en capitulaciones matrimoniales.

retroexcavadora *adj* [Máquina] excavadora que trabaja el terreno con movimiento de arriba abajo. *Frec n f.* | *NEs* 24.11.74, 19: Se vende Pala retro-excavadora, ruedas de goma, muy buen uso, garantía, precio interesante. *BOM* 19.6.76, 9: Una máquina retroexcavadora marca "J.C.B.". *Abc* 21.5.67, 27: Ripper suspendido de 3 dientes, bulldozer, retroexcavadora.

retroflexo -xa *adj* (*Fon*) [Lengua, o punta de la lengua] recogida detrás de los dientes y aplicada contra el paladar. | Alarcos *Fonología* 248: La exageración articulatoria se verificó con el ápice, más o menos retroflexo.

retrogradación *f* (*Astron*) Retroceso aparente de los planetas. | *Anuario Observatorio 1967* 124: Es más apropiado [el segundo gráfico] para encontrar fácilmente, en cualquier época, la situación aparente de cada uno de ellos [los planetas] en el zodíaco, cuyos signos van indicados en ambos gráficos, viéndose claramente en el último las estaciones y retrogradaciones de los planetas.

retrógradamente *adv* De manera retrógrada. | F. Martino *Ya* 11.7.72, 25: El remanso supraobstacular de la orina hace que esta, retrógradamente, se estanque en el propio riñón.

retrogradar *intr* (*E*) Ir hacia atrás o retroceder. *Tb fig*. | Alvarado *Anatomía* 135: Entonces no se producen los síntomas característicos de la extirpación, o retrogradan si ya se habían producido. **b)** (*Astron*) Retroceder aparentemente [un planeta] en su órbita. | *Voz* 13.6.90, 34: Durante todo el verano veremos a Saturno en la constelación de Sagitarius, retrogradando lentamente, al NE.

retrogradismo *m* (*desp*) Cualidad de retrógrado [1]. | L. Contreras *Sáb* 21.12.74, 15: Allí se encontraban numerosos corresponsales extranjeros que asistían .. a la cascada de discursos, a través de los cuales dos generaciones del Régimen se acusaban mutuamente de temeridad y de retrogradismo.

retrógrado -da *adj* **1** (*desp*) [Pers.] que tiende a volver a una situación pasada y se opone al progreso. *Esp en política*. *Tb n*. | PRivera *Discursos* 15: En la necesidad de la incorporación de la mujer a la sociedad .. no somos retrógradas. **b)** Propio de las perss. retrógradas. | MGaite *Usos* 149: El comentario final a estos consejos dirigidos a la lectora española tiene un tono totalmente retrógrado.
2 (*E*) Que retrocede, o va hacia atrás. | MSantos *Tiempo* 193: Mediante una marcha retrógrada, como en una película cinematográfica puesta al revés.
3 (*Astron*) [Movimiento o sentido del movimiento] igual que el de las agujas del reloj. | Marcos-Martínez *Matemáticas* 233: El sentido en que se cuentan estos arcos es en el sentido retrógrado .., o sea en el mismo sentido de las agujas de un reloj.

retronar (*conjug* **4**) *intr* Retumbar. *Tb fig*. | GPavón *Rapto* 79: Todo nos pasa por la cabeza y el corazón como el río bajo los puentes, sin dejar otro rastro que alguna rama entre los juncos y un retronar sin bordes, que no se sabe cuándo empezó ni cuándo ha de concluir.

retroperitoneal *adj* (*Anat*) Situado detrás del peritoneo. | *SYa* 17.4.77, 27: Aortografía abdominal en un pequeño de once meses de edad, en la que se observa un gran tumor retroperitoneal con vascularidad patológica originada en las arterias lumbares.

retropropulsión *f* (*Aer*) Propulsión que se realiza lanzando los gases en el sentido de la marcha y que sirve para frenar. | J. Rouco *País* 11.6.78, 4: La fuerza aérea posee cien cazabombarderos Mig-21 y cincuenta Mig-15 y 17.

Cuenta, además, con sesenta aparatos de retropropulsión del modelo Mig-21.

retroproyector *m* Proyector que reproduce la imagen en una pantalla situada detrás del operador. | *Cam* 2.12.74, 24: Sistemas de Comunicación Visual y Audiovisual "3 M": confeccionadoras de transparencias, retroproyectores, proyectores de diapositivas con sonido incorporado.

retrospección *f* Mirada retrospectiva. | Lapesa *Ayala* 55: Ayala se ha prestado repetidamente a entrevistas y diálogos donde ha expresado con generosa liberalidad sus opiniones literarias y su actitud política y existencial, con frecuente retrospección hacia su vida y obra.

retrospectivamente *adv* De manera retrospectiva. | *Barcelona* 6: Ahí, en eso nada menos, estaba el *quid* de la cuestión que en este punto consideramos retrospectivamente.

retrospectivo -va *adj* Que se refiere a un tiempo pasado. | DCañabate *Paseíllo* 13: Las estampas, unas serán retrospectivas y otras actuales, conforme vayan apareciendo en el revoltijo de mi memoria.

retrotraer (*conjug* 32) *tr* Llevar [algo o a alguien (*cd*) a un tiempo que está más atrás (*compl* A)]. | Millán *Fresa* 49: La grave dislocación que ello produjo en mi ánimo me retrotrajo a la "era del puentecito". **b)** (*Der*) Hacer que [algo (*cd*)] tenga efectos legales desde un tiempo anterior a su propia existencia. | Ramírez *Derecho* 13: Las leyes .. civiles se retrotraen si expresamente así se dice en ellas.

retrovender *tr* (*Der*) Vender [algo a la misma pers. a quien se compró], por el mismo precio. | *Compil. Cataluña* 748: Retrovender bienes comprados a carta de gracia o con pacto de retro.

retroventa *f* (*Der*) Acción de retrovender. | *Compil. Cataluña* 807: En las ventas a carta de gracia o con pacto de retro se devengará la mitad del laudemio en la venta y la otra mitad en la retroventa o al quedar firme aquella.

retroversión *f* **1** (*E*) Giro o vuelta hacia atrás. | PCarmona *Burgos* 195: En lo alto de la arquivolta .. un centauro, volviendo su torso en su característica actitud de retroversión, dispara el arco en dirección a un Sansón subido sobre un tosco animal.
2 (*Enseñ*) Traducción inversa. | Estébanez *Pragma* 8: Sintaxis: puede aparecer en forma de análisis sintáctico del texto griego o del texto castellano objeto de la retroversión.

retroverso -sa *adj* (*lit, raro*) Vuelto hacia atrás. | *Barcelona* 16: ¿Qué hay en la ciudad moderna de *quanta fuit* la antigua Barcelona? Esta atrevida interrogante, que ineluctablemente nos acucia, implica el grave riesgo de un planteamiento retroverso en el que .. no nos es dado entrar.

retrovirus *m* (*Med*) Virus con ácido ribonucleico, una de cuyas formas es el agente del sida. | *Méd* 20.11.87, 86: La Zidovudina es un agente antiviral muy activo "in vitro" frente a los retrovirus, incluyendo el virus de la inmunodeficiencia humana.

retrovisor *adj* [Espejo] que permite al conductor de un vehículo ver lo que está detrás sin volverse. *Frec n m*. | CNavarro *Perros* 17: Susi se inclinó para mejor observarla desde el espejito retrovisor. J. J. Moya *SYa* 11.5.75, 39: Tanto como del retrovisor hay que cuidarse de la señalización.

retrucar *tr* (*col*) Contestar o replicar. *Frec abs*. | FReguera-March *Filipinas* 80: Dice que los frailes y curas son también hombres ..; pero yo le retruco que cada cual según su oficio. Delibes *Guerras* 35: ¿Qué te pasa?, me dijo, que yo, nada, Bisa, a ver, que yo nunca le retrucaba.

retruécano *m* (*TLit*) **1** Figura retórica que consiste en repetir una frase invirtiendo sus términos. | López-Pedrosa *Lengua* 49: Figuras de la palabra: polisíndeton .., retruécano .., repetición.
2 Juego de palabras. | Marlasca *Abc* 15.10.70, 49: Con independencia de la fácil salida que me proporcionaría el donairoso retruécano de afirmar .. que las cosas de la E.M.T. "sí hay que tratarlas con ligereza"... a ver si sus directivos se contagian.

retruque *m* **1** (*col*) Acción de retrucar. | Pemán *MHi* 7.69, 11: Fue [Bolívar] no el "copista", sino el formulador de todo lo que Napoleón engendró en forma de reacción o retruque.
2 (*Billar*) Golpe que la bola golpeada, dando en la banda, vuelve a dar en la que la golpeó. | Peraile *Arr* 2.2.75, 19: Nuri .. alguna vez ha presenciado, al borde mismo de ese aprendiz de ring, las fintas del mingo, la esgrima del pasabolas para evitar el K.O. del retruque. **b)** (*col*) Carambola (resultado gralm. favorable obtenido como consecuencia de una acción encaminada a otro fin). *Frec en la constr* DE ~. | Lera *Clarines* 465: ¿Los de Tomelloso? ¡Menudos pájaros! A ver si han lanzado la piedra para acertar de retruque.
3 (*Naipes*) *En el truque:* Segundo envite, en contra del primero. | Romano-Sanz *Alcudia* 67: La partida [de truque] se inicia .. De vez en cuando alguno exclama: "truque", "retruque" o "envido", acompañando las palabras con un puñetazo en la mesa.

retumbante *adj* **1** Que retumba. | Chamorro *Sin raíces* 107: En Serradilla, el símbolo de aquel desenfreno acústico era la tambora. Ella llevaba en sus entrañas un ruido monótono, retumbante, que hacía vibrar el aire. Torrente *DJuan* 155: Le dio la risa, una risa estridente, retumbante, gigantesca.
2 Grandilocuente o altisonante. | S. Jiménez *Abc* 9.9.66, 26: Una semana después del retumbante discurso del general De Gaulle, acusa el golpe.

retumbar *intr* Resonar con fuerza y esp. en tono grave. *Tb fig*. | Criado *MHi* 11.63, 17: Retumba por los cuatro extremos de la escena un formidable concierto. Llovet *País* 6.2.77, 25: De Lope a Lorca, Martín Recuerda no renuncia a nada. Pero lo que retumba y retumba en su obra es el esperpento valleinclanesco.

retumbo *m* Acción de retumbar. *Frec su efecto*. | Lera *Boda* 743: Cuando cesó el retumbo de los disparos, el Negro respiró con ansia y miró hacia arriba. Hoyo *Bigotillo* 86: Las palabras de los hombres resonaban en mí como retumbos de tronada.

retupido *m* (*E*) Acción de retupir. | Iparaguirre-Dávila *Tapices* 61: Se ordena la supresión a todos los artistas de las cantidades que se les entregaban a cuenta de las obras. La medida afecta a Gabino, que recibe una consignación mensual para el retupido y otra para la fabricación de obra nueva.

retupidor -ra *adj* (*E*) Que retupe. *Tb n, referido a pers*. | Lafuente *Pról. Iparaguirre-Dávila* 16: Los pocos artesanos .. serían débil base para un intento de fabricación nacional de este rango, que no pudo o no quiso intentar apoyarse en los pocos oficiales retupidores dedicados al arreglo y restauración de las tapicerías de Palacio.

retupir *tr* (*E*) Arreglar o restaurar [un tapiz]. | Iparaguirre-Dávila *Tapices* 22: A principios del siglo XVIII, Antonio Cerón retupía las piezas en una casa de la calle de Santa Isabel.

reuleule *m* (*reg*) Movimiento de la mujer al andar. | Cela *Judíos* 35: El vagabundo .. cruzó Alquité sin atreverse ni a escuchar el reuleule de las mozas y se sentó en el camino.

reúma (*tb* **reuma**) *m* (*o, pop, f*) Reumatismo. | MAbril *Ya* 29.12.74, 5: A paseo el reúma y la gastritis. Delibes *Guerras* 30: Decían que las camuesas del Hibernizo tenían propiedades contra la reúma. Olmo *Golfos* 87: Los calvos seguían calvos, los de reuma con reuma. Carnicer *Cabrera* 142: Tengo ochenta y cinco años y la reuma me maltrata mucho.

reumático -ca *adj* **1** De(l) reumatismo. | M. GSantos *Abc* 19.8.72, sn: En un muestreo de población de 35.937 personas, el 6,4 por ciento padecen enfermedades reumáticas.
2 Que padece reumatismo. *Tb n, referido a pers*. | Bustinza-Mascaró *Ciencias* 90: El baño caliente debilita, sobre todo si es prolongado, y el frío es estimulante para las personas sanas, no debiendo tomarlo ni los cardíacos, ni los reumáticos.

reumatismo *m* Enfermedad caracterizada esp. por inflamaciones dolorosas en las articulaciones y los músculos. | Nolla *Salud* 339: El tortícolis es un reumatismo muscular localizado en los grandes músculos de un lado del cuello.

reumatoide *adj* (*Med*) Semejante al reumatismo. | E. Rey *Ya* 17.1.75, 34: Otra variedad de reumatismo es la poliartritis reumatoide o el clásico reumatismo deformante, que afecta especialmente a las mujeres.

reumatología *f* Especialidad médica que trata de las afecciones reumáticas. | *Ya* 10.10.70, 6: Orden por la que se crea la Escuela Profesional de Reumatología en la Facultad de Medicina.

reumatológico -ca *adj* De (la) reumatología. | *GTelefónica* 21: Cintra. Centro de Investigaciones y Tratamientos Reumatológicos.

reumatólogo -ga *m y f* Especialista en reumatología. | SRobles *Abc* 28.8.66, sn: Nos remite al cardiólogo, al reumatólogo, al neurólogo.

reunificación *f* Acción de reunificar(se). | Castiella *MHi* 11.63, 63: España propugna, como siempre lo ha hecho, la reunificación que Alemania pide por vías pacíficas.

reunificar *tr* Unificar de nuevo. | *HLM* 29.12.75, 9: Vietnam ha decidido, oficialmente, reunificar el Norte y el Sur en el curso de los seis primeros meses de 1976.

reunión *f* Acción de reunir(se), *esp* [2]. *Tb su efecto*. | Alc 1.1.55, 3: Franceses y norteamericanos llegaron a este acuerdo en una reunión celebrada en esta capital. Ybarra-Cabetas *Ciencias* 275: Inflorescencias compuestas. Son las formadas por la reunión de varias sencillas. **b)** Fiesta casera, gralm. de gente joven, en que se merienda y se baila. | Laforet *Mujer* 45: Nunca se la olvidaba en ninguna excursión, paseo o reunión.

reunir *tr* **1** Volver a poner juntas [a una pers. o cosa] (*cd*) con otra (*compl* CON). *Los dos compls pueden aparecer como un solo cd, pl o colectivo. Frec el cd es refl.* | * Reunió todos los trozos del jarrón tratando de recomponerlo. P. SQueirolo *Van* 17.4.73, 24: Tomó ayer el avión para reunirse en Atenas con su esposa y dos hijos. **b)** *pr* Volver a estar juntas [varias perss. o cosas, o unas con otras]. | * Los ríos se separan al llegar a este punto y se reúnen pasada la montaña.
2 Hacer que acudan a un mismo lugar [varias perss. (*cd*)]. | *ByN* 4.5.77, 59: El debut de Miguel Bosé como cantante en televisión reunió a todos los amigos, incluso a escala internacional, de sus padres. **b)** *pr* Acudir a un lugar [para ver y hablar a otra pers. (*compl* CON)]. *A veces este compl está sustituido por un 2º suj* (A y B se reúnen = A se reúne con B); *en este caso el suj es frec un n colectivo*. | *Inf* 9.1.75, 11: Don Alberto Ullastres se reúne con miembros del Consejo Nacional de Empresarios. Vesga-Fernández *Jesucristo* 136: Cuando amaneció se reunió otra vez el Sanedrín.
3 Poner juntas [varias cosas o cierta cantidad de algo]. | Onieva *Prado* 174: En esta Sala se han reunido muy notables retablos de primitivos españoles del siglo XV. Arce *Testamento* 32: ¡No es fácil reunir de golpe cincuenta mil pesetas! **b)** Coleccionar. | Delibes *Historias* 42: La tía Marcelina coleccionaba hojas, mariposas, piedrecitas, y las conservaba con los colores tan vivos y llameantes que hacía el efecto de que las había empezado a reunir ayer. **c)** *pr* Pasar a estar juntas [varias cosas o unas con otras]. | Ybarra-Cabetas *Ciencias* 81: También ocurre a veces que, por reunirse en un lugar aguas de distinta procedencia, se encuentran disueltas dos sustancias capaces de reaccionar entre sí.
4 Tener juntas [a varias perss. o cosas]. | * Reúne en su casa un montón de alhajas. * Reúne en total 18 de familia. FQuintana-Velarde *Política* 116: Tres fincas de Cádiz reúnen más de 300 kilómetros cuadrados. **b)** Tener juntas en sí [varias perss. o cosas]. | F. Blasi *Mun* 26.12.70, 76: Uno de los puntos del documento reúne todas las condiciones para tener un amplio eco en la prensa. B. Mostaza *SYa* 24.6.73, 11: El jardín botánico reúne especialmente la flora autóctona.

reusense *adj* De Reus (Tarragona). *Tb n, referido a pers*. | GNuño *Madrid* 196: Del gran reusense [Mariano Fortuny] es el lienzo colorido y henchido de historia.

reutilizable *adj* Que se puede reutilizar. | *Voz* 25.4.86, 5: Tras el accidente del "Challenger", la NASA se vio obligada a suspender el programa de lanzamientos de las naves reutilizables.

reutilización *f* Acción de reutilizar. | *D16* 2.7.91, 12: Responsables del Ministerio de Defensa y del Ejército del Aire estudian actualmente la reutilización de las instalaciones de la base de Torrejón.

reutilizar *tr* Utilizar de nuevo. | *Ya* 9.9.91, 11: Cada tonelada de papel que es reutilizada consigue salvar diez árboles.

revacunación *f* Acción de revacunar. | Mascaró *Médico* 38: En todos los calendarios o pautas de vacunación se insiste en la necesidad de las revacunaciones periódicas.

revacunar *tr* Vacunar de nuevo. | *Puericultura* 64: Se dispone de vacuna, que debe aplicarse desde el tercer mes de vida, revacunando a los niños de año, luego cada dos o tres años.

reválida *f* Acción de revalidar. | A. Hernández *Inf* 2.6.76, 2: Comienza así la reválida internacional de la Monarquía restaurada en España. **b)** Prueba o conjunto de pruebas con que se revalidan [estudios (*compl de posesión*)]. *Frec sin compl, esp referido a la de bachillerato*. | Ortega *Americanos* 39: Habrá que suprimir en el Departamento de Español el *Comprehensive examination*, esa especie de reválida. Isidro *Abc* 22.6.58, 101: La reválida trae a mal traer un piso sí y otro no de esta villa con vocación de bachillera.

revalidar *tr* **1** Confirmar la validez [de algo (*cd*)] mediante alguna prueba. | Laiglesia *Tachado* 39: Es posible que allí revalidara su título de arquitecto, si alguna vez lo tuvo. D. Santos *Pue* 24.12.69, 29: Sería la novela que Sender presentaría ante un tribunal que le exigiera demostrar, revalidar y hacer valer sus condiciones de novelista.
2 (*Dep*) Volver a conseguir [un título que se ostenta]. | *Inf* 5.4.73, 23: En dos minutos revalidó Puddu su título europeo. Cuando se cumplía el segundo minuto, Azzaro cayó a la lona.

revaloración *f* (*raro*) Acción de revalorar. *Tb su efecto*. | Gaos *Antología* 36: Dámaso Alonso. Su contribución más importante en el momento formativo del grupo de 1927 fue la revaloración de Góngora.

revalorar *tr* (*raro*) Revalorizar. | Tamames *Economía* 253: Si esto es lo que sucedería revalorando nuestra valuta, con una devaluación .. se obtendría el efecto contrario.

revalorizable *adj* Que se puede revalorizar. | *Abc* 24.8.66, 22: Si desea hacer una magnífica inversión, revalorizable a corto plazo... Envíe ahora mismo este cupón.

revalorización *f* Acción de revalorizar(se). *Tb su efecto*. | J. M. Massip *Abc* 3.6.70, 21: El cierre de la base de .. Libia ha llevado al Pentágono a una revalorización de las bases aéreas de Torrejón y Zaragoza. Tamames *Economía* 255: Los especuladores extranjeros, ya fuera porque empezasen a perder las esperanzas de revalorización de nuestro signo monetario, ya porque se iniciara en los Estados Unidos la tensión monetaria .., empezaron a desprenderse de ellas [las pesetas].

revalorizador -ra *adj* Que revaloriza. | A. M. Campoy *Abc* 6.6.67, 35: La exposición Bonnard que estos días se celebra en París ha supuesto una gran ocasión conciliadora, y más aún: descubridora y, por tanto, revalorizadora.

revalorizante *adj* Que revaloriza. | Palomino *Torremolinos* 100: Paquita Fonseca, embutida en un bañador sabio, revalorizante y discreto.

revalorizar *tr* Hacer que [algo (*cd*)] tenga más valor. | Palomino *Torremolinos* 41: Convenció a sus socios de que había que revalorizar el terreno. –A ese solar le ponemos un hotel encima y nos forramos. **b)** Revaluar. | L. Calvo *Abc* 4.12.70, 43: Ahora creo que ni se desvalorizará el dólar ni se volverá a revalorizar el marco alemán. **c)** *pr* Pasar [algo (*suj*)] a tener más valor. | FReguera-March *Semana* 341: Sin duda alguna la parcela que le había comprado al mayordomo se revalorizaría.

revaluación *f* (*Econ*) Acción de revaluar. *Tb su efecto*. | *Ya* 16.9.73, 12: La revaluación del florín no altera el acuerdo monetario del Benelux.

revaluador -ra *adj* (*Econ*) Que revalúa. | *País* 5.5.79, 8: Los exportadores, con las medidas revaluadoras, van a ser los primeros perjudicados.

revaluar (*conjug* **1d**) *tr* (*Econ*) Aumentar el tipo de cambio [de una moneda (*cd*)]. | R. Vilaró *Ya* 16.9.73, 12: El Gobierno holandés ha decidido revaluar el florín en un 5 por 100 a partir del lunes 17 de septiembre de 1973. **b)** *pr* Aumentar el tipo de cambio [de una moneda (*suj*)]. | *País* 30.7.76, 27: Por efecto de las sucesivas variaciones en las cotizaciones de las monedas fuertes, la peseta, desde la desvalorización decidida en febrero del orden del 11 por 100, se ha revaluado en un 4 por 100.

revancha *f* **1** Desquite o venganza. *Frec en la constr* TOMAR LA ~. | *MHi* 2.55, 19: Fraguaban una probable aunque entonces remota revancha militar.
2 (*Juegos*) Posibilidad de ganar o recuperarse el que ha perdido. *Gralm en la constr* DAR LA ~. | ASantos *Estanquera* 36: Que te digo que qué hacemos con la abuela, que no quiere jugar de fiado. Se quie retirar la tía. Nos deja sin chapa y no nos quiere dar la revancha.

revanchismo *m* Actitud de revancha [1]. | MSantos *Tiempo* 183: En ese odio y divinización ambivalentes se conjuraron cuantos revanchismos irredentos anidaban en el corazón de unos y de otros.

revanchista *adj* Que aspira a la revancha. | A. Barra *Abc* 2.1.66, 75: La República Federal no abriga un espíritu "revanchista" como pretenden los rusos, sino un sincero deseo de cooperación.

reveillón *m* Cena de fiesta de la noche de fin de año en un hotel o restaurante. | VMontalbán *Rosa* 29: Sobre todo parejas negras e hindúes de Port Spain, con un presupuesto suficiente para encontrar plaza en el reveillón del Holiday Inn, segundo reveillón de la ciudad, a una distancia digna de la calidad magnificada del reveillón del Hilton. *CCa* 31.12.70, 19: Reserven su mesa para fin de año 1970 en Restaurante Park Montjuich .. Gran cena Reveillón.

revejido -da *adj* Envejecido prematuramente. | Faner *Flor* 144: Encontró a Emilia en un recodo, sentada sobre la cerca, y a su lado el capitán, sumamente revejido.

revelable *adj* Que se puede revelar. | Nieva *Abc* 15.2.85, 3: Es un misterio que cobra luz en las más profundas guaridas de lo racial y no se puede "difundir", no es revelable.

revelación *f* Acción de revelar(se) [1 y 2]. *Tb su efecto*. | Compil. *Cataluña* 715: El testador que ordene herencia o legado de confianza podrá prohibir su revelación. Valcarce *Moral* 10: La tercera recoge todas las normas de la moral natural y añade a estas todas las que nos han sido transmitidas por la revelación. M. Cisneros *SVozC* 31.12.70, 4: Tenemos que añadir la novedad "Olvida los tambores", de Ana Diosdado, revelación de una escritora de teatro.

revelado *m* Acción de revelar [3]. | E. Corral *Abc* 25.2.68, 99: Es una fotografía como pasada de luz o de revelado.

revelador -ra (*tb f* **revelatriz** (*E*), *referido a sustancia*) *adj* Que revela. *Tb n: m y f, referido a pers; m, referido a sustancia o aparato*. | Cuevas *Finca* 53: En el pueblo se contaba alguna que otra anécdota reveladora. *Día* 29.8.72, 24: El revelador de los "papeles McNamara" anuncia otra gran "bomba periodística". Marcos-Martínez *Física* 171: Esta acción de la luz .. se acelera .. poniendo la sal de plata en contacto con una substancia .. denominada revelatriz. *GTelefónica N.* 480: Negra Industrial, S.A. Material fotográfico Negtor. Reveladores y productos Plemen. E. Montes *Abc* 11.6.72, 22: Los pasajeros que van a Tel-Aviv deben entrar en una especie de cámara obscura donde son inspeccionados con el revelador magnético que delata cualquier objeto metálico que se lleve.

revelante *adj* (*raro*) Que revela. | GÁlvarez *Filosofía* 1, 391: La filosofía y la teología no demuestran sus principios. Ni pueden ni lo necesitan: los de la filosofía, porque son evidencias primarias; los de la teología, porque se basan en la autoridad de Dios revelante.

revelar *tr* **1** Manifestar [algo ignorado o secreto]. | *Abc* 18.4.58, 31: Las negociaciones comerciales soviético-marroquíes .. "progresan favorablemente", según se revela en medios allegados a la delegación marroquí. **b)** *Esp:* Manifestar [Dios a los hombres verdades inalcanzables por ellos mismos]. | Gambra *Filosofía* 15: Al revelar Dios el contenido de la fe quiso que todo hombre tuviera el conocimiento necesario de su situación y de su fin para salvarse.
2 Mostrar o dejar adivinar [algo]. | RMorales *Present. Santiago* VParga 6: La visión de Compostela .. le reveló la realidad del inolvidable mandato. Gimferrer *Des* 12.9.70, 29: *Tristes tropiques* es .. una admirable obra literaria que .. revela impensadamente un gran escritor. **b)** *pr* Mostrarse o aparecer. | *Abc* 24.6.58, 33: Nada pudo parecer tan contrario a la autodeterminación de los pueblos como la constitución del Imperio Austro-Húngaro .. Nada se ha revelado después tan necesario .. para la defensa de Europa frente a la barbarie del Este o el Sur.
3 Someter [una película o placa fotográfica] a la acción de sustancias adecuadas para que se haga visible la imagen impresionada. *Tb abs.* | Torrente *Off-side* 471: Contiene [el paquete] un carrete de fotografías casi vacío. Está sin revelar. MMolina *Jinete* 91: Esta [mujer] miraba ensimismada, lo miraba desde el fondo del lavabo que usaba para revelar.

revellín *m* (*hist*) Primer recinto amurallado exterior de una fortaleza. | M. RVergara *Alc* 4.9.56, 17: Es [castillo] moro, de tipo hispánico inspirado en Oriente, con sus bastiones coronados de almenas, sus revellines, sayeteras, adarves y plaza de armas.

revendedor -ra *m y f* Pers. que revende. | Heras *Mad* 13.5.70, 32: Los revendedores inevitables ofrecen en voz alta .. localidades para cualquiera de las corridas.

revender *tr* Volver a vender [algo comprado], gralm. con intención de lucro. | *Inf* 25.2.70, 9: Ventas clandestinas y fraudulentas, hechas por precios irrisorios a chamarileros que las revenden a precios infinitamente superiores.

revenido *m* (*Metal*) Recocido de los metales para eliminar la fragilidad que han adquirido al ser templados. | *GTelefónica N.* 692: Termodur. Cementación, temple, revenido y recocido de todos los aceros especiales y ordinarios.

revenir (*conjug* **61**) *intr* ► **a** *normal* **1** Venir de nuevo. *Tb pr.* | GPavón *Reinado* 53: Nada más entrar y ver el muerto, se me revino a los ojos la imagen de aquel.
► **b** *pr* **2** Ponerse [algo] blando y correoso por la humedad o el calor. | C. GCasarrubios *Nar* 1.76, 16: Una vez cortada [la enea], se hacen fardos para clasificarla y humedecerla más tarde, metiéndola en agua, y una vez "revenida" se trenza y se van haciendo los cestos. **b)** Perder [algo] la frescura o lozanía. *Tb fig.* | MSantos *Tiempo* 76: ¡Qué reconfortantemente les aseguraba esta bebida hecha de cola y betún, de orujo y rabos de uva revenida! C. García *Ya* 2.2.87, 6: Lo que sigue es el monólogo del excombatiente de izquierdas de turno dispuesto a contarle la batalla. Una especie de sermón de cuaresma malo y revenido.
3 Desprender humedad [una cosa]. | Aldecoa *Gran Sol* 152: Las malas pinturas del guardacalor, de las barandas y de las amuras se revienen al sol.

reventa A *f* **1** Acción de revender. | *Bal* 21.3.70, 20: Disponemos de una selección de más de cincuenta solares para reventa. **b)** Actividad consistente en revender entradas para espectáculos, con recargo sobre su precio original. *Tb el lugar en que se realiza.* | * He conseguido las entradas en la reventa.
B *m y f* (*col*) Pers. que se dedica a la reventa [1b]. | S. Cayol *Ya* 23.9.70, 44: En estas ocasiones [cuando no hay entradas], además de los "reventas" profesionales, surgen aprendices de reventas.

reventador -ra *m y f* **1** (*col*) Pers. que asiste a un espectáculo o reunión pública para mostrar ruidosamente su desagrado y hacerlos fracasar. | *Inf* 25.5.70, 8: "Reventadores" en una conferencia sobre progresismo católico. Á. GPintado *Gac* 9.11.75, 51: –¡Fuera! ¡Que los echen! (Aclaración: el público exige la expulsión de los reventadores, no la de los autores extranjeros.
2 (*raro*) Pers. que revienta [8]. | *SAbc* 14.12.75, 36: Los reventadores de presas, hazaña aérea en territorio alemán.

reventamiento *m* (*raro*) Acción de reventar(se) [1 y 8]. | MPrieto *País* 23.3.82, 15: El reventamiento de una presa verbal que anegó la Sala.

reventar (*conjug* **6**) **A** *intr* **1** Abrirse o romperse [algo] violentamente por presión interior. *Frec pr. Tb fig.* | Alvarado *Anatomía* 168: Más tarde las pústulas revientan. Goytisolo *Recuento* 295: Rompen los brotes y se abren paso,

y los capullos revientan, y se desarrollan los tallos rosáceos y los pámpanos. Arce *Testamento* 57: La vi volver la cabeza hacia atrás y me pareció que sus ojos estaban a punto de reventar. **b)** Abrirse o romperse [algo]. *Frec pr.* | Trévis *Navarra* 20: Romped los huevos sobre la misma cazuela, cuidando de que no se reviente la yema.
2 Morir [una pers. o animal] por exceso de fatiga. *Frec con intención ponderativa.* | Ya 28.3.89, 14: En un determinado momento, el mulo, que tiraba del carro, se desplomó muerto, reventado. **b)** (*col*) Morir de indigestión. *Con intención ponderativa.* | ZVicente *Traque* 97: Déjale que coma lo que quiera, pobrecillo, si revienta habrá sido a gusto. **c)** (*col*) Morir. | Nácher *Guanche* 51: Si ahora soltaba sus cuartos, era tan solo con la idea de que le quedaba poco tiempo para gastarlos y el demonio se lo iba a llevar todo, tan pronto él reventase. Lagos *Pap* 11.70, 165: Como nazcas con el sino, revientas como un perro y ya está. **d)** *Siguiendo a una condicional que expresa la manifestación de un sentimiento o idea, pondera la necesidad de que tal manifestación se lleve a cabo.* | Buero *Fundación* 71: Asel, si no digo algo, reviento.
3 Estar completamente lleno [de algo]. *Frec sin compl. Frec en la loc* A ~. *Con intención ponderativa.* | Bellón *SYa* 16.2.75, 51: Como tenía mucho cartel y salió a la plaza bien acompañado, el llenazo fue a reventar. Sampedro *Sonrisa* 63: El viejo está reventando de orgullo.
4 Desear vehementemente [algo (DE + *n*, o POR + *infin*)]. | * Revienta de ganas de ir. Goytisolo *Recuento* 522: Esa clase de rencor que resulta de haber tenido que callar demasiado tiempo lo que uno reventaba por decir.
5 Estallar, o sobrevenir [algo] violentamente. | L. Calvo *Abc* 25.11.70, 41: De huelgas, cada día revienta una nueva: correos, metalurgia, personal de aviación, enfermeros, comerciantes...
6 Estallar, o manifestarse violentamente [alguien o algo]. | Zunzunegui *Hijo* 56: –¿A ti no te ha *alvertido* nada? –No, a mí no. –Espérate, a ver él por dónde revienta. Berenguer *Mundo* 380: Tú te estás aquí, que ya reventará la cosa por donde tenga que reventar.
7 Estallar o prorrumpir [en algo]. | Torrente *Isla* 76: El pueblo reventó en aclamaciones.
B *tr* **8** Hacer que [alguien o algo (*cd*)] reviente [1 y 2a]. | Laiglesia *Tachado* 299: Tú no tienes que zapatillearte barriadas enteras, viendo lenguas sucias y reventando granos. Arce *Testamento* 61: Ahora me acuerdo de que tenía unos pantalones que no le llegaban más que a los tobillos y que casi los reventaba por el trasero. Cuevas *Finca* 28: ¡El coche! .. Hay que reventar las mulas, si es preciso. Laforet *Mujer* 258: La obligación de todo buen marido es reventar a su mujer. **b)** Abrir [algo, esp. una puerta o una caja fuerte] con violencia. | L. LSancho *Abc* 21.5.86, 18: Raro es el domingo o día festivo en que no son reventadas unos cuantos pisos a la hora de la misa. *País* 13.1.89, 20: La policía "revienta" un hostal considerado como uno de los principales focos de delincuencia de Centro.
9 Cansar mucho. *Frec en part. Con intención ponderativa.* | J. Carabias *Ya* 29.5.74, 8: Lo que anduvo a pie el Presidente Giscard el día de su toma de posesión no fue como para reventar a nadie. En total se redujo a menos de doscientos metros, a paso normal. Halcón *Monólogo* 62: Si vendrás cansadísima, el primer día cansa mucho el caballo ..; vendrás reventada. **b)** *pr* Cansarse mucho. | Alós *Hogueras* 248: El niño aprende a leer solo. Cuando le interesa. Te reventarás enseñándole las letras y no conseguirás nada, y un buen día te lo encontrarás sentado en el suelo deletreando un tebeo.
10 (*col*) Hacer que [algo, esp. una obra de teatro (*cd*)] fracase. | *Inf* 25.5.70, 8: Pudo observarse en la sala la presencia de ciertos elementos que no iban a polemizar, sino, en jerga teatral, a "reventar" lo que allí se decía.
11 (*col*) Fastidiar o molestar. | Delibes *Año* 83: Yo no me escandalizo si un buen argumento exige una cama, pero sí me revienta que alrededor de una cama se monten, por sistema, malos argumentos. Arce *Precio* 172: A mí esta gente me revienta. Te siguen hablando como si fueras un chiquillo.

reventón[1] **-na** *adj* **1** [Pers. o cosa) que da la impresión de ir a reventar [1]. | ZVicente *Traque* 152: Una pierna rota siempre es accidente mayor que una mano reventona. Carandell *Madrid* 132: Era una mujer de unos veintiocho años, de labios reventones. Goytisolo *Recuento* 40: Miraba las colinas matizadas, las viñas, los cerezos cargados de roja fruta, doblegados, reventones. **b)** Que revienta [3]. | Umbral *Ninfas* 17: Habitaciones pequeñas reventonas de muebles.
2 [Ojo] saltón. | Lera *Clarines* 358: Solo veía a su padre accionando con los puños cerrados y mirándole con sus ojos reventones, congestionados de sangre.
3 [Clavel] doble. | Alvarado *Botánica* 43: Tal ocurre en las flores dobles, como las rosas de cien hojas, claveles reventones, etcétera.

reventón[2] *m* Acción de reventar(se) [1, 2, 3 y 5]. *Frec con los vs* DAR *o* PEGAR. | *Abc* 5.8.70, 5: Cuando el "DC-9" "Ciudad de Valencia", de Iberia, se disponía a despegar de la pista de Barajas con dirección a Londres, sufrió el reventón de una de sus ruedas. Sampedro *Sonrisa* 241: Al moro, cuando vio mejor al cristiano, le dio una rabia que pegó el reventón y estiró la pata. C. Castañares *Ya* 28.5.67, 14: Hoy hubo menos gente en la plaza que ayer, por ejemplo, el reventón de El Cordobés. *Cam* 21.7.75, 26: En la zona alicantina ha estallado, con el verano, la guerra del tomate. Más de 25.000 trabajadores podrían verse directamente afectados por el reventón del tomate.

reverberación *f* Acción de reverberar. *Tb su efecto.* | Lera *Boda* 545: La débil reverberación de los luceros mantenía una transparencia irreal en el alto del cielo. **b)** (*Acúst*) Persistencia de los sonidos después de cesar su emisión, al reflejarse repetidamente las ondas sonoras. | Marcos-Martínez *Física* 59: Para evitar la reverberación o resonancia en una sala se recubren las paredes de vitrofil.

reverberante *adj* Que reverbera. | Arce *Precio* 241: Más allá .. las embarcaciones de recreo se mecían, oscilantes, en la alta marea. Y luego el perfil arenoso de Somo y la línea plomiza, casi reverberante bajo el sol, de las colinas a[l] fondo.

reverberar *intr* Reflejarse [la luz, el calor o el sonido]. | J. Pasquau *Abc* 21.5.67, 29: Se oyen las campanas y la mirada descansa en la visión de una calle serena, casi sin ruido. Reverbera el sol, clamoroso, en las fachadas encaladas. **b)** Reflejar [algo] la luz, el calor o el sonido que recibe. | * Los cristales reverberan bajo el sol.

reverbero **I** *m* **1** Acción de reverberar. *Tb su efecto. Tb* (*lit*) *fig.* | Arce *Testamento* 33: En el exterior había tal reverbero del sol que el paisaje parecía derretirse. Cela *Judíos* 309: Con la cabeza habitada de estrellas luminosas y en los ojos un extraño reverbero de todos los paisajes.
2 (hoy raro) Farol con un espejo o superficie bruñida que hace reverberar la luz de la llama. | MOtamendi *MHi* 5.64, 24: No es extraño que el marqués de Pontejos .. hiciera desaparecer .. los 4.770 faroles de candil que entonces había y los sustituyera por 2.410 reverberos de gas adecuadamente situados. CBonald *Casa* 62: Parecían orientarse en dirección a una pilastra de la que colgaba un reverbero. La luz incidía en el espejo de latón y le devolvía al terrizo unas sombras oscilantes.
II *loc adj* **3 de ~.** [Horno] en que la bóveda refleja el calor producido en el hogar. | GSerna *Viajeros* 148: Levantó entonces [Campomanes] un alto horno, y en seguida otro de reverbero para fundir cañones y munición de guerra.

reverdecedor -ra *adj* Que reverdece. | *Abc* 3.6.58, 30: Los servicios del NO-DO, televisión, radio y numerosos fotógrafos captaron diversas facetas de esta jornada, esencialmente patriótica y reverdecedora de un espíritu de vigencia permanente.

reverdecer (*conjug* 11) **A** *intr* **1** Ponerse verde de nuevo [una planta mustia o seca]. | Cuevas *Finca* 129: Llovió tanto aquel invierno que .. algun[o] de los hincos secos que limitaban la finca con alambre de espino reverdeció.
2 Cobrar [algo] nuevo impulso o vigor. | Laforet *Mujer* 158: Don Paco había experimentado emociones que estaban ya olvidadas, pero que a su debido tiempo reverdecerían.
B *tr* **3** Hacer que [algo (*cd*)] reverdezca [1 y 2]. | C. Ferreras *DSo* 12.10.90, 11: Ni Juan Gabriel ni ningún otro chamo ha conseguido con sus músicas y sus letras que la Pantoja reverdeciera el ayer vacío laurel. J. Hermida *Act* 25.1.62, 24: Uno tiene que reverdecer los olvidados sustos infantiles cuando leía en la escuela historias de martirios en tierras de infieles.

reverdeciente *adj* Que reverdece. I V. LVázquez *Lan* 12.9.64, 4: Cielo azul y tierra parda, reverdeciente por la pámpana que se inclina como alfombra sobre la planicie.

reverdecimiento *m* Acción de reverdecer. I Cobos *Machado* 94: Estas cartas nos muestran dos realidades: Primera. Un reverdecimiento erótico, no solo explicable, sino característico de los cincuenta y pocos años del poeta. Segunda. Una efusión que nos lo puerilizia. E. Romero *Ya* 17.2.83, 7: Dos nuevos y graves problemas aparecen ya en el horizonte: la evidencia de que tampoco el socialismo en el poder resuelve el problema vasco, y un reverdecimiento más importante del tema de Ceuta y Melilla.

reverencia *f* **1** Veneración o máximo respeto. I *Van* 20.12.70, 30: Los sardanistas de hoy no sienten como nosotros la reverencia que nos inspira nuestra querida sardana. Ridruejo *Memorias* 55: No fue nuestra relación [entre José Antonio y yo] –no podía serlo– una amistad personal. Para ello me sobraba a mí reverencia y a él edad.
2 Inclinación del cuerpo hacia adelante, en señal de respeto. I CNavarro *Perros* 14: Poncio se adelantó, y abrió la portezuela, haciendo una estudiada reverencia.
3 *Se usa como tratamiento de religiosos de cierta dignidad. Normalmente precedido del posesivo* SU *o* VUESTRA. I Buero *Sueño* 190: –Perdone su reverencia mis gritos .. –Comprendo, señora. –Dígnese tomar asiento, reverendo padre.

reverenciable *adj* Que se debe reverenciar. I *País* 4.4.79, 8: Confiemos en que el nuevo responsable de la cartera del Interior entienda que la democracia liberal tiene sus ritos, costumbres y sacralizaciones, y que en ella un censo electoral es algo reverenciable.

reverencial *adj* Que denota o implica reverencia [1]. I Delibes *Hoja* 87: Elevaba la voz y la imprimía un acento reverencial, algo así como si verificase la genuflexión ante un altar.

reverencialmente *adv* De manera reverencial. I CBonald *Ágata* 104: Sosteniéndola [la copa] primero a la altura de sus rígidos pechos y subiéndola y bajándola después reverencialmente mientras profería .. una abominable oración de difuntos.

reverenciar (*conjug* **1a**) *tr* Venerar. I Cela *Judíos* 293: El vagabundo quisiera repetir, para no perder los buenos clientes que por el valle del Tiétar reverencia y sirve, que ni por Lanzahíta, ni por ningún otro pueblo de la comarca, se topó con ellos. Mendoza *Ciudad* 357: Por negarse a reverenciar dioses paganos, fue torturada primero y quemada luego.

reverenciosamente *adv* De manera reverenciosa [3]. I Campmany *Inf* 31.12.71, 16: Cuando imagines que soy mudo o que permanezco reverenciosamente silencioso, piensa que eres tú quien no quieres oírme.

reverencioso -sa *adj* **1** [Pers.] que hace muchas reverencias [2]. I Espinosa *Escuela* 181: No pude evitar cierto concomio de tropezarle triunfante, .. siempre escoltado por aquella manada de sus reverenciosos adjuntos.
2 [Pers.] que siente reverencia [1]. I J. A. Castro *Ya* 18.12.74, 5: Visten un luto de protocolo arcaico y son reverenciosos de otros tiempos.
3 [Cosa] que denota o implica reverencia [1]. I Delibes *Madera* 24: Bajaron .. en reverencioso silencio, como si acompañaran al Santo Viático. Cela *Judíos* 291: Suele ser de buen efecto la finura y el reverencioso hablar.

reverendísimo -ma *adj* **1** *superl de* REVERENDO.
2 *Se usa como tratamiento dirigido a los cardenales, arzobispos y otras altas dignidades eclesiásticas. Gralm precediendo a otro tratamiento.* I VNu 7.10.72, 15: Agradecemos igualmente de todo corazón a Su Excelencia Reverendísima, don Pedro Cantero, Arzobispo de Zaragoza, la benevolencia con que acogió y autorizó nuestra iniciativa.

reverendo -da *adj* **1** *Se emplea, antepuesto a los ns* PADRE *o* MADRE, *como tratamiento dirigido a un religioso.* I Buero *Sueño* 190: Dígnese tomar asiento, reverendo padre. DCañedo *Abc* 22.10.75, sn: Juanito, Juanito, repara donde estás. Delante de la madre superiora. Discúlpele, reverenda madre. **b)** *Se usa, antepuesto al n o apellido, como tratamiento dirigido a un pastor protestante.* I *Abc* 18.12.70, 33: El trabajo ha sido dirigido por el reverendo Michael Bourdeaux.
2 (*lit*) Venerable o digno de respeto por su edad o antigüedad. I Zunzunegui *Camino* 165: Los muebles eran sólidos, antiguos y de buen material, y las lámparas, cortinas y alfombras, reverendas.

reverente *adj* **1** [Pers.] que tiene o muestra reverencia [1]. I Marías *Abc* 1.12.59, 3: Una mujer india de "sari" rojo pone, reverente, flores a su imagen preferida.
2 [Cosa] que denota o implica reverencia [1]. I Rabanal *Ya* 27.4.74, 10: Solo por este reverente apego a [la] etimología puede preferir nuestra Academia las grafías "hierba", "hielo", etc., a las también usadas "yerba", "yelo", etc.

reverentemente *adv* De manera reverente [2]. I *VozC* 29.6.69, 5: Vengo a postrarme reverentemente a vuestras plantas.

reverse (*ing; pronunc corriente,* /rĕbérse/ *o* /rĕbérs/) *m* En determinados aparatos: Dispositivo de cambio de dirección o posición. I *SPaís* 9.6.91, 19: La tecnología ha dejado de ser algo pesado. Ahora, con las handycam TR45 y TR75 de Sony ya puedes tomártela a la ligera .. Sobreimpresión digital con scroll y reverse.

reversibilidad *f* Cualidad de reversible, *esp* [3]. I J. M. PBorges *Tar* 23.9.75, 3: Una poderosa corriente de opinión .. trata de conseguir para España un clima político presidido por tres principios fundamentales: el principio de aceptación de la ley, el principio de la pluralidad política y el principio de la reversibilidad del poder. Guillén *Lenguaje* 42: Esto hace que en los vocabularios no baste siempre la definición, que debe completarse con las épocas de las distintas evoluciones semánticas, en algunos casos complicadas con una reversibilidad desconcertante. Mingarro *Física* 166: Se fundan [los motores de corriente continua] en la reversibilidad de las dinamos.

reversible *adj* **1** Que puede revertir [1 y 2]. I Gambra *Filosofía* 83: El tiempo no ha sido para nosotros espectador de unos procesos reversibles. Navarro *Biología* 27: La mayor parte de las reacciones que catalizan acelerándolas son termodinámicamente reversibles. F. Martino *Ya* 25.11.75, 13: El "fracaso renal agudo" es consecuencia de la nefrosis (degeneración de los túbulos renales, que es reversible).
2 [Prenda o tejido] utilizable por ambas caras. I Torrente *Off-side* 436: Una gabardina reversible es una prenda corriente.
3 [Puerta o mueble] que puede instalarse de modo que abra de izquierda a derecha o de derecha a izquierda. I *Prospecto* 10.92: Expert .. Frigoríficos .. Aspes .. Puertas reversibles .. Castor .. 2 motores. Panelable y reversible.
4 (E) [Cosa] que puede producirse o actuar en sentidos contrarios. I Aleixandre *Química* 53: Reacciones reversibles. Son aquellas que se pueden verificar en los dos sentidos de la ecuación química que las representa. *SYa* 10.11.63, 29: Lavadora Siemens. Con tambor reversible que evita el enrollamiento de la ropa.

reversión *f* Acción de revertir [1, 2 y 4]. I *Gac* 11.5.69, 7: Su incontinencia .. forma claramente parte de una reversión general a la infancia. *Compil. Cataluña* 698: La reversión podrá pactarse a favor de los otorgantes o de cualquier otra persona. *Ya* 12.2.88, 17: Un médico de Bilbao ha realizado con éxito, por primera vez en España, una reversión de vasectomía. Rábade-Benavente *Filosofía* 40: Cuando el axón está suficientemente excitado, se produce una reversión de polaridad.

reversional *adj* (*Der*) De (la) reversión. I *Compil. Cataluña* 698: El heredante podrá dejar sin efecto, en cualquier tiempo, el pacto reversional.

reverso *m En un papel, moneda o medalla:* Parte opuesta al anverso. I Carandell *Tri* 17.11.73, 97: Leo, en el reverso de un cromo de los que suelen encontrarse en el envoltorio de las tabletas de chocolate, una frase que debe pasar a la antología del machismo. *VozC* 1.7.55, 4: En el reverso [del billete] se reproduce el patio de los Leones, de la Alhambra. GNuño *Escultura* 159: Cuidaba de dejar constancia en los reversos de sus series monetales de los nombres de los magistrados que habían cuidado del buen peso y ley de las monedas. **b) el ~ de la medalla** (*o, más raro,* **el ~**). La antítesis, lo opuesto. *Gralm como predicat con el v* SER. I * Ella es muy amable, pero su hermana es el reverso de la medalla. GNuño *Escultura* 115: Es de ver cómo el mezquino concepto plástico concedido al animal a lo largo de todo el arte cristiano español es un total reverso de aquella edad dorada y primitiva.

revertir (*conjug* 60) **A** *intr* **1** Volver [una cosa a un estado o condición anterior]. *A veces se omite el compl por consabido.* | Gambra *Filosofía* 170: Todo el mundo dejaría de existir, se aniquilaría, es decir, revertiría a la nada. Gambra *Filosofía* 82: Solo se ha operado en ella un proceso químico que podría (al menos, teóricamente) revertir; es decir, someterse a un proceso inverso, y retornar, sin variación alguna, al estado primitivo.

2 (*Der*) Volver [una cosa a su antiguo dueño], o pasar [a un nuevo dueño]. | *Compil. Cataluña* 698: Los ascendientes a quienes reviertan los bienes donados en virtud de la cláusula reversional no podrán reclamar legítima. J. M. Moreiro *SAbc* 13.9.70, 49: Esta obra [el Puerto José Banús], digna de ser admirada, revertirá al Estado dentro de noventa y nueve años.

3 Redundar o venir a parar [en algo]. | * Esto revertirá en beneficio de todos.

B *tr* **4** Hacer que [algo (*cd*)] revierta [1, 2 y 3]. | Rábade-Benavente *Filosofía* 40: Al recibir cada neurona, como hemos dicho, múltiples conexiones sinápticas, en cualquier momento distintas zonas de la membrana postsináptica inician reacciones hiperpolarizantes y reacciones que revierten la polaridad. D. Gálvez *Rev* 12.70, 13: Se les pagó un valor de inversión en bonos revertidos en moneda peruana al Estado peruano. *Mad* 29.4.70, 25: Varios campesinos e hidalgos pobres navarros de los siglos XVII y XVIII marchan a tierras americanas para hacer fortuna, y al volver revierten en su provincia la riqueza que han logrado.

5 Hacer que [el cobro (*cd*) de una llamada telefónica] recaiga sobre el receptor de la misma. *Normalmente en part.* | *País* 16.1.77, 8: El servicio telefónico que precise la intervención de operadora: cobro revertido, llamadas personales y otros servicios especiales se obtiene marcando el "008".

revés I *m* **1** *En una cosa plana o laminar:* Cara opuesta al derecho. *Tb fig.* | *Economía* 226: Las prendas interiores de punto de seda se planchan por el revés. Cela *Judíos* 33: A mí, señor, como tengo tanto tiempo, me gusta andar a vueltas con las cosas, mirarlas por el derecho y por el revés.

2 Golpe que se da moviendo la mano desde el lado opuesto a la dirección del mismo. *Frec en deportes.* | Delibes *Parábola* 40: A cada correctivo que imponía, le agradaba deletrear sádicamente la sentencia: .. "¡cuatro, sopapo!", y lo propinaba. O: "¡tres, revés!", y lo propinaba. A. SPrieto *Abc* 9.8.72, 52: Andrés .. arrinconó al joven americano en el revés, voleó muy bien a media pista y dominó siempre con sus saques colocados y largos. [*En tenis.*]

3 Suceso adverso o contratiempo. | *Sp* 19.7.70, 25: Felipe II .. recibió uno de los reveses más grandes de la historia naval española. CNavarro *Perros* 76: Intenta justificarse e invoca la dureza de la vida, los reveses familiares.

II *loc adv* **4 al ~.** Al contrario. *Frec con un compl* DE *que expresa lo que se toma como referencia.* | S. Gasch *MHi* 6.60, 19: Son muy maleables, al revés del plástico, que no lo es tanto. Anson *SAbc* 20.4.69, 8: El safari turístico se realiza en los parques nacionales. Estos parques son como el clásico zoológico, pero al revés. **b)** De modo contrario al normal, debido o esperado. | * Sabe contar al derecho y al revés. * Todo me sale al revés.

5 de ~. Moviendo la mano desde el lado opuesto. *Con vs como* DAR *o* GOLPEAR. *Tb adj. Gralm en deportes.* | I. M. Sanuy *Hie* 19.9.70, 10: Anuló un gol .. por levantar el stick, cosa un tanto extraña por tratarse de un golpe de revés.

revesa *f* (*Mar*) Corriente de agua que se mueve en sentido distinto al curso de la marea o corriente principal. | Aldecoa *Gran Sol* 81: Cuidado, José, al sacar, que estamos en una revesa y nos puede llevar la red para popa sin que nos demos cuenta.

revesero -ra *adj* (*raro*) Desleal o traicionero. | Guillén *Lenguaje* 23: Las galeras, ya reducidas al exclusivo uso guerrero y de guardacostas, ante la creciente y revesera actividad pirática.

revesino *m* (*Naipes*) Juego en que gana el que hace todas las bazas o el que hace menos. | *Abc Extra* 12.62, 95: Todavía quedan [juegos]. Señalemos el revesino.

revestido *m* Revestimiento. | Castroviejo *Abc* 20.3.71, 15: Debemos decir que la alquitara, por su revestido de estaño, es más aconsejable que el alambique.

revestimiento *m* **1** Acción de revestir [2]. | Navarro *Biología* 69: La misión de los epitelios de revestimiento es aislar el medio interno del exterior.

2 Cosa que reviste [2]. *Tb fig.* | *SVozC* 25.7.70, 2: Sintamur, revestimiento de paredes lavable. *País* 27.3.77, 8: Este es un pueblo más maduro y difícil de engañar de lo que sospechan algunos arbitristas. No podrá adoptarse un revestimiento democrático para encubrir un organismo antidemocrático.

revestir (*conjug* 62) *tr* **1** Vestir [a alguien, esp. a un sacerdote] sobre lo que lleva puesto. *A veces con un compl* DE *que expresa la prenda que se pone. Gralm el cd es refl.* | Cuevas *Finca* 38: El párroco se revestía en la sacristía para un bautizo. VParga *Santiago* 16: Un clérigo revestido de sobrepelliz invitaba a depositar allí sus ofrendas. Torrente DJuan 178: Pasó un cura revestido, al que precedían los campanillazos que daba un monaguillo.

2 Recubrir (cubrir enteramente la superficie [de algo (*cd*)]). | Alvarado *Anatomía* 22: Tiene por misión [el tejido epitelial] revestir el cuerpo, las cavidades que en él se abren y el interior de todos los órganos huecos.

3 Dar [a alguien o algo (*cd*) un carácter o apariencia determinados (*compl* DE)]. *Frec el cd es refl.* | Aparicio *César* 10: Las almas presentían el fin de su peregrinación mundana, y este torturado pensamiento de todas las horas las revestía de estoica serenidad. **b)** *pr* Pasar a tener [un carácter o apariencia determinados (*compl* DE)]. | Villapún *Iglesia* 45: La vida religiosa de un gran número de cristianos se reviste de una nueva característica, que es la soledad.

4 Tener o presentar [una cualidad o un carácter determinados]. | Mascaró *Médico* 46: Ante una hemorragia urinaria, que .. reviste generalmente poca gravedad, se impone el reposo absoluto. M. Calvo *Ya* 30.8.75, 6: Para los españoles, el mito de la Atlántida siempre ha revestido un encanto especial.

reveza *f* (*Mar*) Revesa. | Delibes *Madera* 345: Quedó un rato tembloroso, agarrado al pasamano, hasta que la reveza subsiguiente le reintegró a su primitiva posición.

revezar *tr* (*rur*) Reemplazar o sustituir. *Frec referido a animales de labranza. Tb abs.* | Cuevas *Finca* 22: Se reve[z]aba en casi todas las yuntas. [*En el texto*, revesaba.]

revezo *m* (*rur*) **1** Recambio o sustitución. | MCalero *Usos* 26: Les daba el señorial aspecto de pertenecer a rica heredad .. y ser casa de labor de al menos diez pares de labor y cinco mulas para revezo.

2 Cosa que sirve para sustituir [a otra (*compl de posesión*)]. | Delibes *Madera* 341: Poco a poco, el Nauta se erigió en centro de gravitación del puesto H, con lo que este vino a convertirse en un revezo del Club.

reviejo -ja *adj* (*col*) Sumamente viejo. | GPavón *Hermanas* 44: Al mirarse uno aparecía con la cara tan revieja y purulenta como el propio espejo.

revientapisos *adj* (*col*) [Pers.] que roba en las viviendas forzando la entrada. *Más frec n m.* | *Ya* 13.8.83, 29: Tras la detención del trío "revienta-pisos", la Policía ha logrado reconstruir cómo ocurrieron los hechos que culminaron con la muerte del padre del comandante Cortina. L. LSancho *Abc* 21.5.86, 18: Al centro que limita al Sur con los trileros de la c'Alcalá y al Norte con los revientapisos de la plaza de Castilla.

reviramiento *m* (*raro*) Acción de revirar. | MSantos *Tiempo* 231: El hombrecito aquel de aspecto siniestro, con solo una mano izquierda y un rápido reviramiento de cuerpo ágil, encendía la luz roja.

revirar A *tr* **1** Torcer [algo, esp. los ojos] o desviar[lo] de su posición o dirección habitual. | Delibes *Guerras* 26: Unos, los enemigos, digo, levantaban los brazos al pincharles, y otros reviraban los ojos.

B *intr* ➤ **a** *normal* **2** Volver a virar o a cambiar de dirección. *Tb fig.* | GPavón *Reinado* 126: Volvió la cabeza sin dejar el recitado, miró de pies a cabeza a los intrusos con aire severísimo, y reviró hacia su muerto. Cela *Judíos* 120: A los afiladores no les gusta que nadie hable su jerga gre-

mial .. El vagabundo, por ver de arreglar las cosas, reviró al castellano.
➤ **b** *pr* **3** (*reg*) Revolverse o inquietarse. | *Día* 16.6.76, 34: El pueblo está "revirado", y muchos no protestan por no querer confundir las cosas de la Iglesia con las del cura.

revisable *adj* Que se puede revisar. | Cela *Pirineo* 282: La ley de los hombres, créame, es muy ridícula y cicatera, muy revisable y para andar por casa.

revisador -ra *adj* (*raro*) Revisor. | *Mad* 13.12.69, 7: Únicamente los mecánicos revisadores de esta Sociedad y de sus Distribuidores Oficiales .. están autorizados para efectuar las revisiones de las botellas y reguladores suministrados por Butano, S.A.

revisar *tr* Examinar [algo] con cuidado o detenimiento. | V. RFlecha *Cua* 6/7.68, 9: Intentaré .. revisar algunos de los motivos que impulsan al cristiano hasta una opción socialista. **b)** *Esp:* Examinar [algo] con cuidado para comprobar su estado y hacer las correcciones o reparaciones necesarias. | Benet *Nunca* 21: Tendría que llamar al Banco, revisar los libros, ver la cotización. Aldecoa *Gran Sol* 35: ¿El contramaestre habrá revisado las ataduras de los aparejos?

revisión *f* **1** Acción de revisar. *Tb su efecto.* | *Sp* 21.6.70, 24: Otras jóvenes, ante el enorme porcentaje de suspensos .., intentaron pedir revisión de exámenes por medio de los profesores que las habían preparado.
2 Reposición [de una obra, esp. musical o cinematográfica]. | FCid *ByN* 31.12.66, 115: En el "Concierto del Club de Festivales", una interesante revisión de la Orquesta y el Coro de la RTVE, la cantata de Prokofieff "Alexander Nevsky". C. SFontenla *Sáb* 21.12.74, 145: En Londres, hace un par de temporadas, los jóvenes "in" se peinaban y maquillaban a lo Rodolfo Valentino, a raíz del éxito que alcanzó la revisión de sus principales películas.

revisionismo *m* (*Pol*) Actitud o tendencia favorable a someter a revisión comportamientos o doctrinas a fin de actualizarlos. | Reglá *Historia* 488: El primer acto de revisionismo [de Alberoni, 1717-1719] terminaba con un fracaso total: el sistema de Utrecht resistió bien el intento de una potencia aislada. **b)** Tendencia ideológica, dentro del marxismo-leninismo, que preconiza la revisión de la doctrina ortodoxa. | Aranguren *Marxismo* 30: El marxismo .., al ser convertido en doctrina oficial, ha dado lugar a una .. ortodoxia y, de rechazo, a heterodoxias, revisionismos y desviacionismos que ostentan la pretensión de seguir siendo marxistas.

revisionista *adj* (*Pol*) De(l) revisionismo. | MGaite *Búsqueda* 61: Pero la apertura que significó el cambio de dinastía con que se inició el setecientos español añadió un elemento nuevo con respecto a la situación revisionista que queda esbozada. **b)** Partidario del revisionismo. *Tb n.* | Aranguren *Marxismo* 112: Los líderes marxistas de la época, el revisionista Bernstein y el mismo Kautsky, perciben ya que la historia no ha confirmado algunas de las predicciones de Marx.

revisitar *tr* Considerar o interpretar [una obra o a un autor] con un nuevo enfoque. | J. M. Bonet *ByN* 24.6.90, 57: Tras una nueva exposición en Buades, celebrada en 1978 y que permitió revisitar sus pinturas y *collages* de mediados de los sesenta, Navarro Baldeweg regresó al campo de la pintura.

revisor -ra *adj* Que revisa. *Frec n m, referido al empleado encargado de revisar los billetes en el tren o en otro medio de transporte.* | J. Hospital *Van* 20.12.70, 33: La noble y alta función de la jurisdicción contencioso-administrativa es correctora y revisora de la Administración Pública. ZVicente *Balcón* 99: El padre, revisor del tren, gruñe y se queja que tiene sueño. DPlaja *El español* 60: Un revisor de tranvía descubre en la masa de pasajeros al distraído a la hora de obtener los billetes.

revista I *f* **1** Inspección o revisión. *Frec con el v* PASAR. | Marín *Enseñanza* 224: Revista y aseo del aula. M. CMarín *SNEs* 24.11.74, 9: La halagüeña disminución de la sífilis en la década de los 50 .. hizo desaparecer revistas venereológicas. **b)** (*Mil*) Inspección que un jefe u oficial hace a la tropa debidamente formada. *Frec con el v* PASAR. | GPavón *Hermanas* 11: Los del renuevo, .. rotas las filas para la revista de policía, liaban sus cigarros. **c)** (*Mil*) Presentación periódica obligatoria, ante la autoridad competente, del licenciado del servicio militar, mientras está en la reserva. *Tb ~* MILITAR. *Frec con el v* PASAR. | * Tengo que ir a Capitanía para pasar revista.
2 Publicación periódica, gralm. semanal o mensual, con artículos variados de actualidad o sobre un tema determinado. *A veces designa un programa radiofónico de características similares.* | *Abc* 25.8.68, 24: En la página de dicha revista hay parte de un artículo dedicado a la ciudad de Génova. Medio *Bibiana* 84: Tú eres hoy .. La portada de nuestra revista hablada. *GacNS* 11.8.74, 4: Radio Popular .. 22,30. Revista deportiva. **b)** *En un periódico:* Sección en que se da noticia extractada de diferentes sucesos o comentarios relativos a un tema o a la actualidad. *Con un compl especificador.* | *Mad* 24.7.70, 2: Revista de Prensa.
3 Espectáculo teatral de carácter frívolo en el que alternan diálogo, música y baile. *Tb ~* MUSICAL. | *ByN* 31.12.66, 90: Nueva gala en el Lido parisiense. Se festejaba el estreno de una revista.

II *loc v* **4 pasar ~.** Inspeccionar detenidamente [a alguien o algo (*compl* A) alguien con autoridad para ello]. *Tb fig.* | * El jefe pasó revista ayer y vio que faltaban varios. * Mañana viene mi suegra y seguro que pasa revista a la cocina. Laiglesia *Ombligos* 117: Solterón simpaticote cuya actividad fundamental consistía en pasar revista a todas las formaciones de bailarinas. **b)** Pasar [una autoridad (*suj*)] ante las tropas que le rinden honores (*compl* A). | * El Presidente pasó revista a las tropas que le rendían honores. **c)** Examinar detenidamente [una serie de cosas o los distintos elementos de algo (*compl* A)]. | A. Sastre *Inf* 14.11.70, 19: En esas escenas reconstituidas se pasa revista a esos condicionamientos, sociales, religiosos y económicos, y se hace un análisis sintético de las etapas desarrolladas por la sociedad española en estos últimos años. Mendoza *Ciudad* 363: Es cierto, decía pasando revista a su vida, que en ocasiones he obrado de modo heterodoxo.

revistar *tr* Pasar revista [a alguien o algo (*cd*)]. | Aparicio *Mono* 208: ¿Recordáis cómo chancleteaba de una habitación a otra revistando las dependencias de la casa? *Ya* 5.12.74, 15: Previamente, el Príncipe .. había revistado a una batería del regimiento de Artillería de Campaña número 11, de la División Acorazada, que .. le rindió honores. Faner *Flor* 125: En las gélidas noches londinenses revistaba su pasado. Se veía niño, bregando por traer un poco de pescado a su mísera casuca.

revisteril *adj* De (la) revista [2 y esp. 3]. | J. Baró *Abc* 9.4.67, sn: Si es autor, estará en contacto vocacional con nuestro fabuloso mundo revisteril.

revistero -ra A *m y f* **1** Pers. encargada de escribir revistas [2b]. | Bellón *SYa* 31.3.74, 35: Currito Pencas fue el seudónimo del revistero don Baldomero Rubio, que escribía de toros en el periódico madrileño "El Mundo".
B *m* **2** Mueble para colocar revistas [2a]. | *Ya* 15.6.75, 13: Tresillos, mesas, espejos, camas, mesas de noche, revisteros, moisés, etc. .. Galerías Preciados.

revitalización *f* Acción de revitalizar(se). | Castilla *Humanismo* 11: Lo que se denomina pensamiento reaccionario no es otra cosa sino el intento para no ver lo que caracteriza al pensamiento de hoy, para confundir la nostalgia del tiempo pasado con la imposibilidad de su revitalización. FQuintana-Velarde *Política* 94: En muchos países, una vez alcanzada la etapa de descenso en la velocidad de crecimiento en el número de sus pobladores, se experimentó una revitalización.

revitalizador -ra *adj* Que revitaliza. *Tb n m, esp referido a producto.* | *Miss* 18.10.74, 18: Una crema revitalizadora. Suñén *Manrique* 60: El deseo actúa como revitalizador de sí mismo y como provocador del esfuerzo ascético del amador.

revitalizante *adj* Que revitaliza. | *ByN* 11.11.67, 28: La crema Absolue rodea su rostro de los cuidados más completos. Absolutamente revitalizante, estimula la renovación de las células.

revitalizar *tr* Dar nueva vida o vigor [a algo (*cd*)]. | S*Abc* 8.3.70, 32: Ahora existe ya un Tónico Capilar capaz de anular completa y eficazmente la caída del pelo, revitalizando además las raíces de los cabellos que ya se cayeron. *Mun* 23.5.70, 4: Tratar de revitalizar la vida local, de descentralizar funciones, equivale .. a dotar de una mayor consistencia a .. las estructuras sociopolíticas. **b)** *pr* Cobrar nueva vida o vigor [algo]. | A. Casanovas *ByN* 3.10.93, 116: No servirá de nada colocarlas [las plantas] en un rincón oscuro para evitar que estén a la vista, o dejarlas a pleno sol para ver si se "revitalizan".

revival *(ing; pronunc corriente,* /ribáibal/ *o* /rebáibal/) *m* Retorno a la moda o a la popularidad [de alguien o algo]. | F. Cortina *Mad* 23.12.70, 22: Hemos asistido a un "revival" de diversas manifestaciones del Art Nouveau. A. Mallofré *Van* 18.7.85, 23: Creo que este tipo de rock es poco antiguo para ser objeto de "revival" y lo es demasiado para que pueda pasar por actual.

revivalismo *m* Tendencia a volver a formas o estilos del pasado. | *DGa* 13.3.88, 35: No quiero volver a hacer música del pasado, ni siquiera aquella que me gusta locamente .. No me interesan ni el revivalismo ni los puristas.

revivalista *adj* De(l) revivalismo. | J. Á. González *DGa* 13.3.88, 35: Tampoco desea ser encuadrado en cualquier tipo de corriente revivalista que fije en el pasado el modelo a seguir fielmente.

revivencia *f (lit, raro)* Acción de revivir [2 y 3]. | E. Borrás *HLM* 26.10.70, 16: La ampliación de salas y dependencias del Museo de Santa Cruz y la revisora revivencia de la calle de Bulas Viejas. J. E. Aragonés *MHi* 12.57, 53: Premoniciones y recuerdos, revivencias y adivinaciones se suceden, acrecentando el misterio de la trama su contraste con un lenguaje realista.

revivificación *f* Acción de revivificar. | R. Calanda *Van* 25.12.71, 56: En invierno la luz agoniza, se adormece; por ello se imponen ritos de revivificación.

revivificador -ra *adj* Que revivifica. | J. M. Alfaro *Abc* 21.4.74, 3: El retorno a los Reyes Católicos .. podría significar algo así como la vuelta a las fuentes, a un sumergimiento en los manantiales revivificadores de la tradición.

revivificante *adj* Revivificador. | J. López *Abc* 28.8.66, 10: ¿Sabe usted .. que Parfums Weil, de París, acaba de lanzar en España su nueva creación Eau de Fraîcheur, que .. le permitirá estar siempre en forma, por su poder tónico y revivificante?

revivificar *tr* Reavivar o revitalizar. | * Se propusieron revivificar la tradición.

revivir A *intr* **1** Volver a la vida [alguien o algo muerto o que parecía muerto]. *Tb fig.* | *Abc* 30.6.76, 63: En Natmauk (Birmania) se dio por muerto a un niño, aplazándose su entierro hasta el día siguiente a causa de una tormenta. Pero el niño revivió veinticuatro horas después, comenzando a llorar. *Cam* 2.2.76, 77: Alberto, el gran escultor nacido en Toledo, formado en Madrid y fallecido en Moscú (1895-1962), revive hoy en España y en medio mundo gracias a la Fundación Alberto. Mendoza *Ciudad* 355: El estallido de la Gran Guerra primero y la reticencia del Gobierno de Madrid siempre paralizaron las obras. En trance de muerte .. el financiero pudo rescatar su alma de las garras del maligno, pero la Exposición no revivió.
B *tr* **2** Volver a la vida [a alguien o algo muerto o que parecía muerto *(cd)*]. *Tb fig.* | Cunqueiro *Crónicas* 65: Si murió en mis brazos debió de ser de un síncope, y las magulladuras que le encontraron en el cuello no se produjeron a causa de que yo la ahogase, sino que por revivirla la sacudí, buscando que recuperase de nuevo el aliento. A. Blasco *Ya* 15.10.67, 2: Ha iniciado experimentos para ver si el corazón de personas muertas en accidente puede ser "revivido". MMolina *Jinete* 315: La música acaba de revivirme, me desprende de la fatiga.
3 Evocar con viveza. | Olmo *Golfos* 41: Recordando a Sabañón, no hago más que revivirlo.

reviviscencia *f (lit o E)* **1** Acción de revivir. | Lera *Olvidados* 72: Don Jesús creyó ver en ella un trasunto de la hembra paleolítica, debido, tal vez, a la reviviscencia de algunos cromosomas dormidos durante miles de años. Alvarado *Zoología* 11: Cuando retornan las circunstancias favorables, el animal [la ameba] absorbe agua, se hincha, abandona el quiste y reemprende la vida activa. Este fenómeno se conoce con el nombre de reviviscencia. Abella *Des* 22.2.75, 31: La figura del autor ronda incesantemente, y de tal manera que la reviviscencia de muchos de sus contemporáneos tal parece que está hecha para que sea el propio autor el que aparezca.
2 Propiedad o capacidad de revivir [1]. *Tb fig.* | SLuis *Doctrina* 149: Se llama reviviscencia a la propiedad que tiene este Sacramento [la Extremaunción] de renovar sus efectos cada vez que se recobra la Gracia, mientras dura el peligro de muerte por el que se recibió.

reviviscente *adj (Biol)* Dotado de reviviscencia [2]. | Perala *Setas* 38: *Marasmius* .. Tienen la propiedad de ser reviviscentes, es decir, de secarse sin pudrir y "renacer" al ser sumergidos en agua.

revocable *adj* Que se puede revocar, *esp* [1]. | Ramírez *Derecho* 86: El testamento es esencialmente revocable. Quiero decir que el testamento no vincula al testador.

revocación *f* Acción de revocar [1]. | Ramírez *Derecho* 86: El testador puede cambiarlo o revocarlo tantas veces como tenga por conveniente, aunque observando en la revocación las solemnidades necesarias para testar.

revocado *m* Acción de revocar [3]. *Tb su efecto.* | *Ya* 20.11.75, 6: Fachadas. Revocados, albañilería, pintura en general, obreros asegurados, garantía.

revocador -ra *adj* Que revoca. *Frec n, referido a pers. Tb fig.* | E. G. SMontero *Ya* 27.3.86, 5: Ahora, en primavera, es cuando nuestras damas de grandes posibles .. más frecuentan las visitas al cirujano revocador. *Ya* 14.4.64, 44: Revocadores, estucadores, fachadas, patios.

revocar *tr* **1** Anular o dejar sin efecto [una disposición o mandato]. | Ramírez *Derecho* 168: Las [donaciones] hechas entre cónyuges fuera de capítulos son nulas; pero si el donante fallece sin revocarlas, quedan convalidadas.
2 Hacer que [algo *(cd)*, esp. el humo] vuelva atrás. | * El aire era tan fuerte que revocaba el humo.
3 Enlucir un paramento, esp. las paredes exteriores de un edificio]. *Tb abs.* | J. Bassegoda *Van* 4.2.77, 29: La estructura de los puentes se halla perfectamente revocada con mortero de cal. *BOE* 1.12.75, 25024: Albañiles. Son los operarios capacitados en todas las operaciones o cometidos siguientes: leer planos o croquis de obra o de fábrica ..; maestrar, revocar, blanquear. **b)** Enlucir las paredes exteriores [de un edificio *(cd)*]. | F. Villagrán *Abc* 10.6.58, 23: Una de estas calles .. tiene una casona antigua, encalada y revocada por las gentes de hoy.

revocatorio -ria *adj* Que revoca [1]. | Ramírez *Derecho* 78: A veces .. aquella disposición queda limitada o reducida, bien por imperativo legal –defensa de la legítima, por ejemplo–, bien en defensa de los acreedores –acción revocatoria–.

revoco *m* Acción de revocar [3]. *Tb su efecto.* | *Abc* 4.10.70, sn: Reformas, albañilería, revocos. Hoyo *Glorieta* 22: El sol daba de costado sobre la pared del Ventorrillo. Entre nube y nube, lamía su revoco amarillento.

revolante *adj (lit)* Que revuela. *Tb fig.* | Camón *LGaldiano* 9: La rítmica armonía de los ropajes dispuestos en revolantes y caligráficas lineaciones.

revolar *(conjug* **4) A** *intr* **1** Volar haciendo giros. | Laforet *Mujer* 28: Una ráfaga de viento .. hizo revolar unas piezas de música colocadas en el atril del piano.
2 Alzar de nuevo el vuelo [un ave]. | Delibes *Madera* 384: Una alarmada bandada de gaviotas levantó el vuelo ante su presencia para abatirse del otro lado de la roca .. Inopinadamente, tronó el cañoncito de avisos, y el bando de gaviotas revoló chillando.
B *tr* **3** Volar haciendo giros [sobre algo *(cd)*]. | Cela *Judíos* 219: La gentil mariposa revolaba el rosal.
4 Hacer que [un ave *(cd)*] alce de nuevo el vuelo. | Delibes *Inf* 7.1.76, 15: Rara vez hace [este pájaro, la becada] desplazamientos largos, con lo que, avanzando en la dirección que la hemos perdido de vista, es fácil revolarle, dándonos la oportunidad de enmendar nuestro yerro.

revolcadera *f* Barullo o confusión formado por perss. o animales que se revuelcan [1]. | SFerlosio *Jarama* 88: Parece como en las bodas de los pueblos, 'que tiran perras a la puerta la iglesia, para ver la revolcadera que forman los chavales.

revolcadero *m* Sitio en que habitualmente se revuelcan [1] los animales. *Tb fig.* | Berenguer *Mundo* 197:

Sí que corté camino, pero, del pelo al dedo gordo del pie, iba como el cochino que sale del revolcadero. MGaite *Retahílas* 187: Te regodeas en esos revolcaderos limítrofes con la locura.

revolcar (conjug 4) *tr* **1** Echar o tirar [a alguien sobre un lugar (*compl* EN o POR)] haciendo que se refrote y dé vueltas. *Frec el cd es refl. Referido a pers, frec como acto erótico o sexual*. | Cela *Inf* 26.11.76, 20: Al sentirse [el burro] libre y autorizado, trota, se revuelca por el suelo, rebuzna. Marsé *Tardes* 51: Él seguía acariciándola. Cuando iba a revolcarla de nuevo sobre la cama, ella se soltó y se incorporó de un salto. Payno *Curso* 151: A las seis quedaron en ir por su casa las dos muchachas y él, con tocadiscos y discos. Estuvieron allí hasta las diez de la noche. Bailaron y se revolcaron, riendo, por los severos sillones de la casa. **b)** *Con cd refl se usa enfáticamente para ponderar la risa o el dolor*. | * Se revolcaba de risa. * Se revolcaba de dolor.
2 Derribar y maltratar [a alguien]. | Berenguer *Mundo* 155: Yo nunca he perdido, ni con los machos, ni con las hembras. Yo me revuelco al que se me pone por delante.
3 (*col*) Vencer [a alguien en una disputa o competición]. | * Pensé que eran superiores, pero nunca esperé que os revolcarían así.
4 (*col*) Suspender [a alguien en un examen]. | * Me han revolcado en matemáticas.

revolcón *m* Acción de revolcar(se). *Frec en la constr* DAR(SE) UN ~. | Marsé *Montse* 264: Imagino las incursiones del chico a las dependencias particulares de la patrona, o al cuarto de las prostitutas: .. allí, competente y expeditivo, con las bromas, la confianza, el sopor de la hora de la siesta, un revolcón. S*Abc* 9.2.69, 46: Sobre estas líneas, una estampa viva de la capea, el revolcón inevitable de estas fiestas taurinas. J. Zabaleta *DVa* 15.3.75, 19: En Galarreta, un difícil compromiso para Pablo Lecumberri, .. que tiene que quitar el mal sabor que dejó su derrota, tras un gran revolcón, el domingo pasado. DCañabate *Paseíllo* 49: Se llevan [los estudiantes] sus revolcones, pero vuelven en septiembre, y aquí no ha pasado nada.

revolear A *intr* **1** Volar haciendo giros o vueltas. | MGaite *Retahílas* 194: El aire frío me hacía revolear los bajos de la capa.
B *tr* **2** Volar haciendo giros o vueltas [sobre algo (*cd*)]. | Aldecoa *Gran Sol* 13: Las gaviotas daban sus gritos estremecidos revoleando el puerto.
3 Mover [algo] haciendo que dé giros o vueltas a cierta altura. | Berenguer *Mundo* 226: Revoleaba yo el brazo de acá para allá. Quiñones *Viento* 31: Revoleó por alto el capote y, sin dejar el lance, abatió una mano.

revoleo *m* **1** Acción de revolear. | MGaite *Usos* 41: Evocaba [el adjetivo "airoso"] un ondear de banderas, un revoleo de capas en los desfiles. F. PMarqués *Hoy* 27.8.75, 13: Desagravian estos cofrades .. las ofensas que le hicieron al santo mártir, con vítores y hábiles revoleos, diestramente aprendidos, de su bandera representativa.
2 Revuelo o agitación. | Berlanga *Gaznápira* 112: Todo cabe, y más con el revoleo que sacude Monchel desde que no pasa fecha .. sin que suban lo[s] Civiles.

revolera *f* **1** (*Taur*) Remate en que el torero pasa el capote de una mano a otra haciendo que produzca la impresión de un círculo en movimiento. | *Rue* 22.12.70, 13: Las chicuelinas, los lances al costado, las revoleras .. son gala y adorno del tercio de quites.
2 (*reg*) Revuelo o agitación. | Berlanga *Barrunto* 63: Me gusta andar de guripeo, perderme en el zoco .. En la fuente hay revolera. Lera *Olvidados* 250: El coche se perdía ya entre una revolera de polvo.

revolica *f* (*reg*) Jaleo o enredo. | CPuche *Sabor* 163: Los refugiados .. buscaban relación y trato con las familias murcianas de más abolengo y dinero, y hasta era posible que salieran algunos matrimonios de los noviajes que habían surgido .., "algún beneficio tienen que traer estas revolicas".

revolotear *intr* Volar haciendo giros en poco tiempo. *Tb fig*. | Arce *Testamento* 23: Entre sus ramas más bajas revoloteaban los verderones. DCañabate *Abc* 29.10.70, 15: Los copos revoloteaban traídos y llevados por el ventarrón. * Se pasa el día revoloteando a mi alrededor, no he visto persona más pesada.

revolcar – revolucionar

revoloteo *m* Acción de revolotear. | L. Marañón *MHi* 8.66, 75: Unas palomas blancas vuelan y juegan en el aire tamizado de las cúpulas .. Su revoloteo juguetón y alegre es como el rezo de un niño pequeño.

revoltijo *m* Conjunto de varias cosas revueltas. | Laiglesia *Tachado* 29: A veces, al limpiar un cajón, encontramos entre un revoltijo de basura la valva solitaria de unas castañuelas.

revoltillo *m* Revoltijo. | CBonald *Casa* 23: El traslado se preveía dos días antes de llevarse a cabo, y allí empezaba el revoltillo de roperos y cómodas, el acarreo de baúles. SSolís *Camino* 113: Observaba el revoltillo de fortunas rápidas que se iban amasando a su alrededor.

revoltoso -sa *adj* **1** [Niño] travieso o enredador. *Tb n*. | Alfonso *Abc* 3.12.70, 19: Una estatua o un monumento de los que vamos apartando y poniendo junto a la pared, como a niños revoltosos.
2 Que participa en una revuelta [2]. *Tb n*. | An. Castillo *Ya* 21.5.77, 18: Un grupo de jóvenes se vio enfrentado con las personas que en aquel momento transitaban por el referido lugar. Estos transeúntes llegaron a cercar a un miembro del grupo de revoltosos, a quien propinaron una regular paliza. **b)** Propio de la pers. revoltosa. | D. Gálvez *Rev* 12.70, 13: El Estado, bueno es reconocerlo, ha intervenido las haciendas de mayor producción porque el cholo que la trabaja, con su mezcla de razas, es de índole revoltosa y pronto de genio.

revolú *m* (*raro*) Alboroto o confusión. | Gala *Días* 398: Adán se comió la manzana, pero nos ha salido a todos el tiro por la culata. ¡Qué revolú se armó..! Bonet *Pue* 16.12.70, 25: Es coronel, de los más antiguos y tradicionales, aquellos que alborotaron Flandes y entre el mujerío fueron un verdadero revolú.

revolución **I** *f* **1** Cambio radical, esp. por la fuerza, en las instituciones políticas de una nación. | Reglá *Historia* 495: Hemos aludido ya a la crisis de la alianza borbónica .. como consecuencia del estallido de la Revolución francesa. **b)** Cambio brusco e importante en el orden social, económico o moral. *Tb fig. Frec con intención ponderativa*. | Vicens *Polis* 464: La revolución industrial exigió desde el primer momento grandes capitales. *Agenda CM* 178: La informatización supone una gran revolución en el orden centenario de las grandes bibliotecas. **c)** (*col*) Desorden o confusión. | * ¿Qué revolución me habéis armado aquí?
2 (*Mec*) Giro que da una pieza sobre su eje. | *Abc* 21.4.70, 18: Los tractores Barreiros rinden y duran más .. Por su potencia .. Por sus bajas revoluciones. J. A. DPinilla *SPaís* 11.11.79, 52: Se tolera que el plato [del tocadiscos] marche entre 33 y 33,8 revoluciones por minuto.
3 (*Astron*) Movimiento [de un astro] a lo largo del curso de su órbita. | Palacios *Juicio* 96: Se hacen con el poder, pero lo tienen en depósito, y lo devuelven automáticamente al cabo de unas cuantas revoluciones del sol, astronómicamente previstas. Marcos-Martínez *Física* 143: Por el tiempo transcurrido entre dos eclipses consecutivos determinaba el tiempo que dicho satélite empleaba en una revolución. **b)** ~ **anomalística**. Intervalo entre dos pasos consecutivos de un astro por el afelio. | *Anuario Observatorio 1967* 91: Luna .. Revolución anomalística: 27d, 13h, 18m, 33,1s.
II *loc adj* **4 de ~**. (*Geom*) [Cuerpo o superficie] engendrados por el movimiento de una línea que gira alrededor de una recta fija, manteniendo cada uno de los puntos de aquella su distancia respecto a esta. | Marcos-Martínez *Matemáticas* 160: Todos los meridianos de una superficie de revolución son iguales. Gironza *Matemáticas* 200: Cilindro de revolución.

revolucionar *tr* **1** Causar una revolución [1b y c] [en algo, esp. un sitio o una colectividad (*cd*)]. | Cossío *Confesiones* 212: Casanueva, inquieto y bullicioso, revolucionaba un poco la vida de Chafarinas. **b)** *pr* Sufrir una revolución [algo, esp. un sitio o una colectividad]. | FQuintana-Velarde *Política* 205: Han bastado las condiciones naturales del país .. y el espectacular desarrollo de la renta nacional de los países europeos para que se revolucionasen las cifras tanto de los turistas como de los ingresos que aportaban.
2 Incitar o arrastrar [a alguien] a la revolución [1a]. *Frec fig*. | FReguera-March *España* 145: –Las masas se han re-

volucionado siempre –explicaba a sus exaltados compañeros cuando defendían la revolución–. ¿Y de qué ha servido? **b)** *pr* Hacerse revolucionario. *Frec fig.* ǀ L. Calvo *Abc* 5.3.72, 21: Una compulsión, que fue primero burocrática, luego ideológica y ufana, luego militar, y, finalmente, del partido en trance de reorganizarse y revolucionarse, crea incesantemente sociedades cambiantes.

3 (*Mec*) Imprimir determinadas revoluciones [2] [a un motor (*cd*)]. *Frec con un cuantitativo.* ǀ * Este motor va demasiado revolucionado.

revolucionariamente *adv* De manera revolucionaria. ǀ L. Calvo *Abc* 21.11.70, 36: La pornografía y la revolución, la revolución hecha pornográficamente y la pornografía hecha revolucionariamente, eran punible ofensa.

revolucionario -ria *adj* **1** De (la) revolución [1a y b]. ǀ Tejedor *Arte* 196: El influjo de las ideas de la Enciclopedia fue muy intenso .. y así inspiró y ocasionó los diversos movimientos revolucionarios de ambos continentes. **b)** Partidario de la revolución [1a y b], o que participa en ella. *Tb n.* ǀ Arenaza-Gastaminza *Historia* 230: Robespierre, el más extremista de los jefes revolucionarios. *Abc* 16.12.70, 58: Lo que contradice esa defensa de la libertad que pregonan los revolucionarios.

2 [Cosa] que implica un cambio total respecto a lo anterior en su género. ǀ *Fam* 15.11.70, 53: Es absolutamente necesario que utilice este depilatorio revolucionario, seguro, sin peligro, agradable.

revolucionarismo *m* (*Pol*) Tendencia a la revolución [1a]. ǀ *Abc* 18.8.64, 24: Era inevitable una próxima época de revolucionarismo extremo en el continente negro.

revolucionarista *adj* (*Pol*) De(l) revolucionarismo. ǀ E. Haro *Tri* 27.11.71, 6: Hay otro partido socialista, el unificado, el P.S.U., formado por disidentes, que tomó a partir de 1968 la línea revolucionarista. **b)** Partidario del revolucionarismo. *Tb n.* ǀ P. Berbén *Tri* 5.8.72, 20: El filósofo revolucionarista Lefe[bv]re ha dedicado algún libro, y algunos capítulos de libros, a la moda y a sus condiciones de terrorismo social.

revolvedor -ra *adj* (*raro*) Que revuelve [4]. ǀ E. Carvajal *SAbc* 3.3.90, II: Revolvedora es del mundo la sed de oro.

revolver (*conjug* 35) **A** *tr* **1** Mover [una sustancia líquida o pulverulenta, o una pluralidad de cosas] de manera que sus partículas o sus componentes cambien de posición o se mezclen. *Tb abs.* ǀ Laforet *Mujer* 274: Una señora gruesa, con un espeso bigote negro, .. revolvía su café con leche. Bernard *Verduras* 38: Se ponen [las espinacas] con la mantequilla en una cacerola a fuego muy bajo, revolviéndolas de cuando en cuando para que se sequen. *Abc Extra* 12.62, 71: "Toda palabra o gesto" .. será motivo para que el "pie" –así se llama en el preciso vocabulario del dominó al que corresponde– revuelva las fichas. *SHie* 19.9.70, 9: Se le agrega la crema agria revolviendo constantemente.

2 Alterar la disposición o el orden normal o establecido [de una serie de cosas (*cd*)]. ǀ Medio *Bibiana* 12: La cabeza de Marcelo, con los pelos revueltos, .. despierta en Bibiana un sentimiento de ternura. **b)** Poner en desorden las cosas [de un sitio (*cd*)]. *Tb abs.* ǀ Los niños no hacen más que revolver. * No revolváis los cajones.

3 Examinar o registrar [un recipiente] removiendo las cosas contenidas en él. ǀ Payno *Curso* 182: Alice, la suiza, revolvió su bolso.

4 Alterar o agitar [a alguien o sus ideas o sentimientos]. ǀ Aldecoa *Gran Sol* 20: No me revuelvas a esta, Petra, que ya nos peleamos lo suficiente. Bermejo *Estudios* 41: Sobre los adelantados también hay escasas noticias; acotan con los alcaldes y los "quator" a quienes revuelven la ciudad. **b)** *pr* Alterarse o agitarse. ǀ Nácher *Guanche* 135: Cerrado al humor, don Salvador se sintió herido por la chanza .. –¡Por Jesucristo, don Salvador, no se revuelva! .. Solo estoy de broma.

5 Alterar [a alguien (*cd*)] el normal funcionamiento del aparato digestivo. ǀ * Ando algo revuelta, tengo como ganas de devolver. * El olor a incienso me revuelve totalmente.

6 ~ **el estómago, la(s) tripa(s),** *o* **el cuerpo** [a alguien]. Alterar[le] el normal funcionamiento del aparato digestivo o causar[le] repugnancia. *Frec fig, en sent moral.* ǀ Arce *Testamento* 199: –A mí estas cosas me revuelven la tri-

pa –dijo, y se agachó allí mismo, a nuestras propias narices. GPavón *Rapto* 55: Los tembleques y resuellos del Rojo, que restregaba toda la cara contra aquellas partes blandas y muertas, .. revolvían el cuerpo. Y fue la Rocío quien rompió aquel selvático espectáculo, porque empezó a dar arcadas agónicas y a echar cuanto llevaba dentro. Delibes *Año 20*: A mí los ideales burgueses me deprimen, pero los del heredero de estos ideales .. sencillamente me revuelven las tripas. **b)** *pr* **~se**[le] **el estómago, la(s) tripa(s),** *o* **el cuerpo** [a alguien]. Alterárse[le] el normal funcionamiento del aparato digestivo o producírse[le] repugnancia. *Frec fig.* ǀ * Con el olor a incienso se me revuelve el estómago. Payno *Curso* 129: Hablaban mal de mis padres .. Se me revolvían las tripas. **c)** **~ la bilis** → BILIS.

7 Volver o doblar [una esquina]. ǀ ZVicente *Traque* 108: Ya está ahí al ladito. Allí es. Al revolver de la esquina.

B *intr pr* **8** Agitarse o volverse a un lado y a otro sin moverse del sitio, o dentro de un espacio muy limitado. ǀ Medio *Bibiana* 15: Se revuelve en la cama, a impulsos de su inquietud, y acaba por adoptar otra vez la misma postura. Cela *Judíos* 171: Un gallo maniatado .. empezó a revolverse y a cacarear con una voz cascada y pesimista. **b) no poder ~se.** No tener espacio para moverse. *Con intención ponderativa.* ǀ DCañabate *Abc* 31.10.79, sn: Los perros caseros, condenados con cadena perpetua a una habitaciones donde no pueden revolverse.

9 Volverse o darse la vuelta. ǀ Olmo *English* 26: –(Llevándosela.) ¡Venga pa dentro! –(Revolviéndose, se enfrenta de nuevo con el Míster.) Y es una lástima, porque ¿a que yo le gusto? **b)** Volverse [hacia alguien que ataca o acosa (*compl* CONTRA)] para hacerle frente. *Tb sin compl. Tb fig.* ǀ Olmo *Golfos* 97: Una bandada de piedras fue a caer entre los sorprendidos atacantes, quienes, revolviéndose, se parapetaron detrás de las esquinas. J. Salas *Abc* 6.12.70, 31: Airadamente se revuelve Portugal contra las acusaciones de las Naciones Unidas. **c)** Hacer frente [a una pers. o cosa (*compl* CONTRA)] o ponerse [contra ella]. ǀ GNuño *Escultura* 164: De nuevo hemos de revolvernos contra la supuesta magnificación de la cuantía y penetración de ese último mundo clásico vulgarizado por Roma.

revólver *m* **1** Arma corta de fuego con varias recámaras taladradas en un cilindro giratorio. ǀ CNavarro *Perros* 58: El hombre, valiéndose de un revólver, les indicaba los sitios donde debían permanecer.

2 (*Mec*) Dispositivo giratorio que permite el empleo sucesivo de distintas piezas. *Frec en aposición con* TORNO. ǀ GTelefónica *N*. 1036: Talleres Segura. Tornillería especial. Trabajos de torno revólver y cilíndrico. GTelefónica *N*. 640: Otero .. Tornos revólver. Tornos cilíndricos. **b)** Torno revólver. ǀ *Van* 17.4.73, 90: Para trabajar a turnos, empresa metalúrgica precisa Torneros revólver y cilíndricos.

revoque *m* Acción de revocar o enlucir. *Tb su efecto. Tb fig.* ǀ *Sáb* 10.9.66, 47: Indispensable para pintar madera y metales, revoque de los muros y murallas, así como techos. FSantos *Hombre* 12: Todo el lienzo de la pared maestra surgió en la penumbra, en carne viva, al aire su revoque primitivo. SSolís *Jardín* 63: Finalmente, un lápiz cremoso blanco dentro del párpado inferior y, como remate, el revoque de las pestañas, que luego separaba una a una con un palillo de dientes.

revuelo I *m* **1** Acción de revolar. ǀ DCañabate *Abc* 22.9.74, 17: Las gaviotas son muy entretenidas .. Creo que en sus vuelos y revuelos charlan que se las pelan.

2 Agitación o alboroto. ǀ Laforet *Mujer* 175: Rita apartó el plato de la mesa y lloró ruidosamente .. Hubo un pequeño revuelo.

II *loc adv* **3 al ~ de un capote.** (*Taur*) Aprovechando la salida del toro de una suerte de capa. ǀ DCañabate *Paseíllo* 93: Al revuelo de un capote, el Pulguita se aprovecha y le prende una banderilla en mitad de la barriga.

revuelta *f* **1** Cambio pronunciado de dirección, esp. el que va formando zigzag con otros. ǀ VParga *Santiago* 22: El viajero que viene de Francia deberá subir .. por una carretera de múltiples revueltas. Benet *Nunca* 72: En un pequeño collado, dominando la revuelta del Torce, estaba situada la casa.

2 Movimiento colectivo de protesta que se manifiesta con alteraciones poco importantes del orden público. ǀ MKleiser *Abc* 25.2.68, 3: Exige a veces el cierre de colegios y de institutos o universidades con tanta urgencia como las revueltas estudiantiles.

revueltamente *adv* De manera revuelta (→ REVUELTO [1 y 2]). | Cela *Viaje andaluz* 138: Las mil adivinadas flores de los balcones artesanos –el clavel, el nardo, la albahaca–, todo revueltamente ordenado y puntual, sonreidor y propicio.

revuelto -ta I *adj* **1** *part* → REVOLVER.
2 [Cosa] llena de confusión o desorden. | MSantos *Tiempo* 146: Los frescos ataúdes .. se alinearon impúdicamente en revuelta promiscuidad inacostumbrada. Arce *Testamento* 61: Lo que pasó después ya fue tan revuelto que casi no me acuerdo.
3 [Cosa] llena de agitación o inestabilidad. | *Abc* 20.7.67, 60: El tiempo excesivamente variable durante toda la primavera –lluvias y muy revuelta climatología– limitó las esperanzas de los hombres de la caña y el nylon. E. SPedrote *Abc* 18.11.70, 47: Será el atractivo en la arquitectura civil de esta ruta recién fundada, en unión de la Torre de Don Fadrique, esa maravilla que el hijo del Rey San Fernando dejó como estela de un pasado glorioso y revuelto. **b)** [Agua] agitada. | * Las aguas bajan revueltas y turbias. S. Bernal *DLe* 11.12.74, 19: Hay quien lucha contra corriente por puro hastío ante la hojarasca y las zurrapas superficiales de las aguas revueltas. **c)** [Río] ~ → RÍO.
4 [Huevo] batido y cuajado en la sartén sin darle forma. *Gralm en pl.* | *Ama casa* 1972 204: Huevos revueltos con costrones.
II *m* **5** Guiso cuyo principal ingrediente son huevos batidos y cuajados en una sartén sin darles forma. *Frec con un compl especificador.* | Lotina *Setas* 94: Revuelto de setas. Por regla general, con las setas se hacen revueltos cremosos y pocas veces tortillas.

revuelvepiedras *m* Vuelvepiedras. | * El programa de ayer estuvo dedicado a dos aves curiosas: el quebrantahuesos y el revuelvepiedras.

revulsión *f* **1** (*Med*) Provocación de una inflamación o congestión superficial para sustituir con ella otra más profunda y peligrosa. | *Puericultura* 43: Cuidados del niño enfermo. Habitación, vestidos, alimentación, temperaturas, baños, envolturas, revulsión, etc.
2 Alteración o reacción que gralm. acaba produciendo efectos beneficiosos. | Delibes *Perdiz* 119: Al Cazador le basta el presentimiento de una perdiz para que en su interior se desate una revulsión psíquica.

revulsionar *tr* Causar revulsión [2] [en alguien o algo (*cd*)]. | FFlórez *Florestán* 708: Esta derrota sin precedentes revulsionó enconos y agitó los posos de discrepancias, y se cruzaron insultos en diversos idiomas y golpes con variada violencia. J. R. Alonso *Sáb* 24.9.75, 6: Necio será quien no entienda que la España de Franco ha sido una Monarquía, y que el estar dejando de serlo .. es lo que hoy revulsiona y agita nuestra vida política.

revulsivo -va *adj* Que produce revulsión. *Tb n m, referido a medicamento o medio.* | Buero *Lázaro* 109: Si te atrevieses a saltar las barreras, conseguirías páginas más revulsivas que esos laberintos de la conciencia en que nos metes. J. Barriga *SVozC* 31.12.70, 1: Han servido de revulsivo contra quienes, dentro o fuera de nuestras fronteras, buscan la desunión espiritual de los españoles.

rexismo *m* (*hist*) Movimiento político de tendencia fascista, surgido en Bélgica en 1935. | FSalgado *Conversaciones* 462: ¿Cuál sería la reacción de Alemania si se anunciase que en Roma tenía lugar un congreso de cualquier partido político al que oficialmente fueran invitados grupos representantes del partido nazi? .. ¿Y la de Bélgica si se invitaba al rexismo?

rexista *adj* (*hist*) De(l) rexismo. | Tusell *Ya* 20.7.86, 5: Leon Degrelle, antiguo dirigente del movimiento "rexista" en Bélgica, se ha visto sometido a un proceso ante la Justicia española. **b)** Adepto al rexismo. *Tb n.* | J. Aldebarán *Tri* 3.6.72, 22: En 1946, los fascistas italianos del "Uomo qualunque" .. entraban ya en contacto con los nazis de Alemania, los rexistas belgas.

rey, reina I *n* A *m y f* **1** Jefe de estado en una monarquía. | CBaroja *Inquisidor* 54: Arce "renunció" su plaza en manos del rey. Arenaza-Gastaminza *Historia* 274: La reina Isabel II .. tuvo que abandonar España. **b)** *Frec se usa en constrs de sent comparativo para ponderar comodidad y lujo.* | Laforet *Mujer* 210: Vamos a estar como reyes. Laforet *Mujer* 161: Me vio a mí hecha una reina siempre mientras vivió mi marido.
2 Pers., animal o cosa que tiene la supremacía entre los de su género, en un lugar o en una actividad. *Frec en constrs lexicalizadas:* EL ~ DE LA CREACIÓN '*el hombre*', EL ~ DE LA SELVA '*el león*', EL ~ DE LA CASA '*el bebé*'. | *Ade* 27.10.70, 4: Modernice su hogar con el rey de los lavavajillas. *Sp* 19.7.70, 24: La nave reina es, durante toda una gran época, la galera. V. RFlecha *Cua* 6/7.68, 10: Hay que negar un universo en el que el beneficio es rey. Rábade-Benavente *Filosofía* 272: Decimos que el león es el rey de la selva .. o que el hombre es el rey de la creación. Marsé *Montse* 109: Entre las dos tienden al bebé en el catre. Daba gozo verlas inclinadas sobre el rey de la casa. **b)** *Se emplea como apelativo cariñoso, esp referido a niños.* | Alós *Hogueras* 238: –¿Dónde está mi reina, mi niña bonita? –gritaba su padre al llegar a casa. MGaite *Nubosidad* 63: –¿Qué me va a pasar, mujer? .. –No, es que me pareció que me estabas echando .. –No te echo, reina, quédate si quieres .. Lo único es que voy a salir un rato. **c)** ~ **de la montaña.** (*Dep*) Ciclista campeón de las etapas de montaña. | MChacón *Abc* 14.5.67, 94: Puede, incluso, acumular más puntos mañana en Sollube, y no ser "rey de la montaña".

B *m* **3** Esposo de una reina [1]. | FReguera-March *Fin* 381: Se trataba del rey don Francisco de Asís, muerto en Épinay. J. R. Alonso *Sáb* 17.5.75, 17: Concurrían al puesto el duque de Montpensier, .. el Rey consorte de Portugal, un candidato prusiano.
4 *En pl:* Monarca y su consorte. | Cunqueiro *Un hombre* 14: Los reyes .. corrieron a esconderse en su cámara secreta.
5 *En la tradición cristiana:* Sabio oriental de los tres que guiados por una estrella fueron a Belén a adorar a Jesús. *Frec* ~ MAGO. | Vesga-Fernández *Jesucristo* 35: ¿Qué día se celebra a los santos Reyes Magos? Delibes *Príncipe* 116: Ese pájaro es mío. Me lo trajeron a mí los Reyes, ¿verdad, Juan? **b)** *En pl:* Fiesta en que se celebra la adoración de los Magos, en la que es costumbre hacer regalos. *Frec sin art.* | SLuis *Liturgia* 6: La Fiesta de Epifanía se llama también de Reyes, y en ella es costumbre hacer regalos. *Abc Extra* 12.62, 49: De niños nos preocupábamos mucho por la marcha de la luna estas vísperas de los Reyes. ¿Tropezarían los camellos que llevaban, precisamente, nuestro juguete, si la noche era muy oscura? **c)** *En pl:* Regalo o conjunto de regalos de la fiesta de Reyes. | *HLM* 3.1.77, 1: El señor Oriol recuerda a su familia que no dejen de poner "los Reyes" a los nietos.
6 *En la baraja española.* Carta, marcada con el número 12, que lleva representada la figura de un rey [1]. | Corral *Cartas* 23: Cuando se reúnen 4 Reyes o 4 Caballos, se puede acusar tute. **b)** *En la baraja francesa:* Carta, marcada con la letra K, que lleva representada la figura de un rey. *Tb, en los dados de póquer, la cara que representa esta figura.* | *Naipes extranjeros* 11: El as puede ligar con el rey o con la carta menor de la baraja, según se explicó en la Escalera de Color.
7 *En el ajedrez:* Pieza principal. | Gironella *SAbc* 9.2.69, 21: Dichas figuras [de ajedrez] suelen ataviarse debidamente –el rey, la reina, jinetes sobre los caballos, los peones vestidos de paje–.
8 (*reg*) Palometa roja (pez). *Tb* BESUGO ~. | *Ale* 26.8.84, 25: En el mercado las panchoneras venden sus "reyes", unos peces rojos magníficos.
9 ~ **de armas.** Especialista en el estudio de los blasones de las familias nobles. | Halcón *Ir* 320: Podríamos considerar oportuno el autorizarme a llevar el título de príncipe heredero con uso de corona. La cosa es viable según mis asesores, reyes de armas, italianos, puesto que Hermógenes no ha abdicado. **b)** (*hist*) *En la Edad Media:* Caballero encargado de transmitir mensajes de importancia, ordenar las grandes ceremonias y llevar los registros de la nobleza. | Riquer *Caballeros* 35: La Sale describe toda la suntuosidad de las lizas, .. la actuación de reyes de armas .. y ministriles. HSBarba *HEspaña* 4, 425: Las juras reales revestían .. suma importancia en los reinos españoles de Ultramar .. En algunas ciudades acompañaban al Alférez real cuatro jóvenes, elegidos entre los más distinguidos de la población, que hacían de reyes de armas.

reyerta – rezongón

10 ~ **de Romanos.** (*hist*) *En el Imperio Alemán:* Príncipe designado para heredar la dignidad imperial, o emperador elegido pero aún no coronado en Roma. | Cunqueiro *Fantini* 31: Contaba que su joven señor era un sobrino del Rey de Romanos.

11 el ~ de Roma. (*col, humoríst*) Pers. que aparece cuando se está hablando de ella. *Normalmente en la fórmula* HABLANDO DEL ~ DE ROMA... | Diosdado *Olvida* 17: ¡Jolín con la puerta! (Abre y se encuentra con Lorenzo.) ¡Hombre! ¡El rey de Roma! FReguera-March *Filipinas* 206: ¡Miren quién llega ahí! Hablando del rey de Roma...

C *f* **12** Esposa de un rey [1]. | Arenaza-Gastaminza *Historia* 217: La nueva reina [Isabel de Farnesio] consiguió que fuera nombrado primer ministro del Cardenal Alberoni.

13 *En la baraja francesa:* Dama. *Tb, en los dados de póquer, la cara que representa esta figura.* | * Tengo póker de reinas.

14 *En el ajedrez:* Pieza que sigue en importancia al rey. | Gironella *SAbc* 9.2.69, 21: Dichas figuras [de ajedrez] suelen ataviarse debidamente –el rey, la reina, jinetes sobre los caballos, los peones vestidos de paje–.

15 Mujer que se elige para presidir honoríficamente una fiesta o celebración. *Con un compl especificador.* | *SVozC* 29.6.69, 9: *La Voz de Castilla* rinde hoy .. un emocionado y cariñoso homenaje a la "reina" de las fiestas.

16 *En los insectos sociales:* Hembra fértil. *A veces en aposición.* | Ybarra-Cabetas *Ciencias* 344: En una colmena hay regularmente una sola reina.

17 (*jerg*) Heroína. | *Ya* 6.7.87, 53: Situaciones parecidas a las de tantos otros toxicómanos: la conversión en *yonqui*, la bajada a un abismo de dependencia de la *reina* heroína, la participación en un atraco con su hermano. | **b) reina blanca.** (*jerg*) Cocaína. | L. C. Buraya *Ya* 10.5.87, 27: Estas dos y los diferentes tipos de anfetaminas no llegan en ningún caso a restar popularidad a la *gran reina blanca*, la cocaína.

18 reina de los prados. Planta herbácea común en los bosques frescos, con flores pequeñas y blancas en corimbos (*Spiraea ulmaria*). | Mayor-Díaz *Flora* 335: *Filipendula ulmaria* (L.) .. "Reina de los prados", "Ulmaria". (Sin. *Spiraea ulmaria* L.) .. Hojas grandes .. Flores blancas en corimbo.

19 reina margarita. Planta compuesta cultivada como ornamental (*Aster chinensis*). | Lagos *Vida* 73: En un largo arriate, alternaban heliotropos, .. reinas margaritas, botones de oro.

II *loc adj* **20 del ~.** (*hoy raro*) [Escuela] pública. | Ramírez *Lit. Canarias* 1, 144: Con los jesuitas, con el hermano Coronado, me había gustado aprender, después ya no. Después en la escuela del rey ya no me gustó .. Los maestros de la escuela del rey pegaban siempre, pegaban por menos que nada.

21 [Palabra] **de ~** ─> PALABRA.

III *loc pr* **22** (**ni**) **~ ni roque.** (*col*) Nadie. | Gala *Sáb* 17.3.76, 16: Las raíces –el pueblo verdadero, las figuras de este paisaje– están hincadas en la eternidad y no las moverá ni rey ni roque.

IV *loc v* **23 no quitar ni poner ~.** Abstenerse de tomar partido por ningún contendiente o ninguna opción. *Gralm en 1ª pers.* | Grosso *Capirote* 40: Ni por uno ni por otro tengo que poner mi mano en el fuego .. Ni quito ni pongo rey. Cela *Judíos* 247: En estos casos, el vagabundo, ni quita ni pone rey, lo hace constar.

24 servir al ~ ─> SERVIR.

reyerta *f* Riña o enfrentamiento, con agresión física, entre dos o varias perss. | VParga *Santiago* 16: Las rivalidades nacionales eran motivo de reyertas.

reyezuelo *m* **1** (*desp*) Rey de un pequeño territorio sometido a un dominio superior. | Laiglesia *Ombligos* 27: El [ombligo] de Su Majestad Británica, con todos los respetos, es tan redondo como el que ostenta el reyezuelo de Uganda.

2 Pájaro diminuto, con plumaje verdoso, listado en las alas y amarillo anaranjado en la cabeza (*Regulus regulus* y *R. ignicapillus*). *Tb* ─> SENCILLO y ─> LISTADO, *respectivamente*. | Bustinza-Mascaró *Ciencias* 197: Citaremos entre los [pájaros] más conocidos: el gorrión, el tordo, .. el reyezuelo. Noval *Fauna* 225: En el bosque de Muniellos y en otros próximos al concejo de Cangas del Narcea no es escaso el Reyezuelo sencillo (*Regulus regulus*), un pequeñísimo pájaro, muy parecido al Reyezuelo listado (*Regulus ignicapillus*), .. que es más abundante.

rezador -ra I *adj* **1** [Pers.] que reza [1] mucho. | Lagos *Vida* 109: Era bastante rezadora, algo limosnera y poco amiga de callejear. **b)** Propio de la pers. rezadora. | Umbral *Memorias* 25: A ellos les refrescaba mejor la frente herida y febril aquella carne blanca y rezadora de las señoritas de la retaguardia.

II *f* **2** (*reg*) Mujer que tiene por oficio rezar en entierros y velatorios. | CBonald *Ágata* 198: Mandó salir de la cámara mortuoria a la más que abundante representación de las gañanías .., en pie altivas y taciturnos .., y sentadas ellas en trance de rezadoras y plañideras.

rezagarse *intr pr* Quedarse atrás. *Tb fig.* | Peraile *Cuentos* 65: Los del pozo se rezagan saliendo y aguantan aquí al oficial. CBaroja *Inquisidor* 50: Llorente, en la época de Carlos X, era .. un rezagado, un superviviente del siglo XVIII.

rezago *m* Acción de rezagarse. *Tb su efecto.* | ZVicente *Voz* 17: Su personalidad es arcaizante .. ¿Voluntario rezago, inadaptación? Alvar *ByN* 15.1.89, 14: Resulta que nuestros claros varones se dedicaron a la teología, al dogma, a las exégesis religiosas y muy pobremente a lo que hoy se llama ciencia. Ese fue nuestro rezago, y corremos el riesgo de seguir en él.

rezandero -ra *adj* (*raro*) Rezador [1]. | Zunzunegui *Camino* 538: ¿Qué mujer, al ver a un hombre compungirse tras las huellas de un presunto santo o en una visita rezandera a los lugares por donde anduvo Cristo, no sueña y ve en él el ideal para matrimoniar?

rezar A *tr* ➤ **a** *normal* **1** Decir oral o mentalmente [un conjunto de palabras que gralm. constituyen una fórmula establecida] dirigiéndose a Dios, la Virgen o los santos. *Frec abs.* | Payno *Curso* 85: Al entrar la monja no reparó en ello de momento y empezó a rezar lo de costumbre .. Volvió la cabeza a la pizarra... Cortó la oración, gritó indignada. Laforet *Mujer* 269: Se pasa el día rezando, Dios la bendiga. Ahora está en el rosario.

2 Decir [la misa] sin cantar ninguna de sus partes. *Gralm en part.* | Vesga-Fernández *Jesucristo* 160: Será útil recordar algunas reglas litúrgicas para uso del que ayuda a una misa rezada.

3 Decir [algo (*cd*) un escrito (*suj*)]. | A. Marzal *Cua* 6/7.68, 19: Un diálogo cualquiera del Odeón ocupado –del ex Odeón, rezará un cartel a la puerta–.

➤ **b** *impers* **4** Haber [algo (*cd*) escrito [en un lugar]. | J. Sampelayo *Abc* 27.12.70, 11: Los camareros de la Maison Lhardy, que sirve el almuerzo –perdón, el "déjeuner" reza en los menús–.

B *intr* **5** (*col*) Refunfuñar o rezongar. | * Deja de rezar de una vez, estoy harta de tanto gruñir.

6 Atañer o referirse [una cosa a alguien o algo (*compl* CON)]. | Cela *Pirineo* 17: Ni en agosto caminar ni en diciembre navegar, es dicho que no reza con andarines ni mareantes.

rezo *m* **1** Acción de rezar [1]. | Pemán *MHi* 11.63, 9: San Ignacio, que se emocionaba con la música religiosa, amputa el rezo coral de su Regla.

2 Cosa que se reza [1]. | * Se sabe muchos rezos.

rezón[1] **-na** *adj* (*raro*) Rezador [1]. | Kurtz *Lado* 226: Los Roura de aquella generación fueron y siguen siendo tremendos rezones, cosa natural en los dos religiosos, .. pero tengo entendido que también fue rezón Alberto.

rezón[2] *m* (*Mar*) Ancla de cuatro uñas y sin cepo, propia para embarcaciones menores. | CBonald *Noche* 307: Se volvió entonces aturdidamente para izar la pequeña vela de mesana, la dejó flamear y cobró el rezón.

rezongar A *intr* **1** Refunfuñar. | Cuevas *Finca* 192: Le abrían paso rezongando, lentamente, pero le abrían paso.

B *tr* **2** Decir [algo] refunfuñando. | LRubio *Nunca* 202: Rezonga algo mientras le dan la comunicación pedida.

rezongón -na *adj* Refunfuñón. | J. MNicolás *SYa* 15.6.75, 15: La conversación entre Don Quijote y Sancho está perpetuada en sus esquinas. A través de ella se ve la evolución del espíritu de Sancho atemorizado y rezongón. Benet *Aire* 179: Se dejaron oír unas frases rezongonas.

rezumadero *m* Lugar donde rezuma [3] agua. | Cela *Judíos* 183: El [aroma] del pan que se cuece, .. el del agua que brilla en el rezumadero.

rezumamiento *m* Acción de rezumar(se). | F. Martino *Hoy* 11.11.75, 5: Suele existir un pequeño rezumamiento de sangre.

rezumante *adj* Que rezuma. | FReguera *Bienaventurados* 198: El chiscón estaba húmedo .. Tanteó las paredes rezumantes. Torrente *Vuelta* 43: Sobre el esmalte de la pared brillaba la humedad rezumante. Fraile *Cuentos* 92: Cabezotas con autoridad, prestigio, títulos. Cabezotas rezumantes de *bon sens*.

rezumar **A** *tr* **1** Dejar pasar [un cuerpo (*suj*)] a través de los poros [un líquido (*cd*) contenido en él]. *Tb abs. Tb fig.* | * Las paredes rezuman salitre. Escobar *Itinerarios* 201: Todo el pueblo rezuma mosto, huele a uvas. * El cántaro rezuma.
2 Dejar ver [alguien o algo (*suj*) una cualidad o un sentimiento (*cd*)] por su comportamiento o por su apariencia. | Miguel *Mad* 22.12.69, 12: Los canarios rezuman suspicacia isleña. CNavarro *Perros* 103: La calle rezumaba soledad en toda su longitud.
B *intr* **3** Salir [un líquido] al exterior a través de los poros del cuerpo que lo contiene. *Tb pr.* | Alvarado *Botánica* 67: Los arquegonios encierran .. unas células del canal alojadas en el cuello y destinadas a convertirse en un líquido gelatinoso que rezuma al exterior. * El agua se rezuma por la cañería.
4 Dejarse ver [una cualidad o un sentimiento] a través del comportamiento o la apariencia [de alguien o algo (*ci*)]. | * El orgullo le rezuma por todos los poros.

rezumo *m* (*reg*) Acción de rezumar(se). *Tb su efecto.* | CBonald *Dos días* 90: Los ojos fijos en la pared .. y con el lagrimal destilándole un rezumo blancuzco.

Rh (*pronunc,* /éŕe-áĉe/) *m* Factor Rh (→ FACTOR). *Frec* designa el hecho de tener o no este factor en la sangre, gralm con los adjs POSITIVO o NEGATIVO. | J. Vega *Abc* 25.2.68, 71: ¿Acaso sabe usted el Rh de su mujer o de su novia?

Rhesus. factor ~ → FACTOR.

rho → RO.

rhodesiano → RODESIANO.

rhythm and blues (*ing*; *pronunc corriente*, /rídm-an-blús/) *m* Música popular derivada del blues o influida por él. | J. Á. González *DGa* 13.3.88, 35: La banda, que está grabando su primer álbum, pretende diferenciarse del "country" acústico de Los Carayos para realizar música "algo más roquera", en el sentido clásico del término, con influencias de "ska", "rhythm and blues" negro .. y algo de "rap".

ria *interj* (*rur*) Se usa para animar a las caballerías. | Aparicio *César* 48: Por allí subían y bajaban las mulas. ¡Ria! ¡Mula!

ría *f* **1** Valle fluvial invadido por el mar. | Ortega-Roig *País* 56: El Nervión, que desemboca en una amplia ría en cuyo fondo se halla Bilbao.
2 (*Dep*) Obstáculo consistente en un foso con agua que debe saltarse. | F. Camacho *Abc* 31.3.73, sn: El sexto obstáculo (6-22) es el llamado "Brechers Brook", un difícil salto integrado por una valla muy parecida a la cuarta, pero con una ría de dos metros y caída de 1,90 metros. Burges *SYa* 11.10.77, 21: Serán [las pistas de atletismo] de ocho calles, con la recta final de diez .. La ría será interior.

riacho *m* Riachuelo. | Llamazares *Río* 100: Alturas que se escalonan hasta los poco más de 1.300 de la aldea –y, aún más abajo, hasta los escasos 1.050 del riacho que corre entre las gredas a sus pies.

riachuelo *m* Río pequeño. | Ortega-Roig *País* 188: A causa de la escasez de lluvias .. no existen verdaderos ríos, sino simples riachuelos, secos durante el verano.

riada *f* **1** Crecida violenta del caudal de un río. | Hoyo *Caza* 9: Para pasar el río hay un puente rústico. Todos los inviernos se lo lleva la riada.
2 Gran abundancia [de algo que afluye con ímpetu y violencia]. | J. M. Alfaro *Abc* 13.12.70, 3: Corre una similar riada de sedición. *SPaís* 7.10.79, 34: La progresiva aparición de curas casados en los últimos años, junto a la riada de clérigos que cuelgan los hábitos y se secularizan, no ha conmocionado al país.

rial (*pl,* ~ES *o* ~S) *m* Unidad monetaria del Irán. | *SCCa* 3.10.71, 15: El sha había depositado en el Banco estatal del Irán cinco millones de rials, como garantía del contrato matrimonial, para el caso de que el matrimonio se disolviera algún día.

riañés -sa *adj* De Riaño (León). *Tb n, referido a pers.* | F. Pacho *SInf* 7.11.70, 3: Muchos riañeses pensaron que iban a cumplirse dichos plazos.

riatillo *m* (*raro*) Regato o arroyo pequeño. | Cela *Judíos* 263: El vagabundo se topó, más allá de las Tetas de Viana, por Viana y por la Puerta, con un regato sin nombre, con un riatillo hospiciano.

riazano -na *adj* De Riaza (Segovia). *Tb n, referido a pers.* | Cela *Judíos* 30: Riaza .. es un pueblo grandecito, famoso por sus truchas, de las que los riazanos están tan orgullosos.

riba *adv* (*rur*) Arriba. | Moreno *Galería* 300: No se rompe, ni por riba ni por bajo.

ribacera *f* (*reg*) Ribazo [1]. | Delibes *Castilla* 176: En llegando el invierno, hasta los lobos andaban ahí, en las ribaceras o por el páramo, como Pedro por su casa.

ribadaviense *adj* De Ribadavia (Orense). *Tb n, referido a pers.* | Casasnovas *Faro* 9.8.75, 20: Un año más, [las fiestas] contarán con la presencia de muchos forasteros y de todas las ribadavienses que, encontrándose ausentes de la villa, acudirán estos días a Ribadavia.

ribadense *adj* De Ribadeo (Lugo). *Tb n, referido a pers.* | *Prog* 8.8.75, 3: La parroquia ribadense de Villaframil se dispone a la celebración de los festejos patronales en honor de San Lorenzo.

ribagorzano -na I *adj* **1** Del condado o comarca de Ribagorza (Huesca). *Tb n, referido a pers.* | *SPaís* 28.6.81, 3: Considero inadecuada la adjudicación de tal denominación a la lengua ribagorzana, de uso corriente hoy en día por un gran número de ribagorzanos.
II *m* **2** Dialecto de Ribagorza. | Lapesa *HLengua* 246: El ensordecimiento de -*s*-, *z* y *g*, *j*, logró una expansión algo menor: el castellano todo, dialectos aragonés y leonés, el gallego, el ribagorzano y el catalán *apitxat* de Valencia y sus inmediaciones.

ribaldo *m* (*raro*) Rufián (de prostitutas). | Cela *Izas* 84: Cuando llegó de huida a la ciudad, Marta .. sintió miedo y se cobijó al arrimo de un ribaldo de bigote en forma que, a cambio de desplumarla, la espabiló. El mozo .. murió de un pinchazo que le arrearon en mitad de la calle .. Marta .., visto y no visto, cambió de chulo.

ribazo *m* **1** Porción de tierra con elevación y declive. | SFerlosio *Jarama* 26: No llegaron a verlo [el río] hasta que no alcanzaban el borde del ribazo.
2 Caballón de división o de riego. | F. Ángel *Abc* 18.4.58, 17: Se aplica esparciéndolo por el terreno, al anochecer, entre los surcos, caballones y ribazos de los huertos.

ribeirana *f* Baile gallego propio de la comarca del Ribeiro (Orense). | C. MBarbeito *SVoz* 8.11.70, 16: A los coros se incorporaron los bailarines de muiñeira, de ribeirana, de jota gallega.

ribeirense *adj* De Ribeira o Santa Eugenia (La Coruña). *Tb n, referido a pers.* | *Voz* 5.11.87, 53: Un arrastrero chocó contra una batea a la deriva frente al puerto de Ribeira .. El buque, con base en el mismo puerto ribeirense, es propiedad del armador local Manuel Suárez Ajeitos.

ribeiro *m* Vino de la comarca del Ribeiro (Orense). *Tb* VINO DEL RIBEIRO. | Torrente *Señor* 297: Se desafiaba a quién comería, a quién bebería más .. –¡Mariscos y ribeiro, por un tubo!

ribera I *n* **A** *f* **1** Orilla [del mar, de un río o de un lago]. | Arce *Testamento* 17: Las aguas del río se deslizaban silenciosas, ajenas. Nada había de extraño mientras avanzábamos por la ribera. **b)** Faja de terreno regada por un río. *Frec con un compl especificador.* | A. Albertano *Abc* 27.6.93, 97: Por toda la ribera del Manzanares –desde Arganzuela hasta Arganda– y por la cuenca del Jarama y del Henares

ribereño – rickettsiosis

existe un gran número de yacimientos paleolíticos y neolíticos. **c)** (*reg*) Huerta que linda con un río. | *SorS* 11.10.90, 13: Se trata de un solo lote con las siguientes fincas: una destinada a dehesa .., otra destinada a ribera en el término de Galapagares.
B *m* **2** ~ **del Duero.** Vino de la región de la Ribera del Duero. *Tb* VINO DE LA ~ DEL DUERO. | CApicius *Voz* 12.2.88, 39: Figuran en la corta relación dos tintos riojanos "de cosechero", tradicionales de la zona, y con ellos va un Priorato, un Ribera del Duero, un Navarra y un Mancha.
II *loc adj* **3 de ~.** [Carpintero] especializado en obras navales. | Tamames *Economía* 213: En total funcionan en España 37 astilleros, que construyen buques de casco de acero, y unos 300 carpinteros de ribera, que hacen embarcaciones con casco de madera.

ribereño -ña *adj* **1** De (la) ribera [1a]. *Tb n, referido a pers.* | Cossío *Montaña* 119: Acuden a mi memoria los versos de López de Zárate, poeta ribereño del río [Ebro] también, en la Rioja. L. Calvo *Abc* 15.10.70, 29: El problema de Israel nos toca a todos los ribereños del Mediterráneo.
2 De Aranjuez (Madrid). *Tb n, referido a pers.* | *Abc* 10.9.84, 23: Ribereñas y ribereños de nación y de vocación, y de corazón y de adopción. [*Pregón pronunciado por Cela en Aranjuez.*]

riberiego -ga *adj* [Ganado o ganadero] de ribera [1]. | P. GMartín *His* 5.85, 33: Como en su caminar en busca de dehesas contiguas siguen el curso de las riberas, estos ganaderos recibieron en un principio el nombre de riberiegos.

ribero[1] *m* Ribera [1a]. | JGregorio *Jara* 11: Discurre [el Tajo] por amplias vegas y por agrestes riberos de granito.

ribero[2] **-ra** *adj* (*reg*) De la Ribera de Navarra. | Aize *DNa* 24.8.74, 13: Tiros en nuestros campos, sobre todo en los de la Ribera, hace días que se oyen .. El primer día de caza en Aragón constituyó prácticamente también el primer día de caza en bastantes pueblos riberos.

ribete *m* **1** Tira estrecha que como adorno o refuerzo se pone en la orilla de una prenda de tela o de cuero. *Tb fig.* | Romeu *EE* nº 9.63, 64: Esta última prenda es de color gris claro, con anchos ribetes gris oscuro y negro. J. M. Moreiro *SAbc* 13.9.70, 44: La iniciativa privada le dibujado, en nuestros días, ese ribete de hormigón que bordea las playas, sin solución de continuidad, desde Málaga hasta Estepona. **b)** Borde u orilla que se destaca del resto. | FerresLSalinas *Hurdes* 94: Los caminantes ven la suciedad del cuchillo .., notan las manchas oscuras de los ribetes de los panes partidos .. y, al fin, opinan que lo mejor es un pan entero.
2 *En pl:* Pequeñas señales o indicios [de una cualidad o condición]. | Delibes *Parábola* 63: La preguntita sobre lo que sumabais era improcedente y hasta con sus ribetes de subversiva. **b) puntas y ~s** → PUNTA.

ribeteado *m* Acción de ribetear. | *Onil* 114: Cinta para el ribeteado de mantas.

ribetear *tr* Poner ribetes [1] [a algo (*cd*)]. | P. SMartín *Nue* 24.1.70, 21: Maxiabrigo en spanskin blanco, ribeteado de visón del mismo color. Cuevas *Finca* 78: No pueden ocultar que son campesinos, sobre todo por sus manos .. con las uñas ribeteadas de negro.

riboflavina *f* (*Med*) Vitamina B_2. | Navarro *Biología* 31: La vitamina B_1 se encuentra asociada a la vitamina B_2 o riboflavina.

ribonucleasa *f* (*Biol*) Enzima que cataliza la hidrólisis del ácido ribonucleico. | *Inf* 14.11.70, 32: Se conocen ya, aunque no en todos sus detalles, los mecanismos para sintetizar algunas enzimas (la ribonucleasa, por ejemplo).

ribonucleico *adj* (*Biol*) [Ácido] nucleico presente en todas las células vivas, esencial en la síntesis de las proteínas y que por hidrólisis produce ribosa. | Navarro *Biología* 64: En 1959 le fue concedido el premio Nóbel al español Dr. Ochoa, por la síntesis de los ácidos ribonucleicos.

ribosa *f* (*Biol*) Pentosa que entra en la composición de algunos ácidos nucleicos. | Navarro *Biología* 25: El grupo prostético, denominado ácido nucleico, está formado por la asociación de los tres cuerpos siguientes: ácido fosfórico, una pentosa (ribosa o desoxirribosa) y una base nitrogenada denominada purina.

ribosoma *m* (*Biol*) Gránulo del citoplasma celular, compuesto por una proteína y ácido ribonucleico, que interviene en la síntesis de las proteínas. | Navarro *Biología* 43: Son [los microsomas] nucleoproteidos compuestos de una proteína y ácido ribonucleico (ARN) por lo que se denominan también ribosomas.

ribosómico -ca *adj* (*Biol*) De(l) ribosoma o de (los) ribosomas. | Moraza *Ya* 4.12.74, 36: La cadena ribosómica puede hacer una u otra proteína, según las instrucciones del ácido ribonucleico mensajero.

ricacho -cha *adj* (*desp*) [Pers.] rica [1]. *Tb n. Frec en la forma aum* RICACHÓN. | Laiglesia *Ombligos* 175: Las señoras que pueden permitirse el lujo de adquirir los costosos trajes de Paquitou son en general ricachas ya fondonas. S. RSanterbás *Tri* 11.4.70, 23: El novato está respaldado económicamente por un apoderado potente o por un padrino ricachón.

ricahembra (*pl normal,* RICASHEMBRAS) *f* (*hist*) Mujer de la alta nobleza. | Cossío *Montaña* 29: Siendo don Íñigo menor de edad, tuvo ya que sostener la valiente ricahembra cruentas luchas con la casa de Manrique, que le disputaba el dominio de este y otros valles de la Montaña. A. Figueroa *Abc* 28.3.58, 3: De sólida virtud y recio temple, espejo de ricahembras, Leonor y Mencía solo viven para cumplir una misión: afirmar el esplendor de la ilustre casa.

ricahombría *f* (*hist*) Título o condición de ricohombre. | *Tri* 19.6.71, 65: Cualquier mansión resulta *yerma et desheredada* sin el sello de ric[a]hombría que le confiere un arnés. [*En el texto,* ricohombría.]

ricamente *adv* **1** De manera rica [2 y 3]. | *DBu* 1.4.56, 6: Todos los "pasos", que aparecían ricamente exornados, ofrecían bellísimo aspecto. Onieva *Prado* 143: Los desnudos son maravillosos, ricamente luminosos en sus carnaciones de piel suavísima y formas delicadamente modelada.
2 (*col*) A gusto o cómodamente. *Gralm precedido de* TAN. | Laiglesia *Tachado* 33: La gente, por tener sus necesidades cubiertas sin dar golpe, vive parada tan ricamente sin molestarse en trabajar.

ricercare (*it; pronunc corriente,* /ŕičerkáre/) *m* (*Mús, hist*) Tiento. *Gralm referido a los de compositor extranjero.* | Blancafort *Música* 81: De entre las formas más abstractas, basadas todavía en el contrapunto vocal, las más importantes serán el *ricercare* (llamado en España tiento y preferida por el teclado), la fantasía .. y la *canzona*.

ricial *m* (*reg*) Tierra en que retoña el cereal, o que, al estar sin sembrar, produce hierbas espontáneas. | FVidal *Ayllón* 76: Aunque la caminata a campo través, pateando riciales y jobadas sedientas bajo un sol que, ya juvenil, ciega, no apetezca en demasía.

ricina *f* (*Quím*) Sustancia albuminoidea venenosa de las semillas del ricino. | MNiclos *Toxicología* 124: El aceite de ricino no es tóxico, pero las semillas contienen una toxialbúmina, la ricina, muy venenosa.

ricino *m* Planta herbácea o arbustiva, de la familia de las euforbiáceas, de cuyas semillas se extrae un aceite usado como lubricante y como purgante (*Ricinus communis*). *Tb su madera.* | Bustinza-Mascaró *Ciencias* 262: De la semilla del lino se beneficia el aceite de linaza y de la semilla del ricinо, el aceite de ricino. CBonald *Ágata* 36: Su cuna de cuero de venado sostenida por dos horquetas de ricino.

ricio *m* (*reg*) Campo que, después de segado, produce hierbas espontáneas. *Tb la propia hierba.* | S. Araúz *Inf* 16.11.74, 17: Acabada la recolección, se daba suelta a la dula .. por los ricios, para que las briznas verdes les devolviesen un poco del vigor perdido.

rickettsia *f* (*Med*) Germen patógeno de carácter intermedio entre las bacterias y los virus (gén. *Rickettsia*). | Alvarado *Anatomía* 154: La rickettsia más importante es la *Rickettsia provazekii*, que causa el tifus exantemático.

rickettsiósico -ca *adj* (*Med*) De (la) rickettsiosis o de (la) rickettsia. | Nolla *Salud* 237: Las inflamaciones del pulmón o neumonías .. suelen ser producidas por bacterias; pero también existen neumonías víricas, rickettsiósicas, etc.

rickettsiosis *f* (*Med*) Enfermedad de las producidas por rickettsias. | Nolla *Salud* 221: La rickettsiosis más frecuente en los países mediterráneos es la fiebre botonosa (llamada, igualmente, fiebre exantemática mediterránea).

rickshaw (ing; pronunc corriente, /ríkʃo/; pl normal, ~s) m Pequeño vehículo para personas usado en algunos países asiáticos, de dos ruedas y tirado por un hombre, o en forma de triciclo conducido por un hombre. | GBiedma *Retrato* 57: Alquilé un *rickshaw*, y el chinito se obstinaba en llevarme a un burdel de su confianza. [*En Macao*.]

rico -ca adj **1** [Pers.] que tiene mucho dinero o bienes. *Tb n.* | Arce *Testamento* 60: Nos habían dicho que le escondía una rica del pueblo y fuimos a buscarle. **b) nuevo ~.** (*desp*) Pers. que ha llegado súbitamente a la riqueza y se comporta con tosquedad y ostentación. | Arce *Precio* 164: Ahora la gente no lee. A los nuevos ricos no les interesan los autores griegos o latinos.
2 [Cosa] lujosa o de mucho valor. | Cunqueiro *Un hombre* 13: Se fijaba en las ricas ropas.
3 Abundante. *Frec con un compl* EN, *que a veces se omite por consabido.* | Nolla *Salud* 95: Los riñones tienen una vascularización muy rica. Al-Caín *SPaís* 6.3.77, 23: Un emprendedor hombre de negocios gallego .. decidió .. crear un restaurante de lujo que cultivase, en Madrid, la cocina gallega, tan rica en primeras materias, sobre todo las provenientes del mar. M. Dolç *Van* 25.4.74, 51: La prosa incomparable de Josep Pla, rica, infinitamente matizada, personalísima, era una especie de premisa. **b)** [Tierra] fértil o que tiene abundantes recursos. | *País* 11.3.77, 11: Si nuestra tierra es rica, ¿por qué somos pobres?
4 Agradable al paladar. | Medio *Bibiana* 81: Nuestra riquísima mantequilla le agradece cordialmente su preferencia. GPavón *Hermanas* 29: Bebió largo .. –Está muy rico. **b)** (*col*) Apetecible desde el punto de vista sexual. *Esp en lenguaje masculino.* | GHortelano *Amistades* 9: –Ya no es una niña .. –Las piernas las tiene muy ricas.
5 (*col*) [Pers. o cosa] bonita o encantadora. *Con intención ponderativa y esp en lenguaje femenino.* | ZVicente *Traque* 95: Un niño como tú no debe ponerse pesadote .. ¡Es más rico, y está más fuerte...! ¨ Ese cuadro tan rico está pintado por ella. **b)** *Se emplea frec como vocativo cariñoso dirigido a niños, esp en lenguaje femenino.* | * Ven, rico, no llores. **c)** *En vocativo, se emplea frec con intención irónica, dirigido a niños o a adultos.* | Laiglesia *Tachado* 172: –¿Habla en serio? –A los príncipes, rica, no nos está permitido hablar en broma.

ricohombre (pl normal, RICOSHOMBRES) m (hist) Hombre de la alta nobleza. | C. Giner *Alcoy* 82: El enorme prestigio que iba adquiriendo en la Corte aragonesa, como amigo y consejero del Rey, fue despertando la envidia de las jerarquías eclesiásticas y de los ricohombres.

rictus m Contracción de los labios que prolonga las comisuras y erige en ellas el haz o aspecto de la sonrisa. *Frec con un adj o compl especificador.* | GNuño *Escultura* 52: Jamás se da en las bocas y mejillas un rictus que pudiera, a poca costa, transformarse en una sonrisa. Laforet *Mujer* 215: El Padre González observaba sonriente sus chispeantes ojos, el rictus enfadado de su boca. Delibes *Madera* 341: Pocos osaban ver el envite del *Escorbuto* cuando doblaba la apuesta y sus labios de mulato se combaban hacia abajo en un rictus despectivo.

ricura f (col) Pers. o cosa rica [4 y esp. 5]. *Frec usado como vocativo, con intención cariñosa o irónica.* | GPavón *Rapto* 58: –A ver si apañáis bien la carne .. –De acuerdo, Manuel, la vamos a guisar mejor que el tiburón ese de la taberna. Ya verás qué ricura. FReguera-March *Cuba* 128: Supónte lo que será coger entre los brazos a una ricura así y apretar, apretar, apretar... ZVicente *Traque* 95: Javierín, estáte quieto, ricura.

ridi (col, humoríst) **I** adj **1** Ridículo. | Marsé *Dicen* 180: –Te haremos saltar la piel, Aurora. –No seas ridi.
II loc v **2 hacer el ~.** Hacer el ridículo. | SFerlosio *Jarama* 65: –Pues son reparos tontos. Después de todo, ¿qué te puede pasar? –Ah, pues hacer el ridi; ¿te parece poco? –Se hace el ridículo de tantas maneras.

ridículamente adv De manera ridícula [1, 2 y 3]. | *País* 26.2.77, 6: ¿Y qué decir de aquellas otras [medidas] que son ridículamente ineficaces o revelan un deseo de aparentar que todo ha sido tenido en cuenta?

ridiculez f **1** Cualidad de ridículo [1, 2 y 3]. | * Se queja de la ridiculez de su sueldo.
2 Cosa ridícula [1, 2 y 3]. | J. L. MAbril *Abc* 24.7.76, sn: Por las noches, me hunde en las sombras de los locales en tinieblas para escuchar tristezas musicales y, a veces, ridiculeces pobres y sin sentido esperanzador.

ridiculizable adj Que se puede ridiculizar. | Población *Sesión* 316: A veces se dirige a algún otro personaje .., destacando siempre algún aspecto ridiculizable del sujeto, en tono jocoso y débil.

ridiculización f Acción de ridiculizar. | *Tri* 18.1.75, 65: De forma sarcástica y mordaz y con una extensión anómala se informaba del desarrollo del acto religioso en términos que implicaban una ridiculización del mismo.

ridiculizador -ra adj Que ridiculiza. | VMontalbán *Tri* 5.12.70, 42: Es indudable que de ella [la nota] se deduce una toma de posición ridiculizadora de la medida de no aceptar una obra porque llega con cuatro horas de retraso.

ridiculizante adj Que ridiculiza. | F. Vega *Abc* 9.2.75, 9: Todos sabemos el significado irónico, ridiculizante o zaheridor que entre nosotros damos al croar en las charcas.

ridiculizar tr Presentar [algo o a alguien] como ridículo [1]. | Benet *Nunca* 19: Emerge el pasado en un momento de incertidumbre para exorcizar el tiempo maligno y sórdido y volver a traer la serenidad, ridiculizando y desbaratando la frágil y estéril, quimérica e insatisfecha condición de un presente torturado y andarín.

ridículo -la I adj **1** [Pers. o cosa] que provoca risa o burla. | O. Aguilera *Ya* 30.7.74, 18: Se hacinan, codo a codo, el "hippy" americano, el negro de vestimenta estrafalaria, .. la elegante dama tocada con un ridículo sombrero cordobés.
2 [Pers. o cosa] tonta o absurda. | Olmo *Golfos* 19: Lo que crispaba los nervios de Enzo era la machaconería ridícula de ponerle como modelo al futuro licenciado.
3 [Cosa] insignificante o sumamente pequeña. *Con intención ponderativa.* | * Tiene un sueldo ridículo.
II m **4** Situación ridícula [1]. *Frec en la constr* EN ~, *gralm con vs como* ESTAR, PONER, QUEDAR *o* DEJAR. | F. A. González *Ya* 26.3.75, 57: Se enfrentó no solo contra un estado de cosas adverso, sino contra algo que a los seres humanos nos impresiona todavía más: contra el ridículo. GMarín *Tri* 27.11.71, 38: Cuyo objeto [de la sátira del P. Isla] era .. "reducir a los malos predicadores a cumplir con su deber", poniendo en ridículo a los que "abusando malamente de sus talentos no se avergonzaban de representar el papel de bufones". **b)** Actuación o comportamiento ridículos [1]. *Frec en la constr* HACER EL ~. | * Fueron a un concurso de televisión, y el ridículo fue espantoso. SFerlosio *Jarama* 65: Se hace el ridículo de tantas maneras.
5 Carácter o condición de ridículo [1]. | Olmo *Golfos* 150: Cuando me lo devolvió planchado [el traje], lo llené de ridículo .. –¡Vaya, qué elegante! ..– No supe responder. Seguía con el ridículo dentro. ¨ Del sublime al ridículo solo hay un paso.
6 (hist) Bolso femenino de mano, pendiente de cordones. | DPlaja *Sociedad* 236: Ellas [en la diligencia] usan el "ridículo" .., bolso inmenso en que caben pañuelo, abanico, vaso de camino, pasaporte.

riega f (reg) Corriente de agua continua poco caudalosa. | Lueje *Picos* 32: El Sella, vertiente cantábrica abajo, emprende su fabuloso curso .. Sajambre le regala y enriquece con sus aguas todas. Con las de sus infinitos manantiales. Con las de sus torrentes, arroyos y riegas.

riego m Acción de regar. | Legorburu-Barrutia *Ciencias* 295: Los cuidados de cultivo, tales como escardas, podas, riegos, empleo de insecticidas, etc. *Economía* 274: Desmayos. Son desvanecimientos que se producen generalmente por una falta de riego sanguíneo del cerebro. Ramos-LSerrano *Circulación* 46: Un firme con riego asfáltico.

riel m **1** Barra metálica que sirve de guía a un mecanismo, esp. el que corre y descorre una cortina. | SVozC 25.7.70, 2: Puertas plegables Modernfold. Rieles para cortinas.
2 Carril (de trenes, vagones o tranvías). | Fuyma *VozC* 7.1.55, 1: Hablamos del paso a nivel de Santa Dorotea y de

rielar – rigodón

la macabra secuela de tantos accidentes en el trágico escenario de los rieles paralelos y la angostura del lugar.

rielar *intr* (*lit*) **1** Brillar con luz trémula. | Aldecoa *Gran Sol* 33: En la cubierta de proa rielaban los focos de faena, que habían encendido en el puente.

2 Vibrar o temblar. | GPavón *Rapto* 130: A pesar del sol se veían las llamas alzadas. Y los vapores del fuego que hacían rielar la línea del horizonte.

rienda I *f* **1** Correa o cuerda de las dos que, sujetas al freno de una caballería, sirven para dirigirla. | Pericot-Maluquer *Humanidad* 136: El uso del caballo como montura va unido al desarrollo de toda una serie de elementos, como bocados, frenos, riendas, cabezadas, etc.

2 *En pl*: Gobierno o dirección [de algo]. *Frec con vs como* TOMAR *o* LLEVAR. | M. GAróstegui *SAbc* 2.2.69, 36: Tomó por entonces las riendas del Betis un gallego afincado en Sevilla.

II *loc adj* **3 de (la) ~**. (*lit*) [Mano] izquierda. | Cela *Judíos* 101: El vagabundo da de lado a dos caminos: uno, a la mano de rienda, que le llevaría en derechura a Fuentidueña, .. y otro, a la mano de lanza, que lo dejaría en Cantalejo.

III *loc v* **4 dar ~ suelta** [a alguien o algo]. Dejar de contener[lo] o reprimir[lo]. | S. Jiménez *Abc* 25.2.68, 7: A su fiebre se acompasa el latir del corazón que escapa de la jaula y consigue dar rienda suelta a sus clamores de vuelo.

IV *loc adv* **5 a ~ suelta**. Sin freno. *Frec fig. Tb adj*. | MGaite *Nubosidad* 315: Quiero llorar contigo a rienda suelta una pena de amor tal vez irrelevante. Payno *Curso* 235: Hacía gritos, aspavientos y ataques histéricos, siempre en el momento oportuno. Y de inmediato una carcajada a rienda suelta.

riente *adj* Que ríe. *Tb* (*lit*) *fig, referido a cosa*. | Olmo *Golfos* 16: Vinieron más golfos, rientes, bulliciosos. Torrente *DJuan* 155: Parecía no ser sino una máscara riente. GPavón *Reinado* 86: Los hilos de viña trepaban prietos y simétricos por la barriga suave de rientes alcores.

riera *f* (*reg*) Rambla (cauce natural por el que discurren las aguas de lluvia). | Goytisolo *Recuento* 39: En la tartana, mientras remontaban la riera, el Polit les puso al corriente. VMontalbán *Rosa* 31: Se vio a sí mismo en las rieras secas de las afueras de Águilas.

riesgo I *m* **1** Posibilidad de que se produzca un daño o contratiempo, o algo que habitualmente se considera tal. *Frec con el v* CORRER. | *Abc* 19.11.75, 1: Eran tales los riesgos que se derivaban de otra posible operación que el equipo médico, con criterio exacto, los ha obviado. Carrero *Pue* 22.12.70, 5: Se corre el grave e imperdonable riesgo de tropezar en la misma piedra. Lázaro *Abc* 9.5.93, 3: Anuncian "riesgo" de chubascos cuando más de media España padece una sequía somalí.

2 Daño previsible de los que cubre un seguro. | *Abc* 14.7.74, 44: El Servicio Sindical de Riesgos Especiales de Automóviles tiene establecidas en los más importantes puestos fronterizos delegaciones que pueden proveer al automovilista que sale del país de la carta verde que le garantizará de todos los daños que pueda producir a terceros.

II *loc adv* **3 a** (*o* **con**) **~** [de algo]. Estando expuesto [a ese riesgo]. | *Van* 5.9.74, 22: ¿Llegarás a ser "pueblo de las bienaventuranzas", .. portador de la alegría y de una fiesta liberadora para los hombres, a riesgo de ser perseguida a causa de la justicia? **b) con ~** [de algo]. Exponiéndo[lo] a riesgo [1]. | Cabezas *Abc* 5.5.74, 44: Esos servidores del orden público, que velan el sueño y defienden los intereses del vecindario, a veces con riesgo de la propia vida, no percibían sueldo fijo.

4 a ~ y ventura. (*Der*) Aceptando la intervención del azar. *Tb adj, referido a contrato*. | *BOE* 26.7.74, 15497: El contrato se entenderá aceptado a riesgo y ventura con arreglo al artículo 57 del Reglamento de Contratación de las Corporaciones Locales.

5 a todo ~. (*Seguros*) Cubriendo prácticamente todos los riesgos [2]. *Con el v* ASEGURAR. *Tb adj*. | APaz *Circulación* 219: Es necesario hacer el seguro a todo riesgo, que es más caro pero el más completo y aconsejable. Sin embargo, no suele comprender los daños al conductor ni al propietario.

rifa *f* Sorteo de una cosa entre varios, mediante papeletas numeradas o cartas de la baraja. | Payno *Curso* 88: Las monjas organizaban a final de curso una tómbola para ganar dinero. Entonces dejaban entrar a los muchachos que quisieran y les reían las gracias –si no, no iban las alumnas a la rifa.

rifador -ra *m y f* (*raro*) Pers. que rifa [1]. | Vega *VozC* 12.7.55, 4: Algeciras muestra una estampa colonial a la terminación de las callecitas en cuestión .. Freidurías, colmados, muchos limpiabotas, diteros y rifadores.

rifamicina *f* (*Med*) Antibiótico de los varios obtenidos del *Streptomyces mediterranei*. | *Antibióticos* 29: Antibióticos más importantes: .. Penicilina-G .. Rifamicinas.

rifampicina *f* (*Med*) Antibiótico del grupo de las rifamicinas que actúa inhibiendo la síntesis de ácido ribonucleico en los gérmenes sensibles. | *Ya* 23.12.70, sn: El doctor don José Manuel Cubillo Marcos, .. que ha merecido el premio Lepetit por sus trabajos sobre la rifampicina.

rifar *tr* ➤ **a** *normal* **1** Efectuar la rifa [de algo (*cd*)]. | *Abc Extra* 12.62, 87: Se rifaban, como se rifan todavía en los pueblos antiguos, ristras de perdices de otoño, guantes y medias.

➤ **b** *pr* **2** (*col*) Disputarse [varias perss. algo o a alguien]. *Frec con intención ponderativa*. | Halcón *Ir* 313: La puso en cuanto a modales a la altura de la Kelly y profetizó que la alta sociedad se la rifaría.

rifeño -ña *adj* Del Rif (comarca de Marruecos). *Tb n, referido a pers*. | D. I. Salas *SAbc* 15.2.70, 34: Marruecos es una hoguera que arde avivada intensamente por el nacionalismo rifeño. Delibes *Guerras* 44: ¿Atacaron en seguida los rifeños?

rififí *m* (*jerg*) Sistema de robo que consiste en abrir un boquete desde un local vecino. *Tb* SISTEMA (DE) **~**. *Tb el robo realizado con este sistema*. | Pue 2.11.70, 13: Escogían una joyería y, mediante el sistema de "rififí", efectuando un boquete en un local vecino con las joyerías, penetraban en ella y robaban tranquilamente. *Inf* 14.1.71, 27: Por el sistema "rififí" roban alhajas por valor de millón y medio de pesetas. *Ya* 31.12.82, 29: Un nuevo robo se añade a la lista de delitos que se achacan a la "banda de la lanza térmica", que .. podría ser la autora del "rififí" del Banco de Andalucía.

rifirrafe *m* (*col*) Disputa o contienda ligera. | ZVicente *Mesa* 34: Debe adivinar los malos tragos que pasamos en casa, y los disgustos, y los rifirrafes, y el creciente olvido de los amigotes. Ussía *Abc* 20.1.88, 12: El presidente de Cantabria .. ha puesto una demanda a Luis del Olmo. Todo un rifirrafe de apreciaciones, no bien asumidas por el particular y polémico presidente cántabro.

rifle *m* Fusil de cañón rayado y relativamente largo. | Alfonso *España* 182: Hay en España unos ochocientos mil poseedores de escopetas y rifles con licencia.

rígidamente *adv* De manera rígida. | *Abc* 16.6.74, 45: No hace mucho se establecieron rígidas medidas de seguridad en el transporte de los escolares. ¿Se cumplen estricta, rígidamente, sin concesiones ni flexibilidad?

rigidez *f* Cualidad de rígido. | Bustinza-Mascaró *Ciencias* 119: Varios individuos se han reunido, forman una colonia arborescente, estando unidos por una masa recubierta de una envoltura común de cierta consistencia y rigidez. Laiglesia *Tachado* 204: La suavidad diplomática de Von Fritz había desaparecido para dejar paso a una dura rigidez militar.

rigidizar *tr* (*raro*) Dar rigidez [a algo o alguien (*cd*)]. | *Ya* 25.2.83, 28: El refuerzo de dos pilares del edificio Denia .. parece haber incidido en la forma con que se comporta en su conjunto ante sus empujes, en el sentido de que al rigidizar una zona se ha aumentado la inclinación de otras y el giro sobre sí mismo. J. L. Rozalén *Ya* 28.3.89, 10: "No sé si hay mecanismos que nos rigidizan" (debate sobre el estado de la nación).

rígido -da *adj* **1** Que no se puede doblar o torcer. | Bustinza-Mascaró *Ciencias* 133: Todo el cuerpo [del erizo de mar] se halla cubierto de púas rígidas. **b)** (*Informát*) [Disco] duro. | *Nor* 5.12.89, 38: Ordenador Unifamiliar Inves PC .. Configuraciones con disco rígido desde 239.900 ptas.

2 Firme e inflexible. | *Hie* 19.9.70, 5: Los facultativos encontraron una rígida oposición a que se realizase el reconocimiento para ver con claridad la importancia de sus lesiones.

rigodón *m* (*hist*) Danza cortesana muy viva y alegre de los ss. XVII y XVIII. *Tb su música*. | A. Barra *Abc* 9.12.70,

39: Cuando hay energía eléctrica, llega esta tan anémica que todas las figuras bailan en la pantalla [de la televisión] una especie de rigodón. *MHi* 2.55, 29: Cuando terminó el rigodón de honor, bailaron "lanceros" los jóvenes.

rigor I *m* **1** Dureza o severidad. | Benet *Nunca* 16: Creció el horror del sobrino a las virtudes domésticas, la puntualidad inútil, el rigor, la seriedad a ultranza. FQuintana-Velarde *Política* 233: Si el sector público disciplinase su propia organización con un mayor rigor .., una fuente muy importante de crecimiento y expansión se habría abierto para la economía española.
2 Dureza [del clima, del frío o del calor, del invierno o del verano]. *Frec en pl.* | R. Manzano *Faro* 9.8.75, 21: Hemos señalado, en algún lugar, el misterioso carácter activo del mes de agosto pese al sofoco de los rigores estivales. **b)** Época de máximo calor o frío [del verano o del invierno]. | DCañabate *SAbc* 16.2.69, 37: En plena primavera, en el rigor del estío, la fiesta es una fiesta otoñal: la fiesta de los pitones caídos.
3 Exactitud o precisión. *Esp referido a trabajos científicos.* | CBaroja *Inquisidor* 16: No faltan otras [interpretaciones] con mayores pretensiones de modernidad y de rigor crítico. CBaroja *Judíos* 1, 84: Las generaciones veían sucederse a los hombres de *ghetto* con su fervor religioso, su rigor ritualista, su habilidad para el comercio. L. Mombiedro *DCu* 11.7.76, 8: Hay que sustituir el capricho del político por el rigor de las necesidades y los medios para la solución de los problemas.
4 el ~ de las desdichas. Pers. a quien suceden muchas desdichas o contratiempos. *Frec con intención humoríst.* | Torrente *Fragmentos* 393: Era un tonto de pueblo, una especie de rigor de las desdichas: cojo de un pie, torcido del otro, bizco, un poco jorobeta, con las manos tullidas y un hablar tartajeante.
II *loc adj* **5 de ~.** Obligado o acostumbrado. | F. SVentura *SAbc* 9.3.69, 31: Se formó el expediente de rigor, y el 27 de abril de 1641 el Tribunal eclesiástico aprobó solemnemente el prodigio. *Caso* 14.11.70, 6: El viaje en Metro transcurría normalmente, con los apretones de rigor.
III *loc adv* **6 en ~.** En realidad o estrictamente. | MDescalzo *Abc* 23.10.88, 3: No es fácil .. ser creyente en la España de hoy. En rigor, ser creyente siempre ha sido difícil.

rigorismo *m* Rigor [1] extremado, esp. en materia de moral o de disciplina. | *Leg. contencioso-adm.* 88: La nueva Ley ha atenuado el rigorismo sobre la admisibilidad de la prueba. Mercader-DOrtiz *HEspaña* 4, 93: Ellas [las ideas extranjeras sobre comercio] inspiraron .. los escritos de Normante y otros miembros de la escuela económica aragonesa, cuyos encuentros con el rigorismo eclesiástico tradicional, poco avezado a distinguir entre las nuevas formas comerciales y la mera usura, merecerían un estudio detenido.

rigorista *adj* Extremadamente riguroso, esp. en materia de moral o de disciplina. *Tb n, referido a pers.* | CBaroja *Inquisidor* 50: Forzado el cardenal Lorenzana a dejar el cargo de gran inquisidor porque no se atrevió a empapelar a Godoy .., hubo de buscarse para que desempeñara el cargo un prelado que no fuera rigorista. *DEs* 20.10.76, 9: A una época puritana y rigorista suele suceder otra de relajación y aire "liberal", en las relaciones sociales.

rigor mortis (*lat; pronunc,* /rígor-mórtis/) *m* (*Med*) Rigidez cadavérica. *Tb* (*lit*) *fig, fuera del ámbito técn.* | M. BTobío *Atl* 1.90, 54: Una nueva generación de políticos .. comenzó a rejuvenecer la gerontocracia soviética que había vivido la decadencia y ruina física de los Breznev, Andropov y Chernienko, dejando a la URSS en el *rigor mortis.*

rigurosamente *adv* De manera rigurosa. | Laiglesia *Tachado* 51: Racionaremos los víveres rigurosamente. Carandell *Tri* 8.8.70, 14: Con las españolas no podía mantenerse otra cosa que unas relaciones rigurosamente ajustadas a los modelos oficiales.

rigurosidad *f* Cualidad de riguroso. | J. Ceares *As* 14.12.70, 9: El mismo criterio de rigurosidad tenía que haberlo empleado el árbitro en la era atlética. Aguilar *Experiencia* 468: Me faltó siempre rigurosidad científica para atenerme a los principios –tan variables, por lo demás– de la Sociología.

riguroso -sa *adj* **1** [Pers.] que actúa con rigor [1 y 3]. | CBaroja *Inquisidor* 54: Al llegar a la aduana, dos inquisidores, uno benévolo y otro riguroso, se pusieron a examinar los libros del equipaje. A. Olano *Sáb* 10.9.66, 6: Nosotros, en una selección un tanto peculiar, puesto que no pretendemos ser rigurosos ni ex[ha]ustivos, trataremos de dar la relación de las mejores fiestas.
2 [Cosa] que denota o implica rigor [1, 2 y 3]. | Zubía *Geografía* 303: El Polo Sur ofrece mayores inconvenientes: está más alejado de las bases de repuesto, su clima es más riguroso .. y el relieve es más accidentado. FQuintana-Velarde *Política* 7: Las afirmaciones que se hacen en cada lección hemos procurado estén abonadas por las autoridades científicas que normalmente se precisan para que estas puedan reputarse como rigurosas.
3 *Se usa frec antepuesto al n para ponderar la ausencia de cualquier circunstancia ajena a la propia esencia de lo expresado por él.* | Laiglesia *Tachado* 185: Acordemos por unanimidad que Sus Altezas realicen el viaje de riguroso incógnito.

rija *f* Fístula que se forma debajo del lagrimal, por la que fluyen pus o lágrimas. | CBonald *Dos días* 64: Tenía los ojos pitañosos, escocidos del lagrimeo de la rija.

rijo *m* (*raro*) Rijosidad. | Cela *Inf* 6.6.75, 19: En mi pueblo teníamos un guardia municipal .. que preconizaba el ejercicio de las multas para combatir la indisciplina, el rijo y las costumbres licenciosas.

rijosidad *f* **1** Cualidad de rijoso. | ZVicente *Mesa* 68: Moverse tanto por una pijotera foto que le van a hacer, si ya se sabe que solo publicarán aquellas en que no saque su cara de cerdo cebado, su rijosidad senil. Lázaro *Gac* 2.11.75, 16: Hallazgos [en la comedia] como el de Angustias tocada con mantilla de blonda, el elogio de la mosca, la rijosidad del funcionario, le marcan caminos más firmes.
2 (*raro*) Actitud o comportamiento propios de la pers. rijosa. | S. Araúz *Ya* 21.10.71, sn: Hace [el monasterio] de mandadero desconocido entre una España que discurre con lentitud en el fluir de los días .. y la Providencia. A través del frío .. en las celdas; .. a través del silencio, a través de la tolerancia con las rijosidades de la vida en común.

rijoso -sa *adj* **1** [Pers. o animal] fuertemente inclinados al placer sexual. | Laiglesia *Ombligos* 268: Se repetía una vez más la historia del tutor rijoso y la huérfana inocente. Cela *SCamilo* 84: Ante la jaula de los monos la Lupita estaba muerta de risa, ¡qué horror!, ¡qué forma de cascársela!, ahora veo por qué se dice eso de más rijoso que un mico.
2 [Pers.] que muestra disposición o deseo de pelear. | Arce *Testamento* 53: –No me gusta que me tomen el pelo. ¡No ha nacido hijo de madre que me tome el pelo a mí! –exclamó, rijoso.

rilar *intr* ➤ **a** *normal* **1** Temblar, esp. de miedo. | FReguera *Bienaventurados* 241: Pues sabrá que .. hacía un frío que pelaba, y sin mantas, todo el día rilando. FReguera-March *Filipinas* 86: Los oficiales decían que la paz es un cuento, y así lo parece, que yo rilo pensándolo.
➤ **b** *pr* **2** Acobardarse o volverse atrás. | S. RSanterbás *Tri* 28.2.70, 33: Los fisiócratas .. tuvieron que rilarse y agachar las orejas ante la evidencia de la teoría del valor.

rilsán (*n comercial registrado*) *m* Fibra artificial, de propiedades y aplicaciones análogas a las del nailon, que se fabrica a partir del aceite de ricino. | *Economía* 88: El rilsán es otra fibra artificial fabricada en Francia del grupo de las superpoliamidas .. Actualmente se obtiene con la fibra de rilsán tejidos de cualidades parecidas a la del nylon.

rima *f* (*TLit*) **1** Hecho de que las palabras finales de dos o más versos o unidades rítmicas terminen por los mismos sonidos. | Amorós-Mayoral *Lengua* 186: Veamos ahora la rima. El verso 1º y el 3º riman porque acaban los dos en el mismo sonido: "-ura".
2 Acción de rimar, *esp* [4]. | Umbral *Ninfas* 60: –Déjamelo [el poema], tengo que estudiarlo. ¿Por qué no vuelves a la rima?– No podía volver a la rima, puesto que nunca había rimado.
3 Composición lírica. *Frec en pl.* | Diego *Abc* 15.12.70, 7: La famosa rima fue de las que ya se cantaban con acompañamiento de piano y se recitaban de memoria en vida del poeta.
4 octava ~, sexta ~ → OCTAVO, SEXTO.

rimado -da *adj* **1** *part* ~ RIMAR.
2 (*TLit*) [Prosa] que tiene rima [1]. | Lapesa *HLengua* 182: El paralelismo entre los miembros del período se subra-

rimador – ringorrango

ya frecuentemente con semejanzas de sonidos o formas gramaticales al final de cada cláusula, dando al estilo carácter cercano a la prosa rimada.

rimador -ra *adj (TLit)* [Escritor] que se distingue en sus composiciones poéticas más por la rima que por otras cualidades. *Tb n. Frec con intención desp.* | E. Corral *Abc* 9.4.72, 74: Pemán no es un rimador; es un auténtico poeta. J. Hermida *Ya* 4.4.91, 52: El filósofo, y físico, y rimador .. Cyrano de Bergerac .. vuelve a subir a los cielos montado en un rayo de luna.

rimar A *intr* **1** *(TLit)* Terminar [un verso o una palabra] en los mismos sonidos [que otros *(compl* CON)]. *Tb sin compl, con suj pl.* | Amorós-Mayoral *Lengua* 186: El verso 1º y el 3º riman porque acaban los dos en el mismo sonido: "-ura".
2 *(lit)* Armonizar [una cosa con otra]. *Tb sin compl, con suj pl.* | *Lab* 9.70, 23: Las cortinas .. son como un espiritual toque de elegancia que rima perfectamente con el ambiente de la casa. Delibes *Mundos* 136: En el reino vegetal todos los colores riman, son compatibles.
3 *(lit)* Componer versos. | Vega *Cocina* 78: Dibujaba, escribía, rimaba, y todo lo hacía bien.
B r 4 *(lit)* Hacer que [varias cosas, esp. versos *(cd)*] rimen [1 y 2]. *Tb abs.* | Umbral *Ninfas* 60: No podía volver a la rima, puesto que nunca había rimado. R. RRaso *Rev* 12.70, 6: Rimados por una ironía fina y aguda, Clair entrecruza en el film algunos temas: París en panorámica, sus chimeneas como un bosque de columnas.

rimaya *f (Geol)* Grieta que se forma entre el hielo de un glaciar y la roca en que se apoya. | Bustinza-Mascaró *Ciencias* 311: Esta [la lengua del glaciar], superficialmente, presenta dos filas longitudinales de piedras ..; bandas de lodo; grietas más o menos profundas (rimayas).

rimbombancia *f (desp)* Cualidad de rimbombante. | *Ya* 19.7.86, 55: Decimos mansión sin darle el sentido actual de rimbombancia, sino el de lugar donde vivió, con entrada típica con corralón, patio empedrado, que da paso a la vivienda.

rimbombante *adj (desp)* [Cosa] ostentosa o llamativa. | Mihura *Maribel* 58: Es sencillo [el vestido] .. Pero como la boda será en el pueblo, no conviene que sea muy rimbombante. **b)** [Palabra o lenguaje] grandilocuente. | Laiglesia *Tachado* 47: El Gobierno se componía de cuatro Secretarios, porque Su Alteza encontraba demasiado rimbombante llamarlos Ministros.

rimbombantemente *adv (desp)* De manera rimbombante. | P. J. Ramírez *ByN* 1.8.79, 26: Gracias a una beca de la entonces rimbombantemente etiquetada Central Nacional Sindicalista, puede estudiar el bachillerato en los Agustinos de León.

rímel *m* Cosmético para oscurecer y endurecer las pestañas. | Carandell *Madrid* 12: A las chicas se les corre el rímel y se les hacen carreras en las medias.

rimero *m* Conjunto [de cosas] puestas unas sobre otras. *Tb fig.* | FSantos *Hombre* 32: El cuarto frontero a la cocina es su despacho: una mesa de pino, algunos libros, dos rimeros de revistas eclesiásticas y una fotografía iluminada del último papa. *Inf* 26.12.74, 16: La importancia que una cuestión o un rimero de cuestiones semejantes merecen en un estado es función de la categoría de las unidades administrativas relacionadas con él.

rimmel *(n comercial registrado; pronunc corriente,* /rímel/*) m* Rímel. | CNavarro *Perros* 157: Le temblaban las manos y sus ojos se veían irritados. Quitó cuidadosamente el rimmel y se puso unas gotas de colirio. VMontalbán *Pájaros* 250: –Es que no son horas. –Dijo Charo con la alarma en los ojos cargados de sueño y de *rimmel* corrido.

rincha *f (reg)* Caballa (pez). | *Voz* 8.11.70, 3: Se registraron las siguientes cotizaciones: Abadejo, de 42 a 60 pesetas kilo; .. rincha, de 2,75 a 3,25.

rinchi *m En ciertos juegos infantiles de pillar:* Lugar al que van los que han sido pillados. *Tb fig.* | P. Urbano *Ya* 13.10.88, 2: Cuando acabe el chin-chin-pum de la orquesta, el que no haya encontrado silla... es idioooota. Y ¡al rinchi!

rincón I *m* **1** Ángulo entrante que se forma en el encuentro de dos o tres superficies. | *Economía* 32: Tiene esta limpieza como fin evitar que en los rincones de las habitaciones .. se deposite el polvo y hagan las arañas sus telas.
2 Lugar retirado u oculto. *Tb fig.* | MSantos *Tiempo* 17: En esta ciudad, cada uno de cuyos rincones es un recogeperdidos perfeccionado. RMorales *Present. Santiago* VParga 6: Acudían creyentes de todas las razas y de todos los rincones del mundo. Gala *Anillos* 472: Que me dejen salirme de la Historia, Dios mío, y esconderme en el último rincón. * Guarda su secreto en el último rincón de la memoria.
3 Resto [de algo] que queda en lugar poco visible. | GPavón *Hermanas* 21: Bandadas de rebuscadores pasaban minuciosos entre los hilos, husmeando .. el rincón de fruto que perdonó la navaja.
II *loc adv* **4 por los ~es**. Calladamente o en soledad. *Gralm con el v* LLORAR. | Delibes *Castilla* 158: Las cosas fueron más o menos bien hasta que el año 63 se presentó el primer brote de peste africana. ¡Qué desgracia, oiga! Las mujeres lloraban por los rincones, y los hombres no sabíamos qué hacer.

rinconada *f* Rincón [1] grande formado esp. por edificios, calles o montes. | CBonald *Ágata* 207: Se acercaba a unos bidones de petróleo estibados en una rinconada de la bodega. Chamorro *Sin raíces* 118: El lugar era amplio, sembrado de vericuetos, verdadero laberinto de espesuras y rinconadas.

rinconero -ra I *adj* **1** [Mueble] de forma adecuada para ser colocado en un rincón [1]. | Halcón *Ir* 201: Bruno encontró suficiente la habitación de tres metros por cinco, en la que ordenó la cama, la mesa, una repisa rinconera y un redondel de esparto. Mendoza *Ciudad* 156: Por todo mobiliario en la estancia había una mesita rinconera de madera pintada.
II *f* **2** Mueble de forma adecuada para ser instalado en un rincón [1]. | Torrente *Off-side* 43: En la esquina de la pared, junto a la puerta del dormitorio, hay una rinconera de caoba y cristal.
3 *(raro)* Rincón [1]. | Romano-Sanz *Alcudia* 269: Es [el patio del cortijo] como una extensa plaza .. En el centro hay dos pilones; algunos árboles adornan las rinconeras próximas.

rinencéfalo *m (Anat)* Porción del cerebro relativa al sentido del olfato. | J. Galván *Abc* 13.7.80, 36: Esta alteración podría existir en el sistema límbico, en el rinencéfalo.

ring[1] *(ing; pronunc corriente,* /rin/; *pl normal,* -s) *m* **1** Cuadrilátero elevado y cercado de cuerdas en que combaten los boxeadores y luchadores. *Tb fig.* | *País* 2.2.77, 8: La larga lista de púgiles muertos en el ring o a consecuencia de sus combates sería buena muestra de tal degeneración deportiva. *Abc* 2.6.93, 21 (A): Aznar respondía pesadamente, sin reflejos, desde el centro del ring.
2 *(lit)* Boxeo (deporte). | A. Mercé *Des* 12.9.70, 46: Las competiciones .. entrarán ya dentro de la rutina deportiva, con el triste fútbol del país, el metalizado baloncesto, los "gigantes" del ring.

ring[2] *interj* Se usa, gralm repetida, para imitar el sonido de un timbre, esp del teléfono. *A veces se sustantiva como n m.* | E. Sáenz *Rev* 12.68, sn: Ring, ring, ring. –María, ¿eres tú?... –Pero, Pepe, ¿qué te pasa? No te entiendo, habla despacio. T. Cendrós *PaísBa* 17.5.89, 25: Unos minutos después, el *ring* del despertador les marcó la llegada de la hora de la ducha.

ringla *f (col)* Ringlera. | GPavón *Rapto* 9: Hay bostezantes muy machos que se quedan con la boca abierta mucho rato y la lengua abatida entre las ringlas de muelas pajizas. DCañabate *Abc* 10.11.74, 44: Por los paseos de la Castellana y el de coches del Retiro formábase todas las tardes una ringla de coches.

ringlera *f (col)* Fila o hilera. | CBonald *Ágata* 204: Una lucha .. justo en la ringlera de izagas donde encontró Manuela al normando.

ringorrango *m* **1** Adorno exagerado y extravagante. *Frec en pl.* | * Lleva un traje lleno de ringorrangos. * Tiene una letra llena de ringorrangos.
2 Complicación innecesaria. | Guillén *Lenguaje* 9: Os traigo el tema sencillo .., sin ringorrangos ni vanidades de erudición. Halcón *Ir* 272: Se impuso cierta reserva, un leve empaque, hasta con el propio Bruno .., dadas las desganas

ring-side (*ing; pronunc corriente*, /ŕin-said/) *m* (*Boxeo*) Zona de asientos situada inmediatamente alrededor del ring. | S. Codina *Mun* 28.11.70, 65: Estuve en el "ring-side" del Empire Pool y puedo dar fe de lo que en Londres ocurrió.

rinitis *f* (*Med*) Inflamación de la mucosa de las fosas nasales. | Campmajó *Salud* 501: Dentro de las rinitis, la coriza aguda es la forma más corriente. **b)** Fiebre del heno. *Tb* ~ ANAFILÁCTICA. | Mascaró *Médico* 63: Síntomas nasales. Los más destacados son las rinitis o fiebre del heno. Casi siempre debida a la inhalación de pólenes de árboles.

rino *m* (*col, raro*) Rinoceronte. | E. Pardo *SAbc* 7.7.74, 52: Los fortuitos encuentros con el "rino" que en varias ocasiones me depararon mis viajes por la selva formaron mi criterio con referencia a este singular animal.

rinoceronte *m* Mamífero perisodáctilo propio de Asia y África, de gran tamaño, cuerpo macizo, piel dura y rugosa y uno o dos cuernos en la región nasal (*Rhinoceros unicornis, Diceros bicornis y Ceratotherium simum*). *Tb* ~ INDIO, ~ NEGRO *y* ~ BLANCO, *respectivamente*. | Medio *Bibiana* 95: Bibiana Prats se despide con pena de los rinocerontes.

rinofaringe *f* (*Anat*) Porción de la faringe situada por encima del velo del paladar. | F. Martino *Ya* 3.4.75, 56: Hay otro tema relativo a las deformaciones de las vías respiratorias superiores: tráqueas, laringe y rinofaringe.

rinofaringitis *f* (*Med*) Inflamación de la rinofaringe. | *Abc* 4.2.75, 37: Venga a buscar su salud al Balneario de Archena .. Aparato respiratorio: Rinofaringitis crónica, bronconeumopatías crónicas, insuficiencia respiratoria.

rinofima *m* (*Med*) Acné que desfigura la nariz. | *SPaís* 23.11.93, 16: Cirugía plástica .. Cicatrices. Verrugas. Quistes. Rinofima.

rinolalia *f* (*Med*) Nasalidad de la voz debida a una afección o un defecto de las fosas nasales. | *DPo* 31.7.75, 8: Equipo de reeducación de lenguaje y dislexias .. Niños con defectos de pronunciación (Alexias, Rinolalias, Afasias, etc.).

rinología *f* Especialidad médica que versa sobre la nariz. | SRobles *Abc* 28.8.66, sn: Ya no les basta, por ejemplo, la especialización de la otorrinolaringología, y así especializan esta especialidad en las especializaciones siguientes: audiología, rinología, otología.

rinológico -ca *adj* De (la) rinología. | *TMé* 30.3.84, 25: Se abordarán temas referidos a resfriado común .. y problemas rinológicos en la infancia.

rinoplastia *f* (*Med*) Cirugía plástica de la nariz. | *Abc* 2.4.72, 45: Expondrán en mesa redonda su experiencia sobre epistaxis, sinusitis, rinoplastia funcional.

rinorrea *f* (*Med*) Flujo abundante de moco nasal, o flujo de líquido cefalorraquídeo por la nariz. *En el segundo caso, tb* ~ CEREBROESPINAL. | S. Tarín *Ya* 14.3.85, 26: En un hospital de Nueva York le hicieron un chequeo, donde se le diagnosticó la rinorrea, que es una pérdida del líquido cefalorraquídeo por la nariz.

rinrán (*tb con la grafía* **rin-ran**) *m* (*reg*) Guiso compuesto de tomates, pimientos, patatas y bacalao o atún. | GMacías *Abc* 30.6.74, 34: También hay que mencionar el pisto y el "rin-ran", plato de verano de Jaraíz de la Vera. *Ama casa* 1972 12b: Platos típicos regionales .. Andalucía Oriental. Gazpacho al ajo blanco .. Rin-ran de Cazorla.

riña *f* Acción de reñir (enfrentarse [con alguien] de palabra o de obra). | Arce *Testamento* 48: Ten cuidado con El Bayona. Se altera por un quítame de ahí esas pajas y nunca se sabe en qué puede terminar una riña con él. J. J. Viola *Hoy* 12.1.75, 19: Los perros de "Los Carbonillas" son una auténtica "historia" .. Hay que verlos para hacerse una idea, desde el medio San Bernardo tuerto por una riña con un jabalí hasta el pequeño "tragaliebres", la variedad es su mayor exponente.

riñón I *m* **1** Órgano secretor que elabora la orina. | Bustinza-Mascaró *Ciencias* 71: Los riñones están colocados en la cavidad abdominal a uno y otro lado de la columna vertebral. *Cocina* 488: Riñones de cordero salteados al jerez. **b)** ~ **artificial.** Aparato para la depuración de la sangre en los casos de insuficiencia renal. | Nolla *Salud* 467: En estas anurias, si persisten, son de gran utilidad, y salvan muchas vidas, las diversas técnicas de hemodiálisis depuradora (riñón artificial).

2 *En pl:* Región lumbar. | Medio *Bibiana* 171: La cartera de uno de los chicos se le clava en los riñones.

3 (*col, euf*) *En pl:* Valentía o valor. | ZVicente *Traque* 138: Qué tío, ¿eh?, hace falta tener riñones. Torrente *Vuelta* 279: Doña Mariana tosió un poco .. –Yo no fui al muelle para darles las gracias, sino para que viesen que tenía tantos riñones como ellos.

4 un ~. (*col*) Un precio muy elevado. *Con vs como* COSTAR *o* VALER. | Cela *Judíos* 241: Criar un mastín vale un riñón... Eso es para ricos. CSotelo *Inocente* 98: Un bombardeo sale por un riñón.

5 el ~ **bien cubierto.** (*col*) Abundancia de dinero. *Gralm con el v* TENER. | DCañabate *Paseíllo* 42: Si tú eres un señorito, si tu padre tiene el riñón bien cubierto. DCañabate *Paseíllo* 71: Por aquellos días el señor Marcos ultimó una buena contrata y en ella pellizcó Marquitos más que de sobra para acudir a la capea con el riñón bien cubierto.

6 (*Arquit*) *En un arco o bóveda:* Parte inmediatamente superior al arranque. | Angulo *Arte* 1, 10: Las partes inferiores son los hombros del arco, y las partes inmediatamente superiores, los riñones.

II *loc v* **7 pegarse** [una comida] **al** ~. (*col*) Ser muy sustanciosa. | * Sus guisos son de los que se pegan al riñón.

riñonada *f* Región lumbar. *Gralm hablando de animales de carne.* | DCañabate *Paseíllo* 120: Se asaban chuletas de riñonada en una parrilla calentada con carbón de encina.

riñonera *f* **1** Bolso pequeño que se sujeta a la altura de los riñones. | *ByN* 23.12.90, 84: Las variantes de los conjuntos de esquí van del clásico mono al dos piezas de pantalón y cazadora. Bandas en el pelo, bolsos riñonera, gorros. *DMo* 16.8.92, 36: Detenido un individuo que apuñaló a un hombre para robarle la "riñonera".

2 (*col*) Región lumbar. | ZVicente *Examen* 98: ¡Ya está aquí el peregrino! .. El pelo, muy largo, le caía en cascada por la espalda, inundando de caspa los hombros y la riñonera.

río I *m* **1** Corriente continua y natural de agua. | Cunqueiro *Un hombre* 11: Se sabía por dónde iba el río por los altos chopos de las dos orillas.

2 Masa [de algo] que fluye o corre en abundancia. | Delibes *Mundos* 133: Los volúmenes rocosos, los truncados ríos de lava tienen algo atormentado. J. C. Clemente *SCCa* 26.10.75, 5: La mayoría de los chinos honkoneses viven bien. Hay muchos millonarios. La colonia es un río de oro, incluso para los comunistas.

3 ~ **revuelto.** Situación confusa o desordenada. | Lera *Abc* 22.10.70, sn: Han pretendido aprovecharse .. del río revuelto para justificar su morosidad en los pagos.

II *adj invar* **4** (*TLit*) [Novela] de gran extensión, que presenta numerosos personajes de varias generaciones. *Frec con la grafía* NOVELA-~. | Berlanga *Recuentos* 78: En 150 páginas se puede contar un mundo; la novela-río está muerta. M. Aguado *SYa* 25.1.75, 8: Proclamó desde muy joven su vocación por las novelas torrenciales, o novelas-río, de explícita intención costumbrista.

III *loc v y fórm or* **5 de perdidos al** ~. Se usa para presentar algo como una solución desesperada. | CPuche *Paralelo* 405: De perdidos, al río, mira. Hay que ir por los millones o por nada.

6 llevarse [a una pers.] **al** ~. (*col*) Realizar el acto sexual [con ella (*cd*)]. | SSolís *Juegos* 146: La moza era virgen .. Ya no quedan machos en las nuevas generaciones. ¿Qué clase de maricón es el Xuan que no se la llevó al río todavía?

riograndense *adj* Del estado de Río Grande del Sur (Brasil). *Tb n, referido a pers.* | *Abc* 1.6.74, 83: Llegó completamente mareado del vuelo que les trajo desde Porto Alegre, donde jugó la selección el pasado miércoles contra el Internacional de la capital Riograndense.

rioja *m* Vino que se produce en la región de la Rioja. *Tb* VINO DE RIOJA. | Payno *Curso* 232: Tomaron chacolí vasco, rioja sólido en San Millán de la Cogolla.

riojanismo *m* Palabra o rasgo idiomático propios de la Rioja. | Lapesa *HLengua* 145: En los poemas de Berceo son muy abundantes los riojanismos.

riojano -na I *adj* **1** De la región o de la comunidad autónoma de la Rioja. *Tb n, referido a pers.* | CBaroja *Inquisidor* 46: Era este funcionario el célebre don Juan Antonio Llorente, nacido el 30 de Marzo de 1756 en el pueblo riojano de Rincón de Soto. Lapesa *HLengua* 134: El subdialecto riojano, tal como lo emplea Gonzalo de Berceo, se parece más al de la Castilla norteña que al burgalés.
II *m* **2** Variedad riojana del castellano. | Lapesa *HLengua* 409: Riojano medieval.

riolita *f* (*Geol*) Roca volcánica de constitución semejante a la del granito. | Alvarado *Geología* 52: Liparitas o Riolitas. Resultan de la consolidación superficial del magma granítico .. La estructura fluidal es en estas rocas tan frecuente que a ella alude el nombre de riolitas.

riomunense *adj* De Río Muni (parte continental de la Guinea Ecuatorial). *Tb n, referido a pers.* | J. Menéndez *Abc* 21.8.66, sn: Por primera vez en la historia de Guinea se ejercita la facultad concedida por la ley y se acude a ella en tres puntos diferentes del territorio riomunense.

rioplatense *adj* De la región del Río de la Plata. *Tb n, referido a pers.* | Caporte *Ya* 6.12.70, 41: Cincuenta y una peleas figuran en el palmarés del rioplatense. De ellas treinta y cinco ganadas por "k.o.".

riosecano -na *adj* De Medina de Rioseco (Valladolid). *Tb n, referido a pers.* | M. Fuentes *SLib* 26.3.75, 38: La Semana Santa del año 1975, que sin duda servirá en su desarrollo para "unir" a los riosecanos que llegan de los más apartados rincones.

riosellano -na *adj* De Ribadesella (Asturias). *Tb n, referido a pers.* | RegA 4.8.78, 19: Arriondas y Ribadesella parecen más que nunca la Torre de Babel. Estos días los riosellanos y parragueses hablamos todos un poco de inglés, un poco de francés, alemán y un mucho del idioma de las manos.

riostra *f* (*Constr*) Pieza que sirve para reforzar una armazón y hacerla indeformable. | Zunzunegui *Hijo* 45: Del lado de Lejona se levantaba un sol, redondo y campesino, que se dejaba taracear por las riostras del Puente Vizcaya.

ríper (*tb con la grafía* **ripper**; *pl normal,* ~s) *m* (*hist*) Cierto coche de caballos de alquiler de alrededor de 1920. | DCañabate *Paseíllo* 114: La animación callejera, la tarde de la corrida de Beneficencia, principiaba en la calle de Alcalá, frente a la de Sevilla. De allí partían los coches llamados "rípers". P. VSanjuán *Abc* 31.3.73, 59: Personajes destacados del conglomerado calé fueron el cochero de los antiguos "rippers", el esquilador que en el llano de la Boquería hacía sonar pavorosamente sus enormes tijeras.

ripia *f* **1** Tabla delgada, desigual y sin cepillar. *A veces en sg con sent colectivo.* | Escobar *Itinerarios* 206: Era una bodega subterránea, de lo menos cuatro galerías, más un cuarto para el baile y la jarana, con asientos de ripias.
2 (*reg*) Conjunto de palos sobre los que se asientan las tejas del tejado. | MCalero *Usos* 36: Con aleros salientes de ladrillo y la propia teja, que se asentaban sobre maderas de ripia.

ripícola *adj* (*Bot*) Propio de las riberas. | Santamaría *Paisajes* 33: En esta vegetación ripícola se incluyen árboles de los géneros Populus, Alnus, Juglans.

ripieno *m* (*Mús, hist*) En el concerto grosso: Grupo principal de instrumentos, contrapuesto al solista o a los solistas. *Tb* (*lit*) *fig.* | GAmat *Conciertos* 33: En su obra [de Corelli] se fija el modelo de la sonata y el *concerto grosso*, con su oposición entre el grupo *concertino* y el *tutti* o *ripieno*. GHortelano *Momento* 542: Le demostraba mi amor, ensartando eufonías de serrallo que le dulcificaban la velada y, de paso, acallasen el ripieno del ventarrón.

ripio I *m* **1** Palabra o frase superflua que se emplea para rellenar un verso o conseguir una rima. | J. Esquivel *Ya* 21.12.69, 48: La conocida tragedia cómica de Jardiel va .. entre un "Don Juan Tenorio" en broma y una "Venganza de don Mendo". Es obra a base de ripios, de situaciones plenas de comicidad. Cossío *Montaña* 473: El término *montaña* usado pasaría a la condición de ripio, instado por la dificultad del consonante.
2 (*Constr*) Conjunto de fragmentos de materiales de albañilería, usado para rellenar huecos. | * Todos estos materiales constituyen el ripio.
3 Guijo o guijarro. | M. E. SSanz *Nar* 7.76, 9: Estos círculos [las eras alpujarreñas] suelen tener un diámetro de 25 metros .. En su construcción .. se iban trazando con cuerdas muy tirantes .. los radios o "maestras", rellenándose los espacios resultantes con losas y ripios y una pasta de agua, arena y cemento.
II *loc v* (*col*) **4 no perder ~.** Escuchar u observar atentamente lo que se dice o se hace, para enterarse de todo. | ZVicente *Mesa* 69: –Oiga, observe usted a la que está al lado del homenajeado... –¡Huy...! Si yo no pierdo ripio.
5 no perder ~. Aprovechar todas las oportunidades. | Lera *Bochorno* 205: El caso es que tropezó con nosotros y, este hombre, que no pierde ripio, aprovechó la oportunidad.

ripioso -sa *adj* **1** [Poeta] que utiliza ripios [1]. | CSotelo *Resentido* 208: ¿Qué has hecho tú, .. poeta ripioso?
2 [Verso o poesía] que contiene ripios [1]. | J. IGalán *AbcS* 12.2.75, 13: Cartelas con los acostumbrados malísimos y ripiosos versos de circunstancia. Payno *Curso* 242: Sería lo que escribía hace algún tiempo en una ripiosa poesía.
3 De(l) ripio [1]. | Delibes *Cartas* 29: Aleluyas fáciles, de rima sonora y naturaleza ripiosa.

ripollense *adj* (*lit*) Ripollés. *Tb n.* | Vicens *HEspaña* 1, 441: Del escritorio ripollense brotó entonces la primera producción historiográfica catalana.

ripollés -sa *adj* De Ripoll (Gerona). *Tb n, referido a pers.* | Cela *Pirineo* 77: Pasando pistolas y escopetas ripollesas a Tarascón.

ripper[1] (*ing; pronunc corriente,* /ríper/; *pl normal,* ~s) *m* Máquina de obras públicas provista de dientes metálicos para excavar terrenos duros. | *Abc* 21.5.67, 27: Máquinas de obras públicas .. Accesorios: Ripper suspendido de 3 dientes, bulldozer.

ripper[2] → RÍPER.

ripple-mark (*ing; pronunc corriente,* /rípelmark/; *pl normal,* ~s) *m* (*Geol*) Ondulación formada por el agua en la arena o el barro del litoral o de los ríos, o por el viento en las dunas. | Bustinza-Mascaró *Ciencias* 350: Las arrugas provocadas en la superficie arenosa por el viento se denominan *ripple-marks*. [*En el texto,* ripplemarks.]

riqueza *f* **1** Cualidad o condición de rico (que tiene mucho dinero o bienes). | Torrente *Saga* 510: Lo de la riqueza y la pobreza .. ni me va ni me viene.
2 Cualidad de rico (lujoso o de mucho valor). | * Posee joyas de una gran riqueza.
3 Cualidad de rico o abundante. *Frec con un adj o compl especificador.* | DPlaja *El español* 108: Si la ciudad o pueblo son feos se elogia su riqueza minera. R. GSantos *SYa* 22.12.90, 10: Se adoba [el plato] con riqueza de vino y especias. **b)** Proporción o cantidad relativa que una cosa posee [de otra (*adj o compl especificador*)]. *Tb sin compl por consabido.* | HLBR 26.8.74, 3: La tonelada de roca fosfórica, con riqueza del 75 por ciento .., sigue el mismo camino que el petróleo.
4 Conjunto de dinero o bienes que se poseen. *Frec en pl, con sent sg.* | Ero *Van* 21.3.74, 32: Infinitos recibos de la riqueza rústica y urbana están, al paso de los años, a nombre del abuelo. Vesga-Fernández *Jesucristo* 64: No os afanéis por amontonar riquezas en la tierra.

risa I *f* **1** Acción de reír (manifestar alegría con determinados sonidos y movimientos de la boca y con la expresión general del rostro). *Tb el sonido correspondiente.* | Laforet *Mujer* 62: A ella le gustaba la alegría, necesitaba la risa. Olmo *Golfos* 186: Se oyen risas. **b)** *Frec en constrs cols de carácter enfático:* CAERSE, DESTERNILLARSE, MONDARSE, MORIRSE, PARTIRSE, REVENTAR, *etc,* DE ~. | Olmo *Golfos* 56: Juan .. se desternillaba de risa. Neville *Vida* 389: –¿Has visto qué gracioso es? –(Seca.) Es morirse de risa. Faner *Flor* 100: Doña Ana se descalzaba de risa. **c)** *Frec en diminutivo con matiz desp.* | Carandell *Madrid* 147: Como uno lleve una camisa un poco alegre le puede suceder que le tiren una mancha de tinta, y, en el mejor de los casos, tendrá que aguantar las miraditas y risitas de todos los que pasen. **d)** ~ **de conejo**, ~ **floja** → CONEJO, FLOJO.
2 Cosa que causa risa [1]. | * Es una risa verle actuar.

3 ~ sardónica. Mueca semejante al gesto de la risa [1]. | Navarro *Biología* 257: Tétanos .. Empieza por el rostro, dándole una mueca especial (risa sardónica); después afecta a los músculos de la mandíbula y cuello.
II *loc v y fórm or (col)* **4 echar**, *o* **hacer, unas ~s.** (*juv*) Pasar un rato de charla divertida. | Grandes *Lulú* 189: Cuando hice las primeras risas, las primeras borracheras, las primeras vomitonas, allí viví con Pablo todo el tiempo.
5 morirse de ~. Estar inactiva [una pers.] o sin uso [una cosa] esperando algo que no llega. *Frec en part.* | Ortega *Americanos* 41: El negro que en las calles del *ghetto* .. se muere de risa esperando los beneficios del *Antipoverty Program*. Ju. Cruz *Día* 28.9.75, 35: Se enriquecieron lujuriosamente a costa de un suelo que jamás tuvo la culpa de nada y que ahora se halla superpoblado de edificios que miran, muertos de risa y de vacío, al cielo por el que suelen venir los aviones con el maná: los turistas.
6 qué ~. *Fórmula con que se manifiesta burla o rechazo ante lo que se acaba de oír.* | * –Dice que él acaba el artículo en media hora. –¡Qué risa! ¡Como si fuera tan fácil!
7 tomar a ~ [algo o, más raro, a alguien]**.** No dar[le] importancia o no hacer[le] caso. | DCañabate *Abc* 23.4.75, 35: También en el siglo XVII las terminantes prohibiciones se tomaban a risa.

risada *f* (*raro*) Risotada. | Espinosa *Escuela* 111: –¡Eh, pecosillas, corcillas, gatitas, celosillas, puticas, venid! –gritaron los soldados mientras ellas prorrumpían en risadas y desaparecían entre el polvo del camino.

risca *f* (*reg*) Risco. | Mi. Sánchez V*Al* 14.9.75, 10: Tíjola la Vieja queda allá en lo alto de la Risca Valentín.

riscal *m* Lugar en que hay muchos riscos. | Romano-Sanz *Alcudia* 68: La trocha discurre entre cerrajones y riscales.

risco I *m* **1** Peñasco alto y escarpado. | Arce *Testamento* 15: Los riscos que nos rodeaban resplandecían como la cal viva.
II *loc adj* **2** [Té] **de ~** → TÉ.

risible *adj* Digno de risa [1]. | Kurtz *Lado* 184: ¿He dicho algo risible?

risión *f* (*pop*) **1** Burla o irrisión. | Lera *Clarines* 373: Nada, que hogaño va a ser la risión. Para la primera vez que somos de la Comisión, nos hemos lucido. **b)** Pers. o cosa que provoca burla o irrisión. | Berlanga *Gaznápira* 126: Si no aspiras a ser la risión, no te pases ni por más ni por menos.
2 Hecho de reírse intensamente. | P. Urbano *Ya* 8.4.88, 2: No es a base de risas, risiones o risotadas como se profundiza en la democracia. **b)** Cosa extremadamente cómica. | Lera *Clarines* 330: –¿Es que no sabéis lo que pasó? –¡Cómo quieres que lo sepamos, hombre! –Pues una risión, Filigranas. Pero ¡se formó una!

risolé *adj* (*Coc, raro*) Gratinado. | Cela *Pirineo* 37: Le voy a dar pollastre, ya verá usted cómo le gusta, con sus cebollitas, su poquito de jamón, su laurel, .. sus patatas risolés, sus setas.

risorio[1] *adj* (*Anat*) [Músculo] que contrae las comisuras de los labios y produce el gesto de la risa. *Tb n m.* | Alvarado *Anatomía* 58: Músculos de la cabeza: .. el frontal, que arruga la frente; .. el risorio, que produce la sonrisa.

risorio[2] *m* (*reg*) Risión. | Landero *Juegos* 98: Y que de pronto te dice porque lo llaman por el mote, Meloni o Peroni, un pelagatos con cara de liebre, y ¡hala!, ¡corra a verle y deje plantada a una señora para risorio del público! GMacías *Relatos* 158: El juicio constituyó un verdadero risorio por las constantes y mordaces manifestaciones de Juan.

risotada *f* Risa [1a] muy ruidosa. | Delibes *Parábola* 67: En principio se compungió .., mas al instante .. reventó en una risotada.

risotear *intr* Dar risotadas. | Berlanga *Gaznápira* 118: Poco a poco Gabriela desplegó sus artimañas –atusándose, remetiéndose la blusa para resaltar la delantera, risoteando...–, y el Cristóbal se fue encandilando.

risoteo *m* Acción de risotear. | DCañabate *Andanzas* 139: El airecillo corre contento al esparcir la buena nueva acogida con el risoteo de unas chiquillas que acaban de abandonar el colegio.

risotero -ra *adj* (*reg*) Que se ríe mucho. | Zunzunegui *Camino* 231: La gran masa de gente se movía risotera y desesperanzada.

risotto (*it; pronunc corriente,* /risóto/) *m* Guiso italiano hecho con arroz cocido y aderezado con tomate, queso rallado u otros ingredientes. | Bernard *Verduras* 95: Se prepara un "risotto", es decir, arroz adicionado de un puré de tomates muy espeso.

rispiajo *m* (*reg*) Porción de terreno en pendiente. | I. Cicero *Ale* 30.6.85, 29: La montuosa Cantabria es tierra de rispiajos, más o menos pindios.

rispión *m* (*reg*) Rastrojo. | Delibes *Caza* 134: En el siglo XIX rara vez se ojean rispiones, majuelos y tierras de labor, sino preferentemente montes y carrascales.

risquero -ra I *adj* **1** De(l) risco o de (los) riscos. | Moreno *Galería* 115: Así Rello .., para verlo cual es: roquero, risquero, alto, fuerte, estratégico.
II *f* **2** Terreno en que abundan los riscos. | JGregorio *Jara* 30: El Robledillo, cercano a las risqueras de las cumbres, se cobija en un hondón.

ris-ras *interj* Se usa para imitar el sonido de algo que se abre y se cierra o va y viene. *A veces se sustantiva como n m.* | Delibes *Santos* 94: Cada noche, antes de acostarse, ris-ras, abrir y cerrar la escopeta, ris-ras, meter y sacar los cartuchos en los caños. Aparicio *Retratos* 228: A su espalda quedaban los golpes del cemento y los ladrillos, el ris-ras de la paleta de albañil. [*En el texto,* ris ras.]

ristra *f* **1** Conjunto [de ajos o cebollas] que se forma trenzando los tallos. | Cunqueiro *Un hombre* 9: Unas campesinas posaban en el suelo cestas con ristras de cebollas.
2 Conjunto grande (de perss. o cosas] en que los componentes van uno tras otro. | DCañabate *Abc* 17.4.75, 54: Bajaban de Cuatro Caminos la ristra de los traperos. C. Debén *SAbc* 16.6.68, 36: Sigüenza .., bañada por el Henares, en torno al cual se alinean las ristras de chopos y de álamos.

ristre I *m* **1** (*hist*) *En la armadura:* Hierro en que se afianza la lanza. *Frec en la constr* LANZA EN ~. | Riquer *Cervantes* 114: Así que el barbero lo vio llegar lanza en ristre, se dejó caer del asno que montaba.
II *loc adv* **2 en ~.** *Referido al modo de tener determinados utensilios:* En disposición de utilizarlos. | A. D. Galicia *Sáb* 10.9.66, 13: Ocupan .. el resto .. en la vida social y en servir a quienes, cámara en ristre, vienen en pos de su popularidad.

risueñamente *adv* De manera risueña. | Vega *Cocina* 59: Muchas montan a la jineta sobre dos diócesis culinarias distintas, y algunas, como Navarra, pisan risueñamente tres territorios.

risueño -ña *adj* **1** [Pers.] alegre o de risa fácil. | Laforet *Mujer* 20: Era un viejo alto y flaco, con lentes, muy cortés y risueño. **b)** Propio de la pers. risueña. | Cossío *Confesiones* 209: Me dice, con el semblante más risueño que pueda imaginarse: –Esto empieza a ponerse divertido. Buero *Diálogo* 62: Están los dos viejos muy contentos; antes de entrar se sorprenden con sus risueñas voces.
2 [Cosa] alegre o grata. | GPavón *Reinado* 88: Las vidas escritas y parladas; los hechos tristes y risueños. Olmo *Golfos* 125: Nací en el Barco de Valdeorras, pueblo .. anclado en uno de los valles más risueños de aquellas tierras.
3 [Cosa] favorable o próspera. | ByN 10.4.76, 80: Los fertilizantes tienen un risueño porvenir.

Rita *n p f* (*col*) Personaje imaginario que se usa como *suj o compl de frases optativas o imperativas para indicar rechazo o incredulidad por parte de la pers que habla*. Tb ~ LA CANTAORA. | Gala *Strip-tease* 347: Que trabaje Rita. Campmany *Abc* 23.5.89, 33: A esos afectados de ahora, bajo el Gobierno socialista, que les defienda Rita.

ritidectomía *f* (*Med*) Cirugía plástica para la eliminación de las arrugas. | *País* 26.9.82, 84: Se ofrece .. una ritidectomía (quitar las arrugas de la cara) por mil dólares, más hospitalización.

ritidoma *m* (*Bot*) Corteza arrugada y muerta de las plantas leñosas. | Alvarado *Botánica* 22: Las capas suberosas primeramente formadas se van desgarrando y desprendiendo exteriormente y originan el ritidoma, es decir,

ritmado – ritual

esas cortezas resquebrajadas características de los árboles añosos.

ritmado -da adj **1** part → RITMAR.
2 (lit, raro) Rítmico o armonioso. | GNuño *Escultura* 24: Solo con esta estimación reluce mejor otro clasicismo, el de la serenidad y la ritmada belleza de Grecia.

ritmar tr (lit) Dar ritmo [a algo (cd)] o someter[lo] a ritmo. | GNuño *Escultura* 50: En cuanto a otras obras, las teorías de personajes en fila .. quedan ritmadas con un movimiento nada extraño para quien esté familiarizado con los vasos del Levante español. Fernández-Llorens *Occidente* 261: Con los contrastes de planos, en este caso la horizontal de la base y la diagonal del cuerpo, se ritma geométricamente los contornos.

rítmicamente adv **1** De manera rítmica. | Marín *Enseñanza* 95: Están los leñadores cortando leña (movimientos de brazos y doblar el tronco rítmicamente simulando dar hachazos). Correa-Lázaro *Lengua 3º* 75: Las estaciones del año, las vacaciones, los exámenes finales, etc., se suceden también rítmicamente.
2 En el aspecto rítmico [1]. | Casares *Música* 114: Rítmicamente la música romántica no es muy rica.

rítmico -ca **I** adj **1** De(l) ritmo. | Valls *Música* 19: Este mundo maravilloso que el hombre ha producido .. al someter el sonido a un orden y al encuadrarlo en un complejo rítmico. Academia *Esbozo* 65: En el habla, los intervalos son de duración irregular, pero los puntos rítmicos .. aparecen marcados precisamente por el acento de intensidad. Amorós-Mayoral *Lengua* 186: Todos los versos españoles llevan un acento rítmico fuerte en la sílaba penúltima.
2 Que implica ritmo. | GPavón *Hermanas* 46: Les señaló fotografías en las que aparecían las hermanas Peláez .. con aquellas manecillas siempre en actitudes rítmicas. Correa-Lázaro *Lengua 3º* 75: Cuando se va el tren, se oye el ruido rítmico que producen las ruedas al pasar por la juntura entre dos raíles. **b)** [Gimnasia] de movimientos rítmicos y encadenados, que se practica al compás de la música. | J. J. Abín *Abc* 9.9.66, 43: La escuela de gimnasia rítmica y de ritmo danzando .. tuvo éxito. **c)** [Música] en que el ritmo es el factor preponderante. | * Prefiero la música melódica a la rítmica. **d)** [Versificación] que se basa en el acento de intensidad y no en el número o cantidad de sílabas. | Quilis *Métrica* 39: A la versificación regular o silábica se contrapone la versificación irregular o libre, en la que el número de sílabas es totalmente indeterminado, pero que puede manifestarse bajo un cierto ritmo acentual (versificación rítmica). **e)** [Prosa] que presenta una disposición regular de los acentos. | Basanta *SAbc* 3.9.93, 9: En el medio se destaca .. "La cornada", con su recurrente reflexión intensificada por medio de reiteraciones y otros recursos propios de la prosa rítmica.
II f **3** Estudio de los ritmos. *Tb los propios ritmos.* | Casares *Música* 151: La *Suite Iberia*, donde efectivamente el folklore se eleva a niveles enormemente creativos tanto en rítmica como melódicamente y en armonía. *Ya* 18.10.86, 45: Los postulados de la escuela de Viena sedimentaban profundamente en una generación de jóvenes compositores, intérpretes y directores que entrevieron la posibilidad de un nuevo mundo musical basado en la tímbrica, la rítmica y la articulación.
4 Gimnasia rítmica [2b]. | *Abc* 19.9.64, 45: Colegio Belén. Jardín de infancia .. Música. Dibujo. Rítmica. A. Salinas *Ya* 23.10.90, 30: Emilia Boneva, Ana Roncero y Giorgi Neikov, técnicos responsables de la gimnasia rítmica, mostraron ayer públicamente su apoyo y solidaridad a la presidenta de la Federación, Carmen Algora, y a Manuela Fernández del Pozo, directora técnica de rítmica.

ritmista m y f Pers. que en un conjunto musical maneja los instrumentos destinados a marcar el ritmo. | *D16* 18.4.85, 29: Hoy se estrena en el Teatro Monumental de Madrid la revista "Oba-Oba", famosa en Brasil, un espectáculo compuesto por 44 artistas –cantantes, bailarinas, ritmistas–, lleno de belleza y colorido.

ritmo m **1** Disposición de las duraciones relativas y de los acentos en las notas de una melodía. *A veces con un adj o compl especificador.* | A. Marazuela *Nar* 6.77, 4: Cuando grabé el disco, los tamborileros que me acompañaban no podían coger el ritmo y tuvimos que desistir. FCid *Ópera* 130: "Adiós a la bohemia" .. presenta una serie de tipos madrileños, en cabeza el lector de sucesos, con ritmo de "schotist" [sic] y florituras de organillo.
2 Disposición de las palabras en una secuencia más o menos regular de sílabas tónicas y átonas o largas y breves. *A veces con un adj o compl especificador.* | Academia *Esbozo* 65: Una importante dimensión acústica de la intensidad es el ritmo, sucesión de intervalos de duración delimitados por dos puntos de prominencia acústica. Quilis *Métrica* 27: Si la sílaba sobre la que va situado [el acento estrófico] es de signo impar, el ritmo es trocaico.
3 Disposición de las formas, elementos o motivos ornamentales en una secuencia más o menos regular y alternada. | M. A. GViñolas *Pue* 16.12.70, 29: Todo es aquí [en esta pintura] medida y ritmo gobernado por un temperamento lírico, pero que toma el arte muy en serio.
4 Sucesión de determinados fenómenos que se repiten a intervalos más o menos regulares. | Correa-Lázaro *Lengua 3º* 75: Los latidos del corazón, percibidos en el pulso, están sujetos también a ritmo. *CoA* 1.11.75, 1: El estado general [de Franco] no se ha modificado .. La frecuencia, el ritmo y la tensión arterial son normales.
5 Velocidad a la que se ejecuta una acción o se desarrolla un suceso o conjunto de sucesos. | *Inf* 1.11.75, 20: Desde el inicio de la pelea, el boxeador otomano, nueve años mayor que el campeón, impuso su ritmo y su dureza, desbordando por completo al español. P. Corbalán *Inf* 20.3.72, 18: El espectáculo pertenece igualmente .. a José Luis Alonso, el director de escena .. José Luis Alonso proporcionó el énfasis espectacular que la representación exigía y el ritmo que era menester para su éxito. *País* 17.4.77, 7: Cambie el ritmo de vida en Marbella.

rito m **1** Acto religioso sometido a unas normas tradicionales establecidas. | *DMa* 29.3.70, 32: El rito de la vigilia pascual constaba de cuatro partes. **b)** Práctica establecida, de carácter sagrado o simbólico. | CPuche *Paralelo* 13: Uno detrás de otro iban poniendo las manos bajo el chorrillo del botijo que sostenía Emiliano como cumpliendo un rito. Olmo *Golfos* 21: Enzo, .. ceremonioso, como en un rito, sacó un puñado de sal. **c)** Práctica que se realiza con arreglo a unas normas establecidas. | Castroviejo *Van* 20.12.70, 15: Se fue perdiendo el rito del asado [del capón] al espeto.
2 Conjunto de normas establecidas para el culto y ceremonias religiosas. *Gralm con un adj especificador.* | *Abc* 21.5.67, 62: La colonia rumana en Madrid ha organizado una misa en rito bizantino. **b)** Conjunto de normas que rigen una práctica o costumbre. | * Recibir a un nuevo miembro es una ceremonia que tiene su rito.

ritón m (hist) Vaso, frec. en forma de cuerno o cabeza de animal, usado para beber. | Sampedro *Sirena* 448: –¡Vino, muchacha! –añade tendiendo su ritón a una sierva. *País* 1.6.88, 37: Lo más significativo de la muestra son varias piezas del tesoro de Panagiurishte, de finales del siglo IV antes de Cristo. Cuatro ritones, tres jarras, una ánfora-ritón y una fiata suman más de seis kilos de oro puro.

ritornello (it; pronunc corriente, /ritornélo/) m **1** Pasaje que se repite en una obra musical, esp. entre las partes vocales de las arias o coros. | J. M. Burgos *Ecc* 16.11.63, 36: Lo volveremos a oír .., como un "ritornello", en distintos tonos y versiones.
2 (lit) Estribillo. | Umbral *Pról. Delibes* 10: La técnica de *La hoja roja*, ya está dicho, es la del ritornello, la del estribillo.

ritornelo m (lit) Ritornello. | MTriana *Ópera* 56: Estas reformas se encarnan en .. eliminación de los ritornelos orquestales y de los ornamentos vocales. Olmo *English* 16: (Al ver a Chelo abrazada a Carlos, repite su ritornelo.) –¡Que hay niños!

ritual I adj **1** De(l) rito [1 y 2]. | * Estos actos tienen carácter ritual. Delibes *Tesoro* 119: Al advertir la pasividad de los escasos espectadores .., dio por concluido el acto con las palabras rituales: No habiendo oposición, el Concejo autoriza la escarbación en el castro de Aradas. **b)** Que tiene carácter de rito [1]. | M. LPalacios *Caso* 26.12.70, 3: Hay quien opina que se trata de un crimen ritual, pues de la forma en que se han desarrollado los hechos más parece un sacrificio de seres humanos .. que un acto realizado por hombres civilizados.

2 de ~. Establecido por el rito [2]. | * F. dio los gritos de ritual. **b)** *(col)* Habitual o de costumbre. | * A la salida tomamos la copita de ritual.
II *m* **3** Rito [2]. | Moreno *Galería* 252: Los mayordomos recogían luego las cestas y pasaban la cera al arca [de la sacristía] hasta... otra función, en la que habría de repetirse idéntico ritual. VMontalbán *Mares* 110: La gente que subía y bajaba parecía cumplir el ritual de un relevo previamente acordado.
4 *(Rel catól)* Libro litúrgico que indica las ceremonias que han de observarse en los actos de culto. | Ribera *Misal* 13: Estas preces y fórmulas [prescritas por la Iglesia] están contenidas en los libros litúrgicos aprobados: Misal, Ritual, Breviario, etc.

ritualidad *f* Observancia del rito [2]. | Espinosa *Escuela* 126: Por ritualidad, los mendigos pedían en cuclillas.

ritualismo *m* Tendencia a dar excesiva importancia al rito [2]. | Sopeña *Defensa* 116: Luis Maldonado puso a punto la "participación" [en la Liturgia]; luego, desde sus libros, ha superado cualquier peligro de ritualismo.

ritualista *adj* De(l) ritualismo. | CBaroja *Judíos* 1, 84: Las generaciones veían sucederse a los hombres de *ghetto* con su fervor ritualista, su rigor ritualista, su habilidad para el comercio. R. DHochleitner *Fam* 15.11.70, 49: La toxicomanía de los jóvenes adquiere hoy en día en algunos países tintes ritualistas del mayor radicalismo. **b)** Partidario del ritualismo. | C. LPiñeiro *SYa* 14.9.75, 25: Poco ritualistas, insisten [los drusos] menos en manifestaciones exteriores del culto que en las obligaciones morales.

ritualización *f* Acción de ritualizar. | J. A. GAndrade *Ya* 4.2.92, 19: La crisis religiosa, la crisis cultural y la crisis política, unido todo a la maquinización de nuestra sociedad, en que es preferible adorar al diablo que dejarse manipular por la robotización, son los elementos favorecedores del nuevo despliegue de la ritualización demoníaca, pero sin dejar de entender que el culto al diablo ha existido siempre. M. María *SCór* 1.8.93, IX: Se desarrolla [la adicción] en un ciclo que consta de cuatro componentes: la ritualización, la falta de control, la vergüenza y la desesperación.

ritualizar *tr* Dar [a algo (cd)] carácter ritual. | Umbral *Mortal* 17: Su propia repetición, su manera mágica de reencarnar la ha salvado [a la nariz] de la vulgaridad, la ha ritualizado a los ojos de la familia y de los habituales. CBonald *Noche* 254: –¿Qué está haciendo aquí? –dijo lo suficientemente quedo para no quebrar aquel silencio ritualizado.

ritualmente *adv* De manera ritual [1]. | PLozano *SYa* 18.12.70, 9: Bailan en la penumbra, casi ritualmente, con los ojos cerrados, unos chavales pelilargos y unas chicas minifalderas.

riudomense *adj* De Riudoms (Tarragona). *Tb n, referido a pers.* | E. PSimón *DEs* 3.8.71, 15: Después de haber celebrado el condumio .. con ese yantar tan típicamente riudomense que es la "coca amb recapte" .., la plaza .. se convertía en una estampa antigua y hermosa.

riu-rau *m* Edificio de planta baja, con arcos a un lado, destinado a poner a secar uvas y propio de la comarca de la Marina (Alicante). | C. Senti *Abc* 4.6.72, 35: Junto a la orilla van a ser construidos unos hotelitos agrupados en lo que lleva el nombre arquitectónico de "poblados mediterráneos", que entonan maravillosamente con el paisaje, como entonaron en su día la barraca de la huerta o el alicantino "ri[u]--rau". [*En el texto,* rin-rau.] Arazo *Pro* 2.5.90, 30: Las casas valencianas, desde las masías, las villas con jardines, las alquerías de la huerta, los riu-rau de la Marina a las torres--fortaleza.

rival *m y f* Pers. o grupo que se opone [a otro *(compl de posesión)*] para conseguir la misma cosa o mostrar su superioridad. *Tb fig, referido a cosa.* | Gironella *Millón* 141: Aurelio Fernández fusilaba también a rivales suyos políticos. J. PAlbéniz *País* 22.10.92, 44: Corrió el riesgo [el equipo] de encontrarse con un rival serio y sólido. * Los equipos rivales se enfrentaron ayer en Madrid. * La película se presenta como única rival de la favorita. **b)** Pers. o cosa comparable o equiparable [a otra *(compl de posesión)*]. | * Este programa no tiene rival.

rivalidad *f* Condición de rival. | Benet *Nunca* 17: Me doy cuenta que los principios fundamentales de mi existencia se cimentaron .. en la rivalidad con la tía Juana. **b)** Oposición causada por rivalidad. | CBaroja *Inquisidor* 19: Con el segundo .. tuvo altercados fuertes y frecuentes por rivalidades de orden y empleos.

rivalizar *intr* Competir [con alguien o algo] como rival. *Tb sin compl, con suj pl. A veces con un compl* EN. | Torrente *Sombras* 329: Jamás me fue dado humanizar a un dios, como no fuera en apariencia. Y la apariencia, hija mía, ya la tienes. ¿Te da miedo rivalizar con Elisabeth?

rivera *f* Arroyo, o río pequeño. | *Fam* 15.11.70, 25: Gerona fue la provincia más afectada por el temporal, debido a las inundaciones de la ri[v]era Massana. [*En el texto,* ribera.] Cela *Viaje andaluz* 312: El vagabundo .. salió al camino de Gibraleón, entre la rivera de Nicoba o de la Anicoba y la vía del tren.

riza *f* Destrozo o estrago grandes. *Frec* HACER ~. | Gironella *Millón* 141: Aurelio Fernández fusilaba también a rivales suyos políticos e incluso a policías de la Generalidad. En Atarazanas ordenó una riza contra los *maquereaux*. Cossío *Montaña* 369: El perro [es] condenado a muerte. Al ir a ejecutar la sentencia, se escapa rompiendo la cuerda que le sujetaba y haciendo gran riza de mordiscos y atropellos en los judíos que presenciaban la frustrada ejecución.

rizado[1] -da *adj* **1** *part* → RIZAR.
2 Que tiene ondas o rizos[1] [1 y 2]. | CNavarro *Perros* 118: Los ojos del niño eran de color castaño, y sus cabellos rizados y rubios. M. Galván *Hoy* 4.3.77, 19: Las coles rizadas, a 4 pesetas. E. La Orden *SYa* 15.6.75, 5: La iglesia es muy severa, con gruesos pilares rehundidos y coro a los pies, sin más lujo que un entablamento con ménsulas y cornisas rizadas.

rizado[2] *m* **1** Acción de rizar. *Tb su efecto.* | *Abc* 2.1.72, sn: Tenacillas Eléctricas, para un rizado instantáneo.
2 *(Dep)* Obstáculo constituido por una serie de elevaciones y descensos consecutivos. | *País* 5.7.91, 52: El principal escollo que deben sobrepasar las motos .. es la extensa diversidad de obstáculos. Estos se pueden dividir en tres: mesetas, que tienen 20 metros de distancia; rizados, constituidos por pequeños montículos con una pequeña distancia entre ellos; y dobles o triples, de montañas.

rizador -ra *adj* Que riza [1], esp. el pelo. *Tb n m (raro f), referido a utensilio.* | *Prospecto* 4.88: Juego de spray rizador, 975. MGaite *Usos* 119: La mujer había de representar a la vez los papeles de Marta y de María, y la primera tenía que estar preparada a esfumarse, es decir, a quitarse la bata y los rizadores en cuanto sonasen los pasos del hombre por el pasillo. Cunqueiro *Crónicas* 15: Entraba madame Clementina con sus rizadoras de boj puestas.

rizapestañas *m* Aparato para rizar las pestañas. | *SPaís* 1.8.93, 71 (A): El rizapestañas es un arma imprescindible para la mujer.

rizar *tr* **1** Formar rizos[1] [1 y 2] u ondas [en algo *(cd)*], esp. en el pelo. | Onieva *Prado* 163: Alberto Durero .. Autorretrato .. Se ha rizado cuidadosamente las hebras de su cabellera. Umbral *Ninfas* 116: María Antonieta rizaba el dedo meñique, como una voluta de exquisitez, cada vez que se llevaba el vaso a los labios. Fernández-Llorens *Occidente* 246: El autor de *El pensador* multiplica los ángulos de sus figuras y riza la superficie; de esta maneraду la luz parece resbalar sobre la piel ondulante. **b)** *pr* Formar rizos [algo]. | * Con la humedad se me riza el pelo. **c)** ~ **el rizo** → RIZO[1].
2 Formar [el viento en el mar o en otra acumulación de agua *(cd)*] olas pequeñas. | MGaite *Nubosidad* 319: Me gustaba ver volar las puntas de mi pelo a impulsos de una corriente tibia de aire que no soplaba desde el secador de mano .., sino rizando el mar desde Levante. Buero *Lázaro* 43: Un minúsculo lago tranquilo, apenas rizado por la brisa. **b)** *pr (Mar)* Formarse [en el mar *(suj)*] olas pequeñas, de altura comprendida entre 0,25 y 0,75 m. *Gralm en part.* | *DMo* 6.8.87, 2: Se irá rizando la mar, alcanzándose áreas de marejadilla vespertinas. *Bal* 21.3.70, 14: La previsión del estado del mar valedera para el día de hoy en el archipiélago balear es: Mar rizada.

rizo[1] I *m* **1** Mechón de pelo que forma círculos o espirales. | CNavarro *Perros* 164: Iba peinada con raya en medio y con muchos ricitos.

2 Círculo o espiral. *Referido a una materia que no es pelo.* | *VozC* 6.10.68, 9: Comida: Budín de verdura, rizos de ternera con arroz blanco.
3 Tejido que presenta una superficie cubierta de rizos [2] de hilo. | *Lab* 2.70, 17: Juego de toalla[s] en tela de rizo verde. *Ya* 3.11.77, 15: Bragas jovencita .. De Helanka. Con refuerzo de rizo.
4 Círculo vertical descrito en el aire por un avión. | * El avión hizo dos rizos antes de caer.
II *loc v* **5 rizar el ~.** Hacer un rizo [4]. | * Ahora el piloto tratará de rizar el rizo. **b)** Hacer exhibición de habilidad o dominio acometiendo dificultades grandes. | Torrente *DJuan* 149: Los que interpretan como simbólica muerte de mi padre .. la que di a don Gonzalo rizan el rizo de las hipótesis gratuitas.

rizo[2] *m* (*Mar*) Trozo de cabo que sirve para sujetar las velas. | * El marinero se esforzaba en aferrar la vela con los rizos.

rizo[3] **-za** *adj* (*reg*) Rizado[1] [2]. | Cunqueiro *Un hombre* 47: Es un hombre alto y moreno, el pelo rizo, la cintura estrecha y las manos más finas que vi.

rizobio *m* (*Bot*) Bacteria que se desarrolla en las raíces de las leguminosas y fija el nitrógeno (gén. *Rhizobium*). | *Ya* 20.4.75, 27: Es autor de numerosas publicaciones científicas sobre virosis vegetales, rizobio y microscopia electrónica de formas intracelulares de virus.

rizocárpico -ca *adj* (*Bot*) [Planta] perenne cuyos órganos aéreos son anuales pero los subterráneos viven varios años. | Ybarra-Cabetas *Ciencias* 255: Llamándose plantas rizocárpicas aquellas cuyos órganos subterráneos viven varios años, mientras que los órganos aéreos son anuales.

rizofito -ta (*tb* **rizófito**) *adj* (*Bot*) [Planta] que tiene raíz. *Frec como n f en pl, designando este taxón botánico.* | Alvarado *Botánica* 10: Pteridofitas o Criptógamas fibrovasculares. Plantas rizofitas que carecen de flores, frutos y semillas, y cuyos gametos femeninos se forman en arquegonios. Alvarado *Botánica* 12: Cuadro de la clasificación del Reino Vegetal. Subreino primero: Arrizofitas. Sin fibras ni vasos; sin raíces. (Plantas talofíticas.) .. Subreino segundo: Rizofitas. Con fibras y vasos; con raíces. (Plantas cormofíticas.)

rizogénesis *f* (*Bot*) Desarrollo de la raíz. | J. L. Aguilar *Ya* 22.3.89, 16: Las pequeñas plantas son conservadas, de uno a dos meses, a temperatura constante. La multiplicación dura un mes ..; a continuación pasan las microplantas por una organogénesis y una rizogénesis, para el desarrollo de sus órganos y raíces, entre caldos de cultivo diferentes.

rizógeno -na *adj* (*Bot*) Que produce raíces. | Ybarra-Cabetas *Ciencias* 254: El periciclo es el encargado de formar las nuevas raíces .., por lo que se le llama capa rizógena.

rizoide *adj* (*Bot*) [Pelo] que hace las veces de raíz, en las plantas que carecen de ella. *Frec n m.* | Alvarado *Botánica* 7: Consta [el talo] de una célula o de una masa de ellas sin fibras ni vasos ni diferenciada en verdaderas raíces (estas están sustituidas por pelos rizoides). Bustinza-Mascaró *Ciencias* 284: El musgo adulto tiene unos rizoides y un pequeño eje, a cuyo alrededor se hallan dispuestas unas laminitas verdes con apariencia de hojas.

rizoma *m* (*Bot*) Tallo subterráneo que crece horizontalmente. | Bustinza-Mascaró *Ciencias* 123: La tenia se puede expulsar con ciertos medicamentos: extracto de rizoma de helecho, corteza de granado.

rizomatoso -sa *adj* (*Bot*) [Planta] que tiene rizoma. *Tb n f.* | A. Casanovas *ByN* 24.6.90, 110: La caña de las Indias es una planta rizomatosa de origen tropical. V. Mundina *Ya* 23.5.86, 37: Pertenece al tipo de las rizomatosas, es decir, que su sistema radicular es un rizoma.

rizón *m* (*Mar*) Rezón (ancla). | P. Pascual *MHi* 8.66, 44: Comienzan a tirar por la maroma de nylon hasta que aparece el ri[z]ón, un ancla de cuatro brazos que asegura la boya y la volanta al suelo marítimo. [*En el texto,* risón.]

rizópodo *adj* (*Zool*) [Protozoo] que emite seudópodos. *Frec como n m en pl, designando este taxón zoológico.* | Ybarra-Cabetas *Ciencias* 311: Los rizópodos son los protozoos más sencillos.

rizoso -sa *adj* **1** [Pelo] que tiende a rizarse [1b]. | Laforet *Mujer* 54: Sus cabellos negros, espesos, rizosos, sus negros ojos, todo seguía flotando allí.
2 Rizado[1] [2]. | Cunqueiro *Un hombre* 225: Del techo colgaban los haces de velas, de diversos tamaños, rizosas o lisas, y de colores.

RNA (*sigla; pronunc,* /ére-éne-á/) *m* (*Biol*) Ácido ribonucleico. | I. Valladares *Inf* 14.7.78, 24: En las células hay un centro director constituido por miles de piezas llamadas genes, compuestos por DNA, que producen moléculas de RNA específicas que les sirven como mensajeros químicos.

ro (*tb con la grafía* **rho**) *f* Letra del alfabeto griego que representa el sonido [r] o [r̄]. (V. PRELIM.) | Estébanez *Pragma* 43: Alfabeto griego: .. pi, ro, sigma, tau.

roano -na *adj* De color mezclado de blanco, gris y bayo. *Referido esp al caballo o a su pelo. Tb n m, referido a caballo.* | *SInf* 27.5.71, 3: Unos días sale al ruedo un caballo roano que pica toda la corrida; otros días le toca a un alazán. Aldecoa *Cuentos* 1, 45: Las ratas de alcantarilla no son todas iguales. Las hay de muchos colores: grises, blancas, rojas, roanas... CBonald *Casa* 181: Aquel potro .. era biznieto de un roano de don Amadeo.

roast-beef (*ing; pronunc corriente,* /rosbíf/) *m* Rosbif. | *Act* 3.12.70, 89: Vino a España .. Se olvidó de la niebla. Del roast-beef y casi del té de las cinco.

robable *adj* Que se puede robar. | L. LSancho *Abc* 10.1.87, 18: Una cosa es romperle la cara urbana a Madrid a base de dólmenes grotescos con bolitas robables .. y otra romperle la cara a esos técnicos que llevan haciendo lo que se les antoja desde que los socialistas están en la Casa de la Villa.

robada *f* (*reg*) Medida agraria equivalente a 8 áreas y 98 centiáreas. | Ramírez *Derecho* 174: Son legitimarios los hijos legítimos y los naturales. La legítima consiste en cinco sueldos y una robada de tierra en los montes comunes.

robadera *f* Utensilio para igualar terrenos llevando tierra de las partes altas a las bajas. | A. Álamo *Abc* 30.5.71, 39: Entre la maquinaria agrícola .. figuran tractores, .. traíllas, robaderas.

robador -ra *adj* Que roba. *Frec n, referido a pers.* | Miguel *Ya* 13.12.89, 20: Me han robado no sé cuántas veces la casa, el despacho, hasta una moto que tuve .. Este año que termina ha sido particularmente fructífero para mis robadores. CBonald *Ágata* 111: Se trajo con él .. una moza de buena planta. La moza .. había sido fervientemente retirada del trajín .. con la promesa de una vida más regalada, objetivo este que el aprendiz de robador pretendió cumplir en la propia casa materna.

robaliza *f* (*reg*) Róbalo, esp. de pequeño tamaño. | *Abc* 12.9.68, 38: Comenzaban a recoger las redes, después de pescar robaliza, preciado pez que se da en peligrosos lugares de poniente.

róbalo (*tb* **robalo**) *m* (*reg*) Lubina. | Cela *Viaje andaluz* 317: Los pescadores de Cartaya se traen a tierra el róbalo, el choco y el lenguado. J. L. Medina *Ya* 9.10.87, 26: Para el cultivo en las salinas, las especies más idóneas son la dorada, el robalo, la almeja, la ostra y el langostino.

robaperas *m y f* (*col, desp*) Pers. insignificante y de escasos medios. *Tb adj. A veces usado como insulto.* | Burgos *Tri* 18.1.75, 34: Ya no es el robaperas, sino todo un señor que tiene quince criados a su servicio. Delibes *Siestas* 101: Todos suspiran acongojados, pero todos dan media vuelta y le dejan a usted solito, pensando que por ese trago solo pasan los robaperas. Torrente *Saga* 134: El Vate era .. meticón, lameculos, robaperas. Sastre *Taberna* 128: –Golferas, pinchaúvas. –El pinchaúvas lo será usted; no insulte. –Cabrito, robaperas.

robar *tr* **1** Tomar [alguien] para sí [algo ajeno] sin consentimiento del dueño, esp. mediante violencia o fraude. *Frec abs. Tb fig.* | Olmo *Golfos* 56: –¿Sabes tomar los topes? –No. –¿Y robar fruta? Laforet *Mujer* 254: ¿Qué más daba robar, que fornicar, que matar...? * No quería a la nuera porque, según ella, le había robado a su hijo. **b)** Raptar [a alguien, esp. una mujer]. | GPavón *Rapto* 46: ¿Y si hubiese si-

do la Sabina la que hubiera robado a algún barbiespeso para llevárselo de viaje de novios? **c)** Quitar [a alguien (*ci*) algo no material]. | C. Padilla *Nar* 1.76, 11: Le robamos el tiempo que dedicaba a su siesta, su único descanso durante el día. **d)** Quitar [a una cosa (*ci*) algo que le corresponde]. | Lázaro *Crónica* 61: Generosamente terco, robando tiempo a sus quehaceres oficiales, empieza a remitir lo que él cree labor ultimada. **e)** Robar [1a] algo [a alguien (*cd*) o en un lugar (*cd*)]. | Cabezas *Abc* 15.5.73, 60: Varios individuos intentaron robar en un establecimiento de la calle de Serrano .. Lo gracioso del hecho es que el comerciante "no robado" obsequió al vigilante con una caja de puros. Miguel *Ya* 13.12.89, 20: Me han robado no sé cuántas veces la casa, el despacho. **f)** (*col*) Cobrar un precio excesivo [a alguien (*cd*)]. *Tb abs.* | * No entres en esa cafetería, que te roban.
2 (*Naipes*) Coger [una carta] del monte. *Frec abs.* | *Naipes españoles* 10: Roba cada uno una carta de la baceta.

robellón (*tb con la grafía* **rovellón**) *m* (*reg*) Níscalo. | Goytisolo *Afueras* 47: Víctor y la niña se fueron al pinar, en busca de robellones. Ybarra-Cabetas *Ciencias* 244: El rovellón o nízcalo .. es muy buscado.

robezo *m* (*reg*) Gamuza (animal). | D. Quiroga *Abc* 27.4.58, 25: Es un pueblo de pastores y cazadores de robezos.

robinia *f* Acacia falsa. | Carandell *Tri* 14.9.74, 18: Es un barrio agradable, con sus calles pobladas de robinias o falsas acacias.

robinsón *m* Hombre que vive en un lugar desierto y soluciona por sus propios medios todas las necesidades vitales. | VMontalbán *Pájaros* 271: Eran simples islotes propicios para ahogados y robinsones.

robinsonianamente *adv* De manera robinsoniana. | MPuelles *Hombre* 205: Sin capacidad de iniciativa no hay libertad ni hay dignidad de la persona humana; pero con una capacidad de iniciativa robinsonianamente puesta al servicio de sí misma .. no hay tampoco plenitud de la dignidad de la persona humana.

robinsoniano -na *adj* De(l) robinsón. | Pemán *Gac* 12.1.63, 18: Esta desolada sabiduría robinsoniana e isleña que nos propone Steinbeck para que nos rijamos en adelante no me preocupa tanto por su problemático resultado eficiente como por la inmensa tarea que supone.

robinsonismo *m* Condición o comportamiento de robinsón. | A. M. Campoy *Abc* 14.8.70, sn: Es posible que no se convenzan los unos a los otros, pero ese es el sino del creador: su robinsonismo, su fe ensimismada.

robla *f* **1** (*reg*) Robra o alboroque. | * El comprador se resistía a pagar la robla.
2 (*hist*) Tributo de pan, vino y reses pagado por los ganaderos trashumantes. | R. Serna *Abc* 2.3.58, 12: Se jugaba lo mismo que su compañero. Estaban de paso. Y eso, lo que los dos jugaban, era como la robla del trashumante en el peregrinaje este de la tierra.

roble *m* Árbol de gran tamaño, con hojas dentadas, fruto en bellota y madera muy dura y resistente (*Quercus robur*). *Diversas variedades o especies del mismo gén se distinguen por medio de adjs:* ~ ALBAR (*Q. robur o Q. pedunculata*), ~ NEGRAL *o* BORNE (*Q. toza o Q. pyrenaica*), ~ CARRASQUEÑO (*Q. faginea o Q. lusitanica*), *etc. Tb su madera.* | Laforet *Mujer* 39: Paulina estaba echada en la tierra mirando las copas de los viejos robles. Santamaría *Paisajes* 26: *Quercus pyrenaica*, roble negral o rebollo: el nombre de rebollo suele recibirlo cuando es joven. Mayor-Díaz *Flora* 531: *Quercus petraea* (Mat.) Lieblein "Roble albar". (Sin. *Q. sessiliflora* Salisbury.) FReguera-March *Cuba* 175: En la construcción se usan el roble blanco, el roble de olor, el ocuje, el chicharrón prieto. Laiglesia *Tachado* 48: Alto, .. distinguido, con el cutis tostado como una barrica de roble. **b)** *Frec se emplea en constrs de sent comparativo para ponderar la fortaleza o resistencia.* | Cunqueiro *Un hombre* 21: Tenía la boca grande .., el cuello ancho y las manos gruesas y cortas. El conjunto era de la solidez del roble. Moncada *Juegos* 329: Isabel era un roble, pero tenía la manía de consultar a los médicos. No lo respetó.

robleda *f* Robledal. | Cunqueiro *Un hombre* 87: Había un llano perfecto junto al pozo antiguo, cabe la robleda grande.

robledal *m* Lugar poblado de robles. | Cela *Judíos* 86: El vagabundo se metió a la derecha .. en busca de Torre de Peñafiel, pueblo de valle y de encinar y robledal.

robledo *m* Robledal. | Areilza *Abc* 6.12.70, 3: El robledo, que da pórtico vegetal a la subida al risco, se ha convertido en prodigiosa sinfonía de amarillos otoñales.

roblizo -za *adj* Fuerte y resistente. | Delibes *Madera* 11: Los nietos le llamaban papá León, del mismo modo que Crucita, la primogénita, había llamado siempre mamá Obdulia a su esposa, mujer robliza y de actitudes mayestáticas.

roblón *m* Remache (clavija). | *BOE* 3.12.75, 25181: Estructuras metálicas. Estarán constituidas por elementos de tubo de acero o de perfil estructural de acero laminado unidos por roblones, tornillos o soldadura.

robo[1] **I** *m* **1** Acción de robar. | Olmo *Golfos* 75: Lo malo era el robo de las patatas. * –¿Cuánto te ha cobrado por eso? –Mil pesetas. –¡Qué robo! Corral *Cartas* 8: El palo de triunfo se señala por el que juega, antes de ver las cartas del robo.
II *loc adv* **2 a(l)** ~. Mediante pequeños tirones dados con frecuencia. *Referido al modo de pescar. Tb adj.* | *Inf* 2.4.71, 30: En ningún caso podrán emplearse técnicas de "a robo", tales como las que llevan consigo colocar varios anzuelos en una línea y dar el "tirón". J. A. Donaire *Inf* 4.12.70, 27: El pasado domingo, en el canal de Mocejón, varios pescadores estuvieron practicando durante la jornada matinal la pesca "al robo".

robo[2] *m* (*reg*) Medida de capacidad para áridos equivalente a 28,13 litros. | *DNa* 16.8.64, 5: El rendimiento del trigo ha sido bueno: 12 simientes. Es decir, por cada robo sembrado los agricultores han recogido 12.

roborar *tr* (*lit, raro*) Reforzar o confirmar. | Cela *Inf* 16.7.76, 20: En esto de escribir como se habla –que es uno de mis propósitos–, estoy consiguiendo muy aventajados alumnos, lo que siempre conforta y robora.

robot (*pl normal,* ~s) **I** *m* **1** Máquina capaz de realizar automáticamente funciones gralm. asignadas a una pers. | *Inf* 23.8.73, 13: Se están creando robots que podrán realizar faenas tales como cultivos agrícolas. F. Merayo *Ya* 11.1.74, 35: La sonda "Pioneer-10" ha recorrido un áspero camino de 620 millones de millas náuticas .. El robot automático .. ha viajado a la increíble velocidad de 82.000 millas por hora.
2 Pers. que actúa como una máquina, sin hacer uso de su inteligencia. *A veces usado como insulto.* | Herrero *Ya* 21.5.75, 5: El periodista, pues, según algunos políticos, debe comulgar ciegamente con las ideas de quien maneja el poder, aunque esto le exija en muchos casos convertirse en robot y volver la espalda a la realidad y a la mayoría. Torrente *Sombras* 264: Crosby los contemplaba .. como a bellísimos autómatas, y preguntó a su ama si serían soldados de verdad o robotes traídos del Nuevo Mundo.
II *adj invar* **3** [Retrato de una pers. desconocida] obtenido combinando distintos rasgos aportados por alguien que la ha visto. | *Mad* 25.4.70, 24: Este retrato robot muestra la imagen de un hombre joven que agredió a un guardia urbano causándole heridas de gravedad y dándose a la fuga.

robótico -ca I *adj* **1** De(l) robot o de (la) robótica [2]. | L. C. Buraya *SYa* 25.4.85, VII: Hasta hace poco, ser tecno y hacerlo era rentab[l]e. Hoy ya no, ya se pasó la modilla, los incondicionales del ruidito electrónico .. se dedicaron a escuchar otros ruidos menos robóticos. *Ya* 1.2.89, 21: Investigan en Galicia una célula robótica.
II *f* **2** Tecnología relativa al diseño, construcción y empleo de robots [1]. | C. SFontenla *SInf* 25.3.71, 7: Stoker .. "inventó" unas "leyes de la vampirología" equivalentes a las de la "robótica" creadas por Asimov en el campo de la ciencia-ficción. *SYa* 21.4.85, XI: Las técnicas del láser y la robótica, áreas profesionales con futuro.

robotismo *m* (*raro*) Tendencia al uso de robots [1]. | JMartos *Ya* 30.7.87, 14: El mundo que se robotiza .. no es, por supuesto, ninguna monstruosidad. Lo absurdo es depender, tan exclusivamente, del robotismo; y esta afición se anda ganando.

robotización *f* Acción de robotizar. | L. LSancho *Abc* 3.1.78, 4: Jamás caigo en la tentación de rellenar la última hoja de ese dietario, en la que, bajo el rótulo "Datos personales", dice: "Nombre..., apellidos..." .. y más datos en los que se descubre la parcial deshumanización que padecemos, nuestra robotización a medias. I. Pedrote *País* 7.10.92, 29: Anunciaron .. su intención de .. perfeccionar la robotización de las consultas.

robotizar *tr* **1** Dotar de robots [1] [a alguien o algo (*cd*)] o hacer que [algo (*cd*)] se realice mediante robots. | JMartos *Ya* 30.7.87, 14: El mundo que se robotiza, el mundo lleno de programas y de grandes depósitos que proporcionan datos a primer toque no es, por supuesto, ninguna monstruosidad. X. Torres *PapD* 2.88, 186: La no solución de problemas como los expuestos puede contribuir a reforzar "prácticas robotizadas", desprofesionalizadoras.
2 Convertir [a alguien] en robot [2]. | * Los políticos aspiran a robotizarnos.

robra *f* Alboroque. | Lapesa *HLengua* 101: Los contratos se formalizaban por medio de documentos o albalaes, y para festejarlos había convites de robra o alboroque.

robustamente *adv* De manera robusta. | GNuño *Madrid* 21: El actual Ministerio de Asuntos Exteriores .. se cree obra del maestro Alonso Carbonell, quien hizo una estructura robustamente castellana, en su mejor ley.

robustecedor -ra *adj* Que robustece. | Cela *Inf* 11.7.75, 16: El derecho administrativo debe tender al adecuado ordenamiento del procomún, pero jamás ha de llegar a convertirse en corsé robustecedor de lo torcido.

robustecer (*conjug* **11**) *tr* Hacer robusto [a alguien o algo]. | GNuño *Escultura* 76: La zapata hallada en Elche y decorada con volutas robustece cada una de ellas hasta que adquieren una importancia muy superior a la griega originaria. Gala *Cítaras* 536: ¿Qué hacías tú con tanta disciplina, tanta maceración ..? Avinagrarte, envejecer este vaso del Espíritu Santo y robustecer tu propia voluntad. **b)** *pr* Hacerse robusto [alguien o algo]. | Carrero *Pue* 22.12.70, 6: La unidad se robustece con la política de participación.

robustecimiento *m* Acción de robustecer(se). | MDescalzo *Abc* 4.12.70, 40: Las grandes recepciones de masas son, sí, una buena propaganda para la Iglesia, un robustecimiento del sentido de comunidad en los países visitados.

robustez *f* Cualidad de robusto. | Mascaró *Médico* 120: La sintomatología .. es sumamente variable, dependiendo de la naturaleza del producto, de la cantidad ingerida y del estado, edad y robustez del paciente.

robusto -ta *adj* Fuerte y resistente por su sólida constitución. *Tb fig.* | Fuster *Van* 19.5.74, 15: El ilustre teatino tuvo que retirarse a la sacristía, custodiado por unos robustos beneficiados, que le protegieron de la justa indignación popular. J. F. Campo *Ya* 4.10.74, 11: El partido conservador, que hasta hoy daba pocas señales de vivacidad y presencia robusta. **b)** Grueso. *Dicho esp de pers.* | A. P. Foriscot *Van* 15.4.73, 9: Este pez [el dentón], a primera vista, se asemeja al besugo .. Su cabeza es robusta, muy robusta.

roca I *f* **1** Masa muy dura y sólida de la corteza terrestre. *A veces referido a la de otros astros.* | Vesga-Fernández *Jesucristo* 147: Lo enterraron en un sepulcro nuevo que había abierto en la roca, cerca del Calvario, José de Arimatea. *Inf* 22.7.69, 6: Los científicos, impacientes por examinar las rocas lunares.
2 Porción de roca [1] que emerge aislada o se destaca del suelo. | Ybarra-Cabetas *Ciencias* 121: Los organismos vivos pueden modificar la acción destructora del oleaje, en unos casos protegiendo a las rocas del ataque del mar ..; en otros, favoreciendo la destrucción. **b)** *Frec se emplea metafóricamente en constrs de sent comparativo para ponderar la firmeza o la dureza.* | F. A. González *Ya* 26.3.75, 57: Está claro que Marion Lawson no hizo el ridículo, ni mucho menos; pero intentaron ridiculizarla. Claro que ella era como una roca. Estaba dispuesta a todo.
3 (*Geol*) Masa constituida por un solo mineral o por la asociación de varios en ciertas condiciones constantes. | Ybarra-Cabetas *Ciencias* 75: Rocas metamórficas. Se originan por la transformación de otras rocas.
4 (*jerg*) Porción de cocaína cristalizada. | L. C. Buraya *Ya* 10.5.87, 26: La [cocaína] más pura se encuentra en *roca*, cristalizada. Marlasca *SYa* 14.1.90, 6: El último paso en la elaboración de cocaína .. consiste en convertir la pasta en *roca* o polvo. **b)** Píldora o dosis de crack. | M. Hervás *Ya* 14.6.86, 39: La fabricación del "crack", por un proceso de depuración, es muy sencilla .. Las "rocas" obtenidas se fuman en pipas de cristal.
II *loc adj* **5** [Cristal] **de** ~ → CRISTAL.

rocadero *m En la rueca:* Parte en que se coloca la lana que se ha de hilar. | FÁlvarez *Sueño* 8: Cuando regresaba su esposo de sus correrías, se la hallaba a esta noble matrona sentada en el poyo de su castillo haciendo correr el vellón de alba lana por el rocadero de su rueca.

rocalla *f* **1** Conjunto de trozos de roca [1]. *Tb el lugar en que está.* | VMontalbán *Rosa* 169: En el centro un macizo de ficus brotaba de un pequeño estanque enmarcado en rocalla. Marta *SYa* 18.9.77, 23: Cactus y plantas desérticas .. Plantas propias de rocalla meridional.
2 (*Arte*) Motivo decorativo que imita contornos de piedras y conchas, característico del estilo Luis XV. | Camón *SAbc* 15.5.58, 43: Se rompen los aparatos barrocos en esos grumos, rocallas y reflexiones cortas, de las decoraciones arquitectónicas de Pedro de Ribera.

rocambolesco -ca *adj* Lleno de peripecias extraordinarias. | Cruz *Torres* 53: La historia de esta torre y palacio .. está unida a un burgalés extraño, rocambolesco y bronco: Diego de Valdivielso. * El tema resulta demasiado rocambolesco, pero la película está bien.

rocambor *m* (*Naipes, hist*) Juego parecido al tresillo. | *Abc Extra* 12.62, 89: Los antecedentes del tresillo son el "rocambor" y el "mediator", este último con dos cartas levantadas para indicar el palo.

roce *m* **1** Acción de rozar (tocar ligeramente). | Ramos-LSerrano *Circulación* 211: Para que el roce en ambas articulaciones sea más suave, la del bulón se realiza por intermedio de un casquillo de bronce. **b)** Señal o desperfecto producidos por el roce en algo, esp. en una prenda. | * No consigo quitar estos roces del cuello. * Los roces de los muebles pueden disimularse con cera.
2 Trato o comunicación. | Gala *Suerte* 615: El roce hace el cariño.
3 Disputa o disensión de poca importancia. | J. Angulo *País* 26.4.77, 18: Para Ángel Viñas son muy significativos los roces habidos entre el general Mola y los alemanes en la primera fase de la campaña del Norte.

roceño -ña *adj* De Las Rozas (Madrid). *Tb n, referido a pers.* | *Abc* 14.2.82, 23: Cuando algún ciudadano de nuestro Municipio me dice que ha venido a Las Rozas huyendo del asfalto y todo lo que esto significa, comprendo mejor el amor que todos los roceños sentimos por nuestro pueblo.

rocha *f* Seca (enfermedad de las plantas). | F. Ángel *Abc* 25.3.58, 11: Combate [el azufre] las siguientes plagas: Vid. Oídio .. Hortalizas. Antracnosis .. y Seca o Rocha, del tomate .. Telaraña, Rocha y Araña roja, de las berenjenas, patatas, judías, guisantes, calabazas, fresas, cacahuete, algodón.

rocho[1] **-cha** *adj* (*reg*) [Tierra o terreno] poco fértil y con abundantes piedras. *Tb n.* | Berlanga *Gaznápira* 40: Monchel es un páramo salpicado de cabezuelos y cañadas, más rocho que labrantío, un monte pelado con cuatro sabinas.

rocho[2] *m* (*reg*) Cuarto trastero. | *VNu* 18.12.71, 28: Dios, te quiero tanto, tanto que me aburro .. Tú siempre me ves; aunque me esconda en un rocho muy oscuro con las puertas cerradas.

rociada *f* **1** Acción de rociar. *Tb su efecto.* | Halcón *Monólogo* 77: El surtidor, de boca multicapilar, mantiene, con fina rociada, el esmalte verde de las plantas. Delibes *Parábola* 89: Bloqueaban al invitado contra la balaustrada para que encajara en el rostro la rociada de cohetes que la multitud disparaba.
2 Serie [de acusaciones, reproches o insultos]. *Frec se omite el compl por consabido.* | Berlanga *Recuentos* 66: Mientras me reponía de la rociada de insultos .. aún pude atisbar en la penumbra aquella cama abatible. Laforet *Mujer* 310: Paulina sabía que los muebles eran de buena madera .. Pero aguantó la rociada, así como una serie de comentarios agrios.
3 Rocío [1]. | * Esta mañana había rociada.

rociado m Acción de rociar. | *BOE* 3.12.75, 25191: Los depósitos con hidrocarburos licuados de la clase A deberán estar equipados con un dispositivo fijo de enfriamiento alimentado por la red de agua que asegure un rociado uniforme de toda su superficie.

rociador -ra *adj* Que rocía. *Gralm n m, referido a aparato*. | *SVoz* 8.11.70, 11: La solución .. radica en utilizar rociadores de productos contra el petróleo. *SD16* 26.11.87, VII: Duchas y rociadores de diferentes funciones.

rociar (*conjug* **1c**) *tr* Esparcir [agua u otro líquido (*compl* DE *o* CON) sobre alguien o algo (*cd*)]. | *Caso* 14.11.70, 24: Ago .. le condujo a rociarse con el líquido contenido en un bidón de cinco litros .. Luego se prendió con una cerilla. Bernard *Verduras* 47: Se sirven rociadas con una buena bechamel algo espesita. **b)** Esparcir [algo en polvo o en partículas, o un conjunto de cosas menudas (*compl* DE *o* CON), sobre alguien o algo (*cd*)]. | * Se sacan de la sartén y se rocían de azúcar. **c)** Esparcir [agua u otro líquido, o algo en polvo o en partículas, sobre alguien o algo]. | CBonald *Ágata* 271: Un vientecillo tórrido de poniente había rociado a la sazón sobre el parque una suerte de matapolvo que, apenas caído, fue vorazmente succionado.

rociero -ra *adj* De la romería de la Virgen del Rocío (Huelva). *Tb n, referido a pers*. | *Huelva* 64: Adornan la expresión popular de la Romería el cante y el baile de las típicas sevillanas rocieras. *HLM* 11.3.74, 2: Peregrinos rocieros, a Roma .. Doscientos cincuenta peregrinos, componentes de diversas hermandades rocieras, han emprendido viaje en avión a Roma.

rocín m Caballo de mala traza y poca alzada. | Riquer *Cervantes* 79: El hidalgo manchego toma como montura un viejo rocín de su propiedad .. Este caballo escuálido y menguado corredor .. también provocará la risa de cuantos lo vean.

rocío m **1** Conjunto de gotitas de agua que se depositan sobre la tierra y las plantas al condensarse el vapor atmosférico con el frío de la madrugada. | Diego *Abc* 15.12.70, 7: Se trasmutan en madreselvas tupidas y cuajadas de rocío. **2** Conjunto de gotitas que se esparcen sobre algo. | *Tri* 11.4.70, 25: Desodorante en vaporizador para los que lo prefieren en fino rocío. **3 ~ del Sol.** Drosera (*Drosera rotundifolia* y *D. intermedia*). | Legorburu-Barrutia *Ciencias* 265: Otro tanto realiza una planta que vive en las turberas .. Se llama Drosera o Rocío del Sol. Mayor-Díaz *Flora* 488: *Drosera rotundifolia* L. "Drosera", "Hierba de la gota", "Rocío del Sol". Mayor-Díaz *Flora* 489: *Drosera intermedia* Hayne. "Rocío del Sol de hoja larga".

rock I m **1** Rock-and-roll. | Ordovás *Pop* 26: Todo ello concuerda con el ritmo que prefieren los votantes, que no es otro que el ritmo *slow* (lento), que supera con mucho a los ritmos más frenéticos, como el twist y el rock. **b)** Música derivada del rock-and-roll. | *SPaís* 2.7.78, I: Durante mucho tiempo nuestros grupos de *rock* han estado marginados del panorama de la música en España.
II *adj invar* **2** [Música] derivada del rock-and-roll. | Burgos *Tri* 22.10.77, 46: Podemos llamar así al conjunto de productos culturales creados en torno a la música rock de los años 60. **b)** De la música rock. | J. R. Pardo *SAbc* 19.4.87, 35: Muchas de sus canciones .. beben en aires tropicales o cadenciosos sin perder nunca de vista su origen y formación "rock".

rockabilly (*ing; pronunc corriente*, /ŕokabíli/) **A** m **1** Música rock con elementos de country. | L. C. Buraya *Ya* 21.4.85, 24: El asunto empezó a subir enteros cuando Conway Twitty subió al escenario; perfecta la mezcla de rockabilly, country y rock que montó Conway.
B m y f **2** Pers. aficionada al rockabilly. | L. C. Buraya *Ya* 31.5.87, 38: Probablemente su parentela más próxima sean los rockabillys.

rock-and-roll (*tb con la grafía* **rock and roll**; *pronunc corriente*, /ŕok-anŕól/ *o* /ŕokanŕól/) m Baile y música nacidos en los años 50, de ritmo muy marcado y melodía sencilla con elementos del blues. | E. Iparraguirre *SAbc* 1.6.69, 23: Ni el "rock-and-roll", ni luego los "Beatles", encontraron ningún obstáculo para colonizar musicalmente nuestro país. CPuche *Paralelo* 96: El basurero, encima de su carro, comenzó a moverse como si iniciara un rock-and-roll. *Alc* 31.10.62, 26: Bailes modernos, cha-cha-cha, rock and roll.

rockanrollero -ra (*tb con las grafías* **rockandrollero** *y* **rockanrolero**; *pronunc corriente*, /ŕokanŕoléro/) *adj* De(l) rock-and-roll. | *PerM* 17.12.78, 23: Son los campeones mundiales de "Rock and roll" .., que estarán en España el próximo día 21 para asistir al estreno del film y para obsequiar a los seguidores de este estilo con su "savoir faire" rockandrollero. | L. C. Buraya *SYa* 10.3.85, 45: Este trío puede ser, en el rock, lo que Ilegales ha resultado ser en el pop-rock: un revulsivo absoluto que dé un nuevo colorido al panorama "simplemente rockanrollero", sin etiquetas. *LibBa* 11.76, 16: No sé cómo, caí en uno de sus grupos rockanroleros.

rocker (*ing; pronunc corriente*, /ŕóker/; *pl normal*, ~s) m y f Pers. rockera [1b]. *Gralm contrapuesto a* MOD. | *Luc* 17.9.64, 3: Los "Mods" y los "Rockers" son chicos inteligentes de los que sus padres no se ocupan. [*En Inglaterra*.] Montero *SPaís* 5.3.78, 12: Se trata del nuevo florecimiento del *rocker* duro, del rockero agresivo y suburbial, del rabioso hijo del asfalto. El *punk* londinense .. es, por otra parte, un movimiento que tiene en España vieja historia: son los antiguos *rockers* que iban encuerados a las matinales musicales del Price de hace quince años. L. C. Buraya *Ya* 31.5.87, 37: Nadie sabe cómo nació la curiosa rivalidad entre rockers y mods.

rockero -ra (*tb, raro, con la grafía* **roquero**) *adj* De (la) música rock. | *País* 9.12.77, 14: Todos tus ídolos rockeros en una supercolección sin precedentes .. Los discos que siempre buscaste, los que no te dejaban oír, los que llenaron una época completa de la música rock. Torres *Ceguera* 161: Música de fondo, *Ceguera de amor* en versión rockera. **b)** [Pers.] aficionada a la música rock y que gralm. participa del movimiento juvenil surgido en torno a ella. *Tb n*. | *País* 9.12.77, 10: Oye, rockero: ¿te imaginas la gozada de tener en tu colección el Live Cream de Cream? Burgos *Tri* 22.10.77, 46: Esta es la que podíamos definir como el habla del rrollo, el lenguaje de los roqueros o rockeros, tío. **c)** Propio de la pers. rockera. | Montero *SPaís* 5.3.78, 12: El *punk* viste cueros *rockeros* asustantemente negros.

rockódromo m Auditorio de música rock. | *Abc* 10.5.86, 7: Hoy se inaugura en la Casa de Campo este auditorio, con capacidad para 40.000 espectadores, calificado por el alcalde como "el mayor «rockódromo» del mundo". *Ya* 14.5.86, 21: Los heavys evitaron una auténtica catástrofe en el rockódromo madrileño.

rockservatorio m Escuela de música rock. | *GacR* 31.3.91, 48: El Rockservatorio, la primera escuela de rock creada en España, ofrece a sus alumnos desde hace siete años "la oportunidad de acceder a los conocimientos acerca del rock y del pop que no pueden ser obtenidos en otras instituciones de enseñanza", según [d]eclaró a Efe su director, Hermes Calabria.

rococó *adj* **1** (*Arte*) [Estilo] barroco desarrollado en Francia en el s. XVIII y caracterizado por una ornamentación profusa y amanerada. *Tb n m*. | GNuño *Madrid* 44: Retablos estilo rococó de mediano interés. FCid *Abc* 16.12.70, 3: Cuando Beethoven irrumpe, ya en los albores del XIX, .. sabe que el rococó .. debe dar paso a nuevas corrientes estéticas.
2 (*lit, desp*) Excesiva y afectadamente ornamentista. | Umbral *Ninfas* 127: Aquella capillita churrigueresca y rococó.

rocódromo m (*Dep*) Instalación para el entrenamiento de escalada en roca. | *NAl* 4.3.88, 26: En el Pabellón Polideportivo San José se estaba instalando el rocódromo más grande de España.

rocoso -sa *adj* De (la) roca o de (las) rocas. *Tb* (*lit*) *fig*. | Ybarra-Cabetas *Ciencias* 111: Los guijarros .. acaban por formar en el fondo rocoso del cauce unas cavidades circulares. Alós *Hogueras* 261: La cara del Monegro es algo quieto, rocoso, sin prisa ni cólera.

roda[1] *f* (*Mar*) Pieza que limita el casco de un barco a proa. | Zunzunegui *Hijo* 62: Una vez puesta la quilla e insertadas la roda y el codaste .. se echó a llorar como un niño.

roda[2] *m* (*jerg*) Coche o automóvil. | Oliver *Relatos* 127: Mi colega se presentó con un roda de alucine.

rodaballo *m* Pez marino de carne apreciada, de cuerpo aplanado y asimétrico, blanquecino por abajo y pardo por arriba, con los ojos muy juntos en el lado izquierdo (*Scophthalmus maximus, S. rhombus* y *Psetta maxima*). | Vega *Cocina* 78: Escójase un rodaballo de tres kilos que, una vez limpio, se colocará sobre una plancha. Noval *Fauna* 420: El Rodaballo (*Psetta maxima*) .., que no suele superar los 30 cm. de longitud.

rodada *f* Señal que deja una rueda en el suelo. | Delibes *Perdiz* 142: El Juan Gualberto y el Cazador toman un camino de herradura. La escarcha empieza a rebrillar en las rodadas.

rodadero -ra *adj* Que rueda [2] con facilidad. | Sampedro *Sonrisa* 195: Incluso mejor que en la guerra, pues aquí no hay ramillas chascadizas ni cantos rodaderos... Algo bueno habían de tener estas casas; este silencio de muertas.

rodadizo -za *adj* Que rueda [2] con facilidad. | Moreno *Galería* 129: Remontando la ladera de piedras rodadizas.

rodado¹ -da I *adj* **1** *part* → RODAR.
2 [Canto] liso y redondeado a fuerza de rodar impulsado por las aguas. | Ybarra-Cabetas *Ciencias* 112: Los minerales .. se van fragmentando al chocar unos con otros, a la vez que desgastan sus aristas, convirtiéndose de ese modo en cantos rodados.
3 [Tráfico o tránsito] de vehículos de ruedas. | *Inf* 16.7.70, 4: Una manifestación .. degeneró en levantamiento de barricadas .. que impidieron por completo el tráfico rodado.
II *loc v* **4 venir** [algo] **~**. Suceder por encadenamiento casual de las circunstancias. | Kurtz *Lado* 125: La cosa vino rodada, ya que fui a su casa y la encontré en animada charla con tres viejos del pueblo.

rodado² *adj* (*hist*) [Privilegio] que lleva al pie un signo circular con una cruz y las armas reales. | F. PEmbid *Abc* 19.11.64, 17: ¿Acaso no existen archivos en los que documentos egregios –como los privilegios rodados de la Alta Edad Media– yacen revueltos y cubiertos de polvo?

rodador -ra *adj* **1** Que rueda [1, 2 y 3]. | Marlasca *Abc* 28.6.70, 41: Ya nada encarrilan ni prohíben [las líneas], borradas como están por el constante esmerilado de los neumáticos rodadores. Umbral *Mortal* 31: El niño nos lleva hasta los reinos de lo pequeño, .. nos mete por el sendero más estrecho, transitado solo por la hormiga .. y la piedra rodadora.
2 (*Dep*) [Ciclista] especializado en correr en terreno llano. *Frec n m*. | *VozC* 29.6.69, 3: El formidable rodador Grosskost .. le ha superado en cuatro segundos. *País* 28.7.91, 23: Era un terreno para gente rodadora.

rodadura *f* Acción de rodar [1 y 3]. | Mingarro *Física* 46: Podemos distinguir dos tipos de rozamiento: el de fricción .., y el de rodadura, producida por un cuerpo de forma esférica o cilíndrica al moverse sobre una superficie. APaz *Circulación* 117: Se conserva o recupera la adherencia haciéndolas girar [las ruedas] a la velocidad de rodadura correspondiente a la marcha del coche. *Abc* 1.8.70, 22: El itinerario Madrid-Toledo .. irá dotado .. de un pavimento de aglomerado asfáltico que permita la comodidad y buena rodadura de los vehículos.

rodaja *f* Trozo o pieza de forma circular y plana. | Bernard *Combinados* 12: Termínese de llenar con champaña de marca, añadiendo media rodaja de naranja y media de limón. C. MQuemada *Nar* 10.76, 11: El tipo de rueda más sencillo es la maciza, que no es solo una rodaja de tronco de árbol, sino que está compuesta de tablas yuxtapuestas.

rodaje *m* **1** Acción de rodar [1, 3, 7, 8 y 10]. | GTelefónica *N*. 922: Recauchutados Modernos, S.A. .. Más kilómetros de rodaje por el mismo costo. *Ya* 15.10.67, sn: Este sistema de encendido es tan barato que se amortiza, solo en economía de gasolina, en un solo mes de rodaje del coche. Marsé *Montse* 339: –Tus permisos de rodaje .. –Te lo agradezco mucho. Mis productores parisinos estarán contentos. Acabas de dar el primer golpe de manivela de una película no apta.
2 Período durante el cual se hacen funcionar con velocidades y cargas moderadas las instalaciones y motores nuevos, hasta que el frotamiento ajuste perfectamente sus piezas. | *Hie* 19.9.70, 8: Para los próximos días ha sido programada la carga del combustible, esperándose que en los meses de noviembre y diciembre entre en funcionamiento toda la central en fase de rodaje. **b)** Período de adaptación o entrenamiento de una pers. en una actividad. | L. Herrero *Mad* 10.9.70, 21: Los madridistas han cubierto brillantemente su "rodaje" con dos triunfos en otros tantos importantes Torneos veraniegos.
3 (*raro*) Tráfico rodado. | Lagos *Vida* 57: Cuando la carretera estuvo terminada, el rodaje turístico empezó a invadirla. *Hoy* 8.12.78, 18: Tenemos que venir por la carretera por lo menos medio kilómetro, con el sumo peligro que esto trae consigo debido al gran rodaje que hay.

rodal *m* **1** Lugar o espacio pequeño y más o menos circular que se distingue de lo que le rodea. *Tb fig*. | Cuevas *Finca* 90: Estaba acostumbrado al campo de Soria .. con rodales míseros de verde entre canchales de granito. GPavón *Reinado* 141: Por la [calle] de Oriente, San Luis o una de esas, que últimamente siempre andamos por ese rodal. GPavón *Hermanas* 52: Todos los días se lavotean de arriba a abajo sin dejarse rodal.
2 (*reg*) Conjunto formado por las ruedas del carro y el eje. | C. MQuemada *Nar* 10.76, 11: La unión sólida de las ruedas con el eje da robustez al rodal, siendo esto necesario para su resistencia en malos caminos.

rodamiento *m* **1** (*Mec*) Cojinete formado por dos cilindros concéntricos entre los que se intercala una corona de bolas o de rodillos que pueden girar libremente. | *Ya* 15.4.64, 17: Rodamientos a bolas. Rodillos oscilantes.
2 (*raro*) Acción de rodar [3]. *Tb fig*. | *Ya* 10.10.70, 3: Las luces, sobre todo las de los faros, se desajustan con facilidad, incluso en rodamiento normal. F. P. Puche *Pro* 5.7.75, 14: Los dos primeros plenos municipales del mes de julio, que ayer calificábamos como destinados a adelantar trabajo, a poner en rodamiento temas y más temas pendientes, transcurrieron con suavidad.

rodante *adj* Que rueda, *esp* [3]. *Tb n, referido a pers.* | FQuintana-Velarde *Política* 158: El primero, el de las propias carreteras. El segundo, el del material rodante. Cabezas *Abc* 6.11.75, sn: Ahora que se ha multiplicado por varias unidades el número de rodantes desaprensivos, ¿por qué no se actualiza la ordenanza contra ruidos?

rodapié *m* Tira de protección que se pone en la parte baja de una pared, un mueble o un balcón. | CBonald *Noche* 294: La pregunta se había oído en todo el bar .. Mojarrita apoyó su bota de lona impermeable en el rodapié de la barra. Grosso *Capirote* 172: En los balcones, por encima de los rodapiés pintados de verde, se cruzan las palmas amarillas del Domingo de Ramos.

rodar (*conjug* 4) **A** *intr* **1** Dar vueltas [un cuerpo] alrededor de su eje, esp. cambiando de lugar. | Olmo *Golfos* 128: Volví la cabeza, viendo cien, o doscientas, o quizá más sandías rodando detrás de mí.
2 Caer dando vueltas o resbalando. | Arce *Testamento* 101: Noté que rodaba y, de pronto, un fuerte golpe me hizo quedar sin sentido. Zunzunegui *Camino* 462: Una lágrima le rueda por el secarral de su mejilla. **b) echar a ~** → ECHAR.
3 Moverse [algo] por medio de ruedas. | * Le han regalado uno de esos juguetitos que ruedan. **b)** Marchar o moverse [un vehículo de ruedas o la pers. que va en él]. | Romano-Sanz *Alcudia* 258: La carretera .. está sin asfaltar .. El chófer rueda a treinta kilómetros por hora.
4 Producirse o desarrollarse [una sucesión de hechos (*suj*) de un modo determinado (*compl de modo*)]. | Marsé *Tardes* 111: Lo mejor habría sido hacerla volver a casa .., porque luego quizá todo habría rodado de distinta manera para Luis y para mí.
5 Ir de un sitio a otro [una pers. o cosa] sin fijarse en ninguno de manera estable. | Matute *Memoria* 101: El pobre viejo murió solo .. mientras él rodaba como un trueno por aquellas malditas islas.
6 Desvivirse [por alguien o algo]. *Tb sin compl*. | FReguera *Bienaventurados* 236: Es que tú al señor Manolo le quieres mucho y ruedas por él. Cierva *Triángulo* 111: Rodaba al menor gesto de mi madre, sin atreverse jamás a contradecirla.
B *tr* **7** Hacer que [algo (*cd*)] ruede [1, 2 y 3]. | Cela *Mazurca* 44: Lázaro Codesal rodaba la honda y, ¡zas!, la palomilla del telégrafo salía por el aire en cien pedazos. Arce *Precio*

159: –Quitaré el coche de este olor –dije .., y rodé el coche unos cien metros. | **8** Conducir [un automóvil] durante el rodaje [2]. | * Rodar bien un automóvil es importantísimo. | **9** (*raro*) Recorrer rodando [3] [un lugar]. | *Nue* 31.1.70, 1: Bob Cunningham rodaba las pistas de Daytona Beach. | **10** Impresionar [una película cinematográfica]. *Tb abs.* | Marías *Gac* 30.8.70, 10: Acabo de ver una película franco-inglesa .. Está rodada principalmente en el Senegal.

rodea *f* (*reg*) Paño de cocina. | I. RQuintano *SAbc* 17.1.82, 43: El matarife, con una rodea al hombro, abre entonces el cadáver en canal.

rodeante *adj* Que rodea. | E. Iparraguirre *SAbc* 22.2.70, 18: Despacho de médico famoso, protegido por una rodeante y continua biblioteca.

rodear A *tr* **1** Estar alrededor [de alguien o algo (*cd*)]. | Arce *Testamento* 15: Los riscos que nos rodeaban resplandecían como la cal viva. Gambra *Filosofía* 31: El hombre, como los demás animales, conoce, a través de sus sentidos, las cosas que le rodean. | **2** Poner [a una pers. o cosa (*compl* DE *o* CON)] alrededor [de otra (*cd*)]. | Onieva *Prado* 215: Lo demás [del cuadro] es una alegoría que quiere ser semejante a aquellas con que solía rodear Rubens a sus personajes históricos. C. Yanes *Rev* 11.70, 8: Un grupo de artistas, con frecuencia noveles, a quienes les gusta rodearse, junto con la barba y melena crecida, de un halo de "alienación", de "rechazo de la sociedad". **b)** Situarse alrededor [de alguien o algo (*cd*)]. *Con suj pl o colectivo.* | *Not* 12.4.74, 7: Las tropas israelíes rodean el edificio. Poco después de que el comando-suicida ocupase el edificio de cuatro plantas, las tropas israelíes consiguieron rodearles y conminarles a la rendición. **c)** Poner [a una pers. o cosa (*cd*)] alrededor [de otra (*compl* A *o* ci)]. | Vidriera *DNa* 26.8.64, 6: En campañas pasadas se presentó en los pimentonares a un enemigo molesto, el gusano que llama[n] dormilón; se rodea a la planta y la troncha. * Rodéale una manta, que está temblando. | **3** Dar la vuelta alrededor [de algo (*cd*)]. *Tb fig.* | DPlaja *El español* 138: Cuando el español encuentra una dificultad puesta por el Estado o la Iglesia a su natural instinto, rodea el obstáculo. | **B** *intr* **4** Seguir un camino más largo de lo necesario. *Tb fig.* | Medio *Andrés* 182: Si anda por allí Fausto, me verá... Puedo rodear... Sí, será mejor.

rodela *f* (*hist*) Escudo redondo (arma). | GNuño *Madrid* 132: Entre las armas merecen mención especial los montantes, .. bombardas y culebrinas de bronce del XV y XVI, y de esta centuria una rodela y un casco persas.

rodeno -na *adj* **1** Que tira a rojo. *Dicho esp de tierra o roca.* | Sampedro *Sirena* 379: Un terraplén donde una palmera solitaria se destaca contra las rocas rodenas. Delibes *Castilla* 165: Sesenta y cuatro docenas de cangrejo acorazado, rodeno, de grandes pinzas, cuya cola, tiesa y sabrosa, constituía un manjar suculento. | **2** [Pino] ~ → PINO¹.

rodense *adj* De La Roda (Albacete) o de Rueda (Valladolid). *Tb n, referido a pers.* | *Abc* 7.4.74, 49: Se celebrará en la Casa de la Mancha .. la IV Cuerva Literaria (poético-lírico-musical), organizada por la Peña Rodense, de Madrid. *Nor* 16.6.74, 6: Rueda .. Entre las múltiples aficiones de la primera autoridad rodense, el teatro es una de ellas.

rodenticida *adj* (*E*) [Sustancia] que mata roedores. *Frec n m, referido a producto.* | *Abc* 11.4.65, sn: Raticida Ibys 152. Es el primer rodenticida que puede emplearse permanentemente sin que los animales dejen de ingerirlo por repugnancia.

rodeño -ña *adj* De La Roda (Albacete). *Tb n, referido a pers.* | J. Cebrián *Alc* 13.10.70, 4: En las fiestas de la Hispanidad, el Ayuntamiento de La Roda .. ha celebrado el Simposio Rodense, en homenaje al rodeño ausente.

rodeo *m* **1** Acción de rodear, *esp* [3 y 4]. | Peraile *Cuentos* 53: Entonces noté que un tipo me seguía los pasos... y di un rodeo .. recelándome que el elemento era policía. | **2** Camino más largo que el normal. | M. MFerrand *Abc* 17.5.73, 27: El nuevo poder, que ha dejado de ser supersónico para tratar de alcanzar lo ultralumínico, se define como inescrutable. Me imagino que, por ser consecuente, será .. más de atajo que de rodeo. | **3** Modo de actuar o de expresarse en que se evita afrontar directamente las dificultades. *Gralm en pl.* | CNavarro *Perros* 36: Dime la verdad y responde sin rodeos. | **4** Reunión de ganado mayor, frec. para venderlo. *Tb el sitio en que está.* | DCañabate *Paseíllo* 65: Los vaqueros preparan el rodeo .. El encierro se pone en movimiento. Abandona lento el cercado. J. Hernández *Hoy* 25.9.76, 21: Una burra de mediana estatura se vendió en 13.000 pesetas y seguidamente fue revendida en 14.000 en el mismo rodeo. MCalero *Usos* 86: Y así, acortando distancias y acercándose los valores, se van vendiendo las reses .. Se levanta el rodeo. | **5** Fiesta americana en que se compite en habilidades relativas a la captura y doma de ganado, esp. montando en pelo potros salvajes o reses bravas. | Delibes *Mundos* 82: Este "huaso", que en las cabalgadas ya resulta ostentoso y decorativo, adquiere especial realce en los rodeos.

rodero -ra I *adj* **1** (*raro*) De (la) rueda o de (las) ruedas. | Zunzunegui *Camino* 203: Se oye cercano el rumor rodero de la calle. | **II** *f* **2** Rodada. | Goytisolo *Afueras* 15: Le miraban alejarse por el camino, bordeando las roderas hundidas profundamente en la tierra blanca y arenosa.

rodesiano -na (*tb, hoy raro, con la grafía* **rhodesiano**) *adj* De Rodesia. *Tb n, referido a pers.* | Anson *SAbc* 18.5.69, 6: Los casos rodesiano y sudafricano, pues, aunque injustos en sí mismos, no tienen nada que ver con el problema negro en Estados Unidos. S. LTorre *Abc* 26.8.66, 29: Elaborar una especie de compromiso donde los rhodesianos acepten en teoría determinadas concesiones.

rodete *m* **1** Moño en forma de rosca y gralm. con el pelo trenzado. | FReguera-March *España* 190: Dos grandes rodetes sostenían su abundante pelo sobre ambas orejas. CBonald *Ágata* 39: Se entró con el niño en el chozo, poniéndose el holgado traje de rasoliso que encontró en el hato y anudándose las azulencas greñas en un rodete sobre la nuca. | **2** Rosca de trapo u otra materia, que se pone sobre la cabeza para cargar sobre ella un peso. | FReguera *Bienaventurados* 9: La mujer se colocó un cántaro en la cabeza, sobre el rodete. | **3** (*Mec*) Rueda de álabes. | E. Bayo *Gac* 22.2.70, 38: Hay que inyectar aire en las bombas para que los rodetes giren en aire y no en agua. MCalero *Usos* 108: La caída del agua daba directamente en el rodete, verdadera rueda gigantesca, metálica, que giraba a su impulso y movía el resto de la ingeniosa maquinaria que componía el molino.

rodezno *m* (*Mec*) Rueda hidráulica de álabes combados y eje horizontal. | M. CHernández *Ya* 16.7.83, 33: Los autores han estudiado los numerosos molinos .., señalando aceñas, cubos y rodeznos.

rodiado *m* (*Metal*) Acción de rodiar. | GTelefónica *N.* 342: Acabados metálicos .. Cromado, Estañado, Plateado, Dorado, Niquelado, Zincado, Rodiado, etc., de todos los metales.

rodiar (*conjug* **1a**) *tr* (*Metal*) Recubrir con rodio. | *Ya* 21.12.69, 31: Anillo de prometida .. Gran brillante solitario de mil reflejos, delicadamente montado con 6 pequeños brillantes alrededor, aro laminado en oro o rodiado como en platino.

rodil *m* (*reg*) Prado situado entre tierras de labranza. | MCalero *Usos* 12: Entre los quiñones, tenían buenos rodiles que solían aprovechar los rebaños del pueblo.

rodilla¹ **I** *f* **1** *En el hombre:* Articulación del muslo y la pierna. | Laforet *Mujer* 331: Sintió algo así como si sus rodillas se hicieran de plomo y no se pudo levantar para el último Evangelio. **b)** Zona de la rodilla por la parte delantera. | Cunqueiro *Un hombre* 22: Tenía [el rey] la espada en las rodillas y repasaba el doble filo con el meñique. Arce *Testamento* 20: Yo me lastimaba las manos y las rodillas. | **2** *En los cuadrúpedos:* Articulación del antebrazo y la caña. | Delibes *Parábola* 12: Si Darío Esteban le enviaba un puntapié .., [el perro] doblaba los codos y las rodillas humildemente. | **3** (*Mec*) Rótula. | GTelefónica *N.* 348: Horcajo. Chamarilería. Almacén de rodillas para maquinaria y motores.

rodilla – roentgen

II *loc v* **4 doblar** (*o* **hincar**) **la ~.** Apoyar una rodilla en tierra. | *As* 9.12.70, 19: Bonavena acaba de encajar uno de los golpes que le hacen perder la verticalidad. Está a punto de doblar la rodilla por primera vez. **b)** Humillarse. | *Hoy* 7.3.79, 5: Aseguraron que ETA lucha por la paz de su país, pero sin doblar la rodilla.
III *loc adv* **5 de ~s.** Con las rodillas [1] dobladas y el cuerpo descansando sobre ellas. *Frec en actitud de respeto o súplica, o como castigo.* | CNavarro *Perros* 21: Montse se había puesto de rodillas en el asiento. Fuster *Inf* 16.5.74, 18: Los maestros .. administraban sermones, coscorrones y algún que otro castigo ignominioso, como ponernos de rodillas o de cara a la pared. **b)** De manera suplicante. | Torbado *En el día* 152: El gobierno español no va a ofrecer otra oportunidad a Franco, aunque la pida de rodillas.
6 ~ en tierra. Con una rodilla apoyada en el suelo. | * El diestro recibió al toro rodilla en tierra.

rodilla² *f* Paño de cocina, esp. de lienzo basto. | Moreno *Galería* 46: Colgadas detrás de la puerta, generalmente, las rodillas de lienzo.

rodillazo *m* **1** Golpe dado con la rodilla¹ [1]. | Buero *Fundación* 161: Le propina un rodillazo en el estómago.
2 (*Taur*) Pase de muleta dado de rodillas¹ [5a]. | Selipe *Ya* 17.6.75, 41: La res entraba a la franela tan pronto como esta le era presentada, y contribuyó al lucimiento del diestro, especialmente en los naturales de frente, a los que siguieron, en la tarea excesivamente prolongada, rodillazos y molinete.

rodillero -ra I *adj* **1** [Prenda de vestir] que llega hasta la rodilla¹ [1]. | Marianata *Ale* 5.8.79, 47: Asistimos a diversas tentativas de restablecer el simpático "short" .. Del minúsculo pantaloncito que es casi una braga al ras de las ingles, hasta el bermuda rodillero, la escalada se afirma.
II *f* **2** Venda o pieza que cubre la rodilla¹ [1]. | *Abc Extra* 12.62, 90: Medias para varices, tobilleras y rodilleras.
3 Abultamiento que se forma en el pantalón en la zona de la rodilla¹ [1]. | Gironella *Millón* 221: Vestía de azul marino y se le marcaban rodilleras en el pantalón.
4 Remiendo o pieza que se pone en el pantalón en la zona de la rodilla¹ [1]. | * Le he puesto rodilleras en los vaqueros.

rodillo *m* Cilindro que gira y que constituye por sí mismo un utensilio o forma parte de un aparato más complejo. | Calera *Postres* 51: Se unen la harina, la taza de aceite y la taza de moscatel y se amasa bien, estirándolo con el rodillo. *Economía* 211: Este rodillo .. resulta muy práctico para escurrir aun en el lavado corriente. *Hacerlo* 84: Ya sea que pintemos con brocha, pincel o rodillo, hemos de evitar siempre el exceso de pintura. Huarte *Tipografía* 57: Una vez atado se lleva a la prensa de pruebas, se entinta con un rodillo, se coloca sobre él un papel y se pasa el cilindro por encima. E. Corral *Abc* 1.10.77, sn: Los rodillos musicales de los organillos los hacen en Barcelona, y cada uno cuesta alrededor de 40.000 pesetas. **b)** (*Pol*) *Frec fig, referido al rodillo usado para aplastar o apisonar.* | Campmany *Abc* 5.12.88, 18: Se parará el país, pero el rodillo socialista seguirá andando.

rodio¹ *m* (*Quím*) Metal, de número atómico 45, de color blanco de plata, intacable por los ácidos y difícilmente fusible. | Ybarra-Cabetas *Ciencias* 67: Platino. Se presenta asociado a los metales de las tierras raras (iridio, osmio, rutenio, rodio y paladio) en laminillas, granos o pequeñas masas.

rodio² -dia *adj* De la isla de Rodas. *Tb n, referido a pers.* | Pericot-Maluquer *Humanidad* 192: También a comienzos del siglo VIII aparecen en el Mediterráneo central los marinos rodios. Sampedro *Sirena* 311: –Son navieros, hombre. Los rodios. –Por eso, nuestros enemigos de siempre. Aliados de los piratas.

rodo *m* (*reg*) Instrumento usado en las carboneras para voltear y sacar el carbón. | Lorenzo *SAbc* 22.9.74, 11: Sigue un esperar noche y día a los pies del airoso volcán doméstico, tanteándole el corazón los rodos de mango estiradísimo y pala hurgadora, abriéndole bufardas de respiradero.

rodobacteriácea *adj* (*Bot*) [Bacteria] de color rojo. *Frec como n f en pl, designando este taxón botánico.* | Alvarado *Anatomía* 151: Son fotosintéticas las "bacterias purpúreas" (Rodobacteriáceas) que tienen bacteriopurpurina.

rododendro *m* Árbol o arbusto de hojas coriáceas y flores vistosas, rosas, rojas, blancas o amarillas, en grupos, cultivado a veces como ornamental (gén. *Rhododendron*, esp. *R. ferrugineum*). | B. Amo *Gar* 6.10.62, 56: Miraba en el rabillo del ojo el prado verde y húmedo, los setos de azaleas, las lilas giganteacas, el alegre rododendro. Loriente *Plantas* 59: *Rhododendron* L. "Azalea"; "Rododendro". Varias especies de este género son muy corrientes en parques y jardines como arbusto ornamental. Cela *Pirineo* 148: El arándano se asemeja al rododendro alpino.

rodofícea *adj* (*Bot*) [Alga] de color rojo. *Frec como n f en pl, designando este taxón botánico.* | Bustinza-Mascaró *Ciencias* 281: Las algas rojas. Llamadas también rodofíceas, poseen un pigmento rojo, la ficoeritrina, que enmascara a la clorofila.

rodofito -ta (*tb* **rodófito**) *adj* (*Bot*) [Alga] rodofícea. *Frec como n f en pl.* | Navarro *Biología* 52: Algas: Flageladas (Monadofitas) .. Rodofíceas (Rodofitas).

rodona *f* (*raro*) Prostituta. | Cela *Izas* 83: Pepa la Torionda, rodona cartagenera que cagó doce fetos en doce años.

rodonita *f* (*Mineral*) Mineral constituido por un silicato natural de calcio y manganeso, que se usa para fabricar objetos de adorno. | *Abc* 20.8.69, 38: Turquesas, lapislázuli, corales, aventurinas, rodonitas y brillantes.

rodrigón *m* **1** Palo o soporte clavado en el suelo para sostener o enderezar una planta. *Tb fig.* | Halcón *Campo* 28: El asiento con el respaldo que ofrecen los rodrigones de la parra en la boca de la cueva. ZVicente *Comentario* 1, 182: Necesita [el modernismo] sentirse constantemente autorizado, respaldado, apoyado en testimonios ajenos de noble prosapia .. Siempre esos rodrigones prestigiosos, condecoraciones, uniformes vistosos, tras de los que se esconde, agazapada, la personal vivencia.
2 (*hist*) Criado anciano cuya misión es acompañar a las señoras. *Tb* (*lit*) *fig.* | Campmany *Abc* 28.4.93, 23: A lo mejor, no hay debates entre los pesos pesados. Quizá los líderes socialistas dejen ese trabajo para escuderos y rodrigones.

rodríguez (*tb con mayúscula*) *m* (*col*) Hombre casado que se queda solo en la ciudad mientras su familia está de vacaciones. *Frec en la constr* ESTAR DE ~. | A. ÁCadenas *Reg* 11.8.70, 8: Buscan el color de moda: morenoide, que provocará, a su regreso a la ciudad, la envidia de otros anfibios cosmopolitas, llamados "los rodríguez". **b)** Hombre que ocasionalmente está libre para divertirse, por estar su pareja ocupada en otras actividades. | Oliver *Relatos* 66: Me dijo mi amiguete que ponían una película cachonda esta semana y que su parienta ya la había visto, que si nos íbamos a verla el viernes por la noche, aprovechando que su látigo tenía guardia en el hospital –la noche es joven para un rodríguez, ya lo sabes–.

roedor -ra *adj* [Mamífero] con dos incisivos en cada mandíbula, largos, fuertes y de crecimiento continuo, que le sirven para roer. *Frec como n m en pl, designando este taxón zoológico.* | Ybarra-Cabetas *Ciencias* 392: Son roedores el ratón, .. el castor, etc. **b)** Propio de los roedores. | C. E. López *SInf* 5.5.76, 4: Los incisivos de la rata crecen constantemente .. De su actividad destructora, que su carácter roedor determina, queda prueba evidente: destrozos en puertas, muebles, bibliotecas. Zunzunegui *Hijo* 80: Comía pasteles con una velocidad y una continuidad demoledora y roedora.

roedura *f* **1** Acción de roer [1]. | Rabanal *Ya* 5.12.74, 7: ¿No leíste .. un hermoso artículo .. en el que se ambientaba, explicaba y fustigaba cordialmente la propensión de las estudiantillas a tal mordisqueo o roedura ungulares?
2 Señal que se deja al roer [1]. | S. Menéndez *Ya* 27.8.85, 27: Los escarabajos se alimentan en los nuevos brotes de los olmos, sobre todo en las ramillas superiores, donde las esporas del hongo, al depositarse en las roeduras de alimentación, provocan las infecciones tan frecuentes observadas en las partes superiores de los olmos.

roel *m* (*Heráld*) Pieza redonda. | J. Atienza *MHi* 5.64, 71: En campo de gules (rojo), tres roeles puestos en palo.

roentgen (*al; tb con la grafía* **röntgen**; *en acep 2, frec con inicial mayúscula; pronunc corriente,* /ˈrɛŋɡen/; *pl normal,* ~s) (*Fís*) I *m* **1** Unidad de dosis de radiación equivalente a la irradiación necesaria para que los iones produci-

dos en 1 cm³ de aire transporten una cantidad de electricidad igual a 3 diezmilmillonésimas de culombio. | *País* 31.3.79, 3: En el aire, un rad equivale casi a un roentgen. *Unidades* 22: El röntgen es una unidad especial empleada para expresar la exposición de las radiaciones x o γ.
II *adj* **2** [Rayos] ~. Rayos X. | Mingarro *Física* 189: Un electroscopio cargado se descarga inmediatamente si se producen rayos Roentgen en sus proximidades.

roentgenografía *(pronunc corriente, /r̃engenografía/) f (Med)* Radiografía. | Alvarado *Anatomía* 115: Roentgenografía de la pierna de un niño raquítico.

roentgenográfico -ca *(pronunc corriente, /r̃engenográfiko/) adj* Radiográfico. | Alarcos *Estructuralismo* 1: Articulatoriamente, según ofrecen bien las películas roentgenográficas, se trata de una secuencia continua de movimientos sin límites diferenciados a lo largo de toda ella.

roentgenoterapia *(pronunc corriente, /r̃engenoterápia/) f (Med)* Radioterapia (tratamiento con rayos X). | Aparicio *César* 164: Se ha iniciado el tratamiento de citostáticos y roen[t]genoterapia de los focos aislados, siendo buena la tolerancia por parte del enfermo. [*En el texto,* roengenoterapia.]

roentgenterapia *(pronunc corriente, /r̃engenterápia/) f (Med)* Roentgenoterapia. | O. Aparicio *SPue* 17.10.70, 8: Existen otros procedimientos quirúrgicos, lo cual tal vez sea un índice de que el bisturí no es un recurso definitivo, por lo cual se recurre a la roentgenterapia.

roer *(conjug* **25***) tr* **1** Desgastar [algo] cortando pequeños trozos con los incisivos. *Tb abs.* | Pemán *Testigos* 275: Habría por allí cerca cabras, acaso hurones... Roerían el cáñamo. GPavón *Reinado* 218: Mientras el jefe escuchaba más que hablaba por teléfono, don Lotario se roía las uñas. Ybarra-Cabetas *Ciencias* 392: Los incisivos [de los roedores] tienen un crecimiento continuo, para compensar el desgaste que experimentan al roer. **b)** Quitar [a un hueso *(cd)*] la carne que tiene pegada, poco a poco y con los dientes. | Laiglesia *Tachado* 51: Roeremos cada hueso concienzudamente, hasta arrancarle la última fibra comestible.
2 Corroer (destruir lentamente). *Tb fig.* | MMariño *Abc* 22.10.67, 27: La contemplación de un cementerio de máquinas de vapor –de una ringlera de locomotoras muertas, roídos por el óxido los bronces otrora relucientes– nos anega el alma de saudades. Aldecoa *Gran Sol* 126: La niebla te roe los huesos. **b)** Corroer (causar inquietud o sufrimiento continuos). | Zunzunegui *Camino* 493: Camino de la santidad, su enorme lucha por alcanzarla es contra los pensamientos lujuriosos que le sofocan y le roen.

rogado -da *adj* **1** *part* → ROGAR.
2 *(Der)* [Testigo] requerido esp. para un acto. | *Compil. Cataluña* 705: En los testamentos ante Notario se observarán las formalidades exigidas por el Código Civil, salvo respecto de los testigos, que serán siempre dos, sin requerirse que sean rogados ni que aprecien la capacidad del testador.

rogador -ra *adj* Que ruega. *Tb n, referido a pers.* | Bermejo *Derecho* 52: De la intervención de personas influyentes para decidir la suerte de los procesos –rogadores– tratan algunos textos castellanos. *Cam* 2.6.75, 29: A las elecciones siguientes, Tarragona volvió a presentarse .. y continuó con su tarea de procurador-rogador.

rogante *adj (lit)* Que ruega. *Tb n, referido a pers.* | Torrente *Señor* 186: Decidió un día escribir a Santiago de Chile, pidiendo noticias más detalladas ..; y doña Mariana le aconsejó que le hiciese en papel con que constasen, impresos, su nombre y profesión, para que el cónsul tomase en cuenta la calidad del rogante.

rogar *(conjug* **4***)* **A** *tr* **1** Pedir [algo] como favor. *Tb abs.* | A. Assía *Van* 17.4.73, 21: Recibí una carta de Gaziel diciéndome que .. estaban muy extrañados de que no les hubiera ido a ver y que me rogaban que lo hiciera. **b) hacerse** [alguien] **de** ~. Negarse a una petición motivando la insistencia en ella, antes de aceptar. *Tb* HACERSE ~. | CPuche *Paralelo* 239: No jugaba si no era haciéndose de rogar mucho. Laforet *Mujer* 327: Cuando volvamos de la playa, te llamaremos... Entonces ya no te harás rogar, ¿no?
B *intr* **2** *(lit)* Rezar o pedir [por alguien o algo]. | Vesga-Fernández *Jesucristo* 44: El sacerdote .. pide a los Santos del Cielo, a los fieles de la tierra que rueguen por él.

rogativo -va I *adj* **1** Que denota o implica ruego. | GPavón *Nacionales* 270: Mi padre .. miraba al catedrático de Química con cara tierna y rogativa.
II *f* **2** Oración pública para pedir el remedio a una necesidad urgente, frec. la lluvia. *Frec en pl.* | *HLM* 16.12.74, 10: Con motivo de la pertinaz sequía que afecta a los campos y la ganadería, la Hermandad Sindical de Labradores y Ganaderos ha celebrado una misa de rogativas en la iglesia del Juramento. Campmany *Abc* 4.6.85, 21: Sería mucho más seguro sacar en rogativa a don Ramón Tamames. Habría que hacerlo con prudencia y moderación .., porque, si se pasaran de la dosis, correrían el riesgo de diluvio.

rogatorio -ria *adj* Que implica ruego. | A. Bataller *Pro* 19.8.75, 5: La letra de cambio .. aparece como tal institución jurídica y mercantil, cuando toma forma de carta .. dirigida a un ausente, en la que se le ordena en términos rogatorios hacer un pago a la persona que presenta la carta. **b)** [Comisión] **rogatoria** → COMISIÓN.

rogelio -lia *(tb con la grafía* **rojelio***) adj (col)* Rojo [5]. *Tb n.* | GSerrano *Macuto* 333: Del mismo modo que los rojos nos llamaban fachas, facciosos y rebeldes, .. nosotros les llamábamos a ellos, sobre rojos, rojazos .., y también bermellones, rogelios, por derivación castiza, y coloraos y encarnaos. Campmany *Abc* 1.10.83, 17: Ya hay rojelios que empiezan a decirnos que la religión es una superstición. Campmany *Abc* 27.10.84, 17: Sabe que los votos más rojelios se le van al comunismo.

rogerina *f (Taur)* Lance a dos manos de frente por detrás, que se ejecuta andando y cambiándole la salida al toro. | A. Navalón *Inf* 18.4.70, 19: Victoriano Valencia .. estaba gozoso ante su primero. Infantilmente gozoso cuando se le aplaudió en las verónicas y su personal quite de la rogerina.

rojeante *adj* Que rojea. | Murciano *Abc* 20.7.65, 22: Viértase .. en una copa un chorro de vino fino, .. o de amontillado, .. o de oloroso, denso, cercano al rubí; o de ese Pedro Ximénez pastoso, rojeante, casi negro.

rojear *intr* Tener o mostrar color rojo o rojizo. | MGaite *Ritmo* 12: Al fondo de un jardín .. rojeaba la fachada.

rojelio → ROGELIO.

rojeras *adj (col, desp)* Rojo [5]. *Tb n, referido a pers.* | Castellano *País* 18.11.88, 42: Los *rojeras* selectos se autodesignan como *currelas* de la cultura. J. Altable *DLi* 21.3.78, 10: Rojeras durante la segunda mitad de su carrera y apartado durante seis años de Televisión, a Víctor Manuel no le han dejado definir una imagen absolutamente nítida ante el gran público.

rojería *f (raro)* Rojerío. | Ro. Rodríguez *Ya* 19.9.89, 25: Diana de rencores exaltados, que nunca ignorarán –ni perdonarán– su verbo intelectual, tantas veces arrojado a una *rojería* enfervorizada al pie de innumerables tarimas electorales.

rojerío *m (col)* Conjunto de (los) rojos [5]. | Umbral *País* 31.3.79, 56: Tras él [Carrillo], todo el fuego graneado del rojerío.

rojez *f* **1** Cualidad de rojo. | FVidal *Duero* 163: Ya intuida la sonochada en la rojez del cielo. SSolís *Camino* 35: Querían "pasearlo" inmediatamente por rojo, o por cobarde, la cosa no estaba clara, ni falta, porque para fusilar a un hombre en la ciudad sitiada tanto montaba rojez como cobardía.
2 Mancha rojiza, esp. en la piel. | *Gac* 22.2.70, 4: Esta nueva y sorprendente fórmula atenúa y borra las manchas y rojeces de sus manos y rostro.

roji- *r pref* Rojo. *En compuestos cuyo segundo elemento designa otro color y que indican la suma de ambos.* | *Por ej:* Foxá *Abc* 18.5.58, 13: Eran tres mulas, dos negras y la del centro canosa, de color ceniza; todas con hermoso floreado y rojiamarillas banderas españolas. Delibes *Madera* 385: Salió al balcón e izó en el mástil una bandera rojigualda. Gironella *Millón* 126: Debía de llevar gorra y visera de charol y un brazal amarillo con estrella rojinegra.

rojiblanco -ca *adj* Rojo y blanco. *Frec referido a equipos de fútbol, como el Athletic de Bilbao y el Atlético de Madrid, cuya camiseta tiene estos colores; en estos casos, tb n, referido a pers.* | F. Ors *Alc* 31.10.62, 23: Sarmiento

rojizo – rollo

Birba y Zubieta .. apuestan en comandita mil pesetas contra otras mil de Tono Carrasco: los dos primeros, a favor del Bilbao; Carrasco, por "sus" rojiblancos del Metropolitano. SInf 23.3.70, 2: El gol de la victoria rojiblanca se produjo en la segunda parte.

rojizo -za *adj* Que tira a rojo [1 y 2]. | *Cocina* 6: La ternera de segunda calidad tiene la carne algo rojiza.

rojo -ja I *adj* **1** [Color] vivo semejante al de la sangre, y que es el primero del espectro solar. *Tb n m.* | Navarro *Biología* 109: El color rojo solo lo presentan [los hematíes] cuando se observan en grandes masas. *Fam* 15.11.70, 2: Si Vd. quiere un jersey color "prunia" tenemos todos los "prunias" .., y los amarillos, los rojos, los violetas, los marrones. **b)** De color rojo. *Frec se usa como especificador, formando parte de la denominación de distintas especies o variedades de animales, plantas o minerales.* | Cunqueiro *Un hombre* 9: Se podía ver ya la alta torre de la ciudadela sobre los rojos tejados. Delibes *Emigrante* 79: Le preguntó si es la perdiz roja y dijo que nanay, que por aquí no queda más que parda. Ybarra-Cabetas *Ciencias* 59: La hematites es a veces ferrosa (ocre rojo).
2 Rubio muy encendido. | Matute *Memoria* 61: Era una mata de cabello espeso, de un rojo intenso, llameante; un rojo que podía quemar, si se tocase.
3 [Carne] de res vacuna adulta. | *MadO* 6.91, 17: Nuestras especialidades: carnes rojas y merluza gallega de pincho.
4 [Vino] tinto. | Espinosa *Escuela* 354: Bebidas: Tres mil barricas de vino rojo.
5 (*col*) Izquierdista, esp. comunista. *Tb n, referido a pers. Frec con intención desp.* | Delibes *Cinco horas* 60: La mayor parte de los chicos son hoy medio rojos, que yo no sé lo que les pasa. **b)** (*hist*) *En la Guerra Civil de 1936:* Republicano. *Tb n, referido a pers.* | Laforet *Mujer* 71: Al entrar los nacionales en Barcelona, había vuelto también a la ciudad el abogado Andrés Nives, huido durante el dominio rojo.
6 [Números], de color rojo, que expresan el debe en una cuenta. | Palomino *Torremolinos* 199: Ha hecho desaparecer los números rojos de varias cuentas que no conocían otro color. **b)** De números rojos. | Palomino *Torremolinos* 199: Ha hecho desaparecer, mediante visitas personales, con habilidad y paciencia, saldos rojos que parecían incurables.
7 [Teléfono] secreto [de una alta personalidad]. | Palomino *Torremolinos* 31: El teléfono directo, el de los sustos, el teléfono rojo del director, que no está conectado a la centralita y que no figura en la guía de teléfonos. Es el teléfono secreto.
II *m* **8 ~ de labios.** Cosmético, gralm. de color rojo o rosado, que se aplica a los labios. | * No me gusta ese rojo de labios que usas.
III *loc adv* **9 al ~ (vivo).** De color rojo [1] debido a la alta temperatura. *Tb adj.* | *Economía* 81: Como la estufa se pone al rojo, las escorias pasan al estado de fusión vítrea. Olmo *Golfos* 21: Enzo, .. con las mejillas al rojo vivo, se limitó a sonreír. **b)** En estado de máxima tensión o excitación. | FReguera-March *Caída* 472: La cosa está al rojo vivo ..¿Quién te parece que ganará mañana?
10 al ~ blanco. De color blanquecino debido a la alta temperatura. *Tb adj.* | *Economía* 67: La electricidad calienta mucho este filamento, lo pone al rojo blanco y queda convertida en luz.

rol¹ *m* Papel o función. *Esp en sociología.* | Aranguren *Marxismo* 122: El rol que las circunstancias le han forzado a asumir [a Rusia], y en especial su entendimiento .. con América, le privan de fuerza moral para continuar presentándose como el país portaestandarte de la lucha contra el "Imperialismo". Valls *Música* 33: Dichas escalas [en la música china] se forman a base de un sistema de quintas superpuestas a las cuales, en su progresión ascendente, se les asigna un *rol* masculino.

rol² *m* Lista o nómina. | Vega *Cocina* 137: Yo no soy levantino, lo que no es obstáculo para que mi nombre figure en el rol de la cofradía gastronómica. **b)** (*Mar*) Libro oficial en que consta la tripulación de un buque y otros datos relativos a este. | Aldecoa *Gran Sol* 17: Afá se había dejado el rol sobre el mostrador.

rolada *f* (*Mar*) Acción de rolar. | *DMa* 29.3.70, 30: Oliver intenta .. obtener un mejor partido de las pequeñas y constantes roladas del viento.

rolar *intr* (*Mar*) **1** Variar de dirección [el viento]. *Tb* (*lit*) *fig.* | *DMa* 29.3.70, 30: El viento refresca algo y va rolando hacia levante, por lo que la última ceñida la iniciarán por dentro. Aldecoa *Gran Sol* 77: El contramaestre roló a la esperanza.
2 Dar vueltas en círculo. | Aldecoa *Gran Sol* 34: Capas, hace dos años. Estuvimos frente a Castletown siete días rolando sin poder entrar.

roldana *f* Garrucha o polea. | Cunqueiro *Un hombre* 36: Vive en la torre nueva del palacio .. y todo el tráfico se hace por roldana, que suben y bajan serones.

rolde *m* (*reg*) Corro [de perss.]. | L. Calvo *SAbc* 16.3.69, 17: Haciendo estación en los viejos "pubs" de King's Road, en rolde de bohemios y artistas, muchos famosos.

roldón *m* Planta de flores pequeñas en racimos, frutos negros semejantes a las moras y hojas ovales y coriáceas de las que se extrae una sustancia curtiente (*Coriaria myrtifolia*). | *SYa* 12.7.81, 43: El roldón es un árbol que se cría espontáneamente en Cataluña, produce un fruto que recuerda a las moras y es muy tóxico.

roleo *m* (*Arte*) Voluta. | Pericot-Maluquer *Humanidad* 121: Su característica principal estriba en la cerámica con decoraciones de bandas incisas lineales, en la fase antigua, y bandas pintadas con temas geométricos y curvilíneos de espirales, roleos, etc., en época posterior.

rollista *adj* (*col*) **1** [Pers.] que mete rollos [7 y 8]. *Tb n.* | MGaite *Retahílas* 164: Yo comprendo que la gente que quiere hablar y no tiene con quién se vuelva medio loca, como esos pobres rollistas viejos que andan a la deriva por las tabernas buscando víctima. MGaite *Cuento* 357: Cuanto más insatisfecha y sola está una persona, cuanto más la huyen por rollista, .. más a la desesperada miente y peor.
2 De(l) rollo [10]. | F. Gracia *DLi* 7.3.78, 13: Los Cock Sparrer vienen de Londres dispuestos a ensuciar el mundo con su música "rollista".

rollizo -za *adj* **1** Gordo y robusto. *Tb fig.* | Romano-Sanz *Alcudia* 116: A los diez minutos escasos regresa con una mujer rolliza. J. SMoliner *HLA* 6.10.75, 10: La compañía concesionaria .. se embolsa la bonita y rolliza cantidad de 17.500 pesetas por unidad.
2 [Madero] en rollo [1b]. *Frec n m.* | Benet *Volverás* 47: Frente a las puertas .. coloca cuantos tablones y rollizos tiene a su alcance a fin de formar un jabalcón.

rollo (*tb con la grafía* **rrollo** *en acep 10*) **I** *m* **1** Cilindro [de una materia maciza, o de una materia laminar que vuelve sobre sí misma alrededor de un eje]. *A veces se omite el compl por consabido.* | Umbral *Memorias* 22: Le enviaban al frente paquetes, mantas, .. rollos de gasa y rizos de pelo. GTelefónica *N.* 480: Sarralde. Cámaras y material fotográfico de Calidad. Revelado de rollos. **b)** Madero descortezado y sin labrar. *Frec en la constr* EN ~. | Santamaría *Paisajes* 58: Es de lamentar que .. un elevado número de fustes salga en rollo hacia aserraderos de Valladolid, de Madrid y hasta de Cataluña. **c)** Cilindro de madera u otra materia dura usado como utensilio, esp. en cocina. | Nebot *Golosinas* 10: Trabájese todo muy bien para que forme una pasta. Después se extiende con el rollo hasta dejarla del grosor de un centímetro. C. Aganzo *SYa* 16.4.89, 12: La pasta [de chocolate] se trabajaba sobre la "silleta" o "metate", una piedra cóncava sobre la que actuaba el "rollo" o "refinadera", otra piedra larga y cilíndrica para labrar, a brazo, el chocolate. **d)** Manuscrito en forma de rollo. | Arenaza-Gastaminza *Historia* 40: Junto a él construyeron la "Biblioteca", que contenía hasta 400.000 "rollos", en los que se habían copiado todos los escritos conocidos en su tiempo. **e)** Canto rodado de figura casi cilíndrica. | J. P. Vera *Reg* 26.11.74, 5: A la derecha hay unos soportales grandes y típicos, empedrados de "rollos". **f)** (*hoy raro*) Cilindro en que está grabada una pieza para su reproducción en determinados aparatos musicales. | Delibes *Madera* 115: Colocó el rollo del *Oriamendi* en el carro del fonógrafo, se cuadró a los pies del difunto .. y cantó. **g)** ~ (o **rollito**) (**de**) **primavera.** Cilindro de pasta relleno de verduras y frito, propio de la cocina china. | GBiedma *Retrato* 23: He almorzado en un horroroso hotel de Perañaque –rollos de primavera y lapulapu–.
2 Cuerpo formado [por una materia lineal (*compl de posesión*) que vuelve sobre sí misma]. | D. I. Salas *MHi* 7.69, 44:

En una de las plantas subterráneas se guardan gran parte de las herramientas y utensilios empleados para la construcción del monasterio de El Escorial: cabrias, torniquetes, rollos de cuerdas.

3 Columna de piedra, gralm. rematada por una cruz, utilizada antiguamente como insignia de jurisdicción y a veces como picota. | FVidal *Duero* 74: Cumple .. observar el caserío de Calatañazor, la plaza con su olma reseca a medias .., su rollo del siglo XII.

4 Pliegue de carne o grasa en el cuerpo. | Laforet *Mujer* 162: Paloma .. tenía un cuerpo feo del que él no se sentía orgulloso, más bien avergonzado de aquellos rollos de carne morena. **b)** ~ **de manteca.** *Se usa en constrs de sent comparativo para ponderar la robustez de un niño pequeño.* | * ¡Qué precioso está este crío! ¡Es un rollo de manteca!

5 Pan o bollo en forma de rosca. | Moreno *Galería* 26: Los hijos acudían al olor del pan caliente, a los rollos, los hornazos o las extendidas.

6 (*Der*) Pieza de autos. *Esp designa el conjunto de actuaciones escritas de un recurso.* | *Ide* 28.9.87, 39: Señalamientos para hoy .. Juzgado de Málaga nº 1. Rollo nº 365/86. Hora 10,30. Apelante: D. José Calatayud Sierra .. Juzgado de Úbeda. Rollo nº 502/85. Hora 10,45. Apelantes: don Enrique Gómez y otros.

7 (*col*) Discurso o exposición largos y aburridos. *Frec con los vs* METER, COLOCAR, LARGAR *o* SOLTAR. *Tb* ~ MACABEO *o* PATATERO. | Delibes *Cinco horas* 53: Escribir un rollo de esos que no hay quien lo digiera. Santos *Bajarse* 50: Y deja de decir chorradas, que últimamente metes cada rollo que no hay quien te aguante. Cela *SCamilo* 63: En las familias siempre hay un hermano mayor que coloca rollos a la hora del almuerzo. Palomino *Torremolinos* 49: Ha venido a largarme el rollo de que su novio es un señor muy importante. CPuche *Paralelo* 211: No era cosa de dejar que el negro Tomás le soltase ahora el rollo. Aristófanes *Sáb* 22.3.75, 59: He leído la lista que publicaban los papeles sobre los intelectuales que habían agarrado el bolígrafo y le habían escrito un rollo macabeo al Presi del Gobierno .. sobre una presunta vulneración del "habeas corpus". **b)** Pers. o cosa pesada o aburrida. *Tb* ~ MACABEO *o* PATATERO. | Delibes *Cinco horas* 228: Nosotras, chicos con carrera, ni hablar; son unos rollos. *Inf* 18.8.70, 26: Que .. los toreros .. tengan que salir de la rutina diaria de los doscientos muletazos, de las faenas estereotipadas, que, al final, ni son clásicas ni nada; son, eso sí, un "rollo" imponente.

8 (*col*) Patraña o historia falsa. | Lera *Trampa* 1176: Por supuesto, no sabe que vienes tú conmigo. Yo he tenido que inventarme un rollo, y me he visto negro para hacérselo tragar.

9 (*jerg*) Asunto o cosa. | *SPaís* 5.3.78, 27: Me dieron ganas de orinar y entré en el *tigre*, y estaba meando y llegaron dos tíos, uno me puso por detrás una navaja en el cuello y me dijo, "Te vamos a follar", y yo les dije: "Vosotros mismos, tíos, dejaros de navaja que a mí me va el *rollo*". E. García *País* 24.6.80, 31: Otro día te sale un rollo bueno de que le gustas a uno y quedas, y a lo mejor tiene pasta y te hace regalos o te coge un apartamento. *Int* 25.8.82, 94: Duermo en cualquier barco puesto al pairo .. El otro día lo intenté de nuevo en una chalupa y al abrir los ojos tenía una pistola en la sien, lo que es muy mal rollo. **b)** Relación amorosa. *Frec en la constr* TENER UN ~. | ASantos *Bajarse* 94: Os he dicho un millón de veces que no quería saber nada de vuestros rollos. Oliver *Relatos* 145: Entonces la chorva va y nos dice .. que llamaba por teléfono y allí podíamos estar cómodos y hacer rollo con las dos.

10 (*jerg*) Ambiente contracultural de los años 70, desarrollado pralm. alrededor de la música rock y las drogas. | Montero *SPaís* 5.3.78, 11: La gente del *rollo* dice India sin artículo. Burgos *Tri* 22.10.77, 46: Es el habla del rrollo rockero.

11 (*jerg*) Ambiente o tipo de vida. | MGaite *Nubosidad* 71: –Su rollo no tiene nada que ver con eso .. –¿De qué va mi rollo? –Usted sabrá. Yo en su vida no me meto.

II *adj* **12** (*col*) Pesado o aburrido. | Delibes *Cinco horas* 271: La muy sandia se cree que sensibilidad es leer, atiborrarse de libros, cuanto más rollos, mejor. Berlanga *Pólvora* 26: Es difícil encontrar conferenciante tan rollo.

III *loc v* **13 dar el ~.** (*col*) Fastidiar o dar la matraca. | * Deja de dar el rollo todo el día con lo mismo.

roll-on-roll-off (*ing; pronunc corriente,* /ŕól-ón-ŕól-óf/; *pl normal, invar*) *m* Portacontenedores. | *IdG* 3.8.75, 25: El tráfico de roll-on-roll-off se incrementará y pondrá de manifiesto la importancia del puerto coruñés.

rolo *m* (*reg*) Tallo de la platanera. | Ramírez *Lit. Canarias* 1, 145: El cacho de rolo de platanera golpeó pleno en la espalda de Lile Palangana tumbándolo de boca.

Roma **I** *loc v* **1 revolver** (*o* **remover**) **~ con Santiago.** Acudir a los lugares o a las perss. más dispares para encontrar o conseguir algo. | MGaite *Ritmo* 89: Luego me avergoncé de decirle que era mi padre quien estaba revolviendo Roma con Santiago para hacer triunfar lo que, de esta forma, venía a convertirse en un capricho de hijo de familia. Goytisolo *Recuento* 276: Amigos de los de verdad todos ellos, de los que te lo demuestran con obras, de los que son capaces de remover por ti Roma con Santiago.

2 ir a ~. (*col*) Ir a misa o ser verdad [lo que se dice]. *Con intención ponderativa.* | Cándido *Abc* 19.9.64, 51: Las notas de la Comisaría y del Real Madrid son tan enfáticas como imprecisas. Esto que digo va a Roma.

II *interj* **3 a ~ por todo.** (*col*) *Se usa para animar a hacer algo, por difícil que sea.* | Grosso *Capirote* 29: Arriba la frente y a Roma por todo.

romadizo *m* (*raro*) Catarro de la mucosa nasal. | FReguera-March *Boda* 87: Temo haber agarrado un romadizo.

romaji (*ing; pronunc corriente,* /ŕómayi/) *m* Alfabeto latino usado para transcribir el idioma japonés. | GSanchiz *Ya* 15.4.64, 5: Una de las tentativas japonesas de universalización es la denominada "romaji", que consiste en la busca de equivalencias fonéticas entre el silabario "Iroha" y el alfabeto latino.

román. ~ paladino. *m* (*lit, humorist*) Lenguaje normal. | F. Martino *Ya* 23.9.70, 5: Se nos ocurre que sería interesante para los lectores .. la traducción al "román paladino" del parte facultativo dado por los médicos que le asisten.

romana *f* **1** Balanza de brazos desiguales, el mayor de los cuales lleva trazada la escala de los pesos y un peso fijo que se desliza para buscar el equilibrio con el peso suspendido del brazo más pequeño. | Escobar *Itinerarios* 119: El hortelano .. va pesando en la romana tomates, pimientos.

2 (*Taur*) Peso [del toro]. | DCañabate *Abc* 21.8.66, 69: El primer toro, todo un toro, con cabeza, con cuajo, con trapío, con romana, con todos los requisitos propios de un toro de verdad, nos recordó la desconcertante pregunta de la francesa.

romance **I** *adj* **1** [Lengua] románica. *Tb n m.* | Lázaro *Lengua* 1, 68: En el territorio ocupado por los árabes, el latín hablado por los cristianos se fue transformando hasta convertirse en otra lengua romance, el mozárabe. Lapesa *HLengua* 57: Grado que ofrecía el romance de la España visigoda y que conservan el italiano, retorromano, rumano y picardo. **b)** De las lenguas romances. | Lapesa *Problemas* 201: La sintaxis histórica española cuenta hasta el momento con las referencias que a ella se hacen en las gramáticas romances de Diez y Meyer-Lübke. Lapesa *HLengua* 72: En los albores de la época romance, San Isidoro recoge muchas voces usadas en el habla vulgar de España.

II *m* **2** (*lit*) Idioma español. | Torrente *SInf* 3.6.76, 16: Los libros que el alemán dedicó a los poetas y a la poesía, mejor o peor traducidos, me fueron más accesibles que su filosofía, puesta también en romance por José Gaos.

3 (*TLit*) Composición métrica formada por una serie indefinida de versos, gralm. octosílabos, de los cuales riman los pares en asonante y quedan libres los impares. | López-Pedrosa *Lengua* 38: Romance heroico es el romance de versos endecasílabos. **b)** Poesía escrita en romance. | Cunqueiro *Un hombre* 22: Salió un romance con el caso.

4 Relación amorosa. *Tb* (*raro*) ~ DE AMOR. | Palomino *Torremolinos* 37: Mae solo hace fiestas a Yago, el bailarín .. Al día siguiente, en la Costa se conocerá la noticia: "¿Romance entre estrella y bailarín?". SSolís *Juegos* 119: Nuestro romance, a fuerza de años de tapadillo, iba perdiendo su sabor picante y caía en una monotonía peligrosa. *SAbc* 16.6.68, 26: Su vida se ha convertido en el más popular de los modernos romances de amor.

romanceador -ra *adj* Que romancea. *Frec n, referido a pers.* ‖ GYebra *Traducción* 173: El que había de poner en latín el texto previamente traducido al romance tenía que comprender del todo su contenido; en caso de duda, haría reflexionar y repetir al romanceador. Landero *Juegos* 248: Lucía un bisoñé amarillento, .. gafas negras de romanceador ciego y bigotín de perito en leyes sindicales.

romancear *tr* **1** Dar forma romance [1b] [a algo (*cd*)]. ‖ Lapesa *HLengua* 114: Palabras absolutamente romances aparecen latinizadas, mientras se romancean otras que no es de suponer hayan pertenecido nunca al habla vulgar.
2 (*raro*) Tratar [algo] en romances [3b]. ‖ *Inf* 7.8.75, 13: La noticia de su muerte [de la hermana de Romero de Torres] ha conmovido a Córdoba entera, lo que ha supuesto una masiva presencia en la casa-museo, sita en la romanceada plaza del Potro.

romancerista *m y f* Pers. que publica un romancero [2b]. ‖ Cossío *Montaña* 275: "Dice (y muy bien) el prólogo de otro Romancero .."; aludiendo a Pedro de Moncayo en el romancerista que habló bien.

romancero -ra A *m y f* **1** Pers. que canta romances [3b]. ‖ Romano-Sanz *Alcudia* 12: Luego van hacia otro grupo apretujado en torno a dos hombres y una mujer. Son romanceros .. En seguida los tres entonan una cantinela con voz monótona. El romance cuenta la historia de una esposa adúltera.
B *m* **2** Conjunto de los romances [3b]. ‖ DPlaja *Literatura* 98: El conjunto de esta enorme producción se designa con el nombre de Romancero. **b)** Colección o recopilación de romances. ‖ Pedraza-Rodríguez *Literatura* 1, 563: Los pliegos sueltos se siguieron imprimiendo incluso después de la aparición de los romanceros.

romancesco -ca *adj* De(l) romance o de (los) romances [3]. ‖ Cossío *Montaña* 452: No es desdeñable tal crónica .., y la visión del carácter indicado ha de influir en el tratamiento de esta figura en la reelaboración del tema en la poesía romancesca del siglo XVI.

romanche *m* Retorromano occidental, esp. el del valle alto del Rin. ‖ Villar *Lenguas* 119: Comprende [el grupo retorromano] un grupo occidental, en el que debe citarse, entre otros, el romanche; un grupo central (tirolés) y un grupo oriental.

romancillo *m* (*TLit*) Romance [3] de versos de menos de siete sílabas, esp. de seis. ‖ Quilis *Métrica* 162: Cuando el romance tiene menos de ocho sílabas recibe los nombres de a) endecha, si los versos constan de siete sílabas, y b) romancillo, si tienen menos de siete.

romancista I *m y f* **1** Autor de romances [3b]. ‖ J. D. Mena *Abc* 23.8.66, 15: Si un romancista, un dramaturgo-biógrafo, un escultor .. tuvieran que elegir entre los cuatro protagonistas.
II *adj* (*hist*) **2** Que utiliza el romance y no el latín. *Tb n. Frec con intención desp.* ‖ J. ÁSierra *Abc* 19.11.57, sn: Mutis .. establece, además, una carrera abreviada de tres cursos para los llamados cirujanos romancistas.

romancístico -ca *adj* De(l) romance o de (los) romances [3]. ‖ RMoñino *Poesía* 44: Los textos romancísticos incluidos en el *Cancionero general* no lo están en razón de su categoría popular o importancia literaria.

romanear *tr* (*Taur*) Levantar en vilo con las astas [el toro al caballo]. *Tb abs.* ‖ Selipe *Ya* 24.5.73, 43: El toro, que romaneó y proporcionó en el encuentro la caída del jaco y del varilarguero, escarbó; después, embistió con aspereza hacia arriba.

romanería *f* (*hoy raro*) Tienda o taller de romanas [1]. ‖ E. Camino *Ya* 27.6.75, 18: Por el año 1900 hubo en Mora, por lo menos, pues las que citamos se recuerdan con exactitud, ocho romanerías, 16 cuchillerías y tijererías y nueve cencerrerías. Jover *Literatura* 38: La tienda de comestibles .., la droguería, la panadería, la romanería, las tabernas y las casas de comidas.

romanesco -ca I *adj* **1** (*raro*) Romano (de la ciudad de Roma). ‖ L. Pancorbo *SYa* 16.2.75, 29: Sordi compendia buena parte de su filosofía .. en la frase, que es ya una muletilla en Italia: *boni, state boni*. Dicha con su guasa romanesca, viene a indicar una mezquina actitud ante la vida.
II *m* **2** Dialecto de Roma y su región. ‖ L. Pancorbo *SYa* 16.2.75, 29: Sordi .. necesita hablar en romanesco.

romaní (*jerg*) **I** *adj* **1** Gitano. ‖ *Ya* 19.9.91, 1: Los tres niños gitanos acudieron al colegio de Mancha Real acompañados por su padre y por José Maldonado, presidente de una asociación romaní andaluza.
II *m* **2** Caló. ‖ A. Iniesta *SYa* 11.5.78, 10: Pensamos en lengua determinada, concreta .. Concretemos: el "caló" o "romaní", carácter determinante –entre otros varios– de la cultura que posee el pueblo gitano en tierras españolas.

románico -ca *adj* **1** [Arte] desarrollado en Europa occidental del s. XI al XIII, y que en arquitectura se caracteriza por el empleo del arco de medio punto y la bóveda de cañón. *Frec n m.* ‖ Arenaza-Gastaminza *Historia* 94: Se desarrolla el arte románico, en los siglos XI y XII, en toda Europa. T. Salinas *MHi* 12.70, 33: Encontramos un núcleo de románico enormemente interesante en Villacadima y Campisábalos. **b)** De(l) arte románico. ‖ Arenaza-Gastaminza *Historia* 95: La escultura románica. Acompaña a la arquitectura románica la escultura. Es decorativa y de carácter religioso.
2 [Lengua] derivada del latín. *Tb* (*col*) *como n f en pl, designando el conjunto de estas lenguas como materia de estudio en la universidad.* ‖ Amorós-Mayoral *Lengua* 5: Una [familia] muy importante es la de las lenguas románicas: a ella pertenece el español. MGaite *Búsqueda* 34: Cuando a finales del año 48 vine a Madrid para hacer mi doctorado de románicas, pude convencerme de algo que había atisbado desde la provincia. **b)** De las lenguas románicas. ‖ Lapesa *HLengua* 295: Estas cifras lo sitúan [al español] a la cabeza de la familia románica. Palomo *Valera* XXII: Puntualicemos el carácter de núcleo generativo que tuvo la carta en las narraciones sentimentales del XV, con la creación específica de la novela plenamente epistolar, en el primer ejemplo románico del género: el *Proceso de cartas de amores* de Juan de Segura.

romanidad *f* **1** (*hist*) Conjunto de pueblos sometidos al Imperio Romano. ‖ Alarcos *Fonología* 209: El origen del español se encuentra en el latín mejor o peor aprendido por cierta comunidad de hablantes indígenas, los habitantes de un rincón cantábrico en el curso alto del Ebro, alejado de los centros rectores de la romanidad.
2 Carácter propio de los pueblos de lengua y cultura latinas. ‖ Salvador *Letra Q* 31: No defiendo, pues, la q como resultado de nuestro pasado latino –el rumano ha prescindido de ella, sin abjurar de su romanidad–.

romanismo *m* **1** Estudio del derecho romano [2]. ‖ Mercader-DOrtiz *HEspaña* 4, 192: Su Facultad [de Medicina] era laica como la de Leyes, pero, a diferencia de esta, anquilosada por el romanismo, había mantenido el contacto con la naturaleza.
2 Cultura romana [2]. ‖ Tejedor *Arte* 75: El mundo occidental o antiguo Imperio Romano de Occidente, resultado de la fusión de los elementos supervivientes del Imperio Romano y de los que aportan sus invasores germánicos: –romanismo, germanismo y cristianismo–.
3 (*raro*) Condición de romano [2]. ‖ Umbral *Ninfas* 88: En el patio con yedra y estatuas de un romanismo dudoso.

romanista I *m y f* **1** Especialista en derecho romano. ‖ Ju. Iglesias *Abc* 5.3.72, 13: Esa carta, publicada en revistas jurídicas, es mi gran orgullo de romanista.
2 Especialista en filología románica [2b]. ‖ Lapesa *HLengua* 63: Es frecuente entre los romanistas relacionar esta evolución reposada con el carácter español.
II *adj* **3** (*raro*) De (los) romanistas [1]. ‖ Bermejo *Derecho* 133: Con su dosificada ironía el estudiante ha resumido buena parte de doctrina sobre el particular: la conocida comparación de la legislación giega; .. y el conocido principio latino de tradición romanista.

romanístico -ca I *adj* **1** De (los) romanistas. ‖ R. Gibert *Arb* 9/10.80, 113: Separando las solicitaciones del comparativismo, del evolucionismo y del naturalismo (ahora con más vigor, gracias a la investigación por capas de los textos de Wieaker, 1960, a quien se adhiere, "la más importante y discutida obra romanística de los últimos años"), .. el autor se sitúa en el desfiladero de la historia crítica.

II *f* **2** Filología románica [2b]. | Lorenzo *Español* 196: Esta predilección favorece la difusión .. de los esdrújulos de carácter abstracto: .. *Romanística*, *Anglística*, *Germanística*.

romanización *f* Acción de romanizar(se). | Arenaza-Gastaminza *Historia* 57: La romanización fue lenta y no igualmente intensa en todas las regiones.

romanizar *tr* Dar carácter romano [2] [a alguien o algo (*cd*)]. | Fernández-Llorens *Occidente* 71: Sus componentes eran ciudadanos romanos o habitantes de las provincias a los que el ejército romanizaba. **b)** *pr* Tomar carácter romano. | E. GAlbors *Alcoy* 90: Más acusadas en la germanización que siguió a las invasiones, aunque prontamente se romanizara el habla de los bárbaros. Lapesa *HLengua* 86: Romanizados pronto [los godos], abandonaron el uso de su lengua.

romano -na I *adj* **1** De la ciudad de Roma. *Tb n, referido a pers*. | Arenaza-Gastaminza *Historia* 46: El territorio de Roma comprendía, en un principio, poco más que las siete colinas romanas.
2 De la antigua Roma o de su imperio. *Tb n, referido a pers*. | Arenaza-Gastaminza *Historia* 48: Las conquistas militares de los romanos transformaron la sociedad romana. Laforet *Mujer* 174: Había venido atajando por el puente romano. **b)** [Saludo], propio de los romanos, hecho con el brazo en alto y la mano abierta, y adoptado en el s. XX por los partidos fascistas. | Lera *Hombre* 88: Se suprimía el saludo romano y bajaba la fiebre de los desfiles y de los cánticos, se rompían carnets políticos, se cambiaba de camisa. **c) de ~s.** [Película] histórica ambientada en la antigüedad clásica. *Tb referido al género correspondiente*. | F. Colomo *D16* 1.4.84, 34: Por cuatro pesetas .. se podían ver un par de películas. Una de ellas solía ser "de romanos", en este término incluíamos cualquier cosa tal como "Helena de Troya". P. Cebollada *Ya* 22.3.75, 44: La realización va por caminos de reconstrucción ambiental, adscrita al género llamado "de romanos", con grandes decorados y abundancia de masas. **d) de ~s.** (*col*) [Trabajo u obra] que exige un gran esfuerzo. | GPavón *Reinado* 16: Sacar al Faraón del "Seat" fue obra de romanos.
3 De Roma en cuanto sede del Papa y del gobierno de la Iglesia Católica. | SLuis *Doctrina* 47: Esas notas solo se dan en la Santa Iglesia Católica Apostólica Romana. CBaroja *Inquisidor* 35: El obispo español .. debía ser visto con una mezcla de ironía y de prevención en la curia romana.
4 [Numeración] que utiliza las letras del alfabeto latino. *Se opone a* ARÁBIGO. *Tb n m, referido a número*. | Armenteras *Epistolario* 173: La fecha debe consignarse sin abreviaturas ni empleo de cifras romanas. Huarte *Tipografía* 34: Numeración de partes o párrafos (que no alternen romanos con arábigos en divisiones de igual categoría o característica).
5 (*Impr*) [Letra] de trazos perpendiculares. *Se opone a* CURSIVA. | ZVicente *Traque* 223: Mira, aquí está mi tarjeta .. Fíjate, a dos colores, y las letras grandes del centro, que se llaman romanas, en oro.
6 (*reg*) [Gato] negro y pardo. | Cela *Viaje andaluz* 275: Un gato romano y reluciente libró al quiebro –y sin descomponer la figura– un camión que pasaba.
II *m* **7** (*jerg*) Guardia o policía. | * No encontraba otro trabajo y se metió de romano.
8 (*jerg*) Soldado que está cumpliendo el servicio militar. | Oliver *Relatos* 82: Tenía que irse a África de romano.
III *loc adv* **9 a la romana.** (*Coc*) *Referido al modo de preparar determinados pescados, esp merluza o calamares*: Rebozándolos y friéndolos. *Frec adj*. | *Ama casa* 1972 470: Medallones de merluza a la romana.
10 a la romana. Con el saludo romano [2b]. *Con el v* SALUDAR. *Tb adj*. | MMolina *Jinete* 95: Subió al correo de Madrid después de dar un taconazo, perdiéndose luego, mientras saludaba a la romana desde una ventanilla, entre el humo negro de la locomotora.
11 de ~. (*jerg*) De uniforme. *Referido a guardias o soldados. Gralm con los vs* IR *o* ESTAR. | *País* 20.10.85, 18: Contra su voluntad, salió del Servicio de Información [de la Guardia Civil], tuvo que cortarse el pelo y empezó a hacer guardias vestido de romano –"como llaman ellos", dice Marian– en la puerta del cuartel de La Salve.

romanó *m* (*jerg*) Caló. | Sastre *Taberna* 118: Así, con el cuento, me pirabé a la chai por el jeró, y encima ella feliz y entodavía me dio para café, qué risa, y yo chamullando romanó y enrollándome a gusto con ella.

romanones *m* (*col, hist*) Miembro del cuerpo de policía montada creado por el Conde de Romanones en el reinado de Alfonso XIII. | ZVicente *Traque* 114: También había romanones, que iban en las procesiones a caballo y solían caerse.

romanqueño -ña *adj* De Romancos (Guadalajara). *Tb n, referido a pers*. | *NAl* 4.9.82, 4: Un grupo de vecinos romanqueños.

románticamente *adv* De manera romántica, *esp* [2b y c]. | J. Trenas *Van* 26.3.70, 6: El Teatro Español, en la serena y románticamente ambientada plaza de Santa Ana. Albalá *Periodismo* 119: Hay un concepto de opinión pública rigurosa y románticamente vinculado a las ideologías.

romanticismo (*frec con mayúscula en acep 1*) *m* **1** Corriente literaria, cultural e ideológica de la primera mitad del s. XIX, caracterizada por su oposición al clasicismo y por su exaltación del sentimiento y la libertad. *Tb la época correspondiente*. | López-Pedrosa *Lengua* 224: Es este es el género teatral propio del Romanticismo. RPiquer *Ateneo* 198: Recordemos que el romanticismo está haciendo furor en aquellos días.
2 Cualidad de romántico. | Umbral *Ninfas* 13: El romanticismo de mi primo le permitía simultanear el laúd, los versos, el amor, el bigote, el sentimiento y la vida.
3 Actitud romántica [2b]. | Torrente *Señor* 228: Fray Ossorio, cuando volvió, no traía en la cabeza más que ideas vagas, romanticismos.

romántico -ca *adj* **1** De(l) romanticismo [1]. | López-Pedrosa *Lengua* 225: *Don Juan Tenorio* .. adapta el tema de Tirso de Molina a las exigencias románticas. **b)** Adepto al romanticismo. *Tb n*. | DPlaja *Literatura* 390: Martínez de la Rosa es un escritor culto y elegante que no se apasiona por ninguno de los bandos contendientes de clasicistas y románticos.
2 [Pers.] sentimental, idealista y soñadora. *A veces con intención desp*. | Ortega *Americanos* 42: Es un chico soltero, enamoradizo y un tanto romántico. **b)** Propio de la pers. romántica. | *Ya* 26.5.74, 21: Se ha terminado la misión "romántica" y la contribución en céntimos. Delibes *Madera* 58: Los desplantes vejatorios de mamá Obdulia robustecieron, sin embargo, el incipiente amor romántico de mamá Zita, apenas alimentado de miradas, apariciones furtivas en el mirador e inacabables plantones a papá Telmo. **c)** [Cosa] que provoca una actitud sentimental y soñadora. | C. ÁHernández *Abc* 16.8.73, 29: La Coruña es una ciudad en la que pasado, presente y futuro se hermanan de una manera admirable .., como puede observarse tomando como atalaya el mirador del romántico jardín de San Carlos.

romantización *f* (*lit*) Acción de romantizar. | GGual *Novela* 48: El afán de introducir escenas patéticas en la historiografía helenística es bien conocido, desde la influencia retórica de los discípulos de Isócrates y la progresiva romantización de leyendas en torno a Alejandro y otras figuras históricas.

romantizar *tr* (*lit*) Dar carácter romántico [2b y c] [a algo (*cd*)]. | MCampos *Abc* 4.3.58, 3: Hay narraciones que nos dicen de qué modo la epidemia se cebó, y hay varios literatos que han romantizado la trágica epopeya.

romanza *f* (*Mús*) **1** Aria de carácter sencillo y gralm. dividida en estrofas. | FCid *Música* 172: Gounod [en la ópera "Fausto"] .. emplea un cuadro completísimo de cantantes. En lo musical, abundan los contrastes: del vals a la romanza de amor; del aria virtuosista de las joyas, a la filigrana musical del cuarteto.
2 Composición instrumental breve y de carácter melódico. | FCid *Música* 163: Surge una floración exquisita de pequeñas formas pianísticas: Romanzas sin palabras de Mendelssohn, Impromptus de Schubert y Chopin, Nocturnos de Chopin y de Liszt.

romanzar *tr* Romancear. | P. J. Cabello *EOn* 10.63, 13: La paleta primitiva .. alumbraría años adelante la portada maestra de sus "Milagros", escollo donde naufragan los críticos de un Berceo .. solo candoroso y tal vez cuadernos del manuscrito que romanzaba. J. MNicolás *SYa* 15.6.75, 15: Hay que sacar a El Toboso de su sosegado silen-

romañolo – rompecoches

cio para que se oigan las voces de los mozos cantareros, .. de los labradores madrugadores que recuerdan viejas historias romanzadas mientras se encaminan al trabajo.

romañolo -la *adj* De la Romaña o Romagna (región de Italia). *Tb n, referido a pers.* | Van 9.10.75, 51: Viniendo, digo, de la romañola Bertinoro y de su aledaña Polenta.

romaza *f* Se da este n a varias plantas herbáceas del gén Rumex. Frec con un adj especificador: AGUDA, HORTENSE, RIZADA, ROJA, SILVESTRE, etc. | Mayor-Díaz *Flora* 242: *Rumex obtusifolius* L. "Romaza" .. de 50 a 100 cm., con raíz espesa, amarillo azafranado por dentro. Tallo robusto .. Hojas inferiores grandes .. Frecuente. Toda Asturias. Riberas de ríos; herbazales húmedos. Remón *Maleza* 98: *R*[*umex*] *crispus* L. .. Romaza rizada, Paniega. Esta maleza se diferencia de los otros *Rumex* porque sus hojas tienen los bordes ondulados y crispados. Es muy frecuente en nuestra región, alternando con las otras romazas. Mayor-Díaz *Flora* 426: *Rumex pulcher* L. "Romaza silvestre" .. Tallo derecho. Hojas pecioladas .. Inflorescencias con ramas extendidas .. Rel[ativamente] frecuente .. Herbazales de bordes de caminos.

rombal *adj* De figura de rombo. | Ybarra-Cabetas *Ciencias* 57: Grupo de los granates .. Cristalizan en el sistema cúbico, siendo el trapezoedro y el dodecaedro rombal las formas más frecuentes.

rómbico -ca *adj* **1** De figura de rombo. | Bustinza-Mascaró *Ciencias* 382: Se aprecian las huellas rómbicas de las inserciones de las escamas foliares que cubrían el tronco.
2 (*Mineral*) [Sistema] que tiene tres ejes binarios, un centro y tres planos de simetría. | Bustinza-Mascaró *Ciencias* 329: Azufre. Cristaliza en el sistema rómbico. **b)** De(l) sistema rómbico. | Aleixandre *Química* 85: A temperaturas más bajas la variedad monoclínica [del azufre] se transforma espontáneamente en la variedad rómbica.

rombo *m* **1** Paralelogramo que tiene sus cuatro lados iguales y sus ángulos opuestos iguales dos a dos. | Marcos-Martínez *Aritmética* 198: El área del rombo es igual al semiproducto de sus diagonales. **b)** (*hoy raro*) *Se usa, precedido de* UN *o* DOS, *como distintivo de la calificación moral de un programa de televisión. Tb fig, fuera del ámbito televisivo.* | *VNu* 18.12.71, 29: Voy a hacer el sacrificio de no ver las películas de dos rombos. *Sp* 19.7.70, 52: Solo va a quedar una solución ..: hacer discos solo autorizados para mayores de dieciocho años y programas de radio con dos rombos.
2 Pieza en figura de rombo [1a] en la zona de la entrepierna de los pantys. | *Ya* 6.4.75, 35: Medias-panty .. De nylon color caresse, con rombo.

rombododecaedro *m* (*Geom*) Dodecaedro cuyas caras son rombos. | Ybarra-Cabetas *Ciencias* 26: Rombododecaedro. 12 caras iguales, que son rombos.

romboédrico -ca *adj* (*Geom*) De(l) romboedro. | Van 19.5.74, 49: Cuarzo (Cristal de roca). Conjunto de varios cristales bien conformados, ofreciendo su hábito típico de formas del sistema romboédrico.

romboedro *m* (*Geom*) Paralelepípedo cuyas seis caras son rombos. | Bustinza-Mascaró *Ciencias* 331: Cuarzo. Está compuesto de oxígeno y silicio. Cristaliza frecuentemente en prismas apuntados por romboedros.

romboidal *adj* (*Geom*) De figura de romboide. | GNuño *Madrid* 86: Casetones romboidales en el horno del ábside.

romboide *m* (*Geom*) Paralelogramo que tiene los lados y los ángulos opuestos iguales dos a dos, y los contiguos desiguales. | Marcos-Martínez *Aritmética* 200: Hallar la altura de un romboide cuya base mide 25 dm, si su área es de 4 m².

romboideo -a *adj* (*Geom*) Romboidal. | PCarmona *Burgos* 217: Volvemos a ver aquí los dados poco salientes con respecto a su núcleo y lo mismo que este rayados horizontalmente; las plumas de las alas romboideas y con nervio central.

romeraje *m* (*raro*) Romería [2]. | Campmany *Abc* 19.9.87, 17: El romeraje mariano de Ruiz-Mateos, que iba a tener su final en Nuestra Señora de Covadonga, va a terminar en Nuestra Señora de Carabanchel.

romeral¹ *m* Terreno poblado de romero¹. | J. Hermida *MHi* 10.60, 17: Verde, el conjunto de pinos, eucaliptos y romerales.

romeral². **lechetrezna** ~ → LECHETREZNA.

romería *f* **1** Fiesta popular que se celebra en una ermita o santuario el día de la festividad religiosa del lugar. | *Huelva* 64: En cuanto a las romerías típicas, habría que encabezar la lista con la universalmente famosa Romería del Rocío. **b)** *Se usa frec en constrs de sent comparativo para ponderar la gran afluencia de gente a un lugar.* | * Ayer fui a verle al hospital y aquello era una romería.
2 Peregrinación a un santuario o lugar sagrado. | Riquer *Caballeros* 63: Yendo en peregrinación a Roma, fue asaltada por unos bandidos .. El caballero .. la acompañará en su romería.

romero¹ *m* Arbusto aromático de hojas lineales con el envés recubierto de pelos y flores pequeñas y azuladas (*Rosmarinus officinalis*). | Laforet *Mujer* 124: Conocía el cantueso, el tomillo, el romero de Castilla.

romero² **-ra I** *adj* **1** De (la) romería o de (las) romerías. | J. L. Lizundía *GacNS* 16.8.74, 6: De la [romería] de Abadiano, que tiene lugar el último sábado de agosto y cierra la temporada romera, ya volveremos a ocuparnos en su día.
II *m y f* **2** Pers. que va de romería. | Cela *Judíos* 272: El vagabundo .. se queda sin la romería, llevándose, a cambio y a cuestas, las ganas de haber sido romero y mendigador de las amables gracias de Nuestra Señora. RMorales *Present. Santiago* VParga 6: A Santiago fueron como romeros santos y pecadores.

romesco *m* Plato catalán compuesto esencialmente de bacalao desmenuzado con una salsa de pimiento rojo. | Goytisolo *Recuento* 104: Me habría ido de putas, habría estado en la playa, me habría comido un buen romesco. Vega *Cocina* 24: Entramos en la provincia de Tarragona y vamos a hablar del romesco, del que hay varias versiones.

romí. azafrán ~ → AZAFRÁN.

romo -ma *adj* **1** Que no tiene punta o filo. | Bustinza-Mascaró *Ciencias* 192: Patas robustas, cada una con cuatro dedos terminados en uñas romas. Aleixandre *Química* 191: Si se quiere obtener una pasta de fibra corta se emplean cuchillas afiladas, y si interesa que las fibras sean largas se usan cuchillas romas.
2 [Nariz] chata. | Ferres-LSalinas *Hurdes* 116: Los dos tienen la misma planta, la boca grande, de labios gruesos, y la nariz roma. **b)** (*raro*) [Pers.] de nariz roma. | Nieva *Coronada* 180: ¿No eres tú aquel chico romillo, con muchas pecas lentejas por la cara?
3 Torpe o falto de agudeza. | Delibes *Hoja* 27: La muchacha era roma y de lento discurso. CNavarro *Perros* 212: Su aspecto era vulgarote y su lengua tan torpe y roma como su pluma.
4 [Cosa] que tiene menos dimensión o alcance de lo normal. *En sent fig.* | E. Corral *Abc* 14.5.67, 98: En obras como esta el tiempo es factor esencial para llenarlo con todo lo que la obra es, porque, si no, queda roma. Desflecada. Mutilada. Delibes *Mundos* 60: "Después de mí, el Diluvio", parece pensar el chileno. Ciertamente tal postura .. adolece de romas perspectivas.
5 [Macho o mula] hijo de caballo y burra. | Delibes *Castilla* 70: Antaño había cuatrocientos pares de machos, de machos romos. Moreno *Galería* 28: Se trata ahora de contemplar la figura del "aceitero", con su buena yegua o una mula roma haciendo camino.

rompecabezas *m* **1** Problema o acertijo de difícil solución. | *Cod* 9.2.64, 7: Los rompecabezas antiguamente facilitados por algunos periódicos a sus lectores solían insertarse en páginas especiales de pasatiempos.
2 Juego formado por cartones o cubos que llevan porciones de un dibujo que hay que componer colocándolos en el orden debido. *Tb fig.* | Olmo *Golfos* 14: Se quedaron muy solos el caballo de cartón y el rompecabezas de madera. CPuche *Paralelo* 295: Genaro era cada día pieza más incambiable de aquel absurdo rompecabezas de "Corea".

rompecoches *m* (*hist*) Tela de lana basta. | HSBarba *HEspaña* 4, 418: Vestían zapatos corrientes y chaqueta de un género de lana llevado de China y bautizado en Méjico con el nombre de "rompecoches".

rompecorazones *m y f* (*col, humoríst*) Pers. que provoca enamoramientos a los que presta poca o ninguna atención. *Tb adj.* | *Gar* 17.8.82, 95: Victoria Principal, una "rompecorazones". F. Iturribarría *Ya* 19.6.90, 54: Ni historia de celos ni enésimo capricho sentimental de la terrible princesa rompecorazones de Mónaco.

rompedor -ra *adj* Que rompe, *esp* [1, 2 y 5]. *Tb n: m y f, referido a pers; f, referido a máquina.* | Gironella *Millón* 471: Proyectiles de toda suerte, perforantes, rompedores, incendiarios. Torrente *Sombras* 24: Sin que el placer lo estorbase la seguridad de hallarme .. en compañía del virago llamado Micaela, rompedora de Stradivarius y de complejos maternos. Cela *Viaje andaluz* 241: Patios en los que canta el agua, dibuja el aire la palma, aroma el tierno jazmín, sangra el clavel rompedor. GCandau *Ya* 30.8.75, 31: Ruiz Bernal, en su misión de rompedor, se ha colocado en cabeza desde la primera vuelta y ha ocupado esa plaza hasta la décima, en que ha sido relevado por el propio Haro. *Abc* 21.5.67, 68: Barrenadoras, rompedoras y quebrantadoras. Pisones compactadores de la marca Warsop. **b)** Innovador o que rompe moldes. *Tb n, referido a pers.* | Delibes *Señora* 69: Se echaba en falta un rompedor, alguien que fundiese el hielo, que flexibilizara el inevitable acartonamiento académico. Torres *Ceguera* 187: No necesito nuevas credenciales que avalen mis argumentos rompedores.

rompehielos *m* Buque capaz de abrirse camino y navegar por aguas heladas. | J. M. Javierre *Ya* 4.7.65, sn: Fue como si un rompehielos remontara el Nilo.

rompehuelgas *m y f* Obrero que no se suma a una huelga o que sustituye a un huelguista. | Torrente *Off-side* 187: Es un sujeto enjuto, entrado en años, canoso ya. En sus mocedades ofició de rompehuelgas.

rompeolas *m* Dique construido a la entrada de un puerto para que no penetre en él el oleaje. | A. Semprún *Abc* 19.12.70, 33: Dos enormes y elegantes bloques de apartamentos que una empresa urbanizadora ha construido a pocos metros del rompeolas.

rompepiernas *adj* (*Cicl*) Que exige un gran esfuerzo de los músculos de las piernas. | J. M. Gozalo *Pue* 3.11.70, 20: Puso en boga el terrible desarrollo "rompepiernas" que luego muy pocos han podido resistir. [*En el texto*, rompe piernas.] *Ya* 1.5.91, 33: El trazado tiene una segunda parte bastante rompepiernas.

romper I *v* (*conjug* **26**) **A** *tr* **1** Separar las partes [de un todo (*cd*)] de manera más o menos violenta, destruyendo su unión. *Tb abs. Tb fig.* | Legorburu-Barrutia *Ciencias* 366: Al helarse, como las gotitas de agua aumentan de volumen, actúan como cuñas y rompen las rocas en trozos. *Abc* 1.11.75, 62: Rompió 4.487 ladrillos en una hora. Laiglesia *Tachado* 8: También yo creí que un ángel de la guarda guiaba mis pasos, hasta que tropecé con un cascote y me rompí un diente. **b)** *pr* Separarse las partes [de un todo (*suj*)] de manera más o menos violenta, destruyendo su unión. *Tb fig.* | Legorburu-Barrutia *Ciencias* 147: En el estómago se rompe el quiste, la tenia saca su cabeza .. y en unos dos meses llega al estado adulto.

2 Estropear o inutilizar [algo material]. *Tb abs.* | * Me ha roto el reloj. * ¡Cuánto rompen estos chicos! **b)** *pr* Estropearse o inutilizarse [algo material]. | * Se me ha roto el coche.

3 Deshacer [una fila (*cd*) las perss. que la forman]. *Gralm en la orden militar* ROMPAN FILAS. | GPavón *Hermanas* 11: Los [guardias] del renuevo .., rotas las filas para la revista de policía, liaban sus cigarros. Grosso *Capirote* 99: El oficial ordenó romper filas y volver a formar por brigadas. [*En la prisión.*]

4 Interrumpir la continuidad [de un fluido (*cd*)] atravesándolo. | J. A. Padrón *Día* 14.5.76, 23: Por todos ellos [los veleros] se extiende el ruido de las aguas rotas mientras, por la popa, la estela queda mansa.

5 Interrumpir o cortar [algo no material]. | Cuevas *Finca* 255: La llegada y el llanto de las mujeres rompió la tensión. CNavarro *Perros* 11: Un tranvía rompía el silencio de la calle. **b)** Interrumpir o cortar [el trato o la relación (*cd*) con alguien (*compl* CON)]. *Tb sin compl* CON, *con suj pl. Frec en las constrs* ~ LAS AMISTADES *o* ~ LAS RELACIONES. *Frec abs, esp referido a relaciones sentimentales.* | *País* 7.7.76, 5: Sudán rompe relaciones con Libia. Aldecoa *Gran Sol* 36: Si no quieres que rompamos las amistades, cállate. Goytisolo *Afueras* 75: Era una madre dominadora, absorbente, y mi Julio, que tenía mucha personalidad, acabó rompiendo con ella. Zunzunegui *Camino* 223: Pasó por su cabeza romper definitivamente con don Félix antes de unirse a él como le prometiera. **c)** Poner fin a la vigencia [de algo (*cd*)]. | Arenaza-Gastaminza *Historia* 288: Hitler se entregó febrilmente a la reconstrucción del país; rompió todos los pactos que ataban a Alemania. Fuste *Memoria* 18: Se trastocaban las horas, se rompían costumbres largo tiempo respetadas.

6 ~ [el servicio o el saque a alguien]. (*Tenis*) Vencer[le] en un juego en que tiene el servicio. | A. SPrieto *Abc* 3.5.70, 59: En el segundo "set" se adelanta Santana con 2-0 después de romper el saque de Pasarell en el segundo juego. GCandau *SYa* 12.12.72, 23: En el cuarto "game" Gimeno rompió el servicio a su adversario y se limitó a conservar la ventaja.

7 ~ **aguas,** ~ **el fuego,** ~ **las hostilidades,** ~ **la marcha,** ~ **plaza,** ~**se los codos** → AGUA, FUEGO, HOSTILIDAD, MARCHA, PLAZA, CODO.

B *intr* **8** Deshacerse en espuma [las olas o el agua], por la fuerza del viento o por chocar con algo, esp. con la costa. | Arce *Precio* 41: Sobre el arenal de Somo, el nordeste deshacía la espuma de las olas al romper. Goytisolo *Afueras* 183: El mar estaba muy azul y rompía en olas breves y juguetonas.

9 Iniciarse [el día]. | Cela *Pirineo* 197: El día empezaba a romper por detrás de los altos cerros. Hoyo *Lobo* 23: Se irían sin mí al romper el alba.

10 Abrirse [una flor]. | * Los capullos ya empiezan a romper.

11 Salir o brotar [algo]. *Tb fig.* | Goytisolo *Recuento* 295: Rompen los brotes y se abren paso y los capullos revientan y se desarrollan los tallos rosáceos y los pámpanos. García Flórez 14: Es entonces cuando rompe con nuevo ímpetu la vocación por algún tiempo retardada. En 1738 empieza su dedicación sistemática .. a los estudios históricos.

12 (*col*) Comenzar [alguien que tiene un cólico o una indisposición similar] a devolver o a evacuar. *Frec en constrs como* ~ POR ARRIBA *o* POR ABAJO, ~ POR ALGÚN SITIO. | Moreno *Galería* 300: Conociendo el enfermo el contenido del bebedizo que se le administraba, podía romper el pobre "por riba, por bajo, o por medio".

13 (*Taur*) Comenzar a mostrar sus cualidades [el torero o el toro]. | J. Vidal *País* 10.8.79, 19: Quinta salida en Madrid de El Mangui y sigue sin romper –que dicen los taurinos–. Sus apoderados, la empresa, incluso los aficionados, todos esperamos que rompa.

14 ~ **a** + *infin* = EMPEZAR A + *el mismo infin*. *Gralm denota que se hace de modo súbito o tras una contención.* | Benet *Volverás* 112: Había roto a llover. Las primeras gotas más que de agua parecían formadas de una frágil aleación. Medio *Bibiana* 17: Va a decir algo. Se atraganta. Rompe a llorar. Trévis *Extremeña* 28: En cuanto el contenido de la cacerola rompa a hervir, los echaréis en la cuba. **b)** Prorrumpir o estallar. *Con un compl* EN + *n de acción.* | Lera *Bochorno* 120: El hombre abrió la boca como para romper en una carcajada, pero no se rió.

II *loc adj* **15 de rompe y rasga.** (*col*) [Pers.] resuelta y de gran desembarazo. *Frec con intención peyorativa. Tb fig, referido a cosa.* | CPuche *Paralelo* 403: –Equis, muchas equis. Esta va a ser una jornada de equis, ya lo verás... –pronosticaba al lado de Genaro una señora con aire de mujer de rompe y rasga. SRobles *Pról. Teatro 1959* XXI: Ni del todo moral, ni con intención moralizante, este cuento escénico de rompe y rasga, pletórico de frases ingeniosas y de escenas galantes.

rompevejigas *m* (*Fís*) Aparato destinado a demostrar la presión atmosférica. | Marcos-Martínez *Física* 98: ¿Cuál es la presión resultante que ejerce la atmósfera sobre la membrana circular de un rompevejigas cuando la presión interior es de 26 centímetros de mercurio?

rompible *adj* Que se puede romper [1 a 6, esp. 1 y 2]. | C. Castro *Ya* 19.9.74, 18: Como el licenciado Vidriera cervantino, se creía de cristal y rompible. G. Estal *Abc* 30.6.74, 9: Por la inteligencia entre los pueblos se llegará a la "pax orbis", a la "paz del mundo". Pero la palabra es rompible.

rompiente – ronda

rompiente I *adj* **1** (*raro*) Que rompe [8]. | Laforet *Mujer* 125: A veces el amor .. parece que va a ser como un mar rompiente.
II *m o f* **2** Lugar en que rompen [8] las olas o el agua. | Kurtz *Lado* 18: A lo lejos, el acantilado del Faro con toda una ladera de pinos que descendía hasta el rompiente. Nácher *Guanche* 230: Eulogio los vio luchar juntos para botar la barca y cruzar después la zona difícil de las rompientes.

rompimiento *m* **1** Acción de romper(se). | *Abc* 1.11.75, 62: Ha conseguido una nueva marca mundial de rompimiento de ladrillos a puñetazos. Ortega *Americanos* 140: He tenido que nombrar un abogado para ver si consigue que rebaje la indemnización que me pide por rompimiento de promesa. Halcón *Ir* 373: Por este rompimiento con el pasado no se concibe la torpeza de Bruno de no haber roto la carta de Dorothy. CPuche *Paralelo* 469: Era uno de esos amaneceres que .. se precipitan de repente en raudos rompimientos de luz.
2 (*raro*) Extenuación, o cansancio extremo. | J. Carabias *Ya* 18.2.75, 6: Ver a Milagros Leal jadeante, echada en un sofá durante el entreacto, era un dolor .. Verla después, en la segunda parte, metida de nuevo en faena, sin que el público notase nada de su fatiga ni del rompimiento atroz de momentos antes, resultaba prodigioso.
3 (*raro*) Roturación. | Mercader-DOrtiz *HEspaña* 4, 135: El gobierno de Fernando VI renovó las antiguas leyes: .. derecho de posesión .. y prohibición de rompimiento de tierras.
4 (*Pint*) Parte del fondo de un cuadro, en que se pinta una abertura que deja ver algo lejano. | Onieva *Prado* 123: *La última comunión de Santa Rosa de Viterbo* .. Ramos de rosas en el suelo. En un rompimiento celestial, entre nubes, la Santísima Trinidad.

ron *m* Aguardiente que se obtiene de una mezcla fermentada de melazas y zumo de caña. | CNavarro *Perros* 139: Podía preguntárseles .. si la estrella del club de fútbol X prefería emborracharse con ron o con ginebra.

ronca *f* **1** Grito que da el gamo en celo. *Tb la época de celo.* | HLS 3.8.70, 8: Podrá autorizarse la caza de las especies ciervo y gamo .. durante la época de celo, "berrea" del ciervo y "ronca" del gamo, por el procedimiento del recechо.
2 (*raro*) Bravata. *Frec en pl y con el v* ECHAR. | FReguera-March *Dictadura* 1, 381: Interiormente yo tenía .. la convicción de que no iban a aceptarme para ir a Marruecos. Esta certidumbre me permitía hacer planes, echar roncas, desdeñar a los que temían la guerra.

roncador -ra *adj* Que ronca. *Tb n, referido a pers.* | Fieramosca *Ya* 27.7.89, 48: Lo que yo aconsejaría a la asociación promotora de esta original idea es que graben la variedad de los ronquidos que, sin duda, allí se producirán, porque puede ser un documento de inestimable valor y sacar a más de un roncador casero de un apuro, solo con que su contrario escuche la cinta. Cela *Viaje andaluz* 111: Gente .. que no habla como la de los demás pueblos del contorno, sino rematando y dejando caer las palabras, que con frecuencia copian de los gitanos, con un eco gracioso y roncador.

roncalés -sa I *adj* **1** Del valle del Roncal (Navarra). *Tb n, referido a pers.* | *Navarra* 94: Hay también la sopa a la ribera, con hígados de ternera y queso rallado; .. cabeza de jabalí a la roncalesa.
II *m* **2** Dialecto vascuence del valle del Roncal. | GDiego *Dialectología* 194: El suletino comprende el roncalés de Ustarroz, Bidangoz, y Urzainki y Tardets.

roncamente *adv* De manera ronca (→ RONCO [2 y 3]). | Torbado *En el día* 40: Le vibraba la gorda sotabarba y el aire silbaba roncamente al brotarle de la boca. Matute *Memoria* 157: –¿Con quién vas? –dijo, roncamente.

roncar *intr* **1** Producir [alguien] un sonido ronco al respirar mientras duerme. | Arce *Testamento* 69: El Bayona seguía roncando plácidamente.
2 Producir [algo] un sonido ronco. | Aldecoa *Gran Sol* 136: Roncaba la sirena del barco grande.
3 Dar [el gamo u otro animal similar] su grito característico, llamando a la hembra. | * Se oía roncar a los gamos.

roncear *intr* Mostrarse roncero. | Delibes *Ratas* 127: La Sime pidió que le echasen una mano, pero todos roncearon, hasta que entre ella, el Nini y el Antoliano, lograron encerrarle. Sempronio *Des* 1.3.75, 35: Un par de galenos .. compraron uno ["Vocabulari mèdic"] .. para enviárselo a un colega no catalán que lleva cuarenta años en Barcelona y todavía roncea ante el idioma de los nativos.

ronceo *m* (*raro*) Acción de roncear. | V. Royo *Sp* 21.6.70, 19: Los negociadores apuran, como los buenos degustadores de café, las últimas gotas de la taza del alto ronceo diplomático.

roncero -ra *adj* **1** Remolón. | Delibes *Emigrante* 43: Tino, desde que tengo uso de razón, es un gilí que siempre anduvo a la sopa. Todavía tengo clavado cómo se hizo el roncero cuando lo de la madre. **b)** Propio de la pers. remolona. | Delibes *Siestas* 39: El Pernales dio unos pasos ronceros por la habitación.
2 (*Mar*) [Embarcación] que se mueve tarda y perezosamente. *Tb fig, fuera del ámbito técn.* | Zunzunegui *Hijo* 127: Cojeaba [Rosarito], roncera. Zunzunegui *Hijo* 25: Eran los suyos unos sís desmarridos, unos sís ausentes, unos sís que hay que empujarlos para que no queden ronceros.

roncha *f* Mancha rojiza o amoratada y frec. abultada que se produce en la piel. *Frec fig, gralm en la constr* LEVANTAR (*o* HACER) ~s. | Delibes *Ratas* 10: Justito, el Alcalde, se irritaba, y, en estos casos, la roncha morada de la frente se reducía a ojos vistas. Laforet *Mujer* 41: El muchacho hizo cuantos viajes pudo, solo con el deseo de verla. Años y años que –con lagunas– ella le levantaba aquellas ronchas furiosas de enamoramiento. DCañabate *Paseíllo* 15: En cuanto se descuidaban, ya tenían encima el dicterio, la frase mordiente que los ridiculizaba, la censura que hacía ronchas en la vanidad.

ronchar *tr* Comer [algo] haciéndolo crujir al masticar. | MFVelasco *Peña* 24: Allí estaba el oso en medio de la campera ronchando setas de sombrilla que crecen en los prados altos.

ronchón *m* Roncha grande. | *Sem* 10.5.75, 81: La alternativa es malaria o no .. En el mejor de los casos, siempre le quedará a usted un buen ronchón para rascarse. ZVicente S*Ya* 12.1.75, 25: Cualquier frasecilla .. puede despertar, avivándoselos, esos años malos, porque están ahí, emperrados en seguir, en dejar, quieras o no, el ronchón de su paso.

ronco -ca *adj* **1** [Pers.] que padece ronquera. | Gala *Campos* 53: Las Nocheviejas todo el mundo acababa ronco de tanto gritar.
2 [Voz o sonido] de timbre bajo y poco sonoro. | CNavarro *Perros* 14: ¿Hablamos de Dios –preguntó con voz ronca–, o hablamos de lo que harías con una mujer como esa? CNavarro *Perros* 21: La respiración era fatigosa, ronca en algunos momentos.
3 [Voz o expresión] áspera y seca. | Laforet *Mujer* 15: Dijo un "gracias" muy áspero y ronco.

roncón *m* Tubo de la gaita gallega o asturiana que forma el bajo del instrumento. | Peyroux *NEs* 10.8.79, 11: Entralgo .. Los próximos sábado y domingo todo el valle será una gran fiesta de hermandad, donde no faltarán las alegres notas del puntero y del roncón de Fuxó, "gaitero mayor de Teverga".

ronda *f* **1** Acción de rondar [1, 2, 3 y 6]. *Tb fig.* | C. Aganzo *Ya* 17.12.90, 4: El problema es también una constante en los "búhos", los coches del servicio nocturno, que no terminan una ronda sin incidentes. Moreno *Galería* 326: Fechas había en que su ronda se repetía hasta tres y cuatro veces. Lera *Boda* 546: –Y usted, ¿también de ronda? .. –Casi, casi .. –Pues aquí no hay viudas, que yo sepa .. –No lo sé, pero hay mozas, hombre. *Hoy* 27.1.77, 26: Por la noche salieron "de ronda". En la tienda de un vaciador de la calle Talavera citada rompieron el cristal de la puerta y sustrajeron cuchillos, navajas, llaveros y algunas otras cosas.
2 Grupo de perss. que rondan [1 y 2]. | DPlaja *Sociedad* 55: Anochecer .. Pronto saldrá la ronda, que empieza a las nueve en invierno. Mann *Ale* 16.8.77, 7: Panderetas, rabelistas, piteros, tonadilleras, rondas, picayos y danzantes mostraron toda la riqueza de nuestra música, nuestras canciones y nuestras danzas.
3 Vuelta (vez u ocasión en que se repite un hecho que ha de realizarse según un turno). | *Ade* 16.6.79, 8: Con una victoria de Manuel Orantes contra el austríaco Hans Kary ha finalizado hoy en Viena el segundo encuentro de la cuarta

ronda de la Copa Davis, de tenis. **b)** Distribución [de algo, esp. bebida o tabaco] a todos los componentes de un grupo. I DCañabate *Abc* 6.12.70, 11: Se suceden las rondas de copas. **c)** (*Pol*) Serie [de conversaciones o negociaciones] con distintos interlocutores, según un turno. *A veces se omite el compl por consabido.* I *ASeg* 16.11.84, 16: Altos funcionarios de España y del Reino Unido celebraron un nueva ronda de conversaciones técnicas sobre Gibraltar. Tamames *Economía* 264: El proteccionismo residual se lleva a la periferia de ese nuevo mercado .. Pero a un nivel .. mucho más bajo que el anterior .. como consecuencia de las dos grandes negociaciones últimas en el GATT (Ronda Dillon en 1963 y Ronda Kennedy en 1967).
4 Camino exterior e inmediato a la muralla de una plaza o contiguo al borde de la misma. *Tb* CAMINO DE ~. I DCañabate *Paseíllo* 22: Se precipita hacia lo que fueron las antiguas rondas, cuando Madrid era villa amurallada. R. Llates *Des* 12.9.70, 44: Hemos visto últimamente el busto de Stalin en el camino de ronda de las murallas del Kremlin. **b)** Calle que circunda una ciudad o su parte antigua. *Normalmente formando parte de algunos topónimos urbanos tradicionales.* I Burgos *SAbc* 13.4.69, 42: Se ha pasado "de la Sevilla de las barriadas", desbordado en muchas hectáreas al antiguo perímetro de las rondas. Cabezas *Madrid* 239: Lleva este nombre la antigua Ronda de Valencia.
5 (*Caza*) Caza mayor nocturna, a pie o a caballo. I F. Mora *Inf* 2.4.71, 29: Prohibiciones .. Cazar una hora antes de la salida del Sol y una hora después de su puesta, excepto el urogallo y en aguardos, esperas, rondas y otras especialidades de caza nocturna.
6 (*Dep*) Vuelta ciclista. I MChacón *Abc* 30.6.73, 85: Hemos tenido que venir hasta La Haya para poner el pie en el estribo de un "Tour" más. Este año la gran ronda francesa .. ha querido salir a respirar aires extrafronterizos.
7 (*raro*) Círculo. I *Lab* 2.70, 7: El dibujo es una ronda de angelitos.

rondada *f* (*reg*) Acción de rondar [2]. I *Luc* 27.8.64, 4: Sus familiares y amigos les obsequiaron [a los novios] con una gran rondada.

rondador -ra I *adj* **1** Que ronda, *esp* [2 y 3]. *Tb n, referido a pers.* I Moreno *Galería* 348: Repetidos los versos por él anunciados por todo el grupo de mozos rondadores. Berlanga *Gaznápira* 48: ¿Por qué vas a negar que es él quien te gusta, por más que el Cristóbal sea tu rondador? Laín *Marañón* 135: La actitud del padre Feijoo .. ante la posibilidad de un fantasma rondador de su celda. A. Cerezo *Hoy* 16.4.74, 3: El ruso Mislimov, muy recientemente, murió a los 168 años .. Rondadores de los cien hay muchísimos.
2 (*raro*) De (la) ronda [1 y 2]. I Moreno *Galería* 326: El recorrido rondador también se practicaba en las vísperas de otras "fechas señaladas".
II *m* **3** Instrumento colombiano y ecuatoriano semejante a la flauta de Pan. I *SAbc* 14.11.82, 10: Kultrun en Chile. Rondador en Ecuador.

rondaflor *m* (*lit, raro*) Individuo que ronda [3 y 4]. I J. Salas *Abc* 9.4.72, 3: Bajo el balcón de doña Guiomar pasó un hidalgo que pareció poco al duque, padre de la doncella. El rondaflor fue expulsado del término abulense. Campmany *Abc* 20.9.81, 3: Todos los rondaflores del Poder a donde se acercan no es al Partido Socialista, sino a la tantas veces desahuciada UCD.

rondalla *f* **1** Conjunto musical de pulso y púa. I *Abc* 5.12.70, 88: Gran cuadro de cantantes, actores, .. orquesta, rondalla.
2 (*reg*) Ronda de mozos. I J. Heras *Hoy* 3.11.76, 20: Suelen hacer los quintos esta fiesta suya tan típica en una bodega o garaje donde, como antes indicamos, se divierten durante tres días y noches, haciendo muy a menudo la rondalla por las calles.

rondar A *tr* **1** Recorrer de noche [un lugar (*cd*)] en servicio de vigilancia. I * La policía ronda las calles.
2 Recorrer [los mozos un lugar] tocando y cantando, esp. de noche. I P. Moreno *Hoy* 26.1.75, 20: Los cantantes rondan las calles, visitan las casas, advierten al vecindario de la alegría de la fiesta. **b)** Tocar y cantar frente a la casa [de una mujer (*cd*)]. I A. Marazuela *Abc* 3.7.75, 25: Hoy, por supuesto, no se haría música para un canto de boda o una canción de siega. Ni se ronda a las novias ni se las enrama. **c) y lo que te rondaré,** (**morena**). (*col*) *Fórmula con que se comenta ponderativamente que lo que acaba de decirse va a tener una larga continuación.* I ZVicente *Traque* 92: El gilí este venga a llorar, venga a llorar. Y lo que te rondaré. *Abc Extra* 12.62, 97: "Ha arruinado todos los años a millares de personas" y ¡lo que te rondaré, morena!
3 Recorrer [la calle (*cd*) en que vive una mujer (*ci*)] para cortejarla. I Delibes *Madera* 58: Los desplantes vejatorios de mamá Obdulia robustecieron .. el incipiente amor romántico de mamá Zita, apenas alimentado de miradas, apariciones furtivas en el mirador e inacabables plantones a papá Telmo, que pasaba las horas muertas rondándole la calle. **b)** Pretender o cortejar [a una mujer]. I Lagos *Vida* 65: Yo no veía el momento de casar a Isabel .. Por eso, cuando vuestro padre empezó a rondarla, me llené de alegría. **c)** Pretender o tratar de conseguir [algo]. I CPuche *Paralelo* 363: Genaro se puso más nervioso .. Algo andaba rondando su "cómplice".
4 Moverse alrededor [de alguien o algo (*cd*)], frec. por algún interés. *Tb fig.* I Laforet *Mujer* 291: María, la vieja, que lo rondaba mucho, como presintiendo algo extraño, no se atrevería a entrar en su alcoba una vez que ella se hubiese encerrado para dormir. Bueno *Tri* 26.12.70, 11: Los libros que Eugenio Trías nos ha ofrecido este año 1970 rondan todos muy de cerca la "cuestión alfa", o la plantean directamente. L. Blanco *SYa* 22.6.75, 21: Circunstancia que aprovecha el sueño para rondar mis párpados.
5 Estar [una pers. o cosa] alrededor [de una edad o de un valor (*cd*)]. I Arce *Precio* 44: No siempre eran mujeres rondando los cincuenta. A. Linés *Ya* 15.11.70, 5: Las mínimas absolutas han sido todavía discretas y han rondado .. el par de grados bajo cero. FSantos *Catedrales* 178: Ya saben el modelo que quieren: el Maseratti [sic], un Jaguar, el Lamborguini [sic] ese que acaba de salir, que anda rondando el millón de pesetas. **b)** Estar próximo [a algo no material (*cd*)]. I Torrente *DJuan* 70: Su mentalidad rondaba la oligofrenia.
6 (*raro*) Recorrer [un lugar]. I Lorenzo *SAbc* 20.12.70, 10: Juntos [los hermanos Bécquer] irán a Veruela, rondarán media España.

B *intr* **7** Rondar [1, 2a, 3a, 4 y 6] [por un lugar]. I Moreno *Galería* 326: Se refiere al festejo de rondar .. por las calles, callejones y callejuelas del pueblo. Laforet *Mujer* 209: El camarero rondaba por allí cerca. Cela *Judíos* 45: Si antes no me echan, por aquí he de rondar lo menos hasta San Moisés.

rondeau (*fr; pronunc corriente,* /rondó/) *m* (*Mús*) Rondó. I Casares *Música* 31: Van a crear tipos de danzas como el *Rondeau*, la Pastoral y otras muchas.

rondel *m* (*TLit*) Composición poética breve en que se repite al final el primer verso o las primeras palabras. I *Pap* 1.57, 108: Poemas .. desde la airosa gracia de surtidor de un rondel hasta el grave canto erguido noblemente sobre la vieja cuarteta alejandrina.

rondeño -ña I *adj* **1** De Ronda (Málaga). *Tb n, referido a pers.* I DCañabate *Paseíllo* 172: En la plaza de la Maestranza rivaliza esa cosa que se ha dado en llamar escuelas: la sevillana y la rondeña.
II *f* **2** Cante típico de Ronda, semejante al fandango. I Cela *Viaje andaluz* 262: En el corazón de la granaína —como en el de la jabera y la rondeña ..– vive .. la familia sin fin de los fandangos.

rondín *m* (*raro*) Individuo que ronda [1]. I *Sáb* 12.10.74, 9: Las fuerzas nómadas hispano-saharauis, núcleo celador del territorio, que en su amplia misión emplean todos los medios terrestres de transporte, desde el oruga al "jeep", el camello o el rondín a pie. Cela *Viaje andaluz* 302: ¡Qué algarabía de calafates, por la amurada de la Pinta! ¡Qué vigilar de rondines, por el combés de la Niña!

rondó *m* (*Mús*) Composición musical en que el tema principal se repite periódicamente, alternando con otros secundarios. I Marín *Enseñanza* 243: Gimnasia y ritmo .. Ejecución correcta de movimientos en 2/4 bajo la forma de rondó.

rondón[1]. **de ~.** *loc adv* (*col*) Sin llamar o pedir permiso. *Con vs como* ENTRAR *o* COLARSE. *Tb fig.* I ZVicente *Asedio* 19: Era algo que excedía de la crítica literaria para entrar de rondón en la zona acariciada de las añoranzas y las experiencias personales. *Sp* 19.7.70, 15: Se añade, como de rondón, un nombre lejano: Mururoa.

rondón – ropaje

rondón[2] *m* (*reg*) Jota que se baila formando un círculo. | Escobar *Itinerarios* 31: Jotas de rueda corrida, o el rondón, que dicen los guadarrameños.

ronear *intr* (*jerg*) **1** Murmurar. | Umbral *País* 8.10.76, 22: El señor Osorio ha dicho lo único sensato sobre el tema: –Se impone una reforma fiscal.– Porque ya está bien de ronear por un lado y por otro. A. Pavón *Inde* 29.9.90, 64: En vez de llevarte a la tonadillera .., te has quedado roneando a por el santo y la limosna.
2 Presumir o jactarse. | * Nos lo contó sencillamente, sin ronear nada.

roneo *m* (*jerg*) **1** Acción de ronear. *Tb su efecto.* | Umbral *País* 8.10.76, 22: Ya está bien de ronear por un lado y por otro. Acabe el roneo y empiece la verdad de la vida. Umbral *País* 21.6.83, 29: Hay quien me dice a la salida .. que el filme es un encargo del Opus, del Vaticano, de los masones. Por encima/debajo de todos estos roneos, veo la duda existencial de un niño de la guerra. Quiñones *Viento* 263: Juan hablando sin roneos de ligón .., y él contándolo mientras nos tomábamos el cafelito pero naturá y bien, sin un roneo.
2 Ligue o plan. | CBonald *Dos días* 185: –Y tú, ¿qué haces? –¿Yo? ¿De qué? –De mujeres, ¿de qué va a ser? –A mí se me pasó la edad. –Bueno, no es que vayas a casarte .., pero un roneo... –Yo estoy como para pensar en roneos, me cago en Sanani.

rongo *m* (*reg*) Hinque (juego). | MMolina *Jinete* 46: Entre las voces .. de los niños que juegan al rongo.

ronquear *intr* Hablar con voz ronca. *Tb fig.* | Aldecoa *Cuentos* 1, 143: Ronqueaba un sapo entre la yerba.

ronquera *f* Afección de la laringe que da a la voz un timbre bajo y poco sonoro. | *Abc* 4.10.70, 72: Si Vd. tose, tiene ronquera silbante o no puede respirar ni dormir bien, tome Mendaco.

ronquido *m* Acción de roncar. *Frec su efecto.* | Arce *Testamento* 71: Me hubiera gustado saber si su sueño era pesado o si, por el contrario, solo estaba adormilado y aquellos ronquidos suyos no querían decir que durmiese profundamente. CNavarro *Perros* 63: A lo lejos se oyó el ronquido del motor de un coche. Rodríguez *Monfragüe* 96: Ciervo .. Voz: Un sonoro ronquido generalmente en septiembre y octubre, época en la que tiene lugar la conocida "berrea".

ronquillero -ra *adj* De El Ronquillo (Sevilla). *Tb n, referido a pers.* | Cela *Viaje andaluz* 290: Heliodoro .. estaba casado en la Palma con una ronquillera.

ronroneante *adj* Que ronronea. | Arce *Testamento* 16: Zumbaban por allí dos moscardones metálicos, ronroneantes y pesados.

ronronear *intr* Emitir [el gato] un sonido ronco y continuo en señal de placer. | Campmany *Abc* 27.5.86, 17: Allí dormían [los gatos] sus largas siestas, enarcaban el lomo, ronroneaban en paz. **b)** Emitir [alguien o algo] un sonido ronco y continuo. | Torrente *Off-side* 409: El agua está puesta en el hornillo de gas y ronronea.

ronroneo *m* Acción de ronronear. *Tb su efecto.* | Laforet *Mujer* 39: Era un sonido agradable aquel ronroneo del motor.

röntgen → ROENTGEN.

ronzal *m* Cuerda que se ata al cuello o a la cabeza de una caballería para conducirla o sujetarla. | Cuevas *Finca* 16: Otro hombre mete a un mulo, cogido por un ronzal, en la cuadra.

roña A *f* **1** Suciedad que forma una costra fuertemente adherida. | Laforet *Mujer* 61: Paulina se veía de pequeña con roña en las rodillas. Su madre no consideraba demasiado santo eso de lavarse.
2 Orín (óxido). | Bustinza-Mascaró *Ciencias* 11: Esta roña se ha formado por la acción del oxígeno del aire sobre el hierro.
3 Sarna de los animales, esp. del ganado lanar. | F. Ángel *Abc* 16.4.58, 17: Vamos .. a enumerar algunos de los productos más indicados en la lucha contra la roña o sarna del ganado lanar y cabrío. SFerlosio *País* 13.12.87, 11: Partió [el lobo] invisible e ingrávido como una sombra, y era, en efecto, de color de sombra, salvo en las pocas partes en las que la roña no le había hecho caer el pelo.
4 Sarna de las plantas. | F. Ángel *Abc* 28.3.58, 15: En los frutales, se emplea contra la Roña o Moteado del manzano y el peral. **b)** Conjunto de lesiones superficiales de los frutos cítricos producidas por ácaros. | F. Ángel *Abc* 25.3.58, 11: Combate [el azufre] las siguientes plagas: .. Roña de los frutos cítricos.
5 (*reg*) Corteza del pino. | Delibes *Castilla* 146: Las entalladuras le remondaban [el pino], pero, entre cara y cara, se dejaba una tira de corteza para que la savia circulase, con cuidado de no asfixiarlo. Y esas tiras de roña iban ensanchando, ensanchando hasta llegar a cubrir las entalladuras.
B *m y f* **6** (*col*) Pers. tacaña. *Tb adj.* | Laforet *Mujer* 207: Este es un roña de miedo. Goytisolo *Recuento* 108: –Ya os he dicho que no quiero que toquéis nada de mi maleta. –Va, no seas roña, capullo.

roñica *m y f* (*col*) Pers. tacaña. *Tb adj.* | ZVicente *Traque* 286: No se casará nunca. Es demasiado roñica. Ahora los hombres las prefieren dilapidadoras.

roñosería *f* (*col*) **1** Tacañería. | Vega *Cocina* 98: No ande usted con roñoserías, ni se le ocurra utilizar un vino barato.
2 Cantidad sumamente pequeña. | ZVicente *Traque* 147: Queta fue al Banco, por su beca. Por cierto: una roñosería, menos mal que ella es muy aplicada, pero, para lo que le dan.

roñoso -sa *adj* **1** Que tiene roña [1, 2, 3 y 4]. | Lera *Olvidados* 220: El animal [la cerda] tenía caídas sobre los ojos .. las enormes orejas roñosas. ZVicente *Traque* 278: Se empeñó en llevarse los dos cuadros, Santa Bárbara y Santa Águeda, una tabla muy roñosa, bueno, sí que es verdad que estaba algo roñosa, pero era muy vieja, de siglos. Lute *SPaís* 1.5.77, 20: Me enseñó una pistola... Era pequeña, vieja, fea y roñosa. JLozano *Inf* 25.7.74, 12: ¿Era tan preciso, reverendos padres, humillar así a un niño y a una familia entera, cubriéndolos con ese sambenito del desprecio o del apartamiento hacia la oveja negra y roñosa?
2 (*col*) Tacaño. *Tb n, referido a pers.* | Lera *Boda* 677: ¡Padrino roñoso! Laiglesia *Ombligos* 83: ¡El dueño de la casa es un roñoso!

ropa I *f* **1** Conjunto de prendas, normalmente de tela, que se utilizan para vestir y para el servicio de casa. *A veces en pl, con sent sg.* | GPavón *Hermanas* 26: El Faraón .. iba también a Madrid a hacerse ropa. Cunqueiro *Un hombre* 11: En cuerdas tiradas de almena a almena, colgaba ropa a secar. GNuño *Madrid* 63: Las salas siguientes muestran orfebrería, ropas de culto.
2 ~ vieja. Guiso de carne sobrante del cocido, o de la que se ha utilizado para hacer caldo. | Benet *Aire* 157: Les invitó a cenar –una olla de ropa vieja–. **b)** Garbanzos fritos sobrantes del cocido, con o sin carne. | Gala *Días* 378: Ve friendo los garbanzos que sobraron del almuerzo. Me chifla la ropa vieja.
II *loc v* **3 haber ~ tendida.** (*col*) Estar presentes perss. ante las cuales no conviene hablar sin cautela. | * No puedo hablar más claro porque hay ropa tendida.
4 nadar y guardar la ~. (*col*) Proceder con cautela al actuar, para obtener el mayor provecho con el mínimo riesgo. | Torrente *Pascua* 359: Los ricos, ya se sabe, quieren nadar y guardar la ropa. **b) guardar la ~.** Actuar con cautela para evitar un peligro. | LRubio *Nunca* 239: Imprudentes los dos. Sin guardar la ropa. Expuestos a todo. A vida o muerte.
5 tentarse la ~. (*col*) Llevar cuidado y pensar detenidamente las cosas antes de actuar. | Lera *Boda* 619: Pues habrá que tentarse la ropa con él .. Dicen que allá mataba negros como si fueran gorriones.
6 tocar la ~ [a alguien]. (*col*) Pegar[le] o causar[le] algún daño. *Gralm en frases negativas o de amenaza.* | * No te atreverás a tocarle la ropa al chico. **b) tocar** [a alguien] **un pelo de la ~.** → PELO.
III *loc adv* **7 en ~s menores.** (*raro*) En paños menores (en ropa interior). | GPavón *Reinado* 255: Se quedó en ropas menores.

ropaje *m* **1** Ropa de vestir, esp. suntuosa o solemne. *A veces en pl, con sent sg.* | GNuño *Madrid* 146: Técnica minuciosa y muy objetiva de las armaduras y ropajes.

2 (*lit*) Apariencia o presentación. | *Alc* 1.1.55, 3: 1954 significó para *El Alcázar* un paso tan decisivo como cambiar su ropaje antiguo por este nuevo y brillante del huecograbado.

ropavejería *f* Tienda en que se vende ropa usada. | FReguera-March *Boda* 161: En una ropavejería de la calle de Toledo compró un terno en bastante buen uso.

ropavejero -ra *m* y *f* Pers. que vende ropa usada. | DCañabate *Paseíllo* 39: El señor Marcos se casó con la señora Damiana, hija de un ropavejero del vecino Rastro.

ropería *f* Habitación en que se guarda la ropa de una comunidad. | A. González *Abc* 23.2.58, 9: Desde la entrada a la salida [de la clausura] no se ve un mueble .. Unos baúles, allá en la ropería, y los bancos lisos y corridos junto a los muros del refectorio.

ropero -ra I *adj* **1** [Armario o cuarto] de (la) ropa. *Frec n m*. | A. Aricha *Caso* 14.11.70, 17: Se entretuvo demasiado tiempo examinando qué diablos podía llevarse de un bien provisto armario ropero. Arce *Precio* 143: Pedro se levantó y se fue hacia el cuartito ropero. *Alc* 31.10.62, 29: Consta de tienda, trastienda, ropero y retrete con lavabo.
II *n* **A** *m* **2** Institución de caridad que reparte ropa a los necesitados. | *Lagos Vida* 104: Tía Elsa y las damas del ropero, sus primeras descubridoras, nada tenían que hacer.
3 Lugar en que se tienen las ropas, provisiones y utensilios durante el trabajo en el campo. *Tb el conjunto de objetos allí reunidos*. | Moreno *Galería* 44: El ropero, que era la reunión de alforjas, talegos, botas de vino, botijos o cantarillas de agua, hoces, zamarras de los segadores, chaquetas, bufandas y otro diverso menaje.
4 Recadero de pastores trashumantes o de otras perss. que trabajan fuera de poblado durante una temporada. | Sampedro *Río* 36: Aguas arriba .. se erguía uno de la cuadrilla siguiente .. –Es el ropero .. ¡Es el Felipe!– .. El Felipe .. es el recadero de los gancheros, su enlace con las familias que han quedado en el pueblo.
5 (*hist*) Vendedor de ropa hecha. | Grau *Lecturas* 77: Los Gremios que se tiene noticia había en Segovia, en los siglos XV y XVI, fueron los siguientes: Del Obraje de los Paños, .. Cofradía Gremial de la Tijera, que incluía sastres, juboneros, roperos y calceteros.
B *m* y *f* **6** Pers. encargada de lavar, planchar y cuidar la ropa de una colectividad. | *BOE* 28.12.74, 26339: Personal de Técnicas Industriales (obrero): Tupidor .. Costurero. Ropero. Peón. *BOE* 30.12.74, 26404: Ropera. Es la empleada que cuida del lavado, planchado y conservación de las prendas que usa el personal y de su recogida y entrega.

ropilla *f* (*hist*) Vestidura exterior, corta, ajustada y con mangas, de las que frec. penden otras sueltas. | Torrente *DJuan* 242: Quítese la ropilla, Comendador. Le va a estorbar.

ropón *m* **1** Prenda suelta que se pone sobre los demás vestidos. | Torrente *Isla* 293: Completó con ella la figura, vestida del ropón florentino (un primor de damasco rosado), yacente en el ataúd. Acquaroni *Abc* 13.3.75, 19: La comisión estaba vistiéndose su ropón caracterizante .. Aquí no hay comisión especial que salga a la palestra sin traje de ceremonias.
2 Acolchado que se hace cosiendo una tela sobre otra o doblándolas. | * Está haciendo un ropón para ponerlo en la cama del niño.
3 (*reg*) Manta que se usa en el aparejo de una caballería. | C. Sáez *Nar* 7.76, 13: Para montar "con carona" el orden del aparejo es el siguiente: en primer lugar se pone la basta; en segundo, el ropón; seguidamente, el mandil.

roque[1] *adj* (*col*) Dormido. *Gralm con los vs* ESTAR o QUEDARSE. | *Cod* 30.6.68, 9: Antes de llegar a la segunda página el paciente estará roque. Delibes *Emigrante* 52: El chileno, así que apagaron, se quedó roque.

Roque[2]. **de tócame ~**. *loc adj* [Casa] en que hay mucha gente y mucho desorden. | * Esta es la casa de tócame Roque, aquí no hay quien se centre.

*roque[3] *m* Torre del ajedrez. | Gironella *SAbc* 9.2.69, 20: En muchos blasones franceses e ingleses aparecen escudos de armas que llevan roques (torres) y tableros.

roque[4] *m* (*reg*) Roca o peñasco. | Nácher *Guanche* 217: Alto, ancho, musculoso y con un cuello tan ancho y firme como un roque de tejeda.

roqueda *f* Roquedal. | Anson *Oriente* 43: Anidó en el Tíbet, entre montañas altivas y roquedas.

roquedal *m* Lugar abundante en rocas. | CNavarro *Perros* 19: Sobre el roquedal .. los faros descubrían anuncios.

roquedo *m* Conjunto de (las) rocas. | JGregorio *Jara* 7: El roquedo de sus sierras es en su mayor parte silúrico. J. A. Valverde *Abc* 30.5.58, sn: Pudo coger él mismo a la perdiz, que se había refugiado en una grieta del roquedo tan profundamente que apenas pudo sacarla.

roquefort *m* Queso de leche de oveja, de olor y sabor fuertes y manchas características de moho azulado. *Tb* QUESO (DE) ROQUEFORT. | F. A. González *Ya* 7.2.75, 68: Hacemos, por ejemplo, un cabrales y un peñasanta, tipo roquefort, que a uno, en mi modestia, le gustan más que el roquefort. Bustinza-Mascaró *Ciencias* 282: En la maduración de ciertos quesos como el de Roquefort y el de Cabrales, intervienen otros mohos.

roqueño -ña *adj* **1** De (la) roca. *Tb fig*. | P. Maisterra *Van* 20.12.70, 53: El cartero nos trae cada mañana constancia de amistades viejas y roqueñas contra las que nada pueden las erosiones del tiempo y de la ausencia.
2 Roquero[1] [1]. | M. A. Villegas *Hoy* 15.1.76, 12: El punto más alto del pueblo es la iglesia y su torre austera y roqueña.

roquero[1] **-ra I** *adj* **1** Edificado sobre roca. | C. Debén *SAbc* 16.6.68, 36: Sigüenza se abría al visitante .. en la piedra de su bizarra catedral o en las ruinas de su castillo roquero.
2 De (las) rocas. | Cossío *Montaña* 130: Es tierra fronteriza, de montaña y llanura, de la Castilla de Campos y la Castilla roquera de las vertientes de la cordillera hacia Burgos. Rodríguez *Monfragüe* 46: Por su singular configuración, origina gran cantidad de repisas y covachas, lo que ha dado pie al asentamiento de una gran colonia de aves típicamente roqueras. **b)** [Avión] ~ → AVIÓN[2].
II *m* **3** Roquedo. | Berenguer *Mundo* 196: Un tío con espuelas en aquel roquero era como cosa del otro mundo.
4 Pájaro de color castaño o gris azulado propio de parajes rocosos (*Monticola saxatilis* y *M. solitarius*). *Frec cada una de estas dos especies se distingue por medio de los adjs* ROJO o SOLITARIO. | Lama *Aves* 74: Esta Familia [Turdidae] está compuesta por Zorzales, Mirlos, Roqueros, Collalbas, Tarabillas, Colirrojos, Ruiseñores y Petirrojos. Noval *Fauna* 241: Dos especies de roqueros viven en Asturias. El Roquero solitario o Mirlo azul (*Monticola solitarius*) es un pájaro de plumaje muy oscuro. Noval *Fauna* 242: El Roquero rojo (*Monticola saxatilis*) se ve en todas nuestras montañas .. Se trata de un pájaro inconfundible, de menor tamaño que el anterior [el roquero solitario], teniendo el macho la cabeza, el cuello y el dorso de color azul intenso .. Los primeros roqueros se ven ya en el mes de abril.

roquero[2] → ROCKERO.

roqueta *f* (*Mil*) Bomba o proyectil autopropulsado. | D. Goicoechea *Ya* 10.2.91, 22: En el [en el zulo] se han hallado pistolas, roquetas, tubos para granadas "Jo-ta-ke" y otros efectos para cometer atentados.

roquete *m* (*Rel crist*) Sobrepelliz. | Villapún *Iglesia* 56: El sacerdote se reviste con roquete y estola blanca. Marsé *Montse* 25: Entran dos monaguillos con el roquete por encima de la cabeza, haciendo el payaso.

roquetense *adj* De Roquetas (Tarragona). *Tb n, referido a pers*. | *Abc* 22.1.75, 34: Los dos detenidos .. habían planeado robar también en otra sociedad similar, La Lira Roquetense, de Roquetas, población vecina de Tortosa.

roquetero -ra *adj* De Roquetas de Mar (Almería). *Tb n, referido a pers*. | *SVAl* 24.7.75, I: Para un roquetero, este pueblo, cualquier esquina, es un recuerdo.

rorcual *m* Ballena con aleta dorsal, propia de los mares de España (*Balaenoptera physalus*). | *Animales marinos* 243: Como la ballena y el rorcual, [el cachalote] es objeto de caza especial por los barcos balleneros.

rorro *m* (*col*) Bebé. | *Abc Extra* 12.62, 5: Yo pienso que hasta de ese ro-ro-ro de los villancicos de la Navidad .. ha nacido la palabra rorro que califica a los niños recién nacidos.

ros *m* (*Mil*) Chacó pequeño de fieltro y más alto por delante que por detrás. | LTena *Alfonso XII* 164: Entra el Capitán General de gran uniforme, con el ros en la mano izquierda.

rosa I *f* **1** Flor del rosal, gralm. cultivada como ornamental, y cuyo tipo primitivo es de un color rojo muy pálido. *Diversas variedades se distinguen por medio de compls o adjs:* DE TÉ, DE PITIMINÍ, *etc, que a veces se usan tb para designar la propia planta*. | Cunqueiro *Un hombre* 10: La madre fue una señora muy fina, con pamela ceñida de trenzados de rosas. Loriente *Plantas* 41: *Rosa* L. "Rosa". Profusamente cultivadas sus infinitas variedades por toda Cantabria. Santamaría *Paisajes* 26: Rosa canina, rosa de perro: planta arbustiva de tallos leñosos, cilíndricos y armados con fuertes espinas ganchudas. **b)** *Frec se usa en frases de sent comparativo para ponderar el buen estado de alguien o algo*. | Laiglesia *Tachado* 26: Si uno era bueno para el hígado, el de al lado dejaba el páncreas como una rosa. CBonald *Ágata* 275: No acabo de creerme que esté usted tan campante, hecha una rosa, como si no le hubiese pasado nada.
2 *Se da este n a otras flores vistosas más o menos semejantes a la rosa* [1]*, y tb a las plantas que las producen:* ~ DE JERICÓ, ~ DE LOS ALPES, ~ DE NAVIDAD, *etc*. | *Ya* 2.4.75, 27: El azafrán .. En la fotografía vemos lo que se denomina "monda" de la rosa. Cela *Oficio* 43: Excremento de toro frito en aceite de oliva con abundante flor de la manzanilla y tres rosas de jericó. *Ama casa* 1972 132a: En este mes florecen: El calicanto precoz, el torvisco, la adelfilla, el tusílago y el eléboro negro o rosa de Navidad. Loriente *Plantas* 53: *Hibiscus syriacus* L. "Altea"; "Hibisco"; "Rosa de Siria". C. Farré *ByN* 15.7.90, 99: La rosa de China es uno de los más bellos y llamativos arbustos de floración estival.
3 *Se da este n a distintas cosas cuya forma imita o recuerda la de la rosa* [1]. | C. Manzano *Hoy* 28.4.77, 2: Un aperitivo en que particularmente se sirvió con el vino de pitarra los clásicos orejones y rosas, producto típico casero a base de miel, que era tradicional en todas las bodas. **b)** (*Taur*) Instrumento más pequeño que las banderillas cortas y adornado con una rosa de papel, propio del rejoneo. | *HLM* 26.10.70, 36: El rejoneador Tomás Sánchez se lució con los rejones, banderillas y la rosa.
4 Mancha rojiza y redondeada de la piel. | * Le han salido unas rosas en la espalda.
5 Círculo en que están marcados los 32 rumbos en que se divide la vuelta del horizonte. *Frec* ~ DE LOS VIENTOS, *o* ~ NÁUTICA. | Aldecoa *Gran Sol* 31: Paulino Castro miró el rumbo en la rosa. Ortega-Roig *País* 11: Mira el dibujo de la llamada rosa de los vientos, donde se indican todos los puntos cardinales. A. M. Campoy *Abc* 23.4.72, 15: Para mantener la derrota hay que tener los ojos abiertos a la rosa náutica.
6 (*Joy*) Diamante tallado con la superficie inferior plana. *Tb* DIAMANTE ~. | Bustinza-Mascaró *Ciencias* 330: La talla [del diamante] puede ser en brillante, en rosa o en tabla. Aleixandre *Química* 105: El diamante adquiere las aguas por el tallado y pulimento, transformándose en brillante o diamante rosa, según sea el número de caras.
II *adj* **7** [Color] rojo pálido. *Tb n m*. | FCruz *Abc* 22.3.73, 3: Es una época azul que termina con la del color rosa, en la que brota del pincel del malagueño la "Muchacha con canasta". Villarta *SYa* 20.4.75, 37: Si la dama está en la creencia de que el rosa o el marrón no le favorece, se sentirá como intimidada. **b)** De color rosa. | Medio *Bibiana* 13: Bibiana Prats se pone su camisón de percal rosa.
8 [Novela] de tema amoroso y sentimental y final feliz. *Frec con intención desp.* | A. Aricha *Caso* 26.12.70, 24: Contar a ustedes las mil y una martingalas de que se puede servir una mujer, magra y flaca, para poder codearse .. con la "gente gorda" de que tenemos noticias a través de las antañonas novelas rosas. MGaite *Cuarto* 138: Aquel verano releí también muchas novelas rosa. **b)** (*raro*) De (la) novela rosa. | Amorós *Subliteraturas* 150: El género predilecto en estas fotonovelas es el sentimental o "rosa". M. Alcalá *Inf* 20.11.70, 40: Es usted un escritor romántico rosa.
9 [Salsa] preparada con mayonesa y salsa de tomate. | * La salsa rosa va muy bien con los mariscos.
10 (*jerg*) De (los) homosexuales. | *Ya* 9.1.92, 26: Al parecer, según los vecinos, se trata de un ajuste de cuentas entre homosexuales .. Un ajuste de cuentas "rosa". *Ya* 31.10.92, 4: Clinton pide el voto "rosa".
11 de color (de) ~. Halagüeño. *Tb adv*. | J. M. Caparrós *Mun* 23.5.70, 56: A pesar de diversas complicaciones y enredos jocosos, todo termina de "color de rosa".
12 de ~. Sumamente suave. | * Tiene un cutis de rosa.
b) [Camino] **de ~s**, [lecho] **de ~s** → CAMINO, LECHO.
III *loc adv* **13 como las propias ~s**. (*col*) Muy bien o perfectamente. *Con intención ponderativa. Gralm con el v* QUEDAR. | Piñeiro *Faro* 7.8.75, 17: Camilo José escribe como las propias rosas.

rosáceo -a I *adj* **1** Que tira a rosa [7]. | CNavarro *Perros* 152: Los apliques de luz daban una tonalidad rosácea. Laforet *Mujer* 19: Grandes arriates con hortensias azules y rosáceas lo adornaban.
2 (*Bot*) [Planta] dicotiledónea de hojas dentadas y flores regulares gralm. de cinco pétalos. *Frec como n f en pl, designando este taxón botánico*. | Bustinza-Mascaró *Ciencias* 268: El almendro. Es un árbol de hojas lanceoladas aserradas que pertenece a la llamada familia de las Rosáceas.
II *f* **3** (*Med*) Dermatosis del rostro caracterizada por enrojecimiento de las mejillas y de la nariz y dilatación de los capilares cutáneos. *Tb* ACNÉ ~. | Pi. Moreno *SAbc* 19.9.82, 13: Rosácea. Conocida vulgarmente por cuperosis, amarga el carácter de muchas mujeres que la sufren sobre todo en esa especial etapa de su vida que ha dado en denominarse menopausia. Consiste en una inflamación de las glándulas sebáceas que nada tiene que ver con el acné.

rosacruz (*con mayúscula en acep 1*) **A** *f* **1** Asociación secreta y mística de origen alemán, cuyo emblema es una cruz con una rosa roja en el centro. | * Pertenece a la Rosacruz desde hace años.
B *m* **2** Miembro de la Rosacruz. | CBonald *Ágata* 194: Don Juan Crisóstomo Centurión –tan seguro colega de rosacruces como de nefarios–.

rosada *f* (*reg*) Rocío o escarcha. | Cunqueiro *Un hombre* 121: Egisto, que había buscado en su maleta un calcetín de lana y se lo había puesto de gorro, que le temía a la rosada nocturna, dijo que ya era hora de encender el faro.

rosado -da *adj* Que tira a rosa [7]. *Tb n m, referido a vino*. | Salom *Baúl* 102: Son diamantes, puros y transparentes diamantes, color rosado. GNuño *Madrid* 182: Esta cabeza de caballo, de mármol rosado, parece impaciente por ser cabalgada por dioses. Delgado *Vinos* 115: Un buen vino blanco con cuerpo puede ser degustado con una amplia variedad de preparaciones culinarias .. Lo mismo podría decirse de un rosado o un tinto muy joven.

rosal *m* Arbusto rosáceo de tallos espinosos, muy cultivado por la belleza de sus flores (gén. *Rosa*). *Diversas variedades se distinguen por medio de compls o adjs:* AMARILLO, BLANCO, DE ALEJANDRÍA, DE CIEN HOJAS, SILVESTRE, TREPADOR, *etc*. | Bustinza-Mascaró *Ciencias* 267: Entre las dicotiledóneas están: el garbanzo, el almendro, el rosal. Mayor-Díaz *Flora* 543: *Rosa canina* L. "Rosal silvestre", "Rosal perruno".

rosaleda *f* Sitio plantado de rosales. | Villarta *Rutas* 40: Madrid se ha llenado de jardines, la maravillosa rosaleda de la Moncloa, la de cada barrio.

rosariazo *m* Golpe dado con un rosario [2]. | Medio *Andrés* 246: La mujer le empuja. Reparte rosariazos entre los chicos.

rosariero -ra I *adj* **1** (*raro*) De(l) rosario [2]. | J. M. Zaldívar *Not* 30.12.70, 22: Mi asistencia no se resumía [sic] a dejar constancia física, sino a colaborar en todo menester: llevar las cuentas rosarieras, mantener el báculo de los arzobispos.
II *f* **2** Estuche para el rosario [2]. | Umbral *Memorias* 122: Sacaba la voz profunda y el rosario que llevaba siempre en una rosariera.

rosario I *m* **1** (*Rel catól*) Rezo dedicado a la Virgen, que consta de quince partes iguales constituidas por un padrenuestro, diez avemarías y un gloria. *Frec* ~ COMPLETO *o* ENTERO. | Ribera *Misal* 1532: El Rosario entero consta de quince misterios. **b)** Rezo de cinco partes del rosario [1a]. | SLuis *Doctrina* 108: También la oye el que se confiesa o reza el Santo Rosario durante la Santa Misa. **c)** Ceremonia religiosa en que se reza el rosario [1b]. | Laforet *Mujer* 269: "Su prima" está en la iglesia. Se pasa el día rezando .. Ahora está en el rosario. **d)** ~ **de la aurora**. Procesión celebrada al amanecer durante la cual se reza el rosario [1b]. | CPuche

Conocerás 91: Era el pueblo de las grandes tronadas de pólvora a la Virgen, el pueblo de los rosarios de la aurora y de las salves penitentes de madrugada.
2 Objeto devoto consistente en una sarta gralm. de cinco decenas de cuentas, que sirve para rezar el rosario [1]. | Olmo *Golfos* 190: De sus manos resecas .. pende un rosario. Camón *LGaldiano* 149: En el rellano de la escalera se expone en una vitrina un conjunto de rosarios .. Se destacan entre ellos los dieces o camándulas. **b)** Sarta de cuentas utilizada por los miembros de algunas religiones no cristianas para el rezo de sus oraciones. | Benet *Volverás* 81: Los [moros] descendientes de la misma jarca, los mismos collares de hueso, de jade o de malaquita enhebrados con hilo de esparto, los mismos rosarios y las mismas talegas de lino cargadas con el fruto seco del Rif, el mismo polvo mogrebino.
3 Sarta o serie [de cosas]. | Delibes *Mundos* 45: Los rosarios de montañas se separan por lóbregas barrancas. Marsé *Dicen* 347: Mentira sobre mentira, un rosario de mentiras.
4 (*E*) Máquina elevadora de agua, consistente en una cadena sin fin con uno de sus extremos en el agua y una serie de cangilones o tazas que la suben a la superficie. *Tb* ~ HIDRÁULICO. | *Asturias* 107: En la actualidad, los trenes de dragado están formados por dos dragas de rosario, dos dragas de succión, dos remolcadores y dos gánguiles.
II *loc adv* **5 como el ~ de la aurora.** (*col*) De mala manera, frec. con dispersión general. *Gralm con el v* ACABAR. | Cela *Pirineo* 10: Las alegrías oficiales acaban como el rosario de la aurora.

rosbif (*pl normal,* ~ES *o* ~S) *m* Carne de vaca asada al estilo inglés. | Aguilar *Experiencia* 368: El té y el rosbif son para los ingleses una corroboración del isleñismo. MSantos *Tiempo* 129: Jugos .. que el túrmix logra de materias primas diversas .. embutidos, rosbifes. RIriarte *Paraguas* 116: No soporto ya el consomé y las espinacas, los "tournedós", los "rosbifs" y los escalopes.

rosca I *f* **1** Pan o bollo de forma circular con un agujero en el centro. | J. Carabias *Ya* 12.10.76, 6: En mi niñez pueblerina, al pan solo se le daban nombres directos y biensonantes: hogazas, libretas, roscas. ZVicente *Balcón* 34: Interviene Casta, dejando sobre la mesa una enorme rosca de nata.
2 Cosa de forma circular u ovalada con un agujero en el centro. | *Cocina* 324: Rosca de arroz con salmón. GPavón *Hermanas* 13: –Ya está aquí er que fartaba –dijo la Rocío al verlo entrar, sin dejar de cortar la rosca de buñuelos bullentes. Lázaro *JZorra* 39: Se pasaban la misa despabilando lamparillas y tratando de hacer vida de las roscas de cera por los difuntos de la casa.
3 Espiral [de un tornillo o tuerca]. | S. Beltrán *NotB* 18.4.73, 31: El tornillo no puede formarse su propia rosca, por lo que previamente tiene que roscarse la pieza metálica.
4 (*Arquit*) Cara anterior o posterior [del arco]. | Angulo *Arte* 1, 10: Además de la forma de su curva, precisa considerar en el arco la superficie interna o intradós, la opuesta, casi totalmente metida en el muro, o trasdós, y la anterior y posterior, o rosca del arco o arquivolta.
5 (*Mar*) Casco [de un buque]. *Frec en la loc* EN ~. | Guillén *Lenguaje* 32: Rosca es el casco del buque en abstracto y lo que a él pertenece.
II *loc v* (*col*) **6 comerse una ~.** Conseguir ligar. *Normalmente en constr negat.* | Umbral *ByN* 6.12.75, 98: Los ligones de banda no nos comemos una rosca. Montero *Reina* 26: –Tiba yo a dar a ti amor, tía buena, te se iba a chorrear por las orejas .. –Pero, encanto, .. ¿tan pocas roscas te has comido que todavía no sabes que no es por las orejas por donde se hace eso? **b)** Tener éxito, o conseguir lo que se pretende. *Normalmente en constr negat.* | D. Moreno *HLM* 10.3.80, 8: El partido del Gobierno tiene poco que hacer a nivel local, no se come una rosca en Cataluña o en el País Vasco.
7 hacer la ~ [a alguien]. Adular[le] para conseguir algo. | SSolís *Juegos* 118: Mientras yo viva, no podrán disponer de mis tierras .. Ellos, siempre haciéndome la rosca para conseguirlas, pero se amuelan. **b)** Cortejar o pretender [a una pers.]. | Salom *Noche* 598: Usted la quería mucho, incluso le había hecho usted la rosca de joven. Por lo menos eso dicen. Hoyo *Bigotillo* 53: Más de una ratona lagartona me hacía la rosca.
8 pasarse de ~ → PASAR.

roscado[1] **-da** *adj* **1** *part* → ROSCAR.
2 Que tiene rosca [3]. | APaz *Circulación* 263: En la parte superior está el orificio de llenado con tapón roscado y filtro de tela metálica fina.

roscado[2] *m* Acción de roscar [1]. | GTelefónica *N*. 533: Alco. Mecánica de precisión. Cabezales de roscar por laminación. Terrajas fijas de roscado por laminación.

roscador -ra *adj* Que rosca [1]. *Tb n f, referido a máquina.* | *Alc* 30.12.70, 12: Se saca a la venta, en pública subasta .. 1 torno cilíndrico Tadu ..; 1 roscadora de rodillos por laminación Seny hidráulica.

roscar *tr* **1** Dotar de rosca [3] [a una pieza (*cd*)]. *Tb abs.* | S. Beltrán *NotB* 18.4.73, 31: Cuando la pieza que hay que atornillar es de metal, el tornillo no puede formarse su propia rosca, por lo que previamente tiene que roscarse la pieza metálica. *Abc* 15.3.68, 20: Machos y cojinetes de roscar.
2 Atornillar o enroscar. | GGómez *Abc* 1.6.82, 3: Granada es el libre olor de los arriates; Fez, el perfume que guarda un pomo de tapón bien roscado.

rosco I *m* **1** Rosca [1], esp. pequeña y de masa dulce. | *CoA* 31.10.75, 28: Industrias la Romería .. Estepa. Fábrica de mantecados, polvorones, alfajores y roscos de vino. Delibes *Voto* 137: Los roscos son de la fiesta del domingo.
2 (*Enseñ, humoríst*) Cero. En una calificación. | *Mar* 23.11.70, 2: Dos notables: Santana y Soto Montesinos. Un aprobado: Carreño. Y cuatro roscos para otros tantos colegiados.
3 (*Fút, humoríst*) Gol. | *As* 9.12.70, 15: Hay que subrayar la fuerte goleada (cuatro hermosos "roscos", aunque uno de ellos haya sido de penalty) recibida por el otro Rodri, el del Sevilla.
II *loc v* **4 comerse un ~.** (*col*) Comerse una rosca (→ ROSCA [6]). | J. Martínez *D16* 6.4.78, 28: Tras visitarnos una niña, muy buena por cierto, que no se come un rosco, el homosexual decide venir y hacer su agosto. DCañabate *Paseíllo* 24: Mira tú que si hicieran eso los toros con los pitones, estaba aviao el Chico de la Blusa, hoy don Vicente Pastor; no se iba a comer un rosco.

roscón *m* Rosca grande de bollo. | *Coruña* 84: Teniendo en cuenta la riquísima mantequilla, la leche y la abundancia de huevos, no son de extrañar los bizcochos, roscos de yema, roscones y tartas. **b) ~ de Reyes.** Rosca dulce de diversos tamaños típica de la fiesta de Reyes, gralm. con frutas en su parte superior y con una pequeña sorpresa en el interior. *Tb simplemente* ~. | *Cocina* 593: Roscón de Reyes.

rosellonense *adj* Rosellonés. | J. M. Mercader *Abc* 5.8.70, 41: El programa de estos cursos, netamente pirenaico, comprende ..: 1. Letras catalanas; 2. Estudios rosellonenses.

rosellonés -sa *adj* Del Rosellón (comarca francesa). *Tb n, referido a pers.* | Gironella *Millón* 182: Mateo no olvidaría jamás el contraste que advirtió en Banyuls-sur-Mer: la enjuta, apergaminada tez de Jorge, cercada por todas partes de rosáceas y borgianas mejillas de gendarme rosellonés.

rosense *adj* De Rosas (Gerona). *Tb n, referido a pers.* | *SDEs* 1.8.71, 28: El perímetro municipal rosense es amplio.

róseo -a *adj* (*lit*) Rosáceo [1]. | Aldecoa *Cuentos* 1, 153: Las manos y los rostros de los dos jugadores se movían, empastados en la rósea claridad, lentamente. **b)** [Malva] **rósea** → MALVA.

roséola *f* (*Med*) Erupción cutánea de pequeñas manchas rosáceas. | * Esta enfermedad se caracteriza por la presencia de exantemas o roséolas. **b) ~ epidémica.** Rubéola. | M. Aguilar *SAbc* 2.8.70, 54: Enfermedad con múltiples nombres: también se la denomina alfombrilla, roséola epidémica .. Todo esto indica que la erupción de la rubéola es muy parecida a la del sarampión.

roseta *f* **1** Rosa (flor) pequeña. | CSotelo *Muchachita* 302: Los tres de "smoking". Patricio, .. con una roseta en el ojal.
2 *Se da este n a distintas cosas cuya forma imita o recuerda la de la rosa.* | CBonald *Ágata* 16: 2 colgantes de plata con rosetas troqueladas. M. E. Juliá *TEx* 21.2.75, 4: El ába-

co, adornado con las típicas rosetas, recoge el peso de los arcos trilobulados y a veces bilobulados. Ybarra-Cabetas *Ciencias* 332: Alrededor del ano [del erizo de mar] existe una roseta de placas. GMacías *Abc* 30.6.74, 34: En Holguera hay un garbanzo "cochero" exquisito, que es gloria bendita, y entre los ajíes, la "roseta".

rosetón *m* **1** Rosa (flor, o figura que la imita) grande. | Calera *Postres* 29: Se baten a punto de merengue una o más claras .. y, poniéndolas en una manga de pastelería con boquilla rizada, se formará un adorno todo alrededor y un rosetón en el centro.
2 Mancha grande, rojiza y redondeada de la piel. | * Se me llenó la espalda de rosetones.
3 (*Arquit*) Ventana circular calada y con adornos. | Tejedor *Arte* 119: Elementos del estilo [gótico] son también: .. los rosetones calados que decoran las fachadas y aumentan la luz interior.
4 (*Arquit*) Adorno circular, gralm. de escayola, que se coloca en el techo. | *Economía* 32: Tiene esta limpieza como fin evitar que .. entre las concavidades y rosetones de adorno se deposite el polvo.

rosetti *adj* [Uva] de mesa, de una variedad caracterizada por tener el grano grande y el hollejo duro. *Tb n f.* | *Pro* 6.10.74, 6: Frutas: melocotones, uva rosetti, uva negra.

rosicler *m* **1** (*lit*) Color rosado propio de la aurora. | Alvar *Arb* 12.68, 12: Para impedir que la noche, larga, inacabable, llegue a saludar al rosicler de la aurora. Aldecoa *Gran Sol* 83: El monte de pesca tenía los blandos colores del mundo submarino: rosicler de cucos, carnavales y payasos; rojo de sangre coagulada y plata de los besugos.
2 (*Mineral*) Plata roja. | Ybarra-Cabetas *Ciencias* 63: La pirargirita, llamada también .. rosicler oscuro, .. es sulfoantimoniuro de plata .. La proustita, plata clara o rosicler claro, es sulfoarseniuro.

rosita. de ~s. *loc adv* (*col*) De balde o sin esfuerzo. | ZVicente *Traque* 121: Todo no se iba a tener así, de rositas, qué va, hombre, qué va. **b)** Sin pagar lo que se debe o sin recibir el castigo merecido. *Gralm en la loc IRSE DE ~S.* | * Ya te pasarán la factura, no creas que te vas a ir de rositas.

rosmar *intr* (*reg*) Rezongar o refunfuñar. | Cela *Compañías* 21: Don Narciso Collado .. ordenaba a Lucía .. que sacase el chaquet del arca y lo limpiase y ventilase bien a conciencia. –Mira, Lucía –le aseguraba–, no me rosmes; si fuera de algodón, bien te diría; pero siendo de lana, sí.

rosminiano -na *adj* (*Rel catól*) Del Instituto de la Caridad, congregación fundada por el filósofo italiano Antonio Rosmini en 1828. *Tb n, referido a pers.* | *Van* 5.6.75, 30: Monseñor Clemente Riva, sacerdote rosminiano, ha sido nombrado por el Papa obispo auxiliar para la diócesis de Roma.

rosmón -na *adj* (*reg*) Que rosma. | Cela *Mazurca* 31: Con un brazo de menos se las arregla una la mar de bien, la gente es muy rosmona, se conoce que no tiene costumbre de trabajar.

roso -sa *adj* (*lit, raro*) Rojo. | Faner *Flor* 51: Besaba sus labios rosos.

rosoli (*tb rosolí*) *m* Licor compuesto de aguardiente, azúcar, canela, anís u otros ingredientes aromáticos. | Cela *Pirineo* 85: El viajero piensa que la ratafía pudiera definirse diciendo no más que rosoli de frutas.

rosquilla I *f* **1** Dulce en forma de rosca pequeña. | Carandell *Madrid* 101: Los clientes .. han estado todo el año, tres veces por día, dando la lata con el café con leche y la rosquilla. **b)** *Se usa a veces en constrs de sent comparativo para ponderar lo gustoso o apetitoso de alguien o algo.* | Lera *Clarines* 405: A lo que íbamos de las gachís... Aquí hemos visto dos que están superiores. La del alcalde es una rosquilla, hijo.
2 Larva de insecto que se enrosca al menor peligro. | M. Lebrato *Hoy* 14.6.77, 2: Un porcentaje muy elevado de los semilleros [de tabaco] no llegaron a nacer .. A estas series de calamidades se unió un intenso ataque de rosquillas y posteriormente de pulgón.
II *loc v* **3 saber** [algo] **a ~s.** (*col*) Producir gusto o satisfacción. *Frec con intención irónica.* | * ¡Qué golpe! Seguro que te ha sabido a rosquillas.
III *loc adv* **4 como ~s.** (*col*) Mucho. *Con vs como COMPRAR o VENDER.* | *Cod* 9.2.64, 6: Cuestan poco y creemos que se venderían como rosquillas.

rosquillero -ra *m y f* Pers. que hace o vende rosquillas [1a]. | S. Lis *Faro* 6.8.75, 17: Uno recuerda .. las típicas tascas, las gitanas de la buenaventura, el tiro de pichón, las rosquilleras, las tómbolas.

rosquillo *m* Rosquilla de masa frita. | A. LAndrada *Cór* 25.8.90, 10: Le hablan de las comidas típicas de Añora: albóndigas, relleno, guiso de gallo, hojuelas, turrones, y rosquillos de los tres pesos.

rostelo *m* (*Zool*) Parte de la cabeza de un gusano endoparásito en la que están los ganchos. | Ybarra-Cabetas *Ciencias* 324: Pueden distinguirse en él [el escólex] cuatro ventosas situadas en la base de una protuberancia denominada rostelo, en la que se implanta una doble corona de ganchos quitinosos.

rostrada *adj* (*Arte*) [Columna] rostral. | Angulo *Arte* 1, 165: Columna rostrada. [*Pie de un grabado.*]

rostral I *adj* **1** (*Arte*) [Columna] adornada con espolones de naves y erigida en conmemoración de una victoria naval. | Arenaza-Gastaminza *Historia* 52a: A la derecha se ve la "columna rostral", donde se colgaban tantos "rostros" como naves se habían hundido al enemigo.
II *m* **2** (*reg*) Parte de la cabezada que pasa por encima del morro de la caballería. | C. Sáez *Nar* 7.76, 13: Esto se hace notorio en el distinto empleo del cabezón, más sencillo, o de la jáquima compuesta por un "frontil" con colgantes sobre los ojos, un "rostral" que es la parte que pasa por encima del morro, y los barbuquejos.

rostrata *adj* (*Arte*) [Columna] rostral. | Tejedor *Arte* 55: Las columnas más famosas son la rostral o rostrata, es decir, con proas de navíos, por su victoria naval de Mila sobre los cartagineses en la primera guerra púnica, y la de Trajano.

rostrillo *m* Adorno que se pone alrededor del rostro de las imágenes de la Virgen o de algunas santas. | Lozoya *SYa* 17.6.73, 11: De la misma manera que en la España barroca se "visten" las imágenes antiguas, en la Rusia lejana, pero en tantas cosas semejante, se "visten" los iconos, naturalmente no con telas, sino con láminas de metal repujado, que dejan ver solamente el rostro de la imagen a la manera de los rostrillos.

rostrizo *m* (*reg*) Cochinillo asado. | J. GCubillo *Abc* 18.5.75, 36: Balzac, el gran filósofo de la gastronomía del siglo XIX, llamaba "bocato di cardinali" [*sic*] a los asados de cochinillo o rostrizo.

rostro A *m* **1** (*lit*) Cara (parte anterior de la cabeza humana, o de la de algunos animales, esp. los mamíferos). | Cunqueiro *Un hombre* 12: Metió las manos en el agua del pilón y las llevó después al rostro. GLarrañeta *Flora* 197: Crustáceo de la misma familia que el langostino, pero sin los dos surcos sobre el caparazón y con las patas y el rostro más largos. **b)** Expresión o gesto del rostro. | Solís *Siglo* 213: Catalina se la tendió [la carta] a su hermano .. y leyó en su rostro, mientras él lo hacía en el papel, su desilusión y dolor.
2 (*col*) Cara o caradura. | Delibes *Emigrante* 88: Ya la dije, en buen plan, que no tuviera rostro y que no me tirara de la lengua.
3 (*Zool*) Pico [de ave]. | * Este pájaro tiene el rostro aplastado.
4 (*hist*) Espolón [de la nave]. | Arenaza-Gastaminza *Historia* 52a: Las naves romanas llevaban un fuerte espolón o "rostro" en la proa para e[mb]estir a las naves contrarias.
B *m y f* **5 ~ pálido.** *En lenguaje atribuido a pieles rojas:* Pers. de raza blanca. *Tb fig, humoríst.* | Torrente *Saga* 536: Su mente permanecía alerta, como el mohicano que observa al rostro pálido desde la cresta nítida y austera de la montaña.

róstrum (*pl normal*, ROSTRA *o invar*) *m* (*lit*) Tribuna de oradores. | Castiella *MHi* 11.63, 59: No podía yo continuar mis palabras sin rendir a su memoria, desde este *róstrum* en el que tantas veces se escuchó su voz, un tributo en el que va la emoción de una vieja amistad. [*En el texto, sin tilde.*]

rota[1] *f* (*lit*) Derrota o vencimiento. | Lueje *Picos* 71: Siete siglos después de la rota del Monte Vindio, otra raza de conquistadores .. llegan a invadir la Península de punta a punta.

Rota[2] *f* Tribunal romano que juzga las causas eclesiásticas de toda la Iglesia Católica. *Frec* TRIBUNAL DE LA ~. | A. Vázquez *VNu* 11.11.72, 15: Desde hace casi dos años, cuando entró en vigor el nuevo reglamento de los tribunales de la Rota .., se esperaba de un momento a otro la publicación de los nuevos aranceles para los abogados interesados en aquellos procesos.

rotación *f* **1** Movimiento [de un cuerpo] alrededor de su eje. | Ortega-Roig *País* 12: El hombre se dio cuenta .. de que la Tierra da vueltas sobre sí misma (movimiento de rotación). D. Orts *Nar* 3.77, 3: El torno está formado por una rueda superior, llamada cabezuela, y una inferior de mayor diámetro, volandera, que se acciona con el pie y produce el movimiento de rotación.
2 Cambio alternativo. | Alvarado *Botánica* 28: En este hecho se funda precisamente la práctica agrícola de la rotación de cultivos, que consiste en alternar cultivos de leguminosas con el de plantas que necesitan abundante abono nitrogenado. L. Contreras *Mun* 23.5.70, 9: La rutina que engendra el cargo vitalicio logrado por oposición va a ser reemplazada por la experiencia de la rotación en el puesto, por el turno basado en designaciones ministeriales.

rotacional *adj* (*E*) De (la) rotación. | *Onil* 149: Industrial Química de Asúa .. Tipos especiales de Cadmio-Bario y atóxicos de Calcio-Cinc, preparados para efectuar trabajos de moldeo rotacional.

rotacismo *m* (*Fon*) Paso de una consonante, esp. de la [s] o de la [l], a [r]. | M. J. Manteiga *Ya* 27.9.89, 20: Alhuber en castellano significa *la laguna* .. La palabra ha derivado en Arbuel, según los lingüistas, por un fenómeno denominado rotacismo, muy común en la población que habita la margen derecha del río Tajo.

rotador -ra *adj* (*raro*) Que rota. | GPavón *Rapto* 213: Debía resultarles como tener una hija negra, o como haber parido a una vedette de vientre rotador que desfila como nadie a la hora del [sic] apoteosis.

rotal *adj* De(l) Tribunal de la Rota. | A. Vázquez *VNu* 11.11.72, 15: De poco va a servir el descontento de los jurídicos rotales ante la disposición del Supremo Tribunal de la Iglesia.

rotámetro (*n comercial registrado*) *m* Utensilio utilizado para medir el flujo de un fluido. | *GTelefónica N.* 332: Fischer & Porter Ibérica, S.A. Indicadores. Reguladores. Registradores para agua, vapor y toda clase de fluidos en general. Rotámetros.

rotante *adj* (*raro*) Que rota. | Torrente *SInf* 12.9.74, 8: Todos los universos situados a la izquierda del contemplador estaban apagados y no eran más que carbón rotante.

rotar A *intr* **1** Dar vueltas [un cuerpo] alrededor de su eje. | *Abc Extra* 12.62, 11: A nosotros, viéndolo rotar, ingrávido y silbante, una tarde de Enero, .. lo que nos gusta es citar la frase del navarro Malón de Chai[d]e.
2 Cambiar alternativamente. | Delibes *Santos* 138: Rotaremos de dos en dos, advirtió el señorito Iván, y el señor Conde fue el primero en consultar su laminilla.
B *tr* **3** Hacer que [alguien o algo (cd)] rote [1 y 2]. | Delibes *Madera* 133: Se hacía necesario tomar a Crucita por los hombros .. y hacerle flexionar o rotar su elástico cuerpo. *País* 15.5.77, 8: Debidamente administrada, la deuda externa no tiene por qué devolverse, basta con que sepa rotarse.

rotario -ria *adj* De un Rotary Club (asociación internacional de carácter filantrópico, nacida en Estados Unidos). *Tb n, referido a pers.* | FSalgado *Conversaciones* 414: Hablamos luego de los "Lions Clubs", que son asociaciones de tipo parecido a los rotarios.

rotativamente *adv* De manera rotativa [1]. | J. Arana *Sáb* 22.6.74, 24: La democracia del kibutz es interpersonal, no estructural. El poder se ejercita temporalmente, por delegación de la comunidad y rotativamente.

rotativo -va I *adj* **1** De (la) rotación, esp [2]. | E. Bayo *Des* 12.9.70, 23: Los cultivos rotativos abarcan tres cosechas en invierno. Cruz *Torres* 53: El lugar era behetría, rotativa entre varios señores, cuyos derechos no parecen excesivos.
2 Que tiene movimiento de rotación. | *GTelefónica* 83 1, 1074: Construcción de hornos para panadería, pastelería, frutos secos y hostelería, giratorios, rotativos y túnel. *Prospecto* 9.90: Pryca .. Horno Corberó .. Luz interior. Asador rotativo. **b)** [Máquina de imprimir] cuyos elementos esenciales son cilíndricos y funcionan mediante movimiento de rotación. *Frec n f*. | A. Tuñón *Mun* 5.12.70, 26: Se inventó la máquina de imprimir a vapor, paso previo al procedimiento de impresión por máquina rotativa. *Abc* 16.12.70, 52: Pulsó el botón de la nueva rotativa, cuya capacidad de tirada es de 40.000 ejemplares hora, con impresión a tres colores.
II *m* **3** Periódico impreso en rotativa [2b]. | Albalá *Periodismo* 105: El periódico podrá aspirar a ser un instrumento documental unitario, como son hoy los grandes rotativos del mundo.

rotatoriamente *adv* (*raro*) Rotativamente. | Descarte *Día* 22.6.76, 3: El curso en cuestión está formado por una serie de clases prácticas, que se imparten rotatoriamente. *País* 21.12.88, 39: Los 787 cuadros cedidos temporalmente al Palacio de Villahermosa pasarán rotatoriamente por el Monasterio de Pedralbes de Barcelona.

rotatorio -ria *adj* **1** De (la) rotación [1]. | * Los músculos rotatorios sostienen y giran la columna vertebral. **b)** (*Quím*) [Poder] de girar el plano de polarización de la luz. | Aleixandre *Química* 184: La mezcla obtenida en estos compuestos desvía el plano de polarización hacia la izquierda (por la presencia de levulosa, cuyo poder rotatorio predomina sobre el del azúcar de uva).
2 Que tiene movimiento de rotación. | Ortega *Americanos* 94: En el Metro de Nueva York no se entra con billete, sino con una pieza de metal que sirve para hacer funcionar una portezuela rotatoria.

rotavirus *m* (*Med*) Virus responsable de cuadros diarreicos infantiles no epidémicos (gén. *Rotavirus*). | F. Valladares *TMé* 6.4.84, 14: Llamó la atención especialmente sobre los agentes víricos (rotavirus, aden[o]virus y ent[e]rovirus).

roten *m* (*hist*) Bastón, esp. el fabricado con la madera de la planta asiática *Calamus rotang*. | DCañabate *Andanzas* 59: "Guerrerito" apoyaba sus largos plantones frente al café Inglés en un grueso roten, con marfileño puño, y al andar lo manejaba con elegantes posturas y vaivenes.

rotenona *f* (*Quím*) Sustancia tóxica y cristalina que se extrae de diversas plantas leguminosas y se usa como insecticida. | MNiclos *Toxicología* 100: La Rotenona, principio activo de la raíz del derris, es inofensiv[a] por ingestión.

roteño -ña *adj* De Rota (Cádiz). *Tb n, referido a pers.* | Savarin *SAbc* 15.2.70, 39: Para las angulas, .. la hurta a la roteña, por ejemplo, el vino tinto es una compañía excelente.

rotífero -ra *adj* (*Zool*) [Organismo] microscópico que tiene en la parte anterior del cuerpo un disco retráctil circundado de cilios. *Frec como n m en pl, designando este taxón zoológico.* | Ybarra-Cabetas *Ciencias* 427: El plancton de los lagos .. está integrado por crustáceos entomostráceos, rotíferos, protozoos .., etc.

roto -ta I *adj* **1** *part* → ROMPER.
2 [Pers.] andrajosa o harapienta. | L. Calvo *Abc* 28.6.70, 15: La Policía no sabe quién es Juan Pablo Sartre. Un señor viejecito, enanito, delgadito, arrugadito, roto, desaliñado, miope, bizco, belfo.
3 (*col*) Sumamente cansado. | MGaite *Retahílas* 83: Vienen indefectiblemente de mala uva; sacan las cosas del coche, dicen que vienen rotos, lo dejan todo allí por ahí.
4 [Voz] de tonalidad irregular. | F. Etxegoien *País* 15.2.91, 33: Jesús Hernández posee una voz rota personalísima, y es una pena que el grupo se prodigue tan poco en utilizarla.
5 [Color blanco] que tira a marfil. *Frec en moda.* | Villarta *SYa* 11.5.75, 31: Insistimos en que el blanco ha dejado de ser imprescindible, y así encontramos el blanco roto, crudos, grises, verdes, tiernos. VMontalbán *Pájaros* 69: Era necesario repintar la casa, practicarle la cirugía estética de una nueva piel, blanca, no blanca, marfileña, blanco roto.
II *m* **6** Abertura producida por una rotura, esp. en una tela. | Arce *Testamento* 17: Comprobé que era el cañón de una pistola lo que asomaba por un roto del bolsillo.

7 Individuo chileno de la clase social más baja. | Delibes *Emigrante* 87: La dije lealmente que me chocaba la cantidad de mendigos, y ella que no eran mendigos, sino rotos, y que los rotos son tan caballeros como el que más.

III *loc v* **8 servir** (*o* **valer**) **lo mismo para un ~ que para un descosido.** (*col*) Ser útil para cualquier cosa que sea precisa. | Cela *Judíos* 297: Tampoco era un vagabundo de ley y como Dios manda, sino un pirante sin principios y que, andando a la que saltase, lo mismo servía para un roto que para un descosido. GGalán *Arb* 5.60, 545: La palabra cultura ha venido a servir lo mismo para un roto que para un descosido.

rotonda *f* **1** Edificio o habitación de planta circular. | GNuño *Madrid* 89: La Parroquia de Santiago, una rotonda en cruz griega con deambulatorio incompleto. Laforet *Mujer* 175: El comedor era una especie de gran rotonda encristalada.
2 Plaza circular. | Marlasca *Abc* 16.7.72, 35: Un simple vistazo a la rotonda del Retiro, acogedora de melómanos .., bastaría para comprobar si mis comunicantes están o no en lo cierto.

rotondo -da *adj* (*raro*) Redondo o circular. | J. M. Lepe *Hoy* 13.8.75, 23: Culmina la cúpula en una guirnalda rotonda también con motivos frutales en yeso. GPavón *Reinado* 191: Poniendo de pies su rotonda figura, empezó a decir.

rotoplana *f* (*Impr*) Máquina en que la forma es plana y el papel se enrolla a un cilindro, el cual presiona sobre la forma. | *Pue* 22.5.75, 11: El precio de la adquisición del diario, incluyendo edificio, rotoplanas, linotipias, etc., se elevaría a doce millones de pesetas. L. LSancho *Abc* 28.9.86, 22: A mí me lo enseñó el señor Paco, maquinista de la rotoplana en que se tiraba el periódico de mi padre a principios de siglo.

rotor *m* (*Fís y Mec*) **1** Parte giratoria de una máquina o mecanismo, esp. de un motor o generador o de una turbina. | Marcos-Martínez *Física* 97: Máquinas neumáticas rotatorias .. A medida que gira el rotor G, el espacio E, que deja atrás, crece en volumen. Marcos-Martínez *Física* 209: Al pasar la corriente por las bobinas del rotor, este comenzará a girar.
2 Conjunto del mecanismo y aspas que sirven de sustentación a los autogiros y helicópteros. | * Se ha estropeado el rotor del helicóptero.
3 Mecanismo náutico consistente en un cilindro hueco con movimiento de rotación alrededor de un mástil que le sirve de eje. | Bustinza-Mascaró *Ciencias* 303: Modernamente hay barcos provistos de rotores impulsados por el viento.

rotoso -sa *adj* (*raro*) **1** [Pers.] harapienta o andrajosa. | FReguera-March *Cuba* 17: Aquellos pobres seres sucios, rotosos, heridos mortalmente por la enfermedad .. no eran sino la carroña que devolvía la guerra.
2 [Prenda] rota o muy vieja y destrozada. | FReguera-March *Boda* 135: Una mesita con un tapete rotoso y un jarro con flores artificiales. FReguera *Bienaventurados* 125: Se fijó en sus zapatos rotosos.

rottweiler (*al*; *pronunc corriente*, /rótbailer/) *adj* [Perro] pastor de origen alemán, de pelo corto negro y tostado oscuro. *Tb n.* | J. Espinosa *Ya* 4.6.89, 22: El ataque más grave protagonizado por un rottweiler en los últimos meses ocurrió en abril.

rótula *f* (*Anat*) **1** Hueso corto, plano y redondeado de la rodilla. | Laiglesia *Tachado* 11: Cruza con desvergüenza sus esqueléticas piernas para enseñar, no solo sus tibias y peronés, sino también sus rótulas y el arranque de sus fémures.
2 (*Mec*) Articulación constituida por una pieza esférica que puede girar en un espacio hueco. | *BOE* 3.12.75, 25185: Las rótulas de las tuberías articuladas serán inspeccionadas periódicamente. Ramos-LSerrano *Circulación* 292: Las articulaciones entre la palanca de ataque, biela, barra de acoplamiento, etc., han de ser elásticas .. Están constituidas por una rótula dispuesta entre dos topes o cojinetes esféricos que la oprimen por la acción de un muelle.

rotulación *f* **1** Acción de rotular[1]. | *IdG* 9.8.75, 9: Solicitud de las Cofradías: rotulación de una calle sevillana con el nombre de Luis Ortiz. Gambra *Filosofía* 62: No un mero resumen o rotulación nueva de lo que ya sabíamos.
2 Rótulo o conjunto de rótulos [1]. | Huarte *Diccionarios* 100: En los dibujos, los detalles llevan una rotulación con las denominaciones correspondientes. E. Corral *Abc* 14.5.67, 97: Ignoramos quién es el autor del guión; desconocemos también al filmador .. No recordamos haberlos leído en la rotulación de cortesía.

rotulado *m* Acción de rotular[1]. | *Abc* 9.3.75, 20: La Comisión para la Ordenación Alimentaria .. ha preparado ya nuevas normas y reglamentaciones que afectan al pan, miel, etiquetado y rotulado.

rotulador -ra I *adj* **1** Que rotula. *Tb n: m y f, referido a pers; f, referido a máquina*. | *SVoz* 8.11.70, 14: Pintor de automóviles rotulador aceptaría trabajos en casa o fuera. *Van* 27.12.70, 34: La máquina rotuladora norteamericana ideada para que usted pueda hacer toda clase de letreros en su casa. *País* 13.11.89, 70: Con la última generación Dymo 3000 se completa la extensa gama de rotuladoras profesionales Dymo.
II *m* **2** Instrumento para escribir, semejante al bolígrafo, con punta de fieltro. | *Lab* 12.70, 3: Un bolígrafo y rotuladores de colores.

rotular[1] *tr* Poner rótulo [1] [a algo (*cd*)]. *Tb fig.* | J. L. Sanz *Inf* 21.8.75, 8: El señor Gómez Salvago tuvo la idea de rotular las calles de Paradas con nombres como Solana, Andrés Segovia, Benjamín Palencia. Torrente *Sombras* 249: Un cartapacio rotulado... Espera... Está en francés. C. Varo *MHi* 2.64, 65: Las etiquetas con que se rotula al continente americano resultan siempre alarmantes.

rotular[2] *adj* (*Anat*) De (la) rótula. | Gambra *Filosofía* 117: Los reflejos simples (por ejemplo, el reflejo rotular ..) producen por una conexión entre los centros sensitivos y motores a nivel de la médula.

rotulata *f* (*raro*) Rotulación [2]. | RMoñino *Poesía* 48: Mantiene, en general, las primitivas estructuras del *Cancionero*, con grupos de idéntica rotulata, pero algunos han sido modificados sustancialmente.

rotuliano -na *adj* (*Anat*) De (la) rótula. | Umbral *Ninfas* 241: Como cuando un médico nos comprueba el reflejo rotuliano.

rotulista *m y f* Pers. que hace rótulos [1]. | *As* 7.12.70, 4: Pintor Decorador. Pintor Rotulista. VMontalbán *Pájaros* 40: Toldos y Piscinas Daurella, S.A. era un rótulo fresco, pintado con paciencia por un rotulista antiguo.

rótulo *m* **1** Letrero. | *Abc* 21.8.66, 44: Alicante, en efecto, se halla plagada de tiendas, bares, .. con rótulos en francés. *Abc* 8.9.66, 13: Un filme de esos con rotulitos en español dejaría libre un público numeroso. **b)** Palabra o conjunto de palabras que expresan el título [de algo, esp. de un escrito]. | * En esta encuadernación los rótulos van en dorado. * El rótulo del cuadro decía "Sinfonía".
2 (*Rel catól*) Despacho de la curia romana para pedir en nombre del Papa información sobre alguien a quien se quiere beatificar. | Grau *Lecturas* 185: Urbano VIII expidió el rótulo en orden a su beatificación [de Alonso Rodríguez] en 1627.

rotundamente *adv* De manera rotunda [1]. | DPlaja *El español* 129: Se niega rotundamente a comentar.

rotundez *f* Rotundidad. | Arce *Precio* 69: Nuestros ávidos ojos trataban de sorprender la sombra misteriosa de sus axilas o la rotundez insospechada de sus caderas.

rotundidad *f* Cualidad de rotundo. | L. Contreras *Mun* 12.12.70, 9: Abogó, con más o menos rotundidad, a favor de la supresión de las jurisdicciones especiales. Alfonso *España* 80: La rotundidad, el repliegue del cuerpo y de las extremidades, .. su quietismo..., sí, no cabe duda, es lo español.

rotundidez *f* Rotundidad. | Torrente *Saga* 140: ¡Con qué rotundidez .. afirma y niega don Torcuato! VMontalbán *Pájaros* 205: En contraste con su cúbica rotundidez, el jabón era suave.

rotundo -da *adj* **1** Que no deja lugar a dudas o a discusión. | Laforet *Mujer* 300: Paulina .. sufrió una conmoción extraña al recibir una negativa rotunda, por parte de su hijo, cuando quiso que se levantara al amanecer para acom-

pañarla a la iglesia. J. Vasallo *Bal* 21.3.70, 25: Circula por ahí ese argumento .. de que el cura ansioso de casarse no es tan avanzado como cree, sino un rotundo inmovilista.
2 Firme y vigoroso. | Aldecoa *Gran Sol* 167: Se oyó la voz rotunda de Simón Orozco. **b)** Robusto y abultado. | Lera *Clarines* 486: Le estaba algo estrecho [el vestido], pero era su preferido porque .. exaltaba la línea rotunda de sus caderas. S. Araúz *Inf* 16.11.74, 16: La mujer lo faenaba [el pan] en la artesa en distintas formas: en el círculo rotundo de la hogaza, con las calidades crujientes del "delgado". J. Ugalde *SGacN* 11.8.74, 6: Hemos llegado a Salamanca al atardecer .. Muchas iglesias por todas partes. Torres rotundas, alambicadas o pesadotas, góticas o renacentistas.

rotura *f* **1** Acción de romper(se). *Tb su efecto. Gralm en sent físico.* | Ybarra-Cabetas *Ciencias* 108: Su masa, velocidad y poder disolvente hacen que sea [el agua] una poderosa fuerza de desgaste y rotura de la corteza. *Abc* 25.2.68, 56: La necesaria autonomía de los centros eclesiásticos no puede suponer una carencia de contactos, una rotura con el mundo civil.
2 (*reg*) Terreno roturado. | Delibes *Castilla* 171: La Cooperativa es el único medio de salir adelante, aunque esto no baste para impedir que .. todos vayamos descepando .., que no quiero pensar lo que diría mi padre si un día levantara la cabeza y viera en lo que hemos convertido todas estas roturas.

roturable *adj* Que se puede roturar. | Mercader-DOrtiz *HEspaña* 4, 136: Se dejaba al arbitrio del presidente de esta y de sus delegados la determinación de las tierras roturables.

roturación *f* Acción de roturar. | Mercader-DOrtiz *HEspaña* 4, 19: La Mesta consiguió prerrogativas exorbitantes, que impedían, por ejemplo, la roturación de las dehesas para el cultivo.

roturador -ra *adj* Que rotura. *Tb n: m y f, referido a pers; f, referido a máquina.* | *Abc* 22.7.75, 23: Según manifestaron los responsables de las máquinas roturadoras, tenían permiso de la empresa para actuar en la zona.

roturar *tr* Arar [un terreno no cultivado] para ponerlo en cultivo. *Tb abs.* | *Inf* 7.9.70, 9: Los peones volverán a su actividad agrícola, roturando y cultivando las tierras. *Compil. Cataluña* 795: El que con buena fe haya edificado, sembrado, plantado o roturado en suelo ajeno podrá retener la edificación, plantación o cultivo.

roturo *m* (*reg*) Roturación. | Delibes *Guerras* 17: Los roturos dejaban al pueblo sin pastos.

rouchi (*fr; pronunc corriente,* /ʀuʃí/) *m* Dialecto de la región de Valenciennes (Francia). | *Sp* 19.4.70, 7: Pensemos qué ocurriría si se declarasen [oficiales] también el alsaciano, gascón, .. "rouchi", lapón.

rouge (*fr; pronunc corriente,* /ʀus/) *m* (*hoy raro*) Rojo de labios. | Benet *Aire* 203: La muchacha estaba desencajada; alrededor de su boca se había corrido todo el rouge.

rough (*ing; pronunc corriente,* /ʀaf/) *m* (*Golf*) Parte accidentada y de hierba alta que bordea la calle. | *Ya* 10.8.86, 34: Golf .. En el 11, un par 4, se le empezaron a complicar las cosas al irse con el "driver" al "rough".

roulada (*pronunc corriente,* /ʀouláda/ o /ʀuláda/) *f* Rulada. | F. Rosique *Crí* 12.73, 26: Me senté en una de las mesas mientras ellos "atacaban" su guisado de garbanzos; después, el puré de patata, jamón de York, roulada, fruta. *GTelefónica N.* 408: La Madrileña. Fábrica de fiambres y embutidos .. Ave rellena. Roulada de lomo.

roulotte (*fr; pronunc corriente,* /ʀulót/) *f* Caravana (vehículo). | Marsé *Tardes* 66: Se acercó a la "roulotte" de los Moreau para ofrecer sus servicios como guía.

round (*ing; pronunc corriente,* /ʀáun/; *pl normal,* ~s) *m* (*Boxeo*) Asalto. *Tb fig, frec del ámbito técn.* | *Inf* 23.6.70, 1: El combate de anoche fue dramático; quince "rounds" de auténtico agobio. Chamorro *Sin raíces* 179: Agustín le dijo que era el instante decisivo para luchar como titanes. Y, todos a una, formando un apretado haz de penurias y escaseces, se aprestaron para un nuevo r[o]und. [*En el texto,* raund.]

roussoniano → RUSONIANO.

rovellón → ROBELLÓN.

roya *f* Hongo parásito de distintas plantas, esp. cereales, en las que produce enfermedades. *Tb la misma enfermedad.* | Navarro *Biología* 283: Los hongos son el grupo que acompaña en importancia a las bacterias por las enfermedades que producen .. Por ejemplo, las royas, carbones y tizones de los cereales. Alvarado *Botánica* 64: En la roya de la malva (*Puccinia malvacearum*), las teleutosporas .. están agrupadas en manchas rojizas crateriformes que salpican las hojas. Bustinza-Mascaró *Ciencias* 253: Parásitos son los hongos que viven sobre las plantas produciendo en ellas enfermedades como la roya de los cereales.

royada *f* (*reg*) Roya (enfermedad). | *DNa* 15.7.66, 6: Donde pegó la "royada" está la mies espesa, pero hay poco grano.

royalty (*ing; pronunc corriente,* /ʀoyálti/; *pl normal,* ROYALTIES) *m* (*Econ*) Derecho que se paga por la utilización de una patente o una propiedad extranjeras. *Más frec en pl.* | Alfonso *España* 26: Aquí se pagan *royalties* hasta para hacer patatas fritas.

royo -ya *adj* (*reg*) Rojizo. | *CSo* 27.11.75, 10: Vendo 140 ovejas royas, jóvenes y 40 borregas. Berlanga *Gaznápira* 82: Regresará .. cuando los trigos ya estén royos, tú lejos y el verano en todo su apogeo. **b)** [Pino] albar. | Cela *Judíos* 298: La huerta de la Adrada .. brinda dos cosechas, y el pinar .. dos suertes de pino: el negral de la resina, que por Ávila es rodeno y, para algunas gentes, salgareño y pudio, y el albar de la madera, que es royo, por esta tierra, y por Madrid, blanquillo.

roza *f* **1** Hueco o canal abierto en una pared de fábrica o de mineral. | F. Páramo *SYa* 4.9.83, 32: El verano parece el tiempo propicio para realizar toda clase de obras de envergadura por el rápido secado de los materiales. Naturalmente, una roza no puede ser considerada así. *Tri* 29.12.73, 31: La Corta de la Atalaya, explotación a cielo abierto. El laboreo a roza abierta fue empleado masivamente por los ingleses a raíz de que compraran las minas andaluzas en 1873.
2 Acción de rozar [5]. | JGregorio *Jara* 6: Su área de expansión [de la jara] se ha reducido mucho .. por las continuas rozas, roturaciones y descuajes.
3 Conjunto de matas que se obtienen al rozar [5] un campo. | Lorenzo *SAbc* 22.9.74, 11: Carbonea el extremeño las rozas, puebla de hornos la dehesa.
4 Mata propia de monte bajo. | FVidal *Duero* 208: Lomas semicalvas, pobladas cuando más por encinillas cerriles, por rozas y carrizales.
5 (*reg*) Arroyo pequeño en la ladera de un monte. | Cela *Judíos* 223: Al norte de Bohoyo .. se vacían en el Tormes la roza de Navamojados y el fragüín de Guijuelos.

rozadera *f* Rozón (instrumento). | G. GHontoria *Nar* 6.77, 32: Se ha adquirido un arado radial .. Así como el "ro[c]ete" o "rozadera" para podar o rozar zarzas o matas en Paradaseca (León).

rozador -ra *adj* Que roza, esp [4]. *Tb n f, referido a máquina.* | Berlanga *Gaznápira* 62: Una escapada a Segarra a comprar unos zapatos tiesos y rozadores. *Abc* 13.12.70, 41: Han regresado de la Unión Soviética .. los técnicos de Hunosa desplazados a aquel país para comprobar sobre el terreno las posibilidades de adaptación de las rozadoras de carbón que allí funcionan en la mecanización de las minas asturianas.

rozadura *f* **1** Efecto de rozar(se) [3]. | *Abc* 30.5.58, 49: Es un producto moderno, que limpia las manchas del barniz, hace desaparecer las rozaduras y produce ese hermoso brillo seco que deben tener los buenos muebles. Zeda *Ya* 9.6.68, sn: La piel del niño .. necesita protección .. para disminuir los riesgos de las rozaduras.
2 (*raro*) Acción de rozar [1 y 7]. | L. Calvo *SAbc* 16.3.69, 18: Circunstancias pasajeras, como una ebullición política, .. una amenaza de rozadura de un cometa extraño con la costra terráquea, los reúne y fuerza a cambiar impresiones.

rozagante *adj* De aspecto saludable y lleno de vitalidad. | Buero *Sueño* 173: Sí. Es la Leocadia. Tan rozagante. *Abc* 18.5.76, 4: Solo dos patos, lanzados a su suerte por un vecino, crecen rozagantes en las negras aguas del río.

rozamiento *m* **1** Acción de rozar [1 y 7]. | Ybarra-Cabetas *Ciencias* 80: Chocan unos contra otros, redondeán-

rozante – rubéola

dose, fragmentándose y adquiriendo pulimento por este rozamiento. Fieramosca *Ya* 21.1.90, 72: Chistes, miradas lascivas, gestos insinuantes, cartas, llamadas telefónicas, rozamientos, pellizcos, acorralamientos, toques, son algunas de las agresiones que, en un elevado número, sufren muchas mujeres en el trabajo.
2 Roce o disensión. | MCampos *Abc* 20.4.58, 3: Inglaterra .. se pone en cabeza. Pero, eso logrado, hunde a los demás en un complejo que origina rozamientos y poquísima cohesión.

rozante *adj* (*raro*) Que roza [1 y 7]. | J. L. Ignacio *HLS* 5.8.74, 13: Otros proyectos hablan de las aplicaciones del motor eléctrico lineal, sin partes giratorias ni rozantes, totalmente silencioso y de gran duración. Berlanga *Recuentos* 44: Nuestras miradas .. se persiguieron en un zigzagueo rozante como dos pájaros en celo.

rozar A *tr* **1** Tocar ligeramente [algo o a alguien], esp. por un movimiento. *Tb fig.* | Laforet *Mujer* 91: La bala le había rozado la cabeza. Van 10.2.77, 30: Un sistema frontal poco activo rozó el litoral gallego. Payno *Curso* 69: Llevaban bastante rato charlando. La parola había rozado muchos asuntos, como la mariposa las flores.
2 Estar [una pers. o cosa] cerca [de una edad o de un valor (*cd*)]. | Anson *Abc* 3.12.70, 3: Despuntó el siglo XX con una población madrileña que apenas rozaba el medio millón.
3 Producir [a alguien o algo (*cd*)] un pequeño daño o desperfecto al rozar[lo] [1]. | P. Gómez *Abc* 19.10.91, 43: Este conductor ya tuvo otro incidente el día anterior, cuando "rozó" a otro autobús de su propia empresa. * Este zapato me roza el talón. **b)** *pr* Sufrir [alguien o algo] un pequeño daño o desperfecto al ser rozado [1]. | Torbado *En el día* 340: El precioso cuero de la funda se estaba rozando con la gravilla.
4 Abrir un hueco o canal [en una pared (*cd*) de fábrica o de mineral]. | * Ya están rozando las paredes para instalar la luz.
5 Limpiar [un terreno o sus plantas]. *Tb abs.* | JGregorio *Jara* 14: Las antiguas parcelas rozadas se van cubriendo otra vez de monte. C. GCasarrubios *Nar* 7.76, 11: Se trata de una especie de hoz, no utilizada para segar cereales, sino para rozar o podar arbustos, hierbas o árboles. JGregorio *Jara* 49: Podrá cortar leña, carbonear, rozar y cultivar.
6 Entonar [el cantante una nota] con inseguridad o con voz poco clara. | *Ya* 25.3.75, 52: Las cosas no salieron bien. El cantante había rozado una nota. Caru[s]o llegó desencajado al camerino.
B *intr* ➤ **a** *normal* **7** Tocar ligeramente [algo o a alguien (*compl* CON o EN)], esp. por un movimiento. *Tb fig.* | Ramos-LSerrano *Circulación* 187: Se ha de tener gran cuidado en evitar que las ruedas rocen con el bordillo.
8 Estar en ligera contradicción u oposición [con alguien o algo]. | P. Calvo *MDi* 8.10.75, 7: El obispo hacía una serie de planteamientos que en opinión de alguien podrían rozar con el decreto-ley de 26 de agosto.
➤ **b** *pr* **9** Tener [una pers.] trato [con otra]. *Tb sin compl, con suj pl.* | *Tri* 22.12.73, 59: Esos mismos elementos serían incapaces de solidarizarse con un fraude, rozarse con un ateo o aprobar un adulterio.

roznido *m* (*raro*) Rebuzno. | Cela *Pirineo* 18: En la cuaresma, cruje el roznido terne de la mula, el animal que canta en rebuznos entreverados de relinchos.

rozno *m* (*raro*) Asno (cuadrúpedo). | Espinosa *Escuela* 602: Celestino, yo te reconozco, pues habitaste mi infancia y trataste a mi Azenaia cuando montaba infantil en tus roznos.

rozo¹. ser de buen ~. *loc v* (*col*) Tener buen apetito y comer de todo. | * –No sé qué poner de comer. –No te preocupes por él, es de buen rozo.

rozo² *m* (*reg*) Brecina (planta). | Mayor-Díaz *Flora* 507: *Erica arborea* L. "Uz", "Rozo". Mata de 1 a 3 m., muy ramosa, con ramas blanquecinas de pelos, en su mayoría ramosos .. Flores blancas .. Toda Asturias. Brezales, piornales, abedulares.

rozón¹ *m* Instrumento semejante a la guadaña, que sirve para rozar [5]. | C. GCasarrubios *Nar* 7.76, 11: Otra herramienta es el rozón o guaña, como se denomina en esta zona [Granada]. Se trata de una especie de hoz, no utilizada para segar cereales, sino para rozar o podar arbustos, hierbas o árboles.

rozón² *m* Arañazo o señal producidos por un roce. | * Me han hecho un rozón en el coche.

rrollo → ROLLO.

rúa I *f* **1** (*reg*) Calle. | J. FFerreiro *Abc* 8.7.75, 27: Santiago de Compostela .. Las rúas, en domingos y fiestas de guardar, se quedan vacías, solitarias. Ma. Fernández *CoZ* 28.3.75, 2: Cuando estas líneas pretendan ser tipografía y estarán pisando las rúas zamoranas. **b)** (*lit*) Calle de pueblo. | Escobar *Itinerarios* 228: Vamos por la calle Real [de Pedraza], .. la de Cordovillas .. y otras rúas de señores nobles con escudo de piedra.
II *loc adj* **2 de ~.** (*hist*) [Coche] de ciudad. *Se opone a* DE CAMINO. | GSerna *Viajeros* 30: Había también, por supuesto, coches "de rúa" o de ciudad, de características parecidas, pero de más liviana construcción.

ruada *f* (*reg, hist*) Fiesta nocturna que se celebra en la calle. | *Ya* 19.1.92, 27: La noche suelen pasarla como día, al calor de la lumbre. "Si no hay bastante leña, muere uno con el frío. De noche, nos metemos en la cama; antes se hacían ruadas, o sea, nos reuníamos los vecinos a jugar a las cartas y bailar."

ruán *adj* (*reg*) Ruano¹. *Tb n m.* | Cunqueiro *Crónicas* 53: Acertó a pasar jinete en un ruán el caballero de Saint-Vaast.

ruana *f* Prenda semejante al poncho, propia esp. de Colombia y Venezuela. | Delibes *Voto* 30: Julia, con su abigarrada ruana salvadoreña y su pelo corto, dijo: "¿Qué hay?".

ruandés -sa *adj* De Ruanda. *Tb n, referido a pers.* | *SolM* 12.10.90, 16: Un prisionero ugandés suplica para salvar su vida frente a un soldado ruandés.

ruano¹ -na *adj* Roano. *Tb n m.* | Cunqueiro *Un hombre* 9: Un labriego .., montado a mujeriegas y a pelo en un asno ruano. Cunqueiro *Fantini* 31: Llevaban ensayado que cuando entrasen en el patio de un mesón, se apearía primero de su ruano el anciano.

ruano² -na *adj* (*hist*) *En la Edad Media:* [Pers.] burguesa. *Tb n.* | Valdeavellano *Burguesía* 33: Incluye don Juan Manuel a los mercaderes y a los "ruanos", nombre que a veces se dio en la España medieval a la burgueses. Cela *Judíos* 187: Dividieron la población en dos clases sociales, para que no hubiera dudas: serranos, o caballeros montañeses, y ruanos, o plebeyos supervivientes.

ruar (*conjug* **1d**) *intr* (*raro*) Pasear por las calles. | Borrás *Abc* 3.12.57, sn: Si Federico Romero, otro de sus asiduos de tertulia, colaboración, paseo, peripatetismo y tomar el sol ruando, hubiese recogido las chispas de Vives, el pomo epigramático parecería de un Marcial.

rubato (*it; pronunc corriente,* /rubáto/) *adj* (*Mús*) [Tempo] ejecutado con cierta elasticidad para conseguir particulares efectos expresivos. *Frec n m.* | R. Benedito *Ya* 18.11.91, 56: Sir Colin Davis sabe muy bien elegir los "tempos" adecuados .. y tiene mucho cuidado de no arrebatar la métrica, aunque no evita el "rubato" mozartiano cuando es necesario. GAmat *Conciertos* 113: Escuchar a Chopin sus obras debió de ser un placer estético inolvidable. Especial era el *tempo rubato* de que nos habla Liszt. **b)** Ejecutado en rubato. | J. MSagarmínaga *Inde* 3.9.90, 47: El ataque del aria de "Payasos" y, en general, todas las secciones lentas de las diferentes arias, fueron un prodigio de canto "rubato" en el que Pavarotti estiraba plásticamente los tiempos.

rubefacción *f* (*Med*) Enrojecimiento de la piel. | Perala *Setas* 100: Síntomas: Rubefacción de la cara, a veces hasta la cianosis.

rubefaciente *adj* (*Med*) Que produce rubefacción. | Mayor-Díaz *Flora* 591: *Tamus communis* L. "Nuez negra" .. Presenta propiedades rubefacientes.

rubelita *f* (*Mineral*) Variedad de turmalina de color rojo o rosado. | *SAbc* 14.10.84, 16: La turmalina es la gema que tiene más riqueza de colores ..: acroíta, incolora; rubelita, rosa, roja o violeta.

rubéola (*tb* **rubeola**) *f* Enfermedad infecciosa de origen vírico, semejante al sarampión pero menos importante. | Mascaró *Médico* 34: Rubéola. Contagiosa solo en el período previo al exantema o erupción cutánea. Cabezas *Abc*

9.12.70, 27: También son importantes los estudios sobre la rubeola.

rubí I *m* **1** Piedra preciosa muy estimada, que es una variedad roja y transparente de corindón. *Tb* ~ ORIENTAL. | Cela *SCamilo* 165: Una sortija con una aguamarina o un rubí. Ybarra-Cabetas *Ciencias* 62: Se conocen [las variedades de corindón] con los nombres de: rubí oriental, si son rojas, .. y zafiro, las azules.
II *adj* **2** (*lit*) Rojo brillante. *Tb n m, referido a color*. | Matute *Memoria* 86: El sol se hacía verde y rubí por entre aquella dentadura feroz. M. P. Ramos *Inf* 1.2.75, 25: Los tonos preferidos por Pedro Rodríguez han sido, ante todo, el verde .., el gris, el rubí, el cereza.
3 [Punto] ~ → PUNTO.

rubia → RUBIO.

rubiácea *adj* (*Bot*) [Planta] dicotiledónea, herbácea o leñosa, de hojas opuestas o verticiladas, flores de cuatro pétalos en cimas o racimos y fruto en baya, caja o drupa. *Frec como n f en pl, designando este taxón botánico*. | L. Bettonica *Van* 2.4.78, 54: La "herba-col" .. pertenece a la familia numerosa de las rubiáceas.

rubial *adj* (*raro*) [Tierra o planta] que tira a amarillo dorado. | Cela *Viaje andaluz* 87: El terreno se hace ligeramente más quebrado .., y las vides se suceden ya, en el campo rubial, sin claros ni manchas de otros cultivos.

rubiales *m y f* (*col*) Pers. rubia [1c]. *Tb adj*. | Torrente *Off-side* 191: Una rubiales intenta hacerse entender de dos profesores rusos. CPuche *Paralelo* 159: Lucas, un tipo rubiales y canijo, con un cuello larguísimo.

rubianco -ca *adj* (*col*) Rubio [1]. *Frec con intención desp. Tb n, referido a pers*. | Gala *Suerte* 659: Todas esas rubiancas vienen en busca de hombres. VMontalbán *Pájaros* 71: Se le habían despeinado los dieciocho pelos rubiancos del parietal derecho.

rubiasco -ca *adj* (*col*) Rubio [1]. *Frec con intención desp. Tb n, referido a pers*. | CBonald *Ágata* 26: Si no hubiese sido .. por la rubiasca pelambre leonina, su paso .. no habría suscitado siquiera una disimulada curiosidad. GPavón *Hermanas* 46: Me acuerdo como si lo estuviera viendo .. del brazo de su señora, rubiasca ella.

rubicán -na *adj* [Caballo] que tiene el pelo mezclado de blanco y rojo. | FVidal *Duero* 131: La vacada comparte mesa y manteles .. con un par de potrillos rubicanes.

rubicela *f* (*Mineral*) Variedad de espinela de color amarillo o anaranjado. | PAyala *Abc* 4.10.59, 3: En la penumbra y bajo el "trémolo" tenue de la reflexión del agua, la roca asume tal vez visos y trasparencias de piedra preciosa; la amatista, el topacio o la rubicela.

Rubicón. pasar el ~. *loc v* (*lit*) Dar un paso decisivo y arriesgado. | Aguilar *Experiencia* 142: Al llegar a Castellón .. tomé el primer tren que salía para la capital del antiguo reino. Había pasado el Rubicón.

rubicundez *f* **1** Cualidad de rubicundo. | J. G. Manrique *Ya* 24.11.74, 8: El capitán S. Papadopoulos, moreno y de barba cerrada, contrasta con la rubicundez masiva del pasaje yanqui.
2 (*Med*) Rojez morbosa de la piel o las mucosas. | MNiclos *Toxicología* 56: Desde el primer instante, la mordedura de víbora origina intenso dolor local, rubicundez y edema azulado. MSantos *Tiempo* 220: ¡La ausencia de arrugas, de granos, de espinillas negras, de rubicundeces, de pliegues de una piel que .. a la tersura del mármol se asemeja!

rubicundo -da *adj* Rojizo. *Dicho esp de cara y de pers*. | Gironella *Mad* 10.9.70, 4: La rubicunda cara del señor Stratigópulos enrojeció. *Ya* 13.2.75, 8: No se trata de que los "tories" hayan preferido, en el Año Internacional de la Mujer, dar el portazo al sofisticado Mr. Heath y negarse al rubicundo Mr. Whitelaw para dejar paso y pavés a la quintaesencia de la femineidad, así, en abstracto. Delibes *Madera* 36: Dada su intensa palidez y el rubicundo cabello nimbándola, la faz del pequeño recordaba la Santa Hostia dentro de una flamígera custodia de oro. MHerrera *Abc* 19.12.70, 27: Los cañamazos de los crepúsculos rubicundos que se forjan a cada instante en el telar de los horizontes.

rubidio *m* (*Quím*) Metal alcalino, de número atómico 37, blanco y semejante al potasio. | *Anuario Observatorio 1967* 316: Los diferentes modelos de relojes atómicos (relojes de haz de cesio, de amoníaco .., osciladores de rubidio, etc.) permiten ya conservar la hora con errores relativos inferiores.

rubio -bia I *adj* **1** [Color] amarillo dorado. *Gralm referido al del pelo. Tb n m*. | Zubía *Geografía* 93: La raza blanca se caracteriza por tener la piel blanca .. y los cabellos sedosos y de diversos matices, desde el negro al rubio. **b)** Que tiene color rubio. *Tb n m, referido a tabaco o cigarrillo*. | Zubía *Geografía* 86: Germanos: Altos, de cabellos rubios y ojos claros. Delibes *Mundos* 129: En general y fuera de la playa rubia de Los Cristianos .. la montaña se sumerge en las aguas sin disgregarse. X. Domingo *His* 8.77, 118: Abandonó la fabricación de cerveza rubia y se dedicó exclusivamente a la negra. *SYa* 17.6.73, 5: Camino de Lausana a Vevey, la vendimia que hará posible el rubio vino de la región. *Abc* 20.8.69, 25: Se realizan experiencias sobre la raza "rubia gallega", en un programa a nivel provincial. Allí se engordan los terneros de esta raza. MMolina *Jinete* 199: Un cigarrillo que no olía solo a tabaco rubio y a dinero, sino a jabón de baño y a piel no dañada por el trabajo. MMolina *Jinete* 342: Compro unos cuantos cigarrillos rubios en el puesto de ese hombre con las piernas cortadas. ARíos *Delibes* 16: Mi mechero de gas reposaba junto al paquete de rubio americano. **c)** [Pers.] de pelo rubio. *Tb n*. | Laforet *Mujer* 16: Un chiquillo rubio estaba inclinado sobre la baranda. C. SFontenla *SInf* 7.1.71, 14: Junto a los aviones aparecerá Jean Harlow, la tumultuosa "rubia platino".
2 (*col*) [Peseta] fabricada con cobre y estaño. *Más frec n f. A veces designa tb la peseta como unidad monetaria*. | *HLM* 14.12.70, 11: Un voluminoso paquete en que guardaban cerca de tres mil pesetas en "rubias". Olmo *Camisa* 41: El jornal en marcos lo traduces en rubias.
II *n* **A** *m* **3** Pez marino comestible de hasta 60 cm de longitud, cuerpo rojizo, cabeza grande cortada oblicuamente y aletas pectorales con radios (gén. *Trigla*). | Jo. Cortés *Ide* 27.2.75, 13: En la pescadería: Aguja, de 200 a 300 pesetas kilo; .. rubio, de 24 a 60.
4 (*Taur*) *En pl*: Centro de la cruz (parte más alta del lomo). | DCañabate *Paseíllo* 59: Le pegué una estocá en los mismos rubios.
B *f* **5** Planta herbácea propia de las regiones templadas, cuyas raíces contienen una sustancia colorante roja usada en tintorería (*Rubia tinctorum*). *Tb esta sustancia*. | Cela *Judíos* 84: Es pueblo rico en aguas y en leña, que cría ganado lanar, pesca cangrejos, cosecha cereal y vende rubia. Mercader-DOrtiz *HEspaña* 4, 133: El incipiente desarrollo de la industria dio lugar al auge de la granza, planta tintórea de la que se extraía la rubia.
6 Cierto pez de agua dulce comestible, muy pequeño y de cuerpo alargado. | J. M. GGarcía *Ade* 4.4.76, 11: Una vez fui con unos amigos a comer unos peces a tu pueblo... Sí, pequeñas "rubias", bogas de hocico rectangular, barbos de graciosos bigotillos.
7 (*hoy raro*) Automóvil tipo ranchera con la carrocería total o parcialmente de madera de color natural. | CPuche *Paralelo* 256: De una rubia bajaron también varios policías americanos.

rublo *m* Unidad monetaria rusa. | *Mad* 20.11.70, 36: La mitad de los rublos ganados hay que dejárselos allí.

rubor *m* **1** Enrojecimiento de la cara causado por la vergüenza. | Benet *Nunca* 10: Y agregó algo con un cierto rubor que le obligaba a dirigirse al cristal. **b)** Vergüenza (sentimiento). | A. M. Campoy *Abc* 23.8.66, 7: Reservamos nuestros rubores para las derrotas futbolísticas.
2 (*Med*) Enrojecimiento. | Nolla *Salud* 222: El rubor y el calor traducen el aumento de circulación sanguínea que aparece en la zona inflamada.

ruborizador -ra *adj* Que ruboriza. | J. L. Calleja *Abc* 30.12.70, 7: Caben hipótesis ruborizadoras (válidas para el cine y el teatro que necesitan escribir los genios de hoy para certificar que son genios de hoy).

ruborizante *adj* Que ruboriza. | Aparicio *Año* 143: Yo me excitaba con ellos, verdaderamente traspasada de la cabeza a los pies por una corriente ruborizante de la misma naturaleza que los dolores de cabeza, penetrándome por todo el cuerpo.

ruborizar *tr* Causar rubor [1] [a alguien (*cd*)]. | LRubio *Noche* 47: No ruborices a la señorita de Teléfonos que nos estará escuchando. **b)** *pr* Tener rubor [1]. | Laforet *Mujer* 335: Yo creí que su marido no le perdonaría nunca aquella aventurilla .. No se ruborice, todos sabemos ese secreto suyo.

ruborosamente *adv* De manera rurorosa [1]. | FFlórez *Florestán* 673: –Gracias –dijo un poco ruborosamente la joven–. Pero no hace falta emplear palabras gruesas.

ruboroso -sa *adj* **1** Que tiene o muestra rubor [1]. *Tb* (*lit*) *fig*. | * Vi su cara ruborosa. G. Lorente *Abc* 9.4.67, 18: Poco a poco van arrinconando hacia el cuarto de los trastos a las viejas y clásicas lámparas de radio, cuyo ruboroso y tenue resplandor .. tanto nos intrigaba en la infancia.
2 [Pers.] propensa a ruborizarse. | * Son muy rurorosas.

rúbrica I *f* **1** Trazo o conjunto de trazos personales característicos que acompañan habitualmente a la firma. | Ramírez *Derecho* 147: Hay falsedad cuando en un documento .. se finge letra, firma o rúbrica ajena. **b)** Cosa con que se remata o ratifica algo. | Olmo *English* 47: –¡Ahí queda eso, Basilio! –¡Pues aquí te va la rúbrica! (Basilio intenta darle una patada en el trasero.) MGaite *Búsqueda* 57: La partida queda siempre en tablas, rematada a lo sumo por rúbricas dialécticas como: "Si es que no puede ser", "Si somos incorregibles".
2 Título o epígrafe. | Tamames *Economía* 408: La rúbrica *diversas* incluye obligaciones pendientes y el saldo de la cuenta de pérdidas y ganancias. SAgesta *Ya* 30.11.77, 5: El Congreso .. tiene incluso prioridad en la reforma constitucional y disputa al Gobierno la iniciativa legislativa, no como una rúbrica que puede ignorarse, .. sino amartillada con un artículo (51) para que sea una facultad eficaz. **b)** Parte o apartado. | FQuintana-Velarde *Política* 182: El dinero de un país está integrado por dos rúbricas fundamentales: billetes y monedas, emitidos por el Banco Central, y dinero creado por el sistema bancario.
3 (*Rel crist*) *En los libros litúrgicos*: Parte, impresa en rojo, que indica las reglas que deben seguirse. *Tb las mismas reglas*. | Ribera *Misal* 122: Puesto el Sacerdote en medio del Altar, reza el Credo (si le hay, según las Rúbricas). Escudero *Capítulo* 219: Este aprecio y amor a la sagrada Liturgia debe concretarse en el estudio y meditación de los textos, .. conocer las rúbricas y los ritos para comprender su significado y para cumplirlos con docilidad.
II *loc adj* **4 de ~.** (*lit*) [Cosa] obligada o acostumbrada. | *Ya* 10.3.83, 10: Como es de rúbrica y rigor, solicito respetuosamente audiencia para mostrar mi agra[d]ecimiento por este acto.

rubricar *tr* Poner rúbrica [1] [a algo (*cd*)]. *Tb abs*. | Medio *Bibiana* 250: Casi a tientas, firma y rubrica. J. M. Rollán *SAbc* 1.12.68, 26: He recordado la estampa de los chalanes castellanos de blusa y cayado, que rubrican notarialmente su palabra con un apretón de la diestra. **b)** Firmar [algo] como autor o responsable. | RMoñino *Poesía* 57: No vacila en rubricar el libro "Cancionero de muchos y diversos autores, copilado y recogido por Juan Fernández de Constantina, vezino de Belmez".

rubro *m* (*raro*) Rúbrica o título. | J. Casas *Abc* 20.5.58, 21: No está muy justificado, a nuestro juicio, el rubro de "euroafricano", que se atribuye por allá a ciertos bailes y canciones.

rucamar *f* (*reg*) Planta anual de hojas carnosas y flores lilas o blancas, propia de arenales litorales, usada en medicina como antiescorbútica y excitante (*Cakile maritima*). | Mayor-Díaz *Flora* 183: *Cakile maritima* Scop. "Rucamar".

ruche *m* (*raro*) Asno o pollino. | Mañas *Tarantos* 329: Qué bonito es el ruche. Ruche, ruche... Corre, bonito.

ruciniega *f* (*reg*) Mosca que acude esp. a las caballerías. | Delibes *Guerras* 136: Si quita los tábanos y las ruciniegas, que zumbaban, .. no se sentía un ruido allí.

rucio -cia *adj* **1** [Animal, esp. asno] de color pardo claro, blanquecino o cano. *Tb n, referido a asno o caballo*. | Cela *Judíos* 25: Sentado sobre las ancas de un asnillo rucio. Cela *Pirineo* 304: Una niña amazona, encancada en un rucio tordo y matalón, pasaba por el camino. CBonald *Casa* 240: –Ese rucio tampoco está mal –dijo primo Aurelio, es hijo de *Granadilla*, una yegua de los Benijalea. **b)** [Color] propio del animal rucio. | Cela *Alcarria* 83: Por la cuesta abajo vienen dos damas cabalgadoras de sendos muletos finos y de rucia color.
2 [Pers.] entrecana. | Delibes *Castilla* 39: Los dos primeros son labradores conspicuos, tirando a calvo y reposado Eloy Santiuste; rucio, apasionado, altísono, Avelino Hermoso.
3 (*desp*) [Pers.] torpe o bruta. | Mendoza *Ciudad* 110: ¿Cómo es posible que Efrén, que es tan rucio, consiga a las mujeres sin ningún esfuerzo, y yo, que soy mucho más listo, tenga que tomarme tantísimas molestias?

ruda *f* **1** Planta arbustiva de flores amarillas en corimbo y olor fuerte y desagradable, usada en medicina, frec. como abortiva (*Ruta graveolens*). *Tb se da este n a otras especies del mismo gén*. | DPlaja *Sociedad* 29: El mal de ojo de los niños se curaba .. echando en una escudilla granos de cebada, ruda y culantro seco. Goytisolo *Recuento* 60: La Rosalía había abortado .. Por la noche .. ya se conocían más detalles: que estaba de tres meses, que la hemorragia había sido contenida, que la hemorragia continuaba, que lo hizo con una aguja de hacer media, con un tallo de ruda, con una hoja de hiedra. Loriente *Plantas* 48: *Ruta chalepensis* L. subsp. *bracteosa* DC. "Ruda". Arbusto utilizado como ornamental en algunos parterres.
2 ~ cabruna. Planta vivaz propia de lugares húmedos, de flores amariposadas, azuladas o blanquecinas, cuyas hojas se emplean esp. para aumentar la secreción láctea (*Galega officinalis*). | *Odi* 2.11.76, 25: Las plantas llamadas abortivas son utilizadas .. por las clases populares .. Estos vegetales son innumerables, aunque los más utilizados son la ruda cabruna, el boj, el poleo.
3 (*reg*) Chopa (pez). | *Voz* 5.11.87, 53: Salmonete, a 815 pesetas kilo; .. ruda, 435 a 440.

rudamente *adv* De manera ruda. | MSantos *Tiempo* 54: Estas jaulas habían sido obtenidas en los montones de chatarra y rudamente reparadas por el propio Muecas. Olmo *Golfos* 21: Herido en lo más hondo de su ser, reaccionó ruda, virilmente.

rudeza *f* **1** Cualidad de rudo. | Alfonso *España* 107: La rudeza que tanto caracterizó a nuestro pasado la vemos persistir adaptándose a los nuevos fenómenos del tiempo de las máquinas.
2 Cosa ruda. | Lázaro *Gac* 2.11.75, 16: Hay [en la comedia] una desequilibrada dosificación de rudezas. En este tipo de teatro, nunca se está muy seguro de adónde llegó el autor y qué han puesto de su parte los actores.

rudimentariamente *adv* De manera rudimentaria. | Armenteras *Epistolario* 14: Fueron los precursores de la pluma y el papel, que los griegos y los romanos fabricaron ya muy rudimentariamente de la corteza del papiro.

rudimentario -ria *adj* **1** De (los) rudimentos. | Laforet *Mujer* 35: Antonio era un buen conductor, pero de mecánica no tenía ni siquiera ideas rudimentarias.
2 Elemental o poco perfeccionado. | *Sp* 19.7.70, 24: Los viajeros .. tallan unos rudimentarios remos.

rudimentos *m pl* Nociones elementales [de algo, esp. una ciencia o arte]. | *Reforma* 157: Adquisición de habilidades básicas de aprendizaje autónomo y dominio de los rudimentos del método científico en las disciplinas del currículum. Gironella *Millón* 694: El muchacho había aprendido los rudimentos del esquí.

rudista *adj* (*Zool*) [Molusco] lamelibranquio fósil, propio del período cretácico, de concha muy desarrollada y valvas desiguales. *Frec como n m en pl, designando este taxón zoológico*. | Ybarra-Cabetas *Ciencias* 160: Período cretácico: .. adquieren gran desarrollo unos moluscos conocidos con el nombre de Rudistas.

rudo -da *adj* **1** Tosco o basto. | A. Guizán *Prog* 8.8.75, 6: Un baturro de ruda apariencia pero ingenioso y zumbón en sus respuestas.
2 Duro o brutal. | Grau *Lecturas* 125: Quiso la malhadada fortuna que, pocos meses después, falleciera Felipe el Hermoso, con lo cual los destinos de la nación vinieron a quedar en manos de la infeliz doña Juana, cuya demencia hubo de acentuarse con el rudo golpe. *Ya* 7.6.73, 20: Es muy distinto a "el Lute". De mucha peor condición: torvo, rudo, con malicia, más duro.

rúe *f* (*col, humorist*) Calle (espacio urbano no constituido por edificios). *Frec en constrs como* A LA ~, *o* EN LA ~. | *Ciu* 15.8.75, 5: Esta chimenea, situada a modo de obelisco entre la calle de la Sagrera y Ciudad de Elche, aparte de no pintar nada ahí en medio, queda como un pegote desagradable en plena rúe.

rueca *f* Instrumento para hilar, consistente en una vara delgada con una pieza para poner el copo en su parte superior. | Benet *Nunca* 26: Su madre (muy pequeña de estatura y muy hábil con la rueca de lino) arrastra el segundo embarazo.

rueda I *f* **1** Órgano mecánico circular que gira sobre un eje. | GPavón *Hermanas* 14: Lo primero que descubrió con su inteligencia no fue la rueda .. sino su fin sin remedio. Laforet *Mujer* 38: Enfocó las ruedas [del coche] con su linterna. Aldecoa *Gran Sol* 142: –Dame la rueda, Paulino.– El patrón de costa le dejó el timón a Orozco.
2 Círculo, o cosa circular. | SFerlosio *Jarama* 48: El hombre de los zapatos blancos estaba otra vez mirando hacia los buitres. Las ruedas descendían del cielo limpio a sumergirse en aquel bajo estrato de aire polvoriento, hacia algo hediondo que freía en la tierra. Lagos *Vida* 92: De la rueda de sombra del pimentero, hasta de la fuente, .. salían a su encuentro. **b)** Rodaja (trozo circular y plano). | Bernard *Verduras* 18: Se lavan y mondan los calabacines y se cortan a ruedas delgadas.
3 Círculo o corro [de perss.]. | *Abc Extra* 12.62, 17: Tenemos en las plazas las ruedas de las niñas dale que dale al turruntuntú. J. Romaguera *Inf* 27.2.78, 23: La misma marihuana o la grifa se llama también "tila" o simplemente "pedir corro", como dicen los iniciados. En este sentido se suelen organizar "ruedas" muy reducidas, en cualquier lugar, lejos de la vista de los curiosos, con frecuencia un estudio o un apartamento. **b)** Danza que se ejecuta formando círculo. | Moreno *Galería* 349: Ruedas, jotas, trenzados, paloteo, .. bailes al Santo o al "Santísimo" Sacramento, pueden[n] constituir un índice .. de las danzas rituales.
4 Despliegue en abanico que hace el pavo con las plumas de la cola. | ZVicente *Examen* 66: Los chiquillos correteábamos entre las manadas de pavos, nos divertía ver cómo hacían algunos la rueda.
5 (*raro*) Vez o turno. | GPavón *Reinado* 189: Volvió a llenar y a beber sin esperar rueda.
6 ~ de prensa, *o* **informativa.** Reunión de una o varias perss. con un grupo de periodistas convocados previamente, para informarles de algún asunto y responder a sus preguntas. *Tb* (*raro*) simplemente ~. | *ByN* 31.12.66, 16: Se ha celebrado una rueda de Prensa en la que el presidente del Consejo de Administración .. y el director general .. expusieron a los informadores el balance correspondiente al año que termina. Delibes *Voto* 13: –¿Una mesa redonda? –Una rueda informativa diría yo. Llámalo como quieras. MReverte *Demasiado* 225: Eduardo le citaría para una rueda con aire misterioso. A las seis de la tarde debería acudir a su despacho .. Eduardo hizo la llamada. El otro pareció picar el anzuelo.
7 ~ de reconocimiento. Trámite policial consistente en hacer que una pers. sea vista por otras a fin de identificarla como autora de un delito. | C. Aguilera *Ya* 16.9.89, 16: Este fue detenido y conducido a la comisaría, donde fue sometido a una rueda de reconocimiento, en la que fue identificado, sin ningún género de dudas, por dos de las mujeres de las que había abusado sexualmente.
II *loc adj* **8 de ~(s).** [Camino] adecuado para coches o carruajes. | Correa *Abc* 29.6.58, sn: Ampliar este esmero a todos los caminos de rueda.
III *loc v* **9 chupar ~.** (*Cicl*) Ir [un ciclista] detrás [de otro] para protegerse del viento. *Tb sin compl.* | L. Dávila *Tri* 27.2.71, 47: Los atletas pelean a codazos, los ciclistas "chupan rueda", los deportes de conjunto son de una violencia creciente. **b)** (*col*) Ir detrás [de alguien]. *Frec se omite el compl por consabido.* | *Inf* 20.11.73, 40: Obligados a "chupar rueda", muy a su pesar, todo el barro que desprendieron los caballos que marchaban delante cayó sobre cuadrúpedo y amazona. **c)** (*col*) Aprovecharse de un esfuerzo ajeno. | J. M. Castaños *Ya* 26.5.78, 19: Hay que llevarse el segundo aeropuerto lejos del primero, aunque todavía podamos chupar rueda de la capacidad actual del de Torrejón.
10 comulgar con ~s de molino. (*col*) Creer algo inverosímil. | J. DMagallón *Pue* 17.12.70, 2: Se nos silencia por el grave pecado de no comulgar con las ruedas de molino de los nuevos tópicos.
11 dar (*o* **perder**) **de ~.** (*Cicl*) Dejar atrás [un corredor a otro que le sigue inmediatamente]. | *Ya* 11.6.87, 44: Más preocupado de ganar la etapa que de distanciar a Roche, dio de rueda a Millar y Lejarreta, realizando la dura ascensión al Madesimo en solitario. J. Redondo *Ya* 2.7.87, 37: Delgado .. demostró que ha entrado de nuevo en la senda del contrarrelojismo efectivo .. Estuvo mejor que escaladores como Herrera .. y perdió de rueda a Fignon.
12 tener [a alguien] **en ~.** (*col*) Hacer[le] ir de un sitio para otro en servicio propio. | * Nos tiene a todos en rueda con el dichoso asunto.
IV *loc adv* **13 a (la) ~.** (*Cicl*) Inmediatamente detrás [de otro], para evitar que pueda escaparse o para aprovechar su esfuerzo. | *Ya* 5.7.75, 39: Reagrupado el pelotón, fue Van Springer el que lanzó un nuevo ataque, con Fraccaro a rueda.
14 sobre ~s. Muy bien. *Con vs como* IR *o* MARCHAR. | ZVicente *Traque* 72: Haciendo copias, con cambiar la fecha, todo va sobre ruedas.

ruedo I *m* **1** Círculo de la plaza de toros destinado a la lidia. | *Rue* 22.12.70, 12: ¿Qué juego debe dar en el ruedo un toro para merecer buena nota de la concurrencia? **b) vuelta al ~** → VUELTA.
2 Contorno [de una cosa redonda]. | * ¿Qué ruedo tiene esa falda?
3 Conjunto de tierras situadas alrededor [de una población]. | Mercader-DOrtiz *HEspaña* 4, 128: La [plaga] de la langosta, calamidad bíblica que .. se lanza en todas direcciones, en busca de los productos de las únicas tierras bien cultivadas: los ruedos de los pueblos. Halcón *Ir* 91: Olivares de los ruedos de Utrera. **b)** (*reg*) Conjunto de tierras que rodean el caserío de un cortijo. | Halcón *Ir* 143: Pastaban aquella noche [los mulos] en el rastrojo del ruedo.
4 el ~ ibérico. (*lit*) España. | Escobar *Itinerarios* 85: No es que abunden mucho los peces en este río .., pero gozan de la propiedad que hemos señalado, como privilegio único en todo el ruedo ibérico.
II *loc v* **5 saltar**, *o* **lanzarse, al ~.** Decidirse a intervenir ante un grupo de perss. | Payno *Curso* 82: El grupo de mayores charlaban con animación. Se preguntaban unas a otras si se sabían esto o aquello .. Piti, que era una de ellas, saltó pronto al ruedo: –Ayer estuve con un chico estupendo.

ruego *m* Acción de rogar. *Tb su efecto.* | *HLM* 13.1.75, 12: Los recordamos ahora, realmente, a petición de una simpática "peña" que nos hacía un ruego en tal sentido. **b) ~s y preguntas.** *En una asamblea o reunión:* Espacio de tiempo destinado a que los asistentes hagan preguntas y propuestas a la presidencia. | *Med* 8.4.60, 2: Se convoca a Junta [G]eneral .. con el siguiente orden del día: 1. Examen de la Memoria, Balance, y Cuentas correspondientes al Ejercicio 1959 .. 4. Ruegos y preguntas.

ruejo *m* (*reg*) Piedra grande y redonda, esp. de molino. | Delibes *Castilla* 36: Por el ventano se divisa el caz que acarrea agua al molino .. Los ruejos, al girar, estremecen la casa con un bum-bum acompasado.

rueño *m* (*reg*) Rodete (para llevar pesos sobre la cabeza). | Mann *DMo* 7.8.89, 4: Las aguadoras fueron famosas ..; llevaban un cántaro bajo el brazo y otro en la cabeza, sobre el rueño.

ruezno *m* (*reg*) Corteza verde de la nuez. | MCalero *Usos* 24: Con estas nueces, aún con su ruezno y a medio hacer, preparaban un aguardiente especial.

rufián *m* **1** Hombre que vive a costa de una o varias prostitutas. | Carandell *Madrid* 29: ¿Valdría la pena .. recordar que la picaresca española .. estuvo siempre llena de .. rufianes que proporcionaban aventuras a los marqueses y se sentaban a su mesa?
2 Hombre vil y despreciable. | Cela *Judíos* 73: Don Toribio, que era un caballero, no se había marchado a lo rufián, sin despedirse.

rufianesco -ca I *adj* **1** De(l) rufián o de (los) rufianes. | *Abc* 4.2.73, 40: La Sala 2ª del Tribunal Supremo ha puesto punto final al proceso seguido por el llamado "crimen de la tinaja", fallado en su día por la Audiencia de Madrid

rufianismo – ruidoso

con absolución por el homicidio y condena por las actividades rufianescas del procesado.
II *f* **2** Vida de los rufianes. | L. Calvo *Abc* 1.8.72, 17: Al final de la aventura, relucen la vida airada y la jacarandaina, robo a la navaja y escalo impunes, y la rufianesca: las mujeres son blancas y se amartelan fácilmente.

rufianismo *m* Condición o comportamiento de rufián. | Gala *Sáb* 8.1.77, 5: ¿Tanto ha cambiado esto que se ha hecho de los cuernos una fuente de ingresos canonizada por las propias leyes? ¿No estará promoviéndose un rufianismo de rebote?

rufo[1] **-fa** *adj* **1** Rubio o rojizo. | Cela *Judíos* 192: Un perrillo rufo gulusmea unas piedras del camino.
2 Rizado o ensortijado. | Delibes *Siestas* 19: Los rufos cabellos se le adherían obstinadamente a la frente.

rufo[2] **-fa** *adj* (*lit*) Chulo o fanfarrón. *Tb n, referido a pers*. | Aldecoa *Cuentos* 1, 134: El artista [un limpiabotas] contaba con la animadversión de dos rufos de su oficio.

rugbístico -ca *adj* De(l) rugby. | Mancebo *Hora* 16.1.77, 20: Año nuevo y reinicio de la actividad rugbística en nuestra provincia.

rugby (*ing; pronunc corriente*, /rúgbi/) *m* Deporte que se practica entre dos equipos de quince jugadores, con un balón ovalado y utilizando las manos y los pies. | *ByN* 31.12.66, 78: Tenían hombros de jugadores de "rugby" derrotados. *Gac* 11.5.69, 65: Los tres amores de mi vida son el hockey, el ajedrez y el rugby, en ese orden.

rugido *m* Acción de rugir. *Frec su efecto*. | Anson *SAbc* 20.4.69, 15: De pronto se oye un rugido estremecedor. [*En un safari*.] Torrente *Isla* 236: Esta vez, solo un rugido de claxon, no muy enérgico.

rugidor -ra *adj* Que ruge. | Zunzunegui *Camino* 232: A las mujeres se las veía calientes, rugidoras, procaces. ZVicente *Traque* 53: Nadie logra parar el huracán creciente, rugidor, ya hay gente parada en la calle, sospechosa de que allí dentro pasa algo gravísimo.

rugiente *adj* Que ruge. | Delibes *Voto* 110: Abajo, en la hondonada, el río, las torrenteras rugientes, con un rumor sordo, y cambiante como el del mar. CPuche *Paralelo* 224: Había nacido en la desembocadura de un río de carbón, cerca de un puente colgante de trenes rugientes.

ruginoso -sa *adj* (*lit, raro*) Herrumbroso u oxidado. | P. Álvarez *SVozC* 29.6.69, 24: En las aguas convertidas en espejo de la bella Dorotea, por Cervantes, se me iba la imaginación a lo hondo con la veleta hundida al tirar del sedal el guantelete ruginoso de algún caballero andante.

rugio -gia *adj* (*hist*) [Individuo] de un antiguo pueblo germánico que en el s. VI se mezcló con los ostrogodos. *Tb n*. | Villar *Lenguas* 192: Con esta enumeración no se pone fin a la serie de los pueblos germánicos .. También relacionados con el grupo están los gépidos, los rugios y los hérulos.

rugir A *intr* **1** Emitir [el león, el tigre u otra fiera similar] el sonido que le es propio. | P. GAparicio *SYa* 30.3.75, 20: Por la noche, tres leones rugen en el recinto mismo del campamento. **b)** Emitir [un animal o una pers.] un sonido semejante al del león. | Cuevas *Finca* 137: Los machos perseguirían incansables, tercos, las ovejas .. De cuando en cuando, levantaban el hocico, plegaban el labio superior y rugían con un rugido corto, bajo, pero lleno de fuerza. Aldecoa *Gran Sol* 130: Gato Rojo se despertó con la hora de su guardia. Rugió en el desperezo.
2 Dar voces o gritos furiosos [una pers.]. | Gala *Petra* 837: Yo reconozco la manera de rugir de mi gente.
3 Producir [algo] un sonido fuerte y ronco. | Aparicio *Año* 200: Don Pedro Ochoa subió a su coche. Rugió el motor y el tubo de escape expulsó un montón de gases. *Ya* 30.12.91, 18: El volcán Etna vuelve a rugir.
4 Sonar [las tripas]. | Torbado *En el día* 161: El señor no tendrá hambre, pero aquí al amigo le han estado rugiendo las tripas.
5 (*col*) Oler mucho y esp. mal. | *SHLM* 26.5.80, 7: Ruges a perfume caro.
B *tr* **6** (*raro*) Decir [algo] rugiendo [1 y 2]. | E. Montes *Abc* 9.1.72, 19: En la fachada de un palacio maltés, el león anglo ruge una frase en latines sobre Britania invicta. DPlaja *El español* 127: La calle queda en manos de dos gru-

pos. Los que rugen el programa .. de placeres posibles, y los que, coartados por su falta de imaginación, repiten .. lo que los poetas dijeron.

rugosidad *f* **1** Cualidad de rugoso. | * La rugosidad de su piel siempre me llamó la atención.
2 Arruga o pliegue irregular. | S. Aráuz *SYa* 25.5.75, 33: Las rugosidades, la corola redonda y la textura son típicos de un auténtico morrón. Rodríguez *Monfragüe* 122: Sapo corredor .. Aspecto característico a base de grandes rugosidades o tubérculos repartidos por toda la piel.

rugoso -sa *adj* Que tiene arrugas o pliegues irregulares. | Bustinza-Mascaró *Ciencias* 172: La piel de estos animales [los tiburones] es, por ello, rugosa al tacto.

ruibarbo *m* Planta herbácea perenne, de hojas anchas y flores en grandes panojas, cuya raíz se usa en medicina por sus propiedades purgantes y digestivas (*gén. Rheum*). *Tb se da este n a otras especies de los géns Rumex y Thalictrum*. | Buero *Soñador* 222: Yo sé buenos remedios... Puedo prepararle ruibarbo, o cristal tártaro... ¿Es el estómago?

ruido I *m* **1** Sonido inarmónico. | M. Vigil *Ya* 10.6.73, 5: Un cuarto de hora antes se había oído un ruido sordo, como de explosión, aunque también podía ser derrumbamiento. **b)** Mezcla confusa de sonidos. | J. M. Moreiro *Ya* 9.6.73, 42: Mientras sus compañeras hacen ruido, de nuevo son desmontadas las piedras y gateando como gamos llegan al borde del foso.
2 Serie abundante de comentarios o discusiones provocados por alguien o algo. *Frec con los vs* HACER *o* ARMAR. | J. Carabias *Ya* 9.6.73, 8: Se la hizo [la pregunta] Miguel Veyrat, ese joven periodista que viene armando mucho ruido y que aún va a armar más estos días a cuenta de otro libro.
3 Alboroto o pendencia. | Hoyo *Bigotillo* 78: Es muy posible .. que aquella y otras luchas hayan sido propiciadas por los ratones caseros para advertir a los hombres, con el alboroto, de la presencia de los invasores. Te digo que posiblemente lo hacen adrede. Y, armado el ruido, ellos se esfuman y esconden antes de que lleguen los hombres. Y ahí queda el lío.
4 (*TComunic*) Perturbación que estorba la comunicación. *Tb fig, fuera del ámbito técn*. | Lázaro-Tusón *Lengua* 8: Toda comunicación puede recibir perturbaciones que la estorben. Cualquier perturbación se denomina ruido en Teoría de la Comunicación. *País* 19.4.80, 8: El arreglo de los contenciosos dentro del Gobierno, el despertar de las ambiciones .. siembran de ruidos la discusión.
5 ~ de sables. Malestar político en la clase militar, que anuncia un posible golpe de Estado. | *Tie* 25.9.89, 29 (A): El éxito alcanzado por Serra con la reforma militar, que no solamente ha hecho desaparecer el ruido de sables .., sino que ha conseguido una profunda profesionalización.
II *loc v y fórm or* **6 ser más** (*o* **mayor**) **el ~ que las nueces**. (*col*) No haber en la cuestión de que se trata tanta importancia o gravedad como parece. | M. BTobío *Atl* 1.90, 53: De la citada rivalidad se originó una tensión internacional orientada a corregir las consecuencias territoriales y políticas de la guerra. Fue mucho más el ruido que las nueces. Laiglesia *Tachado* 198: Fue mayor el ruido que las nueces, y la sangre no llegó al río.
7 mucho ~ y pocas nueces (*o* **más ~ que nueces**). (*col*) *Fórmula con que se comenta la insignificancia de algo que parecía importante*. | * –¿Qué pasó por fin con aquello del expediente? –Nada. Mucho ruido y pocas nueces. *ElM* 11.7.93, 5: Tokio: más ruido que nueces.

ruidosamente *adv* De manera ruidosa. | Laforet *Mujer* 175: Rita apartó el plato de la mesa y lloró ruidosamente.

ruidosidad *f* Cualidad de ruidoso [1b]. | J. Castro *SInf* 22.4.71, 11: Con sus luces a cuestas, y su brillantez y ruidosidad cromática, está en Madrid la inventiva de Manuel Capdevilla. A. Mercé *Abc* 1.8.72, 52: El antiguo campeón del mundo se ha presentado a la rueda de Prensa con los labios pintados en un rojo tan vivo como su camisa y ha orquestado estupendamente su número de escándalo y ruidosidad.

ruidoso -sa *adj* **1** Que causa ruido, *esp* [1 y 2]. | Laforet *Mujer* 295: Las habitaciones de aquel sexto piso ahora estaban ocupadas por una familia ruidosa. S. RSanterbás

Tri 11.4.70, 21: Eran gentes que, deslumbradas por el ruidoso éxito de unos pocos afortunados, hacían la revolución por su cuenta y riesgo. **b)** Escandaloso o llamativo. | LRubio *Diana* 362: Le van bien el bigote, la corbata ruidosa y la piedra buena, pero excesiva, en la sortija.
2 Que tiene ruido [1]. | GPavón *Hermanas* 41: Se sentían cosas en aquel mundo apretado y ruidoso.

ruin I *adj* **1** Despreciable o mezquino. *Tb n, referido a pers.* | Laforet *Mujer* 39: Estoy aquí resistiéndome a lo que Joaquín insinúa... Resistiéndome porque estás tú. Quizá esto sea demasiado ruin. R. Roquer *Van* 28.12.75, 23: El hombre noble aspira a vivir como hombre; el ruin solo quiere vivir feliz.
2 Raquítico. | Carnicer *Cabrera* 69: Entre unas cosas y otras agotan las vacas y no les dan tiempo para criar. ¿No se ha fijado en lo ruines que son los animales de la Cabrera? FReguera-March *Filipinas* 139: El muchacho valía muy poco en su persona. Era muy flaco, de pecho hundido .. Y siendo tan joven y ruin, estas cosas parece que ofenden y se sufren menos.
3 Avaro o tacaño. | * Es tan ruin que, por no gastar, ni come.
II *m* **4 el ~ de Roma.** (*col, humoríst*) El rey de Roma (→ REY). | * Hablando del ruin de Roma...

ruina *f* **1** Hecho de hundirse o destruirse [una construcción]. *Tb fig.* | Cossío *Montaña* 75: En ocasión de temporales [el arroyo] se encrespa e hincha, extiende sus márgenes y eleva su caudal, arrastra piedras y troncos, y muerde los cimientos de la carretera con ruina de esta. GNuño *Escultura* 153: En este punto, la ruina de Numancia, el año 133, es suficiente hito final de la escultura prerromana que hemos venido persiguiendo por toda la Península. Castejón *Pról. Salcedo* 8: Los siglos XI y XII, con la llegada de almorávides y almohades, presencian la ruina y consunción de la Córdoba califal. **b)** Estado de hundido o destruido. | *Abc* 4.11.75, 31: Las techumbres y las dependencias interiores están en total ruina. **c)** Construcción hundida o destruida. | GLuengo *Extremadura* 50: Su Alcazaba árabe [de Montemolín] con torres de tapial es una ruina. **d)** Pers. o cosa en estado de gran decadencia, esp. física. | CBaroja *Tri* 3.6.72, 26: La viuda de mi tío se fue a vivir con su sobrina carnal a Logroño. Era una ruina. Nuestra vieja muchacha, Julia, que ya era otra ruina también, persistió en quedarse para mal de la casa. Buero *Diálogo* 62: ¿Te has fijado en que [Niceto] está hecho una ruina? **e)** *En pl:* Restos [de una construcción hundida]. *Frec en la constr* EN ~S. | DPlaja *El español* 108: Si la ciudad o pueblos son feos se elogia su riqueza minera; si no la hay, el viejo castillo o ruinas de un convento.
2 Hecho de pasar a la pobreza o miseria [alguien que ha tenido bienes]. | * La caída de la bolsa ocasionó su ruina. **b)** Estado de pobreza de alguien que ha tenido bienes]. | *Caso* 26.12.70, 17: Me dejaron entrampado, en una completa ruina. **c)** Pers. o cosa que supone un gran gasto o un perjuicio económico grave. | *País* 14.6.82, 39: El Mundial es una ruina para las corridas, según los empresarios.
3 (*jerg*) Pena muy larga de cárcel. | *D16* 28.9.92, 7: Los 30 años son el límite máximo de cárcel .. Esto es lo que se conoce en el argot carcelario como "ruina". Delincuentes con "ruina" son, por ejemplo, los etarras.

ruindad *f* **1** Cualidad de ruin, *esp* [1]. | PGarcía *Cod* 9.2.64, 4: Como yo conocía la bajeza, ruindad y envidia de Páblez, dejé resbalar la palabra sobre la epidermis.
2 Acción ruin [1]. | Zunzunegui *Hijo* 86: La subida geométrica de los fletes le fue consolando de tanta ruindad.

ruinmente *adv* De manera ruin [1]. | Ramírez *Derecho* 91: Sería disparatado premiar a quien, lejos de contribuir, obró ruinmente.

ruinoso -sa *adj* **1** Que amenaza ruina [1a y 2a] o está en ruina(s) [1b y e y 2b]. | Goytisolo *Afueras* 5: Miraba los corrales ruinosos, los postes de los almiares con un cazo en la punta y un mechón de paja a media altura. VParga *Santiago* 24: Extendiéndose su caserío en cinta y amplio arco al pie de la altura dominada por el ruinoso castillo. * Su salud es ruinosa. *Ya* 11.6.74, 7: Estamos cansados de leer y oír directamente sobre la situación de la ganadería gallega, por ejemplo, es ruinosa.
2 Que causa ruina [2a]. | Gala *Ulises* 755: Si la guerra de Troya se hizo fue porque competir con Troya era ruinoso: fabricaba más que toda Grecia.

ruiseñor *m* Pájaro de color pardo y cola ancha de color castaño, muy conocido por la belleza de su canto (*Luscinia megarhynchos*). *Tb se da este n a otras especies del gén Luscinia, esp a la L. luscinia* (~ RUSO *o* PINTADO). | Legorburu-Barrutia *Ciencias* 209: Unas cantan muy agradablemente (aves cantoras): ruiseñor, jilguero. Lama *Aves* 75: Entre todas las aves de la Familia Turdidae, por su excepcional canto empezaremos dando merecida preferencia al Ruiseñor común (Luscinia megarhynchos). Lama *Aves* 75: El Ruiseñor común .. mide unos 17 centímetros de longitud, resultando por ello algo más pequeño que el Ruiseñor pintado (Luscinia luscinia), propio de Rusia y nunca presentado en nuestro país. **b) ~ bastardo.** Pájaro semejante al ruiseñor común, pero algo más pequeño, rojizo y de cola levantada (*Cettia cetti*). | Noval *Fauna* 142: En las márgenes y riberas de ríos, arroyos, canales y charcas con enmarañada vegetación vive el Ruiseñor bastardo (*Cettia cetti*).

ruiseñoril *adj* (*raro*) De(l) ruiseñor. | MSantos *Tiempo* 56: Las ratonitas o ratonitos, una vez nacidos, se anunciaban con una música sutilísima de pequeños píos ruiseñoriles.

rula *f* (*reg*) Lonja de contratación del pescado. | FQuintana-Velarde *Política* 175: En España todo este mecanismo se completa con las ferias y mercados para los productos rurales, y las rulas y lonjas del pescado. Vallina *Luanco* 17: El muelle de Luanco, así como el mercado y la rula, no ofrece todo el movimiento que sería de esperar en un puerto pesquero.

rulada *f* Fiambre de carne, de forma redonda, frec. con pimiento rojo y aceitunas. | Torrente *Off-side* 430: Deja al descubierto la merienda .. Lonchas de fiambres variados –jamón de York y de jabugo, ternera, ruladas de varias clases–.

rulante *adj* (*raro*) Que rueda. | *Abc* 2.3.58, 14: Recoge [el matadero automático] las aves vivas y las deja listas, sobre un tapiz rulante, para ser examinadas y pasar a las grandes cocinas.

rular *intr* **1** (*col*) Marchar o funcionar. | Tomás *Orilla* 232: ¿Cómo estás, tronco? Cuando recibas esta carta, espero que te rule todo bien. Por aquí fuera está todo cambiado.
2 (*jerg*) Liar un cigarrillo de hachís o marihuana. | Tomás *Orilla* 242: –Está algo chungo [el hachís], pero no se puede pedir más. –Una fumata ahora.. –Hombre, Califa, tampoco nos vamos a poner a rular aquí.

rule *m* (*col*) Acción de rular [1]. | Umbral *País* 5.12.82, 30: Tanto rule y derroche nos lleva a la ruina.

rulé *m* (*col*) Trasero. | Cela *Judíos* 205: El vagabundo sintió una inmensa lástima de la Tere, que tenía el rulé como una princesa, pero a quien Dios no había llamado por el camino del entendimiento.

ruleta *f* **1** Juego de azar en el que una bolita, lanzada sobre una rueda horizontal giratoria dividida en 37 casillas numeradas, determina el ganador. *Tb la misma rueda.* | Gironella *SAbc* 9.2.69, 20: No se trata de la ruleta, de las carreras de caballos, del póker. * Esta caja de juegos no trae ruleta.
2 ~ rusa. Prueba de valor que consiste en apretar el gatillo de un revólver cuyo tambor, con un solo proyectil, se hace girar mientras se apunta a la propia sien. *Tb fig.* | GSerrano *Macuto* 526: La ruleta rusa .. es un divertimiento bárbaro, pero tiene su grandeza practicado por los legionarios. C. Cernuda *Ya* 13.4.93, 12: Bruselas ha calculado cada movimiento, aunque juega a la ruleta rusa.

ruletero -ra *adj* De (la) ruleta. | J. L. Moscardó *Act* 20.3.58, 5: Los salones del Casino están llenos .. Murmullos que sofocan el monótono y excitante rodar de la bolita ruletera.

rulo *m* **1** Instrumento o pieza de forma cilíndrica o troncocónica que gira y sirve esp. para aplastar o triturar. | *Abc Extra* 12.62, 11: En el camino se encuentran un rulo de molino que parece un trompo. Á. Fonseca *SYa* 1.2.76, 15: Tomaremos una porción de pasta de hojaldre .., estirándola muy fina con el rulo o palote. F. RMocholí *Pro* 13.8.75, 22: El marco adecuado son unos 25 centímetros entre líneas, enterrando la semilla solo unos 2 centímetros de profundida[d], y pasando un rulo a continuación que iguale el terreno y facilite la recolección.

2 Pequeño cilindro hueco y perforado al que se enrolla el pelo para rizarlo. | M. Aguilar *SAbc* 14.12.69, 54: Hay que suprimir los tintes, permanentes, rulos, cardados.
3 Objeto enrollado de forma cilíndrica. | *Ya* 14.4.64, 32: Dobladillos de "rulo". Lorzas. Bordados de lagartera. Laforet *Mujer* 20: La condesa .. parecía un ama de llaves distinguida, .. peinada con un rulito de cabellos grises en la nuca.

rumano -na I *adj* **1** De Rumanía. *Tb n, referido a pers.* | R. Melcón *Alc* 31.10.62, 23: Deseo que no tengamos que lamentarlo mañana, con los defensivos y fuertes rumanos enfrente.
2 De(l) rumano [3]. | Amorós-Mayoral *Lengua* 15: Ha adoptado [el judeo-español] muchas expresiones turcas, griegas, rumanas, árabes.
II *m* **3** Lengua rumana [1]. | Lapesa *HLengua* 66: *Magis* es la partícula comparativa que sigue usándose en los romances peninsulares y en rumano.

rumazón *m* (*Mar*) Conjunto de nubes. | Aldecoa *Gran Sol* 14: Simón Orozco llevó la mirada al rumazón tormentoso.

rumba *f* **1** Danza afrocubana de compás de 2 por 4, que se baila con marcado movimiento de caderas. *Tb su música*. | Pla *América* 26: Los seres humanos viven aquí [en Cuba] rodeados de vibraciones del aire .., sobre las cuales se dibuja a veces la línea quebrada de una rumba o de un mambo.
2 Baile flamenco de ritmo alegre y muy rápido. *Tb su música*. *Frec ~ (o* RUMBITA) FLAMENCA. | J. GCano *Gac* 11.5.69, 79: En Cimadevilla siete u ocho parejas o tríos de gitanos cantaban rumbitas flamencas y bebían combinados de ginebra.

rumbar *intr* (*raro*) Zumbar o hacer ruido. | Delibes *Santos* 99: Las voces de los ojeadores se confundían en la distancia y los cornetines rumbaban en los extremos, entrizando a los pájaros.

rumbear[1] *intr* Bailar la rumba. | Sueiro *Tri* 20.3.71, 47: Conocer su versión de la vida en Cuba, .. aun sin considerar la diferencia que puede haber entre rumbear en el cabaret Alhambra y agonizar en las plantaciones de azúcar, eso sí que es sustancial para la entidad de la obra.

rumbear[2] *intr* (*Mar*) Tomar el rumbo[1] [1b]. *Tb (lit) fuera del ámbito técn.* | Aldecoa *Gran Sol* 53: Por el aguaje del Aril rumbeaba el Uro. CBonald *Ágata* 125: Decidieron, a poco de levantar sus tiendas, volverlas a recoger y rumbear en busca de más saludables latitudes.

rumbero -ra *adj* Que canta o baila rumbas, *esp* [2]. *Frec n, referido a pers.* | L. C. Buraya *SYa* 30.12.84, 37: Resulta cuanto [*sic*] menos curiosísimo que un grupo como este, medio rumbero, medio flamenco, .. "entre" como lo hace en públicos tan diferentes. *Mad* 12.9.70, 16: Protagoniza el "Brindis flamenco" que presenta el teatro Calderón el popular cantante Antonio Molina, al que acompañan en la cabecera del cartel Enrique Montoya, Gloria Romero y Amina y sus rumberos.

rumbo[1] I *m* **1** Dirección considerada en el plano del horizonte. | Cela *Pirineo* 313: Por el rumbo de poniente se alcanza Vilaller, en el Noguera Ribagorzana, que cuida –algo más abajo– el airoso belén de Vihuet, entre sus dos peñas. **b)** Dirección [de un barco o un avión]. *Frec con el v* HACER. | Aldecoa *Gran Sol* 122: El Uro y el Aril hacían rumbo al norte. Payno *Curso* 132: Los otros aviones los intentarán convencer hasta que, cansados, le ametrallarán para que no agonice en vida ni sea peligro suyo un avión "a rumbo haciéndose" entre varios de rumbo previsto, prefijado. **c)** Dirección o camino que se pretende seguir. *Tb fig*. | L. Contreras *Mun* 23.5.70, 10: "Los maestros .. han perdido su salida bonita; la única que tenían" .. ¿Es acaso este el precio, a escala magisterial, de unos rumbos nuevos y más fecundos?
II *loc prep* **2 ~ a.** En dirección a. | *Inf* 24.6.70, 7: Buques de guerra españoles, rumbo a puertos del Sahara. *Inf* 21.10.69, 31: Los amateurs, rumbo a Londres.

rumbo[2] *m* **1** Esplendidez, o falta de miramiento en el gasto. | ZVicente *Traque* 187: Se quitaban el sombrero los hombres cuando una se acercaba, y echaban diez céntimos en la hucha, aquello era rumbo.
2 Garbo o gracia. *Frec en la constr* DE ~. | P. VSanjuán *Abc* 24.3.66, 27: Granados .. entabla amistad con descendientes de aquellos chisperos y majas de rumbo que inspiraron al gran don Francisco sus cartones.

rumbosamente *adv* De manera rumbosa. | Carandell *Tri* 8.8.70, 14: Llega con dos inglesas, a las que ya consiguió "ligar" en la sala de Velázquez, y rumbosamente las convida.

rumboso -sa *adj* De rumbo[2] [1]. | ZVicente *Balcón* 71: –¡Qué rico chocolate! .. –¡De la Colonial! ¡Cacao puro! Doña Piedad, hija, no lo gasta menos. ¡Esta casa es rumbosa!

rumia *f* Acción de rumiar. | Cuevas *Finca* 248: La vieja estancia, con sus hornacinas para los faroles que iluminaba la rumia de los bueyes, quedó transformada en un gallinero. MGaite *Cuento* 331: La rumia del lector paciente se corresponde con el disfrute del amante delicado.

rumiación *f* (*Zool*) Acción de rumiar [1]. | Ybarra-Cabetas *Ciencias* 394: El toro no mastica cada uno de los bocados, sino que los traga y después los vuelve a la boca, cuando el animal lo quiere, y entonces con toda calma son masticados; este acto se llama rumiación.

rumiadura *f* (*raro*) Rumia. *Tb fig*. | Montero *Reina* 50: El Poco estaba liándose uno de sus cigarrillos de picadura, que luego colgaría pegado a sus labios, apagado, a medio consumir, hasta que se deshiciera por la acción conjunta de la saliva y la rumiadura.

rumiante *adj* Que rumia. | Gironella *SAbc* 9.2.69, 22: Dicha predisposición inicial podría atribuirse .. al temperamento rumiante de los rusos, gracias al cual, en el transcurso de una partida, sus jugadores actúan con menor tensión psíquica que los demás. **b)** (*Zool*) [Mamífero artiodáctilo] herbívoro cuyo estómago está dividido en cuatro cavidades para permitir la rumia de los alimentos. *Frec como n m en pl, designando este taxón zoológico*. | Bustinza-Mascaró *Ciencias* 204: Animales rumiantes. Ybarra-Cabetas *Ciencias* 395: El buey es un rumiante. Legorburu-Barrutia *Ciencias* 216: El grupo más importante de los mamíferos herbívoros lo constituyen los Rumiantes.

rumiar (*conjug* 1a) *tr* **1** Masticar [un animal el alimento que previamente ha ingerido y que sube a la boca desde el estómago]. *Tb abs*. | Ybarra-Cabetas *Ciencias* 394: En la boca [las hierbas] son masticadas (rumiadas) y se forma un bolo que es tragado y conducido a un tercer depósito, el libro. CNavarro *Perros* 74: Su movilidad recordaba el movimiento de los animales cuando se tumban al sol para rumiar o amodorrarse. **b)** (*col*) Masticar. | GPavón *Reinado* 31: Empezó a sonar el líquido en los cristales y el rumiar de las almendras.
2 Pensar o reflexionar detenidamente [sobre algo (*cd*)]. | MGaite *Búsqueda* 72: Hoy, en cambio, nadie se retira en soledad ni a rumiar lo inefable ni a rumiar nada de nada. Payno *Curso* 249: Leyó despacio. Rumiaba cada palabra, cada línea.

rumio *m* Rumia. | *Inf* 27.1.72, 16: La camella .. se reclinó a su vez junto a él, en posición inversa, entregándose a la lenta delicia del rumio. Cobos *Machado* 67: Hacía humorismo filosófico porque en la soledad meditativa de su ascética alcoba o en el rumio de su andar camino del Instituto se encontraba con la mueca que le hacía sonreír.

rummy (*ing; pronunc corriente, /*rúmi/) *m* (*Naipes*) Juego que consiste en reunir grupos de tres o más cartas del mismo valor o series del mismo palo. | *Naipes extranjeros* 99: Este juego [remigio o rabino] .. no es sino una de las muchas variantes del tan popularísimo juego internacional del Rummy.

rumor *m* **1** Ruido sordo y continuado. | Laforet *Mujer* 134: Empezó a soltar los grifos de la casa, solo por oír el rumor del agua.
2 Noticia no confirmada que circula entre la gente. | *Sp* 19.7.70, 37: Un rumor circula, estos días, por los Estados Unidos.

rumorear A *tr* **1** Hacer correr [un rumor [2]] (*cd*)]. *Gralm en constr pasiva con* SE. | *Sáb* 10.9.66, 29: Se rumoreó un posible noviazgo de la joven princesa con Brian Alexander. * La gente ha empezado a rumorear que dimitiría pronto.

2 (*raro*) Emitir [un sonido o palabra] como un rumor [1]. | Marín *Enseñanza* 133: Es general que lea palabras y las rumoree fuera de un contexto.
B *intr* **3** Hacer correr un rumor o rumores [2] [sobre algo]. | *Cam* 21.7.75, 33: Se acabó el rumorear sobre la sucesión.
4 (*raro*) Sonar [algo] como un rumor [1]. | Gamallo *Abc* 22.8.71, 10: Siempre que evoco a don Miguel Asín .. me rumorea en el oído la primera lira de la "Vida retirada", de Fray Luis.

rumoreo *m* (*raro*) Acción de rumorear. | Humberto *Sáb* 8.10.75, 40: Los consumidores, escamados por un rumoreo falaz, tenemos *in mente* extrañas aprensiones. S. Jiménez *Abc* 25.2.68, 7: Los tamboritos trepidantes precipitan el rumoreo de su ritmo enérgico.

rumorología *f* (*humoríst*) Utilización de los rumores [2]. | L. LSancho *Abc* 2.12.75, 4: La rumorología llega a ser una ciencia, o mejor, una estrategia del asalto al cargo público.

rumorosamente *adv* De manera rumorosa. | M. GMorell *Abc* 27.3.75, 7: Granada, verde y húmeda, peregrina del silencio, musita, que es como decir que canta silenciosa para dormirse rumorosamente.

rumoroso -sa *adj* Que produce rumor [1]. | Alós *Hogueras* 110: Forma [el torrente], con las detenidas aguas del invierno, un lago quieto, rodeado por un cañizal, de cañas verdes, flexibles y rumorosas.

runa *f* (*Paleogr*) Signo gráfico de los antiguos escandinavos. | Villar *Lenguas* 109: Los godos no tenían más sistema de escritura que el de las runas.

runflar *intr* (*reg*) Resoplar. | J. Maza *Ya* 3.3.63, sn: Y en esto, que runflando mucho .. se detiene el tren.

rúnico -ca *adj* (*Paleogr*) De (las) runas. | GYebra *Traducción* 44: Ulfilas o Wulfila .. parece haber inventado para su traducción el alfabeto gótico, combinación del griego y de caracteres rúnicos. Torrente *Isla* 243: Al mismo tiempo que polimorfa, era [la plata] alusiva a objetos y prácticas sexuales variadas, muestras de la fantasía anglosajona, con algo de adornos rúnicos en la composición del conjunto. **b)** [Piedra] que tiene grabados runas y dibujos de supuesto carácter mágico. | L. Servio *DBu* 21.7.81, 15: El hallazgo de las piedras rúnicas en suelo americano permite saber directamente sobre esos viajes dramáticos.

runrún (*tb con la grafía* **run-run**) *m* (*col*) **1** Ruido sordo y continuado. | Marsé *Tardes* 292: No había ningún tono de disculpa en la voz; al contrario, era como un satisfecho run-run de paloma.
2 Rumor (noticia no confirmada que circula entre la gente). | DCañabate *Abc* 29.6.75, sn: Pues sí que estamos aviaos con el siglo xx. En los doce años que padeciéndole ha subido el pan dos céntimos el kilo el año siete, y en este del doce que estamos ya empieza el runrún de que va a pegar otro alza p'arriba.

runrunear A *intr* **1** Ronronear. | Lera *Boda* 589: La vieja siguió sentada en el poyo, silente y enigmática. A sus pies, runruneaba el gato. J. MArtajo *Ya* 17.11.63, sn: La palomita picoteaba los yeros dispersos por la caja de cartón, mientras su compañero runrunea, celoso, en su derredor.
B *tr* **2** (*reg*) Decir [algo] entre dientes. | CPuche *Sabor* 32: Cogí el botellón, "lleva cuidado, lo vas a romper, vas andando de cualquier manera", runrunearía tío Cayetano.

runruneo *m* Acción de runrunear. *Tb su efecto.* | CPuche *Sabor* 33: "Lleva cuidado, lo vas a romper ..", runrunearía tío Cayetano, y al llegar a tía Juana seguiría el runruneo. Chamorro *Sin raíces* 75: Le llegó el runruneo de las apagadas y cansinas conversaciones, moribundos retazos inconexos de palabras repetidas durante la noche.

rupestre *adj* Hecho sobre las rocas. *Esp referido a arte o pintura prehistóricos.* | Arenaza-Gastaminza *Historia* 8: La cueva de Altamira .. y la del Castillo .. ofrecen las mejores representaciones de la pintura rupestre. Pericot *Polis* 21: En los abrigos rocosos de la zona levantina española se da una variante del arte rupestre. LMartínez *Apénd.* PCarmona 257: De algunos [pueblos] aún quedan vestigios –incluso alguna pequeña iglesia rupestre en el valle de Manzanedo–. **b)** De (la) pintura rupestre. | Pemán *Halcón* 40: Fue precisa la fotografía instantánea para que pudiera reproducirse el movimiento de los animales con la precisión gráfica con que lo hacían los pintores rupestres de Altamira.

rupia *f* **1** Unidad monetaria de la India, Pakistán y otros países. | Laiglesia *Ombligos* 253: –¿Y a qué se debe esa versión que tenemos de sus compatriotas? –Al mal ejemplo que dieron los primeros príncipes indios que visitaron Occidente. Gastaban fortunas inmensas ahorradas rupia a rupia durante milenios. M. Mancebo *SInf* 21.11.70, 1: El presupuesto .. fue de 52.000 millones de rupias, de los que 27.000 millones estaban destinados a Pakistán oriental.
2 (*col*) Peseta. | Aristófanes *Sáb* 11.1.75, 44: El mes pasado la publicidad había pasado de los treinta millones de rupias, y, en cambio, las ventas no alcanzaron ni el diez por ciento.

rupícola *adj* (*Biol*) Que se cría en las rocas. | Rodríguez *Monfragüe* 156: Allí se encuentra la gran mole cuarcítica de Peñafalcón, con sus buitres leonados, cigüeñas negras, alimoches y demás especies rupícolas.

ruptor *m* (*Electr*) Interruptor de una bobina de inducción. | APaz *Circulación* 246: La electricidad se almacena en la batería a una presión o tensión demasiado baja para que pueda saltar en forma de chispa, y por ello se necesita una instalación para elevar la tensión lo necesario (ruptor y bobina).

ruptura *f* Acción de romper(se). *Gralm en sent moral.* | Laforet *Mujer* 38: Paulina había cogido su maleta, sin una palabra de aviso, sin una ruptura definitiva, .. y desaparecía. *BOE* 2.8.76, 14909: Se prevé el empleo de 24 discos perforados .. La membrana de ruptura se cortará con un sacabocados de una chapa de latón de 0,05 milímetros de espesor, que resista una presión de ruptura de 5,4 ± 0,5 kg/cm^2 a la temperatura normal.

rupturismo *m* (*Pol*) Postura o tendencia que propugna la ruptura con el sistema establecido. | VMontalbán *Transición* 99: Mientras tanto Suárez convocaba el referéndum, tratando de conseguir un aval popular directo que superase las trincheras defensivas del rupturismo.

rupturista *adj* (*Pol*) De(l) rupturismo. | *País* 14.10.78, 21: Las universidades catalanas lanzaron su política universitaria partiendo de criterios más rupturistas, muy diferentes de los que luego han caracterizado la situación política española y catalana. **b)** Adepto al rupturismo. *Tb n.* | Pániker *Memoria* 269: Se sabía que yo era antifranquista pero no rupturista.

rural *adj* **1** De(l) campo (parte de la corteza terrestre dedicada a la agricultura y la ganadería). | PRivera *Discursos* 15: En el orden laboral, .. la instalación de granjas--escuelas rurales. GNuño *Escultura* 75: Son el prólogo a toda la construcción rural española de cualquier momento; más que rural, rústica, elemental y extremadamente sobria.
2 (*lit, raro*) Rústico o tosco. | Carandell *Madrid* 12: A las tres de la mañana se cierran las Salas de Fiestas (nombre rural y zafio con que en el Madrid europeo .. se sigue designando a los cabarets).

ruralía *f* (*raro*) **1** Carácter o condición de rural. | Ero *Van* 14.11.74, 30: No era fácil encontrar en los pueblos de ruralía labradores que además de laborar en el campo tuvieran otras profesiones.
2 Mundo rural [1]. | E. Pablo *Abc* 27.4.75, 35: Ellos son o fueron emigrantes del agro, de donde resulta que el censo capitalino es, en muy alto porcentaje, originario de la ruralía.

ruralidad *f* (*raro*) Carácter o condición de rural. | GMacías *Relatos* 12: Cabría relatar mucho sobre el sacrificio de la mujer en la vida campesina, tan característica de Extremadura, la Extremadura de la inmensa ruralidad.

ruralismo *m* **1** Cualidad de rural. | Umbral *Ninfas* 89: Vivía retirado en unos bosques de su propiedad, pero no había caído en el ruralismo del de las patillas.
2 Palabra o rasgo idiomático propios del habla rural o procedentes de ella. | *SYa* 11.5.79, 3: Procede [la extensión de "tío"] de un vulgarismo o un ruralismo.

ruralización *f* Acción de ruralizar(se). | Pericot-Maluquer *Humanidad* 178: No se trata de un simple episodio, como el que en su día había representado la invasión de los hicsos en el Bajo Egipto, que no pasó de ser un mero fenómeno de ruralización momentánea.

ruralizar tr Dar carácter rural [a alguien o algo (cd)]. | * Será preciso ruralizar de nuevo la economía. **b)** pr Tomar [alguien o algo] carácter rural. | Fernández-Llorens Occidente 84: La gente acabó abandonando las ciudades para establecerse en el campo, como colonos de grandes señores latifundistas. Occidente se ruralizó.

ruralmente adv De manera rural. | L. Escardó ByN 1.8.79, 39: El desarrollo industrial .. trasvasó la mano de obra diseminada ruralmente a las grandes concentraciones de puestos de trabajo.

rusco m Brusco (planta). | Mayor-Díaz Flora 590: Ruscus aculeatus L. "Rusco", "Capio". Arbustillo de 30-80 cm., glabro y verde. Tallos derechos, muy ramosos en lo alto .. Flores verdosas o violáceas. Baya globosa, roja .. Bosques mixtos, matorrales.

ruseño -ña adj De Rus (Jaén). Tb n, referido a pers. | M. Poyatos Jaén 10.9.64, 11: Su presencia permanecerá en el corazón y en la mente de muchísimos ruseños.

rush (ing; pronunc corriente, /rás/) m Esfuerzo final en una competición deportiva. | Mun 23.5.70, 61: Pero el Atlético [de Bilbao] falló en el "rush" final. Y se quedó sin ese ansiado título que, dos semanas antes, ya los hinchas celebraban por anticipado. Sánchez Inf 21.8.76, 17: La lucha final en esta Copa de Oro es de las que hacen cardíacos y aficionados. Cuatro caballos en apretado "rush".

Rusia. de ~. loc adj [Piel] adobada, perfumada mediante un aceite extraído de la corteza del abedul. | Huarte Biblioteca 75: La encuadernación totalmente de piel se designa por el nombre de la que se emplea en las de lujo (tafilete .., de Rusia .., etc.).

rusiente adj (lit) Candente o al rojo por el fuego. Tb fig. | Lera Boda 551: De un zarpazo tapó con la bata los pechos desnudos. –Tápate eso, guarra –rugió, sintiendo, sin duda, la quemazón de aquella carne rusiente.

rusificación f Acción de rusificar(se). | Mun 17.10.70, 42: Si con Sabry en la jefatura del Gobierno asistiríamos a una completa rusificación del país, con Mohieddin veríamos entrar poco a poco los dólares USA.

rusificar tr Dar carácter ruso [1 y 2] [a alguien o algo (cd)]. | * Trata de rusificar nuestras costumbres. **b)** pr Tomar carácter ruso [alguien o algo]. | Castresana Abc 13.6.58, 21: Con el tiempo, tras despojarse de las influencias originales, el icono se "rusificó".

ruso -sa adj **1** De Rusia (actual república o antiguo imperio de los zares). Tb n, referido a pers. | Arenaza-Gastaminza Historia 235: Pero al comenzar el invierno, con su inmenso ejército, aislado y sin provisiones, perdido en la estepa rusa, Napoleón ordenó la retirada. **b) ~ blanco.** De Rusia Blanca o Bielorrusia. Tb n, referido a pers. | Zubía Geografía 175: Rusos blancos, que viven en Rusia Blanca, cuya capital es Minsk. **c) gran ~.** (hist) De Rusia (actual república). Tb n, referido a pers. | Zubía Geografía 175: Grandes rusos: los más numerosos, que viven en el centro del país. **d) pequeño ~.** (hist) Ruteno o ucraniano. Tb n, referido a pers. | Zubía Geografía 175: Pequeños rusos o rutenos, que pueblan Ucrania.

2 Soviético. Tb n, referido a pers. | Arr 15.10.58, 7: 140.000 soldados extranjeros .. cayeron heridos o prisioneros de los rusos.

3 [Ensalada o ensaladilla] compuesta esencialmente de patata y otros vegetales cocidos y mayonesa. | Cocina 145: Comida: Ensalada rusa. Merluza a la bilbaína.

4 [Filete] de carne picada. | * Me encantan los filetes rusos.

5 [Pastel] de hojaldre relleno de crema y bañado de azúcar glas. Frec n m. | Vega Cocina 56: Sobre el pastel ruso, la Casi da dos recetas.

6 [Montaña] **rusa**, [ruleta] **rusa** → MONTAÑA, RULETA.

II m **7** Lengua rusa [1a]. | RAdrados Lingüística 129: En alemán o ruso la oposición oclusiva sorda/sonora se neutraliza en fin de palabra.

8 Abrigo de paño grueso. | Goytisolo Recuento 529: Volvió con un ruso bastante raído y con unas zapatillas.

rusófono -na adj Rusohablante. Tb n. | Ya 5.3.91, 31: Los "oprimidos" rusófonos dieron el "sí" a la independencia de Letonia y Estonia.

rusohablante adj Que habla ruso. Tb n, referido a pers. | Sur 26.8.89, 26: El conflicto sobre el idioma oficial se ha extendido a más de cien empresas en Moldavia, república fronteriza con Rumania, que están paralizadas por la protesta de los rusohablantes para conservar el ruso como lengua estatal junto al moldavo.

rusoniano -na (tb con la grafía **roussoniano**) adj **1** Del filósofo ginebrino Juan Jacobo Rousseau († 1778). | Con 5.91, 6 (A): Por más que se haya rendido culto hasta la saciedad al buen salvaje roussoniano, no parece que nuestros antepasados fueran mejores que nosotros.

2 Seguidor de la teoría de Rousseau, según la cual el hombre nace bueno y libre y es la sociedad la que le corrompe. Tb n, referido a pers. | P. Sagrario Sáb 1.2.75, 40: Hospitalarios, generosos y serviciales. Se recrean contemplando la Naturaleza, sin que sean roussonianos. Delibes Conversaciones 17: Yo soy un primitivo; tal vez un roussoniano. **b)** De los rusonianos. | FMora Raz 2/3.84, 348: El integrismo rusoniano al uso en nuestra patria sería algo exótico al liberalismo de Modern Age.

rusoparlante adj Rusohablante. Tb n. | Ide 25.8.89, 14: Los rusoparlantes piden que se posponga dicha sesión, a fin de que también el ruso, hasta ahora idioma oficial, sea declarado lengua oficial en el proyecto de ley.

rústicamente adv De manera rústica [2]. | A. MPeña Hoy Extra 12.69, 46: Rústicamente, tenía hechas unas estanterías para sus libros predilectos.

rusticidad f Cualidad de rústico, esp [2]. | GNuño Madrid 165: Ved el sosiego burgués de su familia en el jardín, y los tres músicos ambulantes; su relativa rusticidad se suple con el excelente colorido flamenco.

rusticismo m **1** Cualidad de rústico. | Lapesa HLengua 176: Las reducciones y deformaciones de me y te se dan con especial insistencia en boca de las serranas, como caracterizando su rusticismo.

2 Palabra o rasgo lingüístico propios del habla rústica. | Alarcos Fonología 257: En el habla más popular o familiar, seguramente, esta diferenciación fonemática f/h no se consumó: recuérdense los rusticismos (a la he, por ejemplo, frente a la fe). Lapesa HLengua 190: El dialecto leonés vivía solamente en el habla rústica; como rusticismo lo emplean los pastores de Juan del Encina y Lucas Fernández.

rústico -ca I adj **1** Rural o del campo. Tb n, referido a pers. | Lapesa HLengua 190: El dialecto leonés vivía solamente en el habla rústica. Halcón Ir 137: Y usted ¿por qué es mulero? .. Ni a mi hermano ni a mí se nos escapa que usted no es rústico. Abc 21.11.75, 35: Monumento a Simón Susarte, el pastor que quiso reconquistar Gibraltar .. El rústico .. acudió al marqués de Villadarias, que mandó el primer cerco, proponiéndole la conquista del Peñón.

2 Tosco, o carente de delicadeza. | D. Pastor Van 15.10.76, 43: Casada a la fuerza, según la voluntad de sus padres, no amaba a su esposo, hombre frío y rústico. Penélope Ya 15.4.64, 10: Bonitos trajes de chaqueta en hilos o telas rústicas. **b)** Poco artístico o poco refinado. | Hoyo Caza 9: Para pasar el río hay un puente rústico. Todos los inviernos se lo lleva la riada. GNuño Escultura 75: Son el prólogo a toda la construcción rural española de cualquier momento; más que rural, rústica, elemental y extremadamente sobria.

II f **3** Encuadernación en papel o cartulina. Frec en la constr EN RÚSTICA. | Huarte Tipografía 66: Esta encuadernación en rústica se hace normalmente en una dependencia del mismo taller de impresión.

rustidera f Bandeja que sirve para asar. | País 23.3.80, 40: Gratinado de pastas, carnes, pescados y gran número de postres, pueden hacerse al horno de maravilla con ayuda de una rustidera Gur Magefesa (en la que nada se pega) colocada entre las dos placas del grill.

rustiquez f Rusticidad. | RMoñino Poesía 99: Bajo la capa de una aparente rustiquez, adviértese la pluma de un escritor festivo .. exento de las chocarrerías y bastedades a que se prestaba el asunto.

rustir tr (reg) Asar. | Trévis Extremeña 55: Se le pone [el conejo] a rustir en una cacerola grande, en que quepa.

rúsula *f* Se da este n a distintos hongos basidiomicetos del gén Russula, algunos de los cuales son comestibles. | X. Domingo *Cam* 11.10.76, 79: Recordaré siempre una espléndida cosecha de palometas, carboneras y otras rúsulas efectuada una tarde, en el Canigó.

ruta *f* **1** Dirección o camino. *Tb fig.* | Arenaza-Gastaminza *Historia* 161: Para ir a Oriente se podía seguir la ruta del sol. PLozano *SYa* 15.6.74, 20: Tony, con veintidós años, es secretario de dirección .. Mely, con doce, que estudia segundo y quiere seguir las rutas paternas: el teatro. **b)** Serie de puntos por donde está previsto o establecido el paso [de alguien o de algo]. | VParga *Santiago* 10: Su iglesia .. encabeza una de las rutas principales que en el siglo XII seguían los peregrinos franceses. * El repartidor debe atenerse a la ruta de cada día.
2 (*lit*) Carretera. | R. Solla *Ya* 4.5.74, 35: El paseo donde estaba instalada la meta, al abrigo de las murallas abulenses, estaba repleto de un público entusiasta, que ovacionó a los hoy de verdad forzados de la ruta.

rutabaga *f* (*raro*) Variedad de nabo de origen sueco. | Remón *Maleza* 28: Especie: B[rassica] napus var. arvensis (L.) Metzger. Nombre común: Nabo, Colza, Rutabaga .. Es planta anual o bisanual, siendo esta última la más común.

rutácea *adj* (*Bot*) [Planta] dicotiledónea, gralm. leñosa, de la familia cuyos géneros principales son Ruta y Citrus. *Frec como n f en pl, designando este taxón botánico.* | Alvarado *Botánica* 75: A la misma familia que el naranjo y sus congéneres (familia Rutáceas) pertenece nuestra aromática ruda.

rutar *intr* (*reg*) Gruñir. | Delibes *Ratas* 91: La Fa .., de vez en cuando, rutaba con encono mal reprimido. Delibes *Santos* 10: El Azarías, a cambio de andar por el cortijo todo el día de Dios rutando y como masticando la nada .., lustraba el automóvil del señorito.

rute *m* (*reg*) Aguardiente de Rute (Córdoba). | Cela *Viaje andaluz* 152: El vagabundo, en Santa Cruz, se desayuna con una copa de rute.

rutenio[1] *m* (*Quím*) Metal, de número atómico 44, duro, quebradizo y químicamente análogo al estaño. | Ybarra-Cabetas *Ciencias* 67: Platino. Se presenta asociado a los metales de las tierras raras (iridio, osmio, rutenio, rodio y paladio) en laminillas, granos o pequeñas masas.

rutenio[2] **-nia** *adj* (*raro*) Ruteno. *Tb n.* | Villar *Lenguas* 131: Cuenta [el polaco] con varios dialectos como el rutenio, el cracoviano, etc.

ruteno -na **I** *adj* **1** Ucraniano. *Tb n, referido a pers.* | Zubía *Geografía* 175: Pequeños rusos o rutenos, que pueblan Ucrania.
2 (*Rel crist*) Del cristianismo ortodoxo ucraniano que acepta la autoridad del Papa. *Tb n, referido a pers.* | Ci. Calderón *Ecc* 8.12.62, 31: Luego, como en los días anteriores, [han intervenido] voces de Oriente y voces de Occidente: un portugués, un ucraniano, .. un exarca ruteno.
II *m* **3** Dialecto ucraniano de Galitzia y Bukovina. | * Está aprendiendo ruteno.

ruteño -ña *adj* De Rute (Córdoba). *Tb n, referido a pers.* | Cór 10.8.89, 15: La protagonista de estos días en Rute es la Virgen del Carmen, a quien el pueblo ruteño profesa una gran devoción y fervor.

rutero -ra *adj* **1** De (la) ruta, *esp* [2]. | Benet *Nunca* 77: Aun llegando a suponer que un día el postillón lograra superar su incredulidad para ponerse en camino –un capote con esclavina, .. y en los labios una canción rutera de la bella época–, es muy poco probable que pudiera llegar a Macerta. Jover *Historia* 800: El autobús de viajeros .., lanzado por los caminos vecinales, conectará pueblos y aldeas con la red nacional ferroviaria o rutera.
2 Que distribuye prensa a los puestos de venta. *Gralm n m.* | J. M. Cortezón *Inf* 7.5.83, 25: Una parte fundamental del periódico son los ruteros o distribuidores de Prensa.

rutilancia *f* (*lit, raro*) Brillo rutilante. | *Abc* 10.11.70, 23: Las imágenes testimonian como nada esta búsqueda afanosa de las rutilancias que enriquecen. [*Se refiere a diamantes.*]

rutilante *adj* **1** (*lit*) Muy brillante. *Tb fig.* | *Torrente Off-side* 22: El barman maniobra en los grifos de la cafetera rutilante y saca de sus entrañas chorros sonoros de vapor. Lera *Trampa* 990: Ella aparecía estallante de hermosura, como si fuera a romperse de puro bella, encendida, rutilante. FCid *Ópera* 149: Ravel .. Impulsor con Debussy de la corriente impresionista. Luminoso, rutilante, genial.
2 (*E*) De color rojo muy vivo. | Bustinza-Mascaró *Ciencias* 324: Es [el cobre nativo] soluble en el ácido nítrico con producción de vapores rutilantes.

rutilantemente *adv* (*lit*) De manera rutilante. | GRuano *VozC* 13.7.55, 3: Siendo guapísima, yendo maravillosamente vestida y rutilantemente enjoyada, descendiendo frente a una tienda de lujo, de pronto siente como un extraño pudor de todas sus gracias.

rutilar *intr* (*lit*) Brillar intensamente. *Tb fig.* | Lera *Bochorno* 248: Luis volvió a jugar con el encendedor, que rutilaba bajo el. haz de luz del foco de mesa. Montero *Reina* 137: En la penumbra rutilaba como una actriz de cine o como una reina.

rutilo *m* (*Mineral*) Mineral de óxido de titanio, que se presenta gralm. en cristales alargados de color amarillo, pardo rojizo o rojo, de brillo resinoso o diamantino. | Cunqueiro *Sáb* 21.8.76, 22: A un Gran Mogol de la India le leyeron [los lapidarios] la pronta y trágica muerte en las finas agujas de rutilo de su rubí favorito.

rútilo -la *adj* (*lit, raro*) Rutilante. | Rabanal *Hablas* 142: Ni el hidrónimo leonés Luna, ni ninguno de los demás Luna de la tierra .., tiene .. nada que ver con la luna romántica ni con su rútilo nombre de ascua.

rutina[1] *f* **1** Costumbre de actuar de una determinada manera sin necesidad de reflexionar o decidir. | CBaroja *Inquisidor* 44: Algo que podría degenerar y que degeneró en abusos y rutinas. *Act* 30.10.69, 6: El forense utilizó el estetoscopio por simple rutina. El diagnóstico era evidente. **b)** Conjunto de hábitos y prejuicios que se oponen a la novedad y el progreso. | Halcón *Abc* 11.5.58, 7: Esto debería estar todo como un bizcocho, pero su capataz es la más sólida representación de la rutina que existe en el campo.
2 (*Informát*) Secuencia de instrucciones que pueden ser ejecutadas desde cualquier punto de un programa. | * El uso de rutinas reduce el trabajo y la posibilidad de error.

rutina[2] *f* (*Quím*) Sustancia cristalina que se encuentra en la ruda y otras plantas. | *Cam* 14.11.77, 91: La rutina, una proteína contenida en el tabaco, activa la formación de coágulos en la sangre.

rutinariamente *adv* De manera rutinaria [1]. | Delibes *Cinco horas* 28: Carmen se inclinaba, primero del lado izquierdo, y luego del lado derecho, y besuqueaba sin el menor fervor, rutinariamente.

rutinario -ria *adj* **1** Que se hace por rutina [1] o que la implica. | Olmo *Golfos* 106: El cobrador, mecánicamente, repitió la insulsa y rutinaria operación.
2 Que actúa por rutina [1]. *Tb n.* | *SYa* 16.3.75, 15: Estoy convencido de que un buen director de ópera, no un rutinario, sino un intérprete, siempre será un gran director sinfónico.

rutinarismo *m* Condición de rutinario. | Miret *Tri* 27.2.71, 15: La mercancía, sobre todo de libros, que allí se exhibe .. carece de alegría, emoción o novedad: su rutinarismo en los temas y versiones de los mismos es señal de haber "rizado el rizo" y haber agotado ya todas sus posibilidades.

rutinero -ra *adj* Rutinario [2]. | Delibes *Castilla* 20: El conejo .. es muy rutinero, siempre hace el mismo camino, las mismas paradas.

ruzafa *f* (*lit, raro*) Jardín. | *Huelva* 77: El pueblo de Galaroza, modelo de antigua urbanización municipal, con el rumor permanente de arroyos evocando cármenes granadinos y ruzafas moriscas.

S

S → ESE.

sabadellense *adj* De Sabadell (Barcelona). *Tb n, referido a pers.* | *Ya* 21.11.91, 34: Incendio de una fábrica textil sabadellense.

sabadiego -ga *adj* (*reg*) De(l) sábado. | L. LSancho *Abc* 22.6.74, 30: No conocemos en Madrid, en España, el café-teatro. Lo que entre nosotros se llama así e[s] un sustitutivo para noches sabadiegas.

sábado *m* Séptimo día de la semana (o sexto, según el cómputo popular), que entre los judíos está dedicado al Señor. | CBaroja *Inquisidor* 29: Se reunía el Consejo .. los martes, jueves y sábados, por la tarde. Vesga-Fernández *Jesucristo* 61: Vosotros me preguntáis por qué quebranto el sábado. Pues sabed que mi Padre no ha cesado en su trabajo .., y yo obro también como Él. *Economía* 19: Lo más aconsejable es hacer diariamente la limpieza de todas las habitaciones y cada día limpiar una de ellas más detalladamente, con lo cual se evita la limpieza general del sábado. **b)** ~ **inglés** → INGLÉS.

sábalo *m* Pez marino comestible, de la misma familia que el arenque, que alcanza unos 60 cm de largo y que en primavera remonta los ríos para desovar en ellos (*Alosa alosa*). | CBonald *Dos días* 46: –¿Hay uvas? .. –No .. Te he dejado ahí unas coles y un poco de sábalo, por si traías ganas.

sabana *f* Llanura extensa sin vegetación arbórea. | Vicens *Universo* 403: Esta zona está flanqueada, al Sur y al Norte, por tierras cubiertas por el manto herbáceo de las sabanas.

sábana I *f* **1** Pieza de tela grande y rectangular, que sirve para aislar el cuerpo del roce del colchón o de las mantas. | Medio *Bibiana* 13: Respira fuerte antes de deslizarse entre las sábanas al lado de Marcelo.
2 Pieza de tela a modo de sábana [1], que se emplea para diversos usos, esp. para planchar. | *Economía* 218: La mesa debe cubrirse con una manta doble de algodón y esta a su vez con una sábana blanca fina, sin costura en el centro, para que no señale al planchar la ropa. **b)** (*reg*) Pieza de tela que se emplea en las faenas de trilla para transportar paja. | Cuevas *Finca* 113: Los sabaneros llevaban al pajar la sábanas de tela cruda cargadas de paja. **c)** ~ **de baño.** Toalla muy grande para baño. | *Prospecto* 3.92: Sábana de baño, 100 x 150 cm., 1.995. **d)** ~ **santa.** (*Rel crist*) Lienzo en que fue envuelto el cuerpo de Jesús. | *Pro* 18.10.88, 30: El Centro Español de Sindonología duda de las pruebas hechas a la Sábana Santa.
3 (*col*) Billete de mil pesetas. | Delibes *Emigrante* 73: El señor Iquito .. funde tres o cuatro billetes en dos semanas, pero, al cabo, tiene para responder. Y uno no, es bobada engañarnos. Uno dobla un par de sábanas en dos semanas y ha de andar lampando un mes para equilibrarse.
II *loc adj* **4 en** ~. (*Med*) [Hemorragia] capilar continua en toda la extensión de una superficie sangrante. | Mascaró *Médico* 71: Es preciso distinguir entre sí la hemorragia capilar, la arterial y la venosa. En la primera, la sangre mana rezumando suavemente (hemorragia en sábana).
III *loc v* **5 pegársele** [a una pers.] **las** ~**s.** (*col*) Levantarse [esa pers.] más tarde de lo debido o de lo habitual. | Moreno *Galería* 245: Al dormilón del Felipe .. se le habían pegado las sábanas.

sabandija *f* **1** Animal pequeño y molesto, esp. insecto o lagartija. | *Abc* 4.10.70, 69: Baygón, el nuevo insecticida especial de gran espectro de acción, mantiene viviendas, granjas, depósitos y fábricas libres de sabandijas.
2 (*col*) Pers. muy inquieta. *Frec referido a niño, con intención afectiva.* | * Este crío es una sabandija.
3 (*desp*) Bicho (pers. de mala intención). *Tb adj.* | Umbral *Hucha* 1, 146: Sandalio, el compañero de pupitre, le pedía los tebeos y las canicas, los tebeos y las canicas que eran suyos, que Sandalio le había ganado, y se vengaba –Sandalio era un poco sabandija– clavándole una plumilla usada en el muslo.
4 (*desp*) Pers. despreciable moral o físicamente. | Matute *Memoria* 108: –¡Qué embuste! .. Calle usted y deje en paz esas hermosísimas vidrieras .. –¡Como San Jorge, he dicho, como San Jorge es él, y que se calle la sabandija!

sabanero -ra *m y f* (*reg*) Pers. que se dedica a transportar paja con la sábana [2b]. | Cuevas *Finca* 97: Había ejercido todos los oficios del campo, desde sabanero a arriero de carbón.

sabanilla *f* **1** Pieza de tela a modo de sábana [1] pequeña, que se usa esp. para planchar. | MÁngela *Alc* 30.11.59, 20: La mesa es lo primero y lo más importante .. En el momento de usarla para planchar se la cubrirá con dos muletones de algodón y una sabanilla sin costuras.
2 Pieza de tela que cubre un altar. | CPuche *Sabor* 112: ¿Es que sería pecado cuidar de san Cayetano, poner aceite en su lamparilla, cuidar de que estuvieran almidonadas y limpias las sabanillas del altar?

sabañón *m* Enrojecimiento, hinchazón o ulceración de la piel, esp. de las manos, los pies o las orejas, causada por el frío excesivo. | DPlaja *El español* 22: Consideran normal tener sabañones en invierno.

sabático -ca *adj* **1** De(l) sábado. | GRuano *MHi* 6.60, 5: La tertulia pombiana era como una sabática lonja pintoresca y vociferante. CBaroja *Brujas* 123: Los inquisidores eran, por su parte, capaces de dar nuevos detalles acerca de las orgías sabáticas que luego han quedado estereotipadas.
2 (*hist*) [Año] en que, después de seis de labor, los hebreos dejaban descansar sus tierras, viñas y olivares. | * Durante el año sabático los israelitas no cultivaban sus campos. **b)** [Año o período] de descanso remunerado que en algunas universidades se concede al personal docente, gralm. cada siete años. | *Abc* 18.7.78, 24: [Se] reconocerá a los mismos [profesores] el derecho a disfrutar cada siete años de un año sabático, dedicado a la investigación, en el que estarán liberados de sus respectivas obligaciones académicas. L. Fernández *PapD* 2.88, 146: De alguna forma hay que conseguir que los docentes consigan mantener despierto su sentido de realidad del problema profesional (contactos,

proyectos en común, estancias en empresas, períodos sabáticos, etc.).

sabatino -na I *adj* **1** De(l) sábado. | Cela *Judíos* 110: A este mercado sabatino le dicen el Rastro.
II *f* **2** (*Rel catól*) Función religiosa propia del sábado. | *Ext* 30.12.70, 3: El Ayuntamiento de la ciudad ofrecerá a la Santísima Virgen la sabatina del próximo día 5. El acto religioso comenzará a las 5 de la tarde.

sabayón *m* Crema compuesta de yemas de huevo, azúcar, vino y aromas. | RNola *ByN* 24.12.89, 97: En Nochevieja, ofrece ostras en gelatina a la vinagreta de caviar, trenza de salmón, .. y, como postres, sabayón frío al vino oloroso y pastel de gua[yab]a con coulis de mora.

sabbat (*pronunc corriente,* /sábat/) *m* (*hist*) Asamblea nocturna de brujos y brujas para dar culto al diablo. | CBaroja *Brujas* 115: Entre 1330 y 1340 aparece por vez primera el "Sabbat" en los procesos inquisitoriales de la zona de Carcassonne, Toulouse. C. Paniagua *Méd* 6.5.88, 128: Hombres instruidos como Montesquieu y Bodin contribuyeron activamente a la propagación de las creencias brujeriles. Jean de Meung calculó que la cantidad de brujas que en los *sabbats* volaban por los cielos de Francia ascendía ¡a una tercera parte de la población femenina!

sabedor -ra *adj* (*lit*) Enterado o conocedor [de algo]. | Alvar *Arb* 12.68, 11: Saberla sostener, a la angustia, sin un solo desmayo en cada uno de los gestos de los guardias sabedores de la desgracia.

sabelianismo *m* (*hist*) Herejía de Sabelio (s. III), que niega la distinción de perss. en la Santísima Trinidad. | GÁlvarez *Filosofía* 1, 214: Herejías trinitarias: el sabelianismo (negación de la distinción de personas en la Trinidad); el arrianismo.

sabélico -ca *adj* (*hist*) [Lengua o grupo de lenguas] de la antigua Italia central, perteneciente al grupo osco-umbro. | Lapesa *HLengua* 68: Sertorio había nacido en la Sabina, tierra de dialecto sabélico-osco.

sabella *f* (*reg*) Sábalo. | *Voz* 23.10.70, 3: También se alijaron 120 kilos de lenguado, que se vendieron de 164 a 175 pesetas kilo; .. 4 de sabellas, a 80.

sabelotodo *m y f* (*col, desp*) Pers. que habla de muchas materias como si fuese un entendido, pretendiendo deslumbrar a los demás. *Frec en aposición*. | MSantos *Tiempo* 134: La vieja y el sabelotodo callarán por la cuenta que les tiene. Marsé *Tardes* 114: Solo quiero que sepas que lo entiendo perfectamente, señorito sabelotodo.

sabeo -a *adj* (*hist*) **1** De Saba (antigua región de Arabia). *Tb n, referido a pers*. | Sampedro *Sirena* 212: Después, la noche y la cena, danzarinas como en mi país sabeo. Sampedro *Sirena* 454: ¿Qué fue de Hadad el arameo, de Ilumquh la sabea, de Dushora el nabateo?
2 De la lengua sabea [1]. | LMiranda *Ateneo* 115: Solo él, en rápido golpe de vista, había llegado a descifrar los caracteres sabeos que hay en las rocas de la Arabia feliz.
3 [Individuo] de una secta cristiana que rinde culto a los astros. *Tb n*. | S. LTorre *Abc* 2.1.66, 69: Los asirios, kurdos de raza, pero cristianos, y todas las modalidades del cristianismo: caldeos, armenios del rito gregoriano, sirios jacobitas y católicos; católicos y grecos ortodoxos, algunos protestantes del rito anglicano; sabeos y melkitas.

saber[1] (*conjug* 27) **A** *tr* ➤ **a** *como simple v* **1** Tener conocimiento o noticia [de algo (*cd*)]. | Cunquero *Un hombre* 22: Eusebio aprendió todo lo que se sabía de espuelas. *Inf* 17.6.70, 3: El alcance de la decisión presidencial no se sabe con certeza. Arce *Testamento* 15: ¿Qué era lo que sabían de Ángeles? Matute *Memoria* 25: Tenía pegadas estampas y reproducciones de vidrieras de la Catedral de no sé dónde. **b)** *A veces, con cd de pers, va seguido de predicativo o compl adv* (se sabe superior = sabe que es superior; te sabía en Madrid = sabía que estabas en Madrid). | Hoyo *Glorieta* 35: Se sabe más valiente que Luis, más valiente que nadie en la glorieta. Arce *Testamento* 43: Me supe de pronto tan niño como cuando Antonino y yo íbamos a Rugarcía. GRuano *MHi* 6.60, 5: Luego le perdí la pista. Últimamente le sabía en México o en su casa de Cuernavaca. **c)** Tener grabado en la memoria. *Gralm con compl de interés. Tb* → DE MEMORIA. | Torrente *SInf* 26.9.74, 12: El hallazgo, posterior, de la "Fábula" fue una especie de fiesta. Llegué a saberme de memo-

ria estrofas enteras. MGaite *Retahílas* 25: Perderme en el monte ese de atrás .. es algo inconcebible ..; me lo sé palmo a palmo. **d)** Tener seguridad [de un hecho futuro o imaginado (*cd*)]. | Medio *Bibiana* 9: Bibiana Prats sabe que el señor Massó diría esto y lo otro. MGaite *Visillos* 39: Sabía muy bien que no la iba a escribir mandándole una foto que se hicieron juntos.
2 Adquirir conocimiento o noticia [de algo (*cd*)]. *Solo en tiempo verbal pasado*. | J. A. Padrón *Día* 19.6.76, 5: Hace años que, en la antigua Universidad .. conocí a Luis Sánchez Brito. Luego, nuestros caminos se separaron y, durante largo tiempo, poco supe de él. MGaite *Cuento* 201: Supe que las claves de doña Ángeles y del diccionario no valían para nada.
3 Tener capacidad o habilidad [para hacer algo (*cd*)]. *Seguido de infin*. | MGaite *Retahílas* 17: El viajero sonrió y le tendió la mano .. El niño no sabía dar la mano, no la apretaba. PRivera *Discursos* 10: Nosotros hemos de ser los primeros en saber renunciar.
➤ **b** *en locs y fórm or* **4 a ~**. Esto es. *Fórmula que precede a la especificación de cosas que acaban de ser anticipadas en forma global*. | Gambra *Filosofía* 273: Se reconoce, efectivamente, el derecho a la guerra, pero solo en un caso, a saber: cuando se trata de restaurar un derecho injustamente violado. **b) a ~** → acep. 18.
5 cómo lo sabes. (*col*) *Se dice para confirmar lo que acaba de insinuar el interlocutor*. | SFerlosio *Jarama* 95: Sebas había sacado chuletas de su tartera; la manteca se había congelado. Se miraba los dedos pringosos y luego se los chupaba. –Parece que te relames –dijo Santos. –¡Cómo lo sabes! –contestó Sebastián.
6 hacer ~. Comunicar o avisar. | FReguera *Bienaventurados* 18: –De orden... del señor alcalde... se hace saber...– Anastasio iba de calle en calle, de plaza en plaza, con su pregón.
7 ni se sabe. (*col*) *Expresa la imposibilidad de conocer algo que se pregunta o que se presenta como dudoso. Con intención ponderativa, frec referido a cantidad*. | * –¿Fueron muchos a la manifestación? –Ni se sabe. * –¿De qué ha muerto? –Ni se sabe.
8 no ~ dónde meterse. (*col*) *Se usa para ponderar el miedo o la vergüenza causados por alguien o algo*. | * Estaba aterrada, la pobre no sabía dónde meterse. * Cuando le vi con aquella pinta, no sabía dónde meterme.
9 no sé (*o* **no sé cómo decirte,** *o* **decirlo, explicarte** *o* **explicarlo**). (*col*) *Fórmula con que se trata de atenuar o difuminar lo que se dice*. | MGaite *Visillos* 43: Y luego estas amigas tuyas, no sé, son como viejas. Delibes *Cinco horas* 17: Son de esas cosas .. que ni prestas atención .., a mí plin, eso conmigo no reza, no sé cómo decirte, lo último que se te ocurre. MGaite *Visillos* 31: No es que fuera fea del todo, pero no sé cómo explicarte. Era también la manera de hablar. **b) no sé qué te diga**. *Fórmula de duda con que se trata de atenuar una negativa*. | * –¿Te gusta? –No sé qué te diga. **c) no sé qué, no sé quién, no sé cuánto** → QUÉ, QUIÉN, CUÁNTO.
10 para que (lo) sepas. (*col*) *Fórmula con que se pone de relieve lo dicho, con intención polémica de desengañar al interlocutor*. | Delibes *Guerras* 135: –¿Os citabais tal vez en el gallinero? –Ni por pienso, oiga, eso de ninguna manera. –¿Dónde entonces? –En Prádanos, para que lo sepa. De primeras, en Prádanos.
11 para sabido. (*col*) *Fórmula con que el hablante lamenta el conocimiento tardío de una noticia que hubiera hecho cambiar su actuación*. | Delibes *Cinco horas* 71: A papá solo le preocupaban las ideas políticas de tu familia, y me lo explico muy bien, para sabido.
12 qué sé yo, *o* **yo qué sé**. (*col*) No sé. *Con intención enfática; a veces referido a la cantidad o a la importancia de lo que se dice, y otras como remate expletivo de lo enunciado*. | Ortega *Americanos* 73: Empezó a enumerar: un par de iglesias católicas, .. los bautistas, los... ¡qué sé yo cuántos más! Olmo *Golfos* 153: Él iba por un lado y ella por otro, igual que si fuesen enemigos, o qué sé yo.
13 quién sabe. *Expresa la imposibilidad de conocer algo que se presenta como dudoso o desconocido*. | * –¿Cuándo estará terminado? –Quién sabe. Tal vez el lunes. * ¡Quién sabe cuándo volveremos a verlo!
14 ~ [uno] **lo que es bueno**; **~ lo que se trae entre manos**; **~ lo que vale un peine**; **~ dónde tiene la**

mano derecha; ~ **dónde le aprieta el zapato**; ~ **de qué pie cojea** [otro] ǀ BUENO, MANO, PEINE, ZAPATO, PIE.

15 ~ [uno] **por dónde se anda**, *o* **lo que se hace**, *o* **lo que se pesca**, *o* **cuántas son cinco**. (*col*) Tener conocimiento y capacidad en la cuestión de que se trata o en que se actúa. ǀ Torrente *SInf* 17.10.74, 16: Ni el autor de "Castilla", ni el de "Señora ama", ni, por supuesto, el espontáneo gritón sabían por dónde se andaban.

16 ~**selas todas**. (*col*) Tener gran experiencia y habilidad para superar cualquier dificultad en una materia. *A veces se usa con intención irónica, referido a una pers presuntuosa.* ǀ *Abc Extra* 12.62, 31: ¿Será posible que se nos escape siempre aquel cangrejo, que se las sabe todas? Aldecoa *Cuentos* 1, 48: Son cosas del entrenador .. Ese zorro se las sabe todas.

17 ¿sabes? (*o* **¿no sabes?**). (*col*) *Fórmula, frec expletiva, con que se pide al interlocutor comprensión sobre el verdadero sentido de lo que se dice.* ǀ MGaite *Visillos* 31: ¿Te fijaste en la rebeca rosa que traía de manga corta? Y el pelo largo así, con muchas horquillas y como mal rizado, ¿no sabes?

18 vete (*o* **vaya usted**) **a** ~. (*col*) Es muy difícil averiguar. *Con intención enfática. Frec solo* A ~. ǀ Delibes *Príncipe* 85: Dice que su madre no anda bien. Vete a saber. J. L. Calleja *Abc* 30.12.70, 7: Los mejores deseos de Fulano, vaya usted a saber si equivalen a los de un sinvergüenza o a los de un santo. Delibes *Cinco horas* 99: Hasta se dejó pintar desnuda por él o a saber cómo. Delibes *Cinco horas* 106: Aunque podía, nunca le dio por ahí, a saber, una manía como otra cualquiera.

B *intr* **19** Estar instruido [en gral. o en una materia]. *Frec con un compl* DE. ǀ Fraile *Cuentos* 11: La gente que sabe no las lee y, cuando las desprecian, por algo será. Matute *Memoria* 10: No sabes de otra cosa que de la muerte. **b)** (*col*) Ser astuto. *Con un adv de intensidad o una comparación.* ǀ Moreno *Galería* 224: El Blas ve más que un águila y sabe más que un zorro. Aldecoa *Gran Sol* 172: –Tú eres muy cuco, Ventura .. Este sabe demasiado –dijo Orozco a Castro–, sabe mucho, pero conmigo no le valdría.

20 Adquirir noticia [acerca de alguien o de algo (*compl* DE)]. *Solo en tiempo verbal pasado.* ǀ A. Rubio *Hoy* 2.2.75, 13: Aquellos espectadores de "silla casareña" .. conocieron del paso de lidiadores que .. intentaban llegar puntualmente a la plaza. También supieron del paso, menos presuroso, de los "caballos de picar" con el picador y el monosabio correspondiente a la grupa. **b)** Recibir o tener noticias [de alguien o de algo]. ǀ J. R. Alonso *Sáb* 21.12.74, 12: El Pleno de dicho Consejo lo aprobó [el Estatuto de acción política] .. el 3 de julio de 1969. Lo curioso ha sido que el texto en cuestión nunca más se supo.

saber² (*conjug* **27**) *intr* Afectar al sentido del gusto. *Con compl calificador* (BIEN, MAL, AMARGO, *etc*) *o especificador del gusto* (A HIEL, A CEBOLLA, *etc; a veces metafóricamente:* A GLORIA, A DEMONIOS, *etc*). *Tb fig.* ǀ DCañabate *SAbc* 15.5.58, 17: Al principio sabe un poco fuerte, pero a medida que se bebe se le va tomando el gusto, y terminará usted por pedir otro [cóctel]. J. Ríos *VozC* 29.6.69, 9: ¿Es cierto que la carne sabe mal cuando no se ha desangrado bien? Zunzunegui *Hijo* 35: Manolo quería ignorar ya qué sabe la cama de un millonario, hasta serlo. SFerlosio *Jarama* 89: A mí me sabe muy simple [la vida en el pueblo] .. No puede saberte a nada una vida así. **b)** ~ **a poco** [algo]. Resultar tan grato que se desearía mayor cantidad. ǀ * Las vacaciones me han sabido a poco. **c)** ~ **mal** (*u otro adv equivalente*) [algo (*suj*) a alguien (*ci*)]. Molestar o resultar desagradable. ǀ SFerlosio *Jarama* 27: Una de las chicas patinó sobre el limo y se quedó sentada en las dos estrías que habían dejado sus talones, y se le vieron las piernas. Le supo mal a lo primero, sorprendida de verse así, pero en seguida levantó la cabeza riendo.

saber³ I *m* **1** Ciencia (conjunto organizado de conocimientos). ǀ Gambra *Filosofía* 15: Cabría todavía confundir la filosofía con otro saber que trata también de la realidad universal por sus últimos principios. Alfonso *España* 103: En tiempo de tanto estudio, tanta técnica, tantos saberes y destrezas, no parece mucho lo que hemos avanzado. **b)** Conjunto de conocimientos que se tienen sobre las cosas. ǀ DPlaja *Literatura* 42: Gracias a su libro las *Etimologías* .. ha llegado hasta nosotros un resumen detallado del saber de su tiempo. **c)** Conjunto de conocimientos personales adquiridos por el estudio y la reflexión. *A veces en pl con intención enfática.* ǀ Ridruejo *Memorias* 50: Tenía un prestigio sólido y justo, y sus saberes iban mucho más allá de la música.

II *loc adv* **2 según mi** (*o* **tu**, *etc*) **leal ~ y entender**. (*lit*) De acuerdo con mi (o tu, etc.) conciencia. ǀ Torrente *Señor* 300: El patriarca .. impone la ley y se sienta bajo una higuera a dictar justicia según su leal saber y entender.

saberense *adj* De Sabero (León). *Tb n, referido a pers.* ǀ *Abc* 22.8.72, 37: Don José María Moreiro ha pronunciado en la villa leonesa de Sabero, en la montaña del Esla, el pregón de las fiestas de Nuestra Señora de los Ángeles. El pregonero, ya conocedor de la cuenca hullera saberense, de sus hombres y costumbres .., estableció las diferencias más acusadas entre el medio rural y el urbano.

sabiamente *adv* De manera sabia. ǀ Bustinza-Mascaró *Ciencias* 223: El cruzamiento, utilizando reproductores de raza o variedad distinta, puede, si se hace sabiamente dirigido, mejorar la calidad de los hijos.

sabicú *m* Árbol leguminoso propio de las Antillas y América Central, semejante a la acacia (*Lysiloma latisiliqua*). ǀ FReguera-March *Cuba* 222: Esos árboles son caobos y cedros. Más allá tienes el quiebrahacha o caiguarán y el sabicú.

sabidillo -lla *adj* (*col, desp*) Pedante. ǀ Delibes *Cartas* 27: Mi difunta hermana Eloína ni muerta me hubiera confiado a Rafaela, "sabidilla –decía– como todas las maestras".

sabido¹ -da *adj* **1** *part* → SABER¹.

2 Que sabe o entiende [de algo (*compl* EN)]. *Tb sin compl, por consabido.* ǀ Sampedro *Sonrisa* 272: La doctora, muy sabida en esas historias, explica que no era por mitad del cuerpo, sino alternando.

sabido² -da *adj* (*reg*) Sabroso [1a]. ǀ Lera *Boda* 698: Cuando le muerdo los labios, me parece que muerdo un melocotón, pero de los del melocotonero grande, que huelen tan bien y son tan sabidos.

sabidor -ra *adj* (*lit, raro*) Sabedor. ǀ MMariño *Abc* 22.6.58, 5: Practicaba un sano naturalismo y era gran sabidor de virtudes de hierbas.

sabiduría *f* **1** Cualidad de sabio. ǀ SLuis *Doctrina* 17: Atributos divinos .. Sabiduría Infinita .. Omnipotencia .. Misericordia .. Justicia perfecta. Benet *Nunca* 20: Todo lo que antes de los treinta se ha dejado de hacer se resuelve luego en un clima tal de prudencia y sabiduría que a duras penas se turba el ánimo.

2 Saber³ [1b y c]. ǀ Moreno *Galería* 17: Se incorporan ahora aquí .. "una porción de cosas más" sobre esencias, lenguaje, creencias, sabidurías, valores, virtudes y defectos rurales.

sabiendas. a ~. *loc adv* Con pleno conocimiento [de algo]. ǀ J. Vallés *Abc* 15.12.70, 45: Dentro del proyecto se estimaba que debía atenderse inmediatamente al abastecimiento de Almería y desarrollar a continuación el encauzamiento del río, aun a sabiendas de que esto será costoso y de larga duración. **b)** *Sin compl:* Deliberadamente. ǀ Diego *Abc* 8.9.66, 3: He empleado a sabiendas el vocabulario de los exámenes.

sabihondez, sabihondo → SABIONDEZ, SABIONDO.

sabijondo -da *adj* (*reg*) Sabiondo. ǀ ZVicente *Traque* 132: Y el tío agarró una rabieta .., y don Rosendo .. diciendo .. que por quién le había tomado .., y que ahora iba a ver el sabijondo aquel (cuando don Rosendo se pone al rojo .. hace jotas las haches, como en su pueblo) quién era él.

sabina *f* Arbusto o árbol de la familia del ciprés, de hojas escamosas y fruto redondo, pequeño y de color negro azulado (*Juniperus sabina*). *Tb* ~ RASTRERA, ~ REAL *o* ~ CHAPARRA. *Otras especies se distinguen por medio de adjs:* ~ ALBAR (*J. thurifera*), ~ NEGRAL (*J. phoenicea*), *etc.* ǀ Ortega-Roig *País* 156: En algunas regiones montañosas, más lluviosas, se encuentran grupos claros de pinos y sabinas. *MOPU* 7/8.85, 50: Altas y Prado de Javalambre .. Valores naturales por la extensa masa de sabina rastrera y los pastizales relícticos. Santamaría *Paisajes* 30: *Juniperus thurifera*, enebro o sabina albar: árbol de tercera magnitud que difícilmente supera los 15 m. y de configuración muy irregular. *MOPU* 7/8.85, 25: La provincia comparte con otras andaluzas una vegetación típicamente mediterránea: alcornoque, coscoja, sabina negral, pino piñonero.

sabinar m Terreno poblado de sabinas. | Santamaría *Paisajes* 46: El enebro .. es el árbol más sobrio de los que conforman los bosques segovianos .. Se localiza, principalmente, en los páramos de Pedraza y Sepúlveda, .. Casla, Siguero y Sigueruelo, estando en estos últimos términos los enebrales, o sabinares, más amplios y los ejemplares más notables.

sabino[1] **-na** *adj* (*hist*) De un antiguo pueblo de Italia habitante de la región comprendida entre el Tíber y los Apeninos. *Tb n, referido a pers.* | N. Hoyos *Abc* 30.12.64, 22: El rey de los Sabinos .. consideró un buen regalo el que a principio de año le hacían de ramas del bosque consagrado a Strenia, la diosa de la fuerza. Pericot *Polis* 97: Las colinas a su alrededor [de la futura Roma] estaban todas ocupadas, en el siglo VIII, por aldeas. Algunas de estas eran de población indígena o sabina popular.

sabino[2] m Sabina. | Berlanga *Gaznápira* 120: Las lomas de Carrahinojosa seguían salpicadas de sabinotes y enebros. M. Michel *Ya* 14.1.90, 9: La jornada del sábado comenzó para los Reyes con la visita a Santa María del Tule [en Méjico], donde se encuentra un gigantesco y milenario árbol, un sabino, con un tallo superior al de los demás árboles milenarios que existen en el mundo, como el dragonero de Canarias o el castao de Etna. El ramaje del sabino ha inspirado la imaginación popular.

sabio -bia (*superl normal*, SAPIENTÍSIMO) *adj* **1** [Pers.] que tiene conocimientos científicos extraordinarios. *A veces con un compl* EN, *que especifica la materia sobre la que versan esos conocimientos. Frec n.* | Ybarra-Cabetas *Ciencias* 353: Apuntándose así un triunfo más en la inacabable lista de méritos científicos de tan insigne sabio [Pasteur]. **b)** [Pers.] que tiene un profundo conocimiento de las cosas, esp. adquirido por la meditación y el estudio. | Gironella *SAbc* 22.2.70, 8: No es que haya llegado a conclusiones, digamos, estrictas, y mucho menos que me considere el octavo sabio de Grecia. SLuis *Doctrina* 15: Es [Dios] Creador omnipotente y sapientísimo, capaz de sacar mil mundos de la nada y de organizarlos maravillosamente.
2 [Pers.] prudente y de recto juicio. *Tb n. Tb fig, referido a cosa.* | *Abc* 13.12.70, sn: No se conforme con beber siempre la misma agua tónica. Ahora puede comparar, elegir y rectificar... Porque rectificar es de sabios. MGaite *Cuento* 344: La memoria es muy sabia y sabe lo que selecciona y lo que no. Mendoza *Ciudad* 182: La Naturaleza no es sabia como dicen, sino estúpida y torpe y sobre todo cruel. **b)** Propio de la pers. sabia. | L. Valeri *Van* 4.11.62, 9: Y leídas estas sapientísimas palabras, cerramos el libro de los libros y las meditamos.
3 (*Naipes*) *En el tresillo*: [Puesta] en que cada jugador hace tres bazas. | Corral *Cartas* 12: Si hicieran tres bazas cada uno, la puesta se denomina de tres o sabia.

sabiondez (*frec con la grafía* **sabihondez**) *f* (*desp*)
1 Cualidad de sabiondo. | A. Valverde *Abc* 19.4.58, 9: La música de Puccini ha gustado siempre a todos, aparte consignas, sabihondeces y esnobismos.
2 Dicho propio de la pers. sabionda. | SSolís *Blanca* 58: Seguía odiando que [sus hijas] trabajaran sin necesidad y que fueran pedantes, que no había nada que de más mal humor le pusiera que oírles algunas sabiondeces.

sabiondo -da (*frec con la grafía* **sabihondo**) *adj* (*desp*) [Pers.] que alardea de sabio. *Tb n.* | SFerlosio *Jarama* 66: ¡Pues vaya ahora con el viejales sabihondo! SSolís *Camino* 62: ¡Lo dijo Claudio! ¡Lo dijeron los sabiondos del chigre! ¡Entonces, punto redondo, claro! **b)** Propio de la pers. sabionda. | Delibes *Tesoro* 87: Una sabihonda sonrisa iluminó el rostro del Delegado.

sablazo m **1** Golpe o herida causados con un sable[1]. | Buero *Sueño* 227: Los dos sicarios arrojan al suelo al anciano, quien, al ponerse de rodillas para levantarse, recibe en la espalda el primer sablazo de plano. Torrente *Saga* 489: La furia del Mariscal, que no quería pláticas, sino echar por la calle del medio y acabar con nosotros a sablazos. **b)** (*Taur, desp*) Estocada. | J. A. Medrano *DCu* 11.7.76, 13: Antonio José Galán tampoco derrochó ideas ni iniciativa ante el segundo .. Acabó con media pasada y desprendida, y con el quinto, al que no le dio ni un solo pase, y no exageramos, de un sablazo chalequero.
2 (*col*) Acto de conseguir dinero de alguien, gralm. sin ánimo de devolverlo. *Gralm con los vs* DAR *o* PEGAR. | Laforet *Mujer* 209: El que me hayas dado pena .. no quiere decir que consienta sablazos.

sable[1] m **1** Arma semejante a la espada, algo corva y gralm. de un solo corte. | M. Torres *Abc* 4.12.70, 33: El letrado señor Bandrés protesta por el hecho de que el fiscal no lleva sable. **b)** (*col*) *Se usa frec en la constr* HABERSE TRAGADO UN ~ *para ponderar la tiesura o envaramiento de una pers.* | J. A. Castro *Ya* 18.12.74, 5: Visten un luto de protocolo arcaico y son reverenciosos de otros tiempos .. Son .. tiesos por el sable que tragaron de jóvenes, envarados en los rígidos corsés que usara la abuelita.
2 Se da este n a distintas especies de peces de cuerpo largo y comprimido y piel plateada, esp el *Trichiurus lepturus*. | *Voz* 8.11.70, 3: En cajas de 40 kilos, la actividad fue la siguiente: 1 de abadejo, a 430; .. 54 de sables, de 150 a 700.
3 (*Mec*) Pieza o instrumento largo y corvo a manera del sable [1a] y a veces con filo cortante. *A veces en aposición.* | *Ya* 21.10.89, 21: Con Bosch el bricolage es fácil .. Taladros, sierras de calar, lijadoras, cepillos, sierras sables.
4 (*Mar*) Pieza rectangular de madera o plástico que sirve de refuerzo a determinadas velas. | El. Serrano *SYa* 16.6.74, 4: Sus principales elementos son: 1º El casco, cuya misión es flotar y ser gobernado .. 2º Aparejo, que comprende vela, botavara, palo, percha, escota y sables.
5 (*col, raro*) Arte o hábito de sablear. | Umbral *País* 9.10.77, 21: Un profesional del sable pide pasta.
6 (*reg*) Pers. pesada o aburrida. | Cela *Viaje andaluz* 275: El vagabundo, ante las euforias del juvenil polvorista, prefirió huir .. Cuando un mozo sale sable, lo mejor es ni verlo.

sable[2] m (*Heráld*) Color negro. *Tb adj.* | Riquer *Caballeros* 147: El escudo de la derecha es también cuartelado, y en los cuarteles primero y cuarto trae una cruz de oro sobre campo de gules, y en el segundo y tercero un castillo de argent sobre campo de azur o de sable, que son las armas del linaje Tolsá.

sablear *tr* (*col*) Dar sablazos [2] [a alguien (*cd*)]. *Tb abs.* | J. M. Moreiro *SAbc* 9.11.69, 45: Te "sablean" y tienes que reírte. Pidiendo de esa forma tan resalada hay que quitarse la corbata y dar.

sablera *f* (*reg*) Arenal. | Romano-Sanz *Alcudia* 68: El descenso es penoso, pero al fin alcanzan el arroyo cerca de una pequeña sablera. En las orillas crecen tamujos, adelfas y algún fresno.

sablista *m y f* (*col*) Pers. que sablea habitualmente. | Marsé *Tardes* 238: Le consideraban un decadente y un sablista profesional.

saboga *f* Pez semejante al sábalo (*Alosa fallax*). *Tb designa al mismo sábalo.* | Burgos *SAbc* 13.4.69, 42: A él se asoma Lora; a su vera luchan con la crisis los carbones de Villanueva de las Minas; sus aguas se embalsan en Cantillana y en Alcalá de los albures y las sabogas, paraíso del pescador aficionado. Cendrero *Cantabria* 70: Peces: .. *Alo[s]a fallax:* Saboga. *Alosa alosa:* Sábalo.

saboneta *f* (*hist*) Reloj de bolsillo cuya esfera, cubierta por una tapa metálica, se descubre apretando un muelle. | Buero *Soñador* 243: Saca su saboneta y mira la hora.

sabor I m **1** Cualidad [de una cosa, esp. un alimento] que es capaz de provocar una sensación específica en las papilas de la lengua y en el paladar. | Arce *Testamento* 85: Se me vino hasta los dientes el sabor del atún y del jamón con que nos habíamos desayunado.
2 Cualidad peculiar [de una cosa] que produce impresión en el ánimo. | Olmo *Golfos* 16: Todo: la pelea, el desgarrón, el broncazo de papá, todo tenía sabor. **b)** Cualidad que evoca o recuerda [algo (*adj o compl especificador*)]. | GÁlvarez *Filosofía* 1, 70: El hombre es la medida de todas las cosas .. Es cuestión difícil captar el sentido justo que tendría esta frase en Protágoras .. Es indudable su sabor relativista.
3 buen (*o* **mal**) **~ de boca.** Sensación de placer (o de disgusto). *Gralm con los vs* QUEDAR *o* DEJAR. | FSantos *Hombre* 98: No quiero que te quedes, por culpa mía, con mal sabor de boca.

saboreable – saca

II *loc adv* **4 a ~.** (*lit*) A gusto o a satisfacción. *Tb fig.* | Cunqueiro *Un hombre* 10: Se quitó la gorra para que se las viesen [las orejas] a sabor.

saboreable *adj* Que se puede saborear. | Cabezas *Abc* 22.10.67, 88: El material escolar no es comestible, pero sí saboreable por los chicos.

saboreador -ra *adj* Que saborea. *Tb n, referido a pers.* | Escobar *Itinerarios* 83: Pero el saboreador y devorador de ancas no tiene que ver nada con las ranas, y su conciencia está limpia y pura.

saborear *tr* Comer o beber [algo] con la lentitud y la atención precisas para percibir plenamente su sabor, y esp. deleitándose en ello. | Laforet *Mujer* 175: El conde siguió saboreando golosamente sus macarrones. **b)** Recrearse [en algo grato (*cd*)]. | Medio *Bibiana* 77: Bibiana .. empieza a saborear la situación, tan divertida como inesperada.

saboreo *m* Acción de saborear. | Escobar *Itinerarios* 182: Comenzaría su caminata, paladeando mostos en Tudela, en Quintanilla y en Peñafiel, pero repitiendo el saboreo, al regreso, en cualquier taberna de Quintanilla. Ramírez *Derecho* 18: Cabe el estudio del reglamento de fútbol al margen de cualquier partido .., el saboreo del reglamento de fútbol por quienes pretendan jugarlo, para saber a qué atenerse.

saborizante *adj* Que da sabor [1]. *Frec n m, referido a producto.* | I. Valladares *Inf* 14.7.78, 24: En esta lucha podemos educar .. a los que comercian con la alimentación para que eviten los aditivos alimentarios (colorantes, edulcorantes, saborizantes, antioxidantes y conservantes). *SPaís* 26.7.87, 44: No utilizar un mortero de madera .. que se haya impregnado demasiado de ajo y demás saborizantes.

sabotaje *m* Acción de sabotear. | *Van* 4.11.62, 13: Los actos de sabotaje se han vuelto a repetir en la zona oriental de Venezuela.

saboteador -ra *adj* Que sabotea. *Tb n, referido a pers.* | Franco *Discurso* 44: Ansiábamos .. una España .. sin servidumbres de partidos, ni abusos patronales, ni sindicatos saboteadores del producto nacional. *Inf* 3.8.70, 24: No son catorce mil los expedientes quemados .. Serán unos seiscientos expedientes los que habían [*sic*] en la Delegación cuando entraron los saboteadores.

sabotear *tr* Realizar actos conducentes a destruir [algo, esp. una instalación o un servicio] o a impedir su funcionamiento. *Tb fig, referido a cosas inmateriales.* | S. Jiménez *Abc* 9.9.66, 26: De lo que se trataba era de sabotear las elecciones.

saboyano -na **I** *adj* **1** De Saboya (región francesa). *Tb n, referido a pers.* | Tejedor *Arte* 162: Pasó luego a la [Universidad] de París, donde se le unen los seis compañeros con los que iba a fundar la Compañía: el saboyano Fabro, el portugués Simón Rodríguez de Acevedo y los españoles Francisco Javier, Diego Laínez, Alfonso Salmerón y Nicolás Bobadilla.
2 De la dinastía italiana de Saboya. | M. F. Ruiz *Pue* 7.11.70, 8: El rey Víctor Manuel III .. le concedió la más alta condecoración saboyana: la Orden de la An[n]unzia[t]a.
II *f* **3** (*hist*) Basquiña abierta por delante. | DPlaja *Sociedad* 69: Otra falda exterior más elegante, la saboyana o basquiña.

sabra *m y f* Judío nacido en Israel. | *VNu* 28.12.74, 19: La generación de los padres fundadores ha dado paso a otra generación nacida en Israel, los "sabras", representada en el nuevo "premier" Isaac Rabin. Payno *Curso* 235: Cristina, la novia de Luis, era un higo chumbo .. Graciosa, decidida. Pudiera haber sido una lejana sabra israelí de dieciséis años.

sabrosamente *adv* De manera sabrosa. | *ByN* 23.8.75, 70: El caso es que España perdió su único título mundial por irresponsabilidad de su poseedor y que Perico Fernández y su "manager" aumentaron sabrosamente su cuenta bancaria con este combate.

sabroseo *m* (*raro*) Saboreo. | Zunzunegui *Hijo* 110: Tomó su vaso de limón natural con bicarbonato y lo alzó en alto antes de gustarlo... Luego lo bebió con sabroseo.

sabroso -sa *adj* **1** [Alimento] que tiene sabor [1] agradable e intenso. | Bernard *Verduras* 34: Quedan más sabrosos aún servidos con salsa mayonesa. **b)** (*col*) [Alimento] ligeramente salado. | * Las comidas me gustan más bien sabrosas.
2 [Cosa] que tiene sabor [2] agradable o placentero. | DPlaja *Abc* 8.9.66, 12: No necesitamos avanzar mucho más para ver .. la sabrosa jugosidad de estos temas.

sabrosón -na *adj* Grato y animado. *Gralm referido a música antillana.* | J. M. GMartínez *Ya* 10.7.86, 42: Abrieron la sesión del martes los chicos del Combo Belga, que son oriundos del barrio de "la Prospe"; gente que se toma muy en serio el ritmo afrocubano y sabrosón.

sabrosura *f* **1** Cualidad de sabroso. | Cunqueiro *Gente* 9: Hay en ellos [los retratos] .. el gusto de la sorpresa, la ironía que hace de un hombre, en un momento dado, un señor rey, y la humildad, la sabrosura de la pereza, el enfermar de lo que no hay.
2 Cosa dulce o sabrosa. | Cunqueiro *Un hombre* 193: ¿Dónde he cogido estas palabras que voy vertiendo con mi boca, chispas, sabrosura somnífera, plumón de alondra?
3 (*raro*) Deleite o fruición. | Zunzunegui *Camino* 359: Comía despacio y con sabrosura.

sabú *m* (*reg*) Saúco. | Mayor-Díaz *Flora* 574: *Sambucus nigra* L. "Saúco", "Sabú", "Sabugo".

sabueso -sa **I** *adj* **1** [Perro] podenco de olfato muy fino. *Frec n m.* | Escobar *Itinerarios* 98: Perros de pura raza, pachones, perdigueros, setters, sabuesos...
II *m* **2** Pers. hábil para indagar o averiguar. *A veces con intención desp o humoríst, referido a policía o detective.* | GPavón *Hermanas* 40: Somos pobres sabuesos de un pueblo vinatero y Madrid nos viene ancho para el olivo.

sabugo *m* (*reg*) Saúco. | Mayor-Díaz *Flora* 574: *Sambucus nigra* L. "Saúco", "Sabú", "Sabugo". *MOPU* 7/8.85, 64: La laurisilva .. forma bosques intrincados en La Gomera, donde también se encuentran viñátigo, mocán, palmera canaria, barbusano, sabugo, higuera.

sabuloso -sa *adj* (*E*) Que tiene arena. | JGregorio *Jara* 8: Son formaciones arcillosas, con delgadas capas de gredas oscuras; las manchas arcillosa-sabulosas y micáfera [*sic*] se utilizan en las celebradas alfarerías de Talavera y El Puente.

saburral *adj* (*Med*) [Lengua, o mucosa lingual] recubierta por una capa blancuzca o amarillenta, gralm. debido a trastornos digestivos. | F. Martino *Ya* 12.12.75, 38: La lengua, al desprenderse la membrana saburral, toma el aspecto de un[a] frambuesa madura.

saburroso -sa *adj* (*lit o Med*) **1** Saburral. | Zunzunegui *Camino* 145: Cuando se despereza al mediodía con la boca saburrosa y le pidió un poco de agua, se la llevó de mala gana.
2 [Diente] que tiene sarro. | FVidal *Duero* 58: Se sonríe, mostrando una dentición saburrosa y picada.
3 De(l) sarro de los dientes. | Alvarado *Anatomía* 152: Extenderemos cuidadosamente sobre un cubreobjetos un poco del mucus saburroso que cubre las muelas.

saca[1] *f* **1** Acción de sacar, esp [1]. | *Alc* 31.10.62, 11: Con motivo del XXVI aniversario de las trágicas sacas de las prisiones de Madrid, la Asociación Oficial de Familiares de los Mártires de Madrid y su Provincia ha organizado los siguientes actos. CBonald *Ágata* 217: Limitándose a pasear esporádicamente por mimbreras y salinas .. en evitación de podas y sacas fraudulentas. F. Quesada *Abc* 17.10.70, 52: Un absoluto aislamiento desde las primeras lluvias otoñales hasta mediada la primavera, dificultando extraordinariamente la saca de los productos agrícolas de la zona. Angulo *Arte* 1, 16: El procedimiento usual .. es que el artista la modele [la escultura] en barro o yeso y después la copie en piedra. Esta labor de copia, que se realiza con gran precisión por medio de compases y cuadrícula, se denomina saca de puntos.
2 (*Der*) *En Aragón:* Derecho de preferente adquisición, por parte de un pariente colateral, de bienes inmuebles que han permanecido en la familia durante las dos generaciones anteriores a la del disponente. | *Compil. Aragón* 623: Los parientes colaterales hasta el cuarto grado por la línea de procedencia de los bienes gozan del derecho de aboliro o de la saca de preferente adquisición y, a falta de ofrecimiento en venta, de retracto.

saca² f Saco¹ [1] grande. | SSolís *Jardín* 104: Mi tía me había despachado en el tren, con una vieja maleta de cartón y una saca de tela con mis zapatos y libros.

sacabera (*tb* **sacavera**) f (*reg*) **1** Salamandra (anfibio). | Noval *Fauna* 375: No es raro encontrar en el verano este Tritón en los mismos lugares que la *Sacavera* o Salamandra común.
2 Pers. maldiciente. | SSolís *Jardín* 97: ¡Calla, víbora, sacavera, que eres igual que una sacavera!, y me miraban irritadas, escandalizadas por mi rebeldía.

sacabocados m Instrumento de boca hueca y bordes afilados que sirve para taladrar. | *BOE* 2.8.76, 14909: Se prevé el empleo de 24 discos perforados .. La membrana de ruptura se cortará con un sacabocados de una chapa de latón de 0,05 milímetros de espesor.

sacabuche (*tb* **sacabuches**) m Instrumento músico antiguo de metal, a manera de trompeta, que se alarga y acorta introduciéndose en sí mismo. | A. RTarazona *HLM* 16.10.78, 38: Usó mucho de los instrumentos propios de los ministriles, el sacabuche, la trompeta, la flauta, la chirimía, el bajón y la corneta. Valls *Música* 59: La lista de procedimientos utilizados para obtener el sonido desborda las invenciones de la fantasía más desatada: .. por soplo en un tubo con lengüetas simples .., dobles .. o sin ellas ..; con embocadura (trompeta, trompa, trombón o sacabuches, tuba, etc.).

sacacorchos I m **1** Instrumento que consiste en un punzón retorcido en espiral y fijo en un mango, y que sirve para extraer el tapón de corcho de una botella o un frasco. | Julio *Cod* 2.2.64, 11: Agénciese como pueda un sacacorchos y ábrame esta botella de "whisky".
II *loc v* **2 sacarle** [algo a alguien] **con ~**. (*col*) Conseguir, a fuerza de preguntas, que [lo] diga. | * No quería contar nada; tuve que sacárselo con sacacorchos.

sacacuartos (*col*) **A** m **1** Cosa organizada para que la gente gaste en ella su dinero. | Landero *Juegos* 93: Al fin se instalaron los tres en una tartana [del tiovivo] .. y comenzaron a girar. –Pues vaya un sacacuartos –iba diciendo Angelina.
B m y f **2** Pers. hábil para sacar dinero a los incautos, gralm. con cosas de poco valor. *Tb adj.* | Goytisolo *Recuento* 164: Un curandero que le había quitado el dolor cuando, después de haber pasado por las manos de no sé cuántos médicos sacacuartos...

sacada f **1** Acción de sacar. | Aldecoa *Gran Sol* 34: Pensaba [Venancio] en placeres de pesca donde a cada lance de la red sucediese una sacada que llenara la cubierta de pescados. Á. FSantos *SPaís* 23.11.90, 3: ¿Quién, si la vio, no recuerda la *sacada* (en jerga cheli de entonces "a la remanguillé") con que Joel McCrea pasaporte al otro barrio a Anthony Quinn en *Unión Pacífico*? .. Hoy están a la orden del día, después de las espectaculares *sacadas* de pistolas que Scorsese organiza en *Goodfellas*.
2 (*Naipes*) En el tresillo: Jugada en que el que juega hace más bazas que ninguno de sus contrarios. | Corral *Cartas* 12: Sacada. Cuando el que juega hace más bazas que el que más de sus contrarios .. También puede sacarse la jugada haciendo cuatro bazas .. Cuando una jugada resulte sacada, el que juega recogerá todo lo que había en el platillo.

sacadera f (*reg*) Salabre (arte de pesca). | MFVelasco *Peña* 261: Retiré la nieve y abrí un boquete en el hielo [del río] con la alcotana, sobre un pozo muy bueno y profundo. Tiré un boliche con carburo y agua, y la explosión levantó una manta de truchas .. Hecha la picia, no iba a permitir que se marrotaran. Las fui alzando con la sacadera.

sacadineros m y f (*col*) Sacacuartos [1 y 2]. *Tb adj, referido a pers.* | Aldecoa *Cuentos* 1, 86: Anchorena recogió del suelo de la cabina el periódico infantil .. –Esto se debe pagar bien. Todos los chavales compran esta mercancía. –Los hacen en Barcelona. –Qué cosas tienen los catalanes, ¿eh? Es un buen sacadineros. GHortelano *Amistades* 132: Tú .. intentarás irte en busca de alguna de tus camareras sacadineros.

sacador -ra I *adj* **1** Que saca. *Frec n, referido a pers.* | *Hoy* 8.10.75, 11: Eran los barberos los que dominaban esta técnica, como también eran expertos sacadores de muelas, extracciones que hacían sin anestesia. Cossío *Confesiones* 278: Con estos adoquines empezó en París sus ensayos de escultor, en talla directa, pues él no concedió importancia nunca a quien trabajaba en materia blanda y ponía después su obra en manos de los sacadores de puntos o de los fundidores. *Inf* 19.11.70, 24: Pelota .. Tuvo Ramondegui otro factor a su favor, el saque de su compañero Goicoechea, que tardó en acertar con él, y lo que suele suceder con los sacadores, que el día que sacan bien juegan mejor en el peloteo que si no acertaran a sacar.
II f **2** Salabre (arte de pesca). | *Inf* 2.4.71, 32: En las inmediaciones de la presita del molino, estuvieron sacando bogas sirviéndose de una sacadora.

sacáis m pl (*jerg*) Acáis u ojos. | Sastre *Taberna* 114: Le ponía así como un ciempiés [al niño] .. en un ojo y se lo tapaba con media cáscara de nuez y luego la tía le vendaba el ojo, ¡y el niño berreaba, claro!, y ella diciendo que la criatura tenía los sacáis malitos y que necesitaba pastora .. para la medicina.

sacaleches m Instrumento para descargar de leche el pecho de una mujer. | CBonald *Noche* 125: Lo primero que hacía después de cortarse el ombligo .. era beberse su propia leche. Se la sacaba con un sacaleches y se la bebía.

sacamantecas m (*col*) **1** Destripador. | Cela *Mazurca* 81: Por estos montes anduvo el sacamantecas Manuel Blanco Romasanta, el hombre lobo que mató a una docena de fraile de personas o bocados.
2 el ~. Personaje imaginario con que se asusta a los niños. | Cela *Judíos* 103: –¿Qué tal va de las muelas? .. –Bien, ¿por qué? –Por nada malo, amigo, y no ponga usted esa cara de susto, que yo no soy el sacamantecas. Berlanga *Gaznápira* 55: A tus veintidós años no es para que andes creyendo todavía en los gamusinos y los sacamantecas.

sacamiento m Acción de sacar. | J. Hermida *Ya* 14.1.92, 56: El renacimiento vivaldiano, casi la descubrición y sacamiento del olvido, fue una moda benéficamente impuesta por unos cuantos "snobs".

sacamuelas m **1** (*col, humoríst*) Dentista. | * Tengo que ir al sacamuelas; este colmillo me hace migas. **b)** (*hist*) Individuo que, sin preparación profesional, se dedica a extraer muelas y dientes. | J. M. Montaña *AbcS* 20.3.75, 51: La odontología ha pasado por una serie de etapas hasta llegar al estamento científico actual. Los primeros y balbucientes pasos fueron el [sic] del sacamuelas nómada de pueblos y ferias.
2 (*col*) Charlatán (vendedor callejero). *Frec se usa en constrs de sent comparativo para ponderar la excesiva locuacidad de una pers.* | Villarta *Rutas* 51: En el Campillo de Mundo Nuevo todavía podéis escuchar a los sacamuelas .. Venden a voz en grito.

sacamuestras m Instrumento en forma de cuchara destinado a obtener muestras de distintas sustancias. | *Ya* 22.10.64, sn: Sacamuestras de partículas para tomas de muestras de polvo en el aire, bacterias y esporas.

sacapuntas m Instrumento para afilar la punta del lápiz. | F. Valle *Abc* 28.4.74, sn: Su boca, de labios delgados, cortantes, de donde salía aguzado el vocablo, como sale el lápiz del sacapuntas.

sacar *tr* ➤ **a** *como simple v* **1** Poner [a una pers. o cosa (*cd*)] fuera [del lugar donde está situada o contenida]. *Tb fig.* | *Economía* 357: En cuanto se llega al hotel .. conviene cuanto antes sacar los vestidos de la maleta y colgarlos en perchas. Gala *Días* 395: Llegó mi madre .. Llegó y me sacó de allí [del Seminario]. CBonald *Dos días* 283: Lo que yo le dije, y como si nada. Que no y que no, de ahí no hay quien lo saque, un ceporro. **b)** Quitar o apartar [a una pers. o cosa de la situación en que se halla]. *Con cd de pers, frec con un compl* DE + *n o adj*. | L. Calvo *Abc* 2.3.58, 6: El nuevo se quedó tan reconocido que no acertaba a encomiar, como quería, su gratitud, de cuyo trance lo sacó el viejo, diciendo: "Yo soy el más obligado a gratitud". Benet *Nunca* 18: La única persona capaz de sacarme de aquel caos de indiferencia, terquedad y .. pobreza fue Vicente. SFerlosio *Jarama* 307: ¡No habrá quien te saque de ser un pardillo, como has sido hasta hoy! ¡En tu vida saldrás de pardillo! * Esto no te va a sacar de pobre. * Sacar de criado. **c)** Hacer desaparecer [una mancha]. | Gala *Días* 418: Las manchas de ese limpiametales no hay quien las saque después.

sacarasa – sacárico

2 Hacer que [alguien (cd)] salga de su lugar habitual, esp. para su distracción. | Torrente *SInf* 25.7.74, 12: Algunos españoles están contentos porque disponen de un coche para darse tono y sacar a las familias los fines de semana.
3 Pedir [una pers. a otra, esp. un hombre a una mujer] que baile con ella. *Tb* ~ A BAILAR. | Olmo *English* 61: –¡Cambio de pareja! .. –Na, que no me saca. Debo de ser la fea. DCañabate *Paseíllo* 53: En el baile nos ajuntamos a un grupo de mozas que andaban descabalás sin que nadie las sacara a bailar.
4 Hacer [alguien] que se le entregue [dinero de una cuenta bancaria]. | ARíos *Tri* 13.4.68, 30: Sacó el poco dinero que tenía en el Banco y compró las dos vacas.
5 Salir llevando [una cosa] como parte del atuendo o arreglo personal. | DCañabate *Abc* 16.5.58, 47: ¡Vaya vestido el que voy a estrenar! Nada de blanco y oro, que es lo que sacan todos ese día. El mío, morado. * La presentadora saca unos peinados preciosos.
6 Heredar biológicamente [algo (cd) de alguien]. | Laforet *Mujer* 29: Pepe ha sacado el ramalazo de locura del padre. Paso *Isabel* 284: Espera seis meses y medio y verás cómo saca tu cara.
7 Conseguir, mediante habilidad o fuerza, que [alguien (ci)] diga o dé [algo]. | J. M. Ruiz *HLM* 10.6.74, 40: Le pregunté a Touriño si era cierto –esto lo pude "sacar" entre los jugadores del Real Madrid– que .. Fernández le dijo a Santillana: "Como te acerques por aquí, te mato". ZVicente *Traque* 247: La casa se nos quemó... Todita. Yo no creo que fuese verdad aquel chisme de que lo hizo aposta el dueño para sacar el seguro.
8 Conseguir u obtener. | Arce *Testamento* 32: No sacarán nada matándome. Medio *Bibiana* 70: Yo no sé de dónde saca la gente tanto dinero. Mihura *Dorotea* 88: Ya solo queda una cotorrona... Porque las otras dos han sacado novio. Goytisolo *Recuento* 30: Sacaba malas notas y ni sabía copiar. **b)** Obtener [algo de un todo del que forma parte]. | Zubía *Geografía* 278: De la palmera "toquilla" se sacan las fibras para los "sombreros de Panamá", "de jipijapa" o jipis. **c)** Adquirir [una entrada, un billete o algo similar]. | Laforet *Mujer* 14: Eulogio fue hacia la ventanilla para sacar los billetes .. –Te he sacado una primera. **d)** Hacer los trámites precisos para conseguir [un título, un carnet o algo similar]. *Frec con un compl de interés.* | R. Rubio *SYa* 18.11.73, 31: Nolita se había sacado el carnet la primavera última, ya con la idea de tener un cochecín.
9 Inducir o deducir [una idea o un conocimiento]. | J. Miravitlles *Inf* 13.6.74, 17: Muy pocos lectores sacaron las consecuencias lógicas de aquel análisis y muchos lo interpretaron como un elogio servil a las iniciativas norteamericanas.
10 Inventar [algo, esp. un apodo, un chiste, versos o coplas] inspirándose en algún hecho o circunstancia. | ZVicente *Traque* 158: Mal nacional: la envidia. Ya lo decían unos versos que echaba mi hija Flor .. al comenzar las funciones. ¿El autor? .. Flor decía que se los había sacado ella. Daban más perras. Fuster *Inf* 16.5.74, 18: La táctica del dómine era sistemáticamente contraproducente. Los críos nos vengábamos sacándol[e] motes al profesor. ZVicente *Traque* 301: Nadie quería nada conmigo, y hasta me habían sacado coplas.
11 Resolver [una cuenta, un pasatiempo, un acertijo o algo similar]. | F. A. Pastor *SPaís* 19.2.78, 9: Es cierto que la policía ha utilizado siempre al confidente, pero los asuntos de verdad bonitos se han sacado por investigación pura. Torrente *Filomeno* 12: Saca con éxito los más difíciles problemas de la aritmética. * Me cuesta mucho sacar este crucigrama.
12 Aprobar [una asignatura o un curso]. | Payno *Curso* 17: –¿Estuviste esta mañana en Física? –Sí .. –Ah. ¿Crees que la sacarás? –Todavía no se puede saber. ¿Tú? –Tampoco. Querría sacar todo en junio.
13 Hacer [una fotografía, película, copia o cosa similar]. *Frec con compl de interés.* | Goytisolo *Recuento* 632: Papá estaba clasificando fotos, anotando en el dorso quién era quién. Les mostró una composición familiar sacada en el salón del chalet. SFerlosio *Jarama* 31: No nos hemos sacado una foto.
14 Exceptuar o excluir. | * Sacando dos o tres, los demás no me gustaron.
15 Quitar [una cosa que está envolviendo otra]. | * Me has pisado y me has sacado el zapato. **b)** *(reg)* Quitar, esp. de encima. *Frec con un compl de interés y referido a prendas de vestir.* | Salom *Culpables* 21: Luego se saca la bata y se pone la americana que tiene en un armario. Torrente *DJuan* 318: Don Juan se sacó el sombrero e hizo una reverencia a la estatua. CPuche *Paralelo* 208: Tomás .. apretó el acelerador .. En cuanto salieron del barullo de la Plaza de Castilla, sacó las manos del volante y se puso a fingir que tocaba la trompeta. Ramírez *Derecho* 157: Tiene que sacarse de encima a bajo precio mercaderías que pasaron de moda. VMontalbán *Rosa* 108: Dice que subas y la esperes. Que procurará sacarse a este tipo de encima. Cela *Mazurca* 33: Harta de aguantar miserias, se sacó la vida cortándose las venas con un vidrio.
16 Hacer que [algo (cd)] sobresalga con respecto a su posición actual o habitual. | Olmo *Golfos* 50: El golfo .. dobló su brazo derecho y sacando la molla se la enseñó. S. Araúz *SYa* 18.5.75, 15: Pascual .. se despatarra, saca el vientre, cruza los brazos y hunde en el pecho la barbilla.
17 *(col)* Tener de ventaja [sobre alguien (ci)] la medida que se expresa (cd)]. *A veces el cd puede ser el n* VENTAJA *u otro equivalente.* | Arce *Precio* 84: Sí, joven .. Él le sacaba más de diez años. Arce *Testamento* 90: El Bayona se puso de pie. Me sacaba más de dos cuartas de estatura. **b)** *En tiempo perf:* Obtener de ventaja. | Gilera *Abc* 20.9.70, 64: Comienzo feliz de los uruguayos, que sacaron una ventaja de 6 tantos, y reacción francesa hasta lograr el triunfo por 35-25.
18 Alargar o ensanchar [una prenda o alguna parte de ella]. | MGaite *Usos* 124: Se sacaban los jaretones, se les daba la vuelta a los abrigos viejos, y las prendas ya usadísimas se le daban a la criada.
19 Hacer aparecer. *Tb fig.* | *Abc* 16.12.70, 53: La Escuela de Hostelería va sacando promociones anuales de cien alumnos especializados. A. Valverde *Abc* 2.3.58, 7: Dijo que había tomado por modelo a Pacheco para cierto personaje ridículo que pensaba sacar en una novela que estaba escribiendo. SFerlosio *Jarama* 31: Estos [fotógrafos] del minuto es tirar el dinero. Te sacan fatal. *Economía* 38: Se quita la papilla con un paño seco y se saca brillo con una gamuza. **b)** *Seguido de* A + *n de acción:* Presentar [algo] para someterlo [a la acción expresada por el n.]. *A veces se omite el compl* A *por consabido, esp referido a venta.* | *Van* 20.12.70, 91: Cervezas de Santander, S.A. (Skol) saca a subasta la adjudicación del bagazo obtenido en la producción de cerveza de su fábrica de Breda (Gerona). * La casa Seat ha sacado un nuevo modelo. **c)** Poner a la vista [una cosa], gralm. para ofrecerla. | CBonald *Dos días* 139: Don Gabriel se sentó a la sombra del emparrado .. Sacó una abultada petaca de cuero. Cela *Pirineo* 230: A las once llegó el señor cura .. La Aldonza sacó café y galletas.
20 Hacer que [una pers. (cd)] sea elegida o designada para un puesto. *Con predicat.* | Torrente *Pascua* 402: Sí, también don Cayetano. El triunfo de usted es su propio triunfo. ¿No es él quien le ha sacado diputado?
21 *(Dep)* Poner en juego [la pelota o el balón]. *Frec como abs.* | Olmo *Golfos* 45: Al poco rato daba comienzo el partido. Sacamos nosotros.
22 Incubar [un ave sus huevos]. *Frec abs.* | Delibes *Castilla* 46: Si la avutarda está para sacar y la espanta usted, esa no vuelve, según se echa a volar caga en el nido y no vuelve.

➤ **b** *en locs* **23** ~ **adelante.** Hacer que [una pers. o cosa (cd)] alcance el desarrollo apetecido. | Medio *Bibiana* 41: Ya es bastante vivir en estos tiempos y sacar a los hijos adelante. C. Sollet *Ale* 2.8.74, 5: En este curso de historiadores, encontraremos la presencia, entre otros muchos, de .. Ciriaco Pérez Bustamente, el hombre que sacó adelante toda la actividad universitaria de la Montaña.

24 ~ **a relucir,** ~ **a la plaza,** ~ **de la cabeza,** ~ **de pila,** ~ **de quicio,** ~ **de sus casillas,** ~ **en limpio,** ~ **partido** → RELUCIR, PLAZA, CABEZA, PILA, QUICIO, CASILLA, LIMPIO, PARTIDO.

sacarasa *f (Quím)* Invertina. | Alvarado *Anatomía* 119: Los otros [fermentos del jugo intestinal] hidrolizan los disacáridos en los monosacáridos correspondientes: la invertina o sacarasa desdobla la sacarosa en glucosa y fructosa.

sacárico -ca *adj (E)* De(l) azúcar. | E. Pablo *Abc* 15.11.68, 71: Se afianza y se extiende a mayor número de comarcas un rendimiento sacárico superior al que se esperaba. *Abc* 15.12.70, 65: Para la remolacha el precio base será de

1.400 pesetas la tonelada para la riqueza sacárica tipo de 16 grados polarimétricos.

sacárido *m* (*Quím*) Glúcido. | Alvarado *Anatomía* 5: Según el número de azúcares sencillos que forman el sacárido, se clasifican los glúcidos en monosacáridos, disacáridos y polisacáridos.

sacarina *f* Sustancia blanca pulverulenta, utilizada como sucedáneo del azúcar. | Bustinza-Mascaró *Ciencias* 139: No es dulce para ellas [las abejas] la sacarina.

sacarino -na *adj* (*E*) Que tiene azúcar. | Legorburu-Barrutia *Ciencias* 298: Plantas sacarinas. De ellas se saca el azúcar. **b)** (*Med*) [Diabetes] caracterizada por exceso de azúcar en la sangre. | M. Aguilar *SAbc* 9.11.69, 54: Si era dulce la llamaban diabetes "mellitus", o sacarina, o azucarada.

sacaroideo -a *adj* (*Mineral*) [Estructura] semejante a la del azúcar. | Bustinza-Mascaró *Ciencias* 332: Entre sus numerosas variedades [de calcita] tenemos el espato de Islandia, en cristales transparentes incoloros; .. los mármoles, con estructura sacaroidea, utilizados como materiales de construcción. **b)** Que tiene estructura sacaroidea. | Marcos-Martínez *Física* 289: Los [mármoles] más estimados son los de color blanco y estructura parecida a la del azúcar (sacaroideos). Ybarra-Cabetas *Ciencias* 69: En este grupo se incluyen las calizas compuestas ..; las calizas granulares, como la sacaroidea, y las terrosas.

sacaromiceto *m* Hongo ascomiceto causante de la fermentación alcohólica de los azúcares (gén. *Saccharomyces*). | Alvarado *Botánica* 65: Las levaduras o Sacaromicetos .., cuya interesante vida saprofítica ha sido estudiada en otra ocasión.

sacarosa *f* (*Quím*) Azúcar común, constituido por glucosa y fructosa. | Bustinza-Mascaró *Ciencias* 252: La remolacha, en el primer año de su vegetación, almacena en su raíz carnosa sacarosa y otros productos que serán utilizados por la planta en el año siguiente para la formación del tallo y de las flores.

sacatrapos *m* (*hist*) Instrumento helicoidal de hierro que, fijado en el extremo de la baqueta, sirve para sacar los tacos u otros objetos del cañón de un arma de fuego. | Faner *Flor* 97: Una vez aparejado, abastecieron el barco de atacadores, sacatrapos, palanquines y bragas para los cañones de banda y para los grandes.

sacavera → SACABERA.

sacavinos *m* Pulgar largo que se deja en la cepa para que dé mayor producción. | Delibes *Ratas* 28: Con el jerez o el tinto no lo harías así. Con el jerez o el tinto dejarías dos varas pulgares, dos yemas y un sacavinos, ¿oyes?

sacciforme *adj* (*Anat*) Que tiene forma de saco. | F. Martino *Ya* 25.11.75, 13: En este tipo de infarto, de sobrevivir el paciente, suele formarse lo que se llama un aneurisma cardíaco, o sea una dilatación sacciforme de la porción de miocardio afectado señalada.

sacedonense *adj* De Sacedón (Guadalajara). *Tb n*, *referido a pers*. | *NAl* 29.11.80, 25: Don Vicente Romero ha editado un librillo que ha repartido entre los feligreses sacedonenses.

sacerdocio *m* **1** Oficio y dignidad de sacerdote. | Laforet *Mujer* 112: Solo Blanca sabía con detalles el proceso de la .. conversión de su hijo hasta el sacerdocio. **b)** (*lit*) Actividad noble a la que alguien se consagra con empeño y dedicación. | MCachero *AGBlanco* 67: Como crítico militante actuó asimismo en veladas y controversias públicas; unos cuantos folletos y libros de fin también de su entrega sin descanso a sacerdocio tan arduo.
2 Conjunto de los sacerdotes. | H. Gutiérrez *Inf* 27.1.76, 24: Esta región está próxima a Jerusalén, unos 22 kilómetros, y sobre ella se podría extender la jurisdi[c]ción religiosa del sanedrín y sacerdocio jerosimilitanos.

sacerdotal *adj* De(l) sacerdote. | Laforet *Mujer* 111: José sintió vocación sacerdotal.

sacerdote -tisa A *m* y *f* **1** Pers. dedicada a ofrecer sacrificios a la divinidad. | Vesga-Fernández *Jesucristo* 17: Los sacerdotes y el servicio del templo eran mantenidos con los donativos, limosnas e impuestos que pagaba el pueblo.

Pericot *Polis* 12: La Luna, como principio femenino, es la divinidad suprema, y en el culto predominan las sacerdotisas. **b)** (*lit*) Pers. que, en una determinada actividad, actúa o se comporta con la dedicación o con la dignidad de un sacerdote. *Frec con intención irónica*. | Rof *Abc* 10.10.70, 3: Frente a las sacerdotisas de la "nueva novela", a las Nathalie Sarraute y a las Margarita Duras, sostiene [Anaïs Nin] que la misión de la novela del futuro será la de descubrir esa realidad "más real" que solo la obra de la fantasía es capaz de revelarnos.
2 (*Rel crist*) Pers. que ha recibido las órdenes sagradas que le permiten celebrar culto. | *Ya* 10.3.92, 25: Mujeres sacerdotes. Diez mujeres australianas fueron ordenadas sacerdotisas anglicanas, las primeras de su país, en una ceremonia, calificada de histórica, celebrada en Perth.
B *m* **3** (*Rel catól*) Hombre que ha recibido las órdenes sagradas que le permiten celebrar misa. | Laforet *Mujer* 61: Paulina estaba harta de escuchar que a su madre los sacerdotes le aconsejaban resignación.

sacho *m* (*reg*) Azadón pequeño que se emplea esp. para escardar. | Carnicer *Cabrera* 100: Veo subir, con el sacho al hombro, al escardador de la Fraga. Delibes *Castilla* 30: Cavar, cavábamos con un sacho, en la ribera.

saciable *adj* Que se puede saciar. | *Ext* 19.10.70, 2: "Los insaciables" es la historia de un hombre de negocios, implacable y difícilmente saciable, quien no repara en medios para encontrar lo que busca, caiga quien caiga.

saciador -ra *adj* (*raro*) Que sacia. | Laín *Marañón* 218: Acabarán entendiéndose [los hombres], acaso a pesar de ellos mismos, en una última y saciadora verdad.

saciar (*conjug* **1a**) *tr* Satisfacer completamente [el hambre o la sed (*cd*) de alguien]. *Tb fig, referido a otra necesidad física o espiritual*. | J. Montini *Ya* 24.5.70, sn: Contaba con un grupo de universitarios y se esforzaba en saciar el hambre del cinturón pobre de la ciudad. **b)** Satisfacer completamente el hambre o la sed [de alguien (*cd*)]. *Frec el cd es refl. Tb fig, referido a otra necesidad física o espiritual. Frec con un compl* DE, *que expresa aquello con que se satisface*. | P. GAparicio *SYa* 24.11.74, 5: La ilusión del beduino era la de poder saciarse alguna vez de ensalada y de leche de camella. * Hay que saciar al pueblo de cultura.

saciativo -va *adj* (*raro*) Que sacia. | MPuelles *Filosofía* 2, 331: El último fin objetivo del hombre, en tanto que hombre, o sea, el bien completamente saciativo de nuestra voluntad, únicamente puede serlo Dios.

saciedad **I** *f* **1** Condición de saciado o harto. | * Nunca llegó a sentir saciedad.
II *loc adv* **2 hasta la ~**. Mucho. *Con intención ponderativa. Frec con el v* REPETIR. | A. Colinas *Mad* 23.12.70, 22: Se ha repetido hasta la saciedad que Bécquer es tan solo el autor de las "Rimas". Chamorro *Sin raíces* 55: Leyó hasta la saciedad. Soñó leyendas.

saco[1] **I** *m* **1** Recipiente grande de tela, papel u otra materia flexible, de forma rectangular o cilíndrica y abierto por uno de sus lados estrechos. *Tb su contenido*. | Olmo *Golfos* 120: La fábrica tenía un cobertizo en el que se apilaban los sacos de cemento. Bustinza-Mascaró *Ciencias* 26: Pueden ser [las glándulas] .. en forma de saquito. Delibes *Castilla* 13: En su época no se hablaba de hectáreas, sino de iguadas, que venían a ser cincuenta y seis áreas. Y entonces tres cargas eran una buena cosecha. Ya ve, seis sacos, a ochenta y seis kilos que pesaba la media carga, eche cuentas.
2 Bolso grande sin armadura empleado esp. para viaje. *Tb ~* DE VIAJE, *o* DE MANO. | Halcón *Monólogo* 136: Solo trae una maleta y un saco. Bien se ve que el viaje ha de ser rápido. Laforet *Mujer* 167: Vio a Paulina .. cargada con un saco de mano, como si llegase de algún corto viaje.
3 ~ de dormir. Envoltura guateada que se cierra completamente alrededor del cuerpo y que sustituye a la ropa de cama. | Payno *Curso* 234: En San Juan de la Peña les visitó un perro al amanecer, y lamía sus sacos de dormir.
4 (*Anat*) Cavidad o envoltura en forma de saco [1]. | Bustinza-Mascaró *Ciencias* 191: En relación con el aparato respiratorio [de la paloma] hay cinco pares de sacos aéreos que, disminuyendo el peso específico del animal, facilitan el vuelo. Alvarado *Botánica* 40: Cada teca [en el estambre] encierra un par de sacos polínicos .., que llevan en su interior un polvillo llamado polen.

saco – sacramentalista

5 Cosa que incluye o encierra dentro de sí otras muchas. | Fuster *Inf* 14.11.74, 19: Puede que, a Diderot y a los demás .., les metiesen en un mismo saco de anatema sin necesidad de puntualizar. **b)** Pers. que se caracteriza [por determinados comportamientos o cualidades negativos (*compl* DE)]. | * Pepe es un saco de mentiras.
6 (*col*) Mujer gorda y sin talle. *Frec* ~ DE PATATAS. | * Elena es un auténtico saco de patatas.
7 Aparato de gimnasia consistente en un cilindro grande y relleno que se golpea con los puños. | F. Vadillo *Mar* 2.7.59, 10: El negro Petterson golpeaba con saña el saco, el punching y los sparrings. **b)** (*col*) (*Boxeo*) Boxeador que no tiene capacidad para replicar al contrario y solo recibe golpes. | F. Yagüe *Inf* 2.1.75, 21: De seis peleas que disputó en 1973, solo había ganado una a los puntos y ante un viejo "saco" conocido de todos, llamado Vasco Faustinho.
8 (*Mar*) Bahía. | Guillén *Lenguaje* 22: Citemos .. al pez espada, que dicen emperador por nuestro levante .. y agujapalá, por el saco de Cádiz, especialmente por Huelva.
9 (*vulg*) Culo. *En las constrs* DAR, *o* TOMAR, POR (EL) ~. | Delibes *Voto* 172: Al pasar junto al grupo, uno de los hombres dijo: "¡Qué vergüenza!", y Rafa respondió: "a tomar por el saco", y Julia le propinó un empellón y le introdujo en el portal. Goytisolo *Recuento* 107: Mientras eres un puto aspirante todos te dan por el saco, ¿no? Bueno, pues espera que sea alférez y verás cómo seré yo el que se las hará pasar puta a los demás. ZVicente *Mesa* 189: ¡Vete a tomar por saco!
II *adj invar* **10** [Vestido o línea] que carece de talle. | F. Alejandro *MHi* 5.64, 42: Quedan diferenciados el vestido camisero, el camisa o saco y el sastre.
III *loc v* **11 echar** [algo] **en ~ roto.** No tener[lo] en cuenta o hacer caso omiso [de ello]. *Normalmente en constr neg.* | Arce *Precio* 146: Todo lo que me ha dicho ha sido por los whiskies. Pero no lo echo en saco roto.
IV *loc adv* **12 en el ~.** (*col*) En actitud rendida. *Gralm referido a conquista amorosa y con los vs* TENER *o* ESTAR. | Marsé *Tardes* 33: –¿Dónde está la Lola, ya la tienes en el saco? –Deja de decir burradas y ven conmigo. CPuche *Conocerás* 43: A las mujeres no hay que darles nunca la seguridad de que estás en el saco. **b)** En situación de prácticamente conseguido. *Referido a cosa. Gralm con los vs* TENER *o* ESTAR. | * Según me dijo, el puesto lo tienes ya en el saco.

saco² **I** *m* **1** (*hist o lit*) Saqueo. | RMoñino *Poesía* 62: Salvo alguna poesía de tipo histórico censorial –el romance del saco de Roma–, casi todo es, como lo pide la portada del volumen, materia de amores. Cunqueiro *Crónicas* 67: Entré en el castillo, que estaba vacío, pero haciendo saco en seguida descubrieron los míos de Normandía que en una cámara oculta estaban la mujer y las cuatro hijas del gobernador alemán.
II *loc v* **2 entrar a ~** [en un sitio]**.** Saquear[lo]. *Tb fig.* | *Sp* 19.4.70, 13: ¿Por qué no se prohíbe que algunas "efemérides publicitarias" entren a saco en temas, como los religiosos, que se han considerado tradicionalmente como privados, intocables, sagrados?

sacral *adj* (*lit*) Sagrado. | Camón *Abc* 26.11.70, 3: La última proyección sacral es la de la pervivencia en el más allá. Umbral *Memorias* 48: Lo peor y lo mejor de la guerra fue eso, que nos quitó a los niños el sentido sacral de la cultura.

sacralidad *f* (*lit*) Cualidad de sacro o sacral. | LIbor *Pról. Antología* XXII: He relatado la impresión que me hizo una de las primeras exposiciones "surrealistas" que se abrieron en París, después de la guerra. Lo que me estremeció no fue lo expuesto, sino su impacto sobre las gentes. Las colas de visitantes y el sentido de sacralidad degenerada que había en todo ello.

sacralización *f* Acción de sacralizar. | Castilla *Humanismo* 9: El antierasmismo .. no es otra cosa sino el movimiento reactivo y reaccionario que en el seno mismo de la Iglesia se constituye ante la humanización en ascenso y el descenso de la sacralización que el pensamiento cristiano de Erasmo representa.

sacralizador -ra *adj* Que sacraliza. | L. LSancho *Abc* 29.5.74, 30: La paternidad vuelve en tal situación a tener un sentido de rito, una liturgia sacralizadora en que el sexo es de nuevo humilde instrumento y no, como en estos momentos libérrimos, "ser en sí".

sacralizante *adj* Que sacraliza. | E. Quintana *HLM* 10.6.74, 2: Queda un interrogante proyectado a su origen, que, sin esa transformación sacralizante que sufren la mayoría de las tradiciones folklóricas del país, quedaría quizá más encuadrada en el ciclo de Carnaval.

sacralizar *tr* Dar carácter sagrado [a alguien o algo (*cd*)]. | Narsanmor *Reg* 8.10.74, 6: Vivir en cristiano .. es servir en los diversos escalones de la sociedad. Sacralizar estos servicios es tanto como establecer Jerarquías en el mando y el servicio, pero todos sirven y obedecen a un solo Señor. **b)** *pr* Tomar carácter sagrado [alguien o algo]. | Umbral *Mortal* 132: La vida se sacraliza en los niños, tiene su instante celeste y único en la carne dorada del hijo.

sacralmente *adv* (*raro*) De manera sacral. | *País* 19.3.78, 8: Ambos .. avalaron con las *divinas palabras* sacralmente consagradas por su dignidad de parlamentarios esas consignas irresponsables.

sacramentado -da *adj* **1** *part* → SACRAMENTAR.
2 (*Rel catól*) [Jesús] que está en forma de hostia consagrada. | P. Herrán *Act* 5.11.70, 42: En relación con la vida sacramental, .. debe fomentarse, sobre todo, el amor de los niños a Jesús sacramentado.

sacramental **I** *adj* **1** De(l) sacramento o de (los) sacramentos. | Villapún *Iglesia* 6: Se llama liturgia sacramental, o de los Sacramentos, al conjunto de ceremonias, ritos y preces que emplea la Iglesia para administrar los Sacramentos solemnemente. **b)** (*TLit*) [Auto] que se refiere al sacramento de la Eucaristía. | DPlaja *Literatura* 272: Uno de los más célebres autos sacramentales de Calderón es *El Gran Teatro del Mundo*.
2 Que tiene carácter de sacramento. | SLuis *Doctrina* 136: Para comulgar dignamente se requiere: .. Confesión Sacramental: si se tiene un pecado mortal no confesado aún.
3 [Cosa, esp. palabra o fórmula] consagrada por el uso para un acto o ceremonia. | Cela *Judíos* 293: Tres rayas en zig-zag, levantadas sobre la palabra sacramental .. apresuran las piernas del vagabundo. S. RSanterbás *Tri* 11.4.70, 20: Esconde [el torero] su miedo y su desnuda y frágil humanidad tras la máscara sacramental del oro y la seda.
4 (*Der*) *En Cataluña*: [Testamento] que se otorga con especiales formalidades de juramento religioso. | *Compil. Cataluña* 707: El testamento sacramental deberá elevarse a escritura pública.
II *n* **A** *m* **5** (*Rel crist*) Rito sagrado instituido por la Iglesia para obtener por su medio efectos espirituales. | Casares *Música* 52: Los protestantes suprimen poco a poco la mayor parte de los ritos tanto de la misa como de los demás sacramentos y por ello la música va a pasar a primer plano haciendo las veces de sacramental. **b)** *En pl*: Medios para obtener el perdón de los pecados veniales y de las penas debidas por ellos o por los mortales. | SLuis *Doctrina* 122: El pecado venial se perdona, además, por un acto de contrición o por medio de los sacramentales: agua bendita, etc., siempre que se tenga contrición.
B *f* **6** Cementerio. *Formando parte del n de algunos cementerios de origen parroquial.* | *Alc* 31.10.62, 11: Sobrepasó el número de cien mil el de las personas que durante todo el día de ayer visitaron las Sacramentales de Madrid y el Cementerio de Nuestra Señora de la Almudena o del Este. *HLM* 26.10.70, 20: Sus restos mortales recibieron cristiana sepultura en la sacramental de los Torreros (Zaragoza).

sacramentalidad *f* (*Rel crist*) Cualidad de sacramental. | D. Giménez *Mun* 12.12.70, 28: La Conferencia Episcopal italiana ha insistido de paso en los aspectos legales de la cuestión y no ha cesado de proclamar la sacramentalidad del matrimonio para los católicos.

sacramentalismo *m* (*Rel catól*) Tendencia a destacar la importancia de los sacramentos para conferir la gracia. | *VNu* 2.9.72, 27: Una Iglesia tradicional se apoyaba en el sacramentalismo. Los nuevos descubrimientos apostólicos lo apoyaron y revitalizaron.

sacramentalista *adj* (*Rel catól*) De(l) sacramentalismo. | J. Ordóñez *AbcS* 21.2.75, 39: Las tres modalidades sacramentales ahora proclamadas podrían reducírsenos a un puro ritualismo reformista, si proseguimos en la línea de una "pastoral de la comodidad", de la utopía sacramentalista y de la irresponsabilidad esnobista.

sacramentalización *f (Rel catól)* Administración de los sacramentos. *Tb el hecho de dar importancia predominante a ésta frente a la evangelización.* | *VNu* 7.10.72, 15: Rechazamos, por consiguiente, los movimientos sacerdotales de contestación y desacralización, queriendo consagrarnos a la evangelización y sacramentalización

sacramentalmente *adv* De manera sacramental [1 y 2]. | Vesga-Fernández *Jesucristo* 120: Cuando no comulgues sacramentalmente haz por lo menos una Comunión espiritual.

sacramentar *tr* Administrar [a alguien (*cd*)] un sacramento, esp. los últimos sacramentos. *Tb abs.* | Torrente *DJuan* 80: Debía morir de una perforación de estómago, en medio de grandes dolores, y debidamente sacramentado. Montero *Reina* 107: Quería llevarla a Cuba y unirse a ella atravesando un océano, que era cosa que sacramentaba más que un cura.

sacramentario -ria *adj* Sacramental [1]. *Tb n m, referido al libro que contiene el ritual de los sacramentos.* | J. Ordóñez *AbcS* 21.2.75, 39: La segunda forma sacramentaria .., usada prudentemente, .. está llamada a profundizar las verdaderas dimensiones de la penitencia cristiana. Ribera *SSanta* 46: Se aprovechan las fórmulas que se hallan en los antiguos Sacramentarios, en particular el Gelasiano.

sacramentino -na *adj* De la orden de la Adoración Perpetua del Santísimo Sacramento. *Tb n, referido a pers.* | A. Casado *Pue* 9.12.70, 5: Niega su asistencia al B. T. celebrado en el convento de los padres sacramentinos de Villaro.

sacramento *m* **1** Rito instituido por Jesucristo para producir o aumentar la gracia. | Laforet *Mujer* 140: Jamás se paró un momento a considerar qué cosa tremenda son los sacramentos. **b) Santísimo ~** (*o ~ del altar*). (*Rel catól*) Eucaristía. | SLuis *Doctrina* 135: El Santísimo Sacramento tiene, como todo Sacramento, Materia y Forma. **c) Santísimo ~.** (*Rel catól*) Jesús bajo la forma de hostia consagrada. | Ribera *Misal* 1500: Visita al Santísimo Sacramento. **d) últimos ~s**, *o* (**santos**) **~s.** (*Rel catól*) Sacramentos de la penitencia, eucaristía y extremaunción, que se administran al enfermo en peligro de muerte. | Ribera *Misal* 1592: Si la enfermedad se agrava, llama a un Sacerdote que administre al enfermo los santos Sacramentos. *Abc* 24.10.91, 115: Falleció en Madrid el día 17 de octubre de 1991 Habiendo recibido los Santos Sacramentos y la bendición apostólica de Su Santidad. **2** *En pl:* Requisitos y garantías. *Gralm en la constr* CON TODOS LOS ~S. | An. Miguel *HLM* 26.10.70, 20: El oficio de adivino, aunque ahora está asistido por todos los sacramentos de la ciencia estadística, .. ha sido y seguirá siendo oficio duro.

sacratísimo → SAGRADO.

sacre. halcón ~ → HALCÓN.

sacrificable *adj* Que se puede sacrificar. | Salom *Ya* 5.12.74, 7: Se ha "vietnamizado" a los territorios menos comprometidos para la seguridad del sistema y de su concentración tecnológica, considerándolos sacrificables para el choque y hasta para la destrucción.

sacrificadamente *adv* De manera sacrificada [3]. | O. Álvarez *Día* 17.6.76, 14: La Universidad está obligada a hacer más por la cultura canaria; es insignificante que algunos departamentos, sacrificadamente, organicen conferencias aisladas a través de la geografía canaria.

sacrificado -da *adj* **1** *part* → SACRIFICAR. **2** [Pers.] que se sacrifica o está predispuesta a sacrificarse [4]. | PRivera *Discursos* 11: Dos generaciones sacrificadas y entusiastas .. han hecho posible el milagro español de la elevación del nivel de vida. **3** [Cosa] que implica sacrificio para la pers. que la realiza. | Escrivá *Conversaciones* 146: Hay miles de lugares en el mundo que .. esperan una tarea personal, dura y sacrificada.

sacrificador -ra *adj* Que sacrifica. *Tb n, referido a pers.* | Lera *Olvidados* 289: Tenía rojos los brazos y rojas las manos, como un sacrificador.

sacrifical *adj* (*Rel*) Sacrificial. | Villapún *Iglesia* 28: Debían abstenerse de comer de los manjares que se ofrecían en los banquetes sacrificales paganos.

sacrificante *adj* Que sacrifica. | M. Aznar *Van* 6.1.74, 23: El precio del petróleo, los desequilibrios monetarios, las sacrificantes pero inevitables luchas contra la inflación .. ¿hallarán soluciones adecuadas durante este año?

sacrificar A *tr* **1** Ofrecer [a la divinidad un ser animado o inanimado] matándo[lo] o destruyéndo[lo]. *Tb abs.* | Peña-Useros *Mesías* 45: Dios manda a Abraham sacrificar a su hijo. GGual *Novela* 214: Anuncia que en un sueño los dioses le ordenan treinta días de prácticas religiosas, y suspende el juicio. En estas fiestas, se sacrifica a Eros y a Afrodita. **2** Matar [un animal cautivo]. *Tb* (*lit*) *referido a pers.* | *Abc* 15.7.70, 51: 19.287 perros fueron sacrificados como medida preventiva, siendo aplicado también tratamiento médico preventivo [contra la rabia] a un total de 1.437 personas mordidas por perros. Rábade-Benavente *Filosofía* 211: En épocas de escasez se sacrifica a las hijas, dejando pervivir a los hijos. **3** Exponer o someter [a una pers. o cosa] a daño o destrucción [en favor de otra (*ci, o compl* POR *o* EN FAVOR DE)]. *Tb sin compl.* | Torrente *Sombras* 237: ¡No alcanza a conmoverme ese afán de que la raza de los tontos se perpetúe, pero menos aún puedo sacrificarle los próximos veinte siglos de la Historia! *País* 12.7.77, 8: El bombardero B-1, supersónico (Mach 2) y pilotado, ha sido sacrificado por una decisión del presidente Carter, en favor del misil crucero, infrasónico y no pilotado. Castilla *Humanismo* 28: Lo que esta retracción supone es la crisis en la fiabilidad del prójimo, la conciencia de que, tarde o temprano, si los intereses están en juego, nos exponemos a ser sacrificados. **B** *intr pr* **4** Renunciar a un bien o a la propia tranquilidad [en favor de alguien o algo (*compl* POR, PARA *o* EN FAVOR DE)]. *Tb sin compl.* | FSalgado *Conversaciones* 135: Les parece lógico practicar el deporte por cuenta del Estado aun cuando cueste cantidades fabulosas. Yo no digo que el Generalísimo no se merezca mucho, pero considero que él es quien tiene que dar ejemplo de austeridad y sacrificarse en estas cosas. **b)** Someterse voluntariamente [a algo desagradable o molesto]. | Lera *Bochorno* 123: –A mí me pasa lo que a este –y señaló a Miguel–: que cada día, durante el curso, me sacrifico a tragar y a digerir la ración de ciencia que me suministran.

sacrificatorio -ria *adj* (*raro*) Propio para el sacrificio. | GGual *Novela* 71: De joven, para comerciar, Jambulo viajaba por Arabia, cuando fue capturado por bandidos, llevado a Etiopía, y allí, como víctima sacrificatoria, arrojado en una balsa al Océano.

sacrificial *adj* (*Rel*) De(l) sacrificio. | E. Sánchez *SLib* 26.3.75, 3: Completó la gloria objetiva de la Creación destruyendo el pecado con su satisfacción sacrificial. **b)** [Misa] **~** → MISA.

sacrificio *m* Acción de sacrificar(se). | Peña-Useros *Mesías* 46: Alzó Abraham los ojos y vio un carnero enredado en la espesura. Era la víctima que debía ofrecer en sacrificio. Bustinza-Mascaró *Ciencias* 223: El Estado vigila atentamente la salud del ganado y exige, en caso preciso, la vacunación obligatoria, .. el sacrificio y cremación de atacados. RMorales *Present. Santiago* VParga 4: Te estoy exigiendo demasiado sacrificio: el de renunciar a ideas enraizadas. **b) santo ~**, *o* **~ del altar**. (*Rel catól*) Misa. | SLuis *Doctrina* 139: El sacrificio eucarístico, [parte de la misa] en la que entran las partes esenciales del Santo Sacrificio: Ofertorio, Consagración y Comunión.

sacrílegamente *adv* De manera sacrílega [2]. | Peña-Useros *Mesías* 151: En medio del banquete, el rey [Baltasar] mandó traer los vasos sagrados usurpados a los judíos, para usarlos sacrílegamente como copas de beber. Pemán *Abc* 8.7.58, 3: Ponen sacrílegamente "Librería" sobre un escaparate donde se ofrecen libretas de contabilidad, almanaques, Sagrados Corazones, rosarios.

sacrilegio *m* (*Rel*) Acto grave de irreverencia contra alguien o algo sagrados. *Tb fig, fuera del ámbito religioso, con intención ponderativa.* | Villapún *Moral* 112: El sacrilegio puede ser: 1º Personal .. 2º Local .. 3º Real. Sastre *GTell* 78: (Tell ha armado su ballesta y apunta al sombrero. Dispara. El sombrero cae atravesado.) –¿Qué es esto? –¡Sacrilegio! ¡Sacrilegio!

sacrílego – sáculo

sacrílego -ga *adj (Rel)* **1** [Pers.] que comete sacrilegio. *Tb n.* | *Abc* 30.10.70, 38: La policía de Irún detiene a dos ladrones sacrílegos.
2 Que implica sacrilegio. | SSolís *Camino* 17: No hablarles del asunto era responsabilizarse de una Confesión y una Comunión sacrílegas. Ramírez *Derecho* 44: Son propiamente ilegítimos los demás nacidos fuera de matrimonio, o sea los sacrílegos (nacidos de eclesiástico o religiosa), los incestuosos.

sacrismoche *m (raro)* Hombre mal vestido y desaseado. | Cela *Viaje andaluz* 10: Bartolo Salvaleón, sacrismoche raído y tumbamartillos, murió en un charco –¡quién lo había de decir!– y con la faz serena en su ruin visaje.

sacristán -na A *m y f* **1** Pers. encargada del cuidado y la limpieza de una iglesia y de los objetos de culto. | Ramírez *Derecho* 43: Es inútil que la gente diga que el hijo es del sacristán mayor o del zapatero de la esquina. ZVicente *Traque* 107: ¿Yo, llaves? .. Y ¿es que tengo yo cara de sacristana? Pregunte usted ahí, a las monjas de enfrente. SSolís *Camino* 272: Ellas [las religiosas] tampoco habían pasado por más variaciones que las de los años o las de haber sido superioras, o sacristanas, o racioneras.
2 *(col, desp)* Pers. pícara o astuta. | Aldecoa *Gran Sol* 33: El Matao hace esta porquería cada día peor, el Matao buen sacristán está hecho.
B *m* **3** Collalba negra *(Oenanthe leucura)*. | Cela *Viaje andaluz* 277: Con la fresca –y con el sacristán culiblanco volando por el olivar– el vagabundo se acercó a Sanlúcar la Mayor.
C *f* **4** Mujer del sacristán. | * Fui a buscar al sacristán, pero la sacristana me dijo que no vendría hasta por la tarde.

sacristanesco -ca *adj (desp)* De(l) sacristán [1]. *Tb fig.* | Aparicio *Alc* 14.10.78, 3: Proyectaron un congreso muy divertido, con una esperada asistencia de invitados tan dispares y heterogéneos del mundillo celebérrimo, cuales atracciones de barraca de feria, donde se presentasen la paloma democristiana de Colombo, .. el histrión sacristanesco y truchimán del "Compromesso" histórico, Giulio Andreotti.

sacristía *f* **1** *En una iglesia*: Lugar en que se guardan los ornamentos y objetos de culto y donde se reviste el sacerdote. | J. M. Moreiro *SAbc* 13.4.69, 29: Un día el cura lo encerró en la sacristía.
2 *(reg, humoríst)* Bragueta. | Delibes *Emigrante* 89: Según me mostraba el taller pasé un sofoco del demonio cuando le vi con la sacristía abierta, enseñando el faldistón de la camisa.

sacro¹ -cra *adj* Sagrado [1]. *Excepto en determinadas constrs fijas como* ~ COLEGIO *o* MÚSICA SACRA, *es lit.* | CNavarro *Perros* 17: Para Quique todo eran manifestaciones atávicas, excepto el fútbol, las regatas y la música sacra. Laforet *Mujer* 297: Corría más que una señora de sociedad, desplazándose de un lado a otro de Madrid para oír a conferenciantes sacros que le pareciesen buenos.

sacro² -cra *adj (Anat)* [Hueso] de la parte inferior de la columna vertebral, que en el hombre está constituido por cinco vértebras soldadas entre sí. *Tb n m.* | Nolla *Salud* 100: Por detrás los coxales se articulan con el sacro y por delante se articulan entre sí (articulación del pubis); ambos coxales, junto con el sacro y el cóccix, forman la pelvis. **b)** De(l) hueso sacro. | Bustinza-Mascaró *Ciencias* 190: Las vértebras cervicales [de la paloma] son muy movibles. Las dorsolumbares y sacras están soldadas.

sacrosanto -ta *adj (lit)* Sagrado y santo. *A veces con intención irónica.* | DPlaja *El español* 89: Es una obligación, un deber sacrosanto cuando la honra está envuelta.

sacudida *f* Acción de sacudir, *esp* [1]. *Tb su efecto.* | Bustinza-Mascaró *Ciencias* 369: Sismos. Son sacudidas que afectan a una zona más o menos extensa de la corteza terrestre. L. Calvo *Abc* 13.12.70, 21: No son comparables a la actual sacudida de la opinión pública francesa ni los simulacros de procesos de los tiempos stalinianos, ni las persecuciones sañudas hoy y ayer de intelectuales discrepantes en la Unión Soviética. M. Hervás *Ya* 14.6.86, 39: Una vez tomada la primera dosis [de crack], el impu[l]so de repetir es casi irresistible, pues la sacudida se produce en solo diez segundos, frente a los ocho minutos que tarda la cocaína. Laforet *Mujer* 24: El conde le dio dos o tres cariñosas sacudidas sobre la espalda. **b)** Efecto semejante al calambre, causado en el cuerpo por el paso de una corriente eléctrica. *Tb* ~ ELÉCTRICA. | *Ya* 9.1.93, 14: Resultó ayer herido de extrema gravedad .. al recibir una sacudida eléctrica de un cable.

sacudidor -ra I *adj* **1** Que sacude o sirve para sacudir [1, 2 y 3]. *Frec n, m o f, referido a utensilio o máquina.* | C. Parada *Voz* 13.9.88, 72: Mientras en O Rosal se recolecta la fruta vareando el árbol, en EE UU y Francia se recoge mediante vibraciones, con un sacudidor mecánico que rodeando al tronco le transmite sacudidas haciendo que los frutos caigan. *GTelefónica N.* 660: Pedro Prat. Fábrica de maquinaria para panaderías, Amasadoras, Heñidoras .. Divisoras, sacudidoras de sacos y cianuros refinadores.
II *m* **2** Utensilio de mimbre, gralm. en forma de paleta, que se emplea esp. para sacudir alfombras. | *Economía* 23: Los utensilios empleados en la limpieza de la casa son: Escobas .. Sacudidor.

sacudimiento *m* Sacudida [1a]. | FRoces *Hucha* 1, 39: Surge el gorigori del cura .. El sacerdote lanza ahora hisopazos al aire, mientras la caja se eleva hasta los hombros a trompicones, en sucesivos sacudimientos. Villarta *Rutas* 77: En ese gran sacudimiento que ha experimentado España, a partir de la terminación de nuestra guerra, una de las obras más notables, prácticas, que se ha efectuado, es esta de proporcionar a Castilla un mar interior.

sacudión *m (pop)* Sacudida brusca. | Berlanga *Recuentos* 10: Entre los sacudiones del carro que me bamboleaban encima del trigo, me imaginaba volando a sentarme en los bancos de la casona.

sacudir *tr* **1** Mover con fuerza [a alguien o algo] con movimiento de vaivén. | Medio *Bibiana* 38: Bibiana cogió al chico por el brazo, sacudiéndole bruscamente. *Abc* 9.4.67, 79: Esta madrugada la ciudad se vio sacudida por un violento movimiento sísmico. **b)** Agitar o conmover [a alguien]. | F. ÁPalacios *CoA* 1.11.75, 3: Nos llegó .. la reducción de la incidencia del capital extranjero, que se hace aún más conservador cuando de exponer su dinero se trata, en un país tan sacudido de emociones y conmociones como el nuestro. **c)** Hacer reaccionar [a alguien *(cd)*] de un estado de inactividad o abandono]. | D. Gálvez *Rev* 12.70, 13: Es necesario sacudirle de su pasividad y abrirle el horizonte de la patria, para la que debe producir con mentalidad de amo.
2 Agitar [una cosa] en el aire, o golpear[la], para que suelte una sustancia adherida, esp. el polvo. | GPavón *Hermanas* 13: La criada de Julita Torres sacudía las alfombras. **b)** ~ **la badana** → BADANA.
3 Hacer que salga despedido [algo] moviendo o golpeando el lugar en que se encuentra. | Espinosa *Escuela* 125: El Gran Padre se levantó, arrastrando sus cien faltriqueras, se colgó el zurrón, tomó el bastón y sacudióse el polvo. **b)** ~ **el polvo** → POLVO. **c)** Quitar de encima o apartar violentamente [algo o a alguien]. | Medio *Bibiana* 10: Marcelo Prats da un respingo, sacudiendo la mano por Bibiana apoya sobre su hombro. Marsé *Dicen* 308: Quiero sacudirme los piojos y la mugre de la trapería. **d)** Desembarazar [de alguien o algo *(cd)*]. *Frec con compl de interés.* | Goytisolo *Afueras* 109: Sacúdetele un rato no acaba de fastidiar la noche. A. Marsillach *SAbc* 11.10.70, 18: Encontré a Laurence Olivier un poco desfasado, como haciendo un terrible esfuerzo por sacudirse tanto título nobiliario que debe de pesar lo suyo.
4 *(col)* Pegar o golpear [a una pers.]. | Palomino *Torremolinos* 36: –Qué mal me quieres, Terencia. –A mí no me llames Terencia. –Bueno, pues Tere; más íntimo. –Vete, que te sacudo. **b)** *(col)* Dar azotes [en el trasero *(cd)*]. | Kurtz *Lado* 273: –¿Te ha pegado alguna vez tu madre? –Alguna vez me sacudió el trasero.
5 *(col)* Dar o pegar [un golpe o un tiro]. *Tb fig, referido a otras acciones que implican movimiento brusco o agresión.* | Berenguer *Mundo* 376: El Daniel le sacudió dos buenas guantadas a Aldavaca Sánchez. * Nos sacudieron una multazo por aparcar mal.
6 *(col)* Dar [dinero]. *Frec con compl de interés.* | Peraile *Ínsula* 41: Ahora, después del bum de su exposición, por ese cuadro, si lo pudiera pulir, le sacudían veinte mil pavos. * Este no quiere sacudirse la mosca.

sáculo *m (Anat)* Pequeña vesícula del oído interno, de donde sale el caracol. | Nolla *Salud* 117: Las pequeñas vesículas que constituyen el oído interno o laberinto son las siguientes: el sáculo, el utrículo, el caracol y los tres conductos semicirculares.

sadense *adj* De Sada (La Coruña). *Tb n, referido a pers.* | J. L. Bugallal *Abc* 24.8.66, 44: La "sardiñada" sadense es punto y aparte.

sadhu (*sánscrito; pronunc corriente,* /sádu/) *m* Santón errante de la India. | R. A. Calle *SYa* 5.5.74, 11: Al final del descenso, me siento junto a un pequeño santuario hindú. Un sadhu me pregunta por señas si deseo que se siente a mi lado. Accedo. Su aspecto es respetable y patriarcal.

sádicamente *adv* De manera sádica. | Delibes *Parábola* 40: Doña Presenta dirigía el repelús, naturalmente si no era ella la perdedora, y, a cada correctivo que imponía, le agradaba deletrear sádicamente la sentencia.

sádico -ca *adj* [Pers.] que tiene o muestra sadismo. *Tb n.* | *D16* 16.2.78, 11: Ochenta y cinco años de prisión para el sádico de Huerta del Rey .. A una de sus víctimas .., después de violarla dos veces, intentó obligarla a copular con un perro. **b)** Propio de la pers. sádica. | Goytisolo *Recuento* 367: Un proceso síquico similar al que hace que los instintos sádicos del soldado encuentren una satisfacción infinitamente más intensa rematando a un solo enemigo con la bayoneta que aniquilando una ciudad entera desde el aire. Cruz *Des* 12.9.70, 39: Nos parece sádico el que .. la empresa decida organizar una corrida de doce toros con, suponemos, el secreto fin de torturar al aficionado.

sadismo *m* **1** Perversión sexual propia de la pers. que provoca su propia excitación haciendo sufrir a la que es objeto de su deseo. | * El sadismo aflora en la mayoría de las películas pornográficas.
2 Complacencia perversa en el sufrimiento ajeno. | Gironella *SAbc* 9.2.69, 21: El amor propio ante el tablero es total y se despedaza al adversario sin el menor remordimiento y, con frecuencia, con inconfesado sadismo.

sado (*col*) **I** *adj* **1** Sadomasoquista. | *Ya* 17.10.89, 17: Matrimonio sado, herido por su cliente. Berlanga *Recuentos* 73: Habían cerrado la sección de consoladores, muñecas hinchables, cremas excitantes, vibradores y material sado.
II *m* **2** Sadomasoquismo. | *Her* 23.11.87, 46: Cabinas climatizadas. Gay, lesbos, sado, enemas.

sadomasoquismo *m* Sadismo y masoquismo unidos en una misma pers. | P. Berbén *Tri* 8.8.70, 16: El sadomasoquismo sería el subproducto "de una civilización centrada en la prosecución de la potencia".

sadomasoquista *adj* Que es a la vez sádico y masoquista. *Tb n, referido a pers.* | Umbral *Ninfas* 51: Uno puede elegir, lleno de sentido sadomasoquista, y como animal adorador que es el hombre, los más sublimes modelos humanos de la historia. C. SFontenla *SInf* 3.4.75, 2: Séverine, la protagonista del film, es sadomasoquista.

saduceo -a *adj* (*hist*) De la secta judía que negaba la inmortalidad del alma y la resurrección del cuerpo. *Tb n, referido a pers.* | Vesga-Fernández *Jesucristo* 19: Los saduceos formaban el partido opuesto a los fariseos.

saeta[1] *f* Cante religioso andaluz que canta una pers. sola durante las solemnidades de la Semana Santa, esp. en las procesiones. | Manfredi *Cante* 132: La saeta es pena como la seguiriya y los cantes grandes hermanos, pero con un único destino: Dios, por los caminos de Cristo y de María.

saeta[2] *f* **1** Flecha (arma arrojadiza). | C. Giner *Alcoy* 83: Se luchaba ferozmente, y ya parecía tener la victoria en sus manos, cuando una saeta le dio en el corazón, derribándole sin vida del caballo.
2 Manecilla [del reloj]. | Mingarro *Física* 33: Calcular la velocidad angular de las dos saetas de un reloj de torre.

saetazo *m* Disparo de saeta[2] [1]. *Tb la herida hecha con ella.* | Onieva *Prado* 88: Fue descubierto y llevado a la conquista de Troya, donde, en efecto, murió de un saetazo que le atravesó el talón.

saetera *f* **1** Aspillera para disparar saetas[2][1]. | Cela *Judíos* 162: El castillo de la Mota lo forman ..: la barbacana que cierra el patio de armas; el muro, con sus almenas, sus aspilleras, sus saeteras y sus troneras para la infantería.
2 Ventana pequeña y muy estrecha. | Fernández-Llorens *Occidente* 120: Tampoco pudieron abrir grandes ventanas, porque hubieran quitado resistencia a los muros. Hicieron pequeños ojos de buey, redondos, o saeteras.

saetero[1] **-ra I** *adj* **1** De (la) saeta[1]. | *Ya* 14.4.87, 56: Continúa siendo la saeta expresión cumbre de las emociones religiosas características de Semana Santa .. Antoñita estuvo encantadora, comunicadora y a golpes genial. Quizá en efecto sea indiscutible su primacía saetera.
II *m y f* **2** Pers. que canta saetas[1]. | Morales *Hoy* 12.4.74, 14: En Cáceres también hay "saeteros" y hay "saetas".

saetero[2] *m* (*hist*) Hombre armado con arco y saetas[2] [1]. | Lapesa *HLengua* 98: Los saeteros guardaban las flechas en la aljaba; y la cabeza del guerrero se protegía con una malla de hierro o almófar.

saetía *f* (*hist*) Embarcación latina de dos o tres palos y una sola cubierta. | Guillén *Lenguaje* 21: Aquella [la marina de remo], eminentemente militar y mediterránea, compuesta por la gran familia de las galeras, con sus galeazas, galeotas, fustas, saetías, fragatas y bergantines.

safari *m* **1** Expedición de caza mayor en las selvas o estepas africanas. | FReguera-March *Fin* 241: Se dedicó a viajar por todos los continentes, tomó parte en safaris, se arriesgó en aventuras increíbles. **b)** (*col*) Salida en busca de conquistas amorosas. *Gralm en la constr* IR DE ~. | Oliver *Relatos* 128: Aunque a mí fumar no me coloca ni un pelo, había pillado dos talegos por la tarde, porque nunca va mal con las periquitas cuando se sale de safari.
2 ~ **fotográfico.** Excursión a una reserva zoológica, en el curso de la cual pueden fotografiarse animales salvajes. | *Van* 24.5.79, 13: Realice en Kenya su safari fotográfico de la mano de un experto.
3 Chaqueta deportiva con bolsillos extensibles y cinturón, semejante a la sahariana. | *Ya* 4.6.75, 7: Sport verano. Cazadora poliester, muy deportiva .. También: camisas, pantalones, safaris, zapatos, complementos.

safarista *m y f* Pers. que participa en un safari. | M. Bastos *SYa* 11.10.70, 3: Los más curiosos safaristas tampoco pudimos arrancar la menor alusión a un pasado tan reciente como estremecedor.

safena *adj* (*Anat*) [Vena] de las dos que van a lo largo de la pierna por la parte interior y exterior. *Tb n f.* | O. Aparicio *MHi* 7.68, 28: Mientras tanto se había anestesiado a Washkansky y se disecaron la vena safena y la arteria femoral común. Lera *Clarines* 457: Tenía rotas la femoral y la safena y otros vasos más.

sáfico -ca *adj* **1** (*TLit*) [Verso endecasílabo] acentuado en las sílabas 4[a] y 8[a], o 1[a], 4[a] y 8[a], o 4[a] y 8[a]. *Tb n m.* | Quilis *Métrica* 63: Cuatro son los tipos endecasilábicos más importantes ..: 1. el endecasílabo enfático .. 2. el endecasílabo heroico .. 3. el endecasílabo melódico .. 4. el endecasílabo sáfico. López-Pedrosa *Lengua* 21: Sáfico: es un endecasílabo impropio, acentuado, además, en la primera sílaba. Cossío *Montaña* 284: Allí había de preparar .. la parva colección de sus poesías. Fueron famosos sus sáficos *A la luna.* **b)** [Estrofa o composición] de versos sáficos. | Quilis *Métrica* 97: Estrofa sáfica. Originaria de Italia, trata de imitar los metros clásicos.
2 (*lit*) Lesbiano. *Tb n f.* | Umbral *Ninfas* 217: Darío me había dicho que Baudelaire canta el amor de las sáficas.

safismo *m* (*lit*) Lesbianismo. | * El safismo como tema literario.

safista *adj* (*lit*) Lesbiano. *Tb n f, referido a pers.* | *D16* 11.8.92, 42: "El eden de los sentidos" .. Safistas emancipadas. [*Teléfono erótico.*]

safo *m* (*jerg*) Pañuelo. | J. A. Carbajo *País* 15.5.89, 27: El traje masculino es un compendio del habla castiza: Parpusa (gorra a cuadros), safo (pañuelo blanco).

safranina *f* (*Quím*) Materia colorante sintética de color rojo, usada en biología y en la industria textil. | Navarro *Biología* 240: El método de coloración más empleado es el método de Gram, que utiliza el violeta de genciana y la safranina, de color rojo.

saga *f* **1** Relato histórico o mitológico de la literatura medieval escandinava. | Torrente *Fragmentos* 34: ¿No sabe usted que también soy una autoridad en manuscritos escandinavos? Las sagas y todo eso. Conozco al dedillo la vieja lengua de los escaldas. **b)** Relato largo y detallado [de algo].

sagacidad – sahumerio

| Torrente *Sombras* 299: En cuanto a Diónisos, había iniciado ya el monólogo que iba a durar veinte años y que tendría a Patricio como único auditorio. Era la saga de sus nombres y de sus recuerdos, Ditirambo, Zagreo, Basareo; de las mujeres de su vida, Ariadna, Alzaia, Erigone.
2 Historia, frec. novelada, [de una familia (*compl* DE LOS + *apellido*)] a lo largo de varias generaciones. | *Impreso* 9.93: José Ortega Spottorno .. Entre sus publicaciones .., "Historia probable de los Spottorno" .., una saga de su familia materna.
3 Conjunto de los miembros [de una familia (*compl* DE LOS + *apellido*, o, *más raro, apellido en aposición*)]. | J. HPetit *SYa* 27.4.79, 6: Desde 1929 es empresa del local la saga de los Fraga. A. Quintá *País* 31.8.79, 20: Aparecieron los Barral, Marsé y la saga Goytisolo.
4 Conjunto de producciones artísticas [de un mismo género]. | *Abc* 20.1.84, 86: "Posesión infernal", un título norteamericano de la saga del terror, que, según Stephen King, .. "es la película más feroz del año".

sagacidad *f* Cualidad de sagaz. | Arenaza-Gastaminza *Historia* 152: Gracias a la sagacidad política de Fernando el Católico y a las generosas condiciones ofrecidas, se precipitó la rendición.

sagardúa *f* (*reg*) Sidra. | Trévis *Navarra* 39: Este plato se sirve muy caliente y hace beber mucha "sagardúa".

sagaz *adj* [Pers.] de inteligencia intuitiva y penetrante. *Tb fig, referido a animales.* | A. Marín *Abc* 14.5.67, 62: No se le oculta a Johnson, como político sagaz, que las derivaciones de la guerra podrían frustrar .. sus aspiraciones a la reelección. **b)** Propio de la pers. sagaz. | * Me parece una medida muy sagaz.

sagazmente *adv* De manera sagaz. | Gironella *Mad* 10.9.70, 4: Aparte del Gran Miedo, una incesante fluencia de miedos pequeños, a menudo sagazmente camuflados, jalonan nuestra ruta.

sagital *adj* **1** Que tiene forma de saeta o flecha. | Goytisolo *Recuento* 170: Aquel templo .., oleadas de líneas ondulantes, vibrantes .., flabeladas, harpadas, sagitales, bulbosas.
2 (*Anat*) [Plano] vertical que va de delante atrás. | M. Aguilar *SAbc* 1.12.68, 54: A partir del ojo que mira, podemos considerar: uno, el que sigue la dirección de la vista o plano óptico (longitud), en anatomía es el plano sagital. **b)** Que sigue el plano sagital. | Alvarado *Anatomía* 118: Corte sagital de la cara y garganta. [*En un gráfico*].

sagitario (*frec escrito con inicial mayúscula*) *adj* [Pers.] nacida bajo el signo de Sagitario. *Tb n.* | Torrente *Fragmentos* 19: El obispo se llamaba don Sisnando .., y era un sagitario testarudo.

sagrado -da (*superl* (*lit*) SACRATÍSIMO) **I** *adj* **1** Que es objeto de reverencia religiosa. | Villapún *Iglesia* 5: Entre las fuentes divinas, está la Sagrada Escritura, sobre todo, el Nuevo Testamento. SLuis *Doctrina* 135: La sustancia de pan se convierte en sustancia del cuerpo del Señor; la del vino, en sustancia de su sangre sacratísima. **b)** De(l) culto divino. | Peña-Useros *Mesías* 186: Accesorios de los vasos sagrados. Son aquellos objetos litúrgicos que se usan con los vasos sagrados. **c)** [Historia] contenida en las Sagradas Escrituras. | Peña-Useros *Mesías* 11: "El Mesías prometido", historia sagrada del Antiguo Testamento, es el estudio de la Biblia.
2 Digno del máximo respeto. | Laforet *Mujer* 15: Pequeñas obligaciones que su madre le había hecho considerar sagradas.
II *m* **3** Lugar sagrado [1]. | LTena *Luz* 55: –¿Quién era este? .. –Un suicida. –¿Y lo entierran en sagrado? **b)** (*hist*) Iglesia o convento, en que un delincuente tiene derecho a refugiarse para evitar la persecución de la justicia. *Normalmente en la constr* ACOGERSE A ~. | Cela *Judíos* 161: En lo que fue convento de jerónimos de la Mejorada, aún se estremecen los aires con el difícil asilo que los monjes pudieron darle a don Miguel Ruiz de la Fuente, cuando se acogió a sagrado, .. con las manos aún manchadas en la sangre fresca de don Juan de Vivero.

sagrario *m En una iglesia:* Pequeño recinto con puerta y gralm. situado sobre un altar, donde se guardan las hostias consagradas. | *Abc* 27.11.70, 33: Penetraron en el templo forzando la puerta, mutilaron una imagen de la Virgen del Rosario y profanaron el Sagrario.

sagreño -ña *adj* De la Sagra (comarca de Toledo). *Tb n, referido a pers.* | Vega *Cocina* 123: Hablemos del ragú a la sagreña .. La Sagra es una zona toledana.

sagú *m* Pequeña planta semejante a una palmera, de la que se extrae un almidón (gén. *Sagus* y *Cycas*, esp. *C. revoluta*). *Tb su almidón.* | Loriente *Plantas* 9: *Cycas revoluta* Thunb. "Cicas"; "Palma del Sagú"; "Sagú del Japón". Arbolito palmeroide ornamental .. Palma originaria del Japón, Indonesia y América tropical.

ságum *m* (*hist*) **1** Capote corto usado por los romanos, esp. en la guerra. | *SVozC* 25.7.70, 7: Destaquemos una estatuilla muy helenizante de una figura infantil, con bragas y ságum [en Clunia].
2 Capote con capucha propio de los iberos. | GNuño *Escultura* 39: Estamos habituados a ver en las figurillas de bronce votivas de Despeñaperros a los buenos iberos ataviados con su *ságum*, su capisayo, su capote con capucha. Indumentaria precisamente ibérica y de ningún modo clásica.

saguntino -na *adj* De Sagunto (Valencia). *Tb n, referido a pers. Frec referido a sus habitantes ibéricos del s III a.C.* | Villarta *Rutas* 75: Los saguntinos desencadenaron el furor de Aníbal.

sah → SHA.

saharaui (*pronunc corriente*, /saχaráui/) *adj* Del antiguo Sáhara Español. *Tb n, referido a pers.* | Ortega-Roig *País* 224: Los saharauis no tienen residencia fija: son nómadas.

sahariano -na (*pronunc corriente*, /saariáno/ o /saχariáno/ *en acep 1 y* /saariána/ o /sariána/ *en acep 2*) **I** *adj* **1** Del Sáhara. *Tb n, referido a pers.* | L. Calvo *Abc* 24.11.70, 25: El 13 de febrero había estallado en el desierto sahariano del Tanerouf la primera bomba atómica.
II *f* **2** Chaqueta de tejido ligero y gralm. de color claro, con bolsillos de parche y cinturón y a veces con manga corta. | SFerlosio *Jarama* 57: El Chamarís venía con una especie de sahariana gris claro, con cremallera por el pecho.

sahárico -ca *adj* Del Sáhara. | GNuño *Escultura* 28: Almagro rechaza el argumento de la cuna sahárica, fundado, entre otras razones, en el que el Sahara ha recibido lenta y tardíamente en sus zonas central y occidental el Neolítico.

saheliano -na (*pronunc corriente*, /saeliáno/ o /saχeliáno/) *adj* Del Sahel (región africana del sur del Sáhara). | *Ya* 27.11.75, 42: Las pérdidas por la sequía en la zona saheliana (Senegal, Mauritania, Mali, Níger, Alto Volta y Tchad) se elevan a miles de personas muertas y un porcentaje elevadísimo en los ganados.

sahumador *m* Vaso para quemar perfumes. | Onieva *Prado* 26: Sobre un lecho humilde acaba de morir la Virgen, rodeada de los Apóstoles, que portan cirios, palmas, pomos de ungüentos, sahumadores.

sahumar (*conjug* 1f) *tr* **1** Perfumar con humo aromático. *Tb fig.* | Lera *Clarines* 344: Dos hornillos de churreros sahumaban el ambiente con sus aromas de masa frita. ZVicente *Balcón* 57: El silbido de una locomotora sahúma de lejanías la sala. **b)** *pr* Impregnarse de humo aromático. | Lera *Olvidados* 228: Crepitaron las hogueras de San Juan. Ardieron en la plazoleta del barrio, y todo el pequeño caserío se sahumó con las emanaciones de las tablas quemadas. Nada .. de humos olorosos .. Una pestilencia negra brotó de las fogatas.
2 (*lit*) Perfumar [algo o a alguien]. | CBonald *Ágata* 208: Ya cuando Alejandra .. lavaba y sahumaba a Manuela, recuperó esta alguna de las capacidades perdidas. Escobar *Itinerarios* 102: Por la noche cenábamos liebre en cualquier taberna, mesón o casa de comidas. No es de las carnes más apetitosas, aun rociada con vino blanco y sahumada de tomillo.

sahumerio *m* **1** Acción de sahumar [1]. | VParga *Santiago* 16: Cuyo sahumerio [del botafumeiro] había de tenerse por beneficioso si no necesario.
2 Sustancia quemada para sahumar [1]. | Torrente *Vuelta* 292: La Rucha, madre, salió de la cocina con un sahumerio. Dejó el pasillo oliendo a espliego quemado.

saídico *m* Dialecto de la lengua copta hablado en el Alto Egipto. | *Ecc* 5.1.63, 22: En la liturgia, celebrada primeramente en griego, lu[e]go en saídico y bohájrico, prevalece hoy la lengua árabe.

saiga *m* Antílope propio de Europa oriental y Asia occidental, del tamaño de un gamo, con cuernos cortos y nariz abombada (*Saiga tatarica*). | Alvarado *Geología* 149: En su pobre vegetación vivían el reno, el toro almizclero, la gamuza .., la cabra montés, el antílope saiga .. El saiga es un antílope del tamaño de una cabra, notable por la forma de su mandíbula superior. Hoy día vive solamente en las estepas rusas y del Oeste de Asia.

saigonés -sa *adj* De Saigón. *Tb n, referido a pers.* | Anson *Abc* 11.6.67, 58: Las palabras frescas y sin matices de mis amigos no me han sorprendido demasiado, pues había sacado esa impresión de las emisiones de radio saigonesas.

saín *m* (*reg*) Grasa animal, esp. de cerdo o de pescado. *Tb* GRASA DE ~, designando la del cerdo. | Campmany *Abc* 8.8.92, 19: Este país es una olla gigante donde nos sacan la sustancia y el saín a los contribuyentes. Cunqueiro *Pontevedra* 52: Este ganó privilegios para ella [la villa]. Pero ya los tenía para curar pescado, hacer grasa de saín.

sainete I *m* **1** Pieza teatral de carácter cómico y popular, frec. con música. | DPlaja *Literatura* 510: Los temas de ambiente popular de Madrid han tenido su reflejo en los graciosos sainetes de Carlos Arniches. DPlaja *Literatura* 406: A finales del siglo XIX se produce un notable renacimiento del sainete popular de costumbres madrileñas, acompañado de música alegre y castiza (Bretón, Chapí, Barbieri), que se conoce con el nombre de "género chico". **b)** (*hist*) Pieza teatral breve, de carácter popular y jocoso, destinada a representarse como intermedio o final de una función. | DPlaja *Literatura* 304: En estos sainetes, don Ramón [de la Cruz] demuestra conocer en todos sus aspectos la vida popular española, singularmente la de Madrid. **c)** Suceso de carácter cómico y popular. *Frec con intención desp.* | GMacías *Relatos* 156: Y la verdad es que se formó un buen "sainete", ya que, después, montaron a la pareja en un carro y recorrieron con ella todo el pueblo. Alfonso *España* 26: No desdeñemos nunca la observación de lo pintoresco y ambiental, aunque se roce el sainete.

II *loc adj* **2 de ~.** Cómico o que provoca risa. *Gralm con intención desp.* | J. Montesinos *Pro* 24.7.77, 5: No cultivamos remolacha, porque el labrador se hartó de perder dinero produciéndola. Y sin embargo, importamos azúcar. La última compra hecha a Cuba es de sainete.

sainetero -ra I *adj* **1** De(l) sainete. | DPlaja *Literatura* 304: La obra sainetera de Ramón de la Cruz es importante por lo que tiene de resistencia ofrecida al gusto oficial afrancesado.
II *m y f* **2** Autor de sainetes. *Tb fig.* | FAlmagro *Abc* 18.8.64, 3: Los sainéteros y costumbristas no tenían que inventar nada para caracterizar exactamente a sus criaturas predilectas. M. Rubio *SNue* 1.3.70, 20: Film descoyuntado .. que demuestra, una vez más, que Masó debe volver a su vena de sainetero popular.

sainetesco -ca *adj* De(l) sainete. | Marquerie *Teatro 1964* 360: Alonso Millán, picardía y malicia en las situaciones y en las réplicas, idioma verista en que "habla el pueblo a su vecino", rasgo sainetesco de la mejor ley, .. ha dado en el blanco propuesto.

sainetista *m y f* Sainetero [2]. | E. Huertas *SYa* 17.3.74, 35: Se produce un encuentro casual con los hermanos Álvarez Quintero .. Los sainetistas le entregan el libreto de su entremés "El motete", para que les pusiera música, con vistas al estreno.

saíta *adj* De Sais (ciudad del antiguo Egipto). *Dicho esp del período histórico en que la capital era Sais. Tb n, referido a pers.* | Angulo *Arte* 1, 33: Como en su historia política [de Egipto], suelen distinguirse en la artística tres grandes períodos: el menfita, el tebano y el saíta, así llamados por las ciudades donde radica la capitalidad del imperio faraónico. Arenaza-Gastaminza *Historia* 15: Imperio Saíta. El faraón más importante es Psamético I .. El final de la dinastía saíta ocurre en tiempo de Psamético III.

sajadura *f* Acción de sajar. *Tb su efecto.* | GPavón *Rapto* 79: Apareció completamente desnuda, la carne amarilla y las sajaduras de la autopsia con podres.

sajar *tr* Hacer [a alguien (*cd*)] un corte en la carne, esp. como medio curativo. *Tb abs.* | Delibes *Ratas* 47: Había llegado el momento de la prueba, no porque el sajar al cerdo fuera tarea difícil, sino porque en esta coyuntura la referencia a la abuela Iluminada era inevitable. [*En la matanza.*] GPavón *Hermanas* 18: Allí solía verse al veterinario .. sajar, coser, inyectar y palpar barrigas. **b)** Abrir con un corte [un grano o tumor] para extraerle el pus. *Tb fig.* | Laiglesia *Ombligos* 61: Tampoco a los médicos les gusta sajar golondrinos, y se aguantan. CSotelo *Proceso* 382: El proceso del Arzobispo ha descubierto males muy profundos y hay que sajarlos pronto y radicalmente.

sajeño -ña *adj* De Sax (Alicante). *Tb n, referido a pers.* | J. Barceló *Alcoy* 47: Los investigadores sajeños que se han ocupado de nuestra Fiesta de Moros y Cristianos no han podido fijar el origen de la misma.

sajón -na I *adj* **1** (*hist*) [Individuo] del pueblo germánico que se estableció en Inglaterra en el s. V. *Tb n.* | Arenaza-Gastaminza *Historia* 70: Al ser abandonada Britania por las legiones romanas, la invaden los anglos y sajones. **b)** De (los) sajones. | Castillo *Polis* 162: Establecidos [los germanos] .. en Inglaterra, formaron numerosos pequeños principados que la tradición ha reducido al número de siete: cuatro sajones (Kent, Sussex, Essex y Wessex) y tres anglos (Northumberland, East Anglia y Mercia).
2 Anglosajón (de lengua y cultura inglesas). *Tb n, referido a pers.* | Fernández-Llorens *Occidente* 229: Rudyard Kipling en la *Canción de los ingleses* habla de la superioridad de la raza y el temperamento sajones. CPuche *Paralelo* 32: Mezclados había .. pelirrojos pecosos con mulatos amoratados, con azules zambos, con sajones puros.
3 De Sajonia (región alemana). *Tb n, referido a pers.* | Torrente *Off-side* 216: Saca de un armario copas ..; de otro armario, platos sajones con filetes azules.
II *m* **4** Dialecto bajo alemán de Sajonia. | GYebra *Traducción* 40: Por el mismo tiempo se tradujo al antiguo sajón continental el *Génesis*.

sajonizar *tr* (*raro*) Dar carácter sajón [a alguien o algo]. | Torrente *Isla* 238: La [libertad] de esa parte del pueblo que vive alrededor de los "campuses" (ahí tienes un latinismo sajonizado).

sake *m* Bebida alcohólica japonesa obtenida por fermentación del arroz. | *Abc* 29.6.74, 12: Jal vuela ahora a Tokyo .. Se encontrará en un mundo grato y tranquilo de sake caliente, toallitas oshiboris y deliciosas golosinas otsumami.

saki *m* Sake. | *Agromán* 136: En Japón se bebe el saki, que es aguardiente de arroz.

sal I *f* **1** Sustancia blanca, cristalina, constituida por cloruro sódico, de sabor característico y muy soluble en agua, que se emplea pralm. para condimentar y conservar alimentos. *Tb ~* COMÚN *o ~* DE COCINA. | Ortega-Roig *País* 175: Viven [estos pueblos] del mar: de la pesca, de la sal, o son puertos militares. Ybarra-Cabetas *Ciencias* 73: Acompaña [el yeso] a la sal común, y sus yacimientos son muy abundantes.
2 Cosa que da gracia o interés [a algo (*compl de posesión*)]. | * Estas cosas son la sal de la vida. **b)** (*lit*) Elemento activo o vivificador [de algo]. | * Vosotros seréis la sal del mundo.
3 (*col*) Gracia o desenvoltura. | FReguera-March *Filipinas* 94: –Yo me muero de risa con Saltón .. –Tiene mucha sal. **b) ~ y pimienta.** Gracia picante o maliciosa. | Moreno *Galería* 346: Todo con la alegría, la sal y pimienta de las mocedades que hacían alarde de entusiasmo. **c) ~ gorda** (*o* **gruesa**). Gracia ordinaria o chabacana. | P. Crespo *Arr* 30.9.70, 22: "El hombre que se quiso matar" recurre a una serie de trucos cómicos de sal gruesa, ingenuos y sin el menor asomo de originalidad, como torpe anzuelo de públicos más que bondadosos.
4 (*Quím*) Compuesto formado por la sustitución total o parcial del hidrógeno de un ácido por un metal o por un radical básico. *Frec con un adj o compl especificador.* | Marcos-Martínez *Física* 237: Una sal proviene de un ácido cuyo hidrógeno se ha reemplazado por un metal. Ybarra-Cabetas *Ciencias* 73: Epsomita, sal de Epson, sal amarga,

sala – salado

sal de La Higuera, sal de Vaciamadrid, etc. Es sulfato magnésico que se presenta frecuentemente en conjuntos aciculares. **b) ~ amoníaco.** Cloruro de amonio. | Marcos-Martínez *Física* 253: Se emplea [el ácido clorhídrico] para la limpieza en la economía doméstica; para la obtención del cloro, del cloruro amónico, llamado vulgarmente sal amoníaco, y otros cloruros. **c) ~ de acederas.** Oxalato potásico. | *Economía* 101: Sal de acederas .. Se emplea en polvo para las manchas de hierro y también para las manchas de tinta. **d) ~ fumante.** Disolución de ácido clorhídrico en agua. | CBonald *Ágata* 148: Que echen en los macizos y por las cercas toda la sal fumante que haya.

II *loc adj (raro)* **5 ~ y pimienta.** Grisáceo. | *DAvi* 7.10.91, 33: Animales .. Schnauder miniatura, sal y pimienta, excelente línea de campeones. Información y venta.

III *loc v* **6 echar ~ en las llagas.** Insistir en una cuestión enojosa, avivándola. | Aldecoa *Gran Sol* 51: Si Macario se descuidaba y no eran las doce .. cuando subía la comida, Simón Orozco le decía pocas, pero ofensivas .. palabras. Macario bajaba a la cocina barbarizando. El fisgón de turno echaba sal en las llagas. –¿El señor sultán te ha dado el puntapié que te prometió?

7 no alcanzar (*o* **llegar**) [a alguien] **la ~ al agua.** Estar [esa pers.] falta de recursos. | * Llevo una temporada que no me alcanza la sal al agua.

sala *f* **1** *En una vivienda:* Habitación principal, para estar o para recibir visitas. *Tb su mobiliario. Frec* ~ DE ESTAR. | Moreno *Galería* 33: Las alcobas .. eran ampliaciones o prolongaciones de "la sala"; y "la sala" era la estancia más noble de la vivienda rural. Sampedro *Sonrisa* 332: En cuanto vuelven al piso –¡qué alegre la salita en este claro día!– se meten en la cocina. G*Telefónica N.* 765: Xey, S.A. Muebles. Mobiliario de cocina .. Salas estar. Comedores.

2 *En un palacio, en determinados locales públicos o de trabajo, o en un barco:* Habitación de grandes dimensiones. *Gralm con un compl que especifica su uso y que a veces se omite por consabido. En algunas constrs habituales como* ~ DE ESPERA, *la habitación puede ser pequeña.* | Camón *LGaldiano* 7: Completan la decoración de esta Sala un lienzo, atribuido a Paris Bordone y obra seguramente de Jacobo de Empoli, y otro napolitano de principios del siglo XVII. Olmo *Golfos* 121: No vio al guarda. Debía estar dentro, en la sala de máquinas. Tejedor *Arte* 54: Vinieron a ser [las termas] centros de reunión de la sociedad romana, por llegar a disponer además en ellas de salas de conferencias y tertulia, así como de jardines, gimnasio y biblioteca. Medio *Bibiana* 89: Entra en una sala de espera, donde aguardan varias personas. Marsé *Dicen* 293: El Fusam golpea los riñones de los camareros con la metralleta empujándoles hacia la salita de espera, pequeña cueva con una bombonera.

3 *(Der)* Local en que se constituye un tribunal de justicia para celebrar audiencia y despachar los asuntos de su competencia. *Frec con un adj o compl especificador. Tb el propio tribunal.* | Delibes *Guerras* 181: A la misma vista del arma, la Sala, que así le decía él, el abogado, digo, a los jueces, podía comprobar que yo no había tratado de hacer un daño tan grandísimo como el que hice. *Leg. contencioso-adm.* 275: Este Ministerio, previa propuesta de la Sala de Gobierno del Tribunal Supremo, ha tenido a bien disponer que con carácter provisional, sin perjuicio de ulteriores modificaciones, la distribución de asuntos entre las Salas Tercera, Cuarta y Quinta del Tribunal Supremo quede establecida en la forma siguiente.

4 *Se usa en la denominación de algunos establecimientos públicos cuya actividad se desarrolla en una habitación de grandes dimensiones:* ~ DE CINE, DE BINGO, *etc.* | *Sp* 19.7.70, 49: Principal freno para asistir a las salas [de cine] era el calor. G*Telefónica 83* 2, 712: Canoe Natación Club. Sala de Bingo. **b)** Galería de arte. | Aguilera *Arte* 45: Por otra parte –entre 1942 y 1945– aparecieron o dieron muestras de actividad algunas galerías. Descontada la Sala Biosca .., recordamos la Sala Argos y la Sala Reig, de Barcelona, con todo con la Sala Clan y la Sala Buchholz, de Madrid. **c) ~ de fiestas** (*o, semiculto,* **de fiesta**). Establecimiento público con pista de baile, en que se sirven bebidas y se presenta algún espectáculo frívolo. | Miguel *Mad* 22.12.69, 14: Las antiguas y cursilonas "salas de fiestas" han cedido a los clubs .., y más modernamente, .. a las discotecas. *DMa* 29.3.70, 1: En dicho festival actuarán diversas atracciones cedidas por varias salas de fiesta.

5 *Se usa en aposición con el n de algunos deportes que normalmente se practican al aire libre, para designar la variedad practicada en local cerrado.* | *Abc* 2.1.80, 46: Se disputaron los encuentros correspondientes a la tercera y última jornada de los campeonatos de España de hockey sala masculino y femenino. **b) fútbol ~** → FÚTBOL.

salabardear *tr (Mar)* Sacar la pesca [de una red (*cd*)] con el salabardo. *Tb abs.* | Aldecoa *Gran Sol* 171: Simón Orozco .. dirigía la maniobra de salabardear el copo. Aldecoa *Gran Sol* 160: Si no salabardean en seguida, rompen el arte.

salabardo *m (Mar)* Salabre grande que se emplea para sacar la pesca de las redes. | Aldecoa *Gran Sol* 83: El copo quedó pegado al barco en la banda de estribor. El contramaestre Afá preguntó a Simón Orozco: –¿Usamos el salabardo? –No es necesario.

salabre *m (Mar)* Arte de pesca consistente en un bolso de red sujeto a una armadura con mango, que se emplea para extraer la pesca de las redes grandes o directamente del agua. | *Animales marinos* 33: Procedimiento de pesca: Nasa, butrón, salabre y otras trampas.

salacenco -ca *adj* Del valle de Salazar (Navarra). *Tb n, referido a pers.* | Vega *Cocina* 39: Tortilla maldita, Bacalao a la bozatesa, Cordero asado a la salacenca.

salacidad *f (lit)* **1** Cualidad de salaz. | Cela *Oficio* 41: El cuerpo habitado por la salacidad satisfecha vive lozano y en sosiego.

2 Hecho o dicho salaz. | Lázaro *Gac* 29.4.79, 76: Escritores y oradores rivalizaban en salacidades.

salacot *m* Sombrero en forma de casquete esférico o elipsoidal, muy liviano y propio de climas cálidos. | Goytisolo *Recuento* 467: Obstinados en pasar por alto que un agosto en Sitges o Caldetas tiene más relación con Alejandría que con D[e]auville y, en consecuencia, que más adecuado a las circunstancias hubiera resultado el salacot que el cuello de pajarita.

saladar *m* Terreno abundante en sales. | Mercader-DOrtiz *HEspaña* 4, 112: A comienzos de la misma [centuria] .., las estepas y saladares del bajo Segura se pusieron en cultivo.

saladilla *f* **1** Almendra tostada y salada. | *Abc* 17.6.58, 29: Los enamorados, en las tranviarias carrozas a remolque, podían ir literalmente dándose el pico y a partir un piñón, mascando .. piñones, chufas, cacagüés y saladillas del cucurucho.

2 Pan típico de la provincia de Granada, que lleva granos de sal en la corteza. | Zenón *SYa* 7.6.87, 64: En Granada cabe alimentarse de un modo muy sencillo sin entrar en la cocina. Jamón de las Alpujarras, aguacates, ricos panes (salaílla, pan de Alfacar), y de postre, chirimoyas y cualquiera de las dulcerías locales.

salado[1] -da I *adj* **1** *part* → SALAR.

2 De (la) sal [1]. | Bustinza-Mascaró *Ciencias* 92: Hay cuatro sabores fundamentales: dulce, ácido, salado y amargo.

3 Que contiene sal [1]. *Tb n m, referido a alimento.* | Ortega-Roig *País* 62: Sus aguas [del Mediterráneo] son bastante saladas, por lo cual no abundan los peces. *Puericultura* 46: Se emplea también el baño salado; pero a este baño hay que agregarle más sal que la corriente, aproximadamente unos 30 ó 40 gramos por litro. M. DUbiera *Hoy* 31.7.74, 22: En el mismo recinto fue fallado el concurso de cocina, dando el siguiente resultado: Primer premio de salados, para la señorita Matilde Tirado; primer premio de repostería, otorgado a la señora María Victoria Martín Martín. **b)** Que contiene más sal de la necesaria o habitual. *Gralm referido a alimento.* | * Este jamón está salado.

4 (*col*) Que tiene sal o gracia. *A veces con intención irónica.* | J. M. Moreiro *SAbc* 9.11.69, 45: Saldrás adelante.. Pon aquí dinero, "salao". Nieva *GChico* 21: En espacio de pocos años este pequeño mundo teatral generado por la zarzuelita corta, por el sainete con música, reflejó con gruesos y salados trazos todo lo silvestre y pintoresco de esta sociedad epigonal .. en ademanes, vestimenta, gestualidad.

II *m* **5** (*reg*) Carne o pescado conservados en sal. | Romano-Sanz *Alcudia* 126: Del techo cuelga la clásica matanza y, por encima de la puerta del corral, un salao.

salado² m Acción de salar [1]. | Moreno *Galería* 288: En la técnica del secado, curado, salado o salazonado, los industriales preparadores sabrán cómo las agujereaban.

salador -ra adj Que sala. Tb n, referido a pers. | Alfonso *España* 109: Una cierta "broma" .. solía gastarse por los mayores a los más pequeños. Consistía en restregarles y embadurnarles con un puñado de áspera tierra .. La operación se denominaba "salar"... Para los "saladores", un niño era entonces un objeto de diversión.

saladura f Acción de salar(se). | E. Bayo *Des* 12.9.70, 23: Están siendo desterrados los cultivos tradicionales .. por la alfalfa, la planta que resiste estoicamente la saladura de las aguas subterráneas.

salamandra f **1** Anfibio semejante a la lagartija, con el cuerpo negro con manchas amarillas o anaranjadas (*Salamandra salamandra*). Tb se da este n a otras especies del gén Salamandra o afines. | Cuevas *Finca* 35: Una salamandra escapó y zigzagueó sobre la pared. Noval *Fauna* 375: Mucho más popular y conocida es la Salamandra (*Salamandra salamandra*) .. Desde el punto de vista científico tiene mucha importancia la presencia en Asturias de la Salamandra portuguesa (*Chioglossa lusitanica*).
2 Estufa de carbón de combustión lenta y forma aproximadamente rectangular. | Mihura *Maribel* 60: En el lateral derecho solo hay –aparentemente– una salamandra con su tubo de humos que sale por el techo. **b)** *A veces se usa en constrs de sent comparativo para ponderar el calor o el abrigo.* | GPavón *Reinado* 86: Y el sastre sin terminarnos los uniformes de verano. Este paño azul es una "salamandra".

salamanqués -sa adj Salmantino. Tb n. | Carnicer *Van* 17.7.75, 50: A veces, se usan indistintamente las dos formas, la histórica y la resultante del nombre actual: cesaraugustano o zaragozano, lucense o lugués, abulense o avilés, salmanticense y salmantino o salamanqués.

salamanquesa f Reptil semejante a la lagartija, de color ceniciento y dedos planos con unas laminillas que le permiten adherirse a las paredes (*Tarentola mauritanica*). | Legorburu-Barrutia *Ciencias* 196: Afines a la lagartija son: el lagarto, la salamanquesa y el camaleón.

salame m Salami. | Vega *Cocina* 136: Se les agregan ruedas de salame y salchichas muy pequeñas.

salami m Embutido muy grueso semejante al salchichón, en cuya composición entra carne de vacuno. | *Coc* 12.66, 21: Disponga encima un trozo de salami o salchichón.

salangana f Pájaro semejante a la golondrina, propio de los países orientales, cuyos nidos contienen ciertas sustancias gelatinosas comestibles (*Collocalia esculenta*). | N. Luján *Gac* 25.4.76, 16: Lo que ha hecho peligrar más el prestigio de la cocina china es su adaptación al gusto de los extranjeros .. Las aletas de tiburón o los nidos de salangana son sopas prefabricadas; las setas chinas .. se convierten en champiñones.

salar A tr **1** Poner en sal [1] [algo, esp. carne o pescado] para conservar[lo]. | Bustinza-Mascaró *Ciencias* 331: Se utiliza [la sal común] para fabricar ácido clorhídrico, cloro, .. salar carnes y pescados. *Abc* 31.10.71, 51: En los seis primeros meses de este año, el principal producto importado de China continental han sido las pieles en bruto, frescas, saladas, secas, encaladas o piqueladas.
2 Echar sal [1] [a algo, esp. un alimento (cd)]. | Bernard *Verduras* 63: Se sala, sin exceso, se dan unas vueltas a todo y se moja finalmente con un poco de caldo.
B intr pr **3** Ponerse [algo, esp. un alimento] salado [3]. | J. A. Donaire *SInf* 17.4.70, 3: En la desembocadura de los ríos, en esas masas acuícolas donde se "salan" las aguas que descienden de las cumbres cántabras, la ley va a brindarle una especial protección al prohibir efectuar todo tipo de pesca industrial sobre la especie. * Las comidas hechas de varios días se salan.

salareño -ña adj De Salar (Granada). Tb n, referido a pers. | J. FLópez *Ide* 8.8.89, 7: Desde hace unos días los vecinos de esta localidad se encuentran muy afectados por la marcha a la localidad de Illora del párroco José Antonio Ortega Gómez, que durante los diez últimos años ha sido de Salar. Él mismo deja un gran recuerdo entre los salareños.

salado – salceda

salarial adj De(l) salario. | Piqué *Abogado* 561: Formarán parte del salario toda la serie de remuneraciones contenidas en las expresiones primas, premios y pluses, además de la retribución salarial propiamente dicha. **b)** [Masa] ~ → MASA.

salariar (conjug **1a**) tr (raro) Asalariar. | Espinosa *Escuela* 224: Pidió licencia para salariar estipendiarios y salir a las provincias.

salario m Cantidad de dinero con que el patrono retribuye de manera regular al trabajador, esp. manual. | FQuintana-Velarde *Política* 41: Las retribuciones pagadas por los servicios del trabajo reciben la denominación genérica de salarios, y las más específicas de sueldos (si corresponden a personal administrativo o directivo de una empresa), salario[s] (refiriéndose al puro trabajo de ejecución) y honorarios (pagos por servicios de profesionales liberales). *Abc* 23.10.70, 63: Los movimientos de precios y salarios no deben generar brotes de inflación de costes.

salaz adj (lit) Lujurioso o lascivo. | Moncada *Juegos* 315: No los soporto. Principalmente a ella. Es salaz, insidiosa e impertinente. Zunzunegui *Camino* 13: Cuando cruzaba por las minas .., los hombres la miraban ya con venatorios ojos salaces.

salazarismo m Régimen político portugués de Antonio de Oliveira Salazar († 1970). | J. Salas *Abc* 24.2.74, 28: El diputado Tenreiro es un ultra del salazarismo.

salazarista adj De Antonio de Oliveira Salazar o del salazarismo. | G. Plaza *SIdG* 10.8.75, 7: Me informan que los compradores del libro, prohibido en el país hermano, son en un altísimo porcentaje portugueses, lo que indica el nutrido número de afectos al régimen salazarista que han elegido nuestro país en espera de una hipotética reversión en el proceso revolucionario de Portugal. **b)** Partidario de Oliveira Salazar o del salazarismo. Tb n. | * Son muchos los salazaristas que han permanecido en Portugal tras la Revolución de los Claveles.

salazón f **1** Acción de salar [1]. | Escobar *Itinerarios* 47: El tocino, los jamones y algunos huesos quedan dispuestos para la salazón. Ortega-Roig *País* 204: Es muy productiva la pesca del bacalao .. y la de la merluza .. Estas especies se consumen más tarde: el bacalao en salazón y la merluza congelada.
2 Carne o pescado conservados en salazón [1]. *Frec en pl.* | ZVicente *Traque* 157: No les gusta la mojama, ni la salazón, está visto. J. PGuerra *Inf* 4.8.70, 13: Aumentaron las ventas de salazones, conservas y semiconservas no solo en volúmenes, sino también en cotizaciones alcanzadas.

salazonero -ra I adj **1** De (la) salazón. | *Huelva* 97: Los puertos de Isla Cristina y Ayamonte, desde hace varios años, consiguen las más importantes capturas de sardinas de todo el litoral español, lo que hace que estos dos puertos de la provincia desenvuelvan, casi en exclusiva, la totalidad de la industria nacional salazonera de sardinas.
II m y f **2** Pers. que se dedica a la salazón [1]. | SCabarga *Abc* 20.8.65, 41: En el principio fue... una villa que sucumbió a la pesadumbre de su historia .. Después, .. sencilla villa de pescadores y salazoneros.

salbanda f (Min) Capa, gralm. arcillosa, que separa el filón de la roca estéril. | Ybarra-Cabetas *Ciencias* 48: Los minerales de origen filoniano .. Las paredes de la grieta que rellenan se llaman salbandas, techo a la parte superior y lecho a la inferior.

salbutamol m (Med) Sustancia empleada en forma de aerosol en el tratamiento del asma bronquial. | B. Beltrán *Ya* 21.1.92, 21: Estudios recientes han demostrado que el uso excesivo de broncodilatadores, .. como, por ejemplo, el salbutamol, pueden, de hecho, estar vinculados con un deterioro del asma.

salce m (reg) Sauce. | Delibes *Parábola* 36: Un arroyo .. flanqueado de madreselvas, salces y zarzamoras.

salceda f (reg) Lugar poblado de salces. | Cela *Viaje andaluz* 26: En Villava, el Ulzama brinda sus aguas al Arga, que cae al padrecito Ebro, tras beberse el Aragón y entre salcedas, choperas y alamedas, frente a Milagro.

salchicha – salgareño

salchicha I *f* **1** Embutido muy delgado que se consume fresco. | Bernard *Verduras* 21: Se sirve con las salchichas fritas aparte.

2 (*reg*) *En pl:* Picadillo para hacer chorizo. | Moreno *Galería* 278: En vez de empujar con el pulgar en el "embudillo" aquellas porciones de salchichas para que saliera una vuelta de chorizo más, las asaban en "El Avisador" para que merendaran los chicos al salir de la escuela.

II *adj* **3** [Perro] pequeño, de cuerpo muy alargado. *Tb n m.* | *País* 16.2.79, 32: Desaparecido perro salchicha, pelo largo, color rojizo. ZVicente *Traque* 148: Allí, en el Banco, .. había un señor con un salchicha. El salchicha, o sea, vamos, el perro, atiende .. por Fefo.

salchichada *f* Comida consistente en abundantes salchichas [1]. | *DMo* 20.8.90, 15: Después de sus correspondientes actuaciones, las peñas que participaron en la concentración recuperaron energías degustando una gran salchichada.

salchichería *f* Establecimiento destinado a la fabricación o venta de salchichas [1] y otros embutidos. | *Ya* 22.10.64, 36: Alquilo salchichería variante.

salchichero -ra *m y f* Pers. que fabrica o vende salchichas [1] y otros embutidos. | Laiglesia *Ombligos* 104: Le tocó enfrente un salchichero de Frankfurt más experto que él en el sacrificio de reses para la industria cárnica. ZVicente *Traque* 227: Dos años en Bisbadén son ya muchos años. Pero, a ver, lo que pasa. La juerga. La cerveza. Las salchichas. Las salchicheras.

salchichón *m* Embutido de carne de cerdo, tocino y pimienta en grano, prensado y curado, que se consume crudo. | Ortega-Roig *País* 91: Embutidos ..: chorizos en Castilla, salchichones en Cataluña y Galicia.

salcina *f* Arbusto del género de los sauces (*Salix eleagnos* o *S. incana*). | Delibes *Año* 19: Me daba miedo que la trucha se enredara entre las salcinas de las márgenes.

salcocho *m* (*reg*) Zancocho (guiso). | *Ama casa 1972* 12*b*: Platos típicos regionales .. Canarias. Puchero de las siete carnes .. Tollos al mojo. Salcocho.

saldador -ra *adj* Que salda. *Tb n f, referido a máquina.* | *Abc* 2.12.64, 6: Olympia. La marca alemana que nadie discute .. Sumadoras .. Saldadoras de carro para balances.

saldañés -sa *adj* De Saldaña (Palencia). *Tb n, referido a pers.* | *Ama casa 1972* 12*b*: Platos típicos regionales .. Caldereta serrana de Burgos .. Chuletas a la saldañesa. Lechazo asado.

saldar *tr* **1** Liquidar [una cuenta]. *Tb fig.* | Salom *Baúl* 102: Son diamantes .. color rosado .. Luego volveré para saldar tu cuenta. Una cuenta adorable, mi pequeño pájaro de los diamantes rosa. *País* 30.5.79, 13: Se solicita que el Gobierno informe de la cuantía a que ascienden las deudas .., así como que informe del plazo máximo necesario para saldarlas. Herrero *Pro* 8.7.75, 3: Cegados por el odio, atacaban cuanto se movía y muchos saldaron viejas cuentas. ByN 20.12.75, 97: Los furtivos perjudican gravemente nuestra fauna al no respetar vedas .. El perjuicio alcanza límites extremos cuando se salda con un balance de varias vidas humanas en pocos meses.

2 Liquidar o vender a bajo precio [una mercancía]. | * Se vieron obligados a saldar todas las prendas de abrigo.

saldo *m* **1** Resultado final [de una cuenta o de un balance]. *Tb fig.* | *Economía* 174: Si los ingresos han sido superiores a los gastos, el saldo es favorable.

2 Venta especial a precios rebajados para liquidar restos de mercancía. *Tb en pl con sent sg.* | Medio *Bibiana* 73: En enero, por los saldos, a ver si puedo comprarte un albornoz bueno. * Lo he comprado en unos saldos. **b)** Mercancía de saldo. *Tb fig.* | * –¡Qué blusa tan bonita! –Es un saldo.

saledizo -za I *adj* **1** Saliente o sobresaliente. | Ortega-Roig *País* 39: Un pueblo gallego, Lage, con cielo nublado, calles mojadas .. color rosado .. Luego volveré para saldar tu cuenta. casas con aleros muy saledizos. Torrente *DJuan* 164: Nuestro común tatarabuelo tenía la cabeza grande, el mentón breve, los arcos superciliares saledizos como tejados de sus ojos.

II *m* **2** Elemento arquitectónico que sobresale de la pared maestra. | CBonald *Ágata* 215: Anduvo Pedro hasta el opaco saledizo del balconcillo.

salega *f* Salegar¹. | R. Pozo *Pue* 13.9.83, 36: Las liebres suelen entrar al amanecer por las ramblas secas hasta las salegas. En las salegas las liebres rebañan la sal que han dejado las cabras.

salegar¹ *m* Lugar destinado para dar sal al ganado. | Moreno *Galería* 22: El salegar estaba en su ladera, en una especie de pequeña plataforma en el repecho de la loma.

salegar² *tr* Dar sal [al ganado]. *Tb abs.* | Moreno *Galería* 21: Desaparecen los rebaños, desaparecen los pastores, y es ya solamente recuerdo histórico el sitio: el salegar, y la acción de salegar a las ovejas en etapas periódicas.

salema *f* Pez marino comestible de color plateado, con diez bandas doradas en los flancos (*Sarpa salpa*). | *Almería* 87: Las especies más abundantes son: el codiciado mero, .. el sargo y la [s]alema. [*En el texto,* zalema.]

salernitano -na *adj* De Salerno (Italia). *Tb n, referido a pers.* | *Inf* 9.5.74, 4: El movimiento de protesta .. se había extendido a una gran parte de la provincia de Salerno .. Se produjeron numerosas manifestaciones en toda la región saler[n]i[t]ana. [*En el texto,* salertinana.]

salero *m* **1** Recipiente destinado a contener sal [1]. | J. M. Moreiro *SAbc* 9.11.69, 45: No vi en él ningún salero roto, ni un solo gato negro, ni una navaja cayendo de punta.

2 (*col*) Sal o gracia. | DCañabate *Paseíllo* 119: ¿Tú sabes lo difícil que es andar con los brazos en alto sin descomponer la figura, echándole salero a los movimientos?

salerosamente *adv* (*col*) De manera salerosa. | J. M. Moreiro *SAbc* 9.11.69, 43: Muy gráfica y salerosamente me la soltó don Eduardo Morente.

saleroso -sa *adj* (*col*) Que tiene salero [2]. | *Abc* 17.6.58, 29: Carmen .. hasta ceñía el talle saleroso de maja de Goya con aquel mantoncito.

salesa *adj* [Religiosa] de la orden de la Visitación de Nuestra Señora, fundada por San Francisco de Sales. *Tb n f.* | *Act* 15.10.70, 54: La fábrica de Alicante está instalada en un antiguo convento de monjas salesas.

salesiano -na *adj* [Religioso] de la congregación de San Francisco de Sales, fundada por San Juan Bosco. *Tb n.* | *VozC* 25.7.70, 8: La numerosa población infantil de Yagüe se congregó en el salón de actos de las Madres Salesianas. **b)** De (los) salesianos. | *Ya* 1.2.88, 16: El rector mayor de la congregación, don Egidio Viganó, dio lectura a la bula pontificia que concede favores espirituales a la familia salesiana con ocasión del centenario [de la muerte de San Juan Bosco].

saleta *f* **1** *En un palacio:* Habitación anterior a la antecámara del rey o de una pers. real. | GNuño *Madrid* 117: El Salón Amarillo, la Saleta Rosa y el dormitorio del marqués.

2 (*reg*) Sala [1] pequeña. | Berlanga *Recuentos* 9: En Turbión había confites de mil sabores, fuentes con el chorro empinado, las calles empedradas como la saleta de don Dimas, el señor cura.

saletino -na *adj* De Salé (Marruecos). *Tb n, referido a pers.* | DOrtiz *His* 8.76, 59: El episodio más curioso del éxodo morisco a Marruecos fue la implantación de una república semiindependiente en Salé, enfrente de Rabat .. En sus momentos más brillantes la flota saletina llegó a contar con unos cuarenta buques bien armados que recorrían todo el Atlántico Norte y volvían cargados de botín.

salfumán *m* Sal fumante (disolución de ácido clorhídrico en agua). | *Economía* 32: Suelos de mármol .. La mejor limpieza de estos es frotarlos con piedra de asperón y de vez en cuando lavarlos con salfumán.

salgareño *adj* (*reg*) [Pino] negral (→ PINO). | Cela *Judíos* 298: La huerta de la Adrada .. brinda dos cosechas, y el pinar .. dos suertes de pinos: el negral de la resina, que por Ávila es rodeno y, para algunas gentes, salgareño y pudio, y el albar de la madera. Ra. Ríos *Sáb* 13.8.75, 33: Me enseñan el siguiente sitio donde [Explotaciones Forestales] va a cortar: unos pinos laricios (salgareños les dicen por aquí) de una derechura increíble. [*En la Sierra de Segura.*]

salgueiro *m* (*reg*) Salguero o sauce. | Mayor-Díaz *Flora* 527: *Salix caprea* L. "Sauce cabruno", "Salgueiro".

salguera *f* (*reg*) Sauce. | Delibes *Inf* 20.8.75, 12: ¿Quién de vosotros, pescadores, no ha perdido una trucha de kilo por mostrarse demasiado condescendiente, por recrearse en la suerte y permitirle acceder a las leñas o salgueras de la ribera?

salguero *m* (*reg*) Sauce. | MFVelasco *Peña* 154: No había muchos árboles para elegir .. Me encaramé al primer salguero a mano.

sálica *adj* (*hist*) [Ley] que excluye del trono a las mujeres y sus descendientes. | Jover *Historia* 551: El "Auto Acordado" de 1713, que establecía en España la llamada "ley sálica" francesa, excluyendo a las hembras [del trono].

salicácea *adj* (*Bot*) [Planta] dicotiledónea leñosa, de hojas simples, flores pequeñas dioicas y fruto en cápsula, de la familia del álamo. *Frec como n f en pl, designando este taxón botánico.* | GCabezón *Orotava* 14: Chopo de la Carolina, *Populus Eugenei* (*Populus Carolina*), Simon Louis, Salicácea.

salicaria *f* **1** Planta herbácea anual que crece a orillas de ríos y arroyos, con flores purpúreas en espiga y fruto capsular, que se emplea como astringente (*Lythrum salicaria*). *Con un adj o compl especificador, designa tb otras especies del mismo gén:* ~ MENOR, CON HOJAS DE HISOPO. | CBonald *Ágata* 22: Aquellas veneradas semillas de ajenjo y ruibarbo, sardonia y camomila, lúpulo y salicaria, germinaron muy luego. Mayor-Díaz *Flora* 351: *Lythrum hyssopifolia* L. "Salicaria con hojas de hisopo".
2 Infusión preparada con salicaria. | ZVicente *Traque* 10: Y don Facundo .. se echa un trago de salicaria nueva, con menta y con salvia, y con yerbaluisa, excelentes para los trastornos intestinales.

salicilato *m* (*Quím*) Sal del ácido salicílico. *Con un compl especificador.* | Bustinza-Mascaró *Ciencias* 92: Una sustancia de sabor dulce-amargo, como es el salicilato sódico, se percibe primero en la punta el sabor dulce y el amargo se siente cuando llega la disolución a la parte posterior de la lengua. **b)** *Sin compl:* Salicilato de bismuto, empleado contra el reumatismo. | Palomino *Torremolinos* 58: Un curandero analfabeto y algo visionario le gana la partida a un doctor en medicina que no ha acertado con el dolorcillo de paletilla de la mujer del alcalde, que ponía el grito en el cielo, que se reía amargamente del salicilato y de la cortisona porque su mal no era reuma.

salicílico *adj* (*Quím*) [Ácido] que se obtiene mezclando ácido fénico y anhídrido carbónico y que se emplea en medicina como analgésico y antipirético. | MNiclos *Toxicología* 34: Ácido salicílico y sus derivados. La frecuencia de intoxicaciones por los salicilatos y aspirina es tal, especialmente en niños, que merece la pena dedicarles mayor extensión.

salicor *m* Planta quenopodiácea propia de suelos salobres (gén. *Salsola* y *Salicornia*). *Frec con un adj especificador:* ~ BORDE (*Salsola kali*), ~ DURO (*Salicornia perennis*), ~ FINO (*Salsola soda*), ~ POLLO (*Salicornia europaea*), etc. | Mayor-Díaz *Flora* 218: *Arthrocnemum perenne* (Miller) Moos. "Sosa de las salinas", "Salicor duro". *S. (in. Salicornia perennis* Miller; *S. radicans* Sm.) Cendrero *Cantabria* 82: Flora. Estrato herbáceo .. *Salicornia europaea* L.: Salicor pollo.

salicornia *f* Planta quenopodiácea propia de suelos salobres (gén. *Salicornia*). | I. F. Almarza *SYa* 9.9.84, 23: Se trata de una vegetación halófila .. Destaca la salicornia por su extensión y por las facilidades de nidificación que ofrece a las aves.

salida I *f* **1** Acción de salir, *esp* [1, 6, 7, 8, 9, 10, 14, 15, 23 y 25]. | Rosales *MHi* 3.61, 28: Conviene que fijemos nuestra atención en la tercera y última salida de Don Quijote. Laforet *Mujer* 22: Casi nos mareaba con tanta entrada y salida. Gilera *Abc* 1.12.70, 63: A veces un portero tiene que hacer salidas "a la desesperada". *SPaís* 16.3.92: Atletismo .. Carl Lewis es lento en las salidas, pero compensa ese defecto con una extraordinaria progresión. *Cod* 3.5.64, 3: Procede dar un día más de salida a Paca [la sirvienta]. **b)** Acometida repentina de tropas de una plaza sitiada, contra los sitiadores. | F. GÁlvarez *DPa* 10.9.75, 11: Estando los cercados bien provistos de avituallamiento, .. no quisieron aceptar la batalla en campo abierto, contentándose con hacer algunas salidas, con las que molestaban al enemigo y alargaban el tiempo del asedio. **c)** (*col*) Reacción u ocurrencia sorprendente, frec. graciosa. *Gralm con el v* TENER *y acompañado de algún término calificador.* | Cunqueiro *Un hombre* 88: ¡Misterios de las mujeres! .. En mi país se estudian mucho estas salidas de las féminas. ZVicente *Traque* 172: Esta tertulia .. es la mar de seria, de sensata, y usted siempre está saliendo por peteneras .. ¿Se va enterando? Y usted con sus saliditas. Cómo vamos a hablar de eso que usted se trae. **d)** ~ **de tono.** Inconveniencia. | J. M. Bellido *SAbc* 24.3.74, 30: Un simple gesto del faraute .., una risotada, una salida de tono no previstas en el rito, se consideraban "ob-scenos"; es decir, actos que el intérprete únicamente podía llevar a cabo "fuera de la escena". **c)** ~ **de pie** (*o* **pata**) **de banco** → PIE, PATA.
2 Lugar por donde se sale [1] o desde el que se sale [6a]. | Cuevas *Finca* 207: Yo lo espero en el coche, a la salida de la carretera del Arahal. *SPaís* 16.3.92: Atletismo .. En los 110 metros, el primer obstáculo está a 13,72 metros de la salida.
3 Término, esp. de un período de tiempo. | Armenteras *Epistolario* 25: ¡Buena entrada y salida de año!
4 Solución o remedio. | VIborra *Mad Extra* 12.70, 2: Sin duda heredaron de los árabes esa filosofía suya popular del "saber manera", que proporciona salidas y soluciones para todo. **b)** Réplica con que se soluciona la dificultad planteada por el interlocutor. | SFerlosio *Jarama* 38: –Eso sí que es hablar como el Código, Miguel. Ahí, ya ves, has estado. –Sabe dar la salida como nadie. ¡Pico de oro...!
5 Posibilidad profesional. | Carandell *Madrid* 41: Hasta hace poco España era un país donde los jóvenes de ánimo independiente y carentes de patrimonio familiar no tenían otra "salida" que las oposiciones. Arce *Precio* 67: ¡Siempre pensáis en el matrimonio como una salida!
6 Posibilidad de venta [de un género]. | Berenguer *Mundo* 295: Con estas cosas, los cazadores tuvimos que dedicarnos a la pluma y los sisones y pájaros de agua, que tenían mala salida.
7 Cantidad que sale de caja. | Tamames *Economía* 323: En la cuenta de las empresas se registran las entradas y salidas monetarias.
8 Precio en que algo sale a subasta. | *Ya* 10.2.80, 60: La subasta de Durán .. Sello colgante de oro con escudo para lacre. Salida, 30.000.
II *loc v* **9 dar la ~.** (*Dep*) Hacer la señal prevista para indicar el comienzo de una carrera. | *Gac* 18.5.80, 44: El maratón popular de Madrid .. A las 8 horas 30 minutos de la mañana se dará la salida en el Paseo de Coches del Retiro.
10 tomar la ~. (*Dep*) Iniciar la carrera [un participante]. | C. Fresneda *SEIM* 25.5.92, 8: Se encaramó Miguel a la bicicleta .. Daba un poco de miedo verle así, en plan "superman", paseando su traje aerodinámico ante numerosísimo público poco antes de tomar la salida.
III *loc adv* **11 de ~.** Desde el primer momento. | Delibes *Pegar* 204: Estos tres libros imprimen, de salida, a la entonces joven novela española una notable fuerza expansiva y un carácter innovador.

salidero *m* (*raro*) Salida [2]. | Pemán *Gac* 12.1.63, 18: Se corre el peligro de que .. todo nuestro mundo y manera de vivir se nos vaya por el salidero e intersticio entre esas dos sabidurías.

salido -da I *adj* **1** *part* → SALIR.
2 Saliente o sobresaliente. | Torbado *En el día* 352: Las dos portentosas manzanas, que más parecían melones en sazón, no le habían alterado el ánimo lo más mínimo. Ni tampoco los muslos musculados ni el vientre un poco salido. GPavón *Rapto* 212: Sus tetas, duras y salidas, debían ser una profanación en aquel ambiente casi monástico.
3 [Animal hembra] que está en celo. | Escobar *Itinerarios* 220: Relincha un caballo al olor de la yegua salida. **b)** (*col*) [Pers.] excitada sexualmente. | Aristófanes *Sáb* 30.7.75, 18: Yo soy muy patriota y no me pongo muy salido cuando veo una ligona francesa .., pero me ponen una chavala de la tierra y hasta que no le doy carrete no paro. **c)** (*col*) [Pers.] que tiene fuerte propensión al apetito sexual. *Tb n.* | Aldecoa *Gran Sol* 57: –Tú, Macario, eres un tío salido, un tío cerdo que no piensas más que en eso .. –Que soy un macho. ASantos *Bajarse* 49: –Venga, tío, no seas estrecho. ¿No te gusta? –No es eso. Es que una virgen es un lío .. Que lo haga

saliente – salir

otro. Te bajas a la calle y coges al primer salido que pase y te lo subes.
    4 (*col*) [Pers.] alborotada o fuera de quicio. | Berenguer *Mundo* 118: Los demás terratenientes se pusieron salidos a esperar quién les iba a meter cuartos por comprarles la cacería. Aristófanes *Sáb* 5.4.75, 45: Una cosa es la religiosidad y otra estar mal de la chimenea. Que este es .. el país de los salidos.
    II *m* **5** (*reg*) Terreno, frec. cerrado, próximo a una casa. | Cunqueiro *Gente* 16: Estando en Meirado, en su casa, metido en cama por una gripe con altas fiebres, contemplando la higuera del salido, se le acordó una novia que había tenido en el Mar del Plata.

saliente I *adj* **1** Que sale, *esp* [1 y 5]. | CBonald *Ágata* 150: La irrupción de la horda lo había cogido en situación de saliente de cama ajena. C. Sentís *Abc* 31.5.58, 32: Se da como muy probable que René Pleven .. permanezca en el mismo puesto de ministro de Asuntos Exteriores que desempeña en el Gobierno saliente. Pericot-Maluquer *Humanidad* 44: Si queremos resumir hoy sus características principales, podemos hacerlo así: frente huida, arcos superciliares muy salientes. *Hacerlo* 114: Si es pequeña, huiremos de los colores salientes, que parecen echarse encima y empequeñecen la habitación.
    II *m* **2** Parte que sobresale en una cosa. | MSantos *Tiempo* 93: Todavía quizá una mendiga-cigarrera podía estar oculta en el saliente de una casa. Ortega-Roig *País* 64: Los salientes más importantes de esta costa son los cabos de Higuer, Machichaco, Peñas y Estaca de Vares.
    3 Dimensión de la profundidad de un objeto que sobresale de un plano. | *Economía* 191: Este armario .. debe ser lo suficientemente alto .. En cuanto a saliente, es suficiente que tenga veinticinco centímetros.
    4 Oriente o levante. | Romano-Sanz *Alcudia* 190: La única ventilación del chozo es la puerta, que suele colocarse entre saliente y mediodía para evitar los aires dañinos.

salífero -ra *adj* (*lit*) Salino. | Espinosa *Escuela* 466: Celedonio, mocito guapo, escúchame: si antemuero, heredarás mis bienes, incluyendo los lagos y las salíferas minas.

salinero -ra I *adj* **1** De (la) salina [3]. | HSBarba *HEspaña* 4, 379: La industria salinera tuvo considerable importancia.
    2 (*Taur*) [Res] jaspeada de colorado y blanco. | A. Navalón *Pue* 25.8.80, 20: Ganado desigual de Mihura: flacón, el primero, y preciso, el sexto, salinero de pelo.
    II *m y f* **3** Pers. o entidad que fabrica sal [1] o comercia con ella. | Pemán *Cádiz* 4: La riqueza de tipos humanos anejos a esta variedad de tierra es infinita. El marisquero, el salinero, el obrero de ribera. *Abc* 13.12.91, 88: Salinera andaluza, S.A. Ampliación de capital social.

salinidad *f* Cualidad de salino [1]. | Ybarra-Cabetas *Ciencias* 96: La característica química del agua del mar es su salinidad. **b)** Proporción de sales disueltas [en un agua (*compl de posesión*)]. | Legorburu-Barrutia *Ciencias* 336: La salinidad varía según los mares.

salinización *f* Acción de salinizar(se). | *Inf* 15.8.74, 8: Acuerdo hispano-libio para la construcción de una planta de salinización.

salinizar *tr* Transformar [agua dulce] en salina. | A. GPérez *País* 31.7.76, 32: Se trata de proteger los acuíferos de una sobreexplotación anárquica que pueda agotarlos o salinizarlos. **b)** *pr* Transformarse [agua dulce] en salina. | V. Frach *Pro* 19.8.75, 21: El agua está salinizada y su aprovechamiento para el riego es pernicioso.

salino -na I *adj* **1** Que contiene sal [1]. | Grosso *Capirote* 126: Levantaba Genaro el brazo más arriba de su cabeza saludando con más furia y más denuedo, como si .. en vez de ser el aire que respiraran el de la Prisión Provincial fuera el viento del Sur ardiente, el viento salino de la Marisma, o el Levante del Estrecho.
    2 De (la) sal [1 y 4]. | CBonald *Ágata* 230: Así .. se manifestaba entonces por detrás de la bruma, tan inmóvil que parecía de vuelta a las fosas primordiales de las estatuas salinas. **b)** Que tiene carácter de sal. | MNiclos *Toxicología* 19: La fracción [de veneno] que ya rebasara el píloro podrá ser expulsada más rápidamente con la administración de un purgante, el que, salvo excepción, será siempre salino.
    II *f* **3** Lugar en que se beneficia la sal [1], esp. mediante evaporación del agua en que va disuelta. | Bustinza-Mascaró *Ciencias* 331: Los estanques salados o salinas son de mucha superficie y poco fondo, y en ellos el agua salada pasa de un compartimento a otro y se evapora por el calor solar. *Van* 6.1.74, 10: En vista de la falta de sal común, la empresa Energía e Industrias Aragonesas prepara la realización de un proyecto de salina en Huelva con una capacidad de producción de 220.000 toneladas anuales e inversión de 210 millones de pesetas.

salinómetro *m* (*E*) Aparato para medir la salinidad del agua. | *Ya* 22.10.64, sn: De la firma Radiometer: Ampliador PHA .. Ampliador de escala. Salinómetro.

salio *m* (*hist*) *En la antigua Roma*: Sacerdote de Marte. | Pericot *Polis* 100: Pocos vestigios tenemos de la literatura de esos primeros tiempos [de Roma]: los cantos de los sacerdotes arvales y de los salios.

salipirina *f* (*Med*) Salicilato de antipirina, usado para combatir las neuralgias y como antipirético. | M. Aguilar *SAbc* 30.11.69, 54: Algunos tóxicos que pueden dar agranulocitosis .. Salipirina.

salir I *v* (*conjug* 59) *intr* ➤ **a** *normal* **1** Pasar del interior al exterior [de un lugar limitado o cerrado]. *Tb fig. Tb pr. En este caso, con suj pers, expresa enfáticamente la voluntad de abandono*. | Cunqueiro *Un hombre* 13: Los reyes .. corrieron a esconderse en su cámara secreta y tardaron en salir un mes. CBonald *Dos días* 273: El puntal se salió del enganche, y, claro, no hubo manera de aguantar la bota. CBonald *Dos días* 244: Don Gabriel .. dobla ahora la esquina de la galería, procurando mantener el equilibrio sin salirse de la moqueta central. Aldecoa *Gran Sol* 135: –¿Estuviste mucho tiempo [en el seminario]? –Cinco años .. –¿Por qué te saliste? Delibes *Cinco horas* 40: Aquí, sin que salga de entre nosotros, te diré que, de novios, cada vez que íbamos al cine y␣la cía cuchichear contigo en la penumbra me llevaban los demonios. **b)** *Referido a fluidos o a series de objetos, normalmente pr*. | Vickini *Cod* 11.8.74, 2: Llevado a componer [el coche] a un taller Seat, se siguió saliendo la gasolina. **c)** Terminar el trabajo habitual. *Gralm con un compl de tiempo*. | *Inf* 8.1.74, 26: Los administrativos se niegan a salir a las tres y veinte de la tarde. Ž Vicente *Traque* 315: Te digo que mañana habrá que madrugar, hay que firmar a la entrada... Allí, donde tú estás, ¿verdad? Firmar en la entrada, al llegar y al salir? **d)** Dejar de estar [en un tiempo o en una situación (*compl* DE)]. *Tb pr*. | CPuche *SYa* 10.11.63, 15: Hemos salido de la etapa de prueba .. para cuya superación acudimos al más grande subastador de Europa. Torrente *SInf* 20.6.74, 16: Los sesenta son una zona muy batida. Es la razón por la que estoy deseando salir de ellos. Medio *Bibiana* 13: El viejo zorro ha salido, al fin, de su falso sueño. Palenzuela *Inf* 20.3.74, 7: Solo puede salir [la Iglesia] de su penoso estado si atiende a la verdadera reconciliación de la sociedad en que está presente. **e)** ~ **de** + *adj o n* = DEJAR DE SER + *el mismo adj o n. Cuando el compl expresa oficio o cargo, frec se omite por consabido*. | Delibes *Emigrante* 94: Le pregunté si cinco años sin salir de carrero, y él que ya y gracias. CBonald *Dos días* 154: El que sale de pobre es el que se maneja por la puerta falsa. *Cam* 6.1.75, 11: Desde hace bastantes años se ha hecho costumbre "recompensar" a los ministros que salen con algún cargo importante.
    2 Poder ser sacada [una cosa de otra en cuyo interior se encuentra]. *Frec sin compl, por consabido*. | * El armario no sale por la puerta. * Este cajón no sale.
    3 Poder ser separada [una cosa de otra que está en su interior]. | * No me sale el anillo.
    4 Desaparecer [una mancha]. | Gala *Suerte* 674: Las manchas de cemento, ¿con qué salen?
    5 Sobrepasar [un límite (*compl* DE)]. *Tb pr*. | DAntonio *Rue* 17.11.70, 20: Lo que sucede es que, cuando alguien intenta salirse de los cánones .., la reacción automática es decir no. **b)** Sobresalir [algo]. | * La nevera sale demasiado; hay que cambiarla de sitio.
    6 Marcharse [de un lugar]. *Tb sin compl*. | *Inf* 26.11.73, 4: Ayer por la tarde, el presidente del Consejo de la Revolución de Libia salió de París hacia Malta. Hoyo *Caza* 36: Un bando de tordos sale disparado. **b)** ~ **por pies**, ~ **por piernas** → PIE, PIERNA. **c)** Iniciar el trayecto o recorrido. | Laforet *Mujer* 11: El tren no sale hasta las siete.

Aldecoa *Gran Sol* 17: ¿Saldremos pronto? **d)** Iniciarse [un recorrido o algo que lo implica]. | * ¿A qué hora y de dónde sale la procesión?

7 Dirigirse. *El punto de destino se expresa por un n o adv precedido de* PARA *o* HACIA. *Cuando el n es* CAMINO, ENCUENTRO *o* PASO, *la prep es* A. | *Inf* 20.6.74, 11: Mañana sale para Congo-Brazzaville una misión económica.

8 Ir a parar [una calle o camino a un lugar]. | Cuevas *Finca* 207: Tomó la vereda que salía a la carretera de Utrera.

9 Pasar a una parte visible o destacada del lugar en que se está. *Gralm con un compl de finalidad.* | Marquerie *Teatro 1958* 126: Con .. una atinada dirección de Manuel Benítez, que salió a saludar al fin de la obra, se estrenó anoche en el Goya *Esta noche es la víspera*.

10 Nacer o brotar [algo]. | Hoyo *Caza* 28: Ha tardado en llover y se han adelantado los fríos. Así no salen [los níscalos]. **b)** Producirse con naturalidad [un gesto o una actitud en alguien (*ci*)]. | * Quisiera ser amable con él, pero no me sale. **c) ~ -le** [algo a alguien] **del alma, de las narices**, *etc* → ALMA, NARIZ, *etc*.

11 Surgir o pasar a existir de improviso [alguien o algo]. *Gralm con ci de pers.* | * Nos ha salido un protector. * Le ha salido un novio estupendo.

12 Proceder [una cosa de otra]. | *Abc* 19.11.57, 34: Había mozos escapados de la Universidad –que es de donde, para Cervantes, salían los mejores soldados–. **b)** Poder obtenerse [una cosa de otra]. *Tb sin compl.* | Marcos-Martínez *Aritmética* 137: ¿Cuántas "cañas" de cerveza de 2'5 dl salen de un barril de 36 litros? Aldecoa *Gran Sol* 161: Se asombraban los marineros de la importancia de la pesca. –Salen doscientas cajas.

13 Parecerse [una pers. a otra mayor de su familia o a algún maestro]. *Con el v en forma simple, frec tiene sent incoativo* (sale a su padre '*empieza a parecerse a su padre*'). | Cunqueiro *Un hombre* 219: Ifigenia era alta y rubia, y en la blanca piel salía a su madre. RIriarte *Paraguas* 148: Le deseo a usted de todo corazón que Florita salga a su tía. Ridruejo *Memorias* 49: Las chicas habían salido más bien a su madre.

14 Aparecer o presentarse. | Chamorro *Sin raíces* 93: Me echarás una mano en lo que vaya saliendo, y en cuanto me sea posible te pongo un comercio. Cunqueiro *Un hombre* 14: Una noche, un mosquetero licenciado .. salió vestido con la piel de la fiera. Torrente *Off-side* 26: –Y de pintura, ¿tiene algo? –Lo que ve. Ahora sale poco. **b)** Aparecer en el cielo [un astro por un lugar y a una hora determinados]. *Tb sin compls, por consabidos.* | Zubía *Geografía* 25: Orientarse es buscar el Oriente o punto cardinal por donde sale el sol. *Alc* 1.1.55, 3: Esta mañana, cuando 1955 amanecía, muy pocos vieron salir el sol. **c)** Aparecer [algo impreso, esp. una publicación periódica]. | * ¿Cuándo sale tu libro? * La revista sale los lunes. **d)** Aparecer [en un relato, en una fotografía o en una obra teatral o cinematográfica]. *Referido a obra teatral o cinematográfica y con suj pers, frec lleva un compl* DE *que expresa el papel representado.* | SFerlosio *Jarama* 31: Todavía no nos hemos sacado una foto en la que salgamos toda la panda. Cunqueiro *Un hombre* 47: Escuchaban las historias que corrían por la ciudad, y con especial apetito aquellas en las que salían altezas y todo el señorío. FSantos *Catedrales* 180: Hay una negra que sale a veces en el show, que canta folk, pero que lo hace de una manera que solo con verla aparecer te das cuenta que es ella. CBonald *Dos días* 137: –La caravana de Arizona, una película superior. Me he acordado de la polvareda. –Déjame ahora de películas .. –No, es que salía así un camino como este, y el ventarrón se liquida a más de veinte carretas. **e) ya salió aquello.** (*col*) Fórmula con que se comenta la mención de algo inconveniente y que resulta molesto por su reiteración. | MGaite *Ritmo* 53: –Que me da pena, que al fin y al cabo es tu madre... –¿Y qué que sea mi madre? .. ¡Ya salió aquello! **f) ~ a relucir** → RELUCIR.

15 Pasar [algo] a estar [en una situación (A + *n sin art*)]. *Con ns como* LICITACIÓN, CONCURSO *o* SUBASTA. | J. Trenas *Van* 6.1.74, 10: Salieron a licitación cien lotes.

16 Resultar. *Con un predicativo o un adv.* | Lagos *Vida* 36: Si bueno me ha salido el Lorenzo, mi Andrés tira a mejorarle. Cuevas *Finca* 139: El año fue muy bueno. El trigo candeal salió a 6. El avispado a 7. Lera *Bochorno* 119: Eso era. Con ello tú también saldrás ganando. **b)** *Sin adv:* Resultar bien o llegar a buen término [una cosa]. | Cela *Pirineo* 247: Por delante va uno, de escampavía; después, a poco que le salgan las cosas, pone un telegrama y le siguen todos los demás. M. GOrtiz *Ya* 15.10.67, sn: El crucigrama, que no me sale. **c) ~ mal.** Reñir. *Tb* NO ~ BIEN. | * –Han salido mal con sus padres. Dicen que por cuestión de dinero. –Siendo así, no podrán salir bien con nadie.

17 Ser elegido por suerte o votación. | Ero *Van* 26.9.74, 28: Alguien dijo que se presentasen a los comicios, y salieron concejales lo mismo que podrían salir almaceneros, limpiabotas o barraqueros. * Ha salido el número 2415.

18 Tocar [a una cantidad] en un reparto. | Marlasca *Abc* 4.8.72, 35: Sus ingresos anuales [del Coro] se limitan a 10.000 pesetas que le asigna la catedral por Semana Santa, 75.000 como subvención del Ministerio de Educación y Ciencia y 35.000 que le concede la Diputación. Y siendo, como son, treinta las personas que lo componen, cada integrante del Coro sale a 4.000 pesetas por año.

19 Percibir como ingresos [una cantidad (*compl* POR)]. | *Ya* 3.11.74, 12: Trabajamos diez horas diarias. Y nos pagan ocho francos por cada tonelada de uva que recogemos. Al día salimos por unos 160 francos (unas 1.800 pesetas) y la comida.

20 Costar [una cantidad (*compl* A *o* POR)]. | *PFa* 15.4.74, 24: El modelo viene a salir por unos 70 dólares. CSotelo *Inocente* 98: Un bombardeo sale por un riñón.

21 (*lit*) Defender o justificar [a alguien (*compl* POR)]. | Delibes *Emigrante* 37: La chavala aún tuvo que salir por ellas, con que si un desliz lo tiene cualquiera.

22 (*col*) Decir o hacer [algo inesperado o intempestivo (*compl* CON)]. | Laforet *Mujer* 23: Hoy ha salido con que este pueblo la enerva demasiado.

23 Ir a lugares de diversión o esparcimiento. | Berlanga *Pólvora* 137: Lleva tres semanas sin apenas vérsele el pelo .. Ahora, el día que no sale con su prima se va a ver a su otra tía. **b)** Librar en el trabajo [un sirviente]. | * La muchacha sale dos días por semana.

24 Frecuentar la compañía [de una pers. (*compl* CON)]. *Tb sin compl, con suj pl. Referido a perss de distinto sexo, frec implica relación amorosa.* | Carandell *Madrid* 32: Yo estoy saliendo con Cristina .. Es una mujer fabulosa. MGaite *Fragmentos* 179: Le diré .. que salgo con un chico.

25 (*Juegos*) Ser el primero en jugar. | *Juegos españoles* 25: El tute arrastrado. Se juega entre tres, o también entre cuatro .. Saldrá siempre el mano, que es el que está a la derecha del que da. **b)** Hacer [un jugador] su primera jugada. | *Naipes extranjeros* 51: Llámase hacer "Blanco" cuando al "abatir" (todas las cartas de una sola vez) se sorprende a algún jugador con todas las cartas en la mano, sin haber salido.

26 ~ adelante. Superar alguna dificultad o situación difícil. *Frec referido a la solución de los problemas económicos de la vida diaria.* | F. A. González *Ya* 8.10.70, 50: Con menos dinero montan una superlimpieza en seco de esas y salen adelante sin quebraderos de cabeza.

▶ **b** *pr* **27** Tener [un recipiente] alguna rotura por donde se puede derramar su contenido. | Vickini *Cod* 11.8.74, 2: Se salía el depósito de la gasolina.

28 Rebosar [una sustancia (*suj*)] del recipiente que la contiene. | * No eches más azúcar, que se sale. * Ya se ha salido la leche.

29 (*col, raro*) Excitarse sexualmente. | Lera *Boda* 611: –A lo mejor es que se ha salido con tanto oír hablar de boda hoy .. –¿Quién? ¿Este? –dijo Goyo, mirando a todos y señalando al Escaso–. Pero si no tiene más que nariz.

30 (*Juegos*) Sobrepasar la cantidad mínima de tantos necesaria para ganar. | * Con las veinte del cante... me salí.

31 ~se [alguien] **con la suya.** Hacer su voluntad en oposición a otros. *A veces, en lugar del posesivo aparece* SU PROPÓSITO, SU INTENTO, *etc.* | Laforet *Mujer* 334: Los Nives, todos, eran capaces de comprometer la vida entera por tozudez, por salirse con la suya. * No te saldrás con la tuya. * Seguro que se salió con su propósito.

II *loc adv* **32 a lo que salga.** Sin importar el resultado. | * No pueden hacerse las cosas así, a lo que salga.

salitral *m* Lugar en que hay salitre. | S. Araúz *Inf* 20.1.76, 17: El cazador de hurga .. toma la vuelta a las perdices, en qué matojos se aliebran cuando están cansadas ..; se asoma a los salitrales de las torcaces.

salitre – salmodiar

salitre *m* **1** Nitro. | Alvarado *Geología* 48: El nitro, llamado también salitre, es el nitrato potásico. Bosque *Universo* 204: Una sola nación, Chile, monopoliza el único nitrato natural, el salitre.
2 Sustancia salina, esp. la que aflora en suelos y paredes. | *Tri* 15.8.70, 3: Treinta y tres personas a las que la muerte sorprendió con el cuerpo húmedo aún de salitre.

salitrero -ra I *adj* **1** De(l) salitre. | Vicens *Polis* 461: Este [Balmaseda, en Chile] explotó la victoria lograda por las tropas chilenas sobre las de Bolivia y Perú en la guerra del Pacífico .., motivada por la posesión de las minas salitreras de Antofagasta.
II *f* **2** Criadero de salitre [1]. | Delibes *Mundos* 93: El hombre del norte es hombre de mina, de salitrera, de lucha, por decirlo en una palabra.

salitroso -sa *adj* Que tiene salitre. *Tb fig.* | Anson *SAbc* 8.2.70, 28: Desde Quevedo no se había escrito, posiblemente, en toda la literatura española nada tan corrosivo, tan acre, tan salitroso y desgarrado como esa carta número quince.

saliva I *f* **1** *En los vertebrados terrestres y en los insectos:* Líquido alcalino y algo viscoso segregado en la cavidad bucal, que sirve para reblandecer los alimentos, facilitar su deglución e iniciar la digestión de algunos. | Laforet *Mujer* 41: Se le llenó la boca de saliva. Tuvo que tragarla.
II *loc v* **2 gastar ~.** *(col)* Hablar inútilmente. | Medio *Bibiana* 122: A ver si merece la pena gastar saliva para entrar cinco minutos antes en el cine.
3 tragar ~. *(col)* Soportar en silencio algo que ofende o disgusta. | Laforet *Mujer* 82: Eulogio tragaba saliva. Quería mucho a sus padres, pero Paulina les veía demasiado idealizados. Palacios *Juicio* 244: El padre .. confiesa su delito a la madre, pero esta, que ha tragado mucha saliva, no descubre hasta el final el busilis de todo: que es la hija, bajo máscara de odio, la enamorada del padrastro.

salivación *f (Fisiol)* Secreción de saliva, esp. en cantidad superior a la normal. | E. Tijeras *Abc* 29.11.70, 7: Igual que la famosa salivación del perro de Pavlov, nos llega el verbalismo desplazado.

salival *adj (Fisiol)* De (la) saliva. | Alvarado *Anatomía* 118: La saliva es un líquido incoloro, transparente, alcalino y viscoso, compuesto de agua, sales minerales, mucina y el fermento llamado ptialina o diastasa salival.

salivar[1] *adj (Fisiol)* Salival. | Legorburu-Barrutia *Ciencias* 65: Los tres pares de glándulas salivares se denominan: parótidas, submaxilares, sublinguales.

salivar[2] **A** *intr* **1** Segregar saliva. | Salvador *Haragán* 32: La picapoll, agria y dura, me hacía temblar y salivar abundantemente. **b)** Escupir. | Cunqueiro *Fantini* 62: Le mostró al labriego una moneda florentina .. Salivó en ella y la frotó contra la manga.
B *tr* **2** Mojar [algo] con saliva. | ZVicente *Balcón* 55: Carmen .. se pellizca, en el límite del daño, la verruguita, salivándola de cuando en cuando.

salivazo *m* Porción de saliva que se escupe de una vez. | Aldecoa *Gran Sol* 193: Macario Martín escupió furiosamente en el suelo y pasó su bota por el salivazo.

saliveo *m (Fisiol)* Salivación. | Mascaró *Médico* 116: El envenenamiento por muscarina aparece poco después de la ingestión y se manifiesta por delirio, vómitos, suspensión de la secreción de orina, saliveo, sudor frío.

salivoso -sa *adj* Que tiene o produce mucha saliva. | GHortelano *Amistades* 181: Gregorio dobló la dosis de analgésico. Totalmente transfigurada, salivosa, pálida, tensaba los miembros en ángulos violentísimos.

sallar *tr (reg)* Escardar. | Arce *Testamento* 62: El Bayona tiene cara de labrador. Puede uno encontrársele .. sallando la patata o esquilmando la cosecha.

salma *f (hist)* Unidad de capacidad de las embarcaciones, usada en los s. XVI y XVII, equivalente al volumen que ocuparían dos toneles de 27 arrobas y media de agua cada uno. | MHidalgo *HyV* 8.71, 61: También se veían en muy buen orden las 12 galeras y 6 fragatas del Papa, siguiéndole luego 106 galeras, 6 galeazas, 2 naos de 9.000 salmas de porte y 20 fragatas, todas venecianas.

salmanticense *adj (lit)* Salmantino. | *HLM* 28.12.70, 25: La Universidad salmanticense fue clausurada con motivo de los disturbios escolares en protesta contra el encarcelamiento de fray Luis de León.

salmantinismo *m* Condición de salmantino, esp. amante de lo salmantino. | E. Sena *Ade* 6.5.91, 4: Ayer enterramos en su propia tierra a una mujer que la amó entrañablemente. Carmen de Vargas, que no frecuentó aulas universitarias, nos dio a cuantos de su amistad nos lucramos estupendas lecciones de un salmantinismo que no puede, que no debe morir.

salmantino -na *adj* De Salamanca. *Tb n, referido a pers.* | DPlaja *Literatura* 189: Fue [Fray Luis de León] catedrático, por oposición, de la Universidad salmantina.

salmear *tr (raro)* Salmodiar. | Espinosa *Escuela* 465: –En verdad, bobito, que somos los más antiguos carcamales de la Feliz Gobernación, y esto sin hacer trampa –salmeaba calmosamente.

salmer *m (Arquit)* Dovela inmediata al arranque de un arco. | Angulo *Arte* 1, 10: Las piezas en forma de cuña que componen el arco .. son las dovelas, de las cuales tienen nombre propio la del centro, llamada clave .., porque cierra el arco, y las de los extremos, o salmeres .., que reciben el peso de todo el arco.

salmerón *adj* [Trigo] de una variedad que ahíja poco y tiene la espiga larga y gruesa. | Cela *Judíos* 84: Le ofreció una rebanada de pan de trigo salmerón untada de aceitejo alperchín.

sálmico -ca *adj* De(l) salmo. | Pinell *Horas* 230: El salmo .. –sin antífonas ni oraciones sálmicas– tiene valor por sí mismo.

salmis *(fr; pronunc corriente, /salmí/) m* Preparación culinaria compuesta de piezas de caza asadas y servidas con una salsa especial. *Tb la salsa.* | Vega *Cocina* 180: Las ponen [las perdices] con un puré de patatas, en paquete, en salmis, trufadas y a lo Odiel.

salmista *m* Autor de salmos. *Gralm referido al profeta David.* | J. M. Llompart *Pap* 1.57, 84: El poeta puede hacer suyas las palabras del salmista: "He creído y por esto he hablado".

salmo *m* **1** Composición poética religiosa de las 150 que constituyen un libro del Antiguo Testamento, usada como oración o cántico litúrgico. | Vesga-Fernández *Jesucristo* 76: Luego se lava las manos mientras recita un salmo. **b)** Composición poética hecha a imitación de los salmos y gralm. destinada a ser cantada en la iglesia. | MAbril *Ya* 4.7.65, 3: Me propongo escribir .. una serie de salmos o de salmillos bajo este título general: "Los salmos del automovilista".
2 Composición musical sobre el texto de los salmos [1]. | Casares *Música* 90: Siguen teniendo importancia [en el Barroco] formas religiosas como el villancico, la misa, el aria religiosa, el himno y los salmos.

salmodia *f* **1** Música con que se cantan los salmos. | Pinell *Horas* 250: Es verosímil que esa colección hubiese conservado los antiguos estribillos de una salmodia responsorial primitiva.
2 Canturreo monótono y prolongado. *Tb fig.* | Salvador *Haragán* 152: Me estaba gritando. Estaba gritando una punzante salmodia.

salmodiador -ra *adj* Que salmodia. *Tb n, referido a pers.* | Cela *Mazurca* 36: Marcos Albite tiene la voz opaca y salmodiadora, cuando habla parece un pandero hendido. V. Verdú *País* 10.4.83, 76: Los meteorólogos llaman todavía perversos a los procesos que escapan a su predicción. Bastaría que abrieran los ojos a la verdadera naturaleza moderna para aceptar que acaso lo verdaderamente perverso esté en la meteorología. Y, en consecuencia, nos liberaran y liberaran a la vez a sus hoy contritos y mansos salmodiadores.

salmodiar *(conjug 1a) tr* Canturrear [algo] con entonación prolongada y monótona. | FReguera *Bienaventurados* 18: Tocaba su corneta y volvía a salmodiar: "De orden... del señor alcalde...". **b)** Decir o repetir [algo] monótonamente. | SSolís *Camino* 287: –Ya ves, Carmina, sobrina, los tus primos marcháronse –salmodiaba Anselmo, gemebundo– .. ¡Aquí non quedamos más que los vieyos! Pemán *Abc* 17.6.58,

salmódico – salón

3: Volvía la salmodiada antología filosófica: "Hay que resignarse". "¡Es la vida!".

salmódico -ca *adj* De (la) salmodia. | Casares *Música* 29: Según el uso que se haga de él distinguimos en el gregoriano: el estilo Salmódico ..; el Responsorial. Landero *Juegos* 226: –Lo que pasa es que se están riendo de ti. Y tú sin darte cuenta –dijo Angelina, sin alterar el tono salmódico del rezo.

salmodioso -sa *adj* (*raro*) De sonido monótono y prolongado. | Hoyo *Glorieta* 98: Las lentas carretas, con el aldeano delante, bajaban salmodiosas al pueblo.

salmón I *m* **1** Pez marino de unos 15 kg de peso, de color gris con irisaciones y manchas negras, flancos plateados y vientre blanco, que remonta los ríos para desovar y cuya carne, de color rosado característico, es comestible apreciado (*Salmo salar*). *A veces se da este n a otros salmónidos.* | Ortega-Roig *País* 202: Son también ríos pesqueros; en ellos es frecuente la pesca del salmón.
II *adj invar* **2** [Color] rosa propio de la carne del salmón [1]. *A veces en aposición con* ROSA. *Tb n m.* | *Lab* 2.70, 29: Tela de hilo o semihilo en color verde almendra, salmón, azul pastel o amarillo oro. **b)** De color salmón. | CNavarro *Perros* 51: Sobre una de las sillas tapizadas en raso salmón había un paraguas. *Lab* 2.70, 33: Mantel de crepé rosa salmón.

salmonado -da *adj* **1** [Pez] semejante al salmón [1] en la carne. | J. GMontero *Abc* 27.2.58, 57: Así, con distintas especies más o menos "salmonadas", se va reconstruyendo la riqueza salmonera.
2 Que tira a salmón [2]. | * El vestido es de color rosa salmonado.

salmonela (*tb con la grafía* **salmonella**) *f* (*Med*) **1** Bacteria gramnegativa de carácter patógeno para el hombre y algunos animales (gén. *Salmonella*). | F. J. FTascón *SYa* 26.6.77, 19: Enterobacterias, salmonelas y virus colonizan los mariscos. MNiclos *Toxicología* 87: Es un preparado que posee excelentes cualidades para la terapéutica de cualquier infección originada por microorganismos .. tales como cocos grampositivos y negativos, salmonellas, shigellas.
2 Salmonelosis. | *Abc* 14.9.75, 75: Otros cinco niños muertos por la epidemia de salmonella.

salmonelosis (*tb con la grafía* **salmonellosis**) *f* (*Med*) Enfermedad producida por salmonelas. | J. Luna *Tri* 24.6.72, 16: Estas carencias materiales .. permiten explicar, por ejemplo, los numerosos casos de tifus, paratifus, salmonelosis y otras infecciones vehiculadas por las aguas. *Hoy* 21.9.75, 8: Nápoles, la ciudad de los mil problemas diarios. Descuidos y rencillas entre médicos y falta de higiene, causas de los 16 muertos de salmonellosis.

salmonero -ra *adj* De(l) salmón [1]. | *Abc* 20.7.67, 60: Difícil y de cortos resultados ha sido la campaña salmonera de este año en los ríos provinciales. J. GMontero *Abc* 27.2.58, 57: Así, con distintas especies más o menos "salmonadas", se va reconstruyendo la riqueza salmonera. **b)** [Río] abundante en salmones. | Cendrero *Cantabria* 217: Hemos de señalar la importancia del Asón como río truchero y salmonero.

salmonete *m* Pez marino de pequeño tamaño y color rojizo, que es comestible apreciado (*Mullus barbatus* y *M. surmuletus*). *Tb ~ DE FANGO y DE ROCA, respectivamente.* | *Cocina* 194: Salmonetes al horno. Cendrero *Cantabria* 85: Peces: .. *Mullus barbatus*: Salmonete. Noval *Fauna* 419: El Salmonete de roca (*Mullus surmuletus*), de gran colorido y que raya veces que pasa de 40 cm., es conocido en Asturias como Macete y Saramoyete.

salmónido *adj* (*Zool*) [Pez] de cuerpo alargado, con escamas muy adherentes y una aleta adiposa detrás de la dorsal, que vive o se reproduce en agua dulce. *Frec como n m en pl, designando este taxón zoológico.* | J. A. Donaire *Inf* 19.6.70, 33: Trucha. Debe buscarse la picada de este salmónido empleando .. la cucharilla.

salmorejo *m* **1** Salsa compuesta de agua, vinagre, aceite, sal y pimienta. | *Ama casa* 1972 12b: Platos típicos regionales .. Aragón. Pollo a la chilindrón .. Salmorejo de longaniza.
2 Guiso semejante al gazpacho, compuesto gralm. de pan, aceite, ajo, agua, vinagre y sal. | Cela *Viaje andaluz* 143: El salmorejo es como un gazpacho que, por no llevar, no lleva pimientos ni tomates. El salmorejo se hace sobando y resobando molla de pan con ajos bien majados, sal y aceite; después se le echa el agua y el vinagre. J. Merino *SYa* 25.8.85, 39: El famoso morteruelo, la caldereta de cordero, el gazpacho de pastor, el salmorejo manchego. Delgado *SPaís* 26.7.87, 43: Nacen la porra fría antequerana; .. el salmorejo, majado de hígados, pan con ajos, sal, aceite, vinagre y agua.

salmuera *f* Agua saturada o muy cargada de sal, usada frec. para conservar alimentos. | Bustinza-Mascaró *Ciencias* 175: Arenques, sardinas y boquerones se pescan también en enormes cantidades, y se conservan en salmuera, aceite, vinagre, etc.

salobral *adj* [Terreno] salobre. *Tb n m.* | Faner *Flor* 44: Hoy día se disponían puentes y vías colindantes que unirían predios y playas remotas. Con ello se convertirían en vergeles los más recónditos salobrales.

salobre I *adj* **1** Que contiene sal o sales. *Frec referido a agua o terreno.* | J. M. Moreiro *SAbc* 16.3.69, 42: Ese aire puro cargado de abanicos, y el viento salobre de la Albufera muerto a escopetazos.
II *m* **2** (*reg*) Salitre [2]. | L. M. Mezquida *Abc* 5.3.72, 41: Las brigadas trabajan ahora en la recuperación del lienzo de muralla recayente al paseo de San Antonio, .. cuyos sillares se encuentran muy descarnados como consecuencia de la acción corrosiva del salobre marítimo cuando sopla viento de Levante.

salobreñés -sa *adj* De Salobreña (Granada). *Tb n, referido a pers.* | *Ya* 30.5.72, 8: Esos almendros en flor, en el mar al fondo, es lo que veo yo desde la ventana de mi pequeño paraíso salobreñés.

saloma *f* (*Mar*) Sonido cadencioso que sirve para hacer simultáneo el esfuerzo de varias pers. que realizan juntas un trabajo físico. | Guillén *Lenguaje* 22: Sin contar con los términos de su complicada maniobra [de la almadraba], cuyas faenas de fuerza aún emplean salomas medioevales para aunar el esfuerzo.

salomar *intr* (*Mar*) Marcar el ritmo de un esfuerzo con la saloma. | Guillén *Lenguaje* 46: Con el pito no solo se saloma en las faenas de fuerza para marcar bien el ritmo de la pisada fuerte en cubierta, o del esfuerzo, sino que se daban órdenes.

Salomón. sello de ~ → SELLO.

salomónicamente *adv* De manera salomónica [1b]. | Ju. Cruz *País* 28.9.77, 48: Argentina, Chile y Australia .. reclaman partes antárticas que en ocasiones tendrían que dividirse salomónicamente porque algunos de esos países reclaman los mismos trozos.

salomónico -ca *adj* **1** De Salomón, rey de Israel, famoso por su sabiduría (s. x a.C.). | Peña-Useros *Mesías* 156: Los ancianos recordaban .. el antiguo templo salomónico, mucho más grandioso. **b)** Propio de Salomón. | Pemán *Abc* 3.9.68, 3: El acomodador, con prudencia salomónica, estaba a punto de proponer que ocupáramos los dos la misma silla. **c)** [Solución] que consiste en dar satisfacción por igual a las partes en litigio. | FQuintana-Velarde *Política* 78: La Comisión adoptó entonces una solución salomónica: partió la diferencia, promediando cifras y ofreciendo la media de ambas como la oficial de la renta nacional de España.
2 (*Arquit*) [Columna] de fuste contorneado en espiral. *A veces referido a otro elemento similar.* | Tejedor *Arte* 170: La arquitectura barroca abandonó las formas equilibradas renacentistas .. para pasar .. al predominio de las líneas curvas –frontones triangulares o curvos, partidos, arquitrabes ondulados, columnas salomónicas–. Alós *Hogueras* 95: Un balcón de casa de pueblo, de hierros salomónicos, adornados.

salón I *m* **1** *En una vivienda:* Habitación principal, para estar o para recibir visitas, que frec. sirve también de comedor. *Frec en la constr ~ COMEDOR.* **Tb** su mobiliario. | *Economía* 289: Si tenéis algún cenicero bueno con alguna figura de bronce o porcelana auténtica, sabed buscarle el lugar adecuado: en el salón, en el despacho, etc. *Pue* 20.1.67, 10: Muebles de formica y muebles de unión con salón-comedor. GTelefónica *N.* 745: Peyra .. Muebles por elementos. Castellanos. Librerías. Auxiliares. Salones, etc.
2 *En un palacio o en un edificio público:* Habitación de grandes dimensiones, destinada a reuniones o actos públicos

salona – salpicar

o solemnes. *Frec con un compl especificador*: DE ACTOS, DE CONFERENCIAS, DE SESIONES, DEL TRONO, *etc*. | Laiglesia *Tachado* 55: Y cerró sus salones [la archiduquesa] para economizar el carbón que se requería para caldearlos. Solo dejó abierto el más reducido de todos .. En este saloncito se reunían las personalidades más notables del principado. GPavón *Hermanas* 33: Mujeres con falda hasta los pies .. bailaban en el salón del Círculo Liberal. *BOM* 30.8.76, 6: La apertura de plicas tendrá lugar en el Salón de Actos del Ayuntamiento. *Faro* 11.11.90, 80: En el salón de grados de la Facultad de Medicina de la Universidad de Santiago de Compostela, José Marey López defendió en días pasados su tesis doctoral. **b)** ~ **del Reino.** (*Rel*) Local en que se reúnen para celebrar sus ritos los testigos de Jehová. | G. Díez *VNu* 27.7.74, 28: Los testigos no tienen sacerdotes, pero uno de los rectores de un "Salón del Reino", D. Leandro Reguera, se presta a contestar a unas preguntas. Comienza hablándome del texto "Los testigos de Jehová en el propósito divino" como la mejor fuente para conocer su historia.
3 *Se usa en la denominación de algunos establecimientos públicos cuya actividad se desarrolla en una habitación de grandes dimensiones*: ~ DE BELLEZA, DE PELUQUERÍA, DE TÉ, RECREATIVO, *etc*. | G*Telefónica 83* 2, 436: Gente Peluqueros. Peluquería y salón de belleza .. Salones Cisne. Alta peluquería. G*Telefónica 83* 2, 712: Salones de té .. Salones recreativos. ZVicente *Traque* 163: Vamos a cobrar eso del seguro .. Y con eso compramos algo .. Una mercería, una churrería, un salón de limpiabotas.
4 *Muestra o exposición periódica de arte o industria. Con un compl especificador.* | Angulo *Arte* 2, 444: El Salón de 1824 se considera que abre ya una nueva época en la historia de la pintura francesa. Concurren a él por primera vez .. los pintores ingleses. Aguilera *Arte* 45: La Academia Breve y los Salones de los Once pusieron en movimiento las aletargadas energías del arte español. *Abc* 20.5.80, 24: Cerca de medio millón de personas ha visitado este año el XVI Salón Nacional de la Electrificación.
5 *Paseo amplio y ajardinado. Solo en denominaciones tradicionales de algunos lugares de este tipo*. | DCañabate *Paseíllo* 11: El Salón del Prado todavía conservaba algo de su aire antañón. ¿Por qué se llamaba "salón" a lo que era un paseo cuajado de árboles y con una fuente monumental en su comedio? Ridruejo *Castilla* 2, 262: Los edificios de la calle de Juan Bravo, que dan por la espalda al paseíto-terraza del Salón, solana y calentadero de los niños en los crudos pero dulces inviernos segovianos.
6 (*hist*) *Reunión aristocrática de carácter literario, artístico o político.* | DPlaja *Literatura* 302: Los "salones" –reuniones aristocráticas donde se discutían temas de arte y de literatura– le otorgan [al escritor] una consideración social.
II *loc adj* **7 de ~.** [Toreo] que se ejecuta sin el toro, simplemente marcando la figura de los distintos pases. *Tb* (*desp*) *fig. Tb adv.* | Cela *Toreo* [8]: Es muy difícil y meritorio esto del toreo de salón. Pemán *Almuerzos* 28: Desengáñate, Miguel, eso es toreo de salón. Cela *Toreo* [7]: También es más fácil torear un miura que torear de salón. **b)** (*desp*) Frívolo o que carece de la seriedad esperable. | Anson *Abc* 11.10.74, 3: En España, hoy, no es difícil tropezarse con algún alto financiero .. o con aquel aristócrata ahembrado y carininfo convertido en comunista de salón, que recita con monótono sermoneo las máximas de Mao, entre "whisky" y "whisky".
8 de ~. [Zapato femenino] de vestir, cerrado y sin adornos. | *PerM* 17.12.78, 5: ¡Hemos llenado Galerías Preciados de fiesta para todo el mundo! .. Zapatos de salón. Bolsos de raso. Echarpes, chales de seda. "Foulards".
9 de ~. [Baile o música] propios de reuniones sociales. | *PinR* 15.11.90, 16: Estudio de danza Loja San Juan. Ballet clásico .. Gimnasia de mantenimiento. Bailes de salón. Peseña *Abc* 7.9.66, 61: Dentro de un estilo cortesano, de música de salón, la juventud de Beethoven responde bien a la herencia, pero empieza ya a socavarla.

salona *f* (*reg*) Sala principal de una casa. | Cossío *Confesiones* 33: En el piso principal están las habitaciones de los señores, y entre ellas la salona, con arcones tallados de nogal, bargueños, retratos .. y un reloj de pesas.

saloncillo *m* **1** *dim de* SALÓN.
2 *En un establecimiento público*: Sala reservada. | Cossío *Confesiones* 164: No puedo menos de evocar .. las peñas de Pombo y de la Granja El Henar .., el saloncillo de la Princesa y las cenas de madrugada del Café Castilla.

salonicitano -na *adj* De Salónica (Grecia). *Tb n, referido a pers*. | Cunqueiro *Sáb* 23.7.75, 23: Él, que era de Salónica, había conocido en la ciudad un "corral de los gallegos". A lo que otro sefardí, igualmente salonicitano, dijo que sería muy difícil que un grupo como el de los gallegos impusiera la geada a los otros judíos.

saloon (ing; pronunc corriente, /salún/; *pl normal*, ~s) *m* Bar del oeste americano, que gralm. funciona también como casa de juego y lugar de espectáculos frívolos. | ASáez *Abc* 24.8.66, 16: Aquí mantuvo aire de taberna andaluza injertada en "saloon" del Oeste americano.

salouense *adj* De Salou (Tarragona). *Tb n, referido a pers*. | *DEs* 20.10.76, 26: Los locales que acogerán esta exposición serán los del Círculo Catalán de Madrid, que preside el tarraconense Segú, y sobre cuya inauguración, a la que asistirá una representación salouense, ampliaremos información.

salpa *f* (*reg*) Salema. | Buñuel *MHi* 8.60, 60: Los peces vulgares –angulas, salpas, carpas– abrían sus bocas en círculo.

salpicadero *m En un vehículo automóvil*: Tablero situado delante del asiento del conductor y en el que se encuentran algunos mandos y aparatos indicadores. | FSantos *Hombre* 95: El interior del coche, con sus cristales que se iban empañando poco a poco, se borraba .. Las luces pálidas del salpicadero borraban las siluetas de sus manecillas.

salpicado -da *adj* **1** *part* → SALPICAR.
2 (*Taur*) [Res] que, sobre capa de color uniforme, tiene pintas blancas de cierto tamaño. | B. Luis *Ya* 28.5.67, 14: El toro "ensabanado" y salpicado se lidió en tercer lugar.

salpicadura *f* Acción de salpicar [1, 2, 3 y 4]. *Frec su efecto*. | Laiglesia *Tachado* 199: El bote quedó hecho trizas, y su contenido se desparramó en gruesas salpicaduras que cubrieron un radio bastante extenso. A. Gabriel *Abc* 23.8.66, 16: No parece ser que tomara parte en la afrentosa ceremonia, pero le alcanzaron las salpicaduras de ella.

salpicante *adj* (*raro*) Que salpica. | MOtamendi *MHi* 2.64, 28: Y, de pronto, el surtidor: columna blanca, irisado plumero, espumosa cimera que se abría en cascada fresca, desmayada, salpicante.

salpicar A *intr* **1** Saltar [gotas de un líquido o de una sustancia pastosa], esp. por choque o movimiento brusco. | * Cuida de que no te caiga agua en la sartén, porque el aceite salpica. * De la fuente salpican algunas gotas.
B *tr* **2** Manchar o mojar [algo o a alguien (*cd*) un líquido o una sustancia pastosa que salpica [1]]. | MGaite *Cuento* 296: Como si despidiese todo el círculo de la era una débil luz propia al destacarse contra la Maliciosa, inmóvil al fondo con su perfil abrupto de donde va a brotar de un momento a otro el zumo de la noche salpicando el cielo y la tierra. **b)** Manchar o mojar [algo o a alguien (*cd*) con un líquido o una sustancia que salpica [1] (*compl* DE o CON)]. *Frec sin compl* DE *o* CON *por consabido*. | Matute *Memoria* 78: Fuente .. a la que trepaban los niños para salpicar con la mano a las mujeres.
3 Afectar [a alguien] de manera secundaria o en pequeña proporción [algo negativo, que gralm. implica descrédito]. | A. Barra *Abc* 15.12.70, 26: La condena salpicará también a otros sectores respetables.
4 Hacer que [algo (*cd*)] salpique [1, 2 y 3]. | APaz *Circulación* 121: Procure no salpicar el barro de la calle sobre los peatones. LTena *Luz* 58: Yo no le odio .. por dejarme en la miseria, por salpicarme su deshonor .. Le odio, pura y simplemente, por haber sido un garambainas, fatuo y vulgar.
5 Aplicar o extender [una cosa (*cd*) sobre otra] de modo que forme motas o manchas discontinuas. *Tb fig*. | *Lab* 2.70, 14: Ofrece grupos de flores de almendro salpicadas con arte. **b)** Aplicar o extender [una cosa (*compl* DE *o* CON) sobre otra (*cd*)] de modo que forme motas o manchas discontinuas. *Tb fig*. | CBaroja *Inquisidor* 10: La Historia es, al cabo, una cosa seria, más si se salpica con un poco de psiquiatría. **c)** Formar [una cosa (*suj*) sobre otra (*cd*)] motas o manchas discontinuas. *Tb fig*. | Escobar *Itinerarios* 54: Si deseáis saborear las delicias de un buen chorizo en el cocido, .. o salpicando níscalos, o, sencillamente, crudo .., pedidle de la ma-

tanza en cualquier lugar segoviano. R. SOcaña *Inf* 7.9.70, 13: Las citas comparativas de los efectos del ruido salpican la conversación.

salpicón *m* **1** Salpicadura. | SFerlosio *Jarama* 50: Se amasaron en una lucha alborotada y violenta; un remolino de sordos salpicones, donde se revolvían ambos cuerpos.
2 Guiso de carne, pescado o marisco, desmenuzados y aderezados con sal, aceite, vinagre, cebolla y otros ingredientes. | Torrente *Pascua* 341: Don Lino consumió el turno de noticias mientras comía una ración de lubrigante en salpicón a que le habían convidado; alabó la calidad del marisco.

salpimentar (*conjug* 6) *tr* **1** Aderezar [un alimento] con sal y pimienta. | Escobar *Itinerarios* 96: Una vez decapitado, despellejado y limpio, se le cuelga [al gato] al sereno, bien salpimentado, para que pierda el bravío.
2 Aderezar [algo, esp. un relato] con toques de gracia o picardía. | SYa 10.11.63, 5: Esta película, divertida, amable .. salpimentada moderadamente y con su correspondiente moraleja, incluye en su reparto figuras de la talla de Martin Held, Françoise Rosay.

salpimienta *f* Mezcla de sal y pimienta. *Tb fig.* | C. Alcalde *Cua* 1.72, 124: La prensa perezosa estival, con veinticuatro fotos en color, por delante y por detrás, cuatro comentarios sobre las costumbres íntimas de las elegidas y una salpimienta mediocre y reiterativa para condimentar .., ha cumplido con creces con el sagrado deber de informar.

salpingitis *f* (*Med*) Inflamación de la trompa de Falopio. | Vega *Salud* 560: También existe la salpingitis gonocócica, hoy día prácticamente desconocida, y la salpingitis tuberculosa, bastante frecuente entre las mujeres que tienen antecedentes pulmonares.

salpique *m* Acción de salpicar [1 y 2]. | Zunzunegui *Camino* 121: A la hora de servir, nunca se le derramaba nada .. Y todo por la izquierda con tino y delicadeza .., sin salpiques ni torpezas.

salpresar *tr* Salar [un alimento] para conservarlo. | Torrente *SInf* 7.2.74, 16: A este condumio se añadían en el almuerzo arenques asados a la brasa, o "xoubas" salpresadas, que venían en grandes recipientes de madera, dispuestas geométricamente en capas sucesivas.

salpreso -sa *adj* [Alimento] salado para su conservación. | GSosa *GCanaria* 145: Citemos en primer lugar el "sancocho", que se compone de pescado salpreso hervido (al que previamente se ha desalinizado) y patatas y batatas cocidas ("sancochadas").

salpuga *f* (*reg*) Especie de hormiga venenosa. | Cela *Oficio* 53: La salpuga que mata los niños.

salpullido *m* Sarpullido. | Delibes *Historias* 48: La vez que a Padre le brotó un salpullido en la espalda y se bañó en las aguas del Moradillo, lo único que sacó en limpio fue una pulmonía.

salpullir (*conjug* 33) *tr* Sarpullir. *Tb fig.* | GPavón *Hermanas* 44: Había una consola negra cuyo espejo soleroso aparecía salpullido de lunares negros, verdes y dorados.

salsa[1] **I** *f* **1** Composición más o menos líquida, hecha de distintas sustancias, que se emplea para aderezar y condimentar determinados guisos. *Frec con un compl especificador*. | *Cocina* 30: Las salsas resultan más finas pasadas por colador de agujeros muy finos y juntos, llamado chino. Vega *Cocina* 95: Tendréis preparada una salsa bechamel. SHie 19.9.70, 9: Unas gotas de salsa de tabasco. **b)** Cosa que da sabor y gracia [a algo (*compl de posesión*)]. *Tb sin compl.* | DCañabate *Paseíllo* 114: Tumulto vociferante, picante salsa de las tertulias. Nadie se entiende porque no necesitan entenderse.
II *loc adv* **2 en su (propia) ~**. En el ambiente y las circunstancias que más realzan sus características naturales. | Benet *Nunca* 27: Había que verlos en su salsa, en camiseta y con los tirantes colgando de los hombros; aquellas cabezas leonadas con gesto altivo avizorando el horizonte. Salvador *Haragán* 32: Te había llevado a ti, para que comieras uvas por vez primera en su propia salsa.

salsa[2] *f* Música de baile de origen antillano, de ritmo muy movido y alegre. *Tb su baile.* | L. C. Buraya *Ya* 16.5.86, 23: Lo que Coyotes hacen hoy es la caraba. Una banda que antaño hacía rockabilly y renegaba de la salsa, decidió el año pasado meterse en berenjenales diferentes y más productivos y se dedicó a hacer música caribeña, más tarde salsa y hoy rumba, o algo parecido.

salsamento *m* (*raro*) Salazón (pescado salado). | D. Plata *Abc* 12.4.58, 47: En este orden estamos como en los tiempos en que los salsamentos de Salduba, de Silniana y de Barbésula alimentaban las huestes del César.

salsear *tr* Aderezar [algo] con salsa[1] [1a]. *Frec con un compl* CON *que especifica la salsa.* | C. Cortés *SAbc* 26.4.70, 23: Córtense las mollejas en filetes, se salsean bien y se sirven muy calientes. *Cocina* 459: Ya asado, se corta en tres pedazos .. y se salsea con salsa chateaubriand.

salsedumbre *f* (*lit, raro*) Cualidad de salado. | Zunzunegui *Camino* 366: Comer sardinas en este momento es comulgar con el océano inmenso, es compenetrarse con su sabor y su salsedumbre.

salsero[1] **-ra I** *adj* **1** De (la) salsa[1] [1a]. *Frec referido a una variedad de tomillo.* | Cela *Judíos* 296: Piedralaves .. hiede a vetusta cochambre, en el caserío .. y aroma a las fragancias del tomillo salsero.
2 Aficionado a las salsas[1] [1a]. | Vega *Cocina* 59: Es [Álava] salsera hasta más abajo de Orduña, salsera y chacolinera.
II *n* **A** *f* **3** Vasija para servir salsas[1] [1a]. | *Ya* 3.1.74, 3: Batidora Minipimer .. 1308 Ptas. Regalo una salsera acero Magefesa.
B *m* **4** (*reg*) Salpicadura de agua de mar. | Torrente *Vuelta* 135: El mar bramaba a su izquierda, rebasaba la playa: los salseros mojaban sus sandalias.

salsero[2] **-ra** *adj* De (la) salsa[2]. | J. M. Costa *SPaís* 2.7.78, IX: Aparte de Dolores existen grupos como Vade Retro, *funkies*, alegres y medio salseros. *Ya* 10.7.86, 42: Música. Unidos por el ritmo salsero y sabrosón .. El festival "Llegó la Salsa" acoge a toda la comunidad iberoamericana.

salsifí *m* Planta herbácea de flores amarillas en capítulo, que se consume como hortaliza (*Tragopogon pratensis*, *T. porrifolius* y *Scorzonera hispanica*). *Esta última especie, tb ~* NEGRO *o* DE ESPAÑA. | E. G. SMontero *SYa* 26.3.89, 11: La famosísima "escorzonera" .. se ha puesto de moda en Europa. El éxito de la también conocida como "salsifí de España" o "barbaja" para acompañar los refrigerios europeos es tal que varios ministros comunitarios han expresado públicamente su preocupación.

salsifís *m* (*raro*) Salsifí. | Bernard *Verduras* 33: Se doran en la sartén .. trozos largos de escorzonera o "salsifís".

salsoyódico -ca *adj* (*Quím*) Que contiene cloruro y yoduro de sodio. | *Gac* 11.1.81, 61: Tratamientos de talasoterapia, que comprenden baños de arena mineral caliente, baños salsoyódicos y baños mixtos de arena, agua de mar y de algas.

saltabardales *m y f* (*lit, raro*) Pers. joven y alocada. *Tb adj.* | Faner *Flor* 128: Tal vez la edad le había cambiado tanto que no quedaba nada de aquel oficial gallardo, saltabardales, amistado con la muerte, liberal y anglófilo.

saltación *f* (*raro*) Acción de saltar [1]. | SDragó *Cam* 15.7.79, 48: Se trata de la última genuina saltación del fuego practicada en Europa. [*En San Pedro Manrique, Soria.*]

saltada *f* (*Mar*) Aparejo de pesca semejante al trasmallo, que puede flotar horizontalmente y se mantiene tirante mediante cañas transversales. | *Animales marinos* 47: Procedimiento de pesca: Encañizadas, saltadas, paranzas y anzuelos.

saltadero *m* Salto de agua que forma un arroyo en una garganta estrecha. | A. RAbascal *GacCo* 4.90, 6: Breve descanso, para atacar la "chepa" de la casa y presentarnos en Entrecabezas, y respirando hondo, iniciar la subida hacia el "Fraile", pasando por los empinados vericuetos que desembocan en el saltadero de la Cerca.

saltador -ra I *adj* **1** Que salta [1, 2 y 3]. *Tb n, referido a pers.* | Castellanos *Animales* 151: Ardillas .. Aspecto muy atractivo; animales trepadores y saltadores muy vivarachos; no despiden olores propios. *SAbc* 1.2.76, 5: Salto con esquís .. Al final de la pista, en la que alcanza casi los 100 kilómetros por hora, el saltador se endereza para el salto.

saltamonte – saltarén

b) Adaptado para saltar. | Ybarra-Cabetas *Ciencias* 352: Patas de un insecto: A y B, patas saltadoras.
II *m* **2** Cuerda para saltar a la comba. | Gala *Días* 413: –Qué disparate. Estar contigo es como ir a la verbena. –Gracias... Mi saltador. (Salta a la comba.)

saltamonte *m* (*raro*) Saltamontes. | Grosso *Capirote* 34: La carriola permanecía aparcada delante del porche como un gran insecto .., como un enorme saltamonte con las antenas enhiestas y las patas dispuestas para el salto.

saltamontes *m Se da este n a diversos insectos ortópteros saltadores, con las patas posteriores muy largas y fuertes y atas membranosas que despliegan para ayudarse en el salto* (*Tettigonia viridissima, Chorthippus bruneus, C. parallelus, Tetrix undulata y otras especies*). | Laforet *Mujer* 169: Blanca se asombraba de la cantidad de colores que pueden alcanzar los saltamontes.

saltaojos *m* Peonía (planta). | Benet *Nunca* 88: Bosques de cardos, azaleas venenosas y viejos y herrumbrosos saltaojos, declives y lomas cubiertos por la retama.

saltaprados *m* (*reg*) Saltamontes. | Delibes *Inf* 6.8.75, 14: En todas las ciudades y pueblecitos próximos a ríos trucheros tengo amigos que son auténticos virtuosos de la cucharilla, de la pluma, del saltaprados o de la mosca seca.

saltar **I** *v* **A** *intr* **1** Elevarse [una pers. o cosa] separándose de su punto de apoyo con impulso y rapidez, para caer en el mismo sitio o en otro diferente. *Tb fig.* | Bustinza-Mascaró *Ciencias* 177: Con estas patas el animal [la rana] puede saltar y nadar perfectamente. | Olmo *Golfos* 153: Jugaron juntos, tirándose bolas de nieve y saltando a la comba. | Salom *Baúl* 85: Las ilusiones aún corren y saltan sin freno.
2 Desplazarse [a un lugar] elevándose sobre el suelo con impulso y rapidez. *Tb fig.* | Aparicio *Año* 222: William Holden .. saltó al último vagón. Halcón *Manuela* 31: Pepe subió al automóvil que llevaba la cuadrilla de Arruza y saltó con ella a Méjico. FQuintana-Velarde *Política* 17: La Economía es una Ciencia joven. No puede saltarse más atrás de 1776 para hallar su origen.
3 Lanzarse [desde un punto a otro inferior], esp. para caer de pie. *Frec se omiten los dos compls, o uno de ellos.* | Aldecoa *Gran Sol* 112: –Venga, Sas –gritó Artola. Sas saltó al muelle. *Gac* 11.5.69, 70: Despegaron, tomaron altura y saltó la primera chica, Margot Iff. Se abrió la flor del paracaídas y se disparó la cámara de Bruell.
4 Pasar a estar [en un lugar o en una situación (*compl* A)] de manera repentina. | *Pue* 20.1.67, 11: El tema de las relaciones España-Mercado Común ha saltado estos últimos días al primer plano de la actualidad. Torrente *Off-side* 35: Las luces de los semáforos saltan del rojo al verde. **b)** Ir [de un lugar o una situación a otros de la misma serie] sin pasar por los elementos o grados intermedios. | * De la lección seis saltamos a la ocho. * De becario saltó a redactor a los dos años.
5 Salir [un jugador o un artista de circo al campo de juego o a la pista] corriendo o saltando [1]. | Delibes *Pegar* 156: Hubo un tiempo, futbolísticamente feliz, en el que ambos conjuntos saltaban al campo a ganar.
6 Abalanzarse [sobre alguien o algo]. | * El ladrón saltó sobre él.
7 Desprenderse bruscamente [una cosa] de donde estaba unida o sujeta. *Tb pr.* | Marcos-Martínez *Física* 71: Se tapa el orificio con un corcho y se prolonga el cuello mediante un tubo largo. Llenando de agua la vasija y el tubo, el corcho llega a saltar. * Se ha saltado un botón. **b)** (*col*) Perder [alguien] su cargo. *A veces con un compl* DE *que expresa el cargo*. | FSalgado *Conversaciones* 251: Ha habido que sustituir a varios ..; otro tuvo la desgracia de que su mujer persiguiera al presidente de la Diputación y le poníca los puntos. Este se quejó y dio cuenta al ministro, pero tuvo que saltar de su puesto.
8 Romperse violentamente [una cosa]. *A veces pr.* | Marcos-Martínez *Física* 111: Llenando de agua una botella, cerrándola herméticamente y dejándola a la intemperie en una noche fría, se encontrará que al helarse el agua ha hecho saltar la botella. A. Marzal *Cua* 6/7.68, 18: Los ojos de los escépticos se abrieron .. cuando la ola estudiante hizo saltar, como los cristales de un edificio ante una bomba lejana, todos los mecanismos sociales, políticos y culturales de la vida francesa. **b) ~ por los aires.** Destrozarse [una cosa] por efecto de una explosión. *Tb fig.* | L. Contreras *Inf* 2.6.79, 5: Han muerto tres jefes militares, ha saltado una cafetería por los aires, estamos en expectativa de nuevos atentados. *His* 6.81, 19: El pacto germano-soviético .. saltaba por los aires ante la estupefacción de Moscú.
9 Surgir o producirse [algo] de manera repentina. | *DMa* 29.3.70, 30: Después de un aplazamiento por falta de viento, saltó una débil brisa del NNE que permitió dar la salida, con mar llana. Delibes *Cazador* 77: Me dijo que el alcalde está emperrado en formar una orquesta, pero que saltan muchas pegas.
10 Brotar [las lágrimas] en los ojos [de alguien (*ci*)] sin llegar a derramarse. *Gralm pr.* | * Me conmovió tanto que me hizo saltar las lágrimas. Castellano *SAbc* 1.12.68, 35: A don Correctísimo se le saltaban las lágrimas.
11 Decir algo, esp. una protesta, de manera brusca o intempestiva. *A veces con un compl* CON *que expresa lo dicho.* | ZVicente *Traque* 79: Hasta yo estuve a punto de saltar cuando le quiso dar lecciones al Pepillo. GPavón *Hermanas* 15: –Bravo, leche –saltó don Lotario. * Mira tú con lo que salta ahora.
12 Manifestar [un grupo de perss.] en la calle y de manera repentina demandas o protestas de carácter político. | *Inf* 30.9.76, 3: Sobre las nueve y media, otro grupo de jóvenes intentó "saltar" en las inmediaciones de la calle de Alcalá, pero la presencia de la Policía Armada lo impidió.
13 (*Juegos*) Quedar sin fondos [la banca] por haberlos ganado todos un jugador. | Cela *Abc* 2.3.80, sn: Un caballero puede cenar en público con una bailarina, matar maridos en duelo o hacer saltar la banca en un casino.
14 ~ a la vista → VISTA.
B *tr* **15** Llegar [a una altura o una distancia (*cd*)] saltando [1]. | *CoE* 19.9.74, 33: Julián Abásolo saltó 5,43 m. en longitud.
16 Ir al otro lado [de algo (*cd*)] saltando [1]. | Espinosa *Escuela* 433: Huérfano de padre y madre, a los doce años saltó Didipo las tapias de un huerto, con el propósito de robar nísperos. **b) que no se lo salta un galgo** (o **un gitano**, o **un torero**). (*col*) *Fórmula con que se pondera la magnitud o la importancia de lo expresado por el n al que sigue.* | Grosso *Capirote* 71: Aquí para el amigo .. lo que de verdad le vendría como anillo al dedo es una copa de coñac que no se la saltara un galgo, de como trae la cara de pálida. Delibes *Emigrante* 66: Y por detrás vengan rascacielos y una avenida que no se la salta un torero.
17 No pasar [por algún elemento o grado intermedio (*cd*)] al ir de un lugar a otro de una serie. | Fielpeña *Ya* 24.11.74, 39: El Hércules ha tenido una reacción fulminante que le ha hecho saltar varios puestos. **b)** Omitir [algo de una serie]. *Gralm con compl de interés.* | Munitíbar *CoE* 21.8.74, 34: En nuestra información de ayer, se saltaron algunas líneas y no aparecieron los resultados de las pruebas de "astoak" celebradas en Mañuas-Bermeo. Laforet *Mujer* 302: Rápidamente, al observarlo, se dio cuenta de que se había saltado la ducha. Aún no se había lavado la cara y ya estaba vestido.
18 Hacer caso omiso [de algo (*cd*)], esp. una ley o norma]. *Gralm con un compl de interés.* | FSantos *Catedrales* 175: Cruza la calle tantas veces, en busca de su vaso, que en una de esas un día le va a pasar un "Leyland" por encima, o una moto, o un taxi de esos que se saltan el disco. Delibes *Príncipe* 19: Si cada una que llega se salta la vez...
19 Hacer que [algo (*cd*)] salte [7 y 8]. | GPavón *Reinado* 27: Con la piqueta fue saltando los precintos. Salom *Casa* 280: Como aparezcas, te salto las muelas a bofetadas.
20 (*Juegos*) Hacer que [la banca (*cd*)] salte [13]. | * Una vez consiguió saltar la banca.
II *loc adv* (*col*) **21 a la que salta.** Al acecho. *Con los vs* ESTAR *o* ANDAR. | Alfonso *Caso* 5.12.70, 15: Como la Policía está a la que salta y no se le va detalle sobre súbitas mejoras de fortuna, siguió de cerca a Juan Miguel. **b)** Al acecho de una oportunidad ventajosa. *A veces con intención peyorativa, aludiendo a falta de escrúpulos. Con los vs* ESTAR *o* ANDAR. | Lera *Bochorno* 138: Anda, en la empresa en que yo trabajo también llevan dos contabilidades: una, la buena, para casa, y otra, la falsa, para Hacienda .. Pero, papi, si todo el mundo anda a la que salta... ¡Qué tontería!

saltarén *m* (*reg*) Saltamontes. | CBonald *Ágata* 147: Una infinita copia de saltarenes, en pavorosas oleadas y en densidad parecida a la trama de una arpillera, ocupaba y nublaba el entero campo visual.

saltarín -na *adj* **1** Que da muchos saltos. | Laiglesia *Tachado* 37: Las únicas que se divertían allí eran las saltarinas bolitas de marfil, que seguían brincando alocadamente sobre los números como en sus mejores tiempos.
2 [Pers. o animal] que se mueve mucho y con alegría. | Olmo *Golfos* 98: Alguien saltarín y vivo como los cabritos en libertad.

saltatrás (*tb con la grafía* **salta-atrás**; *pl*, ~ *o* ~ES) *m y f* (*hist*) Tornatrás. | Cela *Inde* 24.4.91, 64: Los mestizos, los saltatrás o tornatrás (los puristas y también los popularistas dirían saltatrases y tornatrases ..), los cuarterones .. y todos los demás mezclados, .. tienen abuelos esclavos y esclavistas en las proporciones que solo Dios conoce. M. Fórmica *Abc* 21.1.68, 75: Junto al español puro y al indio puro apareció la raza nueva de los mestizos. Solo en nuestra lengua se encuentran para designarlos palabras llenas de sentido humano. "Cuarterón", "Albarazado", "Salta-atrás", "Tente en el aire". [*En el texto, sin guión*.]

saltatumbas *m y f* (*desp, raro*) Pers. sin escrúpulos para conseguir dinero por cualquier medio. | Torrente *Saga* 379: El redactor de las *Memorias* fue un saltatumbas francés que pidió dinero, a unos, para no sacarlos, y a otros, para sacarlos mejorados.

salteador -ra A *m y f* **1** Pers. que roba en despoblados o caminos. *Frec* ~ DE CAMINOS. *Tb fig y adj*. | Canilleros *Abc* 9.4.67, sn: Unos los entroncan con los Reyes de Francia, otros los reducen a vulgares salteadores. CNavarro *Perros* 112: El policía le miró con el mirar frío de los guardias que jamás pensaron en ser guardias, sino campesinos, picapedreros, .. o salteadores de caminos. FVidal *Duero* 211: Se le clavan en el oído como dardos las voces, las risas y los gritos de un terceto de mozas villanas, fragosas y salteadoras, que juegan a frontón, a pelotazo limpio, contra uno de los muros externos del convento.
B *f* **2** (*Coc, raro*) Utensilio especial para saltear [2]. | SD16 21.7.90, 11: Conchas de bacalao .. Preparación: Poner el bacalao con mantequilla en una salteadora al fuego y agregar el txakolí.

saltear *tr* **1** Disponer [algo] de manera discontinua. *Frec en part*. | Payno *Curso* 228: Algunas escribían cartas entre botellas de cerveza. Salteados con ellas, algunos jóvenes nativos, en distintas categorías de morenez y músculo. Kurtz *Lado* 172: La tabla de multiplicar salteada también, del derecho y del revés.
2 (*Coc*) Freír [un alimento] a fuego vivo, sin que se tueste o se pegue, moviendo el recipiente en que se fríe. | Trévis *Gallega* 36: Salteadlo todo vivamente, rociándolo con el Jerez.
3 (*raro*) Acometer o asaltar. | Zunzunegui *Camino* 20: Era tan bonita, tan esbelta, tan atrayente que ganaba en seguida todas las aquiescencias. Un momento a la señora la salteó: hay hombres jóvenes en casa. Pero en seguida pensó: "¡Es tan linda y tan decorativa!".

saltense *adj* De Salt (Gerona). *Tb n, referido a pers*. | *Sit* 9.4.74, 4: Para mostrar su disconformidad con relación a la anexión de Salt a Gerona .., un centenar de jóvenes de uno y otro sexo, luciendo brazaletes y corbatas negras, se pasearon por las principales calles saltenses.

salteño -ña *adj* De Salta (Argentina). *Tb n, referido a pers*. | *Abc* 1.2.76, 61: Salta .. Un avión .. fue obligado a aterrizar por dos gigantescos cóndores .. El avión embistió a uno de ellos con una de sus alas, lo que originó el deterioro de una turbina, por lo que el piloto optó por regresar al aeropuerto salteño, donde aterrizó normalmente.

saltera *f* (*Coc, raro*) Utensilio especial para saltear [2]. | *Ama casa 1972* 131: Saltear. Cocer rápidamente los alimentos en sartén o en "saltera", haciéndolos dar saltos por movimientos dados al mango del utensilio para que no se peguen ni se tuesten demasiado.

salterio *m* (*Mús, hist*) Instrumento músico consistente en una caja prismática de madera sobre la cual se extienden varias hileras de cuerdas metálicas que se tocan con un macillo, con uñas de marfil o con las de las manos. | PCarmona *Burgos* 203: Los instrumentos que llevan en sus manos son arpas, violas, cítara, salterios.

saltillo *m* (*Mar*) Escalón en la cubierta de un barco. | Aldecoa *Gran Sol* 13: Cercana a la rampa del puerto la pareja de altura .. El nudo gigante de los aparejos en los saltillos de las popas.

saltimbanqui *m y f* (*col*) Titiritero o acróbata ambulante. | CNavarro *Perros* 153: Vamos, Maripepa. Un saltito. Demuestra tus dotes de saltimbanqui.

saltimboca *m o f* Tajadita de ternera arrollada con jamón y salvia y frita en manteca, que constituye un plato típico de la cocina romana. | VMontalbán *Pájaros* 31: Cubrió la pasta con un paño y salió al jardín en busca de las hojas de salvia fresca, indispensable para el saltimboca. VMontalbán *Pájaros* 31: Empezó por guisar la saltimboca. Tajada de carne, hoja de salvia, loncha de jamón y un mondadientes para unir los tres elementos.

saltímetro *m* (*Dep*) Saltómetro. | *Hoy* 28.3.76, 22: Juegos recreativos. Aparatos gimnásticos. Parques infantiles. Raquetas tenis .. Saltímetros. Plintos. Anillas. Caballo con arco. Cama elástica.

salto I *m* **1** Acción de saltar [1, 2, 3, 4, 6, 15, 16 y 17]. *Tb su efecto*. | Ybarra-Cabetas *Ciencias* 370: La rana .. anda y nada a saltos, y su carne se reputa como manjar sano y delicado. Repollés *Deportes* 95: El salto de longitud y el de altura con impulso adquieren cada día más importancia. *SAbc* 1.2.76, 5: Salto con esquís. * En la segunda página hay un salto de tres líneas. **b)** ~ **de la rana.** (*Taur*) Lance en que el torero da en la cara del toro un salto semejante al de la rana. | JMartos *Toros* 196: –Cuando torero con arreglo a los cánones –ha dicho Benítez–, nadie me hace caso.– El salto de la rana es su aportación decisiva. Una rana tiene siempre algo de sofista, algo de burleta pronta, es decir, mucho de pirueta circense. **c) triple ~.** (*Dep*) Salto de longitud en que el atleta apoya alternativamente los pies dos veces antes de caer con los dos pies juntos. | Repollés *Deportes* 96: El triple salto consiste en realizar tres saltos sucesivos: el primero, con la misma pierna con que se bate; el segundo, con la otra, y el tercero, con las dos a la vez.
2 Palpitación violenta. *Gralm en la constr* DAR UN ~ EL CORAZÓN. | Olmo *Golfos* 23: Señora: ¿recuerda usted el salto que dio su corazón al descubrir los primeros pelos en las piernas de su hijo?
3 (*Geol*) Desnivel brusco del terreno. | Bustinza-Mascaró *Ciencias* 376: En una falla hay que distinguir: los labios, que serán dos: el levantado y el hundido; .. el salto de falla, o desnivel existente entre dos estratos de igual naturaleza.
b) ~ **de agua.** Caída violenta de agua al encontrar en su curso un desnivel brusco del terreno. *Tb simplemente* ~. | Ortega-Roig *País* 102: Los saltos de agua se convierten en centrales eléctricas .. Pero si no encuentra esto a mano, [el hombre] sabe crearlo: puede .. construir saltos de agua produciendo desniveles. *País* 30.5.79, 46: El ahorro que produce en fuel un año de alta hidraulicidad, y por tanto máximo aprovechamiento de los saltos, es sumamente importante.
4 Modalidad de caza que se realiza recorriendo el terreno y disparando sobre las piezas que salen al paso. *Gralm en la constr* AL ~. | Delibes *Santos* 93: De día y de noche, en invierno o en verano, al recoveo, al salto o en batida, pim-pam, pim-pam, pim-pam, el Ivancito con el rifle o la escopeta.
5 Conato repentino de manifestación en la vía pública. | *País* 28.9.76, 14: A primera hora de la noche y ante el anuncio de una manifestación .., las brigadas antidisturbios ocuparon las calles próximas y cargaron violentamente contra los grupos que trataban de ocupar la calle. Se produjeron saltos, y la policía efectuó disparos de balas de goma.
6 Acción de cubrir el macho a la hembra. | D. Bustamante *DMo* 7.8.90, 6: Del toro "Sabastián", en estos momentos la estrella del centro de Inseminación, se preparan alrededor de 600 dosis seminales a la semana. Este ejemplar realiza dos saltos sobre otro toro con vagina artificial.
7 (*col*) Engaño o infidelidad conyugal. *Frec en la constr* HACER, *o* DAR, EL ~. | *País* 2.12.77, 33: ¿Sabes lo que hacía mi amante los viernes cuando le pegábamos el salto a mi marido?
8 ~ **de caballo.** Pasatiempo consistente en distribuir las sílabas de una frase en un cuadro de escaques, de modo que esta se construya saltando de un escaque a otro como el caballo del ajedrez. | *SAbc* 11.3.79, 39: Pasatiempos para todos .. Salto de caballo.
9 ~ **de cama.** Bata ligera femenina que se pone sobre el camisón al levantarse de la cama. | Gironella *Millón* 188:

saltómetro – saludo

Los habían vestido de mujer, con faldas y vaporosos saltos de cama.
II *loc v* **10 dar ~s de alegría.** Sentir o manifestar extrema alegría. | * ¡No querrás que me ponga a dar saltos de alegría por eso!
11 perder el ~. (*reg*) Perder la ocasión o la oportunidad. | Berenguer *Mundo* 36: Yo fui allí para volver por la noche, pero me aguanté tres días y tres noches para no perder el salto.
III *loc adv* **12 a ~ de mata.** De manera irregular, aprovechando las ocasiones que depara la casualidad. *Tb adj.* | Laforet *Mujer* 111: Esta pareja criaba a sus hijos .. con lujos de institutrices y preceptores .., a salto de mata, sin embargo, de manera desordenada y ruinosa.

saltómetro *m* (*Dep*) Dispositivo que sirve para medir la altura de un salto. | Repollés *Deportes* 96: Ni el cuerpo del atleta ni la pértiga deben dejar que caiga la barra o listón del saltómetro.

saltón -na I *adj* **1** Que salta [1] mucho. *Tb fig.* | Olmo *Golfos* 151: La felicidad .. puede ser ágil y saltona.
2 [Ojo o diente] que sobresale más de lo normal. | Benet *Nunca* 26: Allí está, un poco apretado en el centro, con sus ojos saltones y el pelo prematuramente blanco.
II *n A m* **3** Saltamontes, esp. en la fase en que tiene las alas rudimentarias. | Cela *Viaje andaluz* 48: Por el cielo, la cigüeña vuela pausadamente, y, sobre la fresca yerba, el ágil saltón se afana a sus gimnasias. Alvarado *Zoología* 46: La puesta de huevos de los saltamontes se verifica en agosto .. Al llegar la primavera tiene lugar la salida de las larvas .. Tras repetidas mudas pasan por las fases de "mosca" y "saltón" .., para hacerse imagos con el nombre de "voladores".
4 Larva que se cría en el tocino o el jamón mal curados. | GPavón *Rapto* 147: Solo falta que te dé saltón, como a los jamones. Ya no puedes con tanto, Manuel. Artero *Invertebrados* 66: La mosca de la carne .. es el terror de las amas de casa por la frecuencia con que estrope[a] la carne, embutido o jamón con sus huevos, de los que salen diminutas larvas llamadas "saltones".
B *f* **5** Baile folclórico canario, con ritmo de seguidilla muy vivo. | L. ÁCruz *Abc* 4.7.58, 19: Los pequeños y sonoros timplillos canarios .. acompañan a las guitarras en su inefable tarea de vocear folías, isas, malagueñas, saltonas, seguidillas.

saltuariamente *adv* (*lit, raro*) De manera saltuaria. | RAdrados *Ant* 5/6.84, 83: Solo saltuariamente y en medio de improvisaciones se ha llegado, poco a poco, al panorama actual.

saltuario -ria *adj* (*lit, raro*) Que se realiza a saltos o sin la debida continuidad. | RAdrados *País* 20.1.80, 25: No puede ser un dinero que se obtiene (o no se obtiene) de una manera saltuaria e imprevisible.

salubre (*superl* **salubérrimo**) *adj* Saludable [1]. *Tb fig.* | Alvarado *Anatomía* 181: La habitación será tanto más salubre cuanto más aminore los inconvenientes que acabamos de achacar a toda morada. E. M. Bañón *Caudete* 25: Es verdad que en nuestros días tan salubérrima devoción ha sido un tanto suplantada por la Devoción Litúrgica.

salubridad *f* Cualidad de salubre. | *Puericultura* 74: Nuestra misión será asesorar al arquitecto encargado de confeccionar los planos para que estos se ajusten a las condiciones de salubridad escolar.

salud I *f* **1** Estado de buen funcionamiento fisiológico del organismo. *Tb fig.* | *Economía* 338: A la larga origina [la nicotina] tos crónica y otros perjuicios para la salud. * La salud de la empresa está en peligro. **b)** Estado de funcionamiento fisiológico del organismo. *Frec con un adj calificador. Tb fig.* | *Puericultura* 12: El peso es uno de los datos que mejor nos demuestran la marcha de la salud del niño. Legorburu-Barrutia *Ciencias* 119: Se tiene buena salud cuando todas las funciones del cuerpo se realizan normalmente.
2 Estado de buen funcionamiento psíquico o mental. *Con los adjs* PSÍQUICA, MENTAL *u otro equivalente.* | Bermello *Salud* 146: La falta de ocupación, de actividad y de estímulo es perjudicial para la salud mental. **b)** Estado de funcionamiento psíquico o mental. *Con los adjs* PSÍQUICA, MENTAL *u otro equivalente y frec con un adj calificador.* | * Su salud mental es precaria.
3 (*E*) Estado de completo bienestar físico, mental y social del individuo. | * El Ministerio de Salud Pública se enfrenta a un nuevo problema.
4 (*Rel*) Estado de gracia. *Gralm* ~ ESPIRITUAL *o* DEL ALMA. | SLuis *Doctrina* 149: El Sacramento de la Extremaunción: .. Confiere la salud espiritual y la corporal.
5 (*Rel*) Salvación. | * Cristo murió por nuestra salud.
II *loc v y fórm or* **6 curarse en ~.** Prevenirse anticipadamente contra un posible percance o una objeción. | FCid *Abc* 9.4.67, 11: Cifra que –el crítico desea curarse en salud– deben tener bien presente aquellos lectores.
7 ~, *o* **a su ~.** Fórmula usada para brindar. | Cela *Viaje andaluz* 299: Pinete, con el vaso en la mano, pronunció un brindis muy sentido. –¡Salud! ¡Va por usted!
III *loc adv* **8 en sana ~.** (*col*) En estado de perfecta salud [1]. | * Eso de tener que operarse en sana salud no le hace gracia a nadie.

saluda *m* Comunicación escrita breve, no firmada, en que van impresas la indicación del que la envía y la palabra *saluda*, a continuación de las cuales se escriben el nombre del destinatario y el texto del mensaje. *Tb el impreso correspondiente.* | SCastilla *BIDEA* n° 125.88, 31: El prelado, en saluda del 27 de marzo, le contesta que "en esta su casa se hará lo que es posible". Lázaro *Inf* 13.11.75, 20: Si a un designado se le invitara a hacer en su cargo la singladura de una sola jornada, declinaría un honor que ni a imprimir saludas le daba tiempo.

saludable *adj* **1** Bueno para la salud [1a]. | R. Bernardo *Hie* 19.9.70, 4: Han aprovechado sus saludables aguas, construyendo laboriosamente entre todos una fuente.
2 Que denota salud [1a]. | Cela *Judíos* 291: Los guardias y los alguaciles que se dan al vino tienen la nariz saludable pero el escalafón cerrado.
3 (*lit*) Bueno o beneficioso. | Villapún *Iglesia* 4: La Iglesia Católica .. realizó desde el principio una saludable misión y la perpetúa en todos los tiempos. *Inf* 15.12.69, 2: Es un deseo lógico y saludable, y apoyamos en este sentido cuantos esfuerzos se hagan al respecto.

saludador -ra I *adj* **1** Que saluda. | Zunzunegui *Camino* 418: Los marineros .. ponían la diestra saludadora en la gorrilla.
II *m y f* **2** (*hoy raro*) Pers. que se dedica a curar la rabia u otros males con el aliento, la saliva y ciertas deprecaciones o fórmulas. | Mercader-DOrtiz *HEspaña* 4, 123: La deplorable situación sanitaria se revelaba en la escasez de médicos, incluso en pueblos populosos, mientras pululaban los curanderos y saludadores. FSantos *País* 12.12.76, 33: El estilo [de Valle-Inclán], en lo que a diálogos, ambiente y paisaje se refiere, se halla dado aquí acertadamente ..: el de las comedias bárbaras, rural y crédulo, cruzado por ráfagas de lujuria soterrada, clérigos y frailes pecadores, canónigos, saludadoras y penitenciarios.

saludar *tr* **1** Dirigir [a una pers. (*cd*)] palabras o gestos corteses al encontrarla. | *Economía* 152: Al llegar, si una señora es la de la casa, la saludarán en primer término. *Inf* 22.12.73, 1: A su llegada le fueron tributados [a Franco] los honores de ordenanza y fue saludado por el presidente en funciones del Gobierno, don Torcuato Fernández-Miranda.
2 Manifestar respeto [a alguien o algo (*cd*)] mediante gestos o frases formularias. *Tb abs.* | FCid *ByN* 31.12.66, 115: Aplaudir con reservas y hasta muestras de disconformidad siempre que saludaban los solistas. *Ya* 16.9.73, 44: El toro tenía gran presencia .. Estocada en buen sitio y dos descabellos. También saludó desde el tercio.
3 Enviar saludos [2] [a alguien (*cd*)]. *Tb abs.* | Medio *Bibiana* 93: Ella tiene que saludar, como hacen todas las señoras que hablan por radio. **b)** Dar saludos [2]. | *Economía* 152: Antes de marcharse, si no ha salido a verlas [la señora de la casa] en toda la tarde, encargarán a la niña de la casa que la salude y dé las gracias en su nombre por la invitación.
4 Acoger [a alguien o algo (*cd*)] con determinadas manifestaciones externas]. | CPuche *Paralelo* 422: Las pasadas de los aviones eran saludadas con desbordantes hurras.

saludo I *m* **1** Acción de saludar [1 y 2]. | Selipe *Ya* 22.6.76, 35: El saludo de Somolinos al cuarto novillo fue movidito y el quite por las consabidas chicuelinas y el remate de revolera no pasó de regular. Delibes *Madera* 310: ¡El saludo a la voz obliga a todos! ¿Me oye el cuarto marinero del

juanete, a estribor? **b)** Palabras o gestos que se emplean para saludar [1 y 2]. | * Desconozco el saludo indio.
2 Manifestación de aprecio o consideración. | Delibes *Cartas* 51: Disculpe tanto pormenor familiar y reciba un saludo afectuoso de s. s. q. b. s. p.
II *loc v* **3 retirar el ~** [a alguien]. Dejar de saludar[le] y de tratarse [con él]. | S. Cámara *Tri* 15.5.71, 8: La próxima vez que sus chicos tiren piedras..., le retiro el saludo.

salurético -ca *adj* (*Med*) Que provoca la eliminación de iones de sodio y cloro por la orina. | MNiclos *Toxicología* 24: Por sus efectos saluréticos favorece la expulsión de los tóxicos.

salutación *f* (*lit*) Saludo [1a]. | Vesga-Fernández *Jesucristo* 22: Al oír estas palabras, la Virgen se turbó y púsose a considerar qué significaba una tal salutación. Franco *Alc* 1.1.55, 3: Es ya una costumbre que .. os dirija en un radiomensaje una salutación.

salutatorio -ria *adj* (*lit*) De saludo. | GNuño *Escultura* 66: Continúa la figuración narrativa, con jinetes entregados a la caza, hombres en actitudes mágicas o simplemente salutatorias, lobos y jabalíes en movimiento, etc.

salutífero -ra *adj* (*lit*) Que proporciona salud. | CBonald *Ágata* 37: Aquel brebaje .. comunicó su salutífera sustancia al infante, y este se recuperó a partir del séptimo mes.

salva *f* **1** Serie de disparos sin balas, hechos en señal de saludo o para rendir honores. *Frec en pl.* | Marcos-Martínez *Física* 63: Al tirar las salvas en el castillo de la Mota (San Sebastián), se veía en el alto de San Bartolomé el humo de la pólvora 3 segundos antes de oírse el estallido. **b)** Serie numerosa [de algo]. | *Inf* 23.7.79, 20: La victoria del jugador español en el "open" de Lytham te ha valido la más entusiasta salva de calificativos. N. LPellón *MHi* 7.69, 17: Una salva de flechas anuncia el comienzo de la ceremonia.
2 Acción desvirtuada o falta de su contenido esencial. *Gralm en la constr* GASTAR (LA) PÓLVORA EN ~S (→ PÓLVORA). | DPlaja *El español* 78: El español utiliza tan a menudo los adjetivos que acaba gastándolos en salvas y haciéndoles perder su auténtica significación.
3 ~ de aplausos. Aplauso unánime. *Tb simplemente ~.* | MSantos *Tiempo* 133: Ya el gran Maestro aparecía, y el universo-mundo completaba la perfección de sus esferas. Perseguidos por los siseos de los bien-indignados respetuosos, los últimos petimetres se deslizaron en las localidades extinguida la salva receptora. * Sus palabras fueron recibidas con una salva de aplausos.
4 ~ de extrasístoles. (*Med*) Extrasístoles que se producen en sucesión rápida. | MNiclos *Toxicología* 84: La acción tóxica de la digital y demás cardiotónicos se ejerce directamente sobre el corazón, determinando bradicardia, pulso bigeminado y salvas de extrasístoles.

salvabarros *m* (*raro*) Guardabarros. | FSantos *Catedrales* 160: Más allá de las ventanas cruzan .. livianos coches tirados por un solo caballo, .. pintada la caja de amarillo suave, con dos grandes salvabarros negros que se prolongan al final apuntando hacia el cielo.

salvable *adj* Que puede ser salvado. | LMuñoz *Tri* 26.12.70, 6: A esa situación límite, cuya manifestación más concluyente sería un retraso técnico difícilmente salvable, se había llegado como consecuencia de la dirección emprendida.

salvación I *f* **1** Hecho de salvar(se) [1, 2 y 3]. *Referido normalmente a enfermedades y a peligros no físicos.* | Laforet *Mujer* 39: Sabes que [Rita] no tiene salvación de ninguna manera. Tú mismo has dicho que el informe de los especialistas es ese: sin salvación. Villapún *Iglesia* 27: Con él se abre cauce a la teología de la salvación para todos.
II *loc adj* **2** [Áncora, tabla] **de ~** → ÁNCORA, TABLA.

salvadera *f* (*hist*) Recipiente para echar la arenilla secante sobre un escrito. *Tb su contenido.* | Buero *Soñador* 213: Abre una carpeta, moja la pluma y se la ofrece. Después va recogiendo los documentos y rociándolos con la salvadera.

salvado *m* Parte correspondiente a la cáscara de los cereales molidos, una vez separada de la harina. | Bustinza-Mascaró *Ciencias* 192: En los gallineros se les proporcionan granos enteros o triturados, salvados, desperdicios de matadero.

salvador -ra *adj* **1** Que salva [1, 2 y 3]. *Tb n, referido a pers. Frec designa a Jesucristo* (en este caso se escribe con mayúscula). | *Sáb* 10.9.66, 30: Acudí raudo, veloz, deseoso de dar la fórmula salvadora a cuantos calvos son o van a ser. Vesga-Fernández *Jesucristo* 26: Hoy ha nacido en la Ciudad de David el Salvador, que es el Cristo Señor.
2 De (la) salvación. | E. T. GMuro *VozC* 25.7.70, 9: Sentirse ligados a la gran responsabilidad salvadora que Cristo le dejó a su Iglesia.

salvadoreño -ña *adj* De El Salvador. *Tb n, referido a pers.* | *VozC* 29.6.69, 2: La huida masiva de salvadoreños .. fue motivada por miedos injustificados.

salvaguarda *f* **1** Acción de salvaguardar. | Tamames *Economía* 265: Europa .. ha renunciado al proteccionismo en todo el terreno industrial, claro es que con una serie de cláusulas de salvaguarda para resolver racionalmente las dificultades transitorias.
2 Pers. o cosa que sirve para salvaguarda [1]. | Tamames *Economía* 73: A pesar de las salvagua[r]das que la ley concede a favor de arrendatarios y aparceros, estos no cuentan con suficientes incentivos para mejorar las fincas que explotan sin ser de su propiedad. [*En el texto,* salvaguadas.]

salvaguardar *tr* Defender o proteger. | *Abc* 15.10.70, 29: La O.N.U. –creada para salvaguardar la paz en el mundo–.

salvaguardia *f* Salvaguarda. | Aranguren *Marxismo* 87: Este realismo revolucionario .. es incompatible con la salvaguardia a cualquier precio de la "buena conciencia".

salvajada *f* Hecho o dicho propio de un salvaje. *Frec con intención ponderativa.* | DCañabate *Paseíllo* 13: Luego hablaré de una salvajada que, aunque parezca mentira, proliferaba en la época a que me estoy refiriendo: el uso de un par de navajas a manera de pitones.

salvaje *adj* **1** [Animal] no domesticado, gralm. feroz. | Bustinza-Mascaró *Ciencias* 191: La paloma .. Los animales salvajes construyen un nido hecho de briznas, ramitas y otros productos vegetales. **b)** Propio del animal salvaje. | Ybarra-Cabetas *Ciencias* 429: En estado salvaje, los animales viven en completa libertad.
2 [Planta] silvestre. *Tb referido a su flor o fruto.* | Ybarra-Cabetas *Ciencias* 290: Es [el peral] un árbol cultivado, pero que puede vivir salvaje. **b)** [Seda] **~** → SEDA.
3 [Terreno] áspero e inculto. | MSantos *Tiempo* 234: Hay muchas liebres porque los cultivos son pocos. Es una gran riqueza de caza, el monte salvaje.
4 [Agua] que corre libremente sin cauce determinado. | Bustinza-Mascaró *Ciencias* 351: Erosión por las aguas salvajes.
5 [Individuo o pueblo] primitivo y ajeno a la civilización. *Tb n, referido a pers.* | * La vida entre los salvajes de la región amazónica. **b)** [Pers.] de comportamiento violento, desconsiderado o cruel. *Tb n.* | APaz *Circulación* 14: Análogamente ocurriría con una Policía de Circulación presente y vigilante, ayudando y corrigiendo, pero también castigando a los contumaces o salvajes. **c)** Propio de la pers. salvaje. *Frec con intención ponderativa.* | RIriarte *Carrusell* 291: Estos hijos nuestros son de una independencia total absoluta. Entran, salen, vuelven a entrar y vuelven a salir. Pero ¿de dónde vienen? ¿A dónde van? Anson *SAbc* 25.1.70, 6: Mao Tsé-tung se entregó con pasión a su nuevo oficio de hombre de Estado poniendo, piedra sobre piedra, los cimientos de una de las construcciones totalitarias más salvajes e implacables de la Historia humana.
6 Muy grande o intenso. *Con intención ponderativa.* | CBonald *Ágata* 58: La salvaje hedentina de los curtientes y sanguazas quedaría así incorporada para siempre a la memoria del primogénito.

salvajemente *adv* De manera salvaje [5c]. | M. LPalacios *Caso* 26.12.70, 3: Un padre y su hijo, de dieciséis años, han dado muerte salvajemente a su esposa (y madre) y a dos de las hijas del matrimonio (y hermanas).

salvajería *f* (*raro*) Condición de salvaje [5a y b]. | Ju. Fernández *Hoy* 31.7.74, 17: Se decía que .. había que comenzar por despojar al negro de su salvajería, sus supersticiones, sus miedos, sus mitificaciones.

salvajina *f* **1** Conjunto de animales salvajes. | Cossío *Montaña* 77: Lugar acomodado, en la proximidad de la salvajina de aquel monte, corzos, jabalíes y lobos, y aun de vez en cuando algún oso de añadidura, a los que oiría correr, hozar o aullar en las noches invernales.
2 Animal salvaje. | CBonald *Ágata* 36: Todo parecía presagiar que el niño iba a malograrse. Sus cuatro dispersas fuentes sanguíneas, mezcladas en aquel yermo de vientos malsanos, asediantes salvajinas y aguas corruptas, tardarían en prosperar.

salvajino -na *adj* Salvaje [1]. | Hoyo *Pequeñuelo* 13: Tan pronto [el erizo] me parecía la miniatura, su cabeza, de un jabalí, con su aire fosco y salvajino, como una viejita curiosa y preguntona.

salvajismo *m* Cualidad o condición de salvaje, *esp* [1 y 5]. | Anson *SAbc* 20.4.69, 11: Fieras todas ellas en estado de absoluto salvajismo. [*Habla de un safari.*] * El salvajismo de los terroristas no tiene límites.

salvamanteles *m* Objeto destinado a ponerse debajo de las piezas del servicio de mesa para evitar que se queme o que se manche el mantel. | *ByN* 11.11.67, 20: Si usted quiere hacer un magnífico regalo adquiera el brandy *Insuperable* en su estuche especial, el cual contiene cuatro medallas grabadas en bajo relieve que sirven como salvamanteles o pies de copa.

salvamento *m* Acción de salvar [1a y 2]. *Referido a accidentes o siniestros.* | *Abc* 16.12.70, 47: El aparato, un "C-2", cayó al mar .. Buques y helicópteros iniciaron una operación inmediata de salvamento. *SYa* 10.11.63, 8: Ha sido inaugurada la exposición de los materiales hallados por los arqueólogos españoles en las excavaciones hechas en Egipto y Sudán para el salvamento de los tesoros de Nubia.

salvar A *tr* **1** Poner [a alguien o algo (*cd*)] a salvo [de un peligro]. *Frec se omite el compl DE por consabido. Tb fig, con intención ponderativa.* | *Día* 21.9.75, 42: Casi siempre está diciendo la mentira para salvarse de la cuerada. J. Calero *Odi* 6.11.76, 15: Nunca se olvidó [Carnicerito de Úbeda] de don Rafael Sancho, el médico cirujano onubense que le salvó la vida cuando sufriera aquella gravísima cogida en una novillada celebrada en Punta Umbría. *País* 20.11.76, 6: Revista de la prensa .. El Alcázar. ¡Dios salve a España! **b)** *pr* Quedar a salvo o librarse [de algo]. *Tb sin compl, por consabido.* | Aldecoa *Gran Sol* 98: Al atardecer levantará la mar. Estos vientos repiten. Si nos salvamos de hacer capa esta noche... Medio *Bibiana* 67: Si se arma la gorda no se salva nadie.
2 Evitar la muerte o la destrucción [de alguien o algo (*cd*)]. | Peña-Useros *Mesías* 70: El Faraón dio la ley criminal de que todos los hijos varones de los hebreos fueran arrojados al Nilo .. Una mujer hebrea tuvo un hijo muy hermoso y no sabía cómo salvarlo. **b)** *pr* Quedar [alguien o algo] a salvo de la muerte o destrucción. | * Los cuadros se salvaron de milagro; el incendio fue realmente pavoroso. * Está gravísimo; no creo que se salve.
3 (*Rel catól*) Evitar que [alguien (*cd*)] se condene eternamente. *Frec el cd es refl.* | Villapún *Iglesia* 3: La Iglesia es una sociedad sobrenatural y divina, siendo su fin salvar a los hombres. SLuis *Doctrina* 67: La conciencia dicta a cada hombre lo que tiene que hacer para ser hombre perfecto y salvarse.
4 (*Dep*) Evitar [algo negativo]. | *SYa* 1.4.75, 23: Lecumberri salvó un gol que ya se cantaba. **b)** Evitar los efectos negativos [de algo (*cd*)]. | G. García *As* 1.3.71, 4: Rodri salvó en su salida el disparo, casi a bocajarro, de Bueno.
5 Exceptuar o excluir. | Carande *Pról. Valdeavellano* 16: Salvando casos ultrarreceptivos, .. aquella acción languidece en las ciudades de la altiplanicie castellana.
6 Pasar por encima [de un obstáculo o una dificultad (*cd*)]. *Tb fig.* | Cela *Judíos* 168: El Zapardiel es el río de Medina; al Zapardiel, por Medina, lo salvan cinco puentes. FQuintana-Velarde *Política* 161: Este tráfico por carretera centrado en Madrid posee además, por causas naturales, el inconveniente que supone el tener que salvar las grandes cordilleras. Laforet *Mujer* 17: Todos los parientes, de distintas tendencias políticas, se habían ayudado cuando pudieron salvando todas las diferencias de opinión.
7 Recorrer [una distancia, que gralm. se presenta como una dificultad]. | Grau *Lecturas* 60: Don Felipe, seguido de sus parciales, púsose en marcha, salvando en el espacio de una noche la distancia que separa Tordesillas de Segovia. **b)** ~ **las distancias** → DISTANCIA.
8 Advertir en nota al final de un escrito que [las tachaduras, enmiendas o añadidos (*cd*)] tienen validez. | Armenteras *Epistolario* 298: Si en el escrito hay tachaduras y enmiendas, estas deberan ser salvadas, bajo su firma, por el propio testador.
9 sálvese quien (o **el que**) **pueda.** *Fórmula con que se indica que cada cual debe actuar pensando en su propia salvación o utilidad. Frec fig, con intención ponderativa. A veces sustantivada.* | Cela *Abc* 30.9.79, sn: ¡Sálvese el que pueda, que por aquí se empiezan a repartir bocados! Gala *Días* 421: Esto es el sálvese quien pueda.
B *intr* **10** (*reg*) Salvarse [1b]. | Cela *Judíos* 305: A veces, el vagabundo, como cada hijo de vecino, salva por tablas de los más embrollados y calenturientos .. laberintos.

salvariego *m* (*reg*) Araña (pez). *Tb* PEZ ~. | Aldecoa *Gran Sol* 80: Se rascaba el dedo índice de la mano derecha, anquilosado de una espina venenosa de pez salvariego, allá por los años de bote.

salvarsán (*n comercial registrado*) *m* (*Med*) Compuesto arsenical de acción rápida contra la sífilis. | Nolla *Salud* 234: Contra la sífilis se disponía de los fármacos mercuriales, del bismuto y de los arsenicales (salvarsán y derivados).

salvatoriano -na *adj* De la congregación del Divino Salvador, fundada por Franz Jordan en 1881. *Tb n, referido a pers.* | *País* 19.8.76, 12: Los exorcistas, el jesuita Adolf Reodwyck y el salvatoriano Arnold Retz, .. aconsejaron a Annelise que emprendiera un ayuno total para expulsar de la serie de demonios que la poseían.

salvavidas I *m* **1** Aparato que, colocado alrededor del cuerpo de una pers., la mantiene a flote en el agua. *Tb fig.* | *Ya* 15.10.67, 2: Una representación de la marinería .. ofrendará un salvavidas del buque insignia "Canarias". Copérnico *Pue* 14.10.70, 3: Colón era el salvavidas retórico de todo lo que ya no tiene vigencia, aunque se agarre desesperadamente a todos los asideros de la tradición inerte.
II *adj invar* **2** [Objeto] que sirve para mantener a las perss. a flote en el agua en caso de emergencia. | MChacón *Abc* 25.2.68, 87: Hoy hemos vuelto a "Sedneth I". Y no, ciertamente, para dar gusto a nuestra preferencia indumentaria por el horrible chaleco salvavidas. *Pro* 15.3.89, 13: Helicópteros de la Agencia Marítima de Defensa divisaron al barco "Maasgusa" .. ardiendo a 110 kilómetros al sureste de Chiba, con un bote salvavidas flotando en las proximidades.

salve I *f* **1** Oración, dedicada a la Virgen, que comienza en español con las palabras "Dios te salve, reina y madre" y en latín con "Salve, regina". *Tb se da este n a algunas variantes de esta oración.* | CNavarro *Perros* 179: Antes .. rezaba la Salve; pero ahora no me acuerdo.
2 Composición musical sobre el texto de la salve [1]. | P. Darnell *VNu* 13.7.74, 27: Compuso [Haendel]: .. en latín: Salmos, una salve, motetes, etcétera.
II *interj* **3** (*lit, a veces humoríst*) Expresa saludo. | Vesga-Fernández *Jesucristo* 140: Después de este tormento .. le saludaban burlonamente diciendo: "Salve, Rey de los judíos". Cela *Viaje andaluz* 55: ¡Salve, valerosas chinches hispánicas, aguerridas heroínas de la yacija .., salve!

salvedad *f* Excepción o limitación. | L. Contreras *Mun* 26.12.70, 10: Los diarios de la capital, con la salvedad del diario "Madrid", recogieron profusamente el acontecimiento.

salvelino *m* Pez de agua dulce muy similar a la trucha, con un matiz rojizo característico (*Salvelinus salvelinus* y *S. fontinalis*). | *Inf* 30.3.74, 28: Aguas en buen estado. Especies, lucio, trucha salvelino y minitalla. F. Portillo *SAbc* 16.3.80, 38: El salvelino, de origen americano, coloniza en la actualidad, mediante repoblación, lagos de alta montaña que hasta ahora poseían escasa población piscícola.

salve regina (*lat; pronunc corriente,* /sálbe rexína/) *m* Salve [1] rezada o cantada en latín. | Ribera *Misal* 1726: Sección musical .. Salve Regina (solemne).

salvia *f* Planta de flores azuladas en espiga, usada como aromatizante y en infusiones (*Salvia officinalis*). *Tb designa otras especies del mismo gén, que gralm se distinguen*

salvífico – sambo

por medio de adjs o compls: ROMANA (*S. sclarea*), DE PRADO (*S. pratensis*), etc. | Vega *Cocina* 159: Una copa de vino blanco, tres hojas de salvia y seiscientos gramos de salmonetes. ZVicente *Traque* 10: Don Facundo .. se echa un trago de salicaria nueva, con menta y con salvia, y con yerbaluisa, excelentes para los trastornos intestinales. Loriente *Plantas* 64: *Salvia splendens* Sellow, "Salvia". Muy vulgar, sobre parterres ajardinados.

salvífico -ca *adj* (*lit*) [Cosa] salvadora. *Esp en teología.* | *Rev* 7/8.70, 25: Expone la revelación divina y la fe del hombre como encuentro salvífico entre Dios y la criatura. Laín *Marañón* 204: La indudable intención salvífica de su historiografía.

salvilla *f* (*raro*) Recipiente pequeño para contener aceite, vinagre, sal o cosas similares. | MHidalgo *HyV* 10.71, 84: Debajo de las bancazas hay compartimientos con unas salvillas para contener sal, pimienta, azúcar, pambrote, aceite, vinagre, miel, leche, vino, etc., todo ello para el servicio del capitán y personas de distinción. *Tri* 4.12.71, 51: "Plata vieja en candelería y salvillas; damascos rojos en reclinatorios y almohadones .." Así empieza la crónica "de sociedad" que relata, en un periódico gallego, una boda de alto copete.

salvio *m* (*reg*) Planta vivaz de hojas carnosas y flores amarillas en capítulo (*Inula crithmoides*). | Mayor-Díaz *Flora* 210: *Inula crithmoides* L. "Salvio" .. Hojas carnosas .. Flores amarillas en capítulos .. No frecuente. Cendrero *Cantabria* 82: Flora: .. *Inula crithmoides*: Salvio.

salvo -va (*con pronunc átona en las aceps 4 y 5*) **I** *adj* (*lit*) **1** Libre de un daño o peligro. | R. Roquer *Van* 20.12.70, 32: Ven y muéstranos tu faz, Señor, que nos estás sentado sobre los querubes, y seremos salvos. **b) sano y ~** → SANO.
II *adv* **2** Excepto (exceptuando). | PFerrero *MHi* 12.70, 50: Tanto Rusiñol como Zuloaga saben de un pintor español no cotizado, no estimado, salvo por poquísimos, .. El Greco.
3 a ~ (*más raro*, **en ~**). En situación libre de peligro. | *Inf* 6.6.74, 36: Crece la impresión de que los cuatro individuos podrían encontrarse ya a salvo en territorio francés. **b)** Fuera de cualquier objeción. *Frec con el v* DEJAR. | Anson *Oriente* 194: En cualquier caso, dejando a salvo la calidad literaria del escritor ruso, .. *Lolita* .. es una novela importante y deleznable.
III *prep* **4** Excepto (con excepción de). | Laín *Descargo* 371: Al otro lado .., las tres edificaciones incomparables. Nadie entre ellas, salvo nosotros.
IV *conj* **5 ~ que**. A no ser que. | *Abc* 15.12.70, 64: Parece estar en contradicción a lo antes expuesto, .. salvo que estemos pensando en términos de autoabastecimiento.

salvoconducto *m* **1** Documento expedido por la autoridad pertinente, por el que se autoriza a alguien a transitar con libertad. *Tb fig.* | Laforet *Mujer* 88: Tengo un salvoconducto para llevar a mi familia hasta Santander. Laiglesia *Tachado* 56: Quizá sea un poco exagerado, pero casi me atrevería a decir que bastaba entregar a la entrada del salvoconducto de una lata de sardinas, para ser admitido en el salón. CPuche *Paralelo* 151: Daba [la pensión] al inmenso patio donde estaba el almacén de los americanos .. A Genaro el sitio le pareció ideal para sus propósitos. Allí no hacía ninguna comida, pero tenía cama, que era como tener un salvoconducto.
2 Libertad de acción. | Torrente *Fragmentos* 349: Para los de aquí, incluso para tío Bernardino, mi hermano es un bala perdida, un sinvergüenza creído de que el dinero de su abuelo le daba salvoconducto para hacer lo que le viniese en gana.

salzburgués -sa *adj* De Salzburgo (Austria). *Tb n, referido a pers.* | FCid *Abc* 17.9.75, sn: Año tras año el acceso al Festival salzburgués se hace más difícil.

sama *f* Pez marino de la misma familia que el besugo, de carne apreciada (*Dentex dentex y D. filosus*). *Esta última especie, tb ~* DE PLUMA. | Trévis *Extremeña* 16: La sama es un pescado propio de Canarias.

sámago *m* Albura de la madera. | Cela *Oficio* 67: Las mariposillas del sámago.

sámara *f* (*Bot*) Aquenio alado. | Ybarra-Cabetas *Ciencias* 281: La dispersión de los frutos se hace: o por el viento .., como las sámaras del olmo, o por los animales.

samaritano -na *adj* **1** De Samaria (región de la antigua Palestina). *Tb n, referido a pers.* | Peña-Useros *Mesías* 133: Quedaron en Samaria los pobres y campesinos, que, mezclándose luego con las razas traídas de otras partes del Imperio asirio, dieron origen al pueblo samaritano, tan odiado de los judíos. Vesga-Fernández *Jesucristo* 31: El odio entre los judíos y samaritanos hacía que los judíos evitasen el pasar por Samaria para trasladarse de Judea a Galilea o viceversa.
2 [Pers.] caritativa. *Gralm n. Tb* BUEN ~. | CPuche *Paralelo* 57: Todos aquellos en sus casas estaban viviendo de la leche en polvo que mandaban los americanos, samaritanos de la España de la Biblia y del permanganato. FSantos *Cabrera* 128: Por mí mismo nunca hubiera podido levantarme, mas con la ayuda de aquel ángel guardián torvo y chaparro pude ganar la puerta .. –¿Dónde vamos? –pregunté a mi samaritano.

samarugo *m* Pez de pequeño tamaño, propio de aguas salobres o dulces próximas al mar de la región levantina (*Valencia hispanica*). | *MOPU* 7/8.85, 161: Cientos y cientos de especies bullen, pese a todas las contaminaciones, en las zonas húmedas del sur del Júcar .. Y en el agua, el fartet local, anguilas, samarugo.

samba[1] *f* Baile popular brasileño de compás de dos por cuatro y ritmo sincopado. *Tb su música.* | Laiglesia *Ombligos* 119: Anoche bailé dos "sambas" con la embajadora del Brasil.

samba[2] *f* (*Naipes*) **1** Variedad del juego de la canasta, que se juega con tres barajas de tipo inglés. | *Naipes extranjeros* 79: La samba .. Esta nueva modalidad de la Canasta ha alcanzado rápidamente gran popularidad.
2 *En el juego de la samba* [1]: Escalera de siete cartas correlativas del mismo palo, sin comodines. | *Naipes extranjeros* 81: No se puede añadir ninguna carta a una "Samba" terminada.

sámbar *m* Mamífero semejante al ciervo, de cuernos muy desarrollados y pelo rojizo y grisáceo, propio de Asia (*Cervus unicolor*). | F. RFuente *Act* 12.4.73, 85: Quizá la especie introducida que tuvo más éxito y disfrutó del mimo de los mauriceños sea el ciervo sámbar, traído de Java por los holandeses.

sambayo -ya *m y f* (*hist*) *En las castas coloniales americanas:* Hijo de lobo e india o de indio y loba. | HSBarba *HEspaña* 4. 482: De este modo surgieron las "castas coloniales" ..: español e india, mestizo ..; mulata y español, morisco; español y morisca, albino; español y albina, torna atrás; indio y torna atrás, lobo; lobo e india, sambayo.

sambenitar *tr* (*raro*) Poner [a alguien (*cd*)] un sambenito. | Buero *Sueño* 231: Apoyándose en el mueble se levanta y contempla largamente al sambenitado .. Con airado revés, arroja Goya la coroza, que rueda por el suelo.

sambenito *m* **1** (*hist*) Vestidura distintiva de los penitentes del tribunal de la Inquisición. | DPlaja *Sociedad* 33: Entre filas de soldados y frailes, los curiosos ven al delincuente vestido con el sambenito, que es túnica sin mangas de color amarillo y dibujos simbólicos, como lenguas de fuego.
2 Nota de descrédito que pesa sobre una pers. o cosa, o que se les atribuye maliciosamente. *Gralm con los vs* LLEVAR o COLGAR. | Torrente *Off-side* 57: Sobre nuestras cabezas llevábamos un sambenito que nos cerraba todas las puertas. CBaroja *Inquisidor* 57: Ello sirvió para que posteriormente aquellas medidas se reputaran específicamente "afrancesadas": sambenito terrible.

sambista *m y f* Bailador de samba[1]. | *País* 5.2.78, 36: El mayor show del mundo comenzará hoy en Río de Janeiro, donde 30.000 sambistas desfilarán durante toda la noche por la principal avenida de la ciudad brasileña.

samblaje *m* (*Carpint*) Ensamblaje. | *GacNS* 15.8.74, 21: Carpinteros se necesitan para tarima y samblaje al tanto.

sambo *m* (*Dep*) Variedad de lucha semejante al judo, de origen ruso. | M. Frías *Abc* 27.10.84, 69: España y el País Vasco tendrán selecciones distintas en cuantas competiciones internacionales de sambo se celebren, tras el reconocimiento de la Federación Internacional de este deporte a la del País Vasco, que actuará con independencia de la Española.

samio -mia *adj* De la isla de Samos (Grecia). *Tb n, referido a pers.* | Pericot-Maluquer *Humanidad* 194: La rápida subida de los precios y la escasez de metal para el mercado libre amenazaban con el colapso la industria samia. Samos, en un intento de obtener directamente el estaño necesario para la fabricación del bronce y prescindir de los intermediarios fenicios, inicia la exploración del Occidente.

samiota *adj* Samio. *Tb n.* | Sampedro *Sirena* 266: ¡Si no hubiera sido por Krito no nos hubiéramos encontrado nunca!, no hubieses vivido lo bastante para tenerme en tus brazos, te hubieran matado los lapidadores samiotas.

samnita *adj (hist)* Del antiguo pueblo itálico habitante de la región de Samnio. *Tb n, referido a pers.* | Pericot *Polis* 100: En las comarcas montañosas del centro de Italia habitaba otra rama de los pueblos itálicos, los samnitas, los cuales habían constituido un Estado poderoso.

samoano -na I *adj* **1** Del archipiélago de Samoa. *Tb n, referido a pers.* | *Fam* 15.11.70, 37: El nombre de Dios en 50 idiomas .. Samoa: samoanos: Atua.
II *m* **2** Lengua del archipiélago de Samoa. | RAdrados *Lingüística* 906: Tipos de lenguas: subordinante (turco) .., aislante temático (samoano).

samovar *m* Utensilio de origen ruso para preparar el té, consistente en un recipiente provisto de un tubo interior donde se ponen carbones encendidos. | Laiglesia *Tachado* 320: –¿Le apetece una taza de café? –ofreció la mujeruca mostrando el "samovar".

samoyedo -da I *adj* **1** Del pueblo nómada del norte de Rusia que habita el litoral ártico, desde el mar Blanco al río Yeniséi. *Tb n, referido a pers.* | Artero *Plantas* 99: En las zonas próximas al Polo, los renos, alces, caribús y otros herbívoros, que constituyen la mayor fuente de riqueza para los lapones, esquimales y samoyedos .., se alimentan gran parte del año de estos líquenes.
2 [Perro] de pelaje blanco y largo, propio de Siberia. | C. M. Aniorte *SAbc* 10.2.85, 41: El samoyedo. Es de pelaje blanco. Es una gran variedad de perro esquimal. Su lugar ideal es la Tundra siberiana, donde este perro vivía entre los nómadas allí existentes. Durante mucho tiempo fueron empleados para cuidar rebaños de renos y arrastrar trineos.
II *m* **3** Idioma de los samoyedos [1], perteneciente al grupo de las lenguas uraloaltaicas. | RAdrados *Lingüística* 910: En el grupo atlántico están varias lenguas romances y germánicas ..; en el central, el alemán y húngaro ..; en el ártico, el juracio (samoyedo).

sampán *(tb, a veces, con la grafía* **shampán***) m* Pequeña embarcación china, movida a remo y provista de vela y toldo, que se emplea para transporte de mercancías y como habitación flotante. | *SAbc* 14.10.79, 51: Los edificios de hormigón [en Hong Kong], abarrotados, son incapaces de "almacenar" más inquilinos. En el mar, la colonia de sampanes da cobijo a los que llegaron los últimos. Fernández-Llorens *Occidente* 231: Barcos europeos anclados .. cerca de Cantón. Sus altos mástiles contrastan con los shampanes y juncos chinos, movidos por los remos.

sampedrada *f* Fiesta con que se celebra la festividad de San Pedro. *Esp referido a San Pedro Manrique (Soria).* | SDragó *Cam* 15.7.79, 50: Sin creerse del todo las paparruchas sobre los remotos orígenes de la sampedrada, siguen los sampedranos pisando el fuego.

sampedrano -na *adj* De San Pedro Manrique (Soria). *Tb n, referido a pers.* | SDragó *Cam* 15.7.79, 48: En San Pedro Manrique .. viven 200 familias que no llegan a sumar 1.000 almas, pero la noche de San Juan descabala este censo elevándolo, entre forasteros y sampedranos residentes en otras partes, a la cifra .. de 5.000 celtíberos.

sampedreño -ña *adj* De San Pedro (Albacete) o de San Pedro Manrique (Soria). *Tb n, referido a pers.* | *Inf* 24.6.70, 28: San Pedro Manrique (Soria) .. Tres accidentes de tráfico registrados en los últimos meses han dejado en sus hogares a muchos sampedreños.

sámpler *(pl normal, ~s) m* Aparato capaz de aislar el sonido de un instrumento en una canción previamente grabada, y reproducirlo cuando y como se quiera. | J. Cueto *País* 17.3.89, 88: Solo hablan del *sámpler*. Un chisme capaz de memorizar y mezclar los decibelios más disparatados.

samplero -ra *adj* De(l) sámpler. | M. Goiz *SIde* 27.9.92, IV: Tanakas, con gimnasio, snack, música bacalao y samplera, es la primera discoteca en la que dar con los ya un poco maltrechos huesos.

samuga *f (reg)* Jamuga. | Gerardo *NAl* 6.10.89, 15: Y el acarreo y el carro .., la tralla, el zoquete y el cabezal. Las "samugas", la "enguera", el canto del carro.

samugazo *m (reg)* Golpe dado con la mano o con un palo. | Berlanga *Gaznápira* 16: Michino, el gato, cuando se acerca gulusmeando a la comida, se lleva algún samugazo que otro arreado por la Abuela con la vara rematada de campanilla.

samugo -ga *adj* [Pers]. terca o pesada. | ZVicente *Mesa* 201: El erre que erre, samugo carcunda, es que no se aclara el fulano.

samurái *m (hist)* Guerrero japonés al servicio de un señor feudal. | FFlórez *Florestán* 710: Mi bisabuelo era un samurái. Sus armas estaban asimismo encantadas.

san → SANTO.

sanabrés -sa I *adj* **1** De Sanabria (comarca de Zamora). *Tb n, referido a pers.* | Cunqueiro *SInf* 4.7.75, 5: Atrás queda el antiguo Reino de León, con el valle del Bierzo y la tierra austera de los sanabreses.
II *m* **2** Dialecto leonés de Sanabria. | Carnicer *Cabrera* 34: Hacia el este y el sur, aquella influencia cede al habla maragata y al sanabrés.

sanador -ra *adj* **1** Que sana [2 y 3]. *Tb n, referido a pers.* | Cela *Judíos* 92: Es usted maestro en las artes del barbero y ducho sanador de toda suerte de males.
2 Relativo a la acción de sanar [2 y 3]. | Laín *Marañón* 109: Sin él [deseo de curación] .. las posibilidades sanadoras del médico quedan extraordinariamente mermadas.

sanadura *f* Acción de sanar [2 y 3]. | Sampedro *Sonrisa* 282: "Pues sí, aún tengo buena sanadura", celebra el viejo, retirando su mano del vientrecito.

sanalotodo *m* Remedio con que se pretenden curar todos los males. *Tb fig. A veces en aposición.* | A. Hurtado *SYa* 8.2.76, 21: Desde niño veía en las plazas de mercado a los "culebreros" que se hacían picar a vista del público y luego vendían sus pomadas "sanalotodo".

sanamente *adv* De manera sana [5b y 6]. | Franco *Discurso* 33: Un país sanamente dispuesto a caminar hacia un porvenir sólido y constructivo.

San Andrés. cruz de ~ → CRUZ.

sanantona *f (reg)* Lavandera blanca (ave, *Motacilla alba*). | Cela *Judíos* 255: El regajo de las Cuerdas, donde la sanantona brinca.

sanar A *intr* **1** Ponerse sana [una pers. o una parte de su cuerpo que estaban enfermas o lesionadas]. *A veces con un compl* DE *que expresa la enfermedad o la lesión.* | Arce *Testamento* 45: Me vi de pronto hecho un muchacho paliducho y enfermo. No servía para gran cosa. Mi madre decía que como no sanase terminaría con ella. F. Martino *Ya* 20.11.75, 17: El fin último del método consiste en intentar, disminuyendo el trabajo de los órganos, que estos se recuperen y sanen de las lesiones que puedan presentar.
B *tr* **2** Hacer que [una pers. o una parte de su cuerpo que estaban enfermas o lesionadas (cd)] sanen [1]. *A veces con un compl* DE *que expresa la enfermedad o la lesión. Tb fig.* | Vesga-Fernández *Jesucristo* 55: Le traían [a Jesús] toda clase de enfermos y de endemoniados para que los sanase. Anson *Oriente* 47: Se esforzó por modernizar el hinduismo anquilosado y por sanarle del animismo y la idolatría.
3 Curar [una enfermedad]. | Ribera *Misal* 1491: Ruego .. que os dignéis sanar mi enfermedad.
4 (raro) Arreglar [algo roto]. | FSantos *Catedrales* 30: Esos albañiles .. algún día vendrán a sanar las brechas de la bóveda.

sanatorial *adj* De(l) sanatorio. | R. GTapia *SAbc* 2.2.69, 19: Prohibiendo el uso de bocinas en la ciudad y, sobre todo, en ciertos lugares próximos a hospitales, ciudades sanatoriales.

sanatorio *m* Establecimiento acondicionado para la estancia y cuidado de enfermos que precisan tratamiento médico, quirúrgico o climatológico. *Tb fig.* | Laiglesia *Tachado* 27: Había también, a distintas alturas y en diversos pliegues de su falda, un sanatorio para los enfermos del pulmón. *Pue* 6.11.70, 11: Calzados Pradillo. "El sanatorio de los pies".

San Bernardo *adj* [Perro] de gran tamaño, de pelaje blanco y negro y típico de la región alpina de San Bernardo, especializado en hallar perss. extraviadas en la montaña. *Frec n m. Como adj, tb, más raro,* DE SAN BERNARDO. | Legorburu-Barrutia *Ciencias* 228: Hay numerosas razas de perros, especializadas en diversas misiones: El perro policía .. El bulldog .. El perro de San Bernardo, para hallar personas extraviadas. Legorburu-Barrutia *Ciencias* 229: Diversas razas de perros: Policía. San Bernardo.

sanchecia *f* Planta americana, de hojas grandes y flores amarillas en panículos terminales provistos de brácteas anchas de color rojo vivo (*Sanchezia nobilis*). | GCabezón *Orotava* 55: Sanchecia, *Sanchezia nobilis,* Hook., Acantácea, Ecuador.

sanchete *m* (*hist*) Dinero de vellón acuñado en Navarra por Sancho el Mayor u otro homónimo. *Tb designa cualquier moneda de vellón acuñada en Navarra durante la Edad Media.* | Sobrequés *HEspaña* 2, 81: En Navarra no existía otra moneda que los dineros navarros de vellón, llamados también sanchetes, del nombre del rey Sancho VII.

sanchopancesco -ca *adj* **1** De Sancho Panza (personaje de Cervantes). | * La visión sanchopancesca del mundo contrasta con la de don Quijote.
2 Falto de ideales. | J. A. Castro *Ya* 16.7.75, 6: Los hay de sano juicio (es un decir) que atisban entre líneas un insulto .. Ven molinos donde, en rigor, solo hay gigantes, pues suelen ser más bien sanchopancescos.

sanchopancismo *m* Condición de sanchopanza. | *ByN* 27.3.76, 11: La palabra "ruptura" ha ganado crédito dentro del cálculo de probabilidades, cálculo fundamental en nuestro país, tan quijotesco en algunos capítulos y tan propenso al sanchopancismo en otros.

sanchopanza (*tb con la grafía* **Sancho Panza**) *m* Individuo falto de ideales. | Anson *Oriente* 172: Las nuevas generaciones han creado una época, sin gloria y sin poesía, donde lo vulgar se impone traído por la opinión de las mayorías y las masas. Vivimos en una sociedad de sanchopanzas.

sanción *f* **1** Acto por el que el jefe del Estado o la autoridad competente confirma [una ley o disposición] (*compl de posesión*)]. | *Pue* 9.2.67, 2: La decisión .. fue adoptada ante la revisión dispuesta en la Cámara de un proyecto de ley que tenía la sanción del Senado. **b)** Confirmación o ratificación [de algo]. | GYebra *Traducción* 111: Es preciso distinguir dos fases en este proceso: a) la invención instantánea ..; b) la aceptación gradual por un número suficiente de usuarios del sistema, que constituye la sanción necesaria para la instalación del neologismo en la lengua.
2 Pena establecida para el que infringe una ley. | APaz *Circulación* 30: Todas las sanciones de la Ley de 1950 llevan consigo la privación del Permiso de Conducir por tiempo de uno a cinco años. **b)** Castigo, esp. el derivado de contravenir una orden o una prohibición. | J. M. Massip *Abc* 3.12.70, 36: Pueden predecirse sanciones ejecutivas serias contra altos funcionarios del Departamento de Estado y los mandos del Servicio de Guardacostas.
3 pragmática ~. Disposición legislativa de un soberano sobre una materia fundamental. | Arenaza-Gastaminza *Historia* 243: De este último matrimonio nació la princesa Isabel, a quien su padre quiso dejar por heredera. Entonces publicó la Pragmática Sanción, que derogaba la Ley Sálica, existente desde Felipe V.

sancionable *adj* Que se puede sancionar, *esp* [2]. | A. Pujol *Caso* 26.12.70, 21: El gobernador civil de Barcelona impuso a cada uno 25.000 pesetas de multa, y ellos recurrieron en súplica y en alzada, alegando que no habían incurrido en falta alguna sancionable.

sancionablemente *adv* (*raro*) De manera sancionable. | F. A. González *Ya* 5.12.73, 56: En el cada día más amplio campo del delito asistimos actualmente a una masiva y multiforme explotación del miedo .. La cosa empezó –en mi opinión, sancionablemente– con la explotación de un miedo falso o, mejor dicho, de un miedo inventado.

sancionador -ra *adj* Que sanciona, *esp* [2]. | FQuintana-Velarde *Política* 226: Las sanciones y los recursos están ordenados en los artículos 25 y siguientes, y los órganos sancionadores son el Tribunal de Defensa de la Competencia y el Consejo de Ministros.

sancionar *tr* **1** Confirmar [una ley o disposición] mediante sanción [1]. | *País* 13.11.76, 10: El Rey, antes de sancionar una ley de reforma constitucional, deberá someter el proyecto a referéndum de la nación. **b)** Confirmar o ratificar [algo]. | *Abc* 15.10.70, 26: Constituye el Ejército la única fuerza social capaz de articular a muchos de aquellos países y de sancionar la vigencia y estabilidad de las instituciones.
2 Aplicar una sanción [2] [a alguien o algo (*cd*)]. | A. Méndez *Abc* 16.12.70, 54: La empresa .. ha sancionado a 94 de sus productores con suspensión de empleo y sueldo. Arenaza-Gastaminza *Historia* 159: La Inquisición, sancionando los delitos contra la fe católica, libró a España de las terribles guerras religiosas que ensangrentaron a Europa.

sancionatorio -ria *adj* De (la) sanción [2]. | *Inf* 24.10.69, 9: Indicó que no partir en tales procesos sancionatorios del principio de inocencia, sino del de culpabilidad, invierte la carga de la prueba, al tiempo que el recurso no suspende la ejecución de la pena .. Terminó el profesor García de Enterría abogando por la restitución a la jurisdicción ordinaria de las facultades de discernir y aplicar las técnicas sancionatorias.

sancochar, sancocho → ZANCOCHAR, ZANCOCHO.

sancta sanctorum (*lat; pronunc corriente,* /sánta-santórum/; *tb con la grafía* **sanctasanctórum**) *m* **1** (*hist*) En el Tabernáculo y en el templo de Jerusalén: Parte reservada en que se guarda el Arca de la Alianza. | Vesga-Fernández *Jesucristo* 16: Templo de Jerusalén: 1. Pináculo del templo .. 4. Santuario. 5. Sancta Sanctorum. [*En un grabado.*] **b)** (*raro*) Tabernáculo o sagrario. | *Ecc* 15.12.62, 23: La Iglesia está formada por una habitación central, pequeña y cerrada, que contiene el altar y el "Sancta Sanctorum", donde solamente el sacerdote puede penetrar. **c)** (*raro*) Lugar íntimo o reservado de un templo u otro lugar de culto. | Angulo *Arte* 1, 36: Al fondo, rodeado por una serie de corredores y habitaciones, se oculta el sancta-sanctorum o sala rectangular donde se venera la divinidad, y a la que solo tienen acceso el sacerdote o el faraón cuando va a visitar a su padre. Angulo *Arte* 1, 292: En el centro de la *quibla* o muro del fondo de la sala de oración, que siempre está dirigido a la Meca, menos en España, que lo está al Sur, se abre el *mihrab* o sanctasanctórum en forma de capilla diminuta.
2 Lugar muy oculto y reservado. | Torrente *Off-side* 436: Cae [el sótano] detrás del taller de la marquesa, con el que carece de comunicación: siendo ambos *sancta sanctórum,* a cada uno corresponden funciones específicas y clientela idónea. CPuche *SYa* 10.11.63, 15: Nos introduce amablemente en el sanctasanctórum, algo que no sospechábamos, galerías inmensas atiborradas de las más diversas cosas: armaduras, sillones, tapices, cuadros.

sanctus (*lat; pronunc corriente,* /sántus/) *m* (*Rel catól*) *En la misa:* Rezo o cántico que comienza con el triple enunciado de la palabra "sanctus". *Tb la parte correspondiente de la misa.* | *AbcS* 2.11.75, 33: En la misa fueron interpretados Kyries y Gloria, de Griesbacher; el Credo gregoriano, Agnus y Sanctus, de Urcelay. Vesga-Fernández *Jesucristo* 81: El Prefacio: Distintos Prefacios, el Sanctus.

sandalia *f* Calzado compuesto por una suela que se asegura al pie mediante correas o cintas. | J. M. Moreiro *SAbc* 9.2.69, 42: Se viene a la mente un Fray Luis enseñando en el aula ahora desierta, y la inquieta sandalia de Santa Teresa. **b)** Zapato de verano que deja al descubierto gran parte del pie. | *Prospecto* 4.91: Sandalia combinada en piel, 2.890.

sándalo *m* **1** Árbol semejante al nogal, propio de la India y Oceanía, de madera amarilla de excelente olor, de la que se extrae un aceite esencial empleado en perfumería y medicina (gén. *Santalum,* esp. *S. album*). *Frec su madera y su esencia.* | Cossío *Confesiones* 90: Sobre una mesa había una caja de sándalo; aquella madera muerta había perdido el recuerdo del bosque, mas ella y la del altar elevaban aún su perfume. AMillán *Juegos* 98: Fuma y, a la vez, quema la vara de sándalo. *Abc Extra* 12.62, 81: Entre sueños veo la frambuesa de su boca fruncirse para decir aquellas consignas del misterioso juego, que, entre sus labios, parecían pastillas de sándalo.

2 ~ rojo. Árbol propio de Ceilán, de madera pesada, dura y de color rojo, muy estimada en ebanistería (*Pterocarpus santalinus*). *Frec su madera.* | * Es una cómoda preciosa tallada en sándalo rojo.

3 *Se da este n a varias plantas herbáceas del gén Mentha, esp a la M. aquatica.* | Moreno *Galería* 296: Las grietas [se trataban] aplicándoles hojas de hierbabuena, hoja romana y sándalo. Mayor-Díaz *Flora* 259: *Mentha aquatica* L. "Menta acuática", "Sándalo de agua".

sandáraca *f* **1** Resina amarillenta producida por el enebro y otras coníferas, que se emplea para la fabricación de barnices. | * En la composición de este barniz entra la sandáraca.

2 Rejalgar (mineral). | Alvarado *Geología* 41: Rejalgar (Sandáraca). Monosulfuro de arsénico .. Monoclínico. Cristales y masas de color rojo con raya y polvo anaranjado y brillo resinoso.

sandez *f* Tontería (hecho o dicho tonto). | *Valencia Mar* 23.11.70, 3: Que esto produzca incompatibilidades éticas con la misión crítica. ¿Quién es capaz de sostener semejante sandez?

sandía I *f* **1** Planta herbácea anual de tallos rastreros y vellosos, hojas redondeadas, flores amarillas y fruto grande y redondo u oblongo, de corteza verde o jaspeada y pulpa roja, acuosa y dulce con muchas pepitas negras aplastadas (*Cucumis citrullus*). *Frec su fruto.* | Legorburu-Barrutia *Ciencias* 290: Cucurbitáceas: calabaza, melón, sandía, pepino. GPavón *Hermanas* 13: Una sandía .. asomaba su calva lunera por la tapa entreabierta.

II *loc adj* **2 de ~.** (*reg*) [Pañuelo] de algodón de fondo blanco o negro con grandes flores rojas. | GMacías *Relatos* 74: Ella tenía todo el encanto de su edad juvenil. Lucía airosamente el refajo, y el busto, de pechos turgentes, se cubría con el pañuelo de sandía.

sandiar *m* Terreno sembrado de sandías. | *HLM* 24.7.78, 11: –¿Y esas monumentales sandías que veo aquí, tan relucientes y tan caras? –Bueno, caras quizá, pero nada mejor. ¿Quiere que le cale una? Vienen directamente de los sandiares de Valencia.

sandiez (*pop*) **I** *m* **1** *En determinadas fórmulas de maldición, sustituye por euf al n* Dios. | Delibes *Emigrante* 66: Vaya una mierda, me cago en sandiez.

II *interj* **2** Expresa asombro, protesta o disgusto. | Lera *Clarines* 313: ¡Sandiez, qué bicho! Lera *Boda* 583: Lo que yo digo: que estáis ruchos, ¡qué sandiez!

sandinismo *m* Movimiento revolucionario nicaragüense basado en las ideas de Augusto César Sandino († 1934). | *Ya* 20.3.83, 3: La Asamblea Sandinista, integrada por los más significativos dirigentes del sandinismo, está celebrando consultas con los miembros del Gobierno del país.

sandinista *adj* De(l) sandinismo. | *Ya* 28.2.90, 18: La dictadura sandinista, derrotada. **b)** Adepto al sandinismo. *Frec n.* | *País* 8.11.81, 9: La ruptura entre los sandinistas y la burguesía es casi total dos años después del derrocamiento de Somoza.

sandio -dia *adj* (*lit*) Necio o tonto. | Gala *Sáb* 7.8.76, 5: En las ventas .., las mujeres hablan a gritos de estrecheces y chismes de revista con un lenguaje descolorido y sandio: ese que enseña la televisión.

sandiola *interj* (*pop*) Sandiez. | Lera *Boda* 682: –¡Quietos ya, sandiola! ¿Vamos a beber o qué?– Su protesta fue aceptada por los demás.

sandunga *f* (*col*) Gracia o salero. | DCañabate *Abc* 26.5.74, 51: ¿Qué te parece el cabo de gastadores? ¿No te se figura que bambolea poco el brazo izquierdo? Hay que echarle más sandunga al balanceo.

sandunguero -ra *adj* (*col*) Que tiene sandunga. *A veces con intención irónica. Se usa expletivamente en la constr* GRACIA SANDUNGUERA. | Montero *SPaís* 28.9.86, 21: Almodóvar carnal, coqueto y sandunguero. CPuche *Paralelo* 168: –Chulos que somos –vociferó Pistón. –La gracia sandunguera que tenemos –añadió Pituso.

sandwich (ing; *pronunc corriente,* /sánwič/ *o* /sánwis/; *tb con la grafía* **sándwich**; *pl normal,* ~ *o* ~ES) *m* **1** Conjunto de dos o más rebanadas de pan de molde entre las cuales se coloca jamón, embutido, queso u otro alimento y que se consume crudo o asado a la plancha. | CNavarro *Perros* 161: Pidió un *sandwich* de queso y de sobrasada.

2 Cosa cuya disposición recuerda la del sandwich [1]. | *País* 15.3.79, 28: Se manifestaron ayer en la plaza de España con pancartas tipo *sandwich* para exigir justicia. **b)** Material compuesto constituido por dos capas de una materia entre las cuales va un relleno de materia diferente. *Frec en aposición con* PANEL. | *Abc* 20.7.67, 78: Tabiques movibles .. Elementos fundamentales de aluminio anodizado y paneles sandwich de 40 mm. de espesor. T. Huerta *Act* 8.10.70, 64: Una empresa química y otra siderúrgica unieron fuerzas y presentaron un "sandwich" de acero y plástico, destinado a ser utilizado como material de construcción.

sandwichera (*pronunc corriente,* /sanwičéra/) *f* Aparato especial para asar sándwiches [1]. | *Prospecto* 3.87: Cadena Gran Vía .. Sandwichera Magefesa 4775 pts.

saneable *adj* Que se puede sanear. | *Abc* 6.7.75, 3: La labor de saneamiento urbano de una ciudad no es solo, ciertamente, obra de piqueta .. Madrid .. necesita un replanteamiento a fondo de muchas de sus estructuras urbanas, todavía saneables, donde el error no ha dejado todavía su huella imborrable.

saneado[1] -da *adj* **1** *part* → SANEAR.

2 [Fortuna, renta o negocio] que produce importantes beneficios. | *Gac* 11.5.69, 13: Reunió una saneada fortuna vendiendo horóscopos a dólar en Atlantic City. VParga *Santiago* 15: También hacían un negocio saneado, vendiendo a los peregrinos cirios. **b)** [Beneficio] importante o considerable. | FQuintana-Velarde *Política* 102: Al emigrar .. son capaces de obtener saneados beneficios, que remiten a sus patrias de origen en un porcentaje nada despreciable.

saneado[2] *m* Saneamiento [1]. | *Impreso* 12.88: Empresa Municipal de la Vivienda .. Obras necesarias: Comprobar el estado de la red de distribución de agua .. En la red de accesos, saneado y pintado de paramentos.

saneamiento *m* **1** Acción de sanear. | L. Moreno *Abc* 13.12.70, 37: Debemos afrontar y resolver el problema del abastecimiento de aguas, red de saneamiento y pavimentación en muchos pueblos. *Mar* 23.11.70, 2: Supone, también, saneamiento de algunas arcas de tesorería que pudieran estar afectadas por escasez más o menos acusada.

2 *En pl:* Aparatos sanitarios. | GTelefónica *N.* 963: Félix González. Instalación de toda clase de saneamientos. Fontanería en general.

sanear *tr* **1** Dar condiciones de salubridad [a un lugar (*cd*)], esp. quitándole la humedad. | * Tienen que sanear la casa si no quieren que se hunda.

2 Poner [la economía] en buenas condiciones. | Ramírez *Derecho* 160: Durante la tramitación de tales expedientes el deudor cobra y no paga .. Con ello se le permite sanear su tesorería.

sanedrín *m* **1** (*hist*) *Entre los antiguos judíos:* Consejo supremo de carácter religioso y también judicial y administrativo. | Vesga-Fernández *Jesucristo* 18: El Sanedrín. Se llamaba también Gran Consejo y era la máxima autoridad del pueblo judío.

2 (*hist*) Lugar en que se reúne el sanedrín [1]. | Mendoza *Ciudad* 10: Los hebreos cabalistas de Gerona, que fundan sucursales de su secta allí y cavan pasadizos que conducen a sanedrines secretos.

3 (*lit*) Junta de perss. dirigentes o poderosas. | Acquaroni *Abc* 22.10.67, 45: Es el pueblo quien, tras cientos de años de usos, .. acaba bautizando los diferentes predios de su término municipal. No un sanedrín de gentes de empresas urbanísticas en la eufórica media hora de una sobremesa.

sanedrita *m* (*hist*) Miembro del sanedrín [1]. | E. Sánchez *SLib* 26.3.75, 3: Los sanedritas destilaron la podre que corroía sus corazones: envidia, hipocresía, orgullo, incredulidad, odio implacable.

saneras *m y f (col)* Pers. cordial y de buen carácter. | VMontalbán *Prado* 75: Para él, el Madonno era un tío legal, un saneras incapaz de matar una mosca y siempre dispuesto a hacer un favor.

sanfeliuense *adj* De San Feliu de Llobregat (Barcelona). *Tb n, referido a pers.* | A. García *Van* 27.12.70, 29: Fueron exhibidas notables creaciones en los distintos dioramas que fueron visitados por gran número de sanfeliuenses.

sanferminero -ra *adj* De los Sanfermines. | *Abc* 21.4.74, 37: Los balcones que flanquean el itinerario de los encierros sanfermineros, a revisión.

sanfermines *m pl* Fiestas de San Fermín, de Pamplona. | Vizcaíno *Mancha* 100: En Almodóvar, durante las ferias, también se corren los toros como en los sanfermines.

sánfor (*n comercial registrado*) *m* Procedimiento consistente en someter un tejido de algodón a tratamientos mecánicos y térmicos que evitan que encoja al lavarlo. *Frec en aposición con* CAMISA. | *Ya* 3.3.63, sn: Camisa caballero popelín blanco Sánfor.

sanfrancisco (*tb con la grafía* **San Francisco**) *m* Cóctel de zumos de fruta. | Oliver *Relatos* 84: Después de un rato se acercó a la mesa para coger su sanfrancisco sin parar de bailar.

sango *m* Lengua no oficial de la República Centroafricana, utilizada en gran parte del país como lengua de comercio. | *SAbc* 24.11.68, 29: Centroafricana (República) .. Idioma: francés y sango.

sangradera *f (reg)* **1** Vasija para recoger la sangre en la matanza. | Seseña *Barros* 35: En Alba se fabricaban todas las piezas características de la alfarería charra, como son cántaros, cantarillas, .. barreñas para matanzas o sangraderas, macetas.
2 Acequia de riego. | CBonald *Casa* 168: Llegaba de lejos [e]l tintineo monocorde del agua corriendo por las sangraderas del parque.

sangrado *m* Acción de sangrar [1, 2, 3, 5 y 6]. *Tb su efecto.* | J. GCubillo *Abc* 18.5.75, 35: Para su sacrificio, tales animales requieren un ayuno y reposo previo hasta de doce horas, necesario para su sangrado completo. Huarte *Biblioteca* 61: No se debe subrayar lo que ya está, así o de otra manera, destacado en el impreso (letra cursiva o negrita, epígrafes, sangrados). *Anticonceptivo* 31: Si no ha habido relaciones sexuales mientras se descubre el olvido de la píldora, hay que continuar tomando las que restan hasta completar el ciclo, para impedir un sangrado fuera de lugar.

sangrador -ra I *adj* **1** Que sangra [1, 2 y 3]. | Aparicio *Retratos* 83: Trazaron los romanos un encañado sangrador que desplazaba las aguas, pasándolas por un completísimo sistema de mallas, hacia las tierras más bajas del llano.
II *m* **2** (*hist*) Hombre que tiene por oficio sangrar [1b]. | Mercader-DOrtiz *HEspaña* 4, 85: El propio Mutis fustiga también la plaga de los sangradores. En Malagón –explica– encontró a un doctor que había ordenado una media sangría en el pie de una mujer encinta.

sangrante *adj* **1** Que sangra [6]. *Tb fig.* | Castellanos *Animales* 76: Al rascarse, el gato puede provocar heridas sangrantes e incluso purulentas. Cela *Judíos* 304: Aún volaba el blanco polvo que había levantado el camión de los sangrantes pinos.
2 Hiriente o ultrajante. *Con intención ponderativa.* | Alfonso *España* 165: ¿Se sabe bien lo que es convertir un río en lavadero de una papelera...? Ya hay casos sangrantes, como el Oria, en Guipúzcoa.

sangrar A *tr* **1** Extraer la sangre [1a] [a un animal muerto (cd)]. | J. Ríos *VozC* 29.6.69, 9: Una vez apuntillado un toro y tras quitarle los cuernos y sangrarlo, para lo que no cuenta el tiempo, hay que faldearlo. **b)** Extraer [a alguien (cd)] cierta cantidad de sangre [1a] con fines curativos. | Mercader-DOrtiz *HEspaña* 4, 85: Aquel médico que insistía en sangrar a una joven anémica. **c)** Hacer que [alguien (cd)] derrame sangre [1a]. | DCañabate *Paseíllo* 127: La sangre aflorada de la primera vara le corre por el lomo. La siente. La desprecia. No le amilana. Vuelve allí donde fue sangrado.
2 Extraer una secreción [de un árbol (cd)], esp. mediante incisiones en su corteza. | Delibes *Castilla* 146: La inyección estropea menos el pino, no le quita madera. De todos modos, matarle le mata igual, porque lo mismo le sangra, pero el árbol queda entero y puede aprovecharse luego para tablillas o lo que sea.
3 Extraer o dejar salir líquido [de un lugar en que está acumulado (cd)]. | Aleixandre *Química* 128: El hierro líquido se recoge de vez en cuando sangrando el horno, lo que se consigue quitando el tapón que obtura el orificio de colada. Ramos-LSerrano *Circulación* 313: Comprobación del reglaje de los frenos, sangrándolos si son hidráulicos.
4 Abusar económicamente [de una pers. (cd)]. | Arce *Precio* 144: Los hijos de papá .. Es una verdadera pena ver cómo sangran a sus padres.
5 (*Impr*) Empezar [un renglón (cd)] más adentro que el resto. *Tb abs.* | Huarte *Tipografía* 42: Llamadas y signos .. Sangrar.
B *intr* ➤ **a** *normal* **6** Arrojar sangre [1a]. *Tb fig.* | Laforet *Mujer* 237: Le diría que había sangrado por la nariz. Sampedro *Sirena* 46: Me supusieron doce o trece años, porque aunque me veían niña en seguida sangré como mujer. *Economía* 275: Debemos hacer que la herida sangre para que se limpie de dentro a fuera. L. Álamo *Alc* 5.11.70, 28: Es extraño ir leyendo este libro, donde los números sangran.
7 estar sangrando [una cosa]. (*col*) Ser muy nueva o reciente. | * Es un coche que está sangrando.
➤ **b** *pr* **8** Desangrarse (perder mucha o toda la sangre). *Tb fig.* | GPavón *Rapto* 109: Un día que fue preciso matar a un caballo cojo, él mismo lo punzó para que se sangrara dulcemente mientras le daba azucarillos y palabras de ánimo. R. DHochleitner *Fam* 15.11.70, 47: A pesar de esta virtualidad tenía, y tiene [la vida campesina], un visible talón de Aquiles por el cual se sangra muy rápidamente.

sangraza *f (desp)* Sangre [1a y 2a]. | *Abc* 20.1.84, 86: La película "Posesión infernal", un título norteamericano de la saga del terror que .. "es la película más feroz del año", con lo que todos aquellos amantes de los sustos y la sangraza tienen un nuevo y bien condimentado plato a su disposición.

sangre I *n* **A** *f* **1** *En los vertebrados:* Líquido viscoso de color rojo, que circula por el organismo a través de vasos y realiza funciones esenciales para la vida, esp. nutritivas, respiratorias y depuradoras. | Navarro *Biología* 113: Al inyectar a un animal sangre de otro, aparecen trastornos y anomalías que las hace incompatibles. **b)** ~ **caliente**, ~ **fría** → CALIENTE, FRÍO. **c)** *A veces se da este n a otros líquidos de carácter o funciones semejantes a los de la sangre* [1a]. | Bustinza-Mascaró *Ciencias* 62: La linfa. Llamada también sangre blanca, es un líquido amarillento, casi transparente. Moraza *SYa* 16.6.74, 55: El anuncio por parte de algunos bioquímicos de haber descubierto un líquido que califican de sangre artificial o, mejor, sangre blanca.
2 Sangre [1a] derramada a consecuencia de heridas o muertes. *Frec en constrs como* CORRER (LA) ~, HABER ~, LAVAR CON ~. | L. Calvo *SAbc* 16.3.69, 18: Aquellos desdichados episodios que acabaron fatalmente anegando en sangre los pueblos y campos y ríos de España. Nácher *Guanche* 9: Con una pobre de menos yo sacaron del mar por ese sitio .. No hubo quién "pa" para[r]le la sangre. * Antes de que esto se solucione habrá más sangre. * ¿No ha corrido ya bastante sangre? * Estaba decidido a lavar con sangre su honor ofendido.
3 Linaje o parentesco. *Frec con un adj especificador.* | Grau *Lecturas* 123: Sebastián de Peralta nació en Segovia .. Fue hijo de Diego de Peralta, que descendía de Pierres de Peralta, esforzado y rudo navarro de sangre real. Lapesa *HLengua* 80: Estilicón, el caudillo que Roma opuso al alud invasor, era de sangre bárbara. AMillán *Marta* 217: –Soy tu cuñada .. Y esto no cambia ni nada todo lo que ha pasado anteriormente. –Para que uno no crea en la fuerza de la sangre. **b)** ~ **azul** → AZUL.
4 Condición o carácter [de una pers.]. *Con un adj o compl especificador:* ARDIENTE, GENEROSA, *etc.* | * La reacción depende de la sangre de cada cual. * ¡Qué sangre tiene, Dios mío! **b)** ~ **de horchata**, **de nabo**, **gorda**. (*col*) Carácter inactivo o excesivamente calmoso. | Delibes *Cinco horas* 183: Tú tan terne, que debes de tener sangre de horchata. Gala *Señorita* 860: Otra vez tarde. Tú, tan tranquilo, hijo, qué sangre más gorda.

sangrecilla – sangría

5 ~ **fría.** Dominio de sí mismo que impide ceder a la emoción del momento. | Benet *Nunca* 11: Con un poco más de experiencia y sangre fría habríamos logrado aprovechar nuestra común libertad con más fantasía y menos arrogancia.

6 (*col*) Intención o instintos. *Con los adjs* BUENA, MALA *u otro equivalente.* | Olmo *Golfos* 119: Aquel muchacho .. era tan noble y había en él tan buena sangre como en casi todos los demás. Aldecoa *Gran Sol* 22: El muy canalla, que se llevaba los cuartos; la mala sangre que tiene ese hombre. CPuche *Sabor* 41: En esto vino un factor del tren, pequeñajo y pelirrojo, muy observador pero de mala sangre.

7 mala ~. (*col*) Mal humor. *Con intención ponderativa.* | Payno *Curso* 137: Llegó al fin Alejandro .. Tenía cara de mala sangre.

8 ~ **de drago.** Resina roja que se saca del drago y de otros árboles. | C. Perarnau *Abc* 30.6.73, sn: La savia del drago es roja y popularmente se la conoce, entre los isleños, como "sangre de drago", que era utilizada por los guanches como colorante y para embalsamar los cadáveres a la manera egipcia.

9 *Con un compl especificador:* DE CRISTO, DE TORO, DE LEGUMBRES, *designa diferentes plantas herbáceas caracterizadas por el color rojo de sus flores o por su aspecto rojizo.* | Remón *Maleza* 50: *Fumaria officinalis* L. Nombre común: Sangre de Cristo, Fumaria, Capa de reina, Palomilla .. Es una planta anual, muy común, propia de suelos incultos y ribazos. Romano-Sanz *Alcudia* 211: Eliseo señala unas hierbas rojizas: –Esa es la sangre de toro, solo crece aquí en la umbría. Mayor-Díaz *Flora* 10: *Orobanche gracilis* Sm. "Sangre de legumbres". (Sin. *O. cruenta* Bertol.)

B *m* **10** ~ **de toro.** Vino tinto oscuro y espeso. | Escobar *Itinerarios* 155: El vino le servirían embotellado, y acaso fuese manchego, desdeñando al blanco de tierra Medina .. y al sangre de toro toresano.

C *m y f* **11 mala** ~. (*col*) Pers. vengativa o de mala intención. *Tb adj.* | Torrente *Señor* 435: –¿Quién te lo dijo? –preguntó, sombrío. –Eso no importa. –Algún mala sangre, que quiere disgustarte.

II *loc adj* **12 a primera** ~. (*hist*) [Duelo o desafío] que debe cesar al producirse la primera herida en uno de los contendientes. *Tb fig. Tb adv.* | Campmany *Abc* 26.1.88, 13: El duelo dialéctico entre Nicolás y Felipe se ha celebrado a primera sangre.

13 (**de**) **pura** ~. (*invar*) [Caballo] de raza pura. *Tb n, en la forma* PURA ~. *Tb fig, referido a pers o a otro animal.* | P. J. Cabello *EOn* 10.64, 20: Formando ingente procesión multicolor, han salido a recibir a Don Amor, poderoso caballero en corcel español de pura sangre. SGacN 25.8.74, 2: Álvaro Domecq inicia los trabajos diarios de doma con "Veneno", un pura sangre español. CPuche *Paralelo* 294: Genaro salía del almacén, siguiendo a unos indios pura sangre. CCa 31.12.70, 24: El canódromo Pabellón .. Los directores de carrera del Meridiana y del Pabellón han seleccionado para este Gran Premio XVIII Aniversario .. los mejores "pura sangre" de sus cuadras.

14 de ~. Animal. *Gralm con el n* TRACCIÓN. | Halcón *Ir* 138: En cuanto a los mulos, mecanicé toda la finca y suprimí la tracción de sangre. Umbral *Memorias* 165: Las escapadas en bicicleta, años atrás, tenían el límite de las propias fuerzas, de la tracción de sangre. **b)** [Bautismo] **de** ~, [hospital] **de** ~ → BAUTISMO, HOSPITAL.

III *loc v* **15 chorrear** ~ [algo]. (*col*) Ser muy nuevo o muy reciente. *Con intención ponderativa.* | * –El coche está nuevo. –Nuevo, dice; chorrea sangre.

16 chupar la ~ [a alguien]. (*col*) Explotar[le] o ir quitándo[le] los bienes en provecho propio. | Halcón *Ir* 93: No han oído en su vida otra cosa: el amo le chupa la sangre al trabajador.

17 encender, **freír**, **quemar**, **calentar**, **alterar**, *o* **pudrir, la** ~ [a alguien]. (*col*) Exasperar[le] o irritar[le]. | Buero *Hoy* 57: ¡Y tú, Tomasa, no me frías más la sangre y sal de una vez! **b) encendérsele, calentársele, arderle, hervirle,** *o* **pudrírsele, la** ~ [a alguien]. (*col*) Ponerse [esa pers.] exasperada o irritada. | Tomás *Orilla* 257: Tenía que haberle derrotado a Cara Cortada el nombre de su colega, pero se me encendió la sangre y no aguanté más. Delibes *Guerras* 25: Con unas cosas y otras, se le calentó la sangre, al Bisa, digo, se volvió donde el turuta y le voceó: .. ¿Es que no piensas tocar a armar bayonetas en toda la mañana?

18 hacer ~. Producir una herida leve de donde sale sangre [1a]. | * Me hizo sangre al cortarme un padrastro. **b)** *pr* Sufrir una herida leve de donde sale sangre. | * Me he caído y me he hecho sangre.

19 hacerse [alguien] **mala** ~. (*col*) Encorajinarse o disgustarse. | Mendoza *Ciudad* 73: Era una eventualidad que no había previsto, pero ante los hechos consumados no había que hacerse mala sangre. **b) hacérsele** [a alguien] **mala** ~. (*col*) Ponerse [esa pers.] encorajinada o disgustada. | MFVelasco *Peña* 131: No hubo lugar a hacérseme la mala sangre que se me hacía cada vez que me paraba a considerar.

20 helar la ~ [a alguien]. Dejar[le] sobrecogido. | D. Pastor *His* 2.78, 112: Entre el botín hallaron algo que les debió de helar la sangre: se encontraron con 141 claves criptográficas nazis. **b) helársele** [a alguien] **la** ~ (**en las venas**), **quedarse sin** ~ (**en las venas**); *o* (*col*) **írsele**, *o* **bajársele, la** ~ **a los talones** (*o* **a los zancajos**). Quedar [esa pers.] sobrecogida de susto o de miedo. | * Se me heló la sangre al oírlo. Delibes *Hoja* 121: Cada vez que veía de cerca los galones rojos del Argimiro se le iba la sangre a los zancajos.

21 llegar la ~ **al río.** (*col*) Tener una disputa consecuencias graves. *Normalmente en constr neg.* | Laiglesia *Tachado* 198: Fue mayor el ruido que las nueces, y la sangre no llegó al río.

22 llevar [alguien una cosa] **en la** ~. Ser [esa cosa] innata [en esa pers.]. | R. A. Calle *SYa* 18.11.73, 5: Es una miseria heredada de siglos que parece llevarse en la sangre, que termina por hacerse familiar.

23 subírsele [a alguien] **la** ~ **a la cabeza.** (*col*) Ponerse [esa pers.] encolerizada o fuera de sí. | Cela *SCamilo* 40: En los trances de agobio a los hombres una de dos, o se les hace un nudo en la garganta o se les sube la sangre a la cabeza.

24 sudar ~. Realizar grandes esfuerzos o sufrir muchas penalidades [para conseguir algo]. | *SYa* 21.10.91, X: Barcelona, Sporting y Osasuna sudarán sangre para lograr la clasificación.

25 tener ~ **en las venas.** (*col*) Ser capaz de actuar con viveza y energía. *Frec en constr neg.* | MGaite *Ritmo* 202: Lo cual daba lugar a que ella pudiese decir lo que hacía no lo hacía por sacrificio, sino porque tenía sangre en las venas y que ella las cosas mal hechas no las podía ver.

IV *loc adv* **26 a** ~ **fría.** De manera calculada, y no provocada inmediatamente por el arrebato. | *Abc* 22.11.75, 21: En Beirut se dispara indiscriminadamente y los secuestrados son asesinados a sangre fría.

27 a ~ **y fuego.** Con el máximo rigor, matando y destruyéndolo todo. *Frec con el v* ENTRAR. *Tb fig. Tb adj.* | Cela *Judíos* 66: Los franceses .. entraron en Roa a sangre y fuego y no dejaron títere con cabeza. M. Unciti *Ya* 15.6.72, 7: Sin solución de continuidad comienza la segunda etapa de los tristes acontecimientos. La represión a sangre y fuego; represión salvaje, desproporcionada, auténtico genocidio contra los líderes y futuros líderes de los hutus.

sangrecilla *f* (*reg*) Sangre [1] de un animal sacrificado, que se toma como alimento. | Berceo *Rio* 22.3.89, 4: Una legión de logroñeses se desplazaría cada mañana para el almuerzo de sangrecilla, cordero al chilindrón, migas de pastor.

sangrero *m* (*reg*) **1** Hombre que tiene por oficio sangrar [1a]. | J. Ríos *VozC* 29.6.69, 9: Fui a trabajar con Eliseo Cidad Cidad, también sangrero. Luego, con Esteban Lara, ya pasé a matarife.

2 Casquero. | *VozC* 7.7.55, 2: Multas .. a 54 industriales y 79 vendedores, en junio .. Cuatro carniceros, cuatro pescadores, tres charcuteros, tres sangreros y dos fruteros, por tener adelantadas las básculas en sus respectivos establecimientos.

sangría *f* **1** Acción de sangrar [1b y c y 5]. *Tb su efecto.* | Bustinza-Mascaró *Ciencias* 122: Se usó en medicina [la sanguijuela] para practicar sangrías. *GacR* 27.10.70, 6: El novillo .. fue bravo y pegajoso de salida, pero su poca fuerza quedó patente después de tres pequeñas sangrías. Huarte *Tipografía* 42: Llamadas y signos .. 21. Sangrar. 22. Quitar sangría.

2 Pérdida continuada e importante [de algo, esp. de dinero]. | Alfonso *España* 155: El ministro de Trabajo informó de que en 1966 se habían producido cerca de dos millones de accidentes laborales; e indicó que esa sangría era "un toque de atención a la conciencia nacional".

3 Bebida refrescante compuesta esencialmente de vino tinto, azúcar y limón. | J. C. Munébrega *Sol* 24.5.70, 9: Turismo que en gran parte llega por avión y prácticamente con las horas contadas para tumbarse al sol, tomarse una sangría o un cubalibre con dancing.

4 Parte de la articulación del brazo opuesta al codo. | * Me duelen las sangrías.

sangrientamente *adv* De manera sangrienta [3, 4 y 5]. | Tovar *Gac* 11.5.69, 26: Las banderas por las que los españoles han luchado sangrientamente pueden ser analizadas y explicadas por una ciencia histórica.

sangriento -ta *adj* **1** De (la) sangre [1a]. | Laforet *Mujer* 329: Paulina vio allá, hacia el este, .. un rojo sangriento adornado por cirros oscuros. **b)** (*lit*) De color de sangre [1a]. | Cela *Judíos* 42: Consiguió del rey que obligase a los moros a usar capuces verdes con lunas claras, y a los judíos a llevar una marca sangrienta en el tabardo.

2 Manchado de sangre [1a]. | * Agua sangrienta. * Manos sangrientas del matarife.

3 Que provoca derramamiento de sangre. | Alfonso *España* 132: Se degradan [las armas de aire comprimido y de gas] de forma inevitable a la condición de un juguete ambiguo y sangriento.

4 Sanguinario [1]. | J. Aldebarán *Tri* 5.1.74, 8: El Imperio Otomano llevaba más de un siglo cayendo –como a cámara lenta– en el vacío; quedaba como vestigio de su pasada grandeza un sultán rugiente, esquizofrénico y sangriento, Abdul Hamid. *Ya* 17.3.83, 4: El tigre de Los Llanos, normalmente, se escabulle ante el hombre, pero si una vez este cae bajo su zarpa sangrienta, se convierte en un animal agresivo y peligrosísimo.

5 Hiriente o ultrajante. *Con intención ponderativa*. | CBaroja *Inquisidor* 26: En punto a ello no faltan chistes sangrientos.

sanguaza *f* Líquido sanguinolento. | CBonald *Noche* 98: Pudo ver así las sábanas y los vendajes teñidos de una sanguaza marrón. CBonald *Ágata* 58: La salvaje hedentina de los curtientes y sanguazas quedaría así incorporada para siempre a la memoria del primogénito.

sangüesino -na *adj* De Sangüesa (Navarra). *Tb n, referido a pers.* | *Pen* 20.8.74, 9: Pelota .. El "Trofeo Cantolagua". Cuarta edición, una gran entidad y presencia de autoridades con el dignísimo alcalde sangüesino al frente.

sanguijuela *f* **1** Gusano de unos 10 cm de largo y color pardo verdusco, con una ventosa en cada uno de los extremos, que succiona la sangre de los animales que parasita y que se ha empleado en medicina para realizar sangrías [1] (*Hirudo medicinalis*). | Cela *Judíos* 93: Vi a la Marcelita, moza hermosa pero que olía a peste, y le receté unas sanguijuelas al vientre.

2 (*desp*) Pers. que explota a otra o la priva poco a poco de sus bienes. | N. HLuquero *Abc* 17.8.75, sn: Pienso que por un triste salario vamos a hipotecar nuestra voluntad, convirtiéndonos en esclavos, en viles sanguijuelas del Estado, y eso es indigno de hombres como nosotros.

sanguijuelero -ra *m y f* (*hist*) Pers. que se dedica a coger, vender o aplicar sanguijuelas. | DCañabate *Abc* 27.10.74, 45: ¡Ahí es nada! ¡La Ildefonsa! Ildefonsa la "Sanguijuelera", personaje de cuenta en la calle Torrecilla del Leal, hija de una sanguijuelera muy popular en el distrito del Hospital, que decían lograba milagros con sanguijuelas aplicadas a los enfermos.

sanguinario -ria I *adj* **1** [Pers.] que goza provocando derramamiento de sangre. *Tb fig, referido a animal.* | CBaroja *Inquisidor* 12: Nadie piensa, por ejemplo, en la posibilidad .. de que un tirano, sanguinario e inculto, haya tenido sus puntas y ribetes de hombre de leyes. **b)** Propio de la pers. sanguinaria. | Van 4.11.62, 16: Tal como en nuestra edad ha padecido la Iglesia sanguinarias persecuciones, las sufrió también en la suya.

II *f* **2** Planta herbácea propia de lugares incultos y de los bordes de los caminos, con tallos rastreros y flores pequeñas blancas o rojizas (*Polygonum aviculare*). *Tb* SANGUINARIA MAYOR. | Chamorro *Sin raíces* 26: Llevaba siempre consigo una bolsa de cuero en donde guardaba la petaca, .. el eslabón o barreta y la yesca: hierba parecida a la grama, como especie de sanguinaria pero sin flor. Mayor-Díaz *Flora* 425: *Polygonum aviculare* L. "Correhuela de caminos", "Sanguinaria mayor" .. Tiene propiedades astringentes, antidiarreicas, diuréticas y vulnerarias.

3 Planta herbácea con una sola hoja y una flor, cuyo rizoma contiene un látex rojo usado en medicina como tónico y expectorante (*Sanguinaria canadensis*). *Tb* ~ DEL CANADÁ. | * El látex de sanguinaria se emplea en medicina.

sanguineidad *f* (*raro*) Condición de sanguíneo [2]. | Castroviejo *Abc* 10.9.68, 8: Se hundió calmoso por entre robles y helechos, donde le acogió un chaparrón de frescura, que hizo mucho bien a su sanguineidad.

sanguíneo -a *adj* **1** De (la) sangre [1a]. | Laiglesia *Tachado* 10: Nada me alegra tanto en el mundo como comprobar cada mañana que mi torrente sanguíneo sigue precipitándose en millares de canalillos cantarines llevando el sustento a la víscera más remota. **b)** De color de sangre [1a]. | GPavón *Cuentos rep.* 67: Hasta los viejos retratos .. despedían reflejos sanguíneos como si sus cristales y superficies patinadas fueran de rubí. Alvarado *Geología* 33: El jaspe común es rojo; el sanguíneo, verde con manchas rojas.

2 [Pers.] caracterizada por la corpulencia, la rojez de la cara y el carácter violento. *Tb n. Tb fig, referido a animales.* | Goytisolo *Afueras* 13: Víctor probaba el café cuando se abrió la puerta, dando paso a un hombre corpulento y sanguíneo. Pinillos *Mente* 151: Para los estables extravertidos –antiguos sanguíneos– y para los estables introvertidos –flemáticos–, la escuela de Eysenck no ha propuesto, que yo sepa, ninguna nomenclatura especial. **b)** Propio de la pers. sanguínea. | Ybarra-Cabetas *Ciencias* 398: El caballo es de temperamento sanguíneo y muscular.

sanguino -na I *adj* **1** De color de sangre [1a]. | GPavón *Rapto* 60: Un espejismo que figuraba aguas sanguinas, altísimos árboles desmochados. Peraile *Ínsula* 51: La higuera derrama sombra. Por eso Wences, el zapatero, traslada puntual, cada 15 de abril, su obrador de invierno, desde la sala ancha, con vigas negras en el techo y baldosas de tierra sanguina en el piso, al patio espacioso. **b)** [Naranja] cuya pulpa es de color rojizo. *Tb n f.* | J. Llorens *Mad Extra* 12.70, 36: Eran más seguras que las naranjas de media temporada, algunas de las cuales, como las sanguinas y las blancas comunes, han llegado casi a desaparecer.

2 (*reg*) Que produce sangre [1a]. | Romano-Sanz *Alcudia* 136: Estos pastos de Alcudia son muy sanguinos, tienen mucho jugo para el ganado.

3 (*reg*) Sanguíneo [2]. | GPavón *Rapto* 48: ¿Es que esta moza tan prieta y sanguina ya no tiene misterio para usted, filósofo?

4 (*pop*) Agresivo o violento. | Delibes *Castilla* 105: Al gocho capado hay que protegerle, apartarle de la vecera, porque el gocho es muy sanguino y, si no se le aparta, se le comen los demás. Sastre *Taberna* 115: Al muy animal [mi padre], manco y todo como está de una paliza, que ya lo conocéis, le dio, al muy sanguino, por arrearme con un palo en cuanto yo hacía alguna –nada, cosas de chavales– y me traía mártir.

II *n* **A** *m* **5** Cornejo (planta). | Loriente *Plantas* 58: *Cornus sanguinea* L. "Cornejo"; "Sanguino". Arbusto no frecuente. Utilizado en ornamentación y en la formación de setos muy densos, en parques y jardines.

6 Alaterno (planta). | *MOPU* 7/8.85, 64: La laurisilva, una asociación arbórea compuesta por laurel canario y otras especies (naranjo silvestre, sanguino, lentisco...) forma bosques intrincados en La Gomera.

B *f* **7** Lápiz en forma de barrita de color rojo oscuro, fabricado con hematites. | C. SFontenla *SInf* 7.8.75, 5: Goya, desde luego, no hizo el "autorretrato" de la infanta doña María Josefa, que es para mí la preferida de sus obras, más aún en el pequeño esbozo a la sanguina que en la versión definitiva como componente de "La familia de Carlos IV". **b)** Dibujo hecho con sanguina. | Torrente *Off-side* 31: Despliega ante Verónika media docena de sanguinas en que se repite el mismo rostro con ligeras variantes de pelo y barba.

sanguinolento -ta *adj* **1** De (la) sangre [1a]. | CNavarro *Perros* 141: Su piel iba cubriéndose de un rojo sanguinolento. **b)** De color de sangre [1a]. | Laiglesia *Tachado* 98: El sello de caucho, al entintarlo en un tampón

sanguinoso – sano

rojo, producía en los documentos una mancha sanguinolenta muy desagradable.
2 Manchado de sangre [1a]. | CBonald *Ágata* 213: Blanquita .. acarició con mano temblorosa el vidrio tórrido, pareciéndole que había tocado las sanguinolentas parias de una yegua.

sanguinoso -sa *adj* Semejante a la sangre, esp. en el color. | FVidal *Duero* 125: Descubre que allí solo es penumbra o pantalla de una fantasmal sombra chinesca, proyectada contra el cielo mortecino por los rayos, sanguinosos, rojizos, del sol.

sanguis *m* (*Rel catól*) Sangre de Cristo bajo los accidentes del vino. | SLuis *Doctrina* 135: Cristo está todo entero en cada forma, en el sanguis de cada cáliz y en cada parte de ellos.

sanguisorba *f Se da este n a dos plantas herbáceas de la familia de las rosáceas,* Sanguisorba officinalis *y* S. minor. *Tb* ~ MAYOR y MENOR, *respectivamente.* | Mayor-Díaz *Flora* 335: *Sanguisorba officinalis* L. "Sanguisorba", "Pimpinela mayor". Mayor-Díaz *Flora* 184: *Sanguisorba minor* Scop. "Sanguisorba menor". (Sin. *Poterium sanguisorba* L.)

sanícula *f* Planta herbácea de la familia de las umbelíferas, usada como vulneraria (*Sanicula europaea*). *Tb* ~ MACHO. | Cendrero *Cantabria* 100: Flora .. Estrato herbáceo .. *Sanicula europaea* L.: Sanícula. **b)** ~ **hembra.** Panta herbácea de la familia de las umbelíferas, cultivada a veces como ornamental (*Astrantia major*). | Mayor-Díaz *Flora* 352: *Astrantia major* L. "Sanícula hembra".

sanidad *f* Conjunto de servicios oficiales relativos a la salud pública. | O. Aparicio *MHi* 7.68, 28: En la presidencia estaban el Ministro de Sanidad de Costa Rica; el Director General de Sanidad, profesor García Orcoyen. **b)** Ministerio de Sanidad. | *DMé* 12.7.93, 1: Sanidad crea el marco legal para el contrato-programa del Insalud con centros ajenos.

sanioso -sa *adj* (*Med*) De(l) icor. | C. INavarro *SYa* 27.3.77, 14: Una lesión de milímetros a un par de centímetros de tamaño, .. de bordes netos, blandos, despegados a veces, enmarcados por una franja carmín, de fondo sucio, sanioso, con microabscesos purulentos.

sanisidros *m pl* Fiestas de San Isidro, de Madrid. | GPavón *Hermanas* 37: Al Central se va para bodas y entierros, para enfermos y negocios, para exámenes y sanisidros.

sanitariamente *adv* En el aspecto sanitario [1]. | Vega *Corazón* 19: Los factores de riesgo sanitariamente estudiados sobre el tema resultan limitadísimos en número.

sanitario -ria *adj* **1** De (la) sanidad. | *Puericultura* 74: Tiene también por objeto la inspección médica escolar el controlar el estado sanitario de los maestros. Legorburu-Barrutia *Ciencias* 145: Las leyes sanitarias de todos los países exigen que sea examinada [sic] al microscopio un trozo de carne de cada cerdo sacrificado. *Abc* 27.12.70, 29: El doctor .. ha desaparecido del centro sanitario de Badenweiler al pasado día 21. **b)** [Pers.] que trabaja en los servicios de sanidad [2]. *Tb n, esp referido al personal auxiliar. Tb fig.* | A. Romero *ElM* 9.12.91, 39: Su intención era convencer a los congresistas para que aprobasen una ley que obligara a todos los profesionales sanitarios a someterse a la prueba del Sida. Goytisolo *Recuento* 118: Entonces salió el sanitario, con su halo de olor a insecticida, y dijo que el comandante médico había dicho que o se callaban inmediatamente o los reenviaba a todos a las respectivas compañías. *Tri* 15.8.70, 12: Con estos sanitarios del bosque [las hormigas], se dice, no puede competir ni siquiera la química más desarrollada.
2 [Aparato o instalación] de los servicios higiénicos y de agua de una casa. *Frec como n m en pl, designando el conjunto de aparatos del cuarto de baño.* | GTelefónica *N.* 967: Derisán, S.L. Aparatos sanitarios de cuarto de baño económicos y de lujo. Material para fontanería. GTelefónica *N.* 969: Instalaciones sanitarias. Producción agua caliente central. SSolís *Jardín* 16: A un lado del dormitorio había una puerta que daba al cuarto de baño, decorado todo en baldosín azul, con sanitarios lujosos y relumbrantes.

san jacobo *m* Conjunto formado por dos filetes de lomo empanados con una loncha de queso entre ellos. | *Prospecto* 6.90: San jacobo 400 grs. "Machi" 330 pts. Lleve 2 y pague 1.

sanjaviereño -ña *adj* De San Javier (Murcia). *Tb n, referido a pers.* | R. Ríos *Ya* 17.10.85, 28: Unos diez años lleva viviendo un perro en el cementerio de San Javier (Murcia), sin salir a la calle ni siquiera en los momentos en que le acosan el hambre y la sed, por no querer separarse de la tumba de su amo, un señor de Los Narejos, cuyos restos recibieron sepultura en el camposanto sanjaviereño.

sanjoderse. ~ cayó en lunes (*o* **viernes**). *fórm or* (*vulg*) *Se usa para comentar la necesidad de resignarse.* | Mendoza *Ciudad* 42: A lo que respondía el ministro al día siguiente con expresiones como "ir con la hora pegada al culo" (por ir justo de tiempo) .., "sanjoderse cayó en lunes" (con lo que se invita a tener paciencia).

sanjuanada *f* Fiesta con que se celebra la festividad de San Juan. *Gralm referido a Soria.* | SDragó *Cam* 15.7.79, 51: No es .. la primera vez que se plantea el conflicto entre orden y caos puertas adentro de la sanjuanada de Soria.

sanjuanero -ra I *adj* **1** [Fruta] que madura por San Juan (24 de junio). *Tb referido al árbol que la produce.* | * Las peras sanjuaneras le gustan mucho.
2 [Fiestas] de San Juan. | *País* 14.6.82, 39: Unas 15.000 personas participa[ro]n ayer en el festejo denominado la compra del toro, prólogo de las fiestas sanjuaneras. **b)** De las fiestas de San Juan. | Tinín *VozC* 29.6.69, 7: Esta simpática peña sanjuanera acordó celebrar el día de la esposa.
3 De San Juan del Monte (Burgos). *Tb n, referido a pers.* | A. S. Moneo *DBu* 1.6.90, 18: Un año más, los sanjuaneros, los mirandeses, Miranda toda, vive la tradición y la alegría de las populares fiestas de San Juan del Monte.
II *f* **4** Música típica de las fiestas de San Juan, de Soria. | * Aunque es una orquesta moderna, siempre interpreta alguna sanjuanera para animar a la gente.

sanjuanes *m pl* Fiestas de San Juan. | Gala *SPaís* 30.3.80, 6: Antes que los sanjuanes [existía] la bienvenida del verano.

sanjuanista *adj* [Individuo] de la orden militar de San Juan de Jerusalén. *Tb n m.* | L. Torres *Abc* 22.2.62, 52: Podrán contemplar .. las ruinas del castillo de los caballeros sanjuanistas. Villapún *Iglesia* 79: La Orden de los Hospitalarios. Llamados también Sanjuanistas, por estar bajo la advocación de San Juan Bautista.

sanki → SANQUI.

sanleonardés -sa *adj* De San Leonardo de Yagüe (Soria). *Tb n, referido a pers.* | Moreno *Galería* 352: Por las más asfixiantes y aquí tórridas fechas de julio es la fiesta de Santa María Magdalena, patrona e intercesora insigne de los pinariegos lares sanleonardeses sorianos.

sanluqueño -ña *adj* De Sanlúcar de Barrameda (Cádiz), de Sanlúcar de Guadiana (Huelva) o de Sanlúcar la Mayor (Sevilla). *Tb n, referido a pers.* | Cela *Viaje andaluz* 278: Con la fresca .. el vagabundo se acercó a Sanlúcar la Mayor .. Por los pueblos del contorno aún dicen alperchineros a los sanluqueños, cosa que en ella no gusta demasiado. J. Balansó *SAbc* 16.6.68, 26: En Sanlúcar .. podía verse siempre a la Infanta, .. muy afable con todos, preguntando a las sanluqueñas por sus familiares.

sanmarinense *adj* De la República de San Marino. *Tb n, referido a pers.* | Cunqueiro *Des* 14.5.75, 31: Recibo un folleto, con mucha fotografía en colores, en [el] que se alaba la siempre libre y soberana República de San Marino .., se nos dice cuán atrayente es su visita para el turista, y lo sabroso de la cocina sanmarinense.

sanmarinés -sa *adj* Sanmarinense. *Tb n.* | E. Boado *SPaís* 19.9.82, 30: Los primeros entero-postales sanmarineses se emitieron el 1 de julio de 1882.

sanmateos *m pl* Fiestas de San Mateo, en Logroño. | F. MLosa *SSe* 18.9.88, 6: Tierra de anchos cielos azules, Logroño, capital de la Rioja, tiene en las Fiestas de la Vendimia, en los "sanmateos", una obligada cita, llena de colorido, con la alegría, con la fuerza.

sano -na I *adj* **1** Que goza de salud, física, mental o espiritual. | *Puericultura* 5: La Puericultura nos dice cómo ha de cuidarse a los niños que se críen sanos. Laforet *Mujer*

172: En nuestra familia, todos somos tan sanos, tenemos la cabeza tan firme, que estos delirios de mi nuera no te niego que me sobresaltan. Goldáraz *Misal* 792: Señor, yo no soy digno de que entres en mi morada; pero di una sola palabra y mi alma será sana. **b)** [Miembro] que carece de lesión o enfermedad y funciona normalmente. | * Cuando un ojo sufre daño, el ojo sano debe realizar un esfuerzo mayor. **c)** Curado [de una enfermedad o lesión]. *Tb sin compl.* | Vesga-Fernández *Jesucristo* 61: El primero que entraba en la piscina después del movimiento del agua quedaba sano de cualquier enfermedad que tuviese. **d)** ~ **y salvo.** [Pers.] que se encuentra en perfecto estado tras superar un peligro físico. *Tb fig, referido a cosa.* | *Mad* 10.9.70, 15: Los 21 tripulantes del sumergible se encuentran sanos y salvos.
2 [Vegetal] que no está podrido o afectado de enfermedad. | M. GRollán *ASeg* 7.4.78, 13: El micelio ocupa partes de la madera que todavía parecen sanas, y debe quemarse todo (incluido tocón y raíces).
3 [Cosa] normal o que no presenta alteraciones. | J. A. Castro *Ya* 16.7.75, 6: Los hay de sano juicio (es un decir) que atisban entre líneas un insulto.
4 [Cosa] no estropeada o rota. | * No queda un vaso sano.
5 [Pers.] carente de malicia o malos instintos. | Olmo *Golfos* 56: El Doblao era el menos sano de todos nosotros. Y no por su fealdad, pues feos hay que tiran bien, sino por sus malos instintos. **b)** Propio de la pers. sana. | Gironella *Millón* 111: Una vez convencido de la sana intención de la persona que le pedía algo, tomaba la pluma para firmar. Arce *Testamento* 23: Enzo era un cínico. Sus ojos azules parecían sanos y alegres como los de un muchacho, pero yo sabía que cuando cambiaban de expresión se tornaban duros y fríos como el acero.
6 [Cosa] saludable (buena para la salud). *Tb fig.* | *Economía* 12: Conviene que esté situada la casa en lugar sano, alejado de sumideros y corrales. Kurtz *Lado* 121: Mi régimen de comida es sano. ZVicente *Mesa* 103: –Me parece... –A usted no le parece nada, doña Concha, usted ahora a oír, ver y callar. Es lo más sano.
7 Saludable (que denota salud). | Laforet *Mujer* 16: Sus ojos azules brillaban vivos, redondos, en la cara tostada y sana.
II *loc v* **8 cortar por lo ~** → CORTAR.

sanqui (*tb con la grafía* **sanki**) *m* Casa prefabricada de suburbio. | J. Valenzuela *País* 24.3.85, 30: El Rancho, situado al sur de la capital, en Villaverde, está formado en la actualidad por unas 120 viviendas prefabricadas o sanquis, que sus habitantes .. llaman *yanquis*. *Ya* 16.9.91, 14: Encapuchados incendian un sanki en Usera .. Veinte encapuchados asaltaron el sanki –como popularmente se conoce a las casas prefabricadas– sobre las tres de la madrugada.

San Quintín. la de ~. *loc n f* (*col*) Un lío o alboroto muy grande. *Con vs como* ARMAR(SE) *u* ORGANIZAR(SE). | Lera *Clarines* 476: Como se entere de que alguien dice que si miraste al torero o que dejaste de mirarle, va a armar la de San Quintín.

sanroqueño -ña *adj* De San Roque (Cádiz). *Tb n, referido a pers.* | *Inf* 27.8.79, 2: San Roque, que no es un pueblo pequeño, se queda sin sanroqueños.

sanscritista *m y f* Pers. versada en lengua y literatura sánscritas. | L. Sagrera *SAbc* 2.8.70, 47: En Nueva Delhi he conocido .. al san[sc]ritista Tola. [*En el texto,* sancsritista.]

sánscrito -ta (*tb, raro,* **sanscrito**) *adj* [Lengua] antigua de los brahmanes. *Más frec n m.* | Laiglesia *Ombligos* 165: Señorita extranjera enseñará el sánscrito a caballero honorable. **b)** De (la) lengua sánscrita. | JLozano *Inf* 26.1.72, 16: Se dice que Strindberg curó de su locura leyendo textos sánscritos y búdicos. Lapesa *HLengua* 102: De origen sánscrito son, por ejemplo, *alcanfor* y *ajedrez*.

sans-culotte (*fr; pronunc corriente,* /san-kulót/ *o* /san-külót/; *tb con la grafía* **sansculotte**) (*hist*) **I** *m* **1** En la Revolución Francesa: Revolucionario extremista. | M. P. Comín *Van* 10.10.74, 49: El hombre francés perdió en un día .. lo que había tardado en conseguir durante más de tres siglos de tanteos .. y renovaciones: su elegante calzón a la rodilla, que, los vientos de la Revolución Francesa se llevaron de un solo empujón, por la fuerza de los avasalladores y levantiscos "sans-culottes". **II** *adj* **2** De los sans-culottes. | Cunqueiro *Crónicas* 150: Se había notado en Bretaña que la ira sansculotte se vertía más en los bastardos que en los legítimos de la nobleza.

sanseacabó *interj* (*col*) Expresa el final definitivo de algo. *Gralm precedida de* Y *y frec como refuerzo de una negación.* | Lagos *Pap* 11.70, 163: Cuando te suena la hora de irte al hoyo, te largas y sanseacabó. **b)** Puesta al final de una enumeración, subraya lo escaso de esta. | ZVicente *Ya* 27.12.70, sn: Anda, que no es jaleo ni nada lo que se echan las niñas en la cara. Nosotras, agua de Carabaña para la piel .. y manzanilla para el pelo, y sanseacabó.

sansevieria *f* Planta herbácea perenne, de hojas radicales espesas, carnosas y largas, con estrías amarillas y verdes, cultivada frec. como ornamental (gén. *Sansevieria*, esp. *S. trifasciata*). | Loriente *Plantas* 73: *Sansevieria* Thunb., "Sansevieria". Herbácea perenne que como ornamental es bastante corriente.

sans-façon (*fr; pronunc corriente,* /sanfasón/) *m o f* Desenvoltura o falta de ceremonia. | Halcón *Ir* 360: La "sans-façon" con que me expusiste aquel plan no me escandalizó porque hablabas como una niña de tu edad.

sansirolada *f* (*col*) Tontería o bobada. | Gala *Sáb* 5.10.74, 7: Yo no soy partidario de los concursos de belleza: la belleza no suele concurrir a exposiciones, y son una sansirolada contra el sexo femenino, que siempre pierde –como los perfumes– cuando se destapa. Campmany *Abc* 10.1.86, 13: Cuando el Gobierno socialista hace alguna mentecatez o alguna sansirolada, que es casi siempre, te dicen que hay que aguantarse por patriotismo.

sansirolé *adj* (*col*) Bobalicón. *Tb n.* | Delibes *Emigrante* 9: La filosofía popular es, con frecuencia, un tanto burda y sansirolé.

sansiviera *f* Sansevieria. | Delibes *Parábola* 25: Le sorprende regando la begonia, la sansivier[a] y el ficus. [*En el texto,* sansivieras.]

sansón -na *m y f* Pers. muy forzuda. | J. M. Javierre *Ya* 9.9.79, 4: García Paredes, hijo del "sansón extremeño", aquel Sansón que paraba con el codo las ruedas de molino. *Pue* 30.9.70, 14: Ella se llama Virginia García Moreno, tiene treinta y cuatro años, pesa 120 kilos y se ha ganado a pulso (nunca mejor dicho) el título de La Sansona del Siglo XX.

santaamaliense *adj* De Santa Amalia (Badajoz). *Tb n, referido a pers.* | Á. Valadés *Hoy* 9.7.76, 19: Hay un rasgo que debiera marcar a los santaamalienses: el tesón.

santabárbara *f* (*Mar*) En una embarcación: Lugar destinado a guardar la pólvora o el armamento. | Torrente *Sombras* 83: Él lo había salvado arrojándole al agua .. antes de que estallase la santabárbara.

santacruceño -ña *adj* De alguna de las poblaciones llamadas Santa Cruz, esp. de Santa Cruz de Tenerife. *Tb n, referido a pers.* | Cela *Viaje andaluz* 91: El vagabundo, al pasar por tan galana villa y tan alegre, ejercita en honor del mujerío santacruceño, que Dios conserve, los tres sentidos –la vista, el oído y el olfato– que las buenas costumbres permiten poner en juego sin mayor alarma. [*Santa Cruz de Mudela.*] GMacías *Relatos* 27: La villa de Santa Cruz de la Sierra, que corresponde al partido judicial que tiene por cabecera a la heráldica ciudad de Trujillo, está situada a 62 kilómetros de la capital de la Alta Extremadura. Sus hijos reciben el gentilicio correcto de santacruceños.

santacrucero -ra *adj* De Santa Cruz de Tenerife. *Tb n, referido a pers.* | J. Quintana *Día* 21.9.75, 38: No conocemos la fecha exacta del nacimiento de este bardo santacrucero.

santaellano -na *adj* De Santaella (Córdoba). *Tb n, referido a pers.* | *Ya* 21.8.85, 15: La Junta de Andalucía no ha respetado los criterios de vecindad en la adjudicación de explotaciones de tierra que se encuentran en el término municipal de Santaella, y por tanto podrán acceder a las propiedades repartidas vecinos de otros municipios, que privarían a los santaellanos de las tierras de su término.

santamartense *adj* De Santa Marta (Badajoz). *Tb n, referido a pers.* | *Hoy* 28.7.76, 13: Si tuviera que escribir algo sobre este pueblo de Santa Marta, la citaría como ciudad hospitalaria .. Probablemente, la santa haya intercedido para que los santamartenses sean ejemplos vivos de lo que ella fue.

santamente *adv* De manera santa [1f]. | L. LHeras *Abc* 4.10.70, 9: La Santa es santamente viril, nada de sensiblerías.

santanderino -na *adj* De Santander. *Tb n, referido a pers.* | *Inf* 24.7.70, 10: Pleito contencioso administrativo que ha enfrentado al Ayuntamiento santanderino con una empresa constructora de la ciudad.

santapolero -ra *adj* De Santa Pola (Alicante). *Tb n, referido a pers.* | I. Montejano *Abc* 28.8.83, 30: La reina que para sus fiestas ha elegido Santa Pola .., la santapolera María José Fernández Molina.

santateresa *f* Insecto de unos 8 cm de largo, de color verde, con las patas anteriores largas y robustas adaptadas para la aprehensión, las cuales mantiene unidas como en actitud orante cuando está en reposo (*Mantis religiosa*). | Grosso *Capirote* 34: La carriola permanecía aparcada delante del porche como un gran insecto, como una monstruosa santateresa con las alas azules.

santcugatense *adj* De Sant Cugat del Vallés (Barcelona). *Tb n, referido a pers.* | F. A. Semir *Van* 15.10.76, 36: La instancia citada ha corrido una extraña suerte. En primer lugar fue devuelta por la administración santcugatense por estar redactada en lengua catalana, amparándose en la legislación vigente.

santear *tr (jerg)* Informar [de algo (*cd*)] a un delincuente] para facilitar la comisión de un delito. | Tomás *Orilla* 76: –Muy arriesgado lo veo .. –Sin problemas. Con que te diga que el menda me ha santeado a mí varias veces pisos de amigos suyos...

santelmo (*tb con la grafía* **San Telmo**) *m* Fuego de San Telmo (→ FUEGO). | Cancio *Bronces* 37: Poco a poco se va subiendo el alcohol, como el San Telmo, a las gavias.

santense *adj* De Los Santos de Maimona (Badajoz). *Tb n, referido a pers.* | T. Rabanal *Hoy* 30.8.75, 19: No se agota fácilmente la lista de hombres ilustres que vieron la luz en el pueblo riente y blanco de Los Santos de Maimona .. Muy poco o nada le[s] dirá el nombre de Rafael Rico a muchos santenses de hoy.

santeño -ña *adj* De alguna de las poblaciones denominadas Los Santos. *Tb n, referido a pers.* | *Abc* 11.9.79, 29: Los Santos de la Humosa. Los santeños son "muy alargaos" y empezaron el 26 de agosto, con el traslado de la Virgen.

santería *f (Rel)* Conjunto de creencias y prácticas religiosas, propio de los negros de Cuba, constituido por una mezcla de elementos católicos con supersticiones y fetichismo de origen africano. | C. Murillo *Abc* 4.5.74, 90: Su cabeza de ébano daba vueltas en redondo como un poseído en pleno "bembé" de la "santería".

santero -ra I *adj* **1** Que tributa a las imágenes un culto casi supersticioso. *Tb n, referido a pers.* | GMarín *Tri* 20.11.71, 15: Estas constataciones elementales servirán de excusa a nuestro intento de seguir el rastro a la vocación santera del catolicismo español.
II *m y f* **2** Pers. que cuida de una ermita o un santuario. | Cela *Viaje andaluz* 34: Leoncio Trébago Quintero .. había sido santero en San Salvador de Liminón. GPavón *Rapto* 188: Pasaron entre los muros derruidos hasta el patio de armas a donde de la ermita de la Virgen de Peñarroya. Allí mismo vivía la santera.
3 Pers. que lleva de casa en casa una imagen, recibiendo por ello una limosna. | CPuche *Sabor* 143: Allí venían en fila .. las hijas del cajero del banco, la mujer del fragüero, .. las santeras y rezadoras de los entierros, que eran mellizas y las dos traían olor a muerto.
4 (*jerg*) Pers. que facilita a un delincuente información para cometer un delito. | Lera *Olvidados* 224: Se sospechaba de él muchas cosas: que fuera espía o simplemente chivato de alguien, usurero, fraile renegado y hasta santero de los golfos.

santiagueño -ña *adj* De alguna de las poblaciones o provincias denominadas Santiago. *Tb n, referido a pers.* | G. Bethencourt *Pue* 22.10.70, 8: El mayor Marshall es hombre bien conocido .. por haberse negado a cumplir la orden de asistir con su unidad a cubrir carrera el 18 de septiembre de 1969 –fecha en la que se conmemora la independencia chilena con un solemne tedeum en la catedral santiagueña, al que siempre asiste el Presidente de la República–. Carnicer *Van* 17.7.75, 50: La disparidad reaparece a menudo, por ejemplo, en las ciudades que llevan el nombre de Santiago: santiagueses los de Santiago de Compostela, santiagueños los de Argentina, santiagueros los de Cuba y santiaguinos los de Chile.

santiaguero -ra *adj* De Santiago de Cuba. *Tb n, referido a pers.* | Carnicer *Van* 17.7.75, 50: La disparidad reaparece a menudo, por ejemplo, en las ciudades que llevan el nombre de Santiago: santiagueses los de Santiago de Compostela, santiagueños los de Argentina, santiagueros los de Cuba y santiaguinos los de Chile.

santiagués -sa *adj* De Santiago de Compostela (La Coruña). *Tb n, referido a pers.* | VParga *Santiago* 20: También en la abadía de Conques, en el corazón de Auvernia, encontramos ecos santiagueses, que solo la peregrinación y el camino pueden explicarnos. Cela *Viaje andaluz* 215: Este hombre que, meditativo, escribe y a veces canta, es don Antonio Machado Álvarez, santiagués de Compostela.

santiaguino -na *adj* De Santiago de Chile. *Tb n, referido a pers.* | Delibes *Mundos* 47: De Santiago a los Andes no hay más que un paseo. Los santiaguinos suelen aprovechar la cordillera para respirar cuando hace bueno.

santiaguiño *m* Crustáceo de pequeño tamaño, semejante a la cigala, en cuyo caparazón se dibuja una cruz de Santiago (*Scyllarus arctus*). | *Van* 20.12.70, 8: Venta y degustación [de] percebes, almejas, ostras, langostas, nécoras, centollos, anguilas, santiaguiños.

santiaguista *adj* De la orden militar de Santiago. *Tb n, referido a pers.* | Cossío *Montaña* 372: Hijos del segundo matrimonio de su padre fueron don Juan, sargento mayor, muerto en el sitio de Plasencia, y don Felipe, capitán general de Extremadura, santiaguista y consejero de Guerra. Cela *Viaje andaluz* 73: Hay quien dice que Ocaña fue feudo santiaguista por privilegio real.

santiamén I *loc adv* **1 en un ~.** Muy rápidamente o en muy poco tiempo. | Cuevas *Finca* 87: Vinieron .. los santanderinos que, en un santiamén, dominaron todo el comercio válido.
II *m* **2** (*raro*) Espacio muy breve de tiempo. | Torrente *Isla* 58: Me siento tembloroso de impaciencia, y no estaré tranquilo hasta que se haya cogido de la mano después del canto de la calandria y antes de la respuesta del ruiseñor: lo que se dice un santiamén.

santidad (*con mayúscula en acep 2*) *f* **1** Cualidad de santo [1 y 2]. | Vesga-Fernández *Jesucristo* 18: Un fariseo con sus borlas y caireles interminables, para simbolizar su santidad. Laforet *Mujer* 325: Conozco a unos parientes de tu marido. Ellos me han explicado algo de tu santidad furibunda.
2 Se usa como tratamiento del Papa. Normalmente precedido de adj posesivo: SU ~, VUESTRA ~. | *Abc* 1.12.70, 17: El primer ministro australiano .. dio la bienvenida a Pablo VI. Su Santidad contestó en inglés. *Van* 15.1.76, 43: Aquel [día] en que la Santidad de Clemente VIII Aldobrandini decidió incluir en el catálogo de los santos .. al beato vilafranqués.

santificable *adj* Que se puede santificar. | Pla *Des* 12.9.70, 24: Tito no es precisamente considerado un ortodoxo santificable.

santificación *f* Acción de santificar(se). | L. LHeras *Abc* 4.10.70, 8: Nos han presentado la vida de Santa Catalina .. Las diversas etapas del proceso de su transformación interior, de su santificación. Villapún *Moral* 94: La ley divina positiva prescribió la santificación del día séptimo, o sábado, en memoria de la Creación.

santificador -ra *adj* Que santifica, *esp* [1]. | SLuis *Doctrina* 48: Las demás Iglesias: o tienen fundadores inmorales (Lutero, Calvino); o su doctrina ha carecido de eficacia santificadora.

santificante *adj* (*Rel catól*) [Gracia] que santifica [1]. | SLuis *Doctrina* 121: El pecado mortal: Priva al alma de la Gracia santificante.

santificar *tr* **1** Hacer que [alguien (*cd*)] alcance la santidad o la perfección cristiana. *Frec el cd es refl.* | SLuis

santiguación – santo

Doctrina 48: Es Santa [la Iglesia Católica]: lo es su fundador, Jesucristo; su doctrina, que ha santificado a muchos fieles. Villapún *Iglesia* 4: En la Iglesia Católica ha habido millares de santos, que en los distintos estados y condición social de vida se santificaron.

2 Hacer santa [1f y 2] [una cosa]. *Tb fig.* | Villapún *Moral* 179: La castidad matrimonial, que es la que tienen que guardar los casados y que hace se santifique la vida familiar. Villapún *Iglesia* 76: La tierra santificada por la sangre de su Hijo .. tenía que ser rescatada. *País* 13.3.86, 10: Con la única esperanza, no de reforzar su Gabinete o su persona, ni mucho menos de santificar popularmente la OTAN, sino de ver garantizada para ellos mismos un futuro político estable. **b)** Dar carácter religioso [a una fiesta (*cd*)] cumpliendo los preceptos religiosos y absteniéndose de trabajar. | Valcarce *Moral* 60: Acuérdate de santificar el día del Sábado.

3 Reverenciar [una cosa] como santa [2]. *Solo en el padrenuestro.* | *Catecismo Nacional* 2, 3: Padre nuestro, que estás en los cielos, santificado sea tu nombre.

santiguación *f (raro)* Acción de santiguarse [1]. | Palomino *Torremolinos* 68: Apaga la luz, se arropa y, ya tapado, saca una mano y se santigua, pero no reza .. Estas santiguaciones decían que son muy buenas para espantar al Enemigo Malo.

santiguada *f (raro)* Acción de santiguarse [1]. | Torrente *DJuan* 178: Ellas, entonces, se santiguaron y huyeron .. Su santiguada me dejó perplejo.

santiguador -ra *m y f (hist)* Pers. que realiza hechicerías o curaciones haciendo sobre sí mismo o sobre otro la señal de la cruz. | Livingstone *D16* 14.7.91, 77: Ya podían esforzarse los druidas, espantanublados, loberos, aojadores .. y santiguadores por hacer creer a la población que el eclipse era voluntad de la superioridad.

santiguarse (*conjug* **1b**) *intr pr* **1** Hacer [alguien] la señal de la cruz desde la frente al pecho y desde el hombro izquierdo hasta el derecho, diciendo "en el nombre del Padre, del Hijo y del Espíritu Santo". | Laforet *Mujer* 271: Paulina miró hacia el altar y se santiguó rápidamente.

2 Mostrar gran escándalo o asombro, esp. realizando el acto físico de santiguarse [1]. | Olmo *Golfos* 181: Era un palabrero sinvergonzón que hacía santiguarse a toda la plaza vieja.

santo -ta (*Con pronunc átona en acep 1b, donde toma la forma* SAN *inmediatamente delante de n propio m, excepto* TOMÁS *o* TOMÉ, DOMINGO *y* TORIBIO. *Con mayúscula en aceps* 3, 4, 8b *y* 12 *y gralm en* 1b, 11 *y* 13) **I** *adj* **1** (*Rel crist*) [Pers.] que recibe culto público después de su muerte, tras reconocer oficialmente la Iglesia el alto grado de perfección alcanzado en vida. *Frec n.* | Villapún *Iglesia* 54: Nació el Santo en Tréveris (Alemania) el año 340. **b)** *Se usa como tratamiento, sin art, precediendo inmediatamente al n propio.* | Vesga-Fernández *Jesucristo* 24: ¿En qué oración están contenidas las palabras del Ángel a María y las de Santa Isabel? Vesga-Fernández *Jesucristo* 137: ¿Cómo suceden las negaciones de San Pedro? Vesga-Fernández *Jesucristo* 153: Santo Tomás no creía en la resurrección si no veía y no palpaba. **c)** (*Rel catól*) [Pers.] que ha alcanzado la bienaventuranza eterna. *Gralm n.* | SLuis *Doctrina* 53: Iglesia triunfante, a la que pertenecen los santos que gozan de Dios en el Cielo. **d)** [Pers.] moralmente irreprochable. *Tb n. A veces con intención ponderativa.* | J. L. Calleja *Abc* 30.12.70, 7: Los mejores deseos de Fulano, vaya usted a saber si equivalen a los de un sinvergüenza o a los de un santo. **e)** [Pers.] de bondad o paciencia ejemplares. *Tb n.* | *Ya* 15.2.85, 2: Es una santa [la niña] .. Solo se despierta a sus horas para el biberón. **f)** Propio de la pers. santa. *Frec fig, ponderando bondad.* | Laforet *Mujer* 61: Paulina se veía de pequeña con roña en las rodillas. Su madre no consideraba demasiado santo eso de lavarse. Villapún *Moral* 59: Se llama ira santa el horror al pecado y el deseo justo de castigar a los malos.

2 De carácter sagrado. | *Abc* 2.1.66, 97: En la presidencia del duelo familiar iba .. el consiliario y canónigo de la santa iglesia catedral. Arenaza-Gastaminza *Historia* 237: El alma de la Santa Alianza fue Metternich. GMarín *Tri* 27.11.71, 39: La "santa Tradición" es el ideal de tales tremendos enemigos de "lo francés". **b)** De carácter religioso. | Payno *Curso* 14: Abrían las páginas blancas de los libros con un santo respeto y cuidado. **c)** [Guerra] de religión. *Gralm*

referido a los mahometanos. | Arenaza-Gastaminza *Historia* 82: La doctrina de Mahoma tuvo la virtud de fanatizar a las tribus árabes y lanzarlas a la guerra santa.

3 (*Rel crist*) [Semana] siguiente al Domingo de Ramos, en la cual se conmemora la Pasión de Jesús. | SLuis *Liturgia* 8: El Domingo de Ramos empieza la Semana Santa. **b)** [Día] de la Semana Santa. *Acompañando al n de cualquiera de los días, excepto el domingo.* | SLuis *Liturgia* 8: El Viernes Santo conmemora la Muerte de Jesús en la Cruz.

4 (*Rel catól*) [Año] de jubileo o indulgencia plenaria. | RMorales *Present. Santiago VParga* 4: La magistratura ecuménica del Pontificado instituyó en Compostela el Jubileo del Año Santo.

5 (*col*) *Precediendo a algunos ns como* VOLUNTAD, SUELO, DÍA, TARDE, *etc, tiene carácter ponderativo.* | Arce *Testamento* 77: A los muchachos había que dejarles hacer su santa voluntad, que para eso eran hombres y trabajaban. Fr. Martínez *Pue* 5.12.75, 29: Toda una santa mañana estuvo Romano Villalba esperando que apareciese Alfonso Cordón por Prado del Rey. **b)** *todo el ~ día* → DÍA.

II *m* **6** Imagen de un santo [1a]. | E. La Orden *SYa* 12.5.74, 19: Tengo mucho que meditar bajo las bóvedas del convento dominico de San Pablo y entre los santos de palo de San Gregorio, de Valladolid.

7 (*col*) Dibujo o ilustración. | Berlanga *Barrunto* 31: El tío "Capagrillos" bajaba a la fragua para leer "el papel", aunque por Dámaso supe que únicamente miraba los "santos". Zunzunegui *Hijo* 13: Acababa .. apandando con todas las canicas .. y todos "los santos" de las cajas de cerillas.

8 Día de la festividad del santo [1a] del nombre [de una pers.]. *Tb la fiesta con que se celebra.* | Berenguer *Mundo* 63: Yo me volví más contento que si fuera mi santo con los dos gandanos arrastras [*sic*]. Cela *Judíos* 305: El vagabundo .. se subió .. por el camino de Cebreros .. felicitándose, como si estuviera de santo, por haberse decidido a no entrar en tamaño berenjenal. **b) Todos los ~s.** Festividad con que la Iglesia honra el 1 de noviembre a todos los santos [1c] del cielo. *Tb la fecha en que se celebra. Tb* LOS *~s.* | Ribera *Misal* 1383: La festividad de Todos los Santos .. Pretende la Iglesia con esta fiesta honrar a todos los bienaventurados del Cielo. * Vendrá para el puente de los Santos.

9 ~ y seña. (*Mil*) Contraseña con que alguien se da a conocer como amigo al centinela de un recinto militar para que le permita entrar en él. *Tb fig, fuera del ámbito militar.* | CSotelo *Proceso* 364: Parece España una fortaleza sitiada en la que todos temiesen dar a conocer al enemigo el santo y seña.

10 (*jerg*) Información que se da a un delincuente para facilitarle la comisión de un delito. *Frec en la constr* DAR EL *~.* | Tomás *Orilla* 147: A mí me han santeado muchos pisos personas de mucha reputación y que además te compran luego las joyas. Te dan el santo de amigos suyos que están montados en oro. J. Duva *Ya* 29.3.83, 37: El móvil del crimen fue una especie de venganza contra la muchacha, debido a que esta les había dado un "santo" que luego resultó ser falso.

11 (*Rel catól*) *En la misa:* Sanctus. | ASáez *Abc* 18.12.70, 21: El Santo, por "cartageneras"; los Kiries, por "mineras"; la plegaria de la Comunión, por "tarantas".

12 el Santísimo. (*Rel catól*) Cristo en la Eucaristía. | Villapún *Iglesia* 69: Abierto el sagrario, expone el Santísimo. El coro canta el "Pange lingua", mientras se inciensa al Santísimo.

13 (*hist*) *En el Tabernáculo y en el templo de Jerusalén:* Parte inmediatamente anterior al sancta sanctorum y separada de él mediante un velo. | Vesga-Fernández *Jesucristo* 16: Propiamente el Templo o Santuario lo formaba[n] el Santo y el Santo de los Santos. **b) ~ de los ~s**, o **Santísimo.** (*hist*) Sancta sanctorum. | Peña-Useros *Mesías* 80: El espacio interior del Tabernáculo estaba dividido en dos partes, separadas por un velón: el Santuario, donde solo entraban los sacerdotes, y el Santísimo o Santo de los Santos, donde entraba el Sumo Sacerdote una vez al año.

III *loc v y fórm or* **14 adorar al ~ por la peana.** (*col*) Tratar de agradar a una pers. siendo amable y complaciente con otra ligada afectivamente a ella. | Cela *Judíos* 35: El vagabundo, que se sintió romántico, enamorado y dadivoso, se puso a adorar al santo por la peana, .. y dio unas briznas de rosquilla .. al niño que lo miraba con el aire tontino y tierno como una peladilla.

santolina – sanza

15 alzarse [alguien] **con el ~ y la limosna.** (*col*) Apropiárselo todo, lo que le corresponde y lo ajeno. | Cela *Pirineo* 328: Raimundo .. se alzó con el santo y la limosna, se hizo prepósito manu militari .. y cambió la vida cenobítica en canonical aquisgranense.

16 comerse [alguien] **los ~s.** (*col*) Ser muy beato. | Laforet *Mujer* 296: La portera sorda contaba algunas cosas sabrosas .. acerca de esta orgullosa señora que vivía sola y se comía los santos.

17 desnudar (**a**) **un ~ para vestir a otro.** (*col*) Privar a alguien o algo de una cosa que necesita, para dársela a otro que no la precisa más que el primero. | C. RLlopis *Abc* 24.8.66, 24: Un estudiante que tan íntima y cordial preocupación acredita por la carrera de sus amores, hasta que la bastardea con ese querer desnudar a un santo para vestir a otro.

18 hacer la santísima [a alguien]. (*col, euf*) Causar[le] un daño o disgusto grande. | Delibes *Emigrante* 42: Esta historia de los papeles me está haciendo la santísima.

19 írsele [a alguien] **el ~ al cielo.** (*col*) Quedarse [esa pers.] distraída, u olvidarse de lo que iba a decir o hacer. | MVictoria *Ya* 14.5.72, 36: ¡Ya sabes que es un vago! .. Eso mismo le pasa a Luis. Es un distraído que se le va el "santo al cielo".

20 llegar y besar el ~. (*col*) Conseguir el propósito inmediatamente después de intentarlo. *Gralm como predicat*. | Pacoiz *Ya* 15.11.79, 51: Al señor forastero lo que le interesa .. es llegar y besar el santo.

21 no acordarse (**ni**) **del ~ del nombre** [de una pers.]. (*col*) No acordarse [de ella] en absoluto. | MGaite *Búsqueda* 26: Nadie que sea medianamente sincero se atreverá a sostener que se acuerda para bien ni para mal del santo de su nombre.

22 no es mi ~. (*pop*) Fórmula de rechazo despectivo. | MRecuerda *Salvajes* 35: –¡Echad a todos esos tíos fuera! –Vengo con ansia de devolver. –¿Pero esto, qué es? Digo, los tíos, ¿qué te parece? –¡Que no es mi santo!

23 quedarse [una mujer] **para vestir ~s.** (*col*) Permanecer definitivamente soltera. *Tb* (*humoríst*) *referido a hombre*. | Cela *Judíos* 92: La moza, aun a pesar de su gentil apostura, se iba a quedar para vestir santos. Carandell *Madrid* 71: Pepe se quedó para vestir santos.

24 ~ y bueno. Fórmula de aprobación que precede normalmente a la manifestación de una reserva. | Medio *Bibiana* 48: Que Bibiana se ría y se divierta con las cosas de los chicos, santo y bueno .. Pero Marcelo Prats... Es incomprensible.

25 ser ~ de la devoción [de alguien]. (*col*) Resultar[le] grato o simpático. *Gralm en constr neg*. | VMontalbán *Pájaros* 81: No es que sea santo de mi devoción, pero es una mujer que vale mucho y de mucha cultura.

26 tener el ~ de cara (o **de espaldas**). (*col*) Tener buena (o mala) suerte. | *Ale* 10.8.83, 3: El buen humor recobrado no le hace olvidar sin embargo que tiene el santo de cara. A. Simón *Inde* 28.8.90, 31: Enrique Ponce tuvo el santo de espaldas. [*En una corrida de toros.*]

IV *loc adv* **27 ¿a ~ de qué?** (*o, raro, ¿a qué ~?*). ¿Con qué motivo? *Gralm con intención polémica*. | SFerlosio *Jarama* 36: ¿A qué me vine yo a Coslada? ¿Pero a santo de qué? MGaite *Ritmo* 175: –¿Y tú no quieres dejar de cuidarlas [las ovejas]? –¿Yo? ¿A qué santo?

28 como un ~. En paz y profundamente. *Con el v* DORMIR. | * Duerme como un santo.

V *interj* **29 por todos los ~s** (**del cielo**). Expresa asombro y protesta ante algo disparatado o inoportuno. | * –Ya están aquí. –Por todos los santos, y yo sin arreglar.

santolina *f* Planta herbácea de hojas carnosas grisáceas e inflorescencias en capítulos amarillos muy aromáticos, espontánea en lugares pedregosos y cultivada como ornamental (*Santolina chamaecyparissus*). | FVidal *Duero* 191: La imagen de la Santa Virgen, sin duda prendada de la belleza de los hontanares que en la primavera se visten de blanco con las florecillas inocentes de las manzanillas, de las jaras y de las santolinas, decidió permanecer en Sotosalbos.

santolio *m* (*reg*) Santo óleo. | CBonald *Ágata* 299: Iba a ver si daba con ella tan pronto aviase lo del rezo de la difunta, aquí el padre viene a darle el santolio.

santón *m* **1** Hombre no cristiano que lleva una vida austera y penitente. | F. Borciqui *Fam* 15.11.70, 18: Los Beatles tienen una crisis mística y van a orillas del Ganges para hablar con el santón indio Maharishi Yogi.

2 Hombre muy respetado e influyente en la sociedad. *A veces con intención desp*. | J. M. Alfaro *Abc* 13.12.70, 3: Las prédicas de Herbert Marcuse –cuyo revisionismo marxista lo ha convertido en santón de la juventud–. CPuche *Paralelo* 172: Entraban parejas elegantes, como de tapadillo. "Seguramente hijos de banqueros, hijos de almirantes, hijos de santones, hijos de puta."

3 (*desp*) Hombre hipócrita que aparenta honradez o santidad. | * Según Maruja, don Enrique es un santón.

santonina *f* (*Med*) Sustancia neutra, cristalina, incolora y amarga que se emplea en medicina como vermífugo. | Bustinza-Mascaró *Ciencias* 124: La santonina, piretrina, etc., producen la expulsión de los parásitos.

santoñés -sa *adj* De Santoña (Cantabria). *Tb n, referido a pers*. | Cossío *Montaña* 402: Fue mortalmente herido de flechas emponzoñadas, de las que el piloto santoñés [Juan de la Cosa] se recelaba.

santoral **I** *adj* **1** De (los) santos [1a]. | SLuis *Liturgia* 13: El ciclo santoral. La Iglesia conmemora a lo largo del año las fiestas de muchos Santos.

II *m* **2** Lista de los santos [1] a los que conmemora la Iglesia, o de los que se conmemoran en cada día del año. *Tb fig*. | J. Balansó *SAbc* 22.11.70, 23: Casi todos ellos llevaban nombres del santoral cristiano. S. RSanterbás *Tri* 28.2.70, 35: La imagen del "pelota" forma parte del santoral capitalista.

santorra *f* (*reg*) Crustáceo semejante a la langosta, pero sin antenas (*Maja squinado*). | Alvar *Islas* 43: ¿Ha bebido vino de tea? Pues yo sí. Sabe usted, es un poco áspero, pero luego sienta bien. Le pone usted un buen enyesque de burgaos, santorra y pata de cochino, y trago va, mordida viene, hasta que el cristiano se entulle.

santuario *m* **1** Templo en que se venera una imagen o la reliquia de un santo. | RMorales *Present. Santiago* VParga 6: Desde la gran Abadía de Cluny y el Santuario de la Magdalena en Vézelay, .. veía partir hormigueros de peregrinos hacia Compostela. **b)** Templo. *Tb fig*. | Peña-Useros *Mesías* 80: Dijo Dios a Moisés: "Hazme un santuario y habitaré en medio de ellos". Fernández-Llorens *Occidente* 44: En el valle de Ajanta .. existe un conjunto de grandes salas excavadas en la roca, que se cuentan entre los monumentos más importantes del arte búdico en la India. Estas grandes salas, que son santuarios o monasterios, fueron construidas en el período Gupta.

2 Lugar de refugio o asilo. | D. Giménez *Mun* 23.5.70, 24: No aceptaremos que unos criminales que atacan a las poblaciones civiles encuentren su santuario en un país vecino. *Abc* 10.4.92, 5: Nicolás Redondo acusó ayer al Ministerio de Economía de ser el "santuario del monetarismo galopante que intenta satanizar a todos los parados calificándoles de parásitos".

3 (*hist*) Santo [13a]. | Peña-Useros *Mesías* 80: En el Santuario se encontraban el altar de los perfumes, la mesa de los panes y el candelabro de los siete brazos. En el Santísimo se colocaba únicamente el Arca de la Alianza.

santurrón -na *adj* (*col*) [Pers.] exageradamente devota. *Frec con intención desp ponderando la hipocresía de tal devoción*. | Gironella *Millón* 24: Como un relámpago recordó que había dado en ella [aquella cabeza] muchas palmadas: "¡Hola, santurrón!".

santurronería *f* (*col*) Cualidad de santurrón. | Fuster *Inf* 19.4.77, 18: El Pandit Nehru, heredero y beneficiario de la patriótica santurronería del Mahatma, no tardó en enseñar la oreja.

santurzano -na *adj* De Santurce (Vizcaya). *Tb n, referido a pers*. | *Abc* 3.12.74, 53: Ayer se produjo una manifestación en la vecina localidad de Santurce, como protesta por la inseguridad que .. ofrecen las instalaciones de "Butano" y "Campsa" en el muelle santurzano.

sanvicenteño -ña *adj* De San Vicente de Alcántara (Badajoz). *Tb n, referido a pers*. | D. Moreno *Hoy* 22.4.73, 14: San Vicente de Alcántara .. En todas partes hay sanvicenteños que ahora vienen a su pueblo.

sanza *f* Instrumento musical africano, constituido por una tablita o por una pequeña caja armónica sobre la cual están fijadas una serie de láminas de madera o de metal que se hacen vibrar con los dedos. | Valls *Música* 38: En el universo musical negro existen instrumentos de cuerdas pulsadas y frotadas, arpas, xilófonos, sanzas (un metalófono).

saña *f* Furia cruel. | *Caso* 21.11.70, 19: Un muchacho de dieciocho años y un anciano de sesenta y tres se agredieron mutuamente con tal saña que ambos resultaron heridos de consideración.

sañero *m* (*jerg*) Carterista. | F. Carranza *Ya* 18.11.79, 11: Descuideros, carteristas, .. fardistas, sañeros, topistas, forsistas, sornadores, etc., son los que trabajan contra la propiedad ajena.

sañudamente *adv* De manera sañuda. | DPlaja *El español* 60: Un empleado español interroga sañudamente a quien le parece que intenta entrar sin derecho en la sala que él protege.

sañudo -da *adj* **1** Que tiene o muestra saña. | GMachiñena *VozC* 31.12.70, 4: Que sean como florecillas de caridad ante las caras de nuestros más sañudos y empecinados enemigos.
2 Que denota o implica saña. | CBonald *Casa* 21: Don Sebastián .. caía en silencios sañudos.

sao *adj invar* De un pueblo negro habitante de las orillas del lago Chad. *Tb n, referido a pers.* | B. Andía *Ya* 15.10.67, sn: El Tchad ha tenido una civilización, cuyo recuerdo permanece vivo en la tradición oral de los sao.

sapeli (*tb con la grafía* **sapely**) *m* Árbol del África occidental, de madera dura semejante a la caoba (gén. *Entandrophragma*). *Más frec su madera.* | *DBu* 27.12.70, 8: 20 modelos distintos .. En lacado (rojo, verde y marfil). En madera noble (mbero, sapely y nogal). *Ya* 9.6.74, 2: Ahorre 2.395 pts. comprando el dormitorio "Florencia" .. De madera chapada en sapeli.

sapenco *adj* [Caracol terrestre] con rayas pardas transversales (*Cepaea nemoralis*). *Tb n m.* | Bustinza-Mascaró *Ciencias* 126: En España hay varias especies de caracoles, como el sapenco, el serrano, el moro.

sapidez *f* (*lit o* E) Cualidad de sápido. | P. Berrocal *Hoy* 7.10.76, 18: El concepto de ternura, a veces denominado terneza, encierra otros caracteres, de los cuales cabe mencionar la masticabilidad y la blandura poniendo, además, más de manifiesto la sapidez.

sápido -da *adj* (*lit o* E) **1** Que tiene sabor. | A. P. Foriscot *Van* 27.12.70, 13: La carne asada sobre rescoldo de carbón de encina resulta mucho más sápida, y hasta más jugosa.
2 (*raro*) De(l) sabor. | Alvarado *Anatomía* 138: Al cabo de un cierto número de días, en el cerebro de esos perros se asocia la sensación acústica de aquella nota con la sápida del ácido.

sapiencia *f* (*lit*) Sabiduría. | Vega *Cocina* 75: Verá cómo una vez más tiene que reconocer su sapiencia culinaria. | Torrente *Isla* 55: Lo de los espejos pertenece a vuestro mundo meridional y a la parte secreta de vuestros hábitos y de vuestras sapiencias.

sapiencial *adj* **1** [Libro de la Sagrada Escritura] de carácter exclusivamente moral o filosófico. | Peña-Useros *Mesías* 123: Salomón escribió miles de proverbios .. Los que se conservan se encuentran en los llamados Libros sapienciales, que forman parte de la Biblia.
2 (*lit*) De (la) sapiencia. | Payno *Curso* 151: Las conversaciones se animan .. Cada cual, al conseguir hablar, lanza un discurso sapiencial.

sapiente *adj* (*lit*) [Pers.] sabia. | ZVicente *Mesa* 195: Van calle abajo, sí, la viudita, la señora experta en patatas y dietas .. y el sapiente universitario del pescadito y sus costumbres. Carnicer *Cabrera* 112: Doña Virginia me lee una comedia. Es un discreto delicado, lleno de finura y amores tiernísimos entre jóvenes puros, doncellas tímidas y madres sapientes y experimentadas. **b)** Propio de la pers. sabia. | Laforet *Mujer* 118: "La gente .. no sabe lo que es la vida..." Esta profunda ocurrencia le daba un aire sapiente.

sapientísimo → SABIO.

sapillo *m* **1** *dim de* SAPO.
2 *Se da este n a algunas especies de sapos de pequeño tamaño. Frec con un adj o compl especificador.* | Cendrero *Cantabria* 85: Anfibios .. *Discoglossus pictus*: Sapillo pintojo. *MOPU* 7/8.85, 57: En Mallorca, la foca monje, una especie que corre peligro de desaparecer. Junto a ella, dos especies de interés: el buitre negro y, como endemismo, el sapillo balear.

sapina *f* (*reg*) Salicor (planta). | CBonald *Ágata* 105: Se volvió Perico Chico hacia donde dejaran trabadas a las mulas, sin encontrar más que a una a lo lejos, echada sobre unos matojos de sapina.

sapindácea *adj* (*Bot*) [Planta] dicotiledónea, frec. arbórea, propia esp. de las regiones tropicales de Asia y América, de la familia entre cuyos géneros destaca *Sapindus*. *Frec como n f en pl, designando este taxón botánico.* | GCabezón *Orotava* 45: Madera de hierro, *Stadmannia australis*, Cunn. & Hook, Sapindácea, Australia.

sapo I *m* **1** Anfibio anuro de cuerpo rechoncho, de unos quince centímetros de longitud, patas cortas y piel pardusca y verrugosa (*Bufo bufo*). | Bustinza-Mascaró *Ciencias* 179: El sapo común. Muy frecuente también en España, es de cuerpo rechoncho, de piel verrugosa y patas más cortas que la rana. **b)** *En gral se da este n a otros anfibios anuros semejantes al sapo común. Frec con un adj o compl especificador*: ~ VERDE (*Bufo viridis*), ~ CORREDOR (*Bufo calamita*), ~ DE ESPUELAS (*Pelobates fuscus*), ~ PARTERO (*Alytes obstetricans*), *etc*. | Bustinza-Mascaró *Ciencias* 179: El sapo partero es curioso porque el macho lleva adheridos los huevos que puso la hembra. Cendrero *Cantabria* 74: Anfibios .. *Bufo calamita*: Sapo corredor. *Impreso* 1.88: Sapo de espuelas (*Pelobates cultripes*). Noval *Fauna* 379: El Sapo pintado (*Discoglossus pictus*) no escasea en Asturias. **c)** (*col*) *Se da este n a cualquier animalillo acuático semejante al sapo o a los gusanos.* | * ¿Cómo vas a beber ese agua, si está llena de sapos?
2 (*col*) Pers. despreciable. *Usado a veces como insulto.* | LTena *Luz* 64: –¿Qué le ha hecho ese sapo? ¿Qué le ha hecho? –¿Qué te malicias tú...? Que me ha engañado..., ¿verdad? Espinosa *Escuela* 532: ¡Sapo inmundo!, ¿sabes que puedo ahorcarte, como medida preventiva, y narrar la anécdota en la Ciudad, ya de sobremesa?
3 (*reg*) Rape (pez). | *Voz* 23.10.70, 3: También se alijaron 120 kilos de lenguado, que se vendieron de 164 a 175 pesetas kilo; .. 316 de sapos, de 565 a 2.280.
4 ~**s y culebras.** (*col*) Injurias o maldiciones. *Con los vs* SOLTAR *o* ECHAR. | Delibes *Guerras* 108: Si se mueve, la paga, así que escoja, que no vea los sapos y culebras que echó por aquella boca, el Bisa, digo.
5 ~**s y culebras.** (*col*) Revoltijo de cosas despreciables o dañinas. | Aparicio *César* 198: Se siembra primero en los conventos el vicio y el pecado, luego, en ese terreno ya enfangado, brotarán por sí solos los sapos y culebras comunistas.
II *loc v* **6 tragar(se) un ~.** (*col*) Aguantar una contrariedad sin exteriorizarlo. | L. Valls *Abc* 16.12.75, sn: Nosotros hemos de instar al Rey a que sea siempre imparcial, a que no tenga privados, a que no se deje guiar por simpatías o antipatías, a que no sea rencoroso, a que sepa "tragar sapos", como vulgarmente se dice.

sapoconcho *m* (*reg*) Tortuga. | Torrente *Saga* 294: Dejamos .. a este [Bastida] a punto de metamorfosearse verdaderamente en rana, como así fue, una rana con algo de sapoconcho y algo de peregrino a Compostela.

saponaria *f* Planta herbácea de flores blancas o rojizas, cuya raíz se emplea para lavar telas y desengrasar lanas (*Saponaria officinalis*). *Tb se da este n a otras especies similares de los géns Saponaria y Gypsophila. Gralm con un adj o compl especificador*: MENOR, DE LA MANCHA. | Cendrero *Cantabria* 67: Flora .. Estrato herbáceo .. *Saponaria officinalis* L.: Saponaria.

saponificación *f* (*Quím*) Acción de saponificar(se). | Navarro *Biología* 17: La saponificación natural de las grasas se efectúa catalizando la reacción unos fermentos denominados lipasas.

saponificar *tr* (*Quím*) Transformar en jabón [un cuerpo graso], esp. por combinación con un álcali. *Tb abs.* | Aleixandre *Química* 172: Las bujías llamadas esteáricas están formadas de una mezcla de ácidos esteárico y palmítico, extraídos saponificando sebo de buey. *Economía* 100: Los disolventes obran por disolución, saponificando, o por emulsión. **b)** *pr* Transformarse en jabón [un cuerpo graso], esp. por combinación con un álcali. | Ybarra-Cabetas *Ciencias* 200: Las grasas son insolubles en el agua y al saponificarse, los jabones resultantes, es decir, las sales correspondientes, son solubles en ella.

saponina *f (Quím)* Sustancia vegetal de las varias que, disueltas en agua, forman espuma y son capaces de emulsionar las grasas y otras materias insolubles. | MNiclos *Toxicología* 84: La ingestión de una dosis elevada de digital provoca .. vómitos por la acción de una saponina.

sapotácea *adj (Bot)* [Planta] dicotiledónea tropical, arbórea o arbustiva, de hojas simples y flores axilares. *Frec como n f en pl, designando este taxón botánico.* | GCabezón *Orotava* 12: Caimito, *Chrysophyllum Cainito*, Linn., Sapotácea, Antillas y Centroamérica.

sapristi *interj (humoríst, raro)* Expresa asombro o admiración. | Laiglesia *Ombligos* 100: ¡Sapristi! ¡Al verla tan de luto, tan vieja y tan flaca, creí que era usted la Muerte! LRubio *Diana* 360: –Doctor... –¿Qué hay? –Este señor... –¡Sapristi!

saprofíticamente *adv (Biol)* De manera saprofítica. | Alvarado *Botánica* 62: Muchos hongos viven saprofíticamente en el suelo mantilloso de los bosques, sobre las cortezas de los árboles, en los jugos azucarados, frutos, etc.

saprofítico -ca *adj (Biol)* **1** Propio de los seres saprofitos. | Alvarado *Botánica* 66: El alga proporciona al hongo los productos orgánicos de la fotosíntesis, permitiéndole emanciparse de la vida saprofítica.
2 Saprofito. | Alvarado *Botánica* 57: Las demás bacterias son útiles. Y no solo aquellas bacterias saprofíticas productoras de fermentaciones que el hombre utiliza para determinadas industrias .., sino todas las demás.

saprofitismo *m (Biol)* Sistema de vida propio de los saprofitos. | Alvarado *Botánica* 27: El saprofitismo lo realizan las plantas que se desarrollan sobre las substancias orgánicas, por ejemplo, sobre los cadáveres de plantas y animales o sobre los residuos de unas y otros (hojas muerta[s], productos urinarios, etcétera).

saprofito -ta *(tb **saprófito**) adj (Biol)* [Vegetal] que vive a expensas de materias orgánicas en descomposición. *Tb n m.* | Navarro *Biología* 276: En estos suelos [humíferos] se desarrollan muy abundantemente los hongos saprofitos. Bustinza-Mascaró *Ciencias* 254: Un vegetal es saprófito cuando se nutre de sustancias orgánicas muertas. Alvarado *Botánica* 27: Los saprofitos por antonomasia son las bacterias y los hongos.

saprolegnia *f (Bot)* Hongo microscópico que vive como saprofito o parásito de plantas o animales acuáticos y produce graves epizootias (gén. *Saprolegnia*). | Delibes *Pegar* 138: A un furtivismo voraz hay que añadir .. la alianza de dos elementos devastadores: la contaminación de las aguas y la *saprolegnia*, un hongo que prende especialmente en la trucha grande.

sapropel *m (Geol)* Lodo con materia orgánica en descomposición, que interviene en la formación del petróleo, pizarras bituminosas o cuencas hulleras. | Alvarado *Geología* 60: En ciertos parajes se depositan en la actualidad grandes cantidades de algas microscópicas que experimentan una fermentación bacteriana y originan unos barros pútridos llamados sapropeles, que contienen hidrocarburos.

saque *m* **1** *(Dep)* Acción de sacar [21]. | *Gac* 11.5.69, 65: Vi jugar a Fidel en Cuba .., y tiene muy buen saque. [*En béisbol.*] G. García *As* 14.12.70, 3: Miguel Pérez, en el saque de esquina, lanzaba el balón directamente a las redes. HSBarba *HEspaña* 426: Los frontones eran altas galerías sin techo, de 86 varas de largo por diez de ancho, limitadas al Norte por una elevada pared y al Sur por gradas de madera para el público. Los muros oriental y occidental se denominaban, respectivamente, de saque y de resto.
2 *(col)* Hábito de comer mucho. *Gralm en la constr* TENER BUEN ~. | Vega *Cocina* 137: Un abogado de buena pluma y de buen saque en la mesa .. parece haberse calzado las sandalias del Judío Errante. Medio *Bibiana* 39: Si te descuidas, no te toca nada. Menudo saque que tienen esos.

saqueador -ra *adj* Que saquea. *Tb n, referido a pers.* | FVidal *Duero* 22: Aún tuvo arrestos [Almanzor] en su lecho de muerte para reprochar a su hijo las lágrimas que por él derramaba, como si el simple hecho de cruzar la vaguada de los desaparecidos fuese trago capaz de amilanar los ánimos del saqueador de tanta villa cristiana. LAparicio *Ya* 30.12.72, 5: Persecución del pillaje .. He escuchado gran número de disparos durante la noche. Dicen que son de advertencia, para que los saqueadores –hay muchos delincuentes peligrosos sueltos– huyan.

saqueamiento *m* Saqueo. | Anson *Oriente* 54: Huye de la casa paterna y más tarde se pone a favor de una revuelta campesina que concluye con el saqueamiento de los almacenes de su padre.

saquear *tr* Apoderarse violentamente [los soldados] de cuanto hallan [en un lugar enemigo (*cd*)]. *Tb abs.* | Laforet *Mujer* 85: Oyó las primeras noticias de la guerra civil .. Supo que a don Miguel y a Mariana no les habían hecho ningún daño. En cambio, habían saqueado el castillo. DPlaja *El español* 33: El rebelde .. mata, pilla y saquea por puro orgullo satánico. **b)** Robar o desvalijar [un lugar o a una pers.]. *Tb fig. Tb abs.* | C. Debén *SAbc* 16.6.68, 37: No querer que las pequeñas iglesias y ermitas fueran saqueadas de sus obras de arte, lo heredó también don Laureano de su predecesor. Cossío *Confesiones* 231: No tenía dinero. Jaime me ha dado, pero le tengo saqueado.

saqueo *m* Acción de saquear. | Arenaza-Gastaminza *Historia* 178: El hecho más saliente fue el saqueo de Roma por las tropas luteranas del Emperador. Laforet *Mujer* 111: La dote de Blanca empezó a desaparecer vendida por fincas, con aquellos saqueos de pirata.

saquerío *m* Sacos[1] o conjunto de sacos (recipientes). | Armenteras *Epistolario* 187: La culpa de haberse perdido parte de la mercancía la tuvo la deficiencia de la tela del saquerío. Cossío *Confesiones* 306: En su juventud fue a la Argentina y allí consiguió una gran fortuna, especialmente con el saquerío y el yute.

saquero -ra I *adj* **1** De(l) saco[1] (recipiente). *Frec referido a* AGUJA. | Berenguer *Mundo* 217: Tenía la tripa hinchada como un globo, como si la hubieran cosido con una aguja saquera.
II *m y f* **2** Pers. que fabrica o vende sacos[1]. | * En el pueblo era él el único saquero.

sarama *f (reg)* Basura. | M. MFerrand *ElM* 16.5.93, 19: Los delirios grandilocuentes de un mal abogado laboralista .. junto a la sabiduría de unos penenes mejorados han hecho fructificar la flor del PSOE en poco más de sarama.

sarampión *m* **1** Enfermedad vírica contagiosa y frec. epidémica, propia esp. de la infancia, que se manifiesta por síntomas catarrales y multitud de pequeñas manchas rojas sobre la piel. | Legorburu-Barrutia *Ciencias* 125: El sarampión. Está producido por un virus.
2 Estado pasajero de gran interés o preocupación [por algo *(adj o compl especificador)*]. | Arce *Precio* 45: Quiso saber si yo seguía escribiendo .. Me avergonzaba un poco que me recordasen aquella época del sarampión literario. APaz *Circulación* 191: Conviene que hayan pasado ese sarampión que padecen todos los principiantes de molestarse porque otro les adelante.

sarampionoso -sa *adj* **1** De(l) sarampión [1]. | M. Aguilar *SAbc* 2.8.70, 54: La erupción sarampionosa es más frecuente en primavera y verano.
2 Que padece sarampión [1]. | M. Aguilar *SAbc* 3.5.70, 54: Al estornudar, el sarampionoso lanza, con las pequeñas gotitas de saliva expulsadas, multitud de virus.

sarao *m (hist)* Fiesta nocturna de carácter distinguido, con baile o música. | Villapún *Iglesia* 132: A mediados de este siglo [XVIII] se prohíbe la representación de los Autos Sacramentales .., introduciéndose en cambio los bailes y saraos, los disfraces de máscaras, etc. **b)** *(lit o humoríst)* Fiesta o reunión de carácter social. | MSantos *Tiempo* 214: La honrada familia organizó un sarao a la altura un poco por encima de sus posibilidades. Carandell *Madrid* 11: Apenas puede concebirse nada más decente que un junquillo de churros y una taza de chocolate, pero la verdad es que no hay en Madrid juerga, ni sarao, ni gala que no desemboque en esta eucaristía.

sarape *m* Prenda de vestir mejicana a modo de manta, gralm. de vivos colores, que a veces lleva una abertura para la cabeza. | M. Amat *Des* 12.9.70, 40: En México: Cueros repujados, .. vistosos sarapes multicolores.

sarasa *m* (col) Marica[1] (hombre homosexual o afeminado). *Tb adj*. | Laiglesia *Fulana* 207: Un cafetucho .. que empezaba a convertirse en típico porque en él se reunían algunos ingleses mezclados con artistas y sarasas. Cela *Viaje andaluz* 43: En uno de estos chalets, el vagabundo .. se topa con la inesperada y feliz sorpresa de su antiguo conocido Jacobito Amusco, vagabundo sarasa y de tierna disposición.

sarcasmo *m* Burla o ironía cruel. | DPlaja *El español* 99: Una pareja de novios cogidos de la mano bastan a provocar sonrisas no de amable comprensión, sino de sarcasmo.

sarcásticamente *adv* De manera sarcástica. | MHerrera *Abc* 6.6.67, 43: El lugar de acción, un jardín, reproducía ante el espectador un fragmento de aquella época en que nació la comedia, pero ironizada, sarcásticamente interpretada en clave "liberty".

sarcástico -ca *adj* Que tiene o muestra sarcasmo. | DPlaja *El español* 87: —Será usted muy inteligente —observó sarcástico. R. Salvat *TEx* 15.12.70, 26: Tal vez a partir de esta obra Dürrenmatt dejará de ser el gran autor de farsas sarcásticas y se convertirá en una especie de dramaturgo religioso.

sarcina *f* (*Biol*) Agrupación de cocos formando masa. | Ybarra-Cabetas *Ciencias* 228: Si permanecen aislados [los cocos] se llaman micrococos; si se asocian por pares, diplococos .., y cuando forman masas, sarcinas.

sarcófago *m* Urna sepulcral de piedra, gralm. con relieves o inscripciones. | Tejedor *Arte* 63: La escultura [paleocristiana] produjo algunas obras exentas, como imágenes de la Virgen o del Salvador, y sobre todo relieves en sarcófagos con temas generalmente bíblicos.

sarcolema *m* (*Anat*) Membrana muy fina que envuelve una fibra muscular. | Bustinza-Mascaró *Ciencias* 40: Cada fibra muscular estriada está rodeada de finísima membrana elástica llamada sarcolema.

sarcoma *m* (*Med*) Tumor maligno de tejido conjuntivo. | N. Retana *Inf* 3.1.70, 19: La acción virásica en ciertas leucemias y ciertos sarcomas .. no es ampliable a otro tipo de tumores.

sarcoplasma *m* (*Anat*) Protoplasma de la célula o de la fibra muscular. | Navarro *Biología* 87: Los núcleos .. se disponen en la periferia de la fibra rodeados de una delgada capa de sarcoplasma.

sarcopoyesis *f* (*Fisiol*) Producción de carne o tejido muscular. | Ybarra-Cabetas *Ciencias* 434: Explotación del animal adulto para vender los productos que elabora o aprovechar su fuerza. Se comprende en este punto: a) La producción de carne (Sarcopoyesis) y grasa (Steatopoyesis). b) La de la leche (Galactopoyesis).

sarcosporidio *m* (*Zool*) Protozoo que vive parásito en las fibras musculares de diversos animales (gén. *Sarcocystis*). *Frec en pl, designando este taxón zoológico*. | *BOE* 14.2.58, 1495: Temas para el segundo ejercicio .. 20. Sarcosporidios. Estudio de las especies de interés veterinario.

sarda[1] *f* (*reg*) Monte bajo. | Delibes *Tesoro* 123: Al verle perderse en la sarda, se volvió hacia sus compañeros con una expresión de infinita tristeza.

sarda[2] *f* (*reg*) *Se da este n a varios peces, esp a la caballa* (*Scomber scombrus*), *al bonito* (*Sarda sarda*) *y a cierto pececillo de río*. | P. Álvarez *SVozC* 29.6.69, 24: Se llevaba a su casa el cañal lleno de sardas y la nasa de anguilas.

sardana *f* Danza típica catalana que se baila en corro y con las manos cogidas. *Tb su música*. | DPlaja *El español* 67: Los españoles cantan normalmente a coro y bailan en grupos la muñeira gallega, la sardana catalana. *Van* 28.8.70, 19: El domingo .. tendrá lugar una audición de sardanas por la Cobla Ciudad de Barcelona.

sardanista I *adj* **1** De (la) sardana. | *Abc* 20.8.66, 38: Con una audición de sardanas, a cargo de la "Colla Sardanista Mediterránea" de la Casa de Almería en Barcelona, .. han continuado los actos de las jornadas de Barcelona y Almería.

II *m y f* **2** Pers. que baila sardanas. | *Sáb* 10.9.66, 20: Se ha celebrado en Manresa el X Concurso de Sardanistas.

sardanístico -ca *adj* De (la) sardana. | C. Sentís *DBu* 30.7.75, 13: Sin Garreta, probablemente la sardana hoy sería otra. Fue solamente él quien dio a la música sardanística un tono de optimismo, de alegría o de lozanía, que culmina en su tan descriptivo "Juny".

sardesco -ca *adj* **1** [Ganado caballar] de pequeño tamaño. | Cela *Viaje andaluz* 88: Una mulilla sardesca da vueltas a una noria, con los ojos vendados.

2 [Pers.] de mal carácter. | ZVicente *SYa* 14.5.72, 19: Lo mejor es decir las cosas a la pata la llana, como hablamos, que no está la calle llena de genios gramaticales, sino de bestias sardescas.

3 [Risa] sardónica. | B. M. Hernando *Inf* 29.9.77, 1: Hay mil clases de risa: irónica, satírica, .. sardesca, chocarrera.

sardina I *f* **1** Pez marino de unos 20 cm de largo, con grandes escamas azuladas o verdosas en el dorso y plateadas en el resto del cuerpo, cuya carne, bastante apreciada, se consume fresca o en conserva (*Sardina pilchardus*). | Arce *Testamento* 24: Están buenas las sardinas. **b) ~ arenque.** Arenque. | Romano-Sanz *Alcudia* 28: Uno de ellos saca de un talego dos sardinas arenques, envueltas en papel de estraza.

2 (*Taur, desp*) Toro pequeño. | G. Sureda *Sáb* 16.11.74, 68: El único toro con trapío .. fue protestado y, en medio de una bronca fenomenal, devuelto a los corrales .. El sobrero era una sardina de Atanasio.

II *loc adv* **3 como ~s en lata** (*o, más raro,* **en banasta**). (*col*) En gran apretura por falta de espacio. | FReguera-March *Caída* 43: Éramos miles de personas las que nos apretujábamos en él [el teatro] como sardinas en lata.

sardinada *f* Comida a base de sardinas. | M. Ansón *Van* 23.6.74, 35: La celebración del "Día del turista", con el ofrecimiento de objetos típicos a los visitantes, .. tendrá su culminación con una "gran sardinada típica marinera" en la que podrá participar todo el público asistente a la verbena.

sardinal *m* (*Mar*) **1** Arte de pesca formado por redes rectangulares que se dejan en posición vertical entre dos aguas para que queden atrapadas las sardinas. | Cela *Viaje andaluz* 320: Los pescadores de Ayamonte pescan bancos enteros de sardinas con el arte de la tarrafa y con el sardinal y el arrastre.

2 Embarcación destinada a la pesca de la sardina. | *Inf* 12.9.77, 7: La normalidad es completa en el sector de sardinales de la isla lanzaroteña, tras los acuerdos suscritos por los representantes de las centrales sindicales .. con la patronal. El acuerdo supone un 45 por 100 más .. para los marineros de los sardinales.

sardinel *m* (*Arquit*) Obra de ladrillos puestos de canto y tocándose por las caras mayores. *Frec en la constr* EN, *o* A, ~. | Benet *Nunca* 112: La tumba estaba muy sucia, pero intacta; el dibujo surgió de nuevo en la memoria: era una gran losa de mármol sobre un sardinel, al nivel del suelo. Benet *Volverás* 44: De pronto una barranca —en la que se pone de manifiesto la naturaleza hermética e impermeable de la terraza, formada de esquistos, pizarras y cuarcitas, gredas feldespáticas de color de ladrillo recocido y colocadas en sardinel.

sardinero -ra I *adj* **1** De (la) sardina. | Cela *Viaje andaluz* 320: —Angustias, dale una sardina al pobre.— La niña obedeció a su madre .. —Adiós, preciosa niña de la limosna sardinera. Moreno *Galería* 217: No importaba tanto el error .. como la felicidad y los dichos picantes de la trasnochada "de marras" preguntándole al esqueleto sardinero.

2 [Embarcación] dedicada a la pesca de sardinas. *Frec n m, referido a barco, y f, referido a barca.* | Aldecoa *Gran Sol* 137: Una fotografía en Pasajes, en el atardecer de cualquier día de sol, ya llegadas las sardineras: colgadas de las perchas las redes, formando un oscuro oleaje. Aldecoa *Gran Sol* 51: Se puede guardar para cuando se deje la mar y poner un bar o comprar un sardinero.

II *m y f* **3** Pers. que vende sardinas. | Cancio *Bronces* 27: Solo sonríe .. con los mimos y las travesuras de los nietecillos de su corazón, de los tres últimos brotes del "coral de sus varaduras", como él llama graciosamente al hogar de la

sardineta – sarnoso

Sula, su hija, una sardinera alta, fina y remangosa como balandro en pleno regateo.

sardineta f **1** Golpe dado con los dedos índice y corazón juntos y extendidos. | * La sardinetas son muy dolorosas.

2 Adorno de ciertos uniformes militares, consistente en dos galones apareados y terminados en punta. | Paso *Pobrecitos* 236: –En el ejército no se dan las gracias, muchacho. Has ascendido por méritos de recados y es lo justo .. –Con el permiso de usía, voy ahí a la Gran Vía a comprarme la sardineta.

sardiñada f (reg) Sardinada. | *Cam* 9.8.82, 46: Ambos homenajes se tributaron al Conde de Barcelona, en un acto popular seguido por una sardiñada que el padre del Rey ofreció en el puerto de Carril.

sardo -da I adj **1** De la isla de Cerdeña (Italia). *Tb* n, *referido a pers.* | L. Blanco *Ya* 28.10.70, 19: Los insultos que un manifestante, volcado sobre el coche, le dirigió en dialecto sardo. *Inf* 25.4.70, 9: Pablo VI, aclamado por los sardos.

2 De(l) sardo [4]. | Villar *Lenguas* 118: El grupo sardo, propio de Cerdeña, contiene diversos dialectos en el sur, norte y centro de la isla.

3 [Res vacuna] cuyo pelaje tiene mezcla de negro, blanco y colorado. | Á. Domecq *Abc* 8.6.58, 35: Íbamos .. hasta la Venta de Antequera a galope corto, con aquellos Veraguas vazqueños y sardos.

II m **4** Lengua o conjunto de dialectos de Cerdeña. | Lapesa *HLengua* 69: En el italiano meridional, siciliano y sardo la r- inicial de palabra se refuerza hasta pronunciarse como rr.

sardón m (reg) Monte bajo. | Delibes *Año* 33: La proximidad del sardón, donde se refugian, ha hecho de esta codorniz un pájaro menos roncero y más montaraz que los de Tierra de Campos.

sardonia f Ranúnculo cuyo jugo produce en la cara una contracción semejante a la risa (*Ranunculus sceleratus*). | CBonald *Ágata* 22: Aquellas venerandas semillas de ajenjo y ruibarbo, sardonia y camomila, lúpulo y salicaria germinaron muy luego.

sardónicamente adv De manera sardónica [2]. | Delibes *Santos* 55: No acertaba una perdiz ni por cuanto hay, y el señorito Iván .. comentaba sardónicamente con Paco, el Bajo: si no lo veo, no lo creo.

sardónice f (*Mineral*) Variedad de calcedonia con franjas alternantes de color pardo rojizo y amarillento. | Bustinza-Mascaró *Ciencias* 332: Las más importantes [variedades de calcedonia] son: Cornalina, roja o rojo amarillenta; sardónice, pardusca.

sardónico -ca adj **1** [Risa] **sardónica** → RISA.

2 Irónico o sarcástico. | Marsé *Tardes* 121: Un joven de cabellos negros y ojos extrañamente sardónicos, todavía encendidos por el frenesí de otros besos, acababa de partir. Benet *Aire* 135: Olvera adoptaba un tono sardónico con que ponía de manifiesto una superioridad que poco o nada tenía que ver con el grado.

sarga[1] f Tela cuyo tejido forma líneas diagonales. | CBonald *Dos días* 164: Las otras tres [mesas] permanecían cubiertas con unas remendadas fundas de sarga.

sarga[2] f Se da este n a varios arbustos del gén *Salix*, esp *S. purpurea*, *S. elaeagnos*, *S. incana*, *S. triandra* y *S. atrocinera*. | S. Aráuz *SYa* 16.2.75, 15: Los guardas de Icona tienen su fisonomía peculiar .. Estáis echando los reteles a una ribera del río, y enfrente, disimulados entre las sargas o los avellanos silvestres, os contemplan.

sargazo m Alga parda marina, de talo muy desarrollado, que abunda en los mares tropicales y en el Atlántico (gén. *Sargassum*). | Bustinza-Mascaró *Ciencias* 280: Muchas [algas pardas] poseen flotadores como los *Sargassum*, que viven libres y flotando en el mar de los sargazos.

sargento m **1** Suboficial del grado más bajo, inmediatamente superior al cabo primero. | E. LRamos *SAbc* 29.11.70, 36: Un cuartel. Otro... Un recluta enrejado no acaba de leer la carta de su novia. Un sargento parece que tiene prisa. *Ya* 20.11.80, 50: Un sargento de Policía presenció el atentado. **b)** *En la policía municipal:* Miembro de categoría inmediatamente superior a la del cabo. | *Abc* 17.8.73, 33: Muere en accidente de circulación un sargento de la Policía Municipal Femenina. **c)** ~ **primero** → PRIMERO. **d)** ~ **mayor.** (hist) Oficial encargado de la instrucción y disciplina de un regimiento. | Cossío *Montaña* 372: Hijos del segundo matrimonio de su padre fueron don Juan, sargento mayor, muerto en el sitio de Plasencia, y don Felipe, capitán general de Extremadura, santiaguista y consejero de Guerra. [Finales del s XVIII.]

2 (col) Pers. de carácter brusco y autoritario. *Frec referido a mujer.* | * Su mujer es un sargento.

3 (*Carpint*) Herramienta usada para mantener juntas piezas recién encoladas. | *Prospecto* 8.90: Pryca .. Elige tres de estas herramientas y paga solo dos: Alicate 6". Tenaza 8" .. Sargento Pletina 150 mm.

sargo m Pez marino comestible, de cuerpo comprimido lateralmente y color plateado con franjas transversales negras (*Diplodus sargus*). | VAzpiri *Fauna* 125: Sabías que estaría cerrándose en la roca hasta quedar aislado al cubrir el tómbolo la marea. Bajarían los sargos; vendrían algunas rayas; pasarían a la arena los pejerreyes.

sari m Traje largo femenino típico de algunos países del sur de Asia, esp. de la India. | *Miss* 9.8.68, 24: La ex esposa de Sukarno .., japonesa de nacimiento, lucía un espléndido "sari" azul celeste bordado en plata y oro.

sarín m Agente químico de guerra sumamente tóxico, que actúa como inhibidor de la colinesterasa. | MNiclos *Toxicología* 101: Derivados fosforados orgánicos. Casi todos proceden de agresivos químicos de guerra, como eran tabún, sarín y somán. I. PSantos *Ya* 22.1.87, 22: El año pasado se descubrió una red iraquí de compras cuyo objetivo final era la producción de una especie de agente nervioso más avanzado y mortífero que el tabún, denominado sarín, que había sido desarrollado por científicos nazis en los años 30.

sarisa f (hist) Lanza larga usada por los soldados de las falanges macedonias. | MCampos *Abc* 8.2.58, 3: No es fácil, ahora, imaginarse al hombre-masa de una tetrafalangarquía, revestido con loriga y forrado de cuero, con su espada al cinto y la sarisa en la derecha .. Teatro: Asia Menor o Siria.

sarmentera f Lugar donde se guardan los sarmientos para leña. | J. A. Foncillas *Abc* 26.5.74, 45: A raíz del estallido de la guerra civil, don Salvador Urbán escondió el frontal [del Martirio de San Vicente] en una sarmentera de leña y allí pasó la contienda.

sarmentoso -sa adj **1** De(l) sarmiento o de (los) sarmientos. | Delibes *Ratas* 124: El grupo aparentaba una bíblica prestancia que acrecía sobre el fondo de casas de adobe y las sarmentosas bardas de los corrales.

2 Enjuto a manera de sarmiento. *Frec referido a mano.* | J. M. Rollán *SAbc* 1.12.68, 26: He recordado esas manos limpias y esas manos sucias: las que se ponen sobre el pecho para auscultar la propia verdad y son famélicas y sarmentosas. Nácher *Guanche* 131: Forzaba en su cara rugosa y seca una risa perfectamente israelita. Tenía el cuello largo y nervudo. Era pequeño, sarmentoso, feo y negro de sol.

3 (*Bot*) [Planta] de ramas leñosas, flexibles y nudosas que pueden apoyarse en los objetos próximos. | *Sáb* 20.8.66, 42: Árbol tropical, sarmentoso.

sarmiento m Vástago o renuevo de la vid. | Olmo *Golfos* 190: Dejando a un lado un montón de sarmientos, le echa sobre los hombros la albarda de Arrogante.

sarna f **1** Enfermedad contagiosa, común al hombre y a varios animales domésticos, producida por un ácaro y caracterizada por multitud de vesículas y pústulas que originan intenso picor. | Corbella *Salud* 460: Menos importantes todavía y más esporádicas en ambientes de buen nivel sanitario son las parasitaciones producidas por el ácaro de la sarna (escabiosis) y diversos insectos. **b)** (col) *Se usa en constrs comparativas para ponderar la vejez.* | * Es más viejo que la sarna.

2 Enfermedad de las plantas causada por ácaros y que frec. se manifiesta por pústulas escamosas. | F. Ángel *Abc* 25.3.58, 11: Combate [el azufre] las siguientes plagas: .. Vid. Erinosis o Sarna.

sarnoso -sa adj Que padece sarna. *Tb* n, *referido a pers.* | Cela *Pirineo* 187: Las aguas de Artíes, amén de para producir luz, también valen para bañar sarnosos, tiñosos y otros picosos. Salvador *Haragán* 77: Ricitos amaba estas cosas, las cosas viejas, sucias, estropeadas; los animales sarnosos.

sarong (*pl normal*, ~s) *m* Prenda de vestir para ambos sexos, propia de Malasia e Indonesia, constituida por una banda de tela que se rodea alrededor del cuerpo. | *Tri* 20.5.67, 37: Bangkok es ciudad de placer y de antiguos ritos religiosos. Junto a los barrios oscuros de casitas bajas, de donde salen las siamesas con sus ajustados sarongs y el pelo recogido en altos moños, nuevas arquitecturas de estilo occidental.

sarpullido *m* Erupción cutánea de granitos o ronchas. *Tb fig*. | F. Martino *Ya* 6.6.75, 46: Los síntomas: molestias gástricas y sarpullidos, hay que adscribirlos a un alimento infectado que, absorbido, ha determinado una reacción de tipo alérgico. *HLM* 26.10.70, 2: Todo va bien en él [el Convenio preferencial entre España y el Mercado Común], menos ese pequeño sarpullido de los vinos, que no han tenido ocasión de medirse con sus congéneres. *Abc Extra* 12.62, 31: Comienza el delicioso sarpullido feudal de los castillos de arena.

sarpullir (*conjug* **53**) *tr* Producir sarpullido [a alguien o algo (*cd*)]. *Tb fig*. | S. Araúz *Inf* 16.11.74, 17: Acabada la recolección, se daba suelta a la dula, sarpullida de mataduras del collarón o la baticola, por los ricios.

sarraceno -na *adj* **1** Árabe o mahometano. *Tb n, referido a pers.* | *Van* 4.11.62, 16: Los furores de los paganos, de los arrianos, de los sarracenos .. han venido .. a relevarse para que apenas pasase generación sin conocer la mordedura cruel de los enemigos de la Fe.
2 [Trigo] ~ → TRIGO.

sarracina *f* (*col*) **1** Mortandad o destrozo grandes. | L. Calvo *Abc* 26.3.72, 22: La tragedia de Phnom Penh –centenares de muertos y heridos inocentes– tiene esta particularidad: que es el principio de una sararracina contra la población civil. Delibes *Castilla* 48: Vendíamos la carne [de avutarda] por kilos, parejo que en la carnicería .. Y si acaso cazábamos demasiadas, pues con un cacho tocino para hacer unos chorizos .. ¡Huy madre, las sarracinas que habré armado yo!
2 Riña o pelea grave o en que hay heridas o muertes. | Delibes *Castilla* 45: Si se juntan dos [machos de avutarda] en un pago, ya tenemos la gresca armada. ¡Menudas sarra[c]inas he visto yo con este motivo, oiga! [*En el texto*, sarrasinas.]

sarriano -na *adj* De Sarria (Lugo). *Tb n, referido a pers.* | Villarabid *Prog* 8.8.75, 3: Ahora, nada depende de los sarrianos, todo está en manos del Gobierno.

sarrio *m* Variedad de gamuza típicamente pirenaica, algo más pequeña y rojiza que la común. | Cela *Pirineo* 112: En el momento de la elevación, cruzó un sarrio al galope .., y los cazadores, olvidando la misa, salieron detrás de él.

sarro *m* **1** Sustancia amarillenta de naturaleza calcárea que se adhiere al esmalte de los dientes. | Alcalde *Salud* 297: Una visita periódica al odontólogo evitará formaciones abundantes de sarro, caries dentarias sin tratamiento oportuno, y prótesis en malas condiciones.
2 Sedimento que un líquido deja adherido en una vasija o en un conducto. | * Estas tuberías están llenas de sarro.

sarroso -sa *adj* Que tiene sarro. | Aldecoa *Cuentos* 1, 117: El comandante merendaba de cocina por lo barato: el huevo frito, la pimentada del tiempo y la chopera de tinto riojano, denso, garrero y sarroso.

sarruján *m* (*reg*) Zagal a las órdenes de un pastor que cuida ganado en los puertos. | FReguera-March *Dictadura* 2, 34: Era un pastor santanderino, "novillero" en el *cursus honorum* –"sarruján", "novillero", "vaquero"– del duro oficio de apacentar el ganado vacuno por los "puertos" de la Montaña.

sarrusofón *m* Instrumento de viento, de cobre, de doble lengüeta y de timbre parecido al del saxofón, que se usa en bandas militares. | Cela *Abc* 5.4.81, sn: Tocaba la viola de amor .. -A mí me gusta más el sarrusofón.

sarta *f* Conjunto [de cosas, gralm. de la misma clase] atravesadas una tras otra en un hilo o en algo similar. | Areilza *SAbc* 23.6.74, 10: Ella utilizaba rosarios diversos .. Tenía, claro es, sus favoritos. Y no lo eran tanto por su origen o indulgencias anejas como por el acomodo táctil de la sarta engarzada mientras musitaba con fervor la salutación mariana. Halcón *Manuela* 15: Ni un solo día de cuantos "El Jarapo" volvió con una sarta de conejos y perdices dejó de desprenderse de una parte de la caza para socorrer a la familia. **b)** Serie [de cosas no materiales] que van una tras otra. | Laforet *Mujer* 38: Empezó a dedicarse a sí mismo una buena sarta de insultos.

sartén I *f* **1** Utensilio de cocina redondo, poco hondo y con mango largo, que se emplea esp. para freír. | Bernard *Verduras* 42: Se saltean .. en la sartén.
II *loc adj* **2** [Fruta] **de ~** → FRUTA.
III *loc v* **3 tener** [alguien] **la ~ por el mango.** (*col*) Estar en situación de decidir pudiendo obligar a los demás a someterse a su voluntad. | CPuche *Sabor* 155: Tu madre siempre pendiente del hermano cura, que tenía la sartén por el mango, porque tenía la llave de la exigua despensa.

sartenada *f* Conjunto de cosas que caben en una sartén o que se fríen en ella de una vez. | Vega *Cocina* 168: Pocos trozos de lenguado en cada sartenada, para que fríen mejor.

sartenazo *m* **1** Golpe dado con una sartén. *A veces se emplea con intención ponderativa como sinónimo de* GOLPAZO. | Berenguer *Mundo* 228: Tuyo es y haces con ello lo que quieras, pero al Pepe lo que le daba yo era un sartenazo.
2 (*Taur, desp*) Estocada mal ejecutada y de mala colocación. | DCañabate *Abc* 20.8.72, 46: El cuarto, al segundo pase de Curro Romero, lo tira a un gañafón de esos que ponen los pitones en la cara. El señor Esteban exclama: "¡Adiós mi dinero! No le hace ni guiños". Y acertó. Ni guiños le hizo. Huyendo, dos pinchazos y un sartenazo.

sartorial *adj* De (la) sastrería [1] o de (los) sastres [1]. | *Abc* 30.8.66, 52: Dispuesta a renovar el lisonjero éxito que obtuvo hace dos años en Tokio, la sastrería española tendrá una nutrida y selecta representación en el Congreso Mundial Sartorial que hoy se inaugura en Viena.

sartorio *adj* (*Anat*) [Músculo] del muslo, que se extiende oblicuamente por sus caras anterior e interna. *Tb n m.* | Legorburu-Barrutia *Ciencias* 53: Músculos de las extremidades inferiores: los glúteos .., el sartorio .., el tríceps.

sasánida *adj* (*hist*) [Pers.] de la dinastía persa que reinó del s. III al VII. *Tb n.* | Angulo *Arte* 1, 242: Los reyes Sasánidas labran en la roca de los acantilados grandes relieves conmemorativos de sus triunfos. **b)** De los sasánidas. | Angulo *Arte* 1, 240: La formación a principios del siglo III de J.C. del reino persa sasánida, que perdura hasta la conquista árabe de mediados del VII, da lugar a que se produzca un estilo arquitectónico. FVidal *Duero* 121: Ante la mirada del viajero pasan capiteles airosos, de temática plural, acantos, grifos, exóticos flamingos, cabezas de felino, que hacen pensar en influencias arábigas y aun sasánidas y bizantinas. **c)** De la época de los sasánidas. | Angulo *Arte* 1, 242: Los tejidos de seda sasánidas que se labran en Ctesifón nos ofrecen todos esos temas.

sastre -tra (*tb, reg, f* **sastresa**) **I** *m y f* **1** Pers. que tiene por oficio cortar y coser trajes de hombre. | Laiglesia *Tachado* 94: Desde el principio de la guerra nadie había podido encargar a sastres y modistas galas nuevas. Hoyo *Glorieta* 13: En los cuartos de las casas [había] sastras, camiseras, bordadoras. *Van* 17.4.73, 85: Sastresas. Se precisan oficialas, ayudantas, aprendizas y forradoras. Berlanga *Gaznápira* 128: La sastresa, con retales; el sastre, con los montoncillos de hilvanes. **b) cajón de ~**, **jabón** o **jaboncillo de ~** → CAJÓN, JABÓN, JABONCILLO.
II *adj invar* **2** [Traje] femenino de chaqueta de hechura semejante a la del traje masculino. *Frec n m.* | Penélope *Ya* 3.3.63, sn: Presentará en Miami trajes sastre con chaquetas rectas. *Lab* 9.70, 61: El sastre, de chaqueta muy larga, se lleva con falda corta a pliegues. **b)** Propio del traje sastre. | GPavón *Reinado* 128: Mujer de unos sesenta y cinco años, pelo gris, traje hechura sastre, ojos negros. *Abc* 5.3.72, 4: Chaqueta sastre, en punto de lana, colores azul marino y blanco, 2.450.
III *fórm or* **4** (**eso**) **será lo que tase** (*o, raro,* **la que cante**) **un ~.** (*col*) Expresa duda ante la realización de un proyecto que acaba de formularse, o resignación ante lo que

sastrería – satinador

pueda suceder. | Campmany *Abc* 13.12.91, 19: Eso de la "cohesión social" será lo que tase un sastre. Delibes *Emigrante* 73: Bien mirado, no queda más que cerrar los ojos y la que sea sonará .. En definitiva, será la que cante un sastre, como yo digo.

sastrería f **1** Oficio de sastre [1]. | *SHie* 19.9.70, 9: Se aprecia en las claras sus conocimientos de sastrería.
2 Establecimiento en que se confeccionan o venden trajes de hombre. | *GTelefónica N.* 969: Sastrería Velasco.

satán m Hongo venenoso de sombrero blanco grisáceo (*Boletus satanas*). *A veces en aposición con* HONGO. | Perala *Setas* 82: *Boletus Satanas*, Satán. X. Domingo *Cam* 11.10.76, 79: Existen diversas variedades de boleto u hongo, fácilmente identificables por el carácter esponjoso de sus poros y la ausencia de láminas. Todos ellos son comestibles, con excepción del hongo Satán o Matapariantes, que tiene el sombrero de color blanco grisáceo y los poros de un rojo vivo, azuleando al contacto de la mano.

satánicamente adv De manera satánica. | CSotelo *Resentido* 237: Se encara con el cielo, de poder a poder, satánicamente.

satánico -ca adj Diabólico. *Frec se emplea para ponderar maldad o malicia*. | S. Zamorana *SDíaTo* 14.5.89, 22: Las reacciones del alcalde y los concejales ante la entrada del sacristán indican la posibilidad de un culto satánico. DPlaja *El español* 33: El rebelde .. mata, pilla y saquea por puro orgullo satánico.

satanismo m **1** Culto al Diablo. | * El satanismo cobra nuevo auge en estos días.
2 Perversidad satánica. | Umbral *Mortal* 99: Me hacen sentirme cómicamente terrible, malo, con un satanismo fácil y pequeño que me llena de humillación, de mediocridad y cansancio.
3 (*TLit*) Actitud propia del romanticismo y el decadentismo, que va desde el desafío intelectual a la moral establecida hasta el culto a Satán. | Umbral *Ninfas* 90: El escritor cosmopolita era todo el romanticismo, enlazando con el satanismo, París y Nerval.

satanista adj (*raro*) Adepto al satanismo [1]. *Tb* n. | CBaroja *Brujas* 178: En 1610, por ejemplo, nos encontramos con el caso de Gauffridi, director de conciencia de las ursulinas de Aix, aplastado bajo una acusación de brujería clásica .. Sus acusadoras y los jueces le convirtieron en alguien que no era él mismo: en un gran mago o satanista.

satanizar tr Atribuir carácter satánico [a alguien o algo (*cd*)]. *Frec fig*. | GRuiz *Sáb* 8.2.75, 31: Los antiguos cristiano-demócratas, satanizados primero, tolerados después e integrados finalmente en un proyecto político-religioso. *Abc* 10.4.92, 5: Redondo acusa a Solchaga de satanizar a los parados.

satelitario -ria adj De(l) satélite o de (los) satélites, *esp* [2]. | *Abc* 25.6.58, 33: Rusia se hundiría, cavará su fosa, no podrá contener la rebelión satelitaria y surgirán en el Kremlin discordias, hasta la descomposición del Soviet Supremo. MGaite *Usos* 176: La misión de la mujer, basada en su condición satelitaria, llevaba aparejado un riguroso entrenamiento en su papel de comparsa.

satélite I m **1** Astro sin luz propia que gira alrededor de un planeta. | Ortega-Roig *País* 8: La Tierra es .. un planeta, que gira alrededor de una estrella: el Sol .. Le acompaña en este viaje un pequeño satélite sin vida propia: la Luna. **b)** ~ **artificial**. Ingenio que desde la Tierra se pone en órbita alrededor de un astro, con fines científicos, militares o de comunicación. *Tb, simplemente*, ~. | *Mad* 27.4.70, 1: Los ocho satélites artificiales se hallan en las órbitas previamente elegidas, y los aparatos de a bordo funcionan normalmente. V. Gállego *ByN* 31.12.66, 42: Impresionantes fotografías de la Luna, tomadas por el satélite lunar norteamericano "Orbiter 2".
II adj **2** [Pers. o cosa] que depende completamente de otra, o que actúa o se presenta como sometida a ella. *Frec n m*. | Academia *Esbozo* 55: En el diptongo /ui/ .. tanto /u/ como /i/ pueden funcionar, alternativamente, como núcleo o como satélite. Academia *Esbozo* 13: En la cima compuesta, la vocal de mayor perceptibilidad se denomina núcleo o vocal silábica. La vocal o las dos vocales no silábicas se llaman vocales satélites o marginales. Vega *Corazón* 45: Se le dedicó una reunión satélite pre-congreso .., y sus conclusiones previas (aunque sean provisionales) serán dignas de ser tenidas en cuenta. **b)** [Estado] que depende completamente de otro más poderoso, al cual se encuentra sometido en el aspecto ideológico, político y económico. *Frec n m*. | Carrero *Pue* 22.12.70, 5: Para imponernos un Estado comunista satélite de Moscú. *Pue* 2.2.67, 5: La pérdida de la autoridad soviética sobre sus satélites europeos y de China sobre los suyos asiáticos. **c)** [Ciudad] situada en las proximidades de otra más importante y de la cual depende de algún modo. | Alfonso *España* 162: En América, pueden recordarse las ordenaciones de Central Park, en Nueva York, y de Reston, ciudad satélite de Washington.
3 (*Mec*) [Piñón] cuyo eje describe una trayectoria circular alrededor del eje de otra rueda. *Frec n m*. | Ramos-LSerrano *Circulación* 283: En la corona van dispuestos dos o más piñones, llamados satélites, que, según se observa, no giran sobre su eje por el movimiento de la corona, sino que su movimiento es de traslación alrededor del eje de la corona.

satelización f Acción de satelizar. | Guzmán *Sp* 19.4.70, 14: Vosotros los europeos sois los únicos que no sabéis encontrar al gran culpable de vuestros males, de vuestra balcanización y satelización política.

satelizado -da adj **1** part → SATELIZAR.
2 (*raro*) De(l) satélite [1b y 2]. | J. Casares *Abc* 1.8.70, 31: Pronto, nos guste o no, emisoras "satelizadas" invadirán nuestros hogares en cualquier idioma visual o hablado. J. Carvajal *Mad* 22.1.70, 3: Las ciudades nuevas –en sí mismas– serán necesariamente y en gran medida incompletas .. y, en consecuencia, en problemática relación de dependencia "satelizada" respecto a las ciudades de orden superior sobre las cuales bascula su vida limitada.

satelizar tr Convertir [algo o a alguien] en satélite, *esp* [2]. | M. Salabert *Inf* 25.7.74, 13: La mano del hombre ponía el pie en la Luna. La hazaña satelizó entonces una verdadera galaxia de elevadas declaraciones y de rutilantes tonterías. *País* 28.1.78, 6: En torno al Sahara no solo trenzan sus jugadas Marruecos y Argelia. Cada vez se hace más evidente que Francia considera a esa zona dentro de su área de competencia como gran potencia europea; y que su propósito es *satelizar* nuestra acción exterior en torno a sus proyectos.

sateloide m (*E*) Satélite artificial. | *Inf* 25.1.78, 36: Hay más de 4.000 sateloides que tejen su red en torno a la Tierra; ¿cuántos de ellos albergan cargas que son una amenaza en potencia?

satén m **1** Raso (tejido). | *País* 29.4.79, 5: En el caso de las niñas, los tejidos favoritos siguen siendo el organdí, el lino y el satén, que, naturalmente, son de "tergal" por aquello del sentido práctico. **b)** *Se usa a veces en constrs de sent comparativo para ponderar la suavidad de la tersura*. | CBonald *Noche* 52: Sintió entonces en el hombro la tibia mano de satén de mamá Paulina.
2 Madera semejante al nogal, producida por varios árboles tropicales. | *Opi* 30.10.76, 15: Los largos años de explotación colonial agotaron sensiblemente las posibilidades de este país [Guinea], rico en caoba, roble, nogales, teca, satén, palo rosa y okume.

satín m Satén [1]. | *Economía* 89: Los [tejidos] más clásicos son la toile, cruzado, sarga y satín.

satina f Tela semejante a la sarga, en la que los surcos del tejido son interrumpidos o cambian de dirección cada dos puntos. | Cabezas *Madrid* 366: Hubo en la calle de la Palma hasta una docena de telares que producían franelas, sargas, satinas y otras telas finas.

satinado -da adj **1** part → SATINAR.
2 De(l) satén [1]. | * Es una piel de aspecto satinado. **b)** [Brillo] ligeramente apagado. | * Me gusta el brillo satinado. **c)** [Color] de brillo ligeramente apagado. *Tb n m*. | * Escoge el color que te guste, pero satinado, no brillante. Perala *Setas* 36: S[ombrero] cubierto de un satinado blanco o blanco-grisáceo persistente.
3 Que tiene la tersura o el brillo del satén [1]. | Bustinza-Mascaró *Ciencias* 368: Unas lavas presentan una superficie lisa, como satinada; otras .., escoriácea.

satinador -ra adj Que satina. *Tb n f, referido a máquina*. | *Reg* 27.2.68, 10: Vendo molino de piedras con motor eléctrico Siemens de 7'5 hp. Deschinadora. Satinadora. Monitor.

satinar *tr* Dar [a algo (*cd*)] la tersura y el brillo del satén [1]. *Tb abs. Frec en part, esp referido a papel.* | *Gar* 6.10.62, 52: El lápiz labial francés de nueva textura, nutre, satina y deja en sus labios la promesa de un brillo inigualable.

sátira *f* **1** Crítica o censura de carácter irónico o burlesco. | DPlaja *Literatura* 213: Cada una de las personas a las que sirve Lázaro es el blanco de su sátira: ve en el ciego su maldad; en el clérigo, su avaricia. DPlaja *Literatura* 326: Sátira social. Con la misma nobleza y claridad destaca el coronel Cadalso los vicios de la sociedad en que vive. **b)** Escrito, discurso u obra artística en que se critica a alguien o algo, ridiculizándolos o burlándose de ellos. | * Sus canciones son auténticas sátiras de la sociedad de hoy. Camarero *Cadalso* 24: En 1770 escribió *Los eruditos a la violeta*, una sátira en la que criticaba la educación superficial, la osadía y la ignorancia de los petimetres.
2 (*TLit, hist*) Composición poética en que se critican las costumbres públicas o los vicios de alguien. *Tb el género correspondiente.* | López-Pedrosa *Lengua* 133: Sátira: Composición poética en la que se censuran y ridiculizan los vicios, debilidades y errores de los hombres. Es de origen latino. Pedraza-Rodríguez *Literatura* 5, 386: La inquietud cívica de Jovellanos se plasma en las famosas sátiras en que describe los aspectos de la vida española de su tiempo que le parecían dignos de reprobación.

satiriasis *f* (*Med*) Exaltación exagerada del impulso sexual en el hombre. | CBonald *Casa* 157: Socorro eligió no enterarse de los síntomas de la demencia de su hermano, al que le diagnosticaron desde un principio una satiriasis hiperestésica provocada por las muchas privaciones padecidas en el frente.

satíricamente *adv* De manera satírica. | FJunípero *Abc* 9.11.91, 58: Este tipo de clérigos fue conocido, andando el tiempo, con el apelativo de "goliardos" y dio lugar a una literatura en latín de alto nivel estilístico y de gran belleza, generalmente anónima, que se refería satíricamente a los defectos de la Iglesia, especialmente del Episcopado.

satírico -ca *adj* De (la) sátira. | GLópez *Literatura* 26: El género satírico fue cultivado, a su vez, por dos importantes poetas: Marcial y Juvenal. Angulo *Arte* 1, 51: Otro importante grupo de papiros, llamados satíricos, parodian con figuras de animales las escenas de los mismos faraones, incluso sus grandes hazañas guerreras. **b)** [Pers., esp. escritor] que cultiva la sátira. *Tb n.* | DPlaja *Literatura* 38: Para conocer la sociedad romana de la decadencia, nada como leer a Marcial, el satírico .. Otro gran temperamento satírico de este período fue Juvenal. Buero *Sueño* 167: Él no cree en brujas, señora. Puede que estas pinturas causen pavor, pero no son de loco, sino de satírico.

satirión (*tb* **satirion**) *m* Se da este n a varias plantas herbáceas de la familia de las orquídeas, esp a la Platanthera bifolia y a varias especies del gén Orchis. *Frec con un adj especificador.* | Mayor-Díaz *Flora* 414: Platanthera bifolia (L.) Rich. "Satirion blanco". Mayor-Díaz *Flora* 417: Orchis mascula L. "Satirion manchado". Mayor-Díaz *Flora* 417: Dactylorhiza maculata (L.) Soó. "Satirion real". (Sin. Orchis maculata L.)

satirizar *tr* Hacer [a alguien o algo (*cd*)] objeto de sátira [1]. | DPlaja *Literatura* 258: Los médicos, los verdugos, los poetas son satirizados en *El sueño de las calaveras*.

sátiro *m* (*Mitol clás*) **1** Divinidad de los bosques representada por un ser con cuerpo de hombre y cuernos y patas de cabra. | Sampedro *Sonrisa* 272: –Yo me zumbé mi primera cabra a los doce años .. –¿Cabra u oveja? ..–¡Cabra! ..– La mirada retadora del viejo impone silencio. Empiezan a discutir el hecho a su manera, hablando de sátiros, silenos, egipanes y otros casos de los libros.
2 (*lit*) Hombre lascivo o morbosamente lujurioso. *A veces usado como insulto.* | Benet *Nunca* 30: Más de una noche, corriendo entre las cercas, lo tomaron por un sátiro, atrancando las puertas de los dormitorios y descuidando las cuadras. RIriarte *Paraguas* 163: ¡Sátiro! Pues ¿sabes lo que te digo? ¡Que todo ha terminado entre nosotros! Ni piso, ni "trousseau", ni viaje de novios, ni boda, ni nada.

satinar – satisfecho

satisfacción I *f* **1** Acción de satisfacer. *Tb su efecto.* | Carrero *Pue* 22.12.70, 5: Dar satisfacción cumplida a las necesidades y aspiraciones del país. Cuevas *Finca* 77: Los billetes pasaban de una mano a otra y Antonio José volvía a contarlos, lentamente. –Listo. ¿Hay satisfacción? –La hay. Villapún *Dogma* 119: Dios quiso recibir una satisfacción equivalente al pecado cometido.
2 Gusto o placer. | Medio *Bibiana* 13: Bibiana Prats esboza una sonrisa de satisfacción. **b)** Cosa que causa gusto o placer. | * Es para mí una satisfacción recibirte.
II *loc v* **3 tomar ~** [de alguien o de una injuria o agravio]. Vengarse [de ellos]. | * No quiso tomar satisfacción del agravio.
III *loc adv* **4 a (plena) ~.** Conforme a lo deseado. | * Todo ha salido a satisfacción.

satisfacer (*conjug* **28**) **A** *tr* **1** Hacer desaparecer [un deseo o una necesidad] proporcionando lo apetecido o necesitado. | Villapún *Dogma* 249: Los niños que mueren sin bautismo habitarán la tierra, ya transformada, .. gozando de una felicidad natural que satisfará sus deseos. *Ya* 19.6.75, 7: Ni la Formación Profesional ni el Bachillerato parecen satisfacer las aspiraciones sociales. **b)** Dar respuesta adecuada [a una duda o pregunta (*cd*)]. | Matute *Memoria* 56: Y las confusas preguntas de siempre, que nadie satisfacía. **c)** Cumplir [algo, esp. condiciones, requisitos o exigencias]. | J. Campo *País* 13.11.81, 54: Hoy día podemos saber que nuestros gastos públicos se realizan de acuerdo con las leyes, pero no podemos conocer su eficacia ni el grado en que los mismos satisfacen los objetivos previstos. **d)** (*Mat*) Cumplir [algo] las condiciones [de un problema o ecuación (*cd*)]. | Marcos-Martínez *Álgebra* 151: La gráfica de una ecuación con dos variables es una línea que contiene todos los puntos cuyas coordenadas satisfacen a la ecuación y solamente aquellos.
2 Proporcionar [a alguien (*cd*)] lo que necesita o desea. | *Inf* 20.5.75, 16: Giscard tiene que satisfacer a los sectores que apoyaron su candidatura. **b)** Proporcionar gusto o placer [a alguien o algo (*cd*)]. *Frec en part con un compl* DE. | DCañabate *Abc* 25.3.73, 49: Algunos no se arrodillaban, sentábanse en diminutas banquetas, y esta postura no satisfacía a la clientela. *Hoy* 9.9.75, 26: Productos El Cabezón. Satisfacen al paladar más exigente. Arce *Testamento* 63: Yo le dije que lo creía probable, y él pareció quedar muy satisfecho de que le hablara de tal modo.
3 Pagar [algo, esp. una deuda]. | *Alc* 31.10.62, 30: El resto, hasta completar el nominal, de 250 pesetas por acción, se satisfará en el momento que oportunamente señale el Consejo. *Mun* 23.5.70, 45: A partir del día 15 de dicho mes se satisfará el dividendo complementario de 55 pesetas por acción. **b)** Pagar [la pena debida por un delito o falta]. | Ribera *Misal* 1481: No sabemos cuánta pena hemos de satisfacer a Dios.
4 Compensar [a alguien (*cd*) por una falta o daño (*compl* DE *o* POR) cometidos contra él]. *Frec sin cd.* | SLuis *Doctrina* 140: Fines y frutos de la Santa Misa .. Perdona nuestros pecados y satisface por ellos a Dios. Villapún *Dogma* 118: La Redención es el acto por el cual Jesucristo se ofreció por nosotros en el ara de la Cruz para satisfacer por nuestros pecados y reconciliarnos con Dios.
B *intr pr* **5** Contentarse o conformarse [con algo]. | * Se satisface con poco.

satisfactoriamente *adv* De manera satisfactoria. | Laiglesia *Tachado* 87: –¿Cumplió su misión? .. –Me complace poder comunicarle que la cumplí satisfactoriamente. *Alc* 31.10.62, 24: Ha sido operado satisfactoriamente el jugador del Lérida Nebot.

satisfactorio -ria *adj* Que satisface [2]. | Aleixandre *Química* 148: Para explicar de modo satisfactorio todos los hechos experimentales que acabamos de exponer se han dado diferentes fórmulas.

satisfechamente *adv* De manera satisfecha. | Cela *Judíos* 78: El viajante en pastas para sopa sonrió satisfechamente y endulzó la voz.

satisfecho -cha *adj* **1** *part* → SATISFACER.
2 Que denota o implica satisfacción [2]. | * Me miró con aire satisfecho. R. Barros *SldG* 10.8.75, 14: El color de las uñas demuestra lo siguiente: Si son muy blancas indican naturaleza tranquila y satisfecha; si son rojas, sosegada y feliz.

sativo – saudade

sativo -va *adj* (*Bot*) [Planta] cultivada. *Se opone a* SILVESTRE. *Gralm como especificador.* | A. Blázquez *Hoy* 17.9.76, 19: Como forrajeras, entre otras, podemos emplear: Cebada, en dosis de 130 a 140 Kg. por Ha. Avena, en dosis de 150 a 160 Kg. por Ha. Veza sativa, 90 Kg. asociada con 15-20 Kg. de avena por Ha.

sátrapa *m* **1** (*hist*) Gobernador de una provincia de la antigua Persia. | Arenaza-Gastaminza *Historia* 21: Al frente de cada satrapía había tres funcionarios: el sátrapa, que ejercía el poder civil; el general ..; el secretario real.
2 (*lit*) Hombre poderoso. *Frec con intención desp, denotando ostentación o abuso de poder.* | LMiranda *Ateneo* 124: Asistió la Academia en pleno, y varios ministros y sátrapas de todos los colores. RIriarte *Adulterio* 321: ¡Cállese! ¡Sátrapa! ¡Que es usted un sátrapa! [*A un banquero.*]

satrapía *f* **1** (*hist*) Territorio gobernado por un sátrapa [1]. *Tb* (*lit*) *fig.* | Arenaza-Gastaminza *Historia* 21: El organizador político de este vasto Imperio fue Darío I, con su división en 23 provincias o satrapías. *Abc* 2.1.80, 2: Occidente necesita una respuesta de firmeza e inteligencia para evitar que el número de "satrapías" del imperio soviético siga en aumento.
2 (*lit*) Gobierno despótico o tiránico. | Lera *Olvidados* 37: En virtud de ellas [las leyes] había quien ejercitaba una satrapía cruel y despótica sobre los demás.

satsuma *f* Variedad de mandarina de piel fina y suelta, gajos fácilmente separables y gralm. sin semillas. | *Abc* 3.12.70, 67: Las tasas compensatorias adoptadas serán de 3,8 dólares por cada cien kilos de mandarinas, satsumas y clementinas españolas.

saturación *f* Acción de saturar(se). *Tb su efecto.* | Bustinza-Mascaró *Ciencias* 17: Disolvamos a la temperatura ordinaria sal común en agua hasta [la] saturación. *Mad* 13.12.69, 2: El índice de humedad ha llegado a la saturación: 100 por 100.

saturado -da *adj* **1** *part* → SATURAR.
2 (*Quím*) [Disolución] que contiene la máxima cantidad posible de cuerpo disuelto. | Legorburu-Barrutia *Ciencias* 21: Utilizando sal común preparar una disolución saturada, otra diluida.
3 (*Quím*) [Compuesto] que no admite adiciones. | Aleixandre *Química* 136: Los hidrocarburos saturados se llaman así porque no tienen tendencia a fijar átomos sobre su molécula.

saturante *adj* Que satura. *Esp referido a vapor.* | Marcos-Martínez *Física* 122: Cuando un vapor es no saturante, ¿puede llegar a ser saturante enfriándole o calentándole?

saturar *tr* (*Quím*) Cubrir [las valencias (*cd*) de un cuerpo] en un proceso de combinación. | Marcos-Martínez *Física* 299: El carbono puede saturar varias de sus valencias con otro átomo de carbono. Aleixandre *Química* 138: En las moléculas carbonadas, cada átomo de carbono se encuentra en el centro de un tetraedro regular desde donde dirige sus valencias a cada uno de los vértices en donde están colocados los átomos o radicales que saturan dichas valencias. Aleixandre *Química* 148: Se han dado diferentes fórmulas que difieren en el modo de saturar la cuarta valencia de cada átomo de carbono. **b)** (*Fís y Quím*) Impregnar [un fluido (*cd*) de otro cuerpo] hasta la máxima cantidad que puede admitir. | Marcos-Martínez *Física* 112: Llega un instante en que ya ni las gotas se vaporizan, sino que quedan en forma líquida sobre el mercurio, ni este desciende más .. Entonces se dice que el espacio está saturado de vapor. **c)** Llenar [a alguien o algo (*cd*) de una cosa] hasta el punto de no poder admitir más. *Frec con intención ponderativa.* | M. Aguilar *SAbc* 29.9.68, 54: Este sebo satura el folículo piloso, descama más la piel, y la descamación aumentada de la capa córnea (o muerta) de la piel obtura el orificio por donde debería salir la grasa del folículo, formándose la clásica espinilla. Laiglesia *Tachado* 93: Airearon sus uniformes, saturados de olor a naftalina. **d)** Hacer funcionar [una línea o circuito (*cd*)] con su máxima capacidad. *Frec en part.* | * A estas horas las líneas están saturadas casi todos los días. **e)** *pr* Pasar a estar saturado [a, b, c y d]. | Ybarra-Cabetas *Ciencias* 172: Dada la gran riqueza en glúcidos de los alimentos, parece que el organismo habría de "saturarse" rápidamente de estos compuestos.

saturnal I *adj* **1** (*lit*) Del dios Saturno. | Albalá *Periodismo* 118: La opinión pública era una especie de Saturno devorando a sus hijos. Ella crea esas democracias saturnales que Rousseau creyó rigurosamente infalibles.
II *f pl* **2** (*hist*) Fiestas en honor del dios Saturno. | FMora *Abc* 29.7.65, 19: El hecho de que en ellas [en las fiestas de invierno] intervengan también máscaras .. explica que tantas veces se haya tratado de emparentar el carnaval con las saturnales y otros usos semejantes. Gala *Séneca* 93: Británico tomó la toga viril en esas saturnales. **b)** (*lit*) Orgía o bacanal. *Tb fig.* | Campmany *Abc* 2.2.79, 3: En el fondo estaban pensando que el destino de esos celtíberos .. terminaría por ser el de volver a tirarnos los trastos a la cabeza .. La verdad es que .. alguna muerte nos hemos dejado en el camino. Pero también es verdad que no hemos celebrado ni la fiesta bárbara ni las saturnales de sangre.

saturnino -na *adj* **1** Del planeta Saturno. *Tb n, referido a pers.* | Campmany *Abc* 27.5.80, 3: A lo mejor es que los marcianos, los venusinos o los saturninos tienen problemas de transición política.
2 (*lit*) Triste o taciturno. | Cándido *Pue* 21.12.70, 2: Representan ese lado noctívago de la naturaleza descrito por el genio saturnino del pintor [Goya].
3 [Cólico] ~ → CÓLICO.

saturnio *adj* (*TLit*) [Verso] de la poesía arcaica latina, compuesto de 7 pies y medio. | GYebra *Traducción* 34: Livio Andrónico, probablemente nacido en Tarento, colonia doria del sur de Italia, llevado a Roma como prisionero de guerra, tradujo en versos saturnios la *Odisea*.

saturnismo *m* (*Med*) Intoxicación aguda o crónica causada por el plomo o sus compuestos. | FQuintana-Velarde *Política* 129: Algunas de tales dolencias −silicosis, asbestosis, nistagmus de los mineros, saturnismo ..− constituyen una verdadera plaga para estos trabajadores.

saucal *m* Sitio poblado de saúcos. | Aldecoa *Cuentos* 1, 30: Los segadores sudaban. Buscaban las culebras la humedad debajo de las piedras .. En el saucal, la dama del sapo, que tiene ojos de víbora y boca de pez, lo miraba todo maldiciendo.

sauce *m* Se da este n a distintas plantas leñosas del gén Salix, propias de lugares húmedos y con hojas alargadas u ovales, esp a la S. alba y a la S. babylonica, llamadas tb ~ BLANCO y ~ LLORÓN, respectivamente. | Laforet *Mujer* 37: Las luces de la casa descubrían los macizos cargados de rosales en flor .. Iluminaban los sauces todos tiernos. Delibes *Mundos* 47: Los abetos, arrayanes .., maitenes, eucaliptus .., chopos, tunas, sauces llorones, constituyen en ciertos sectores una muralla de densidad inextricable. Loriente *Plantas* 20: *Salix alba* L., "Sauce blanco". Árbol o arbusto bastante frecuente en linderos, regueras de prados o huertas, orillas de ríos, cunetas de caminos, etc., cultivado o asilvestrado. Cendrero *Cantabria* 67: Flora .. Estrato arbustivo. *Salix alba* L. .. *Salix atrocinerea* Brot. .. *Salix cantabrica* Rech. Fil. .. *Salix eleagnos* Scop. .. *Salix fragilis* L. .. *Salix purpurea* L. .. *Salix triandra* L.: Sauce.

sauceda *f* Sitio poblado de sauces. | Cela *Pirineo* 40: El viajero, distraidillo con el silbar del mirlo en la sauceda, ni siente cómo el sol se escapa.

saúco *m* **1** Arbusto o árbol con tallo y ramas ricos en médula, fruto en drupa negra y flores blancas en umbela, pequeñas y olorosas, cuyo cocimiento se emplea en medicina (*Sambucus nigra*). | Chamorro *Sin raíces* 57: Pudorosamente escondido, entre saúcos, un perico en forma de cómodo sillón para las deposiciones del poeta.
2 (*reg*) Médula [de la madera o del cuerno]. | J. M. Ortiz *Nar* 10.76, 12: Los materiales usados en la confección son unos más duros que otros, siendo los más importantes: Madera de fresno. Esta es la más usual, pues al tener saúco es más fácil de taladrar. Madera de boj. Es la mejor, pero es la más dura, pues carece de saúco, que es la médula central y, por ello, resulta más difícil de taladrar.

saudade *f* (*lit*) Nostalgia o añoranza. *Gralm referido a Galicia o Portugal.* | MMariño *SVoz* 8.11.70, 4: El gallego añora a su tierra como nadie: por ella llora, sufre y no puede vivir en el éxodo, hasta el punto de que el sentimiento de la "morriña", y sobre todo la saudade, son notas distintivas de nuestra alma. GPavón *Hermanas* 35: Se olvidó el guarda

saudadoso – sayal

de sus saudades e introspecciones .. y decidió observar con más atención las reacciones de aquella mujer.

saudadoso -sa *adj* (*lit*) Que tiene o muestra saudade. I J. A. Castro *Ya* 18.12.74, 5: Visten [los nostálgicos] un luto de protocolo arcaico .. Saudadosos propenden al consejo. Lorenzo *SAbc* 8.9.74, 13: Los dos ríos mayores ponen foso al moro y frontería a la raya, saudadosa, de Portugal.

saudí *adj* De Arabia Saudita. *Tb n, referido a pers.* I *Abc* 1.2.68, 27: El Yemen ha acusado a Arabia Saudita de invadir algunas partes del país .. Unidades saudíes de artillería blindada han ocupado algunas partes de la región costera. *Ya* 28.5.67, 2: Los saudíes, deseosos de entrar en combate.

saudita *adj* Saudí. *Tb n.* I C. Laredo *Abc* 29.12.70, 25: En las importantes declaraciones hechas por el Rey Feisal a la revista "Newsweek" el Soberano saudita acusa a los comunistas de ser los cómplices de los sionistas.

saudosismo *m* (*lit*) Tendencia a la saudade. I DPlaja *Van* 20.12.70, 15: El gran escritor portugués no se limitó a tomar contacto con las realidades culturales catalanas, sino que formuló una doctrina paralelística entre el "saudosismo" lusitano y la "enyorança" catalana. P. GBlanco *Abc* 6.2.58, 25: A base de "afecto" tan genuino se ha pretendido crear el "saudosismo", todo un sistema de filosofía y religión nacionales.

saudoso -sa *adj* (*lit*) Que tiene o muestra saudade. I Torrente *Saga* 396: Don Aníbal Mario se mostraba especialmente saudoso, decía que le recordaba el valle del Mondego, el más lírico de los ríos.

sauna *f* **1** Baño de vapor a elevada temperatura. I Bonet *Terraza* 36 (G): Hay que tomar algunas saunas para eso, con dos saunas se te quita toda la grasa.

2 Lugar destinado a saunas [1]. *Frec en constrs de sent comparativo para ponderar la elevada temperatura de un lugar.* I L. Calvo *Abc* 20.11.70, 31: Lleva en Moscú vida ostentosa, gran piso. "Dacha" con piscina, sauna, parque y garaje para tres coches. * Esta habitación es una sauna.

sauquillo *m* Yezgo (planta). I J. L. Aguado *SInf* 3.12.75, 3: Como diuréticos se citan los rabos de cereza, la raíz de sauquillo, la infusión de "cola de caballo" y la de cebolla albarrana.

saurio *adj* (*Zool*) [Reptil] que posee cuatro patas cortas, cuerpo y cola largos, piel con escamas o tubérculos y mandíbulas con dientes. *Frec como n m en pl, designando este taxón zoológico.* I Legorburu-Barrutia *Ciencias* 196: Afines a la lagartija son: el lagarto, la salamanquesa y el camaleón. Todos ellos se denominan Saurios. Vega *Cocina* 107: No es verde [el lagarto], sino un pequeño saurio en tecnicolor.

sauté (*fr; pronunc corriente,* /soté/) *m* Guiso que se prepara salteando el alimento que le sirve de base. *Gralm con un compl especificador.* I *Ama casa* 1972 353: "Sauté" de ternera.

sauzgatillo *m* Arbusto ornamental de hojas grisáceas, flores azuladas y fruto en drupa negra (*Vitex agnus--castus*). I Loriente *Plantas* 64: *Vitex agnus-castus* L. "Agnocasto"; "Sauzgatillo". Arbusto o arbolito ornamental. No es corriente.

savia *f* **1** Jugo nutritivo de las plantas vasculares. I Arce *Testamento* 18: El tomillo se esparcía penetrante al transpirar la savia por sus tallos.

2 (*lit*) Elemento vital o vivificador [de algo]. I PRivera *Discursos* 9: Estos postulados .. fueron los que dieron esta política y movieron a toda una juventud para levantarse el 18 de Julio.

savoir faire (*fr; pronunc corriente,* /sabuár-fér/) *m* (*lit*) Habilidad para desenvolverse con elegancia y eficacia en cualquier situación. I FReguera-March *Caída* 383: A menudo notaba que le temblaban las manos. Sin embargo, nadie parecía notarlo. Su *savoir faire* le salvaba delante de la gente. R. GMarqués *Abc* 25.2.68, 48: Todo ello prueba, por un lado, una clarísima visión de las necesidades internacionales del momento y, por otro, un eficacísimo "savoir faire" en el difícil arte de dar un real para que luego caiga un duro.

savoir vivre (*fr; pronunc corriente,* /sabuár-bíbr(e)/) *m* (*lit*) Capacidad para desenvolverse con soltura en la vida social. I MSantos *Tiempo* 89: A despecho de toda su comprensión y su savoir vivre, iba a romper la atmósfera mística que hasta entonces habían compartido.

saxífraga (*tb* **saxifraga**) *f* Planta herbácea de hojas basales en roseta y flores blancas, amarillas o rojizas (gén. *Saxifraga*). *Frec con un adj especificador.* I *Ama casa* 1972 202a: En este mes florecen: Las anémonas, .. los pensamientos, las pervincas, las saxífragas, las primaveras, las velloritas. Mayor-Díaz *Flora* 335: *Saxifraga tridactylites* L. "Saxifraga pequeña roja". Mayor-Díaz *Flora* 540: *Saxifraga granulata* L. "Saxifraga". **b)** *Con un adj especificador, designa a veces otras especies de la misma familia o de otras diferentes.* I Mayor-Díaz *Flora* 250: *Chrysosplenium oppositifolium* L. "Saxifraga dorada".

saxifragáceo -a *adj* (*Bot*) [Planta] dicotiledónea, herbácea o leñosa, con flores hermafroditas gralm. regulares, dispuestas en racimos, panojas o cimas. *Frec como n f en pl, designando este taxón botánico.* I *Ama casa* 1972 96: La celinda o jeringuilla. Es un magnífico arbusto saxifragáceo, de flores blancas, y a veces rosadas y olorosas. GCabezón *Orotava* 26: *Brexia Madagascariensis*, Thou., Saxifragácea, Madagascar.

saxifragia *f* Saxífraga. I Mayor-Díaz *Flora* 353: *Pimpinella major* (L.) Hudson. "Pimpinela mayor", "Saxifragia menor". (Sin. *P. magna* L.) .. *Pimpinella saxifraga* L. "Pimpinela blanca", "Saxifragia menor".

saxo *m* (*col*) Saxofón. I *Ya* 30.4.70, 21: Ana Delia Soria tiene diecisiete años y toca el saxo alto.

saxofón A *m* **1** Instrumento músico de viento, metálico, con llaves, lengüeta y boquilla, cuya forma recuerda la de la letra jota. I L. Vegas *Hoy* 3.11.76, 4: A los sones del saxofón de Víctor, acompañado por otros instrumentos caseros, alegraron al homenajeado y familia con las viejas y sabrosas rondeñas.

B *m y f* **2** Músico que toca el saxofón [1]. I AAlcalde *Unos 50* (G): Se había hecho de noche ..: un saxofón se había puesto a hacer virguerías en la orquesta. M. SBuades *InA* 8.7.75, 29: Éxito del concierto de la banda de música "La Paz" .. Sobresalió la meritoria intervención del saxofón tenor, el joven educando Francisco Fermín Martínez.

saxofonista *m y f* Músico que toca el saxofón [1]. I R. Alpuente *SInf* 15.8.74, 1: Los músicos amateurs españoles tuvieron una excelente representación por parte catalana con el New Jazz Trío, .. y los grupos Modern Jazz Sextet y New Jazz Quartet, ambos con la presencia de un extraordinario saxofonista, Joan Albert.

saxófono *m* Saxofón [1]. I Casares *Música* 182: Instrumentos melódicos, que llevan la melodía, como la trompeta, corneta, saxófono, piano y clarinete.

saya *f* **1** Falda larga y con vuelo, propia del traje tradicional, que a veces se usa en número de dos o tres superpuestas. *Tb* (*rúst o humoríst*) *designa la falda actual larga y con vuelo.* I Carnicer *Cabrera* 102: Las mujeres llevan la indumentaria ya vista: blusa, saya, mantón doblado en diagonal y pañuelo a la cabeza. Ferres-LSalinas *Hurdes* 94: Los caminantes ven la suciedad del color de la mujer saca de entre las sayas. CBonald *Dos días* 37: Una mujer, de saya maloliente y desteñido pañolón, bebía junto a un barril.

2 (*hist*) Prenda de vestir masculina semejante a la túnica. I L. Molla *Mun* 12.12.70, 30: La foto mostrando a un Debray con el pelo cortado a cepillo, bigotes lacios, extremadamente flaco y cargado de espaldas, cubierto con una saya blanca con grandes iniciales P. B.

sayagués -sa I *adj* **1** De Sayago (región de Zamora). *Tb n, referido a pers.* I Aparicio *HLM* 27.5.74, 3: Desde allí nos llegó para morir proféticamente el sayagués Ramiro Ledesma Ramos.

2 De(l) sayagués [3]. I Canellada *LFernández* 27: Lucas Fernández trasplanta aquella indecisa habla rústica a un clima dialectal vivo, el leonés. Es el momento de pleno vigor y logro del tantas veces llamado lenguaje y estilo sayagués.

II *m* **3** Lengua rústica de base leonesa, usada en el teatro del Siglo de Oro para caracterizar los personajes villanescos. I DBorque *Lit. española* 2, 355: Sánchez de Badajoz .., como los otros dramaturgos, utiliza el sayagués.

sayal *m* Tela de lana muy basta. I JGregorio *Jara* 65: En Talavera se compran bayetas, .. aceite y vino; .. en Na-

sayalero – scooter

valmoral de Pusa, estameñas, sayales y frisas. **b)** Prenda, esp. hábito, de sayal. | CSotelo *Proceso* 351: Fray Bartolomé, que viste el sayal de los dominicos, está de frente a los espectadores.

sayalero -ra *m y f* Pers. que fabrica sayales. | *Ya* 26.12.90, 2: Una gama amplia de necesidades ciudadanas, .. como los oficios de curtidores, .. guanteros, sayaleros, sastres.

sayo *m* (*desp*) **1** Falda o vestido largos y sin gracia. | J. L. FCampo *Ya* 17.10.70, 5: La princesa Margarita es acusada .. de "desorbitar" la midi hasta convertirla en un incalificable sayo.
2 (*hist*) Vestido de hechura simple. | A. Rubio *SHoy* 26.9.75, 9: Para esta ocasión el sesmero .. vistió sus mejores galas, que en su caso concreto eran capa, y "calzas folladas" de raso de Ávila, sayo, "gorra de góngora" y medias. GNuño *Escultura* 134: Junto a ellos tenían los soldados de infantería, concisamente vestidos con un sayo o una capa, no pocas veces con casco en la cabeza.

sayón *m* (*hist*) **1** Verdugo que ejecuta las penas a que son condenados los reos. *Gralm referido a los que azotaron a Jesús. Tb* (*lit*) *fig*. | Bermejo *Derecho* 42: La pena es de muerte en la horca, ejecutada por oficiales subalternos del concejo, merinos y sayones. ZVicente *Traque* 82: Venía por el pasillo central .., talmente un sayón malo, de los que abofetean a Nuestro Señor en los pasos del Viernes Santo. Chamorro *Sin raíces* 222: Luchó en su pueblo, en donde no era profeta, y en donde consiguió .. los apelativos de loco y manirroto porque, en más de una ocasión, fue crucificado, azotado, vilipendiado por las burlas de los ignorantes sayones.
2 Agente de la justicia encargado pralm. de hacer las citaciones y ejecutar los embargos. | CBaroja *Judíos* 1, 87: Parece que es remedio de una canción de vela de los sayones o guardias hebreos que tenían las villas y ciudades.

saz *m* (*reg*) Sauce. | J. L. Entío *NAl* 22.9.89, 15: Otro viejo y entrañable árbol, el saz de la Vadera, nos dijo adiós.

sazón I *f* **1** Estado adecuado o perfecto [de algo que cambia o evoluciona, esp. un fruto]. *Frec en la constr* EN ~. *Tb fig*. | GPavón *Hermanas* 32: Bajo la tela del vestido oscuro se adivinaban los mamelones sedosos, un poco tendidos y otro poco sonrojados, pero todavía en sazón. Ybarra-Cabetas *Ciencias* 306: Tendrá [el suelo] la suficiente humedad (tempero) y aireación, logrando esta con las labores preparatorias que ha usado para mullir el suelo, y la humedad, sembrando después de que las lluvias han puesto en sazón el suelo, si es en secano. **b)** Punto adecuado que se da a los alimentos al prepararlos. *Frec en la constr* EN ~. | Savarin *SAbc* 25.1.70, 27: En ningún sitio, ni en Francia siquiera, he comido [el puré de patatas] tan en sazón como el de Bardají.
2 Ocasión o coyuntura. | Torrente *Isla* 146: Fue como cuando el matón irrumpe en el corro de los niños, que se escapan, pero que no se pierden de vista, sino que, alejados, esperan la sazón de reunirse otra vez.
II *loc adv* **3 a la ~.** (*lit*) En aquel tiempo. | J. Montini *Sáb* 10.9.66, 25: El marqués de Santa Cruz –a la sazón empresario– me contrató con un sueldo de cinco pesetas diarias.

sazonamiento *m* (*raro*) **1** Acción de sazonar. | *Ama casa* 1972 349: Para una pierna de dos kilos, un bulbo de ajo y sazonamiento. E. Pablo *Abc* 18.5.75, 33: En todo caso las condiciones ambientales son favorables para la granazón y el sazonamiento de las mieses en el Sur.
2 Condimento (sustancia que se añade a la comida para hacerla más agradable al paladar). | *Coc* 12.66, 10: Después añadir la carne y las cebollas a la cazuela y agregar todos los sazonamientos.

sazonar A *tr* **1** Condimentar. *Tb abs*. | *Cocina* 31: La pimienta blanca inglesa es la que debe emplearse para sazonar toda clase de guisos. *Ama casa* 1972 140: Picar unos riñones cocidos con perejil y cebolleta, sazonar y agregar a la mezcla miga de pan remojada en leche, escurrida, y un huevo batido.
B *intr* **2** Llegar [algo] a su sazón [1]. *Frec en part. Tb fig*. | *Abc* 25.5.58, 89: En algunas comarcas, y concretamente en Extremadura, las gramíneas de pienso sazonaron con demasiada rapidez, en detrimento de la calidad del grano. FVidal *SYa* 1.7.88, 7: Observé los árboles, manzanos, perales, higueras, ya en cargazón de fruto aún no sazonado. Delibes *Siestas* 116: Cincuenta años atrás soñó con un hijo, pero la Bernarda –Dios sabe por qué– les paría para morir a poco tiempo. Ninguno sazonaba.

scalextric (*n comercial registrado; pronunc corriente*, /eskaléstrik/) *m* (*col*) Cruce combinado de varias calzadas a distintos niveles sobre el suelo. | *Abc* 24.12.69, 58: Un taxi se cayó desde el "scalextric" de Atocha.

scalp (*ing; pronunc corriente*, /eskálp/; *pl normal*, ~s) *m* (*Med*) Arrancamiento accidental del cuero cabelludo. | *Abc* 13.10.62, 55: Trasladada rápidamente al Equipo Quirúrgico número 2, le apreciaron herida contusa con "scalp" en región frontal.

scanner (*ing; pronunc corriente*, /eskáner/; *pl normal*, ~s) *m* Escáner. | *Abc* 7.11.79, 22: El Scanner facilita no solo una visualización detallada de las estructuras de los tejidos en órganos que antes eran muy difíciles de explorar .., sino que, también, aumenta enormemente la precisión del diagnóstico. S. Tarín *Ya* 29.11.83, 39: En este lugar se hallaban una emisora de radio que utilizaban para comunicarse y que al mismo tiempo servía como scanner para conocer los movimientos de la Policía, y dos transmisores portátiles y un radio-teléfono. *Ya* 21.10.86, 30: El 90 por 100 de los alimentos llevan el "código de barras" .. En lo que hay un menor desarrollo es en el número de tiendas con instrumentos para realizar la lectura óptica, mediante sistema "scanner", de este código.

scat (*ing; pronunc corriente*, /eskát/; *pl normal*, ~s) *m* Canción de jazz con sonidos vocales improvisados en vez de palabras. | J. M. Costa *País* 22.3.80, 25: La aparición sobre el escenario del conocido espontáneo Juan José González, que con una mezcla de sana espontaneidad y de falta de respeto hacia los músicos y la audiencia cantó una especie de scat.

scheelita (*pronunc corriente*, /ʃelíta/ o /selíta/) *f* (*Mineral*) Mineral constituido por tungstato de calcio, que es una de las menas del tungsteno. | *BOE* 12.4.69, 5375: Han sido otorgados los siguientes permisos de investigación minera, con expresión de número, nombre, mineral, hectáreas y término municipal: 5.300. "María Aránzazu." Scheelita y estaño. 33. Morille.

scherzo (*it; pronunc corriente*, /eskérso/) *m* Composición musical de carácter festivo y animado, que es gralm. movimiento intermedio en la sinfonía o en la sonata. | RÁngel *Música* 58: Beethoven .. en muchas de sus sonatas sustituyó este "minuetto" por un "scherzo", de aire más vivo. Kucharski *Música* 161: Al escuchar las obras de Chopin es imposible olvidar que se trata de la música de un polaco. Sus Mazurcas, Polonesas, Baladas, Scherzos, Nocturnos, Preludios .. están impregnados de un encanto y una melancolía que manifiestan la nostalgia sentida siempre por la patria perdida.

schuss (*al; pronunc corriente*, /ĉus/) *m* (*Dep*) En esquí: Descenso directo por la mayor pendiente. | J. L. Gilabert *Mar* 24.1.68, 13: La prueba reina del esquí alpino .. resultó de gran fuerza, sobre un trazado muy rápido, cuyas características podemos dividir en dos partes: una, la primera, en "schuss", y la segunda, también fuerte y rápida, pero de características más técnicas.

scoop (*ing; pronunc corriente*, /eskúp/; *pl normal*, ~s) *m* (*Per*) Primicia informativa. | A. Barra *Abc* 19.12.70, 35: El diario "The Times" se apunta hoy un gran "scoop" informativo: "El General Franco ha recibido las aclamaciones de unos 50.000 españoles". *País* 2.11.88, 80: María José Sáez, de 23 años, periodista sin trabajo fijo, ha logrado con su tenaz paciencia un *scoop* que ha sido de las ofertas: Efe y Televisión Española .. A las 2.05 del domingo le vio [a Emiliano Revilla], le identificó y habló con él. Esperó a contarlo dos horas, pero lo contó la primera.

scooter (*ing; pronunc corriente*, /eskúter/; *pl normal*, ~s) *m* (*tb, más raro, f*) Vehículo de motor, semejante a la motocicleta, pero de ruedas pequeñas y cuadro abierto, en el que el conductor va sentado y no a horcajadas. | *Alc* 31.10.62, 19: Con motivo del X aniversario de la instalación en España de Moto Vespa, S.A., tuvo lugar en sus factorías el acto de imponer al creador de tan popular "scooter", doctor Piaggio, la Gran Cruz del Mérito Civil. *Ya* 15.4.64, 8: Lambretta. La "scooter" que dura más.

score (*ing; pronunc corriente,* /eskór/) *m* (*Dep*) Puntuación o tanteo. | *Sol* 24.5.70, 13: Trofeo de golf en "Río Real" .. Clasificándose en segundo lugar el señor Cheatle, por obtener el mejor "score" en los últimos nueve hoyos. Je. Jiménez *SHie* 19.9.70, 10: Puede ser una buena piedra de toque para los afanes realizadores baracaldeses, que tienen que empezar a poner ampliamente favorable su "score". [En fútbol.]

scotch (*ing; pronunc corriente,* /eskôĉ/; *pl normal,* ~s) *m* Whisky escocés. | Ortega *Americanos* 111: Cualquier hombre con buena memoria para retener marcas de *scotchs, bourbons, gins* y *vodkas*.

scout (*ing; pronunc corriente,* /eskáut/; *pl normal,* ~s) **I** *m* y *f* **1** Muchacho perteneciente a una organización internacional que tiene por finalidad el desarrollo físico y moral de la pers. por medio de actividades al aire libre. | *Béj* 28.11.70, 10: Los "scouts católicos españoles", se disponen a acometer la hermosa .. tarea.
II *adj* **2** De (los) scouts [1]. | J. M. Riaza *Ya* 30.11.79, 8: La expansión del movimiento "scout" fue fulgurante.

scoutismo (*pronunc corriente,* /eskautísmo/ o /eskoutísmo/) *m* Escultismo. | A. Espí *Alcoy* 70: Filatélicamente, San Jorge aparece en una emisión de 1960 que conmemora el cincuentenario del "scoutismo" griego.

scrabble (*ing; pronunc corriente,* /eskrábel/; *n comercial registrado*) *m* Juego que consiste en formar palabras por medio de fichas con letras, de manera parecida a un crucigrama. | Diosdado *D16* 28.11.84, 4: Los partidos políticos .. combinan siglas como jugando al *scrabble*.

scratch (*ing; pronunc corriente,* /eskráĉ/) *adj invar* (*Dep*) **1** [Tiempo o clasificación] mejor de todas las categorías. | J. M. Casanova *Mar* 24.1.68, 8: Será precisamente en esta prueba cronometrada [de automovilismo] donde se decidirá la clasificación scratch instaurada en la presente edición de la prueba monegasca.
2 (*Golf*) [Modalidad] que se realiza sin hándicap. *Tb n m*. | *DLP* 8.10.90, 60: Los resultados de la modalidad "scratch" .. son. *DLP* 8.10.90, 60: En féminas Alexandra Armas se adjudicó la primera posición en "scratch" con 81 golpes, seguida de Daniela Galbán con 84, mientras que, en "hándicap", Dolores Cortezo se impuso con 72 puntos. **b)** De la modalidad scratch. | *DLP* 8.10.90, 60: El grancanario, y campeón del Mundo Infantil, Óscar Sánchez, se proclamó vencedor absoluto "scratch" y "hándicap" del trofeo "Foulquié Echevarría".

screening (*ing; pronunc corriente,* /eskrínin/; *pl normal,* ~s) *m* (*Med*) Investigación destinada a descubrir la existencia o la importancia de determinadas afecciones o condiciones morbosas. | F. J. FTascón *SYa* 23.6.74, 11: Que todas las enfermedades previsibles actualmente en el futuro lo sean realmente mediante los oportunos programas de nutrición, higiene o inmunización por la sanidad y precozmente detectadas por "screening" y chequeos. *TMé* 15.9.89, 1: Colesterol: Sí a los screening rutinarios. Los generalistas europeos ven conveniente realizar análisis rutinarios de colesterol.

script (*ing; pronunc corriente,* /eskrípt/; *pl normal,* ~s) *m* y *f* (*Cine* y *TV*) Secretario encargado de llevar un diario con las incidencias y detalles relativos al rodaje. | Palomino *Torremolinos* 120: Romano hace un papel muy lucido .. Romano bajo los focos. Romano es ya un millonario belga. La script lo revisa: impecable.

script-girl (*ing; pronunc corriente,* /eskrípt-gérl/; *pl normal,* ~s) *f* (*Cine* y *TV*) Script. | Berlanga *Recuentos* 73: María había sacado unos duros de ayudante de *script-girl* en un corto.

scrubber (*ing; pronunc corriente,* /eskrúber/; *pl normal,* ~s o ~) *m* (*E*) Aparato para purificar un gas por pulverización de agua. | Aleixandre *Química* 154: Para eliminar los últimos vestigios de amoniaco se hace pasar el gas por los *scrubbers*, en donde se lava con una lluvia de agua que disuelve por completo el amoniaco.

scull (*ing; pronunc corriente,* /eskúl/; *pl normal,* ~s) *m* (*Dep*) Embarcación ligera de regatas, movida por uno o dos hombres mediante remos cortos. | *Ale* 9.8.79, 25: Remo: campeonato del mundo junior .. España .. competirá en las modalidades de doble scull, skiff, outrigger a cuatro sin timonel, cuatro cuple y outrigger a ocho con timonel.

se¹ (*con pronunc átona*) **I** *pron* **1** Forma que toman los prons ÉL, ELLA, ELLOS, ELLAS, ELLO, USTED, USTEDES, *cuando funcionan como cd o ci refiriéndose al suj de su propia or. Se convierte en* SÍ (*que se pronuncia tónica*) *cuando esos prons funcionan como compl con prep; si la prep es* CON, SÍ *se une con ella formando la palabra* CONSIGO. | Cunqueiro *Un hombre* 14: El oscuro vino del país, cuando hubo llenado los vasos, se coronó a sí mismo con cincuenta perlas iguales. Delibes *Parábola* 27: Y así que don Abdón .. se rociaba la nuca y el estómago, los asistentes sonreían. CNavarro *Perros* 16: El hombre medio americano rara vez habla consigo mismo.
2 *Indica que la acción del v es sufrida, no realizada, por la cosa designada en el suj*. | Marías *Sociedad* 55: El estudio del pensamiento de Ortega se había abandonado por la mayoría de los cultivadores oficiales de la filosofía en España.
3 *Con v solo en sg, indica que este funciona como impers, dando a entender que la acción expresada por él es realizada por una pers, o conjunto de perss, indeterminadas. El v es intr, o tr con cd de pers; no es normal con cd de cosa*. | Vega *Cocina* 152: Se obrará cuerdamente, preparando kilo y medio de menúo, medio de cuajar y tres manos pequeñas de ternera. Delibes *Cinco horas* 51: Yo no sé qué maña te dabas, que ni escogidos [los argumentos] con candil, eso cuando se te entendía. Marías *Sociedad* 13: El Estado .. va perdiendo poder y se lo puede combatir y aun derrotar con extraña facilidad. **b)** (*col*) *Indica, a veces con un matiz de modestia, que el realizador de la acción es la pers que habla*. | Olmo *Camisa* 49: –Siéntese un ratejo con nosotros, ¿hace? –Se agradece.
II *loc v* **4 dar de sí, volver en sí** → DAR, VOLVER.
III *loc adv* **5 de por sí,** o **por sí.** Por su propia naturaleza. | A. Aricha *Caso* 19.12.70, 4: Obteniendo la consecuencia de la existencia de otros peligrosos elementos que tenían relación directa con la banda de palanquetistas, cuya localización era de por sí difícil y problemática. CNavarro *Perros* 36: ¿Vale la pena ser honrado en un sitio donde la gente no vale por sí, sino por lo que tiene?
6 por sí y ante sí. Por su propia cuenta. | Ramírez *Derecho* 76: Si, a la postre, fuera de aquel plazo, pretendiera por sí y ante sí recuperar la posesión perdida, volviendo a ser poseedor, será Pedro quien podrá utilizar en su contra los interdictos posesorios.
7 fuera de sí → FUERA.

se² → ÉL.

sebáceo -a *adj* (*Anat*) De(l) sebo [1b]. | Bustinza-Mascaró *Ciencias* 73: Las glándulas sudoríparas y sebáceas cumplirán su cometido fisiológico manteniendo nuestra piel limpia.

sebe *f* (*reg*) Seto. | Llamazares *Río* 22: Hatos de vacas pastan entre las sebes con lenta e indiferente parsimonia. Mayor-Díaz *Flora* 543: *Rosa canina* L. .. Flores rosas o blancas solitarias o en corimbos .. Sebes, matorrales.

sebiche (*tb con la grafía* **seviche**) *m* Cebiche. | RPiquer *Ya* 24.2.85, 5: Yo atribuyo simplemente al malentendido que puede resultar al término de una simpática, animada y larga reunión gastronómica en la que no creo que haya figurado el seviche peruano o cualquier otra forma de pescado crudo.

sebo *m* Grasa sólida de los animales herbívoros, usada esp. para guisar y para fabricar velas y jabones. *A veces designa otras grasas similares. Tb* (*desp*) *referido a pers*. | Arce *Testamento* 46: Mi madre guisaba la suya con manteca de cerdo o sebo. *Inf* 9.11.70, 13: La mayor parte del importe de este crédito extraordinario será destinado [sic] a subvencionar otras materias distintas de las del bacalao, entre ellas la carne congelada, la harina de pescado, el sebo, harina de soja y el cacao. Olmo *Golfos* 22: El Gordinflas, con su cara de sebo, se dirigió hacia la casa de Enzo. **b)** (*Fisiol*) Materia grasa segregada por determinadas glándulas de la piel. | Navarro *Biología* 74: Glándulas sebáceas ... Originan el sebo, sustancia grasa que contiene prótidos y colesterina, lubrificando el pelo y dando brillantez y flexibilidad a la piel. **c)** *(col) Se usa en constrs de sent comparativo para ponderar maldad.* | * Este chico es más malo que el sebo.

seborrea *f (Med)* Secreción excesiva de las glándulas sebáceas. | M. Aguilar *SAbc* 29.9.68, 54: Entonces empieza a manifestarse la seborrea en muchas personas. Si el equilibrio hormonal no es perfecto, la seborrea se agrava.

seborreico -ca *adj (Med)* **1** De (la) seborrea. | * Tiene una afección seborreica.
2 Que padece seborrea. *Tb n.* | M. Aguilar *SAbc* 22.2.70, 54: Esto suele ocurrir más frecuentemente en mujeres de dieciocho a cuarenta años, pálidas, de cara chupada, sudorosas y seborreicas, por diversos trastornos de sus glándulas de secreción interna.

seboso -sa *adj* Que tiene abundante sebo. *Frec desp, referido a pers.* | Matute *Memoria* 140: Vuelve, vuelve, que te casarán con un hombre blando y seboso, podrido de dinero. ZVicente *Mesa* 71: Toda esta tropa que está aquí, puros hambrones, sebosos de las narices, no saben lo que se pescan. **b)** Untado de sebo o de grasa. | *HLBR* 26.8.74, 6: En la villa de Arratia, cucaña y numerosísimo público .. Gonzalo Zamacona llegó al final del palo y cogió la banderita .. Enhorabuena, pues, a este gran equilibrista sobre pino seboso.

seca *f* **1** Bulto producido por infarto de una glándula. | Berenguer *Mundo* 395: Se me hinchó el brazo hasta el codo y me salió una seca en el sobaco.
2 *Se da este n a distintas enfermedades de las plantas, que se manifiestan por desecación total o parcial de estas.* | *Libro agrario* 96: Etiología, importancia y distribución de la seca del garbanzo en el valle del Guadalquivir. F. Ángel *Abc* 25.3.58, 11: Combate [el azufre] las siguientes plagas: .. Seca o Rocha, del tomate.
3 *(raro)* Acción de secar(se)[1] [4 y 5]. | MCalero *Usos* 45: Pasados los días que estimaban justos para la seca total de la mies, empezaba el acarreo.
4 *(reg)* Sequía. | Delibes *Castilla* 142: Aquí la seca se notó poco. Las alubias y el ganado se vendieron a buen precio. Mann *DMo* 3.8.89, 4: ¿Cómo ha de irme, hombri?, con esta seca, si los campos..., bueno, quisiera que vieran el prau de arriba.
5 *(Mar)* Banco de arena, u otro punto, que queda sin cubrir por el agua. | Faner *Flor* 47: Decidieron explorar la cueva en un bote .. Ya cerca de la salida Diodor advirtió una hendedura lateral en la que, agachándose, cabía un hombre. Saltó a una seca y examinó la abertura a la luz del hachón.

secadal *m* Terreno muy seco. | MCalero *Usos* 39: Las tierras de labor eran secadales y tenían que cultivarlas de año y vez.

secadero *m* Sitio destinado a poner a secar[1] algo. | Torrente *Vuelta* 241: En el auditorio figuraban los patrones de todos los pesqueros y dos hombres por cada tripulación. Frente a la tasca del Cubano, al socaire de los secaderos, esperaban grupos de hombres silenciosos.

secado *m* Acción de secar[1], *esp* [1, 5 y 6]. | *ByN* 31.12.66, 11: En el clima de Moscú el secado de las prendas tiene quizá mayor importancia que el lavado propiamente dicho. M. Toharia *SInf* 9.12.70, 16: Los perjuicios [del viento] son: gran secado del suelo tras las lluvias o riegos, vuelco de los tallos de cereales, deformación en las copas de los árboles.

secador -ra *adj* Que seca[1] [1]. *Gralm n: m, referido a aparato para secar, esp el cabello o las manos; f, referido a máquina para secar, esp ropa.* | *Van* 10.10.74, 77: Vendo armario secador 120 x 50 x 50. FSantos *Hombre* 120: Allí en el secador, con los chismes de plástico tapando las orejas y los rulos cogidos y la cabeza toda metida en el casco. *Abc* 20.5.75, 47: Para nosotros supone una enorme satisfacción este reconocimiento a la calidad de nuestras instalaciones de silos, secadoras, seleccionadoras, limpiadoras de granos, molinería de arroz. *Prospecto* 10.90: Alcampo .. Lavadora-secadora New-pol .. 54.495.

secaje *m* Secado. | *Abc* 10.5.58, 38: Lifes .. Instalaciones frigoríficas especiales para fábricas de embutidos. Secadero rápido de embutidos modelo A .. Secadero modelo B, tipo económico, semiautomático, de activo y perfecto secaje.

secamanos *m* Secador de manos. | *Ya* 11.1.83, 4: El nuevo secador mural de cabello suizo junto con nuestro secamanos AEG para hoteles, clubs, apartamentos, etc.

secamente *adv* **1** De manera seca (→ SECO [12b]). | Lera *Bochorno* 136: —¿Es que te has enfadado? —No. ¡Qué va! —contestó él secamente.
2 Con un golpe seco. | Alardi *Alc* 12.10.59, 29: Fue toreado por Torcu Varón en un ambiente de pelea .. Pinchó en lo duro y cuando el acero señaló media estocada, el novillo, en su natural fiereza, le alcanzó secamente en el vientre en el instante del encu[e]ntro.

secano -na **I** *adj* **1** *(raro)* [Tierra] que no tiene riego. · | Cunqueiro *Van* 11.4.71, 15: Esta tierra los hizo a su manera, esta tierra secana y paramera. Aldecoa *Cuentos* 1, 160: Amagó la tormenta: un polvoriento ventarrón de pocos minutos, gruesas gotas de lluvia en los alféizares de las ventanas y el grato olor del ozono mezclado a las aromas del campo secano. D. Castro *Ext* 29.8.72, 8: Por las antiguas extensas llanuras de lo secano, .. surgen ahora con frecuencia giradores que riegan tierras cubiertas de verdura.
2 *(reg)* Seco o delgado. | Berlanga *Gaznápira* 113: Además de encogida, la encontró muy secanita y por eso se puso a calentar unas tajadas de la orza.
3 de ~. [Tierra] que no tiene riego. | Ortega-Roig *País* 80: Las tierras de regadío son pequeñas en proporción a las de secano.
4 de ~. [Pers.] de tierra adentro y poco acostumbrada al agua. | Escobar *Itinerarios* 247: Allí nadie sabía mantenerse a flote en el agua .. Se trataba de unos ciudadanos de secano que jamás pusieron en remojo el pellejo.
5 de ~. *(humorist)* [Pers.] acostumbrada a beber poco. *Gralm en constr neg.* | Llamazares *Río* 56: A ver, Socorro, llena estos vasos, o', que no somos de secano.
6 de ~. *(desp)* [Abogado] que no ejerce o que tiene poco éxito o competencia profesional. *Frec fig, referido a quien alardea de perito en leyes, sin serlo.* | Benet *Volverás* 123: Era la rama [familiar] más humilde de un tronco provinciano en cuya copa habían florecido .. unos cuantos abogados belicosos, de esos que llaman de secano, empapeladores locales. *Ya* 5.7.83, 35: Un grupo de trabajadores, dos o tres de ellos de indudable procedencia campesina que otro nos confirmó diciendo que eran "abogados de secano", se mostraron menos tajantes.
II *m* **7** Tierra de labor que no tiene riego. | CNavarro *Perros* 96: Un día .. todo será inútil .. Inútil el seguro de enfermedad, los impuestos de lujo, las hectáreas de secano convertidas en regadío.

secante[1] *adj* Que seca[1] [1 y 3]. *Tb n: m y f, referido a pers; m, referido a sustancia.* | Westley *Ciu* 8.74, 34: Puede ser que los culpables sean del perfume, el alcohol (algunos "sprays" anuncian "sin alcohol") o la excesiva acción secante y refrigerante del propulsor. Halcón *Monólogo* 193: Almuerzo en ropa de baño en la cabaña del bar. Calor secante. R. Santidrián *HLM* 26.10.70, 26: El "secante" de Pirri hizo el formidable gol solitario. Cabezas *Abc* 15.4.58, 19: Entre los productos de la antigua botica .. existen algunos cuyos nombres y cualidades nos trasladan al más primitivo folklore curanderil. Tales son la "Pezuña de la gran bestia" .. "Tierra sellada de Egipto" y de la isla de Lemnos, utilizada como balsámico, astringente y secante en las enfermedades de estómago. Hacerlo 87: Las anilinas se diluyen en aceite, al que hay que añadir una cantidad igual de aguarrás (esencia de trementina) y un poco de secante. **b)** [Papel] esponjoso empleado esp. para secar lo escrito. *Frec n m.* | Marcos-Martínez *Física* 254: Impregnamos un trozo de papel secante en esencia de trementina. Alós *Hogueras* 77: Telmo Mandilego, que está escribiendo en un pliego ladeado, con un secante rosado y grande al lado del papel, levanta la cabeza. **c)** *(Quím)* [Aceite] que absorbe el oxígeno de los cuerpos oxidantes o del aire y se transforma en barniz sólido. | Aleixandre *Química* 175: Entre los aceites secantes los más importantes son los de lino, adormideras, ricino y colza.

secante[2] **I** *adj* **1** *(Geom)* [Línea o superficie] que corta [a otra]. *Frec n f. Tb fig, fuera del ámbito geométrico.* | Gironza *Matemáticas* 164: Dos circunferencias secantes iguales, ¿son simétricas respecto de la secante común? Tamames *Economía* 9: Entre ambos libros existen ciertamente zonas secantes y tangentes considerables, como no podía por menos de ocurrir a dos trabajos que versan sobre una misma realidad.

II *f* **2** (*Mat*) Razón resultante de dividir uno por el coseno [de un ángulo]. | Marcos-Martínez *Álgebra* 225: Secante de C: sec C = 1/cos C.

secapelos (*tb* **secapelo**) *m* Secador de pelo. | *Ya* 29.6.73, 2: Secapelos 2 temperaturas. 1ª marca .. Oferta, 298 pts. *Van* 20.12.70, 53: Secapelo Moulinex .. Molinillo café.

secaplatos *m* (*raro*) Escurreplatos. | M. D. PCamarero *Rev* 5.69, 27: El trabajo en una cocina requiere indispensablemente estos medios: una mesa de trabajo, .. fregadero con secaplatos.

secar[1] **A** *tr* **1** Hacer que [alguien o algo (*cd*)] pase a estar seco, *esp* [1, 2 y 8]. | CNavarro *Perros* 46: El *barman* secaba los vasos con un trapo. Goytisolo *Afueras* 32: Luego el sol disolvía la niebla y secaba las hierbas, las hojas marchitas y mojadas. Gironella *Millón* 502: El jugador que lanza el *córner* se expone a que desde aquí cualquier centinela lo seque de un disparo.

2 Hacer que desaparezca [algo que moja, esp. lágrimas o sudor]. | * Tienes que secar esas gotas que han caído. * Sécate esas lágrimas, tonta.

3 (*Dep*) Anular [un jugador] la eficacia del juego [de otro (*cd*)]. | GPérez *Ade* 27.10.70, 8: Colocó un defensor al lado de Proúgenes, con misión de "secar" al pibe, lo que consiguió en gran parte; situó a Luis detrás de la defensa. Delibes *Pegar* 158: El mismo entrenador .. nos dice tranquilamente la víspera de un partido importante que la misión de X en este encuentro será *secar* a Z.

B *intr* ➤ **a** *normal* **4** Pasar [algo] a estar seco [1a]. | *Hacerlo* 81: Es conveniente dar siempre una segunda capa [de pintura]; recordamos que para ello debe dejarse que seque perfectamente la primera. Delibes *Año* 27: Lo he tendido [el té] sobre un periódico en la viga de la cabaña, y cuando seque lo probaré.

➤ **b** *pr* **5** Pasar [alguien o algo] a estar seco, *esp* [1, 2, 4, 7, 8 y 10]. | Moreno *Galería* 127: Si no hay tormenta o vertí temporales estos cauces van secos, y así el Lobos se seca también. Llamazares *Río* 57: A ver, Socorro, llena estos vasos, o', que nos secamos. Vesga-Fernández *Jesucristo* 73: Otra parte [de la simiente] cayó sobre un pedregal, donde había poca tierra; brotó, pero saliendo el sol se secó por falta de humedad. Nácher *Guanche* 183: Permanecía en cama, de donde no era fácil esperar que volviera a levantarse. Día a día se iba secando, de manera que la piel oscura se le pegaba al hueso cada vez más.

6 Evaporarse [un líquido]. | Marcos-Martínez *Física* 113: El agua derramada en el suelo se seca mucho más rápidamente que la que está en un recipiente.

secar[2] *tr* (*raro*) Cortar o atravesar. | Palomino *Torremolinos* 256: Los japoneses hacen unos viajes tremendos, secando perpendicularmente los meridianos, y andan muy mal de horarios.

secarón -na *adj* (*reg*) Muy seco. | F. PMarqués *Hoy* 26.12.75, 12: Y es que Torrealta, digo, Campanario, situado al borde mismo de una campiña sobria, secarona y yerma, .. constituye un punto destacado para el desarrollo de buena parte de la cabaña nacional.

secarral *m* Terreno muy seco. | Carnicer *Cabrera* 143: Al cabo de un rato llegamos al camino de Silván, que se encarama como un lagarto por un secarral de matas y espinos.

sección *f* **1** Parte de aquellas en que se divide [un todo o un conjunto (*compl de posesión*)]. *A veces se omite el compl, por consabido*. | *Alc* 1.1.55, 3: A través de las secciones, servidas por especialistas, se irá completando el conocimiento de todas las actividades nacionales. **b)** Parte de las que constituyen [una organización (*compl de posesión*)]. *Frec se omite el compl, por consabido*. | CNavarro *Perros* 87: El director parecía haber nacido para sonreír, y el jefe de su sección se pirraba por hacer cruces en las hojas de control. **c)** (*Mil*) Pequeña unidad homogénea que forma parte de una compañía o un escuadrón y que normalmente es mandada por un teniente o un alférez. | Grosso *Capirote* 166: Por delante de la Fábrica de Tabacos cruzaba una sección de Infantería con bandera y banda.

2 (*E*) Acción de cortar (dividir o partir por medio de un filo). *Tb su efecto*. | Mascaró *Médico* 86: La fractura de una o varias vértebras con integridad de la médula espinal puede convertirse en una dramática sección o magullamiento de esta última al intentar levantar o simplemente sentar o incorporar al paciente.

3 Dibujo de perfil que resultaría de cortar un cuerpo por un plano. | Bustinza-Mascaró *Ciencias* 204: En la cabeza, con frente amplia, hay dos prolongaciones o cuernos, de superficie lisa, sección circular y encorvados hacia afuera y hacia atrás. **b)** Superficie de (la) sección. | *HLM* 26.10.70, 21: Línea eléctrica a 45 KV. de circuito sencillo, con conductores de aluminio-acero de 181,7 mm^2 de sección total, sobre aisladores en cadena y apoyos de hormigón y metálicos.

4 (*Geom*) Figura resultante de la intersección de una superficie con otra o con un cuerpo. | Marcos-Martínez *Matemáticas* 221: Si el plano secante es oblicuo al eje y corta a todos los elementos del cono, la sección es una curva cerrada llamada elipse. Marcos-Martínez *Matemáticas* 202: Toda sección plana de una esfera es un círculo.

5 ~ áurea. (*Arte*) Razón que existe entre dos dimensiones tales que la mayor es a la menor como la suma de ambas es a la mayor, y que se toma como norma de proporción armónica. | Torrente *Vuelta* 254: Estas son las medidas exactas de la iglesia. El Pantocrátor guardará relación. ¿Sabe usted que se cumple en todas ellas la sección áurea?

6 ~ eficaz. (*Fís*) Superficie frontal de la zona situada alrededor de un núcleo atómico y dentro de la cual este reacciona con las partículas. | *Unidades* 22: El barn es una unidad especial empleada en física nuclear para expresar las secciones eficaces.

seccionador *m* (*Electr*) Aparato que sirve para abrir o cerrar un circuito eléctrico sin carga. | *GTelefónica* N. 378: "Electrodo", S.A. Fábrica de aparellaje eléctrico. Disyuntores y seccionadores para baja, media, alta y muy alta tensión.

seccional *adj* (*E*) De (la) sección. | *Alc* 13.11.70, 29: Existe también la siguiente maquinaria: "Una máquina bobinadora de madejas de plegado cruzado .. Un urdidor seccional rápido, de faja cónica, para urdir telas de 110 centímetros de ancho".

seccionamiento *m* Acción de seccionar. *Tb su efecto*. | *BOE* 7.11.61, 15895: Esta Dirección General .. ha resuelto: Autorizar a "Iberduero, S.A." la instalación de una subestación de transformación y seccionamiento en Trujillo (Cáceres).

seccionar *tr* Hacer secciones [1 y 2] [en algo (*cd*)]. | O. Aparicio *MHi* 7.68, 28: Cuando la temperatura del corazón bajó a 16 grados se suspendió la perfusión y se extirpó el corazón cortando la aorta y seccionando la vena cava inferior y la cava superior.

secesión *f* Separación de una parte de un estado o de un conjunto político unitario. *Gralm referido a EE. UU*. | Arenaza-Gastaminza *Historia* 255: Dictó [Lincoln] medidas para abolir la esclavitud, y entonces los Estados del Sur votaron la secesión (separación) de la Unión. **b)** Separación de algún elemento de una corriente política, literaria o artística. | * Se perciben ciertos intentos de secesión en la coalición centrista.

secesionar *tr* Llevar a cabo la secesión [de alguien o algo (*cd*)]. *Gralm el cd es refl*. | *Abc* 11.6.93, 37: Los comunistas secesionan seis provincias camboyanas tras perder las elecciones. *Ya* 10.6.90, 75: La provincia de Quebec no se secesionará de Canadá. C. LSchlichting *Abc* 17.1.92, 31: Aunque los serbios sean minoría en esta república, si ustedes deciden secesionarse, nos tendrán ahí en pie de guerra.

secesionismo *m* Tendencia a la secesión. | L. Mira *SVozC* 31.12.70, 9: En Canadá, endurecimiento .. del secesionismo quebecquiano

secesionista *adj* De (la) secesión o del secesionismo. | Mercader-DOrtiz *HEspaña* 4, 211: La guerra de la Independencia y los coetáneos movimientos secesionistas proporcionaron a los ingleses la anhelada ocasión. Laín *Gac* 25.1.76, 8: Aunque no enteramente libre de la tendencia secesionista y alicortante que inicialmente le imprimió el Opus Dei, el Consejo Superior de Investigaciones Científicas cuenta con grupos de trabajo .. muy dignamente instalados en el nivel que hoy el cultivo de la ciencia tiene hoy en el ancho mundo. **b)** Partidario de la secesión. *Tb n, referido a pers*. | *Mad* 3.1.70, 4: Se trata de Nigeria y del conflicto entre el go-

seco – secretaría

bierno federal de Lagos y el Estado autonomista –o secesionista– de Biafra.

seco -ca I *adj* **1** [Cosa] que carece de humedad. I Cunqueiro *Un hombre* 13: Se fijaba en las ricas ropas .. Y en las altas botas cubiertas del verdoso lodo de los caminos de más allá de los montes, más verde cuanto más seco. *Economía* 203: Es más práctico hacer mensualmente la provisión del jabón y guardarlo en sitio seco. **b)** [Fruto] que no tiene jugo. *Esp designa a los que el hombre consume crudos, como almendras, avellanas, nueces, etc.* I Legorburu-Barrutia *Ciencias* 293: El grano de trigo no es semilla, sino un verdadero fruto seco. **c)** [Alimento] deshidratado para su conservación. I Moreno *Galería* 199: Los otros vecinos daban cacahuetes, higos secos, nueces. **d)** [Hielo] ~ → HIELO.
2 [Río, lago o cosa semejante] que está sin agua. *A veces con intención ponderativa.* I MGaite *Fragmentos* 163: Una de esas tardes .., mirando el cauce seco de un arroyo que en primavera corría abundante, se le vinieron a la cabeza imágenes de su infancia. **b)** [Guiso] que no tiene caldo. I *Cocina* 315: Las judías no deben quedar secas ni muy caldosas. **c)** (*Mar*) [Dique] en el que se achica el agua mediante bombas, una vez introducida en él la embarcación (→ DIQUE). I Ortega-Roig *País* 112: Fijaos en que [el astillero] tiene dos diques secos donde se construyen dos barcos. **d)** [Puerto] ~ → PUERTO.
3 [Tiempo] falto de lluvias. I Marcos-Martínez *Física* 89: En general, la presión elevada trae el tiempo seco. **b)** [Territorio] en que habitualmente hay pocas lluvias. I Zubía *Geografía* 61: Estepa: .. Es propia de los países fríos y secos de clima extremado. **c)** [Tormenta] que no va acompañada de precipitación. I *Ya* 16.9.85, 34: Una chispa de una tormenta seca .. pudo ser la causa del incendio.
4 (*col*) Sediento. *Con intención ponderativa.* I Berenguer *Mundo* 249: Como no había conseguido agua, ni para mí ni para la mula, estaba sequito. Olmo *English* 62: ¡Basilio! ¡Mis muchachos están secos! ¿Viene o no viene esa bebida?
5 [Ley] **seca** → LEY[1].
6 [Hembra] que no produce leche. I Moreno *Galería* 56: Se llegaba al acuerdo de conllevar, a días, esta nutrición del hijo de la madre seca. MFVelasco *Peña* 102: Para que entienda, decimos aquí cabaña a las vacas secas que no trabajan y al recrío. En el buen tiempo quedan en el pueblo las vacas que se ordeñan o enganchan. **b)** (hoy raro) [Ama] cuya única misión es cuidar a un niño, sin amamantarlo. I ZVicente *Traque* 116: ¿Por qué no mira usted detrás de esos aligustres? A lo mejor hay .. algún chiquillo jugando al escondite, o una ama seca tostándose al sol para parecer más de pueblo y cobrar más caro.
7 Estéril o improductivo. *Esp referido a cosas intelectuales.* I Delibes *Señora* 76: Por la noche sí me interrogaba: ¿Trabajas? Yo asentía con la cabeza: Mañana te enseñaré lo que estoy haciendo. La engañaba porque sabía que no subiría. Continuaba seco, carecía de facultades hasta para embadurnar un lienzo.
8 [Planta o parte de ella] muerta. I Vesga-Fernández *Jesucristo* 144: Si al árbol verde le tratan de esta manera, ¿qué se hará con el seco? *HLM* 10.9.79, 48: Los guardas han encontrado lupas montadas sobre papeles y hojas secas.
9 (*col*) Muerto en el acto. *Con los vs* DEJAR *o* QUEDARSE. I * Se quedó seco de un infarto. **b)** (*col*) Estupefacto o anonadado. *Con los vs* DEJAR *o* QUEDARSE. I * Te suelta cada respuesta que te deja seco.
10 [Pers. o animal] muy delgados. I Delibes *Hoja* 143: Lupe le veía hacer; erguida a los pies de la cama, altísima y seca, con los brazos cruzados sobre el pecho.
11 (*col*) Falto de dinero. *Con vs como* ESTAR, DEJAR *o* QUEDARSE. I L. Calvo *SAbc* 26.4.70, 20: Johnny .. dejaba secos en las timbas a los ingenieros de minas, y huía a Tucson. Montero *Reina* 211: No me vendría mal algo de pela. Estoy seco.
12 [Pers.] brusca y desabrida, o poco comunicativa. I Olmo *Golfos* 36: Seco, autoritario, con cara de mula vieja, entraba don Ramón. CSotelo *Resentido* 197: –Secote me parece el muchacho. –Sí, el hablar no le tiene. **b)** Propio de la pers. seca. I J. MVives *Ya* 5.5.74, 7: Manjón, hombre de carácter aparentemente frío y seco, escribe páginas de una emotiva ternura. Olmo *Golfos* 58: –¿Qué ha pasao, tú? .. –¡Nada! –fue, seca, la contestación. **c)** [Cosa] falta de amenidad o gracia. I DCañabate *Abc* 6.2.68, 77: "Chanito" y "Macareno", cada uno en su estilo, seco el de "Chanito",

como buen salmantino, y algarero el de "Macareno", como buen andaluz, demostraron su aplicación. **d)** (*lit*) Duro e insensible. I * Tiene seco el corazón.
13 [Cosa, frec. alimento] que no va acompañada de otra u otras accesorias. I *Torrente Off-side* 19: Una fila de criados ofrecen limonadas, whisky con agua o seco. * Para merendar, pan seco. **b)** [Aguardiente] puro, no aromatizado ni azucarado. I * Para estas rosquillas es preferible el aguardiente seco.
14 [Vino] que no tiene sabor dulce. I *His* 8.79, 61: A la hora del aperitivo .. La Ina. Jerez fino muy seco.
15 [Golpe] fuerte, rápido y que no resuena. I Arce *Testamento* 29: El Bayona comenzó a golpearme .. Fueron pocos golpes: cuatro o cinco. Unos golpes duros, secos, continuos. **b)** [Sonido] breve y sin resonancias. I Hoyo *Caza* 13: Ruidos rápidos y secos que surgen de pronto y acaban en seguida, aquí, allí, allá.
16 [Tos] que no va acompañada de expectoración. I *Ama casa* 1972 61: Cuando la tos es seca y dolorosa, los jarabes a base de codeína o de bromoformo son útiles.
17 (*Electr*) [Pila] en que el electrólito se halla espesado con materias sólidas. I *Hacerlo* 55: Una pila seca nunca es peligrosa; puede manejarla un niño.
18 (*Quím*) Que se efectúa sin emplear disolventes u otros líquidos, gralm. mediante calentamiento de las sustancias. I Aleixandre *Química* 108: El negro animal resulta de la destilación seca de materias animales (sangre, huesos, etc.).
19 (*Constr*) [Pared] cuyos elementos no están unidos con argamasa u otra mezcla. I GMacías *Relatos* 144: Menos mal que "Jigo Negro" .. fue llamado por unos picapedreros para que trabajase en las operaciones de arranque y arrimo de la piedra, con el fin de hacer pared seca, en la que tiene que estar la piedra muy bien colocada para que no se caiga.

II *loc adv* **20 a secas.** Simplemente o sin más. I Cela *Judíos* 295: Suelen ser gentes bondadosas, a secas, aunque esto tampoco sea regla general.
21 en ~. Fuera del agua o de un lugar húmedo. I Ybarra-Cabetas *Ciencias* 425: La masa líquida que soporta la plataforma continental es la más agitada por el oleaje y las mareas, siendo esta la causa de que ciertas zonas queden en seco durante la bajamar. **b)** Sin agua. *Con el v* LIMPIAR. *Tb adj, referido a limpieza.* I *Economía* 96: Con la seda acetato se evitará el emplear para el lavado en seco el amoníaco y el alcohol, que la alteran, y la acetona, que la disuelve.
22 en ~. De manera brusca y total. *Con vs como* DETENER *o* FRENAR. I Llamazares *Lluvia* 15: El estampido será tan contundente, tan brutal, que les detendrá a todos en seco en mitad del movimiento. Payno *Curso* 181: Bastia siguió en el coche .. Frenó en seco en una esquina. Ortega *Americanos* 129: Ya estaba yo dispuesto a cambiar el giro de las cosas dando una enhorabuena, cuando él me cortó en seco. Tomás *Orilla* 39: –¿Seguirías con el caballo? –Yo sí .. –Yo no sé lo que haría... ¿Tú serías capaz de dejarlo en seco?

secoya *f* Secuoya (árbol). I Vitinowski *Cod* 2.2.64, 7: Cuyo único alarde técnico es el "travelling" circular alrededor de la secoya gigante, capaz de marear al espectador más pintado.

secre *m y f* (*col*) Secretario. I Aristófanes *Sáb* 7.9.74, 40: Le decía la "secre" que no estaba, que se había bajado a la cafetería a hacerse el desayuno, a hacerse un piscolabis.

secreción *f* (*Biol*) **1** Acción de segregar. I Navarro *Biología* 149: Las sustancias químicas que contienen los alimentos, al ponerse en contacto con la mucosa del estómago, determinan la secreción gástrica.
2 Sustancia segregada. I *Puericultura* 9: Es [el calostro] la primera secreción de la glándula mamaria.

secrétaire (*fr; pronunc corriente,* /sekretér/) *m* Secreter. I *SAbc* 9.3.69, 52: Cuadro importante que inspira seriedad. "Secrétaire" holandés.

secretamente *adv* De manera secreta [1]. I Laforet *Mujer* 111: Secretamente, la familia consideraba esta boda una desgracia.

secretar *tr* (*Biol*) Segregar. I M. Calvo *SYa* 4.6.72, 5: El ácido cinámico que secreta el guayule por las raíces llega hasta las plantas vecinas por los conductos naturales del subsuelo.

secretaría *f* **1** Cargo o función de secretario [1, 2, 4, 5, 6 y 7]. I CBaroja *Inquisidor* 37: El cronista, familiar des-

de la juventud, buscó una secretaría en el [tribunal] de Llerena para su cuñado.
2 Oficina del secretario [1, 2, 4, 5, 6 y 7]. | A. Marín *Abc* 29.12.70, 24: La Misión española envió una nota .. a la Secretaría de las Naciones Unidas dando cuenta de la agresión. FQuintana-Velarde *Política* 167: Según las últimas informaciones facilitadas por la Secretaría General Técnica del Ministerio de Obras Públicas, los sistemas empleados se dividen .. de la siguiente forma.

secretariado *m* **1** Profesión de secretario [1b]. | *Abc* 26.8.66, 45: Escuela especial de Secretariado.
2 Secretaría [2] [de determinados organismos o instituciones]. | Villapún *Iglesia* 148: Con el Secretariado Nacional en Madrid de las Obras Pontificias y los Secretariados diocesanos de misiones se está haciendo constantemente una activa propaganda en pro de las misiones.
3 Conjunto de (los) secretarios [1]. | *País* 3.7.79, 17: El secretariado [del nuevo partido] ha sido formado por los antiguos números uno y dos de ambos partidos.

secretarial *adj* De(l) secretario [1]. | *Abc* 10.10.65, 74: Escuela especial de secretariado .. Enseñanza moderna teórica y práctica de técnica secretarial, correspondencia.

secretario -ria A *m y f* **1** Pers. encargada de la administración [de un organismo, una asamblea o una oficina] y cuyas funciones principales son tramitar los asuntos, atender la correspondencia, dar fe de los acuerdos y custodiar los documentos. | Benet *Nunca* 14: Asomaba, apoyada en el antepecho de una ventana de la primera planta iluminada por un flexo, la secretaria que había de dar lectura a la lista de los examinandos. Rabanal *Ya* 30.4.75, 7: Don Dámaso Alonso y don Alonso Zamora Vicente, presidente y secretario perpetuo, respectivamente, de la RAE. **b)** Pers. encargada de atender la correspondencia y los asuntos de despacho [de una oficina o de una pers.]. *A veces, esp referido a mujer, designa al simple mecanógrafo.* | *Ya* 5.1.75, 48: Compañía naviera solicita Secretarias bilingües.
2 Ministro (del gobierno). *Actualmente, hablando de determinados países extranjeros; hist* (m) *en España. En este último caso, tb* ~ DE ESTADO *o* ~ DE DESPACHO. | *Ya* 5.1.75, 5: Las recientes declaraciones del secretario de Estado, Kissinger, .. pudieran llevar –y ya han llevado– a interpretaciones alarmistas o claramente tendenciosas. Mercader-DOrtiz *HEspaña* 4, 217: Ahora [en el siglo XVIII] son los secretarios reales, que luego se llamaron ministros, los que llevan el peso de la iniciativa gubernamental. CBaroja *Inquisidor* 31: El inquisidor de la época filipina, como un virrey, un capitán general, un secretario de Estado .., siente la necesidad de construir su palacio.
3 Auxiliar que acompaña al cazador y permanece con él en el puesto. | Delibes *Santos* 94: Cada noche, antes de acostarte, mete y saca los cartuchos de los cañones hasta cien veces .., si logras ser el más rápido de todos .., no habrá en el mundo quien te eche la pata como secretario.
4 ~ de embajada. Diplomático de grado inmediatamente inferior al de embajador. | CSotelo *Muchachita* 262: Ángel es tercer secretario de Embajada.
5 ~ de redacción. Pers. que tiene a su cargo la compaginación [de un periódico o revista]. | *ByN* 4.3.67, 4: *Blanco y Negro* .. Director: Guillermo Luca de Tena y Brunet. Subdirector: Santiago Arbós Ballesté. Redactor jefe: Adolfo Prego de Oliver. Jefe de confección: José Francisco Aguirre. Secretaria de redacción: Paulina Botella.
6 ~ general. Pers. que asiste al director o presidente y que organiza efectivamente el trabajo [de un organismo u organización]. | Ferrer *Estructura* 156: El Secretario General es el más alto funcionario de la Organización de Naciones Unidas. *País* 24.6.79, 13: El secretario general del PSA manifestó, por último, que no consideraba correcto que los bienes y derechos del Estado transferidos a las comunidades autónomas pasen a la propiedad de estas.
7 ~ general técnico. Pers. que [en un ministerio civil (*compl de posesión*)] tiene categoría de director general y la misión de realizar estudios y reunir documentación sobre materias propias del departamento. | *Pro* 20.8.81, 4: Rodríguez Inciarte conoce a Calvo Sotelo en el 78 siendo secretario general técnico del Ministerio de Economía.

B *m* **8** Ave rapaz africana de plumaje gris azulado, con patas, cola y cuello largos y con un penacho eréctil en la cabeza, y que se alimenta de serpientes (*Sagittarius serpenta-*

rius). | N. Rubio *Abc* 29.10.72, 48: Si nos dieran a elegir entre un secretario (el comedor de ofidios africano) y un urogallo, no tendríamos ninguna duda.

secretear A *intr* **1** Hablar en voz baja, de modo que solo puedan oír los interlocutores. *Frec con intención desp.* | Gala *Petra* 781: Petra está en un sillón frailero un poco en alto .. Los viejos secretean y se ríen bajito.
B *tr* **2** Decir [algo] secreteando [1]. | GHortelano *Amistades* 114: –¿Qué secreteáis ahí juntos? Delibes *Madera* 150: Florita se transformó en una adolescente uniformada que secreteaba escuchos con su amiga.

secreteo *m* Acción de secretear. *Frec con intención desp.* | CBonald *Ágata* 269: Deambuló Pedro Lambert por el poblado ya en sombras, entre los secreteos y ojeadas de unos pocos vecinos rezagados.

secreter *m* Escritorio (mueble). | RMéndez *Flor* 130: Entre el estropicio del r[e]gistro, abre cajoncillos, secreteres, rebusca.

secretero -ra *adj* (*reg*) [Pers.] amiga de secretos [6]. | Aldecoa *Cuentos* 1, 23: Una de las chicas se ríe pícara y secretera. –Cuenticos a la oreja no valen una lenteja.

secretina *f* (*Biol*) Hormona producida por la mucosa del duodeno y que estimula la secreción del jugo pancreático y de la bilis. | Navarro *Biología* 152: La presencia de quimo ácido en el duodeno provoca la liberación por la mucosa de una hormona llamada secretina, que, al pasar a la sangre, estimula en el páncreas y en el hígado la secreción, respectivamente, del jugo pancreático y de la bilis.

secretismo *m* Actitud proclive al secreto [7b] o a los secretos [6]. | J. M. Massip *Abc* 23.12.72, 39: Nixon ha celebrado hoy consultas en su residencia de Cayo Vizcaíno con Kissinger y el general Alexander Haig, que acaba de regresar de Saigón con un mensaje del presidente Thieu. El secretismo oficial es completo, impenetrable.

secretista *adj* Proclive al secreto [7b] o a los secretos [6]. | Cunqueiro *Crónicas* 108: Cambiando una mirada con madame De Saint-Vaast, que le sonrió secretista, puso a galope el percherón.

secreto -ta I *adj* **1** [Cosa] que solo es conocida por una pers. o por un pequeño número de perss. que cuidan de no difundir su conocimiento. *Tb fig.* | Cunqueiro *Un hombre* 14: Los reyes se escondían en una cámara secreta que tenían. * Las maravillas secretas de la Naturaleza. **b)** [Cosa] que se hace de manera oculta o reservada. | *Ya* 15.1.75, 18: El alcalde anunció que la sesión sería secreta. *BOE* 13.8.57, 743: En cada Instituto habrá un Interventor, nombrado por el Ministerio entre el Profesorado numerario del Centro, previa propuesta del Claustro, resultado de votación secreta.
2 [Cuerpo de policía] que no utiliza uniforme. *Frec n f.* | MSantos *Tiempo* 223: El mismo policía de la secreta puede reír alegremente .., sabiendo que en tal momento de risa el criminal y el policía y hasta el juez .. no son más que cristóforos de una alegría humana que a nadie odia. **b)** [Agente] de la policía secreta. *Frec n m, en la forma* SECRETA. | *Abc* 27.4.74, 7: Miembros de las Fuerzas Armadas buscan a dos policías secretos de la disuelta Dirección General de Seguridad. GPavón *Reinado* 110: ¡Atiza, "los secretas"!
3 [Servicio o agente] de espionaje. | Laiglesia *Tachado* 80: Después llegaban unos agentes secretos, procedentes de distintos puntos del globo, con informes sobre la situación interna de los países que habían visitado.
4 [Enfermedad] venérea. *Tb n f.* | R. SOcaña *País* 6.1.77, 17: En todo el mundo la epidemia venérea se llama epidemia venérea y no se oculta bajo el adjetivo [*sic*] de enfermedades secretas. GTelefónica 13: Dr. Lucea. Impotencia. Debilidad sexual. Secretas.
5 (*Rel catól*) *En la misa:* [Oración] que se dice en voz baja inmediatamente antes del prefacio. *Frec n f.* | Ribera *Misal* 127: Oraciones Secretas .. Léase la Secreta correspondiente a la Misa del día.
II *n* **A** *m* **6** Noticia o conocimiento secretos [1]. | Cunqueiro *Un hombre* 20: Eustaquio pasó a ser el hombre de los secretos regios. *Ya* 16.2.75, 7: No es un secreto el que gran parte de los abogados españoles han pedido en más de una ocasión la supresión de los tribunales especiales por considerar que no existen delitos especiales. **b)** Fórmula o receta secreta [1]. | Laforet *Mujer* 46: Las mujeres deben transmitirse de generación en generación secretos y argucias para

tenerlos contentos [a los hombres]. **c)** ~ **a voces.** Cosa que pretende mantenerse secreta [1] cuando ya es conocida por todo el mundo. | E. Castro *Ciu* 1.8.75, 10: En España la gente se juega cualquier cosa, hasta el punto de haber convertido este vicio en el gran secreto a voces, que todo el mundo conoce y casi todos practican alguna que otra vez.
7 Condición de secreto [1]. | * Hay que respetar el secreto de la votación. **b)** Reserva o silencio sobre algo que uno ha conocido o que se le ha confiado. | CBaroja *Inquisidor* 15: No hay que ser protestante o judío para hallar injustificados o peligrosos procedimientos tales como el del secreto en las denuncias o las penas trascendentes. * Sobre esto te ruego el máximo secreto. **c)** Obligación o compromiso de no divulgar algo confidencial conocido en el ejercicio de la profesión. *Gralm con un compl especificador, como* BANCARIO, DE CONFESIÓN. *Frec* ~ PROFESIONAL. | Escudero *Capítulo* 101: En el desempeño de su cargo se han de portar [los consejeros y oficiales] con prudencia, .. con escrupulosa fidelidad al secreto de oficio, sobre todo cuando el bien del Instituto lo exija. * El sacerdote está obligado por el secreto de confesión.
8 (*hoy raro*) Departamento secreto [1] que tienen algunos muebles antiguos para guardar objetos o documentos. | *Van* 17.7.75, 47: El reverente celo del viejo servidor Luigi Mametti y su plumero se alargaron hasta el "secreto" de uno de los muchos muebles heteróclitos entre aquel cafarnaún de treinta mil libros.
B *f* **9** (*raro*) Secreto [8]. | Delibes *Madera* 208: Gervasio encontró la carta en la secreta de la cómoda de su madre.
III *loc adv* **10 en** ~. De manera secreta [1]. | Arce *Testamento* 95: Fue aquella una travesura que llevé en secreto y ni siquiera al mismo Antonino le dije nada. *Economía* 153: No hacer conversación aparte, y mucho menos hablar en secreto.
11 en el ~ [de algo que no es del dominio general]. En el conocimiento [de ello]. *Con los vs* ESTAR O PONER. *Frec se omite el compl por consabido*. | Villarta *Ya* 2.1.75, 31: Invaden [los jóvenes] las calles de los poblados, ejecutan danzas grotescas o se entretienen lanzando pullas y críticas que son muy festejadas, en el buen humor general, por quienes están en el secreto de los temas.

secretor -ra *adj* (*Biol*) **1** Que segrega. | Navarro *Biología* 107: Los principales tejidos secretores están formados por: células secretoras, tubos laticíferos, bolsas y canales secretores.
2 De (la) secreción. | Bustinza-Mascaró *Ciencias* 26: En ciertas regiones [el tejido epitelial] tiene misión secretora.

secretorio -ria *adj* (*Biol*) Secretor. | Bustinza-Mascaró *Ciencias* 26: Epitelio secretorio o glandular. Alvarado *Anatomía* 137: Cuando los perros oyen dicho tono, .. se ponen a segregar saliva .. Este reflejo secretorio es, por tanto, reflejo condicionado por una sensación indirecta.

secta *f* **1** Conjunto organizado de perss. que, en una comunidad religiosa, tiene unas creencias parcialmente divergentes. *Frec con un adj o compl que especifica la comunidad religiosa. Frec fig, referido a ideología*. | Vicens *Polis* 330: La recuperación de la Iglesia católica había de chocar, necesariamente, con las diversas iglesias y sectas protestantes. Arangurren *Marxismo* 174: Las iglesias, institucionalizaciones de lo sacro, y las sectas, fermento de religiosidad viva, son convertidas en .. *Denominations*.
2 Grupo pequeño, o considerado poco importante, de adeptos a una creencia religiosa. *Frec fig, referido a ideología*. | GÁlvarez *Filosofía* 1, 40: Según la tradición, el fundador de la nueva escuela fue Pitágoras, personaje que, procedente de Samos, estableció en Crotona una sociedad filosófica que era al mismo tiempo una secta religiosa y una liga política. GÁlvarez *Filosofía* 1, 317: Alkindi .. nació en Persia. Destacándose de la secta de los mutacilitas, llegó a constituirse en la primera gran figura de la filosofía árabe.

sectariamente *adv* De manera sectaria. | *Inf* 25.11.76, 3: Tras referirse al uso que el Gobierno podría hacer de los medios de comunicación ("van a defender sectariamente una de las posibles tesis para salir de la dictadura") .., señaló el secretario del P.S.O.E.

sectario -ria *adj* **1** De (la) secta. | J. L. Torres *Inf* 17.6.71, 7: La inscripción en una logia no sectaria ni anticristiana puede, desde el punto de vista del Derecho de la Iglesia, no comportar una pena canónica. *País* 26.11.78, 8: La utilización de la bandera rojigualda con propósitos sectarios, exclusivistas y excluyentes no ha hecho sino aumentar en el curso de los últimos meses.
2 Seguidor de una doctrina. *Tb n. Frec fig con intención desp, denotando intolerancia y estrechez de miras*. | Anson *Oriente* 267: La facultad de comprender a los otros es la que distingue al intelectual puro e independiente del que no lo es, del sectario, del que se convierte en juez severísimo e implacable de los otros.

sectarismo *m* Condición o actitud de sectario [2]. | Mercader-DOrtiz *HEspaña* 4, 226: También apunta [en la época de Carlos III] un espíritu que parece ir más allá del simple regalismo para caer en el sectarismo antirreligioso en la destrucción de las cofradías gremiales.

séctil *adj* (*E*) Que se puede cortar. | Alvarado *Geología* 39: Se presenta [la argentita] en masas dendríticas negras y mates superficialmente, muy séctiles (fácilmente cortables con la navaja).

sector *m* **1** Parte diferenciada [de un todo o de un conjunto]. | V. Royo *Sp* 19.7.70, 19: El chiste .. acertaba además en la diana de lo que últimamente parece que han venido pretendiendo ciertos sectores del país. FQuintana-Velarde *Política* 233: Tradicionalmente, en nuestra economía el sector público ha invertido con considerable retraso.
2 (*Geom*) Porción de círculo limitada por dos radios. *Tb* ~ CIRCULAR. | Gironza *Matemáticas* 188: Para sectores de un mismo círculo o de círculos iguales, a doble, triple... amplitud corresponde doble, triple... área. **b)** ~ **esférico.** Cuerpo engendrado por la rotación de un sector circular alrededor de un diámetro que no lo corta. | Marcos-Martínez *Matemáticas* 216: El sector esférico de una base está engendrado por un sector circular que gira alrededor de uno de sus radios extremos. **c)** ~ **poligonal.** Superficie de polígono regular limitada por dos radios de la circunferencia circunscrita. | Marcos-Martínez *Matemáticas* 217: El volumen de un sector esférico o el de una esfera es el límite del volumen engendrado por un sector poligonal inscrito en el sector circular o en el semicírculo generadores.

sectorial *adj* De(l) sector, *esp* [1]. | *Pue* 20.1.67, 3: Un programa de desarrollo sectorial.

sectorialización *f* Sectorización. | F. Palacios *Ya* 13.6.90, 22: La ponencia de organización deberá tratar sobre la proyectada sectorialización del partido.

sectorialmente *adv* De manera sectorial. | F. Abril *SASeg* 3.4.76, 3: No se puede hablar seriamente de que nuestro problema es la balanza de pagos, sin hacer un análisis profundo sectorialmente de los bienes que podemos sustituir.

sectorización *f* Acción de sectorizar. | E. Chamorro *Tri* 29.5.71, 31: Tal sectorización del mercado editorial, por más que esquemática, es significativa en la medida en que no elude un fenómeno de "vasos comunicantes" verificado de acuerdo con la flexibilidad de los sectores.

sectorizar *tr* Dividir en sectores [1]. *Gralm en part*. | *Inf* 9.5.74, 17: Los cinco sectores que este año estarán presentes en la Feria de Barcelona .. Evolucionando con el tiempo, la Feria de Barcelona supone hoy una síntesis superadora y tiene el carácter de un certamen general sectorizado. *Reforma* 160: El sistema educativo debe contar con una red sectorizada de equipos psicopedagógicos de apoyo.

secuacidad *f* (*lit, raro*) Seguimiento o adhesión. | Laín *Gac* 29.7.79, 3: ¿Qué cosas hay en ella [la vida iberoamericana] capaces de mover la secuacidad o la admiración de los demás hombres? Torrente *Isla* 90: Gozó de estimación universal y secuacidad entusiasta durante los últimos diez años.

secuaz *m y f* Partidario o seguidor [de una pers. o, más raro, de una idea o doctrina]. *Gralm con intención peyorativa*. | Laín *Marañón* 191: Jovellanos, de quien tan explícita y reiteradamente se declaró secuaz el Marañón más dueño de sí mismo. CBaroja *Inquisidor* 16: Aún hay secuaces de la interpretación que pudiéramos llamar popular protestante de los actos del Santo Oficio. Mendoza *Ciudad* 163: Ya no salía de francachela con Odón Mostaza y sus secuaces: prefería no dejarse ver en público en compañía de hampones.

secuela *f* Cosa, normalmente negativa, que se produce como consecuencia [de otra]. *Gralm en pl.* | E. Bayo *Des* 12.9.70, 23: Tuvieron que arrebatársela [la tierra] al mar y al desierto, luchando a la vez contra ambas dificultades en una tarea titánica. Las secuelas del primer frente de ataque han llegado casi hasta nuestros días. Alfonso *España* 177: Con las secuelas negativas del desarrollo y los riesgos de la sociedad industrial, nos mostramos cada día más dispuestos a escribir un nuevo y espectacular capítulo de nuestro antiguo extremismo. **b)** *(Med)* Lesión o afección que se produce como consecuencia de otra. *Gralm en pl.* | MNiclos *Toxicología* 115: Aun en sujetos recuperados, son frecuentes las secuelas cerebrales originadas por la anoxia.

secuencia *f* **1** Sucesión ordenada o progresiva. | Marlasca *Abc* 21.4.70, 43: Los efectos acústicos y luminosos producidos en secuencia electrónica culminan en una representación verdaderamente sugestiva. L. GPedraza *HLM* 26.10.70, 17: Un historial de la secuencia de las sequías a través de los siglos se tiene en España en los datos de los archivos parroquiales.
2 Conjunto o serie de cosas entre las cuales existe relación de continuidad. *Frec con un adj o compl especificador.* | *Abc* 8.9.66, 14: Con Cuboflash pueden hacerse 4 fotos seguidas sin cambiar de lámparas. ¡Una perfecta secuencia gráfica! **b)** *(Cine)* Conjunto de planos que, sucediéndose en el debido orden, constituyen una escena. | J. M. Caparrós *Mun* 23.5.70, 57: Hay secuencias [en la película "El bello Sergio"] tremendamente conseguidas: la llegada del protagonista y paseo por el pueblo, sus correrías por las calles. **c)** *(Ling)* Conjunto de palabras que, formando o no una oración, expresan un contenido. | Alarcos *Estudios* 141: Estas secuencias *[lo dejaron muerto,* etc.] son como la fusión, eliminando términos comunes, de dos oraciones primitivas: *Dejaron al bandido + El bandido estaba muerto.*
3 Pasaje [del Evangelio]. | F. MSánchez *Abc* 19.9.64, 46: Fueron artistas del pueblo creyente, que, tallando los pasos, trataban de salvar sus almas y las de sus clientes, reproduciendo cada secuencia evangélica en figuraciones artísticas.
4 *(Rel catól)* Lectura que en ciertas misas sigue al gradual. | Vesga-Fernández *Jesucristo* 65: Lecturas de la Epístola, Gradual, Tracto, Secuencia. **b)** Canto que prolonga el aleluya o el tracto. | Casares *Música* 31: Del Gregoriano van a surgir dos tipos de música que conocemos con el nombre de Secuencias y Tropos. Las Secuencias surgen cuando a los largos *Jubilus* o Aleluyas, en los que a veces una sílaba tenía veinte notas o más, se le añaden textos de manera que cada nota más o menos tenga su sílaba.
5 *(raro)* Consecuencia. | MSantos *Tiempo* 36: Por secuencia de la afectación de su madre, ella también se movía, hablaba y actuaba como si tuviera unos divinos catorce años.

secuenciación *f* Acción de secuenciar. | X. Torres *PapD* 2.88, 185: Analizar y ofrecer otros contenidos conceptuales, procedimientos, valores, etc., esenciales y secundarios, así como ver su estructura interna, sus posibles secuenciaciones, etc., se haría más dificultoso. A. M. Yagüe *Ya* 28.9.88, 19: Los científicos no dudan de que el mapeo y secuenciación del genoma humano, es decir, la localización de los 100.000 genes integrantes de nuestra especie, constituye el proyecto de mayor envergadura llevado a cabo en toda la historia de la ciencia.

secuenciador -ra *adj* Que secuencia. *Frec n, m o f, referido a máquina o dispositivo.* | *Ya* 7.12.88, 25: De momento aclara paternidades dudosas. Ya funciona en Madrid un secuenciador automático de ADN. A. M. Yagüe *Ya* 28.9.88, 19: Después de lograr secuenciar automáticamente 6.000 bases diarias y trabajar en una secuenciadora de 300.000 bases al día, tiene como meta desarrollar una tercera secuenciadora para un millón de estas.

secuencial *adj* **1** De (la) secuencia, *esp* [1 y 2]. | *Ya* 25.9.82, 33: Copiadoras-duplicadoras Kodak Ektaprint. El alimentador admite hasta 60 originales que, copiados de forma secuencial, permiten la producción automática de juegos completos. *País* 17.11.82, 25: Señalización fin de página. Búsqueda secuencial. Centrado de títulos. C. INavarro *SYa* 27.3.77, 15: En una segunda o tercera floración .. nos encontramos con la sífilis secundaria polimorfa, bien aislada y secuencial.
2 Que se ajusta a una secuencia [1]. | *PapD* 2.88, 35: Se ilustra y concretiza en los llamados "Proyectos Curriculares", que han de explicitar a qué supuestos responden: "las características de los alumnos a los que se dirigen, la selección y organización secuencial de los objetivos y contenidos que realizan".

secuencialmente *adv* De manera secuencial. | Moraza *Ya* 15.1.75, 30: En general, los médicos, después de seguir una pauta terapéutica, solemos evitar secuencialmente los medicamentos antiblásticos en forma un poco irregular. M. Teixidor *PapD* 2.88, 173: El progreso de cada alumno debe determinarse comparando a cada alumno, en función de su capacidad con los objetivos establecidos y secuencialmente graduados.

secuenciar *(conjug* **1a)** *tr* Establecer la secuencia [1] [de algo *(cd)*]. | Moraza *Ya* 27.6.75, 60: Existiría una especie de cromosoma-programa, que podría compararse a una cinta magnetofónica que iría "secuenciando" nuestra existencia. *PapD* 2.88, 94: Este currículum básico .. deberá secuenciarse en objetivos específicos y operativos a lo largo del período seis-doce.

secuestrable *adj* Que se puede secuestrar. *Tb fig.* | ANavarro *Inf* 19.1.76, 4: Solo la voluntad del pueblo español, no secuestrable por espontáneos y no autorizados intérpretes intermediarios, puede decir la última palabra.

secuestrador -ra *adj* Que secuestra, *esp* [1a y b]. *Frec n, referido a pers.* | M. Alcalá *Inf* 27.1.76, 1: El portavoz del comando secuestrador de José Luis Arrasate anunció que no se conformaban con la cantidad entregada. *Mad* 13.12.69, 20: Es la primera vez que se da muerte a secuestradores de aviones al intentar apoderarse de una aeronave en pleno vuelo. *Pue* 6.11.70, 11: La secuestradora palestina Leila Jaled .. ha contraído matrimonio con otro guerrillero.

secuestrar *tr* **1** Aprehender indebidamente [a una pers.], esp. para pedir dinero por su rescate. | Arce *Testamento* 33: Me parecía alta mentira encontrarme donde me hallaba. Me parecía increíble hallarme secuestrado por dos bandidos. **b)** Apoderarse violentamente [de algo, esp. un avión *(cd)*], gralm. como medio de presión. | *Mad* 13.12.69, 20: Un joven yemení y otro senegalés, muertos a tiros cuando intentaban secuestrar un avión etíope. **c)** Robar o apoderarse [de algo *(cd)*]. *En sent fig.* | *Ya* 4.2.87, 15: Ayer, los valores eléctricos secuestraron por completo la atención de las cuatro Bolsas nacionales. *Ya* 4.12.87, 29: Las contusiones fueron encontradas "por toda la superficie corporal" y la extravasación de la sangre, calculada en "unos tres litros", se produjo porque "toda la sangre infiltrada en los tejidos fue secuestrada del torrente circulatorio".
2 Embargar judicialmente [algo, esp. una publicación]. | *Inf* 6.6.74, 9: El libro "Carta abierta a un ex ministro", del escritor gaditano, afincado en Sevilla, Manuel Barrios, fue secuestrado ayer tarde por funcionarios de la Policía madrileña. *Abc* 4.5.75, 95: Al cabo de solo tres semanas de vida, el primer "sex-shop" italiano ha sido cerrado por agentes de Policía que se presentaron en el local con una orden judicial y, después de secuestrar todo el material, dejaron sellada la entrada.

secuestro *m* Acción de secuestrar. | Arce *Testamento* 31: No sacaría nada en limpio con mi secuestro. *Mad* 13.12.69, 20: El avión de las líneas aéreas Etíopes, cuyo secuestro ha fracasado, ha despegado hoy. *Alc* 31.10.62, 29: Los autos de secuestro promovidos por el procurador don Luis de Pablo y Olazábal.

secular *adj* **1** De uno o más siglos. *Frec con ponderación ponderativa para expresar mucha antigüedad.* | A. Pizá *Bal* 4.3.70, 16: "El hijo de Zeid" consultaba el firmamento y leía .. la trayectoria secular de los astros y las estrellas.
2 Seglar. *Frec en la constr* BRAZO ~ (→ BRAZO). | Comín *Tri* 22.5.71, 46: Antes de que llegara la ola irresistible de la teología secularizadora, algunos institutos seculares habían dado ya la respuesta española .. al nuevo fenómeno. CBaroja *Inquisidor* 43: Pero lo grave es estar habituado a aplicar leyes y penas (y penas tales como la del hábito penitencial .., dejando aparte los casos poco frecuentes de relajación al brazo secular).
3 [Clérigo] que vive en medio de la sociedad humana, y no en clausura. | Laforet *Mujer* 143: El Padre González .. era un sacerdote secular.

secularidad – secuoya

secularidad f Condición de secular [2 y 3]. | Delibes Año 58: Asistí .. a la sesión del seminario montado por Álvarez Bolado en el Instituto Fe y Secularidad.

secularismo m **1** Laicismo, o independencia de toda confesión religiosa. | L. Calvo Abc 2.1.72, 17: Un afán de arrebatar el país a la zarpa de sus usos y costumbres anacrónicos y abiertamente incongruentes con los tres postulados políticos oficiales: democracia, secularismo y socialismo.
2 Condición de secular [2 y 3]. | B. M. Hernando Inf 4.1.72, 18: El I.E.M.E. nació para dar salida a la vocación misionera de los sacerdotes seculares sin obligarles a perder su "secularismo", sin obligarles a inscribirse en ninguna organización de votos especiales y obediencias.

secularista adj De(l) secularismo [1]. | Ya 16.10.70, 38: Es un hecho que la doctrina social de la Iglesia está actualmente sometida a revisión .. Tendencias secularistas y tendencias espiritualistas .. configuran este hecho de acuerdo con el dinamismo acelerado de la sociedad actual. **b)** Adepto al secularismo [1]. | MDescalzo HLM 26.3.79, 12: Surge ese entusiasmo de tantos hombres que necesitan un calorcillo sentimental para vivir su fe y se encuentran asfixiados entre un mundo secularista y unos clérigos que racionalizan tanto la fe que la hacen indigerible para el hombre común.

secularización f Acción de secularizar(se). | Cossío Montaña 244: Hay una segunda [edición], poco menos asequible, que se imprimió en 1820, hecho que puede estar relacionado con la secularización del agustino de Buelna. Fernández-Llorens Occidente 169: Se inició también la secularización de los bienes de la Iglesia. Delibes Madera 176: A la libertad de cultos y a la secularización de cementerios, siguieron la expulsión de los jesuitas y la transformación del resto de las instituciones religiosas en simples asociaciones civiles. J. M. DAlegría VozA 8.10.70, 9: Para conocer el pecado histórico del último siglo hace falta remontarse al siglo XVIII, época de la Secularización –con la negación de lo sobrenatural– y de la Ilustración.

secularizador -ra adj **1** Que seculariza. Tb n, referido a pers. | Comín Tri 22.5.71, 46: Antes de que llegara la ola irresistible de la teología secularizadora, algunos institutos seculares habían dado ya la respuesta española .. al nuevo fenómeno. J. M. Llanos VNu 16.11.74, 37: Quienes quieran "profetizar" con el futuro que nos adviene tendrán que contar no menos con los secularizadores de turno que con los pentecostales.
2 De (la) secularización. | MReviriego Tri 15.12.73, 93: La obra secularizadora de José Bonaparte fue continuada. J. Pasquau Abc 18.6.75, sn: La desazón secularizadora, desmitificante, todo este cristianismo de barredera que algunos quisieran imponer, tiene ahí su base.

secularizante adj Secularizador. | Inf 27.1.71, 28: Estamos asistiendo .. a un proceso secularizante, desacralizador, del mundo. FCruz Abc 19.6.75, sn: El hombre de hoy se ufana de que es realista, refractario a lo mistérico, a lo sacralizado, e incluso desde la posición religiosa se inventa una dialéctica secularizante.

secularizar tr **1** Hacer que [una pers. o cosa eclesiástica (cd)] pase a ser seglar. | Fernández-Llorens Occidente 167: Puesto que la Iglesia debía eliminar toda riqueza, sus bienes, principalmente las tierras, fueron secularizadas y pasaron a manos de los nobles, que se hicieron luteranos. **b)** pr Pasar a ser seglar. | Cossío Montaña 243: Había nacido en 1755 e ingresado muy joven en la Orden .. En 1820 se secularizó. Tejedor Arte 115: La cultura, con único refugio en los monasterios cuando los siglos altomedievales, se desarrolla ampliamente y se seculariza en la Baja Edad Media por obra sobre todo de las Universidades.
2 Hacer que [algo (cd), esp. la sociedad] pase a ser independiente de toda confesión religiosa o ajeno a lo religioso. | Inf 27.1.71, 28: Estamos asistiendo .. a un proceso secularizante, desacralizador, del mundo; en un mundo secularizado ni siquiera serán posibles las relaciones Iglesia-Estado a nivel institucional.

secularmente adv De manera secular [1]. | R. DHochleitner Fam 15.11.70, 47: Ello explica que después de un engaño secularmente utilizado en un función del proceso del cambio social que vivimos, .. el movimiento de urbanización sea incontenible hoy.

secundador -ra adj Que secunda. Tb n, referido a pers. | Gamallo Abc 22.8.71, 10: M. Pelayo fue también secundador de Ribera en lo de infundir a Asín ánimo abierto y liberal.

secundar tr **1** Apoyar o ayudar [a alguien o algo (cd)]. | Laforet Mujer 334: Podía pensar .. si estaba dispuesta en fin a secundarle enteramente en la nueva vida que él había emprendido y que él comprendía que de ningún modo le iba a resultar fácil. CBaroja Inquisidor 47: En Madrid estaban, pues, hacia 1811, Goya, Moratín y Llorente puestos a secundar los designios napoleónicos.
2 Seguir o imitar [a alguien] en su acción. | RIriarte Paraguas 176: Nina se sienta en el sofá. Mateo la secunda, deslumbrado. **b)** Seguir o imitar [la acción (cd) de otro]. | Olmo Golfos 181: Cuno, sin saber por qué, secundó la risa de su amigo. VMontalbán Pájaros 313: La vieja se encogió de hombros .. y secundó la caricia de su hija atrapándole la mano.

secundariamente adv De manera secundaria. | MNiclos Toxicología 26: Pueden ser útiles los antihistamínicos y la clorpromacina, pero como secundariamente provocan depresión circulatoria, es lo mejor el uso de barbitúricos.

secundario -ria adj **1** Segundo o de segundo grado. Normalmente solo se usa en series de muy pocos elementos, contraponiéndose a PRIMARIO, TERCIARIO, CUATERNARIO. | Selectividad 53: Hace un siglo aproximadamente desapareció el Bachillerato como ciclo dentro de cada Facultad, con lo que el término quedó reducido en su uso a los estudios secundarios. **b)** (Geol) [Era] comprendida entre la primaria y la terciaria, y cuyos terrenos datan de 200-65 millones de años a.C. Tb n m. | Bustinza-Mascaró Ciencias 188: Conviene recordar que los reptiles alcanzaron en la Era Secundaria un extraordinario desarrollo. **c)** Perteneciente a la era secundaria. Tb n m, referido a terreno. | Ybarra-Cabetas Ciencias 160: El cretácico es el terreno secundario más extendido en España.
2 [Cosa] que es consecuencia [de otra (compl A)]. Frec sin compl. | M. Aguilar SAbc 16.6.68, 39: Acudiendo a un médico para que trate el choque vascular, la limpieza de las ampollas y la infección secundaria. Castilla Humanismo 28: Se trata de una dedicación reactiva, secundaria a la decepción que de los otros hemos, una y otra vez, experimentado. **b)** (Fís) [Color] que resulta de la mezcla de dos primarios. | Hacerlo 112: Si mezclamos dos primarios, resulta un tercer color llamado secundario.
3 De importancia menor. | Inf 3.4.74, 32: Premios ..: Mejor actor secundario: a John Houseman.
4 (Econ) [Sector] que comprende la industria. | SInf 5.12.70, 2: La participación relativa del sector primario valenciano sobre el producto neto intersectorial provincial ha ido secularmente disminuyendo a lo largo de esta última década, .. mientras que el secundario y el terciario se incrementan. **b)** De(l) sector secundario. | Ortega-Roig País 104: Si solo se limita a obtener .. materias primas .., la economía de un país será primaria; si, por el contrario, transforma estas materias en productos elaborados o manufacturados: tejidos de lana, conservas, vigas de hierro, etc..., la economía de este país, mucho más completa, será secundaria.
5 (Quím) Que resulta de la sustitución de dos átomos o grupos. | Aleixandre Química 192: Aminas .. Pueden ser primarias, secundarias o terciarias, según que se reemplace uno, dos o tres átomos de hidrógeno del amoniaco.

secundina f **1** (Bot) Segunda membrana de las que envuelven el óvulo. | Ybarra-Cabetas Ciencias 272: El óvulo está envuelto por dos membranas: la primina y la secundina.
2 (Fisiol) En pl: Placenta y membranas expulsadas en el parto. | * Tuvo problemas para expulsar las secundinas.

secuoya f Se da este n a varias especies de plantas coníferas americanas del gén Sequoia, esp a la S. gigantea, que alcanza más de 100 m de altura. A veces con un adj especificador. | T. GYebra Ya 9.3.90, 70: También hay una antiquísima secuoya californiana. Loriente Plantas 14: Sequoia sempervirens (Lamb.) Endl., "Secuoya siempreverde". Procedente de la costa del Pacífico de los Estados Unidos, esta conífera exótica la podemos ver, con cierta frecuencia, en nuestros parques y jardines. Loriente Plantas 14: Sequoiadendron giganteum (Lindley) Buchholz, "Secuoya gigante";

"Wellingtonia". Originaria de la Sierra Nevada de los Estados Unidos, se pueden ver magníficos ejemplares en parques y jardines.

securizado m Acción de securizar. | *Mad* 23.12.70, 4: Especialista en microlentillas. Securizado de cristales. Óptica Azul.

securizar tr Segurizar. | *FaC* 21.3.75, 11: Zurita .. ofrece .. Cristales irrompibles y securizados. *Prospecto* 2.88: Doble cristal .. Permite adaptar y combinar una amplia gama de manufacturas del vidrio, con el fin de aportar nuevas cualidades: decorar el ambiente, .. securizar el acristalamiento, etc.

sed f **1** Deseo y necesidad de beber. | Arce *Testamento* 87: Yo también notaba sed. **b)** Necesidad de agua o humedad [del campo o las plantas]. | *Ya* 16.2.92, 21: Si continúa la sequía, no habrá agua para el regadío desde junio. Andalucía se muere de sed. **c)** **una ~ de agua**. (*col*) La cosa más pequeña o menos costosa. *Con intención ponderativa*. *Gralm en la constr* NO DAR [a alguien] UNA ~ DE AGUA. | Romano-Sanz *Alcudia* 222: –Los amos se aprovechan de la ignorancia para regatearnos hasta la última peseta .. –Sí; no le dan a uno ni una sed de agua.
2 Deseo ardiente [de algo, gralm. inmaterial]. | Vesga-Fernández *Jesucristo* 63: Bienaventurados los que tienen hambre y sed de justicia, porque ellos serán hartos. *Ya* 26.1.92, 41: El seleccionador nacional asegura que en Barcelona la competencia para conseguir medallas será terrible. "La sed de metal está en la recámara."

seda I f **1** Sustancia en forma de hilo segregada por la larva de la mariposa *Bombix mori* y utilizada como fibra textil. | Legorburu-Barrutia *Ciencias* 159: La mariposa de la seda. *Economía* 85: Las fibras animales están constituidas por la lana y la seda. **b)** Hilo de seda. | Moreno *Galería* 314: Roja la falda, con sus cintas o cenefas negras; maravilloso mantón bordado, en sedas. **c)** Tejido de seda. | Laforet *Mujer* 12: Paulina llevaba al cuello un pañuelo de seda verde.
2 Sustancia en forma de hilo segregada por artrópodos diferentes del *Bombix mori*, esp. las arañas. | Legorburu-Barrutia *Ciencias* 177: Construye su tela [la araña] en posición vertical con mucha habilidad, con la seda que sale de sus hileras. Utiliza dos clases de seda: una seca para el centro y los radios., y otra pegajosa para la espiral. **b)** **~ salvaje.** Sustancia producida por ciertas orugas orientales que se crían en estado salvaje y que es empleada para tejidos de menor regularidad y mayor rugosidad que la seda [1c]. *Tb el tejido fabricado con ella*. | * Precioso modelo en seda salvaje creado por Pedro Rodríguez.
3 ~ artificial. Rayón (fibra). *Tb el tejido fabricado con ella*. | * El pañuelo que me regalaron era de seda artificial.
4 (*Zool*) Cerda (en un animal). | Bustinza-Mascaró *Ciencias* 126: Recoger lombrices de tierra vivas y tenerlas en un terrario o bocal con tierra mantillosa muy húmeda. Con una lupa ver las sedas o quetas.
5 ~s de mar. Planta de tallos ramificados, hojas en forma de cinta y flores sin pétalos, propia de praderas marinas sumergidas (*Zostera marina*). | Cendrero *Cantabria* 81: Flora. Estrato herbáceo .. *Zostera marina* L.: Sedas de mar.
II loc adj **6 de ~**. [Gusano] que produce la seda [1a]. | Bosque *Universo* 164: La cría del gusano de seda y el posterior tratamiento de los capullos exige una mano de obra minuciosa y práctica.
7 de ~. Sedoso [2]. | Sampedro *Sonrisa* 81: Esos dedos que mueve ante sus ojos... Nudosos, ásperos... No son para esa piel de seda.
8 de ~. [Papel] muy fino, traslúcido y flexible. | *SYa* 22.4.79, 22: ¡La lista empieza con papel cuché, sigue papel de barba, después de seda!
III loc v **9 hacer ~.** (*col*) Dormir. | * Se pasa el día haciendo seda y luego se queja de que no duerme de noche.
IV loc adv **10 como una ~** (o **la**) **~.** (*col*) Con mucha facilidad o sin problemas. *Con intención ponderativa*. | L. Calvo *Abc* 26.7.70, 16: El resto –la paz sellada, la paz que lleva veinticinco años escapándosele de las manos a los occidentales– vendrá como la seda. Halcón *Ir* 26: Lo demás todo iba como una seda.
11 como una ~. (*col*) En actitud o disposición muy afable. *Gralm con vs como* ESTAR *o* DEJAR. | CPuche *Paralelo* 431: Como una seda, la señorita de la Agencia dijo que no podía ser.

sedación f Acción de sedar. | *Abc* 16.11.75, 1: Ya se dijo ayer que el análisis electroencefalográfico no revelaba signos alarmantes de que la sedación pueda haberle afectado considerablemente.

sedado -da adj **1** part → SEDAR.
2 (*raro*) Sosegado o calmado. | S. Araúz *Ya* 7.12.75, 7: Estoy pensando, como tal vez ustedes, en el eje de la tierra. Sin ese eje teórico, sin ese punto de partida, en apariencia aséptico, no sería concebible el movimiento sedado de rotación de la tierra, perfectamente armónico.

sedal m **1** *En la caña de pescar:* Hilo del que pende el anzuelo. | Bustinza-Mascaró *Ciencias* 176: El sedal es un torzal largo y fuerte provisto en su extremidad de plomo para sumergirse, y que lleva atados uno o muchos anzuelos con cebo.
2 (*Med*) Herida que tiene orificio de entrada y salida y recorre un trayecto subcutáneo. *Tb* HERIDA EN ~. | *Faro* 6.8.75, 4: Dos de los impactos se estrellaron contra la pared, y el tercero lo alcanzó en la pierna derecha, produciéndole un sedal de escasa consideración. A. Pujol *Caso* 21.11.70, 11: Le produjo dos heridas inciso-cortantes en el codo izquierdo y otra herida, en sedal, en el antebrazo izquierdo.

sedán m Automóvil de carrocería cerrada, con dos o cuatro puertas. | Ramos-LSerrano *Circulación* 200: A los turismos se les puede clasificar según sea la forma de su carrocería .. Sedán cuatro puertas. Coche de conducción interior de cuatro ventanas, pudiendo tener otras dos más pequeñas a la altura del asiento posterior. Sedán dos puertas. VMontalbán *Rosa* 229: Del majestuoso sedán bajó un chófer uniformado.

sedanés -sa adj De Sedano (Burgos). *Tb n, referido a pers*. | Delibes *Año* 39: Sedano anda angustiado ..; nadie compra las peras ni las ciruelas. Hace tiempo que vengo animando a los sedaneses a crear una Cooperativa.

sedante adj Que seda [1]. *Frec n m, referido a fármaco. Tb fig*. | R. ASantaella *SYa* 15.5.77, 30: Dos tipos fundamentales de medicación consumen los estudiantes al llegar la época de los exámenes. De una parte, los estimulantes, y de otra, los sedantes. MGaite *Búsqueda* 55: Una amistad sedante y balsámica como las que se contraen a veces en ciertos viajes. Barril *País* 4.5.89, 76: En este personaje pacífico y sedante que es Boyer se intuye aquel antiguo *fatum* que dirigía la vida de los antiguos griegos.

sedar tr **1** Sosegar o calmar. | Mascaró *Médico* 52: Se sostendrá el cuerpo del niño sin forzar a un quietismo violento los miembros que se mueven involuntariamente; se colocará una enema evacuante y se sedará el estado general administrando un preparado bromurado de dosis infantil. P. Calvo *SD16* 5.8.87, I: Tona explica .. que a los hombres hay que sedarlos. Para aplacar al macho, Tona salta sobre las mesas .. y tira del pelo a los más gallitos. **b)** pr Sosegarse o calmarse. | G. Ubillos *Ya* 30.1.80, 4: Me puso un goteo en el brazo izquierdo .. Comenzaba a sedarme paulatinamente.
2 (*Med*) Administrar sedantes [a alguien (*cd*)]. | *Abc* 9.11.75, 5: Ha pasado [Franco] la noche dormido. Ha despertado de la anestesia a las tres de la mañana y se ha procedido a sedarle para evitar dolores.

sedativo -va adj (*Med*) Sedante. | *Abc* 7.5.58, 44: La leche vegetal Nutrona constituye un saludable estímulo .. Nutrona ofrece gran variedad de utilizaciones como refresco sedativo, deliciosa golosina, postre.

sede (*con mayúscula en aceps 2c y 3b*) f **1** Lugar en que tiene su residencia oficial [una autoridad, un organismo o una sociedad (*compl de posesión*)]. | Alfonso *España* 147: Felipe III, a interesada instigación del duque de Lerma, llevó de nuevo la capital a su vieja sede vallisoletana. *Nue* 11.1.70, 3: En la sede de la institución ginebrina [Cruz Roja] .. se mantienen reservas sobre la significación de estas últimas medidas. **b)** Lugar en que se reside, o en que se produce [algo (*compl de posesión*)]. | Mingarro *Física* 78: Numerosos experimentos bien conocidos demuestran que la superficie libre de los líquidos es sede de fenómenos especiales.
2 Capital de una diócesis o archidiócesis. *Gralm con los adjs* EPISCOPAL *o* ARZOBISPAL. | * Toledo es sede arzobispal.

sedellano – sedimentación

b) Territorio sometido a la jurisdicción del obispo o arzobispo. *Tb* ~ EPISCOPAL *o* ARZOBISPAL. | Lapesa *HLengua* 73: La Iglesia estableció sus sedes episcopales con arreglo, generalmente, a la distribución de conventos y provincias romanas. *Van* 4.11.62, 16: Junto con San Paciano y San Olegario, compone un radiante conjunto de santos ofrendado por la sede episcopal barcelonesa al empíreo celestial. **c) la Santa ~.** El Vaticano. | *SYa* 5.1.75, 7: En 1953 se firma el Concordato con la Santa Sede.
3 Cargo o dignidad de obispo o arzobispo. *Gralm con el adj* EPISCOPAL *o* ARZOBISPAL. | *Ya* 1.7.79, 38: El Papa Juan Pablo II celebró ayer por la mañana .. el primer consistorio de su pontificado para la creación de cardenales, provisión de sedes episcopales y postulación de "palios". Villapún *Iglesia* 17: San Pedro ha sido reconocido como el primer Obispo de Roma. Sin dejar de serlo, allí sufrió el martirio, vinculando de esta manera a la sede episcopal de Roma el supremo Pontificado. **b) ~ apostólica, ~ pontificia,** *o* **Santa ~.** Cargo o dignidad de papa. | * Vuelve a estar vacante la Sede pontificia.

sedellano -na *adj* De Sedella (Málaga). *Tb n, referido a pers.* | *Sur* 3.8.89, 16: Durante los días 4, 5 y 6 el pueblo de Sedella se viste de fiesta. En honor a la Virgen de la Esperanza los sedellanos han engalanado sus calles y plazas.

sedentariamente *adv* De manera sedentaria. | Chamorro *Sin raíces* 166: Una vez conseguido su empeño, no permanece en él sedentariamente, sino que busca la consecución de otro fin.

sedentariedad *f* Sedentarismo. | Mendoza *Ciudad* 356: De sobra se veía la voluntad de permanencia de los barraquistas, su sedentariedad.

sedentario -ria *adj* **1** [Individuo o grupo] asentado de manera fija en un lugar. *Se opone a* NÓMADA. | B. Andía *Ya* 15.10.67, sn: El azar ha querido que al venir del Sur hayamos visitado primero las poblaciones negras, que en términos generales componen agricultores sedentarios, que viven en chozas redondas construidas con paja. *MOPU* 7/8.85, 103: En poco van quedando aquellos desbordamientos naturales inmensos, aquellos marjales, aquellas extensiones inundables con sus bulliciosas bandadas de aves migratorias y sedentarias. **b)** Propio de los individuos o grupos sedentarios. | Tejedor *Arte* 10: El Oriente crea las primeras culturas históricas. En su marco geográfico luchan dos elementos: el nómada y el sedentario.
2 [Actividad o modo de vida] que no lleva consigo desplazamientos. | Ybarra-Cabetas *Ciencias* 329: Todos los lamelibranquios son de vida sedentaria.
3 [Pers.] que apenas se mueve de su residencia. *Tb n.* | Delibes *Hoja* 14: Era un hombre mollejón y sedentario. **b)** Propio de la pers. sedentaria. | DCañabate *Abc* 29.12.70, 9: Cuando murieron sus padres y se quedó solo en el piso, .. arregló su existencia conforme a sus gustos apacibles y sedentarios.

sedentarismo *m* Condición de sedentario. | Pericot *Polis* 22: Los cultivadores tienden al sedentarismo, y los pastores practican el nomadismo dentro de ciertos límites. Delibes *Madera* 156: Deslumbró a Gervasio hasta el extremo de que merecer un elogio suyo se convirtió en una obsesión, lo que no era obstáculo para que, a temporadas, cansado de su sedentarismo, conectara con compañeros más activos.

sedentarización *f* Acción de sedentarizar. | Fernández-Llorens *Occidente* 32: Los persas .. eran un pueblo de pastores .. que recorrían las llanuras del centro de Eurasia hasta que en el II milenio a.C. iniciaron su sedentarización instalándose en las mesetas del Irán.

sedentarizar *tr* Convertir en sedentario [1] [a alguien]. | F. Frade *Abc* 27.4.74, 25: El coste de la educación .. alcanzó los 25.000 millones de pesetas, para una población que no pasa de ocho millones de habitantes y que todavía está sin sedentarizar, en su totalidad.

sedente *adj* (*lit*) Que está sentado. | *Abc* 20.8.66, 37: El ciclópeo Galdós sedente esculpido en 1921 por Victorio Macho estaba siendo inexorablemente destruido por la erosión marítima. **b)** [Posición] del que está sentado. | J. Miguel *DBu* 30.6.90, 15: Las dolencias del actor no solo le impiden realizar labores que impliquen esfuerzos físicos, sino también la deambulación, bipedestación e incluso la posición sedente prolongados.

sedeño -ña *adj* (*lit*) Sedoso. | L. Calvo *Abc* 4.12.70, 43: Se creen que vuelan por regiones metafísicas, como si les estuvieran barbeando con retales sedeños de "la crítica de la razón pura". FReguera-March *España* 143: Sentía en la palma de su mano la tibieza de su piel. ¿O no era tibia? En realidad, parecía de mármol, tan blanca, tan sedeña, tan perfecta, como si la lavara con leche.

sedería *f* **1** Conjunto de tejidos de seda. | *GTelefónica* 4: Español Martínez, Francisco. Agente Comercial. Tejidos y Sedería. **b)** Producto o prenda de seda. *Gralm en pl.* | Vicens *Universo* 366: La economía tradicional [china] contaba con una industria familiar, rutinaria, sin mecanizar y muy diseminada; sus productos, sederías, porcelana, papel, objetos de bronce y marfil, de indudable valor artístico, desempeñan un papel muy secundario. CBonald *Noche* 213: La priora daba por descontado que las nuevas prácticas piadosas en que habría de ejercitarse la novicia acabarían bien pronto por hacerla olvidar toda clase de pompas y vanidades, abalorios y sederías.
2 Tienda de sedas. | *GTelefónica N.* 1002: Núñez y Cía., sobrinos de. Sedería y Lanería.

sedero -ra I *adj* **1** De (la) seda [1]. | Ortega-Roig *País* 112: En otro tiempo fue muy importante la industria sedera de Valencia.
II *m y f* **2** Pers. que fabrica o vende seda [1]. | Mercader-DOrtiz *HEspaña* 4, 174: Los gremios agrupados fueron los de joyeros, especieros, lenceros, pañeros y sederos.

sedicente *adj* (*lit*) Que impropiamente o sin derecho se hace llamar [el n. que acompaña]. *Gralm con intención desp.* | P. Berbén *Tri* 12.12.70, 37: Entre esta ira y su confesado estupor .. han hecho desaparecer el rigor científico del sedicente biólogo. *País* 13.3.86, 10: Resulta que unos sedicentes demócratas y atlantistas abandonaban las urnas cuando la Alianza Atlántica les solicitaba el sí.

sedicentemente *adv* Atribuyéndose impropia o abusivamente [el n. que se expresa]. | *Ya* 30.4.87, 15: A un carguillo político –sedicentemente escritor– se le ocurrió negar al señor Cela su manuscrito. Aguirre *Abc* 14.11.88, 3: Años antes fueron los puños y las pistolas, sedicentemente revolucionarios, los que amenazaron, aquella vez con tremenda eficacia, verja y muros del mismo edificio dieciochesco.

sedición *f* Actuación, concertada entre varios, encaminada a derribar a los que ostentan la autoridad del Estado. | *Inf* 9.1.70, 2: La prohibición expresa de todo tipo de huelga –que era identificada con el delito de sedición– pareció suavizarse.

sediciosamente *adv* De manera sediciosa. | J. A. GMarín *Tri* 8.4.72, 15: Pérez del Álamo .. pudo huir, a pesar de que todavía intentó dirigirse sediciosamente sobre Alhama tras la obligada dispersión.

sedicioso -sa *adj* De (la) sedición. | R. VZamora *Des* 12.9.70, 26: Pregunta un aduanero: "¿Lleva usted literatura?". Y eso quiere decir escritos sospechosos o sediciosos. **b)** [Pers.] que toma parte en una sedición, o la promueve. *Tb n.* | E. Baraibar *NAl* 29.3.91, 23: El diario "El Sol" dijo que en la Catedral se habían hecho fuertes los rebeldes, y a poco de rendirse comenzó a arder, estallando todas las municiones que los sediciosos habían acumulado.

sediento -ta *adj* Que tiene sed. | Vesga-Fernández *Jesucristo* 119: ¿Cuándo te vimos nosotros hambriento y te dimos de comer, sediento y te dimos de beber? J. SEgea *Abc* 13.12.70, 35: Si es motivo de satisfacción dar noticias de lluvias en la sedienta España, mucho más lo es ahora. Villapún *Iglesia* 137: El populacho, sediento de venganza y de sangre, se apoderó del poder.

sedimentable *adj* Que se puede sedimentar. | *Ya* 9.10.70, 21: La contaminación por materias sedimentables no es elevada.

sedimentación *f* Acción de sedimentar(se). | Ortega-Roig *País* 179: Las hoyas son pequeños valles de forma redondeada, cuyas tierras se han formado por sedimentación de los arrastres de los ríos.

sedimentador -ra *adj* Que sedimenta. | A. Villaverde *NAl* 31.10.70, 19: El paso del tiempo hace una labor sedimentadora.

sedimentar A *tr* **1** Dejar [algo] como sedimento. | Legorburu-Barrutia *Ciencias* 368: Transportan [los torrentes] con gran violencia por el canal de desagüe todos los materiales arrancados. Y los sedimentan en el cono de deyección.
B *intr* **2** Constituir sedimento. *Tb pr.* | Legorburu-Barrutia *Ciencias* 358: Rocas sedimentarias: las que se han formado al depositarse o sedimentarse los materiales arrastrados por las aguas (arena, arcilla, sal común...). *Ya* 18.10.86, 45: Los postulados de la escuela de Viena sedimentaban profundamente en una generación de jóvenes compositores, intérpretes y directores que entrevieron la posibilidad de un nuevo mundo musical.
3 Estabilizarse [algo]. *Frec pr.* | Lapesa *HLengua* 182: Muchos neologismos no consiguieron sedimentarse y fueron olvidados pronto. Payno *Curso* 163: Cuando la cosa con Bele fue también sedimentando, la situación se puso tirante.

sedimentario -ria *adj* (*Geol*) De (la) sedimentación o de (los) sedimentos. | Ybarra-Cabetas *Ciencias* 80: Cada capa indica una época de sedimentación; cada plano de separación, una interrupción en la sedimentación o una alteración de la constitución de la materia sedimentaria. **b)** [Roca] formada por sedimentación. | Bustinza-Mascaró *Ciencias* 335: Las rocas sedimentarias se han formado en la superficie de la tierra, se presentan en capas o estratos.

sedimento *m* **1** Materia que queda depositada en el fondo [de un líquido en el que estaba disuelta o en suspensión]. | Nolla *Salud* 464: Las alteraciones de la orina (albuminuria, anormalidades en el sedimento) generalmente solo son evidenciables mediante adecuadas técnicas de laboratorio. **b)** (*Geol*) Materia depositada por el aire, el agua o el hielo. | Ybarra-Cabetas *Ciencias* 81: Los sedimentos silíceos. Se llaman así por ser la sílice su principal componente. Proceden de los caparazones de pequeñísimas algas, denominadas diatomeas.
2 (*lit*) Elemento o conjunto de elementos de carácter espiritual o cultural que quedan después del paso de alguien o algo. | GNuño *Madrid* 6: Nos quedan los restos correspondientes a la modestia de una villa con fuerte sedimento musulmán. Lapesa *HLengua* 73: Iniciada [la romanización] en la Bética y la Tarraconense, debió formarse en ellas el sedimento lingüístico que fue llevado más tarde al interior. * Cada relación deja en nosotros un sedimento que nos enriquece.

sedosamente *adv* (*raro*) De manera sedosa. | Hoyo *Pequeñuelo* 25: Los pájaros de los nidos se los mete [el niño] entre la carne y la camisa ..; siente su calor diminuto, su mínima angustia; pequeños corazones calientes, sedosamente emplumados.

sedosidad *f* Cualidad de sedoso [2]. | Mora *Sem* 2.11.74, 96: El gato montés natural ofrece la audacia de sus manchas y la sedosidad de su tacto.

sedoso -sa *adj* **1** De (la) seda [1]. | Escobar *Itinerarios* 99: Fue un frufrú sedoso de faldas femeninas. Bustinza-Mascaró *Ciencias* 318: El lustre o brillo que presentan algunos minerales puede ser metálico, .. céreo, sedoso, etcétera.
2 Suave como la seda. | GPavón *Hermanas* 46: La señora era .. de piernas largas y cutis sedoso.

seducción *f* **1** Acción de seducir. | *Inf* 25.2.70, 8: La seducción ha tomado nuevas formas en la mujer.
2 Capacidad de seducir, *esp* [3]. | *Inf* 25.2.70, 8: Todo ese mundo complejo y lleno de seducciones de la cosmética nos será presentado a partir del próximo día 2.

seducible *adj* [Pers.] que se puede seducir. *Tb n.* | J. C. Alonso *AbcS* 1.11.75, sn: Lo que atosigaba a Don Juan era solo dejar fama y nombre .. Ya nadie prefiere la diligencia .. Es retaguardia de primerizos que buscan la vanguardia en desconsoladora penuria de seducibles.

seducir (*conjug* **41**) *tr* **1** Persuadir para el mal [a alguien] con argucias o halagos. | SLuis *Doctrina* 22: Los demonios, con su inteligencia poderosa, intentan engañar y seducir a los hombres. **b)** Persuadir [a alguien] con argucias o halagos. *Frec con un compl* PARA. | G. Sierra *Abc* 18.11.75, sn: La población activa española ya no se deja seducir por simplismos y fervorines demagógicos de irresponsables tahúres de la política.
2 Conseguir sexualmente [a una pers.] mediante mañas o engaños. | Torrente *Sombras* 321: Lo de seducir doncellas tenía cierto valor en otros tiempos. Umbral *Ninfas* 117: En seguida vino María Antonieta y me besó en la boca. De modo que se trataba de eso, de seducirnos y violarnos a mi querido amigo y a mí.
3 Ejercer [alguien o algo] un gran atractivo [sobre alguien (*cd*)]. | SRobles *Pról. Teatro 1963* 12: Los personajes buenos de esta obra lo son hasta seducirnos con su bondad. CNavarro *Perros* 12: Había algo en él, algo en su manera de andar .. que seducía a Susi.

seductor -ra *adj* Que seduce, *esp* [3]. *Tb n, referido a pers, esp a hombre.* | Castresana *SGacN* 11.8.74, 7: Era una mujer hermosa, bien plantada, seductora. GNuño *Madrid* 151: Las *Majas* son sugestivas y embrujadoras. En vano hemos de buscar la perfección anatómica ni la ondulación seductora de un cuerpo bello. * Se acercó con aires de seductor.

seductoramente *adv* De manera seductora. | A. M. Campoy *Abc* 14.8.70, sn: Los días podrán ser radiantes, la playa podrá invitar seductoramente.

sefardí I *adj* **1** [Judío] descendiente de los judíos españoles desterrados en el s. xv. *Tb n.* | Amorós-Mayoral *Lengua* 15: Ha adoptado [el judeo-español] muchas expresiones turcas, griegas, rumanas, árabes... y también inglesas, pues muchos sefardíes han emigrado recientemente a los Estados Unidos. **b)** De los sefardíes. | Lapesa *HLengua* 335: El español se sigue empleando en las comunidades sefardíes.
II *m* **2** Variedad del español hablada por los sefardíes. | GCaballero *Ya* 17.7.75, 43: En el primer número, aparte del bautismo orteguiano, había un artículo de Sangróniz .. Un estudio sobre el sefardí, de Américo Castro.

sefardita *adj* Sefardí [1]. *Tb n.* | Amorós-Mayoral *Lengua* 12: Hablan español los judíos sefarditas, que fueron expulsados de España por los Reyes Católicos. Lapesa *HLengua* 339: Todo haría augurar la ruina de esta preciosa supervivencia si el tenaz apego de muchos sefarditas no obligase a mantener esperanzas.

segable *adj* Que se puede segar. | Ybarra-Cabetas *Ciencias* 300: Praderas segables. La recolección debe hacerse cuando se inicia la floración.

segado *m* (*raro*) Acción de segar. | Ybarra-Cabetas *Ciencias* 300: La recolección comprende dos fases: segado y conservación del forraje.

segador -ra *adj* Que siega, *esp* [1]. *Tb n: m y f, referido a pers; f, referido a máquina.* | Foxá *Abc* 18.5.58, 19: No veía pasar a la Muerte en torno suyo, aunque nunca es más tangible que en las corridas, con su hoz segadora en el testuz de los toros. Arce *Testamento* 16: Lo primero que pensé fue que era un segador a jornal. Ortega-Roig *País* 82: Será necesario .. enseñar a los campesinos españoles .. a manejar nuevas y mejores herramientas (tractor, segadoras automáticas...).

segar (*conjug* **6**) *tr* **1** Cortar [mies o hierba], esp. para su recolección. *Frec abs, esp referido a mies.* | Arce *Testamento* 75: La hierba crecía rápidamente y había que segarla. PAvelló *Hucha* 1, 177: Empuñó la hoz y comenzó a segar. Los ojos acariciaban las espigas estallantes, gruesas. **b)** Cortar la mies o la hierba [de un campo (*cd*)]. | Marcos-Martínez *Aritmética* 126: Un segador siega por día 12 Ha 52 a. ¿Cuántos días tardará en segar una finca de 100 Ha 16 a?
2 (*lit*) Cortar violentamente. *Gralm referido a vida.* | S. RSanterbás *Tri* 11.4.70, 18: "Torito traicionero", zaherido en romances, que segó la vida de "El Espartero". Rabanal *SYa* 6.4.75, 7: Desde sus primitivas almenas arrojaba el feroz Adelantado .. la cabeza truncada de su sobrino Ares de Omaña, después de freírla en aceite y de segarla en medio de una serie de alevosías.
3 verdes las han segado → VERDE.

segedano -na *adj* De Zafra (Badajoz). *Tb n, referido a pers.* | Hoy 9.12.75, 16: Nos gustó, francamente, el primer tiempo del partido que ofrecieron pacenses y segedanos.

seglar *adj* (*Rel crist*) No eclesiástico. *Tb n, referido a pers.* | Villapún *Iglesia* 66: Intervenían tanto las personas eclesiásticas como las seglares. Laforet *Mujer* 148: Cuando Paulina salió a la calle .. le parecía sentir .. la paz que daba la sonrisa de aquellas monjas vestidas de seglares. Miret *Tri* 17.12.66, 90: 1) El modo más seglar de entender la cooperación de la Jerarquía. 2) La dirección claramente seglar de los movimientos de apostolado.

seglaridad *f* (*Rel crist*) Condición de seglar. | Miret *Tri* 17.12.66, 90: Con frase desgarrada el teólogo Hans Urs von Balthasar había proclamado –hace veinte años– que la A. C. estilo Pío XI –cercenada por circunstancias históricas de una plena seglaridad– parecía ser el último intento de clericalismo en la Iglesia.

seglarismo *m* (*Rel crist*) Condición de seglar. | *VNu* 5.6.71, 3: ¡Es tan hermosa la renovación que se está dando! Reforma litúrgica, .. desclericalización y alza del seglarismo como miembros vivos y activos del pueblo de Dios.

segmentable *adj* Susceptible de ser segmentado. | Estébanez *Pragma* 30: La palabra griega es, pues, una unidad compleja formada por prefijos, sufijos, morfemas .., que a veces son segmentables y analizables.

segmentación *f* Acción de segmentar(se). *Tb su efecto.* | Bustinza-Mascaró *Ciencias* 132: La sepia, calamar, pulpo, etc., tienen de común que su cuerpo es blando y no presenta segmentación o metamerización alguna.

segmentado -da *adj* **1** *part* → SEGMENTAR.
2 (*Anat*) Que tiene segmentos [1 y 3]. | *SYa* 10.4.83, 33: Poco después de su entrada en la caja torácica, la tráquea se divide en dos bronquios tronculares, los cuales, a su vez, se ramifican en bronquios lobulares, y estos, en bronquios segmentados, y, así, seguidamente, hasta los bronquiolos. Bustinza-Mascaró *Ciencias* 169: Artrópodos: Celomados de simetría bilateral, exosqueleto de quitina, cuerpo segmentado, apéndices articulados.

segmental *adj* (*E*) De(l) segmento, *esp* [4]. | RAdrados *Lingüística* 364: Dentro de la oración la entonación delimita grupos fónicos que suelen coincidir con sintagmas, a veces reconocibles también por morfemas segmentales o por el orden de palabras.

segmentar *tr* Dividir [algo] en segmentos. | GCasado *Ins* 6.85, 16: Dime tú cómo es posible, unas cenizas en una urna tibetana, .. una fuerza que se extiende en forma de rueda, las dos bandas exteriores segmentadas por radios.
b) *pr* Dividirse [algo] en segmentos. | Ybarra-Cabetas *Ciencias* 212: Cuando el huevo es alecito, se segmenta totalmente.

segmentario -ria *adj* (*E*) De (la) segmentación o de(l) segmento. | *Abc* 1.11.75, 12: La ascitis persiste, y del estudio del líquido extraído junto con el examen radiográfico abdominal se deduce la existencia de un proceso peritoneal inflamatorio. Su origen se considera debido a la desvitalización de la pared intestinal por su proceso venoso segmentario.

segmento *m* **1** Parte cortada, real o imaginariamente, [de algo]. | Alcalde *Salud* 315: La comunicación del segmento superior con el inferior del estómago tiene un paso muy estrecho. **b)** Parte o sección de las que se establecen [en algo (*compl de posesión*)]. | F. Bastida *PapD* 2.88, 191: La experiencia de los últimos años nos ha enseñado que ni los maestros por su parte ni los licenciados por la suya están adecuadamente preparados para impartir el segmento educativo doce a dieciséis.
2 (*Geom*) Parte delimitada [de una línea, superficie o volumen]. *Frec se omite el compl por consabido, esp referido a recta.* | Marcos-Martínez *Aritmética* 162: Partes del círculo. Segmento es la parte del círculo comprendida entre un arco y su cuerda. Gironza *Matemáticas* 141: Se trata de dividir un segmento AB en un número cualquiera de partes iguales.
3 (*Zool*) Parte de las que constituyen el cuerpo de los gusanos y artrópodos, dispuestas en serie lineal y que presentan aproximadamente la misma estructura. | Bustinza-Mascaró *Ciencias* 106: Metamería. La tienen aquellos animales cuyo cuerpo aparece exteriormente dividido por surcos transversales en diversas partes que se llaman anillos, segmentos o metámeros.
4 (*Ling*) Signo o conjunto de signos que pueden aislarse por análisis en la cadena oral. | Alarcos *Grupos* 85: El libro del maestro, El libro que compraste; aquí, el segmento que funciona como término adyacente, es decir como adjetivo, es o bien un nombre, o bien una oración.
5 (*Mec*) Aro metálico y elástico que sirve de junta entre el émbolo y el cilindro. | Ramos-LSerrano *Circulación* 210: Para conseguir el cierre hermético entre el cilindro y el pistón, existen dos o tres segmentos, que consisten en unos aros metálicos elásticos y abiertos, que van alojados en las gargantas abiertas en la parte superior del pistón.

segobrigense *adj* **1** (*lit*) De Segorbe (Castellón). *Tb n, referido a pers.* | * Los segobrigenses celebran sus fiestas estos días.
2 (*hist*) De la antigua ciudad prerromana de Segóbriga. *Tb n, referido a pers.* | M. AGorbea *His* 5.85, 121: Son escasas las referencias a Segóbriga de los historiadores y geógrafos de la antigüedad .. La frecuencia del nombre Sempronius en la epigrafía segobrigense puede explicarse por vínculos personales y el buen recuerdo dejado por el personaje entre los celtíberos romanizados.

segorbino -na *adj* De Segorbe (Castellón). *Tb n, referido a pers.* | *Luc* 15.7.57, 2: Creemos que el dinámico director y consecuente segorbino don José Sánchez y Sánchez pondrá el nombre de Segorbe a la altura que se merece.

segovianismo *m* Condición de segoviano, esp. amante de lo segoviano. | *ASeg* 15.8.78, 5: Una gran lección de segovianismo, eso fue el pregón de Manuel González Herrero.

segoviano -na *adj* De Segovia. *Tb n, referido a pers.* | *Ya* 8.11.70, 18: Obras de conservación en el acueducto segoviano.

segregación *f* **1** Acción de segregar(se), *esp* [2]. *Tb su efecto.* | JGregorio *Jara* 5: Después de estas segregaciones queda nuestra comarca reducida al país comprendido entre los ríos Tajo y Estena-Estomiza, de norte a sur. **b)** (*Biol*) Separación de los alelos o caracteres en la meiosis. | Ybarra-Cabetas *Ciencias* 217: Leyes de Mendel. Citaremos primeramente las dos más importantes: la de segregación de los caracteres y la de recombinación al azar. **c)** (*Mineral*) Separación de uno de los minerales que forman una roca endógena, que acaba por formar una concentración en el interior de esta o una excrecencia alrededor de ella. *Tb esa concentración o excrecencia.* | Bustinza-Mascaró *Ciencias* 325: La pirita se halla formando segregaciones o impregnaciones en rocas magmáticas.
2 Separación discriminatoria de un grupo social distinto del dominante, esp. por razón de su raza. | M. Aznar *SAbc* 16.6.68, 11: Un sistema de invencibles tendencias hacia el prejuicio y hacia la segregación "de hecho". Los negros están convencidos de ello.

segregacionismo *m* Actitud o doctrina de segregación [2]. | *Abc* 25.8.66, 15: Esa especie de segregacionismo social de que es víctima [el escritor].

segregacionista *adj* De(l) segregacionismo. | *ByN* 31.12.66, 13: Los gitanos británicos están dispuestos a no admitir estas posturas segregacionistas y quieren que se les reconozcan realmente todos sus derechos cívicos. **b)** Partidario del segregacionismo. *Tb n.* | M. Aznar *SAbc* 16.6.68, 11: La actitud anti-negra .. está de antemano condenada. Los "segregacionistas" declarados son una pobre minoría.

segregador -ra *adj* Que segrega [2]. | *Reforma* 91: La reforma del sistema debe optar decididamente por un modelo global de enseñanza comprensiva, no segregadora, que retrase lo más posible la separación de los alumnos en ramas de formación diferentes.

segregar *tr* **1** (*Biol*) Producir y despedir de sí [una glándula, un órgano o un organismo (*suj*) una sustancia (*cd*)]. *Tb fig.* | Medio *Bibiana* 129: El estómago de Bibiana empieza a segregar jugos. Porcel *Des* 12.9.70, 14: Más que la maquinización, son el uso y las condiciones sociales las que marcha la sociedad industrial los que segregan la opresión.
2 Separar o apartar. | JGregorio *Jara* 5: Al comprar el Ayuntamiento de Toledo a Fernando III el Santo los Montes que desde entonces se llamarán de Toledo (año 1246), quedaron administrativamente segregados de La Jara. **b)** *pr*

Separarse o apartarse. | * En el proceso de solidificación de la masa, a veces los materiales se segregan.

segueta *f* Sierra de marquetería. | A. Carlos S*Abc* 4.11.79, 37: Los recortables .. a veces hasta se pegaban sobre madera y se recortaban con "segueta".

segueteado *m* Acción de seguetear. | G*Telefónica N.* 67: Ayllón. Anagramas. Escudos. Alegorías en metal, corcho o madera. Letras de Corcho y Metalcolor patentadas. Segueteado de toda clase de figuras de madera, plástico, metal, etc.

seguetear *tr* Trabajar [algo] con la segueta. *Tb abs.* | H*LSa* 9.11.70, 2: Letras de corcho, .. plástico segueteado, plástico inyectado.

seguida *loc adv* **1 en ~** → ENSEGUIDA.
2 a ~. (*raro*) Enseguida. | Hoyo *Pequeñuelo* 92: El tío Andrés se hallaba sentado a continuación de la tía Eugenia, a mi derecha. Y a seguida de él, su mujer. GNuño *Escultura* 34: Damos a seguida un resumen del estado de la cuestión. Escobar *Itinerarios* 17: La sal se echará después de dadas las doce, para que no dañe a los garbanzos, y el relleno caerá a seguida en el condumio.
3 de ~. (*pop*) Enseguida. | Goytisolo *Recuento* 297: De seguida soy con usted, dijo el funcionario que había respondido al saludo de Raúl.

seguidamente *adv* A continuación, o inmediatamente después. | CNavarro *Perros* 60: Hubo unos minutos de silencio, y seguidamente se oyó la voz del Pecas.

seguidilla *f* **1** (*TLit*) Estrofa de cuatro versos, de los cuales son heptasílabos y libres los impares y pentasílabos y con rima asonante los pares. | V. Serna *Abc* 2.5.58, 48: El madrileño Lope descubrió la ardiente vena de nuestro corazón en una seguidilla paleta: "Manzanares claro, / río pequeño, / que por no tener agua / corre con fuego".
2 Canción popular de carácter vivo, que alterna los compases de 3 por 4 y 3 por 8. *Tb su música y su baile.* | I. Montejano *Abc* 3.10.93, 78: Ya se han apuntado para sacar a bailar a la señora alcaldesa, que en chotis, pasodobles, o valses es campeona. Y una capaz de terminar, haciendo una demostración de lo bien que se le dan las seguidillas manchegas.
3 Seguiriya o siguiriya. *Tb* → GITANA *o* FLAMENCA. | S*ElM* 29.8.93, 46: Prefiero que el flamenco sea escuchado. Si canto por seguidillas, no sé de qué manera se va a mover el público, sería absurdo.
4 (*col*) *En pl*: Descomposición o diarrea. | J. Vidal *País* 17.1.89, 52: A algunos que critican los 16 WC quisiera ver yo en esa casa, sin ellos y con seguidillas.

seguidismo *m* (*desp*) Actitud de quien sigue las pautas o directrices de otro. | *Ya* 13.1.89, 1: Izquierda Socialista tratará, por otra parte, de que el partido "rompa con el seguidismo hacia el Gobierno". *Abc* 19.10.91, 26: El PP critica el "seguidismo a Francia" en el Ejército europeo.

seguidista *adj* (*desp*) De(l) seguidismo. | *Inde* 10.8.89, 1: En sus orígenes franquistas [los de la derecha] marcan esta actitud seguidista y sometida con los poderes que gobernaron durante la dictadura con el beneplácito del general. **b)** Que practica el seguidismo. *Tb n.* | *Ya* 17.11.89, 58: Si le dábamos el premio a Cela nos habrían calificado de seguidistas, y si no se lo dábamos, de idiotas.

seguido¹ -da I *adj* **1** *part* → SEGUIR.
2 Que se produce o se presenta sin interrupción de tiempo o de espacio. | DCañabate *Paseíllo* 52: Se bebió tres vasos de vino seguidos. Olmo *Golfos* 63: Sus pasitos eran cortos, muy seguidos.
II *adv* **3** Sin cambiar de dirección. | * Continúa todo seguido hasta aquella esquina.
4 De manera seguida [2]. | Fraile *Cuentos* 76: Un muchacho .. golpeaba el tambor seguido y fino. MFVelasco *Peña* 155: Yo andaba atento a pinchar y retirar seguido para que no me arrancara el arma de un manotazo. **b)** Continuando en el mismo renglón y sin iniciar párrafo nuevo. *Normalmente en la constr* PUNTO (Y) ~. | Academia *Esbozo* 148: En la escritura, se le llama punto y seguido (o punto seguido) cuando el texto continúa inmediatamente después del punto en el mismo renglón, o en el siguiente sin blanco inicial.
5 a ~. (*reg*) A continuación, o inmediatamente después. | Lera *Clarines* 372: Alguien dio un golpe .. y el toro agachó la cabeza .. A seguido le tocaron por detrás con una pértiga, y se revolvió rápidamente. Delibes *Guerras* 124: De primeras, sí le picó el amor propio, .. pero a seguido se me quedó mirando fijo y me dijo, dice: ¿sabes lo que te digo, Pacífico?, que peores cosas hay.

seguido² *m* (*reg*) Serie o secuencia. | Agustí *Tri* 18.8.62, 7: Durante mucho tiempo nos creímos .. que el seguido de divorcios y escándalos que de ellos nos llegaban eran artilugios publicitarios.

seguidor -ra *adj* Que sigue [2, 3, 5 y esp. 1]. *Frec n, referido a pers.* | Delibes *Vida* 86: Los coches seguidores ya se relamían con el *sprint* final. *Sp* 19.7.70, 51: Sus canciones cada día tienen mayor número de seguidores. M. Mora *Sáb* 10.9.66, 46: Como ya anunciamos a nuestros seguidores, hoy podemos ya anticiparles lo que, en principio, será la II Semana del Coleccionismo.

seguimiento *m* Acción de seguir(se), *esp* [1 y 3]. | Mendoza *Ciudad* 80: A la vista del sitio al que sin saber le conducía la desconocida, se iba diciendo: .. ¿por qué he de meterme yo en este túnel de carbón? .. Estuvo tentado de renunciar al seguimiento. Laforet *Mujer* 113: En seguimiento de Blanca, la casa se llenó de tardías visitas. *Ya* 9.10.70, 59: Deberá acreditar una experiencia de dos años en seguimiento de materiales y equipos para la industrias petrolífera y petroquímica. Cela *País* 25.6.83, 9: De ahí en adelante la cosa se radicaliza y las exigencias van depurando los últimos resabios de lo común, y, en seguimiento, un Príncipe en el sentido maquiavélico .. incluiría en su virtud la estabilidad absoluta e indiscutible.

seguir (*conjug* **62**) **A** *tr* **1** Ir detrás o después [de alguien o algo (*cd*)]. *Tb abs. Tb fig.* | Torrente S*Inf* 17.10.74, 16: El tipo de poetas que salía en sus caricaturas más respondía al patrón antiguo —melenas, chalina, traje negro, cara espiritada— que al entonces actual. Ni los ultraístas ni los que les siguieron fueron nunca así. L. Moreno *Abc* 5.6.58, 17: Se inicia el cortejo con la manga de Cisneros sobre andas que portan cuatro servidores .. Siguen los rancios pendones de las Cofradías Sacramentales. *Abc* 26.1.75, 17: ¿Qué porcentaje de españoles mayores de dieciocho años cree usted que le siguen? **b)** Ir detrás [de alguien (*cd*)] o andar buscándo[le], frec. con propósito hostil. *Tb en constrs como* ~ LOS PASOS, LAS HUELLAS *o* LA PISTA [a o de alguien]. *Tb fig, referido a cosa.* | Arce *Testamento* 18: Sabía que la Guardia Civil les seguía los pasos. *Inf* 25.7.74, 11: Un grupo de paleontólogos de la Universidad de Maguncia .. sigue, en una pizarrería abandonada, las huellas ocultas de los seres primitivos. **c) ~ los pasos**, *o* **las huellas** [de alguien] → PASO, HUELLA. **d)** Estar, en una serie, detrás [de alguien o algo (*cd*)]. *Tb abs.* | *Abc* 26.11.74, 9: A la cabeza de los puertos de mayor tráfico figura el de Algeciras, seguido de Ceuta, Palma y Barcelona.
2 Acomodarse o atenerse [a algo ya existente o establecido (*cd*)]. *A veces el cd designa la pers o el texto que expuso o estableció aquello a que uno se atiene.* | Horus *Sáb* 26.10.68, 41: Esperen la próxima reapertura de este consultorio y escriban nuevamente, siguiendo al pie de la letra las instrucciones que se den. F. Bernacer S*Inf* 27.3.75, 1: Siguiendo a Gil-Albert, no hay más conocimiento de la realidad que nos envuelve que el análisis del pasado. **b)** Tomar [una dirección], manteniéndose en ella durante cierto tiempo. | P. VSanjuán *Abc* 24.3.66, 27: Granados en Madrid pasa muchas horas en el Museo del Prado, .. quiere vivir frente a Nu[n]ciatura y sigue paso a paso las callejas del barrio viejo y las del bajo castizo.
3 Prestar atención continuada [a un hecho o serie de hechos (*cd*)]. | *Abc* 15.8.76, 2: La situación política española es seguida con señalado interés por la Prensa norteamericana. **b)** Mantener fija la mirada [sobre alguien o algo que se desplaza (*cd*)]. *Frec con compls como* CON LA MIRADA, CON LA VISTA, CON LOS OJOS. | Laforet *Mujer* 12: Siguió con la mirada el curso del río. **c)** Ir comprendiendo de manera continuada [una exposición, o a la pers. que la hace]. | * No he podido seguir bien la conferencia. Cunqueiro *Un hombre* 37: ¿Me sigues? Que notarás que abrevio esta metafísica para que mejor penetres mi argumento.
4 No interrumpir [lo que se estaba realizando], o cesar en la interrupción (de ello (*cd*)]. | DCañabate *Abc* 10.11.74, 44: Por las fechas de esta historieta aún el sombrero se consideraba indispensable y el hongo seguía su lucha sempiterna,

seguiriya – segundogénito

tan pronto vencido como vencedor. Carandell *Inf* 14.11.74, 23: Desde Peñaranda seguí mi viaje a Clunia.
5 Llevar a cabo de manera continuada [una actividad o conjunto de actividades, esp. estudios]. | MCachero *AGBlanco* 16: En el Seminario se inició su afán por la literatura, y los siete cursos que siguió le proporcionaron abundante conocimiento de las humanidades clásicas. *País* 16.1.83, 29: La niña sigue controles en el Primero de Octubre. Presenta desde el nacimiento aumento de transaminasas con HBSAG positivo. **b)** Instruir [un proceso o un expediente]. | *Abc* 14.5.67, 78: Vista de una causa seguida a varios mineros.
B *intr* ➤ **a** *normal* **6** No interrumpirse [en una determinada situación o actividad] o cesar en la interrupción [de ella]. *Con un predicat, un compl adv o un gerundio.* | *HLM* 30.12.74, 8: La población de Goa ha seguido fiel a la cultura de Portugal. Medio *Bibiana* 12: Marcelo sigue durmiendo o finge dormir. **b)** Estar todavía [en un sitio]. | * Sigue allí. No creo que vuelva antes de Navidad. **c)** ~ **adelante.** No interrumpir el avance. *Tb fig.* | Horus *Sáb* 26.10.68, 41: Al final, usted vence. Hay dificultades en su vida, pero sabe sobreponerse a todo y sigue adelante.
➤ **b** *pr* **7** Ser [una cosa] consecuencia [de otra]. *A veces se omite el compl, por consabido.* | PAyala *Abc* 5.6.58, 3: Síguese de lo anterior que, como la investigación de las causas eficientes y concomitantes es inagotable, la ciencia es progresiva y de continuo se supera a sí misma. *Ecc* 16.11.63, 28: Si la colegialidad confiere a los obispos el derecho a la participación en el gobierno de la Iglesia, se seguiría que el Papa está obligado a reconocer y respetar este derecho.

seguiriya *f* Siguiriya. | Manfredi *Cante* 132: La seguiriya gitana .. consta de cuatro versos, el tercero de once sílabas, los demás de seis; al final, la seguiriya admite un macho, no sujeto a regla, libre el cantaor para rematarlo según sus fuerzas y su temperamento. Quiñones *SInf* 26.2.70, 1: La división general del "Archivo" abarca las dos familias esenciales de cante: la de los primitivos (tonás, corridas, seguiriyas y soleares), y la de los derivados.

según I *prep* **1** Con arreglo a. | SLuis *Doctrina* 17: Da [Dios] a cada cual según sus obras. *Abc* 3.2.74, 31: Esto, unido al nerviosismo, determinó que Olegario disparase por lo menos ocho balas, según las cápsulas encontradas allí, dos de las cuales alcanzaron a Braulio.
2 Con arreglo a la opinión o testimonio de. | Cunqueiro *Un hombre* 14: Los reyes, según los senadores que nos gobiernan, corrieron a esconderse. Cunqueiro *Un hombre* 10: Según las pinturas de la Basílica, traían [los santos] un letrero con su nombre en la perrera.
3 Desde el punto de vista de. | Romeu *EE* nº 9.63, 56: A la derecha del mismo, según el espectador, una figuración de la sepultura.
4 *Seguido de un término interrog* (QUÉ, QUIÉN, DÓNDE, *etc*) *denota que el hecho expresado en la or depende de la pers o circunstancia mencionadas detrás de la prep.* | * Esto puede decirlo según quién. * Iré contigo según dónde. **b)** ~ **qué.** *(reg)* Algunos. | Candel *Catalanes* 42: Antes de la guerra, según qué veces, algunos contingentes de murcianos y valencianos llegarán en épocas de huelgas, a reventarlas.
II *conj* **5** Con arreglo a como. | Hoyo *Pequeñuelo* 62: –¿Cómo que es posible? ¡Y tan posible! –Según se mire.
6 Dependiendo de que. *Tb* ~ QUE. *Con el v en subj.* | * Según les apeteciera, salían a pasear o no. Castilla *Alienación* 20: Hay además peculiaridades y matices de esa alienación, según que la mujer concreta sea obrera, de clase media o de clase alta.
7 De la misma manera que. *Tb* ~ Y COMO, *o* ~ Y CONFORME, *con matiz enfático.* | * Se lo diré según y como tú me lo dices.
8 A juzgar por como. | * Parece que la finca es de él, según la defiende.
9 Mientras. | Delibes *Año* 82: Ayer, según cazaba en mano galana por tierra de pinares, advertí que en uno de cada diez pinos han colgado una especie de jaula amarilla.
10 A medida que. | MGaite *Retahílas* 195: De cualquier amistad o de cualquier amor lo verdaderamente inherente y particular es el lenguaje que crea según va discurriendo.
11 Inmediatamente después que. | * No tiene pérdida; la casa está según se tuerce.
III *adv* **12** Formando or por sí solo, indica que el cumplimiento de lo expresado antes depende de una eventualidad

que no se manifiesta. *Tb* ~ Y COMO *o* ~ Y CONFORME, *con matiz enfático.* | Delibes *Ratas* 136: –Nini, chaval –agregó–, ¿es que ya no hay remedio? –Según –dijo el chiquillo gravemente. CPuche *Paralelo* 328: –Entonces, estás de acuerdo con el plan de Muñoz... –Estoy conforme, según y cómo. Lera *Boda* 642: –Pues hay que estar al tanto de todo para que el borrico no pase la linde .. –Según y conforme.

segundamente *adv (raro)* En segundo lugar. | C. RGodoy *Cam* 26.7.76, 41: Yo no me muevo de aquí. Primeramente, ya vendrán algunos que entre las prisas y los nervios necesiten comprarme aunque sea un chicle, y segundamente porque hay que ver los años que lleva una servidora sin ver una manifestación como Dios manda.

segundar *tr (raro)* Secundar o apoyar. | B. Mostaza *Ya* 28.5.67, 1: Sigue, pues, claro el fin de la movilización bélica de Egipto y Siria y de los países que la segundan.

segundero -ra I *adj* **1** [Corcho] que se obtiene al pelar el alcornoque por segunda vez. | *Abc* 13.6.58, sn: Subasta de corcho .. El tipo de tasación del segundero es de doscientas cuarenta pesetas el quintal métrico.
II *m* **2** *En el reloj:* Dispositivo que señala los segundos. | Grosso *Capirote* 178: Como la manecilla de un segundero .., las andas fueron avanzando milímetro a milímetro. *As* 7.12.70, 17: Se trata del nuevo reloj sin agujas LTD .. Calendario, antichoque, segundero central.

segundo -da I *adj* **1** Que ocupa un lugar inmediatamente detrás o después del primero. *Frec el n va sobrentendido.* | Matute *Memoria* 65: Tenía el mismo aire de Borja, en su segunda vida, muros afuera de la casa. Medio *Bibiana* 59: –Te acompaño hasta tu casa. –Ya estoy en ella. Vivo en el segundo. Cela *Pirineo* 45: Su espíritu, vamos, lo que lleva dentro, es carne de cerdo de segunda. **b)** [Tío] ~, [primo] ~, [sobrino] ~ → TÍO, PRIMO, SOBRINO. **c) segunda** [intención] → INTENCIÓN.
II *n* **A** *m y f* **2** Pers. que sigue en autoridad al jefe o principal. *A veces* ~ DE A BORDO. | Cierva *HyV* 4.75, 21: Franco tiene en sus manos la dirección de las dos políticas [interior y exterior], aunque aparentemente, desde el verano de 1939, ha aumentado el poder de su segundo, Ramón Serrano Suñer. P. J. Ramírez *ElM* 23.6.91, 3: La [mala suerte] que ha perseguido al Partido Socialista desde que al segundo de a bordo de su Secretaría de Finanzas parece que le miró un tuerto.
B *m* **3** *(Dep)* Pers. que asiste al boxeador o al luchador a lo largo del combate. | *Mar* 24.1.68, 11: En el décimo asalto, .. Marcial cayó al suelo, noqueado. Luego se levantó y fue a su rincón. Cuando le atendían sus segundos, perdió el conocimiento.
4 Sexagésima parte del minuto de tiempo. | CNavarro *Perros* 133: El organista dejó de tocar, y después de unos segundos .. inició una nueva melodía.
5 *(Geom)* Sexagésima parte del minuto de circunferencia. | Gironza *Matemáticas* 163: Realizada la medida del ángulo central en grados, minutos y segundos .., la circunferencia queda descompuesta al propio tiempo en arcos parciales, que reciben el nombre de grados, minutos y segundos de arco o de circunferencia.
C *f pl* **6** *(col)* Segunda intención. *Gralm en la constr* CON SEGUNDAS. | Delibes *Cinco horas* 92: Papá, con segundas, lógico: "mucho se acuerda usted de Dios esta temporada". Delibes *Guerras* 185: –¿Por qué razón lo mirabas? –Ande, por mirar. ¡Qué cosas!, o sea, por gusto. No se vaya a pensar que llevaba segundas en eso.
III *adv* **7** En segundo lugar. | ANavarro *Ya* 13.2.74, 12: Al servicio de aquellos fines .. anunciamos: Primero. La retirada del proyecto de ley de Régimen Local .. Segundo. El desarrollo de la disposición transitoria quinta del Reglamento de las Cortes.
8 de segundas. *(col)* Por segunda vez. *Frec con el v* CASAR. | Cunqueiro *Un hombre* 84: La prueba de que no era criminal la daba Clitemnestra casándose con él de segundas.

segundogénito -ta *adj* [Hijo] nacido después del primogénito. *Esp designa al nacido en segundo lugar.* *Tb n.* | *Abc* 21.5.67, 59: La Reina Ana María de Grecia ha dado a luz esta noche un niño, que pasa a ser heredero del trono. Es el segundogénito de la Familia Real griega. **b)** De(l) hijo segundogénito. | Mercader-DOrtiz *HEspaña* 4, 140: El establecimiento de la rama segundogénita de los Borbones en

España condujo a la adopción de medidas calcadas de los precedentes franceses.

segundón -na *adj* **1** [Hijo] que no es primogénito. *Esp designa al nacido en segundo lugar. Tb n.* | Laforet *Mujer* 109: Blanca .. era segundona de una familia noble. Cossío *Confesiones* 92: A poco subió Luis Sánchez de Toledo, el hijo, que vivía con su padre, ya viejo y completamente sordo, que era el segundón de los Sánchez de Toledo.
2 [Pers.] que en su actividad o en su clase no destaca o queda ensombrecida por otra u otras. *Tb n.* | Torrente *Señor* 85: Cayetano Salgado no era más que un mozalbete tímido y torpe de modales, aunque hijo de rico, segundón en juegos, expediciones y jornadas marítimas. J. Redondo *Ya* 24.7.89, 30: LeMond edificó su victoria en el Tour en las pruebas contra el crono, y sujetó el molde con el papel de segundón y *chuparruedas* en la montaña.

seguntino -na *adj* De Sigüenza (Guadalajara). *Tb n, referido a pers.* | *NAl* 26.12.70, 1: Un muchacho seguntino .. hizo presente la plena adhesión .. por parte de la juventud.

segur *f (lit)* Hacha. | M. Barbero *His* 9.77, 24: En Roma, en época de César, la ejecución se verificaba con la segur, en el Campo de Marte, colocándose después la cabeza del ajusticiado en la Plaza del Mercado.

seguramente *adv* **1** De manera probable o casi segura [3a]. | Torrente *Off-side* 42: De todo lo que produce Europa, lo único que le importa es la industria de lujo francesa, y esa es tan firme que seguramente un Estado comunista se vería en la necesidad de protegerla.
2 De manera segura [3a]. | *Caso* 14.11.70, 19: Se va viendo surgir lenta pero seguramente un estado de superexcitación.

segureño -ña *adj* **1** De Segura de la Sierra (Jaén), o de Segura de León (Badajoz). *Tb n, referido a pers.* | F. LFuentes *Hoy* 15.9.76, 7: Voy a Segura de León desde Fregenal con Joaquín Parra .. Las gentes segureñas son amables desde un principio, recibiendo, informando y acompañando.
2 [Ganado lanar] mocho, fuerte, de lana entrefina y carne sabrosa, propio de la cuenca del Segura y zonas limítrofes. | J. PGuerra *SInf* 21.11.70, 2: En España se explotan diversas razas [ovinas] .. En la agrupación extrafina-fina encontramos .. la segureña, alcarreña, montesina y guirra.

seguridad I *f* **1** Cualidad o condición de seguro. | Umbral *Ninfas* 57: Predicaba una moral de la seguridad y el resguardo. Laforet *Mujer* 12: Daba la impresión de una gran seguridad en sí mismo. **b)** *En pl:* Dichos o hechos que dan garantía o seguridad. | * Me han dado toda clase de seguridades.
2 ~ social. Servicio estatal destinado a garantizar atención a los trabajadores en caso de enfermedad, accidente, paro o jubilación. *Tb la organización correspondiente.* | Tamames *Economía* 446: En España, el punto de partida de la política de seguridad social fue la creación del Instituto Nacional de Previsión. *Sp* 19.7.70, 40: El pueblo de Irlanda del Norte .. percibe idénticos beneficios en concepto de seguridad social.
3 Cuerpos de seguridad [4]. | *País* 10.1.79, 8: Las estructuras generales de la seguridad del Estado han sufrido con la democracia reformas poco más que formales y nominativas.
II *loc adj* **4 de ~.** [Cuerpo o fuerza] destinado a mantener el orden y la seguridad [1] interna en un Estado. | *Abc* 27.4.74, 7: Miembros de las Fuerzas Armadas buscan a don policías secretos de la disuelta Dirección General de Seguridad. **b)** [Empresa] destinada a prestar servicios privados de seguridad. | * Abundan las empresas privadas de seguridad.
5 de ~. [Cosa, esp. mecanismo] que sirve para impedir o limitar los riesgos o las consecuencias negativas de un accidente. | Marcos-Martínez *Física* 119: Se emplean también las telas metálicas para la lámpara de seguridad de los mineros. GTelefónica *N*. 107: Bandol. Fábrica de cinturones de seguridad.

segurizar *tr* Hacer que [un cristal] sea de seguridad [5]. | *Mar* 25.5.59, 3: "Segurizando" sus gafas. Evite el peligro de graves accidentes usando en sus gafas graduadas o de sol Cristales Segurizados Cottet.

seguro -ra I *adj* **1** Libre de peligro o riesgo. | *Tri* 8.8.70, 2: Sus desplazamientos serán más cómodos, seguros y efectivos con los Cheques de Viaje.
2 Firme o sujeto. | * Ese clavo no está seguro.
3 [Cosa] que no ofrece duda. | Quintanilla *Pintor* 277: Este cuadro, que procede de los servicios de recuperación en la época de la guerra, dice Peñalosa que no es obra segura de Mariano Quintanilla. **b)** Que ofrece garantía o que no falla. | * Es el método más seguro. * Este amigo es de los seguros.
4 [Pers.] que no siente duda [sobre alguien o algo (*compl* DE)]. *Frec como predicat con* ESTAR. *Cuando el compl es una prop con* QUE, *a veces (col) se omite* DE. | Laforet *Mujer* 324: Al llegar a casa de sus amigos, pálida, con ojeras y brillo en los ojos, ya no estaba tan segura de que era eso lo que quería. Marsé *Montse* 169: Ya está avisado y puedes hablarle con toda confianza, estoy segura que nos ayudará.
II *m* **5** Dispositivo que impide el movimiento fortuito o involuntario [de un mecanismo]. | FReguera-March *Cuba* 519: El centinela le quitó el seguro al fusil .. y esperó cachazudamente, dirigiendo el punto de mira hacia el individuo que marchaba en cabeza.
6 Contrato por el que una de las partes se compromete a garantizar a la otra, mediante el pago de una prima o una cuota, la asunción de determinadas responsabilidades o el pago de una suma, caso de producirse unas circunstancias dadas. *Frec con un compl especificador.* | CNavarro *Perros* 86: Carmen, una modelo que vivía en el piso cuarto de su casa, le sugirió la idea de trabajar en una compañía de seguros. MSantos *Tiempo* 196: No crea usted que todos los médicos son igual. Nosotros no tenemos seguro. **b)** *(col)* Cantidad asegurada mediante seguro. | ZVicente *Traque* 247: La casa se nos quemó... Todita. Yo no creo que fuese verdad aquel chisme de que lo hizo aposta el dueño para sacar el seguro. **c)** *(col)* Empresa aseguradora. | * El seguro ha dicho que no paga mientras no se demuestre que el incendio no fue provocado.
7 Lugar libre de peligro. *Tb fig.* | Landero *Juegos* 165: Era como estar en un juego de parchís o en la remota intimidad de una isleta. *Ya* 28.5.74, 15: La monarquía, gracias a esa impresionante adivinación de Franco, se instaura en España cuando ya la victoria de las armas, el orden, el prestigio y el reconocimiento internacional se han sosegado en el seguro de la paz.
III *adv* **8** De manera segura [3a]. | SFerlosio *Jarama* 30: –¿Seguro que venían? –Claro que sí. En el tren. En eso fue lo que quedaron anoche con Fernando.
9 De manera casi segura [3a]. *Tb* A BUEN ~ *(lit),* o DE ~ *(col).* | * Seguro que llega tarde. Cela *Judíos* 19: Lo que no cabe en la andorga de uno tiene sitio, a buen seguro, en la del que viene detrás. Arce *Testamento* 18: Todavía conteniendo la risa, fue Enzo y dijo: –De seguro ha oído hablar de nosotros.
10 a ~, *o* **en ~.** A salvo o sin peligro. *Frec con vs como* ESTAR o PONERSE. | Hoyo *Bigotillo* 82: Ven a mi casita, donde podremos hablar despacio y a seguro.
11 sobre ~. Sin riesgo. *Frec con vs como* ACTUAR *u* OBRAR. | ZVicente *Traque* 111: Se conoce que temió que yo fuese un pez gordo ..; quizá pretendía, al darnos largas, ver mi foto la próxima semana en un periódico o en el telediario, quién sabe, para obrar sobre seguro.

seis I *adj* **1** Precediendo a *sust en pl:* Cinco más uno. *Puede ir precedido de art o de otros determinantes, y en este caso sustantivarse.* | V. L. Agudo *Ya* 9.6.68, sn: Un grupo internacional y variopinto rodea a cinco o seis virtuosos.
2 *Siguiendo a susts en sg:* Sexto. *Frec el n va sobrentendido.* | *HLB* 18.8.75, 6: Página seis. Torrente *Pascua* 80: El día treinta de junio de mil novecientos treinta y seis sacudiré mis bolsillos vacíos y diré adiós.
II *pron* **3** Cinco más una perss. o cosas. *Referido a perss o cosas mencionadas o consabidas, o que se van a mencionar.* | Delibes *Emigrante* 58: Hoy hubo bureo con los preparativos de la fiesta del Ecuador. Giu[s]eppe me preguntó si yo le había pasado más veces y le dije lealmente que nones. Conmigo hay otros seis. L. Monje *Abc* 30.12.73, 33: La flora alcarreña .. permitiría una mayor densidad de colmenas por kilómetro cuadrado, que ahora apenas es de dos, cuando en otras provincias españolas es de seis o siete. * Seis de los invitados no acudieron.

seiscentista – selectivamente

III *n* **A** *m* **4** Número que en la serie natural sigue al cinco. *Frec va siguiendo al n* NÚMERO. | Delibes *Parábola* 50: Ensayó .. con los seises, los ochos y los nueves y con cierta perplejidad comprobó que las curvas ceñidas de estas cifras no le ocasionaban ningún trastorno. **b)** Cosa que en una serie va marcada con el número seis. | *Naipes extranjeros* 6: Con 4 jugadores conviene descartar las doses, treses, cuatros, cincos y seises.
B *f pl* **5** Sexta hora después de mediodía o de medianoche. *Normalmente precedido de* LAS. | Delibes *Emigrante* 46: Merendamos en un bar del Barrio Chino, y a las seis, al muelle.

seiscentista *adj* (*lit*) Del siglo XVII. | F. Dicenta *Pro* 13.8.75, 21: El castillo .. protegiendo al valle risueño, a la seiscentista iglesia mayor, al palacio señorial.

seiscientos -tas I *adj* **1** *Precediendo a susts en pl*: Quinientos noventa y nueve más uno. *Puede ir precedido de art o de otros determinantes, y en este caso sustantivarse.* | E. Bayo *Des* 12.9.70, 23: Los de fuera cobran seiscientas pesetas diarias.
2 *Precediendo o siguiendo a ns en sg* (*o, más raro, en pl*): Sexcentésimo. *Frec el n va sobrentendido.* | * El seiscientos aniversario. * Página seiscientas. * Nació en mil seiscientos.
II *pron* **3** Quinientas noventa y nueve más una perss. o cosas. *Referido a perss o cosas mencionadas o consabidas, o que se van a mencionar.* | * He comprado seiscientos. * Vale seiscientas. * Seiscientos de los empleados fueron despedidos.
III *m* **4** Número de la serie natural que sigue al quinientos noventa y nueve. *Frec va siguiendo al n* NÚMERO. | * El número premiado es el seiscientos.
5 (*lit*) Siglo XVII. | Reglá *Historia* 414: Velázquez .. señala el máximo apogeo de la pintura española del Seiscientos.

seise *m* **1** Niño de los que, gralm. en número de seis y ataviados con traje característico, cantan y bailan en determinadas catedrales. *Gralm referido a Sevilla.* | *Abc Extra* 12.62, 5: El canónigo sevillano, canónigo de seises, llegó a decir graciosamente. Mendoza *Ciudad* 54: A mosén Bizancio recurrían las parroquias cercanas .. cuando alguna ceremonia solemne requería personal supernumerario ..; también le llamaban para que hiciera de cantollanista, antifonero .. e incluso de seise.
2 (*hist*) En la comunidad de Ayllón (Segovia): Vecino de los seis elegidos para representar cada uno a seis pueblos en las juntas comuneras. | Cela *Judíos* 33: La comunidad de Ayllón estaba regida por un receptor, un escribano y seis seises.

seisena *f* Conjunto de seis unidades. | *Ya* 18.6.75, 8: En España las diócesis vacantes representan el 14 por 100 .. Las dificultades puestas unilateralmente al diálogo franco con el nuncio .. y el interminable juego de las seisenas y ternas, en que parecen enfrentarse más dos teologías que dos potencias contratantes, chocan extrañamente con el relieve que ha querido darse a la preocupación de Pablo VI por la urgencia del nombramiento de obispos. *Pro* 8.7.75, 22: Campamento Boys Scouts .. Participan en este campamento todos los muchachos inscritos en el grupo, que durante todo el curso han venido efectuando diversos trabajos por manadas y seisenas.

seísmo *m* Sismo o terremoto. | *Inf* 2.6.70, 1: Una flota pesquera española quizá haya sido afectada por el seísmo.

sel *m* (*reg*) Prado comunal destinado a pasto. | Cossío *Montaña* 108: Los enormes peñascos aparecen sembrados sin orden sobre la braña, y el mayor de ellos .. cobija la cabaña que en el verano usan los vaqueros de Valle (Cabuérniga) para vigilar el ganado que utiliza aquel sel. Mann *Ale* 13.8.77, 2: Cuando una vaca no pertenece a los pueblos beneficiarios de esa zona y pasta en sus seles, ha de pagar la cantidad que la Mancomunidad fije.

selacio *adj* (*Zool*) [Pez] de esqueleto cartilaginoso, piel áspera, boca en arco con la mandíbula inferior móvil y varias aberturas branquiales a los lados del cuello. *Frec como n m en pl, designando este taxón zoológico.* | Bustinza-Mascaró *Ciencias* 175: El tiburón y especies parecidas poseen cinco aberturas branquiales a cada lado .. y esqueleto blando o cartilaginoso. Forman el grupo de los Selacios.

selaginela *f* Planta pteridofita propia de lugares húmedos y umbríos de las regiones tropicales (gén. *Saliginella*). | Bustinza-Mascaró *Ciencias* 285: Dentro de las pteridofitas están: los helechos, .. y los licopodios y selaginelas.

seldjúcida *adj* (*hist, raro*) Seljúcida. *Tb n.* | Arenaza-Gastaminza *Historia* 83: Duran los abasidas hasta 1258, en que el poder pasa a los turcos seldjúcidas.

selección *f* **1** Acción de elegir, entre varias perss. o cosas, aquellas que se consideran mejores o más convenientes. | *Selectividad* 10: La finalidad del proyecto queda así bien patente: impedir este acceso directo mediante pruebas de selección, con lo cual la enseñanza universitaria recuperará su calidad perdida. **b)** Elección de las mejores semillas o reproductores como medio para mejorar las especies. *Tb* ~ ARTIFICIAL. | Ybarra-Cabetas *Ciencias* 435: Métodos de reproducción .. Selección o unión entre individuos de la misma raza, eligiendo precisamente los que muestran poseer en el más alto grado la cualidad que se quiere transmitir. **c)** ~ **natural.** Proceso biológico por el cual los individuos más débiles o peor dotados son eliminados, permitiendo a la especie perfeccionarse. | Gambra *Filosofía* 142: Darwin explica la transformación de una especie en otra por la "selección natural" de los más aptos en la "lucha por la vida".
2 Conjunto de perss. o cosas seleccionadas. | *Bal* 21.3.70, 20: Disponemos de una selección de más de cincuenta solares para reventa. **b)** (*Dep*) Equipo, gralm. nacional, formado por selección [1] de elementos de diversas procedencias. | *As* 22.9.74, 3: Algunos centenares de espectadores .. presenciaron el entrenamiento de la selección española de fútbol en el estadio Vicente Calderón. Á. JVázquez *As* 2.7.75, 29: Béisbol .. En los encuentros celebrados en Barcelona entre las selecciones de Cataluña y Castilla, diremos que el sábado, en el primer choque, la victoria fue para los locales.

seleccionable *adj* Que se puede seleccionar. | *Mar* 17.1.68, 11: La AAU amenaza con declarar "no seleccionable" a todo atleta que participe en la reunión que tendrá lugar el 9 de febrero en el Madison Square Garden de Nueva York.

seleccionado -da *adj* **1** *part* → SELECCIONAR.
2 Selecto. | *Sp* 19.4.70, 26: Desde la terraza del hotel –cinco estrellas, dos bares, .. una cocina magnífica y un servicio seleccionado– se dominaba el campo de golf.

seleccionador -ra I *adj* **1** Que selecciona. *Tb n m o f, referido a pers, a aparato o a máquina.* | L. Contreras *Inf* 16.4.70, 7: Un centro clasista seleccionador de sus alumnos puede tener, social y pedagógicamente hablando, un rendimiento muy bajo. A. Pezuela *Mun* 12.12.70, 62: En un futuro próximo se podrá comprar, en lugar de un aparato de televisión corriente, con un solo seleccionador de canales, un receptor con un sistema de mandos que podrá proporcionar hasta cuarenta programas diferentes. *Abc* 20.7.67, 66: Limpiadoras y seleccionadoras de semillas y cereales Marot.
II *m y f* **2** (*Dep*) Pers. encargada de seleccionar los componentes de una selección [2b]. | *As* 29.9.76, 29: El seleccionador nacional de juveniles confirmó ya su diez para el próximo Campeonato de Europa Junior [de hockey sobre patines]. *As* 8.1.71, 25: Ciclismo .. El seleccionador nacional, Ramón Mendiburu, ha citado hoy, en la Federación Española, a los catorce hombres que abrirán en El Tiemblo la serie de concentraciones preolímpicas, cara a Múnich-1972.

seleccionar *tr* Elegir por selección [1]. | *Van* 17.4.73, 29: Los vehículos cuyo destino sea Cuatro Caminos o Molins de Rey deberán seleccionar la calzada normal desde el principio, es decir, los dos carriles de la derecha. M. GAróstegui *SAbc* 27.4.69, 32: Guillermo Eizaguirre, que contó con Benito Díaz en plan de entrenador para los partidos de Brasil, volvió a incluir entre los seleccionados a Molowny.

seleccionismo *m* **1** (*Biol*) Doctrina evolucionista basada en la hipótesis de la selección natural. | A. Lucio *Ya* 19.9.90, 37: Las investigaciones de este profesor de genética .. enfatizan la presión ambiental como factor decisivo de la fluctuación de las características genéticas de los seres vivos (seleccionismo), frente a la corriente mantenida por otros evolucionistas que la minimizan (neutralismo).
2 Tendencia a la selección. | Ladeveze *SNue* 14.6.70, 16: Algunas de ellas [las antologías] han pasado como un rizo de objetividad .. Así la de Gerardo Diego. Otras, en cambio, han acentuado el riesgo del seleccionismo.

selectivamente *adv* De manera selectiva. | Albalá *Periodismo* 51: Esa forma de vida ha dado lugar a unas experiencias que fueron selectivamente jerarquizadas por la nueva necesidad común que la sociedad tuvo en los momentos en que surgieron.

selectividad *f* **1** Cualidad de selectivo. | *Tri* 15.8.70, 12: El calor y la selectividad del rayo luminoso coherente emitido por un láser puede actuar como bisturí.
2 Conjunto de medidas o pruebas para llevar a cabo una selección. | A. Piedra *Nor* 22.6.74, 12: Algunas de estas determinaciones no han sido todo lo idóneas que debieran haber sido. Salta, por ejemplo, la selectividad de semillas. *Not* 4.5.70, 13: Se suprime la selectividad de los primeros cursos a los licenciados. **b)** Pruebas de acceso a la Universidad de los alumnos procedentes del Curso de Orientación Universitaria. *Frec* PRUEBAS DE ~. | M. Gómez *ElM* 3.7.90, 11: Ayer dieron comienzo las pruebas de selectividad para la mayor parte de los alumnos que quieren acceder a la universidad .. Diversos organismos de jóvenes y estudiantes han hecho público [sic] comunicados donde piden la supresión de la selectividad.

selectivo -va *adj* **1** De (la) selección. | FCid *MHi* 2.64, 51: Ya nos tiene acostumbrados la Sección Femenina tanto a la incansabilidad como a la eficiencia. También al tacto selectivo.
2 Que implica selección. | Navarro *Biología* 56: El paso del alimento líquido o disuelto a través de las membranas se verifica mediante el proceso fisiológico que se conoce con el nombre de absorción celular, determinado por la permeabilidad selectiva de la membrana.
3 Que selecciona. | * Es muy selectivo en sus amistades.

selecto -ta *adj* Que es o se considera de lo mejor en su especie. *Frec con intención ponderativa.* | *Ya* 29.6.73, 4: Sears tiene una selecta colección de maillots.

selector -ra *adj* Seleccionador. *Tb n m, referido a aparato.* | *MHi* 2.64, 73: Cointra .. Le permite elegir la temperatura que desee, mediante un teclado selector. *Arte* 4.72, 9: Si quiere una lavadora-lavadora: Kelvinator .. Selector de carga, 2, 4, 6 Kg.

selenio *m* (*Quím*) Metaloide, de número atómico 34, químicamente semejante al azufre, usado esp. en células fotoeléctricas y en la coloración del vidrio y de la cerámica. | Ybarra-Cabetas *Ciencias* 8: Calcófilos .. Como ejemplos citaremos: azufre, selenio, teluro, cromo, etc.

selenita *adj* De la Luna. *Tb n, referido a habitante. Tb fig.* | *Alc* 21.10.70, 6: Los tripulantes del Apolo XVII .. utilizarán nuevos instrumentos, entre otras cosas, para medir el calor ambiente lunar, un espect[r]ómetro de masas para analizar los gases selenitas. GGual *Novela* 81: Hechos prisioneros por los selenitas, que los llevan a Endimión, su rey, son alistados para la guerra en contra de los súbditos de Faetón, monarca del Sol.

selenitoso -sa *adj* (*Geol*) Que contiene yeso. | Bustinza-Mascaró *Ciencias* 309: Las [aguas] que llevan bicarbonato cálcico se llaman calcáreas; las que tienen yeso disuelto, selenitosas.

selenocéntrico -ca *adj* (*Astron*) Que tiene la Luna como centro. | *Ya* 6.6.74, 11: En este sector de la Luna se han registrado, además, excedentes de masa que explican las anomalías gravitatorias registradas por los satélites artificiales selenocéntricos.

selenología *f* (*Astron*) Estudio de la Luna. | * La selenología ha recibido un fuerte impulso en los últimos tiempos.

selenológico -ca *adj* (*Astron*) De (la) selenología. | *Nue* 18.10.70, 4: Su carga incluye, en especial, varias cámaras de fotografías, cuatro sacos, destinados a recoger unos 27 kilogramos de muestras selenológicas.

seléucida *adj* (*hist*) De la dinastía fundada por Seleuco, general de Alejandro Magno, que gobernó la mayor parte de su imperio desde el año 312 al 64 a.C. *Tb n, referido a pers.* | Anson *Oriente* 140: Sometió a cautividad al pueblo de Israel, hasta la persecución helenizante de los seléucidas el año 168 a. de J.C.

selfactina *f* (*Tex*) Máquina de hilar atomática. | Vicens-Nadal-Ortega *HEspaña* 5, 163: La presión burguesa, de un lado, y la del subproletariado, de otro, marcan un segundo y peligroso camino: el de la violencia; quema de fábricas, en julio de 1854; destrucción de las hiladoras mecánicas (selfactinas) poco después. *Alcoy* sn: Aplicado [el producto] a la fibra en el proceso de hilatura, se consiguen: .. Aumento de la resistencia de los hilados. Reducción de paros en las continuas y selfactinas.

self-control (*ing; pronunc corriente*, /sélf-kóntrol/) *m* Autocontrol. | *SArr* 17.1.71, 8: Tengo eso que llaman "self-control".

self-made-man (*ing; pronunc corriente*, /sélf-meid-man/) *m* Hombre que ha conseguido situarse en la vida únicamente con su propio esfuerzo. | Torrente *Off-side* 286: Acostumbro a enorgullecerme de mi condición de *self-made-man*.

self-service (*ing; pronunc corriente*, /sélf-sérbis/) *m* Autoservicio. | R. González *Ya* 29.9.90, 10: El *self-service*, el autoservicio, el sírvase usted mismo, y todas esas prácticas despersonalizadas que nos llegaron con el prog[r]eso y el consumismo .. presentan inconvenientes. [*En el texto, sin guión.*]

seljúcida *adj* (*hist*) De la dinastía turca que dominó en Asia occidental de los ss. XI al XIII. *Tb n, referido a pers.* | Castillo *Polis* 287: Alejo I (1081-1118) detuvo el avance de los turcos seljúcidas con la ayuda de la primera Cruzada.

sella *f* (*reg*) Herrada. | Cunqueiro *Pontevedra* 96: Cangas. Torre de la Colegiata, y a la izquierda, campesina con la típica "sella".

sellado *m* Acción de sellar, *esp* [3]. *Tb su efecto.* | GTelefónica *N.* 172: García Villares. Pintura industrial. Sellado juntas dilatación. Van 1.7.73, 53: Ventajas adicionales de la innovación son sus características de rodadura plana y el sellado automático de la cubierta en caso de pinchazo o reventón.

sellador -ra *adj* Que sella [3]. *Frec n m, referido a utensilio o producto.* | RJiménez *Tecnologías* 15: Sus aplicaciones [del láser] son muy variadas: desde soldar .. a grabar y reproducir discos mediante técnicas digitales, pasando por aplicaciones como las del bisturí o sellador de vasos capilares en cirugía. GTelefónica *N.* 685: Revysell, S.L. Masillas. Selladores. Adhesivos. Productos Bostik. Aplicadores. Distribuidores. Selladores de base butílica.

sellar *tr* **1** Poner sello(s) [1 y esp. 2] [a algo (*cd*)]. | Torrente *Vuelta* 396: Puso la carta en limpio, escribió el sobre, la cerró y selló. Armenteras *Epistolario* 225: Es aconsejable hacerlas [las instancias] por duplicado, a fin de que en la oficina en la que se presente se selle la copia que servirá de recibo o justificante.
2 Precintar. | *Abc* 4.5.75, 95: Al cabo de solo tres semanas de vida, el primer "sex-shop" italiano ha sido cerrado por agentes de Policía que se presentaron en el local con una orden judicial y, después de secuestrar todo el material, dejaron sellada la entrada.
3 Cerrar o tapar herméticamente [algo]. *Tb fig.* | *Abc* 10.10.71, sn: Las cintas para juntas de fibra de teflón PTFE se aplican rápidamente, sellan presiones de hasta 14 bar, son resistentes a los esfuerzos mecánicos. Sampedro *Sonrisa* 335: La mano femenina deja ese pecho rizoso y un dedo firme sella los labios demasiado exigentes.
4 Dar término o remate [a algo (*cd*)]. | Villapún *Iglesia* 68: Manifestó al Papa Gregorio II su deseo de predicar el Evangelio a los gentiles y sellar la predicación con su sangre.
5 Confirmar o ratificar. | N. SMorales *Reg* 11.8.70, 4: Tipismo sano, evocación de un pasado en que aljama y cristiandad supieron sellar la hermandad sanguínea entre Viejo y Nuevo Testamento.

sello *m* **1** Estampita de valor convencional emitida por el servicio de correos, que se pega a las cartas o paquetes para satisfacer los gastos de envío. | Laforet *Mujer* 132: Pegó cuidadosamente la carta con su sello.
2 Utensilio que lleva grabados en relieve dibujos, letras u otros signos, para estamparlos a presión en una materia blanda o, entintados, imprimirlos en papel, gralm. como prueba de autenticidad. | Laiglesia *Tachado* 97: Ya contaba con un local para celebrar reuniones, un sello de caucho con su correspondiente tampón, y un jefe. *Ya* 10.2.80, 60: Sello colgante de oro con escudo para lacre. **b)** Marca o impresión hecha con un sello. | Cunqueiro *Un hombre* 13: Si eres ex-

seltz - semana

tranjero, tienes que ir al juez de forasteros, al que dirás tu nombre. Te pondrán un sello rojo en la palma de la mano derecha. Á. GFuente *Ya* 25.9.71, 39: Fernando .. había regresado de Drasan con un papel mal escrito en urdu, sin sellos ni membrete que diese[n] carácter de oficialidad, el cual se lo había extendido la Policía.

3 Anillo con las iniciales o el escudo de una pers., que puede servir de sello [2]. I *GTelefónica N.* 586: Viloria Moreno, Joaquín. Fabricante de Joyería. Especialidad en sellos de caballero y lapidarios.

4 (*hist*) Disco de cera o plomo que, estampado con un sello [2], unía los hilos, cintas o correas que ataban determinados documentos, para garantizar que no eran abiertos hasta llegar a su destino. I *Abc* 7.5.58, 45: Hay en estas vitrinas instrumentos astronómicos y de precisión .. Astrolabios, polvorines, sellos, entre los que vemos uno de cera, en rojo, de Napoleón, y varios de plomo. **b)** Precinto. I Pla *América* 17: Fuera de las aguas jurisdiccionales se rompieron los sellos de las bodegas y aparecieron en el bar los alcoholes y los tabacos de la más alta calidad.

5 (*hoy raro*) Conjunto de dos obleas pegadas entre las cuales se encierra una dosis de medicamento en polvo, para tragarlo sin percibir su sabor. I CBonald *Ágata* 277: Luego de pedirle a la ahijada un sello de botica, que ensalivó y tragó sin mayores esfuerzos, volvió a arrellanarse en el sillón.

6 Carácter peculiar o distintivo [de una pers. o cosa]. I DPlaja *El español* 68: Cada bailarina levanta los brazos y mueve los pies con personal sello. N. SMorales *Reg* 11.8.70, 4: Acógime a una madrugadora cafetería y en ella rompí mi ayuno a base de un aromado café de sello portugués.

7 Firma o marca comercial. *Esp referido a discos.* I F. Gallardo *Inf* 26.1.76, 16: Hay que regular la publicidad [en la radio] y entrar en el asunto de los discos para evitar que un medio de comunicación se convierta en un escaparate de sellos discográficos.

8 ~ de Salomón (o **de Santa María**). Planta liliácea de flores blancas o verdosas y fruto en baya negruzca, cuyo rizoma presenta cicatrices hundidas a modo de impronta de sello (*Polygonatum officinale, P. multiflorum* y *P. verticillatum*). I T. Salinas *MHi* 12.70, 33: El atrio orientado al mediodía .. está hoy destruido en parte para dar cobijo a la capilla adosada, pero en los fustes y parte del basamento que queda se multiplica "el sello de Salomón". Mayor-Díaz *Flora* 590: *Polygonatum verticillatum* (L.) All. "Sello de Santa María".

seltz (*pronunc corriente*, /selθ/; *a veces con mayúscula en acep 1*) **I** *loc adj* **1 de ~.** [Agua] gasificada artificialmente. I *Jaén* 5: Parece, efectivamente, que el Occidente se disgrega en nihilismos blindados de Técnica .., y que su viejo champaña, que enardecía el corazón, se degrada hasta quedar reducido a burbujeante y anodina agua de sel[t]z. [*En el texto*, selz.]

II *m* **2** (*col*) Agua de seltz [1]. I Aldecoa *Cuentos* 1, 47: –Chuchete, tráeme un vaso de seltz –dijo uno de los mirones al chico del mostrador.

selva *f* **1** Bosque grande e inculto propio de las zonas ecuatoriales. I Laforet *Mujer* 31: Aquel escenario .. con sus árboles húmedos y gigantes .. era igual que estar en las selvas de África. **b) ~ virgen** → VIRGEN. **c) ley de la ~** → LEY[1]. **d)** (*raro*) Bosque. I Cunqueiro *Crónicas* 104: La carroza dejó el camino real por uno de carro, algo en cuesta, que después de rodear unos pastizales entraba muy sabroso en la selva de Goulic.

2 Cosa enmarañada o llena de confusión. I * ¡En menuda selva te has metido!

selvatán -na *adj* De La Selva (Tarragona). *Tb n, referido a pers.* I *Gerona* 11: En nuestra provincia se originaron dos variedades de esta danza [la sardana]: la ampurdanesa y la selvatana.

selvático -ca *adj* **1** De (la) selva. I *Inf* 7.9.70, 9: Millares de campesinos penetran en zonas selváticas.

2 (*lit*) Salvaje (ajeno a la civilización). I FCid *Ópera* 51: Verdi, sí, estará siempre incorporado a la historia de la música. El joven de aspecto selvático, de claros ojos y melancolía ardiente; el muy joven de noble estampa comido en sus propios ideales, bien lo merece.

selvatiquez *f* (*lit*) Cualidad de selvático. I F. Ros *Abc* 6.6.67, 51: Sequía, sobre lo talado; torrenteras calamitosas, sobre la selvatiquez remanente.

selvícola *adj* De (la) selvicultura. I J. Carvajal *Inf* 4.4.70, 3: La carrera desenfrenada y anárquica hacia la ocupación de los terrenos que rodean las ciudades .. hace aparecer como incompatibles estas consecuencias de la vida urbana con las actividades agrícolas, pastorales o selvícolas, e incluso con la naturaleza misma. *Libro agrario* 49: Aumento de la producción en las choperas. Resultados de doce años de un estudio comparativo de técnicas selvícolas.

selvicultor -ra *m y f* Silvicultor. I *D16G* 10.11.90, 37: El descenso de los precios de la madera, principalmente la de eucalipto para trituración, preocupa a los selvicultores gallegos.

selvicultura *f* Silvicultura. I *Abc* 29.7.65, 53: El ministro sudafricano de Selvicultura, señor W. Maree, llegó ayer al aeropuerto de Barajas. *Libro agrario* 50: Laurisilva y su selvicultura.

selvoso -sa *adj* Que tiene carácter de selva. *Tb fig.* I Cela *Pirineo* 281: El bosque del vallecico de Biciberri quizás sea el más selvoso y natural. Cela *Viaje andaluz* 158: Las raras razas –capote pardo, barba selvosa, morral viejo y cayada con contera de hierro– ayudan mucho al buen desarrollo de la situación.

selyúcida *adj* (*hist*) Seljúcida. *Tb n.* I J. M. Rodríguez *His* 9.77, 108: El hombre de Rei se comprometió a realizar en cuarenta y seis días un censo fiscal completo de las riquezas del reino selyúcida que Nizam había juzgado imposible de establecer en menos de dos años de trabajo.

sema *m* (*Ling*) Rasgo semántico distintivo mínimo. I RAdrados *Lingüística* 493: En su ejemplo –el sistema del "asiento" en francés ..– establece [Pottier] los distintos rasgos o semas que diferencian a estos muebles: "Para los pies", "con respaldo", etc.

semafórico -ca *adj* De(l) semáforo o de (los) semáforos. I *Abc* 27.4.75, 14: Ayuntamiento de Sevilla. Publicado edicto en el "Boletín Oficial del Estado" núm. 81, de fecha 4 de abril, anunciando convocatoria de concurso para contratar las obras contenidas en el Proyecto de Señalización Semafórica.

semaforización *f* Acción de dotar de semáforos. I *País* 9.4.90, 24: Exigió a la empresa un vallado en el recorrido del tren por el pueblo, así como la semaforización y colocación de barreras eléctricas en siete cruces.

semáforo *m* **1** Aparato eléctrico de señales luminosas para regular la circulación. I Medio *Bibiana* 234: Los semáforos encienden alternativamente sus luces rojas y verdes.

2 Poste provisto de un sistema de señales ópticas. I FReguera-March *Cuba* 385: El semáforo estaba señalando la presencia de barcos enemigos.

semana I *f* **1** Serie de siete días consecutivos, que oficialmente se cuenta de domingo a sábado y popularmente de lunes a domingo. I Espinosa *Escuela* 515: He de guisar para ciertos dictadores que cerraron el pico la semana pasada y están mustios. **b)** Serie de siete días consecutivos. I Benet *Nunca* 9: Nos acompañó durante varios días y quizá semanas. **c)** Reunión dedicada durante una semana al estudio o celebración [de algo]. I *Abc* 29.8.72, 23: Comenzó en Toledo la Semana de Estudios sobre problemas teológicos. **d) ~ inglesa, ~ Santa** → INGLÉS, SANTO.

2 Salario de una semana [1a]. I * El sábado volvía a casa con la semana.

3 (*Juegos*) Variedad de la rayuela, en que las casillas se designan con el nombre de los días de la semana [1a]. I Moreno *CSo* 27.11.75, 4: Juegos de chicos fueron, de fiesta o de diario, la "tanga", "tejo", semana o calderón.

4 (*raro*) Período de siete unidades consecutivas de tiempo, superiores a los días. *Gralm con compl especificador.* I Peña-Useros *Mesías* 152: La profecía [de Daniel] de las setenta semanas nos describe un período de tiempo, setenta semanas de años (= 490), que ha de preceder a los tiempos mesiánicos. En la última semana, en los últimos años, sucederá algo horrible: el templo será profanado, y los sacrificios, suprimidos.

II *loc adj* **5 de ~.** Que está de servicio durante la semana [1a] en cuestión. *Tb adv.* I FReguera-March *Cuba* 142: En el [cuchitril] primero .. dormía el sargento de semana. El otro lo ocupaba el machacante. FReguera-March *Cuba* 143:

¡Déjate de responsabilidades y de cuentos! Está tu paisano de semana.

III *loc adv* **6 entre ~.** En un día cualquiera a excepción del lunes, sábado o domingo. | Delibes *Hoja* 123: Entre semana el Picaza subía un par de veces donde la Desi aprovechando los paseos del viejo.

semanada *f* (*reg*) Salario semanal. | CNavarro *Perros* 223: Se trataba de gente obrera; seres condenados a no poder especular jamás con los sueños, tal vez por no poder hacerlo con la paga. Su *semanada* era idéntica durante muchos años. **b)** Pago semanal. | Mendoza *Ciudad* 23: Los pagos, como usted sabe, se efectúan por adelantado .. Debe usted abonarnos la semanada. [*En una pensión*.]

semanal I *adj* **1** De una semana [1]. *Con idea de duración*. | * Es un cursillo semanal. * Aparece con periodicidad semanal.

2 Que corresponde a cada semana o se produce cada semana [1]. | *Economía* 29: Dividiremos la limpieza en diaria, semanal y mensual.

II *m* **3** (*reg*) Salario semanal [1]. | Romero *Tres días* 33: Quiere que su mujer, con el dinero del semanal, compre provisiones .., porque murmuran que hoy o mañana se van a sublevar las tropas.

semanalmente *adv* De manera semanal [2]. | Delibes *Año* 77: El bollero .. viene semanalmente a Valladolid a vender pastas.

semanario *m* **1** Periódico que se publica semanalmente. *Tb* (*raro*) *adj*. | Huarte *Diccionarios* 46: En las bibliotecas de los casinos, los socios lo que leen habitualmente son solamente los periódicos diarios o semanarios. DPlaja *El español* 109: El semanario "La Codorniz" publicó .. un artículo.

2 *En un reloj*: Dispositivo que señala el día de la semana. *Frec en la aposición* RELOJ ~. | *SAbc* 22.11.70, 35: Ricoh es el reloj de los hombres inteligentes .. Automático, calendario, semanario, impermeable.

3 Conjunto de siete pulseras de aro iguales. | * Me regalaron un precioso semanario de oro.

semanasantero -ra *adj* De (la) Semana Santa. | Ma. Fernández *CoZ* 28.3.75, 2: No es extraño .. que surja entre ellos espontáneamente, como cristalino manantial, el cruce de remembranzas eminentemente semanasanteras que adquieren en la conversación rito de hegemonía.

semanero -ra *adj* [Pers.] que ejerce un empleo o cargo por semanas. *Tb n*. | LAparicio *SYa* 10.12.89, 9: En la cortijada hay poca gente. Junto al casero, que está siempre de pie quieto en la finca, el semanero y los encargados del ganado.

semanilla *f* (*hoy raro*) Libro que contiene los rezos de Semana Santa. | Cossío *Confesiones* 52: Rezábamos los Oficios [de Semana Santa] .. Por mucho interés que ponía en leer en la semanilla, aquellas ceremonias me parecían demasiado largas.

semanista *m y f* Pers. que participa en una semana [1c]. | *Abc* 29.8.72, 23: Comenzó en Toledo la Semana de Estudios sobre problemas teológicos .. Finalizada la misa fue ofrecido a los semanistas y público asistente un concierto de órgano.

semantema *m* (*Ling*) (*hoy raro*) Lexema. | Torrente *Saga* 339: Mis morfemas y mis semantemas son siempre monosilábicos.

semánticamente *adv* En el aspecto semántico. | Laín *Gac* 11.5.69, 22: Nada más fácil, porque –más o menos semánticamente mezclados entre sí– los términos "burguesía" y "derecha" gozan hoy de muy escaso prestigio social.

semántico -ca I *adj* **1** De la semántica [2]. | Aranguren *Marxismo* 136: La lógica formal ha seguido una línea de desarrollo paralela a la de la lingüística estructuralista al separar la cuestión de la sintaxis lógica de la cuestión semántica. J. Miramón *And* 15.8.76, 15: Dice el citado Marco que, aun cuando la obra de Falla es fundamentalmente tonal en sus líneas generales y, en cuanto música española y mediterránea, diatónica, sin embargo la sintaxis y el valor semántico de la misma son plenamente progresivos.

II *f* **2** Estudio del significado de los signos lingüísticos. | Lázaro *Lengua* 2, 148: Todo signo es .. significante + significado. Mientras que del primer componente se ocupan principalmente la Fonología y la Morfología, del segundo trata la Semántica. **b)** Estudio del significado. | * Estudia los problemas de la semántica del cine. **c)** Significado. | S. Vallina *Lev* 22.2.75, 20: Da la casualidad que el abolengo procede siempre de los abuelos, más o menos remotos, de común acuerdo la semántica y la etimología.

semantismo *m* (*Ling*) Contenido semántico. | GYebra *Traducción* 126: Los sustantivos alcanzan entre los préstamos la proporción del 75%. Esto se debe a la autonomía gramatical del sustantivo y al carácter preciso, con frecuencia concreto, de su semantismo.

semantista *m y f* Especialista en semántica [2a]. | Salvador *Semántica* 55: Lo que el semantista italiano mezcla aquí, lamentablemente, es la lengua con el habla.

semasiología *f* (*Ling*) **1** Estudio de los significados a partir de los significantes. | * La semasiología se propone representar estructuras semánticas que den cuenta de unidades léxicas.

2 (*hoy raro*) Semántica [2a]. | S. Lorenzana *Pap* 1.57, 51: El *Onomástico* [de Sarmiento] podría traducirse como Semasiología histórica del gallego.

semasiológico -ca *adj* (*Ling*) De (la) semasiología. | * El método semasiológico seguido en la lexicología estructural. **b)** [Diccionario o vocabulario] que partiendo de los significantes o unidades léxicas ofrece los significados que les corresponden. | Hernández *Diccionarios* 29: En las restantes [lenguas] gozan de mayor tradición los diccionarios semasiológicos, que catalogan el léxico por orden alfabético.

semblante *m* **1** Apariencia del rostro [de una pers.] en cuanto que refleja su estado físico o psíquico. | CNavarro *Perros* 69: La vista del cielo recordaba el semblante de los borrachos cuando acaban de vomitar. **b)** Aspecto que presenta [algo (*compl de posesión*)]. *A veces se omite el compl, por consabido*. | Aldecoa *Gran Sol* 15: Malos semblantes, patrón, malos vientos.

2 (*lit*) Cara o rostro. | *SYa* 23.5.74, 21: Algo tenido por tan peculiarmente humano como la risa o la sonrisa no ilumina jamás el semblante de los niños bravíos.

semblanza *f* Bosquejo físico, moral o biográfico [de una pers.]. | FAlmagro *Abc* 4.12.64, 3: Alcalá Galiano .. traza en su "Historia de España" una concentrada semblanza de Van Halen.

2 (*raro*) Semejanza o parecido. | P. EMonteros *ByN* 17.4.88, 67: Es un azul grisáceo que se alterna con unos tonos algo más grises en las molduras. Jorge eligió este color por su semblanza con el color heleno, que le entusiasma.

sembrable *adj* Que se puede sembrar. | Borrás *Abc* 23.3.58, 14: Dos años tardaban algunos en ser propietarios de un predio labrable. La familia de Toni perseveró tres en mullir sobre la piedra aquel colchón de suelo, podría decirse, sembrable. L. Díez *País* 30.1.84, 29: Si la alimentación de crustáceos y moluscos en los criaderos artificiales puede quedar resuelta con el cultivo de las algas *Phaeodactylum dicornutum*, *Litzschia asicularis* y *Tetraselmis suecica*, así como con las especies *Tertio lecta* e *Isocrisis galvana* –sembrables en nuestro litoral pero de origen foráneo–, el principal reto que el Programa Nacional de Acuicultura tiene planteado es sanitario.

sembradera *f* **1** Máquina para sembrar. | *GacR* 31.3.91, 45: Vendo patatas sembradera. Buena calidad. Regino Ávila. Mozodiel de Abajo.

2 Utensilio a modo de bolsa que se lleva al hombro para echar la semilla al sembrar. | MCalero *Usos* 94: El mayoral y sus ayudas tiraban la semilla en el campo, que llevaban al hombro, en sembraderas que habían hecho con costales en desuso.

sembradío -a *adj* [Terreno] destinado o a propósito para la siembra. *Tb n m*. | FArdavín *SAbc* 15.5.58, 82: Isidro .. era como un terrón de aquellos que levantaba con el arado. Arcilla migada o greda sustanciosa, se identificaba con las entrañas mismas del sembradío o del barbecho.

sembrado[1] -da I *adj* **1** *part* → SEMBRAR.

2 (*col*) [Pers.] graciosa u ocurrente. *En la constr* ESTAR ~. | CBonald *Dos días* 72: –Hablando de otra cosa, su amigo, el cantaor ese, dio anoche la nota en el tabanco de Manuel.

sembrado – semestral

–¿Joaquín? ¿Qué pasó? .. –Que llevaba una tajá como un tranvía... Con decirle que hasta tiró de navaja. Estuvo sembrado. –Pero ¿pasó algo? –Hombre, sangre no hubo. GPavón *Rapto* 223: Braulio ha estado sembrao contando cosas de la guerra.
 II *m* **3** Terreno sembrado (→ SEMBRAR [1c]). | Bustinza-Mascaró *Ciencias* 271: Se consignará .. la familia a que pertenece y la fecha y el lugar de la recolección, especificando si fue en un sembrado, al borde de una carretera, al borde de un río.

sembrado[2] *m* (*raro*) Acción de sembrar [1 y 3]. | *Inf* 11.7.74, 3: El Presidente gastó 55.977 dólares en la construcción de una piscina, una chimenea, una mesa de billar y el sembrado de un césped para un campo de golf. J. M. Massip *Abc* 14.5.72, 17: Por ahora el minado ha dado un resultado cien por cien efectivo. Antes del sembrado de minas salieron unos pocos buques, casi todos de bandera soviética, y han quedado atrapados unos 28 ó 30 dentro de la rada de Haiphong y los puertos secundarios de la costa del Norte.

sembrador -ra *adj* Que siembra, *esp* [1]. *Frec n: m y f, referido a pers; f, referido a máquina.* | F. A. González *Ya* 26.3.75, 57: Porque para que se coseche hay que sembrar, y en muchos de los logros actuales podría encontrarse su lejana mano sembradora. Vesga-Fernández *Jesucristo* 73: Parábola del sembrador. Cuevas *Finca* 241: Una cosechadora, una abonadora y dos sembradoras. En la espalda del caserío haremos la casa de máquinas.

sembradura *f* Acción de sembrar [1]. | MCalero *Usos* 47: Con la cantidad que iba de más .. salía para comer y sembrar. Para maquila y sembradura. E. Segura *Hoy Extra* 12.69, 43: La carretera, en rápidas curvas, subía y descendía; arriba, charnecas, jaras y alcornoques; abajo, olivares, tierras llanas de sembradura con cercados de chumberas.

sembrar (*conjug* 6) *tr* **1** Depositar en la tierra la semilla [de una planta (*cd*)] para que germine. *Tb abs*. | Bustinza-Mascaró *Ciencias* 273: El cultivador, en lugar de dejar a la ventura la reproducción de las plantas que le interesan, las siembra, escogiendo las semillas que mayores rendimientos han de darle. **b)** Depositar en la tierra [la semilla (*cd*) de una planta] para que germine. | Vesga-Fernández *Jesucristo* 74: El reino de los cielos es semejante a un hombre que sembró buena simiente en su campo. **c)** Depositar semillas de plantas [en un sitio (*cd*)] para que germinen en él. | E. Pablo *Abc* 6.4.75, 51: La superficie sembrada tardíamente al amparo de la larga fase de precipitaciones. **d)** Depositar [algo en un sitio] para que se desarrolle o multiplique. | Marcos-Martínez *Física* 301: El vinagre puede obtenerse dejando el vino durante unos días en sitio templado, donde tenga fácil acceso al aire y después de sembrar en él la bacteria *micoderma aceti*.
 2 Realizar las primeras acciones para que [algo inmaterial (*cd*)] se desarrolle y dé fruto. | Villapún *Iglesia* 16: Se trasladaron a Roma, y aquí sembraron la doctrina de Jesucristo. **b)** Ser causa o motivo [de algo inmaterial (*cd*)]. | Matute *Memoria* 120: Hombres así no debían casarse nunca. Siembran el mal a donde van.
 3 Esparcir [algo en un lugar] de manera abundante y gralm. desordenada. | M. SPalacios *Abc* 30.12.65, 63: Recordar el tiempo ido es como sembrar nostalgias en nuestro sentimiento. Canilleros *Cáceres* 170: De estos mismos tiempos son los palacios y casas señoriales sembrados por toda la ciudad. **b)** Esparcir [algo (*compl* DE) en un lugar (*cd*)] de manera abundante y gralm. desordenada. | Cela *Judíos* 225: Los paladines de Ávila, por no olvidar la presa que se les brindaba .., sembraron el camino de vuelta de hitos de piedras. Hoyo *Caza* 38: Hay conejos, indudablemente. Todo está sembrado de sus cagarrutas.

semejante I *adj* **1** [Pers. o cosa] igual [a otra (*compl* A)] en algunos aspectos o partes. *La relación tb puede expresarse designando con un n en pl las dos o más perss o cosas relacionadas* (los edificios son semejantes = un edificio es semejante al otro). | F. Carazo *Sor* 24.9.75, 1: Una máquina vieja puede hacer, de hecho, una función semejante a la que realiza de otra técnica avanzada. Arce *Testamento* 14: Conocía a tipos como él. Sabía que era capaz de abofetearme. En América conocí tipos semejantes. **b)** (*Geom*) [Figura o cuerpo] que tiene [con respecto a otro (*compl* A)] iguales los ángulos y proporcionales los lados o aristas correspondientes. | Gironza *Matemáticas* 145: Se llama triángulos semejantes a los que tienen sus ángulos respectivamente iguales y sus lados correspondientes proporcionales.
 2 [Pers. o cosa] así, o de estas características. *Frec con intención ponderativa.* | Arce *Testamento* 59: En realidad no sabía qué decir a un tipo semejante. *Lab* 2.70, 23: Un mantel semejante debe figurar incluso en el ajuar de la novia más joven. **b)** (*pop o humoríst*) Se usa con valor demostrativo, *frec con intención euf, en constrs como* ~ SITIO, ~ PARTE, *referidas al cuerpo humano*. | * Me dio un golpe en semejante sitio y casi me tumba.
 II *m* **3** Prójimo. *Normalmente acompañado de un adj de posesión. Frec en pl.* | Laiglesia *Tachado* 18: Algunos pueblos por demasiado jóvenes, y otros por demasiado viejos, van olvidando la cortesía y el respeto a sus semejantes que les enseñaron sus mayores.
 4 (*raro*) Semejanza. | Salcedo *Córdoba* 119: La Calleja de las Flores se pone ante el viajero sin que este lo advierta y, a semejante de esos escondidos remolinos de los ríos de la Sierra, lo atrae con fuerza irresistible.

semejantemente *adv* De manera semejante. | Cossío *Montaña* 292: Semejantemente don Amós, antes de lucir en el teatro del mundo, lee sin reposo, consulta como a oráculos a los libros.

semejanza I *f* **1** Cualidad de semejante [1]. | Gironza *Matemáticas* 151: La razón de los perímetros de dos polígonos semejantes es igual a la razón de semejanza.
 2 Parte o aspecto en que dos perss. o cosas son semejantes [1]. | * Marca las semejanzas entre estas dos figuras.
 II *loc prep* **3 a ~ de.** De manera semejante a. | P. Rocamora *Abc* 22.10.70, sn: A semejanza de una delicada operación quirúrgica, .. traducir consiste en desprender las ideas de su lenguaje vernáculo.

semejar A *copulat* **1** (*lit*) Parecer. *El predicat es siempre sust.* | Alvarado *Anatomía* 70: Se compone [el cerebelo] de dos grandes masas laterales .. y de una porción central, llamada vermis, por extensión semejante a un gusano.
 B *intr pr* **2** (*raro*) Parecerse. *Con un compl* A, *o con suj pl*. | * Los dos pueblos se semejan.

semeje *m* (*reg*) **1** Parecido o semejanza. | GPavón *Rapto* 165: Plinio era el semeje más próximo a lo que él había pensado siempre que debía ser un hombre.
 2 Apariencia o aspecto. | GPavón *Rapto* 225: Los ojos tomaron su brillo habitual y el gesto el semeje de siempre.

semema *m* (*Ling*) Conjunto de los semas o rasgos semánticos mínimos de una palabra. | Lapesa *Ayala* 50: No soy semiólogo ni entiendo de sememas.

semen *m* Sustancia reproductora segregada por las glándulas genitales masculinas. | Cela *SCamilo* 39: Los retretes de los cines .. podrían devolver de todo .., semen de hortera y de cabo de artillería.

semencera *f* (*reg*) Sementera. | MCalero *Usos* 95: Otras yuntas iban con rastras pasándolas por los cerros sembrados y así llevaban la semencera al día. MCalero *Usos* 31: También se hablaba de rastrojeras y semenceras. De barbechos y montaneras.

semental *adj* [Animal macho] destinado a la reproducción. *Frec n m. Tb, desp, referido a hombre.* | Cuevas *Finca* 159: Verracos para sementales Duroc Jersey o vacas Carnation. Torrente *Saga* 493: Su enamorado no era el Príncipe-Elector, sino el Rey de Baden-Baden ..; o bien era un semental desaforado, que la poseía vestido de general y le lastimaba las pantorrillas con las espuelas.

sementera *f* **1** Acción de sembrar [1]. *Tb la época del año en que se realiza.* | Delibes *Ratas* 12: El Pruden siempre madrugaba y anticipándose a la última semana de lluvias hizo la sementera.
 2 Terreno sembrado. | Berenguer *Mundo* 84: Las alambradas eran para que el ganado no pateara las sementeras.

semestral *adj* **1** De un semestre. *Con idea de duración.* | * Hay varias asignaturas semestrales. * La periodicidad es semestral.
 2 Que corresponde a cada semestre o se produce cada semestre. | *Abc* 1.12.70, 60: Se comunica a los señores obligacionistas de esta Sociedad, emisión 15-12-67, que el pago del cupón semestral núm. 6 se efectuará .. a partir del día 15 del próximo mes de diciembre.

semestralmente – semiconsonante

semestralmente adv De manera semestral [2]. | Act 12.11.70, 99: Semestralmente sorteamos un premio de mil pesetas .. entre los concursantes que hayan enviado la solución correcta a todos los crucigramas publicados en cada semestre.

semestre m Período de seis meses. | Gironza Matemáticas 13: Se pueden considerar como múltiplos del día la semana, el mes, el trimestre, el semestre.

semi- r pref **1** Indica mitad. | Por ej: MHi 8.60, 19: Se inició en Sevilla para cubrir 410 kilómetros hasta Málaga, con semietapa y parada en Cádiz. La primera semietapa se la adjudica el mallorquín Montserrat. L. LSancho Abc 28.4.87, 18: Anticipándose discretamente a esas memorias semiseculares, Fernando Vizcaíno Casas .. publicaba a finales del año pasado su aportación al dolorido sentir. Cam 21.7.75, 18: Los cuerpos de los tripulantes aparecieron agarrados al semivolante y a la palanca de gases.
2 Indica condición, cualidad o proceso parcial o a medias. | Por ej: Zunzunegui Hijo 29: Encontró una gabarra semiabandonada. Sp 21.6.70, 7: Y digo privilegiada, para poder seguir manteniendo una situación semiautárquica y no tener que estar llamando a puertas maliciosamente sordas. VNu 5.8.72, 27: Existen dos distintas ediciones: la interior, de papel "printing" normal, y la internacional, impresa en papel más ligero, tipo "semibiblia". Payno Curso 210: A la puerta del aula solo quedaba el auxiliar gordito y semicalvo. Gac 11.5.69, 59: Las mandíbulas están apretadas, los párpados semicerrados. N. Pina Mad 6.11.67, 23: El partido estuvo en peligro para el líder ante un semicolista a punto de marcar nuevo gol a los treinta y cinco minutos. J. L. Rubio MHi 10.60, 29: La característica fundamental de los años que vivimos es la rebelión de los pueblos subdesarrollados y semicoloniales contra sus dominadores blancos. Rof Abc 10.10.70, 3: Hija de un famoso músico español, nacida en Francia, Anaïs Nin comienza a escribir en inglés su diario .. La atracción de nuestra semicompatriota es innegable. J. I. Funes SMad 12.9.70, 1: La desesperanza que produce la semiconvicción de que son muy escasas las armas efectivas. Pue 20.1.67, 24: Pistas semicubiertas. A. Travesí Abc 18.8.64, 17: Puede que todo esto sea un desafío, un reto permanente al apático, triste y semiderruido Berlín que se alza al otro lado del "muro". Tierno Humanismo 23: Entiendo por semidesarrollo la situación del grupo humano que dentro de una región económica desarrollada .. está en el comienzo de su época histórica de industrialización de alto nivel. F. Po SPaís 2.6.91, 18: La ruta toma entonces la dirección de la reserva de Samburu, al norte del país, en un paraje semidesértico con abundante vida salvaje. MHerrera Abc 14.5.67,7: Semidespierto, o medio dormido, no sabrá aún si también él deberá huir de un extraño encuentro entre puntas afiladas y romas. Abc 20.8.69, 31: Quizá el río Manzanares, con sus sucias y semiestancadas aguas, no sea ajeno a la aparición de esa plaga. Tamames Economía 143: La estructura política absolutista y semifeudal imperante en España hasta el segundo tercio del siglo XIX determinaba un bajo nivel de consumo interno. Aranguren Marxismo 123: Una excelente red de transportes colectivos extendida por todo el país, viajes gratuitos o semigratuitos escolares, obreros, etc. Pericot-Maluquer Humanidad 117: Las habitaciones poseen un hogar rehundido y un silo constituido por un gran cesto semihundido en el suelo. Lorén Pue 9.12.70, 2: Toda persona privada de laringe queda muda o semimuda. HLC 2.11.70, 1: Kossygin aparece semioculto a la derecha de la imagen. J. C. Gumucio País 1.3.92, 3: Una noticia publicada ayer en el diario semioficial egipcio Al Ahram. Tamames Economía 116: El mercado lanero interno se encuentra en una crisis de ventas semipermanente. C. Laredo Abc 9.9.66, 31: Vuelve a hablarse en estos días de una "actividad semisecreta de contactos y de preparativos para noviembre próximo". Payno Curso 228: Miró a Darío con una semisonrisa de labios afuera. Delibes Año 68: La única manera de reconstruir los sueños con detalle es en este estado de semivigilia, en que sueño y realidad se entremezclan.

semialto -ta adj (Fon) [Vocal] que se realiza con una posición intermedia entre la de vocal alta y la de vocal media. Se aplica normalmente a las vocales [i] abierta y [u] abierta. | Academia Esbozo 27: Se adoptan para las cuatro vocales de una y otra articulación las denominaciones convencionales de alta, semialta, media y semimedia .. La terminología tradicional llama abiertas a las semialtas o semimedias.

semianalfabetismo m Cualidad de semianalfabeto. | Inf 27.6.70, 26: Su semianalfabetismo impidió que Manson fuera autorizado hace meses a defenderse a sí mismo.

semianalfabeto -ta adj [Pers.] casi analfabeta. Frec fig, denotando nivel cultural muy bajo. Tb n. | * Los habitantes del valle son semianalfabetos.

semianticadencia f (Fon) Tonema ligeramente ascendente, en menor grado que la anticadencia. | Alcina-Blecua Gramática 464: La semicadencia y la semianticadencia son tonemas de contraste menor y no suelen utilizarse al fin de las ramas.

semiárido -da adj (Geogr) Casi árido. Esp referido al clima de las zonas limítrofes de los desiertos. | C. GCampo SAbc 1.2.70, 37: Vastas extensiones acaban siendo estériles, sobre todo en las regiones semiáridas.

semiautomático -ca adj [Mecanismo o aparato] que efectúa automáticamente una parte de sus operaciones. | GTelefónica N. 26: Permutadores: automáticos, semiautomáticos, manuales. Sp 21.6.70, 38: Los Tupamaros consiguieron llevarse uno de los botines más importantes hasta el momento: centenares de fusiles "Garand", M-1 y M-16 semiautomáticos.

semicadencia f (Fon) Tonema ligeramente descendente, en menor grado que la cadencia. | Alcina-Blecua Gramática 468: Al inicio del enunciado, [el vocativo] suele constituir grupo independiente; en su realización enfática tiende a la anticadencia, pero lo habitual es su realización con semicadencia.

semicilíndrico -ca adj De(l) semicilindro. | * La bóveda es de forma semicilíndrica. **b)** De forma de semicilindro. | Tejedor Arte 106: Los elementos principales de la arquitectura románica son: el arco de medio punto o semicircular, la bóveda de medio cañón o semicilíndrica.

semicilindro m (Geom) Mitad de las dos en que queda dividido un cilindro por un plano que pasa por el eje. Tb el objeto que tiene esa forma. | * Una moldura en forma de semicilindro.

semicircular adj De(l) semicírculo. | * El salón tiene forma semicircular. **b)** Que tiene forma de semicírculo. | Tejedor Arte 54: Tenían [las basílicas] planta rectangular de tres naves .. y ábside semicircular en la cabecera.

semicircularmente adv De manera semicircular. | SVozC 25.7.70, 7: Tienen un anillo de grandes pilastras dispuestas también semicircularmente.

semicírculo m (Geom) Mitad de las dos en que el diámetro divide al círculo. Tb el objeto que tiene esa forma. | Laforet Mujer 11: Los grandes riscos .. hacían un semicírculo alrededor de aquel ensanchamiento del valle donde estaba el pueblo. **b)** ~ graduado. Transportador de ángulos. | Gironza Matemáticas 172: Nos serviremos entonces del compás para construir los lados, y del semicírculo graduado para construir los ángulos.

semicircunferencia f (Geom) Mitad de las dos en que el diámetro divide a la circunferencia. Tb el objeto que tiene esa forma. | Gironza Matemáticas 162: Es claro que la semicircunferencia será el arco correspondiente al ángulo llano.

semiconductor -ra adj (Electr) [Cuerpo] de conductividad intermedia entre la de los metales y la de los aislantes. Tb n m. | G. Lorente Abc 9.4.67, 18: Son los transistores trozos diminutos de germanio o silicio (o materias semiconductoras análogas) a los que se han agregado impurezas de otras sustancias. Ya 15.10.67, sn: El inflamador de combustible se enciende en la superficie de un semiconductor eléctrico.

semiconsonante adj (Fon) **1** [Sonido] vocálico cerrado que inicia un diptongo. Más frec n f. | Academia Esbozo 35: El sistema vocálico español comprende vocales silábicas /a, e, i, o, u/ que actúan como núcleo silábico, y semiconsonantes /j, w/, que pueden ser solo elementos marginales.
2 [Sonido] caracterizado por un grado de abertura de la cavidad bucal intermedio entre el de las consonantes y el de

semicorchea – semilla

las vocales. *Frec n f.* | RAdrados *Lingüística* 83: Semiconsonantes. Aparecen ya en posición de consonante, ya de covocal. Así en ingl. /y w h/.

semicorchea *f (Mús)* Nota cuyo valor es la mitad de una corchea. | RÁngel *Música* 46: 1 negra vale 2 corcheas, o 4 semicorcheas, u 8 fusas, o 16 semifusas.

semicultismo *m (Ling)* Palabra que no ha sufrido por completo la evolución fonética normal. | Lapesa *HLengua* 77: Otras veces la duplicidad se da entre un derivado culto y un semicultismo (*secular* y *seglar*).

semiculto -ta *adj* **1** [Pers.] que tiene un ligero barniz cultural, pero cuya verdadera formación es deficiente o descuidada. *Tb n.* | Marías *Abc* 2.2.79, 27: El campesino habla mucho mejor que el semiculto de las ciudades. **b)** Propio de la pers. semiculta. | * Este uso puede calificarse de semiculto.
2 *(Ling)* De(l) semicultismo. | Alvar-Mariner *Latinismos* 18: *-ísimo* .. sufrió la competencia de la reducción semiculta *-ismo*.

semicúpula *f (Arquit)* Media cúpula. | Tejedor *Arte* 86: Cubre [Santa Sofía] el gran cuadrado central de su planta de cruz griega o de brazos iguales con una soberbia cúpula .., sostenida por cuatro pechinas y una hábil combinación de arcos y semicúpulas.

semideponente *adj (Ling)* [Verbo latino] que se conjuga como deponente en el perfecto y sus derivados y como activo en los demás tiempos. | Bassols *Sintaxis* 1, 374: Participios de los verbos deponentes y semideponentes.

semidescremar *tr* Quitar parcialmente la crema o grasa [a la leche o sus derivados (*cd*)]. *Gralm en part.* | G. Díez *D16* 7.7.91, 29: El pan, mejor si es integral; la leche, mejor si es semidescremada.

semidestruir *(conjug 48) tr* Destruir casi totalmente. *Gralm en part.* | *Inf* 31.10.70, 23: La localidad más afectada fue Dabeiba, que hoy se encontraba abandonada y semidestruida.

semidiferencia *f (Mat)* Mitad de la diferencia. | Gironza *Matemáticas* 167: El ángulo exterior tiene la misma medida que la semidiferencia de los arcos comprendidos por sus lados.

semidiós -sa *m y f* **1** *(Mitol clás)* Ser nacido de un dios y un mortal. | Lozoya *Abc* 17.12.70, 10: El cronista Diego de Colmenares atribuye la fábrica a Hércules, pensando que solo un semidiós era capaz de concebirla y de realizarla.
2 Pers. que está muy por encima de lo que se considera normal. *Con intención ponderativa, frec irónica.* | Lera *Clarines* 328: Hablando de Manolete, el Aceituno se exaltaba en seguida. El diestro de Córdoba era para el pobre torerillo un semidiós.

semidoble *adj (Rel catól)* [Rito] intermedio entre el doble y el simple. *Tb referido a la fiesta que tiene este rito.* | Ribera *SSanta* sn: Rito semidoble. Se suprime este rito.

semidormido -da *adj* Casi dormido. | Cela *Judíos* 31: El vagabundo, .. aún semidormido en el tibio regazo del roble.

semiduro -ra *adj (Mineral)* Que puede ser rayado con dificultad por la navaja. | Bustinza-Mascaró *Ciencias* 318: Los minerales, atendiendo a su dureza, se clasifican en duros, semiduros, blandos y muy blandos. Los duros no se dejan rayar por la navaja y dan chispa con el eslabón; los semiduros se rayan con dificultad con la navaja; los blandos se rayan fácilmente con la navaja, pero no con la uña, y los muy blandos se rayan con la uña.

semiesfera *f* Media esfera. *Tb el objeto que tiene esa forma.* | J. V. Parra *Abc* 14.6.58, 7: El quemador está en una semiesfera brillante; así se recoge el calor en un haz ancho.

semiesférico -ca *adj* De (la) semiesfera. | MUgartemendía *Cálculo* 239: Quiero pintar una cúpula de forma semiesférica de 10 m de diámetro. **b)** Que tiene forma de semiesfera. | Tejedor *Arte* 86: Unían [las pechinas] sus bases en la parte superior para originar un círculo sobre el que se apoyaba la cúpula semiesférica.

semiespacio *m (Geom)* Parte de las dos en que un plano divide al espacio. | Marcos-Martínez *Matemáticas* 99: Toda línea continua que una dos puntos de distinto semiespacio ha de cortar necesariamente al plano.

semiesquina *adv* Casi haciendo esquina [con una vía pública (*compl* A)]. *Normalmente en anuncios.* | *Mad* 22.4.70, 12: Núñez de Balboa, 98 (semiesquina a calle Diego de León).

semiestrenar *tr* Entrar en posesión [de algo casi nuevo (*cd*)]. *Normalmente en anuncios y solo en infin.* | *Ya* 22.10.64, 36: Generalísimo, 40. R-4L, semiestrenar. Carandell *Madrid* 122: Si uno lee: "Piso semiestrenar ochenta metros cuadrados, terraza, cuatro habitaciones", se encuentra con un piso *semiestrenar*, es decir, un piso que no es *estrenar* y que por lo tanto es un piso sucio y desvencijado.

semiestreno *m* Acción de semiestrenar. *Normalmente en anuncios.* | *Ya* 22.10.64, 36: Volkswagen 1.500, semiestreno.

semifallo *m (Naipes)* Carta única de un palo. | Marsé *Tardes* 212: –Yo voy.– Siempre fue particularmente sensible al mágico desafío del semifallo. Tal vez por eso, por su capacidad de concentración imaginativa ante la baraja .., los viejos adictos a la manilla le habían acogido con agrado en su mesa del bar Delicias.

semifinal *adj* [Confrontación] penúltima [de una competición o un concurso], de la cual debe salir un finalista. *Más frec como n f.* | S. García *Ya* 22.10.64, 27: España ha tenido que inclinarse ante Pakistán en partido semifinal del torneo de hockey. *Abc* 9.4.67, 108: Resultados del Torneo Internacional de Tenis de San Juan de Puerto Rico: Individual masculino, semifinal, Tony Roche vence a Nikola Pilic por 6-0 y 6-1. *As* 22.9.74, 23: Tenis .. La checoslovaca Martina Navratilova se ha clasificado para las semifinales del torneo femenino de Orlando.

semifinalista *adj* Que participa en una semifinal. *Tb n.* | *Ya* 21.10.64, 29: Tres de los semifinalistas de Roma actuarán también en Japón.

semifondo *m (Dep)* Media distancia. | *SInf* 23.3.70, 8: En la [categoría] femenina la distancia de semifondo libre, los 400 metros, es un auténtico paseo catalán.

semifusa *f (Mús)* Nota cuyo valor es la mitad de una fusa. | RÁngel *Música* 46: 1 negra vale 2 corcheas, o 4 semicorcheas, u 8 fusas, o 16 semifusas.

semihilo *m* Tela de hilo con mezcla de otra fibra, esp. algodón. | *Lab* 2.70, 29: Se confecciona en tela de hilo o semihilo en color verde almendra.

semiinconsciencia *f* Cualidad de semiinconsciente. | E. Daudet *SAbc* 8.3.70, 30: El "clinck" de la llave es fundamental, es el punto final, el síntoma de que se ha conseguido el propósito de la siesta: un estado de relajación y semiinconsciencia.

semiinconsciente *adj* Casi inconsciente. | A. Aricha *Caso* 14.11.70, 5: Los salvajes comenzaron a propinarle fuertes puñetazos en el estómago, hasta dejarla en estado semi-inconsciente. *Ya* 17.9.91, 22: El norteafricano se encontraba en estado semiinconsciente.

semiínfero -ra *adj (Bot)* [Ovario] situado en lugar inferior respecto a los demás verticilos, rodeado en forma de copa por el tálamo floral, pero sin encerrarlo totalmente. | Alvarado *Botánica* 41: Por su posición, el ovario puede ser súpero, ínfero y semiínfero. En el primer caso está encima de los demás verticilos ..; en el segundo está debajo, .. a causa de que el tálamo floral .. ha crecido en forma de copa alrededor de él, abrazándolo totalmente; en el tercero ocurre lo mismo, pero la copa queda abierta.

semiinscrito -ta *adj (Geom)* [Ángulo] que tiene el vértice en una circunferencia, y de cuyos lados, uno es tangente a ella y el otro secante. | Marcos-Martínez *Aritmética* 2º 142: El ángulo semiinscrito tiene por medida la mitad del arco comprendido entre sus lados.

semilla *f* **1** *(Bot)* Óvulo fecundado, transformado y maduro, que al desarrollarse en las debidas condiciones da lugar a una nueva planta. | Ortega *Americanos* 74: Se sonríen, y se piden semillas para el jardín. **b)** Huevo o elemento que al desarrollarse da lugar a un nuevo ser. | L.

Díez *País* 30.1.84, 29: Se ha previsto la instalación de .. 40 centros de reproducción y semillas de almejas, ostras y vie[i]ras.
2 Cosa que es causa u origen [de otra]. | Villapún *Iglesia* 17: No tardó mucho tiempo en llegar a España la buena semilla del Evangelio.
3 Semen. | B. Hermoso *ElM* 28.3.91, 17: Michel Galon firmó, en el momento de depositar su esperma –en el año 1987–, una especie de contrato por el que se comprometía con el centro de conservación de Toulouse a que la semilla fuera utilizada únicamente en su presencia y con su autorización.

semillado *m* Acción de semillar. | F. Páez *SPaís* 31.10.76, 26: Crisantemos anuales .. Las semillas se distribuyen al azar por toda su superficie y se cubren ligeramente con un poco de la mezcla empleada como sustrato de cultivo .. El semillado se realiza en marzo o abril, manteniendo el cajón a la sombra y la tierra húmeda, sin estar empapada.

semillar *tr* Sembrar [1]. *Frec referido a barbecho.* | Piqué *Abogado* 698: No se considerarán subarriendos aquellos contratos cuya vigencia sea menor de un año y [que] vayan encaminados a semillar o mejorar barbechos, o sea, utilizarlas [las fincas] con plantas complementarias para una buena rotación de cultivos.

semillero *m* **1** Lugar en que se siembran semillas para trasplantar después la planta producida. | F. Ángel *Abc* 18.4.58, 17: "Babosil" se deposita .. en la proximidad de las plantas que se desee proteger, y especialmente en las estufas, semilleros, plantas de flor.
2 Cosa que es causa u origen [de otras]. | Areilza *Van* 7.3.71, 13: A la izquierda, un nutrido corro de caseros de los montes próximos, que aprovechan el cumplimiento del precepto para departir entre sí sobre los temas de aldea, semillero interminable de habladurías y patrañas. Campmany *HLM* 22.10.79, 5: Eso de tener cárceles en un país es un semillero de disgustos.

semilunar *adj* (*Anat*) De forma de media luna. | Artero *Hombre* 44: Las venas tienen, a diferencia de las arterias, unas válvulas en forma de cazoleta o semilunares, que impiden el retroceso de la sangre en su camino de regreso al corazón. Bustinza-Mascaró *Ciencias* 211: La cabeza [del jabalí] es grande, anteriormente alargada y terminada en un hocico, con los orificios nasales muy patentes, y encima un repliegue semilunar, o jeta, consistente y movible. **b)** [Hueso] segundo de la primera fila del carpo. *Tb n m.* | Alvarado *Anatomía* 47: Hueso semilunar. [*En un grabado del esqueleto de la mano.*]

semimanufactura *f* (*Econ*) Semiproducto (materia en grado de elaboración más o menos avanzado). | *SInf* 26.1.71, 9: 517.437.269 pesetas corresponden a primeras materias y sus desperdicios; pesetas 2.087.854.333, a semimanufacturas e hilados.

semimedio -dia *adj* **1** (*Dep, esp Boxeo*) [Peso] wélter. | *Ya* 17.12.86, 47: Full-contact: España, sexta en los campeonatos de Europa .. Resultados obtenidos por los competidores españoles: José Vicente Eguzquiza, medalla de oro en el peso semimedio (menos de 71 kilos); Tomás Pinel, medalla de bronce peso ligero (menos de 63,5 kilos).
2 (*Fon*) [Vocal] que se realiza con una posición intermedia entre la de vocal media y la de vocal baja. *Se aplica normalmente a las vocales* [e] *abierta y* [o] *abierta.* | Academia *Esbozo* 27: Se adoptan para las cuatro vocales de una y otra articulación las denominaciones convencionales de alta, semialta, media y semimedia .. La terminología tradicional llama abiertas a las semialtas o semimedias.

semimembranoso -sa *adj* (*Anat*) Parcialmente membranoso. *Esp referido al músculo que ocupa la parte posterior del muslo.* | M. Delgado *Ya* 12.2.90, 57: La [cornada] más importante interesa al muslo izquierdo, en el que presenta dos trayectorias. Una hacia dentro y arriba, que le produjo destrozos en la aponeurosis y en el mús[cu]lo semimembranoso, sin detectarse lesión vascular alguna.

semimetal *m* (*Quím*) Metal caracterizado por su escasa dureza. | Marcos-Martínez *Física* 278: Los dos últimos [plomo y estaño] tienen las características de los metales (se les denomina semimetales), por lo que se estudian con estos últimos.

semillado – semiología

seminal *adj* (*E o lit*) **1** De(l) semen. | Mascaró *Médico* 45: La sangre emitida puede proceder de los riñones, .. de la próstata o vesículas seminales, en el hombre, o de la uretra.
2 De (la) semilla [1a]. | Carnicer *Cabrera* 36: Me tiendo bajo los castaños, cuya flor expande un obsesivo olor seminal, como de una naturaleza genésicamente obstinada en perpetuar el verdor de las vertientes.

seminario *m* **1** Establecimiento eclesiástico para formar futuros sacerdotes. *Tb* ~ CONCILIAR *y* ~ MAYOR. | L. M. Mezquida *Abc* 27.11.70, 23: Después fue nombrado profesor del Seminario, pasando a canónigo lectoral de la catedral. *Ya* 1.12.90, 8: Alumnos del Seminario Conciliar de Madrid .. han visitado las instalaciones de *Ya*. **b)** ~ **menor.** Escuela secundaria de carácter eclesiástico, para jóvenes que no necesariamente han de ser sacerdotes. | *Coruña* 50: Para impartir las disciplinas religiosas y atender a la formación de los estudiantes dispone la archidiócesis de los siguientes centros: Seminario Mayor, Seminario Menor y Preceptoría de Santa Margarita. **c)** (*hist*) Lugar destinado a la educación de niños y jóvenes. | Mercader-DOrtiz *HEspaña* 4, 68: La Compañía de Jesús se había distinguido en la educación de las clases superiores (Seminarios de Nobles).
2 Lugar, normalmente en la Universidad, en que se reúne un profesor con sus discípulos para realizar trabajos de investigación. | Umbral *Ninfas* 132: Darío Álvarez Alonso me propuso ir hasta el seminario de la Facultad de Letras, a visitar a Víctor Inmaculado. **b)** Conjunto formado por el profesor y los discípulos que trabajan en un seminario. | J. SReal *DEs* 22.10.76, 9: Antonio Ubieto Arteta, catedrático de Historia Medieval de la Facultad de Filosofía y Letras de la Universidad de Valencia desde hace más de veinte años, ha publicado un libro: "Orígenes del reino de Valencia" .. El trabajo de su Seminario ha tomado cuerpo suficiente para formar un volumen con cientos de citas.
3 Reunión o coloquio de expertos para tratar de un tema determinado. *Gralm con un compl especificador.* | Alfonso *España* 160: En la clausura del I Seminario sobre problemas del tráfico urbano (23/2/68), el propio director general de la Jefatura Central de Tráfico dijo que "el problema en nuestras ciudades es más grave que en el extranjero".

seminarista *m* Alumno de un seminario [1a y b]. | *Abc* 25.2.68, 55: En la charla tenida en la tarde de ayer con los seminaristas del Colegio Mayor comillés, el cardenal Garrone había señalado sin rodeos que "la aspiración de los estudiantes al autogobierno" era "un derecho evidente y natural".

seminífero -ra *adj* (*Anat*) Que produce o contiene semen. | *SInf* 25.11.70, 5: Los testículos, como ya dijimos anteriormente, constituyen la gónada masculina; son dos glándulas formadas, en esquema, por un conjunto de pequeñísimos tubos arrollados que reciben el nombre de tubos seminíferos.

seminola *adj* De una tribu de indios americanos establecida en Florida. *Tb n, referido a pers.* | G. Valverde *Ya* 21.12.69, 12: El centro espacial de Cabo Kennedy, por ejemplo, era zona ocupada hasta no hace mucho por los fieros y esbeltos seminolas.

seminole *adj* Seminola. *Tb n.* | G. ÁLimeses *Abc* 16.2.68, 24: ¡Que le echasen a él indios taquestas o seminoles!

seminómada *adj* [Individuo o grupo] que ejerce alternativamente el pastoreo nómada y la agricultura. *Tb n.* | I. Gomá *HyV* 12.70, 100: Los pastores en torno al Niño significarían el retorno de la humanidad a un estado paradisíaco .. Pero la existencia de aquellos pobres seminómadas por el desierto de Judá era de una dureza salvaje.

seminomadismo *m* Condición de seminómada. *Tb fig.* | M. Gordon *Ya* 4.7.65, sn: Trescientos cincuenta "campings" .. esperan ya a los cincuenta y pico mil españoles que gozan y disfrutan con el seminomadismo estival.

seminuevo -va *adj* [Cosa] casi nueva o poco usada. *Normalmente en anuncios.* | *Ya* 22.10.64, 36: Autocrédito. Seat 800, seminuevo. *Nue* 22.12.70, 25: Particular busca piso, bien comunicado, nuevo, seminuevo.

semiología *f* (*E*) Estudio de los signos. | Bustos *Lengua* 23: La ciencia que estudia los caracteres comunes de

semiológicamente – semisótano

los sistemas de signos y de su funcionamiento en la vida social recibe el nombre de Semiología o Semiótica. **b)** (*Med*) Estudio de los síntomas. | Laín *Marañón* 85: Los métodos de la semiología más clásica y tradicional: inspección, palpación, percusión y auscultación.

semiológicamente *adv* (*E*) **1** Desde el punto de vista semiológico. | L. Pancorbo *Ya* 27.11.74, 59: Esa connotación desicana [de De Sica] de "spaghetti y mandolina" –de castañuelas y olé de España cañí, traduciríamos semiológicamente– no encajaba bien con un régimen como el fascista italiano.
2 De manera semiológica. | M. J. Cordero *Tri* 17.11.73, 58: El Tenorio realiza a lo largo de la obra y delante del espectador, semiológicamente, diversos actos profanadores.

semiológico -ca *adj* (*E*) **1** De (la) semiología. | *Abc* 1.12.70, 52: Convocatorias para hoy .. Doctores Schüller, Venero .. y Valdivieso: "Viscosimetría, valor semiológico, experiencia personal". M. Á. Coria *Mad* 18.11.70, 18: "La música no expresa reflexiones o sentimientos, sino que los traduce". Valiéndose de símbolos o signos, y de aquí la pertinencia del planteamiento semiológico de la música.
2 De (los) signos. | * Todo sistema semiológico va acompañado de signos de lenguaje.

semiólogo -ga *m y f* (*E*) Especialista en semiología [1a]. | *País* 11.10.78, 33: Mariano Cebrián .. ha asumido esta invitación del eminente semiólogo de Bolonia [Umberto Eco].

semioruga *adj* [Vehículo automóvil] provisto de ruedas para la dirección y de orugas para la tracción. | *HLM* 27.5.74, 7: Dos patrullas israelíes y un vehículo semioruga trataron de ocupar posiciones situadas en las laderas libanesas del monte Hermón.

semioscilación *f* (*Fís*) Mitad de una oscilación. | Mingarro *Física* 65: Semioscilación y semiperíodo significan la mitad de una oscilación y la mitad de un período.

semioscuridad *f* Penumbra. | Buero *Diálogo* 77: La pintura recobra sus colores, velados por la semioscuridad.

semiótico -ca (*E*) **I** *adj* **1** De (la) semiótica [3]. | J. F. Beaumont *País* 21.6.83, 31: Desde la universidad de Valencia .. se han aportado teorías semióticas sobre el texto artístico.
2 De (los) signos. | GYebra *Traducción* 14: El movimiento y la actitud en la expresión gestual o en la danza, el color en la pintura, el sonido en la música, son los signos utilizados en el proceso de comunicación correspondiente. A la traslación o traducción efectuada mediante estos signos podría dársele el nombre genérico de traducción semiótica.
II *n* **A** *f* **3** Semiología. | Albalá *Periodismo* 18: La consideración del lenguaje como sistema de signos sin detenerme a clasificar estos, .. por evitar una inmersión mayor del lector en ámbitos científicos –como la semiótica– que harían fatigosa su andadura especulativa.
B *m y f* **4** Especialista en semiótica [3]. | J. F. Beaumont *País* 21.6.83, 31: Corresponde a quienes se consideran semióticos .. encontrar un orden común a la confusión y a la torre de Babel que existe en torno al campo de la significación.

semiparásito -ta *adj* (*Bot*) Hemiparásito. | Bustinza-Mascaró *Ciencias* 253: El muérdago es planta parásita a medias (semiparásita).

semipenumbra *f* Ligera penumbra. | Hoyo *Caza* 73: La luz estaba a su espalda, la semipenumbra en sus ojos, la oscuridad enfrente.

semiperímetro *m* (*Geom*) Mitad del perímetro. | Gironza *Matemáticas* 185: Esa expresión puede ponerse en otra forma ..; o sea, el producto del semiperímetro por la apotema.

semiperíodo *m* (*Fís*) Mitad de un período. | Mingarro *Física* 65: Semioscilación y semiperíodo significan la mitad de una oscilación y la mitad de un período.

semipermeable *adj* (*Fís*) [Cuerpo poroso] que permite el paso del disolvente pero no de la sustancia disuelta. | Navarro *Biología* 6: Las membranas orgánicas .. se comportan como semipermeables para ciertos cuerpos.

semipesado -da *adj* (*Dep*, *esp Boxeo*) [Peso] cuyo límite superior es de 79,3 kg. *Tb referido al deportista de ese peso; en este caso, frec como n m en pl.* | S. Peláez *Act* 5.11.70, 79: En 1958 volvió al "ring" y ganó el campeonato local de los semipesados. *Sem* 23.11.74, 102: La semipesada Jackie Tonawanda se cuida y se prepara para cuando suene la hora de poder subir al cuadrilátero como boxeadora profesional.

semiplano *m* (*Geom*) Porción de las dos en que queda dividido un plano por una cualquiera de sus rectas. | Marcos-Martínez *Matemáticas* 98: Del mismo modo que una recta divide al plano en dos semiplanos, así un plano divide al espacio en dos regiones llamadas semiespacios.

semiprecioso -sa *adj* [Piedra] de joyería de calidad inferior a las piedras preciosas. | Pericot-Maluquer *Humanidad* 139: La aplicación de la técnica del pulimento a la fabricación de gemas, joyas, cuentas de collar y amuletos de piedras preciosas o semipreciosas, alcanza un extraordinario volumen en el renglón comercial de las manufacturas prehistóricas.

semiproducto *m* **1** (*Econ*) Materia en grado de elaboración más o menos avanzado, sin llegar a su terminación. | *EOn* 10.64, 56: Semiproductos de metales no férreos (cobre, latón y aluminio).
2 (*Mat*) Mitad del producto. | Marcos-Martínez *Aritmética* 198: El área del rombo es igual al semiproducto de sus diagonales.

semipúblico -ca *adj* **1** [Cosa] privada que en algunos aspectos funciona como pública. | Albalá *Periodismo* 112: Puede totalizarse la empresa periodística como ese tipo de institución social de carácter semipúblico.
2 (*Rel catól*) [Oratorio] erigido para una comunidad o grupo de perss. y no abierto al resto de los fieles. | Villapún *Iglesia* 85: El lugar para confesarse será la iglesia y el oratorio público o semipúblico.

semirrecta *f* (*Geom*) Porción de las dos en que queda dividida una recta por cualquiera de sus puntos. | Marcos-Martínez *Aritmética* 168: Puede definirse también un ángulo como la abertura formada por dos posiciones de una semirrecta que gira alrededor de su origen.

semirremolque *m* **1** Remolque que carece de ruedas delanteras y recae en el vehículo tractor. | GTelefónica *N.* 932: Fruehauf. Fabricación de remolques y semirremolques para toda clase de transportes.
2 Camión que lleva articulado un semirremolque [1]. *Frec* CAMIÓN ~. | Tamames *Economía* 284: Hoy son normales las longitudes de 11 metros para vehículos solos y de 14 a 26 para semirremolques y remolques. I. Pascual *Abc* 8.4.89, 46: En sentido contrario, circulaba el camión semirremolque Scania, matrícula L-5236-E, de la empresa de transportes Peralta.

semirrígido -da *adj* Casi rígido. | Payno *Curso* 80: Bele se afanaba por los pasillos alfombrados. Era menuda, que quiere decir baja y esbelta. Al andar llevaba una cadencia suave, semirrígida, como de alambre tierno.

semis *m* (*hist*) Moneda romana de bronce equivalente a medio as. | GNuño *Escultura* 157: Las piezas que siguen a continuación pertenecen ya al sistema romano con el denario de plata como unidad principal y sus divisores de bronce titulados as, semis, triente, cuadrante, etc.

semisalvaje *adj* Medio salvaje. | J. M. ÁRomero *MHi* 11.63, 73: En Méjico, el visitador Diego Ramírez gastó su vida recorriendo en nombre del rey los poblados semisalvajes de Pánuco.

semiseco *adj* [Vino] que no es dulce ni seco. *Tb n.* | E. Garramiola *Cór* 29.8.90, 24: Y aunque el término sucedáneo, por estética utilidad, sea usado como culminante apelativo de la marca de un delicioso vino joven, de la escala del semiseco, no es obvio para traslucir lo que históricamente ha sucedido con una denominación montillana de viejo arraigo.

semisólido -da *adj* Parcialmente sólido. | Navarro *Biología* 45: La membrana citoplasmática es de naturaleza elástica y semisólida en la capa superficial.

semisótano *m* Planta de un edificio situada parcialmente bajo el nivel de la calle. | GHortelano *Amistades*

192: Encerró los dos coches en el garaje, situado en un semisótano, al que se accedía por el patio trasero.

semisuma *f (Mat)* Mitad de la suma. | Marcos-Martínez *Aritmética* 2º 143: La medida de un ángulo interior es igual a la semisuma de los arcos comprendidos entre sus lados y las prolongaciones de estos.

semita *adj* [Individuo] de un grupo étnico originario de Asia occidental que engloba, entre otros pueblos, a los árabes y los hebreos. *Tb n.* | Arenaza-Gastaminza *Historia* 19: En Mesopotamia los primeros habitantes son los sumerios .. Más tarde llegan grupos semitas. Laiglesia *Ombligos* 78: De allí nació el proyecto del astuto semita: cubrir aquellas grandes superficies esféricas con anuncios de productos y lugares franceses. **b)** De los semitas. | GNuño *Escultura* 20: El arte ibérico estimulaba su grandeza conceptual entre los tirones raciales arios y semitas.

semítico -ca *adj* De (los) semitas. | Pericot-Maluquer *Humanidad* 187: Una colonia griega como Cirene .. fue siempre un oasis cultural griego incrustado en un mundo exótico y hermético. Calaron más hondo las colonizaciones semíticas en el sector occidental de la costa africana.

semitismo *m* **1** Condición de semita. | * El semitismo del pueblo egipcio es indudable.
2 Palabra o giro propios de las lenguas semíticas, o procedentes de ellas. | J. M. Cabodevilla *SYa* 8.12.74, 3: Aquellas increíbles palabras de Jesucristo, tan desmesuradas, plagadas sin duda de semitismos.

semitista *m y f* Pers. especialista en las lenguas y culturas semíticas. | Alarcos *SLe* 6/7.87, 6: Estudiosos semitistas han aportado datos de interés sobre el poeta.

semitono *m (Mús)* Parte de las dos en que se divide el intervalo de un tono. | J. A. DPinilla *SPaís* 11.11.79, 52: Con errores de precisión de marcha [del tocadiscos] .., las notas del programa musical se trasladan ya en un semitono: una sinfonía en mi pasa a ser en fa.

semitrailer *(ing; pronunc corriente,* /semitráiler/; *pl normal,* ~s) *m* Semirremolque. | *Sp* 19.7.70, 27: Merece especial mención la fabricación de .. material para transporte por carretera (semitrailers, frigoríficos).

semitransparente *adj* Casi transparente. | F. Rivas *País* 15.3.79, 32: La entretela .. es, sin duda, un soporte mucho más adecuado y dúctil a sus intenciones que el lienzo. Semitransparente, completamente impregnable por el acrílico.

semiuncial *adj (Paleogr)* [Escritura] derivada de la uncial, de características análogas a ella y usada en la alta Edad Media. | MSousa *Libro* 35: Un Plauto en escritura capital rústica del siglo V tiene sobrepuesto el *Libro de los Reyes* en escritura semiuncial del siglo VI.

semivacío -a *adj* Casi vacío. | *Sp* 21.6.70, 11: El verano, como quien dice, ha llegado a Madrid, y dentro de muy poco las calles se quedarán semivacías con el éxodo veraniego.

semivivo -va *adj* Medio vivo. | Murciano *SYa* 24.11.74, 29: Se asomaba al mundo, torpe, semivivo, emergiendo del huevo triste de la desesperanza.

semivocal *adj (Fon)* **1** [Sonido] vocálico cerrado que termina un diptongo. *Más frec n f.* | Academia *Esbozo* 35: Según esta ordenación, el sistema comprende vocales silábicas /a, e, o/ y semivocales /i, u/ que actúan como vocales silábicas y no silábicas.
2 Semiconsonante [2]. | Villar *Lenguas* 270: De los dos niveles de abertura existentes en este cuadro vocálico, el segundo está integrado por /i/ y /u/, que son semivocales, es decir, elementos fonológicos con capacidad de actuar como consonantes en un contexto fonético adecuado.
3 [Sonido] consonántico capaz de aparecer en el segmento central de la sílaba. | Alarcos *Fonología* 69: Fonéticamente son unos [fonemas] fricativos y otros líquidos o semivocales.

sémola I *f* **1** Harina granulada que se obtiene de la trituración del trigo u otros cereales y usada esp. para la fabricación de pastas alimenticias. | *Prospecto* 9.90: Pastas sémola de trigo duro, 1 kilo: 119. Calera *Postres* 44: Se hace hervir la leche azucarada con la mantequilla y la corteza de limón; cuando rompe a hervir se echa la sémola en forma de lluvia.
2 Restos de la trituración de los cereales. | Espinosa *Escuela* 353: –Atracarse de sémola no fue lo peor –adujo Filipo–. Yo hurtaba la pella a las ánades de los oficiales.
II *adj invar* **3** *(Coc)* [Azúcar] en polvo. | *Hola* 11.12.86, 210: Tortada con manzanas .. Para la masa .. 100 gr. de azúcar sémola.

semolero -ra *adj* De (la) sémola. | *Van* 5.9.71, 7: El Servicio Nacional de Cereales venderá los cereales panificables que adquiera .. a la industria harinera y semolera al precio inicial de compra a los agricultores.

semoviente *adj* Que se mueve por sí mismo. *Tb n.* Gralm en derecho, designando al ganado. *Tb humoríst, referido a pers.* | *Compil. Vizcaya* 638: La transmisión a título gratuito de un caserío con sus pertenecidos comprenderá .. el mobiliario, semovientes y aperos de labranza existentes en el mismo. APaz *Circulación* 155: Sin darnos cuenta, pueden subírsenos los caballos a la cabeza y portarnos como semovientes.

sempiternamente *adv (lit)* De manera sempiterna. | Umbral *País* 11.3.79, 44: Andaluza y revolucionaria, es [Pina López Gay] la eterna Marianita Pineda que l[e] borda sempiternamente una bandera a la Tercera República Española.

sempiterno -na *adj (lit)* Eterno o perpetuo. | GPavón *Hermanas* 33: La vida .. se largaba sin tener dónde asirse, sin un remedio de fuente milagrosa y sempiterna que nos vuelva a aquellas lozanías.

sen[1] *m* Arbusto leguminoso de flores amarillas en racimo, cuyas hojas se emplean en infusión como purgante (gén. *Cassia,* esp. *C. angustifolia, C. acutifolia* y *C. obovata*). | Cela *Judíos* 49: En Valdanzo el ermitaño del Humilladero sabe encontrar la amarga hoja del sen con que se purga a las embarazadas.

sen[2] *m* Centésima parte del yen y de otras monedas de Extremo Oriente. | *EOn* 10.64, 59: Principales unidades monetarias en el mundo .. Cambodia .. Real .. Submúltiplos .. 100 sen .. Japón .. Yen .. Submúltiplos .. 100 sen.

senado *m* **1** *En un sistema político bicameral:* Cuerpo colegislador formado por perss. elegidas por sufragio o designadas por razón de su cargo o de su condición. | *Ya* 2.8.70, 7: El Senado de los Estados Unidos ha autorizado la cantidad de 309,5 millones de dólares para la investigación de sistemas para eliminar basuras.
2 Edificio en que se reúne el senado. | * ¿En qué calle está el Senado?
3 *(hist)* Consejo supremo de la antigua Roma, constituido por patricios. | Arenaza-Gastaminza *Historia* 45: Las instituciones políticas de la república eran: 1º, los Comicios (asambleas populares); 2º, el Senado (300 ancianos elegidos entre los nobles); era el verdadero rector político, y 3º, las diversas Magistraturas.
4 *(lit)* Conjunto de perss. respetables. | Guillén *Lenguaje* 8: El raro escollo de la gratitud era precisamente el tema obligado del discurso, aunque al dirigirse a tan venerable senado [la Academia] todos sintieran el mismo embarazo de Plinio para hablar de Trajano Augusto.

senador -ra *m y f* Pers. que es miembro de un senado [1 y 3]. | Cunqueiro *Un hombre* 14: Los reyes, según los senadores que nos gobiernan, corrieron a esconderse. *Abc* 13.2.88, 1: La senadora del Grupo Popular Loyola de Palacio ha presentado a este respecto una moción.

senaduría *f* Cargo o dignidad de senador. | L. Apostua *Ya* 7.11.70, 16: Han desaparecido del Comité financiero del Senado las dos voces liberales –Mr. Gore, por derrota en su senaduría de Tennessee, y Mr. McCarthy, por retirada–.

senara *f (reg)* **1** Finca de pequeña extensión. *A veces designa la que se da a ciertos criados para que la labren por su cuenta.* | Chamorro *Sin raíces* 136: Los que solo disponían de una yunta de caballería cogían las "senaras" o pequeños trozos.
2 Tierra común a los vecinos de un pueblo. | Mercader-DOrtiz *HEspaña* 4, 20: Durante el último tercio del siglo XVIII se ventiló, en relación con la propiedad popular, la cuestión de si era conveniente mantenerla colectiva, con el establecimiento de cotos comunales y sorteos de tierras con el aprovechamiento en común y trabajo cooperativo (quiño-

nes, senaras, andechas, compascuas, artigas) o si, por el contrario, debía procurarse una desamortización total.
3 Tierra sembrada y aricada. | MCalero *Usos* 41: Cuando se sembraba, dejó de ser pardala y se llamó serna, que perdió su nombre cuando macollada recibía su primer arico, y entonces se la dijo senara.
4 Cosecha (frutos del campo). | F. Fuentenebro *Abc* 15.11.68, 21: Las inversiones son como las siembras: tienen que producir senara. Y la publicidad es una inversión.

senario -ria *adj* (E) **1** Compuesto de seis elementos o unidades. | Ybarra-Cabetas *Ciencias* 21: Como *n* solo puede valer 2, 3, 4 ó 6, los ejes solo podrán ser: binarios, ternarios, cuaternarios o senarios.
2 (*TLit*) En poesía grecolatina: [Verso] de seis pies. *Tb n m.* | Valencia *SYa* 14.6.75, 8: Esopo .. escribió cerca de cuatrocientas fábulas ..; fue el romano Fedro quien las versificó en senarios yámbicos.

senatorial *adj* **1** De(l) senado o de (los) senadores. | S. Nadal *Act* 25.1.62, 14: En una reciente reunión de la comisión senatorial de Asuntos Exteriores, celebrada a puerta cerrada, dijo a sus oyentes que "algo pasa en el Kremlin".
2 (*lit*) [Edad] avanzada. | Aguilar *Experiencia* 251: Sería muy difícil evocar y definir lo que eran esas conferencias. Los lectores que tengan edad senatorial me suplirán sin dificultad. **b)** De edad avanzada. | J. Aldebarán *Tri* 2.4.66, 22: Se ha descubierto que la situación de la juventud era injusta en una sociedad de adultos, senatorial.

senatorio -ria *adj* Senatorial [1]. | *Abc* 26.6.58, 32: En Italia, alumno meritísimo de este "Segundo Curso de Francés" fue el coronel Valerio, proclamado asesino de Mussolini, que obtuvo la medalla de oro o "medaglieta de honorable", con acta y escaño senatorios.

sencido -da *adj* (*reg*) Intacto o no hollado. *Tb fig.* | S. Araúz *Inf* 16.11.74, 17: De ahí que las escasas veguillas mollares suscitasen pobres envidias: se llamaban "miralbueno" a los canchales en ladera que "miraban" al fondo de las vegas, siempre en apariencia "sencíos". Berenguer *Mundo* 190: Como entonces estaba uno sencido y sin malicia, pensábamos que eran cosas del colono.

sencillamente *adv* De manera sencilla [2]. *Frec se emplea con intención ponderativa, precediendo a un adj.* | Grau *Lecturas* 288: Antonio Machado .. hablaba sencilla, pero elocuentemente, con los amigos que le acompañaban. S. Cayol *Ya* 23.9.70, 44: Supo imponer su dominio en las embestidas del toro .. Los naturales fueron sencillamente maravillosos.

sencillez *f* Cualidad de sencillo, *esp* [1 y 2]. | G. Sierra *Abc* 21.1.73, 13: Camino de Trujillo, las encinas proyectan su sombra sobre los verdes campos con flores silvestres, incitando al despliegue de las sillas portátiles. Las ovejas dan a estos campos sencillez idílica de Nacimiento. *Ya* 22.11.75, 43: La sencillez es exponente clave de doña Sofía, según declaran las personas allegadas a la familia real.

sencillo -lla *adj* **1** Que no ofrece dificultad. | DPlaja *El español* 85: Esto, que parece una exageración .., lo he comprobado en algo tan sencillo como en los nombres propios.
2 Que carece de complicaciones o artificios. | J. M. Moreiro *Ya* 9.6.73, 42: Las profesoras Adriana Pérez y María Antonia Suárez, que corregirán algunos ejercicios, dicen que "el Lute" tiene una letra bonita, sencilla. **b)** Que carece de ostentación o adornos. | J. Carabias *Ya* 9.6.73, 8: Mayte supo defenderse perfectamente del fuego cruzado de las preguntas sin darle importancia a la cosa, como ella lo hace todo: desde ir al mercado por las mañanas hasta vestir galas, siempre discretas y sencillas, aunque elegantes, para recibir y atender a los personajes las noches en que hay gran fiesta en sus comedores. **c)** [Pers.] que trata con naturalidad y sin engreimiento a sus inferiores. | JCarlos *Ya* 22.11.75, 43: Su mejor virtud [la de la Reina] es el sentido del deber .. Es muy alegre, muy simpática, muy sencilla y muy bondadosa.
3 [Pers.] de clase social o cultural modesta. | F. A. González *Ya* 12.12.72, 60: Yo lo siento .. por muchos que, entre los de segunda [categoría], no sabían que aquello que hacían no podía hacerse. Gentes sencillas que trabajaban duro todos los días. J. M. Poveda *Mun* 12.12.70, 21: Las llamadas neurosis son ante todo enfermedades .. Lo que ocurre es que su expresión, su sintomatología, adquiere matices más psicológicos entre las personas más cultivadas que no entre las gentes sencillas.
4 Que consta de un solo elemento o de una sola serie de ellos. *Tb n m, referido a cantidad, en la constr* APOSTAR DOBLE CONTRA ~. | F. Páez *SPaís* 31.10.76, 26: Crisantemos anuales. Normalmente presentan flores de tipo sencillo con los pétalos de tonalidad cambiante. Delibes *Año* 17: Apuesto doble contra sencillo. **b)** [Disco] de grabación corta, de 18 cm de diámetro y 45 revoluciones por minuto. *Frec n m.* | * Han sacado un sencillo con sus dos canciones más populares.
5 Que tiene poco cuerpo o poca resistencia. | * Esta mesa es muy sencilla. * Este tejido es muy sencillo.
6 (*reg*) Débil o delicado de salud. | *Ya* 28.10.82, 18: El pastor de Oncala Manuel del Río nos ha dejado un verdadero tesoro de voces pastoriles sorianas .. "La oveja sencilla rara vez encuba al año siguiente, y al parir las horras de antaño la cría es miserable."

senda *f* Camino estrecho formado por el paso reiterado de perss. o animales. *Frec fig.* | * Seguimos la senda del bosque. RValcárcel *Pue* 22.12.70, 4: Esta presidencia se hubiera limitado a seguir la senda de la convocatoria que ordena el desarrollo de la sesión.

senderina *f* (*reg*) Senderuela (hongo). | Lotina *Setas* sn; *Marasmius oreades* .. Falso muserón, Senderina.

senderismo *m* (*Dep*) Deporte que consiste en caminar por el campo siguiendo sendas o caminos. | I. Campo *Ya* 24.6.88, 27: El parque dispondrá de usos recreativos con zonas estanciales: merenderos, picnic, .. para practicar senderismo, ciclismo.

senderista *adj* Del movimiento guerrillero peruano Sendero Luminoso, de tendencia maoísta. *Tb n, referido a pers.* | *Ya* 22.6.85, 9: Infantes de Marina tuvieron conocimiento de la presencia senderista en la hacienda "Nueva Esperanza" .. Como parte de los senderistas que estaban en la hacienda huyeron, la tropa los siguió y se produjo un segundo enfrentamiento en una localidad cercana.

sendero *m* Senda. *Tb fig.* | Arce *Testamento* 19: Ni un solo matorral crecía junto a la escarpadura que bordeaba al sendero.

senderuela *f* (*reg*) Hongo de la familia de las agaricáceas, comestible y de olor agradable, que nace en los caminos y sendas (*Marasmius oreades*). | *SYa* 10.11.90, 10: Estos modernos rastreadores, como los cazadores, como los pescadores, pasean felices por el monte deseosos de encontrar los más valiosos ejemplares de hongos comestibles: las rillazas colmenillas, .. las pardas senderuelas.

sendos -das *adj* Uno a cada uno. *Siempre precediendo al n en pl.* | *Mun* 23.5.70, 44: La Junta general de accionistas de FECSA .. registró, como notas de alta emotividad, sendos homenajes rendidos por la asamblea a don Juan March Servera y a don Antonio Rodríguez Sastre.

séneca *m* (*lit*) Hombre de gran sabiduría. *Frec con intención irónica.* | I. Burgos *Día* 25.6.76, 22: Hay mucho advenedizo, mucho chapucero, mucho "séneca" que cree saberlo todo y al final nos da gato por liebre.

senecio *m* Se da este n a distintas plantas del gén Senecio, *esp a algunas especies arbóreas típicas de las altas montañas de África.* | E. Torrico *SYa* 28.9.75, 42: Españoles en el Kilimanjaro .. Después de atravesar profundos valles .. e intrincados bosques de senecios y lobelias, alcanzamos el refugio Hami-Hut. Remón *Maleza* 102: Especie: S[enecio] *vulgaris* L. Nombre común: Hierba cana, Senecio común. Es una hierba anual, variable, de tamaño pequeño a medio (10 a 30 cm) .. Es una mala hierba cosmopolita, crece en todos los terrenos removidos, muy común, y florece casi todo el año.

senecto -ta *adj* (*lit*) [Pers.] anciana. *Tb n.* | F. PMarqués *Abc* 22.12.74, 13: Doloritas .. es una mujer arrugadita, pálida, senecta, de nuestro pueblo. Lázaro *Abc* 29.6.85, 3: Las más bellas misiones aguardan al senecto.

senectud *f* (*lit*) Vejez o ancianidad. | Kurtz *Lado* 226: Un pájaro no conoce la soledad ni la senectud. Alvarado *Anatomía* 40: Lo contrario ocurre en la edad adulta y, sobre todo, en la senectud.

senegalés -sa *adj* Del Senegal. *Tb n, referido a pers.* | L. Álamo *Alc* 5.11.70, 28: Este que viaja en la butaca frontera es senegalés, joven, cejijunto y de una retinta negrez.

senense -sa *adj* De Siena (Italia). *Tb n, referido a pers.* | Cunqueiro *Des* 14.5.75, 31: Mieli .. sitúa una de las pocas piezas conservadas de las que fabricó el senense Vannoccio Biringuccio, en la "rocca" de San Marino.

senequismo *m* **1** Doctrina moral y filosófica de Lucio Anneo Séneca († 65). | Tejedor *Arte* 73: Su doctrina [de Séneca], el senequismo, de una gran altura moral, muy personal y españolísimo a la vez por su gran sentido práctico, ha influido por ello después poderosamente en bien de autores de nuestra literatura. **2** Condición de senequista [1b]. | A. M. Campoy *Abc* 15.12.70, 3: No sé si por cierto senequismo o si por espíritu de contradicción, cada vez me siento más entusiasta de lo inútil.

senequista *adj* De(l) senequismo [1]. | Palacios *Abc* 30.12.65, 3: Se esfuerza por dejar en suspenso la validez práctica de la doctrina senequista. **b)** Adepto al senequismo [1]. *Tb n.* | *Córdoba* 12: Córdoba, de nuevo, hizo lo que tenía que hacer: sumar a la sangre de Acisclo y de Victoria, .. la de sus mejores hombres, que, en fuerza de senequistas, voluntariamente abrieron sus venas para remozar y dar nueva vida a la esencia permanente de España.

senés -sa *adj* De Siena (Italia). *Tb n, referido a pers.* | Angulo *Arte* 2, 91: En la segunda mitad del siglo la figura más progresiva es Andrea Bonaiuti, de Florencia, que se deja influir por la vecina escuela senesa y pinta al fresco la importante alegoría de las Artes liberales.

senescal *m* (*hist*) En algunos países europeos: Gran oficial de la corte, esp. mayordomo mayor de la casa real, a veces con atribuciones judiciales, administrativas o militares. | Riquer *Caballeros* 101: El senescal de Hainaut, mediante heraldos, difundía que estaba dispuesto a luchar con cualquier caballero. Cunqueiro *Crónicas* 18: Había llevado a juicio ante el senescal de Vannes a un zapatero que le escamoteara unas hebillas de plata.

senescencia *f* (*lit o E*) Envejecimiento. | Vega *Corazón* 74: Según este sabio habría que .. lograr una muerte sin senescencia. J. Cruz *Abc* 8.9.74, 9: En la madurez, esa maestra biológica sigue enseñándole que su organismo comienza a involucionar, para explicarle más tarde, en la senescencia, la cruda lección de que aquel ciclo vital, que comenzó con llanto, va a terminar, posiblemente, de igual forma.

senil *adj* De(l) viejo o de (la) vejez. | CBaroja *Inquisidor* 33: Llega incluso a dudar de que creyera en la inmortalidad del alma, dada la violencia de su odio senil.

senilidad *f* Estado de debilidad orgánica y mental propio de la vejez. | J. MArtajo *Ya* 6.12.70, 7: Los [servicios] sanitarios serán confiados a expertos geriatras que, sobre las enfermedades comunes, pongan el exponente de la senilidad. *Ya* 14.10.91, 4: Fraga, quien ayer repartía cohíbas en las páginas de un periódico –senilidad se llama la figura–, no ha tenido el menor empacho en dar este paso incomprensible.

senilmente *adv* De manera senil. | MCachero *AGBlanco* 75: La inquietud ayudará a no fosilizarse senilmente y habilita para acudir con ánimo atento a donde quiera se produzca por lo menos un conato de novedad.

sénior (*tb con la grafía* **senior***; pl normal, ~s*) *adj* **1** Más viejo. *Sigue al n propio o al apellido de una pers para diferenciarla de su pariente homónimo de menos edad, esp el hijo. Se opone a* JÚNIOR. | Torrente *Fragmentos* 29: "Con esa manía que tienen los extranjeros de eliminar el apellido materno, hoy confunde todo el mundo a Justo Samaniego Pérez, mi padre, con Justo Samaniego López, servidor de ustedes" .. "Eso se evita .. distinguiendo entre el *sénior* y el *júnior*." * Marbel sénior.
2 (*Dep*) [Deportista] de la categoría superior por edad o por méritos. *Frec n.* | *Sol* 24.5.70, 13: En el citado Campeonato Internacional de Seniors [de golf], solo podrán participar los jugadores, de uno y otro sexo, que tengan más de 52 años. **b)** De (los) séniors. | *Hora* 31.12.76, 24: Una hora después y en el mismo escenario jugar[á] la selección senior [de baloncesto].
3 [Pers.] de experiencia en su oficio. | *Ya* 29.3.90, 51: La British Airways ofrece cursos de reanimación cardiopulmonar básica a los sobrecargos y tripulantes "senior" que lo solicitan. *SPaís* 10.3.91, 50: Belisa, S.A. .. selecciona vendedores-sénior. Se requiere .. Experiencia en alimentación 3 años. Edad 25 a 30 años.

seno *m* **1** Concavidad. | E. Castellote *Nar* 1.76, 21: Aguaderas: Se hacían de cuatro y seis senos, y podían destinarse al transporte de agua o de leche. Bustinza-Mascaró *Ciencias* 314: En una ola se distingue: la cresta, que es saliente; el seno, que es la porción entrante, y la altura. **b)** (*Anat*) Cavidad existente en un hueso o formada por la reunión de varios huesos. | Campmajó *Salud* 502: Se produce [la sinusitis] cuando la rinitis .. va acompañada de la afectación de los senos paranasales, que según su ubicación se subdividen en senos maxilares, etmoidales, esfenoidales y frontales.
2 Interior [de una cosa, esp. no material]. | CBaroja *Inquisidor* 18: He aquí que en cierta ciudad, villa o aldea de España nace un niño en el seno de familia "honrada" de cristianos viejos o tenidos por tales. Aranguren *Marxismo* 114: Lenin .. llevó la dialéctica al seno mismo del proletariado. Marcos-Martínez *Física* 57: Cuando un cuerpo vibra en el seno del aire se produce un fenómeno parecido al que tiene lugar en la superficie de un estanque o de un río cuando se arroja una piedra sobre ella. **b)** (*lit*) Interior del vientre materno, donde se aloja el hijo antes de nacer. | Vesga-Fernández *Jesucristo* 22: Has de saber que concebirás en tu seno y tendrás un hijo a quien pondrás por nombre Jesús.
3 (*lit*) Mama de mujer. | Halcón *Manuela* 36: Manuela sentía que, al abrazar al niño, el amor se le infiltraba en los senos. Y los senos dejaban que el amor, llegado desde fuera, hiciera su camino.
4 (*lit*) Regazo. | I. Camacho *D16* 14.7.90, 56: Como la [madre] de la Pantoja, ninguna. He ahí a la tonadillera en el seno de doña Ana, doblemente feliz de terminar el rodaje de su primera película y de poder acogerse a tan matriarcal regazo. [*Foto: Isabel Pantoja sentada sobre las rodillas de su madre.*]
5 ~ de Abrahán. (*Rel jud*) Lugar en que las almas de los justos esperan la llegada del Redentor. | Vesga-Fernández *Jesucristo* 96: Murió el pobre y fue llevado por los ángeles al seno de Abrahán.
6 (*Mat*) Razón existente entre el cateto opuesto [a un ángulo (*compl de posesión*)] y la hipotenusa. | Marcos-Martínez *Álgebra* 224: La tangente de un ángulo es igual a la razón entre el seno y el coseno del mismo.

senografía *f* (*Med*) Mamografía. | O. Aparicio *SPue* 17.10.70, 8: Otro método de diagnóstico precoz es el empleo de rayos X. En esto consiste la senografía, cuyas ventajas son: posibilita el diagnóstico precoz de los cánceres no palpables, orienta la biopsia, disminuye el número de las terapéuticas mutilantes.

senógrafo *m* (*Med*) Aparato para hacer senografías. | L. Mazarrasa *País* 22.4.89, 34: Adolfo Marqués, ginecólogo y asesor técnico del Insalud para atención hospitalaria, sin restar eficacia a los nuevos digitalizadores, estima que un experto en mamografías también puede detectar tumores de milímetros con los senógrafos de alta resolución.

senói *adj* (*E*) [Individuo] de tipo australoide propio de Malaca. *Tb n.* | Pericot-Maluquer *Humanidad* 63: El hombre de Wadjak, en Java, del Pleistoceno final, puede mostrarnos la raíz de la población australoide (Australia, Tasmania, senóis de la península malaya, veddas de Ceilán).

senología *f* (*Med*) Estudio de las afecciones de la mama. | J. Botella *DMé* 12.2.93, 16: Gracias a Tejerina pude organizar en la Maternidad Provincial el primer servicio de senología que ha habido en España.

senón -na *adj* (*hist*) Del pueblo galo establecido antes de la conquista romana entre el Loira y el Marne. *Tb n, referido a pers.* | G. Estal *Abc* 30.6.74, 9: "Vae victis", o "¡ay de los vencidos!", es la formulación bélica. Fue pronunciada por Breno, jefe de los galos senones, en el capitolio romano.

sensación I *f* **1** Impresión producida en los sentidos por un estímulo exterior o interior. | Laforet *Mujer* 107: La fuerza de las sensaciones de su cuerpo .. la llenaba. **b)**

sensacional – sensiblería

Hecho de percibir o experimentar sensaciones. | Artero *Hombre* 66: Dos son las formas en que se manifiestan estas funciones [de relación]: por una parte, la sensación o recepción de los estímulos externos, cosa que se hace por los órganos de los sentidos, y por otra parte, las respuestas a dichos estímulos, o locomoción, que las ejecuta un aparato motor.
2 Percepción mental de un hecho, con independencia de las impresiones sensoriales. | Medio *Bibiana* 75: Una sensación rara, como si estuviera flotando en el aire. MGaite *Usos* 163: La ceguera, la sordera y la tontería prescritas para aquel aprendizaje debían ir acompañadas, eso sí, de una sensación de plenitud y alegría comparable a la experimentada por la novicia que renuncia a las pompas del mundo para entrar en religión.
3 Impresión fuerte producida en el ánimo, gralm. colectivo, por una pers. o cosa. *Frec con un adj intensificador*. | J. M. HPerpiñá *Zar* 27.1.69, 17: Ese fue su primer combate en serio. Causó sensación. **b)** Pers. o cosa que causa sensación. | * Fue la sensación de la fiesta.
II *loc adj* **4 de ~**. (*col*) Sensacional. *Tb adv*. | * Es un coche de sensación. * Lo pasamos de sensación.

sensacional *adj* Que causa sensación [3]. | Alfonso *España* 102: Se diría que solo las cifras y las informaciones sensacionales nos dicen algo. **b)** (*col*) Sumamente bueno. | J. C. Munébrega *Sol* 24.5.70, 9: Si lo que se pretende es hacer menos horas de trabajo, creo que una fórmula sensacional podría ser el descansar otro día, el martes, por ejemplo.

sensacionalismo *m* Cualidad de sensacionalista. | Escrivá *Conversaciones* 160: Me repugna el sensacionalismo de algunos periodistas.

sensacionalista *adj* [Pers. o medio de comunicación] que gusta de dar noticias sensacionales [1a]. | *Act* 30.10.69, 6: La prensa sensacionalista especuló sobre el divorcio entre el senador Edward Kennedy y su esposa.

sensacionalmente *adv* De manera sensacional. | *AbcS* 20.3.75, 35: Fotocopiadora Gevafax X-10 .. Téngala Ud. en alquiler o de propiedad. Siempre con un sensacionalmente rápido servicio de asistencia técnica.

sensatamente *adv* De manera sensata. | J. Bustamante *SMad* 31.12.70, 26: Sensatamente no se rechazaba la minifalda, ya presente para siempre en la historia de la moda.

sensatez *f* **1** Cualidad de sensato. | *Abc* 5.12.70, 30: De la sensatez de los más y de la reflexión de todos cabe esperar el desistimiento en las posturas públicas adoptadas por algunos.
2 Hecho o dicho sensato [1b]. | Lera *Olvidados* 212: Empezamos a ser viejos cuando nos arrepentimos de muchas de nuestras sensateces pasadas.

sensato -ta *adj* [Pers.] que piensa y actúa con sentido común. *Tb n*. | Anson *Oriente* 235: Eso, por fortuna, lo comprenden todos los hispanoamericanos sensatos. **b)** Propio de la pers. sensata. | Clara *Sáb* 10.9.66, 46: Tiene una visión clara y precisa del delicado problema que expone, para el que ofrece una solución que me parece viable y muy sensata.

sensibilidad *f* **1** Cualidad de sensible [1 y 2]. | Legorburu-Barrutia *Ciencias* 105: La sensibilidad táctil es muy distinta según las zonas del cuerpo. A. MAedo *Van* 20.12.70, 17: No debe olvidarse la sensibilidad de la Bolsa a todos los factores que condicionan la vida de un país. Marcos-Martínez *Física* 51: Condiciones de sensibilidad .. Una balanza es tanto más sensible .. cuanto más largos sean los brazos. SSolís *Blanca* 130: No se le escapaba nada, con aquella sensibilidad suya, que captaba los sofiones y los bufidos de Gabriel.
2 Modo de sentir o de pensar [de una pers. o de una colectividad]. | Laforet *Mujer* 136: A su sensibilidad le repelía la huella de las vidas anteriores que habían pasado por allí.

sensibilización *f* Acción de sensibilizar(se). *Tb su efecto*. | N. Retana *SInf* 16.12.70, 3: El mecanismo de sensibilización alérgica reviste una gran complejidad. Alfonso *España* 168: Lo singular en ella [en la juventud] –o en parte de ella– es esa sensibilización contra las formas actuales de vida.

sensibilizador -ra *adj* Que sensibiliza. *Tb n m, referido a agente o producto*. | Alfonso *España* 174: El aislamiento, de la clase que sea, tiene un fuerte prestigio sensibilizador de la conciencia y ello es bien lógico.

sensibilizante *adj* (*Med*) Sensibilizador. *Tb n m*. | Mascaró *Médico* 62: Las sustancias capaces de obrar como sensibilizantes o alergenos son innumerables y podemos clasificarlas en la forma siguiente: inhalantes, alimentos, medicamentos. *Ya* 30.5.64, 31: Muchas diarreas crónicas pueden ser tratadas con éxito mediante antibióticos, junto a autovacunas específicas de sensibilizantes y vitaminas diversas.

sensibilizar *tr* Hacer sensible o más sensible [1 y 2] [a alguien o algo (*cd*)]. | M. J. Vidal *SSe* 9.12.90, 32: El papel Fresson se sensibilizaba unas horas antes de su impresión, sumergiéndolo en un baño de bicromato potásico. L. Molla *Mun* 26.12.70, 57: Ni siquiera las esferas menos sensibilizadas pueden dejar de olvidar [sic] "la sucia guerra de Vietnam". **b)** *pr* Hacerse sensible [alguien o algo]. | Marcos-Martínez *Física* 176: Las líneas de fuerza se sensibilizan colocando encima del imán un cartón y espolvoreando sobre el último limaduras de hierro.

sensible *adj* **1** [Ser u órgano] capaz de experimentar sensaciones [1a]. | Legorburu-Barrutia *Ciencias* 213: En ella [la cabeza del gato] están: las orejas ..; el hocico, corto y rodeado de largos bigotes sensibles. **b)** [Cosa] que puede ser afectada por la acción [de un agente (*compl* A)]. *A veces sin compl, por consabido*. | Navarro *Biología* 236: Las bacterias son muy sensibles a la luz. J. A. Recio *SVozC* 31.12.70, 6: Tomaba Marey las vistas primero sobre una placa fotográfica; después, sobre una cinta de papel recubierto de una capa sensible. **c)** [Aparato] capaz de captar o registrar magnitudes o diferencias de muy poca intensidad. | Marcos-Martínez *Física* 51: Una balanza es sensible cuando se inclina la cruz de un modo apreciable al poner en uno de los platillos un pequeño peso adicional.
2 [Pers.] capaz de responder a estímulos emocionales o estéticos. *Frec con un compl* A. *Frec con intención ponderativa, denotando delicadeza estética o de sentimientos*. | A. Zunzarren *Mad* 10.9.70, 17: Tú has hecho de Maribel una persona educada, cariñosa, sensible. **b)** [Pers.] impresionable o susceptible ante un trato frío o poco delicado. | S. Cayol *SYa* 21.4.74, 23: Me parece que eres muy sensible y sentido. Y también suspicaz y susceptible.
3 [Cosa] perceptible por los sentidos. *Tb* (*Filos*) *n m*. | Gambra *Filosofía* 106: Los sentidos externos nos informan, no de las cosas como unidades reales exteriores a nosotros, sino de aspectos cualitativos y cuantitativos de las mismas. A estos aspectos captables por los sentidos se llaman objetos sensibles. Marcos-Martínez *Física* 107: Este calor que absorbe el cuerpo para verificar el cambio de estado .. se denomina calor latente de cambio de estado, a diferencia del que provoca un aumento de temperatura, el cual suele denominarse a veces calor sensible. Gambra *Filosofía* 106: A los aspectos cualitativos de las cosas les llamaban los filósofos escolásticos sensibles propios, porque responden a energías captables exclusivamente por un sentido .. Hay otros sensibles que revelan aspectos cuantitativos de las cosas y se han llamado sensibles comunes, porque pueden ser captados por más de un sentido. **b)** (*Filos*) Relativo a los sentidos. | Gambra *Filosofía* 118: Por la secreción salivar o gástrica asociada a antecedentes cognoscitivos varios se ha llegado a conocer las condiciones del conocimiento sensible animal.
4 Considerable o muy perceptible. | G. Revuelta *Zar* 27.1.69, 19: En lo que va de temporada se hace sentir una sensible baja en la recaudación por venta de entradas en la Romareda.
5 [Cosa] lamentable o digna de ser sentida. | *HLM* 26.10.70, 6: El Ejército chileno hizo público un boletín oficial anunciando el "sensible fallecimiento" del comandante en jefe del Ejército, general René Schneider.

sensiblemente *adv* De manera sensible [3 y 4]. | SLuis *Doctrina* 144: No es necesario sentir sensiblemente un pesar que invade la afectividad de tristeza. *Pue* 16.12.70, 30: Al finalizar el día te sentirás sensiblemente agotado.

sensiblería *f* (*desp*) **1** Cualidad de sensiblero. | Mendoza *Ciudad* 278: Si alguna evolución hubo en su filmografía, esta consistió en un descenso gradual a las simas de la sensiblería.
2 Hecho o dicho sensiblero. | L. LHeras *Abc* 4.10.70, 9: La Santa es santamente viril, nada de sensiblerías.

sensiblero -ra *adj (desp)* **1** [Pers.] sensible o sentimental en exceso. | F. A. González *Ya* 14.3.75, 80: No se debe hablar de flores si uno no quiere que le llamen sensiblero. **2** [Cosa] que denota o implica exceso de sensibilidad o sentimentalismo. | J. M. Osuna *Abc* 16.12.70, 57: Pretender detenerla [la emigración] con argumentos sensibleros nos parece tan ingenuo como inconveniente. SSolís *Jardín* 232: ¡Qué esfuerzos tuve que hacer para no llorar escuchando la melancólica música de Puccini, tan romántica y sensiblera!

sensismo *m (Filos)* Sensualismo [2]. | GÁlvarez *Filosofía* 2, 141: La más cumplida expresión de esta tarea se realiza en el *Tratado de las sensaciones*, de Condillac. El empirismo se ha convertido en sensismo.

sensista *adj (Filos)* Sensualista. *Tb n, referido a pers.* | MPuelles *Filosofía* 2, 77: Al primer grupo pertenecen las teorías intelectualistas; al segundo, las sensistas. El sensismo pretende reducir todos los objetos del conocimiento humano a meras sensaciones. C. Valverde *Abc* 27.8.75, sn: Donoso Cortés, .. después de una etapa en la que fue empirista y sensista, como le enseñaron en la Universidad, se hizo liberal teorizante y doctrinario.

sensitivamente *adv* De manera sensitiva. | Arce *Anzuelos* 19: El doctor Silva se estaba comportando muy sensitivamente. Conocía el corazón de los escritores.

sensitivo -va I *adj* **1** De los sentidos o de las sensaciones [1]. | Bustinza-Mascaró *Ciencias* 121: Como está la lombriz de tierra adaptada a una vida subterránea, no tiene órganos sensitivos diferenciados en su región anterior. **b)** *(Anat)* Capaz de percibir o transmitir una sensación. | Artero *Hombre* 105: Hay nervios sensitivos, que solo conducen excitaciones o estímulos del exterior al interior, o centrípetos, y nervios motores, que solo conducen respuestas secretoras o motoras del interior al exterior, o centrífugos. **c)** *(Filos)* [Alma o vida] del conocimiento sensorial y de los instintos. | Gambra *Filosofía* 135: El segundo escalón de la vida lo constituye la vida sensitiva .. Debe advertirse que el alma sensitiva de los animales, de suyo, por su esencia, no es material. **2** Dotado de sensibilidad [1]. | Ybarra-Cabetas *Ciencias* 267: En los tropismos, la dirección de curvatura queda determinada por la dirección del estímulo, pero en otros casos obedece a disposiciones anatómicas de la planta; a estos movimientos se les denomina nastias, y los presentan las plantas llamadas sensitivas. **b)** De sensibilidad fina y delicada. | GMacías *Abc* 26.12.74, sn: Fernández Daza dio a conocer una carta inédita hasta ahora del inmortal vate –que vivió treinta y cuatro años, lo mismo que el sensitivo Gabriel y Galán–. Laforet *Mujer* 296: Casi nunca tenía fiestas de gozo sensitivo como la de Navidad. **II** *f* **3** Mimosa (planta, *Mimosa pudica*). | Legorburu-Barrutia *Ciencias* 264: Las hojas de la sensitiva se pliegan al darle a la planta un golpe.

sensomotor -ra *(tb f* **sensomotriz***) adj (Psicol)* Relativo simultáneamente a la sensación [1] y al movimiento. | Marín *Enseñanza* 201: Lograr las adquisiciones nocionales .. poniendo en juego todos los poderes de acción del escolar, desde los estrictamente sensomotores hasta los abstractos o noéticos. Pinillos *Mente* 72: A consecuencia de tales ansias de observación, la conducta quedó un poco reducida a una red de conexiones sensomotoras de asociaciones entre estímulos y respuestas.

sensor *m* Dispositivo, gralm. electrónico, que, en un sistema de control, registra los valores de una magnitud física o detecta sus variaciones. | R. SOcaña *SInf* 11.11.70, 12: El sistema de conexión a través de pequeños sensores que se activan ante un estímulo es el principio de nuestros sentidos y el principio de los ordenadores electrónicos. SSur 31.3.91, 17: Y para que las dos versiones del nuevo motor puedan funcionar con gasolina sin plomo, llevan un sensor adecuado.

sensorial *adj* De la sensación [1] o del sensorio. | Bustinza-Mascaró *Ciencias* 79: Existen en nuestro cuerpo determinadas estructuras llamadas mecanismos sensoriales, adaptadas específicamente para recibir determinados estímulos y para transformarlos en sensaciones. *Abc* 3.12.70, 49: La burguesía alta y media puede hacerlo, si el subnormal es leve o presenta defectos sensoriales, a costa de gastos mensuales muy considerables.

sensorialidad *f (raro)* Sensibilidad [1]. | LIbor *Pról. Antología* VIII: Ese alto, esa parada en el camino es estremecedora, porque, o se vive en pura sensorialidad animal o, inmediatamente, el espíritu se inquieta y pregunta. DPlaja *Abc* 12.11.70, sn: Poeta, sí, litoral –mediterráneo y atlántico–, embriagado de sensorialidad plástica, como transido de sabidurías musicales y verbales.

sensorialmente *adv* De manera sensorial. | *Ya* 8.10.70, 12: Alcoholes desnaturalizados son los alcoholes a los que se han incorporado sustancias químicas de difícil separación que indican sensorialmente su incapacidad de empleo para usos alimenticios.

sensorio *m (Fisiol)* Facultad de distinguir y coordinar los datos recibidos por los sentidos externos. *Tb ~* COMÚN. | F. Martino *Ya* 23.9.70, 6: Descenso de la presión arterial, etc., e inclusive pérdida del sensorio, causadas estas alteraciones por un fallo del corazón. Gambra *Filosofía* 109: Su mundo visual [el del ciego de nacimiento que alcanzara a ver por vez primera] no adquiriría sentido más que a lo largo de un proceso coordinador cuya función se atribuye al sensorio común. **b)** Centro cerebral de todas las sensaciones. *Tb ~* COMÚN. | Alvarado *Anatomía* 74: Cuando se excita un órgano sensorial por un estímulo cualquiera, adecuado o inadecuado, se produce en el sensorio la sensación específica de ese órgano.

sensorizar *tr* Dotar de sensores. *Gralm en part.* | *Prospecto* 4.88: Juego Backgammon, computadora sensorizada con 9 niveles de juego .. Juego Bridge, computadora con 4 niveles de juego, 30 teclas sensorizadas y pantalla de cristal líquido.

sensual *adj* **1** Propio de los placeres de los sentidos. | Laforet *Mujer* 91: Barcelona estaba llena de vida, con su alegría sensual. **b)** Que incita a los placeres de los sentidos. | J. Montini *SVozC* 31.12.70, 6: La historia se complica con la irrupción en escena de otra mujer bella, Rosana Yanni: una joven sensual y violenta. **2** [Pers.] dada a buscar y gozar lo que halaga los sentidos, esp. en el aspecto sexual. | Marías *Gac* 23.11.75, 45: Lawrence era, ciertamente, sensual: en eso tenían razón sus adversarios; lo que falta por probar es que la sensualidad sea mala; yo diría: depende.

sensualidad *f* Cualidad de sensual, *esp* [2]. | CNavarro *Perros* 153: Se toqueteaban sin sensualidad, sin pasión y sin apetencias.

sensualismo *m* **1** Sensualidad. | Umbral *Ninfas* 59: Hay como un cierto sensualismo en esta obrita. Cómo diría yo. Es algo terriblemente mundano. *Abc* 29.7.67, 19: Un ojo engordando el caballo de todas las corrupciones –la injusticia, el sensualismo, los negocios...–, y el otro, en el éxtasis. **2** *(Filos)* Doctrina según la cual los sentidos son la única fuente de conocimiento. | Palacios *Juicio* 185: Balmes impugna el empirismo y el sensualismo del siglo XVIII.

sensualista *adj* De(l) sensualismo. | Casares *Música* 145: La pintura impresionista tiende a un colorismo sensualista muy fuerte. GLópez *Lit. española* 392: La célebre teoría de Locke, según la cual todos nuestros conocimientos proceden de sensaciones, dio una gran importancia al estudio de estas –sobre todo de las agradables– .. Se llegó a confundir lo agradable con lo bello. Esta doble dirección subjetivista y sensualista tuvo enormes consecuencias en la producción poética del siglo. **b)** Adepto al sensualismo [2]. *Tb n.* | Palacios *Juicio* 188: No es verdad que las ideas sean sensaciones transformadas, como quieren los sensualistas.

sensualmente *adv* De manera sensual. | J. R. Alfaro *HLM* 26.10.70, 18: Alejandrina nos propone una pintura que favorezca nuestra capacidad de emoción y nos invita a gustar, sensualmente, la vida sin necesidad de recurrir a la razón.

sensu stricto *(lat; pronunc corriente,* /sénsu-estríkto/*) loc adv* Stricto sensu (en sentido estricto). | Tejedor *Arte* 41: El helenismo, *sensu stricto*, es la influencia de la cultura helena sobre la antigua oriental.

sentada I *f* **1** Acción de sentar(se) [1]. *Frec su efecto.* | Arce *Precio* 23: Jugaban a perseguirse. La prisión era aquel banco donde nosotros permanecíamos, sumisamente,

sentadilla – sentenciar

en sentada perpetua. GPavón *Rapto* 9: Los pantalones de ambos, por tan luenga sentada, mostraban por la parte trasera mil estrellas y dobleces. **b)** Acción de permanecer sentado en el suelo durante un tiempo relativamente largo un grupo de perss. para manifestar una protesta o para apoyar una petición. | *Inf* 23.1.70, 9: Doscientos estudiantes .. se dirigieron al despacho del director del hospital, donde realizaron una sentada.

II *loc adv* **2 de una ~.** (*col*) De una vez o sin interrupción. | Cela *SCamilo* 24: Mireya [una prostituta] es una máquina incansable y prepotente capaz de cepillarse a un regimiento de húsares de una sentada. JLozano *VNu* 23.9.72, 31: Releo casi de una sentada, y creo que por tercera vez, la "Suite inglesa" de Julien Green.

sentadilla *f* (*Dep*) *En halterofilia:* Posición en que el cuerpo se apoya sobre los pies con las rodillas dobladas y las pesas por encima de la cabeza. | D. Sanz *SYa* 3.12.90, XV: En lo que al Campeonato de Europa de power lifting se refiere, los representantes españoles tuvieron la recompensa de la medalla de bronce lograda por Paquita Escandell en la categoría de 75 kilos, con unos levantamientos de 145,85 y 187,5 kilos en las modalidades de sentadilla, press de banca y peso muerto, respectivamente.

sentado¹ -da *adj* **1** *part* → SENTAR.
2 [Pers.] sensata o juiciosa. | Hoyo *Bigotillo* 39: Se dice de uno que es un ratón sentado cuando es sensato.
3 Tranquilo o sosegado. | Delibes *Guerras* 72: El otro [río], la Salud, es más sentado, no vocea, solo murmura en las salcinas. Huarte *Tipografía* 13: El autor debe sacrificar en todo caso su forma de letra, para hacerla, cuando trate de enviar algo a la imprenta, más sentada y caligráfica.
4 (*Bot*) Que no tiene pedúnculo. | Bustinza-Mascaró *Ciencias* 239: Las hojas sin pecíolo se llaman sentadas. Alvarado *Botánica* 38: Cuando el pedúnculo falta, se dice que la flor es sentada; en caso contrario se denomina pedunculada.

sentado² *m* Acción de sentar [2]. | *SYa* 15.4.79, 4: Examinado [el cuadro] con luz rasante, la película pictórica presentaba un desprendimiento de la preparación, a manera de una menuda descamación del color .. Se procedió por tanto al sentado y fijación del color con la "colleta" italiana, empleando rayos infrarrojos para asegurar su penetración.

sentajo *m* (*reg*) Asiento rústico o improvisado. | MSantos *Tiempo* 212: Se encontraron sentados en una tasca sucia y pequeña .. Se acomodaron en unos sentajos redondos de madera.

sentar (*conjug* 6) **A** *tr* **1** Poner [a alguien] con las nalgas apoyadas [en un sitio]. *Frec el cd es refl. Frec se omite el compl de lugar.* | Buero *Diálogo* 47: Fabio la conduce a la mesa, la sienta y le quita el vaso de la mano. *Puericultura* 19: El niño sostiene la cabeza a los tres meses. A los seis meses puede permanecer sentado. Arce *Testamento* 51: El Bayona cruzó ante mí y fue a sentarse a varios pasos sobre el césped. **b) ~ a la mesa** → MESA.
2 Apoyar [algo en un sitio]. | Hoyo *Pequeñuelo* 55: Cuando venían, me metía en la charca del tío Ramón, sentaba mi culo en el agua y croaba. Pemán *Abc* 3.1.62, 3: Nada estaba en su sitio .. El sofá estaba vuelto hacia la pared. Había dos sillas sentadas una sobre otra. **b)** Hacer que [algo (*cd*)] quede perfectamente apoyado en lo que está debajo. | * Para sentar las costuras, nada como la plancha. **c) ~ la cabeza, ~ las costuras, ~ la mano** → CABEZA, COSTURA, MANO.
3 Establecer [una idea o un principio]. | Ybarra-Cabetas *Ciencias* 12: Al sentar el concepto de cristal .. definimos que los elementos o puntos materiales que forman la materia se sitúan en los nudos de una red paralelepipédica. FQuintana-Velarde *Política* 223: Si, en cambio, entran pocas, bajará el grado de pliopolio, sentándose las bases para que sea, en cambio, más probable el grado de monopolio. **b) dar [algo] por sentado.** Dar[lo] por supuesto. | R. Sánchez *As* 14.12.70, 5: Dando por sentado que usted, por su posición, no pudo apreciar la jugada. **c) ~ plaza, ~ los reales** → PLAZA, REAL³.

B *intr* ➤ a *normal* **4 ~ bien** (*o* **mal**). Tener [algo] buen (o mal) efecto sobre la salud [de alguien (*ci*)]. *En lugar de* BIEN *o* MAL *puede aparecer otro adv equivalente. Tb sin ci.* | Zeda *Ya* 15.10.67, sn: Los que temen que algún exceso .. pueda sentarles mal. **b)** *Sin adv:* Tener [algo] buen efecto sobre la salud [de alguien (*ci*)]. | Arce *Testamento* 35: Nada me importó que en el pueblo se dijese .. que si a lo mejor no me iban a sentar los nuevos aires.
5 ~ bien (*o* **mal**). Causar [algo] buen (o mal) efecto sobre el ánimo [de alguien (*ci*)]. *En lugar de* BIEN *o* MAL *puede aparecer otro adv equivalente.* | * Me sienta muy mal que seas tan quisquillosa. * No le sentó muy bien que vinieras.
6 ~ bien (*o* **mal**). Resultar [algo] adecuado (o no) [a alguien o algo (*ci*)]. *En lugar de* BIEN *o* MAL *puede aparecer otro adv equivalente.* | Laiglesia *Tachado* 47: El Secretario de Orden Público se llamaba Jan Zulú .. Su apellido le sentaba divinamente, pues, dicho sea sin ánimo de ofenderle, era bastante bruto. Paso *Pobrecitos* 235: Los sillonsitos .. le sientan como un tiro al tono general de la pieza. **b)** *Sin adv:* Resultar [algo] adecuado [a alguien (*ci*)]. | * Ese peinado no te sienta.
7 ~ bien (*o* **mal**). Resultar [una prenda o una parte de ella] bien (o mal) adaptada [a alguien]. *En lugar de* BIEN *o* MAL *puede aparecer otro adv equivalente. Tb sin ci.* | * Estos pantalones te sientan muy mal. * Esta manga sienta fatal. **b)** *Sin adv:* Resultar [una prenda o una parte de ella] bien adaptada [a alguien]. *Tb sin ci.* | * Esta manga no sienta.
8 ~ bien (*o* **mal**). Quedar [algo] apoyado perfectamente (o no) en lo que está debajo. *En lugar de* BIEN *o* MAL *puede aparecer otro adv equivalente.* | * Esta pata sienta mal. **b)** *Sin adv:* Quedar [algo] perfectamente apoyado en lo que está debajo. | * No sientan las patas.
9 Estabilizarse [algo revuelto, esp. el tiempo]. *Gralm pr.* | Mihura *Dorotea* 37: –Pues parece que va sentando el tiempo. –Sí, eso parece. –Como que yo creo que va a aclarar. * Tengo el estómago revuelto; voy a tomar un té, a ver si me sienta. * A ver si se sienta un poco la situación.
➤ **b** *pr* (*col*) **10** Posarse o sedimentarse. | * Hay que esperar a que los materiales en suspensión se sienten.
11 Tomar consistencia o cuerpo [una masa, esp. el pan]. | Moreno *Galería* 292: Las migas .. se hacían de la hogaza más dura para que el pan estuviera más sentado y entero.

sentencia *f* **1** Resolución pronunciada por el juez, que pone fin a un juicio. *Tb fig, fuera del ámbito judicial.* | Rabanal *Ya* 17.12.75, 5: Acabo de ver una sentencia judicial. Como toda sentencia judicial, la que acabo de ver viene precedida de una larga serie de considerandos.
2 Frase breve y concisa que encierra un pensamiento de carácter doctrinal o moral. | Bueno *Tri* 26.12.70, 11: A algunos el título de su libro [de Trías] *Filosofía y Carnaval* les sugería la expresión "filosofía carnavalesca", ignorando la profunda sentencia de Nietzsche.

sentenciador -ra *adj* Que sentencia. *Tb n, referido a pers.* | *País* 29.11.83, 10: La ley de gracia requiere que los beneficiarios de un indulto estén previamente a disposición del tribunal sentenciador para el cumplimiento de la condena. Torrente *Saga* 541: Se levantó con solemnidad de sentenciador inapelable. Los otros cuatro [jueces] le imitaron.

sentenciar (*conjug* 1a) **A** *tr* **1** Determinar [algo] como sentencia [1]. *Frec fig, fuera del ámbito judicial.* | J. M. Gironés *Mun* 12.12.70, 23: Informa también la carta de las gestiones realizadas pidiendo que el juicio se celebre ante los tribunales ordinarios y, sea cual fuere el modo de juicio, la conmutación de la pena de muerte si alguna fuere sentenciada. Agromán 36: –Estas niñas –sentenció el doctor– están, sencillamente, embrujadas. **b)** Determinar o decidir. | Suárez *Monedas* 279: ¿Y tú puedes sentenciar si un hombre es o no es enemigo del emperador?
2 Condenar [a alguien (*cd*)] a algo] mediante sentencia [1]. *Tb fig, fuera del ámbito judicial. Frec se omite el segundo compl, por consabido.* | *Ya* 1.2.75, 9: El ratero había sido sentenciado en 1971 a ocho meses de cárcel. Palacios *Juicio* 99: No es lo mismo que yo muera y me vean fallecer los que me sobreviven y los que esperan gozar tranquilos de la vida, que morir entre unos semejantes que se saben sentenciados sin remedio, y que ya sienten como yo los filos de la guadaña que nos siega.
3 Hacer que quede determinado o decidido el resultado definitivo [de algo (*cd*)]. | E. Martínez *Ade* 27.10.70, 11: Consiguió elevar la diferencia a dos, en un gol de Susi, que casi dejaba sentenciado el partido.

B *intr* **4** Dictar sentencia [1]. | Fanjul *Abc* 11.5.58, 74: Tramitado el proceso, el Tribunal Metropolitano de Toledo sentenció en 30 de julio de 1950; desestimó la demanda del marido.

sentenciosamente *adv* De manera sentenciosa. | Lera *Boda* 653: –Sí, somos como la tierra. Si ya dicen que el Señor nos hizo de barro. De tierra y de agua, mira tú –arguyó sentenciosamente Rafaela.

sentenciosidad *f* (*raro*) Cualidad de sentencioso. | C. Rivero *HLM* 14.12.70, 13: Se suele decir, con sentenciosidad optimista y apresurada, que quien tiene una moneda acaba cambiándola.

sentencioso -sa *adj* **1** De (la) sentencia [2]. | J. M. Sala *Van* 18.4.74, 56: Cuando existe prosaísmo .., se debe a la concisión y al tono sentencioso con que se glosa la anécdota. **b)** Que encierra sentencia [2]. | Cobos *Machado* 139: "Proverbios y cantares" .. Son felices ocurrencias, sentenciosas, aforísticas, epigramáticas.
2 [Pers.] que se expresa diciendo sentencias [2], o con la misma gravedad que si las dijese. | Fuster *Van* 19.5.74, 15: Gracián, el sentencioso, el partidario del laconismo retorcido y sutil. Hoyo *ROc* 8/9.76, 94: –Algún día, cuando seas un hombre, cuando lo seas de verdad, sabrás quién arrojó las piedras –dijo sentencioso el viejo Eleute.

sentidamente *adv* De manera sentida[1] [2]. | An. Castro *NEs* 11.8.78, 1: Cuando cada uno de nosotros pasa delante del cadáver, extraña y sentidamente, parece querer escuchar una palabra personal y concreta de ese hombre que nos ha hablado durante más de 750 miércoles.

sentido[1] -da *adj* **1** *part* → SENTIR[1].
2 [Cosa] que implica mucho sentimiento. | *Inf* 9.6.70, 34: Ofició la ceremonia el arzobispo de Grado .., que pronunció una sentida plática.
3 [Pers.] muy sensible a una represión o a un trato poco delicado. | S. Cayol *SYa* 21.4.74, 23: Me parece que eres muy sensible y sentido. Y también suspicaz y susceptible. **b)** [Pers.] sensible emocionalmente. | Grosso *Germinal* 17: Mi madre, que iba por las tardes a limpiar la sucursal del Banco y la casa de don Elías, regresó un día muy apurada secándose las lágrimas, pues, como todos nosotros, es muy sentida y floja de lagrimal. Haciendo pucheros nos comunicó que a don Elías lo habían trasladado y que de un día a otro dejaba el pueblo.

sentido[2] *m* **1** Facultad de las cinco localizadas en los órganos corporales y mediante las cuales los seres animados perciben el mundo exterior. | Bustinza-Mascaró *Ciencias* 79: Mediante el sentido del oído se establecen las relaciones sociales entre los seres humanos. **b)** (*Fisiol*) Facultad de las varias mediante las cuales los seres animados perciben el mundo exterior y el estado de sus propios órganos. | Nolla *Salud* 113: Lo que consideramos comúnmente como tacto no es un sentido único, sino que es un conjunto de sentidos, todos ellos con sus órganos receptores distintos .. Todas estas sensaciones (táctiles, térmicas, dolorosas, ponderales) son captadas y conducidas por órganos receptores y vías de conducción diferentes. Gambra *Filosofía* 105: Divídense los sentidos en externos e internos. Son los primeros los clásicos .. La captación del mundo exterior material iniciada por la sensibilidad externa se completa por obra de los sentidos internos. Son estos: el sensorio común, la imaginación, la memoria y la estimativa. **c) los cinco ~s.** La máxima atención. *Frec con el v* PONER. | Zunzunegui *Camino* 225: –Estas [reglas] si las estudias de memoria, será mucho mejor –le aconsejó doña Araceli. Soledad las estudió y puso sus cinco sentidos en la tarea. **d) un ~.** (*col*) Precio excesivamente caro. *Con vs como* COSTAR, PEDIR *o* COBRAR. | Kurtz *Lado* 230: El otro día se presentó con un ramo de rosas rojas, casi negras, que debió de costarle un sentido. **e) sexto ~.** Capacidad de intuir o adivinar. | *Pad* n° 21.33: El sexto sentido de las madres .. ¿Por qué notan siempre si le ocurre algo a su hijo?
2 Conciencia o noción de la propia existencia. | Pieras *Cod* 2.2.64, 13: Cayó al suelo sin sentido.
3 Sensación [1 y 2]. | S. Morera *Ciu* 1.8.75, 32: El tejido empleado en el "slip" Cañamas presenta una gran extensibilidad transversal, lo que podrá proporcionar más holgura o sentido de libertad.
4 ~ común, *o* **buen ~.** Capacidad de entender o juzgar con lógica. *Tb simplemente* ~. | Carrero *Pue* 22.12.70, 6: La sabia sentencia popular de "la unidad hace una [*sic*] fuer-

sentenciosamente – sentimental

za" .. pon[e] bien claramente de manifiesto lo que, por otra parte, el simple sentido común abona. Ramírez *Derecho* 17: Una cosa es el buen sentido y la sabiduría y otra muy distinta el acierto o exactitud.
5 Capacidad de sentir o de entender [algo (*compl* DE, *o, más raro, adj*)]. | *Van* 10.1.74, 29: El sentido de colaboración que siempre inspira nuestros editoriales de "La ciudad, día a día" es, por otra parte, bien notorio. J. Hermida *Act* 25.1.62, 21: Entonces comenzaron a golpearles con una nudosa, dura y grasienta cadena de bicicleta .. Sonó el primer trallazo .. "Este por fomentar el sentido familiar, este por rodearse de los niños..." **b)** Modo de sentir o de entender [algo (*compl* DE, *o, más raro, adj*)]. | Arenaza-Gastaminza *Historia* 29: La religión hebrea supone un elevado sentido moral, reflejado en el Decálogo revelado por Jehová a Moisés en el monte Sinaí.
6 Justificación o razón de ser. | Benet *Nunca* 9: Preguntaba que por qué seguíamos empeñados en viajar sin sentido. Benet *Nunca* 10: Fuimos para él una especie de aturdida visión, de cuya inutilidad, de cuya falta de sentido y de apetito se resistía a convencerse.
7 Significado [de una palabra o frase]. *Tb fig.* | *Van* 10.1.74, 29: Tras una distinción sobre el significado de los verbos "pedantizar" y "pedantear", para excusarse si hacía lo primero, y no lo segundo –dijo– tiene un sentido muy distinto, se dispuso a "explicar a mi manera lo que es el libro". T. Medina *Abc* 9.9.75, 35: –¿Qué pasa, no se le ha parado a usted el reloj, señor Medina?– Creí que se trataba de una frase de doble sentido, de las que tienen un marcado acento manchego. Gambra *Filosofía* 109: Es posible sentir este conjunto de manchas sin percibirlas como una escena con sentido. **b)** *En una lectura o recitación*: Expresión adecuada a su significado. | * ¿No puedes leer con un poco más de sentido? **c)** (*Ling*) Variante, aceptada por el uso, del significado de una palabra. | Hernández *Diccionarios* 90: Probablemente muchos sentidos que el DRAE considera acepciones son considerados por Moliner como matices de una acepción.
8 Orientación de las dos opuestas en que es posible tomar una dirección. | Marcos-Martínez *Física* 16: Dirección de una fuerza es la recta en que se mueve, y sentido es el lado a que se dirige dentro de dicha recta. **b)** Dirección (línea). | * El caserío está situado en sentido paralelo al río. **c)** Orientación [de un movimiento]. *Tb fig.* | J. Iriondo *Voz* 27.7.75, 7: Lo peor del momento actual de la Bolsa es la indiferencia de los verdaderos inversores. El mercado de valores puede subir o bajar, exagerar los movimientos en un sentido o en otro. **d)** Intención. | *HLM* 8.9.75, 13: Algunas asociaciones de la Prensa han expresado por acuerdos y telegramas su identificación con el planteamiento de *Hoja del Lunes* de Madrid. Se han recibido telegramas en este sentido de las Juntas directivas de Barcelona, Bilbao y Vigo. *Abc* 23.10.76, 4: Modificación de la ley de Arrendamientos Urbanos .. La moción quedó circunscrita a mantener el sentido social de la misma, modificando su sentido antisocial.

II *loc adj* **9 de ~.** (*Rel catól*) [Pena] sensorial que padecen los condenados en el infierno y en el purgatorio. | SLuis *Doctrina* 58: Las penas que sufren los condenados son de dos clases: de daño y de sentido.

III *loc v* **10 quitar**, *o* **hacer perder, el ~** [una pers. o cosa (*suj*)]. Causar gran impresión por su belleza o calidad. | *Día* 20.5.76, 3: Por encima de las arepas, de la sopilla que quitaba el sentido, del vino de Tacoronte, de otras cosillas y de una copa de helado, quedó [*sic*] en el ambiente estas gratitudes que dije.

sentidor -ra *adj* (*raro*) Que siente, o tiene capacidad de sentir. *Tb n.* | LTena *Abc* 11.12.70, 20: Por delante de la ciencia han ido siempre los grandes imaginativos; por delante de la técnica, los fantásticos y los inventores; por delante de la política, los soñadores y los sentidores.

sentiente *adj* (*raro*) Que siente. | Laín *Marañón* 200: La persona, para Zubiri, es "sustantividad de propiedad". En el caso de la persona humana, la sustantividad apropiada de una inteligencia sentiente (la inteligencia de un ente que a través del sentir vive en la realidad en cuanto tal).

sentimental *adj* **1** Del sentimiento, *esp* [1b]. | *Ya* 24.5.70, sn: Ninguna ley escrita prohíbe el derecho a defender nuestra libertad moral o sentimental. **b)** Amoroso. | * Tiene problemas sentimentales. * Su vida sentimental es

sentimentalidad – seña

muy agitada. MGaite *Usos* 42: Ni la familia, ni las amigas, ni los consultorios sentimentales se dirigían a la chica "que iba para soltera" con otro propósito que el de insuflarle, de mejor o peor fe, la ilusión de que algún día podía dejar de serlo. **c)** [Compañero] ~ –> COMPAÑERO.
2 [Pers.] que tiende a dejarse llevar por los sentimientos. *Tb n. A veces con intención desp, denotando exageración o afectación.* | FSalgado *Conversaciones* 175: No sería sincero si no consignase aquí mi gran amargura ante la indiferencia del Caudillo al verme marchar del ejercicio activo a su lado .. Al fin y al cabo, pensará él, me quedo siendo su secretario militar, y por lo tanto no me alejo de su lado. Puede que tenga razón y yo solo sea un sentimental.
3 [Cosa] que denota o implica sentimientos tiernos y delicados. *A veces con intención desp, denotando exageración o afectación.* | DPlaja *Literatura* 337: Saint-Pierre une al carácter sentimental de la obra el del exotismo.

sentimentalidad *f* Cualidad de sentimental [2 y 3]. | VMontalbán *Tri* 11.4.70, 31: Vuelven entre las ruinas de su inteligencia anciana y solo a conservar del naufragio biológico una sentimentalidad lozana que les une directamente a las vivencias de su niñez.

sentimentalismo *m* **1** Cualidad de sentimental [2 y 3]. *Frec con intención desp.* | Lapesa *HLengua* 141: La poesía lírica floreció principalmente en Galicia y Portugal, favorecida por el sentimentalismo y suave melancolía del alma gallega. Delibes *Parábola* 42: Jacinto .. atribuía las expresiones de doña Palmira al sentimentalismo de la maternidad truncada propio de las sesentonas cálidas y célibes.
2 Actitud sentimental [3]. | *Inf* 16.6.70, 6: El público aún conserva cierto sentimentalismo hacia el último Kennedy.

sentimentalizar *tr (raro)* Dar carácter sentimental [a alguien o algo *(cd)*]. | P. Berbén *Tri* 15.7.72, 16: No fue hasta mucho más tarde, hasta la era victoriana .. cuando el tema se sentimentalizó, como se sentimentalizó la cuestión de la esclavitud.

sentimentalmente *adv* **1** En el aspecto sentimental. | MGaite *Tri* 11.4.70, 43: Sentimentalmente me advertí muy cerca de don Melchor.
2 De manera sentimental. | Ridruejo *Memorias* 33: El amor sentimental y el amor carnal eran para el adulto Samuel la misma cosa, algo fundido e integrado. Para mí eran algo escindido. Enamorado sentimentalmente, me avergonzaba de "mi" animal si se hacía patente, y rechazaba su evidencia.

sentimentaloide *adj (desp)* Falsamente sentimental. | R. Llates *Des* 12.9.70, 44: Nuestra extrañeza .. es perfectamente gratuita y sentimentaloide.

sentimiento I *m* **1** Acción de sentir[1] [1b, 3a, 4 y 5a]. *Frec su efecto.* | Medio *Bibiana* 12: La cabeza de Marcelo, con los pelos revueltos, entre los que empiezan a asomar las primeras canas, despierta en Bibiana un sentimiento de ternura y un deseo de acariciarla. SLuis *Doctrina* 82: Educación afectiva, formando su corazón. Dándoles un hogar ejemplar, único clima donde pueden crecer los sentimientos nobles. * Le comunicamos nuestro sentimiento por tan dolorosa pérdida. **b)** Estado afectivo. *Frec en pl con sent sg.* | Laforet *Mujer* 191: Antonio escribía mejor que hablaba de sus sentimientos. **c) buenos ~s.** Manera de ser bondadosa hacia los demás. | * Es una persona de buenos sentimientos.
II *loc adj* **2 sin ~s.** [Pers.] insensible o dura en su comportamiento para con los demás. | * Es un hombre sin sentimientos.

sentina *f En un barco:* Cavidad inferior en donde se reúnen las aguas procedentes de filtraciones. | Zunzunegui *Camino* 523: Pablo va alegre y contento a pesar de ir encadenado a la sentina del barco, porque sabe que va a la victoria.

sentir[1] *(conjug* **60)** A *tr* **1** Experimentar [una sensación o sensaciones]. *Tb abs.* | Arce *Testamento* 20: Comenzaba a sentir sed. Gambra *Filosofía* 135: Hay algunos que defienden el conocimiento en los vegetales, aduciendo a su favor ciertos hechos que parecen probar que los vegetales sienten. **b)** Experimentar [un estado afectivo o de ánimo]. | CNavarro *Perros* 92: Pensó en lo que sería la vida íntima de un ser como Fidel y sintió una lástima inmensa por su mujer. **c)** Ser afectado [por algo *(cd)*]. | *Ama casa 1972* 91: Los rododendros. Es un árbol hermoso .. Se cultiva en tierra de brezo y siente mucho el frío.
2 Percibir [algo] por los sentidos. *Normalmente referido al oído o al tacto, más raro al gusto o al olfato y nunca a la vista.* | Delibes *Inf* 24.9.75, 16: Sentí dos golpes, paf, paf, desde la carretera, y me dije: "Hoste, Paulino, ya anda ese desgraciado ahí". Aldecoa *Gran Sol* 31: El timonel lo sintió tras de él; no volvió la cabeza. Matute *Memoria* 230: El sol se sentía cálido, a través del cristal. **b)** *(pop)* Oír. | Carnicer *Cabrera* 138: –Los toros no parecen de fiar ..eh. –Presentir. –Son bravos, sí. ¿Usted no sintió hablar de los toros de La Baña? VMontalbán *Rosa* 43: –¿Se siente bien? .. –El sonido no es muy bueno, pero la copia está muy bien. –Es que si no se siente bien... **c) dejarse** ~ [una cosa]. Hacerse muy perceptible. | Ybarra-Cabetas *Ciencias* 120: Donde esta acción [erosión del mar] se deja sentir con mayor intensidad es en las costas acantiladas.
3 Percibir mentalmente [algo o a alguien *(cd)*], o tener conciencia [de algo *(cd)*]. *Cuando el cd designa pers, frec es refl y va acompañado de un predicat o un adv* (~se feliz, ~se mal). | Matute *Memoria* 17: Sin saber por qué ni cómo, allí me sentí malévola y rebelde. Delibes *Guerras* 51: Al Bisa, como tú dices, ¿no le encelaban o le hacían sentirse de menos las hazañas del abuelo? MGaite *Retahílas* 29: Fíjate lo que supone que el baúl no lo quiera ya la abuela, que no lo sienta suyo, significa que me lo da, que lo tengo que sentir mío yo. Laforet *Mujer* 111: La guerra desbarató aquellos planes, cuando incomprensiblemente José sintió vocación sacerdotal. L. Avilés *BLM* 9.74, 8: Ahora, a por un convenio. Un convenio rápido y serio. Y, al tiempo, la unión y la fuerza que sean necesarias para que se sienta nuestro peso. Para que, por lo menos, ese convenio sea "nuestro". **b)** Presentir. | * Siento que vamos a tener problemas. * Las arañas sienten la lluvia. **c) sin ~** [algo]. Sin darse cuenta [de ello]. *Frec abs.* | Delibes *Hoja* 35: Ojo, Desi; cierra el tiro. El carbón se va sin sentirlo. Patricia *OrA* 19.8.78, 1: Me recibió Eloína con una cordialidad impresionante, .. y, a pesar de sus muchas ocupaciones, me concedió mucho tiempo, que pasó sin sentirse, ya que es un verdadero deleite escucharla.
4 Responder [a un estímulo afectivo o estético *(cd)*]. | *Día* 25.6.76, 29: Afianza aún más la música de Venezuela, porque la siente y hace sentir. **b)** Estar [una pers.] compenetrada [con una actividad *(cd)*]. | Diego *Abc* 25.2.68, 17: Para actrices y actores que sienten el oficio, siempre es diversión aunque el asunto no tenga nada que ver con las carnestolendas y sea auténticamente serio.
5 Lamentar [una cosa *(cd)*] o sufrir [por causa de ella *(cd)*]. *Frec en la fórmula de cortesía* LO SIENTO. | Medio *Bibiana* 98: Si llegara a morirse, lo sentirían, claro. Cierva *Gac* 28.9.75, 17: Dos acontecimientos del verano .. no pueden irse vivos del comentario .. El segundo tema es, lo siento muchísimo, el incidente entre don Emilio Romero y don Antonio Guerrero Burgos. **b) dar que** ~ [a una pers.]. Ocasionarle disgustos. | Delibes *Guerras* 37: Si me cogía orilla suya, me obligaba a tentar, y no vea cosa más disforme, que Madre, no juegue con esas cosas, abuelo, no le vaya a dar que sentir. **c) ni** ~ **ni padecer.** Ser insensible. | Delibes *Cinco horas* 31: Los médicos, por regla general, ni sienten ni padecen.
B *intr pr (raro)* **6** Padecer algún dolor o daño [en una parte del cuerpo *(compl* DE)]. | * Comenzó a sentirse de los pies a los pocos días de llegar.
7 Considerarse ofendido, o enfadarse. | *Abc* 23.8.81, 3: Sería natural que Franco estuviera "sentido" (no necesariamente "resentido") por el trato recibido.

sentir[2] *m* **1** Sentimiento. | GPavón *Rapto* 78: Por el camino no despegaba el pico don José y de cuando en cuando suspiraba con muchísimo sentir. F. Ángel *Abc* 21.5.67, 13: La idealidad de las figuras es de una belleza vaporosa e inverosímil, solo concebible en un cerebro que rindiera a la hermosura todos sus sentires.
2 Opinión. *Frec en la constr* EN MI (TU, SU, *etc*) ~. | *Inf* 24.9.75, 9: La solicitud recoge el sentir generalizado de la inmensa mayoría de los trabajadores sevillanos. * En mi sentir, estaba equivocado.

seña I *f* **1** Gesto o ademán con que se comunica algo. *Frec en las constrs* HACER ~S *o* HABLAR POR ~S. | Arce *Testamento* 28: Enzo ladeó un poco la cabeza, a modo de seña. Olmo *Golfos* 107: Iba .. haciendo señas con la mano a todo el que veía.

2 Rasgo peculiar o característico [de una pers. o cosa], que permite distinguirla o reconocerla. *Frec en pl.* | * Las señas personales de este individuo se ajustan a tu descripción. * Dame alguna seña para que pueda saber cuál es tu coche.

3 Señal o marca. | Cunqueiro *Un hombre* 19: Él mismo pintaba los mojones, y añadía debajo del numeral una seña.

4 Señal o indicio. *Gralm en pl.* | L. Calvo *Abc* 25.6.72, 20: An Loc recibió ayer cincuenta bombas comunistas, como para dar señas de vida. De seis mil, hace tres meses, bajaron a tres mil, y luego a trescientas, y hoy no son más que cincuenta.

5 *En pl*: Conjunto de datos relativos a la ubicación exacta del domicilio [de una pers. o entidad]. | *Faro* 9.8.75, 24: Bolsa de Trabajo .. 30.000 mensuales, en casa. Adjúntenos sobre franqueado con sus señas. Marcos San Pedro Mestallón, 3. Oviedo.

6 (*raro*) Enseña o bandera. | Cela *Viaje andaluz* 135: En el Castillo de Priego, una vez más, ondeó al viento la seña de la media luna.

II *fórm or* **7 las ~s son mortales.** *Se usa para comentar que los datos o indicios en cuestión se refieren inequívocamente a algo consabido.* | * –¿Será esto? –Las señas son mortales.

III *loc adv* **8 por más ~s.** Además, o para completar la descripción. *Siguiendo a la mención de un rasgo caracterizador.* | CPuche *Paralelo* 220: Un negro enamorado de una muchachita de barrio, con un medio novio celoso por medio, basurero, por más señas.

señal I *f* **1** Indicio. | Olmo *Golfos* 144: La única señal de vida es el ruido que van haciendo los pasos. F. A. González *Ya* 14.12.71, 55: Con dos meses de adelanto sobre el tiempo previsto .., se han presentado las cigüeñas en Guadalajara .. Buena señal. Torrente *Pascua* 205: Cuando toqué a Chopin dijiste que lo desconocías, y cuando hablé en francés, no diste señales de entenderlo. ¿Por qué? **b)** Huella [de un golpe, una lesión u otro daño]. | *Ya* 3.12.70, 40: El cadáver, con señales de violencia, fue descubierto en la vivienda que el pasado domingo ocupó la víctima. M. Á. Velasco *Ya* 9.6.72, 9: Las señales del daño sufrido por la escultura solo las notarán los expertos viendo la imagen de cerca.

2 Cosa sensible (objeto, dibujo, gesto o sonido) que tiene por fin indicar algo. | Aldecoa *Gran Sol* 197: Arenas las aserraba [las tablas] por las señales de Gato Rojo, con mucha dificultad porque estaban húmedas. GPavón *Hermanas* 32: Caserones abandonados entre señales de tráfico y carteles publicitarios. SLuis *Doctrina* 11: La señal del cristiano es la Santa Cruz. Es el signo que nos distingue de los no cristianos. Cuevas *Finca* 208: Fernando tuvo que vivir como un fantasma en la casa cerrada. Había establecido una señal con Jeromo. Torrente *Vuelta* 154: Si yo fuera como tú, tan religiosa, creería que todo esto del padre Ossorio es cosa mandada por Dios y vería algo así como una señal para cambiar de propósito. **b)** **~ de la Cruz.** Representación de la cruz de Jesucristo por medio de los dedos o del movimiento de la mano. | SLuis *Doctrina* 12: Uso de la señal de la Cruz. Debemos usar la Santa Cruz para declarar nuestra condición de cristianos, sin avergonzarnos de Cristo. **c)** (*Fís*) Variación de una corriente eléctrica u otra magnitud, mediante la cual se transmite información. *Tb la información transmitida.* | * El pueblo está entre montañas y la señal, tanto de radio como de televisión, es muy débil.

3 Parte del precio total pagada anticipadamente, como garantía, por el que encarga un servicio o se compromete a efectuar una compra. | Armenteras *Epistolario* 218: He recibido de Don ... la cantidad de ... pesetas, en concepto de señal como garantía para adquirir la propiedad de mi finca.

II *loc adj* **4 en ~.** (*reg*) [Oveja] que aún no tiene cuatro años y da señal [1] de su edad en los dientes. | *Her* 18.8.90, 27: Se venden 150 ovejas en señal pariendo y 40 borregas. Puebla de Híjar (Teruel).

III *loc v* **5 dar ~es de vida.** (*col*) Ponerse en contacto con otras perss., esp. allegadas o conocidas. *Gralm en forma neg.* | *Inf* 13.4.78, 35: Abandonadas dos niñas en una guardería del Parque de Lisboa .. Pidió [la madre] le permitieran se quedaran aquellas en la guardería mientras iba a su casa para recoger el dinero y las ropas. No volvió a dar señales de vida. J. Carabias *Ya* 14.12.71, 6: Usted nos puede hacer un gran favor, el único que yo la pido: decir algo en el periódico para que se enteren las que están en la misma situación que yo .. Usted puede hacer que se enteren, que den señales de vida.

IV *loc prep* **6 en ~ de.** En prueba o demostración de. | *Inf* 29.9.76, 36: En la Universidad Complutense, distrito al que pertenecía el joven asesinado como estudiante de tercer año de Psicología, han sido suspendidas todas las actividades académicas en señal de duelo, según ha dispuesto el Rectorado de dicha Universidad.

señaladamente *adv* De manera señalada. | *Sp* 19.4.70, 11: Un sistema de auténtica promoción de los deprimidos, señaladamente de los de elevada capacidad reactiva.

señalado -da *adj* **1** *part* → SEÑALAR.

2 Destacado. | R. Frühbeck *SAbc* 20.9.70, 11: Si los [conciertos] de la Orquesta Nacional y los de la Orquesta de la Televisión constituyen éxitos señaladísimos, se da el caso de otros que fracasan.

señalador -ra *adj* Que señala. | Lapesa *HLengua* 54: La influencia del lenguaje coloquial, que daba amplio margen al elemento deíctico o señalador, originó un profuso empleo de los demostrativos.

señalamiento *m* Acción de señalar(se), *esp* [6]. | *Ext* 24.11.70, 2: Audiencia Territorial. Sala de lo Civil. Señalamientos de vistas para el día 25 de noviembre de 1970. MCachero *AGBlanco* 119: Cuantos se han ocupado del crítico Andrés González-Blanco coinciden en el señalamiento de los defectos que afeaban alguna parte de su labor. Vega *Corazón* 84: La "territorialidad humana" de que habla Malmberg –fenómeno de conducta espacial .., limitada por medio de movimientos, de señalamientos y de agresividad ..– es hoy compartida desagradablemente por toda la enorme masa humana de una megalópolis. Cela *España* 31: Los Estados Unidos, rayendo de raíz todo intento del individuo por señalarse –por noble que fuere su forma de señalamiento–, consiguen una aparente estabilidad política apoyándose en la prosecución de la mediocridad.

señalar A *tr* **1** Hacer una señal [2], esp. con la mano, [hacia una pers. o cosa (*cd*)], para llamar la atención sobre ella. | Torrente *Pascua* 106: –Los Churruchaos nos parecemos todos.– Señaló, con un movimiento circular de la mano, los retratos. Arce *Testamento* 18: Luego señaló a El Bayona y me dijo su nombre, después el suyo. **b) ~ con el dedo** → DEDO.

2 Aludir [a alguien]. *Frec abs.* | González *Inf* 13.10.77, 9: No quiero señalar, pero cuando nosotros nos negamos a aceptar el freno de los salarios, todos se echaron encima de nosotros como lobos, alegando que esa es la única manera de dar confianza a los empresarios.

3 Hacer notar [algo, esp. un hecho o una cualidad]. | Lapesa *HLengua* 55: En la fonética hay que señalar en primer término los cambios referentes al sistema acentual y al vocalismo. P. Cebollada *Ya* 7.6.75, 42: En mis críticas de las dos anteriores películas de Moreno Alba señalé el vigor y la personalidad –sobre las desigualdades y mimetismos– de un director. **b)** Registrar [un aparato (*suj*) un dato físico (*cd*)]. | *VozC* 7.7.63, 7: En invierno, el termómetro ha señalado como máxima hasta los 42 grados bajo cero. **c)** Marcar [una cosa (*suj*)] con su presencia [la existencia de otra (*cd*)]. | LTena *Abc* 10.10. 76, sn: Las elecciones de 1978 señalan el comienzo de la total responsabilidad política del pueblo colombiano.

4 Poner señal [2] [en una cosa (*cd*)] para hacerla notar, para distinguirla de otras o para precisar su lugar. | *BOM* 17.9.75, 2: Lugar en que radica la finca. Calle del Nuncio, número 6 .. Situación y cabida. Tercera parte indivisa de la casa, en Madrid señalada con el número 6 del Nuncio. *BOE* 9.1.75, 428: Una de estas fotografías ha de ir pegada a la instancia, a la derecha del lugar señalado para póliza.

5 Dejar señales [1b] de golpes o heridas [en una pers. (*cd*) o en una parte de su cuerpo (*cd*)]. | J. Vidal *País* 10.8.79, 19: Los novillos no salieron flojuchos .. El cuarto, bien armado y con mucho genio, le tiraba derrotes a Gallito de Zafra, que los sorteó con valor hasta que uno estuvo a punto de señalarle el pecho y optó por aliñar.

6 Determinar o establecer [algo]. | *BOE* 16.7.75, 15340: Caducará esta autorización por incumplimiento de cualquiera de las preinsertas condiciones .., procediéndose, en tal caso, con arreglo a los trámites señalados en la Ley General de

señalero – señor

Obras Públicas. GPavón *Reinado* 135: Me señaló una renta más que decorosa .. y marchó a su provincia.

7 (*Taur*) Amagar [una herida (*cd*)] llegando al sitio en que ha de producirse, sin hacerlo. | *Abc* 2.5.58, 51: Señala [el torero] un pinchazo y despena a su adversario de una entera, entregándose por entero, y tres intentos de descabello.

B *intr pr* **8** Hacerse notar, o distinguirse [una pers.]. | Cela *España* 31: Los Estados Unidos, rayendo de raíz todo intento del individuo por señalarse –por noble que fuere su forma de señalamiento–, consiguen una aparente estabilidad política apoyándose en la prosecución de la mediocridad.

señalero -ra *m y f* Pers. encargada de hacer señales, esp. en un barco o en un aeropuerto. | Delibes *Madera* 330: Remaba con ardor, hacía instrucción sin desmayo, llegó a ser un experto señalero. J. B. Filgueira *SYa* 6.1.74, 27: Una furgonetita, el "sígueme", se coloca delante de su morro y le invita a seguirle hasta donde ya se vislumbra el "señalero", un empleado que abanica dos discos rojos –linternas cuando es de noche– para indicarle al avión el "parque" donde tiene que estacionarse.

señalizable *adj* Que se puede señalizar. | C. MAguirre *InA* 8.7.75, 9: La máquina de pintar rayas en la carretera de O.P. trabajó bien, señalizando todo lo señalizable.

señalización *f* Acción de señalizar. *Tb su efecto*. | Vizcaíno *Mancha* 261: La señalización se hace en Alcázar de San Juan a base de tinajas, y así hay muchas de ellas desperdigadas por los caminos aledaños, con dibujos pintorescos y frases de bienvenida. *Ya* 4.3.75, 45: Electricistas cableadores. Oficiales 1ª, 2ª y 3ª con servicio militar cumplido, a ser posible con conocimientos en instalaciones de señalización ferroviaria, precisa importante empresa de ámbito nacional con residencia en Madrid.

señalizador -ra *adj* Que señaliza. *Tb n m, referido a aparato*. | *Abc* 12.3.72, 7: Las isletas que se han construido últimamente para esperar los autobuses no gozan de luces señalizadoras, lo que hace que frecuentemente se produzcan accidentes de circulación, al chocar los coches contra ellas. *Abc* 21.5.67, 68: Zanjadoras Ditch Witch, las de mayor prestigio mundial, en sus distintos modelos. Señalizadores de carreteras "Markrite".

señalizar *tr* **1** Dotar [a una vía de comunicación (*cd*)] de señales [2] destinadas a asegurar su buen uso y la seguridad de los usuarios. | * Este tramo de carretera está sin señalizar.

2 Señalar o hacer notar [algo] mediante una señal [2]. | M. Vidal *As* 7.12.70, 22: Una falta de Laborda a Celestino en el área, señalizada por Orellana como juego peligroso, fue botada por Del Álamo y rematada a la red por Iglesias.

señera *f* Bandera de Cataluña, de Valencia o de Baleares. | *Abc* 10.10.79, sn: Entre graves incidentes y disturbios se desarrolló ayer en Valencia la jornada conmemorativa de la conquista de la ciudad .. La bandera del Consell comenzó a arder en el balcón del Ayuntamiento. El fuego destruyó también la bandera nacional y la señera. A. Cardín *D16* 19.3.81, 2: Problemas tales como .. el uso exclusivo de la señera en las apariciones de Jordi Pujol.

señeramente *adv* (*lit*) De manera señera. | *Sáb* 5.7.75, 17: El Opus Dei .. empezará a ser ininteligible y hasta normal si le vemos inserto en una corriente secularizadora escandalosamente clara .. Aunque –eso sí, para distinguirse señeramente del conjunto– adopte una posición teológica y unos medios ascéticos a contraestilo.

señero -ra *adj* (*lit*) Sin par o sin rival. | * Cervantes es un autor señero. **b)** Destacado o sobresaliente. | F. Blasi *Mun* 19.12.70, 7: Han manifestado opiniones opuestas figuras igualmente señeras del solar español.

seño *f* (*col*) Señorita o maestra. *Tb fig, humoríst, referido a otras mujeres que ejercen autoridad*. | J. Parra *Ya* 7.11.85, 29: Patéticas las fotos que aparecen en "Lecturas" y "Diez minutos" de Manuela Sánchez Prats, la institutriz, la "seño" como le decían los niños, llorando, meditando y rezando en silencio ante la tumba del infortunado Fran. G. Bartolomé *Ya* 22.9.88, 5: Por la mañana compareció ante la Comisión de RTVE la directora del ente, Pilar Miró, una de las "señaladas" por la ira. Vino la "seño" descortés, cínica, agresiva y astuta.

señor -ra (*con mayúscula en aceps 6, 7, 10, 13, 14 y 15*) **I** *n* **A** *m y f* **1** Pers. que posee [una cosa (*compl de posesión*)] o tiene dominio [sobre ella (*compl de posesión*)]. *Tb fig*. | Vesga-Fernández *Jesucristo* 114: ¿Qué hará, pues, el Señor de la viña a tales viñadores? M. Calvo *SYa* 9.7.72, 33: Dicen los científicos que si fuera el número el que contara, serían los insectos, y no los hombres, los señores del planeta. **b)** (*hist*) *En el régimen feudal*: Pers. que posee un estado o lugar con dominio y jurisdicción, o con solo prestaciones territoriales. | Arenaza-Gastaminza *Historia* 92: La sociedad feudal es una vasta asociación de propietarios, los señores feudales, que llevaban los títulos de duques, condes, marqueses... Todos ellos habían recibido sus feudos directamente del rey. Carande *Pról. Valdeavellano* 11: Las ciudades .. nacen fundadas por reyes o por señores eclesiásticos o nobiliarios. **c)** Pers. que tiene un señorío como título de nobleza. | *Abc* 21.5.76, 7: Misa por Franco en el Valle de los Caídos .. Acompañaron a la señora de Meirás, en la presidencia del acto, su hija, la duquesa de Franco; el esposo de esta, marqués de Villaverde, y el hijo de ambos, José Cristóbal.

2 Pers. a la que sirve [un criado (*compl de posesión*)]. *Tb sin compl. Tb usado como tratamiento*. | G. Estal *Ya* 15.9.74, 8: El concepto cristiano de justicia debe ser sustituido por el social y más auténtico de desalienación, puesta en juego a través de la lucha revolucionaria en activo, para romper las cadenas de los formalismos históricos, encarnados en los señores, y matar así la servidumbre. Delibes *Príncipe* 42: –¿Ocurre algo, Domi?– Ella suspiró: –¿Qué va a ser, señora? Lo de siempre. **b)** *Tratamiento que da a una pers real para dirigirse a ella*. | Tarancón *Abc* 28.11.75, 7: En esta hora tan decisiva para Vos y para España, permitidme, Señor, que diga públicamente lo que quien es pastor de vuestra alma pide para quien es, en lo civil, su Soberano. **el ~**. Usted. *Dicho por un camarero, o por un sirviente en actitud ceremoniosa*. | CPuche *Paralelo* 62: –¿Quería algo? –preguntó la camarera a Genaro .. –Un coñac. –¿Qué coñac desea el señor?

3 Pers. de posición. | Arce *Precio* 21: Como todo señor que se preciara de serlo (y si era naviero, con mayor motivo), su padre había enviado a la abuela a casa de unos amigos ingleses. **b)** Pers. que en su porte o en su comportamiento manifiesta distinción o dignidad. | R. Cillanueva *Abc* 26.11.76, 4: Don Fernando [Castiella] .. fue toda su vida –y lo será siempre– un señor de España. Delibes *Cinco horas* 149: Señoras-señoras como mamá van quedando cada día menos.

4 Pers. de edad madura. | Cunqueiro *Un hombre* 10: La madre fue una señora muy fina. **b)** *Como tratamiento, se emplea para dirigirse o referirse a una pers no muy joven (o no niño, si es varón), cuyo nombre se ignora o no se quiere mencionar*. | F. Velasco *Ya* 9.3.72, 12: El hombre saca de un bolsillo una pitillera y ofrece a Bibiana. –¿Fuma usted, señora? Gala *Caracol* 127: –Lógicamente, esta señora (Por la Vendedora) debería dejar de llorar .. –Yo opino como este señor. **c)** *Se emplea siguiendo a los advs* SI *y* NO *como respuesta cortés o respetuosa. Frec* (*col*) *con intención enfática*. | *Ya* 15.9.74, 12: –¿Usted lo presenció? –le preguntamos. –Sí, señor. Medio *Bibiana* 13: ¿Le has visto alguna vez llegar borracho a casa?... ¡Ah, no, señor! **d)** *Se antepone al apellido de un hombre, o al de una mujer casada, viuda o de edad*. | Medio *Bibiana* 50: Sabe que el señor Massó daría la razón al señor Prats, y le azuzaría contra ella. **e)** *En pl y seguido de la prep* DE + *el apellido del marido, se emplea para designar a un matrimonio*. | F. Velasco *Ya* 9.3.72, 12: En el lateral izquierdo [de la capilla] se encontraban los príncipes de Torlonia, los señores de Galovart, los marqueses de Brenes y los señores de Weiller. **f)** (*pop o reg*) *Se usa, por respeto, antepuesto al n de pila solo*. | Delibes *Guerras* 99: Don Alfaro ni lo mentaba, pero a cada rato andaba de cuchicheos con la señora Dictrinia por lo de las inyecciones, ¿entiende? **g)** *Precede al tratamiento* DON *que se antepone al n y apellido de una pers. Normalmente en la dirección de una carta. Tb* (*semiculto*) *sin* DON. | J. Sampelayo *Ya* 6.12.75, 45: A esta vacante de la silla F solamente ha sido presentado un candidato por los académicos señores don Rafael Lapesa, don Alfonso García Valdecasas y don Pedro Laín Entralgo. A. Mínguez *País* 14.7.76, 16: Para él, solo los escritores que utilizaron la lengua gallega como vehículo idiomático pertenecen a la literatura gallega, con lo cual la señora marquesa de Pardo Bazán, el señor Valle-Inclán, en gran parte, y hasta el señor Manuel Murguía apenas si tienen nada que ver con la literatura gallega. **h)** *Precede a la mención de un título o cargo.* | MMariño *Abc* 2.3.58, sn: Los señores condes trajeron a Monforte judíos de Toledo y plantaron moreras para lucrar el negocio de la seda. Forges *Inf* 6.7.76, 16: Por cierto, hace días que no veo al señor alcalde. **i)** *(reg) Se usa antepuesto al n de un santo.* | L. A. Viuda *SVozC* 29.6.69, 1: Llegan a la capital nuestro Señor San Pedro y nuestro Señor San Pablo. **j) muy ~ mío.** *Fórmula de cortesía empleada en las cartas para dirigirse a alguien con quien no se tiene trato.* | Armenteras *Epistolario* 23: En esos casos de cumplido, esta será la forma de encabezar lo que se escriba: Muy señor mío. **k) ~ mío.** *Se emplea en vocativo, como cortesía reticente, dirigido a alguien que no se conoce o al que en ese momento se desea alejar afectivamente.* | *AbcS* 2.11.75, 31: Sepa usted, señor mío, que en todos los países desarrollados el horario no solo es medio día del sábado, sino que también cierran el sábado entero.

5 *(reg)* Suegro. | Delibes *Emigrante* 32: Al terminar de comer salió a relucir lo de la vacuna y mi señor preguntó si no me alcanzaba el seguro.

B *m* **6 el ~.** *(Rel crist)* Dios. | SLuis *Doctrina* 62: El Cielo existe .. Nos lo enseña el Señor en el Antiguo Testamento. **b)** Jesucristo, esp. bajo las especies sacramentales. | SLuis *Doctrina* 135: La presencia real de Jesús se realiza mediante la transubstanciación: la sustancia del pan se convierte en sustancia del cuerpo del Señor. **c)** Viático (comunión dada a un enfermo). | S. Embid *NAl* 20.4.90, 27: Los estatutos .. establecían que era obligado asistir, y con la "indumentaria" que digo, al Viático –"a dar el Señor", decían ellos– o a llevar el Señor a los enfermos agonizantes.

7 ~ mío Jesucristo. Oración católica que comienza por las palabras "Señor mío Jesucristo". | Ribera *Misal* 1478: Hecha la señal de la cruz, rezarás .. el Señor mío Jesucristo.

C *f* **8** Mujer. *En sent genérico.* | *Sol* 24.5.70, 15: Bolsa del trabajo .. Necesitamos costureras confección señora. Trabajar propio domicilio. **b)** *(col) En sent individual, aludiendo al aspecto sexual.* | CPuche *Paralelo* 22: En el balcón corrido de la casa de la esquina había fiesta. Hasta el cristal llegaban las parejas .. Así daba gusto, en diciembre y en mangas de camisa, toqueteando a señoras calentonas y con poca ropa.

9 Esposa. *Como forma de cortesía ceremoniosa o de cortesía popular. Seguido de la prep* DE + *el apellido del marido, se emplea como tratamiento cortés.* | Torrente *Off-side* 15: Los embajadores van a ser sustituidos sucesivamente por la reina de Holanda y el príncipe consorte, por Nikita Kruschev y señora, por el general de Gaulle acompañado de Jean-Paul Sartre y Brigitte Bardot. Olmo *Camisa* 71: Yo necesito una muchacha pa que ayude a mi señora. F. Velasco *Ya* 9.3.72, 12: En la capilla ocuparon lugar de preferencia, además de las personalidades del cortejo, las siguientes: Su alteza real la infanta doña Cristina de Borbón y Battenberg .. El vicepresidente del Gobierno y la señora de Carrero Blanco.

10 Nuestra Señora. La Virgen. | *Abc Extra* 12.62, 5: Al Niño Jesús, que mantiene Nuestra Señora, le ofrecen un pomo labrado y una campanillita.

II *adj* **11** Distinguido o elegante. | * Marta me pareció siempre muy señora. GPavón *Reinado* 15: Parece mentira, don Lotario, que siendo usted un hombre de carrera y con cuartos no tenga un auto más señor.

12 *Antepuesto a un n, se emplea para ponderar la calidad de lo designado por este.* | Vega *Cocina* 41: Sale a la mesa pidiendo a gritos un vinito de Olite, .. o del señorío de Sarria, que son unos señores vinos.

13 del ~. *(lit)* [Año] de la era cristiana. | * Murió en el año del Señor de 1526.

III *loc v* **14 descansar (dormir**, *o* **morir) en el ~.** *(lit)* Morir cristianamente. | *HLM* 26.10.70, 24: Pedro José Carrión y de Aizpurúa. Descansó en el Señor el día 27 de octubre de 1969. Ribera *Misal* 1253: Se hace hoy la conmemoración de San Eusebio, confesor, al cual, por defender la fe católica, tuvieron encerrado en un aposento de su casa siete meses, que gastó orando hasta que murió en el Señor.

IV *interj* **15** *Denota disgusto o protesta.* | *¡Señor, qué crío más pesado!

señoreante *adj (lit)* Que señorea. | Lueje *Picos* 94: Los Puertos de Áliva .. son como un dilatado mar de muelles y verdeantes camperas, guardado bajo la apostada vigilan-

cia de cumbres famosas: La muy señoreante de Peña Vieja y, siguiendo la cadena, la de La Garmona, la de San Juan de la Cuadra.

señorear A *tr* **1** Ejercer dominio [sobre alguien o algo (*cd*)]. *Tb fig.* | Mercader-DOrtiz *HEspaña* 4, 58: Como las familias nobles conservaban la propiedad del suelo que habían señoreado, e incluso los réditos dimanantes de la misma .., la discusión de las Cortes acerca de la disolución de las jurisdicciones señoriales no fue muy enconada. CSotelo *Herencia* 265: –Según tú, .. el amor es un privilegio de vuestro tiempo... –Os diré cuál es la diferencia: vosotros lo señoreáis, nosotros lo serviamos. Cuevas *Finca* 31: El maíz recién nacido al que señorea el viento. **b)** *(lit)* Estar [una cosa] a una altura o nivel superiores [a los de otra (*cd*)]. *Tb fig.* | *Música Toledo* 27: Alguien ha dicho que el símbolo de Europa debiera ser el chapitel agudo de una iglesia gótica. El de Toledo señorea el caserío morisco. Conde *MHi* 6.60, 51: El exceso de riqueza abarca todos los géneros literarios. La poesía, señoreándolos.

B *intr* ► *a normal* **2** Ejercer dominio [sobre alguien o algo (*compl* SOBRE *o* EN)]. | *Ult* 8.8.70, 2: El fantasma de nuevas guerras ha señoreado sobre la Humanidad como una pesadilla. GPavón *Reinado* 92: Sus antepasados, .. durante siglos señorearon en grandes extensiones de la Mancha oriental.

► **b** *pr* **3** Disponer [de alguien o algo] como si fuese su dueño. *Tb sin compl.* | * En cuanto llega a un sitio se señorea de todo, es terrible. * Bien te señoreas de tu madre, hija.

señoría *f* **1** *Tratamiento que se da a perss de determinada dignidad, como jueces o diputados.* | Cunqueiro *Un hombre* 12: –¡Doce reales nuevos, señoría! Cunqueiro *Un hombre* 34: Eso dijo Filipo el barquero, y se quedó mirando para su señoría el oficial de forasteros. **b)** Pers. a quien se da tratamiento de señoría. | Cunqueiro *Un hombre* 186: Un sargento montado es una señoría.

2 *(hist) En ciertas ciudades italianas durante la Edad Media y el Renacimiento:* Forma de gobierno caracterizada por la concentración de poderes en una sola pers. *Frec la ciudad así gobernada.* | Tejedor *Arte* 130: Para el remedio de este desorden interno en cada Estado, se constituyeron, en algunos, gobiernos personales, de un solo señor, y así nacieron las señorías, también llamadas tiranías, en razón de la forma violenta como generalmente ejercieron la autoridad. Vicens *Polis* 307: Entre los Estados italianos de la época [siglo XV] se destacan: el reino de Nápoles ..; el ducado de Milán ..; la república de Venecia ..; la señoría de Florencia .. y, en fin, el Papado.

señorial *adj* **1** De(l) señor [1, 2 y 3]. | Valdeavellano *Burguesía* 28: Muchos .. están sometidos .. a la autoridad señorial del territorio en que se encuentra situada la ciudad o localidad en que viven. FQuintana-Velarde *Política* 222: La legislación posterior de 1813 confirmó el principio de libertad industrial, aboliendo los privilegios monopolísticos señoriales y suprimiendo las obligatorias agremiaciones para el ejercicio de cualquier oficio o profesión. Torrente *DJuan* 148: Mi padre me había enseñado la obligación señorial de la caridad, y don Jorge la obligación cristiana de la honradez.

2 Distinguido o elegante. | Zunzunegui *Hijo* 106: Le había hecho Cid un traje de paño inglés, azul oscuro, que le daba un aire de gran lord, y al que cogiera mucha querencia, probablemente porque se encontraba dentro de él muy señorial. *Ya* 25.9.71, 3: Citaremos, en la Rioja alta, Haro, que une la señorial belleza que le dan sus antiguos monumentos con una gran riqueza debida a su industria vinícola.

señorialmente *adv* De manera señorial. | Guerrero *Abc* 9.7.75, sn: A don Carlos Arias .. parecen resbalarle los malos humores o las brusquedades .. Lo que vemos es un permanente derroche de cordialidad generosa aun con quienes le atacan, como si señorialmente aplicase la máxima del buen hacer político de que "no molesta quien quiere, sino quien puede".

señoril *adj (lit)* Señorial. | Cela *Judíos* 57: Al vagabundo, al cruzar estas viejas ciudades muertas y señoriles, .. le queda flotando sobre el corazón una tenue nube de amarguilla conformidad.

señorío *m* **1** Dominio o mando [sobre una cosa]. | Ramírez *Derecho* 64: No creas, sin embargo, que la propiedad, como pleno dominio o señorío sobre una cosa, es ilimita-

señoritil – separación

da, por cuanto a veces, por no decir casi siempre, queda reducida o delimitada.

2 Territorio perteneciente a un señor [1b]. | Carande *Pról. Valdeavellano* 12: Crecen [las ciudades] alentadas por la política propia de hombres libres, aunque en ellas figurasen vecinos siervos y semilibres procedentes de los señoríos. GPavón *Reinado* 92: Los nobles y órdenes militares que tenían predios y señoríos en su término poco a poco fueron vendiendo picajos de tierra a los tercos tomelloseros.

3 Título de nobleza inferior al de conde. | *Ya* 26.11.75, 3: Se concede a la excelentísima señora doña Carmen Polo y Martínez-Valdés la merced nobiliaria del señorío de Meirás con grandeza de España.

4 Dignidad de señor [1]. | Paso *Isabel* 263: En "Peribáñez" el comendador da señorío y espada al villano. A partir de este instante, el villano es tan señor como el propio comendador.

5 Cualidad de señor [11]. | Cossío *Confesiones* 39: Venían del pueblo de Cosío, a pie .. Eran tías segundas mías .. Pasaban varios días con nosotros, y poseían un señorío innato que no habían perdido en su vida rural. Salvador *Haragán* 60: Vuelve la habanera a recobrar, con su señorío, el ánima en suspenso de los indianos y curiosos.

6 (*col*) Conjunto de los señores [3a]. | Berenguer *Mundo* 48: Allí había muchísimo personal, faldas y pantalones, todos del señorío.

señoritil *adj* (*desp*) De(l) señorito [1]. | Pemán *Abc* 24.6.58, 3: No sé cómo no ha de considerar plenamente "suyo" al monárquico que luchó y sufrió dentro de él [del 18 de julio] y en él se limpió de los pecadillos señoritiles o liberales, en que no dudo que algún día incurriera. Campmany *Abc* 12.3.84, 17: En los pequeños gemelos de oro y en el cabello esculpido .. se descubre un punto de refinamiento señoritil y de coquetería de juventud.

señoritingo -ga (*desp*) **I** *m y f* **1** Señorito [1, esp. 1b]. | Delibes *Historias* 13: Cada vez que en vacaciones visitaba el pueblo, me ilusionaba que mis viejos amigos .. dijeran con desprecio: "Mira el Isi; va cogiendo andares de señoritingo".

II *adj* **2** Señorito [6 y 7]. | CPuche *Paralelo* 65: Por el momento lo consideraban casi un personaje. Hasta los españoles señoritingos habían tenido que achantarse. SSolís *Camino* 135: Entre las cuatro deliberaron invitarla a comer con ellas: –Al menos, estará caliente, la infeliz. Y si es tan señoritinga que no quiere descender a comer con la "servidumbre" .., entonces que se joda.

señoritismo *m* **1** (*desp*) Actitud o comportamiento social propios de señorito [1b y c]. | Torrente *Vuelta* 10: "También hay un señoritismo de izquierdas .. Repugnante espectáculo dado en un café cantante por un millonario socialista." El diario corrió por todas las mesas de la oficina.

2 Condición de señorito [6 y 7]. | Halcón *Ir* 103: Comprendo que lo de los cepillos de dientes habrá chocado. Esto significará en un cortijo muestras muy acusadas de señoritismo.

señorito -ta I *m* **A** *m y f* **1** Hijo de un señor [1 y esp. 2]. *Frec como tratamiento en boca de sirvientes.* | Matute *Memoria* 27: Borja, señorito Borja: si un día viene su señor padre, el coronel... **b)** (*desp*) Joven de familia rica que lleva una vida desocupada. | Arce *Precio* 31: Tal vez los señoritos tengamos muchos defectos .., pero a estos tipos que son lo que son por sí solos, no hay Dios que les aguante. **c)** (*desp*) Pers. rica. | CPuche *Paralelo* 181: Buen aroma el de los Salem .. Los Salem eran realmente pitillos para señoritos.

2 (*reg*) Señor [2]. | Grosso *Capirote* 20: Hoy no doy más que un viaje, de modo que ya lo sabéis ..; esa es la orden que se me ha dado .. El señorito ha dicho que no se dé más que un viaje, y a mí lo que me resta es obedecerle. MGaite *Fragmentos* 29: Había dos camas. –La de la derecha es la tuya –dijo Pura–. Yo no sé si tardaré un poco todavía. Tengo que lavar unos cacharros y ver lo que me quiere el señorito. **b)** (*col, humoríst*) Jefe o mandamás. | Berlanga *Gaznápira* 89: Recuperabais el bromeo y las fuerzas perdidas durante la semana agotadora, ella en lo suyo (fichando libros, resumiendo para la cátedra del señorito) y tú en tus once horas de clase.

B *f* **3** Tratamiento que se emplea para referirse o dirigirse a una mujer soltera o joven. | MSantos *Tiempo* 132: Provisión de artistas creadores, pintores, toreros y señoritas de conjunto. Cela *Viaje andaluz* 192: Le presentaron a una señorita más que sesentona .. que llevaba cuarenta y cinco años rezando padrenuestros para sacar novio. *Ya* 15.9.74, 12: Fue impuesta la medalla al Mérito Policial con distintivo rojo al cadáver de la señorita Concepción Pérez Paino, funcionaria de la Dirección General de Seguridad, muerta en el atentado de la calle del Correo. Olmo *Golfos* 18: Buenas tardes, señorita; ¿tendría usted la amabilidad de decirme qué hora es?

4 Maestra, o profesora no universitaria. *Gralm como tratamiento*. | * La señorita de latín está enferma y no tendremos clase. * Señorita, ¿puedo salir?

5 (*reg*) Haz de lino dispuesto para secar. | Mann *DMo* 12.8.91, 4: Como en algunos lugares se secaba el lino de las gavillas, o "señoritas", al fuego, y ello producía un evidente peligro de incendio, ordenanzas como las de Santillana de 1575 penaban tal acción.

II *adj* **6** [Pers.] de posición. | Grosso *Germinal* 40: Quiso nuestra buena estrella que antes del año se casara, y con mujer señorita y empingorotada de las que un mundo se les hace gobernar una casa. **b)** Propio de la pers. de posición. | GPavón *Hermanas* 33: La quietud del cielo nublado y la desgana de los árboles le hacían recordar .. nombres que están escritos en nichos o panteones señoritos.

7 [Pers.] con excesivas pretensiones de lujo y comodidad. | Berlanga *Barrunto* 33: A la "Mona", la estanquera, no le servían más picadura. "¡Si quiere liados...!" "¡Rediós, qué señoritos nos hacemos!" **b)** [Pers.] delicada o remilgada. | Aldecoa *Cuentos* 1, 102: –Cuida bien de este, no se vaya a estropear, que es muy señorito. –Ya se sabe cuidar solo.

señorón -na *m y f* (*humoríst o desp*) Pers. importante o que aparenta serlo. | Halcón *Manuela* 25: Un señorón y una mujer ocupaban el asiento trasero. El señorón tenía voz de mando.

señuelo *m* **1** Cosa que atrae o induce con engaño. *Tb fig.* | L. Romasanta *Pue* 1.10.70, 7: La producción [de tomates] del pasado año no fue excesivamente abundante, lo que originó un mercado muy rentable que ha sido falso señuelo para esta ocasión: las cosechas se multiplicaron. *Inde* 22.8.90, 4: Fragata "Santa María" .. Electrónica: Varios tipos de radares de navegación .. Contramedidas electrónicas activas y pasivas (lanzadores de señuelos radar, supresor de ruido de casco, señuelos contra torpedos, etc.).

2 (*Caza*) Ave que se emplea para atraer a otras. | * Está prohibida la caza de patos con señuelo. **b)** Artificio que se emplea para atraer aves o peces. | J. A. Cecilia *SPue* 10.5.74, 17: Son el tiempo y la temperatura de las aguas quienes obligan a emplear el cebo vivo o el señuelo artificial, ya sea este mosca o cucharilla.

sépalo *m* (*Bot*) Pieza de las que constituyen el cáliz. | Bustinza-Mascaró *Ciencias* 257: Encima del receptáculo se observan como unas hojitas generalmente verdes. Se denominan sépalos y constituyen el cáliz.

separable *adj* Que se puede separar. | Ó. Esplá *Abc* 18.6.58, 3: La forma artística no envuelve un fondo separable de ella, como lo hay en una proposición teoremática.

separación *f* **1** Acción de separar(se). *Tb su efecto*. | B. Andía *Ya* 15.10.67, sn: La separación que se ocasiona a los dos años de lactancia conduce al hombre a la poligamia. CSotelo *Herencia* 320: Hasta hoy, la vida en los barcos .. ha constituido para mí un sacrificio .. Voy a pedir la separación .. Tanto si me caso como si no, dejaré mi carrera. **b)** Interrupción de la vida conyugal, por acuerdo entre las partes o por fallo judicial, sin extinción del vínculo del matrimonio. | *Sem* 21.12.74, 72: Al fin Karina acabó por admitir la amarga realidad: hace un mes que se ha separado de su marido .. –La separación ha sido amigable. Nada de jaleos. No nos hemos tirado los trastos a la cabeza. **c) ~ de bienes.** (*Der*) Régimen matrimonial en virtud del cual cada cónyuge conserva sus bienes propios, usándolos y administrándolos sin intervención del otro. | * Puso como condición para casarse la separación de bienes.

2 Espacio que separa [2]. | Castellanos *Animales* 26: Las patas [del perro] deben presentar una constitución bien cerrada, sin separación entre los dedos.

separadamente *adv* De manera separada o independiente. | *Abc* 25.8.68, 50: "La célula" y "El cuerpo humano" son tomos publicados separadamente.

separado -da I *adj* **1** *part* → SEPARAR.
2 [Cosa] que no está unida [a otra (*compl* DE)]. *Tb sin compl.* | Medio *Bibiana* 35: Con las orejas tan separadas de la cabeza, resulta un poco tonto de circo. Mingarro *Física* 210: La mínima distancia entre dos puntos para que produzcan imagen separada en ese aparato es 0,2 μ.
II *loc adv* **3 por ~**. De manera separada o independiente. | RPeña *Hospitales* 21: No existe una sala de enfermos propiamente dicha, sino que los aposentos están dispuestos por separado.

separador -ra *adj* Que separa. *Tb n, m y f, referido a pers y a máquina o dispositivo.* | P. VSanjuán *Van* 11.4.71, 39: Quiso catalanizar .. a España, inyectando las virtudes de trabajo, suprimiendo holgazanerías, y temiendo mucho más a los separadores que a los separatistas, con un talento político realmente extraordinario. APaz *Circulación* 256: Al pisarse el pedal empuja un pistón en la bomba del freno, empujando a presión el líquido por las tuberías hasta los separadores S, uno para cada rueda. GTelefónica *N.* 640: Maquinaria .. Separadoras centrífugas. Intercambiadoras de calor. Compresores frigoríficos.
2 De (la) separación [1a]. | Mingarro *Física* 210: El poder separador de un microscopio compuesto es como máximo 0,2 μ; es decir, que la mínima distancia entre dos puntos para que produzcan imagen separada en ese aparato es 0,2 μ.

separar *tr* **1** Hacer que [una pers. o cosa (*cd*)] deje de estar unida o próxima [a otra (*compl* DE)]. *Tb sin compl* DE, *por consabido, o con cd pl. Frec el cd es refl, a veces con sent recíproco. Tb fig.* | Berenguer *Mundo* 182: El Falele después lo secaba, lo rodaba para separar el desperdicio, para cribarlo, darle color y venderlo. *Abc* 18.3.75, 44: El padre Díez-Alegría se separa de la Compañía de Jesús, según ha hecho público en una nota en la que explica su decisión. MCalero *Usos* 68: Los vaqueros sabían que si después del desahijado se atetaba otra vez, por más que hicieran, siempre volvía otra vez con la madre, y era difícil separarle. **b)** *pr* Dejar [una pers. o cosa] de estar unida o próxima [a otra (*compl* DE)]. *Tb sin compl* DE, *con suj pl.* | * Al llegar a este punto, los caminos se separan.
2 Hacer que [una pers. o cosa (*cd*)] no esté unida o próxima [a otra (*compl* DE)]. *Tb sin compl* DE, *por consabido, o con cd pl. Tb fig.* | Carandell *Inf* 11.11.74, 21: Acabo de regresar de un viaje por tierras burgalesas, desde la ribera del Duero, de Roa a Peñaranda, y las sierras que por el Este separan Burgos de Soria y de la Rioja, hasta el gran páramo. Lorenzo *Abc* 4.3.75, 49: No sienten el uno por el otro mayores simpatías; les separaba en las afueras: la estima de la obra; para Meléndez, las de Forner son "duras y desabridas".
3 Hacer que [dos o más perss. (*cd*)] cesen de pelear. | *Inf* 7.10.75, 36: Sobre las 19,45 horas de ayer día 6, con motivo de intervenir uno de los funcionarios de servicio en el Centro Penitenciario de Ocaña para separar a dos internos que se agredían entre sí, se produjo una reacción inesperada en un numeroso grupo de internos.
4 Hacer que [una pers. (*cd*)] deje de vivir [con otra (*compl* DE)]. *Tb en pl con sent recíproco.* | *Tri* 15.7.72, 20: Que las instituciones y centros de menores sin familia, abandonados o separados de ella, actúen como verdaderos sustitutivos de aquella. **b)** *pr* Dejar de vivir [una pers. con otra (*compl* DE)]. *Frec con suj pl con sent recíproco. Esp referido a matrimonios o parejas.* | J. LFranco *Sem* 21.12.74, 72: Al fin, Karina acabó por admitir la amarga realidad: hace un mes que se ha separado de su marido, y vive actualmente sola en su pequeño apartamento. *HLM* 6.1.75, 7: Simon Alexander, de treinta años, acertó el año pasado cuando dijo .. que Richard Burton y Liz Taylor se separarían.
5 Distinguir o diferenciar [dos cosas o una de otra]. | *Pad* nº 21.34: El cerebro humano está ordenando permanentemente todos los ruidos, sonidos, gritos, palabras..., registrando también los súbitos silencios. Si no fuera capaz de separarlos en "importantes" .. y "no importantes" (no hace falta registrarlos), todos los hombres se ahogarían literalmente en un mar de ruidos.
6 Quitar [a alguien (*cd*)] una cosa que tenía por derecho (*compl* DE)]. *Tb sin compl* DE, *por consabido.* | *Compil. Vizcaya* 643: Los [herederos] comprendidos en los números 1º, 2º y 3º de dicho artículo podrán ser excluidos sin fórmula especial de apartamiento, siempre que conste claramente la voluntad del testador de separarlos de su herencia. **b)** Hacer que [alguien (*cd*)] deje de desempeñar [un empleo o cargo (*compl* DE)]. *Tb sin compl* DE, *por consabido. A veces el cd es refl.* | CSotelo *Abc* 15.4.75, 11: No la había violado [la legalidad] al aceptar la renuncia de García Prieto y designar a Primo de Rivera, porque le correspondía la misión de nombrar y separar libremente a sus ministros.

separata *f* Ejemplar de una impresión independiente que se hace de un artículo de una revista o de un capítulo de una obra, aprovechando los moldes de estas. | ZVicente *Traque* 255: El profesor Palissy no ha tenido en cuenta mi descubrimiento, lo que no me explico, yo le mandé separata. **b)** Suplemento especial monográfico [de una revista o de un diario]. | *SDBa* 10.6.77, 1: Diario de Barcelona ofrece hoy a sus lectores otra de sus separatas dedicada a informar sobre las opciones electorales que se presentan a los catalanes ante el próximo 15 de junio.

separatismo *m* **1** Tendencia o doctrina que propone separar políticamente una región de la nación a que pertenece. | DPlaja *El español* 108: Madariaga sostiene que las dos constantes del español son el separatismo y la dictadura.
2 Cualidad de separatista. | * El separatismo de H. es fingido.

separatista *adj* Del separatismo. | Arenaza-Gastaminza *Historia* 243: La participación del elemento criollo acusó la tendencia separatista de la sublevación. **b)** Partidario del separatismo [1]. *Tb n.* | *Abc* 9.2.75, 23: Los rebeldes separatistas han irrumpido hoy en Asmara por primera vez en los últimos cinco días.

separatorio -ria *adj* (*raro*) Separador. | Souvirón *Abc* 19.11.57, 15: No le dice al hombre blanco que le oiga, que le escuche, desde un mismo mundo, sino acentuando la línea separatoria.

sepelio *m* (*lit*) Entierro (acción de enterrar un cadáver). | *Abc* 10.12.70, 27: Se adoptaron extraordinarias precauciones para impedir aglomeraciones de público durante el sepelio.

sepia I *f* **1** Jibia (cefalópodo). | Bustinza-Mascaró *Ciencias* 132: La sepia y el pulpo son parecidos al calamar.
II *adj* **2** [Color] pardo amarillento oscuro. *Tb n m.* | L. M. Lorente *MHi* 2.64, 50: Ha dado lugar a un sello de ocho cruceiros, en color sepia y tirada de cinco millones de ejemplares. GPavón *Hermanas* 48: Muchas de las fotos estaban ya en pleno crepúsculo de sus sepias. **b)** Que tiene color sepia. | Cela *Judíos* 19: Enfrente, verdinegra y sepia, empieza a despertarse Castilla la Vieja.

sepiolita *f* (*Mineral*) Mineral poroso, ligero y de color blanco grisáceo, constituido por silicato magnésico hidratado. | *País* 10.7.77, 14: Uno de los primeros yacimientos de sepiolita del mundo se encuentra en Vallecas y llega hasta Toledo.

sepsis *f* (*Med*) Septicemia. | Nolla *Salud* 220: Las infecciones cutáneas .. y las de las heridas suelen ser debidas a estafilococos y estreptococos; estas bacterias pueden pasar a la sangre y producir infecciones generalizadas (sepsis).

septembrino -na *adj* Del mes de septiembre. | Cierva *Derechas* 36: Todo se vino abajo con el grito revolucionario de septiembre de 1868: la Gloriosa Revolución septembrina. Aldecoa *Cuentos* 1, 75: En las orillas [de la carretera], la lluvia se amansaba ..; en las orillas, la serenidad del campo septembrino.

septena *f* Conjunto de siete unidades. *Gralm con un compl* DE. | SSolís *Camino* 33: Le repetía machaconamente que rezara todos los días el Santísimo Rosario y la Septena de Padrenuestros a la Virgen.

septenado *m* Septenato. | F. I. Cáceres *Cór* 29.8.76, 9: Realizada con vigor y con imaginación, esta operación decisiva permitió a Giscard D'Estaing arrancar con éxito durante los primeros meses de su septenado.

septenal *adj* Que dura siete años. | Areilza *Abc* 21.3.75, 3: Francia es una democracia semipresidencialista septenal.

septenario – séptuple

septenario *m* Ejercicio devoto que se practica durante siete días seguidos. | *Not* 12.4.74, 15: Terminó el septenario en honor de la Virgen de los Dolores.

septenato *m* Septenio. *Referido a la duración de un mandato.* | J. Esteban *D16* 1.5.88, 2: Como protocolariamente el primer título debía ser para el presidente de la República, se había decidido que el del año 1986 fuese para el presidente Pertini, que en esas fechas habría terminado su septenato.

septenio *m* Período de siete años. | Aguilar *Experiencia* 677: Aquel septenio del primer período me sirvió para trabajar intensamente la arcilla, dominándola y moldeándola. L. Calvo *Abc* 14.11.70, 35: Se predijo que [De Gaulle] no llevaría a término su septenio y que su vida sería precaria.

septentrión *m* (*lit*) **1** Norte (punto cardinal). | Ortega-Roig *País* 10: El punto opuesto al Sur es el Norte o Septentrión.
2 Parte [de un territorio o lugar] que está hacia el norte. | Escobar *Itinerarios* 46: En algunos pueblos del septentrión castellano usan tijeras para estas operaciones.

septentrional *adj* (*lit*) Del norte. | Ortega-Roig *País* 26: La Meseta Septentrional es más elevada que la Meseta Meridional.

septeto *m* (*Mús*) **1** Conjunto de siete instrumentos. | *Ade* 11.3.91, 6: Concierto en Salamanca. "The Consort of Musicke", un septeto de lujo.
2 Composición o parte musical para siete instrumentos. | Subirá-Casanovas *Música* 70: De esta misma época son gran número de divertimentos, septetos, sextetos, serenatas nocturnas, sinfonías concertantes, casaciones, etcétera.

septicemia *f* (*Med*) Infección general del organismo por el paso a la sangre de diversos gérmenes patógenos procedentes de supuración, sin localizarse en un órgano determinado. | Nolla *Salud* 244: Para que aparezca septicemia es indispensable que las bacterias pasen al torrente circulatorio.

septicémico -ca *adj* (*Med*) De (la) septicemia. | Navarro *Biología* 256: En los enfermos de carbunco es muy corriente encontrar el B. anthracis en la sangre, por lo que su infección es de tipo septicémico.

septicida *adj* (*Bot*) [Dehiscencia] que se realiza hendiéndose los tabiques de separación del fruto. | Alvarado *Botánica* 49: Las cajas propiamente dichas .. se distinguen unas de otras por su dehiscenc[ia], que puede ser: poricida ..; septicida ..; loculicida ..; septífraga.

séptico -ca *adj* **1** (*Med*) De (la) infección. | Navarro *Biología* 252: El vibrio séptico .. origina la gangrena gaseosa. Alcalde *Salud* 310: Gastritis .. que se producen en el curso de los procesos sépticos en general.
2 [Fosa] **séptica** → FOSA.

septiembre *m* Noveno mes del año. *Se usa normalmente sin art.* | *Alc* 1.1.55, 3: Una reunión celebrada en esta capital en el pasado mes de septiembre.

septífraga *adj* (*Bot*) [Dehiscencia] que se realiza rompiendo los tabiques de separación del fruto. | Alvarado *Botánica* 50: Las cajas propiamente dichas .. se distinguen unas de otras por su dehiscenc[ia], que puede ser: poricida ..; septicida ..; loculicida ..; septífraga.

septillizo -za *adj* [Pers.] nacida del mismo parto que otras seis. *Más frec como n y en pl.* | *Mad* 12.12.69, 20: Un nacimiento múltiple (sextillizos o septillizos) se espera para el mes que viene en el University College Hospital.

septimino *m* (*Mús*) Septeto [2]. | Sopeña *Abc* 7.9.66, 61: El paso de un temprano "divertimento" de Mozart al "septimino" de Beethoven .. nos enseña cómo dentro de un estilo cortesano, de música de salón, la juventud de Beethoven responde bien a la herencia, pero empieza ya a socavarla.

séptimo -ma I *adj* **1** Que ocupa un lugar inmediatamente detrás o después del sexto. *Frec el n va sobrentendido.* | *Cocina* 57: Minuta séptima.
2 [Parte] que es una de las siete en que se divide o se supone dividido un todo. | * Le dio una séptima parte de la tierra.
II *n* **A** *m* **3** Parte de las siete en que se divide o se supone dividido un todo. *Gralm seguido de un compl* DE. | Marcos-Martínez *Aritmética* 59: A cada niño le corresponde un séptimo de tarta.
B *f* **4** (*TLit*) Estrofa de siete versos de arte mayor. | Ridruejo *Memorias* 42: Me pidió un poema para una página de homenaje a Bécquer. Lo escribí en unas séptimas endecasílabas –unos medios sonetos– de mi invención y se publicó.
5 (*Mús*) Sonido que en una escala diatónica ocupa el grado séptimo, en sentido ascendente, respecto a la tónica. *Tb el intervalo correspondiente.* | M. Orgaz *MHi* 12.70, 19: "La música está hecha para encantar los oídos..., no para obedecer a reglas abstractas ..", diría el inventor del acorde de séptima dominante.
III *adv* **6** En séptimo lugar. | *VozC* 25.7.70, 5: Tras larga y detenida deliberación, se acuerd[a] por unanimidad .. Séptimo. Conceder los premios "Caja de Ahorros Municipal de Burgos".

septingentésimo -ma *adj* (*lit*) Que ocupa un lugar inmediatamente detrás o después del sexcentésimo nonagesimonoveno. | * El septingentésimo aniversario.

septo *m* (*Anat*) Tabique. | Alvarado *Botánica* 49: Las cajas propiamente dichas .. se distinguen unas de otras por su dehiscenc[ia], que puede ser: poricida, cuando se realiza por poros o agujeros ..; septicida, cuando se verifica hendiéndose los tabiques o septos del ovario.

septoplastia *f* (*Med*) Corrección de la desviación del tabique nasal con reposición plástica del cartílago desviado. | *Sem* 26.4.75, 89: Recientemente, el actor Juanjo Menéndez fue operado de una septoplastia –desviación del tabique nasal–.

septoria *f* (*Bot*) Hongo parásito que produce enfermedades en diversas plantas (gén. *Septoria*). | A. Valle *SYa* 21.7.74, 25: Hongos tan crueles como el mildium [sic], antracnosis, septorias, royas y oidium desaparecen rápidamente si aplica con urgencia una buena "medicación".

septoriosis *f* (*Bot*) Enfermedad causada por septorias. | Cerex *Hoy* 22.12.74, 31: A esta planta le atacan los pulgones, tiña y polilla, plagas que pueden combatirse con facilidad con cualquier producto insecticida. A veces se presentan septoriosis o chancros.

septuagenario -ria *adj* [Pers.] de edad comprendida entre los setenta y los ochenta años. *Tb n.* | S. RSanterbás *Tri* 11.4.70, 20: Belmonte, a quien todos los viejos pontífices de la tauromaquia auguraban una cornada mortal .., llegó a septuagenario.

septuagésimo -ma I *adj* (*lit*) **1** Que ocupa un lugar inmediatamente detrás o después del sexagesimonoveno. *Seguido de los ordinales* PRIMERO *a* NOVENO, *forma los adjs ordinales correspondientes a los números 71 a 79.* | Torrente *Isla* 11: Considero más importante .. que mi septuagésimo aniversario se conmemore .. con la publicación de una novela. Van 4.11.62, 16: Cuando al doctor don Gregorio Modrego celebre su septuagésimo segundo aniversario, se acreditarán los afectos de sus diocesanos.
II *f* **2** (*Rel catól*) Primero de los tres domingos que preceden a la Cuaresma. | Ribera *Misal* 246: Domingo de Septuagésima .. La palabra Septuagésima significa que estamos unos setenta días antes de Pascua. Son propiamente 63 .. Mírese en la Tabla .. en qué día ocurre la Septuagésima. **b)** Tiempo litúrgico que precede a la Cuaresma. | Ribera *Misal* 54: Ciclo de Pascua: Septuagésima: De Septuagésima al M[iércoles de] Ceniza; Cuaresma: Del Miércoles de Ceniza al Domingo de Pasión. Ribera *Misal* 59: Tiempo de Septuagésima . Es como una preparación para la Cuaresma y para la Pascua. Puede empezar desde el 18 de enero hasta el 21 de febrero.

septuagesimo- *r pref* (*lit*) Unido sin guión a los ordinales PRIMERO *a* NOVENO, *forma los adjs ordinales correspondientes a los números 71 a 79.* | *Por ej*: J. M. Bermejo *Ya* 16.5.84, 34: Alto, tranquilo y de mirada penetrante, el doctor Kung Techeng, septuagesimoséptimo descendiente de Confucio, ha impartido en Madrid unaconferencia sobre el tema de su sangre y de su vida: el confucianismo.

séptuple *adj* (*raro*) [Cosa] formada por siete elementos. | P. Narvión *Pue* 26.3.66, 5: El parto séptuple de Bruselas .. El tratamiento .. ya el año pasado había sido la causa de otro nacimiento de quíntuples. **b)** ~ + *n* = SIETE + *el mismo n en pl.* | Laín *Gac* 12.2.66, 8: Ese séptuple crimen.

séptuplo -pla *adj (raro)* [Cantidad] siete veces mayor. *Más frec como n m.* | * El segundo número es séptuplo del primero.

sepulcral *adj* De(l) sepulcro. | CBaroja *Inquisidor* 27: En la capilla de San Antonio .. existe una de las esculturas sepulcrales más hermosas que hay en España. **b)** [Silencio] total. *Con intención ponderativa.* | M. G. SEulalia *Ya* 26.11.78, 9: Al cabo de unos instantes de sepulcral silencio, .. añadió esta insólita aclaración. *Abc* 9.1.72, 13: Quizá fuera peor el silencio casi sepulcral que siguió a continuación.

sepulcralmente *adv (raro)* De manera sepulcral. | Cierva *Ya* 9.11.83, 8: La izquierda cultural, en cambio, ha silenciado sepulcralmente el cincuentenario de la Falange.

sepulcro *m* Obra levantada del suelo para enterrar un cadáver. *Tb (lit) designa una tumba.* | VParga *Santiago* 9: Se descubre por una revelación milagrosa .. el sepulcro del apóstol Santiago el Mayor. **b) santo ~.** Lugar en que fue enterrado Jesucristo. | Vesga-Fernández *Jesucristo* 147: El Santo Sepulcro era una pequeña gruta compuesta por un pasillo corto y estrecho, terminando en una cámara sepulcral.

sepultar *tr* **1** Enterrar (poner [un cadáver] en una sepultura [2]). | Vesga-Fernández *Jesucristo* 107: Señor, mirad que ya hiede, pues hace cuatro días que está sepultado.
2 Cubrir [algo o a alguien] de modo que desaparezca totalmente. *Tb fig.* | Van 28.12.75, 11: Tres mineros de Hunosa, sepultados por un deslizamiento de tierras. M. FAreal *Mun* 19.12.70, 4: Este año estamos abrumados y casi sepultados por la gran cantidad de papeletas con votos. **b)** *(lit)* Introducir [algo] de modo que desaparezca totalmente. | Selipe Ab 11.4.58, 51: Antonio .. llevó a la res a los medios ..; pinchó levemente con la mano en alto, sepultó el acero con travesía y descabelló con acierto.

sepulto -ta *adj (lit)* Sepultado. | Torrente *DJuan* 149: Los que interpretan como simbólica muerte de mi padre –que ya estaba sepulto– la que di a don Gonzalo rizan el rizo de las hipótesis gratuitas. Benet *Nunca* 113: Había algo que me rondaba la cabeza, sepulto en la memoria.

sepultura I *f* **1** Acción de sepultar. | Vesga-Fernández *Jesucristo* 109: Esta se ha adelantado a ungir mi cuerpo para el día de mi sepultura. *DíaCu* 14.5.89, 12: A las diecinueve treinta .. se procedía al inicio de los sagrados ritos: aspersión, sepultura de las reliquias, crismación del ara y las cruces murales, fuego e incensación.
2 Lugar, excavado en el suelo o levantado sobre él, en que se deposita definitivamente un cadáver. | Molinero *Lecturas* 20: En estos cementerios, de centenares y aun millares de sepulturas, se colocaba el cadáver, por lo general, con la cabeza hacia Poniente y los pies al Saliente.
3 *(hoy raro)* Lugar de la iglesia en el que [una familia *(compl de posesión)*] coloca la ofrenda por sus difuntos. | Moreno *Galería* 230: Al llegar la feligresa a la iglesia, vaciaba el cestillo. Extendía en la parte delantera de su sepultura –o territorio parroquial en usufructo– el paño basto y lo cubría con el otro fino, en el que asentaba las tablas.
II *loc v* **4 dar ~** [a alguien]. Enterrar[lo] o sepultar[lo]. | CNavarro *Perros* 105: Su más ferviente deseo era hallar el cuerpo de su madre para darle sepultura en el panteón de la familia.

sepulturero -ra I *adj* **1** *(raro)* De(l) sepulturero [2]. | C. Dávila *Abc* 19.5.74, 13: Ahora tengo aquí, en cualquier rincón de mi cuerpo veintisieteañero, unos cientos de animalejos con vocación sepulturera que en cualquier momento, por no se sabe qué razones satánicas, me pueden enlatar en cinc.
II *m* **2** Hombre que tiene por oficio sepultar muertos. | GPavón *Reinado* 16: En el mismo zaguán del Cementerio el sepulturero Matías estaba sentado en un taburete.

sepulvedano -na *adj* De Sepúlveda (Segovia). *Tb n, referido a pers.* | FVidal *Duero* 184: El caminante se dirige a paso largo hacia las cañonadas que las aguas del Duratón han ido hendiendo sobre la superficie de la tierra sepulvedana.

sequedad *f* Cualidad de seco. | Alcalde *Salud* 315: Los signos locales van acompañados de signos generales importantes, entre los que cabe destacar la pérdida de peso, la sequedad de boca y de la piel. Aguilar *Experiencia* 747: Realicé las pruebas naturales que el editor ha de cumplir: solidez de la encuadernación, punto de sequedad de esta, legibilidad de todas las páginas. Delibes *Señora* 89: La impericia de mi mano, la sequedad de mi cabeza se me antojaban definitivas. Me excité tanto que arrojé los pinceles y los tubos de pintura contra el lienzo. Laforet *Mujer* 176: Blanca estaba roja. Dijo con una sequedad muy rara en ella: –Todos vais buscando lo que deseáis. Mariequis *Caso* 5.12.70, 17: La firma indica una mentalidad regresiva, avaricia, .. egoísmo, sequedad de corazón. Delibes *Inf* 5.5.77, 19: Sobre las ocho de la tarde, en una zona angosta, de fuerte corriente, un buen ejemplar –la contundencia y sequedad de los tirones nunca engañan– asaltó el señuelo. Aleixandre *Química* 220: Evaporado a sequedad y calcinado el producto, se han oxidado totalmente los metales.

sequerón -na *adj (reg)* Seco. *Frec con intención desp.* | Halcón *Monólogo* 87: Comienza a ver en el paisaje sequerón de la meseta los desperdicios de la capital. CBonald *Noche* 125: Ahí las tiene usted, la que anda encamándose así como así, o está sequerona o la empreñan. C. J. Corral *Abc* 25.8.66, 45: Ha podido notar el calor de nuestro sol, .. respirar el aroma a tierra mojada por una lluvia de verano que intensificaba ese olor peculiar .. de los higos sequerones.

sequeroso -sa *adj* Seco (falto de humedad). | Arozarena *Lit. Canarias* 1, 40: El de la cachimba miraba hacia el lado del mar, y el otro contemplaba la muerta, sequerosa, tierra.

sequete *m* Trozo de pan o bollo seco y duro. | FVidal *Duero* 164: Aunque en ocasiones le atormente el redolor del quijal del juicio .., que, al incidir en los trocillos del sequete, sacude latigazos que atraviesan quijada, cuello y se extienden hasta la nuca.

sequía *f* Falta prolongada de lluvias. | GPavón *Hermanas* 20: La sequía de muchos meses mantenía los surcos abiertos.

sequillo *m* Dulce en forma de rosquilla, bizcocho o galleta, de masa seca y no grasienta, frec. cubierto por una capa blanca de azúcar. | Cela *Viaje andaluz* 149: Al final, en pago a su presencia, fue obsequiado, en casa de la novia, con polvorones aromados de limón –perrunas, les llaman–, flores de miel, sequillos y vino dulce. CPuche *Sabor* 62: Me preguntaban: "Pepico, ¿tienes calor, tienes frío, tienes sed, tienes hambre?", y a escondidas me daba un sequillo o una magdalena.

séquito *m* Conjunto de perss. que acompañan [a otra *(compl de posesión)*] con la que tienen relación de obediencia o respeto). *Tb fig.* | J. M. Doñate *Abc* 26.12.70, 53: Una breve referencia que por fortuna dejó escrita en 1585 .. Enrique Cock, de origen holandés, aunque a la sazón arquero del séquito de Felipe II. Espinosa *Escuela* 517: No existe dictador individual, sino todos con séquito de moralistas, consultantes de la Divinidad e intérpretes del vocablo.

sequizo -za *adj* Seco, o falto de humedad. *Con intención ponderativa.* | Goytisolo *Recuento* 80: El día había sido caluroso, y, después de comer, Raúl paseó hasta las laderas sequizas, al sol declinante, sesgado de polvo. Delibes *Castilla* 178: La enjambrazón suele producirse alrededor del 20 de mayo, pero, si el año viene bueno, igual se adelanta quince días, y si viene malo, es decir, sequizo, crudo, sin lluvias, lo mismo no hay enjambrazón.

sequoia *(pronunc corriente, /sekuóya/) f* Secuoya. | Legorburu-Barrutia *Ciencias* 247: Las sequoias gigantes de California llegan también a los ciento treinta metros. L. Echeverría *SYa* 24.6.84, 19: No sabemos cuánto tiempo durará la sequoia si no se pone remedio a su actual decadencia.

ser¹ I *v (conjug* 29*)* **A** *copulat* **1** *Sirve para presentar en forma de pred de la or un adj o un sust (o cualquier otra palabra o sintagma trasladados a estas funciones) que expresan una característica o un conjunto de características pensadas como propias de lo designado en el suj.* | Cabo-DOrtiz *Geografía* 6: El Sol es una estrella. Cuevas *Finca* 137: ¿Quién es ella? Cela *Judíos* 153: Soy de Pedraza. Marsé

ser – ser

Dicen 300: Oye, ¿tú eras de los alemanes o de los otros? Torrente *Isla* 100: Orgullosas de ser como eran y no unas despepitadas al modo de algunas esposas de mareantes. **b) manera, o modo, de ~ →** MANERA, MODO. **c)** *Con predicat sust puede expresar identidad o equivalencia.* | CPuche *Paralelo* 442: El negro Tomás hubiera caído en la red como dos y dos son cuatro. **d)** *Cuando el predicat es un adj de cualidad, ~ se opone a* ESTAR: *~ presenta esa cualidad como permanente, mientras que* ESTAR *la presenta como resultante de algún cambio o evolución observados o supuestos en lo designado por el suj.* | Medio *Bibiana* 14: Parece que no habrá batalla, que todo será más fácil de lo que ella se había imaginado. * Está guapa hoy, aunque no lo es. **e)** *El predicat puede ser una prop adj (introducida por un pron o adv relativos). En este caso el suj (sust o adv sustantivado) frec ocupa el segundo lugar de la or, después del ~:* fui yo quien...; ha sido Juan el que...; es allí donde...; era entonces cuando...; es por esto por lo que... | Arce *Testamento* 33: Era allí donde cocinaban, sin duda. **f)** *(reg o semiculto) A veces el relativo que introduce la prop adj está sustituido por la partícula* QUE: es el propio Juan que...; es allí que...; era entonces que...; es por esto que... | Delibes *Mundos* 83: Es por esto que el tiquis-miquis .. o se corrige o se muere en Chile. Matute *Memoria* 136: Fue por su silencio que me di cuenta de la dureza de mi voz. Matute *Tiempo* 49: Era a su propio corazón que debía liberar. Marsé *Dicen* 96: Fue esa noche que Java empezaría a interrogar a todas las huerfanitas. **g)** *Sin expresión de suj, y con predicat constituido por determinados ns, advs o compls advs de tiempo, enuncia la circunstancia temporal.* | *Abc* 8.6.74, 11: Aunque no oficialmente, ya es verano. V. Zabala *Abc* 29.5.74, 91: No era tarde para dejarse las barbas y los bigotes. J. B. Filgueira *SYa* 6.1.74, 27: Un empleado que abanica dos discos rojos –linternas cuando es de noche–.

2 *Seguido del part de un v tr, forma la constr pasiva, con la que se denota que lo designado en el suj "recibe" o "sufre" la acción significada por el segundo v.* | Vesga-Fernández *Jesucristo* 141: Se lo entregó para que fuese crucificado.

3 *~ de* + *infin* = DEBER SER O MERECER SER + *part. El suj es una prop o un n de acción.* | P. SQueirolo *Inf* 30.5.74, 3: Es de esperar que tomen alguna iniciativa. *Inf* 15.10.75, 19: Hay momentos en que son muy de reconocer palabras como estas.

4 *~ a* + *infin* = DEDICARSE A + *infin* O CONTRIBUIR A + *infin*. | CPuche *Paralelo* 384: Entre las chachas, los porteros, los serenos, los mismos compañeros del almacén, todos eran a llevar recados.

B *intr* ➤ **a** *como simple v* **5** Tratarse de [alguien o algo (suj)]. | Torrente *Señor* 408: Llegó frente a una casa blanca, más allá de una era .. Preguntaron: –¿Quién es?– No respondió hasta pisar los umbrales. Zunzunegui *Camino* 177: –Cómo ha alargado el día .. –Es la primavera que llega.

6 Ocurrir o suceder. | Berenguer *Mundo* 340: Bien sabe Dios que tentado estuve de meterle mano y, si no lo hice, yo no sé por qué fue.

7 *(lit)* Existir. *Tb fig.* | Cunqueiro *Un hombre* 169: Una contaba .. que casara en la orilla del río, donde son verdes prados. Halcón *Monólogo* 88: ¡Aquí fue Numancia! Salvador Haragán 51: Llevo tanto tiempo "no siendo" que ansío encontrarme, nacer. **b) érase** (*a veces*, **érase que se era**). *Fórmula con que comienzan los cuentos infantiles.* | R. Lezcano *Inf* 12.4.75, 20: Érase un pueblo lejano que vivía en una tranquila isla refugiada tras la muralla azul del mar.

8 *(raro)* Estar. *En determinadas fórmulas, seguido de un compl que expresa compañía.* | Ribera *SSanta* 3: El Señor sea con vosotros. Goytisolo *Recuento* 297: De seguida soy con usted, dijo el funcionario que había respondido al saludo de Raúl. **b)** Tener su lugar propio o su sede. *Con un compl que expresa lugar.* | MGaite *Visillos* 35: –¿Es aquí el Instituto? –¡El Instituto? Sí. Aquí. MGaite *Fragmentos* 21: La cogió del brazo y en la otra mano llevaba su maleta –Aquí es. Pasa.

9 *Acompañado de una indicación de hora:* Marcar el reloj [la hora que se expresa (suj)]. | DCañabate *Abc* 19.11.74, 66: Hace pocas noches, serían las once, .. iba yo por la calle de la Princesa abajo.

10 *Acompañado de una expresión de precio:* Valer o costar. *Cuando la expresión de precio es en pl, el v suele ir tb en pl.* | Torrente *Vuelta* 234: Son tres setenta y cinco, señorita. * ¿Cuánto es esto?

➤ **b** *en locs y fórm or* **11 a** (*o* **de**) **no** + *~ en infin* = SI NO + *~ en ind o subj:* a no ser por ti = si no fuera por ti. *Frec en la constr* A NO *~* QUE + *otro v en subj* = SI NO + *el mismo v en ind o subj:* a no ser que venga = si no viene. | FSantos *Catedrales* 17: Yo quería ya volver a los primeros pasos, y a no ser por Agustinillo me hubiera vuelto a subir los escalones. Nuria *SYa* 15.2.76, 31: Esta vitamina disminuye considerablemente, a no ser que después del desnatado se le agregue especialmente leches vitaminadas.

12 ahí es nada. → NADA.

13 así es. *Fórmula de asentimiento que se usa como o independiente.* | Matute *Memoria* 56: –Tampoco lo sabe la abuela, ¿verdad?– Procuré sonreír lo más parecido a él: –Así es, así es.

14 así sea. *Fórmula con que se manifiesta deseo de que se cumpla lo que se acaba de oír. Frec en plegarias.* | Ribera *Misal* 516: Atended benigno a nuestras súplicas y conservad por vuestra bondad al Prelado que nos disteis .. Por N.S.J.C. .. Así sea.

15 es más. *Precede a la enunciación de un argumento que se acumula a los ya expuestos.* | M. Llano *SAbc* 13.7.69, 53: La escapada del boticario debió resultar catastrófica para la economía de sus hermanas .. Es más: se cuenta en Valmaseda que el matrimonio Ruiz Arruza-Camino de la Rosa llegó a Valmaseda a la búsqueda del cobijo que presta la familia.

16 eso es → ESO.

17 es que. *Fórmula inicial de ors con que se presenta una explicación o una objeción.* | J. Carabias *Ya* 5.7.75, 8: A los extranjeros, más que por su tipo .., se les distingue de los españoles en que suelen estar en la playa leyendo .. –¡Es que hay que ponerse en su caso! MGaite *Visillos* 23: ¿Que no quiere? Será que no quiere tu padre, más bien.

18 ¿es que no? *Se usa al final de una frase, pidiendo confirmación de esta.* | Sampedro *Sonrisa* 107: El mar no es para los hombres; si lo fuera, naceríamos con aletas, ¿es que no?

19 esto es → ESTO.

20 lo que sea sonará. (*col*) *Fórmula con que se expresa la conveniencia o el propósito de despreocuparse de una dificultad que amenaza.* | Mihura *Maribel* 65: –¿Qué voy a hacer entonces? –Espera que él se explique. Lo que sea sonará.

21 no siendo, o **si no es.** Exceptuando. | MGaite *Búsqueda* 29: No siendo para él, yo creo que para todos los demás la Universidad representaba entonces .. un refugio sagrado. Torrente *Isla* 248: Los caballeros venían de paisano, si no era el almirante, que vestía de eso, y le caía bien.

22 (o) **somos o no somos.** *Fórmula con que se comenta que, por el hecho de ser quien se es, se puede o debe hacer algo.* | * –No debías haberte molestado tanto. –Pero bueno, somos o no somos.

23 ¿qué es de + *sust*? = ¿QUÉ OCURRE CON, O CUÁL ES LA SITUACIÓN DE + *el mismo sust*? | Cunqueiro *Un hombre* 14: –¿Qué es de los reyes? –preguntó el extranjero.

24 ¿qué va a ~? (*col*) *Fórmula con que en determinados establecimientos, como un bar, una peluquería o una gasolinera, se pregunta al cliente por su deseo.* | CBonald *Dos días* 109: El camarero .. se levantó calmosamente para saludar. –Buenas tardes, don Miguel. ¿Qué va a ser? .. –Uno solo y uno con leche.

25 sea lo que sea, o **sea como sea** (*lit:* **sea lo que fuere**; **sea como fuere**; **como quiera que sea**). En cualquier caso. *Normalmente precede a una or que expresa algo esencial con respecto a lo considerado accesorio que se ha expresado inmediatamente antes.* | L. LSancho *Abc* 22.10.87, 34: Sea lo que sea, .. lo grave es que los políticos empiecen a dimitir. M. A. Capmany *Tri* 27.4.74, 52: El novelista puede llegar de las regiones amplias, abiertas, luminosas, de horizontes lejanos y espléndidos; sea como sea buscará los callejones húmedos de la ciudad baja. DCañabate *Abc* 24.5.58, 57: Sea como fuere, la montera se quedó en su sitio dispuesta a comunicar sus benéficos efluvios al torero. M. GMora *Abc* 1.6.58, 37: Milagro, admiración, como quiera que sea, algo sutil y misterioso penetraría en el corazón que uno de los caudillos napoleónicos. M. Unciti *Ya* 27.5.72, 8: La sublevación actual de los "hutus" ha contado con la inspiración animadora de los chinos .. que trabajan en las fronteras del país. Sea de ello lo que fuere, algo hay muy cierto.

26 también sería. (*raro*) Solo faltaría. *Gralm seguido de* QUE. | Delibes *Parábola* 110: Se le desorbitan los ojos y chilla: "¡También sería que me muriese aquí como un perro!".

II *loc adv* **27 es decir.** *Introduce la explicación, o a veces la rectificación, de lo que acaba de decirse.* | Vega *Cocina* 64: Sobre la almojabana hay sus más y sus menos. Yo pertenezco al grupo de los "sus menos", es decir, al de los que califican de dicha manera al pastel hecho con harina, queso y miel o azúcar. SFerlosio *Jarama* 125: ¡Bailar, a este tampoco lo dejo yo que baile! .. Es decir .., no lo dejo que baile, pero entiéndeme, si veo que va a hacer el ridículo .. le consiento que se eche un par de bailes o tres, ¿no me entiendes?

28 o sea (*o, pop,* **o séase**). Es decir. *Frec* (*pop*) *se usa expletivamente y alguna vez en la forma* O SEAN *referida a un sust en pl.* | E. Toda *MHi* 2.64, 35: En Los Ángeles hay numerosas empresas dedicadas al negocio del *car wrecking,* o sea, del descuartizamiento de autos. *SMad* 13.12.69, 6: Al escritor –o séase, al plumífero–, en cambio, solo le queda el negro Manzanares. ZVicente *Traque* 122: Pero usted, vamos, no me diga, no es que yo quiera decir que usted, o sea, es un ignorante, no, pero estoy seguro de que no ha oído nunca hablar de "La Bella Easo", ni del "ministerio de jornada". APaz *Circulación* 197: Para la marcha rápida sostenida .. conviene inflar los neumáticos con 0,2 kg más de presión, o sean casi 3 libras más.

29 sea..., sea... (*en pasado:* **fuera..., fuera...**). (*lit*) *Introduce los dos miembros de una disyunción. El segundo* SEA *a veces es sustituido por* O *o por* O BIEN. | *SYa* 10.11.63, 24: Se pueden utilizar discos de 33 1/3 t y 45 t, sea en mono, sea utilizando los auriculares. *Act* 22.10.70, 14: La fibra vinílica .. se emplea con éxito, sea con 100 por 100 o en mezcla, bajo todos los sistemas de hilatura.

30 tanto (*o* **tan**) **es así** → TANTO.

31 un sí es no es (*o* **un si es no es**). Un poco. | Cela *Judíos* 178: La plaza por la que camina el vagabundo, con el temple un sí es no es trémulo y atemorizado, tiene surcos en la piel.

III *loc conj* **32 como sea que.** (*reg*) Comoquiera que. | Riquer *Cervantes* 177: Como sea que el lector no puede evitar la constante comparación con el *Quijote* de Cervantes, forzosamente se siente defraudado a cada paso.

33 siendo así que. Aunque. | Pemán *Abc* 19.11.64, 3: A Pepe Botella .. lo llamaban tuerto, siendo así que .. tenía unos bellos ojos.

ser[2] *m* **1** Lo que existe, esp. viviente. | Legorburu-Barrutia *Ciencias* 23: Los seres naturales pueden ser: seres orgánicos o vivos (animales, plantas); seres inorgánicos o minerales (las rocas). | CNavarro *Perros* 23: Aquello le pareció la cosa más horrible y macabra que a un ser humano podía someterse. Olmo *Golfos* 149: Yo .. era un ser triste y en busca de algo.

2 Existencia. | A. Garrigues *Abc* 27.9.70, 3: Todo .. se ha hecho para el hombre y lo religa a la única dependencia de Dios, de quien recibe el ser y la vida.

3 Esencia o naturaleza. | PRivera *Discursos* 16: Perfeccionar el ser de la propia persona al sentirse capaz y partícipe en la vida de la comunidad y no simple convidada. Castilla *Alienación* 27: Esta forma de alienación .. limita el ser de la mujer a pura cosa erótica. **b)** Modo normal de ser o de presentarse [una cosa] (*compl de posesión*)]. | * La goma cede al estirarla, pero luego vuelve a su ser. **c)** Modo de ser [de una pers.]. | Berlanga *Gaznápira* 73: El sacristán comenta que si, siendo el Capador algo hereje como dicen, no estará mal visto que le invite precisamente don Dimas. –¡Paparruchas! El hombre es de buen ser.

sera *f* Espuerta grande y frec. sin asas. *Tb su contenido.* | Cela *SCamilo* 148: Las criaturas duermen dentro de una sera de esparto o sobre unas mantas. Lera *Olvidados* 58: Discutió largamente el precio de unas cuantas seras de naranjas.

seráficamente *adv* De manera seráfica. | Alós *Hogueras* 52: Se encogió de hombros y sonrió seráficamente.

seráfico -ca *adj* **1** De (los) serafines. | * Visión seráfica. **b)** (*lit*) Angelical. | Torrente *Off-side* 55: Era un imbécil seráfico, un franciscano ateo .. Se casó con una mujer que tenía dos hijos y un amante. No es imbécil ni seráfico. Los cuernos le espabilaron. Umbral *Ninfas* 40: En primer término solía aparecer un doncel, inclinado sobre el tórculo, con una expresión seráfica que escondía en realidad .. el trabajo excesivo.

2 (*lit*) Franciscano. *Gralm referido a orden.* | Ribera *Misal* 1333: Por el grande amor que tenía [San Francisco de Asís] a Jesucristo y a los prójimos se le llama el Serafín, y a su Orden, Seráfica. C. Castro *Ya* 5.11.74, 8: Verdad que yo solo iba al santuario guadalupano de Guápulo, colegio seráfico franciscano.

serafín *m* (*Rel crist*) Espíritu celeste de los que constituyen el primer coro de la primera jerarquía y que se caracterizan por su amor a las cosas divinas. | Villapún *Dogma* 83: Querubines, se distinguen por su gran sabiduría. Serafines, por su encendido amor.

seraje *m* Conjunto de seras, esp. de carbón. | Romano-Sanz *Alcudia* 218: El contratista descuenta el ocho por ciento del total por seraje. O sea, por las seras que pone para pesar el carbón.

serano *m* (*reg*) Tertulia nocturna, al aire libre o alrededor de la lumbre. | Carnicer *Cabrera* 109: Explica ahora lo que es el serano, una reunión nocturna de mozos y mozas, donde estas hilan. –¿Cantan en los seranos? –pregunto. –Más que nada, cuentan historias .. –¿Y qué sale de esos seranos? –De todo, bueno y malo. MCalero *Usos* 26: Estaban los poyos a ambos lados del portón de entrada .. En ellos, en ratos de holganza y de ocio, hacía tertulias y tenía seranos la servidumbre de la casa, hasta que el relente del atardecer, o el cencío que llegaba desde la ribera, les hacía guarecerse.

serba *f* Fruto en forma de pera pequeña, de color amarillo rojizo, que se torna pardo oscuro tras madurar entre paja. | N. Luján *Gac* 4.1.76, 13: Al lado de ellos [de los aguardientes blancos] cuentan otros alcoholes de frutos menos conocidos .., como son entre otros .. el fruto del aliso, la fresa salvaje, .. la serba.

serbal *m* Árbol de la familia de las rosáceas, de tallo alto, recto y liso, hojas compuestas y flores en corimbo, cuyo fruto es la serba (*Sorbus domestica y S. aucuparia*). *La segunda especie se llama tb* ~ DE (LOS) CAZADORES *o* ~ SILVESTRE. | N. Luján *Gac* 4.1.76, 13: Los catadores de estos aguardientes suelen beberlos casi tibios, y los más condescendientes conceden, magnánimos, que se han de tomar a la temperatura de una bodega un tanto fría, o sea de doce grados, a excepción del aguardiente de ciruela y el de aliso o serbal, que pueden calentarse lentamente en la mano. M. Sierra *DMo* 8.8.87, 28: La madera preferentemente empleada por él en la fabricación de sus rabeles era la de serbal de los cazadores. Cendrero *Cantabria* 97: Flora. Estrato arbóreo .. *Sorbus aucuparia* L.: Serbal de Cazadores. Mayor-Díaz *Flora* 545: *Sorbus aucuparia* L. "Serbal silvestre".

serbio -bia (*tb con la grafía* **servio**) **I** *adj* **1** De Serbia (Yugoslavia). *Tb n, referido a pers.* | Marías *Ya* 16.8.79, 5: Yugoslavia .. se llamó oficialmente reino de los serbios, croatas, eslovenos. Vicens *Polis* 478: La mecha la representó el atentado de Sarajevo, en el que pereció a manos de un servio el archiduque Francisco Fernando.

II *m* **2** Idioma serbio [1], o variedad serbia del serbocroata. | *Abc* 19.3.58, 12: Está traducido [el Quijote] a los idiomas y dialectos siguientes: alemán, .. servio, sudafricano, sueco.

serbocroata (*tb con las grafías* **serbo-croata**, **servocroata** *y* **servo-croata**) **I** *adj* **1** De Serbia y Croacia (Yugoslavia). *Tb n, referido a pers.* | J. L. Simón *SYa* 15.6.75, 25: El 28 de junio de 1914 un estudiante bosnio mata al archiduque .. ¿Un crimen de los patriotas serbo-croatas decididos a separarse de la doble corona danubiana para incorporarse a Serbia?

2 De(l) serbocroata [3]. | GYebra *Traducción* 147: La combinación .. se repite por calco en el lat. *somnus profundus,* esp. *sueño profundo* .. | según Josip Jernej, ha pasado incluso a las lenguas eslavas, como el servocroata *dubok san.*

II *m* **3** Lengua eslava meridional que se habla en Serbia, Croacia y otras regiones yugoslavas, y que ha sido el idioma oficial de Yugoslavia. | *Van* 21.11.74, 53: Con una tirada global de 60.000 ejemplares se reparten gratuitamente en sus varias ediciones en español, turco, italiano, griego, servocroata y portugués. RAdrados *Lingüística* 141: También con el tono y con el acento musical se combinan las cantida-

sere – serial

des. De lo primero hay ejemplos en pekinés; de lo segundo, en griego antiguo, lituano y servo-croata.

sere *f* (*Bot*) Serie de cambios que se producen en una sucesión ecológica de una comunidad particular. | *BOE* 12.3.68, 3771: Temario de Botánica ecológica. 1º La vegetación .. 2º La sucesión vegetal .. Priseres y subseres. La sérule. La "climax" como etapa final de la sere.

serenador -ra *adj* (*raro*) Que serena. | MAbril *Ya* 8.6.73, 7: Azorín es el maestro, sin más, de la literatura. Tras sus libros chisporroteantes y "guerreros" .., los libros serenadores.

serenamente *adv* De manera serena [2 y 3b]. | RValcárcel *Pue* 22.12.70, 4: El pueblo español .. se ha plantado, seria y serenamente se ha plantado.

serenar *tr* Hacer que [alguien o algo (*cd*)] pase a estar sereno [1, 2 y 3]. | Laforet *Mujer* 202: La lectura, poco a poco, le serenaba el alma. Anson *Abc* 11.5.74, 3: Salazar, llamado al Poder, serenó al país, resanó la Hacienda. **b)** *pr* Pasar [alguien o algo] a estar sereno [1, 2 y 3]. | Zunzunegui *Camino* 156: Pareció serenarse un poco, pero en seguida volvió a la carga. Discutía y manoteaba iracundo. Laforet *Mujer* 296: La vida espiritual de Paulina se había ido serenando y removiendo en ciclos precisos.

serenata *f* **1** Música dirigida a una pers., que se toca durante la noche frente a su casa. *Frec con el v* DAR. | Cunqueiro *Crónicas* 50: Tan pronto como llegó se convirtió en mi enamorado. Venía a sentarse en la puente de la torre por las noches y me daba serenatas. GGual *Novela* 204: Los demás pretendientes de la novia, tiranos de ciudades italianas, planean intrigas contra ellos. Llaman a Quéreas fuera de su casa con pretextos, y dejan rastros de una serenata nocturna en su puerta; luego calumnian a Calírroe, diciendo a Quéreas que le engaña su mujer. **b)** (*col*) Ruido prolongado y molesto, esp. durante la noche. | *Abc* 25.8.68, 35: Algunos vecinos, que viven cerca de una farmacia, vieron interrumpidos sus sueños por una serenata.
2 (*Mús*) Composición instrumental constituida por una serie de piezas ligeras, de las cuales el comienzo y el final son semejantes a marchas, y las de la parte media, de estilo de minueto. | Subirá-Casanovas *Música* 70: De esta misma época [de Mozart] son gran número de divertimentos, septetos, sextetos, serenatas nocturnas, sinfonías concertantes, casaciones, etcétera.

serendipidad *f* Facultad de hacer un descubrimiento o un hallazgo afortunado de manera accidental. | G. Villapalos *Abc* 3.1.92, 3: Por "serendipidad" encontró Colón las playas de Guanahaní y los esposos Curie las virtualidades radiactivas del torio. **b)** Hallazgo o descubrimiento accidental. | A. Amestoy *SSe* 10.6.90, 4: Sacar un pleno en la Loto y llevarse mil trescientos millones es... una casualidad ..; llegar a cualquier sitio y poder aparcar en la puerta..., una "chiripa"; estar en la cola del paro y enamorarse de la chica de delante que, además, es maravillosa y, encima, te dice que "sí", eso es una "serendipidad".

serenero *m* (*hist*) Toca femenina usada como defensa contra la humedad de la noche. | G. GHontoria *Nar* 6.77, 32: Extraordinaria ha sido la adquisición, gracias a la Cofradía de Camuñas (Toledo), de toda la vestimenta de los Danzantes y Pecados de la fiesta del Corpus, con calcetines, zapatillas, .. sereneros, caretas, varas y sonajas.

sereniano -na *adj* De la Serena (comarca de Badajoz). | E. RSandoval *Hoy* 19.12.76, 26: Nos parece perfecto y encomiable el propósito del doctor Arranz de divulgar conocimientos históricos sobre la comarca sereniana y la región extremeña.

serenidad *f* Cualidad de sereno, esp [3]. | Arce *Testamento* 84: Me incorporé tratando de demostrar una serenidad que estaba muy lejos de tener. Arce *Testamento* 85: El silencio y la serenidad de las cañaveras contrastaba con el temblor constante de mi cuerpo.

serenísimo -ma *adj* **1** *superl de* SERENO.
2 *Se usa, normalmente siguiendo al n* ALTEZA *o precediendo al n* SEÑOR, *como tratamiento dirigido a reyes o príncipes*. | Halcón *Ir* 28: –No es ultraje, serenísimo señor, es un acuerdo tomado por los representantes del pueblo .. –En este momento solo existe un Gobierno, todavía de su alteza serenísima. FReguera-March *Cuba* 286: A la izquierda del trono hallábase la tribuna destinada a Su Alteza la serenísima infanta doña Isabel. **b)** *A veces se usa tb referido a determinadas repúblicas referentes antiguas y a algunos personajes importantes*. | L. Pancorbo *Ya* 18.2.75, 5: Los venecianos son óptimos diplomáticos desde toda la historia. Su República serenísima era potente, pero a la vez sumamente vulnerable. J. Saz *SYa* 5.3.89, 8: Antonio Villar Masó, serenísimo gran maestre del Grande Oriente Español (G.O.E.), es uno de los poco más de dos mil masones que existen hoy en día en nuestro país.

sereno -na I *adj* **1** [Tiempo] despejado y apacible. | * La noche está serena.
2 [Cosa] dulce y apacible. | Laforet *Mujer* 123: Descorrió la cortinilla, recibiendo una pura y serena impresión de belleza. Clarasó *Van* 23.6.74, 76: En Villanueva de la Serena me sorprendió el monumento a la sirena .. Lo de serena es por la tranquilidad. Lo mismo que se dice la mar serena.
3 [Pers.] que no está o no se muestra alterada por ninguna pasión. | Arce *Testamento* 86: Parecía como si de pronto se me hubiesen desatado todos los nervios .. Vomité de nuevo y esta vez pareció que había echado del cuerpo hasta el mismo miedo. Comencé a notarme más sereno. **b)** Propio de la pers. serena. | Gambra *Filosofía* 11: Una serena valoración de las cosas y sucesos exteriores a nosotros mismos.
4 [Pers.] que no está bajo los efectos del alcohol. | Payno *Curso* 128: Tú, qué vas a estar sereno. Tú estás... tú estás más curda...
II *n* **A** *m* **5** Intemperie de la noche. *Normalmente en la constr* AL ~. | Moreno *Galería* 82: Acampaban al sereno, debajo de los sauces del arroyo.
6 (*hoy raro*) Hombre encargado de vigilar las calles durante la noche para seguridad del vecindario. | Carandell *Madrid* 140: Hay quien dice que el sereno no solo es autoridad sino que es la máxima autoridad en la calle durante la noche. **b)** Vigilante nocturno. *Referido a ciertos locales cerrados*. | Zunzunegui *Camino* 214: Vino el sereno del piso, asustado... –¡Abran!... ¿Qué les sucede? [*En un hotel.*] *BOE* 30.12.74, 26404: Sereno. Cuida de la vigilancia nocturna de los locales, especialmente dirigida a la conservación y custodia de mercancías, vehículos, máquinas, documentos y demás efectos de la Empresa.
B *f* **7** (*reg*) Sereno [5]. | Delibes *Inf* 2.6.76, 18: Cuando aprieta la canícula, esta tablada brinda serenas apasionantes. Alós *Hogueras* 42: Antes del alba encontraron al tío Blas. Estaba junto al regueral, tieso y frío de la serena.

sereta *f* (*reg*) Sera pequeña. | Berlanga *Gaznápira* 90: El espartero que malvive gracias al interés de los turistas por las horcas, seretas, capachos y alpargatas.

seri *adj* De un pueblo indio mejicano habitante en el estado de Sonora. *Tb n, referido a pers*. | HSBarba *HEspaña* 4, 411: Se inició la pacificación de Sonora, se montó todo el sistema militar, la línea de presidios, la capitalidad residencial, se terminó con la feroz resistencia de los seris.

seriación *f* Acción de seriar. | *Abc* 23.4.72, 48: La vivienda, pese a ser unifamiliar, puede ser construida con una cierta racionalización y seriación.

serial I *adj* **1** De (la) serie [1]. | GNuño *Escultura* 105: La Dama .. trae manto de pliegues pesados, caídos en zigzag, lo mismo que en las esculturas seriales del Cerro de los Santos. **b)** [Música] que se basa en la serie [1e]. | Goytisolo *Recuento* 468: Una alta burguesía más a remolque que nunca de su propio snobismo, del cine de arte y ensayo y del teatro de vanguardia, de la arquitectura orgánica, la música serial, la pintura informal.
2 (*Informát*) Dispuesto en serie [5]. | *Inde* 15.7.90, 10: Toshiba .. Equipado con un chip 80C86 a 9.54 Mz, .. puertas seriales y paralelas.
II *m* **3** Obra radiofónica o televisiva, esp. novela, que se difunde en emisiones sucesivas. | ZVicente *Balcón* 62: Siempre está la radio alta y se oye un serial gimoteando. *Sáb* 10.9.66, 31: Ahora hace seriales de televisión. **b)** (*col, humorist*) Serie de acontecimientos truculentos o melodramáticos. | Delibes *Voto* 109: –¿Es que va usted a decirme que después de enviudar le hizo un hijo a su suegra? –Tal cual, sí señor, ¿es que le choca? –¡Joder, vaya un serial! **c)** (*Per*) Serie de artículos sobre un mismo tema que se publican en números sucesivos de un periódico o revista. | Torres *Ceguera* 28: Aquella Encarna Alférez, redactora de ínfimos seriales en la revista *Acaso*, ya no existía.

serialismo m (*Mús*) Manera de composición basada en la serie [1e]. | FCid *Ópera* 105: Ginastera parte de un nacionalismo basado en temas, ritmos y características sonoras, para objetivarse más y más cada vez y adoptar un serialismo post-weberniano de sumo efecto. Casares *Música* 169: Otra serie de músicos estaban encontrando otras formas totalmente nuevas de hacer música y diferentes de las anteriores, que conocemos con el nombre de Serialismo integral.

serialización f Acción de serializar. | *Tri* 29.5.71, 25: Dentro de la serialización a que ha conducido la especial configuración público-privada de nuestra ingeniería civil, hay excepciones en las que una obra denota un esfuerzo por cumplir depuradamente sus fines. X. Lloveras *SD16* 23.8.90, IV: Algunas artimañas estilísticas –todos los nombres de personajes son compuestos, Quim Monzó lleva a nuevas exasperaciones su amor por la serialización– sirven para minar desde el fondo la dudosa verosimilitud de la novela.

serializar tr **1** Ordenar [algo] formando una o más series [1]. | Hontañón *Música* 254: No se persigue ya [en el serialismo integral] elegir y ordenar en una serie el sonido "stricto sensu", es decir, su parámetro "altura". Se serializan, conjuntamente, los cuatro parámetros principales del elemento sonoro: la citada "altura" y la "duración", la "intensidad" y el "timbre". **b)** (*RTV*) Disponer [algo] en forma de serie o serial. | M. Santiago *Inf* 19.11.75, 18: Para más "in-ri", la obra en cuestión ["Mi idolatrado hijo Sisí"] fue serializada para Radio Nacional de España el año pasado, emitiéndose durante tres semanas. **c)** Publicar [algo] en capítulos de aparición periódica. | *Ya* 7.10.85, 3: Los periódicos británicos mantienen una guerra editorial cuyo trofeo es la publicación serializada de un libro escrito por la antigua amante de un ex ministro conservador, en el que revela "toda la verdad" acerca del romance.
2 Seriar (hacer en serie). *Gralm en part.* | Aranguren *Moral* 80: El intento de escapar de una comunidad cada vez más serializada, la del nuevo orden industrial y mercantil, es evidente.

seriamente adv De manera seria. | Ferres-LSalinas *Hurdes* 119: Bailan. Hay una apretada multitud de parejas .. Comienzan seriamente, pero luego van alegrando sus caras, sus cuerpos, sus manos. D. Vecino *Ya* 20.6.75, 67: Aunque el precio –por ahora– del caza americano resulta algo menor, no está garantizado, ni mucho menos, que no suba seriamente en el par de años que quedan de desarrollo.

seriar (*conjug* 1a) tr **1** Ordenar [algo] formando una o más series [1]. | Marín *Enseñanza* 322: En los hábitos mentales destaca especialmente la capacidad de observación para .. separar las partes de un todo, clasificar, seriar, etc. **b)** (*RTV*) Disponer [algo] en forma de serie [1c]. *Frec en part.* | *Ya* 22.10.85, 59: Comienza esta noche por la segunda cadena. "Einstein", una biografía seriada sobre el Nobel de Física.
2 Hacer en serie, esp [3a]. *Gralm en part.* | CPuche *Paralelo* 19: Albergaba [el bloque] los almacenes, las capillas .., las escuelas y las oficinas de toda esa ciudadanía seriada y anónima del norteamericano en tierras de misión. A. Cobos *Ya* 6.12.74, 53: En un pasado cercano, la Iglesia intentó, un poco a regañadientes, la sustitución de lamentables imágenes seriadas por imágenes con dignidad artística suficiente. M. Aguilar *SAbc* 16.11.69, 54: La preocupación de los organismos oficiales por las exploraciones radiológicas seriadas en grupos escolares, universitarios, de empresa y en el medio rural por los médicos de sanidad de equipos móviles.

sericícola adj (*E*) De (la) sericicultura. | J. M. Moreiro *SAbc* 9.11.69, 46: Es una comarca que alcanzó plenitud económica en la Edad Media, llegando a ser una de las primeras regiones sericícolas de Europa.

sericicultura f (*E*) Cría del gusano de seda para la obtención de esta materia textil. | Bustinza-Mascaró *Ciencias* 146: La cría de gusanos de seda (Sericicultura) alcanzó en épocas pasadas gran desarrollo en España.

sérico[1] **-ca** adj (*E o lit*) De (la) seda. | Faner *Flor* 64: Diodor deseaba irse a Inglaterra .. Soñaba los ojos de mirar intenso, los labios sensuales, el cabello sérico de doña Catalina.

sérico[2] **-ca** adj (*Biol*) De(l) suero, esp. sanguíneo. | MNiclos *Toxicología* 98: El nivel sérico del hierro asciende hasta 30 ó 40 mg. por litro. J. L. Serna *ElM* 28.3.91, 18: Los otros tipos de hepatitis, la B, C o D son distintas y se denominan séricas. Son enfermedades de tranmisión sexual en la mayor parte del mundo.

sericultura f (*E*) Sericicultura. | Bosque *Universo* 165: Unas inmejorables condiciones fisicohumanas permiten la sericultura en Japón.

serie I f **1** Conjunto [de cosas relacionadas entre sí y que se suceden unas a otras]. *Frec sin compl y en la constr* EN ~. | Marcos-Martínez *Aritmética* 13: Los números uno, dos, tres, .. ocho, nueve..., colocados en este orden, forman la serie natural de los números. Esta serie es ilimitada. Marcos-Martínez *Física* 259 bis: Los calcaroni tienden a reemplazarse por hornos cerrados dispuestos en serie. **b)** Conjunto [de cosas, esp. obras de arte, relacionadas entre sí por el tema, el estilo o la época a que pertenecen]. *Frec sin compl.* | GNuño *Madrid* 174: Pieter Snayers .. nos dejó una donosa serie de hazañas militares españolas de la guerra de los Treinta Años. **c)** (*RTV*) Conjunto de capítulos, frec. con independencia argumental, pero con los mismos personajes básicos y el mismo carácter, que se suceden periódicamente en la programación. | *SPue* 18.4.80, 8: Boca a boca. Una serie de Rosana Ferrero. *Ya* 22.10.85, 59: La serie [Einstein], que consta de cuatro episodios, ha tratado al personaje desde el punto de vista humano. **d)** Conjunto de billetes de los que constituyen el total de un sorteo de lotería. | *SYa* 22.12.91, IV: En la administración de Illescas se vendieron un total de 50 series, entre la 46 y la 95. Hace dos años esta Administración repartió por estas fechas un total de 25 millones de pesetas distribuidos en varios premios menores. **e)** (*Mús*) Conjunto de los doce sonidos de la escala cromática en un orden determinado, gralm. por alturas o frecuencias. | Hontañón *Música* 252: La práctica de la técnica dodecafónica nos la explica .. Luis de Pablo ..: "el compositor escoge libremente lo que se llama una serie, esto es, los doce sonidos de la escala cromática ordenados de una determinada manera".
2 Conjunto numeroso [de cosas o perss.]. | *Pue* 2.2.67, 5: Norteamérica se encuentra en una situación crítica en Asia debido a una serie de errores. Casares *Música* 169: Al mismo tiempo que surgían las revoluciones de la música concreta y electrónica .., otra serie de músicos estaban encontrando otras formas totalmente nuevas de hacer música.

II loc adj **3 en ~**. [Método de fabricación] de un número elevado de objetos, todos iguales y por medios mecánicos. *Tb adv*. | Aranguren *Marxismo* 122: La próxima fabricación en serie de coches de marca italiana y francesa en Rusia. **b) de ~**. [Cosa] fabricada en serie. | FSantos *Catedrales* 183: Ha venido hoy al taller un pájaro francés con un "Gordini" azul de serie pero arreglado para correr en pista.
4 en ~. (*Electr*) [Montaje] caracterizado por el hecho de que la corriente total atraviesa sucesivamente todos los elementos acoplados. *Tb adv*. | Marcos-Martínez *Física* 199: Dos pilas .. están asociadas en serie y acopladas en un circuito por el que circulan 2 amperios. ¿Cuál es la resistencia de la línea?
5 en ~. (*Informát*) [Transmisión] secuencial, o de un bit detrás de otro. *Tb referido al aparato o sistema dotado con ella. Tb simplemente ~, en anuncios*. | *Inde* 15.7.90, 10: Compaq SLT/286 y LTE/286 .. Puertas en paralelo y en serie e interfaces para un monitor externo CGA. *Ya* 7.10.87, 4: Impresora. En este punto, otras dos posibilidades. Una impresora serie o paralelo, ambas opciones están previstas.
6 fuera de ~. Extraordinario o fuera de lo común. *Tb n, referido a pers*. | Arce *Precio* 163: Dinero y un coche fuera de serie. –¿Quién lo duda? Así hace uno lo que le da la gana. RIriarte *Muchacha* 332: Mamá era una mujer fuera de serie. *SYa* 3.12.72, 55: Richard, por amor propio y por ser un fuera de serie, batió en dos ocasiones el récord de la hora.

seriedad f Cualidad de serio. | Benet *Nunca* 15: Las virtudes más notables y significativas de mi familia .. eran el malhumor, el espíritu filistino y la avaricia, lo que en la prensa sensata acostumbraba a definirse como la sensatez, el amor al trabajo y el ahorro. *Van* 11.7.74, 47: El precio de los fascículos se ha mantenido –alarde de seriedad, pese al galope de los costos– desde el primer número.

serigrafía - sermoneante

serigrafía *f* Procedimiento de impresión mediante una pantalla o tamiz de seda, nailon o tela metálica fina, donde se realiza primero el dibujo que se quiere reproducir. | *GTelefónica N.* 983: Milko. Técnicos en serigrafía. **b)** Dibujo reproducido por serigrafía. | *SInf* 11.10.73, 10: El premio Ytamaratí .. en esta oportunidad se marchó a Bélgica, galardonando la obra de Jean-Michel Folon, de treinta y nueve años, por un conjunto de veintidós obras entre acuarelas, serigrafías y tintas chinas.

serigrafiado *m* Acción de serigrafiar. *Tb su efecto.* | I. Barreiros *Abc* 27.2.87, 115: El "double face" es el material favorito de Estrella, con el que realiza grandes cazadoras, envolventes abrigos largos con diversidad de cuellos, líneas "jean" divertidas, a los que acompaña con grabados metálicos, relieves, serigrafiados. *SYa* 19.12.73, 6: Edificio Ribera de Curtidores .. Muebles de cocina, con fregadero de acero inoxidable. Alicatado y serigrafiado hasta el techo en cuarto de baño y cocina.

serigrafiar (*conjug* **1d**) *tr* Decorar [algo] por serigrafía. *Frec en part.* | *GTelefónica N.* 983: Máquinas Dubuit, S.A. .. Serigrafía. La marca de prestigio internacional ofrece la experiencia de más de treinta años en máquinas automáticas, semiautomáticas y manuales, para serigrafiar toda clase de objetos. *As* 30.12.70, 18: Cocina y baño alicatados con baldosín serigrafiado.

serigráfico -ca *adj* De (la) serigrafía. | *GTelefónica N.* 982: Marbay, S.A. .. Confección clisés serigráficos.

serigrafista *m y f* Especialista en serigrafía. | *Van* 4.4.74, 80: Serigrafistas. Faltan oficiales con experiencia profesional.

serija *f* Sera pequeña. | CBonald *Noche* 72: Lo mismo montaba a pelo un mulo o cargaba con las serijas del pienso.

serijo *m* **1** Sera pequeña. | Romano-Sanz *Alcudia* 84: Otras veces [los pastores] tejen serijos y albardas de esparto, o simplemente echan remiendos a unos pantalones u otra prenda.
2 (*reg*) Asiento de pleita o esparto. | GPavón *Reinado* 37: Había conseguido atrapar un serijo y, bien abierto de piernas, dejaba al aire su barriga saludable. GPavón *Abc* 21.2.80, sn: Colocaban [los actores] los trastos y aparejos que solía pedir el paso: baleo peludo, mesa de pino, silla de pleita o serijo.

serilla *f* Sera pequeña. | Ferres-LSalinas *Hurdes* 63: Una muchacha y unos niños quitan las piedras que las azadas encuentran y, echándolas en unas serillas, las transportan hasta la orilla del río, donde las vierten.

serillo *m* Sera pequeña. | Delibes *Ratas* 15: Repartió la paja entre los dos pesebres y la cubrió .. con un serillo de cebada.

serín *m* Pájaro pequeño semejante al canario (*Serinus canarius* y *S. serinus*). | Delibes *Parábola* 133: En la fronda espesa del seto, los serines, los mirlos, los verderones .. revolotean y cantan. Noval *Fauna* 338: El Verderín o Serín (*Serinus canarius*) es un pájaro más pequeño que las especies anteriores, con un plumaje que es una combinación de verde y amarillo azufre.

serina *f* (*Quím*) Aminoácido presente en numerosas proteínas y que es uno de los productos de descomposición de la seda. | Aleixandre *Química* 198: Entre los productos de desdoblamiento [de las proteínas] se encuentran .. Aminoácidos bibásicos. Contienen una función amina y dos funciones ácido .. Oxiaminoácidos, que poseen las funciones amina, ácido y alcohol. Por ejemplo, la serina.

serio -ria I *adj* **1** [Pers.] poco propensa a exteriorizar su alegría o regocijo. | *SYa* 1.6.75, 35: Fernando Cebrián, el actor más serio de la escena española .. No soy un actor triste, pero la mayoría de mis trabajos son de actor triste. **b)** [Pers.] que no sonríe o se muestra pensativa o preocupada. | Cunqueiro *Un hombre* 13: –Porque tú eres extranjero, ¿no? –preguntó el mendigo, serio de pronto. **c)** Hosco o duro. *Tb fig.* | Torbado *En el día* 218: En la guerra muchas veces las cosas se ponen serias. En este brazo me queda la marca de un agujero que me hizo una bala. Torrente *Sombras* 303: Se quejaban en variados tonos y con palabra seria o mordaz de que, habiendo ido a la guerra y padecido en ella, no eran los amos del país.
2 [Pers.] formal y con sentido de la responsabilidad. | J. GPastor *SYa* 5.1.75, 19: Anneline, una chica bien preparada y seria, no se deja conducir por el camino que desean los reporteros. Gala *Campos* 16: En la habitación que yo le voy a ofrecer no viven más que dos músicos .. Serios, trabajadores. **b)** [Pers. o entidad] que cumple honradamente sus compromisos. | *Ya* 10.6.71, 5: Se dice que más del 90 por 100 de los matrimonios se hacen en el mundo por medio de terceros: amigos, agencias muy serias y especializadas, centros de cultura, deporte, etc., y por medio de las familias, sin duda. **c)** Concienzudo. | Escrivá *Conversaciones* 148: Sería preferible dedicar esos años a una preparación seria.
3 Propio de la pers. seria [1 y 2]. | MGaite *Nubosidad* 79: Me tropecé, de lejos, con los ojos serios de Eduardo. J. Carabias *Ya* 25.4.75, 8: Lola Flores .. ha venido elegantísima... Un traje muy serio de gasa, todo cerrado y amplio. Amable *Sáb* 27.4.74, 47: Exige que los que le escriban lo hagan en plan serio y con fines nobles.
4 [Propuesta o compromiso] que se formula asumiendo sus consecuencias. | * No le hicieron una proposición seria. * Hay un compromiso serio con la casa.
5 [Cosa] importante o trascendente. | LMiranda *Ateneo* 181: El Ateneo no sirve para examinarse; sirve para cosas más serias. Castellanos *Animales* 67: Una fuerte secreción de saliva o mal olor del aliento es siempre indicio de enfermedades serias. **b)** [Obra de arte o intelectual] cuya finalidad no es la mera diversión y que aspira a ser considerada de cierta importancia. | Casares *Música* 186: La música se ha convertido en uno de los lenguajes favoritos de la juventud, pero una música diferente a la "seria" o "clásica". J. GPastor *SYa* 1.6.75, 17: Olga, por el cine serio .. No solo estoy contra el cine "porno" –ha dicho–, sino que, además, sería incapaz de salir desvestida delante de una cámara.
6 (*Taur*) [Toro] cuajado, grande y bien dotado de cuernos. | J. Vidal *País* 15.5.77, 42: El sexto, un cinqueño .. grandón, serio y feo, salió manso.
II *loc adv* **7 en ~**. De manera formal y responsable. | Olmo *Golfos* 115: –¡Pero bueno! ¿Habláis en serio? –¡Anda ese! ¡Con lo que sale ahora! **b)** Intensa y concienzudamente. | * Trabaja en serio. *SYa* 24.11.74, 31: Noventa minutos con Pablo de la Fuente, pintor de retratos .. Llevo veinte años pintando en serio, preferentemente figura.

seriógrafo *m* (*Med*) Aparato para hacer radiografías en serie. | *Ya* 3.11.86, 40: El "padre" del seriógrafo instala en Morata una fundación para el "estudio del hombre".

sermón *m* **1** Discurso de carácter religioso o moral, esp. pronunciado por un sacerdote en la iglesia. | DPlaja *El español* 111: El orgullo de Madrid .. no ha parado de subir .. Desde el refrán "De Madrid al cielo" .., al increíble sermón en que el sacerdote advirtió que, cuando las tentaciones de Jesucristo, este tuvo suerte con que los Pirineos le ocultasen a Madrid, porque, si no, hubiera probablemente aceptado el regalo.
2 (*col, desp*) Exposición, gralm. larga, con que se reprende o aconseja a alguien. | Laforet *Mujer* 185: Una sola vez la había sorprendido el tal muchacho con una lógica clara, cuando ella le hizo un sermón persuasivo, más largo que de ordinario.

sermonario -ria I *adj* (*raro*) **1** De(l) sermón. | * Fue una charla más bien sermonaria.
2 Que pronuncia sermones. | G. Fabra *SInf* 26.12.74, 12: Breton, contrario a cualquier teodicea, siempre predicador y aun sermonario, nos habla como un teólogo de otros siglos.
II *m* **3** Libro que contiene sermones [1]. | RMoñino *Poesía* 102: Tal vez al fervor popular le bastaba con la prosa ascética y mística, con los sermonarios –muy multiplicados–, con las biografías apologéticas de santos.

sermoneador -ra *adj* (*col, desp*) [Pers.] que sermonea, esp [1]. *Tb n.* | MCachero *AGBlanco* 128: Este es –debe ser– un artista puro, nunca un preocupado, interesado sermoneador. **b)** [Cosa] que implica sermón, esp [2]. | Miret *Tri* 29.12.73, 61: Las recetas morales y las exhortaciones sermoneadoras han fracasado. C. SFontenla *Sáb* 8.2.75, 59: Se dice que las películas del Este son "aburridas", "lentas", "sermoneadoras".

sermoneante *adj* (*col, desp*) Sermoneador. | Marquerie *Abc* 25.10.73, 17: Quizá sea esta la respuesta más concreta, matizada y original, puesto que excluye del tablado todo lo pedagógico-didáctico, lo sermoneante, lo propio de otros menesteres: tribuna, cátedra, púlpito.

sermonear A *tr* **1** (*col, desp*) Echar sermones [2] [a alguien (*cd*)]. *Tb abs.* | MSantos *Tiempo* 23: Decidieron abandonar la pensión no sin sermonearme previamente. *Tri* 12.12.70, 37: Creo que ganaremos todos .. si dicho señor se deja de sermonear sin fundamento.
B *intr* **2** Echar sermones [1]. | CSotelo *Inocente* 104: Son abogados de las mujeres de la limpieza, por ejemplo, los editorialistas de los periódicos, los caricaturistas y los que sermonean en las parroquias. Torrente *SInf* 10.5.79, 8: Hoy se habían instalado en la plaza Mayor unos propagandistas evangélicos .. Cantaban canciones religiosas y sermoneaban después.

sermoneo *m* (*col, desp*) Acción de sermonear. | Anson *Abc* 11.10.74, 3: En España, hoy, no es difícil tropezarse con algún alto financiero .. o con aquel aristócrata ahembrado y carininfo, convertido en comunista de salón, que recita con monótono sermoneo las máximas de Mao, entre "whisky" y "whisky".

sermonero -ra *adj* (*reg*) Aficionado a sermones. *Tb n.* | J. Hermida *Abc* 18.8.73, 11: Si el reverendo Ike fuera blanco y rubio .., entonces se iba a llevar a la gente sermonera de este país de calle.

serna *f* **1** Porción de tierra de sembradura. | Benet *Volverás* 48: Los pocos predios y sernas que han sido susceptibles de cultivo quedan arrasados pronto bajo unos palmos de azulada arcilla cámbrica.
2 (*reg*) Tierra labrada y sembrada. | MCalero *Usos* 41: Cuando se sembraba, dejó de ser pardala y se llamó serna, que perdió su nombre cuando macollada recibía su primer arico, y entonces se la dijo senara.

seroalbúmina *f* (*Fisiol*) Albúmina del suero sanguíneo. | Navarro *Biología* 24: Albúminas. Solubles en agua .. Ej., ovoalbúmina (en la clara del huevo), lactoalbúmina (en la leche), seroalbúmina (en el suero sanguíneo).

seroglobulina *f* (*Fisiol*) Globulina del suero sanguíneo. | Navarro *Biología* 112: Las sustancias proteicas características del plasma son: la seroalbúmina, la seroglobulina y el fibrinógeno. [*En el texto*, sero-albúmina, sero-globulina.]

seroja *f* (*reg*) Viruta que se saca del tronco de los pinos resineros al hacerles el corte para que segreguen la resina. | Escobar *Itinerarios* 44: Arde una lumbre descomunal, atizados los cándalos del pinar con ramera, piñas y serojas.

serología *f* Estudio de los sueros y de sus reacciones inmunológicas. | * La serología ha tenido un gran desarrollo.

serológico -ca *adj* De (la) serología. | Villalaín *SInf* 2.12.70, 15: Hubo necesidad de realizar exámenes de grupos serológicos, antropológicos, antropométricos, etcétera, con cada uno de los quince padres, las quince madres y los quince recién nacidos. **b)** De los sueros. | Tejedor *Arte* 226: Se ha profundizado en las reacciones serológicas, que, a más de su importancia clínica, han servido para establecer relaciones de parentesco entre los grupos zoológicos y botánicos.

serón[1] *m* **1** Doble bolsa de esparto, que cuelga a ambos lados del lomo de una caballería y que se emplea para transportar carga. *Tb su contenido.* | CBonald *Dos días* 111: Cruzaba un burro cargado hasta los topes de vasijas de barro, los botijos y los lebrillos colgando del serón casi a ras del suelo.
2 Sera grande. | VMontalbán *Rosa* 127: Se fue hacia la estufa para comprobar la carga. De un serón de esparto tomó cuatro tacos de madera.

serón[2] **-na** *adj* (*reg*) De la Serena (comarca de Badajoz). *Tb n, referido a pers.* | E. GCalderón *Hoy* 23.7.76, 13: Y don Pedro de Valdivia, que para eso era "serón", puso a la nueva urbe, sita en pleno corazón araucano, un sonoro nombre: Era un doble homenaje. A su patria chica, Villanueva de la Serena .., y a su región.

serondo -da *adj* [Fruto] tardío. *Tb* (*lit*) *fig.* | MMariño *Abc* 3.9.68, 9: Los frutos serondos –especialmente el maíz–, se recogen sin haber alcanzado sazón. ZVicente *Voz* 21: El público le iba naciendo, le seguiría naciendo día a día: Bécquer. Es un fruto tardío, una seronda madurez acosándole el habla, una sombra leve perfilándole: Bécquer.

seronegativo -va *adj* (*Med*) [Pers.] cuyo suero sanguíneo no contiene anticuerpos específicos. *Tb n.* | *Ya* 28.1.92, 24: Un francés al que habían diagnosticado el sida en 1985 pedirá una indemnización de al menos tres millones de francos, ya que dos años después resultó ser seronegativo.

seronero -ra *m y f* Pers. que fabrica o vende serones[1]. | Cela *Viaje andaluz* 299: En una taberna .. se hizo amigo del negro Paulo Mampoy .., seronero de oficio.

seropositivo -va *adj* (*Med*) [Pers.] cuyo suero sanguíneo contiene anticuerpos específicos. *Tb n.* | *ElM* 22.2.90, 3: Lazareto vergonzante donde, en realidad, se sepulta a los seropositivos, la penitenciaría española incumple, no ya su constitucional misión de regenerar y reintegrar socialmente a los cautivos, sino la mínima de velar por su salud. *Ya* 22.6.90, 61: El estudio .. fue elaborado en 1988 por científicos suecos y daneses, que examinaron a 803 personas infectadas por el virus del sida (seropositivas).

seroprofilaxis *f* (*Med*) Profilaxis mediante inyección de sueros inmunes. | Nolla *Salud* 224: Forman parte de la seroprofilaxis las inyecciones de gamma globulina humana, pues se ha podido comprobar que los anticuerpos están contenidos en esta fracción del plasma.

serora *f* (*reg*) Mujer que cuida de una iglesia. | M. Unciti *VNu* 5.6.71, 7: Durante estos años, hombres de la familia han trabajado como sacristanes al tiempo que sus mujeres ocupaban el puesto de "seroras", encargadas de la limpieza, del orden, de las colectas en los oficios litúrgicos. CBaroja *Brujas* 206: La costumbre de que en las iglesias intervengan mujeres en función de sacristanas (las llamadas "seroras") le parece un abuso execrable.

serosidad *f* (*Fisiol*) Líquido seroso, que puede ser normal o patológico. | Navarro *Biología* 164: Entre las dos hojas del pericardio existe una serosidad o líquido pericárdico.

seroso -sa *adj* (*Anat*) **1** Semejante al suero. | *Abc* 31.10.75, 88: La punción debe realizarse con cuidado, dejar incluso una pequeña parte de líquido seroso y no afectar zonas anatómicas cercanas al peritoneo.
2 [Membrana] que produce serosidad. *Tb n f.* | Bustinza-Mascaró *Ciencias* 28: El tejido conjuntivo llamado membranoso forma las llamadas membranas serosas. Navarro *Biología* 164: El pericardio es la hoja membranosa que envuelve al corazón. Es una serosa que, como todas ellas, consta de dos hojas muy delgadas, una visceral y otra parietal.
b) De (las) serosas. | Alvarado *Anatomía* 93: Las paredes del corazón se componen de tres capas: una exterior, de naturaleza serosa (pericardio); otra interna, endotelial (endocardio), y otra media, muscular y muy gruesa (miocardio).

seroterapia *f* (*Med*) Tratamiento terapéutico con sueros, esp. de animales inmunizados. | Alvarado *Anatomía* 156: La inmunización artificial puede ser por vacunación o por seroterapia.

serótino -na *adj* (*lit*) Tardío. | Cunqueiro *Un hombre* 175: ¿No es ya la hora serótina y viene la noche con sus pasos hoscos?

serotonina *f* (*Fisiol*) Sustancia transportada en las plaquetas, de acción vasoconstrictora y favorecedora del peristaltismo intestinal. | F. Merayo *Ya* 6.11.74, 46: Los iones positivos .. aumentan la secreción de serotonina en el torrente sanguíneo.

serotonínico -ca *adj* (*Fisiol*) De (la) serotonina. | Vega *Corazón* 59: Disfunciones adrenérgicas, colinérgicas, serotonínicas.

serpeante *adj* (*lit*) Que serpea. | PCarmona *Burgos* 125: Otro ornamento que se halla con alguna frecuencia en las pilas burgalesas es la fronda serpeante. M. González *Ade* 7.10.91, 14: Transitar por la[s] serpeantes carreteras.

serpear *intr* (*lit*) Serpentear. | Torrente *DJuan* 284: La sierpe llegó en seguida, como de paso. Dijo: "Estás muy guapa, Eva", y siguió serpeando por la vereda. Torrente *Off-side* 36: Las callejas .. serpean al pie de las torres de pizarra.

serpentaria *f Se da este n a diversas plantas, esp a la Aristolochia serpentaria, cuyo rizoma posee propiedades contra la mordedura de las serpientes.* | C. Justel *SPue* 18.4.80, 7: Otra [planta] es la serpentaria, que se vendía hace tres mil años en los bazares hindúes como remedio a picaduras de serpiente.

serpentario *m* Lugar destinado a la cría o a la exhibición de serpientes. | Bustinza-Mascaró *Ciencias* 297: El hombre saca provecho de los animales .. privándoles de libertad durante más o menos tiempo de su vida, como .. las serpientes de los "serpentarios", en donde se obtienen los sueros antivenenosos. *Ya* 12.9.85, 17: Un soberbio y venenoso ejemplar hembra de la serpiente "barba amarilla", de la selva hondureña, ocupa desde ayer un[a] instalación del serpentario del Zoo de Madrid.

serpenteante *adj* Que serpentea. | Delibes *Mundos* 47: Desde la altura, la carretera serpenteante semeja una senda de cabras excavada en la ladera.

serpentear *intr* Moverse o extenderse formando numerosas curvas y contracurvas. | Ortega-Roig *País* 33: El río que serpentea formando meandros es el Ebro.

serpenteo *m* Acción de serpentear. *Tb fig.* | E. RMarchante *Abc* 10.8.85, 30: Eso, y el serpenteo de cada estreno en multitud de fiestas, que cada una arrastra el espíritu del correspondiente evento (detectivesco, de "vodevil", tierno o clásico).

serpentiforme *adj* (*E*) Que tiene forma de serpiente. | Pericot-Maluquer *Humanidad* 68: A partir del Magdaleniense medio hay abundancia de motivos geométricos: rayados, .. serpentiformes, etc.

serpentín *m* Tubo que forma una línea espiral o quebrada y que se emplea esp. en aparatos de destilación, calefacción o refrigeración. | *Rev* 10.57, 16: El agua se extrae de un lago vecino a unos 13°, circula por el interior de un cambiador de calor, por cuyo serpentín se hace pasar gas freón. CBonald *Casa* 163: Se trataba de un viejo alambique .. La parte que debía ser la caldera estaba intacta, y el serpentín, un poco comido por la herrumbre.

serpentinamente *adv* (*raro*) De manera serpentina [1]. | Marquerie *Pue* 2.11.70, 11: Alegran también el espectáculo las bellas chicas go-go que en la pista y en el escenario ondulan serpentinamente con arreglo a los ritmos ye-yes, al principio y en el epílogo de la pieza.

serpentinizarse *intr pr* (*Mineral*) Transformarse en serpentina [5]. | Alvarado *Geología* 52: Sus minerales integrantes [de la peridotita] se serpentinizan con facilidad, transformando esta roca en la llamada serpentina, muy apreciada.

serpentino -na **I** *adj* (*raro*) **1** Que tiene forma ondulada. | Peraile *Ínsula* 108: La Navidad se acicala en la antecapilla, con perifollos serpentinos y manuales primores monjiles.
2 (*Mineral*) [Mármol] que contiene serpentina [5] o es de color verde abigarrado. | CBonald *Casa* 35: Honró su memoria mandándole erigir un panteón de mármol serpentino.
II *f* **3** Tira arrollada de papel de color que se desenrolla cuando se lanza. | Ortega *Americanos* 27: Una reunión monstruo con *majorettes* frenéticas, con confetti, serpentinas, globos.
4 (*Taur*) Remate de una larga por bajo, en que el capote describe un zigzag alrededor del cuerpo del torero. | Quiñones *Viento* 55: El berrendo se revolvió, y Manuel lo recogió con dos verónicas ..; luego, después de otra corta persecución, remató en serpentina, saliéndose alegre y precipitadamente de la cabeza del toro.
5 (*Mineral*) Roca metamórfica verdosa constituida por silicato de magnesio, alguna de cuyas variedades es susceptible de hermoso pulimento. | Pericot-Maluquer *Humanidad* 139: En el Próximo Oriente la fabricación de vasijas y objetos de todas clases alcanzó un altísimo nivel, y las vajillas de alabastro, serpentina, .. suplantaron a la cerámica.
6 *Se da este n a las plantas Arum dracunculus, Dracunculus vulgaris, Veronica tenuifolia y V. agrestis.* | Remón *Maleza* 120: Especie: V[erónica] *agrestis* L. Nombre común: Verónica rústica, Triaca, Serpentina, Pamplina basta.

serpeo *m* (*lit, raro*) Acción de serpear. | Goytisolo *Recuento* 153: Del monumento a Colón .., pocos días antes todavía engalanado, banderas y gallardetes, ofrendas florales de aniversario, una riada de plátanos discurriendo con ligero serpeo.

serpeta *f* Cochinilla parásita del naranjo (*Mytilaspis citricola*). *Tb la enfermedad que produce.* | V. Mundina *Ya* 8.8.86, 24: Algunos insecticidas fosforados como el Malathión se han mostrado eficaces en el tratamiento de las "cochinillas de los agrios", especialmente sobre las "serpetas" y la "cochinilla algodonosa".

serpiente I *f* **1** Reptil sin patas, de cuerpo cilíndrico y largo recubierto de escamas. *Diversas especies se distinguen por medio de compls o adjs:* DE ANTEOJOS, DE CASCABEL, etc. | Cunqueiro *Un hombre* 13: Se fijaba en las ricas ropas, en la hebilla del cinturón que figuraba una serpiente que se anillaba en un ciervo. Bustinza-Mascaró *Ciencias* 185: La serpiente de cascabel es americana .. Las serpientes de anteojos o cobras son africanas o asiáticas. **b**) Piel de serpiente. | Van 7.3.71, 2: Zapatos combinados en serpiente y charol. **c**) (*Rel catól*) *Se usa como símbolo del Demonio.* | Peña-Useros *Mesías* 28: Dijo Dios a la serpiente: "Pongo perpetua enemistad entre ti y la mujer" .. Dios no los abandonaba para siempre, pues algún descendiente suyo acabaría derrotando a la serpiente. La victoria última no sería del demonio.
2 ~ de verano. (*Per*) Información, fantástica o no, que es materia de comentarios cuando hay escasez de noticias interesantes, como suele ocurrir en verano. | *VNu* 28.12.74, 5: El "caso Fabara" fue una especie de serpiente de verano eclesial. *País* 21.8.77, 6: Los incendios forestales de Galicia son mucho más que una serpiente de verano.
3 (*Econ*) Margen de fluctuación de los cambios acordado para un conjunto determinado de monedas. *Frec con el adj* MONETARIA. | A. Vélez *Inf* 18.4.74, 3: El señor Mitterrand .. reintegrará el franco francés al sistema "serpiente" de cotizaciones fijas de las monedas europeas. *Van* 22.5.75, 16: Todo parece listo para que el franco francés se reintegre a la "serpiente" monetaria europea.
II *loc adj* **4** [Lengua] **de ~** → LENGUA.

serpillo *m* Serpol (planta). | Mayor-Díaz *Flora* 192: *Thymus pulegioides* L. "Serpol", "Serpillo" .. Se emplea frecuentemente en infusión formando parte de las tisanas aromáticas.

serpol *m* Planta labiada, de hojas pequeñas ovales y flores rojizas, usada para aromatizar comidas (*Thymus serpyllum* y *T. pulegioides*). | Acquaroni *Hucha* 1, 26: Con la jauría merodeante, los gazapillos que salen por primera vez a por los frescos serpoles del alba deben de percibir algo parecido a lo que yo noté durante toda aquella noche de tan difícil olvidar. Mayor-Díaz *Flora* 192: *Thymus pulegioides* L. "Serpol", "Serpillo" .. Se emplea frecuentemente en infusión formando parte de las tisanas aromáticas.

serpollo *m* Retoño de una planta, esp. el que nace al pie o en la parte por donde se ha podado. | Delibes *Parábola* 124: Los vástagos del seto se disparan hacia lo alto, en una verticalidad gótica, pero los progresos de los álabes y los serpollos son asimismo notorios.

serrablés -sa *adj* Del Serrablo (comarca de Huesca). *Tb n, referido a pers.* | E. Satué *Nar* 11.77, 6: Es Sobrepuerto la zona más agreste y por lo tanto la más hostil al serrablés, ocupa el ángulo nordeste del Serrablo.

serradella *f* Planta herbácea anual, de flores blancas o rosadas, cultivada a veces como forrajera (*Ornithopus sativus*). | Mayor-Díaz *Flora* 188: *Ornithopus sativus* Brot. "Serradella". (Sin. *O. roseus* Dufour.) .. Escasa. Todo el litoral. Dunas fijas.

serradillano -na *adj* De Serradilla (Cáceres). *Tb n, referido a pers.* | Chamorro *Sin raíces* 73: Pues dos ministros que habíamos podido tener los serradillanos, que sale aquí gente de temple.

serrado -da *adj* **1** *part* → SERRAR.
2 Que tiene dientes menudos como los de una sierra. | ZVicente *SYa* 14.5.72, 22: Se conformaron con que .. supiera .. decir cómo se llamaban las hojas y las plantas, serrada, dentada, acorazonada, peciolo, crucíferas, polispermas.

serrador -ra *adj* Que sierra. *Frec n m, referido a pers; f, referido a máquina.* | Carnicer *Cabrera* 87: Los serradores de Nogar y de La Baña cortan mal la madera. *Abc*

14.6.58, sn: Novísimas cortadoras de fiambres, eléctricas y de volante. Básculas, molinos, picadoras, serradoras.

serradura *f* Partícula desprendida de una materia al serrarla. *Gralm en pl.* | Castellanos *Animales* 61: Lo ideal es instalar el WC del gato en el mismo cuarto de baño .. Se venden recipientes adecuados en las tiendas especializadas en la venta de animales domésticos y de productos especiales para los mismos. El relleno tradicionalmente usado está constituido por serraduras (virutas) de madera.

serrallo *m* **1** Harén. | MSantos *Tiempo* 191: A ambos lados del túnel había unos divanes escurridizos con almohadones. Aunque incómodos, su aspecto inclinaba a apoltronarse en ellos y a soñar en algo así como serrallos orientales. DCañabate *Paseíllo* 26: Su ojito derecho era Agapito, nuestro amigo, sultán de un serrallo familiar.
2 Lugar en que se cometen desórdenes obscenos. | MCalero *Usos* 63: Corrobla de fin de fiesta con chanzas, risas y zarabandas, que si podían, con serrallo cercano, daban, si la moza se atrevía, buena vuelta por él.

serramiento *m* (*raro*) Acción de serrar. | *Economía* 20: El polvo .. se compone de residuos y gérmenes: .. Partículas de serramiento, pulverización de industria, etc.

serrán *m* (*reg*) Se da este n a los peces *Symphodus melops, S. pirca* y *S. tinca*. | *Faro* 5.8.75, 14: En la lonja de Bueu se han registrado los siguientes precios: jurel, de 8,30 a 12 pesetas kilo; .. martela, a 49; serrán, a 20.

serranía *f* Zona cruzada por montañas y sierras. | Ortega-Roig *País* 30: La parte interior, más pegada a la Meseta, está formada por los Montes Universales y la Serranía de Cuenca.

serraniego -ga *adj* Serrano [1]. | J. Trenas *Van* 6.1.74, 10: El paisaje "Otoño" pintado en La Granja en 1907, tenía tres millones y medio como base .. Pieza original dentro de la producción del artista que halló tanta atracción y encanto en las espumas rizadas de las playas levantinas como en los paisajes de altura serraniega.

serranilla *f* (*TLit*) Composición lírica, típica de finales de la Edad Media, escrita en verso corto y que trata del encuentro de un caballero y una pastora. | Lapesa *HLengua* 184: Santillana, que pule y ennoblece las tradicionales serranillas, reúne la primera colección de "refranes que dicen las viejas tras el fuego".

serrano[1] -na I *adj* **1** De (la) sierra. *Tb n, referido a pers.* | T. Salinas *MHi* 12.70, 33: Hoy es una comarca desolada, triste y reseca, pero que conserva en la zona pinariega y serrana de Galve, Villacadima, .. un núcleo de iglesias románicas. Villarta *Rutas* 181: Las serranas de la provincia de Segovia se han lanzado a bordar camisas. **b)** [Jamón] ~, [partida] **serrana**, [verderón] ~ → JAMÓN, PARTIDA, VERDERÓN.
II *f* **2** Variedad rústica de la caña (canción popular andaluza). | Cela *Viaje andaluz* 253: La serrana y la toná –y las malagueñas y las mineras en el cante de levante– pueden ser, en algunas gargantas, cante caro. La serrana es la hermana pobre y campesina de la caña.
3 (*TLit*) Composición lírica medieval, que trata del encuentro de un viajero con una pastora. | Lapesa *Santillana* 49: De las serranas compuestas por Pero González solo nos ha llegado una estrofa, y otra de las que escribió su hijo don Diego Hurtado de Mendoza, el padre del Marqués. Las dos se apartan de la idealizada pastorela provenzal y gallega. **b)** Serranilla. | Lapesa *Santillana* 50: La llamada serrana VII del Marqués se enlaza con un principio debido al Comendador de Segura.

Serrano[2]. de ~. *loc adj* (*reg, desp*) [Joven] rico y esnob. *Siguiendo a* NIÑO. | *DLi* 9.3.78, 7 (C): No tragaba a los "niños de Serrano".

serrar (*conjug* 6) *tr* Cortar [algo, esp. madera] con la sierra. | M. Lozano *Agromán* 17: El rejoneo adquiriría mayor importancia, que a nuestro juicio pierde en cuanto el toro tiene serrados o embolados los pitones.

serrato *adj* (*Anat*) [Músculo del tronco] que tiene bordes dentados. *Tb n m.* | Alvarado *Anatomía* 60: Los más importantes músculos del tronco son: el pectoral mayor ..; el serrato mayor ..; el trapecio.

serradura – serum

serreño -ña *adj* Serrano[1] [1]. | Murciano *Ya* 9.3.75, 7: El día de San Matías del año 1575, Teresa de Jesús funda en Beas de Segura el monasterio de San José .. Hemos dicho nuestros versos en la bella villa serreña, ante público devoto.

serrería *f* Taller mecánico en que se sierra madera. | Cela *Judíos* 20: Son pueblos de trucha y serrerías, fresquitos y llenos de veraneantes.

serreta *f* **1** (*raro*) Sierra pequeña. | GMacías *Relatos* 159: Por el motivo expuesto, el tío Matías, todo agobiado ante lo que se le venía encima, con la rapidez que pudo, se refugió en el monte espeso y serreta de la localidad.
2 Hierro de forma semicircular y con dientecillos o puntas, que se pone sujeto a la cabezada sobre la nariz o a veces bajo la boca de las caballerías. | Berenguer *Mundo* 123: Pablo dijo que con la cabezada de la borrica podíamos apañarnos, que no tenía hierro, sino serreta, pero que era igual.
3 Ave semejante al pato, de pico delgado y con filos dentados (gén. *Mergus*, esp. *M. merganser, M. serrator* y *M. albellus*). *Frec con un adj especificador;* GRANDE, MEDIANA y CHICA, *respectivamente.* | Noval *Fauna* 131: Existen en Europa tres especies de estas serretas o *pitorros* que llegan a Asturias en sus movimientos estacionales: *Mergus serrator, Mergus merganser* y *Mergus albellus*. Cendrero *Cantabria* 72: Aves .. *Mergus ssp.*: Serretas.
4 (*Tex*) Hilo de fantasía con efecto similar al de los dientes de sierra. | *Inf* 21.10.69, 11: La moda europea .. Dibujos menudos para los trajes: las serretas, el casimir, el grano de arroz y el cuadrillé.

serretazo *m* Tirón dado a la serreta [2] para frenar o castigar a la caballería. *Frec fig.* | S. Araúz *Ya* 15.1.75, 6: El hombre .. se conoce de nuevo deudor de la naturaleza. De grado o por fuerza. Tanto más cuanto más crece la población humana. Una servidumbre irreversible, un serr[e]tazo a la soberbia de la libertad. [*En el texto,* serratazo.]

serrezuela *f* Sierra o cadena montañosa de muy poca extensión. | Rodríguez *Monfragüe* 36: Su datación nos remonta hasta el plioceno, lo que hace que su asentamiento sea posterior a la elevación de las serrezuelas cuarcíticas junto a las que suelen aparecer.

serrijón *m* Sierra de montes pequeños. | Moreno *Galería* 118: Yo diría que Montenegro cabalga sobre uno de los serrijones cameranos para dar envidia a sus otros montes.

serrín *m* Conjunto de partículas de madera que se desprenden de esta al serrarla. | Bustinza-Mascaró *Ciencias* 224: Cría de ratones blancos. Lo mejor es en ratoneras de vidrio con tapa de tela metálica. En el fondo poner una capa de 3 ó 4 cm. de salvado o serrín. **b)** Conjunto de partículas [de una materia] que se desprenden de ella al serrarla. | GTelefónica *N.* 335: La Industrial Corchera Madrileña. Pedro Ramos. Tapones para farmacias y laboratorios. Canillas para tinajas. Serrín de corcho. **c)** (*col*) *Se usa en constrs como* TENER LA CABEZA LLENA DE ~ *o* NO TENER MÁS QUE ~ EN LA CABEZA, *para ponderar la falta de seso o inteligencia de una pers.* | * Lo único que tiene dentro de la cabeza es serrín.

serrón *m* Sierra grande con mango en ambos extremos. | *¿Quién me ayuda a partir leña con el serrón?

serrote *m* (*reg*) Serrucho. | *Ale* 4.8.76, 21: El serrote, sustituido por la motosierra .. Para trocear leña, cortar y podar árboles.

serrucho *m* Sierra de hoja rígida y gralm. más espesa que la normal, con un solo mango. | *Hacerlo* 25: La sierra de punta tiene una hoja mucho menor que el serrucho y se reserva para materiales menos gruesos. Delibes *Santos* 136: De que poso el pie es como si me lo rebanaran por el empeine con un serrucho.

seruendo -da *adj* (*reg o lit*) [Fruto] tardío o serondo. | Laín *Tovar* 54: La llegada de Antonio Tovar a esta Academia ha sido .. un jugoso y confortador fruto seruendo.

serum (*lat; pronunc,* /sérum/; *pl normal,* SERA) *m* (*Med*) Suero. | *SD16* 21.7.90, 8: Kerastene dispone de un nuevo producto para reparar las puntas castigadas, un serum a base de macro-moléculas de silicona y un 90 por 100

serventesio – servidumbre

de principios activos. Acción que se logra con tan solo tres gotas.

serventesio *m* (*TLit*) Estrofa de 4 versos de arte mayor, que riman en consonante el 1º con el 3º y el 2º con el 4º. | Quilis *Métrica* 94: El serventesio es una variante del cuarteto; se diferencia de este únicamente en la distribución de la rima.

servia *f* (*reg*) Serviola² (pez). | PThomas *Bal* 4.3.70, 21: En aquellas azules y transparentes aguas, dos enormes servias se cruzaron ante mí majestuosas, sin demostrar temor alguno.

servible *adj* **1** Que puede servir [9]. | Lázaro *Abc* 29.6.85, 3: Inútil que, poco antes, se postulara aún servible en el *Cato*.
2 Que puede ser servido, *esp* [4]. | Fuster *Van* 25.12.71, 11: Esto a un lado, el plato quedaba perfecto: servible al rey de Nápoles y a sus invitados.

servicial *adj* [Pers.] dispuesta a hacer favores o prestar servicios. | Medio *Bibiana* 69: Ya me lo dije yo: "Si la señora Mauricia tiene una cabeza de ajo, es como si la tuviera yo", porque usted es muy servicial, señora Mauricia. **b)** Propio de la pers. servicial. | MMena *Hucha* 2, 21: Los que no habían hablado jamás contigo. Los que no contestaban a tu saludo servicial y atento .. fueron tras tu féretro rindiéndote homenaje.

servicio I *m* **1** Acción de servir(se), *esp* [1, 2, 3, 9 y 10]. | MGaite *Fragmentos* 10: Sus ojos se encontraron con los de Pura, la criada silenciosa .. cuyos servicios habían llegado a hacérsele tan imprescindibles como desagradables sus reticencias. *Sp* 19.7.70, 3: Todas ellas [las azafatas] tienen el mismo y eficaz espíritu de servicio. Cela *Cam* 14.6.76, 41: La dedicación, aun denodada –y suponiendo que se produzca–, al servicio de la patria, no autoriza a testar sobre la patria. *DLP* 22.9.75, 35: Fontanería, electricidad a domicilio, servicio rápido económico, garantizado. Gilera *Abc* 30.12.65, 101: El tercer "set" empezó con servicio de Emerson que ganó el juego. **b)** Actividad de sirviente. *Frec* ~ DOMÉSTICO. | A. Marsillach *Inf* 1.5.75, 14: Las chicas de servicio, al hacer la cama, se quedaban como en éxtasis. FAlmagro *Abc* 18.8.64, 3: ¿Pañuelo a la cabeza, toquilla o mantón...?: la costurera o una aspirante al servicio doméstico. **c) ~ militar.** Cumplimiento de la obligación de ser soldado durante cierto tiempo. *Tb el tiempo que dura esa acción. Tb simplemente* ~. | Grosso *Germinal* 50: Yo .. me estaba librando del servicio militar como hijo de viuda que era. Berenguer *Mundo* 363: Estaba el párroco allí, con don Celestino y su señora, rezando lo de Padre Nuestro, y yo contesté, también, lo del Pan Nuestro, porque desde que me lo aprendí en el servicio, nunca lo olvidé. **d) flaco ~.** Acción que, lejos de servir de ayuda, resulta negativa. *Frec con vs como* HACER *o* PRESTAR. | MGaite *Búsqueda* 109: Su comportamiento se limitaba a acoplarse a modelos que había puesto en boga el romanticismo, al reconocerlas a la pasión. Flaco servicio. CPuche *Paralelo* 424: Revolucionarios de esta calaña prestan un flaco servicio a las revoluciones.
2 Acción de realizar [alguien o algo] el cometido que le es propio. *Tb el tiempo establecido para esta acción.* | M. Calvo *SYa* 28.3.71, 14: Los sistemas de información automática están siendo puestos en servicio en varios hospitales. Delibes *Siestas* 13: Conrado regresaba al pueblo después de su servicio en la Central. Cuevas *Finca* 98: Se había casado con un carabinero que vino de servicio al pueblo. **b)** Acto de culto. *Esp en las iglesias protestantes. Frec* ~ RELIGIOSO. | A. Alférez *Abc* 29.12.70, 12: Un solemne servicio religioso celebrado en la catedral anglicana de Canterbury marcará el final de la serie de actos programados en el octavo centenario de la muerte de Tomás Becket.
3 Organización y personal destinados a cuidar intereses o satisfacer necesidades del público o de alguna entidad. | *Abc* 15.7.70, 51: El Servicio de Veterinaria .. nos informa de que la rabia está prácticamente extinguida. *Ya* 28.11.73, 18: La peor sequía desde que existen los servicios meteorológicos. **b)** (*Econ*) *En pl*: Actividades del sector de la población activa cuyo trabajo no se orienta a la producción inmediata de bienes materiales. | Ortega-Roig *País* 77: En las ciudades [viven] obreros, comerciantes, transportistas y todos los que tienen oficios que se incluyen en lo que llamamos servicios; esto es, funcionarios, médicos, abogados.

4 Conjunto de perss. que sirven [1a, 2 y 8a]. | Arce *Precio* 60: Vendrás a casa a comer. Llámame un día antes. Apenas tenemos servicio. *Abc* 28.8.66, 44: Con frecuencia, en cafés y restaurantes, vemos personas malhumoradas, desasosegadas, que claman .. para lograr que el servicio acuda.
5 Conjunto de objetos utilizados para una determinada acción, esp. para servir a la mesa. | *Lab* 2.70, 34: Si son servilletas para un servicio de mantelería a gran tamaño, se situará el motivo en una esquina. **b)** Conjunto de objetos que se ponen en la mesa para cada comensal. | GPavón *Hermanas* 10: "Sus" mujeres .. lo contemplaban .. en espera de que acabase la colación y devolviese el servicio.
6 Retrete. *Frec en pl y esp referido a los de lugares públicos.* | Delibes *Parábola* 15: Luego, en el servicio (caballeros), Jacinto se frotaba las manos con polvos de jabón. CPuche *Paralelo* 54: No había pasado media hora y ya estaba de nuevo en la barra del bar. Pero en vez de irse derecho al taburete, se metió en los servicios. No tenía ganas de hacer nada, pero creyó que así demostraba más naturalidad y confianza con la casa.
7 *En pl*: Conjunto de habitaciones de una casa no dedicadas a vivienda propiamente dicha, como cocina, cuarto de baño, despensa o dormitorios de los criados. | *País* 9.9.76, 9: Hermosos y luminosos Pisos de estudiada distribución .. Dos silenciosos y completos Cuartos de Baño .. Espléndida Zona de Servicios con "Office" y "Brea[k]fast-room" en Cocina.
8 (*hist*) Tributo extraordinario concedido a los monarcas por las Cortes. *Frec en pl.* | Arenaza-Gastaminza *Historia* 140: La monarquía aumenta sus recursos con las conquistas de Fernando III. Los impuestos pierden el carácter feudal y son las Cortes las que votan los tributos llamados servicios y ayudas.
II *loc adj* **9 de ~.** [Instalación] secundaria destinada a usos accesorios. | *Ya* 13.7.74, sn: Conjunto Duna .. Cada piso con su aparcamiento subterráneo .. Entradas principal y de servicio en cada vivienda. **b)** Destinado a los sirvientes. | * La casa tiene tres dormitorios más uno de servicio. **c)** [Comisión] **de ~**, [estación] **de ~** –> COMISIÓN, ESTACIÓN.

servidor -ra A *m y f* **1** Pers. que sirve [1] [a alguien o algo (*compl de posesión*)]. *Tb sin compl.* | DPlaja *Sociedad* 130: El dueño es todavía [en el siglo XVIII] el padre que tiene que preocuparse de la conciencia de sus servidores, tanto como de su cuerpo. *Abc* 29.5.76, 5: Ocupan una posición de tradicional incuria y desamparo los funcionarios públicos, resignados servidores del Estado. **b)** *Se usa en fórmulas de cortesía con las que el que habla se pone a disposición del interlocutor. En cartas de cumplido, en la fórmula* SU SEGURO ~. | Medio *Bibiana* 58: Simplicio Roces, servidor de ustedes. Armenteras *Epistolario* 123: S. s. s. q. e. s. m., por "Su seguro servidor, que estrecha su mano". **c) un ~.** Yo. *Con v en 3ª pers. Usado como forma de cortesía (esp pop). Tb, simplemente,* ~. *Esta última forma se usa para responder que se está presente al oír enunciar el propio nombre.* | CNavarro *Perros* 99: Aquí, director, el único que se despide es un servidor. Delibes *Guerras* 123: En estas, el sargento nos formó en el patio para lo de la ropa, vamos, eso decían. Conque se llegó orilla mía, el sargento, digo y, ¡Pacífico Pérez!, que yo, a ver, ¡servidor!, y él, muchacho, tú ya estás cumplido.
2 Pers. adscrita al manejo [de un arma o una máquina (*compl de posesión*)]. | FReguera *Bienaventurados* 250: Lo habían destinado como servidor de una ametralladora.
B *m* **3** (*Informát*) Unidad central de una red. | Torres *Ceguera* 219: Me gustaría que repasara la lista de clientes a quienes podemos proponer el cambio de sus sistemas de informática por la nueva línea de estaciones de trabajo y servidores serie 2000.

servidumbre *f* **1** Obligación o carga dura e inexcusable. | RMorales *Present. Santiago* VParga 4: La confusión de lenguas, la gran servidumbre que ha venido separando a los hombres desde la Torre de Babel. *MHi* 8.66, 48: Su figura, su estilo, su actitud están al otro lado del divismo con toda su incómoda y aparatosa servidumbre. **b)** (*Der*) Obligación que pesa sobre una finca con respecto a los dueños de otra contigua o próxima. *Con un adj o compl* DE *que especifica esa obligación.* | Piqué *Abogado* 690: La servidumbre de paso es discontinua, ya que se usa de ella cada vez que el hombre pasa por el camino señalado al efecto, y la servidumbre de aguas derivadas del río es continua.
2 Condición de siervo. *Tb fig.* | Carande *Pról. Valdeavellano* 12: La servidumbre en la Edad Media alcanza a una

parte tan solo de la personalidad de los siervos que colaboran con los ingenuos, dentro de los municipios. **b)** Condición de servidor [1]. | LTena *Alfonso XII* 126: Viste de frac, con la llave de gentilhombre de cámara con ejercicio y servidumbre en la cintura.
3 Conjunto de perss. que sirven en una casa. | Marsé *Tardes* 89: Al llegar el verano, los Serrat se trasladaron de nuevo a su Villa de Blanes con la servidumbre.

servil *adj* **1** (*desp*) [Pers.] que muestra una sumisión excesiva a la autoridad o a la voluntad de otro. | GRobles *País* 25.7.76, 8: El eje de la vida pública española .. fue una especial Jefatura del Estado .. elevada a la categoría de institución cuasi divina por comentaristas complacientes y serviles. **b)** Propio de la pers. servil. | Arce *Precio* 202: Seguía siendo el mismo que de niño. Solo que .. con hábitos propios de la profesión [de camarero]; con ademanes un tanto serviles.
2 [Pers. o cosa] que carece de originalidad, por someterse totalmente a un modelo. | * Es una imitación servil. * Como traductor se mostró siempre servil.
3 [Trabajo] en el que predomina el esfuerzo corporal. | Villapún *Moral* 94: Los trabajos que el hombre puede hacer se dividen en: 1º Trabajos serviles, que son los que ejecutan los jornaleros y en los que toma más parte el cuerpo que el alma; tales son el arar, coser, edificar casas, etc. 2º Trabajos liberales .. 3º Trabajos comunes.
4 (*hist, desp*) *En el s XIX:* Partidario de la monarquía absoluta. *Frec n.* | Solís *Siglo* 378: Manolo, el mayor de los Ederra, había alojado en su casa a un diputado servil. Vicens-Nadal-Ortega *HEspaña* 5, 289: Es preciso calar mucho más hondo en la historia de la Constituyente de Cádiz, y no solo en los grandes temas políticos .., que condujeron a la diferenciación de las dos grandes corrientes españolas del siglo XIX –la de los serviles y la de los liberales–.
5 (*hist*) *En el feudalismo:* [Manso] concedido a un siervo. | Vicens *HEspaña* 1, 284: En Occidente subsistía con tenacidad la divisoria entre los predios alodiales y los que, con diversos nombres, integraban el territorio señorial: mansos serviles, derivados de la parcelación de los latifundios romanos, y mansos ingenuiles.

servilismo *m* **1** Cualidad de servil, *esp* [1 y 2]. | MGaite *Fragmentos* 11: Pura [la criada] seguía mirándola sin moverse .. Se apoyaba ligeramente contra el quicio de la puerta, y no había el menor asombro ni servilismo en su actitud. **b)** Actitud o comportamiento servil. | Goytisolo *Recuento* 299: Una vez en la calle .., haciendo memoria de todos los servilismos cometidos y humillaciones soportadas, transformará su mansedumbre en rencor hacia unos tíos que, porque hacen de chupatintas en un juzgado de mierda, se creen que son no sé qué. GNuño *Arte* 139: La doble girola .., las nueve capillas absidales .., el desenfado de los apoyos, .. son otras tantas muestras de la inteligente proyección de los nuevos recursos galos sobre un espíritu que nada copiaba con servilismo.
2 (*desp*) Servidumbre [2]. | V. A. Pineda *Des* 12.9.70, 19: Susana es una "cover-girl" que, cansada de prestar su efigie y su figura al servicio de una publicidad que invita al consumo .., decide liberarse de ese servilismo capitalista.

servilla *f* (*hist*) Cierto zapato ligero de suela muy delgada. | Alvar *Abc* 21.4.93, 3: El calcetero es un buen ejemplo de la vanidad humana: explica cuántas cosas son necesarias para tan larga travesía, que si camisas y tocas, .. servillas, chapines.

servilleta I *f* **1** Pieza de tela o papel que se emplea para limpiarse las manos y la boca cuando se come. | CNavarro *Perros* 191: Pasó una o dos veces la servilleta por la boca.
II *loc v* **2 estar**, *o* **ir, de ~ prendida.** (*hoy raro*) Comer convidado en casa ajena. | M. SYubero *SYa* 28.3.74, 29: Aquello de "ir de servilleta prendida" ha pasado a la historia.

servilletero *m* **1** Aro en que se recoge arrollada la servilleta. | *Abc* 19.9.64, 40: Ropa de cama. Servilletas, cubiertos, servilleteros.
2 Utensilio en que se colocan servilletas de papel. | *ByN* 31.3.91, 87: Servilleteros-racimos de uvas, para mesas de terraza o jardín, 300 pesetas cada uno, en De Todo.

servil – servir

servilmente *adv* De manera servil. | Laiglesia *Ombligos* 257: Una especie de camarero se le acercó sonriendo servilmente.

servio → SERBIO.

serviola[1] (*Mar*) **A** *f* **1** *En algunos barcos:* Pescante que sale de las bordas del castillo hacia fuera por una y otra banda, para suspender las anclas. | * Todavía hay algunos veleros con anclas de cepo que tienen serviolas de madera. Guillén *Lenguaje* 37: En los destinos, el hombre toma el nombre del suyo o servicio de guardia, como tope, serviola y guíndola.
B *m* **2** Marinero que está de vigía cerca de la serviola[1][1], o en el puente, las cofas o el castillo. | Cancio *Bronces* 12: ¡Aún me parecía sentir los cantos de boga, de gavia, de cabrestante o de estadía con que el serviola habría tratado de olvidar, en lo posible, la deprimente monotonía de su última centinela! M. Heredia *Abc* 8.3.58, 13: No se ha ido a la "cofa" porque le corresponda hacer de "serviola".

serviola[2] *f* Pez marino comestible, de hasta 180 cm de largo, cuerpo comprimido y dorso azul (*Seriola dumerilii*). | *Últ* 18.8.70, 17: En Cuba pesqué un tiburón de 109 kilos y en San Telmo una serviola de 43.

servir (*conjug* 62) **A** *tr* ➤ **a** *normal* **1** Trabajar como criado [de alguien (*cd*)]. | * Nunca he servido a nadie. **b)** Hacer [a alguien (*cd*)] algún favor o prestarle ayuda. *Frec en frases de cortesía, esp en la fórmula* PARA ~LE, *o* (*pop*) PARA ~ A DIOS Y A USTED, *usada al presentarse. Tb abs.* | *Economía* 361: Solo siendo sinceramente amable y constantemente amable, con esa amabilidad que nace de nuestro deseo de servir, de complacer y de ayudar .., se la juzgará amable y bien educada. Ferres-LSalinas *Hurdes* 65: Yo soy de Caminomorisco y me llamo Emiliano Jimeno, para servirles. GPavón *Reinado* 128: –¿Es usted el Jefe Manuel González? –Para servirla. Marsé *Dicen* 233: Me dicen el Tetas, pero es que me llamo así: Josemari Tetas, para servir a Dios y a usted. **c)** Trabajar en favor [de algo (*cd*)]. | B. Piñar *Inf* 24.5.76, 36: Estamos con la Falange y el Tradicionalismo, que no son sino caminos para servir a la patria. ANavarro *Ya* 25.6.75, 12: Debemos servir la causa de hacer transitable el paso desde un Régimen personal y fundacional a un Régimen objetivado e institucional. **d) ~ al rey**, *o* **a la patria.** (*hoy raro*) Hacer el servicio militar. | Grosso *Germinal* 50: Que tendrás que marcar el caqui .. Que no está licenciada tu quinta .., que un sobrino tengo en Estella sirviendo al rey y es de tu edad. Aldecoa *Cuentos* 1, 20: Leocadio Varela es un muchacho de Canillejas que acaba de llegar de Almería, donde ha servido a la Patria dos años y ha adelgazado siete kilos.
2 Atender [a un cliente] o proporcionar[le (*cd*)] lo que pide. *Tb abs.* | Cossío *Confesiones* 153: En la peluquería, mientras le servían, tenía un periódico abierto y pegado a sus ojos, para no caer en la tentación de contemplar su imagen. MSantos *Tiempo* 83: El mazazo de la náusea al advertir que descienden las escaleras acompañada de otro hombre al que acaba de servir en nuestra ausencia. * En esta cafetería sirven fatal. **b)** Proporcionar [a un cliente (*ci*) lo que pide (*cd*)]. *Tb abs.* | Laiglesia *Ombligos* 257: Cuando su torre de fichas se redujo a la altura de un chalet de un solo piso, una especie de camarero se le acercó sonriendo servilmente. –¿Desea el señor que le sirva alguna ficha más? *NAl* 29.6.90, 27: Leña encina seca. Servimos a domicilio a cualquier punto de la provincia de Guadalajara y Madrid.
3 Atender al funcionamiento o a las necesidades [de algo (*cd*)]. | Sánchez *Inf* 3.10.74, 20: El N-9 hizo con puntualidad el trayecto Cibeles-Lacoma. Es una de las once líneas que servirán los autobuses nocturnos. Grosso *Capirote* 141: Solo pasadas las siete le estaba permitido bajar, abrir la cancela y .., si había llegado, dar una vuelta .. para volver en seguida y ayudar a servir el comedor. Torrente *Isla* 312: Tengo entera confianza en nuestros artilleros, especialmente en las monjas de Santa Clara, que sirven ellas solas el tercer puente por la banda de estribor. *BOE* 2.6.69, 8567: Vengo en promover en turno cuarto a la plaza de Magistrado de la Sala Sexta de dicho Alto Tribunal, en vacante económica por fallecimiento de don Juan Menéndez Pidal y de Montes, que la servía, a don Pedro Bellón Uriarte.
4 Poner [comida o bebida (*cd*)] en el plato o vaso [de alguien (*ci*)]. *Tb abs.* | Vega *Cocina* 27: Las chuletas salían a la mesa en la misma cazuela donde las habían guisado, y sin

cortedad, para que cada uno se sirviese las que le apetecieran. **b)** Presentar a la mesa [un alimento (*cd*)]. | *Cocina* 141: Calabacines empanados .. Se sirven en una fuente, con servilleta, adornándola con perejil y rodajas de limón. **c)** Presentar u ofrecer [algo, esp. un espectáculo, a alguien]. | F. P. Velázquez *Rev* 12.70, 22: La primera representación de la Compañía Titular Nacional nos ha defraudado un poco con la presentación de *La estrella de Sevilla*, en la que nos han servido un Lope fosilizado y distante.

5 (*Naipes*) Dar o repartir [las cartas]. *Tb abs*. | Marsé *Tardes* 212: Barajaba y servía con precisión y rapidez, pero a regañadientes, como si quisiera deshacerse de las cartas cuanto antes. **b)** *En el póker:* Dar [a alguien (*cd*)] las cartas que precisa. *Normalmente en part*. | *Naipes extranjeros* 18: El descarte [en el póker] no es obligatorio, pudiendo conservar en la mano las mismas cartas, y entonces, al llegarle su turno, dirá: "Servido". Paso *Isabel* 235: –Una. –Servida. –Mi resto. **c)** Echar carta [del palo (*cd*) del que salió]. | *Naipes extranjeros* 109: Solamente en el palo del triunfo es obligatorio servir y montar el palo. Cuando no se puede servir el palo no es preciso jugar triunfo. **d)** Echar [una carta] siguiendo la jugada iniciada por el mano. | Corral *Cartas* 25: Si, al salir el mano, el segundo no tendría [*sic*] del palo y serviría triunfo y el tercero no tendría del palo ni triunfo mayor, podrá servir la que le convenga.

6 ir servida [una pers.]. Tener bastante con lo que se le ha dado. *Tb fig.* | *ByN* 8.4.90, 70: En eso del amor ya voy servida. **b)** *Fórmula con que se comenta irónicamente lo equivocada que está.* | * Si espera hacer carrera en un lugar como ese, va servido.

▶ **b** *pr* **7** (*lit*) Tener a bien. *Seguido de infin. Gralm se emplea en forma imperat para pedir u ordenar de manera cortés lo expresado en el infin*. | Cela *Cam* 14.6.76, 41: La teoría testamentaria es una y monolítica, aunque su entendimiento pueda ser plural y hasta mesiánico y aun estrábico –tras cornudo, apaleado: sírvase sonreír–. Armenteras *Epistolario* 303: Suplico al Juzgado que se sirva tener por presentado este escrito.

B *intr* ▶ **a** *normal* **8** Trabajar como criado. | Olmo *Camisa* 9: Lola venía a despedirse: se iba a Alemania, a servir. **b)** Trabajar como funcionario [en un determinado puesto o lugar]. | Zunzunegui *Camino* 225: Doña Araceli se llamaba la profesora .. Pertenecía al magisterio y mucho tiempo sirvió en las escuelas de Achuri. **c)** (*hoy raro*) Hacer el servicio militar. *Frec con un compl de lugar*. | Aldecoa *Cuentos* 1, 207: Tío, tú, cuando serviste, ¿a qué Arma te mandaron? Berlanga *Gaznápira* 128: El Alcalde .. aplicaba con gran provecho el invento de los moros, aprendido cuando sirvió en África.

9 Ser [una pers. o cosa] adecuada a las necesidades [de alguien (*ci*) o algo (*compl* PARA)]. | Peraile *Ínsula* 19: Cualquiera de las tres me serviría, pero la rubia de la blusa-vitrina está ligando, y la dorada de los pechos altivos tiene eclipsao al de los lentes de telescopio. *Naipes extranjeros* 70: Los treses negros. No sirven para la formación de Canastas, pero constituyen una importante defensa, ya que sirven .. para evitar que el siguiente jugador en turno pueda tomar el pozo. **b)** Tener provecho. *Gralm con un compl* PARA *o* DE. *A veces con un compl adv formado por* DE + *un pron de cantidad*. | Marín *Enseñanza* 198: Ninguna asignatura sirve solo, ni principalmente, para recibir una nota de sobresaliente, aprobado o suspenso. Gironella *Millón* 51: Por lo visto amar no sirve para nada. *Abc* 24.11.74, 73: –¿Cómo aprendió a conducir? –Me sirvió de mucho el llevar ya, cuando quise sacar el carné, muchos años conduciendo motos. **c)** Producir [algo un determinado efecto (*compl* DE *o* COMO)]. | Medio *Andrés* 193: Cada cual que aguante lo suyo, y que les sirva de escarmiento a los muchachos. SFerlosio *Jarama* 26: No es más que, si no os sirve de molestia, os acerquéis por el Exprés y me traigáis un bote picadura. Marías *Abc* 13.3.58, 3: Sirvan estas notas como una primera aproximación, tan incompleta como sincera y rigurosa, a tan apasionante tema.

10 (*Dep*) *En determinados juegos de pelota:* Sacar. | GCandau *Ya* 20.5.72, 35: Gimeno tuvo que recurrir a los cinco "sets" para ganar el primer partido gracias a la extraña blandura de sus golpes. La responsabilidad le pesó tanto que le incapacitó para servir con potencia y subir a la red a ganar puntos.

▶ **b** *pr* **11** Usar o utilizar [a una pers. o cosa (*compl* DE)]. *Frec con intención desp, denotando abuso*. | Marcos-Martí-

nez *Aritmética* 135: ¿De qué unidades debe servirse uno para medir 187'50 l de modo que se empleen el menor número posible? *País* 19.5.76, 6: Franco y su régimen entraron en la historia, y no es admisible servirse de esta para vestir el fantasma de los riesgos de la democracia. **b)** Hacer uso de un determinado servicio, esp. de peluquería. | Cela *Pirineo* 250: El viajero .. se entretiene en ver trabajar a un barbero zocato .. –¿Se va usted a servir? –No, gracias; no gasto, según se ve.

servita *adj* De la orden de los Siervos de María, fundada por siete nobles florentinos en el s. XIII. *Tb n, referido a pers*. | VParga *Santiago* 12: Uno y otro .. son descritos al finalizar el siglo XV por el fraile servita alemán Hermann Künig de Vach. Ribera *Misal* 1005: La Iglesia celebra conjuntamente la fiesta de estos Santos, insignes patricios florentinos y fundadores de la Orden de los Servitas (año 1223), que tiene por fin principal meditar y propagar la devoción de los Dolores de la Virgen.

servo *m* (*Mec*) Servomecanismo. | Ramos-LSerrano *Circulación* 298: En general se llama servo al mecanismo auxiliar que multiplica el esfuerzo del conductor sobre los mandos del vehículo, resultando que una ligera acción del conductor llega al órgano deseado extraordinariamente aumentada, evitando su fatiga. J. P. Campo *Abc* 19.1.75, 65: Los cuatro frenos de disco, con circuito independiente, cumplen bien su función. Pero el servo sigue siendo insuficiente cuando el motor baja de revoluciones.

servo- *r pref* (*Mec*) Que funciona con servomecanismo. | *Por ej*: Pue 22.5.75, 24: Libre de cargas a su industria, échelas a las espaldas de Caterpillar. Bastidor articulado. Servotransmisión de una sola palanca. [*En el texto*, servo transmisión.]

servoasistido -da *adj* (*Mec*) Asistido mediante un servomecanismo. | *SVan* 29.10.89, 1: Dirección: Servoasistida.

servocroata → SERBOCROATA.

servodirección *f* (*Mec*) Servomecanismo que amplifica los movimientos dados a la dirección por el conductor de un vehículo. | *Tri* 8.4.72, 55: Este sistema de dirección podría convertir su pesada conducción en normal, e incluso en extremadamente liviana añadiendo un mecanismo de "servodirección".

servofreno *m* (*Mec*) Servomecanismo que asegura el funcionamiento de los frenos con un esfuerzo limitado del conductor. | *SInf* 25.11.70, 8: La caja de cambios ofrece cinco velocidades adelante .. Lleva frenos de disco con servofreno y con dos circuitos.

servomecanismo *m* (*Mec*) **1** Mecanismo auxiliar que, accionado por una fuerza débil, la amplifica hasta conferirle la magnitud necesaria para hacer funcionar un aparato. | *Ya* 22.10.64, sn: Motores de potencia menor de 1 C.V., servomotores y unidades auxiliares de servomecanismo. Registrador de respuesta rápida.

2 Mecanismo que, dotado de un programa, asegura automáticamente su ejecución y subsana por sí mismo los errores o las deficiencias que puedan producirse. | RJiménez *Tecnologías* 10: Los grandes contratos militares para suministros y realización de nuevas armas para la guerra del Vietnam se tradujeron en adelantos en materia de servomecanismos, control, radar, etc.

servomotor *m* (*Mec*) Órgano motor que sirve para dirigir y regular el movimiento de un motor. | FReguera-March *Cuba* 494: Los proyectiles estropearon el tubo del servomotor y los guardines, dejando sin gobierno a la nave. *Ya* 22.10.64, sn: Servomotores de corriente alterna y continua y tacogeneradores de motor. Motores de torsión de corriente continua.

sesada *f* Sesos[1] [1]. *Esp de animal y destinados al consumo*. | Cunqueiro *Un hombre* 23: Se abrió la cabeza contra una cureña y quedó parte de su sesada mismo encima del escudo real que decoraba el cañón. Vega *Cocina* 136: Para el arroz a la milanesa hay tres recetas distintas; una de ellas lleva una sesada y se utiliza para guarnición con una riñonada de ternera.

sésamo (*frec con mayúscula en acep* 2) **I** *m* **1** Planta herbácea originaria de Asia tropical, cultivada por sus semillas, que proporcionan un aceite comestible y se usan a veces como condimento (*Sesamum indicum*). *Tb su semilla.* | Fernández-Llorens *Occidente* 23: Daba muy buenas cosechas de cereales .. y sésamo (planta oleaginosa). Tamames *Economía* 103: Los aceites de semillas (de soja, cacahuete, algodón, girasol y sésamo) son en el mercado internacional mucho más baratos que el de oliva. Cela *Oficio* 54: El verdugo es maestro en la mezcla del sésamo con el arroz.

II *fórm or* **2 ábrete ~**, *o* **~ ábrete.** *Se usa como fórmula mágica para abrir puertas o superar obstáculos. Frec se sustantiva como n m, a veces en la simple forma ~.* | Torrente *Isla* 57: Cuando me preguntaste por qué llegué contento .., te respondí .. que porque estaba ya en posesión del Sésamo, ábrete. Torrente *Isla* 60: Te reservaba una sorpresa, y no era esa proclamación de la palabra prepotente, ese júbilo de quien posee el sésamo, con que te recibí.

sesamoideo *adj* (*Anat*) [Hueso] pequeño, aislado y plano, situado alrededor de las articulaciones. | Alvarado *Anatomía* 47: El sistema esquelético. Huesecillo sesamoideo. Hueso trapecio. Hueso trapezoide.

seseante *adj* (*Fon*) Que sesea. *Tb n, referido a pers.* | Academia *Esbozo* 122: Fuera de los territorios "seseantes" o "ceceantes". Lázaro *Inf* 8.1.76, 14: De igual modo que cualquier hispano de ortografía vacilante escribe *b* por *v*, o viceversa, un seseante utiliza *z* donde debería escribir *s*, y al revés.

sesear *intr* (*Fon*) Pronunciar como /s/ el fonema /θ/ (*z o c*). | T. Medina *Inf* 10.10.70, 22: Cuando habla Antonio, cecea o sesea.

sesenta I *adj* **1** *Precediendo a susts en pl:* Cincuenta y nueve más uno. *Puede ir precedido de art o de otros determinantes, y en este caso sustantivarse.* | Escrivá *Conversaciones* 26: Pasarán ya de sesenta países.
2 *Precediendo o siguiendo a ns en sg* (*o, más raro, en pl*): Sexagésimo. *Frec el n va sobrentendido.* | CNavarro *Perros* 68: El tranvía sesenta asomó vacío. CBaroja *Inquisidor* 11: Imaginó así .. los rasgos individuales .. incluso del novelista Petronio (un *bestseller*, por cierto, en nuestro Madrid del año sesenta y tantos).
II *pron* **3** Cincuenta y nueve más una perss. o cosas. *Siempre referido a perss o cosas mencionadas o consabidas, o que se van a mencionar.* | Escrivá *Conversaciones* 147: Estoy expresando una opinión, la mía, la de una persona que desde los diecisiete años –ahora tengo sesenta y cinco– no ha perdido el contacto con la Universidad. Torrente *Pascua* 396: –No es que me guste contrariar las naturales expansiones populares, pero me daría reparo llegar a mi casa en compañía de la multitud. –No son más que cincuenta o sesenta.
III *m* **4** Número de la serie natural que sigue al cincuenta y nueve. *Frec va siguiendo al n* NÚMERO. | SFerlosio *Jarama* 294: –Oye, Luis, ¿y qué número era el tuyo? –¿Eh? Veintitrés, cuarenta y dos, sesenta y cinco. **b)** Cosa que en una serie va marcada con el número sesenta. | * Le han calificado con un sesenta.
5 los (años) ~, *o, más raro,* **los (años) ~s.** Séptimo decenio de un siglo, esp. del XX. | J. GAbad *SInf* 19.1.74, 6: No extraña que surgiera en los años sesenta la célebre polémica en torno al derecho a usar indistintamente la palabra "nylon". Jover *Historia* 829: Maura, Canalejas .., nacidos en los años cincuenta del siglo XIX; Romanones, La Cierva, Vázquez de Mella y Lerroux, nacidos en los años sesenta.
6 ~ y nueve. (*col*) Acto erótico en que el hombre y la mujer realizan al mismo tiempo, respectivamente, el cunnilingus y la felación, o en que cada miembro de la pareja acaricia oralmente el sexo de la otra. | Goytisolo *Recuento* 487: Hasta sin auparishtaka o felacio simple, o complementado con su práctica inversa, es decir, un sesenta y nueve.

sesentena *f* Edad comprendida entre los sesenta y los setenta años. | JLozano *Des* 14.5.75, 33: Devoción tétrica y patológica .. de la que son una muestra los devocionarios que usaron las personas que ahora andan en la sesentena.

sesentón -na *adj* (*col*) [Pers.] que está en la sesentena. *Tb n.* | Cela *Viaje andaluz* 192: Le presentaron a una señorita más que sesentona .. que llevaba cuarenta y cinco años rezando padrenuestros para sacar novio. Delibes *Parábola* 43: Jacinto .. atribuía las expresiones de doña Palmira al sentimentalismo de la maternidad truncada propio de las sesentonas cálidas y célibes.

seseo *m* (*Fon*) Acción de sesear. | Lapesa *HLengua* 247: Las variantes de esta articulación constituyen la base del seseo y ceceo, que se propagaron por Andalucía; el seseo, menos vulgar, se extendió más por Canarias y América.

seseoso -sa *adj* (*Fon*) Seseante. | Alarcos *Inf* 24.10.78, 16: Ese fonema con realización interdental nueva penetró por las áreas del antiguo aragonés, del antiguo leonés y del gallego (aunque en esta no totalmente), constituyéndose así una zona compacta conservadora de distinciones en medio del conjunto de los romances occidentales seseosos.

sesera (*col*) **I** *f* **1** Cráneo. | CPuche *Paralelo* 452: Tomás llevaba una especie de raya entre los cortos ricitos de su pelo. Y lo más sorprendente es que esta raya era blanca, lo que hacía pensar que los negros, por lo menos la calavera, mejor dicho la sesera, la tenían blanca. Lera *Boda* 542: Tuve el acierto de volarle la sesera al primer disparo.
2 Seso[1] [1 y 2]. | GPavón *Hermanas* 14: El hombre lo columbra apenas se le cuaja la sesera. La grande y tristísima peripecia del hombre es darse cuenta que es acabadero.
II *loc v* **3 quitar de la ~.** Quitar de la cabeza. | Lagos *Pap* 11.70, 163: Pues yo al Rubio, qué quiere, no me lo quito así como así de la sesera.
4 sorber la ~. Sorber el seso. | Cela *Judíos* 67: El vagabundo empieza a pensar que su amigo .. debe ser un sabio en penitencia o un bachiller al que la historia y los latines sorbieron la sesera.

sesgadamente *adv* De manera sesgada. | CBonald *Ágata* 102: Nada, repitió Manuela notando que algo la atraía sesgadamente hacia el montón de guano donde hallaron al difunto.

sesgado -da *adj* **1** *part* → SESGAR.
2 Oblicuo. *Tb fig.* | Matute *Memoria* 36: Entre las barcas desfondadas, quemadas por el viento, las sombras se alargaban, sesgadas.
3 [Información] que, sin ser falsa, está presentada con orientación tendenciosa. | *País* 4.12.76, 6: El comienzo de una verdadera reforma política consistiría en respetar la inteligencia y la libertad de los ciudadanos sin tratar de intoxicarlos con una publicidad sesgada y parcial.

sesgar A *tr* **1** Cortar o disponer [algo] oblicuamente. | Goytisolo *Recuento* 265: El camino discurría sesgando las viñas de la loma, empinándose, estragado por las roderas. *Lab* 2.70, 9: A 30 cm. de alt[ura] tot[al] sesgar en 4 veces los 25 p[untos]. **b)** Torcer o desviar [algo no material]. | *País* 28.9.88, 20: ¿Hasta qué punto influyen los deseos de los partidos y hasta qué punto cortapisan y sesgan las mejores decisiones para el funcionamiento del país?
B *intr* **2** Tomar dirección o disposición oblicua. | Azorín *Agenda* 1339: El camino va sesgando, levantándose, descendiendo.

sesgo -ga I *adj* **1** (*lit*) Sesgado. | CBonald *Ágata* 227: El sol estaba en lo más sesgo de la mañana.
II *m* **2** (*lit*) Cualidad de sesgado. | Payno *Curso* 257: Sí. Era ella. Ella, Bele. Captó el sesgo de sus ojos. Esa mirada...
3 Rumbo u orientación [de algo no material]. | CNavarro *Perros* 104: Los padres se miraron sin saber qué sesgo dar a las palabras.
III *loc adv* **4 al ~.** Oblicuamente. *Tb adj.* | Berenguer *Mundo* 125: Recorté el monte al sesgo y, cuanto más bajaba yo hacia la linde, más subían los cochinos arrimándose a las piedras. Delibes *Madera* 197: Gerardo le miraba al sesgo, con un ojo revirado. Alós *Hogueras* 212: En el escaparate unas marimbas decoradas con rayas al sesgo, rojas y amarillas, colocadas en el suelo.

sésil *adj* **1** (*Bot*) Sentado (que carece de pedúnculo). | V. Mundina *Ya* 26.12.85, 31: Es una planta .. de tallos rastreros o erguidos, hojas ovales sésiles y opuestas.
2 (*Anat*) Que posee una amplia base de implantación. | P. Ortega *NSa* 31.12.75, 13: Tumores benignos: Dentro de ellos consideraremos el nódulo, que tiene una implantación sésil en el tercio anterior de las cuerdas y es típico de los profesionales de la voz, estando originado por el mal uso de la misma.

sesión I *f* **1** Junta [de una corporación o asamblea]. | CBaroja *Inquisidor* 24: Además de algunos vicarios forá-

sesionar – sestero

neos, deben disponer de un notario que redacte las actas de las sesiones.
2 Dedicación [a algo (*compl especificador*)] durante una porción limitada de tiempo. | Laforet *Mujer* 202: Fue alcanzado por Dios a través de sesiones de espiritismo. * Aún me quedan tres sesiones más de rayos. **b)** (*col*) Dedicación intensa y prolongada [a una actividad (*compl especificador*)]. A veces se omite el compl, por consabido. Frec en la constr DARSE UNA ~. | * ¡Me di una sesión de escribir sobres...!
3 Proyección o representación completa [de un espectáculo]. Tb fig. | Medio *Andrés* 49: Es posible que la cartera se hubiera extraviado en la sesión anterior, en cuyo caso, el propietario no estaría ya en la sala. * ¡Qué sesión de piernas nos estás dando!
II *loc adj* **4 de ~ continua.** (*col, humoríst*) Continuado o que no tiene interrupción (→ CONTINUO). | M. Toharia *Inf* 18.6.75, 33: Un verano con calores de sesión continua no hay quien lo aguante.

sesionar *intr* Celebrar sesión [1]. | C. Berbell *D16* 13.10.84, 11: Brighton, donde sesionaba la plana mayor del Gobierno y del Partido Conservador.

sesma (*tb con la grafía* **sexma**) *f* (*hist*) Sesmo. | A. HCasado *NAl* 29.3.91, 21: Por las tierras ásperas de la sesma del Campo, a medio camino entre Concha y Tartanedo, están las ruinas evocadoras de Chilluentes.

sesmero (*tb con la grafía* **sexmero**) *m* (*hist*) Encargado de la representación y administración de un sesmo. | FRius *HEspaña* 1, 315: Solía dividirse el término, o alfoz, en seis partes (sesmos), y estas, en veintenas, lotes de tierra para heredar. Funcionarios del Concejo, el sesmero y el veintenario, al frente de sus respectivas partidas, cuidaban de la labor de partición. Cela *Judíos* 33: En la comunidad de Ayllón se llama cabeza de sexmo a cada uno de los seis pueblos donde los vecinos, reunidos, eligen al procurador sexmero, al seise que los ha de representar.

sesmo (*tb con la grafía* **sexmo**) *m* (*hist*) División territorial que comprende cierto número de pueblos asociados para la administración de bienes comunes. | FRius *HEspaña* 1, 315: Dueños de extensos términos, o alfoces, ... [los concejos] tomaron sobre sí la tarea de organizar la colonización de los mismos .. Para ello solía dividirse el término, o alfoz, en seis partes (sesmos), y estas, en veintenas, lotes de tierra para heredar. Cela *Judíos* 33: La comunidad de Ayllón estaba regida por un receptor, un escribano y seis seises, uno por cada sexmo, por cada seis pueblos.

seso[1] **I** *m* **1** Masa nerviosa contenida en el cráneo. Frec en pl. | Arce *Testamento* 101: El tejido de la chaqueta me asfixiaba con su olor. Era igual que si tuviera los sesos metidos en una caldera. *Cocina* 12: Los sesos necesitan una limpieza y cocción previa, cualquiera que sea su guiso.
2 Inteligencia. | Peraile *Cuentos* 19: Incapaz de trabajarte un juego y de trajinarte una partida, por falta de seso y de entrenamiento, te apuntas a la superstición, a ver si por el lado de los agüeros y de las magias te sigue cayendo la fortuna. **b)** Juicio o sensatez. | * ¡Qué poco seso tiene esta cría!
II *loc v* (*col*) **3 devanarse** (*o* **estrujarse**, *o* **hacerse agua**) **los ~s.** Cavilar o pensar mucho. | R. Frühbeck *SAbc* 20.9.70, 12: No hay que devanarse mucho los sesos para determinar cuáles habrían de ser los caminos a seguir si se desea lograr con la ópera lo que se ha conseguido con los conciertos. Laiglesia *Ombligos* 114: Lleva muchos meses estrujándose los sesos buscando un medio de comunicación. Delibes *Parábola* 41: Jacinto es capaz de hacerse los sesos agua antes que dejar a un prójimo en la estacada. **b) hacérsele** (*o* **volvérsele**) [a alguien] **los ~s agua.** Perder [esa pers.] el juicio por cavilar o pensar en exceso. | Campmany *Abc* 9.10.83, 21: A estos chicos se les hacen los sesos agua pensando en el límite legal del aborto. Delibes *Hoja* 155: ¡Déjese de cuentas, concho! Se le van a volver los sesos agua.
4 sorber [a alguien] **el ~** (*raro*, **los ~s**). Hacer[le] perder el juicio, esp. por ejercer [sobre él] una atracción irresistible. Frec en la constr TENER SORBIDO EL ~ *y referido al amor*. | MGaite *Cuarto* 192: –La acababa de conocer hacía poco en clase y me tenía sorbido el seso, no veía más que por sus ojos. –¿Por qué? ¿Era usted lesbiana? Marsé *Tardes* 315: Él no tenía nada contra "esa muchacha" que le había sorbido los sesos [al murciano].

5 tener ~s de mosquito, *o* **menos ~s que un mosquito.** (*col*) Ser poco inteligente. | * Tienes menos sesos que un mosquito.

seso[2] *m* (*reg*) Pieza con que se calza una olla en la lumbre. | C. GCasarrubios *Nar* 7.76, 12: Otras piezas utilizadas en la lumbre son los sesos, piezas que se emplean para apoyar los pucheros y evitar que se caigan; los morillos y otras.

sespiriano -na *adj* De William Shakespeare († 1616). | Laín *Gac* 6.5.79, 32: La delicada sensibilidad de Azorín condensó en tres escuetas palabras, litúrgica una, sespirianas las otras dos, la impresión que le había dejado .. la lectura del *Libro de la oración y meditación* ..: "¡Miserere, pobre Yorick!".

sesquicarbonato *m* (*Quím*) Carbonato en el que el ácido carbónico se ha combinado con una base en la proporción de 3 a 2. | M. Aguilar *SAbc* 16.3.69, 54: Álcalis cáusticos (y sinonimias). Cáustico blanco .. Sesquicarbonato sódico.

sesquicentenario *m* (*lit*) Ciento cincuenta aniversario [de algo]. | *Abc* 10.12.74, 16: Ha comenzado la semana conmemorativa del sesquicentenario de la batalla de Ayacucho.

sesquióxido *m* (*Quím*) Óxido cuya molécula está constituida por tres átomos de oxígeno y dos de otro elemento. | Ybarra-Cabetas *Ciencias* 56: Por lo que toca a las arcillas, constituidas a base de anhídrido silícico, sesquióxido de aluminio y numerosos metales, son amorfas.

sesquipedal *adj* (*lit*) [Palabra] muy larga. | Valencia *Mar* 23.11.70, 3: Emplear palabras se[s]quipedales y grandilocuentes, como salen cuando un casi iletrado decide escribir con afectada alteza de conceptos en el estilo que pudiéramos llamar curial florido. [*En el texto*, sexquipedales.]

sesquiplano *m* (*Aer*) Biplano en el que una de las alas, gralm. la inferior, tiene una superficie aproximadamente igual a la mitad de la de la otra. | Mendoza *Ciudad* 350: Ese mismo año Lóriga y Gallarza volaban de Madrid a Manila en un sesquiplano.

sesquisulfuro *m* (*Quím*) Sulfuro cuya molécula está constituida por tres átomos de azufre y dos de otro elemento. | Ybarra-Cabetas *Ciencias* 66: Antimonita .. es se[s]quisulfuro de antimonio, con frecuentes impurezas de hierro, plomo y otras. [*En el texto*, sexquisulfuro.]

sestaoarra *adj* (*reg*) De Sestao (Vizcaya). Tb n, referido a pers. | *CoE* 23.8.75, 3: Esta es la fuente llamada Iturrixe, en Mendata, donde este pequeño sestaoarra acude a saciar su sed.

sesteante *adj* (*lit*) Que sestea. Frec fig. | Ju. Ferrer *Gar* 4.8.62, 43: Este organillo castizo y pintoresco hace una vida lánguida por nuestras calles, un poco sesteante ahora que el calor aprieta y agobia.

sestear *intr* **1** Dormir la siesta. Tb fig. | Medio *Andrés* 201: Terminada la comida, los hombres se marchan a sestear, hasta que el calor se vaya, que no es bueno el calor para segar.
2 Descansar [el ganado] a la sombra durante las horas de calor. | Cuevas *Finca* 137: El rebaño de ovejas sesteaba.

sesteo *m* **1** Acción de sestear. Tb fig. | Marsé *Tardes* 143: Era hermosa la combinación muchacha-automóvil, casi irreal, se deshacía entre los párpados igual que un sueño de sesteo. Delibes *Pegar* 110: ¿Cómo reacciona Charles Dickens, niño pobre en el seno de una sociedad desahogada, ante esta situación? Lo más cómodo sería afirmar que se integra en ella, asume las virtudes y defectos de su pueblo y se enrola en el confortable sesteo general.
2 Hora de la siesta, o en la que sestea el ganado. | Halcón *Ir* 85: No hay lugar más inquieto que la sombra de un árbol frondoso en el sesteo de la primavera y el verano.

sestercio *m* (*hist*) Moneda romana de plata equivalente a dos ases y medio. | Gala *Séneca* 57: –Si te oyeran los dioses... –Qué más quisiera yo. Sé de alguno que se puede comprar por un par de sestercios.

sestero I *adj* **1** De (la) siesta o de(l) sesteo. | Lagos *Vida* 91: Qué gallarda aparecía la Sinforosa en medio de la tarde, aún sestera, estrenando las calles frescas. Delibes *Inf* 28.7.76, 16: Entrado el mes de julio, el Umia es río sestero que se presta poco a la pesca de salmónidos, ya que desde la chorrera del puente a la del molino .., allí no hay agua movida que invite al lance de la mosca.

II *m* **2** Acción de sestear. | MCalero *Usos* 59: El mayoral, a la salida del lucero del alba, llamaba a sus ayudantes .. A la salida del sol, una hora desde la amanecida, se ponían a caminar... hasta la hora del sestero.

3 Hora de la siesta, o en la que sestea el ganado. | FVidal *Duero* 107: Como el calor crece con el transcurrir del sestero, el camínante decide llegarse a la pequeña alameda.

4 Lugar en que sestea el ganado. | MCalero *Usos* 54: El calor no era la mejor dieta, así que tenían su sestero en la chortal cercana.

sesudamente *adv* De manera sesuda. | J. M. Cortés *País* 9.7.91, 53: Haga caso omiso de lo que le susurren al oído y húndase sesudamente en la diáspora de puntitos entre los ejes de abscisas [y] ordenadas. Sampedro *Sonrisa* 66: –Déjale –comenta sesudamente la madre–. Está superando la fase anal.

sesudez *f* Cualidad de sesudo. | M. Pinta *Abc* 5.3.58, 25: La decadencia .. estuvo enquistada, como siempre, entre los enanos y mediocres, entre la burguesía intelectual, amparada en las consabidas normas de la "mesura" y "sesudez".

sesudo -da *adj* [Pers.] sabia o muy inteligente. *Frec con intención humoríst.* | CBaroja *Inquisidor* 10: ¿Con qué derecho entretiene usted a la gente vulgar, tratando de materias hechas para la meditación o la producción del sueño furtivo en hombres sesudos? **b)** Propio de la pers. sesuda. | SSolís *Camino* 33: Carmina no logró entender nada de lo que ocurría, ni lo intentó siquiera, pero se atuvo a las sesudas explicaciones de su madre y de Mère Sagrario.

set (*ing; pronunc corriente,* /set/*; pl normal,* ~s) *m* **1** (*Dep*) *En determinados juegos de pelota, esp tenis:* Conjunto de juegos que constituyen una unidad de cómputo para el tanteo. | HLM 26.10.70, 33: Cuando terminó el tercer "set" de la final del trofeo Conde de Godó, "open", en las pistas del Real Club de Tenis Barcelona, el público puesto en pie tributó al ganador, Manuel Santana, la mayor ovación. Ya 30.10.74, 65: Voleibol. Polonia, campeón mundial. En un emocionante encuentro venció en el partido final, a Japón, por tres "sets" a uno.

2 Conjunto de objetos de la misma clase o destinados al mismo uso. *Tb el estuche que los contiene.* | *SYa* 26.4.87, 55: La mejor forma de lucir el maquillaje consiste en utilizar los pinceles y brochas adecuados. El "set" de metacrilato cuesta 5.615 pesetas. *SPaís* 17.12.89, 70: Para el cuidado diario de la barba, el recortabarbas eléctrico portátil, con un completo set de accesorios. *ByN* 10.12.89, 86: "Set" de gim[n]asia para hacerla en casa, por 4.950 pesetas. **b)** Juego de manteles individuales. *Tb cada uno de estos.* | *Lab* 9.70, 18: Disponer de variadísimos y originales "sets" o de manteles, nuevos y modernos, es fácil.

3 (*Cine*) Plató o escenario. | *Abc* 30.12.65, 32: Rex Harrison brinda alegremente con su esposa, Rachel Roberts .., la bella Capucine y Susan Hayward, junto al árbol de Noel instalado en el "set" de los estudios romanos en que se rueda "Invitación a Venecia".

seta *f* **1** Hongo en forma de sombrero sostenido por un pie. *Diversas especies se distinguen por medio de compls o adjs:* COMÚN, DE CARDO, *etc. Frec* designa las especies *Agaricus campestris* o *Psalliota campestris* (~ COMÚN) *y Pleurotus eringii* (~ DE CARDO). | Legorburu-Barrutia *Ciencias* 310: Hay setas comestibles como el champiñón y el níscalo .. Y las hay mortales como las amanitas. Bernard *Salsas* 26: Se doran en una cacerola, con aceite, las setas crudas y picadas muy menudas. Hoyo *Caza* 23: Las setas de cardo, por ejemplo, esas sí que son gloria en todos los sentidos. Perala *Setas* 55: *Lepiota procera.* Galamperna. Galipierno. Seta culebra. Nariz de gato. Seta parasol. Perala *Setas* 56: *Psalliota bispora.* Champiñón. Seta de campo. Seta de París.

2 Utensilio de cocina de forma semejante a la de una seta [1], empleado para aplastar contra el colador la masa que se quiere colar. | *Cocina* 335: A la hora y media de cocción, estando muy cocidos los ingredientes, se pasa por un colador fino, apretando bien con la seta para que pase todo y quede como medio litro de salsa espesita.

setabense *adj* (*lit*) De Játiva (Valencia). *Tb n, referido a pers.* | GNuño *Arte* 340: Son escasos los elementos sobrenaturales en los cuadros del setabense [José Ribera].

set-ball (*ing; pronunc corriente,* /sét-ból/*; pl normal, ~s*) *m* (*Dep*) *En determinados juegos de pelota, esp tenis:* Tanto que decide juego y set. | GCandau *SYa* 12.12.72, 23: Una pelota que Gimeno lanzó fuera de forma clara fue dada como buena. Esta bola fue precisamente el "set-ball" que instantes después aprovechó ante el desconcierto del húngaro.

setecentista *adj* (*lit*) Del siglo XVIII. | Mercader-DOrtiz *HEspaña* 4, 70: El nivel intelectual del clero español setecentista era, por lo regular, mediocre.

setecientos -tas **I** *adj* **1** *Precediendo a susts en pl:* Seiscientos noventa y nueve más uno. *Puede ir precedido de art o de otros determinantes, y en este caso sustantivarse.* | *Abc* 21.7.70, 27: Se hunde, incendiado frente a Tenerife, el transatlántico italiano "Fulvia", en el que viajaban setecientas diecinueve personas.

2 *Precediendo o siguiendo a ns en sg* (*o, más raro, en pl*): Septingentésimo. *Frec el n va sobrentendido.* | * El setecientos aniversario. * Kilómetro setecientos. * Nació en mil setecientos.

II *pron* **3** Seiscientas noventa y nueve más una perss. o cosas. *Siempre referido a perss o cosas mencionadas o consabidas, o que se van a mencionar.* | Berlanga *Not* 12.4.74, 4: Por lo menos tres mil setecientos motoristas, de ellos más de setecientos en la zona centro .. procurarán que la estadística [de accidentes] tenga una curva descendente.

III *m* **4** Número de la serie natural que sigue al seiscientos noventa y nueve. *Frec va siguiendo al n* NÚMERO. | * El número premiado es el setecientos.

5 Siglo XVIII. | Reglá *Historia* 436: Destaquemos los rasgos más salientes de la historia española del Setecientos.

setembril *adj* (*raro*) Setembrino. | *VozE* 28.8.74, 25: El club donostiarra ve imposible su clasificación para las grandes jornadas setembriles, que están ya encima.

setembrino -na *adj* Septembrino. | Aldecoa *Gran Sol* 154: La seca cubierta de proa tenía color de caña setembrina con las dos manchas de negro brea de las coberturas de la nevera y el pañol.

setenta **I** *adj* **1** *Precediendo a susts en pl:* Sesenta y nueve más uno. *Puede ir precedido de art o de otros determinantes, y en este caso sustantivarse.* | A. M. Badell *Ya* 28.5.67, 3: Una mujer joven me recibe sonriente; llega en seguida otra de más edad, de unos setenta años.

2 *Precediendo o siguiendo a ns en sg* (*o, más raro, en pl*): Septuagésimo. *Frec el n va sobrentendido.* | *Van* 4.4.74, 59: "Canta y sé feliz" es, según Peret, la setenta u ochenta canción que escribe e interpreta. *SYa* 9.3.74, 1: La estrenamos en septiembre del setenta y dos; pasamos el setenta y tres; ya estamos en el setenta y cuatro.

II *pron* **3** Sesenta y nueve más una perss. o cosas. *Siempre referido a perss o cosas mencionadas o consabidas, o que se van a mencionar.* | Torrente *Vuelta* 234: Son tres setenta y cinco, señorita. * He comprado setenta. * Setenta de los invitados no acudieron.

III *m* **4** Número de la serie natural que sigue al sesenta y nueve. *Frec va siguiendo al n* NÚMERO. | Grosso *Capirote* 80: Por auto de esta fecha dictado en el sumario que se instruye con el número mil doscientos setenta y seis, por robo, contra Juan Rodríguez López, se ha decretado la prisión provisional del mismo. **b)** Cosa que en una serie va marcada con el número setenta. | * Le han calificado con un setenta.

5 los (años) ~, *o, más raro,* **los (años) ~s**. Octavo decenio de un siglo, esp. del XX. | Jover *Historia* 829: Maura, Canalejas .., nacidos en los años cincuenta del siglo XIX; Romanones, La Cierva .., nacidos en los años sesenta; el general Primo de Rivera, Santiago Alba y Francisco Cambó, nacidos en los setenta.

setentena *f* **1** Conjunto de setenta unidades. *Gralm con un compl* DE. *Frec solo con sent aproximativo.* | GNuño *Escultura* 32: En no menos de una setentena de pequeños estados quedaba segmentada la España que, por extensión, denominamos ibera.

2 Edad comprendida entre los setenta y los ochenta años. | Montarco *Abc* 26.12.70, 10: Allí encontré dos compatriotas, catalanes, Juan Ferrer y Roque Llop, ambos escritores y

setentón – seudónimo

poetas. El primero anda por la setentena, con una gran planta.

setentón -na *adj* (col) [Pers.] que está en la setentena. *Tb n.* | M. Daranas *Abc* 30.5.58, sn: Tardieu .., ya sexagenario, a poco de que el ex presidente Doumergue se casara, setentón, con una novia de su juventud, contrajo matrimonio con una señorita cuya filiación no se hizo pública.

setero -ra *adj* **1** De (la) seta [1]. *Esp referido a una especie de cardo alrededor del cual se crían setas.* | M. ÁChirveches *Abc* 23.8.66, 42: Uno de los ingresos adicionales .. lo constituía .. la búsqueda de los espárragos camperos, .. y en el comienzo del otoño las [s]etas, de cuya existencia daban fe los llamados cardos seteros.
2 [Pers.] que recoge setas o es aficionado a ellas. *Tb n.* | Hoyo *Caza* 16: Rufi la Setera era una moza joven de Orbaneja. En tiempo de setas, bajaba de Orbaneja al campo de Villafría a buscarlas. X. Domingo *Cam* 17.5.76, 91: En España, los únicos seteros auténticos son los vascos y somos los catalanes.

setiano -na (*tb con la grafía* **sethiano**) *adj* (*hist*) [Hereje] agnóstico de los primeros siglos del cristianismo, que consideraba a Set como el Mesías. | GÁlvarez *Filosofía* 1, 201: Relacionadas con la gnosis alejandrina están las sectas de los ofitas, los perates y los sethianos.

setiembre *m* Septiembre. *Se usa sin art.* | Payno *Curso* 112: Colgaba la amenaza de una expulsión por hablar que cerraba el examen de junio, y a veces el de setiembre.

seto *m* Fila espesa de matas o arbustos, o armazón de palos entretejidos, que sirve esp. para cercar un lugar o para impedir el paso. | *VozC* 29.6.69, 11: El coche con el dorsal número 33, por reventón de una rueda, se estrelló contra los setos y una farola de los jardines de la plaza de José Antonio. *BOE* 30.1.81, 2153: El arrendatario puede hacer desaparecer las paredes, vallados, setos vivos o muertos.

setter (*ing; pronunc corriente,* /séter/; *pl normal,* ~s) *m* Perro grande de caza, de pelo largo, sedoso y ondulado, de color negro y blanco (~ INGLÉS) o castaño (~ IRLANDÉS). *Tb adj.* | Escobar *Itinerarios* 98: Cazadores de relumbrón que lucen armas de fuego magníficas y lujosas, .. buenas botas altas, y perros de pura raza, pachones, perdigueros, setters, sabuesos... Goytisolo *Recuento* 49: Acudió incluso el cargante Balet, que nunca se despegaba de sus talones, un perro rubio, mezcla de setter irlandés, de perfil regio, hocico rosado y ojos amarillos.

seudo -da *adj* (*raro*) Supuesto o falso. | Correa *Introd. Gracián* XXIII: Salinas .. se revuelve contra las correcciones que le hace [Gracián], en franca rebeldía contra el que llama "maestro", con impertinencia y seuda erudición.

seudo- (*tb con la grafía* **pseudo-**) *r pref que denota falsedad o falsa apariencia.* | *Por ej:* J. M. Fontana *Pue* 28.12.70, 3: Dan el triste balance de seudoadúlteros, separados de hecho o de Derecho. J. DMagallón *Pue* 17.12.70, 2: Predicamos y practicamos la obediencia a la autoridad en lugar de ponernos a la cabeza de algaradas callejeras más o menos revolucionarias u hostigarlas villanamente desde el púlpito o en reuniones seudoapostólicas. Ybarra-Cabetas *Ciencias* 343: Tienen [las larvas de libélula] un dispositivo especial para respirar en el agua por medio de seudobranquias. MSantos *Tiempo* 104: "Ya me están a mí jeringando", explicó Cartucho al seudocamarero. RMoñino *Poesía* 59: Perdido su texto en las hojas finales del [Cancionero] de Castillo, sin la pseudocomedia, la sección burlesca pasaba. [*En el texto,* pseudo comedia.] Aranguren *Marxismo* 50: La inscripción de lo económico en el más amplio círculo de lo social libera de las meras relaciones pseudoconcretas de un mundo económico abstracto y reificado. Bustinza-Mascaró *Ciencias* 120: En la región esofágica los vasos dorsal y ventral están conectados directamente mediante cinco pares de vasos comisurales o seudocorazones. A. Barra *Abc* 27.10.70, 17: Desde el año 1950 la política de Londres era otorgar una pseudodescolonización. M. D. Gant *Rev* 11.70, 24: Hace un estudio concienzudo de los escritos de los grandes autores .. y también de la llamada literatura apócrifa o pseudo-epigráfica. Alfonso *España* 68: Hoy, nuestros achaques urbanos son un *snobismo* pseudoextranjerizante. Alfonso *España* 81: Este ambiente de pillos, de estridencias, .. de impertinente pseudofuturismo, .. ¿tiene algo que ver, encaja con lo verdaderamente español? L. Apostua *Ya* 24.5.70, 16: No es propósito de estas líneas rebajar un quilate los valores patrióticos y literarios del gran poeta portugués, pero sí de salir al paso del cúmulo de tópicos y mitos seudohistóricos que tratan de encubrir los grandes problemas del Portugal de hoy. Á. FSantos *SInf* 22.4.71, 16: Contradijo con sus delimitaciones materiales a todos sus presupuestos formales previos; de ahí el galimatías seudolibertario que es su pretensión de otorgar un carácter "genesíaco" a su proyecto de teatro. M. GManzano *Rev* 11.70, 16: El respeto o acercamiento distanciado que exige el héroe del "comic" y el personaje pseudomitológico de las revistas. Castilla *Humanismo* 25: Hay que crear necesidades –seudonecesidades– de forma tal que el hombre consuma lo que se ha producido. Castilla *Humanismo* 14: A mí todo esto me parece una forma mistificada, seudoprofunda a expensas de la irracionalidad, de rehuir los problemas. Alfonso *España* 175: ¿Cuánta muerte absurda provocamos a diario por .. nuestro estúpido triunfalismo pseudoprogresista? C. Morcillo *Abc* 1.12.70, 37: Ante nuestros ojos desfilan cada día las imágenes de una pavorosa descomposición enmascarada en los más diversos disfraces pseudoizquierdistas y pseudoprogresivos. Castilla *Humanismo* 45: Tal índole de falsa conciencia de la realidad, que se traduce en un pesimismo seudorrealista, es muy típica de determinadas clases y grupos. *Abc* 29.12.70, 17: Como consecuencia de aquella muerte se programan una serie de actos escalonados, algunos de ellos con carácter pseudorreligioso. GNuño *Madrid* 77: En la antesacristía .. están los restos de la sillería del Paular y varios Apóstoles seudorriberianos. Castilla *Natur. saber* 20: Un seudosaber llega a ser dominante en determinado momento del acontecer historicosocial porque es la ideología de la clase dominante. Alvarado *Botánica* 42: En ciertas plantas los septos radiales del ovario se reabsorben. Entonces el ovario es pseudounilocular, y los óvulos no están insertos en las suturas parietales, sino en una columna central. Pericot-Maluquer *Humanidad* 36: No puede olvidarse la observación de Mason de que causas naturales han podido producir en determinadas circunstancias pseudoútiles de este tipo. MSantos *Tiempo* 145: El cadáver exangüe y seudovirginal de Florita.

seudocientífico -ca (*tb con la grafía* **pseudocientífico**) *adj* Falsamente científico. | L. LSancho *Abc* 12.9.68, 75: Todos los demás personajes de la nueva comedia son convencionales, conocidos, usados, aunque el ingenio de Mihura los adobe con nuevos y apetitosos aderezos: el donjuanismo de Salvador; .. el escepticismo seudocientífico de Cándida, la pitonisa. *Tri* 12.12.70, 37: Si "la noción del hombre malo por naturaleza" es pseudocientífica, la noción del hombre tabla rasa .. no lo es menos.

seudohermafroditismo *m* (*Med*) Condición de la pers. que tiene las gónadas y cromosomas de un sexo y algunos caracteres sexuales secundarios del opuesto. | Cañadell *Salud* 366: Intersexualidad hormonal. Este grupo está formado por los seudohermafroditismos y por el hirsutismo de la mujer y la ginecomastia del varón. Cañadell *Salud* 366: Se llama seudohermafroditismo femenino a la presencia de características sexuales propias del varón en una mujer que, como tal, posee ovarios y una composición cromosómica XX.

seudoictericia (*tb con la grafía* **pseudoictericia**) *f* (*Med*) Coloración amarillenta de la piel no debida a la presencia de pigmentos biliares en la sangre. | MNiclos *Toxicología* 63: Los derivados de la Acridina .. apenas se usan, por el inconveniente de teñir la piel (pseudoictericia).

seudoisódomo -ma (*tb con la grafía* **pseudoisódomo**) *adj* (*Arquit*) [Obra o aparejo] hechos de hiladas de dos alturas dispuestas alternadamente. | Angulo *Arte* 1, 7: Los sillares empleados en un muro son, por lo general, de una misma altura, pero a veces, para producir efecto más decorativo en el paramento, alternan sillares de dos alturas. En el primer caso es el muro de obra isódoma .., y en el segundo, el seudoisódomo.

seudónimo -ma (*tb, raro, con la grafía* **pseudónimo**) **I** *adj* **1** [Pers.] que firma con seudónimo [2]. | Valverde *Literatura* 143: El segundo volumen [del Quijote] .. apareció en 1615, o sea, un año antes de la muerte de su autor, que, sin el estímulo del continuador seudónimo, quizá no habría llevado su obra a término.

II *m* **2** Nombre empleado por una pers. para ocultar el suyo verdadero. | DPlaja *Literatura* 423: La novela costumbrista española es creada por Cecilia Böhl de Faber, que firmaba con el seudónimo masculino de "Fernán Caballero". SCantón *Discurso* 53: Hasta el libro firmado con pseudónimo y escrito con el cuidado de que no pudiera atribuirse a un marino, contadas son las páginas sin referencias.

seudópodo (*tb con la grafía* **pseudópodo**) *m* (*Biol*) Prolongación protoplásmica transitoria que emiten algunas células y protozoos para desplazarse y capturar su alimento. | Ybarra-Cabetas *Ciencias* 185: Las prolongaciones o seudópodos forman primeramente una especie de cavidad bucal transitoria, después se sueldan. Bustinza-Mascaró *Ciencias* 23: La ameba se desplaza en el campo del microscopio, cambiando de forma y emitiendo unos salientes o prolongaciones, llamados pseudópodos.

seudosolución (*tb con la grafía* **pseudosolución**) *f* (*Quím*) Disolución aparentemente homogénea pero que no tiene las propiedades de la verdadera solución. | Bustinza-Mascaró *Ciencias* 18: Reciben el nombre de disoluciones coloidales o pseudosoluciones aquellas en las que las partículas, micelas, .. son de difusión lenta.

seulense *adj* De Seúl. *Tb n, referido a pers.* | *Pro* 4.10.88, 56: Los seulenses empiezan a respirar.

severamente *adv* De manera severa. | Benet *Nunca* 19: Mandan las piedras de un ayer severamente construido.

severidad *f* Cualidad de severo. | Villapún *Iglesia* 81: Los gravísimos peligros sociales que traía consigo la herejía y las ideas profundamente religiosas de la Edad Media .. explican suficientemente la severidad desplegada por el tribunal de la Inquisición. Umbral *MHi* 11.63, 79: Obra de pesadumbre y esfuerzo, en la severidad de sus líneas parece campear aún el ceño profundo, sabio y pensativo de aquel rey.

severo -ra *adj* **1** [Pers. o entidad] muy exigente en el cumplimiento de la norma o disciplina. | *Abc* 2.11.57, 39: Lo mismo sucedió en España con Trastamara, que, después de asesinar a su hermano don Pedro .., fue el Rey Don Enrique "el de las Mercedes", amabilísimo con todos y solamente severo con los homicidas.
2 [Acción o actitud] dura o rigurosa. | CBaroja *Inquisidor* 48: La obra fue objeto de una severa condena del arzobispo de París.
3 Serio y austero. | Laforet *Mujer* 77: Una señora gruesa, de aspecto severo, y un joven vestido de negro .. estaban en aquella puerta, mirándolos.
4 Grave o importante. *Esp en medicina*. | *Hoy* 4.11.75, 1: La intervención fue bien tolerada, con esporádicas alteraciones electrocardiográficas severas.

seviche → SEBICHE.

sevicia *f* (*lit*) **1** Crueldad (cualidad de cruel). | Cela *Oficio* 34: Entonces brota en su corazón el chorro de la sevicia que no siempre mana a borbotones.
2 Acto de violencia cruel. *Normalmente en pl.* | Mercader-DOrtiz *HEspaña* 4, 124: Lo que tenían que temer las brujas no era el auto de fe, sino las sevicias y brutalidades de los vecinos.

sevillanismo *m* Condición de sevillano, esp. amante de lo sevillano. | E. Corral *Abc* 22.11.70, 66: Nos empapó de sevillanismo sin "folk-lore" de tablao.

sevillanista *adj* De(l) sevillanismo. | Pemán *Abc* 23.1.75, 3: Solo con esa colaboración mágica de la sombra puede el poeta saltar todos los enunciados insistentes, repetidos, en la poesía sevillanista. **b)** [Pers.] que hace gala de sevillanismo. *Tb n.* | Cela *Viaje andaluz* 210: Sevilla, para su fortuna, no da sevillanistas. Los hombres de Sevilla, más que amar a su ciudad, .. se funden con ella.

sevillano -na I *adj* **1** De Sevilla. *Tb n, referido a pers.* | DPlaja *Literatura* 195: Escuela Sevillana. Fernando de Herrera. Burgos *SAbc* 13.4.69, 42: En siete años, la renta "per capita" de los sevillanos de la ciudad y de los pueblos se ha duplicado. **b)** [Aceituna] de una variedad verde, no muy grande, propia esp. para aperitivo. | *GTelefónica N.* 9: Aceitunas El Olivar Sevillano. Almacenistas de aceitunas sevillanas .. Aceitunas Jiménez (Suc. Jesús Barbero). Almacenista de aceitunas sevillanas. **c)** [Duro] **sevillano** → DURO.

seudópodo – sexenal

II *f* **2** Cante para bailar, con letra de seguidilla, propio de Sevilla y su región. *Frec en pl.* | Manfredi *Cante* 132: La sevillana es un cante para bailar, con letras de seguidilla (no de seguiriyas, por Dios), alegre y vivo, capaz de resucitar a un corazón muerto. Torres *Ceguera* 142: Una voz femenina canta una sevillana. A. Olano *Sáb* 10.9.66, 5: Para ellos hay salas de fiestas con "t[ypi]cal Spain", con las inevitables palmas, jipíos y tópicos pasados por sevillanas.

sexador -ra *m y f* Pers. que se dedica a sexar animales. | Delibes *Voto* 122: –Algo raro debía de tener aquel hombre cuando solo con ver un huevo ya sabía a ciencia cierta si lo que había dentro era pollo o polla. –Sexador –dijo Víctor.

sexagenario -ria *adj* [Pers.] de edad comprendida entre los sesenta y los setenta años. *Tb n.* | S. Lorenzana *Pap* 1.57, 41: Una permanencia de año y medio en la tierra de sus mayores, cuando era ya sexagenario.

sexagesimal *adj* (*Mat*) Que tiene como base el número 60. | Gironza *Matemáticas* 13: Estas unidades [ángulo llano, ángulo de giro completo, grado, minuto y segundo] se llaman sexagesimales. Mingarro *Física* 14: Si la longitud del nonius es 29 grados sexagesimales y está dividido en 30 partes, aprecia 1/30 de grado, o sea, 2 minutos.

sexagésimo -ma I *adj* (*lit*) **1** Que ocupa un lugar inmediatamente detrás o después del quincuagesimonoveno. *Seguido de los ordinales* PRIMERO *a* NOVENO, *forma los adjs ordinales correspondientes a los números 61 a 69.* | *Abc* 10.12.85, 29: Ayer se cumplió el sexagésimo aniversario de su muerte. Ju. Echevarría *Ya* 8.3.91, 49: Un grupo de policías de Los Ángeles detiene a un negro, lo sacan [sic] del coche y empiezan a pegarle hasta en el sexagésimo cuarto cordón de su código genético.
II *f* **2** (*Rel catól*) Segundo de los tres domingos que preceden a la Cuaresma. | Ribera *Misal* 246: La preparación remota [para la Pascua], constituida por la Septuagésima, Sexagésima y Quincuagésima. Ribera *Misal* 252: Domingo de Sexagésima. Se llama Sexagésima este domingo porque estamos unos sesenta días antes de Pascua, por más que son en rigor 56, ocho semanas.

sexagesimo- *r pref* (*lit*) Unida sin guión a los ordinales PRIMERO *a* NOVENO, *forma los adjs ordinales correspondientes a los números 61 a 69.* | *Por ej: Ya* 24.6.75, 32: "Ante el futuro de la Asociación Católica de Propagandistas" fue el tema de la mesa coloquial celebrada el pasado domingo dentro de los actos de la sexagesimotercera Asamblea de la A. C. de P. [*En el texto*, sexagesimo tercera.] *Cam* 11.5.81, 19: La muerte del diputado británico Bobby Sands al cumplirse el día 5 de mayo su sexagesimosexto día de huelga de hambre.

sex-appeal (*ing; pronunc corriente,* /seksapíl/) *m* Atractivo sexual [de una pers.]. | *Inf* 19.5.75, 30: Una aventura de la era espacial cuyo "sex appeal" es el más fantástico que pueda imaginarse ..: *Barbarella*.

sexar *tr* Determinar el sexo [de un animal (*cd*)]. | *Abc* 25.2.58, sn: Polluelos. Pollitas. Sexadas. Todas las razas.

sex center (*ing; pronunc corriente,* /séks-θénter/ *o* /séks-sénter/) *m* Establecimiento destinado a actividades relacionadas con los placeres sexuales. | S. Moreno *Tiem* 20.3.89, 12: Kamasutra garantizado. Otro establecimiento que mantiene el nivel similar a los *sex center* extranjeros está situado en el número 8 de Sor Ángela de la Cruz. *Gra* 4.11.89, 37: Sex Center Amsterdam: Alquiler videopelículas 300 pesetas. 24 horas. Cabinas, lencería, revistas importación, etc.

sexcentésimo -ma *adj* (*lit*) Que ocupa un lugar inmediatamente detrás o después del quingentésimo nonagesimonoveno. | * El sexcentésimo aniversario.

sexcentista *adj* (*lit*) Seiscentista. | GNuño *Madrid* 77: Entre cuadros anodinos .. queda un curioso lienzo de Pacheco .., varios sexcentistas inciertos.

sexenal *adj* **1** [Cosa] de seis años. | G. GSerna *Viajeros* 148: Ibáñez se limitó a arrendarle [al Estado] los productos de la fábrica en contratos sexenales para la Maestranza.
2 Que ocurre cada seis años. | * La Exposición es sexenal.

sexenio *m* Período de seis años. | *Inf* 13.6.74, 5: André Marie .. participó como ministro de Educación o de Justicia en casi todos los Gobiernos durante el sexenio 1948-1954.

sexismo *m* Discriminación basada en el sexo. *Gralm con respecto a la mujer.* | R. L. Chao *Tri* 2.2.74, 32: Lo único que Peter Schumann exige es una posición básica: contra la guerra de Vietnam, .. contra el sexismo, etcétera. RAdrados *Abc* 28.4.91, 3: Sexismo en el léxico.

sexista *adj* De(l) sexismo. | Westley *Ciu* 8.74, 34: En Estados Unidos, Alemania, Francia o Inglaterra, grupos feministas achacan su legalidad a motivos "sexistas"; es decir: los productos son obviamente perjudiciales solo a mujeres. C. SFontenla *Sáb* 15.3.75, 83: Puesto que el problema del sexismo existe, puesto que vivimos en una sociedad hecha por los hombres y para los hombres .., más sexista o más racista resultaría aún el, siguiendo la política del avestruz, hacer como que lo ignoramos y creernos eso de que, a estas alturas, la mujer posee los mismos derechos que el hombre. **b)** [Pers.] que en sus opiniones o en su comportamiento muestra sexismo. *Tb n.* | *SYa* 6.10.88, 8: Suspenso a los docentes sexistas.

sexitano -na *adj* De Almuñécar (Granada). *Tb n, referido a pers.* | *Gra* 4.11.89, 17: Los organizadores manifestaron que "se ha elegido el municipio sexitano como prototipo de desarrollo un tanto desmedido".

sexma, sexmero, sexmo → SESMA, SESMERO, SESMO.

sexo *m* **1** Condición orgánica por la cual un ser es masculino o femenino. | DPlaja *El español* 131: El español viste de forma que no deje lugar a dudas sobre su sexo.
2 Conjunto de los seres que tienen un mismo sexo [1]. *Normalmente con los adjs* MASCULINO (o FUERTE, o FEO) o FEMENINO (o DÉBIL, o BELLO). | J. Rodríguez *SYa* 23.12.73, 51: Una y otra se oponen al sometimiento del llamado sexo fuerte. Tono *Abc* 21.3.73, 25: No sería justo que a la hora de la cortesía fuéramos tan tontos en creer todavía que la mujer es el sexo débil. FReguera-March *España* 190: Un hombre .. poco predispuesto a perder la cabeza por los encantos del bello sexo.
3 Sexualidad. | * Nunca se habló tanto de sexo como en estos años.
4 Órganos genitales externos. | Hoyo *Caza* 30: Los pantalones se le habían escurrido de la cintura ..; pudimos ver su sexo diminuto, como una lagartijilla.

sexo- *r pref* De(l) sexo. | *Por ej:* V. Puig *ByN* 7.4.91, 30: Las nuevas costumbres sexuales británicas proyectan las opciones de la sociedad permisiva tanto en la deliberada vocación de castidad .. como en la constitución de entidades parecidas a "Sexoadictos Anónimos". Cela *Oficio* 57: Pensó siempre que la sexofobia era una suerte de erotomanía aberrante. Cela *Oficio* 56: Observad con detenimiento al predicador sexófobo .. y observaréis la mueca minúscula del rijo bailándole en la cara. VMontalbán *Tri* 9.1.71, 16: Sexomaníacos reprimidos, .. vosotros no estáis hechos para un país libre. *Voz* 10.5.87, 75: Un médico sexómano alemán puede haber transmitido el "sida" a las centenares de mujeres que violó.

sexología *f* Estudio de la sexualidad y de las cuestiones relacionadas con ella. | MGaite *Cuento* 329: Son ociosos todos los tratados de sexología esclareciendo cuál es el momento ideal o la postura ideal para lograr el orgasmo compartido.

sexológico -ca *adj* De (la) sexología. | Torrente *Sombras* 250: Sus conocimientos en materia política solo son comparables a su saber sexológico.

sexólogo -ga *m y f* Especialista en sexología. | *Inf* 1.10.76, 23: El doctor Enzo Bajno, sexólogo, y la señora Emma Bonino .. han hecho unas declaraciones conjuntas.

sex-shop (ing; *pronunc corriente,* /sék-sop/ o /sék-ʃop/; *pl normal,* ~s) *m o f* Tienda especializada en objetos relacionados con el sexo [3]. | *Abc* 4.5.75, 95: Al cabo de solo tres semanas de vida, el primer "sex-shop" italiano ha sido cerrado por agentes de Policía que se presentaron en el local con una orden judicial. *ElM* 12.3.92, 24: El "sex shop" que surgió del frío. [*Titular.*] Dos de los primeros visitantes que recibió la primera "sex shop" abierta en Moscú. [*Pie de foto.*]

sex-symbol (ing; *pronunc corriente,* /sék-símbol/; *pl normal,* ~s) *m* Pers. famosa, esp. estrella del espectáculo, considerada como un símbolo sexual por su gran atractivo físico. | M. Román *Sem* 5.10.74, 14: Ágata Lys se paseaba por los alrededores de La Concha. –¿No te juzgan tal vez los hombres como una especie de "sex-symbol" a la española?

sextante *m* (*Mar y Aer*) Instrumento óptico que consta de una sexta parte del círculo y que sirve para medir la altura de los astros y determinar así la posición de un barco o un avión. | Aldecoa *Gran Sol* 159: Paulino Castro interrumpió su comida para tomar la situación. Cuando entró en el cuarto de derrota por el sextante el patrón de pesca le habló.

sexteto *m* **1** Conjunto de seis pers. o cosas. | Laiglesia *Ombligos* 56: He aquí un muestrario de las preguntas hechas a Juan por el sexteto de profesores que formaban la cátedra de Réplicas Agudas. **b)** (*Mús*) Conjunto de seis instrumentos. *Tb los músicos que los tocan.* | LMiranda *Ateneo* 124: Lo trajeron y llevaron procesionariamente por los pasillos y salones, con séquito de ministros, académicos, directivos de la Junta y un sexteto de músicos de la Banda Municipal.
2 (*Mús*) Composición o parte musical para seis instrumentos. | Subirá-Casanovas *Música* 70: De esta misma época son gran número de divertimentos, septetos, sextetos, serenatas nocturnas .. y los cinco maravillosos conciertos para violín.
3 (*TLit*) Estrofa de seis versos de arte mayor, gralm. endecasílabos, de rima consonante. | Quilis *Métrica* 101: Sexteto-lira. Estrofa formada por heptasílabos y endecasílabos, alternados .. La utilizó Fray Luis de León en las traducciones de Horacio.

sextilla *f* (*TLit*) Estrofa de seis versos de arte menor. | Quilis *Métrica* 104: La sextilla más conocida es la llamada Copla de pie quebrado.

sextillizo -za *adj* [Pers.] nacida del mismo parto que otras cinco. *Más frec como n y en pl.* | *Mad* 7.8.70, 24: Muere otro sextillizo de Roma. *Mad* 12.12.69, 20: Un nacimiento múltiple (sextillizos o septillizos) se espera para el mes que viene en el University College Hospital.

sextina *f* (*TLit*) **1** Estrofa de seis versos. | López-Pedrosa *Lengua* 34: Estrofas de seis versos. .. Un nombre genérico es "sextina" .. Estrofa manriqueña: Es una sextina de pie quebrado.
2 Composición poética formada por seis estrofas de seis versos endecasílabos y una de tres, en todas las cuales los versos terminan con las mismas palabras, pero en orden diferente. | Quilis *Métrica* 130: La sextina está formada por seis estrofas y una contera.

sexto -ta I *adj* **1** Que ocupa un lugar inmediatamente detrás del quinto. *Frec el n va sobrentendido.* | *Cocina* 55: Minuta sexta.
2 [Parte] que es una de las seis en que se divide o se supone dividido un todo. | *Sáb* 28.12.74, 61: El "Boletín" del 20 publica la nueva Ley de Presupuestos del Estado .. Cerca de la sexta parte (101.100 millones) son para Educación y Ciencia.
II *n* **A** *m* **3** Parte de las seis en que se divide o se supone dividido un todo. *Gralm seguido de un compl* DE. | *BOE* 1.12.75, 25032: Quesos fundidos: Que cumplan las condiciones establecidas por la nota 1, .. presentados en porciones o lonchas y con un contenido de materia grasa en peso del extracto seco: .. Inferior o igual al 48 por 100 para los 5/6 de la totalidad de las porciones o lonchas, sin que el sexto restante sobrepase el 56 por 100.
4 el ~. (*col*) El sexto mandamiento, relativo al sexo [3]. | Torrente *Señor* 429: Lo que necesito es un teólogo que tenga experiencia personal del pecado .. Bueno, la experiencia de la soberbia, por ejemplo, no me sirve. Lo mío es más modesto. Cosa del sexto.
B *f* **5** (*Rel catól*) Hora canónica que se reza después de tercia. | SLuis *Liturgia* 4: Las horas menores (tercia, sexta y nona), formadas por un himno, tres salmos, capítula, responsorio y oración.
6 (*hist*) *Entre los antiguos romanos:* Tercera de las cuatro partes en que se dividía el día artificial, y que duraba desde

medio día hasta media tarde. *Tb* HORA (DE) SEXTA. *Tb, lit, referido a época actual*. | Ribera *Misal* 92: Hora romana: .. Hora Prima .. Hora Tercia .. Hora Sexta .. Hora Nona. Alvar *Islas* 30: Aunque estábamos a la hora de sexta, nos contó con mucho primor aquello de que más mató una cena que curó Avicena.

7 sexta rima. (*TLit*) Estrofa formada por seis versos endecasílabos, de los cuales riman en consonante alternadamente los cuatro primeros y forman pareado los dos últimos. | Quilis *Métrica* 102: Sexta rima. Estrofa de procedencia italiana, formada por seis endecasílabos.

8 (*Mús*) Intervalo de una nota a la sexta ascendente o descendente en la escala. | Subirá-Casanovas *Música* 16: Se cultiva el sistema llamado fabordón, constituido por tres voces que se mueven paralelamente formando intervalos de tercera y sexta.

III *adv* **9** En sexto [1] lugar. | *VozC* 25.7.70, 5: Tras larga y detenida deliberación, se acuerd[a] por unanimidad .. Sexto. Conceder los premios "Cámara Oficial Sindical Agraria".

séxtuple *adj* (*raro*) [Cosa] formada por seis elementos. | *Inf* 28.11.74, 1: En el departamento del doctor Botella, en el Hospital Clínico de Madrid, se produjo ayer tarde un parto séxtuple. **b)** ~ + *n* = SEIS + *el mismo n en pl.* | *Ya* 12.9.88, 20: Lo más destacado de la jornada es el séxtuple empate en la cabeza de la clasificación.

sextuplicado -da I *adj* **1** *part* → SEXTUPLICAR.
II *loc adv* **2 por** ~. Seis veces, o en seis copias. *Tb adj.* | Cero *Cod* 9.2.64, 2: Los interesados deberán proveerse del nuevo impreso verde de notificación por sextuplicado.

sextuplicar *tr* Multiplicar por seis [algo]. *Tb fig, con intención ponderativa*. | *Selectividad* 61: Es imposible para la Universidad sextuplicar el número de sus catedráticos y agregados, no ya en poco más de un año, sino en dos o tres lustros. **b)** *pr* Pasar [algo] a ser seis veces mayor. | * Se ha sextuplicado el capital de la compañía.

séxtuplo -pla *adj* (*raro*) [Cantidad] seis veces mayor. *Más frec como n m.* | *País* 14.5.80, 55: El que cometiere delito fiscal será castigado en todo caso con multa del tanto al séxtuplo de la suma defraudada.

sexuado -da *adj* **1** Que tiene sexo [1] u órganos sexuales. | M. Aguilar *SAbc* 21.12.69, 54: La triquina espiral es un gusano sexuado, es decir, con macho y hembra. Alvarado *Botánica* 9: El "ciclo biológico" de estas plantas se halla dividido en dos cuerpos vegetativos diferentes, a saber: un cuerpo sexuado que produce los gametos y engendra el huevo .., y otro asexuado, que engendra las esporas.
2 [Cosa] en que interviene o está presente el sexo [1]. | Payno *Curso* 194: No tengo apoyo ninguno. Lo busqué en la familia; lo busqué en la amistad, en el amor sexuado –digo "sexuado" porque a mi entender la amistad es amor asexuado–.

sexual *adj* **1** De(l) sexo [1, 2 y 3]. | LIbor *SAbc* 17.11.68, 8: En las primeras historias psicoanalíticas .. no aparece el tema sexual.
2 Que se basa en el sexo [1 y 3]. | Ybarra-Cabetas *Ciencias* 207: Reproducción sexual. Es el modo más general de reproducción de los seres vivos. **b)** De la reproducción sexual. | Bustinza-Mascaró *Ciencias* 22: En el hombre el número de cromosomas de sus células es de 48, pero reducido a la mitad, o sea a 24 cromosomas, en las células sexuales.

sexualidad *f* Comportamiento o actividad relativos al sexo [1]. | LIbor *SAbc* 17.11.68, 8: Una de las líneas más interesantes de esta gran peripecia .. es la sexualidad.

sexualismo *m* Exaltación de lo sexual. | Areilza *SAbc* 15.2.70, 28: En ella hay, como en todo romanticismo, elementos de protesta, .. de crítica total de la sociedad y explosivas llamaradas de escándalo como la desnudez, el sexualismo.

sexualización *f* Acción de sexualizar. | J. Botella *SAbc* 4.1.70, 32: En el mundo contemporáneo está ocurriendo un fenómeno, y este sí que es verdaderamente alarmante. Se trata de un proceso de sexualización progresiva de la vida.

sexualizar *tr* Dar carácter sexual [a algo (*cd*)]. | Anson *Oriente* 234: En la civilización maya predominaban caracteres primitivos muy acusados como, por ejemplo, la confusión entre la religión sexualizada y el ascetismo de su filosofía.

sexualmente *adv* **1** De manera sexual. | Bustinza-Mascaró *Ciencias* 118: Otras medusas con velo engendran sexualmente medusas y no individuos fijos y en colonias.
2 En el aspecto sexual. | Torrente *Vuelta* 311: No estoy enamorado de Clara. Ni siquiera llegó a obsesionarme sexualmente.

sexy (*ing; pronunc corriente,* /séksi/; *pl normal,* ~s) **I** *adj* **1** [Pers.] que tiene atractivo sexual. *Esp referido a mujer.* | * Es una chica muy sexy.
2 Que provoca sexualmente. *A veces con intención eufemística.* | GPicazo *Mad* 27.5.70, 17: La mayor novedad estriba .. en la tendencia de todas ellas a quitarse la ropa, lo cual resulta, a no dudarlo, muy "sexy", muy "in" y muy "pop".
II *m* **3** Atractivo sexual. | Delibes *Cinco horas* 75: Para mí una chica que estudia es una chica sin sexy.

sha (*pronunc corriente,* /sa/; *tb, raro, con la grafía* **sah**) *m* Monarca del Irán. | Vicens *Polis* 513: Ello se hizo especialmente patente en el intento de nacionalización de los pozos del Irán por Mossadegh en 1951, fallido por la oposición del sha.

shampán → SAMPÁN.

shampoo (*ing; pronunc corriente,* /ʃampú/; *pl normal,* ~s) *m* Champú. | *GTelefónica N.* 366: Industrias Alcasol, S.L. Fabricantes detergentes en líquido. Polvo y Shampoos.

shanghainés -sa *adj* De Shangai (China). *Tb n, referido a pers.* | J. Merino *SSe* 3.3.91, 43: Ni sabe si preferimos la cocina internacional, la hindú, la malaya o la china... en sus múltiples vertientes: cantonesa, pequinesa, shanghainesa.

shantung (*ing; pronunc corriente,* /santún/; *pl normal,* ~s) *m* Tejido de seda, algodón o fibra, con grano irregular a lo largo de los hilos de la trama. | *Ya* 9.6.68, sn: La novia luce traje de "shantung" bordado en perlas y cristal.

sheriff (*ing; pronunc corriente,* /sérif/; *pl normal,* ~s) *m* Funcionario responsable, en un condado de Estados Unidos, del mantenimiento del orden y del cumplimiento de las sentencias. | *Rue* 7.3.63, 5: Los infantes prefieren a "Diego Valor", a "Superman" o a cualquier atuendo tejano, con muchas pistolas y muchas chapas de "sheriff".

sherpa (*nepalés; pronunc corriente,* /sérpa/) *adj* [Individuo] del pueblo mongol que habita en Nepal, esp. en las laderas del Himalaya. *Tb n. Se da este n esp a los guías de las expediciones al Himalaya, pertenecientes a este pueblo.* | *Abc* 2.5.58, 33: Le acompañaba el famoso "sherpa" Tenzing, que, por primera vez, con Hillary, escaló el Everest.

sherry (*ing; pronunc corriente,* /séri/ o /ʃéri/; *pl normal,* ~s) *m* Jerez (vino). | Torrente *Señor* 138: –Tomaremos una copa. ¿Sherry? ¿Whisky?– Tocó un timbre. Entró un criado, que recibió órdenes y volvió en seguida con el *sherry*.

shetland (*ing; pronunc corriente,* /sétlan/ o /ʃétlan/; *pl normal,* ~s) *m* Tejido de lana de Escocia. | M. Amat *Des* 12.9.70, 41: En Gran Bretaña: Telas de lana, "tweeds", "shetlands". **b)** Lana gruesa de Escocia. | *Act* 25.1.62, 37: Jersey de Shetland menguado con cuello cisne.

shií (*pronunc corriente,* /ʃií/) *adj* Chiita. *Tb n.* | *País* 8.10.84, 6: Los shiíes iraníes celebran el Moharran –que conmemora la muerte del imán Husein, nieto de Mahoma– mientras se escucha el ruido de los cañones en el frente de combate contra Irak.

shiita (*pronunc corriente,* /ʃiita/) *adj* (*raro*) Chiita. *Tb n.* | C. LPiñeiro *SYa* 14.9.75, 25: Si el libanés es cristiano, puede ser católico, ortodoxo, protestante. Si es musulmán, puede ser sunnita, shiita, alauita, meteule o druso.

shock (*ing; pronunc corriente,* /sok/; *pl normal,* ~s) *m* Choque (conmoción grave y esp. repentina de carácter físico o psíquico). *Tb fig.* | DPlaja *El español* 147: He sido a menudo confidente de españoles que salían por vez primera al extranjero y sufrían un tremendo "shock" .. al respirar otros aires. E. Ontiveros *SPaís* 7.4.91, 2: Las posibilidades de mantenimiento de la tendencia reductora del desequilibrio

shogún – si

exterior dependerá[n] a partir de ahora, en ausencia de *shocks* internos, de la intensidad de la recuperación previsible de la demanda interna. **b)** (*Med*) Choque (estado de gran postración causado por fallo circulatorio o por descenso súbito de la presión sanguínea). | Nolla *Salud* 543: Los principales cuadros urgentes que afectan al corazón y a la circulación sanguínea son el *shock*, las arritmias cardíacas, el infarto de miocardio, el paro cardíaco y el edema agudo de pulmón.

shogún (*pronunc corriente*, /sogún/; *tb, raro, con la grafía* **sogún**) *m* (*hist*) Jefe supremo militar que, en Japón, ejerce el poder absoluto en nombre del emperador, entre el s. XIII y el último tercio del XIX. | Fernández-Llorens *Occidente* 271: En la capital, Edo, el shogún gobierna con poderes ilimitados al país.

shogunado (*pronunc corriente*, /sogunádo/; *tb, raro, con la grafía* **sogunado**) *m* (*hist*) Cargo o dignidad de shogún. *Tb el régimen de dominio de los shogunes.* | Anson *Oriente* 97: Bajo el Imperio, se estableció en el Japón otro poder hereditario: el shogunado. Esto es, no solo era hereditaria la jefatura del Estado, sino también la del Gobierno.

shogunal (*pronunc corriente*, /sogunál/; *tb, raro, con la grafía* **sogunal**) *adj* (*hist*) De (los) shogunes. | Fernández-Llorens *Occidente* 271: Con la obligación de residir un año de cada dos en Edo y de dejar el otro año a sus familiares en la capital, los daimios están sometidos a la autoridad shogunal.

shogunato (*pronunc corriente*, /sogunáto/; *tb, raro, con la grafía* **sogunato**) *m* (*hist*) Shogunado. | Fernández-Llorens *Occidente* 271: En Japón ha existido siempre en la cúspide de la sociedad política un poder absoluto: .. desde el siglo XVII los Tokugawa, poderosa familia que monopoliza durante doscientos años el shogunato.

shopping (*ing*; *pronunc corriente*, /sópin/; *pl normal*, ~s) *m* Acción de ir de tiendas. | J. C. Munébrega *Sol* 24.5.70, 9: Turismo que .. llega por avión .. con las horas contadas .. y al que, a pesar de nuestro despliegue de establecimientos, si la idea de cerrar los sábados por la tarde se lleva a efecto, apenas si le dejamos oportunidad para gastarse sus divisas en "shopping".

shopping center (*ing*; *pronunc corriente*, /sópin-sénter/; *pl normal*, ~s) *m* Conjunto de establecimientos comerciales agrupados en un mismo recinto. | *GTelefónica N.* 548: Hotel Meliá Madrid .. Bar americano. Shopping center. Salón de belleza. *Abc* 24.11.79, 53: La empresa Printemps de París está a punto de firmar un contrato con Baricentro para instalarse en el "shopping center" que se construye en el Vallés occidental.

short (*ing*; *pronunc corriente*, /sort/; *pl normal*, ~s) *m* Pantalón corto de adulto. *Frec en pl con sent sg. Tb en aposición con* PANTALÓN. | *Abc Extra* 12.62, 81: Esta Europa de los "cock-tails", los "campings", los "shorts", el "confort" .., sufre una misteriosa crisis orientalista. Delibes *Vida* 84: Mi hijo Juan, en su short de baño .., los miraba avergonzado de su atuendo inadecuado. *Prospecto* 6.91: Alcampo .. Pantalón short: 995 Pts.

show (*ing*; *pronunc corriente*, /sóu/, /ĉóu/ o /ʃóu/; *pl normal*, ~s) *m* Espectáculo de variedades. | FSantos *Catedrales* 180: Hay una negra que sale a veces en el show, que canta folk, pero que lo hace de una manera que solo con verla aparecer te das cuenta de que es ella. **b)** Número que forma parte de un espectáculo de variedades. | * El show de Mari Carmen y sus muñecos. **c)** (*col*) Espectáculo dado por una pers. que se hace notar. *Frec con el v* MONTAR. | MGaite *Fragmentos* 32: Lo malo de tus *shows* no es que necesites siempre de un público que los comprenda, sino que acabas creyéndotelos tú. Ahora seguro que estás cansado de verdad. * Tomó unas copas de más y no veas el show que montó.

show-business (*ing*; *pronunc corriente*, /sóu-bísnes/, /ĉóu-bísnes/ o /ʃóu-bísnes/; *pl normal, invar*) *m* Mundo de los negocios relacionados con los espectáculos. | M. Alpuente *SInf* 11.10.73, 11: Se evidenciaba la radicalización de un compromiso presente a lo largo de toda su obra, aunque banalizado por los hábiles manejos del "show-business".

showgirl (*ing*; *pronunc corriente*, /sóugerl/, /ĉóugerl/ o /ʃóugerl/; *pl normal*, ~s) *f* Presentadora y animadora de un show [1a y b]. | *País* 2.10.76, 20: María García, más conocida por Bárbara Rey, showgirl del programa "Palmarés TV" se despedirá el próximo sábado para ser sustituida por la actriz Pilar Velázquez.

showman (*ing*; *pronunc corriente*, /sóuman/, /ĉóuman/ o /ʃóuman/; *pl normal*, ~s o SHOWMEN) *m* Presentador y animador de un show [1a y b]. | *Sol* 24.5.70, 16: El Madrigal. Night Club. Grandes atracciones internacionales. Dos orquestas .. Y el showman de la simpatía, Toni Moro.

show-room (*ing*; *pronunc corriente*, /sóuȓum/, /ĉóuȓum/ o /ʃóuȓum/; *pl normal*, ~s) *m* Salón destinado al desfile de modelos. | L. Cappa *Ya* 22.2.90, 65: Durante una semana Madrid se convierte en la capital de la moda, a la que acuden la práctica totalidad de firmas dedicadas al diseño de ropa femenina, repartidas entre el Salón Cibeles, la Feria Animoda y Moda del Sol, y los distintos *show-rooms* desplegados por los principales hoteles de la ciudad.

shrapnel (*ing*; *pronunc corriente*, /esȓápnel/; *pl normal*, ~s) *m* (*hist*) Granada que al hacer explosión dispara proyectiles. | FReguera-March *Cuba* 445: La batería yanqui dispara ..; los *shrapnels* siembran la muerte a voleo sobre las trincheras.

shunt (*ing*; *pronunc corriente*, /sunt/ o /ʃant/; *pl normal*, ~s) *m* (*Electr*) Resistencia que se monta en derivación en un circuito para limitar la tensión o la corriente que pasa por él. | Mingarro *Física* 132: El galvanómetro debe montarse en serie, pero protegido por un *shunt*.

shuntar (*pronunc corriente*, /suntár/) *tr* (*Electr*) Conectar [un aparato] con un shunt. | Mingarro *Física* 132: Deben montarse shuntados de modo conveniente sobre el circuito a medir (en serie).

si[1] (*con pronunc átona*) *conj* **A** *Introduce una prop adv.* **1** *Presenta un hecho de cuya realización depende la del hecho expresado en la or.* | Torrente *Off-side* 48: Ahí quedan mi tarjeta y el teléfono de mi oficina. Si cambia de opinión, que sea pronto. Lera *Bochorno* 19: Si yo ideara algo bueno, no te lo iba a decir a ti para que te hinchases. **b) apenas** ~ → APENAS. **c) como** ~ → COMO. **d)** ~ **acaso** → ACASO. **e)** ~ **los hay** → HABER. **f)** ~ **más no** → MÁS. **g)** ~ **no es** → SER[1].

2 por ~. Previendo la posibilidad de que. *Tb* PARA ~ (*pop*), *añadiendo un matiz de finalidad.* | Matute *Memoria* 15: Acerqué la nariz a las paredes por si se habían impregnado de aquel perfume. * Se llevó el paraguas para si llovía. **b) por** ~ **acaso** → ACASO.

3 *La prop presenta la consecuencia del hecho expresado en la or.* | Delibes *Historias* 74: Cuando decidí marchar del pueblo, el recuerdo de la Rosa Mari no me frenó, siquiera piense algunas veces que si yo no me casé allá .. se debiera antes que nada al recuerdo de la Rosa Mari.

4 *La prop presenta un hecho que, contrapuesto al de la or, lo pone de relieve. Va siempre al principio de la frase.* | Matute *Memoria* 17: Por primera vez, si no la simpatía, me gané la oculta admiración de Borja. **b)** (*lit*) Aunque. | Torrente *Señor* 255: Se habían pintado los labios .. Coincidían en lo robustas, en lo bien alimentadas. Los trajes, si decentes, ponían de relieve los atractivos descritos por don Baldomero. Halcón *Ir* 26: Lo demás todo iba como una seda, aunque a Hermógenes le extrañaba que el aún jefe de su Gobierno no estuviese allí, si solo fuese por cortesía. **c)** ~ **bien** → BIEN[1].

5 ~ **que.** (*raro*) Si bien. | Delibes *Mundos* 164: Parece que el establecimiento de una industria adecuada –si que moderada– en las islas representa una tarea urgente. **b)** ~ **que también.** (*raro*) Pero también. | Delibes *Cartas* 81: Hay una euritmia, un equilibrio adolescente, si que también un deseo inmoderado de vivir.

B *Introduce una prop sust.* **6** *La prop desempeña en la or la función de cd, suj, predicat, o compl de un sust o adj, y expresa pregunta, incertidumbre o desconocimiento sobre un hecho.* | Matute *Memoria* 23: Tengo algo que me zumba. No sé si será una abeja. Matute *Memoria* 22: Mirándole, pensé si le habría pasado en el Seminario algo parecido a lo que me ocurrió en Nuestra Señora de los Ángeles. Torrente *Señor* 268: Pensaba si engañarte, como hasta ahora, o poner las cosas en claro. Hoyo *Pequeñuelo* 22: Se pusieron a deliberar sobre el sitio a donde irían, si río arriba o si río abajo. **b)** *Tb dependiendo de vs que exigen compl precedido de una determinada prep*: ACORDARSE DE, CONVENCERSE DE, *etc.* |

Urbina *Carromato* 119: Que siga el orden de las declinaciones para que yo me entere de si las dice bien. P. Crespo *Abc* 26.8.75, 7: La expectación se centraba .. en la postura del señor Fraga en la reunión de Fedisa .. En si intentaría convencerles de que participasen con arreglo al cauce asociativo o en si se retiraría dando un portazo. **c)** *Cuando la prop depende de un v que expresa pregunta, puede ir introducida por* QUE ~. | MGaite *Visillos* 69: A Toñuca la sacaron a bailar, y le preguntó [a Marisol] que si no le importaba quedarse sola.
7 *La prop desempeña en la or la función de cd de un v de percepción en imperat, y tiene valor ponderativo. Va siempre acompañada de la expresión de la consecuencia del hecho.* | Corrochano *Clarín* 28: Mire usted si entraña el valor, que él es el que ha hecho esta competencia que nos lleva y nos trae.
C *Introduce una or independiente dándole carácter enfático.* **8** *Refuerza una afirmación. El v va siempre en fut o cond.* | A. Aricha *Caso* 14.11.70, 17: El cocidito no tiene siempre seguro en la cárcel. ¡Si lo sabrá él! **b)** *A veces el refuerzo de la afirmación se intensifica mediante una prop que expresa la consecuencia.* | FSantos *Catedrales* 181: Si tendrían confianza con él, que antes de despedirse en el hotel le daban a guardar el dinero para la vuelta.
9 *Denota protesta o sorpresa.* | MGaite *Visillos* 19: –¿Por qué te crees tú que reñimos Antonio y yo? Pues por eso . –No, si nosotros no creo que terminemos. Si me quiere mucho. * ¡Si ya son las 11 y 20!
10 *Denota deseo de algo que en el momento se considera irrealizable o muy improbable. El v va siempre en pret imperf o plusc de subj.* | MGaite *Visillos* 19: Si pudiera venir por lo menos un día o dos, ahora por las ferias.
11 *Introduce una pregunta sobre un hecho que se sospecha probable.* | Torrente *Señor* 26: Sarmiento vivía en Montmartre. Tenía apuntada [Carlos] la dirección en alguna parte. "¿Si la habré perdido?"

si² *m* Séptima nota de la escala musical. | Valls *Música* 31: Una escala integrada por siete sonidos que llamamos notas ..: do, re, mi, fa, sol, la, si.

sí¹ *I adv* **1** *Se usa para contestar afirmativamente a una pregunta o aceptar una propuesta.* | Zunzunegui *Hijo* 25: –¿Estás contento? –le solía preguntar. –Sí. Olmo *Golfos* 16: –¿Jugamos? –Sí, sí.
2 *Se usa para asentir a una afirmación que se acaba de oír.* | Cela *Judíos* 32: –Dicen que se ha levantado la veda. –Sí; ahora podremos ir .. a liebres y a palomas torcaces, sin que la pareja se nos eche encima. **b)** *Irónicamente, niega lo que se acaba de oír.* | Laiglesia *Tachado* 201: –¡Sí, sí, pintura! –lloriqueó un pusilánime, que de puro miedo le dolían todas las manchas como si fueran heridas de verdad. **c)** *¿~? Se usa para manifestar sorpresa ante lo que se acaba de oír, como pidiendo confirmación o aclaración, o simplemente para acusar recibo de ello.* | * –Me he comprado un reloj. –¿Sí? **d)** *¿~? Se usa al descolgar el teléfono, para invitar a hablar al que hace la llamada.* | Berlanga *Pólvora* 167: –Podemos telefonearle ..– Al otro lado descolgaron; al otro lado: –Alooo, ¿síí?
3 *Se usa para replicar a una negación oponiendo la afirmación de lo contrario.* | Ferres-LSalinas *Hurdes* 32: En Las Mestas no hay mucho bocio .. –Sí hay, sí. Pero más por la Huetre y Carabocino.
4 *Se usa para dar énfasis a lo que se afirma en la frase. Cuando va delante del v puede seguirle la partícula* QUE. | CNavarro *Perros* 13: Sí que te conformas con poco. Grosso *Capirote* 40: Ni quito ni pongo rey, como dice el refrán, que huéspedes son los que se van .. Ahora que, una cosa que sí le digo, por Rafael y por su señora podía poner la mano derecha. **b)** *~ que... Se usa irónicamente expresando negación. Como réplica, gralm precedido de* PUES. | CPuche *Paralelo* 365: –Lo mismo me da aquí que en otro lado, lo mismo me da con un régimen que con otro, lo mismo me da... –¡Pues sí que estamos bien! **c) pues ~.** *Se usa como réplica para manifestar contrariedad.* | * –Nos hemos quedado sin gasolina. –¡Pues sí!
5 porque ~. Por capricho o sin motivo aparente. | CPuche *Paralelo* 293: Miguelín tenía debilidad por Genaro como la tenía Emiliano, por ejemplo; porque sí. **b)** *Se emplea frec como respuesta para eludir una justificación.* | * –¿Por qué lo has hecho? –Porque sí.
6 porque ~. (*col*) *Se usa para ponderar un hecho.* | * Es una película divertida porque sí.
7 por ~ o por no. (*col*) Por si acaso. | Ferres-LSalinas *Hurdes* 131: La documentación está en regla, y los guardias devuelven los papeles a los viajeros, aunque, por sí o por no, el primera toma nota de los nombres en un cuadernito de pastas negras.
II *conj* **8** *~ que.* (*raro*) Si bien. | Delibes *Mundos* 8: Hemos llegado –sí que con no pocos rodeos– a precisar la finalidad de estas páginas. **b) ~ que también.** (*raro*) Pero también. | Delibes *Cartas* 36: Los redactores .. se dedicaban a hinchar los escuetos telegramas que se recibían de Madrid, noticias políticas, principalmente, sí que también sucesos y acontecimientos internacionales.
III *m* **9** Aceptación o asentimiento. *Tb el gesto o palabras con que se expresa.* | Torrente *Pascua* 84: Germaine, anhelante, seguía con la mirada sus gestos, el moverse de los ojos tras los cristales de las gafas, los síes y los noes de su cabeza.
IV *loc v* **10 dar el ~.** Manifestar aceptación ante una proposición, esp. de matrimonio. | Gala *Sáb* 8.5.76, 5: ¿Se nos convencerá de que unas Cortes, que aguaron la Ley de Incompatibilidades y zancadillean la de Asociaciones, darán su sí a la Constitución democrática que España está pidiendo a gritos? * Por fin Adolfo dió el sí, y se casaron.

sí² → SE¹.

sial *m* (*Geol*) Parte superficial del globo terrestre, en la cual predominan los silicatos de aluminio. | Bustinza-Mascaró *Ciencias* 315: La parte sólida de la Tierra se supone que está constituida por una zona superior, el sial, con un espesor aproximado de unos 50 kilómetros, que flota sobre otra zona inferior, el sima o magma viscoso.

siálico -ca *adj* (*Geol*) De(l) sial. | Ybarra-Cabetas *Ciencias* 137: Los materiales más ligeros, siálicos, se acumulan formando continentes.

sialorrea *f* (*Med*) Secreción exagerada de saliva. | Alcalde *Salud* 304: Este reflejo condiciona una gran hipersecreción glandular que se conoce con el nombre de "sialorrea".

siamés -sa I *adj* **1** De Siam o Tailandia. *Tb n, referido a pers.* | Laiglesia *Ombligos* 192: Expuso su queja a la asamblea el representante siamés. *Tri* 20.5.67, 37: Bangkok es ciudad de placer y de antiguos ritos religiosos. Junto a los barrios oscuros de casitas bajas, de donde salen las siamesas con sus ajustados sarongs y el pelo recogido en altos moños, nuevas arquitecturas de estilo occidental. **b)** [Gato] de color gris rojizo pálido, con la cabeza y las patas de color chocolate. *Tb n m.* | Goytisolo *Recuento* 95: El siamés se había colado en la pieza y, juguetón, quiso participar; tuvieron que sacarle.
2 Gemelo que ha nacido unido a su hermano por alguna parte del cuerpo. *Más frec en pl. Tb n.* | Laiglesia *Ombligos* 192: Hoy se da el nombre de "hermanos siameses" a cualquier pareja de monstruos que vienen al mundo pegados por alguna parte.
II *m* **3** Lengua de Siam o Tailandia. | J. M. Rabaneda *SYa* 20.7.92, v: Aunque las indicaciones y los contenidos de todos los pabellones se muestran en español y en inglés, los visitantes pueden también escuchar el urdú de Pakistán, el siamés de Thailandia.

sibarita *adj* **1** (*hist*) De Síbaris (antigua ciudad de Italia). *Tb n, referido a pers.* | *Agromán* 10: Los sibaritas eran gentes tan refinadas .. que, según relatos clásicos, construían tejados sobre los caminos que llevaban a la ciudad para dar sombra a los viajeros.
2 [Pers.] que busca placeres refinados. *Tb n.* | J. M. Moreiro *SAbc* 12.10.69, 42: Los veteranos legionarios de aquella Roma sibarita formarán una colonia: Caesaraugusta. **b)** Propio de la pers. sibarita. | Faner *Flor* 80: Servía asimismo a los estómagos sibaritas, aderezando gansos, patos o pavos, vientres de cerdo rellenos de almendras, olla o lo que fuere, con tal que se rascaran la faltriquera.

sibaríticamente *adv* De manera sibarítica. | CSotelo *Inocente* 89: Es un hombre vestido con elegancia, .. sibaríticamente perfumado, peinadísimo.

sibarítico -ca *adj* De(l) sibarita [2]. | Alfonso *España* 142: Lo cierto es que de la filosófica gal[b]ana nacional no se ha pasado al intensivo trabajo y al ocio intelectual y sibarítico –inteligentemente sibarítico– de los países avanzados.

sibaritismo *m* Condición de sibarita [2]. | Abella *Vida* 1, 347: El hombre [en el frente de combate] descendía a un primitivismo que revalorizaba el jergón de la alquería y hacía sibaritismo del más desvencijado catre.

siberiano -na *adj* De Siberia (antigua URSS). | Zubía *Geografía* 206: Fijándote en el Atlas vete anotando los puertos principales que encuentras en la costa siberiana.

siberita *f* (*Mineral*) Variedad de turmalina de color rojo. | *SAbc* 14.10.84, 16: La turmalina es la gema que tiene más riqueza de colores ..: indigolita, azul; siberita, lila y malva.

sibila *f* (*hist*) *En la antigüedad grecolatina:* Mujer dotada de espíritu profético. *Tb* (*lit*) *fig*. | *Abc* 19.4.58, 37: La Sibila .. empezó a emitir sus oráculos .. En Cumas .. parecía invocar la esperanza de lo "superno" o celeste. Benet *Nunca* 63: Todavía seguíamos viajando .. sin otro sentido ni otro rumbo ni otro objeto que alargar todo lo posible aquel frenesí ferroviario y retrasar indefinidamente la llegada de la sibila que había de aparecer en la madrugada .. para indicarnos la fecha de la vuelta.

sibilancia *f* (*Med*) Silbido respiratorio debido a un estrechamiento bronquial, propio del período inicial de la bronquitis y del asma. | SSolís *Jardín* 32: ¿Por qué rugían mis bronquios? ¿Era efecto del tabaco? Allí abajo sonaba un lejano gorgoteo, en el fondo del pecho: pitos y sibilancias, lo había llamado el médico.

sibilante *adj* (*lit*) Silbante (que silba). | C. Lacalle *MHi* 10.60, 5: Sus pálidos tripulantes besan la arena de la playa riente, en la cual izan cruces y hurtan el cuerpo al impacto de la artera flecha sibilante. **b)** (*Fon*) [Sonido fricativo] que se caracteriza por un ruido semejante a un silbido. *Tb se dice de la articulación de ese sonido. Tb n f, referido a consonante.* | Torrente *Saga* 291: Aquella potencia sonora .. era .. el resultado de un modo de pronunciar que pudiéramos llamar reforzado; quiere decir que las explosivas lo eran en medida atronadora; que las fricativas acariciaban la piel de puro suaves, y que las sibilantes parecían salir de un nido de sierpes mitológicas.

sibilinamente *adv* De manera sibilina, esp [2]. | Halcón *Ir* 363: Yo me siento, en cambio, más unido aún, esta es la verdad, a Fernanda desde que le reconozco capacidad para destruirme sibilinamente. *Reg* 5.11.74, 3: El señor Pérez Enciso .. consultó sibilinamente –él forma parte de la Comisión de Urbanismo– sobre la concesión de licencia no satisfecha para edificar un solar en la Ronda del Salvador.

sibilino -na *adj* **1** De (la) sibila. | *Abc* 18.4.58, 33: En Hermas y Lactancio se daba una descripción y hasta una localización del antro sibilino.

2 Enigmático o misterioso. | Laiglesia *Tachado* 43: Y Forlé, sibilino, aclaró: –Que la neutralidad no es la única alternativa de los pueblos débiles. También pueden unirse al beligerante más fuerte, y beneficiarse de su victoria. Halcón *Campo* 25: Curioso reproche, sibilina crítica de una obra escrita siglos antes, que mucho después de aparecer la de Valcárcel se sigue consultando.

sibilítico -ca *adj* Sibilino. | E. Mendaro *Abc* 22.6.58, 26: Aquellas o parecidas sibilíticas palabras repercutían a veces en los periódicos.

sic *adv Se emplea, gralm entre paréntesis, a continuación de una palabra o frase que puede parecer equivocada, para indicar que la cita es textual.* | A. Orzán *Voz* 6.11.70, 20: Añadía, con tres interrogantes (???, sic), si no habría por mi parte un "despiste", yerro o trabucamiento.

sicalipsis *f* (*hoy raro*) Erotismo picante, esp. en un espectáculo. | FAlmagro *Abc* 25.3.58, 3: La generación que viene después .. se picardea con la "sicalipsis" –de "Enseñanza libre" a "La corte de Faraón"–.

sicalíptico -ca (*col, hoy raro*) **I** *adj* **1** Erótico y picante. *Esp referido a espectáculo. Tb fig.* | * Le gustaban las revistas y otros espectáculos sicalípticos. Escobar *Itinerarios* 246: El alcalde murmuró al oído de la autoridad provincial: "¿Sabe su señoría que el vinatero está sicalíptico?".

II *f* **2** Prostituta. | A. M. Campoy *Abc* 13.9.66, 15: Es posible que entonces hubiera algo así como un estilo de los barrios bajos. Advirtamos, no obstante, que las sicalípticas no hacían por allí la carrera. GPavón *Cuentos rep.* 160: Había chulos y queridones de las "sicalípticas", con pañuelo blanco terciado al cuello.

sicario *m* (*lit*) Asesino a sueldo. | *ByN* 31.12.66, 41: Pancho Villa, asesinado el año 1923, en Parral, al parecer por sicarios del general Obregón.

sicastenia, sicasténico → PSICASTENIA, PSICASTÉNICO.

siciliano -na I *adj* **1** De la isla de Sicilia (Italia). *Tb n, referido a pers.* | MGaite *Retahílas* 40: Le faltaban las primeras páginas y había que adentrarse todavía unas cuantas que hablaban de las pesquisas tenaces y morosas de un siciliano pálido.

II *m* **2** Dialecto italiano de Sicilia. | Lapesa *HLengua* 69: En el italiano meridional, siciliano y sardo, la *r-* inicial de palabra se refuerza hasta pronunciarse como *rr*.

sicler *m* (*Mec*) Chicler (surtidor del carburador). | Ramos-LSerrano *Circulación* 229: El paso de gasolina procedente de la cuba está regulado por un calibre o sicler, llamado principal, y el surtidor comunica, por medio de orificios calibrados que regulan el paso de la gasolina, con un pequeño depósito o pozo, en el que por su parte superior puede penetrar aire a través de otro calibre que regula su entrada.

siclo *m* (*hist*) **1** Moneda de plata usada por los hebreos y otros pueblos vecinos. | Galache *Biografía* 39: El uso de la moneda fue tan antiguo que se conserva el pasaje del patriarca Abraham entregando a Efrén cuatrocientos siclos de plata por la sepultura de Sara. J. M. MGallego *SAbc* 30.12.79, 43: Por lo que se refiere a los colonizadores cartagineses, constituirían una serie de elementos artísticos que van a revalorizar la propia dracma existente, controlando toda la zona argentífera hispana, creando importantes cecas en Cartago Nova y Baria, donde acuñaron el "siclo", con una gran riqueza en la grabación de cabezas en el anverso.

2 Unidad de peso usada por los hebreos y otros pueblos vecinos. | Fernández-Llorens *Occidente* 24: En la vida económica del Oriente Medio el valor de las cosas se medía en dos tipos de unidades: el gur de Babilonia (medida de cebada equivalente de 252 litros) o el siclo (lingote de plata de ocho gramos de peso).

sico-, sicoactivo, sicoanálisis, sicoanalismo, sicoanalista, sicoanalítico, sicoanalizar, sicobiología, sicobiológico, sicocirugía, sicodelia, sicodélico, sicodelismo, sicodiagnóstico, sicodinámico, sicodrama, sicodramático → PSICO-, PSICOACTIVO, *etc*.

sicofancia *f* (*lit, raro*) Actividad de sicofante. | *Ya* 14.12.89, 12: Los socialistas actúan como sicofantes, que eran los encargados de hacer acusaciones públicas en Grecia. Estamos entrando en una campaña de sicofancia.

sicofanta *m* (*lit*) Sicofante. | M. A. Tuero *Ya* 23.3.92, 17: La delación del congregante a cambio de un trato favorable, del premio en metálico, de la aminoración de la pena o de la impunidad supone la vuelta, al cabo de los siglos, al sicofante griego o al índice romano.

sicofante *m* (*lit*) Calumniador o delator. | Anson *Abc* 14.11.74, 3: Toda esta copiosa manada de tergiversadores y sicofantes, con sus patrañas y sus trápalas, están erosionando gravemente la convivencia social.

sicofármaco, sicofísico, sicofisiología, sicofisiológico, sicofonía, sicofónico, sicogenético, sicógeno, sicogeriatra, sicogeriatría, sicolingüista, sicolingüístico, sicología, sicológicamente, sicológico, sicologismo, sicologista, sicologización, sicologizar, sicólogo, sicometría, sicométrico → PSICOFÁRMACO, *etc*.

sicomoro (*tb* **sicómoro**) *m* **1** Árbol originario de Egipto, con hojas parecidas a las de morera, fruto pequeño de color amarillento y madera incorruptible (*Ficus sycomorus*). | Vesga-Fernández *Jesucristo* 108: Se adelantó corriendo al oír que venía Jesús y subióse sobre un sicomoro (higuera silvestre) porque había de pasar por allí. Salvador *Haragán* 114: Los sicómoros son árboles extraños, entre higueras y morales, con fruto de las primeras y hojas de los segundos.

2 Arce blanco (*Acer pseudoplatanus*). | Mayor-Díaz *Flora* 554: *Acer pseudoplatanus* L. "Arce", .. "Sicómoro" .. Muy frecuente. Toda Asturias. Bosques.

sicomotor, sicomotricidad, sicomotriz, siconeurosis → PSICOMOTOR, *etc*.

sicono *m* (*Bot*) Infrutescencia carnosa consistente en un agregado de aquenios sobre un receptáculo carnoso. | Ybarra-Cabetas *Ciencias* 280: El fruto de la higuera recibe el nombre especial de sicono.

sicópata, sicopatía, sicopático, sicopatología, sicopatológico, sicopedagogía, sicopedagógico, sicopedagogo, sicosexual, sicosis, sicosocial, sicosociología, sicosociológico, sicosociólogo, sicosomático, sicotecnia, sicotécnico, sicoterapeuta, sicoterapéutico, sicoterapia, sicoterápico, sicótico, sicotónico, sicotrópico, sicótropo, sicrómetro → PSICÓPATA, *etc*.

sicu (*tb con la grafía* **siku**) *m* Flauta de Pan usada esp. en Perú. | *SAbc* 14.11.82, 11: Arpa en Paraguay. Tiple en Colombia. Siku en Perú. Pi. Ortega *Ya* 9.9.84, 34: En su repertorio hay gran variedad de ritmos de toda Suramérica .. Se utilizan distintos tipos de flautas, como las precolombinas –kena, siku y antara– y las posteriores a la conquista –pinkillo y tarka–.

sículo -la *adj* **1** (*hist*) De un antiguo pueblo itálico habitante de Sicilia. *Tb n, referido a pers.* | Villar *Lenguas* 205: Este asentamiento [de indoeuropeos] habría resultado estable en la Toscana y en el Lacio, desde donde se realizarían incursiones hasta Sicilia, fundiéndose con los sículos y provocando su indoeuropeización.

2 (*lit*) Siciliano. *Tb n, referido a pers.* | Cunqueiro *Fantini* 11: El relincho propio de caballo sículo en celo.

sida (*tb con la grafía* **SIDA**) *m* Enfermedad, transmisible por vía sexual y sanguínea, caracterizada por la pérdida de las defensas inmunitarias del organismo. | *Ya* 19.7.83, 18: Un fármaco que podría ser la solución para el tratamiento del síndrome de inmunodeficiencia adquirida (SIDA) ha sido presentado por un científico austríaco. *Voz* 10.5.87, 75: Un médico sexómano alemán puede haber transmitido el "sida" a los centenares de mujeres que violó. *Ya* 15.1.91, 44: España usará DDI con enfermos de sida.

sidático -ca *adj* (*raro*) Sidoso. *Tb n, referido a pers.* | *Ya* 13.1.88, 16: Las reclusas de Yeserías piden la libertad de una enferma contagiosa .. No solo no recibe el tratamiento adecuado, sino que, al no estar aislada en la enfermería, se le [sic] pone en contacto con "sidáticas, tuberculosas y sifilíticas, lo que acentuá el riesgo".

sidazo *m* (*col*) Sida. | J. MReverte *País* 4.9.88, 25: El viajero se expone a que le roben la cartera, con o sin pinchazo de navajas, y a pillarse un *sidazo* de cuidado si es ligero de costumbres amorosas.

sidecar (*ing; pronunc corriente,* /sidekár/; *pl normal,* ~ES) *m* Cochecillo adosado al costado de una motocicleta y apoyado sobre una rueda. | Ramos-LSerrano *Circulación* 7: Autoriza [el permiso de tercera clase] la conducción de los siguientes vehículos automóviles: a) Tractores agrícolas, aisladamente o con remolque. b) Motocicletas, con o sin sidecar. **b)** Motocicleta con sidecar. | Goytisolo *Recuento* 92: Las avenidas de acceso se convertían en un caos de automóviles cargados con trastos de playa, motoristas con la mujer en la grupa, sidecars familiares con bultos, paellas, cañas de pescar. *Abc* 13.5.58, 55: Los "sidecares". Cuatro máquinas con barquilla tomaron la salida.

sideración *f* (*Med*) Aniquilación súbita de las funciones vitales, gralm. como consecuencia de un accidente. | Mascaró *Médico* 78: Sideración. Llamada también "fulguración" y "choque eléctrico", es la lesión y trastornos producidos por el paso de electricidad por el cuerpo cuando este se halla conectado con el suelo.

sideral *adj* De (los) astros. | Moix *Des* 12.9.70, 12: Su libertad [de Medea] enfrentada a la represión de los demás no escapa a ningún espacio sideral poblado de dioses.

siderar *tr* (*Med*) Fulminar, o causar sideración [a alguien (*cd*)]. | Rof *Abc* 10.10.70, 3: Un día, en París, cae siderado en medio de un concierto por un accidente vascular.

sidéreo -a *adj* (*Astron*) **1** De (las) estrellas o de (los) astros. | *Anuario Observatorio 1967* 121: La revolución sidérea es, contado en días medios, el tiempo que el planeta emplea en una vuelta completa sobre su órbita, apreciada con relación a una estrella.

2 [Tiempo] que se mide por el movimiento aparente de las estrellas, esp. del primer punto de Aries. | *Anuario Observatorio 1967* 73: La perfección de los relojes actuales ha hecho necesaria la introducción de un tiempo sidéreo medio o uniforme. **b)** De(l) tiempo sidéreo. | *Anuario Observatorio 1967* 71: Hora sidérea verdadera. *Anuario Observatorio 1967* 39: Año sidéreo, en días medios: $365^d 6^h 9^m 9^s,5$.

siderita *f* (*Mineral*) Mineral constituido por carbonato de hierro, que se presenta gralm. en forma de masas compactas de color que varía del amarillento al pardo negruzco. | Bustinza-Mascaró *Ciencias* 328: La limonita y siderita también abundan en Somorrostro.

siderito *m* (*Geol*) Meteorito compuesto esencialmente por hierro y níquel. | Alvarado *Geología* 64: Atendiendo a su composición química y mineralógica, se clasifican los meteoritos en tres grupos: 1º Sideritos .. 2º Lititos .. 3º Litosideritos.

siderometalúrgico -ca *adj* Siderúrgico. *Tb n.* | Ortega-Roig *País* 113: Aquí tenéis un gráfico de la actividad industrial española. Fijaos en que la industria siderometalúrgica es la más importante. *GTelefónica N.* 12: Almacenes siderometalúrgicos. Aceros calibrados. Acero inoxidable. Aluminio. Bronce. Cobre. Latón. *Ya* 23.10.92, 1: Los siderometalúrgicos, a las puertas de Madrid. Ni el frío puede con la "Marcha de Hierro".

siderosa *f* (*Mineral*) Siderita. | Tamames *Economía* 185: En el Noroeste, León se sitúa como segunda provincia de España por volumen de extracción de mineral, debido a la explotación de los cotos Wagner y Vivaldi de hematites pardas con ley de hasta un 55 por 100, y siderosa, con un 45 por 100.

siderosis *f* (*Med*) Afección pulmonar causada por depósito de hierro en los pulmones. | Pau *Salud* 293: Enfermedades profesionales .. Siderosis. Es una neumoconiosis benigna, causada por la inhalación de humos o de polvo con partículas de hierro.

siderurgia *f* **1** Metalurgia del hierro. | Ortega-Roig *País* 109: Industrias metalúrgicas .. La más importante es la siderurgia o industria de la producción del hierro y el acero.

2 Empresa siderúrgica. | *Sp* 21.6.70, 43: En 1970 se piensan vender 250.000 toneladas a las siderurgias nacionales.

siderúrgicamente *adv* De manera siderúrgica. | *HLBR* 26.8.74, 3: Agruminsa, filial de Altos Hornos de Vizcaya, construye en la actualidad una planta de concentración y sintetización de carbonatos de hierro para tratar siderúrgicamente los procedentes de las reservas prospectadas en Vizcaya.

siderúrgico -ca *adj* De (la) siderurgia [1]. *Tb n: m y f, referido a pers; f, referido a fábrica o empresa.* | Ortega-Roig *País* 109: La industria siderúrgica es la base de muchas otras industrias, pues permite obtener acero, con el cual se pueden fabricar muchos objetos. FQuintana-Velarde *Política* 258: El máximo negocio para los siderúrgicos sería el de producir acero caro y protegido. LMuñoz *Tri* 11.4.70, 8: En la cuarta siderúrgica que se pretende crear, prevalecerá capital del INI.

sidol (*n comercial registrado*) *m* Producto para limpiar y abrillantar dorados. | Cela *SCamilo* 157: La tumba .. está muy cuidada y acicalada .. con los dorados relucientes, se conoce que se dan con sidol.

sidonio -nia *adj* (*hist*) De Sidón (antigua ciudad de Fenicia). *Tb n, referido a pers.* | Pericot-Maluquer *Humanidad* 181: Más tarde Homero aludirá con frecuencia a las bellas mercancías sidonias, telas floreadas (damascos) o ricas vajillas cinceladas en bronce, plata y oro.

sidoso -sa *adj* Que padece sida. *Tb n, referido a pers.* | S. Otto *Ya* 9.5.87, 14: Señala como solución mandar a

sidra – siervo

todos los *sidosos* a *sidatorios* donde se les encerraría hasta que les llegue su fatal destino. E. Barrenechea *SPaís* 22.1.89, 42: Los casos de SIDA no son frecuentes, "aunque aquí .. sí hay algunas personas con anticuerpos que antes o después serán *sidosos*". C. Aguilera *Ya* 19.11.89, 39: José Luis, a más de ser un sidoso en la fase terminal, es heroinómano desde los trece años.

sidra *f* Bebida alcohólica obtenida por fermentación del zumo de manzana. | Arce *Testamento* 78: Me acordaba del sabor de la sidra y recorría los bares de Tombstone.

sidrería *f* Establecimiento en que se sirve sidra. | P. Gutiérrez *SYa* 17.3.74, 5: A primeros de siglo surgió una exigencia cultista que despreciaba el vascuence popular de estos poetas, lo que les fue relegando a las tabernas y sidrerías.

sidrero -ra **I** *adj* **1** De (la) sidra. | *ASeg* 7.12.79, 13: Alrededor de un millón de kilos de manzanas salieron esta temporada, en camiones de gran tonelaje, con destino a la industria sidrera asturiana. SSolís *Camino* 224: Otro chico .. pasó nuevamente el vaso sidrero a Carmina, que lo cogió con repugnancia.
II *m y f* **2** Pers. que se dedica a la fabricación o comercio de la sidra. | *SYa* 23.5.74, 11: Yo vengo de una familia de sidreros de siempre, de la Casa Tuto de Oviedo.

siega *f* Acción de segar. *Tb fig. Tb la época en que se realiza*. | Ortega-Roig *País* 180: El propietario solo proporciona trabajo .. en las épocas de siembra, siega o vendimia. *Faro* 1.8.75, 1: Portugal .. puede muy bien estar abocado al trance de disponer que las armas funcionen –con claveles o sin ellos– para iniciar la siega de los disidentes.

siembra *f* **1** Acción de sembrar. *Tb la época del año en que se realiza. Tb fig*. | Cuevas *Finca* 88: La finca quedó abandonada, con la siembra del año por hacer. Cunquiero *Crónicas* 51: En mala hora me vino a mientes prestarle a mi hermana mi Pierre flautista para que la preñase. Y mientras se hacía aquella siembra, por no querer actuar de palangana me fui en romería a Sainte-Anne-la-Palud. Ortega-Roig *País* 180: El propietario solo proporciona trabajo .. en las épocas de siembra, siega o vendimia.
2 Terreno sembrado. | E. Pablo *Abc* 25.5.75, 31: Enfilamos la carretera que conduce a Aranjuez. Campo abierto, por fin, con el encanto de los pequeños pueblos que emergen y apenas se destacan de los olivos y de las siembras.

siemens (*al; pronunc corriente,* /siémens/ *o* /símens/; *pl invar*) *m* (*Electr*) Unidad de conductancia que equivale a la de un conductor cuya resistencia es de un ohmio. | *Unidades* 14: Unidades SI derivadas que tienen nombres especiales .. Magnitud: conductancia .. Nombre: siemens .. Símbolo: S.

siempre **I** *adv* **1** En todo tiempo o en todas las ocasiones. | CNavarro *Perros* 15: Siempre había sentido una extraña y decidida predilección por las cosas de los hombres. **b)** *Precedido de prep, o como suj de una or cualitativa, se sustantiva*: Todo tiempo o todas las ocasiones. | * Siempre es buen momento para tomar un café. **c) de ~**, *o* **desde ~**. Desde tiempo inmemorial. | Castilla *Alienación* 41: De siempre se sabe que .. la mujer viene realizando trabajos de idéntica categoría a los del "sexo fuerte". **d)** *Precedido de* POR *o* PARA: Todo tiempo futuro. *A veces seguido de* JAMÁS, *con intención enfática*. | * Sea por siempre bendito y alabado. MGaite *Retahílas* 98: Los niños .. no confrontan luego cuento con realidad, les vale como salió, como se lo has contado y solamente así, lo dejan acuñado en aquella versión para siempre jamás.
2 En todo caso. | * Aunque no lo consigas, siempre te queda la satisfacción de haberlo intentado.
II *loc conj* **3 ~ que**. En todos los casos en que, o en todas las ocasiones en que. | CNavarro *Perros* 137: Marta espiaba desde allí siempre que alguien abría o cerraba la puerta.
4 ~ que, *o* **~ y cuando** (*más raro,* **~ y cuando que**). Con la condición de que. *El v que sigue va siempre en subj.* | Huarte *Tipografía* 10: Puede permitirse, si [las notas] son numerosas, que vayan al dorso de las hojas a que corresponde cada una, siempre que el papel sea bastante opaco. CNavarro *Perros* 239: Podía estar frente a todos, incluida su propia madre, siempre y cuando lo supiera en franca y decidida oposición. N. GRuiz *Ya* 8.11.61, 38: Yo admito la utili-

dad del aparato, siempre y cuando que no se generalice y lo use todo el mundo.
III *loc adj* **5 de ~**. Habitual. | LRubio *Manos* 31: Repitió lo de siempre: que no había solución. FSantos *Catedrales* 177: Cuando llegan los rallys allí están los de siempre a que les quiten los bollos de los coches.
IV *fórm or* **6 hasta ~**. Expresa despedida cordial *para tiempo indefinido*. | * Bueno, Fernández; adiós, hasta siempre.

siempreviva *f Se da este n a distintas plantas herbáceas de los géns Helichrysum, Sempervivum y Sedum, caracterizadas por no presentar nunca aspecto de marchitas. Tb su flor. A veces con un adj especificador*: AMARILLA, MAYOR, MENOR, *etc.* | J. Mélida *MHi* 10.60, 15: El yugo simbólico, alegoría de Isabel la Católica, debería estar tejido con flores de siemprevivas. Laforet *Mujer* 259: Se veían muchos puestos con crisantemos, dalias y siemprevivas. Cendrero *Cantabria* 78: Flora: Dunas .. *Sedum acre* L.: Siempreviva picante. Mayor-Díaz *Flora* 290: *Sempervivum montanum* L. "Siempreviva de monte". Mayor-Díaz *Flora* 377: *Filago pyramidata* L. "Siempreviva española" .. *Filaginella uliginosa* (L.) Opiz. "Siempreviva de las cumbres".

sien *f* Parte lateral de la cabeza comprendida entre la frente, la oreja y el extremo del ojo. | CSotelo *Inocente* 107: Saluda llevándose la mano militarmente a la sien derecha y se va. CNavarro *Perros* 131: El cabello había comenzado a blanquearle las sienes.

siena *adj* [Color] ocre. *Frec n m*. | GPavón *Hermanas* 20: Las viñas, coronadas de sienas y pajizos .. lloran menopáusicas y añorantes del fruto perdido. **b)** Que tiene color siena. | Cela *Viaje andaluz* 49: Por la Puebla de Arganzón aparecen las barbecheras y el siena y monótono cereal.

sienés -sa *adj* De Siena (Italia). *Tb n, referido a pers.* | Tejedor *Arte* 122: Dentro de la pintura gótica se distinguen varias escuelas. Son las más destacadas la francesa del Norte, la flamenca alemana y las dos italianas, sienesa y florentina.

sienita *f* (*Mineral*) Roca plutónica granuda, compuesta de feldespatos, biotita y hornblenda. | R. Griñó *HyV* 1.75, 72: Veinticuatro de tales sarcófagos –de sienita, basalto o piedra caliza– fueron hallados en el curso de las excavaciones.

sierpe *f* (*lit*) Serpiente (reptil). | Torrente *Saga* 421: Algo así como una anguila, pero enorme .. ¡Es que no puede ser otra cosa que la sierpe de mar!

sierra *f* **1** Herramienta constituida por una hoja de acero con dientes en uno de sus bordes, gralm. sujeta a un mango o bastidor, y que se emplea para cortar materias duras, esp. madera o metal. | *Hacerlo* 16: La sierra de mano o serrucho sin lomo se utiliza para serrar toda clase de maderas. **b) pez ~ → PEZ[1]**.
2 Cadena montañosa de poca extensión. | Laforet *Mujer* 131: El tren pasaba por entre los barrancos de la sierra de Guadarrama. **b) ~ plana**. (*Geogr*) Relieve costero cuya cumbre forma un llano continuo. | Cendrero *Cantabria* 28: Estos materiales [cuarcitas] se localizan en las sierras planas de Pechón y Prellezo.

sierro *m* (*reg*) Teso de sierra. | Chamorro *Sin raíces* 217: El sierro, pequeño huerto de Agustín dedicado a experimentaciones agrícolas, consumió muchas horas del muchacho. Llamazares *Río* 136: Al sur .., los Altos de La Braña y Sierro Negro, que separan el valle del Villarías del Valcaliente.

siervo -va *m y f* **1** (*lit*) Servidor (pers. que sirve). *Tb fig*. | * Hay que obedecer al ministro; nosotros no somos más que sus siervos. E. Novoa *Abc* 1.11.70, 15: Aquel Pontífice .. se mostró severo y hostil contra el abuso y la crueldad, bendiciendo con esperanza de éxito y prosperidad a cuantos altruistamente trabajan en el proteccionismo animal y a favor, por tanto, de los mudos siervos de Dios. **b) ~ de Dios**. (*Rel catól*) Pers., esp. miembro de una orden religiosa, que ha vivido sirviendo a Dios y guardando sus mandamientos. | *Ya* 4.7.65, 13: Los recién casados fueron a llevar el ramo a la sepultura de la sierva de Dios María del Pilar Cimadevilla. **c) ~ de los ~s de Dios**. *Denominación usada para referirse al Papa*. | J. M. Llanos *VNu* 13.7.74, 40: ¿Cómo entender que, sin caer en la cuenta, al mismo tiempo llamemos Papa –es

sieso – sifón

decir, Padre– a quien a continuación aceptamos como "siervo de los siervos" de Dios?

2 (*hist*) *En la antigüedad:* Esclavo. | Grau *Lecturas* 10: Corría el siglo I de la Era. Segovia, mansión 18 en la ruta de Emérita a Cesaraugusta, florecía rápidamente .. Por las duras cuestas que al valle iban, se afanaban los siervos a lo largo del día, transportando, sudorosos y cansados, ánforas y odres hasta la altiva roca de la ciudad.

3 (*hist*) *En el régimen feudal:* Pers. sometida a la potestad del señor, aunque disfrutando de cierta capacidad jurídica, y que normalmente trabaja en el cultivo de las tierras de este. | Carande *Pról. Valdeavellano* 12: Crecen [las ciudades] alentadas por la política propia de hombres libres, aunque en ellas figurasen vecinos siervos y semilibres procedentes de los señoríos. **b)** ~ **de la gleba** → GLEBA.

sieso[1] *m* Ano. | Cela *Inf* 3.9.76, 14: Joseph Pujol, el Pedómano .., marsellés de origen catalán y artista del sieso, sacó adelante a su familia y dio carrera a sus hijos interpretando melodías con su sonoro ojete en el Moulin Rouge, de París.

sieso[2] **-sa** *adj* (*reg*) [Pers.] molesta o despreciable. *Tb n.* | Berenguer *Mundo* 343: El Manuel .. nunca robó .. Esta tata tuya es una siesa. Gatitos en la tripa tiene y bien que se ha quedado contigo con tantos rosarios como rezáis juntas. A mí nunca me engañó.

siesta *f* **1** Rato de sueño o de descanso después de la comida de mediodía. *Gralm con los vs* DORMIR *o* ECHAR(SE). | Laforet *Mujer* 172: Podría hasta dormir la siesta. **b)** ~ **del carnero**, *o* **del canónigo.** (*col*) Rato de sueño antes de comer. | Torrente *Saga* 411: Me encuentro un poco cansado del esfuerzo y desearía echar una siesta del carnero.

2 Tiempo siguiente al mediodía, en que el calor es más intenso. | GPavón *Rapto* 31: Yo estaba tras la ventana, como todas las siestas, dando una cabezadilla. **b)** (*raro*) Calor intenso propio de la siesta. | ZVicente *Traque* 301: Allí, en la casilla, el calor, el cuadro cegador de la puerta por donde se entraba a raudales la siesta.

siete I *adj* **1** *Precediendo a susts en pl:* Seis más uno. *Puede ir precedido de art o de otros determinantes, y en este caso sustantivarse.* | J. M. HPerpiñá *Zar* 27.1.69, 17: Había medido sus puños con siete campeones del mundo. **b)** ~ **octavos** → OCTAVO.

2 *Siguiendo a susts en sg:* Séptimo. *Frec el n va sobrentendido.* | R. Ríos *SInf* 10.3.75, 5: Minuto siete, jugada personal de Cardeñosa, que culmina con un tiro fuerte y por alto desde cerca del punto de penalty. Olmo *Golfos* 135: Nos conocimos el siete de mayo de mil novecientos cuarenta.

II *pron* **3** Seis más uno o cosas. *Siempre referido a perss o cosas mencionadas o consabidas, o que se van a mencionar.* | L. Monje *Abc* 30.12.73, 33: La flora alcarreña es abundantísima y permitiría una mayor densidad de colmenas por kilómetro cuadrado, que ahora apenas es de dos, cuando en otras provincias españolas es de seis o siete, y en Grecia, de quince. * Divídelo en siete. * Siete de los invitados no acudieron.

III *n* **A** *m* **4** Número que en la serie natural sigue al seis. *Frec va siguiendo al n* NÚMERO. | CNavarro *Perros* 165: El marino se acercó a la mesa y dibujó un siete sobre el tablero. **b)** Cosa que en una serie va marcada con el número siete. | *Naipes extranjeros* 6: Con 4 jugadores conviene descartar los doses, treses, cuatros, cincos y seises .. Pueden también descartarse los sietes.

5 (*col*) Desgarradura en ángulo que se produce en una tela o en un material de consistencia similar. | Delibes *Mundos* 68: Es frecuente encontrar apostando a un "roto" que muestra el trasero por un siete del pantalón. Palomino *Torremolinos* 104: En un hotel cuidado, funcionando como un reloj, .. es la habitación del recomendado la que tiene .. la cortina rota con un siete monumental.

6 los tres ~s. (*Naipes*) Juego cuyo objeto es llegar a 21 puntos. | *Abc Extra* 12.62, 95: Los viejos juegos .. En los "tres sietes" aparece el tres como la carta más fuerte.

B *f pl* **7** Séptima hora después de mediodía o de medianoche. *Normalmente precedido de* LAS. | Laforet *Mujer* 11: El tren no sale hasta las siete.

8 las ~ y media. (*Naipes*) Juego en que gana el que suma siete puntos y medio o el que, sin pasarlos, se aproxima más a ellos. | *Abc Extra* 12.62, 95: El treinta y uno, y el prohibido monte, las siete y media, dentro del grupo de los [juegos] "nada recomendables".

IV *loc adv* **9 más que ~**, **por ~**, *o* **como ~.** (*col*) Mucho. | DCañabate *Abc* 30.12.73, 39: Nos servía el vino "espurreao" (vino con gaseosa de limón) un viejo camarero que hablaba más que siete. * Come como siete.

sietecallero -ra *adj* (*reg*) De las Siete Calles de Bilbao, centro histórico de la ciudad. *Tb n, referido a pers.* | L. M. Esparza *Ya* 4.6.75, 60: No hay provincia de España, por ejemplo, en donde la estampa chimberiana y sietecallera de Bilbao no provoque su piropo y añoranza.

sietecolores *m* (*reg*) Jilguero (pájaro). | Cela *Judíos* 231: En el balcón del mozo, un sietecolores cieguecito canta.

sietemachos *m* (*col, desp*) Hombre muy pequeño. | Campmany *Abc* 22.2.93, 22: A don Alfonso Guerra, ya lo ven, se le caen los votantes de la derecha, la tercera parte de las urnas, al Guerra, al sietemachos, al milhombres.

sietemesino -na *adj* **1** Nacido a los siete meses de engendrado. *Tb n.* | *Abc* 22.11.70, 37: Da a luz tres varones sietemesinos.

2 (*col, desp*) Pers. raquítica. *Tb n. A veces se usa como insulto. Tb fig.* | Delibes *Guerras* 25: Y, con unas cosas y otras, se le calentó la sangre, al Bisa, digo, se volvió donde el turuta y le voceó: ¡Eh, tú, sietemesino! ¿Es que no piensas tocar a armar bayonetas en toda la mañana? JLosantos *Abc* 21.9.91, 16: En rigor, las propuestas de marras tan jaleadas hasta por la CEOE .. no solamente son radicalmente contradictorias con los Presupuestos para el año que viene, sino que son leyes sietemesinas cautivas que salgan pariendo el reglamento posterior.

sifilazo *m* (*col*) Sífilis. *Con intención ponderativa.* | Marsé *Dicen* 200: Cada vez más tirada en el arroyo, más famélica, más podrida de sifilazos.

sifilicomio *m* (*raro*) Hospital para sifilíticos. | Borrás *Abc* 27.4.58, sn: Dejamos hospitales civiles, .. una red de médicos rurales, otra de consultorios de cabila, otra de puestos sanitarios, leproserías, sifilicomios.

sífilis *f* Enfermedad venérea de carácter infeccioso, causada por la bacteria *Treponema pallidum*, que se adquiere por contagio o se transmite por herencia. | Navarro *Biología* 258: La sífilis se propaga por contacto directo de la piel y las mucosas.

sifilítico -ca *adj* **1** De (la) sífilis. | * Bacterias sifilíticas. C. INavarro *SYa* 27.3.77, 15: El estado en general es de afectación con dolor de cabeza, malestar y algo de fiebre, excepcionalmente el tifus sifilítico de Fourn[ie]r.

2 Que padece sífilis. *Tb n, referido a pers.* | Navarro *Biología* 258: Sífilis. La origina una bacteria filiforme y espirilada denominada *Spirochaeta pallida* .., que vive en la sangre de los sifilíticos.

sifón *m* **1** Tubo encorvado que sirve para trasvasar líquidos de un recipiente a otro situado en un nivel inferior, pasando por un nivel superior a ambos. | Marcos-Martínez *Física* 92: Se emplea mucho el sifón en las bodegas para trasvasar el vino. **b)** (*Geol*) Conducto cerrado en el que una de las partes está por encima del nivel del agua. | *Gac* 22.2.70, 40: Cámara de regulación de la central de bombeo, embalse de La Bujeda, donde el agua comienza un largo recorrido de 75 kilómetros. Esta es una perspectiva dibujada del sifón que lanzará el agua al canal correspondiente.

2 Tubo en forma de *s* que se coloca en el desagüe de los aparatos sanitarios para impedir que salgan malos olores. | *Economía* 16: Se verá con detalle .. si los servicios higiénicos están bien instalados; si bañeras, lavabos, wáters tienen sifón.

3 Botella que contiene agua con gas carbónico y que está provista de una llave que, al ser abierta, da paso al líquido empujado por la presión del gas. *Frec el agua que contiene.* | Laforet *Mujer* 284: Tráigame sifón y hielo, Rosalía.

4 (*Zool*) En los lamelibranquios: Prolongación del orificio de entrada o de salida de agua. | Ybarra-Cabetas *Ciencias* 329: El segundo [orificio], que puede ser único o doble, prolonga generalmente sus bordes, originando dos tubos o sifones que conducen a la cavidad paleal. Uno de estos sifones funciona como bucal y el otro como cloacal.

sifonado – signar

5 (*Bot*) Tubo celular alargado. | Alvarado *Botánica* 46: Una vez el polen sobre el estigma .., tiene lugar su germinación. Consiste este fenómeno .. en la emisión de un sifón llamado tubo polínico, que sale como una hernia por un poro de la exina.
6 (*E*) Parte de camino constituida por un ascenso y un descenso pronunciados y consecutivos. | C. PTudela *SYa* 12.12.72, 27: Para economizar fuerzas debe buscarse siempre la ruta más sencilla y más fácil. Esta ruta, que se ha decidido ya con anterioridad, debe combinarse sobre el terreno. Se evitarán los sifones, se buscará una subida directa o en zig-zag, según la conformidad del terreno.

sifonado -da *adj* (*Bot o Zool*) Provisto de sifones [4 y 5]. | Alvarado *Botánica* 62: Ficomicetos. Hongos de micelio sifonado y reproducción sexual bien patente.

sifonar *tr* (*E*) Trasvasar [un líquido] mediante un sifón [1]. *Tb abs.* | Castellanos *Animales* 129: Se necesita una red que sea lo suficientemente amplia para manipular con los peces. Luego un cubo esmaltado, así como una manguera de hule o de plástico, de unos 2 m. de longitud. El cubo es para transportar agua, y la manguera para sifonar cuando se realice la limpieza ocasional del tanque o cuando se requiera un cambio de agua.

sifonazo *m* (*raro*) Golpe dado con un sifón [3]. | Cela *Inf* 27.5.77, 23: Mi tía segunda doña Luftolde .. murió en un bar de camareras, delante de su copita de chinchón y a resultas de un sifonazo despiadado y de mala suerte.

sifónico *adj* (*Font*) [Bote] que funciona como un sifón [2], impidiendo que salgan malos olores. | GTelefónica 83 2, 724: Saneamiento Martín. Fabricación de Botes Sifónicos.

sifonier *m* Chiffonnier. | *Prospecto* 4.93: Hipercor .. Sifonier de melamina en color miel, con 5 cajones.

sifonóforo -ra *adj* (*Zool*) [Hidrozoo] de los que constituyen colonias caracterizadas por el polimorfismo de los individuos de acuerdo con su función. *Frec como n m en pl, designando este taxón zoológico*. | Bustinza-Mascaró *Ciencias* 288: Los Sifonóforos .. son colonias flotantes que viven en las aguas marinas.

sigilaria *f* (*Bot*) Árbol fósil del período carbonífero, cuyo tronco presenta señales regulares en forma de sello (gén. *Sigillaria*). | Ybarra-Cabetas *Ciencias* 157: Son características las siguientes criptógamas: Calamites ..; los Lepidodendron y las Sigilarias.

sigillata (*lat; pronunc corriente*, /siχiláta/) *f* (*Arqueol*) Terra sigillata. | *Rev* 11.57, 21: En Samos y Arezzo se fabricó la "sigillata", cerámica roja con apariencias de lacre.

sigilo *m* **1** Cuidado para no ser oído o descubierto. | Arce *Testamento* 36: Me quedaba agazapado .. y después huía con sigilo.
2 Secreto (reserva o silencio debidos a compromiso u obligación). *Gralm con los adjs* PROFESIONAL, SACRAMENTAL *o* CONFESIONAL. | *Inf* 24.3.73, 1: La Sagrada Congregación para la Doctrina de la Fe emitió una excomunión "ipso facto" para cuantos violen el sigilo confesional.

sigilografía *f* Estudio de los sellos antiguos empleados para autorizar o cerrar documentos. | *Inf* 1.3.72, 20: Se estudian orígenes de la nobleza, .. simbología, iconografía, sigilografía, bibliografía, diplomática.

sigilográfico -ca *adj* De (la) sigilografía o de los sellos que son objeto de su estudio. | GNuño *Madrid* 106: Hay una colección sigilográfica y otra de Glíptica o piedras duras grabadas.

sigilosamente *adv* De manera sigilosa [2]. | Medio *Bibiana* 258: Al fin se decide a meter la llave en la cerradura. Abre sigilosamente.

sigiloso -sa *adj* **1** Que actúa con sigilo [1]. | Cunqueiro *Un hombre* 24: Supongamos que no lo podemos prender y que entra, sigiloso, en palacio.
2 [Cosa] que denota o implica sigilo [1]. | *Inf* 11.3.75, 5: Sigilosas conversaciones hispano-norteamericanas en Washington.

sigisbeo *m* (*hist*) Chichisbeo. | J. Aldebarán *Tri* 24.4.71, 10: En la España renacentista italianizante, incluso la esposa llegó a gozar de una satisfacción erótica fuera del matrimonio procreador: fue la institución del chichisbeo o sigisbeo.

sigla *f* **1** Letra inicial de cada una de las palabras que constituyen la denominación de algo, esp. una entidad. *Normalmente en pl.* | Alfonso *España* 151: En la tapia de un solar de la plaza de Castilla, pusieron unas clásicas letras negras pintadas de incógnito y en las que no se leía ¡abajo esto! o ¡viva lo otro!, ni las siglas de alguna nueva organización política
2 Conjunto de siglas [1] de la denominación [de algo]. | Escudero *Capítulo* 25: Debe decirse cuál es el título oficial íntegro .. Cuál es la sigla.

siglo (*con mayúscula en acep 3*) **I** *m* **1** Período de cien años. | Tejedor *Arte* 45: La fórmula fue el Imperio .., con la suficiente elasticidad para posibilitar a los mejores emperadores oportunas reformas de la institución .. y asegurarle así todavía su permanencia por algunos siglos. **b)** Período de los cien años de cada centena en el cómputo de la era cristiana. | Laiglesia *Tachado* 75: Calculo que el condado de Fritz data del siglo X.
2 un ~. (*col*) Mucho tiempo. *Tb, sin art,* ~s. | Delibes *Cinco horas* 10: Me parece que hace un siglo desde que te llamé esta mañana. ¡Dios mío, qué de cosas han pasado!
3 ~ de Oro. Período de auge del arte y la literatura españoles que abarca desde principios del siglo XVI hasta finales del XVII. | GLópez *Lit. española* 141: Finalizada la Edad Media, comienza para nuestras letras el gran "Siglo de Oro", expresión que ha de tomarse en sentido amplio, ya que abarca la dilatada época que se extiende desde principios del siglo XVI hasta fines del XVII.
4 (*Rel crist*) Vida en medio de la sociedad humana. *Usado en contraposición a la vida del sacerdocio o a la monástica.* | Villapún *Iglesia* 134: Quería ser soldado de Cristo y desembarazarse de los negocios del siglo. DPlaja *Literatura* 200: Fray Luis de Granada, llamado en el siglo Luis de Sarria.
II *loc adv* **5 por los ~s de los ~s.** Por toda la eternidad. *Frec con intención ponderativa.* | Carandell *Madrid* 74: El ordenanza permanecería en su silla .. por los siglos de los siglos.

sigma A *f* **1** Letra del alfabeto griego que representa el sonido [s]. (V. PRELIM.) | Estébanez *Pragma* 43: Alfabeto griego: .. pi, ro, sigma, tau.
B *m* **2** (*Anat*) Colon sigmoideo. | *Inf* 25.1.77, 2: La Residencia Sanitaria Primero de Octubre ha facilitado un parte sobre el estado, a las once de la mañana, de los heridos .. Miguel Saravia Gil: Múltiples perforaciones afectando el sigma.

sigmoidectomía *f* (*Med*) Escisión del colon sigmoideo o de una parte de él. | *Ya* 19.12.89, 51: El cómico fue operado el pasado 6 de diciembre de una dolencia digestiva que padecía desde hace algún tiempo, una sigmoidectomía.

sigmoideo -a *adj* (*Anat*) Que tiene forma de sigma. *Gralm referido a una porción del colon, a las válvulas de las arterias pulmonar y aorta y a la cavidad del cúbito.* | Navarro *Biología* 164: La arteria pulmonar y la aorta presentan en su origen cada una tres válvulas, denominadas sigmoideas. Alvarado *Anatomía* 45: El cúbito se caracteriza por poseer en su epífisis superior una cavidad sigmoidea.

signar A *tr* **1** (*Rel catól*) Hacer la señal de la cruz [sobre alguien o algo (*cd*)]. | Ribera *Misal* 121: Va el Sacerdote al misal, signa el principio del Evangelio y se persigna a sí propio.
2 (*lit*) Firmar [un documento, esp. de alto nivel]. | *Abc* 15.10.70, 29: Esta arrastrará tras de sí a los componentes del bloque comunista y a todos aquellos países pertenecientes al Tercer Mundo, que signaron en Lusaka .. el compromiso de apoyar las reivindicaciones frente a Israel.
3 (*lit*) Marcar o señalar. *Más frec fig.* | J. Vara *Ya* 1.11.74, 22: La vizcondesa de Jorbalán .. vino al mundo en la que hoy es calle de la Libertad y signada con el guarismo del número 8. Delibes *Madera* 275: Es evidente que el Señor le tiene signado para muy altos empeños.
B *intr pr* **4** (*Rel catól*) Hacer tres cruces, una en la frente, otra en la boca y otra en el pecho, con el dedo pulgar de la mano derecha, o con este y el índice cruzados, diciendo "por la señal de la santa cruz, de nuestros enemigos líbranos, Señor, Dios nuestro". | SSolís *Camino* 101: Doña Pura tomó agua en la enorme pila de mármol y se signó.

signatario -ria *adj* **1** Firmante o que signa [2]. Tb n, referido a pers. | *Inf* 7.8.70, 1: Las respuestas serán incluidas en el documento que rubricarán las partes signatarias. *Sp* 21.6.70, 24: Los signatarios, por parte comunitaria, serán los presidentes salientes del Consejo y de la Comisión Europea, Pierre Harmel y Jean Rey.
2 (*raro*) Que sirve para signar [2]. | CBonald *Ágata* 16: Un colgante de bronce en forma de anillo signatario.

signatura (*con mayúscula en acep 4*) *f* **1** Conjunto de números y letras que indican la colocación de un libro o documento en una biblioteca o en un archivo. | Villalpando *ASeg* 11.4.78, 2: Realizada esta segunda entrega, a título de depósito, se catalogaron y clasificaron estos volúmenes, y al darle[s] numeración, para que no se confundiera con la ya existente, se puso la signatura UP/ –Universidad Popular– partida por el número correspondiente a cada libro.
2 (*Impr*) Señal que se pone al pie en la primera página de cada pliego, para guía del encuadernador. | Huarte *Tipografía* 58: La signatura es una señal (asterisco, letra, más frecuentemente número) de cuerpo pequeño que indica al encuadernador cuál es la página primera de cada pliego. **b)** *En manuscritos e impresos antiguos:* Letra, o letra y número, que al pie de algunas páginas indican el orden de estas, con función semejante a la de la moderna paginación. | Cossío *Montaña* 520: Redactó su valioso *Diccionario* de incunables, el *Catálogo* de su copiosísima biblioteca, y monografías que versan sobre el papel, filigranas, firmas y signaturas de los primeros incunables que produjera el arte de la imprenta.
3 Marca puesta en una cosa para distinguirla de las demás. | M. Calvo *Pro* 8.6.88, 53: El radiotelescopio del Pico Veleta ha permitido .. captar, por primera vez en el mundo, la "signatura electromagnética" .. de muchas moléculas orgánicas en el polvo estelar que rodea a ciertas estrellas de nuestra galaxia.
4 ~ Apostólica. Tribunal supremo de la Curia Romana. | *VNu* 11.11.72, 15: La Signatura Apostólica rebaja los honorarios de los abogados de la Rota.

sígnico -ca *adj* (*raro*) De(l) signo. | R. M. Pereda *SInf* 17.10.74, 5: La realidad, entrevista como totalidad al amparo de la mística y la filosofía oriental, se muestra como un contorno animado y sígnico. Un mundo donde la realidad total significa, se comunica con el hombre, y este con ella.

significación *f* **1** Acción de significar(se). Tb su efecto. | Alonso *Lengua* 48: Grados de significación del calificativo. Sueiro *SPaís* 5.3.78, 23: La represión adquirió el carácter y el volumen de una purga de adversarios, intencionalmente exhaustiva, .. destinada a retirar para el futuro todo obstáculo probable, toda veleidad de oposición, todo rebrote de las fuerzas o significaciones condenadas.
2 Significado [3]. | *MHi* 11.63, 58: Todo esto refuerza, de modo bien notorio, las significaciones profundas de uno de los hechos capitales de nuestra política exterior. Ramírez *Derecho* 158: En España tenemos dos clases de quiebra: una, así llamada propiamente, que solo es aplicable a los comerciantes; otra, de significación similar a la anterior, aplicable a los demás deudores, o sea a quienes no son comerciantes, denominada concurso de acreedores.
3 Importancia. | F. Estapé *Van* 4.11.62, 10: El hecho de mayor significación viene dado por el gran incremento del transporte por carretera. Torrente *Off-side* 10: Hay también cachivaches sin significación: retales de tela, montones de grabados, lámparas de estilos varios.

significado -da I *adj* **1** *part* → SIGNIFICAR.
2 [Pers.] conocida o destacada en cierta actividad o ideología. | Mercader-DOrtiz *HEspaña* 4, 54: Campomanes, significado debelador de las manos muertas, .. fue quien más se distinguió en esta lucha contra las inmunidades de la Iglesia.
II *m* **3** Cosa significada (→ SIGNIFICAR [1]) [por otra (*compl de posesión*)]. | APaz *Circulación* 95: Significado de los colores. El color verde hace saber que se puede continuar la marcha. **b)** *Esp:* Concepto o pensamiento representado [por una palabra o grupo de palabras (*compl de posesión*)]. *En lingüística se opone a* SIGNIFICANTE *y a* SENTIDO. | Amorós-Mayoral *Lengua* 26: La composición consiste en unir dos o más palabras que ya existían en la lengua y formar con ellas una sola palabra con un significado único.

signatario – significativo

Academia *Esbozo* 9: La imagen acústica (significante) y el contenido significativo (significado) constituyen el signo lingüístico. Hernández *Diccionarios* 268: Mientras que el significado es una unidad que pertenece al sistema, la definición lo es de la norma.
4 Significación o importancia. | * –Todo depende del significado que tales hechos tengan para ti. –Para mí no tienen ninguno. Son irrelevantes.

significancia *f* (*raro*) Significación o importancia. | Alonso *CId* nº 1.65, 35: Estos pormenores que ahora entran en la novela son significativos a fuerza de apenas tener significancia. Cervantes los pone ahí para convencernos de la absoluta realidad de lo descrito.

significante I *adj* **1** Que significa [1]. | DPlaja *Abc* 27.2.72, 3: Estos datos son significantes de una concepción amplia y moderna del tema. E. Haro *Tri* 26.12.70, 5: Se han sustituido palabras vacías por conceptos plenos, significantes.
II *m* **2** (*Ling*) Serie de fonemas o de caracteres que constituye el soporte material de un significado. *Se opone a* SIGNIFICADO. | Academia *Esbozo* 9: La imagen acústica (significante) y el contenido significativo (significado) constituyen el signo lingüístico.

significar *tr* **1** Ser [una cosa] signo [1 y 2a y b] [de otra (*cd*)]. | Ribera *SSanta* 94: La liturgia reunió en torno de él ritos y oraciones que le dan singular solemnidad y simbolismo, significando a Cristo Jesús, luz del mundo, saliendo de las tinieblas del sepulcro. APaz *Circulación* 95: El color amarillo significa "precaución". **b)** *Esp:* Ser [una palabra o grupo de palabras] el signo o representación [de un concepto o de un pensamiento (*cd*)]. | Lázaro *Lengua* 2, 24: Bote ha pasado a significar "propina que se da en un bar".
2 Ser [una cosa] igual [a otra (*cd*)] en valor o efecto. | FQuintana-Velarde *Política* 183: Los depósitos bancarios, que significaban el 30,5 por 100 de la renta nacional en 1949, en 1959 se elevan hasta el 43 por 100. *Alc* 1.1.55, 3: 1954 significó para *El Alcázar* un paso .. decisivo. * Sacarle de casa significaría su muerte.
3 Tener [un valor o una importancia determinados]. | * –¿Qué significa ella para ti? –Lo significa todo.
4 Expresar o hacer saber. | Aldecoa *Gran Sol* 151: Macario Martín significó al contramaestre con un gesto que, tras el patrón, él estaba en su derecho. *Alc* 1.1.55, 3: La ilustre dama .. ha significado su gran contento por haber asistido a los actos del cierre de la Puerta Santa.
5 Mostrar o dejar ver [algo (*suj*)] clara y públicamente las ideas o sentimientos [de alguien (*cd*)]. | MGaite *Usos* 185: Por parte del caballerete, ceder a las instancias de aquellos ojos que se cruzaban al azar con los suyos y empezar a hacer gestiones para el acercamiento era ya dar un paso que, aun cuando no le comprometiera a nada, le "significaba" un poco ante los demás. **b)** *pr* Mostrar o dejar ver [alguien] pública y abiertamente sus ideas o sentimientos. *Esp en política.* | MGaite *Usos* 186: ¿Cómo va a estar ése empleado en Abastos? ¿No se había significado con los rojos? AMillán *Día* 80: –Si ataco el tema en un plato determinado, me significo. –¿Políticamente? –Familiarmente. Cada plato es por un hijo mío, y ellos lo saben.

significativamente *adv* **1** De manera significativa. | Matute *Memoria* 153: Miró significativamente al Chino, que inclinó la cabeza. *Gac* 11.5.69, 27: Las probabilidades de paz habían "mejorado significativamente" desde su entrada en la Casa Blanca.
2 En el aspecto significativo. | Rábade-Benavente *Filosofía* 124: Hay palabras que pueden llenarse, significativamente, con propiedades perceptivas o "imaginativas".

significatividad *f* Cualidad de significativo. | M. J. Cordero *Tri* 17.11.73, 57: La estructura profunda del tema literario "Don Juan Tenorio" ha sufrido una historia menos azarosa, aunque paralela a la trayectoria de su significatividad plástica.

significativo -va *adj* **1** Que tiene significación. | F. J. Carrillo *Cua* 6/7.68, 20: Una sucesión en cadena de hechos significativos de protesta se ha enraizado en Berlín-Oeste, Italia, Bélgica. Lapesa *HLengua* 14: Entre los nombres de lugares españoles y los de zonas indudablemente ligures hay significativas coincidencias. CPuche *Paralelo*

signo – silabeo

424: La manía loca de hacer algo significativo se apoderaba de él en los momentos más difíciles.
2 De (la) significación [1 y 2]. | GGual *Novela* 72: Su escritura tenía siete signos, y por una cuádruple modificación de cada uno de estos podían obtener veintiocho variaciones significativas. Academia *Esbozo* 9: La imagen acústica (significante) y el contenido significativo (significado) constituyen el signo lingüístico.

signo *m* **1** Indicio o muestra. | Medio *Bibiana* 16: Bibiana mira con ternura los pelos del pecho de su marido, que siempre había tomado por un signo de virilidad.
2 Señal (cosa sensible que tiene por fin indicar algo). | SLuis *Doctrina* 11: La señal del cristiano es la Santa Cruz. Es el signo que nos distingue de los no cristianos. **b)** Cosa sensible, esp. figura dibujada o escrita, que tiene por fin evocar en la mente la imagen de otra determinada. | Marcos-Martínez *Aritmética* 16: La numeración escrita tiene por fin representar todos los números por medio de algunos signos especiales, llamados cifras. M. FMiranda *His* 8.77, 51: Muchas de las ánforas presentaban una serie de signos incisos que se interpretan como marcas de capacidad, propiedad, transportista, etc. **c)** ~ **de la Cruz.** Señal de la Cruz. | Vesga-Fernández *Jesucristo* 44: Traza sobre sí [el sacerdote] el signo de la Cruz. Reza el salmo "Judica me".
3 *En un texto escrito*: Figura que no es letra ni número. | Amorós-Mayoral *Lengua* 55: Los signos de puntuación intentan reflejar en la escritura los cambios de nuestra entonación y las pausas que hacemos al hablar. **b)** Figura de diversos rasgos entrelazados que el notario añade a su firma en un documento público. | Armenteros *Epistolario* 301: Extendida y leída el acta, la firmarán el testador y los testigos y la autorizará el Notario con su signo y firma.
4 (*Mat*) Figura, no numérica ni literal, que indica determinadas nociones, esp. el tipo de operación que se ha de realizar. | Marcos-Martínez *Aritmética* 21: El signo de sumar es una cruz (+) que se coloca entre los sumandos, y se lee *más*. **b)** (*E*) Figura que indica el valor positivo o negativo de una magnitud o una cantidad. *Tb el valor mismo*. | Marcos-Martínez *Física* 184: El polo positivo se suele indicar con el signo +, y el negativo con el signo -. Marcos-Martínez *Álgebra* 4: Con frecuencia los números positivos se representan sin signo. Ybarra-Cabetas *Ciencias* 40: Esta propiedad, denominada termo-electricidad o galvanismo, la poseen bastantes cristales; así, con cristales de pirita de uno y otro signo es posible construir pares termoeléctricos.
5 Dirección u orientación ideológica o intelectual. | MCachero *AGBlanco* 127: Ha de explicarse y justificarse contra las incomprensibles arremetidas de los críticos de signo idealista. J. Ferrando *Mad* 20.1.70, 3: Las razones que se suelen aducir hoy a favor de las autonomías regionales están marcadas por el signo de la economía. M. Porter *Des* 12.9.70, 34: Ha hecho uso [la película] de un humor, de unos *gags* absolutamente puestos bajo el signo del absurdo.
6 Parte de las doce iguales en que se considera dividido el Zodiaco y que, según la astrología, influyen en la vida de las perss. nacidas en la respectiva época del año que a aquellas corresponde. | SMad 31.12.70, 30: Se atribuía el signo zodiacal del Carnero a las provincias judías. R. Clemente *Van* 1.7.73, 47: Cáncer, el cuarto signo del Zodiaco, comprende a los nacidos entre el 22 de junio y el 23 de julio.
7 (*lit*) Destino o hado. | Aguilar *Experiencia* 185: El signo aciago hizo que mi domicilio en las tablas fuese descubierto por los guardias del muelle, y tuve que desalojarlo.
8 ~ **lingüístico.** (*Ling*) Unidad constituida por un significante y un significado. *Tb simplemente* ~. | Academia *Esbozo* 9: La imagen acústica (significante) y el contenido significativo (significado) constituyen el signo lingüístico. Los diferentes signos de una lengua forman repertorios extensos y abiertos. Academia *Esbozo* 9: El signo o cada uno de los signos de que se compone una emisión oral es analizable, a su vez, en unidades acústicas mínimas .. llamadas sonidos.
9 ~ **monetario.** (*Econ*) Unidad de un sistema monetario. *Tb simplemente* ~. | Tamames *Economía* 255: Los especuladores extranjeros, ya fuera porque empezasen a perder las esperanzas de revalorización de nuestro signo monetario, ya porque se iniciara en los Estado Unidos la tensión monetaria .., empezaron a desprenderse de ellas [las pesetas]. Mercader-DOrtiz *HEspaña* 4, 36: El rey aceptó las condiciones ofrecidas por un consorcio de banqueros extranjeros .., que consistían en un anticipo de 9 millones de pesos vellón en metálico y en letras de cambio contra la suma de 9.900.000 pesos en un nuevo signo de papel: los Vales Reales.

sígueme *m En un aeropuerto*: Furgoneta pequeña que se coloca delante de un avión para guiar al piloto al lugar de aparcamiento. | J. B. Filgueira *SYa* 6.1.74, 27: Una furgonetita, el "sígueme", se coloca delante de su morro [del avión] y le invita a seguirle hasta donde ya se vislumbra el "señalero".

siguiente *adj* Que va inmediatamente después. | Vesga-Fernández *Jesucristo* 111: Al día siguiente del banquete en la casa de Simón el leproso, se dirigió Jesús a Jerusalén. **b)** Que se enuncia a continuación. | *Alc* 1.1.55, 3: Pronunció anoche por Radio Nacional el siguiente mensaje de fin de año.

siguiriya *f* Copla gitana de 4 versos, el tercero de 11 sílabas y los otros de 6, que se canta con compás alterno. *Tb su música y su baile*. | ACaballero *Cante* 46: La siguiriya es gitana por los cuatro costados. Cela *Viaje andaluz* 246: Son cante jondo –o grande, o caro– la caña, el polo, la seguiriya o siguiriya –dígase como se pueda– gitana, la soleá, la debla y el martinete.

siguiriyero -ra *m y f* Cantaor de siguiriyas. | Cela *Viaje andaluz* 249: Manuel Torres fue también un siguiriyero insigne.

sij (*pl normal*, ~s) *adj* De la secta religiosa fundada en el s. XVI por el reformador hindú Nanak Dev. *Tb n, referido a pers*. | *Ya* 23.3.91, 40: Extremistas sijs matan a 47 personas .. La religión sij no permite a sus feligreses cortarse la barba ni el pelo y llevar turbante.

sikh (*ing; pronunc corriente,* /sik/; *pl normal*, ~s) *adj* Sij. *Tb n*. | Anson *Oriente* 34: El hinduismo .. no ha permanecido uno y puro. De él se han derivado varias herejías o cismas importantes, entre ellos, el budismo, el jainismo, los "sikhs" y los "parsis".

sikhara (*sánscrito; pronunc corriente,* /sikára/) *f En un templo brahmánico*: Estancia cubierta por una especie de cúpula muy elevada, en la que se venera la imagen sagrada. | Fernández-Llorens *Occidente* 41: La forma de los templos brahmánicos quedó fijada a partir del siglo X d.C. El elemento más característico de dichos templos es la sikhara.

siku → SICU.

sílaba *f* Sonido o conjunto de sonidos que se pronuncian en una sola emisión de voz. | Amorós-Mayoral *Lengua* 34: Nuestro hablar es una sucesión de sílabas. Medio *Bibiana* 83: Habla a voces .. comiendo sílabas y letras.

silabación *f* Silabeo. | GNuño *Escultura* 159: Tales nombres han sido consignados en epigrafía turdetana .., y ahora, al poder ser leídos, nos encantan el oído y la lengua con su musical y vibrante silabación. RAdrados *Lingüística* 139: Hay que tener cuidado en distinguir –aunque los límites pueden ser dudosos a veces– entre cantidad larga y geminación de vocales. La diferencia es de silabación.

silabario *m* **1** Libro para enseñar a leer, en el que aparecen sílabas sueltas y palabras descompuestas en sílabas. | Aguilar *Experiencia* 248: Guardo, clarísima, la impresión de aquellos hombres .. aprendiendo el silabario con unción .. y manteniendo entre sus dedos inexpertos o endurecidos el pizarrín o el lápiz.
2 Sistema de signos gráficos que representan sílabas. | GGual *Novela* 72: Ese sencillo sistema de escritura .. me recuerda algún sistema gráfico muy simple, como el silabario inventado por el reverendo J. Evans para los indios crees, que se compone de nueve signos, con cuatro posiciones para cada uno, según su valor vocálico.

silabear *tr* Pronunciar [algo] marcando la separación de las sílabas. *Tb abs. Tb fig, con intención ponderativa*. | CSotelo *Resentido* 191: Estas últimas palabras las silabea lentamente. Torrente *DJuan* 121: Empezó a hablar con calma, casi silabeando, y a cada paso me preguntaba si la había comprendido. Hoyo *Glorieta* 20: La letras de *El Camarada* eran muy grandes, para poder silabear bien y despacio.

silabeo *m* **1** Acción de silabear. | Marín *Enseñanza* 304: Lectura oral .. Habrá de considerarse: entonación, claridad y grado de superación del silabeo.

2 División en sílabas. | Alarcos *Fonología* 263: Tales resultados pueden atribuirse al diferente silabeo del grupo, considerando /d/ como final de sílaba y /j/ como inicial, o bien considerarse consecuencia de la geminación de la consonante producida por la yod.

silábicamente *adv* De manera silábica. | *País* 17.11.82, 24: Es capaz de dividir silábicamente por sí sola.

silábico -ca *adj* **1** De (la) sílaba. | Lapesa *HLengua* 56: La separación silábica tuvo un cambio de gran importancia.
2 (*Ling*) [Sistema gráfico] que tiene por base la sílaba. | Cano *Español* 17: Utilizaron [los celtas] el alfabeto silábico ibero para sus inscripciones, como después el latino.
3 (*Fon*) Que puede formar sílaba o ser centro de una sílaba. | Academia *Esbozo* 28: Vocales silábicas.

silabismo *m* **1** Distribución silábica [1]. | RAdrados *Lingüística* 144: Las clases de fonemas a que aludimos .. dependen de hechos de silabismo.
2 Sistema de escritura silábica [2]. | GNuño *Escultura* 34: El silabismo normal en los escritos de nuestras comarcas oriental y central es, ya de por sí, una venerable prueba de mayor evolución respecto de lo tartésico.

silba *f* Acción de silbar [3]. | J. M. Ruiz *HLM* 26.10.70, 27: El tiempo del partido terminó con empate a cero .. Con silba final al árbitro porque no ganó .. el equipo de casa.

silbable *adj* Que se puede silbar [2]. | Torrente *Off-side* 140: Una figura gris verdoso se aleja fumando un cigarrillo y silbando la parte silbable del Concierto en re para violín y orquesta, opus 61, de Beethoven.

silbador -ra *adj* Que silba. *Tb n, referido a pers o a ave*. | Cunqueiro *Gente* 16: A Adolfo, que era un pequeño sonrosado, sonriente y silbador, le gustó la novia de su hermano. Castellanos *Animales* 112: Es conveniente que, además de enseñarles palabras [a los papagayos], se les enseñe a silbar alguna melodía. Es posible que si no habla, llegue a ser en cambio un habilidoso silbador.

silbante *adj* Que silba [1, esp. 1c]. | Cela *Viaje andaluz* 184: La gente, por Écija, habla un andaluz silbante y cantarín, de muy armoniosas modulaciones. Zunzunegui *Hijo* 15: Sonaban mazos y mandarrias en torno a la maltrecha gabarra; y el ruido seco de las trenchas desguazando algunos tablones; y el silbante de los cepillos, y el raedor de las rasquetas. **b)** (*Med*) Acompañado de un sonido semejante al silbido. | Abc 4.10.70, 72: Si Vd. tose, tiene ronquera silbante o no puede respirar ni dormir bien, tome Mendaco. **c)** (*Fon*) Sibilante. *Tb n f.* | RAdrados *Lingüística* 87: Una subespecie de las fricativas son .. las silbantes sorda y sonora.

silbar A *intr* **1** Emitir [alguien] un sonido agudo haciendo salir el aire por una abertura estrecha de la boca, o por un instrumento adecuado. | DCañabate *Abc* 26.8.66, 47: ¿Puede darse algo tan molesto como un "silboso", un ser que parece nacido con el único objeto de silbar? **b)** Emitir [un animal, esp. un ave o una serpiente] un sonido agudo semejante al silbido humano. | Cuevas *Finca* 36: Las lechuzas silbaron y revoloteaban .. toda la noche. CBonald *Dos días* 16: Delante de ellos, silbó la víbora de las viñas, mínima y retorcida como un sarmiento. **c)** Producir [algo] un sonido agudo, frec. por frotamiento. | Aldecoa *Gran Sol* 81: El cable de la [red] que sacaban silbaba por los rulines. Guillén *Lenguaje* 45: Los ruidos de toda suerte, incluso cañonazos, chirridos de cabos, bramar de las olas, bufido y silbar del viento. Cuevas *Finca* 167: –¡Déjarme con don José! –dijo, después, silbándole el pecho. **d)** Tener [alguien (*ci*) en los oídos (*suj*)] la sensación de un sonido agudo y continuado que no se produce en el exterior. | * Me silban los oídos. **e)** **~ los oídos** → OÍDO.

B *tr* **2** Entonar [una pieza musical] silbando [1a y b]. | Medio *Bibiana* 82: El conductor .. Empieza a silbar algo. Cunqueiro *Un hombre* 13: Y fue entonces la sorpresa de que el mirlo, al ver el oro, se puso a silbar la marcha solemne.
3 Manifestar [el público] desaprobación [ante alguien o algo (*cd*)] silbando [1a]. | A. Marzal *Cua* 6/7.68, 19: El viejo líder .. será silbado por los obreros.
4 (*raro*) Pronunciar [algo] con una especie de silbido. | Matute *Memoria* 44: Solo veía su sombra, que se iba y se venía sobre los ladrillos encarnados del suelo, y el ruido de sus eses silbadas, pues hablaba en voz baja.

silbato *m* **1** Instrumento acústico pequeño y hueco, de forma variada, en el que el paso del aire a presión por una ranura produce un sonido agudo. | Seseña *Barros* 85: Las piezas más representativas que se fabrican hoy en las Islas .. son unas curiosas figurillas de barro con un silbato adosado –para juego y diversión de los niños– llamad[a]s *siurells*, *siulets* o *xiulets*. Ero Van 4.2.77, 6: Por lo visto los mejores silbatos para trencillas se elaboran en un taller de la ciudad .. Los pitos en cuestión se tasan en cincuenta pesetas, cantidad al alcance de los trencillas más humildes, esos que dirigen los encuentros de categoría regional. **b)** Instrumento acústico constituido por un tubo en el que una corriente de vapor, al pasar por una muesca o ranura, produce un sonido agudo e intenso. | Abc 3.12.88, 93: Se desconocen los motivos por los que los trabajadores se encontraban en la vía equivocada, así como la velocidad de la locomotora y si había utilizado el silbato.
2 Silbido dado con un silbato [1]. | Pombo *Héroe* 15: Por fin apareció el coche oficial; dentro, tía Eugenia iba deslumbrando por sorpresa a toda la marinería uniformada. Entonces, el silbato de ordenanza.

silbido *m* Acción de silbar [1]. *Frec su efecto*. | Laforet *Mujer* 196: Cuando iba a abrir la puerta del ascensor, le detuvo un silbido de Julián. Laiglesia *Tachado* 36: Los trenes cruzaban Europa como fantasmas, lanzando silbidos lastimeros en las noches cargadas de presagios.

silbo *m* **1** Silbido. | Cela *Viaje andaluz* 273: En su jaula de alambre y en su florida ventana silbó el millero, delicado flautista .. Al vagabundo, escuchando su cadencioso silbo, se le airearon los despojos del cuerpo. CPuche *Sabor* 186: A mí aquel hombre parrancano, que hacía unos silbos al respirar y unos meneos de cuello .., no me convencía.
2 Silbato [1]. | Guillén *Lenguaje* 45: Era y es preciso disponer de un modo de expresión conciso .. capaz de sobreponerse a los ruidos de toda suerte .. La solución la dio un pito, silbo o chifle especial de plata.

silbón *m* Ánade que de noche emite sonidos semejantes a silbidos (*Anas penelope*). *Tb* ÁNADE ~. | E. Carro *SYa* 28.11.73, 19: En Sálvora, entre Punta Falcoeiro y El Grove, si es tiempo de caza, hay mazaricas y silbones que se elevan de los cañaverales. MOPU 7/8.85, 31: Cabe destacar los flamencos del cabo de Gata, el tarro blanco, el ánade silbón y una gran cantidad y variedad de aves acuáticas.

silboso -sa *adj* (*raro*) Que silba [1]. *Tb n, referido a pers.* | DCañabate *Abc* 26.8.66, 47: ¿Puede darse algo tan molesto como un "silboso", un ser que parece nacido con el único objeto de silbar? Zunzunegui *Camino* 376: Trepaba la quejumbre del padre .. como un silboso viento solano asolador.

silbote *m* Flauta vasca más grande que el chistu. | Valls *Música* 147: En las danzas vascas se utilizan fundamentalmente una variedad de la flauta, el *txistu*, el tamboril y, ocasionalmente, el silbote.

silembloc *m* (*Mec*) Silentbloc. | S. Magán *Ya* 12.4.75, 58: Hay puntos vitales en el automóvil que es imprescindible mantener siempre a punto .. Cada 10.000 kilómetros, y si antes no hemos notado anomalías, se debe llevar a cabo la comprobación de las cotas de dirección y el equilibrado de ruedas, además de observar el estado de rótulas, silembloc, caja, etc.

silenciador -ra *adj* **1** Que silencia. *Tb n, referido a pers.* | Gullón *Abc* 4.12.84, 3: Semanas atrás, aquí mismo examinaba Julián Marías el caso Azorín, uno de los más singulares debido al espesor del silencio existente en torno suyo. Si la política es la causa, habrán de reconocerse dos penosas limitaciones en sus silenciadores. *ByN* 31.12.66, 48: La gran silenciadora que es la muerte persigue a todos los protagonistas.
2 [Dispositivo] que se aplica a un motor o a un arma para amortiguar el ruido que producen. *Gralm n m.* | Cabezas *Abc* 6.11.75, sn: Yo le ruego, señor García-Lomas, que .. saque del cajón .. aquella ordenanza, enfáticamente titulada "Bando del Silencio", y la ponga en vigencia. En ella se exigía que los tubos de escape de automóviles y motocicletas llevasen el correspondiente aparato silenciador. *GTelefónica* N. 31: Filtros de aire y gases. Intercambiables lavables y continuos. Rejillas. Separadores de gotas. Silenciadores.

silenciamiento - sílfide

silenciamiento *m* Acción de silenciar. | V. Salaner *Inf* 19.12.74, 3: Los éxitos más notables del presidente de la Asamblea .. fueron la expulsión de Sudáfrica de los trabajos de la Asamblea y el silenciamiento de Israel durante el debate palestino.

silenciante *adj* (*raro*) Que silencia. | Torrente *Saga* 201: Antonio Frades y el cura Pérez parecían sumidos en sus personales laberintos, que debían ser inmovilizadores y silenciantes.

silenciar (*conjug* **1a**) *tr* **1** Guardar silencio [2c] [sobre alguien o algo (*cd*)]. | CNavarro *Perros* 190: Pagasteis a manos llenas y el asunto quedó silenciado gracias a las amistades de mi padre.
2 Hacer callar [a alguien o algo (*cd*)]. *Frec fig.* | L. LSancho *Abc* 2.12.75, 4: Es el Rey el que debe hacer sus propias listas y dar en ellas oído a quienes han sido silenciados, a quienes no han sido escuchados. P. Montoliu *País* 21.9.76, 44: Creo que habrá pensado incluso en entregarse a la policía, pero teme hacerlo por si no puede llegar ante un juez porque le silencien antes de declarar algunos de los que, en caso de hacerlo, quedarían responsabilizados directamente. GPavón *Rapto* 130: Trabajo les costó a los alcaldes silenciar las galeras, suprimir aquellos platillos que atronaban las tardes de agosto y las madrugadas. *Inf* 13.5.70, 3: La reacción israelí fue fulminante: sus cazabombarderos a reacción silenciaron las baterías sirias.

silenciario -ria *m y f* (*raro*) Pers. cuyo oficio es hacer guardar silencio en un lugar. | Van 28.11.74, 55: El pinchazo tarafanero viene en el mensuario catalán que ustedes saben. Y quien lo infiere es uno de esos silenciarios de oficio, inconmovible ministro anteconciliar de los que, si la palabra libertad tiene siempre a flor de labios, se entiende que es la suya e intransferible, libertinaje la de los demás.

silencio I *m* **1** Ausencia total de sonidos o ruidos. | Torrente *Fragmentos* 24: Venga a danzar todo dios, tangos, valses, foxtrotes, buguis-buguis, y la baraúnda que arman expulsa el silencio de las calles silentes. **b)** (*Mús*) Pausa. *Tb el signo que lo indica.* | RÁngel *Música* 46: A cada figura musical, que indica un sonido (según la línea o el espacio del pentagrama en el que está situada), le corresponde un silencio, que indica ausencia de sonido. El valor, la duración de este silencio es el mismo que el de la figura.
2 Hecho de permanecer [alguien] callado. | CNavarro *Perros* 21: Se volvió para mirar en silencio a su hermana. Arce *Testamento* 49: Guardamos un profundo silencio. **b)** Hecho de no expresar [una pers.] su opinión o sus sentimientos. | E. JRey *Reg* 24.11.70, 1: Conseguirla [la libertad religiosa] es labor de la diplomacia vaticana, procurando romper el muro de la opresión y del silencio. **c)** Hecho de no citar a una pers. o cosa o de no hablar sobre ella. | Gullón *Abc* 4.12.84, 3: Semanas atrás, aquí mismo examinaba Julián Marías el caso Azorín, uno de los más singulares dado el espesor del silencio existente en torno suyo. *País* 8.11.79, 26: Los cardenales, obligados al silencio sobre las finanzas vaticanas. **d) ~ administrativo**. Procedimiento de desestimación de una petición o un recurso por el mero vencimiento del plazo que la administración tiene para resolver sobre ellos. | Alfonso *España* 104: El "silencio administrativo" es fenómeno demasiado habitual y se produce con mucha mayor amplitud que lo expresamente regulado con esa denominación por las leyes.
3 (*Med*) Ausencia de todo indicio o actividad. *Con un adj especificador.* | F. Martino *Ya* 9.3.75, 6: Bastan solamente treinta minutos de silencio cerebral —es decir, de encefalograma plano— para poder asegurar la muerte de la persona.
II *loc adj* **4 de ~**. (*Mil*) [Toque] que indica que a partir de ese momento debe estar cada soldado en su cama, en silencio y con la luz apagada. | FSantos *Catedrales* 56: Si fuera más temprano, si no hubiera que volver allá arriba al toque de silencio .., se podría jugar uno a suertes las salidas.

silenciosamente *adv* De manera silenciosa [4]. | Bustinza-Mascaró *Ciencias* 195: Tienen [las rapaces nocturnas] los ojos muy grandes, agudísimo el oído, sedoso el plumaje y vuelan silenciosamente.

silenciosidad *f* (*raro*) Cualidad de silencioso. | Remet *SInf* 25.11.70, 8: Una de las primeras observaciones se refiere a la silenciosidad del motor.

silencioso -sa I *adj* **1** [Cosa, esp. lugar] en que hay silencio. | Laforet *Mujer* 81: Cuando sintió la casa completamente silenciosa, salió hasta el balcón del huerto.
2 [Pers. o cosa] que no hace ruido. | Arce *Testamento* 17: Las aguas del río se deslizaban silenciosas.
3 [Pers. o animal] que permanece callado. | * Paco me miraba silencioso.
4 [Cosa] que se realiza en silencio. *Tb fig.* | Arce *Testamento* 14: La ascensión hasta aquel lugar había sido silenciosa.
II *m* **5** Silenciador [2]. | GTelefónica *N.* 113: Domingo Ochoa. Silenciosos y tubos de escape todas marcas de automóviles.

sileno *m* (*Mitol clás*) Deidad de los bosques muy similar al sátiro. | Sampedro *Sonrisa* 272: Empiezan a discutir el hecho a su manera, hablando de sátiros, silenos, egipanes y otros casos de los libros.

silense *adj* De Santo Domingo de Silos (Burgos), esp. de su monasterio. *Tb n, referido a pers.* | GNuño *Arte* 98: Silos, en la tierra burgalesa, en un certamen de finuras ..; el claustro .. ha sido objeto de debates en cuanto a su fecha, verosímilmente datable entre 1085 y 1100. Pero este problema nos interesa menos que la escultura silense. Pinell *Horas* 204: Letra visigótica de escuela silense del s. XI.

silentbloc (*ing; n comercial registrado; pronunc corriente,* /silemblók/; *pl normal, ~s*) *m* (*Mec*) Bloque de caucho que se coloca entre dos piezas para absorber ruidos y vibraciones. | Prospecto 12.86: Los 21 puntos fuertes del Renault 21 .. 19. Silencio. El motor montado sobre doble silent-bloc, doble estanqueidad. Insonorizaciones repartidas perfectamente en carrocería y salpicadero.

silente *adj* (*lit*) Silencioso. | CBonald *Noche* 117: Recluido así en aquella silente habitación, parecía esperar la llegada del visitante asesino. Lera *Clarines* 370: Los verá tarde tras tarde con el mismo sayo para los corruscos, .. silentes, sin historia, ni más viejos ni más jóvenes, siempre iguales. Aldecoa *Gran Sol* 82: La voz de Simón Orozco devolvió el dinamismo de la maniobra a aquel mundo parado y silente en la atención.

sileño -ña *adj* De Siles (Jaén). *Tb n, referido a pers.* | B. RCarmona *Jaén* 21.1.91, 9: La táctica va a consistir en establecer grupos de trabajo tomando como referencia los diversos sectores de la sociedad sileña.

silepsis *f* **1** (*TLit*) Uso de una palabra en dos sentidos a la vez. | Lázaro *Gac* 24.8.75, 13: ¿Puede entender el espectador medio .. de qué acusa don Luis [de Góngora] a don Francisco [de Quevedo] al decirle *que pues que vuestros pies son de elegía*? .. Será inevitablemente sordo a la silepsis de *pies*, que son los de andar, pero también los versos.
2 (*Gram*) Concordancia por el sentido y no conforme a las reglas gramaticales. | López-Pedrosa *Lengua* 53: Silepsis: Es una alteración de la concordancia admitida por el uso. *Su majestad es bueno.*

silesiano -na *adj* De Silesia (región de Europa Central). *Tb n, referido a pers.* | E. Haro *Tri* 2.1.71, 5: Gierek, minero, hijo de minero .., es el autor del "milagro silesiano"; primer secretario del partido en Silesia, reorganizó allí las minas y la industria pesada y dio a la región una prosperidad y un nivel de vida superior al de otras zonas de Polonia.

silesio -sia *adj* Silesiano. *Tb n.* | *Ya* 17.6.85, 9: En su esperada y controvertida intervención ante los silesios alemanes, que se reunieron este fin de semana, Kohl afirmó que la cuestión alemana continúa abierta.

sílex *m* Pedernal. | Ybarra-Cabetas *Ciencias* 54: Para muchos autores son variedades del cuarzo: las ágatas ..; los jaspes ..; el sílex o pedernal.

sílfide *f* **1** (*Mitol germ*) Genio femenino del aire. | * Las sílfides se representan como mujeres de extraordinaria belleza. Torrente *Filomeno* 171: No puedo decir que Úrsula se pareciese a ninguno de los dos arquetipos .. No era de las que mueven las caderas o hacen ondular el cuerpo como una sierpe o una sílfide.
2 (*col*) Mujer muy delgada y esbelta. | J. Carabias *Ya* 7.6.72, 8: Señoras y señores que se sienten terriblemente desgraciados entre las sílfides y los apolos que pululan en verano a la orilla del agua.

silfo *m (Mitol germ)* Genio masculino del aire. | Pemán *Abc* 23.8.66, 3: No hemos tropezado todavía, no ya con hadas, silfos o titanes, sino con nuevos cuerpos simples.

silicatar *tr (Quím)* Tratar o mezclar con silicatos. | *SInf* 10.7.75, 11: Se completaron las obras con las nuevas solerías de baldosa especial, y los enfoscados en zócalos de la planta baja y las pinturas correspondientes, con cal silicatada.

silicato *m (Quím)* Sal del ácido silícico. | Ybarra-Cabetas *Ciencias* 151: El sial .. está formado fundamentalmente por silicatos alumínicos.

sílice *f (Mineral)* Mineral constituido por óxido de silicio, blanco o incoloro y de gran dureza, muy abundante y contenido por numerosos minerales. | Ybarra-Cabetas *Ciencias* 50: Todos los minerales de este grupo [de las rocas magmáticas] tienen como componente esencial el silicio y comprenden por tanto la sílice y los silicatos.

silíceo -a *adj (Quím)* Que contiene sílice o está formado por ella. | Ybarra-Cabetas *Ciencias* 320: Está formado [el esqueleto de las esponjas] por unas piececitas de forma variable, calizas o silíceas, que reciben el nombre de espículas.

silícico -ca *adj (Quím)* De (la) sílice. | I. PArangüena *Mad* 18.11.70, 8: Se trata de un aparato de tres kilos y medio, provisto de prismas de cristal silícico que reflejan los rayos Láser emitidos desde la Tierra. Alvarado *Botánica* 61: Lo más notable de ellas [las algas diatomeas] es su esqueleto, compuesto de dos valvas o frústulas que encajan una en otra .. y que están reforzadas por variados, finos y bellísimos dibujos silícicos.

silicícola *adj (Bot)* [Planta] que habita en suelos silíceos. | C. Ledesma *Hoy* 15.11.70, 25: La citada planta es silicícola y algo nitrófila.

silicio *m (Quím)* Elemento no metálico, de número atómico 14, muy abundante en la naturaleza en forma de sílice o silicatos. | Ybarra-Cabetas *Ciencias* 50: Son los compuestos del silicio extraordinariamente abundantes en la Naturaleza, hasta el punto de que en la composición de la corteza terrestre estos compuestos forman más del noventa por ciento.

silicona *f* Sustancia sintética compuesta básicamente de silicio y oxígeno, de muy variados usos en la industria, el bricolaje y la cirugía plástica. | *Abc* 28.8.66, sn: Crema plástica con silicona, especial para el calzado. *País* 2.2.92, 23: Brown .. dijo que pensó en crear el sujetador a raíz del pánico desatado entre las mujeres de todo el mundo tras la divulgación de los posibles riesgos de los implantes de silicona.

silicosis *f (Med)* Enfermedad pulmonar causada por inhalación de polvo de sílice. *Tb fig.* | Romano-Sanz *Alcudia* 106: Su boca desdentada y hundida, la piel acartonada y llena de arrugas, el pelo largo, gris casi blanco, son los de un hombre de más de sesenta años. –Tengo el tercer grado de silicosis. MGaite *Cuento* 319: Las palabras de repertorio se petrifican, y añaden un grado más de silicosis a la que ya padece el oyente. Piedra sobre piedra.

silicoso -sa *adj* Silicótico. *Tb n.* | Romano-Sanz *Alcudia* 107: –Ese tiene ya el primer grado –explica el silicoso–. Y aquel que está sentado .. Unos cuarenta o cincuenta en el último año.

silicótico -ca *adj* Que padece silicosis. *Tb n, referido a pers.* | *DMa* 29.3.70, 5: Este productor es silicótico en primer grado. *Pue* 25.3.66, 9: 17.000 silicóticos piden aumento de pensión.

silicua *f (Bot)* Fruto seco dehiscente, bicarpelar y con un tabique central que sostiene las semillas. | Bustinza-Mascaró *Ciencias* 261: Existen también frutos que en la maduración pierden agua y se ponen secos. Son ejemplos: el fruto en legumbre de las leguminosas ..; el fruto en silicua del alhelí, que se abre por cuatro hendiduras longitudinales.

silícula *f (Bot)* Silicua corta. | Alvarado *Botánica* 49: Entre las muchas variedades [de cajas] citaremos .. el folículo ..; la legumbre ..; la silicua ..; la silícula, que es una silicua corta.

silla I *f* **1** Mueble consistente en un asiento con respaldo y normalmente sin brazos, para una sola pers. | Medio Bibiana 10: Marcelo Prats .. aparta la silla de una patada. **b)** *Acompañado de diversos adjs o compls especificadores, designa distintos muebles destinados a que se siente en ellos una pers:* GESTATORIA, DE RUEDAS, ELÉCTRICA, *etc.* | *Van* 4.11.62, 5: El Papa es verdaderamente humilde: desdeña la silla gestatoria. *Caso* 26.12.70, 2: Para poder salir de mi casa tengo una silla de ruedas. *Ya* 3.12.70, sn: Para su bebé tiene usted en Cochecitos Chiky corralitos, sillas tronas, andadores, .. sillitas de paseo. **c)** *Se usa en constrs como* MOVER, QUITAR *o* PERDER LA ~, *aludiendo al puesto que alguien ocupa.* | J. L. Gutiérrez *D16* 2.8.87, 7: En la memoria socialista aún permanecen vivos los intentos .. de moverle la silla a Nicolás Redondo, operación que fue cortocircuitada por el propio Nico. *País* 23.6.91, 10: No es arriesgado afirmar que Washington tomó la decisión exactamente opuesta: mantenerle en la silla e impedir con ello la desmembración de Irak para que no quedara Irán como única potencia hegemónica en la zona.

2 Dignidad o cargo de prelado. *Con un adj o compl especificador como* EPISCOPAL, APOSTÓLICA, DE SAN PEDRO. | Mercader-DOrtiz *HEspaña* 4, 74: Otros historiadores hipercríticos .. arremetían contra las inexactitudes históricas, sillas episcopales de dudosa existencia, antiguas ciudades de difícil identificación. **b)** *(raro)* Sillón [2]. | RMoñino *Poesía* 7: Cuarenta años lleva esta silla X de la Real Academia Española sin que su titular tome parte en las tareas corporativas.

3 Aparejo formado por una armazón forrada de cuero que se ajusta al lomo de una caballería, para montar sobre ella o para sujetar las varas. | A. Petit *SGacN* 25.8.74, 3: Todo está dispuesto para la doma. Comienza una larga y difícil etapa. Las caricias iniciales, la cabezada potrera, el que sienta en sus lomos la silla y los estribos. M. E. SSanz *Nar* 6.77, 31: Las caballerías que conducen estos carros iban ataviadas con los siguientes aparejos: 1, para el carro de yugo: collera, ventril; 2, para el carro de varas: bridón en la cabeza, collarón, silla en el lomo.

4 Parte [de un animal] comprendida entre la pierna y la primera costilla. | *Act* 8.10.70, 41: El menú de la cena fue el siguiente: caldo de ave, lubina del Cantábrico con patatas al vapor, silla de ternera de Castilla con verduras de La Granja.

5 ~ *(más frec* **sillita**) **de la reina.** Asiento formado con las manos enlazadas de dos perss., para transportar a otra. *Gralm en la constr* LLEVAR [a alguien] A LA ~ DE LA REINA. | DCañabate *Paseíllo* 38: Te llevaremos en la sillita de la reina. ZVicente *Mesa* 40: Me tuvieron que sacar al coche a la sillita la reina, porque no podía con mi alma.

6 ~ **de manos.** *(hist)* Vehículo formado por una caja con asiento para una pers. y con dos varas largas para ser portada en vilo por hombres. | DPlaja *Sociedad* 179: Se interrumpe en estos días el paso de carruajes, pero las damas van en silla de manos, y el crítico de siempre pregunta qué hay de religioso en sustituir a las bestias por seres humanos en el pesado trabajo de transportar a las elegantes.

7 ~ **de posta.** *(hist)* Carruaje en que se corre la posta. | DCañabate *Abc* 27.1.71, 9: Se mantiene [la calle de Postas] tan atractiva y activa como en aquellos sus lejanos días en los que las sillas de postas partían de su ámbito algareras y ruidosas.

8 ~ **turca.** *(Anat)* Escotadura en forma de silla [1] del hueso esfenoides. | Navarro *Biología* 36: Hipófisis. Es una pequeña glándula del tamaño de un hueso de cereza, situada en el encéfalo, alojándose en la silla turca del hueso esfenoides.

II *loc adj* **9 de ~.** [Animal] que se emplea para montarlo. | Ybarra-Cabetas *Ciencias* 397: El caballo es uno de los animales domésticos que mayores servicios han prestado, no solo por su carne, sino también como animal de silla, de tiro y de carga.

sillar *m* Piedra labrada que se emplea en construcción. *Tb fig.* | Benet *Nunca* 71: La casa .. era una hermosa y sólida edificación de tres plantas, de fábrica de ladrillo aparejada con sillares de granito. L. Calvo *Abc* 14.10.70, 31: El viaje [del presidente Pompidou] ha sido, pues, "un nuevo paso decisivo" para las relaciones de amistad entre soviéticos y franceses y para fortificar los sillares de la paz de Europa y del mundo.

sillarejo *m (Constr)* Sillar pequeño labrado toscamente. | GNuño *Arte* 91: Aragón aún simplificó más los pro-

sillazo – silueta

cedimientos .., y todo un grupo serrano, al este de Jaca, los utiliza, construyendo en menudo sillarejo .. las iglesias de San Pedro de Lárrede .. y algunas más.

sillazo *m* Golpe dado con una silla [1a]. | Tomás *Orilla* 239: La tele la explotamos de un sillazo y entonces toda la gente empezó a tirarlo todo desde las celdas a la galería.

sillense *adj* De Silla (Valencia). *Tb n, referido a pers.* | P. M. Jiménez *Pro* 11.7.75, 22: Silla .. Gran número de sillenses .. asistieron a las bodas de plata del sacerdote, hijo de aquí, don Francisco Gomar García.

sillería¹ *f* **1** Sillas, o conjunto de sillas [1a]. | *GTelefónica 83* 2, 761: Ramón Santos. Sillería en general y de estilo. **b)** Conjunto de sillas y otros asientos a juego con que se amuebla una habitación. | *GTelefónica N.* 52: Compro muebles antiguos y modernos. Salones. Sillerías. Lámparas.

2 *En el coro de determinadas iglesias, esp catedrales:* Conjunto de asientos unidos entre sí y trabajados según un mismo estilo. | Tejedor *Arte* 157: Colaboró [Bigarny] en el retablo y la sillería del coro de la catedral de Toledo.

3 Oficio de sillero. | *IdG* 10.8.75, 5: Los trabajos que se exponen en la Feria corresponden a los siguientes oficios: alfarería, .. sastrería, sillería.

4 Tienda o taller de sillero. | *GTelefónica 83* 2, 763: Steelcase Strafor. Sillería. Sillería para oficinas. Sillas secretaria. Sillones.

sillería² *f (Constr)* Obra hecha con sillares. *Tb el conjunto de sillares.* | Ortega-Roig *País* 136: En la Meseta Meridional [las casas] son de tapial y sillería, están pintadas de blanco y muchas veces tienen techos planos. GNuño *Escultura* 118: Se aducía como dato para ello el componerse de dos fragmentos, correspondientes acaso al despiezo de la sillería del muro.

sillero -ra *m y f* Pers. que fabrica, arregla o vende sillas [1a y 3]. | Cuevas *Finca* 151: Otro huésped del verano era el sillero .. –Gregorio, lo trataron... ¿Cuántos asientos hay que echar? Sastre *Taberna* 88: ¡Se cree que yo me voy a avergonzar por haberme ganado la vida con la caja! Y con la quincalla .. Y mi madre, sillera de toda la vida, y vendedora. Sobrequés *HEspaña* 2, 263: Otras manufacturas de notorio desarrollo fueron las relacionadas con el armamento y la caballería, en las que se llegó a una gran especialización: espaderos, ballesteros .., silleros, arneseros, guarnicioneros.

silleta *f* **1** Asiento sin respaldo. | Lera *Boda* 647: Se frotó ligeramente todo el cuerpo con una gran toalla felpuda y después se sentó en la silleta para enjugarse los pies. *Ya* 19.3.75, 29: El camping empieza en Sears .. Conjunto mesa--sillas .. De aluminio y lona estampada. Con dos sillas y dos silletas. Torbado *En el día* 342: La dueña de La Colmena había engordado mucho después de año y medio de paz y se había enriquecido de tal modo que raramente abandonaba su silleta, junto a la caja de los cobros, para ocuparse de los clientes.

2 *(reg)* Parte de la cumbre de un monte que forma una doble curvatura, semejante a la de la silla de montar. | MFVelasco *Peña* 199: En este ten con ten me arrastró hasta los mismos puertos de Terne que, en lo alto, forman silletas de praderío.

3 *(hist)* Piedra sobre la que se muele el chocolate. | C. Aganzo *SYa* 16.4.89, 12: Como cuenta Luis Monreal en su "Apología del chocolate", la pasta se trabajaba sobre la "silleta" o "metate", una piedra cóncava sobre la que actuaba el "rollo" o "refinadera", otra piedra larga y cilíndrica para labrar, a brazo, el chocolate.

silletazo *m* Golpe dado con una silla [1a]. | Buero *Tragaluz* 91: Cuando nos quisimos dar cuenta se había levantado y destrozaba a silletazos el aparato.

sillete *m* Asiento sin respaldo. | Torbado *En el día* 117: En la Puerta del Sol aún había un grupo de hombres y mujeres que tomaba el fresco y charlaba en silletes de juncia. *GTelefónica N.* 229: Industrias del Metal, S.A. Fábrica de camas y muebles metálicos .. Butacas. Cunas. Hamacas. Sillas. Silletes. Mesas. Gran surtido.

silletero -ra *m y f (raro)* Sillero. | Grau *Lecturas* 251: Dicho maestro silletero se llamaba Antonio Mete y murió en 1802.

silletín *m (reg)* Asiento pequeño sin respaldo. | Delibes *Madera* 343: Dio un paso hacia ella [la ametralladora] y se sentó en el silletín de hierro.

sillico *m (reg)* Orinal. | FReguera *Bienaventurados* 163: Teresa vomitó varias veces. Él le ponía la mano en la frente sudorosa y helada. Limpiaba el suelo e iba a vaciar el sillico en el retrete.

sillín *m* **1** Asiento pequeño y sin respaldo de una bicicleta o motocicleta o de determinadas máquinas. | *MHi* 5.64, 30: Sillín biplaza de mayor confortabilidad. **b)** *(raro)* Asiento pequeño y sin respaldo. | Montero *Reina* 118: Encendió un cigarrillo con deliberada parsimonia, sin moverse del sillín del órgano, retadora.

2 Silla de montar más ligera que la común. | *Nor* 28.9.71, 4: Ventas .. Atalajes, retrancas, tiros, sillines, cuerdas, monturas.

sillón *m* **1** Mueble consistente en un asiento con brazos y respaldo, para una sola pers., y gralm. mullido. | GPavón *Hermanas* 46: Sobre el sillón de la mesa del despacho, un horrendo retrato al óleo de don Norberto. *CCa* 24.10.71, 4: Muchos otros fogosos .. no han tenido tanta "chance" y han visto su "rage de vivre" limitada de por vida a la capacidad operativa o mecánica de una cama ortopédica o un sillón de ruedas.

2 Puesto [de académico]. *A veces se omite el compl por consabido.* | Delibes *Año* 85: Ignoro cómo está ese asunto de las mujeres en la Academia, ni siquiera si pueden aspirar a un sillón.

silo *m* **1** Depósito de cereales y otros productos agrícolas, originariamente subterráneo y hoy gralm. en forma de torre elevada. | Ybarra-Cabetas *Ciencias* 300: Los silos primitivos se reducían a una zanja en la que se colocaba el forraje .. Actualmente se construyen silos de mampostería, de carga y descarga automáticas, que permiten sacar el heno necesario sin temor a que se estropee el resto.

2 Construcción que sirve de depósito para combustibles sólidos, cemento, arena y otras materias. | *SPaís* 6.5.90, 11: En él [en el edificio] se encontrarán dos plantas de aparcamientos subterráneos y el silo de papel (una planta).

3 Depósito subterráneo para el lanzamiento de misiles. | *Gac* 16.1.72, 13: Buque lanzacohetes. Se advierten dos de los cuatro silos de los cohetes.

silogismo *m (Filos)* Razonamiento deductivo que consta de tres proposiciones categóricas, la última de las cuales se deriva de las otras dos. | Gambra *Filosofía* 53: Todo silogismo consta de tres términos. DPlaja *El español* 142: El falso silogismo español, las mujeres decentes se cubren hasta ahí, esta mujer se cubre menos, luego esta mujer no es decente, se aplica a rajatabla.

silogísticamente *adv (Filos)* De manera silogística. | MPuelles *Filosofía* 1, 156: De dos premisas negativas no se infiere silogísticamente nada.

silogístico -ca **I** *adj* **1** *(Filos)* De(l) silogismo. | Gambra *Filosofía* 52: La deducción silogística se apoya en el principio de identidad.

2 *(lit)* Lógico y razonador. *A veces con intención desp.* | Torrente *DJuan* 207: Me puse a escribir mi primera carta de amor. La escribí larga, desangelada, silogística. Van 10.10.74, 57: Revivo los apuros, los apuros de turno, de los diversos PP. Carné, Rey, Colomer, el silogístico Piera más tarde, en aquel colegio Balmes.

II *f (Filos)* **3** Parte de la lógica que estudia el silogismo. | N. Hoyos *Nar* 7.76, 22: Todo iba bien, hasta que en filosofía pusieron un tema de silogística.

4 Teoría o doctrina del silogismo. | GÁlvarez *Filosofía* 1, 249: Escolástica significa, para ellos, dialéctica estéril, servilismo de lo antiguo, silogística huera que no sirve para el hallazgo de verdades nuevas, sino únicamente para la exposición de verdades muy antiguas.

silueta *f* **1** Dibujo que representa solo el contorno del objeto. | *Abc Extra* 12.62, 79: Así nació el arte de las siluetas. En la Constantinopla del XVI hubo ya siluetas de tinta china sobre cartón blanco.

2 Forma [de un objeto] que se perfila sobre un fondo más claro. | Cuevas *Finca* 221: Salieron entre dos luces. Se distinguía todavía la silueta de las cosas.

3 Figura o forma exterior [de alguien o algo]. | *Gar* 6.10.62, 3: Conseguirá belleza y distinción realzando su silueta con la armoniosa línea que le proporcionarán las prendas.

siluetar *tr* Siluetear. | GNuño *Escultura* 68: La primera [fase] no ofrece sino una veintena de piezas de barro blanco, decoradas con figuras siluetadas en negro y rellenas de una policromía muy rica. Castroviejo *Van* 20.12.70, 15: Desplumados [los capones] entre albos pañales, van a exhibir pronto toda su crasa suculencia con las grasas sobre las espaldas, siluetadas, a modo de adorno, por unas cuantas plumas mayores.

siluetear *tr* **1** Hacer la silueta [1] [de alguien o algo (*cd*)]. | A. M. Campoy *Abc* 6.6.67, 31: La corteza del eucaliptus, previamente preparada, recibe directamente de los dedos del pintor .. sus colores naturales, blanco, rojo, negro y amarillo, que van silueteando pájaros y canguros, peces y hombres.
2 Marcar la silueta [2 y 3] [de alguien o algo (*cd*)]. | Lera *Boda* 537: Un fulgor rojizo recortaba su perfil, iluminándolo, y silueteaba la redondez del pecho. Marlasca *Abc* 21.4.70, 43: Una correa vibradora y adelgazante que amenaza ya con invadir los cuartos de baño para devolvernos una esposa bien silueteada. **b)** *pr* Marcarse la silueta [de alguien o algo (*suj*)]. | CBonald *Ágata* 290: Consiguieron entre los dos descubrir una forma todavía confusa .., pero que poco a poco fue silueteándose hasta ofrecer el ya inconfundible aspecto de dos fémures con las cabezas encajadas en lo que debía ser una roída cadera.

siluriano -na *adj* (*Geol*) Silúrico. | SFerlosio *Jarama* 7: Entra [el Jarama] luego en Guadalajara, atravesando pizarras silurianas.

silúrico -ca *adj* (*Geol*) [Período] segundo de la Era Primaria. *Tb n m*. | Ybarra-Cabetas *Ciencias* 156: Período silúrico. Cendrero *Cantabria* 148: En la franja meridional .. aparecen algunos de los materiales más antiguos que existen en la Región, un conjunto de pizarras y areniscas correspondientes al Silúrico, Devónico y Carbonífero. **b)** Del período silúrico. *Tb n m, referido a terreno*. | Carnicer *Cabrera* 16: El centro del sinclinorio a que pertenece la región se dice que está formado casi íntegramente por pizarras silúricas.

siluro *m* Pez de agua dulce semejante a la anguila (*Silurus glanis*). *Tb se da éste o a otras especies de la misma familia*. | *Ya* 2.9.83, 4: Lubos Mudroch, de quince años de edad, tuvo la suerte de pescar un siluro de 92 kilos de peso. J. A. Donaire *Abc* 1.9.84, 54: Pertenece [el pez-gato] a la familia de los siluros.

silva[1] *f* (*TLit*) Combinación de versos endecasílabos y heptasílabos que riman y se alternan a gusto del poeta. | Quilis *Métrica* 164: A pesar de que la silva es un poema no estrófico, sin embargo, los poetas suelen dividirlo en formas paraestróficas.

silva[2] *f* (*reg*) Zarza. | A. Assía *Ya* 24.7.75, 14: Si usted la deja [la tierra gallega] a su albedrío, el tojo, las silvas, los helechos, los sauces bravos y los bravos pinos están aguardando solo a que se descuide usted para montarle a usted una selva que ríase usted de la del Brasil.

silvanita *f* (*Mineral*) Mineral constituido por la combinación de teluro con oro o plata. | S. Prieto *Ya* 8.12.70, 19: Los aparatos .. funcionan con temperaturas de hasta 150 grados centígrados y hasta llegan a resistir los 280 grados centígrados si van revestidos de fibras de vidrio y siliconas, lo que hace que sean aptos incluso para el desempolvado de los gases de cubilotes de arrabio, plomo, cinc; y en la trituración de arcilla, .. silvanita.

silvano *m* (*Mitol clás*) Semidiós de los bosques. | Carnicer *Cabrera* 73: El furor impúdico de la trompeta entra por el balcón, y a su compás, como silvanos inexpertos, se mueven los bultos de los danzantes.

silvestre *adj* **1** [Planta] que se cría espontáneamente en el campo. | Ferres-LSalinas *Hurdes* 30: Vuelven al poco con un manojo de cebollas silvestres, de las que crecen entre los pedruscos de la orilla.
2 [Cosa] no cultivada. | Bustinza-Mascaró *Ciencias* 156: San Juan Bautista se alimentó en el desierto de langostas y miel silvestre. Pemán *Abc* 19.9.64, 3: La salita de espera brota .. de un modo silvestre, como las fresas en el bosque.

siluetear – simbióticamente

3 [Animal] no domesticado, gralm. no feroz. *A veces usado como especificador*. | Ybarra-Cabetas *Ciencias* 383: El gallo común, derivado probablemente del gallo rojo silvestre de la India, es una de las primeras aves domesticadas. Ybarra-Cabetas *Ciencias* 380: Todas las razas de palomas que se conocen, que son muchísimas, derivan de tres tipos específicos: la paloma zurita, la paloma silvestre y la paloma torcaz.

silvestrino -na *adj* De la rama de San Silvestre de la orden benedictina. *Tb n, referido a pers*. | *VNu* 5.8.72, 13: La investigación .. se ha resuelto con la destitución no solo de Dom Franzoni, sino de todo el cuadro dirigente de la orden benedictina de Monte Casino, y la sustitución provisional de estos por unos padres silvestrinos (otra rama de los benedictinos).

silvicultor -ra *m y f* Pers. que se dedica a la silvicultura. | Santamaría *Paisajes* 61: La depreciación de resinas y maderas quita estímulos al silvicultor y al trabajador del monte.

silvicultura *f* Cultivo y explotación de los árboles forestales. | *Navarra* 57: Agricultura, silvicultura, caza y pesca.

silvina *f* (*Mineral*) Mineral constituido por cloruro de potasio, de caracteres análogos a los de la sal común, con la que suele presentarse asociada. | Bustinza-Mascaró *Ciencias* 319: Otras veces el mineral se ha formado por cristalización de una disolución acuosa .. Así se han formado depósitos salinos, como los de sal gema, yeso, silvina y otras sales potásicas.

silvinita *f* (*Mineral*) Mineral constituido por una mezcla de cloruro de potasio y de cloruro de sodio, y utilizado como abono. | *Navarra* 144: La empresa Potasas de Navarra ha llevado a cabo importantes instalaciones de gran interés nacional, con probabilidades de captación de grandes cantidades de silvinita.

sima[1] *f* Cavidad muy profunda del terreno. *Tb fig*. | Cendrero *Cantabria* 215: Existen extensas áreas de lapiaz, de carácter semidesértico, y gran cantidad de simas, cuevas y otros conductos subterráneos. DPlaja *El español* 151: Cuando la víctima llega a su destino, los acosadores se quedan mirándose entre ellos como si se hubiera abierto de pronto una sima a sus pies. CBonald *Ágata* 119: Soy el Emisario, ¿no se acuerda de mí?, insistió el Emisario, y, en oyéndolo, atisbó ella por detrás de la fonética de ese solo nombre una superposición de imágenes no discernibles pero empezando a estarlo en alguna recóndita sima del recuerdo.

sima[2] *m* (*Geol*) Capa de la corteza terrestre inmediatamente inferior al sial, en la que predominan la sílice y el magnesio. | Ybarra-Cabetas *Ciencias* 151: En el sima, la roca fundamental es el olivino, combinación del silicio con el magnesio.

simarubácea *adj* (*Bot*) [Planta] dicotiledónea leñosa tropical, de hojas compuestas, flores unisexuales en racimos y fruto en drupa. *Frec como n f en pl, designando este taxón botánico*. | GCabezón *Orotava* 58: Árbol del cielo, *Ailanthus altissima* .., Simarubácea, China.

simbionte *m* (*Biol*) Ser que vive en simbiosis. | Alvarado *Anatomía* 152: Bacterias simbióticas. Son bacterias que viven asociadas a vegetales o animales, con beneficio recíproco para los dos asociados, que reciben el nombre de simbiontes.

simbiosis *f* (*Biol*) Asociación de individuos de diferente especie con beneficio mutuo. *Tb fig, fuera del ámbito técn*. | Navarro *Biología* 277: Los protozoos y bacterias que viven mediante esta simbiosis se albergan en dependencias del tubo digestivo denominadas cámaras de fermentación. J. CAlberich *Mun* 23.5.70, 38: Entre los tres estados [Vietnam, Camboya y Laos] existe una simbiosis político-militar, una interrelación, que reclama soluciones de conjunto.

simbióticamente *adv* (*Biol*) De manera simbiótica. *Tb fig*. | Ybarra-Cabetas *Ciencias* 247: Ciertos ascomicetos .. se asocian simbióticamente con ciertas algas clorofíceas o con cianofíceas, constituyendo los seres denominados líquenes. *Mad* 10.9.70, 10: Los estudios de la información .. se nutrirán del acervo cultural del "alma máter", y simbióticamente aquella se enriquecerá con la inquietud ideológica y cultural de los periodistas.

simbiótico – simiescamente

simbiótico -ca *adj* (*Biol*) **1** De (la) simbiosis. | Bustinza-Mascaró *Ciencias* 253: Son ejemplo de asociación simbiótica los líquenes. Alvarado *Botánica* 55: Algunas [bacterias] hacen vida simbiótica y otras son autótrofas.
2 [Ser] que vive en simbiosis. | Navarro *Biología* 236: La mayoría de las bacterias son heterótrofas, pudiendo ser parásitas, simbióticas y saprofitas.

simbólicamente *adv* De manera simbólica. | Correa-Lázaro *Lengua 3º* 96: El buitre de que nos habla Unamuno alude simbólicamente a la angustia que corroe su alma.

simbólico -ca *adj* **1** De(l) símbolo. | Pinillos *Mente* 140: Su lenguaje [de los sueños] es simbólico. Mingarro *Física* 159: ¿Por qué es preferible el cálculo simbólico al cálculo gráfico?
2 [Pers. o cosa] que sirve de símbolo. | Alfonso *España* 54: El Quijote fue un libro tan realista como simbólico y profético.

simbolismo *m* **1** Condición de simbólico. | Ribera *SSanta* 94: La liturgia reunió en torno de él ritos y oraciones que le dan singular solemnidad y simbolismo.
2 Sistema o conjunto de símbolos. | Huarte *Diccionarios* 42: Mucho de este simbolismo no es exclusivo de las obras de referencia, sino que estas lo toman de los respectivos tratados científicos: el matraz, la balanza .. sugieran la Química, el Derecho.
3 (*TLit y Arte*) Movimiento, esp. poético, surgido en Francia a finales del s. XIX y caracterizado por el uso simbólico de imágenes y por la sugerencia. | DPlaja *Literatura* 457: El simbolismo se proponía: a) Crear una poesía de sentido impreciso y musical. b) Buscar la belleza de lo misterioso. Tejedor *Arte* 227: La pintura también sigue los más diferentes rumbos: el estructuralismo ..; el simbolismo.

simbolista *adj* **1** De(l) símbolo. | Tejedor *Arte* 18: La escultura, simbolista, cultivó especialmente el bajorrelieve.
2 (*TLit y Arte*) De(l) simbolismo [3]. | DPlaja *Literatura* 457: La escuela simbolista. Baudelaire. M. D. Asís *Rev* 5.68, 6: En *Cabeza de Oro*, Claudel comienza a convertir en mística cristiana la mística simbolista. **b)** Adepto al simbolismo. *Tb n.* | DPlaja *Literatura* 459: En vez de la fría objetividad plástica prefieren los simbolistas un subjetivismo vago y musical.

simbolización *f* Acción de simbolizar. *Tb su efecto*. | Rábade-Benavente *Filosofía* 144: Estos conectores se simbolizan también mediante signos .. (Hay distintos sistemas de notación o simbolización.)

simbolizador -ra *adj* Que simboliza. | E. Borrás *HLM* 5.10.70, 17: Hay que .. suponer una pronta y reparadora revalorización de la obra cumbre de aquel artista, cual es la techumbre, profusamente decorada y simbolizadora cuanto hoy averiada, del inveterado Paraninfo.

simbolizante *adj* Que simboliza. | Ridruejo *Memorias* 34: Ese sentido romántico –que en Baroja convive con un observador realista– en Ros tiene que convivir con un vanguardista metafórico y simbolizante.

simbolizar *tr* **1** Ser [una cosa] símbolo [de otra (*cd*)]. | Correa-Lázaro *Lengua 3º* 96: Los escritores, muchas veces, hablan de un objeto muy concreto, pero que, en su mente, simboliza otra cosa, alude a otra realidad más profunda.
2 Representar [algo (*cd*) mediante un símbolo (*compl adv*)]. | Rábade-Benavente *Filosofía* 142: Podemos simbolizar las proposiciones con las últimas letras del alfabeto.

símbolo *m* Cosa o pers. que representa a otra de manera convencional o arbitraria, a veces basada en una relación de analogía. *Frec con un compl de posesión*. | Marcos-Martínez *Aritmética* 18: Para escribir un número se escriben, yendo de izquierda a derecha, los símbolos que representan las unidades de los diferentes órdenes. RPeña *Literatura* 402: Doña Rosita es como el símbolo de lo femenino en la vida provinciana de fin de siglo. Vesga-Fernández *Jesucristo* 9: San Mateo .. Su símbolo es un hombre con alas, porque empieza hablando del origen de Jesucristo como hombre. **b)** (*TLit*) Asociación subliminal de las palabras para producir emociones conscientes. | * El uso de símbolos no es exclusivo del simbolismo. **c)** (*Quím*) Letra o letras con que se representa un cuerpo simple. | Marcos-Martínez *Física* 216: El símbolo del carbón (en Química llamado carbono) es C. **d)** (*Mat*) Letra u otro signo con que se representan cantidades conocidas o desconocidas, unidades de medida u operaciones que se han de realizar. | Mingarro *Física* 160: ¿Qué significado físico puede darse a la operación de multiplicar por el símbolo *j* a una f.e.m.? **e) ~ de la fe, de los Apóstoles**, o **de Nicea.** (*Rel catól*) Credo. | Vesga-Fernández *Jesucristo* 70: Le sigue el sermón u homilía, y a esta el Credo o símbolo de Nicea, con el cual confesamos las verdades de fe contenidas en el Evangelio.

simbología *f* **1** Estudio de los símbolos. | *Inf* 1.3.72, 20: –¿Qué temas o asignaturas se estudian en la Escuela? –Se estudian orígenes de la nobleza, .. legislación nobiliaria, simbología, iconografía, sigilografía.
2 Sistema o conjunto de símbolos. | Pinillos *Mente* 140: Su lenguaje [de los sueños] es simbólico; nada es en ellos lo que aparenta ser, pero todos tienen un sentido cuya clave está en la simbología onírica. L. LSancho *Abc* 16.4.75, 79: El espectador ya se ha habituado a los síntomas de posesión diabólica según el cine, vómitos verdes, levitación, voz de hombre en la endemoniada, telekinesia, o sea, movimiento de objetos inanimados, y demás simbología medieval.

simetría *f* Correspondencia de dimensiones, forma y posición, respecto a un punto, una línea o un plano, de los elementos de un conjunto, o de dos o más conjuntos entre sí. *Tb fig.* | Bustinza-Mascaró *Ciencias* 105: Cuando presentan simetría con relación a un eje, alrededor del cual parecen estar colocadas las partes del cuerpo, se dice que poseen simetría radiada. Calera *Postres* 27: Hágase .. el decorado, procurando colocar las frutas con simetría. Academia *Esbozo* 109: La simetría sintáctica exige, dentro de cada enumeración, una sola categoría.

simétricamente *adv* De manera simétrica. | Bustinza-Mascaró *Ciencias* 106: Las simetrías radiada y bilateral son externas, pero ciertos órganos interiores están dispuestos también, en algunos animales, simétricamente.

simétrico -ca *adj* Que tiene simetría. | Laforet *Mujer* 139: Cerca de su casa se levantaba .. un edificio feo, con ventanas simétricas. Academia *Esbozo* 109: La enumeración consiste en una serie de unidades melódicas secundarias, sintáctica y tónicamente simétricas.

símido -da *adj* (*Zool*) Póngido. *Frec como n m en pl, designando este taxón zoológico*. | Pinillos *Mente* 23: Entre nuestra especie y la familia símida existen .. eslabones intermedios. Pinillos *Mente* 23: La capacidad craneal de los símidos –los antropoides más semejantes a nosotros– se halla estabilizada desde hace cuarenta millones de años.

simiente I *f* **1** Semilla, *esp* [1]. | Bernard *Verduras* 79: Se lavan los pimientos y se les corta la parte de la cola, quitándoles las simientes. A. Garrido *SAbc* 2.3.80, 28: La peña "La Seda" asumió, como algo propio, la tradicional bendición de la simiente del gusano de la seda.
2 Reproducción o procreación. *Referido a animales o plantas. Gralm en la constr* DE, *o* PARA, ~. | Berenguer *Mundo* 105: Fue entonces cuando vi por primera vez un muflón, aunque nadie lo tiró porque querían guardarlos para simiente.
II *loc v* **3 quedar para ~ de rábanos.** (*col, humoríst*) Sobrevivir o no morir. *Se usa, frec en forma negativa, para ponderar lo inevitable de la muerte*. | MGaite *Nubosidad* 352: Si es que todos acabamos igual, es tontería andar pensando lo contrario, ilusionándose con la idea de que a lo mejor va a constituir uno la excepción y quedarse aquí para simiente de rábanos.
III *loc adv* **4 para ~ de rábanos.** (*col, humoríst*) Para no ser útil en ningún momento. *Con vs como* DEJAR, GUARDAR *o* QUEDAR. | * ¿Para qué guardas el abrigo nuevo, para simiente de rábanos?

simienza *f* (*reg*) Acción de sembrar. *Tb su efecto*. | R. Rubio *Hoy* 22.11.70, 3: Era el tiempo blando y suave, sin calor .. Un tiempo de sementera, o de "simienza", como decían –y supongo seguirán diciendo– los labradores de la Mancha albaceteña.

simiescamente *adv* De manera simiesca. | Marsé *Montse* 275: Gastándose a sí mismo la insólita broma de hacerse llamar por su nombre y apellido en los salones de un lujoso hotel para oír durante un rato con la imaginación, agazapado simiescamente en la cabina .., su nombre públicamente cantado por un impecable mozo. F. González *Sáb* 11.1.75, 47: Una toma de conciencia por parte de la burguesía urbana .. de que es más importante compenetrarse con el medio que la rodea que imitar simiescamente actitudes centralistas que corresponden a otros cuadros "socio--económicos".

simiesco -ca *adj* **1** De(l) simio. I Laiglesia *Ombligos* 224: Esa gentuza adoraba a un tarugo de madera tallado en forma simiesca, que llamaban "Maguala".
2 Semejante al simio. I Pinillos *Mente* 23: Los restos de australopitecos, plesiantropos y parantropos .. pertenecen a unos animales simiescos más cercanos al hombre que los simios actuales.

simil- *r pref* Imitación [del material que se expresa]. I *Por ej: SInf* 19.11.75, 4: Renault 4 TL .. Asientos tapizados en tela transpirable y lavable con guarnecido lateral y posterior de simil-cuero. [*En el texto, sin guión.*] GTelefónica *N.* 413: Milcan, S.A. Fabricación e impresión de envases plásticos. Especialización en similglass. *SInf* 27.11.75, 6: Novedad .. *La pedagogía*, por Enri Cormary y otros. Encuadernado en símil-piel. Torrente *Pascua* 336: Encima de la mesa de noche, enmarcada en simil-plata, doña Lucía recogía sus ojos grandes y sonreía con pudor.

símil *m* **1** (*lit*) Expresión en la que se comparan dos perss. o cosas con el fin de dar una idea más viva de la enunciada en primer lugar. I López-Pedrosa *Lengua* 51: Si afirmamos que una cosa (A) es parecida a otra (B) hacemos un símil o comparación. Marcos-Martínez *Física* 193: Carga o masa eléctrica, Q, es la cantidad de electricidad que pasa por el hilo conductor. Se puede equiparar a la cantidad de agua que pasa por un tubo de conducción, en el símil hidráulico establecido en el número 261.
2 (*raro*) Figura que es reproducción o imitación de un original. I Cunqueiro *Un hombre* 91: Fabricó en madera siete caballos, a los que cubrió con pieles diferentes, .. y eran los símiles de tamaño natural.

similar I *adj* **1** Semejante (igual en algunos aspectos o partes). I Bueno *Tri* 26.12.70, 12: Impresiona la pobreza conceptual del equipo comparada, por ejemplo, con el nivel de quienes, como Badiou, en Francia, han planteado problemas similares.
II *m pl* **2** Perss. o cosas semejantes a las que acaban de enunciarse. *Sin art.* I *Bal* 21.3.70, 25: Venta de alfombras, tapicería, decoración, muebles de lujo y similares.

similarmente *adv* De manera similar. I R. RSastre *Mun* 28.11.70, 47: Hay tendencia a concentración en la periferia y en los tres centros nodales internos (Madrid, Valladolid y Zaragoza) similarmente a la distribución de la renta provincial.

similicadencia *f* (*TLit*) Figura retórica consistente en terminar dos o más cláusulas o miembros del período con palabras de sonido semejante, esp. por estar usadas en los mismos accidentes gramaticales. I López-Pedrosa *Lengua* 49: Similicadencia: concluir frases con palabras en los mismos accidentes gramaticales.

similitud *f* (*lit*) Semejanza. I GPavón *Hermanas* 34: Solo se fijaba en las personas mayores para buscarles en el gesto, pelo, ademanes y renuncios, similitudes con su otoño propio.

similor I *m* **1** Aleación de latón y cinc con la que se imita el oro. I Alcolea *Artes decorat*. 230: En el campo de las aleaciones se usaron el similor, aleación de cobre y zinc, que se inventó en 1729; el metal de la Reina ..; el oro de Mannheim.
II *loc adj* **2 de ~.** Falso o que solo tiene apariencia. I L. LSancho *Abc* 26.12.74, 27: Las falsificaciones, las mixtificaciones, los cantantes de un día, los políticos de un cargo, las glorias de similor, se fabrican en la facilidad y en la alegría de las falsificaciones. **b)** Falso o de imitación. I B. Matamoro *Gal* 11.88, 51: Hay una piedra de toque en este campo, que es la imitación, la pieza de similor, la copia o plagio. Tal vez un vaso egipcio "hecho" hoy resulte mejor, como vaso y como egipcio, que otro, de época.

simio -mia *adj* (*Zool*) [Primate] antropoide. *Frec como n m en pl, designando este taxón zoológico.* I Ybarra-Cabetas *Ciencias* 393: En la actualidad, .. los primates quedan reducidos a los prosimios o lemures y los simios o monos, dejando aparte el hombre. **b)** De (los) simios. I Cunqueiro *Des* 12.9.70, 27: Dicha .. planta [la "planta bebé"] procede de Sumatra, y se caracteriza por sus anhelos de ternura maternal y su capacidad de transformarse en lactante, ya de la especie humana, ya de las diversas simias y felinas.

simón *m* Coche de caballos, de alquiler. I *Alc* 31.10.62, 1: Las calles, hechas un día para simones y manuelas, contienen hoy un millón de vehículos de todas clases. J. M. Moreiro *SAbc* 13.9.70, 43: Málaga da la bienvenida con el cascabeleo de los cien simones que cruzan, al trote, la grata penumbra del Parque.

simonía *f* (*Rel crist*) Compraventa de cosas espirituales o de cargos eclesiásticos. I Villapún *Moral* 112: Tuvo origen la simonía en Simón Mago, en el siglo I, que quiso comprar a los Apóstoles el poder de hacer milagros. Arenaza-Gastaminza *Historia* 99: Este pecado de comprar y vender cargos eclesiásticos se llamó simonía y era uno de los graves abusos de la época feudal.

simoniaco -ca (*tb* **simoníaco**) *adj* Que comete simonía. I Arenaza-Gastaminza *Historia* 99: Al ser amonestado por el Papa, Enrique IV reunió en Worms a los Obispos simoníacos. *Sáb* 6.8.75, 34: La acusación de capitalista, incluso simoníaca, a la Iglesia no tiene ninguna originalidad, acaso porque resulte demasiado remoto, demasiado connatural su origen.

simoun (*fr; pronunc corriente, /simún/*) *m* Simún. I Ybarra-Cabetas *Ciencias* 91: Vientos variables ..: el solano, de nuestras costas levantinas; el simoun, del Norte de África, etc. Oliver *Relatos* 46: Eran ciertas tus visiones febriles del desierto .. y las galopadas por las llanuras infinitas de arenas doradas que eran muerte terrible para el atrevido jinete que desafiara al temible simoun.

simpar *adj* (*raro*) Sin par (→ PAR). I Alarcos *Abc* 1.12.87, 3: Él, con modestia simpar, se consideraba solo humilde neogramático. FSantos *Cabrera* 161: Solo renace la alegría cuando, valiente y decidida, mostrando al sol lo que el Señor le concedió .., aparece la simpar Jacquetta.

simpatía *f* **1** Inclinación afectiva favorable y gralm. espontánea [hacia alguien o algo]. I Arce *Testamento* 22: Enzo me miró no sin cierta simpatía. *Mad* 3.1.70, 4: Estados Unidos, con simpatías indudables hacia la comunidad biafreña, no ha intervenido para nada en aquella guerra.
2 Cualidad de simpático [1]. I J. Carabias *Ya* 9.6.73, 8: La explicación no está tanto en la popularidad y en la juventud del singular personaje femenino como en su sencillez, su simpatía y hasta –¡sé bien que esto parecerá extraño!– su modestia.
3 (*lit*) Participación en los sentimientos, esp. en el dolor de otro. I MGaite *Cuento* 315: La misma dificultad para sentir "simpatía" por los demás, para "padecer con" que posiblemente los aqueje en la vida, se les nota en su ignorancia del interlocutor.
4 (*Med*) Relación de actividad fisiológica y patológica entre algunos órganos o sujetos que no tienen entre sí conexión directa. I * Si tienes conjuntivitis en un ojo, es fácil que el otro se te ponga mal por simpatía. * El bostezo es uno de los actos que se repiten por simpatía.
5 (*Fís*) Relación entre dos cuerpos o sistemas por la que el comportamiento de uno de ellos provoca otro similar en el otro. I *Inf* 3.7.74, 32: Se produjo esta primera explosión en el edificio de nitrocelulosa .. Se cree que por "simpatía" o por efecto de la onda expansiva, estalló a continuación el edificio de "pólvora blanca".

simpáticamente *adv* De manera simpática [1]. I A. Marzal *Cua* 6/7.68, 18: Este es .. el verdadero problema: la dimensión de incertidumbre, la indefinición del poder encerrado en el ataque de unos hombres que se creía simpáticamente inofensivos con sus ideas en cólera.

simpático -ca *adj* **1** Que inspira simpatía [1]. *A veces con intención irónica*. I Olmo *Golfos* 149: Es una mujer gorda, simpática y de buen ver. * Mira qué simpático. ¿Ahora con qué escribo yo, si tú coges mi pluma? **b)** (*col*) Gracioso o que tiene capacidad para divertir o hacer reír. I * Es un tipo simpático; siempre está contando chistes.
2 Que actúa por simpatía [4 y 5]. I R. Cristóbal *SPaís* 23.7.78, 22: El curanderismo más extendido recomienda la ingestión de sangre de animales para combatir ciertas enfer-

simpaticolítico – simplicista

medades, como la anemia. La magia simpática se aplica a la medicina, aconsejando sangre sana para un cuerpo de sangre débil y enferma.

3 [Tinta] que no permite ver lo escrito con ella hasta que se le aplica el reactivo conveniente. | Gironella *Millón* 574: Las tintas simpáticas han pasado de moda. Todo el mundo conoce los reactivos.

4 (*Anat*) [Sistema nervioso] vegetativo. *Tb n m, frec en el sintagma* GRAN ~. | Navarro *Biología* 129: El sistema nervioso neuro-vegetativo, también denominado visceral o simpático, inerva los órganos de la nutrición. *SInf* 2.12.70, 2: Evitaba una intervención en toda regla y permitía, con la mínima abertura de dos centímetros, llegar hasta el simpático y cortar ese ramal con el bisturí eléctrico. Torrente *Saga* 523: La Viuda suspiró, y no era aquel un suspiro de los corrientes ..; era un suspiro con toda seguridad impulsado por una contracción del gran simpático con que aquella mujer expresaba determinadas convicciones vigentes. **b)** Del sistema nervioso simpático. | Navarro *Biología* 130: El sistema nervioso ortosimpático está formado por una cadena de ganglios denominados vertebrales o simpáticos .., de los que nacen los nervios simpáticos.

5 (*Anat*) Ortosimpático. *Tb n m.* | Nolla *Salud* 118: En el sistema nervioso vegetativo hemos de distinguir el simpático y el parasimpático o vago. Entre ambos existe un antagonismo funcional. Vega *Corazón* 71: Estos sistemas adaptativos pueden hoy ser parcialmente manejados con medicaciones psiconeurotrópicas (tranquilizantes o estimulantes) y bloqueadores del simpático y del parasimpático.

simpaticolítico -ca *adj* (*Med*) Que paraliza el sistema simpático [4]. *Tb n m, referido a medicamento.* | MNiclos *Toxicología* 81: Todo el cuadro corresponde a los efectos simpaticolíticos de este veneno. MNiclos *Toxicología* 89: Teniendo en cuenta los efectos simpaticomiméticos de esta sustancia, se administrarán simpaticolíticos.

simpaticomimético -ca *adj* (*Med*) Que tiene efectos análogos a los de la estimulación de las fibras adrenérgicas del simpático [4]. | Mascaró *Médico* 66: Contra los fenómenos alérgicos inmediatos, podemos recurrir a medios eficaces, como la administración de medicamentos antihistamínicos y simpaticomiméticos (adrenalina, efedrina).

simpaticón -na *adj* (*col*) [Pers.] capaz de inspirar fácilmente una simpatía [1] superficial. *Frec con intención desp.* | MSantos *Tiempo* 25: Nos gana a nosotras dos en ese carácter femenino que le ha transmitido el perdis y simpaticón de su afeminado padre.

simpaticote -ta *adj* (*col*) Simpaticón. | Laiglesia *Ombligos* 117: Al frente de la agregaduría militar estaba el coronel Tormo, solterón simpaticote.

simpaticotónico -ca *adj* (*Med*) Que produce excitación del tono del sistema simpático [4]. *Tb n m, referido a medicamento.* | MNiclos *Toxicología* 16: Encontramos midriasis en los envenenamientos por cocaína .. y en general en todas las sustancias anticolinérgicas ..; igualmente en los simpaticotónicos.

simpaticótropo -pa *adj* (*Med*) Simpaticotónico. | Alvarado *Anatomía* 145: Unas hormonas son simpaticótropas, es decir, excitan los órganos de la misma manera que lo hace el simpático. [*En el texto, sin tilde.*]

simpatina *f* (*Med*) Noradrenalina. | A. Pujol *Caso* 14.11.70, 20: Dejó allí el microbús y se dirigió a un bar, donde ingirió varias tabletas de analgésicos y simpatina.

simpatizante *adj* Que simpatiza [1a] [con alguien o algo, esp. con una ideología o partido (*compl de posesión*)]. *Tb n, referido a pers.* | Aranguren *Marxismo* 139: Marx, desde su punto de vista historicista .., replicó con una *Miseria de la Filosofía*. Popper, muy poco simpatizante del marxismo .., ha contrarreplicado con una *Miseria* (o pobreza) *del Historicismo*.

simpatizar *intr* Sentir simpatía [1] [hacia alguien o algo (*compl* CON)]. | CBaroja *Inquisidor* 42: Simpatizamos con don Alonso, nos molestan las arrogancias de don Diego. **b)** *Con compl de pers, gralm indica que esa simpatía es recíproca. Tb sin compl con suj pl.* | *Gar* 6.10.62, 10: Conoceréis a una persona con la que simpatizaréis mutuamente.

simpecado *m* Insignia con el lema *Sine labe concepta*, que en las procesiones andaluzas encabeza la sección de cofradías de la Virgen. | Grosso *Capirote* 194: Los capirotes se alineaban tras la Cruz de Guía, con sus insignias, sus banderas, sus estandartes y sus simpecados junto a la puerta de salida.

simpétalo -la *adj* (*Bot*) Gamopétalo. *Tb como n f en pl, designando este grupo de plantas.* | Ybarra-Cabetas *Ciencias* 292: Las [familias] que tienen la corola gamopétala se agrupan también con el nombre de Simpétalas.

simple (*superl* SIMPLÍSIMO o, *lit,* SIMPLICÍSIMO) *adj* **1** Formado por un solo elemento. | Amorós-Mayoral *Lengua* 84: Debemos observar que en el indicativo, en general, los tiempos compuestos indican una acción anterior a la expresada por el tiempo simple correspondiente. Legorburu-Barrutia *Ciencias* 11: Los cuerpos compuestos, como el agua, se descomponen en cuerpos simples y se forman a partir de ellos. **b)** (*raro*) [Materia o sustancia] natural no elaborada ni mezclada con otras. *Tb n m.* | Mercader-DOrtiz *HEspaña* 4, 167: Estos aranceles fueron dictados bajo el triple ideal de evitar la exportación de los simples (materias primas actuales) y fomentar la entrada de ellos y la salida de manufacturas. **c)** [Oración] ~ → ORACIÓN.

2 Sencillo o sin complicaciones. | Olmo *Golfos* 81: Yo cuento las cosas porque me han pasado a mí .. O más simple todavía: porque tengo a bien imaginármelas. CPuche *Sabor* 57: Espero .. a que pase la cosa, lo que sea, que a lo mejor no es nada, o puede serlo todo, es decir, el simplicísimo, el complicadísimo, el ignorado y temible final de todo. **b)** *Precediendo al n:* Solo o mero. | Cunqueiro *Un hombre* 14: Lo preguntó .. por simple curiosidad, como si nada le importase. **c)** (*Rel catól*) [Fiesta o rito] de categoría litúrgica normal. | Ribera *Misal* 87: Cinco grados podemos distinguir en los ritos: Doble de primera clase. Doble de segunda clase. Doble mayor. Doble menor. Simple.

3 Tonto o ingenuo. *Tb n, referido a pers.* | Laforet *Mujer* 171: Los simples no comprenden que una persona pueda ser buena y mala a la vez.

4 (*Mat*) [Interés] producido por un capital, sin agregarle los réditos vencidos. | Marcos-Martínez *Aritmética 2º* 112: Los problemas de interés simple son problemas de regla de tres.

5 (*Mat*) [Regla de tres] en la que solo intervienen 4 términos, uno de los cuales es la incógnita. | Marcos-Martínez *Aritmética 2º* 93: La regla de tres simple puede ser: directa o inversa.

simplejo *m* (*desp*) Falso complejo psicológico. *Normalmente siguiendo a* COMPLEJO. | CNavarro *Perros* 119: El médico continuó hablando de sicoanálisis, de complejos y de simplejos.

simplemente *adv* De manera simple [2]. | Arce *Testamento* 18: Me detuve varias veces .. Simplemente para saber lo que ellos me dirían.

símplex *adj* (*Telec*) [Sistema técnico, esp. de comunicación] que puede actuar en ambas direcciones, pero no simultáneamente. | GTelefónica N. 84: A. De-Gaspari, S.A. Ascensores y Montacargas .. Ascensores especiales: Con maniobra registrada selectiva, colectiva y sistema Símplex, Dúplex, etc. [*En el texto,* Simplex, Duplex.]

simpleza *f* **1** Cualidad de simple [3]. | * Esta muchacha es de una simpleza intolerable.

2 Hecho o dicho simple [3]. | Do. Quiroga *SVoz* 8.11.70, 11: Por comparación con nuestro saber actual estos héroes del mar gallego cometen errores y dicen simplezas.

3 Cosa insignificante o de poco valor. | Fraile *Cuentos* 9: Es un muchacho .. agraciado .. por simplezas y cariños que han templado siempre la vida. * Cualquier simpleza te cuesta un ojo de la cara.

simplicidad *f* Cualidad de simple [1 y 2]. | Gambra *Filosofía* 142: El emanatismo es inadmisible porque equivale a suponer que Dios puede multiplicarse y fragmentarse en las distintas almas espirituales, lo que es contrario a la simplicidad divina. *Sáb* 10.9.66, 41: Lo sorprendente de este nuevo método es que es la simplicidad y la facilidad mismas.

simplicísimo → SIMPLE.

simplicista *adj* Que tiende a la simplicidad o ausencia de complicaciones. | F. Alejandro *MHi* 5.64, 41: Creo que los creadores franceses están ciegos al alimentar el

simplificable – simultáneo

nuevo estilo de vestir con sus creaciones simplicistas, fácilmente copiables.

simplificable *adj* Que se puede simplificar. | L. MDomínguez *Inf* 11.5.78, 18: No todo es tan simplificable.

simplificación *f* Acción de simplificar. *Tb su efecto.* | Miret *Tri* 26.12.70, 13: El cardenal primado aceptó esta tendencia sana a la simplificación y naturalidad en las acciones eclesiásticas. Gironza *Matemáticas* 45: Simplificación de fracciones. Lapesa *Comunicación* 213: Esa voluntad fiel a las lenguas clásicas hizo que los grupos consonánticos de *concepto, victoria* .. prevalecieran sobre las simplificaciones *conceto, vitoria* .., abundantes en el lenguaje literario hasta el siglo XVII y defendidas en el XVI por tan buen vocero como Juan de Valdés.

simplificadamente *adv* De manera simplificada. | Cierva *Ya* 19.11.83, 8: Esta es la plenitud del llamado, simplificadamente, poder militar o bien régimen de los generales.

simplificador -ra *adj* Que simplifica. *Tb n, referido a pers.* | R. Conte *SInf* 4.3.71, 2: Como tal hay que aceptarlo [el libro]. Como un testimonio personal, excesivamente generoso en mi opinión, y tal vez obligatoriamente simplificador en aras de su brevedad. E. RGarcía *MHi* 10.60, 12: Los terribles simplificadores querían arreglarlo todo por lo bonito.

simplificar *tr* Hacer [algo] más simple [2a]. | CNavarro *Perros* 190: Procuramos simplificar los trámites. **b)** *(Mat)* Reducir [una fracción, una ecuación o una expresión] a su forma más simple. *Tb abs.* | Gironza *Matemáticas* 45: Simplificar una fracción es transformarla en otra equivalente de términos menores. Mingarro *Física* 117: Igualando, simplificando y despejando I obtendremos: I = E/R + r.

simplificatoriamente *adv (lit, raro)* De manera simplificatoria. | Aranguren *Marxismo* 33: El materialismo práctico .. según el cual –para decirlo un poco simplificatoriamente– el desarrollo, el bienestar disolverán todos los problemas supraestructurales.

simplificatorio -ria *adj (lit, raro)* Simplificador. | Aranguren *Cua* 6/7.68, 17: Sería irresponsable pretender dar una respuesta apresurada y simplificatoria a una puesta en cuestión dentro de la cual habría mucho que distinguir.

simplísimo → SIMPLE.

simplismo *m* Cualidad de simplista. | Reglá *HEspaña* 3, 270: Las tasas a los artículos de primera necesidad .. fueron dictadas por el simplismo mercantilista ante el temor de alzamientos populares. *Các* 26.10.70, 12: Pretender invalidar la unidad sindical, por considerarla culpable de ciertos desarreglos en la vida pública del país, es de un simplismo teórico que nada aporta.

simplista *adj* Que simplifica las cosas considerando solo un aspecto parcial de las mismas. *Gralm con intención peyorativa. Tb n, referido a pers.* | E. Iparraguirre *SAbc* 1.6.69, 24: No quiere ser simplista y se corrige continuamente, templando lo que acaba de decir. Pinillos *Mente* 168: Se clausura pronto el sistema informativo del sujeto, y este emite juicios simplistas rápidamente.

simplistamente *adv* De manera simplista. | Aranguren *Marxismo* 71: Esta concepción .. nos parece muy simplistamente unidireccional, y pensamos que en el movimiento de la historia hay mucha más complicación de lo que juzgó Marx.

simplón -na *adj (col)* Simple [3]. *Tb n, referido a pers. Con intención ponderativa, frec desp.* | Lera *Clarines* 341: Su deseo era salir cuanto antes de entre aquella masa humana, romper el círculo de rostros simplones, pasmados y maliciosos. *Cod* 17.5.64, 7: Ni David Niven ni Leslie Caron logran dar visos de formalidad al pobre y simplón asunto cinematográfico. Espinosa *Escuela* 340: Simplones, fantoches, gansos .. ¡Venid a mí!

simposio *m* Reunión científica, frec. internacional, de un grupo reducido de especialistas para tratar de temas de su competencia. | *Ade* 27.10.70, 4: El Simposio comenzará hoy .. Intervendrá en primer término Francesco Marinelli.

simpósium *(pl normal, ~s) m* Simposio. | *Hoy* 28.7.74, 21: Se celebró un simpósium en el que intervinieron varias personalidades. [*En el texto, sin tilde.*]

simulación *f* Acción de simular. *Tb su efecto.* | Lera *Abc* 22.10.70, sn: Se evitarían las simulaciones de ventas al exterior. **b)** *(Der)* Alteración aparente de la causa, la índole o el objeto verdaderos de un acto o contrato. | *Compil. Cataluña* 790: Se exceptuarán de lo anteriormente dispuesto los casos en que medie confabulación fraudulenta con el adquirente, sin perjuicio, además, de las acciones de simulación que procedan.

simulacro *m* **1** Cosa que es una simulación [de otra]. *A veces sin compl. Frec con intención peyorativa.* | Alfonso *España* 39: A veces se arbitra una fórmula sibilina para crear un simulacro de sueldo.
2 *(lit)* Imagen o representación [de una pers. o cosa]. | Cossío *Montaña* 93: Tendido sobre su sepulcro, reclinado el torso con la ayuda del brazo posado sobre dos almohadas .., aparece el simulacro del Inquisidor don Antonio del Corro.

simuladamente *adv* De manera simulada. | Torrente *Pascua* 378: También la Guardia Civil, sin tercerolas, andaba por allí, simuladamente curiosa.

simulador -ra *adj* Que simula. *Tb n, referido a pers.* | Torrente *Off-side* 528: En la TV comienza un programa selecto para oyentes simuladores de cultura. MSantos *Tiempo* 170: Nuevo serpenteante corredor, ahora subterráneo, con luces de neón simuladoras del día. *Inf* 12.1.78, 31: Detenido un falso policía .. Montado el servicio policial correspondiente, fue aprehendido el simulador. **b)** [Aparato] que permite reproducir artificialmente un fenómeno o un funcionamiento real. *Gralm n m.* | *Voz* 7.11.70, 11: Cada DS-2 es sometido en bancos simuladores a pruebas que difícilmente encontrará después en la muñeca de un hombre de acción. F. Merayo *Ya* 20.4.74, 10: Al lado del simulador aéreo no buscaremos la presencia de motores, alerones, timones, etc., sino que, sencillamente, lo que existe es una calculadora automática.

simular *tr* Fingir (hacer aparecer como cierto o real [algo que no lo es (*cd*)]). | Cela *Judíos* 27: La señora simula hablar como distraída y hace la voz distante y misteriosa.

simultáneamente *adv* De manera simultánea. | Carrero *Pue* 22.12.70, 7: Simultáneamente con este fomento de la campaña antiespañola en el exterior, agentes de la subversión dentro de España han provocado incidentes.

simultanear *tr* Hacer simultáneas [dos o más cosas o una con otra]. | *Tri* 12.12.70, 27: Yo he llegado a trabajar un ratito en una [película] y otro en otra. Por ejemplo, tuve que simultanear "El jardín..." con "¿Por qué pecamos a los cuarenta?". MGaite *Búsqueda* 72: Lo que sí me parece, en cambio, peculiar de nuestro tiempo es que ese fenómeno simultaneo su vigencia con un recrudecimiento exasperado del prurito por comunicarse con los demás.

simultaneidad *f* Cualidad de simultáneo. | MSantos *Tiempo* 123: El criado .. había conseguido, con simultaneidad maravillosa, poner en movimiento un disco .. y ofrecer, con la otra mano, dos vasos largos.

simultaneísmo *m (Arte y TLit)* Representación simultánea en un mismo plano de aspectos de un objeto, que en realidad solo pueden verse sucesivamente. | *MHi* 3.61, 43: Al pintar engloba las visiones dentro de un simultaneísmo que le obliga a dilatar la forma hasta un límite tolerable.

simultáneo -a *adj* [Cosa] que sucede o se realiza al mismo tiempo [que otra *(compl* CON*)*]. *Frec sin compl, esp en pl.* | D. Giménez *Mun* 7.11.70, 21: Cada batería puede disponer de seis misiles en tiro simultáneo. **b)** [Traducción oral] que se hace mientras habla la pers. cuyas palabras se traducen. | Millán *País* 28.10.93, 31: Hay quien escucha la traducción simultánea por unos auriculares. **c)** [Intérprete] que realiza traducción simultánea. | *Abc* 4.10.70, sn: Intérpretes simultáneos (inglés-francés-español), indistintamente). **d)** [Partida de ajedrez] en que un jugador se enfrenta al mismo tiempo a varios adversarios. *Frec n f.* | *DMa* 17.5.89, 9: El día 20 se desarrollará en el Parc de la Mar la IV Diada Escolar d'Escacs, con partidas rápidas, simultáneas, con ordenador. *Abc* 28.5.76, sn: El soviético Anatoli Karpov, campeón del mundo de ajedrez, se encuentra en Barcelona

simún – sincicio

para jugar unas simultáneas y recibir el "Óscar" mundial de ajedrez.

simún *m* Viento abrasador que sopla en los desiertos de África y Arabia. | Zubía *Geografía* 51: Los vientos pueden ser: 1º Constantes .. 2º Periódicos .. 3º Locales .. Ejemplos: El Solano o Levante en España. El Simún del Norte de África, ardiente y transportando arena.

sin *(con pronunc átona) prep* **1** Precede a un sust denotando carencia de lo designado por él. | Tejedor *Arte* 34: La arquitectura usó exclusivamente de la línea recta, sin arcos ni bóvedas. **b)** ~ + *infin* (o ~ + QUE + *subj*) = NO + *ger*. | E. Tijeras *Abc* 14.9.68, 10: Descendí .. para probar el "agua grande" ..; agua dulce del Paraná, del Uruguay y del Atlántico; pero agua dulceamarga, sin ser agua del mar. Academia *Esbozo* 428: Otro ejemplo demostrará cómo en nuestra lengua se cambian con ventaja los posesivos por los personales, sin que se oscurezca la relación de propiedad o pertenencia. **c)** *(lit)* Precedido de NO, equivale a una expresión afirmativa atenuada. | Arce *Testamento* 64: Miró hacia el catre, no sin pereza, añadiendo: –¡Lástima que no pueda hacer lo mismo!
2 No incluyendo o no teniendo en cuenta. | Vilá-Capel *Campo* 72: Las emigraciones exteriores llegaron a absorber en un solo año, y teniendo solo en cuenta la corriente hacia América –de acuerdo con cifras oficiales, sin la emigración clandestina–, 194.800 españoles.

sinaco -ca *adj (reg)* Tonto o bobo. | GPavón *Reinado* 193: Pero tú cállate, sinaco, y espera a ver qué quieren.

sinagoga *f* Edificio consagrado al culto judío. | E. Borrás *HLM* 26.10.70, 16: La Dirección General de Bellas Artes realiza obras que perfilan el rigor espiritualista del arte y la historia toledanos con la instalación del Museo Sefardí en la Sinagoga del Tránsito.

sinagogal *adj* De (la) sinagoga. | J. PCalvo *Sáb* 11.1.75, 38: La diferenciación entre ambas ramas estriba principalmente en la forma de pronunciar el idioma, en el rito sinagogal, en la distinta tradición cultural. Hacia los años cincuenta se produjo en Israel una gran tensión entre los grupos procedentes de ambas culturas.

sinaítico -ca *adj* Del monte Sinaí (Egipto), donde, según la Biblia, Dios habló a Moisés. *Frec (lit)* aludiendo al poder y la severidad divinos. | Humberto *Sáb* 1.3.75, 38: El pío autor de la ordenanza confunde el pecado mortal con la falta disciplinaria muy grave, y su propio papel, con el del Dios Omnipotente y sinaítico.

sinalagmático -ca *adj (Der)* Que comporta obligación recíproca entre las partes. | *Abc* 3.5.58, 17: Son los años de encarcelamientos, .. de los pactos, no sinalagmáticos, a lo Salmerón.

sinalefa *f (Fon y TLit)* Fusión en una sola sílaba de la vocal o vocales finales de una palabra y la vocal o vocales iniciales de la siguiente. | Academia *Esbozo* 97: La sinalefa de cinco vocales es una especie rara. Teóricamente, solo puede estar formada por tres palabras. Blecua *Géneros* 12: Con frecuencia, el poeta no usa la sinalefa si la vocal segunda es tónica.

sinalefar *tr (TLit)* Unir por sinalefa. | Diego *Abc* 20.4.74, sn: El uso del pie quebrado se mantiene hasta en el último verso sinalefado con el agudo anterior.

sinandro -dra *adj (Bot)* [Estambre] soldado por el filamento y la antera. *Tb referido a la planta que tiene este tipo de estambres.* | Ybarra-Cabetas *Ciencias* 270: Los estambres pueden soldarse entre sí; si esta soldadura la hacen a la vez por filamento y antera, se llaman sinandros.

sinántropo *m (Zool)* Gran primate fósil descubierto en China. | Fernández-Llorens *Occidente* 8: El segundo [cráneo] es el de un australopiteco; el tercero, el de un sinántropo.

sinapismo *m* Cataplasma de polvo de mostaza negra. | Torbado *En el día* 82: Durante toda la noche inacabable se afanó don Enedino con sus sinapismos milagrosos, calentados sobre un infiernillo de petróleo, pero el hielo de la muerte había tomado ya posesión definitiva de los pulmones del niño.

sinapizado -da *adj* Que contiene mostaza. *Gralm referido a baño.* | Puericultura 46: Todavía se hacen modificaciones especiales en el baño, como son [sic] el baño sinapizado. Se emplea también el baño salado.

sinapsis *f* **1** *(Anat)* Región de contacto de dos neuronas. *Tb el mismo contacto.* | Navarro *Biología* 119: Se denomina sinapsis al lugar donde el cilindroeje de una neurona entra en conexión con las dendritas de otra. Nolla *Salud* 110: El estímulo nervioso pasa de una neurona a otra a través del contacto (sinapsis) que existe entre las terminaciones del cilindroeje de la una y las dendritas de la otra.
2 *(Biol)* Fenómeno consistente en la unión de los cromosomas por parejas durante la profase. | Ybarra-Cabetas *Ciencias* 223: La maduración de los gametos exige un proceso de reducción cromática que tiene lugar mediante la sinapsis, o sea, la fusión de cada dos cromosomas en uno solo.

sináptico -ca *adj (E)* De (la) sinapsis. | Rábade-Benavente *Filosofía* 40: Estas sinapsis o contactos neuronales no son, sin embargo, uniones efectivas: entre las dendritas y las vesículas sinápticas existe una separación. Ybarra-Cabetas *Ciencias* 210: La fase culminante reductora o sináptica no puede faltar en ninguno de ellos.

sinarquía *f (Pol)* Gobierno de varias perss. o grupos a la vez. *Frec fig, con intención peyorativa, referido a los grupos de presión.* | A. Triviño *HLM* 17.6.74, 2: ¿Cómo calificar las alabanzas al nuevo régimen entronizado en el país vecino por acuerdo unánime de la Sinarquía y de la Asociación Masónica Internacional?

sinartrosis *f (Anat)* Articulación fija de dos huesos. | Nolla *Salud* 103: Los huesos unidos por la sinartrosis son completamente inmóviles. Mediante este tipo de unión se juntan los huesos de la cavidad craneana.

sinaxis *f (Rel crist)* Misa de los catecúmenos. | Ribera *SSanta* 70: Es la antigua sinaxis o Misa de los catecúmenos.

sincategoremático -ca *adj (Filos)* [Término] que solo cobra sentido en virtud de su inserción en un enunciado. | Mercader-DOrtiz *HEspaña* 4, 73: En el siglo XVIII se seguía disertando aún sobre los términos categoremáticos y sincategoremáticos.

sinceración *f* Acción de sincerarse. | *VNu* 18.12.71, 30: En estas cartas ustedes y yo asistimos entre perplejos, asombrados y admirados a la sinceración de los niños con Dios, al que cuentan sus penas y alegrías y hasta sus "terribles pecados".

sinceramente *adv* De manera sincera. *A veces con intención ponderativa.* | Laforet *Mujer* 171: –El pobre está desesperado –pensó luego, más sinceramente–. No debe de tener noticias de Paulina. Salom *Culpables* 64: Es un motivo. El otro, sinceramente, no lo sé.

sincerarse *intr pr* Hablar con sinceridad [con alguien], esp. descubriendo algo que se mantenía oculto. | Salom *Culpables* 68: No, no le ha matado, la creo. Pero me oculta algo importante .. ¿Por qué no se sincera conmigo? Laiglesia *Ombligos* 65: –Dejando aparte estas consideraciones de orden profesional –se sinceró uno de los promovidos con Juan–, lo verdaderamente bueno de París es que ¡hay cada chavala!...

sinceridad *f* Cualidad de sincero. | Olmo *Golfos* 157: Los ojos de mi madre son honrados y miran con una gran sinceridad.

sincero -ra *adj* **1** [Pers.] que dice lo que piensa o siente. | V. Verdú *Cua* 8.73, 41: En lo que lo pasamos regular, si te voy a ser sincero, es con los singles de la Copa Davis. **b)** Propio de la pers. sincera. | MGaite *Nubosidad* 349: Jamás me ha dado nadie tan buena conversación, con aquella voz dulce, persuasiva y sincera que te llegaba directamente al alma.
2 Auténtico o no fingido. *Dicho de pers, siempre acompañando a un adj o n calificador, y referido a él.* | A. Piedra *Nor* 22.6.74, 12: Llegó el Plan; con una maravillosa planificación y con un deseo sincero de potenciar la agricultura en Tierra de Campos. CBaroja *Inquisidor* 15: Desde el siglo XVI encontramos no solo detractores sistemáticos de aquel tribunal ajenos a la fe, sino también católicos sinceros.

sincicio *m (Biol)* Sincitio. | Ybarra-Cabetas *Ciencias* 192: Las asociaciones pluricelulares pueden tener lugar mediante una fusión íntima de las masas plasmáticas, sin que afecte a los núcleos, en cuyo caso se denominan sincicios.

sincio *m* (*reg*) Deseo apremiante [de algo, que gralm. constituye un vicio]. | Aldecoa *Gran Sol* 37: El sincio de la marinería santanderina .. precisa el apetito desazonante de los vicios pequeños. SFerlosio *SPaís* 3.2.85, 15: Me entró el sincio de echar un cigarrito.

sincitio *m* (*Biol*) **1** Célula simple o masa protoplasmática con muchos núcleos. | * El sincitio se denomina también plasmodio.
2 Tejido compuesto de células epiteliales que forma la capa externa fetal de la placenta. | J. Botella *SAbc* 4.1.70, 32: En la mujer embarazada, cuando un hematíe llega a los senos venosos placentarios, se encuentra que estos no están tapizados por células de su propio organismo, sino por células fetales; las células del sincitio, ajenas al organismo de la madre, embriológica y humoralmente.

sinclinal *adj* (*Geol*) [Pliegue] que tiene forma de V. *Gralm n m.* | Bustinza-Mascaró *Ciencias* 375: Cuando sus flancos convergen hacia arriba, el pliegue es anticlinal; en caso contrario, se llama sinclinal. Cendrero *Cantabria* 129: Destaca .. el conjunto de anticlinales y sinclinales, muy apretados, que se cortan a lo largo de la carretera que sigue el curso del río Nansa.

sinclinorio *m* (*Geol*) Grupo de pliegues más o menos paralelos que en conjunto presentan disposición de sinclinal. | Cendrero *Cantabria* 162: La parte media del valle, entre Tudanca y Puentenansa, está constituida por un gran sinclinorio.

síncopa *f* **1** (*Ling*) Supresión de uno o más sonidos dentro de un vocablo. | * "Probalidad" es una síncopa vulgar por "probabilidad".
2 (*Mús*) Forma rítmica que consiste en desplazar el acento del tiempo fuerte del compás al débil. *Tb en poesía.* | *Cod* 9.2.64, 6: Nos vemos diariamente sobresaltados por aullidos desgarradores y ululantes síncopas de los que se dicen cantantes de la nueva ola.

sincopación *f* (*TLit, raro*) Síncopa [2]. | DPlaja *Abc* 1.9.66, 18: En algún caso, el poeta riza el rizo creando romances monorrítmicos, cuya monotonía salva por medio de esta continua y a veces violenta sincopación, tan lejana del modo tradicional que tiende a albergar una frase o sentencia de cada verso.

sincopado -da *adj* **1** *part* → SINCOPAR.
2 Fragmentario o discontinuo. *Esp referido a la expresión.* | *Abc* 8.9.66, 13: Se construye en realidad un lenguaje sincopado, desprovisto de hondura psicológica. AAzpiri *Abc* 29.6.58, 13: Gaínza .. nos deja perplejos con los setecientos recalcitrantes alemanes que se hicieron prisioneros ..; el modo sincopado de reseñar nos hace bañar en un mar de dudas.
3 (*Mús*) Que se caracteriza por la síncopa [2]. *Tb en poesía.* | Casares *Música* 182: Uso de ritmos sincopados e incesantes; a veces varios ritmos se oyen al mismo tiempo; en general los golpes del ritmo caen, no en lo que para nosotros son tiempos fuertes, sino entre ellos. Es uno de los elementos más importantes de[l] Jazz. Gaos *Antología* 37: La expresión prosaica, con ecos del surrealismo; el verso sincopado, violento; la preocupación religiosa, el pensamiento "existencial" de este libro, marcan un viraje en el rumbo de la poesía española.

sincopal *adj* (*Med*) De(l) síncope. | Mascaró *Médico* 56: Estos datos orientarán mucho al médico en cuanto a la posible causa del estado sincopal.

sincopar *tr* **1** (*Ling*) Reducir [algo] por síncopa [1]. | Academia *Esbozo* 308: Un reducido número de verbos sincopan la *-e-* y la *-i-* de las terminaciones *-er* *-ir* de infinitivo cuando este entra en la formación del futuro y del condicional.
2 Reducir o abreviar. | Salvador *Haragán* 169: Es impresionante querer sincopar en una relación la tarea de la muerte durante diez años.

síncope *m* (*Med*) Parada súbita y momentánea de la acción del corazón, acompañada de suspensión respiratoria y pérdida de conocimiento. | Mascaró *Médico* 55: En el síncope es muy importante tomar el pulso del paciente.

sincorbatismo *m* (*hoy raro*) Tendencia a no usar corbata. | M. G. SEulalia *HLM* 26.10.70, 19: Esto comenzó precisamente en unos años en que parecía ser arrinconada por la potencia del "sincorbatismo", por los jerseys de cuello cisne. [*En el texto,* sin-corbatismo.]

sincorbatista *adj* (*hoy raro*) Partidario del sincorbatismo. *Tb n.* | Carandell *Tri* 10.11.73, 64: El presidente del casino amenazó con dimitir si ganaban los "sincorbatistas". Ganaron los partidarios del "corbatismo" y se prohibió la entrada a los socios que no la llevaran.

sincréticamente *adv* De manera sincrética. | Umbral *Gac* 25.4.76, 29: El llamado "Polideportivo", que se emite los martes por la tarde en la Segunda Cadena, .. pretende abarcar sincréticamente todos los deportes, como su nombre indica.

sincrético -ca *adj* Que engloba un conjunto de elementos, esp. ideas o doctrinas, diferentes. | MPérez *Comunidad* 108: Esos valores, predominantemente cristianos, aunque en determinadas áreas cuenten con esas incrustaciones sincréticas, se configuran en la Cristiandad colonial. L. J. Buil *Ya* 7.5.70, 7: Y si es cierto que estas se limitan a reconocer su licitud, no lo es menos que el fin perseguido es la convivencia pacífica de los españoles al facilitar el hallazgo de soluciones sincréticas.

sincretismo *m* **1** Cualidad de sincrético. | * Esta solución se caracteriza por su sincretismo.
2 Englobamiento de un conjunto de elementos, esp. ideas o doctrinas, diferentes. | Fernández-Llorens *Occidente* 268: En religión y filosofía se produce un cierto sincretismo de las doctrinas de Buda y Confucio. Tejedor *Arte* 20: El arte persa. Es, en verdad, un sincretismo, pues que en su decisiva definición intervinieron elementos del de otros países.
3 (*Ling*) Concentración de dos o más funciones gramaticales en un único morfema. | Academia *Esbozo* 180: Cuando el singular de un nombre polisílabo termina en la consonante *-s*, .. para la formación del plural se emplea la variante cero .. Se produce entonces, por consiguiente, indistinción o sincretismo de singular y plural.

sincretista *adj* De(l) sincretismo. | Arenaza-Gastaminza *Historia* 22: La cultura medo-persa. Es una cultura sincretista. *VNu* 14.10.72, 29: El resto de comunidades protestantes del país mira con preocupación las tendencias sincretistas y el relativismo doctrinal del citado Consejo.

sincretizar *tr* Reunir o englobar [elementos, esp. ideas o doctrinas, diferentes]. | GÁlvarez *Filosofía* 1, 135: La sola denominación de estas diversas escuelas está indicando claramente los variados elementos filosóficos que cada una de ellas sincretiza.

sincro *m* (*Electr*) Aparato que sirve para sincronizar. | *Abc* 21.5.67, 20: Voigtländer .. Flash: Toma para sincro de Flash.

sincronía *f* (*lit*) **1** Cualidad de sincrónico [1]. | Pinillos *Mente* 79: A semejante falta de sincronía evolutiva se debe que nuestras funciones intelectuales sean ejercidas por los estratos más recientes y desarrollados del cerebro, mientras nuestra vida afectiva y nuestros apetitos continúan siendo dominados por un sistema primitivo básicamente reptiliano. Diego *Pap* 1.57, 11: Fernando Villalón perseveró lleno de creciente ilusión poética y literaria .. confiado en sus fuerzas y en su sincronía con el gusto reinante.
2 (*Ling*) Método de estudio sincrónico [2]. | Alarcos *Fonología* 30: La sincronía observa una abstracción: un estado de lengua, donde se elude el hecho de que la realidad del lenguaje es un hacer la lengua.

sincrónicamente *adv* (*lit*) De manera sincrónica. | C. Sentís *Abc* 6.6.58, 23: El discurso pronunciado ayer por De Gaulle en Argel –que aquí la radio y la televisión han reproducido sincrónicamente– d[a] lugar a una amplísima exégesis. Rábade-Benavente *Filosofía* 211: Ni diacrónica ni sincrónicamente, puede entenderse [la familia] de modo unívoco.

sincrónico -ca *adj* **1** (*lit o E*) [Cosa] que sucede o actúa al mismo tiempo [que otra (*compl* CON *o* DE)]. *Frec sin compl, referido a un n en pl.* | * Se trata de sucesos sincrónicos. Mingarro *Física* 67: Si los puntos de oscilación de un péndulo compuesto alrededor de dos ejes cuyo plano contiene el centro de gravedad y no equidistantes de él son igua-

sincronismo – sindicato

les, la distancia entre dichos ejes mide la longitud del péndulo simple sincrónico del dado. Mingarro *Física* 168: Motores sincrónicos: Se fundan en la reversibilidad de los alternadores.

2 (*Ling*) Que tiene por objeto un momento dado de una evolución. | Alarcos *Fonología* 30: La investigación sincrónica es, por necesidad, previa al estudio diacrónico.

sincronismo *m* (*lit o E*) Cualidad de sincrónico [1]. | I. Gomá *HyV* 12.70, 100: Esto se escribió hacia el año nueve ante de nuestra era, o sea (teniendo en cuenta el conocido error cronológico ..) casi en sincronismo con el anuncio a los pastores. Mingarro *Física* 168: No es preciso el sincronismo absoluto exigido en los primeros descritos.

sincronización *f* Acción de sincronizar. *Tb su efecto*. | Huarte *Tipografía* 27: Origen de las erratas .. Defecto de sincronización de movimientos que hace tipiar o componer trocadas las letras de un grupo: "extermo" por "extremo".

sincronizadamente *adv* De manera sincronizada. | *Abc* 30.12.65, 66: Este sistema mixto es uno de los peores, porque suele acontecer que guardias y semáforos no actúan sincronizadamente.

sincronizador -ra *adj* Que sincroniza [1]. *Frec n m, referido a dispositivo.* | Moraza *Ya* 3.1.75, 31: Ahora, mediante los citostáticos llamados sincronizadores, se bloquean los ciclos celulares, para que, cuando cese su acción, todas las células los inicien simultáneamente. R. Escamilla *Sáb* 14.9.74, 55: Y aunque en la actualidad los coches llevan todos sincronizadores en la caja de cambios, conviene hacer el doble embrague al reducir para no castigar demasiado esa transmisión.

sincronizar A *tr* **1** Hacer sincrónicas [dos cosas, o una con otra]. | *ByN* 11.11.67, 4: Los jubilados .. no sincronizan sus pensiones con las mejoras que se conciertan en los convenios colectivos.

B *intr* **2** Ser sincrónicas [dos cosas, o una con otra]. | Mingarro *Física* 68: Se regulan dos péndulos .. Calcular qué diferencia de temperatura habrá que aplicar al más bajo para que sincronicen en las nuevas circunstancias.

síncrono -na *adj* (*lit o E*) Sincrónico [1]. | MSantos *Tiempo* 144: Los cuatro obreros con movimientos síncronos .. cubren el objeto de una capa de tierra.

sincrotrón *m* (*Fís*) Acelerador de partículas en el que el campo magnético se intensifica en función de la energía de estas, de modo que describen una trayectoria circular y no espiral. | M. Calvo *SYa* 19.6.77, 15: Con los aceleradores lineales y los sincrot[r]ones, los potentísimos instrumentos de tiro de la física moderna, los científicos están rastornando la imagen familiar de la constitución del Universo. [*En el texto*, sincrotones.] *Ya* 11.1.89, 20: España sufragará el 4 por 100 del sincrotrón europeo.

sincrotrónico -ca *adj* (*Fís*) De(l) sincrotrón. | *Ya* 11.1.89, 20: España sufragará el 4 por 100 del coste de la instalación europea de radiación sincrotrónica que se construirá en la ciudad francesa de Grenoble.

sindactilia *f* (*Anat y Med*) Hecho de tener los dedos soldados entre sí. | Navarro *Biología* 225: Caracteres dominantes .. Pelo rizado, sobre pelo liso .. Dedos fusionados (sindactilia), sobre dedos normales.

sindáctilo -la *adj* (*Anat y Med*) Que tiene dos o más dedos soldados entre sí. *Tb n: m y f, referido a pers; m, referido a ave.* | Lama *Aves* 33: Así tenemos a los Sindáctilos, de pico largo y ligero, denominados levirrostros, y a los deodáctilos.

sindéresis *f* **1** (*lit*) Capacidad natural para juzgar rectamente. | CBaroja *País* 23.12.77, 7: ¡Pero si los mismos programas de los niños del bachillerato son embrutecedores! Hay que tener una enciclopedia en la cabeza para salir airoso. ¿Y quiénes salen? Monstruos..., pero no gente con sindéresis.

2 (*Filos*) Entre los escolásticos: Facultad o hábito del entendimiento para conocer los primeros y más generales principios de la vida moral. | Valcarce *Moral* 40: El primer momento [del proceso de la conciencia] responde a la sindéresis. Esta función intelectiva tiene por objeto los primeros principios de carácter práctico que se ofrecen en su morali-

dad. Gambra *Filosofía* 200: Los escolásticos distinguían entre la conciencia y un hábito del entendimiento práctico para conocer los primeros y más generales principios de la vida moral .. A este hábito llamaron sindéresis.

sindesmosis *f* (*Med*) Unión ósea por ligamentos o membranas. | V. Verdú *País* 27.9.83, 56: Todos tenemos tobillo izquierdo. Y no un simple bulto por donde discurren los calcetines, sino todo un complejo artilugio con maleolos que acolchan el astrágalo y una cordelería de ligamentos laterales susceptibles, en conjunto, de sindesmosis y fracturas *depuitren* [*sic*].

sindhi (*tb con la grafía* **sindi**) *m* Lengua indoirania hablada en el sur de Pakistán. | Villar *Lenguas* 88: El grupo occidental [de lenguas indias] comprende, en primer término, el lahnda, con más de ocho millones de hablantes, y el sindhi, con cuatro millones. C. Laredo *Abc* 6.2.58, 39: Algunas publicaciones, en lengua urdú, sindi y bengalí, insertan diariamente como noticias, amplias informaciones de la Prensa soviética.

sindicable *adj* Que se puede sindicar, *esp* [1]. | *SPaís* 24.2.91, 1: Un trabajador poco sindicable.

sindicación *f* Acción de sindicar(se), *esp* [1]. | Allende *HLM* 26.10.70, 10: Dentro de la ley y de los reglamentos, los españoles deben disfrutar la libertad en el ejercicio del derecho de sindicación.

sindical *adj* **1** De(l) sindicato [1] o de (los) sindicatos. | *Mad* 10.9.70, 9: Con motivo de las reuniones de cargos sindicales y de trabajo se produjeron algunas concentraciones de trabajadores en las proximidades de la Delegación Sindical.

2 De(l) síndico o de (los) síndicos. | *Ya* 1.12.87, 1: A las diez de la mañana de ayer, la Junta Sindical de la Bolsa de Madrid recibía la OPA del Banco de Bilbao.

sindicalismo *m* **1** Sistema y movimiento sindical [1]. | *Inf* 9.1.70, 2: Declaración oficial de los obispos españoles sobre sindicalismo.

2 Actividad sindical [1]. | A. Rivas *ElM* 3.4.92, 30: Dejando la política a los partidos y el sindicalismo a los sindicatos.

sindicalista I *adj* **1** De(l) sindicalismo. | FMora *Raz* 2/3.84, 326: La primera de ellas [las fuentes intelectuales] es Jorge Sorel, en quien el español había bebido de joven las tesis sindicalistas y el socialismo no marxista.

II *m y f* **2** Pers. perteneciente a un sindicato, *esp*. la que desempeña en él algún papel activo. | L. Contreras *Mun* 23.5.70, 9: Esta exclamación del sindicalista valenciano señor Martínez Estenaga resumió .. el sentir de numerosos procuradores en Cortes. *Ya* 15.2.92, 31: Todas las centrales de clase se manifestaron ayer en la capital de España. 20.000 sindicalistas contra Aranzadi.

sindicalización *f* Acción de sindicalizar(se). | *Ya* 13.11.70, 15: Se estaba discutiendo un punto neurálgico político: la sindicalización o no de los funcionarios públicos.

sindicalizar *tr* Sindicar [1]. | J. R. Cruz *Tri* 12.6.71, 14: Este fue el caso de César Chávez, un peón californiano de origen mejicano, que ya en 1962 comenzó a sindicalizar a sus hermanos chicanos, tradicionalmente explotados por el terrateniente californiano.

sindicalmente *adv* De manera sindical [1]. | *Inf* 11.7.74, 9: Tales cauces solo son viables sobre la base de una sociedad estructurada sindicalmente.

sindicar *tr* **1** Agrupar en sindicato. *Frec el cd es refl.* | Chistera *Cod* 2.2.64, 10: A la hora de sindicarse, hacía falta un genérico para denominar el oficio. **b)** Afiliar a un sindicato. *Frec el cd es refl.* | * Aún no me he sindicado.

2 (*Econ*) Sujetar [una cantidad de dinero, o cierta clase de valores o mercancías] a compromisos especiales para negociarlos o venderlos. | *Ya* 8.2.83, 26: Caja Madrid ha sido la que ha sindicado el crédito más importante, concedido a Seat por importe de 18.000 millones de pesetas. *Abc* 16.6.88, 87: Campsa valora cada acción sindicada propiedad de las refinerías en 1.435 pesetas.

sindicato I *m* **1** Asociación de trabajadores que tiene por objeto la defensa de los intereses económicos y profesionales. *Gralm con un compl especificador. Sin compl, designa esp el sindicato obrero.* | Gambra *Filosofía* 256: Durante esta época fueron renaciendo las asociaciones labo-

rales .. bajo la sombra de los partidos políticos .., y así se formaron sindicatos obreros de ideologías diversas. *Mad* 10.9.70, 9: Se ha celebrado una reunión a la que asistieron el delegado provincial de Trabajo, el delegado provincial de Sindicatos y representaciones del Sindicato de la construcción. **b) ~ vertical** → VERTICAL.
2 (*Econ*) Asociación constituida por bancos u otros organismos financieros, para asegurar la colocación de títulos en el momento de su emisión o para llevar a cabo cualquier acción concertada en el mercado. | *Ya* 9.4.85, 18: El Banco Central ha obtenido la condición de primera entidad española, dadas las especiales condiciones en su reciente emisión de 150 millones de dólares (unos 26.000 millones de pesetas) en "floating rate notes" (activo en divisas a interés flotante), cubiert[a] por un sindicato integrado por 32 bancos.
II *loc adv* **3 por el ~ de las prisas** (o **de la vía rápida**). (*col*) Estando la novia embarazada. *Con el v* CASAR. | FVidal *SYa* 9.7.88, 7: Jorgi, sé de buena tinta que Malena Peñarrubia se casa. Hay quien dice que tiene que hacerlo a la fuerza, es decir, por el sindicato de la vía rápida.

sindicatura *f* Oficio o cargo de síndico [1 y 2]. | *BOE* 12.3.68, 3813: En este Juzgado de mi cargo se tramita el juicio universal de quiebra del comerciante de esta plaza don José Manuel Pozueta Fernández, y en la pieza segunda de Administración de la misma, por providencia de este día y a instancia de la Sindicatura, he acordado sacar a la venta en pública subasta .. las fincas .. siguientes. M. Á. Llinás *Ya* 19.7.84, 9: El presidente Pujol teme que el Ministerio de Administración Territorial recorte las competencias de la sindicatura de Cuentas de Cataluña, según puso de manifiesto ayer en el acto de toma de posesión del síndico mayor.

síndico -ca A *m y f* **1** (*Der*) *En una quiebra o concurso de acreedores:* Pers. encargada de liquidar el activo y el pasivo del deudor. | Ramírez *Derecho* 158: Dos procedimientos casi idénticos [de quiebra], puesto que en ambos se dan las mismas fases: ocupación del patrimonio; nombramiento provisional de un administrador, llamado depositario, luego sustituido por los síndicos, nombrados entre los acreedores por mayoría de votos.
2 Pers. que preside la junta directiva del colegio de agentes de bolsa. | *Ya* 16.2.92, 35: El ex síndico de la Bolsa madrileña ha caído en un error de bulto disimulando los nombres de sus amigos bien colocados (Rubio, Boyer) en el caso de la venta de acciones de Sistemas Financieros.
3 (*hist, hoy reg*) Pers. elegida por una comunidad o corporación, esp. un municipio, para cuidar de sus intereses. | Tejedor *Arte* 111: De la administración municipal se encargaba una asamblea de vecinos –el Concejo ..– y diversos magistrados que, según los lugares, llevaban los nombres de alcaldes, jurados, síndicos, etc. M. Á. Llinás *Ya* 19.7.84, 9: El presidente Pujol teme que el Ministerio de Administración Territorial recorte las competencias de la sindicatura de Cuentas de Cataluña, según puso de manifiesto ayer en el acto de toma de posesión del síndico mayor.
B *m* **4** (*hist*) Encargado de las limosnas de los religiosos mendicantes. | Mercader-DOrtiz *HEspaña* 4, 123: Laicos también, pero relacionados con la Iglesia, eran el bulero o buldero, encargado de la expedición de las bulas; el síndico de los franciscanos, que aposentaba a los religiosos de camino.
C *f* **5** Mujer que en las fiestas de Santa Águeda, de Zamarramala (Segovia), ostenta un cargo representativo y auxilia a la alcaldesa. | Cela *Judíos* 37: Personera, en la fiesta de Santa Águeda, que en algunos pueblos organizan las casadas, mujer que, con la tenienta alcaldesa, la síndica, la regidora y la procuradora, ayuda a la alcaldesa en todos los preparativos.

síndone (*gralm con mayúscula*) *f* (*Rel crist*) Lienzo en que fue envuelto Jesucristo muerto y que lleva impresa la imagen de su cuerpo. | *Pro* 1.12.88, 25: La verdad de la Síndone se encontrará cuando se hayan explicado todos los interrogantes que plantea (el C-14 es uno entre muchos).

sindonología *f* Estudio histórico y científico de la Síndone. | L. G. Cruz *SD16* 7.5.87, I: Incluso ha dado lugar a una especialidad nueva, la "sindonología", derivada del objeto de estudio: la Síndone, o "Santo Sudario de Turín". *Pro* 18.10.88, 30: El Centro Español de Sindonología duda de las pruebas hechas a la Sábana Santa.

sindicatura – sinergia

sindonológico -ca *adj* De la sindonología. | *Pro* 1.12.88, 25: El profesor Rodríguez insistió en que los datos sindonológicos son múltiples.

síndrome *m* (*Med*) Conjunto de síntomas bien definidos y característicos. *Gralm con un compl especificador, frec formando la denominación de distintas enfermedades o alteraciones de carácter físico o psicológico. Tb fig, fuera del ámbito médico.* | Bustinza-Mascaró *Ciencias* 96: Una enfermedad se caracteriza por el síndrome o reunión de síntomas. Gambra *Filosofía* 118: Un vertebrado, cuando recibe un estímulo o agresión inesperado[s] .., responde espontáneamente con una serie de actos y movimientos que, juntos, constituyen un "síndrome de adaptación". Cañadell *Salud* 170: El nombre de síndrome de malabsorción se reserva para una enfermedad crónica caracterizada por deposiciones muy voluminosas, poco formadas y conteniendo mucha grasa. Fe. Villagrán *Ya* 1.5.90, 20: Declara andando continuamente por la sala, en lo que se conoce como "síndrome de Ekbon", como un animal enjaulado. F. ACandela *SAbc* 25.1.70, 20: Pronuncié dos conferencias presentando gran cantidad de sordos recuperados y una enferma con un síndrome de Van-der-Hoeven, recuperada de ambos oídos. **b) ~ de abstinencia.** Conjunto de trastornos que presenta un paciente acostumbrado a una droga cuando se le priva súbitamente de ella. *Gralm referido a drogadicto.* | *Ya* 4.2.87, 52: Al parecer, José María se hallaba bajo el síndrome de abstinencia de drogas en el momento de ser sorprendido por el vigilante del edific[i]o. **c) ~ de Down.** Mongolismo. | Pi. Ortega *Ya* 20.9.90, 41: Con estas técnicas .. se ofrece la posibilidad a las parejas que han tenido algún hijo con síndrome de Down de tener un diagnóstico genético sobre los siguientes embarazos antes del tercer mes de gestación. **d) ~ de Estocolmo.** Reacción favorable hacia los secuestradores que a veces se produce en las víctimas de un secuestro. | *Ya* 22.8.85, 44: En la obra –dice la actriz– se da el llamado "Síndrome de Estocolmo", tan de moda ahora; los atracadores terminan haciéndose amigos míos y de mi nieta en la ficción, Beatriz Bergamín, y acaban jugando una partida de tute con nosotras. **e) ~ de inmunodeficiencia adquirida.** Sida. | *Ya* 19.7.83, 18: Un fármaco que podría ser la solución para el tratamiento del síndrome de inmunodeficiencia adquirida (SIDA) ha sido presentado por un científico austríaco en el congreso mundial "gay" que acaba de celebrarse en Viena. **f) ~ tóxico.** Enfermedad causada por intoxicación de un agente desconocido, gralm. identificado con el aceite de colza. | *País* 14.11.81, 1: Dos personas se encuentran hospitalizadas en Francia aquejadas de una enfermedad cuyos síntomas son muy similares a los que presentan los afectados por el síndrome tóxico, que ha causado casi doscientos muertos en España.

sindrómico -ca *adj* (*Med*) De(l) síndrome. | Vega *Corazón* 57: Por eso Lazarus modifica la clasificación sindrómica inicial de Selye y habla de síndromes de maladaptación.

sinécdoque *f* (*TLit*) Figura consistente en denominar el todo por la parte o la parte por el todo. | Delibes *Año* 56: En diez renglones de "El camino" ha encontrado dilogías, metonimias y sinécdoques para llenar un camión.

sinecura *f* (*lit*) Cargo o empleo provechoso y de poco o ningún trabajo. | CSotelo *Inocente* 88: Ellos [los ministros] prodigan dones, sinecuras y cargos milagrosos.

sine die (*lat; pronunc, /sine-díe/*) *loc adv* Sin fijar día o plazo. *Tb adj.* | I. Careaga *Inf* 23.10.70, 9: Obtienen una separación de hecho "legalizada" al tramitar las medidas de separación provisional ante el juez, sin llegar nunca .. a la finalización del proceso .. ante los Tribunales de la Iglesia, donde los litigantes dejan "dormir" el proceso sine die.

sine qua non (*lat; pronunc, /sine-kua-nón/*) *loc adj* [Condición] imprescindible. | MSantos *Tiempo* 165: Había sido condición sine qua non de la ayuda recibida.

sinéresis *f* (*Fon y TLit*) Reducción a una sola sílaba, dentro de una palabra, de vocales que normalmente se pronuncian separadas. | Lapesa *HLengua* 299: En el siglo XVII abundan los ejemplos de sinéresis en la literatura.

sinergia *f* (*Biol*) Acción conjunta de varios elementos o factores cuyo efecto es superior a la suma de los efectos individuales. *Frec* (*lit*) *fig, fuera del ámbito biológico.* | R.

sinérgico – singladura

Roquer *Van* 30.3.74, 29: Como hemos repetido tantas veces, "todo está en todo" en nuestra dogmática. En sintonía, en sinergia, de teoría y de piedad práctica. Berlanga *Recuentos* 89: Y me cuenta: agenda a tope, efecto multiplicador, sinergia yáma, vamos: que España funciona.

sinérgico -ca *adj* (*Biol*) De (la) sinergia. *Tb* (*lit*) fig. | MNiclos *Toxicología* 85: Por su acción sinérgica, no se darán al paciente ni calcio ni adrenalina. M. Elegido *Inf* 12.2.76, 16: Esta circunstancia .. produjo en mi ánimo una reacción acumulativa, o mejor aún, sinérgica.

sinérgida *adj* (*Bot*) [Célula] de las dos laterales que acompañan a la oosfera en el saco embrionario. *Frec n f*. | Ybarra-Cabetas *Ciencias* 272: Los otros dos [núcleos] –células sinérgidas– son generalmente estériles. Alvarado *Botánica* 42: Cerca del micropilo [del óvulo] hay una gran célula llamada saco embrionario, que a la madurez engendra ..: 1º, un grupo de tres próximo al micropilo, formado por la oosfera, y dos sinérgidas estériles; 2º, otra triada .. formada por las antípodas; 3º, dos núcleos centrales.

sinergismo *m* (*Biol*) Sinergia. | MNiclos *Toxicología* 44: Suministra excelentes resultados la cloropromazina, ya que, como el alcohol actúa sobre las zonas corticales, mientras la cloropromazina lo hace sobre las subcorticales, no existe sinergismo.

sinergista *m* (*Biol*) Agente o elemento que potencia la acción de otro. | M. T. Vázquez *Far* 12.87, 7: Las piretrinas naturales y piretroides de síntesis son los productos con menor toxicidad para el hombre, pues al ser formulados con un sinergista (Butóxido de piperonillo) que potencia la acción insecticida, es posible utilizarlos en concentraciones muy bajas pero eficaces.

sinestesia *f* **1** (*Fisiol o Psicol*) Sensación que se produce en una parte del cuerpo o en un sentido distintos a aquellos que han recibido el estímulo. | Gambra *Filosofía* 107: Sinestesias son los fenómenos de fusión de unas cualidades sensoriales con otras de distinto género (el sonido *sol* se siente como rojo, por ejemplo). Umbral *Ninfas* 126: Cada ciego ve por otro sentido, en pura sinestesia.
2 (*TLit*) Metáfora en que una sensación correspondiente a un sentido se expresa por medio de otra correspondiente a otro. | Bustos *Lengua* 184: Transposiciones sensoriales. Se trata de la semejanza entre sensaciones correspondientes a sentidos distintos, que recibe también el nombre específico de sinestesia. Así, hablamos de *colores cálidos y fríos*.

sinfalangia *f* (*Med*) Malformación consistente en tener las falanges soldadas. | Navarro *Biología* 225: Caracteres dominantes .. Dedos fusionados (sindactilia), sobre dedos normales. Dedos no articulados por tener las falanges fusionadas (sinfalangia), sobre dedos normales.

sínfilo *adj* (*Zool*) [Miriápodo] de pequeñas dimensiones, con el cuerpo dividido en segmentos, doce de los cuales llevan patas, que vive en suelos húmedos, debajo de las piedras. *Frec como n m en pl, designando este taxón zoológico*. | Espinosa *Escuela* 416: Puedo ofreceros tráqueas de miriápodos, .. cutículas de sínfilos.

sinfín *m* **1** Infinidad. *Gralm en la constr* UN ~ DE + *n*. | CNavarro *Perros* 27: Su enterza de carácter le evitaría un sinfín de gastos.
2 Dispositivo dotado de una correa sin fin (→ FIN). | *Nor* 28.9.71, 4: Maquinaria agrícola .. Arrancadoras de patatas y remolacha (Cerezo). Cribadoras cereales, sinfines.

sínfisis *f* (*Anat*) Articulación poco móvil, unida mediante un cartílago fibroso. | Alvarado *Anatomía* 56: En las articulaciones semimóviles (llamadas generalmente sínfisis) los huesos están unidos por un ligamento interóseo.

sinfonía *f* **1** (*Mús*) Composición para orquesta, bastante amplia y que consta de varios movimientos, gralm. uno más o menos rápido seguido de otro lento, de un minueto o un scherzo y de un final. | Casares *Música* 101: Se le considera [a Haydn] como el padre de la Sinfonía porque va a llevar a esta forma a protagonista de la música clásica.
2 (*Mús*) Pieza instrumental de estructura y función similar a la obertura o al preludio. | FReguera-March *Fin* 49: Una vez escuchó la sinfonía de *Fra Diávolo* y le pareció maravillosa.
3 ~ **concertante.** (*Mús*) Concierto para orquesta y varios solistas. | *HLM* 26.10.70, 42: Teatro Real, sábado 31 octubre, 11 noche .. "Pequeña sinfonía concertante para arpa, clave, piano y dos orquestas de cuerda" (Frank Martin).
4 (*lit*) Conjunto de sonidos musicales. *Tb fig*. | Laforet *Mujer* 100: Se oían ranas y grillos. Una sinfonía de verano. **b)** Conjunto de cosas que concurren para producir un efecto armonioso. | Cruz *Burgos* 40: El Rudrón, nacido en los altos del Tozo, lleva su agua pura poblada de truchas y cangrejos; recibe caudales que, a su vez, son sinfonías de agua. Areán *Gal* 11.88, 35: En sus mejores momentos sus pequeños toques vibrantes se yuxtaponían los unos a los otros en una sinfonía de verdes, rojos, blancos, amarillos y azules.

sinfónicamente *adv* En el aspecto sinfónico [2b]. | Sopeña *Abc* 7.9.66, 61: Lo que sinfónicamente puede ser soportable –cierto patetismo–, en el "lied" o en el cuarteto repel[e].

sinfónico -ca *adj* **1** De (la) sinfonía [1] o de (las) sinfonías. | Casares *Música* 101: La sinfonía .. no llega a constituirse perfectamente hasta el Clasicismo, a través de la escuela vienesa y [la] de Mannhei[m], que se convierten en centros de la actividad sinfónica desde el 1750.
2 [Música] seria para gran orquesta. | Laiglesia *Tachado* 39: Frente al parque, en el que ya no había música sinfónica los domingos por la mañana. **b)** De (la) música sinfónica. | FCid *Ópera* 136: Turina (Joaquín) .. Autor sinfónico y de cámara, cultivó especialmente la música para teatro. M. GSantos *SYa* 16.3.75, 15: López Cobos .. realizará su debut sinfónico con la Royal Filarmonic [*sic*].
3 [Orquesta] de gran variedad instrumental y numerosos ejecutantes, dedicada a la música sinfónica [1a]. *Tb n f*. | Laiglesia *Tachado* 33: Contratábamos a las orquestas sinfónicas más famosas del mundo. J. Balansó *SAbc* 9.3.69, 51: En repetidas ocasiones no ha dudado en demostrar su valía públicamente, dirigiendo la orquesta del teatro Real de Copenhague y la Sinfónica de la Radiodifusión y Televisión danesas.

sinfonier *m* (*semiculto*) Chiffonnier. | *Mad* 23.12.70, 4: Silla castellana .. Armario maletero .. Sinfonier.

sinfonismo *m* Composición de sinfonías [1]. | G. Gombau *Abc* 16.12.70, 23: El enfoque de la música dramática y religiosa; el expresivismo de los últimos cuartetos, constituyeron un todo orgánico, un manantial de sugerencias, una sustancia de la que se ha nutrido el sinfonismo posterior.

sinfonista *m y f* Compositor de sinfonías [1]. | FCid *Ópera* 28: El mayor enemigo de "Fidelio" es la fuerza del nombre de su propio autor como sinfonista, cuartetista, compositor de sonatas.

sinfonola (*n comercial registrado*) *m* Juke-box. | *DVa* 15.3.75, 11: Vendo Sinfonola para bar o salón, seminueva.

singalés -sa *adj* Cingalés. *Tb n*. | Villar *Lenguas* 87: En el siglo XI aparecen baladas en lengua popular en Bengala y, desde el siglo X, documentos singaleses. Villar *Lenguas* 89: En el sur de la isla de Ceilán se emplea una lengua india llamada singalés, que cuenta con unos cuatro millones de hablantes.

singamia *f* (*Biol*) Unión de dos gametos de sexo contrario. | Navarro *Biología* 207: La unión de dos gametos de sexo contrario recibe el nombre de fecundación o singamia.

singaporense *adj* De Singapur. *Tb n, referido a pers*. | *Ale* 4.8.76, 4: Barcos despachados de entrada .. "Costa Andaluza", de Avilés, con 640 toneladas de desbastes, y "Bardomar" (singaporense), de Greenville (Liberia), con 1.852 toneladas de madera en trozas.

singenésico -ca *adj* (*Bot*) [Estambre] soldado por la antera. *Tb referido a la planta que tiene este tipo de estambres*. | Ybarra-Cabetas *Ciencias* 270: Los estambres pueden soldarse entre sí; si esta soldadura la hacen a la vez por filamento y antera, se llaman sinandros; si la hacen solo por las anteras, singenésicos.

singladura *f* (*Mar*) **1** Viaje [de una embarcación]. *Frec* (*lit*) *fig*. | *SInf* 2.5.70, 5: Navíos de todos los tipos .. inician sus últimas singladuras, para terminar en las factorías de desguace. Cela *Viaje andaluz* 281: La golondrina piadora dibujaba .. los últimos arabescos de su diaria y bien medida singladura. Areilza *Artículos* 312: La V República francesa inicia en estos días una nueva singladura.

2 Navegación de una embarcación en un día. | J. Núñez *Abc* 9.10.70, 7: En la singladura 20, se situaba [Colón] en el paralelo de San Vicente.

singlar *intr (Mar)* Navegar. | Guillén *Lenguaje* 35: *Navegar como una pava .. se decía cuando con mar bella y boba y viento bonancible singlaba un navío a todo trapo.*

single *(ing; pronunc corriente, /síngel/; pl normal, ~s)* **I** *adj* **1** Sencillo (que consta de un solo elemento o de una sola serie de ellos). | M. RGabarrús *Van* 3.2.74, 43: La defensa a/a y antinave corre a cargo de un sistema single de misiles "Tartar", versión "Standard", a popa. **b)** Destinado a ser usado por una sola pers. *Tb n m, referido a compartimento de tren*. | Laiglesia *Ombligos* 232: Juan, que se había asomado a la ventanilla de su "single" para admirar el paisaje, se retiró decepcionado.
II *m* **2** Disco sencillo. | *Ava* 7.12.68, 30: Tras los últimos éxitos de este cantante-compositor hispanoamericano que hace tan solo unos meses era un completo desconocido en España, nos llega este nuevo "single". FSantos *Catedrales* 191: En cuanto hay una pasta a repartir, se acabaron las amistades, los compañeros y los amigos: todo eso está bien para decirlo allí arriba, en el micro o en un single.
3 *(Tenis)* Partido entre dos jugadores. | V. Verdú *Cua* 8.73, 41: En lo que lo pasamos regular, si te voy a ser sincero, es con los singles de la Copa Davis.

singspiel *(al; pronunc corriente, /sínspil/) m* Variedad de ópera cómica alemana, surgida en el s. XVIII, que alterna partes cantadas y habladas. | Casares *Música* 92: La música se aplica sobre todo a las partes más líricas; por ello tiene una clara relación con el *Singspiel* alemán.

singuel *m (raro)* Single (disco sencillo). | Aristófanes *Sáb* 31.8.74, 49: Todos los programas, johé, son lo mismo: que si el conocido conjunto Los Traumáticos han sacado un "elepé" que es la "milk", que si el más conocido conjunto Los Despendolados nos brinda la primicia de cantarnos en directo el tema de su nuevo "sínguel".

singular *adj* **1** Individual o de un solo individuo. | M. D. Gant *Rev* 7/8.70, 8: Se multiplican los comentarios negativos sobre el "culto a la personalidad" vigente durante los gobiernos singulares de Stalin y Jruschef. Ramírez *Derecho* 87: Se llama legado a la asignación de ciertos bienes o derechos, a título singular, a cualquier persona. **b)** *(Gram)* [Número] que expresa unidad. *Frec n m.* | Amorós-Mayoral *Lengua* 61: Los números son dos: singular y plural. Amorós-Mayoral *Lengua* 20: Es inaceptable añadir una "s" a la segunda persona del singular del pretérito indefinido. **c)** *(Gram)* [Forma] que corresponde al número singular. *Frec n m.* | Academia *Esbozo* 180: Para formar el plural se agrega al singular de cada nombre una de las variantes del morfema del plural. **d)** *(lit)* [Combate] que se realiza entre dos individuos. | Matute *Memoria* 66: La cortina parecía algo vivo, y se enzarzaron en una singular batalla.
2 Excepcional o fuera de lo común. | DPlaja *El español* 118: Vestían y se trataban con singular generosidad.
3 [Edificio] que no forma bloque con otros. | *Inf* 21.10.75, 29: Necesitamos edificio singular con zona ajardinada.

singularia tantum *(lat; pronunc, /singulária-tántum/) m (Gram)* Nombre que se usa solamente en singular. *Normalmente en pl.* | Academia *Esbozo* 186: Los sustantivos empleados exclusivamente o casi exclusivamente en singular o en plural la Gramática los designa con los términos latinos tradicionales de *singularia tantum* y *pluralia tantum*.

singularidad *f* **1** Cualidad de singular, *esp* [2]. | Torrente *DJuan* 200: Esto puedo pensarlo hoy, cuando he conocido ya muchas mujeres y he descubierto y experimentado la singularidad de cada una.
2 Cosa singular [2]. | J. Monleón *Tri* 11.4.70, 45: El caso de Aurora Bautista reúne .. muchas singularidades dignas de consideración.

singularización *f* Acción de singularizar(se). | J. M. Sala *Van* 18.4.74, 56: Desde aquel "Más allá del viento", sin rupturas, la tarea creadora de Badosa se ha ido enriqueciendo en el léxico, cada vez más amplio, y en el uso de metros y estrofas, lo que, paralelamente, se ha traducido en una ampliación de temas, en una singularización de imágenes.

singularizador -ra *adj* Que singulariza. | L. Apostua *Hoy* 28.7.74, 5: Nadie piensa con la cabeza de otro y todo el mundo aporta a su tarea unas maneras singularizadoras que .. pueden tener amplio eco.

singularizante *adj* Que singulariza. | G. Estal *Ya* 2.3.75, 10: La norma se remite aquí al anterior decreto singularizante, no general, de 13 de septiembre de 1936.

singularizar *tr* Distinguir o destacar [a una pers. o cosa] entre otras de su especie. | Torrente *Isla* 22: Tampoco tu aspecto te singularizaba, a primera vista al menos, ya que chicas de tu aire las va habiendo cada vez más. **b)** *pr* Distinguirse o destacarse [una pers. o cosa] entre otras de su especie. | Tejedor *Arte* 3: La cultura Auriñaciense se singulariza por su industria lítica de hojas con retoques.

singularmente *adv* De manera especial o particular. | Carande *Pról. Valdeavellano* 11: En el corazón de Europa, muy singularmente entre el Loira y el Rin .., comienza a brotar una nueva cultura.

singultoso -sa *adj (lit, raro)* Convulsionado por sollozos. | FReguera-March *Semana* 30: El infeliz viejo rompió a llorar convulsivamente. –¡Perdóname! –repitió, al cabo de unos momentos, con voz todavía singultosa.

sinhueso *(tb con la grafía* **sin hueso***). la ~. f (col)* La lengua, como órgano de la palabra. *Gralm en la constr* DARLE A LA ~. | Candel *Hucha* 2, 166: Se llevaba algo para leer, pero casi no leía. Y se daba cuenta de que sus rollos no eran los originales que al principio: tantos meses dándole a la sinhueso, se repetía aún sin quererlo. DCañabate *Abc* 26.1.75, 49: No acaba de sentarse y ya está dándole a la sin hueso.

sínico -ca *adj (lit)* [Cosa] china. | Anson *Oriente* 41: Los *Diálogos* de Confucio .. contribuyeron a conformar la sociedad sínica sobre un eje cardinal: la familia.

siniestrabilidad *f (semiculto)* Siniestralidad. | *Ya* 3.7.87, 14: El cansancio, la desatención y el alcohol son, por este orden, las principales causas de siniestrabilidad [en la carretera].

siniestrado -da *adj* **1** Que ha sufrido un siniestro [4]. *Tb n, referido a pers.* | *Act* 30.10.69, 8: Desde que el senador Kennedy logró salir del coche siniestrado hasta que se presentó el comisario Arena pasaron alrededor de diez horas.
2 *(Herald)* [Pieza o figura] que tiene a su izquierda [otra (compl DE)]. | F. Ángel *Abc* 28.2.58, 11: Sus armas. En campo de plata, diez roeles de gules .. Otros traen: en campo de gules, una cruz llana, de plata, siniestrada de un pino al natural.

siniestralidad *f (Estad)* Número de siniestros [4]. | L. Fuente *Ya* 6.12.70, 17: Hemos de proponernos .. colocar los índices de siniestralidad de nuestro país muy por debajo de lo que el dramatismo actual de las estadísticas nos muestra. *Inf* 17.9.76, 13: La subida de las tarifas del seguro de automóviles ha experimentado un retraso, como consecuencia de un error de tipo técnico que se ha producido en los cálculos de siniestralidad.

siniestramente *adv* De manera siniestra [2 y 3]. | Matute *Memoria* 190: Volvió riendo como si algo siniestramente gracioso estuviera ocurriendo.

siniestro -tra **I** *adj* **1** *(lit)* Izquierdo. *Tb n f, referido a mano.* | J. M. Rollán *SAbc* 1.12.68, 26: De las manos que piden y de las que dan, de las que niegan y de las que ignoran; de la diestra y la siniestra.
2 [Pers.] que inspira temor por su apariencia maligna. *Frec con intención ponderativa.* | Cuevas *Finca* 151: El tipo más siniestro del verano, Francisco, el pellejero .. Compraba las pieles de los animales sacrificados. **b)** Propio de la pers. siniestra. | Arce *Testamento* 14: Su risa se me antojó siniestra.
3 [Cosa] que hace temer un daño o una desgracia. *Frec con intención ponderativa.* | Carandell *Madrid* 122: Se encontrará con un cuarto interior situado en una casa de aspecto siniestro. C. Páez *Pue* 4.12.70, 2: En estos días han corrido siniestros rumores sobre el estado físico del General Franco.
II *m* **4** Suceso, esp. incendio, hundimiento o naufragio, que ocasiona daños importantes o muertes. | *DBu* 7.7.55, 4:

sinistralidad – sinóptico

El fuego fue provocado por un nieto del propietario, el cual fue mandado al corral a recoger unos útiles de trabajo. Para lo que encendió una cerilla, la cual cayó sin apagarse sobre un montón de paja, que rápidamente se incendió, propagándose el siniestro al resto del corral. **b)** (*Seguros*) Daño sufrido por alguien o algo asegurado. | *Mad Extra* 12.70, 35: Aplicando, en su aspecto elemental, el destino de las primas, que es, ni más ni menos, el de, en primer lugar, pagar los siniestros y atender a sus clientes.

sinistralidad *f* (*Psicol*) Tendencia a utilizar preferentemente la mano izquierda. | Castañeda *Grafopsicología* 97: Puntuación en la escritura .. En cuanto a la dextralidad o sinistralidad. a) Puntos dextrógiros .. c) Puntos sinistrógiros.

sinistrógiro -ra *adj* (*E*) Que se desvía hacia la izquierda. | Mariequis *Caso* 14.11.70, 21: Su escritura es ligeramente sinistrógira.

sinnúmero *m* (*lit*) Infinidad. *Gralm en la constr* UN ~ DE + *n*. | CNavarro *Perros* 135: Le repugnaba la idea de .. recibir dinero .. Ella intentó hacérselo comprender, esgrimiendo la amistad, la camaradería, el empréstito y un sinnúmero de razones.

sino¹ (*con pronunc átona*) *conj* **1** Une dos elementos (ors, palabras o sintagmas) denotando que la noción afirmativa expresada por el segundo se opone a la negativa expresada por el primero, con la cual es incompatible. Cuando los elementos unidos son ors, gralm toma la forma ~ QUE. | Vesga-Fernández *Jesucristo* 69: Retiraos, que no está muerta la muchacha, sino dormida. Laín *Universidad* 23: Primer deseo: que no se nos denuncie a bulto, sino con precisión nominal y material. * No es mudo sino que habla.
2 ~ **que**. (*lit*) Pero. | Pemán *Abc* 21.6.75, sn: En realidad era el verso lo que daba prestigio a las preguntas, que en el fondo eran tan elementales como las del catecismo de Ripalda o Astete. Sino que estas se imprimían de un modo funcional e infantil y no tenían derecho a cisnes.
3 no (*u otra palabra negativa*) + *v* + ~... Solamente + *v*. Con carácter enfático. (No es sino madera = Solo es madera.) | *Lugo* 34: De ahí que esté viendo esas extrañas edificaciones –las "pallozas"– de circular fábrica y cónico techo empajado, que no es sino construir para defensa y abrigo. **b)** *Tb en interrog retórica*: ¿**quién**, **alguien**, *etc*, ... **sino**...? (¿Quién sino ella podía decirlo? = Solo ella podía decirlo.) | Laín *Universidad* 47: Sus mismos bailes, su desmesurada afición al ritmo, ¿qué vienen a ser .. sino un resultado motor de la penetración de lo técnico en lo vital?
4 no solo... ~... → NO¹.

sino² *m* Destino (fuerza que determina el curso de los acontecimientos, y conjunto de tales acontecimientos). | Lagos *Pap* 11.70, 165: No hay escape, muchacho. Como nazcas con el sino, revientas como un perro y ya está. CBaroja *Inquisidor* 14: Hacer y deshacer. Éste es el sino del historiador.

sinoble *m* (*Heráld*) Sinople. *Tb adj. Tb* (*lit*) *fuera del ámbito técn*. | Correa *Abc* 29.6.58, 43: Sin ir más lejos, y a ejemplo de Portugal, .. cabría poner a ambos márgenes de las carreteras un seto de arrayanes .. Y rotondas, aquí y allá, frente a los grandes panoramas, donde poder reposar contemplando un valle sinoble, un paisaje grandioso o un horizonte infinito.

sinodal *adj* De(l) sínodo. *Tb n: m, referido a pers; f, referido a constitución*. | *Not* 30.12.70, 7: El Santo Padre ha elegido dos argumentos para tratar en la próxima reunión sinodal: "El sacerdocio ministerial" y "La justicia en el mundo". Mercader-DOrtiz *HEspaña* 4, 248: Fiestas y costumbres de esta clase siempre fueron mal vistas por una parte del clero .. Las constituciones sinodales abundan en prohibiciones de este género. A. Pelayo *Ya* 20.10.74, 21: Tampoco parece que los sinodales hayan dado mucha importancia al hecho de que en el próximo cónclave al Colegio Cardenalicio pueda unirse el Consejo del Sínodo. *VNu* 14.10.72, 11: En Aguilafuente (Segovia) se ha conmemorado también la celebración de un sínodo del año 1472, cuyas sinodales fueron el primer libro que se imprimió en España.

sinódico -ca *adj* (*Astron*) De (la) conjunción de dos planetas en el mismo grado de la eclíptica o en el mismo círculo de posición. | *Anuario Observatorio 1967* 121: La revolución sinódica, en cambio, es el tiempo que tarda un planeta en una vuelta aparente, apreciada por un observador terrestre, con relación al Sol.

sínodo *m* (*Rel crist*) Asamblea de eclesiásticos, esp. de obispos. | *VNu* 14.10.72, 11: En Aguilafuente (Segovia) se ha conmemorado también la celebración de un sínodo del año 1472. *Abc* 27.12.70, 27: El establecimiento del Sínodo de Obispos, como organismo permanente, para asistir al Papa en la resolución de los problemas más importantes de la Iglesia.

sinología *f* Estudio de la lengua y cultura chinas. | L. M. Auberson *Abc* 10.11.73, 19: Actualmente el investigador en sinología puede deleitar su espíritu con estos dieciocho libros.

sinólogo -ga *m y f* Especialista en sinología. | Umbral *País* 12.9.76, 18: Cuando vino a Madrid el secretario de la Unión de Escritores Soviéticos, que además era sinólogo, le pregunté por la poesía de Mao.

sinonimia *f* **1** (*Ling*) Condición de sinónimo. | RAdrados *Lingüística* 249: En cuanto al grado de sinonimia real entre las formas dobles, hay que decir que es variable.
2 (*Ling*) Uso de voces sinónimas o de significación semejante. | López-Pedrosa *Lengua* 49: Figuras de la palabra: polisíndeton .., asíndeton .., sinonimia.
3 (*E*) Lista o conjunto de sinónimos. | Guillén *Lenguaje* 23: Citemos .. al pez espada, que dicen *emperador* por nuestro Levante ..; *espadarte* y *xibarte*, por Galicia, y *agujapalá*, por el saco de Cádiz .. En esta abundante sinonimia no faltan, para mayor confusión, los verdaderos homónimos. M. Aguilar *SAbc* 16.3.69, 54: Aunque hay muchos productos comerciales, adjuntamos un cuadro con los nombres químicos de sus componentes, dando algunas sinonimias con que también se los conoce.

sinonímico -ca *adj* (*Ling*) De (la) sinonimia. | MPuelles *Filosofía* 1, 12: La propia definición nominal es susceptible a su vez de dos modalidades: la etimológica y la sinonímica, según que el método de que nos valgamos para manifestar la significación de un término sea el recurso a su origen, o la aclaración por otras voces más conocidas y de pareja significación.

sinonimizar *tr* (*raro*) Hacer sinónimas [dos palabras, o una con otra]. | GRuano *Abc* 24.4.58, 23: Hemos pensado en si habríamos pasado de largo, toscamente despistados, ante fortunas –sinonimizamos con bellezas– que adoptaban .. una apariencia humilde.

sinónimo -ma *adj* (*Ling*) [Palabra o expresión] que tiene la misma significación [que otra] (*compl de posesión*)]. *Frec sin compl, referido a un n en pl. Frec n m. Tb fig*. | RAdrados *Lingüística* 354: Ahorra [la expansión explicativa], pues, palabras sinónimas con diferencias connotativas. Aranguren *Marxismo* 12: *Engagement* –que es la traducción de este primer sentido de "compromiso"– no es sinónimo de "afiliación". *DBu* 19.9.70, 13: Parece que el soltar tacos .. es sinónimo de más hombría.

sinople *m* (*Heráld*) Color verde. *Tb adj*. | *Fam* 15.11.70, 36: Sus armas son: En campo de gules, una banda de oro engolada en dragantes de sinople y acompañada de dos estrellas del mismo metal, una a cada lado.

sinopsis *f* Resumen o esquema. | Pemán *Abc* 29.11.70, 3: Se repite, como comienzo, una sinopsis de lo ya narrado en días anteriores.

sinópticamente *adv* De manera sinóptica [1]. | Alvarado *Botánica* 43: Las particularidades de las diferentes flores se pueden representar sinópticamente mediante los llamados diagramas florales.

sinóptico -ca *adj* **1** Que permite ver en conjunto el esquema general [de algo]. *Esp referido a cuadro*. | Laiglesia *Ombligos* 49: Los alumnos estudiaron el cuadro sinóptico de los colores que deben tener los trajes de un diplomático.
2 (*Rel crist*) [Evangelio o evangelista] de los tres (Mateo, Marcos y Lucas) que, debido a su paralelismo, permiten una comparación entre los relatos de un mismo hecho. *Tb n m, esp en pl*. | J. M. MPatino *País* 19.8.88, 7: Los tres evangelistas sinópticos, Mateo, Marcos y Lucas, destacan las tentaciones de Jesús en el desierto como una prueba de la plenitud del Espíritu que guió a Jesús. *VozC* 6.10.68, 8: El valor

apologético de este suceso lo muestra el hecho de que los tres sinópticos lo narren, y con abundantes detalles.

sinostosis *f* (*Med*) Soldadura o fusión de los huesos, esp. del cráneo. | F. Villarejo *Abc* 20.1.88, 55: La alteración de esta tensión o fuerza entre los cinco tractos durales, provocada por la osificación defectuosa de los huesos de la base, origina las sinostosis craneales.

sinovia *f* (*Fisiol*) Líquido transparente y viscoso de las articulaciones y vainas tendinosas. | Alvarado *Anatomía* 56: A fin de evitar el roce de las superficies articulares, estas se hallan separadas por unas bolsas serosas, llamadas bolsas sinoviales, en las que hay un líquido denominado sinovia, que actúa como lubricante.

sinovial *adj* (*Anat*) De (la) sinovia. | A. Marín *Abc* 29.12.70, 24: Hematoma considerable en la mejilla izquierda, derrame sinovial en la rodilla izquierda.

sinovitis *f* (*Med*) Inflamación de las membranas sinoviales, esp. de las articulaciones. | J. M. Suárez *Ya* 15.5.75, 44: Tras el comienzo de esta enfermedad suelen desarrollarse las manifestaciones de la "sinovitis": inflamación, calor, dolor e incapacidad funcional de las articulaciones pequeñas y medianas de los miembros superiores e inferiores.

sinrazón *f* **1** Cosa, esp. acción, no sujeta a razón. | *País* 20.11.76, 6: Franco no surgió por casualidad en la historia española. Fue el colofón y el fruto de un país repleto de errores y sinrazones colectivas.
2 Falta de razón o de lógica. | CBonald *Ágata* 63: Quiso ella no darse por enterada y se volvió de cara a la pared y así se estuvo un tiempo impreciso haciéndose la dormida y recelando que él seguía de pie junto a la cama, rigiéndose por algún desconocido mandato del código de la sinrazón.

sinsabor *m* Disgusto o pesar. | Ramírez *Derecho* 137: En interés tuyo y para ahorrarte sinsabores, lo mejor es que acudas siempre al día fijo o determinado.

sinsentido *m* **1** Cosa absurda o carente de sentido. | VMontalbán *Almuerzos* 168: El hombre .. que contempla ese inmenso sinsentido que es la civilización de mil novecientos ochenta y cuatro tiene dos opciones: permanecer en el nihilismo o superarlo.
2 Absurdo, o falta de sentido. | Aranguren *Marxismo* 173: Aceptación angustiada o tranquila del sinsentido de la vida, desmitologización .., parecen ser las características de nuestro tiempo.

sinsombrerismo *m* (*col, hoy raro*) Tendencia a no usar sombrero. | DCañabate *Paseíllo* 17: Ahora, con la privanza del sinsombrerismo, se la quitan [la montera] en cuanto tocan a banderillas, como si la montera pesara lo mismo que un casco de guerra.

sinsombrerista *adj* (*col, hoy raro*) Partidario del sinsombrerismo. *Tb n.* | CAssens *Novela* 2, 331: Sigue la moda de los sinsombreristas, que surgió después de la guerra, mostrando al aire su cabeza rapada y limpia.

sinsonte *m* Pájaro americano semejante al zorzal, conocido por su canto, que imita la voz de otros vertebrados (*Mimus polyglottus, Dumetella carolinensis* y otros). *A veces con un adj especificador:* YANQUI, GATUNO, *etc*. | FReguera-March *Cuba* 256: Se oyó en la soledad el canto de un sinsonte.

sinsorgada *f* (*reg*) Dicho propio de un sinsorgo. | Miguel *D16* 30.8.89, 2: Cualquier comentario mío sería menos hilarante que la sinsorgada del ministro.

sinsorgo -ga *adj* (*reg*) [Pers.] insustancial. *A veces usado como insulto. Tb n.* | Zunzunegui *Camino* 131: Calla, sinsorgo..., que no es este sitio para hacernos esas preguntas.

sinsustancia (*tb, raro,* **sinsubstancia**) *adj* (*col*) Insustancial. *Frec n, referido a pers.* | Medio *Bibiana* 201: Todo cambia, menos la estupidez de este pobre hombre. Y su conversación, tan sinsustancia. MGaite *Fragmentos* 146: Y la mujer siempre quejándose de que le daban guerra, una sinsustancia, porque .. para mí una mujer que no le gustan los niños es como un árbol sin hojas.

sintácticamente *adv* (*Gram*) En el aspecto sintáctico. | Aranguren *Marxismo* 7: El texto, en el que he procurado conservar, hasta el límite de lo que sería ya sintácticamente incorrecto, la forma oral.

sintáctico -ca *adj* (*Gram*) De (la) sintaxis. | Alcina-Blecua *Gramática* 163: Existirán .. reglas sintácticas que enumerarán un conjunto infinito de estructuras sintácticas.

sintagma *m* (*Ling*) Grupo de elementos que sintácticamente funciona como una unidad. | Huarte *Tipografía* 27: Un sintagma muy común, una palabra de moda, o simplemente una más familiar al compositor, suplanta la original.

sintagmáticamente *adv* (*Ling*) En el aspecto sintagmático. | RAdrados *Lingüística* 159: Los descriptivistas americanos estudian la palabra sintagmáticamente.

sintagmático -ca (*Ling*) **I** *adj* **1** Que se produce o funciona entre dos o más unidades de la oración. | Alcina-Blecua *Gramática* 132: La relación sintagmática se realiza en presencia, puesto que se apoya en dos o más elementos en una serie efectiva; las relaciones asociativas, por el contrario, se producen entre términos en ausencia. Alarcos *Fonología* 269: En cuanto a la igualación de /b/ y /v/, hemos indicado que venía a completar la formación de una serie de consonantes sonoras, cuyo modo de articulación, oclusivo o fricativo, es puro resultado de su posición sintagmática.
II *f* **2** Estudio de los sintagmas. | RAdrados *Lingüística* 14: Deberá distinguirse cuidadosamente entre sincronía y diacronía, entre niveles o estilos de lengua, entre sintagmática y paradigmática, etc.

sintasol (*n comercial registrado*) *m* Revestimiento plástico y ligero usado esp. para suelos. | Delibes *Príncipe* 106: Se recostaba en el fogón de sintasol rojo y apuntó con el cigarrillo para el termo.

sintaxis *f* **1** (*Gram*) Estudio de las relaciones existentes entre los elementos de la frase, así como de las funciones de estos elementos. | Academia *Esbozo* 349: Es fácil comprender que la separación entre Morfología y Sintaxis es arbitraria y solo fundada en la conveniencia metódica de examinar el lenguaje desde diferentes puntos de vista.
2 (*Gram*) Conjunto de las normas que rigen la construcción de las frases. | Lapesa *HLengua* 217: La sintaxis reclama también libertades propias; no se contenta Herrera con desplazamientos normales en la poesía .., sino que reproduce con atrevimiento el hipérbaton latino. **b)** Aplicación o uso adecuados de las normas de construcción de las frases. | CAssens *Novela* 2, 365: ¿Quién es el imbécil que ha escrito esta gansada?... ¡Esto no tiene sintaxis!
3 (*Informát*) Conjunto de normas que regulan la estructura de las expresiones de un lenguaje. | * El conocimiento de la sintaxis es elemental a la hora de dar órdenes a un ordenador.
4 (*Arte*) Técnica de la construcción o de la combinación. | J. Miramón *And* 15.8.76, 15: Dice el citado Marco que, aun cuando la obra de Falla es fundamentalmente tonal en sus líneas generales y, en cuanto música española y mediterránea, diatónica, sin embargo la sintaxis y el valor semántico de la misma son plenamente progresivos. *Sp* 19.4.70, 48: Las obras que expone ahora en Madrid ostentan, como base, una técnica tan simple como ingeniosa y que consiste en un módulo serializado, pero expresado en una sintaxis combinatoria de extremada variedad.

sinterización *f* (*Metal*) Acción de sinterizar. | *Inf* 13.6.74, 11: El aprovechamiento de siderita exige un proceso de sinterización.

sinterizado *m* (*Metal*) Producto obtenido por sinterización. | *HLB* 9.12.74, 6: Estas actividades al sinterizar nos define[n] el consumo de combustible, la productividad y la calidad del sinterizado obtenido.

sinterizar *tr* (*Metal*) Reducir a piezas de gran dureza y resistencia [conglomerados de polvo, gralm. metálicos] sometiéndolos a presión y a temperatura inferior a la de fusión. *Tb abs.* | *HLB* 9.12.74, 6: La paila piloto, a escala de laboratorio y en pequeño, sirve para determinar el comportamiento de los minerales nacionales y extranjeros al sinterizarse y su uso definitivo en la planta industrial. Estas actividades al sinterizar nos define[n] el consumo de combustible, la productividad y la calidad del sinterizado obtenido.

síntesis *f* **1** Composición de un todo por reunión de sus partes. | *Sp* 19.7.70, 23: Ello indica .. el carácter de industria de síntesis propio de la construcción naval. **b)**

(*Quím*) Proceso que permite obtener [un compuesto (*compl de posesión*)] a partir de sus componentes. *Tb sin compl*. | Ybarra-Cabetas *Ciencias* 241: Tanto la clorofila como la luz tienen una intervención indirecta en la síntesis de los albuminoides.
2 Proceso mental que reduce a unidad lógica un conjunto de datos. | Umbral *Pról. Delibes* 6: Delibes, con su gran capacidad de síntesis, nos da una biografía en cuatro fases, en cuatro episodios.
3 Resumen. *Frec en la constr* EN ~. | *Alc* 1.1.55, 3: Un suplemento que abarca el resumen de las actividades españolas durante el año 1954, así como la síntesis de los sucesos mundiales de la política. Sancho *Inf* 27.6.70, 31: En síntesis, se trata de un secuestro a gran escala, planeado en Madrid.
4 (*Filos*) Proposición o término que realiza la unidad dialéctica de la tesis y la antítesis. *Esp en la filosofía de Hegel* († *1831*). | Espinosa *Escuela* 48: Descubrió una síntesis que no contenía la tesis ni la antítesis.

sintéticamente *adv* De manera sintética. | Alvarado *Anatomía* 3: Los compuestos "orgánicos" pueden formarse sintéticamente en el laboratorio. Valls *Música* 37: El panorama esbozado se refiere muy sintéticamente al tronco esencial de la música árabe del norte de África.

sintético -ca *adj* **1** De (la) síntesis. | M. Aguilar *SAbc* 20.4.69, 54: Una conclusión práctica, pues –demasiado sintética y demasiado concisa–, es que el niño en crecimiento necesita tomar muchas proteínas.
2 [Producto] obtenido por síntesis [1b]. | *Sp* 19.7.70, 41: Ha surgido una notable expansión de la industria de las fibras sintéticas. **b)** De fibra sintética. | Delibes *Cartas* 85: Hoy he permanecido largo rato admirando los dulces cuencos de tus axilas, escrupulosamente depiladas, húmedas, sombrías, en abierto contraste con la blancura inmaculada de tu sintético bañador.

sintetismo *m* Condición de sintético [1]. | GNuño *Escultura* 134: Los artistas industriales explotadores de las muchedumbres devotas y peregrinas dispondrían de una lista bien escalonada de precios, desde los muy altos para las figuras grandes, complicadas, pormenorizadas .., hasta las siluetas de exagerado sintetismo, casi alfileres, pura pacotilla para uso de los indigentes.

sintetización *f* Acción de sintetizar. | *HLBR* 26.8.74, 3: Agriminsa, filial de Altos Hornos de Vizcaya, construye en la actualidad una planta de concentración y sintetización de carbonatos de hierro para tratar siderúrgicamente los procedentes de las reservas prospectadas en Vizcaya.

sintetizador -ra **I** *adj* **1** Que sintetiza. | S. Doménech *Alcoy* 54: Sin embargo los tiempos no estaban maduros para sutilezas históricas y el pueblo, impresionable, expresionista y sintetizador, continuó motejando Filaes a su antojo y la llamó Magenta por el color predominante.
II *m* **2** Aparato electroacústico que transforma elementos sonoros diversos haciendo su síntesis a partir de sus constituyentes. | R. Barce *Ya* 14.6.73, 43: Se trata de obras sonoras producidas con generadores o sintetizadores electrónicos, grabadas generalmente en cinta magnetofónica. **b)** Instrumento electrónico que funciona con teclado y pedales y en el que los sonidos son producidos por una serie de generadores de ondas. | *Seg* 6.3.92, 19: Sintetizador Yamaha DX-75, muy buen estado .. Sintetizador Yamaha PSR-20, teclado tamaño piano, perfecto estado.

sintetizar *tr* Hacer la síntesis [de algo (*cd*)]. | Ybarra-Cabetas *Ciencias* 265: Los vegetales sintetizan la materia orgánica a expensas de la materia mineral. M. GAróstegui *SAbc* 27.4.69, 28: Resulta difícil sintetizar y definir las características tan peculiares de este jugador.

sintoísmo *m* (*Rel*) Religión japonesa de carácter politeísta y animista. | Anson *Oriente* 29: El Japón ya occidentalizado .. encuentra su ser histórico nacional en el Mikado y en el sintoísmo.

sintoísta *adj* (*Rel*) De(l) sintoísmo. | *Abc* 20.7.67, 33: La cima del Fuji Yama es propiedad de un santuario sintoísta. **b)** Adepto al sintoísmo. *Tb n*. | J. A. Sobrino *Ya* 3.6.72, sn: Entre los creyentes en niveles universitarios es la fe cristiana la que tiene más representantes que los budistas y sintoístas reunidos.

síntoma *m* **1** Fenómeno revelador [de una enfermedad]. *Frec sin compl*. | *Puericultura* 44: Los vómitos son síntomas iniciales de muchas enfermedades.
2 Indicio revelador [de algo]. | Laiglesia *Tachado* 84: Síntomas cada vez más alarmantes indicaban que la guerra, que empezó siendo europea, iba camino de convertirse en mundial.

sintomáticamente *adv* De manera sintomática. | J. M. Alfaro *Abc* 4.12.75, sn: Ahí está su "Trilogía española", uno de los tres poemas preferidos de Heidegger, al lado –sintomáticamente– de otro de Hugo von Hofmannsthal.

sintomático -ca *adj* **1** De(l) síntoma. | *Puericultura* 43: Nos ocuparemos solamente de los caracteres sintomáticos más frecuentes y que caracterizan a los enfermos en general.
2 Que constituye un síntoma. | *Abc* 11.12.70, 29: Ya es de por sí sintomático el hecho de que la Administración republicana no haya formulado comentario alguno.

sintomatología *f* (*Med*) Conjunto de síntomas [1]. | Vega *Corazón* 60: Tenemos ya suficientes razones para pensar que la respectiva sintomatología tiene una base fisiopatológica.

sintomatológicamente *adv* (*Med*) De manera sintomatológica. | *STMé* 15.6.88, sn: En casi todos los enfermos de SIDA la afectación digestiva es asintomática, probablemente debido a que los pacientes fallecen por infecciones oportunistas antes de que las lesiones gastrointestinales, pancreáticas y hepáticas se desarrollen lo suficiente para expresarse sintomatológicamente.

sintomatológico -ca *adj* (*Med*) De (la) sintomatología. | M. Carreras *Min* 5.87, 10: Es Hipócrates quien nos proporciona la primera descripción de una jaqueca oftálmica, donde podemos reconocer aquellos rasgos sintomatológicos que consideramos significativos.

sintonía *f* **1** (*RTV*) Ajuste o adecuación de la frecuencia de un aparato receptor con la de una emisora. *Tb la propia frecuencia*. | *País* 29.11.79, 9: "Digital-tuning" es el más moderno sistema de sintonía, que indica en la propia pantalla la búsqueda de la emisora por el sintonizador. * Está usted en la sintonía de Antena 3. **b)** (*Fís*) Igualdad de frecuencia de oscilaciones. | * El pendulo del zahorí está en sintonía con la materia que busca.
2 Armonía o acuerdo. | MGaite *Tri* 11.4.70, 43: Me topé con una carta muy significativa que estableció una sintonía perfecta entre el personaje y yo.
3 Música u otra señal sonora característica y distintiva [de un programa de radio o de televisión] y que suena a su comienzo. | VMontalbán *España* 128: Una sintonía alegre como un surtidor de luces de colores. Dinámicos anticipos de presentaciones .. Con Bobby, la radio española se internacionalizó.

sintonización *f* Acción de sintonizar. *Tb su efecto*. | *País* 29.11.79, 9: En caso de no localizar la emisora en una banda, pasa automáticamente a la siguiente, deteniéndose cuando se efectúa la sintonización. Pue 9.10.70, 3: Hemos de señalar, en los dos artículos citados, una amplia gama de coincidencias sustanciales, que demuestran una sintonización de principio en quienes se preocupan por el problema.

sintonizador *m* Aparato o sistema que permite ajustar la frecuencia de un aparato receptor con la de una emisora. | *Van* 4.11.62, 2: El sintonizador es el cerebro del televisor.

sintonizar **A** *tr* **1** Poner en sintonía [un aparato receptor (*cd*) con una emisora]. *Tb abs*. | * Sintonizamos por fin con la torre de control. **b)** Poner en sintonía un aparato receptor [con una emisora (*cd*)]. | CNavarro *Perros* 80: El vecino del quinto .. trataba de sintonizar una emisora.
B *intr* **2** Estar en sintonía [1 y esp. 2]. | *Hoy* 19.7.75, 14: En el interior [del péndulo] se aloja una porción de la materia que se trata de investigar; esta materia sintoniza con la de igual naturaleza, y el péndulo amplifica las radiaciones, y es así como se localiza lo que se busque. RMorales *Present. Santiago* VParga 5: Aparecen dos [timoneles] de estatura excepcional, los cuales .. "sintonizan" para crear esa celebración universal. L. M. Lizundia *Hie* 19.9.70, 3: La música se renueva porque el mundo evoluciona. Sintonizo con ella porque es nueva y crea nuevas formas.

sinú – sire

sinú *adj (hist)* De un pueblo precolombino colombiano, habitante de la cuenca del río Sinú. *Tb n, referido a pers.* | C. Castro *Ya* 29.11.74, 8: Ante las maravillas de los grandes orfebres –calimas, tolimas, sinús, muiscas, taironas, quimbayas...–, lo último en que se piensa es que el oro labrado, martillado, moldeado, es realmente oro fino. A. Hurtado *SYa* 10.10.76, 4: Las piezas trabajadas en oro y engastadas en esmeraldas pertenecen a las diferentes culturas que hubo en el país: tayroma [*sic*], sinú, quimbaya, calima y tumaco.

sinuosidad *f* **1** Cualidad de sinuoso. | Anson *SAbc* 25.1.70, 10: A los mil matices que tiene la política en Occidente, añádanse las sinuosidades de las costumbres y el alma orientales.
2 Curva [de una cosa sinuosa]. | Navarro *Biología* 178: El aire que ha de penetrar en los pulmones, al pasar por las sinuosidades de las fosas nasales, se calienta y se humedece.

sinuoso -sa *adj* **1** Que presenta una serie de curvas irregulares y en sentidos diferentes. | Salvador *Haragán* 11: Una calle .. ha nacido en su interior y ahora es una cinta sinuosa que contornea la sedimentada baja ladera de la montañeta.
2 Que no manifiesta francamente su objetivo. | L. MDomínguez *Inf* 13.4.72, 17: El Pentágono se come Micronesia con los ojos. Deja entender, sinuoso, que Micronesia no será una nueva Okinawa.

sinusal *adj (Med)* De(l) seno. *Esp referido a un nódulo del corazón.* | Navarro *Biología* 173: La excitación parte del nódulo sinusal situado en la aurícula derecha.

sinusitis *f (Med)* Inflamación de la mucosa de un seno, esp. de la cara. | Kurtz *Lado* 216: Vino a verme con algo de sinusitis.

sinusoidal *adj* **1** (*Mat*) De (la) sinusoide. | Mingarro *Física* 153: Representación de las funciones sinusoidales.
2 (*Fís*) Que tiene forma de sinusoide. | Mingarro *Física* 50: El equilibrio se alcanza tras una serie de oscilaciones sinusoidales con gran amortiguamiento.

sinusoidalmente *adv* (*Mat o Fís*) De manera sinusoidal. | Mingarro *Física* 32: Para calcular la velocidad instantánea de un punto que se mueve sinusoidalmente, podemos aplicar los conceptos definidos en el capítulo I.

sinusoide *f* (*Mat*) [Curva] que representa gráficamente la función seno. *Gralm n f.* | *Abc* 1.6.75, 12: La pantalla de rayos catódicos y oscilógrafo que origina curvas sinusoides, del Audiómetro electrónico, con el que efectúa sus mediciones audiométricas, ratifica, en forma visual, la dureza auditiva, confirmando, por consecuencia, la prótesis idónea en cada caso. Mingarro *Física* 144: El siguiente cuadro de valores da los elementos necesarios para construir la curva, que es una sinusoide.

sinvergonzada *f* Hecho o dicho propio de un sinvergüenza. | Delibes *Cinco horas* 66: Cuando nos enseñaban los cuadros con las mujeres desnudas .. me parecía todo una sinvergonzada.

sinvergonzón -na *adj (col)* Sinvergüenza. *Tb n. Frec con intención afectuosa.* | Olmo *Golfos* 181: Antes [el loro], viviendo todavía la lorita, era un palabrero sinvergonzón. DCañabate *Paseíllo* 32: Nadie le echó mas manejando el capote, ni el sinvergonzón ventajista de Cúchares.

sinvergonzonada *f (col)* Sinvergonzonería. | GHortelano *Momento* 36: Que también te lleves el tomavistas, que era carísimo .., es una sinvergonzonada.

sinvergonzonería *f (col)* **1** Cualidad de sinvergüenza. | DCañabate 16.6.74, 47: Vistos a distancia y después de la media vuelta a la izquierda que han pegado las costumbres, los puntos filipinos se quedan en nada, en candorosas avecillas de la sinvergonzonería.
2 Hecho o dicho propio de un sinvergüenza. | CPuche *Paralelo* 101: –No te pongas así, monada. –Es que no sabéis hablar más que si[n]ve[r]gonzonerías. [*En el texto*, sirvengonzonerías.]

sinvergüenza *adj* [Pers.] que actúa sin escrúpulos morales. *Frec con intención afectuosa. Tb n.* | J. L. Calleja *Abc* 30.12.70, 7: Los mejores deseos de Fulano, vaya usted a saber si equivalen a los de un sinvergüenza o a los de un santo. **b)** [Pers.] que en sus modales o comportamiento muestra falta de vergüenza, comedimiento o pudor. *Frec con intención afectuosa. Tb n.* | * ¡Qué niño tan sinvergüenza! ¡Qué modo de contestar! * Según él, las chicas de hoy son todas unas sinvergüenzas y van medio desnudas.

sinvergüenzada *f (col)* Sinvergonzada. | Aldecoa *Cuentos* 1, 135: Contaba anécdotas de su padre y sinvergüenzadas de sus amigos.

sinvivir (*tb con la grafía* **sin vivir**) *m (reg)* Inquietud o desazón constantes. | CBonald *Ágata* 260: Mientras Pedro Lambert sentía cada vez más próxima la conminación de la ruina .., empezó a asediarlo el atávico sinvivir de la huida. GPavón *Hermanas* 18: Don Lotario traía siempre un sin vivir que para qué.

sionismo *m (Pol)* Movimiento que preconiza el establecimiento de un estado judío en Palestina. | L. Calvo *Abc* 11.6.67, 52: Begin es un revisionista dentro del sionismo.

sionista *adj (Pol)* De(l) sionismo. | *Gac* 11.5.69, 26: "Complot imperialista y sionista" clama la prensa de Bagdad al mencionar al sha que regresa de Washington. **b)** Adepto al sionismo. *Tb n.* | C. Laredo *Abc* 29.12.70, 25: Es muy significativo a este respecto que .. el Soberano saudita acuse a los comunistas de ser los cómplices de los sionistas.

sioux (*ing; pronunc corriente,* /síuks/ *o* /síus/; *pl invar*) *adj* [Individuo] de un pueblo indio de las llanuras del centro de América del Norte. *Tb n.* | Torrente *Pascua* 321: A la mitad de camino, rebasadas las trincheras donde un grupo reducido de vaqueros se defendían de los sioux, don Lino se volvió. **b)** De los sioux. | *Abc Extra* 12.62, 37: Se venden .. pistoleras engrasadas, lanzas y arcos sioux.

sipi *adv (col, hoy raro)* Sí. | DCañabate *Andanzas* 152: ¿Te gusta el vino este? "Sipi."

sipia *f (reg)* **1** Sepia o jibia. | S. Balaguer *Van* 5.9.74, 26: Las merluzas oscilaban entre las 280 y las 340 pesetas ..; el pulpo gallego y las sipias a 80 también.
2 Piedra caliza de color amarillento, porosa y que se puede rayar con la uña. *Tb adj.* | *CoA* 31.10.75, 24: El suelo ostipense es también rico en canteras de jaspe, piedra sipia y franca, que se h[a]n utilizado en numerosos edificios civiles y religiosos de toda la región oriental de la provincia.

sique → PSIQUE.

siquedelia, siquedélico → PSIQUEDELIA, PSIQUEDÉLICO.

siquiatra, siquiatría, siquiátricamente, siquiátrico, siquiatrizar → PSIQUIATRA, *etc.*

síquicamente, síquico → PSÍQUICAMENTE, PSÍQUICO.

siquiera I *adv* **1** Introduce una restricción a la afirmación que se acaba de hacer. | Delibes *Mundos* 20: Brasil es una nación sin límites, o siquiera estos no son aparentes.
2 Se usa para dar énfasis a una negación referida a un hecho que se supone lo mínimo que cabría esperar. *A veces* TAN ~. | Arce *Testamento* 31: No le miró siquiera. Ferres *Tierra* 68: La ciudad me resulta desconocida. Muchos sitios ni tan siquiera los recuerdo.
II *conj* **3** (*lit*) Aunque. | CNavarro *Perros* 25: Un sábado del que guardaría memoria, siquiera fuese para admitir que la desesperación tenía límites rayanos en el absurdo.

siquismo → PSIQUISMO.

sir (*ing; pronunc corriente,* /ser/, *átono*) *m* Se usa como tratamiento honorífico que se antepone al n de pila, o al n y apellido, del baronet o del que ha recibido del rey de Inglaterra el título de "*knight*" *o caballero.* | Torrente *Isla* 48: Sir Ronald, tras varias vueltas por Europa, .. se refugió en La Gorgona.

siracusano -na *adj* De Siracusa (Sicilia). *Tb n, referido a pers.* | Pericot-Maluquer *Humanidad* 192: El dominio de Siracusa aseguraba a los corintios el mejor puerto de Sicilia y una fortaleza inexpugnable. Pronto, con la fundación de Acrae, Casmenae y Camarina, los siracusanos obtuvieron el control de todo el sudoeste de la isla.

sire *m (hist)* Señor. *Se usa como tratamiento dirigido a reyes o emperadores de determinados países.* | Torrente *Sombras* 227: Considero, Sire, que ya va siendo hora de que nos presentemos. [*A Napoleón.*]

sirena – sirviente

sirena f **1** (*Mitol clás*) Ninfa marina con la parte superior del cuerpo de mujer y la inferior de pez o ave, que atrae a los marineros con la dulzura de su canto. *Tb fig, designando a una mujer muy seductora.* | Cunqueiro *Un hombre* 105: Las sirenas, que cada una tiene su canción, juegan a robarse unas a otras el repertorio. *Fam* 15.11.70, 28: Desde que el mundo es mundo, el hombre es conquistador y la mujer "sirena". **b) canto de ~** –> CANTO.
2 Aparato sonoro que se oye a gran distancia, empleado esp. en buques, en fábricas y en automóviles de servicios especiales. | Laforet *Mujer* 90: Desde el hotel oía .. las sirenas de los barcos.

sirenazo m Toque de sirena [2]. | R. Góngora *Abc* 23.8.64, 65: Por lo visto, junto a su casa, en la calle de Laín Calvo, funciona una fábrica que congrega a sus obreros a "sirenazos". J. A. Padrón *Día* 26.5.76, 5: En la mar tranquila, la estampa gris y bélica del "Oquendo" que, con sus sirenazos y rojas bengalas iba dando forma a las esbeltas siluetas que voltejeaban a la espera del momento de la salida.

sirénido *adj* (*Zool*) Sirenio. *Tb n.* | Ybarra-Cabetas *Ciencias* 162: Las aves y mamíferos son muy abundantes y semejantes a las formas actuales, existiendo incluso Sirénidos y Cetáceos.

sirenio *adj* (*Zool*) [Mamífero] acuático, con cuerpo en forma de pez, sin aletas abdominales y con aleta caudal horizontal. *Frec como n m en pl, designando este taxón zoológico.* | Á. MCascón *Béj* 28.11.70, 9: De los componentes de la clase zoológica a la que nosotros pertenecemos, dos órdenes (c[e]táceos y sirenios) y un suborden .. están total o parcialmente adaptados a la vida en el agua.

sirga f **1** Acción de sirgar. | Delibes *Año* 23: Había una granja junto al río, y una tela metálica cortaba el camino de sirga, de forma que tuve que atravesar el cercado. Benet *Aire* 16: Tras cruzar el río por el pontón de sirga, recorría [el camino] unas pocas vegas de la margen derecha.
2 Camino de sirga [1]. | MCalero *Usos* 106: A lo largo del caz había buena arboleda de negrillos, se podía caminar por su orilla gracias a una sirga que, aunque angosta, era suficiente.

sirgar *tr* Arrastrar o remolcar [una embarcación] con una cuerda desde la orilla. *Tb fig.* | F. Ros *Abc* 6.6.67, 50: ¿Qué extraño nerviosismo, veleidad, bostezo, cólera, ambición o epidemia les sirgaba?

siriaco -ca (*tb* **siríaco**) **I** *adj* **1** (*hist*) De Siria. *Tb n.* | Camón *LGaldiano* 92: Una copa de ágata, que parece siriaca, de época romana, se halla envuelta en la más bella montura italiana del Renacimiento. Cunqueiro *Un hombre* 104: Soy siríaco y llevo diez años en este puerto en el trato del centeno.
2 De(l) siriaco [3]. | GYebra *Traducción* 51: Desde el s. II d. de C. circularon versiones siríacas de la Biblia.
II *m* **3** Variedad del arameo hablada en Siria hasta el s. XIII aproximadamente y usada en la actualidad como lengua litúrgica de algunas iglesias orientales. | GYebra *Traducción* 51: Aunque la lengua culta de uso general en el Oriente cristiano era el griego, los sirios conservaron su propia lengua, el siríaco, pariente muy próximo del arameo. A. Pascual *MHi* 12.57, 7: Entonar en siríaco los cantos litúrgicos entre nubes de incienso, sin que su rito los separase de sus hermanos católicos.

sirimiri m (*reg*) Llovizna, esp. muy menuda. *Gralm referido a las provincias vascas.* | Zubía *España* 189: Iberia húmeda: Norte, noroeste y oeste de España. Tiene lluvias abundantes y caen suavemente (sirimiri, orballo).

siringa[1] f Flauta de Pan. | GGual *Novela* 254: Le cuenta la prueba de la gruta de Pan. Dentro de ella está la siringa del dios, y los tubos de la flauta dan un silbido ligero si se les acerca una doncella. MCalero *Usos* 59: Quietos los ganados, podían oírse las notas salidas de una flauta del zagal, de la dulzaina del mayoral o de la siringa de otros de ellos.

siringa[2] f Árbol americano que produce un caucho fino (*Hevea discolor*, *H. brasiliensis*, *Siphonia elastica* y otros). *Tb el mismo caucho.* | A. Hurtado *SYa* 10.10.76, 4: En las selvas del Putumayo, afluente del Amazonas, en las primeras décadas del siglo se explotaba la siringa, caucho de óptima calidad.

siringe f (*Zool*) Órgano vocal de las aves. | Ybarra-Cabetas *Ciencias* 379: La laringe anterior tiene un papel regulador de la comunicación entre el aparato digestivo y el respiratorio; la laringe posterior o siringe forma el órgano vocal.

siringomielia f (*Med*) Afección de la médula espinal, caracterizada por la pérdida del sentido del dolor y de la temperatura. | Sales *Salud* 412: El enfermo con siringomielia tiene un trastorno disociado de la sensibilidad, con la conservación del sentido táctil y pérdida del sentido del dolor y de la temperatura.

sirio -ria I *adj* **1** De Siria. *Tb n, referido a pers.* | *Inf* 13.5.70, 1: Unidades regulares de los Ejércitos sirio e iraquí acudieron de inmediato en ayuda del agredido.
II *m* **2** Siriaco [3]. | GGual *Novela* 285: El idioma corriente en esa época en Babilonia era el sirio.

sirla f (*jerg*) Atraco, esp. con navaja. | *VozA* 8.10.70, 2: Dos individuos no identificados, empleando el procedimiento de la "sirla", que no es otro que el asalto a personas con intimidación, han robado hoy a José Oribe.

sirlar *tr* (*jerg*) Atracar, esp. con navaja. | Tomás Orilla 180: Yo no sé nada de eso .. Si alguien le intentó sirlar o le pegaron, le juro que no sabía nada.

sirle m Excremento de ganado lanar o cabrío. | Aldecoa *Cuentos* 1, 112: Los rebaños cruzaban el campo buscando las lomas y dejaban sus huellas por los senderos: sirle y vedijuelas, y la tierra pezuñada en corto.

sirlero -ra m y f (*jerg*) Atracador, esp. con navaja. | *Nue* 2.10.70, 24: Dos portugueses, detenidos como supuestos "sirleros".

siro- *r pref* Sirio. | *Por ej: Abc* 24.6.58, 33: Ordinariamente se cree que para resolver cuestiones difíciles y discordias atroces, en un país como el Líbano –mediterráneo, mitad islámico, mitad católico siro-maronita–, lo mejor es enviar a un observador escandinavo.

siroco m **1** Viento cálido, seco y polvoriento que sopla del norte de África sobre el sur de Europa. | Zubía *Geografía* 51: Locales: Son los vientos propios de una región determinada .. Ejemplos: .. El Mistral, del valle del Ródano, frío y seco. El Siroco, que sopla en Sicilia procedente de África.
2 (*jerg*) Estado de estupefacción de quien ha consumido drogas. | *Int* 25.8.82, 97: El 30 de enero de 1979 se me cruzaron los cables o me llevó el siroco y a las cuatro en punto de la tarde le atice a un municipal.

sirope m Jarabe (líquido espeso que consiste en azúcar cocido en agua con esencias refrescantes). *Frec con un compl especificador.* | *Abc* 6.6.58, 18: Operadores de azúcares, refinos, crudos y futuros mieles y siropes. Madrid *Tiem* 20.3.89, 14: Estaba dispuesto a pagarle todo lo que quisiera: tortitas con nata y sirope, café con leche y tostadas.

sirtaki m Baile tradicional griego, normalmente de hombres solos, en que los danzantes se colocan en línea. *Tb su música.* | *Miss* 9.8.68, 17: Han bailado el sirtaki, danza nacional griega.

sirte f (*Mar*) Banco de arena, o escollo sumergido. *Tb fig.* | Zunzunegui *Camino* 116: ¿Qué era la vida para Soledad sino una ancha mar llena de temporales, de sirtes y de escollos? Laín *Recta* 20: La actividad de recordar tiene sirtes y riesgos: la sirte y el riesgo de exagerar la complacencia y el dolor recordados o, por el lado contrario, de quitar hierro .. a lo que suscita el arrepentimiento o el remordimiento.

siruposo -sa *adj* (*E*) **1** De(l) jarabe. | Aleixandre *Química* 173: Lo que se hace es evaporar la lejía obtenida hasta consistencia siruposa.
2 Que tiene la consistencia del jarabe. | Aleixandre *Química* 173: El ácido láctico es un cuerpo cristalino que funde a 18°; estos cristales son muy ávidos de agua, y por eso en contacto del aire húmedo se transforma en un líquido siruposo.

sirviente -ta (*la forma f* SIRVIENTA *solo en acep 2, aunque a veces se usa la forma* SIRVIENTE *como f*) **I** *adj* **1** (*Der*) [Predio] gravado con una servidumbre. | Piqué *Abogado* 690: El dueño del predio dominante podrá hacer, a su costa, en el predio sirviente, las obras necesarias para el uso y conservación de la servidumbre, pero sin alterarla ni hacerla más gravosa.

II *m y f* **2** Criado. | *Ya* 15.3.75, 20: Asisten a la asamblea muchísimos obreros sin cualificar y muchísimas madres que trabajan como sirvientas domésticas. Lera *Boda* 629: La sirviente no contestó al pronto. J. J. Madariaga *Abc* 6.2.68, 7: El conductor particular o doméstico, antes planchado y almidonado, con oscura gorra galoneada en invierno y entoldada de blanco lino en verano, juega hoy con este aditamento a un continuo quita y pon, para que nadie perciba su condición de sirviente.

sirviola *f (reg)* Pez marino de bastante tamaño, de color gris azulado y carne apreciada (*Seriola dumerilii*). | G. Marañón *Abc* 5.9.71, 3: Mis amigos del laúd traerán las redes llenas de sirviolas, truchas de agua salada; de lisas, delicioso pescado blanco; de tordos, primos del mero; y de alguna que otra lampaya.

sisa *f* **1** *(col)* Acción de quedarse ilícitamente con cierta cantidad al manejar dinero de otro. *Tb la misma cantidad*. | Laforet *Abc* 28.11.71, 51: Además de robarle con la sisa de sus derechos, el editor puede robar a un autor bueno distribuyendo mal su libro, vendiéndolo mal.
2 *En una prenda de vestir:* Escotadura, esp. la correspondiente a la manga. | *Lab* 2.70, 7: A los 12 cm. de largo total formar las sisas. | *Puericultura* 14: Pañal-braga: De forma triangular, pero con sisas en los bordes para que al doblarse no hagan mucho bulto entre las piernas.
3 *(hist)* Impuesto sobre comestibles consistente en una reducción en los pesos y medidas. | GNuño *Madrid* 21: El coste montó a un millón de escudos, procedentes de la sisa del vino. Sobrequés *HEspaña* 2, 310: Cuando el comercio adquirió volumen notorio, la Corona encontró una considerable fuente de ingresos en dos tributos, la alcabala y la sisa.

sisal *m* Fibra textil del agave, que se emplea esp. en la fabricación de cuerdas y tejidos bastos. *Tb la planta que la produce*. | *Inf* 11.1.74, 24: Unas 300 toneladas de sisal para la fabricación de cuerdas han sido pasto de las llamas al producirse ayer tarde un incendio en el muelle de poniente del puerto de Alicante. Plans *Geog. universal* 204: Las plantaciones de caña de azúcar, cafetales, bananeros y sisal ocupan las mejores tierras.

sisar *tr* **1** *(col)* Hurtar [algo o a alguien] mediante sisa [1]. | Berenguer *Mundo* 256: Ella ahorraba para poder refrotarle a Pablo que tenía cuartos, y los que tenía, de sisarle a Pablo eran.
2 Hacer sisa [2] [en una prenda *(cd)*]. *Frec abs*. | *Lab* 1.80, 30: Empezar a sisar cada 2 v[ueltas] 5-4-3-2-1, seguir recto en la sisa, y menguando en el escote.

siseante *adj* Que sisea. | Matute *Memoria* 19: Borja y yo, de bruces en el suelo, manteníamos conversaciones siseantes.

sisear **A** *intr* **1** Emitir prolongadamente el sonido *s* o *ch*, esp. para mandar callar, llamar la atención o mostrar desagrado. | Medio *Bibiana* 129: Dos mujeres comentan la película. Alguien sisea. CNavarro *Perros* 157: Cuando salió, todos seguían pendientes de la televisión. Preguntó si podía mandar servir la cena, y nadie respondió a su pregunta. Pupi siseó ostensiblemente molesto. **b)** Producir [algo] un sonido semejante al de la pers. que sisea [1]. | Arce *Precio* 115: El sisear de la lluvia sobre los setos del jardín se fue haciendo cada vez más lejano. Cuevas *Finca* 36: Descubrió que eran lechuzas. Se las oía sisear y volar quedamente.
B *tr* **2** Sisear [1] [a alguien o algo *(cd)*]. | Halcón *Ir* 342: No pudo contenerse y la siseó. Sintió ridículos sus celos de salvaje. Por eso solo fue un siseo.
3 Decir [algo] produciendo un sonido reiterado de *s* o *ch*. | Benet *Volverás* 69: Cada dos o tres meses rendían una visita al cementerio, a una sencilla lápida horizontal .. ante la que se arrodillaban .. siseando palabras semilatinas.

siseo *m* Acción de sisear. *Frec su efecto*. | Arce *Precio* 126: El coche se pegaba a las curvas de la carretera con un imponente siseo de neumáticos. Pinilla *Hormigas* 244: Y la abuela, rezando y rezando, llenando el caserío con sus siseos.

sísmicamente *adv* **1** De manera sísmica. *Tb fig*. | Zunzunegui *Camino* 111: Todo lo veía sísmicamente, como en un cataclismo a través de sus aguas convexas.
2 En el aspecto sísmico. | A. M. Yagüe *Ya* 21.9.85, 44: Si bien la meseta central es una de las zonas más estables sísmicamente de Europa, España es uno de los países del mundo que mayor riesgo de actividad sísmica presenta.

sismicidad *f* Grado de frecuencia e intensidad de los fenómenos sísmicos. *Gralm con un compl especificador de lugar*. | Bustinza-Mascaró *Ciencias* 372: La sismicidad en España. En nuestra Península se dejan sentir algunas veces movimientos sísmicos.

sísmico -ca *adj* De(l) sismo o de (los) sismos. | Ybarra-Cabetas *Ciencias* 149: Los focos sísmicos se hallan agrupados en diversos lugares del Globo, ocupando espacios más o menos extensos denominados áreas sísmicas.

sismo *m* Terremoto (sacudida de la corteza terrestre). | Bustinza-Mascaró *Ciencias* 369: Sismología. Es la ciencia que estudia los sismos, terremotos o temblores de tierras.

sismografía *f* Técnica de registro de fenómenos sísmicos basada en el uso del sismógrafo. | F. Terrón *País* 15.2.85, 16: Autoridades y expertos en sismografía de Granada temen que esta serie de microterremotos pueda ser el preludio de un terremoto de gran intensidad.

sismográfico -ca *adj* De (la) sismografía. | *Nue* 29.3.70, 1: Las estaciones sismográficas .. registraron anoche un fuerte terremoto.

sismógrafo *m* Instrumento que registra gráficamente los movimientos sísmicos. | Ybarra-Cabetas *Ciencias* 147: El sismógrafo corriente es de péndulo vertical.

sismograma *m* Gráfico de un sismo, obtenido mediante un sismógrafo. | Ybarra-Cabetas *Ciencias* 147: Cuando el sismo se produce cerca del observatorio, el sismograma es bastante confuso.

sismología *f* Estudio de los terremotos. | Bustinza-Mascaró *Ciencias* 369: Sismología. Es la ciencia que estudia los sismos, terremotos o temblores de tierras.

sismológico -ca *adj* De (la) sismología. | Bustinza-Mascaró *Ciencias* 372: En nuestra Península se dejan sentir algunas veces movimientos sísmicos, existiendo varias estaciones sismológicas para registrarlos y estudiarlos.

sismólogo -ga *m y f* Especialista en sismología. | Bustinza-Mascaró *Ciencias* 369: No es posible en un estudio elemental exponer los métodos que los sismólogos siguen para su determinación [del hipocentro].

sismómetro *m* Instrumento que sirve para medir la fuerza de las oscilaciones en un terremoto. | I. PAranguena *Mad* 18.11.70, 8: La próxima misión .. podría llevar sismómetros, magnetómetros, analizadores automáticos.

sismonastia *f (Bot)* Movimiento debido a un golpe o sacudida o a otro estímulo mecánico. | Alvarado *Botánica* 37: Las sismonastias .. son movimientos [de órganos vegetales] debidos a contactos o a simples choques o sacudidas. Es proverbial el caso de la sensitiva.

sismorresistente *adj* Relativo a la resistencia a los sismos o terremotos. | *BOE* 3.12.75, 25187: Los tanques se calcularán teniendo en cuenta las condiciones siguientes: Lleno de agua .. Acciones sísmicas de acuerdo con lo especificado en las normas sismorresistentes PGS-I (1968), parte A.

sisón *m* Ave zancuda de unos 40 cm, con plumaje pardo arenoso en la parte superior y blanco en las inferiores (*Otis tetrax*). | Cuevas *Finca* 150: Las tribus volanderas del verano se sucedían, exactamente, como las bandadas de pájaros: los alcaravanes, los sisones.

sistema **I** *m* **1** Conjunto ordenado de normas o procedimientos. *Gralm con un adj o compl especificador*. | *BLM* 9.74, 4: La necesidad de concretar un programa reivindicativo unitario, tanto a nivel de cada sector específico, como a nivel general, permite neutralizar las diferenciaciones y enfrentamientos que el actual sistema educativo pretende introducir entre los propios enseñantes. Franco *Ya* 2.1.74, 13: Lo que bajo otro régimen hubiera constituido la fragilidad y alteración profunda de todo un sistema, en nosotros sirvió para robustecer nuestros ideales y unir a los españoles para su cerrada defensa. **b)** Sistema político establecido. | *Ya* 4.1.74, 7: Aunque se ha producido un sangriento, entrañable hueco [en el Gobierno], el sistema lo ha llenado inmediatamente; las instituciones han funcionado. **c)** Método o procedimiento. | GPavón *Hermanas* 23: Uno tiene unos sistemas de trabajar muy antiguos.

2 Conjunto organizado de ideas. *Gralm con un adj o compl especificador.* | Gambra *Filosofía* 13: Se han propuesto muchas definiciones de filosofía en los distintos sistemas filosóficos.
3 Conjunto organizado de elementos que contribuyen al mismo objeto. *Gralm con un adj o compl especificador.* | Marcos-Martínez *Aritmética* 116: Sistema métrico: unidades de longitud y superficie. Navarro *Biología* 117: Se denomina Anatomía al estudio de los órganos, aparatos y sistemas, y Fisiología, al estudio de las funciones que realizan. Amorós-Mayoral *Lengua* 26: Es muy importante saber cómo pasa una palabra nueva al sistema de una lengua, a las gramáticas y a los diccionarios. **b)** Conjunto de mecanismos que contribuyen a una misma acción. | Laforet *Mujer* 186: La bombilla .. se acercaba a la mesa de su cuarto por un sistema de pesas. **c) ~ operativo.** (*Informát*) Programa, o conjunto de ellos, que controla la gestión de los procesos de un ordenador y la ejecución de los demás programas. | *Pro* 6.5.88, 14: Un sistema operativo es el conjunto de programas imprescindibles para que funcione el ordenador.
4 Conjunto organizado de elementos afines por su naturaleza o estructura. | Zubía *Geografía* 8: Dentro de la "Vía Láctea", en una región llamada Sistema Local, se halla el "Sistema Solar", formado por el Sol y todos sus planetas. Ybarra-Cabetas *Ciencias* 71: Pirolusita. Bióxido de manganeso. Cristaliza en el sistema tetragonal. **b)** (*Geol*) Conjunto de montañas que forman una o varias cordilleras afines por sus orígenes y su ubicación. | Zubía *España* 165: Los montes de la Meseta: el Sistema Central, los Montes de Toledo y el Sistema Bético o Sierra Morena. **c)** (*Meteor*) Conjunto formado por las distintas clases de nubes de una perturbación. | A. Linés *Ya* 15.11.70, 5: Es probable también que algún sistema nuboso profundice hacia el Sur, con lluvias de nuevo en Andalucía.
II *loc adv* **5 por ~.** De manera sistemática [2]. | GPavón *Reinado* 11: Por sistema, hago todo lo contrario de lo que dice.

sistemáticamente *adv* De manera sistemática. | RAdrados *Lingüística* 548: Es cuando se llega a la Gramática cuando se alcanza el plano de la abstracción superior en cuanto expresada sistemáticamente por la lengua. *Mad* 30.12.69, 1: Varios aviones británicos de reconocimiento las han estado siguiendo la pista sistemáticamente.

sistemático -ca **I** *adj* **1** Que se ajusta a un sistema [1a y 2]. | GÁlvarez *Filosofía* 1, 219: El Pseudo Dionisio nos ofrece, con los más altos vuelos, una concepción sistemática de la doctrina cristiana según el modelo neoplatónico de la metafísica religiosa. **b)** [Catálogo] que ordena los asientos de materias según las notaciones que establece la biblioteca. | Huarte *Biblioteca* 139: Redactadas las fichas principales, el uso en las bibliotecas públicas es hacer de ellas tantas copias como nuevos encabezamientos secundarios se asignan a cada una de aquellas, incluyendo una copia para el catálogo sistemático por CDU.
2 Reiterado o constante, como si estuviera sujeto a norma. *Gralm con intención peyorativa.* | CBaroja *Inquisidor* 15: Desde el siglo XVI encontramos no solo detractores sistemáticos de aquel tribunal ajenos a la fe, sino también católicos sinceros.
II *f* **3** (*Biol*) Ciencia de la clasificación de las especies. *Tb la clasificación misma.* | *BOE* 14.2.58, 1495: Teniasis de las aves. Sistemática y caracteres diferenciales.
4 Sistemas, o conjunto de sistemas [1a]. | J. M. RGallardón *Abc* 17.12.70, sn: Un orden jurídico no está constituido por una sistemática jurídica codificada. Ri. López *PapD* 2.88, 117: El plan educativo del ciclo infantil, en cuanto a currículum se refiere, no es otra cosa que un conjunto de proyectos y la sistemática estructural de su aplicación.

sistematismo *m* Cualidad de sistemático [1]. | DPlaja *Abc* 20.8.65, 3: Valle Inclán, cuyo sistematismo mental espero mostrar en breve, sitúa en sus farsas dieciochescas la imagen de la radical contradicción española entre una realidad apegada a los modos más primarios y una voluntad de perfección.

sistematización *f* Acción de sistematizar. *Tb su efecto.* | GNuño *Escultura* 15: Se trata de un tema todavía en elaboración, aún ahora pendiente del recuento, sistematización y confrontación correlativa de sus elementos. Olmo *Golfos* 158: Hoy .. ocurrió algo increíble. Algo que vino a desarticular la sistematización de todos nuestros actos.

sistematizador -ra *adj* **1** Que sistematiza. *Tb n, referido a pers.* | GNuño *Escultura* 68: Su sistematizador, Taracena, dividió la evolución de este arte específicamente numantino en tres períodos.
2 De (la) sistematización. | *Abc* 17.9.68, 24: Después del secundario y sistematizador empeño de Hugo Grotio, el mundo occidental .. y todo el orbe .. han seguido un proceso, positivo, en la construcción de un derecho internacional.

sistematizante *adj* Que sistematiza. | MPuelles *Filosofía* 2, 15: Lo que anima al viviente no es su organismo, sino precisamente lo que hace de principio unificador o sistematizante de las partes de este.

sistematizar *tr* Reducir [algo] a sistema. | Torrente *DJuan* 51: Mi tesis no añade nada: recopila, sistematiza, allega materiales antes nunca juntados. Gambra *Filosofía* 54: Las leyes silogísticas fueron halladas por Aristóteles y sistematizadas por sus discípulos medievales.

sistémico -ca *adj* **1** De un sistema en su conjunto. | R. DHochleitner *PapD* 2.88, 206: La educación tiene que permitir aprender a vivir, a convivir y a trabajar, gracias a un aprendizaje anticipatorio y sistémico en el que el trabajo intelectual cobre una creciente primacía frente al trabajo manual y repetitivo.
2 (*Med*) De la circulación general de la sangre. | An. Castro *Abc* 18.4.76, 34: La caída del pelo está producida por múltiples factores. A grandes rasgos se pueden incluir la alimentación, las infecciones .., las enfermedades endocrinas, cutáneas, sistémicas y congénitas o la edad.

sistemista *m y f* (*Informát*) Experto en sistemas o en análisis de sistemas. | J. MVelarde *SAbc* 4.11.84, 45: El primer eslabón en la cadena lo forma el sistemista, que analiza el problema globalmente e indica los ordenadores y las potencias de cálculo mínimas para su solución.

sístole *f* (*tb, semiculto, m*) (*Fisiol*) Movimiento de contracción del corazón. | Navarro *Biología* 172: El latido coincide con la sístole ventricular. *Cua* 10.68, 6: El fácil esquema biológico del sístole y el diástole.

sistólico -ca *adj* (*Fisiol*) De (la) sístole. | Navarro *Biología* 174: La presión arterial máxima o sistólica corresponde al momento de la sístole ventricular.

sistro *m* Instrumento de percusión usado en el antiguo Egipto y modernamente en ceremonias religiosas en Etiopía, formado por un aro o herradura con numerosas varillas móviles y sonoras, y provisto de mango. | A. Iglesias *SInf* 26.6.69, 6: Ocho cantores .. tomaban sendos báculos .. en una mano, haciendo sonar con la otra unos bellos sistros. *Hola* 8.4.93, 101: En la sala contigua, el ritmo de los tambores y de los sistros se acelera hasta que los sacerdotes inician la danza de David. [*En Etiopía*.]

sitar *m* Instrumento musical de cuerdas pulsadas propio de la India, semejante a una guitarra con mástil muy largo. | Valls *Música* 32: Las recientes actuaciones de Ravi Shankar en nuestros escenarios ha[n] familiarizado al público hispano con ciertos aspectos de la música hindú y con algunas expresiones de su terminología: la de un instrumento, el sitar, y la del sistema *râga*, en que se asienta la música de aquel país.

sitatunga *m* Antílope propio de zonas pantanosas de África central (*Tragelaphus spekei*). | T. Auñón *SYa* 13.7.89, 4: Desde primeros de año se han producido nacimientos de los animales más difíciles de reproducir en cautividad ..: pingüinos de la Patagonia, .. un sitatunga, nacido en mayo y oriundo de África.

sitgetano -na (*pronunc corriente*, /sičetáno/) *adj* De Sitges (Barcelona). *Tb n, referido a pers.* | J. Tarín *Abc* 15.2.76, 26: Sitges se halla en deuda permanente con Miguel Utrillo .. Llegará un día en que podremos hablar de una escuela literaria y pictórica sitgetana.

sitiador -ra *adj* Que sitia. *Frec n, referido a pers.* | J. D. Mena *Abc* 23.8.66, 15: La ejemplar reacción de la ciudad, poco menos que indefensa, frente a la intimación de la formidable escuadra y el poderoso ejército sitiadores. Arenaza-Gastaminza *Historia* 135: Guzmán el Bueno arroja su puñal a los sitiadores de Tarifa.

sitial *m* Asiento de ceremonia reservado en actos solemnes para las perss. de alta dignidad. | SSolís *Camino* 288: Fueron todos a misa a la vieja iglesia prerrománica. Tras recibir los saludos y la curiosidad de las gentes, ocuparon sus puestos: Anselmo en el sitial que antiguamente constituía un privilegio del capitán. **b)** Puesto destacado o de honor. | *As* 22.9.74, 27: A través de la pantalla de televisión hemos podido contemplar los quince asaltos, que, como otros tantos escalones, le han valido para auparse al más elevado sitial de los triunfadores de las doce cuerdas.

sitiar *(conjug* **1a)** *tr* **1** Rodear [un lugar] impidiendo a las perss. que están en él la huida o la recepción de ayuda exterior. | Arenaza-Gastaminza *Historia* 135: Disgustado el rey de Granada por retener Sancho IV la plaza de Tarifa, rompe la alianza y, unido a los benimerines, la sitia.
2 Impedir [a alguien *(cd)*] que salga del lugar en que está o que reciba ayuda exterior. | *Asturias* 21: Fue excarcelado del castillo de Almonacid (Toledo), en el que se hallaba preso por orden de Don Juan I, volviendo a rebelarse contra su sobrino, que le sitió en Gijón. Laín *Universidad* 31: Me tocó parlamentar con los sitiadores, y a media tarde conseguí que los sitiados, en grupos de cuarenta o cincuenta, .. pudieran evacuar el edificio.

sit-in *(ing; pronunc corriente,* /sítin/; *pl normal, invar) m (hoy raro)* Sentada (acción de protesta). | N. Preciado *SMad* 25.4.70, 1: El "poder negro", nacido como simple consigna de lucha en los "sit-in" de Harlem, pronto se convirtió en la gran esperanza de la América negra.

sitio[1] **I** *m* **1** Lugar (parte del espacio que está o puede estar ocupada por alguien o algo). *Frec en constrs como* HACER *o* DEJAR ~, TENER ~ *o* HABER ~. | CNavarro *Perros* 14: La llevaría a todos esos sitios adonde nosotros vamos. Olmo *Golfos* 36: Dirigiéndose a Sabañón, ordenó: –Usted a su sitio. **b)** Lugar (puesto que corresponde a una pers. por su categoría o por sus circunstancias). | ZVicente *Traque* 43: Me llamó desvergonzada y que si mi casa y que si el sitio de una mujer decente y que qué me había creído. **c)** *(Taur)* Lugar adecuado para que [el diestro] pueda ejecutar las suertes con lucimiento. *Frec en constrs como* ESTAR EN EL ~, ESTAR SIN ~, DAR ~, PERDER EL ~. | Á. Domecq *Abc* 29.6.58, 23: Procuré no atosigarla nunca con los peligrosos ensayos con becerras bravas para aprender el sitio. A. Navalón *SInf* 27.5.70, 1: Ante el sexto, con muchas dificultades, estuvo valiente y con sitio.
2 real ~, *o* **~ real.** Palacio, situado fuera de la corte, destinado a residencia temporal o de recreo de los reyes. | Ridruejo *Castilla* 2, 342: Fue famosísima en La Granja la fábrica de cristales, provista de las novedades mecánicas más progresivas del siglo y de la que salieron muchas de las preciosidades que adornan los Reales Sitios. Zubía *España* 46: Cerca de Segovia está La Granja, antiguo sitio real, con palacio y hermosos jardines y fuentes.
3 *(Der, reg)* Bien inmueble. | *Compil. Aragón* 572: Serán válidos aquellos pactos y declaraciones consignadas en escritura pública .. por los cuales .. ambos cónyuges atribuyan a bienes muebles la condición de sitios, o a estos, la de muebles.
II *loc v* **4 dejar** [a alguien] **en el ~.** Matar[le] en el acto. | Lagos *Vida* 49: A pique ha estado de dejarla en el sitio.
5 poner las cosas en su ~. Hacer volver a su dimensión real algo que había sido desorbitado. | GPavón *Hermanas* 31: Plinio, que estuvo tentado de pensar mal, en seguida puso las cosas en su sitio. **b) poner** [a alguien] **en su ~.** Hacer ver [a alguien] la categoría real [de esa pers.], que ha sido sobrevalorada por los demás o, más frec., por ella misma. | J. Goñi *ElM* 27.1.91, 61: Lo creíamos un héroe, y nuestro náufrago, Alfonso Rojo, lo ha puesto en su sitio. Este Peter Arnett, la antena de la CNN en Bagdad, no se está portando como un compañero. **c) ponerse** [alguien] **en su ~.** Hacer valer su autoridad o su carácter para poner freno a una actitud de abuso o desconsideración. | * El jefe tiene mucha paciencia, pero un día tendrá que ponerse en su sitio. * Con los niños es mejor ponerte en tu sitio desde el primer día.
6 quedarse en el ~. Morir en el acto. | Olmo *Golfos* 80: ¡No te quedaste en el sitio por chiripa!

sitio[2] *m* Acción de sitiar. *Tb su efecto. Frec en las constrs* PONER ~ *y* LEVANTAR EL ~. | CBaroja *Inquisidor* 52: Arzobispo de Zaragoza en 1801, no solamente no estuvo en su sede arzobispal durante los sitios, objeto de tanto canto patriótico, sino que se hizo afrancesado.

sito -ta *adj (admin)* Situado [en un lugar]. | *Mun* 23.5.70, 12: En la parroquia de San Martín, sita en la calle Desengaño, se celebró una misa en sufragio del alma de Adolfo Hitler.

sitting room *(ing; pronunc corriente,* /sítin-ŕúm/; *pl normal,* ~s) *m (raro)* Cuarto de estar. | A. Barra *SAbc* 2.2.69, 11: Al entrar en el "sitting-room" se quedó sin aliento.

situable *adj* Que puede ser situado. | *SAbc* 8.3.70, 15: Potencia de salida, 8 vatios (4 por canal). Dos altavoces, situables y orientables a gusto del oyente. GNuño *Escultura* 63: Los hallazgos de Oliva y Liria .. componen esta nueva escuela de grafismo, siempre dentro de una cronología situable en el siglo III.

situación *f* **1** Lugar que ocupa una pers. o cosa con relación a otras. *Frec con un compl de posesión. Tb fig.* | Zubía *España* 14: Cada alumno hará .. un plano semejante del barrio en que está enclavado su Colegio. Fijará con un triangulito la situación de su casa. * La situación de España en el mundo ha cambiado en los últimos años. **b)** Posición social o económica. *Sin compl calificador, indica que esta es buena o destacada.* | CBaroja *Inquisidor* 30: Muchos hijos de familias de simples hidalgos, y aun de villanos, alcanzaron a través de la Iglesia situaciones de excepcional importancia.
2 Circunstancia o conjunto de circunstancias en que se encuentra alguien o algo. *Frec con compl de posesión.* | Albalá *Inf* 31.12.69, 24: El choque de eso que tú llamas tu utopía con la realidad de un mundo en una situación límite como es la posguerra en Europa. Laforet *Mujer* 240: Le voy a pedir una cosa, señora. Le voy a pedir que no complique la situación. Arce *Testamento* 32: Parecían preocupados y, por primera vez, me sentí dueño de la situación.
3 *(Pol)* Grupo que está en el poder. *Normalmente precedido de* LA. | L. Apostua *Ya* 8.11.70, 16: El agradecimiento del "establishment" por su discurso puede fácilmente valorarlo el arzobispo con solo leer las riadas de prosa que le han dedicado los periódicos más caracterizados de la situación.

situacional *adj* De (la) situación. | A. Amo *Cua* 6/7.68, 50: Conocimiento respetuoso que no se traduce en constatación, sino en una continuidad situacional, una permanencia en el desarraigo. MGaite *Cuento* 351: Sin arraigo, sin ámbito situacional, no surgirían los recuerdos ni el deseo de recogerlos.

situacionismo *m* Adaptación a la situación o a las circunstancias. | Guelbenzu *Cua* 10.68, 35: Entre otras razones, exponían la siguiente: .. la exigencia de una mayor concisión y situacionismo respecto a los problemas a debatir.

situacionista *adj* Que depende de la situación o las circunstancias, o se adapta a ellas. | M. ICorral *Sáb* 11.1.75, 51: Justicia y política no nacieron hermanas .. Los criterios políticos son situacionistas. No siempre concuerdan con la defensa de la sociedad y del Estado.

situado *m (raro)* **1** Parada (lugar destinado al estacionamiento de vehículos de alquiler). | Isidro *Abc* 22.5.58, 45: No es mala púa la que le[s] han colocado a los que acuden al despacho central de la Renfe quitándoles al lado, al pie de Bellas Artes, un situado de taxis que allí había. APaz *Circulación* 95: Franjas alternadas negras y amarillas: estacionamientos reservados para auto-taxis y carruajes de alquiler ("situados", "paradas" o "puntos").
2 Puesto (de venta). | *Pue* 22.3.80, 13: Para la concesión de los situados se exige el ejercicio directo de la venta por los peticionarios, y para las autorizaciones se tendrán en cuenta las circunstancias personales de los mismos, otorgándose, en su caso, un solo situado por solicitante. Marlasca *Abc* 9.1.72, 39: Me estoy refiriendo a esos puestos de chucherías y baratijas .. Es cierto que esos mercachifles (hombres o mujeres que han preferido estos tranquilos y rentables "situados" a guitonear, andando a la briba sin aplicación a ningún trabajo) exceden con mucho los horarios hábiles de comercio.

situar *(conjug* **1d) A** *tr* **1** Poner [a alguien o algo en un sitio [1] o situación [1 y 2] determinada]. | *Alc* 1.1.55, 3: Este esfuerzo por situar a nuestro periódico en el primer plano de la Prensa nacional. Tamames *Economía* 282: La escasa densidad de tráfico de nuestra red la sitúa en una posición poco favorable. Medio *Bibiana* 13: Bastante hacemos con tratar de situarles en la vida. Alfonso *España* 25: La cul-

situs – slip

tura en España no se la ve como fin, sino como medio. A nivel popular y familiar, un medio para situarse y ganar dinero (aunque el paro de graduados va en aumento de manera alarmante). **b)** Poner [a alguien o algo en un determinado tiempo]. | C. Castroviejo *HLM* 6.5.74, 19: Sitúala en la época que quieras, si es que es situable en alguna.

2 Determinar la situación [1 y 2] [de alguien o algo (*cd*)], esp. como consecuencia de una reflexión o investigación. | Ortega-Roig *País* 10: Si has ido de excursión al campo y quieres regresar a la ciudad necesitas, en primer lugar, saber dónde estás: eso es situarse. Zubía *España* 13: Para localizar o situar las distintas cosas que hay en la clase y la colocación de cada alumno, se necesita un mapa o plano de la misma.

B *intr pr* **3** Estar [alguien o algo en determinada situación local o temporal]. | Aranguren *Van* 28.12.75, 13: Weisbach, Pinder, le habían precedido largamente en la caracterización de este estilo, que se sitúa entre el clásico del Renacimiento y el barroco de la Contrarreforma. * La acción de la novela se sitúa en Inglaterra a principios de siglo.

situs *m* (*Med*) Sitio o lugar. *Tb* (*lit*) *fig, fuera del ámbito técn.* | J. M. Llanos *Ya* 1.11.74, 22: Desde la primera guerra mundial se da culto a la figura nebulosa pero encarnada del "soldado desconocido". Tiene su lápida, su antorcha, su "situs" bien solemne.

siurell (*cat; pronunc corriente,* /siurél/ *o* /siurél/; *tb con las grafías* **xiurell** *o* **ciurell**; *pl normal,* ~s) *m* Silbato de barro cocido, típico de Mallorca y gralm. en forma de animal. | GNuño *Escultura* 172: En muchos puntos del archipiélago balear .., continúan vendiéndose unas pequeñas figurillas de barro llamadas *xiurells* o silbatos, cuya caja de resonancia se disfraza con las formas figuradas más deleitosas que cabe imaginar. Matute *Memoria* 167: Allí seguían .. l[a]s terracotas y los *ciurells* de Ibiza.

siux *adj* Sioux. *Tb n.* | V. Romero *Pue* 30.11.79, 38: A los noventa y cuatro años de edad, Cuervo Loco .. goza del respeto de un pueblo que acude a escuchar en su voz la sabiduría de las tradiciones ancestrales siux.

sizerín. pardillo ~ → PARDILLO.

skai (*n comercial registrado; pronunc corriente,* /eskái/) *m* Cuero sintético. | T. Berrueta *Rev* 12.70, 28: Si es un bolso, que sea de cocodrilo, jamás una imitación de "skai". MGaite *Fragmentos* 181: Le siguió por el pasillo hasta la habitación, que tenía un aspecto bastante destartalado, con un sofá de skai, sillones de lo mismo y varias mesitas desparejadas.

skateboard (*ing; pronunc corriente,* /eskéitbord/; *tb con la grafía* **skate-board**) *m* Monopatín. | An. Guerrero *SPaís* 8.11.81, 41: Quizá por todo esto ha nacido el *windskiing*. Su creador ha sido Jamie Budge, un *surfer* (practicante de *surf*), de California que, a raíz del *windsurfing*, adoptó la vela, primeramente, al *skateboard* (monopatín), y posteriormente, al esquí. O. Viza *SSe* 4.2.90, 30: Con 18 años era un habilidoso practicante del *skate-board*, aunque fundamentalmente le gustaba el mar. [*En el texto*, skate board.]

skeet (*ing; pronunc corriente,* /eskít/) *m* (*Dep*) Variedad de tiro al plato en que este es lanzado con distintos ángulos y velocidades y el tirador dispara desde ocho puestos diferentes situados en semicírculo. | *HLM* 26.10.70, 32: "Skeet" por equipos (hombres): U.R.S.S., 587 puntos. *Rio* 10.9.89, 53: El equipo femenino de España consiguió la medalla de plata en foso olímpico, en los Campeonatos del Mundo de Tiro, especialidades *skeet* y foso olímpico.

sketch (*ing; pronunc corriente,* /eskéč/; *pl normal,* ~s *o* ~es) *m* Escena corta, gralm. cómica y rápida, interpretada por muy pocos actores. | G. POlaguer *Mun* 26.12.70, 81: Estas "Farsas" se componen de cuatro "sketchs".

ski (*nor-ing; pronunc corriente,* /eskí/) *m* (*hoy raro*) Esquí. | *Can* 4.10.91, 59: Sport Coast, S.L., embarcaciones deportivas nuevas y usadas, equipos de Ski, accesorios, etc.

skiff (*ing; pronunc corriente,* /eskíf/; *pl normal,* ~s) *m* (*Dep*) Embarcación de regatas, muy larga y afilada, de un solo remero. | Repollés *Deportes* 112: Las yolas, los *outrig[g]ers*, los *skiffs*, piraguas, botes, traineras, trainerillas, etc., son las frágiles embarcaciones empleadas comúnmente en el deporte de las regatas a remo.

skijama (*n comercial registrado; pronunc corriente,* /eskiχáma/) *m* Pijama de punto, ceñido y cerrado. | *DBu* 19.9.70, 4: Pijamas desde 290. Skijamas desde 290.

skimmer (*ing; pronunc corriente,* /eskímer/; *pl normal,* ~s) *m* Dispositivo para quitar la suciedad de la superficie del agua de una piscina. | *GTelefónica N.* 27: Accesorios de todo tipo para piscinas. Skimmers. Trampolines. Escaleras.

skin (*pronunc corriente,* /eskín/; *pl normal,* ~s) **I** *m y f* **1** Skinhead. | L. C. Buraya *Ya* 31.5.87, 37: En Londres es entrar en un billar o una tienda y encontrarse con cuatro o cinco niños skins, que al escuchar tu acento extranjero te insultan para provocarte *. Existe una anécdota de un grupo de skins que en una estación inglesa volcaron todo un tren.

II *adj* **2** De (los) skinheads. | L. C. Buraya *Ya* 31.5.87, 37: En Barcelona hay un grupo skin que, durante una actuación, llegó a partir con una sierra mecánica una vaca viva.

skinhead (*ing; pronunc corriente,* /eskínhed/; *pl normal,* ~s) *m y f* Individuo perteneciente a un grupo juvenil violento, de ideología nazi, caracterizado por llevar la cabeza rapada y vestimenta de estilo militar. | *País* 6.4.80, 3: Los refuerzos policiales, llegados urgentemente, se tuvieron que enfrentar con más de cien jóvenes, en su mayoría blancos, pertenecientes a un grupo de *skinheads* (cabezas afeitadas) con los que mantuvieron una verdadera batalla. [*En Inglaterra.*] *Ya* 31.5.87, 36: Rockers, Mods, Punks, Heavys, Skinheads, Tecnos, "Oscuros", Rockabillys, Modernos y Posmodernos..., distintas "familias" dentro de una joven marea humana que ha cambiado en veinte años la cultura y forma de vivir en las ciudades en el mundo actual.

skip (*ing; pronunc corriente,* /eskíp/; *pl normal,* ~s) *m* (*Min*) Montacargas. | *Act* 8.10.70, 66: Torre GHH para extracción multicable automática por "skips" en una instalación central. [*En el Ruhr.*]

skua (*ing; pronunc corriente,* /eskúa/) *m* Ave acuática parecida a la gaviota, de plumaje oscuro y cola larga (*Stercorarius parasiticus*). | G. Catalán *D16* 2.5.88, 35: Las cajas de huevos frescos están totalmente rotas y picoteadas por los insaciables skuas. [*En la Antártida.*]

slalom (*nor-ing; pronunc corriente,* /eslálom/; *pl normal,* ~s) *m* (*Dep*) **1** Competición de esquí consistente en un descenso sinuoso con paso obligado entre varios pares de estacas. | *Act* 25.1.62, 29: Patinaje sobre hielo en Davos (Grisons) y slalom en Engelbert (Suiza Central).

2 Prueba similar al slalom [1] disputada con coches u otros vehículos. | Luike *Pue* 1.12.70, 25: Sobre un recorrido limpio de 100 metros se efectúa un slalom sorteando once conos de goma, colocados en línea recta y a una distancia entre unos y otros de 10 metros. [*Coches.*] E. Pavón *Abc* 2.12.90, 53: Esta prueba constará de un rally de 40 kilómetros aproximadamente, distribuidos en dos o tres bucles y un "slalom" paralelo, dentro de un circuito preparado en la Casa de Campo. [*Bicicletas.*]

slang (*ing; pronunc corriente,* /esláng/; *pl normal,* ~s) *m* Argot inglés. | Cela *Pirineo* 24: En inglés arcaico o, quizás mejor, en viejo slang, puta y monja se decía de la misma manera: nun.

sleeping (*ing; pronunc corriente,* /eslípin/; *pl normal,* ~s) *m* (*hoy raro*) Coche-cama. | DPlaja *El español* 149: En lugar del cuarto del hotel puede ser el camarote de un barco, o el sleeping de un tren.

slip (*ing; pronunc corriente,* /eslíp/; *pl normal,* ~s) *m* **1** Prenda interior masculina, de punto, que cubre la parte inferior del tronco ajustándose por debajo de la cintura y en las ingles. | *Tri* 3.7.71, 34: Felicitamos a la firma Miguel Massana, en Mataró, que acaba de lanzar al mercado un slip –¡el slip Mass!–, auténticamente revolucionario .. Slip Mass es una prenda muy útil y práctica para el hombre de hoy.

2 ~ **de baño.** Calzón de baño de forma semejante a la del slip [1]. *A veces se omite el compl, por consabido.* | Olmo *Cuerpo* 47: Me gustaría verte al slip de baño. Tu cuerpo debe ser un espectáculo. Marsé *Tardes* 131: Cuando le tuvo delante le quitó los mocos con un pañuelo, le ajustó el slip sobre la barriguita y lo despidió con un cariñoso azote en el trasero. –Vigila a tu hermanita, que no se acerque demasiado a la orilla.

3 (*raro*) Prenda interior femenina a modo de braga pequeña. | *SAbc* 2.3.80, 45: ¿Mínimo "slip" o pequeño pantaloncito? Una decisión difícil, pensando solo en tu silueta.

slogan (*ing; pronunc corriente,* /eslógan/; *pl normal,* ~s) *m* Eslogan. | *Pue* 20.1.67, 4: "Revolución en libertad" es el slogan con que .. hizo las elecciones.

slot (*ing; pronunc corriente,* /eslót/; *pl normal,* ~s) *m* (*Informát*) Ranura o conector para enchufar periféricos, accesorios o extensiones de memoria. | *NLu* 6.11.89, 2: El nuevo Inves PC X 30 Plus es un ordenador hecho para ir en cabeza .. 640 Kb de memoria central, teclado expandido de 102 teclas, 4 slots de expansión.

slow (*ing; pronunc corriente,* /eslóu/; *pl* ~s) *m* (*hoy raro*) Fox lento. | AMillán *Juegos* 100: –Arturo, algo lento. –"Da acor" [*sic*], nena. (Pone un "slow".)

slum (*ing; pronunc corriente,* /eslám/; *pl normal,* ~s) *m* Barrio marginal con ínfimas condiciones de vida. | J. Fibla *Tri* 24.8.74, 30: Los humos de las frituras aromatizan la atmósfera de la Barceloneta .. El visitante verá un suburbio que es un ejemplo perfecto de *slum*, de zona marginal, con los problemas de toda índole que tal naturaleza comporta.

smash (*ing; pronunc corriente,* /esmás/, /esmáʃ/ o /esmáʃ/; *pl normal,* ~ES) *m* (*Dep*) En tenis, ping-pong y balonvolea: Lanzamiento fuerte y rápido de la pelota desde arriba, haciéndola caer fuera del alcance del adversario. | *Abc* 21.5.67, 99: En los dos sets fue Santana el que .. fallaba una y otra vez fáciles "smashes", "l[o]bs" y "drives".

smithsonita (*pronunc corriente,* /esmitsoníta/) *f* (*Mineral*) Mineral de carbonato de cinc, originado por alteración de la blenda. | Bustinza-Mascaró *Ciencias* 325: Por alteración de ella [la blenda] se originan otros compuestos, el principal de los cuales es la smithsonita.

smock (*ing; pronunc corriente,* /esmók/) *m* Bordado sobre frunces. *Frec en aposición con* PUNTO. | *Frunces* 2: Todas las labores de Smock tienen la misma preparación preliminar para formar los frunces. *Ya* 14.4.64, 32: Punto de cruz, de abeja, de sombra, de incrustación, de tul, veneciano, "smo[c]k". [*En el texto,* smok.]

smog (*ing; pronunc corriente,* /esmóg/) *m* Niebla que lleva en suspensión partículas tóxicas procedentes de humos. | E. Toda *MHi* 2.64, 32: El *smog*, esa neblina de emanaciones de la carburación, que amarillea y corroe el clima y los pulmones de esta urbe.

smoking (*ing; pronunc corriente,* /esmókin/; *pl normal,* ~s) **I** *m* **1** Esmoquin. | CNavarro *Perros* 202: Era el primero en acudir al Liceo aunque solo fuera para lucir la última novedad en *smoking*.
II *adj invar* **2** [Cuello] esmoquin. | * Una bata con cuello smoking.

snack (*ing; pronunc corriente,* /esnák/; *pl normal,* ~s) *m* Bar en que se sirven rápidamente comidas ligeras a cualquier hora. | Marsé *Montse* 96: Fue en el Club de tenis, en efecto: te veo como entonces, sentada en el alto taburete, en la barra del snack al aire libre.

snack-bar (*ing; pronunc corriente,* /esnák-bár/; *pl normal,* ~s) *m* Snack. | *Abc* 6.1.68, sn: Núcleo social, restaurante, cafetería, snack-bar.

snifada (*pronunc corriente,* /esnifáda/) *f* (*jerg*) Esnifada. | J. M. Costa *SPaís* 4.10.81, 33: La cocaína siempre ha sido una droga cara (ahora hacia 8.000 pesetas el gramo, suficiente para diez *snifadas* regulares).

snifar (*pronunc corriente,* /esnifár/) *tr* (*jerg*) Esnifar. | Montero *SPaís* 5.3.78, 13: El *yonqui* usa heroína, o morfina, incluso se pincha cocaína a falta de otra cosa en lugar de *snifarla* (o aspirarla por la nariz).

snipe (*ing; pronunc corriente,* /esnáip/) *m* (*Dep*) Balandro de regatas de orza móvil. | *Mar* 17.7.66, 12: Se han celebrado las últimas pruebas para el Campeonato de España de balandros, clase snipe. *Van* 11.4.71, 30: Este fin de semana tiene lugar en aguas de la bahía de Palma la regata internacional de "snipes" Trofeo Palma.

snob (*ing; pronunc corriente,* /esnób/; *pl normal,* ~s) *adj* (*desp*) Esnob. *Tb n, referido a pers.* | GPavón *Hermanas* 44: Los snob que han vuelto a descubrir los posters de los tiempos de Max Est[r]ella.

slogan – sobajar

snobismo (*pronunc corriente,* /esnobísmo/) *m* (*desp*) Esnobismo. | Laiglesia *Tachado* 45: El *stop* es un "snobismo" telegráfico muy costoso, porque lo cobran al precio de palabra.

so[1] (*con pronunc átona*) *prep* (*lit*) Bajo. *Se usa solo ante los ns* PENA, PRETEXTO, CAPA, COLOR. | PRivera *Discursos* 17: La mujer casada tiene otras obligaciones ineludibles mientras los hijos son pequeños, que no puede escamotear so pretexto de realizarse en su personalidad. Zunzunegui *Camino* 527: Acababa de llegar a Bilbao, y aquí, so capa de hipocresía, se aprende mucho.

so[2] (*con pronunc átona*) *adv* (*col*) *Se usa, en constr vocativa, antepuesto a un* adj, *normalmente desp, con intención ponderativa.* | Olmo *Golfos* 94: Tienes que crecer, ¡so mocoso!

so[3] *interj* Se emplea para ordenar a las caballerías que se detengan. *A veces se sustantiva.* | Nácher *Guanche* 62: María Candelaria lo contrarió al hacerse con las bridas para contener a la mula .. –So, so. GPavón *Hermanas* 18: Antes daba gusto ir a la "clínica" de don Lotario .. Cuánta blusa, calzón de pana, arres, jos, bos, sos, tacos .. y dientes amarillos.

soasar *tr* (*raro*) Asar ligeramente. | *Almería* 66: Con la sardina y el boquerón se condimenta .. la "moraga", que consiste en formar una brasa, por combustión de las algas que arroja el mar a la playa, y el pescado, ensartado por los ojos con unos pinchos previamente preparados con caña verde, se v[a] soasando en un trípode o trébedes.

soba[1] *f* (*col*) Paliza. *Tb fig.* | Berenguer *Mundo* 57: Enganchó una cachava y le metió una soba que lo puso a la muerte.

soba[2] *adj* (*jerg*) Dormido. | Oliver *Relatos* 84: Mi hermano, medio soba, que yo creo que los libros y la Física le están agilipollando más de lo que era, oye, que le dices cualquier cosa y se ríe sin enterarse.

sobable *adj* Que se puede sobar[1]. | Cela *Inf* 29.8.75, 14: Los síntomas son de que el demonio se bate en deslucida retirada, porque cada día que pasa espanta menos a los jóvenes sobones y a las jóvenes sobables.

sobaco I *m* **1** Axila (de pers., animal o planta). | Cela *SCamilo* 82: Es chica fina y de buenos modales que se depila el sobaco. Montero *Reina* 74: Bella le contempló con desapasionamiento: la espalda gruesa y blanca ..; el cogote arrugado como sobaco de tortuga. GPavón *Hermanas* 21: Bandadas de rebuscadores pasaban minuciosos .. husmeando .. el racimo medroso bajo el sobaco de la cepa. **b)** *En una prenda de vestir:* Escotadura correspondiente a la axila. | Delibes *Santos* 99: El señorito Iván, los pulgares en los sobacos de su chaleco-canana, sonreía abiertamente.
II *loc v* **2 pasarse** [algo] **por debajo del ~.** (*col*) Despreciar[lo] o no dar[le] importancia. | CSotelo *Inocente* 133: Sumas así se las pasa don Dominico por debajo del sobaco y se queda tan contento.

sobadero *m* Lugar destinado a sobar[1] [1b]. | Seseña *Barros* 14: La operación de amasar se hace generalmente con las manos en unas tablas llamadas sobaderos. El alfarero usa las dos manos, sobre todo la parte de la palma y el dedo pulgar.

sobado[1] *m* Acción de sobar[1] [1b]. | M. F. Lucas *Nar* 6.77, 10: Para que toda la masa tenga el mismo grado de humedad, la "castiga". A esta operación le sigue el "sobado", y posteriormente la extracción de la pella, que pasa al torno para seguir allí las operaciones tradicionales.

sobado[2] (*frec en la forma* **sobao**) *m* Dulce típico de la región de Cantabria, compuesto de harina, azúcar, huevos y mantequilla y hecho al horno en un envase de papel de forma cuadrada. | *Prospecto* 8.79: Sobaos Olano .. Castro Urdiales.

sobador, ra *adj* Que soba[1], *esp* [1c]. | Montero *Reina* 83: Echó una ojeada al local: el inspector García, un par de borrachos solitarios .., dos parejas de novios sobadores.

sobajar *tr* (*lit*) Sobar[1] [1c]. | Cela *Judíos* 57: Sabe [el arriero] del polvo de los caminos, del precio del trigo y del brillar de las estrellas, .. sobaja sobre seguro a las mozas de siete provincias.

sobano – sobón

sobano -na *adj* Del valle de Soba (Cantabria). *Tb n, referido a pers.* | Je. Delgado *SInf* 23.2.74, 5: Surgieron los primeros brotes de absentismo entre los aportadores del valle de Soba .. Los sobanos suspendieron, de la noche a la mañana, el abastecimiento.

sobao → SOBADO².

sobaquera I *f* **1** Parte correspondiente al sobaco [de una pers. o de una prenda]. | *Caso* 14.11.70, 18: Portaba una pistola en la sobaquera, debajo de la chaqueta.
2 Pieza que refuerza una prenda de vestir por la parte del sobaco. | A. Obregón *Abc* 3.6.73, 49: Allí se expenden guantes y estuches de disección, .. sellos de caucho, sortijas anticallos, sobaqueras, abanicos.
II *loc v* **3 coger** [a alguien] **las ~s.** *(col)* Ganar[le] la voluntad. | * Al abuelo le han cogido las sobaqueras y no hay nada que hacer.

sobaquillo. *loc adv* **1 a** (*o* **de**) **~.** Haciendo un giro con el brazo que lanza e impulsando el objeto hacia arriba. *Con vs cómo* TIRAR *o* LANZAR. | MFVelasco *Peña* 25: Me puse en pie, aguardé a que mirara hacia mí y lancé otra manzana, a sobaquillo.
2 a (*o* **de**) **~.** Sin apoyar los brazos en el cuerpo. *Con el v* DISPARAR. | Delibes *Parábola* 120: Sin acular la escopeta .., a sobaquillo, .. disparó dos tiros.
3 de ~. *(Taur)* Dejando al banderillero pasar la cabeza del toro y clavando las banderillas hacia atrás al mismo tiempo que emprende la huida. | BRemacha *Alc* 9.11.70, 29: El tormento empezaba con los embarullados lances de saludo a casi todos los toros, se prolongaba a la inhábil forma de colocarlos en los caballos, al clavar las banderillas de sobaquillo, citar encogido en todos los pases.

sobaquina *f* Olor característico del sudor del sobaco. | APaz *Circulación* 161: Usted es muy dueño de ir a la velocidad que le dé la gana, y también de no lavarse y oler a sobaquina.

sobar¹ *tr* **1** Tocar reiteradamente [algo] o pasar repetidamente la mano [por ello (*cd*)]. | Arce *Testamento* 38: Enzo se sobó el mentón, dubitativo. **b)** Trabajar [una cosa] tocándo[la] u oprimiéndo[la] reiteradamente con las manos, esp. para ablandar[la] o suavizar[la]. | Vega *Cocina* 151: Sobar bastante la masa. **c)** *(col)* Tocar reiteradamente [a una pers. o una parte de su cuerpo] con intención lasciva. | Cela *SCamilo* 160: Tu tío .. tiene sus más y sus menos con la criada .., que se deja sobar por respeto y también por dinero. **d)** *(col)* Tratar [una cuestión] o utilizar [un procedimiento] con reiteración excesiva. *Más frec en part.* | Vitinowsky *Cod* 9.2.64, 7: Hay otras actuaciones estupendas, como el prestidigitador guapetón y el prestidigitador cómico, .. el ventrílocuo y su Pato Donald (también bastante sobado ya).
2 Ajar o estropear [algo] por el uso o el manoseo reiterado. | * Deja en paz el traje, que lo vas a sobar y habrá que lavarlo antes de estrenarlo. **b)** *pr* Ajarse o estropearse [algo] por el uso o el manoseo reiterado. | * Esta chaqueta se soba enseguida.
3 *(col)* Dar una paliza [a alguien (*cd*)]. *Tb fig.* | * Pensó que le vencería fácilmente, pero el pequeño le sobó de verdad. **b) ~ los morros** → MORRO.

sobar² *intr* *(jerg)* Dormir. | Oliver *Relatos* 108: Yo estaba sobando, que era la hora de la siesta, y me despertaron los gritos de la vieja.

sobejos *m pl (raro)* Sobras de la mesa. | Espinosa *Escuela* 354: Trabajé de pinche, y después de tragar los primeros sobejos, sentí infinita irradiación y alegría en las entrañas.

sobeo *m (col)* Acción de sobar¹, *esp* [1c]. | D. Orts *Nar* 3.77, 3: Para que el barro llegue a este grado de elasticidad ha de pasar previamente por unas fases de "amaseo" y "sobeo". Olmo *English* 24: –¡Oh, l'amour! –¿"Lamur"? ¡Sobeo gratis! S. Chivite *Ya* 2.1.85, 43: ¡Hay que ver el sobeo verbal que le rindió [a Santiago Carrillo] Mari Carmen (la de sus muñecos)!

soberanamente *adv* De manera soberana. | S. LTorre *Abc* 9.9.66, 29: España hará todo lo que esté a su alcance .. por disponer soberanamente de la integridad de su territorio nacional. Laforet *Mujer* 83: Sus padres .. eran amigos de vivir soberanamente bien.

soberanía I *f* **1** Cualidad de soberano [1]. | RValcárcel *Pue* 22.12.70, 4: El pueblo español .. ha proclamado .. su vínculo de indestructible lealtad y de respeto a la independencia y la soberanía de la autoridad del Estado.
2 Suprema autoridad pública. | Gambra *Filosofía* 250: En las naciones europeas de origen medieval y cristiano .. la soberanía se ha hallado vinculada por herencia a una familia o estirpe.
II *loc adj* **3** [Plaza] **de ~** → PLAZA.

soberano -na I *adj* **1** Que tiene la autoridad suprema e independiente. | *País* 28.9.76, 6: Hace falta .. que el Gobierno se deje de aferrar a legalidades obsoletas y pacte definitivamente con el pueblo soberano —como el mismo Gobierno dice— las condiciones de la democracia. **b)** [Estado] independiente. | Gambra *Filosofía* 272: Las necesidades del intercambio comercial y cultural saltan por encima de las fronteras y ligan entre sí a los Estado soberanos.
2 Superior o extraordinario. *Frec con intención ponderativa.* | SRobles *Pról. Teatro 1958* XXII: Los tipos todos .. están retratados con maestría artística soberana. Benet *Nunca* 16: Le proporcionó [la despedida de soltero] tan soberano cólico que aquella misma noche el capitán vació todas sus entrañas por su parte más ingrata.
3 De(l) soberano [4]. | L. Apostua *Ya* 6.12.75, 16: Una vez que el Rey, oficialmente, ha confirmado en su puesto al presidente del Gobierno .., el señor Arias recibe un impulso soberano para desarrollar su programa político sin los agobios que padeció con motivo de su "12 de febrero".
II *n* **A** *m y f* **4** Pers. que en una monarquía ejerce la autoridad suprema. | Angulo *Arte* 1, 58: Por primera vez encontramos al escultor mesopotámico consagrado a narrar las empresas guerreras del soberano.
B *m* **5** *(hist)* Moneda de oro inglesa de valor igual al de la libra esterlina. | * En la colección figuran varios soberanos.

soberbia *f* Condición de la pers. que se cree superior a los demás. | DPlaja *El español* 106: En Madrid, como en gran parte de España, la Soberbia y el Orgullo se matizan con la frivolidad. **b)** Condición de la pers. que trata con altivez y desprecio a los demás. | * Contesta siempre con una soberbia inaguantable.

soberbiamente *adv* De manera soberbia. | A. M. Campoy *Abc* 19.11.64, sn: Podría pintar soberbiamente cualquier paisaje.

soberbio -bia I *adj* **1** [Pers.] que tiene soberbia. *Tb n.* | CNavarro *Perros* 212: Lo extraño .. sería que tú supusieras talento en alguien que no fuera de tu pandilla. Pero Dios .. es justo y confunde frecuentemente a los soberbios. **b)** Propio de la pers. soberbia. | * Nos dirigió una mirada soberbia.
2 Excelente o magnífico. *Frec con intención ponderativa.* | Halcón *Monólogo* 29: Estoy tal vez espléndida, eso sí. Pero, bien mirado, lo que estoy es soberbia, al menos a mis ojos.
II *adv* **3** *(col)* Magníficamente o muy bien. | Aparicio *César* 182: –¿Ha obtenido los permisos? –¡Todos, incluido el del mismo Salvador! –¡Magnífico! ¡Soberbio!

soberbioso -sa *adj (raro)* Soberbio [1]. | ZVicente *Mesa* 212: Todos los que estaban aquel día en la piscina eran así, turistas, quirites perfumados, gente endomingada y flatulenta, despectiva, soberbiosa.

sobijo *m (reg)* Trenza de tres cabos con que se cose el esparto. | E. Castellote *Nar* 1.76, 17: El sobijo, trenza de tres cabos con la que cose el esparto, y la tomiza, de idéntica factura, pero más gruesa, no eran especialidad exclusiva de la mujer.

sobo *m* Acción de sobar¹, *esp* [1c]. *Tb su efecto.* | Oliver *Relatos* 87: Con una pista de la hostia y solo unas cuantas parejas bailando lento y apretadas. Los carrozas estos se lo montan bien .., y allí una tía se calienta igual que un tío, y si no ligas, por lo menos el sobo no te lo quita nadie. S. Araúz *Ya* 27.6.75, 7: Es un coche de pedales, un coche de niño. Diminuto, de plástico blanco troquelado, tiene las huellas del cotidiano sobo batallón de su propietario: tal cual rayayo, alguna escoriación.

sobón -na *adj (col, desp)* **1** [Pers.] aficionada a tocar o acariciar a otras. *Tb n.* | Cela *SCamilo* 74: Don Roque es muy galante con las damas, un poco sobón pero muy galante. *Ya* 22.2.90, 11: Me gustaría ver a esos hombres acosado-

res sufriendo la pesadez de una señora gorda y sobona que no les deja en paz ni un momento, porque ellos no suelen ser precisamente "adonis".
2 (*reg*) [Pers.] que con maña y halagos consigue lo que quiere. *Tb n.* | Berenguer *Mundo* 158: Digo esto para referir que la ley nueva tuvo fuerza porque nosotros la dejamos engordar, que Lobones siempre hubo pocos, y sobones muchos.

sobordo *m* (*Mar*) Documento en que se anotan todos los efectos o mercancías que constituyen el cargamento de un barco. | Solís *Siglo* 53: No pasó mucho tiempo sin que Chano revelase su poca afición a la casa de comercio .. Era superior a sus fuerzas estar durante todo el día copiando sobordos, haciendo cuentas o escribiendo cartas.

sobornable *adj* Que se puede sobornar. | Guzmán *Sp* 19.4.70, 14: Habría que considerar si las propias camarillas de politiqueros sobornables no son más responsables.

sobornador -ra *adj* Que soborna. *Tb n.* | *Inf* 2.12.76, 36: La detención, el sábado pasado en Madrid, de Onofre Ruiz Berenguer, supuesto sobornador de dos árbitros de fútbol de Segunda División, .. ha abierto un nuevo capítulo de esta actividad ilegal en el fútbol.

sobornar *tr* Dar dinero o regalos [a alguien (*cd*)] para conseguir de él algo indebido o ilegal. *Tb fig, con intención humoríst.* | Laforet *Mujer* 197: Pensó en sobornar a aquel chico para que le dejase leer el papelito.

soborno *m* Acción de sobornar. | A. Assía *Van* 4.11.62, 15: Una acción ordenada por el fiscal contra una revista y unos periodistas bajo la acusación de traición y soborno.

sobra **I** *f* **1** Hecho de sobrar [1]. | Alfonso *España* 34: Ya hoy, existe un serio problema de sobra de graduados.
2 *En pl:* Conjunto de (las) cosas que sobran [2]. | Bernard *Salsas* 39: Salsa picante .. Para acompañar carne de cerdo, sobras de carne, etc.
3 *En pl:* Parte del haber del soldado que se le entrega en mano. | FSantos *Catedrales* 49: Uno de ellos baja, por turno, todos los días hasta Intendencia a por el rancho .., en busca del tabaco una vez por semana, el correo o las sobras que apenas pueden gastarse.
II *loc v* **4 estar de ~**. Sobrar [3]. | Fuster *Van* 1.7.73, 15: No estará de sobra advertir un detalle.
III *loc adv* **5 de ~** (*tb, reg,* **de ~s**). Con exceso, o más de lo estrictamente necesario. *Frec con intención ponderativa. Tb adj.* | Laforet *Mujer* 271: De sobra sabes que no debo escribirte. Montero *Reina* 211: –¿Es suficiente? –De sobras. Mendoza *Ciudad* 239: Usted me conoce de sobras, ya sabe lo que puede esperar de mí.

sobradamente *adv* De manera sobrada [2]. | CNavarro *Perros* 202: Susi le conocía sobradamente.

sobrado[1] -da **I** *adj* **1** *part* → SOBRAR.
2 Que sobra [1]. *Frec con intención ponderativa.* | GPavón *Hermanas* 40: Aquí lo importante es inteligencia y tiempo sobrado, y a ustedes les sobra. Cela *Judíos* 13: Quizás, si hay suerte, el vagabundo las camine [las comarcas] algún día, que el tema es sobrado y el interés rebosante.
3 Que tiene [algo (*compl* DE) sobrado [2]. *A veces se omite el compl por consabido, esp referido a dinero o bienes.* | S. Miranda *Abc* 23.12.70, 9: Enhorabuena, parece que anda usted bien sobrado de dinero. Delibes *Pegar* 210: Ha afrontado la crítica de la sociedad española desde dos vertientes encontradas: la mísera condición del proletario –del explotado– y la existencia sobrada y vacía del gran burgués –del explotador.
II *adv* **4** De sobra. | ZVicente *Traque* 225: La Matildita ha salido a mi tía .., que, a testaruda, vamos, a dejárselo sobrado. * Te conozco sobrado para hacerte caso.

sobrado[2] *m* Desván. | Matute *Memoria* 15: Procuré .. aferrarme a imágenes cotidianas (las manzanas que Mauri colocaba cuidadosamente sobre las maderas, en el sobrado de la casa).

sobrancero -ra *adj* Que no trabaja. | Zunzunegui *Camino* 453: Vio el casco de dos barcos sobranceros amarrados en la dársena.

sobrante **I** *adj* **1** Que sobra. | Bernard *Salsas* 47: La salsa "suprême" se sirve generalmente con gallina hervida. Acompañará muy bien pollo frío sobrante.
2 Sobrado[1] [3]. | *Sp* 19.4.70, 4: ¿Qué significa esta cifra en comparación con la ingente masa de ciudadanos nórdicos sobrantes de divisas y ansiosos de sol, juventud y vitalidad en todos los terrenos?
II *m* **3** Conjunto de (las) cosas que sobran. | J. G. Manrique *Abc* 3.9.68, 11: Es confortante que .. un rey equilibrado y digno, que tiene en las arcas un sobrante de trescientos millones de reales, languidezca de amor por su reina. FQuintana-Velarde *Política* 56: Otros mantendrán niveles de consumo muy elevados en vez de dedicar los sobrantes de la renta a crear capital para mejorar la productividad.

sobrar *intr* ➤ **a** *normal* **1** Existir [una cosa] en más cantidad de la necesaria. | CBonald *Dos días* 39: A los niños les están dando como diez duros. Aquí, o sobra guita o no hay con qué.
2 Quedar [una parte de algo] después de utilizar lo necesario. | Medio *Bibiana* 55: –¿Quieres decir que habéis gastado las mil pesetas? –Ni cinco céntimos han sobrado. Delibes *Cinco horas* 137: Y qué cena nos dio, de sueño, sobró de todo.
3 No ser necesaria [una pers. o cosa] o estar de más. *Frec con intención peyorativa.* | * Los niños sobran en estas reuniones. * Sobran las mantas con este calor.
➤ **b** *impers* **4** Haber más que suficiente [con alguien o algo]. | Laforet *Mujer* 300: Pon el despertador a las ocho menos cuarto, madre; con ese tiempo sobra para llegar al colegio. **b) basta y sobra** → BASTAR.
➤ **c** *pr* **5** (*reg*) Rebosar [un líquido o el recipiente que lo contiene]. | Lera *Boda* 580: Teresa no se daba cuenta de que el cántaro se sobraba ya.
6 bastarse y ~se → BASTAR.

sobrasada *f* Embutido grueso hecho de carne de cerdo muy triturada y adobada con pimentón. | CNavarro *Perros* 161: Pidió un *sandwich* de queso y de sobrasada.

sobre[1] (*con pronunc átona*) *prep* **1** Precede al n que designa una pers o cosa que está en un plano inferior con respecto a otra (*sustentándola o no*) *y en la misma vertical. Tb fig.* | Arce *Testamento* 51: El Bayona cruzó ante mí y fue a sentarse a varios pasos sobre el césped. Arce *Testamento* 85: Varias moscas de alas metálicas y tripa verdosa merodeaban golosas sobre el excremento del día anterior. Torres *Ceguera* 195: Tengo una responsabilidad muy grande sobre mis hombros. **b)** *Precede al n que designa una pers o cosa que está en un plano inferior con respecto a otra y en distinta vertical.* | Cunqueiro *Un hombre* 9: Se podía ver ya la alta torre de la ciudadela sobre los rojos tejados. **c)** *A veces se destaca la idea de situación inmediata.* | Cabo-Domínguez *Geografía* 188: Salzburgo, ciudad austríaca situada sobre un afluente del río Inn.
2 *Precede al n que designa una pers o cosa que está en rango, categoría o consideración inferior con respecto a otra.* | * Júpiter está sobre el resto de los dioses. Suñén *Manrique* 69: Ya Juan de Valdés preferirá la obra de Manrique sobre la de sus contemporáneos.
3 *Precede al n que designa una pers o cosa que se toma como base.* | *Lab* 2.70, 8: Disminuir a la derecha .. y cont[inuar] recto sobre estos 52 p[untos] restantes. *Pue* 20.1.67, 10: Los demás servicios se calcularán sobre el kilometraje correspondiente.
4 (*Econ*) *Precede al n que designa una cosa que se toma como garantía.* | * Estaba tan mal de dinero que tuvo que pedir un préstamo sobre el coche.
5 (*Econ*) *Precede a un n que designa los bienes a los que afecta una carga o gravamen.* | R. Conte *Inf* 4.12.73, 5: La baja de la T.V.A. (impuesto sobre el valor añadido) .. reducía la inflación.
6 (*Econ*) *Precede al n de la pers o entidad contra la que se gira una cantidad o al de la plaza donde ha de hacerse efectiva.* | Vicens-Nadal-Ortega *HEspaña* 5, 233: También operaba la banca privada] en suscripciones de Deuda pública, arbitraje de valores, órdenes sobre las bolsas de París y Londres, pagos al extranjero y, finalmente, giros a Cuba.
7 A expensas de. *En la constr* VIVIR ~ EL PAÍS (*o n equivalente*). | Morales *Isabel* 16: El viejo sistema de los ejércitos medievales, que vivían solo sobre la tierra que conquistaban, viene ahora a transmutarse en la seguridad de los aprovisionamientos .. desde la retaguardia.
8 Acerca de. | Hoyo *Pequeñuelo* 22: Se pusieron a deliberar sobre el sitio a donde irían, si río arriba o si río abajo.

9 *Entre dos números:* De. | R. Cunill *Gac* 20.9.58, 6: Su escaso número de diputados en la Cámara –17 sobre 120.
10 En dirección a. *Esp referido a una operación ofensiva de tipo militar.* | M. Leguineche *Tri* 4.5.74, 10: El Movimiento de las Fuerzas Armadas .. cumple matemáticamente su plan de marcha sobre Lisboa y ocupa los centros neurálgicos. GLuengo *Extremadura* 16: El Condestable viene sobre Badajoz, Mérida, Zafra.
11 *Precede al n que designa una pers o cosa que es el destino de una acción.* | *TribAl* 1.2.90, 28: Toño transforma un penalti cometido sobre Rommel Fernández.
12 *Denota aproximación en tiempo o en cantidad.* | Fraile *Cuentos* 85: Todas las mañanas, sobre las nueve y media, Kelele coge el autobús.
13 *n + ~ + el mismo n. Denota reiteración o acumulación.* | Delibes *Cinco horas* 65: Vaya una tardecita, madre mía, duelo sobre duelo.
14 Además de. | Cela *Judíos* 277: Don Honorato, sobre alcalde y presidente de la Unión Patriótica, fue poeta de mucha estima. *Economía* 223: Sobre que la resistencia puede quemarse y necesitar la plancha un arreglo mucho más caro, su uso en esas condiciones puede resultar peligroso.
15 En actitud de atención o vigilancia respecto a. | * Está siempre sobre sus hijos.

sobre² **I** *m* **1** Cubierta de papel plegado y que se puede cerrar, destinada a contener una carta u otro escrito. | Arce *Testamento* 31: Dobló el pliego en cuatro. Después lo introdujo en el sobre.
2 Bolsa de papel plana y hermética, esp. destinada a contener un alimento. *Tb su contenido.* | Calera *Potajes* 51: Un diente de ajo, un sobrecito de azafrán en rama. Payno *Curso* 225: Pasaba las mañanas y las tardes ensayando el plante de la tienda, comprando cuerdas, cuchillos, latas de conserva, sobres de sopa.
3 (*col*) Paga o sueldo. | CNavarro *Perros* 132: Puedes guardarte tu cochino dinero. Mataré o robaré, pero ella no tendrá que esperar a que le entregues el sobre. **b)** Gratificación especial no establecida ni reglamentada. | J. GCastillo *ByN* 27.9.75, 19: Sueldos altos, incentivos, sobres y complementos de destino proporcionan unos ingresos diez o veinte veces superiores a la renta per capita. **c)** Cantidad de dinero dada como soborno. | S. Cayol *Ya* 6.3.75, 43: Época de Manolete o de los años cuarenta. Supone la "aparición del fraude", con dos inevitables secuelas para enmascararlo: la del apoderado, con su desmedida preponderancia en la fiesta, y la del "sobre", para la compra de plumas y antenas.
4 (*jerg*) Cama. | Oliver *Relatos* 152: La tía .. nos dijo que ahora le tocaba a ella la fiesta con los dos .. Nos fuimos los tres al sobre.
II *loc adj* **5 de ~.** [Alimento, esp. sopa] preparado industrialmente y que se vende en sobres [2]. | Cela *Inf* 26.11.76, 18: El automóvil –como, en general, la máquina– ensoberbeció al hombre, lo disfrazó de tecnócrata y lo llevó a inventar la bomba atómica, la sopa de sobre y la pescadilla congelada.

sobre- *pref* **1** *Denota cantidad o intensidad superiores a lo normal o deseable.* | *Por ej:* *País* 11.2.79, 3: La Guardia Imperial iraní .. que agrupa a 12.000 hombres .. constituye un ejército dentro del propio Ejército. Sobreequipados con el armamento más sofisticado, cuentan con infantería, carros de combate, aviación y apoyo logístico propios. E. Bayo *Gac* 22.2.70, 43: La anarquía con que normalmente se explotan en España los recursos subterráneos .. hace que sean imprescindibles estos estudios para establecer explotaciones racionales que limiten la extracción de recursos subterráneos a los volúmenes medios infiltrados, y no se sobreexploten permanentemente reduciendo los recursos fósiles. *SDLP* 8.10.90, 6: La crisis es importante, y una causa es la sobreoferta. L. Marañón *Abc* 25.3.73, 13: Manola, que te lo digo yo, en los caladeros nacionales hay sobrepesca y por eso nos tenemos que ir tan lejos. Miguel *Mad* 13.12.69, 3: Contrasta esta sobrerrepresentación de los empresarios en las Cortes españolas con la escasísima participación que han tenido en los Gabinetes desde 1939 para acá. Delibes *Castilla* 170: Lo malo del destajo es que no es un trabajo hecho a conciencia, como hay cepas que, por lo que sea, no tienen más que cuatro palos, y llega el podador, pega un corte y ya vale, no crea que mira si están sobreviejos ni nada de nada, pin-pan, pin-pan, pin-pan, a esquilar, como yo digo.
2 *Denota lugar superior.* | *Por ej:* *Ade* 29.10.90, 3: Desde hace tres años, cada 31 de octubre el "mariquelo" rememora la tradición de subir hasta la campanilla que corona la sobrecúpula de la torre de la Catedral Nueva. *País* 8.4.80, 27: Cubriendo el recinto se instala una carpa de polivinilo, con un colchón de aire, similar al sobretecho de una tienda de *camping*, que insonoriza de ruidos exteriores, así como de la lluvia o el viento.
3 *Denota superposición.* | *Por ej:* Prospecto 2.88: Bisagra practicable .. Su concurso hace practicable el sobreacristalamiento, facilitando su ocasional desmontaje. Casares *Música* 145: El color impresionista surge de una combinación de colores dados por pinceladas que se sobreimponen y dan de esta manera un sentido total.
4 *Denota condición o calidad superior.* | *Por ej:* GÁlvarez *Filosofía* 2, 336: El análisis de la acción, el ser y el pensamiento muestra a Blondel, no ya la no contraposición de la naturaleza y la sobrenaturaleza, sino la conveniencia de que lo natural se encuentre íntimamente penetrado de lo sobrenatural.

sobreabundancia *f* Hecho de sobreabundar. | G. Ubillos *SYa* 30.11.86, 14: La crisis del petróleo, unida a otras circunstancias, hundió aquella loca euforia en los valles tenebrosos de la sobreabundancia de mano de obra.

sobreabundante *adj* Que sobreabunda. | A. Linés *Ya* 17.11.63, 1: Las lluvias sobreabundantes en las regiones atlánticas e interiores dificultarán las faenas en tierra enfangada. SLuis *Doctrina* 36: La Redención de Jesús fue sobreabundante y universal. Sobreabundante en méritos: reparó sobradamente el Honor de Dios ofendido.

sobreabundar *intr* Abundar extraordinariamente. | A. Aradillas *Hoy* 14.4.74, 3: Los ejemplos sobreabundan con toda su carga de desdichas. MPuelles *Persona* 100: Todo el que sobreabunda en bienes está en la obligación de usar de ellos de modo que provea a ese sustento.

sobreactividad *f* (*Med*) Actividad excesiva [de un órgano]. | Mascaró *Médico* 157: Respecto a la forma de los corpúsculos de la sangre, tiene valor conocerla y observarla, porque, en general, las alteraciones indican una sobreactividad de los órganos productores de los mismos.

sobreactuado -da *adj* (*Escén*) Que tiene actuación exagerada. | L. LSancho *Abc* 13.4.90, 78: Sugestiva, sobreactuada por mal gusto de la dirección, en la escena con la madre, Luisa Martínez .. Acartonada en su carnalidad sobreactuada, la señora Andany en "La Pepona".

sobreaguar (*conjug* **1b**) *intr* (*raro*) Sobrenadar. *Tb fig.* | RMoñino *Poesía* 66: En el naufragio inmenso de nuestra producción tipográfica antigua es mucho lo que se pierde y poco lo que sobreagua.

sobreagudo -da *adj* (*Mús*) [Sonido] más agudo del sistema musical, esp. de un instrumento. *Tb n m.* | FCid *Abc* 15.11.70, 74: Son muy sugerentes los portamentos de escalas hasta el sobreagudo de la madera; los acordes en el metal; las acentuaciones.

sobrealimentación *f* Acción de sobrealimentar. | *Abc* 28.8.66, 27: Ayuda a familia de peón con 5 hijos de 11 a 5 años, uno enfermo precisa sobrealimentación.

sobrealimentar *tr* **1** Dar [a alguien (*cd*)] más alimento del que necesita. | *SYa* 24.11.82, 32: Nunca se debe forzar a comer a los niños ni sobrealimentarles.
2 Reforzar la alimentación [de alguien o algo (*cd*)]. *Tb fig.* | *DVa* 15.3.75, 12: Guerlain .. Maquillaje que "Sobrealimenta" la piel. Tolerado por toda clase de cutis.

sobrealzamiento *m* Acción de sobrealzar. *Tb su efecto.* | Mariequis *Caso* 5.12.70, 17: Con el censurable propósito de despistarme o confundirme ha introducido en su habitual caligrafía innecesarios adornos, sobrealzamientos y retoques.

sobrealzar *tr* Alzar [algo] más de lo normal. | Castañeda *Grafopsicología* 44: Hampas sobrealzadas. Es decir, más altas de lo normal. Imaginación. Aspiraciones intelectuales idealistas.

sobreañadir *tr* Añadir [algo a lo que ya está completo]. | Valcarce *Moral* 52: Las leyes divinas positivas, como todo derecho positivo divino, están como sobreañadidas a lo que ya somos por esencia.

sobreasada – sobredosis

sobreasada *f* Sobrasada. | *Cocina* 8: Los productos elaborados con la carne del cerdo pertenecen al grupo de chacinería y son: Salchichón. Chorizo .. Sobreasada.

sobreático *m* Piso situado encima del ático. | Goytisolo *Recuento* 384: El domicilio del señor Rivas ocupaba el ático y el sobreático de unos cuantos pisos, de construcción relativamente reciente, añadidos al vuelo de un edificio modernista.

sobrecalentador *m* (*E*) Dispositivo para sobrecalentar [2]. | *Sp* 19.7.70, 27: Forman también parte, de los [buques] fabricados en este sector, las calderas, .. calentadores y sobrecalentadores.

sobrecalentamiento *m* Acción de sobrecalentar(se). | F. Blanco *NAl* 7.3.81, 24: Las [culatas] de hierro fundido son más resistentes a los cambios bruscos de temperatura e incluso a un sobrecalentamiento del motor. *Abc* 7.11.88, 54: Con una tasa de desempleo del 20 por 100 no hay sobrecalentamiento de la Economía.

sobrecalentar (*conjug* 6) *tr* **1** Calentar en exceso. *Tb fig*. | Mascaró *Médico* 83: Las víctimas del golpe de calor o acaloramiento se reclutan entre obreros que trabajan en ambientes sobrecalentados (fogoneros, vidrieros, bomberos, etc.). **b)** *pr* Calentarse en exceso. *Tb fig.* | * Se ha sobrecalentado la economía.
2 (*E*) Calentar [algo] a una temperatura muy elevada. | *Ya* 6.5.70, 19: El Parque Móvil Ministerial convoca concurso-subasta para adjudicación de las obras de instalación de calefacción por dos redes generales y aparatos unitermos con funcionamiento de agua sobrecalentada a 120 ºC. Mascaró *Médico* 137: La calefacción urbana (o comunal) transporta, por medio de redes de tuberías, el agua, vapor o gas sobrecalentado a las viviendas.

sobrecama *f* (*raro*) Colcha. | Aldecoa *Cuentos* 1, 146: Me he vestido [de torero] en una cuadra .., y debajo de un puente, y en un rincón tras de una sobrecama en la plaza Mayor de un pueblo.

sobrecaña *f* (*Vet*) Tumor óseo que se forma en la caña de la mano de una caballería. | Á. Domecq *Abc* 26.6.58, 19: El fundador de la raza de "Los Guzmanes" fue un caballo de un hornero, flaco y con sobrecañas.

sobrecarga *f* **1** Acción de sobrecargar [1]. *Tb su efecto*. | *País* 27.8.77, 6: En época veraniega se produce una sobrecarga en las líneas que hace más fácil el desplazarse a los núcleos urbanos que el intentar una conexión telefónica. Copérnico *Pue* 30.9.70, 2: En 1965 le preguntaron a Karl Jaspers acerca de la sobrecarga de la vida de las personalidades dirigentes, y el filósofo alemán contestó con una larga dilucidación del tema.
2 (*Impr*) Segunda impresión tipográfica hecha oficialmente sobre un sello para alterar su valor o para otro fin determinado. | L. M. Lorente *MHi* 8.66, 69: Los faciales a los cuales afecta esta sobrecarga son 1, 2 .. y 50 centavos y 2 y 5 lempiras.

sobrecargar *tr* **1** Cargar en exceso o más de lo normal. *Tb fig.* | Laforet *Mujer* 165: El ático .. estaba sobrecargado, con aquella gusanera de chiquillos que tenía la familia de un empleado. Copérnico *Pue* 30.9.70, 2: Tremendas palabras para ser recordadas con ocasión de la muerte del presidente Nasser, ejemplo típico de gobernante sobrecargado de problemas y de tensiones, también él tributario del feroz impuesto del infarto de miocardio.
2 Coser [una costura] por segunda vez, de modo que queden ocultos los bordes. | Pombo *Héroe* 98: Recorrió con los dedos, como un ciego, el unificado pespunte del remate del dobladillo de la cortina, prodigiosamente acabado, como sobrecargado por un sastre.
3 (*Impr*) Poner sobrecarga [2] [en un sello (*cd*)]. | *DLi* 16.2.78, 4: De los cuatro únicos sellos de su tipo sobrecargados y, por descuido, puestos a la venta en 1925, solo se conocía el paradero del que fue subastado en 85.000 dólares (casi siete millones de pesetas) el año pasado, en Estados Unidos.

sobrecargo *m* **1** *En un barco mercante*: Oficial responsable del cargamento. | Zunzunegui *Camino* 265: Es una seda natural de fabricación italiana que ha comprado a la mujer de un sobrecargo.
2 *En un avión*: Jefe de los auxiliares de vuelo. | Cela *Inf* 15.3.76, 18: La mar está sosegada y el cielo azul, con unas nubecillas blancas y algodonosas que, al cruzarlas, hacen bailar un poco el aeroplano .. A los diez minutos se me acerca el sobrecargo (el jefe de los auxiliares de vuelo).

sobrecejo *m* Parte de la frente inmediata a las cejas. | Cunqueiro *Crónicas* 91: Todos estaban muy atentos .., y el coronel Coulaincourt de Bayeux ponía en el sobrecejo una mano de visera.

sobrecielo *m* Cubierta o tejadillo. | Delibes *Abc* 24.8.85, 3: Tampoco falta en ningún caserío el secadero típico de estas tierras .., con un sucinto sobrecielo de teja a dos aguas.

sobrecogedor -ra *adj* Que sobrecoge. | CBonald *Ágata* 259: Había tenido una hija de sobrecogedor parecido con el normando.

sobrecoger *tr* Impresionar o asustar. *Tb abs.* | Villarta *Rutas* 164: Juan de Ávalos ha dado en Cuelgamuros la lección y la norma en figuras y grupos de más de veinte metros, movidos con el arte y la gracia de ágiles tanagras, sin que abrume su peso ni sobrecoja su volumen. **b)** *pr* Sentir impresión o susto. | Arce *Precio* 93: –Mis tíos estaban en dos frasquitos de alcohol –aclaró, sobrecogiéndose–. ¡Fíjate qué asco!

sobrecogido -da *adj* **1** *part* → SOBRECOGER.
2 Que implica sobrecogimiento. | Lera *Bochorno* 204: Ninguno de los dos parecía dispuesto a romper aquel silencio sobrecogido y receloso.

sobrecogimiento *m* Acción de sobrecoger(se). *Tb su efecto.* | Arce *Precio* 69: Cuando entrábamos en el mar, espiábamos, como ladrones de lacerantes intimidades, el sobrecogimiento que el agua les iba produciendo [a las chicas] hasta llegarles a la cintura.

sobrecomida *f* (*raro*) Sobremesa. | MPidal *Las Casas* 56: Este libro de la *Destruición* [está] lleno .. de feroces enormidades ..: los tres mil indios desbarrigados en una sobrecomida por pura diversión.

sobrecompensación *f* (*Psicol*) Acción de sobrecompensar. | Chamorro *Sin raíces* 31: Su inicial complejo de inferioridad, subterráneo, inconsciente, engendró fuerzas compensadoras .. La sobrecompensación debió generar en su ser un gran afán de dominio.

sobrecompensar *tr* (*Psicol*) Esforzarse por superar [una deficiencia] exagerando su contrario. | Rof *SAbc* 28.4.74, 15: Donne, a su vez, fue un melancólico. Con largos periodos de hiperactividad, en la que escribía quizá para sobrecompensar una depresión.

sobrecubierta *f* Cubierta de papel, gralm. con una impresión atractiva, que protege la encuadernación de un libro. | *Pap* 1.57, sn: Un grueso volumen de 808 páginas .. Sobrecubierta a cuatro tintas.

sobredimensión *f* (*Econ*) Dimensiones excesivas [de algo, esp. de una actividad o de una empresa]. | Ussía *Abc* 7.2.87, 12: La sobredimensión de la actividad pública, la agilización de los temas puntuales, la valoración positiva de los alcances mínimos, .. explicitan, ya de por sí, este paquete de medidas.

sobredimensionar *tr* (*Econ*) Dar dimensiones excesivas [a algo, esp. a una actividad o una empresa (*cd*)]. *Tb fig, fuera del ámbito técn.* | *Ya* 31.3.83, 21: El Ayuntamiento afrontó hace tiempo la situación, disponiendo de unos servicios que durante el resto del año están sobredimensionados, pero que en verano absorben esa población estival. E. Sotillos *Ya* 28.4.90, 14: Es una persona cargada de buenas intenciones, a punto de perder la brújula, si nos empeñamos entre todos en sobredimensionar su caso.

sobredorar *tr* Recubrir [un metal] con una capa de oro. | L. Calvo *Abc* 15.10.70, 30: Se está mermando mucho el capítulo de la economía, como si realmente M. Pompidou no hubiese hecho en Rusia sino sobredorar metales inferiores y se fuese de merodeo por mundos imaginarios.

sobredosificación *f* (*Med*) Administración de dosis excesivas. | Mascaró *Médico* 162: Sodio 360 mg %. En la sobredosificación de sal, diabetes insípida, hiper-

sobredosis *f* Dosis excesiva [de algo]. *Frec sin compl, referido a drogas.* | *SVozC* 25.7.70, 11: Han de tratar de paliar tales limitaciones mediante una auténtica sobredo-

sobreelevar – sobrenatural

sis de imaginación y de esfuerzo económico creador. *Ya* 15.3.92, 29: Mueren siete personas por sobredosis en un día.

sobreelevar *tr* Aumentar la elevación [de algo (*cd*)] o poner[lo] por encima del nivel normal. | *GTelefónica N.* 37: Hiross Denco Ibérica, S.A. Fábrica de .. Suelos sobreelevados Denco Floor.

sobreeltodo (*tb con la grafía* **sobre el todo**) *m* (*Heráld*) Escusón. | JGregorio *Jara* 61: Escudo de forma española, cuartelado, mantelado, con escusón o sobreeltodo.

sobreentender, **sobreentendido**, **sobreesdrújulo** → SOBRENTENDER, *etc*.

sobreesfuerzo (*tb* **sobresfuerzo**) *m* Esfuerzo excesivo. | J. Costa *Ya* 28.2.91, 42: Los médicos que le atienden han señalado que no podrá practicar ningún sobreesfuerzo físico. *D16* 30.3.93, 31: El accidente de avioneta .. se produjo al desprenderse la mitad del plano o ala del fuselaje debido a un sobresfuerzo del motovelero J-5, o bien por la fatiga del material.

sobreestimar (*tb* **sobrestimar**) *tr* Estimar o valorar excesivamente [algo o a alguien]. | *Pue* 2.2.67, 5: Washington .. ha sobreestimado la potencia política y militar que representa China.

sobreexceder (*tb* **sobrexceder**) *tr* Exceder en mucho. | J. L. Bugallal *Abc* 12.9.68, 47: Forman una población que ha sobreexcedido su tradición hospitalaria.

sobreexcitación (*tb* **sobrexcitación**) *f* Acción de sobreexcitar(se). | Valcarce *Moral* 24: Si no la domina, el acto resultante procede a impulsos de una voluntariedad natural sobreexcitada por la concupiscencia. Esta sobreexcitación puede provocar una disminución proporcional en la advertencia intelectual.

sobreexcitar (*tb* **sobrexcitar**) *tr* Aumentar la excitación [de alguien o algo (*cd*)]. | Valcarce *Moral* 95: Es práctica que la Iglesia encarece reaccionar .. reprendiendo mansamente al blasfemo, nunca sobreexcitándole o dándole mal ejemplo con explosiones iracundas. Cossío *Confesiones* 130: Quizá mi sensibilidad estaba sobrexcitada, y al tumbarme en la cama advertí que me costaría dormir. **b)** *pr* Sufrir [alguien o algo] aumento de excitación. | * En tales circunstancias es fácil que la sensibilidad se sobreexcite.

sobreexponer (*tb* **sobrexponer**; *conjug* **21**) *tr* (*Fotogr*) Someter [una emulsión fotográfica] a una exposición demasiado prolongada. | *Rio* 14.10.89, 18: Este método facilita la composición, ya que las imágenes pueden recibir distintos grados de ampliación, pero debe tenerse cuidado en no sobreexponer la copia.

sobrefalda *f* Falda corta que se pone como adorno sobre otra. | FReguera-March *España* 44: Llevaba un vestido blanco, con sobrefalda orlada de encaje.

sobregiro *m* (*Econ*) Giro o libranza que rebasa la cantidad o crédito de que se puede disponer. | Prados *Sistema* 241: La primera ofrece facilidades de sobregiro de carácter multilateral a las naciones que la constituyen [la Unión Europea de Pagos].

sobreguarda *m* Jefe de los guardas. | *Día* 23.9.75, 9: El fuego se detectó a la una menos diez .., acudiendo con toda rapidez el personal especializado que tiene a su disposición el Instituto Nacional para la Conservación de la Naturaleza a las órdenes del sobreguarda forestal don Miguel Negrón Manrique.

sobrehaz *f* (*lit*) Superficie o cara exterior [de algo]. *Tb fig*. | Torrente *Vuelta* 382: Un oleaje manso golpeaba las piedras del muelle, y un vientecillo menudo rizaba la sobrehaz de la mar. Laín *Marañón* 58: Quien con su mirada sepa atravesar la sobrehaz de la circunstancia y llegar .. al secreto sentir del alma. Laín *Gac* 12.1.63, 23: "Los caciques", ¿es solo, allende su más visible sobrehaz, una comedia de 1920?

sobrehilado *m* Acción de sobrehilar. *Tb su efecto*. | *Máquina Wertheim* 25: Sobrehilado: .. las puntadas deben disponerse una dentro de la tela y la otra fuera de la orilla.

sobrehilar (*conjug* **1f**) *tr* Dar puntadas sobre el borde [de una tela cortada (*cd*)] para evitar que se deshilache. | *Lab* 2.70, 37: Si la tela se deshilacha .. se sobrehílan ambos lados del corte.

sobrehueso *m* Tumor duro que está sobre un hueso. | * Me ha salido un sobrehueso en la muñeca.

sobrehumanamente *adv* De manera sobrehumana. | Laín *Marañón* 157: Mediante la fe religiosa, cualquiera que esta sea, nuestro espíritu muestra lo que tiene de divino y logra envolver sobrehumanamente la creación entera.

sobrehumano -na *adj* Que está por encima de lo humano. *Frec con intención enfática, esp en la constr* ESFUERZOS ~S. | Benzo *Gac* 11.5.69, 31: Los sucesos históricos prósperos o adversos... eran el resultado inmediato de la actuación de los poderes sobrehumanos. V. Gállego *ByN* 31.12.66, 43: Se hacían sobrehumanos esfuerzos para que De Gaulle rectificara su política.

sobreimpresión *f* (*Cine y Fotogr*) Acción de sobreimprimir. *Tb su efecto*. | Vitinowsky *Cod* 9.2.64, 7: La facilidad con que las sobreimpresiones introducen las escenas imaginadas.

sobreimprimir (*conjug* **49**) *tr* (*Cine y Fotogr*) Hacer que [un texto o una imagen (*cd*)] aparezcan superpuestos a otra imagen. | Polo *Manifiesto* 45: Podremos fijarnos un momento en la traducción sobreimpresa de las películas extranjeras que no han sido dobladas al español.

sobreintendente *m* Superintendente. | FCid *Abc* 9.4.67, 11: Nos suministra los datos incluso administrativos, parcela que corresponde al sobreintendente, doctor Luigi Amannati.

sobrejuanete *m* (*Mar*) Verga de las que se cruzan sobre los juanetes. *Tb la vela correspondiente*. | Torrente *Saga* 285: En el cuadro había también .. grumetes encaramados a los sobrejuanetes de mesana.

sobrelecho *m* (*Arquit*) Cara inferior de un sillar, que se asienta sobre la hilada precedente. | Villarta *Rutas* 171: Los lechos de las piedras, sobrelechos, y las piedras mismas .. sin trabazón alguna.

sobrellevar *tr* Aguantar o soportar [un daño o una desgracia]. | Alfonso *España* 147: El Madrid que hemos heredado se fue concibiendo tan bien para sus épocas sucesivas que aún ha podido sobrellevar esa drástica cirujía de los ensanches de calzadas.

sobremanera (*tb, raro, con la grafía* **sobre manera**) *adv* (*lit*) Mucho o en extremo. | *Van* 4.11.62, 16: La figura de San Severo es sobremanera actual y vigente.

sobremesa I *f* **1** Tiempo inmediatamente siguiente a una comida, durante el cual los comensales permanecen reunidos y conversando. | Medio *Bibiana* 11: Se acabó la lectura del periódico y la sobremesa. Marcelo Prats se dirige a la habitación y empieza a desnudarse. **b)** (*RTV*) Tiempo inmediatamente anterior o posterior a la comida del mediodía. *Frec en la constr* DE ~. | *Abc* 6.12.70, 83: Programas de Televisión .. Emisión de sobremesa: 2,00, Sobre la marcha.

II *loc adj* **2 de ~**. [Objeto] destinado a ser colocado sobre una mesa u otro mueble similar. | *Ya* 5.1.84, 28: Dos cuadros de Madrazo, relojes de sobremesa, joyas y objetos de plata fueron robados la pasada noche en el castillo que el compositor Cristóbal Half[f]ter y su esposa poseen en Villafranca del Bierzo.

sobrenadar A *intr* **1** Mantenerse a flote en la superficie [de un líquido (*compl* EN)]. | Mingarro *Física* 81: La flor de azufre sobrenada en los líquidos acuosos, y entre ellos en la orina.

2 (*lit*) Mantenerse vivo o sobrevivir. *En sent no material*. | Gaos *Antología* 20: También empleo del niño sobrenadó al naufragio general. ZVicente *Asedio* 14: Por diversos caminos y con diversos puntos de mira, ha sobrenadado de las varias voces un regusto amargo y desencantado que esos libros exhalan.

B *tr* **3** Mantenerse a flote en la superficie [de un líquido (*cd*)]. | *Abc* 4.5.71, 43: Tres espeleólogos, sepultados en la cueva de Solencio (Huesca) .. El último de estos que logró salir ha manifestado que dos de sus compañeros sobrenadaban las aguas y que el tercero, que no sabía nadar, se mantenía aún en un bote de goma.

sobrenatural *adj* Que sobrepasa lo natural o no puede ser explicado por causas naturales. *Frec fig, con intención ponderativa*. | Villapún *Dogma* 139: Los autores de

Teología distinguen las gracias naturales (o de orden natural) y las gracias sobrenaturales. **b)** (*Rel catól*) De la gracia. | SLuis *Doctrina* 42: María nos da la vida sobrenatural.

sobrenaturalidad *f* (*raro*) Cualidad de sobrenatural. | F. SVentura *SAbc* 29.9.68, 24: También había visitado al padre Pío, quien desde el primer día avaló la sobrenaturalidad de estos fenómenos. Umbral *Memorias* 53: En el Vaticano cabía mayor proporción de sobrenaturalidad que en nuestras humildes casas.

sobrenaturalismo *m* Doctrina o actitud intelectual en que se da importancia destacada a lo sobrenatural. | J. Pereira *Abc* 13.5.58, 23: Francisco de Ribalta es justamente el primer pintor en quien ese naturalismo fue vehículo de una ardiente concepción religiosa. Naturalismo y sobrenaturalismo, por consiguiente.

sobrenaturalista *adj* De(l) sobrenaturalismo. | GRuiz *Sáb* 31.8.74, 30: El humanismo que se pretende para Zambia no es ni antirreligioso ni sobrenaturalista. Al fin y al cabo, ambas cosas vienen a ser lo mismo.

sobrenaturalizar *tr* (*raro*) Dar [a alguien o algo] carácter sobrenatural. | Pemán *Abc* 26.12.70, 3: A fuerza de humanismo sobrenaturalizado, se llega a pensar, como escribía el padre Escrivá, .. que las "broncas" matrimoniales son incluso higiénicas para la mejor salud del matrimonio.

sobrenaturalmente *adv* De manera sobrenatural. | Riquer *Caballeros* 146: En estas batallas estaba terminantemente prohibido .. utilizar armas de "virtud", como pueden ser espadas milagrosas (o sea, llegadas sobrenaturalmente del cielo).

sobrenombre *m* Nombre calificador que se añade al nombre de una pers. | Arenaza-Gastaminza *Historia* 133: Alfonso X .. Sus conocimientos y su protección a la cultura le valieron el sobrenombre de Sabio. **b)** Apodo. | F. VLersundi *SAbc* 13.4.69, 17: El Colón de don Cristóbal es, simplemente, otra forma más del sobrenombre de "Coulon" o "Coullon".

sobrentender (*tb* **sobreentender**; *conjug* **14**) *tr* Entender [algo que no está expreso, aunque sí puede suponerse por el contexto o la situación]. | PAyala *Abc* 21.5.58, 3: Nada de esto se lleva a cabo directamente, pero se puede sobrentender. Cuevas *Finca* 227: En el campo no hay nunca palabras excesivas. El afecto, las decisiones, la angustia, deben sobrentenderse.

sobrentendido (*tb* **sobreentendido**) *m* Idea que se sobrentiende. | MSantos *Tiempo* 41: Desde este silencio los sobrentendidos de las tres mujeres se volvían más claramente perceptibles para Pedro.

sobrepaga *f* (*raro*) Aumento sobre la paga ordinaria. | DPlaja *Sociedad* 34: Esta es la paga mensual corriente para el soldado menos técnico, el piquero. Los coseletes cobraban un ducado más y los mosqueteros tres ducados de sobrepaga.

sobrepaño *m* (*raro*) Lienzo o paño que se pone sobre otro paño. | Cunqueiro *Crónicas* 52: Había ido yo a Quimper a hacerme un vestido de luto con encajes de sobrepaño.

sobreparto *m* (*hoy raro*) Puerperio (tiempo que sigue inmediatamente al parto). *Esp al cuidado delicado de salud propio de ese tiempo y las complicaciones producidas en él*. | Buero *Música* 70: Mi pobre mujer falleció de sobreparto.

sobrepasar *tr* **1** Pasar o rebasar [un límite]. | A. Amo *Cua* 6/7.68, 50: Cada .. acontecimiento importante .. se integra en el film sobrepasando siempre su posible carga expresiva "aislada".
2 Superar o aventajar. | MCampos *HLM* 26.10.70, 15: Son muchos los proyectos que, arrollados o sobrepasados por otros más recientes, nunca llegan a ver la luz. **b)** Adelantar [al que precede]. | Millás *Visión* 47: Aceleró la marcha para sobrepasarlos, y cuando consiguió algunos metros de ventaja volvió a darle a su oscura huida el aire de un paseo temprano.

sobrepelliz *f* (*tb, semiculto, m*) (*Rel crist*) Vestidura blanca y corta que se pone sobre la sotana el clérigo o el lego en las funciones de iglesia. | Torrente *Señor* 155: Un clérigo alto, desgarbado, .. vestía la sobrepelliz encima de un hábito blanco y pardo. Torrente *Pascua* 360: Don Julián había cogido el sobrepelliz y se lo metía por la cabeza.

sobrepeso *m* Exceso de peso. | J. M. Suárez *Ya* 1.4.75, 22: Si se trata de artrosis de rodilla, evitar el sobrepeso.

sobreponer (*conjug* **21**) **A** *tr* **1** Poner [una cosa] encima [de otra (*ci*)]. *Tb fig. Frec se omite el ci*. | Seseña *Barros* 22: Otro método consiste en recubrir la parte que irá decorada con una pasta muy blanca de caolín y sobreponer una plantilla con el dibujo deseado. Carnicer *Cabrera* 132: En la negrura de las casas se alzan dos iglesias. La torre de una es cuadrangular y con una pirámide sobrepuesta; la otra tiene una cúpula. Sampedro *Sonrisa* 303: Piensa, sobreponiendo una sonrisa a la dolorida avidez con que escucha.
B *intr pr* **2** Hacerse superior [a una pers. o cosa]. | Valcarce *Moral* 25: La voluntad se sobrepone a toda tendencia contraria. Laforet *Mujer* 310: Se escuchaba un guirigay endemoniado que se sobreponía a los mil ruidos de la estación. **b)** Dominar [alguien] su pena o su abatimiento, o aquello que los causa. *A veces con un compl* A. | Gala *Ulises* 712: No quiero que me inunde con recuerdos de los que yo no formo parte... Que empiece aquí conmigo: que no tenga pasado .. (Sobreponiéndose.) Un día también se cansará de hablar de todo eso. Yo lo conseguiré.

sobreprecio *m* Recargo sobre el precio ordinario. | Laiglesia *Tachado* 185: Pero tratándose de un príncipe, le aplicarán la tarifa completa. Y hasta puede que le carguen un sobreprecio.

sobrepresión *f* (*Fís*) Exceso de presión. | Marcos-Martínez *Física* 96: Estos aparatos [los manómetros] indican la sobrepresión del gas o del vapor respecto a la atmósfera.

sobreprima *f* (*Seguros*) Prima adicional. | *BOE* 14.8.68, 12053: El Decreto .. dispuso en su artículo segundo que dichas primas adicionales serían las establecidas con el nombre de sobreprimas en la Orden de seis de agosto de mil novecientos sesenta y tres.

sobreproducción *f* (*Econ*) Superproducción (producción en cantidad superior a la necesaria). | *Tri* 11.4.70, 39: Cabe preguntarse si la sociedad tiene derecho a reclutar para el proceso productivo a los individuos que se conforman con las sobras de la sobreproducción.

sobrepuerta *f* Pintura, tela u otra pieza de adorno que se pone sobre el dintel de una puerta. | Iparaguirre-Dávila *Tapices* 44: En abril de 1791, pinta [Goya] los dos últimos lienzos y las dos sobrepuertas que habría de hacer para Santa Bárbara. Camón *LGaldiano* 7: A un lado, el relieve de un santo ermitaño .. parece de la mano de Juan de Ancheta. La Sagrada Cena, de una sobrepuerta, se encuentra dentro del mismo arte. Morales *Artífices* 1, 25: Habiéndosele ordenado arreglar cuatro sobrepuertas bordadas en una de las piezas de la casa del Labrador de Aranjuez, añadiendo lo que les falta, reclama 2.000 reales de vellón que ya lleva gastados en materiales.

sobrepuesto *m* Adorno que se sobrepone [1] a una tela. | *Asturias* 89: El [traje] masculino está constituido por montera picona, camisa blanca con lorzas en la pechera, chaleco rameado y brillante, calzón en paño, con sobrepuestos y abierto por los lados.

sobrepujar *tr* Superar o aventajar [a alguien o algo en algún aspecto (*compl* EN o POR)]. *Tb sin el 2º compl. El cd va siempre precedido de* A, *excepto cuando es pron pers átono*. | GNuño *Escultura* 70: A todos estos indumentos sobrepuja en belleza el casco de plata originario de Caudete de las Fuentes. A. Iniesta *Ya* 1.9.74, 16: Bajo el claro fulgor de los cielos alicantinos, la "fiesta" aventaja y sobrepuja por su esplendor, organización y masa guerrera activa a las que se celebran en otras partes. Lapesa *HLengua* 253: En ambos [Santa Teresa y Calderón] ocupa -*ito* el segundo lugar de frecuencia entre los diminutivos, siguiendo de cerca a -*illo*, al que no había de sobrepujar definitivamente hasta el siglo XIX.

sobrequilla *f* (*Mar*) Pieza que va de proa a popa sobre la quilla, para aumentar su resistencia y consolidar las uniones con las cuadernas. | MHidalgo *HyV* 10.71, 77: Cada cuaderna .. descansa en la cara alta de la quilla y queda aprisionada por esta y la cara baja de la sobrequilla.

sobrero -ra *adj* **1** (*raro*) Que sobra o sobreabunda. | GPavón *Reinado* 174: Despacio, muchacho, que la noche es larga y el pan sobrero.
2 (*Taur*) [Toro] que se tiene preparado por si se inutiliza alguno de los destinados a una corrida. *Más frec n m.* | *HLM* 26.10.70, 36: Palomo Linares, que había recibido sendas ovaciones en sus dos toros, regaló el sobrero, del que cortó las dos orejas.

sobrerrealidad *f* (*TLit*) Realidad que se supone que está más allá de la realidad corriente. | Gaos *Antología* 21: Este ismo [el surrealismo] se proponía, como lo indica su nombre, sustituir lo real por una mágica sobrerrealidad.

sobrerrealismo *m* (*raro*) Surrealismo. | Gaos *Antología* 20: Sobrerrealismo. Del naufragio de la historia y la realidad se salvaron .. muy pocas cosas .. Su influencia [del mundo de los sueños], sobre todo en el surrealismo .., es decisiva.

sobrerrealista *adj* (*raro*) Surrealista. *Tb n.* | Torrente *Fragmentos* 380: Me puse a imaginar, y lo que salió es verdaderamente fantástico, casi sobrerrealista. *Abc* 3.1.80, 8: El sobrerrealista Benjamín Palencia.

sobresaliente -ta (*la forma f solo se usa en la acep 3*) **I** *adj* **1** Que sobresale. | M. Aguilar *SAbc* 8.3.70, 54: Esa línea cambia a otra curva, ahora convexa .. con la parte central de la nariz más sobresaliente. CBaroja *Inquisidor* 47: Por esta época tuvo el doble privilegio de ser retratado por Goya y de que el retrato fuera de los sobresalientes entre los muchos que pintó el maestro. Escobar *Itinerarios* 118: Este eclesiástico sobresaliente mandó construir en su pueblo una catedral.
II *n* **A** *m* **2** (*Enseñ*) Calificación máxima. *Tb fig. A veces referido a la pers que obtiene esa calificación.* | Laforet *Mujer* 48: Le hacía gracia .. que fuese lo que se llama "una empollona"... Sobresaliente tras sobresaliente. *País* 31.7.76, 6: Siempre nos hemos mostrado exigentes con este Gabinete [el gobierno Suárez] porque creemos que es un deber cívico y social hacerlo. Y no nos parece que haya que darle, desde luego, un sobresaliente. J. Zaragüeta *Abc* 23.12.70, 3: Cuando se califica a un alumno como aprobado, notable o sobresaliente, se apoya uno, a menudo, en una puntuación que de matemática no tiene más que la apariencia.
B *m y f* **3** Pers. destinada a suplir al titular en caso de necesidad. *Esp en los toros.* | L. Armiñán *Abc* 9.6.66, 28: [Pacorro] en la segunda corrida ya mató un becerro y desde entonces figuró como sobresaliente de "Gallito" y "Limeño".

sobresalientemente *adv* De manera sobresaliente. | A. Zoido *Hoy Extra* 12.69, 18: Destaca sobresalientemente la cátedra Donoso Cortés.

sobresalir (*conjug* **59**) *intr* Exceder [una pers. o cosa] en tamaño respecto a lo que la rodea. *Frec fig.* | J. Carabias *Ya* 14.3.75, 8: Temíamos ser aplastados y envidiábamos a los que por su corpulencia lograban abrirse paso o que por su aventajada estatura podían mantenerse, al menos, con la cabeza sobresaliendo entre las masas. M. GArós- tegui *SVozC* 31.12.70, 10: Se han mejorado récords mundiales, entre los que sobresalen los de salto con pértiga. **b)** Estar [una cosa] en un plano más saliente [respecto a algo]. | R. DManresa *Rue* 22.12.70, 26: La plaza está en un enorme hoyo –casi un cráter–; las paredes sobresalen, vista desde el exterior, unos ocho metros nada más, pero el hueco será, por lo menos, de cincuenta metros.

sobresaltadamente *adv* De manera sobresaltada. | Matute *Memoria* 77: La campana .. se lanzó, como un alud de gritos sobre el pueblo, sobresaltadamente.

sobresaltado -da *adj* **1** *part* → SOBRESALTAR.
2 [Cosa] acompañada de sobresalto, o que lo implica. | FReguera *Bienaventurados* 158: Su sueño era intermitente, sobresaltado. Aparicio *César* 19: Dos cuervos levantaron el vuelo con sobresaltado palmoteo.

sobresaltador -ra *adj* (*raro*) Que sobresalta. | Cela *Viaje andaluz* 143: El vagabundo se estuvo quieto y se quedó dormido; aquella noche no soñó los sobresaltadores sueños que vienen de las digestiones difíciles.

sobresaltar *tr* Causar sobresalto [a alguien (*cd*)]. | CNavarro *Perros* 69: Se quedó traspuesta, y la luz de la amanecida la sobresaltó. **b)** *pr* Sentir sobresalto. | Delibes *Príncipe* 97: Cuando la Domi le preguntaba: "¿Qué haces, Quico?", él se sobresaltaba y respondía: "Nada".

sobresalto *m* Sensación repentina de susto o congoja. | Medio *Bibiana* 67: –Ahora, ¡paf!, sueltan una bomba y desaparecemos todos. –No me diga, por favor. Una vive en constante sobresalto.

sobrescrito *m* (*raro*) Sobre con una dirección escrita. | Espinosa *Escuela* 606: Después que Celestino copió, dobló cuidadosamente el papel, lo metió en un sobrescrito y lo escondió en lo más secreto de su valija.

sobresdrújulo -la (*tb* **sobreesdrújulo**) *adj* (*Fon*) Acentuado en la sílaba anterior a la antepenúltima. *Tb n m.* | Academia *Esbozo* 75: No se puede hablar de "palabras esdrújulas ni sobresdrújulas", sino de "terminaciones esdrújulas y sobresdrújulas". Amorós-Mayoral *Lengua* 43: Las palabras esdrújulas y sobreesdrújulas se escriben siempre con acento.

sobreseer (*conjug* **22**) *tr* (*Der*) **1** Suspender la tramitación [de una causa (*cd*)], o dejar sin curso ulterior [un procedimiento]. | CBaroja *Inquisidor* 52: Dice, además, Godoy que él pudo hacer que se sobreseyera la causa contra los obispos.
2 Cesar en el cumplimiento [de una obligación (*cd*)]. | N. Pardo *DLe* 11.12.74, 4: Existe la quiebra necesaria, que puede ser solicitada por cualquier acreedor por el solo hecho de que la sociedad haya sobreseído el pago de sus obligaciones.

sobreseimiento *m* (*Der*) Acción de sobreseer. | *Sp* 19.7.70, 29: Se ha solicitado el sobreseimiento del expediente de suspensión de pagos.

sobresfuerzo → SOBREESFUERZO.

sobrestante *m* **1** Trabajador que, bajo la dirección de un técnico, ejecuta determinadas obras dirigiendo a un pequeño número de obreros. | Torrente *Fragmentos* 161: Se superpone ahora la procesión de seis personas, todas ellas provistas de linternas y con una larga maroma atada a las cinturas. El que marcha en cabeza es el maestro sobrestante, un muchacho de Lugo muy valiente .. Vienen después el arquitecto y el aparejador.
2 (*hist*) Empleado a cuyo cargo está el cuidado de los coches destinados a las perss. reales. *Tb* ~ DE COCHES. | Mendoza *Ciudad* 115: A los camarlengos y veedores, cazadores y palafreneros, monteros y sobrestantes .., hubo que hospedarlos donde buenamente se pudo.

sobrestimar → SOBREESTIMAR.

sobresueldo *m* Retribución que se añade al sueldo normal. | *Sem* 20.12.69, 3: Las pobres muchachas de antaño, que sacaban un modesto sobresueldo "haciendo sobres".

sobretasa *f* Recargo sobre la tasa ordinaria. *Esp referido a sellos de correos.* | *ByN* 31.12.66, 120: Dos sellos .. forman la serie con sobretasa a beneficio de la Cruz Roja.

sobretasación *f* Acción de tasar por encima de lo ordinario. | *Nor* 12.12.89, 24: Citroën le hace la mejor y más completa oferta del año. Empiece el 90 con su nuevo Citroën. Elija la fórmula que más le convenga: una tasa anual efectiva de solo el 11% durante 12 meses; sobretasación de su coche usado hasta 80.000 pesetas más de su valor.

sobretensión *f* (*Electr*) Tensión superior a la normal. | V. GCid *Ciu* 1.8.75, 17: También se han visto los bobinados después de estar sometidos a sobrecalentamientos y sobretensiones.

sobretodo *m* (*hoy raro*) Abrigo o gabán. | Kurtz *Lado* 97: Mauricio se acicaló lo suyo, se puso el sobretodo negro que compró en Londres por los años cincuenta .. y que parecía recién hecho.

sobrevaloración *f* Acción de sobrevalorar(se). | J. Ruiz *Gar* 25.8.62, 7: Triunfa ese gran cariño que el novelista experimenta hacia los humanos, esa sobrevaloración de sus virtudes sobre los defectos. *Abc* 24.4.89, 42: La sobrevaloración de la peseta causa estragos en la economía española.

sobrevalorar *tr* Valorar con exceso. | * Sobrevalora las cualidades de sus hijos. **b)** *pr* (*Econ*) Valorarse con exceso. | *País* 3.6.76, 33: La renta nacional se sobrevalora el 17 por 100 .. Los nuevos datos sobre la contabilidad nacional corrigen la infravaloración de las anteriores en Estadística confeccionadas con base en 1964.

sobrevenido -da *adj* **1** *part* → SOBREVENIR.
2 [Objeción de conciencia] que se declara fuera del plazo establecido para ello. | J. L. Carrasco *Ya* 25.1.91, 17: La censura de estos partidos se refiere, fundamentalmente, a la ausencia en el texto legal de cualquier referencia a la "objeción sobrevenida", o lo que es igual, la ley no contempla la posibilidad de objetar cuando el interesado desee, incluido el período de prestación del servicio militar.
3 [Objetor] que alega objeción de conciencia fuera del plazo establecido para ello. | *Ya* 2.2.91, 18: Condena de cuatro meses para el primer objetor sobrevenido.

sobrevenir *(conjug 61) intr* Suceder o presentarse [algo] de manera repentina o imprevista. | DPlaja *El español* 85: De aquí las situaciones embarazosas que sobrevienen cuando se habla mal de una familia sin saber que está uno de sus representantes. **b)** *(raro)* Venir o presentarse [alguien] de manera repentina o imprevista. | Ribera *SSanta* 38: Estaba aún hablando cuando sobrevino un tropel de gente, delante de la cual iba uno de los doce.

sobrevesta *f (hist)* Prenda de vestir, a modo de túnica, que se pone sobre la armadura o sobre la ropa normal. | *His* 7.89, 25: El rey de Inglaterra a caballo con sobrevesta blasonada (miniatura de un Armorial del siglo XV, Biblioteca Nacional, París).

sobrevestir *(conjug 62) tr* Poner [a alguien *(cd)* una prenda de vestir *(compl* CON*)*] sobre las otras que lleva puestas. *Frec el cd es refl.* | Ridruejo *Memorias* 27: Usaba el tabernero una barba rubia, entrecana, estrecha y corta, y se sobrevestía con un mandil a rayas negras y verdes.

sobrevida *f (Med)* Tiempo que se sobrevive. | O. Aparicio *SPue* 17.10.70, 8: Al porcentaje de mujeres que no se curaban del todo, antes, se las "ayudaba a morir". Actualmente se las "ayuda a vivir", de tal manera que en gran parte de su sobrevida pueden reintegrarse a la sociedad.

sobrevivencia *f* Acción de sobrevivir. | J. M. Amilibia *Pue* 10.11.70, 29: Las probabilidades de sobrevivencia de los tripulantes de la embarcación –dadas las características de la misma y el itinerario previsto– eran de un 20 por 100. Torrente *DJuan* 146: Que no se interprete como estetizante esta sobrevivencia de la buena educación.

sobreviviente *adj* [Pers.] que sobrevive. *Tb n.* | Ramírez *Derecho* 133: Tendrán derecho los socios sobrevivientes a adquirir las participaciones sociales del socio fallecido. ZVicente *Examen* 45: La tarde de septiembre se enlutó de clamores y plañidos. El vecindario estaba atontado, haciendo cábalas sobre los muertos y los sobrevivientes.

sobrevivir *intr* Seguir viviendo [después de alguien o algo *(ci)*]. *Tb sin compl, por consabido.* | GNuño *Madrid* 54: El Marqués del Vadillo murió en 1729. Su gran colaborador Ribera le sobrevivió hasta 1742. Benet *Nunca* 9: Llegó a decir .. que no éramos sino unos pobres "deterrent" tratando en vano de sobrevivir.

sobrevolar *(conjug 4) tr* Volar [sobre alguien o algo *(cd)*, esp. sobre un lugar]. | Laiglesia *Tachado* 85: Estos aparatos, con los distintivos de la Lutwaffe, sobrevolaron Estocolmo a cinco mil metros de altura y desaparecieron en dirección a Noruega. Delibes *Madera* 417: Ordenó tiro de barreras sobre los Curtis que les sobrevolaban.

sobrevuelo *m* Acción de sobrevolar. | *Inf* 29.1.75, 32: Las autoridades españolas de aviación civil han autorizado ya el sobrevuelo por espacio aéreo español de los aparatos de Aeroflot.

sobrexceder, **sobrexcitación**, **sobrexcitar**, **sobrexponer** → SOBREEXCEDER, *etc.*

sobriamente *adv* De manera sobria. | Marías *Gac* 11.5.69, 24: Es una película basada en una obra teatral, .. sobriamente fotografiada en blanco y negro, con pocos y severos escenarios.

sobriedad *f* Cualidad de sobrio. | CBaroja *Inquisidor* 23: Las mismas calidades que se requerían para la magistratura civil se pedían para la inquisitorial: sobriedad, modestia, paciencia, mansedumbre, diligencia. Villapún *Moral* 178: La sobriedad. Consiste en frenar el deseo inordenado en la bebida, sobre todo aquella que puede privarnos de la razón o perturbarla.

sobrevenido – socarrar

sobrino -na *m y f* Hijo del hermano o de la hermana [de una pers. *(compl de posesión)*]. *Tb sin compl. Tb ~* CARNAL. | Benet *Nunca* 16: Para nuestra mutua incomprensión el demonio familiar había encarnado la contrafigura del tío Ricardo en la persona de su sobrino. *Sáb* 10.9.66, 28: Es sobrino carnal del rey Haakon VII de Noruega, hermano de su padre. **b) ~ segundo.** Hijo del primo o de la prima [de una pers. *(compl de posesión)*]. *Tb, simplemente, ~.* | * Le heredó un sobrino segundo al que ni siquiera conocía. **c) ~ nieto.** Nieto del hermano o de la hermana [de una pers. *(compl de posesión)*]. *Tb, simplemente, ~.* | Ridruejo *Memorias* 23: Era .. sobrino nieto, por parte de madre, del político Ruiz Zorrilla. Torrente *Vuelta* 80: Alargó la mano a la repisa de la chimenea y cogió el portarretratos. –Es Germaine, mi sobrina; la hija de mi sobrino Gonzalo.

sobrio -bria *adj* **1** [Pers.] moderada, esp. en comer y beber. | * Es un hombre muy sobrio.
2 [Cosa] que carece de exceso, esp. en el adorno. | GPavón *Hermanas* 44: Todo él [el piso] puesto al gusto del último tercio del siglo pasado, ni lujoso ni corriente, ni sobrio ni recargado.
3 *(col)* [Pers.] que no está ebria. | MMolina *Invierno* 40: Habíamos vuelto a beber en exceso, y él llegó tarde y nada sobrio al Metropolitano.

sobroseño -ña *adj* De Villasobroso (Pontevedra). *Tb n, referido a pers.* | Jomar *Faro* 5.8.75, 17: Con ocasión de la presente época estival y la proximidad de nuestras fiestas, tanto en la villa como en todo el término parroquial se hace notar la presencia de numerosos veraneantes, especialmente las colonias de sobroseños que durante el invierno residen en Portugal, Vigo y otras localidades de España y del extranjero.

soca. hacerse el ~. *loc v (col)* Hacerse el tonto. | Delibes *Emigrante* 76: Volvió a mojar la pestaña, pero yo me hice el soca para no ponerlo peor.

socairar *tr (raro)* Poner [algo o a alguien] al socaire. *Frec el cd es refl.* | Zunzunegui *Camino* 17: Al echarme a un lado para socairarme y encender el pitillo lo he visto en el suelo.

socaire I *m* **1** Abrigo que ofrece un lugar por la parte opuesta a aquella de donde sopla el viento. *Tb el propio lugar.* | Delibes *Madera* 438: Mansas olas de socaire chapaleaban contra las hélices, y la ciudad rutilante se alzaba un clamor de multitud gozosa. CBonald *Ágata* 13: Roedores .. que registraban los socaires en busca de la garza malherida y no cobrada.
II *loc adv* **2 al ~** [de algo]. A [su] resguardo o protección. *Frec fig.* | Cancio *Bronces* 21: Todo lo cual daba al pueblecillo de mi referencia el aspecto de algo así como un bando de gaviotas adormecidas al socaire de un faro en abandono. J. M. Poveda *Mun* 12.12.70, 20: Al socaire de lo que se llaman afinidades selectivas, muchas personas se interesan por la psicología para verse reflejadas en ella. Torrente *Isla* 49: Sir Ronald, tras varias vueltas por Europa, .. la acostumbrada visita a las Pirámides y un par de años al socaire del papa, se refugió en La Gorgona.

socaliña *f (col)* Ardid o trampa, esp. para conseguir que alguien dé algo. | APaz *Circulación* 165: No paga previsoras revisiones porque las cree despilfarros o socaliñas para extraerle los cuartos. Gala *Ulises* 722: El amor no es, sin embargo, nada de eso. Es una sucia trampa, una socaliña.

socaliñar *tr (col)* **1** Sacar [algo a alguien] con socaliñas. | E. BAmor *País* 10.4.79, 9: Si se procediese con más respeto al pueblo, después de haberle socaliñado el voto con hipócritas promesas, tal corrección no podría ser más fácil.
2 Engañar [a alguien] con socaliñas. | DCañabate *Paseíllo* 71: Sabía que la mejor manera de socaliñar a su padre era mostrándose diligente en atender al negocio. Torrente *Fragmentos* 103: Podemos valernos de ellos [los periódicos] en la polémica local en torno a la monja que va al infierno. *La Noche* la defiende, porque el padre Almanzora tiene socaliñada a la viuda de Bendaña y en el periódico le obedecen.

socarrar *tr* Quemar ligera o superficialmente [una cosa]. *Tb fig.* | Moreno *Galería* 274: Se socarraban [los rabos de cordera] uno por uno, a la llama viva de las támaras. Goytisolo *Recuento* 556: Encendió una cerilla y .. empezó a

socarrena – socialcristiano

socarrarse el vello con la breve llama. C. Soriano *Abc* 20.8.69, 27: Una frase que ha aprendido de los "franchutes", como él llama a todos los extranjeros que se socarran a gusto aquí. **b)** *pr* Quemarse [un guiso]. I Vega *Cocina* 134: Si la paella se hace en el campo, recomiéndase fuego de leña; los diez primeros minutos, vivo, y después al rescoldo, para evitar que se pegue el arroz o tome gusto a socarrado.

socarrena *f (reg)* **1** Hueco o agujero. I Delibes *Parábola* 153: Las llamas .. se desvanecen, se extinguen, y en la socarrena no resta sino un rescoldo mortecino.
2 Socarreña. I Cossío *Montaña* 166: Cuenta Vital que no encontraron lugar digno para alojar al imperial viajero y que hubieron de habilitar un[a] tejavana, que aquí llamamos socarrenas, con tapices, alfombras, lecho y ropas para que en ella pasara la noche el Emperador.

socarreña *f (reg)* Cobertizo, esp. para guardar los aperos de labranza. I Delibes *Vida* 25: Solía quedarme en los alrededores de la casa de labor (una casona blanca, con carros y remolques en la socarreña).

socarrina *f* **1** Acción de socarrar(se). *Tb fig.* I * Aquí huele a socarrina, alguien tiene la zapatilla en el brasero. Berlanga *Gaznápira* 50: Por suerte el 55 fue un año de sequía. "Si te oye tu padre, te desloma", opina Juliana recordando esas fechas de hace un año, la peor sequía desde la socarrina del 43, según cuentan.
2 Enfermedad de diversas plantas caracterizada porque las hojas o partes verdes aparecen como quemadas. I F. Ángel *Abc* 25.3.58, 11: Fungirol combate con éxito .. la Rabia o Socarrina del garbanzo.

socarrón -na *adj* [Pers.] que se burla con disimulo. *Tb n.* I ZVicente *Balcón* 30: –¡Casta! ¡Haz lo que dice la señora condesa y dispón el refrigerio! –¡Esperaba a ver si me daba algo más! –replica Casta, engordando el cuello, socarrona. **b)** Propio de la pers. socarrona. I Llamazares *Río* 161: Conserva todavía de su oficio el carácter tranquilo y el decir socarrón y diplomático.

socarronamente *adv* De manera socarrona. I Aldecoa *Gran Sol* 36: Hablaba siempre entre ingenua y socarronamente.

socarronería *f* Cualidad de socarrón. I E. LRamos *SAbc* 29.11.70, 36: Es la Universidad Laboral de Alcalá .. He llegado a ella tras el vivo cadáver de Quevedo, .. detrás de la socarronería y entenderas de los muy ilustres buscavidas.

socava *f* Acción de socavar. I Cossío *Montaña* 108: El mayor de ellos [los peñascos], que ha admitido una socava por el lado de Oriente, cobija la cabaña que en el verano usan los vaqueros de Valle.

socavación *f* Acción de socavar. I Aparicio *César* 198: El enemigo no cesa, día a día intensifica su tarea de socavación de los cimientos del Estado.

socavador -ra *adj* Que socava. I Palacios *Juicio* 73: Los antiguos, que en cuestiones morales llevan siempre la delantera a los modernos, coadyuvaron a esta corriente socavadora del pudor con una famosa caterva de filósofos.

socavar *tr* **1** Excavar [algo] por debajo. I C. Mora *Van* 1.7.73, 53: En los nuevos edificios socavan el terreno tres o cuatro pisos, se reservan los dos primeros para "parking" y garaje y venden las restantes plazas. Camón *Abc* 20.8.66, 3: La técnica de su elaboración (el tallista con una azuela va socavando y realzando los rasgos principales) provoca un modelado escultórico que ha revolucionado el arte europeo.
2 Minar o debilitar [algo o a alguien]. *En sent moral.* I Laforet *Mujer* 15: La vergüenza es algo extraño. Va socavando a uno, hasta que sale a flor de piel en el momento más inesperado.

socavón *m* **1** Hundimiento del suelo por haberse producido una oquedad subterránea. I *Abc* 4.11.70, 17: Entre las calles de Víctor Pradera y Ventura Rodríguez se produjo este descomunal socavón que dejó sin comunicación telefónica a mil quinientos abonados.
2 Acción de socavar [1]. *Esp su efecto.* I *Jaén* 111: Se realizan, asimismo, los trabajos de socavón en la zona de Linares, que pretenden el desagüe de la cuenca .. y la investigación de criaderos minerales .. Este socavón cortará la cuenca a una profundidad de 200 metros.

sochantre *m (Rel crist)* Director del coro en los oficios divinos. I Lera *Olvidados* 42: De su laboratorio, en el sótano de la casa donde vivía un sochantre de la catedral, las sacaba ocultas en el estuche de su violín. Buero *Sueño* 226: Elevan despacio los martillos y cantan con voces de sochantres.

sociabilidad *f* Cualidad de sociable. I FAlmagro *Abc* 18.8.64, 3: En esas mezclas de los diversos elementos que la vida nueva acarrea, sube el nivel medio de la sociabilidad. *BOE* 12.3.68, 3771: Relaciones sociales entre las plantas. Uniones dependientes. Uniones comensales .. Sociabilidad y dispersión.

sociable *adj* **1** Que tiende a vivir en grupo o en sociedad con otros seres de su misma especie. I Ybarra-Cabetas *Ciencias* 408: El gorila se encuentra en la Guinea y es sociable, pero el número de individuos que viven juntos no es muy grande.
2 Capaz de una convivencia amable. I Alfonso *España* 87: En España, necesitamos, más que nunca, aprender a ser sociables. **b)** Que gusta de la compañía. I Laforet *Mujer* 174: De la misma clase se me puso a mí uno en el cuello .. Aquel era oro y verde. Se ve que son bichos sociables.

social *adj* **1** De (la) sociedad. I AMillán *Juegos* 79: Hay un estrato social español que queda vituperado, un estrato minoritario. *Nue* 22.12.70, 18: El acto será en el domicilio social de la Asociación (Leganitos, número 10). *BOE* 12.3.68, 3771: Relaciones sociales entre las plantas. Uniones dependientes. Uniones comensales. Competencia. Unidades sociológicas inferiores. **b)** Destinado a promover la relación y la amistad entre las personas. I * Han abierto un club social en el barrio.
2 De las clases sociales [1]. I Arenaza-Gastaminza *Historia* 48: El fin de la República; las luchas sociales. **b)** Relativo a las clases sociales no pudientes y a sus condiciones de vida. I Gambra *Filosofía* 256: El problema social, creado tanto por la supresión de gremios y la libre contratación del trabajo como por el fenómeno general de la industrialización, ha sido la gran cuestión de nuestra época. A. D. Galicia *Sáb* 10.9.66, 13: Ellos, favoreciendo al humilde, .. han realizado una verdadera obra social. J. Losada *SYa* 18.5.75, 11: Era la época de oro del socialismo norteamericano, puesto que entre sus afiliados se hallaba la flor y nata de la literatura social. SVillanueva *Lit. actual* 390: Es difícil obtener una definición exclusiva [de poesía social] procedente de los propios poetas sociales.
3 Que vive en sociedad [1] o en grupo. I DPlaja *Literatura* 506: Otra tendencia lírica se orienta hacia el hombre como ser social, que sufre la injusticia de los demás hombres. Bustinza-Mascaró *Ciencias* 289: Las más conocidas son las sociedades de abejas, hormigas, termes y otros insectos sociales. * Se llama social a la planta que no vive aislada, sino formando grupos extensos con otras de la misma especie.
4 [Brigada de policía] cuyo cometido es la represión de las actividades políticas y sociales [1] no autorizadas. *Tb* POLÍTICO-~. *Frec (col) n f.* I * La Brigada Político-Social es muy temida entre los estudiantes. * Se lo llevó la social. **b)** [Policía] que pertenece a la Brigada Social. *Tb n m.* I *SPaís* 9.6.91, 4: En la época franquista [Amedo] ejerció como social (miembro de la Brigada de Investigación Social).

social- *r pref (Pol)* Socialista o del socialismo. I *Por ej:* J. CCavanillas *Abc* 26.2.58, 45: Conectado con el plan general del socialcomunismo para su próxima campaña electoral, el sábado, día 22, apareció en el diario de la noche "Paese Sera" .. un artículo. J. CCavanillas *Abc* 26.2.58, 45: Los socialcomunistas, sus fáciles secuaces y los "útiles idiotas" burgueses .. se regodearon de lo lindo ingiriendo y digiriendo la porquería de una prosa pésima. *DÁv* 25.2.75, 3: Comunismo Socialfascista..., comunismo siempre. *Lucha* 12.2.77, 4: Es una potencia socialimperialista que se encubre con un disfraz.

socialcapitalismo *m (Pol)* Capitalismo de tendencia socialista. I Halcón *Ir* 305: –¿Por quién teme que sea absorbido [el país]? –Por quién puede ser sino por el socialcapitalismo que domina el mundo actual.

socialcristiano -na *adj (Pol)* Cristianosocial. *Tb n.* I *Mad* 27.4.70, 5: El primer ministro belga, el socialcristiano Gastón Eyskens, declaró el viernes en la madrugada que el Gobierno considera que el proyecto de ley 125 debe ser votado sin tardanza por el Senado.

socialdemocracia *f* (*Pol*) Socialismo parlamentario y reformista. | Aranguren *Marxismo* 86: Este realismo revolucionario es incompatible con ciertas actitudes: en primer lugar, con la de la "socialdemocracia".

socialdemócrata *adj* (*Pol*) De la socialdemocracia. | V. Gállego *ByN* 31.12.66, 42: Tras haber sido comunista y buscar refugio en la U.R.S.S., hoy es una sobresaliente figura del Partido Socialdemócrata. **b)** Adepto a la socialdemocracia. *Tb n.* | M. Á. Velasco *Ya* 19.6.74, 10: Comunistas tenían 15 escaños y ahora tienen 22. Socialistas tenían nueve, junto con los socialdemócratas, y ahora tienen nueve, y socialdemócratas por su parte, tres.

socialdemocrático -ca *adj* (*Pol*) [Cosa] socialdemócrata. | Vicens *Polis* 518: Antes de 1911 el mundo occidental se orientaba hacia un régimen cada vez más democrático, con la posibilidad de una reforma progresiva de la sociedad por los partidos socialistas o socialdemocráticos.

socialero -ra *adj* (*desp, raro*) Socialista. *Tb n.* | *Abc* 3.5.58, 15: Los ingredientes del guiso eran las Casas del Pueblo, con sus "chíviris", 15.000 hombres instruidos militarmente, Juventudes Socialeras Unificadas por la técnica comunista, única fuerza, verdadera fuerza, guardia genízara de la República. FReguera-March *Boda* 40: Esa campaña anticlerical y antirreligiosa desencadenada por los liberales, republicanos y la ralea de *socialeros* y anarquistas.

socialidad *f* Cualidad o condición de social [3]. | H. Oliva *Tri* 20.2.71, 14: Ello lleva como presupuesto ineludible .. el procurar un tipo de educación para el joven y adolescente que haga desaparecer por completo el conflicto, al que tradicionalmente desembocaba, entre naturaleza y cultura, individuo y sociedad, sexualidad y socialidad.

socialismo *m* **1** Doctrina y sistema económicos y políticos que defienden la preponderancia del interés colectivo frente al particular y la posesión por parte del estado de los medios de producción. | Gambra *Filosofía* 256: La forma más conocida y extrema de socialismo es el marxismo.
2 Partido o conjunto de partidos de izquierda no comunistas y no liberales. | *Ya* 10.9.77, 15: Los líderes del socialismo español no dicen clara la meta de su esfuerzo.

socialista *adj* Del socialismo. | Vicens *Polis* 518: La economía occidental posee recursos para lograr rápidos progresos con un bienestar creciente para las clases trabajadoras .., sin obligar a estas a los arduos sacrificios que implica la transformación socialista de la producción. **b)** Adepto al socialismo. *Tb n.* | Aranguren *Marxismo* 110: La oposición entre Marx y los socialistas utópicos y los anarquistas consistió en que aquello por lo que estos luchaban por modo explícitamente moral .. él lo presenta .. como inevitable.

socialización *f* Acción de socializar(se). | *Abc* 27.1.70, 14: Irónicamente contrapone la privatización de los beneficios y la socialización de las pérdidas. Vicens *Polis* 506: Mao proclamaba la Gran Carta del Pueblo y la socialización del antiguo Celeste Imperio. *Reforma* 83: La Educación Primaria ha de favorecer la transmisión de la cultura y la socialización de los niños.

socializador -ra *adj* Que socializa. | Ciudadano *Pue* 17.12.70, 3: En una época esencialmente socializadora, surgen, como fantasmas de otros tiempos, ideas y modos casi medievales.

socializante *adj* Que tiende al socialismo [1]. | Vicens *Polis* 511: Getulio Vargas conservó más que Perón las apariencias democráticas; su movimiento, socializante, se apoyó en los inmigrados y las masas de los desheredados de color. Delibes *Año* 38: Dos tercios [del país] aspiran a estructurar su política en un sentido socializante y progresivo.

socializar *tr* **1** Transferir al estado, con fines sociales, [algo, esp. medios de producción, de propiedad particular]. | Benet *Volverás* 75: La unión republicana, que no tenía que mimar o paliar una revolución, se formó ante una mesa de naipes y se preocupó tan solo –sin socializar industrias ni colectivizar las granjas ..– de salir al paso de aquellos que cruzaban las montañas.
2 Hacer colectivo [algo particular o minoritario]. | Albalá *Periodismo* 35: El instrumento puede "socializar" la comunicación; pero esta no es social si no es periodística. **b)** *pr* Pasar a ser colectivo [algo particular o minoritario]. | Bueno *Tri* 26.12.70, 11: Me atrevería a enjuiciar el año 1970 como un año vivo, el año de un pensamiento embrionario que comienza a romper su cascarón individual y a socializarse.
3 Hacer socialista [una sociedad o un estado]. *Gralm en part.* | Laín *Gac* 11.5.69, 22: Hasta los no participantes en los concursos de televisión sabemos que la sociedad occidental no socializada .. se ordena desde la Baja Edad Media en tres niveles o clases.
4 (*Sociol*) Integrar socialmente [a un individuo] o adaptar[lo] a las normas de comportamiento social. | * Un objetivo básico de la educación es socializar a los niños. Rábade-Benavente *Filosofía* 205: El hombre .. recibe desde el comienzo de su vida .. toda una serie de influencias .. que hacen de él un ser social o socializado, o manifiestan el carácter social que el hombre tiene.

socialmente *adv* En el aspecto social. | A. Amo *Cua* 6/7.68, 49: La inactividad, el tomarse él mismo [el héroe melodramático] como el centro del universo, la permanencia en idénticas actitudes inmóviles, son consecuencias, puntos de la doctrina que, socialmente, potencia el melodrama.

socialrealismo *m* (*TLit*) Realismo social. | Van 25.7.74, 33: Respecto a esa vereda, lejana, del socialrealismo, ¿ya no interesa seguirla?

socialrealista *adj* (*TLit*) De(l) socialrealismo. | Barrero *Cuento* 18: Este movimiento neorrealista (que no llegará a ser socialrealista, porque no tuvo por objeto anteponer la ética a la estética) planteó el relato como un giro en el contenido. **b)** Adepto al socialrealismo. *Tb n.* | Barrero *Cuento* 20: Una variedad temática enriquecedora que el grupo socialrealista .. perdería, en beneficio de una reiteración, temática y formal, que propiciase .. la toma de conciencia colectiva sobre unos problemas que se juzgaron acuciantes.

sociata *adj* (*col, desp*) Socialista. *Tb n, referido a pers.* | Romeu *País* 23.8.83, 24: ¡Estos sociatas son unos rojazos! Campmany *Abc* 16.12.88, 33: Ya habremos protegido con el dinero de todos el cine progre del posmodernismo sociata.

sociedad **I** *f* **1** Agrupación más o menos numerosa de perss. o animales que conviven de manera organizada. | Gambra *Filosofía* 227: El hombre, en todo tiempo y lugar, ha vivido en sociedad. Bustinza-Mascaró *Ciencias* 288: Las asociaciones más frecuentes entre animales de la misma especie son: las colonias, las sociedades, las asociaciones. **b)** ~ **de consumo** → CONSUMO.
2 Agrupación legal de perss., motivada por una actividad o unos intereses comunes. | Gambra *Filosofía* 239: Además de la sociedad local, los hombres forman otro género de asociación motivada por el trabajo u ocupación que comparten. Tal es la sociedad gremial o profesional. **b)** Grupo organizado e instituido legalmente con fines económicos o comerciales. *Gralm con un compl especificador:* ANÓNIMA, COMANDITARIA, POR ACCIONES, *etc.* | *Act* 25.1.62, 40: Con este fin se creó en Madrid, en el año 1900, la Sociedad Española Oerlikon como Sociedad en Comandita. Ramírez *Derecho* 31: El matrimonio produce, respecto a los bienes de los cónyuges, una verdadera sociedad. A esta sociedad, limitada a cierta clase de frutos, se la llama sociedad legal de gananciales.
3 Clase constituida por las perss. distinguidas y que llevan intensa vida de relación. | Ridruejo *Memorias* 60: Llevaba [la condesa de Yebes] un traje negro como su pelo .. La "sociedad" más repulgada censuraba mucho su amistad con los intelectuales más o menos republicanos. **b) alta** (*o* **buena**) ~. Sector más distinguido de la sociedad. | AMillán *Juegos* 78: Los agentes externos –la buena sociedad, el amor, la pasión, el vicio, el dinero, el triunfar en la vida, el placer humillando, etcétera– son los elementos básicos que hacen posible esta corrupción.
4 (*raro*) Compañía (hecho de estar con otra pers.). | Cossío *Confesiones* 46: En aquel recinto de la enfermería había pasado muchas horas en sociedad con un santo y con un sabio.

II *loc adj* **5 de ~.** [Vida] de relación con otras perss. | * No hace vida de sociedad. **b)** Relativo a la vida de sociedad. | Delibes *Príncipe* 88: Mamá y tía Cuqui .. pasaron revista a los ecos de sociedad.

societal – sociológicamente

III *loc v* **6 presentar en ~** [a una muchacha]. Incorporar[la] simbólicamente a la vida social mediante la celebración de una fiesta o baile. | *Ya* 29.6.74, 30: Los marqueses de Tejada .. ofrecieron en su elegante residencia de Somosaguas (Madrid) una brillante fiesta de juventud para presentar en sociedad a su bella y encantadora hija María del Rosario.

societal *adj* (*raro*) Relativo a la sociedad. | J. Sampelayo *Ya* 11.2.75, 43: La seguridad jurídica y la predictibilidad del fallo no pueden ser en el Derecho superiores a la llamada seguridad societal que marca al propio tiempo el límite y pretensiones de mecanización o utilización de técnicas informáticas al mundo del Derecho.

societariamente *adv* De manera societaria. | *D16* 4.2.92, 51: Las eléctricas deberán segregar societariamente sus actividades de distribución y generación.

societario -ria *adj* De (la) sociedad o de las sociedades [2], esp. obreras. | Vicens-Nadal-Ortega *HEspaña* 5, 164: Los directivos obreros fueron expulsados de Cataluña ..; pero el movimiento societario persistió pujante. *País* 28.11.79, 16: El proyecto establece que dicho impuesto es un tributo de naturaleza directa, que gravará las transmisiones patrimoniales onerosas, las operaciones soci[e]tarias y los actos jurídicos documentados. [*En el texto*, sociatarias.]

societarismo *m* Tendencia societaria. | J. A. GMarín *Tri* 8.4.72, 14: Aparecen dos líneas ideológicas .. que pudiéramos incluir bajo el epígrafe de la utopía. De un lado, la tendencia asociacionista, el societarismo más o menos defensivo y resistente del mundo del trabajo .. De otra, la tendencia socialista utópica.

sociniano -na *adj* (*Rel crist*) [Doctrina o seguidor] de Socino (s. XVI), que negaba la Santísima Trinidad y la divinidad de Jesucristo. *Tb n, referido a pers*. | GÁlvarez *Filosofía* 2, 157: Contra los fanáticos intolerantes opone, con no menor fanatismo, la idea de la tolerancia .. Ella determinará la nueva hermandad, sobre la base de la religión natural, de católicos y judíos, calvinistas y luteranos, anabaptistas y socinianos.

socio -cia *m y f* **1** Miembro [de una sociedad [2] o de una asociación]. | M. GBaró *Ya* 28.5.67, 25: Quiero ser .. del equipo del Atlético, que lo veo siempre porque soy socio.
2 Pers. que forma [con otra u otras (*compl de posesión*)] una sociedad [2]. *Tb sin compl, en pl.* | Merino *SYa* 17.2.85, 32: Su socia actual en el negocio es Isabel.
3 (*col, humoríst*) Individuo. *Referido a mujer, frec desp, a veces designando prostituta*. | Torrente *Off-side* 498: Dejó caer la sospecha de que .. a lo mejor no había tal arrepentimiento ni tal convento, sino que la socia .. lo hubiera pensado bien y prefiriese la protección de un caballero solvente .. a la servidumbre de recibir cada noche a un cliente distinto.
4 (*jerg*) Se usa como tratamiento afectivo. | * ¿Qué tal, socio, cómo te va?

socio- *r pref* Social. | *Por ej: Reforma* 80: En el ciclo 3-6 años habrá una diferenciación mayor en áreas distintas de experiencia, que conviene definir y dotar equilibradamente de contenidos: áreas de la comunicación y del lenguaje, de la expresión y de la autonomía corporal, del conocimiento socioambiental y natural y de elementos logicos-matemáticos. Castilla *Humanismo* 31: La causa, puesto que el efecto es en todos, debe estar por fuera de uno, de la singularidad de cada cual. Es por esto por lo que yo me atrevo a sostener, y he sostenido, el carácter sociogénico de la misma. Aranguren *Marxismo* 26: De un modo mucho más ligero y frívolo .., el marxismo es vivido hoy, con frecuencia, como símbolo de distinción socio-intelectual. E. ÁPuga *Mun* 5.12.70, 20: Análisis sociojurídico de los conflictos colectivos. Aranguren *Marxismo* 51: Se pone hoy de relieve la incompatibilidad entre ese uso socio-moral de la ciencia y el capitalismo como sistema social. *VNu* 6.7.74, 24: D. Maximiliano Arboleya Martínez, en los primeros años de su "ingrata" labor sociopastoral.

sociobiología *f* Estudio de las bases biológicas del comportamiento social. | M. Ballester *Van* 7.4.78, 6: Cualquier noticia novedosa sobre tales cuestiones me apasiona. Una de ellas .. es el nacimiento de la Sociobiología, término que define el estudio de la base biológica del comportamiento de las especies animales.

sociobiológicamente *adv* Desde el punto de vista sociobiológico. | R. Bofill *Int* 31.8.83, 74: Sociobiológica y geopolíticamente, la decisión de eliminar el eje que ha sido Madrid, ora centrifugando, ora centripetando al resto del país, constituye un gran acierto.

sociobiológico -ca *adj* De la sociobiología. | * Estudio sociobiológico de la población.

sociobiólogo -ga *m y f* Especialista en sociobiología. | M. Ballester *Van* 7.4.78, 6: El individuo no es la unidad primaria en la desplazada lucha por la selección natural, sino la propia especie; al decir de los sociobiólogos, los genes.

sociocultural *adj* De la cultura propia de un grupo social. | DPlaja *Abc* 17.6.75, sn: A los pocos minutos de oír expresarse a una persona podemos deducir su región de origen (y, en algunos casos, incluso su "provincia"), así como su circunstancia sociocultural.

socioeconomía *f* Economía en relación con los fenómenos sociales. | E. Amezúa *Sáb* 1.2.75, 37: Ni que decir tiene que este no ha sido el único factor. La socioeconomía y otros elementos cuentan en la base.

socioeconómicamente *adv* En el aspecto socioeconómico. | *Inf* 20.4.74, 2: El Ministerio .. está dispuesto a dotar al país de la escala profesional que socioeconómicamente necesita.

socioeconómico -ca *adj* De los fenómenos económicos en su relación con los sociales. | *Inf* 9.1.70, 2: Resolver definitivamente el problema en sus aspectos socioeconómicos.

sociografía *f* Descripción ordenada y detallada de datos sociológicos. | Gambra *Filosofía* 225: Existe .. una dirección de la sociología eminentemente empírica, inclinada a la sociología histórica, o a la sociografía.

sociohistórico -ca *adj* De (la) historia social. | M. Pizán *Mad* 29.4.70, 14: El intento de hacer sobrevivir a la escolástica más allá de sus límites sociohistóricos se corresponde, de hecho, con el intento de hacer sobrevivir el tipo de sociedad de que era reflejo.

sociolaboral *adj* De los fenómenos laborales en su relación con los sociales. | *Ya* 16.4.77, 7: Quisiéramos .. referirnos a quienes, utilizando precisamente argumentos de carácter sociolaboral, protestando por el paro, los cierres empresariales, los expedientes de crisis y los despidos, contribuyen a que estas penosas realidades se multipliquen.

sociolecto *m* (*Ling*) Conjunto de los usos lingüísticos que caracterizan a un grupo social. | Lorenzo *Abc* 30.9.83, 3: Estas "lenguas nacionales" constituyen "un conjunto de formas de existencia" que dan lugar a modos de expresión condicionados socialmente (sociolectos).

sociolingüista *m y f* Especialista en sociolingüística [2]. | *Van* 26.9.74, 47: La figuerense "Canigó" publica una entrevista con la joven sociolingüista norteamericana Joy Robinson.

sociolingüístico -ca I *adj* **1** De (la) sociolingüística [2]. | Álvar *Sociedad* 17: Esta dinámica lingüística será para López Morales "imprescindible para la descripción total del sistema", y en ella sustentará la base de una posible caracterización sociolingüística.
II *f* **2** Rama de la lingüística que estudia las relaciones entre lengua y sociedad. | Miguel *Mad* 14.9.70, 4: La lista de especialidades a tratar se agrupa en títulos tan sugestivos como estos: .. Sociología de la Ciencia. Sociolingüística.

sociología *f* **1** Estudio de las sociedades humanas y de los fenómenos sociales. | E. Franco *SArr* 27.12.70, 47: Los musicólogos y los especialistas de sociología deben meditar sobre el tema. **b)** Estudio [de algo] en relación con la sociedad o con los fenómenos sociales. | *Ya* 28.5.67, 25: En 1966 se le concedió el premio nacional de Sociología del Turismo.
2 Conjunto de circunstancias sociológicas [de alguien o algo]. | Torrente *DJuan* 10: La sociología del escritor ha cambiado mucho. Incluso la del escritor *engagé*.

sociológicamente *adv* En el aspecto sociológico. | Torrente *Off-side* 47: Sin el menor prejuicio moral sería usted perfecta, estética y sociológicamente.

sociológico -ca *adj* **1** De (la) sociología. | *Sp* 19.7.70, 54: Estudios sociológicos sobre el comportamiento sexual .. se habían realizado en algunos países occidentales.
2 (*raro*) Social [1]. | *BOE* 12.3.68, 3771: Relaciones sociales entre las plantas. Uniones dependientes. Uniones comensales. Competencia. Unidades sociológicas inferiores.

sociologismo *m* **1** Tendencia a considerar los hechos humanos solo desde el punto de vista sociológico. | J. Alsina *Arb* 6.62, 11: El peligro reside .. en caer en un sociologismo exagerado con sus pretensiones de reducir los fenómenos lingüísticos a datos puramente sociológicos.
2 (*raro*) Doctrina que considera el bien social como ideal supremo del hombre. | Gambra *Filosofía* 186: Las principales concepciones históricas del bien supremo son: el hedonismo, el humanitarismo o sociologismo, la doctrina de la autonomía moral y el eudemonismo religioso.

sociologista *adj* De(l) sociologismo. | Gambra *Filosofía* 189: Sistemas sociologistas y humanitarios.

sociólogo -ga *m y f* Especialista en sociología. | Laforet *Mujer* 317: Ellas [las de Acción Católica] no son sociólogas, no se preocupan más que de dar lo que pueden, su tiempo, su abnegación.

sociometría *f* Estudio estadístico de las relaciones sociológicas, esp. de las preferencias y aversiones dentro de un grupo social. | Aparicio *HLM* 6.1.75, 15: No son los guarismos de la Econometría o de la Sociometría igualitarios.

sociométrico -ca *adj* De (la) sociometría. | Ro. García *PapD* 2.88, 115: Sociología: Que abarca el estudio de Técnicas Sociométricas y el conocimiento del marco socio-familiar, local e ideológico en el que se desenvuelve el niño.

sociópata *m y f* (*Med*) Enfermo mental caracterizado por comportamientos contrarios a la sociedad. | C. Paniagua *Méd* 6.5.88, 128: Las alucinaciones e ideas delirantes de los esquizofrénicos, naturalmente, giraban en torno a temas diabólicos. Los sociópatas argüían que sus acciones delictivas eran producto de la coerción de Satán, etc.

sociopolíticamente *adv* En el aspecto sociopolítico. | P. Altares *Cua* 7.71, 52: Hay quien se empeña todavía en convencerse de que Europa (sociopolíticamente, claro) no termina en los Pirineos.

sociopolítico -ca *adj* De los fenómenos políticos en su relación con los sociales. | Moix *Des* 12.9.70, 13: La discusión se bifurcó hacia senderos sociopolíticos que .. se centraron en el problema de la inmigración y en el de la burguesía catalana.

socioprofesional *adj* Del aspecto social de la profesión. | *Abc* 10.2.74, 41: Se ofrece: Cursos de entrenamiento y perfeccionamiento en Madrid y Londres .. Incorporación a Empresa de excelente ambiente socioprofesional con destacada política de personal y sistema de evaluación y revisión anual.

sociorreligioso -sa *adj* De la religión en su relación con los factores sociales. | M. Escribano *Pue* 1.12.70, 5: En esta conferencia se van a tratar temas muy vinculados a la vida sociorreligiosa del país como la moralidad pública, matrimonios mixtos, colegios de instituciones mixtas.

sociosanitario -ria *adj* De la sanidad en su relación con los factores sociales. | *SPaís* 9.4.89, 28: Un diagnóstico precoz .. nos permite diseñar una estrategia terapéutica que retrase la evolución de la demencia, además de abaratar los elevados costes sociosanitarios que se derivan de la enfermedad.

socioterapia *f* (*Med*) Psicoterapia orientada a la integración armoniosa del individuo en el grupo social al que corresponde. | *GTelefónica* N. 961: Residencia Psiquiátrica Ntra. Sra. de la Paz .. Psicoterapia individual y de grupo. Socioterapia.

sococharr *tr* (*reg*) Cocer a medias. | Seseña *Barros* 37: Es [Tamames] el único pueblo salmantino en el que existe la doble cochura; la primera para templar o sochochar la loza y la segunda después del vidriado.

soconusco *m* (hoy raro) **1** Mezcla de polvos de vainilla y otras especias empleada esp. para condimentar el chocolate cocido. | Cela *Inde* 23.9.91, 64: ¿Quiere usted un dedal de licor de polvos de soconusco que elabora mi suegra?

Landero *Juegos* 179: Las tres me mandan a por cosas difíciles de conseguir. María Casilda me pidió una vez copos de soconusco para condimentar un arroz.
2 Chocolate hecho. | Vega *Cocina* 118: Eran para los vecinos de Madrid un acompañamiento matinal y obligado del chocolate, el cual, cuando se tomaba en casa de gente adinerada, acostumbraba a llamársele soconusco.

socorredor -ra *adj* Que socorre. *Tb n, referido a pers.* | Cela *SCamilo* 191: Don Feliciano es muy caritativo con sus subordinados, muy socorredor y un verdadero amigo. **b)** Propio de la pers. que socorre. | SFerlosio *País* 9.11.82, 10: En un choque o un descarrilamiento se portaría del modo más heroico y más socorredor.

socorrer *tr* Ayudar [a alguien que se encuentra en un peligro o necesidad]. | Laforet *Mujer* 317: Entre estas gentes se meten estas chicas, les solucionan mil asuntos, les socorren.

socorrido -da *adj* **1** *part* → SOCORRER.
2 [Cosa] capaz de proporcionar la solución en un momento de apuro y a la que se recurre con frecuencia. | Laiglesia *Tachado* 112: Para poder patentar algún ideal, Pablo quiso echar mano de la idea democrática, que es tan socorrida.

socorrismo *m* Actividad reglamentada para prestar los primeros auxilios en caso de accidente. | GGarcía *Salud* 531: Desde hace algunos años se va introduciendo en España de forma paulatina la teoría y la práctica del Socorrismo.

socorrista *m y f* Especialista en socorrismo. | *HLM* 30.12.74, 8: Monseñor Obando y Bravo consiguió permiso de los oficiales del Ejército que rodeaban la residencia para que la ambulancia y socorristas de la Cruz Roja retiraran el cadáver de uno de los ayudantes de Castillo, que aún permanecía frente a la casa.

socorro I *m* **1** Acción de socorrer. | Torrente *Isla* 24: Tú me dijiste, cuando ella acudió a socorrerle porque se había atragantado ..: "Esa chica le quiere", y, un momento después, a la vista de las finezas con que él respondía al socorro: "Esos se aman".
2 Cosa con que se socorre. | FQuintana-Velarde *Política* 102: Tendrían –por razones humanitarias– que ser alimentados o vestidos a costa de toda la sociedad, sin que pudiesen devolver de manera alguna estos socorros.
II *loc adj* **3 de ~**. [Puerta o salida] de emergencia. | *HLC* 2.11.70, 1: El hecho de que una de las puertas de socorro estuviera cerrada impidió que se pudiera salvar a gran parte de las víctimas.
4 de ~. [Bautismo] administrado sin las solemnidades debidas, en caso de necesidad. *Tb adv.* | Carnicer *Cabrera* 68: –Don Manuel –dice al ver salir al cura–, el niño murió a poco de nacer. –¿Y cómo está la madre? –Bien, parece. ¿Qué hacemos con el niño? –¿Lo bautizasteis de socorro? –No, señor. –Bueno, pues entonces enterrarlo vosotros mismos. **b)** [Agua] **de ~** → AGUA.
5 [Casa] **de ~** → CASA.

socráticamente *adv* De manera socrática. | *Tri* 9.12.72, 53: En sus clases, más que enseñar latín, [García Calvo] imparte socráticamente duda a lo Juan de Mairena.

socrático -ca *adj* **1** Del filósofo griego Sócrates († 399 a.C.). | Lera *Olvidados* 128: Don Jesús la cercó entonces a preguntas, enlazadas con las respuestas como en un diálogo socrático.
2 Seguidor de la doctrina o del método de Sócrates. *Tb n.* | GÁlvarez *Filosofía* 1, 79: Se conocen con el nombre de socráticos menores todos los filósofos que, partiendo del socratismo y sin salirse de la atmósfera general de la sofística, pretenden continuar al gran maestro.

socratismo *m* Doctrina socrática. | GÁlvarez *Filosofía* 1, 79: Se conocen con el nombre de socráticos menores todos los filósofos que, partiendo del socratismo y sin salirse de la atmósfera general de la sofística, pretenden continuar al gran maestro.

socuellamino -na *adj* De Socuéllamos (Ciudad Real). *Tb n, referido a pers.* | Sáez *Lan* 24.7.65, 7: Cualquier socuellamino está ansioso de ver una vez una película que merezca la pena.

soda *f* **1** Agua gasificada artificialmente, usada para mezclar con bebidas alcohólicas y a veces aromatizada con

sodado – sofístico

esencias de frutas. | CNavarro *Perros* 167: Él le dijo que podía tomar lo que quisiera, y la muchacha pidió un *peppermint* con soda.
2 (*Quím*) Sosa. | M. Aguilar *SAbc* 16.3.69, 54: Adjuntamos un cuadro, con los nombres químicos de sus componentes, dando algunas sinonimias con que también se les conoce .. Álcalis cáusticos (y sinonimias). Cáustico blanco .. Silicato sódico. Soda sosa. Sosa cáustica.

sodado -da *adj* (*Quím*) Que contiene soda [2]. | Aleixandre *Química* 143: Con el sodio reaccionan [los etinos], dando derivados sodados e hidrógeno.

sodalicio *m* (*lit*) Asociación o corporación. | *Ya* 12.4.75, 8: Ambas autorizaciones [diocesanas] son, respectivamente, para el sodalicio "Iglesia-Mundo" y Ediciones Iglesia-Mundo, S.A. *D16* 25.3.78, 7: La contrarreforma universitaria .. El documento en cuestión está patrocinado por la Asociación Independiente de Profesores Universitarios (AIPU), que, a juzgar por sus actuaciones anteriores y por este texto que ahora se difunde, es una especie de sodalicio para la defensa de los intereses establecidos.

sodalita *f* (*Mineral*) Mineral de silicato de aluminio y sodio clorado, que cristaliza en el sistema cúbico y gralm. se presenta en cristales incoloros o blancuzcos. | *País* 29.11.81, 28: Ágata, amatista, topacio, sodalita... La belleza insólita de las piedras del Brasil.

sódico -ca *adj* **1** De(l) sodio. | Bustinza-Mascaró *Ciencias* 13: El óxido de sodio con el agua origina el hidrato sódico.
2 Que contiene sodio. | Cela *Pirineo* 288: Las hay [aguas] frías y calientes, radiactivas, sulfurosas, alcalinas, bicarbonatadas, sódicas, yoduradas .., ¡qué alarde!

sodio *m* Metal, de número atómico 11, muy blando y maleable, de color y brillo plateados, que se oxida rápidamente en contacto con el aire y descompone el agua a la temperatura ordinaria. | Bustinza-Mascaró *Ciencias* 7: Son cuerpos simples: hidrógeno, flúor, cloro, .. silicio, carbono, sodio, potasio.

sodomía *f* Relación anal de un hombre con otro hombre o con una mujer. | CBaroja *Inquisidor* 26: Algunos tribunales .. atendían también a casos de sodomía. *SD16* 19.2.87, v: Transmisión [del sida]: Relaciones heterosexuales: .. Sodomía: Hombre sano/mujer infectada .. Hombre infectado/mujer sana .. Factores de riesgo: No hay ningún estudio referente al papel de la sodomía en la transmisión del virus, pero es probable que aumenten los riesgos por los microtraumatismos que se producen en este tipo de sexualidad.

sodomita *adj* Que practica sodomía. *Frec n m*. | J. M. Alfaro *Abc* 1.6.75, 56: Las andanzas de Ginesillo, entre los acosos de un sodomita, las liviandades de una moza de partido .., parecen el introito de una renovada versión de los lances y correrías de un intelectualizado pícaro.

sodomítico -ca *adj* De (la) sodomía. | Valcarce *Moral* 138: Dentro del matrimonio, y supuesta la posibilidad de cópula carnal natural, solo son pecado: a) las poluciones solitarias, b) las sodomíticas y c) las onanísticas.

sodomización *f* Acción de sodomizar. | *Abc* 12.8.89, 53: A. B. M., de treinta y dos años, fue detenido por la Policía en Guadalajara como presunto autor de un delito de sodomización.

sodomizar *tr* Someter [a alguien] a actos de sodomía. | Goytisolo *Recuento* 340: Un oligofrénico con propensiones homosexuales .. abriga el terco propósito de sodomizar algún día al admirable urbano de la esquina. Faner *Flor* 75: Un comerciante de mediana edad .. señaló el podio, a donde acababa de subir una sierva desnuda .. Un eslavo de enorme cipote la sodomizó entre espasmos violentos.

soez *adj* Grosero y desvergonzado. | D. Merino *VozC* 3.7.63, 7: Si mi pariente era tan cruel, tan inútil, tan ignorante, tan soez, tan monstruo como ellos repiten de continuo, ¿por qué ese lamentarse de haberle perdido para su causa? Salom *Casa* 288: –Tiene que crecer... –(Riendo, con un gesto soez.) Pero no tiene desgaste. ¡Que lo diga la Petra!

soezmente *adv* De manera soez. | GCaballero *Cabra* 22: Se buscó un gentilicio sustitutivo, acudiendo a una hipotética etimología de Egabro, para llamarse "egabrenses" y evitar que nadie jugara soezmente con algo tan sacro como la oriundez.

sofá (*pl normal*, ~s) *m* Asiento mullido con respaldo y brazos para dos o más perss. | Salom *Baúl* 127: Se sientan los dos en el sofá. **b) ~-cama.** (*pl normal*, ~s-CAMA(S)) Sofá transformable en cama. | *Abc* 21.5.67, 13: Sofás-Camas "Cruces".

sofaldar *tr* Alzar las faldas [a una mujer (*cd*)]. | Zunzunegui *Camino* 15: La sofaldó y la desvirgó allí mismo, penetrándola contra un talud.

sofaldear *tr* Sofaldar. | Torrente *Isla* 155: Imaginabas la cara carcomida mirada con los ojos de espanto y muerte de Inés, puro grito ya, inútil el pataleo, cuando ya una mano que iba dejando pedazos de sus dedos la sofaldeaba.

sofaldeo *m* (*raro*) Acción de sofaldear. | Torrente *Vuelta* 103: Estaba en medio de un tumulto .. La empujaban, la abrazaban. Intentó abrirse paso a puñetazos; le devolvían risas y sofaldeos.

soffione (*it; pronunc corriente*, /sofióne/; *pl normal*, SOFFIONI) *m* (*Geol*) Emisión natural de vapor de agua que sale del suelo a elevada temperatura y presión. | Bustinza-Mascaró *Ciencias* 368: Las fumarolas. Son desprendimientos de gases que, si son calientes y producen depósitos de azufre, se llaman solfataras; si arrojan vapor de agua con ácido bórico, *soffioni*.

sofión *m* Contestación o comentario bruscos y destemplados. | ZVicente *Traque* 238: Hasta la hora de la conferencia, las ocho, todo fueron nervios, sofiones.

sofisma *m* Argumento falso con apariencia de verdadero. *A veces con intención peyorativa, implicando mala fe*. | Gambra *Filosofía* 54: El sofisma .. más frecuente es, sin duda, el que se llama de la cuadruplicidad de términos. Laiglesia *Tachado* 77: Su aguda inteligencia le permitía manejar con soltura sofismas, paradojas y contradicciones.

sofista A *m y f* **1** (*desp*) Pers. que utiliza sofismas. | FMora *Abc* 8.9.66, 13: ¿Fue un revolucionario o un reaccionario, .. un educador o un sofista?
B *m* **2** (*hist*) *En la antigua Grecia, esp en los ss* V *y* IV *a.C.*: Maestro profesional de filosofía y retórica. | Gambra *Filosofía* 285: Escepticismo. (Esbozado en los sofistas.)

sofisticación *f* Acción de sofisticar. | *Tri* 11.4.70, 9: Todo esto .. viene a demostrar que la sofisticación informativa puede hacerse.

sofisticadamente *adv* De manera sofisticada. | *BLM* 9.74, 2: Se ha pretendido poner todo tipo de barreras: elevación del coste de los estudios, selectividad, pruebas de acceso (que algunas facultades llaman sofisticadamente pruebas vocacionales).

sofisticado -da *adj* **1** *part* → SOFISTICAR.
2 Afectado, o falto de naturalidad. | *ByN* 31.12.66, 90: Contrastaban .. los peinados más sencillos con las más sofisticadas pelucas.
3 Complicado o complejo. | C. Santamaría *Cua* 6/7.68, 13: Todo esto resulta tan complicado y sofisticado que, en la mayor parte de los casos, los dirigentes de la Iglesia aplican esa misma moral tradicional.

sofísticamente *adv* De manera sofística. | FReguera *Bienaventurados* 34: Se pertrechaba de material dialéctico para defender, sofísticamente, el pro y el contra de cualesquiera clase de cuestiones.

sofisticar *tr* **1** Adulterar o falsificar. | Arce *Precio* 94: Existía el esnobismo del restaurante caro ..; o, por el contrario, el esnobismo de haber descubierto ese lugar donde se comen los productos sin sofisticar.
2 Hacer afectado o artificial [a alguien o algo (*cd*)]. *Frec en part*. | Umbral *Memorias* 173: Llegaban al estrellato todavía sudadas, .. guapas y naturales. Luego las han sofisticado, a casi todas, han querido hacerlas grandes actrices o grandes burguesas. Pero tuvieron su momento silvestre, montaraz, auténtico. W. Mier *MHi* 11.63, 24: La calma .. no puede encontrarse ciertamente en el bullicio de la plaza Gomila –esa sofisticada Place Pigalle palmesana–.

sofístico -ca I *adj* **1** De (los) sofistas. | GNuño *Escultura* 13: El lector estará en condiciones de asentir a lo

soflama – sofoco

que, expresado en forma tan axiomática e inapelable, pudiera ser acusado de pretensión sofística. DPlaja *Literatura* 27: Aristófanes se propone llevar sus ideas al espectador: estas ideas son el amor a la paz .., el odio a la demagogia .. y a la filosofía sofística.

2 Que denota o implica sofisma. | Torrente *DJuan* 212: Me gustaba hurgar en el fondo de las verdades tópicas y hallarles la sinrazón oculta, el fundamento traído de los pelos, el cimiento sofístico. Umbral *País* 23.6.83, 28: La opción es sofística, pues ha habido más democracias sin periódicos que la griega.

3 (*desp*) [Pers.] que utiliza sofismas. | PAyala *Abc* 19.6.58, 3: No se debe asimilar la religión con el celo de un escolástico obtuso y sofístico.

II *f* **4** (*Filos*) Movimiento filosófico propio de los sofistas [2]. | GGual *Novela* 29: Una de las hipótesis de Rohde que pronto fue corregida es la cronología de las novelas que él, pensando que el género y su prosa estilizada eran consecuencia del florecimiento de la retórica en la Segunda Sofística griega, en el siglo II d.C., había situado entre los siglos II y VI d.C.

soflama *f* **1** Discurso ardoroso destinado a mover el ánimo de los oyentes. | Aranguren *Marxismo* 22: El término "marxismo" .. suele funcionar como un eufemismo .. Es como un intento de disimular o de frenar, de retardar en el discurso, la soflama o simplemente la discusión, el momento del clímax emocional.

2 Llama tenue del fuego. | Delibes *Voto* 146: Rasgó los papeles y los arrojó al fuego, unas soflamas mortecinas.

3 Bochorno o calor intenso. | Fraile *Cuentos* 67: Se limpiaba el sudor con un pañuelo gris. Esperaba que la soflama levantara un poco.

soflamado *m* Acción de soflamar. | Navarro *Biología* 252: El calor directo por la llama (soflamado), o por el alcohol inflamado, permite desinfectar el instrumental de cirugía.

soflamar *tr* Someter [algo] al efecto de la llama. | Vega *Cocina* 20: Después de limpia y soflamada [la gallina], córtese en trozos pequeños.

soflamero -ra *adj* Que utiliza o incluye soflamas [1]. | Delibes *Madera* 386: Tío Felipe Neri le contestaba a vuelta de correo cartas soflameras desbordadas de ardor patriótico.

sofocable *adj* (*raro*) Que se puede sofocar, *esp* [3]. | Arce *Precio* 12: Era una rebeldía de conciencia casi siempre cómodamente sofocable.

sofocación *f* Acción de sofocar(se). *Tb su efecto*. | FReguera-March *Caída* 127: Hacía calor. Con el traje de lana, la sofocación hubiera sido terrible, pensó. RIriarte *Paraguas* 150: Por la Virgen Purísima, no me mire, que me muero de vergüenza y ahora es de veras. ¡Ay, qué sofocación! ¡Ay, qué nerviosa me estoy poniendo! Gironella *Millón* 27: En efecto, no comprendían que la preocupación máxima, excluyente, no fuera la muy elemental de canalizar los esfuerzos hacia la sofocación total de la sublevación militar. **b)** Dificultad de respirar, o asfixia. | *Abc* 13.8.72, 24: Ante el peligro de sofocación por las humaredas que llegan hasta la ciudad, se ordena dormir con las ventanas cerradas, pese al calor sofocante. **c)** Sofoco [1b]. | Cañadell *Salud* 186: La hipófisis [en el climaterio], liberada del freno que sobre ella ejercen los estrógenos, produce cantidades crecientes de gonadotrofina folículo-estimulante, y a este fenómeno se atribuyen las sofocaciones.

sofocadamente *adv* De manera sofocada. | Delibes *Voto* 148: El señor Cayo rió sofocadamente.

sofocado -da *adj* **1** *part* → SOFOCAR.

2 [Voz u otro sonido] que se emite de manera contenida y poco perceptible o poco sonora. | Laforet *Mujer* 64: La otra se enderezó soltando una risa sofocada.

sofocador -ra *adj* Que sofoca, *esp* [3]. | A. SPalomares *Sáb* 2.11.74, 16: Parece que Papadopulos tenía los nervios muy tocados debido a las explosiones de alegría que se produjeron en el país por la caída de la dictadura y las constantes alusiones a su régimen, instalado sobre una permanente red de violencias sofocadoras de cualquier movimiento que pudiera desembocar en las libertades fundamentales.

sofocamiento *m* Acción de sofocar(se). | *Barcelona* 47: 1934. Proclamación insurgente .. del "Estat Català" .. y sofocamiento de la subversión .. por el Ejército.

sofocante *adj* Que sofoca [1]. *Frec referido a calor, gralm con intención ponderativa*. | Bustinza-Mascaró *Ciencias* 11: Si quemamos azufre veremos que se forma un gas de olor sofocante especial, y que el azufre desaparece. Laforet *Mujer* 231: Ya no hacía el calor sofocante de agosto.

sofocar A *tr* **1** Producir [algo (*suj*) a alguien (*cd*)] ahogo, o congestión del rostro. *Tb abs. Tb fig*. | Torrente *Isla* 306: Caía el sol vertical del mediodía y el aire sofocaba. Ballesteros *Abc* 24.3.71, 3: La hazaña produjo una llamarada de interés colectivo, pero se apagó en seguida. No fue como un incendio que a todos sofocase, sino como un simple fogonazo de "flash" que apenas hace parpadear. **b)** *pr* Congestionarse o sentir ahogo. | Arce *Testamento* 16: Me sentía cada vez más sofocado. Enjugué mi frente y mi cuello con el pañuelo.

2 Producir [a alguien (*cd*)] enrojecimiento del rostro, por vergüenza, excitación o nerviosismo. | * Sus alusiones acabaron por sofocarla. **b)** *pr* Mostrar [alguien] enrojecimiento del rostro, por vergüenza, excitación o nerviosismo. | E. Beladiez *SAbc* 9.3.69, 47: La pareja de recién casados se alborotaba en el cuadro, y ella se sofocaba de rubores porque él se empeñaba en comparar, en voz demasiado alta, las proporciones de su mujer con las de Afrodita. Delibes *Príncipe* 13: –Alguien se lo enseñará –dijo Mamá reticente .. La Vítora se sofocó toda: –Ande, lo que es una... Arce *Precio* 130: Regresaron al fin, cogidas de la cintura, sonrientes y alegres, aunque un tanto sofocadas.

3 Extinguir [un incendio o una rebelión]. | *Van* 18.4.74, 6: Doscientos bomberos acudieron rápidamente al lugar del siniestro, situado a mitad de camino entre Colonia y Hannover, para sofocar las llamas. *Abc* 27.12.70, 30: Un principio de amotinamiento en el interior de la cárcel .. fue rápidamente sofocado ayer. **b)** Apagar o hacer menos perceptible [un sonido]. | Delibes *Madera* 272: Los refugiados iban uniéndose al coro .., pretendiendo sofocar con sus voces la crepitación de las bombas.

B *intr pr* **4** (*col*) Perder la calma o irritarse. | Escobar *Itinerarios* 242: –¡Anda, malón, poca lacha! .. –No te sofoques, Paulina, por tan poca cosa. **b)** Disgustarse. | Cela *Judíos* 78: –Bueno, pues muchas gracias. Lo que yo siento es no poder ofrecerle a usted nada. –No se sofoque por eso. Ya nos encontraremos para poder tomarnos un par de blancos juntos.

sofocativo -va *adj* (*raro*) Que sofoca [1]. | J. R. Alfaro *SInf* 11.11.70, 10: El magisterio de cráneo (fórmula magistral) o cráneo calcinado, entraba en la composición del polvo de olíbano, usado contra la epilepsia, apoplejía, catarro sofocativo.

sofocleo -a *adj* Del trágico griego Sófocles (s. V a.C.). | Pemán *SAbc* 23.3.75, 7: Francia .. iba a llevar al máximo esa síntesis creando una tragedia alejada de todo pueblerismo .., pero no llegó a ensayar su síntesis popular-humanística, sofoclea y raciniana, frente al tema de la Pasión y Muerte.

sofoco *m* **1** Efecto de sofocar(se) [1]. | Arce *Testamento* 20: La ascensión comenzaba a ser más difícil. Cada paso era mayor el sofoco. Halcón *Ir* 147: En el otro extremo de la sala un viejo respiraba con sofoco. **b)** Sensación súbita de calor congestivo que sube al rostro, gralm. acompañada de enrojecimiento. | Cañadell *Salud* 188: La existencia de un climaterio viril análogo al de la mujer es poco frecuente. Algunos hombres, con el comienzo de su andropausia, presentan fatiga, irritabilidad .., insomnio, molestias urinarias y, muy pocas veces, sofocos.

2 (*col*) Rubor o vergüenza. | Ramírez *Derecho* 152: Los delitos .. generalmente los recojo en el llamado Código Penal, aunque .., a escondidas y no sin cierto sofoco, me aprovecho de las circunstancias para incluirlos también en leyes especiales.

3 (*col*) Disgusto. | Grosso *Capirote* 25: Es lástima .. que no hayas llegado siquiera un cuarto de hora antes, porque me hubiera[s] ahorrado una discusión y un sofoco.

4 Calor intenso y sofocante. | Escobar *Itinerarios* 86: El día había sido muy ardiente, de los de solanera y sofoco.

sofocón – soirée

sofocón *m (col)* Sofoco grande, *esp* [3]. | Medio *Bibiana* 12: Se ha quitado la combinación y ahora no encuentra su camisa de dormir. Pasa un sofocón hasta que la descubre.

sofoquina *f (col)* Sofoco grande, *esp* [3]. | DCañabate *Paseíllo* 37: En la vida siempre hay un coco que nos mete miedo y que nos atiza sofoquinas y nos hace llorar.

sofreír *(conjug* **47***) tr* Freír ligeramente. | Bernard *Verduras* 20: En una cacerola se sofríen las partes retiradas de las cebollas.

sofrenar *tr* Refrenar [el jinete a la caballería] tirando de las riendas. *Tb abs.* | Cunqueiro *Crónicas* 107: Sopló en el bombardino una marcha .. y le parecía que los caballos ponían su trote a compás. Bajaban para pasar el vado del Aulne .., cuando sofrenando en la cuesta se emparejó con ellos un joven que montaba un percherón. **b)** *(lit)* Refrenar o reprimir. | DPlaja *Abc* 12.11.70, sn: De otro, la contención formal que sofrena la pululación de las cosas, como el bocado del ímpetu del caballo, remansando la vitalidad de las formas.

sofrito -ta I *adj* **1** *part* → SOFREÍR.
II *m* **2** Condimento compuesto de diversos ingredientes, esp. ajo, cebolla o tomate, sofritos. | Jiménez *SAbc* 9.2.69, 39: ¿Quién se libra de engordar si, sin tasa, come asados, pote gallego, .. fabada y cocina vasca con abundancia de ajos, cebolla, pimentón, sofritos, salsas...?

sofrología *f (Med)* Técnica psicoterápica destinada a la modificación de estados concretos de la vida vegetativa y anímica, esp. mediante hipnosis o relajación. | *Inf* 23.1.70, 20: Se está desarrollando un ciclo de conferencias sobre sofrología e hipnosis, dirigidas por el profesor doctor Arias Blanco, presidente de la Escuela Española de Sofrología y Medicina Psicosomática.

sofrológico -ca *adj (Med)* De (la) sofrología. | Á. ACárcer *SAbc* 20.4.75, 20: Entonces introdujimos en las técnicas de relajación técnicas sofrológicas de relajación.

sofrólogo -ga *m y f (Med)* Especialista en sofrología. | P. VSanjuán *Abc* 17.10.71, 41: A descubrir esa relación, a estudiar su desarrollo y posible remedio, dirigen sus estudios los sofrólogos con evidente oportunidad humanística y loable empeño científico.

sofrónico -ca *adj (Med)* Producido por sofrología. | *Ya* 6.9.74, 22: Es perfectamente posible intervenir quirúrgicamente a un enfermo mediante anestesia sofrónica sin que llegue a sentir ningún dolor, o incluso transformando las sensaciones dolorosas en otras agradables. *Inf* 13.6.74, 7: Tres alumnos del seminario, en estado sofrónico, hicieron unas demostraciones de dibujo, pintura al óleo y escritura en el transcurso de la audición de la "Novena sinfonía".

sofronización *f (Med)* Acción de sofronizar. | F. Martino *Ya* 2.6.74, 42: Si aun así no lo logra, tras haberlo intentado varias veces, puede y debe recurrir a la sofronización; bajo hipnosis, el paciente no solo logra el resultado apetecido, sino que "aprende" él mismo a hacer el tratamiento sin ayuda exterior alguna tras unas cuantas sesiones.

sofronizar *tr (Med)* Relajar mediante sofrología. | *Ya* 6.9.74, 22: –La anestesia sofrónica ¿puede practicarse en cualquier tipo de operación quirúrgica? –En la gran mayoría de ellas. Pero, por ejemplo, no puede usarse en intervenciones neuroquirúrgicas sobre la corteza cerebral, puesto que en estos casos el sujeto no puede utilizar su cerebro para sofronizarse.

soft *m (Informát)* Software. | *Ya* 27.3.90, 54: Enlace entre un programa de gestión y uno de "soft" integrado.

software *(ing; pronunc corriente, /sófwer/) m (Informát)* Conjunto de programas y otros elementos destinados a la utilización de un ordenador. *Se opone a* HARDWARE. | MCampos *HLM* 26.10.70, 15: Las empresas de "software" (o de simple "consejo" en materia de informática) preparan programas especiales de trabajo que venden. *País* 15.5.77, 28: Definirán el Software a utilizar por los Terminales, en función de la aplicación y de la Red de Teleproceso.

soga I *f* **1** Cuerda gruesa de esparto. | J. Riosapero *Cua* 23.10.76, 13: La Adrada .. tiene .. comercios donde venden a la vez faldas, cubos de limpieza, tejidos, soga, sardinas en lata.
2 *(hist)* Medida agraria de extensión variable según las provincias. | *Ade* 27.10.70, 3: Alfonso X el Sabio .. fijó las características que habrían de tener las cañadas, un ancho de seis sogas de cuarenta y seis palmos.
II *loc v (col)* **3 echar** *(o* **poner)** [a alguien] **la ~ al cuello.** Poner[le] en un grave riesgo o apuro. | Ortega *Americanos* 66: No es ya que arruines al Departamento, es que tú mismo te echas la soga al cuello.
4 echar *(o* **dar)** ~ [a un asunto]. Dar[le] cuerda o impulso. | L. Calvo *Abc* 15.10.70, 29: "Combat" echa descaradamente soga al asunto y dice que los soviéticos han dado a M. Pompidou un certificado de buena conducta.
5 mentar la ~ en casa del ahorcado. Decir algo que puede recordar a una pers. presente algo desagradable o molesto para ella. | * Hablar de calvicie en su presencia es mentar la soga en casa del ahorcado.
III *loc adv* **6 a ~.** *(Arquit)* Referido al modo de colocar un *sillar o un ladrillo*: De modo que la dimensión mayor quede paralela a la pared. *Tb adj.* | Salcedo *Córdoba* 20: Los lienzos de sus muros son irregulares sillares de piedra, establecidos uno a soga y dos a tizón.
7 a ~ y cordel. En líneas o trazos muy rectos. | A. J. Sánchez *Sáb* 14.9.74, 46: Calles rectas, trazadas a soga y cordel, que van a parar a una plaza inconfundible.
8 con la ~ al cuello. *(col)* En grave apuro o dificultad. *Gralm con el v* ESTAR. | * Me siento con la soga al cuello.

sogdiano -na *(hist)* **I** *adj* **1** De Sogdiana (región de la antigua Persia). *Tb n, referido a pers.* | Sampedro *Sirena* 173: Kilia, deseosa de hacerse útil, empezó a acompañar a Uruk en sus canciones amorosas, con su voz seductora que se complementaba muy bien con la del sogdiano.
II *m* **2** Lengua de la antigua Sogdiana, que fue lengua internacional de toda el Asia central. | Villar *Lenguas* 95: El [iranio] oriental .. comprende varios dialectos. En primer lugar el sogdiano, lengua de la antigua Sogdiana, situada en las regiones de Bukhara y Samarkanda, que llegó a convertirse en lengua internacional en el área de Asia central.

sogueado -da *adj (Arte)* [Motivo ornamental] que presenta forma de soga o cuerda. | GNuño *Escultura* 54: El vástago curvo ornamentado también con motivos predominantemente geométricos, sogueados y granulados. **b)** Decorado con motivos en forma de soga o cuerda. | GNuño *Escultura* 146: La decoración ornamental de estas estelas suele ser tímida, generalmente de pobres círculos sogueados.

sogueamiento *m (hist)* Acción de medir con soga [2]. | Sobrequés *HEspaña* 2, 21: Esta etapa [de asentamiento de pobladores cristianos en Valencia] .. termina en 1270, fecha en la que el monarca ordenó el sogueamiento o medición general de tierras, con el fin de revisar y ajustar los numerosos y dispersos repartimientos.

sogueo *m (reg)* **1** Acción de atar con soga [1]. | MCalero *Usos* 17: En buenos encerraderos y boyeras se ataban los ganados de mayor hierro y señal a pesebreras de piedra mediante sogueos a fuertes arrendaderos empotrados en la piedra del comedero.
2 Soga [1]. | MCalero *Usos* 36: En un rincón, bien ordenados y esperando su uso en la próxima trilla, había sogueos y clavijas.

soguero -ra *m y f* Pers. que fabrica o vende sogas [1]. | Moreno *Galería* 31: El "soguero", en su atarazana, hacía las sogas, y el trillero, en su taller, los trillos de piedras y pedernales.

soguilla A *f* **1** Trenza delgada de esparto. | Cuevas *Finca* 76: Se desenlió el último mineral y se cantó su peso –9 con 8–, una libra menos por la soguilla.
B *m* **2** *(hist)* Mozo de cuerda. | J. Sampelayo *Abc* 15.3.68, 35: Volvía contento Ramón a casa. Si la carga era mucha le seguía un mozo de cordel, un soguilla.

según, sogunado, sogunal, sogunato → SHOGÚN, *etc*.

soirée *(fr; pronunc corriente, /suaré/)* **I** *f* **1** Fiesta o reunión nocturna. | Burgos *Tri* 16.1.71, 23: Quien coja el callejero de Sevilla .. podrá ver que tiene calle doña Antonia Díaz, una poetisa que sirvió en el pasado siglo los mejores chocolates en las "soirées" que organizaba su marido.
2 Función nocturna [de un espectáculo]. *Frec se omite el compl por consabido.* | *Mar* 23.11.70, 27: El éxito, amigos, sigue respaldando esta feliz iniciativa de Organizacio-

nes Bamala, que dominicalmente nos ofrecen unas grandes "soirées" en el Palacio de Deportes.
II *loc adj* **3 de ~.** [Traje] de noche. | Benet *Volverás* 71: Se ocupaban de poner a punto, con todos los ornamentos de seda y brocado que quedaban en el fondo de las arcas, un traje de soirée de color azul índigo.

soja *f* Planta leguminosa de cuyas semillas, muy nutritivas y semejantes a la judía, se extrae aceite (*Soja hispida*). | VMontalbán *Pájaros* 233: La comprobación de que las palmeras existían le había conmocionado desde su llegada a Bangkok, así como la posibilidad de ver crecer la soja en los márgenes de los caminos.

sojuzgador -ra *adj* Que sojuzga. *Tb n, referido a pers*. | J. Balansó *Tiem* 27.6.88, 13: Alba es, después de la casa ducal de Medinaceli, el título más importante del esqueleto nobiliario de España, concedido por los reyes de Castilla en el siglo XV a la familia de los Álvarez de Toledo, conquistadores de Portugal y Navarra, sojuzgadores de Flandes y los Países Bajos.

sojuzgamiento *m* Acción de sojuzgar. *Tb su efecto*. | Savater *Tri* 29.12.73, 40: El mundo tiene otras preocupaciones mucho más urgentes que la degradación del vino o de la filosofía: explotación, crimen, sojuzgamiento de exigibles libertades. *Ya* 25.5.75, 11: Para ser rebelde es preciso un estado previo de sojuzgamiento.

sojuzgar *tr* Dominar [a alguien o algo] con violencia. *Tb abs*. | J. M. Rollán *SAbc* 1.12.68, 26: En las manos de hierro del tirano que sojuzga y en las del vejete a quien los años han enseñado el morse amarillo del subsidio.

soka-tira *m* (*reg*) Juego popular, entre dos equipos, consistente en tirar cada uno de un extremo de una cuerda hasta hacer que el otro sobrepase una línea marcada en el suelo. | Lera *Clarines* 314: Dos más iban agarrados a cada pata y, tirando del rabo, como en un soka-tira vasco, los tres más forzudos y corpulentos.

sol[1] (*con mayúscula en acep 1*) **I** *m* **1** Estrella que da luz y calor a la Tierra y alrededor de la cual giran esta y los demás planetas de nuestro sistema. | Zubía *Geografía* 13: A Venus .. se le llama también Lucero del Alba, por ser visible a la salida o a la puesta del Sol.
2 Rayos del Sol [1]. *A veces en la forma dim* SOLECITO *o aum* SOLAZO. | Arce *Testamento* 19: El sol llegaba desde aquel momento libre de arbolado, al descubierto. JLozano *Inf* 13.11.78, 20: Torrente Ballester cuenta .. que nos encontramos en la calle de Silva y echamos una parrafada al solillo. P. Álvarez *SVozC* 29.6.69, 24: En aquellos tiempos de prehistoria de la pesca, con solo dos pescadores .. a la alegría de pescar se unía el peligro de coger las tercianas y hacer del solaz de las siestas, con los escalofríos precursores de la fiebre, dulce solana.
3 Imagen tradicional del Sol [1], en forma de círculo del que parten numerosos rayos. | * En la piedra alguien había dibujado un sol. **b)** *A veces se da este n a algunos objetos cuya forma imita o evoca a la del Sol.* | GTelefónica 533: Estilo español. Herrajes forjados .. Decoración: Hierro negro y oro, Apliques, Soles, Espejos, Faroles, Lámparas, Candelabros, etc. Marcos-Martínez *Física* 268: Esta reacción da la verificarse bajo la acción de la chispa eléctrica producida por un arco eléctrico circular (sol eléctrico) de gran superficie. GMacías *Abc* 26.5.74, 45: La lencería popular extremeña .. Hay que destacar los frunces finísimos, hechos en prendas de Malpartida de Plasencia, y los soles de Casar de Cáceres. Torrente *Sombras* 37: Algo oscuro, ondulante y tremendo se movía en el fondo del abismo: una sierpe de mar .., a la que siguieron en su aparición el leviatán, .. el pez sol, con su collar de rayos y sus agudos colmillos, y el gigantesco nautilus.
4 (*col, esp en lenguaje femenino*) Pers. o cosa de gran encanto, bondad o belleza. *Gralm en la constr* SER UN ~. *A veces en la forma dim* SOLETE. | ZVicente *Traque* 74: Es una lata viajar con niños, y eso que esta criaturita es lo que se dice un sol. MGaite *Visillos* 158: –Ángel me ha dicho que querías ver la cocina de mi apartamento, para tomar idea para cuando os caséis. –Sí, sí, me encantaría –dijo Gertru. –Desde luego es un sol. Luego vamos, si quieres. Buero *Lázaro* 124: (Le toma del brazo ..) ¡Eres un solete!
5 (*col, esp en lenguaje femenino*) Se usa como apelativo cariñoso, *esp referido a niños. Tb en la forma dim* SOLETE. | * ¿Qué quiere mi sol?

6 el ~ que más calienta. (*col*) Quien mejor puede ayudar o favorecer. *En constrs como* ARRIMARSE, PONERSE, *o* ESTAR, AL ~ QUE MÁS CALIENTA. *Con intención desp.* | *D16* 10.1.89, 48: Ha reconocido públicamente [Carmen Díaz de Rivera] haber solicitado el ingreso en el PSOE .. La *musa de la transición* ha sabido ponerse al sol que más calienta y pronto tendrá un cargo y una poltrona donde sentarse. CPuche *Paralelo* 286: –¿Y Rafa? ¿Y Evaristo? –Ellos van al sol que más calienta.
7 Unidad monetaria del Perú. | L. M. Lorente *MHi* 7.69, 8: El IV centenario de la primera moneda acuñada en la ceca de Lima da lugar a dos valores de 5 soles, para el correo aéreo.
8 ~ y sombra. Copa de anís y coñac mezclados. | Sastre *Taberna* 109: –Tómate entonces una de pipermín o cosa análoga. –No, gracias, gracias. –Pues Calisay, que es así dulce. –Que no, señor Caco, que muchas gracias, digo. –Un sol y sombra entonces. O un carajillo, con perdón.
II *loc v y fórm o* **9 como el ~ que nos alumbra.** Fórmula con que se asegura enfáticamente la verdad de algo. | * –¿Es eso cierto? –Como el sol que nos alumbra.
10 salga el ~ por Antequera. Fórmula que sigue a la mención de un propósito o de un hecho, para indicar que no importan sus conecuencias. | CPuche *Paralelo* 398: Además, aunque no sirva. Lo mandan y se hace. Salga el sol por Antequera.
III *loc adv* **11 bajo el ~.** En la Tierra. *Gralm en la constr* NADA NUEVO BAJO EL ~. | Campmany *Abc* 23.10.88, 37: No hay nada nuevo bajo el sol, ni siquiera bajo el sol de España.
12 de ~ a ~. Desde que amanece hasta que anochece. | Cuevas *Finca* 67: Trabajaban a destajo, de sol a sol. E. Bayo *Des* 12.9.70, 23: Familias enteras se trasladaban de sol a sol al páramo. Cela *Judíos* 34: En la comunidad de Ayllón .. pueden pastar los ganados de la tierra de Maderuelo. Pero solo de sol a sol.
13 ni a ~ ni a sombra. De ninguna manera o en ningún momento. *En constr negativa y normalmente con el v* DEJAR. | CSotelo *Muchachita* 280: Y de Alejandra Aymat, ¿qué me dices? No la has dejado ni a sol ni a sombra. Delibes *Emigrante* 99: No paro ni a sol ni a sombra.

sol[2] *m* Quinta nota de la escala musical. | Valls *Música* 31: Una escala integrada por siete sonidos que llamamos notas ..: do, re, mi, fa, sol, la, si.

sol[3] *m* (*Quím*) Coloide diluido o que se presenta en forma líquida. | Navarro *Biología* 12: Los soles son coloides diluidos, y los geles, coloides concentrados.

solado *m* **1** Acción de solar[3]. | GTelefónica *N.* 44: Albañilería en general. Especialidad solados y alicatados.
2 Revestimiento con que se cubre un piso. | *HLS* 3.8.70, 8: Oportunidad, pisos .. Amplias facilidades de pago. Solados de madera de castaño, lijada y barnizada. CBonald *Ágata* 226: Vio primero un charquito de agua no permeada y que parecía agrupar las sombras en un desnivel del solado.

solador -ra *m y f* Pers. que tiene por oficio solar[3]. | *Abc* 4.10.70, sn: Albañil solador, fontanero.

solaje *m* (*reg*) Poso [de un líquido]. | N. Luján *Gac* 14.9.75, 17: No debe sorprenderse al whisky con temperaturas demasiado bajas. Un gran frío puede enturbiarle y producirle como un solaje que se deposita en el fondo de la botella si se desciende al nivel de congelación. VMontalbán *Pájaros* 171: Presenció cómo el limpiabotas se bebía la botella hasta el solaje.

solamente *adv* Con exclusión de cualquier otra cosa, pers., lugar o tiempo. *A veces, enfáticamente,* TAN ~. | Cunqueiro *Un hombre* 10: No oía las palabras largas .., que no daban entrada, lo que solamente podían hacer las palabras pequeñas o monosílabas. ZVicente *Traque* 98: Yo, solamente los niños, que no me dejan ni a sol ni a sombra. **b) no ~..., sino (que) (también)...** → NO[1].

solana *f* **1** Lugar donde da el sol[1] [2] de lleno. | Moreno *Galería* 161: Se arrancaba el cáñamo y se acarreaba a la era o "la solana". Allí se tendían [*sic*] para tostarse más y curarse al sol, todavía en vara. **b)** Vertiente de un valle expuesta al sol. | Ortega-Roig *País* 178: El clima [de Andalucía] es mediterráneo, más húmedo en la parte de las montañas que miran hacia el Oeste .. que en la parte de la solana que mira hacia el Mar Mediterráneo.

solanácea – solar

2 (*reg*) Galería o balcón corrido expuestos al sol[1] [2]. | Cossío *Montaña* 75: Tiene verdadero encanto montañés el pueblo, con su calle de casas hidalgas con grandes solanas. Ortega-Roig *País* 76: En el País Vasco abunda el caserío, casa de piedra, con el techo inclinado, un gran pórtico para guarecerse de la lluvia y un gran balcón para tomar el sol, llamado solana. Ferres-LSalinas *Hurdes* 13: Casas formadas por los progresivos salientes de las distintas plantas, corredores cubiertos que forman las solanas.

3 (*reg*) Sobrado o desván. | Ridruejo *Memorias* 23: La casa de mi abuela era de canto, como todas .. En la planta principal, la cocina .. y las alcobas. Arriba, un sobrado o desván, que allí llaman solana.

solanácea *adj* (*Bot*) [Planta] dicotiledónea, herbácea o arbustiva, de hojas alternas, flores hermafroditas y fruto en baya o en cápsula. *Frec como n f en pl, designando este taxón botánico.* | CBonald *Ágata* 22: No sembraron cereales ni legumbres ni plantas solanáceas. Bustinza-Mascaró *Ciencias* 270: La patata pertenece a la familia botánica de las Solanáceas.

solanas *adj* (*jerg*) Solo o sin compañía. *Tb* DE ~. | Sastre *Taberna* 126: ¡Pobrecita mía! .. ¿Qué voy a hacer ahora yo solanas? ¡Ay, madre mía, qué desgracias ocurren! DCañabate *Abc* 19.8.70, 49: Hoy ha venido poca gente al café. La mayor parte del día he estado de "solanas". A mí no me asusta la soledad.

solanero[1] **-ra I** *adj* **1** [Lugar] expuesto al sol[1] [2]. | GPavón *Reinado* 179: En el piso de arriba recorrieron una amplia galería muy solanera y alegre.
II *f* **2** Solana [1]. | *Abc Extra* 12.62, 45: Otro juego de las solaneras del invierno es la piola, o el burro, o el salto de carnero. Lera *Boda* 538: Si quieres un pedazo en la solanera para sembrar cereales... Pero yo creo que aquí lo que mejor se dan son las patatas. **b)** (*Taur*) Parte de la plaza en que da el sol[1] [2]. *Tb el público que la ocupa.* | V. Zabala *Nue* 19.4.70, 35: El sexto iba con la cara alta, derrrotando con peligro, poniéndole continuamente los pitones en el pecho; el de la isla, entre desarmes y atragantones, consiguió una faena de muleta novilleril que fue jaleada por la solanera de principio a fin.
3 Influencia directa de los rayos solares, esp. cuando son muy fuertes. | Kurtz *Lado* 14: El sol pega fuerte, pero hay un aire delicioso en cuanto cede la solanera. Escobar *Itinerarios* 86: El día había sido muy ardiente, de los de solanera y sofoco.

solanero[2] **-ra** *adj* De La Solana (Ciudad Real). *Tb n, referido a pers.* | Pa. Sánchez *Lan* 11.2.92, 13: Se repartieron igualmente pegatinas destinadas a concienciar a los solaneros de esta lacra.

solanina *f* (*Quím*) Sustancia tóxica contenida en algunas plantas de la familia de las solanáceas. | MNiclos *Toxicología* 116: Cuando las patatas están germinadas o averiadas, pueden contener solanina.

solano[1] **-na** *adj* De levante u oriente. *Frec n m, referido a viento.* | J. Cufí *Van* 21.3.74, 39: En la vertiente solana el cultivo predominante, como hemos dicho, es el alcornoque. Romano-Sanz *Alcudia* 134: Como siga muchos días este aire solano .., va a marchitar el campo. Berlanga *Barrunto* 42: Caí en la cuenta una noche que andaba arrebujado en la manta buscando en el cielo las "siete cabrillas", tapadas por un nubarrón de solano.

solano[2] *m* Se da este n a varias plantas solanáceas de los géns *Solanum* y *Atropa*, esp la *S. nigrum. Frec con un adj especificador:* NEGRO, AMARILLO, FURIOSO, *etc.* | Loriente *Plantas* 66: *Solanum jasminoides* L., "Solano trepador". Trepadora no abundante.

solapa *f* **1** *En una prenda de vestir:* Parte superior del delantero, que se dobla hacia afuera. | Laiglesia *Tachado* 94: Acudió vestido de frac sin más adorno que una gardenia fresca en la solapa. Arce *Testamento* 90: Aferró las solapas de mi chaqueta y dijo: –Si Enzo no vuelve te pegaré dos tiros y en paz.
2 *En un libro:* Prolongación lateral de la sobrecubierta o de la cubierta, que se dobla hacia adentro. *Tb lo escrito en ella.* | Huarte *Tipografía* 65: La cubierta puede ir prolongada lateralmente por unas solapas que exceden del ancho del libro y se pliegan hacia dentro. Berlanga *Recuentos* 82: Carlos se ofrece para escribirme una solapilla "pe-eme (con perdón de las madres)", pero remoloneo, dudo.
3 *En un sobre:* Parte que sirve de cierre. | Armenteras *Epistolario* 33: En el reverso del sobre irá estampado también, en la parte del pico de la solapa que sirve de cierre, el nombre y señas del remitente.
4 *En determinados objetos:* Parte que se dobla sobre otra a la que cubre total o parcialmente. | *Prospecto* 4.88: Bolso con solapa en plex, imitación serpiente y cocodrilo .. 2.975.
5 (*raro*) Disimulo u ocultación. | *ByN* 11.11.67, 4: Descubre el motivo de todo su escrito, que no es, ni más ni menos, que el zaherir cuanto puede a "El Cordobés" (hasta aquí solapadamente); después, ya sin solapa alguna, dice que él no lo considera artista.

solapable *adj* Que se puede solapar. | *Trib* 6.11.89, 5: La adjudicación de los últimos escaños se ventila por mínimos fácilmente solapables. El único correctivo posible y fácil .. es el acceso instantáneo de todas las fuerzas políticas a los datos del recuento electrónico, en idénticas condiciones que el propio Gobierno.

solapadamente *adv* De manera solapada. | Cuevas *Finca* 205: No permitía acostarse en las sábanas del hotel y, de noche, las cambiaba, solapadamente, por las que había llevado de su casa.

solapado -da *adj* **1** *part* → SOLAPAR.
2 Disimulado, o que no se manifiesta abiertamente. | Arce *Testamento* 95: Creo que entonces experimenté, por vez primera, el placer de lo solapado. M. Aguilar *SAbc* 9.11.69, 54: La enfermedad va evolucionando de manera solapada y ejerciendo su acción destructora sobre las arterias.
3 (*raro*) Que tiene solapas [1]. | Landero *Juegos* 144: Vestía al desgaire ..: pañuelo al cuello, gafas oscuras, sombrero flexible de ala baja y solapada gabardina.

solapamiento *m* Acción de solapar. | C. Fonseca *Ya* 2.2.87, 8: Los funcionarios policiales se encontraban también con la existencia de "zonas de solapamiento" en las que se producían interferencias entre los distintos canales, y otras "zonas de sombra", en las que resultaba imposible recibir mensajes.

solapar A *tr* **1** Disimular u ocultar [algo] maliciosamente. | J. Navarro *País* 11.11.76, 10: No dejan de ayudar [los caciques] a alguna escuela o de sostener algunos becarios, pues, para ellos, es de vital importancia solapar tras una máscara agradable el sistema de dominio y opresión sobre quienes les rodean. CBonald *Noche* 308: Solapó el cuerpo entre el aparejo y sacó fuerzas de flaqueza para correr en busca de su sobrino Mojarrita.
B *intr pr* **2** Superponerse total o parcialmente [dos cosas o una a otra (*compl* CON)]. | Mendoza *Ciudad* 22: A una epidemia seguía otra sin que hubiera desaparecido por completo la anterior, se solapaban. Rábade-Benavente *Filosofía* 180: Para expresar "Ningún M es P" rayamos la zona de M que se solapa con P.

solape *m* Disimulo u ocultación. | Delibes *Cartas* 151: Mediante el solape y la falacia nos ayuda a poseer otros cerebros, a suplantarlos, a pensar por ellos.

solapín *m* (*raro*) Solapa [1] pequeña. | A. Barra *Abc* 1.9.66, 33: Es el triunfo del chaleco con solapines, de los pantalones ceñidos como un guante a la anatomía del usuario.

solar[1] **I** *adj* **1** [Casa] que es la más antigua [de una familia noble]. | J. Atienza *MHi* 11.63, 70: En San Sebastián (Guipúzcoa) tienen los Oquendo su casa solar.
II *m* **2** Terreno destinado a edificar sobre él, o sobre el cual hay construido un edificio. | Laforet *Mujer* 133: Enfrente de la taberna se levantaba, entre solares, una casa alta y frágil.
3 Linaje noble. *Gralm con un compl* DE + *apellido*. | Zunzunegui *Camino* 494: Íñigo López de Loyola, gentilhombre del solar de Loyola, fue hombre mundano y cortesano. Cossío *Montaña* 241: Su madre, doña Inés Lasso de la Vega, pertenecía al ilustre solar montañés de tal apellido.
4 Casa solar [1]. | GNuño *Madrid* 6: La Casa de Juan Vargas, a cuyas órdenes trabajó el Santo, ha dejado constancia del hecho en un viejo solar tachonado con reliquias, como es una inscripción, blasones de los Vargas y sobre todo una óptima talla del Santo.

5 (*lit*) Suelo. | F. Blasi *Mun* 19.12.70, 7: Han manifestado opiniones opuestas figuras igualmente señeras del solar español.
6 (*reg*) Suelo de la era. | MCalero *Usos* 46: Ya en la era tiraban la mies y preparaban la trilla del bálago acarreado sobre un solar bien apañado.

solar[2] *adj* **1** Del Sol. | N. LPellón *MHi* 7.69, 17: Hay un rito de adoración solar y hay ofrendas sagradas. Ortega-Roig *País* 8: La Tierra es .. un planeta que gira alrededor de una estrella: el Sol, como lo hacen otros ocho planetas, formando el Sistema Planetario Solar.
2 Que funciona con la luz o las radiaciones solares [1]. | *Ya* 8.6.88, 25: Los coches solares o *solarmóviles* constituyen el medio de locomoción ecológico por excelencia. **b)** Que transforma la luz solar en energía eléctrica. | *Ya* 8.6.88, 25: Constituyen el medio de locomoción ecológico por excelencia, alimentándose de la energía que, a través de las grandes redes de células solares, captan directamente del sol.
3 Que protege de las radiaciones solares [1]. | * Cremas y filtros solares se venden hoy en cualquier perfumería o farmacia. *Abc* 26.4.89, 41: Equipamiento opcional: Radiocassette estéreo. Techo solar. Elevalunas eléctricos.
4 (*raro*) Que tiene radiación solar [1]. | A. Olano *Sáb* 10.9.66, 7: El clima de Marbella .. Días solares: 26 .. Días de lluvia: 5.
5 (*Anat*) [Plexo] situado delante de la aorta abdominal. | A. M. Calera *Agromán* 20: Las regiones más sensibles .. son las siguientes: el plexo solar –que está bajo el estómago–, los testículos, .. el corazón.

solar[3] (*conjug* **4**) *tr* Poner suelo [a algo (*cd*)]. | CBonald *Ágata* 40: Una habitación de mampostería, techada de un llovedizo de tejas y solada con ladrillos costaneros.

solar[4] (*conjug* **4**) *tr* Poner suela [al calzado (*cd*)]. | Peraile *Ínsula* 54: Wences corta una retajadura de piel con la chaira .. Tafiletea, adornando. Se dispone a solar las botas de don Pedro Ángel.

solariego -ga *adj* **1** De solar (linaje noble). *Tb n, referido a pers.* | Canilleros *Cáceres* 74: De las casas solariegas destacan la de los Carvajal, Condes de Torrejón; la de los Grimaldo, la del Deán. Cossío *Montaña* 299: La musa de los viejos solares le dictó entonados versos en los que melancólicamente surge la dignidad de las nobles casonas. Así dirá a una solariega al abandonar esta suyo, llegado el otoño: "El tedio le domina / cuando, al morir octubre, de él te alejas".
2 (*hist*) [Pers.] establecida en tierras de un señor, del que recibe campos para su cultivo en virtud de un contrato por el que queda sometido al señor de la tierra. *Tb n.* | Fernández-Llorens *Occidente* 136: Otros campesinos consiguen su libertad con relativa facilidad, como los solariegos castellanos.

solario *m* Terraza u otro local adecuado para tomar baños de sol. | MSantos *Tiempo* 65: Ininterrumpidamente a sí mismos se admiraban sintiendo un calor muy próximo al del solario cuando la gama ultravioleta penetra hasta una profundidad de cuatrocientas micras.

solárium (*pl normal*, ~ o ~s) *m* Solario. | *Abc* 11.8.64, 36: Véndese yate ..; alojamiento para cuatro tripulantes, hermosa cubierta de solárium. GSosa *GCanaria* 66: Las Canteras es, por sobre todo, el solárium de las gentes del Norte de Europa, que se vuelcan materialmente sobre esta playa luminosa.

solarización *f* (*Fotogr*) Procedimiento que consiste en exponer a la luz las superficies sensibles y ya impresionadas, mientras se están revelando. | FSantos *País* 13.4.80, 33: Utilizando el procedimiento llamado "solarización", es decir, exponiendo el negativo a una luz de mayor intensidad que la normal, se han conseguido imágenes inéditas, a medias entre la realidad [y] lo fantástico.

solateras *adj* (*jerg*) Solo o que no tiene compañía. | Oliver *Relatos* 101: Había ido allí aquella noche con un rodríguez que le había cogido en autoestop y que nos miraba desde la barra con un mosqueo de la hostia. A ver, como que se veía de solateras después de pasear a la jai.

solaz *m* (*lit*) Placer o recreo. | V. Vidal *Abc* 19.12.70, 55: Desde tiempos remotos fue la Albufera de Valencia lugar de solaz y esparcimiento.

solazador -ra *adj* (*lit, raro*) Que solaza. | Zunzunegui *Camino* 260: Se fue poco a poco amansando hasta desembocar en solazadoras lágrimas.

solazar *tr* **1** Proporcionar placer o solaz [a alguien o a una parte o facultad suya]. | *Puericultura* 14: Los zócalos, con alegres y bien elegidos dibujos, contribuyen a solazar el espíritu del niño. **b)** *pr* Sentir placer o solaz. | Cela *SCamilo* 88: Los lleva .. a que echen un par de bailes y se solacen. Delibes *Vida* 95: Al segundo taconazo ya eran seis o siete los mirones que contemplaban solazados mi esfuerzo inútil.
2 Ocupar [un tiempo] de modo placentero. | Mendoza *Ciudad* 209: Con la lectura de *Pelléas et Mélisande* había solazado la convalecencia.

solazo → SOL[1].

solazoso -sa *adj* (*lit, raro*) Que causa solaz. | J. M. Ullán *País* 17.2.80, 24: En Las Vistillas, por lo menos, sopla un viento la mar de solazoso.

soldabilidad *f* (*E*) Cualidad de soldable. | *HLM* 26.10.70, 10: El acero Ex-Ten 50 es un acero de alta resistencia y perfecta soldabilidad.

soldable *adj* (*E*) Que se puede soldar. | *Nue* 24.1.70, 1: El puente está previsto para admitir camiones de todo tipo .. ya que ha sido construido en acero de alta resistencia soldable.

soldada *f* **1** Sueldo o paga. | Delibes *Historias* 13: En cuanto pude, me largué de allí, a Bilbao, donde decían que embarcaban mozos gratis para el Canal de Panamá y que luego le descontaban a uno el pasaje de la soldada. Moreno *Galería* 204: La soldada de los agosteros y los peones se cifraba en pocas pesetas diarias. **b)** Paga del soldado. | *Cam* 18.11.85, 26: Lo que cuesta un soldado .. Manutención: 84.013 ptas. Soldada: 9.288 ptas.
2 (*reg*) Cantidad que, pagada periódicamente, aporta la mujer al matrimonio. | *Compil. Cataluña* 678: La mujer o sus herederos, al serles reclamada la "soldada", podrán compensarla con los créditos que tengan contra el "pubill".

soldadera *f* (*hist*) **1** Mujer que gana su vida acompañando a un juglar y bailando en público. | Criado *Abc* 17.8.65, sn: Bailan las soldaderas y sigue sus historias el juglar.
2 Mujer que acompaña a los soldados en campaña. | Torrente *DJuan* 167: Mi primer tatarabuelo, riendo de una oreja a la otra, empezó a golpearse el pecho. –¡Bien, muchacho, bien! .. ¡Aquí me tienes a mí, que durante veinte años no me acosté más que con soldaderas! ¿Qué sería sin ellas de los militares?

soldadesca *f* (*desp*) Conjunto de (los) soldados. | CPuche *Paralelo* 47: En Madrid había también americanos .. de primera; pero estos vivían en antiguos palacios y confortables chalets de las zonas residenciales, lejos de la soldadesca. Sampedro *Sonrisa* 188: Se instalaron entre un público de chiquillería, soldadesca y gentes de su edad.

soldadesco -ca *adj* (*desp*) De(l) soldado [1]. *Frec en la constr* A LA SOLDADESCA. | * Detesta el ambiente soldadesco. Cela *Viaje andaluz* 191: Los franceses la desmantelaron [la iglesia] no a conciencia, sino a la soldadesca, ya que allí quedan el Españoleto y Lucas Jordán en la firma de alguno de los cuadros.

soldado **I** *n* **A** *m y f* **1** Pers. cuya misión es el uso de las armas en caso de guerra. | DPlaja *Literatura* 117: Jorge Manrique nos trae de nuevo el tipo del cortesano. Es poeta y soldado. **b)** Militar (pers. que pertenece al ejército). | Cossío *Confesiones* 23: Intentó también un esbozo de biografía .. de su antepasado don Gregorio García de la Cuesta, gran soldado en la guerra del Rosellón, cerca del general Ricardos, y que en el reinado de Carlos IV fue gobernador del Supremo Consejo de Castilla y capitán general en la guerra de la Independencia.
2 Militar sin graduación. | GPavón *Hermanas* 26: Las madres besuqueaban a sus hijos soldados como si se fuesen al Vietnam. *D16* 7.2.91, 1: Las soldados israelíes, dispuestas. La joven soldado que aparece en la foto aprovecha un descanso en sus entrenamientos en un campo del sur de Israel para cuidar su imagen. **b)** ~ **primero** → PRIMERO.
B *m* **3** (*lit*) Pers. cuya actividad es la lucha en defensa [de alguien o algo]. | SLuis *Doctrina* 132: La Confirmación es el

Sacramento que nos aumenta la gracia del Espíritu Santo para fortalecernos en la fe y hacernos soldados y apóstoles de Cristo.

4 (*Zool*) *En los insectos sociales:* Individuo encargado de la defensa de la sociedad. | Ybarra-Cabetas *Ciencias* 422: En los termites, los soldados y obreros son indistintamente machos y hembras.

5 ~ (*o, más frec,* **soldadito**) **de Pavía.** Tajada de bacalao rebozado y frito. | Cela *Viaje andaluz* 244: Bebieron vino y comieron el bacalao frito en tiritas que los clásicos llaman soldados de Pavía. Cela *SCamilo* 31: Cuando pasan por casa Benito suelen hacer un alto para tomarse un vermú y un par de soldaditos de Pavía.

II *fórm or* **6 para que te vayas con los ~s.** (*col*) Para que te fíes o para que escarmientes. | Cela *Viaje andaluz* 314: Estas muchachas .. muy de tarde en tarde van a la ciudad para asistir a la boda de una prima segunda o para hacer un raspado de matriz; a veces, las cosas vienen mal dadas y se mueren. –¡Anda, para que te vayas con los soldados! –piensan .. sus tías solteronas.

soldador -ra *adj* Que suelda. *Frec n, referido a pers y a aparato o máquina.* | FSantos *Hombre* 105: Un grupo de soldadores que acababan de colocar la nueva armadura metálica. *Sáb* 10.9.66, 40: Ella ha querido llegar más lejos, y con un soldador eléctrico en la mano –su especialidad– es capaz de competir con el sexo fuerte. *Ade* 20.5.91, 34: Rapino .. Hormigoneras. Soldadoras.

soldadura *f* Acción de soldar(se). *Tb su efecto. Tb fig.* | Marcos-Martínez *Física* 249 bis: Los metales funden en esta llama, por lo que se la emplea para la soldadura autógena de los metales. Bustinza-Mascaró *Ciencias* 205: Los dos dedos de cada pata [de la vaca] se articulan por arriba a un hueso, la caña, formada por soldadura de los metacarpianos o metatarsianos correspondientes. Aranguren *Marxismo* 126: La instauración [en Argelia] de un régimen militarista y su soldadura al .. régimen de la R.A.U. le ha hecho perder su prestigio.

2 Aleación usada para soldar. | Aleixandre *Química* 220: Diez gramos de soldadura de fontaneros (Pb + Sn) se han disuelto en NO$_3$H.

soldán *m* (*raro*) Sultán. *Esp referido a Persia o Egipto.* | Cela *Viaje andaluz* 233: El lagarto que dio nombre a la puerta fue un inmenso cocodrilo que el soldán de Egipto regaló .. a doña Berenguela.

soldanella *f* **1** Planta herbácea de flores azules o violáceas en forma de campana, propia de zonas montañosas (*Soldanella alpina*). | Mayor-Díaz *Flora* 303: *Soldanella alpina* L. "Soldanella" .. Flores azules o violáceas, péndulas .. Corola en campana .. Roquedos y céspedes petranos.

2 Planta de tallos rastreros y flores acampanadas rosas con estrías blancas, propia de arenales marítimos (*Calystegia soldanella*). | Cendrero *Cantabria* 78: Flora: Dunas .. *Calystegia soldanella* (L.) R. Br.: Soldanella.

soldar (*conjug* **4**) *tr* Unir [dos piezas metálicas o una con otra] mediante fusión, bien de ellas mismas o de otra materia similar por más fusible. *Tb fig.* | Marcos-Martínez *Física* 110: El plomo y el estaño se funden para soldar los metales o cerrar los orificios de los utensilios metálicos. *País* 26.3.77, 8: Dentro de la familia socialista, el desacierto de la vieja dirección del PSOE para soldar a las nuevas generaciones del interior con el exilio fue en buena medida responsable del fraccionamiento. **b)** *pr* Unirse [dos cosas] por fusión o por crecimiento de una materia común en la zona de contacto. *Tb fig.* | Ybarra-Cabetas *Ciencias* 185: Las prolongaciones o seudópodos forman primeramente una especie de cavidad bucal transitoria, después se sueldan. Alvarado *Botánica* 40: Cuando los estambres se sueldan en un haz por los filamentos se dice que son monadelfos.

soleá (*pl,* SOLEARES) *f* Copla flamenca de 3 o 4 versos, que se canta con compás de 3 por 8. *Tb su música y su baile.* | Correa-Lázaro *Lengua* 4º 34: La canción de soledad, o soleá, es una estrofa andaluza que consta de tres octosílabos, de los cuales riman asonantes el 1º y 3º y queda suelto el 2º. Cela *Viaje andaluz* 163: Más allá de la estación, que está lejos, aparece lo que los cordobeses llaman la Sierra, con sus tabernas en las que se baila el vito y la soleá y se escuchan las soleares de Córdoba y el fandango, que son quizá los dos cantes más propios de esta tierra de buena tradición de cantaores.

soleada *f* (*reg*) Insolación (conjunto de trastornos causados por excesiva exposición, esp. de la cabeza, al sol). | Aldecoa *Cuentos* 1, 28: Tiene un hijo que dio en manías el año pasado de una soleada en las fincas.

soleado¹ -da *adj* **1** *part* → SOLEAR.

2 Que tiene sol o irradiación solar. | CNavarro *Perros* 83: Los últimos años apenas podía disfrutarse de un día soleado.

3 Que recibe sol o irradiación solar. | Laforet *Mujer* 188: Paulina se decidió a buscar unas habitaciones soleadas en una casa particular.

soleado² *m* Acción de solear(se). | Alvarado *Anatomía* 181: La mejor orientación para el soleado de las casas es el Mediodía.

soleamiento *m* **1** Acción de solear(se). | *Puericultura* 13: Son preferibles los pisos altos exteriores con orientación al Mediodía, que permiten una mejor aireación y soleamiento.

2 (*reg*) Hecho de brillar el Sol. | *Ale* 26.8.84, 2: Soleamiento, aunque no excesivo calor, en el sur y centro peninsulares.

solear A *tr* **1** Exponer [algo o a alguien] a la acción de los rayos solares. | Tamames *Economía* 125: Cuando el capital-vuelo desaparece por completo, por tala para el aprovechamiento de la madera o para solear los pastos al ganado, .. todavía queda el suelo activo con un valor potencial de regeneración. Moreno *Galería* 134: El proceso de lavar la ropa, aclararla, tenderla al sol y a la escarcha, para "solearla", .. qué duda cabe que además de un oficio era un rito. **b)** *pr* Recibir [alguien o algo] la acción de los rayos solares. | CBonald *Dos días* 153: Usted verá cómo luego protestan. Si llueve, que si se estaba lloviendo mucho, si no llueve, que si la poda o lo que sea. Delibes *Vida* 150: Mi cuñada Carmen Velarde .. se soleaba en el mismo río sobre una peña.

B *intr* **2** (*reg*) Brillar el sol. | Cunqueiro *Gente* 21: Las nubes, creyendo que salía de la misma tierra y el sol irritado, huían hacia el mar, y soleaba en Erin y en todas sus colinas.

solearilla *f* Soleá corta. | Cobos *Machado* 120: De este poema tenemos una variante recogida en autógrafo por Ricardo Gullón, en la que la primera soleá, o solearilla, es como sigue.

solecismo *m* (*Gram*) Incorrección sintáctica. | Guillén *Lenguaje* 40: Las continuas traducciones .. constituyen cultivo apropiado para la proliferación de este imperio del solecismo que invade y ahoga lo auténtico y preciso.

solecito → SOL¹.

soledad *f* **1** Condición de solo (que no tiene compañía). | * Le gusta vivir en completa soledad.

2 Condición de solo (poco frecuentado, o solitario). | * Sobrecoge la soledad del campo. Benet *Nunca* 19: Huíamos .. para refrescarse [él] en la soledad de la venta del ardor de una huérfana.

3 (*lit*) Lugar solitario. *Gralm en pl.* | Kurtz *Lado* 75: ¿Cómo iba a enterarme de lo de la pierna, encerrado en aquellas soledades?

soledoso -sa *adj* (*lit*) **1** Solitario. | Cela *Pirineo* 262: La artiga del río Nere es profunda y umbría y soledosa. Lázaro *Gac* 9.11.75, 30: Y he aquí a Harold: rico .., soledoso también, mendicante de una atención que su madre no le presta.

2 (*raro*) Que tiene o muestra añoranza por la ausencia o la pérdida de alguien o algo. | RMoñino *Poesía* 77: Hay una corriente de nostalgia soledosa que les impulsa a rematar un soneto con el vibrante apóstrofe *España sobrepuja a todo el mundo*.

soledumbre *f* (*lit*) Soledad. | N. SMorales *Reg* 11.8.70, 4: Buscaba la soledad, mejor dicho, la soledumbre, esa nota de todo extremeño por la que se aísla, no por huraño, sino porque en su intimidad mantiene una corte de sueños. Lorenzo *SAbc* 8.9.74, 10: Chozo íntimo .., oscuro, fresco; pero acogedor contra un relente o el traicionero puntazo de la madrugada, cobija de pajar y berrendo, hogareño en la soledumbre de la dehesa.

solemne *adj* **1** Que se hace o se celebra públicamente y con pompa. | *Van* 4.11.62, 1: Se celebró la solemne

inauguración de la I Feria Técnica Nacional de Maquinaria Textil. **b)** Que implica cierto lujo u ostentación. | Ribera *Misal* 438: Se pueden celebrar estas funciones litúrgicas .. tanto con rito solemne como simple. **c)** (*Rel catól*) [Misa] cantada y con incensación, en que acompañan al sacerdote el diácono y el subdiácono. | Ribera *Misal* 16: Las Misas pueden ser solemnes, cantadas y rezadas.
2 Que se hace públicamente y con todas las formalidades requeridas. | Villapún *Moral* 102: Clases de votos: Temporal .. Perpetuo .. Solemne .. Simple.
3 Que tiene la seriedad propia de las perss. o cosas importantes. *A veces con intención desp, denotando afectación.* | Cunqueiro *Un hombre* 13: Y fue entonces la sorpresa de que el mirlo, al ver el oro, se puso a silbar una marcha solemne. GPavón *Reinado* 128: —Este cuerpo —continuó doña Ángela cuando concluyó las presentaciones, con voz solemne y grave como si estuviera haciendo la ofrenda a Santiago Apóstol— es del que fue mi esposo. Umbral *Mortal* 144: No lucha uno por llegar a ser profundo, verídico, útil o mejor. Se lucha por llegar a ser solemne. Cela *Judíos* 110: Sepúlveda es vila solemne, y su caserío semeja un decorado para representar los dramas de don Pedro Calderón de la Barca.
4 Grande o importante. *Frec con intención ponderativa, precediendo a ns como* TONTERÍA, MAJADERÍA *o* DISPARATE. | * Este traje lo guarda para las ocasiones solemnes. * Eso no deja de ser una solemne majadería.

solemnemente *adv* De manera solemne. | F. SVentura *SAbc* 9.3.69, 31: Se formó el expediente de rigor, y el 27 de abril de 1641 el Tribunal eclesiástico aprobó solemnemente el prodigio. Torrente *Off-side* 38: Está bien esa cortina azul; armoniza con las paredes y cae solemnemente, con caída de buena tela.

solemnidad I *f* **1** Cualidad de solemne. | Ribera *Misal* 436: Los más grandes misterios de nuestra redención .. fueron celebrados cada año por la Santa Madre Iglesia, desde la época apostólica, con una solemnidad muy singular. Umbral *Mortal* 144: Nunca creí en mi propia solemnidad, eso es lo cierto, pero de pronto se encuentra uno con que sí, con que tiene derecho a la solemnidad.
2 Acto o ceremonia solemne. | SLuis *Liturgia* 9: El Cirio representa a Jesús resucitado, y durante todo el tiempo pascual debe encenderse en las ceremonias y solemnidades litúrgicas.
3 Formalidad de un acto solemne [2]. *Gralm en pl.* | Compil. *Cataluña* 706: Observándose las demás solemnidades de los testamentos abiertos otorgados ante Notario.
II *loc adv* **4 de ~.** De manera notoria. *Aplicado a adjs, esp* POBRE. | Halcón *Manuela* 37: Más de una le había querido pobre de solemnidad como era. Kurtz *Lado* 155: En sus paseos matutinos por Barcelona, viejo ya de solemnidad, recorría los Grandes Almacenes.

solemnizar *tr* **1** Hacer solemne [1 y 2] [algo]. | Fernández-Llorens *Occidente* 241: Hasta Beethoven la música tenía una dimensión funcional; servía para solemnizar un acto litúrgico en una iglesia (Bach) o para ambientar una fiesta en un salón de la aristocracia (Mozart). Compil. *Cataluña* 666: Las capitulaciones matrimoniales solo podrán ser modificadas o dejadas sin efecto en los supuestos previstos en las mismas y por acuerdo unánime, solemnizándose en escritura pública, de quienes hubiesen concurrido a su otorgamiento.
2 Celebrar [algo] de manera solemne. | J. CCavanillas *Abc* 15.12.70, 29: Para solemnizar el aniversario de tan horrible acontecimiento, los mismos organizadores de la matanza han salido a la calle el sábado.

solenoide *m* (*Electr*) Bobina cuyas espiras se hallan yuxtapuestas en una o varias capas sobre un cuerpo cilíndrico de modo que la corriente produce un campo magnético uniforme. | Marcos-Martínez *Física* 186: Se obtiene un solenoide arrollando un hilo conductor en forma de hélice alrededor de una superficie cilíndrica.

sóleo *m* (*Anat*) Músculo de la pantorrilla que, unido a los gemelos por su parte inferior, forma el tendón de Aquiles. | Artero *Hombre* 82: Músculos de las extremidades: .. el sartorio, que cruza las piernas una sobre otra; .. gemelos y sóleo en las pantorrillas, que levantan el talón para caminar.

solemnemente – solevantar

soler (*conjug* **18**) *tr* (*no admite constr pasiva*). *~ + v en infin = el mismo v* (*en el mismo modo y tiempo que ~*) + HABITUALMENTE (suelen venir = vienen habitualmente). | Delibes *Cinco horas* 31: Los médicos, por regla general, ni sienten ni padecen, como suele decirse.

solera *f* **1** Entramado del suelo. | *GTelefónica N*. 43: Cerramientos metálicos. Alambrados. Mallas para soleras y armazones de hormigón.
2 Madero asentado horizontalmente en el suelo o sobre las vigas, en el cual descansan o se ensamblan otros maderos verticales o inclinados. | Angulo *Arte* 1, 9: A la cubierta adintelada sigue en complicación la armadura de par e hilera o parhilera .., consistente en una serie de parejas de vigas o pares .., dispuestas oblicuamente, cuyos extremos inferiores apoyan en dos vigas horizontales o soleras .., colocadas sobre la parte superior del muro.
3 Suelo o base. | Benet *Aire* 55: Cuando el cadáver ya había despegado los pies del suelo (sobre la solera de hormigón había dejado la muestra de un último sudor, dos pequeñas manchas indelebles) el capitán dio el alto. Samperio *GacNS* 5.8.79, 5: Papeleras, de madera, .. sobre una solera de hormigón fueron situadas en diversos lugares. **b)** Parte inferior y refractaria [de un horno]. | *Mad* 20.11.70, 31: Todos los incineradores son del tipo de llamas herméticas y la combustión se realiza en tres fases. El aire entra a presión en la solera y los desperdicios en combustión sueltan materias volátiles y partículas de carbón, gran parte de las cuales se queman en la mitad superior de la cámara de combustión.
4 Vino añejo y generoso que se destina para dar fuerza al nuevo. *Frec* VINO DE ~. | CBonald *Noche* 172: Como aquí a David lo van a nombrar comodoro, se acerca usted una de estas tardes por la tienda y lo celebramos .. Me he agenciado una solera que se la recomiendo. * Es un vino de solera.
5 Antigüedad y prestigio [de una cosa]. *Frec en la constr* DE ~. | Salom *Delfines* 352: La solera de su apellido nos abrió las puertas de una sociedad que hasta entonces nos ignoraba.

solería *f* Solado o revestimiento del suelo. | Solís *Siglo* 47: Había hecho cambiar la solería de rojos ladrillos de la planta primera por grandes losas de mármol. CBonald *Ágata* 221: Ya no se escuchaba en la casa más que el burbujeo aliviador de la humedad rezumando por la solería como por un cántaro.

solero *m* (*reg*) Suelo o base. | Viñayo *Asturias* 40: Solero de la Arqueta de las Ágatas. Seseña *Barros* 70: Las formas más usuales son: la fuente redonda de unos 31 cm. de diámetro, con solero plano y ala diferenciada .. El barreño de bastante profundidad y pequeño solero también es forma muy frecuente.

solespones. a ~. *loc adv* (*reg*) A la puesta del Sol. | GPavón *Cuentos rep.* 176: Volvimos a solespones .. Un crepúsculo cárdeno, larguísimo y estrecho quedaba allí, tras las altas chimeneas del alcohol.

soleta *loc v* (*col*) **1 dar ~** [a alguien]. Echar[le] o despedir[le]. *Tb fig.* | GPavón *Reinado* 107: Maleza, que estaba de jefe sumo cuando la visita de las suripantas, tuvo sus titubeos en cuanto a si las daba soleta o no. Zunzunegui *Hijo* 48: Bueno eres tú; mucho antes del millón me habrás dado soleta.
2 tomar ~. Marcharse deprisa. | Buero *Hoy* 49: ¡Y hacemos lo que nos da la gana! Conque ya está usted tomando soleta.

solete → SOL¹.

soletilla *f* Bizcocho pequeño y fino en forma de suela. *Gralm* BIZCOCHO DE ~. | ZVicente *Traque* 182: La señora de la casa .. sacaba soletillas, y agua de limón, o chocolate con picatostes si era invierno. *Ama casa 1972* 244: Tapizar una flanera con bizcochos de soletilla. Añadir los albaricoques.

soleto -ta *adj* (*reg*) Desvergonzado. | Espinosa *Escuela* 270: ¡Qué sagaces, soletas, desenvueltas, picaronas y deslenguadas son estas faltosillas! Campmany *Abc* 18.12.91, 19: Lo que le hace falta a ese descarado es que le digan cuántas son cinco y que le canten las cuarenta, a ver si no se pone tan soleto y tan desenguado.

solevantar *tr* (*raro*) Levantar [algo] empujando desde abajo. | Delibes *Tesoro* 32: Tras un recodo pronunciado, surgió un nogal, cuyas ramas, mecidas por el viento, se aba-

solfa – solidaridad

tían y erguían alternativamente .. Dijo Jero mirando al nogal solevantado: –Como de costumbre, hace viento aquí.

solfa I *f* **1** Arte de leer y entonar un texto musical. | Carnicer *Cabrera* 66: Es seguro que [Joaquín] admira la sabiduría del trompeta y del clarinete, que, mientras soplan con los carrillos hinchados .., van leyendo .. los para él indescifrables papeles sujetos a lo alto de sus instrumentos. Y es que Joaquín no entiende de solfa. L. LSancho *Abc* 8.12.70, 18: Ni tienen música ni tienen poesía, ni están dichas con voz, ni están moduladas con solfa.
2 Conjunto de signos musicales. | Seseña *Barros* 66: Las formas se barroquizan por el uso del molde y los motivos se hacen menudos y rápidos: imbricaciones, festones, punto de ganchillo, solfa.
3 Música. *Frec en constrs como* PONER ~ *o* PONER EN ~. | Torrente *Sombras* 274: El resto de los presentes hablaba .. y armaba un mediano guirigay al que la banda de música, a la que nadie había mandado callar, ponía solfa. Seco *SAbc* 23.12.79, 15: Un Madrid sin Gran Vía –tan solo "soñada" y puesta en solfa gracias a los deliciosos compases de Chueca y Valverde–.
4 (*col*) Paliza o zurra. *Frec en la constr* HABER ~. | Buero *Hoy* 50: ¡Vuela a la cocina y vigila el puchero, condenada! ¡Y vete preparando, que va a haber solfa!
II *loc v* **5 poner en ~.** (*col*) Ridiculizar o criticar. | CBaroja *Inquisidor* 59: Ya no se trata de pasiones fuertes, sino de simple ignorancia y ramplonería, de aquella ignorancia y ramplonería que puso en solfa el padre Isla. SRobles *Pról. Teatro 1969* XXXV: En "Reinar después de morir" se pone en solfa el conformismo de los humildes ante una filantropía enfática y contoneadora.

solfatara *f* (*Geol*) Emanación volcánica constituida básicamente por vapor de agua y gases sulfurosos. *Tb el terreno en que se encuentra.* | Ybarra-Cabetas *Ciencias* 143: Solfataras. Son también emanaciones gaseosas cuya temperatura oscila entre 40 y 100°; su constitución es vapor de agua, ácido sulfhídrico y también anhídrido sulfuroso.

solfear *tr* Cantar [algo] pronunciando el nombre de las notas. *Tb abs.* | *Cod* 15.3.64, 3: Esta ya no solfea más.
b) (*raro*) Cantar [las notas] pronunciando sus nombres. | Kurtz *Lado* 225: Se puso a solfear las notas.

solfeo *m* Sistema de lectura de un texto musical, según los valores de altura y duración de las notas. *Tb la misma lectura.* | Kurtz *Lado* 225: ¿Sabe usted solfeo?

solferino *adj* [Color] rojo que tira a rosa o morado. *Tb n.* | J. HGarcía *Día* 14.5.76, 18: Con la aparición de la anilina en violeta .. y la aparición de los colores de la hulla: "magenta" y "solferino", el precio de la cochinilla canaria descendió de 14 francos a 8.

solicitación *f* **1** Acción de solicitar, *esp* [3]. | *Ya* 13.3.75, 12: Posible solicitación de extradición de los anarquistas canjeados. ZVicente *Traque* 13: El nuevo pidió algo muy raro .. Federico .. se estremece ante las extrañas solicitaciones. Torrente *SInf* 16.1.75, 16: El paganismo permanece y .. el cristianismo se contrapone .. La conciencia de esa contraposición, que tienta a diestra y a siniestra con la misma fuerza de solicitación, ha puesto a mucha gente en el disparadero del humor.
2 Cosa que solicita la atención o el interés. | Zunzunegui *Camino* 179: Madrid, con las solicitaciones que tiene para una mujer joven a la vista .., podía ser peligroso.

solicitador -ra *adj* (*raro*) Que solicita. *Tb n, referido a pers.* | Espinosa *Escuela* 179: Establecieron un Censo de Solicitadores del Diccionario o Permiso de Vocabulario.

solícitamente *adv* De manera solícita. | Bustinza-Mascaró *Ciencias* 192: Los padres lo cuidan solícitamente y lo alimentan primero con una papilla que fabrican en su buche.

solicitante *adj* **1** [Pers.] que solicita [1]. *Más frec n.* | CBonald *Ágata* 122: Manuela hizo cuanto pudo por complacer a aquel atrabiliario solicitante, que impetraba con tan enfática oratoria tan menguados servicios. *Cod* 9.2.64, 6: Las declaraciones deben ser escritas por el médico reconocedor y firmadas por el solicitante.
2 (*Der*) [Clérigo] que hace proposiciones deshonestas en el confesonario. | CBaroja *Inquisidor* 26: Grande era la jurisdicción de los inquisidores y mayor aún, si cabe, el número de delitos a los que se extendía ..: proposiciones heréticas; proposiciones erróneas; .. apostasía de la fe ..; confesores solicitantes; clérigos que contraen matrimonio.

solicitar *tr* **1** (*admin*) Pedir (manifestar [a alguien (*ci*)] el deseo o la necesidad [de algo (*cd*)] para que los satisfaga). *Tb* (*lit*) *fuera del ámbito burocrático.* | *Pue* 9.2.67, 2: La firma automovilística alemana Opel ha solicitado el correspondiente permiso oficial de despido. P. Urbano *Nue* 18.10.70, 14: El casero de D'Artagnan, Bonacieux, explica a este, al tiempo que solicita su ayuda, cómo su sobrina Constanza ha sido raptada por los hombres que capitaneaba un desconocido.
2 Tratar de conseguir la amistad, la compañía o la ayuda [de alguien (*cd*)]. | * Estás tan solicitado que no hay un momento para hablarte.
3 Atraer la atención o el interés [de alguien (*cd*)]. | Cossío *Montaña* 352: Los estudios del futuro poeta fueron breves .. Le solicitó el periodismo, y en la prensa local de su tiempo quedaron muestras de su garbo y vena satírica. Torrente *Isla* 169: Pensé inmediatamente que no había salido aún de mis imaginaciones .. Cosas más reales me solicitaron. "¡Oh, sir Ronald, mírela bien, aquí está nuestra joven amiga!" **b)** Atraer [la atención o el interés (*cd*)]. | Torrente *Isla* 292: Lo que atrae, lo que ha solicitado tu atención desde el momento de entrar en el salón, tan triste y tan lujoso, fue el rostro de la Muerta.
4 Atraer [una fuerza a un cuerpo]. | Mingarro *Física* 65: La fuerza con que es solicitado un péndulo es proporcional a la elongación.

solícito -ta *adj* [Pers.] diligente y pronta en atender a alguien o algo. | P. RSabido *MHi* 2.55, 10: Amantísimo hijo, solícito esposo, afectuoso patriarca para todos sus hijos.
b) Propio de la pers. solícita. | F. PMarqués *Hoy Extra* 12.69, 42: Huertecillos que fueron vergeles y hoy yacen ahogados por los cardos y matorrales, porque huyeron de su indigencia las manos solícitas que los cuidaron.

solicitud *f* **1** Acción de solicitar [1]. | Tamames *Economía* 158: Sus empresas de este ramo se asociaron a los demás fabricantes nacionales en solicitud de tarifas más altas y cuotas especiales antidumping. **b)** Escrito en que se solicita algo oficialmente. | *Abc* 10.12.70, 32: Becas para estudiar en Alemania .. Las solicitudes habrán de presentarse en la Jefatura de Intercambios Culturales del Ministerio de Asuntos Exteriores.
2 Cualidad de solícito. | Laforet *Mujer* 54: Atendió a Paulina con la misma solicitud que hubiese tenido para una pariente anciana.

sólidamente *adv* De manera sólida [2 y 3]. | Carandell *Madrid* 128: La pensión de Doña Manolita estaba situada en la calle de Hortaleza .., en una casa antigua sólidamente construida. Clara *Sáb* 10.9.66, 46: Es persona sólidamente objetiva y realista que sabe andar por la vida sin apartarse de los caminos más razonables.

solidariamente *adv* De manera solidaria. | Valcarce *Moral* 165: El autor del daño en quien se dan las tres condiciones dichas es el que ha de restituir, sea uno o sean muchos. Cuando son muchos, deben reparar todo el daño causado solidariamente. Ramos-LSerrano *Circulación* 240: En el extremo del eje [del distribuidor] está dispuesto el dedo o pipa, de material aislante, que gira solidariamente con el eje.

solidaridad *f* **1** Condición de solidario [1 y 2]. | Torrente *Pascua* 428: Me metí en la pelea a sabiendas de que perdería, solo por solidaridad con Juan en la derrota. Medio *Bibiana* 249: Ni siquiera sabía usted que la manifestación fue organizada por los enemigos del Régimen como un acto de solidaridad con los conflictos laborales de Asturias. Escrivá *Conversaciones* 146: Muchas veces esta solidaridad se queda en manifestaciones orales o escritas ..: yo la solidaridad la mido por obras de servicio.
2 (*raro*) Acción de manifestar solidaridad [1]. | A. Hernández *Inf* 28.10.75, 8: La "marcha verde" sigue .. Los países árabes siguen mandando representantes para participar en la marcha .. También las solidaridades continúan.
3 (*Ling*) Interdependencia entre dos términos de una función. | RAdrados *Lingüística* 456: Hacen referencia [las marcas] .. a una alianza de rasgos de dos parámetros (esp[añol] -*mos*, 1ª pers. y pl.). Se habla entonces de solidaridad.

solidario -ria *adj* **1** [Pers.] que se adhiere [a una causa o a la pers. que la defiende (*compl* DE *o* CON)], esp. dispuesta a compartir responsabilidades o afrontar las consecuencias. | * Me siento solidario con los obreros despedidos. **b)** [Pers.] que se siente moralmente obligada a ayudar a los demás y a compartir sus problemas. | Garrigó *Escrivá* 145: Muchos estudiantes se sienten solidarios y desean adoptar una actitud activa, ante el panorama que observan, en todo el mundo, de tantas personas que sufren física y moralmente o que viven en la indigencia. Aranguren *Marxismo* 12: La posición del intelectual vis a vis de la sociedad .. consiste en mantenerse solidariamente solitario y solitariamente solidario.
2 (*Der*) [Obligación o responsabilidad] que es compartida por varias perss., cada una de las cuales es responsable de la totalidad. | Ramírez *Derecho* 104: Las obligaciones se dividen o clasifican en puras y condicionales; a plazo; alternativas; mancomunadas y solidarias. **b)** [Pers.] que participa en una obligación solidaria. | * Me preocupa porque soy responsable solidario de esa deuda.
3 [Pieza] que va unida [a otra (*compl* DE)] en su movimiento, por contacto directo, por engranaje o por un intermediario. *Tb fig.* | Marcos-Martínez *Física* 47: Torno. Es un cilindro cuyo eje descansa en dos soportes o cojinetes y que puede girar por medio de un manubrio solidario del mismo eje.

solidarismo *m* Doctrina o tendencia social basada en la solidaridad. | *Voz* 11.11.70, 13: No es el asociacionismo, añadió, el principio vinculante adecuado de una Organización Sindical, sino el solidarismo; la solidaridad es el único antídoto contra la lucha de clases.

solidarizar *tr* Hacer solidaria [a una pers. o cosa con otra]. *Frec cd es refl.* | Laforet *Mujer* 321: Necesitó, de pronto, solidarizarse de alguna manera con aquella muerte. Ramos-LSerrano *Circulación* 283: Al girar la corona los satélites actúan en forma de cuña, solidarizándola a los planetarios, a quienes arrastra en su movimiento, obligándoles a girar a su misma velocidad, y por lo tanto a las ruedas a través de los semiejes o palieres.

solideo *m* **1** Casquete que usan algunos eclesiásticos para cubrirse la corona. | Buero *Sueño* 190: Es un sacerdote de cuarenta y ocho años y de aventajada estatura .. Un solideo le abriga la coronilla. MDescalzo *Abc* 1.12.70, 17: El viento logró romper los cordones de la Policía, volando el solideo del Papa y levantándole repetidas veces la esclavina.
2 Casquete no eclesiástico semejante al solideo [1]. | M. P. Comín *Van* 22.5.75, 49: Debo subrayar unos coordinados de Josep Ferrer, contrastando los "pant" ajustados con boleros ablusados y unos solideos de toque judaico, muy del gusto fantasista y evasivo de algunos grupos "esnob".

solidez *f* Cualidad de sólido [1, 2 y 3]. | Cunqueiro *Un hombre* 21: El conjunto era de solidez de roble. *Ya* 6.6.75, 18: Un jurado permanente .. ha observado el crecimiento y desarrollo de los rosales, así como su resistencia a los cambios de temperatura, la solidez de sus colores, las enfermedades.

solidificación *f* Acción de solidificar(se). | Marcos-Martínez *Física* 107: En el fenómeno inverso (solidificación) el cuerpo desprende la misma cantidad de calor que absorbió en la fusión.

solidificar A *tr* **1** Convertir en sólido [1b] [un líquido]. | Aleixandre *Química* 74: Se conocen otras variedades de hielo obtenidas solidificando el agua a presiones considerables.
B *intr* **2** Convertirse en sólido [un líquido]. *Tb pr.* | Marcos-Martínez *Física* 111: Cada líquido puro solidifica a una temperatura característica .. Los líquidos, al solidificarse, disminuyen de volumen.

sólido -da I *adj* **1** [Estado de la materia] en que las moléculas tienen una gran cohesión y mantienen una forma constante. | Legorburu-Barrutia *Ciencias* 18: La materia puede encontrarse en tres formas o estados: sólido, líquido y gaseoso. **b)** [Cuerpo] que está en estado sólido. *Frec n m.* | Bustinza-Mascaró *Ciencias* 153: Cuando se posa [la mosca] sobre una sustancia sólida que le apetece, deja sobre ella un poco de saliva para disolverla y chupar la disolución. Marcos-Martínez *Física* 107: Se llama concretamente calor latente de fusión al que absorbe un gramo de un sólido, a la temperatura de fusión, para pasar a líquido, sin variar de temperatura.
2 Firme (que no se mueve, por estar bien apoyado o sujeto). *Tb fig.* | J. M. Moreiro *SAbc* 9.2.69, 45: En la industria está uno de los sólidos pilares en que se apoyará la Salamanca futura.
3 Resistente, o que no se rompe o altera con facilidad. | Cuevas *Finca* 192: Tallaba sillas, mesas, repisas, feas, desgarbadas, pero sólidas. *Economía* 95: Se tendrá en cuenta, si estos trajes son de color .., si los colores son sólidos al lavado y no destiñen.
4 (*Geom*) [Ángulo] formado por varios planos que se cortan y concurren en un mismo vértice. | Catalá *Física* 763: Los ángulos sólidos se miden tomando por unidad el estereorradián, o ángulo sólido que subtiende desde el centro de una esfera de 1 m. de radio una porción de su superficie de 1 m^2.
II *m* **5** (*Geom*) Objeto material de tres dimensiones. | Gironza *Matemáticas* 206: Las figuras geométricas, que son partes del espacio cerradas por planos u otras superficies, se llaman comúnmente cuerpos o sólidos geométricos.
6 (*hist*) Moneda romana de oro, equivalente a unos 25 denarios de oro. | C. Castán *MDi* 28.2.75, 22: Con el transcurso de los años estos mismos pueblos bárbaros afincados militarmente en la Hispania empezaron a tener necesidad de la moneda, y a través de ellas [*sic*] comenzaron a conmemorar a sus caudillos (visigodos) acuñando Sólidos y Tremises en oro, en varias ciudades de la Hispania Romana.

solifluxión *f* (*Geol*) Deslizamiento del suelo, debido a la presencia de arcilla o de légamos que le confieren cierta viscosidad. | Pericot-Maluquer *Humanidad* 19: Otras técnicas nos explican cómo se formó el depósito de la cueva y la calidad del suelo (deposición eólica, gravillas, solifluxión, etc.), dando así la clave de la evolución climática.

soliloquio *m* Hecho de hablar una pers. sin dialogar con otra. *Tb su efecto.* | Buero *Sueño* 167: Por supuesto, hay locuras seniles. Pero lo que me cuenta, doña Leocadia, son las intemperancias y soliloquios de la sordera.

solimán *m* (*hist*) Cosmético compuesto de preparados de mercurio. | DPlaja *Sociedad* 71: Se adoban las manos, se ponen mudas en las caras, se blanquean estas con solimán.

solina *f* (*reg*) Solanera (influencia directa de los rayos solares, esp. cuando son muy fuertes). | Lera *Olvidados* 30: Era fornido, con la piel muy morena, quebrada por los vientos y las solinas.

soling (*ing; pronunc corriente*, /sólin/; *pl normal*, ~s) *m* (*Dep*) Balandro de regatas con una eslora total de 8,19 m, manga de 1,90 y desplazamiento de 1.000 kg. | *GacNS* 11.8.74, 5: Vela .. Se disputó ayer la primera jornada del campeonato nacional de la clase "Soling".

solio *m* **1** Trono papal. *Frec* ~ PONTIFICIO. *Gralm mencionado como símbolo de la dignidad de papa.* | *Abc* 25.11.70, 43: El Pontífice está dispuesto a renunciar al solio en caso de no sentirse en plenitud de facultades. Villapún *Iglesia* 156: El día 2 de marzo del año 1939 fue elevado al Solio Pontificio el Cardenal Pacelli.
2 (*raro*) Trono de un soberano. *Gralm mencionado como símbolo de la dignidad de soberano.* | S. DSantillana *SHoy* 31.8.75, 26: El año 284 ocupa el solio imperial Diocleciano, gran soldado, gran administrador y gran político.

solípedo *adj* (*Zool*) Équido. *Tb n.* | Bustinza-Mascaró *Ciencias* 224: Solípedos. Caballo. Asno. Mulo.

solipsismo *m* (*Filos*) Doctrina según la cual no existe para el sujeto pensante más realidad que él mismo. *Tb fig, fuera del ámbito filosófico.* | *Ya* 29.5.87, 8: Ramón Espasa .. aseguró que a los socialistas se les puede aplicar el solipsismo, o lo que es lo mismo, "creer que solo existe el propio ser". L. LSancho *Abc* 8.4.87, 18: Felipe González conduce la política exterior a reñir con Reagan y a indisponerse con Simon Peres, lo que puede llevarnos a una forma de solipsismo electivo muy diferente del solipsismo a la fuerza impuesto en tiempos a Franco.

solipsista *adj* (*Filos*) De(l) solipsismo. | * La doctrina solipsista nos era desconocida. **b)** Adepto al solipsismo. *Tb n.* | *Ya* 29.5.87, 8: Quizá por esa diversidad de escuelas filosóficas, sofistas, cínicos y solipsistas no consiguieron acercar sus posturas sobre cómo debe ser regulada la tan esperada televisión privada.

solisombra *f* Mezcla de sol y sombra. | Delibes *Parábola* 13: Cada vez que le venía en gana .. se estiraba voluptuosamente al sol cuan largo era o se tendía de costado a la solisombra del alerce. Mendoza *Ciudad* 18: El graznido de las gaviotas, triste y avinagrado, advertía que la dulzura de la solisombra que proyectaban los árboles en las avenidas era solo una ilusión.

solista *adj* (*Mús y Danza*) Que interpreta un solo [4 y 5]. *Más frec n, referido a pers.* | Casares *Música* 60: La Sonata suele ser para instrumentos solistas. CNavarro *Perros* 191: Se levantó y cambió el disco .. El solista urdía su sonoridad improvisando un contrapunto mágico. *Abc* 28.12.79, sn: Trinidad Vives ha actuado como solista con el "ballet" de la Ópera de Hamburgo, en una brillante interpretación de esta obra.

solitariamente *adv* De manera solitaria. | Arce *Testamento* 36: Me quedaba agazapado .. y después huía con sigilo .. y llegaba al pajar de mi casa y allí entretenía mi gozo solitariamente.

solitario -ria I *adj* **1** [Pers.] que está sola [2]. | * Vive solitario en aquel caserón. **b)** [Pers.] amante de la soledad. | S. Gasch *Abc* 23.8.64, 63: Hay para muchos, cuando se habla de un hombre de estudio, la inmediata composición de un personaje encldado, solitario, abstraído en los libros. **c)** [Cosa] que está sola [2] o aislada. | * Apenas algún árbol solitario rompía la aridez del paisaje. **d)** (*Bot*) [Flor] que no forma inflorescencia, sino que nace aislada. | Ybarra-Cabetas *Ciencias* 274: Algunas veces las flores están aisladas –flores solitarias–, pero generalmente se agrupan en conjuntos.
2 [Lugar] no habitado o no transitado. | Arce *Testamento* 76: Los mozos .. tenían que regresar cuando aún era de día y .. con precaución, porque lo frecuente era que los muchachos del pueblo de sus novias les esperasen en los lugares más solitarios .. y les apaleasen si no andaban listos.
3 [Cosa] que implica soledad [1]. | Laforet *Mujer* 178: Paulina había pasado .. muchos años difíciles y solitarios. MGaite *Retahílas* 38: Separé mis ensoñaciones solitarias de todo aquel mundo reglamentado de opiniones y castigos. **b)** [Pecado] ~ → PECADO.
II *n A m* **4** Juego, gralm. de cartas, que es ejecutado por una sola pers. | Zunzunegui *Camino* 164: Al anochecer, si no había por medio alguna novena o sermón en la Residencia, se dedicaba a hacer solitarios.
5 Brillante que se engasta solo en una joya, esp. en un anillo. *Tb la joya.* | Matute *Memoria* 10: La imaginábamos espiando el ir y venir de las mujeres del declive, con el parpadeo de un sol gris en los enormes solitarios de sus dedos.
6 Roquero solitario (*Monticola solitarius*). | FReguera-March *Filipinas* 106: Las oropéndolas, el martín pescador, los "solitarios" alzaban sus claros arpegios sobre el ronco diapasón de las tórtolas.
B *f* **7** Tenia. *Frec se usa en constrs de sent comparativo* (*como* TENER LA SOLITARIA) *para ponderar el apetito voraz de una pers y su delgadez.* | Ybarra-Cabetas *Ciencias* 323: En el aparato digestivo del hombre suele habitar un gusano bastante largo, conocido con el nombre de solitaria. Legorburu-Barrutia *Ciencias* 146: Pero, niño, tú siempre comiendo y estás como un fideo. ¡Ni que tuvieses la solitaria!
8 Pieza del traje regional asturiano, que se pone sobre los hombros y cruza delante del pecho hasta la espalda. | *Asturias* 89: El [traje] femenino está compuesto por pañuelo, blusa con entredoses, corpiño de damasco, solitaria cuajada de azabache.
III *loc adv* **9 en ~.** Sin compañía. *Gralm referido al modo de llegar en una carrera deportiva.* | *Mar* 24.1.68, 2: El de Arnús, montado por Ceferino Carrasco, ha cubierto en solitario 1.800 metros. FSantos *Catedrales* 105: El viaje es un viaje más, y a medida que la ciudad se acerca, se siente esa decepción de las llegadas en solitario, una vaga sensación de fracaso. *Abc* 27.3.92, 83: Esplá estoqueará en solitario una corrida de Guardiola en Madrid.

sólito -ta (*lit*) **I** *adj* **1** Habitual o acostumbrado. | Torrente *Saga* 196: Sería temerario creer que [las lampreas] no atacaron a Celso Emilio. Lo hicieron, sin duda, lo mismo que a sus soldados, con la sólita voracidad.
II *loc adv* **2 de ~.** De costumbre o habitualmente. | Torrente *Isla* 194: El discurso, breve de sólito, se alarga en una transición hecha de vagos manoteos y de generalidades.

solitud *f* (*lit, raro*) Soledad. | Lueje *Picos* 85: El Pico Cortés (2.370 m.) es una de las señeras cúpulas que resplandecen por los cielos nobles de Liébana. Está alzado en dominante solitud sobre el gran cordal de eslora del Macizo de Andara.

soliviantador -ra *adj* (*raro*) Que solivianta. | L. LSancho *Abc* 9.9.75, 4: Al concluir la soliviantadora sesión, mi reloj mantenía dignamente su antigua inmovilidad.

soliviantar *tr* **1** Alterar el ánimo [de alguien (*cd*)] haciéndole tomar una actitud rebelde u hostil. | Alfonso *España* 56: Ese equilibrio con la naturaleza, cuya pérdida soliviantar ahora en masa a la opinión pública de los países más desarrollados. **b)** *pr* Alterarse [una pers.] tomando una actitud rebelde u hostil. | CNavarro *Perros* 124: Sintió una ira súbita contra aquel hijo. Era como si una parte de ella acabara de soliviantarse.
2 Alterar o poner nervioso [a alguien]. | MSantos *Tiempo* 217: Déjale tranquilo. No me lo solivantes. **b)** *pr* Alterarse o ponerse nervioso [alguien]. | FReguera *Bienaventurados* 74: –¿Es que no te importa? –le preguntó soliviantándose. –¿El qué?, ¿el que te cases? ¡No!
3 Alterar o alborotar [a alguien] haciéndole concebir ilusiones. | MGaite *Cuento* 371: Necesitamos que el amante nos arrebate fuera de lo cotidiano, que solivante nuestro "yo" aprisionado por la rutina y nos haga pensar: "Nunca me pasaba nada, y ahora, por fin, me está pasando algo".

solivianto *m* Acción de soliviantar(se). *Frec su efecto.* | MGaite *Usos* 183: La chica tímida nunca estaba segura de haberlos dosificado adecuadamente en la práctica, y el único paliativo para un solivianto como aquel, comparable al padecido antes de recibir las notas de un examen, estaba en la aprobación derivada de la conducta de él. Berenguer *Mundo* 126: Recoger las yeguas me puso a cavilar, y todo porque los animales tomaron cada uno por un sitio y con el solivianto tan grandísimo que tenían me tomaban las vueltas.

soliviar (*conjug* **1a**) *tr* Alzar ligeramente [a una pers. sentada o echada]. *Frec el cd es refl.* | Buero *Diálogo* 78: Él se solivia. Ella vuelve a moverlo.

solivo *m* (*reg*) Madero de sierra o viga. | Munitíbar *CoE* 25.8.76, 5: En 1903 vemos que la reparación total costó 643 pesetas .. Compostura del púlpito, incluso balaustres y todo, 4 pesetas. 164 metros líneas de solivos en el piso llano, a 0,90 pesetas el metro.

solla *f* (*reg*) Se da este n a varios peces semejantes al lenguado, esp al *Pleuronectes platessa* y *Platichthys flesus*. | Torrente *Sombras* 37: Pude reconocer, por su figura, al pez martillo .. Creo haber visto media docena de marmotas, alguna solla.

sollado *m* (*Mar*) En un barco: Piso o cubierta inferior, en que suelen instalarse alojamientos y pañoles. | Gironella *Millón* 140: Por lo común, los detenidos en los buques habían sido encerrados en las bodegas o en el sollado, mientras los guardianes se habían instalado arriba, en los camarotes de lujo.

sollamar *tr* (*raro*) Someter [algo] al efecto de la llama. | *Abc Extra* 12.62, 21: Ícaro, que era como un mayeto de Baco, se encuentra una mañana de Mayo con un macho cabrío sollamando su viña en flor.

sollastre *m* (*raro*) Pinche de cocina. | *Ya* 25.3.85, 47: Alonso se queda como so[ll]astre o ayudante de cocina para así pagar la deuda que los pillos tenían en la posada. [*En el texto,* soyastre.]

sollerense *adj* De Sóller (Mallorca). *Tb n, referido a pers.* | Casanovas *DMa* 16.5.89, 16: Los sollerenses habían tomado algunas medidas preventivas de defensa, puesto que la noticia de haber sido avistada la flota en aguas de Ibiza, rumbo a Mallorca, aconsejó situar vigías en el litoral.

sollo *m* (*reg*) Esturión (pez). | Bernard *Pescados* 8: Limpias y despellejadas las anguilas, se hacen a trozos y se ponen a un lado con la tenca, el sollo y la carpa, limpios también.

sollozante *adj* **1** Que solloza. | Torrente *Sombras* 169: '¿Puedes aconsejarme, Crosby?', termina entre implorante y sollozante, con el ramo en la mano y la mirada ida.
2 Que se produce entre sollozos. | Torrente *Off-side* 51: Estalla en gemidos y convulsiones. Domínguez lo coge, lo abraza fuerte, empieza a susurrarle al oído palabras sollozantes. CBonald *Ágata* 245: El acartonado frote del dominó –que entonces se quitaba– y el propio chirrido de sus dientes anularon todo lo que no fuera la sollozante constancia de aquel primer derrumbe de su credulidad.

sollozar *intr* Llorar con movimientos convulsivos y entrecortados. | Laiglesia *Tachado* 183: ¿Cómo diablos meto yo en la carroza a esta becerra, que no para de sollozar?

sollozo *m* Movimiento convulsivo y entrecortado que se produce al llorar. *Frec en pl.* | Torrente *Off-side* 505: La voz de Moncha viene cortada por los sollozos.

solo -la (*en los grupos IV, V y VI, la forma* SOLO *puede escribirse con tilde si hay riesgo de anfibología*) **I** *adj* **1** Que no forma pareja o serie con ningún otro ser de su especie. | Vesga-Fernández *Jesucristo* 33: Hay un solo Jesucristo. **b)** (*col*) *Se usa en la constr* COMO ÉL (*u otro pron pers*) ~, *para ponderar el alto grado de una cualidad, sin comparación posible.* | Goytisolo *Recuento* 270: Mira que le quiero muchísimo, pero la verdad, la verdad verdadera, es que Gregorius es un comodón y un egoísta como él solo.
2 Que no tiene o lleva compañía o acompañamiento. *A veces en la constr ponderativa* MÁS ~ QUE LA UNA. | J. LFranco *Sem* 21.12.74, 72: Hace un mes que se ha separado de su marido, y vive actualmente sola en su pequeño apartamento. *ElM* 6.2.92, 64: Zhu Lin, más sola que la una. La mujer del primer ministro chino recorrió ayer algunos museos de Madrid, sin ningún acompañamiento oficial. | **b)** [Café] que se sirve sin leche. *Frec sustantivado.* | GPavón *Hermanas* 10: Su hija Alfonsa se le acercó con un "buenos días, padre" y una taza de café solo. * Póngame uno solo, por favor.
3 [Lugar] poco frecuentado o en que no hay nadie. | Olmo *Golfos* 148: Buena hora .. para encaminarse al Pinar del Negro y allí, donde el sitio es más solo, tomar asiento.
II *m* **4** Composición musical, o parte de ella, cantada o tocada por una pers. sola [2]. | V. L. Agudo *Ya* 9.6.68, sn: Su mujer cantó los solos de soprano.
5 Paso de danza que se ejecuta sin pareja. | SCabarga *Abc* 28.8.66, 76: No hay divismo, todo esta confiado al conjunto, sin más concesiones a las individualidades que los "solos", los "pasos" de varia composición numérica, o los elementos anecdóticos o pintorescos que protagonizan algunas fases de las danzas.
6 (*Naipes*) *En el tresillo y otros juegos:* Lance en que se hacen todas las bazas sin robar. | Torrente *Señor* 343: Cuando llegó al Casino, la partida [de tresillo] había comenzado .. Don Lino jugaba un solo a favor, pero ni él ni los demás parecieron interesados.
7 (*Naipes*) Juego semejante al tresillo, en el que gana el jugador que hace por lo menos 36 tantos. | FSantos *Cabrera* 101: –¿Qué juego se le antoja? –Cualquiera es bueno. Dime cuáles sabes .. –Sé la Mona, el Lasquenete, el Solo, las Veintiuna y Ventitrés [*sic*], el Faraón y la Cuadrilla.
III *loc v* **8 dar un ~.** (*col*) Aburrir [a alguien (*ci*)]. | * Ayer estuvo aquí Pepe toda la tarde y me dio un solo terrible.
9 quedarse ~. (*col*) No tener competidor. *Tb fig.* | Delibes *Emigrante* 38: Se puso a hablar Asterio, el sastre, y se quedó solo a elogiarme. ¡Anda y que tampoco me dio jabón ni nada el lila de él! * Andrés se queda solo tocando el piano.
IV *adv* **10** Solamente. *A veces, enfáticamente,* TAN ~. | Lorenzo *SAbc* 20.12.70, 6: Había aceptado un destino que no le era propio. Había sometido sus horas, por solo delicadeza. **b) no ~..., sino (que) (también)... →** NO[1].
11 a solas. En soledad. | DPlaja *El español* 117: Invitan a sus amigos aun a costa de ayunar luego a solas.
12 a ~. (*Mús*) [Cantando o tocando] una pers. sola [2]. *Tb adj.* | Romeu *EE* nº 9.63, 60: Sucesivamente cantan a solo Jacobé, Salomé y Magdalena. Subirá-Casanovas *Música* 37: Un famoso cenáculo florentino .. fue el origen de los primeros intentos de canto a solo –no a varias voces– con acompañamiento instrumental. Casares *Música* 60: Sonata a solo, para un solo instrumento, por ejemplo, el clavicémbalo.
V *prep* **13** Inmediatamente después de. *Seguido de infin.* | Zunzunegui *Camino* 25: Solo levantarse oyó su voz viril, hermosa.
VI *loc conj* **14 ~ que.** Pero. | Halcón *Ir* 13: Antes de ocupar el puesto de su padre ya estaba Hermógenes cansado de que los turistas le hicieran fotografías como a un fantasma del pasado, solo que guapo. Umbral *Ninfas* 14: Puede que fuese dionisíaca, solo que no lo sabíamos.

solomillo *m En las reses destinadas al consumo:* Tira de carne que se extiende entre las costillas y el lomo. | Laiglesia *Tachado* 51: Los huevos se reservarán para los niños, los pollos para los enfermos y los solomillos para los recomendados.

solomo *m* (*raro*) Solomillo. | *Ya* 7.1.88, 47: Rosa León, acompañada de su hijo Víctor, preparan con Elena Santonja unos solomos de cerdo guisados y una tarta de manzana.

solovox *m* Instrumento musical electrónico de teclado, cuyo sonido es semejante al del órgano. | Casares *Música* 22: Instrumentos electrónicos .. El Solovox. Es un instrumento de teclado.

solsonense *adj* De Solsona (Lérida). *Tb n, referido a pers.* | L. M. Mezquida *Abc* 27.11.70, 23: Cursando los estudios eclesiásticos en el Seminario solsonense, de donde pasó a la Universidad pontificia gregoriana de Roma.

solsticial *adj* (*Astron*) De(l) solsticio. | Mercader-DOrtiz *HEspaña* 4, 120: En la España mediterránea, el tránsito de la primavera al verano era motivo de fiestas (mayas, festejos solsticiales de San Juan).

solsticio *m* (*Astron*) Momento en la trayectoria aparente del Sol en que este alcanza su máximo alejamiento del ecuador. | Cela *Pirineo* 229: Lavarse los pies al menos en los equinoccios y en los solsticios.

soltar (*conjug* **4**) **A** *tr* **1** Hacer que [alguien o algo (*cd*)] deje de estar atado o sujeto. *Tb abs.* | SFerlosio *Jarama* 74: ¡Suéltame, tú! ¡Ya he dicho que no voy! Aldecoa *Gran Sol* 29: Había soltado las amarras del *Uro*. **b)** *pr* Dejar [alguien o algo] de estar sujeto. | Ramos-LSerrano *Circulación* 54: Estas cadenas, que van flojas normalmente, serán capaces de resistir las tracciones que resulten en caso de soltarse o romperse el enganche.
2 Dejar libre [a alguien que está encerrado o preso]. | Berlanga *Rev* 4.68, 25: Cuando yo me iba a la paridera a soltar el hatajo, entre dos luces, dejaba a mi Luci y a su "hija" con las demás pequeñas en casa del Saturnino. Berenguer *Mundo* 30: Se fue a ver al Amalio como si nada hubiera sucedido. –¡Hombre, vamos a celebrar que me han soltado! –le dijo. **b)** Dejar salir [algo detenido o interceptado]. | Hoyo *Caza* 59: –¡Espera! ¡No sueltes el agua!– Le dio el jabón y el estropajo.
3 Dejar caer [algo]. | Medio *Bibiana* 67: Ahora, ¡paf!, sueltan una bomba y desaparecemos todos.
4 (*col*) Desprenderse [de una cosa (*cd*)] o dejar de tener[la] en las manos. *Tb fig.* | Medio *Bibiana* 56: Tienen que soltar la pasta si quieren alternar. DCañabate *Abc* 10.12.72, 47: La de tabarras que nos dieron los periódicos y aquellos señores tan graciosos llamados publicistas que cogían un terreno y no lo soltaban ni a la de tres.
5 Desprender [una pers. o cosa (*suj*) algo] de sí. | GPavón *Hermanas* 31: Doña María de los Remedios hablaba de cosecha y pedriscos, pero de cuando en cuando sus ojos soltaban brillos extraños. *Economía* 210: Deben aclararse tantas cuantas veces sea necesario para que la prenda no suelte ya tinte.
6 Dejar que se produzca [una acción fisiológica o una manifestación afectiva, esp. contenidas]. | Medio *Bibiana* 116: Natalia .. suelta la carcajada.
7 (*col*) Decir. *Normalmente implica que lo dicho o el modo en que se dice no son oportunos o debidos, o son bruscos.* | Hoyo *Caza* 58: –¡Dámelos! –soltó este. Laforet *Mujer* 295: La buena señora soltó una andanada de tacos. ZVicente *Balcón* 11: ¡Ni una palabra más! ¡Y no quiero repetirte más que tengas cuidado con lo que sueltas delante de las señoras!
8 (*col*) Dar [un golpe]. | DCañabate *Paseíllo* 14: Mucho cuidado en cómo embistes; .. si te vas al cuerpo, te suelto un soplamocos que te dejo sentado.

soltería – solvencia

9 Aligerar [el vientre]. | * El tomate ayuda a soltar el vientre. **b)** *pr* Aligerarse [el vientre]. | * Se me ha soltado el vientre.
B *intr* ➤ **a** *normal* **10** Comenzar [a algo (A + *infin*)]. | Hoyo *Glorieta* 26: El de las mujeres soltó a cantar.
➤ **b** *pr* **11** Adquirir desenvoltura [en algo (A + *infin, ger,* o EN + *n*)]. *A veces se omite el compl por consabido.* | SFerlosio *Jarama* 53: –¡¿Cubre ahí, donde estáis?! –¡Sí, cubre un poco! .. ¡No vengas si te da miedo! –¡Di que no, Mely! .. ¡No os dé reparo de venir; así os soltáis! ZVicente *Balcón* 66: Aquí tenéis a mi Ponciana que se soltaba hablando alemán. **b)** *Sin compl:* Adquirir desenvoltura en el trato con los demás o en un determinado ambiente. | RIriarte *Muchacha* 334: –Tenga en cuenta que acabamos de llegar a Madrid. Aquí no conocemos a nadie. Y todavía estamos un poco asustadas. –¿De verdad estáis asustadas? –¡A ver! –¡Oh! –Pero, en fin, ya nos iremos soltando.

soltería *f* Estado o condición de soltero. | Kurtz *Lado* 47: Fui casto en mi viudez como lo fui en mi soltería. Goytisolo *Afueras* 95: –Ahora vuelves a estar soltero, ¿no? –Mi señora está en Sitges .. –Bueno, lo importante es que ahora estás soltero.– Levantó su copa: –Por la soltería.

soltero -ra *adj* **1** [Pers.] que no se ha casado. *Tb n.* | CNavarro *Perros* 119: Vivía con el único hijo que le quedaba soltero.
2 *(col)* [Pers. casada] que se encuentra ocasionalmente sin su cónyuge. | Goytisolo *Afueras* 95: –Ahora vuelves a estar soltero, ¿no? –Mi señora está en Sitges .. –Bueno, lo importante es que ahora estás soltero.

solterón -na *adj* Soltero de edad avanzada. *Frec n. Referido a mujer, frec con intención desp o humoríst.* | Laforet *Mujer* 61: Nada en el mundo me da tanto miedo como las solteronas.

soltura *f* Agilidad y desenvoltura. | Villapún *Iglesia* 10: Sus verdugos, para tener más soltura al tirar las piedras sobre el cuerpo del diácono, se despojaron de sus mantos. Palacios *Juicio* 65: Era una tarde de buenos auspicios para el latín, porque mi amigo irlandés lo hablaba con una soltura asombrosa.

solubilidad *f (Quím)* Cualidad de soluble [1]. | Ybarra-Cabetas *Ciencias* 173: Lípidos .. De sus acciones físico-químicas destacaremos su poca solubilidad. **b)** Grado o coeficiente de solubilidad. | F. J. FTascón *SYa* 18.9.77, 15: Se debe [la gota] a un defecto de la bioquímica corporal, en la que, bien por excesiva producción, o por defectuosa eliminación renal de esta escoria de las purinas, se produce en sangre un aumento de la concentración sanguínea de ácido úrico por encima de su solubilidad (6-7 miligramos por 100) y su incrustación en las articulaciones.

solubilizar *tr (Quím)* **1** Hacer soluble [1] [una sustancia]. | Navarro *Biología* 292: En el suelo, el fósforo existe en forma de fosfatos insolubles (apatito, fosforita) de donde lo toman los vegetales por sus raíces, pero ya solubilizado.
2 Disolver [un cuerpo en otro]. | Bustinza-Mascaró *Ciencias* 251: Las sustancias elaboradas en las hojas y más o menos solubilizadas en el agua forman un líquido viscoso .. al que se le da el nombre de savia elaborada.

soluble *adj* **1** [Sustancia] que se puede disolver. | Bustinza-Mascaró *Ciencias* 17: No todas las sustancias se disuelven con igual facilidad en el agua; unas son muy solubles, otras son bastante solubles, otras son poco o muy poco solubles.
2 [Problema] que se puede resolver. | Delibes *Siestas* 30: La voz del Pernales .. hacía solubles todos los problemas.

solución *f* **1** Cosa que hace que [un problema o dificultad *(compl de posesión, o* A*)*] deje de existir. *Frec sin compl.* | Escrivá *Conversaciones* 149: Ante un problema concreto, sea cual sea, la solución es: estudiarlo bien y, después, actuar en conciencia. **b)** Respuesta [a una cuestión dificultosa *(compl de posesión, o* A*)*]. *Frec sin compl.* | Marcos-Martínez *Álgebra* 130: Una ecuación de primer grado con dos incógnitas tiene infinitas soluciones. Medio *Bibiana* 14: Marcelo .. sigue, obstinadamente, mirando al techo, como si esperara que del techo le pudiera bajar la solución al acertijo. **c)** Desenlace [de una situación difícil]. | * El suicidio me parece una solución muy violenta para esa trama.
2 Hecho de solucionar(se). | GPavón *Cuentos rep.* 130: Solución de la crisis por micción .. Todas las presiones de los cuatro grados desfogaron por el caño de la orina.
3 ~ de continuidad. Interrupción, o falta de continuidad. | Delibes *Mundos* 135: Santa Cruz y La Laguna vienen a ser una misma cosa. Quiero decir que entre Santa Cruz y La Laguna no hay solución de continuidad, no existen claros ni paisajes; el enlace urbano es completo, y uno no acierta a definir dónde comienza una y termina otra. Carrero *Pue* 22.12.70, 5: Este régimen político .. ofrecía, indudablemente, un posible riesgo de solución de continuidad.
4 *(Quím)* Disolución. | *Inf* 30.4.74, 13: Unas 900.000 hectáreas de cultivo manchego estarán protegidas de los riesgos del pedrisco durante todo el año, gracias a una red de defensa que funcionará con generadoras de solución acetónica de yoduro de plata.

solucionable *adj* Que se puede solucionar. | MCampos *Abc* 18.4.58, 3: Al enfrentarse de ese modo con un problema no solucionable .., han decidido aquellos hombres .. marcar un paso atrás.

solucionador -ra *adj* Que soluciona. *Tb n, referido a pers.* | *Barcelona* 8: Cambó se vale de la Asamblea de parlamentarios para ofrecer nuevas orientaciones solucionadoras al Gobierno Nacional de 1918. T. MEced *Crí* 6.74, 8: El niño de siete años es un solucionador racional que todo lo piensa.

solucionar *tr* Dar solución [1] [a algo *(cd)*]. | Laforet *Mujer* 161: ¡Es que mi hijo .. cogió aquel dinero en un apuro muy grande mío, para solucionármelo! **b)** *pr* Dejar de existir [un problema o dificultad] o pasar a tener solución [1]. | M. A. Arias *Faro* 6.8.75, 12: Tiene confianza en que todo se solucionará positivamente, ya que el director de la industria prometió la paralización de las obras ayer a las cinco de la tarde.

solucionario *m* Libro o colección de soluciones [1b]. | Inbad *Doc* 24/1 21: Debes transformar en negativas las oraciones expresadas en la práctica de este apartado III (1) y (2). Luego consulta el solucionario.

solunar *adj (Astron)* Del Sol y de la Luna conjuntamente. | J. Mora *País* 3.11.78, 39: Las tablas solunares cobran especial interés cuando lo que se persigue son animales de paso, palomas y patos, o se caza al recechо.

soluto *m (Quím)* Cuerpo disuelto. | Aleixandre *Química* 36: Para expresar la composición de una disolución se utiliza el concepto de concentración, esto es, la cantidad de soluto que hay en una cantidad determinada de disolución.

solutoide *m (Quím, raro)* Disolución verdadera. | Bustinza-Mascaró *Ciencias* 18: Se llaman disoluciones verdaderas o solutoides aquellas en las que los cuerpos dispersos en el líquido .. son sustancias de difusión rápida.

solutrense *adj (Prehist)* [Cultura o período] del Paleolítico superior, cuyos principales vestigios corresponden a Solutré (Francia). *Tb n m.* | Pericot *Polis* 19: Sobre ellos se superpusieron .. bandas de cazadores armados con arcos, y flechas con magnífica punta de piedra, .. con cuyos vestigios formamos la llamada cultura Solutrense. Angulo *Arte* 1, 19: No faltan flechas y piezas del período solutrense de bellas proporciones. Viñayo *Asturias* 11: Además del asturiense aparecen .. restos del aziliense, .. solutrense superior, medio e inferior, .. y también del musteriense.

solvatación *f (Quím)* Combinación de las moléculas de un cuerpo disuelto con las del disolvente. | Aleixandre *Química* 207: Este hinchamiento .. se debe a la penetración del disolvente entre las moléculas lineales y unión (solvatación) del disolvente con las partículas disueltas.

solvencia *f* Cualidad de solvente [1, 2 y 3]. | Aguilar *Experiencia* 789: Tuvo que hacerlo [buscar trabajo] a precios inferiores a los normales en Madrid. En unas ocasiones, el margen de beneficios era ínfimo; en otras, demasiadas, la pérdida fue absoluta, porque algunos clientes resultaron sin solvencia. Altabella *Ateneo* 109: Personalidad que comparte con Pascual Gayangos las primicias de una preocupación historiográfica por las fuentes ancestrales de nuestro periodismo, reconsiderada recientemente por la solvencia científica de Eulogio Varela Hervías. L. Contreras *Mun* 12.12.70, 9: Rompió también una lanza por la solvencia de la jurisdicción ordinaria.

solventable *adj* Que se puede solventar. | Rábade-Benavente *Filosofía* 99: Sin entrar en la espinosa cuestión –difícilmente solventable, por otro lado– de si se trata de "facultades" o no.

solventador -ra *adj* Que solventa. *Tb n, referido a pers.* | MGaite *Usos* 166: Cuando el problema no es tan acuciante ni pone a la solventadora del mismo entre la espada y la pared, se atiende a los argumentos de la consulta de una forma menos dogmática.

solventar *tr* Resolver o solucionar. | E. ÁPuga *Mun* 23.5.70, 23: Todo cuanto sea introducir nuevos controles o artificios en esta mecánica elemental contribuye a enturbiar antes que a solventar el problema. **b)** *pr* Resolverse o solucionarse. | Álvarez *Abc* 9.4.67, sn: Es por el canto de un duro que parecen muchas veces solventarse los partidos.

solvente *adj* **1** Que puede satisfacer sus deudas u obligaciones. | * Solo puedes salir fiador si eres solvente.
2 Capaz de cumplir debidamente una obligación o un cargo. | * El nuevo secretario parece un hombre serio y solvente.
3 Fiable o que merece crédito. | *Inf* 27.5.70, 1: Los pedidos de ayuda militar .. están prácticamente concedidos .., a juicio de fuentes solventes. CBonald *Noche* 168: –Debe ser el primer mapa que se hace por debajo del agua .. –Hay alguno, pero poco solvente.
4 (*Quím*) Disolvente. *Gralm n m*. | Navarro *Biología* 5: Cuando una sustancia o soluto se disuelve en un líquido o solvente, las moléculas de ambos están en continuo movimiento.

solventemente *adv* De manera solvente [3]. | R. Fraguas *País* 3.7.77, 19: Acaba de ser despedido un sacerdote, Juan Mendoza .. Ejercía una labor de apoyo y estímulo a los enfermos, ya que él mismo es diabético y conoce solventemente los pormenores y manifestaciones de la dolencia.

soma *m* (*Biol*) Cuerpo. *Se opone a* PSIQUE o ESPÍRITU. | J. M. Javierre *Ya* 13.4.90, 16: Quedaba pendiente una pregunta que solo puede contestarse desde la medicina: con qué exactitud "científica" reflejan los imagineros ciertos signos reveladores del sufrimiento, de la agonía y de la muerte en el "soma" de las imágenes del crucificado. **b)** (*Biol*) Conjunto de las células que constituyen el cuerpo de un organismo, esp. animal, excluidas las reproductoras. *Se opone a* GERMEN. | Ybarra-Cabetas *Ciencias* 217: Hoy se admite que estas variaciones residen en el soma y, por tanto, no son transmisibles por herencia.

somalí I *adj* **1** De Somalia. *Tb n, referido a pers.* | J. Estévez *País* 6.4.80, 6: Entre los desertores había un soldado somalí.
II *n* **2** Idioma de Somalia. | *SAbc* 24.11.68, 30: Somalia .. Habitantes: 2.500.000. Idioma: somalí, árabe e italiano.

somanta *f* (*col*) Tunda o paliza. | Gala *Petra* 788: Le hemos dado una somanta y está en el calabozo. Tomás *Orilla* 230: Me han dado una somanta de palos que no me tengo.

somarrar *tr* (*reg*) Socarrar o chamuscar. | Berlanga *Gaznápira* 116: ¡Tío Jotero, que el puro le va a somarrar los morros!

somarro *m* (*reg*) Trozo de carne fresca asado en las brasas. | Moreno *Galería* 277: Benditos y recordados sean el somarro y el canuto de picadillo de las cocinas sorianas.

somatén *m* (*hist*) **1** Milicia ciudadana organizada para coadyuvar a la seguridad. *Gralm referido a Cataluña*. | Vicens-Nadal-Ortega *HEspaña* 5, 360: Este suceso [huelga general de Cataluña en 1919] .. provocó una oleada de resistencia en los elementos patronales .. Su primera reacción se precisó en la salida a la calle de los somatenes (vieja institución armada catalana que ahora se convierte en milicia burguesa). Cossío *Confesiones* 187: Se organizó una concentración en la ciudad de todos los somatenes de la provincia. Acudieron, pues, estos beneméritos ciudadanos, llevando cada cual una escopeta de caza.
2 (*reg*) Rebato. | D. Quiroga *Abc* 2.3.58, 33: En la Payesía, todo es interesante, comenzando por sus templos; todos a guisa de fortalezas e iglesias fortificadas, donde antaño, al toque de somatén, se refugiaban y reunían los campesinos.

somatenista *m* (*hist*) Individuo que forma parte de un somatén [1]. | *Abc* 10.6.58, 1: Más de cuatro mil somatenistas .. se concentraron, con motivo del CL aniversario de la batalla del Bruch, en la provincia de Barcelona. Cossío *Confesiones* 196: Cuando le dije la idea general del artículo que molestó a los somatenistas de Valladolid, rió de muy buena gana.

somáticamente *adv* (*Biol*) En el aspecto somático. | Aguilar *Experiencia* 425: Si los humanos no cambiáramos somáticamente con la edad, creo que algunos nos hubiéramos reencontrado, al pasar los años, paseando por los jardines del Luxemburgo.

somático -ca *adj* (*Biol*) De(l) soma. | B. Villarrazo *Ya* 27.3.80, 6: El lenguaje tiene que ser complementado con las modulaciones de la voz, el gesto de la faz .. y la actitud somática total de la persona. Ybarra-Cabetas *Ciencias* 216: Las llamadas variaciones .. pueden definirse como diferencias en la expresión somática o en los elementos de la sustancia germinativa. **b)** Relativo al cuerpo como armazón, en oposición a las vísceras. | Bustinza-Mascaró *Ciencias* 73: Sistema nervioso cerebro-espinal o somático .. Sistema nervioso autónomo o visceral.

somatización *f* (*Med*) Acción de somatizar. | *TMé* 5.5.89, 17: Dumirox le ayuda a elevar su estado de ánimo y evitar somatizaciones.

somatizar *tr* (*Med*) Transformar [un problema psíquico] en enfermedad orgánica o en síntomas somáticos. *Tb (lit) fig, fuera del ámbito médico*. | Umbral *País* 18.9.83, 33: Borges es un americano que se pasa la vida descubriendo periódicamente España, pues aún no ha somatizado el hecho de que fue España quién descubrió América.

somatoceptor *m* (*Psicol*) Órgano sensorial que recibe estímulos del propio cuerpo. *Tb adj*. | Rábade-Benavente *Filosofía* 73: No solo hay imágenes visuales: las hay auditivas, táctiles y, en menor grado, las correspondientes a los otros sentidos exteroceptores y somatoceptores.

somatopsíquico -ca *adj* (*Psicol*) Del cuerpo y de la mente. | F. Llavero *SYa* 4.6.72, 3: Las posibilidades que nos brindan las ciencias psiquiátricas y los conocimientos médico-antropológicos en una psiquiatría bien orientada que conozca sus propias limitaciones para ayudar o curar al semejante en caso de enfermedad somato-psíquica.

somatotípico -ca *adj* (*Psicol*) De(l) somatotipo. | Pinillos *Mente* 159: El procedimiento de valoración somatotípico es bastante más complejo y, entre otras cosas, requiere operar sobre fotografías.

somatotipo *m* (*Psicol*) Tipo de constitución del cuerpo. | Pinillos *Mente* 159: La manera en que Conrad enfoca el problema de los tipos constitucionales es distinta de la de Kretschmer en cuanto a la interpretación genética de los somatotipos, pero se parece a ella por lo que respecta a la determinación de los tipos somáticos fundamentales.

somatotrofina *f* (*Biol*) Hormona segregada por el lóbulo anterior de la hipófisis, que estimula el crecimiento corporal. | Cañadell *Salud* 370: La secreción de somatotrofina u hormona del crecimiento de la hipófisis es también muy sensible al nivel sanguíneo de glucosa.

sombra I *n* **A** *f* **1** Proyección oscura [de un cuerpo opaco que intercepta los rayos de un foco luminoso, esp. el Sol]. | Cunqueiro *Un hombre* 11: El camino .. se partía en dos, que volvían a unirse a la sombra de una higuera. Marcos-Martínez *Física* 142: Otra aplicación de la propagación rectilínea de la luz es la producción de sombras. **b)** Pers. o cosa inseparables [de otra]. *Gralm con el v* SER. | Mi. Borges *Día* 26.6.76, 4: Don Lisandro, el desmedrado secretario del Ayuntamiento, poeta, músico y recitador, en su afán de organizar actos culturales, era mi sombra. J. Cano *Alc* 12.11.70, 12: Tal como es habitual, varios barcos rusos espiaban las maniobras y hacían de sombra de la flota británica. **c)** **~s chinescas**. Espectáculo consistente en la proyección de sombras de siluetas recortadas. | Marquerie *MHi* 12.70, 38: Desde las plataformas giratorias y los trastos colgados hasta las sombras chinescas y las diapositivas en movimiento.
2 Lugar que no recibe radiación luminosa, esp. solar. | Laforet *Mujer* 140: Paulina se arrodilló en un rincón en sombra. **b)** (*Telec*) Lugar al que no llegan las señales de una

sombraje – sombrerería

emisora. | C. Fonseca *Ya* 2.2.87, 8: Los funcionarios policiales se encontraban también con la existencia de "zonas de solapamiento", en las que se producían interferencias entre los distintos canales, y otras "zonas de sombra", en las que resultaba imposible recibir mensajes.
3 Oscuridad. *Gralm en pl.* | LIbor *Pról. Antología* XII: Yo me pregunto lo que sería el primer día fuera del paraíso, cuando cayesen las sombras de la noche. **b)** Parte no clara en la comprensión de un asunto. | LIbor *Pról. Antología* IX: Toda conducta heroica está sembrada de sombras. El astuto Ulises no fue siempre un modelo ético.
4 Situación en que no se destaca o no se aparece públicamente. *Gralm en la constr* EN LA ~. | Chamorro *Sin raíces* 98: No ocupó la presidencia de la sociedad sino que, por el contrario, se mantuvo en la sombra. **b)** Clandestinidad. *Gralm en política y en la constr* EN LA ~. | * Durante la dictadura la lucha se desarrolló en la sombra.
5 Tono más oscuro o menos brillante, que gralm. representa una sombra [1a]. | Tejedor *Arte* 177: En la línea ascendente de su evolución pasa [Ribera] por las etapas de la luz plateada primero y dorada después, para la superación de los violentos contrastes de luz y de sombra aprendidos del tenebrismo de Ribalta. *VerAl* 18.11.75, 5: Curso de belleza para las mujeres .. Si la profesora pinta, por ejemplo, la sombra de un ojo, la alumna habrá de completar la del otro. **b)** Cosmético empleado para colorear los párpados. *Gralm* ~ DE OJOS. | Cela *Mazurca* 89: Marujita va teñida de rubia y se da sombra en los ojos. Alicia *Lev* 22.2.75, 28: Seguir este orden: base de maquillaje y polvos, arreglo de las cejas, sombra de ojos, eye-liner y, por último, máscara para las pestañas.
6 Mancha consistente en una ligera oscuridad o falta de brillo. *Tb fig.* | * En el espejo comienzan a aparecer sombras. * Hay como una sombra en la pechera.
7 Señal leve [de algo]. *Frec en constr negat, con intención ponderativa.* | Cuevas *Finca* 195: Debía tener, cerca, en el cerebro, la sombra del sueño del invierno. Cunqueiro *Un hombre* 61: No podía pasar sin comer cada día ajos fritos por mor de mantener .. los huesos sin sombra de reuma. **b)** Recuerdo vago o desdibujado [de algo]. *Con intención ponderativa. Gralm en las constrs* NO SER NI SU ~, o NO SER NI ~ DE LO QUE ERA. | Escartín *Act* 25.1.62, 52: Hungría, en 1961, diez partidos con seis victorias, dos empates y dos derrotas, es la sombra del maravilloso equipo del Mundial de Suiza en 1954. DCañabate *Abc* 27.10.74, 45: Mis compañeras .. se quejan de que el ser castañera ya no es ni sombra de lo que fue.
8 Forma imprecisa de la que no se percibe más que el contorno. | * Vio dos sombras dirigiéndose a la casa en plena noche. **b)** (*lit*) Cosa vana o engañosa. | * Perseguimos sueños y abrazamos sombras.
9 (*col*) Gracia o desenvoltura. | SFerlosio *Jarama* 25: ¡La juventud, a divertirse! ..; están en la edad. Pero qué fina era esta otra de pantalones; esa sí que tiene sombra y buen tipo, para saber llevarlos. Delibes *Año* 52: Un espontáneo, ante un puntazo atornillado, chilló con mucha sombra: "¡No le pinches más, que, si no, mañana no hay quien le coma!".
10 (*col*) Suerte. *Gralm con los adjs* BUENA O MALA. | * Mira que ir a caer su cumpleaños en jueves, qué mala sombra.
11 (*col*) Intención. *Gralm con el adj* MALA. | * Qué mala sombra tiene, mira que romperle su cuento.
B *m y f* (*col*) **12 mala ~.** Pers. de mala intención. *Tb adj.* | VMontalbán *Pájaros* 318: Contreras tenía muy arraigada la convicción de que Carvalho era un mala sombra y un individuo de cuidado. CPuche *Paralelo* 239: Asomó la jeta por allí aquel bichejo imitador y mala sombra que era el Penca.
II *loc v* **13 hacer** [una pers. o cosa] ~ (o, raro, **la** ~) [a otra]. Ser causa, debido a su calidad o importancia, de que [esta] parezca menos importante o valiosa. | Torrente *Vuelta* 414: Hay un punto en la Universidad .. que desde hace dos años me viene haciendo la sombra. Me birló el premio extraordinario de doctorado, me ganó unas oposiciones a auxiliar de la Facultad. *País* 31.3.86, 7: La impresora Laserjet hace sombra al propio silencio. Se la ve trabajar, pero no se la oye.
14 dejar [alguien] **de hacer ~.** (*col*) Morir. | Cuevas *Finca* 175: Antes que perder a "San Rafael", tengo yo que dejar de hacer sombra.

III *loc adv* **15 a la ~.** (*col*) En la cárcel. | ZVicente *Traque* 157: Esto [el anís] resucita a un muerto .. Así lograré vencer la pena que me da que mi gente esté a la sombra.
16 a la ~ [de alguien o algo]. Bajo su protección o amparo. | L. Apostua *Ya* 30.12.73, 12: Políticamente ha crecido a la sombra de don Camilo Alonso Vega .. Aparte de eso, don Carlos Arias no ha "militado" en familia política alguna.
17 de su ~. (*col*) De todo el mundo. *Gralm con el v* REÍR. | Delibes *Cinco horas* 178: Él se ríe de su sombra. **b) ni de su ~.** (*col*) De nadie. *Gralm con el v* FIAR. | *Ya* 23.2.82, 5: Aquí ya no se fía nadie ni de su sombra.

sombraje *m* (*raro*) Lugar sombreado. | Espinosa *Escuela* 614: Vimos misteriosos jardines, .. mansas aguas, reposados sombrajes, niños con sus ayas.

sombrajo I *m* **1** Armazón rudimentaria para proporcionar sombra [1a]. | Halcón *Ir* 210: Alegan que en el tajo, al sol, no se puede dormir la siesta. Pero no es por eso, porque de querer se las harían sombrajos.
2 Sombra [1a] pequeña o escasa. | Aldecoa *Cuentos* 1, 70: El perro de la brigadilla se había apartado de los hombres para descansar en el sombrajo de una zarza.
II *loc v* **3 caérsele** [a alguien] **los palos del ~.** (*col*) Quedar totalmente decepcionado. | Berenguer *Mundo* 47: Cuando supe que aquel cortijo era de la mujer de don Senén, se me cayeron los palos del sombrajo.

sombreado¹ -da *adj* **1** *part* → SOMBREAR.
2 Que tiene sombra [1a] o que está en sombra [2a]. | CBonald *Noche* 215: Don Fermín anduvo unos pasos por un sombreado callejón.

sombreado² *m* Acción de sombrear [2]. *Tb su efecto.* | *Inf* 3.11.70, 31: Otros apartados [tr]atan de los adhesivos y sus mezclas, del acabado de los muebles y su sombreado y del embalaje, almacenaje y embarque. *Lab* 9.70, 17: También en plata, se bordará algún sombreado en el cáliz de las flores.

sombreador -ra I *adj* **1** Que sombrea. | Aldecoa *Cuentos* 1, 147: Eran [sus brazos] como dos ramas, largos, nudosos, fuertes y sombreadores.
II *m* **2** Cosmético empleado para colorear los párpados. | *Inf* 25.2.70, 8: Max Factor nos hará el regalo del primer sombreador de ojos a prueba de agua.

sombreante *adj* Que sombrea. | A. Trujillo *Día* 25.6.76, 4: Y las matas decorando los rincones con el equilibrado colorismo del girasol, el geranio, la buganvilla, el parral sombreante y el platanal. *Alc* 13.10.70, 21: He empleado materias grises, sombreantes, no excesivamente vigorosas, para que quede a salvo el fulgor de los ojos de nuestras mujeres.

sombrear *tr* **1** Dar sombra [1a] [a algo (*cd*)]. | A. P. Foriscot *Van* 14.7.74, 9: La vieja señora que me proporcionaba aquella noticia de historia española era la dueña de la casa de labor, la propietaria del ribazo, del olivo que lo sombreaba a medias y del campo de alfalfa recién guadañado. GNuño *Escultura* 17: Se dio el caso .. de que todo el pueblo, sombreado por palmerales de oasis, desfilara religiosamente ante su reina.
2 Marcar o destacar [algo] mediante sombras [5]. | *Anuario Observatorio 1967* 125: Por comparación se tiene el período o tiempo de visibilidad, que en el gráfico se ha sombreado para su más fácil percepción. * Sombrear los ojos.

sombrera *f* (*reg*) Sombrero femenino de paja. | C. GCasarrubios *Nar* 6.77, 15: También se ha utilizado la paja de centeno para la fabricación de sombreros femeninos o "sombreras".

sombrerazo *m* (*col*) **1** Saludo que se hace quitándose el sombrero. *Tb fig.* | Torrente *Off-side* 385: El coche parte, y Noriega lo despide de un sombrerazo. *País* 30.6.77, 8: El Estado se limitó (en inusitado sombrerazo ante la religión oficial) a dimitir lisa y llanamente de sus responsabilidades en este asunto en favor del control de la Iglesia católica.
2 Golpe dado con un sombrero. | * Se lió a sombrerazos con las moscas.

sombrerería *f* Tienda o taller de sombreros. | ZVicente *Balcón* 37: Lee una vez más los anuncios de la fachada de enfrente, los cartelones de los toldos de los soportales, Café Regio .., Sombrerería la Inglesa.

sombrerero -ra A *m y f* **1** Pers. que fabrica o vende sombreros. | *Abc* 10.9.75, 59: Un hombre de setenta y ocho años, sombrerero jubilado, expresaba su deseo de donar su negocio y sus bienes a un hombre competente capaz de continuar su obra, la sombrerería que había logrado levantar con tanto esfuerzo.
B *f* **2** Caja para guardar sombreros. | *Economía* 357: En la sombrerera, los sombreros se colocarán con cuidado.
C *m* (*raro*) **3** Sombrerera [2]. | Benet *Aire* 127: El equipaje de Tinacia no era muy voluminoso ..: un baúl mundo, tres o cuatro maletas grandes .., un par de cestos y un sombrerero.
4 Percha para sombreros. | *Seg* 10.4.87, 23: Gabanero siglo XIX, tallado madera, tipo burro, con paragüero, sombrerero, en zonas oscuras.

sombrerete *m* Pieza en forma de sombrero [1] que se emplea para cubrir algo, esp. una chimenea. | Berlanga *Gaznápira* 42: La bombilla, con sombrerete, era necesaria incluso de día. Delibes *Madera* 383: Desde el sombrerete del puesto .. Gervasio graduaba los prismáticos. L. B. Lluch *Pro* 12.7.75, 29: En la [vertiente] más larga, había una chimenea casera con sombrerete, que debía corresponder a la vivienda del ermitaño.

sombrerillo *m* **1** (*Bot*) Parte superior, gralm. redondeada, de las setas. | Ybarra-Cabetas *Ciencias* 244: El sombrerillo de este basidiomiceto [el nízcalo] es amarillo anaranjado o rojo ladrillo, con zonas oscuras.
2 ~ de agua. Planta de tallo blanquecino y rastrero, hojas redondeadas y flores pequeñas, blancas o rosadas, propia de lugares húmedos (*Hydrocotyle vulgaris*). | Mayor-Díaz *Flora* 254: *Hydrocotyle vulgaris* L. "Sombrerillo de agua" .. Flores blancas o rosadas, muy pequeñas .. Márgenes de ríos, arroyos, charcas.

sombrero I *m* **1** Prenda que cubre la cabeza, de contextura más o menos rígida, sin visera pero gralm. con ala. *Diferentes tipos se distinguen por medio de compls o adjs:* CORDOBÉS, DE COPA, HONGO, *etc.* | Laiglesia *Tachado* 33: Sergio Forlé suspiró mientras se ponía la chaqueta, el abrigo, los botines, el sombrero y los guantes. Cunqueiro *Un hombre* 19: El oficial de forasteros se puso el sombrero de copa.
2 (*Bot*) Sombrerillo [1]. | C. Fuentes *Abc* 20.9.75, 59: Dentro de las setas venenosas podemos distinguir entre las mortales y las no mortales. En el primer grupo, la más frecuente es la "amanita phalloides" .. Presenta un sombrero cuyo color oscila entre el amarillo pálido y el verde oliváceo.
3 Capa que se forma en la superficie del mosto en fermentación, constituida por hollejos y otras partículas sólidas. | Delgado *Vino* 65: Eleva [el ácido carbónico en la fermentación] hasta la superficie las raspas, pellejos, pepitas y demás partículas sólidas, formándose una gruesa capa en la parte superior de la tina, llamada "sombrero".
II *loc v* (*col*) **4 colgar** [alguien] **el ~.** Abandonar la vida de trabajo. | Delibes *Ratas* 42: La señora Clo, la del estanco .., se desvivía .. por su marido, el Virgilio, un muchacho rubio, fino e instruido que se trajo de la ciudad y del que el Malvino, el Tabernero, decía que había colgado el sombrero.
5 quitarse el ~ [ante una pers. o cosa]**.** Sentir respeto y admiración [hacia ella]. | * Ante un hombre como él, yo me quito el sombrero.

sombríamente *adv* De manera sombría [2]. | Torrente *Sombras* 211: "¡Cómo me gustaría pasar en ellos con Sybila nuestra luna de miel!" "Solo que no hay caza, ni luna, ni Gran Manitú", le respondió sombríamente el viejo duque.

sombrilla *f* **1** Utensilio semejante a un paraguas, gralm. de colores muy vivos, usado para protegerse del sol. | Zeda *Ya* 9.6.68, sn: Las sombrillas, los toldos, los sombrajos, los demás artilugios que vemos por las playas. **b)** (*Pol*) Entidad o sistema que sirve de protección o defensa. | *País* 12.7.77, 8: El bombardero B-1, supersónico (Mach 2) y pilotado, ha sido sacrificado por una decisión del presidente Carter, en favor del misil *crucero*, infrasónico y no pilotado. ¿Qué interés puede tener esta decisión para los países que se pueden sentir más o menos protegidos por la sombrilla nuclear norteamericana?
2 (*Zool*) Umbrela. | Ybarra-Cabetas *Ciencias* 316: La medusa *Aurelia* es de tamaño relativamente grande y se compone de la sombrilla y el mango.

sombrío -a *adj* **1** [Lugar] que recibe poca radiación solar. | Bustinza-Mascaró *Ciencias* 179: Vive [la salamandra] en sitios montañosos, húmedos, sombríos, bajo hojarascas, entre musgos, en las grietas de las rocas.
2 Triste o pesimista. | Goytisolo *Afueras* 48: Claudina no paraba de quejarse, más sombría que nunca. Halcón *Ir* 176: Un asunto de policía que se aclararía al fin pero con escándalo publicitario si no quería pudrirse en la cárcel. Un panorama sombrío.

sombrón -na *adj* (*col*) Tristón. | FSantos *País* 16.9.79, 11: Los espejos de palacio .. le representaban [a Fernando VI] .. tal como era: bajo, sombrón, callado y melancólico.

sombroso -sa *adj* (*lit*) Que hace mucha sombra [1a]. | Lorenzo *SAbc* 8.9.74, 10: Las panas, una sobre otra, ha ido encastillándolas, alzando la pared; en el cerramiento, de recias leñas y capa de ramaje, ha tendido sus hojas sombrosas el alero.

somelier *m* Sumiller (encargado de los vinos en un restaurante). | M. LGarcía *SYa* 3.5.87, 30: Ángel Sánchez, somelier de Jockey, tarea que comparte con Bernardo Aragón, coincide en la apreciación de la tendencia a consumir vinos españoles.

someramente *adv* De manera somera. | F. Oliván *Abc* 30.12.65, 19: Y ya en posesión de los adecuados instrumentos comenzó su actuación, que vamos a extractar someramente.

somero -ra *adj* Superficial o poco profundo. *Frec fig.* | SFerlosio *Jarama* 77: En los rápidos discurría [el agua] somera entre cantos rodados. Miret *Tri* 15.5.71, 41: El diálogo que el mundo actual exige entre creyentes y no-creyentes no debe terminar con una somera e inexacta interpretación de lo que pensamos muchos hombres y mujeres católicos de nuestro tiempo.

somestésico -ca *adj* (*Psicol*) De la sensibilidad corporal. | Pinillos *Mente* 81: La estrecha vinculación que existe entre ambos aspectos –sensorial y motor– de la acción humana se refleja en incluso la forma en que se hallan situadas las zonas motoras y somestésicas de la corteza.

someter *tr* **1** Poner por la fuerza bajo la propia autoridad [a una pers. o un territorio]. | Lapesa *HLengua* 16: Posteriores fueron otras invasiones de procedencia continental, las de los celtas .. Después de someter a los naturales, se instalaron en Galicia. Ubieto *Historia* 22: Romanos y cartagineses riñeron la Primera Guerra Púnica .., que permitió a Roma anexionar Sicilia y someter Córcega y Cerdeña. **b)** Poner [a alguien o un territorio] por la fuerza [bajo un dominio o autoridad (*compl* A)]. | Tejedor *Arte* 20: Los medos .. sometieron a los persas a su vasallaje y ejercieron la supremacía en el Irán.
2 Subordinar [una pers. o cosa (*cd*) a otra], o hacer[la] depender [de ella (*ci*)]. | Gala *Séneca* 57: El filósofo es siempre un hombre al que los poderosos y los ricos aborrecen porque no se les somete. Armenteras *Epistolario* 211: Es deseo de los contratantes .. someterse a la jurisdicción y competencia de los Tribunales de Justicia de esta capital. A. Aradillas *SVozC* 25.7.70, 2: Mostrando mi desacuerdo con quienes añoran la comodidad de invernadero a la que antes sometíamos a la fe resguardada con censuras múltiples. **b)** *pr* Estar subordinada [una cosa (*suj*) a otra (*ci*)]. | * Estos versos se someten a todas las normas métricas.
3 Proponer [algo a alguien] para que dé su opinión sobre ello. | *Abc* 9.6.74, 18: El mismo club .. acaba, en Luxemburgo, de tener buen cuidado en someter a Washington la aplicación de sus puntos de vista sobre la movilización de las reservas de oro.
4 Hacer que [alguien o algo (*cd*)] sufra los efectos [de un agente o una acción (*ci*)]. | XSandoval *MHi* 12.70, 76: San Petersburgo .. sufrió el cerco de los ejércitos alemanes, que la someteron a fuertes bombardeos. Marcos-Martínez *Física* 230: Como las aguas naturales .. raramente reúnen todas estas cualidades, han de someterse a ciertas operaciones, como la filtración y la esterilización.

sometible *adj* Que se puede someter. | Rábade-Benavente *Filosofía* 195: La importancia de esta verdad-coherencia es innegable en todos los saberes formalizados o sometibles a una rigurosa formalización.

sometimiento – sonaja

sometimiento *m* Acción de someter(se). *Tb su efecto*. | U. Buezas *Reg* 20.10.70, 4: En la caída de la Imperial Roma, bastión entonces del Occidente, queremos vincular el desastre y ulterior sometimiento de los restantes estados nacionales. RValcárcel *Pue* 22.12.70, 4: Una jornada más a la que se acumulan los frutos del trabajo de las comisiones, para su sometimiento al Pleno [de las Cortes].

somier *m* Pieza de la cama, consistente gralm. en un bastidor con muelles o tela metálica, que sirve de soporte elástico al colchón. | *Abc* 15.6.58, 19: Somier tubular metalizado. GHortelano *Amistades* 143: Había un cesto de mimbre, una ventana con los cristales empapelados, una cama de madera desarmada, un somier con los alambres retorcidos.

somita *m* (*Biol*) Segmento primitivo del tronco del embrión. | *SInf* 25.11.70, 11: A las tres semanas pueden observarse en la cabeza unos repliegues que delatan ya el comienzo del desarrollo del cerebro, y en el cuerpo, una serie de segmentos llamados somitas, que no son sino el principio de la columna vertebral y la musculatura.

sommelier (*fr; pronunc corriente*, /somelié/; *pl normal*, ~s) *m* Somelier. | Palomino *Torremolinos* 110: El sommelier les ofrece la carta de vinos.

somnífero -ra *adj* Que produce sueño. *Gralm n m, referido a medicamento. Tb* (*lit*) *fig*. | Laforet *Mujer* 268: Antonio saltó de la cama para buscar entre su equipaje un tubo de somnífero. DFernando *Cod* 3.5.64, 8: "Búsquele pareja" nos pareció espantoso. No solo desprovisto de interés, sino provisto de somnífera vulgaridad.

somnolencia *f* Pesadez y entorpecimiento motivados por el sueño. | *Ama casa 1972* 76: Su incubación [de las paperas] dura veintiún días y no aparece ningún síntoma especial. Luego sube la fiebre, el niño pierde el apetito y siente somnolencia.

somnoliento -ta *adj* Que tiene somnolencia. | * Estoy somnolienta. **b)** Propio de la pers. somnolienta. | CPuche *Paralelo* 319: El jefe era un tipo grueso, de color pálido intenso y rostro como somnoliento.

somontano -na *adj* **1** [Terreno o región] situados al pie de una montaña. *Frec n m*. | Ortega-Roig *País* 162: Al pie de los Pirineos se encuentra una comarca alta y llana que recibe el nombre de Somontano pirenaico .. Al Sur .., esta región .. al descender hacia la llanura forma también un somontano parecido al pirenaico. Moreno *Galería* 360: Ritmo y rango de viejas tradiciones con arbitrarias mezclas de costumbres del somontano del Duero hasta las tierras bajas de los encinares charros.
2 Del Somontano (comarca de Huesca). | CApicius *Voz* 12.2.88, 39: Figuran [entre los vinos rosados] un Navarra, como es lógico, pero también un Penedés, un somontano y un Valencia, dato este último que confirma el notable ascenso de los vinos de esta última zona.

somonte *m* Terreno situado en la falda de una montaña. *Tb* (*lit*) *fig*. | Cunqueiro *Crónicas* 179: Los demonios no quieren hacerse traje en los obradores de arriba, dicen los más que porque al tomárselas la medida no se les descubra el rabo, que es sabido llevan desde el somonte del culo, donde les nace, enrollado como cinto.

somorgujar *intr* (*lit*) Bucear (nadar bajo el agua). *Tb fig*. | Torrente *Isla* 35: ¡Es tan hermoso zambullirse en la alberca y bañarse allí ante ti! .. Somorgujo junto a ti y, al emerger, voy a tu lado y llevo prendido en los rizos un pececillo rojo. L. Calvo *Abc* 20.10.70, 28: En los años de Mauricio Duplessis, que gobernó con las armas del despotismo y la corrupción, los anhelos –aun los más legítimos– del separatismo se sepultaron, somorgujaron o invernaron, como los topos, debajo de tierra.

somorgujo *m* Somormujo. | A. M. Torres *País* 5.9.79, 23: Una bella joven que recoge en una playa un somorgujo manchado de petróleo.

somormujo *m* Se da este n a varias especies de aves acuáticas del gén *Podiceps*, que se zambullen para capturar sus presas; esp *P. cristatus* y *P. griseigena*, llamados tb ~ LAVANCO y ~ CUELLIRROJO, *respectivamente*. | Noval *Fauna* 110: Mucho más abundantes son los zampullines y somormujos .. Los más conocidos y abundantes son el Somormujo lavanco (*Podiceps cristatus*) y el Zampullín cuellirrojo (*Podiceps auritus*).

son **I** *m* **1** Sonido, esp. musical. | D. I. Salas *MHi* 7.69, 41: Hay una figurilla de pastor que tañe una flauta cuyos sones se escuchan al dar las horas.
2 Música (partitura o pieza musical). | Ridruejo *Memorias* 23: Hablaba [mi abuela] con un casticismo seguro .. y se sabía de memoria y con sus sones multitud de romances viejos. MGaite *Cuarto* 51: Estaba tocando boleros y otros sones de la época.
3 (*Taur*) Modo suave y templado de embestir el toro. *Frec en la constr* TENER BUEN ~. | C. Rojas *SInf* 3.8.70, 9: Será difícil que le salga un toro como el de ayer, con las condiciones tan extraordinarias que tenía el de Albayda, embistiendo con son, la cara abajo, sin buscar ni una vez las tablas ni esperar a embestir a favor de querencia.
II *loc v* (*col*) **4 bailar** [alguien] **al ~ que** [otro] **le toca.** Acomodar [alguien] su comportamiento a las circunstancias creadas [por otro]. | Delibes *Mundos* 34: La política .. debería bailar al son que toque la economía.
5 bailar [alguien] **a poco ~** (*o* **sin ~**). Necesitar poco (o ningún) motivo para actuar. | * –Se ha enfadado y no sé por qué. –Por cualquier cosa; lleva unos días que a poco son baila.
III *loc adv* **6 al ~** [de un instrumento]. Con [su] acompañamiento. | Cabezas *Madrid* 131: Allí se levantaban en principio unas chabolas en las que se refugiaban varios ciegos de los que imploraban la pública caridad, cantando romances al son de viejos violines, por las calles de la villa.
7 a qué ~, *o* **a ~ de qué.** (*col*) Por qué motivo. | * A son de qué voy a dejar de ir.
IV *loc prep* **8 en ~ de.** En actitud de. *Seguido de los ns* GUERRA, PAZ *u otro de sent equivalente*. | J. CAlberich *Mun* 23.5.70, 36: Franquearon la frontera jmer en son de guerra.

sonado -da *adj* **1** *part* → SONAR[1].
2 [Cosa] que llama la atención y da que hablar. | Clarasó *Tel* 15.11.70, 17: Con el desayuno, ponerse al corriente, periódico en mano, de todo lo más sonado ocurrido ayer. SSolís *Camino* 55: Lo bautizó el Ilustrísimo Señor Obispo .. Fue un bautizo realmente sonado. Cabezas *Abc* 9.4.67, 91: Dijo que estaba dispuesto a irse a la verbena de la Paloma (era el 15 de agosto), decidido a hacer una que fuera sonada.
3 Famoso o muy conocido. | DCañabate *Paseíllo* 30: Son los tres sitios más sonaos donde se juega al toro con navajas.
4 [Boxeador] que ha perdido facultades mentales a consecuencia de los golpes recibidos en los combates. | Palomino *Torremolinos* 91: Es un tipo alto, fornido, chato: el que elegiría un director de cine norteamericano para el papel de guardaespaldas o de boxeador sonado. **b)** (*col*) Atontado a causa de los golpes recibidos. | Olmo *English* 68: Luisa acude al lado de Bertucho, que, debido a los golpes recibidos, permanece en el suelo .. Basilio ha acudido también al lado de Bertucho, y ayudado por Luisa, termina metiendo a su sobrino, que va como "sonao", en la taberna. Berenguer *Mundo* 134: Al poco tiempo trincaron al Goro dentro del vedado y le dieron una soba de palos que estuvo a la muerte .. Cuando me enteré, subí a verlo y todavía estaba sonado. **c)** (*col*) Medio loco. | Goytisolo *Recuento* 50: Recitaba clasificaciones de Botánica. El Mallolet terminó por enviarle a hacer puñetas. A veces parece que estés sonado, le dijo.

sonador -ra (*raro*) **I** *adj* **1** Que suena [1]. | F. PMarqués *Hoy Extra* 12.69, 42: Aún hay .. el tintinar de las herrerías que laboran en los oscuros talleres que existen en las apartadas callejas y el lento y bucólico paso de los rebaños sonadores.
II *m* **2** Timbre (aparato para llamar). | Zunzunegui *Camino* 168: Tocó el timbre y nadie acudió a abrirla. Impaciente, presionó una y otra vez el sonador.

sonaja *f* **1** Par de chapas de metal que se colocan en algunos instrumentos musicales para hacerlas sonar cuando se agitan. | Sampedro *Sonrisa* 160: Una pequeña pandereta. Rojo el aro de madera, tirante el parche, relucientes como plata las sonajas.
2 (*hoy raro*) Instrumento músico constituido por un aro de madera en el que van insertas varias sonajas [1]. | J. Carabias *Ya* 24.12.74, 8: El público madrileño .. recorría las calles tocando zambombas, sonajas y panderos.

sonajeo *m (raro)* Sonido de sonajas. | Goytisolo *Recuento* 196: Desde el balcón, llegaba el seco sonajeo del follaje, los plátanos dorados sonando como a lluvia.

sonajero -ra I *adj* **1** *(raro)* Que suena [1]. | Halcón *Monólogo* 150: Es un reloj muy sonajero. Da los cuartos, las medias y las horas. Berlanga *Gaznápira* 63: Te pondrás zapatos de medio tacón con hebilla dorada, pulseras sonajeras, bolso de tafilete.
II *m* **2** Juguete para bebés, provisto de un mango y que suena cuando se mueve. | MSantos *Tiempo* 229: Ni siquiera el de las maracas, o como se llamen esos chismes parecidos a sonajeros, .. se atrevía a sonreír como parece que el instrumento lo pide.

sonámbulamente *adv* De manera sonámbula. | GNuño *Escultura* 85: Otra preciosa figura en piedra .. avanza un poco sonámbulamente, los ojos muy abiertos y el cáliz entre las manos, hasta el altar.

sonambúlicamente *adv* De manera sonambúlica. | J. León *Cua* 8.73, 55: Medio sonambúlicamente pienso que ya en España se han autorizado las asociaciones políticas; cuando me despierto compruebo que no, que solamente algunos sectores tienen vía libre.

sonambúlico -ca *adj* De(l) sonambulismo. | MSantos *Tiempo* 90: Intentaba mostrar a la coriácea Doña Luisa la profundidad de su estado sonambúlico.

sonambulismo *m* Estado de sonámbulo. | FReguera *Bienaventurados* 166: Se levantó con un aire acentuado de ausencia, de sonambulismo.

sonámbulo -la *adj* [Pers.] que durante el sueño, natural o hipnótico, realiza ciertos actos coordinados, esp. caminar o hablar. | Laforet *Mujer* 81: Iba y venía como una sonámbula por las habitaciones. **b)** Propio de la pers. sonámbula. | CBonald *Ágata* 208: Se abrazó a él usando de unas apreturas que podían resultar escabrosas (y que no eran sino el producto de un morbo sonámbulo).

sonancia *f* Cualidad de sonante. | J. Hermida *Ya* 17.2.90, 64: Lo digo como reconocimiento sincero de la fuerza, y la importancia, y la sonancia, y la resonancia del fútbol en nuestra sociedad. Alarcos *Fonología* 69: Estas dos correlaciones, de sonancia y de continuidad, son raras.

sonanta *f (reg)* Guitarra. | DCañabate *Paseíllo* 40: Cantiñeaba flamenco y pespunteaba la sonanta: no precisaba de más para triunfar en amoríos fáciles y en sonadas juergas.

sonante *adj* **1** Que suena, *esp* [1]. *Frec referido a moneda.* | Zunzunegui *Hijo* 17: Y presidiéndolo todo, en retaguardia, serio, como un general en jefe, el disco severo y sonante de un duro. L. Echeverría *SYa* 21.4.74, 11: Si estas [las naves] son bajas, la trasera del órgano estará discretamente disimulada. Pero si, como ocurre en Salamanca, la nave lateral es alta, aparece una segunda fachada, importante, con tubería cantante y sonante, sin olvidar la trompetería exterior. Hoyo *Bigotillo* 86: Nosotros, los ratones, en comparación, hablamos quedo, con palabras cortas y bien sonantes. **b) contante y ~** → CONTANTE.
2 *(Fon)* [Consonante] sonora que en su articulación presenta un grado de abertura próximo al de las vocales, y que por ello es capaz de funcionar en determinadas lenguas como centro de sílaba. *Tb n f.* | Academia *Esbozo* 18: Las nasales y laterales españolas se hallan en la frontera entre lo consonántico y lo vocálico. Con ellas suelen agruparse también las vibrantes .. A todos estos caracteres y al rasgo común de sonoridad .. alude el término de sonantes o sonánticos con que suelen designarse estos sonidos. Villar *Lenguas* 260: La vocalización de las sonantes parece haberse producido en dos oleadas sucesivas.

sonántico -ca *adj (Fon)* Sonante. | Academia *Esbozo* 18: A todos estos caracteres y al rasgo común de sonoridad, predominante en todas ellas [nasales, laterales y vibrantes], alude el término de sonantes o sonánticos con que suelen designarse estos sonidos.

sonar¹ I *v (conjug* **4)** **A** *intr* **1** Producir [algo] un sonido. *A veces con un compl* A. | Arce *Testamento* 110: Mis tripas sonaban quejosamente y de una manera grotesca en medio de aquel silencio. Gala *Strip-tease* 322: Se golpea la coronilla, que suena horriblemente a hueco. **b) lo que sea sonará** → SER¹.
2 Producirse [un sonido]. | J. Carabias *Ya* 6.3.76, 8: El oído se nos ha hecho perezoso y nos cuesta habituarnos a escuchar la voz humana al natural si suena a más de un metro de distancia. Torrente *Saga* 585: Hasta que en el Reloj del Universo sonara la hora del regreso.
3 Tener [una letra] valor fónico. | Delibes *Santos* 37: Esta letra es muda .., que no suena, vaya. **b)** Tener [una letra determinado valor fónico *(predicat o compl adv, esp* COMO)]. | Carnicer *Van* 3.4.75, 49: "Hierba" y "hiedra" se pueden escribir también "yerba" y "yedra". No se admite, por ahora, hacer lo propio (aunque de hecho la I suene como Y) con "hiel", "hielo", "hiena". Lapesa *HLengua* 62: Las vocales [*u* breve y *o* larga] sonaban lo mismo. * Las dos vocales suenan iguales.
4 Ser nombrado o mencionado a menudo [alguien o algo], esp. para un destino. | P. Urbano *Abc* 1.5.80, 5: José Luis Álvarez, un nombre que ha estado sonando toda la semana, emparejado a carteras tan distintas como Obras Públicas, Interior, Sanidad, Trabajo, Justicia. FReguera-March *Fin* 401: La discusión de todos ellos giró sobre la forma y lugar donde podrían celebrarse aquel año los Juegos Florales .. Sonaba mucho el monasterio de San Martín de Canigó.
5 Resultar conocida [a alguien una pers. o cosa] de manera imprecisa. | Laforet *Mujer* 314: ¿Nieves?... ¡Sí! ¡Me suena mucho!
6 Parecer [algo *(prop con* QUE) a alguien]. | DCañabate *Paseíllo* 146: No sé quién era, aunque me suena que fue un tío que debía bordar el órdago a l[a] grande.
7 Causar [determinado efecto *(compl adv, gralm* A, *o predicat)* algo, esp. que se dice o escribe]. | Paso *Isabel* 292: Suena a falso por los cuatro costados. AMillán *Día* 71: Unos tipos que yo he intentado que no suenen a teatro, que tengan vida propia. * Suena raro en ti. **b)** *Sin compl:* Causar buen efecto al oído. | Umbral *Ninfas* 30: Tanta soledad me inclina a abandonarme en el viento..., ¿Era aquello bueno o malo? Todavía hoy no lo sé. En todo caso, sonaba, a mí me había sonado.
B *tr* **8** Hacer que [algo] suene [1]. | Halcón *Manuela* 16: Echó al aire los brazos y comenzó a sonar las castañuelas. Cuevas *Finca* 88: Don Bartolomé .. sonó una peluconga de oro en el mármol del mostrador.
9 Limpiar [los mocos *(cd)* a alguien *(ci)*] haciendo que los expulse con una espiración brusca. | Laiglesia *Tachado* 193: Esos días os ponen mandiles limpios, os suenan los mocos. **b)** Limpiar [la nariz *(cd)* a alguien *(ci)*] haciendo que expulse los mocos con una espiración brusca. | Aparicio *César* 86: El Prelado tomó su pañuelo y se dispuso a sonar su nariz. **c)** Sonar los mocos [a alguien *(cd)*]. *Frec el cd es refl.* | Mascaró *Médico* 44: El examen visual de la boca y faringe, así como el pedir al paciente que se suene repetidas veces, descartan las demás posibilidades de origen de la sangre. Delibes *Hoja* 12: El viejo se limpió sin sonarse, plegó el pañuelo y lo guardó de nuevo.
II *loc adv* **10 como suena** (*o* **así como suena**, *o* **tal como suena**). *(col) Se usa para ratificar lo que se acaba de decir y que debe resultar sorprendente al interlocutor.* | L. F. Pintor *SYa* 2.5.74, 12: Y en medio de un lenguaje misterioso, la jerga radiopítica –como suena–. F. A. González *Ya* 7.9.75, 60: Me enteré el otro día de que, entre los objetos hallados de que informaba *Ya*, había un "bolso de señora con dentadura". Así, como suena. GPavón *Reinado* 249: Me podía haber roto una pierna. Así como suena.

sonar² *(tb* **sónar)** *m (Mar)* Aparato de detección submarina basado en la reflexión de las ondas sonoras o ultrasonoras. | *Inf* 23.9.76, 10: El remolcador "Shakori" va provisto de un sonar y de un ingenio especial de forma de torpedo. *País* 1.10.76, 6: El portavoz del Pentágono declaró que el remolcador USS Shakori utilizó los más perfectos equipos de sónar en una semana de búsqueda infructuosa en el mar del Norte.

sonarista *m (Mar)* Encargado del sonar². | Fe. Rueda *SYa* 11.1.87, 9: El Príncipe pasará por los principales puestos del buque: radiotelegrafista (transmisión de mensajes), .. sonaristas (manejo y uso del sonar y equipos relacionados con la detección submarina), electricidad.

sonata *f (Mús)* Composición musical para uno, dos o tres instrumentos, con tres o cuatro movimientos, de estruc-

sonatina – sonoboya

tura ternaria y con dos temas. | Casares *Música* 59: La Sonata suele ser para instrumentos solistas, y distinguimos en ella: Sonata a solo .. Sonata a dúo .. Sonata a trío.

sonatina *f* (*Mús*) Sonata breve y de fácil ejecución. | Marco *HMúsica* 270: Posteriormente compone [E. Halffter] "Sonatina", la "Rapsodia portuguesa" .. y el "Concierto para guitarra y orquesta".

sonatista *m y f* (*Mús*) Compositor de sonatas. | FCid *Ópera* 144: Haydn .., mucho más conocido por su fecunda labor sinfónica y de sonatista, escribió dos óperas.

sonda *f* Aparato que sirve para sondar. *Tb fig. A veces en aposición.* | Alós *Hogueras* 104: Junto a Archibald estaba la botella de cuello curvado que comunicaba con una sonda en la vejiga. Alcalde *Salud* 306: Si fatalmente se produce una estenosis, puede ser corregida fácilmente, mediante sondas dilatadoras, por un equipo especializado. Aldecoa *Gran Sol* 30: Simón Orozco se sentó en un banquillo, junto a la sonda eléctrica. Cotano *Ya* 15.4.64, 6: Se podrán lanzar satélites en su día, el "Veronique", que servirá de cohete sonda. CBonald *Dos días* 138: –¿Se aclaró algo más? .. –Lo que usted sabe, la misma cosa. –¿Tú te acercaste por Valdecañizo? –No, señor .. Como Serafín me mandó decir que se vendrían para acá cuando empezáramos... Ayer mismo eché una sonda. –Pero ¿no han respirado por ningún otro sitio?

sondador -ra *adj* (*raro*) Que sonda. *Tb n, referido a aparato.* | J. J. Plans *Ya* 3.12.72, 7: El monstruo del Loch Ness comenzó a contar con una popularidad que no ha ido disminuyendo .. Se ha logrado fotografiarlo y captarlo sobre la pantalla del sondador submarino de ultrasones.

sondaje *m* Acción de sondar. *Tb su efecto.* | Nicolau *Salud* 706: Le queda al enfermo la sensación de que no ha vaciado su vejiga completamente, pudiéndose comprobar, por sondaje, la presencia de orina residual. Aldecoa *Gran Sol* 46: Sudeste bueno o sudeste malo, según qué banco, qué sondaje, qué marcha, qué aparejo.

sondar *tr* **1** Introducir en el cuerpo [de alguien (*cd*)] por un conducto natural o accidental, un instrumento destinado a combatir estrecheces, eliminar obstáculos, introducir o extraer sustancias o realizar investigaciones. | *País* 16.3.92, 29: Un estudio asegura que 100.000 ancianos son sondados en España solo para que no mojen la ropa.
2 Sondear. | Guillén *Lenguaje* 31: Hay voces que no tolera el buen hablar marinero, .. como remar por *bogar*; mástil, para decir *palo*; áncora en vez de *ancla*; cuerda por *cabo*; *sondar* y no sondear, aunque existe la tendencia a admitir esa *e*, para mí antimarinera. * Están sondando estos terrenos en busca de uranio.

sondeador -ra *adj* (*raro*) Que sondea. *Tb n, referido a pers.* | J. Carabias *Ya* 5.11.74, 8: Según los incansables sondeadores de la opinión pública, las elecciones norteamericanas señaladas para la jornada del 5 de noviembre estarán bastante desanimadas.

sondear *tr* **1** Explorar de manera local y metódica [un medio o materia] con un aparato apropiado. | * Sondear la atmósfera. * Sondean estos terrenos en busca de petróleo.
2 Intentar conocer [algo, esp. la opinión, los sentimientos o las intenciones de alguien]. | *Mad* 27.4.70, 5: Los socialistas .. estarían sondeando las posibilidades de una alianza con los liberales. J. M. Moreiro *SAbc* 13.9.70, 46: El reportero hubiera querido sondear, uno a uno, el parecer de ese casi millón de habitantes. **b)** Intentar conocer la opinión, los sentimientos o las intenciones [de alguien (*cd*)]. | Lapesa *HLengua* 281: Lograron [los novelistas del siglo pasado] exactitud y fuerza pictórica en las descripciones, sondearon con profundidad el corazón humano y a veces dieron sencilla viveza al coloquio entre sus personajes. *Ya* 21.2.91, 19: Alfonso Armada .. negó, en declaraciones al diario *Segre*, haber sondeado al PSOE sobre la posibilidad de colocar a un militar al frente del gobierno durante un almuerzo mantenido en el domicilio del alcalde de Lérida.

sondeo *m* Acción de sondear. | Bustinza-Mascaró *Ciencias* 321: El sondeo constituye el método de exploración de la bolsada de petróleo. Miret *Tri* 26.12.70, 14: En la citada Encuesta hubo un sondeo de siete mil sacerdotes, de los veinte mil a quienes se preguntó.

sondiqués -sa *adj* De Sondica (Vizcaya). *Tb n, referido a pers.* | *CoE* 3.8.74, 8: El simpático y conocido equipo de fútbol femenino sondiqués se desplazará mañana .. a Oviedo .. El autobús saldrá de Sondica a las nueve de la mañana.

sondista *m y f* Pers. especializada en sondeos geológicos. | *Van* 4.11.62, 9: El Servicio Geológico, dependiente del Ministerio de Obras Públicas, convoca .. un concurso para la provisión de 15 plazas de mecánico sondista y 25 plazas de aprendices de sondista.

sonecillo *m* Son ligero y alegre. | Aparicio *Retratos* 109: Sus pulseras y colgantes, sus pendientes y collares vibraban y se entrechocaban con sonecillos de gallardete.

sonería *f* Mecanismo que hace sonar las horas en un reloj. *Tb el sonido que produce.* | SSolís *Jardín* 20: Lo del aperitivo fue diario, siempre a las doce en punto por el gran reloj de sonería del hall. *Abc* 30.12.65, 67: Regale un carillón .. Modelos de Laca China y de varias sonerías: Westminster, Whittington.

soneteo *m* (*raro*) Acción de componer sonetos. | B. Mostaza *Ya* 21.10.64, 20: No pocos de estos sonetos son de circunstancias. En otros, el poeta se nos da con toda su sinceridad de sentimientos. Pero en todos hay un elemento lúdico verbal y metafórico, como si Ory se deportase en el "soneteo".

sonetista *m y f* Autor de sonetos. | Lapesa *Santillana* 181: El Marqués no conocía bien los orígenes del soneto ..; sabía, en cambio, quiénes habían sido los principales sonetistas de Italia.

soneto *m* Composición poética de catorce versos, formada por dos cuartetos y dos tercetos. | DPlaja *Literatura* 169: El soneto y, en general, el verso endecasílabo habían sido usados en la Edad Media, principalmente por el Marqués de Santillana.

sónico -ca *adj* (*Fís*) De la barrera del sonido. | F. Merayo *Ya* 25.9.71, 11: Contrariamente a la opinión generalizada, el "bang sónico" no es contemporáneo del franqueamiento de la barrera del sonido, sino que se presenta durante toda la totalidad del trayecto supersónico.

sonidista *m y f* (*TV*) Técnico especializado en la toma de sonido. | *Ya* 16.6.83, 60: "Secuencias del mundo", de la mano de Ángel Marrero –reportero–, Pedro Horcajuelo –filmador– y Juan Antonio Fernández Marcote –sonidista–, recorre en su reportaje todo este ambiente.

sonido *m* **1** Sensación producida en el oído por las vibraciones de un cuerpo transmitidas a través de un medio elástico, esp. el aire. | J. M. Moreiro *Ya* 10.6.73, 23: Imitaba Eleuterio muy bien el sonido de algunos animales. **b)** (*Fís*) Agente físico que se manifiesta en forma de energía vibratoria y que es causa de la sensación auditiva mientras las vibraciones se mantienen dentro de ciertos límites. | Marcos-Martínez *Física* 57: El oído humano solamente puede percibir el sonido si el número de vibraciones varía desde 16 hasta 40.000 por segundo. **c)** (*Ling*) Unidad mínima de expresión perceptible por el oído. | Academia *Esbozo* 33: Una serie de sonidos que se hallan en distribución complementaria .. pertenecen a un mismo fonema.
2 Intensidad del sonido [1a y b]. | * Baja el sonido, por favor.
3 Conjunto de las cualidades acústicas [de algo]. *Referido a música moderna, frec en aposición con un n propio.* | *Hoy* 4.5.74, 20: El sonido en la sala sigue siendo malo..; se perciben, en cambio, con toda claridad y precisión en su interior todos los ruidos externos. *Abc* 10.5.80, 50: Hampton ha sabido ingeniárselas para no ingresar en el aburrido club de los venerables dinosaurios ..; el "sonido Hampton" es .. un afortunado modelo de irrespetuosidad para con las tradiciones y los cánones.

soniquete *m* Sonsonete. | Medio *Bibiana* 317: La cucaracha, la cucaracha... Dichosa cucaracha... Cuando a una se le mete un soniquete en la cabeza.

sonoboya *f* (*Mar*) Sonda que sirve para localizar submarinos en inmersión. | D. Vecino *SYa* 16.11.73, 19: Unos por radar, otros por sonoboyas, otros por minúsculas alteraciones del campo magnético causadas por la masa metálica del submarino, todos los medios contribuyen a lo más difícil de la tarea del avión antisubmarino: la detección del enemigo.

sonochada *f* (*lit, raro*) Principio de la noche. | FVidal *Duero* 163: Ya intuida la sonochada en la rojez del cielo, el vagabundo aparece como un fantasmón en el recodo que conforma el río Riaza.

sonometría *f* Estudio de los sonidos mediante el sonómetro. | *Ya* 23.12.91, 4: La influencia positiva de la vegetación en la sonometría se pondrá a prueba.

sonómetro *m* Instrumento que sirve para medir y comparar sonidos, esp. musicales. | *Inf* 7.2.77, 19: La Policía de Bruselas dispone ya de sonómetros muy seguros .. para controlar los índices admisibles de ruido.

sonoramente *adv* De manera sonora [2 y 3]. | SFerlosio *Jarama* 47: El carnicero se reía sonoramente.

sonoridad *f* **1** Cualidad de sonoro [2, 3, 4 y 5]. | CNavarro *Perros* 37: La risa adquirió sonoridad en la boca de Mario. Academia *Esbozo* 18: Gran parte de las articulaciones españolas descritas pueden ir acompañadas o no de sonoridad.
2 Calidad del sonido [de un instrumento]. | Valls *Música* 17: Distinguimos si un sonido es producido .. por la trompeta o por el violín y .. decimos que dichos instrumentos .. tienen distinta sonoridad, lo cual no es totalmente cierto, pues lo que realmente tienen distinto es el timbre.

sonorización *f* (*E*) Acción de sonorizar(se). *Tb su efecto*. | FCid *SAbc* 13.12.70, 59: Todo ello, como los recitados, llega hasta la enorme audiencia "sin mezcla de mal alguno": quiere decir sin micrófonos, altavoces, sonorizaciones, fidelidades... infieles, gangosidades electromecánicas. Lapesa *HLengua* 58: La sonorización no fue general en la Romania.

sonorizar *tr* **1** (*Cine*) Hacer sonora [una película]. | *Van* 20.12.70, 7: Solicite informes en cualquier Agencia Wagons Lits/Cook de España, así como la proyección de un filme sonorizado.
2 (*Acúst*) Dotar [a un lugar (*cd*)] de aparatos de reproducción y difusión de sonido. | * Aún está sin sonorizar la nueva sala.
3 (*Fon*) Hacer sonora [una consonante sorda]. *Tb abs*. | Lapesa *HLengua* 106: Muchos préstamos viejos sonorizaron sus oclusivas sordas. Lapesa *HLengua* 62: El italiano sonoriza en algunas ocasiones, pero en la mayoría no. **b)** *pr* Hacerse sonora [una consonante sorda]. | Lapesa *HLengua* 29: En algunos valles de la misma región (Fanlo y Sercué) se sonorizan las oclusivas que siguen a nasal o líquida.

sonoro -ra *adj* **1** De(l) sonido [1a y b]. | Valls *Música* 11: Se dedican unos apartados a estudiar el personal comportamiento de nuestro país en relación con determinados aspectos del fenómeno sonoro.
2 Que suena [1]. | PLozano *Ya* 24.5.70, sn: Empezaron a escuchar la voz de Dios ahogada en los entresijos y ahora claramente sonora. Torrente *Isla* 25: El bosque alemán de que te hablo, selva más bien, no era de los sonoros, sino de los silentes. **b)** [Cine o película] que se realiza con registro de diálogos y demás sonidos. *Tb n m, referido a sistema*. | Marcos-Martínez *Física* 170: En el cine sonoro, a la percepción de las imágenes acompaña la de los sonidos. J. L. Torres *SInf* 25.11.70, 12: Las telecassettes, videocassettes, cinecassettes, representan un avance mucho más importante que el sonoro, o el color, o los superpanoramas.
3 Que resulta agradable al oído. | J. MNicolás *SYa* 13.7.75, 11: De sus rentas vivieron siempre unos hombres lejanos de nombres sonoros. FReguera-March *Semana* 162: Eran frases acabadas, sonoras.
4 [Lugar] adecuado para que en él se perciban bien los sonidos. | * Bóveda sonora.
5 (*Fon*) [Sonido] que se articula con vibración de las cuerdas vocales. | Academia *Esbozo* 20: [b], bilabial oclusiva sonora. **b)** Propio del sonido sonoro. | Lapesa *HLengua* 29: En vasco, el carácter sordo o sonoro de una oclusiva depende de los sonidos vecinos.

sonoroso -sa *adj* (*lit*) Sonoro [2 y 3]. | Escobar *Itinerarios* 166: Da la sensación de que si lo golpeamos con algo va a vibrar sonoroso, lo mismo que una copa de cristal. Cela *Judíos* 277: Fue poeta de mucha estima, que cantó en romance sonoroso la historia y la geografía de su pueblo.

sonotone (*n comercial registrado*) *m* (*col*) Audífono. | SSilva *Ya* 2.8.70, 13: La hormiga Mufra, la amiga de Ladis y eterna compañera, tiene dificultades para oír, y el pequeño intenta subsanar el defecto de la sordera con un sonotone.

sonreidor -ra *adj* (*raro*) Sonriente. | Cela *Viaje andaluz* 138: Las mil adivinadas flores de los balcones artesanos –el clavel, el nardo, la albahaca–, todo revueltamente ordenado y puntual, sonreidor y propicio.

sonreír (*conjug* 57) *intr* **1** Reír levemente y sin ruido. *Tb pr*. | Arce *Testamento* 18: El Bayona miró a Enzo y sonrieron los dos. Lera *Boda* 641: Juramentos se sonrió, satisfecho.
2 Mostrarse [algo] favorable [a alguien]. | E. Pastor *Ya* 13.1.76, 5: El éxito ha sonreído a aquellos que han sabido encarnar con más vivacidad sus más recónditas aspiraciones.

sonriente *adj* Que sonríe. | Laforet *Mujer* 296: Vivía aislada como siempre, algo más sonriente que el año anterior. * Tiene ante sus ojos un porvenir sonriente. **b)** Propio de la pers. sonriente. | * Su aspecto era distendido y sonriente.

sonrientemente *adv* De manera sonriente. | L. Contreras *Inf* 2.1.75, 1: Un Arias Navarro con aspecto distendido y feliz, luciendo un "chandal" y mirando sonrientemente a la cámara, ocupaba hoy un tercio de página en la portada del diario "Sol de España".

sonrisa *f* Acción de sonreír. | Medio *Bibiana* 13: Bibiana Prats esboza una sonrisa de satisfacción.

sonrisueño -ña *adj* (*lit, raro*) Sonriente. | Cela *Viaje andaluz* 204: Alcolea .. le pareció chiquita y sonrisueña.

sonrojante *adj* Que sonroja. | D. Tomás *Hoy* 9.4.75, 9: De mis juveniles tiempos, .. casi como un pecado sonrojante, conservo una obra teatral que jamás permitiremos ni la censura ni yo que se represente.

sonrojar *tr* Hacer que [alguien (*cd*)] se ponga colorado, esp. de vergüenza. | * Una cosa como esa sonroja a cualquiera. **b)** *pr* Ponerse colorado, esp. de vergüenza. | Laforet *Mujer* 21: Rita se sonrojó inesperadamente.

sonrojo *m* Acción de sonrojar(se). *Tb su efecto*. | Delibes *Hoja* 76: –¿Una amiga tuya se llama con ese nombre?– Se acentuó el sonrojo de la chica: –Es un mote, ¿sabe? **b)** Vergüenza (sentimiento). | CBaroja *Inquisidor* 10: Aquellas biografías .. satisfacían púdicamente el deseo de leer folletines en personas .. que, en tiempo anterior, no hubieran sentido sonrojo en leer a Dumas .., pero que entonces sí se avergonzaban.

sonrosado -da *adj* **1** *part* → SONROSAR.
2 [Color] que tira a rosa. Gralm referido al del rostro, denotando buena salud. | * El color sonrosado de sus mejillas denotaba su perfecta salud. **b)** Que tiene color sonrosado. | GPavón *Hermanas* 38: Eran pelirrojas y muy sonrosadillas. Arce *Testamento* 16: Enzo tenía un pecho sonrosado, como el de un muchacho.

sonrosar *tr* (*lit*) Dar [a algo (*cd*)] color que tira a rosa. | FVidal *Duero* 136: Aviva el paso para entrar en el pueblo con la claridad de la tardor que sonrosa piedras, pavimentos y esquinazos de calle.

sonsacar *tr* **1** Conseguir con habilidad [algo, esp. información (*cd*), de alguien (*ci*)]. | CBonald *Dos días* 249: Usted lo que tiene que hacer es sonsacarle a su don Gabriel lo que estaría dispuesto a soltar por la operación.
2 Conseguir información [de alguien (*cd*)] con habilidad. | Palomino *Torremolinos* 169: El padre Jalmés quisiera quedarse y se hace el remolón con su copa de jerez en la mano, intentando sonsacar al duque de Villacarcanza, que es su amigo.

sonsera *f* (*reg*) Cualidad de sonso. | ZVicente *Mesa* 119: Debíamos parecer un grupo alegórico de aquellos que hacíamos en el colegio, con las jesuitinas, ¿te acuerdas? .. *El rapto de las sabinas*, sí, eso es, solo chicas y vestidas, sonsera de las monjanas.

sonso -sa *adj* (*reg*) Tonto o zonzo. | Medio *Bibiana* 87: Anda, que ya eres sonso... No quieres decirme qué es el regalo.

sonsonete *m* Sonido reiterado y monótono. | C. L. Álvarez *ByN* 31.12.66, 122: La musicalidad externa es son,

sonsoniche – sopaipa

sonsonete. **b)** Cantinela. | Cuevas *Finca* 98: Volvía a decirle como un sonsonete: –Gregorio, tú no te das cuenta de que nuestro hijo está casado con una señorita.

sonsoniche *interj* (*raro*) Se usa para pedir silencio. | DCañabate *Paseíllo* 89: Que pase de mano en mano la bota, y sonsoniche, que ha sonao el clarín.

soñación. ni por ~. *loc adv* (*col*) De ninguna manera. | SFerlosio *Jarama* 27: Ah, no la pienso beber. Ni por soñación.

soñador -ra *adj* [Pers.] que sueña o a quien le gusta soñar [2]. | Laiglesia *Ombligos* 117: El agregado aeronáutico era un comandante soñador. **b)** Propio de la pers. soñadora. | Marsé *Tardes* 131: Se quedó mirando el mar con ojos soñadores.

soñadoramente *adv* De manera soñadora. | SSolís *Camino* 46: Con las manos cruzadas sobre la barriga y los grandes ojos negros soñadoramente entrecerrados, contemplaba las rubias vacas que rumiaban pacíficas.

soñante *adj* (*lit, raro*) Que sueña. | Espinosa *Escuela* 628: Los edificios emergían soñantes, la piedra dormía eternal, los pájaros trinaban.

soñar (*conjug* 4) **A** *intr* **1** Tener [alguien] mientras duerme la actividad psíquica consistente en la percepción o vivencia de escenas o sucesos no reales. *Frec con un compl* CON, *raro* EN*, que expresa la pers o cosa con que se relacionan tales escenas o sucesos.* | ZVicente *Traque* 263: Yo suelo tener pesadillas, pesadillas o lo que sea .. Porque, por ejemplo, usted mismo alguna vez sueña, ¿no? ZVicente *Traque* 264: Yo soñé durante seis jueves seguidos con Paulita, Inesita y Lupita .., y, ya ve, estábamos en una playa, en el Pacífico. Buero *Diálogo* 88: Cuando me has despertado yo soñaba con que tú, ahí dentro, cantabas el coro de las hilanderas.
2 Imaginar como posibles o reales cosas que no lo son. *A veces con un compl* CON*. Tb* ~ DESPIERTO. | RIriarte *Muchacha* 353: Paloma sueña y sueña. Es una terrible sentimental. GPavón *Reinado* 132: –Sí, señor, está buena, y además se tima la jodía .. –Tú sueñas, muchacho.
3 Desear vivamente [algo o a alguien (*compl* CON *o, raro,* EN)]. | Vesga-Fernández *Jesucristo* 15: Solo una parte del pueblo bien conservado soñaba con la venida del Mesías. CPuche *Paralelo* 240: Burgueses a medio camino, .. gente que soñaba en la moto o en el Seat.
B *tr* **4** Soñar [1, 2 y 3] [con alguien o algo (*cd*)]. | Zunzunegui *Camino* 490: Al fin, a la madrugada, consiguió pegar ojo... Se soñó en su tierra heladora de Burgos cuando su madre le venía a despertar en las madrugadas para ir al campo a trabajar. Peña-Useros *Mesías* 60: El panadero soñó que llevaba en su cabeza tres canastillas llenas de pan. GPavón *Hermanas* 19: Cada día solía soñarse un caso penosísimo que descubrir. *Rue* 22.12.70, 12: El toro bravo que sueñan los toristas –y no tanto los toreros–. **b) ni lo sueñes,** *o* **ni ~lo.** (*col*) *Fórmula que se usa como negación enfática.* | DCañabate *Paseíllo* 27: ¿Tú te crees que los estudios se pueden dar al hijo de un jornalero? Ni que lo sueñes. Son muy carísimos.

soñarra *f* (*reg*) Sueño muy fuerte o muy pesado. | GPavón *Reinado* 175: Nunca a las cinco de la mañana. Por eso tengo esta soñarra.

soñarrera *f* (*col*) Sueño muy fuerte o muy pesado. | Aldecoa *Cuentos* 1, 80: Él prepara el bocadillo de la alta noche, la botella de ponche del invierno, el termo de café para la soñarrera. CPuche *Sabor* 43: La soñarrera, que es como un anticipo de la muerte.

soñera *f* (*col*) Sueño (gana de dormir). | FRoces *Hucha* 1, 37: Las velas están sin lumbre y las viejas dormitan en las sillas. Los hombres que aún siguen en la casa luchan con la soñera, entre el tufo de las puntas que arrojaron al solado.

soñoliento -ta *adj* **1** Somnoliento. | Aldecoa *Gran Sol* 158: Domingo Ventura estaba de pie con una inseguridad de soñoliento, con un balanceo de mareado. FReguera *Bienaventurados* 107: Teresa entreabrió los ojos. El despertador marcaba las diez menos veinte. Le dirigió una mirada turbia, soñolienta.
2 Que causa sueño. | Hoyo *ROc* 8/9.76, 90: Las últimas esquilas, su soñoliento son, se alejaban.

sopa I *f* **1** Plato compuesto de caldo y pasta, rebanadas de pan, arroz, verdura u otros ingredientes hervidos en él. *Gralm con un compl especificador.* | Escobar *Itinerarios* 16: La sopa [del cocido] ha de ser de pan, colada al amor de la lumbre –mejor que de arroz o de fideos–. *Cocina* 282: Sopa de verduras. *Cocina* 311: Sopa de almejas.
2 Pasta para sopa [1]. | * ¿Qué sopa pongo, estrellitas o fideos?
3 Rebanada fina de pan para echar en caldo, leche o vino. | Vega *Cocina* 116: El pan, esponjoso, no del día, sino por lo menos de la víspera. Se cortan sopas gorditas. **b)** *En pl*: Plato constituido por rebanadas de pan y el líquido que las empapa. *Gralm con un compl especificador.* | Escobar *Itinerarios* 59: Las sopas de ajo, con sus tropezones y sus huevos escalfados, ganan en poderío al café con leche y al chocolate. Escobar *Itinerarios* 60: En Madrigal de las Altas Torres metimos la cuchara más de una vez en la cazuela de sopas que nos preparaba en su taberna la mujer de un tal Deme.
4 Trozo de pan, bollo u otro alimento semejante que se moja en un líquido. | Torrente *Vuelta* 344: Mojaba, con la mano libre, un pedazo de bollo en el café. La mano temblorosa no atinaba. Naufragó la sopa, y ella buscó la cucharilla para recogerla. **b)** (*col*) *Frec se usa en constrs de sent comparativo* (HECHO UNA ~*, o* COMO UNA ~), *para ponderar el hecho de estar completamente empapado de agua*. | Delibes *Guerras* 38: En estas se soltó el calzo y no pararon hasta el río. ¡Allí les vería! ¡Como sopas, oiga! MGaite *Nubosidad* 145: Encima de la frase .. se me ha caído una lágrima, y enseguida otra, y ya he apartado la carta .. para no dejarla hecha una sopa.
5 (*hist*) Comida que se reparte a los pobres en los conventos. *Tb* ~ BOBA. | Mercader-DOrtiz *HEspaña* 4, 103: Además de la tradicional sopa de los conventos, donde se reunían el inválido, el hampón, la viuda pobre y el hidalgo de gotera, muchos prelados distribuían sumas verdaderamente enormes. Mercader-DOrtiz *HEspaña* 4, 129: De aquí el hundimiento en la rutina y la subalimentación, únicas defensas de aquellos hombres [los obreros agrícolas], a no ser la huida hacia la ciudad, mendigos sempiternos de sopas bobas o peonajes de los más bajos menesteres.
6 ~ de letras. Pasatiempo que consiste en descubrir una serie de palabras uniendo horizontal, vertical o diagonalmente las letras que las componen y que están alineadas en aparente desorden con otras muchas. | *País* 6.11.77, 2: Crucigramas. Dameros. Jeroglíficos. Mesa de relojero. Problemas de lógica. Sopas de letras.
7 (*col, raro*) Borrachera. | MGaite *Retahílas* 62: Me volví a buscar a la niña esa .. y ya tomé las uvas con ella y nos cogimos una sopa fenomenal.
II *loc v* (*col*) **8 comer la ~ boba,** *o* **andar a la ~ (boba).** Vivir a expensas de otro. | ZVicente *Balcón* 24: Estas harpías .. no han hecho otra cosa que comer la sopa boba. Delibes *Emigrante* 43: Tino, desde que tengo uso de razón, es un gilí que siempre anduvo a la sopa.
9 dar [una pers. o cosa] **~s con honda** [a otra]**.** Ser muy superior [a ella]. | DCañabate *Paseíllo* 146: Me suena que fue un tío que debía bordar el órdago a l[a] grande, mejorando a los presentes, que sois todos unos chambones chapuceros, y quitándome a mí, que os doy sopas con honda en los envites. DCañabate *Andanzas* 11: El pregón madrileño de la Prensa le daba sopas con honda a todos los de por ahí fuera.
10 estar [alguien] **para sopitas (y buen vino).** Estar decrépito. *Frec con intención ponderativa.* | Paso *Cosas* 291: A mi edad es ridículo. Mi hijo tiene razón. Yo estoy ya para sopitas y buen vino. Berlanga *Gaznápira* 70: El Tonis, con sus cincuenta a cuestas, está para sopitas.
11 poderse comer ~s [en un sitio]. Estar [el sitio] sumamente limpio. | Lera *Clarines* 345: ¡En mi casa se pueden comer sopas en cualquier rincón, hijo! ¡Sopas! ¿Me entiendes?
III *loc adv* **12 hasta en la ~.** (*col*) En todas partes. *Con vs como* ESTAR *o* TENER*, para comentar la excesiva presencia de alguien o algo.* | * Tenemos niño hasta en la sopa. ¡Qué pesadez!

sopaipa *f* (*reg*) Dulce de masa frita y con miel, en forma de hojuela gruesa. | GCaballero *Cabra* 19: "Este vino de la tierra es el mejor del mundo" .. Vino para el "sibaritismo"

sopapear *tr* (*col*) Dar sopapos [1] [a alguien (*cd*)]. *Tb fig.* | Medio *Bibiana* 290: Parece que unos nacen para divertirse y otros para aguantar a los que se divierten. Y se creen con derecho a sopapearnos.

sopapeo *m* (*col*) Acción de sopapear. *Tb fig.* | Sopeña *Abc* 9.12.64, 94: Las disonancias, los golpecitos, los sopapeos a la tapa del piano .. no son garantías de modernidad.

sopapo *m* **1** (*col*) Golpe dado en la cara, esp. con el dorso de la mano. | Miguel *Mad* 22.12.69, 13: Niño, si no te estás quieto te pego un sopapo. Torrente *Pascua* 428: Me metí en la pelea a sabiendas de que perdería, solo por solidaridad con Juan en la derrota .. Sopapo más, sopapo menos, Juan estaba vencido antes de empezar.
2 (*Taur*) Estocada. | DCañabate *Abc* 19.8.70, 49: Cortés mata mal, de media estocada, y le conceden una oreja. Otra hubiera cortado Márquez en el quinto si llega a matarlo de su sopapo acostumbrado.

sopazas *m y f* (*col*) Pers. boba. | G. Bartolomé *Ya* 27.3.89, 6: Tanto riau-riau paletísimo y tanto sopazas que suelta palabras como flatos del inglés, se está ganando una llamada al orden.

sopear A *tr* **1** Hacer sopas [4] [con algo (*cd*), esp. pan o bollo]. | Torrente *Off-side* 381: Sopea las tostadas, las saca chorreantes, la muerde con visible satisfacción.
B *intr* **2** Hacer sopas [4] [con algo, esp. pan o bollo]. | Torrente *Saga* 92: Tomaba el té a las cinco como los ingleses sin que hubiera manera de conseguir que sopeara con los bollos, las magdalenas y los picatostes.

sopeña *f* Concavidad que forma una peña por su parte inferior. | Cela *Pirineo* 82: El viajero piensa que no merece demasiado la pena perderse entre riscos yermos y sopeñas fragosas, que para eso ya están los excursionistas.

sopero -ra I *adj* **1** [Plato o cucharada] de (la) sopa [1]. | DCañabate *Abc* 16.2.75, 43: De postre tráeme un plato sopero de arroz con leche. *Coc* 12.66, 28: 3 cucharadas soperas de confites.
2 (*col*) [Pers.] aficionada a la sopa [1]. | * En casa somos muy soperos.
II *f* **3** Vasija honda, gralm. con tapa y asas, para servir a la mesa sopa [1] u otro guiso con caldo. | Bernard *Salsas* 54: Se separan las claras de las yemas. Estas se ponen en la sopera.

sopesar *tr* **1** Levantar [algo] en vilo para tantear su peso. | Aldecoa *Gran Sol* 50: Cogiéndolo por la cola Manuel Espina lo sopesó. –Hará siete quilos.
2 Estudiar atentamente [algo] teniendo en cuenta sus pros y sus contras. | N. Carrasco *MHi* 7.69, 23: Llegados a este punto, el "jefe de medios" .. elige (sopesando recomendaciones o simples datos anatómicos "sin acepción de persona") una figura. **b)** Estudiar atentamente [los pros y contras de algo]. | * Es preciso sopesar los pros y los contras de tal decisión.

sopeta *f* (*reg*) Pedazo de pan mojado en vino. | Berlanga *Recuentos* 20: Decía que el vino le daba arcadas, aunque se hartaba de sopetas.

sopetón[1] **I** *m* **1** (*raro*) Cosa que se produce de manera brusca y repentina. | Pombo *Héroe* 191: Los grifos rotos .. que o bien goteaban incesantes o bien gargajeaban sopetones de agua pimentón. FReguera *Bienaventurados* 11: Cuando Juana consiguió digerir el inesperado sopetón de la solicitud de matrimonio, casi se volvió loca de alegría.
II *loc adv* **2 de ~.** (*col*) De golpe o de improviso. | CPuche *Paralelo* 211: –¿A ti te gusta Olimpia? –le preguntó de sopetón. –¿Olimpia?

sopetón[2] *m* (*reg*) Pan tostado que se moja en aceite. | C. Zeda *Ya* 3.11.74, 8: Asistía al bullicio del vareo de la oliva .. Cuántos recuerdos infantiles de Los Infiernos, del sopetón, de la molienda y de aquella prensa rechinante.

sopicaldo *m* (*desp o humorist*) Sopa [1]. | *Cod* 3.5.64, 4: Son decenas de miles de millares las amas de casa que compran un sopicaldo.

sopista *m* (*hist*) Estudiante sin más recursos que la caridad. | DPlaja *Sociedad* 32: Los sopistas comen la sopa a la puerta de los conventos.

sopitipando *m* (*col*) Indisposición repentina, esp. desmayo. | CBonald *Ágata* 215: Cayó en un sopitipando que empezó con trazas de ficticio y acabó ciertamente en las inmediaciones de la lipotimia.

soplado[1] **-da** *adj* **1** *part* → SOPLAR.
2 (*col*) [Pers.] bebida o borracha. | Goytisolo *Recuento* 555: También Federico estaba bastante soplado .. Como era habitual cuando bebía, su conversación giraba, recurrente, en torno a la política.
3 (*col, raro*) [Pers.] que se da importancia. | * Es un tipo muy soplado.

soplado[2] *m* Acción de soplar [5 y 6]. | Pericot-Maluquer *Humanidad* 71: Incluso, como en el caso de las siluetas de dedos, se empleó el sistema del soplado de color por medio de una caña.

soplador -ra I *adj* **1** Que sopla, *esp* [1b, 5 y 6]. *Tb n*, referido a pers y a máquina o aparato. | Marcos-Martínez *Física* 289: La pasta fundida, viscosa y clara, se vierte en moldes y se sopla mediante máquinas sopladoras .. Así se obtienen las botellas, vasos, .. etc. *Ya* 5.1.72, 18: Necesitamos sopladores de vidrio para ampollas de mercurio. *SInf* 4.7.70, 18: Molinos de carbón pulverizado .. Calentadores de aire. Sopladores de hollín. Humberto *Sáb* 17.5.75, 66: Para los "chuleteros", "copiadores", "sopladores" y demás protagonistas de la picaresca, tiene el "Boletín Oficial del Estado" reservadas algunas prescripciones.
II *m* **2** (*reg*) Soplillo (utensilio para avivar el fuego). | CBonald *Dos días* 128: Herminita se volvió para la cocina y echaba otra vez aire encima de la leña con el soplador de chapa.

soplagaitas *m y f* (*col*) Pers. imbécil. *Frec usado como insulto. Tb adj.* | CPuche *Paralelo* 167: ¿Quién puede ser él, más que él, el mierdero de Ike, el soplagaitas de Ike? Oliver *Relatos* 66: La vimos aparecer con su amiguita, que, joder, eso sí es un cuerpo, aunque la tía sea una sosa y una soplagaitas de la leche.

soplamocos *m* (*col*) Golpe dado en la cara con el dorso de la mano, esp. en las narices. | DCañabate *Paseíllo* 14: Tú, a la capa y a la muleta, y si te vas al cuerpo, te suelto un soplamocos que te dejo sentado, sin cuernos y sin narices.

soplante *adj* (*E*) Que sopla [1b, 5 y 6]. *Frec n*, referido a máquina o aparato. | GTelefónica *N.* 31: Instalaciones de aire de alta y baja presión. Compresores. Aireadores y soplantes.

soplapitos *m y f* (*col, raro*) Pers. imbécil. *Tb adj.* | Sastre *Taberna* 127: –Caradura, chusquero. –Mal padre, soplapitos.

soplapollas *m y f* (*col*) Pers. imbécil. *Frec usado como insulto. Tb adj.* | Torbado *En el día* 137: ¿No ve usted que los que quieren gobernar son los partidos? Me toman por un soplapollas y ni Dios me hace caso. Oliver *Relatos* 62: Lo siento, más que por mí, por mi colega, que se chupó un cabreo innecesario por la otra soplapollas, que era mucho peor que esta.

soplapollez *f* (*col*) Hecho o dicho propio de un soplapollas. | Cela *SCamilo* 29: A Guillermo Zabalegui le llaman Willy en su casa, pero él no quiere que se sepa porque se da cuenta de que es una soplapollez.

soplar I *v* **A** *intr* **1** Despedir aire con fuerza por la boca, estrechando la abertura de los labios. | Arce *Testamento* 31: Sopló sobre la tinta aún fresca y dobló el pliego en cuatro. **b)** Despedir [algo] con fuerza aire u otro gas. | Matute *Memoria* 125: Todas las cañerías empezaron a gemir, a soplar, como si barbotearan maldiciones.
2 Producir aire [con un instrumento adecuado, esp. un fuelle o un soplillo]. | * Me encanta soplar con el fuelle.
3 Existir [viento]. *Tb fig, referido a suerte o fortuna.* | Zubía *Geografía* 51: Las brisas soplan en las costas y en las montañas. Cuevas *Finca* 55: Cuando soplaron un par de años buenos.
4 (*col*) Tomar bebidas alcohólicas en cantidad. | SFerlosio *Jarama* 34: –Tiene ese humor, ya lo conoces. Tan pronto es el que mete más escándalo, como igual se te queda de un aire. –Pues se ha puesto a soplar que da gusto. –Déjalo que se anime.

B *tr* **5** Hinchar [algo, esp. cristal] soplando [1 y 2], o insuflar aire [en algo (*cd*)]. | FSantos *Catedrales* 51: Aquellos mismos balcones se encendían, cuando al caer la noche se iluminaban con multitud de lámparas y arañas de cristal fundido, soplado, tallado expresamente para aquellos salones. *BOM* 19.6.76, 9: Una máquina de soplar plástico, marca "Safimo" de 10 HP., de cinco litros de capacidad.
6 Soplar [1 y 2] [sobre algo (*cd*)]. | ZVicente *Traque* 255: En el infierno .. le condenarán a contar ininterrumpidamente sus ganancias, y quizá a mí me destinen a soplarle el montón de billetes cuando los tenga ordenados para que tenga que volver a contarlos. Landero *Juegos* 142: Gregorio puso en orden los útiles de trabajo, sopló la lamparilla de alcohol, salió al sendero y traspuso la verja del jardín. **b)** Apartar [algo] soplando [1 y 2]. | * Sopla el polvo de ese libro antes de llevárselo. **c)** Poner o introducir [algo] soplando [1 y 2]. | * El color se sopla por medio de una caña.
7 (*raro*) Producir [algo] soplando [1]. | Cela *Judíos* 309: El vagabundo siente afición a los gitanos del camino, .. y al afilador vagabundo que sopla aires paganos en su caramillo. GPavón *Hermanas* 13: Plinio .. saludó con un "buenos días" casi yodando.
8 (*col*) Decir disimuladamente [a alguien algo que precisa decir y no recuerda o ignora]. *Tb abs. Gralm en lenguaje estudiantil o teatral.* | L. Apostua *Ya* 29.5.75, 15: "Se prohíbe soplar y copiar." Me imagino a los amigos que se reunieron en torno al profesor Tierno .. como a unos díscolos alumnos de bachiller a quienes se somete a un examen. J. MArtajo *Ya* 8.6.80, 7: El programa por él expuesto en la conferencia dada en aquella capital el primero de mayo de 1946 podría haber servido de libreto a un apuntador para "soplar" a Felipe lo que ahora habría de decir.
9 (*col*) Comunicar [algo a alguien] como delación. *Tb fig. Tb abs.* | Cunqueiro *Un hombre* 150: Al marido le soplaban que la mujer lo coronaba, pero él no lo creía. Montero *Reina* 23: Este es un julai .. Un soplón. Consigue el caballo soplando a los maderos.
10 (*col, humoríst*) Dejar [a alguien] sin [algo (*cd*)], quitándo[selo] o ganándo[selo]. | Torrente *Vuelta* 435: Tú pudiste haberme birlado una mujer .. Soplármela en algo así como imponerte a mí mismo. Cela *Judíos* 171: ¿Quiere usted que le dé las vueltas de lo que le soplé a la perejila?
11 (*col*) Poseer sexualmente [a alguien]. *Con compl de interés.* | Cela *Inf* 25.3.77, 16: Las ocupaciones del hombre espejo de caballeros son bien otras: hacer la guerra, soplarse doncellas, prestar a usura, batirse a espada.
II *interj* **12 sopla.** (*col*) Expresa admiración. | RIriarte *Carrusell* 304: –¡Lolín! Me voy a casar… –¿Cómo? .. –¡Sopla!

soplete *m* Instrumento con el que se obtiene una llama muy caliente que puede ser proyectada contra un cuerpo para calentarlo o para fundirlo. | Laforet *Mujer* 153: El ruidillo del soplete de gas. Ahora estaba Martín manejando el soplete.

soplido *m* Acción de soplar [1]. *Tb su efecto.* | Laiglesia *Ombligos* 103: Se apagan [las cerillas] al primer soplido.

soplillo I *m* **1** Utensilio, gralm. de esparto, circular y con mango, que se emplea para avivar el fuego. | F. A. González *Ya* 8.12.79, 52: El recuerdo de mi pobre abuela, dándole que le das al soplillo para encender el brasero de carbón de encina, me enternece. **b)** *Frec se emplea en frases de sent comparativo para ponderar la condición de grandes y salientes de las orejas.* | * Vaya par de soplillos. * Tiene orejas de soplillo. SRobles *Van* 30.3.74, 17: Don Francisco Chinchilla .. era seco y asarmentado de cuerpo, .. frío y rencoroso de ojos, ralo de cabello cano, soplillo de orejas, rajado de boca.
2 (*reg*) Alfiler que se clava soplando por un tubo. | En. Romero *Hoy* 19.8.75, 11: Desde los balcones se lanzaban "soplillos" de colores (pequeños cucuruchos de papel con un alfiler en la punta sujeto por cera derretida, muy típicos en los "sanjuanes" de Coria) .. Aquí y allá, cada vez que el astado se ponía al alcance, recibía una banderilla, una pica despiadada. I. Aizpún *Ya* 25.6.87, 16: Se suelta el toro en los corrales .. El animal recibe algún que otro golpe y los conocidos *soplillos*, una especie de alfileres que se le clavan encima soplando por unos pequeños tubos.
3 (*reg*) Diente de león (planta). | Santamaría *Paisajes* 28: Taraxacum officinale, diente de león o soplillo, cuyas semillas están provistas de frágiles pelitos que facilitan su dispersión por la acción del viento.

4 (*hist*) Tela de seda muy ligera. *Gralm en la constr* MANTO DE ~. | DPlaja *Sociedad* 69: Por encima, un manto amplio y negro de humo de soplillo.
II *loc adj* **5 de ~.** (*hist*) [Moneda] de cobre, de poco valor, usada durante los reinados de Felipe IV y Carlos II. | N. Luján *Sáb* 8.1.77, 3: Se convirtió nuestra peseta .. en lo que se llamaba en el siglo XVII la moneda de soplillo .. Así estamos hoy, con una moneda de soplillo, que es nuestro dinero que va perdiendo su valor año tras año sin que nada pueda apercibirse para evitarlo.

soplo *m* **1** Acción de soplar [1, 2, 3, esp. 1a]. | Gala *Anillos* 459: Va hacia la lamparilla, la apaga de un soplo.
2 (*col*) Cantidad muy pequeña [de algo]. | Arce *Testamento* 15: No corría ni un soplo de aire. J. L. ONuevo *SInf* 31.7.75, 5: Tomates, pimientos y ajos labrados con el pan y el aceite de los olivos, y un soplo de sal y de vinagre. **b)** (*col*) *Sin compl:* Cantidad muy pequeña de tiempo. *Frec en la constr* EN UN ~. | Espinosa *Escuela* 464: La legalidad duró un soplo, pues en seguida aparecieron nuevos dictadores. J. M. Alfaro *Abc* 13.10.74, 3: En un soplo pasó de simple soldado en un regimiento de dragones a general glorioso y distinguido.
3 (*col*) Acción de soplar [8 y esp. 9]. *Gralm en la constr* DAR EL ~, *o* IR CON EL ~. | Olmo *English* 54: Volviste sin un rasguño. No fue la tortura la que te obligó al soplo. Berenguer *Mundo* 215: La cosa fue gorda, pues el Quemado dio un soplo y los del contrabando quemaron la choza dos veces seguidas. Lera *Bochorno* 220: No tienen por qué enterarse, hombre. Como no les vayas tú con el soplo…
4 (*Med*) Ruido de soplo [1] percibido por auscultación, que es síntoma de una lesión de las válvulas cardiacas. *Frec la misma lesión.* | MSantos *Tiempo* 235: Diagnosticar pleuritis, peritonitis, soplos. J. L. PRegueira *País* 5.8.76, 2: Bukovsky .. jamás dejó de defender la necesidad de las libertades formales en la Unión Soviética. De este intento ni siquiera le aparta un soplo en el corazón y el reumatismo que padece desde su penúltimo encarcelamiento.

soplón -na *m y f* (*col, desp*) Pers. que sopla [9]. *Tb adj.* | Olmo *English* 54: –Volviste sin un rasguño. No fue la tortura la que te obligó al soplo .. –¿Soplón yo? Ortega *Americanos* 91: No me gusta venir a sitios como estos porque hay muchos soplones .. Esa es una de las soplonas.

soplonería *f* (*raro*) Condición de soplón. | CBaroja *Inquisidor* 44: Degeneró en espíritu de soplonería y delación el de los españoles chapados a la antigua.

sopón[1] *m* **1** Sopa [3a] grande. | Hoyo *Glorieta* 101: En el portal estaba la Niebla, triste y consumida, cortando sopones de una hogaza.

sopón[2] *m* (*hist*) Sopista. | Espinosa *Escuela* 450: Continué tropezándome, durante muchos años, con el Defensor de las Almas, cada vez con mayores premuras y más cartapacios. –¡Hola, sopón! Tengo que examinarme un día de estos –repetía.

soponcio *m* (*col*) Indisposición repentina, esp. desmayo. | Cela *Judíos* 98: A la pobre doña Eufemia le dio otra vez el soponcio y… –¿Cascó? –Sí, don Camilo, cascó, estiró la pata. **b)** Disgusto grave causado por una fuerte impresión. *Frec con intención ponderativa.* | ZVicente *Traque* 270: ¡Mi madre, qué par de tacos vomitó! .., el fraile que estaba al lado tuvo que guardar cama del soponcio.

sopor *m* Estado enfermizo de sueño. | V. RRozas *Caso* 5.12.70, 11: Dado su estado de supuesta embriaguez y admitida la posibilidad de que tomara alguno de los tranquilizantes que utilizan los enfermos mentales .., no es extraño que se produjera en él un estado de sopor. **b)** Somnolencia. | Espinosa *Escuela* 186: Comimos cuanto nos ofrecieron algunos criados, y, después quedamos profundamente dormidos y arrebatados por el sopor de la siesta.

soporífero -ra *adj* Que causa sopor. *Frec fig, con intención ponderativa, aludiendo a lo pesado o aburrido de alguien o algo. Tb n m, referido a medicamento.* | GGual *Novela* 380: La joven atrae a Trásilo a su casa y le convida a beber un licor soporífero. FReguera *Bienaventurados* 119: El otro tema de conversación de Sánchez era aún más atosigador y soporífero. Gironella *Millón* 333: La prensa y la radio anunciaron .. que Franco, valiéndose de proyectiles especiales, echaría unos soporíferos que adormecerían a la población.

soporífico -ca *adj (raro)* Soporífero. | R. Rodríguez *Rev* 7/8.70, 27: Truffaut se sitúa a miles de leguas de la niebla ensoñadora y de los vapores soporíficos, deslumbrantes y paradójicamente mortecinos de la Roma evocada por Petronio.

soporoso -sa *adj* **1** (*Med*) De(l) sopor. | Mascaró *Médico* 58: Colóquese al paciente echado en la cama, .. y avísese al médico de urgencia, a quien se informará detenidamente cómo apareció el estado soporoso del paciente.
2 (*raro*) Soporífero. | CPuche *Sabor* 165: Vida de modorra .. arrullada por las voces cantarinas entre el vaho soporoso de la huerta y las campanadas lentas y profundas.

soportabilidad *f (raro)* Cualidad de soportable. | Fuster *Inf* 15.8.74, 13: Los nenes han de aprender a controlar las urgencias externas de su organismo .. De ello ha derivado, a la larga, una forma de pudor muy consistente, gracias a la cual las relaciones sociales consiguen un mínimo de soportabilidad general.

soportable *adj* Que se puede soportar [2 y 3]. | CBonald *Ágata* 215: En el fondo, aceptaba con barruntos de hombría una condena tanto más soportable cuanto más pensaba en que era compartida por Blanquita. Alfonso *España* 146: Sus grandes recursos no se han orientado –como los emplean en su personal promoción económica y política– hacia la salvaguardia de un urbanismo soportable.

soportación *f* Acción de soportar. | *Abc* 16.12.73, 52: Importante empresa de ingeniería necesita cubrir las siguientes plazas .. Especialistas en cálculos de flexibilidad y soportación de tuberías. *Fam* 15.11.70, 28: Nos hallamos ante una prueba recíproca de madurez "conyugal". Se llega con una buena dosis de buen sentido y de soportación.

soportador -ra *adj* Que soporta. | *SNue* 14.6.70, 17: En este sentido le es necesario censurar los criterios soportadores del actual positivismo lógico. ZVicente *Mesa* 51: Los [pescados] que hacen estos largos viajes en su infancia son muy estimados luego para la alimentación humana por la intensa gimnasia a que se ven forzados, lo que hace su carne de fibra muy apetecible, un tantico dura y nada soportadora de la congelación.

soportal *m* Espacio cubierto que precede a la entrada de un edificio. | Ortega-Roig *País* 203: Numerosas casas construidas con piedra .. y con tejados inclinados (para que resbale el agua), de grandes soportales (para guarecerse de la lluvia) y de grandes solanas (balcones para tomar el sol). **b)** *En pl:* Espacio cubierto a lo largo de una fachada o de una calle o plaza, constituido por pilares o columnas que soportan la parte delantera de los edificios. | Cunqueiro *Un hombre* 9: Un labriego .. cruzó la plaza .. Cerca de la puerta, en la esquina de los soportales, unas campesinas posaban en el suelo cestas con ristras de cebollas.

soportalado -da *adj (raro)* Que tiene soportales. | L. Monje *Abc* 17.8.65, 42: También hay arte y monumentos .. La típica plaza soportalada, la antigua sinagoga, el hospital del Remedio.

soportano -na *adj* De Sopuerta (Vizcaya). *Tb n, referido a pers.* | CoE 12.3.75, 9: –Las Encartaciones son la "casi desconocida" de Vizcaya –dijo un ponente, un soportano.

soportar *tr* **1** Sostener [una pers. o cosa (*suj*) el peso de algo (*cd*) que gravita sobre ella]. *Tb fig. Frec en constr pasiva.* | Ferres-LSalinas *Hurdes* 127: En otra casa de dos balcones, pintada de ocre y soportada por cuatro pilarotes, hay una lápida más.
2 Ser objeto [de un sufrimiento, de una circunstancia adversa o de una fuerza exterior (*cd*)] sin dejarse vencer por ellos. *Tb abs.* | *Caso* 26.12.70, 17: Además de haber estado a punto de perder la vida y los sufrimientos y gastos cuantiosísimos que tuve que soportar durante más de un año, perdí a mi mujer y a mis hijos. V. Moreno *Rev* 12.70, 25: Los materiales han de ser tan resistentes que soporten estas velocidades. Arce *Precio* 103: Ella dijo que nunca le había visto totalmente bebido. –Soporta como nadie.
3 Tolerar [a alguien o algo que molesta]. | Laiglesia *Tachado* 181: Tienes que sobreponerte y soportar tu dolor con dignidad. Cobos *Machado* 15: Es verdad que Seva le miraba a Machado como un ser superior .. Y es verdad asimismo que don Antonio no le soportaba.

soporte *m* **1** Cosa que soporta [1]. *Tb fig.* | Medio *Bibiana* 262: Bibiana Prats deja la plancha sobre el soporte y sale a abrir la puerta. *Act* 25.1.62, 6: Las fábricas grandes son el verdadero soporte de estas empresas familiares, medias y pequeñas.
2 (*Informát*) Material o dispositivo destinado a registrar información. | *País* 13.1.78, 33: El Ministerio facilitará modelo oficial para esta información, aunque aceptará también soportes magnéticos normalizados con la inspección tributaria. A. GTorrens *SYa* 17.4.85, VI: Bien puede hablarse de "guardar" o "grabar" un programa en soporte magnético.

soprano A *m* **1** Voz femenina que es la más aguda de las humanas. *Gralm* VOZ DE ~. | Academia *Esbozo* 104: La línea melódica se desarrolla en una determinada zona de alturas musicales que varía de unas lenguas a otras y aparece determinada, además, por la edad, el sexo y la tesitura de la voz (soprano, contralto, tenor, barítono, bajo).
B *f (más raro, m)* **2** Cantante que tiene voz de soprano [1]. | Montsalvatge *Des* 12.9.70, 36: Intervendrán [en el Festival] .. las sopranos Ángeles Chamorro y Elvira Padín.

sor (*con pronunc átona*) *f* Hermana. *Se usa como tratamiento, precediendo al n propio de una religiosa. A veces se usa sin acompañamiento del n propio, y en este caso es tónico.* | Burgos *SAbc* 13.4.69, 44: Esta frase del padre Javierre en su recentísima biografía de sor Ángela de la Cruz puede servirnos para enmarcar el presente "estirón" de la ciudad. J. C. Duque *SD16* 13.12.89, II: Cuando mantenemos la entrevista, en su despacho del rectorado (desde donde hace unos años una sor dirigía un colegio mayor femenino), suena el teléfono.

sora *m* Lengua del grupo munda hablada en Orissa y Assam (India). | RAdrados *Lingüística* 218: En sora (una lengua munda) uno de los paradigmas verbales lleva sufijos de origen pronominal.

sorabo -ba *adj (hist)* De un antiguo pueblo de Lusacia (región de Alemania). *Tb n, referido a pers.* | Castillo *Polis* 185: Las comarcas limítrofes se llamaban marcas y eran gobernadas por *comes marcae* (marcas hispánica, bretona, del Friul, ávara o panónica, soraba y danesa).

sorber *tr* **1** Beber aspirando. *Tb abs.* | GPavón *Hermanas* 10: Su hija Alfonsa se le acercó con .. una taza de café solo .. Mientras el Jefe sorbía en pie y en silencio, "sus" mujeres .. lo contemplaban. VMontalbán *Tri* 11.4.70, 31: Algunos exiliados vuelven ya con todas los guardias bajas, dispuestos a sorber el último trago en paz.
2 Atraer o arrastrar con fuerza [una pers. o cosa algo] hacia su interior. *Tb fig.* | Torrente *Sombras* 320: Hera sorbía el vaho de unas sales. Lera *Boda* 606: Sus raíces ansiosas temblarían de gusto al sentir más tierra libre por donde desparramarse y sorber. * El embravecido mar parecía sorber las frágiles barquillas.
3 Prestar la máxima atención [a algo (*cd*)]. | Aparicio *César* 23: Menos que nadie le entendía la anciana Ramona que .. movía la cabeza arriba y abajo, arrullando a su nieto, sorbiendo las imágenes del televisor.
4 ~ **el juicio**, **el seso**, o **la sesera** → JUICIO, SESO, SESERA.

sorbete *m* Refresco, gralm. de frutas, que se sirve a medio congelar. | *Cocina* 703: Sorbete de piña. **b)** *Frec se usa en constrs de sent comparativo para ponderar el frío.* | Kurtz *Lado* 169: Recordaba sus horas de estudiante, pelado de frío en el destartalado dormitorio, los pies al suave calorcillo del brasero, la espalda como un sorbete.

sorbeteo *m* Acción de sorber [1], esp. de manera reiterada o ruidosa. | C. SMartín *MHi* 3.61, 60: Con un pequeño sorbeteo en la boquilla .. llegaba hasta ella el chupito de alcohol.

sorbetera *f* Utensilio destinado a la preparación de sorbetes o helados. | *Cocina* 702: Se hace un almíbar con el azúcar y el agua ..; ya frío se mezcla con el zumo de la naranja y el limón y se pone en la sorbetera.

sorbetón *m* (*col*) Acción de sorber [1 y 2] con fuerza, esp. con la nariz. | CBonald *Noche* 157: Dio un ruidoso sorbetón a la copa mediada que había sobre la mesa. ZVicente *Traque* 39: Lieselotte, repentinamente enternecida, pide su abrigo .. y, entre lágrimas y sorbetones, devora un par de pastelillos y se dirige a la puerta.

sorbo – soro

sorbo I *m* **1** Acción de sorber [1]. *Tb la cantidad que se sorbe de una vez.* | * Dio un gran sorbo y el vaso quedó vacío. CNavarro *Perros* 83: Andrés terminó de beberse el café a grandes sorbos. **b)** Cantidad muy pequeña de líquido. *Con intención ponderativa.* | * –¿Dónde está el café que ha sobrado? –Lo tiré; no había más que un sorbo.
II *loc adv* **2 a ~s.** Poco a poco. | Cunqueiro *Un hombre* 14: El hombre del jubón azul bebió a su vez, a sorbos, paladeando más que el vino de aquella hora el recuerdo de un vino de otros días. * Hay que tomar la vida a sorbos.
3 de un ~. De una vez. | Matute *Memoria* 20: ¿Será verdad que de niños vivimos la vida entera, de un sorbo, para repetirnos después estúpidamente?

sorche *m* (*col*) Soldado que está haciendo el servicio militar. | Hoyo *Glorieta* 87: La musiquilla de los tiovivos, la cháchara de los charlatanes, los gritos de las criadas y de los sorches en el güitoma.

sorchi *m* (*col*) Sorche. | DCañabate *Abc* 26.5.74, 51: La chavalería de ambos sexos, pero en especial el femenino, de antiguo era muy algarera de los que con cariño llamaban sorchis.

sordamente *adv* De manera sorda [3 y 4]. | Lera *Bochorno* 207: –Me pones el pie en el cuello, Salazar –dijo sordamente, sin mirarle–. Eres un cobarde.

sordera *f* **1** Carencia o disminución de la facultad de oír. | M. LPalacios *Caso* 26.12.70, 5: Tanto ella como su marido sufren un poco de sordera.
2 ~ verbal, mental o **psíquica.** (*Med*) Pérdida de la capacidad de entender lo que se oye. | Alvarado *Anatomía* 73: Sus lesiones [de los centros del lenguaje] determinan curiosas afecciones: ceguera verbal (olvido del significado de los signos de la escritura), sordera verbal (olvido del significado de las palabras oídas).

sórdidamente *adv* (*lit*) De manera sórdida. | Torrente *Fragmentos* 102: No se sabe por qué, don Balbino Cubero se había hecho cargo de su educación. ¿Acaso por remordimiento de algún hijo sórdidamente engendrado, abandonado y muerto?

sordidez *f* (*lit*) **1** Cualidad de sórdido. | Delibes *Mundos* 78: El exterior de Juan Verdejo es un puro harapo; un ser revestido de mugre y sordidez.
2 Cosa sórdida. | Kurtz *Lado* 73: Pequeñas chinchorrerías, pequeñas sordideces, pequeñas vejaciones que habían llegado a constituir, por repetidas, grandes agravios.

sórdido -da *adj* (*lit*) **1** Miserable o vil. | Umbral *Ninfas* 177: A Teseo le veía yo desde mi infancia .. grande y viejo .., morado de frío o congestivo y apopléjico, acechando a las niñas, exhibicionista y sórdido.
2 Miserable o sumamente pobre. | Laforet *Mujer* 53: Una época sórdida en que había dado cuentas del céntimo diario.

sordina *f* **1** Pieza que se ajusta a determinados instrumentos musicales para disminuir la intensidad y variar el timbre del sonido. | *Ya* 27.12.70, sn: Podrá imitar los más auténticos instrumentos, como la trompeta brillante o con sordina, el acordeón.
2 Medio que se emplea para disminuir la intensidad de un sonido. *Gralm en constrs como* PONER ~, *o* CON ~. *Frec fig.* | L. Contreras *Mun* 19.12.70, 10: Después de largos meses de furia glosadora, han hecho silencio sobre el tema, o por lo menos, han puesto sordina al comentario. Medio *Bibiana* 342: Manuel no duerme. Grita con sordina: –¿Eres tú, madre?

sordo -da I *adj* **1** [Pers. o animal] que por defecto físico no oye, o no oye bien. *Tb n, referido a pers.* | F. ACandela *SAbc* 25.1.70, 20: Pronuncié dos conferencias presentando gran cantidad de sordos recuperados.
2 (*lit*) [Pers.] que no presta atención [a un ruego o petición]. | * No permanezcas sordo a nuestros ruegos.
3 [Sonido o ruido] apagado o poco sonoro. | C. GCasarrubios *Nar* 11.77, 14: El "chicoten" es un tambor de cuerdas, que produce un sonido sordo, débil y que es casi ahogado por el tableteo del paloteado de los danzantes.
4 [Cosa] que no se manifiesta exteriormente, o lo hace de manera disimulada o poco llamativa. | Matute *Memoria* 16: Sentí una rabia sorda contra mí misma. CBaroja *Inquisidor* 10: Pero en esta especie de guerra sorda .. hay algo que nos indica la flaqueza básica del género histórico. **b)** [Dolor] difuso y continuado. *Se opone a* AGUDO. | Alcalde *Salud* 308: No es raro que [los pacientes] refieran un dolor sordo, difuso, en el epigastrio.
5 (*Fon*) [Sonido] que se articula sin vibración de las cuerdas vocales. | Rabanal *Hablas* 33: Lo que sí es propio de nuestro dialecto es la resolución de "x" por el fonema palatal fricativo sordo. **b)** Propio del sonido sordo. | Lapesa *HLengua* 29: En vasco, el carácter sordo o sonoro de una oclusiva depende de los sonidos vecinos.
6 [Linterna] **sorda** → LINTERNA.
II *n f* **7** (*reg*) Agachadiza (ave). *Tb* AGACHADIZA SORDA. | Pinilla *Hormigas* 78: Siento la caza: las palomas, las avefrías, las sordas y demás. **b)** (*reg*) Chocha o becada (ave). | Delibes *Vida* 29: Al regresar a casa, no me parecía verle tan enfadado ..: había cazado dos chochas ..; nos salvamos de un escarmiento ejemplar a causa de las dos sordas.
III *loc v* **8 hacer oídos ~s** → OÍDO.
IV *loc adv* **9 a lo ~.** De manera disimulada o sin llamar la atención sobre lo que hace. | * A lo sordo se ha ido quedando con todo.

sordomudez *f* Condición de sordomudo. | Navarro *Biología* 225: Caracteres recesivos. Entre ellos están: Albinismo, sobre pigmentación normal .. Sordomudez congénita.

sordomudo -da *adj* [Pers.] sorda de nacimiento y privada por ello de la facultad de hablar. *Tb n.* | Ramírez *Derecho* 85: Los sordomudos y los que no pueden hablar, pero sí escribir, pueden otorgarlo [testamento] cumpliendo ciertas formalidades.

sorgo *m* Planta gramínea cultivada como cereal o forrajera y para la fabricación de escobas (gén. *Sorghum*, esp. *S. halepense, S. vulgare* y *S. saccharatum*). *Esta última especie, tb* ~ AZUCARADO. *Tb su fruto.* | *Hoy Extra* 12.69, 20: Compensados así los cereales, se registró en el maíz, que es deficitario, una gran extensión; entre el maíz-grano, el sorgo y las forra[j]eras de ambos, 30.000 hectáreas de siembra. Loriente *Plantas* 77: *Sorghum bicolor* (L.) Moench, "Sorgo". Como forrajera de secano. No es frecuente en nuestra región.

sorguiño -ña *m y f* (*reg*) Brujo. | CBaroja *Brujas* 195: El personaje familiar y popular entre los vascos es el que llamamos, en castellano incluso, "sorguiña", la bruja.

sorianismo *m* **1** Condición de soriano, esp. amante de lo soriano. | E. Rioja *CSo* 11.11.75, 12: A un servidor .. no le quita nadie el buen sabor de boca .. que le han dejado, por su sorianismo auténtico, estos dos muchachos y esta señorita nacidos ahí, en nuestro terruño.
2 Palabra o giro propios del habla soriana o procedentes de ella. | Lázaro *País* 31.12.76, 9: Entraron entonces [en el Diccionario] múltiples regionalismos y localismos .. Esta tónica prosiguió, y el venerable libro aparece hoy cuajado de sorianismos, murcianismos o leon[es]ismos.

soriano -na *adj* De Soria. *Tb n, referido a pers.* | Ortega-Roig *País* 144: En las serranías sorianas .. desde hace siglos se practica la trashumancia. Cuevas *Finca* 88: A fines de siglo llegaron los sorianos.

soriasis → PSORIASIS.

sorites *m* (*Filos*) Encadenamiento silogístico en que el predicado de cada premisa es sujeto de la siguiente, hasta dar en una conclusión constituida por el sujeto de la primera y el predicado de la última. | Gambra *Filosofía* 58: Como expresiones especiales, o no normales, del razonamiento deductivo cabe citar el entimema, el polisilogismo, el epiquerema y el sorites.

sorna *f* Ironía (burla fina y disimulada). | DPlaja *El español* 32: Cuando don Fernando el Católico le pide cuentas a Gonzalo de Córdoba de los caudales gastados en la guerra, el otro contesta con altivez y sorna.

sornador -ra *m y f* (*jerg*) Pers. que roba a alguien que está dormido o sin sentido. | F. Carranza *SYa* 18.11.79, 11: Descuideros, carteristas, .. topistas, forsistas, sornadores, etc., son los que trabajan contra la propiedad ajena.

sornar *intr* (*jerg*) Dormir. | Grosso *Capirote* 117: Cuando salgas [de la cárcel], si necesitas un sitio para sornar y un lugar de trabajo en la plaza, no te han de faltar.

soro *m* (*Bot*) Grupo de esporangios de los helechos y de algunos hongos. | Ybarra-Cabetas *Ciencias* 267: Los helechos .. En el envés de los frondes aparecen unas manchas rojizas llamadas soros .. En los soros existen unas pequeñas cápsulas que son los esporangios.

soror (*tb* **sóror**) *f* (*raro*) Monja o religiosa. | M. A. GGuinea *SYa* 21.9.75, 21: Supo que allí, al final de su recorrido, en un sel que el bosque dejó libre, habían levantado un pequeño monasterio dúplice donde devotos y devotas, frailes y sorores, llevaban una vida santa.

sororal *adj* (*lit, raro*) De (la) hermana. | Zunzunegui *Camino* 175: Era una emoción entre maternal y sororal la de doña Elisa.

sorosis *f* (*Bot*) Infrutescencia carnosa procedente de la reunión de frutos de una inflorescencia. | Alvarado *Botánica* 52: Como ejemplo[s] [de infrutescencias] tenemos el sicono .. y la sorosis.

sorprendedor -ra *adj* (*raro*) Que sorprende [1a]. | Cela *Viaje andaluz* 308: La calle de Huelva, que no es rica, sí es, por sus arrestos y guirigay, algo así como el próvido puchero de la abundancia: tumultuaria, sorprendedora e hirviente.

sorprendente *adj* Que sorprende [1a]. *Frec con intención ponderativa.* | V. Gállego *ByN* 31.12.66, 42: Grandes acontecimientos .., algunos tan sorprendentes .. como la "Gran Revolución Cultural Proletaria".

sorprendentemente *adv* De manera sorprendente. | Arce *Precio* 155: Mujeres muy finas de tobillo y con ojos sorprendentemente grises.

sorprender *tr* **1** Causar sorpresa [1] [a alguien (*cd*)]. | Delibes *Año* 57: Hay una escena que considero superflua y falsa [en la película]: cuando el niño descubre a su madre desnuda y le sorprende más su sexo que el vello. Delibes *Hoja* 76: Aunque a veces experimentaba deseos de revelar su secreto, era más fuerte su anhelo de sorprenderla. **b)** *pr* Sentir o manifestar sorpresa [1]. | Delibes *Guerras* 163: –Una cosa, Pacífico, ¿te fijaste si la Candi se sorprendió al ver aparecer a su hermano? –Natural .. –Y ¿tú crees que su actitud de asombro era sincera, quiero decir que se sorprendió de verdad?
2 Coger desprevenido [a alguien]. | *Ext* 19.10.70, 10: Marcó primero el conjunto cacereño, a solo dos minutos de juego, al sacarse una falta próxima al área por Higinio y sorprender a Miguel Ángel con un tiro muy duro.
3 Descubrir [a alguien en una circunstancia o en una acción que no desea dar a conocer (*compl adv*)]. *A veces se omite el segundo compl por consabido.* | Olmo *Golfos* 164: Le sorprendimos en algunos de sus momentos de tristeza. *D16* 2.4.92, 24: Tombilla, que estaba haciendo un servicio de retén durante la madrugada, sorprendió a José Amancio en la residencia, a la que acudió con intención de robar. * El marido sorprende a los amantes y los mata. **b)** Descubrir [algo oculto o no manifiesto]. | * Sorprendió nuestro secreto. * Sorprendí un rastro de tristeza en su mirada.
4 Engañar o burlar [la buena fe de alguien]. | *Abc* 30.8.66, 24: En el diario de su digna dirección .. se ha publicado una "brevería" con el título "Las Ambulancias y el Hospital Clínico", sin duda fruto de que alguien ha sorprendido su buena fe.

sorpresa I *f* **1** Impresión causada por algo inesperado. | Delibes *Guerras* 163: ¿Crees que la sorpresa de la Candi fue sincera?
2 Cosa que causa sorpresa [1]. | Medio *Bibiana* 15: Cada hijo, una sorpresa .. ¿Qué sabemos nosotros de las cosas de los chicos de ahora? **b)** Atención o regalo con que se pretende una sorpresa [1] agradable. | * Traigo una sorpresa para ti. **c)** Figurita que se introduce en el roscón de Reyes. | GTelefónica *N.* 892: Sotero de Miguel Núñez. Plásticos por inyección. Especialidad en miniaturas para sorpresas y caramelos.
II *loc adv* **3 por** (*o* **de**) ~. De manera inesperada o imprevista. *Tb adj. Frec con vs como* COGER *o* PILLAR. | * Fue un ataque por sorpresa. PRivera *Discursos* 13: Pero a nosotros no nos coge de sorpresa ni viene a descubrirnos nada nuevo.

sorpresivamente *adv* De manera sorpresiva. | *Ya* 29.11.70, 40: Los norteamericanos, por su parte, presentan una sola derrota: la sufrida, sorpresivamente, ante Puerto Rico.

sorpresivo -va *adj* **1** Que denota o implica sorpresa [1]. | GMacías *Relatos* 29: Inmediatamente hizo la maleta y se marchó a casa .. Y claro, al llegar, la mujer .. le espetó inmediatamente su estado sorpresivo por el rápido e inesperado regreso: –¿Y te has venido sin nada?
2 Sorprendente. | *Mad* 18.11.70, 16: El reiterado y sorpresivo robo se vio frustrado por la presencia de una patrulla de la Guardia Civil de Tráfico.

sorra *f* (*raro*) Arena gruesa que suele usarse como lastre en las embarcaciones. *A veces en aposición.* | *SYa* 10.11.85, 8: Clava [Areilza] los pies en la arena sorra del ruedo ibérico, y deja, sin interrumpir, que las páginas de su vida pasen.

sorrapear *tr* (*reg*) Limpiar de hierbas y maleza [un terreno] con la azada u otro instrumento similar. | Lama *Aves* 92: Previo sorrapear un pequeño cuadrilátero del prado para atraer la atención de los pájaros y de colocar en una pequeña hendidura unas gusanas de tierra .., tendimos el lazo con el hilo amarrado a un palo.

sorrentino -na *adj* De Sorrento (Italia). *Tb n, referido a pers.* | J. G. Manrique *Ya* 11.10.74, 7: Torquato era sorrentino.

sorriba *f* (*reg*) Acción de roturar un terreno. *Frec su efecto.* | *Día* 16.6.76, 16: Hay otros que no tienen tanta suerte y han de irse a una sorriba, porque aquí tal cual están las cosas ahora no se puede hacer nada.

sort (*ing; pronunc corriente,* /sort/) *m* (*Informát*) Clasificación u ordenación. | *País* 4.3.80, 6: BASIC. Compilador e intérprete, con manejo de ficheros, acceso por claves, Sort.

sortear A *tr* **1** Someter la adjudicación o el reparto [de una o varias cosas o perss. (*cd*)] a un sistema basado exclusivamente en la suerte o azar. | A. Aricha *Caso* 26.12.70, 9: No nos era posible enviar un regalo así a todos los lectores y se nos ocurrió la idea de sortearlo. FReguera-March *Cuba* 17: Esteban Pedrell fue sorteado y le tocó ir a Cuba.
2 Eludir con habilidad [una dificultad o un obstáculo]. | Laforet *Mujer* 271: Paulina había vuelto a coger su paso vivo, .. sorteando ágilmente los obstáculos de piedras y espacios embarrados. Alfonso *España* 126: Las nuevas formas de vida .. ponen también en torno nuestro una serie de zozobras cada día más insidiosas, continuas y difíciles de sortear.
B *intr* **3** (*col*) Ser sorteado [1] [un mozo] para el servicio militar. | Pastor *Abc* 20.5.76, sn: Sorteé en quintas el año 1907, que era la quinta del Rey.

sorteo *m* Acción de sortear [1]. | Medio *Bibiana* 80: Se le regalará .. un vale con cinco números para el sorteo de la magnífica lavadora.

sortija *f* **1** Anillo (joya). | Cunqueiro *Un hombre* 11: En el anular de la mano con que sostenía el bastón brilló la enorme piedra violeta de la sortija.
2 Rizo de pelo en forma de anilla. *Frec en la forma* SORTIJILLA. | * Recordaré siempre aquellas sortijillas que se ponía sobre la frente. * Por la parte de atrás no me cojas rulos, sino sortijillas.
3 (*hist*) Anilla que, pendiente de una cinta, debe ensartarse en la punta de una lanza o de un palo puntiagudo corriendo a caballo. *Gralm en la constr* CORRER ~S. | L. Monje *Abc* 25.6.72, 45: En el nuevo palenque justaron espectacularmente los caballeros con bohordos, mazas, espadas y lanzas, compitiendo sobre sortijas y estafermo y luchando a caballo con gran realismo. A. Iniesta *Abc* 29.6.58, 7: Cazar ciervos.., jabalíes y conejos, la cetrería y correr sortijas constituían las distracciones máximas del heredero.

sortilegio *m* **1** Adivinación por suertes supersticiosas. | Villapún *Moral* 108: Formas de adivinación .. La quiromancia .. La oniromancia .. El sortilegio.
2 Embrujo o hechizo. *Tb fig.* | Salvador *Haragán* 59: Poco a poco el ritmo sensual y lánguido de la habanera nos va envenenando la sangre .. Casi todos están llorando ahora .. Posiblemente para destruir el sortilegio, tía Mariatonta salta al centro de la reunión.

S.O.S. (*pronunc,* /ése-ó-ése/) *m* Llamada para pedir socorro. *Tb fig.* | J. Montini *Sáb* 10.9.66, 25: Ahora soy un barco a pique. Y estoy dando gritos abrazada a la esperanza .. El desesperado S.O.S. viene de una enferma que ocupa la cama número 9.

sosa – sospechosamente

sosa *f* **1** Hidróxido de sodio, de color blanco y muy soluble en agua, que se emplea esp. en la fabricación de jabones duros. *Tb* ~ CÁUSTICA. | C. SMartín *MHi* 3.61, 59: Iba viviendo, trabajando con un poco menos de vigor cada vez, para lavar la ropa, con los dedos un poco más torpes y nudosos; el dorso de la mano agrietado por las lejías y la sosa. Marcos-Martínez *Física* 236: Tomemos como ejemplo la lejía, que resulta de disolver en agua la sosa cáustica (hidróxido de sodio).
2 *Se da este n a varias plantas de los géns Salsola, Salicornia, Suaeda, Arthrocnemum, Chenopodina, Atriplex y otros. Frec con un adj o compl especificador.* | MOPU 7/8.85, 43: En el fondo de los valles crece el Taray (*Tamarix gallica*); en suelos salinos, entre otros, la sosa y el limonio. Cendrero *Cantabria* 82: Flora. Estrato herbáceo .. *Arthrocnemum perenne* (Miller) Moos.: Sosa de las salinas. Mayor-Díaz *Flora* 220: *Suaeda vera* J. F. Gmlin. "Sosa prima" .. Pequeño arbusto de hasta 120 cm., con ramas blanquecinas .. Rara.

sosaina *adj* (*col, desp*) Soso [2]. *Frec n, referido a pers.* | Espinosa *Escuela* 187: Unas madres nos paren pochos y sosainas, y otras, ilusionados y diligentes. DCañabate *Abc* 17.11.74, 49: El narrador de una anécdota sosaina o necia se demora en contarla con prolijos pelos y señales.

sosamente *adv* De manera sosa [2]. | Pinilla *Hormigas* 55: Los reclutas, llegando a su cuartel de destino con las maletas de madera colgando sosamente de sus brazos estirados.

sosegadamente *adv* De manera sosegada. | Laforet *Mujer* 21: Fumaba sosegadamente.

sosegado -da *adj* **1** *part* → SOSEGAR.
2 Apacible o tranquilo. | Anson *SAbc* 25.1.70, 6: Mao recordaría siempre los sosegados paseos con ella en Pekín. *País* 21.11.76, 6: No creemos en las concentraciones de masas .. Preferimos el lenguaje sosegado y humilde de las urnas.

sosegador -ra *adj* Que sosiega. | Cela *Judíos* 223: Este arroyo de Navamediana pregona su cascabel .. por el collado, tierno y sosegador, de la Belesa. Huarte *Biblioteca* 42: Las medidas llamativas del libro muy largo o del muy corto .. o las graticientes y sosegadoras del manuable.

sosegante *adj* Que sosiega. | Cunqueiro *Un hombre* 213: Lo más del día lo pasaba .. escuchando lecturas sosegantes inglesas.

sosegar (*conjug* **6**) **A** *tr* **1** Tranquilizar o apaciguar [a alguien o algo]. | Torrente *Señor* 386: Hablaba seriamente, casi con gravedad. Doña Mariana sosegó la inquietud que le causaba. A. Obregón *Abc* 14.5.67, 47: Con la actitud dirige, dispone, sosiega a todos.
B *intr* **2** Tranquilizarse o apaciguarse [alguien o algo]. *Gralm pr.* | Torrente *Isla* 240: ¿Será posible que no hayas advertido hasta qué punto sufría y hasta qué punto sosegué y actué a tu lado de mero narrador de un teatrillo de marionetas? Cunqueiro *Sáb* 10.12.75, 31: Cuando mi amiga me ve atento a sus explicaciones, y que me conduelo de la muerte de su micifuz, se sosiega y me explica que se trataba de un gato persa blanco, de ojos azules. **b)** Estar tranquilo. | CBonald *Ágata* 249: Todo sosegaba aparentemente entre la arboleda y apenas se oía el silbo de una sulfurosa ventolina.

sosera *f* Sosería [1]. | Vega *Cocina* 103: La trucha es bastante sosa. Hay que hacer intervenir algo que alivie su sosera. Zunzunegui *Camino* 313: –El pobre es... muy sosito... y no es capaz de echarse palante..., no es como otros. –Supongo no suplirás tú esa sosera con un desenfado exagerado por tu parte.

soseras *m y f* (*col*) Pers. sosa [2]. *Tb adj.* | Lera *Bochorno* 101: Todos los que estudiáis tanto sois unos soseras.

sosería *f* **1** Cualidad de soso [1b y esp. 2]. | Vega *Cocina* 99: Truchas molinesas, que no es indispensable que sean cocinadas a la navarra, pues no tienen tanta sosería como las de otros ríos y no necesitan aliviarla con lonchas de jamón. Lera *Olvidados* 71: Crucita, con gran sosería, tuvo que intervenir. Laiglesia *Ombligos* 34: Permiten a los periódicos salir de su habitual sosería y emplear esas letras tan gordas que usan también los ópticos para graduar la vista.
2 Hecho o dicho soso [2]. | Salom *Cita* 211: Pues, hijo, para las cuatro soserías que cuenta, lo encuentro carísimo.

sosia *m y f* Pers. de gran parecido [con otra (*compl de posesión*)] hasta el punto de poder ser confundida con ella u ocupar su lugar. | F. Gracia *D16* 20.12.76, 32: Un sosia de Carrero Blanco tomó la comunión esta madrugada, dentro de una secuencia de la película que se está rodando en torno al atentado perpetrado, hoy hace tres años, contra el presidente del Gobierno.

sosias *m y f* Sosia. | Campmany *Abc* 12.1.84, 13: El sosias de Pío.

sosiego *m* Tranquilidad o calma. | A. P. Foriscot *Van* 19.5.74, 9: Hablan [los jubilados] con sosiego, sin quitarse uno a otro el uso de la palabra. *País* 20.11.76, 6: La tranquilidad en las calles era obvia .. Eso permitió un cierto sosiego en el trabajo y un adormecimiento de las clases dirigentes.

soslayable *adj* Que se puede soslayar. | BRemacha *Alc* 9.11.70, 29: Había peligro, desde luego, pero no desorbitado, y fácilmente soslayable.

soslayar *tr* Esquivar o dejar de lado [algo, esp. una dificultad]. | Alfonso *España* 171: El ser sus últimos días les hace soslayar de manera cómoda el pensamiento conturbador de que, por este camino, ¿adónde iremos a parar...? Delibes *Madera* 107: Tío Vidal daba vueltas alrededor de la sala, soslayando los muebles, elevando los ojos al techo.

soslayo. de ~ (*tb, raro,* **al ~**). *loc adv* Oblicuamente. *Gralm con el v* MIRAR. *Tb adj. Tb fig.* | Anuario Observatorio 1967 209: El observador se proveerá de dos pequeñas linternas de campaña, una para iluminar el retículo del anteojo, colocándola de soslayo delante del objetivo, y otra para servir de blanco o punto de mira por la noche. CNavarro *Perros* 157: El marido se la quedó mirando de soslayo. MMolina *Jinete* 406: Fuma con placer y pereza, sin ademanes furtivos ni miradas de soslayo. Laforet *Mujer* 137: Muy de soslayo, como un viejo dolor, le vino el recuerdo de Antonio.

soso -sa *adj* **1** Que carece de sal o tiene menos de la necesaria. *Gralm referido a alimento.* | * La tortilla está buena; un poco sosa para mi gusto. **b)** Que tiene poco sabor. | Vega *Cocina* 103: La trucha es bastante sosa.
2 Que carece de gracia o desenvoltura. | J. Montini *VozC* 2.6.70, 8: Allí están dos niñas: Margarita y Marisa. Más bien un poco sosillas. **b)** [Cosa] que carece de gracia o atractivo. | M. Vigil *Ya* 3.3.63, sn: Había quedado oculta por unos sosos edificios decimonónicos. Arce *Precio* 186: –Hoy está esto muy soso. –Podemos ir a otra parte, si quieres.
3 (*raro*) Que no tiene azúcar. | Lera *Boda* 677: Eran diferentes los bollos: con azúcar o sin ella. Iluminada comenzó a repartir los de azúcar entre las solteras, y Rosa los sosos entre las casadas.

sospecha *f* Acción de sospechar. *Tb su efecto.* | Medio *Bibiana* 14: Marcelo Prats .. pensó, en principio, que no debía preocupar a Bibiana con sus sospechas.

sospechable *adj* Que se puede sospechar [1]. | MGaite *Búsqueda* 107: Esa identidad entre los suicidios de Madame Bovary y de Marilyn Monroe no es accidental, sino que alcanza a las enredadas causas que los motivaron y que los venían haciendo sospechables desde mucho tiempo atrás.

sospechar A *tr* **1** Tener la idea [de algo (*cd*)] basándose en conjeturas o indicios. | Arce *Testamento* 33: Para estas horas ya habrá sospechado que me ocurre algo. Kurtz *Lado* 131: Nada hacía sospechar su próxima muerte. **b)** Imaginar [algo] o tener idea [de ello]. | SLuis *Doctrina* 59: Cuando los tormentos del Purgatorio te torturen de manera inimaginable, superior a cuanto puedes ahora sospechar.
B *intr* **2** Considerar [a una pers. (*compl* DE)] como posible autora de un delito o falta, basándose en conjeturas o indicios. | Mihura *Modas* 76: Y tú, Andrés, no debes sospechar de mí. Porque si tú sospechas de mí yo me voy a enfadar mucho y mamá se va a enfadar también.
3 Desconfiar [de alguien o algo]. *Frec sin compl.* | Arce *Testamento* 32: Tendrá que pedir ese dinero y sospecharán. ¡No es fácil reunir de golpe cincuenta mil pesetas! Olmo *English* 51: Me ha dao miedo. Mi primo sospecha.

sospechosamente *adv* De manera sospechosa. | Castellano *SAbc* 1.12.68, 35: Tenían a un primogénito llamado Casto que ya iba por el segundo hijo y cuya esposa exhibía una falda sospechosamente opilada.

sospechoso -sa *adj* Que inspira sospecha. *Tb n, referido a pers.* | Ortega *Americanos* 91: Miró con un aire un tanto sospechoso. Yo disimulé. Espinosa *Escuela* 52: Provencio. Gobernador. Intentó clasificar los sospechosos de una Provincia.

sostén *m* **1** Acción de sostener [1, 2 y 4]. | Bustinza-Mascaró *Ciencias* 27: Tejidos de sostén. O. Aparicio *MHi* 7.68, 28: Denise fue llevada al quirófano con tratamiento de sostén.
2 Pers. o cosa que sostiene [1, 2 y 4]. | MSantos *Tiempo* 77: Permanecían sumidos en otra más baja existencia .. donde de la amistad no se manifiesta como comprensión espiritual sino como calor animal en el hombro y sostén para un centro de gravedad con peligrosa tendencia a proyectar su vertical fuera de la limitada base de sustentación. A. SAlcázar *Hoy* 15.8.76, 22: La pueblerina costumbre de tener un hijo cura que, al mismo tiempo que ahorra costes de estudios y manutención durante su formación, es compañía y sostén de la vejez.
3 Sujetador (prenda femenina). | Medio *Bibiana* 109: Natalia está junto a la cama, casi desnuda. En sostén y bragas.

sostenedor -ra *adj* Que sostiene. *Tb n, referido a pers.* | CDalda *Arr* 7.2.58, 13: En el centro del recinto se halla la única columna que sustenta al templo. De ella, a manera de palmera, irradian ocho arcos, sostenedores del embovedado. DCañabate *Paseíllo* 12: Mi padre fue el continuador y sostenedor de mi presencia en la plaza madrileña.

sostener (*conjug* 31) *tr* **1** Mantener [a una pers. o cosa] de manera que no caiga o se desprenda. *Tb fig.* | Cunqueiro *Un hombre* 13: Y volvió a sonreír, moviendo la jaula, ofreciéndosela, sostenida con las dos manos, al extranjero. *Lab* 2.70, 12: Dobladillo enrollado, sostenido con puntadas menudas. *Ya* 2.2.76, 24: Apropiación y utilización privadas de los fondos públicos para .. sostener un mercado de trabajo basado en la intensiva explotación de los trabajadores de la enseñanza. MGaite *Búsqueda* 42: Felipe V era partidario de las medidas tomadas por Macanaz .. ¿Pues por qué no le sostuvo cuando cayó en desgracia con la Inquisición? **b)** ~ **la mirada.** Mantenerse [alguien] mirando [a otro (*ci*) que a su vez le mira]. | Lera *Bochorno* 120: Miguel consiguió, en un alarde de fuerza de voluntad, sostenerle la mirada. MGaite *Cuento* 297: Tenía [el sapito] unos ojos redondos y muy negros y nos sostenía la mirada.
2 Mantener [a alguien o algo (*cd*) en una determinada posición o situación (*compl adv*)]. | Medio *Bibiana* 14: Marcelo dobla la almohada hacia adelante, de modo que le permita sostener la cabeza en alto. **b)** *pr* Mantenerse [en una determinada posición o situación]. | SEgea *Abc* 21.5.67, 68: Se instauran así los días buenos de mayo, que al principio se sostendrán moderadamente frescos. * El globo se sostiene en el aire.
3 Llevar a cabo [una acción] a lo largo de cierto tiempo. | Lapesa *HLengua* 219: Los tercios de nuestra infantería sostenían en toda Europa una lucha desigual y agotadora. Delibes *Guerras* 296: Podía dar a la estampa las conversaciones sostenidas entre ambos ocho años atrás. **b)** Permanecer prolongadamente [en una actitud o situación (*cd*)]. | Gilera *Abc* 26.9.70, 69: Los franceses no sostuvieron el tren de juego y el acierto, y los españoles empalaban con la fuerza y seguridad normales en ellos.
4 Atender a las necesidades vitales [de alguien (*cd*)]. | *Ya* 23.4.70, 1: Manolín –once años– sostiene a toda su familia (padre y casi trece hermanos). Halcón *Ir* 318: Nos dicen que estáis sin dinero y que has tenido que trabajar rudamente para sostenerte. **b)** Atender a los gastos [de algo (*cd*)]. | Torrente *DJuan* 135: Sonja ocupaba un ático elegante en el distrito XVI, sostenía un coche caro, y nada de lo que conocía de su vida revelaba la menor preocupación económica.
5 Defender [una opinión o una afirmación]. | Tierno *Humanismo* 38: Hay humanismo siempre que se sostiene que la moral y las instituciones de los ricos son perfectamente válidas para los pobres, en cuanto pobres.

sostenible *adj* Que puede ser sostenido. | G. Medina *SInf* 7.2.76, 12: Creer semejantes la naturaleza, trayectoria y desenlace del Régimen de Franco y de la V República [francesa] es algo difícilmente sostenible.

sostenidamente *adv* De manera sostenida [2]. | Van 8.11.73, 12: Información meteorológica .. Presiones subiendo sostenidamente desde el golfo de León a Menorca, a Córcega, Cerdeña y golfo de Génova.

sostenido -da I *adj* **1** *part* → SOSTENER.
2 [Cosa] que se mantiene sin variación apreciable. | Pla *América* 175: La sangre italiana es dominante aquí, y la corriente inmigratoria no parece haber terminado todavía. Los italianos continúan llegando a un ritmo sostenido. *Ya* 15.4.64, 16: Sostenidos los [valores en Bolsa] de alimentación, y recuperaciones en Inmobiliaria.
3 (*Mús*) [Nota] cuya entonación excede en un semitono mayor a la que corresponde a su sonido natural. | Grosso *Capirote* 196: El corneta rubricó el solitario arabesco de un do sostenido. Los tendones de la garganta parecían estallarle dilatados hasta el último extremo de la vibración. R. Urgoiti *Abc* 19.3.58, 21: Instrumentos de notas sostenidas: Cuerda, Madera, Metal.
II *m* **4** (*Mús*) Signo que se antepone a una nota para indicar que ha de elevarse un semitono. | Casares *Música* 17: Cada nota de la escala se puede subir medio tono por medio de este signo .., que llamamos sostenido.

sostenimiento *m* Acción de sostener(se). *Tb su efecto.* | Bustinza-Mascaró *Ciencias* 139: Son las [abejas] obreras las que realizan la mayor parte de las labores que tienen por objeto el sostenimiento de la sociedad. J. Sáenz *Alc* 31.10.62, 29: Sostenimiento en alimentación y firmeza discreta en el resto del mercado [en bolsa].

sostre *m* (*Mar, hist*) Cubierta. | MHidalgo *HyV* 10.71, 80: Bajo el plan de la espalda se aprovechaba el espacio hasta el sostre o cubierta para estibar los barriles de agua dulce.

sota A *f* **1** *En la baraja española:* Décima carta de cada palo, que se representa con la figura de un paje. | *Abc Extra* 12.62, 87: Los españoles hemos sido conservadores rabiosos hasta en las cartas. Nuestros caballos .., nuestras sotas o pajes, no han cambiado jamás.
2 (*col*) Mujer insolente y descarada. *Tb adj.* | * Esta cría es una sota.
3 (*col*) Prostituta. | Cela *Izas* 78: Petrita es sota pobre y feliz.
B *loc n m* **4** ~**, caballo y rey.** (*col*) Conjunto de cosas dispuestas y ordenadas de manera fija y rutinaria. | JCorella *SYa* 9.5.74, 32: La moda quedaba circunscrita a poder vestirse decentemente. Al obligado sota, caballo y rey de todos los días. Y, como excepción, el obligado traje dominguero. Berlanga *Recuentos* 54: Hazme cestas vistosas, que los mimbres poco importan o no hay; quiero decir que nunca podrás salirte del sota, caballo y rey, ¡para qué engañarnos!

sotabanco *m* **1** Piso habitable situado encima de la cornisa general de un edificio. | MSantos *Tiempo* 216: Yo vivía en el sotabanco y tenía la tienda abajo, en el portal.
2 (*Arte*) Predela. | Villarta *Rutas* 172: Sigue luego [en la capilla] un sotabanco, donde se ven colocadas las figuras de San Valentín y Santa Engracia.

sotabarba *f* Papada. | MSantos *Tiempo* 125: La barbilla que mantenía erguida evitando .. que la sombra de la sotabarba pudiera hacer nada más que insinuarse. J. M. Moreiro *SAbc* 15.2.70, 12: El techo de la despensa se puebla de suculentas "cámaras de bicicleta", olorosas y frescas, que paliarán las necesidades culinarias del año hasta que llegue otro San Martín y al cerdo le crezca la sotabarba.

sotacola *f* Ataharre. | MCalero *Usos* 18: Arreos de buen cuero .. y ya muy usados ataharres o sotacolas.

sotacómitre *m* (*Mar, hist*) Hombre que ocupa el puesto inmediatamente inferior al de cómitre, al que sustituye en caso de necesidad. | MHidalgo *HyV* 10.71, 77: La distribución del casco, de popa a proa, es la siguiente: .. Cámara de velas (cómitre) .. Cámara de jarcias (sotacómitre) .. Cámara del cirujano.

sotamano *m* (*Dep*) *En el juego de pelota:* Golpe que se da a la pelota antes de que bote y haciendo girar el brazo por debajo del hombro. *Frec en la constr* A ~. | Zunzunegui *Camino* 466: Era un pelotari mimbreño .. Sus sotamanos, pues jugaba de delantero, eran .. inigualables.

sotana *f* Vestidura talar ajustada por el cuerpo y abotonada por delante de arriba abajo, propia de los eclesiásticos, y a veces usada también por los legos en las funciones

sotanilla – soul

de iglesia. | Laforet *Mujer* 314: El padre era más bajo que la señora; a aquella luz, su sotana verdeaba.

sotanilla *f* Sotana de monaguillo o de seminarista. | J. Laso *Abc* 29.3.80, 3: ¿Por qué puede extrañarnos que estos chavales [los monaguillos], que ya perdieron sotanilla y roquete .., hagan uso del derecho a la huelga? CPuche *Conocerás* 41: Conforme nos aposentábamos [los seminaristas] en la nueva sala, se imponía el rito de colgar cada uno su menguado traje .. en aquella silla siniestra, y rápidamente nos enfundábamos en la sotanilla.

sótano *m* Planta de un edificio situada por debajo del nivel de la calle. | Olmo *Golfos* 149: En el sótano existe un taller de planchado.

sotapatrón *m* (Mar) Hombre que ocupa el puesto inmediatamente inferior al de patrón, al que sustituye en caso de necesidad. | Aldecoa *Cuentos* 1, 59: Si yo falto, el sotapatrón es el que tiene la voz a bordo.

sotaventear *intr* (Mar) Ir a sotavento. *Tb pr. Tb fig.* | Aldecoa *Gran Sol* 129: La mano izquierda [de Macario] estaba oficialmente a barlovento; solo en la clandestinidad de los ranchos, en las tabernas, en los lupanares sotaventeaba.

sotavento *m* (Mar) Parte opuesta a aquella de donde viene el viento. *Frec en la constr* A ~. *Tb fig.* | Aldecoa *Gran Sol* 128: Mira, Macario, tú tienes la izquierda a barlovento y la derecha a sotavento. Yo al revés. *DMa* 29.3.70, 30: Zendrera, que venía de fuera, queda en sotavento de Oliver, que es el primero en montar la baliza. Torrente *Vuelta* 267: –Puedes llevarte el coche. –¿Para qué? ¿Para salir volando? Voy mejor a pie. Será cuestión de caminar a sotavento.

sotechado *m* Cobertizo. | Delibes *Ratas* 109: Esa misma noche, el Nini robó un bidón de gasolina del sotechado del Poderoso.

soteño -ña *adj* Que se cría en soto. *Gralm como especificador de una especie de escribano (ave)* (→ ESCRIBANO). | Lama *Aves* 72: Si es cierto .. que entre las Emberizas también hay algunas especies que en ocasiones emiten algunas llamadas o silbidos suaves, entrecortados y aislados, el Escribano soteño (Emberiza cirlus) es, entre todas ellas, el único que, de una forma clara, frecuente y armónica, canta.

soteriología *f* (Rel) Doctrina de la salvación. | Rábade-Benavente *Filosofía* 234: La religión se aparece, inicialmente, como una soteriología, como una doctrina de salvación.

soteriológico -ca *adj* (Rel) De (la) soteriología. | R. Roquer *Van* 20.12.70, 32: Además de su incuestionable mesianismo, este texto contiene alusiones trinitarias .. y distingue la universalidad religiosa en su bidimensionalidad: soteriológica y pacificadora.

soterradamente *adv* De manera soterrada. | MSantos *Tiempo* 182: Si hay algo constante, algo que soterradamente sigue dando vigor y virilidad a un cuerpo, .. ese algo deberá ser analizado.

soterrado -da *adj* **1** *part* → SOTERRAR.
2 Subterráneo. *Frec fig.* | Cunqueiro *Crónicas* 7: En ella, amén de la gente natural del sobremundo, andan fáciles y vigilantes pasajeros, gentes de las soterradas alamedas, finados vespertinos, fantasmas. Alfonso *España* 80: Esos rasgos de carácter, valioso[s] y un tanto soterrados, que pese a todo poseemos. Laín *Gac* 11.5.69, 22: Tal es la realidad vital de Juan y Elisa: la dorada apariencia social de una existencia de "triunfadores"; la soterrada y dolorosa ansiedad cotidiana .. de una relación sexual que a ninguno de los dos satisface.

soterramiento *m* Acción de soterrar. | J. M. Rupérez *DBu* 15.5.90, 4: La entrada en vigor del PECH está relativamente próxima a la puesta en marcha del proyecto de soterramiento del ferrocarril.

soterraño -ña *adj* (lit) Soterrado o subterráneo. | GSosa *GCanaria* 118: También en una morada soterraña tiene bóveda y altar la Señora del pueblo: la Virgen de la Cuevita. RMoñino *Poesía* 59: Un tipo de literatura .. que, soterraña, habrá de continuar hasta que a fines del siglo XVIII don Nicolás Fernández de Moratín escribe su *Arte* de nefanda apelación.

soterrar *tr* Enterrar o poner bajo tierra [a alguien o algo]. | Mascaró *Médico* 105: Se conoce con este nombre [síndrome del aplastamiento] el conjunto de síntomas que aparecen en los individuos que han sido soterrados. Faner *Flor* 102: Diodor cargó el baúl sobre una mula .. Una vez soterrado el cofre, disimuló el emplazamiento con varias paletadas de sal.

sotho (ing; pronunc corriente, /sóto/) *adj* De un grupo de pueblos del Sur de África, que habita pralm. en Botsuana, República Sudafricana y Lesotho. *Tb n, referido a pers.* | B. Mostaza *Ya* 19.6.76, 7: El propósito del Gobierno blanco de la República Surafricana es ir independizando a las distintas etnias negras: bantú, xhosa, zulú, tswana, sotho, tsonga, swazi.

sotileza *f* (lit, raro) Sutileza. | A. MAlonso *HLM* 1.7.74, 3: Caben reservas, inhibiciones, ambigüedades, sotilezas, tentaciones matutinas y vespertinas, diálogos en cuadernos.

soto *m* Sitio de poca extensión poblado de árboles y arbustos. | Hoyo *Caza* 10: Pasado el puente, en pleno soto, está el cauce del molino de Matapobres. Berlanga *Gaznápira* 40: Monchel es un páramo salpicado de cabezuelos y caídas, más rocho que labrantío, un monte pelado con cuatro sabinas, sotillos y lometas.

sotobosque *m* Vegetación de matas y arbustos que crece bajo los árboles de un bosque. | Delibes *Parábola* 144: Las ramas altas del seto gotean .. sobre las inferiores, y en la penumbra de los bajos apunta el sotobosque: los incipientes abanicos de los helechos .., la aspereza de las ortigas.

sotrozo *m* Pasador de hierro que atraviesa el pezón del eje para que no se salga la rueda. | MCalero *Usos* 16: Buena cabria de madera de negrillo para levantar los carros y soltando estornejas y sotrozos poder sacar la rueda del pezón del eje.

sotto voce (it; pronunc corriente, /sóto bóče/) *loc adv* En voz baja. *Frec fig. Tb adj.* | T. Medina *Inf* 22.10.70, 23: Es una conversación mantenida "sotto voce", llena de medias palabras, casi en un susurro. Torrente *Isla* 70: Conciliábulos, disputas de estrategia y de táctica, arengas *sotto voce*, y también ejecuciones secretas de traidores y eliminación de sospechosos.

sotuer (Heráld) **I** *m* **1** Pieza en forma de aspa, formada por una banda y una barra cruzadas. | Cela *Mazurca* 195: Era caballero rosacruz, en el brazo llevaba tatuado el sotuer y las cuatro rosas.
II *loc adv* **2 en ~.** En aspa. | F. Ángel *Abc* 1.5.58, 7: Probó su nobleza en la Orden de Alcántara, en 1694. Sus armas. En campo de oro, cinco cuervos de sable, puestos en sotuer.

soturno -na *adj* (lit, raro) Taciturno. | Torrente *Sombras* 50: Llegó a casa preocupada y permaneció silenciosa y soturna durante todo el almuerzo, ella, siempre locuaz y hecha una pura risa.

soubrette (fr; pronunc corriente, /subrét/) *f* Sirvienta de comedia. | E. Iparraguirre *SAbc* 1.2.70, 42: Tres actrices: una para provocar la pasión desnuda, otra para embellecerla con un halo romántico, y la última para encantar. Una "soubrette". **b)** Doncella o camarera amable y despierta. | Zunzunegui *Camino* 120: Ella cambiaba el polvo de sitio todas las mañanas, y servía a la mesa con cofia y guantes blancos y era la *soubrette* de la señorita Socorro.

soufflar → SUFLAR.

soufflé (fr; pronunc corriente, /suflé/; tb con la grafía semiculta **soufle**) *adj* Suflé. *Más frec n m.* | *Cocina* 458: No todas las clases de patatas sirven para hacer patatas soufflés. Savarin *SAbc* 8.2.70, 48: Los dos tomamos el mismo postre, un "soufié" al "Gran Marnier".

souflar → SUFLAR.

souflé → SOUFFLÉ.

soul (ing; pronunc corriente, /sóul/) *adj* [Música] de los negros americanos, en la que se combinan elementos de jazz, pop y blues. *Frec n m.* | LTena *Luz* 54: Música "soul", delirante. J. Montini *VozC* 25.7.70, 6: Esta mujer –a la que llaman "reina del soul"– no se anda con regímenes de alimentación.

souteneur *(fr; pronunc corriente, /suténér/; pl normal, ~s) m (hoy raro)* Hombre que vive a costa de una o varias prostitutas. | H. Oliva *Tri* 20.2.71, 15: La frecuencia de las violencias, omisiones de pago, disputas sobre las cuantías han hecho precisa una protección incluso física, y de aquí la necesidad de hombres que sostengan (souteneurs), que en el argot se llaman "chulos".

souvenir *(fr; pronunc corriente, /subenír/; pl normal, ~s) m* Objeto adquirido u obtenido en un lugar, como recuerdo de la visita a este. | Miguel *Mad* 22.12.69, 13: Riadas de europeos nos visitan, y esto deja huella. Surge la gran industria del "souvenir".

soviet *(ruso; pronunc corriente, /sóbiet/; pl normal, ~s) m* **1** Cámara de representantes de la antigua URSS. | J. V. Colchero *CCa* 13.4.72, 15: Ha comenzado en el Soviet Supremo el proceso de ratificación del tratado de fronteras y renuncia a la violencia con la República Federal.
2 *En pl:* Régimen o gobierno de la antigua URSS. | *Van* 4.11.62, 11: Los soviets están llevando a efecto el desmantelamiento de las bases de proyectiles balísticos teledirigidos que habían instalado en Cuba.
3 *(hist) En la Revolución rusa de 1917:* Consejo de delegados obreros y soldados. | Vicens *Polis* 485: En febrero de 1917 se organizaron grandes manifestaciones pidiendo pan y paz; los soldados encargados de reprimirlas hicieron causa común con los trabajadores y constituyeron con ellos consejos (soviets) de obreros y soldados.

soviético -ca *adj* De la antigua URSS. *Tb n, referido a pers.* | *Van* 4.11.62, 14: El profesor soviético Lev Davidovic Landau, a quien .. le ha sido concedido el Premio Nobel de Física 1962.

sovietismo *m* Tendencia o sistema soviéticos. | Goytisolo *Recuento* 524: El sovietismo, la enfermedad senil del comunismo.

sovietista *adj (raro)* Soviético. | J. Losada *Sáb* 17.5.75, 47: Aquella Junta estaba formada por todos los partidos obreros, menos el comunista ..; puntualización de suma importancia para comprender los dramáticos momentos que siguieron a la rebelión de Madrid contra la dominación sovietista.

sovietización *f* Acción de sovietizar(se). | Laiglesia *Tachado* 291: La sovietización de Burlonia se llevó a cabo con gran rapidez.

sovietizador -ra *adj* Que sovietiza. | B. Mostaza *Ya* 18.6.75, 11: Es ya numeroso el grupo de oficiales que sintonizan con la tendencia sovietizadora de la "revolución de los claveles". Campmany *Abc* 12.4.85, 17: Elevad .. arcos triunfales para que pase el grande e inmarcesible don Pololo da Vinci, sovietizador de Europa.

sovietizante *adj* Partidario de la antigua URSS. *Tb n, referido a pers.* | L. Calvo *Abc* 20.8.69, 17: Husak echa la jauría sovietizante del partido a los hombres que gobernaron el país en el período turbulento del 68.

sovietizar *tr* Someter [algo o a alguien] a la autoridad o a la influencia soviéticas. | FSalgado *Conversaciones* 343: Si pudiese triunfar esta alianza, no pasarían muchos meses sin que España fuese sovietizada. **b)** *pr* Pasar a estar sometido a la autoridad o a la influencia soviéticas. | Laiglesia *Tachado* 321: La suave y aromática "zusta" burlona era otra de las muchas cosas agradables que desaparecieron al sovietizarse el principado.

sovietólogo -ga *m y f (Pol)* Especialista en política soviética. | *Ya* 28.12.90, 12: Como han resaltado algunos sovietólogos, Gorbachov acumula legalmente un poder inmensamente mayor que sus predecesores.

sovjós *m En la antigua Unión Soviética:* Granja piloto perteneciente al Estado. | M. D. Gant *Rev* 7/8.70, 8: Stalin pudo estar orgulloso de los "sovjoses" o granjas de explotación estatal.

sovoz. a ~. *loc adv (lit)* En voz baja. *Tb fig.* | J. HPetit *Ya* 3.7.75, 44: A sovoz, "a can d'orella", uno de los giros más bellos de la tierra catalana, se nos fue para siempre Bartolomé Soler.

spaghetti *(it; pronunc corriente, /espagéti/) m pl* Espagueti. | Laiglesia *Tachado* 68: Los últimos *spaghetti* que comió en Italia antes de emprender el viaje.

spaghetti-western *(ing; pronunc corriente, /espagéti-wéstern/; pl normal, invar) m* Western-spaghetti. | *Ya* 1.5.89, 1: Sergio Leone, creador del "spaghetti western", muere de un ataque cardiaco.

spahi *(fr; pronunc corriente, /espaí/ o /espái/) m* Espahí. | *Gar* 15.9.62, 61: En Senlis se ha disuelto el 7º Regimiento de "spahis", los legendarios jinetes coloniales.

spanglish *(ing; pronunc corriente, /espánglis/) m (humorist)* Lengua española usada con abundancia de anglicismos. | *Ciu* 8.74, 13: Los americanos quisieron reducir a la comunidad portorriqueña .., para lo que acudieron al método de destruir su idioma .. introduciendo vocablos con sonido español procedente[s] del inglés .. Así apareció el "spanglish".

spaniel *(ing; pronunc corriente, /espániel/; pl normal, ~s) m* Perro de caza inglés, de origen español, de largas orejas y pelo sedoso. *Tb adj.* | *Gar* 4.8.62, 61: El perro que tanto miedo le inspira es el cocker "spaniel" "Honey Pi[e]", "torta de miel". A. Valle *SYa* 20.10.74, 49: Perros. Este gracioso y nervioso .. ejemplar que reproducimos en la fotografía pertenece a la raza de los épagneuls o spaniels.

sparring *(ing; pronunc corriente, /espárin/; pl normal, ~s) m (Boxeo)* Boxeador que actúa como adversario en el entrenamiento [de otro]. *Tb fig, fuera del ámbito del boxeo.* | *Voz* 6.11.70, 16: Urtaín, con su representante, Branchini; el preparador, Manolo del Río; el "sparring", Getulio Bueno, y Pedro Carrasco, esperaban la llamada para subir al avión. *País* 23.4.80, 8: El presidente no puede, o no debe, hurtar el bulto para endosar a un segundo suyo el papel de *sparring*. L. Gómez *País* 1.2.84, 39: Estaba bien el Scavolini como sparring de cara al encuentro frente al Barcelona. [*Baloncesto.*]

sparring-partner *(ing; pronunc corriente, /espárin-párner/; pl normal, ~s) m* Sparring. | *Abc* 5.11.75, 73: Henry Clark, ex "sparring-partner" de George Foreman, .. ha declarado, por su parte, que Mohamed Alí le había prometido un combate el año pasado.

speaker *(ing; pronunc corriente, /espíker/; pl normal, ~s) m* **1** *(hoy raro)* Locutor de radio. | Miquelarena *Abc* 20.4.58, sn: Levanta por sus indecisiones un comentario del "speaker".
2 *(Pol) En Gran Bretaña y otros países de la Commonwealth:* Presidente de la Cámara de los Comunes. | *Abc* 30.12.65, 78: Entre los dignatarios extranjeros que representarán a sus Gobiernos se incluyen el primer ministro de Corea del Sur .. y el "speaker" del Parlamento australiano.

speech *(ing; pronunc corriente, /espíč/; pl normal, ~es) m* Discurso. *Tb fig.* | L. Blanco *Ya* 22.6.75, 17: La llamada oposición tolerada o no extremista está consiguiendo una cierta audiencia a base de colocar algún que otro "speech" en homenajes, presentaciones de libros y conferencias. Berlanga *Recuentos* 85: Controlas sus primeras apariciones en la tele, le escribes algún speech... y a trotar.

speed *(ing; pronunc corriente, /espíd/) m (jerg)* **1** Anfetamina. | *Ya* 17.9.86, 35: En sus domicilios se hallaron otros 6,25 kilos de hachís, 80 gramos de "speed", tres balanzas de precisión y 388.000 pesetas.
2 Estado de euforia causado por el consumo de drogas. | L. C. Buraya *Ya* 31.5.87, 37: Utilizaban [los mods] las anfetaminas y pastillitas similares para procurarse un *speed* que no querían conseguir a base de cerveza o whisky para evitarse broncas en casa.

speedball *(ing; pronunc corriente, /espídbol/) m (jerg)* Mezcla de cocaína y heroína, morfina o anfetamina. | L. C. Buraya *SYa* 28.1.90, 6: John Belushi, el gordo más simpático y delirante del rock, actor y músico querido por todos, capaz de ingerir tales cantidades de *speedball* (explosiva mezcla de cocaína y heroína) que sus propios amigos se asombraban de que no reventara.

spencer *(ing; pronunc corriente, /espénser/; pl normal, ~s) m* Chaqueta corta y ajustada. *Tb* CHAQUETA ~. | *SD16* 3.6.90, 72: Traje de chaqueta con spencer corto y pantalón en lana fría. *SPaís* 1.3.92, 21: Moschino ha plasmado su sencillez en este conjunto .. compuesto por vestido largo con escote bañador y chaqueta spencer corta con cuello y solapa blancos.

speos – sprint

speos (tb **speo**) m (Arqueol) Templo excavado en la roca. | Angulo Arte 1, 38: Además de estos templos construidos sobre la superficie de la tierra, los egipcios labran otros excavados .. Conservan aún el nombre griego de speos, es decir, cueva. Tanto el speo mayor .. como el menor de Ipsambul tienen gigantesca fachada labrada en la roca misma de la montaña.

spider (ing; pronunc corriente, /espáider/; pl normal, ~s) m Automóvil deportivo, descapotable y de dos plazas. | Remet SInf 25.11.70, 8: Debido a su enorme éxito comercial, en agosto del año 1966 Fiat decidía lanzar al mercado el "124 sport" en versión "coupé" y "spider".

spin (ing; pronunc corriente, /espín/; pl normal, ~s) m (Fís) Movimiento de rotación de una partícula elemental sobre sí misma. | Aleixandre Química 14: El electrón, al propio tiempo que gira alrededor del núcleo, tiene a su vez un movimiento de rotación alrededor de sí mismo (como una peonza) que recibe el nombre de spin del electrón; el spin puede ser positivo o negativo, según que el giro sea en un sentido o en sentido contrario.

spinnaker (ing; pronunc corriente, /espináker/; pl normal, ~s) m (Dep) Vela grande, triangular y muy ligera, usada en yates de regatas esp. con vientos flojos y largos. | J. A. Padrón Día 26.5.76, 5: Cuando llegó el momento de la salida de las embarcaciones de las divisiones I y II de la clase "B", más y más velas y, casi enundándolas, la espectacularidad y colorido de los "spinnakers".

spinto -ta (it; pronunc corriente, /espínto/) adj (Mús) [Cantante] cuya voz reúne calidad lírica y dramática. Tb n. | FCid Abc 20.9.70, 70: Vemos a líricos, mi aun "spintos", que cantan papeles de tenor dramático. FCid ByN 1.8.79, 51: Tuvo intérpretes de rango: los solistas Margaret Price, gran soprano; .. el tenor Nicolai Gedda, no tenor "spinto", pero siempre artista de mucha clase.

spiritual (ing; pronunc corriente, /espirituál/; pl normal, ~s) m Espiritual (canto religioso de los negros norteamericanos). | Torrente Off-side 187: En la gramola, un coro negro canta un spiritual.

spleen (ing; pronunc corriente, /esplín/; pl normal, ~s) m Esplín. | P. Maisterra Van 20.12.70, 53: Nada justifica esa acometida de "spleen", por lo menos ante los ojos que nos miran.

splitting (ing; pronunc corriente, /esplítin/) m (Econ) Sistema de repartición del impuesto sobre la renta, basado en la suma de dos rentas y su división por dos. | Be. Blanco Ya 16.6.90, 27: Se primará la declaración conjunta, para las familias cuyos miembros obtengan rentas en torno a los tres millones de pesetas, a las que, en la práctica se les aplicará el "splitting" (consiste en sumar las rentas obtenidas, dividirlas entre dos, aplicar la tarifa y multiplicar la cuota resultante por dos).

spoiler (ing; pronunc corriente, /espóiler/; pl normal, ~s) m (Autom) Dispositivo destinado a mejorar las condiciones de penetración de un vehículo en el aire, reduciendo el consumo de carburante en relación con la velocidad. | Cam 27.2.84, 5: Opel Manta .. Un verdadero genio de competición equipado con el sello y estilo que buscan los conductores más exigentes. Spoilers delantero y trasero, motor de inyección, frenos y suspensión equipados para una conducción más deportiva.

sponsor (ing; pronunc corriente, /espónsor/; pl normal, ~s) m Patrocinador (pers. que patrocina económicamente). Frec en deportes. | Ya 21.8.85, 43: Antena 3 ha firmado un contrato con el Principado de Andorra por el que este participa como "sponsor" en la cobertura que se llevará a cabo de La Volta Ciclista a Catalunya. C. RTembleque SYa 16.4.89, 30: Investrol cuenta con unos recursos de más de 3.000 millones de pesetas, y ha sido promovido por Mercapital, mientras que Sudimer, cuyos "sponsors" son Compagnie Financière de Suez, Dillon Read y Mercapital, dispone de un capital de 62 millones de dólares. Abc 23.6.86, 19: Parfums Cacharel. Sponsor de la vela en España. Les anuncia la participación de su barco en próximas regatas.

sponsorización (pronunc corriente, /esponsoriθaθión/) f Esponsorización. | Abc 26.5.85, 81: Zanussi felicita al Real Madrid por la obtención de este nuevo título europeo. Nos sentimos orgullosos de haber participado con nuestra sponsorización en este gran triunfo del deporte español.

sport (ing; pronunc corriente, /espór/; pl normal, ~s en acep 1; invar en las demás) **I** m **1** (hoy raro) Deporte. | F. Vadillo As 22.9.74, 27: Alís rivalizó con Ricardo Zamora y Pepe Samitier en la idolatría de los aficionados al "sport". Ale 7.8.81, 25: Campos de Sport de "El Sardinero". Viernes .., emocionante encuentro amistoso Athletic Club-Real Racing Club.
2 Estilo de vestir de sport [3]. | * Este año se lleva mucho el sport.
II loc adj **3 de ~**. [Vestido o calzado] informal, que no puede ser elegante. Tb, simplemente, ~. Tb adv. | Arce Precio 124: Me había puesto un bañador y ropa de sport. **b)** [Calcetín] que llega a la rodilla, gralm. más grueso de lo normal. Tb, simplemente, ~. | Ya 5.12.73, 19: Cálidos y prácticos calcetines sport de Orlón.
4 de ~. [Automóvil] de línea semejante a los de competición. Tb, simplemente, ~. | Ya 15.10.67, sn: Si tiene un coche de carreras o de sport, .. sus RPM aumentarán hasta 200 más en ralentí y hasta 300 más a altas velocidades. Marsé Tardes 9: Se alejan .. en dirección a un pálido fulgor que asoma en la próxima esquina: un coche sport.
III loc adv **5 por ~**. (col) Por deporte. | Diosdado Usted 70: –Qué va, si lo hago por sport. –¿Qué? –Que me gusta.

sportman (pronunc corriente, /espórman/; pl normal, ~s; raro, SPORTMEN) m (raro) Hombre que practica el deporte por afición. | Delibes Hoja 59: Poldo Pombo, el sportman, solía decir en determinados raptos de romanticismo: "¿Quién de los cuatro sobrevivirá a los demás?". **b)** Hombre que se comporta con deportividad. | R. Navarro HLM 26.10.70, 33: El comportamiento de los dos ha sido en todo momento de auténticos "sportmen".

sportswear (ing; pronunc corriente, /espórtwer/; pl normal, ~s) m (Ing) Ropa de sport. | País 23.3.80, 22: El "Sportswear" es un estilo de vestir que se adapta a cualquier edad y configuración masculina.

spot (ing; pronunc corriente, /espót/; pl normal, ~s) **I** m **1** Película publicitaria que dura muy pocos segundos. Frec ~ PUBLICITARIO. | Mun 23.5.70, 2: Somos una agencia de publicidad. Pero somos los primeros en reconocer que muchos spots son pesadísimos. Eso nos preocupa porque conocemos el poder de la televisión. Diosdado Usted 71: Imagínate: Carteles tuyos por todas partes, spots de cine, de televisión, posters.
2 Pequeño proyector de luz que concentra su haz en un objeto determinado. | H. Marabini Todo 12.79, 55: La luz, directa o indirecta: los "spots" que iluminan cuadros o muebles; los tonos pálidos y las maderas claras.
II adj **3** (Econ) [Mercado] de pago al contado o en efectivo. | Ya 16.12.79, 27: Si estos aumentos se confirmaran, es muy posible que en pocos meses cayera la demanda mundial de forma tan acusada que el mercado "spot" quedase reducido a la mínima expresión.

spotter (ing; pronunc corriente, /espóter/; pl normal, ~s) m (Mil) Cierto aparato de observación. | Delibes Madera 351: Fondeados en la bahía, durante las guardias, pensaba en ella mientras repasaba con el spotter el perfil de la ciudad.

spray (ing; pronunc corriente, /esprái/; pl normal, ~s) m Envase que contiene un líquido mezclado con un gas a presión, de modo que al oprimir una válvula sale el líquido finamente pulverizado. Tb el mismo líquido. | Fam 15.11.70, 25: Spray desodorante. Especial para después del aseo diario. D16 14.12.76, 28: 5.000 "sprays" vendidos en dos días .. Más de 5.000 botes de "sprays" se han vendido en las droguerías de Málaga en los dos últimos días. Los colores más comprados han sido el negro y el rojo. J. M. FRúa Abc 17.4.80, 6: Por lo que se refiere a la proposición socialista sobre legalización de "sprays" de defensa personal, el parlamentario de ese grupo señor Lizón argumentó que estos aerosoles son adquiridos .. por numerosas personas.

sprint (ing; pronunc corriente, /esprínt/ o /esprín/; pl normal, ~s) m (Dep) Aceleración máxima para destacarse en una carrera, esp. al llegar cerca de la meta. Tb fig. | SInf 23.3.70, 8: El inglés .. logró su triunfo en un sprint con el veterano Gaston Roelants. Bal 29.3.70, 39: Este certamen literario juvenil .. ha entrado ahora .. en su sprint final.

sprintar (*pronunc corriente,* /esprintár/) *intr* (*Dep*) Esprintar. | J. A. Medrano *SArr* 27.12.70, 48: Conforman un "pelotón de cabeza", cómodo y acomodaticio, en que solo de vez en cuando se atreve a "sprintar" alguno. *HLM* 25.4.77, 28: El Barcelona "sprinta" en serio.

sprínter (*ing; pronunc corriente,* /esprínter/; *pl normal,* ~s) *m y f* (*Dep*) Espránter. | *VozC* 29.6.69, 3: El recorrido [de la etapa] estaba vivito y coleando para los sprinters.

sputnik (*ruso; pronunc corriente,* /espútnik/; *pl normal,* ~s) *m* (*hoy raro*) Satélite artificial ruso. | MCampos *Abc* 3.12.57, 3: Rusia .. se contenta con los "sputniks". F. Oliván *Abc* 30.12.65, 23: A propósito de los sputniks, uno que se exhibió en la Exposición de Londres era un ridículo armatoste destinado a desorientar al público y a los expertos.

squash (*ing; pronunc corriente,* /eskuás/) *m* Modalidad de tenis, para 2 o 4 jugadores, que se juega en una habitación cerrada botando con raquetas de mango largo una pelota contra la pared. | *Abc* 20.5.75, 20: Concebido [el Club Internacional de Tenis] sobre la base única de la práctica del tenis y el squash. VMontalbán *Pájaros* 201: Dejó a los del *squash* peleándose con las paredes.

squatter (*ing; pronunc corriente,* /eskuáter/; *pl normal,* ~s) *m y f* Pers. que ocupa ilegalmente una vivienda vacía. | MDescalzo *Abc* 16.12.70, 30: El dato puede encontrarse en el "Informe de la Comisión especial para la lucha contra los squatters y las barracas de Manila".

srilankés -sa (*pronunc corriente,* /esřilankés/) *adj* De Sri Lanka. *Tb n, referido a pers.* | *Ya* 19.9.86, 22: Siete personas resultaron muertas ayer al explosionar un coche-bomba en una parada de autobús en la localidad srilankesa de Battilacoa.

stabat mater (*lat; pronunc corriente,* /estábat-máter/) *m* Himno dedicado a los dolores de la Virgen, que comienza con las palabras *stabat mater*. *Tb su música.* | Subirá-Casanovas *Música* 154: Sorprende [Poulenc] con un *Stabat Mater* frente a la pantomima grotesca de *Les Mamelles de Tirésias*.

staccato (*it; pronunc corriente,* /estakáto/; *pl normal,* STACCATI) *m* (*Mús*) Modo de ejecución con notas netamente separadas entre sí. | *Música Toledo* 38: Se presenta como el prodigio de una gran riqueza conseguida con la máxima economía de medios sobre un ritmo obsesivo que recuerda los staccati de una descarnada guitarra.

stack (*ing; pronunc corriente,* /esták/; *pl normal,* ~s) *m* (*Informát*) Zona de memoria destinada a contener información transitoria. | *SYa* 27.6.74, 42: El HP-65 es el primer calculador de bolsillo que ofrece una memoria externa .. Un "stack" o conjunto rotativo automático de 4 registros y notación inversa polaca (Lukasiewicz) proporciona el método más eficiente conocido en informática para evaluar expresiones matemáticas.

stádium (*pronunc corriente,* /estádium/; *pl normal,* ~s) *m* Estadio (campo de deportes). | CPuche *Paralelo* 187: ¿Es que no te acuerdas ya .. de las octavillas del Stádium?

staff (*ing; pronunc corriente,* /estáf/; *pl normal,* ~s) *m* Equipo de colaboradores, esp. importantes, [de un ministerio o de una empresa]. | *Alc* 31.10.62, 6: El editor [de la revista] y dos de los altos miembros del "staff" siguen detenidos. *País* 25.2.78, 8: Ha sido designado [Enrique Fuentes] jefe del *staff* de asesores económicos del presidente del Gobierno.

stage (*fr; pronunc corriente,* /estáʒ/) *m* Curso de formación o de perfeccionamiento. | *Abc* 28.8.66, 79: Faema, S.A. Le ofrece para su Delegación en Madrid la oportunidad de entrar en un equipo serio, moderno y dinámico. La de pasar en "stage" en un curso de formación a nivel europeo. *As* 22.9.74, 25: "Stage" para árbitros de Primera División. Se pretende calificar y actualizar a nuestros más notables colegiados.

stagflación (*pronunc corriente,* /estagflaθión/) *f* (*Econ*) Estanflación. | *Abc* 15.3.74, 76: La "stagflación" (estancamiento con inflación), tan peligrosa para la paz social, parece vislumbrarse en el horizonte de los países industrializados.

stajanovismo (*pronunc corriente,* /estaχanobísmo/) *m* (*Econ*) En los países de economía socialista: Sistema encaminado a incrementar el rendimiento, por medio de incentivos ofrecidos a los trabajadores más eficientes. | *Ya* 3.3.63, 3: El Presidente Dorticós anunció el régimen de "normas" .., las campañas de "emulación socialista" –calcadas, una vez más, en las del "stajanovismo" ruso–.

stajanovista (*pronunc corriente,* /estaχanobísta/) *m y f* (*Econ*) Trabajador que aplica los principios del stajanovismo. *Tb fig, humoríst, fuera del ámbito técn.* | GSerrano *Ya* 17.11.63, 3: Los premios tocan casi siempre –por no decir siempre– a los miembros de la N.K.V.D., a los stajanovistas y a los otros privilegiados del régimen.

staliniano -na (*pronunc corriente,* /estaliniáno/) *adj* Stalinista [1]. | L. Calvo *Abc* 25.11.70, 41: La "contestación" soviética y sus sabios "contestatarios" reclaman una pizquita de libertades .. que les distinga de los sabios del tiempo staliniano.

stalinismo (*pronunc corriente,* /estalinísmo/) *m* Sistema político stalinista [1]. | Bueno *Tri* 26.12.70, 11: Crece la ola de la condenación "humanista" del stalinismo.

stalinista (*pronunc corriente,* /estalinísta/) *adj* **1** Del líder soviético José Stalin († 1953), cuyo mandato dictatorial se caracterizó por la extrema dureza. | *Act* 25.1.62, 14: Se ha reanudado la lucha por el poder entre los moderados al estilo hipócrita y taimado de Kruschev y los duros de la tendencia stalinista. **b)** Del sistema político de Stalin. | * Las purgas stalinistas.
2 Adepto a las ideas o a los métodos de Stalin. *Tb n.* | *Van* 4.11.62, 11: La ofensiva política contra "K", por parte de los stalinistas .., sigue en marcha.

stand (*ing; pronunc corriente,* /estánd/ o /están/; *pl normal,* ~s) *m* **1** Instalación cubierta, gralm. provisional, reservada a un expositor dentro del recinto de una exposición o una feria. | *Abc* 7.4.70, 95: Señoritas para stand Feria del Campo. Primera firma alimentación necesita señoritas para venta y degustación de sus productos.
2 (*Bot*) Conjunto de plantas que crecen en un área determinada. | *BOE* 12.3.68, 3771: Unidades fitosociológicas fundamentales. El individuo de asociación ("stands" o fracciones similares de vegetación).

standard (*ing; pronunc corriente,* /estándar/; *pl normal,* ~s, *para el n; invar, para el adj*) *m* Estándar. *Tb adj.* | *Act* 25.1.62, 6: Las cifras de natalidad son bajas en Europa, a pesar del alto "standard" de vida del Viejo Continente. Laiglesia *Tachado* 72: La carrera es, en todos los países, un molde donde se funde una mentalidad diplomática standard.

standardización (*pronunc corriente,* /estandardiθaθión/) *f* (*hoy raro*) Estandardización. | *Alc* 22.10.70, 23: Mientras Madrid ha perdido su Circo Price, como si la "standardización" de la ciudad exigiera romper con uno de los más hermosos y veraces espectáculos de la historia, el circo sigue por el mundo.

standardizar (*pronunc corriente,* /estandardiθár/) *tr* (*hoy raro*) Estandardizar. | J. L. Torres *Inf* 30.11.70, 3: Es triste el destino de un Papa, al que le gustaría, tal vez, pararse a reposar en una barraca o a charlar con los niños de una escuela o a presidir una reunión de estudiantes, tener que hacerlo todo bajo los "flash" de los fotógrafos, que standardizan los gestos como si se tratara de un film de propaganda.

standarización (*pronunc corriente,* /estandariθaθión/) *f* (*hoy raro*) Estandarización. | Villegas *Arte* 149: La iniciación de la standarización y el adocenamiento de la cinematografía norteamericana. Mihura *Ninette* 74: Mientras se busque el aumento de los beneficios mediante la racionalización de la producción, acelerándose el volumen de esta con la "standarización".

standarizar (*pronunc corriente,* /estandariθár/) *tr* (*hoy raro*) Estandarizar. | *Sp* 19.7.70, 26: Astilleros de España han "standarizado" una serie de tipos de buques.

standing (*ing; pronunc corriente,* /estándin/; *pl normal,* ~s) *m* **1** Representación o apariencia adecuada a un nivel económico y social alto. *Normalmente referido a edificio o vivienda. Frec en la constr* DE ALTO ~. | *Ya* 24.12.70, 18: Hemos construido el mayor hotel de Europa Occidental para atender a todas las necesidades (de espacio y servicios) que debe cubrir un hotel de alto standing.

star – STP

2 Posición económica y social. | * Es un ejecutivo de alto standing.

star (*ing; pronunc corriente,* /estár/; *pl normal,* ~s) **A** *m y f* **1** Estrella cinematográfica. | C. SFontenla *Sáb* 21.12.74, 145: La pervivencia o supervivencia de estas estrellas .. demuestra que en ellas había, sigue habiendo, algo más que lo que pusieron sus "inventores" .. Ahí siguen, de cualquier modo, las "stars". C. Semprún *D16* 14.12.76, 19: Humphrey Bogart no fue solamente un gran actor, fue lo contrario de un star, el compañero en la vida y muchas veces en la pantalla de la maravillosa Lauren Bacall.
B *m* **2** (*Dep*) Embarcación de regatas a vela, de unos 7 m de eslora y 750 kg de desplazamiento. | *Abc* 20.8.66, 45: Durante toda esta semana, en el marco incomparable de la bahía se ha recortado la grácil silueta de los "star", los balandros que disputaban el Campeonato de España de su clase.

staretz (*ruso; pronunc corriente,* /estárets/; *pl normal, invar*) *m* (*hist*) Ermitaño o peregrino ruso, considerado como taumaturgo o profeta y frec. maestro espiritual. | Torrente *Off-side* 252: La princesa Tatiana teme que, cuando le llegue el turno, el "staretz" haya caído borracho.

starking (*ing; pronunc corriente,* /estárkin/; *pl normal, invar*) *adj* [Manzana] roja, de carne harinosa, originaria de América. *Tb n f.* | *VerA* 16.3.75, 6: Cesta de la compra ..: manzanas starking, 27.

starlet (*ing; pronunc corriente,* /estárlet/; *pl normal,* ~s) *f* Actriz joven de cine que aspira a ser estrella. | J. Acosta *Abc* 20.8.66, 45: Las buenas películas no pueden ser sustituidas por achicharradas "starlets" en monobikini lanzadas a cualquier piscina.

starlette (*fr; pronunc corriente,* /estarlét/) *f* (*raro*) Starlet. | *Pue* 27.1.65, 12: Ella está, de momento, dentro de esa categoría denominada "starlette", primer paso en la carrera cinematográfica de las chicas guapas.

star system (*ing; tb con la grafía* **star-system**; *pronunc corriente,* /estár-sístem/) *m* (*Cine*) Organización de la producción y de la distribución en la cual la base es la popularidad de un actor o actriz. | Palomino *Torremolinos* 38: Ni a "Life" ni a "Paris-Match" les interesa ya Mae Pagnani. La quemaron hace quince años .. con portadas promovidas por Vittorio de Sica, con reportajes indiscretos y fábulas escandalosas; la auparon y la exprimieron en la espuma deslumbrante del star system. *Sp* 19.4.70, 16: Llega la portada en la revista millonaria y puede empezar el "star-system", llega el papelito en la película primeriza y todo empieza a marchar.

starter (*ing; pronunc corriente,* /estárter/; *pl normal,* ~s) *m* **1** (*Autom*) Estrangulador. | D. García *Mun* 5.12.70, 66: Arrancar el motor en frío es otro problema. Por regla general, se acude al "starter", que debe usarse el menor tiempo posible.
2 (*Dep*) Aparato que registra el momento de salida en una carrera. | *SYa* 18.2.91, XVI: Leroy Burrell se hubiera ahorrado, el miércoles pasado, el disgusto de ver anulada su marca .., si en el Palacio de Deportes hubiera habido un detector en los tacos de salida, denominado *starter*. El *starter* es un aparato detector de salidas nulas.

statu quo (*lat; pronunc corriente,* /estátu-kuó/) *m* Estado de cosas actual o de un momento dado. *Gralm referido a la política.* | S. LTorre *Abc* 15.10.70, 27: Para los revolucionarios, .. los que quieren hacer tambalear el "statu quo" mundial, la ocasión de afirmar en tan alto aniversario el derecho a la revolución mundial.

status (*lat; pronunc corriente,* /estátus/; *pl normal, invar*) *m* Estado o situación [de una pers.] con respecto a otras o dentro de una estructura. | Pinillos *Mente* 168: Los padres se sienten inseguros acerca de su *status*, y ello tiende a provocar la ansiedad en los hijos. **b)** Posición social [de una pers.]. *Tb* ~ SOCIAL. | MSantos *Tiempo* 59: Alegres, pues, transcurrían los días del caballero, gozoso de su status confortable.

steeple (*ing; pronunc corriente,* /estípel/) *m* (*Dep*) Steeple-chase. | *Abc* 30.12.65, 103: Además de Roelants, campeón mundial de los 3.000 metros "steeple", hay que contar con la participación del español Carlos Pérez.

steeple-chase (*ing; pronunc corriente,* /estípel-cêis/) *m* (*Dep*) Carrera de obstáculos. | *Abc* 2.1.66, 95: Gaston Roelants (Bélgica), campeón olímpico de los 3.000 metros "steeple-chase" y "recordman" mundial, ha ganado por segunda vez consecutiva la tradicional carrera de San Silvestre.

stéreo *adj* Estéreo. *Tb n m.* | M. D. Asís *Rev* 11.70, 13: Baste solo recordar aquí la industria de "cassettes" y la facilidad con que hoy se puede conservar la voz de escritores, hombres políticos o la interpretacón de grandes directores de orquesta en "stéreo".

stick (*ing; pronunc corriente,* /estík/; *pl normal,* ~s) *m* **1** (*Dep*) Palo de hockey. | I. M. Sanuy *Hie* 19.9.70, 10: Anuló un gol clarísimo de España marcado en el minuto 24 de la segunda parte por Francisco Amat, por levantar el stick, cosa un tanto extraña por tratarse de un golpe de revés.
2 Barra de cosmético. | Alicia *Fam* 15.11.70, 50: Me parece bien que sigas utilizando el "stick" blanco de Max Factor para disimular las ojeras.

stilb (*ing; pronunc corriente,* /estílb/; *pl normal,* ~s) *m* (*Fís*) *En el sistema CGS:* Unidad de brillo, equivalente a una candela por centímetro cuadrado. | *Unidades* 23: Unidades CGS con nombres especiales .. Nombre: stilb .. Símbolo: sb.

stock (*ing; pronunc corriente,* /estók/; *pl normal,* ~s) *m* **1** Cantidad de mercancía almacenada en reserva. | *Van* 28.8.70, 21: La promoción de mercados será objeto de estudios de expertos sobre decoración, escaparatismo, regulación de stocks y compras.
2 Conjunto de cosas disponibles o acumuladas para su uso futuro. | *Abc* 10.3.68, 61: Se celebrará .. un "symposium" bajo el título "Los recursos vivos de la plataforma continental africana, sus «stocks» y aprovechamiento desde el estrecho de Gibraltar a Cabo Verde".

stokes (*ing; pronunc corriente,* /stouks/; *pl invar*) *m* (*Fís*) *En el sistema CGS:* Unidad de viscosidad cinemática, equivalente a un centímetro cuadrado por segundo. | *Unidades* 23: Unidades CGS con nombres especiales .. Nombre: stokes .. Símbolo: St .. Valor en unidad SI: 1 St = 1 cm^2/s = 10^{-4} m^2/s.

stol (*ing; pronunc corriente,* /estól/; *pl normal,* ~s) *m* (*Aer*) Avión capaz de aterrizar y despegar en un espacio de terreno muy corto. | F. Escribano *SYa* 22.6.75, 29: El C-212 es un avión de ala alta, con dos motores turbohélices, capacidad de 19 pasajeros y con posibilidades de realizar operaciones tipo "stol". I. Alonso *País* 19.11.81, 49: El C-212, un avión "stol".

stop (*ing; pronunc corriente,* /estóp/; *pl normal,* ~s) **I** *m* **1** Señal de tráfico que indica obligación de detenerse. | Ortega *Americanos* 43: En los stops se dan golpes de parachoques muy ligeros.
2 *En un telegrama:* Punto. | Laiglesia *Tachado* 45: Y suprima esa separación de frases llamada *stop*. El *stop* es un "snobismo" telegráfico muy costoso, porque lo cobran al precio de palabra.
II *interj* **3** Alto. *Gralm en sent fig.* | *Inf* 8.3.75, 21: Sexo no, por favor... Somos británicos .. "Stop" al erotismo, pero a base de humor de la mejor clase.

stop and go (*ing; pronunc corriente,* /estóp-an-góu/; *pl invar*) *m* (*Econ*) Política que alterna actuaciones de freno y estímulo de la economía nacional. | *Cua* 8.73, 5: Está todavía por estudiar seriamente la influencia de las actuales estructuras política[s] en el mal endémico que singulariza el desarrollo español (el llamado *stop and go*), que desde la inflación desbordante salta bruscamente a la parálisis de la recesión.

stotinka (*búlg; pronunc corriente,* /estotínka/; *pl normal,* STOTINKI) *m* Unidad monetaria búlgara equivalente a la centésima parte del lev. | *EOn* 10.64, 59: Principales unidades monetarias en el mundo .. Bulgaria .. Le[v] .. Submúltiplos .. 100 stotinki.

STP (*pronunc,* /ése-té-pé/) *m* Droga alucinógena sintética, relacionada químicamente con la mescalina. | *Abc* 20.7.67, 46: Una muestra de la sustancia llamada STP fue enviada al Ministerio por el psicólogo Stephen Abrahams. *Inf* 14.4.70, 19: Han llegado al LSD, al STP.

strass *(al; pronunc corriente, /estrás/; pl normal, invar) m* Cristal rico en plomo, que imita el diamante y otras piedras preciosas. *Tb* CRISTAL DE ~. | *Abc* 18.2.68, 30: Termina [la revista] con una gran apoteosis de modelos sumarísimamente adornadas de "strass". *Sur* 7.2.88, 5: Lámpara clásica en cristal de strass: de 50.390 a 39.990.

streaking *(ing; pronunc corriente, /estríkin/; pl normal, ~s) m (hoy raro)* Hecho de correr desnudo por un lugar concurrido, normalmente como protesta. *Tb fig.* | *Miguel Inf* 23.3.74, 14: Ando sorprendido de que no me hayan hecho todavía la pregunta para el reportaje o mesa redonda sobre el "streaking" o "estriquin". *País* 22.3.92, 22: Primer 'streaking' primaveral en Moscú. Cuatro artistas plásticos .. pasearon pintados .. por la avenida de Nueva Arbat. El que denominaron "desfile naval-militar en honor de la primavera" fue seguido al trote por decenas de periodistas.

strelitzia *(pronunc corriente, /estrelíθia/) f* Planta herbácea propia de África meridional, de hojas grandes lanceoladas y flores con tépalos anaranjados, rojos y azules en espiga unilateral (gén. *Strelitzia*, esp. *S. regina*). | *Ya* 24.5.70, 22: El colorido de su "stand" en esta feria de flores lo han recogido también en un bonito programa, donde presentan especies como la strelitzia, anturio, flor de pascua.

stress *(ing; pronunc corriente, /estrés/; pl, invar o ~ES) m (Med)* Estrés. | *GTelefónica* 17: Residencia Psiquiátrica Ntra. S. Paz .. Enfermedades nerviosas. Surmenage y Stress psíquicos.

stressante *(pronunc corriente, /estresánte/) adj (Med)* Estresante. | *Vega Corazón* 57: Los habitantes de las grandes ciudades son, de por sí, sujetos "stressantes" para los demás que en ellas conviven.

stretch *(ing; pronunc corriente, /estréĉ/; pl normal, ~s o invar) adj (Moda)* Elástico. *Tb n m, referido a tejido.* | *Miss* 9.8.68, 45: El tejido es esponja "stre[t]ch" y grandes bolsillos superpuestos. [En el texto, strech.] *ByN* 31.3.91, 71: Corta y ajustada, así es la moda de esta primavera, con una colorida panoplia de ropa, cuajada de camisetas y pantalones de lycra o "stretch".

stretching *(ing; pronunc corriente, /estréĉin/; pl normal, ~s) m* Gimnasia de estiramiento y relajamiento muscular. | *Prospecto* 9.88: Gimnasio Oriente .. Gimnasia mantenimiento. Stretching.

stricto sensu *(lat; pronunc corriente, /estríkto-sénsu/) loc adv* En sentido estricto. *Tb adj. Se opone a* LATO SENSU. | *País* 22.10.78, 6: Ante el intento de la izquierda *abertzale* de marcar como línea divisoria de la lucha política en Euskadi la que separa a los nacionalistas *stricto sensu*, sean pacíficos o violentos, del resto de la población que habita y trabaja en el territorio, el PNV niega la virtualidad de ese "frente unido".

strip-poker *(ing; pronunc corriente, /estríp-póker/; tb con la grafía* **strip-póker***) m (Naipes)* Variedad del póker en que el jugador que pierde paga quitándose una prenda de vestir. | *Goytisolo Recuento* 513: Finalmente jugaron al strip-póker a la luz de la chimenea.

strip-tease *(ing; pronunc corriente, /estríptis/ o /estríptis/) m* Espectáculo consistente en que una o varias perss., esp. mujeres, se desnudan progresivamente al son de la música. | *C. Murillo Abc* 27.4.74, 98: Surge una rubia encantadora .. La blonda polonesa se entrega de pronto a un lánguido "strip-tease" de indudable belleza. **b)** *(humoríst)* Acción de desnudar(se). *Frec fig.* | *L. Contreras Mun* 5.12.70, 11: Quedó abierta una discusión, en profundidad, que representó algo parecido a un "strip-tease" político. | *J. M. Gironés Mun* 23.5.70, 15: Además entre pocos se puede hacer mejor, como tú dices, el "strip-tease" de la sociedad.

stud-poker *(ing; pronunc corriente, /estád-póker/; tb con la grafía* **stud-póker***) m (Naipes)* Variedad del póker en que la primera carta que se sirve a cada jugador va boca abajo y las cuatro restantes boca arriba, o bien tres boca abajo y cuatro boca arriba, haciéndose las puestas después de cada vuelta. | *Abc Extra* 12.62, 91: Para dulcificarlo, el "stud-póker" –el póker de familia–, donde las cantidades a ganar y perder son mínimas.

stupa *(sánscrito; pronunc corriente, /estúpa/) f (Rel)* Monumento destinado a albergar las reliquias de Buda. | Fernández-Llorens *Occidente* 266: Las "stupas" son las más antiguas construcciones para el culto budista en la India.

styling *(ing; pronunc corriente, /estáilin/; pl normal, ~s) m* Línea o diseño. | *Cam* 18.11.85, 95: Otra novedad de Samsonite es la gama de Attachés Prestige, con una gran funcionalidad y un cuidado y moderno *styling* como características más representativas.

su → SUYO.

suabo -ba *adj* De Suabia (región de Alemania). *Tb n, referido a pers.* | J. Balansó *SAbc* 5.1.75, 10: La línea familiar remonta sus orígenes a Gontrán, señor de Muri, hacendado suabo que vivió a finales del siglo X. Valverde *Schiller* XII: Los actores se rieron de su fuerte acento suabo.

suaci, suací → SUAZI.

suahili *(pronunc corriente, /suaχíli/) adj* Suajili. *Tb n.* | *País* 17.5.78, 2: Shaba es la designación del cobre en *suahili*, el mineral más abundante en la región.

suajili I *adj* **1** Del pueblo o conjunto de pueblos que hablan el suajili [2]. *Tb n, referido a pers.* | J. MReverte *SPaís* 14.6.92, 87: Los suajilis son, en realidad, unos *mil leches*, tan mezclados y tan listos como los perros callejeros. J. MReverte *SPaís* 14.6.92, 87: ¿Quién puede decir cuál es la capital suajili?
II *m* **2** Lengua bantú, escrita en caracteres árabes, que se habla en Tanzania. | * El suajili es la lengua más importante de la zona oriental de África.

suancino -na *adj* De Suances (Cantabria). *Tb n, referido a pers.* | *SAle* 24.8.85, IV: Los deportes de verano tienen su marco ideal en las playas suancinas.

suarismo *m (Filos)* Doctrina de Francisco Suárez († 1617). | A. Becerra *Abc* 13.3.58, 13: No debe olvidarse que senequismo y suarismo, por ejemplo, son conceptos que revierten hacia un fondo de unidad étnica y cultural.

suarista *adj (Filos)* De(l) suarismo. | Gambra *Filosofía* 292: Francisco Suárez .., que ha dado lugar a la escuela "suarista". **b)** Adepto al suarismo. *Tb n.* | GÁlvarez *Filosofía* 2, 367: Con la mención de los agustinianos Juan Hessen, A. Przywara, .. y de los suaristas P. Descoqs, L. Fuetscher, J. Hellín..., se nos permitirá reducir aquí nuestra consideración a la escuela tomista.

suasoriamente *adv (lit)* De manera suasoria. | Correa *Introd. Gracián* XLIV: Él [Critilo] es quien conduce y arrastra a su inexperto compañero en su accidentado viaje .., ayudándole a salvar, suasoriamente, los incontables obstáculos que las tentaciones del mundo les oponen.

suasorio -ria I *adj* **1** *(lit)* Que sirve para persuadir. | Umbral *Ninfas* 83: Habló mucho, siempre en su tono suasorio, sin despegar los dientes.
II *f* **2** *(lit, raro)* Discurso propio para persuadir. | Payno *Curso* 41: Fue quien empujó a todos y quien hizo tomar interés suficiente a Darío .. para que se encargase de conseguir el permiso de los padres de Bele y de Piti. Al fin todo se arregló, tras muchas idas y venidas, conciliábulos y suasoria.

suave I *adj* **1** [Cosa] que no presenta asperezas. | Arce *Testamento* 26: La hierba era fresca, verde y muy suave.
2 [Cosa] poco intensa, o carente de brusquedad o violencia. | Benet *Nunca* 10: Las vacas color lehe por los suaves declives de Dinamarca. Torrente *Vuelta* 466: Una brisa suave agitaba las lonas de los puestos. **b)** [Cosa] grata a los sentidos por su carencia de cambios fuertes o bruscos. | Zubía *España* 145: Canarias .. El clima es templado y suave. **c)** [Cosa] de gusto grato y poco intenso. | *Abc* 23.8.64, sn: Su Cuba libre, soda o Ginger Ale estará mejor con una copa de *Fundador*, el coñac seco y suave que mejor mezcla con su refresco preferido. **d)** [Cosa] de efecto poco intenso. | Montero *SPaís* 5.3.78, 13: Son los camellos, vendedores de drogas suaves. *Ama casa* 1972 146: Cocer cuidadosamente las manos de cerdo .. Envolverlos en papel engrasado y dorarlas a la parrilla a lumbre suave. **e)** *En la escritura griega:* [Espíritu] que representa ausencia de aspiración. | Andrés *Helenistas* 103: Fray Martín del Castillo .. piensa que el espíritu suave es innecesario y se podría dejar de poner.
3 [Pers.] de comportamiento apacible o que actúa sin violencia. *Frec con intención desp denotando hipocresía.* | Gala *Petra* 782: (Arévalo empieza a besarla por el cuello.) Mira el

suave este, por el escote abajo. **b)** Propio de la pers. suave. | CBaroja *Inquisidor* 53: Indica en estos que era instruido, de condición suave y, más que otra cosa, cortesano.

4 [Pers. o animal] dócil o manejable. *Tb fig, referido a cosa.* | DCañabate *Abc* 16.5.58, 47: El toro está suave y deseando embestir. Nácher *Guanche* 215: –Toas son unas .. –No se rasque, don Salvador, yo le dejo a Pinito tan suave que no ha de encontrar otra. * Este coche va muy suave; da gusto conducirlo.

5 (*col*) *Se emplea con intención irónica para ponderar violencia o brusquedad.* | Cela *Judíos* 108: Don Fernán, que debía ser suave, pegó al moro semejante cuchillada "que le partió la adarga, yelmo y gran parte de la cabeza, con que cayó a tierra". Cela *Viaje andaluz* 232: Un fraile .. tuvo la ocurrencia de mantener .. que no era admisible para un cristiano la idea de la Inmaculada Concepción de María. La que se armó fue suave.

II *m* **6** (*jerg*) Aguardiente. | Sastre *Taberna* 78: –Un momento. –Qué. –Que te escucho con una de suave en esta mano, o no te escucho. –Pero la última .. –La penúltima.

III *adv* **7** De manera suave [2a y 3b]. | MSantos *Tiempo* 62: Pedro recorre taconeando suave el espacio. **b)** De manera discreta o sin llamar la atención. | ASantos *Bajarse* 39: Seguro que nos encontramos a alguien conocido en él [el tren], basquilla. Pero tampoco hay que dar mucho cante, que están los trenes últimamente fatal; a la mínima de cambio, como te fumes un canuto, ya la has hecho. Por eso nosotros, suavito.

suavemente *adv* De manera suave [2a y 3b]. | Laforet *Mujer* 110: Blanca, desde su boda, fue evolucionando suavemente en sentido contrario al de Alfonso. Medio *Bibiana* 10: Suavemente, dice Bibiana: –No son juergas, Marcelo... Son guateques.

suavidad *f* Cualidad de suave. | Laforet *Mujer* 271: Paulina .. se desprendía con suavidad de aquella mano que la había sujetado.

suavización *f* Acción de suavizar(se). *Tb fig.* | Tamames *Economía* 340: A ella coadyuvaron algunas medidas adoptadas por el Estado, como la suavización de las trabas administrativas en la concesión de visados.

suavizador -ra *adj* Que suaviza. *Tb n m, referido a utensilio.* | SLín 3.8.75, 2: Es un producto suavizador y calmante y por ello muy aconsejado para proteger la piel de los niños. Lera *Boda* 617: Empezó [el barbero] a pasar la navaja por la correa del suavizador. M. F. Lucas *Nar* 6.77, 10: Los instrumentos auxiliares que utiliza el alfarero son: "tiradera", "punzón", "alambre", "peine" y "suavizador".

suavizante *adj* Que suaviza. *Tb n m, referido a producto.* | *Abc* 18.4.58, 18: Palmolive es el único jabón hecho con una fórmula secreta de aceites suavizantes y embellecedores. *Prospecto* 9.90: Pryca .. Suavizante Quanto 4 litros: 265.

suavizar *tr* Hacer suave [algo o a alguien]. *Tb fig.* | SYa 21.5.72, 2: El masaje circular de Milo's alisa, depila y suaviza la piel. Hoyo *Bigotillo* 16: Una mañana recorría caminos y senderos en busca de malvas, cuyas hojas y flores sirven para suavizar el pecho y tranquilizar el ánimo. Payno *Curso* 204: Él volcó en ella toda su desilusión, que por entonces ya se había extendido a los amigos en general. Ella le suavizó. **b)** *pr* Hacerse suave [algo o alguien]. | A. Casanovas *ByN* 3.10.93, 116: El otoño significa una segunda primavera: las temperaturas se suavizan.

suazi (*tb con la grafía* **suazi**; *tb* **suazí** *y* **suací**) **I** *adj* **1** De Suazilandia. *Tb n, referido a pers.* | *Gac* 26.8.79, 42: La tradición Suazi indica que tanto la gente como las tierras derivan su fertilidad directamente del rey.

II *m* **2** Idioma de Suazilandia. | Moreno *Lenguas* 53: Junto con el zulú y el suací, [el josa] forma un entramado de tres dialectos de la misma lengua.

sub- *pref* **1** *Denota altura, grado o nivel inferior.* | *Por ej*: E. Briones *Ya* 1.12.74, 29: Para evitar las líneas nacaradas o rotura de la subdermis al engordar el pecho, deberá lavarse los senos diariamente con agua tibia y jabón no alcalino. Aranguren *Marxismo* 139: El marxismo, partiendo de su concepto analítico de estructura (subestructura-superestructura), tendría que ser revisado para su desarrollo en un sistema económico cerrado. **b)** *Denota zona marginal.* | *Por ej*: GRuiz *Sáb* 14.9.74, 42: Esto ya lo dijo hace dos mil años otro asiático (mejor dicho, subasiático) que se llamaba Jesús de Nazaret. A. J. Sánchez *Sáb* 7.9.74, 34: En todo el litoral subatlántico predomina la forma de contrato llamada "a la parte". Cruz *NBurgalés* 3: Geográficamente, esta Mancomunidad se incluye casi toda en la zona subcantábrica de la Provincia, excepto algunos municipios de la zona del Ebro. J. Balansó *SAbc* 13.12.70, 54: Entre los años 400 y 550 desarrollóse en las islas Británicas una época poco conocida, que algunos historiadores han dado en llamar "sub-romana". **c)** (*Dep*) *Precediendo a un numeral, denota edad inferior a la expresada por este.* | *Por ej*: *Ya* 10.4.91, 32: La FIFA ha otorgado a Méjico .. la organización del mundial de fútbol sub 17 que había concedido a Ecuador. *Cór* 3.2.90, 37: Los internacionales suecos sub-18 y sub-16 portaban estoicamente las banderas de cada uno de los 35 países participantes desde hacía ya un buen rato.

2 *Referido a pers, denota categoría o cargo inmediatamente inferior.* | *Por ej*: *Reg* 22.11.66, 6: Se da cuenta de los aspirantes de la plaza de subcapataz. Halcón *Ir* 261: Él manda desde su despacho cien veces más que mandaba en Prisca como jefe del Estado. Los subgerentes, que despachan con él, ganan veinticinco mil dólares. *Sol* 24.5.70, 15: Una importante empresa hotelera necesita una subgobernanta con experiencia. *Sp* 19.7.70, 53: La labor parisina de Karajan se había limitado a unos cuantos conciertos de relumbrón .., dejando la ingrata tarea .. de sostener la temporada a los dos subtitulares, bastante mediocres.

3 *Denota calidad o estado inferior a lo normal o a lo generalmente reconocido.* | *Por ej*: *Ya* 4.7.65, 3: ¿Quiere esto decir que la agricultura española precisará cuatro planes de Desarrollo .. para llegar al nivel de inversión que la haga rentable, y que, superando la subcapitalización actual, llegue a estar auténticamente capitalizada? MSantos *Tiempo* 117: Lujo al que nunca llegaban estas subchabolas era la división en compartimentos. A. Barra *Abc* 1.9.66, 27: China y Cuba sufren ahora el sarampión de unas teorías que no solo sembraron el caos entre los pueblos que iban a beneficiarse de aquel maná político, sino que les van empujando hacia una forma de subcivilización poco tentadora. MSantos *Tiempo* 118: No llegaban a habitar estos parajes personalidades ricamente desarrolladas tales como carteristas, .. sino subdelincuentes apenas comenzados a formar. *Pro* 12.12.87, 38: De momento la más formidable herramienta para mejorar las actividades cotidianas se encuentra subutilizada. Alós *Hogueras* 231: Todo el rebaño de forasteros dispuestos a cargar con sus crías y sus pucheros tiznados para continuar subviviendo en cualquier otro lugar.

4 *Denota subdivisión.* | *Por ej*: *SInf* 21.11.70, 1: La compañía fabricante del [avión] "Corvette" participa como subadjudicataria en la construcción del "Minifalcon". RPanisse *Peces* 9: Se rompe, pues, la subagrupación en subseries, familias y subfamilias que harían muy engorrosa la consulta. Academia *Esbozo* 140: La articulación /cá.os/ no afectaría a la acentuación ortográfica (v. subapartado D). Tamames *Economía* 310: Estos establecimientos tienden a concentrarse en determinadas localidades (centros comerciales) adonde acuden compradores de las poblaciones menores vecinas (área o subárea comercial). Academia *Esbozo* 140: Determinados monosílabos, prosódicamente acentuados, los escribimos con tilde para diferenciarlos de homófonos suyos, también prosódicamente acentuados, que pertenecen a otra categoría o subcategoría gramatical. *Maj* 7.91, 19: A partir del próximo curso 91/92 se podrá estudiar la Carrera de Derecho en Majadahonda a través del Subcentro de la UNED. *PapD* 2.88, 9: Vamos a caer en los mismos males si se mantiene la propuesta ministerial de dividir la enseñanza secundaria obligatoria en dos subetapas cursadas en centros distintos. Cabezas *Abc* 20.7.67, 67: No puede negarse que existen arrendatarios que explotan con subinquilinos o subarriendos los pisos grandes y baratos. Rábade-Benavente *Filosofía* 113: En este problema se sutilizó hasta límites increíbles, distinguiendo modalidades y submodalidades de concurso divino. C. González *DGa* 13.3.88, 43: También existe [en el teletexto] la "página rodante", que consta de varias subpáginas encadenadas. J. L. Mora *Abc* 6.1.68, 62: Dentro de esta partida existen tres subpartidas, que son las de participaciones directas en empresas, créditos y préstamos privados y créditos y préstamos sector público. *Pue* 10.11.70, 20: Característica primordial es un teclado para selección de uno de cinco subprogramas del ordenador. Tamames *Econo-*

mía 89: Sin duda, uno de los problemas más graves es la enorme cantidad de variedades y subvariedades de que disponemos. R. RSastre *Mun* 28.11.70, 44: Es algo que no se entiende sin sus relaciones con las demás regiones, con la nación o con las supranaciones (hacia afuera) o con sus comarcas, subzonas, su geografía intestina (hacia adentro).

5 *Denota tendencia o aproximación.* | *Por ej:* Ya 30.8.88, 31: Técnicos en arqueología han encontrado en las excavaciones de la localidad riojana de Tricio un esqueleto humano del siglo I que, según los primeros estudios, corresponde a un individuo infantil o subadulto. M. Mancebo *Inf* 26.1.71, 19: Es mucho más grave, respecto a los accidentes de tráfico, la subembriaguez, un estado en el que el conductor se encuentra en plena euforia. J. R. Alfaro *SInf* 27.1.71, 11: Sabemos que la permanencia en estado de subingravidez "0" produce trastornos. GLarrañeta *Flora* 181: Almeja margarita ..; conchas lisas, subtriangulares, verdosas por fuera.

subacepción *f* (*Ling*) Acepción que constituye un matiz especial de otra y que en el diccionario se registra como dependiente de esta. | Lapesa *Diccionarios* 58: Dentro de cada acepción las subacepciones permiten registrar, como apéndices al significado general, usos especializados o variedades suyas.

subacuático -ca *adj* Que existe, se realiza o se utiliza bajo la superficie del agua. | GTelefónica *N.* 27: Accesorios para piscinas y focos subacuáticos. M. Aracil *Gar* 6.8.75, 10: Se abordan en este artículo los beneficios y riesgos que puede entrañar la práctica del deporte de las inmersiones subacuáticas .. ¿Pueden practicar deportes subacuáticos las mujeres y los niños?

subafluente *m* Afluente de un afluente. | J. Martos *SYa* 1.2.76, 9: Es una casa muy antigua .. en la margen izquierda del río Salzach, un subafluente del Danubio.

subagudo -da *adj* (*Med*) Intermedio entre agudo y crónico. | MNiclos *Toxicología* 17: Suelen verse alteraciones de la mucosa bucal en muchas intoxicaciones .. El ribete de las encías, tal como el azulado del bismuto y del plomo .., se observan solo en las formas subagudas o crónicas.

subalimentación *f* (*Med*) Alimentación insuficiente. | SArr 18.10.70, 8: En síntesis, esto es un poco la Historia de Bolivia; el resto son fríos datos estadísticos: cuatro millones de habitantes, .. 1,4 por 100 de tasa de crecimiento; analfabetismo, subalimentación, tuberculosis.

subalterno -na *adj* **1** [Cosa] de categoría secundaria. | CBonald *Ágata* 14: La siempre mortificante y siempre tentadora expedición por el laberíntico jaguarzal de la algaida, el imán de lo oculto amordazando la subalterna amenaza del castigo. M. Calvo *SYa* 27.4.75, 43: Las mujeres se niegan cada día más a resignarse al papel subalterno, pasivo o tímido que desempeñaran a lo largo de la historia.
2 [Pers.] que trabaja a las órdenes [de otra], esp. en los niveles inferiores. *Tb sin compl. Gralm n.* | CBaroja *Inquisidor* 24: Otros empleados de la máxima confianza eran el receptor o tesorero del Santo Oficio y sus subalternos. Delibes *Hoja* 47: Una vez llegó a soñar que le elegían alcalde y todos le llamaban excelencia y él les rogaba que por los clavos de Cristo le apeasen el tratamiento .. Pero Lucita, su señora, le regañaba y le encarecía que siguiera a los subalternos que le trataran de excelencia. **b)** (*admin*) [Empleado] de categoría inferior, destinado a servicios que no requieren aptitudes técnicas. *Gralm n.* | Ya 13.2.81, 47: Subalternos de la Universidad de Extremadura. Lista definitiva de aspirantes admitidos. **c)** (*Taur*) [Torero] que forma parte de la cuadrilla de un matador. *Gralm n.* | *Nue* 24.1.70, 32: La situación laboral de los subalternos de la lidia es injusta.
3 Propio de la pers. subalterna [2]. | Delibes *Madera* 340: Al cabo Tubío .. nada le costaba dar un salto en el tiempo e imaginarle ya de teniente de navío .. La convicción de que su subordinado de hoy sería mañana su superior le colocaba de antemano en posición subalterna.

subálveo -a *adj* (*Geol*) Que está debajo del lecho de un río. *Tb n m, referido a curso.* | *Mad* 14.9.70, 10: Por medio del análisis del contenido de tritio y de sales minerales de las aguas subterráneas profundas, se determinó la independencia del curso de estas aguas respecto a las subálveas. *BOE* 26.4.69, 6302: Este Ministerio ha resuelto: Autorizar al excelentísimo Ayuntamiento de Málaga para ampliar hasta 800 l/s. el caudal del aprovechamiento de 400 l/s. del subálveo del río Guadalhorce.

subaracnoideo -a *adj* (*Anat*) Situado debajo de la aracnoides. | Nolla *Salud* 109: Entre la aracnoides y la piamadre existe un espacio, llamado subaracnoideo, que está ocupado por un líquido claro y transparente.

subarbustivo -va *adj* (*Bot*) [Planta] de tipo intermedio entre la hierba y el arbusto. | C. Farré *ByN* 5.5.91, 93: La jacobina es una planta herbácea, subarbustiva y originaria del Brasil.

subarbusto *m* (*Bot*) Planta de tipo intermedio entre la hierba y el arbusto. | P. Moreno *SInf* 13.8.75, 4: Subarbustos: arándano, azalea.

subarrendador -ra *adj* Que subarrienda [1]. *Frec n.* | Carandell *Madrid* 125: Gran parte de los madrileños son subarrendadores o subarrendatarios.

subarrendar (*conjug* 6) *tr* **1** Dar en arriendo [una cosa su arrendatario]. | Piqué *Abogado* 423: Para poder subarrendar la finca alquilada por el inquilino a un tercero se precisará siempre el permiso expreso y por escrito del propietario.
2 Tomar en arriendo [una cosa a su arrendatario]. | Carandell *Madrid* 125: Para los que no tienen recomendación alguna para obtener un piso en los suburbios, existe la posibilidad de subarrendar una habitación en una casa.

subarrendatario -ria *adj* Que subarrienda [2]. *Frec n.* | Carandell *Madrid* 125: Para los que no tienen recomendación alguna para obtener un piso en los suburbios, existe la posibilidad de subarrendar una habitación en una casa. Gran parte de los madrileños son subarrendadores o subarrendatarios.

subarriendo *m* Acción de subarrendar. *Tb su efecto.* | Carandell *Madrid* 125: Cuando el subarriendo no da derecho a cocina la situación del subarrendatario se describe diciendo que "vive de patrona".

subasta *f* **1** Venta o contratación en que los aspirantes hacen libremente sus ofertas, quedando como adjudicatario el que haya hecho la mejor. *Frec ~ PÚBLICA.* | *Sp* 19.7.70, 29: Para el caso de que el Banco hubiera de sacar a subasta la finca .. el tipo para la primera subasta sería de 360.960.000 pesetas.
2 Acción de subastar [2]. *Tb su efecto.* | DCañabate *Abc* 16.2.75, 43: Don Ramón, el boticario-alcalde, cimentaba su fama .. como jugador del tute subastao, por no equivocarse jamás en una subasta.

subastable *adj* Que se puede subastar. | CPuche *SYa* 10.11.63, 15: No se trata tan solo de disponer de objetos subastables que llamen la atención.

subastado -da *adj* **1** *part* → SUBASTAR.
2 (*Naipes*) [Tute] que se juega con subasta de tantos. *Frec n m.* | *Naipes españoles* 17: Tute subastado .. Se fija un mínimo de tantos a subastar, que, generalmente, es de 60. GHortelano *Amistades* 229: Podríamos jugar un "poker". O al subastado, si no somos bastantes.

subastador -ra *adj* Que subasta. *Frec n.* | CPuche *SYa* 10.11.63, 17: El tinglado de esta empresa subastadora parece sólido. Grosso *Capirote* 151: Capataces del puerto, subastadores del Mercado de la Feria, de la Encarnación o de la Lonja del Pescado, menestrales de las retorcidas callejas de San Marcos, de San Julián o de Santa Catalina.

subastar *tr* **1** Vender o contratar en subasta [1]. | M. GAróstegui *SAbc* 20.10.68, 35: No guarda .. la camiseta roja .. porque la entregó para que se subastara con objeto de recaudar fondos para los damnificados.
2 Ofrecer [una cantidad] en una subasta. *Tb abs. Gralm en juegos de cartas.* | *Naipes españoles* 18: Si la subasta fue igual o mayor que 120, cobra o paga a los contrarios el doble de los tantos subastados y se lleva o dobla el plato. *Naipes españoles* 18: No se crea que lleva ventaja el que subasta muy corto.

subastero -ra *m y f* Pers. que por profesión participa en las subastas de los juzgados. | *Ya* 28.1.87, 44: Cinco personas, presuntamente integrantes de una red de "subasteros" (profesionales de las subastas que se realizan en los juzgados) ingresaron ayer en prisión, acusados de los delitos de maquinación para alterar el precio de las cosas y cohecho.

subatómico – subcutáneamente

subatómico -ca *adj (Fís)* [Partícula] más pequeña que el átomo y componente del mismo. ‖ Mingarro *Física* 100: Importantes relaciones de gran utilidad en la resolución de problemas y en el estudio de las partículas subatómicas.

subbético -ca *adj (Geogr)* De la cordillera Subbética (grupo septentrional del sistema Bético). ‖ Ortega-Roig *País* 59: Nace el Guadalquivir entre las serranías subbéticas de Cazorla y Segura.

subcamarero *m* Camarero de segunda categoría. ‖ *Bal* 6.8.70, 26: Hotel Canaima necesita conserje, telefonista, fajín, subcamarero y ayudante comedor.

subcampeón -na *m y f (Dep)* Segundo clasificado en una competición deportiva. ‖ Gilera *Abc* 4.10.70, 63: Han estado a punto de ganarlo .. las francesas Mme. Lacoste, Mlle. Cros-Rubin y Mlle. Varangot. Campeonas, aquellas; subcampeonas, estas. *Cór* 22.8.90, 48: El FC Barcelona y el Anderlecht, subcampeón de la Recopa de Europa, disputan esta noche, en el estadio Olímpico de Montjuic, la final del XXV Trofeo Juan Gamper. R. González *Ya* 14.9.91, 13: Es de chiste que la selección española de waterpolo, subcampeona mundial, tenga que irse a Andorra a entrenarse porque no tiene dónde hacerlo en España.

subcampeonato *m (Dep)* Puesto de subcampeón. ‖ E. Teus *Ya* 15.4.64, 28: Consigue el subcampeonato y la posibilidad de ascender a Segunda División.

subcentral *f* Central secundaria, dependiente de otra central. ‖ *Abc* 30.12.65, 92: Quedó autorizada la Empresa Municipal de Transportes para invertir e incluir en su presupuesto la cifra de 48.283.380 pesetas, producto obtenido de la enajenación de las subcentrales eléctricas de General Ricardos.

subcepción *f (Psicol)* Captación inconsciente de estímulos leves. ‖ Pinillos *Mente* 104: Científicamente se sabe que no hay percepción subliminar, sino subcepción.

subceptivo -va *adj (Psicol)* De (la) subcepción. ‖ Pinillos *Mente* 104: En nuestra experiencia cotidiana estamos probablemente hartos de reaccionar a estímulos imprecisos de los que muy a menudo no podríamos dar noticia aunque quisiéramos. Las pruebas experimentales, no obstante, de que tales procesos subceptivos existen en realidad requieren mucho ingenio.

subclase *f (CNat)* Grupo taxonómico que es subdivisión de la clase. *Tb fig, fuera del ámbito técnico.* ‖ *Animales marinos* 259: Superclase: Artrópodos. Clase: Crustáceos. Subclase: Malacostráceos. Orden: Decápodos. *Pue* 28.10.70, 15: Siguió hablando el doctor Flórez Tascón de la subclase estudiantil.

subclavio -via *adj (Anat)* Que está debajo de la clavícula. *Frec n f, referido a vena.* ‖ Bustinza-Mascaró *Ciencias* 63: Dicho conducto torácico .. pasa a la cavidad torácica y desemboca en la vena subclavia izquierda. Navarro *Biología* 166: En el cayado de la aorta nacen las carótidas, que van por el cuello a cada lado de la cara, y las subclavias, que llegan a los brazos.

subclímax *f (Bot)* Etapa que precede inmediatamente a la clímax. ‖ *BOE* 12.3.68, 3771: La sucesión vegetal .. la sérule. La "clímax" como etapa final de la sere. Subclímax, preclímax. [*En el texto, sin tilde.*]

subclínico -ca *adj (Med)* Que no tiene manifestación clínica evidente. ‖ M. Bacardí *Rio* 2.10.88, 34: Por todo ello, cuando se sospecha la existencia de un déficit nutricional, aunque solo sea subclínico, es aconsejable una suplementación adecuada en los nutrientes correspondientes.

subcomarca *f* Subdivisión de las que constituyen una comarca. ‖ J. M. Moreiro *SAbc* 25.1.70, 44: Aun cuando las grandes comarcas sean solamente cuatro, el total de subcomarcas se acerca a las cincuenta.

subcomarcal *adj* De (la) subcomarca. ‖ *Hoy* 16.2.75, 21: ¿Es lógico que, por ejemplo, un enfermo, .. si no puede ser asistido en ese centro subcomarcal, haya de pasar otra vez a Fuente de Cantos para llegar a Zafra?

subcomisario *m* Funcionario de categoría inferior al comisario y en el que este delega parte de sus funciones. ‖ *Abc* 1.12.70, 59: El subcomisario del Plan de Desarrollo. MMolina *Jinete* 299: Tiene muchas amistades en el ayuntamiento, y hasta en la policía, es íntimo del subcomisario Florencio Pérez.

subcomisión *f* Grupo de miembros de una comisión al cual se ha encomendado un papel especial. ‖ *Abc* 24.8.66, 33: La Subcomisión del Comité de Descolonización de las Naciones Unidas prosiguió en la mañana de hoy su toma de contacto con la población nativa de Río Muni.

sub conditione (*lat; pronunc corriente,* /sub-konditióne/ *o* /sub-kondiθióne/) *loc adv* Bajo condición. ‖ *Abc* 28.5.75, 5: El padre Félix, según nos dijo, le administró la absolución "sub conditione" con la aquiescencia de nuestro padre.

subconsciencia *f* Subconsciente [2]. ‖ Gaos *Antología* 26: Escribir al dictado de la subconsciencia.

subconsciente I *adj* **1** De(l) subconsciente [2]. ‖ Umbral *Ninfas* 52: Intuía yo por entonces que las mejor trabadas familias se sustentan siempre en estos pactos inconfesables, en estos entrecruces egoístas y subconscientes.

II *m* **2** Parte no consciente del psiquismo, que interviene como elemento de procesos mentales activos. ‖ CNavarro *Perros* 16: Me chiflan los obreros. Sin duda alguna, me enloquecen. Y no hables de mi subconsciente ni de Freud.

subconscientemente *adv* De manera subconsciente. ‖ R. Llates *Des* 12.9.70, 44: A la noción de "general", tiene que asociarse, subconscientemente, la de reverencia.

subconsumo *m (Econ)* Nivel de consumo inferior a las posibilidades resultantes de la oferta. ‖ Tamames *Economía* 228: Los elevados precios de la manufactura de lana, por completo insensibles a la baja de los de la materia prima, son la principal causa de esa situación de subconsumo.

subcontinente *m* Masa de tierra de gran extensión que se considera como subdivisión del continente al que pertenece. ‖ *Van* 4.11.62, 11: Una política que no ha logrado asentar decididamente la influencia comunista en el subcontinente indio.

subcontrata *f* Contrata para un trabajo o parte de él, hecha por el titular de la contrata principal de ese trabajo. ‖ *Mar* 25.5.59, 2: Pagan muy buenos sueldos y ofrecen destajos y subcontratas.

subcontratación *f* Acción de subcontratar. ‖ *Van* 29.10.89, 27: ¿Qué hay de nuevo en la Subcontratación?

subcontratar *tr* Hacer subcontrata [de un trabajo (*cd*)]. ‖ Descarte *Día* 26.5.76, 3: Una empresa constructora se llevó la adjudicación de los trabajos y parece que los subcontrató a otra que los inició pero los dejó a medias.

subcontratista *adj* Que toma un trabajo en subcontrata. *Tb n, referido a pers.* ‖ *País* 13.2.83, 56: Los trabajadores de este sector han venido protagonizando un largo conflicto como protesta a la imposición de destajos y en oposición al prestamismo laboral que –a su juicio– se está produciendo con numerosas empresas subcontratistas. *Ya* 7.9.91, 10: Ejemplo patente son .. los pactos que antes y ahora ha tenido con Uds. nuestro subcontratista D. José Molina Soriano.

subcortical *adj (Anat)* Situado debajo de la corteza cerebral. ‖ MNiclos *Toxicología* 44: Suministra excelentes resultados [en las intoxicaciones por alcohol etílico] la cloropromazina, ya que, como el alcohol actúa sobre las zonas corticales, mientras la cloropromazina lo hace sobre las subcorticales, no existe sinergismo.

subcultura *f* Cultura de calidad inferior. ‖ GGalán *País* 25.2.79, 9: Este país, como todos los subdesarrollados culturalmente, ha producido importantes muestras de subcultura.

subcultural *adj* De (la) subcultura. ‖ GGalán *País* 25.2.79, 9: Nuestros medios de comunicación están atravesados por el estigma subcultural. Las revistas de mayor tirada ejemplifican esta técnica autóctona. Hasta en el erotismo somos subculturales.

subcutáneamente *adv (Med)* Por vía subcutánea. ‖ Mascaró *Médico* 57: Como medidas generales, se recomiendan: decúbito del paciente con la cabeza más baja que los pies, .. inyectar subcutáneamente tónicos cardiovasculares.

subcutáneo -a *adj* (*Anat*) Que está inmediatamente debajo de la piel. | Bustinza-Mascaró *Ciencias* 89: Las capas más inferiores de la dermis forman el tejido conjuntivo subcutáneo, cuyas células están frecuentemente cargadas de grasa.

subdelegación *f* Cargo de subdelegado. *Tb su oficina*. | *Inf* 31.10.70, 4: Instituto Nacional de Previsión. Subdelegación General de Administración. Servicio de obras.

subdelegado -da *m y f* Funcionario que ocupa un cargo inmediatamente inferior al de delegado y que tiene encomendadas algunas de las funciones de este. | *Abc* 9.4.67, 81: El subdelegado del Gobierno en la Campsa, don José María Cianca, declaró a un redactor de Pyresa.

subdesarrollado -da *adj* [País o pueblo] de bajo desarrollo económico. | T. La Rosa *Van* 4.11.62, 12: Acudir en socorro de los países subdesarrollados y prestarles una ayuda en gran escala, generosa y eficaz. **b)** Propio de país subdesarrollado. | D. Giralt *Des* 12.9.70, 31: La amplia vastedad del fenómeno turístico ha generado una degradación subdesarrollada del diseño urbano.

subdesarrollo *m* Bajo desarrollo económico. | J. Montini *Ya* 24.5.70, sn: La causa básica del subdesarrollo de estos países es la falta de educación.

subdesértico -ca *adj* (*E*) De clima semiárido. | Pericot-Maluquer *Humanidad* 108: Floras subdesérticas substituyen la antigua pradera.

subdiaconado *m* (*Rel crist*) Orden de subdiácono, suprimida a partir del Concilio Vaticano II. | Ribera *Misal* 654: En las Ordenaciones, el Obispo confiere ahora el Subdiaconado.

subdiácono *m* (*Rel crist*) Clérigo que ha recibido la primera de las órdenes mayores y cuya misión principal es leer la epístola. | Villapún *Iglesia* 88: Cada patrimonio estaba administrado por un rector elegido por el Papa, entre los diáconos, subdiáconos o notarios eclesiásticos.

subdialecto *m* (*Ling*) Variedad de un dialecto. | Lapesa *HLengua* 134: El subdialecto riojano, tal como lo emplea Gonzalo de Berceo, se parece más al de la Castilla norteña que al burgalés.

subdirección *f* Cargo de subdirector. *Tb su oficina*. | *Abc* 1.12.70, 81: La Filmoteca Nacional .. quedará adscrita a la Subdirección General de Cinematografía.

subdirector -ra *m y f* Pers. que ocupa un cargo inmediatamente inferior al de director y que desempeña algunas de las funciones de este. | *Nue* 11.1.70, 5: Don Gregorio López Bravo, acompañado de su esposa y del subdirector general de Relaciones con las Comunidades Europeas, .. ha llegado a Bruselas.

súbdito -ta *m y f* **1** Pers. sometida [a una autoridad soberana (*compl de posesión*), esp. a un monarca]. | Gambra *Filosofía* 262: En una sociedad idealmente cristiana, tal problema no existiría, puesto que su autoridad o príncipe sería asimismo súbdito de la Iglesia.
2 Ciudadano [de un país]. | *Caso* 26.12.70, 8: Fingiendo ser policía, un desaprensivo interrogó a un súbdito alemán.

subdividir *tr* Dividir [algo que es resultado de una división anterior]. | Zubía *España* 37: Comarcas. Son zonas de terreno más pequeñas en que se subdividen las regiones naturales. **b)** Dividir [algo ya sometido a una división anterior]. | Bustinza-Mascaró *Ciencias* 286: Posee [el helecho macho] tallo subterráneo o rizoma que emite por su parte inferior raíces y de cuya parte superior arrancan unas hojas grandes llamadas frondes, cuyo limbo está dividido o subdividido.

subdivisible *adj* Que se puede subdividir. | Ó. Caballero *Inf* 11.2.71, 2: Hay dos caminos conocidos: a través del plutonio, un combustible sintético procesado en reactores, o del uranio "crudo", al que hay que rescatar un ingrediente subdivisible.

subdivisión *f* Acción de subdividir. *Tb su efecto*. | Gironza *Matemáticas* 174: Por división en dos partes iguales de los cuadrantes obtendremos el octógono regular .. Por nuevas subdivisiones obtendremos polígonos de doble número de lados. Tamames *Economía* 59: Jovellanos, .. en una de sus cartas sobre Asturias, se lamentaba de la subdivisión de las tierras hasta su casi inutilización.

subdominante *adj* (*Bot*) [Especie] preponderante pero subordinada a otra principal en una comunidad. | *BOE* 12.3.68, 3771: Formaciones vegetales. Especies dominantes y subdominantes.

subempleado -da *adj* [Pers.] que trabaja en régimen de subempleo. *Tb n*. | *País* 5.5.91, 16: La Xunta usa subempleados para la campaña del PP, según denuncias sindicales.

subempleo *m* (*Econ*) Empleo por tiempo no completo, o retribuido por debajo de lo normal, o con insuficiente aprovechamiento de la capacidad del trabajador. | J. M. Moreiro *SAbc* 9.11.69, 44: El paro y subempleo [era] numeroso.

subentender (*conjug* **14**) *tr* Sobrentender. | MPuelles *Hombre* 186: Queda como subentendido y latente un problema a discutir.

súber *m* (*Bot*) Tejido secundario protector cuyas células tienen la membrana impregnada de suberina. | Alvarado *Botánica* 31: Esto [evitar la pérdida de agua] se consigue mediante la cutícula de las células epidérmicas o el súber de las capas de corcho. **b)** Corcho. | Bustinza-Mascaró *Ciencias* 229: El tejido suberoso, súber o corcho, recubre a los órganos subterráneos y aéreos de cierta edad.

suberificación *f* (*Bot*) Acción de suberificarse. | Bustinza-Mascaró *Ciencias* 238: Las plantas cuyo tallo no aumenta de diámetro con la edad, .. al envejecer van adquiriendo resistencia por lignificación de algunas de sus células .., y por suberificación de las células superficiales de la corteza que se tranforman en corcho protector.

suberificarse *intr pr* (*Bot*) Impregnarse de suberina [la célula vegetal o su membrana]. | Ybarra-Cabetas *Ciencias* 249: Tejido suberoso. Está formado por una o varias capas de células primitivamente celulósicas, pero que pronto se suberifican, muriendo en consecuencia. Navarro *Biología* 48: El corcho .. está formado por células muertas en las que el citoplasma está sustituido por aire y las membranas están suberificadas.

suberina *f* (*Bot*) Materia impermeable y elástica que forma parte de las células del corcho y que procede de la transformación de la celulosa. | Navarro *Biología* 48: Suberificación. Es la impregnación de la membrana vegetal por la sustancia denominada suberina.

suberinización *f* (*Bot*) Suberificación. | Bustinza-Mascaró *Ciencias* 226: La pared celulósica puede también transformarse en cutina (cutinización), en suberina (suberinización), ambas de naturaleza grasa.

suberización *f* (*Bot*) Acción de suberizarse. | Alvarado *Botánica* 3: La suberización o transformación en suberina, substancia impermeable de naturaleza grasa (corcho).

suberizarse *intr pr* (*Bot*) Suberificarse. | Alvarado *Botánica* 3: En los tallos y raíces de más de un año .. la protección corre a cargo del tejido suberoso (corcho), formado por varias capas de células muertas llenas de aire que tienen las membranas suberizadas, es decir, transformadas en corcho.

suberoso -sa *adj* (*Bot*) De(l) súber. | Bustinza-Mascaró *Ciencias* 229: El tejido suberoso, súber o corcho, recubre a los órganos subterráneos y aéreos de cierta edad. Navarro *Biología* 104: La capa suberosa de los troncos, que recibe el nombre de corcho, presenta grietas o hendiduras denominadas lenticelas.

subescapular *adj* (*Anat*) Situado debajo de la escápula. | S. Cayol *Ya* 15.9.85, 42: José Antonio Campuzano sufrió herida en la región axilar izquierda con dos trayectorias, una hacia arriba, de diez centímetros, que diseca músculos pectorales y contusiona la parrilla costal y el paquete vasculonervioso, y otra hacia abajo, de quince centímetros, que produce destrozos en el músculo subescapular.

subespecie *f* (*CNat*) Grupo taxonómico de rango inmediatamente inferior a la especie. | Pericot-Maluquer *Humanidad* 62: Este hombre de Cro-Magnon se extendió ya por toda la Tierra .. La nueva subespecie humana se extendió, pues, mucho más que las anteriores.

subestación – subir

subestación *f (Electr)* Conjunto de aparatos de transformación o distribución de la energía destinados a alimentar una parte de la red. | *HLM* 26.10.70, 21: Línea eléctrica a 45 KV. de circuito sencillo .. Su recorrido, de 10.729 kilómetros, tendrá su origen en la subestación de Loeches.

subestimación *f* Acción de subestimar. | J. MMartínez *Inf* 7.3.74, 3: Más de 200.000 obreros han abandonado las explotaciones en la última década. En parte por las malas condiciones salariales del oficio .., y de otro lado por la subestimación paulatina del carbón como materia energética.

subestimar *tr* Estimar [a alguien o algo] por debajo de su valor o importancia. | *Inf* 18.8.70, 13: Canadá subestima el potencial del Mercado Común Europeo .. Robert Stanfield .. viene convencido de que Canadá no aprecia en lo que vale al Mercado Común Europeo, la nueva superpotencia del viejo continente. Alfonso *España* 190: El tema de la violencia gratuita no cabe subestimarlo en sus propios términos.

subfamilia *f (CNat)* Grupo taxonómico que es subdivisión de la familia. | RPanisse *Peces* 9: Se rompe, pues, la subagrupación en subseries, familias y subfamilias que harían muy engorrosa la consulta.

subfase *f* Fase menor, de las que se pueden distinguir dentro de una fase. | Bustinza-Mascaró *Ciencias* 375: Fase alpina [de plegamientos]. Acaecida en la Era terciaria. En ella pueden distinguirse dos subfases: andina .. y alpina propiamente dicha.

subforo *m (Der)* Contrato por el cual la pers. que tiene un foro cede el dominio útil a otra que se subroga en sus obligaciones para con el poseedor del dominio directo. | Ramírez *Derecho* 175: Galicia. Sus especialidades quedan reducidas: 1) a los foros y subforos; 2) a la compañía familiar gallega.

subfusil *m* Arma de fuego, individual, portátil y automática, de gran velocidad de disparo. | FSantos *Hombre* 113: También supo después que aquella sombra oscura que colgaba terciada a su cintura se llamaba subfusil, si era como el de los guardias, y si era como el de los otros, metralleta. **b)** ~ **ametrallador** → AMETRALLADOR.

subgénero *m (E, esp CNat)* Subdivisión de las que constituyen un género. | M. D. Asís *Rev* 7/8.70, 4: Le inventó [a la novela policíaca] toda una terminología a medida que se desarrollaba y se diferenciaba en subgéneros afines.

subgobernador -ra *m y f* Pers. que ocupa un cargo inmediatamente inferior al de gobernador y que desempeña algunas de las funciones de este. | Tamames *Economía* 399: En cada uno de esos consejos se reserva un puesto de vocal a uno de los subgobernadores del Banco.

subgrupo *m* Subdivisión de las que constituyen un grupo. | B. Gil *MHi* 8.60, 29: Este romance .. cabe clasificarlo como subgrupo en el de *El toro y la Naturaleza*.

subhúmedo -da *adj (CNat)* [Clima] de humedad insuficiente para el desarrollo de árboles, pero suficiente para el de la vegetación herbácea. | FQuintana-Velarde *Política* 51: Climas subhúmedos con lluvias distribuidas en todas las estaciones.

subida *f* **1** Acción de subir [1, 2, 3, 4, 7 y 8]. Tb su efecto. | *Abc* 22.10.74, 90: Eddy Merckx, primero y destacado en la subida a Montjuich. J. Val *SVozC* 25.7.70, 10: Deberán ser usadas [las telecabinas] preferentemente al principio del día .., pero de ser posible no en constantes subidas y bajadas durante el día. *NotB* 18.4.73, 13: A consecuencia de una subida del caudal de agua del río Ulla. J. Carabias *Ya* 17.12.75, 6: Cuando a uno le ocurre algo que antes tenía tan poca importancia como un par de subidas de temperatura, diversos facultativos se apoderan del paciente. S*Inf* 26.10.74, 13: El año pasado el turrón subió tanto como para compensar la no subida de este año. GCandau *SYa* 12.12.72, 23: Taroczy, en el segundo "set", se hinchó a cruzar su inteligente y potente "drive" y logró adelantarse casi siempre al español en las subidas a la red. Montero *SPaís* 5.3.78, 13: El gramo de heroína llega a costar entre 14.000 y 28.000 pesetas. El precio es tan elevado que los *dealers*, los vendedores de drogas duras, que son a la vez adictos, compran solo un gramo y lo revenden por *chuts*, justo la pequeña dosis necesaria para provocar un *flash*, una subida. **2** Cuesta o pendiente. | * Al final de la calle hay una pequeña subida, pero no plantea problemas.

subido -da *adj* **1** *part* → SUBIR.
2 Alto o elevado. | Landero *Juegos* 210: "La esperanza es delicada como un pájaro" .. Le pareció entonces que estaba extraviándose en un tono demasiado subido para lo que pedía la situación. D. Santos *Pue* 24.12.69, 29: Parte [Sender] del realismo más directo .. para elevarse .. a una belleza poemática con cuidados estilísticos de muy subido valor expresivo.
3 Fuerte o intenso. *Esp referido a color*. | Seseña *Barros* 67: La revolución técnica que supuso el abandono de los antiguos procedimientos hispano-moriscos de reflejo metálico por el uso continuado de la viva policromía o del azul de subido color. **b)** *(col)* Se usa siguiendo a un adj sustantivado que expresa cualidad, para ponderar el alto grado en que esta se posee. | J. L. Álvarez *HLVi* 4.8.75, 10: En la confrontación entre españolas y búlgaras, nos pareció un colegiado enterado y competente, aunque con pretensiones de divo .., es decir, de un vanidoso subido. VMontalbán *Pájaros* 26: La foto de la muerta permitía degustar una belleza rubia romántica, de lujo, con el adolescente subido a pesar de que el carnet de identidad marcaba la hora de los cuarenta años.
4 *(col)* [Cosa, esp. chiste o conversación] que toca temas indecentes u obscenos. *Frec* ~ DE COLOR, *o* DE TONO. | ZVicente *Traque* 176: A veces a veces, según la altura del año, alguno se escurre con un chistecito algo subidillo de color, pero sin mayor importancia. ZVicente *Examen* 55: Hablan con aparateo escándalo de lo subidos de color que son los cuplés de moda.

subiente *adj* Que sube. *Tb m n, referido a elemento decorativo*. | Camón *Abc* 7.3.58, 19: Para Santo Tomás en la esencia del hombre está su anhelo. Y son las formas en que se encarna ese ímpetu hacia Dios las que cristalizan en las tendencias subientes de arquitectura gótica. Landero *Juegos* 198: A un lado se alzaba un aparador oscuro, con una como jineta disecada de garras sobre el subiente de un tronco.

subigüela *f (reg)* Alondra. | Cela *Judíos* 211: Al vagabundo, como a la subigüela, le va bien el aire libre.

subíndice *m* Letra o número que se coloca en la parte inferior derecha de una palabra o de un símbolo para diferenciarlos de otros iguales. | Marcos-Martínez *Física* 219: Cuando una letra no lleva subíndice, quiere decir que no hay más que un átomo del elemento correspondiente.

subinspector -ra *m y f* Pers. que ocupa un cargo inmediatamente inferior al de inspector y que desempeña algunas de las funciones de este. | D. I. Salas *SAbc* 15.2.70, 34: El día 17 de julio de 1936, a punta de pistola, un joven teniente de la Legión, Julio de la Torre Galán, hoy general subinspector de la misma, jugándose la vida, escribía en Melilla una de las páginas más brillantes de la Historia del Movimiento. *DBu* 27.12.70, 7: Bachilleres (600 Plazas) .. Cuerpo General de Policía (subinspectores).

subir I *v* **A** *intr* ► *a normal* **1** Ir a un lugar más alto que el punto de partida. *Frec se especifica el lugar, por medio de un compl*. *A veces con compl de interés*. | Arce *Testamento* 19: Sería peligroso que .. echase a correr monte abajo... Cuesta más que subir. Olmo *Golfos* 150: Subí al tercer piso. **b)** ~ **y bajar**. Ir y venir, o ir o volver. | Delibes *Guerras* 21: El enemigo se había atrincherado al abrigaño del monte, y como el tren subía y bajaba sin nadie que le hostigase, pues eso, no les faltaba de aquí, o sea, de comer.
2 Ponerse más alto. *Frec fig*. | *Inf* 3.10.74, 1: No subirá el precio de los libros en España. Torrente *Pascua* 441: A Juan le había subido la fiebre, y el dolor de la pierna le hacía retorcerse. FSantos *Catedrales* 66: La sirena se basta y sobra para cubrir entera la ciudad con su voz que sube lentamente de potencia y tono. **b)** Ponerse más alto el precio [de algo (*suj*)]. | Olmo *Golfos* 143: –¡Hace unos días mi hermanito y yo vimos que valía una peseta! –¡Hace unos días! .. Pero, hijito, las cosas suben. **c)** Crecer en altura [algo, esp. una masa o un alimento que está en cocción]. | Cuevas *Finca* 249: En Mayo, los trigos llegaban a la cintura .. También el maíz híbrido, cuya semilla había que renovar cada año, de Madrid, subía verde y hermoso. Moreno *Galería* 26: Más tarde se incorporaba esta masa a la artesa y allí terminaba de

subir y de crecer. Calera *Postres* 25: Se pone a hervir la leche con el azúcar; aparte bátanse las claras de huevo. Cuando la leche "suba", se van echando las claras. **d)** Mejorar de estado, nivel o calidad. | Zunzunegui *Hijo* 16: Era [Manolo] vivo y dispuesto, y un afán de mejorar y de subir le podía.
3 Empezar a ejercer las funciones propias [de determinados cargos, dignidades o situaciones altos (*compl* A)]. *Frec* ~ AL TRONO, AL PODER. | Vicens *Polis* 432: Desempeñaba la regencia el príncipe Jorge, quien en 1820 había de subir al trono como Jorge IV. R. Conte *Inf* 3.10.74, 3: Valéry Giscard d'Estaing, que solo hace unos meses, antes de subir al Poder, se mostraba favorable a la reducción del mandato presidencial de siete a cinco años, no dice de ello ni pío desde que es Presidente.
4 Ponerse [sobre un animal o cosa, más raro pers. (*compl* A, EN, SOBRE *o* ENCIMA DE)]. *Tb sin compl, por consabido. Frec con compl de interés.* | MGaite *Retahílas* 28: Me subí en unas rocas que había cerca, para otear mejor, y ni se le veía ni se le oía. Medio *Andrés* 116: Con mucho gusto le sustituiría él tras el mostrador, aunque tuviera que subirse sobre un taburete. **b)** Entrar [en un vehículo (*compl* A *o* EN)]. *Tb sin compl, por consabido. Frec con compl de interés.* | M. Á. Velasco *SYa* 20.12.70, 15: Si usted no se atreve a tener una manada de leones rodeándole por todas partes, puede subir a un teleférico, con un recorrido de más de dos kilómetros. A. Marsillach *Inf* 1.5.75, 15: Una tarde de primavera .. se subió a un tren que iba nadie sabe dónde, y se largó.
5 Llegar [hasta un punto alto]. | Arce *Testamento* 14: El vello le subía hasta aquel enorme pescuezo. **b)** Llegar [una cuenta a determinada cantidad]. | * La cuenta sube a dos mil pesetas.
6 Sobrepasar [una cantidad o medida (*compl* DE)]. *Gralm en constr negativa.* | Paso *Pobrecitos* 198: Aparece Leonor. No subirá de los treinta y cinco años, pero nos parece marchita. APaz *Circulación* 28: Se entenderá por coche de enfermo un vehículo automóvil cuyo peso en vacío no pase de 300 kg. y cuya velocidad no suba de los 30 km. por hora.
7 (*Tenis*) Acercarse [el jugador a la red]. | A. SPrieto *Abc* 4.6.72, 65: Gimeno .. subió a la red con mucha confianza, para ganar punto tras punto en una racha brillante.
8 (*jerg*) Producir efecto [la droga]. | Aranguren *SPaís* 28.1.79, 15: Tengo un aparato gástrico débil o doliente, no es nada orgánico, los médicos dicen que es funcional. Pero bueno, yo atribuyo a este una mayor sensibilidad, quizá por eso me subió más la marihuana al comerla.
▶ **b** *pr* **9** Desplazarse [una prenda] hacia arriba. | *Cam* 9.2.76, 76: La novedad consiste en que ahora son antiestáticas, esto es, que la combinación ni se sube ni se encoge, evitando la operación de los tirones hacia abajo.
10 (*col*) Hacer sentir sus efectos [una bebida alcohólica]. *Tb* ~SE A LA CABEZA. | M. Redondo *Abc* 7.6.58, 60: Un vino que hay que beber a sorbos porque es demasiado fuerte y se sube rápidamente a la cabeza.
11 Hacerse notar [en una pers. (*ci*) el sentimiento de superioridad provocado por una nueva situación (*suj*)]. *Tb* ~SE A LA CABEZA. | *SYa* 24.11.74, 51: El éxito no se me ha subido a la cabeza.
B *tr* **12** Hacer que [alguien o algo (*cd*)] suba [1, 2, 4 y 5]. | Medio *Andrés* 117: Baja otra vez a la bodega y sube la garrafa. E. Valero *SAbc* 11.6.72, 33: Ya verá cómo le suben el sueldo. CNavarro *Perros* 157: Colita se levantó para subir el volumen de las voces [de la televisión]. Berenguer *Mundo* 106: Así estuvimos haciendo el tonto, hasta que en un cortado lo subí a borricate y pude llevarlo arriba. Sampedro *Sonrisa* 247: Al subirle ella el embozo hasta el mentón, sus dedos sienten la aspereza de la barba y retroceden.
13 Ir [por un sitio (*cd*)] hacia arriba. | ARíos *Tri* 13.4.68, 32: Beberán otra jarrilla de vino y él subirá despacio la escalerilla de arambol frágil, hasta el dormitorio, para desplomarse en la cama.
II *m* **14 sube y baja.** (*col*) Acción de subir y bajar constantemente. | Foxá *Abc* 25.5.58, 15: Giraban los sonrosados cerdos del "tiovivo" entre el sube y baja de las jirafas de madera pintada y las grandes focas.
III *loc adj* **15 de sube y baja.** Que se puede subir y bajar. | Delibes *Príncipe* 9: Contra la luz se dibujaba la lámpara de sube y baja, y de amplias alas –el Ángel de la Guarda–.

súbitamente *adv* De manera súbita. | CNavarro *Perros* 11: Súbitamente salió un niño de entre los coches.

subitaneidad *f* (*lit*) Cualidad de subitáneo. | Torrente *Fragmentos* 291: Empezaba a llover, con esa subitaneidad y violencia de los climas calientes.

subitáneo -a *adj* (*lit*) Súbito. | Hoyo *Caza* 58: De un salto subitáneo se puso en pie.

súbito -ta I *adj* **1** Repentino e imprevisto. | *Ya* 22.11.74, 48: El peligro de un cambio climatológico súbito siempre es una amenaza.
II *adv* **2 de ~,** *o* (*raro*) **~.** De manera súbita [1]. | Benet *Nunca* 21: –¿Y cómo andas de dinero? –me preguntó de súbito. Sampedro *Sonrisa* 218: Una bisagra rechina, allá en el dormitorio. Súbito, el viejo se esconde bajo la mesa.

subjefe -fa *m y f* Pers. que desempeña un cargo inmediatamente inferior al de jefe y que desempeña algunas de las funciones de este. | *Van* 4.11.62, 1: El presidente Kennedy conversa con el jefe del Estado Mayor del Ejército norteamericano .. A la conferencia asisten el subjefe de Estado Mayor para Operaciones Militares .. y el jefe del 18 Cuerpo Aerotransportado. *Ya* 10.10.70, 1: La frase del subjefe de la Policía local a un periodista.

subjetivación *f* Acción de subjetivar(se). | L. J. Buil *Ya* 7.5.70, 7: Sea por un insuficiente desarrollo de las normas básicas, por la todavía frecuente práctica de la desautorización pura y simple o por la subjetivación de cuestiones netamente objetivas, se niega audiencia al discordante. Pinillos *Mente* 63: El órgano específico de la subjetivación de alto nivel es el sistema nervioso.

subjetivamente *adv* De manera subjetiva. | S. Galindo *Abc* 11.11.70, 12: Lo importante es la intensidad, la efectividad y el origen de las relaciones de los distintos grupos sociales a que se pertenece, no el tamaño, ni siquiera la misión subjetivamente buscada.

subjetivar *tr* Subjetivizar. *Tb pr.* | Pinillos *Mente* 67: Los fenómenos cromáticos y acústicos no existieron hasta el día en que un ser vivo, dotado de los correspondientes órganos sensoriales, subjetivó esas energías físicas en forma de fenómenos, esto es, en forma de hechos de conciencia o de procesos mentales en los que algo aparece a alguien.

subjetividad *f* **1** Cualidad de subjetivo [1 y 2]. | Pinillos *Mente* 89: El hombre no ve las cosas tales y como son en sí mismas, sino tales y como son para él .. Esta "subjetividad" o carácter relativo de la percepción posee, por lo demás, un profundo sentido psicológico. Albalá *Periodismo* 48: La información exige .. una mirada parcial para aprehender y comprender mejor la estructura total de una obra o un hecho. Para esto, la sensibilidad y, por tanto, la subjetividad .. son indudablemente necesarias.
2 Ámbito de las realidades subjetivas [2]. | Aranguren *SInf* 31.7.75, 1: A nuestras grandes obras clásicas se asemeja .. en la ausencia de indagaciones psicologistas y sumersiones en la subjetividad.

subjetivismo *m* Actitud que consiste en atenerse solo a los datos subjetivos [1a], prescindiendo de los objetivos. *Tb la teoría que preconiza esta actitud.* | Rábade-Benavente *Filosofía* 37: Las descripciones de los eventos psíquicos, no observables de modo general, corrían el riesgo del excesivo subjetivismo.

subjetivista *adj* De(l) subjetivismo. | MPuelles *Hombre* 13: El problema ontológico del hombre no puede ni tan siquiera plantearse desde una actitud subjetivista. **b)** Adepto al subjetivismo. *Tb n.* | S. AFueyo *Abc* 13.10.74, 49: Con Gentile .. y Croce adquirió originalidad y fuerza el idealismo italiano, si bien Gentile es un subjetivista o actualista y Croce un historicista absoluto.

subjetivización *f* Acción de subjetivizar(se). | GBarrientos *Pról. Buero* 52: Iglesias Feijoo ha notado un proceso de creciente subjetivización en los cuatro primeros dramas.

subjetivizar *tr* Dar carácter subjetivo [1 y 2] [a algo (*cd*)]. | B. Mostaza *Ya* 21.10.64, 20: La literatura de Unamuno es una monstruosa, patológica manera de subjetivizar la naturaleza, la "unamunizar" la humanidad y la creación entera. **b)** *pr* Tomar [algo] carácter subjetivo. | GBarrientos *Pról. Buero* 47: El tiempo pierde su dimensión objetiva, mensurable; se repliega al interior de la conciencia, se subjetiviza.

subjetivo – subliminar

subjetivo -va *adj* **1** Que depende de los sentimientos de la pers., o está basado en ellos. | Lera *Abc* 17.12.70, sn: Pesan tan decisivamente, de una parte, el factor subjetivo y, de otra, los condicionamientos de tendencias, escuelas, estilos. **b)** [Pers.] que en sus juicios o valoraciones se deja arrastrar por sus sentimientos. | *Sem* 31.8.74, 14: Orgulloso y subjetivo, se produce en sus inclinaciones naturales una resultante susceptible de conducirle a desequilibrio.
2 Que solo existe en función del pensamiento o del sujeto pensante. | * Existen realidades objetivas y subjetivas. **b)** (*Med*) [Síntoma] solo perceptible para el enfermo. | FCruz *Salud* 205: La enfermedad se revela por la aparición de ciertos fenómenos reaccionales o síntomas, en parte accesibles a la observación del médico (síntomas objetivos) y en parte accesibles tan solo al examen introspectivo del propio enfermo (síntomas subjetivos).
3 (*Filos y Psicol*) De(l) sujeto (ser pensante o actuante). | Valcarce *Moral* 12: En todo acto humano cabe distinguir un elemento objetivo .. y otro subjetivo.
4 (*Gram*) De(l) sujeto (elemento de la oración). | Alcina-Blecua *Gramática* 944: La Gramática ha distinguido entre lo que llamaba genitivo subjetivo, cuando equivalía al sujeto de la acción aludida por el nombre núcleo de la construcción, y el genitivo objetivo.

sub judice (*lat; pronunc corriente,* /sub-yúdiθe/) *loc adv* (*Der*) En espera de resolución judicial. *Tb* (*lit*) *fuera del ámbito técnico. Tb adj.* | M. Fórmica *Abc* 25.2.68, 90: El respeto que me inspira el más alto Tribunal de Justicia de España me impide tomar partido por una o por otra tesis, ya que el asunto se encuentra todavía sub judice. J. M. Claver *Ya* 7.5.70, 39: El carácter de representación única .. obliga a ser muy comedidos en la expresión de cualquier juicio personal de valor sobre una pieza todavía "sub judice".

subjuntivo -va *adj* (*Gram*) [Modo del verbo] correspondiente por naturaleza a la subordinación, en el cual la acción no aparece presentada como real, sino como pensada. *Tb n m.* | Academia *Esbozo* 454: La gramática estructural moderna mira las formas modales del subjuntivo y del indicativo como expresivas de la oposición no realidad/realidad.

sublegado *m* (*Der*) Legado que tiene que satisfacer el legatario. | *Compil. Cataluña* 764: En el sublegado, el legatario gravado con un legado solamente deberá cumplirlo cuando perciba el suyo.

sublevación *f* Acción de sublevar(se), *esp* [3]. | DPlaja *El español* 65: Lo curioso del general que ha alcanzado el poder a través de una sublevación es que considera increíble que otro militar intente lo mismo.

sublevar A *tr* **1** Hacer que [alguien (*cd*)] se subleve [3]. | Sampedro *Sirena* 203: Emiliano sublevó a las tropas de Mesia para proclamarse emperador. Arenaza-Gastaminza *Historia* 56: Tan gran perfidia sublevó a Lusitania entera.
2 Excitar indignación [en alguien (*cd*)]. *Frec abs.* | CSotelo *Muchachita* 281: –Imaginemos .. que fuera conveniente .. el que yo galantease un poco a la señora de Aymat. ¿No transigirías? –¡No! –¿Aunque te constase que me desgarraba el alma y que sufría viéndome obligado a cortejar a otra mujer ..? –¡Patricio, no me subleves! Alfonso *España* 134: Caso, este, verdaderamente aparte; el colmo de los colmos. Inversión de las libertades públicas que, ya, subleva.
B *intr pr* **3** Negarse [alguien, esp. un grupo] a obedecer a la autoridad, iniciando frente a ella la resistencia o el ataque armados. *Tb fig.* | DPlaja *El español* 65: El general que se subleva no hace más que llevar a la práctica .. el sueño de la mayoría de los españoles. * La gente se subleva contra estas arbitrariedades. Torrente *Filomeno* 208: Alguna de aquellas conciencias se sublevó al enterarse de cómo funcionaba el régimen de propiedad urbana en Inglaterra.

sublimación *f* Acción de sublimar(se). | Pinillos *Mente* 138: El mecanismo de la sublimación ha sido muy discutido. En su virtud, las grandes creaciones estéticas o religiosas .. procederían de la transformación de instintos sexuales. Bustinza-Mascaró *Ciencias* 17: Calentando iodo o naftalina y recogiendo sus vapores en una vasija fría pueden obtenerse cristales por sublimación.

sublimado -da I *adj* **1** *part* → SUBLIMAR.

II *m* **2** Sustancia química venenosa formada por combinación de cloro y mercurio, que se emplea como desinfectante. *Tb* ~ CORROSIVO. | *Economía* 62: Se lucha contra él [el insecto] inyectando en los orificios cualquier insecticida moderno o una solución de alcohol y sublimado al 8 por 100.

sublimador -ra *adj* Que sublima. *Tb n m, referido a aparato.* | G. Sierra *Abc* 4.3.75, 15: Habrán de recurrir a los métodos "románticos" y "sublimadores" que desdeñaron con ligereza, y en las clínicas se recomendarán las "Rimas" de Bécquer.

sublimar *tr* **1** Elevar [a alguien o algo] a una categoría moral o estética superior. | Valcarce *Moral* 138: La castidad sublima al hombre al nivel de los ángeles. Moix *Des* 12.9.70, 12: El autor sublima sus materiales mediante la creación, accediendo así a una sublimación de lo popular. **b)** *pr* Elevarse [alguien o algo] a una categoría moral o estética superior. | GNuño *Escultura* 123: Los leones de Manga Grande y de Castro del Río, en el mismo museo cordobés, se van sublimando progresivamente hasta hacer del primero, estilizadísimo, algo así como una esencia de león.
2 (*Psicol*) Transformar [un impulso] en un valor socialmente reconocido. | * El místico sublima el amor carnal.
3 (*Quím*) Transformar directamente en vapor [una sustancia sólida]. | * El aire muy seco sublima la nieve. **b)** *pr* Transformarse directamente en vapor [una sustancia sólida]. | Marcos-Martínez *Física* 122: ¿Para qué se emplea la naftalina, debido a su propiedad de sublimarse?

sublimatorio -ria *adj* Que sublima. | MSantos *Tiempo* 78: El éxtasis místico por una cierta alegría concomitante del bajo vientre muestra su pobre naturaleza sublimatoria.

sublime *adj* Que por su excepcional altura moral o estética produce un sentimiento de admiración. *Frec con intención ponderativa.* | Laforet *Mujer* 83: Le gustaban las ideas del Evangelio y le parecía la más sublime del mundo. *Sp* 19.7.70, 50: Son obras más sencillas .. Y más sublimes. (Hay que decirlo sin rubor: "Casablanca", "Rebeca", "Recuerda", son sublimes.) **b)** (*col*) Extraordinario o sumamente bueno. | Torres *Ceguera* 86: Luego nos dedicaremos a la paella de Koro, que es sublime.

sublimemente *adv* De manera sublime. | GCaballero *SYa* 16.6.74, 33: Partió de nuevo, y, además, premiado por el propio César Carlos con un escudo de armas. Perdonando noblemente, sublimemente, al llegar a aquel capitán Vergara, gobernante de Paraguay.

sublimidad *f* Cualidad de sublime. | Pemán *Testigos* 294: Hacía un minuto, lo que yo estaba construyendo en torno a aquella hija ajena que yo había tomado por mía, .. era la sublimidad.

subliminal *adj* **1** (*Psicol o Med*) Subliminar. | * Cierta publicidad se basa en la existencia de la percepción subliminal.
2 Implícito o sobrentendido. | P. J. Ramírez *Abc* 17.2.80, 6: Aún estamos a tiempo de evitar la plena germinación de las flores del mal, ha venido a decir de forma subliminal Ibáñez Freire.

subliminalmente *adv* De manera subliminal. | P. Rodríguez *HLM* 17.3.80, 3: Este pueblo tiene mucho olfato y –creo yo– no va a sentar en la Moncloa a nadie que no lleve de alguna manera subliminalmente el aval de la Corona.

subliminar *adj* **1** (*Psicol*) Que está por debajo del nivel de la conciencia. | Pinillos *Mente* 102: La teoría psicológica que está detrás de estas fantasías publicitarias se basa en la existencia de la llamada percepción subliminar, un tipo de percepción inconsciente que nos permitiría reaccionar congruentemente a estímulos tan leves que nos pasarían inadvertidos.
2 (*Med*) [Estímulo] de duración o intensidad inferior al mínimo necesario para producir respuesta directa. | Pinillos *Mente* 103: Cuando un estímulo no alcanza la intensidad necesaria para transponer el umbral del sentido correspondiente, no hay percepción, ni hay tampoco reacciones por parte del sujeto que permitan pensar que este responda adaptativamente a los estímulos subliminares. Vega *Corazón* 36: Esta acción cardiotónica subliminar (dosis subtera-

péuticas u homeopáticas) se suma a la del restante calcio alimentario.
3 Subliminal [2]. | L. Contreras *Inf* 9.3.78, 5: Contra la moción estuvieron los diputados Bravo Laguna y Martín Oviedo, ambos de U.C.D. El último precisó que, a su entender, los pactos de la Moncloa eran constantemente invocados por la oposición para cuestionarlos "por vía subliminar".

subliminarmente *adv* De manera subliminar. | R. Lezcano *Inf* 11.5.83, 3: La Prensa radical vasca, incluso algunos nacionalistas de a pie .., aluden a la incomprensión del "problema vasco" por parte del resto de los españoles. En realidad, lo que revelan más o menos subliminarmente es que bajo toda condena subyace la ignorancia.

sublimizar *tr* Sublimar [1 y 2]. | Umbral *Ninfas* 82: A los recados los llamaba gestiones, qué palabra, aquello sí que era sublimizar el recado. Chamorro *Sin raíces* 221: Sublimizó su líbido en la creación y el trabajo, y como sabía que recordar es malo porque los recuerdos frenan, atan y languidecen, se propuso no mirar para atrás.

sublingual *adj* (*Anat*) Situado debajo de la lengua. | Navarro *Biología* 142: Las glándulas sublinguales son las más pequeñas de las tres [salivales] y se encuentran, como indica su nombre, debajo de la lengua, abriéndose allí por varios canales excretores.

subliterario -ria *adj* De (la) subliteratura. | DBorque *SInf* 30.9.71, 12: Son los tres géneros aquí tratados los que constituyen el grueso de lectura subliteraria en España.

subliteratura *f* Literatura de calidad inferior destinada al consumo popular. | Amorós *Subliteraturas* 7: De la ignorancia y el desprecio absoluto por la subliteratura hemos pasado, en nuestro país, a la moda arrolladora.

sublunar *adj* (*lit*) Terreno (de la Tierra). | PAyala *Abc* 30.5.58, 3: El cuerpo corresponde a lo que Aristóteles llamaba mundo sublunar, la zona perecedera de lo que crece, cambia y decae.

subluxación *f* (*Med*) Luxación parcial, en la cual el hueso descoyuntado no pierde por completo su posición. | *Các* 23.9.74, 15: Fue atendido en la enfermería de la plaza, de herida .. de cinco centímetros en el lado radial del pulgar derecho, y subluxación de la muñeca y hematomas.

submarinismo *m* Conjunto de actividades submarinas de carácter deportivo, científico o militar. | J. A. Donaire *As* 9.12.70, 20: Reparte sus ratos libres entre la caza, la pesca y el submarinismo.

submarinista *adj* **1** De(l) submarinismo. | *Almería* 87: Almería constituye un paraíso submarinista.
2 [Pers.] que practica el submarinismo. *Frec n.* | *Abc* 5.8.70, 1: La fuente monumental y luminosa del Triunfo, en Granada, ha recibido la visita de dos submarinistas, perfectamente equipados para la actividad acuática.
3 [Individuo de una armada] especializado en el servicio de submarinos. *Más frec n m.* | A. Barra *Abc* 15.10.70, 32: Se cree que se trataba de un oficial submarinista soviético. DPlaja *El español* 95: Durante la última guerra aviadores y submarinistas italianos ofrecieron un curioso contraste con ejércitos rindiéndose en masa.

submarino -na I *adj* **1** Que está o se realiza debajo de la superficie del mar. | Ybarra-Cabetas *Ciencias* 143: Volcanes submarinos .. Las erupciones submarinas tienen, como consecuencia de su situación, una modalidad especial. **b)** Que está o se realiza bajo la superficie del agua. | Ortega *Americanos* 117: Me había comprado un equipo de pesca submarina.
2 Que funciona o se mueve bajo la superficie del agua. | * Hasta que no aparecieron las cámaras submarinas, el fabuloso mundo de la fauna y flora acuáticas nos era desconocido. J. R. Saiz *Pue* 31.5.80, 37: Las unidades especiales incluyen el Arma Aérea de la Armada .., la Unidad de Buceadores de Combate de Cartagena y el Arma Submarina (combinación de los viejos submarinos americanos con los modernos Daphne).
II *m* **3** Vehículo marino destinado a navegar bajo la superficie del agua. | *Sp* 19.7.70, 25: Aparecen, movidos por las necesidades militares desencadenadas por la guerra de 1914-1918, los submarinos.
4 (*col*) Pers. infiltrada en una organización política. | *Inf* 3.4.79, 9: Rojas-Marcos se defiende. "No somos submarinos de nadie." E. Romero *Ya* 5.12.82, 7: Estoy seguro que el Partido Socialista ha tenido, en general, una buena información, porque siempre tuvo submarinos dentro del partido en el poder.

submaxilar *adj* (*Anat*) Situado en la cara interna del maxilar inferior. | Navarro *Biología* 141: Las glándulas submaxilares son más pequeñas que las parótidas.

submersión *f* (*raro*) Sumersión. | MSantos *Tiempo* 170: Nadie por tal error u otra omisión sufra submersión a él no destinada.

submerso -sa *adj* (*Bot*) Sumergido. | *BOE* 12.3.68, 3771: Temario de Botánica ecológica .. Estudio de la hidrosere. Etapas submersa, flotante, "cañaveral" y "juncal".

submeseta *f* (*Geogr*) Subdivisión de las que constituyen una meseta. | Ortega-Roig *País* 28: La Meseta castellana .. está atravesada por la Cordillera Central, que la divide en dos submesetas: Submeseta Norte y Submeseta Sur.

submicrón *adj invar* (*E*) De medida inferior a una micra. | A. M. Yagüe *Ya* 22.2.89, 21: Las tecnologías VLSI se caracterizan por tener dispositivos submicrón.

submicroscópico -ca *adj* (*E*) Que no puede ser visto por el microscopio ordinario. | Al. Gómez *Ya* 17.5.90, 65: Uno de los mayores avances de esta técnica lo protagoniza un equipo de ingenieros biomédicos canadienses que, con la ayuda de un 'tele-micro-robot' que consigue movimientos submicroscópicos, pueden analizar y manipular el interior de las células musculares.

submúltiplo *m* (*Mat*) Cantidad que está contenida un número exacto de veces [en otra (*compl de posesión*)]. *Frec la unidad de medida que corresponde a esa cantidad.* | Marcos-Martínez *Aritmética* 118: Para medir una longitud basta ver cuántas veces contiene esta al metro o a uno de sus múltiplos o submúltiplos.

submundo *m* Mundo inferior. | MGaite *Cuento* 276: Le endiosó y transformó en heraldo de futuros amantes, al sugerirle el propósito de trasladar lo padecido al plano de lo explicado, de iluminar lo que amenazaba con quedarse en inútil, .. reducido al submundo infernal de los fantasmas. C. SFontenla *SInf* 10.1.74, 15: Esta es, en definitiva, la gran cualidad del film de Loach, tras haberse adentrado en el submundo de su "familia", en el inframundo de los hospitales psiquiátricos, en el pobre mundo de la sociedad uniformada y satisfecha de su íntimo confort.

subnitrato *m* (*Quím*) Nitrato básico. | MNiclos *Toxicología* 112: Se han señalado estas intoxicaciones en niños que tomaron subnitrato de bismuto.

subnormal *adj* [Pers.] afectada de una deficiencia mental de carácter patológico. *Tb n.* | *Abc* 3.12.70, 49: Los distintos grupos sociales poseen posibilidades muy distintas para colocar un hijo subnormal en un colegio de enseñanza especial. *Ya* 30.4.70, 42: Se amplía hasta los treinta años el límite de edad aplicable a los subnormales. **b)** (*col*) [Pers.] tonta o imbécil. *A veces usado como insulto.* | ZVicente *Traque* 89: Si está visto que eres anormal, o sea, vamos, gilí, que eso es lo que quiere decir lo de subnormal.

subnormalidad *f* Condición de subnormal. | *Abc* 3.12.70, 49: El déficit de puestos de enseñanza para subnormales está cualificado según grupos de subnormalidad.

suboccipital *adj* (*Anat*) Situado debajo del occipital. | *Van* 20.12.70, 6: Sus síntomas no suelen ser alarmantes: ligeros malestares sin fiebre, inflamación de los ganglios sub-occipitales o aparición de ligeras manchas rojas en la piel.

suboficial *m* **1** Militar que posee grado o empleo de sargento, brigada o subteniente. | Aldecoa *Cuentos* 1, 113: La fiesta se hará en el pabellón residencia de oficiales. Los suboficiales tendrán su zafarrancho .. en su imperio.
2 *En la policía municipal:* Miembro de categoría inmediatamente superior a la del sargento. | * Es suboficial de la policía municipal.

suborden *m* (*CNat*) Grupo taxonómico que es subdivisión del orden. | *Animales marinos* 259: Superclase: Artrópodos. Clase: Crustáceos. Subclase: Malacostráceos. Orden: Decápodos. Suborden: Macruros. Serie: Nadadores.

subordinación f **1** Acción de subordinar(se). Tb su efecto. | Valcarce Moral 62: "Yo soy el Señor, Dios tuyo." Esto hubiera sido suficiente para exigir total subordinación. MPuelles Persona 51: En esto, y no en otra cosa, consiste el subordinarse al bien común, subordinación que es una consecuencia necesaria de la vida social cuando esta se entiende como un beneficio para todos.
2 Relación entre un elemento subordinado y su principal. | Gambra Filosofía 36: Los conceptos rectángulo, acutángulo y obtusángulo son .. coordinados entre sí, puesto que guardan en un mismo nivel la misma relación de subordinación. Amorós-Mayoral Lengua 172: Las oraciones simples que forman una oración compuesta pueden estar unidas por coordinación o por subordinación.

subordinadamente adv **1** De manera subordinada. | R. Faraldo Ya 9.2.72, 35: El ajuste delicado o atroz de sus colores, .. grandes superficies inertes color puerta, pared, bandera, confieren al cuadro la unidad razonadamente demencial, criminosa, grotesca, alegórica, de donde brota, subordinadamente, el mordiente monstruoso, sarcástico o apiadable.
2 Con subordinación o sometimiento a la autoridad correspondiente. | Ma. Aguilar D16 30.4.79, 5: Perdían [los militares] subordinadamente y en silencio los Gobiernos politicomilitares que eran patrimonio de los largos años de servicio.

subordinado -da adj **1** part → SUBORDINAR.
2 [Pers.] que está bajo las órdenes o la autoridad [de otra]. Frec n. | Gonzalo Cod 9.2.64, 9: Bajaba los ojos humildemente el subordinado.
3 [Cosa] secundaria en orden o importancia [respecto a otra (compl de posesión o A)]. Tb sin compl. Se opone a PRINCIPAL. | * Este es el tema principal; los otros no pasan de ser subordinados.
4 (Gram) [Oración] **subordinada** → ORACIÓN. **b)** De (la) oración subordinada. | Academia Esbozo 548: Cuando los verbos principal y subordinado tienen el mismo sujeto, el subordinado va en infinitivo.
5 (Filos) [Concepto] que está comprendido en la extensión [de otro (compl de posesión o A)]. | Gambra Filosofía 36: El concepto rectángulo es, respecto al de triángulo, subordinado, porque este lo abarca bajo su extensión.

subordinante adj **1** Que subordina. Esp en gramática. | Academia Esbozo 548: Cuando los verbos principal y subordinado tienen el mismo sujeto, .. se omite el que subordinante.
2 (Gram) [Oración] principal. Tb n f. | Academia Esbozo 503: Las subordinadas .. son elementos incorporados formalmente a la oración principal o subordinante, como sujeto, predicado o complemento de cualquier clase.

subordinar tr **1** Poner [a una pers. o conjunto de perss.] bajo la autoridad [de otra (compl A)]. Tb sin el 2º compl, por consabido. | Benet Nunca 100: Mi abuelo, empujado tanto por su familia política como por su propio y maligno interés en superarla, ayudarla e incluso subordinarla, había dividido su fortuna entre la casa, las minas y el ferrocarril.
2 Poner [a una pers. o cosa] en una situación secundaria [respecto a otra (compl A)]. | MPuelles Persona 51: Es necesario que cada persona tenga y use su bien particular, de modo que a la vez que las demás le ayudan, ella también ayude a las demás. Y en esto, y no en otra cosa, consiste el subordinarse al bien común.
3 Hacer depender [una cosa (cd) de otra (compl A)]. | L. Calvo Abc 15.10.70, 29: El alcance [del tratado] está subordinado al uso que uno y otro país hagan del instrumento firmado ayer.
4 (Gram) Hacer que [un elemento gramatical (cd)] pase a desempeñar una función [respecto a otro (compl A)]. Tb sin el 2º compl. | Academia Esbozo 502: En la oración simple, como vemos, la conjunción une elementos sintácticos análogos coordinándolos entre sí; no puede subordinarlos unos a otros. Academia Esbozo 502: La preposición subordina siempre a su término.

subordinativo -va adj (Gram) Subordinante [1]. | Lapesa HLengua 154: La anteposición era frecuente en cláusulas enlazadas con otra introducida por una conjunción subordinativa o por un pronombre relativo.

subóxido m (Quím) Óxido que contiene una cantidad relativamente pequeña de oxígeno. | Marcos-Martínez Física 232: Subóxido de cobre.

subperitoneal adj (Anat) Situado debajo del peritoneo. | Abc 21.5.67, 98: Don Álvaro Domecq Romero sufre herida en la región inguinal izquierda que alcanza pared abdominal, .. llegando al tejido celular subperitoneal.

subprefecto m Funcionario que en Francia está al frente de un distrito representando al poder central. Tb (hist) referido a España en la época napoleónica. | Pue 9.12.70, 18: El subprefecto de Bayona .. se ha trasladado a París.

subprefectura f Cargo de subprefecto. Tb su oficina. | A. Semprún Abc 29.12.70, 20: Mis dos amigos, miembros de la Sureté Nationale, dependientes en la actualidad de la Subprefectura de Bayona, .. se nos muestran dolidos. GHerrero Segovia 378: Este proyecto fue aceptado y consagrado legalmente por el citado decreto josefino de 1810, con algunas leves modificaciones: los departamentos se denominaron prefecturas, se dividieron en subprefecturas.

subproducto m Producto secundario que en un proceso industrial resulta después de haber obtenido el producto principal. Tb fig. | Abc 21.5.67, 71: Ayuda para impulsar la sideroquímica en Asturias aprovechando los subproductos derivados de la fabricación del acero en las factorías de la provincia. P. Berbén Tri 8.8.70, 16: Las llamadas perversiones sexuales no son tales, sino subproductos aplicados a la sexualidad de actitudes vitales.

subproletariado m Sector del proletariado que es objeto de mayor explotación y vive en la mayor pobreza. | L. Molla Mun 14.11.70, 42: Sigue siendo una cantera de mano de obra que nutre de emigrantes al subproletariado del norte italiano.

subrayado (pronunc normal, /sub.r̄ayádo/) m Acción de subrayar. Tb su efecto. | Hoyo Glorieta 76: Me niego terminantemente, es mi última voluntad (el subrayado es de Heliófilo Ruiz). A. MTomás Van 20.12.70, 60: La banda sonora .. presta a las violentas y sobresaltadas situaciones, en las que abunda la película, el justo subrayado.

subrayar (pronunc normal, /sub.r̄ayár/) tr **1** Trazar una raya debajo [de algo escrito (cd)]. | Marín Enseñanza 255: Estos nombres ¿hacen referencia a un ser o a varios? Subrayar nuevamente los que hagan referencia a varios. **b)** Trazar una raya debajo de las palabras o frases interesantes [de un texto (cd)]. | Landero Juegos 279: Escuchar con rostro preocupado las noticias de la radio. Subrayar un libro. Comentar con alguien el espíritu de la época.
2 Destacar o poner de relieve [algo]. | J. Salas Abc 6.12.70, 31: Dicha nota subraya los tradicionales deseos del país en pro de una colaboración con los vecinos fronterizos. Penélope Ya 3.3.63, sn: Pequeños cuellos camisero o solapa, hombros algo subrayados, pecho y cintura en su sitio.

subregión (pronunc normal, /sub.r̄ex̱ión/) f (Geogr) Región que es subdivisión de otra. | Abc 8.12.70, 44: Plasencia, subregión natural rica en pantanos.

subregional (pronunc normal, /sub.r̄ex̱ionál/) adj (Geogr) De (la) subregión. | J. M. Álvaro MHi 7.68, 56: La realidad de las agrupaciones geográficas subregionales .. adquirieron carta de naturaleza.

subreino (pronunc normal, /sub.r̄éino/) m (CNat) Grupo taxonómico que es subdivisión del reino. | Alvarado Biología 1: El gato es un ser del Reino animal, Subreino Metazoos, Tipo Cordados, Subtipo Vertebrados, Clase Mamíferos.

subrepticiamente adv De manera subrepticia. | Ramírez Derecho 71: Es el caso clásico del ladrón que se introduce subrepticiamente o forzando puertas en domicilio ajeno.

subrepticio -cia adj Que se hace o se produce a escondidas. | CBonald Ágata 215: Ni el hipotético perdón ni el subrepticio deleite del remordimiento .. le fue proporcionando sin sentirlo las decisivas claves de un secreto.

subrigadier *m* (*hist*) Militar que desempeña las funciones de sargento segundo de brigada. | Vera *Lecturas* 231: El 15 de mayo de 1764, después de haber formado con los nuevos alumnos dos brigadas compuestas de veintiún cadetes, al mando de dos subrigadieres y un brigadier cada una, el conde de Gazola comunicó al ministro de la Guerra, marqués de Squilache, que los caballeros cadetes habían entrado en el Real Alcázar de Segovia.

subrogación (*pronunc normal*, /sub.r̄ogaθión/) *f* (*Der*) Acción de subrogar(se). | *País* 6.1.77, 14: El sistema de subrogaciones vigente concede derechos a los familiares de los inquilinos hasta el cuarto grado.

subrogante (*pronunc normal*, /sub.r̄ogánte/) *adj* Que subroga. *Tb n, referido a pers.* | *BOE* 30.1.81, 2154: El arrendatario podrá subrogar en el contrato a su cónyuge o a uno de sus descendientes .. Será requisito indispensable la notificación fehaciente hecha por subrogante y subrogado al arrendador.

subrogar (*pronunc normal*, /sub.r̄ogár/) (*Der*) **A** *tr* **1** Sustituir [una pers. o cosa a otra] en una relación jurídica. | Ramírez *Derecho* 108: La novación se produce cuando una obligación se sustituye por otra .. subrogando a un tercero en los derechos del acreedor. *Compil. Cataluña* 689: Subsistiendo el usufructo sobre los bienes subrogados que no se destinen a mejorar el patrimonio.
B *intr pr* **2** Sustituir [en una obligación o un derecho] a la pers. que los tiene previamente. | Ramírez *Derecho* 83: Así surgió la llamada sucesión hereditaria, mediante la cual unas personas, llamadas herederos, sustituyen o se subrogan en la personalidad del difunto y le suceden en sus relaciones con ciertas personas o con sus cosas o bienes. *Alc* 31.10.62, 28: Las cargas y gravámenes anteriores .. continuarán subsistentes, entendiéndose que el rematante los acepta y queda subrogado en la responsabilidad de los mismos.

subrutina (*pronunc normal*, /sub.r̄utína/) *f* (*Informát*) Secuencia de instrucciones para realizar una determinada tarea, que puede usarse repetidamente. | *SYa* 27.6.74, 42: El HP-65 le ofrece la posibilidad de bifurcación, iteración y subrutinas, igual que lo haría un calculador mucho más grande.

subsahariano -na *adj* Del sur del Sáhara. | *Cór* 23.8.90, 56: Las mayores concentraciones de pobreza se encuentran en Asia meridional y en las regiones africanas subsaharianas.

subsanable *adj* Que se puede subsanar. | P. Higuera *Tri* 11.4.70, 8: Quedan aún ciertas zonas de sombra, pero deben de ser simples fallos de iluminación fácilmente subsanables.

subsanación *f* Acción de subsanar. | *Abc* 12.5.74, 65: Facultar al Consejo de Administración para que .. suscriba los documentos públicos y privados que sean pertinentes, incluso complementarios, descriptivos y de subsanación, para llevar a efecto la fusión.

subsanar *tr* Remediar [un error, un defecto, un problema o un perjuicio]. | M. Mora *Sáb* 10.9.66, 46: Aun no habiendo disminuido el número de visitantes, puede subsanarse [el problema de alojamiento] haciendo las peticiones con la debida antelación.

subscribible, **subscribir**, **subscripción**, **subscriptor**, **subscrito** → SUSCRIBIBLE, etc.

subsecretaría *f* Cargo de subsecretario. *Tb su oficina.* | *Hoy* 15.11.70, 2: Se espera que mañana domingo llegue un ingeniero naval de la Subsecretaría de la Marina Mercante para dirigir las labores de rescate del mercante.

subsecretario -ria *m y f* Pers. que en un ministerio desempeña el cargo inmediatamente inferior al del ministro. | *Nue* 31.1.70, 3: El subsecretario de Comercio .. ha hecho unas declaraciones en las que se perfila la política antiinflacionista a ultranza.

subsector *m* Sector secundario de los que se pueden distinguir dentro de un sector principal. | *Inf* 16.4.70, 13: Dentro del sector, la fabricación de aceros finos y especiales mantiene los niveles del mes de enero, así como el subsector de laminados de acero.

subsecuente *adj* Subsiguiente. | *Inf* 30.7.70, 2: Se ha esperado a la terminación de las torres para decretar su recorte, con los subsecuentes perjuicios de todo tipo.

subseguir (*conjug* **62**) *intr* Seguir [una cosa] inmediatamente [a otra]. | Laín *Universidad* 103: A los veinticinco años de conclusa la drástica "depuración" del cuerpo docente universitario que subsiguió a nuestra guerra civil, cinco catedráticos de universidad han sido objeto de sanciones graves.

subsere *f* (*Bot*) Serie de agrupaciones vegetales en una sucesión secundaria. | *BOE* 12.3.68, 3771: Temario de Botánica ecológica .. La sucesión de bancos y márgenes de ríos. Pantanos y turberas. Priseres y subseres. La sérule.

subsidial *adj* De(l) subsidio. | *Leg. contencioso-adm.* 28: Las resoluciones en que el Ministerio de Trabajo impone a las empresas obligaciones de tipo contributivo, prestaciones subsidiales, en favor de sus productores, revisten carácter administrativo.

subsidiar (*conjug* **1a**) *tr* Dar subsidio [a alguien o algo (*cd*)]. | Armenteras *Epistolario* 265: Declara que su esposo ha figurado como subsidiado en el Régimen Obligatorio de Subsidios Familiares. J. Salas *Abc* 6.12.70, 31: Esas organizaciones han sido instruidas, subsidiadas, incluso armadas, en dichos países. C. Parra *Ya* 20.2.86, 25: A este último colectivo se les [*sic*] amplía el subsidio, y los dos primeros participarán en las medidas de carácter positivo, que son la formación profesional subsidiada y las acciones de fomento del empleo.

subsidiariamente *adv* De manera subsidiaria. | Tamames *Economía* 205: La demanda de abonos minerales de nuestra agricultura hizo surgir a la Sociedad Anónima Cros, que en 1904 inició la fabricación de superfosfatos, que ya antes obtenía, subsidiariamente, la Unión Española de Explosivos. Ramírez *Derecho* 98: Fallecida una persona, se abre su sucesión. Y sabes que esta se rige, en primer lugar, por el testamento y solo subsidiariamente por la Ley.

subsidiaridad *f* Subsidiariedad. | Tamames *Economía* 475: Básicamente, en el anteproyecto se mantiene el principio de subsidiaridad establecido en 1964.

subsidiariedad *f* Cualidad de subsidiario. | *Abc* 27.1.70, 14: El día que comiencen a tener déficit esas empresas pedirán ser absorbidas por Hunosa en una manera muy particular de entender la subsidiariedad.

subsidiario -ria *adj* **1** [Cosa] secundaria que sirve de apoyo [a otra principal (*compl de posesión*)]. *Tb sin compl.* | Albalá *Periodismo* 61: Medio y contenido .. del signo lingüístico unen los términos sujeto y objeto (factores ambos que, por subsidiarios del medio, aparecen condicionados por este). GNuño *Escultura* 75: Nos va quitando la esperanza de descubrir la anhelada arquitectura ibérica de gran porte que pudiera prologar con la deseable originalidad el capítulo lógicamente subsidiario que será la escultura.
2 (*Der*) [Pers. o cosa] que suple o sirve de apoyo [a la principal (*compl de posesión*)]. *Tb sin compl.* | *Caso* 14.11.70, 10: Entiende el señor Quiroga que su suegro es responsable subsidiario de la supuesta malversación.

subsidio *m* Cantidad que, como ayuda oficial, recibe una pers., una entidad o una actividad. | CNavarro *Perros* 96: Un día .. todo será inútil. Inútil el subsidio de paro y el cobro de los puntos. **b)** Ayuda económica. | Ridruejo *Memorias* 47: A veces me pedía un poco de dinero para gasolina, pues tenía coche pero casi siempre cerrado por crisis de fondos .. Por cierto que esos pequeños subsidios para gasolina me dieron base imaginativa para una patraña que podía favorecerle.

subsiguiente *adj* Que subsigue. | Villapún *Iglesia* 95: La confesión se puede hacer el mismo día en que se gana la indulgencia o en alguno de los siete días precedentes o subsiguientes. CNavarro *Perros* 105: –Lo mejor es acudir a la policía.– La madre se la quedó mirando, sin dejar de pensar en el escándalo subsiguiente.

subsiguientemente *adv* De manera subsiguiente. | F. Martino *Ya* 3.4.75, 56: Hoy día, un niño azul, bien diagnosticado apenas nacido y subsiguientemente operado, puede perfectamente perder dicho color. M. CDiego *Ya* 15.10.76, 22: La importancia práctica de esta "cumbre" y

subsistema – subterráneo

subsiguientemente de la creación de la Unión Iberoamericana de Abogados es muy grande.

subsistema *m* (*E*) Subdivisión de un sistema. | Academia *Esbozo* 36: El hecho de que uno o más de estos rasgos sean comunes a varios fonemas y el número y naturaleza de esos rasgos comunes permiten establecer el sistema fonológico, ramificado en varios subsistemas.

subsistencia *f* **1** Acción de subsistir. | *Cua* 6/7.68, 3: Lucha por el mejor salario .. por razones primarias de subsistencia material. J. Larraz *Ya* 22.10.64, 13: En Tarde .. pasamos a entrever la subsistencia del dogma de la vida futura y de Dios.
2 *En pl*: Conjunto de cosas necesarias para la vida humana, esp. alimentos. | Laiglesia *Tachado* 50: ¿De qué vamos a vivir mientras dure la guerra? Yo no tengo reservas de oro para comprar subsistencias.
3 (*Filos*) Incomunicabilidad de la existencia, propia de la sustancia individual. | Rábade-Benavente *Filosofía* 257: A pesar de que el problema es de clara raigambre teológica, tuvo gran repercusión en polémicas filosóficas, centradas en la determinación de la naturaleza del supuesto o subsistencia.

subsistencial *adj* De (la) subsistencia. | Pinillos *Mente* 30: Muy probablemente .. los grandes avances de la humanidad han estado vinculados más o menos directamente con la ampliación o modificación de sus bases subsistenciales.

subsistente *adj* **1** Que subsiste. | *Alc* 31.10.62, 28: Las cargas o gravámenes anteriores y los preferentes, si los hubiere .., continuarán subsistentes.
2 (*Filos*) Que tiene subsistencia [3]. | Gambra *Filosofía* 138: Por ser espiritual, el alma humana es subsistente, es decir, puede existir separada del cuerpo.

subsistir *intr* Seguir existiendo. | *SVozC* 25.7.70, 1: Muy poco subsiste de todo aquello. **b)** Seguir viviendo. | * No es posible subsistir sin alimentos.

subsolado *m* Acción de subsolar. | F. Pacho *SInf* 14.11.70, 2: Muchas de ellas [de las hectáreas] están pendientes de la actuación del Instituto Nacional de Colonización para ejecutar las obras complementarias (nivelaciones, subsolados, acequias terciarias, etc.).

subsolador *m* Utensilio para subsolar. | *Nor* 28.9.71, 4: Maquinaria Agrícola .. Cultivadores, arados, subsoladores.

subsolamiento *m* Acción de subsolar. | Delibes *Año* 48: Entre el subsolamiento que permite el tractor y el incremento de abonado, se hace cada vez más improbable la cosecha catastrófica.

subsolar *tr* Remover [la tierra] por debajo de la capa arable, sin voltear[la]. | Delibes *Parábola* 37: En un claro como de una hectárea .. la tierra ha sido subsolada hace tiempo.

subsónico -ca *adj* (*Fís*) De velocidad inferior a la del sonido. | *Hie* 19.9.70, 5: Las pruebas efectuadas cerca del Círculo Polar Ártico con cohetes teledirigidos han probado que no existe daño continuado sobre los edificios a causa de la explosión subsónica.

sub specie (*lat; pronunc corriente,* /sub-espéθie/) *loc adv* En la forma o aspecto [que se expresa (*adj*)]. | Aranguren *Marxismo* 47: La "sociología" marxista en realidad es una *Weltanschauung*, una visión total y totalizante de la realidad *sub specie* historicista.

sub specie aeternitatis (*lat; pronunc corriente,* /sub-espéθie-eternitátis/) *loc adv* En su forma esencial o universal. | Torrente *Off-side* 353: Yo lo temo todo *sub specie aeternitatis*.

substancia, **substanciación**, **substancial**, **substancialidad**, **substancialismo**, **substancialista**, **substancializar**, **substancialmente**, **substanciar**, **substancioso** → SUSTANCIA, *etc*.

substantivación, **substantivamente**, **substantivar**, **substantividad**, **substantivizar**, **substantivo** → SUSTANTIVACIÓN, *etc*.

substitución, **substituible**, **substituidor**, **substituir**, **substitutivo**, **substituto**, **substitutorio**, **substituyente** → SUSTITUCIÓN, *etc*.

substracción, **substraendo**, **substraer** → SUSTRACCIÓN, *etc*.

substrato → SUSTRATO.

substrátum *m* (*E*) Sustrato. | *Coruña* 24: Galicia pertenece, según Otero Pedrayo, geológicamente, a la familia del macizo central de Francia, del substrátum de la meseta Ibérica. P. Calvo *SNue* 18.10.70, 11: Si aquel pensamiento –como se asegura– se ha objetivado en la conciencia nacional y en el "substrátum" institucional, la pregunta surge inmediatamente. GÁlvarez *Filosofía* 2, 130: La materia, supuesta causa y *substrátum* de las percepciones, no tiene existencia. [*En los textos, sin tilde*.]

subsuelo *m* Parte de la corteza terrestre que se encuentra debajo de la capa arable. | Bustinza-Mascaró *Ciencias* 379: En los aluviones de estuarios de algunos ríos de Siberia, cuyo subsuelo está helado, se han encontrado *mamuts* en estado de conservación perfecta. **b)** *En gral*: Capa que se encuentra debajo del suelo. | *Abc* 19.5.70, 43: Ya la iniciativa privada intenta caminar por el subsuelo de Madrid.

subsumible *adj* (*lit*) Que se puede subsumir. | *Ya* 20.3.83, 3: En el caso de la Sala no estimara acreditada la condición de cabeza de la rebelión en el general Armada Comyn, sería subsumible su conducta como partícipe en la rebelión consumada, con actos de impulso y ayuda a la misma.

subsumir *tr* (*lit*) Incluir [una cosa en otra que la engloba o en un conjunto más amplio]. | Rábade-Benavente *Filosofía* 223: Aun en el supuesto de que los hombres situados en estos niveles, casi prerracionales, tengan un cierto conocimiento de los principios morales, estos quedan anulados y subsumidos en la moral "mágica".

subsunción *f* (*lit*) Acción de subsumir. | Tierno *País* 18.2.77, 7: El PSP, así lo ha manifestado siempre, desea la unidad del socialismo .. Ahora bien, distingue entre unidad y la subsunción de cada organización en una de las existentes.

subtender (*conjug* **14**) *tr* (*Geom*) **1** Unir [una recta] los extremos [de un arco (*cd*)]. | Marcos-Martínez *Aritmética* 2° 91: No son proporcionales: la edad de un individuo y su estatura, la cuerda de un círculo y el arco que subtiende.
2 Estar opuesto [a un ángulo (*cd*)] y delimitar[lo]. | *Unidades* 21: 1 parsec es la distancia para la que 1 unidad astronómica subtiende un ángulo de un segundo de arco.

subteniente *m* **1** Suboficial de categoría superior a la de brigada. | *Abc* 18.12.74, 29: Un subteniente de la Benemérita resultó también herido por los disparos de un desconocido. *D16* 6.9.90, 10: Lista completa de los cuadros de mando de los barcos españoles enviados al bloqueo .. Subteniente Op. y Armas. Molinero Segura, 44 años, electrónico.
2 (*hist*) Oficial de categoría inferior a la de teniente. Corresponde al actual alférez. | Cela *Judíos* 60: Don Eugenio de Aviraneta fue regidor primero y subteniente de la milicia nacional de la villa.

subterfugio *m* Medio hábil y engañoso para conseguir algo. | CNavarro *Perros* 76: Intenta justificarse e invoca la dureza de la vida, los reveses familiares .. Pero todo son subterfugios; la verdad .. es que lleva la perdición dentro.

subterráneamente *adv* De manera subterránea. | Ja. MArtajo *País* 28.5.77, 27: El Ayuntamiento transgredió la norma y edificó, si bien subterráneamente, todo un simulacro de centro cultural. *Abc* 26.8.75, 7: Las especies más o menos fidedignas que circulan subterráneamente entre los círculos políticos del país.

subterráneo -a I *adj* **1** Que está o se realiza debajo de tierra. | Bustinza-Mascaró *Ciencias* 121: Como está la lombriz de tierra adaptada a una vida subterránea, no tiene órganos sensitivos diferenciados en su región anterior.
b) (*lit*) Oculto o que no se manifiesta abiertamente. | Cuevas *Finca* 113: A últimos de Agosto llegó al cortijo la mujer de Jeromo. Fueron unos días de subterránea actividad, mientras afuera trillaban las yeguas. Chamorro *Sin raíces*

31: Su inicial complejo de inferioridad, subterráneo, inconsciente, engendró fuerzas compensadoras.
II *m* **2** Recinto o pasaje subterráneo [1a]. | Medio *Bibiana* 335: El calor pegajoso y húmedo del subterráneo no es tan abrumador como el de la calle.

subtipo *m* (*CNat*) Grupo taxonómico que es subdivisión del tipo. | Alvarado *Biología* 1: El gato es un ser del Reino animal, Subreino Metazoos, Tipo Cordados, Subtipo Vertebrados, Clase Mamíferos.

subtitulación *f* (*raro*) Acción de subtitular. *Tb su efecto.* | *Inf* 10.10.74, 27: El diario de su digna dirección de fecha 24 de septiembre .. presenta un subtítulo a dos columnas .. Me permito dirigirme a usted .. para aclararle ciertos términos y que tal subtitulación y texto consiguiente no se ajustan a la verdad.

subtitular **A** *tr* **1** Dar [a algo (*cd*)] como subtítulo [1] [el n. que se expresa (*predicat*)]. *A veces con un compl de modo en lugar del predicat, esp en ors interrogs.* | Mercader-DOrtiz *HEspaña* 4, 163: Los primeros periódicos o bien conceden amplio espacio a las noticias de índole económica o se subtitulan, elocuentemente, portavoces de la agricultura, la industria y el comercio. * ¿Cómo vas a subtitular ese capítulo?
2 Poner subtítulos [2 y 3] [a algo (*cd*)]. | *Abc* 20.1.74, 86: La invitación, de Claude Goretta. Eastmancolor. V.O. íntegra subtitulada.
B *copulat pr* **3** Tener por subtítulo [1] [el n. que se expresa (*predicat*)]. *A veces con un compl de modo en lugar del predicat, esp en ors interrogs.* | *DVa* 15.3.75, 12: Desde el jabón al after shave, las cremas para después del afeitado, desodorante, etc., existen líneas completas "Ligne pour Homme", como se subtitulan, que nacen destinadas a él.

subtítulo *m* **1** Título secundario, que se coloca debajo del principal. | Huarte *Tipografía* 16: Para los títulos, subtítulos, epígrafes, etcétera, hay que señalar .. si han de ir al centro, a la izquierda o a la derecha.
2 Traducción condensada del diálogo de una película, que se proyecta sobreimpresionada en la parte baja de la imagen. | *Abc* 2.12.73, 91: Carteleras de cines .. Agostino .. Versión íntegra en italiano con subtítulos en español.
3 (*raro*) Pie de fotografía. | *Van* 4.11.62, 11: Las "fotos", facilitadas con subtítulos aclaratorios por el Departamento gubernamental, muestran que .. se estaba procediendo a los trabajos de desmantelamiento.

subtotal **I** *adj* **1** (*Med*) Casi total. | *Abc* 8.11.75, 1: En la operación se demostró la existencia de nuevas y múltiples ulceraciones en el estómago, que sangraban profusamente. Por este motivo se procedió a una resección gástrica subtotal.
II *m* **2** Total constituido por una suma de elementos, el cual ha de sumarse a otros para formar el total general. | Prados *Sistema* 257: Antillas: 20.530. Indonesia: 2.485. Subtotal: 23.015.

subtropical *adj* (*Geogr*) [Clima] cálido, con lluvias de carácter estacional, propio de la zona situada entre los trópicos y las tierras templadas. | Ortega-Roig *País* 168: En la costa andaluza el clima es de tipo subtropical. **b)** De clima subtropical. | Bosque *Universo* 133: El maíz encuentra las condiciones más favorables en los países tropicales y subtropicales.

subumbilical *adj* (*Anat*) Situado debajo del ombligo. | *Ya* 2.3.83, 30: El parte médico del herido facilitado por los médicos del Hospital Provincial dice: "Herida punzante en la región subumbilical, originada por arma blanca".

suburbano -na *adj* De(l) suburbio. | M. Aznar *SAbc* 16.6.68, 10: La composición racial de las grandes ciudades y de las concentraciones industriales suburbanas está alterando en las raíces mismas de su fundamento y de su estructura. R. DHochleitner *Fam* 15.11.70, 48: En todo el mundo los emigrados del campo siguen dispuestos a cambiar la vida campesina, no ya por la comodidad urbana, sino por la sordidez suburbana de arrabales que ciñen a los centros metropolitanos. **b)** [Ferrocarril] que comunica la ciudad con las zonas suburbanas. *Frec n m.* | * Para llegar hasta su casa lo mejor es tomar el suburbano.

suburbial *adj* De(l) suburbio. | L. LSancho *Abc* 5.12.70, 30: Merodeaban ya por los parques, por las carreteras, por las calles suburbiales de eso que se ha dado en llamar cinturón rojo de París. Á. Río *Ya* 3.12.86, 19: Esos niños suburbiales que aprenden a ser hombres a fuerza de recoger chatarra.

suburbiano -na *adj* De(l) suburbio. *Tb n, referido a pers.* | CPuche *Paralelo* 18: En las basuras es donde los americanos hacen al Madrid suburbiano y harapiento sus mejores regalos. Halcón *Monólogo* 177: Esto es lo primero que me dice la primera suburbiana a quien me dirijo.

suburbicario -ria *adj* De la provincia eclesiástica de Roma. | F. Blasi *Mun* 5.12.70, 58: El Papa había introducido algunos cambios en la fisonomía del Colegio de cardenales .. al separar de la dignidad del orden de los cardenales obispos a los obispos efectivos de las diócesis suburbicarias de Roma.

suburbio *m* Barrio situado en las afueras [de una población] y esp. habitado por gente pobre. | CNavarro *Perros* 36: Al fondo se divisaban las luces de San Andrés; las inciertas luces de los suburbios.

suburense *adj* (*lit*) De Sitges (Barcelona). *Tb n, referido a pers.* | Carandell *Tri* 1.8.70, 19: Tanta importancia ha tenido Santiago Rusiñol .. en la historia de Sitges .. que los suburenses siempre han considerado que la historia propiamente dicha de Sitges comienza con el descubrimiento del pueblo por Rusiñol hacia 1890.

subvaloración *f* (*raro*) Infravaloración. | Indra *Miss* 9.8.68, 82: Las personas nacidas entre el 10 y el 20 de abril deben compartir el pesimismo y la subvaloración.

subvalorar *tr* (*raro*) Infravalorar. | A. Garrido *Abc* 19.5.74, 58: La introducción de nuevas técnicas y el ordenador .. introduce una reforma en la empresa periodística que hay que realizar con mucho tacto y gran humanidad, para evitar que nadie quede marginado ni subvalorado en la reforma.

subvención *f* Ayuda económica dada por el Estado u otra entidad para el mantenimiento de una actividad o empresa. | J. PIriarte *Mun* 23.5.70, 20: El Liceo [en Barcelona] se mantiene como el único teatro de ópera que existe en el mundo sin subvenciones.

subvencionable *adj* Que se puede subvencionar. | J. PGuerra *SInf* 16.5.70, 1: El sector remolachero-azucarero ha recibido, en estos días, un fuerte impulso. Por una parte, la ordenación de la próxima campaña estableciéndose una producción máxima subvencionable de 805.000 toneladas de azúcar ..; por otra, la actualización del precio.

subvencionar *tr* Dar una subvención [a alguien o algo (*cd*)]. | *Reg* 11.8.70, 5: La solicitud que hace don José Pérez Ruiz, presidente del C.I.T., para subvencionar una revista de dicho centro, queda pendiente para su mejor estudio.

subvenir (*conjug* **61**) *intr* **1** Ayudar [a algo]. | Castilla *Humanismo* 45: No quiero que esta exposición mía .. sea simplemente un diagnóstico de nuestra situación social, sino también la forma práctica de subvenir a superarla, como un correlato que se derive de él.
2 Costear o sufragar [algo (*compl* A)]. | *Abc* 30.7.72, 15: Los chinos subvienen a importantes necesidades de Hanoi.

subversión *f* **1** Acción de subvertir, esp. el orden social o la situación política establecidos. | MGaite *Usos* 69: También se temía una vuelta a las andadas si cundía la subversión de valores que podría derivarse de la vulgarización de los estudios universitarios para chicas de clase social inferior.
2 Movimiento o conjunto de perss. que intentan la subversión política. | PRivera *Discursos* 14: Estos momentos de vacío son los que aprovecha la subversión para meter su mercancía llena de carga ideológica.

subversivamente *adv* De manera subversiva. | *Abc* 3.12.74, 48: Poco después de las siete de la tarde de ayer, un grupo de personas se manifestaron subversivamente en la Alameda de Calvo Sotelo.

subversivo -va *adj* De (la) subversión. | *Abc* 8.12.70, 21: Se les informaba sobre actividades subversivas de la misma [E.T.A.].

subvertidor – sucesivamente

subvertidor -ra *adj* Que subvierte. *Tb n, referido a pers.* | L. LSancho *Abc* 1.12.74, 18: Los que al principio son poderes ocultos, hechos subvertidores de las leyes promulgadas, .. se convierten en hechos reales, en hechos científicos. Alcántara *Ya* 12.6.87, 13: Ellos nos explicarán por qué escasean los que aspiran a subvertir el orden constituido y por qué crecen los que aspiran a conservarlo, que eran los subvertidores de ayer.

subvertir (*conjug* 60) *tr* Perturbar o trastornar [algo, esp. el orden moral o legal]. | *Sp* 21.6.70, 23: El Juzgado y Tribunal de Orden Público fueron creados por la Ley de 2 de diciembre de 1963 para enjuiciar los hechos tipificados como delitos "singularizados por la tendencia en mayor o menor gravedad a subvertir los principios básicos del Estado". R. Senabre *SAbc* 13.3.92, 9: La percepción y fijación en el recuerdo de objetos, sensaciones fugaces y gestos mínimos, así como las abundantes escenas recreadas sin subvertir ni falsear la visión de la infancia, constituyen inequívocas pruebas de una sensibilidad poco común.

sub voce (*lat; pronunc corriente,* /sub-bóθe/) *loc adv* Dentro de la entrada o artículo [que se expresa]. *Referido a diccionario o enciclopedia.* | Huarte *Diccionarios* 24: Las referencias al contenido se hacen por la palabra que encabeza el artículo que se quiere mencionar, anteponiendo la fórmula *sub voce.*

subyacencia *f* (*raro*) Cualidad de subyacente. | J. M. NLagos *Fut* 5.88, 137: El desdoblamiento entre entorno nacional e internacional ha dado suficientes muestras de subyacencia como para desconocerlo.

subyacente *adj* Que subyace. | Bustinza-Mascaró *Ciencias* 351: Si hay bloques de piedra en la superficie protegerán los materiales subyacentes y quedarán erguidos conos o pirámides. *Cua* 6/7.68, 5: El contraste entre el deseo teórico de evolucionar y la voluntad simultánea de no tocar el "statu quo" determina forzosamente un proceso de sustitución de unas palabras por otras menos arcaicas, pero sin que se supere el inmovilismo subyacente.

subyacer (*conjug* 36) *intr* Yacer o estar debajo [de algo (*compl* A, EN *o* BAJO)]. | Torrente *SInf* 10.10.74, 12: Lo importante es lo que subyace a ellas [a las palabras], al sistema de intereses reales. Alfonso *España* 179: Los derechos estáticos, doctrinalmente, no se encuentran demasiado perfilados; pero subyacen de forma esencial en casi toda norma reguladora.

subyugación *f* Acción de subyugar. | A. Moncada *Ya* 16.10.75, 6: Hay un tipo de líder que sabe emborrachar a esas gentes con discursos elementales y convincentes, apelando a lo más instintivo de su comportamiento básico. Quizás sea Reagan el prototipo de esta subyugación colectiva.

subyugador -ra *adj* Que subyuga. | F. Gutiérrez *Van* 20.12.70, sn: Lo experimentamos como una fuerza palpable y visible, subyugadora y arrebatada. R. Rodríguez *Rev* 7/8.70, 27: Alienta en él un sincero inconformismo, un deseo de revisión, una crítica de la familia que no alberga amor .., del Estado o de los mass-media subyugadores.

subyugadoramente *adv* De manera subyugadora. | M. A. Flores *Abc* 1.11.73, sn: En Japón, Okinawa, uno de los rincones más subyugadoramente bellos de nuestro planeta.

subyugante *adj* Que subyuga. | Payno *Curso* 233: En Leyre charlaron con monjes jóvenes en y de una cripta primitiva y subyugante del siglo IX, tallada a golpe ancho.

subyugar *tr* **1** Ejercer una atracción irresistible [sobre alguien (*cd*)]. | CNavarro *Perros* 127: El color negro de sus vestidos, así como la peculiar manera que tenía de sentarse, le subyugaban.
2 Dominar o sojuzgar. | Villapún *Iglesia* 117: Luego, subyugado por la pasión de la carne, pretendió que el Papa anulase su legítimo matrimonio con Catalina de Aragón.

succenturiado. ventrículo ~ → VENTRÍCULO.

succinita *f* (*Mineral, raro*) Ámbar. | Ybarra-Cabetas *Ciencias* 74: Es el ámbar, llamado también succino o succinita.

succino *m* (*Mineral*) Ámbar. | Ybarra-Cabetas *Ciencias* 74: Es el ámbar, llamado también succino o succinita, sólido, amorfo, de brillo resinoso .. y de color amarillo, rojizo o pardo.

succión *f* Acción de chupar o absorber. | Gambra *Filosofía* 115: Son instintos en el hombre, por ejemplo, el de la succión en el recién nacido, más tarde el de andar. *BOE* 3.12.75, 25182: Se aplica particularmente la descarga de bombas de hidrocarburos calientes que alivian a la línea de succión.

succionador -ra *adj* Que succiona. *Tb n m, referido a máquina.* | Lera *Olvidados* 121: El sueño es como un pulpo ..: blando, viscoso, tentacular, succionador de la vida de la inteligencia. *Rio* 2.10.88, 35: Tegasa: Grúas .., bombas de hormigón; succionadores para limpiezas.

succionar *tr* Chupar o absorber. | Laforet *Mujer* 304: Ella .. puso su pecho, que aún no tenía leche, en la boquita del niño, y le sintió succionar fuertemente. J. Cienfuegos *Hoy Extra* 12.69, 3: En su cola de enorme lagarto [del pantano de Alcántara] se empieza a succionar su sangre en beneficio de otro organismo viviente.

sucedáneo -a *adj* [Cosa, esp. producto] que puede sustituir [a otra (*compl de posesión*)]. *Más frec n m, gralm con intención peyorativa.* | DCañabate *SAbc* 29.9.68, 53: ¿Cómo matar fríamente a un infeliz animalito que mientras pudo mantenerse en pie se ha prestado .. a que hicieran con él todas las payasadas y todas las barrabasadas sucedáneas de la antigua heroicidad torera? Laiglesia *Tachado* 80: La policía ha agotado sus reservas de gases lacrimógenos, y tiene que emplear un sucedáneo. **b)** (*desp*) [Cosa o, raro, pers.] que es una imitación [de otra]. *Tb n m.* | Berlanga *Recuentos* 87: Muchos canapés de auténtico caviar sucedáneo. Aristófanes *Sáb* 22.3.75, 59: Echan a la vez en la semana "Exorcismo", "La endemoniada" y "Poder maléfico", que son unas paridas sucedáneas de "El exorcista" ese que se inventó el William Peter Blatty. Torrente *DJuan* 66: –Si no es Don Juan, ¿quién puede ser? –Cualquier donjuán. –Desconfíe de las imitaciones .. Los que por ahí se llaman donjuanes son vulgares sucedáneos, simples fornicadores cuantitativos.

suceder **A** *tr* **1** Pasar [una pers.] a sustituir [a otra (*cd*) en algo, esp. un puesto o cargo]. *Frec sin compl* EN, *por consabido.* | CBaroja *Inquisidor* 46: Le sucedió un prelado más afín a las ideas de la Roma de entonces. **b)** Heredar [a alguien]. *Tb abs.* | M. Fórmica *Abc* 25.2.68, 89: Establece que, solo en el supuesto de que no exista descendencia masculina, se llame a suceder a las hembras.
2 Ir [una cosa] después [de otra (*cd con* A)]. *A veces con compl recíproco.* | J. Bassegoda *Van* 15.1.76, 75: A las escrituras jeroglíficas, hierática y demótica de los egipcios, .. sucedió la práctica escritura fenicia. Tejedor *Arte* 35: Sustentaban a su vez el entablamento, en el que se sucedían tres partes: el arquitrabe, el friso y la cornisa.
B *intr* **3** Producirse [un hecho]. | M. Aznar *Van* 20.12.70, 9: Lo digo lisa y llanamente. Lo sucedido es así. Ahí está.

sucedido *m* Cosa sucedida. | Escobar *Itinerarios* 44: Una capa de pimentón, y a esperar a la noche, gastando el tiempo en contar sucedidos, en narrar episodios.

sucesión *f* **1** Acción de suceder [1 y 2]. *Tb su efecto.* | Pemán *Abc* 4.10.70, 3: Esta instalación mínima de muchos españoles permitió a Franco diseñar su sucesión con una fórmula personalísima. Ramírez *Derecho* 49: Si concurre con hijos legítimos y la sucesión es testada, no puede percibir por mejora más que el hijo legítimo menos favorecido. F. J. Carrillo *Cua* 6/7.68, 20: Una sucesión en cadena de hechos significativos de protesta se ha enraizado en Berlín-Oeste, Italia, Bélgica.
2 Descendiente o descendientes directos [de una pers.]. | Arenaza-Gastaminza *Historia* 212: Al no tener sucesión masculina, quiso asegurar como heredera a su hija María Teresa.
3 (*Ecol*) Conjunto de cambios que se producen en la composición de una comunidad en su desarrollo hacia un estado final de equilibrio. | Ybarra-Cabetas *Ciencias* 284: Algunos ecólogos han propuesto, para esta serie de fases a través de las cuales se completa por la vegetación la totalidad del espacio disponible, el término de sucesión.

sucesivamente *adv* De manera sucesiva. | MCampos *HLM* 26.10.70, 15: Las olas bañan media playa o se precipitan contra las rocas, arrollándose sucesivamente.

sucesivo -va I *adj* **1** Que sucede [2]. *Normalmente acompañando a un n en pl, expresando que las perss o cosas por él designadas se suceden inmediatamente unas a otras.* | *Alc* 1.1.55, 4: El radiomensaje .. ofrece múltiples e interesantísimos aspectos .. a los que será obligado referirse en días sucesivos. J. Balansó *SAbc* 16.3.69, 36: Las que él había ofrendado, en su día, a sus cuatro sucesivas esposas: Manuela de Portugal, María Tudor, Isabel de Valois y Ana de Austria.
II *loc adv* **2 en lo ~.** A partir del momento en que se habla. | *Ya* 17.7.75, 36: Se establece como límite máximo de permanencia en la Universidad, para los alumnos de todos sus centros que accedan a la misma en lo sucesivo, el período de tiempo correspondiente a los cursos académicos de cada plan de estudios y dos cursos más.

suceso *m* **1** Cosa que sucede [3], esp. de cierta importancia. | *Alc* 1.1.55, 3: Un suplemento que abarca .. la síntesis de los sucesos mundiales de la política.
2 Noticia sobre un hecho delictivo o un accidente desgraciado. *Gralm en pl.* | CNavarro *Perros* 95: Andrés .. dobló el diario .. Leyó los sucesos y luego lo desdobló.
3 (*lit*) Éxito o triunfo. | RIriarte *Carrusell* 301: Dentro de ocho días debutaré como actor .. Un suceso, ya verás. Me presento con una obra extranjera. *HLM* 26.10.70, 32: Desde aquí queremos felicitar a la organización y a la casa Philips por el tremendo suceso alcanzado.

sucesor -ra *adj* [Pers.] que sucede [1]. *Tb fig, referido a cosa. Frec n.* | Villapún *Iglesia* 14: Incluye no solo a los simples fieles, sino también a los pastores de estos, que son los Apóstoles y sus sucesores, los Obispos. *Abc* 27.12.91, 5: Estados Unidos reconoce a Rusia como Estado sucesor de la URSS. V. RFlecha *Cua* 6/7.68, 9: ¿Qué nos asegura al socialismo como sucesor inevitable del actual sistema?

sucesorio -ria *adj* De la sucesión [1]. | Pemán *Abc* 4.10.70, 3: La idea de previsión sucesoria tenía que realizarla [Franco] sobre la España que tenía realmente delante. Ramírez *Derecho* 49: El adoptado, en todo caso, conserva los derechos sucesorios que legalmente le corresponden en su familia por naturaleza.

suciamente *adv* De manera sucia. | GHortelano *Amistades* 88: Con nosotros se portó suciamente, por su resentimiento social. P. GBlanco *Abc* 18.4.58, sn: Su madre .. tenía un genio terrible y hablaba suciamente.

suciedad *f* **1** Cualidad de sucio, *esp* [1 y 6]. | *Economía* 205: Se separan las distintas prendas teniendo en cuenta la naturaleza del tejido, el color y el grado de suciedad. Laforet *Mujer* 47: Odio la suciedad en las acciones.
2 Conjunto de manchas, polvo u otras cosas similares que hacen que algo esté sucio. | Ramos-LSerrano *Circulación* 336: Esta avería se debe a que el piñón no se desliza a lo largo del manguito roscado por la suciedad acumulada, por lo que se limpiará cuidadosamente con parafina.
3 Cosa sucia [6 y 7]. | Laforet *Mujer* 278: Es como volver .. de todos los cinismos, de todas las suciedades de la mente, hasta llegar de nuevo a la fuerza limpia de la juventud.

sucintamente *adv* De manera sucinta. | Armenteras *Epistolario* 310: Enumérense por separado y sucintamente los hechos motivo de la demanda.

sucintarse *intr pr* (*raro*) Reducirse o ceñirse. | GPavón *Abc* 11.8.64, 3: Salvo Andalucía, .. las demás regiones perdieron el fuero del teatro breve, para quedar sucintado en Madrid.

sucinto -ta *adj* **1** Breve y conciso. | P. GRábago *Abc* 30.12.70, 19: Una historia de esta tradicional costumbre del "Año Santo Compostelano", explicando todo lo referente a él de una manera total y sucinta.
2 (*lit*) Breve o pequeño. | *Pue* 8.5.57, 3: Discurren por las calles de Madrid, con mayo, las dulces y bravas madrileñas de pie sucinto, ojo vivo y cintura escueta. A. Assía *Ya* 3.3.63, 7: No es, pues, nada tan extraño que con Kennedy haya venido una corbata más sucinta y un sombrero más ceñido.

sucio -cia I *adj* **1** [Pers. o cosa] que tiene manchas, polvo u otra cosa similar que desluce su aspecto. *Tb fig.* | *Economía* 355: Pensad si podréis darla a lavar [la ropa] y nunca olvidéis llevar un saco para poner en él la sucia. Olmo *Golfos* 185: Se lanza en pos de su grito dejando un capricho-so zigzag en el aire de los sucios callejones. **b)** [Conciencia] de quien ha hecho algo indebido. | Torres *Ceguera* 250: Con la conciencia más sucia que el palo de un gallinero. **c)** (*col*) [Lengua] saburrosa. | * Lleva unos días con la lengua sucia.
d) de ~. [Cuaderno o cosa similar] de escritos en borrador o en presentación poco cuidada. | * He perdido mi cuaderno de sucio.
2 [Cosa] que tiene impurezas o imperfecciones. *Tb fig.* | M. M. Rosell *País* 5.11.77, 17: El gobernador descartó todo móvil político del secuestro, y dijo que al señor Alcántara le han sido robadas 70.000 pesetas en metálico y 12.000 en diamantes sucios. *Naipes extranjeros* 36: Escalera sucia (con algún "Comodín").
3 [Color] que tira a pardo o negruzco. | Ybarra-Cabetas *Ciencias* 62: Color que varía del blanco sucio al rojo pardo. **b)** (*Taur*) [Res] cuya pinta no muestra nitidez en el color. | A. Navalón *Inf* 9.2.71, 21: Era [el ternero] jabonero sucio, como los toros de Veragua.
4 [Pers. o animal] que tiende a mantener sucios [1] su propio aspecto o sus cosas. | * Es un niño muy sucio. **b)** Que mancha o ensucia. | * El carbón es muy sucio. **c)** Que contamina. | * Hay unos combustibles más sucios que otros.
5 [Cosa] que se ensucia fácilmente. | * El traje es bonito, pero muy sucio.
6 Innoble o vil. | Hoyo *Bigotillo* 75: Un día habrá que acabar con esta sucia canalla. **b)** Que implica ilegalidad o inmoralidad. | Mendoza *Ciudad* 122: Queremos que alguien haga por nuestra cuenta un trabajo sucio, y que usted sea nuestro intermediario. **c)** [Dinero] que está fraudulentamente fuera del control fiscal. | G. Valverde *Ya* 11.6.89, 20: La CE y otros gobiernos .. empezarán gradualmente a implementar medidas concretas de control de estos procesos de fabricación, exportación, lavado de dinero sucio, empleado en el tráfico de drogas. **d)** [Trapos] **~s →** TRAPO.
7 Obsceno (que ofende al pudor). | Medio *Bibiana* 64: Francisca está en esa edad... Que si ahora descubre esto .. Que si todo parece sucio en la vida. **b)** [Palabra o expresión] que ofende al buen gusto al referirse al sexo o a las excreciones. | MMolina *Invierno* 92: Ellos estaban aparte .., contando chistes sucios en voz baja, para que no los oyéramos. Lázaro *Crónica* 53: Con los vocablos sucios se harán tres grupos; mantendrán su franquía las voces "comunísimas" y las que se limpian al entrar en ciertos sintagmas, como culo de pepino.
II *adv* **8** De manera sucia [1 y 6]. | * Trabaja tan sucio que da asco ver sus textos. **b)** [Jugar] **~ →** JUGAR.
9 en ~. En presentación provisional y descuidada. *Referido a escritos. Tb adj.* | MGaite *Cuento* 307: La conversación es parecida a la apuntes en sucio, con sus tachaduras, sugerencias y cabos sueltos.
10 en ~. Sin quitar los desperdicios o cosas inútiles. *Tb adj.* | *VozC* 5.7.55, 3: En pequeñas partidas se ha cotizado [la lana] al precio de 34 pesetas en sucio. * Peso en sucio.

sucopira *f* Árbol leguminoso de la América tropical, del cual se obtiene una madera oscura de gran dureza (*Bowdichia major* y *B. virgilioides*). *Tb la misma madera.* | *Ya* 26.12.82, 15: Ahorre 13.800. Librería "Cristal" .. Fabricado en chapa de sucopira, acabado sobre fondo de poliéster y lacas.

sucrasa *f* (*Quím*) Invertina o invertasa. | Aleixandre *Química* 183: La sacarosa o azúcar de caña también se puede hidrolizar por la acción de los ácidos o del fermento inver[t]a[s]a o sucrasa.

sucrato *m* (*Quím*) Compuesto formado por la combinación del azúcar con un óxido metálico. | Aleixandre *Química* 185: Parte del azúcar se transforma en sucrato cálcico soluble.

sucre *m* Unidad monetaria del Ecuador. | *Inf* 18.8.70, 13: El Fondo Monetario Internacional anunció que había aprobado la devaluación de [*sic*] un 28 por 100 del sucre ecuatoriano. La nueva paridad será de 25 sucres por dólar.

súcubo *adj* [Demonio] que, bajo la apariencia de mujer, tiene trato carnal con un hombre. *Frec n m.* | Torrente *Saga* 173: Se negaba a admitir la existencia de íncubos y súcubos, por mucho que la experiencia haya demostrado .. no solo su existencia pasada y remota, sino actual.

sucucho *m* (*raro*) Rincón, o lugar pequeño y escondido. | J. Peñafiel *Hola* 6.10.79, 57: La única distracción [en

suculencia – sudanés

Cuernavaca]: la lectura, los baños y visitar a los amigos. Es como un rincón, una esquina, un sucucho, un escondrijo del mundo.

suculencia *f* **1** Cualidad de suculento. | Laiglesia *Tachado* 28: Para dar suculencia al cocido con algún trozo de carne, tocino o mondongo, no faltaban tampoco algunas cabezas de ganado. Alvarado *Botánica* 4: Al gran espesor de ese parénquima [acuífero] deben estas plantas [xerófilas] el grosor o suculencia de sus hojas o de sus tallos, por lo que se llaman plantas crasas o suculentas.
2 Cosa suculenta [1]. | MSantos *Tiempo* 214: Tampoco pudieron organizar un cocktail con bebidas exóticas y whisky que aderezaran pequeñas y variadas suculencias picantes.

suculentamente *adv* De manera suculenta [1 y 2]. | *CoE* 12.3.75, 12: Restaurante Bérriz .. Especialidad chuletas parrilla. Besugo a la plancha. Entre toda su extensa experiencia y junto con un menú de 100 pesetas, variable de lunes a viernes, suculentamente condimentado.

suculento -ta *adj* **1** Muy sabroso o grato al paladar. | CBaroja *Inquisidor* 57: La visita fue seguida de un almuerzo suculento. **b)** Deseable o apetecible. | Umbral *Van* 4.2.77, 11: Esas mismas publicaciones vienen llenas de damas suculentas a las que tampoco tenemos acceso los españoles predemocráticos.
2 Importante o sustancioso. *Con intención ponderativa.* | Laiglesia *Ombligos* 306: Me he visto negro para llenar esos renglones justificativos de nuestra suculenta nómina. Lucifer *Zar* 27.1.69, 22: Le remitía de su peculio particular un suculento talón bancario.
3 (*Bot*) [Planta u órgano] carnosos y con abundante jugo. | Navarro *Biología* 271: Los tallos se aplanan adquiriendo aspecto de tallos y acumulándose en ellos agua (plantas suculentas o crasas), como, por ejemplo, las chumberas.
4 (*Med*) Jugoso. | C. INavarro *SYa* 27.3.77, 15: El contagio a partir de esas lesiones húmedas, discretas, traidoras, suculentas, que son el chancro y las placas mucosas secundarias por los humores del organismo, y especialmente la orina, el moco vaginal y el líquido espermático.

sucumbir *intr* **1** Ceder o rendirse [ante algo (*compl* A)]. *Tb sin compl.* | CNavarro *Perros* 92: Se aceptaban los hechos o bien se sucumbía a todo un cúmulo de contradicciones absurdas y nefastas. CNavarro *Perros* 76: Intenta justificarse e invoca la dureza de la vida .. Pero todo son subterfugios; la verdad, la única verdad, es que lleva la perdición dentro y ha de sucumbir. **b)** Cesar en una lucha o resistencia. | Arenaza-Gastaminza *Historia* 57: Numancia sucumbió víctima del hambre y la fatiga. Ante las duras exigencias de rendición, sus habitantes dieron fuego a la ciudad y murieron abrasados entre las ruinas.
2 (*lit*) Morir en circunstancias extraordinarias, esp. luchando o en una catástrofe. | Arenaza-Gastaminza *Historia* 68: El padre de los dioses germanos, Wotan u Odín, solo recibía en su paraíso o Walhalla a los guerreros que sucumbían en el combate. Alvarado *Anatomía* 175: La enfermedad del sueño es una afección propia del África ecuatorial, bajo cuyo azote sucumben anualmente muchos miles de indígenas y de europeos. **b)** Ser derrotado. | * El Atlético sucumbió ante un Madrid avasallador.

sucursal *adj* [Establecimiento] que depende [de otro], aunque funcione con relativa autonomía, pero sin personalidad jurídica propia. *Normalmente n f. Tb fig.* | Olmo *Golfos* 30: Salía tras él, camino de la sucursal del Banco.

sucursalismo *m* **1** (*Com*) Modo de organización comercial con sucursales múltiples. | *SPaís* 8.8.87, 5: Nosotros inventamos la fórmula del sucursalismo asociado debido a que ya existía una inquietud permanente por parte de los detallistas y almacenistas.
2 (*Pol*) Tendencia a actuar una fuerza política regional como dependiente de otra central. | *DBa* 25.5.77, 1: Manuel Jiménez de Parga, Anton Canyelles y Josep Mª Figueras participarán finalmente en el debate que, en torno al sucursalismo o sobre el centro en Catalunya, fue propuesto por el primero.

sucursalista *adj* De(l) sucursalismo, esp [2]. | * En comercio la tendencia sucursalista cobra vigor; en cambio, en política sucede lo contrario. **b)** Partidario del sucursalismo. *Tb n.* | *País* 8.3.80, 6: Al elector vasco no se le ha ahorrado el mosaico de arremetidas partidarias de todos contra todos: los nacionalistas, contra los estatistas o *sucursalistas*; la izquierda *abertzale*, contra el interclasismo peneuvista.

sucusión *f* (*Med*) Acción de sacudir o agitar con violencia. | Pi. Moreno *SAbc* 12.11.78, 31: Las sustancias .. deben ser sometidas a una sucusión o golpeteo repetido imprescindible, ya que sin este proceso de dinamización –acción disgregante que sobre la sustancia ocasiona la energía mecánica de los golpes– dichas diluciones quedan inertes y no poseen efecto medicamentoso alguno.

sud- *r pref* Del sur. | *Por ej:* M. Abizanda *Sáb* 20.8.66, 5: Se trata de averiguar si la pasada visita de ambas a los soldados que hacen la guerra en el frente sudasiático resultó buena o mala para aquellas tropas. *DBa* 25.5.77, 23: Libertad para los veintiún sudmoluqueños encarcelados desde 1975.

sudaca *adj* (*col, desp*) Sudamericano. *Frec n, referido a pers.* | McMacarra *Pue* 13.9.83, 30: Como es sudaca la tía, pues eso. E. Diego *Ya* 4.2.89, 14: Esto toma tono de *culebrón* sudaca, con pretensiones de llegar a serial norteamericano.

sudación *f* Acción de sudar [1]. | F. Martino *Ya* 21.5.77, 40: Estas cantidades [de agua] las ingerían los fogoneros que tenían a su cargo alimentar las calderas de los barcos a vapor; parte de esta agua era salada (del mar), a fin de reponer una pérdida grande de sal por la enorme sudación.

sudadera *f* **1** Sudadero [1]. | CBonald *Casa* 102: Epifanio estaba con uno de los mozos y ya se disponían a quitarle [al caballo] los atalajes y ponerle las sudaderas al tronco del landó.
2 Prenda deportiva a modo de jersey amplio, de tejido afelpado. | *Prospecto* 8.85: Makro .. Sudadera niña ..: colores: rojo y azulón.
3 (*col*) Acción de sudar [1] en abundancia. | CPuche *Sabor* 61: Lo que nunca olvidaré es la sudadera y la tristeza y el escozor de aquellos mediodías de plomo, en verano.

sudadero *m* **1** Manta pequeña que se pone a las caballerías, gralm. debajo del aparejo. | Alcoy *sn:* Fieltros de lana para zapatillas silenciosas. Sudaderos para caballerías. Grosso *Capirote* 55: Con la misma indiferencia que se deja caer el sudadero sobre un caballo tras la jornada en el picadero.
2 (*reg*) Lugar donde se encierra el ganado lanar antes de esquilarlo. | L. F. Peñalosa *SASeg* 20.6.86, 11: Las ovejas estaban previamente encerradas en los baches o sudaderos, desde donde se las sacaba al rancho propiamente dicho, que es el lugar en donde se esquila.

sudador -ra *adj* (*raro*) Que suda con facilidad o por gusto. | SSolís *Camino* 14: Si llovía o hacía mucho frío, Carmina no iba al colegio ni salía de casa. Los demás días se abrigaba tanto que ya para siempre fue friolera y sudadora.

sudafricano -na *adj* De Sudáfrica (país o subcontinente). *Tb n, referido a pers.* | Anson *SAbc* 18.5.69, 6: Los casos rodesiano y sudafricano, pues, aunque injustos en sí mismos, no tienen nada que ver con el problema negro en Estados Unidos.

sudamericano -na *adj* De América meridional. *Tb n, referido a pers.* | Laforet *Mujer* 325: Además de Concha y Paulina estaba una señora sudamericana, guapísima. **b)** Hispanoamericano. *Tb n, referido a pers.* | * Me dijo que venía un sudamericano amigo suyo, mejicano creo.

sudanés -sa I *adj* **1** Del Sudán. *Tb n, referido a pers.* | *SInf* 21.11.70, 8: El resto .. no se ve afectado por la actual situación originada por el accidente de un navío sudanés con cargamento tóxico. Pericot *Polis* 13: Una cultura patriarcal elevada poseen los sudaneses y los polinesios.
2 [Lengua] perteneciente a un grupo de lenguas africanas habladas en Sudán, Uganda, Kenia, Chad y algunas zonas atlánticas. | RAdrados *Lingüística* 177: En ngkaba (lengua sudanesa) hay tonos especiales.
II *m* **3** Conjunto de lenguas sudanesas [2]. | RAdrados *Lingüística* 591: Puede suceder que el número no se oponga al género ..: así en las clases nominales de diversas lenguas (sudanés, bantú, australiano).

sudante *adj (raro)* Que suda [1]. | MSantos *Tiempo* 222: El buen pueblo acumulado, sentado, apretado, sudante.

sudar A *intr* **1** Expeler sudor [1]. | Olmo *Golfos* 141: Por las noches, revolviéndose, suda mucho.
2 Segregar gotas de líquido [algo, esp. una planta o un cuerpo poroso]. | Chamorro *Sin raíces* 10: El intenso silencio era quebrado por el chisporreteo de la leña verde que sudaba entre llamas. Cossío *Confesiones* 89: Al abrir la puerta salió un vaho de humedad. Las piedras oscuras del portal sudaban.
3 *(col)* Trabajar con esfuerzo [para conseguir algo]. | * Anda que no sudé hasta conseguir sacar la asignatura.
B *tr* **4** Segregar [algo] por los poros de la piel. | Vesga-Fernández *Jesucristo* 132: Fue tal su angustia que comenzó a sudar sangre. **b)** ~**la gota gorda**, ~ **sangre**, ~ **tinta** → GOTA, SANGRE, TINTA.
5 Segregar [algo *(suj)*, esp. una planta o un cuerpo poroso, un líquido *(cd)*]. | Halcón *Ir* 207: Traía .. medio queso manchego que sudaba el aceite en que se había curado.
6 Impregnar [algo] de sudor [1]. | Delibes *Hoja* 157: Empezó con muchos miramientos poniéndole un pañuelo a la espalda para no sudarle la rebeca.
7 *(col)* Conseguir [algo] trabajando con esfuerzo. | Delibes *Historias* 83: Sus tierras no por ello son mejores que las nuestras, y el trigo y la cebada hay que sudarles al igual que por aquí.
8 *(col)* Curar [un catarro o algo similar] sudando [1]. | * Hay que sudar ese catarro.
9 ~**sela** [una pers. o cosa a alguien]. *(col)* No importar[le] en absoluto. | R. Irigoyen *Inde* 18.2.90, 64: Comprendo bien que no caigan en la cuenta de este detalle, que, por supuesto, se la suda. Umbral *ElM* 16.6.91, 9: Los 150 novelistas amamantados por doña Carmen Romero a mí me la sudan.

sudario *m* Paño con que se envuelve un cadáver o con que se cubre su rostro. | Vesga-Fernández *Jesucristo* 107: Gritó con voz muy alta: ¡Lázaro, sal fuera! Y al instante el que había muerto salió fuera, ligado de pies y manos y tapado el rostro con un sudario. Vesga-Fernández *Jesucristo* 149: Tan solo hallaron los lienzos y el sudario con que había sido amortajado el cuerpo del Señor. **b) santo** ~. Sábana santa. | *Ya* 22.3.89, 9: El profesor Rodríguez –vicepresidente del Centro Español de Sindonología– se refirió en el I simposio nacional sobre el Santo Sudario de Turín (Sevilla) a los resultados de los análisis con carbono 14.
2 *(raro)* Paño con que se enjuga el sudor. | L. Blanco *Ya* 25.9.74, 10: Tuve que achacar al sol el sudor casi frío que resbalaba por mi frente .. El turbante es algo que, entre los habitantes del desierto, se utiliza para casi todos los menesteres, además del suyo natural que es ser sudario.

sudcoreano -na *adj* Surcoreano. *Tb n.* | *As* 9.12.70, 25: El árbitro, el sudcoreano Young Soo, no tenía más remedio que detener el combate.

sudeslavo -va *adj (raro)* Yugoslavo. *Tb n, referido a pers.* | *Abc* 25.6.58, 34: Kruschef vuelve a ser hoy el peor enemigo del dictador sudeslavo [Tito].

sudeste *(frec con mayúscula) m* **1** Punto del horizonte situado entre el sur y el este, a igual distancia de ambos. *Tb en aposición.* | Ortega-Roig *País* 11: Además de los cuatro puntos cardinales, se pueden considerar otros intermedios; por ejemplo .. el Sudeste, entre el Sur y el Este.
2 Parte [de un territorio o lugar] que está hacia el sudeste [1]. *Frec en aposición.* | *Inf* 1.7.70, 4: Quince años de presencia en el sudeste asiático. *Inf* 25.2.70, 9: Habiendo derruido en gran parte el pabellón sudeste del convento de clarisas.
3 Viento que sopla del sudeste [1]. *Tb* VIENTO ~. | Torrente *Fragmentos* 150: Cuando se despertó Lénutchka .. se había levantado un sudeste con lluvia.

sudeta *adj* Sudete. *Tb n.* | Vicens *Polis* 496: Hitler reclamó imperiosamente, con amenazas de guerra, que Checoeslovaquia diera a Alemania el territorio de los sudetas.

sudete *adj* De los Sudetes (montes de la República Checa). *Tb n, referido a pers.* | M. Aznar *Van* 1.7.73, 21: El drama de la población sudete tenía en un ¡ay! a Francia, a Inglaterra, a Italia y al Reich alemán. Marías *Ya* 16.8.79, 5: Estos mismos caracteres presenta Checoslovaquia, menos la homogeneidad: checos, eslovacos, moravos, rutenos, sudetes.

sudista *adj* **1** De los Estados norteamericanos del sur. | *Abc* 1.12.70, 59: La Ley Mills, fruto de la estrategia sudista de Nixon. **b)** *(hist)* En la guerra de Secesión de los Estados Unidos (1861-1865): Partidario de la independencia de los Estados del sur. *Frec n, referido a pers.* | Vicens *Polis* 459: Los sudistas, mejores militares, fueron derrotados por la superioridad numérica y material de los nordistas.
2 De la zona meridional [de un país políticamente dividido en dos partes]. *Tb n, referido a pers.* | GSalomé *Ya* 20.12.74, 10: Desde hace dos semanas se libra una reñida batalla en el delta del Mekong .. Los caminos y atajos comienzan a ser transitables y se acerca la cosecha del arroz, que los comunistas tratarán de arrebatar a los sudistas.

suditálico -ca *adj* Del sur de Italia. | Pericot-Maluquer *Humanidad* 191: Hemos de suponer que .. los micénicos occidentales se establecerían en las costas suditálicas.

sudoccidental *adj* Del sudoeste. | To. Fernández *VNu* 14.10.72, 16: A comienzos de mes, dieciséis muertos y ocho heridos fue el triste balance de un enfrentamiento entre ambas comunidades religiosas en Dinas, provincia de Zamboanga, en el extremo sudoccidental del archipiélago.

sudoeste *(frec con mayúscula)* m **1** Punto del horizonte situado entre el sur y el oeste, a igual distancia de ambos. *Tb en aposición.* | Zubía *Geografía* 24: Puntos cardinales .. Son cuatro: Norte .. Sur .. Este .. Oeste .. Hay además otros intermedios: Noroeste, Sudoeste, Sudeste y Noreste.
2 Parte [de un territorio o lugar] que está hacia el sudoeste [1]. *Frec en aposición.* | Pericot-Maluquer *Humanidad* 150: Los hititas responden con originalidad a este estímulo y desarrollan un sistema de imperialismo feudal totalmente exótico en el sudoeste asiático. * El ala sudoeste del edificio.
3 Viento que sopla del sudoeste [1]. *Tb* VIENTO ~. | Torrente *Señor* 259: Había vuelto a llover. Una oscura masa gris se cernía sobre las aguas de la ría .. –Menos mal que no viene con sudoeste. Las parejas tendrán buen viaje.

sudor *m* **1** Líquido claro y transparente, de olor más o menos fuerte, segregado por determinadas glándulas de la piel. | Arce *Testamento* 14: Se enjugaba con el pañuelo el sudor del cuello. Laforet *Mujer* 61: Isabel .. solía vestir de hábitos .. que se impregnaban de un olor a sudor y a incienso.
2 Líquido que segregan determinadas cosas, esp. una planta o un cuerpo poroso. | * El botijo aparecía lleno de gotitas de sudor. * El sudor de las paredes.
3 Acción de sudar [1]. *Frec en pl.* | * El calor intenso provoca el sudor. MGaite *Nubosidad* 219: Solo de pensar en eso me entraban sudores de angustia.
4 *(col)* En pl: Trabajos o esfuerzos. | MGaite *Nubosidad* 320: Todo lo que vale la pena tarda uno en verlo y requiere sudores para sacarlo a pulso.

sudoración *f* Acción de sudar [1]. | Mascaró *Médico* 30: Todos estos mecanismos de defensa, naturales o adquiridos por vacunación previa, .. trascienden a veces, como síntomas preliminares, en forma de fiebre, .. aumento de la sudoración y eliminación urinaria.

sudoral *adj* (Med) De(l) sudor. | Nolla *Salud* 120: Contribuye [la piel] en gran manera a la termorregulación, ya sea aumentando la sangre que circula por ella, ya sea mediante la secreción sudoral.

sudoriental *adj* Del sudeste. | P. SQueirolo *Inf* 15.8.74, 3: Su retirada [de Grecia] de la organización militar representa una grieta considerable en el sistema defensivo de la O.T.A.N., en su flanco sudoriental.

sudorífico -ca *adj* (Med) Que provoca sudor [1]. *Tb n m, referido a medicamento o sustancia.* | J. R. Alfaro *SInf* 25.11.70, 2: La grasa [de víbora] se tiene por sudorífica, sirviéndose de ella tanto exterior como interiormente. J. L. Aguado *SInf* 3.12.75, 3: Entre los sudoríficos [figuran] la bardana o cadillo y la zarzaparrilla.

sudoríparo -ra *adj* (Anat) Que segrega sudor [1]. | Navarro *Biología* 75: Los dos millones de glándulas sudoríparas de la piel equivalen en volumen a la mitad de un riñón.

sudoroso -sa *adj* Que tiene sudor [1]. | Laforet *Mujer* 77: Tenía la cara sudorosa. Payno *Curso* 15: Incluso

sudoso – suelo

llevaba en la mano cerrada las nueve pesetas de la comida, sudorosas.

sudoso -sa *adj* Sudoroso. | Arozarena *Lit. Canarias* 1, 38: Al volante venía un hombre joven, fornido, colorado, sudoso.

sudra *m y f* Individuo de la casta india constituida por agricultores y servidores. | GCaballero *Genio* 100: Los gitanos, cuando entraron en la Península, venían fugitivos de Tamerlán, como subcasta de los sudras, como parias.

sudvietnamés -sa *adj (raro)* Sudvietnamita. *Tb n.* | L. Calvo *Abc* 23.4.72, 25: La aviación americana y sudvietnamesa "castiga", pero ¿qué se puede hacer contra esas olas humanas .. que desafían a la muerte?

sudvietnamita *adj* Survietnamita. *Tb n.* | *Pue* 20.1.67, 4: El primer ministro sudvietnamita invitaba a un periodista comunista a visitar Saigón. Pemán *Gac* 11.5.69, 21: Nadie dice la verdad profunda. Empezando por los sudvietnamitas y norvietnamitas.

suecano -na *adj* De Sueca (Valencia). *Tb n, referido a pers.* | *Abc* 12.6.58, 45: Sueca tributará un homenaje a la memoria del maestro Serrano. Se descubrirá una obra escultórica de la que es autor el artista suecano D. Vicente Beltrán Grimal.

sueco -ca **I** *adj* **1** De Suecia. *Tb n, referido a pers.* | Laiglesia *Tachado* 72: Una gota de agua no se parece tanto a cualquiera de sus compañeras como un Secretario de Embajada sueco a otro paraguayo.
II *m* **2** Lengua nórdica hablada en Suecia y en la costa de Finlandia. | Palomino *Torremolinos* 17: Él no habla sueco. Pero .. lo del idioma no le preocupa.
III *loc v* **3 hacerse el ~.** *(col)* Fingir que no oye o no entiende algo que no le interesa. | T. Peraza *Abc* 29.4.58, sn: El inglés se hizo el sueco.

suegro -gra **I** *m y f* **1** Padre o madre del cónyuge [de una pers. (*compl de posesión*)]. *Tb sin compl. En m pl, a veces designa al conjunto formado por el suegro y la suegra.* | Palomino *Torremolinos* 142: Faustino Roldán es el maître y el camarero y, cuando el trabajo lo pide, el friegaplatos, porque la señora Antonia, la suegra del dueño de "La Caracola", no está para muchos trotes. CNavarro *Perros* 89: Tendrás un hijo, y los domingos saldrás a pasear en compañía de tus suegros.
II *loc sust* **2 lo que ve la suegra.** *(col)* Lo que está más a la vista. *Referido a la limpieza de la casa.* | * No te creas que voy a limpiar a fondo; solo lo que ve la suegra.

suela I *f* **1** *En el calzado:* Parte inferior, que toca el suelo. | Olmo *Golfos* 69: ¡Pon la suela del zapato sobre la rueda de atrás! **b) media ~.** Pieza con que se remienda la suela, desde la punta hasta el enfranque. *Gralm en pl y frec en la constr* ECHAR MEDIAS ~s. *Tb fig.* | * Estos zapatos necesitan medias suelas. FVidal *Duero* 35: El andarín echa medias suelas a su voluntad de peregrino y .. elude de primera intención el caserío.
2 Cuero grueso y fuerte, empleado esp. para suelas [1]. | JGregorio *Jara* 65: En la [feria] de El Puente del Arzobispo se merca suela, loza ordinaria y chucherías de plata. **b)** Trozo de cuero que se pega a la punta del taco de billar. | *SYa* 12.6.88, 14: La combinación de movimientos de traslación y rotación de la bola de billar, impulsada por la "suela" del taco, debe obedecer a principios físicos y geométricos muy concretos.
3 *(jerg)* Tableta de hachís. | Tomás *Orilla* 51: Después fueron a mi casa y me pillaron la recortada y casi dos kilos de chocolate. Lo peor es que lo tenía preparado casi todo en suelas y en posturas.
II *loc adj* **4 de siete ~s.** *(col) Se usa siguiendo a un n calificador para ponderar su significado.* | Escobar *Itinerarios* 252: Era de los de descanso permanente, un gandumbas de siete suelas. Laiglesia *Tachado* 137: ¡Un erudito de siete suelas!
III *loc v* **5 no llegar** [una pers. a otra] **a la ~ del zapato.** *(col)* Ser muy inferior [a ella]. | Goytisolo *Recuento* 253: De Raúl puedes estar orgulloso .. Ningún otro de sus primos le llega ni a la suela de los zapatos.

suelda *f Se da este n a varias plantas herbáceas de los géns Symphytum, Polygonatum, Polygonum y Herniaria, esp a la Symphytum officinale* (~ o CONSUELDA). | Mayor-Díaz *Flora* 323: *Polygonum bistorta* L. "Bistorta menor", "Suelda colorada" .. *Polygonum viv[i]parum* L. "Suelda coloradilla".

sueldo I *m* **1** Cantidad fija y periódica asignada a una pers. por su trabajo. | Medio *Bibiana* 249: Todos saben cómo está el mercado en relación con los sueldos.
2 *(hist)* Moneda antigua, de valor variable según los países y las épocas. | Escobar *Amor* 299: He pagado ocho sueldos a la tropa. Bermejo *Estudios* 39: El precepto XCIII recoge la sustitución de un fuero malo por otro de signo más moderno, a saber: que quien cometiera fuerza pague solo el doble del daño causado, sin el añadido de la caloña de los sesenta sueldos.
II *loc adv* **3 a ~.** Cobrando un sueldo [1]. *Tb adj.* | Valverde *Literatura* 42: La mayor parte de los poetas "de cancionero" .. eran profesionales a sueldo ..; con frecuencia, su misión era cantar a las amadas de sus señores.

suelo I *m* **1** Superficie sobre la que se anda. | Laforet *Mujer* 19: El suelo del patio estaba empedrado con lajas entre las que crecía hierba. Arce *Testamento* 56: Cuando asomamos la cabeza, el toro rascaba el suelo con la pezuña, tenazmente. **b)** Material con que se recubre el suelo. | GTelefónica *N.* 325: Suelos plásticos .. Moquetas textiles.
2 Parte superficial de la corteza terrestre, esp. aquella en que se desarrolla la vida de las plantas. | Ybarra-Cabetas *Ciencias* 292: Frente al suelo mineral .. existe otra modalidad del suelo que proporciona sostén y sustento a los vegetales. Es el denominado suelo agrícola.
3 Territorio. *Con un adj o compl especificador.* | Lapesa *HLengua* 112: Al ocupar los moros la mayor parte del nuestro suelo, el nombre de *Spania* llegó a usarse como sinónimo del Andalus.
4 Superficie inferior [de algo]. *Tb fig.* | Navarro *Biología* 136: La cavidad bucal está limitada .. en su parte inferior por el suelo de la boca, sobre el que se encuentra la lengua. Moreno *Galería* 237: Entre las vecinas se intercambiaban alguna pieza [de repostería] para apreciar las técnicas, la calidad y el buen "suelo", que debía estar pasado, pero nunca quemado. Laín *Gac* 22.2.70, 8: María Asquerino, que sobre un difícil suelo de expresivos gestos mudos supo lanzar al aire .. un fino, apasionado, patético parlamento.
5 Nivel mínimo que puede alcanzar [alguien o algo (*compl de posesión*)]. | *SPaís* 17.1.88, 1: Las previsiones para este año, por ejemplo, se inclinan por considerar que el dólar tiene suelo en torno a las 110 pesetas.
II *loc v* **6 arrastrar** (*o* **tirar**) **por los ~s** (*o* **por el ~**) [a una pers. o cosa]. *(col)* Desacreditar[la]. | RIriarte *Muchacha* 309: Con tus ligerezas, ¿me oyes?, estás arrastrando por los suelos tu apellido. DCañabate *Andanzas* 7: —¿Esa vitrina? No me interesa .. ¿Me quiere usted decir para lo que sirve una vitrina? —Hombre, ya lo ve usted. Está llena de cositas que se ven y se guardan muy bien ahí. No la tire tan por los suelos.
7 besar el ~. *(col)* Caerse de bruces. | *NAl* 29.6.90, 12: Bailar sobre una pista cubierta con casi medio metro de espuma .. Hubo más o menos resbalones y besar el suelo, pero lo esencial es que lo pasaron "guay" los jóvenes.
8 echar al ~ [una cosa]. *(col)* Derribar[la]. | Cela *Judíos* 168: Medina del Campo .. no entregó a Antonio de Fonseca la artillería que reclamaba para echar al suelo los muros de Segovia. **b) echar al ~,** *o* **por los ~s** [una cosa]. Frustrar[la] o malograr[la]. | * Siempre tiene que echar por los suelos mis planes.
9 hacer ~s. *(reg)* Quitar el matorral o rastrojo que hay alrededor de los árboles. | E. Marco *MHi* 6.60, 29: He aquí las fases [en el cultivo del olivo]: alzar, .. tirar abono, desastillar, hacer suelos.
10 medir el ~. *(col)* Caerse a la larga. | MSantos *Tiempo* 78: Sus recios estómagos habían conseguido superar el golpe bajo y sin vómito alguno, .. con un cierto color verdoso en los rostros pero sin haber medido el suelo.
11 tocar ~. Llegar [alguien o algo] a su nivel mínimo. | G. Matías *SPaís* 17.1.88, 7: El Banco de España .. trabaja también con la idea de que el dólar está tocando suelo (las 110 pesetas de media).
III *loc adv* **12 a ras de ~** → RAS.
13 por los ~s (*o* **por el ~**). En situación muy baja respecto al valor o valoración. *Frec con los vs* ESTAR *o* PONER. | DCañabate *Paseíllo* 15: El nivel de vida se encontraba por los suelos, la vida era muy barata. RIriarte *Muchacha* 362: El hígado hecho cisco y la tensión por el suelo. **b)** En situa-

suelta – suero

ción muy baja respecto al crédito o fama. *Gralm con el v* PONER. | FSalgado *Conversaciones* 110: La marquesa de Huétor .. puso por los suelos a García Valiño y también a Muñoz Grandes. **c)** En situación muy baja respecto al ánimo o a las fuerzas. *Gralm con el v* ESTAR. | J. Salas *Abc* 18.3.75, 39: Los revolucionarios han decidido aprovechar la ocasión para neutralizar esos instrumentos de poder, ahora que los ánimos de sus poseedores y de la derecha entera andan por los suelos.

suelta *f* Acción de soltar [algo o a alguien atado, sujeto o contenido]. *Frec con el v* DAR. | *MOPU* 7/8.85, 162: Riberas del río Turia .. Suelta incontrolada del agua del embalse perjudicando a la pesca. FSantos *Hombre* 102: Ahí le tiene usté, todo el día rezando. Y cuando les dan suelta, él se viene hasta aquí, y mírele, ni moverse. C. GBayón *SVoz* 8.11.70, 1: Para ser un cero a la izquierda o para ser un politiquillo de sacristía y dar suelta a los resentimientos, .. lo mejor es quedarse en casa.

suelto -ta I *adj* **1** Que no está sujeto. *Tb fig.* | *Van* 20.12.70, 44: Cómprese un tresillo de 3 plazas, con almohadones sueltos y tapizados en Erlán. Legorburu-Barrutia *Ciencias* 47: Hay un hueso suelto al nivel de la base de la lengua; se llama hioides. *SPaís* 17.1.88, 7: Hay mucho capital suelto por el mundo, y tenemos capacidad de atraerlo por la posibilidad de ser una economía de alto crecimiento. **b)** Libre, o que puede obrar según su voluntad. *Tb fig.* | Berenguer *Mundo* 54: No eché cuenta de que faltaba el Pepe, aunque me sentía más suelto y más dueño de ponerme la soga tan larga como quisiera. **c)** (*Taur*) [Res] que abandona la suerte por su propia iniciativa y sin hacer caso del engaño. | PLuis *HLM* 4.9.78, 37: Gracias al poderío de El Mozo, no se quedó el manso sin picar, y aunque entró rebrincao y se salió suelto de los tres encuentros, pudo el manso ser castigado cumplidamente.

2 [Baile] que se realiza sin que la pareja se enlace. *Tb n m.* | Berenguer *Mundo* 358: Todo el señorío montado en las jacas, venga de ir a los toros y de bailes sueltos y agarrados.

3 Que no forma conjunto o serie con otros de su especie. | GPavón *Hermanas* 29: Aparecía sólo por vendimia y algún día suelto. **b)** Separado del conjunto o todo del que forma parte. | J. Sampelayo *SYa* 16.3.75, 7: Por el santo suelo de los baratillos rastreros .. andan los números sueltos de las mismas [revistas] para atracción de nostálgicos. **c)** Que no está envasado o empaquetado. | DCañabate *Abc* 16.2.75, 43: Se preocupaba el hombre de su negocio de las pastillas de goma. Llevaba siempre consigo buena provisión de ellas, unas sueltas y otras contenidas en unos paquetitos que reservaba para sus nocturnas francachelas. **d)** [Pliego] ~ → PLIEGO.

4 [Moneda] fraccionaria. *Frec n m, referido a dinero.* | Fraile *Cuentos* 5: Deja, llevo suelto.

5 Disgregado o poco compacto. | *Cocina* 319: El arroz, después de hecho y reposado, debe quedar con el grano suelto y cocido, pero sin abrir.

6 Ágil y desenvuelto. | Bousoño *Nieva* 37: Su prosa es suelta y variada, llena de plasticidad y de gracia. MGaite *Usos* 80: En el desdén por los modales sueltos y ostentosos de aquellas chicas .. había también una punta de alarma.

7 Que no se ajusta o ciñe. | Villarta *SYa* 30.11.75, 33: Abrigos que indistintamente pueden ir sueltos o ajustados con idéntico material o con cinturón de cuero.

8 (*col*) Que tiene diarrea. | Delibes *Príncipe* 67: Domi, no le quite la fajita al acostarla. Está un poco suelta la niña.

9 (*TLit*) [Verso] que no rima, dentro de una composición rimada. | Correa-Lázaro *Lengua 4º* 45: Versos sueltos son los que, yendo en una composición en la que la mayoría de los versos riman, carecen de rima.

II *m* **10** *En un periódico:* Información de extensión superior a la de la gacetilla e inferior a la del artículo. | Torrente *Vuelta* 10: Pasó el diario a un compañero, con secreto; y el compañero leyó tan solo el suelto titulado "También hay un señoritismo de izquierdas".

III *loc adv* **11 por ~**. Aisladamente. | CBonald *Noche* 252: Escaparían en caravana o por suelto camino de la sierra.

sueño I *m* **1** Hecho de dormir. *Tb* (*lit*) *fig, designando la muerte y gralm con el adj* ETERNO. | Medio *Bibiana* 11: Bibiana se fija en sus ojos, cerrados obstinadamente, demasiado apretados los párpados para fingir la relajación natural del sueño. Vesga-Fernández *Jesucristo* 105: Jesús había hablado del sueño de la muerte, y ellos pensaban que hablaba del sueño natural. **b)** (*Bot*) Hecho de tener las plantas sus hojas u otros órganos en determinada posición durante las horas de ausencia de luz. | Alvarado *Botánica* 37: Las nictinastias .. son los movimientos que realizan las hojas de muchas plantas, como la judía, que de día tienen una posición (posición de vigilia), mientras que de noche adquieren otra (posición de sueño).

2 Gana de dormir. | Delibes *Príncipe* 157: –¿Acostó a la niña? –Como un angelito, si usted la viera. Estaba muerta de sueño.

3 Hecho de soñar. | Laforet *Mujer* 233: Llegó como en un sueño hasta su casa. **b)** Cosa que se sueña. | Peña-Useros *Mesías* 61: A cada uno le interpretó José su sueño. **c)** Cosa que se desea con ilusión. *Frec ~* DORADO. | RIriarte *Paraguas* 114: Mi sueño sería encontrar una cosa segura. LTena *Alfonso XII* 127: No llegaré a realizar mi sueño dorado: el de ver al Príncipe Alfonso en el Trono de España. **d) mal ~**. Pesadilla (sueño [3b] angustioso o aterrador). | Marsé *Montse* 312: A ratos debía preguntarse si la infancia y la adolescencia no habían sido un mal sueño.

4 (*col*) Pers. o cosa muy bonita o excelente en su clase. *Normalmente en lenguaje femenino. Con intención ponderativa.* | LRubio *Noche* 49: Muchas gracias. (Admirando la pulsera en su muñeca.) ¡Es un sueño!

5 (*Agric*) Cierta enfermedad de la remolacha. | *VozC* 6.10.68, 6: Se recomiendan .. para combatir las siguientes enfermedades: Tizón de los cereales; .. Polilla del maíz; Sueño de la remolacha.

II *loc adj* **6 de ~**. (*col*) Excelente en su clase, esp. por su belleza. *Normalmente en lenguaje femenino. Con intención ponderativa.* | Delibes *Cinco horas* 121: ¡Qué coche, Mario, de sueño, vamos!

III *loc v* **7 coger**, *o* **conciliar**, **el ~**. Dormirse. | CBonald *Dos días* 230: A veces se despertaba con una idea fija en la cabeza y ya no podía volver a coger el sueño. F. Martino *Ya* 5.12.73, 42: Llevaba sin dormir desde el año 1943 .. Parece ser que se ha logrado concilie el sueño con un tratamiento del que solo se habla de masajes en las sienes.

8 echar, *o* **descabezar**, **un ~**. (*col*) Dormir durante breve rato. | Torrente *DJuan* 207: Mientras él descabezaba un sueño en la antesala, me puse a escribir mi primera carta de amor.

9 estar en siete ~s. (*col*) Estar profundamente dormido. | Mihura *Dorotea* 48: Nos pusimos de acuerdo para fastidiar a esas tontainas y decirlas que estaba en siete sueños.

10 perder [alguien] **el ~** [por una pers. o cosa]. Preocuparse [por ella]. | S. Sagaseta *ProP* 4.10.91, 55: Siempre fui de la idea de que el amor es la única comedia que no admite bromas, pero últimamente me cuestiono si vale la pena perder por él el sueño, y hasta la cabeza.

11 quitar el ~ [a alguien]. Preocupar[le]. | Delibes *Hoja* 21: Las rarezas del viejo no trascendían y a la Desi no la quitaban el sueño.

IV *loc adv* **12 en ~s**. Soñando. | Peña-Useros *Mesías* 60: El copero había visto en sueños una vid con tres sarmientos.

13 entre ~s. Durmiendo de manera poco profunda. | * Me pareció oírle murmurar entre sueños.

14 ni en ~s, *o* **ni por ~(s)**. (*col*) *Fórmula de negación enfática.* | * –¿No vas con ellos? –Ni en sueños.

suero *m* **1** Parte no coagulable [de un líquido orgánico animal, esp. de la sangre]. *Tb sin compl.* | Bustinza-Mascaró *Ciencias* 57: Si colocamos en un vaso sangre recién extraída de una vena, veremos que al cabo de algún tiempo se habrá formado en la parte inferior un coágulo, y por encima se habrá separado un líquido ligeramente ambarino llamado suero sanguíneo. Ybarra-Cabetas *Ciencias* 200: Si añadimos a la leche el fermento del jugo gástrico, .. se forma un coágulo denso y homogéneo que contiene la grasa; esto es el queso, y el líquido que se exprime es el suero. **b)** Preparado de suero sanguíneo que contiene un anticuerpo específico, y que se emplea con fines curativos o preventivos. *Frec con un adj o compl especificador.* | Legorburu-Barrutia *Ciencias* 124: Se utilizan los sueros para curar la difteria, el tétanos, etc. Legorburu-Barrutia *Ciencias* 124: Se cura [la difteria] con suero antidiftérico.

2 Solución salina inyectable. *Tb ~* ARTIFICIAL *o* FISIOLÓGICO. | *Mad* 8.9.70, 16: El cólera .. tiene una baja mortali-

sueroterapia – sufete

dad .. El tratamiento .. se compone de hidratación con suero sálido y bicarbonato en dosis fortísimas.

sueroterapia *f* (*Med*) Seroterapia. | Alvarado *Anatomía* 157: Dos importantes enfermedades se tratan y previenen por sueroterapia: la difteria y el tétanos.

suerte **I** *f* **1** Causa supuesta de los sucesos no previsibles o no intencionados. | *CCa* 23.5.71, 4: Como quiera que dicha renovación del cincuenta por ciento se ha establecido que sea por sorteo, .. la suerte ha decidido que los dos puestos existentes en la misma [empresa] del grupo administrativo, uno de jurado y otro de enlace, queden cubiertos. **b)** Fuerza o poder imaginarios, favorables o adversos, que se supone determinan los sucesos, o un suceso, de la vida de un individuo. *Con los adjs* BUENA *o* MALA, *u otros equivalentes*. | Lucentum *NotC* 1.3.71, 5: Los dos conjuntos habían tenido mala suerte. **c)** *Sin calificar:* Buena suerte. | Medio *Bibiana* 13: Suerte hemos tenido, en medio de todo, con nuestros hijos, que no son malos chicos, ¿verdad, Marcelo? CPuche *Paralelo* 200: –A ver si hay suerte .. –A ver si hay suertecilla. Arce *Testamento* 49: Enzo salió de la cabaña. –¡Suerte! –le voceó El Bayona.

2 Destino, o situación que las circunstancias imponen a alguien o algo. | *Inf* 17.8.70, 1: La tensión .. puede alcanzar su punto máximo .. si los "tupamaros" dan muerte .. al cónsul brasileño .. Para evitar dudas sobre la suerte del diplomático en capilla, el ministro del Interior .. ha reiterado que no habrá negociación con los guerrilleros. *Ya* 7.6.75, 35: Yo bailo lo de antes. Como debe ser. Pero no he bailado mucho. Mi suerte ha sido siempre ser una esclava.

3 (*lit*) Manera. | GNuño *Escultura* 50: Sabiendo quien esto escribe cuán anticientífica es esta suerte de argumentar. FQuintana-Velarde *Política* 58: De esta suerte la técnica y la organización empresarial son factores complementarios.

4 (*lit*) Clase o género. | L. LSancho *Abc* 10.11.73, 26: Ha adquirido en corto espacio los mejores automóviles suntuosos, tocadiscos refinados, televisores .. y toda suerte de carísimas bagatelas. **b)** (*lit*) Especie (cosa aproximadamente igual). *Con un compl* DE. | Kurtz *Lado* 129: Mascort me ha dado una suerte de plegaria contra la picadura de los escorpiones. Kurtz *Lado* 52: Ignacio fue una suerte de fenómeno, licenciado con Premio Extraordinario a los diecinueve años y doctorado al año siguiente.

5 Parcela, o tierra de labor separada de otras por sus lindes. | Romano-Sanz *Alcudia* 133: Compraron las dos fincas .. para parcelarlas. Las dividieron en seiscientas suertes de fanega y media. Con arreglo a la calidad de las tierras, fueron clasificadas en tres grupos, y todos los vecinos recibieron una de cada clase.

6 (*Taur*) Tercio (parte de las tres en que se divide la lidia). | *Rue* 22.12.70, 13: Cuando el toro .. se derrumba de las cuatro patas .., la suerte de varas pierde toda su razón de ser. **b)** Acto de los que ejecuta el diestro en la lidia. *Tb fig, fuera de este ámbito*. | *Sáb* 10.9.66, 27: Palomo brinda a los dieciséis niños de la Operación Plus Ultra la suerte de la vaquilla. Delibes *Emigrante* 112: ¡Lo que hay que aguantar! Para rematar la suerte empezó que muy bonito todo eso de quejarme de que tenía los pies lastimados y luego dedicar el descanso a correr el monte.

II *loc v* **7 abandonar**, *o* **dejar**, [a una pers. o cosa] **a su ~**. Desentenderse totalmente [de ella] o dejar de cuidar[la]. | Laforet *Mujer* 27: Tuvo que dejar a Paulina en Barcelona, casi abandonada a su suerte. A. Barra *Abc* 18.8.64, 25: Aconsejó a los ingleses que hagan las maletas y dejen Chipre a su suerte.

8 caer, *o* **tocar, en ~** [algo a alguien]. Corresponder[le] por suerte [1] en un reparto. *Tb fig*. | A. Soria *Tri* 6.2.71, 20: Hubieran deseado, asimismo, una especie de concurso internacional para resolver la papeleta que les ha caído en suerte o, por lo menos, la colaboración de figuras de talla internacional. Lera *Bochorno* 137: Saboreaba, una por una, las fresas verdirrojas que le habían tocado en suerte.

9 cargar la ~. (*Taur*) Ejecutar [el diestro] un lance adelantando un pie e inclinando el cuerpo hacia el toro. | *Abc* 2.5.58, 51: El toro, abanto, quedó en los medios, y allá fue Rafael Ortega a hacerse aplaudir en unas verónicas cargando la suerte y rematadas con una vistosa chicuelina.

10 desafiar, *o* **tentar, a la ~**. Arriesgarse temerariamente. | * No tientes a la suerte.

11 echar a ~s (*o, raro,* **echar ~s**). Someter una decisión o una elección a algo ajeno a la voluntad humana. | Vesga-Fernández *Jesucristo* 144: Repartieron entre sí mis vestiduras y sobre mi túnica echaron suertes. Ca. Llorca *SPaís* 31.5.81, 51: El echar a suertes, los dados y también las tabas eran ritos mágicos para consultar a los dioses. **b) echar** [algo] **a ~s**. Decidir[lo] echando a suertes. | *¿Quién sale primero? Vamos a echarlo a suertes.

12 entrar en ~. Ser [algo] objeto de un sorteo, o participar [alguien] en él. | * Entran en suerte todas las cartas recibidas antes del día 31.

13 estar echada la ~. Estar decidido irremediablemente el asunto en cuestión. *Gralm en la fórmula* LA ~ ESTÁ ECHADA. | Halcón *Ir* 378: La suerte estaba echada.

14 probar ~. Actuar con la esperanza de que la suerte [1b] sea favorable, en algo cuyo resultado se ve incierto. | A. Zunzarren *Mad* 10.9.70, 17: Tina Sainz es la chica de servicio que se pasea, probando suerte, por entre todas las familias españolas.

15 repetir la ~. Volver a hacer lo ya hecho. | MSantos *Tiempo* 220: Las vicetiples penetraban en el escenario dispuestas en dos filas convergentes, .. adelantando un paso-pasito y retrocediendo otro más corto, para repetir la suerte e irse así .. aproximando al punto central.

16 tener la ~ de cara (*o* **de espaldas**). Tener buena (o mala) suerte [1b]. | Mendoza *Ciudad* 106: En la pensión, Onofre Bouvila escuchó lo que le contaba el mensajero y consideró que tenía la suerte de cara.

III *loc adv* **17 a ~s** (*o* **por ~**). Echando a suertes [11]. | * Los eligieron a suertes.

18 de todas ~s. (*lit*) De todos modos. | Rof *Abc* 12.2.70, 3: De todas suertes, quien se ha beneficiado más del descubrimiento que Dora inicia fue la crítica literaria.

19 por ~. Afortunadamente. | Medio *Bibiana* 87: Por suerte, el hombre no repara en ella.

IV *loc conj* **20 de ~ que**. (*lit*) De modo que. | Marcos-Martínez *Física* 176: La imantación consiste en orientar todas las moléculas en la misma dirección, de suerte que sus fuerzas atractivas se sumen.

suertoso -sa *adj* (*col*) Que tiene buena suerte [1b]. | CPuche *Paralelo* 24: Ya antes había sido embarazada por un suertoso aposentador de pescado del mercado de Legazpi.

suertudo -da *adj* (*col*) Que tiene buena suerte [1b]. | Berlanga *Recuentos* 59: Se permitía incluso la confianza de preguntarme por Bea .. o de comentarme lo suertudo que era el padre de Bea .. porque vivía de las rentas.

suesetano -na *adj* (*hist*) [Individuo] de un pueblo celta habitante en la zona central de Navarra. *Tb n*. | Tovar-Blázquez *Hispania* 43: Del año 184 sabemos que los lusitanos fueron derrotados, y también los suesetanos.

sueste *m* (*Mar*) Sombrero impermeable de ala estrecha y levantada por delante y ancha y caída por detrás. | Torrente *Vuelta* 268: Entró un grupo de marineros. Chorreaban agua los trajes amarillos. Uno de ellos .. se quitó el sueste y lo arrojó a un rincón.

suéter (*pl normal,* ~ES; *tb, más raro,* ~S) *m* Jersey. | CNavarro *Perros* 154: Llevaban peinados altísimos, suéters ingleses.

suévico -ca *adj* (*hist*) De los suevos. | C. L. Crespo *Abc* 1.5.58, sn: Se hallaron varios sarcófagos del siglo VI al VII, correspondientes al período de las invasiones germánicas, o sea la época que corresponde a la dominación suévica.

suevo -va *adj* (*hist*) [Individuo] del grupo de pueblos germánicos que en el s. V, unido a borgoñones, vándalos y alanos, invadió las Galias y el noroeste de España. *Tb n*. | Villapún *Iglesia* 62: El año 405 comienzan, pues, las invasiones de los visigodos, suevos, alanos. **b)** De los suevos. | Lapesa *HLengua* 88: Esas regiones [Galicia y Norte de Portugal], que habían pertenecido al reino suevo, parecen haber servido de refugio a los visigodos cuando huyeron de la invasión árabe.

sufeta *m* (*hist*) Sufete. | Arenaza-Gastaminza *Historia* 24: Formaban [los fenicios] ciudades independientes .., gobernadas por dos magistrados llamados sufetas.

sufete *m* (*hist*) Entre los fenicios: Magistrado de los dos supremos que gobiernan una ciudad. *Tb* (*lit*) *fig*. | Blanco *His Extra* 4.80, 56: El almirante cartaginés Magón hizo azotar y crucificar [en Cádiz, 206 a.C.] a los "sufetes" y a un "cuestor" por entender que la ciudad se hallaba dispuesta a pasarse al bando enemigo. Vega *Cocina* 92: No quedé muy convencido de que el pavo real no fuese comestible, y telefoneé al gran sufete de la culinaria española, preguntándoselo.

sufí *adj* De(l) sufismo. | Rof *Rev* 7/8.70, 13: En la versión sufí, el Señor replica: "Es cierto, pero todo lo que habéis hecho por vosotros mismos .. es por mí por quien lo habéis hecho". **b)** Adepto al sufismo. *Tb n.* | Ynduráin *SAbc* 13.12.91, 15: La experiencia vivida se convierte en símbolo universal donde se reconoce[n] y reflejan sufíes y cabalistas, reformadores, alumbrados o erasmistas.

suficiencia *f* Cualidad de suficiente. | FQuintana-Velarde *Política* 192: La suficiencia de los ingresos de nuestro Estado ha sido clara en los últimos tiempos. *Inf* 7.9.70, 14: Se desarrollará la actividad básica de la natación, con pruebas de suficiencia sobre 25 metros. Halcón *Monólogo* 67: –¡Qué tontería! –dice Tina con suficiencia.

suficiente **I** *adj* **1** Bastante o que basta [para algo]. *Tb sin compl.* | DCañabate *Paseíllo* 26: Ganaba las pesetejas suficientes para sacar adelante a los críos. J. A. Valverde *Act* 12.4.73, 98: Los conocimientos culturales no deben estar avalados por ningún título. Es suficiente una cultura general media. Escudero *Capítulo* 74: Será suficiente que el acta la firmen el que preside la elección, los escrutadores y el Secretario.
2 [Pers.] pedante y segura de sí. | Anson *SAbc* 1.2.70, 7: A partir de la maniobra de julio de 1966, el autor de los "Poemas de la tierra del viento" iría ganando, una tras otra, todas las batallas al sinuoso, suficiente y ensoberbecido Liu Shao-chi. **b)** [Pers.] arrogante o engreída. | FVidal *Duero* 104: Con los tres reyes magos, representando otros tantos troncos de la Humanidad, el blanco, de hinojos y suficiente a la par que humilde, el negro .. y el mongoloide. **c)** Propio de la pers. suficiente. | DCañabate *Paseíllo* 24: El Eustaquio se paseaba con aire suficiente.
II *m* **3** (*Enseñ*) Calificación mínima de aptitud. | *DBu* 19.9.70, 8: La expresión del nivel en ella alcanzado será objeto de las calificaciones siguientes: sobresaliente, notable, bien, suficiente (distintos matices del actual aprobado).
III *pron* **4** *En sg:* Cantidad necesaria [para algo]. *Tb sin compl.* | * Gana suficiente para vivir.
IV *loc v intr impers* **5 ser ~.** Bastar [con alguien o algo]. | * Es suficiente con esto, gracias.

suficientemente *adv* De manera suficiente [1]. | RIriarte *Noche* 146: Esta casa es lo suficientemente grande como para que todos ustedes descansen con cierta comodidad.

sufijación *f* (*Ling*) Adición de sufijos. | C. Castroviejo *HLM* 25.3.74, 17: Señala también Seco que el interés de este trabajo se fija en el hecho, a menudo olvidado, de que la sufijación es uno más de los fenómenos lingüísticos que se producen por analogía.

sufijo -ja *adj* (*Ling*) [Afijo] pospuesto a la raíz. *Más frec n m.* | Academia *Esbozo* 167: Algunos morfemas, como los sufijos diminutivos en *-ito*, reciben un tratamiento especial.

sufismo *m* Doctrina mística mahometana, desarrollada esp. en Persia. | Rof *Rev* 7/8.70, 13: Hay una diferencia .. entre esta plenitud de amor en el misticismo cristiano de Santa Teresa y el misticismo de la [g]nosis ismaelita, en el sufismo.

suflar (*tb con las grafías semicultas* **soufflar** *y* **souflar**) *intr* (*Coc*) Subir e hincharse con la cocción [un alimento]. | *Cocina* 458: A medida que van soufflando [las patatas] se van sacando con una espumadera. C. Cortés *SAbc* 1.2.70, 22: Se cubren las crepés de almendra fileteada y se meten al horno durante cinco o seis minutos para que souflen.

suflé I *adj* **1** (*Coc*) [Plato] que sube y se hincha con la cocción. *Más frec n m.* | Vega *Cocina* 159: El suflé de boniatos es plato que yo no aconsejo.
II *m* **2** (*col, raro*) Inflamiento. *En sent fig.* | Berlanga *Recuentos* 61: Nos inventamos sondeos y porcentajes con mucho suflé de contextos empíricos. Oliver *Relatos* 80: Nos vamos a ir, si te hace, a un bar de jais en la calle Ezequiel Solana, que le dijo el Vespa al fonta que por seis ciris te premian en lo oscuro con un suflé del cabezorro del ciruelo, tío, mucho más que de puta madre.

sufra *f* (*reg*) Correa que sostiene las varas de una caballería de tiro. | Gerardo *NAl* 22.9.89, 19: Una vez dentro del corral y en el cobertizo, me encuentro de todo: una albarda, una cincha, un cinchuelo, unas aguaderas y un serón; cabezales, sufra, sillín, retranca y bridón.

sufragáneo -a *adj* Que depende de la jurisdicción o autoridad [de otro]. *Tb sin compl.* | Cossío *Montaña* 132: Remotísimo parece el origen de este cenobio que había de parar en monasterio de Benedictinos y al fin en iglesia sufragánea de Aguilar de Campoo. Zubía *España* 243: España se halla dividida en 11 provincias eclesiásticas o arzobispados, cada una con varias diócesis sufragáneas. **b)** [Obispo] de una diócesis de las que componen una provincia eclesiástica. | *Nue* 24.1.70, 13: Se han reunido en Sevilla los obispos sufragáneos de aquella provincia eclesiástica.

sufragante *adj* Que sufraga. | GRuano *Abc* 3.5.58, 9: Por lo menos al público femenino y al sufragante y extenso cuerpo de maridos, y auxiliar de novios, no creo que sea necesario explicarle, ni en España ni en ninguna otra geografía, qué es eso de "nettoyage".

sufragar *tr* **1** Pagar o costear. | *Sp* 19.7.70, 40: La fuerza se compone de unos 3.500 miembros y su coste es sufragado por el Tesoro de Irlanda del Norte.
2 (*raro*) Ayudar o favorecer. | *Van* 12.9.74, 43: Mi objeto de hoy no es sufragar la teoría de la mallorquinidad del descubridor. P. Ortiz *CoA* 1.11.75, 27: Un decreto .. concediendo Su Santidad que todas las misas que se dijeren en el altar de dicha capilla sufraguen a las almas como si se celebraran en altar privilegiado.

sufragio *m* **1** Ayuda espiritual [al alma de un difunto (*compl de posesión*)]. *Tb sin compl.* | Ribera *Misal* 1604: Cuando muera una persona de tu familia, .. procura que se apliquen en sufragio suyo algunas Misas. E. GPesquera *Fam* 15.11.70, 5: El funeral lleva consigo ciertos ritos y oraciones que acrecientan o acentúan su valor de sufragio. **b)** (*raro*) Ayuda o socorro. | *Tri* 15.5.71, 24: Pide un sufragio de 400.000 ducados para los gastos de coronación, y los procuradores se niegan a votarlo.
2 Oración, sacrificio u obra buena que se ofrece por las almas del purgatorio. | SLuis *Doctrina* 59: Los sufragios. Son las oraciones y sacrificios con que podemos y debemos ayudar a las Ánimas Benditas.
3 Voto (opinión expresada en una asamblea deliberante, en un cuerpo político o en una elección). | *Inf* 12.12.73, 32: Carlos Andrés Pérez había logrado 337.147 sufragios.
4 Voto o votación. | *Sp* 19.7.70, 39: El Parlamento de Irlanda del Norte se compone .. de una Cámara de los Comunes de 52 miembros, elegidos mediante un sistema de sufragio parlamentario. PRivera *Discursos* 11: Evitar .. los partidos políticos y su instrumento imprescindible, el sufragio universal.

sufragismo *m* (*hist*) Movimiento político en favor del voto femenino. | Castilla *Alienación* 31: En la historia de la lucha de la mujer por su liberación ha existido una etapa que se caracterizó por el sufragismo.

sufragista *adj* (*hist*) De(l) sufragismo. | A. Barra *SAbc* 2.2.69, 10: Había venido a Inglaterra a los veinte años de edad, para afiliarse al movimiento sufragista. **b)** Partidario del sufragismo. *Tb n, esp f.* | FReguera-March *España* 110: Alguien .. había sacado a colación a cierta sufragista inglesa.

sufridamente *adv* De manera sufrida [2b]. | P. Manglano *Reg* 25.2.75, 2: Vemos a sus usuarios aguantando sufridamente cuantas incomodidades y molestias origin[a]la falta de unas adecuadas instalaciones.

sufrido -da *adj* **1** *part* → SUFRIR.
2 [Pers.] que sufre sin quejarse. | Benet *Nunca* 16: Debió ser hombre sufrido y celoso de su deber. **b)** Propio de la pers. sufrida. | * Aguantó de manera sufrida todas las perrerías que quisieron hacerle.
3 [Cosa] que es capaz de soportar circunstancias adversas sin dañarse o estropearse demasiado. | F. Costa *Sáb* 21.12.74, 67: Se trata de árboles sufridos, que son capaces de arraigar en tierras secas y de tercera calidad, así como pueden echar raíces entre dos rocas. **b)** [Cosa, esp. color] que soporta el uso sin ensuciarse o deslucirse. | *Van* 23.6.74, 28: Una butaca-módulo que repetida tiene mil

sufridor – sugestivo

usos .. En tonos sufridos y sedantes. MGaite *Nubosidad* 360: Dijo que ella la encontraba [la tapicería] más sufrida que la otra.

sufridor -ra *adj* Que sufre [1, 3, 5 y 7]. *Tb n, referido a pers.* | B. Mostaza *Ya* 15.6.75, 14: Luis Ortiz Muñoz ha muerto .. Dios lo distinguió con muchos dolores, morales y físicos. Fue un sufridor a fondo. **b)** Propio de la pers. que sufre. | Puértolas *Noche* 106: A lo mejor un día se cansaba de desempeñar su papel sufridor, ese ingrato papel de únicamente resistir.

sufriente *adj* (*lit*) Que sufre [1, 3, 5 y 7]. *Tb n, referido a pers.* | Umbral *Mortal* 166: Sufro como hombre .., pero dentro de mí, dentro de ese sufrimiento, hay algo más sufriente, una pulpa casi submarina de sollozo .. Es ya un sufrimiento como vegetal. FReguera-March *Caída* 60: Aquellas muchachas que, como él, sacrificaban horas de su vida para aliviar a los sufrientes y desvalidos. **b)** Propio de la pers. sufriente. | CBonald *Ágata* 216: Las decisivas claves de un secreto .. evidenciado ya con la sola iniciación de Blanquita después de haber oído el sufriente clamor de Alejandra mientras echaba al mundo a su hijo.

sufrimiento *m* Hecho de sufrir [1, 3, 5 y 7]. *Tb su efecto.* | Laforet *Mujer* 60: No entendía más que el sufrimiento de su madre.

sufrir A *tr* **1** Padecer [un daño o dolor, una enfermedad o un error o equivocación]. | SLuis *Doctrina* 58: Las penas que sufren los condenados son de dos clases: de daño y de sentido. GÁlvarez *Filosofía* 1, 7: A la historia de los sistemas filosóficos, como al desarrollo de cualquier ciencia, pertenecen no solo los aciertos logrados y las verdades alcanzadas, sino también los fracasos sufridos y los errores cosechados. J. Vega *Abc* 25.2.68, 72: Hoy se sabe, con absoluta seguridad, por qué uno de cada 300 niños que nacen sufre la enfermedad hemolítica. Salvador *Letra Q* 40: En la siguiente [edición], la de 1817, se dice que en la decimaoctava [letra], porque se había eliminado la *k* y se había sufrido además un error en la numeración. **b)** Ser objeto [de una acción o un suceso (*cd*) perjudiciales o dañinos]. | Salvador *Haragán* 15: Tío Guillermo .. sufrió un arrechucho.

2 Ser objeto [de una acción o un suceso (*cd*)]. | Bustinza-Mascaró *Ciencias* 180: Pasado el tiempo, [el renacuajo] sufre metamorfosis para convertirse en adulto.

3 Aguantar o soportar [a alguien o algo perjudicial o molesto]. | Palacios *Juicio* 24: No podíamos sufrir a los fanáticos. Palacios *Juicio* 90: Catón, no pudiendo sufrir la victoria de César, se suicidó.

4 Soportar o sostener [un peso o presión]. | * Esta viga sufre todo el peso.

B *intr* **5** Sentir dolor, físico o moral. | Arce *Testamento* 16: Y sufría calladamente en medio de aquel silencio que me rodeaba.

6 Recibir daño [una cosa]. | *Ama casa* 1972 87: La ropa sufrirá menos si la dejamos en una solución débil de lejía durante más tiempo, que si la dejamos en una solución fuerte de lejía poco tiempo.

7 Padecer [una enfermedad (*compl* DE)]. | E. Montes *Abc* 23.4.72, 3: Sufre de artrosis a la rodilla. **b)** Tener enferma [una parte del cuerpo (*compl* DE)]. | *Hoy* 26.12.75, 8: Con el tiempo terminaban por sufrir de los pies.

sufusión *f* (*Med*) Derrame [de un líquido orgánico, esp. de sangre]. | Zunzunegui *Camino* 518: Le hizo un dengue retrechero, y como tenía la cara plagada de tafetanes y equimosis por efecto de la sufusión de la sangre, el mimo tuvo un patético aire clonesco.

sugerencia *f* Acción de sugerir. *Frec su efecto.* | G. Gombau *Abc* 16.12.70, 23: Los temas ..; las frases melódicas ..; el expresivismo de los últimos cuartetos, constituyen un todo orgánico, un manantial de sugerencias.

sugerente *adj* Que sugiere [1]. | A. Pizá *Bal* 4.3.70, 16: Lucía Viansino ha dibujado un mapa humorístico de la Isla, a pluma, con tintas de colores, en los que se ve en cada rincón un motivo alusivo y sugerente. **b)** Que atrae e interesa por lo que sugiere. | Laiglesia *Ombligos* 102: No se alteraban con el embrujo de mis perfumes, ni con la suavidad de mis sedas sugerentes.

sugerentemente *adv* De manera sugerente. | I. Barreiros *Abc* 28.2.87, 109: Se esperaba con ilusión a Tráfico de Modas, que abrió con dos "enanas rubias" ataviadas con vestidos estampados de Mariscal. Segunda salida en crudo con trajes sugerentemente pegados al cuerpo, informales.

sugeridor -ra *adj* (*lit*) Sugerente. | CNavarro *Perros* 142: Las miradas de ella eran cálidas, interrogantes y sugeridoras. Cela *Viaje andaluz* 219: La plaza de toros de Sevilla, la plaza de la Maestranza, quizá la más bella y sugeridora de todas cuantas hay en España.

sugerir (*conjug* **60**) *tr* **1** Traer a la mente [de alguien (*ci*) una imagen o un concepto] de manera indirecta o incipiente. | Gambra *Filosofía* 11: La palabra filosofía sugiere, en primer lugar, la idea de algo arcano y misterioso.

2 Proponer [una idea o proyecto] de manera no firme o no formal. *Tb abs.* | MGaite *Nubosidad* 278: No consiente que protestes de las curvas del camino, ni que cierres los ojos, ni que sugieras otro itinerario. * Me limito a sugerir, no ordeno.

sugestibilidad *f* (*Psicol*) Cualidad o condición de sugestible. | LRubio *Diana* 319: Diana. Es un extraordinario receptor pasivo .. Sus condiciones de sugestibilidad supernormal, aplicadas al espectáculo, han hecho de ella una atracción internacional de primera línea.

sugestible *adj* (*Psicol*) Sugestionable. | F. Martino *SYa* 27.6.74, 35: Los hipnotizadores, cuando el doliente no es sugestible, no dudan en utilizar fármacos hipnóticos para facilitar la sugestión que se persigue.

sugestión *f* **1** (*raro*) Sugerencia. | F. Casares *HLM* 26.10.70, 13: Reunieron hace unos días a los representantes de la prensa madrileña y demás medios informativos para hacerles saber la disposición de la entidad, en el sentido de atender la sugestión del Ayuntamiento. Cossío *Confesiones* 257: No deseaba otra cosa que descansar una temporada en París gustando amablemente de las sugestiones de la gran ciudad.

2 Influencia no percibida como tal por la pers. que la sufre, y que altera su normal modo de obrar o de juzgar. *Esp. en psicología.* | Villapún *Moral* 110: La hipnosis se induce: a) Por sugestión, diciendo al paciente que se va a dormir. b) Por una impresión muy fuerte.

sugestionabilidad *f* (*raro*) Cualidad de sugestionable. | *Abc* 9.9.75, 66: –¿Podríamos catalogar como neuróticas a las personas que han telefoneado? .. –Creo que no. Podría ser más bien un fenómeno de sugestionabilidad, que es normal.

sugestionable *adj* Que se puede sugestionar. | *Abc* 9.9.75, 66: Hay unas personas más sugestionables que otras, y el neurótico suele serlo poco.

sugestionador -ra *adj* Que sugestiona. | A. M. Campoy *Abc* 15.5.73, sn: Se podrá saber hasta qué extremos es peligroso el despacho enorme y lujoso, .. con sus metros y metros de espacio sugestionador.

sugestionante *adj* (*raro*) Que sugestiona. | CPuche *Ya* 17.11.63, sn: Estamos entrando en un mundo sugestionante. De este pueblo sale la producción más importante de azulejos.

sugestionar *tr* Producir sugestión [2] [en alguien (*cd*)]. | *Cod* 3.5.64, 2: Se trata de un desequilibrado sugestionado por las lecturas. **b)** *pr* Pasar [alguien] a sufrir sugestión. | * No te sugestiones con eso, que no tiene importancia.

sugestivamente *adv* De manera sugestiva. | *Act* 3.12.70, 82: Juguetes de ensueño. Detalles inéditos. Creaciones exclusivas para vestir "más" en sus noches de fiesta. Todo, sugestivamente fácil.

sugestividad *f* (*raro*) Cualidad de sugestivo. | Argos *Abc* 23.2.75, 26: El Gobierno maniobraría con talento y generosidad para suplir con una praxis inteligente la escasa sugestividad originaria del proyecto.

sugestivo -va *adj* **1** Que atrae, o que suscita el interés. | *Abc Extra* 12.62, 73: El billar, con el que se pueden jugar gran número de variantes –todas distraídas y sugestivas–, goza, por último, la dualidad de ser juego de salón y de café.

2 Que sugestiona. *Tb n, referido a pers.* | F. Martino *SYa* 27.6.74, 35: Se refiere a los curanderos, vegetarianos, .. sacerdotes, hipnotizadores y sugestivos.

suicida *adj* **1** [Pers.] que se suicida. *Más frec n.* | AMillán *Juegos* 152: –Ruleta rusa... ¿Quién juega conmigo? .. –Usted podrá tacharnos de decadentes, pero no de suicidas. SLuis *Doctrina* 90: Cuántos suicidas y asesinos que no saben que lo son: suicidas, porque arruinan su salud con placeres prohibidos.
2 De(l) suicidio. | Alcalde *Salud* 335: Los tóxicos (químicos o biológicos) que dan lugar a las hepatitis tóxicas (industrial, accidental, suicida o terapéutica). **b)** [Cosa] que implica suicidio, o conduce a él. | Arce *Precio* 61: Creo que es suicida pensar en una economía de carácter nacionalista. FReguera *Bienaventurados* 147: Se plantó con una decisión suicida y gritó: "¡Muera la Falange!".

suicidamente *adv* De manera suicida [2]. | R. FMosquera *Abc* 27.11.70, 3: Una madurez que, suicidamente, desatiende las impaciencias lógicas de la juventud.

suicidar *tr* **1** *Con cd refl*: Matarse a sí mismo. *Tb fig. A veces con intención ponderativa.* | Laforet *Mujer* 96: Le han obligado a suicidarse.
2 (*raro*) Hacer que [alguien (*cd*)] se suicide [1]. *A veces humoríst.* | Delibes *Guerras* 95: A la hermana Benetilde la habíamos ido suicidando todos un poco cada día.

suicidario -ria *adj* De(l) suicidio. | Areilza *Pról. Gala* 14: El final de Séneca fue grandioso y patético a la vez. Nerón le envió el recado suicidario, en vez de acudir a la Locusta de turno.

suicidio *m* Acción de suicidarse. | Benet *Nunca* 15: Con una capacidad de despreocupación suficiente para ahorrarme una tentativa de suicidio inútil. **b)** Hecho de arriesgar la vida gravemente. | * Ir a esa velocidad es un suicidio. **c)** Acción que destruye o perjudica gravemente a quien la hace. | * Entrar en ese sistema de ventas es un suicidio para la empresa.

suido -da *adj* (*Zool*) [Mamífero artiodáctilo] de cuerpo pesado cubierto de pelos duros, cabeza grande terminada en un hocico o corta trompa, y caninos muy desarrollados, que a veces constituyen robustas defensas. *Frec como n m en pl, designando este taxón zoológico.* | F. Rueda *Abc* 2.4.75, 14: He seguido en esta nieve las huellas de un jabalí macho, la fresca pisada del suido en el monte, sus últimos rastros de orín aún caliente. Ybarra-Cabetas *Ciencias* 163: Había también muchos rumiantes, suidos, etc.

sui generis (*lat; pronunc,* /suí-χéneris/ *o* /sui-χéneris/) *loc adj* Peculiar o particular. | Cela *SCamilo* 86: Tu tía Octavia .. tiene un concepto muy sui generis del cielo y del infierno. FQuintana-Velarde *Política* 141: Participa de manera *sui generis* en diversos organismos o planes de desarrollo.

suite (*fr; pronunc corriente,* /suít/) *f* **1** En un hotel o establecimiento similar: Conjunto de habitaciones comunicadas entre sí, que se alquilan a un cliente. | ZVicente *Traque* 232: Ya ves el hotel en que está, con una suite que ni un jefe de estado.
2 (*Mús*) Composición formada por varias danzas o piezas de la misma tonalidad. | Valls *Música* 26: Nos disponemos a escuchar una suite de Bach.

suizo -za *adj* **1** De Suiza. *Tb n, referido a pers.* | Laiglesia *Tachado* 42: Estaba al cuidado de un preceptor suizo, que era al mismo tiempo cancerbero y amo de cría.
2 [Guardia] pontificia, constituida por ciudadanos suizos [1]. | *Alc* 8.5.81, 21: Con la mano derecha agarrando el asta de la bandera, y la izquierda levantada, un recluta de la Guardia Suiza presta juramento de defender al Papa. **b)** [Soldado] de la guardia suiza. *Tb n.* | Cunqueiro *Crónicas* 13: Se hizo pasar por vecino del cantón de Lausana, y firmó por siete años por suizo del Papa.
3 [Bollo] de harina, huevo y azúcar, muy blando y esponjoso y de forma ovalada. *Más frec n m.* | Cunqueiro *Un hombre* 10: Me llevaron unas tías mías .. ofrecido a los santos fraternos con unas orejas postizas de masa de bollo suizo. *Ama casa 1972* 541: Cortar en rebanadas finas unos suizos de "brioches".
4 [Chocolate hecho] que se sirve con nata. *Frec sustantivado.* | * Tomaré un chocolate suizo en vez de café. * Aquí preparan unos suizos estupendos.

sujeción *f* **1** Acción de sujetar(se). *Tb su efecto.* | *Abc* 29.5.76, 62: Las causas del derrumbe se achacan a las vigas de sujeción, que, debido al agua y al paso del tiempo, se hallaban completamente carcomidas. PRivera *Discursos* 13: Han pasado de un extremo al otro .., de una sujeción excesiva a la tutela paterna, a un desprecio absoluto por los progenitores.
2 Cosa que sujeta [1a y b]. | J. Bassegoda *Van* 20.5.73, 3: Debidamente asegurada su unión con el cuerpo de la clave mediante sujeciones inoxidables.

sujetable *adj* Que se puede sujetar. | L. Apostua *Ya* 6.7.75, 12: Creo que el problema africano está entero, y es el único problema no sujetable al calendario español.

sujetador *m* Instrumento que sujeta [1a y b]. | Cuevas *Finca* 218: Llevaba los pantalones recogidos por el tobillo con el sujetador de la bicicleta. GHortelano *Amistades* 119: Vestía un traje azul marino, muy planchado, y una camisa a rayas, con un sujetador bajo el nudo de la corbata. **b)** Prenda femenina que sujeta el pecho dándole forma. | *Últ* 18.8.70, 4: La señorita .. toma el sol con el sujetador del "bikini" desabrochado para aprovechar hasta el último rayo de sol.

sujetalibros *m* Pieza de metal u otra materia, en ángulo recto, que sirve para sostener libros en posición vertical sobre un estante o una mesa. | Huarte *Biblioteca* 98: Complemento práctico son los sujetalibros, escuadras o piezas de chapa en ángulo recto, a uno de cuyos planos se adosa en posición vertical el libro que descansa sobre el otro plano, cuando las baldas no están ocupadas en su totalidad.

sujetapapeles *m* Utensilio a modo de pinza que sirve para sujetar hojas de papel. | *Coc* 12.66, 33: Mantener unidos A sobre B con un sujetapapeles o tachuelita de latón.

sujetar *tr* **1** Tener [a alguien o algo] impidiendo que se mueva o caiga. *Tb fig.* | Olmo *Golfos* 105: Se apretó la cuerda que le sujetaba el pantalón. SRobles *SMad* 13.12.69, 6: Todavía entre 1920 y 1936 sujetaron el interés hispano los poetas posmodernistas e intimistas. **b)** Fijar [una cosa en un sitio]. | Laforet *Mujer* 304: Paulina .. se entretuvo en sujetar una de las bombillas de la lámpara. **c)** (*Taur*) Mantener fija en el engaño la atención [del toro (*cd*)], impidiendo que se vaya o que acuda a otro objeto. *Tb abs.* | PLuis *HLM* 4.9.78, 37: El toro quería irse, y Raúl no quiso que se fuera: inició muy bien el trasteo con unos pases, rodilla en tierra, para ahormar y sujetar; toreó luego por redondos. **d)** *pr* Mantenerse [algo] sin moverse o caer. *Tb fig.* | Moreno *Galería* 53: Aún quedan ferias y mercados –"se van sujetando", dicen los comerciantes o los mercaderes–.
2 Someter o subordinar [a alguien o algo] a la propia autoridad. | Cela *Judíos* 239: El hombre, si sabe guardar la calma, puede sujetar al lobo con la palabra dura, bien dicha, sin temblor. Medio *Bibiana* 117: Sujeta un poco la imaginación, mamá, y no dramatices. **b)** Someter o subordinar [a una pers. o cosa (*cd*) a la autoridad o las exigencias [de otra (*ci*)]. | FSalgado *Conversaciones* 175: Le contesté que .. era persona católica y que le gustaba la independencia sin sujetarse a poderes ocultos. A. Romerales *Mad* 19.4.71, 6: Interesa .. que no se le rechace en el Ejército del Aire en favor de un material extranjero que, aun siendo quizá más perfecto, nos sujete a una dependencia (repuestos, revisiones, etcétera) que afecte a nuestra soberanía. Castañeda *Grafopsicología* 110: El hecho de que [el papel] sea de rayas no quiere decir que todos se sujeten a ellas. **c)** Someter [a alguien] a orden o disciplina. | Marsé *Dicen* 125: No os hará ningún mal ir por allí de vez en cuando, que necesitáis que os sujeten un poco, hijo, al menos allí no aprenderéis nada malo y no estaréis callejeando todo el día. **d)** *pr* Estar sometida [una cosa] a las exigencias [de otra (*ci*)]. | Correa-Lázaro *Lengua* 4° 45: Versos blancos son los que, sujetándose a las demás leyes rítmicas, carecen de rima. *Compil. Cataluña* 741: La elección se sujetará a las reglas fijadas en el artículo anterior.

sujeto[1] -ta *adj* Que está sujetado. | Ybarra-Cabetas *Ciencias* 319: Escogido por los pescadores el lugar conveniente, descienden estos, sujetos a una cuerda, a profundidades de 30 o 40 metros. DCañabate *Paseíllo* 24: La corrida no estaba sujeta a ceremonial alguno.

sujeto[2] *m* **1** Persona o individuo. | M. Aguilar *SAbc* 16.2.69, 54: En los sujetos con pies planos se suelen producir estas durezas. **b)** (*col*) Hombre. *Frec con matiz peyorativo.* | Mihura *Modas* 63: El otro día se me acercó otro sujeto y me

dijo que estaba deseando hacer la revolución. Pero que lo iba a dejar hasta que le concediesen un "Seiscientos" que tenía solicitado.
2 (*Der*) Pers. o entidad capaz de tener derechos y deberes. *Frec* ~ DE DERECHO. | *Impuesto Renta 90* 16: Está obligado a declarar el sujeto pasivo o, en su caso, la unidad familiar a la que pertenece, si obtiene rendimientos o incrementos del patrimonio sometidos a este impuesto.
3 (*Filos y Psicol*) Ser considerado como pensante o actuante. *Se opone a* OBJETO. | Villapún *Moral* 11: La voluntad en el acto humano consiste en querer realmente dicho acto, conociendo el sujeto que actúa el fin del acto. Pinillos *Mente* 74: El cerebro no es un simple mecanismo para transmitir los impulsos aferentes a los efectores, esto es, para transmitir las excitaciones procedentes de los sentidos a los órganos ejecutivos .. del sujeto, sino que el cerebro es un órgano de transformación creadora de tales impulsos.
4 (*Filos*) Término del que se predica algo. | Gambra *Filosofía* 42: La predicación determina entre el sujeto y el predicado una relación comprensiva y extensiva.
5 (*Gram*) Elemento de la oración cuyo núcleo es una palabra caracterizada por exigir en el verbo concordancia en número y persona con él. *Tb se llama* ~ *al mismo núcleo*. | Amorós-Mayoral *Lengua* 21: Ante todo debes tener cuidado con la concordancia: del sustantivo con su artículo y adjetivo; .. del sujeto con el verbo.
6 (*lit*) Tema sobre el que se habla o escribe. | *Bal* 29.3.70, 24: No dudamos [d]el éxito del Seminario, al que deseamos fructuosas conclusiones en sujeto tan importante como es .. el tema de la Educación. **b)** (*Mús*) Tema [de la fuga]. | Casares *Música* 72: Fuga: Es uno de los géneros más importantes del Barroco; consiste en un tema o melodía llamado sujeto, que pasará posteriormente a ser cantado por otra voz y sucesivamente por las demás.

sula *f* (*reg*) Se da este n a dos peces pequeños, alargados y plateados (*Atherina presbyter* y *Argentina sphyraena*). | Aldecoa *Gran Sol* 82: Tras la florafauna aparecieron de los discos ceniciento de las rayas, las pintarrojas .., las sulas largas, albas, como de aluminio.

suletino -na I *adj* **1** De la región de Soule (País Vasco francés). | G. GHontoria *Nar* 11.77, 21: En la "mascarada roja" y en la "mascarada negra" suletinas encontramos personajes semejantes.
II *m* **2** Dialecto vascuence de la región de Soule y del valle del Roncal. | GDiego *Dialectología* 194: El suletino comprende el roncalés de Ustarroz, Bidangoz, y Urzainki y Tardets.

sulfa *f* (*argot Med*) Sulfamida. | MSantos *Tiempo* 234: Hay que aprender a recetar sulfas.

sulfamida *f* (*Med*) Compuesto que contiene azufre, oxígeno, nitrógeno e hidrógeno, usado en el tratamiento de diversas enfermedades infecciosas. | Navarro *Biología* 259: Meningitis epidémica .. Las sulfamidas la combaten eficazmente.

sulfamídico -ca *adj* (*Med*) De (las) sulfamidas. | C. INavarro *SYa* 27.3.77, 15: Debe conllevar ya un tratamiento sulfamídico o con tetraciclinas.

sulfatación *f* Acción de sulfatar(se). | *Voz* 23.10.70, 22: Como los hongos se adhieren a la cara inferior de las hojas, donde están libres de los ataques aéreos, la sulfatación hay que hacerla a mano. *Abc* 25.2.68, 16: Abra el capot de su coche y observe la batería. Las formaciones verdes o blancas que usted ve alrededor del ánodo y del cátodo es la sulfatación.

sulfatado[1] -da *adj* **1** *part* → SULFATAR.
2 Que contiene sulfato. | E. Rey *Ya* 5.6.73, 42: Otra fuente de salud es la cura de aguas. Aguas sulfurosas, frías y calientes, cálcicas, cloruradas, arsenicales, ferruginosas, sulfatadas, sódicas, radioactivas.

sulfatado[2] *m* Acción de sulfatar(se). | *GTelefónica* N. 799: Niquelados .. Jugema. Cadmiado. Cincado. Acromatado. Sulfatado en hierro y aluminio. Niquelado mate. Empavonado.

sulfatador -ra *adj* Que sulfata. *Frec n, referido a aparato o máquina*. | G. GHontoria *Nar* 3.77, 36: Vemos, entre otras muchas cosas, la azuela para armar y desarmar el arado, el sulfatador de trigo, las caracolas para llamarse las cuadrillas de segadores unos a otros. F. Ángel *Abc* 26.2.58, 17: Rociando las plantas mediante el empleo de pulverizadores a presión, por palanca, tales como la Sulfatadora herbicida "Escardillo-Medem".

sulfatar A *tr* **1** Pulverizar o tratar [algo, esp. las plantas] con sulfatos, gralm. de cobre o de hierro. *Tb abs*. | C. Biarnés *DEs* 5.8.71, 14: Poda, 5 hombres a 50 pesetas hora, 12.000 ptas. Sulfatar, 7 tratamientos, 8.000 pesetas.
B *intr pr* **2** Cubrirse de sulfato de plomo [la placa de un acumulador eléctrico]. | * Se ha sulfatado la batería.

sulfato *m* (*Quím*) Sal de ácido sulfúrico. | Bustinza-Mascaró *Ciencias* 12: Si el ácido empleado es el sulfúrico, obtendremos además del hidrógeno el sulfato de zinc.

sulfhídrico -ca *adj* (*Quím*) [Ácido] formado por combinación de azufre e hidrógeno, de olor muy desagradable. | Mascaró *Médico* 109: Consideraremos sucesivamente la intoxicación por el óxido de carbono, anhídrido carbónico, cloro, butano, ácido sulfhídrico. **b)** De(l) ácido sulfhídrico. | CBonald *Ágata* 80: Era un hedor .. que incluso se sobreponía a la sulf[h]ídrica vaharada de los lucios. [*En el texto*, sulfídrica.] **c)** Que contiene ácido sulfhídrico. | Marcos-Martínez *Física* 282: Colocamos ahora agua sulfhídrica (agua con SH_2), por tanto, maloliente.

súlfido *m* (*Quím*) Compuesto formado por azufre y un elemento más electropositivo, o caracterizado por la unión de un átomo de azufre y dos de carbono. | Ybarra-Cabetas *Ciencias* 49: Groth dividía los minerales en las diez clases siguientes: Elementos, Súlfidos, Óxidos e hidratos, Sales haloideas, Nitratos y carbonatos, Sulfatos, Aluminatos y Ferritos, Fosfatos, Silicatos y, por último, Compuestos orgánicos.

sulfitar *tr* (*Quím*) Tratar [algo] con sulfitos o con anhídrido sulfuroso, esp. para desinfectarlo, decolorarlo o evitar su fermentación. | R. Armas *Día* 26.9.75, 13: La maceración de los hollejos en mostos suficientemente sulfitados basta para darle el color y tanino sin exceso.

sulfito *m* (*Quím*) Sal o éster del ácido sulfuroso. | Bustinza-Mascaró *Ciencias* 14: Del ácido sulfuroso resultan los sulfitos. Aleixandre *Química* 162: En presencia de sulfito sódico, que impide la formación del alcohol.

sulfobacteria *f* (*Biol*) Bacteria que vive en medios sulfurosos y acumula azufre en su cuerpo. | Marcos-Martínez *Física* 259 bis: Depósitos que son de origen orgánico, o sea, debidos a la acción de ciertas sulfobacterias.

sulfohemoglobina *f* (*Med*) Sustancia verdosa derivada de la hemoglobina por acción del sulfuro de hidrógeno. | MNiclos *Toxicología* 15: El comprobar la existencia de cianosis nos llevará a sospechar los venenos metahemoglobinizantes .. O por formación de sulfohemoglobina.

sulfona *f* (*Quím*) Compuesto orgánico usado en el tratamiento de la lepra y de la tuberculosis, que contiene un grupo constituido por un átomo de azufre y dos de oxígeno. | MNiclos *Toxicología* 130: Sulfonas. Anteriormente estas drogas se utilizaban a dosis altas en el tratamiento de la lepra.

sulfonación *f* (*Quím*) Fijación en la molécula de un cuerpo, mediante la acción del ácido sulfúrico, del radical constituido por un átomo de azufre, tres de oxígeno y uno de hidrógeno. | Aleixandre *Química* 152: Sulfonación y derivados sulfonados. Los hidrocarburos cíclicos, al reaccionar con el ácido sulfúrico, dan derivados sulfonados y agua.

sulfonado -da *adj* (*Quím*) [Derivado] que contiene en su molécula el radical constituido por un átomo de azufre, tres de oxígeno y uno de hidrógeno. | Aleixandre *Química* 152: Los hidrocarburos cíclicos, al reaccionar con el ácido sulfúrico, dan derivados sulfonados y agua.

sulfonamida *f* (*Med*) Sulfamida. | Bustinza-Mascaró *Ciencias* 99: En 1935, Domagk inicia con sus descubrimientos y experiencias el empleo de las sulfonamidas o sulfamidas, que tienen eficaz acción sobre muchas bacterias.

sulfonato *m* (*Quím*) Sal o éster del ácido sulfónico. | Aleixandre *Química* 153: Es imposible obtener ácidos sulfónicos de más de tres grupos $-SO_3H$. Estos derivados son sólidos .. Las sales que originan se llaman sulfonatos, y suelen ser solubles en el agua.

sulfónico adj (Quím) [Ácido] que contiene el grupo SO₃H. | Aleixandre Química 152: Es imposible obtener ácidos sulfónicos de más de tres grupos -SO₃H.

sulfurado -da adj 1 part → SULFURAR.
2 Que contiene azufre. | Abc 19.8.70, 32: Balneario de Panticosa .. Manantial Tiberio de agua sulfurada radiactiva a 51°, especial para afecciones reumáticas. **b)** (Quím) Que se encuentra combinado con el azufre o en estado de sulfuro. | Bustinza-Mascaró Ciencias 323: Abundan en estos filones los minerales sulfurados, como pirita, calcopirita, etc.

sulfurante adj Que sulfura [1]. | CPuche Paralelo 302: Esta clase de hombres, cuando se echaban el mundo a las espaldas, resultaban decididos y expeditos. Lo importante era crearles un sentimiento sulfurante y removedor.

sulfurar tr **1** (col) Irritar o encolerizar [a alguien]. | Salom Baúl 126: Calla, no me sulfures más. **b)** pr Irritarse o encolerizarse [alguien]. | Salvador Haragán 67: Tú no trabajaste, por lo menos aquí, abuelo, no te sulfures.
2 (Quím) Tratar o combinar [algo] con azufre. | * Sulfurar cobre.

sulfúrico -ca adj (Quím) De(l) azufre. Tb (lit) fuera del ámbito técn. | M. Polo Des 12.9.70, 38: Si se construye [la central eléctrica], sus enormes chimeneas, cargando humos sulfúricos .., pueden ser responsables de innumerables enfermedades. Marsé Dicen 127: Vestido de rojo desde los tobillos hasta los cuernos sulfúricos, .. el mismísimo Luzbel. **b)** [Anhídrido] constituido por un átomo de azufre y tres de oxígeno. | Bustinza-Mascaró Ciencias 13: Si el anhídrido sulfuroso se oxida más se convierte en anhídrido sulfúrico. **c)** [Ácido] derivado de la combinación de anhídrido sulfúrico y agua. Tb n m. | Ortega-Roig País 113: Los principales productos químicos son: ácido sulfúrico, abonos, celulosa, resinas, pinturas y productos farmacéuticos. Ya 26.6.86, 1: El accidente sufrido por un camión cisterna con sulfúrico desató la alarma en el puerto de Somosierra. **d)** [Éter] ~ → ÉTER.

sulfuro m (Quím) Sal del ácido sulfhídrico, o combinación directa del azufre con un metal. | Marcos-Martínez Física 262: El azufre se combina con el hierro hasta la combustión, formando sulfuro ferroso. Bustinza-Mascaró Ciencias 14: Del [ácido] clorhídrico derivan los cloruros, del sulfhídrico los sulfuros.

sulfuroso -sa adj (Quím) **1** De(l) azufre. | * Los vapores sulfurosos son sofocantes. **b)** [Anhídrido o gas] constituido por un átomo de azufre y dos de oxígeno. | Marcos-Martínez Física 263: Se emplea en la fabricación del hielo, liquidando el anhídrido sulfuroso y dejando que se evapore bruscamente. Ybarra-Cabetas Ciencias 139: Los principales [productos volcánicos gaseosos] son el vapor de agua, anhídrido carbónico, .. gas sulfuroso, metano e hidrógeno. **c)** [Ácido] derivado de la combinación de anhídrido sulfuroso y agua. | Marcos-Martínez Física 263: Ácido sulfuroso .. Se obtiene al reaccionar el anhídrido sulfuroso con el agua.
2 Que contiene ácido sulfhídrico. | Marcos-Martínez Física 229: Algunos manantiales suministran agua que lleva en disolución sales que le comunican propiedades curativas: son las aguas medicinales o minerales (aguas sulfurosas, ferruginosas, purgantes, etc.).

sultán -na A m **1** (hist) Emperador turco. | Castillo Polis 292: Los otomanos .. se lanzaron contra el Imperio bizantino. El máximo peligro se dio cuando el sultán Bayaceto I (1389-1402) destrozó un ejército de cruzados en Nicópolis.
2 En algunos países musulmanes: Soberano. | Vicens-Nadal-Ortega HEspaña 5, 330: Las operaciones alrededor de Melilla fueron un fracaso lamentable .. El tratado negociado en 1894 con el sultán Muley Hassán libró a España .. de la complicación internacional y del ridículo.
3 (col, humorist) Hombre que tiene un harén (conjunto de amantes simultáneas). | CPuche Paralelo 116: Él, que casi había llegado a creer que Tomás sería maricón, ahora veía que era un verdadero sultán. **b)** Hombre que ejerce un control muy estricto sobre su mujer o sobre las mujeres que están bajo su autoridad. | Pemán Testigos 293: –¿Sabes que algunas compañeras quieren organizar un viaje de fin de curso? .. –¡No! .. Bueno; más adelante. –Sultán... ¡Más que sultán! [Habla una hija.]

B f **4** Mujer del sultán [1 y 2]. Frec fig, con intención ponderativa. | VozC 25.7.70, 6: Lleva sobre su pecho de diosa y sultana más de 24 condecoraciones extranjeras y españolas.
5 Cierto dulce fabricado con coco. | R. Haba Cór 24.8.90, 11: Desde el siglo pasado se elaboran [en Rute] pestiños, sultanas de coco o los populares hojaldres.

sultanato m **1** Cargo o dignidad de sultán [1 y 2]. | * Accedió al sultanato a la edad de 30 años.
2 Territorio bajo la autoridad de un sultán [1 y 2]. | Vicens-Nadal-Ortega HEspaña 5, 330: Era precisa .. una firme orientación diplomática sobre el futuro español en Marruecos. Ante la disgregación política del Sultanato, las potencias europeas .. estaban al acecho.

suma I f **1** Acción de sumar(se), esp [1]. Tb su efecto. | Marcos-Martínez Aritmética 22: El valor de una suma no varía cuando se sustituyen dos o más términos por su suma efectuada. Gambra Filosofía 249: No explica cómo de la suma de voluntades individuales, que no poseen poder para mandar sobre los demás, puede surgir una voluntad que lo posea.
2 Conjunto o agregado. Con un compl especificador. | * Tiene tal suma de virtudes que es imposible superarlo.
3 Cantidad (de dinero). Frec sin compl. | MercaderDOrtiz HEspaña 4, 103: Muchos prelados distribuían sumas verdaderamente enormes.
4 (raro) Resumen o compendio. | A. MPeña Hoy Extra 12.69, 46: El solterón de don Juan Montesinos se disponía a pasar el fin de año en su finca, porque ella era la suma de toda su vida.
II loc adv **5 en ~**. En resumen. | CBaroja Inquisidor 20: He aquí, en suma, la carrera del joven universitario español de entonces y de ahora.

sumable adj Que se puede sumar. | Lorenzo Abc 17.6.88, 3: No son conceptos sumables ni opcionales.

sumación f (Med) Efecto producido por la suma [1] de varios estímulos. Tb (lit) fuera del ámbito técn. | F. Vega Abc 9.2.75, 9: El concierto de los "co-quís" asombra al que por primera vez lo oye: no hay sumación de grillos ni de cigarras que se igualen en gracia y en sonoridad.

sumado -da adj **1** part → SUMAR.
2 (Herald) [Figura] que lleva [otra (compl DE)] unida en su parte superior. | Em. Serrano Sáb 13.8.75, 55: Traen: en campo de gules, un cordero de plata, con banderilla y cruz, también de plata, puesto sobre ondas de agua de azur y plata, sumado de una flor de lis de oro.

sumador -ra adj Que suma [1]. Tb n: m y f, referido a pers, y f, referido a máquina. | Ya 18.2.86, 4: El ministro de Hacienda es el gran sumador del reino, en el país en que se aman los sumandos y se odia la suma. Abc 2.12.64, 6: Olympia .. Sumadoras: Las máquinas más modernas de línea y espacio reducido.

sumamente adv De manera suma (→ SUMO¹ [2]). | Cossío Montaña 24: Le pareció [el romance] sumamente apreciable.

sumando m (Mat) Cantidad de las que se suman [1]. Tb fig, fuera del ámbito técn. | Gironza Matemáticas 25: Si todos los sumandos de una suma son divisibles por un número, para obtener el cociente basta dividir cada uno de los sumandos. Albalá Periodismo 105: La información .. no es otra cosa que la suma total de dos sumandos: mensaje y medio.

sumar A tr **1** Reunir [dos o más cantidades homogéneas] en una. Tb abs. | Marcos-Martínez Aritmética 21: Los números que se suman se llaman sumandos. Ya 18.5.77, 18: El ábaco enseña la técnica de contar, sumar y restar en cualquier base. **b)** Unir [una cantidad (cd) a otra]. | Marcos-Martínez Aritmética 21: Si a los dos miembros de una igualdad se les suma un mismo número, se obtiene otra igualdad.
2 Componer [varias cantidades o elementos (suj)] un total (cd). | J. Escudero Van 10.2.77, 23: Según la Ley 37-1966 de 31 de mayo, se creaban en Cataluña cinco reservas nacionales de caza, que, en conjunto, suman una superficie de 195.869 Has. J. Aldebarán Tri 11.4.70, 17: Los mahdistas suman aún un millón. Lagos Vida 111: Nombre, fortuna y una operación de vesícula sumaban su haber. **b) suma y sigue.** Fórmula que se antepone a la suma parcial que figura al pie de una página, para indicar que continúa en la si-

guiente. *Frec sustantivada como n. m. Tb fig.* | *Abc* 25.4.93, 74: Aportaciones para la catedral de La Almudena .. Suma y sigue: 6.172.875. M. Unciti *Ya* 27.5.72, 8: Se calcula en unos 150.000 el número de "hutus" asesinados por los "batuchis". Y prosigue, dramáticamente, un suma y sigue al que, por el momento, no se le ve término.

3 Añadir o agregar. | Carande *Pról. Valdeavellano* 15: Dicho esto, .. poco o nada puedo sumar a lo que nos brinda el estudio de Valdeavellano. **b)** *pr* Añadirse o agregarse. | Merlín *Abc* 3.12.70, 23: Una nueva víctima .. viene a sumarse a la ya larga lista de víctimas inocentes sacrificadas por la E.T.A. SLuis *Doctrina* 60: Cada dolor se suma a los otros, en lugar de anularlos.

B *intr pr* **4** Unirse [alguien a una doctrina u opinión, a una actitud o a una acción]. | *País* 23.2.77, 13: Intervinieron después otros colegiados, entre ellos el señor Cossío, quien señaló que los asesinos no son de derechas ni de izquierdas, sino simplemente asesinos, y el señor Ruiz-Giménez, que se sumó a esta actitud. *Abc* 22.12.70, 67: Don Pedro Laín Entralgo leyó una carta de una humilde mujer de pueblo, antigua paciente del doctor Marañón, que con palabras sencillas, pero de hondo significado, quiso sumarse al homenaje.

sumarial *adj* (*Der*) De(l) sumario [4]. | Ramírez *Derecho* 16: ¿Por qué los plazos se cuentan de distinto modo .. en la ley de Enjuiciamiento Criminal, según se trate del período sumarial o del subsiguiente del juicio oral?

sumariamente *adv* De manera sumaria. | Delibes *Parábola* 63: Darío Esteban le preguntó a bocajarro si conocía la teoría de la evolución de las especies del señor Darwin, y Jacinto, que sumariamente, solo sumariamente. Bermejo *Derecho* 175: El rey, a la manera de ver de Lope, puede actuar sumariamente .. En cualquier caso, los trámites sumarios se ajustan a las reglas.

sumariedad *f* (*Der*) Condición de sumario [3]. | *Constitución* 13: Cualquier ciudadano podrá recabar la tutela de las libertades y derechos .. ante los Tribunales ordinarios por un procedimiento basado en los principios de preferencia y sumariedad.

sumario -ria **I** *adj* **1** [Exposición o cosa similar] resumida y breve. | MPuelles *Filosofía* 1, 286: Queda todavía por recoger, dentro de esta sumaria clasificación de posiciones, la distinción que también suele verificarse entre atomismo adinámico y dinámico.

2 [Cosa] rápida o elemental. | Diego *Abc* 26.2.58, 3: Un alumno lee el texto que le proponemos. Y donde dice, por ejemplo, "ofrendar", indefectiblemente leerá y casi podríamos decir que verá, del modo aproximado, sumario y prematuro a que su pereza visual y mental le tiene acostumbrado, "ofender". Benet *Aire* 147: Amaro se volvió, tan solo para hacer un sumario gesto con la mano y volver a su camino cuesta arriba. **b)** [Cosa] elemental o rudimentaria. | GNuño *Escultura* 135: El oso a que nos referimos, aun sumario de ejecución, está soberbiamente representado en sus accidentes anatómicos y en sus movimientos tardos.

3 (*Der*) [Cosa, esp. juicio o procedimiento] que se realiza rápidamente y prescindiendo de algunas formalidades habituales. | *Ya* 9.3.84, 11: El Consejo Supremo de las Fuerzas Armadas dictó ayer la prisión preventiva rigurosa para los ex comandantes de la Armada, almirante Jorge Anaya, y de la Fuerza Aérea, brigadier Lami Dozo, en virtud del juicio sumario que se les sigue por la conducción, en 1982, de la guerra de las Malvinas. Benet *Aire* 52: Se arrimaron a tomar café para discutir lo que se podía hacer con el cadáver a la vista de las sumarias instrucciones del juzgado. E. Haro *Tri* 1.5.71, 18: En ese momento, las ejecuciones sumarias fueron ya reemplazadas por los consejos de guerra.

II *m* **4** (*Der*) Conjunto de actuaciones judiciales encaminadas a preparar un juicio. | M. Torres *Abc* 6.12.70, 23: La sesión de hoy se ha dedicado a la lectura de folios del sumario, solicitados por el fiscal y por los defensores.

5 Indicación breve del contenido [de un texto], normalmente en forma de lista. | *HLM* 10.3.75, 2: El documento sobre la reconciliación comprende .. 32 folios, y el sumario comprende los siguientes apartados.

sumarísimamente *adv* (*Der*) Por procedimiento sumarísimo. | *SAbc* 17.8.75, 27: Fermín Galán, el más significado de los militares sublevados, fue juzgado sumarísimamente, condenado a muerte y ejecutado.

sumarísimo -ma *adj* (*Der*) [Juicio o procedimiento] de tramitación brevísima, debido esp. a la gravedad o a la flagrancia del hecho. | SSolís *Camino* 33: Las gentes morían como chinches, unos por la metralla enemiga, otros por el tifus y no pocos "paseados" por rojos, sin juicio previo o con juicio sumarísimo. CBaroja *Inquisidor* 23: A lo que mejor se podría comparar es a un defensor en consejo de guerra sumarísimo.

sumarro *m* (*reg*) Somarro (carne asada en las brasas). | Escobar *Itinerarios* 44: Rodeando a la lumbre, en cuyas ascuas asan sumarros, trozos de morro y carrillada.

sumativamente *adv* (*Enseñ*) En conjunto o de manera sumativa. | *PapD* 2.88, 98: La opinión más lógica sería situar una prueba de madurez como culminación del Bachillerato .. La opinión señala que tal prueba tendría como misión principal evaluar sumativamente al sistema de enseñanza, por lo que no debería ser prescriptiva ni vinculante para los alumnos.

sumativo -va *adj* (*Enseñ*) Acumulativo o de suma. | V. GHoz *Abc* 26.9.75, sn: Se llega así a una formación enciclopédica, pero sumativa y sin organizar, de tal suerte que a tal adquisición de conocimientos apenas puede llamarse formación intelectual.

sumergible **I** *adj* **1** Que se puede sumergir [1]. | *Van* 20.12.70, sn: Reloj sumergible, para señora.

II *m* **2** Submarino (barco). | Cotano *Ya* 15.4.64, 6: Cuatro submarinos de 850 [toneladas] del tipo del sumergible, galo también, "Daphne".

sumergido -da *adj* **1** *part* → SUMERGIR.

2 Que está o se desarrolla bajo la superficie del agua. | Bustinza-Mascaró *Ciencias* 243: En las hojas que flotan, los estomas están en la epidermis superior, y en las plantas sumergidas no hay estomas.

3 Clandestino. *Gralm referido a trabajo o trabajador. Tb n, referido a pers.* | Á. Río *Ya* 11.12.84, 15: Si la actividad está sumergida es difícil controlar las cifras, pero en el centro de la capital de España hay más de cuatro y quizá de cuatrocientos "sumergidos" que sobreviven como pueden. *Sur* 8.8.89, 48: El medioambiente va a constituir un puente para captar el interés de la izquierda sumergida. **b)** [Economía] que escapa al control fiscal y estadístico. | Á. Río *Ya* 11.12.84, 15: Asegura el vicepresidente del Gobierno, señor Guerra, que se han creado 400.000 puestos de trabajo en la economía sumergida.

sumergimiento *m* (*raro*) **1** Acción de sumergir(se). | J. M. Alfaro *Abc* 21.4.74, 3: El retorno a los Reyes Católicos .. podría significar algo así como la vuelta a las fuentes, a un sumergimiento en los manantiales revivificadores de la tradición.

2 Hecho de convertir(se) en sumergido [3]. | VMontalbán *Rosa* 75: La prostitución es una traducción exacta de esta sociedad. Estamos en pleno juego entre reconversión y sumergimiento. Reconversión industrial, economía sumergida.

sumergir *tr* **1** Meter [algo o a alguien] bajo la superficie [de un líquido (*compl de lugar*), esp. agua]. | Á. *Ya* 3.6.76, 37: Sumerja sus pies en agua bien caliente. **b)** *pr* Pasar [algo] a estar bajo la superficie [de un líquido (*compl de lugar*), esp. agua]. | Ybarra-Cabetas *Ciencias* 131: Sus columnas llenas de agujeros practicados por moluscos litófagos indican claramente que el templo ha estado sumergido un cierto tiempo. * El barco se sumergió en pocos minutos.

2 Meter [a alguien] totalmente [en una situación o una actividad]. *Gralm el cd es refl.* | Chamorro *Sin raíces* 222: Ya le llegaría la vejez inevitable y emplearía su último tiempo en sumergirse en el pasado. Laforet *Mujer* 117: Estaba sumergida en una especie de agonía desde que vio cómo se marchaba Antonio.

sumérico -ca *adj* (*hist, raro*) Sumerio [1b]. | J. GPalacio *Act* 22.10.70, 13: Llega a identificar veintiocho civilizaciones: helénica, siríaca, sumérica, egipcíaca.

sumerio -ria **I** *adj* **1** [Individuo] del pueblo antiguo que ocupó la región de Sumeria (Mesopotamia). *Tb n.* | Tejedor *Arte* 16: Los sumerios, primeros pobladores históricos de Caldea y pacíficos agricultores, dispusieron ya de una escritura. **b)** De los sumerios. | Fernández-Llorens *Occidente* 22: Todos los elementos de civilización creados en

las ciudades sumerias durante el IV milenio a.C. fueron adoptad[o]s por los pobladores de estas regiones.
2 De(l) sumerio [3]. | GYebra *Traducción* 127: Los préstamos sumerios son muy numerosos en acadio.
II *m* **3** Lengua sumeria [1b]. | Pericot *Polis* 44: En su época [de Hammurabi] el acadio (semita) fue la lengua oficial, mientras el sumerio iba desapareciendo.

sumeroacadio -dia *adj* (*hist*) De los sumerios y los acadios. | Tejedor *Arte* 16: La fusión sumero-acadia creó en Caldea la exquisita cultura mesopotámica.

sumersión *f* Acción de sumergir(se). *Tb fig*. | *Ya* 19.12.85, 1: La segunda autopsia confirmaba que el joven navarro había muerto por asfixia por sumersión. Ybarra-Cabetas *Ciencias* 130: Desplazamientos positivos. Dan lugar a fenómenos de sumersión y parece ser que se producen principalmente en las latitudes medias. Aranguren *SInf* 31.7.75, 1: A nuestras grandes obras clásicas se asemeja en la composición y la intención, en la ausencia de indagaciones psicologistas y sumersiones en la subjetividad.

sumidad *f* (*raro*) Extremo más alto [de algo, esp. de una planta]. | *Envase* 5.92: Roha. Dietisa. Composición centesimal: Taraxacum officinale Web. (parte aérea) 43%, Achillea millefolium L. (sumidades) 20%.

sumidero *m* **1** Abertura o conducto por donde salen a la cloaca las aguas de lluvia o residuales. | Laforet *Mujer* 186: Veía .. las ratas corriendo por el suelo de piedra del patio hacia el sumidero.
2 (*Geogr*) Agujero que se extiende desde la superficie a una cavidad subterránea, formado gralm. por filtración del agua superficial. | Cendrero *Cantabria* 174: Las formas kársticas no son muy amplias, aunque existen dos rasgos sobresalientes: el sumidero del Saja, a la altura de Sopeña, y la surgencia de Ruente conocida como "La Fuentona", ambos en calizas jurásicas.

sumido -da *adj* **1** *part* → SUMIR.
2 Consumido o muy delgado. | Berlanga *Gaznápira* 56: Es mucha mujer la madre de tu padre –tan menuda y sumidita– como para rendirse con solo setenta y cuatro años.

sumiller *m* **1** Encargado de los vinos en un restaurante. | J. V. Sueiro *SYa* 1.2.85, VI: España es un país de muchos vinos y pocos sumilleres.
2 (*hist*) Jefe [de un servicio de palacio (*compl especificador*)]. | Buero *Soñador* 260: Pero antes, don Antonio..., presente a doña Fernandita al sumiller de cocinas. **b)** Sumiller de corps (→ CORPS). | Mendoza *Ciudad* 115: Se había dado el caso de monarcas que ya en edad madura habían ido a la guerra llevando consigo a su anciana nodriza, ama seca y niñera .., como si se tratara de senescal, mayordomo o sumiller.

suministrador -ra *adj* Que suministra. *Tb n: m y f, referido a pers, y f, referido a empresa*. | Bustinza-Mascaró *Ciencias* 70: Las grasas y los hidratos de carbono .. son alimentos fundamentalmente suministradores de energía. Mingarro *Física* 151: Las Compañías suministradoras de fluido tienen presente este hecho. *Ya* 2.11.90, 10: Una suministradora de agua recibirá un préstamo.

suministrar *tr* Proporcionar [algo a alguien] o proveer[le de ello (*cd*)]. | FQuintana-Velarde *Política* 30: Beneficia [la defensa nacional] a todos por igual, no puede parcelarse en porciones individuales, y de aquí que no puede suministrarse por el sistema de precios. *Abc* 10.11.74, 16: El torrente de petrodólares que en el curso de un año se han volcado en las arcas árabes ha permitido a estos suministrarse el material bélico necesario.

suministro *m* **1** Acción de suministrar. | Laforet *Mujer* 320: Sabía que al llegar a su casa encontraría unos grifos secos, pues no era hora –a causa de las restricciones– de aquel suministro.
2 Conjunto de víveres o utensilios que se suministran. | Cela *Judíos* 80: Las mujeres, a lo mejor, pensaban en otra cosa, ¡quién sabe!, en lo malo que es el aceite del suministro o en la diarrea que tiene su hijo pequeño. *Sp* 19.7.70, 23: Se cita también el impulso que han experimentado las industrias auxiliares y de los restantes suministros necesarios para la fabricación de buques.

sumir A *tr* **1** Hacer que [alguien (*cd*)] pase a estar totalmente dentro [de una situación o de una actividad (*compl* EN)]. | CNavarro *Perros* 117: La ciudad parecía sumida en un profundo letargo.
2 (*lit, raro*) Meter [algo o a alguien] bajo la superficie [de un líquido (*compl de lugar*)]. | * Un barco sumido bajo las aguas.
3 (*raro*) Hacer que [una parte del cuerpo, esp. la boca (*cd*)] forme una concavidad anormal. | Grosso *Capirote* 152: Fue al fin ella la primera que habló después de apretar los labios, de sumirlos, de recogerlos, como si se arrepintiera de pronunciar una sola sílaba.
4 (*Rel catól*) Consumir [el sacerdote las especies consagradas]. | Ribera *Misal* 141: Sumido el Sanguis, el Sacerdote echa un poco de vino en el Cáliz.
B *intr pr* **5** Desaparecer [un líquido] por filtración o evaporación. | * Déjalo cocer hasta que se suma el caldo.
6 Formar [una parte del cuerpo, esp. la boca] una concavidad anormal. *Frec en part*. | CBonald *Ágata* 295: Manuela, cuyos ojos todavía brillaban .. y cuya boca, a pesar de lo sumida, seguía manteniendo alguna seña de su pasada morbidez.

sumisamente *adv* De manera sumisa. | Salvador *Haragán* 69: –Sí, mujer –asintió la otra, sumisamente.

sumisión *f* **1** Acción de someter(se) [a una autoridad o dependencia]. *Frec sin compl, por consabido*. | Cela *Judíos* 65: El rey vino a recibir la sumisión de los conjurados, que le ofrecían a cambio de que gobernase sus reinos por sí mismo.
2 Cualidad de sumiso. | Benet *Nunca* 20: Una mezcla de trascendencia, estupefacción, predestinación y sumisión depositando en la cara del escogido un precipitado de seriedad.

sumiso -sa *adj* **1** [Pers.] que se somete [a una autoridad o dependencia]. *Frec sin compl, por consabido. Tb fig, referido a cosa*. | Palacios *Abc* 22.12.70, 3: El autor, sumiso a las prodigiosas sugestiones del genio de la especie, se declara dispuesto a darlo todo. Sopeña *Abc* 29.7.65, 65: Luego, el paisaje no de montaña, .. sino de suave colina con bosque fácil para que el parque sea, hoy como ayer, de los de nube baja, hierba alta, .. y agua sumisa.
2 [Cosa] que denota sumisión. | *Zar* 27.1.69, 22: Aceptó .. con la más sumisa sonrisa la insólita decisión del juez.

summa cum laude (*lat; pronunc,* /súma-kum-láude/) *loc adv* Con la máxima calificación. *Referido a tesis doctoral*. | Torrente *Isla* 35: Te lo di de mi frasco de plata, el que me regaló Tatiana cuando aprobó *summa cum laude* la tesis que yo le había dirigido.

súmmum *m* Grado más alto [de algo no material, esp. de una cualidad]. | Zunzunegui *Hijo* 65: No apea el sombrero de su cabeza, y mete los pies en botas de charol, con botones, el *súmmum* de la elegancia a comienzos de siglo en la ría. **b) el ~.** Lo que ya no se puede superar. | CSotelo *Proceso* 393: Si las dos condiciones se dan en el mismo sujeto, mal asunto. Si por añadidura resulta que el embajador, además de ser español, estuvo en Lepanto, entonces, Padre Federico, es ya el súmmum.

sumo[1] -ma I *adj* **1** Máximo, o superior a todos los de su especie. | Vesga-Fernández *Jesucristo* 134: El Sumo Sacerdote rasgó sus vestiduras diciendo: –¡Ha blasfemado! GPavón *Reinado* 107: Maleza, que estaba de jefe sumo cuando la visita de las suripantas, tuvo sus titubeos en cuanto a si las daba soleta o no.
2 Muy grande en calidad o intensidad. *Frec con intención ponderativa*. | Carandell *Tri* 8.8.70, 15: El cazador que está al acecho tiene que lograrlo a base de movimientos ejecutados con sumo sigilo y cuidado, a fin de no espantar la presa.
II *loc adv* **3 a lo ~.** Como máximo. | SFerlosio *Jarama* 66: ¿Y tú cuántos años tienes, muchacho? Me parece que van a ser muy pocos para saber nada de aquello. Andaríais a lo sumo jugando a los bolindres.

sumo[2] *m* (*Dep*) Lucha japonesa en que resulta derrotado el que toca el suelo con una parte del cuerpo que no sea las plantas de los pies o se sale del área marcada. | A. Arias *SYa* 17.5.75, 6: El sumo, o lucha japonesa, merece una atención especial en la información deportiva.

súmulas *f pl* (*hist*) Compendio de los principios elementales de la lógica. | Grau *Lecturas* 205: Cursadas las primeras letras y enseñanza preliminar en Segovia, pasó a Alcalá, .. donde estudió las Súmulas y la Lógica.

sundanés – super-8

sundanés *m* Lengua hablada en la zona occidental de la isla de Java. | RAdrados *Lingüística* 263: En francés el acento va en la última sílaba; en polaco, swahili, yokuto y sundanés, en la penúltima.

suní *adj* [Islam] ortodoxo que reconoce la autoridad de la Sunna (ley de Mahoma). | J. Valenzuela *País* 5.8.87, 3: Casi todos los dignatarios religiosos del islam ortodoxo o suní .. se han pronunciado contra el intento de los peregrinos iraníes de manifestarse en la ciudad santa. **b)** Sunita. *Tb n*. | M. LGonzález *Ya* 13.6.89, 14: En el brote de violencia étnica entre uzbekos, musulmanes suníes y mesjetas .. han perecido hasta ahora 87 personas.

sunita (*tb con la grafía* **sunnita**) *adj* [Musulmán] ortodoxo seguidor de la Sunna (ley de Mahoma). *Tb n*. | *Abc* 15.11.70, 25: El general Assad no es musulmán sunita y, por tanto, no puede asumir el cargo de jefe de Estado. C. LPiñeiro *SYa* 14.9.75, 25: Si el libanés es cristiano, puede ser católico, ortodoxo, protestante. Si es musulmán, puede ser sunnita, shiita, alauita, meteule o druso.

suntuario -ria *adj* **1** De(l) lujo. | *Abc* 13.9.70, 14: ¿Ha irrumpido ya el agua mineromedicinal en el dilatado olimpo de los artículos suntuarios? Cossío *Confesiones* 24: Era para mí un encanto aquel comedor severo, cargado de plata, con manteles y servilletas blanquísimas de hilo, y que, sin embargo, tenía un aspecto monacal. Todo lo suntuario se perdía en una penumbra de recogimiento y austeridad.

2 [Arte] decorativo. | GNuño *Madrid* 112: Espléndido museo de arte suntuario hispánico.

suntuosamente *adv* De manera suntuosa. | J. Carabias *Ya* 3.12.70, 8: En el teatro María Guerrero .. se representa la "comedia bárbara" "Romance de lobos", de don Ramón del Valle Inclán, suntuosamente montada por José Luis Alonso.

suntuosidad *f* Cualidad de suntuoso. | V. Vidal *Abc* 19.12.70, 55: Alcanzaban estas [las cacerías] una suntuosidad y una brillantez extraordinarias.

suntuoso -sa *adj* [Cosa] de lujo costoso. | CBaroja *Inquisidor* 31: Hay que erigir palacios suntuosos.

supeditación *f* Acción de supeditar(se). *Tb su efecto*. | V. RFlecha *Cua* 6/7.68, 10: Resulta extraño que los cristianos acepten tan fácilmente la supeditación de la llamada superestructura respecto a la infraestructura económica.

supeditar *tr* Hacer depender [a una pers. o cosa (*cd*) de otra (*ci*)], o subordinar[la a ella]. | Alfonso *España* 87: En la era de la técnica y de las masas, el individuo se halla supeditado a lo colectivo. **b)** *pr* Depender [una cosa de otra (*ci*)], o estar subordinada [a ella]. | * Estos versos se supeditan a todas las normas métricas.

super- *pref* **1** Denota altura, o lugar superior. | *Por ej*: PAyala *Abc* 30.5.58, 3: El cuerpo corresponde a lo que Aristóteles llamaba mundo sublunar, la zona perecedera de lo que crece, cambia y decae. El alma, al mundo superlunar o seguro de las realidades inmutables e incorruptibles.

2 Denota superioridad (en nivel, calidad, capacidad o importancia). | *Por ej*: Alfonso *España* 51: Es una invasión. Máquinas de charros colorines, luces y timbres llamativos, .. imágenes de superhombres y superagentes. *Ya* 22.10.64, sn: Un nuevo sistema superamplificador que combina la intensidad de la imagen y la captación de la televisión con un microscopio electrónico. M. Vigil *Ya* 15.10.67, 8: Estas superantenas, además, llegarían automáticamente al circuito donde se produzca una avería. DVillegas *MHi* 12.57, 22: ¿Son los alemanes, paradójicamente, también los que inician los trabajos para la consecución de estas superarmas durante la última gran guerra? *País* 5.5.91, 1: Confusión en la banca privada ante la creación del superbanco estatal. *Ya* 14.4.64, 35: El argumento de esta supercomedia gira alrededor de la esposa de un doctor. N. FCuesta *Abc* 30.12.70, 3: Incidiríamos en un campo en el que no parece buena estrategia plantear batallas desiguales a competidores superdesarrollados. *Abc* 20.9.70, 37: Los Príncipes llegaron alrededor de las diez y media de la mañana a bordo del superdestructor "Roger de Lauria". R. FMosquera *Abc* 27.11.70, 3: La evasión es una "superdroga". Anson *Oriente* 118: La mano del político dibuja entonces nerviosamente esquemas supranacionales de superestados atómicos. Halcón *Ir* 114: La única mujer en todo el contorno era esta torre de carne apretada .. que parecía dotada de una doble femineidad. Una superhembra. J. M. Llanos *Ya* 8.12.70, sn: El cristianismo es un superhumanismo. *DBu* 27.12.70, 5: Superlavadoras Crolls. *Ya* 27.4.90, 1: El BBV lanza la superlibreta de ahorros para clientes con escasos ahorros. *MHi* 2.55, 56: Cuando la Luna y el Sol se encuentran en conjunción .. sus atracciones recíprocas son múltiples, provocando "supermareas de profundidad". DPlaja *El español* 137: Lo importante de sus andanzas es que se sepan, y de ahí nació la conocida deducción del Dr. Marañón, negando la supermasculinidad de un hombre que necesita exhibir .. la prueba de su hombría. *Ya* 22.11.90, 24: En este campo se incluyen los microprocesadores, los superordenadores, los miniordenadores, cada vez más rápidos. *ByN* 31.12.66, 14: Es necesario responder con el superpacifismo.

3 *Denota exceso*. | *Por ej*: R. Rubio *Abc* 6.12.70, 15: La instalación de algunos hoteles ..; pero siempre en una determinada zona, en un punto que no implique la superdivisión de esas tierras montaraces. *Caso* 14.11.70, 19: La larga crisis precursora de los disparos está avalada por la existencia de una personalidad psicopática esquizoide latente en su fondo, que ha podido soportar el estado emocional de superexcitación de que viene hablando. C. Jiménez *As* 7.12.70, 34: Cuando presenciamos la defensa superprotegida de los azules, tuvimos un asomo de visión sobre el pasado. J. L. Rubio *MHi* 10.60, 29: Quiere decirse que dentro de 40 años la estirpe ibérica .. será de una importancia fabulosa en el mundo: mayor que la europea, .. solo superada por la china y tal vez la india –quienes vivirán sobre realidades supersaturadas de población–.

4 *Denota intensidad. Frec se usa con intención expresiva, esp col, con idea de 'sumamente, extraordinariamente'.* | *Por ej*: Vega *Cocina* 20: Cada plato y cada vino, un superacierto. *Mad* 22.4.70, 12: Lavadoras superautomáticas desde 11.800 pesetas. *Sp* 19.4.70, 57: Paul Simon y Art Garfunkel .. fueron, con el foco, pero simpático Dustin Hof[f]man, los verdaderos triunfadores del supercélebre "Graduado". J. M. Massip *Abc* 10.11.70, 31: Provocaron la subsiguiente dispersión de trabajo, energía y hombres en el que era un magno y supercoordinado trabajo de equipo. *Abc* 14.5.67, 3: Sixtant es el nuevo sistema de rasurado con rejilla de platino superdeslizante. S. Codina *Mun* 23.5.70, 62: Ciertos métodos "superduros" no acaban de ser aptos para la generalidad de los futbolistas españoles. E. Franco *SArr* 27.12.70, 47: A unos precios supereconómicos, ponen la música al alcance de todos los bolsillos. *Alc* 31.10.62, 11: La superfamosa bailarina española Silvia Ivars es un singular conjunto de arte español. *Pue* 17.12.70, 5: Trajes de fiesta. Elegantes .. Superfemeninos. *SAbc* 13.12.70, 86: Asombre a su familia y amigos con una pantalla de visión supergrande, tanto como si viesen un programa de cine. *Abc* 28.8.66, 10: Gran surtido en papel plástico superlavable "Colowall". *VozC* 6.10.68, 5: Tintorería Castilla .. Superlimpieza en seco de prendas ante. *Ya* 22.10.64, 36: ¡Pisos! Amueblados, .. superlujo. *País* 11.2.79, 3: La guardia imperial, 12.000 fanáticos superpagados. *Sp* 19.7.70, 53: Directores tan buenos como él o más hay algunos .., si bien no muchos y no tan superpopulares. *MHi* 8.66, 70: El aperitivo "super-refrescante". *Abc Extra* 12.62, 90: De espuma de látex supersuave.

súper[1] *adj* **1** [Gasolina] de elevado índice de octano (de 90 a 100). *Tb n f*. | Remet *SInf* 16.12.70, 14: El "F-310", en efecto, es un aditivo que hay que mezclar en proporción, tanto si se trata de súper como de carburante normal.

2 (*col*) Superior o magnífico. *Con intención ponderativa. Tb adv*. | *Ya* 13.12.90, 29: La Supercopa para un Madrid súper. Forges *ElM* 24.10.90, 3: –¡Lumbago de diseño, qué súper! –Depende. [*En el texto, sin tilde*.]

súper[2] *m* (*col*) Supermercado. | I. Vallina *SD16* 20.12.87, 2: Te encuentras a Ledesma haciendo en el súper la compra con su mujer el sábado por la mañana. [*En el texto, sin tilde*.]

super-8 *adj* (*Cine*) [Película] de 8 mm de ancho con perforación lateral de arrastre muy pequeña. *Tb referido al tomavistas o al proyector correspondientes*. | *Ya* 2.4.77, 23: La película de cine de 8 mm. más potente que existe: el film Fujichrome .. con chasis de carga especial para las cámaras de Fuji (pero que una vez revelada se puede ver con cualquier proyector de single 8 o super 8).

superabilidad *f* Cualidad de superable. | *Min* 5.87, 10: Se trata de un ejemplo típico de cómo un tan relativo nivel de gravedad no se ha correspondido, paralelamente, con un fácil nivel terapéutico de superabilidad.

superable *adj* Que se puede superar. | *Mar* 17.7.66, 2: Mínimo garantizado: 120.000 pesetas anuales, fácilmente superables.

superabundancia *f* Abundancia excesiva. | J. R. Yordi *Abc* 7.9.66, 37: Sin llegar al empacho que origina la superabundancia de elementos de estudio.

superabundante *adj* Que abunda en exceso. | *Mun* 28.11.70, 31: ¿Cómo escoger en esta actualidad superabundante en noticias las innovaciones que son verdaderamente innovaciones?

superabundar *intr* Abundar en exceso. | L. Lázaro *SGacN* 25.8.74, 7: El Goya más que cuarentón se repule al contacto de gobernantes, escritores y duquesas .. Por contra, es a partir de ahí cuando su paleta va a superabundar en temas casticistas, y sus planchas en motivos taurinos.

superación *f* Acción de superar(se). | LMuñoz *Tri* 26.12.70, 7: Los mecanismos que .. han permitido la continuidad del sistema de los años 60, haciendo posible la superación de una situación crítica. LFrías *As* 14.12.70, 10: Los malagueños, pletóricos de un estupendo espíritu de rendimiento, de lucha y de superación.

superado -da *adj* **1** *part* → SUPERAR.
2 (*Heráld*) [Figura] que tiene [otra (*compl* DE)] en su parte superior, sin llegar a tocarla. | J. Atienza *MHi* 11.63, 70: Un castillo de plata, superado de una estrella del mismo metal.

superador -ra *adj* Que supera. | E. ÁPuga *Mun* 5.12.70, 24: Las dificultades para una regulación de la huelga laboral hay que buscarla[s] .. en la proclamación de las excelencias de la "verticalidad" de nuestro sindicalismo, superador, en teoría, del enfrentamiento entre empresarios y trabajadores.

superar *tr* **1** Aventajar [una pers. o cosa a otra] o ser superior [a ella (*cd*)]. | *Van* 3.4.75, 34: El Español fue superado en todos los terrenos por el Las Palmas, que se clasificó venciéndole por 2-1 en Sarriá. R. A. Calle *SYa* 18.11.73, 4: Es Bombay conocida como la puerta de la India y es un importante centro comercial e industrial que trata de superarse día a día.
2 Rebasar [un límite]. | FSalgado *Conversaciones* 469: Se le notan los años, cosa natural, pues los viejos no podemos ocultarlos, sobre todo superando los setenta.
3 Pasar con éxito [un obstáculo o dificultad]. | *Leg. contencioso-adm.* 252: Los requisitos formales se instituyen para asegurar el acierto de las decisiones jurisdiccionales y su conformidad con la Justicia, no como obstáculos que hayan de ser superados para alcanzar la realización de la misma.
b) Realizar con éxito [una prueba o examen]. | *Nor* 28.9.71, 5: Se recuerda a los interesados que, para efectuar su matrícula, deberán haber superado las pruebas de preuniversitario o del C.O.U.
4 Dejar atrás o abandonar [algo, esp. una idea] como inútil o anticuado. *Frec en part.* | PRivera *Discursos* 17: Aunque también ahora existe la teoría de que el concepto de Patria está superado, eso no es verdad. J. M. Massip *Abc* 3.6.70, 21: España no se somete a las viejas y superadas cláusulas de 1953 y 1963.

superávit (*pl invar o ~s*) *m* (*Econ*) Exceso del haber sobre el debe o de los ingresos sobre los gastos. *Tb fig, fuera del ámbito técn.* | *Van* 4.11.62, 7: Superávit de la balanza de pagos en los nueve primeros meses del año actual.

superavitario -ria *adj* (*Econ*) De(l) superávit. | *Inf* 17.9.70, 11: La balanza comercial con el Comecon es ampliamente superavitaria en el semestre.

superbomba *f* (*Mil*) Bomba de hidrógeno o de tritio, de potencia superior a la bomba atómica de uranio. | *ByN* 31.12.66, 14: A las superbombas surgidas de la unión de la alta física y el arte militar es necesario responder con el superpacifismo.

superbombardero *adj* [Avión de bombardeo] de gran capacidad de carga y extenso campo de acción. *Frec n m.* | *Ya* 4.2.91, 10: Quienes han puesto el grito en el cielo al enterarse de que los "superbombarderos" norteamericanos B-52 se abastecen en bases españolas .. han hecho un alarde consciente de hipocresía.

supercarburante *m* Gasolina de elevado índice de octano (de 90 a 100). | *SInf* 25.11.70, 9: Tipo de gasolina: supercarburante.

supercemento *m* Cemento pórtland que adquiere muy pronto una resistencia suficiente para ser desencofrado rápidamente. | A. RAntigüedad *Abc* 3.12.57, 17: Otro de los aspectos interesantes de la visita fue el de la fabricación del supercemento, aglomerante de altas resistencias iniciales.

superchería *f* Acción engañosa que implica la sustitución de algo verdadero por algo falso. | Fuster *Van* 19.5.74, 15: Se sacó de la manga del roquete un papel, supongo que ligeramente chamuscado para dar verosimilitud a la afirmación .. ¿Una carta procedente del mismísimo infierno? Baltasar Gracián, probablemente, no se veía cometiendo un torvo pecado de superchería.

superchero -ra *adj* [Pers.] que actúa con supercherías. *Tb n.* | Miguel *D16* 23.2.90, 2: El superchero no es el de Tarso, sino el de León.

superciliar *adj* (*Anat*) De encima de la ceja. | Fernández-Llorens *Occidente* 8: Presentan .. capacidad del cráneo parecida a la del Homo Sapiens .., pero diferencias en cuanto a la forma de este (frente hundida, falta de mentón, arcos superciliares muy salientes...). *DMa* 29.3.70, 6: Fue curado en la Casa de Socorro de una herida inciso-contusa en la región superciliar izquierda.

superclase[1] *adj invar* (*col*) Superior en su especie. *Tb n, referido a pers.* | *Abc* 5.5.66, sn: Cremas de afeitar Lea, las cremas de afeitar superclase. FSantos *Catedrales* 184: El pájaro del "Gordini" me invitó a una cerveza .. Estuvo allí hablándome de las primas que cobran los superclase.

superclase[2] *f* (*CNat*) Grupo taxonómico del que es subdivisión la clase. | *Animales marinos* 259: Superclase: Artrópodos. Clase: Crustáceos. Subclase: Malacostráceos. Orden: Decápodos. Suborden: Macruros. Serie: Nadadores.

supercompensación *f* (*Psicol*) Hecho de llegar a ser superior en algo en que originariamente se era inferior. | Pinillos *Mente* 138: La supercompensación consiste precisamente en llegar a ser superior en aquello mismo en que se comenzó siendo inferior; ejemplo clásico es el de Demóstenes, que no solo superó su tartamudez inicial, sino que acabó siendo .. el más famoso orador de su tiempo.

superconductividad *f* (*Electr*) Propiedad de algunos metales que en determinadas condiciones no ofrecen resistencia a la corriente eléctrica. | S. Graíño *SPaís* 2.9.87, 4: Hasta hace muy poco, la superconductividad .. se obtenía solo en las cercanías del cero absoluto.

superconductor -ra *adj* (*Electr*) [Metal] dotado de superconductividad. *Tb n m.* | Marcos-Martínez *Física* 293: A muy bajas temperaturas la conductividad adquiere un valor enorme ..; en estas condiciones el metal se llama superconductor. S. Graíño *SPaís* 2.9.87, 4: Hace pocos años comenzaron a obtenerse sustancias superconductoras a temperaturas algo menos bajas. *Ya* 26.10.88, 18: Los nuevos superconductores harán levitar a los trenes.

super-cross (*pronunc corriente, /superkrós/*) *m* (*Dep*) Variedad de moto-cross que se desarrolla en circuito cerrado, con suelo de arena especial y con numerosos obstáculos preparados. | *País* 5.7.91, 52: Después de la NBA o del fútbol americano, llega el super-cross. El organismo que ha apostado por este singular deporte ha sido el Moto Club Barajas.

supercuenta *f* Cuenta corriente de alta remuneración. | *Ya* 20.3.90, 26: Solo las [entidades] que dispongan de un fuerte volumen patrimonial y gocen de una elevada rentabilidad estarán en condiciones de sobrevivir a la feroz competencia de las supercuentas.

superdotación *f* Condición de superdotado. | F. RHaro *Jaén* 4.9.74, 5: El capital constituido en cada hijo por una sólida cultura y un título profesional, tanto más eficaces cuanto mayor haya sido la superdotación de sus estudios y prácticas, profesores escogidos, .. es un capital libre de las fluctuaciones de la Bolsa. *DMé* 28.5.93, 21: Javier Berché, un neurólogo que trata a más de mil niños con superdotación: "Urge contar con maestros que sepan educar a los superdotados".

superdotado -da *adj* [Pers.] de excepcionales cualidades [físicas o intelectuales (*compl adv*)]. *Frec sin compl, esp referido a la inteligencia. Tb n.* | *Ya* 23.9.70, 36: En Torrelavega, donde se considera a López, muchacho de veinte años, un superdotado físicamente, la noticia ha producido conmoción. *Ya* 16.11.90, 20: "Nacho", trabajador incansable, sacaba 16 horas diarias. Era un superdotado. MGaite *Nubosidad* 214: Vivía con sus padres .. en una casa espaciosa donde gozaba de una independencia poco habitual y de los privilegios del hijo único superdotado y con madera de líder.

superego *m* (*Psicol*) Superyó. | Aranguren *Tri* 26.1.74, 41: Tiene que llevar a cabo una limpieza, un "raspado" del inconsciente que, destruyendo la ilusión del ego y del fantoche del superego, lo deje mondo y lirondo de "complejos".

supererogatorio -ria *adj* (*lit*) Que excede a lo obligatorio. | Laín *Universidad* 72: Atado por la enseñanza de su "asignatura", el profesor, por muy investigador que sea, apenas puede atender al deber, en cierto modo supererogatorio, del curso monográfico y el seminario.

superestrato *m* (*Ling*) Lengua que se extiende temporalmente por el área de otra, dejando en ella ciertas influencias. | Villar *Lenguas* 116: Es de notar la gran influencia del superestrato franco-germánico en el francés.

superestructura *f* (*E*) **1** Parte [de una construcción] situada sobre un nivel dado, gralm. el suelo. | * La superestructura del puente está a punto de ser terminada.
2 Sistema de ideas o instituciones que se apoya sobre una estructura o base económica dada. | Aranguren *Marxismo* 24: Los regímenes anticomunistas .. organizan su mecanismo de defensa .. mediante un sistema de fortificaciones concéntricas: en el centro, la estructura misma del poder; rodeándola, la superestructura supuestamente teórica.

superestructural *adj* (*E*) (de la) superestructura. | Aranguren *Marxismo* 53: Los problemas superestructurales, y entre ellos .. los morales, se disolverán con el desarrollo, porque .. la superestructura no reinfluye sobre la infraestructura. Amorós *Subliteraturas* 21: Es mucho más cómodo formular una teoría sobre los condicionamientos socio-económicos y superestructurales de un género o un autor que estudiarlos en profundidad con cualquier método.

superfamilia *f* (*Zool*) Taxón de la clasificación animal que comprende varias familias. | Alvarado *Zoología* 128: Hominoideos. Se reúnen en esta superfamilia los grandes monos antes mencionados (gorila, chimpancé y orangután), que constituyen la familia Póngidos, y el hombre, que constituye la familia Homínidos.

superferolítico -ca *adj* (*col, humoríst*) **1** Excesiva o afectadamente pulido o delicado. *Tb n, referido a pers.* | Delibes *Cinco horas* 68: Me es imposible imaginármelo haciendo el tonto con Encarna, con aquel aire superferolítico, tan flaco. Torrente *Señor* 374: –¿Por qué no has comprado entradas de palco? .. –No quiero estar al lado de esas superferolíticas.
2 Extravagante o sumamente llamativo. | Anteno *Mad* 16.1.70, 30: El superferolítico Salvador Dalí quiso apadrinar a Maruja Garrido en su debut en París.

superficial *adj* **1** De (la) superficie. | *Alc* 31.10.62, 29: Consta de tienda .. y retrete con lavabo, y ocupa una extensión superficial toda ella de 51 metros y 60 decímetros cuadrados. J. Zaragüeta *Abc* 23.12.70, 3: La cantidad continua o mensurable es abordada por la Geometría, con sus puntos, las líneas rectas o curvas que los unen, .. que se dan en un plano superficial o voluminoso.
2 Que se queda en la superficie [1b]. *Frec con intención desp.* | * Mi conocimiento es muy superficial. * Es una persona muy superficial; no se plantea problemas. Onieva *Prado* 127: Fue pintor superficial, fácil y aparatoso.
3 (*Ling*) En gramática generativa: [Estructura] constituida por la forma de la oración. | Lázaro *Lengua* 2, 100: Todas las oraciones poseen una estructura profunda y una estructura superficial.

superficialidad *f* Cualidad de superficial, *esp* [2]. | A. Iglesias *Abc* 25.2.58, 65: El "Aria e Scherzo", de Croner de Vasconcelos, hallaron su lirismo y superficialidad virtuosa, de difícil logro, en la eficaz traducción del violinista Henri Mouton.

superficialmente *adv* **1** De manera superficial [2]. | *Hoy* 23.11.75, 29: Agregó que se había implicado en este negocio porque un conocido suyo, residente en Londres, llamado David Sinclair, se lo había propuesto, pero que le conocía solo superficialmente.
2 En la parte superficial [1]. | Bustinza-Mascaró *Ciencias* 231: Los elementos secretores o excretores pueden estar situados superficialmente, es decir, depender de la epidermis.
3 En el aspecto superficial. | A. Amo *Cua* 6/7.68, 50: Superficialmente, "Mamma Roma" es un film compuesto por una serie de anécdotas.

superficiario -ria *adj* (*Der*) [Pers.] que tiene el uso de la superficie y percibe los frutos de una finca ajena, pagando cierta cantidad a su dueño. *Tb n.* | *BOE* 30.1.81, 2150: Los arrendamientos otorgados por us[u]fructuarios, superficiarios, enfiteutas y cuantos tengan un análogo derecho de goce sobre la finca se resolverán al extinguirse el derecho del arrendador.

superficie I *f* **1** Parte exterior [de un cuerpo], que lo separa del medio que lo rodea. | Cunqueiro *Un hombre* 11: Con el pie derecho impulsó un guijarro a las aguas verdosas, en cuya superficie flotaban los albos botones de la rosamera.
b) Parte inmediatamente aparente o apreciable [de algo no material]. | *Pue* 29.3.80, 2: No es la primera vez que este tipo de informaciones sal[e] a la superficie. * No te quedes siempre en la superficie de las cosas, trata de ahondar.
2 Porción de superficie [1a] [de algo]. *Sin compl, gralm. designa terreno. Tb su medida.* | * La invasión de hongos ocupa grandes superficies del tronco de la planta. *Sp* 19.7.70, 28: Confecciones Gibraltar ocupa una superficie de 72.500 metros cuadrados. **b)** Medida del suelo [de una construcción]. | *¿Qué superficie tiene tu piso? **c)** gran ~. Establecimiento comercial que ocupa una extensión muy amplia, destinado gralm. a la venta de variedad de artículos. *Gralm en pl.* | X. Domingo *Cam* 6.12.82, 118: El aumento también constante y considerable de compras de alimentos en las grandes superficies.
3 (*Geom*) Figura que tiene dos dimensiones. *Tb su medida.* | Marcos-Martínez *Aritmética* 120: Se llama área de una superficie la medida de su extensión. Marcos-Martínez *Aritmética* 120: Unidades de superficie. La unidad principal es el metro cuadrado. **b)** *En gral:* Cuerpo en que solo se consideran dos dimensiones. | * Escribir consiste en trazar signos en una superficie.
II *loc adj* **4 de ~.** Que está o se realiza sobre la superficie [1] del suelo o del agua. | *Cod* 2.2.64, 10: Es víctima del retraso habitual en los transportes de superficie.

superfluamente *adv* De manera superflua. | Huarte *Tipografía* 29: Algún tipo .. aparece en la composición dislocado, trocado con otro, suprimido o añadido superfluamente.

superfluidad *f* **1** Cualidad de superfluo. | Salvador *Letra Q* 29: Los gramáticos latinos tampoco se pondrán de acuerdo, como luego los nuestros, que en gran medida los imitan, acerca del valor o superfluidad de esa letra.
2 Cosa superflua. | DCañabate *Paseíllo* 15: La vida era muy barata y no se conocían las superfluidades convertidas en necesidades.

superfluo -flua *adj* **1** [Cosa] que excede de lo necesario. | Laiglesia *Tachado* 29: Estas mercancías son siempre heterogéneas y superfluas, compuestas en su mayor parte de chucherías recordatorias del viaje realizado.
2 (*euf*) [Pelo o vello] que se considera antiestético. | E. Briones *Ya* 27.4.75, 61: Cualquier clase de vello superfluo, aunque sea una ligerísima pelusa, va directamente contra la belleza de la mujer, pues no hay cara, por muy bonita que sea, que pueda resultar hermosa si está signada con este horrible defecto que el vello más o menos notable.

superfosfato *m* (*Quím*) Sustancia resultante de tratar el sulfato tricálcico natural con ácido sulfúrico, usada como abono. | Marcos-Martínez *Física* 275 bis: Los principales [abonos fosfatados] son: la fosforita, los fosfatos de huesos .. y los superfosfatos.

supergallo *adj* (*Dep, esp Boxeo*) [Peso] cuyo límite superior es de 55,3 kg. *Tb referido al deportista de ese peso; en este caso, frec como n m en pl.* | *Ide* 21.8.76, 18: El Consejo Mundial de Boxeo .. ratificó hoy como campeón mundial supergallo al panameño Rigoberto Riasco.

supergigante *m* (*Dep*) Prueba de esquí que reúne las características del slalom gigante y del descenso libre. | *Ya* 7.4.92, 50: Esquí .. Blanca ganó el supergigante.

superguay *adj invar* (*juv*) Estupendo o magnífico. *Tb adv.* | E. G. SMontero *Ya* 20.12.87, 23: Una de sus más notables reivindicaciones es la de sustituir el viejo "slogan" académico .. por otro que consideran mucho más superguay.

superheterodino *adj* (*Electr*) [Receptor] en que las oscilaciones de la onda recibida se combinan con las de un oscilador local para obtener una oscilación de frecuencia intermedia, que es la que se utiliza para recibir la señal. *Frec n m.* | GPavón *Cuentos rep.* 69: Todos, tristes, estaban atentos al altavoz en forma de bocina de saxofón negro (aparato superheterodino). *MCr* 9.65, sn: Usted recibe valiosos equipos de instrumental y material para montajes que le permiten construir desde un receptor de dos válvulas a un superheterodino de ocho.

superhombre *m* **1** Hombre de fuerzas o hazañas sobrehumanas. *Frec con intención humoríst.* | Alfonso *España* 51: Es una invasión. Máquinas de charros colorines, luces y timbres llamativos, .. imágenes de superhombres y superagentes.

2 (*Filos*) Hombre superior ideal que representa la meta de la evolución humana. | LIbor *SAbc* 17.11.68, 6: Lo que Nietzsche llamaba "la animalidad en nosotros". Y es tanto su vigor y su energía que, a su luz, germina la idea del superhombre.

superhumeral *m* (*Rel catól*) Banda que usa el sacerdote para tener la custodia, la patena o reliquias. | L. Moreno *Abc* 5.6.58, 17: Siguen los rancios pendones de las Cofradías Sacramentales, .. el fabuloso superhumeral del prelado con todas las esmeraldas y rubíes procedentes de los anillos de los cardenales fallecidos.

superintendencia *f* Cargo o jurisdicción de superintendente. *Tb su oficina.* | Quintanilla *Lecturas* 263: En 1466, Enrique IV concedió a la ciudad treinta y ocho mil maravedises al año, para un estudio de gramática, lógica y filosofía, con superintendencia de los obispos. Bermejo *Estudios* 84: Al lado de estos altos tribunales fueron surgiendo numerosas juntas .. Y aún habría que añadir la existencia de algunos sectores acotados, a base de superintendencias, que podían a veces inte[r]venir en el ámbito de la administración de justicia.

superintendente *m y f* Pers. encargada de la dirección y cuidado [de algo], con autoridad sobre el resto de los que trabajan en ello. | Guillén *Lenguaje* 26: Los astilleros .. todos eran particulares y carecían de un tecnicismo único, salvo en aquellas generalidades impuestas por las Ordenanzas que regulaban la fábrica de naos y los arqueos desde que Felipe II instituyó el cargo de Superintendente para velar por la buena construcción. *Abc* 20.7.67, 46: Alan Lawrence, de veintiún años, y Donald Pymont, enterradores del cementerio de Saint Albans (Hertfordshire, Inglaterra), cuidaban sus plantas con tanto esmero que suscitaron el interés del superintendente del cementerio.

superior -ra (*la forma f solo se usa en la acep 7*) **I** *adj* (*con sent normalmente relativo. Cuando se expresa el término de referencia, este se enuncia precedido de la prep* A) **a)** Que está a mayor altura. *Tb fig.* | *Ya* 19.7.72, 28: Una vivienda .. se prendió fuego por causas desconocidas. En el piso superior de la casa dormía el niño Justo Caballero, que fue salvado por los vecinos. DPlaja *El español* 117: Hidalgos, estudiantes, empleados .. visten con aparato muy superior a sus medios.

2 De mayor medida, volumen o intensidad. | *VozR* 15.2.75, 20: Mientras no exista plan o norma urbanística no podrá edificarse con una altura superior a tres plantas. **b)** *Tb con sent no comparativo:* De gran medida, volumen o intensidad. | Calera *Potajes* 9: Su valor alimenticio [del potaje] es superior.

3 De más calidad o importancia. | Llovet *País* 6.2.77, 25: Dramatúrgicamente la obra de Martín Recuerda me parece muy superior a la de Lorca. Marías *País* 31.7.76, 6: El poeta Joan Maragall es anterior y superior al prosista Juan Maragall. *Selectividad* 36: Los Colegios Universitarios hacen posible la extensión horizontal de la enseñanza superior, facultando el acceso a la Universidad a aquellos estudiantes que por razones de residencia no podrían realizarlo. **b)** *Tb con sent no comparativo:* De gran calidad o importancia. | Pla *Des* 22.2.75, 17: He leído libros de usted y escritos aparecidos en papeles, que siempre encontré en una línea de comprensión y de liberalismo superior, de gran categoría. **c)** (*col*) Magnífico. *Con intención enfática. Tb adv.* | MSantos *Tiempo* 50: Estos limones me los mandan del pueblo .., y, perdonando lo presente, son superiores. DCañabate *Paseíllo* 62: ¡Lo vamos a pasar superior!

4 [Pers.] mejor dotada intelectual o moralmente. | * Le critican, pero es superior a todos ellos. **b)** *Tb con sent no comparativo:* [Pers.] de grandes dotes intelectuales o morales. *A veces dicho de sus gestos.* | Buero *Hoy* 84: No trate de hacerse la superior, que de sobra sabemos todas cómo es y cómo le va a cada cual. Fraile *Cuentos* 23: Se recostaba con desplome burgués, y sus ojillos se movían superiores de un lado a otro.

5 [Período] que ocupa el segundo lugar [en una serie de dos]. | Pericot *Polis* 20: La capacidad intelectual de los hombres del Paleolítico superior se muestra poderosa en la creación del primer arte de la Humanidad.

II *n A m* **6** Pers. con mayor rango o autoridad. *Frec con un compl de posesión que designa a la pers con respecto a la cual se da esta condición.* | *Cam* 24.2.75, 15: Julio Rodríguez manifestó su "repulsa" por el cierre de Valladolid, lo que le hacía inmediatamente reo de expediente, al violar en apariencia el reglamento de los funcionarios por criticar tan acerbamente a sus superiores. Valcarce *Moral* 44: Como conclusión del primer momento, deduce que el superior debe ser obedecido.

B *m y f* **7** Pers. que dirige una comunidad religiosa. | Laforet *Mujer* 103: Me han dicho [las monjas] .. que al obedecer a su superiora .. hacen la voluntad de Dios.

superioridad *f* **1** Cualidad de superior, *esp* [2, 3 y 4]. | GTabanera *Abc* 8.9.66, 9: Una banda incontrolable de aventureros y ambiciosos que sojuzgan tiránicamente a aquellos, abusando de su superioridad.

2 Pers. o conjunto de perss. que tienen la autoridad. *Normalmente con el art* LA. | J. Val *SVozC* 25.7.70, 10: Hay los datos necesarios para cuanto cabe hacer, y las directrices de la superioridad al efecto. CNavarro *Perros* 47: Compara a la superioridad con una bestia de cuernos.

superiormente *adv* **1** Por la parte superior [1]. | Bustinza-Mascaró *Ciencias* 155: Superiormente la parte anterior del tórax es lisa y lleva una mancha oscura en forma de aspa.

2 (*col*) De manera superior [3c]. | DCañabate *Paseíllo* 95: Domingo queda superiormente.

superlativamente *adv* (*lit*) De manera superlativa [1]. | Lera *Olvidados* 32: El Destino le obligó a vivir en medio de gentes díscolas, discutidoras, agresivas y superlativamente sucias.

superlativo -va *adj* **1** (*lit*) Muy grande o extremado. | S. RSanterbás *Tri* 11.4.70, 22: Dichos gastos .. no existen más que en la superlativa imaginación de don Vicente.

2 (*Gram*) Que expresa el grado superior de una cualidad. *Tb n m, referido a término o forma.* | Amorós-Mayoral *Lengua* 71: Cuando el adjetivo indica que el objeto posee la cualidad en el más alto grado dentro de un grupo se dice que está en grado superlativo relativo. Blecua *Lengua* 100: Se conservan en español algunos adjetivos derivados del latín, cuyos comparativos y superlativos no se forman del positivo.

superligero -ra *adj* (*Dep, esp Boxeo*) [Peso] cuyo límite superior es de 63,5 kg. *Tb referido al deportista de ese peso; en este caso, frec como n m en pl.* | F. Yagüe *Inf* 17.6.71, 27: Boxeo .. Así, por la tarde, veremos las dos semifinales de moscas, plumas, superligeros, superwelters y semipesados. *Ya* 17.12.86, 47: *Full-contact* .. Santiago González, derrotado por k.o. en la categoría de superligero.

supermán *m* (*col*) Superhombre (hombre de fuerzas o hazañas sobrehumanas). *Frec con intención humoríst.* | Campmany *Abc* 27.5.80, 3: A lo mejor es que los marcianos .. tienen problemas de transición política y quieren estudiar la

supermercado – superstar

naturaleza de nuestro artífice, la sustancia de nuestro "supermán" particular. Delibes *Cartas* 72: El músculo solo significa algo en los tarzanes del cine, en los supermanes. Un hombre sano nada tiene que envidiar de un hombre musculoso.

supermercado *m* Establecimiento en que se venden alimentos, bebidas y productos de droguería y perfumería por el procedimiento de autoservicio. | Miguel *Mad* 22.12.69, 13: Los supermercados, institución bien racional que en nuestro país no acaba de cuajar.

supernacional *adj* (*raro*) Supranacional. | GHerrero *Segovia* 354: Las "provincias" venían a ser, aproximadamente, pero sin significación jurídico-política, como los reinos o estados que componían la monarquía nacional, o supernacional.

superno -na *adj* (*culto, raro*) Supremo o más alto. | *Abc* 19.4.58, 37: La Sibila .. empezó a emitir sus oráculos .. En Cumas .. parecía invocar .. la esperanza de lo "superno" o celeste.

supernova *f* (*Astron*) Estrella que sufre un aumento de luminosidad debido a una explosión general que agota toda la energía nuclear del astro y disemina sus restos en el espacio. | P. Recio *SYa* 2.8.70, 9: A 300.000 kilómetros por segundo la luz viaja demasiado de prisa para los hombres y demasiado despacio para las estrellas que se hicieron supernovas hace mil millones de años.

supernumerario -ria *adj* Que excede del número establecido o usual. | N. Retana *Inf* 25.4.70, 20: Deformaciones dentales .. que mueven a los padres a consultar al especialista: .. dientes supernumerarios o falta de formación de un diente. Alvarado *Botánica* 43: En las flores cultivadas dobles (rosas, claveles, amapolas, etcétera), los pétalos supernumerarios se forman por metamorfosis de los estambres. **b)** [Pers.] que figura en un escalafón añadida al número habitual de elementos de una categoría, esp. por estar excedente. *Frec n. Tb fig.* | Alós *Hogueras* 23: Cuando Asunción Molino llegó a Son Bauló de supernumeraria, pensó en las monjas que iban al Congo .. Al curso siguiente, nombrada ya maestra en propiedad, se instaló en la Residencia. *SPaís* 3.2.80, 10: Yo nunca he sido supernumerario, ni he estado al servicio de otros ministerios. He estado en todo momento dentro del Ejército. CSotelo *Inocente* 87: –¿Religión que profesas? –La católica. –¿Practicante? –Digamos... supernumerario. **c)** (*Rel catól*) [Miembro del Opus Dei] laico, sea célibe o casado, que participa en la empresa apostólica en tanto que esta sea compatible con sus obligaciones familiares, profesionales y sociales. *Tb n.* | *País* 11.7.91, 25: Mi mujer, supernumeraria, decidió separarse, siguiendo el consejo de otros miembros del Opus.

súpero -ra *adj* (*Bot*) [Ovario] situado encima del plano de inserción aparente de las piezas del perianto. | Ybarra-Cabetas *Ciencias* 273: Atendiendo a la disposición del gineceo en la flor, esta puede ser: 1º Hipogina o de ovario súpero .. 2º Perigina o de ovario semi-ínfero .. 3º Epigina o de ovario ínfero.

superorden *m* (*CNat*) Grupo taxonómico del que es subdivisión el orden. | GLarrañeta *Flora* 217: Ahora los teleósteos son considerados como un superorden o, mejor, un grupo.

superpetrolero *m* Buque petrolero de tonelaje superior a 50.000 toneladas. | *Inf* 7.9.70, 6: Los obreros de la factoría .. construyen dos superpetroleros para la flota.

superpoblación *f* Exceso de población. | FReguera-March *España* 181: Sería la única manera de .. resolver de una vez el problema de la superpoblación de ciertas naciones.

superpoblar (*conjug* **4**) *tr* Poblar en exceso. *Gralm en part.* | Cabo-DOrtiz *Geografía* 211: La alimentación insuficiente, poco variada y casi únicamente vegetal, es causa de desnutrición entre las muchedumbres de los valles y deltas superpoblados.

superpoliamida *f* (*Quím*) Materia plástica sintética que se comercializa pralm. con los nombres de nailon y perlón. | *Economía* 88: Superpoliamidas: El nylon, descubierto en Estados Unidos, y el perlón, descubierto en Alemania.

superponer (*conjug* **21**) *tr* Poner [una cosa] encima [de otra] (*ci o compl* SOBRE)]. *Tb sin el 2º compl, con cd pl. Tb fig.* | Laforet *Mujer* 124: Paulina tuvo un .. fugaz anhelo de vivir en aquella casa de tierra, con su corralina de piedras superpuestas. Pericot *Polis* 18: Este pueblo y esta cultura .. ocuparon durante miles de años Europa .. Sobre ellos se superpusieron, en Occidente, bandas de cazadores armados con arcos. **b)** Poner [una cosa, esp. una figura geométrica] encima [de otra (*ci o compl* SOBRE)] haciendo que coincidan sus puntos correspondientes. *Tb sin el 2º compl, con cd pl.* | Gironza *Matemáticas* 153: Dos figuras iguales pueden superponerse coincidiendo cada punto de la una con un punto correspondiente de la otra. **c)** *pr* Ponerse [una cosa] encima [de otra (*ci o compl* SOBRE)]. *Tb sin el 2º compl, con suj pl. Tb fig.* | Medio *Andrés* 53: Durante unos momentos, el otro y Pablo, Pablo y el otro, se barajan como dos imágenes que tratan de superponerse y al fin se ajustan exactamente formando una sola.

superponible *adj* **1** Que se puede superponer. | Ybarra-Cabetas *Ciencias* 21: El ejemplo más claro de esta clase de simetría es el de nuestras dos manos, simétricas con relación a un plano, pero no superponibles.
2 Igual o equivalente. | Aleixandre *Química* 138: Estas dos fórmulas no son superponibles y deben, por tanto, corresponder a compuestos diferentes.

superposición *f* Acción de superponer(se). *Tb su efecto.* | Bustinza-Mascaró *Ciencias* 227: Están formados [los vasos] por la superposición de células. *Abc* 1.12.70, 26: Las especialidades de Arquitectura e Ingeniería técnica deben tener un campo de actuación propio sin supeditación, subordinación ni superposición. Gironza *Matemáticas* 160: La coincidencia de las cuerdas implica la superposición de los arcos.

superpotencia *f* Estado que posee una gran organización industrial y dispone de medios ofensivos y defensivos muy poderosos. | V. Gállego *ByN* 31.12.66, 47: La acerba y enconada rivalidad de las dos superpotencias nucleares.

superproducción *f* **1** Producción cinematográfica o de otro tipo de espectáculo realizada con presupuesto especialmente alto. | *Sáb* 10.9.66, 30: La próxima película de Jaime Prades (que solamente quiere hacer una superproducción anual) ha costado, en libro y guión, ochenta mil dólares.
2 (*Econ*) Producción en cantidad superior a la necesaria para el consumo. | FQuintana-Velarde *Política* 148: Con miedo a que se pudiesen mermar los beneficios por una crisis de superproducción .., era de esperar que no existiese una activa tendencia en pro de un aumento en la producción.

superrealismo *m* Surrealismo (movimiento literario o artístico). | DPlaja *Literatura* 504: El superrealismo, al evadirse de la realidad, es como un nuevo romanticismo que gusta de las cosas soñadas. J. J. Navarro *SPaís* 24.1.89, 6: Las angustias oníricas o las fantasías ultrajantes del superrealismo fueron digeridas y vendidas al gran público por Dalí en forma de iconografía estrambótica.

superrealista *adj* De(l) superrealismo. | *Cod* 3.5.64, 4: Nuestras críticas no tratan de algo tan subjetivo como los cuadros, las sinfonías, los dramas rurales, las novelas superrealistas. J. J. Navarro *SPaís* 24.1.89, 6: Queda la obra de Dalí; los sueños superrealistas de los años 20 y 30. **b)** Adepto al superrealismo. *Tb n.* | DPlaja *Literatura* 504: El gran poeta superrealista de hoy es Vicente Aleixandre.

supersónico -ca *adj* **1** [Velocidad o móvil] que sobrepasa la velocidad del sonido. *Tb n m, referido a avión. Frec con intención ponderativa, referido a velocidad.* | *Hie* 19.9.70, 5: Los aviones supersónicos comerciales siguen teniendo problemas antes de entrar en servicio.
2 [Fenómeno] relacionado con el vuelo de los aviones a velocidad superior a la del sonido. | *Ya* 11.2.75, 20: Probables explosiones aéreas supersónicas.

superstar (*ing; pronunc corriente,* /superestár/*; pl normal,* ~s) *m y f* Pers. de fama excepcional en el mundo del espectáculo, esp. en el cine. | MGaite *Cuento* 355: –¿Pero cómo que bebe y que está amargado? –se pregunta la gente de algunas superstars o de algunos artistas "que han llegado a la cumbre del éxito".

superstición *f* Creencia irracional según la cual determinados hechos o circunstancias llevan consigo automáticamente consecuencias gratas o nefastas. | * Eso de no querer pasar debajo de una escalera es una superstición. **b)** Hecho de atribuir poderes o cualidades sobrenaturales a seres que no los tienen. | Villapún *Moral* 106: La superstición consiste en tributar a una criatura el culto debido solo a Dios, o rendir a Dios culto en forma indebida. Puede ser: Superstición explícita: la idolatría. Superstición implícita: Vana observancia, adivinación, magia, espiritismo, etc. **c)** Creencia desmedida [en algo no religioso (*compl especificador*)]. | * Tiene la superstición del dinero.

supersticiosamente *adv* De manera supersticiosa. | Rof *Abc* 17.10.71, 3: Mahler, como les sucede a muchas personas, piensa supersticiosamente que su vida está guiada por signos secretos.

supersticioso -sa *adj* **1** De (la) superstición. | CBaroja *Inquisidor* 52: Había una cantidad considerable de españoles que leían las obras de los filósofos, aunque, por otro lado, el pueblo era de religión supersticiosa. **b)** Que denota o implica superstición. | Villapún *Moral* 108: Es supersticioso invocarlos [a los muertos] para descubrir las cosas futuras.
2 [Pers.] que tiene supersticiones. *Tb n*. | Cela *Judíos* 214: Por el camino venía una mujer .. arreando un jaco matalón que cargaba un inmenso ataúd mal terciado .. El vagabundo, aunque no es supersticioso, prefirió dejar el camino que llevaba.

supérstite *adj* (*Der*) Sobreviviente. *Tb n. Tb* (*lit*) *fuera del ámbito técn*. | Ramírez *Derecho* 97: No habiendo hermanos, ni hijos de hermanos, ni cónyuge supérstite, suceden al difunto sus demás parientes colaterales. Ramírez *Derecho* 173: Fallecido uno de los otorgantes, son irrevocables las disposiciones contenidas en el testamento, aun de los propios bienes del supérstite. Miguel *D16* 5.5.86, 4: La liberalísima actitud de esos dos felizmente supérstites del falangismo literario que son Areilza o Alfaro.

supervaloración *f* Acción de supervalorar. *Tb su efecto.* | Albalá *Periodismo* 17: Esta supervaloración del instrumento mecánico de transmisión .. sigue determinando en nuestros estudios la consideración dictatorial.

supervalorar *tr* Atribuir o dar [a alguien o algo (*cd*)] un valor superior al que tienen. | Olmo *English* 63: Último dogma para el comercio: una adecuada ambientación supervalora el género.

supervedette (*pronunc corriente*, /superbedét/) *f* Vedette que ocupa un lugar destacado en el mundo del espectáculo de revista. | *Alc* 31.10.62, 11: Desfilarán los más famosos artistas del momento; entre ellos, la "supervedette" Addy Ventura, Juanito Navarro y Manolito Díaz. MSantos *Tiempo* 221: Brotará .. la supervedette máxima que grita, alza los brazos en movimiento de vuelo o natación en seco y, cubierta toda ella de papel de plata o escamas de pez, tiene el don de concentrar cuantos rayos de luz ociosamente hasta ahora han derivado sobre la principalidad del espectáculo.

superveniencia *f* (*Der*) Acción de sobrevenir. | *Compil. Cataluña* 690: Los heredamientos no quedarán en ningún caso sin efecto por causa de preterición ni por supervivencia o superveniencia de hijos.

supervisar *tr* Controlar o revisar de manera general [un trabajo]. | L. Espina *Ya* 15.10.67, sn: Se encargan de llevar los ficheros de los alumnos, .. y de supervisar la actividad de los "maestros correctores".

supervisión *f* Acción de supervisar. | *Ecc* 14.9.63, 24: El órgano Dereux 61 .. se fabrica en España al amparo de patentes propias, bajo la directa supervisión del inventor.

supervisor -ra *adj* Que supervisa. *Frec n, referido a pers.* | P. Tornay *Sur* 4.8.88, 3: Supervisoras de planta de los hospitales Carlos Haya y Materno-Infantil han presentado a la gerencia del Hospital Regional en los dos últimos meses cerca de un centenar de informes en relación a deficiencias en la limpieza de pasillos y estancias de ambos centros. **b)** De(l) supervisor. | A. Cobos *Ya* 23.5.73, 35: Dicho rincón de arte puede tener garantizada su altura, al contar con la experiencia supervisora del experto barcelonés Javier Lasaleta y el buen pulso directivo de Marta Contreras.

supervivencia *f* Acción de sobrevivir. | *Compil. Cataluña* 690: Los heredamientos no quedarán en ningún caso sin efecto por causa de preterición ni por supervivencia o superveniencia de hijos. MCampos *Abc* 18.4.58, 3: Sus grandes consejeros recomiendan el inmediato empleo de esa fuerza en el momento en que su supervivencia esté en peligro.

superviviente *adj* Que sobrevive. *Tb fig. Tb n, referido a pers.* | CBaroja *Inquisidor* 50: Llorente, en la época de Carlos X, era .. un rezagado, un superviviente del siglo XVIII. Valencia *GacR* 27.10.70, 12: Los cuatro equipos españoles supervivientes en las competiciones de Europa fueron derrotados. DCañabate *Andanzas* 15: La otra tarde pasaba yo por la calle de Postas y vi a una abuela y a una nieta, ya una mujercita, paradas frente a la superviviente tienda de los hábitos.

supervivir *intr* Sobrevivir. | Chamorro *Sin raíces* 149: En el mismo año y en el siguiente murieron, de diversas enfermedades, 28. Luego, en distintas edades, 7 más. Supervivieron, pues, 36. Gambra *Filosofía* 140: El alma, por ser sustancia, puede supervivir tras la muerte.

superwélter (*pronunc corriente*, /superwélter/ o /superbélter/; *pl normal,* ~s *o invar*) *adj* (*Dep, esp Boxeo*) [Peso] cuyo límite máximo es de 69,8 kg. *Tb referido al deportista de ese peso; en este caso, frec como n m en pl.* | *Abc* 2.1.66, 95: El sueco Bo Hegberg se ha proclamado nuevo campeón europeo de los "superwélter" al vencer esta noche al hasta ahora campeón, el italiano Bruno Visintin.

superyó (*tb con la grafía* **super-yo**) *m* (*Psicol*) Parte del subconsciente que actúa como conciencia del ego, desarrollada principalmente en la infancia a partir de las relaciones con los padres y los educadores. | Rof *Amor* 179: Dos perturbaciones fundamentales de la sexualidad nacen, o bien por excesiva dependencia (de las figuras paternales, esto es, por inmadurez sexual) o por excesiva rigidez (de la persona, del yo, o del llamado super-yo).

supinación *f* (*Anat*) Movimiento del antebrazo que hace girar la mano de dentro afuera. | Navarro *Biología* 126: A su cargo está realizar rápidamente movimientos antagónicos como, por ejemplo, la pronación y supinación del brazo.

supinador -ra *adj* (*Anat*) De (la) supinación. *Tb n m, referido a músculo.* | Artero *Hombre* 82: Músculos de las extremidades .. Pronador, para poner la palma de la mano hacia abajo; supinador, para ponerla hacia arriba.

supino[1] -na *adj* **1** [Ignorancia] debida a negligencia o falta de interés. | Valcarce *Moral* 22: La [ignorancia] vencible se divide a su vez en simplemente tal, que es la definida, y la crasa y supina, cuando no se hace ningún esfuerzo para superarla. **b)** (*col*) [Ignorancia o desconocimiento] muy grande. *Con intención ponderativa.* | A. Semprún *Abc* 10.12.70, 28: Hoy solo cabe esperar a que algún viento bienhechor despeje no ya la duda, sino la supina ignorancia que parece embargarnos a todos.
2 (*Med*) [Decúbito] en que el cuerpo descansa sobre la espalda. | Mascaró *Médico* 44: La conducta a seguir ante una melena es la inmovilización absoluta del paciente en posición de decúbito supino (tendido boca arriba). **b)** (*lit*) Tumbado sobre la espalda. | E. GHerrera *SLib* 26.3.75, 26: Calados y arcadas caprichosas parecen arrullar a las estatuas, supinas, del fundador, esposa, hijo e hija.

supino[2] *m* (*Gram*) Forma nominal del verbo latino, del mismo tema que el participio de pretérito, y que expresa finalidad o sirve de especificador a determinados adjetivos y nombres. | Holgado-Morcillo *Leng. latina* 81: El supino es un sustantivo verbal de tema en *-u*.

supitaño -ña *adj* (*raro*) Subitáneo o súbito. | CBonald *Agata* 31: La muchacha parecía sumisa y como alobada .., pero .. se revolvió poseída de una supitaña ferocidad.

súpito -ta *adj* (*raro*) Súbito. | FCid *Abc* 2.2.79, 49: Preciosa la voz, fresca, segura y fácil, de Paloma Pérez Íñigo, un tanto súpita en algún corte.

suplantación *f* Acción de suplantar. | DPlaja *El español* 145: Lamentó don Luis Mejía al recordar la suplantación de que le había hecho víctima don Juan. Castilla *Hu-*

suplantador – suplico

manismo 19: La suplantación de una mística fideísta por una mística científica.

suplantador -ra *adj* Que suplanta. *Tb n, referido a pers.* | DPlaja *El español* 98: Esta soberbia actúa también en el suplantador, al que le irrita grandemente que haya habido alguien antes que él.

suplantar *tr* Ocupar [una pers.] el puesto o función [de otra (*cd*)] o sustituir[la], esp. de manera fraudulenta. | DPlaja *El español* 98: Molesta ser suplantado en campo propio, en jardín que fue suyo y por el que se paseó como señor. **b)** Sustituir fraudulentamente [a una pers. o cosa por otra]. | * Intenta suplantar la mística fideísta por una mística científica. * Trataron de suplantar su personalidad.

suplementación *f* Acción de suplementar. | BOE 12.3.68, 3770: Los alimentos. Valor nutritivo. Suplementación.

suplementar *tr* Dar suplemento [1a] [a algo (*cd*)]. | *BOE* 3.12.75, 25190: La iluminación general de las instalaciones se llevará a cabo con la máxima intensidad y amplitud que sea posible, por medio de focos convenientemente situados, suplementados por dispositivos individuales de iluminación en los puntos de vigilancia y observación.

suplementario -ria *adj* **1** Que sirve de suplemento [1]. | S. LTorre *Abc* 12.9.68, 31: Debemos añadir a este desplazamiento [f]ulminante de las treinta y cinco divisiones .. la marcha hacia la Alemania comunista de diez divisiones soviéticas suplementarias.
2 (*Geom*) [Ángulo] que es suplemento [2] [de otro]. *Tb sin compl, en pl.* | Marcos-Martínez *Aritmética* 174: Si dos ángulos son suplementarios, ¿pueden ser ambos obtusos?

suplemento *m* **1** Cosa que se añade [a otra ya completa (*compl de posesión*)] para perfeccionar[la] o agrandar[la]. | * Cuando cortes el cuello, recuerda dejar suplemento de costuras. * La mesa lleva un tablero de suplemento para cuando seamos muchos. Huarte *Tipografía* 61: Un libro consta, desde el punto de vista tipográfico, de preliminares, cuerpo de la obra y suplementos. **b)** Cantidad que se paga por encima de la tarifa normal. *Gralm con un compl especificador.* | Ero *Van* 27.6.74, 32: Surgió la cobranza de un suplemento de velocidad en algunos trenes. **c)** *En una publicación periódica:* Hoja o cuadernos independientes del número ordinario y destinados a secciones especiales. | *Alc* 1.1.55, 3: Este número de *El Alcázar* va acompañado de un suplemento.
2 (*Geom*) Ángulo que unido [a otro (*compl de posesión*)] mide dos rectos. *Tb el arco correspondiente.* | Marcos-Martínez *Aritmética* 174: Trazar un ángulo agudo y luego su suplemento.

suplencia *f* Acción de suplir [1]. | Palomino *Torremolinos* 152: Merche es joven y, normalmente, trabaja de día, pero hace las suplencias de las camareras de noche. R. Cermeño *Cua* 8/9.70, 32: Siempre ha quedado en el aire la posible suplencia de las bases americanas por la utilización de Gibraltar como base militar de la O.T.A.N.

suplente *adj* [Pers.] que suple [1a]. *Tb n.* | A. GOrantos *Reg* 22.11.66, 5: Cada equipo consta de diez jugadores, cinco titulares y cinco suplentes.

supletoriamente *adv* De manera supletoria. | *Compil. Cataluña* 713: Podrán designar heredero de conformidad con lo previsto por el testador o por la costumbre, y supletoriamente con sujeción a las siguientes reglas.

supletoriedad *f* Cualidad de supletorio. | Tamames *Economía* 464: En el Plan se asignó a las empresas públicas, una vez más, un "papel supletorio de la iniciativa privada". Esa supletoriedad se delimitó de forma que antes de la creación y establecimiento de nuevas plantas industriales de una empresa nacional se anunciaría el oportuno concurso público.

supletorio -ria *adj* **1** [Cosa] que suple o sirve para suplir. | Ramírez *Derecho* 59: Se llama herencia forzosa aquella impuesta por el legislador, no como supletoria de la voluntad del difunto, sino a pesar o en contra de tal voluntad. Torrente *Isla* 262: Habida cuenta de la escasez instrumental con que le ha agraciado la condesa, no será inverosímil que el hombre se las componga con bastante habilidad en el uso de instrumentos supletorios.
2 Suplementario [1]. *Tb n m, referido a teléfono.* | S*Abc* 8.3.70, 15: Posibilidad de instalación de altavoces supletorios para "trasladar" la música a otros espacios. G*Telefónica* x: La Compañía Telefónica ofrece la rápida instalación de todos los teléfonos supletorios que Vd. precise.

súplica *f* **1** Acción de suplicar. *Tb su efecto.* | Cela *Judíos* 191: La clerecía de Ávila .. se dirigió al papa de Roma en súplica de que se sirviera beatificar a la madre Teresa de Jesús. Armenteras *Epistolario* 245: Es rara la persona que no tenga que dirigirse a las Delegaciones de Hacienda en súplica de algo relacionado con sus actividades. A. Aricha *Caso* 26.12.70, 9: Encargaron al Señor que las inspirase al rellenar el cupón y sus súplicas fueron atendidas. **b)** (*admin*) Cláusula final de un escrito de solicitud. | Armenteras *Epistolario* 224: La instancia consta de tres cuerpos fundamentales: cabecera, exposición y súplica.
2 (*Der*) Recurso contra una disposición administrativa o judicial presentado ante la misma autoridad que la dictó. *Frec* RECURSO DE ~. | A. Pujol *Caso* 26.12.70, 21: El gobernador civil de Barcelona impuso a cada uno 25.000 pesetas de multa, y ellos recurrieron en súplica y en alzada, alegando que no habían incurrido en falta alguna sancionable.

suplicación *f* **1** (*Der*) Súplica [2]. | *Leg. contencioso-adm.* 348: En los pleitos derivados de la legislación especial sobre Arrendamientos Urbanos, incluso recurso de suplicación, se aplicará la escala del artículo 1.
2 (*hist*) Barquillo estrecho que se hacía en forma de canuto. | DPlaja *Sociedad* 38: El español de entonces probará .. pan pintado .. y las suplicaciones o barquillos.

suplicado -da *adj* **1** *part* → SUPLICAR.
2 (*raro*) [Carta] que se entrega a una pers. para que la haga llegar a otra. *Tb n f.* | FReguera-March *Dictadura* 2, 115: Aquel mismo día le escribí al Tino una carta suplicada, dirigiéndola a la alcaldía del pueblo malagueño en que había ocurrido el percance. A. Semprún *Abc* 10.4.73, 49: Suplicada al director de ABC. Doña Josefina Samper de Camacho. Mi distinguida señora.

suplicador -ra *adj* Suplicante. | Torrente *DJuan* 126: No sonreía triunfante, sino sumiso, casi suplicador. Cela *Judíos* 236: De un balcón próximo salió una suave voz, cálida y cristalina, trémulamente firme y, quizás, suplicadora.

suplicante *adj* **1** Que suplica. *Tb n, referido a pers.* | M. J. Cordero *Tri* 17.11.73, 58: De rodillas y a sus pies, como los antiguos suplicantes ante el poder carismático.
2 Que denota o implica súplica. | Palacios *Juicio* 50: Por eso Calderón puso en boca de Rosaura estas palabras suplicantes, dirigidas a Segismundo.

suplicar *tr* Pedir [algo a alguien] con humildad y apelando a sus buenos sentimientos. | Laiglesia *Tachado* 236: –No, por favor –le suplicaron los agentes. Cela *Oficio* 40: Tu madre suplica las migas del festín con voz lastimera e irritante. **b)** (*admin*) *Frec en fórmulas de solicitud.* | Armenteras *Epistolario* 228: Por lo expuesto, a V. E. *Suplica* Se sirva acceder a cuanto en esta instancia se solicita.

suplicatorio -ria I *adj* **1** Suplicante [2]. | Torrente *Saga* 307: Le miraban con ojos brillantes y estúpidos y tendían brazos anhelantes, suplicatorios, en demanda no sabía de qué.
II *m* **2** Instancia que un juez o tribunal dirige a un cuerpo legislativo, pidiendo autorización para proceder contra alguno de sus miembros. | *Ya* 30.4.70, 17: La Comisión Permanente de las Cortes .. resolvió conceder un suplicatorio que se había dirigido por el presidente del Tribunal Supremo de Justicia al presidente de las Cortes para el procesamiento de un procurador.

suplicio *m* **1** Muerte, o pena corporal grave, infligidas como castigo. | Villapún *Iglesia* 33: Grupos numerosos de cristianos eran conducidos al suplicio al mismo tiempo.
2 Sufrimiento físico o moral grave. *Frec con intención ponderativa.* | Medio *Bibiana* 124: Bibiana se ve libre del suplicio de una conversación que no le interesa.

suplico *m* (*Der*) Súplica. | *Leg. contencioso-adm.* 119: Ya en la L[ey] de 1952, la incongruencia fue causa de la factible interposición del recurso de revisión, que, a la vez que marcaba su caracterizante función revisora de los actos de la Administración, le imponía una severa congruencia entre los fallos de sus sentencias y las peticiones de los suplicos de las partes, en sus escritos de demanda y contestación. *GacNS* 6.8.75, 9: El juez [del tribunal eclesiástico], atendidos los suplicos de los escritos de las partes, fijará el "dubio de oficio".

suplido *m* Anticipo que se hace por cuenta de otra pers., con motivo de un trabajo profesional. *Frec en pl.* | *Ya* 21.8.85, 11: De nuestro peculio particular hemos tenido que poner ya siete millones en suplidos. Este dinero ha ido destinado, por ejemplo, a costear los desplazamientos que hemos tenido que hacer a Alemania, al pago de colaboradores y a otros menesteres.

suplir *tr* **1** Sustituir [una pers. o cosa a otra que falta]. | *Pue* 17.1.76, 1: Los conductores se niegan a suplir a los de la basura, en paro. *Economía* 267: En ocasiones esto no es factible, y entonces la observación suplirá a la explicación. **b)** Sustituir [a una pers. o cosa (*cd*) con otra]. | Á. A. Vico *SElM* 18.7.93, 15: Al riesgo se une la falta de medios materiales, y casi todo hay que suplirlo con materia gris y voluntad.
2 Remediar o contrarrestar [una carencia o un defecto o algo que los implica]. | MPuelles *Hombre* 182: Se trata de hacer posible la existencia de la iniciativa privada, y de que esta iniciativa privada sea todo lo amplia posible en la medida en que las lagunas que ella deja sean efectivamente suplidas por el Estado. S. Araúz *Inf* 16.11.74, 17: La necesidad forzada de suplir a un medio inhóspito, de subvenir a tantas privaciones, motivaba un agigantamiento del hombre.

supo *m* (*col*) Supositorio. | * Le pondremos supos, que ya está bien de pinchazos.

suponer (*conjug* **21**) *tr* **1** Considerar [algo, esp. un hecho] como existente o verdadero, sin fundamento suficiente. | GPavón *Hermanas* 32: Tomó unas pastillas, que Plinio supuso serían para la atenuación de aquellas incandescencias otoñales. **b)** *Seguido de un predicativo:* Considerar que se es o está. | Ybarra-Cabetas *Ciencias* 159: Son notables entre los reptiles los géneros *Ichthyosauros* y *Plesiosauros*, que se suponen gigantescos. **c)** Imaginar [algo no real o no conocido]. | CSotelo *Muchachita* 269: Ya se supondrá usted de qué se va a hablar.
2 Considerar [algo] como si fuese existente o verdadero. | Marcos-Martínez *Aritmética* 121: Supongamos que al medir la superficie de un terreno se ha obtenido 5 Hm². **b) un ~**, *o* **es un ~**. (*col*) *Usado como or independiente, expresa que lo que se dice es una suposición.* | Umbral *ByN* 6.12.75, 98: Los males que denuncia este filme, un suponer, que son los males de la tecnificación, la cibernética, la despersonalización y el capitalismo, los tenemos aquí metidos. A. Otaño *Abc* 20.6.76, 7: ¿No sería favorable que el personal asistir a mítines .. y encontrarse con un Tierno Galván, querido profesor, vestido de faralaes; un Camacho, ataviado de obrero a lo fallera mayor, o un Ruiz-Giménez, cadencioso de muñeira, es un suponer?
3 Implicar o llevar consigo. | SLuis *Doctrina* 32: Jesús quiso someterse a las molestias que no suponen pecado. **b)** Equivaler [a algo (*cd*)]. | *Inf* 26.2.74, 14: El derecho se ha pagado a 175 pesetas, que suponen 35 enteros. **c)** *Acompañado de un adv intensificador:* Importar o significar. | GMacías *Relatos* 87: Supone mucho la mujer en la vida del hombre. Es fundamental para su normal y eficaz desenvolvimiento.

suponible *adj* (*raro*) Que se puede suponer. | García *Abc* 27.4.75, sn: El panorama .. presenta .. una serie de problemas y de sombríos augurios que rozan la zona de peligro, o cuando menos de sorpresa inevitable y de imprevisión no suponible.

suposición *f* Acción de suponer [1 y 2]. *Tb su efecto.* | M. LPalacios *Caso* 26.12.70, 3: No es nada extraña esta suposición.

supositalidad *f* (*Filos*) Subsistencia (incomunicabilidad de la existencia, propia de la sustancia individual). | Rábade-Benavente *Filosofía* 257: El supuesto, o subsistencia, o supositalidad, como "incomunicabilidad de existencia" propia de la sustancia individual constitutiva de la persona.

supositicio -cia *adj* (*raro*) Supuesto o falso. | Palacios *Abc* 22.12.70, 3: Una Elisa Guillén que aparece en el epistolario del poeta, y cuyo nombre sería también supositicio.

supositorio *m* Preparación farmacéutica en pasta, de forma cónica u ovoide, que se introduce en el recto, en la vagina o en la uretra y que, al fundirse con el calor del cuerpo, deja en libertad los medicamentos cuyo efecto se busca. | Berenguer *Mundo* 220: Pablo se asustó y corrió a por don Celestino, que me echó unos supositorios para que me pusiera bueno.

supporter (*ing; pronunc corriente*, /supórter/; *pl normal*, ~s) *m* (*Dep*) Partidario o seguidor [de un deportista o de un equipo]. | *Cronos Mar* 24.1.68, 13: La Kumiko .. se llevó la medalla de oro .. dejando atrás a la guapísima rubia austríaca Heli Tunner Sengstschmid, y con un palmo de narices a sus numerosos "supporter".

supra *adv En un texto:* Más arriba. *Remitiendo a un capítulo o una página anteriores.* | RAdrados *Lingüística* 593: Confróntese supra pág. 268 sobre las lenguas que no tienen nominativo en nuestro sentido.

supra- *pref* (*lit o E*) Denota situación superior, en sent físico o no físico. | *Por ej:* Rábade-Benavente *Filosofía* 279: Apunta a unos fines suprabiológicos e incluso contrarios a las exigencias puramente naturales. MPuelles *Filosofía* 2, 185: Las imágenes sensibles .. actúan sobre el intelecto pasivo, determinando en él la correspondiente especie impresa incorpórea, a la que sigue el respectivo conocimiento supraempírico. Gala *Sáb* 8.3.75, 6: De lo supraescrito se deducen dos conclusiones. Bustinza-Mascaró *Ciencias* 169: Sistema nervioso [de los artrópodos] en posición ventral, salvo una porción supraesofágica. Aranguren *Marxismo* 132: La *langue* consiste en un sistema de "modelos" supraindividuales, intersubjetivos, colectivos. *Abc* 3.12.70, 50: Necesidad de una comisión supraministerial. J. Zaragüeta *Abc* 23.12.70, 3: De esta unidad .. brotan una doble serie de números cardinales, en sentido de números enteros supraunitarios hacia el infinito inalcanzable, e infraunitarios o fraccionarios.

supraclavicular *adj* (*Anat*) Situado encima de la clavícula. | *Abc* 18.5.58, 106: El diestro Antonio Bienvenida .. sufre .. herida por asta de toro, de 25 centímetros de extensión, que comprende la región auricular, .. alcanzando en la región supraclavicular la cúpula pleural.

supracondíleo -a *adj* (*Anat*) Situado encima del cóndilo. | *Ya* 22.9.89, 3: El paciente .. presentaba a su ingreso "herida por arma de fuego con orificio de entrada y de salida a nivel de rodilla izquierda con fractura de fémur a nivel supracondíleo".

supraconductividad *f* (*Electr*) Superconductividad. | *Prospecto* 2.91: Ateneo de Madrid .. Conferencia: "Supraconductividad, progreso reciente y perspectivas", por Fernando Flores.

supraconductor -ra *adj* (*Electr*) Superconductor. | *Ya* 12.4.89, 22: Para detectarlos [los campos magnéticos] se requieren elementos ultrasensibles, los interferómetros cuánticos supraconductores .., que funcionan a temperaturas extremadamente bajas, cercanas al punto de cero absoluto.

supracostal *adj* (*Anat*) Situado encima de una costilla. | Alvarado *Anatomía* 60: Los [músculos] costales (intercostales, infracostales y supracostales), que mueven las costillas y actúan en la respiración.

supradicho -cha *adj* Susodicho. | Torrente *Sombras* 179: Se abrió una puertecilla y entró una secretaria, respuesta, seguramente, al supradicho timbrazo.

supraestructura *f* (*E*) Superestructura (sistema de ideas). | Aranguren *Marxismo* 117: Los teóricos marxistas .. se aplicaron a esta tarea .. de afirmación del reinflujo de la supraestructura sobre la base.

supraestructural *adj* (*E*) De (la) supraestructura. | Aranguren *Marxismo* 33: El materialismo práctico .. según el cual .. el desarrollo, el bienestar disolverán todos los problemas supraestructurales.

supraliminar *adj* (*Psicol*) Superior al umbral de la conciencia. | Pinillos *Mente* 104: A esta captación inconsciente de estímulos leves que, aun siendo supraliminares, no son advertidos, la llaman los psicólogos subpección.

supramamario -ria *adj* (*Anat*) Situado encima de la glándula mamaria. | *Ya* 1.3.83, 40: Se le aprecia una herida incisa en la región supramamaria derecha.

supramundano -na *adj* Que está por encima de lo mundano. | Rábade-Benavente *Filosofía* 280: Acto religioso fundamental que, superando la pura actitud natural frente a la vida, inaugura una visión supramundana en el modo de entender esa vida.

supranacional *adj* Que rebasa lo nacional. | Alfonso *España* 87: Al otro extremo de la difícil convivencia supranacional .. se agudiza en el siglo XX la necesidad de otro tipo de convivencia mucho más concreta.

supranacionalidad *f* Condición de supranacional. | R. Conte *Inf* 14.9.74, 6: Giscard no se plantea problemas doctrinales sobre la tan debatida supranacionalidad.

supranormal *adj* Que rebasa los límites de lo normal. | G. Monti *SAbc* 20.10.68, 25: ¿La ciencia nos permite verdaderamente la posibilidad de alcanzar una edad supranormal?

suprarreal *adj* (*lit*) Surreal. | Aldecoa *Gran Sol* 82: La serpenteante presencia de los congrios, el equívoco formal de ojitos y lenguados, la suprarreal creación del pez rata.

suprarrealismo *m* Surrealismo. | Angulo *Arte* 2, 484: Surrealismo es la españolización de la palabra francesa "surréalisme", inventada por Apollinaire, y que equivale a superrealismo o suprarrealismo.

suprarrenal *adj* (*Anat*) Situado encima de los riñones. | Navarro *Biología* 199: Cada cápsula suprarrenal comprende una zona externa o cortical .. y una zona central .. La extirpación de la corteza suprarrenal es mortal.

suprasegmental *adj* (*Fon*) [Rasgo o elemento fónico] que afecta a un segmento más largo que el fonema. | Academia *Esbozo* 11: Al doble carácter de los prosodemas: su irreductibilidad al análisis por segmentos y el hecho de presuponer una sucesión de segmentos, alude el nombre de elementos suprasegmentales con que también se denominan.

suprasensible *adj* (*E*) Que no puede ser conocido a través de los sentidos. | GÁlvarez *Filosofía* 1, 119: La metafísica deberá partir de la experiencia sensible y no será tanto un saber de lo suprasensible .. cuanto la ciencia de los primeros principios y de las causas supremas de la realidad.

supraterreno -na *adj* Que está por encima de las cosas terrenas. | Anson *Oriente* 42: El budismo .. margina lo supraterreno y pretende encontrar un sentido a la vida sobre la tierra.

supremacía *f* Superioridad, o situación dominante. | Arenaza-Gastaminza *Historia* 38: Esparta consigue la supremacía total e impone en Atenas el gobierno de los treinta tiranos.

supremamente *adv* De manera suprema [1]. | J. MAlonso *Abc* 28.3.58, 21: La gloriosa pesadumbre no se hacía, sin embargo, rigidez ni envaramiento en nuestra compañera Cristina de Arteaga. Esta era siempre sencilla, supremamente sencilla.

suprematismo *m* (*Pint*) Movimiento creado por Kasimir Malevich en 1913, que preconiza el uso del círculo, el cuadrado, el triángulo y la cruz como formas de simplificación suprema. | *BFM* 8/9.93, 16: Comprende [la exposición] obras de 1900 a 1933, reflejando la trayectoria de Malevich, desde su adscripción al Cubismo y al Futurismo hasta la creación de un nuevo lenguaje plástico que denominó el Suprematismo y que ha tenido una gran influencia en el arte europeo hasta nuestros días.

suprematista *adj* (*Pint*) De(l) suprematismo. | J. Castro *SInf* 22.4.71, 11: Orden de geometría, regularidad que bien se pudiera designar, para fácilmente entendernos, de neoplasticista, de suprematista. *BFM* 1.93, 21: Para Malevich, las pinturas Suprematistas funcionan como imágenes contemplativas. **b)** Adepto al suprematismo. *Tb n.* | *SAbc* 15.1.93, 34: Malevich, el suprematista arrepentido.

supremo -ma **I** *adj* **1** Sumo, o superior a todos los de su especie. *Tb fig* (*lit*), *con intención ponderativa*. | CBaroja *Inquisidor* 36: Cuando estaba confiado en que llegaba la hora de la gran recompensa, de la recompensa suprema, las esperanzas se desvanecían. Tejedor *Arte* 36: Se erigió [el Partenón] por iniciativa de Pericles y según los planos de los arquitectos Ictino y Calícrates, pero bajo la suprema dirección del escultor Fidias. **b)** Culminante o decisivo. *Normalmente referido a momento*. | Benet *Nunca* 13: Jamás .. asistió a la publicación de las listas de los aprobados –ese momento supremo de la ceremonia de inmolación anual .. de aquella especial muchedumbre de ojerosos y susurrantes examinandos–.

2 (*Coc*) [Salsa] preparada con mantequilla, harina y caldo de ave, a la que se añade nata cruda. *Tb n f.* | *Cocina* 500: Gallina en salsa suprema a la cubana. *Cocina* 520: Los chaud-froid se llaman a la suprema cuando llevan nata cruda.

II *n* **A** *m* **3** Tribunal Supremo [1a]. | *Pue* 20.1.67, 17: Ante el Supremo le defendió.

B *f* **4** (*hist*) Consejo supremo [1a] de la Inquisición. | Revilla *Lecturas* 168: Los gastos de la fundación se hicieron a costa de don Luis del Mercado, oidor del Consejo Real, inquisidor de la Suprema.

5 (*Coc*) Guiso, gralm. de pechugas de ave, en salsa suprema [2]. *Frec con un compl especificador.* | C. LTena *SAbc* 1.6.75, 22: En la cena que Loubet ofrece en su residencia del Elíseo figuran en los programas de mano todas estas cosas: melón al Oporto, .. suprema de gallina cebada Cumberland. *País* 26.11.93, 10: Menú degustación .. Suprema de merluza.

supresión *f* Acción de suprimir. *Tb su efecto.* | Gironella *Millón* 410: Ambos habían comprendido perfectamente lo que Montesinos quiso insinuar: la supresión de Franco.

supresivo -va *adj* De (la) supresión. | J. M. Falero *SAbc* 31.5.70, 27: Trata de buscar una sustancia que inhiba solamente la respiración, para entonces suponer que este efecto supresivo se debe a la reacción química producida por el fermento de la respiración.

supresor -ra *adj* Que suprime. *Frec n m, referido a aparato.* | *GTelefónica N.* 191: Telstar, S.A. .. Vacuómetros y accesorios para alto vacío. Instalaciones completas de alto vacío. Supresores para gas y aire.

suprimible *adj* Que se puede suprimir. | R. RSastre *Mun* 5.12.70, 47: Lo difícil, si verdaderamente se ha abusado de las exoneraciones, es determinar las suprimibles.

suprimir *tr* Hacer que [algo (*cd*)] deje de contar a efectos operativos. | * Han suprimido las máquinas normales; ahora son todas eléctricas. **b)** Hacer que [algo (*cd*)] deje de existir. | J. Carabias *Ya* 14.12.75, 8: Hay quien habla hasta de suprimir ministerios. **c)** Matar [a una pers.]. | FSalgado *Conversaciones* 115: No creo que el dictador de Yugoslavia devuelva por ahora su visita a Moscú, porque se expone a que lo supriman violentamente.

supuestamente *adv* De manera supuesta [2]. | *HLM* 26.10.70, 2: Al amparo de la artificiosidad de algunos mecanismos supuestamente democráticos, los legisladores van a tener ocasión de darle a su país una ley que ni pide ni necesita.

supuesto -ta **I** *adj* **1** *part* → SUPONER.

2 Pretendido o hipotético. | R. Saladrigas *Des* 12.9.70, 29: Ha sido testigo [Mauriac] de cómo la activísima evolución de las ideologías enterraba para siempre la supuesta vigencia de su tono de "terrible opresión ética". Valcarce *Moral* 18: En realidad no son actos humanos, o por lo menos, no existe conocimiento cierto de ellos en el sujeto. De ahí que se les llame presuntos, supuestos o puramente interpretativos.

II *m* **3** Suposición o hipótesis. | Castilla *Natur. saber* 25: El supuesto de la existencia de algún ente extramundano no es, por lo pronto, comprobable, ni tan siquiera necesario. **b)** Postulado (proposición cuya verdad se admite sin demostrar). | A. Becerra *Abc* 13.3.58, 13: No era cosa fácil entonces, cuando tan distintos y encontrados vientos corrían, polemizar en torno a viejos y debatidos supuestos.

4 (*Filos*) Subsistencia (incomunicabilidad de la existencia, propia de la sustancia individual). | Rábade-Benavente *Filosofía* 257: A pesar de que el problema es de clara raigambre teológica, tuvo gran repercusión en polémicas filosóficas, centradas en la determinación de la naturaleza del supuesto o subsistencia.

III *loc v* **5 dar por ~** [algo]. Dar[lo] por seguro. *Tb* (*semiculto, raro*) *en m sin concordancia.* | A. MAlonso *HLM* 1.7.74, 3: Si se da por supuesto que el compromiso que se establece es malo y el desacuerdo que se mantiene es bueno, la conclusión favorable al desacuerdo es obvia. Miret *Tri* 3.11.73, 51: Les ha abierto los ojos a muchas cosas que antes daban por supuesto: doctrinas, normas, ritos.

IV *loc adv* **6 por ~.** Ciertamente. *Puede funcionar como or independiente.* | LMuñoz *Tri* 26.12.70, 6: Por supuesto que del fracaso y de las consecuencias de este largo proceso no se exigieron responsabilidades.

V *loc conj* **7 ~ que.** (*lit*) Puesto que. | Delibes *Mundos* 8: Esto es una ventaja, supuesto que de este modo el material a observar es inagotable.

supuración *f* Acción de supurar. *Tb su efecto.* | CBonald *Ágata* 67: El brazo herido, del que cuidó lo mejor que supo hasta lograr detener la supuración.

supurado -da *adj* **1** *part* → SUPURAR.
2 (*Med*) [Herida] que supura. | Navarro *Biología* 259: El *M. pyogenes aureus* .. es el más frecuente microbio productor del pus, causante de la infección de las heridas, produciendo heridas supuradas, forúnculos y orzuelos en la piel.

supurante *adj* (*Med*) Que supura. | *Abc* 15.11.75, 87: Podemos suponer que la infección peritoneal .. se concretó en un foco supurante que era centro integral de la expulsión de sangre y de pus.

supurar A *intr* **1** Producir y desprender pus. | * Esta herida supura. * Me supura el oído.
B *tr* **2** (*semiculto*) Producir y desprender [pus]. | Laforet *Mujer* 117: Sus rodillas supuraban pus.

supurativo -va *adj* (*Med*) Que produce supuración. | J. Félix *Ya* 12.2.75, 30: Junto a esto, ante todo absceso o toda acción supurativa, es preciso tener en cuenta que los antibióticos no pueden sustituir nunca a la acción quirúrgica para la eliminación de estas lesiones purulentas.

sur (*frec con mayúscula*) **I** *m* **1** Punto cardinal diametralmente opuesto al norte. | Ortega-Roig *País* 10: El Sur, o Mediodía, es el lugar en que se halla el Sol al mediodía, o sea cuando este se encuentra en el punto más alto del horizonte.
2 Parte [de un territorio o lugar] que está hacia el sur [1]. | *Alc* 1.1.55, 3: Los habitantes del norte del Vietnam y los del sur del mismo país decidirán lo que se haya de hacer.
3 Viento que sopla del sur [1]. *Tb* VIENTO ~. | Delibes *Ratas* 31: El Nini aprendió a conocer las liebres; .. que si sopla norte, se acuesta al sur del monte o del majuelo, y, si sur, al norte.
II *adj* (*invar*) **4** [Cosa] que está hacia el sur o que corresponde al sur [1]. | Zubía *Geografía* 24: Las estaciones son opuestas en los hemisferios Norte y Sur. Plans *Geog. universal* 19: El extremo opuesto al Norte es el Polo Sur. **b)** [Polo] de la aguja imantada que señala aproximadamente el Polo Sur geográfico. | Marcos-Martínez *Física* 179: En el Hemisferio Sur será el polo sur de la aguja [el] que buzará a tierra, atraído por el polo norte magnético de la Tierra. **c)** [Polo magnético] de la Tierra, próximo al Polo Norte geográfico, que atrae al polo norte de la aguja imantada. | Marcos-Martínez *Física* 177: El polo sur magnético S' está próximo al polo norte geográfico N, puesto que atrae al polo norte de la aguja. **d)** (*Fís*) *En el imán:* [Polo] negativo. | Mingarro *Física* 162: Tres [campos magnéticos], que exigen tres polos norte y tres polos sur.

sur- *r pref* Del sur. | *Por ej:* Tamames *Economía* 133: La región Suratlántica .. comprende los puertos situados entre Ayamonte y La Línea de la Concepción. Tamames *Economía* 18: Las aportaciones fluviales son, pues, menores en todo el Levante y el litoral surmediterráneo. *Ya* 6.12.75, 33: Como medida de prevención ante posibles ataques de simpatizantes surmoluqueños con los terroristas que secuestraron un tren .. han sido colocados varios tanques de vigilancia en lugares estratégicos. *Inf* 27.5.77, 1: Los 101 niños que mantenían como rehenes un grupo de terroristas surmoluqueses en una escuela del norte de Holanda. Ortega *Americanos* 19: Dos invitados venidos de latitudes europeas surpirenaicas.

sura *f* Capítulo del Corán. | Arenaza-Gastaminza *Historia* 82: La doctrina del islamismo se halla en el *Corán* .., compuesto de 114 suras o capítulos.

surá (*frec con la grafía* **surah**) *m* Tejido de seda con ligamento de sarga, muy fino y flexible. | *Ya* 24.5.70, 31: Prendas confeccionadas... con shantung y surah poliéster Crepalba.

surada *f* **1** Golpe de viento sur. | Aldecoa *Gran Sol* 79: Estaba valentón en el envite; llegaba con la fuerza de una surada.
2 Viento sur persistente. | Fegube *Inde* 1.10.90, 63: Los vientos serán ya de componente Oeste en Galicia y todo el Cantábrico, con lo que terminará la surada o viento cálido del Sur que ha estado dominando en esta zona durante los últimos días.

surafricano -na *adj* Sudafricano. *Tb n.* | *SYa* 2.11.92, XII: El corredor surafricano Willie Mtolo se impuso ayer en la vigesimotercera edición del prestigioso Maratón de Nueva York.

suramericano -na *adj* Sudamericano. *Tb n.* | ZVicente *Traque* 234: Las radios nacionales de varios países suramericanos han convocado un concurso fenómeno.

surazo *m* (*Mar*) Viento fuerte del sur. | Guillén *Lenguaje* 33: Admite ["Sur"] los sufijos corrientes a todos para formar *surada*, que es collada de sures .., y *surazo*, que es ventarrón de esta parte.

surcado -da *adj* **1** *part* → SURCAR.
2 Que tiene surcos. | Lotina *Setas* sn: *Cortinarius praestans* .. Sombrero: .. El margen de los bordes es irregular y surcado.

surcador -ra *adj* Que surca. | AAzpiri *Abc* 18.5.58, 29: Así, entre tanta evocación marítima, vive nuestro hidalgo manchego, navegante asimismo, pero sobre galeras atartanadas de cuatro ruedas, y surcadoras del mar quieto y proceloso del inmenso canal seco de La Mancha.

surcal *m* (*reg*) Conjunto de surcos [1a]. | Escobar *Itinerarios* 102: A veces la liebre quedaba pegada a la tierra igual que un terrón del surcal, invisible.

surcar *tr* **1** Hacer surcos [en algo (*cd*), esp. en la tierra]. | Escobar *Itinerarios* 196: Al lado de los barbechos, a punto de ser surcados de nuevo, con el tempero aparente.
2 (*lit*) Moverse [a través de un fluido (*cd*)] hendiendo[lo]. | R. Rubio *Abc* 6.12.70, 15: El lago es pasivo, .. se deja surcar por las silenciosas barquichuelas.

surco *m* **1** Hendidura longitudinal hecha en la tierra con el arado o la azada. | Arce *Testamento* 62: El Bayona tiene cara de labrador. Puede uno encontrárselo .. encorvado sobre el surco, sallando la patata o esquilmando la cosecha. **b)** Hendidura longitudinal que se produce al pasar sobre una superficie blanda. *Tb fig.* | Aldecoa *Gran Sol* 136: Está pasando [el barco]. No se le va a ver, pero sentiremos el surco. Torrente *SD16* 9.7.88, VI: Los años de aprendizaje vividos en la proximidad de semejantes maestros dejaron en mi alma un surco profundo e indeleble. **c)** (*Anat y Biol*) Hendidura longitudinal. | Navarro *Biología* 122: Presenta [la médula espinal] dos hendiduras longitudinales, una por delante o surco anterior, y otra por detrás o surco posterior. **d)** Hendidura espiral [de un disco fonográfico]. | M. Alpuente *SInf* 11.10.73, 11: Abundan [en las canciones] las interpelaciones respectivas, y se respira a lo largo de los surcos una espontaneidad verídica.
2 Arruga larga y profunda [del rostro o de otra parte del cuerpo]. | Penélope *SYa* 10.11.63, 35: Solo se conseguiría marcar surcos y arrugas y un aspecto basto y áspero en el cutis.

surcoreano -na *adj* De Corea del Sur. *Tb n*, *referido a pers.* | *Abc* 1.2.68, 23: También fueron atacadas las representaciones diplomáticas filipina y surcoreana.

sureño -ña *adj* Del sur. *Tb n, referido a pers.* | CBonald *Ágata* 80: Era un hedor afilado de putrefacción que arreciaba con las rachas del viento sureño. Delibes *Mundos* 46: Temuco, Osorno son pequeñas ciudades sureñas.

sureste (*frec con mayúscula*) *m* Sudeste. | J. L. Aguado *SInf* 3.12.75, 3: Fuera de Europa cabe citar la temible nuez vómica del sur y sureste de Asia. Plans *Geog. universal* 59: Días de viento Sureste: 2. CBonald *Noche* 203: Había poco viento, un sureste racheado.

surf *m* **1** Deporte que consiste en dejarse llevar sobre la cresta de una ola, de pie sobre una plancha de unos 2 m de longitud. | Palomino *Torremolinos* 101: Van a tomar un

surf-casting – surtidor

zumo de naranja .. junto a las olas de este mar civilizado, sin surf, sin coral, sin tiburones.
2 Baile suelto, de ritmo movido, de moda en el segundo tercio de los años sesenta. | *Abc* 2.1.66, sn: Aprenda a bailar: Twist, madison, bully-bully, surfs.

surf-casting (*ing; pronunc corriente,* /súrf-kástin/) *m* Método de pesca en que se lanza el anzuelo en el océano abierto o en una bahía donde las olas rompen en la playa. | M. SCandamio *Voz* 29.11.85: El casting "es un bello y espectacular deporte" .. Este deporte se practica en terreno firme, pero vinculado con la pesca no solo en la modalidad del surf-casting, sino en todas las modalidades de pesca.

surfer (*ing; pronunc corriente,* /súrfer/) *m y f* Surfista. | An. Guerrero *SPaís* 8.11.81, 41: Quizá por todo esto ha nacido el *windskiing*. Su creador ha sido Jamie Budge, un *surfer* (practicante de *surf*), de California.

surfing (*ing; pronunc corriente,* /súrfin/) *m* Surf [1]. | *Pro* 19.8.75, 31: Su hobby lo constituye el deporte del "surfing".

surfista *m y f* Pers. que practica el surf [1]. | *Ale* 28.8.85, 8: Fiesta para surfistas y pisatablas.

surgencia *f* (*Geogr*) Lugar por donde surge o brota el agua. | Cendrero *Cantabria* 220: La espectacular cascada que nace de la pared de roca caliza y que constituye el nacimiento del río. Esta cascada es una surgencia del macizo kárstico que se extiende hasta el valle del Miera.

surgimiento *m* Acción de surgir. *Tb su efecto.* | LMuñoz *Tri* 12.12.70, 21: Ni existe un mercado suficiente .. ni el proceso de desenvolvimiento económico ha dado lugar al surgimiento de una burguesía. *MOPU* 7/8.85, 114: Dos grandes ecosistemas suelen citarse en la provincia de Toledo: Las zonas planas, casi sin vegetación, pletóricas de vides y olivos, con frecuentes encharcamientos y en ocasiones surgimiento de lagunazos .. El monte bravo o de Mancha.

surgir *intr* **1** Aparecer [una cosa] sobresaliendo o elevándose. *Tb fig.* | L. Pastrana *SHora* 16.5.76, 4: Atravesada Puerta Sol .. surgían ya los primeros hospitales, cuyas fachadas y emblemas no se dejarían de contemplar hasta abandonar Astorga. Olmo *Golfos* 142: Entre la algarabía, surgen, perfilándose dramáticamente, algunos gritos de dolor.
2 Aparecer o presentarse de improviso. | *País* 20.11.76, 6: Franco no surgió por casualidad en la historia española. Fue el colofón y el fruto de un país repleto de errores y sinrazones colectivas.
3 Brotar o manar [agua u otro líquido]. | * El agua surge por cualquier parte, entre la arena, por las grietas de las rocas.
4 (*Mar*) Fondear [una embarcación]. *Frec en part.* | Zunzunegui *Camino* 542: Se divisaban algunos barquitos de lujo y gasolineras y balandros surgidos, de flaqueantes velas.

suricata *f* Mamífero de Sudáfrica semejante a la mangosta, de hocico agudo y cuatro dedos con fuertes uñas en cada pata (*Suricata tetradactyla*). | *Ya* 1.5.84, 29: La suricata, que vive en zonas semidesérticas, es parecida al "perrito de las praderas".

surinamés -sa *adj* De Surinam. *Tb n, referido a pers.* | *Abc* 8.5.83, 36: Surinameses exiliados en Holanda han formado un Consejo de Liberación.

suripanta *f* **1** (*hoy raro*) Corista de teatro. | Cossío *Confesiones* 284: Del elemento femenino, [asistieron] unas muchachas, suripantas de un teatrillo de París.
2 (*lit*) Prostituta. | GPavón *Reinado* 107: Maleza, que estaba de jefe sumo cuando la visita de las suripantas, tuvo sus titubeos en cuanto a si las daba soleta o no. Landero *Juegos* 332: Esa .. es la meretriz, la gran daifa, la suripanta, la zorra desorejada, la entretenida, que con este granuja .. corona a su marido.

surmenage (*fr; pronunc corriente,* /sürmenáʒ/ o /surmenáχe/) (*Med, hoy raro*) *m* Estado depresivo causado por agotamiento físico o psíquico. | *GTelefónica* 17: Residencia psiquiátrica Ntra. S. Paz .. Enfermedades nerviosas. Surmenage y Stress psíquicos.

surmontado -da *adj* (*Heráld*) Superado. | *Abc* 8.3.80, 70: Acompañan al escudo las dos columnas de Hércules .., surmontada cada una, respectivamente, de una corona imperial y de la Real de España.

suroccidental *adj* Sudoccidental. | * El extremo suroccidental de la península.

suroeste (*frec con mayúscula*) *m* Sudoeste. | Aldecoa *Gran Sol* 74: Soplaba viento duro del suroeste rolando al noroeste.

suroriental *adj* Sudoriental. | GNuño *Escultura* 47: Los etruscos se extendían en una ancha y profunda zona costera de Italia, coincidente, sobre todo, con la actual Toscana, de cara al Mar Tirreno y con límites surorientales en los bordes de Roma.

surplus (*fr; pronunc corriente,* /surplús/) *m* Exceso, o cantidad que excede de lo necesario, normal o deseable. | L. Contreras *Inf* 9.3.78, 5: Pilar Brabo indicó que no se discutía la presencia de representantes del Gobierno en el Consejo, sino el "surplus" de votos que en su seno proporcionaba al Gobierno el 70 por 100 de aquellos. M. Portela *SPaís* 17.3.91, 20: Seguirá siendo ocasión para la apuesta por valores de empresas que hayan conservado suficientes buenos fundamentos de economía real como para aprovechar un *surplus* de las ventajas que vienen: el mayor y más barato crédito, y el dólar en subida.

surreal *adj* Surrealista. | Aguilera *Arte* 84: La rebelión surrealista aparece en el arte español como un claro puente entre la anteguerra y la postguerra .. En el proceso de las rupturas culturales contemporáneas, las rebeliones dadá y surreal han tenido una importancia que es innecesario subrayar.

surrealismo *m* **1** Movimiento literario y artístico surgido en Francia hacia 1920, que basa su expresión en el automatismo psíquico, el inconsciente y la irracionalidad. | Tejedor *Arte* 228: El surrealismo, que quiere reflejar las creaciones del subconsciente como una realidad, tendencia con distintas modalidades representan los españoles Juan Miró y Salvador Dalí. V. Romero *Pue* 16.12.70, 27: Se ve en ellos una vuelta revolucionaria al surrealismo. A partir de este movimiento podrá construirse la nueva poesía española.
2 Condición de surrealista. | VMontalbán *Rosa* 71: Ni siquiera se predisponía a creer en el surrealismo de la situación.

surrealista *adj* **1** De(l) surrealismo [1]. | GNuño *Arte s. XX* 257: La pintura surrealista no tenía nada de revolucionaria, como se jactaba de proclamar, pero sí de escandalosa. **b)** Adepto al surrealismo. *Tb n.* | GNuño *Arte s. XX* 261: Un surrealista convencido y temprano fue José Caballero.
2 Que evoca el surrealismo, esp. por su carácter irracional o llamativo. | E. Daudet *SAbc* 8.3.70, 30: Su adiós a Nueva York, con un baile surrealista en el "Coq Rouge", es la mayor orgía que registra la historia americana. * La noticia tiene un aire bastante surrealista.

sursum corda (*lat; pronunc,* /súrsum kórda/) **I** *loc n m* **1 el ~.** (*col*) Alguien importantísimo e imaginario. | Medio *Andrés* 17: A ver quién te mantiene, quién os mantiene a todos... ¡El sursum corda!
II *interj* **2** *Se usa para animar.* | ZVicente *Mesa* 101: ¿Qué bicho le ha mordido hoy, amigo Mario? ¡Sursum corda!

surtido -da I *adj* **1** *part* → SURTIR.
2 [Cosas] variadas dentro de una misma especie. | *Bal* 4.3.70, 4: En la ciudad condal, sin ir más lejos, escamoteó hasta treinta botellas de surtidos licores.
II *m* **3** Conjunto formado por cosas surtidas [2]. | *SVozC* 31.12.70, 3: Óptica Internacional Guillermo Frühbeck .. Inmenso surtido en monturas.

surtidor -ra I *adj* **1** (*raro*) Que surte [1]. | *GTelefónica N.* 98: Instalaciones Petrolíferas Iglesias. Garaje. Aparatos surtidores. Gas-Oil. Fuel-Oil. Estaciones de servicio.
II *m* **2** Chorro [de agua u otro líquido] que sale hacia arriba. | Legorburu-Barrutia *Ciencias* 388: Los géiseres .. son surtidores intermitentes de agua hirviendo. Legorburu-Barrutia *Ciencias* 363: La presión que ejercen los gases que hay sobre el petróleo puede ser de cientos de atmósferas. Una perforación afortunada origina un inmenso surtidor que a veces arranca de cuajo el derrik o torre de perforación.

3 Bomba distribuidora [de gasolina u otro carburante para vehículos]. ǀ GPavón *Hermanas* 32: Caserones abandonados entre señales de tráfico y carteles publicitarios. Bares para camioneros. Surtidores de gasolina.
4 (*Mec*) Boquilla con orificio calibrado, por el cual el carburador toma el combustible. ǀ *Faro* 2.8.75, 3: Este nuevo carburador incorpora una pareja de surtidores combinados con el difusor del conducto de aspiración del motor.

surtir A *tr* **1** Proveer [a una pers. o cosa de algo]. ǀ P. L. Serrera *Ya* 9.7.72, 8: Obra también de los Reyes Católicos fue la reorganización y potenciación del Consejo Real, sobre todo al surtirlo de letrados de sólida formación.
2 Producir [algo (*suj*) efecto]. ǀ Amable *Sáb* 10.9.66, 44: Hay que requerirlo de una manera oficial, a través del encargado de preparar el expediente prematrimonial, para que el acto surta efectos legales.
B *intr* **3** (*lit*) Brotar o salir [agua u otro líquido]. *Tb fig.* ǀ Lapesa *HLengua* 211: El estilo no fluye canalizado en las normas usuales del discurso literario, sino como manantial que surte en la intimidad del alma. Zunzunegui *Camino* 371: La voz le surtía desvitaminizada y sin color.

surto -ta *adj* [Embarcación] fondeada. ǀ Kurtz *Lado* 132: Cuando llegó a Nueva York cogió lo primero que le salió al paso; la carga y descarga de los mercantes surtos en el puerto.

survietnamita *adj* De Vietnam del Sur. *Tb n, referido a pers.* ǀ S. Jiménez *Abc* 9.9.66, 26: El cónsul de Francia en Saigón había pedido ayer explicaciones a las autoridades survietnamitas.

sus[1] *interj* (*raro*) Se emplea para animar. ǀ Gironella *Millón* 166: El día avanzaba y los milicianos temían ver aparecer los primeros toques de rosa en el cielo. "¡Sus y a por ellos!"

sus[2] → VOSOTROS.

susa *f* (*reg*) Seta amarilla comestible propia de bosques húmedos de suelo ácido (*Cantharellus cibarius*). ǀ Perala *Setas* 83: *Cantharellus cibarius*. Girola. Cabrilla. Seta amarilla .. Susa.

susceptibilidad *f* Cualidad de susceptible. ǀ Castellanos *Animales* 142: Enfermedades de los peces .. Terciopelo .. Los albonubes tienen una susceptibilidad especial a esta enfermedad. Laiglesia *Tachado* 72: Era también capaz .. De distribuir los puestos en una mesa de comedor con tacto y equidad, para no herir las susceptibilidades de los comensales.

susceptible *adj* **1** Que puede recibir o experimentar [algo (*compl* DE)]. ǀ Payno *Curso* 82: De pronto se dio cuenta, mientras buscaba cosas que fueran susceptibles de ser pintadas, que había muy pocas. **b)** (*Med y Vet*) Que tiene cierta predisposición [a una enfermedad (*compl* DE)]. *Tb sin compl.* ǀ MNiclos *Toxicología* 66: La intoxicación es casi siempre medicamentosa, ya por dosis excesiva o por tratarse de sujetos susceptibles.
2 [Pers.] propensa a sentirse ofendida o menospreciada. ǀ Sastre *Oficio* 121: Eres muy susceptible tú. Cuando dije que a lo mejor habías sido tú, era pensando en una broma.
3 (*semiculto*) Capaz (que puede hacer [algo (*compl* DE)]). ǀ Goytisolo *Recuento* 466: Un pasado susceptible de adquirir .. cierta entidad y hasta cierto interés. N. Luján *Des* 6.1.73, 26: Los niños organizaban un estruendo fabuloso con trompetas, zambombas y todos los instrumentos susceptibles de producir un ruido infernal.

susceptivo -va *adj* (*Filos*) Receptivo. ǀ MPuelles *Filosofía* 2, 266: Lo mismo ocurre si lo que se la ha dado [al sujeto] tiene esa perfección de un modo restringido, como sujeto que recibe un acto y lo limita según su propia capacidad susceptiva.

suscitación *f* Acción de suscitar. *Tb su efecto.* ǀ A. Molina *SYa* 13.12.70, 17: El olfato y el oído .. se enriquecen con los matices que ellos captan en cuanto se les deja en libertad de actuar sin precipitación, recogiendo las suscitaciones del ambiente callejero.

suscitador -ra *adj* Que suscita. *Tb n, referido a pers.* ǀ Lapesa *HLengua* 230: El *Polifemo* y las *Soledades* (1613) fueron piedra de escándalo, suscitadora de acerbas protestas y entusiastas elogios.

suscitar *tr* Provocar o promover [algo no material, esp. un sentimiento o idea]. ǀ M. Madridejos *Faro* 2.8.75, 30: El señor Caramanlis se preocupa fundamentalmente de no suscitar las iras de un ejército profundamente conservador. ANavarro *Ya* 25.6.75, 12: La enunciación de aquellos propósitos suscitó un amplio eco de expectación y –¿por qué no decirlo?– de ilusionada esperanza. J. GRobles *Abc* 15.12.70, 23: Al suscitarse la cuestión de competencia por los compañeros que intervinieron en esta fase del proceso, en ningún momento se discutió la legalidad de los Tribunales de Guerra.

suscribible (*tb, raro,* **subscribible**) *adj* Que se puede suscribir. ǀ Argos *Abc* 21.1.73, 29: Un documento leal y suscribible .. Este documento, o carta pública a Franco, está sucrito por treinta y nueve personalidades.

suscribir (*tb, raro,* **subscribir**; *conjug* **46**) **I** *tr* **1** Firmar [un escrito]. ǀ CBaroja *Inquisidor* 24: Deben disponer de un notario que .. reciba y suscriba las denuncias.
2 Manifestar conformidad [con lo dicho (*cd*) por otro]. ǀ FReguera-March *Cuba* 387: Suscribo íntegramente las palabras de Concas.
3 Comprar [valores de bolsa] o contratar [una póliza de seguros], firmando los documentos correspondientes. ǀ CNavarro *Perros* 86: El cliente suscribiría la póliza sin rechistar.
4 Hacer que [alguien (*cd*)] se obligue al pago de determinada cantidad periódica [a una obra o entidad]. *Frec el cd es refl.* ǀ * Estoy suscrita a Unicef. **b)** Comprometer [a alguien (*cd*)] a la compra [de una publicación, esp. periódica (*compl* A)]. *Gralm el cd es refl.* ǀ *Cam* 2.12.74, 29: Suscríbase al cambio enviando este cupón. Para consultas relacionadas con suscripciones cite siempre su número de suscriptor, que figura impreso en las fajas de envío del semanario.
II *loc pr* **5 el que suscribe.** (*admin*) Yo, la pers. que firma el escrito. ǀ Delibes *Guerras* 296: En presencia de sus familiares, el susodicho Pacífico Pérez manifestó al que suscribe que .. podía dar a la estampa las conversaciones sostenidas entre ambos ocho años atrás. **b)** (*col, humoríst*) Yo, la pers. que habla o escribe. ǀ C. Rivero *HLM* 26.10.70, 13: No se trata de que moleste –cuando menos al que suscribe– el legítimo encumbramiento de los jóvenes.

suscripción (*tb, raro,* **subscripción**) *f* **1** Acción de suscribir, *esp* [3 y 4]. ǀ J. Aldaz *Abc* 4.10.70, 57: La actividad de la Bolsa de valores y la suscripción de todas las nuevas emisiones pertenecen al campo de la economía transferencial. *Mun* 26.12.70, 5: Vea al dorso nuestra tarifa de suscripción detallada.
2 Cantidad que se paga por estar suscrito [4]. ǀ *Tri* 25.7.70, 3: Suscripciones: España: 6 meses (26 números): 350 ptas.

suscriptor (*tb, raro,* **subscriptor**) *m y f* Pers. que suscribe [1, 3 y 4] o esp. que está suscrita [4b]. ǀ R. Acosta *Ya* 9.3.90, 65: Los suscriptores del documento consideran lamentable que cualquiera pueda licenciarse fácilmente en filología árabe o francesa y no pueda hacerlo en lenguas vernáculas. FQuintana-Velarde *Política* 190: Tales títulos de Deuda Pública se emitían otorgando la facultad a sus suscriptores de pignorarlos libremente en el Banco de España. *Pap* 1.57, 2: Se han tirado aparte cincuenta ejemplares sobre papel de hilo verjurado Guarro, numerados y con el nombre del suscriptor impreso. D. GMaeso *País* 11.3.77, 8: El que subscribe, que no es suscriptor (aunque sí lector asiduo), ni tampoco "accionista" de *El País*, .. se cree también con derecho, por no decir deber moral, de salir a la palestra para redargüir a J. L. A.

suscrito -ta (*tb, raro,* **subscrito**) **I** *adj* **1** *part* → SUSCRIBIR.
2 [Iota] **suscrita** → IOTA.
II *m y f* **3** Pers. que suscribe un escrito. ǀ Ramírez *Derecho* 106: Los suscritos, A, B y C, nos obligamos a pagar al señor X la cantidad de 15.000 ptas.

suso *adv* (*lit, raro*) Arriba. ǀ Benet *Viaje* 154: Instante de vacilación que a la postre había de resolverse en la decisión más tajante e inequívoca de seguir (hacia suso) el camino que tal vez le había trazado.

susodicho -cha *adj* (*admin*) Dicho antes. *Tb n, referido a pers, a veces humoríst en uso col.* ǀ CBaroja *Inquisidor* 42: Tal vez habrá que buscar en la susodicha especialización la raíz de muchos males.

suspectamente *adv* (*lit, raro*) Sospechosamente. | Cátedra *PCid* XLI: Pese a la convicción de la pluma suspectamente juglaresca que urdió el P[oema de] M[io] C[id], el ilustre maestro se decanta por la transmisión escrita del único códice.

suspecto -ta *adj* (*lit*) Sospechoso. | Torrente *Saga* 57: El propietario del café lo había hecho desaparecer durante los primeros días de la guerra, no por nada, ya que él no era persona suspecta, sino por miedo de que le causase algún enojo.

suspender **A** *tr* **1** Poner [algo o a alguien] sujeto por algún punto quedando el resto en el aire. | Mingarro *Física* 67: Con objeto de lograr el isocronismo sea cualquiera el eje del que se suspenda el aparato. J. Balansó *SAbc* 16.3.69, 36: Diademas votivas .. destinadas a ser suspendidas, según costumbre de la época, en las iglesias, sobre los altares.
2 Interrumpir o cortar temporalmente [una acción]. | L. LSancho *Abc* 15.10.70, 26: Una dama sexagenaria .. suspende de la lectura de "Le Figaro". **b)** Dejar temporalmente sin vigencia [algo, esp. una disposición]. | *Inf* 22.11.73, 1: La Comisión del Área Metropolitana ha suspendido las licencias para la construcción de diez mil viviendas en el término municipal de Madrid, concretamente en Fuenlabrada y Collado-Villalba.
3 Hacer que no se realice [algo previsto o programado]. | GGual *Novela* 210: Ya habían sido crucificados los demás y Quéreas iba a ser puesto en la cruz cuando llegan a suspender la ejecución.
4 Privar temporalmente [a alguien de empleo o sueldo]. *A veces se omite el compl por consabido.* | *VozC* 31.12.70, 5: Esteve, del Villarreal, suspendido por cuatro partidos.
5 Declarar no apto [a alguien (*cd*) en un examen u oposición o en una materia]. | Medio *Bibiana* 160: Como si lo viera: te han suspendido. **b)** (*col*) Ser [alguien] declarado no apto [en un examen u oposición o en una materia (*cd*)]. | Payno *Curso* 253: Antonio .. también había suspendido solo tres asignaturas de las cuatro de algún curso.
6 (*lit*) Paralizar [a alguien o algo, esp. el ánimo o los sentidos] por admiración. | GGual *Novela* 175: Heliodoro es un verdadero maestro en estas escenas que suspenden el ánimo y promueven el lamento. Tejedor *Arte* 31: Orfeo, de Tracia, cuya música maravillaba a los hombres, suspendía el curso de los ríos y amansaba a las fieras. CPuche *Conocerás* 146: Aquella orquestación de ladridos y el viento en ventolera .., los árboles azotándose unos contra otros ..., todo nos suspendía y nos mantenía despiertos como si fuéramos los guardianes penosos y doloridos del campo y sus mil ruidos.
7 (*Quím*) Mezclar en suspensión [4]. | Seseña *Barros* 22: Sobre esta capa se pinta la decoración, para lo cual se usan los óxidos suspendidos en agua.
B *intr* **8** (*col*) Ser [alguien] declarado no apto [en un examen u oposición o en una materia]. *Tb sin compl.* | *Ya* 7.5.75, 12: Probable eliminación de quien suspenda varias veces en los exámenes de conducir. Rábade-Benavente *Filosofía* 148: Eres buen estudiante, sin embargo suspendes.

suspendido -da *adj* **1** *part* → SUSPENDER.
2 (*Geol*) [Glaciar] que no llega a formar lengua o la tiene muy corta. | Bustinza-Mascaró *Ciencias* 358: Los glaciares pirenaicos. Se llaman también suspendidos y se diferencian de los alpinos en que carecen de lengua o esta es corta.

suspense (ing; pronunc corriente, /suspénse/ o, *raro*, /sispáns/) *m* Impaciencia o ansiedad provocada en el espectador, oyente o lector por el desarrollo de la acción. *Tb fig.* | *ByN* 31.12.66, 49: Un cáncer de pulmón viene ahora, como un efecto teatral, a poner un imprevisto "suspense" a su dramática historia. LRubio *Noche* 69: –¿Es que se ha firmado, por fin, el contrato el emir de Tuwak? –No. En eso sigue el "suspense". **b)** Capacidad [de una película, obra teatral o narración] de provocar suspense. | Medio *Bibiana* 68: Oiga, es una película de suspense. * Esta película tiene mucho suspense.

suspensión **I** *f* **1** Acción de suspender [1, 2, 3, 4 y 6]. | L. Francisco *Pue* 4.12.70, 4: La defensa tomó la palabra para solicitar la suspensión del juicio. CSotelo *Proceso* 383: ¿A los débiles la hoguera y a los fuertes la bula y la indulgencia? ¿A los unos el auto de fe en la Plaza Mayor y a los otros simplemente la suspensión de las órdenes? *VozC* 31.12.70, 5: Cuádruple amonestación y multa, con la consiguiente advertencia de suspensión si reinciden, a los jugadores Irusquieta, del Zaragoza, e Iglesias, del Atlético de Madrid. **b)** ~ **de pagos.** (*Com*) Situación en que se coloca ante el juez una pers. o empresa cuyo activo no es inferior al pasivo, pero que temporalmente no puede atender al pago de sus obligaciones. | Arce *Precio* 123: Se ha corrido la noticia de que se trata de una absorción .. Incluso se ha hablado de suspensión de pagos.
2 *En un vehículo:* Conjunto de piezas interpuestas entre el bastidor y las ruedas, para hacer elástico el apoyo de la carrocería sobre estas. | *ByN* 31.12.66, 132: Mejor suspensión. Mejor adaptación a la carretera .. Simca 1000.
3 (*lit*) Suspense. | Escobar *Itinerarios* 156: ¡Ya está aquí el héroe deportivo! ... El momento tiene una suspensión trascendente.
4 (*Quím*) Mezcla constituida por partículas, esp. sólidas, dispersas en un fluido sin disolverse en él. | Navarro *Biología* 11: Si [las partículas] son sólidas, se denomina a esta dispersión suspensión verdadera (por ejemplo, tinta china).
II *loc adv* **5 en ~.** (*Quím*) Formando una suspensión [4]. *Tb adj.* | C. LServiá *Mad* 23.12.70, 13: La materia orgánica en suspensión [en el río], que en su nacimiento está dentro del límite legal de tres miligramos por litro, durante el curso va cargándose.

suspensivamente *adv* (*raro*) De manera suspensiva. | *Abc* 12.5.74, 65: Se acuerda, por unanimidad, la fusión de Portland de Mallorca, S.A. con Cementos del Mar, S.A. mediante la absorción de aquella por esta, condicionada suspensivamente la operación a la concesión por parte de Hacienda Pública de los Beneficios Fiscales inherentes a la concentración de Empresas.

suspensivo -va *adj* **1** Que sirve para suspender [2, 3 y 4]. | *Abc* 11.12.70, 17: La interposición de recursos de este tipo ante jurisdicción distinta de la que está conociendo de los hechos no produce efecto suspensivo alguno. **b)** (*Der*) [Condición] cuyo cumplimiento es necesario para la eficacia del acto o derecho al que afecta. | Compil. *Cataluña* 793: El heredero instituido bajo condición suspensiva, mientras penda su cumplimiento, podrá pedir la posesión provisional de la herencia.
2 (*raro*) De (la) suspensión [3]. | L. LSancho *Abc* 31.12.75, 50: Ha aceptado que su relato quedara radicalmente desvirtuado y reducido, tras hábil presentación suspensiva, a la narración de unas tensas horas de lucha entre tres hombres y el monstruoso tiburón.
3 [Puntos] **~s** → PUNTO.

suspenso -sa **I** *adj* **1** Que está suspendido. *Tb n, referido a pers.* | Delibes *Mundos* 101: Son viviendas (?) de una sola pieza, .. con un agujero en el centro revestido de cantos ahumados sobre el que pende una olla abollada suspensa de una viga por un alambre. Torrente *Sombras* 283: Como un bólido o un meteorito que al roce con las partículas suspensas en una y en otra atmósferas se transfigura en esfera incandescente. Payno *Curso* 27: Deseaba con toda ansia aprobar, ganar al edificio silencioso, tranquilo en su ladrillo rosa, que veía pasar sin inmutarse generaciones y generaciones de suspensos.
2 [Pers.] momentáneamente parada o callada. *Gralm con el v* QUEDAR *o* DEJAR. | Arce *Testamento* 69: Rechinó una tabla del catre y yo me quedé suspenso, conteniendo la respiración. **b)** Absorto. | Benet *Nunca* 11: Eso mismo me llevó luego a pensar más en él: la cara aguda, .. una actitud suspensa, inconforme e inexplicable.
II *m* **3** (*Enseñ*) Nota de haber sido suspendido (→ SUSPENDER [5]). *Tb fig.* | Marín *Enseñanza* 198: Ninguna asignatura sirve solo, ni principalmente, para recibir una nota de sobresaliente, aprobado o suspenso.
4 (*lit, raro*) Suspense. | ZVicente *Traque* 82: El tío llegó y se quedó muy quieto delante de Pepe .., la mirada fija, sin pestañear, y se acercaba poco a poco a la cara de Pepe. ¡Menudo suspenso!
III *loc adv* **5 en ~.** En situación de suspenso [1 y 2]. *Tb adj.* | CNavarro *Perros* 158: Él se puso a mondar una naranja, y la fruta escapó del plato. Durante unos segundos quedó con el cuchillo y el tenedor en suspenso. *Not* 4.5.70, 13: Los fieles .. quedaron en suspenso cuando la voz del párroco dijo que Mieres .. había sido un lugar de concentración de la fuerza pública.

suspensoide *m* (*Quím*) Suspensión de partículas sólidas insolubles en un medio dispersante con el que no tienen afinidad. | Navarro *Biología* 12: Los coloides hidrófobos o suspensoides están constituidos por partículas sólidas, insolubles, suspendidas en un medio dispersante con el cual no tienen afinidad.

suspensor -ra *adj* (*Anat*) Suspensorio. | *Sem* 2.11.74, 41: Si quiere fortalecer los senos, pero no quiere desarrollarlos, bastará con Crema Senbel Fortalecedora. Rejuvenece y mantiene la firmeza de los músculos suspensores, evitando la caída provocada por el relajamiento de los tejidos.

suspensorio -ria *adj* (*Anat y Med*) Que sirve para suspender [1] o sostener. *Tb n m, referido a dispositivo o vendaje.* | M. Aguilar *SAbc* 15.2.70, 54: La glándula mamaria está rodeada y protegida por grasa y, además, se apoya por detrás en los músculos pectorales, manteniéndola fija los ligamentos suspensorios de la mama. FReguera-March *Boda* 24: Padecía una orquitis crónica y había contraído, recientemente, una blenorragia .. Comprobó la colocación del suspensorio de seda. FReguera *Bienaventurados* 266: Ella se dejaba llevar de calle en calle. Tabucos en que vendían "gomas", suspensorios y cánulas para lavajes. Tiendas de objetos de ortopedia.

suspicacia *f* **1** Cualidad de suspicaz. | DPlaja *El español* 57: La organización a la que no hay más remedio que pertenecer, la del Estado, es mirada con suspicacia.
2 Actitud suspicaz. | F. A. González *Ya* 9.6.74, 60: Tengo un amigo que es más bien bajo .., al que puede decírsele lo que sea siempre que no tenga ni la más remota relación con la estatura .. Le dije al camarero que ensalada y bistec con patatas para todos. Y el de las suspicacias dijo que él, ensalada, no. Y el camarero, pobre hombre, empezó a decir: "Para usted tengo una sopa de menudillo..." Oír lo de menudillo .. y salírsele los ojos a mi querido amigo, fue todo uno.

suspicaz *adj* [Pers.] propensa a ver malicia o mala intención en las palabras o actos de los demás. | Medio *Bibiana* 113: Los viejos somos unos cochinos que vamos a parar siempre a lo mismo... Suspicaces, malpensados. **b)** Propio de la pers. suspicaz. | L. Calvo *Abc* 26.8.72, 19: Dicen que gracias a ese mágico "ginseng" puede atender Mao todavía los asuntos que su naturaleza suspicaz no confía a Chou ni a Chu.

suspicazmente *adv* De manera suspicaz. | Delibes *Cinco horas* 13: Antonio lo repitió otra vez, quedamente, mirando antes, suspicazmente, a los lados.

suspirador -ra *adj* (*raro*) Suspirante. | Cela *Inf* 31.10.75, 20: Prefiero imaginármela sentimental y lánguida, como una valkiria en derrota, enfermiza y suspiradora.

suspirante *adj* [Pers.] que suspira. | Laforet *Mujer* 105: Me acordé de mi madre .., siempre suspirante y mezquina. **b)** Propio de la pers. suspirante. | Ridruejo *Memorias* 46: Yo apenas me había enterado de otra cosa que del deje algo suspirante y acariciante de la muchacha.

suspirar *intr* **1** Dar uno o más suspiros [1a]. | Salvador *Haragán* 70: –¡Ay! –suspiró–. ¡Qué guapo era!
2 Anhelar vivamente [algo o a alguien (*compl* POR)]. | J. M. Moreiro *SYa* 27.10.74, 7: Lo que difícilmente se encontrará es ese oro por el que hace un par de años suspiraban los bateadores por Navas de Jadruque.

suspiro *m* **1** Respiración profunda y sonora, gralm. acompañada de una exclamación y que expresa cansancio, tristeza o alivio. | Aldecoa *Gran Sol* 112: Cantaba los tangos cortando, en la letra de los tangos cantadores, los versos con suspiros. **b) último** (*o* **postrer**) ~. Espiración inmediata a la muerte. *Gralm. (lit) en la constr* DAR, *o* EXHALAR, EL ÚLTIMO ~, *designando el hecho de morir.* | Torrente *SInf* 25.4.74, 12: Recogió su último suspiro .. Laura, quien después del sepelio se metió monja. FReguera-March *Cuba* 500: Apretando aquel jirón sobre el paquete de intestinos, que desbordaba por todas partes la horrorosa herida, exhaló su postrer suspiro.
2 Dulce hecho de azúcar, harina, huevos y en algunos casos almendra. | VMontalbán *Rosa* 113: Los animeros son invitados a penetrar en cada casa a la que llaman y les dan suspiros, el suspiro es un dulce típico, ¿sabe usted? Vega *Cocina* 151: En la pastelería mallorquina triunfan la ensaimada, .. los suspiros de Menorca. **b)** ~ **de monja.** Dulce de merengue con almendra. | Vega *Cocina* 130: No se le ocurra adornar las natillas con suspiros de monja.
3 (*lit*) Cosa, esp. sonido, apenas perceptible. | Llamazares *Río* 123: Por el recio puente –más de cuarenta metros de construcción maciza para apenas un suspiro de agua dulce– que sustituyó al antiguo, atraviesa el arroyo de Valdeteja. * El viento sonaba entre las hojas; apenas un suspiro.
4 (*col*) Espacio de tiempo sumamente breve. | MFVelasco *Peña* 252: Comenzaba a notar ahogos y náuseas .. Si volvía él y yo tenía que abrir la manta para inhalar aire puro .., el oso saldría de dudas en un suspiro y yo de este mundo en un santiamén.

suspirón -na *adj* [Pers.] que suspira [1] mucho. | Delibes *Madera* 283: La señora Zoa, hecha un rebujito negro y suspirón, se empinó sobre las puntas de los pies.

suspiroso -sa *adj* Que tiene carácter de suspiro [1]. | Vega *Corazón* 59: Molestias respiratorias (relatos de disnea, de respiración suspirosa, etc.). GPavón *Rapto* 183: El "ta, ta ta" cada vez era más grave a la vez que más largo, casi suspiroso.

sustancia (*tb, raro,* **substancia**) **I** *f* **1** Parte esencial o más importante [de algo]. | Marías *País* 27.5.76, 20: Todavía Heidegger no estaba de moda .. Habían de pasar muchos años para que Francia se apoderase de él y con su sustancia hiciera el "existencialismo".
2 Importancia o trascendencia [de algo] en cuanto a su contenido. *Frec en constr negat.* | Lagos *Vida* 24: Al Ayuntamiento, que da premios por cosas tan sin sustancia, yo, con todo respetô, le pediría uno, muy especial, para doña Juliana. Aldecoa *Gran Sol* 89: Eso no es ni verdad ni mentira, ni tiene argumento ni sustancia ni nada. **b)** Juicio o sensatez [de una pers.]. *Normalmente en constr negat.* | Cela *Viaje andaluz* 308: Jamás se guió de dichos, con son oriente de rufianes y demás ganado sin substancia. * ¡Qué poca sustancia tiene este chico!
3 Jugo nutritivo [de algo]. | Savarin *SAbc* 7.12.69, 37: Esta sopa sabrosa y sustanciosa es una sopa de remolacha, que unas veces lleva también pato, y otras, sustancias de buey. **b)** Poder nutritivo [de un alimento]. | F. Martino *Ya* 11.4.75, 42: Existen no pocas personas que consumen carnes abusivamente, creyendo que tienen "sustancia", dan "fuerza" y son excelentes para la salud.
4 Carácter o naturaleza. | J. E. Aragonés *Arte* 4.72, 64: La escena .. está henchida de sustancia dramática de la mejor ley. Pemán *MHi* 7.69, 10: Renovación y giro en la sustancia y modo de ser de ese fenómeno histórico y jurídico que es la guerra.
5 Materia caracterizada por sus propiedades. | *ByN* 11.11.67, 14: Somete a cada coche a tres tipos de baños, uno de ellos por inmersión completa .., después del cual el coche queda impregnado con substancias anti-oxidantes. Alvarado *Anatomía* 5: Las substancias llamadas hidratos de carbono son aldehídos. **b)** (*Anat*) Tejido, esp. nervioso. | *Abc* 2.8.72, 23: Fue conducida [la joven] a un sanatorio, donde le apreciaron fractura con hundimiento craneal y pérdida de sustancia encefálica. **c)** ~ **blanca.** (*Anat*) Tejido nervioso cuyas fibras poseen mielina. | Navarro *Biología* 122: La sustancia blanca está formada por fibras nerviosas con mielina, agrupadas en fascículos y estos en cordones. **d)** ~ **gris.** (*Anat*) Tejido nervioso cuyas fibras carecen de mielina. *Fuera del ámbito técn, se usa humorísticamente para designar capacidad mental.* | Navarro *Biología* 122: Un corte transversal de la médula muestra la sustancia blanca al exterior y la sustancia gris en el centro. VMontalbán *Tri* 9.1.71, 16: Uno de los textos más explicativos es un soneto mohanés, del señor Juan de Taula, que podría haber ahorrado montones de tinta y de sustancia gris de haber tenido la difusión nacional merecida. **e)** ~ **negra.** (*Anat*) Sustancia gris que separa las capas superior e inferior de sustancia blanca de los pedúnculos cerebrales. | M. Aguilar *SAbc* 6.12.70, 54: En esta enfermedad se encuentran lesiones de los centros del sistema nervioso extrapiramidal, en particular de uno llamado "substancia negra", por el gran contenido en melanina.
6 (*Filos*) Cosa que es en sí. | Gambra *Filosofía* 40: Se entiende por sustancia lo que es en sí .., y por accidente, lo que es en otro.

sustanciación – sustantivo

7 (*Ling*) Realidad semántica o fónica no estructurada. *Se opone a* FORMA. | Alarcos *Fonología* 27: La disciplina que se ocupa de los sonidos, de la sustancia del significante, es la fonética .. La disciplina que se ocupa de las normas que ordenan esa materia sonora, de la forma del significante, es la fonología.
II *loc adv* **8 en ~**. En definitiva o en resumen. | MPuelles *Filosofía* 1, 100: Esto es lo que vienen a pensar, en sustancia, los nominalistas y conceptualistas.

sustanciación (*tb, raro,* **substanciación**) *f* Acción de sustanciar. | Aranguren *SInf* 9.1.75, 9: La miseria del cristianismo consiste en su refugio ascético en la sustanciación de lo sagrado. *Caso* 14.11.70, 18: Se decretó la separación de ambos cónyuges mientras durase la sustanciación de la causa matrimonial.

sustancial (*tb, raro,* **substancial**) *adj* **1** De (la) sustancia [1, 4, 6 y 7]. | MCachero *AGBlanco* 132: Invasión del ámbito estricta y peculiarmente narrativo por elementos ajenos, incompatibles con su textura sustancial. Gambra *Filosofía* 91: Los seres de la naturaleza –las sustancias– están compuestos, según la doctrina hilemorfista, de esos principios: la materia prima y la forma sustancial .. En la transformación sustancial el compuesto pierde una forma y recibe otra nueva.
2 Esencial o más importante. | *ProP* 17.9.75, 2: En Bilbao, el mercado, en lo substancial, sigue desenvolviéndose dentro de la uniforme tónica de flojedad. **b)** Importante o trascendente. *Frec con intención ponderativa.* | Alfonso *España* 107: Ese progresismo convulsivo del que estamos tan orgullosos oculta dentro un atraso sustancial. *D16* 26.10.87, 3: El sustancial desmantelamiento de una parte vital de la organización terrorista, que acaba de conseguirse, se quedaría en nada.
3 (*raro*) Sustancioso o nutritivo. | Bernard *Salsas* 63: Es un desayuno sustancial para escolares.

sustancialidad (*tb, raro,* **substancialidad**) *f* (*Filos*) Condición de sustancial o de sustancia [6]. | Gambra *Filosofía* 141: Una vez establecida la realidad y sustancialidad del alma .., cabe preguntarse por el origen y el destino del alma.

sustancialismo (*tb, raro,* **substancialismo**) *m* (*Filos*) Doctrina que admite la existencia de una o más sustancias [6]. | * Toda doctrina que admite la existencia de sustancias puede denominarse sustancialismo.

sustancialista (*tb, raro,* **substancialista**) *adj* (*Filos*) De(l) sustancialismo. | MPuelles *Filosofía* 2, 109: Si se le compara con las teorías dualistas .., el monismo aparece coincidiendo con ellas en un punto esencial: el de no admitir otra sustancia que las que son completas y perfectas. Este es el supuesto de que parten todas las teorías "sustancialistas". GÁlvarez *Filosofía* 2, 111: El empirismo .. asestará un duro golpe a la especulación sustancialista del racionalismo. **b)** Adepto al sustancialismo. *Tb n.* | * Los sustancialistas admiten la existencia de sustancias.

sustancializar (*tb, raro,* **substancializar**) *tr* (*Filos*) Convertir en sustancia [6]. | GÁlvarez *Filosofía* 1, 211: Hemos de entender esta concepción de Tertuliano como un empeño por dar cuerpo, esto es, sustancializar a Dios.

sustancialmente (*tb, raro,* **substancialmente**) *adv* **1** De manera sustancial [1 y 2]. | VMontalbán *Pájaros* 125: Es posible rebajar esa cantidad sustancialmente. Gironella *Millón* 229: Acaso ni siquiera la guerra modificase nada substancialmente.
2 En el aspecto sustancial [1]. | E. GPesquera *Fam* 15.11.70, 5: –¿Y para el difunto es lo mismo un funeral que una misa rezada? –Sustancialmente, sí; pero no en conjunto.

sustanciar (*tb, raro,* **substanciar**; *conjug* **1a**) *tr* **1** (*lit*) Dar realidad o concreción [a algo (*cd*)]. | GNuño *Escultura* 115: Aquí, la primera escultura española sustanciando los monstruos que se comentan en los cortijos, las barracas y las masías. E. MBraun *Día* 28.9.75, 37: "Lemmingmanía" deja ver claramente que Amon Duul II supo.. de las categorizaciones del rock, cómo substanciar su propio estilo.
2 (*Der*) Tramitar [un asunto o una causa] hasta ponerlos en estado de sentencia. | *Compil. Cataluña* 750: La oposición se sustanciará por los trámites de los incidentes y solo podrá fundarse en ilegalidad o fraude del fiduciario.

sustancioso -sa (*tb, raro,* **substancioso**) *adj* Que tiene sustancia [2a y 3]. *Tb fig.* | FQuintana-Velarde *Política* 56: La parte más substanciosa del rendimiento de la inversión pasa a los ahorradores del extranjero. J. Carabias *Ya* 10.12.72, 8: Puede ser que el público americano haya evolucionado y, en lugar de ese lujo de presentación .., prefiera un contenido más sustancioso, que es con lo que suelen defenderse las publicaciones menos espectaculares. Savarin *SAbc* 7.12.69, 37: Esta sopa sabrosa y sustanciosa es una sopa de remolacha.

sustantivación (*tb, raro,* **substantivación**) *f* (*Gram*) Acción de sustantivar(se). | Academia *Esbozo* 408: La sustantivación con *lo* da al adjetivo carácter abstracto.

sustantivamente (*tb, raro,* **substantivamente**) *adv* De manera sustantiva [1 y 2]. | *Ya* 2.8.85, 47: El paisaje televisivo francés cambiará substantivamente a partir del día 1 de enero de 1986. Desde esa fecha el telespectador podrá, al menos, disponer de siete cadenas diferentes. E. Corral *Abc* 4.10.70, 70: Francisco Abad acaba de dar prueba suficiente de su inquietud y conocimiento de la realización, con "Alberto I", de Philippe Adrien, interpretada sustantivamente por María José Alfonso. * En esta frase, el adjetivo está empleado sustantivamente.

sustantivar (*tb, raro,* **substantivar**) *tr* **1** (*Gram*) Transformar en sustantivo [4] [una palabra o un sintagma]. | DPlaja *El español* 94: El uso tan repetido de la expresión "qué dirán" ha llegado a sustantivar la expresión. **b)** *pr* Transformarse en sustantivo [4] [una palabra o un sintagma]. | Amorós-Mayoral *Lengua* 63: ¿Cómo podemos saber si una palabra se ha sustantivado?
2 (*lit*) Dar realidad o concreción [a algo (*cd*)]. | J. Pereira *Abc* 13.5.58, 23: Francisco de Ribalta sustantiva la luz. Lo vital no es en él la sombra misteriosa, sino las regiones lucientes. **b)** *pr* Pasar [algo] a tener realidad o concreción. | Camón *Abc* 1.8.63, 3: Con este arte de nuestro tiempo, el artista consigna aquello que solo se substantiva en la conciencia del espectador. Es decir, lo que .. antecede al rasguño y aun al borrón.

sustantividad (*tb, raro,* **substantividad**) *f* Cualidad de sustantivo [1]. | GNuño *Escultura* 42: Fenicios y cartagineses son los primeros pueblos de sustantividad plenamente histórica que arriban a nuestras costas. Alfonso *España* 63: Sin destruir .. la íntima conciencia de cada hombre y de cada pueblo, su substantividad y autonomía.

sustantivizar (*tb, raro,* **substantivizar**) *tr* Dar carácter sustantivo [1] [a algo (*cd*)]. | * En nuestros días estamos sustantivizando cuestiones que antes ni siquiera se tenían en cuenta. **b)** *pr* Pasar [algo] a tener carácter sustantivo. | Valls *Música* 27: El factor sonoro ha adquirido, con el tiempo, .. una fisonomía tan particular que ha determinado su independencia respecto del texto literario o coreográfico en que se apoya. Para decirlo en unas pocas palabras: la música se ha sustantivizado.

sustantivo -va (*tb, raro,* **substantivo**) **I** *adj* **1** Sustancial [1 y 2]. | Valcarce *Moral* 64: Los tres primeros [mandamientos] dicen los deberes del hombre para con Dios .. Los siete restantes, los deberes del hombre para con el hombre, considerado en sí mismo y en relación con los bienes sustantivos propios y ajenos. FQuintana-Velarde *Política* 226: En todo el mecanismo procesal de la Ley Antimonopolio se ha seguido el ejemplo del derecho británico, mientras que en el aspecto sustantivo para delimitar el campo de la ley se ha seguido básicamente el derecho continental. S. RSanterbás *Tri* 11.4.70, 23: Es imposible que un sujeto que pone en tela de juicio las bases sustantivas de la Fiesta pueda llegar a conocer a la perfección las normas técnicas por las que se rige el arte de lidiar. GNuño *Escultura* 15: Antes de continuar, y sin perjuicio de insistir más adelante sobre cuestión tan sustantiva, adviértase que el sustitutivo de la denominación ibérica .. por la de hispánica .. ya ha sido criticado. **b)** Que tiene existencia real y propia. | * La región se ha convertido hoy en algo sustantivo y autónomo.
2 (*Gram*) [Palabra, o grupo de palabras] que tiene función propia de sustantivo [4]. | Academia *Esbozo* 514: Para clasificar las oraciones incorporadas se atiende a la función gramatical que desempeñan; es decir: si ejercen el oficio que en su lugar podría ejercer un sustantivo .., se llaman sustan-

sustentación – sustituyente

tivas. **b)** Propio del sustantivo. | Academia *Esbozo* 433: En diversas ocasiones hemos tratado del uso sintáctico de algunos pronombres indefinidos en sus valores sustantivos y adjetivos. **c)** [Nombre] ~ → NOMBRE.
3 (*Gram, raro*) *Se dice del v "ser".* | Torrente *Saga* 535: Este objeto fue miembro de un cuerpo, y suplico a Vuesas Señorías que adviertan el uso que hago de un verbo sustantivo en pretérito.
II *m* **4** (*Gram*) Palabra (o sintagma) capaz de funcionar como núcleo del sujeto. | Amorós-Mayoral *Lengua* 20: El posesivo sustituye cada vez más a la fórmula "de + sustantivo". Por ejemplo: "delante mío" (en vez de "delante de mí"). DPlaja *Sociedad* 78: El "qué dirán" se ha repetido tanto y tan altamente que se ha convertido en un substantivo. **b)** *Esp:* Nombre. | Academia *Esbozo* 401: Nombre complemento de otro nombre .. Cuando queremos explicar o precisar el concepto expresado por un sustantivo por medio de otro sustantivo, ponemos los dos uno a continuación del otro.

sustentación *f* Acción de sustentar(se). *Tb su efecto.* | Ramírez *Derecho* 170: Se llama cuarta marital a la que la Ley asigna a la viuda que, con sus bienes propios, unidos a los que puedan corresponderle en la herencia de su esposo, carezca, al fallecer este, de medios económicos suficientes para su congrua sustentación. M. Daranas *Abc* 7.5.58, 19: El problema [en el puente] no está en la dimensión del tendido, sino en la viabilidad de la sustentación subacuática.

sustentacular *adj* De(l) sustentáculo. | Pinillos *Mente* 22: La puesta en pie de los hominoideos mediante la especialización sustentacular de los pies supuso importantes modificaciones esqueletales.

sustentáculo *m* Apoyo o sostén. | J. Vara *Ya* 2.10.74, 33: Quieren los eruditos que sus pilares arranquen asimismo de las influencias recogidas en Oriente y trasplantadas al templo. Otros .. prefieren que los cuadrangulares sustentáculos .. enlacen con la tendencia de la arquitectura zamorana.

sustentador -ra *adj* Que sustenta. *Tb n, referido a pers.* | M. E. Juliá *TEx* 21.2.75, 4: Completan la decoración de los capiteles las ornamentaciones vegetales .. Las bases sustentadoras son siempre de perfil ático provistas de unas garras o bolitas vegetales. *Mad Extra* 12.70, 40: Una clasificación porcentual comparada de los hogares alicantinos, según la categoría socioeconómica del sustentador principal, nos facilita, de entrada, la diferencia que existe entre la economía del resto de las provincias de la región (Valencia y Castellón) y la nuestra.

sustentante *adj* Que sustenta [1]. *Tb n m, referido a elemento.* | Camón *Abc* 17.8.73, 3: Hay épocas inmensas en que el espacio como entidad sustentante del mundo no existe. Fernández-Llorens *Occidente* 65: Se trataba de conseguir formas perfectas para los dos elementos que lo componían: el sustentante (la columna) y el sustentado (el dintel).

sustentar *tr* **1** Mantener [una pers. o cosa (*suj*)] a otra que gravita sobre ella] de manera que no caiga. *Tb fig.* | Laiglesia *Tachado* 277: Sobre el arco de hierro que unía las pilastras destinadas a sustentar las dos hojas de la puerta, alguien había colgado un rectángulo de cartón. D. Vidal *Gac* 18.4.76, 36: Antes de atisbar la línea azul del mar, en una vuelta del camino, surgen de pronto las torres rojiblancas que sustentan las antenas [de Radio Liberty]. **b)** *pr* Mantenerse [en una determinada forma o situación]. *Frec sin compl por consabido.* | D. Vecino *Ya* 25.11.71, sn: Un helicóptero se mueve y se sustenta gracias a sus motores.
2 Hacer que [algo (*cd*)] continúe existiendo o teniendo validez. | GSanchiz *Ya* 15.4.64, 5: El mayorazgo del trigo .. y el del oro, no menos básico, y sustentado con las minas de dólares de los sótanos bancarios.
3 Proporcionar [a alguien (*cd*)] el alimento y las atenciones básicas para vivir. | SLuis *Doctrina* 82: Los padres deben amar, sustentar y educar cristianamente a sus hijos .. Sustentarles, cuidando su salud lo mejor que puedan .., alimentándoles, vistiéndoles, aliviando sus dolencias. **b)** Alimentar o servir de alimento [a alguien (*cd*)]. | A. Custodio *Hoy* 21.8.75, 14: El "radar" de los murciélagos iba captando la presencia de insectos que iban a sustentar al vampiro de turno. **c)** *pr* Alimentarse. | * Se sustenta con hierbas.
4 Sostener [una opinión o una afirmación]. | Cortés *CoE* 12.3.75, 3: Esta opinión personal de un técnico, cuyo nombre no hace [a]l caso, se opone a la que oficialmente sustenta el "servicio especial de ruinas" del Ayuntamiento.

sustentatorio -ria *adj* (*raro*) Que sirve para sustentar [1]. | Seco *SAbc* 29.2.76, 11: Esta sucesión acelerada de fórmulas políticas .. había significado, simultáneamente, una radicalización progresiva .. y u[n] estrechamiento de la base sustentatoria, puesto que cada situación venía a excluir, de hecho, a la precedente.

sustento *m* **1** Cosa que sirve para sustentar [1]. | MGaite *Nubosidad* 323: Mis frases felices, al perder el sustento que les daba pie, naufragaron estrepitosamente.
2 Alimento necesario. | Bustinza-Mascaró *Ciencias* 175: Dedicados a la pesca, viven en el mundo millones de hombres, soportando una vida durísima para ganar el sustento.

sustitución (*tb, raro*, **substitución**) *f* Acción de sustituir. | E. Haro *Tri* 26.12.70, 5: La sustitución de la idea de Dios por un televisor, aunque excelentemente ideada, parece insuficiente. Pinillos *Mente* 137: La sustitución es tal vez el más positivo de todos los mecanismos de defensa. Consiste en sustituir objetivos indeseables de conducta por objetivos deseables. Hay varios tipos de sustitución: la sublimación, la compensación y la supercompensación. Palacios *Juicio* 224: La dorada Salamanca le vio también llevar a cabo un hecho de singular significación para nuestra cultura: la substitución del *Libro de las Sentencias*, de Pedro Lombardo, .. por la *Suma Teológica*, de Santo Tomás de Aquino.

sustituible (*tb, raro*, **substituible**) *adj* Que se puede sustituir. | F. Abril *SASeg* 3.4.76, 3: Se han importado básicamente cuatro millones de toneladas de maíz, que en gran medida es sustituible por otro hidrato de carbono como es la cebada.

sustituidor -ra (*tb, raro*, **substituidor**) *adj* Que sustituye. | RMoñino *Poesía* 53: No quedan ya más que las obras de burlas, tan duramente amenazadas en la nota preliminar sustituidora del prólogo antiguo.

sustituir (*tb, raro*, **substituir***; conjug* **48**) *tr* Pasar [una pers. o cosa] a ocupar el lugar o puesto [de otra (*cd*)]. *El cd siempre con* A, *excepto si es pron pers átono*. | *Ya* 20.11.75, 15: Desde junio de 1922 [Franco] era teniente coronel y había sustituido en la jefatura del Tercio a Rafael Valenzuela, muerto en campaña. Sobrequés *HEspaña* 2, 86: El paso al ciclo de la dobla de oro prevaleció y llegó hasta el reinado de los Reyes Católicos, con la dobla fue substituida por el ducado. **b)** Poner [a una pers. o cosa (*compl* CON *o* POR)] en el lugar o puesto [de otra (*cd*)]. | Marcos-Martínez *Física* 253: Los cloruros resultan de sustituir el hidrógeno del ClH por un metal.

sustitutivo -va (*tb, raro*, **substitutivo**) *adj* [Cosa] que sirve para sustituir [a otra (*compl de posesión*)]. *Tb n m.* | J. L. Alcocer *Pue* 20.12.75, 3: La política, como se sabe, es una actitud sustitutiva de toda actividad mágica. Armenteras *Epistolario* 43: Nunca debe ser empleado el teléfono como substitutivo de la carta.

sustituto -ta (*tb, raro*, **substituto**) *m y f* Pers. que sustituye [a otra (*compl de posesión*)]. | Gironella *Millón* 317: Alfredo el andaluz, sustituto de Murillo en la jefatura del POUM, en unión de otros dos milicianos, decidió dar "el paseo" a un propietario del pueblo de Palafrugell. **b)** Cosa que sustituye o sirve para sustituir [a otra (*compl de posesión*)]. | Moraza *SYa* 16.6.74, 55: Pensaron que la solución de fluocarburo, al ser un buen portador de oxígeno, podía constituir un gran sustituto de la sangre.

sustitutoriamente (*tb, raro*, **substitutoriamente**) *adv* De manera sustitutoria. | *Inf* 20.7.74, 12: El Príncipe de España, en forma automática y natural, asume sustitutoriamente las funciones de la Jefatura del Estado, hasta la plena recuperación de Franco.

sustitutorio -ria (*tb, raro*, **substitutorio**) *adj* [Cosa] que sirve para sustituir. | *Mad* 22.4.70, 10: Se indulta de la pena privativa de libertad, incluido el arresto sustitutorio, que les queda por cumplir. *Ya* 8.3.92, 18: Servicio militar y servicio substitutorio.

sustituyente (*tb, raro*, **substituyente**) *adj* Que sustituye. *Tb n m, referido a cosa.* | Torrente *Saga* 270: El éxito [del cambiazo] dependía de la estimación en que José

susto – sutilizar

Bastida tuviera las metáforas. "Yo soy un término. Usted, el otro. Se trata pura y simplemente de que usted actúe de sustituyente." Aleixandre *Química* 152: Los halógenos son sustituyentes de primer orden.

susto I *m* **1** Impresión repentina y momentánea de miedo. | Cunqueiro *Un hombre* 14: Los reyes .. corrieron a esconderse en su cámara secreta y tardaron en salir un mes, que con el susto se les había olvidado la palabra que abría la puerta.
2 (*col*) Miedo. | * Me examino mañana y tengo un susto que no duermo.
II *loc v* **3 coger** (*o* **pillar**) **de ~.** (*col*) Sorprender o coger de improviso. | Torrente *Isla* 299: No había dado pie jamás a que pensase nadie que acabaría un día por hacerlo, en vista de lo cual los cogió a todos de susto.
4 dar [alguien o algo] **un ~ al miedo.** (*col*) Causar gran impresión por su fealdad o por su aspecto amenazador. | * ¿Que si es fea? Es de las que dan un susto al miedo. Lera *Clarines* 512: –Dispensen si las he asustado .. –Después que ha hablado ya es otra cosa. Pero parecía usted un alma en pena. ¡Y así se le da un susto al miedo!

sustracción (*tb, raro,* **substracción**) *f* **1** Acción de sustraer. | *Abc* 29.12.70, 17: Analizando con completo detalle la introducción en España de este armamento y material explosivo y la sustracción de vehículos para los fines de la organización.
2 (*Mat*) Resta. | Marcos-Martínez *Aritmética* 28: La sustracción de números naturales no siempre es posible.

sustraendo (*tb, raro,* **substraendo**) *m* (*Mat*) Cantidad que se resta. | Marcos-Martínez *Aritmética* 29: Si el minuendo y el sustraendo aumentan o disminuyen en un mismo número, la diferencia no varía.

sustraer (*tb, raro,* **substraer**; *conjug* **32**) *tr* **1** Quitar [algo a alguien], o dejar[le sin ello (*cd*)]. | MPuelles *Hombre* 181: Sería injusto difamar a una persona, sustraerle su buena fama, con el fin de lograr un bien material para la sociedad entera.
2 Robar fraudulentamente o sin violencia. | *Caso* 14.11.70, 12: Robó en un bazar de Las Palmas de Gran Canaria. El importe de lo sustraído asciende a un millón de pesetas. **b)** (*semiculto*) Robar. | *CoE* 14.8.80, 4: José Luis Asensio Alonso ha presentado denuncia contra tres individuos encapuchados que le sustrajeron a punta de pistola el turismo "Citroen-GS", matrícula BI-2149-J.
3 Apartar [a alguien (*cd*) de algo, esp. una acción (*compl* A *o* DE)], o hacer que [lo] evite. *Gralm el cd es refl*. | Villarta *Rutas* 126: Nadie que visite Ávila debe substraerse a un paseo por el adarve. CBonald *Ágata* 212: El ya iniciado proceso expulsativo de la parturienta lo sustrajo de cualquier otra preocupación. Arce *Testamento* 86: No pude sustraerme de recordar vagamente el aire de aquel muchacho que venía a cortejarla desde Pancar montado en bicicleta.

sustrato (*tb* **substrato**) *m* **1** Cosa que sirve de base o asiento [a otra (*compl de posesión*)]. | I. Valladares *Inf* 14.7.78, 24: Estos dos tipos de ácidos nucleicos son el asiento material o sustrato químico de la herencia.
2 Base cultural o social de influencia perceptible en una manifestación posterior. | Valls *Música* 41: Iberos, galos, germanos, asentados en diversos territorios y las periódicas incursiones de Grecia, Fenicia, Cartago o Roma, con asentamientos de estabilidad variable, forman un complejo substrato personal de influencias recíprocas.
3 (*Ling*) Lengua cuya influencia es perceptible en otra que la ha suplantado. | Lapesa *HLengua* 26: La influencia de los substratos primitivos no es único factor en la formación de los romances.
4 (*Geol*) Elemento sobre el cual reposa una capa geológica. | Ybarra-Cabetas *Ciencias* 293: El edafólogo estudia todo el perfil y llama suelo al conjunto de esos horizontes formados por la actuación de ese conjunto de factores en el que intervienen los biológicos, e incluyendo también el substrato.
5 (*Biol*) Materia que sirve de asiento a una planta o a un animal. | *SPue* 29.2.80, 5: Normalmente se colocan los esquejes en un marco de 2,5 por 3,5 centímetros, sobre un substrato muy poroso que drene con facilidad.
6 (*Quím*) Sustancia sobre la que se ejerce la acción de un fermento o de un reactivo químico. | Alvarado *Anatomía* 12: Muy acertadamente el gran químico Emil Fischer ha comparado la relación entre los enzimas y los substratos sobre que

actúan a la relación que existe entre las llaves y las correspondientes cerraduras.

susurradamente *adv* (*lit, raro*) De manera susurrada. | Aldecoa *Gran Sol* 188: En el rancho de popa se conversaba susurradamente.

susurrado -da *adj* **1** *part* → SUSURRAR.
2 (*lit, raro*) Que denota o implica susurro. | Umbral *Ninfas* 81: Con sus modales, con su voz susurrada, con el vuelo de su abrigo .., convirtió la carbonería en un salón refulgente de negros.

susurrante *adj* Que susurra. | Cela *Judíos* 125: Sin cruzar todavía el susurrante fluir del Eresma, el vagabundo se acerca hasta la iglesia. *SPue* 31.10.70, 5: Ánimo a las susurrantes admiradoras y necesarias clientes de la falda "midi".

susurrar A *intr* **1** Hablar en voz baja. | * Se lo dijo susurrando.
2 Producir [algo, esp. el viento o el agua] un ruido sordo y monótono. | * El viento susurra entre las hojas.
B *tr* **3** Decir [algo] susurrando [1]. | S. Miranda *Abc* 11.6.67, 29: –Guarde silencio –susurró.

susurreante *adj* (*raro*) Susurrante. | J. RMateo *Abc* 2.2.58, 11: –¡Bien por la liebre decidida! –aplaudió el susurreante matorral.

susurreo *m* (*raro*) Susurro. | A. IAlbalat *Pro* 5.7.75, 22: Cuando la muchedumbre le acompañaba a su última morada, el comentario en susurreo era el siguiente: "Si el tío Sacaríes no va el cel, ¿quí anirá?".

susurro *m* Acción de susurrar. *Frec su efecto*. | Olmo *Golfos* 89: Tinajilla, como en un susurro, aprobó.

sutás *m* Adorno de pasamanería semejante a dos cordones unidos. *Tb* (*lit*) *fig*. | Aldecoa *Cuentos* 1, 117: El aceite le dibujaba un sutás brillador de las comisuras de los labios a la barbilla.

sutil *adj* **1** [Cosa] muy fina o delgada. | FFlórez *Florestán* 695: En las suelas de botas o zapatos incluía un clavito tan sutil que mejor puede ser llamado un alfiler. **b)** [Cosa] tenue o poco intensa. | * La diferencia es demasiado sutil para que pretendan que todos la vean.
2 [Pers. o cosa] aguda o perspicaz. | R. MHerrero *Abc* 11.12.70, 10: Que entre los esquemas teóricos a tal fin puestos en pie haya unos .. algo quebradizos, no tanto de sutiles como de caprichosos.

sutileza *f* **1** Cualidad de sutil. | *ByN* 18.11.90, 63: Disfrute su Glenfiddich como un connaisseur: lentamente, saboreando la sutileza de su puro sabor.
2 Cosa sutil, esp [2]. *Frec con intención peyorativa*. | Ridruejo *Memorias* 27: Era un blasfemo barroco, nada interjectivo, que inventaba sutilezas retóricas como un Calderón vuelto del revés. Suárez *Monedas* 283: –No sé si me odian o si me envidian. -Tú no lo sabes, y yo no puedo entrar en tales sutilezas. Donde brota la cizaña, la arranco de raíz. Medio *Bibiana* 145: Bueno, bueno, déjate de sutilezas y no saquemos las cosas de quicio.
3 (*Rel crist*) Capacidad de atravesar los cuerpos, propia de los cuerpos gloriosos. | SLuis *Doctrina* 58: Podrán [los cuerpos de los bienaventurados] atravesar los cuerpos sin dificultades, como la luz un cristal puro.

sutilidad *f* (*lit*) Sutileza [1 y 2]. | Morales *Isabel* 24: Al escribir sus cartas [Isabel la Católica] calificaba de ángeles a sus hijas. Es delicioso el renombre que da a una de ellas llamándola con sutilidad inapreciable "mi suegra" por parecerse un poco a la madre de Fernando. Valls *Música* 30: Ello no nos autoriza a negligir .. hechos tan radicalmente definidores de determinada mentalidad como son el sistema musical chino, las sutilidades sonoras que trascienden del gamelang javanés.

sutilizar A *tr* **1** Hacer sutil [algo o a alguien]. | GNuño *Escultura* 173: La escuela ibérica puede engordarlo [al toro], estirarlo y hacerlo sutilizar con un cierto aire de libelot de nuestro siglo. Lapesa *HLengua* 231: La literatura burlesca entroncaba con la vieja tendencia española a sutilizar conceptos.
B *intr* **2** Discurrir o expresarse con sutileza. | Rábade-Benavente *Filosofía* 113: En este problema se sutilizó hasta límites increíbles.

sutilmente *adv* De manera sutil. | Albalá *Periodismo* 49: En toda actividad *para*, que diría Ortega, conviene diferenciar sutilmente los ámbitos de propiedad que su objetivo determina.

sutorio -ria *adj (lit, raro)* De(l) arte de hacer calzado. | M. Candel *SVer* 10.9.75, 1: A la industria del calzado, que ha demostrado al mundo sutorio su potencia de primera clase, le asaltan, cada vez más, serios problemas.

sutura *f* **1** *(Med)* Unión de los bordes de una herida mediante cosido con hilos o grapas. | *Caso* 21.11.70, 19: Tuvo que recibir más de setenta puntos de sutura.
2 *(Bot)* Unión [de dos órganos o partes]. | Alvarado *Botánica* 49: La dehiscencia tiene lugar separándose los carpelos, pero dejando las zonas de sutura formando un marco portador de las semillas y del falso tabique.
3 *(Anat)* Articulación en que las partes están en contacto casi directo y no poseen movilidad. | Alvarado *Anatomía* 56: En las articulaciones fijas, mejor llamadas suturas, los huesos están unidos directamente o mediante una insignificante membrana perióstea. Generalmente la línea de sutura es meandrinosa.
4 *(lit, raro)* Unión o juntura. | GGual *Novela* 385: Considera el último libro como un añadido pintoresco más, desgajado de la novela humorística, otra muestra de extraña sutura en el conjunto.

sutural *adj (E)* De (la) sutura. | *Abc* 15.11.75, 87: El parte significa que por la rotura sutural salía parte del contenido intestinal y tampoco en esta ocasión concreta demasiado.

suturar *tr (Med)* Unir por sutura [1]. *Tb (lit) fig.* | *Abc* 5.11.75, 5: Hay que indicar que aún está indeterminada la causa que ha producido la úlcera, úlceras mejor, suturadas en la operación. DPlaja *Van* 17.4.73, 13: La Iglesia de Occidente ha sido propicia a cismas y desgarraduras, que los esfuerzos del ecumenismo apenas consiguen suturar.

suyo -ya *(cuando va delante del n del cual es adjunto, se usa la forma* SU *–en pl* SUS–, *que se pronuncia átona. En las aceps 3, 4, 6, 7 y 8, según la pers gramatical, alterna con los otros posesivos correspondientes)* **I** *adj* **1** De él o de ella, de ellos o de ellas. | Cela *Judíos* 70: El vagabundo dijo su nombre y su pueblo. El mendigo, la mano en la mano, cantó los suyos. Cunqueiro *Un hombre* 9: Las golondrinas salían de sus nidos. Medio *Bibiana* 13: Él, a lo suyo... Y todo por no gastarse unas pesetas tontamente.
2 De usted o de ustedes. | CSotelo *Inocente* 455: El día en que usted entró fue testigo, por casualidad, de algo que otro cualquiera sin su mundología podría interpretar torcidamente.
3 su + *n propio.* *(pop)* Se usa para referirse al cónyuge o al hijo de la pers o perss de quienes se habla. | CPuche *Paralelo* 219: ¿Qué le iba ni le venía a él con todo el follón que se traía el negro y su Olimpia? Palomino *Torremolinos* 85: –Y tuvo usted un hijo el año pasado. –Ni más ni menos: mi Fernandito, criaturita. –Y este año, otro: su Manolito, criaturita. Medio *Bibiana* 17: –A tu Xenius, ¿eh? Al tonto de la casa, a la mosca muerta... Y ahí le tienes, dejándose embaucar por cualquier marica .. (–Conque era eso... ¡Eso!... Mi Xenius...)
4 *(semiculto)* Siguiendo a *advs* como DELANTE, DETRÁS, ENCIMA, DEBAJO. | CBonald *Dos días* 33: Ayuso lo veía pasear por delante suyo. Arce *Testamento* 179: Al fin distinguí la polvareda que el camión de la leche dejaba detrás suyo. Cuevas *Finca* 173: Veía aquella montaña apretujada, debajo suya, hecha de ropas finas y de sábanas de hilo bordadas. A. Hernández *Inf* 30.10.75, 7: El ama de llaves de palacio, la que prepara la ropa del Rey, y la enfermera, que está siempre cerca suyo, con sangre de su grupo hemático, son también españolas. Berenguer *Mundo* 347: No debiste decirle nada a Rafael, porque algo hará para que los guardas estén encima tuya.
5 Oportuno o correspondiente. *En fórmulas como* EN SU MOMENTO, EN SU DÍA, A SU TIEMPO. | *Inf* 27.11.73, 15: El próximo día 3 de diciembre se procederá a realizar el pago del dividendo activo cuyo reparto fue acordado en su día.
6 Personal o particular. *Frec en la constr* SER MUY ~. | Medio *Bibiana* 62: Ya que me preocupa es Nat .. tan suya siempre. Laforet *Mujer* 40: Paulina había debido de vivir una vida agitada, muy suya. Torrente *Saga* 434: ¡Pues bien mal que me hizo quedar Jacinto, y buen trabajo que me costó no perder la amistad con las de Aguiar, que siempre fueron muy suyas y que, en aquel caso, lo tomaron muy a pecho! Aristófanes *Sáb* 7.9.74, 40: Nosotros somos muy nuestros, y también le atizamos a la reflexión intelectual.
II *loc sust* **7 lo ~.** *(col)* Mucho. *Tb adv.* | Torrente *Off-side* 544: El chico del café, espectador silencioso de la disputa taurina, sabe también lo suyo de la lidia. Fraile *Cuentos* 11: El caso es que yo he leído lo mío y todavía, de cuando en cuando, me cargo una novela. *DLi* 28.3.78, 19 (C): Se cabreó lo suyo.
8 los ~s. Su familia o sus allegados. | JParga *Nue* 31.12.69, 17: Alegrándose plenamente con los suyos en estas fiestas de Navidad. **b)** Conjunto de perss. de una misma ideología o modo de pensar. | CBaroja *Inquisidor* 48: Los liberales de después le contaron siempre entre los suyos.
III *loc v* **9 ir de ~; hacer (una) de las suyas; salirse con la suya** → IR, HACER, SALIR.
IV *loc adv* **10 de ~.** De por sí o por su propia naturaleza. | J. Cruset *Van* 27.12.70, 15: El magín, de suyo dado a esas industrias, entra en acción.

swahili *(ing; pronunc corriente,* /suaχíli/*) m* Suajili. | RAdrados *Lingüística* 175: En jap[onés] y swahili la raíz admite final consonántico.

swami *(ing; pronunc corriente,* /suámi/*) m* Maestro religioso hindú. | A. Matoses *Sáb* 22.6.74, 65: Nuestra conversación, más que sobre sus trajes, sus viajes, su tarea de madre y de embajadora, gira en torno a la amistad del famoso "swami" Satchadimanda, quien la inició en Roma al complicado estudio de las ciencias ocultas del yoga, de la astrología.

swap *(ing; pronunc corriente,* /suáp/*; pl normal,* ~s*) m (Econ)* Intercambio, entre dos bancos centrales, de créditos pendientes. | *ElM* 1.2.93, 1: Seminarios: .. Instrumentos financieros para la cobertura de riesgos: Opciones, futuros y swaps. Aspectos fiscales y contables. Fechas: 5 y 6 de marzo.

swazi *(ing; pronunc corriente,* /suáθi/*) adj* Suazi. *Tb n.* | B. Mostaza *Ya* 19.6.76, 7: Parece que el propósito del Gobierno blanco de la República Surafricana es ir independizando a las distintas etnias negras: bantú, xhosa, zulú, .. swazi. *SAbc* 24.11.68, 30: Swazilandia .. Habitantes: 389.000. Idioma: inglés, bantú y swazi.

sweater *(ing; pronunc corriente,* /suéter/*; pl normal,* ~s*) m* Suéter o jersey. | Torrente *Off-side* 37: Noriega viste pantalones gris marengo, .. *sweater* beige, corbata color burdeos.

swing *(ing; pronunc corriente,* /suín/*; pl normal,* ~s*) m* **1** *(Golf)* Movimiento de balanceo al golpear la pelota. | MSantos *Tiempo* 174: Los diversos tipos de gimnasia que una celda de aislamiento permite al prisionero: ejercicios respiratorios, yoga, swing de golf con palo imaginario.
2 *(Boxeo)* Gancho que se da con el brazo casi tendido. | Gilera *Abc* 20.8.69, 43: Boby trató de golpear al irascible luchador, y este le respondió con un "swing" o golpe de antebrazo que puso "k.-o." al que luego sería "el pobre locutorcito".
3 *(Mús)* Ritmo de jazz caracterizado por una distribución típica de los acentos que da a la ejecución un balanceo vivo y ligero. | J. M. Costa *País* 22.3.80, 25: En realidad, Archie Shepp y su quinteto ofrecieron un recital a media intensidad, pero repleto de *swing*.

swinging *(ing; pronunc corriente,* /suíngin/*; pl normal,* ~s*) m* Intercambio de parejas con fines sexuales. | F. Gracia *D16* 10.12.77, 28: En 1941 comenzó a funcionar el primer club de "swinging", que se estableció en la calle Saint-Denis, de París. En Francia existen actualmente más de quinientos clubs de esta índole, que facilitan todo tipo de intercambio y relaciones sexuales entre parejas.

symposium *(lat; pronunc,* /simpósium/*; tb con la grafía* **symposíum**; *pl normal, invar o* ~s*) m* Simposio. | M. GSantos *SAbc* 25.1.70, 20: Estas ideas y modificaciones originales fueron divulgadas posteriormente en revistas científicas, en cursos, conferencias, congresos, symposiums.

T

t → TE.

taba I *f* **1** Astrágalo (hueso). | J. Vidal *País* 5.3.78, 36: Siguió con media docena de saltos de la rana, tremendos saltos de impulso primitivo y violento aterrizaje –le sonaban las tabas–, los cuales pusieron al público en pie. Benet *Aire* 27: Si se excava .. aún se encontrarán a un metro de la superficie restos de estelas y ladrillos, monedas y tabas.
2 Juego que se realiza con una o varias tabas [1] de animales. | *Abc Extra* 12.62, 61: La madre de los dados fue la taba.
II *loc v* **mover**, o **menear**, **las ~s.** (*col*) Andar, esp. deprisa. | Delibes *Mundos* 79: En Santiago es muy frecuente detener un automóvil en la calle para preguntarle si lleva la misma dirección que nosotros deseamos. Cualquier cosa, antes que mover las tabas.

tabacal *m* Terreno sembrado de tabaco. | *Van* 9.10.75, 51: Llanas manchas de tabacales en flor y agrestes fondos de castañales o abetales.

tabacalero -ra *adj* Del cultivo, elaboración o venta del tabaco [1a y 2]. *Tb n: m y f, referido a pers; f, referido a empresa*. | *Inf* 30.11.72, 13: El Presidente de la República, doctor Echeverría, ha enviado un proyecto de ley al Congreso a fin de nacionalizar la industria tabacalera mejicana.

tabacazo *m* (*desp*) Tabaco [2]. | AMillán *Día* 126: ¡Qué gusto! Igual es este aroma que el del tabacazo negro.

tabaco I *m* **1** Planta de la familia de la patata, de tallo erecto y anchas hojas, cultivada fundamentalmente por su riqueza en nicotina (gén. *Nicotiana*, esp. *N. tabacum*). | Ortega-Roig *País* 86: También es una planta industrial el tabaco, que se cultiva en Canarias y en Extremadura. **b)** ~ **de montaña**. Árnica (planta). | Mayor-Díaz *Flora* 492: *Arnica montana* L. subsp. *atlantica* A. de Bolos. "Árnica", "Tabaco de montaña" .. Es un estimulante eficaz del sistema circulatorio y vulneraria .. Es un abortivo muy eficaz.
2 Producto elaborado a partir de las hojas del tabaco [1a], para ser fumado, masticado o a veces aspirado. | Arce *Testamento* 50: Cuando estoy en Francia siempre fumo tabaco americano. Pero aquí me gusta más la picadura.
II *adj invar* **3** [Color] marrón oscuro propio del tabaco [1a]. *Tb n m*. | Cunqueiro *Un hombre* 47: Viste jubón azul y calza tabaco y plata. **b)** Que tiene color tabaco. | *Gar* 21.12.63, 56: Astracán negro. Anodizado tabaco. Cromado labrado .. Y el nuevo encendedor de orfebrería Directoire.
III *loc adv* **4 sin ~.** (*col*, *raro*) Sin recursos o en la indigencia. | S. Miranda *Abc* 4.11.70, 21: No te diré que estemos sin tabaco, porque ha podido sacar sus alhajitas, pero la "tela" se quedó por allá [en Rusia].

tabacoso -sa *adj* Propio de la pers. que fuma mucho. | Marsé *Montse* 258: En el cuarto contiguo sube el tono de la radio y de las risotadas mezcladas con toses hondas, tabacosas.

tabaiba *f* Árbol típico de Canarias, de madera ligera y poco porosa y cuyas ramas contienen un látex blanco y pegajoso (gén. *Euphorbia*). | Manfredi *Tenerife* 50: El pinar corona la cumbre como una bendición verde en mundo de tabaibas, cardones, chumberas y balos, que lo rodean hambrientos de aire y sedientos de frescor.

tabal *m* (*reg*) Barril en que se conservan arenques o anchoas. | Moreno *Galería* 288: Salían al público escaparate del aire libre .. tabales de arenques, latas de bonito recién abiertas y sacos de nueces de San Felices. Cunqueiro *Fantini* 66: Fanto había decidido no comer aquella carne oscura y salada que le habían dejado en un tabal roto, en un rincón.

tabalario *m* (*col*) Trasero. | Anson *Abc* 8.3.85, 3: Los trepadores de turno utilizaron esas flechas para metérselas a Franco por el tabalario.

tabalear *intr* Producir un ruido semejante al del tambor, dando pequeños golpes [sobre una superficie]. | CNavarro *Perros* 227: Los dedos tabaleaban sobre el mostrador.

tabaleo *m* Acción de tabalear. *Tb su efecto*. | Delibes *Parábola* 143: Percibe un ruido en el tejado, un ruido espaciado y rítmico, .. como si unos dedos tabalearan sobre las lascas de pizarra. En un principio el tabaleo es diferenciado.

tabanazo *m* (*raro*) Golpe dado con la mano. | Falete *Cod* 1.9.74, 19: –¡Mira que te doy un cosque! –¡Y o un tabanazo!

tabanco *m* **1** (*raro*) Puesto de venta callejero. | L. Calvo *Abc* 23.4.72, 25: El número de tabancos de cigarrillos americanos es incontable en estas pobladas y ardorosas aceras.
2 (*reg*, *desp*) Taberna. | CBonald *Dos días* 153: Lo que más deja hoy es un tabanco, nada de bares.

tábano *m* Insecto semejante a la mosca, pero de mayor tamaño, que produce fuertes picaduras (gén. *Tabanus*). | Cela *Judíos* 308: Vuela el tábano azul buscando el tibio, el aromático ganado.

tabaque *m* (*raro*) Cesto pequeño de mimbre. | Cela *Judíos* 152: La camioneta, según opinó un niño con cara de enterado, que llevaba al brazo un tabaque lleno de peces, iba cargada de gaseosas.

tabaquería *f* Puesto o tienda en que se vende tabaco [2]. *Referido a países extranjeros*. | Cossío *Confesiones* 159: Todas las tardes nos distribuíamos por Biarritz para obtener noticias y ver si alguno de nosotros conseguía cambiar un billete de mil francos en los cafés o tabaquerías.

tabaquero -ra I *adj* **1** De(l) tabaco [1a]. | Fernández-Llorens *Occidente* 253: La elevación de los aranceles norteamericanos creó dificultades al mercado tabaquero.
2 Que se dedica al cultivo, elaboración o venta de tabaco [1a y 2]. *Tb n, referido a pers*. | M. Aznar *SAbc* 16.6.68, 10: Vencido por las armas el Sur algodonero y tabaquero, plenamente victoriosa la Unión Federal. O. Gómez *HLM* 26.10.70, 21: Tabacalera asume, generosamente, mientras, el aumento de precios a los tabaqueros.
II *f* **3** Caja para tabaco [2]. | AMillán *Marta* 177: Se acerca a la mesita; de una tabaquera coge un cigarrillo. **b)** Petaca (estuche de bolsillo para tabaco picado). | Medio *Andrés* 205: Saca del bolsillo su tabaquera y vierte un poco de tabaco sobre un papel.

tabáquico – tabiquería

tabáquico -ca *adj* (*Med*) De(l) tabaco [2]. | Vega *Corazón* 40: La polución atmosférica contribuye .. a facilitar las manifestaciones sintomáticas de las coronariopatías (sumándose al factor tabáquico).

tabaquismo *m* (*Med*) Intoxicación producida por el abuso del tabaco [2]. | Sales *Salud* 399: El tabaquismo (intoxicación por nicotina), en los grandes fumadores, es otra de las causas más frecuentes de temblor.

tabardillo *m* **1** (*col*) Insolación. | * Si no te quitas de ahí, te va a dar el tabardillo.
2 (*col*) Pers. bulliciosa y molesta. | Gala *Petra* 822: Tadeo, haz el favor de dejar ese caleidoscopio. Qué tabardillo. A lo mejor se cree que es un salchichón y se lo come.
3 (*hist*) Tifus (enfermedad). | Chamorro *Sin raíces* 36: En el año de 1641 .. había en Serradilla una terrible enfermedad, la del tabardillo.

tabardo *m* Prenda de abrigo semejante a un chaquetón de paño grueso, propia esp. de gente del campo. | Cela *Judíos* 42: Consiguió del rey que obligase a los moros a usar capuces verdes con lunas claras, y a los judíos a llevar una marca sangrienta en el tabardo. **b)** Chaquetón que forma parte del uniforme de invierno del soldado. | Delibes *Hoja* 138: –Si vienes con esas intenciones, marcha y no vuelvas, Picaza.– Él se restañaba la sangre con la bocamanga del tabardo [de soldado].

tabarés -sa *adj* De Tábara (Zamora). *Tb n, referido a pers.* | J. H. Tundidor *HLM* 10.4.78, 19: Claudio Rodríguez .., comentando el aspecto coral de la poesía del tabarés [León Felipe].

tabarquino -na *adj* De la isla de Tabarca o Nueva Tabarca (Alicante). *Tb n, referido a pers.* | E. DUceta *Ya* 4.9.86, 51: Se les instaló en la isla de Santa Pola, que desde entonces recibió el nombre de Nueva Tabarca .. Hoy, los tabarquinos que siguen en la isla viven dedicados, como sus antepasados del XVIII, a las artes de la pesca.

tabarra (*col*) **I** *f* **1** Cosa fastidiosa y pesada. | Palomino *Torremolinos* 35: Recordó viejas tabarras de su abuelo –del que se reía sin ningún respeto cuando hablaba de sus gloriosos antepasados–.
II *loc v* **2 dar la ~.** Fastidiar o hacerse pesado. | SFerlosio *Jarama* 50: Venga, marcharos ya de aquí, merluzos, no me deis la tabarra.

tabarrista *adj* (*col*) Tabarroso. | GPavón *Rapto* 141: Cuando mis hijos eran pequeños .., en los ratos que se ponían muy mohínos y tabarristas, yo les decía: "Vamos si no a ver el loro". Y así los distraía una miaja.

tabarroso -sa *adj* (*col*) Que da la tabarra. | Mihura *Decente* 15: Gracias, señora. Es usted tabarrosa, pero buena mujer.

tabasco (*n comercial registrado*) *m* Salsa americana muy picante hecha con chile. | SHie 19.9.70, 9: Añade el pimentón, el vinagre, .. la mostaza y dos gotas de tabasco.

taberna *f* **1** Establecimiento de carácter popular, en que se sirven vino y otras bebidas, y a veces también comidas. | Laforet *Mujer* 133: Enfrente de la taberna se levantaba .. una casa alta y frágil.
2 (*hist*) *En la antigua Roma:* Comercio pequeño. | SVozC 25.7.70, 7: Cuatro magníficos capiteles corintios de los siglos I y II, procedentes .. de las excavaciones de las tabernas del Foro.

tabernáculo *m* **1** Sagrario. | Peña-Useros *Mesías* 184: El Sagrario .. Se llama también Tabernáculo.
2 (*raro*) Templete con columnas que contiene una imagen. | E. La Orden *SYa* 26.6.77, 15: No nos extrañó que el sacristán de Almolonga impidiera ver de cerca la imagen de plata de su patrón San Pedro. En Cantel tuvimos más suerte con una Asunción de plata, con tabernáculo y graderías de lo mismo.
3 (*hist*) Tienda usada por los antiguos israelitas en el desierto. | Peña-Useros *Mesías* 81: Cada año se celebraban tres grandes fiestas con carácter nacional: la Pascua ..; la de Pentecostés ..; la de los Tabernáculos o tiendas. **b)** (*hist*) Tienda destinada a contener el Arca de la Alianza. | Peña-Useros *Mesías* 81: Rodeando el Tabernáculo había un gran atrio o espacio acotado al aire libre, donde podía entrar todo el pueblo.

tabernario -ria *adj* De (la) taberna [1]. | Escobar *Itinerarios* 172: Los [callos] tabernarios son mejores que los de restaurantes y hoteles de relumbrón. **b)** [Pers.] que frecuenta las tabernas. *Tb n*. | Marsé *Dicen* 114: Al entierro fueron desastrados fantasmas de sus noches, soplones y derrotados tabernarios.

tabernense *adj* De Tabernes de Valldigna (Valencia). *Tb n, referido a pers.* | *Ya* 17.1.81, 6: La mayoría de los tabernenses son gente educada, agradable y sencilla, como la mayoría de los pueblos de España.

tabernero -ra A *m y f* **1** Pers. que posee o atiende una taberna. | Aldecoa *Gran Sol* 141: No sé si sirvo para tabernero. Hay que tener mucho aguante.
B *m* **2** Cierto pez marino comestible (*Ctenolabrus suillus* o *C. rupestris*). | Noval *Fauna* 420: Y ya una extensa gama de especies menores, como la Chopa.., el Tabernero (*Ctenolabrus rupestris*).

tabernucho *m* (*desp*) Taberna [1]. | Sampedro *Sonrisa* 252: Aún no se explica dónde come algunos días. Quizás en tabernuchos donde le darán esas porquerías que le gustan y le hacen daño.

tabes *f* (*Med*) Enfermedad de origen sifilítico caracterizada por esclerosis de los cordones posteriores de la médula espinal, trastornos de la motilidad y abolición de los reflejos. *Tb ~* DORSAL. | Sales *Salud* 399: El reflejo rotuliano consiste en la contracción del cuadríceps femoral por la percusión del tendón rotuliano .. Desaparece con la tabes. Nolla *Salud* 342: Las artritis neurógenas más características son las que aparecen en la siringomielia y en la tabes dorsal.

tabético -ca *adj* (*Med*) De la tabes. | FCruz *Salud* 216: Síndrome tabético. Toda enfermedad con lesiones características sobre las raíces posteriores de la médula o sobre los ganglios raquídeos determina un cuadro clínico caracterizado por dos períodos.

tabicación *f* Acción de tabicar. | Alvarado *Botánica* 62: A veces la tabicación falta [en el aparato vegetativo de los hongos], por lo cual las hifas encierran un protoplasma continuo plagado de núcleos.

tabicado[1] -da *adj* **1** *part* → TABICAR.
2 (*E*) Provisto de tabiques [2]. | Alvarado *Botánica* 62: Los hongos más importantes se clasifican, atendiendo a la naturaleza tabicada o sifonada de su micelio y al modo de su reproducción, en tres grandes Subclases: Ficomicetos, Basidiomicetos y Ascomicetos. Angulo *Arte* 1, 269: El esmalte [bizantino] es tabicado, es decir, con laminillas de oro que impiden que, al fundirse las pastas vítreas coloreadas en el horno, se mezclen unas con otras.

tabicado[2] *m* Acción de tabicar. | Angulo *Arte* 1, 28: Para evitar que los esmaltes de diversos colores se mezclen entre sí, empléanse ya en esta época dos sistemas ..: el del tabicado y el del fondo realzado.

tabicamiento *m* Acción de tabicar. | Navarro *Biología* 65: Existen dos modalidades de citocinesis: por tabicamiento o por fisuramiento.

tabicar *tr* Dividir o cerrar [algo] con tabiques. *Tb fig.* | Cuevas *Finca* 73: Un hombre .. obstaculiza la única salida delante de él. Alvarado *Anatomía* 149: Tienen el aspecto de un filamento tabicado. En realidad se trata de una serie de individuos discoidales superpuestos.

tabicón *m* Tabique [1] más grueso que el normal. | Galache *Biografía* 71: En la torre del Arco del Refugio, llamado también Puerta de Santiago, en su tabicón oeste, existieron hasta hace unos años unas pinturas que representaban escenas del Nacimiento del Señor.

tabique *m* **1** Pared delgada que sirve esp. para separar habitaciones o cerrar un vano. | GTelefónica *N.* 54: Carpintería de aluminio. Muros cortina. Tabiques movibles.
2 (*E*) División delgada entre dos huecos. | Bustinza-Mascaró *Ciencias* 114: La cavidad gastrovascular [del pólipo] puede ser sencilla o estar dividida por tabiques radiales incompletos.

tabiquería *f* Conjunto de tabiques [1]. | *Ya* 14.4.64, 10: Rasper corta humedades en sótanos, muros y tabiquería.

tábiro – tablado

tábiro -ra *adj* (*reg*) Escuálido o desmedrado. | Cuevas *Finca* 178: La avena no acaba de levantar la cabeza y anda sin espabilarse como un chiquillo tábiro.

tabla I *f* **1** Pieza de madera plana, delgada, de caras paralelas, relativamente ancha y más larga que ancha. | Arce *Testamento* 33: En el otro extremo, unas colchonetas sobre tablas cruzadas hacían de catre. **b)** Utensilio hecho de tabla. *Con un compl que especifica su uso*. | *Economía* 219: Es muy conveniente tener una tabla alargada para planchar vestidos y faldas. Moreno *Galería* 281: El padre instalaba la tabla de picar y afilaba el cuchillo. *ByN* 10.12.89, 89: Tabla de quesos y cuchillo por 6.500 pesetas, en La Hispano Inglesa. **c)** Pintura realizada sobre tabla. | *Inf* 25.2.70, 9: Se vendió .. no un retablo de la iglesia del convento, sino unas tablas que estaban en el cementerio conventual.

2 *En pl*: Escenario teatral. | Laín *Gac* 22.2.70, 8: La inmensa personalidad del personaje que ahora iba a subir a las tablas; la situación de Buero, gran autor teatral; .. todo se concitaba para que esa expectación se produjera. **b)** (*lit*) Actividad de actor teatral. | Aldecoa *Cuentos* 1, 169: ¿Usted no ha trabajado nunca en el teatro? .. A mí entonces me tiraban mucho las tablas. **c)** Experiencia en actuaciones ante el público. *Frec fig. Frec en la constr* TENER ~S. | M. ÁLlana *VozA* 8.10.70, 16: Paquita, con muchos años de tablas, no supo o no quiso captarse las simpatías de los "fans" quinceañeros. C. Castro *Abc* 29.6.58, sn: Que todo esto es arte de actrices, no lo duda nadie; pero es asequible y conveniente para las tablas del vivir.

3 (*Taur*) *En pl*: Valla que circunda el ruedo. *Tb el tercio de ruedo inmediato a ella*. | DCañabate *Abc* 23.8.66, 53: Se arrancó a la primera vara con tal ímpetu que, del empujón, llevó al caballo hasta las tablas.

4 Pieza ancha, plana y poco gruesa [de una materia rígida]. | Vega *Cocina* 96: Preparado el puré, se echa encima de una mesa con tabla de mármol. Peña-Useros *Mesías* 79: Moisés se retiró de nuevo al monte. Allí estuvo durante cuarenta días hablando con Dios, el cual le entregó dos tablas de piedra con los diez mandamientos escritos en ellas. **b)** (*Joy*) Diamante tallado con la superficie superior plana. | Bustinza-Mascaró *Ciencias* 330: La talla [del diamante] pueder ser en brillante, en rosa o en tabla. **c)** ~s **de la Ley.** Piedras en que estaba escrito el Decálogo. *Frec designa el propio Decálogo. Tb fig.* | Peña-Useros *Mesías* 80: Era Esta [el Arca de la Alianza] una especie de caja riquísima .. donde se guardaban las Tablas de la Ley.

5 Pliegue más o menos ancho formado por dos dobleces. | *Abc* 15.5.80, 50: Vendo máquina de plisar .. Automática. Hace pliegues, tablas, fantasías.

6 Parte plana [de una parte del cuerpo]. | Cela *Judíos* 72: El vagabundo, al entrar en Roa, enderezó las espaldas, hinchó la tabla del pecho y levantó el mirar con altanería. Halcón *Monólogo* 55: Le acaricio a mi caballo la tabla del cuello y la frente.

7 División cuadrangular [de un terreno de labor]. | Tomás *Orilla* 61: Cuando se detuvo, exhausto, los árboles de alrededor se le venían encima; las grandes tablas de regadío se levantaban horizontalmente del suelo y querían aplastarle.

8 Parte ancha [de un río] en que la corriente apenas es perceptible. | Romano-Sanz *Alcudia* 161: El [río] Tablillas discurre plácidamente por un cauce apenas definido en la llanura. En las aguas tranquilas de una tabla se refleja el paisaje como en un cristal.

9 Esquí (aparato). | E. Iparraguirre *SAbc* 8.2.70, 45: Un equipo completo para esquiar, incluidos botas, pantalones tubo, anorak, gorro, manoplas, tablas y bastones cuesta alrededor de las 8.000 pesetas.

10 Lista (relación dispuesta gralm. en forma de columna). | Gilera *Abc* 30.12.65, 101: Y aquí empezaría la serie larguísima de juegos que compusieron un "set" realmente histórico, no solamente en Copa Davis, sino en la tabla excepcional de los grandes duelos individuales de todos los torneos. **b)** Índice [de un libro]. *Frec* ~ DE MATERIAS. | Huarte *Tipografía* 62: Índice general o tabla de materias.

11 Cuadro [de números u otras indicaciones], que permite hallar rápidamente un dato o el resultado de una operación. | Huarte *Tipografía* 19: En los libros de Tipografía figuran tablas con las que poder apurar más este cálculo. FReguera *Bienaventurados* 21: El maestro .. apuntaba al chiquillo tímidamente. –A ver, tú, la tabla del cinco.

12 *En lotería:* Tabla [1a y 4a] provista de unos alambres en que se colocan los números premiados y los premios correspondientes. | C. GLucía *Ya* 4.12.75, 43: Se necesitaba ante todo, para acreditar la Lotería, demostrar al público que no había manipulaciones tramposas. Para ello nada mejor que mostrar la bola extraída juntamente con la bola del premio que le había correspondido, y así se ha hecho, formando lo que se llama tabla, que se exhibía en el edificio del sorteo.

13 Conjunto establecido [de ejercicios gimnásticos]. | Marín *Enseñanza* 259: Repaso de la tabla de gimnasia realizada el lunes.

14 ~ **de salvación.** Último recurso para salir de un apuro. | CSotelo *Resentido* 242: Yo pensé en la política como un derivativo, como una tabla de salvación.

15 (*Juegos*) *En pl: En ajedrez y damas:* Empate. *Gralm en la constr* HACER ~S, *o* QUEDAR EN ~S. *Frec fig, fuera del ámbito técn*. | C. Lama *Abc* 21.5.67, 6: Mire esta mesa. Es hermosa. En ella he jugado mis mejores partidas .. vencí en cinco partidas, hice dos tablas y perdí una. MGaite *Búsqueda* 57: Un juego, eso sí, en el que ya se entra a sabiendas .. de que nadie gana y la partida queda siempre en tablas. Vega *Cocina* 54: El señor Matossi sostuvo violenta polémica con el señor Aldegaray acerca del pastel ruso. Hicieron tablas, llegando a la conclusión de que probablemente se trataba de una coincidencia.

16 (*hist*) *En pl:* Juego semejante al de las damas, que se juega con dados. *Tb* ~S REALES. | *Abc Extra* 12.62, 63: Tiene razón, por eso, don Gabriel Maura Gamazo cuando sostiene que tablas y damas son la misma palabra.

17 (*Rel catól*) Obligación o precepto. | *Sol* 24.5.70, 7: Los párrocos .. pueden poner las misas que estimen necesarias, .. aunque no sean las establecidas en tabla.

18 (*raro*) Puesto de venta de carne. | A. P. Foriscot *Van* 23.6.74, 9: Mientras yo trazaba, con el cuchillo y el tenedor, la sección de la carne, me informaron de que procedía de una anónima tabla –tablajería– de un mercado popular.

19 (*lit, raro*) Mesa (mueble). | FVidal *Duero* 176: El caminante .. se sienta en banco corrido ante tabla común para varios comensales, solicita de la moza pechugona que acude a atenderle precio de una chuleta.

II *loc adj* **20** [Vientre] **en** ~ → VIENTRE.

III *loc v* **21 hacer ~ rasa** [de algo (*compl* DE, *raro* CON)]. Prescindir o desentenderse arbitrariamente [de ello]. | Aguilar *Experiencia* 615: Hice tabla rasa de proyectos grandiosos, de promesas falaces y de nombres de supuestos amigos, y salí a la calle dispuesto a empezar otra vez. Cossío *Confesiones* 18: El joven .. ha tratado en las sucesivas generaciones de hacer tabla rasa con el pasado y aun ha creído que la juventud es un mérito especial. **b)** *Sin compl:* Partir de cero prescindiendo de todo lo anterior. | Diosdado *Olvida* 56: Cuando uno pretende replantearse la vida desde el principio, no basta con hacer dos o tres cositas originales: Hay que jugarse el tipo y hacer tabla rasa de verdad.

IV *loc adv* **22 por ~.** Por vía indirecta o por carambola. | CSotelo *Muchachita* 280: –¿Y qué relación hay entre la amistad del canciller y la de la cancillera? –Hay que hacérsele simpático... por tabla.

23 por ~s. (*col*) Por milagro. *Gralm con los vs* SALVAR(SE) *o* LIBRAR(SE). | Cela *Judíos* 305: A veces, el vagabundo, como cada hijo de vecino, salva por tablas de los más embrollados y calenturientos .. laberintos.

tablada *f* (*reg*) Tabla [7 y 8]. | Peraile *Ínsula* 77: El agua va por un laberinto de acequias, surcos y tabladas. Delibes *Inf* 2.6.76, 18: Allí el río se explaya, la corriente se afloja y el agua embalsada presta cobijo a ejemplares de categoría. Cuando aprieta la canícula, esta tablada brinda serenas apasionantes. Llamazares *Río* 16: Mi viajero, con las botas al hombro y una rama de chopo para ayudarse a franquear sin sobresaltos la corriente, atraviesa rabiones y tabladas atraído por el rumor creciente que llena la chopera.

tablado (*gralm* **tablao** *en acep 3*) *m* **1** Suelo de tablas [1a] situado sobre una armazón. | Delibes *Hoja* 84: El viejo se apeó del tablado y se arrimó al radiador. [*En una oficina*.]

2 Escenario teatral. | Marquerie *Abc* 25.10.73, 17: Excluye del tablado todo lo pedagógico-didáctico, le sermoneante, lo propio de otros menesteres: tribuna, cátedra, púlpito.

3 Local dedicado a espectáculos de cante y baile flamencos. *Frec* ~ FLAMENCO. | Á. Zúñiga *Des* 12.9.70, 21: Sorprendente es la cantidad enorme de cantantes .. En la época de las variedades, ninguno de esos jovencitos hubiera florecido en los tablados más minúsculos. Burgos *SAbc* 13.4.69, 43: Le ofrece también algún "tablao flamenco" del barrio de Santa Cruz.

tabladura *f* (*Mús*, *hist*) Sistema de notación musical para algunos instrumentos de cuerda, con el que se indica la colocación de los dedos sobre el instrumento. | Subirá-Casanovas *Música* 35: La forma de notación [para la vihuela] denominábase en otros países "tabladura", y en el nuestro "cifra" .. Cada cifra o letra indicaba el ataque de las notas, y en la tabladura constaban tantas líneas paralelas como cuerdas tenía el instrumento.

tablaje *m* Conjunto de tablas [1a]. | CBonald *Dos días* 59: Miguel tenía los ojos fijos en el lagar donde estaban pisando. Se acercó al tablaje.

tablajería *f* (*raro*) Carnicería. | CBaroja *Judíos* 1, 50: Los judíos debían tener sus tablajerías aparte y no debían de matar reses para los musulmanes.

tablajero -ra *m y f* **1** (*raro*) Carnicero. | *Hoy* 31.7.75, 13: Se estima que este carnicero, en relación con el mismo mes del año anterior, supone casi un cincuenta por ciento menos de reses sacrificadas debido principalmente a las dificultades que encuentran los tablajeros para su adquisición por su elevado precio en vivo.
2 (*reg*) Carpintero. | Burgos *SAbc* 13.4.69, 43: En Utrera hay gitanos tablajeros, mecánicos, asentados en una vivienda y una ocupación fijas.

tablao → TABLADO.

tablar *m* Conjunto de tablas [7] [de una huerta o jardín]. | Ra. Ríos *Sáb* 16.11.74, 10: En el resto, los cultivos están perfectamente bajo los plásticos nuevos, en los tablares ordenados que los hortelanos riegan descalzos.

tablazo *m* Parte [de un río o de una acumulación de agua] extendida y poco profunda. | C. Otero *Abc* 7.4.79, 48: El pasado día 31 de marzo vimos un nido de sisón en tierras zamoranas .. Cercetas carretonas se ven algunas en las zonas húmedas de la Mancha, adornando con sus características reclamos los nuevos carrizales y tablazos.

tablazón *f* **1** Conjunto de tablas [1a] [de una construcción]. | Angulo *Arte* 1, 9: Formando ángulo recto con los pares y sobre ellos, se disponen en el sentido longitudinal otras vigas más delgadas llamadas contrapares, sobre las que apoya directamente la tablazón. J. IGalán *AbcS* 18.1.75, 17: Atravesaban el puente de barcas, hacia Triana, ambos carruajes. Debido, sin duda, al estiaje, la tablazón o piso del puente estaba más bajo que de costumbre, lo cual acentuaba la pendiente de la cuestecilla. **b)** (*Mar*) Conjunto de tablas [1a] [del forro y la cubierta de un barco]. | Aldecoa *Gran Sol* 75: La tablazón del puente estaba sucia.
2 Construcción que consta esencialmente de tablas [1a]. | A. Gabriel *Abc* 23.8.66, 17: Tal era el lujo de viratones, tapiales, tablazones, artillería y hasta una lombarda que facilitó la entrada de los asaltantes en el castillo.

tableado *m* Acción de tablear. *Frec su efecto*. | I. Barreiros *Abc* 28.2.87, 109: No olvida los trajes de chaqueta abotonados hasta el cuello y falda tubo, los conjuntos de napa con aplicaciones de ante, las sayas guateadas, los tableados... Todo muy "niña bien".

tablear *tr* Hacer tablas [5] [en una prenda (*cd*)]. *Frec en part*. | Matute *Memoria* 213: Mi odiada falda blanca tableada y las blusas sin mangas fueron sustituidas por .. faldas plisadas de lana escocesa y .. suéters.

tablero *m* **1** Tabla [1a] muy ancha, o plancha formada por varias tablas unidas. *Frec referido al que constituye la parte superior de una mesa*. | GTelefónica *N.* 629: Maderas nacionales e importación. Tableros. Aglomerados. *SAbc* 13.4.69, 53: Mesa española con tablero de una pieza y sillas con almohadones rojos. **b)** Mesa de trabajo manual. *Gralm con un compl especificador*. | M. GSantos *SAbc* 1.6.69, 37: Sobre la superficie del gran pliego de papel de dibujo, clavado al tablero con cuatro chinchetas, la pluma extiende presurosa verdaderos ríos de tinta negra.
2 Tabla [4a], normalmente grande. | Delibes *Príncipe* 30: Frente a la puerta del montacargas estaba la mesa blanca, con el tablero de mármol blanco.
3 Pizarra o encerado. | * Sal al tablero a explicar el teorema de Tales.
4 Tablón [de anuncios]. | *Hie* 19.9.70, 4: En el tablero de anuncios de la Escuela aparece el detalle de la convocatoria de los exámenes extraordinarios.
5 Superficie rígida y cuadrada dispuesta para determinados juegos, esp. el ajedrez o las damas. | Gironella *SAbc* 9.2.69, 18: He tenido la suerte de convivir con este plantel de ases [del ajedrez]. De verlos actuar, no solo ante el tablero, sino fuera de él. Laiglesia *Tachado* 69: Sustituiremos las ruletas por tableros de "parchís", y el *chemin de fer* por fichas de dominó.
6 Tablero [1 y 2] en que se agrupan los instrumentos y mandos de una máquina o instalación. *Tb* ~ DE INSTRUMENTOS. | F. Merayo *Ya* 20.4.74, 10: Al lado del simulador aéreo no buscaremos la presencia de motores, alerones, timones, etc., sino que, sencillamente, lo que existe es una calculadora automática rodeada de instrumentos y un oficial instructor que vigila un amplio tablero salpicado de botones, que son otras tantas órdenes de mando. *Gac* 1.6.63, 69: El volante de los modernos monoplazas es minúsculo. En el tablero de instrumentos: un contador de vueltas electrónico, la temperatura del agua y la presión y temperatura del aceite.
7 (*Constr*) Tabla de cartón piedra, plástico esponjoso u otra materia, que sirve para hacer tabiques y revestir paramentos. | J. Bassegoda *Van* 4.2.77, 28: Los témpanos de la bóveda, que desde su parte baja no se podían identificar a causa de la pintura, son de tablero tabicado de ladrillo de solo dos gruesos, el sencillo y el doblado, recibidos con yeso.
8 (*Constr*) Parte [de un puente] destinada al tránsito. | M. L. Nachón *Inf* 2.1.75, 13: El viaducto .. ya no soporta las cargas actuales .. En 1957 el tablero ya las soportaba mal. *Ya* 3.7.80, 17: El puente de Algete sobre el Jarama data del siglo XIX .. El proyecto de restauración ensancha el tablero y conserva parte del mismo.

tablestaca *f* (*Constr*) Tablón de madera o metálico que se hinca en el suelo para formar una ataguía o entibar excavaciones. | M. L. Nachón *Inf* 18.6.75, 21: Son varios los sistemas que se emplean: a cielo abierto, en túnel, entibado con tablestacas o especie de vallas metálicas de 15 metros, clavadas en tierra a unos nueve, para contener las tierras.

tableta *f* **1** Pieza rectangular, plana y poco gruesa [de un alimento sólido, esp. chocolate o turrón]. | Carandell *Tri* 17.11.73, 97: Leo en el reverso de un cromo de los que suelen encontrarse en el envoltorio de las tabletas de chocolate una frase que debe pasar a la antología del machismo español.
2 Pastilla plana [de un medicamento]. | GHortelano *Amistades* 230: Una vez que tomó una tableta de aspirina, Leopoldo llamó a Jovita. Cañadell *Salud* 359: El calcio puede administrarse en forma de tabletas.

tabletear *intr* Producir un ruido semejante al de tablas [1a] que entrechocan repetidamente. | Laforet *Mujer* 93: Parecía que las sirenas y .. el lejano tabletear de las ametralladoras perteneciesen a otro mundo. Cuevas *Finca* 36: La cigüeña del techo tableteó a las seis y media. Delibes *Vida* 178: No estábamos bajo la tormenta sino dentro de ella, en su seno. Los truenos tableteaban a nuestros pies.

tableteo *m* Acción de tabletear. *Frec su efecto*. | Torrente *Sombras* 320: Aquella misma tarde llegaban, con el viento inesperado, nubes del Este, y con ellas las ráfagas de frío y el tableteo de las ventanas. SFerlosio *Jarama* 45: Retumbaba [el tren] en lo alto del puente, por encima de todos, con un largo fragor redoblante, con un innumerable, ajetreado tableteo.

táblex (*n comercial registrado*) *m* Madera prensada. | AAlcalde *Unos* 48 (G): Se sirvió otra copa de vino, la apuró de un trago y depositó el vaso sobre el táblex de la barra con cierta violencia. [*En el texto, sin tilde.*]

tablilla *f* **1** Tabla [1a y 4a] pequeña, esp. destinada a carteles o anuncios. | *BOE* 1.12.75, 25029: Los campos de pies madres y los viveros deberán quedar identificados por una tablilla fácilmente localizable en la que constarán: a) Nombre y número .. b) Variedad. C. Rojas *Inf* 26.2.75, 27: Se trata del peso exigido como mínimo en las reses de lidia. En las páginas de *Informaciones* hemos escrito bastante sobre

tabloide – tacañería

ese camelo que viene siendo la tablilla del peso. CNavarro *Perros* 118: Sobre la tablilla de anuncios había varios papeles dando cuenta de la hora de las conferencias.
  2 (*hist*) Tabla [4a] pequeña, gralm. de arcilla, utilizada para escribir. | Tejedor *Arte* 16: Esta escritura, hecha sobre tablillas o cilindros de arcilla con una caña o punzón, ha sido llamada cuneiforme.

tabloide I *m* **1** Periódico de formato aproximado de 30 x 40 cm, caracterizado por el estilo sensacionalista y la abundancia de fotografías. | *País* 7.8.87, 13: El hecho de que se vendan miles de tabloides amarillos, especialmente *The Sun* y *Daily Mirror*.
  II *adj invar* **2** [Tamaño o formato] propio del tabloide [1]. | *Abc* 16.12.70, 52: El periódico cambia su formato, ad[a]ptándolo al ya corriente tamaño tabloide.

tablón *m* **1** Tabla [1a] ancha. | Laforet *Mujer* 300: Los albañiles que terminaban la nueva casa habían hecho un puente sobre el barro con unos tablones.
  2 ~ de anuncios. Tabla [1a y 4a], más o menos grande, para fijar anuncios o avisos. | Payno *Curso* 197: Solo Melletis, Fry y Luis se veían los domingos en el quiosco de la Castellana. Los demás se cruzaron alguna vez por casualidad en el ir y venir a los tablones de anuncios de las Facultades.
  3 Pliegue doble constituido por dos tablas [5] dispuestas en sentidos contrarios. | *Sáb* 3.12.66, 36: Gabán de lana de cachemire, con tablón en la espalda.
  4 (*col*) Borrachera. | Lera *Clarines* 385: Fuma que te fuma, bebe que te bebe de esto y de lo otro... Cuando me quise dar cuenta, ya tenía el tablón encima.

tabloncillo *m* **1** Tapa de la taza del retrete. | ZVicente *Traque* 192: Tienen hasta una cosa así, comprada en Nueva York, redondita, felpudita ella, que vete a ver cómo funcionará, pero el caso es que mantiene a 25 grados el tabloncillo del retrete, no me digas tú que no es comodidad.
  2 (*Taur*) Asiento de la fila más alta de las gradas y tendidos de una plaza de toros. | *Abc* 10.3.85, 65: Corridas de Fallas .. Precios .. Tabloncillos Pref[erenci]a: Corrida, 2.200. Novillada, 900 .. Lado 6 y 7 Tabloncillo: Corrida, 1.900. Novillada, 700 .. Sol .. Tabloncillo: Corrida, 1.000. Novillada, 600.

tabón *m* (*reg*) Terrón (masa compacta de tierra). | Lázaro J*Zorra* 21: Tan ridículo, por fuera de lugar, es el paleto que tropieza en las esquinas ciudadanas como el señoritingo que pisa y resbala sobre los tabones endurecidos de las tierras de labor.

tabona *f* (*Arqueol*) Piedra cortante propia de las Canarias. | Pericot-Maluquer *Humanidad* 139: En las Canarias los materiales del Teide dieron lugar a la interesante industria de las tabonas.

tabor *m* (*hist*) Unidad de tropa regular marroquí, perteneciente al ejército español y compuesta gralm. de dos compañías de a pie y otra montada. | Gironella *Millón* 484: Las sospechas del jefe del Sifne, don Anselmo Ichaso, respecto a los espías que delataron las intenciones nacionales en la batalla del Jarama, habían recaído sobre el Tercer Tabor de moros.

tabú *m* **1** Prohibición religiosa sobre algo, por considerarlo sagrado o impuro. | * Es una religión plagada de tabúes. **b)** Inhibición de mencionar o censurar determinadas cosas, por respetos de tipo social. | Aranguren *Erotismo* 22: Los tabúes sexuales .. y .. el fariseísmo .. lo tapan todo.
  2 Cosa sobre la que recae un tabú [1]. *Tb fig*. | Pericot *Polis* 12: Por lo general, el animal totem no puede ser comido (tabú). *Abc* 27.9.80, 31: La productividad ya no es "tabú" en la negociación de convenios.

tabuco *m* (*desp*) Habitación muy pequeña. | Delibes *Ratas* 22: El taller era un tabuco mezquino, lleno de virutas y aserrín. Halcón *Ir* 323: Tiene el proyecto de abandonar su lujosa residencia de Park Avenue y trasladarse a vivir a un tabuco del barrio negro de Harlem.

tabulable *adj* Que se puede tabular[1]. | *Inf* 24.10.69, 8: Los suspensos de la computadora .. Lo que ya choca con la tradicional mentalidad es que una asignatura terapéutica, una asignatura médica, se haya convertido en una serie de módulos tabulables.

tabulación *f* Acción de tabular[1]. | *MDi* 28.2.75, 24: La exigencia de los fabricantes será incrementada exigiéndose, no solamente una mejor calidad del producto, sino también una tabulación estadística de sus propiedades.

tabulador *m En una máquina de escribir, calcular u otra semejante:* Dispositivo para escribir en columnas o empezar a diferentes distancias del margen. | *Abc* 20.7.67, 89: Máquinas de escribir manuales y eléctricas con carros desde 33 cm. hasta 88 cm., tabulador automático o decimal.

tabular[1] *tr* Disponer [algo, esp. datos] en forma de tabla [10 y 11]. | Mingarro *Física* 54: Indíquense, tabulándolos a dos columnas, los conceptos análogos a los de fuerza, impulso, cantidad de movimiento, aceleración y masa, establecidos para el movimiento de rotación. Marín *Enseñanza* 297: En caso de que las medias o medianas fuesen inferiores o superiores a las recién tabuladas, hay que admitir que la prueba es deficiente para nuestros escolares.

tabular[2] *adj* (*E*) De (la) tabla [1a]. | Bustinza-Mascaró *Ciencias* 317: Entre los diversos tipos de estructura [de los minerales] están: la laminar, que la presentan los minerales de aspecto tabular, .. escamoso o pizarroso; la fibrosa. **b)** Que tiene forma tabular. | * Baritina tabular.

tabula rasa (*lat; pronunc,* /tábula-rása/) **I** *loc n f* **1** Registro en que aún no se ha escrito nada. *Gralm en constrs de sent comparativo, referidas al estado originario del alma humana*. | GÁlvarez *Filosofía* 1, 118: Aristóteles .. rechaza las ideas innatas y la reminiscencia platónica, concibiendo el alma como una *tabula rasa*.
  II *loc v* **2 hacer ~.** Hacer tabla rasa (→ TABLA). | GNuño *Escultura* 20: Lo ibérico .. constituía el reducto más original y sustantivo de las variedades creacionales de que se apresuró a hacer *tabula rasa* la orgullosa pero poco inspirada Roma.

tabulatura *f* (*Mús, hist*) Tabladura. | *Cua* 4.12.76, 9: Música renacentista para laúd. Se trata de un álbum dedicado a Francia. Los cuatro autores presentados (Attaingnant, Le Roy, Ballard y Besard) fueron editores de las primeras tabulaturas .. que se utilizaron para laúd.

tabún (*tb* **tabun**) *m* (*Quím*) Éster fosfórico que actúa como gas nervioso. | MNiclos *Toxicología* 101: Derivados fosforados orgánicos. Casi todos proceden de agresivos químicos de guerra, como eran tabún, sarín y somán. M. Riomart *Ale* 19.7.86, 22: En los últimos diez años, los científicos han desarrollado agresivos químicos, como el gas Mostaza, el Sarín, el Tabun.

taburete[1] *m* Asiento pequeño, sin brazos y sin respaldo. | CNavarro *Perros* 45: Mario tomó asiento en uno de los taburetes que había ante la barra.

taburete[2] *m* (*reg*) Mostaza salvaje (planta). | Remón *Maleza* 115: Especie: *Thlaspi arvense* L. Nombre común: Taburete, Hierba de los caballos, Mostaza salvaje, Talaspico .. Familia: Crucíferas. Es una mala hierba anual o hibernante, propia de tierras cultivadas y terrenos baldíos, bastante extendida; alcanza alturas de hasta 40 cm.

TAC (*sigla*) *m* (*Med*) Tomografía axial computadorizada. | *Ya* 29.3.90, 42: El futbolista fue sometido ayer a un "Tac" (radiografía computerizada). *País* 3.11.91, 40: Resonancia magnética nuclear. Scanner (TAC).

taca *interj* Se usa, gralm repetida o siguiendo a TIQUI, para imitar el golpeteo de algo. A veces se sustantiva como n *m*. | Berenguer *Mundo* 104: Si me quitaron fue porque había que escribir en una máquina de esas, tiqui taca, tiqui taca.

tacada I *f* **1** (*Billar*) Golpe dado con el taco a la bola. | J. Fernández *Día* 28.9.75, 46: El tema en el candelero era, pues, el billar .. –¡Ya lo creo, hombre, ya lo creo! El tal Wilson una vez, en La Florida, hizo una tacada asombrosa, que todavía se recuerda.
  II *loc adv* **2 de una ~.** De una vez. | E. Romero *Abc* 3.12.74, 43: Por circunstancias menos graves que estas, el presidente del primer Gobierno de la República, Manuel Azaña, suspendió de una tacada cien periódicos.

tacán (*Aer*) *m* Sistema de radioasistencia para la navegación aérea. | *Inde* 22.8.90, 4: Fragata "Santa María" .. Electrónica: Varios tipos de radares de navegación .. Tacán para control de vuelos.

tacañería *f* **1** Cualidad de tacaño. | Laiglesia *Ombligos* 65: Las compró [las maletas] de segunda mano, no por tacañería, sino para evitar que el aspecto flamante de la piel nueva delatara su condición de viajero novato.

2 Actitud o comportamiento tacaños. | CSotelo *Inocente* 99: Las injusticias, las tacañerías, me ponen enfermo, se lo confieso.

tacaño -ña *adj* [Pers.] reacia a dar o a gastar. *Tb n. Tb fig, referido a cosa.* | DPlaja *El español* 117: En el contraste tantas veces mencionado de don Quijote y Sancho no encontramos al tacaño. Sancho es tan generoso como su amo. F. A. González *Ya* 17.12.75, 70: Los campesinos de los anchos y tacaños secanos españoles deben saber que una firma norteamericana ha lanzado al mercado el tractor estereofónico. **b)** Propio de la pers. tacaña. | * Su comportamiento fue de lo más tacaño.

tacatá I *m* **1** Tacataca. | * Me han regalado el tacatá y la cunita.

II *interj* **2** Imita el galope del caballo. | Gala *Petra* 786: –(Acariciando la colcha e imitando un galope.) Tacatá, tacatá, tacatá. –Ni que fuera el caballo de Pavía.

tacataca (*tb con la grafía* **taca-taca**) *m* Andador con ruedas, gralm. metálico y con asiento de lona. | Laiglesia *Tachado* 95: De sus pinceles salieron todos los retratos al óleo de la dinastía de los Cirilos: desde uno ecuestre, en el que se veía a Cirilo I montado a caballo, hasta otro pedestre del futuro Cirilo III andando en su "taca-taca".

tacazo *m* Tacada [1]. | Tierno *Abc* 3.10.84, 3: Es [el billar] un juego que tranquiliza sobremanera, pues las bolas nos representan a cada uno de nosotros moviéndonos sin saberlo, de acuerdo con el tacazo del azar y la necesidad.

tacha[1] *f* **1** Defecto o imperfección, normalmente de carácter moral. | Cossío *Montaña* 364: En este pueblo hemos de tropezar con el primer gran linaje trasmerano, harto turbulento y desmandado, pero del que hemos de considerar más sus virtudes que sus tachas. Mascaró *Médico* 83: El golpe de calor es favorecido por la fatiga y ciertas tachas orgánicas como alcoholismo, estados de debilidad.

2 (*Der*) Motivo legal para desestimar la declaración de un testigo. | PCastro *Pue* 12.2.75, 27: La declaración de un testigo contra el cual se haya esgrimido "tacha" no se repele sin más, según el Derecho español.

tacha[2] *f* (*E*) Aparato en que se evapora el jarabe para la fabricación de azúcar. | *BOE* 1.12.75, 25023: También serán considerados Encargados de 1ª los Ayudantes de Tachas que sepan cocer primeros productos .. Cocedor. Es el operario que, por su práctica, ha llegado a poseer conocimientos para manejar con toda garantía los aparatos de cocción (tachas) de tal forma que tenga capacidad para obtener azúcar de diferentes clases y tipos.

tachadura *f* Acción de tachar [2]. *Frec su efecto.* | Armenteras *Epistolario* 297: Si en el escrito hay tachaduras y enmiendas, estas deberán ser salvadas, bajo su firma, por el propio testador.

tachar *tr* **1** Atribuir [a alguien o algo (*cd*)] una tacha o defecto (*compl* DE)]. | DPlaja *El español* 100: Veamos .. a Juan Valera, .. hombre dado a los clásicos y que nadie puede tachar de patriotero.

2 Anular [algo escrito] cruzándolo o atravesándolo con una o más rayas. | Huarte *Tipografía* 138: Si se ha señalado alguna otra errata en esa misma línea hay que cerciorarse de que se lee bien lo que había debajo de la llamada tachada.

3 (*Der*) Alegar tacha[1] [2] [contra un testigo (*cd*)]. | *Pue* 12.2.75, 27: El Tribunal Supremo (Sala I) ha establecido que "las tachas no impiden que el testigo sea tenido en cuenta y creído por el sentenciador, si adquiere el racional convencimiento de que la declaración del testigo tachado se ha producido verazmente".

tachín *m* (*jerg*) **1** Pie. | * Te huelen los tachines.

2 Testículo. | * Dijo que no lo hacía porque no le salía de los tachines.

tachín tachín *m* (*col, desp*) Música de ritmo monótono marcado por bombo y platillos. | *SMad* 13.12.69, 6: A la música siempre le quedaría el recurso de administrar el tachín tachín en los márgenes de una película virgen.

tachismo *m* (*Pint*) Modo de pintura abstracta mediante elementos coloreados de forma imprecisa. | S. Jiménez *SArr* 27.12.70, 57: Todo ha coexistido, el "pop" falsificado, el "op" de los muestrarios de óptica y similares, el tachismo trasnochado y casi vergonzante, el expresionismo gritón y calculado.

tachista *adj* (*Pint*) De(l) tachismo. | V. BQuirós *Ya* 16.3.90, 72: Había manejado varios estilos pictóricos, desde el poscubismo hasta la abstrac[c]ión tachista y el expresionismo. **b)** Adepto al tachismo. *Tb n.* | * Los tachistas son poco conocidos del gran público.

tacho. irse [algo] **al ~.** *loc v* (*reg*) Arruinarse o irse a pique. | Torrente *Filomeno* 363: Llegó a decir en una carta que era una suerte que la muerte de su mujer le hubiera obligado a regresar; de lo contrario, sus negocios se hubieran ido al tacho.

tachón[1] *m* **1** Tachadura. | Castañeda *Grafopsicología* 95: Un escrito se considera grafológicamente claro y ordenado, cuando hay limpieza: las líneas no se entrecruzan, no hay tachones, los márgenes y los puntos y aparte se respetan bien.

2 (*raro*) Adorno hecho de cinta o galón. | Chamorro *Sin raíces* 103: Acumulaban en la tela, encajes, cintas, tachones, de muy diversos colores, emblemas.

tachón[2] *m* Tachuela grande de cabeza dorada o plateada. | GNuño *Madrid* 114: El casco ibérico de plata con tachones, que es la pieza más suntuosa del ajuar hispánico primitivo.

tachonar *tr* Adornar o clavetear con tachones[2]. *Frec* (*lit*) *fig.* | *Reg* 20.10.70, 3: Bajo un cielo tachonado de estrellas, en una noche clara, .. se dieron cita en las proximidades del pueblecito de Pedroso de Acín hombres de Extremadura. FVidal *Duero* 125: La noche cae sobre Castilla, tachonando el paisaje de sombras y penumbras.

tachuela *f* Clavo corto de cabeza grande. | Lera *Bochorno* 26: Somos gamberrros todos. Acuérdate del otro día, en la Universidad, cuando sembramos de tachuelas el asfalto de la carretera. **b)** *Se usa en constrs de sent comparativo para ponderar la escasa altura, esp de una montaña.* | *Ya* 10.7.86, 50: En los 201 kilómetros de trayecto tendremos cinco puertos de montaña intercalados, tres de cuarta categoría, de esos que apenas si son unas tachuelas, y dos de tercera categoría. *Mar* 24.7.87, 20: Las dificultades comenzarán en el kilómetro 32, donde se encuentra la cima del puerto de La Grande Côte, de tercera categoría .. La tercera "tachuela", el alto de Fouget, de cuarta, inicia un trazado descendente. Cela *Izas* 70: Vulpeja enana .. A Margot, vulpeja tachuela, le puede caber tanta amargura .. en el corazón como a una giganta.

tachyon (*ing; pronunc corriente,* /tákion/; *pl normal,* ~s) *m* (*Fís*) Partícula hipotética capaz de desplazarse a una velocidad superior a la de la luz. | *Agromán* 136: Ha lanzado la hipótesis de que existen unas partículas que se desplazan con "velocidades infinitas". Todavía el doctor Feinberg no ha podido demostrar su hipótesis, pero ya ha puesto un nombre a tales partículas: "tachyons".

tacilla. ~s de algodón. *loc n f* Planta anual de hojas lanceoladas y flores tubulosas amarillas en capítulos, propia de la zona litoral asturiana (*Logfia minima*). | Mayor-Díaz *Flora* 193: Logfia minima (Sm.) Dumort. "Tacillas de algodón". (Sin. *Filago minima* Fr.) .. No frecuente. Todo el Lit[oral]. Dunas interiores.

tácitamente *adv* De manera tácita. | *HLM* 26.10.70, 2: En su inmensa mayoría, la sociedad italiana es, expresa o tácitamente, hostil a una ley de inspiración anticristiana.

tácito -ta *adj* Implícito o sobrentendido. | J. CAlberich *Mun* 23.5.70, 36: Las tropas americanas que franquearon la frontera jmer en son de guerra lo hicieron a requerimiento tácito del Gobierno efectivo de aquel país.

taciturnidad *f* Cualidad de taciturno. | FReguera-March *Fin* 138: E Ignacio que ya se iba, que ya era, a veces, casi como un extraño, con aquella insatisfacción en el alma, con aquella taciturnidad.

taciturno -na *adj* [Pers.] poco habladora o poco comunicativa. | Laiglesia *Tachado* 182: Pese a sus pocos años, el nuevo Cirilo de la ristra era un chaval avispado y taciturno. **b)** Propio de la pers. taciturna. | Moraza *SYa* 12.7.74, 6: El ceño del jefe es cada vez más taciturno.

taco – tactismo

taco *m* **1** Trozo corto y grueso [de una materia]. | Cela *Pirineo* 128: –¿Puede ponerme unos tacos de jamón? –No, señor, el único cerdo que tenía se me murió de peste. **b)** Pieza cilíndrica, gralm. de plástico, que se introduce en la pared para sujetar un clavo o tornillo. | *Hacerlo* 14: Si se utiliza un destornillador cualquiera para abrir un boquete en la pared donde queremos colocar un taco, el resultado será pésimo. **c)** (*Arte*) Relieve cuadrangular de los que constituyen el ajedrezado. *Gralm en pl.* | PCarmona *Burgos* 70: Bajo este arco aparecen otros dos decorados con tacos a modo de arquivolta, los cuales descansan sobre una columna común en medio y otra a cada lado. FVidal *Duero* 69: Ábside grácil y volatinero, con decoración a tacos o ajedrezada, poco común en el románico de las Castillas.
2 Bloque de piezas de papel pequeñas. *Gralm con un compl especificador.* | Cabezas *Abc* 19.3.75, 54: Uno de los usuarios .. se queja del funcionamiento de los citados torniquetes, en los que no vale ni el normal billete de ida y vuelta, ni los "tacos", ni las tarjetas para seis viajes. **b)** (*col, humoríst*) Conjunto de billetes que suman un millón. | *D16* 24.5.77, 19: PSOE de 30 "tacos". Al Partido Socialista Obrero Español se le atribuían 30 millones de pesetas para montar su campaña a nivel provincial.
3 Bloque constituido por las hojas diarias de un calendario. | J. M. Moreiro *SAbc* 16.3.69, 42: Bendito el fuego que consume en un instante el sueño de un pueblo renovado a cada taco de calendario. FReguera-March *Filipinas* 478: Vio el calendario de taco que se hallaba a la cabecera de su lecho. **b)** (*col, humoríst*) Año (de edad). | Oliver *Relatos* 78: Esta es talludita, tú, con más de treinta tacos no puede irse de chorra por la vida.
4 Comida ligera que se toma fuera de las horas de comer. *Esp en caza.* | Delibes *Perdiz* 131: Si van con estas prisas, ¿cómo coños van a tener paciencia para buscar la perdiz, levantarla, cansarla y matarla luego, después de comerse un taco tranquilamente la abrigada charlando de ervo y de lo otro? MFVelasco *Peña* 180: Voceé para que parasen a tomarse un respiro y despachar el taco.
5 (*Billar*) Vara de madera para impulsar la bola. | Torrente *Pascua* 381: Se asomaron a la ventana Cubeiro y Carreira, con tacos de billar en las manos.
6 Canuto de madera con que los muchachos lanzan bolas de papel u otras cosas. *Tb la bola que se lanza.* | Ma. Gómez *Ya* 10.12.90, 2: Allí se jugaba al clavo, al látigo, al taco, al marro, a tula.
7 (*col*) Palabra grosera o malsonante. | Laforet *Mujer* 295: La buena señora soltó una andanada de tacos cuando la liberaron de la mordaza.
8 (*col*) Lío o embrollo. *Gralm con los vs* ARMAR(SE) *o* HACER(SE). | Palomino *Torremolinos* 51: Le aseguro que es un lío; hace un rato me asomé y estoy hecho un taco. DCañabate *Andanzas* 185: Las mamás de las niñas casaderas de antaño no se distinguían por su perspicacia. Los puntos filipinos las hacían un taco con toda facilidad.
9 (*col*) Escándalo o alboroto. | *SPaís* 17.2.91, 3: Ojo, Paco, ten cuidado. Que os conozco a los dos y sois capaces de armar el tuco.

tacógrafo *m* (*Mec*) Tacómetro registrador. | GTelefónica *N.* 693: Aparatos de precisión Dyo Afek. Tacómetros. Totalizadores. Tacógrafos. Equipos electrónicos.

tacómetro *m* (*Mec*) Aparato para medir la velocidad, esp. la de rotación de un órgano mecánico. | Pla *América* 20: El radar; el giro-compás ..; el radiogoniómetro ..; el tacómetro, son verdaderos prodigios de la navegación moderna.

tacón *m En el calzado:* Pieza, más o menos alta, colocada en la parte inferior trasera. | Olmo *Golfos* 163: El descubrimiento de don Poco fue el de unos tacones que elevaron algo su escasa estatura. **b)** Tacón alto. *Gralm en la loc* DE –. | SSolís *Blanca* 62: Las bajitas no apean los tacones por nada del mundo. Benet *Volverás* 21: No parecía descompuesta; él no era entonces capaz de adivinar su emoción debajo del colorete, el traje blanco de ciudad .. y los zapatos de tacón.

taconazo *m* Golpe dado con el tacón. | Delibes *Voto* 96: Rafa cogió una [nuez], la echó al suelo y la cascó de un taconazo. **b)** Golpe dado al juntar los tacones para cuadrarse militarmente. | DPlaja *El español* 68: Para ellos el taconazo, el cuadrarse ante un sargento, no representa más que

el énfasis un poco mayor de una obediencia para la que han sido acondicionados desde niños.

taconear *intr* Hacer ruido con los tacones, esp. al andar o bailar. | Cossío *Confesiones* 287: Los grupos de muchachas con mantillas y claveles que sonríen al volver de cada esquina y que taconean por la acera cogidas del brazo. GPavón *Hermanas* 30: Jaleaban al imitador de estrellas, que sosteniéndose como podía, se había puesto de pie y taconeaba en el pasillo del coche.

taconeo *m* Acción de taconear. *Tb su efecto.* | Torrente *Señor* 317: Se las calzó [las zuecas] sobre los escarpines; resonó el taconeo sobre las piedras del zaguán.

tacorontero -ra *adj* De Tacoronte (Tenerife). *Tb n, referido a pers.* | *Día* 27.4.76, 11: Inaugurada en Tacoronte la Biblioteca .. Los jóvenes tacoronteros buscaron un local.

tactar *tr* Explorar mediante el tacto [2]. | LIbor *Pról. Antología* XXII: Nunca podemos percibir, ni siquiera totalmente, el objeto más vulgar que tenemos delante .. Podemos tactar toda su superficie, pero su interior se nos oculta a la presión de nuestros dedos. GCaballero *Cabra* 28: Ya en el siglo pasado se comenzó a explorar la sima más o menos científicamente. En 1841 unos catedráticos del Colegio de Humanidades la midieron y tactaron.

tactear *tr* Tactar o tocar. *Tb abs.* | Lera *Olvidados* 198: Sus manos seguían mecánicamente tacteando las basuras y apartando con certero instinto lo útil y cotizable de lo inservible y sin valor alguno. Zunzunegui *Camino* 391: Tacteando buscó la mano de doña Elisa.

tácticamente *adv* De manera táctica [1]. | Laín *Universidad* 36: La actual agitación estudiantil .. tiene raíces históricas muy anteriores a todo lo que apresurada o tácticamente suele decirse.

tacticismo *m* (*desp*) Uso de maniobras tácticas. | Tusell *Ya* 20.5.80, 7: Como idea nada tiene de proyecto sugestivo de convivencia, es más bien una demostración de tacticismo sin estrategia.

táctico -ca I *adj* **1** De (la) táctica [3]. | DVillegas *MHi* 12.57, 20: La infantería es ya el alma de la batalla, y el arte táctico consiste en distribuir las fuerzas con cierta densidad, pero en orden profundo.
2 [Pers.] experta en táctica [3]. *Tb n.* | A. SPalomares *Sáb* 14.9.74, 10: Carvalho es un gran táctico militar y fue él quien puso todos los mecanismos y dispositivos en marcha para derribar al salazarismo. *País* 25.6.77, 8: El señor Carrillo .. es un excelente profesional de la política, un hábil táctico y el principal responsable del acertado, aunque quizá insuficiente, viraje de la organización que dirige.
II *f* **3** (*Mil*) Modo de coordinar los distintos medios militares en un combate. | Delibes *Madera* 341: Había dejado de ser Peter para pasar a ser el Nauta .., habida cuenta no solo de la habilidad de sus manos, sino de sus conocimientos de táctica y estrategia navales. **b)** Modo de coordinar los medios de que se dispone para conseguir un fin. | Arce *Testamento* 81: Me pareció cambiar de táctica.

táctil (*tb, semiculto,* **tactil**) *adj* **1** De(l) tacto [1]. | Alvarado *Anatomía* 75: La sensibilidad táctil reside en los corpúsculos táctiles y en la base de los pelos. Gambra *Filosofía* 109: Asociando sus sensaciones actuales con las tactiles o auditivas que antes poseía. **b)** Que sirve para el tacto. | Cuevas *Finca* 222: Le sintió enfriarse, minuto tras minuto, mientras le afloraban los huesos y se le hacían más tactiles, como ocurre en todos los cadáveres.
2 Que se puede tocar o percibir por el tacto [1]. | Delibes *Madera* 410: La nave espaldeaba, batida por un viento de levante, en un día transparente, de visibilidad táctil.

tactilidad *f* Cualidad de táctil. | Areán *Rev* 2.71, 31: Semejante tipo de obras miran hacia el "informalismo" en la tactilidad de su materia.

táctilmente *adv* De manera táctil. | A. Cobos *Ya* 11.10.70, 45: Miguel Moreno Romera resuelve casi táctilmente al modo clásico un bello torso femenino.

tactismo *m* (*Biol*) Movimiento causado en las células o en los organismos inferiores por un agente físico o químico. | Navarro *Biología* 59: Los movimientos de las células suelen estar provocados por agentes externos muy variados. Reciben el nombre de taxias o tactismos.

tacto *m* **1** Sentido corporal por el que se perciben las sensaciones de contacto, presión, calor o frío y los caracteres externos de las superficies, como su forma, suavidad, aspereza o rugosidad. | Alvarado *Anatomía* 76: En el sentido del tacto propiamente dicho hay que distinguir entre la presión y los contactos.
2 Acción de tocar. | Medio *Bibiana* 109: Empieza a peinarse pausadamente, recreándose en la contemplación y en el tacto de su pelo.
3 Cualidad de la superficie [de un cuerpo] que se percibe mediante el tacto [1 y 2]. | * Este traje tiene un tacto muy suave.
4 Habilidad y cuidado para actuar sin suscitar recelo o resistencia. | CNavarro *Perros* 129: Sabía que no era justa con Poncio, y lamentaba su falta de tacto para tratarlo según sus peculiaridades.

tadjiko -ka (*pronunc corriente*, /tad-yíko/) *adj* Tayiko. *Tb n.* | P. Bonet *País* 4.3.88, 4: El principal contingente de los pueblos de origen iraní lo constituyen los tadjikos (tres millones), que residen en Tadjikistán y Uzbekistán.

taedium vitae (*lat; pronunc corriente*, /tédium-bíte/) *loc n m* Hastío o desgana de vivir. | J. Hermida *Ya* 5.12.90, 48: Cada cual lleva su número para esa rifa general donde se sortean, generosamente, el infarto, la úlcera, el cabreo, la depresión, el "t[ae]dium vitae". [*En el texto*, tedium.]

taekwondista (*pronunc corriente*, /taekuondísta/) *m y f* Pers. que practica el taekwondo. | *DíaZ* 13.9.88, 23: Con visibles síntomas de desmoralización, el taekwondista español Emilio Azofra pasó hoy su primera jornada en un hospital de Seúl.

taekwondo (*jap; pronunc corriente*, /taekuóndo/; *tb, raro, con la grafía* **tae-kwon-do**) *m* Deporte de lucha coreano semejante al kárate. | *Ya* 13.4.77, 38: Se celebró en Valencia el II Campeonato de España de Taekwondo. *Prospecto* 9.85: Centro Muladhara. Piscina. Gimnasio. Escuela de natación. Escuela de artes marciales (Tae-Kwon-Do).

tael (*pl normal*, ~s) *m* (*raro*) Moneda china antigua usada en Filipinas. | Anson *Oriente* 92: La dulce Kieu, para salvar a su padre, detenido por los invasores, decide entregar su cuerpo por trescientos "taels" de oro.

taf (*sigla; tb con las grafías* **Taf** *o* **TAF**) *m* Tren formado por tres unidades, la primera y la última de las cuales son motoras. | Delibes *Historias* 107: De allá yo regresé a Madrid en un avión de la SAS, de Madrid a la capital en el Taf, y ya en la capital .. había coche de línea a Molacegos.

tafallés -sa *adj* De Tafalla (Navarra). *Tb n, referido a pers.* | CBaroja *Baroja* 300: Peor fue la intervención de un tafallés, de familia de comerciante o de gente de calle.

tafallica *adj* (*reg*) Tafallés. *Tb n.* | CBaroja *Baroja* 300: Si en aquel momento hubiera estado en mis manos hacer algo malo al piadoso tafallica, lo hubiera hecho a gusto.

tafanario *m* (*col, raro*) Trasero. | ZVicente *Mesa* 158: Qué puntapié tiene el tal en el tafanario.

tafetán *m* Tejido, frec. de seda, de urdimbre y trama similares y ligamento simple. | *Economía* 89: Seda: Tafetán, falla, crepé o rayón, gasa. **b)** Tejido de seda preparado para cubrir heridas. | CBonald *Noche* 27: –Parece profunda [la herida] .. –Nada .. Se le trasquila un poco y se le pone un tafetán.

tafia *f* Aguardiente de caña. | J. M. Reverte *Méd* 20.11.87, 89: Para que el efecto fuese aún mayor, los negros ponían en la *tafia* o .aguardiente de caña que bebían al bailar pólvora de cañón bien molida.

tafilete *m* Cuero delgado de cabra, muy flexible, empleado en labores finas. | *Ya* 16.10.70, 9: Zapatos de punteras redondas o cuadradas. En tafiletes, box-calf, ante.

tafiletear *tr* Adornar o componer [algo] con tafilete. *Tb abs.* | Peraile *Ínsula* 54: Wences corta una retajadura de piel con la chaira .. Tafiletea, adornando. Se dispone a solar las botas de don Pedro Ángel.

tagalo -la I *adj* **1** [Individuo] del pueblo indígena de Filipinas habitante del centro de la isla de Luzón. *Tb n.* | MSantos *Tiempo* 18: Tuvo que ver con una tagala convencido de que era jovencita pura. **b)** De (los) tagalos. | FReguera-March *Filipinas* 61: Oía pasos sospechosos, voces tagalas.
2 De(l) tagalo [3]. | ZVicente *Dialectología* 452: El plural se forma .. con la partícula tagala *mana*.
II *m* **3** Idioma de los tagalos [1]. | ZVicente *Dialectología* 453: Numerosos indigenismos, especialmente del tagalo, invaden el habla.

tagalog *adj* (*raro*) Tagalo. *Tb n.* | Gironella *Asia* 269: ¡Cosas del idioma oficial, el tagalog!

tagananero -ra *adj* De Taganana (Tenerife). *Tb n, referido a pers.* | G. Alemán *Día* 19.6.76, 13: Las tablas flamencas de la Iglesia de Taganana .. ocupan un lugar destacado en el templo .. Pero no solo del pasado viven los tagananeros.

tagarnina *f* **1** (*reg*) Cardillo (planta). | Berenguer *Mundo* 31: Yo buscaba tagarninas y espárragos que Miguel el del ventorrillo nos cambiaba por pan y huevos.
2 (*col, humoríst*) Cigarro puro de mala calidad. | Cela SCamilo 21: Don Roque fuma tagarninas.

tagarote *m* Variedad de halcón (*Falco peregrinus pelegrinoides*). *Tb* HALCÓN ~. | *SSe* 3.6.90, 41: La fauna española amenazada .. Águila pescadora, halcón tagarote.

taginaste (*tb con la grafía* **tajinaste**) *m* Arbusto típico de las islas Canarias (gén. *Echium*). | GSosa *GCanaria* 108: En el cuadro de la vegetación autóctona merecen citarse .. el drago .., el cardón .., el taginaste, las tabaibas, los verodes, etc. SYa 24.6.73, 9: "Echium callytirsum" uno de los tajinastes de la isla de Gran Canaria.

tagua *f* Se da este n a varias aves acuáticas chilenas del gén *Fulica*. A veces con un adj especificador: CHICA, COMÚN, GIGANTE, DEL NORTE, *etc.* | *Abc* 22.2.87, 126: Los Andes chilenos, cerca ya de los límites de Perú y Bolivia, alcanzan su máxima expresión. La principal peculiaridad ornitológica de Chungará es su boyante población de taguas gigantes. [*En el texto*, tagúa.]

tahalí *m* **1** Correa que, puesta en diagonal del hombro a la cintura, sirve para llevar colgada la espada u otra arma similar. | Buero *Sueño* 229: El Sargento se descubre con aparente calma y tira el morrión sobre el sofá. Luego empieza a sacarse el tahalí de donde pende su sable.
2 Pieza de cuero que pende del cinturón y sirve para llevar colgado el machete u otra arma similar. | FReguera-March *Cuba* 247: El Desertor trató de sacar su machete del tahalí. Sampedro *Sonrisa* 117: El muchacho sujeta la escala a un tronco .., cuelga el hacha del tahalí trasero de su cinturón municipal y señala a un bar de enfrente.

taheño -ña *adj* (*raro*) [Pelo] rojizo. *Tb referido al que tiene el pelo de este color.* | Aldecoa *Gran Sol* 75: Le llegaba la suciedad hasta el cogote pecoso y taheño.

tahitiano -na *adj* De la isla de Tahití (Polinesia). *Tb n, referido a pers.* | *Abc* 26.8.66, 23: Para amenizar el gran "Tamaraa" que le será ofrecido, banquete tradicional tahitiano.

tahona *f* Establecimiento en que se fabrica y vende pan. | CPuche *Paralelo* 7: No teníamos carnicería ni pescadería, tahona ni farmacia.

tahonero -ra I *adj* **1** De (la) tahona. | J. Carabias *Ya* 12.10.76, 6: En mi niñez pueblerina, al pan solo se le daban nombres directos y biensonantes: hogazas, libretas, roscas... Más tarde, en Madrid, la semántica tahonera me resultaba más complicada.
II *m y f* **2** Pers. que posee o atiende una tahona. | DCañabate *Andanzas* 209: Uno de los musistas era un tahonero de ya no recuerdo qué calle de las inmediatas.

tahúlla *f* (*reg*) Medida agraria que equivale aproximadamente a 11 áreas. | *BOE* 9.1.75, 480: Descripción de las fincas hipotecadas en Dolores-Orihuela, Callosa del Segura (Alicante): 1ª "Tierra con riego de las robas de Banimanco o Banimancoix de una hectárea cincuenta y nueve áreas sesenta y siete centiáreas, equivalentes a trece tahúllas de tierra huerta, en término de Callosa de Segura".

tahullense *adj* De Tahull (Lérida). *Tb n, referido a pers.* | C. Nonell *Nar* 4.76, 25: El pueblo de Tahull se alza más lejos .. Compadecido y tocado por la fe de los desgraciados tahullenses, se puso en camino [San Isidro] desde la Villa y Corte hacia la aldea remota del Pirineo para ver de llevarles remedio.

tahúr -ra *m y f* Pers. que tiene el vicio de jugar a las cartas. *A veces con intención ponderativa, referido al jugador hábil o experto.* | J. M. Rollán *SAbc* 1.12.68, 26: He pensado en las manos, y me he acordado de las gitanas renegridas de pañuelo y "buenaventura"; de los tahúres, de las fábricas de guantes. ASantos *Estanquera* 32: –La suerte que tiene... –Nos ha dejado sin un duro la tahúra esta.

tahurería *f* Actividad de tahúr. | Cela *España* 295: La vida es deporte de paladines –algo que tiene sus reglas, que no son, a buen seguro, las del biribís– y no ruin relance de vilagómez, flor cautelosa de baratero de la tahurería.

taifa I *f* **1** Bandería o facción. *Gralm en la loc* DE ~(S), *esp referido a los reinos de la España árabe tras la disolución del Califato de Córdoba. Tb fig.* | Aguilar *Experiencia* 323: A Blasco le amargó que algunos de los suyos se alistaran en la taifa de Soriano. Arenaza-Gastaminza *Historia* 85: Los reinos de Taifas y las invasiones marroquíes. Albalá *Periodismo* 147: Los periódicos de taifas se hacen ahora "independientes".

2 (*lit*) Conjunto de perss. poco gratas o despreciables. *Gralm con un compl especificador.* | FReguera *Bienaventurados* 61: Él estaba en un café-bar de la calle de Hortaleza en el que solía reunirse todas las tardes con la taifa de perdidos que acaudillaba. Cela *Pirineo* 128: Se conoce que por Escalarre cruzó la traidora y antipatriótica taifa de los inspectores.

II *adj* **3** De taifas [1]. | Ubieto *Historia* 108: Durante los siglos X y XI los esclavos desempeñaron un papel importante en la corte de los califas y de los reyes taifas. J. M. Moreiro *SAbc* 12.10.69, 42: De la Zaragoza taifa surgirá la bonita Aljafería. Carandell *Madrid* 76: Se reparte con ellos las tasas parafiscales, que son impuestos taifas fijados por cada Ministerio por su cuenta y sin pasar por Hacienda.

taifal *adj* (*hist*) De taifa(s) [1]. | R. Hinojosa *Ide* 28.9.87, 4: Por ello resulta .. infantil querer fragmentar la lengua en pequeños dominios taifales, considerándola como compartimento y/o soporte de no sé qué tipología de fronteras. Camón *Abc* 10.6.58, 19: Su origen artístico creemos que habrá de buscarlo en la ornamentación, hoy perdida, de los palacios taifales.

taifismo *m* Tendencia a la división en taifas [1]. | R. Conte *SInf* 30.9.71, 3: Todo ello no es, sin duda alguna, más que la consabida panoplia de intentos aislacionistas, de "taifismo" cultural o literario lamentable. *Inf* 1.2.78, 10: La autonomía es algo fundamental para un centro estatal, pero una autonomía incompatible con el caciquismo, el taifismo y el espíritu de campanario.

taifista *adj* De(l) taifismo. | *Ya* 11.5.82, 54: El autor advierte que no se trata de romper una lanza taifista en reivindicación anacrónica de un dialecto, el leonés.

taiga *f* Bosque de coníferas propio del norte de Rusia, Siberia y Canadá. | Zubía *Geografía* 60: Una variedad del bosque es la taiga (bosque de abetos de las regiones frías). Se extiende por Siberia y Canadá.

tailandés -sa (*tb con la grafía* **thailandés**) **I** *adj* **1** De Tailandia. *Tb n, referido a pers.* | *Abc* 19.9.64, 40: La radio ha anunciado que las Fuerzas Populares del Vietnam han derribado un avión de combate norteamericano y capturado al piloto, un tailandés. **b)** [Masaje] → MASAJE.
II *m* **2** Lengua de Tailandia. | VMontalbán *Pájaros* 222: Madame La Fleur cuchicheó algo en thailandés con sus acompañantes.

tailleur (*fr; pronunc corriente,* /tayör/; *pl normal,* ~s) *m* (*raro*) Traje sastre. | GMundo sn: Paraguas. Abrigos. Tailleurs.

taimadamente *adv* De manera taimada. | GPavón *Hucha* 1, 62: Apenas tomaban la última aceituna, llegaban cuatro más al platillo, como si las dejara taimadamente la misma mano que se llevaba la anterior.

taimado -da *adj* [Pers.] astuta y disimulada. | Anson *Abc* 29.7.67, 31: Me refiero a ese loco y extraño ser que se llama Mao Tsé-tung, que es grande y mezquino, y taimado, como todos los hombres de su provincia. **b)** Propio de la pers. taimada. | Arce *Precio* 46: Me miraba Manolo con una taimada sonrisa.

taina *f* (*reg*) **1** Majada (cobertizo para el ganado). | Moreno *Galería* 80: También sorprendió la nieve a los pastores, muchas tardes, .. antes de llegar con los rebaños a la majada –taina le llamaban y le llaman en muchos pueblos de Soria– y dejarlos cerrados y a cubierto.
2 Variedad del juego del escondite. | Moreno *Galería* 369: Más juegos rurales fueron: el marro cogido, .. la taina.

tainismo *m* Palabra o giro propios del taíno [3] o procedentes de él. | Buesa *Americanismos* 332: Persisten tainismos referentes a la configuración del terreno: *sabana, manigua, arcabuco.*

taíno -na (*hist*) **I** *adj* **1** [Individuo] del pueblo indígena habitante de las Antillas. *Tb n.* | F. Vega *Abc* 9.2.75, 9: Dice la tradición puertorriqueña que mucho tiempo antes del descubrimiento por España de Puerto Rico hubo un bellísimo príncipe indio taíno llamado Coquí. **b)** De los taínos. | *Amé* 4.6.85, 21: Sirve, además, de complemento a las exposiciones que sobre la "Cultura Taína del Caribe" y "Culturas Indígenas de los Andes Septentrionales" se celebraron recientemente.
2 De(l) taíno [3]. | J. Manzano *SYa* 15.5.77, 15: Colón creía que el Cipango se encontraba en una región de La Española llamada por los indígenas Cibao, donde reinaba un poderoso reyezuelo llamado Caonabao, nombre este formado con dos palabras taínas.
II *m* **3** Idioma de los taínos [1]. | ZVicente *Dialectología* 392: Investigaciones recientes han descubierto que [la palabra] es un préstamo del quiché de Yucatán al taíno antillano.

tairona (*pl,* ~ *o* ~s) *adj* (*hist*) [Individuo] de un pueblo indígena colombiano extinguido, habitante de la zona costera del golfo de Santa Marta. *Tb n.* | C. Castro *Ya* 29.11.74, 8: El escribano Bastidas fundó Santa Marta, .. primera ciudad firme colombiana. Por su Sierra Nevada, los tairona tenían poblados con casas de piedra y fe en la magia del coral. C. Castro *Ya* 29.11.74, 8: Ante las maravillas de los grandes orfebres –calimas, tolimas, sinús, muiscas, taironas, quimbayas...–, lo último en que se piensa es que el oro labrado, martillado, moldeado, es realmente oro fino. **b)** De los taironas. | A. Hurtado *SYa* 10.10.76, 4: El Museo del Oro de Bogotá .. es único en el mundo. Las piezas .. pertenecen a las diferentes culturas que hubo en el país: ta[i]ro[n]a, sinú, quimbaya, calima y tumaco. [*En el texto,* tayroma.]

taiwanés -sa (*pronunc corriente,* /taiwanés/) *adj* De Taiwán. *Tb n, referido a pers.* | C. Jiménez *Alc* 16.11.70, 12: Las biografías de los componentes del equipo de béisbol –la gran pasión de los taiwaneses–, el Golden Dragons, se publican en los textos oficiales. Torbado *Inde* 31.8.90, 9: Un compañero de la televisión taiwanesa me habla admirado de la amplia y despejada Ammán.

tajada *f* **1** Porción cortada [de un alimento, esp. de carne]. | Halcón *Manuela* 23: Señora, ¿podía usted darme una tajada de melón para la criatura? I. RQuintano *SAbc* 17.1.82, 43: El veterinario pide una navajilla y luego va cortando de cada cerdo tres tajadillas de distintas partes.
2 (*col*) Beneficio o provecho económico. *Gralm con el v* SACAR. | Burgos *D16* 4.3.91, 68: Los empresarios de Cádiz se reunieron el otro día y dieron un comunicado en el que afirmaban que ellos también tenían derecho a sacar tajada de la reconstrucción de Kuwait.
3 (*col*) Borrachera. | Marsé *Tardes* 265: Lleva una buena tajada, pero no crea que es peligroso.

tajadera *f* Cuchilla en forma de media luna. | E. Busquets *SCCa* 26.10.75, 16: La elaboración de embutidos requería mucho tiempo, sobre todo antes, cuando la carne se picaba con la "mitja lluna" o tajadera.

tajado -da *adj* **1** *part* → TAJAR.
2 (*Heráld*) [Escudo] dividido diagonalmente por una línea que va del ángulo izquierdo del jefe al derecho de la punta. | Em. Serrano *Sáb* 22.6.74, 91: Sus armas: Escudo tajado y endentado de plata y gules.

tajador *m* Tajo [3]. | Escobar *Itinerarios* 46: Las mujeres cortan a cuchillo, en los tajadores, el gordo y el magro.

tajadura *f* (*reg*) Corte del terreno. | Cossío *Montaña* 173: El acceso a la playa y al puerto está dificultado por una tajadura cuyo borde es mirador espléndido de una y otro. Lueje *Picos* 28: Las escabrosidades de la India de Allende y la India de Aquende, sucesión de quebradas y tajaduras de pavor de las que va a desembocar, y a remansarse, a los planos que abren las tierras de Tielve.

tajamar *m* **1** *En una embarcación:* Tablón curvo, sobrepuesto exteriormente a la roda, que hiende el agua al avanzar. | Pla *América* 20: ¡Hay tantas cosas que ver en un barco! Del tajamar al codaste de popa, es un mundo de maravillas.
2 *En un puente:* Prolongación en forma de cuña que se pone a los pilares para disminuir la resistencia que oponen a la corriente. | SFerlosio *Jarama* 39: El agua corría ya tan solo por los ojos centrales del puente. Había dejado en seco los dos primeros tajamares, en la parte de allá.

tajancia *f* (*raro*) Cualidad de tajante [1]. | Torrente *Saga* 381: A mis primeras preguntas respondió de manera tajante y contundente ..; la contundencia y la tajancia parecen disimular la falta de convicción. B. M. Hernando *VNu* 5.6.71, 24: Con la misma tajancia cortó lo que creía excesos "izquierdistas".

tajante *adj* **1** Que no deja lugar a réplica o insistencia. | Laiglesia *Tachado* 37: El encargado de cada mesa ya no gritaba en tono tajante: −¡No va más! **b)** Inequívoco o que no deja lugar a dudas. | Laforet *Mujer* 217: Los Mandamientos eran tajantes respecto a su caso.
2 (*raro*) Cortante (que corta). | Lueje *Picos* 34: Los prados, las campas, los puertos secos, .. ascienden montaña arriba, a tocar hasta la zona cumbreña de los heleros .. y de las Torres tajantes.

tajantemente *adv* De manera tajante [1]. | SSolís *Blanca* 140: No había más remedio que cortar tajantemente.

tajar *tr* Cortar o dividir, esp. mediante un filo. *Tb abs*. | GPavón *Reinado* 28: El camposantero sacó la navaja con aire decidido y tajó las ligaduras del fardo. JGregorio *Jara* 7: Estos suelos los tajan, en general, los ríos en su curso medio. Cunqueiro *Un hombre* 59: Voy a él de corte, que no de punta, y tajo con medio molinete como verdugo con hacha.

tajaraste *m* Cierto baile popular canario. | *Día* 21.9.75, 8: Hubo una fiesta canaria .. que consistió en una cena típica, actuación de los conjuntos folklóricos "Los Tinerfes" y "Trío Acaymo", baile del tajaraste con intervención de la orquesta "El Poleo".

tajelar *tr* (*reg*) Comer. | Escobar *Itinerarios* 151: También los ingleses comen la carne pasadilla, y la de la caza que tajelan hiede.

tajinaste → TAGINASTE.

tajo I *m* **1** Acción de tajar. *Tb su efecto*. | Laiglesia *Tachado* 124: Hoy bastan seis tajos de bisturí para dejar terso como un melocotón el arrugado cutis de una *vedette*. **b)** (*Esgrima*) Corte dado de derecha a izquierda. | Cunqueiro *Un hombre* 59: Poco más he aprendido que aquello de "contra tajo, estocada y, viceversa".
2 Corte pronunciado del terreno. *Tb fig*. | Ortega-Roig *País* 57: Estos ríos .. tampoco pueden aprovecharse siempre para el regadío, porque a veces su cauce discurre por tajos o barrancos profundos. J. A. Lacomba *His* 8.77, 68: Se ahonda el tajo existente en la sociedad española, enriqueciéndose más y más los grupos burgueses oligárquicos y sumiéndose cada vez en mayor miseria el proletariado.
3 Tronco o trozo de madera grueso, a veces apoyado sobre tres pies, que se emplea para cortar sobre él. | * Cuando llegué picaba alfalfa sobre el tajo.
4 Asiento rústico de madera, sin respaldo y gralm. con tres pies. | Escobar *Itinerarios* 44: La cocina es amplia, pero está llena de gente, de pie o sentado el personal en las banquetas, en los tajos y en el escaño.
5 (*col*) Trabajo o tarea. | Arce *Precio* 18: Siempre que sale del tajo se toma aquí la primera copa. **b)** Lugar en que desarrolla su trabajo una cuadrilla de trabajadores, esp. de segadores. | Moreno *Galería* 44: Tuvimos que cambiar el tajo desde Valdefresno a Las Fuentecillas de Arriba. Ferres-LSalinas *Hurdes* 46: El conductor dijo .. que tenía un contrato con los de la Telefónica para hacer los portes y llevar el personal a los tajos. **c)** (*reg*) Conjunto de perss. que trabajan en un tajo. | Moreno *Galería* 45: Estaba cerca de nosotros el tajo del tío Felipe.
II *loc adv* **6** (**a**) **~ parejo.** (*reg*) Por igual. *Tb adj*. | Berlanga *Gaznápira* 78: A lo último, si hiciera falta, se imponía una contribución tajo parejo, a todos los vecinos por igual, y tan contentos.

tajuelo *m* Tajo [4]. | Delibes *Parábola* 74: La pierna derecha, semioculta entre las tres patas del tajuelo, se le duerme.

tal I *adj* **1** Se usa como antecedente de constrs de sent comparativo o consecutivo introducidas por COMO, CUAL o QUE. | Castilla *Alienación* 42: Este mito .. era el último reducto para invalidar a la mujer a carreras tales como la judicatura o el notariado. Cela *Solana* 16: Fueron tantos y tales .. los cargos .. y honores de don Javier Ugarte, que su sola enumeración nos llevaría hasta lindes remotas. **b) ~ como.** Por ejemplo. | Carande *Pról. Valdeavellano* 18: Reclaman fuentes muy escasas .., tales como las fuentes íntimas, testamentos, .. incluso diarios.
2 Este o aquel. *Referido a una pers o cosa mencionada antes. A veces precedido del art* EL, *y en este caso puede usarse como adj sustantivado*. | Valdeavellano *Burguesía* 118: En Cataluña se llamaron "burgos", como por entonces se denominaban en Francia tales aglomeraciones. Tejedor *Arte* 1: La división de la Prehistoria, a falta de testimonios escritos, se ha hecho por los restos materiales de tales días. Cunqueiro *Un hombre* 20: Lo supo el rey Egisto y le gustó la cosa, y quiso conocer al tal Eustaquio. Cunqueiro *Un hombre* 35: La testa masculina .. no cesaba de exigir que sus padres gastasen parte de la ganancia en buscarle una pechugona que lo [*sic*] aliviase. La cabeza de mujer gritaba que sí aparecía la tal, que a ella le diesen veneno.
3 (*lit*) Se usa para destacar exclusivamente el sent esencial del n que sigue. | Castilla *Alienación* 21: ¿Cuál es la condición de la mujer como tal mujer?
4 Se refiere a una pers o cosa que no se quiere o no se puede precisar. A veces en la forma ~ Y ~ Y CUAL. | L. Pancorbo *Ya* 22.12.73, 5: Uno posee un coche, y un Gobierno que no es nada marxista le impide usar su propiedad (si bien solamente tales días y a tales velocidades). Berlanga *Pólvora* 126: El director [del periódico] no aprobaba ya con tanta rapidez los guiones de posibles reportajes, aunque de vez en vez le decía: .. amplíe esa noticia, bien la entrevista, haga lo humano del suceso tal o cual. Laín *Universidad* 106: Serían unos profesores que, operando sobre una masa estudiantil previamente indiferente y disciplinada, la movieron a tomar tales y tales actitudes y a expresar estas de tal y tal modo. Lapesa *ROc* 3.66, 375: Tales y cuales ministros han tomado importantes acuerdos. **b)** *Frec sustituye a un insulto que no se quiere repetir*. | Medio *Andrés* 43: ¡Eh, idiota!... ¿A dónde miras?... El muy... tal.
5 un ~. Precede al n propio de una pers no familiar para el que habla o para el que escucha. | Fraile *Cuentos* 71: Era [el dinero] para un menor, un tal Ricardito.
6 ~ cual. Alguno que otro. | Medio *Andrés* 49: Algún sábado se tropieza con tal cual borracho que va cantando.
7 ~ cual. (*col*) Mediano. | * Es un profesor tal cual.
8 ~ para cual. Semejante. *Dicho gralm de dos perss. Como predicat*. | Delibes *Cinco horas* 113: Con ella .. a lo mejor habías congeniado, que sois tal para cual, hijo, como fabricados por el mismo molde.
9 ¿qué ~? ¿Cómo de bueno? | Arce *Precio* 172: −¿Qué tal médico es? −Es cirujano. Tiene un gran prestigio.
10 ~ [vez] → VEZ.
II *pron* **11** Esto o aquello. *Referido a una pers o cosa mencionada antes*. | Cela *Judíos* 92: Exageran quienes tal afirman. CBaroja *Inquisidor* 18: En cierta ciudad .. de España nace un niño en el seno de familia "honrada" de cristianos viejos o tenidos por tales.
12 Designa una cosa o un hecho que no se quiere o no se puede precisar. *A veces en la forma* ~ Y ~ O ~ Y CUAL. | *Sp* 19.7.70, 49: Se decía la gente: "El que está refrigerado de verdad es el cine tal". Medio *Andrés* 20: Un hijo es un hijo... Una, tal y cual y lo que le da la gana, pero un hijo... Un hijo tira mucho. Aldecoa *Gran Sol* 23: Calla pues, me cago en tal y en cual. **b) que si ~ y que si cual**; **que si ~**, **que si cual**, o **que si ~ y cual.** *Frase con que se alude a palabras dichas por otro a las que se concede poco valor*. | Medio *Bibiana* 9: ¿Qué sabrá él de esto? Un hombre que no tiene casa ni brasa .. ¿Qué sabe él lo que es una familia? Que si tal, que si cual. Cela *Pirineo* 229: ¡Para que después digan que si el ascetismo y que si tal y cual!
13 y ~. (*col*) *Fórmula con que se concluye vagamente una frase*. | CPuche *Paralelo* 311: −Se empeña en que vayamos

ahora a la iglesia .. –Ya comprendo. Te llevará a algún cura a confesarte y tal.

14 (*lit*) Alguien o alguno. | Cunqueiro *Fantini* 49: Fanto desbarató en Valterra la infantería del Papa –tal huyó que perdió cuatro sacos de polvo de perejil, cinco arcabuces .. y el tiple de maitines–.

15 (*lit*) Nada. *En frases negativas, como antecedente de props de sent comparativo introducidas por* COMO. | * Para conseguir que haga algo, no hay tal como prohibírselo.

III *n* **A** *m y f* **16 un ~**, o **un ~ y un cual.** *Fórmula con que se alude a insultos que no se quieren repetir.* | Torrente *Señor* 167: Toda la responsabilidad .. le fue atribuida .. a doña Mariana ..; todo el mundo estuvo de acuerdo en que doña Mariana era una tal y una cual, y que aquello se estaba poniendo intolerable.

17 (*lit*) Individuo. | Cunqueiro *Un hombre* 87: Pregunté quién era aquel tal que, armado y nocturno, turbaba la paz de un pacífico matrimonio.

B *f* **18** (*col*) Prostituta. | CPuche *Paralelo* 447: –Me tomaron por un incendiario, porque alguien gritó algo .. –Menudo hijo de tal el que gritara aquello.

IV *adv* **19** *Se usa como antecedente de props de sent comparativo o consecutivo introducidas por* COMO, CUAL *o* QUE. | Matute *Memoria* 235: Quizá una bala le atravesara así, tal como ahora está, por la espalda. Fraile *Pról. Vida Lagos* XIV: Los personajes son, en su mayoría, gente humilde, reflejada tal cual es. Cunqueiro *Un hombre* 26: Se hacía entender de ellos por voces extrañas y ladridos imitados, tal que los perros le seguían.

20 ~ es así. (*semiculto*) *Tanto es así. Seguido de una prop de sent consecutivo.* | GPavón *Teatro* 148: Son estos [los espectadores] los que ven dónde hay o no materia social .. Tal es así, que a los ojos de las generaciones actuales .. resultan sociales .. muchas obras que en su intención creadora no lo fueron.

21 ~ que. (*pop*) Por ejemplo. | Guillén *Lenguaje* 22: La almadraba, en cuyo mundillo abundan voces y locuciones remotísimas y exclusivas, tal que: *arráez, sotaarráez, acurullador*. **b) ~ que así.** (*pop*) Así. | Delibes *Guerras* 94: Pero una tarde, según parlaba, se me fijó un dolor tal que así, o sea, sobre la parte, que luego me volvió, y Madre fue entonces y me puso faja.

22 (*lit*) Así. | Tejedor *Arte* 54: Los circos, para las carreras de carros, tenían planta rectangular .. Tal el Circo Máximo de Roma. **b)** Propiamente o justamente. *En constrs como* ~ PARECE QUE. | Abella *Des* 22.2.75, 31: La reviviscencia de muchos de sus contemporáneos tal parece que está hecha para que sea el propio autor el que aparezca.

23 ¿qué ~? ¿Cómo? | Fraile *Cuentos* 17: –¿Qué vamos a ver por fin? .. –¿Las chicas de la luna? –Esa... ¡No sé yo qué tal estará! **b)** (*col*) *Usado como fórmula de saludo*. | Urbina *Carromato* 125: –Hola, hola, hola. –¿Qué tal, Vala? ¿Cómo te ha ido?

24 como si ~. (*col*) Como si tal cosa (→ COSA). | *Sp* 21.6.70, 16: Los alemanes, con dos goles en contra, siguieron jugando como si tal, como si no fuera con ellos.

25 ~ cual. Igual, sin cambiar nada. | Bernard *Verduras* 82: Cuando los puerros están tiernos, se escurren bien, se ponen en una ensaladera o fuente algo honda y se riegan con la bechamel. Se sirven tal cual. **b)** Exactamente. *Como respuesta a una pregunta.* | Delibes *Guerras* 18: –¿Pepitas de oro? –De oro, sí, señor, tal cual; vamos, eso decían.

26 ~ cual. (*col*) Medianamente. | Berlanga *Ya* 4.9.74, 16: Esta mañana continuaba la vigilancia .. en pleno barrio de Vallehermoso (que no tiene valle, y de hermosura anda tal cual).

27 otro que ~. → OTRO.

V *prep* **28 con ~ de.** Con la condición de. *Seguido de inf.* | Olmo *Golfos* 49: Los chicos, con tal de jugar, se metían dentro.

VI *conj* **29 ~ como**, **~ y como.** Igual que. | Urbina *Carromato* 14: Yo te voy dando perchas, y cuelgas la ropa y todo tal como yo lo hago. *Alc* 1.1.55, 3: Hoy entra en vigor la ayuda .. en forma directa .. en lugar de efectuar dicha acción a través de Francia, tal y como se venía realizando.

30 (*lit*) Como. *Tb* → QUE. | Umbral *Memorias* 27: Los pacos eran rojos que habían llegado volando por el cielo, como cigüeñas, .. y habían hecho nido en un tejado, tal la cigüeña, y desde allí disparaban a la gente. Cuevas *Finca* 24: Se oye gruñir a los cerdos, tal si fueran buitres sobre la carnaza. Albalá *Periodismo* 125: Ese hombre es enterado, se informa, por nosotros, tal que si estuviera acodado sobre nuestra misma almena.

31 con ~ que, **con ~ de que.** Con la condición de que. *Con v en subj.* | Sampedro *Río* 85: Haría una caridad con aquella pobre gente del río con tal que fueran pagando por adelantado. Delibes *Mundos* 79: El chileno, con tal de que "le lleven", es capaz de estacionarse dos o tres horas en la parada de un autobús.

tala[1] *f* Acción de talar[1]. | Bustinza-Mascaró *Ciencias* 297: Si hay bosque, la supresión de las especies arbóreas (verbigracia, por tala o por incendio) cambia completamente las condiciones vitales.

tala[2] *f* Palo pequeño, puntiagudo por ambos extremos, que, por juego, puesto en el suelo, se golpea con otro para alzarlo y lanzarlo lejos. *Tb el juego correspondiente.* | Romano-Sanz *Alcudia* 48: El porquerizo agacha la cabeza. –Algunas veces juego .. –¿Y con qué juegas? –Con una tala.

talabartería *f* **1** Tienda o taller de talabartero. | Umbral *Ninfas* 152: Las calles viejas y hondas descendían todas hacia un valle urbano de iglesias y talabarterías cerradas a aquella hora.

2 Oficio o industria de talabartero. | *Jaén* 94: La artesanía es muy variada. Consiste principalmente en labores de esparto, cerámica, .. trabajo en cuero y talabartería, talla de madera y bordado.

talabartero *m* Hombre que fabrica y vende correajes y guarniciones de cuero. | Cela *Pirineo* 258: –Soy amigo de un talabartero que se llama Nicolás .. –¿Quiere usted mentar al Nicolás Andréu, el maestro guarnicionero?

talable *adj* Que se puede talar[1]. | F. Ros *Abc* 6.6.67, 51: En cuanto talan lo talable, o exprimen como un limón cosechas arbóreas, o destuetan las vetas de mineral, evacuan sus concesiones.

talabricense *adj* (*lit*) De Talavera de la Reina (Toledo). *Tb n, referido a pers.* | Á. Ballesteros *VozT* 2.4.75, 6: Tal vez en Talavera y para los talabricenses, "la casa de las palomas" aflore, tiempo dormido, como mosto y presencia de una infancia en el recuerdo.

talador -ra *adj* Que tala. *Tb n, referido a pers.* | Delibes *Parábola* 141: Árboles que los leñadores dejan pendientes de un hilo para que la cuadrilla taladora lo derribe. *Rev* 10.57, 14: El pinar es generoso. Cambia pinos por canciones de pastor y golpes de taladores.

taladrado *m* Acción de taladrar [1a]. *Tb su efecto.* | S. Pey *TEx* 3.10.75, 18: La rapidez de retención de la madera por los propios artilugios existentes en el aparato y la comodidad de llevar a cabo un taladrado con ahorro de energías .., son suficientemente explícitos.

taladrador -ra *adj* Que taladra. *Tb n m y f, referido a pers o a máquina.* | *Abc* 18.5.75, sn: Desde las bisagras del coche o los motores fuera-borda, hasta las escopetas de caza o las máquinas taladradoras... ¡Proteja el buen funcionamiento de todos los mecanismos con Aceite 3-en-uno lubricante! Sampedro *Sonrisa* 339: ¡Qué taladradora mirada recibió de aquella rozagante cuarentona! *Van* 17.4.73, 80: Tuberos-Trazadores. Montadores caldereros. Taladradores-Rectificadores .. Los necesita importante empresa metalúrgica radicada en San Andrés. *Ya* 28.5.67, sn: Taladrador "Super Match" eléctrico. *Gac* 11.5.69, 65: "Hágalo Ud. mismo" con Taladradora D500.

taladrante *adj* Que taladra. | Laforet *Mujer* 22: Era una voz taladrante.

taladrar *tr* Horadar o agujerear [algo] con un taladro [1]. *Tb fig.* | Torrente *DJuan* 242: –¡Te atravesaré como a un pellejo! ¡Estos caballeros son testigos de cómo me has insultado! .. –Quítese la ropilla, Comendador. Le va a estorbar .. –¡Vamos! ¡En guardia! ¡Ya tengo prisa por taladrarte! Laforet *Mujer* 153: Los ojos de Julián lo taladraban como punzones. **b)** Herir [el oído (cd)] un sonido muy agudo]. | * Taladra los oídos cuando grita.

taladro *m* **1** Instrumento agudo y de filo cortante y giratorio, que sirve para agujerear. | *Hacerlo* 21: Berbiquí. Instrumento que sirve para taladrar y está compuesto por un doble codo que gira alrededor de un puño ajustado en una de sus extremidades, mientras la otra se utiliza para encajar en ella un taladro, broca, etc. **b)** Máquina taladradora. | *Gac* 11.5.69, 65: Mándenme sin compromiso su catálogo de taladros y accesorios. **c)** (*Zool*) Apéndice perforador de determinados insectos. | Ybarra-Cabetas *Ciencias* 348: Es bien conocido el parásito de la mariposa de la col, que es una avispita pequeñísima que deposita los huevos con un taladro dentro de la larva de la mariposa.

2 Agujero hecho con un taladro [1]. | Ramos-LSerrano *Circulación* 221: Una de ellas [de las tuberías] lleva el lubricante a los cojinetes del cigüeñal, engrasando a éstos y continuando por el orificio o taladro hecho en el cigüeñal hasta los cojinetes de las cabezas de biela.

talalgia *f* (*Med*) Dolor en el talón. | R. ASantaella *SYa* 23.11.80, 11: Las cojeras por alteraciones de nuestros pies, cenicientas de nuestro cuerpo .., y dolor en el talón o talalgias.

talámico -ca *adj* (*lit o Anat*) De(l) tálamo, *esp* [3]. | MSantos *Tiempo* 55: Cuando el celo de la ratona se había conseguido, el Muecas .. la depositaba en la jaula talámica donde el potente garañón era conducido también siempre apto para la cópula. FCruz *Salud* 216: Síndrome talámico. Toda lesión en los núcleos del tálamo se define por dolores acentuados en el lado opuesto a la misma.

tálamo *m* **1** (*lit*) Lecho conyugal. *Frec se emplea como símbolo del matrimonio.* | Moreno *Galería* 347: Alrededor del tálamo o del lecho nupcial se producía la interpretación de "la albada". Cela *Abc* 13.3.81, sn: Blas sucedió a mi sobrino político Nahúm en el corazón y en el tálamo (y en otros sitios que no hay por qué precisar) de mi sobrina Pilarín Fernández.

2 (*Bot*) Parte ensanchada del pedúnculo floral. | Ybarra-Cabetas *Ciencias* 270: Aparecen las flores en el tallo .., a cuyas partes están unidas por un pedúnculo que se ensancha en la base de la flor, formando el receptáculo o tálamo floral.

3 (*Anat*) Conjunto formado por dos núcleos voluminosos de sustancia gris, que limitan a cada lado el ventrículo medio y constituyen el suelo de los ventrículos laterales. *Tb ~ ÓPTICO. Tb cada uno de estos núcleos*. | N. Retana *Inf* 27.12.69, 13: Una serie de experiencias con animales llevaron a W. E. Hess, en 1930, a sostener la tesis de un centro activo del sueño, que localizó en las proximidades del tálamo óptico. Navarro *Biología* 127: Tálamos. Son dos masas nerviosas que constituyen las paredes laterales del tercer ventrículo. Nolla *Salud* 109: En la profundidad de la masa cerebral encontramos varios núcleos de sustancia gris, de los cuales los de mayor tamaño son los dos tálamos ópticos y los cuatro núcleos estriados.

talanquera *f* Valla de madera que sirve de defensa o de cierre. | Cela *Viaje andaluz* 91: Esta plaza [de toros] es la única no redonda del mundo, sin contar, claro es, las que se improvisan con carros y talanqueras para celebrar la función de cualquier pueblo. MCalero *Usos* 27: Cercana a la casa había una talanquera en la que atar del ronzal las caballerías menores. **b)** Obstáculo que sirve de cierre o defensa. | FReguera-March *Cuba* 396: Eso es la talanquera .. Una cadena con grandes perchas de madera que no permite pasar a los torpederos ni a las embarcaciones pequeñas.

talante *m* **1** Disposición de ánimo [de una pers.]. *Gralm con los adjs* BUENO *o* MALO. | L. Calvo *Abc* 15.10.70, 30: Chaban-Delmas recibe de mal talante el regalo. **b)** Carácter o manera de ser [de una pers.]. | MCachero *AGBlanco* 15: Viene enseguida .. el ingreso de Andrés en el Seminario de Oviedo .. Pero su talante se avenía mal con la disciplina eclesiástica, y por ello el abandono no se hizo esperar.

2 Semblante o aspecto. | CBonald *Ágata* 82: No tardó .. en dar con la difícil pista del normando, a quien descubrió oculto tras una maraña del jaguarzal. Se acercó sin despacio y le vio el hirsuto talante de jíbaro.

talar[1] *tr* Cortar de raíz [un árbol o un conjunto de árboles]. | LaIglesia *Tachado* 51: Y cuando se queme la última tonelada de los almacenes, talaremos nuestros bosques para calentarnos.

talar[2] *adj* [Vestidura] que llega hasta los pies. | CBaroja *Inquisidor* 27: Un hombre con traje talar yace sobre la urna mortuoria.

talasemia *f* (*Med*) Anemia hereditaria de tipo hemolítico, propia de los habitantes del litoral mediterráneo. | *SAbc* 17.11.68, 13: Una dolencia emparentada con esta,
llamada talasemia, o anemia mediterránea, en la que los glóbulos rojos se adelgazan, se encuentra entre italianos, griegos, sirios y armenios.

talasocracia *f* (*lit*) Hegemonía marítima. | Pericot-Maluquer *Humanidad* 156: En manos del Minos de Knossos la expansión comercial cretense se transforma en un verdadero imperio marítimo, en una talasocracia que se extiende desde las costas de la Argólida y del Ática hasta la costa de Siria y Asia Menor.

talasocrático -ca *adj* (*lit*) De (la) talasocracia. | A. SGijón *Inf* 13.5.72, 15: Como en las democracias talasocráticas de la historia, el esfuerzo bélico en tiempos de paz cuesta mucho de arrancar.

talasoterapia *f* (*Med*) Uso terapéutico del mar o de los elementos marinos. | *SAbc* 7.7.74, 41: Louison Bobet, rey de la talasoterapia. Hace veinte años conquistó el mundo con su bicicleta y ahora quiere hacerlo con las algas.

talaspico *m* (*reg*) Mostaza salvaje (planta). | Remón *Maleza* 115: Especie: *Thlaspi arvense* L. Nombre común: Taburete, Hierba de los caballos, Mostaza salvaje, Talaspico .. Familia: Crucíferas. Es una mala hierba anual o hibernante, propia de tierras cultivadas y terrenos baldíos, bastante extendida.

talavera *f* (*raro*) Cerámica de Talavera de la Reina (Toledo). | Paso *MHi* 7.69, 36: Palermo tiene cosas sorprendentes. Por ejemplo, un jardín andaluz con su fuente de talaveras.

talaverano -na *adj* De Talavera de la Reina (Toledo), o de alguna de las otras poblaciones denominadas Talavera. *Tb n, referido a pers.* | Villarta *Rutas* 97: En el mes de mayo los talaveranos celebran su Feria del Campo.

talayot (*pl normal*, ~s) *m* (*Arqueol*) Monumento megalítico balear, semejante a una torre de poca altura. | Pericot-Maluquer *Humanidad* 160: En el interior del poblado o embebidos en las murallas aparecen numerosos *talayots* de plantas circulares o cuadradas y perfil tronco-cónico, de los que toma su nombre esa cultura.

talayótico -ca *adj* (*Arqueol*) De(l) talayot. | Pericot-Maluquer *Humanidad* 159: En ambas islas [Mallorca y Menorca], después de una primera ocupación neolítica y eneolítica, aparece la llamada cultura talayótica, que se desarrolla en grandes poblados fortificados con enormes murallas ciclópeas.

talayuelano -na *adj* De Talayuela (Cáceres), o de Talayuelas (Cuenca). *Tb n, referido a pers.* | M. Lebrato *Hoy* 12.11.76, 5: Talayuela .. Se les hizo pasar [a los mayores] una tarde alegre y bulliciosa con el cariño y el respeto de todos los talayuelanos.

talco *m* Mineral muy blando y untuoso al tacto, constituido por silicato hidratado de magnesio, que se emplea esp. en la preparación de polvos medicinales y de tocador. | Ybarra-Cabetas *Ciencias* 56: Talco .. Es el mineral más blando. **b)** (*col*) Polvos de talco. | *Cam* 30.9.79, 11: El cáncer de ovarios .. parece que tiene su causa en el popular e higiénico talco.

talcualejamente *adv* (*col*) Regular o medianamente. | DCañabate *Abc* 19.5.74, 49: Gracias a Dios, de las piernas y del fuelle andamos talcualejamente.

taled *m* Pieza de lana, a manera de amito, con que los judíos se cubren la cabeza y el cuello en las ceremonias religiosas. | *SYa* 23.1.83, 8: Rabinos vestidos con el "taled", prenda ritual que cubre los hombros, en un acto celebrado durante la inauguración de la sinagoga madrileña.

talega *f* **1** Talego [1] grande. *Tb su contenido*. | Moreno *Galería* 24: Conociendo [el molinero] a los dueños de sacos, costales o talegas por las iniciales de pez o con hilo rojo que en ellos iban marcadas. CBonald *Noche* 277: El chófer detuvo un momento el camión, le entregó una talega al consumero que esperaba al filo de la cuneta, y prosiguió la renqueante marcha.

2 (*col, raro*) *En pl*: Dinero. | SSolís *Jardín* 162: Ella, muchos blasones, pero pocas talegas.

talegada *f* (*col*) Talegazo. | DCañabate *Paseíllo* 20: Los había [toros] de carácter bonancible que se complacían

talegazo – talla

en pegarse una talegada que significaba un clamoroso triunfo para el torerillo.

talegazo *m* (*col*) Caída dando con todo el cuerpo en el suelo. | Nácher *Guanche* 117: Fue un campeón volcando a los mejores hombres del archipiélago. Y ahora un nadie le buscaba torpemente las pulgas. Daba risa, en verdad, pensar en el talegazo.

talego *m* **1** Recipiente de tela de forma rectangular y abierto por uno de sus lados estrechos. *Tb su contenido*. | Olmo *Golfos* 75: –Queremos cinco de sal .. –¿Traéis talego para llevarla?
2 (*jerg*) Cárcel. | Summers *SHLM* 17.11.80, 28: Ni Marcelino Camacho ni su jersey podían hacer nada por remediarlo, porque ambos estaban en el "talego". Oliver *Relatos* 154: Mi colega dijo que las rajásemos allí mismo, pero yo dije que no, porque eso nos traería veinte o treinta años de talego.
3 (*col*) Billete de mil pesetas. | E. Castro *Ciu* 1.8.75, 10: Dos conocidos me invitan a "echar un ratillo de póker" en un piso. "Que no pasa na, tío, tú lo único que tienes que subirte son unos cuantos talegos." Montero *Reina* 24: –Mil pesetas si te lo llevas de aquí. Un sea talego y medio. **b)** (*jerg*) Cantidad de hachís, u otra droga, que importa mil pesetas. | Oliver *Relatos* 137: Me pidió que le liase un porro para ella. Puse medio talego, tíos, comprenderéis que me sentía generoso.

taleguero -ra *adj* (*jerg*) De (la) cárcel o talego. *Tb n, referido a pers*. | C. GMoya *D16* 22.10.79, 18: La obra recoge, sobre todo en una escena, el lenguaje del taleguero, del romaní, el caló y los quinquis, porque dos de los personajes viven ese ambiente.

taleguilla *f* Calzón del traje de torero. | Diego *Pap* 1.57, 12: El traje campero, que es término medio entre el hierático y el vulgar, le sirve de retirada cómoda o de alternativa para descanso de la taleguilla demasiado prieta y de los alamares pesados en exceso.

talento *m* **1** Conjunto de dotes intelectuales [de una pers.]. | MPuelles *Persona* 84: La propiedad privada puede ser empleada contra el bien común; pero lo mismo cabe hacer con el talento y con la fuerza física. **b)** Disposición o aptitud [para algo (*compl especificador*)]. | GGual *Novela* 368: La facundia expresiva, de un latín lleno de colorido, .. es uno de los talentos de este provincial africano. * Ha demostrado gran talento para la carpintería. **c)** Talento destacado. | RIriarte *Muchacha* 330: Los hombres de talento son muy ingenuos.
2 Pers. de talento [1c]. *A veces con intención irónica*. | AMillán *Día* 99: Tiene muy buena voz y lo mismo te canta una jota aragonesa que una navarra. Es un talento el chico. RIriarte *Muchacha* 309: ¿Por qué no ha venido contigo esta tarde ese talento?
3 (*hist*) Unidad de peso, de valor entre 20 y 27 kg. | Cela *Izas* 68: Maimónides .. cuenta en su *Guía de perplejos y descarriados* las hazañas de Ghenziana-Sara Turquí .., zorrastrón cumplido natural de Baena, que pesó cuarenta talentos asirios.
4 (*hist*) Moneda de cuenta, utilizada por los griegos y los romanos, equivalente a un talento [3] de oro o de plata. | Torrente *Vuelta* 56: El rico había entregado a un siervo cinco talentos, dos a otro. El tercero, que había recibido uno solo, corrió a esconderlo bajo tierra.

talentoso -sa *adj* [Pers.] que tiene talento [1c]. | Zunzunegui *Hijo* 108: Es una broma, mujer; tu hermano, que es tan talentoso, lo ha comprendido así. **b)** Propio de la pers. talentosa. | GPavón *ByN* 21.2.76, 76: En toda la obra de Buero, .. la virtud dominadora, como en todo gran autor, es instintiva, talentosa.

talentudo -da *adj* Talentoso. | CBaroja *Inquisidor* 36: Fue la primera causa de un proceso ruidoso, escandaloso y lleno de mala fe por parte de Cano (persona talentuda).

taleoquina *f* (*Med*) Sustancia de color verde que se forma al actuar el agua de cloro y el amoníaco sobre la quinina. | MNiclos *Toxicología* 123: La orina, tratada con agua de cloro y amoníaco, toma color verde esmeralda (reacción de la taleoquina).

tálero *m* (*hist*) Antigua moneda de plata de los países de lengua alemana. | J. Linares *SAbc* 8.3.81, 36: Los táleros de plata, nacidos en el siglo XV, representaron, junto con las coronas y el real de a ocho español, aparecidos un siglo más tarde, un verdadero hallazgo del comercio internacional por su peso, dimensiones y valores.

talgo (*frec con la grafía* **Talgo**) *m* Tren formado por vagones cortos que tienen dos ruedas traseras y que por la parte anterior se hallan articulados sobre el eje del vagón precedente. | RMencía *SVozC* 29.6.69, 8: Cuatro están considerados como trenes de verano .. Vemos que cuatro son Talgos; once, expresos.

talidomida *f* Medicamento sedante que, tomado en los primeros meses del embarazo, produce malformaciones en el feto. | *Inf* 16.4.70, 6: La doctora .. aseguró que el W.N.T.T. era "más potente que la talidomida" en sus efectos perjudiciales sobre los niños aún no nacido[s].

taliforme *adj* (*Bot*) Que tiene forma de talo. | Alvarado *Botánica* 68: El tronco asexuado [en las Pteridofitas] (esporofito) está diferenciado en raíz y brote ..; el sexuado (gametofito) es taliforme .. y se llama protalo.

talio *m* Metal, de número atómico 81, de propiedades físicas comparables a las del plomo. | Aleixandre *Química* 15: A partir del elemento 81, talio, los electrones se asientan nuevamente en la capa P.

talión. ley del ~ → LEY[1].

taliónico -ca *adj* (*raro*) De la ley del talión. | L. Calvo *Abc* 7.9.66, 29: Uno después de otro .. están hace algunas semanas reclamando el derecho taliónico a invadir el Norte.

talismán *m* Objeto que representa o lleva inscrito algún signo celeste y al cual se atribuyen propiedades mágicas. *Tb fig*. | B. Andía *Ya* 15.10.67, sn: Se para para golpear la tierra con sus pies desnudos y hacer sonar los collares y los talismanes que cubren su pecho. * Considera su belleza como un talismán.

talismánico -ca *adj* De(l) talismán. | C. Rivero *HLM* 26.10.70, 13: Lo que llega a desazonarnos es que la política de algunos ve en la juventud de los afines la gracia talismánica del acierto infalible.

talja *f* Árbol parecido a la acacia, con fuertes espinas blancas y copa en forma de sombrilla, que crece en la región sahariana. | Plans *España* 206: No faltan los árboles [en el Sáhara español]. Entre ellos es notable la talja, acacia con fuertes espinas blancas y copa en forma de sombrilla, que proporciona sombra y leña a los habitantes del desierto. M. Muro *Abc* 18.5.75, 1: Los marroquíes pudieron observar tranquilamente durante el trayecto algunas zonas en que era difícil determinar si existían efectivos camuflados o eran las taljas que realmente hay en el desierto.

talkie (*ing; pronunc corriente*, /tálki/) *m* (*raro*) Película sonora. | J. Palau *Des* 12.9.70, 32: Razones más comerciales que artísticas promovieron la llegada de los "talkies".

talk-show (*ing; pronunc corriente*, /tálk-ćów/) *m* Programa de radio o televisión en que los personajes invitados son entrevistados y conversan entre sí. | *Ya* 29.11.90, 46: Bajo la dirección de Iñaki Gabilondo y en conexión con las televisiones autonómicas se realizará un gran programa en *talk-show* con entrevistas, reportajes y música.

talla[1] *f* **1** Acción de tallar, *esp* [1 y 3]. | Cossío *Confesiones* 278: Con estos adoquines empezó en París sus ensayos de escultor, en talla directa. *BOE* 13.11.75, 23690: El día anterior a aquellos en que deba llevarse a cabo el peso y talla de los alumnos y su reconocimiento médico ordinario.
2 Escultura tallada (→ TALLAR [1]), esp. en madera. | C. Debén *SAbc* 16.6.68, 36: El cura párroco no dudó en vender aquella pintura ya desvaída o aquella talla algo carcomida.
3 Estatura [de una pers.]. | Cunqueiro *Un hombre* 20: Vas creciendo y tienes ya la talla del tío Eustaquio. **b)** Altura [de un animal o de una planta]. | F. Martino *Ya* 6.6.75, 46: "Ab initio" el chicle era el producto o exudado gomoso de un árbol de gran talla (Achras Zapota) de Méjico y América Central.
4 Calidad, o altura intelectual o moral [de una pers.]. | *Tri* 11.4.70, 43: Es memorable la discusión que sostuvo ya hace varios lustros, con otro historiador de extraordinaria talla, Sánchez Albornoz.

5 Tamaño [de una prenda de vestir de serie]. | *Abc* 9.10.70, 48: En el ámbito de la segunda edición del X Salón Nacional de la Confección y III de Géneros de Punto, clausurado anoche, ha tenido lugar la tarea de divulgación de las tallas normalizadas españolas.

talla[2] *f (reg)* **1** Vasija de barro semejante a un cántaro pequeño o a una jarra. | Grosso *Capirote* 68: La mujer .. entró en la choza y regresó con una talla de barro rojo ..; se la acercó [al preso] directamente a los labios .. –Para ti y para los que somos como tú queda la justicia –dijo la mujer al apartar la talla sobre su cabeza y se fue. Seseña *Barros* 149: La producción consiste en bernegales (o vernegales: cántaros) .., braseros y sahumerios para fuego, tallas (jarras).
2 Cántaro (vasija). | Nácher *Guanche* 192: Luisa colocó la "talla" sobre su cabeza y se fue.

talla[3] *f (hist) En el régimen feudal:* Impuesto pagado en dinero al rey o al señor por los siervos y los plebeyos. | Tejedor *Arte* 102: Derechos señoriales .. Los más generales eran: la percepción del censo o pago en especies por el arrendamiento y de la talla o tributo en dinero. Vicens *HEspaña* 1, 381: Fue frecuente en los distritos rurales de León y Castilla que la comunidad parroquial engendrara el embrión de la asamblea local o municipal por una natural extensión de la actividad de aquella ..: aprovechamiento de pastos, bosques .., y de aquí ascendiera a asuntos más significativos: reparto de tallas, relaciones con el señor o con las villas vecinas, etc.

tallado[1] *m* Acción de tallar [1]. *Tb su efecto.* | *Ya* 28.5.67, sn: Cristalería 6 servicios, con rico tallado moderno.

tallado[2] **-da** *adj (Heráld)* [Planta, fruto o flor] que tiene tallo [1]. | *Abc* 8.3.80, 70: Entado en punta, de plata y una granada al natural, rajada de gules, tallada y hojada de dos hojas de sinople, que es de Granada.

tallador -ra *adj* Que talla [1]. *Tb n: m y f, referido a pers; f, referido a máquina.* | *Abc* 25.2.58, sn: Factoría de Manises precisa oficiales talladores de 1ª. Indispensable conozcan manejo talladora Maag. *Not* 4.5.70, 12: Diez tablas del tallador flamenco Juan Giralte (1565) que formaban conjunto de parte del acervo artístico del Museo Arqueológico.

tallar *tr* **1** Modelar [algo] haciendo cortes o incisiones [en una materia, esp. piedra o madera]. | GNuño *Madrid* 87: El gran Cristo de la Agonía, .. tallado en el siglo XVII por Juan Sánchez Barba. *Sp* 19.7.70, 24: Los viajeros .. tallan unos rudimentarios remos. **b)** Modelar [una materia dura, esp. piedra o madera] gralm. mediante cortes o incisiones. | Ybarra-Cabetas *Ciencias* 67: Ambas variedades se utilizan por su dureza para tallar el diamante.
2 *(reg)* Tajar o cortar. | S. Araúz *Inf* 20.1.76, 16: El propio guarda .. "corta" los ojos según la configuración del terreno y las querencias de las aves. Con el hocino, talla las pantallas de víspera.
3 Medir la estatura [de una pers. *(cd)*]. | *BOE* 13.11.75, 23688: Todos los alumnos de Educación General Básica deberán ser pesados y tallados por el profesor-tutor anualmente.
4 *En algunos juegos de cartas:* Llevar la banca. | Diego GDiego 368: Le vemos .. extraer del bolsillo un mazo abultado de papeletas .. Todo dura unos pocos minutos ..; sentimos todos pena al verle renunciar a buena parte de la baraja .. "Que otro talle", parece decirnos con un gesto de banquero prudentísimo.

tallarín *m* Tira muy estrecha de pasta alimenticia. *Gralm en pl, designando este tipo de pasta.* | Delibes *Mundos* 26: El italiano ha conquistado Buenos Aires con sus tallarines y su "pizza".

talle *m* **1** Cintura [de una pers.]. | Escobar *Itinerarios* 203: Corpiño de terciopelo con azabache, mantón de Manila de los de talle, pañuelo de seda a la cabeza. **b)** Parte [de una prenda de vestir] correspondiente al talle. | Villarta *SYa* 3.5.74, 15: Destaquemos, en esta moda, las formas simples, sin apenas costuras, hombros suavemente perfilados, talle en su sitio o ligeramente más alto, faldas con vuelos.
2 Parte del cuerpo comprendida entre el cuello y la cintura. | * Soy corta de talle.
3 *(lit)* Figura o tipo [de una pers.]. | GPavón *Hermanas* 33: La quietud del cielo nublado y la desgana de los árboles, me hacían recordar .. talles de mujeres con falda hasta los pies.

talla – talmudista

taller *m* **1** Lugar destinado a la realización de un trabajo manual. | Olmo *Golfos* 149: En el sótano existe un taller de planchado. *Reforma* 181: Aumentar las dotaciones de materiales educativos y de recursos didácticos a los centros, especialmente .. aquellos que son más necesarios para la realización del nuevo proyecto curricular –talleres, laboratorios, etc.–.
2 Lugar destinado a la enseñanza de determinadas actividades artísticas, esp. teatro o literatura. *Tb la misma enseñanza.* | *Pri* 12.69, 65: El 14 de noviembre se inició la actividad no profesional por el recién creado "Taller cero", que puso, en el Colegio Mayor Femenino "El Carmelo", .. "Los infractores", de Muñiz. *SD16* 15.3.91, 17: Taller de Video Danza. Del 20 al 24 de marzo de 1991. Por Johannes Charlebois y Harold Vasselin en el Centro Cultural Casa del Reloj .. Plazas limitadas.
3 *(Arte)* Conjunto de los colaboradores de un maestro. | Camón *LGaldiano* 149: El cuadro con la Sagrada Familia es atribuible a taller toledano, de la primera mitad del siglo XVII.

tallero *m (reg)* Mueble o utensilio en que se guardan tallas[2]. | Seseña *Barros* 128: Lo realmente popular de la producción trianera desde el XVIII hasta hoy son las vasijas decoradas con tema de montería, desde tinajas a talleros (centros de mesa consistentes en una pieza cerrada con soportes donde se alojan otras pequeñas vasijas).

tallista *m y f* Pers. que hace tallas[1] [2]. | GNuño *Escultura* 76: Maestría de oficio sobraba, sin duda, a los tallistas de estos capiteles.

tallito *m (Bot)* Parte del embrión que, desarrollada, formará el tallo [1a]. | Ybarra-Cabetas *Ciencias* 281: La germinación comprende los fenómenos mecánicos de crecimiento de la radícula .. y del tallito, que se eleva para formar el nuevo tallo.

tallo *m* **1** *En los vegetales:* Órgano que crece en dirección opuesta a la raíz y que sirve de soporte a las hojas, flores y frutos. | Arce *Testamento* 18: El tomillo se esparcía penetrante al transpirar la savia por sus tallos. **b)** Renuevo [de una planta]. | * El geranio está ya lleno de tallos. **c)** Brote [de una semilla, bulbo o tubérculo]. | * Las patatas están echando tallos.
2 Cosa, gralm. parte, alargada y cilíndrica. | Navarro *Biología* 122: La médula espinal es un tallo cilíndrico de unos 45 cm. de longitud. Moreno *Galería* 281: Se cortaban, una tras otra, las vueltas del chorizo en tantos tallos y a su medida como era justo seccionarlos. Navarro *Biología* 73: Cada pelo consta de una parte libre o tallo, de células muertas. **b)** *(Zool)* Eje de una pluma de ave. | Ybarra-Cabetas *Ciencias* 378: Las plumas que recubren el cuerpo se componen de un eje o tallo que lleva a los lados .. unos ejes secundarios o barbas.

talludo -da *adj (col)* [Pers.] que ha dejado de ser joven. *Frec en la forma* TALLUDITO, *gralm como euf.* | CBaroja *Inquisidor* 45: Abad La Sierra era, al tiempo de su nombramiento, un hombre talludo. J. Balansó *SAbc* 16.11.69, 37: Años antes (1659) había casado, ya tallludito, con una rica heredera.

talma *f (raro)* Prenda de abrigo a modo de esclavina. | Zunzunegui *Camino* 448: –Dame una toquilla, que tengo frío.– Abre el armario y le posa sobre los hombros una talma pequeña.

talmente *adv (pop)* Cabalmente. | Delibes *Cinco horas* 30: No me parece un muerto. Talmente está como dormido.

talmúdico -ca *adj* Del Talmud (libro de la ley judía). | I. Gomá *HyV* 12.70, 96: Según el tratado talmúdico *Qiddushim*, Abbá Gorión, de Sidón, enseñó que nadie debe permitir que su hijo escoja el oficio de conducir asnos.

talmudismo *m* Doctrina del Talmud (libro de la ley judía). | GÁlvarez *Filosofía* 1, 274: La especulación judía en Oriente después de Filón de Alejandría no merece propiamente el nombre de filosofía. Se refugia en la cábala (tradición) y el talmudismo.

talmudista *m y f* Erudito versado en el Talmud (libro de la ley judía). | *Inf* 14.4.75, 18: El profesor David Gonzalo Maeso .. pronunció en Toledo una conferencia sobre

talo – tamarazo

el sefardí toledano José Caro, talmudista y místico, con motivo del IV centenario de su muerte.

talo[1] *m* (*Bot*) Aparato vegetativo de las plantas que carecen de raíz, tallo y hojas. | Ybarra-Cabetas *Ciencias* 233: El talo, que puede ser filamentoso o laminar, se ramifica algunas veces.

talo[2] *m* (*reg*) Dulce semejante al bizcocho de almendras, aunque más delgado, y empapado en almíbar y coñac. | Vega *Cocina* 61: El talo de Vitoria es más exigente que el bizcocho de almendras.

talo[3] *adj* (*Med*) [Pie] deforme que solo se apoya por el talón. | R. ASantaella *SYa* 7.10.84, 35: Se conforma así una estructura admirable, que mecánicamente puede alterarse en el pie plano, o equino, o talo, o bien apoyando hacia adentro o varo, o por fuera o valgo.

talofítico -ca *adj* (*Bot*) Talofito. | Navarro *Biología* 101: En las plantas Talofíticas .. las células están muy poco o nada diferenciadas.

talofito -ta (*tb* **talófito**) *adj* (*Bot*) [Planta] cuyo aparato vegetativo es el talo[1]. *Frec como n f en pl, designando este taxón botánico*. | Alvarado *Botánica* 59: Algas .. Talofitas con clorofila y, por tanto, autótrofas. Ybarra-Cabetas *Ciencias* 252: Al hablar de los musgos dijimos que estas plantas establecen la transición entre las talofitas y las cormofitas.

talón I *m* **1** *En el hombre:* Parte posterior del pie. | Alvarado *Anatomía* 49: El calcáneo .. forma el saliente del talón. **b)** Parte [del calzado, o de la media o calcetín] correspondiente al talón. | CNavarro *Perros* 163: El talón de las medias era muy alto.
2 (*Arquit*) Moldura formada por dos arcos de círculo contrapuesto y unidos entre sí, cuya forma recuerda el talón [1] humano. | Angulo *Arte* 1, 15: Si lo que avanza más [de la moldura] es el cuarto bocel, llámase talón .., por su semejanza con el del pie.
3 Documento que forma con otros iguales un cuadernillo del que se separa para su utilización, frec quedando su matriz como constancia. | *BOE* 27.12.67, 17858: Cuando el pago lo efectúen por giro postal, al dorso del taloncillo que el Servicio de Correos remite a la oficina receptora del giro, y en el lugar destinado a "texto", se hará constar con letra bien legible su nombre y dos apellidos. **b)** Cheque. | Kurtz *Lado* 159: Quizá creyera que Hugo Goehlen enviaba un talón mensual para mantener a su familia.
4 ~ de Aquiles. Punto vulnerable [de alguien o algo]. | Tamames *Economía* 474: Se retrasa *sine die* la transformación del campo español y la solución de uno de los problemas claves, casi el "talón de Aquiles" de nuestro desarrollo económico.
II *loc v* **5 girar** [alguien] **sobre sus** (*o* **los**) **~es.** Dar la vuelta o situarse en dirección opuesta a la que tenía. *Tb fig.* | J. RMarchent *HLM* 26.10.70, 15: Dar una vuelta no significa girar sobre los talones, sino tomar una calle, luego otra. CSotelo *Resentido* 230: El mundo está lleno de exclaustrados que han empezado un camino y se han vuelto atrás, que han querido ser músicos, pintores, poetas, y en la mitad de la vida han girado sobre sus talones al darse cuenta de su error.
6 pisar los ~es [a alguien]. Seguir[le] muy de cerca. *Tb fig.* | CPuche *Paralelo* 324: ¡Hasta ahí podían llegar las cosas! El Penca no solo le seguía los pasos sino que le pisaba los talones.
7 tener [una comida] **en los ~es.** (*col*) Hacer mucho tiempo desde su ingestión. | Cela *Inf* 12.9.75, 18: –¿Cenamos? –Cuando tú quieras; yo ya tengo la comida en los talones. **b) tener el estómago en los ~es** → ESTÓMAGO.

talonario -ria I *adj* **1** [Documento] en forma de talón [3a]. | J. J. TMarco *Ya* 18.5.77, 16: Estos interventores podrán ser nombrados por los representantes de las candidaturas hasta cinco días antes de la elección, mediante credenciales talonarias.
II *m* **2** Cuadernillo de talones [3]. | Aguilar *Experiencia* 452: Recibía .. talonarios de facturas que se extendían por triplicado. L. Monje *Abc* 23.12.70, 30: Los setenta y cinco millones de la serie apenas han beneficiado a los feligreses, porque los talonarios fueron distribuidos para su venta en diversos centros de la capital.

talonazo *m* Golpe de talón [1a]. | Lera *Clarines* 411: El caballo era un torpe trotón de arado, pero el Raposo le obligaba a galopar a talonazos, a gritos y a palos.

taloneante *adj* [Marcha] que se realiza golpeando bruscamente el talón contra el suelo. | FCruz *Salud* 216: El período inicial muestra .. un modo de andar característico: la marcha taloneante, en que la pierna se desplaza golpeando el talón bruscamente contra el suelo.

talonear A *intr* **1** Andar deprisa o pisando con los talones. | * Hay que talonear para llegar a todo. * Gasta mucho las tapas de los zapatos por su modo de talonear.
B *tr* (*raro*) Recorrer [algo] taloneando [1]. | Berlanga *Acá* 36: Se embala en una vaguada, se inclina taloneando la curva del parterre, resopla en la cuestecilla.

talonero -ra *adj* De(l) talón [1a]. *Tb n f, referido a pieza o parte.* | *SYa* 13.1.74, 24: Solo tiene que colocar en sus zapatos las plantillas taloneras ortopédicas y habrá aumentado más de 3 centímetros su estatura. *Méd* 9.9.88, sn: Nuevas plantillas, taloneras y taloneras para espolón.

taloso -sa *adj* (*Bot*) [Planta] que tiene talo[1]. | Ybarra-Cabetas *Ciencias* 251: Las Briofitas son, en efecto, plantas de transición .. Estas plantas son, por tanto, las plantas talosas de organización más elevada.

talquera *f* Recipiente para espolvorear polvos de talco. | *Abc* 15.6.58, 4: Talquera práctica, de fácil uso.

talud *m* **1** Terreno en pendiente muy inclinada. | SFerlosio *Jarama* 77: La vía del tren corría elevada, cortando en línea recta todo el llano, sobre un terraplén artificial. Los matorrales ascendían los taludes, hasta arañar las mismas ruedas de los trenes.
2 (*Geol*) Región marítima constituida por una superficie inclinada y comprendida entre la plataforma continental y la región o zona batial. *Más frec* ~ CONTINENTAL. | Navarro *Biología* 294: El suelo submarino puede considerarse dividido en tres distintas regiones: la plataforma continental, el talud y la región abisal. Alvarado *Geología* 80: Por su diferente profundidad, se distinguen en el mar las siguientes regiones ..: plataforma continental, talud continental, región batial (fondos de 3.000 a 5.000 metros) y región abisal (superior a 6.000).

tamanaco -ca *adj* [Individuo] de una tribu venezolana habitante de las orillas del Orinoco. *Tb n.* | Cela *Abc* 4.5.80, sn: Los chaimas, los cumanagotos, los tamanacos y otros caribes de Tierra Firme llamaban "roro" al loro.

tamaño -ña I *adj* **1** De esta magnitud. *Con intención ponderativa. Normalmente antepuesto, sin art, al n.* | Delibes *Mundos* 9: Pues esto a cambio de su espontánea sinceridad, que en los tiempos que corren tampoco es moco de pavo tamaña virtud. Hoyo *Caza* 17: Abrí unos ojos tamaños. En la calva [del monte] se les veía moverse .. Parecían conejos amaestrados. **b)** Tan grande. *En constr comparativa.* | Hoyo *Bigotillo* 86: También imponían .. sus tremendos ojos, tamaños como bellotas. **c)** (*reg*) Se usa irónicamente para ponderar la magnitud o la importancia de alguien o algo. | Nácher *Guanche* 26: –Tamaño majadero. Cállese, que no respondo –amenazó don Miguel, sacudido por un cobarde estremecimiento.
2 Muy pequeño o insignificante. *Con los vs* DEJAR *o* QUEDAR. *Tb en la forma* TAMAÑITO. | *Van* 10.2.77, 39: Un disparatado tren de vida, al borde del volcán, que dejaría tamaño al de los actuales emires del petróleo. **b)** Anonadado o confuso. *Con los vs* DEJAR *o* QUEDAR. *Frec en la forma* TAMAÑITO. | * Con este proyecto vamos a dejarlos a todos tamañitos.
II *m* **3** Hecho de ser más o menos grande. *En sent material. Tb fig, referido a cosas inmateriales.* | Ybarra-Cabetas *Ciencias* 404: Ningún otro animal tiene una boca comparable por su tamaño a la de la ballena.

támara *f* (*reg*) Rama delgada y cortada, que se emplea esp. como leña. | Moreno *Galería* 25: El horno tenía .. su bóveda de barro lucido de la mejor arcilla, para aguantar las temperaturas de la fogata de támaras. Romano-Sanz *Alcudia* 165: Junto a la era hay un corralillo circular rodeado de támaras, donde el guarda cría conejos.

tamarazo *m* (*reg*) Golpe o herida causados con una támara. | Moreno *Galería* 295: Vino y aceite mezclado se aplicaba a "esmoroñón", llaga, fístula, .. tamarazo o desolladura.

tamárico -ca *adj* (*hist*) [Individuo] de un pueblo cántabro cuya capital se supone al oeste de Cervera de Pisuerga (Palencia). | GNuño *Escultura* 32: Cántabros: Orgenomescos. Aurinos .. Tamáricos. Velgienses. [*En el texto, sin tilde.*]

tamarilla *f* Mata leñosa propia de bosques y matorrales (gén. *Cistus* y *Helianthemum*). | Mayor-Díaz *Flora* 351: *Helianthemum nummularium* (L.) Miller. "Tamarilla", "Perdiguera". Pl[anta] v[ivaz] de 10-40 cm., leñosa en la base .. Flores amarillas en racimo laxo .. Tiene propiedades astringentes y vulnerarias.

tamarindo *m* **1** Árbol de gran tamaño, con flores amarillentas en racimo y fruto en legumbre indehiscente, pulposo y agrio, que se emplea para la preparación de bebidas y como laxante (*Tamarindus indica*). *Tb su fruto.* | L. Álamo *Alc* 5.11.70, 28: No se ve el arco dorado de la Concha, ni los tamarindos de Alderdi-Eder bañados de viento. P. M. Lamet *Ya* 24.6.80, 35: Saca, sonriendo, de la faltriquera una botella de aguardiente, limones y tamarindos.
2 Árbol leguminoso propio de América tropical y Méjico (*Pithecolobium dulce*). | FReguera-March *Filipinas* 105: La inagotable variedad de la flora filipina desplegaba sus verdes banderas .. Tamarindos, mabolos, guayabos y papayas. GCabezón *Orotava* 36: Tamarindo de Manila o Guaymochil, *Pithecolobium dulce*, Benth., .. Leguminosa, América tropical y Méjico.
3 (*reg*) Tamarisco o taray. | Loriente *Plantas* 55: *Tamarix gallica* L. "Tamarisco"; "Tamariz". .. Es corriente que se dé a este arbolito de la región Mediterránea occidental el nombre erróneo de "Tamarindo".

tamarisco *m* Taray (planta). | Romano-Sanz *Alcudia* 59: La arena, blanca y fina, forma dunas en donde crecen tamujos, adelfas, juncales y tamariscos.

tamariz *m* Tamarisco o taray. | Areilza *País* 14.4.83, 11: Higueras y cañaverales, tamarices, y madroños se agazaparon bajo el sorprendente y helado envoltorio .. El tamariz duerme todavía.

tamarón *m* (*reg*) Támara grande. | S. Araúz *Inf* 20.1.76, 16: El día señalado para la batida, el ojeador cuida el sentido del viento, para cargar la mano de una punta de otra, mueve las jaras con tamarones, cantea a los pájaros que se amagan en los surcos de los rastrojos.

tambaleante *adj* Que se tambalea [2]. | Arce *Precio* 183: El noruego se acercó tambaleante.

tambalear A *tr* **1** (*raro*) Hacer que [alguien o algo (cd)] se tambalee [2]. | Escobar *Itinerarios* 226: Apañó una cogorza que le nubló la vista y tambaleó su cárdena mole.
B *intr pr* **2** Moverse [alguien o algo] a un lado y a otro por falta de equilibrio. *Tb fig.* | S. Miranda *Abc* 23.12.70, 8: Fui tambaleándome calle abajo hasta la Place Clichy.

tambaleo *m* Acción de tambalearse [2]. | Nácher *Guanche* 95: Ahora era Felipe quien se alarmaba ante el tambaleo del amigo que apenas se tenía en pie.

tambalillo *m* (*reg*) Tenderete. | Campmany *Abc* 28.5.89, 29: Recogía trapos viejos a domicilio, y con ellos, aconsejado por la experiencia de su padre en ese oficio, puso un tambalillo en el mercado.

también *adv* **1** *Indica que lo mencionado en la palabra o sintagma a que se refiere se añade a lo mencionado antes.* | Medio *Bibiana* 11: Bibiana .. recorre toda la casa .. Después entra también en la habitación.
2 *En una coordinación con* Y *o fórmula equivalente, añade énfasis a la noción de suma indicada por aquellas.* | MGaite *Retahílas* 59: Había terminado con Ester .., pero es que con ella se pasa uno la vida así, terminando y volviendo a empezar, es de las de "ni como ni dejo comer", y un poco también por culpa mía.
3 (*col*) *Se usa expletivamente en frases exclams denotando reproche, desagrado o extrañeza.* | CBonald *Dos días* 184: También tu madre es que no te deja ni respirar. MGaite *Visillos* 22: También es raro, ¿verdad?, que nunca nos hayamos conocido, con tantas veces como vengo a vuestra casa.

tambo *m* Venta o posada. *Referido a algunos países americanos.* | D. Gálvez *Rev* 12.70, 13: La mayoría de ellos nunca veía el producto de su trabajo traducido en dinero, porque el jornal quedaba en los tambos de las haciendas a cambio de aguardiente, coca o alimentos. [*Referido a Perú.*]

tambor I *m* **1** Instrumento músico de percusión, cilíndrico, hueco y con bases de piel muy tensa, que se golpea con dos palillos. | Olmo *Golfos* 105: Su cuerpecito daba la impresión de que se movía al compás de un tambor. **b)** *Músico que toca el tambor.* | R. Casado *Nar* 3.77, 28: 5 de enero. Misa de los moros. Prueban el vino también estos otra vez. Se convida al pitero y tambor moros.
2 Objeto, normalmente pieza, de forma cilíndrica. | *Abc* 12.11.70, sn: Lavadora Superautomática .. Tambor de acero inoxidable. Termostato regulador de temperaturas. Moreno *Galería* 257: Acostumbraba a descomponerse [la cruz parroquial] en dos piezas: el tambor o base .. y la cruz. *Abc* 12.9.75, 80: Fernández, para la ejecución del proyecto, entregó a Baena un revólver con tambor de nueve recámaras y abundante munición. APaz *Circulación* 211: Cada frenada habrá elevado la temperatura 760º en el roce de zapatas y tambores. *Ya* 14.12.71, 12: Entre las grandes piedras había también tambores de columnas, mármol y cerámica. GNuño *Madrid* 50: El Puente de Toledo .. consta de nueve ojos, separados por medios tambores que rematan en balconcillos. Angulo *Arte* 1, 14: Se interpone entre el anillo y la bóveda semiesférica un cuerpo generalmente cilíndrico denominado tambor. *Prospecto* 6.91: Alcampo .. Lavadora Lynx .. 10 programas, tecla frío (2 tambores regalo): 32.900 Pts.
3 Aro de madera sobre el que se tiende una tela para bordar. | Llopis *Amor* 449: Andrea coge un tambor de bordar y se sienta en el sofá a hacer labor.
II *loc adv* **4 a ~ batiente.** Con triunfalismo. *Tb adj.* | *Sáb* 6.8.75, 14: El caso más reciente de militarismo a tambor batiente y en un continente dirigido o gobernado por sus Ejércitos es el de África.

tambora *f* Tambor [1a] grande. | Chamorro *Sin raíces* 107: Los quintos de todas las épocas han expresado su alegría o su tristeza con gritos, cantos, aullidos y borracheras. En Serradilla, el símbolo de aquel desenfreno acústico era la tambora.

tamborada *f* Desfile callejero al son de tambores. | Recio *Ya* 30.11.74, 18: Si los habitantes de Alacuás decidieran probar a la vez sus 180.000 castañuelas sería como lo de los tambores de Híjar o los de Calanda, que seguro que es lo que dejó sordo a Buñuel: la tamborada del Viernes Santo. Torrente *Fragmentos* 378: Uno tras otro van entrando ..: les precede la tamborada, les sucede la música.

tamborear *intr* **1** Tamborilear [1]. | Laiglesia *Tachado* 204: Lleva diez minutos esperando en la antesala, tamboreando de impaciencia en el brazo de la butaca.
2 Tocar el tambor. | * Los hombres tamborean durante un par de días con sus noches.

tamboreo *m* Acción de tamborear. | *Abc Extra* 12.62, 39: Uno, a veces, piensa, ante ese tamboreo terrible de un par de días con sus noches, .. que los tamboreros han retornado también a la infancia.

tamborero *m* (*reg*) Hombre que toca el tambor [1a]. | *Abc Extra* 12.62, 39: Uno, a veces, piensa ante ese tamboreo terrible de un par de días con sus noches, .. que los tamboreros han retornado también a la infancia.

tamboreta *f* (*hist*) *En una galera:* Plataforma triangular destinada esp. para cargar la artillería. | MHidalgo *HyV* 10.71, 77: Entre el yugo de proa y el arranque del espolón se encuentra la plataforma triangular denominada "tamboreta", espacio empleado en la maniobra del car del trinquete .. y, en combate al abordaje, como puente de asalto a la galera contraria.

tamborete *m* (*Mar*) Pieza en que se encajan y apoyan los masteleros. | Zunzunegui *Camino* 542: Solo alcanzar el puerto le entusiasmó la selva madurecida de masteleros y mastelerillos, cofas, crucetas y tamboretes.

tamboril *m* Tambor que se toca con un solo palillo. | Escobar *Itinerarios* 31: Cuando la Virgen quedaba en su domicilio, empezaba el baile de tamboril y gaita.

tamborilear *intr* **1** Producir un ruido semejante al del tambor, dando pequeños golpes [sobre una superficie]. | Medio *Bibiana* 195: Bibiana va a sentarse en la mesa .. y con los dedos tamborilea sobre el tapete. **b)** Dar golpes

tamborileo – tamuja

pequeños y reiterados sobre una superficie. | Aldecoa *Cuentos* 1, 46: La mano reposó sobre la mesa y los dedos tamborilearon sin ruido.
2 Tocar el tamboril. | * Se oía tamborilear en la plaza.

tamborileo *m* Acción de tamborilear. *Tb su efecto.* | CNavarro *Perros* 79: Cerró el grifo para mejor escuchar el tamborileo de la lluvia en la uralita del lavadero. Berceo *Rio* 24.3.89, 4: Nunca hemos gozado de más procesiones callejeras con hábito multicolor, de más tamborileo rítmico de signo mortuorio.

tamborilero -ra *m y f* Músico que toca el tamboril o el tambor. | Lera *Boda* 677: Tres dulzaineros, cada uno con su respectivo tamborilero, se detenían en aquel momento en el centro de la plaza. Vega *Cocina* 38: Arte [tocar el tambor] en el que son destacados tamborileros los señores Alejo San Sebastián y don Luis Mayoral.

tamborilete *m* (*Impr*) Tablilla con que se golpea levemente el molde para igualar los tipos. | Huarte *Tipografía* 63: La forma o molde compuesto y preparado para impresión .. se asegura con cuñas y se martilla suavemente con tamborilletes de madera.

tamboritero -ra *m y f* (*reg*) Tamborilero. | L. Pastrana *SHora* 16.5.76, 5: En Santa Catalina vive uno de los grandes tamboriteros que aún pueblan la región.

tamborrada *f* (*reg*) Desfile callejero al son de tambores. | Vega *Cocina* 38: Se organiza una tamborrada al estilo de Guipúzcoa, y es de ver a los arquitectos, ingenieros y gerentes de grandes empresas tocando el tambor.

tamborrero *m* (*reg*) Tamborilero. | Vega *Cocina* 11: Voy con tanta alegría que, si en vez de en Madrid, estuviéramos en Vizcaya, contrataría un chistulari y un tamborrero.

tambucho *m* (*Mar*) Pequeña caseta o cierre de la cubierta superior, para resguardar la abertura de una bajada. | Sampedro *Sirena* 130: Llama al grumete metido en el tambucho y, cuando asoma la cabeza, le señala los delfines.

tamil I *adj* **1** [Individuo] del pueblo indio de origen dravídico establecido en la India meridional y en la parte septentrional de la isla de Ceilán. *Tb n.* | *País* 25.9.83, 6: Los separatistas tamiles liberan a 215 presos de una cárcel de Sri Lanka. C. A. Caranci *País* 20.10.82, 8: El enfrentamiento entre cingaleses y tamiles ha sido siempre un grave problema. **b)** De (los) tamiles. | *País* 22.10.82, 7: Jayewardene, reelegido presidente de Sri Lanka .. Kumar Ponambalam, el líder de otro partido de la región tamil, el Congreso Tamil, obtuvo, por su parte, un 5% de los sufragios.
II *m* **2** Lengua dravídica hablada en la India meridional, en el nordeste de Ceilán y en Malasia. | RAdrados *Lingüística* 756: El tamil, o el esquimal de Alaska y Groenlandia, apenas han cambiado en 1000 años.

tamiz *m* Utensilio de malla muy fina o de agujeros muy pequeños, que se emplea para separar partículas de diferentes tamaños. *Frec fig.* | Bernard *Verduras* 21: Se pone esta salsa, pasada por un tamiz. *HLM* 26.10.70, 2: Ya es bien significativo el hecho de que, fuera de Italia, los medios informativos vengan dedicando espacios muy atentos al proyecto de ley sobre el divorcio que ahora va a pasar en Roma por los tamices preceptivos de la Cámara de Diputados.

tamización *f* Acción de tamizar. | *Inf* 8.5.75, 7: Suprimir esas representaciones corporativas de los administrados .. suprime una labor subsidiaria de la Administración en la tamización de intereses o posturas sectoriales contrarias al interés general.

tamizado *m* Acción de tamizar. | CPuche *Ya* 17.11.63, sn: Primero viene el tamizado, mezcla de arcillas, humedecimiento y prensado.

tamizador -ra *adj* Que tamiza. *Tb n f, referido a máquina.* | G. Sierra *Abc* 4.3.75, 15: Cádiz se nos presenta como cedazo tamizador de las arenas sensuales y oscuras que por África vienen de Oriente. *País* 13.2.89, 25: Atención, panaderos y pasteleros. Liquidamos Amasadoras, Batidoras, Formadoras, Hornos, Troceadoras, Tamizadora.

tamizar *tr* Pasar [algo (*cd*)] por un tamiz. *Frec* (*lit*) *fig*. | Seseña *Barros* 14: Es muy importante el colado de la pasta y por eso se la tamiza para separar las piedras, los caliches y otras impurezas. Delibes *Madera* 217: Un desmayado rayo de sol, tamizado por el visillo del balcón, iluminaba la escena.

tamo *m* Polvo y paja muy menuda que queda en la era después de la trilla. | Cuevas *Finca* 158: El tamo flotaba por la atmósfera como un halo, como un nimbo que rodeara la trilla.

tamojal *m* Matojal. | Delibes *Parábola* 127: Apenas divisa .. la parte superior del tamojal de robles y la cenefa de la roca.

tamojo *m* Matojo. | MFVelasco *Peña* 121: Conducía [yo] la expedición por zonas tan agrestes que los pintureros cazadores tuvieran que agarrarse a peñas y tamojos para mantener el equilibrio.

támpax (*n comercial registrado*) *m* Tampón [3b]. | Ullán *País* 14.2.80, 27: Le pide al respetable objetos varios para que el hechizado adivine y pronuncie sus nombres. El público busca afanosamente lo insólito: espejos, pajas, bragas, *támpax*.

tampoco *adv* **1** *Indica que la negación de lo mencionado en la palabra o sintagma a que se refiere se añade a otra negación expresada antes.* | Cela *Judíos* 23: –¿Sabe usted lo que es el *Blennius ocellaris*? –No, señor .. –¿Y la *Cobitis tenia*? –Tampoco. **b)** *A veces la expresión a que se añade es afirmativa.* | FSantos *Catedrales* 74: Las calles de la villa están cubiertas de soportales bajos y anchos .. Tampoco hay muchos conventos ni parroquias. Conventos dos, a punto de cerrar, y parroquias no llegarán a la docena.
2 *En una coordinación con* Y, NI *o fórmula equivalente, en que el segundo elemento es negativo, añade énfasis a la noción de suma indicada por aquellas.* | Olmo *Golfos* 158: Mi padre pronto ocupó un alto cargo político. Y tampoco tardó mucho en ganarse la estimación de las gentes situadas.
3 (*col*) *Se usa, sin idea de adición, introduciendo una o negativa que expresa protesta.* | Delibes *Guerras* 103: –Pero ¿tú crees, Pacífico, que hacerse hombre consiste en no sentir dolor a la muerte de la madre? –Bueno, oiga, que tampoco es eso, no la líe.
4 ni ~. (*pop*) Ni siquiera. | Delibes *Perdiz* 139: A la vuelta de diez años no van a quedar aquí ni tampoco media docena de perdices resabiadas.

tampón *m* **1** Almohadilla empapada en tinta, que se emplea para entintar sellos o estampillas. | Laiglesia *Tachado* 97: Ya contaba con un local para celebrar reuniones, un sello de caucho con su correspondiente tampón, y un jefe.
2 Sello de caucho. | Ramírez *Derecho* 136: Son muchos los que utilizan un tampón que solo dice, por ejemplo, "15 de junio de 1970".
3 Pequeña masa de tejido enrollado o apelotonado que sirve para absorber. | *Economía* 101: Conviene siempre poner la parte manchada sobre un tampón de franela, polvos de talco o papel secante, al que pasa la mancha por absorción. **b)** Cilindro pequeño de algodón utilizado como absorbente durante la menstruación. | Alicia *Fam* 15.11.70, 51: Los tampones "Tampax" los encontrarás en droguerías, farmacias.
4 Elemento que amortigua choques o reduce las interacciones entre otros dos elementos dados. *Frec fig y en aposición.* | MNiclos *Toxicología* 37: Actúa [la sustancia] a la vez como tampón e inhibiendo la anhidrasa carbónica. P. SQueirolo *Inf* 30.5.74, 3: Se establecerá, a lo largo de la línea de alto el fuego, una zona-tampón de entre dos y seis kilómetros de anchura, que quedará en manos de las "fuerzas de observación de las Naciones Unidas".

tam-tam (*pl normal,* ~s) *m* Tambor africano, utilizado como instrumento musical y para la transmisión de mensajes. | J. Salas *Abc* 27.12.70, 25: En el Congo fue un tam-tam junto al río el que me hizo saber que había nacido el Niño Dios.

tamuja *f* **1** Hojarasca del pino. | Delibes *Castilla* 119: La rueda con volandera de Conceso y Alberto, este horno elemental donde se alcanzan los novecientos grados de temperatura a base de tamuja, produce en el visitante una viva emoción.
2 (*reg*) Tamujo. | JGregorio *Jara* 12: Con la jara van asociadas otras plantas .., entre ellas la torvisca, romero, .. gamón, aulaga, tamuja, retama.

tamujo *m* Arbusto de ramas mimbreñas, hojas aovadas, flores verdosas y fruto capsular rojizo, que crece en lugares húmedos y sombríos y se emplea para hacer escobas (*Colmeiroa buxifolia* o *Securinega buxifolia*). | Romano-Sanz *Alcudia* 120: La corriente limpia, cristalina, de río serrano, discurre entre cantos rodados, mimbreras y tamujos.

tamul *adj* Tamil. *Tb n.* | P. Ramón *SSe* 17.90, 38: Pequeñas casetas de culto tamul, a tiro de piedra de templetes chinos e hindúes, invaden el campo mauriciano. Villar *Lenguas* 174: En la actualidad las lenguas dravídicas se hablan en el Dekán, con varios dialectos como el tamul, el telugú, el canarés.

tan[1] → TANTO.

tan[2] *interj* Se usa, normalmente repetido, para imitar el sonido de las campanas o cualquier percusión. A veces se sustantiva como *n m*. | Olmo *Golfos* 87: ¡Tan! ¡Tan! ¡Tan! Y vengan "tanes", hasta nueve, que era la hora de entrar al "cole".

tanaceto *m* Lombriguera (planta). | FQuer *Plantas med.* 812: Tanaceto. (*Tanacetum vulgare* L.) Sinonimia cast[ellana], .. lombriguera .. El tanaceto es una hierba vivaz.

tanagra *f* Estatuilla de barro cocido de Tanagra (ciudad griega). | Villarta *Rutas* 164: Juan de Ávalos ha dado en Cuelgamuros la lección y la norma en figuras y grupos de más de veinte metros, movidos con el arte y la gracia de ágiles tanagras.

tanático -ca *adj* (*lit*) De (la) muerte. | J. Botella *SAbc* 4.1.70, 30: También en estos clones de seres unicelulares, si no mezclan su masa hereditaria con la de otro clon diferente, existe un impulso tanático, fatal en la materia viva, que los lleva a la muerte.

tanatofilia *f* (*Med*) Gusto exagerado por todo lo que rodea al fenómeno de la muerte. | JLozano *Des* 8.12.73, 36: Muchos dramas religiosos e incluso sociopolíticos .. la inercia, el temor hacia la novedad, una cierta tanatofilia, etcétera.

tanatología *f* (*Med*) Estudio científico de los fenómenos de la muerte. | *Ya* 20.11.75, 6: El doctor Bonifacio Piga, director de la Escuela de Medicina Legal, especialista en Tanatología, .. sería el encargado de preparar el cuerpo del Jefe del Estado antes de exponerlo al pueblo.

tanatológico -ca *adj* (*Med*) De la tanatología. | MPiñeiro *Ya* 22.11.75, 6: Así pudimos realizar la operación tanatológica del embalsamamiento de Su Excelencia el Jefe del Estado.

tanatólogo -ga *m y f* (*Med*) Especialista en tanatología. | *Cam Extra* 11.75, 5: Los doctores Piga .., embalsamadores tanatólogos de la Escuela de Medicina Legal de Madrid, esperaban pacientemente que les dieran la orden para subir a la planta primera.

tanatorio *m* Edificio oficial de servicios funerarios dotado de tanatosalas. | *Ya* 26.2.88, 21: El tanatorio de Madrid dispondrá de capilla.

tánatos *m* (*Psicol*) Conjunto de impulsos de muerte. | MGaite *Nubosidad* 365: Repasaba aquellas palabras con delectación .., rebotaban fuera con la lluvia, no, como Anna Karenina no, pero dicho entre besos, sinfonía de despedida apasionada con acordes de eros y tánatos.

tanatosala *f* Recinto acristalado y con baja temperatura, en que se coloca un cadáver durante el velatorio. | *Ya* 2.11.75, 19: Esta empresa se encarga de proporcionar coches fúnebres y féretros, además de una serie de servicios adicionales, como son flores, mortajas, coches de duelo, "tanatosalas" o esquelas.

tancaje *m* (*E*) Almacenamiento en tanques (depósitos). | *BOE* 3.12.75, 25191: Se tendrá una cantidad de espumógeno suficiente para proteger el tanque de mayor superficie y su espectro, en cada una de las zonas de tancaje independientes con que cuenta la instalación.

tancredismo *m* (*Pol*) Actuación propia de un tancredo. | Campmany *Abc* 3.4.88, 21: El ciudadano Pedro Ruiz está .. escandalizado por el tancredismo de los políticos, que permanecen impertérritos en medio del ruedo ibérico.

tancredo *m* (*Taur*) Torero que ejecuta una suerte consistente en esperar inmóvil al toro, subido en un pedestal. *Frec en la constr* LA SUERTE DE DON TANCREDO. *Tb fig, esp en política*. | R. Lezcano *País* 13.3.79, 9: Hombres de paja de los negocios sucios, conculcadores de derechos humanos, burócratas tancredos y políticos comparsas siguen su periplo glorioso por el cielo de la democracia, como meteoros exentos del desgaste del tiempo y de la ley de la gravedad.

tanda *f* **1** Conjunto [de cosas iguales que se suceden sin interrupción] que gralm. constituye un elemento de una serie. | Laforet *Mujer* 146: Nosotras nos dedicamos .. a tener estas casas en condiciones para tandas de ejercicios. S. RSanterbás *Tri* 11.4.70, 19: Los espectadores .. quieren ver cómo su ídolo da interminables tandas de pases.

2 (*Taur*) Grupo de diestros de a pie o de a caballo que han de participar en cada uno de los tercios de la lidia. | DCañabate *Paseíllo* 90: Aún no se había ordenado que los picadores aparecieran en el ruedo, cuando ya el toro estuvo fijado. Lo esperaban el de tanda y el reserva.

tándem (*pl normal*, ~s) *m* **1** Bicicleta con dos asientos y dos pares de pedales. | *Inf* 12.8.70, 20: Los Mundiales de Ciclismo. Las dos Alemanias, enfrentadas en la final de tándem.

2 Conjunto de dos perss. que forman equipo para trabajar. *Tb fig*. | *Mad* 23.4.70, 32: La Peña Valentín .. organizó ayer tarde un almuerzo-homenaje al tándem Feijoo y Castilla.

tanela *f* (*reg*) Pasta de hojaldre aderezada con miel. | MCalero *Usos* 30: Con esta misma harina hacían hojuelas y pestiños .. Ricos sobados de torta y manteca y las mejores tanelas de hojaldre y miel.

tanga[1] *f* (*reg*) Pieza cilíndrica sobre la que se colocan monedas y que, por juego, se trata de tirar con chapas o tejos. *Tb el juego correspondiente*. | Moreno *Galería* 371: El jugador que derriba la tanga o tanguilla gana el dinero cuya distancia sea menor al chocón que a la tanguilla. Delibes *Guerras* 149: Otros días jugábamos a la tanga o saltábamos a la comba.

tanga[2] *m* (*más raro f*) Traje de baño femenino constituido por una o dos piezas y reducido al mínimo. | Aristófanes *Sáb* 6.8.74, 53: Mis amiguetas .. eran .. unas maravillas vistas en bikini playero (que no llevaban el "tanga", porque eran modernas, pero honradas). R. LHaro *SPaís* 15.3.81, 31: Los biquinis se hacen más menudos cada temporada .. Casi como sus rivales de inspiración brasileña, las tangas, con o sin parte superior. **b)** Slip reducido al mínimo. | Umbral *País* 8.7.76, 19: La señorita de la centralilla dice que el señor Marsillach anda por los pasillos del apartotel vestido solo con un tanga y diciendo unas cosas muy raras.

tángala *f* (*reg*) Tángana[2]. | Mann *DMo* 13.8.91, 4: La "tángala" .. era un pedazo de teja o vasija recortada y matadas las aristas que se empleaba en los juegos infantiles de los niños pasiegos.

tángana[1] *f* (*reg*) Morcilla. | Cela *Judíos* 307: El vino de Cebreros cae bien en todas las posturas, pero mejor aún recibiéndolo con la panza bien acolchada de cibiérgueda y de tángana o tarángana.

tángana[2] *f* (*reg*) Redondel de piedra, loza o hierro para jugar al tejo y otros juegos. | *Tel* 7/8.87, 45: El libro, dividido en 16 capítulos, agrupa los juegos por: juegos de instrumentos, con zurriagos, con cuerdas, con aros, con tánganas.

tanganazo *m* (*reg*) Palo (golpe). | Aldecoa *Gran Sol* 173: Les echas [a las ratas] un gamo y comienzan a subir por él, cuando las tienes a modo les pegas un tanganazo con otro gamo y al agua.

tanganillo *m* (*reg*) **1** Palo u otro objeto que se pone como soporte provisional de algo. | FRoces *Hucha* 1, 38: La puerta cedió, después de caído el tanganillo, y los animales salieron.

2 Palo que se cuelga del cuello a los perros para impedirles correr y cazar. | *HLS* 3.8.70, 8: Exigir que los perros que circulen por el campo en época de veda vayan acollarados o lleven el correspondiente tanganillo.

tángano *m* (*reg*) Tanganillo [2]. | MCalero *Usos* 71: Corrían [los galgos] por el corral, pero siempre con el tángano colgando. [*En el texto, sin tilde.*]

tangar *tr* (*jerg*) Engañar. | Sastre *Taberna* 142: Cualquiera te tanga, y ni te enteras.

tangencia *f* Condición de tangente. *Tb fig*. | M. I. JArqués *Nar* 6.77, 7: Poco a poco comienza a proliferar la decoración y este "encintado" toma forma de círculos tangentes en cuyos puntos de tangencia se colocan trocitos de escoria. L. Calvo *Abc* 24.8.66, 25: Se está formando sobre la base del disentimiento con Sukarno una superficie de tangencia de todos los partidos políticos legales .. para crear un nuevo "estado de emergencia".

tangencial *adj* De (la) tangencia o de (la) tangente. *Frec fig*. | Marcos-Martínez *Física* 47: La potencia se ejerce perpendicularmente a la longitud del manubrio, y la resistencia se aplica en sentido tangencial al cilindro, y, por tanto, perpendicular a su radio. S. Galindo *Abc* 11.11.70, 12: La multiplicación y variedad de simples y ocasionales contactos materiales tangenciales, espoleados por la prisa, la técnica. **b)** (*Geol*) Horizontal. | Bustinza-Mascaró *Ciencias* 377: Todo hace suponer que los plegamientos de los estratos se originaron por presiones tangenciales.

tangencialmente *adv* De manera tangencial. *Frec fig*. | FMora *Abc* 29.7.65, 19: ¿A qué responden las fiestas de invierno? ¿por qué la insistencia en las máscaras? Aunque tangencialmente y con grandes reservas, Caro Baroja también se enfrenta con estas interrogaciones.

tangente I *adj* **1** (*Geom*) [Línea o superficie] que toca [a otra] sin cortarla. *Frec n f. Tb fig, fuera del ámbito geométrico*. | Marcos-Martínez *Aritmética* 163: Una recta puede ser .. Tangente a la circunferencia si le toca solo en un punto. Gironza *Matemáticas* 158: Construir las tangentes comunes a dos circunferencias de centros O y O' y radios respectivos r y r'. Tamames *Economía* 9: Entre ambos libros existen ciertamente zonas secantes y tangentes considerables, como no podía por menos de ocurrir a dos trabajos que versan sobre una misma realidad.

II *f* **2** (*Mat*) Razón entre el seno y el coseno [de un ángulo]. | Marcos-Martínez *Álgebra* 224: El seno, coseno y tangente se llaman razones goniométricas o trigonométricas.

III *loc v* **3 irse, salir(se)**, o **escapar(se), por la ~.** Contestar con una evasiva. | Alfonso *España* 14: Los españoles somos bastante frescos para irnos por la tangente. Gay *Cod* 15.3.64, 5: Luego se escapa por la tangente y sale del paso con los tópicos que sobre nosotros circulan por el mundo.

tangerino -na *adj* De Tánger (Marruecos). *Tb n, referido a pers*. | Cela *SCamilo* 65: Magdalena .. tiene una amiga tangerina.

tangibilidad *f* Cualidad de tangible. | Lera *Abc* 20.7.67, 21: Tal proposición es cierta en el terreno económico, donde las reglas, los valores, los procedimientos y los sistemas obedecen a procesos experimentados y técnicamente controlables, y poseen, por así decirlo, una tangibilidad manifiesta.

tangible *adj* **1** Susceptible de ser tocado. | * El mundo de las cosas visibles y tangibles. * La electricidad no es algo tangible.
2 [Cosa] real y concreta. | Alfonso *España* 123: El bien jurídicamente protegible casi nunca suscita la materialización tuitiva del Derecho hasta que no hay un perjuicio efectivo, tangible y mensurable.

tangiblemente *adv* De manera tangible. | P. Posada *Tri* 24.6.72, 22: Acudieron las lumbreras especializadas y se dedicaron a elucubrar sobre de qué forma afectaban tangiblemente a las gentes.

tangir *tr* (*lit, raro*) Tocar. *Tb fig*. | *Íns* 9.81, 10: "Para los dioses turcos" de Luis Antonio de Villena. La belleza que tange la muerte.

tangirreceptor -ra *adj* (*Biol*) [Órgano] receptor de estímulos táctiles. | Navarro *Biología* 133: Por la especialización de cada órgano sensorial se pueden distinguir y clasificar los diferentes receptores en: fotorreceptores ..; fonorreceptores ..; tangirreceptores o receptores de lo contactos y presiones.

tango I *m* **1** Baile de origen argentino, de ritmo binario, lento y melancólico, muy de moda en Europa en el segundo cuarto del s. XX. *Tb su música y su letra*. | Gay *Cod* 17.5.64, 5: La letra de este tango refleja su antigüedad.

II *loc adj* **2 de ~.** [Palmas] acompasadas con que el público manifiesta protesta de carácter burlón. | Lera *Clarines* 319: A mí también me echó las cartas una vieja en Sevilla. Hace ya muchos años, cuando yo quería ser torero .. Lo más que conseguí es que unos pocos me aplaudieran alguna vez con palmas de tango.

tangón *m* (*Mar*) Botalón que se coloca en los costados de proa para amarrar las embarcaciones menores y para otros usos. | Barral *País* 8.12.87, 15: En las playas marineras se seguía arrastrando a la vela, todavía por parejas o con barcas solas y artes dotadas de tangones o de lastradas puertas de arrastre.

tanguero -ra *adj* **1** De(l) tango. | Ero *Van* 22.5.75, 32: Son esas anualidades de guerra y posguerra nacionales y guerra y posguerras europeas, .. clima de aislamiento voluntario, y forzoso a partes iguales, l[a]s de la fecundidad tanguera de Aníbal Troilo.
2 Aficionado al tango. *Tb n*. | *SYa* 28.6.75, 24: Los tangueros de ley lloran su muerte [de Aníbal Troilo], porque es la muerte de un ídolo.

tanguilla *f* (*reg*) Tanga¹. | Moreno *Galería* 371: El jugador que derriba la tanga o tanguilla gana el dinero cuya distancia sea menor al chocón que a la tanguilla. Moreno *Galería* 366: La tanga o tanguilla era una de sus ocupaciones, entre tanto que las mozas jugaban a los bolos.

tanguillo *m* Cante popular andaluz, típico de Cádiz, de ritmo animado y letra gralm. humorística o burlesca. *Tb su baile*. | Pemán *Gac* 22.2.70, 7: El coro cantaba verdaderos "couplés" o tanguillos gaditanos.

tanguista A *m y f* **1** Cantante de tangos. | *SPaís* 29.1.78, XI: Conocía a Pilar Franco y al tanguista Carlos Acuña.
B *f* **2** (*hoy raro*) Mujer contratada en un local para bailar con los clientes. | DCañabate *Andanzas* 55: Se bailaba de lo lindo el tango y el fox-trot y triunfaban las tanguistas más aparentes, más lujosas y más antipáticas.
3 Mujer que trabaja como chica de alterne o cabaretera. | CNavarro *Perros* 161: El local se hallaba repleto de americanos, con y sin uniforme; *gigolos*, invertidos, .. pelotaris, tanguistas y algún que otro ser honrado.

tánico -ca *adj* (*Quím*) De(l) tanino. *Gralm. en la constr* ÁCIDO ~, *designando al tanino*. | Mascaró *Médico* 121: Administrar un antídoto universal compuesto de los siguientes ingredientes: Carbón medicinal .. Ácido tánico. Alvarado *Botánica* 2: El tanino (ácido tánico), substancia abundante en las cortezas de los árboles y en las frutas verdes.

tanino *m* Sustancia astringente que se halla en ciertos tejidos vegetales y que se emplea esp. para curtir pieles. | CBonald *Ágata* 50: Se entretenía Perico Chico amontonando la arena junto a los cueros, que exhalaban un acre tufo a tanino.

tanque *m* **1** Automóvil de guerra completamente blindado, que se mueve sobre orugas y lleva en su parte superior un cañón y una o varias ametralladoras. | Laiglesia *Tachado* 53: Los pesados tanques germánicos empezaron a pasearse por toda Europa, haciendo crujir el suelo de los países como si fueran galletas.
2 Depósito metálico de gran capacidad, esp. para almacenar o transportar líquidos. | *NAl* 30.5.70, 9: Cosechadora Dania .. Plataforma para sacos y tanque para grano con capacidad de 24 Hl. **b)** Depósito para líquidos. | Castellanos *Animales* 121: La forma ideal de apreciar un pez en todos sus colores es la de tener la luz del sol sobre el tanque, viniendo por detrás del observador. Si es posible colocar el acuario en tal posición, y si la luz no es muy fuerte, las condiciones son perfectas.
3 Camión cisterna. *Tb* CAMIÓN ~. | J. L. Torres *Inf* 27.5.70, 3: Las fuerzas del orden .. tienen acaparadas docenas de "jeep", autobuses, camiones y tanques de agua.
4 (*col*) Jarra grande de cerveza. *Tb su contenido*. | J. Parra *Ya* 12.7.86, 56: La vida de "Tip", .. bebedor empedernido de cerveza en el café Comercial y narrador pintoresco de episodios nacionales propios e inventados, entre

"tanque" y pitillo negro, cambió en cuanto Amparo se cruza en su camino.

tanqueta f Automóvil de guerra semejante al tanque pero con ruedas de neumáticos. | *Inf* 30.10.75, 1: El barrio saharaui de Colominas, en las afueras de El Aaiún, ha sido cercado con alambre de espino, carros de combate y tanquetas.

tanquista m Soldado de una unidad de tanques [1]. | *Abc Extra* 12.62, 13: De todas las épocas, de todos los tipos, desde romanos y cartagineses, a campos de entrenamiento con su puesto de mando, .. tanquistas, cosmonautas. Summers *SHLM* 17.11.80, 28: Manolo tuvo que hacer la "mili" .., la hizo de "tanquista".

tantalio m (*Quím*) Tántalo. | Campmajó *Salud* 497: Su único tratamiento [de la otoesclerosis] en la actualidad es el quirúrgico, mediante la sustitución del referido estribo por otro mecanismo movible (tubito de politeno, alambre de tantalio, etc.).

tantalita f (*Mineral*) Mineral que se beneficia como mena del tántalo. | G. González *Inf* 26.6.75, 16: Mozambique es un país esencialmente agrícola .. El subsuelo es rico, pero está poco explotado. Posee buenos yacimientos de carbón, bauxita, tantalita, gas natural.

tántalo m (*Quím*) Metal, de número atómico 73, de aspecto semejante al de la plata, de gran densidad, muy refractario y resistente a los ácidos. | J. RMartínez *Abc* 25.9.74, 19: U.S.A. posee reservas suficientes en doce [minerales], es deficitaria en catorce y carece de cuatro (estaño, níquel, tántalo y diamantes).

tan-tan m (*raro*) Tam-tam. | S. Jiménez *Abc* 9.9.66, 27: Los collares de flores, el regocijo del tan-tan, el numeroso despliegue de las piraguas y la extensa calma bajo los cocoteros no pueden ocultar los problemas que De Gaulle tiene.

tantarantán m **1** (*col*) Golpe que hace que la pers. o cosa que lo recibe se tambalee. *Tb fig*. | Llopis *Hijos* 546: Cuatro veces que le den un tantarantán [toreando], como el otro día, y a lo mejor él solo cuelga los trastos. Cela *Inf* 27.5.77, 23: Siempre fui bastante partidario de los remedios caseros .. Ahora, sin embargo, mis aficiones han sufrido un duro tantarantán que me puso al borde del escepticismo.
2 (*raro*) Sonido del tambor o de algo semejante. | CBaroja *País* 6.8.78, 7: Don Diego Hurtado de Mendoza escribe su obra magistral, monumento de sobriedad, en la que hay de todo menos firuletes, carabinas de Ambrosio damasquinadas o fondos con música de tantarantán argelino. Delibes *Santos* 42: Le decía a la Régula elevando mucho el tono de voz para dominar el tantarantán de las ruedas en los relejes .. ahora la Nieves non entrará en la escuela.

tanteador -ra I *adj* **1** Que tantea. | Hoyo *Lobo* 16: Pienso en sus patas duras, en sus manos cuidadosas, tanteadoras. J. Lorenzo *Lev* 22.2.75, 38: Después de Carlet, kilómetro 41, las acciones deberán ser tanteadoras de reacciones y fuerzas, porque en el kilómetro 48 comenzará a endurecerse el camino.
II m **2** (*Dep*) Marcador. | Delibes *Vida* 119: A la una del mediodía, el tanteador señalaba un 16-15 a nuestro favor.

tanteante *adj* (*raro*) Que tantea. | Torrente *Off-side* 375: A Anglada la respuesta parece vacilarle en los labios, y su mano se mueve en el aire, los dedos tanteantes, como si la buscase.

tantear *tr* **1** Calcular [algo] aproximadamente o a modo de prueba. *Tb abs*. | *Abc* 19.3.58, 12: Tanteando por lo bajo, el total general de ediciones asciende hoy a unas 2.300. **b)** Calcular aproximadamente si [algo (*cd*)] es suficiente. | * Tantea la tela antes de cortar.
2 Tratar de conocer, con más o menos astucia, el estado o las condiciones [de alguien o algo (*cd*)] para actuar en consecuencia. | * Tantea a tu padre a ver cómo reacciona. **b) ~ el terreno** → TERRENO.
3 Tocar repetidamente [algo] para obtener una información táctil. *Frec abs*. | CNavarro *Perros* 37: Ella buscó las manos de Mario tanteando la tierra. Laforet *Mujer* 267: Buscó a tientas un cenicero .. y después de aplastar la colilla, su mano estuvo tanteando hasta encontrar el tabaco.
4 (*Juegos*) Apuntar [los tantos conseguidos]. | Corral *Cartas* 41: El jugador que no se hubiese apuntado algún tanto de los que ha ganado .. pierde el derecho a tanteárselos en cuanto se corta la baraja.

tanteo m **1** Acción de tantear. | Laiglesia *Ombligos* 104: Después de intercambiar algunos bayonetazos de tanteo, ganó el salchichero.
2 (*Juegos*) Número de tantos conseguidos por los participantes. | *Voz* 8.11.70, 7: Al que derrotó el pasado domingo en Santa Isabel por el tanteo de cinco a uno, en encuentro correspondiente al Campeonato Gallego de Aficionados.
3 (*Der*) Derecho que consiste en la posibilidad de adquirir algo al mismo precio en que ha sido adjudicado a otro. | Ramírez *Derecho* 124: Concedo al inquilino, para el caso de venta por el propietario, los llamados derechos de tanteo y retracto sobre el piso o vivienda que ocupa.

tanto -ta (*con pronunc tónica. Toma la forma* TAN (*que se pronuncia átona*) *ante adj o adv, excepto* MÁS, MENOS, MAYOR, MENOR, MEJOR, PEOR, ANTES, DESPUÉS.) **I** *adj* **1** Denota cantidad o magnitud que se pondera por medio de una comparación o de una consecuencia. El segundo término comparado va introducido por CUANTO (*lit*) o COMO, y la consecuencia por QUE. | Carande *Pról. Valdeavellano* 17: La recogerían .. con tanta mayor facilidad cuanto más hispanizada encontrasen la civilización islámica. Matute *Memoria* 232: Tengo tantos testigos como quiera. *Alc* 1.1.55, 3: Pusieron los madrileños tanto entusiasmo en la despedida del año viejo que esta mañana .. muy pocos vieron salir el sol. **b) ~.. ~...** Cuanto... tanto... | *Ya* 25.7.75, 38: La Feria de Valencia. Tantos toros, tantas varas. **c)** A veces, pralm en ors exclams, se omite la mención de la comparación o la consecuencia. | Cunquerio *Un hombre* 190: ¡Nunca .. me miraron con tanto asombro! **d)** Se usa, con carácter enfático, sin comparación ni consecuencia. | *Lab* 2.70, 12: El suéter que compramos con tanta ilusión .. empieza a cansarnos. Escrivá *Conversaciones* 154: Habían ejercido su magisterio en Madrid, Barcelona, Sevilla, Santiago, Granada y en tantas otras universidades.
2 otro ~. Que está en igual cantidad. *Más frec en pl.* | Delibes *Mundos* 54: Los cerros de San Cristóbal y Santa Lucía .. son otros tantos elementos decorativos. * Dos tazas de leche, otra tanta harina.
3 *En pl*: Que está en cantidad que no se quiere o no se puede precisar. | Guillén *Lenguaje* 38: No puede haber confusión entre un buque de carga .. de tantas toneladas y un buque de tantas toneladas de porte. Torrente *Vuelta* 332: Echó a andar por el medio de la calle. Cada tantos pasos llevaba la flauta a la boca. **b)** *Unido con* Y *a un numeral que expresa decena*. | CNavarro *Perros* 84: Llevaba treinta y tantos años en Barcelona, y todavía abrigaba el deseo de volver algún día a su tierra. **c) ~s y cuantos.** (*col*) Muchos. *Gralm con intención irónica*. | ZVicente *Traque* 310: Qué ilusión el papelito aquel que decía que estabas bien, que creías, que te ponías tantas y cuantas inyecciones.
4 ~s. Se usa pospuesto al *n*, en lugar de un número que se desconoce o no interesa precisar. Frec en las constrs EL DÍA ~S, EL AÑO ~S, EL NÚMERO ~S. | * Llegaré el día tantos.

II *pron* **5** Con igual significado que el *adj* en la acep 1 y sus subaceps. A veces la forma TANTO se usa con sent neutro, referida a cosa. | * Le dio tanto cuanto tenía. * No pudimos aprovechar nada de tanto como había. * Había tanto que no cabía. * ¡Tengo tanto que contar! * Tanto gana, tanto gasta. **b) uno de ~s** → UNO; **~ bueno** → BUENO.
6 *En m*: Cantidad, gralm. de dinero, que no se quiere o no se puede precisar. | Sastre *Cornada* 15: He leído un artículo en el periódico .. Supongo que a tanto la línea, naturalmente. CBonald *Dos días* 34: Si se encarga un manto, pues eso, hay que decir: oiga usted, un manto con esto y con esto y que cueste tanto. **b) ~ y cuanto.** (*col*) Muchas cosas. *Gralm con intención irónica*. | Corrochano *Clarín* 74: ¿A qué viene [Luis Miguel Dominguín]? ¿A llevarse tanto y cuanto? A mí no me importa lo que se lleven los toreros, lo que me importa es lo que dejan en el ruedo como toreros. CPuche *Partes* 255: Ahí está Periquín el Borreguero, que se pasaba el día diciendo que iba a hacer tanto y cuanto, y que murió colgado como un conejo.
7 otro ~. La misma cantidad. | *Economía* 30: Para medio cubo de agua, dos litros y medio, una cucharada de café de carbonato de sodio pulverizado y otro tanto de jabón negro.
8 *En pl*: Perss. o cosas en cantidad imprecisa. *Unido con* Y *a un numeral que expresa decena*. | FSantos *Catedrales*

tanto – tanto

29: –Son... ¿cuántos escalones? –Cuatrocientos cuarenta y tantos.
9 *En m*: Eso. Con matiz ponderativo. | Torrente *Vuelta* 377: –¿Cómo no va a querer? Es su obligación. –Nosotros no decimos tanto. Pero, claro, será necesario que nos escuche. **b) otro ~.** Lo mismo, la misma cosa. | Arce *Precio* 23: La huevera se hizo pagar la visita a precio de oro. Otro tanto ocurrió con el carbonero.
III *n* **A** *m* **10** Cantidad de dinero estipulada como pago. *Gralm en la constr* UN ~. | Halcón *Manuela* 39: Le voy a pedir a usted un favor .. Que me ceda una "carretá" de junco para techar una choza. Le pagaré un tanto por semana. *Act* 7.7.66, 4: Con más libertad de elección para los asegurados y con un pago por acto médico –y no una remuneración a tanto fijo, trabajes o no–, saldríamos ganando todos. **b) ~ alzado.** Precio en que se ajusta un servicio o un trabajo según un cálculo aproximado. *Gralm en la constr* A ~ ALZADO. | * Tenemos un fontanero que nos hace los trabajos por un tanto alzado. *GTelefónica N.* 612: Limpiezas Cañete. Contratación de limpieza de locales y edificios a tanto alzado y por administración. Tamames *Economía* 180: Se fija un precio base único por kilovatio hora para los diferentes tipos de consumo (alumbrado por contador en baja tensión, alumbrado a tanto alzado en baja tensión). **c) ~ alzado.** (*Naipes*) Variedad del tresillo en que se redondean los tantos obtenidos en múltiplos de cinco. *Frec en la constr* A ~ ALZADO. | *Abc Extra* 12.62, 89: Otras variaciones del tresillo son el "dosillo", "espada forzada", "tanto alzado", "dengue", un tanto a pagar siempre que se tengan la espada y el basto. Corral *Cartas* 17: Es costumbre [en el tresillo] jugar a tanto alzado. Se llama así a redondear la suma de los tantos que resulten en múltiplos de cinco.
11 Cantidad relativa. *Gralm con respecto a cien unidades*: ~ POR CIENTO. | Aldecoa *Gran Sol* 46: Los tantos por ciento a la izquierda en columna aparte. | Cunquerio *Un hombre* 222: Gran catador de leche, .. halló perfecta la de la hespérida, con el tanto de grasa pedido. Torrente *SInf* 13.6.74, 12: Convenimos rápidamente en el tanto de culpa que les cabe a las últimas formas burguesas de la moral tradicional. **b)** Interés producido por un determinado número de unidades monetarias (gralm. cien) en una unidad de tiempo. | Ríos-RSanjuán *Matemáticas* 105: Si *a* es el tanto por ciento anual, el correspondiente para uno es, evidentemente, *a*/100.
12 (*Dep y Juegos*) Unidad de cuenta de los éxitos parciales. | *Ya* 23.6.70, 1: Consiguió superar el empate a un tanto del primer tiempo frente a los duros italianos. Corral *Cartas* 28: Cuando un jugador se compromete a hacer 120 tantos, si lo consigue, cobra el doble.
13 Factor favorable. *Tb* ~ A FAVOR. | J. CAlberich *Mun* 23.5.70, 32: La retirada de contingentes militares en Vietnam; las conversaciones sobre el control de armas nucleares .. El restablecimiento de tímidos contactos diplomáticos con la República Popular China, fueron buenos tantos para la Administración nixoniana. **b) ~ en contra.** Factor desfavorable. | Torrente *Saga* 367: Renuncio al primer Mariscal de Bendaña [a su existencia histórica] y acepto como tanto en contra los restantes.
B *f* **14 las tantas.** (*col*) Hora muy avanzada del día o de la noche. | Á. Zúñiga *Des* 12.9.70, 21: Los aparatos de televisión funcionan, a gritos .., hasta las tantas porque nos da la real gana.
IV *loc v y fórm or* **15 apuntarse un ~.** Obtener un éxito. | *Sp* 19.7.70, 36: Interrogado sobre la posibilidad de que los comunistas fueran los que se apuntaran los tantos, el presidente dio vueltas alrededor de la cuestión.
16 ni ~ ni tan calvo → CALVO.
17 no ser para ~. No haber motivo suficiente. | Torrente *Pascua* 462: Tuvo que .. arrastrarse .., llorar, pedir perdón y dar explicaciones para que la cosa quedase en nada. Hay que decir .. que en semejante ocasión todo el mundo se puso de su parte, porque no era para tanto.
18 ~ da → DAR.
19 y ~. (*col*) Fórmula con que se apoya enfáticamente algo que se ha dicho u oído. | Cela *Judíos* 94: –¡Ya es extraño! –¡Y tanto, don Camilo, y tanto!
V *adv* **20** Con igual significado que el *adj en la acep 1 y sus subaceps. Se usa en la forma* TAN *delante de v.* | C. Varo *MHi* 2.64, 67: La cristianización no es tanto fruto de la predicación desde arriba cuanto de la lenta conquista de los diversos estratos sociales. Matute *Memoria* 32: A través de los últimos troncos, el mar brillaba verde pálido, tan quieto como una lámina de metal. Laiglesia *Tachado* 86: –¡Puff! –exclamó el conde, poniéndose en pie tan bruscamente que dio un susto al secretario. Matute *Memoria* 20: Aquí estoy ahora delante de este vaso tan verde, y el corazón pesándome. *Sp* 19.7.70, 50: A veces logran obras excepcionales, maravillosas. Pero que quizás no se mantengan tan bien pasados treinta años. Matute *Memoria* 24: Me pregunté por qué razón le temía tanto a un mocoso de quince años. L. Calvo *SAbc* 16.3.69, 18: El asentamiento en Madrid de una República para la cual, tan no había republicanos en el país, que hubo necesidad de confeccionarlos con urgencia. **b) ~ (o tan) es así.** De tal manera es cierto lo dicho. | Delibes *Mundos* 21: La capital del Brasil puede .. crecer, pero no ensanchar. Tan es así que el Congreso Eucarístico se celebró sobre una explanada que estaba siendo robada al mar cuando yo pasé. **c) ~.. como** (*o* **cuanto**)... *Denota la suma de dos nociones.* | *Lab* 2.70, 28: Tanto el mantel como las servilletas se filetearán con un pequeño dobladillo. Lapesa *ROc* 3.66, 373: Vamos a remolque del restante mundo occidental, tanto en las innovaciones .. cuanto en la exploración de nuevos derroteros para las ideas. **d) ~... ~...** Cuanto... tanto... | *Arr* 10.5.59, 22: Tanto mejor pueda vivir el hombre, tanto más fácil cliente será para el bacteriólogo. **e) tan pronto... como...,** *o* (*lit*) **tan pronto... tan pronto...** = *Denota la fácil o frec alternancia entre las cosas o los hechos expresados por los dos sintagmas que se ponen en relación.* | * Tan pronto ríe como llora. Torrente *Vuelta* 267: Las olas rompían contra la escollera del malecón, y los barcos fondeados danzaban, tan pronto hundidos, tan pronto levantados por la cresta de las olas.
21 *Se usa, en la forma* TAN, *precediendo a los advs* SOLO *y* SIQUIERA *para reforzarlos.* | Matute *Memoria* 46: Y era sudor, sudor tan solo, lo que caía por las mejillas. Ferres *Tierra* 68: La ciudad me resulta desconocida. Muchos sitios ni tan siquiera los recuerdo.
22 al ~. Con atención. *Gralm con el v* ESTAR *y frec con un compl* DE. | Olmo *Golfos* 79: Hay que andar con la pupila muy al tanto. SFerlosio *Jarama* 58: Déjese ya de mirar para afuera y atienda usted aquí a nosotros; estése al tanto y se distrae con la charla. **b) Al cuidado.** | Fraile *Cuentos* 58: La tierra es seca, dura y ciega, pero Dios Nuestro Señor está al tanto. Laforet *Mujer* 334: Estaba dispuesta a aprender todas las tareas que se exigen a una señora de aldea al tanto de sus tierras. **c)** Al corriente o con información. | RBuded *Charlatán* 205: –¿Me dará tiempo? –Sí, pero no tardes. Pondré la radio para estar al tanto. Torre *Caña* 111: –¿Se escribía usted con frecuencia con mi tío? –Todos los meses. Estaba muy al tanto de sus negocios, aunque él era muy reservado.
23 a ~s de ~s. *Se usa para expresar una fecha que no se quiere precisar.* | Guillén *Lenguaje* 14: En la mar a tantos de tantos, que es como fechamos en ella los escritos.
24 de ~ en cuanto, *o* **de ~ en ~.** (*lit*) De vez en cuando. | Alfonso *España* 91: Aunque las guerras, de tanto en cuan[t]o, hayan traído radicalismos trágicos en este sentido. Ridruejo *Castilla* 2, 239: El pintor don Ignacio Zuloaga .. se hizo habilitar la torre para estudio, y vacaba en él, de tanto en tanto, retratando modelos que pudieran dar a sus lienzos una ilusión velazqueña.
25 entre ~ (*tb escrito* **entretanto**), **mientras ~,** *o* (*lit*) **en ~.** Durante el tiempo que se expresa. | Medio *Andrés* 117: Cuando pasen dos años .., Eloy se irá al Servicio .., y entonces él le sustituirá detrás del mostrador. Suponiendo, claro está, que entre tanto no ocurra algo. Laforet *Mujer* 33: Ya estaban arreglando la iglesia de Las Duras. Mientras tanto, se decía Misa en casa de Eulogio.
26 otro ~. En igual cantidad o en la misma medida. | Torrente *Vuelta* 389: La comisión a que usted se refiere no me interesa gran cosa, y el dinero de la señorita Sarmiento y del otro beneficiario, otro tanto.
27 por (lo) ~. Por consiguiente. | PRivera *Discursos* 13: Hacer por hacer sin impulso ideológico no trasciende al alma y pierde, por tanto, razón de eternidad. Laiglesia *Tachado* 35: A nadie debe extrañarle, por lo tanto, que los otros inquilinos, temerosos, cerraran las puertas con llave.
28 un ~. Un poco. | Aranguren *Marxismo* 29: Surgió así un marxismo un tanto vergonzante, que se esforzaba por

poder seguir usando el .. santo nombre de Marx... pero filosóficamente.

29 (**un**) **~ así.** (*col*) Un poco. *Como compl de un v.* | DCañabate *Paseíllo* 156: ¿Y si este chavalillo de tan buena facha pitara? Como me guste un tanto así, lo apodero. **b) ni ~ así.** (*col*) Absolutamente nada. | Delibes *Cinco horas* 107: Si te lo propones, un Gordini, a ver, y no quito ni tanto así.

VI *loc prep* **30 en ~ que** (*o, más raro,* **en ~**). (*lit*) En cuanto, o en calidad de. | Aranguren *Marxismo* 96: La violencia pertenece seguramente a la condición del hombre, no en tanto que "racional", sino en cuanto "animal". Castilla *Alienación* 41: No deja de ser útil considerar que la inferioridad de la mujer en tanto "sexo débil" se margina en los momentos de emergencia colectiva.

VII *loc conj* **31 en ~ (que)**, *o* **entre ~ (que)**. Mientras. *Con sent temporal o de oposición.* | Medio *Bibiana* 11: Marcelo Prats se dirige a la habitación y empieza a desnudarse. En tanto coloca la camisa en el respaldo de una silla, sigue protestando. Matute *Memoria* 228: Ellos estarían juntos, por lo menos, en tanto que yo...

32 en ~ (que). (*lit*) En el aspecto en que. | Albalá *Periodismo* 127: De aquí que, en tanto ya son "pasado", no puedan ser objeto del periodismo.

33 hasta ~ (que). Hasta que, o mientras. | PRivera *Des* 7.12.74, 19: La Sección Femenina, hasta tanto no conozcamos el proyecto que todavía no ha salido del Consejo Nacional, no ha decidido nada.

34 tan pronto como. Inmediatamente después que. *Tb, más raro,* TAN PRONTO. | Arce *Testamento* 50: Se armaría un buen lío en el pueblo tan pronto como se enterasen de la noticia. Arce *Precio* 11: Desistí tan pronto lo hube pensado.

35 ~ como. Igual que, o lo mismo que. | *Sp* 21.6.70, 5: Si son justas no son políticas, ni pueden ser de otra índole, porque, de ser así, sería tanto como entrar en contradicciones.

36 ~ más cuanto que. Con tanto mayor motivo que. *Tb, más raro,* ~ MÁS QUE. | A. SPascual *SInf* 22.11.73, 5: No quiero privar al lector de la clave psicológica que explica el violento e inútil ataque de Savater a mi persona, tanto más cuanto que este ha jugado su última carta: el insulto. R. Conte *Inf* 4.12.73, 5: Esta huelga será un éxito para sus organizadores. Tanto más que el "slogan" de convocatoria –"alto a la vida cara"– se difundió como un reguero de pólvora.

tantra *m* (*Rel*) Doctrina tántrica. | A. Jara *SPaís* 3.5.81, 41: En el tantra, el sexo es el camino natural para tocar lo divino.

tántrico -ca *adj* (*Rel*) De(l) tantrismo. | A. Jara *SPaís* 3.5.81, 41: Ochenta hombres y mujeres que han optado por un estilo de vida tántrico. **b)** Adepto al tantrismo. *Tb n.* | A. Jara *SPaís* 3.5.81, 46: Mi interés no es que alguien abandone el cristianismo y se haga tántrico o budista.

tantrismo *m* (*Rel*) Movimiento religioso que combina doctrinas del hinduismo y el budismo tardío con elementos mágicos, místicos y eróticos. | A. Jara *SPaís* 3.5.81, 41: El tantrismo es una reivindicación constante del derecho más absoluto del placer.

tantum ergo (*lat; pronunc,* /tántum-érgo/) *m* (*Rel catól*) Estrofa quinta del himno "Pange lingua", la cual comienza con las palabras "tantum ergo" y que se canta al reservar solemnemente el Santísimo Sacramento. | Villapún *Iglesia* 69: El coro canta el "Pange lingua", mientras se inciensa al Santísimo. Antes de la reserva se canta el "Tantum ergo".

tantundem (*lat; pronunc,* /tantúndem/) *m* (*Der*) *En Cataluña:* Donación del marido a la mujer en concepto de dote matrimonial y en cuantía igual a la aportada por la mujer al casarse. | *Compil. Cataluña* 681: El "tantundem" podrá coexistir con el "escreix".

tanzanés -sa *adj* Tanzano. *Tb n.* | *Abc* 14.12.75, 88: La explosión de un camión-cisterna con carga de petróleo prendió fuego a las tiendas en que se albergaban los peregrinos tanzaneses.

tanzaniano -na *adj* Tanzano. *Tb n.* | *Inf* 12.4.79, 1: Un Gobierno provisional encabezado por el exiliado Yusuf K. Lule se dispone a asumir el Poder en Uganda tras la toma de la capital, Kampala, por combinadas tanzanianas y de exiliados ugandeses.

tanzaniense *adj* Tanzano. *Tb n.* | *Abc* 3.4.76, 30: En enero de 1976 otras cuatro tanzanienses han comenzado su noviciado en la India.

tanzanio -nia *adj* Tanzano. *Tb n.* | *Inf* 18.8.70, 7: Los trabajos .. de la construcción del ferrocarril Tanzania-Zambia .. se iniciaron en .. mayo, y ya se encuentran en territorio tanzanio gran cantidad de técnicos y equipos chinos.

tanzano -na *adj* De Tanzania. *Tb n, referido a pers.* | *Abc* 4.2.75, 21: La petición se formuló el pasado viernes por medio de una carta entregada por el embajador de Marruecos .. al presidente del llamado "Comité de los 24", el tanzano Ahmed Salim.

tañar *tr* (*jerg*) Descubrir las intenciones ocultas o la índole [de alguien (*cd*)]. | ZVicente *SYa* 16.3.75, 23: Bueno, bueno, que ella me tenía tañado en cuanto me echó los ojos encima, menudo pesquis se gastaba ella.

tañedor -ra *adj* (*lit*) [Pers.] que tañe [1]. *Tb n.* | Subirá-Casanovas *Música* 19: Consérvanse de ellas tres códices, dos de ellos con espléndidas miniaturas que representan músicos tañedores. Villarta *Rutas* 20: Cordeles de ciegos, tañedores de vihuelas.

tañer (*conjug* 30) (*lit*) **A** *tr* **1** Tocar [un instrumento músico (*cd*)]. | D. I. Salas *MHi* 7.69, 41: Hay una figurilla de pastor que tañe una flauta cuyos sones se escuchan al dar las horas.

2 Tocar [una música determinada]. | Hoyo *Caza* 43: Una esquila escondida tañía notas de promesa.

B *intr* **3** Sonar [una campana o instrumento similar]. | Olmo *Golfos* 190: Están tañendo las campanas. Hoy suenan lentas, húmedas.

tañido *m* Acción de tañer. *Frec su efecto.* | VParga *Santiago* 16: La campana llamaba con su tañido a la misa matinal.

tañir (*conjug* 53) *tr e intr* (*pop*) Tañer. | Cossío *Montaña* 411: Ausencias de amores le han hecho enmudecer [al pandero], y su dueña ha dejado de tañirle. Nácher *Guanche* 70: Las campanas de la iglesia de Moya parecían tañir en sus oídos al ritmo del corazón.

tao (*gralm con mayúscula*) *m* (*Rel china*) **1** Principio creador y rector de todo cuanto existe. | VMontalbán *Pájaros* 300: Yo me reconozco en el dualismo Yin-Yang y aspiro al Tao.

2 Camino de la virtud. | Anson *SAbc* 1.2.70, 10: Tus padres y los padres de tus padres, Huang Ti-chen, que hablaban en voz baja de Confucio, que vivían conforme al "tao", que rezaban al Buda, ofrecían en el altar familiar de los antepasados racimos claros y quemaban varillas de incienso. Fernández-Llorens *Occidente* 47: De la combinación de ambos [yin y yang], surgen el progreso, la vida, el *tao* (el camino) en el que todas las cosas avanzan hacia adelante.

taoísmo *m* (*Rel*) Religión china fundada por el filósofo Lao-Tsé (s. VI a.C.). | VMontalbán *Pájaros* 300: Yo soy taoísta .. El taoísmo me hará eterno. El taoísmo me permite ser intelectualmente imparcial ante lo que ustedes llaman el bien y el mal.

taoísta *adj* (*Rel*) De(l) taoísmo. | Fernández-Llorens *Occidente* 265: Budismo oriental (mezclado con elementos confucionistas, taoístas y sintoístas). **b)** Adepto al taoísmo. *Tb n.* | VMontalbán *Pájaros* 300: Yo, la verdad, no me declararía budista. Yo soy taoísta.

taos *m* Lengua indígena hablada por una tribu de los indios pueblos de Nuevo Méjico. | Tovar *Español* 523: Podemos señalar el carácter cultural de los préstamos tomados del español. En Taos (Pueblos de Nuevo Méjico) tenemos los días de la semana.

tapa *f* **1** Pieza que cierra [un objeto, esp. un recipiente (*compl de posesión*)]. | Laforet *Mujer* 95: Infinitos muñecos de porcelana bailaban sobre la tapa [del piano]. MSantos *Tiempo* 144: Tras dar, durante un breve instante, opción a alguno de los parientes .. para arrojar al fondo un puñado de tierra que rompa la precaria intangibilidad de la tapa. **b) ~ de los sesos.** (*col*) Parte superior del cráneo. *Normalmente como cd de los vs* LEVANTAR *o* SALTAR, *para designar el hecho de matar a alguien con un tiro en la cabeza.* | MFVelasco

tapaboca – tapar

Peña 89: Tardaría cinco minutos en levantarme la tapa de los sesos de un cartuchazo.

2 *En un libro o cuaderno:* Pieza, gralm. dura y resistente, de las dos que constituyen el exterior de la encuadernación. | Cunqueiro *Un hombre* 23: Eusebio abrió el cajón de su mesa, para lo cual necesitó tres llaves diferentes, y sacó de él una libreta con tapas de hule amarillo.

3 *En el calzado:* Capa superficial del tacón. | *Ya* 3.12.72, 11: Por echarle medias suelas y ponerle unas tapas le pidieron el equivalente a mil y pico de pesetas.

4 *En una prenda de vestir:* Pieza que tapa una abertura. | *Abc* 29.10.70, 55: Fantástica variedad de Gabardinas y Trincheras para niñas y niños. Modelos exclusivos de corte militar, ajustados, cómodos, con capuchas, cinturones, trabillas, bolsillos de parche o de grandes tapas.

5 *En una prenda de vestir:* Parte exterior del cuello. | * Cuando cortes el cuello, recuerda que la tapa debe ir al bies.

6 Aperitivo, esp. de cocina, que se sirve en un bar o similar para acompañar la bebida. | Miguel *Mad* 22.12.69, 13: Se pueden elegir todas las gradaciones de aperitivos ..: tapas, pinchitos, banderillas o pinchos.

7 Parte [de un animal vacuno] correspondiente al centro de la pata trasera. | Apicio *Sáb* 3.12.75, 57: La categoría [de la carne de buey] la determina la parte del animal a que pertenece el trozo de carne: solomillo, lomo, redondo, cadera, babilla, tapa, contra.

tapaboca *m* (*raro*) **1** Dicho o hecho con que se hace callar a alguien. | Palacios *Juicio* 128: Los excesos de Nerón .. le condenaron [a Séneca] a muerte; y la fortaleza que demostró .. dio un tapaboca varonil a las calumnias de los maldicientes.

2 Tapabocas. | En. Romero *Hoy* 3.12.75, 11: Los cuatro grados y pico de temperatura mínima .. son como para andarse con una de esas bufandas al estilo de las de Jeremías, la cual sirve no solo de tapaboca, sino al mismo tiempo de calcetines.

3 Golpe que se da en la boca con la mano abierta. | Falete *Cod* 1.9.74, 19: –¡Te vas a llevar un mojicón! .. –¡Y tú una toba! .. –¡A que te llevas un tapaboca!

tapabocas *m* Bufanda grande. | Delibes *Parábola* 34: Darío Esteban le enrolla un tapabocas de lana hasta los ojos.

tapacosturas *m* Cinta con motivos ornamentales que se usa en labores como adorno y para cubrir un dobladillo o una costura. | * La sábana puede quedar preciosa con un simple tapacosturas.

tapacubos *m En un automóvil:* Tapa metálica que se adapta exteriormente al cubo de la rueda. | APaz *Circulación* 257: La sujeción [de la rueda] se hace con tuercas bien apretadas, que en los coches se tapan con la pieza niquelada C .., llamada tapacubos o embellecedor.

tapaculo *m* (*reg*) Rodaballo (pez). | A. P. Foriscot *Van* 15.4.73, 9: En Castilla al rodaballo lo apelan gallo. En Andalucía –y perdón– tapaculo.

tapadera *f* **1** Tapa [1] [de un recipiente]. | *Fam* 15.11.70, 52: Para atenuar el olor de la cocción de la coliflor bastará mojar un puñado de algodón hidrófilo o un trapo doblado en cuatro con vinagre y ponerlo encima de la tapadera de la olla.

2 Pers. o cosa que sirve para encubrir o disimular algo. | Delibes *Mundos* 76: Juan Verdejo no es sino la tapadera, el hombre de paja. Laforet *Mujer* 176: El libro era la tapadera constante y ridícula de todos sus caprichos.

tapadillo I *m* **1** (*Mús*) *En el órgano:* Registro de flauta. | Perales *Música* 38: Aquel [el órgano positivo], con dos registros, "flautado" y "tapadillo".

2 (*col*) Casa de citas. | Torrente *Fragmentos* 112: Lo que hizo Juanucha entonces fue avisar a Shanti Echevarría, un estudiante de Bilbao con el que estaba apalabrada, que en vez de irse al tapadillo de Jerónima, se viniera a su casa.

II *loc adv* **3 de ~**. A escondidas. *Tb adj*. | *Abc* 14.6.58, 9: Se morían de ganas de conocer Francia. Conque se metieron de tapadillo en el "Ile de France" y como cuando los descubrieron estaban ya en alta mar, no hubo medio de mandarlos a tierra. Palomino *Torremolinos* 199: Alguno ha caído en la tentación de utilizar el dinero del banco en créditos atrevidos, embolsándose comisiones de tapadillo que no son sino dinero robado.

tapado¹ -da I *adj* **1** *part* → TAPAR.

II *n* **A** *m y f* **2** Candidato presidencial cuyo nombre se mantiene provisionalmente oculto. *Frec referido a Méjico*. | *Pro* 11.8.88, 13: Rita Barberá y un "tapado" aspiran a presidir AP. *Ya* 6.10.87, 13: México: El "tapado", destapado.

B *m* **3** (*raro*) Tapadillo [2]. | Solís *Siglo* 433: –¿Conoces los alrededores del muelle? –¿A qué te refieres? –A los locales de por aquella zona: a las tabernas, a los tapados, a los cafetines de marineros.

C *f* **4** (*hist o reg*) Mujer que se cubre la cabeza y el rostro con el manto o pañuelo. | Carandell *Madrid* 29: Hemos oído contar muchas historias de tapadas, de regios embozados cruzando de noche las calles de Madrid. *Cádiz* 88: En ese término municipal [Vejer de la Frontera] se encuentra la más conocida expresión de las "cobijadas" o "cobijás", en término más localista, aunque también se conoce[n] por "tapadas".

tapado² *m* Acción de tapar. | *Abc* 1.10.75, 32: La Comisión Informativa de Urbanismo y Obras, una vez estudiados los informes técnicos sobre las proposiciones presentadas al concurso de tapado de calas y reparación de hundimientos en los pavimentos, ha propuesto adjudicar estas obras. DPlaja *Sociedad* 50: La mirada [de las mujeres] especialmente era libre, desvergonzada e intensa al socaire del tapado.

tapajuntas *m* Listón que se emplea para tapar la juntura del cerco de una puerta o ventana con la pared. | GTelefónica *N*. 54: Chapa lisa y decorada. Perfiles para carpintería. Junquillos. Tapajuntas. Zócalos.

tapaluz *m* (*reg*) Contraventana. | Grosso *Capirote* 141: Atravesó de puntillas el espacio libre entre los muebles apilados [en el desván] y llegó hasta la ventana para abrir los tapaluces.

tapamiento *m* (*raro*) Acción de tapar. | Rosales *MHi* 3.61, 28: A Don Quijote no le importan las restricciones y tapamientos de Sancho. Solo le importa ver a Dulcinea, sea por lonjas o miradores.

tapaojo *m* (*hist*) Almártaga. | MCalero *Usos* 18: Arreos de buen cuero, servidos de buenas hebillas de coscoja y ya muy usados ataharres o sotacolas y almártagas o tapaojos.

tapaporos *m* Pintura preparatoria que se aplica sobre una superficie que se va a pintar. | *Abc* 29.10.72, 12: Numerosas investigaciones condujeron al desarrollo de nuevas materias plásticas útiles como ligantes y conservadores en recubrimientos, tapaporos e imprimaciones de consolidación.

tapapuntos *m* Tapacosturas. | *Lab* 11.69, 48: Dibujar rectángulos con galón o tapapuntos bordado.

tapar *tr* **1** Cerrar [algo] con una tapa [1]. | Mayte *Sáb* 3.12.66, 44: En una cazuela aparte se pone la manteca .. Se tapa y se deja durante diez minutos.

2 Cerrar u obstruir. | J. M. GEscudero *Ya* 13.12.75, 7: Los mismos liberales dinásticos .. solo vieron en Maura al "reaccionario", si es que no vieron exclusivamente al gobernante que les tapaba el camino del poder. J. Vidal *País* 15.5.77, 42: El quinto también acudió al caballo de largo para dos encuentros y le picaron muy mal, trasero y con la salida tapada.

3 Cubrir [algo] de modo que quede protegido o aislado. | * Tapa el plato con algo para que no vayan las moscas. **b)** Cubrir [a alguien con ropa] para abrigar[le]. | Cela *Inf* 26.11.76, 20: Al dejarlo [al burro] en la cuadra, lo tapo con un par de sacos.

4 Cubrir [algo o a alguien] de modo que no se vea. *Tb fig, referido a otras sensaciones*. | Penélope *Ya* 3.3.63, sn: Falda estrecha y un poco "evasé" hacia abajo, pero siempre tapando la rodilla. E. Corral *Abc* 21.5.67, 107: La copia sonora .. deja oír demasiado la voz original de los locutores italianos, sin que la voz "en off" del locutor español "la tape".

5 Encubrir [algo o a alguien]. *Tb abs*. | Salom *Cita* 268: ¡Golfo! ¡Que sois todos unos golfos que os tapáis los unos a los otros! Llopis *Hijos* 535: –Lo sabes tú y lo sabe too el barrio. ¿Sabes también que, por culpa vuestra, me llaman

Babieca? –¡Por culpa mía, no! –¡Tuya, también! No has hecho más que tapar, tapar y tapar.

taparrabos *m* **1** Pieza que cubre exclusivamente las partes pudendas. | FSantos *Catedrales* 154: Aquellas fotos [pornográficas] .., con sus brazos y piernas como serpientes y pechos como brevas y todos aquellos triángulos negros artificiales como la última expresión de un taparrabos.
2 (*col*) Traje de baño masculino. | SFerlosio *Jarama* 33: ¿Qué hacemos aquí vestidos todavía? Aunque no vayamos a meternos en seguida, siempre estaremos mejor en taparrabos.

tapatío -a **I** *adj* **1** De Guadalajara (Méjico). *Tb n, referido a pers.* | R. Serna *Abc* 2.3.58, 12: Darse entonces una vuelta por la Alcaicería al atardecer, aquello sí que era pasarlo recontento, con relajo y enchiladas, con mezcal y el sombrero ladeado y todo lo demás, hasta el ingrediente tapatío.
II *f* **2** (*Taur*) Lance que se inicia de costado o de frente por detrás y continúa con un giro del torero, inverso a la embestida del toro. | J. Vidal *País* 1.10.77, 40: He aquí una relación –nada más que parcial– de suertes que en tiempos se veían habitualmente durante los primeros tercios: las dichas largas ..; la mariposa; la orteguina; la tapatía, etcétera.

tape *m* (*reg*) Tapa o tapadera. | J. R. Masoliver *SNEs* 24.11.74, 7: Al aflojarse el tape de la olla a presión ese vapor testimonial (industria editorial y periódicos ayudando) lo invade todo.

tapear *intr* (*col*) Beber tomando tapas [6]. | SYa 12.7.90, 1: "Tapeando" por Madrid. Tapear o picar frente a una barra garantiza un momento de evasión y relajo.

tápena *f* (*reg*) Alcaparra (planta). | Espinosa *Escuela* 353: –Nadie vivió jamás del aire .. –Pero sí de cardos borriqueros, .. ásperas tapinas, trencas, rizomas y pámpanos.

tapenera *f* (*reg*) Alcaparra (planta). | J. Hernández *Hoy Extra* 12.75, 43: Me dolía la mano izquierda de tanto apoyarme en las piedras. La subida se hacía difícil, violenta, por el senderillo terroso, bordeado de tapeneras. *Libro agrario* 30: Tapenera o alcaparra. Cultivo y aprovechamiento.

tapeo *m* (*col*) Acción de tapear. | Goytisolo *Recuento* 77: Por lo general charlaban allí, sentados en cualquier terraza de los pórticos, y después rondaban un rato por Escudillers, de tapeo.

tapeta *f* Tapa [4]. | HLM 26.10.70, 11: Chaquetón deportivo en loneta Terlenka, Capucha y cinturón. Forro completo de peluche y cremallera oculta. Dos bolsillos en el pecho con tapeta.

tapete **I** *m* **1** Pieza de tela, encaje u otro material, con que se cubre el tablero de un mueble, esp. de una mesa. | Carandell *Madrid* 118: En el recibimiento suele haber una mesita baja con un tapete calado.
2 (*Bot*) Envoltura interna del arquesporio. | Ybarra-Cabetas *Ciencias* 268: Mientras, una capa de células, denominada tapete, que envolvía el arquesporio, se ha transformado en una masa citoplásmica.
II *loc adv* **3 sobre el ~.** En situación de ser tratado o discutido. *Normalmente con los vs* ESTAR *o* PONER. | R. RSastre *Mun* 12.12.70, 43: La tan comentada Ley Mills .. pone de nuevo sobre el tapete .. la vieja cuestión del proteccionismo y el libre cambio.

tapia *f* Cerca de obra de albañilería. | Laforet *Mujer* 81: Vio que se encaramaba a la tapia del huerto. **b)** (*col*) *Frec se usa en constrs de sent comparativo para ponderar la sordera.* | ZVicente *Traque* 289: Se quedó sordo del todo, como una tapia.

tapiado *m* Acción de tapiar. | En. Romero *Hoy* 20.8.75, 9: Son precisos tres días. El primero de ellos es el que se requiere tan solo para la operación de entrar los conos en el horno y colocarlos debidamente en el interior. Hecho esto, hay que proceder al tapiado de la puerta.

tapial *m* **1** Tapia. | Salvador *Haragán* 36: Se agachó, como si temiera ser visto, y caminando a saltitos se alejó, buscando la sombra protectora del tapial.
2 Pared que se construye apisonando en un molde barro de tierra arcillosa, a veces armado con paja. | Ortega-Roig *País* 136: En la Meseta Meridional [las casas] son de tapial y sillería, están pintadas de blanco y muchas veces tienen techos planos.

tapiar (*conjug* **1a**) *tr* **1** Cercar [algo] con tapia. | *DMo* 5.8.87, 43: Vendo chalet independiente, .. tapiado y verjado, jardines, frutales.
2 Cerrar [una abertura] con tabique. | Lozoya *Abc* 17.12.70, 11: Se ha descubierto el arco tapiado en el cerramiento del jardín de los Cabanyes.

tapicería *f* **1** Tela o materia similar empleada para tapizar [1]. | Laforet *Mujer* 77: Fue difícil abrir los ojos y encontrarse la tapicería desteñida del vagón.
2 Tienda en que se venden tapicerías [1], cortinas y otros textiles de decoración. | GTelefónica *N.* 47: Tapicerías Serrano. Serrano, 6. **b)** Tienda o taller de tapicero [2]. | GTelefónica *N.* 998: Dialin. Tapicería y Ebanistería.
3 Arte u oficio de tapicero [2 y 3]. | GTelefónica *N.* 995: Trabajos de tapicería a domicilio.

tapicero -ra **I** *adj* **1** De (la) tapicería [3]. | GTelefónica *N.* 996: Comercial Tapicera, S.L.
II *m y f* **2** Pers. que tapiza [1] y hace y coloca cortinajes. | Palomino *Torremolinos* 26: Se hizo novio de la hija del tapicero y se casó con ella.
3 Pers. que hace tapices [1]. | Lafuente *Pról. Iparaguirre-Dávila* 14: Ellos daban ocupación .. a los tapiceros que, pacientemente, .. se esforzaban ante el telar por interpretar con lanas o sedas las complicadas escenas diseñadas por los artistas.

tapiego -ga *adj* De Tapia de Casariego (Asturias). *Tb n, referido a pers.* | J. M. Juana *Gar* 17.8.82, 79: Dicen que Tapia [de Casariego] es una población abierta. Es cierto. A los tapiegos les han catalogado como "la sonrisa del Cantábrico".

tapín *m* (*reg*) Trozo de tierra con césped y raíces que se corta con la azada. | Seseña *Barros* 28: Una vez en el horno las vasijas, se tapan con tapines –trozos de tierra y césped– que se funden con el fuego.

tapiñar *tr* (*jerg*) Comer. | *Tri* 2.2.74, 41: Pal que tenga buen saque, aquí puede tapiñar de embuten (Queso, Tortilla y Salchicha). P. J. Rey *Sur* 25.8.88, 10: La Tere, más gorda que nunca, no desperdiciaba ocasión para tapiñarse lo que pillara.

tapioca *f* Fécula blanca y granulada extraída de la raíz de la mandioca y que se emplea para sopa. | Calera *Postres* 42: Se hace hervir la leche con 100 gramos de azúcar y se añade la tapioca dejándola cocer 5 minutos.

tapir *m* Mamífero de América meridional y Asia, del tamaño del jabalí y con la nariz prolongada en forma de pequeña trompa (gén. *Tapirus*). | Ybarra-Cabetas *Ciencias* 403: En la época actual están representados [los perisodáctilos] por tres grupos: los caballos, los tapires y los rinocerontes.

tapis *m* (*hist*) Faja ancha que las indígenas filipinas colocan sobre la falda, rodeando la parte inferior del cuerpo. | FReguera-March *Filipinas* 49: El *tapis* se le ceñía a las caderas, destacando su redondo dibujo.

tapis roulant (*fr, pronunc corriente*, /tapí-ʀulán/) *m* Dispositivo formado por una superficie plana dotada de movimiento de traslación y que sirve para transportar perss. o cosas. | Pemán *Abc* 9.4.67, 3: No es una carrera de unos impacientes: es el movimiento de un "tapis-roulant".

tapiz *m* **1** Obra de tejido grueso que representa escenas o figuras formadas directamente por la trama, y que se cuelga de las paredes para adorno y abrigo. | Laiglesia *Tachado* 43: Por la ventana del salón entraron unos juguetones rayos de sol, que se pusieron a jugar con los cristales de las lámparas y con los faunos de los tapices.
2 (*lit*) Capa que recubre una superficie. *Frec referido a flores o plantas.* | JGregorio *Jara* 13: En el fondo de valles se da un tapiz de helechos, cañas, juncia.

tapizado *m* **1** Acción de tapizar. | Torrente *Señor* 214: Doña Mariana se encargaría de avisar al maestro que tomase a su cargo el tapizado de los muebles.
2 Tapicería [1]. | Salvador *Haragán* 173: Rajaron con las bayonetas los tapizados de los sillones, la tela de los colchones y los cuadros colgados en las paredes.

tapizamiento *m* Tapizado [1]. *Tb su efecto.* | J. Botella *SAbc* 4.1.70, 32: Nosotros tenemos nuestra sangre envuelta siempre en un endotelio vascular. Ningún glóbulo rojo conoce nunca más que este familiar tapizamiento.

tapizante *adj (raro)* Que tapiza [2]. *Tb n m, referido a plantas.* | A. Obregón *Abc* 12.5.74, 43: Otros cursos monográficos de esta Escuela .. son: huerto y jardín fin de semana, céspedes y tapizantes, borduras y rocallas, árboles y arbustos de la región central.

tapizar *tr* **1** Decorar con tela u otra materia similar [un mueble o una pared]. | CNavarro *Perros* 51: Sobre una de las sillas tapizadas en raso salmón había un paraguas.
2 Recubrir [una superficie]. | Navarro *Biología* 70: Epitelio estratificado prismático .. Es el epitelio que tapiza los conductos respiratorios de los Mamíferos.

tapón I *m* **1** Tapa [de una vasija, esp. botella o similar] que cierra introduciéndose, al menos parcialmente, en la misma. | Bustinza-Mascaró *Ciencias* 133: Para matar a los caracoles y que queden fuera de la concha la cabeza y el pie, ponerlos vivos en agua hervida en frascos con tapón esmerilado completamente llenos y bien tapados.
2 Objeto, masa o aglomerado que impide el paso por un conducto. *Tb fig. Frec con un compl especificador.* | Campmajó *Salud* 496: Las causas más frecuentes [de la sordera de transmisión] .. son: el tapón de cerumen, los cuerpos extraños, la otoesclerosis. Campmajó *Salud* 492: El uso de "tapones" –de cera o de goma– para el oído, que se encuentran en el comercio, es bastante aconsejable con objeto de evitar en lo posible la entrada de agua en el oído. *Abc* 28.2.87, 31: Un émbolo de funcionarios, mayormente de CCOO y bastante enfurecidos, pujaban escaleras arriba de la Casa de la Villa, para rebasar el tapón de policías municipales. **b)** Atasco o embotellamiento. *Referido a tráfico.* | *Abc* 19.5.70, 44: Si ahora son de prever tremendos embotellamientos .., en el futuro estos tapones afectarían a toda la Gran Vía.
3 *(Balonc)* Acción que impide la entrada del balón en la cesta. | V. Salaner *SInf* 14.12.70, 11: Eso era de esperar, y no quizá la increíble entrada a canasta acrobática del pequeño Nino, que evitó el amenazador "tapón" de Estrada.
4 *(col)* Pers. de poca estatura y gralm. gruesa. | Delibes *Cartas* 147: Soy un taponcito pretencioso .. Soy hipócrita y mendaz, ¿puede calificársemne con este rigor por el hecho de medir un metro cincuenta y ocho en lugar de uno sesenta?
II *fórm or* **5 al primer ~, zurrapa(s).** *(col)* Fórmula con que se pondera el mal comienzo de un asunto. | GPavón *Rapto* 210: A mí, no. Al primer tapón, zurrapa, no. Mal empiece. Me borro.

taponamiento *m* Acción de taponar. *Tb su efecto.* | Bustinza-Mascaró *Ciencias* 87: Cuando por falta de aseo se acumula gran cantidad de cerumen, puede producirse la llamada sordera por taponamiento.

taponar *tr* Cerrar u obstruir con un tapón [1 y 2]. | Aldecoa *Gran Sol* 52: Dejó la pluma en el tope de una regla para que no cayera al suelo y taponó el tintero. Benet *Volverás* 64: Bastaba con perseguirlos, en el sentido favorable de la marcha, y aniquilarlos en las vegas bajas, destacando una fuerza que taponara la salida del valle.

taponazo *m* **1** Ruido producido al saltar el tapón de una botella de líquido espumoso. *Tb fig.* | Torrente *Off-side* 19: El ruido amortigua los taponazos del champaña. Delibes *Madera* 353: Veía las balas trazadoras por encima del antepecho, hendiendo el cielo como cohetes, brillando al sol. Los taponazos del resto de los buques fondeados en el puerto, al servir de contrapunto a los propios, acentuaban la confusión.
2 Tapón [1 y 2] grande. | *Ya* 4.11.90, 8: Taponazo en el inicio del Puente.

taponería *f* **1** Tapones o conjunto de tapones [1]. | *GTelefónica N.* 881: "Plásticos Calduch." Fábrica de artículos de plástico. Taponería. Juguetes. Piezas industriales.
2 Industria taponera. | * La taponería tiene mucha importancia en esta zona.

taponero -ra I *adj* **1** De(l) tapón [1]. | J. Cufí *Van* 21.3.74, 39: El corcho extraído de los alcornoques de la montaña .. reúne las mejores cualidades requeridas para la industria corcho-taponera.
II *m y f* **2** Pers. que fabrica o vende tapones. | Gironella *Millón* 782: Alemania precisó su oferta, nueva clasificación: solo aceptaría a los obreros especializados. Es decir, a Antonio Casal, impresor; a los taponeros del Ampurdán.

tapsia *f* Planta herbácea de flores amarillas, de cuya raíz se extrae un jugo usado como revulsivo (*Thapsia garganica*). | Santamaría *TSeg* 1.11.79, 24: Uno irá un día y verá cañas secas y yerbas agostadas, pero irá otro y verá verbascos y tapsias florecidos.

tapujar *tr (raro)* Disfrazar o encubrir. | Espinosa *Escuela* 103: Tal vez sea un excarcelante, o el propio Lamuro, disfrazado de recién venido; oí que nuestros enemigos se tapujan ahora de mil formas.

tapujo *m* **1** Reserva o disimulo. *Gralm en pl.* | Buero *Hoy* 73: Yo quisiera vivir una vida clara y sin tapujos.
2 *(raro)* Vestidura o atuendo con que alguien oculta su personalidad. | LTena *Abc* 23.10.75, sn: Convirtió las severas calles de Estocolmo en canchas de circo y disfrazó su alta investidura con tapujos de payaso.
3 *(raro)* Cosa que cubre o tapa. | Halcón *Ir* 341: Tomando baños de sol estaba ahora .. sin más tapujo que un breve "textil" en el vientre, todo a la luz. Espinosa *Escuela* 419: Venimos de la Ciudad y transportamos este fardo, bajo cuyo tapujo va encadenado un enemigo de la Feliz Gobernación.

taque *m (raro)* Ruido que se produce al cerrar una puerta con llave. | Delibes *Madera* 74: Cuando al final sonaba el taque de la cerradura, Gervasio sollozaba como si le arrancaran el alma.

taqué *m (Mec)* Vástago que transmite la acción del árbol de levas a las válvulas de admisión y de escape del motor. | APaz *Circulación* 238: El mando de la válvula se hace desde el árbol de levas C mediante el taqué T, en el que se apoya la cola de la válvula.

taquero -ra *adj (col)* [Pers.] aficionada a decir tacos. | Berlanga *Gaznápira* 57: Con la entusiasta, disparatada y taquera Gabriela intentarás engañarte imaginando que habrá acabado su tesis.

taquicardia *f (Med)* Frecuencia excesiva del ritmo de las contracciones cardiacas. *Frec fig, fuera del ámbito técn, ponderando susto o nerviosismo.* | R. GTapia *SAbc* 2.2.69, 18: Según experiencias de Grognot, en ciertos individuos sometidos al ruido .. aparece una taquicardia con ligera hipertensión y trastornos del ritmo. JLosantos *Abc* 20.4.91, 16: Estos hechos aliviaron el pavor sembrado por Borrell, pero no pudieron ya calmar la tendencia a la taquicardia cada vez que industriales y profesionales oyen la palabra "declaración".

taquicárdico -ca *adj (Med)* De (la) taquicardia. | Alcalde *Salud* 320: En los casos graves, la cara se afila, existe frialdad en las extremidades, el pulso se hace lento y taquicárdico.

taquigrafía *f* Método de escritura abreviada, mediante signos especiales, que permite transcribir las palabras a la velocidad de pronunciación. | Medio *Bibiana* 161: Su trabajo le costó aprender la máquina y la taquigrafía.

taquigrafiar *(conjug 1c) tr* Escribir en taquigrafía. *Tb fig, frec ponderando fidelidad en la transcripción.* | Gaos *Antología* 26: Escribir al dictado de la subconsciencia, taquigrafiarla sin intervención de la razón consciente, era un principio congruente con el mundo absurdo y caótico que se trataba de expresar.

taquigráficamente *adv* De manera taquigráfica. | *Abc* 8.12.70, 21: Nos ha remitido nuestro compañero una larga información, que recoge casi taquigráficamente la sesión del domingo del Consejo de Guerra.

taquigráfico -ca *adj* De (la) taquigrafía. | * Tiene algunos conocimientos taquigráficos. **b)** [Texto] tomado en taquigrafía. | FMora *Abc* 30.12.65, sn: Si no se hubieran publicado antes .. algunas de las páginas contenidas en este libro, habría que pensar que se trataba del texto taquigráfico de unas charlas improvisadas sobre recuerdos y sin guión.

taquígrafo -fa *m y f* Profesional de la taquigrafía. | *VozC* 17.8.55, 3: La taquígrafa de San Diego no cruzó el Canal .. El mal tiempo ha impedido a la nadadora Florence Chadwick realizar sus esperanzas. **b) luz y ~s** → LUZ.

taquilla *f* **1** Lugar en que se despachan billetes o entradas o se hacen apuestas. | Laforet *Mujer* 72: Debemos estar en la taquilla un rato antes de llegar el tren. Matute *Cua* 1.72, 111: Más sugestivas resultaban otras cosas: al parecer, nada faltaba allí. Iglesia, columpios, supermercado, bares, cine y taquilla de quinielas. **b)** Cantidad recaudada en la venta de billetes o entradas. | J. A. Hormigón *Tri* 24.11.73, 55: Estos trabajadores del circo desconocen las tres funciones diarias, .. y las angustias de una taquilla miserable.
2 Ventanilla (abertura pequeña por la que se despacha o sirve algo). | Berlanga *Barrunto* 13: Y se perdía en la cocina. Venga a pelar patatas, y Ezequiela, venga a freírlas para las tortillas .. Asomó la cabeza por la taquilla. "¡Y más que vienen!"
3 Pequeño armario personal, propio esp. de lugares de trabajo. | Aldecoa *Gran Sol* 52: Domingo Ventura ocupaba el [catre] de Manuel Espina y le revolvía las novelas que guardaba en la taquilla de la cabecera. *SD16* 5.6.83, 21: Todos los días [los cadetes] han de estar listos para el pase de revista: las camas no pueden tener una arruga, y las "taquilas" deben estar perfectamente ordenadas.
4 Pequeño armario vertical con repisas o cajones. | CBonald *Noche* 81: –¿Quién puede saber eso? –dijo el viejo Leiston mientras sacaba una jarra de cristal tallado y dos copas de una taquilla empotrada en la pared. GPavón *Cuentos rep.* 88: Empezaron a abrir las cómodas, los baúles y las taquillas.

taquillaje *m* Taquilla [1b]. | M. Ors *Pue* 16.12.70, 21: Asegurado, por ahora, solo tiene el taquillaje. Ya está vendido todo.

taquillazo *m* (*col*) Taquilla [1b] muy importante. | *HLM* 12.5.75, 36: San Isidro 1975 .. Primer taquillazo: 3.200.000 pesetas en la novillada inaugural.

taquillero -ra I *adj* **1** [Artista o espectáculo] que produce grandes taquillas [1b]. | Fielpeña *Ya* 15.4.64, 27: Aquel es .. el equipo más taquillero.
II *m y f* **2** Pers. encargada de una taquilla [1a]. | Laforet *Mujer* 67: Antonio pidió una conferencia con la estación de Ponferrada .. Se dio a conocer, preguntó por su amigo el taquillero.

taquillón *m* Mueble, gralm. de estilo castellano, estrecho y de una altura aproximada de unos 90 cm, propio esp. para recibidor. | Torrente *Off-side* 25: Domínguez se mete en el vericueto de las mesas cargadas de cachivaches, de los taquillones, de los armarios, de los sofás.

taquimeca *f* (*col*) Taquimecanógrafa. | Laiglesia *Ombligos* 101: Ahora .. está de moda un modelo de chatunga melenuda y regordeta, con hoyuelos en las mejillas, cosquillas en las caderas y andares de taquimeca.

taquimecanografía *f* Conocimiento simultáneo de taquigrafía y mecanografía. | *Pue* 20.1.67, 4: Secretaria particular precisa cirujano: taquimecanografía, cultura general.

taquimecanógrafo -fa *m y f* Profesional de la taquimecanografía. | Aldecoa *Cuentos* 1, 161: La señorita Sánchez, taquimecanógrafa, bachillera, encargada del fichero. Aguilar *Experiencia* 367: Entró en todos los comercios y oficinas .. para ofrecer sus servicios de taquimecanógrafo con dominio del idioma inglés.

taquimétrico -ca *adj* (*E*) De(l) taquímetro. | *SVozC* 25.7.70, 6: Se han realizado dos campañas de excavaciones en el teatro y una completa campaña de mediciones taquimétricas de planta y secciones de los restos.

taquímetro *m* (*E*) **1** Instrumento topográfico que mide distancias y ángulos verticales y horizontales. | J. M. Bermejo *SYa* 21.9.80, 25: El utillaje de un arqueólogo es muy amplio: picos, palas, .. brújulas, taquímetros, cámaras fotográficas y laboratorios.
2 Tacómetro. | *Gac* 22.2.70, 4: Chrono 7 .. Reemplaza él solo a siete relojes diferentes .. Lo utilizará como cronómetro para competiciones deportivas. Taquímetro para control de velocidades.

taquipnea *f* (*Med*) Respiración acelerada. | MNiclos *Toxicología* 54: Además de la cianosis, hay cefaleas, zumbidos de oídos, vértigos y disnea con taquipnea.

taquistoscopio *m* (*Psicol*) Aparato para presentar rápidamente imágenes sucesivas, utilizado para el estudio de la atención y la percepción. | Gambra *Filosofía* 101: Existen numerosos aparatos para investigar la vida psíquica .. Así, por ejemplo, .. el taqui[s]toscopio, para presentar rápidamente imágenes sucesivas. [*En el texto*, taquitoscopio.]

tara *f* **1** Peso del envase o continente, o del vehículo vacío, que se descuenta del peso bruto de una mercancía. | Ramos-LSerrano *Circulación* 48: Los vehículos cuyo peso total (tara más la carga) exceda de 15.000 kilogramos no podrán circular por las vías públicas sin permiso especial. **b)** Peso de valor indeterminado que se pone en un platillo de la balanza para equilibrarla y compensar el peso de un envase antes de pesar su contenido. | Marcos-Martínez *Física* 79: Del platillo corto de la balanza se suspende una probeta graduada y se equilibra poniendo una tara en el otro platillo.
2 Defecto o imperfección graves. | Diosdado *Olvida* 27: Levantando los ojos al cielo, como si la supuesta bondad de Lorenzo fuese una tara difícil de soportar. Al. Iniesta *His* 9.77, 42: Se ha comprobado también que la mayoría de los criminales padecen taras psíquicas de las que probablemente son más víctimas que culpables.

tarabilla[1] *f* **1** Cítola (del molino). | MCalero *Usos* 108: La subían [la compuerta] cuanto era menester para dar la marcha o rapidez que necesitara el molino según la molienda que se fuere a hacer, y le era indicada al molinero por la tarabilla, que, loca, daba vueltas sin parar.
2 (*col*) Pers. que habla muy deprisa y desordenadamente. *Tb adj.* | Anson *Abc* 2.4.72, 3: No era por cierto la chica minifaldera y con farandolas de la televisión, ni la "ye-yé" parlanchina, reidora y tarabilla de las entrevistas radiofónicas.
3 (*col*) Tropel de palabras dichas deprisa y desordenadamente. | L. Calvo *Abc* 12.6.73, 41: Escuchamos .. la tarabilla de insultos que los embajadores árabes lanzaban, más que a Israel, a los Estados Unidos, que son sus rodrigones.
4 (*col*) Lengua. *En constr como* SOLTAR LA ~ *o* DARLE A LA ~. | Campmany *Abc* 26.12.85, 17: El juez don Luis Lerga me ha felicitado las Pascuas con una difamia .. Tanta traca y tanto cohete le han debido de poner algo tarumba y se le ha soltado la tarabilla.
5 Ave insectívora y migradora, de unos 14 cm de longitud, de plumaje negro, blanco y castaño, propia de lugares soleados y pedregosos (*Saxicola torquata*). *Con un adj especificador, designa otras especies del mismo gén:* CANARIA (*S. dacotiae*), NORTEÑA (*S. rubetra*). | Lama *Aves* 74: Esta Familia [Turdidae] está compuesta por Zorzales, Mirlos, Roqueros, Collabas, Tarabillas, Colirrojos, Ruiseñores y Petirrojos. Noval *Fauna* 238: Un pájaro rechoncho, de cola corta, que recuerda en sus actividades y actitudes a la hembra de la Tarabilla común .. es la Tarabilla norteña (*Saxicola rubetra*), que ha disminuido mucho en la montaña asturiana.

tarabilla[2] *f* Pieza giratoria de madera, que sirve para sujetar o tensar. | Delibes *Voto* 133: Sujeta al muro por una tara[b]illa, estaba una perezosa que medio ocultaba un calendario policromo. [*En el texto*, taravilla.] GAdolfo *Not* 10.12.70, 20: En el delirio de la moda, giran como tara[b]illa, las minis, las midis y las maxis. [*En el texto*, taravilla.]

taracea *f* Incrustación artística hecha sobre madera con maderas de diferente color, nácar, concha u otra materia. *Tb* (*lit*) *fig.* | ZVicente *Traque* 282: Fíjese qué cómoda, de taracea, estilo no sé qué rey francés. ILaguna *Abc* 12.11.70, sn: La historia, contada a tempo lento, en prosa de taracea, .. es aprovechada para retratar el mundo del campesino gallego. **b)** Obra de taracea. | GNuño *Madrid* 126: Tejidos y bordados españoles, espejos, taraceas, consolas, braseros.

taraceado *m* Acción de taracear. | *Ya* 14.4.64, 17: Pisos. Parquet. Taraceado, acuchillado, barnizado.

taracear *tr* Decorar con taracea. *Tb* (*lit*) *fig.* | CBonald *Casa* 23: Entre ellos [muebles y enseres] debían figurar inexcusablemente el escabel chino, una preciosa arqueta taraceada de jaspe, la butaca de orejas. L. Monje *Abc* 21.4.74, 37: Nos gusta ocuparnos cada año de las viejas fortalezas que taracean la accidentada piel de Guadalajara.

tarado – tarascada

tarado -da *adj* **1** *part* → TARAR.
2 Que padece tara psíquica. *Frec usado como insulto.* | CPuche *Paralelo* 258: El chalado ese, quien fuera, había logrado huir, pero se había cargado al sereno. Un tarado, seguramente.

tarafe *m* (*lit, raro*) Dado de jugar. | Cela *Judíos* 196: Ya cada uno en su banqueta y con los dos blancos delante, Inicial Barbero sacó la bolsa donde dormía el tarafe.

tarahal *m* (*reg*) Taray (planta). | GSosa *GCanaria* 105: Este territorio de dunas .. aparece cubierto a trechos por breves sotos de tarahales y otra vegetación xerófila.

tarahumara *adj* [Individuo] del pueblo indio que habita en la zona montañosa de los estados mejicanos de Chihuahua y Durango. *Tb n.* | *Abc* 23.6.74, 35: Un grupo de indios tarahumaras incendió ayer un aserradero en la sierra de Chihuahua.

tarajal *m* (*reg*) Taray (planta). | Berenguer *Mundo* 124: Al trasponer los tarajales grandes que montan por las arenas, nos salimos del río.

taraje *m* (*reg*) Taray (planta). | Berenguer *Mundo* 77: En los tarajes del arroyo seco os he dejado un cochino.

tarama *f* (*reg*) Támara (rama delgada y cortada que se emplea esp. como leña). | *Hoy* 25.9.75, 11: Vuelan las pavesas de las taramas que chamuscan la áspera piel de la víctima.

tarambana *adj* (*col*) [Pers.] informal y de poco juicio. *Tb n.* | ZVicente *Balcón* 40: Se ve a Robertito, un señorito tarambana y medio memo. Goytisolo *Recuento* 310: Pedro, que está hecho un tarambana.

tarambeta *f* (*reg*) Voltereta. | Gala *Días* 363: Siga, siga. ¿No le importa que yo dé tarambetas? Es que una vez que cojo carrerilla...

taranconense *adj* De Tarancón (Cuenca). *Tb n, referido a pers.* | B. M. Hernando *Inf* 28.2.78, 1: Tarancón es un pueblo de Cuenca .. cuyos habitantes se llaman taranconenses o taranconeros.

taranconero -ra *adj* De Tarancón (Cuenca). *Tb n, referido a pers.* | B. M. Hernando *Inf* 28.2.78, 1: Tarancón es un pueblo de Cuenca .. cuyos habitantes se llaman taranconenses o taranconeros.

taranga *f* (*reg*) Morcilla ordinaria. *A veces con intención desp.* | Vega *Cocina* 82: Prefiero las [morcillas] de Babia y Gordejuela, sin arroz, y soy opuesto a las que, en Bilbao, llamaban tarangas.

tarangallo *m* (*reg*) Palo que se cuelga del cuello a los perros para impedirles correr y cazar. | Delibes *Historias* 24: Don Benjamín .. siempre salía al campo .. seguido de su lebrel de Arabia, semicorbato, con el tarangallo en el collar si era tiempo de veda.

tarángana *f* (*reg*) Morcilla ordinaria. | Cela *Judíos* 307: El vino de Cebreros cae bien en todas las posturas, pero mejor aún recibiéndolo con la panza bien acolchada de cibiérgueda y de tángana o tarángana.

taranta *f* Cante minero andaluz de carácter triste y fatalista. | Cela *Viaje andaluz* 223: La señorita Soledad Garrobo, en el arte Niña de Gelves, mujer con mucha disposición para el cante chico: bulerías, tarantas y fandanguillos.

tarantela *f* **1** Danza napolitana de ritmo muy vivo. *Tb su música.* | *Cod* 17.5.64, 2: Están anunciadas las siguientes huelgas: .. De gondoleros venecianos .. De fabricantes de panderetas para bailar la tarantela. Umbral *Ninfas* 16: Se iba desanimando el crepúsculo, entre las tarantelas melancólicas del laúd de mi primo .. y los gritos de los chicos.
2 (*col*) Deseo o ímpetu de actuar, repentino y fuera de lógica. *Gralm con el v* DAR. | Torrente *SInf* 24.10.74, 16: Era un perro señor cuando no le daba la tarantela: muy sosegado en el porte, comedido en la caricia y de elegante caminar. Mi. Borges *Día* 13.5.76, 4: Otro día, Dios mediante, puede que me entre la tarantela de volver a hablar de nuestro "trigo morisco".

taranto *m* Taranta. | J. M. Moreiro *SAbc* 28.6.70, 25: Estrellita Castro .. fue la primera mujer que se "arrancó" por martinetes y tarantos.

tarántula I *f* **1** Araña grande, peluda y venenosa, propia del sur de Europa, que vive bajo las piedras o en agujeros profundos (*Lycosa tarentula*). | CBonald *Ágata* 116: Viendo los dos entonces a un lado de la hijuela, entre los nopales enhebrados por la tarántula, levantar el vuelo a un pájaro rojizo.
II *loc adj* **2 picado de la ~.** (*col*) [Pers.] inquieta o desasosegada. *Frec en constr comparativa.* | * Este crío no para; parece picado de la tarántula. **b)** [Pers.] que padece furor sexual. *Tb n.* | CBonald *Casa* 157: Todos los martes .. Ignacio era transportado a un prostíbulo de la mayor confianza, donde se le sometía a una cura intensiva. El picado de la tarántula sabía muy bien adónde lo llevaban.

tarar *tr* **1** Determinar la tara [1] [de algo (*cd*)]. | * Están tarando el camión.
2 Producir tara [2] [a alguien o algo (*cd*)]. *Frec en part.* | *VNu* 18.12.71, 25: Si al niño le imbuimos de la sicosis del infierno, creo que habremos tarado una mente infantil. *Inf* 30.7.70, 11: La pera caída .. y por tanto tarada había sido vendida por ellos a dos o tres pesetas el kilo.

tarará *interj* Se usa, frec alternando con TARARÍ, para imitar el sonido de la trompeta. *A veces se sustantiva.* | Gironella *Millón* 258: ¡Toledo es de España! ¡Ahora vamos a por Madrid! ¡Tararí, tarará...!

tarareador -ra *adj* Que tararea. *Tb n.* | Sopeña *Inf* 14.2.77, 16: Aparece Indalecio Prieto en sus "Memorias" como puntual tarareador de ese género chico.

tararear *tr* Cantar sin articular palabras. *Tb abs.* | CPuche *Paralelo* 408: Genaro tarareó la canción de moda. Torrente *Pascua* 138: Empezó a tararear por lo bajo.

tarareo *m* Acción de tararear. | Torrente *Pascua* 138: Empezó a tararear por lo bajo. Luego alzó la voz y continuó el tarareo.

tararí I *interj* **1** Se usa, frec alternando con TARARÁ, para imitar el sonido de la trompeta. *A veces se sustantiva.* | DCañabate *Abc* 7.3.58, 34: Ya entran en la plaza de la Armería los batidores. Otro toque. ¡Presenten, armas! .. "¡Tararí!" "¡Firmes!" "¡Tararí!" "¡Presenten, armas!"
2 (*col*) Se usa como negación enfática. *Frec* ~ QUE TE VI. | F. Castelló *D16* 16.6.88, 56: –¿Y qué iba a ser de ti conmigo lejos de España? .. [dice Felipe González a Alfonso Guerra]. –Pues que todo el poder *psoeviético* sería para mí. –¡Tararí que te vi!
II *adj* **3** (*col*) Loco o chiflado. | Berlanga *Gaznápira* 130: El Alcalde .. les comentó que estaba alojada en tu casa; las tres mujeres a cual más tararí.

tarasca *f* **1** Serpiente monstruosa de boca muy grande, esp. la que en algunas partes se saca en la procesión del Corpus. | Goytisolo *Recuento* 215: Los aristados prismas de los contrafuertes .., figuras escuepaguas descollando en lo alto .., perros, serpientes, unicornios, grifos y tarascas de paladar vacío. GNuño *Escultura* 116: Todo ello ha persistido mediante las corridas de toros, las tarascas del día del Corpus y otras muchas raras intrusiones de lo animal y de lo fantástico en la vida humana.
2 (*desp*) Mujer de carácter dominante o violento. | DCañabate *Abc* 19.3.75, 51: A mí todos esos maridos de los que se dice: "Pobrecillo, lo tiene mártir la tarasca de su mujer, que es una mandona", me producen sensación de beatífica felicidad. FVidal *Duero* 113: La voz hiriente y como cabreada de la tarasca disipa ensoñaciones al peregrino.
3 (*raro*) Mujer de aspecto terrible. | FReguera *Bienaventurados* 92: Catalina era una mujerona enorme, de maciza y redondeada gordura de tonel. Era una tarasca grosera y sensual, aunque bondadosa.

tarascada *f* **1** Mordisco, o agresión hecha con los dientes. | Delibes *Ratas* 63: El dedo se lo cercenó una vez un burro de una tarascada, pero el José Luis .. le devolvió el mordisco y le arrancó al animal una tajada del belfo superior.
2 Exabrupto. | Medio *Bibiana* 310: La tonta esta le quiere, a pesar de sus gruñidos y de sus tarascadas.
3 (*Taur*) Derrote brusco y violento. | Corrochano *Clarín* 19: José remató el último quite dejándole al toro el capote en la misma cara para ver qué hacía, y el toro, que tantas tarascadas había tirado en los quites anteriores, en este apenas derrotó.

taray (pl, ~ES o ~S) m Arbusto propio de las orillas de los ríos y de lugares pantanosos, con ramas largas y flexibles, hojas pequeñas y flores con cáliz rojo y pétalos blancos, cultivado como ornamental (*Tamarix gallica*). | Cela *Viaje andaluz* 189: Por todas estas lagunas y lagunillas .. crecen los flexibles mimbres de los tarayes, con su flor de hojas blancas de rojo corazón. Delibes *Caza* 106: La belleza del embalse, sus pinceladas de tarays atormentados, carrizos y masiegas, la vida que bullía entre ellos, hacía de las tablas de Daimiel .. un espectáculo fascinante.

tarayar m Terreno poblado de tarayes. | SAbc 27.7.80, 24: Esta isla dispone de un tarayar situado en la parte sur.

taraza f Polilla (insecto). | L. MDomínguez *Inf* 1.2.74, 18: Solo a veces el insecto roedor produce un ruido perceptible: la taraza.

tarbea f (raro) Sala grande. | Faner *Flor* 68: Así fue como doña Catalina conoció a un apuesto capitán de dragones, que la cortejaba en el jardín, o entraba a la tarbea, a escuchar la cháchara imaginativa del doctor.

tarbus m Fez. | Ridruejo *Memorias* 98: Quedaban uniformes caqui con la cruz de la victoria, boinas rojas .., gorrillas legionarias verdeoliva, candoras, tarbus, zaragüelles, alquiceles.

tarca (tb con la grafía **tarka**) f Flauta boliviana de forma cuadrada. | VMontalbán *Tri* 28.9.74, 70: Esa síntesis [entre la canción tradicional española y la precolombina] se manifiesta en una riqueza instrumental en la que elementos de origen europeo modificados, como el guitarrón, se combinan con la "quena" .., la "zampoña", el "pinquillo", la "tarca", la "tumba", el "bongo", las "maracas", la "cajita china". *País* 28.12.76, 1: Garrido. Instrumentos de música. Acordeones piano .. Flautas: Dulces. Trav[e]seras. Tarkas. Kenas. Pinkillos.

tardanza f Acción de tardar, esp [1b]. Tb su efecto. | Laforet *Mujer* 333: Eulogio había dejado pasar dos meses sin contestarle, y al fin llegó una carta suya .. pidiéndole disculpas por su tardanza.

tardar I intr **1** Emplear [un tiempo determinado (*compl adv*)] en realizar una acción. *A veces se omite el segundo compl por consabido*. | Cunqueiro *Un hombre* 14: Los reyes .. corrieron a esconderse en su cámara secreta y tardaron en salir un mes. **b)** *Sin compl de tiempo:* Emplear mucho tiempo [en realizar una acción]. Tb sin compl EN, por consabido. Tb (reg) pr. | Palacios *Juicio* 59: Esta perversidad [humana] no tardaría en manifestarse contra el lobo mismo. CBonald *Noche* 310: Tu padre se tarda .. ¿O no son las ocho todavía?
II loc adv **2 a más ~.** Como plazo máximo. | CBonald *Noche* 100: Eso tendrá que ser antes de las cinco .. A más tardar.

tarde I adv **1** En un momento o en un tiempo posterior al habitual, al debido o al esperado. | Hoyo *Glorieta* 34: Ha llegado siempre demasiado tarde para lo bueno de la vida. **b)** *En el pred de una o cualitativa, se sustantiva:* Momento o tiempo posterior al habitual, al debido o al esperado. | FSantos *Catedrales* 58: Puede que no sea tan tarde. Si hubiera contado las campanadas de ese reloj puñetero, lo sabría. **c) ~, mal y nunca.** (col) Con retraso e irregularidad. | M. E. Yagüe *Sáb* 10.12.75, 69: El "espíritu del 12 de febrero" importó tarde, mal y nunca títulos olvidados ya en el mundo civilizado: "Hair", "Jesucristo Superstar".
2 más ~. Después de un momento o lugar posterior. | Medio *Bibiana* 10: El señor Massó daría la razón al señor Prats, y le azuzaría contra ella y contra los muchachos, aunque más tarde fuese el primero en ponerles en la mano cinco duros para sus gastos. C. Sáez *Nar* 7.76, 13: El aparejo de labor consta de la basta, .. luego va el ropón, más tarde la jarma .. y, finalmente, la sobrejarma.
3 ~ o temprano. Necesariamente alguna vez. Tb MÁS ~ O MÁS TEMPRANO, MÁS PRONTO O MÁS ~. | J. M. Moreiro *Ya* 22.11.73, 10: Tarde o temprano, la guerra volverá. CBonald *Ágata* 280: De modo que te vas ..; me lo suponía; todos vamos a tener que irnos de esta casa más tarde o más temprano.
4 de ~ en ~. Con poca frecuencia. | *Economía* 33: Este aparato debe usarse de tarde en tarde.
5 Por la tarde [6a]. *Siguiendo gralm a* AYER. | Delibes *Año* 38: Ayer tarde .. vimos una perdiz albina.
II f **6** Parte del día desde el mediodía (esp. desde la hora de comer) hasta el anochecer. | CBaroja *Inquisidor* 29: Se reunía el Consejo .. los martes, jueves y sábados, por la tarde. **b)** Tiempo meteorológico que hace en la tarde de que se habla. | * Hace una tarde de perros.
III fórm or **7 buenas ~s.** Fórmula de saludo y despedida que se emplea por la tarde [6a]. | MGaite *Visillos* 35: Apareció una escalera blanca y una mujer que la estaba fregando .. –Buenas tardes, señora .. ¿Es aquí el Instituto?
8 para luego es ~ → LUEGO.

tardear intr (Taur) Vacilar el toro antes de embestir. | Selipe *Ya* 17.6.75, 41: La res tardeó al envite del piquero y en el último tercio acometió con la cara alta.

tardecida f (raro) Atardecida. | Hoyo *Caza* 11: Se agachó y cogió del suelo unas cagarrutas .. Eran recientes, de la tardecida anterior.

tardíamente adv De manera tardía. | Alfonso *España* 104: Posibles cálculos económicos interesados acaban también un día por perjudicarse, cuando se producen los hechos que tanto y tan tardíamente solemos lamentar.

tardígrado -da adj (raro) Que camina con lentitud. | *Abc* 3.12.75, 4: Andaban con talante mortecino, con paso tardígrado, las asociaciones.

tardío -a adj Que llega o se produce tarde. Tb n, referido a pers. | *Inf* 25.7.70, 24: Don Javier .. ingresó en el seminario de vocaciones tardías de Salamanca. Laforet *Mujer* 113: En seguimiento de Blanca, la casa se llenó de tardías visitas. Delibes *Cartas* 25: Yo era eso que en los pueblos dicen un tardío, pues nací después de que mi difunta madre cumpliera los 47. **b)** [Fruto o cultivo] que madura tarde. Tb n m. | R. M. FFuentes *Nar* 10.76, 26: Dentro de la agricultura se cultiva, sobre todo, la patata y cereales, .. además de todo tipo de hortalizas, que son más tardías que en otras zonas de la provincia de León. L. Monje *Abc* 30.12.65, 86: La cosecha [de miel] del espliego o del tardío, que ordinariamente es mejor que la de la primavera, en esta ocasión ha sido mucho peor.

tardo -da adj **1** Lento (que actúa o se produce a poca velocidad). | CNavarro *Perros* 41: Mi silencio, cuando volvió, lo hizo con paso tardo. Alfonso *España* 33: Ya sea vertiginosa o tarda la fuerza motriz, en cualquier caso debe ir delante.
2 [Pers.] torpe o lenta en comprender. | Berlanga *Gaznápira* 116: Esta da el pego: siempre pareció una miaja tarda, pero, cuando se arranca, es más lista que el hambre.
3 (raro) Tardío. | GNuño *Escultura* 43: El hecho de que .. [este arte] no admita ser datado con anterioridad al año 500 .. significa que su propia evolución, tarda y desprovista de un ideal determinado, no procuraba conquistar mediante el señuelo de lo bello.

tardo- r pref De época o fase tardía. | *Por ej:* Umbral *País* 19.9.81, 21: Ese despegue de lo medieval que la moderna ciencia literaria escalona así: Manierismo, Barroco, Barroquismo o tardobarroco o rococó. Campmany *Abc* 29.4.89, 17: Don Adolfo Suárez es un caso de versatilidad política admirable, y lo mismo se puede buscar su origen político en el tardofranquismo pragmático, que en aquello que llamaban los de la Brigada Social falangistoide de izquierdas. A. Mahía *DGa* 16.3.88, 41: Las cuarenta obras presentadas –expresionismo feroz, naif perverso que recuerda carátulas tardo punkies– pertenecen a otros tantos artistas de la región de Renania. JGregorio *Jara* 16: Caseríos labranceros, blancos y cuidados, recuerdan por su aspecto confortable las antiguas villas tardorromanas aquí establecidas.

tardón -na adj (col) **1** Que tarda mucho. | ZVicente *Traque* 26: El tren en que fue repatriado, maloliente, tardón. Berlanga *Acá* 35: Con el señuelo de hacer la maratón (aunque fuera tardoncilla como Arozamena).
2 Tardo [2]. | CBonald *Ágata* 282: Pedro Lambert lo miró con el gesto conmiserativo del que tolera la ignorancia, y ¿estás en tus cabales o te has vuelto más tardón que de ordinario?, dijo.

tarea I f **1** Trabajo o quehacer. | Laforet *Mujer* 42: El empleado volvió a su tarea. Laiglesia *Tachado* 76: Se ponen muy contentos [los republicanos] cuando algún noble acepta colaborar con ellos en las tareas del gobierno.

2 Trabajo que debe hacerse en un tiempo limitado. | *BOE* 1.12.75, 25014: Cuando a juicio de la Dirección de la Empresa se considere conveniente, podrá establecerse la modalidad de trabajo a tarea o destajo.

II *fórm or* **3 ~ te (le,** *etc*) **mando.** (*col*) *Fórmula con que se pondera la dificultad de una acción.* | * Tarea te mando si quieres acabar hoy.

tarentino -na *adj* De Tarento (Italia). *Tb n, referido a pers.* | Sampedro *Sonrisa* 86: Por supuesto, jamás se le ha ocurrido entrar en la de los tarentinos, donde precisamente el viejo ha hecho su compra.

tarifa *f* Tabla de precios correspondiente a una mercancía o a un servicio. | *Inf* 16.7.70, 1: Aprobada la unificación de tarifas en toda la red del Metro. **b)** Precio determinado de una tarifa. | *Abc* 12.6.80, 21: Las nuevas tarifas son de 15 pesetas para el billete único, 25 para los festivos y 225 para el abono de diez viajes de ida y vuelta.

tarifación *f* Acción de tarifar[1]. | J. M. Arto *Abc* 28.8.66, 23: Los satélites de telecomunicaciones, por ejemplo, representan una revolución en métodos, costes de explotación, capacidad y calidad de las técnicas, sistemas de tarifación, etcétera, comparados con las actuales explotaciones.

tarifar[1] *tr* **1** Aplicar una tarifa [a algo (*cd*)]. | *Inf* 17.4.74, 10: Una orden del Ministerio de Trabajo incrementa con carácter general en la dozava parte las bases tarifadas de cotización a la Seguridad Social. *GTelefónica 83* 1, 32: La duración de la comunicación se tarifa por un período fijo inicial de 3 minutos.

2 Pagar [algo] según una tarifa. | *GTelefónica 83* 1, 32: Las llamadas a este servicio tarifan los pasos correspondientes según sean urbanas o interurbanas.

tarifar[2] *intr* (*col*) Reñir o enemistarse [con alguien]. *Frec en la constr* SALIR TARIFANDO. | M. GBaró *Ya* 3.3.63, 28: Nos extrañaba que cuando los viejos leones han conseguido el esperado tono salga el domador tarifando. * Acabarás tarifando con él.

tarifario -ria I *adj* **1** De (la) tarifa. | *Pue* 20.1.67, 10: Se ha establecido el siguiente baremo tarifario.

II *m* **2** Cuadro o tabla de tarifas. | *DNa* 14.5.77, 24: Precios Standard Chrysler basados en tarifarios de tiempos, unificados para toda España.

tarifeño -ña *adj* De Tarifa (Cádiz). *Tb n, referido a pers.* | *Abc* 3.9.75, 22: La mayor parte de la flota tarifeña (buques con menos de 50 toneladas) tenía por marco habitual de sus actividades los parajes de Punta Marroquí, Berbería, etc.

tarificación *f* Acción de tarificar. | Tamames *Economía* 180: En 1953 entró en vigor el régimen de tarifas tope unificadas, sistema de tarificación totalmente nuevo, en el que se fija un precio base único por kilovatio hora para los diferentes tipos de consumo.

tarificar *tr* Tarifar[1] [1]. | *Pue* 20.1.67, 10: En los precios tarificados se incluyen impuestos y seguro.

tarijeño -ña *adj* De Tarija (Bolivia). *Tb n, referido a pers.* | P. GBlanco *Abc* 25.4.58, 15: El mismo panorama que en Tarija se repite en Cochabamba .. Solo así se explica .. que haya en la Argentina millares de cruceños y tarijeños.

tarima *f* **1** Plataforma de madera, gralm. móvil. | ZVicente *Balcón* 9: Doña Piedad deposita su mirada sobre el brasero de cobre, tan brillante en su tarima.

2 Suelo de madera construido con tablas machihembradas y clavadas. | Delibes *Parábola* 50: El revestimiento de tarima de embero abriga la soledad lo mismo que los grabados, los libros, los visillos.

tarja *f* (*hoy raro*) Madera pequeña en la que se señalan mediante muescas ventas al fiado. | Berlanga *Gaznápira* 116: Ya no es como enantes, Sara, cuando en cada casa se consumía para una tarja y para más, alcuérdate. Ahora los veraneantes pagan lo que vienen o muy desganaos o muy desplumaos... o todo junto. Moreno *Galería* 163: Cada vecino tenía en su propia tarja la contabilidad del consumo, y no había ninguna necesidad de pago diario o al contado.

tarjeta *f* **1** Cartulina pequeña en que normalmente va impreso o escrito algo. *Gralm con un adj o compl especificador, que frec se omite por consabido.* | Laiglesia *Tachado* 65: Y entregó al Príncipe tres tarjetas postales, en las que podían verse otras tantas panorámicas de Londres. *Sp* 19.7.70, 3: No nos referimos a su encantadora presencia ni a sus famosos uniformes rojos. Aunque ambas cosas ya son una estupenda tarjeta de identidad. **b)** Tarjeta de visita (→ VISITA). | Laiglesia *Tachado* 72: Era también capaz .. de expresarse con desparpajo en el mudo lenguaje de la cortesía, que, valiéndose de una tarjeta a modo de lengua, dice muchas cosas con unos cuantos dobleces. **c)** Tarjeta postal (→ POSTAL). | Cantera *Enseñanza* 127: Unas veces serán lecturas, otras veces unas fotos o tarjetas, o bien unas diapositivas.

2 (*Fút*) Cartulina de color amarillo o rojo con que el árbitro amonesta o expulsa, respectivamente, a un jugador. *Frec con los adjs* AMARILLO *o* ROJO. *Tb fig, fuera del ámbito técn.* | *SYa* 12.12.72, 1: Dos goles y dos tarjetas al Barça. L. Nieto *Ya* 3.3.87, 43: La implantación de una segunda fase en la Liga española ha replanteado, cuando los "play off" están a un paso, el tema de las sanciones por acumulación de tarjetas amarillas. *D16* 11.2.89, 10: El lunes ya se conocían los invitados y el contenido del programa [televisivo] y nadie dijo nada. Ni siquiera me han dado una advertencia; no me han sacado tarjeta amarilla, me han sacado directamente la roja.

3 ~ de compra(s). Pequeña pieza rectangular de material plástico, que permite a su titular realizar compras a crédito en el establecimiento que la emite. *Tb, simplemente,* ~. | *Impreso* 12.85, 4: Si Vd. prefiere el pago al contado, o no posee Tarjeta de Compra de El Corte Inglés, el importe de la compra se abonará en efectivo a la entrega de la mercancía. *Impreso* 12.85, 3: No es necesario estar en posesión de la tarjeta de El Corte Inglés para beneficiarse de este cómodo servicio a domicilio.

4 ~ de crédito. Pequeña pieza rectangular de material plástico magnetizado, que permite al titular realizar compras a crédito o realizar determinadas operaciones bancarias. *Tb, simplemente,* ~. | *Impreso* 12.85, 4: Cualquier otra forma de pago (aplazamiento, tarjetas de crédito, etc...) será objeto de formalización escrita en nuestros Centros Comerciales.

5 (*Informát*) Pieza, gralm. pequeña y rectangular de cartulina o plástico, en que se almacena información mediante perforaciones o codificación magnética. | *SYa* 27.6.74, 42: El HP-65 es el primer calculador de bolsillo que ofrece una memoria externa .. Ud. puede escribir su propio programa de hasta 100 pasos, editarlo y conservarlo en una de las tarjetas en blanco. **b)** (*Informát*) Pieza que contiene un circuito impreso. | *País* 1.6.88, 27: Características técnicas [del IBM-XT 286]: .. Disco fijo 20 MB .. Tarjeta gráfica opcional VGA estándar.

tarjetazo *m* (*Fút*) Acción de enseñar el árbitro una tarjeta de castigo a un jugador. | *SYa* 12.12.72, 1: El Barcelona actuó nervioso a partir del primer tanto rojiblanco, y dos de sus jugadores, Pérez y Marcial, se llevaron el tarjetazo del árbitro del señor Serrano Sancristóbal.

tarjeteo *m* (*col*) Intercambio de tarjetas de cumplido o de felicitación en el trato social. | F. A. González *Ya* 18.12.74, 78: No serán amigos todos, pero a todos ha de enviarles el tarjeteo .. Podemos contar nuestros amigos con los dedos de las manos . Lo que tiene, no crea usted, sus ventajas .. Y, por ejemplo, también, no tener que meterse en ese tarjeteo.

tarjetero *m* Cartera para llevar tarjetas de visita. | Cabezas *Madrid* 440: También existe en la calle de San Mateo .. el Museo Romántico .. Tras un patético cristal, la pistola con que se suicidó Larra .. Tarjeteros, tabaqueras, un arpa. *GTelefónica N.* 886: Manufacturas Dogy. Encuadernación en plástico. Reclamo y propaganda. Carnets. Billeteros. Tarjeteros. Carpetería. Archivadores.

tarjetón *m* Tarjeta [1a] grande, usada esp. para invitaciones. | SSuárez *Blanca* 34: ¿Y este tarjetón? Una invitación de la Asociación de antiguos alumnos del Colegio Mayor. **b)** Cartulina del tamaño de tarjeta postal, que lleva impreso el nombre del interesado y se emplea para cartas breves. | A. Olmedo *Tiem* 8.12.86, 8: El mensaje venía escrito en un tarjetón con membrete y firmado con un nombre y dos apellidos.

tarka → TARCA.

tarlatana f Gasa de baja densidad, usada esp. para mosquiteros y cortinas. | CBonald *Ágata* 188: Criaturas .. preservadas del enemigo exterior por medio de servidumbres algodonosas y mosquiteros de aromática tarlatana. **b)** Trozo de tarlatana. | Cela *Viaje andaluz* 88: Un maestro confitero cubre, con una tarlatana verde, el mazacote dulce de la carne de membrillo.

taro m Planta herbácea perenne, propia de las regiones tropicales, de rizoma grande y comestible, del que se extrae una fécula nutritiva (*Colocasia antiquorum*). | *HLM* 8.12.75, 8: Económicamente, los grupos papúes, que constituyen el grueso de la población, tienen una economía de subsistencia basada en el cultivo del taro, yame y maíz, la ganadería, la recolección y la caza.

tarot (*pl normal*, ~s) m Baraja especial de 78 cartas que se usa en cartomancia. | *País* 7.3.79, 30: Cartomancia. Tarot y española. S*País* 8.11.81, 9: Todo en tarots. En Sirius .. puede encontrar el tarot que desea.

tarpán m Caballo salvaje de pequeño tamaño propio de las estepas de Asia. | Ybarra-Cabetas *Ciencias* 398: El único caballo que en la actualidad puede considerarse como salvaje es el tarpán, que se encuentra en los desiertos del Asia central.

tarra[1] f (*reg*) Vasija de barro con asa de esparto, usada esp. para la leche. | GMacías *Relatos* 49: Se vio [el mielero] lo que se dice totalmente acosado, porque las moscas se posaban en sus *tarras* y cántaros .. Las *tarras* –que se ensanchan al fondo y tienen mucho asiento y mucha boca– procedían de Arroyo de la Luz, villa de buenos labradores y alfareros.

tarra[2] adj (*jerg*) Viejo. *Tb n, referido a pers*. | *SD16* 2.5.82, 9: "No voy a seguir mucho tiempo." Me espanta la vejez dentro de la música y no me veo así en un escenario. Lo "tarra" hay que llevarlo con dignidad.

tarraconense adj 1 De Tarragona. *Tb n, referido a pers*. | J. Sabaté *Des* 12.9.70, 41: En las comarcas tarraconenses existe un buen número de hombres .. de reconocida valía.
2 (*hist*) De la antigua Tarraco (hoy Tarragona). | *SVozC* 25.7.70, 6: Clunia, cabeza de los conventos jurídicos de la provincia Tarraconense.

tarrafa f (*reg*) Red de pesca usada esp. para sardinas. | *Voz* 8.11.70, 3: La mayoría de las tarrafas de Malpica y Cayón y se refugiaron en la dársena coruñesa. Cela *Viaje andaluz* 320: Los pescadores de Ayamonte pescan bancos enteros de sardinas con el arte de la tarrafa y con el sardinal y el arrastre.

tarrasense adj De Tarrasa (Barcelona). *Tb n, referido a pers*. | *Van* 20.12.70, 40: Por décima vez se celebrarán esta serie de partidos entre conjuntos tarrasenses de ambas categorías.

tarrina f Terrina. | Vega *Cocina* 136: Es costumbre servirlo [el arroz] en tarrinas individuales.

tarro[1] I m 1 Recipiente de vidrio o cerámica, cilíndrico y gralm. más alto que ancho. | Pemán *Abc* 19.12.70, 3: El aduanero con guantes caza el tarro de Chanel o los cigarrillos ingleses.
2 (*jerg*) Cabeza (de pers.). | Tomás *Orilla* 196: –La vieja se las piró como pudo, porque, si no, la raja allí mismo. –Estaría a tope de coñac, que es lo suyo. –Eso y los polvos, que le han puesto el tarro para cavilar de mala manera.
II *loc v* **3 comerle el ~** [a alguien]. (*jerg*) Convencer[le] o imbuir[le] determinadas ideas, esp. aprovechando su buena fe o su ingenuidad. | Oliver *Relatos* 67: Deja plantado al chorra que le estaba comiendo el tarro con su palique trascendente. Umbral *País* 24.2.83, 26: En los últimos sesenta, un señor de chaqueta a cuadros blancos y negros, menuditos, fue a verme al Gran Café de Gijón, y me llevó al Hotel de Suecia para allí comerme el tarro con inminencias judiciales, solo porque yo había citado en un artículo a Rumasa.
b) comerse [alguien] **el ~.** (*jerg*) Dedicarse a pensar o a cavilar. | Tomás *Orilla* 39: –Que pienso. Y no lo tengo claro, pero nada claro. –Como te vayas comiendo el tarro así, vas dada.

tarro[2] m Se da este n a dos aves salvajes del gén *Tadorna*, semejantes al pato y de coloración vistosa: la *T. tadorna*, o ~ BLANCO, y la *T. ferruginea*, o ~ CANELO. | *HLS* 3.8.70, 8: Queda prohibida en todo el territorio nacional la caza de las siguientes especies: lince, cigüeñas, espátula, porrón pardo, malvasía o bambolera, tarro canelo o blanco.

tarsal adj (*Anat*) De(l) tarso. | M. Aguilar *SAbc* 13.12.70, 102: En el interior [los ojos] están recubiertos por la conjuntiva, membrana que reviste los párpados (conjuntiva tarsal) y la cara anterior del ojo.

tarsio m Prosimio nocturno de pequeño tamaño, con grandes ojos y dedos largos terminados en un disco adhesivo, propio de Indonesia y Filipinas (gén. *Tarsius*). *Frec como n m en pl, designando este taxón zoológico*. | Pericot-Maluquer *Humanidad* 26: La búsqueda puede empezar en los lemures y tarsios, prosimios del terciario inferior que han seguido hasta tiempos actuales.

tarso (*Anat*) m **1** *En los mamíferos, reptiles y batracios*: Parte del esqueleto del pie, constituida por un conjunto de huesos y situada a continuación de la pierna. | Nolla *Salud* 101: Son huesos cortos las vértebras, los huesos del carpo y del tarso, entre otros. **b)** *En las aves*: Parte más delgada de la pata, que une los dedos con la tibia. | Legorburu-Barrutia *Ciencias* 204: En las patas se distinguen: el fémur, que es corto; la tibia-peroné, que forma el muslo del ave, y el tarso-metatarso, reducido a un hueso. **c)** *En los insectos*: Parte terminal de la pata. | Ybarra-Cabetas *Ciencias* 341: Cada uno de ellos [los anillos del saltamontes] lleva un par de patas articuladas, compuestas de varios artejos, que se denominan: cadera, trocánter, fémur, tibia y tarso.
2 Parte cartilaginosa del párpado. *Frec* CARTÍLAGO ~. | Alvarado *Anatomía* 85: En el espesor de ellos [los párpados] existen: los músculos orbiculares ..; una lámina cartilaginosa (cartílago tarso), destinada a darles rigidez.

tarta f **1** Dulce, gralm. grande y redondeado, compuesto de una base de bizcocho y relleno o adornado con frutas, crema, nata u otras sustancias. | A. Olano *Sáb* 10.9.66, 6: El decorador Matías Figares instaló una gigantesca tarta con velas.
2 (*Pol, col*) Totalidad de poder o de bienes que han de repartirse. | D. Jalón *Sáb* 3.12.66, 3: Las industrias de magnitud millonaria, en su producción y en sus beneficios, son las que permiten la participación más considerable de los obreros en la ya clásica "tarta".
3 (*col*) Obra teatral o cinematográfica excesivamente dulce o amable. | J. Carabias *Ya* 2.3.75, 8: No recuerdo ni el título de la comedia. Era una de las muchas que escribió Martínez Sierra para lucimiento del encanto y las enormes facultades de Catalina Bárcena. Es posible que si la volviese a ver ahora me pareciera una "tarta".

tártago[1] m Disgusto por algún suceso grave o desgraciado. | Laín *Gac* 30.8.70, 8: El hecho de que el mundo moderno .. haya sido hazaña de sabios y no de brujos .. hace por completo irreductible[s] a la fórmula kasiana [la del aprendiz de brujo] .. los tártagos del hombre que hoy se ve obligado a soportar las rígidas estructuras .. de la sociedad a que él pertenece.

tártago[2] (*tb* **tartago**) m Planta herbácea de tallo tierno rico en látex, flores amarillentas y fruto en cápsula, usada a veces como purgante y emético (*Euphorbia lathyris*). | B. Mostaza *SYa* 24.6.73, 11: Esos microclimas .. permiten convivir la tunera y el pino, .. el tártago y la adelfa. Mayor-Díaz *Flora* 450: *Euphorbia lathyris* L. "Tartago" .. En forma de ensalada tiene efectos expectorantes.

tartaja adj (*col, desp*) Tartamudo. *Tb n*. | Berlanga *Barrunto* 81: Leía y escribía en voz alta-baja, como un pregonero tartaja. ZVicente *Traque* 93: El chico es tartamudo... Tartamudo nada más, nada de memo .. En fin, nada, Pedro, a la calle, que el tartaja este te estropeó el día libre.

tartajeante adj (*desp*) Tartajoso. | Torrente *Pascua* 354: Le salía la voz a golpes, tartajeante, y respiraba con fatiga.

tartajear (*col, desp*) **A** *intr* **1** Tartamudear. | SSolís *Camino* 118: ¡Podría enredarse en la cola, o torcerse un tacón, o dejar caer el ramo, o tartajear, o caerse!

tartajoso – tarugo

B *tr* **2** Decir [algo] tartajeando [1]. | SSolís *Camino* 333: En la boda bebió muy poco y, sin embargo, empezó a tartajear que brindaba por su hijo José Mari.

tartajoso -sa *adj* (*col, desp*) [Pers.] que tartajea. | Espinosa *Escuela* 45: Marcinio. Enmucetado, tartajoso oficial. **b)** Propio de la pers. que tartajea. | Delibes *Ratas* 158: Antes de alcanzar el majuelo, oyó la voz tartajosa del Antoliano.

tartalear *intr* Moverse de manera descompuesta. *Tb pr.* | Delibes *Madera* 436: Sin cesar de bailar, tomó la botella, levantó en alto su corto brazo velludo, zapateó briosamente sobre las chapas, tartaleándose.

tartaleta *f* Pasta de harina en forma de pequeño recipiente, que se rellena con otro alimento. | *Ama casa 1972* 564: Tartaletas con ostras .. Tartaletas con queso.

tartamudeante *adj* Que tartamudea. | Paso *Pobrecitos* 201: Entra [Luisa] por el foro desde la izquierda, pálida, dando traspiés, tartamudeante.

tartamudear A *intr* **1** Hablar con pronunciación entrecortada y repitiendo las sílabas. | Delibes *Parábola* 107: —Ocurriría —dice tartamudeando con un hilo de voz— que sería 100 en lugar de 10.
B *tr* **2** (*raro*) Decir [algo] tartamudeando [1]. | Cunqueiro *Crónicas* 66: El sochantre tartamudeó unas disculpas.

tartamudeo *m* Acción de tartamudear. | Laiglesia *Ombligos* 333: –¡Pero..., Jacobitina! –insistió en su tartamudeo el desconcertado Juan.

tartamudez *f* Condición de tartamudo. | *Abc* 25.2.58, sn: Tartamudez, rubor, timidez, corregirá con manual "Perfección".

tartamudo -da *adj* [Pers.] que habla habitualmente con pronunciación entrecortada y repitiendo las sílabas. *Tb n.* | ZVicente *Traque* 92: El chico es tartamudo... Tartamudo nada más, nada de memo.

tartán[1] *m* Tejido de lana con dibujo escocés. | Torrente *Sombras* 72: Lo imaginaba vestido como en el retrato, con aquella capa negra forrada de tartán.

tartán[2] (*n comercial registrado*) *m* Aglomerado de amianto, materias plásticas y caucho, utilizado para revestir las pistas de atletismo y otras instalaciones deportivas. | Burges *SYa* 11.10.77, 21: Hace una semana comenzaron las obras de instalación de tartán en las pistas de atletismo del Instituto Nacional de Educación Física.

tartana *f* **1** Carruaje de caballos, con toldo abovedado, asientos laterales y dos ruedas. | Benet *Nunca* 76: Se podía alquilar una tartana, avisando con una semana de anticipación al recadero. **b)** (*col*) Se usa en constrs de sent comparativo para ponderar la lentitud de un vehículo. | * Este coche es una tartana; a ver si te compras otro.
2 Embarcación de vela latina con palo perpendicular a la quilla en su centro. | Faner *Flor* 96: Apresaron tres barcos .. Evocaban viejos tiempos en que asaltantes turcos los vendieron como esclavos. Especialmente en acciones encarnizadas como el abordaje a la tartana francesa Charme.

tartanero *m* Conductor de una tartana [1a]. | Mendoza *Ciudad* 17: Esta tartana salvaba los 18 kilómetros .. sin ninguna periodicidad .. El tartanero se llamaba o era llamado el tío Tonet.

tartárico[1] **-ca** *adj* (*Quím*) [Ácido] que se extrae del tártaro[2] [1], presente en algunos vegetales y empleado en la fabricación de levaduras químicas y sales efervescentes. | Bustinza-Mascaró *Ciencias* 226: Puede contener [el jugo vacuolar], además del agua, ácidos orgánicos, como el tartárico y cítrico.

tartárico[2] **-ca** *adj* (*lit*) Del infierno. | Goytisolo *Recuento* 615: Un nuevo Demonio, aquel antiguo todopoderoso derrotado, un indómito vencido que desde sus actuales simas tartáricas intentará una y otra vez .. la reconquista de las cimas olímpicas.

tartarinesco -ca *adj* (*lit*) Que denota o implica fanfarronería o jactancia. | Delibes *Madera* 386: Empero, de regreso a la base, tras la tartarinesca operación, se olvidó de la niña y de sus juicios ante la desoladora carta de mamá Zita.

tártaro[1] **-ra I** *adj* **1** De Tartaria (región de Asia). *Tb n, referido a pers.* | Laiglesia *Tachado* 301: Con el marfil de las bolitas destinadas a las ruletas, los oficiales tártaros se hicieron muelas postizas.
2 [Salsa] hecha con mayonesa, mostaza y otros ingredientes. | *Cocina* 519: Salsa tártara. Es una mayonesa condimentada con mostaza y a la que se agregan pepinillos, chalote, huevos duros y perejil.
II *m* **3** Idioma de los tártaros [1]. | *Abc* 19.3.58, 12: En las [ediciones] poliglotas .. figuran, entre otros lenguajes, el alsaciano, .. árabe de Zanzíbar, malayo y tártaro.

tártaro[2] *m* (*Quím*) **1** Sedimento, constituido por un compuesto de potasio, que se forma en los recipientes en que fermenta mosto. | * Del tártaro se extrae el ácido tartárico.
2 Tartrato de potasio y de antimonio, usado como vomitivo y purgante. *Frec* ~ EMÉTICO. | MNiclos *Toxicología* 20: Otros vomitivos, como el tártaro emético .., son menos aconsejables.
3 crémor ~ → CRÉMOR.

tartazo *m* Golpe dado con una tarta [1]. | R. Villacastín *SYa* 28.5.89, 12: Los "cachorros" de Ruiz-Mateos toman la antorcha de su progenitor y se lían a "tartazos" con la pobre Isabelita.

tarteleta *f* Tartaleta. | Vega *Cocina* 96: Se estira la pasta con un rodillo, dándole un grueso de medio centímetro, se forman las tarteletas, .. se llenan de garbanzos.

tarterie (*fr; pronunc corriente,* /tarterí/) *f* Establecimiento especializado en tartas [1]. | *VozCh* 11.84, 1: "Los artesanos del horno" .. Tarterie. Pizzería. Sorbetería.

tartero -ra I *adj* **1** (*raro*) [Molde] de tarta. | *Coc* 12.66, 7: Se unta un molde tartero con un poco de mantequilla.
II *f* **2** Fuente poco honda, esp. de horno. | *Cocina* 338: Se pone un poco de mantequilla en el fondo de una tartera y se van colocando los ñoquis por capas espolvoreadas de queso ..; se pone a horno fuerte cinco minutos. Bernard *Pescados* 7: Se sacan .. de la sartén [las almejas] y se colocan en una tartera de porcelana que pueda ir al fuego.
3 Fiambrera. | Lagos *Pap* 11.70, 164: Sonó la campana de la obra. Quico y Rufo recogieron las tarteras.

tartésico -ca *adj* (*hist*) Tartesio [1b]. | CBonald *Ágata* 12: La plata tartésica, convertida luego en metal monetario fenicio y más luego en piezas de orfebrería romana.

tartesio -sia *adj* (*hist*) [Individuo] del pueblo hispánico prerromano habitante de la Tartéside (región situada en el occidente de Andalucía). *Tb n.* | Cela *España* 22: Los cristianos españoles .. fueron .. el producto de los sucesivos cruces y contracruces de las sangres y las ideas políticas y religiosas de astures, cántabros .., celtas (galaicos, vacceos .., lusones, célticos), iberos .., tartesios. **b)** De los tartesios. | Lapesa *HLengua* 12: La actual baja Andalucía y el Sur de Portugal fueron asiento de la civilización tartesia o turdetana.

tartrato *m* (*Quím*) Sal o éster del ácido tartárico. | Mascaró *Médico* 165: Para determinar la presencia de glucosa en la orina se hierve esta, en un tubo de ensayo y a la llama, con un reactivo compuesto de sulfato de cobre en hidróxido potásico con tartrato sodicopotásico.

tártrico -ca *adj* (*Quím*) [Ácido] tartárico. | *Ama casa 1972* 120: Lavarlas [las verduras] en una disolución de ácido tártrico al 3 por 100, que mata el bacilo del cólera y de otras enfermedades.

tartufismo *m* (*lit*) Hipocresía, esp. en lo religioso. | Aguilar *Experiencia* 177: La voluntad de emulación y el ardiente estímulo .. no deben ser confundidos con el resentimiento .. Puedo asegurar, sin tartufismo, que tal frontera ha existido siempre en mí.

tartufo *m* (*lit*) Individuo hipócrita, esp. en lo religioso. | CBaroja *Tri* 3.6.72, 28: Temía las asechanzas monjiles y otras maniobras envolventes, enderezadas a un único fin, que, según mi criterio, era el de amargar las últimas horas de mi tío y sacar una ventajilla dialéctica, para consuelo de beatas y tartufos.

tarugo *m* **1** Trozo corto y grueso de madera. | Laiglesia *Ombligos* 59: Hasta los enanos pueden parecer gigantes izando sus peanas de madera con unos cuantos tarugos. **b)**

Trozo corto y grueso [de una materia]. | Torrente *Off-side* 516: Allones pregunta qué tapas hay. Le enumeran: boquerones en vinagre, .. queso y jamón en lonchas o en tarugos.
c) Trozo grueso e irregular [de pan]. | * ¿Dónde vas con ese tarugo de pan, criatura?
2 (*col*) Pers. torpe o de rudo entendimiento. *Tb adj.* | Salvador *Haragán* 41: ¡No, esa no, tarugo! ¿No ves que está verde? ZVicente *Traque* 289: A los tres meses sin pagar tuvimos que dejarla en el cubo, ni siquiera gritó cuando la volcaron en el triturador del ayuntamiento, debía de estar muy cansada. Era muy tarugo.
3 (*argot Med*) Comisión pagada por un laboratorio farmacéutico por recetar sus productos. | L. J. Ávila *Inf* 13.4.72, 9: Tres inspectores de la Seguridad Social llegados de Madrid están realizando la tramitación de unos veinticinco expedientes de otros tantos médicos asturianos sobre el tema de la percepción de comisiones que les facilitan los laboratorios, "tarugos", por recetar sus medicamentos.

tarumba *adj* (*col*) Loco. Con intención ponderativa. *Gralm con los vs* ESTAR *o* VOLVER. | Berlanga *Rev* 11.70, 28: Se arruinó, anduvo de hojalatero y terminó medio tarumba.

tarzán *m* (*col*) Hombre atlético y gralm. apuesto. | J. L. Salas *Sur* 10.8.89, 10: La forma física de Ricky Trujillo no tiene nada que envidiarle a la de cualquier tarzán.

tasa I *f* **1** Precio de venta establecido oficialmente. *Frec* PRECIO DE ~. | Vizcaíno *Posguerra* 54: En Cuenca se imponían diversas multas de 10.000 pesetas a tenderos que vendían vino a precios superiores a los de la tasa. FQuintana-Velarde *Política* 228: Tasemos un artículo cualquiera a un precio que no se ajuste a las condiciones de demanda y oferta. En el momento en el que esto ocurra, si el precio de tasa está por debajo del precio del mercado, la producción cesará.
2 Impuesto establecido por un servicio administrativo. | *HLM* 29.4.74, 59: Sus pagos periódicos de tasas y arbitrios municipales ahora puede efectuarlos sin molestias.
3 (*E*) Índice o porcentaje. | LMuñoz *Tri* 26.12.70, 7: El crecimiento del producto industrial .. va a exigir unas tasas de crecimiento de las importaciones cada vez mayores. *Reforma* 121: Las tasas de abandono y fracaso en FP-1, sobre todo en su primer curso, son las más altas de todo el sistema.
II *loc adv* **4 sin ~.** Sin limitación o medida. | *Sáb* 10.9.66, 24: Estamos hartos de .. tantos tropos que distraen la atención y son un cómodo expediente para hablar sin tasa y no decir nada.

tasación *f* Acción de tasar [1]. | *GTelefónica N.* 52: Cuadros. Porcelanas. Objetos de arte. Compra-venta. Tasaciones.

tasadamente *adv* Con limitación o medida. | FAlmagro *Abc* 29.7.65, 21: Justa, en lo que calla como en lo que muy tasadamente dice, .. pasa por la zona de mayor peligrosidad en la segunda parte más o menos de la novela.

tasador -ra *m y f* Pers. que tasa [1]. *Esp referido al profesional.* | Benet *Nunca* 135: Un despojo de gasa agujereada trataba de suplir la ausencia de cristales en el ventanal de la escalera, hinchándose con la brisa vespertina para medir como un balón de oxígeno la agonía de la casa, tanto o más elocuentes que el informe de un tasador oficial de la Caja de Ahorros.

tasajar *tr* Cortar o trocear [carne]. | GPavón *Rapto* 54: Samuel el Rojo .. dijo a medias palabras que se iba a tasajar el choto.

tasajo *m* **1** Cecina. | FVidal *Duero* 133: El vagabundo imagina los yantares del buen Diego Laínez, a base de lentejas .., queso, tasajo y pan moreno.
2 Trozo cortado de carne. | Carnicer *Cabrera* 62: Al poco rato entra Fermina con una fuente enorme de carne guisada .. Don Manuel sirve a todos, y nos disponemos a atacar los tasajos.
3 Corte o tajo. | I. RQuintano *SAbc* 17.1.82, 43: El matarife .. abre entonces el cadáver en canal. De un tasajo, el cochino se queda sin alma, que es la parte baja de la papada.

tasar *tr* **1** Determinar o establecer el precio [de algo (*cd*)]. | Iparaguirre-Dávila *Tapices* 80: Promulgada una ley de desamortización de los bienes que pertenecieron a la Corona, los Arquitectos del Ministerio de Hacienda se presentaron en la Fábrica para medirla y tasarla con objeto de ponerla a venta en pública subasta. FQuintana-Velarde *Política* 228: Tasemos un artículo cualquiera a un precio que no se ajuste a las condiciones de demanda y oferta. En el momento en el que esto ocurra, si el precio de tasa está por debajo del precio del mercado, la producción cesará.
2 Determinar el límite máximo [de algo (*cd*)]. | R. Escamilla *Miss* 9.8.68, 29: Cada ciudad tiene sus autoridades que tasan la velocidad adecuada para ella.

tasarte *m* Pez marino comestible propio de la zona de Canarias (*Orcynopsis unicolor*). | M. E. Yagüe *Sáb* 30.11.74, 35: Las capturas a que nos vamos a referir corresponden a una campaña de cinco meses para el mismo tipo de barco .. 100 Tm. de corvina .. 50 Tm. de tasarte.

tasca *f* (*col*) Taberna. *A veces en la constr* IR DE ~S. | ZVicente *Traque* 201: Yo comía en la tasca del sanabrés, ahí, a la vuelta de la esquina. Goytisolo *Afueras* 98: Hemos salido a dar una vuelta, de tascas, ¿sabes?

tascar *tr* Morder [una caballería el freno], gralm. en señal de impaciencia. | Lera *Bochorno* 119: Leandro movió la cabeza como un potro cuando tasca el freno. **b) ~ el freno** [una pers.]. Aguantar una imposición con irritación reprimida. | Zunzunegui *Camino* 375: El hombre tascó el freno. –Pues como no se la haya tragao la tierra.

tascucio *m* (*col, desp*) Tasca. | CPuche *Paralelo* 32: Después de tomarse un cafetito en la barra de un tascucio, volvieron a la Plaza de Castilla.

tasmanio -nia *adj* De Tasmania (isla de Australia). *Tb n, referido a pers.* | Pinillos *Mente* 52: Habría que excluir algunos pequeños grupos raciales poco evolucionados o biológicamente deteriorados por circunstancias especiales, como los tasmanios, los pigmeos.

tasquear *intr* (*col*) Ir de tascas. | Goytisolo *Recuento* 67: Aquello no se animaba hasta más tarde, cuando comenzaran los espectáculos, y decidieron volver atrás, todavía tasqueando, bebiendo vino fresco, algo picado.

tasqueo *m* (*col*) Acción de tasquear. | Goytisolo *Afueras* 98: –Hemos salido a dar una vuelta, de tascas, ¿sabes? .. –¿De tasqueo? Hombre, yo conozco el sitio en donde dan las mejores tapas de Barcelona.

tasquero -ra (*col*) I *adj* **1** (*raro*) De (la) tasca. | *País* 6.4.78, 8: Unos y otros tenemos que desechar la demagogia barata y gratuita, la verborrea tasquera que nos oculta la realidad de todas, digo de todas las regiones.
II *m y f* **2** Pers. que posee o atiende una tasca. | Arce *Testamento* 78: "Durante la guerra pasaron muchas cosas. Ya no son aquellos tiempos", me advirtió Antonino el tasquero.

tástana (*tb* **tastana**) *f* Piel que recubre las partes interiores de determinadas frutas. *Tb fig.* | Azorín *Cine* 15: No me avengo a designar las obras del cine con el vocablo "película", es decir, "pielecita", como la tástana en la granada, la fárfara en el huevo, la bizna en la nuez. ZVicente *Mesa* 25: La tástana de contribuyente va a ponerse relativamente barata, vamos, casi regalada.

tastar *tr* (*lit, raro*) Gustar o saborear. *Tb fig.* | FReguera-March *Filipinas* 86: Había .. cantidades temerosas de comida y bebida de lo mejor. De esto tasté por unos asistentes amigos. FReguera-March *Filipinas* 235: Cumplí en todo lo que quise con mucha satisfacción, con una felicidad que daría mil veces la vida por tastarla otra vez.

taste *m* (*reg*) Olor desagradable. | Delibes *Castilla* 175: Yo atraigo a los raposos con las tripas de ellos mismos, y si son de hembra mejor que de macho, porque es el macho entonces el que baja al taste de la orina, se encela y va detrás.

tasugo *m* Tejón (animal). | Delibes *Guerras* 118: Luego, en el invierno, poner cuidado, para que el tasugo y el picorrelincho no se las coman.

tata *f* (*col*) Sirvienta. | MGaite *Ritmo* 203: Lo de fingirse dormido y luego comisquear a media tarde, cuando las tatas estaban en su cuarto, también lo hacía mi padre.

tatami *m* (*Dep*) Suelo de esterilla sobre el que se practican los deportes de lucha japonesa. | J. A. Valverde *Act* 26.11.70, 77: Las caídas sobre el "tatami" son constantes. Retumban los golpes secos en la sala, o en el "dojo".

tatarabuelo – taurofílico

tatarabuelo -la A *m y f* **1** Padre o madre del bisabuelo o de la bisabuela [de una pers. (*compl de posesión*)]. *Tb sin compl.* | Torrente *Pascua* 106: –Los Churruchaos nos parecemos todos.– Señaló, con un movimiento circular de la mano, los retratos .. –Solo uno de ellos, sin embargo, se parece a ti .. Este. Se llamó en vida Mariana Quiroga, y debe ser tatarabuela tuya.
B *m pl* **2** Antepasados. *Frec con intención de ponderar la lejanía temporal.* | Carrero *Pue* 22.12.70, 6: Siguen .. aferrados a la mentalidad de nuestros tatarabuelos de las Cortes de Cádiz. Laiglesia *Tachado* 56: No era posible entrar en él sin poseer un pedigree con media docena de tatarabuelos nobles.

tataranieto -ta *m y f* Hijo del biznieto o de la biznieta [de una pers. (*compl de posesión*)]. *Tb sin compl. Alguna vez referido a animales.* | MSantos *Tiempo* 136: Entre vulgares pardales un tataranieto inesperado presenta un precioso pecho de color de fuego.

tatarear *tr* (*pop*) Tararear. *Tb abs.* | T. Torres *D16* 9.4.81, 30: Las viejas folklóricas .. resisten el paso del tiempo .. con todo el reino de sus fieles encantado por los también viejos hechizos de las canciones que tatareaban por los años cincuenta.

tatareo *m* (*pop*) Tarareo. | L. Calvo *Abc* 13.9.66, 25: Las camionetas parlantes .. sacaron el domingo de su sueño a los saigoneses para recordarles, con un tatareo disonante de gramófono, que era llegada la fecha histórica de votar.

tate[1] *interj* (*col*) *Expresa que se ha llegado al conocimiento de algo, o que se ha caído en la cuenta de ello.* | MSantos *Tiempo* 45: Tate, Cartucho, aquí ha habido tomate.

tate[2] *m* (*col*) Chocolate (alimento y droga). *Referido a alimento, en lenguaje infantil.* | Montero *SPaís* 5.3.78, 13: En la esquina de la calle, a la luz de los faroles, pequeños grupos se dedican al trapicheo, a la compra y venta de material: *tate*, *trips*, un poquito de *mari*... Son los camellos vendedores de drogas suaves.

tatear *intr* (*reg*) Tartamudear. | *VNu* 18.12.71, 29: Quiero velar por Luisito, que tatea. Y quiero que no tatee. Si no, nunca se le entenderá.

Tato. el ~. *m* (*col*) *Personaje imaginario mencionado en constrs ponderativas de afirmación o de negación:* HASTA EL ~, NI EL ~. | *DLi* 28.3.78, 6 (C): No invierte ni el Tato.

tatuaje *m* Acción de tatuar. *Frec su efecto.* | *SYa* 29.6.73, 40: Tenemos ya unos modelos de tenazas .. para efectuar un tatuaje debajo de las alas [de los gallos de pelea], en la membrana, en el que se marcarán un número y las siglas del criador, con lo cual el fraude ya no será posible. Laiglesia *Tachado* 297: ¿Qué hay en la espalda que merezca la pena de verse? ¿Algún tatuaje? M. L. GFranco *Ya* 8.7.90, 17: El parte médico señalaba .. que tiene importantes lesiones en el antebrazo derecho y múltiples quemaduras y tatuajes producidos por la pólvora por todo el cuerpo.

tatuar (*conjug* **1d**) *tr* **1** Dibujar en la piel [de alguien (*cd*) o de una parte de su cuerpo (*cd*)] introduciendo materias colorantes bajo la epidermis. | Pericot *Polis* 18: El hombre de Neandertal .. se pinta, tatúa y practica un rito funerario o culto a los muertos. **b)** Dibujar [algo] en la piel introduciendo materias colorantes bajo la epidermis. | * Le han tatuado un león en el brazo.
2 (*Med*) Producir un cerco o señal alrededor de una herida por arma de fuego, cuando esta se ha disparado desde muy cerca. | *Ya* 24.4.85, 33: El fallecido presentaba "una herida de quince por seis centímetros, apreciándose un gran destrozo de diafragma y de ambos lóbulos hepáticos, los cuales están tatuados en toda su superficie y lesionados con pólvora y completamente esfacelados".

tatuejo *m* (*raro*) Armadillo (animal). | Navarro *Biología* 307: Entre los mamíferos característicos están los desdentados (oso hormiguero ..; perezosos y armadillos o tatuejos), algún marsupial.

tau *f* Letra del alfabeto griego que representa el sonido [t]. (V. PRELIM.) | Estébanez *Pragma* 43: Alfabeto griego: .. pi, ro, sigma, tau. Torrente *Saga* 522: Procedí a hacerle una incisión en el vientre, la incisión de Amenothep [*sic*], que tiene forma de Tau.

taula *f* (*Arqueol*) Monumento megalítico balear, consistente en una mesa formada por dos grandes piedras, una vertical y otra horizontal. | Pericot-Maluquer *Humanidad* 160: Otra de las características menorquinas es la aparición de las grandes *taulas*, en el interior de recintos ultra-semicirculares.

taumaturgia *f* (*lit*) Poder de hacer milagros. | MMariño *Abc* 15.3.68, 25: ¡No hay ninguna taumaturgia económica capaz de superar tal evidencia!

taumatúrgico -ca *adj* (*lit*) De (la) taumaturgia. | DPlaja *El español* 78: Saca una mano en el momento de torcer el volante, mano a la que evidentemente atribuye el poder taumatúrgico de Moisés separando las aguas del Mar Rojo.

taumaturgo -ga *m y f* (*lit*) Pers. capaz de hacer milagros. | Cela *Viaje andaluz* 212: Arias Montano, que fue sabio en todas partes y ermitaño –y también taumaturgo– en la sierra de Aracena.

táurico -ca *adj* (*lit*) Taurino. | Lorenzo *SAbc* 8.9.74, 11: Extremadura es ganadería de casta, la res toro de muerte, dinastía táurica el pueblo, ruedo la plaza de armas del castillo.

taurinamente *adv* **1** En el aspecto taurino. | Barquerito *SD16* 14.10.86, 4: A Joselito el combate con Espartaco, imaginario o no, le estraga .. Le beneficie profesionalmente. Pero taurinamente le saca de sus casillas.
2 De manera taurina. | MSantos *Tiempo* 222: Es la misma hembra tan taurinamente perseguida, tan amanoladamente raptada desde un baile de candil y palmatoria hasta las caballerizas de palacio para regodeo de reyes.

taurinismo *m* **1** Actividad taurina [1a]. | J. C. Arévalo *Tri* 15.7.72, 33: El taurini[s]mo catalán dejó de ser prácticamente hace muchos siglos, cuando el toro salvaje desapareció de sus campos. [*En el texto*, taurinísimo.] *HLSe* 3.11.75, 41: El taurinismo, formado sobre la base de la historia y la gran familia que lo integra, tiene varias fases que se desarrollan en diversas épocas del año. **b)** Mundo taurino [1a]. | *Rio* 2.10.88, 41: El motivo es claro, en San Mateo y en Logroño se concentra todo el taurinismo. Aquí se ha cerrado el cartel porque aquí está toda la presión de los apoderados y los toreros.
2 Condición de taurino [1a]. | P. Pastor *SASeg* 4.1.90, 7: ¡Feliz Año Nuevo! Para la peña taurina "El Espontáneo" .. Para Andrés Hernando, por su calidad humana y su fortalecido taurinismo.

taurino -na *adj* De (la) fiesta de los toros. *Tb n, referido a pers.* | *Rio* 2.10.88, 41: Aquí, en la feria taurina, está toda la prensa, escrita, radiada y televisiva. Heras *Mad* 13.5.70, 32: El conserje, hombre que conoce a cualquier taurino a distancia, me decía: –Parece que este año hay algo menos de interés por las corridas. **b)** De (la) lucha con los toros. | Tejedor *Arte* 27: Singular de la cultura cretense es también el cultivo de la música y la danza y los diversos juegos o fiestas, unas deportivas .. y otras taurinas.

tauro (*frec escrito con inicial mayúscula*) *adj* [Pers.] nacida bajo el signo de Tauro. *Tb n.* | Umbral *País* 10.5.80, 27: Uno había querido y esperado siempre interesar al personal por la buena o mala prosa .., pero resulta que uno acaba interesando .. por ser Tauro.

taurobolio *m* (*hist*) Sacrificio de un toro ofrecido a Cibeles o a otra divinidad. | A. Robledo *VozT* 2.4.75, 21: Al acto de la fiesta del taurobolio –o expiación– asistían doncellas o vírgenes canéforas ..; todas honraban a la diosa Diana.

tauróbolo *m* (*hist*) Taurobolio. | Alvar *Abc* 10.2.90, 3: El toro, fuente de eterna juventud y de perpetua regeneración; así era el culto del tauróbolo que, desde Asia Menor, se introdujo en Italia en el siglo II.

taurocólico *adj* (*Quím*) [Ácido] presente en la bilis del hombre y de algunos mamíferos, esp. del buey. | Navarro *Biología* 152: Las sales biliares son sales sódicas de dos ácidos, el ácido glicocólico y el ácido taurocólico.

taurofilia *f* (*lit*) Afición a las corridas de toros. | J. Vega *Abc* 25.2.58, 27: El autor de "La pata de la raposa" siempre se ha enorgullecido de su inclinación taurómaca, o, mejor dicho, de su taurofilia.

taurofílico -ca *adj* (*lit*) De (la) taurofilia. | MGalván *Tri* 17.12.66, 57: Cualquier hombre resta de una posible alusión a la cornamenta su experiencia en bicicletas .. Picasso suma a esa alusión toda la carga de su experiencia taurofílica y crea la cabeza de un toro.

taurófilo -la *adj (lit)* De (la) taurofilia. | FVidal *Duero* 176: El viajero, puesto a pensar en las costumbres taurófilas del país, siente que la piel se le hace de gallina. **b)** Aficionado a las corridas de toros. *Tb n.* | DCañabate *Paseíllo* 12: Vi mi primera corrida llevado por mi abuelo paterno, entusiasta taurófilo.

taurófobo -ba *adj (lit)* Que aborrece las corridas de toros. *Tb n.* | Cela *Judíos* 76: Es hombre descreído y de ideas avanzadas, picajoso y taurófobo.

taurómaco -ca *adj* De (la) tauromaquia. | HSBarba *HEspaña* 4, 342: En el arte taurómaco se inica ya, con carácter propio, un estilo mejicano.

tauromaquia *f* Arte de lidiar toros. | J. CCavanillas *Abc* 21.8.66, 26: Se puede decir que de cuarenta pases diferentes que existen en el arte de la tauromaquia, al menos veinte los ha inventado él.

tauromáquico -ca *adj* Taurómaco. | J. Berruezo *Abc* 1.8.70, 30: Son los vascos dados a los toros .. La historia tauromáquica ofrece los nombres del .. "Martincho", .. "El Zapaterillo de Deva".

tauteo *m (reg)* Gañido de la zorra. | Cela *Oficio* 11: Salen aullidos de lobo volando y tauteos de zorra volando o mejor maullidos de gato manso volando.

tautología *f* **1** Repetición innecesaria de un concepto ya expresado. | F. Molina *Abc* 7.9.66, 50: Es una absurda tautología decir que "un clérigo viste el clérigo".
2 *(Filos)* Proposición o fórmula que es siempre verdadera, cualquiera que sea el valor de verdad de los elementos que la componen. | * El llamado "principio de contradicción" es una tautología.

tautológicamente *adv* De manera tautológica. | Albalá *Periodismo* 78: Será obligado aceptar que hay "medios" de comunicación y, además, "instrumentos" de difusión para la llamada (tautológicamente, a nuestro juicio) "comunicación social". MPuelles *Filosofía* 2, 153: La idea del no-ser .. no está, ni como sujeto ni como predicado, en el principio de identidad, y por lo tanto este, tautológicamente interpretado, no es principio alguno.

tautológico -ca *adj* **1** De (la) tautología o que la implica. | Lapesa *HLengua* 22: *Valle de Arán* es una denominación tautológica en el sentido de que *aran* significa en vasco 'valle'. MPuelles *Filosofía* 1, 207: No porque esta [la metafísica] demuestre positivamente la realidad del ser, que sería empeño vano y tautológico, sino porque rebate y desvirtúa los argumentos que se proponen contra la misma cognoscibilidad.
2 Que comete tautología. | Ma. Gómez *Ya* 18.12.90, 2: Menos tautológicos, los higienistas Hauser y Méndez Álvaro se limitaron a explicar los peligros que .. se derivaban de la prostitución.

tautomería *f (Quím)* Isomería que presentan ciertos compuestos cuyas moléculas existen en dos formas isómeras intercambiables en equilibrio. | Aleixandre *Química* 195: Las carbilaminas .. son isómeras de los nitrilos .. Esta clase de isomería recibe el nombre de tautomería o desmotropía.

tautosilábicamente *adv (Fon)* De manera tautosilábica. | Academia *Esbozo* 39: De los fonemas obstruyentes, los que forman las dos primeras series del grupo simétrico pueden unirse tautosilábicamente con uno de los fonemas sonánticos /l, r/.

tautosilábico -ca *adj (Fon)* [Sonido contiguo a otro] que pertenece a la misma sílaba. | Academia *Esbozo* 13: De los sonidos contiguos que pertenecen a una misma sílaba decimos que son monosilábicos o tautosilábicos. **b)** De (los) sonidos tautosilábicos. | Academia *Esbozo* 14: De los sonidos contiguos que pertenecen a una misma sílaba decimos que .. se hallan en grupo o en posición monosilábica o tautosilábica.

taxácea *adj (Bot)* [Planta] conífera de hojas aciculares o lineales, flores dioicas y semillas con arilo carnoso, de la familia del tejo. *Frec como n f en pl, designando este taxón botánico.* | GCabezón *Orotava* 37: Ginko .., *Gingko biloba*, Linn., Taxácea, Japón y China.

taxativamente *adv* De manera taxativa. | J. Vasallo *Bal* 21.3.70, 25: El Cardenal Primado reafirma taxativamente que no puede aspirar al sacerdocio el que no tenga el carisma del celibato.

taxativo -va *adj* Inequívoco o que no deja lugar a dudas. | Alfonso *España* 185: La Ley de Caza de 1902, en su artículo 17, imponía de modo taxativo: "Queda absolutamente prohibida toda clase de caza desde 15 de febrero hasta 31 de agosto inclusive".

taxi *m* **1** Automóvil de alquiler con taxímetro. | CNavarro *Perros* 14: La llevaría a todos esos sitios adonde nosotros vamos los domingos .. y luego llamaría un taxi.
2 ~ aéreo. Aerotaxi. | Aparicio *Retratos* 73: –Yo no me hubiera subido a esa avioneta .. –Y qué íbamos a hacer si el taxi aéreo que traíamos de Neuquén se negó a seguir.

taxia *f (Biol)* Tactismo. | Pinillos *Mente* 83: Las plantas y los animales inferiores se adaptan al medio en virtud de unas rudimentarias estructuras de conducta que se llaman taxias y tropismos.

taxidermia *f* **1** Arte de disecar un animal muerto para que mantenga su apariencia de vivo. | Goytisolo *Recuento* 591: La lectura sistemática de los anuncios económicos de La Vanguardia .., cultivo de champiñones, soldaditos de plomo, taxidermia, seguros de coche.
2 *(raro)* Acción de disecar un animal. | Yebes *Abc* 27.9.70, 15: La taxidermia de todos los grupos de animales, excepto uno, ha sido realizada de forma admirable por José Luis Benedito.

taxidermista *m y f* Especialista en taxidermia [1]. | L. Blanco *SYa* 17.6.73, 4: Esta ciudad es un prodigio de belleza .. Sin pensarlo demasiado, parece obra de un taxidermista, que ha sabido plasmar y detener la vida de una ciudad del siglo XIV.

taxidermizar *tr (raro)* Disecar [un animal] para que mantenga su apariencia de vivo. *Tb fig.* | Yebes *Abc* 10.10.65, sn: Su museo .. contiene, taxidermizados, todos los trofeos logrados en su vida en el continente africano. Umbral *Mortal* 145: El escritor, el artista, por muy maldito y escandaloso que haya sido, .. es reasumido en una posteridad inmediata, es aprovechado, taxidermizado.

taxímetro *m* **1** *En un automóvil de alquiler:* Contador que marca el precio de su servicio. *A veces en aposición.* | APaz *Circulación* 21: Se denomina auto-taxi el de alquiler para viajeros, en número no superior a nueve, provisto de aparato marcador taxímetro.
2 *(raro)* Automóvil de alquiler con taxímetro [1]. | EOn 10.64, 46: Impuesto sobre el lujo .. Toda clase de vehículos con motor mecánico, para circular por carretera, con excepción de los dedicados al transporte de mercancías o al colectivo de viajes, los taxímetros y los destinados a su alquiler, con o sin conductor.

taxis[1] *m (pop)* Taxi. | J. L. MRedondo *Act* 25.1.62, 49: No todo el mundo que toma un taxis va a trabajar o a buscar un médico.

taxis[2] *f (Biol)* Tactismo. | R. Alvarado *Abc* 30.10.84, 3: Taxias, taxis, taxismos son otros tantos sinónimos utilizados, en lugar de tactismo.

taxismo *m (Biol)* Tactismo. | R. Alvarado *Abc* 30.10.84, 3: Taxias, taxis, taxismos son otros tantos sinónimos utilizados, en lugar de tactismo.

taxista *m y f* Conductor de taxi. | Carrero *Pue* 22.12.70, 7: Nadie ha pensado en la viuda y los tres hijos del taxista Fermín Monasterio.

taxón *m (Biol)* Grupo taxonómico. | GLarrañeta *Flora* 217: En la clasificación actual de los peces los órdenes están muy bien definidos, habiendo desaparecido los taxones acantopterigios y malacopterigios.

taxonomía *f (E)* **1** Ciencia de la clasificación, esp. aplicada a la botánica y a la zoología. | F. Ponce *Abc* 20.8.69, 35: Con las anteriores ideas estableció relaciones entre la taxonomía bioquímica, filogenia y evolución molecular.

taxonómicamente – teatralidad

2 Clasificación según las leyes de la taxonomía [1]. | Benet *Aire* 128: A duras penas crecían unos matojos que probablemente carecían de registro en los cuadernos de taxonomías.

taxonómicamente *adv* (*E*) De manera taxonómica. | Navarro *Biología* 241: Hasta el presente no ha sido posible situar, con certeza, taxonómicamente a los virus.

taxonómico -ca *adj* (*E*) De (la) taxonomía. | Navarro *Biología* 268: Muchos seres que viven en el mismo medio se parecen notablemente entre sí, aunque pertenezcan a grupos taxonómicos distintos.

tayiko -ka *adj* De Tayikistán (antigua U.R.S.S.). *Tb n, referido a pers.* | M. LGonzález *Ya* 13.6.89, 14: En el brote de violencia étnica .. han perecido hasta ahora 87 personas: 63 mesjetas, 17 uzbekos, un tayiko y el resto de otras nacionalidades.

taylorismo *m* (*Econ*) Sistema de organización del trabajo industrial, basado en la especialización estricta y creado por F. Taylor († 1915). | Vicens *Polis* 465: El americano Taylor (1856-1915) descubrió el principio de la especialización y regularización del trabajo (taylorismo). El obrero se sometía a la máquina.

taza *f* **1** Vasija pequeña, profunda y normalmente con un asa, que se emplea para beber líquidos, esp. infusiones o caldos. *Tb su contenido.* | Olmo *Golfos* 158: Mi padre cogió un terrón de azúcar, y con mucho cuidado lo echó, suavemente, en su taza. **b)** *Se usa, precedido de un numeral del uno al tres, como distintivo de la categoría oficial de una cafetería.* | F. A. González *Ya* 4.12.73, 60: Pondríamos algo en las puertas de las carnicerías .. Vaya, como lo de los tenedores en los restaurantes, o lo de las tazas en las cafeterías, o lo de los rombos en los telefilmes.

2 *En una fuente:* Receptáculo en que cae el agua. | Lagos *Vida* 66: En el centro de la plaza estaba la fuente .. Una tarde se acercó despacio; la luz, al caer en la taza, saltaba despidiendo una lluvia de transparentes burbujas.

3 *En un cuarto de aseo:* Pieza destinada a sentarse en ella para evacuar o para lavarse. *Con un compl especificador:* DE WÁTER, *o* DE BIDÉ. *Sin compl, designa el wáter.* | Laforet *Mujer* 211: La ducha estaba en aquella casa exactamente sobre la taza del retrete. Grosso *Capirote* 190: El agua escurría en la taza de porcelana del bidé.

tazar *tr* Rozar o romper [la ropa] por el uso. *Frec en part.* | Delibes *Perdiz* 114: El Barbas, para acuitar mejor la escopeta, saca el brazo derecho fuera de la americana. Su hombro izquierdo está tazado, deshilachado por el tirón del morral.

tazón **I** *m* **1** Vasija semiesférica y sin asas, del tamaño de una taza [1] grande y con el mismo uso que esta. *Tb su contenido.* | Calera *Postres* 28: En recipientes grandes como vasos o tazones se llenarán unos centímetros con trocitos de hielo.

2 Taza [2]. | Villarta *Rutas* 37: La plazoleta que se llama, precisamente, de las Cuatro Fuentes .. Se contemplan los tazones de agua.

II *loc adv* **3 a ~.** (*col*) De forma redondeada y a la altura de la nuca. *Referido al modo de cortar el pelo. Tb adj.* | L. Cappa *SYa* 25.8.90, 5: Su atuendo más habitual consiste en vaquero a presión, zapato de maricastaña .. y el pelo cortado a casquete o a tazón.

TBO → TEBEO.

te¹ → TÚ.

te² *f* **1** Letra del alfabeto (*t*, *T*), que en español corresponde al fonema /t/. (V. PRELIM.) *A veces tb se llama así el fonema representado por esta letra.* | Torrente *Fragmentos* 264: Se puso a trazar unos dibujos, mientras murmuraba los nombres de las letras: ".. a, eme, otra vez a, uve, i, te".

2 Pieza en figura de letra *t* mayúscula. | GTelefónica *N.* 54: Ángulos lados iguales y desiguales. Tes lados iguales y desiguales. Tubos rectangulares.

té I *m* **1** Árbol o arbusto oriental cuyas hojas, ricas en cafeína, tanino y sustancias aromáticas, se emplean en infusiones (*Thea sinensis*). *Diversas variedades se distinguen por medio de adjs o compls:* DE CHINA, DE CEILÁN, VERDE, NEGRO. | Zubía *Geografía* 207: Es [China] el primer productor del mundo en arroz y té.

2 *Se da este n a distintas plantas herbáceas o arbustivas cuyas hojas se emplean en infusiones, esp a la Salvia officinalis* (~ INDÍGENA), *el Chenopodium ambrosioides* (~ BORDE, *o* ~ DE ESPAÑA) *y la Veronica officinalis* (~ DE EUROPA). | Delibes *Año* 27: El veterinario me estuvo enseñando un té silvestre que se cría en las rocas de Las Puertas .. Las plantitas crecen en los resquicios más inverosímiles. Remón *Maleza* 122: Especie: V[*eronica*] *officinalis* L. Nombre común: Té de Europa. Mayor-Díaz *Flora* 364: *Sideritis hyssopifolia* L. "Té de roca". Mayor-Díaz *Flora* 180: *Chenopodium ambrosioides* L. "Té español". GCabezón *Orotava* 26: Té de los árabes, *Catha edulis*, Forsk. GCabezón *Orotava* 37: Té del Brasil, *Siparuna Thea*, A.D.C.

3 Infusión preparada con hojas de té [1 y 2, esp. 1]. | CNavarro *Perros* 189: Preparó el té como sabía que le gustaba a su madre. Berlanga *Gaznápira* 86: Estuvo hablador, risueño incluso, tomando una taza de té de risco.

4 Reunión de carácter social celebrada por la tarde y durante la cual se merienda con té [3]. | *Inf* 27.5.70, 21: Las reuniones, el té de las cinco, los cócteles, los guateques, en los que a la media hora ya has visto lo que tenías que ver. **b) ~ danzante.** (hoy raro) Reunión con baile a la hora del té. | MSantos *Tiempo* 40: ¿Solo ha bailado usted en bodas? Ya habrá ido alguna vez con sus amigos a un cabaret o a un té danzante. Cuando la guerra de África eran benéficos .. Yo estuve de jovencita en varios tés de esos.

II *loc adj* **5 de ~.** [Rosa] de color amarillo y suave aroma de té [1]. | * Las rosas de té son mis preferidas.

6 de ~. [Salón] de cierta distinción especializado en meriendas a base de té [3]. | GTelefónica *N.* 959: Cactus. Salón de Té-Bar Americano.

III *loc adv* **7 dar el ~.** (*col*) Dar la lata. | Halcón *Monólogo* 201: Está enterada de lo de Jesús conmigo y quiere darme el té.

tea *f* **1** Astilla de madera resinosa, que arde con suma facilidad. | Moreno *Galería* 124: Sorprendió a un muchacho y a su abuelo acopiando, furtivamente, teas.

2 (*reg*) Madera de pino. | Alvar *Islas* 36: Al otro lado de la rambla se veían unas paredes blanquísimas .. y un balcón de tea, sobrio, elegantísimo.

3 (*col*) Borrachera. | X. Domingo *His* 8.77, 117: Maximiliano II agarró en el local una tea imperial.

4 ~s nupciales (*o* **maritales**). (lit, raro) Boda o matrimonio. | Valcarce *Moral* 134: Es natural que en lo íntimo de sus almas esta manera de ser despierte el fuego de la pasión y crezca el amor de estas vírgenes romanas por las teas nupciales.

teatino -na *adj* **1** De la orden de San Cayetano. *Tb n, referido a pers.* | * Los teatinos se dedicaban especialmente a ayudar a bien morir a los ajusticiados.

2 (*hist*) Jesuita. *Tb n.* | Fuster *Van* 19.5.74, 15: A Gracián le salió el tiro por la culata. Sus píos oyentes no se tragaron la historia, y montaron en cólera. Y el ilustre teatino tuvo que retirarse a la sacristía, custodiado por unos robustos beneficiados, que le protegieron de la justa indignación popular.

teatral *adj* **1** De(l) teatro [1, 3 y 4]. | DPlaja *Literatura* 23: El espectáculo se va haciendo popular, y no se conciben fiestas dionisíacas sin representación teatral.

2 (*desp*) Exagerado y artificial. | Kurtz *Lado* 269: Aquella generación fue teatral y en cierto modo romántica.

teatrería *f* (*col, desp*) Actitud teatral [2]. | Torrente *Sombras* 28: Tocaba con naturalidad, sin teatrerías.

teatralero -ra *adj* **1** (*col, desp*) Teatral [2]. *Tb n, referido a pers.* | ASáez *Abc* 18.12.70, 20: A la copla minera le acechó .. oscura amenaza de muerte. Derrotada por la falsa canción amañada y teatralera, por el oropel de un flamenquismo de guardarropía. CPuche *Paralelo* 298: A los americanos no les costaba desprenderse de un dólar o de unos centavos si era para un teatralero; para un mangante con pajarita y barba que se les acercase muy en secreto diciéndoles que acababa de salir de la cárcel por sus ideas políticas.

2 (*raro*) Aficionado al teatro [3]. | DCañabate *Andanzas* 91: Tanto él como ella son muy teatraleros. No se pierden acontecimiento escénico.

teatralidad *f* **1** (*desp*) Cualidad de teatral [2]. | *Abc* 27.12.70, 13: La fecunda teatralidad informativa a la que los observadores de todo el mundo asisten en territorio vasco-francés.

2 Conformidad [de una obra] con las leyes o principios del arte teatral. | MAlonso *Teatro 1964* 281: Víctor Ruiz Iriarte .. saludó muchas veces ante las calurosas ovaciones de un público plenamente ganado por la teatralidad, la finura y la hondura de *El carrusell*.

teatralismo *m* (*desp*) Actitud o tendencia teatral [2]. | FCid *SAbc* 24.11.68, 33: "¿Qué es de verdad, qué supone, en qué influye y de qué sirve un director de orquesta?" "¿No hay mucho de mito, de teatralismo en su trabajo?"

teatralización *f* Acción de teatralizar. | CSotelo *Proceso* 337: Fuera de estos y otros pecados, a mi entender veniales –tal la teatralización del juicio–, no he cometido, conscientemente, mixtificaciones de las que valga la pena acusarse. E. JAsenjo *Ya* 12.5.74, 7: Se alza sobre el podio triunfal co[m]o canciller de la Alemania federal sin perder su sencilla y natural apostura, en contraste con la sombría y trágica teatralización de Hitler.

teatralizante *adj* (*raro*) Que teatraliza. | J. A. Hormigón *Tri* 24.11.73, 54: Varios escritores y poetas entregaron a la labor de dotar de diálogos y monólogos a los "clowns", .. de realizar puestas en escena teatralizantes, etcétera.

teatralizar A *tr* **1** Dar carácter teatral [a algo (*cd*)]. *A veces desp.* | SRobles *Pról. Teatro 1959* XXII: La mejor por muchas razones: .. por su tacto insuperable al mezclar en las debidas proporciones lo patético y lo burlesco, .. lo que pide énfasis de gran guiñol con lo que exige naturalidad de vida apenas teatralizada.

B *intr* **2** Actuar de manera teatral. *A veces desp.* | Kurtz *Lado* 269: No quieras saber cómo se puso. ¡Unos gritos! .. Perdón, ya sabes qué actorazo era el abuelo cuando se ponía a teatralizar.

teatralmente *adv* **1** De manera teatral. | MGaite *Retahílas* 50: Entrabas en el relato teatralmente, a lo grande.

2 En el aspecto teatral [1]. | *Des* 12.9.70, 5: Ningún actor del mundo, teatralmente desarrollado, se atreve a moverse .. sin previa consulta con el director.

teatrero -ra *adj* (*col*) Teatral. | *País* 24.4.83, 26: Animación circense teatrera por el grupo Carracuca.

teatrino *m* (*raro*) Teatro en miniatura. | Salom *Baúl* 94: Ella se dirige a la librería I, la cual se abre lentamente. Apareciendo detrás un teatrino iluminado con sus correspondientes candilejas, decorados y telón.

teatro *m* **1** Lugar destinado a la representación de obras dramáticas. | Tejedor *Arte* 73: Entre los [monumentos] más extraordinarios se encuentran el circo y el teatro de Mérida.

2 (*lit*) Lugar de desarrollo [de un suceso]. | Lapesa *HLengua* 124: La frontera castellana fue teatro de incesantes luchas con los moros. FReguera-March *Cuba* 201: Weyler andaba mucho entre los soldados. Recorría incesantemente el teatro de las operaciones.

3 Arte de representar una acción en un escenario. | Laforet *Mujer* 110: Se apasionó por el teatro. Tenía palcos de "abono" en los dos o tres que estaban de moda. **b)** Representación de teatro. *En sent no contable. Tb designa la acción equivalente en radio o televisión.* | * Vemos muy poco teatro en provincias. Gracias a la televisión, que si no...

4 Género literario dramático. | Amorós-Mayoral *Lengua 4º* 111: Calderón .. es el teólogo del teatro. **b)** Conjunto de obras dramáticas [de un autor, de un pueblo o de una época]. | Amorós-Mayoral *Lengua 4º* 111: El teatro barroco español está representado por dos figuras de gran importancia: Lope de Vega y Calderón de la Barca .. Lope representa, en su teatro, una postura de despreocupación ante los problemas de la época.

5 (*desp*) Exageración en los ademanes y en la expresión. *Frec en la constr* ECHARLE ~ [a algo]. | M. Alcalá *Inf* 16.4.70, 17: Dio una auténtica lección de lo que es estar en un escenario con sencillez, sin "teatro" ni cursilería. Torrente *Vuelta* 280: El médico manipuló sus gomas, echó teatro al examen.

tebaico *adj* (*Med*) [Extracto] acuoso de opio. | MSantos *Tiempo* 159: Tomaré una píldora. Luego dirán que el opio no es bueno, que es droga y que intoxica. Pero si no fuera por el extracto tebaico, qué sería de mí.

tebaína *f* (*Med*) Alcaloide tóxico extraído del opio. | MNiclos *Toxicología* 113: Englobamos en el Opio sus distintos alcaloides, como .. Tebaína y Narcotina.

tebano¹ -na *adj* **1** De la antigua Tebas (Grecia). *Tb n, referido a pers.* | Torrente *Saga* 318: Se acercan a ella como la falange tebana, una en cabeza, después dos, después tres...

2 De la antigua Tebas (Egipto). *Dicho esp del período histórico en que la capital era Tebas. Tb n, referido a pers.* | Arenaza-Gastaminza *Historia* 15: Imperio Nuevo Tebano. Corresponde a este período la dinastía XVIII, la más brillante de Egipto.

tebano² -na *adj* De Teba (Málaga). *Tb n, referido a pers.* | M. LRodríguez *Gac* 19.10.75, 96: Seis niños de Teba juran .. haber visto otro "platillo volante" .. Los tebanos, sin embargo, son por lo general escépticos ante el tema de los "ovnis".

tebeo (*tb, raro, con la grafía* **TBO**, *n comercial registrado*) **I** *m* **1** Revista infantil de historietas y chistes. | GPavón *Hermanas* 43: Desde el portal mal alumbrado .. vieron que en la portería había una niña rubia leyendo un tebeo.

II *loc adj* (*col*) **2 de ~.** Grotesco o ridículo. | * Mi familia es de tebeo, no te lo puedes ni imaginar.

3 más visto que el ~. (*desp*) Excesivamente visto o conocido. *Gralm con el v* ESTAR. | * Ahora me viene con ese tema, que está más visto que el tebeo. Delibes *Cinco horas* 217: Mira luego, con quién fue a dar, el viejo de Evaristo, que estaba más visto que el TBO.

teca¹ (*tb con la grafía* **teka**) *f* Árbol de gran tamaño, originario del sur de Asia, cuya madera, dura, elástica e incorruptible, es muy apreciada, esp. para construcciones navales (*Tectona grandis*). *Tb su madera.* | J. L. Aguado *SInf* 10.12.75, 4: Ya se han conseguido dominar los parásitos del cacao, la caoba, la teca y otras especies tropicales. *Sáb* 18.1.75, 36: Los costados de la embarcación se hallan completamente protegidos por barandas de acero inoxidable y pasamanos en teka.

teca² *f* (*Bot*) **1** Parte de la antera en que se encuentra el polen. | Alvarado *Botánica* 40: Los estambres .. se componen de dos partes: el filamento .. o porción basilar, alargada, y la antera .. o porción terminal, mazuda. Esta es la parte más importante y está dividida en dos mitades, llamadas tecas .., por un curso longitudinal. Cada teca encierra un par de sacos polínicos.

2 *En algunos hongos:* Célula en cuyo interior se forman las esporas. | Ybarra-Cabetas *Ciencias* 242: Ascosporas. Son esporas endógenas que se forman en número de dos, cuatro u ocho, en el interior de los esporangios, que en este caso se denominan ascas o tecas.

techado¹ -da *adj* **1** *part* → TECHAR.

2 Que tiene techo [1b]. | Laforet *Mujer* 62: Paulina se había dedicado a recorrer la casa, un chalet pintado de amarillo, con dos balcones techados.

techado² *m* **1** Techo o cubierta [de un edificio o construcción]. *Gralm en la constr* BAJO ~. | Espinosa *Escuela* 701: Al volver bajo techado, encontré cuchicheando a los soldados.

2 Acción de techar [1]. | *SorS* 11.10.90, 9: El complejo deportivo de dicho pueblo cuenta, además, con una pista de baloncesto, para la que aún no se ha previsto su techado, aunque en un futuro muy lejano, se intentará conseguir.

techador -ra *m y f* Pers. que se dedica a techar [1], esp. con paja. | R. M. FFuentes *Nar* 10.76, 27: La casa ha sido ejecutada por canteros y cubierta por techadores.

techar *tr* **1** Poner techo [1a y b] [a un edificio o construcción (*cd*)]. | Halcón *Manuela* 41: La cocina quedó instalada fuera, en la corraleta, y se la techó con una placa de cinc.

2 (*raro*) Establecer un techo [3b] [para algo (*cd*)]. | Ero *Van* 4.4.74, 30: El presidente del Sindicato del Papel y Artes Gráficas ha dicho que "estamos esforzándonos en lograr techar la subida de la materia prima del cartón y en consecuencia de los manipulados".

techné → TECNÉ.

technicolor – tecnecio

technicolor → TECNICOLOR.

techo I *m* **1** Parte interior de la cubierta [de un edificio o habitación]. | Medio *Bibiana* 13: Se vuelve boca arriba y se queda mirando al techo. **b)** Tejado o cubierta [de un edificio o construcción]. *Frec en la constr* BAJO ~. | Ortega-Roig *País* 136: En la Meseta Septentrional la casa rural es .. con tejados inclinados de teja. En la Meseta Meridional.. muchas veces tienen techos planos. ¿Por qué os parece que las techumbres son distintas? AMillán *Marta* 179: Solo quiero secarme la ropa y pasar la noche bajo techo. **c)** Parte superior [de un vehículo o de un recinto]. | Anson *SAbc* 20.4.69, 11: La historia del leopardo que se descolgó de un árbol y se coló por el techo abierto del "jeep". Ybarra-Cabetas *Ciencias* 367: Los orificios nasales, internos, se abren en el techo de la boca. **d)** (*Min*) Roca o estrato que se halla inmediatamente encima de un filón o yacimiento. | Ybarra-Cabetas *Ciencias* 84: Se presenta la hulla en estratos alternando con otras rocas más o menos carbonosas que reciben los nombres de muro o yacente la inferior y techo o pendiente la superior.
2 (*lit*) Lugar cubierto y habitable. | * Es triste no tener un techo donde guarecerse.
3 Punto más alto [de algo]. | *País* 3.7.77, 41: Un grupo de veinte corredores lograron distanciar al pelotón en la subida al Tourmalet, techo del Tour, con 2.103 metros de altitud. Torrente *Isla* 297: Unas arañas amarillas criadas en el techo del mundo, del que solían colgar, en el alto Tíbet. **b)** Nivel máximo que puede alcanzar [alguien o algo (*compl de posesión*)]. | Pinillos *Mente* 46: Las aptitudes físicas y mentales del ser humano alcanzan, ya su techo en la juventud, para comenzar en seguida a ir disminuyendo paulatinamente. Juanlo *VozA* 8.10.70, 19: Eran carreras a lo largo de todo el terreno aptas para saber "el techo" físico de cada jugador. **c)** (*Aer*) Altura máxima a que puede elevarse [un aparato de aviación (*compl de posesión*)]. | *Abc* 10.8.76, 35: El avión .. era del tipo DC-4 "Caribou" .. Este tipo de aparatos es empleado por el Ejército en misiones de transporte. Tiene un "techo" de 8.400 metros y alcanza una velocidad de 345 kilómetros por hora.

II *loc v* **4 tocar ~.** Llegar [alguien o algo] a su nivel máximo. | Llamazares *Lluvia* 66: Hacia la medianoche, la fiebre tocó techo.

techumbre *f* Cubierta [de un edificio]. | Halcón *Manuela* 39: Los muros los voy haciendo ya de material, pero la techumbre tiene que ser de junco.

teckel (*al; pronunc corriente,* /tékel/; *pl normal,* ~s) *m* Basset de patas muy cortas. | *Van* 20.12.70, 69: Ofrecemos pastores alemanes .., bassets teckel, pointers.

tecla I *f* **1** *En el piano y otros instrumentos:* Pieza que, pulsada con los dedos, sirve para producir una nota. *Frec en sg con sent colectivo, en la loc* DE ~. | Casares *Música* 53: En Inglaterra surge también una importante escuela de composición instrumental, sobre todo para Virginal, un pequeño instrumento de tecla, y para Laúd. **b)** Instrumento de tecla. | FCid *Ópera* 149: Rameau .. Pedagogo, organista, autor de libros con piezas de tecla y tratados de armonía.
2 *En una máquina o aparato:* Pieza que, pulsada con los dedos, sirve para accionar un dispositivo. | Huarte *Tipografía* 9: Debe darse a la tecla espaciadora después de los signos de puntuación, para que no resulte amazacotado el texto.
3 (*col*) Asunto delicado que hay que resolver. | Delibes *Parábola* 15: Que si la mujer, que si los hijos, cada día una tecla, un lloraduelos.
4 (*col*) Elemento de los que intervienen y hay que tener en cuenta en la realización de algo. *Con el v* TOCAR. | A. Corniero *NotB* 21.3.74, 14: La [falta] de Marta quizá tenga escape, ya que ayudaba a su madre y siempre podrá subrayar este aspecto afectivo y simpático; pero es muy posible que el Tribunal Central de Trabajo no esté por tocar, en esta materia, muchas teclas sentimentales. * No queda ninguna tecla por tocar.

II *loc v* **5 dar en** (*o* **con**) **la ~.** (*col*) Acertar en el modo de actuar. | L. Contreras *HLM* 23.3.81, 9: Sin desconcierto, los políticos barajan soluciones sin dar con la tecla adecuada.

tecladista *m y f En un conjunto de música pop:* Pers. que toca los instrumentos de teclado. | A. Mallofré *Van* 18.6.87, 38: Ha llamado a músicos que no son de su plantilla, como el tecladista Josep "Kitflus" Mas.

teclado *m* Conjunto de (las) teclas [1 y 2]. | FCid *Abc* 4.10.70, 71: Intervienen vientos, cuerdas, percusiones, instrumentos de teclado, voces. *Nue* 22.12.70, 25: Autorradios, ocho transistores. Conmutación por teclado. **b)** Instrumento musical de teclado. | GAmat *Conciertos* 61: El músico [Mozart] era un auténtico virtuoso del teclado. *País* 27.1.77, 24: Jamez Pankow (trombón), Danny Lamm (voz y teclados), Lee Loughane (trompeta) .. y Peter Cetera (bajo) componen Chicago, un grupo que .. consiguió con su primer LP alcanzar el número 1 en las listas de éxito USA.

tecleado *m* Tecleo. | *SAbc* 22.11.70, 32: Ahora, el nombre y dirección de la persona se introducen en el ordenador, mediante un simple tecleado, y, en cuestión de segundos, el expediente aparece representado sobre una pantalla visual.

teclear A *intr* **1** Pulsar las teclas [1 y 2]. | ZVicente *Balcón* 99: Quizá ser feliz sea solo eso, volver a casa cansada y aún seguir tecleando hasta muy tarde, y oír a los chicos cerrar poco a poco sus libros .. y percibir el ruido de los somieres, y su respiración tranquila, y más máquina de escribir. **b)** Imitar el movimiento de pulsar las teclas. | Paso *Isabel* 290: Teclea con los dedos sobre el brazo del sillón y canturrea.
2 Emitir [una máquina de escribir] el ruido que produce al ser pulsadas sus teclas [2]. | Paso *Isabel* 233: Toco otro timbre y se pone en marcha toda una nave, teclean las máquinas, funcionan los dictáfonos.

B *tr* **3** Escribir [algo] tecleando [1]. | Delibes *Cartas* 37: ¿Puede usted imaginar, amiga mía, lo que supondría la incorporación de un ingenio que por sí solo reproducía en caracteres tipográficos lo que otra persona tecleaba en Madrid?
4 (*raro*) Pulsar las teclas [de un instrumento o de una máquina (*cd*)]. | G. Garcival *SAbc* 2.11.69, 31: También es romero del arte, y ha tecleado los mejores modelos de la organería nacional.

tecleo *m* Acción de teclear. | Torbado *En el día* 327: Estaba sentada en la esquina opuesta al piano, vestida con un traje primaveral de tonos azules, mirando ensimismada el tecleo rápido de la dama de negro. Buero *Tragaluz* 72: El ritmo del tecleo se vuelve normal, pero la mecanógrafa no parece muy rápida ni muy segura. *Not* 18.12.70, 2: Movimiento inusitado en los comercios .. Las cajas registradoras no cesan de marcar por el constante tecleo.

tecleteo *m* (*col*) Tecleo reiterado. | I. Río *Gar* 4.8.62, 56: Sin dejar de sonreír, sumióse de nuevo en sus papeleos. Magda reanudó su tecleteo. CNavarro *Perros* 89: Se oía el tecleteo de las máquinas de escribir.

teclista *m y f* **1** Pers. encargada de copiar en un ordenador o en una máquina de componer. | Berlanga *Recuentos* 84: Esa chiquita crujiente que ha metido Blas Cienfuegos de teclista en su Consulting: me va a pasar a limpio toda la novela. *Abc* 9.2.75, 22: Teclista de fotocomposición. Oficial de 3ª, precisa importante empresa de Artes Gráficas.
2 *En un conjunto de música pop:* Pers. que toca los instrumentos de teclado. | *Inf* 12.4.78, 34: Su estilo [de la banda de "jazz"] goza de cierta similitud a[l] del gran teclista norteamericano Jurbie Hancock.

tecné (*tb con las grafías* **techné** *o,* raro, **tekhné**) (*lit*) Técnica [de una ciencia, un arte o una actividad]. | R. Hinojosa *Ide* 28.9.87, 4: La doble mercancía de la lengua, como ente natural y como tecné, está de rebajas. Valls *Música* 24: La existencia de aquel instrumento .. nos induce a suponer la existencia de unas intuiciones .. que, con el concurso de una artesanía primaria pero indiscutiblemente hábil, desembocaron en su construcción, lo que a su vez nos muestra que se había adquirido una *tekhné*, cierto estado de evolución mental.

tecnecio *m* (*Quím*) Elemento radiactivo artificial, de número atómico 43 y de cualidades similares a las del manganeso. | Bousoño *SAbc* 30.11.85, II: Este proceso cultural de adentramiento (visible en el arte, en la poesía y en la filosofía, pero también en la ciencia: .. sustancias químicas *n* creadas por el hombre, inhallables en el mundo objetivo: los cuatro transuranos, el tecnecio, los plásticos.

técnicamente *adv* **1** De manera técnica [1 y 2]. | * Son problemas subsanables técnicamente.
2 En el aspecto técnico [1 y 2]. | Pemán *Abc* 23.8.66, 3: Los últimos sesenta años han inaugurado otro modo de correr. Técnicamente en sesenta siglos anteriores se había avanzado mucho menos que en estos sesenta años.

tecnicidad *f* (*raro*) Tecnicismo [1]. | *Ya* 6.5.70, 46: Dada la enorme tecnicidad de las exposiciones hechas .., hemos forzosamente de resumir.

tecnicismo *m* **1** Cualidad de técnico [1, 2 y 3]. | CBaroja *Inquisidor* 34: Nadie puede negar que fue un jurista muy competente .. como lo atestigua su libro acerca de los mayorazgos y el que escribió acerca de la república .., y otras [obras] de un tecnicismo reconocido. A. Mercé *Des* 12.9.70, 46: Casi cuatro centenares de informadores .., con singular pericia y tecnicismo, han informado a centenares de millones de aficionados.
2 Palabra propia del lenguaje técnico [2]. | GGual *Novela* 358: La lengua de Petronio, que ejemplifica en su sintaxis y su vocabulario formas del llamado latín vulgar y del habla coloquial, junto a los tecnicismos o a los vocablos poéticos, o a los helenísticos de los libertos griegos, es un mundo expresivo de inimitable riqueza.

tecnicista *adj* Que tiende al tecnicismo [1]. *Frec con intención desp.* | *Inf* 12.12.70, 32: Ya su cara [del boxeador] reflejaba .. el duro castigo de la acometividad constante del japonés, a quien muy difícilmente contenía el mejicano tratando de imponer la máxima distancia y un ritmo más lento, favorable a su estilo tecnicista. M. Fisac *Abc* 27.2.72, 15: Intento –muy torpemente– conseguir unas bases programáticas .. sobre las que fundamentar las soluciones técnicas y arquitectónicas de la ciudad del futuro. Instalarla sobre bases tecnicistas .. sería exponerse a que resultara vieja antes de terminar de proyectarla. S. Campo *Ya* 19.9.82, 5: A todo ello se une la dificultad de galvanizar a la opinión pública utilizando un lenguaje tecnicista.

técnico -ca I *adj* **1** De (la) técnica [6 y 7]. | *Van* 4.11.62, 1: Se celebró la solemne inauguración de la I Feria Técnica Nacional de Maquinaria Textil. **b)** Relativo a los objetos o mecanismos necesarios para una acción. | *Act* 14.6.73, 78: La vida de los astronautas está planificada, pero debido a los fallos técnicos, no se ha podido cumplir el plan. * El avión hace una escala técnica en Barcelona.
2 [Cosa] específica de una ciencia o arte. | Cantera *Enseñanza* 136: Existe además un tercer grupo para el que el fin primordial al estudiar un idioma moderno es el de poder leer libros y revistas técnicos.
3 [Pers.] que tiene conocimientos técnicos [1 y 2]. *Frec n.* | *Sp* 19.7.70, 29: La fábrica se inaugura .. con 150 obreras solamente más el correspondiente personal técnico. Aldecoa *Gran Sol* 98: Manuel Espina no admitía bromas. Macario Martín era un técnico de la chunga. **b)** Propio de la pers. técnica. | J. Vidal *País* 13.5.77, 48: Tampoco hay que desdeñar cuánto podían influir en la técnica opinión los antecedentes de bondad que tiene la divisa.
4 [Paro de protesta] consistente en acudir al lugar de trabajo y no trabajar. | * Llevan dos días de paro técnico.
5 [Boxeo] [K.O.] decretado por el árbitro ante la inferioridad de uno de los boxeadores y para evitar que sufra un castigo excesivo. | *Inf* 12.12.70, 32: Saldívar ("K.O." técnico) pierde el mundial de las plumas ante Shibata.
II *f* **6** Conjunto de normas y procedimientos propios [de una ciencia, un arte o una actividad]. | GNuño *Arte* 99: Estos relieves .. son una singular mezcla de desenfado .. y arcaísmo, por trasladar a la piedra la técnica bizantinizante de los marfiles. **b)** Método o procedimiento. | GPavón *Hermanas* 40: Ustedes tienen otras técnicas y medios que no conocemos. Yo soy policía de artesanía. **c)** Conocimiento de la técnica [de una ciencia o arte]. | * Es un pianista con técnica pero sin emoción.
7 Conjunto de procedimientos científicos encaminados a la investigación y transformación de la naturaleza. | J. Bonet *Bal* 4.3.70, 8: La ciencia, en nuestro tiempo, al igual que la técnica, está cometiendo pifias importantes.

tecnicolor (*tb con la grafía* **technicolor**; *n comercial registrado*) *m* Procedimiento de cinematografía en color. *Tb fig, fuera del ámbito técn.* | MGaite *Fragmentos* 113: Difuminada e indecisa toda su silueta a la luz azulada de la lámpara, como una escena de cine en technicolor. Vega *Cocina* 107: No es verde [el lagarto], sino un pequeño saurio en tecnicolor.

tecnificación *f* Acción de tecnificar. | Alfonso *España* 68: Hoy, nuestros achaques urbanos son un snobismo pseudoextranjerizante, una tecnificación agresiva y anárquica.

tecnificar *tr* Dotar de adelantos técnicos [1]. *Frec en part.* | A. Marzal *Cua* 6/7.68, 18: Para los que no creían en las ideas, en este mundo nuestro satisfecho y tecnificado del consumo, ha sido una sorpresa.

tecno *adj* [Música] tecno-pop. *Tb n m.* | *Hola* 14.8.82, 30: Clara .. ha decidido dedicarse a la música tecno. *SDLP* 8.10.90, 16: Akron, Ohio 1975. Cinco individuos tuvieron la osadía de refritar el "Satisfaction" de los Rolling Stones dándole un aire industrial, donde se mezclaba un tecno primitivo con el pop más infantil. **b)** De la música tecno. | L. C. Buraya *SYa* 25.4.85, VII: La inmensa mayoría de los grupos tecno pasaron rápidamente a mejor vida.

tecno- *r pref* De la técnica. | *Por ej:* F. J. Saralegui *Ya* 24.5.75, 7: Las tecnoburocracias reinantes, a ambos lados del telón, se dedican más a administrar cosas que a gobernar personas. M. Lizcano *MHi* 3.61, 6: La burguesía europea y el grupo tecnoburocrático de los marxistas rusos lograron forzar el proceso. R. Pániker *Arb* 2.66, 5: Si la ciencia es un conocimiento especial de la naturaleza, la técnica es la aplicación práctica de esta ciencia. He aquí, pues, la tecnocronía como reflexión filosófica, yo diría que incluso teológica, sobre el ritmo temporal propio de la técnica. VMontalbán *País* 9.3.87, 48: ¿Y si esa coronilla corona, como ahora, a un títere roto en manos del complejo tecnoindustrial armamentista? R. Lezcano *Inf* 29.4.75, 17: Muchos lectores supondrán que esta bella muestra de tecnolenguaje es de algún personaje teatral de Ionesco, pero se equivocarían.

tecnocracia *f* Sistema político en que los técnicos tienen un papel predominante. | Miguel *España* 294: El sistema tecnocrático no es solo selección, sino actuación .. Se proporciona un lenguaje para entenderse con las tecnocracias internacionales.

tecnócrata *m y f* Pers. que, por su condición de técnico, desempeña un alto cargo político. | Miguel *España* 290: Casi ninguna figura importante de la política se considera a sí mismo como tecnócrata o de derechas. **b)** (*raro*) Pers. que, por su condición de técnico, desempeña un cargo directivo. | *Nue* 24.1.70, 33: Noam Chomsky .. contempla con pesimismo la incorporación de las nuevas generaciones de tecnócratas a la vida política.

tecnocráticamente *adv* De manera tecnocrática. | S. Ríos *Pro* 20.8.75, 5: El "Boletín Oficial del Estado" publica un anuncio con el epígrafe más tecnocráticamente oscuro que sus redactores hayan podido imaginar.

tecnocraticismo *m* Tecnocratismo. | F. Lara *Tri* 15.12.73, 17: Como si la advocación a Bravo Murillo (el primer tecnócrata español, no se olvide) fuera mucho más significativa que el simple homenaje a una "gloria regional", el Seminario que llevaba su nombre se movió igualmente en los límites del tecnocraticismo.

tecnocrático -ca *adj* De (la) tecnocracia o de (los) tecnócratas. | *Abc* 27.1.70, 14: En sectores que son puramente económicos la solución no parece que se vaya a encontrar por el camino de las etiquetas tecnocráticas. Miguel *España* 290: Es un hecho objetivo, verificable, que estamos en España .. ante un tipo de Estado que podríamos llamar tecnocrático de derechas.

tecnocratismo *m* Tendencia a la tecnocracia. | *Cam* 6.1.75, 13: Estos .. componentes [del régimen político] .. son: Autoritarismo básico .. Tecnocratismo desarrollista.

tecnocratizar *tr* Dar carácter tecnocrático [a algo (*cd*)]. | J. M. Alfaro *Abc* 9.3.75, 3: Por lo pronto sabía que la panglosiana y tecnocratizada sociedad de consumo era un sueño de opio.

tecnoestructura *f* (*Econ*) Conjunto de perss. con preparación técnica que participan en los procesos decisorios de las grandes empresas. | *Nue* 24.1.70, 33: Noam Chomsky .. contempla con pesimismo la incorporación de las nuevas generaciones de tecnócratas a la vida política .. La "tecnoestructura" es una incógnita que habrá de resolverse en esta década.

tecnoestructural *adj* (*Econ*) De la tecnoestructura. | E. RGarcía *Tri* 20.5.72, 11: Los accionistas, dispersos en relación al poder tecnoestructural, quedan sin intervención.

tecnología *f* **1** Técnica mecánica. | *Sp* 19.7.70, 27: La tecnología avanzada está en la base misma del moderno desarrollo.
2 (*hoy raro*) Terminología [de una ciencia, arte u oficio]. | Guillén *Lenguaje* 26: Al irse fundiendo en una las distintas tecnologías .., las voces sinónimas se emplearon para distinguir cosas distintas.

tecnológicamente *adv* En el aspecto tecnológico. | *SInf* 5.12.70, 5: Comercial y tecnológicamente, la industria europea textil se ha estancado prácticamente desde 1910 a 1970.

tecnológico -ca *adj* De (la) tecnología. | F. Estapé *Van* 4.11.62, 10: Influye [en el auge del transporte por carretera] la sustitución de combustibles sólidos .. por combustibles líquidos .. Pero además del factor tecnológico ha de tenerse en cuenta el efecto del aumento del nivel de vida.

tecnólogo -ga *m y f* Especialista en tecnología. | Palacios *Juicio* 85: No son matemáticos puros, sino tecnólogos que aplican el cálculo a la transformación de la materia.

tecno-pop *adj* [Música pop] electrónica. *Tb n m*. | Á. Río *Ya* 15.6.82, 23: Todavía hay en este Madrid de discotecas, de música "tecno-pop", mocitas que se acercan en el día de San Antonio hasta la ermita del Santo para prender su alfiler y desear un novio. *SDLP* 8.10.90, 16: Eran los Devo, o lo que es lo mismo, The De-Evolution Band, quienes sentaron escuela para el posterior estallido en la ciudad del Támesis del "Tecno-pop", presentando su última obra "Smoothnoodlemaps".

tecnotrónico -ca *adj* (*Electrón*) De (la) tecnología [1] electrónica. | E. RGarcía *Tri* 20.5.72, 11: Diríase que los Estados Unidos presentan no ya el espectro de la sociedad industrial en transición, sino los engranajes, supuestos, tendencias y categorías de la sociedad tecnotrónica.

tectiforme *adj* (*Arqueol*) De forma de techo. | Pericot-Maluquer *Humanidad* 71: Las figuras humanas son siempre de antropomorfos, hombres disfrazados con máscara animal. A su lado, los motivos geométricos o simbólicos: puntuaciones, motivos geométricos como los llamados "tectiformes", escaleriformes, claviformes.

tectogénico -ca *adj* (*Geol*) Tectógeno. | Bustinza-Mascaró *Ciencias* 348: Entre ellos [los agentes geológicos internos] estudiaremos .. los movimientos epirogénicos y los orogénicos o tectogénicos.

tectógeno -na *adj* (*Geol*) De dislocación y deformación. | Bustinza-Mascaró *Ciencias* 374: Los grandes fenómenos tectógenos (plegamientos, corrimientos, fallas, etcétera) se han localizado siempre en zonas estrechas.

tectónicamente *adv* (*Geol*) En el aspecto tectónico. | Lueje *Picos* 4: Los Picos de Europa constituyen un núcleo perfectamente definido y delimitado, un todo aparte que, topográfica, geológica y tectónicamente, guarda su independencia de la Cordillera Cantábrica.

tectónico -ca I *adj* **1** (*Geol o lit*) De (la) tectónica [2]. | DPlaja *Abc* 1.9.66, 18: La crítica se ordena aquí, necesariamente, en el estudio tectónico del poema, lo que confirma la raíz cultural en que se asienta. **b)** (*Geol*) Producido por deformaciones o dislocaciones de la corteza terrestre debido a fuerzas internas. | Ybarra-Cabetas *Ciencias* 136: En el caso de que varias fallas escalonadas conduzcan a una depresión, tenemos una fosa tectónica; si por el contrario originan un promontorio, se forma un macizo tectónico.
II *f* **2** Parte de la geología que estudia la estructura de la corteza terrestre. | Artero *Inerte* 12: Geología. Geodinámica. Tectónica. Geofísica. [*En un cuadro sinóptico*.] **b)** Estructura de la corteza terrestre. | Borrás *Ale* 6.8.74, 17: La meseta central .. está aislada en relación con el semicírculo que da al mar, por su orografía, por su tectónica, por la negación del granito y del yermo a convertirse en vergel. **c)** (*lit*) Estructura. | Casares *Música* 35: El Gótico tiene una tectónica que tiende hacia la altura y no hacia lo longitudinal.

tector -triz *adj* (*Zool*) Que cubre. *Tb n f, referido a pluma de ave*. | Bustinza-Mascaró *Ciencias* 190: Las plumas grandes de las aves se denominan remeras; las grandes de la cola, timoneras; las más cortas que recubren el cuerpo, tectrices.

teda *f* (*reg*) Tea (astilla de madera resinosa). | Moreno *Galería* 172: Teas –que los aldeanos llamaban por defecto o por más fácil dicción "tedas"–.

teddy-boy (*ing; pronunc corriente*, /tédi-bói/) *m* (*hoy raro*) Gamberro agresivo. *Esp referido a países de lengua ing*. | Umbral *Memorias* 161: Por entonces alumbraba el teddy-boy en Inglaterra y el blouson-noir en Francia. R. Nieto *Arr* 15.10.58, 8: Mientras tanto, en Inglaterra, los "teddy-boys" se dedican a matar negros a pedradas.

tedesco -ca *adj* (*lit*) Alemán. *Tb n*. | Ballesteros *Hermano* 46: Se veía a la legua que "la sangre tedesca" de su parentela suiza pesaba más que la herencia lombarda. FSantos *Cabrera* 232: Quedó la sala vacía. Tedescos, polacos y gabachos partieron en el segundo viaje. Campmany *Abc* 23.3.85, 17: Podrá don Miguel Boyer aumentarnos otro impuesto para ponernos a tono con el nivel europeo, y ya don Alfonso Guerra podrá decir en tedesco "tahúr del Mississippi".

tedeum (*lat; pronunc*, /tedéum/; *tb con la grafía* **Te Deum**; *pl normal*, ~s *o invar*) *m* Cántico religioso en acción de gracias que comienza por las palabras "Te Deum". *Tb la ceremonia que lo acompaña*. | Solís *Siglo* 501: Se entonó un Tedeum .. El Gregoriano solemne, el incienso, el armónium, ponían final a las labores de un Congreso que daba gracias por el feliz resultado de sus reuniones. *MHi* 11.63, 51: El Presidente Orlich asistió al *Te Deum* oficiado en la catedral. Marsé *Dicen* 341: Se ponen como flanes cuando una huerfanita pesca novio, echan las campanas al vuelo y cantan tedeums. **b)** Música compuesta sobre el texto del tedeum. | P. Darnell *VNu* 13.7.74, 27: Compuso [Haendel] .. varios *Te Deum*.

tedio *m* (*lit*) Aburrimiento o hastío. | Laforet *Mujer* 74: El pueblo le producía un tedio mortal.

tediosamente *adv* (*lit, raro*) De manera tediosa. | Vitinowsky *Cod* 9.2.64, 7: Son personajillos sin profundidad que se mueven tediosamente por la pantalla sin que preocupen sus hechos o sus palabras.

tedioso -sa *adj* (*lit*) **1** Que causa tedio. | Payno *Curso* 15: Habían pasado lentos y tediosos los primeros días.
2 Que denota tedio. | MGaite *Cuarto* 63: Carmencita Franco miraba alrededor con unos ojos absolutamente tediosos y tristes.

tee (*ing; pronunc corriente*, /ti/) *m* (*Golf*) **1** Área, frec. ligeramente elevada, desde la que se da el primer golpe de un hoyo. | Gilera *Abc* 25.11.73, 73: Más espectadores cada día, sin que se pueda precisar la cifra: cinco mil, seis mil, distribuidos por las tribunas, los "tee" de salida, los caminos o "fairways" y los círculos alrededor de los "green".
2 Soporte sobre el que se coloca la pelota. | Halcón *Ir* 266: El inglés se disponía a hacer un *drive*. La pelota emergía blanca y completa sobre un *tee*.

teenager (*ing; pronunc corriente*, /tinéiyer/; *pl normal*, ~s) *m y f* Quinceañero. | *Abc* 6.1.68, 58: Si las personas mayores estudiasen los gustos, las aficiones, la vocación de los "teenagers", podría tenderse un puente entre las dos generaciones.

tee-shirt → T-SHIRT.

teflón (*n comercial registrado*) *m* Materia plástica de gran resistencia a los agentes químicos y a los cambios de temperatura, empleada esp. para juntas herméticas y revestimientos de utensilios de cocina. | *ByN* 11.11.67, 19: Fabricada [la hoja de afeitar] con acero inoxidable de la más alta calidad, sus filos, protegidos con "teflón", representan un auténtico descubrimiento. G*Telefónica* N. 39: Especialidades teflón y nylon en planchas.

teflonar *tr* Tratar o recubrir con teflón. | *GTelefónica N.* 39: Tubos. Barras. Empaquetaduras y tejido teflonado. Cables conductores.

teguestero -ra *adj* De Tegueste (Tenerife). *Tb n, referido a pers.* | M. P. Fuentes *Día* 27.4.76, 12: Allí se encontraban grandes y viejos amigos, en su mayoría excelentes representantes del folklore canario, como son: Los Sabandeños, la Rondalla Hespérides de La Laguna .. y las agrupaciones que los teguesteros formaron para estas fechas.

tégula *f (Arqueol)* Teja romana. | JGregorio *Jara* 18: Abundan los testimonios arqueológicos referidos a la presencia hispanorromana ..: lápidas sepulcrales y monedas en La Nava de R. y La Estrella ..; mosaico, lápidas y tégulas de Aguilera.

tegumentario -ria *adj (CNat)* De(l) tegumento. | Ybarra-Cabetas *Ciencias* 195: El epitelio pluriestratificado se denomina también epitelio tegumentario. Navarro *Biología* 189: En las aves y mamíferos las plumas y los pelos aíslan su cuerpo del medio ambiente, contribuyendo estas protecciones tegumentarias a mantener su temperatura constante.

tegumento *m* **1** *(Zool)* Tejido que recubre el cuerpo de un animal o alguno de sus órganos. | Bustinza-Mascaró *Ciencias* 166: Está recubierto exteriormente [el cuerpo de la escolopendra] de un tegumento resistente por tener quitina.
2 *(Bot)* Envoltura protectora, esp. del óvulo o de la semilla. | Ybarra-Cabetas *Ciencias* 277: Consta [la semilla] de tegumentos y almendra.

Teide. violeta del ~ → VIOLETA.

teína *f (Quím)* Alcaloide que se encuentra en el té, químicamente igual a la cafeína. | Alvarado *Anatomía* 123: Constituyen también [las purinas] la base de ciertos alcaloides, como la teobromina del cacao y la cafeína o teína del café y el té.

teísmo *m (Rel)* Creencia en la existencia de un Dios providente, con independencia de toda religión. | R. Roquer *Van* 20.12.70, 32: Ni el nomadismo de la razón ni el horror a la "alienación" son argumentos que hagan tambalear al teísmo, que implica una religación al Ser fundamental.

teísta *adj (Rel)* De(l) teísmo. | Torrente *Saga* 431: Un sistema filosófico de marcada tendencia teísta completamente montado al aire. **b)** Que profesa el teísmo. *Tb n.* | G. Estal *Abc* 27.4.74, 23: Marx es ateo: es el hombre el que crea a los dioses. Cristo es teísta: Él mismo es Dios.

teja[1] **I** *f* **1** Pieza de barro cocido, gralm. de forma acanalada, que, encajada con otras, forma sobre la cubierta de un edificio una superficie por la que escurre el agua de lluvia. *A veces con un adj especificador.* | Arce *Testamento* 45: El sol se colaba por entre las rendijitas de las tejas. *Reg* 14.10.75, 5: Se le autoriza para recorrer el tejado .., pero debiendo reponer la cubierta con teja árabe.
2 Dulce en forma de teja [1] hecho fundamentalmente con azúcar, harina, huevos y almendras o avellanas. | *Cocina* 606: Tejas de naranja .. Tejas de avellana.
3 Sombrero eclesiástico, redondo y de ala plana, que en otro tiempo tenía las partes laterales del ala levantadas. *Tb* SOMBRERO DE ~. | Torrente *Señor* 225: Llevaba el padre Fulgencio la teja puesta y un maletín negro en la mano. J. Carabias *Ya* 26.3.71, 8: Esos curas pueden estar más cerca que muchos de antes del espíritu de Cristo, quien nunca vistió sotana y sombrero de teja.
4 Peineta grande de forma acanalada. *Tb* PEINETA DE ~. | Moreno *Galería* 211: Muchas veces, hasta ni era de estreno [el ramo]; quiero decir que pasaba de novia a novia, como ocurría con la teja y la mantilla.
5 *(Impr)* Plancha curvada de plomo, grabada en negativo y relieve por su parte convexa, que se adapta a un cilindro de la máquina rotativa. | Delibes *Cartas* 38: Fui conociendo así el ajuste, la estereotipia, la confección de tejas y cartones y, finalmente, ya de madrugada, el momento culminante, la tirada del periódico.
II *adj* **6** [Color] rojizo propio de la teja [1]. *Tb n m.* | *Rio* 24.3.89, 13: Es el triunfo del color y de las texturas. Tonos currys, marfiles, .. rojos, tejas.
III *loc adv* **7 de ~s (para) abajo.** En este mundo. *Tb adj.* | A. González *Abc* 23.2.58, 11: Templos de expiación, pararrayos de la Justicia divina, podían explicar muchas cosas que, de tejas abajo, parecen inexplicables. Campmany *Abc* 13.7.80, 6: Ahora los españoles estamos tan torpes que ni siquiera acertamos a descifrar las cosas de tejas para abajo. **b) de ~s (para) arriba.** En el mundo sobrenatural. *Tb adj.* | Campmany *Abc* 13.7.80, 6: ¿Era un "ovni" de las Armas o de las Letras? Vaya usted a saber, que esas son cosas de tejas para arriba.
8 a toca ~ → TOCATEJA.

teja[2] *f (reg)* Tilo (árbol). | Mayor-Díaz *Flora* 556: *Tilia platyphyllos* Scop. "Tilo", "Tilar", "Teja".

tejadillo *m* **1** Tejado de una sola vertiente adosado al muro de un edificio. | Cuevas *Finca* 36: Se las oía sisear y volar quedamente, desde el tejadillo del balcón.
2 Cubierta pequeña que sirve para resguardar de la lluvia. | Isidro *Abc* 14.5.58, 53: Veamos algunos festejos a base de optimismo y para días de lluvia: a) concurso de socavones repletos, .. b) gira a paradas de tranvías y autobuses provistas de tejadillo protector.

tejado *m* Cubierta exterior [de un edificio o construcción o de una parte de ellos], gralm. inclinada y recubierta de tejas u otro elemento aislante. | Cunqueiro *Un hombre* 9: Se podía ver ya la alta torre de la ciudadela sobre los rojos tejados. Laforet *Mujer* 13: Era un pueblo escalonado, con casas de piedra en su mayoría y tejados de pizarra.

tejano -na *(tb con la grafía semiculta* **texano** *en acep 1) adj* **1** Del estado de Tejas (Estados Unidos). *Tb n, referido a pers.* | Ortega *Americanos* 101: Los tejanos, entre otras cosas, blasonan de tener medios para .. construir una muralla de oro. *País* 1.5.77, 2: Adair "El Rojo", al frente de un equipo de expertos texanos, consiguió taponar, ayer, el pozo "Bravo".
2 [Ropa] vaquera. *Frec n m, referido a pantalón.* | *Rue* 7.3.63, 5: En un tiempo en que los infantes preferían a "Diego Valor", al "Superman" o a cualquier atuendo tejano, con muchas pistolas y muchas chapas de "sheriff". CNavarro *Perros* 200: Los *tejanos* se ceñían descaradamente a sus piernas.

tejar[1] *tr* Poner tejado, esp. de tejas [a un edificio o construcción *(cd)*]. | Cunqueiro *Un hombre* 11: El palomar estaba cabe la puerta, redondo, tejado a cuatro aguas y con dos filas de agujeros de buche para las zuritas, debajo del alero.

tejar[2] *m* Lugar en que se fabrican tejas[1] [1] y ladrillos. | Hoyo *Glorieta* 22: Ladrillos bastos, mal cocidos en los tejares de la otra orilla del río.

tejaroz *m* **1** Alero del tejado. | GNuño *Arte* 73: Lo más grandioso del Alcázar es la fachada ..; un tejaroz o gran alero, de madera tallada, protege el centro de la fachada.
2 Tejadillo [de una puerta o ventana]. | Escobar *Itinerarios* 141: Doblando hacia una calleja surgían unas puertas carreteras bajo tejaroz.

tejavana *f* **1** Tejado sin techo que lo cubra interiormente. *Frec en la constr* A ~. | Torrente *Saga* 302: Por el momento, permaneció en la habitación bajo la tejavana. Benet *Aire* 63: La alquería consistía en una casa de mampostería y ladrillo de una planta, con la cubierta a tejavana en su mayor parte hundida.
2 Cobertizo o edificio techado a tejavana [1]. | Cossío *Montaña* 166: En tal aldea .. hubieron de habilitar un[a] tejavana, que aquí llamamos socarrenas, con tapices, alfombras, lecho y ropas, para que en ella pasara la noche el Emperador.

tejedor -ra I *adj* **1** Que teje, *esp* [1]. *Tb n: m y f, referido a pers; f, referido a máquina.* | Villapún *Iglesia* 21: Aprendió un oficio, .. que parece fue el de tejedor de telas para tiendas de campaña. Torrente *Sombras* 163: La invención del escritor se asemeja a una pieza de punto, y no tanto a las que tejen pacientemente las mujeres y algunos hombres .., cuanto a las que se fabrican con máquinas tejedoras.
II *m* **2** Insecto hemíptero de patas largas, que se mueve por la superficie de las aguas dulces y tranquilas (gén. *Gerris*). | Arce *Testamento* 43: Gran número de tejedores se deslizaban sobre el agua trenzando múltiples telarañas.
3 *Se da este n a distintos pájaros que forman su nido tejiendo hojas y ramas.* | Castellanos *Animales* 118: Pájaros exóticos. Amaranta; azulito del Senegal; .. ruiseñor del

tejeduría – tela

Japón; tejedor de pico rojo; tejedor rojo; urbano; vientre de naranja.

tejeduría *f* Industria de(l) tejido. | Tamames *Economía* 226: En España, la mayor parte de la industria algodonera radica en Cataluña (90 por 100 de las hilaturas y poco menos del 80 por 100 de la tejeduría).

tejemaneje *m* (*col*) Actividad intensa con aparente mezcla o confusión. *Frec con intención desp.* | Torrente *Sombras* 281: Zeus .. acababa por escabullirse hacia el remedio erótico, en cuyo tejemaneje era tan fácil olvidarse de todo. * Se trae un tejemaneje con los folios que no sé cómo se entera. **b)** (*desp*) Actividad turbia o enredosa. | J. C. Clemente *SCCa* 26.10.75, 5: Se puede comprar de todo. Incluso información para los distintos servicios de espionaje de todo el mundo .. Las autoridades inglesas conocen todo este tejemaneje comercial, pero suelen hacer la vista gorda.

tejer *tr* **1** Formar [una tela] entrecruzando los hilos de la urdimbre y la trama. *Frec abs.* | *Economía* 84: Averiguándose fácilmente si está tejida [la tela] con fibras animales, vegetales o mixtas. **b)** Formar [un animal, esp. la araña o el gusano de seda, su tela o capullo]. *Tb abs.* | Ybarra-Cabetas *Ciencias* 351: Cuando la larva [de la mariposa de la col] ha llegado a su total desarrollo, trepa a un muro y se sujeta a él por una especie de cinturón que ella misma teje. M. Calvo *Ya* 1.5.71, sn: Se trata del estudio de telas de araña con ayuda de ordenadores electrónicos .. "Ara" .. se levanta temprano todas las mañanas y se pone a tejer. **c)** Formar [un objeto] entrecruzando hilos o tiras del material empleado. | * Se dedica a tejer cestos de mimbre. **d)** Entrelazar o entrecruzar [algo de estructura lineal]. | * Me gustaría tejer mimbres.
2 Hacer [una labor de punto]. *Tb abs.* | Torrente *SInf* 9.5.74, 12: Para nosotros, existe el casino de Estoril, y, si acaso, esos pescadores que tejen chaquetas de lana. Benet *Nunca* 15: Entraba en mi habitación a despertarme; clavándome sus ojos pequeños y negros como las cabezas de sus agujas de tejer.
3 Preparar o concebir [algo]. *Tb abs.* | A. LPeña *HLM* 26.10.70, 29: Debido a su buen tejer [de un jugador] nació ese fútbol preciosista santanderino del primer período.

tejería *f* **1** Tejar². | *Ale* 6.8.77, 31: Tejería La Albericia, S.A. Necesita peones acostumbrados a trabajar en tejeras.
2 Industria de la teja¹ [1]. | Seseña *Barros* 136: En 1935 había 22 talleres que fabricaban cacharros y 22 que fabricaban tejas. En la actualidad, solo 2 se dedican a las vasijas y cerca de 40 a la tejería.

tejeringo *m* (*reg*) Churro. | Cela *Viaje andaluz* 223: A la mañana, el vagabundo se rascó el bolsillo y mandó a la señorita Gracita Garrobo a buscar tejeringos para la comunidad. GPavón *Rapto* 46: Al escuchar aquella versión, algunos clientes que compraban tejeringos esperaron con curiosidad la respuesta del guardia.

tejero -ra A *m y f* **1** Pers. que fabrica tejas¹ [1] y ladrillos. | *SInf* 1.5.75, 5: El libro dedica varios capítulos a recopilación de jergas: la de los canteros, la de los afiladores, la de los albañiles y jerga de los tejeros.
B *f* **2** Tejar². | Zunzunegui *Camino* 333: –¿Qué hace tu marido? – Trabaja en una tejera.
C *m* **3** (*reg*) Pinzón real (ave). | Lama *Aves* 63: Es el Pinzón Real, al que también llaman Tejero o Tejo, un ave de los países del Norte.

tejido¹ *m* **1** Producto laminar que se obtiene por entrecruzamiento de uno o más hilos o fibras, o por simple compresión de estas. | Laforet *Mujer* 12: Iba vestido con una chaqueta gruesa de tejido artesano. Bustinza-Mascaró *Ciencias* 175: La red es un tejido de hilos (de cáñamo, .. algodón o seda) entrecruzados, formando mallas de anchuras diversas. GTelefónica *N.* 199: Riviere Sociedad Anónima. Cables. Tejidos metálicos. Alambres y Todos sus derivados.
2 (*Biol*) Conjunto numeroso de células de estructura y función similar. *Frec con un adj o compl especificador:* ADIPOSO, EPITELIAL, ÓSEO, DE SOSTÉN, *etc.* | A. Valle *SYa* 16.3.75, 55: Los cactus y otras plantas crasas o suculentas acumulan durante la época de lluvia la humedad en los tejidos de sus tallos y hojas. Legorburu-Barrutia *Ciencias* 30: El tejido muscular está formado por células alargadas llamadas fibras. Bustinza-Mascaró *Ciencias* 25: Tejido epitelial.
3 (*Sociol*) Conjunto de elementos de la misma función, que constituyen un todo homogéneo. | *Ya* 26.11.90, 47: El tejido humano de Europa y EE UU es muy diferente.

tejido² *m* Acción de tejer. | Fernández-Llorens *Occidente* 17: Cubrían todas sus demás necesidades con pequeñas actividades artesanas (carpintería, cerámica, tejido, etcétera).

tejinero -ra *adj* De Tejina (Tenerife). *Tb n, referido a pers.* | *Día* 1.6.76, 3: Don Bartolomé es un tejinero de pro.

tejo¹ I *m* **1** Trozo de teja o piedra, o disco de metal, que se emplea en determinados juegos. | Moreno *Galería* 370: Chocones de hierro o tejos, circulares, de unos diez centímetros de diámetro, para la tanguilla. Hoyo *Glorieta* 21: Unos hombres jugaban a la rana, de espaldas al sol .. Alzaban la mano derecha a la altura de los ojos, el tejo de plomo ante los ojos, .. hasta que lo lanzaban.
2 (*reg*) Chita (juego). | Moreno *Galería* 369: Más juegos .. De equilibrio y salto: la tanga, tejo, semana o calderón.
3 (*reg*) Rayuela (juego). | Gerardo *NAl* 22.9.89, 19: Por las tardes, a la sombra de la misma: el remiendo, el zurcido .. Chicas jugando al tejo o al corro.
4 (*reg*) Pinzón real (ave). | Lama *Aves* 63: Es el Pinzón Real, al que también llaman Tejero o Tejo, un ave de los países del Norte.
II *loc v* **5 tirar** (*o* **echar**) **los ~s** [a alguien]. (*col*) Insinuár[sele] amorosamente. *Tb fig.* | Cela *SCamilo* 62: Va a misa todos los domingos porque le tira los tejos con parsimonia y casi con desprecio a Maripi Fuentes. Zunzunegui *Camino* 272: Conocía [la dueña del burdel] en el barrio a una viuda aún joven .. Le echó los tejos y pronto se entendieron. J. C. Serrano *Ya* 27.10.89, 27: La actividad industrial, inexistente, es uno de los proyectos que quiere acometer el Ayuntamiento. De momento, han echado los tejos a la industria peletera, a la que han brindado la oportunidad de crear una granja de [v]isones en una nave municipal.

tejo² *m* Árbol de hojas persistentes, coriáceas, lineales, de color verde oscuro y venenosas, cultivado como ornamental y también por su madera (*Taxus baccata*). | Torrente *Señor* 318: Abrió la ventana y se asomó. Una rama de tejo se balanceaba sobre su cabeza.

tejo³ *m* (*reg*) Tejón (animal). | Delibes *Ratas* 50: Por una perdiz te dan cien reales limpios de polvo y paja y cuatrocientos por un raposo, y no digamos nada por un tejo.

tejoleta *f* Castañuela de barro. | *Abc Extra* 12.62, 15: Los cascabeles, como las tejoletas, como otros crepitáculos, surgieron en Roma.

tejón *m* Mamífero de unos 80 cm de longitud, pelo denso, áspero y pajizo, que excava su madriguera en el suelo y se alimenta de frutos y pequeños animales (*Meles meles*). | Cuevas *Finca* 49: Los pastores contaban que bajaban los tejones.

tejonera *f* Madriguera de tejón. | Delibes *Vida* 172: El Coquer va buscando el pelo. Los pajaritos no le interesan. Olfatea el conejo, la tejonera, la huella nocturna del jabalí o del corzo.

tejuelo *m* Cuadradito de piel o de papel que se pega en el lomo de un libro para poner su título u otro dato. *Tb inscrito en él.* | Torrente *Off-side* 188: Todos los libros están encuadernados en piel o en pergamino, con tejuelos y rótulos dorados.

teka → TECA¹.

tekhné → TECNÉ.

tela¹ I *f* **1** Tejido fabricado en telar. | Laforet *Mujer* 12: Ella sentía la fuerza de su mano cuadrada pasando la tela ligera de su traje de verano. *Lab* 2.70, 17: Juego de toalla[s] en tela de rizo verde .. Procúrese seguir el recto hilo de la batista y de la tela rizo, para evitar deformaciones. **b)** Tejido¹ [1]. *Gralm con un adj o compl especificador.* | GTelefónica *N.* 16: Alambres de hierro .. Telas metálicas. Enrejado y espino. *BOE* 1.12.75, 25026: Calcador. Es el operario que limita sus actividades a copiar por medio de papeles transparentes de tela vegetal los dibujos, los calcos o las litografías que otros han preparado. **c)** Trozo de tela. | *Economía* 228: Frotar la plancha sobre una tela de la misma clase de la que se va a planchar.

2 (*Pint*) Lienzo. | J. R. Alfaro *HLM* 26.10.70, 18: Las alegrías que siente ante el paisaje las transpone de su paleta a la tela.

3 Red que forma la araña con el filamento que segrega. *Frec* ~ DE ARAÑA. | Ybarra-Cabetas *Ciencias* 354: Se alimenta [la araña] de moscas y mosquitos a los que atrapa por medio de su tela.

4 Película que cubre determinados órganos o frutos. *Frec en la forma* TELILLA. | Chamorro *Sin raíces* 18: La partera traficaba con lienzos, hacía trizas sábanas viejas, pasadas como la tela de cebolla. Berlanga *Gaznápira* 24: Todavía la telilla amarga y tierna envuelve la pulpa de las nueces recién cogidas. **b) las ~s del corazón.** El corazón. *Gralm en sent fig.* | Torrente *Isla* 105: Tan indiferente es que yo me vaya a Roma y me acueste con el Santo Padre, como que te introduzca delicadamente un estilete en las telas del corazón. * Sus palabras me llegaron a las telas del corazón.

5 Película que se forma en la superficie de algunos líquidos. | Alvarado *Anatomía* 10: La lactalbúmina (que forma la telilla de la leche cocida).

6 (*col*) Dinero. | Zunzunegui *Hijo* 70: La vida es una cucaña, y hay que colocarse de modo que sean otros los que le quiten a uno el sebo y se lleven las morradas..., y limpio el camino, uno a por "la tela", como dicen los de Madrid. S. Miranda *Abc* 4.11.70, 21: No te diré que estemos sin tabaco porque ha podido sacar sus alhajitas, pero la "tela" se quedó por allá [en Rusia].

7 (*col*) Golpes. *Tb fig.* | Á. Vega *Ext* 19.10.70, 10: Sebas, que bulló muchísimo y al que le dieron "tela" en cantidad, ante la pasividad del árbitro. CPuche *Paralelo* 333: En Europa y en América miles de camaradas están pendientes de España, de cuándo aquí empieza la "tela" con los americanos.

8 (*col*) Tema o materia de que hablar. *Frec en la constr* TENER ~ (CORTADA) PARA RATO. | Legorburu-Barrutia *Ciencias* 273: Tenía tela cortada para rato hablando de sus flores.

9 ~ que cortar. (*col*) Quehacer o tarea. *Gralm con los vs* HABER *o* TENER. | Delibes *Príncipe* 19: –No creo que tarde, ya hace rato que salió.– La Vítora se impacientó: –Tengo mucha tela que cortar; déme la leche y luego el Santines que me suba esto. Delibes *Año* 83: Debemos darnos prisa por archivar nuestro tradicional machismo .. A Lidia Falcón, Elisa Lamas, Mercedes Fórmica y compañía les queda todavía mucha tela que cortar.

10 (*col*) *Se usa en constrs como* SER MUCHA ~, *o* TENER ~ (MARINERA), *para ponderar la magnitud o el carácter difícil o sorprendente de algo.* | CBonald *Dos días* 138: –Pero ¿no han respirado por ningún otro sitio? .. –Nada, ni rastro. –Mira que también tiene tela el asunto. –Una jugada. Cela *Viaje andaluz* 124: Sin embargo, la catedral –que es mucha tela la catedral de Jaén– no estaba terminada. Gala *Sáb* 5.4.75, 5: Yo, que, sin haber nacido allí, amo a Granada .., porque la amo y porque la conozco, puedo decir que tiene tela marinera .. Hace unos meses se suspendió en Granada una Semana de poesía Andaluza. Ahora acaba de suspenderse otra sobre Teatro.

II *loc adj* **11 en ~.** [Encuadernación] en que las tapas van totalmente forradas de tela [1]. *Tb referido a libro. Tb adv.* | Huarte *Biblioteca* 75: La tela puede abarcar, además del lomo, las tapas, y entonces la encuadernación se llama en tela.

III *adv* **12** (*col*) Mucho o muy. *Tb* ~ MARINERA. *A veces seguido de un compl* DE. | ASantos *Bajarse* 30: Tú eres una tía tela de rara. MGaite *Retahílas* 195: Fíjate lo que sería con Andrés tantos años juntos, tela marinera, puro texto ha sido mi historia con él.

IV *interj* **13** Expresa admiración o aprobación. *Tb* ~ MARINERA. | Aristófanes *Sáb* 1.2.75, 19: He leído lo que antecede y me he dicho: ¡Tela!... Me he dicho también: ¿A eso estamos llegando? AMillán *Mayores* 394: ¿Qué te parece? Tela marinera.

tela². **en ~ de juicio.** *loc adv* En duda. *Gralm con los vs* ESTAR *o* PONER. | Delibes *Parábola* 86: ¿Es usted capaz de poner en tela de juicio que el orden sea libertad?

telamón *m* (*Arte*) Atlante (estatua). | Angulo *Arte* 2, 38: Ya hemos visto la intervención de Vandelvira en el Salvador de Úbeda, al que, si no el plano general del templo, deben atribuirse las portadas laterales, el empleo de telamones y cariátides .. y la sacristía.

telángana *f* (*col*) Tela o dinero. | Lera *Trampa* 1048: Desapareció una de sus manos para reaparecer en seguida con un fajo de billetes arrugados. Murmuró: –La tela. –Sí, la telángana.

telar I *m* **1** Máquina para fabricar tejidos entrecruzando varios hilos. | Vicens-Nadal-Ortega *HEspaña* 5, 192: Este apogeo [de la industria textil] se debe a la presencia de dos factores que desde 1832 irán empujándola: el telar mecánico y la máquina de vapor. **b)** *En pl:* Fábrica de tejidos [1]. | S. Lorenzana *Pap* 1.57, 49: Plan que comprendería la introducción de fábricas de jabón, fundiciones de hierro y acero, salinas, telares.

2 (*Escén*) Parte superior del escenario, oculta a la vista del público, en que se guardan los telones y bambalinas para bajarlos en el momento oportuno. *Frec en pl.* | CSotelo *Inocente* 134: De los telares baja un letrero con los caracteres típicos del Metro.

II *loc adv* **3 en (el) ~.** En preparación. *Referido a un libro u otro escrito.* | ZVicente *Balcón* 77: Las otras carpetas son dramas y poemas .. Pero no están todavía maduros. ¡Están en telar, como dice mi niña! Cossío *Montaña* 350: En el telar tenía a su muerte las [adiciones] más importantes.

telaraña *f* **1** Tela de araña. | Laforet *Mujer* 42: Estaba llena [la oficina] de sacos de patatas que lo invadían todo, dejando un pequeño espacio .. para unas grandes telarañas en el techo.

2 *En pl:* Sensación de visión nebulosa o torpeza mental, debida esp. a somnolencia. *Tb fig.* | Torrente *Sombras* 337: Apareció Elisabeth, que llevaba de la mano a Freddy, aún con telarañas en los ojos. J. M. RGallardón *Abc* 24.10.76, 4: Se trata de no tener telarañas en los ojos, de ver lo que hay y de obrar en consecuencia. Torrente *DJuan* 122: Durante el afeitado, con la mente sin telarañas, pude pensar.

3 (*reg*) Arañuela o arañuelo (larva parásita). | F. Ángel *Abc* 28.3.58, 15: Azufre tipo micronizado "Medem" .. Posee un notable poder acaricida, gracias al cual destruye las Arañas y Arañuelas (Erinosis o Sarna, Arañuela o Telaraña, etc.), que tanto daño hacen a las plantas.

telarañoso -sa *adj* Que tiene telarañas. *Tb fig.* | Montero *País* 21.2.79, 44: En este país la política va a continuar siendo telarañosa y vieja.

telarquía *f* (*Fisiol*) Desarrollo de la mama. | Cañadell *Salud* 186: El desarrollo mamario recibe el nombre de telarquía.

teldense *adj* De Telde (Gran Canaria). *Tb n, referido a pers.* | *Día* 5.6.76, 12: Ayer le tocó la amenaza de bombas a dos Sociedades teldenses.

tele *f* (*col*) Televisión. | Delibes *Cinco horas* 89: Mira papá qué bien enfocó el problema por la tele la otra noche.

tele-[1] *r pref* Que actúa o se realiza a distancia. | *Por ej:* Palomino *Torremolinos* 90: Oye el pitido intermitente que sale del bolsillo de su propia chaqueta. Es el telebuscador ..; emite una llamada cada vez que la telefonista desea localizarle. Umbral *SVoz* 8.11.70, 16: La feria nos muestra materiales de instalación con tabiques móviles, insonorización, .. máquinas de telefirma. J. L. Mena *Ide* 28.9.87, 7: Además de la muestra realizada por "Telefónica", con .. el telef[a]x para telefotocopias, hay que mencionar otros stands. F. Brío *Abc* 28.4.74, 67: La puesta en marcha es por palanca a pedal, bastidor de doble cuna, suspensión telehidráulica y frenos de expansión. M. Santaella *Ya* 22.10.64, 5: Yo propondría muy a gusto su inclusión entre las ciencias ocultas: la magia, más o menos oscura; el telehipnotismo, la capacidad estremecedora de ver al través de los cuerpos opacos. *Van* 14.4.91, 18: Cursos específicos de telemarketing .. Para equipos de venta: técnicas de comunicación y venta telefónica. Para autoprofesionales: cómo planificar y ejecutar el Telemarketing con éxito. *Ya* 20.11.90, 4: Un moderno sistema digno de película de ciencia-ficción permitirá que el abono del servicio se realice mediante el "telepeaje". El método es sencillo: el interesado en utilizar las autopistas subterráneas paga una especie de suscripción .. Tras esta, se le facilita una tarjeta magnética, que se coloca en el parabrisas del vehículo. Un lector óptico reconoce la matrícula del coche. J. M. Nieves *ByN* 3.2.91, 59: La realidad virtual, también conocida como realidad artificial, ciberespacio o telepresencia, es el último sistema de comunicación hombre-ordenador, en virtud del cual es posi-

tele- – teledocumentación

ble introducirse físicamente en el programa de una computadora. *Sur* 25.8.89, 12: En una primera fase [el proyecto] comenzará con la implantación de un sistema de información y teler[r]eserva hotelera. [*En el texto,* telereserva.] Umbral *País* 26.1.77, 25: De Kennedy a hoy, los telerrifles del terrorismo internacional no han dejado de hacer víctimas. *Sur* 25.8.89, 12: La Comunidad Europea concederá una subvención al proyecto italo-español denominado "Teleturismo Europeo". *SPaís* 18.9.88, 90: Grupo industrial de primer orden precisa para sus delegaciones de Madrid y Zaragoza televendedoras para venta, prospección, promoción nuevos productos por teléfono. *Van* 14.4.91, 18: Prepare a su personal para televentas. Cursos específicos de telemarketing .. Para equipos de venta: técnicas de comunicación y venta telefónica.

tele-² *r pref* De (la) televisión. | *Por ej: Act* 22.10.70, 74: Catorce años seguidos acaparando la máxima teleaudiencia. J. L. Torres *SInf* 25.11.70, 12: Las telecassettes, videocassettes, cinecassettes, representan un salto mucho más importante que el sonoro, o el color, o los superpanoramas. *Pue* 20.1.67, 33: La TV: .. 21,15: Telecrónica. Viriato *HLM* 29.4.74, 57: Juan Guerrero Zamora dio a Televisión Española la actual autoridad que goza en teledramáticos. *Ya* 3.5.89, 22: Los telemaníacos podrán en breve sentirse como su propio director de imagen. *Mar* 5.7.59, 9: Hay numerosos "telemaniáticos". *Ya* 3.5.90, 64: La televisión autonómica madrileña estrenó ayer un nuevo espacio de telenoticias. Al. MAlonso *Abc* 10.9.88, 14: El drama de los teleperiodistas es que una mínima aproximación a lo que pasa produce inevitablemente el disgusto de los poncios. J. Peraire *VNu* 23.9.72, 27: Atenderemos a estadísticas de 1969 y a tanto por mil en el número de diarios, radiorreceptores y telerreceptores. *Ya* 26.11.90, 55: Televisión .. 15:00. Telerromance. Señora (capítulo 106). L. LSancho *Abc* 29.7.67, 3: El nuevo idioma .. penetra por los oídos del telescucha. G. MVivaldi *Ya* 17.5.75, 7: Y el telespectador-telescuchante, no versado en terminología tenística, que se pregunta: "¿Qué será eso de *esmachar*?". S. Milla *SSe* 15.4.90, 20: El mundo llega hasta casa .. Se cuela a través de programas de *tele-shopping* y compras por ordenador.

teleadicto -ta *adj* [Pers.] dominada por el hábito de ver programas de televisión. *Tb n.* | *D16* 4.11.90, 77: El perfil del "teleadicto" es el de una persona que, dominad[a] por ella, ve la TV 56 horas a la semana.

telealarma *f* Sistema de alarma en conexión directa con la policía o con un servicio de asistencia. | J. Cuartas *SPaís* 8.8.87, 5: El parque será equipado con las infraestructuras básicas necesarias, pero también de otras avanzadas de telecomunicación: telefonía digital, correo electrónico, telefax .., telealarma.

telebaby (*pronunc corriente,* /telebéibi/) *m* Telesilla para niños. | *Ya* 16.1.87, 56: La Pinilla: Nieve en polvo; abiertos los telesquíes de Cervunal y La Pinilla y, en la zona de debutantes, dos telebabys, un telesquí y un telesilla.

telebén *m* Servicio de recepción de encargos de telegramas por teléfono. *Tb el mismo encargo.* | *Ya* 4.3.75, 14: "Desde cualquier pueblo se podrán poner telegramas a cualquier punto de España aun cuando el servicio telegráfico esté cerrado", ha comunicado el director general de Correos y Telecomunicaciones .. al anunciar la extensión del "telebén" provincial a todo el ámbito nacional. L. LSancho *Abc* 3.12.88, 26: Se me pasa la hora de pagar un telebén y me amenazan con los tormentos.

telecabina *f* (*más raro, m*) Teleférico con cabinas para dos o cuatro plazas y con cable único para la tracción y la suspensión. | Payno *Curso* 40: Después, con aire satisfecho, emprendía de nuevo la subida. Unas veces a golpe de bastón, otras utilizaba el telesquí o la telesilla, o el telecabina.

telecámara *f* Cámara de televisión. | *Gar* 6.10.62, 28: Federico Gallo, al micrófono y frente a las telecámaras, se las ingeniaba para calmar al público.

telecine *m* Dispositivo para la transmisión de imágenes cinematográficas por televisión. | Viriato *HLM* 26.10.70, 39: El sábado, Manuel Martín Ferrand dictó un breve curso de dominio de las cámaras, de la situación y de la especialidad. Fue con motivo de una avería en el telecine.

telecinesis *f* (*Parapsicol*) Telequinesis. | *Abc* 11.6.72, 30: Parapsicología .. Precognición. Telecinesis. La personalidad integrada.

teleclub (*pl,* ~s o ~ES) *m* Club popular destinado esp. a ver la televisión. | *Inf* 15.8.74, 6: El señor Cabanillas presidirá el viernes la entrega de premios a los teleclubs de Galicia.

teleco (*col*) **A** *f* **1** Telecomunicación [2]. | *SD16* 13.12.89, II: –¿Qué tanto por ciento de los que empiezan la carrera acaban los estudios? –Es variable según los centros. En Teleco, yo diría que estamos todavía demasiado bajos.
B *m y f* **2** Ingeniero de telecomunicación. | *SD16* 13.12.89, II: Los telecos son los niños mimados de la industria.

telecobaltoterapia *f* (*Med*) Tratamiento radiactivo con bomba de cobalto. | M. Carracedo *Hoy Extra* 12.69, 7: Instalaciones que cuentan con un circuito cerrado de televisión que une los departamentos de radiología (radioterapia, radiodiagnóstico y telecobaltoterapia.

telecomandar *tr* (*E*) Dirigir [algo] por medio de un telecomando. | *SInf* 27.1.71, 2: A Cabo Kennedy .. le falta decidirse al desafío tecnológico que implica telecomandar todas las complicadas maniobras que exige una nave que se posa en la Luna.

telecomando *m* (*E*) Dispositivo que permite ejecutar a distancia órdenes en un aparato. | *SInf* 10.11.70, 5: Obras Técnicas Petrolíferas .. Instalaciones de almacenamiento, bombeo, distribución y portuarias. Telecomando y automatización.

telecomedia *f* Comedia escrita o producida especialmente para la televisión. | *Tri* 20.2.71, 32: La radionovela es algo como la telecomedia, la telenovela, la radiocomedia... Algo que implica un carácter completamente distinto al melodrama.

telecomunicación *f* **1** Comunicación a distancia, mediante conductores eléctricos u ondas luminosas o hertzianas. | C. GCampo *SAbc* 9.3.69, 25: La era atómica, la del espacio, .. de la telecomunicación, de los antibióticos.
2 Ciencia y técnica de la telecomunicación [1]. *Tb en pl con sent sg.* | *SD16* 13.12.89, II: Esto fundamentalmente se da en las carreras de Telecomunicación, Industriales e Informática. Destaca la de Telecomunicaciones, los "telecos". *SD16* 13.12.89, II: En Telecomunicaciones, el 60 por 100, aproximadamente, de los que empiezan acaban la carrera.

telecopiadora *f* Aparato de telefax. | *Ya* 14.11.86, 9: Ud. introduce en la telecopiadora el documento esté esperando en la otra parte del mundo y, a los pocos segundos, una fotocopia exacta aparece en la telecopiadora del lugar de destino.

teledetección *f* Detección a gran distancia. | *Sur* 27.8.89, 21: Para la obtención de datos se puede contar con: La observación meteorológica con estaciones automáticas .. La teledetección para conocer la situación en grandes áreas mediante imágenes de satélite.

telediario *m* Programa informativo de televisión, destinado a las noticias más destacadas del día. | PLozano *Ya* 25.11.71, 7: Para divertirse no hace falta ir al cine, ni ver un telediario, ni contar chistes. Basta con saber leer el periódico.

teledirección *f* Acción de teledirigir. | R. Urgoiti *Abc* 19.3.58, 17: La teledirección de vehículos y proyectiles, los cerebros electrónicos, la automación .. son miembros de la ilustre familia electrónica.

teledirigir *tr* Dirigir a distancia [un vehículo u otro móvil], gralm. mediante ondas hertzianas. *Gralm en part.* | *Van* 4.11.62, 11: Los soviets están llevando a efecto el desmantelamiento de las bases de proyectiles balísticos teledirigidos que habían instalado en Cuba.

teledocumentación *f* Transmisión de documentación a distancia por medio de aparatos electrónicos conectados con la red telefónica. | *Inde* 24.9.89, 30: Sería de agradecer la producción de programas que relevasen al hombre de la pesada carga de tener que convertirse en un experto de teledocumentación.

teledrama m Obra dramática escrita o producida especialmente para la televisión. | Viriato *HLM* 29.4.74, 57: El viernes, "Noche de Teatro" dio una impecable versión de "Irma la Dulce", dirigida y realizada por Juan Guerrero Zamora, "inve[n]tor" en TVE de los teledramas.

telefacsímil m Telefax. | *ByN* 7.1.90, 28: El telefacsímil causó furor en la segunda mitad de la pasada década.

telefax m Sistema de transmisión y reproducción en facsímil de material gráfico por medio de señales transmitidas por línea telefónica. | J. Cuartas *SPaís* 8.8.87, 5: El parque será equipado con las infraestructuras básicas necesarias, pero también de otras avanzadas de telecomunicación: telefonía digital, correo electrónico, telefax. **b)** Aparato de telefax. | *Pro* 23.10.88, 15: En el 86 se instalaron en la Comunidad Valenciana 374 telefax.

teleférico -ca I *adj* **1** De(l) teleférico [2]. | *GTelefónica N.* 42: Cordones y alambres para pre y postensado. Cables de acero y teleféricos.
II *m* **2** Instalación para transporte aéreo mediante vehículos suspendidos de uno o varios cables. | Guillén *Lenguaje* 30: Cuando instalaron en los Andes un "telesquí" o un "teleférico", lo bautizaron recordando el lindo nombre de "andarivel".

telefilm (*pl normal*, ~s) *m* Telefilme. | DFernando *Cod* 3.5.64, 8: Hemos visto el telefilm de la serie "Biografías" correspondiente a De Gaulle.

telefilme *m* Película hecha para la televisión. | Amorós-Mayoral *Lengua* 197: Los telefilmes son, sencillamente, películas cortas hechas especialmente para la televisión.

telefílmico -ca *adj* De(l) telefilme. | E. Corral *Abc* 24.11.74, 76: Ahormamiento de la publicidad, producción propia enriquecida, liberación del colonialismo telefílmico son datos claros y recordables.

telefonazo *m* (*col*) Llamada telefónica. | GPavón *Hermanas* 40: Basta un telefonazo y le mando lo que quiera.

telefonear A *intr* **1** Llamar por teléfono [a alguien (ci)]. *Tb sin compl.* | Laforet *Mujer* 67: Voy a telefonear a ver a qué hora pasa el tren. Telefonéaré desde aquí.
B *tr* **2** Comunicar [algo] por teléfono. | * Te telefonearé el resultado en cuanto lo sepa.

telefonema *m* Comunicación escrita transmitida por teléfono. | A. Semprún *Abc* 2.1.72, 39: La primera llamada [recibida en la Brigada Criminal] resulta ser la transmisión de un "telefonema" desde una de las Comisarías .. Y, ya al caer la tarde, otro telefonema da cuenta de un extraño suceso.

telefonera *f* Mesita para el teléfono. | *Ya* 9.1.83, 25: Liquidación gigante .. Telefoneras desde 3.200. Taquillón cama desde 9.500.

telefonía *f* Sistema de comunicación telefónica. | *Abc* 9.4.67, 78: Calefacción por fuel-oil, termo, 3 ascensores de retorno, suntuoso portal y escaleras con mármol importado, telefonía interior.

telefónicamente *adv* De manera telefónica [1]. | Torrente *Pascua* 93: Al astillero la noticia llegó telefónicamente.

telefónico -ca *adj* **1** De(l) teléfono [1]. | ZVicente *Traque* 295: Aquí, en este cajetín, conviene echar la calderilla de las llamadas telefónicas.
2 De la Compañía Telefónica. *Tb n, referido a empleado.* | Ferres-LSalinas *Hurdes* 46: El conductor dijo .. que tenía un contrato con los de la Telefónica para hacer los portes y llevar el personal a los tajos .. –Esos son contratos, no son telefónicos.

telefonillo *m* (*col*) Teléfono de línea interior, o que está fuera de la red general. | FSantos *Catedrales* 44: Aquel guarda cuyo único trabajo era mirar el horizonte y llamar por el telefonillo instalado junto a él, si veía alguna columna de humo en los montes de pinos.

telefonín *m* (*col*) Telefonillo. | Carandell *Madrid* 137: En caso de duda, [el portero] comunicará con los señores por el *telefonín* y describirá con pelos y señales al recién llegado que tiene la pretensión de subir al piso.

telefonista *m y f* Pers. que se encarga del servicio de una centralita telefónica. | *Bal* 6.8.70, 26: Hotel Canaima necesita conserje, telefonista .. y ayudante comedor.

teléfono *m* **1** Sistema de transmisión de sonidos a distancia, normalmente por medio de la electricidad. | GPavón *Hermanas* 22: Llámeme por teléfono con lo que acuerde. Legorburu-Barrutia *Ciencias* 94: El sistema nervioso funciona de modo parecido al teléfono. **b) ~ rojo.** Línea telefónica directa para consultas de alto nivel en casos de emergencia. | *Tri* 17.12.66, 81: Se ha montado un teléfono para la paz: el teléfono rojo Washington-Moscú.
2 Aparato telefónico provisto de transmisor y receptor. | GPavón *Hermanas* 47: Al pasar ante el teléfono que estaba en el pasillo Plinio cogió el cuaderno de direcciones. **b)** Número de teléfono. | Oliver *Relatos* 65: Me sale con que le dé mi teléfono por si tiene que pasar algún aviso del trabajo.
3 Ducha en que la salida del agua está acoplada a una empuñadura móvil. *Frec* DUCHA DE ~ (*raro* DUCHA ~). | Carnicer *Van* 15.5.75, 55: Parece valorarse en mucho que un piso moderno tenga "ducha teléfono".
4 (*Taur*) Adorno consistente en que el torero, mientras sostiene la muleta plegada en una mano, apoya el codo en el testuz del toro, simulando que habla por teléfono. | A. Aricha *Sáb* 12.10.74, 74: Luego vino el afeitado de los toros .., y el toreo mirando al tendido, las espaldas .., el "teléfono".

telefoto *f* Telefotografía. | *Mad* 27.5.70, 1: En la telefoto .. el jugador, en mangas de camisa, permanece recluido en una casa de Bogotá.

telefotografía *f* Fotografía transmitida a distancia mediante sistemas electromagnéticos. | *Arr* 7.2.58, 3: En esta primera telefotografía llegada de Munich puede advertirse la magnitud del accidente aeronáutico que tanto afecta al equipo de fútbol Manchester United.

telefotográfico -ca *adj* De (la) telefotografía. | *VozC* 2.6.70, 3: Se establecerán también nuevas tarifas para una serie de servicios más especiales como son los de télex, telefotográfico.

telegenia *f* Cualidad de telegénico. | *Abc* 7.10.83, 109: La telegenia de Carrillo.

telegénico -ca *adj* Que tiene buenas condiciones para ser captado por la cámara de televisión. | J. Cueto *SPaís 2* 13.2.83, 7: El impreciso género melodramático años cuarenta-cincuenta resulta aún más telegénico que las mismísimas historias de Evel[y]n Waugh filmadas .. por la BBC. **b)** Que resulta más favorecido en la televisión que al natural. | * El profesor no es nada telegénico.

telegrafía *f* Sistema de transmisión de mensajes a distancia mediante señales codificadas, por electricidad o por ondas hertzianas. | V. Marrero *MHi* 5.64, 9: Su velocidad de percusión ha estado únicamente supeditada al menor o mayor perfeccionamiento de los medios de comunicación, desde el barco de vela, pasando por la invención de la telegrafía sin hilos.

telegrafiar (*conjug* **1c**) **A** *intr* **1** Poner un telegrama [a alguien]. *Tb abs.* | Kurtz *Lado* 244: Esperó a telegrafiar a Queta.
B *tr* **2** Enviar [un mensaje] por telégrafo. | *Gac* 11.5.69, 27: Maynard Parker telegrafía desde Saigón su impresión de los progresos que el presidente de Vietnam del Sur, Nguyen Van Thieu, ha realizado en el reforzamiento de su Gobierno.

telegráficamente *adv* De manera telegráfica. | J. Salgado *Abc* 29.12.70, 18: El juez instructor .. avisó telegráficamente a los abogados defensores.

telegráfico -ca *adj* **1** De (la) telegrafía o de(l) telégrafo. | *País* 22.7.78, 20: Acaba de ser publicado en el *Boletín Oficial del Estado* un decreto sobre ordenación y racionalización de determinados servicios postales y telegráficos. **b)** [Giro] que se envía mediante el telégrafo. | * Lo puedes mandar por giro telegráfico.
2 [Dicho o modo de expresión] muy breve o reducido. *Con intención ponderativa.* | FCid *Ópera* 106: Se hace imposible continuar ya, ni aún sometidos a este ritmo de brevedad, la relación de autores, que podrá tan solo completarse con menciones casi telegráficas de músicos y títulos.

telegrafista *m y f* Pers. que se encarga del servicio de un aparato telegráfico. | Pemán *Abc* 3.9.68, 3: Vuelven la cara el sesenta por ciento de los que están en el andén, además de asomarse a las puertas de sus oficinas el telegrafista, el jefe de estación. **b)** Empleado de Telégrafos [1c]. | FQuintana-Velarde *Política* 86: Un rey de la Alta Edad Media .. tenía una renta absolutamente menor .. que la que hoy tiene, desde luego, un empleado de Telégrafos .. Por encima de la renta del telegrafista existen hoy muchas.

telégrafo *m* Sistema de transmisión de mensajes a distancia mediante señales codificadas. *Con un adj o compl especificador:* ELÉCTRICO, MARINO, ÓPTICO, SIN HILOS. *Sin compl designa esp el eléctrico.* | FReguera-March *Filipinas* 341: Los fortines se comunican por medio de un telégrafo de señales con banderas. *Abc* 21.5.67, 33: Las tres torres, en su litoral de nueve kilómetros, anunciaban con humo o llamaradas la presencia de naves corsarias en el horizonte. Por este telégrafo de fuego .. llegaba la alarma hasta las mismas almenas de la Alhambra. **b)** *En pl:* Instalación telegráfica. | Laforet *Mujer* 124: Un palo de telégrafos, un mojón, todo tenía su dibujo .. en la amanecida. **c)** *En pl:* Servicio oficial de telégrafos. | FQuintana-Velarde *Política* 86: Un rey de la Alta Edad Media .. tenía una renta absolutamente menor .. que la que hoy tiene, desde luego, un empleado de Telégrafos.

telegrama *m* Mensaje transmitido por telégrafo. | Laforet *Mujer* 197: A Julián se le había ocurrido la necesidad urgente de saber el contenido de aquel telegrama.

teleimpresor *m* Teletipo [1]. | *MHi* 6.60, 42: Aparatos telefónicos normales y especiales. Interfonos. Teleimpresores.

teleinformática *f* (*Informát*) Telemática [2]. | L. Sastre *SMad* 22.11.69, 2: Nuevos horizontes se abren en esta técnica recién nacida. El más prometedor de todos es la aparición de la teleinformática.

telekinesia → TELEQUINESIA.

telekinesis → TELEQUINESIS.

telele *m* (*col*) Indisposición repentina, esp. desmayo. | Delibes *Emigrante* 45: La vieja me hizo una escena que para qué. Bien creí que le daba el telele.

telemando *m* Mando a distancia. | GTelefónica *N*. 24: Aeromodelismo barcos. Motores. Radio. Telemandos Grundig.

telemático -ca (*Informát*) **I** *adj* **1** De (la) telemática [2]. | S. Sabaté *SPaís* 13.4.80, 32: La revolución telemática creará mayor número de puestos de trabajo que los que a causa de ella hubiera que suprimir.
II *f* **2** Conjunto de las tecnologías de la telecomunicación y la informática. | S. Sabaté *SPaís* 13.4.80, 32: Los nuevos y más sofisticados horizontes tecnológicos se están abriendo paso a través de la telemática.

telemecánica *f* Conjunto de las técnicas de telecomando. | GTelefónica *N*. 380: Telemecánica Eléctrica Española, S.A. Material y sistemas para automatismos industriales.

telemedicina *f* (*Med*) Aplicación de la telemática a la medicina, por la cual se pone en comunicación a un enfermo con un centro sanitario que se transmiten a este los datos de radiografías, electrocardiogramas y otros necesarios para efectuar diagnósticos y terapias de urgencia. | E. Costas *Abc* 22.12.74, 51: La telemedicina y el derecho a la intimidad .. Ahora, moralmente, y creo que también legalmente, solo cabe anular .. esos apresurados convenios telemédicos.

telemédico -ca *adj* (*Med*) De (la) telemedicina. | E. Costas *Abc* 22.12.74, 51: Esos apresurados convenios telemédicos que amenazan la intimidad, la dignidad y la libertad de los ciudadanos españoles.

telemetría *f* (*E*) Obtención de medidas a distancia mediante aparatos adecuados. | *Mad* 22.1.70, 7: Hasta ahora solo se utilizaban [los rayos Láser] como dispositivos de telemetría en carros de combate.

telemétricamente *adv* (*E*) De manera telemétrica. | F. Merayo *Ya* 13.6.73, 8: Los datos recogidos a bordo del "Skylab" se registran en cintas magnéticas que, enviados después telemétricamente al Centro de Control de Houston, van a ser codificados por un grupo de expertos.

telemétrico -ca *adj* (*E*) De (la) telemetría. | M. Calvo *MHi* 12.70, 15: Quizá no esté lejano el día en que aparatos emisores instalados en el cuerpo humano .. envíen continuamente al consultorio del médico su informe telemétrico sobre el estado del paciente.

telemetrista *m y f* (*E*) Pers. que tiene a su cargo el manejo de un telémetro [1]. | Delibes *Madera* 339: Tampoco el cabo Tubío, telemetrista, era hombre de brega.

telémetro *m* (*E*) **1** Aparato óptico que sirve para medir la distancia de un objeto desde un observador. | Delibes *Madera* 352: El cabo Tubío, que había girado hacia popa el tubo del telémetro, empezó a facilitar distancias.
2 Aparato eléctrico que mide cantidades como presión, temperatura, radiación, etc., y las transmite por radio a una estación distante. | * Los cohetes van provistos de telémetro.

telendo -da *adj* (*col*) [Pers.] tranquila o que no se inmuta. *Gralm en la constr* QUEDARSE TAN ~. *Tb fig, referido a cosas.* | J. Merino *SSem* 3.9.89, 41: A mí también me parece milagroso que no se acabe el petróleo, y ahí lo tienen, tan telendo.

telenovela *f* Novela adaptada en forma dramática y emitida en capítulos por televisión. | *Ya* 29.11.70, 35: Sale en la pantalla pequeña en una telenovela.

teleobjetivo *m* Objetivo para fotografiar o filmar cosas lejanas. | C. Otero *Abc* 27.7.80, 42: Los aguaderos .. Buenos lugares para que los aficionados al teleobjetivo hagan lucidas fotografías de la fauna.

teleología *f* (*Filos*) **1** Estudio de las causas finales. | * La teleología es la parte de la filosofía natural que explica los fines.
2 Hecho de tener un fin o finalidad. | Tovar *Gac* 13.8.78, 59: Diríase que, contra la esperanza de Droysen, la teleología parece más visible en la natura que en la historia.

teleológicamente *adv* (*Filos*) En el aspecto teleológico. *Tb* (*lit*) *fuera del ámbito técn.* | Ramírez *Derecho* 177: Si lo que caracteriza o tipifica el delito es la pena, quiere decirse que, teleológicamente, no hay delito.

teleológico -ca *adj* (*Filos*) **1** De (la) teleología. *Frec* (*lit*) *fuera del ámbito técn.* | Pemán *Halcón* 34: La crítica .. de estilo teleológico que hacía, en París, un crítico musical: "Ayer en la sala Pleyel dio un concierto de piano Fulano de Tal. ¿Por qué?".
2 Que tiene un fin o finalidad. *Frec* (*lit*) *fuera del ámbito técn.* | Gambra *Filosofía* 191: El obrar humano es esencialmente finalista o teleológico, es decir, se mueve por un fin. Chamorro *Sin raíces* 117: Los noviazgos que se engendraban en el lugar eran .. prácticos, teleológicos en cuanto casi todos iban encaminados al mismo fin: un matrimonio.

teleósteo *adj* (*Zool*) [Pez] que tiene el esqueleto completamente osificado. *Frec como n m en pl, designando este taxón zoológico.* | Ybarra-Cabetas *Ciencias* 363: De las 12.000 especies de peces actualmente vivos, 11.500 pertenecen a los teleósteos.

teleoyente *m y f* (*raro*) Radioyente. | Argos *Abc* 18.6.75, sn: Ayer, 17 de junio, conmemoró Radio Madrid los cincuenta años de su siempre florida existencia, iniciada en aquel día de 1925, con un mensaje de Su Majestad el Rey Don Alfonso XIII, en que expresó su alegría de dirigirse a través del micrófono a millares de teleoyentes o radio- -escuchas.

telépata *adj* [Pers.] que tiene capacidad telepática. *Tb n.* | E. Haro *Tri* 26.12.70, 4: H. G. Wells era aún socialista fabiano, espiritista, telépata. L. LSancho *Abc* 3.8.78, 3: El adversario del campeón mundial .. teme que el telépata Zukhar le esté influyendo a distancia con sus poderes hipnóticos.

telepatía *f* Transmisión de pensamiento entre perss., sin intervención de agentes físicos conocidos. | Pinillos *Mente* 105: ¿Qué se quiere decir al hablar de una percepción extrasensorial? ¿Tiene esto algo que ver con los enigmáticos fenómenos de la telepatía y la clarividencia? Paso *Isabel* 275: –Una casualidad..., una telepatía. Vete a saber. –Pero tú sabías que a mí me había mordido un perro. –¡No!

telepáticamente *adv* De manera telepática. | J. Parra *Ya* 26.9.86, 60: Paloma en el Monumental emocionó y se emocionó .. El auditorio le pedía telepáticamente lo mejor de su repertorio.

telepático -ca *adj* De (la) telepatía. | Pinillos *Mente* 179: El aprendizaje onírico .. y la comunicación telepática son anticipaciones, entre otras muchas, que se prevén para un porvenir no muy lejano.

teleportación *f* (*Parapsicol*) Movimiento de objetos materiales, sin contacto físico, por la fuerza de la mente. | Salvador *Haragán* 68: [El espiritismo] es una mezcla de fraude y extrañas ciencias: magnetismo, .. teleportación, transmigración.

telepredicador -ra *m y f* Pers. que hace propaganda de una creencia religiosa a través de la televisión. *Referido gralm a EE UU.* | L. I. Parada *Abc* 9.6.90, 45: Debe ser ese "poderoso y activo prejuicio" el que motiva las conspiraciones, enriquece a los telepredicadores y hace proliferar las tertulias.

teleprinter (*ing; pronunc corriente,* /teleprínter/; *pl normal,* ~s) *m* (*TV*) Rotulador electrónico con teclado para escribir textos que han de aparecer en pantalla solos o en sobreimpresión. | *Ya* 5.3.83, 4: Nos hemos podido enterar de lo que es en televisión el teleprinter: un aparatejo que es el que imprime los nombres de las personas que aparecen en las filmaciones.

teleproceso *m* (*Informát*) Procesamiento de datos suministrados al ordenador por medio de la telecomunicación, esp. del teléfono. | Á. L. Calle *SInf* 21.10.70, 15: La próxima década, sin lugar a dudas, será marcada por la influencia y cooperación inestimables del teleproceso y del tiempo compartido, dos novísimas tecnologías de los ordenadores.

telequinesia (*tb con la grafía* **telekinesia**) *f* (*Parapsicol*) Movimiento de objetos materiales producido por la voluntad, sin aplicación de fuerza física. | LRubio *Diana* 319: Médico psiquiatra .. Prepara unos interesantes trabajos sobre telequinesia. L. LSancho *Abc* 16.4.75, 79: El espectador ya se ha habituado a los síntomas de posesión diabólica según el cine, vómitos verdes, levitación, voz de hombre en la endemoniada, telekinesia.

telequinesis (*tb con la grafía* **telekinesis**) *f* (*Parapsicol*) Telequinesia. | *Ya* 3.4.75, 44: Ciencia ficción. Telekinesis, protesta y brujería en tres interesantes relatos.

telequinético -ca *adj* (*Parapsicol*) De (la) telequinesia. | LIbor *Pról. Antología* XXI: Muchas gentes andan por el mundo inquietas con otras experiencias telepáticas, telequinéticas, telestésicas, etc.

telera *f* **1** Redil formado por pies derechos y tablas o redes. | Escobar *Itinerarios* 220: Hay en el ferial un pastor al frente de su rebaño encuadrado en teleras.
2 Palo de los que constituyen el redil. | MCalero *Usos* 50: Eran cedidos [los pastos] a ganaderos del rayano término .. Llegaban con sus redes y teleras, así que una vez establecidos en el pago a aprovechar, se les dejaba a su libertad el ordenarse.
3 Travesaño de los que forman los laterales del carro. | L. ÁCruz *Abc* 4.7.58, 19: Las carretas –leitos, limones y teleras, y ya está armada el rústico armatoste– son lentas.
4 (*reg*) Montón piramidal de pirita de cobre preparado para ser calcinado. | MReviriego *Tri* 29.12.73, 33: La pirita arrancada de enormes criaderos entremetidos junto a pórfidos y pizarras, era tratada al aire libre, calcinándola en hornos especiales llamados teleras.
5 (*reg*) Pan moreno grande y ovalado que suelen tomar los trabajadores. *Tb* PAN DE ~. | Halcón *Ir* 56: Muchas veces fue él quien salía llevándole [al pordiosero] un cacho de telera que el pedigüeño tomaba en sus manos más que sucias. Halcón *Ir* 118: El pan de telera se paga este verano a siete pesetas con noventa céntimos kilo.

telerín *m* (*reg*) Adral. | MCalero *Usos* 16: Tenían carros de yugo .. Peones, tentemozos, trancas y tranquillas. Tabla de zaga, puente trasero, compuerta, telerines y adrales.

telero -ra *m y f* Vendedor ambulante de telas. | Aguilar *Experiencia* 56: La figura del buhonero y la del telero eran familiares por entonces en los ambientes rurales españoles.

telescópico -ca *adj* **1** De(l) telescopio. | *Inf* 27.6.70, 24: Nueva lente telescópica en Rusia. **b)** [Ojo o mira] que permite ver con precisión objetos lejanos. | Navarro *Biología* 297: Han sido extraídos peces, cefalópodos y cangrejos dotados de enormes ojos de córnea muy abombada y cristalino esférico (ojos telescópicos). Berlanga *Acá* 39: Se decidió a cambiarlas por dos puertas macizas .. con cinco puntos de anclaje, mirilla telescópica y panorámica para ver a cualquiera, incluso agachado o tumbado.
2 [Aparato] formado por varias piezas que se introducen unas en otras. | *Van* 27.12.70, 36: El paraguas telescópico Knirps, tan grande como cualquiera, más pequeño que ninguno. Ramos-LSerrano *Circulación* 290: Los amortiguadores hidráulicos pueden ser giratorios, de pistón o telescópicos.

telescopio *m* Instrumento óptico de gran alcance, empleado esp. para la observación de los astros. | Zubía *Geografía* 17: Para la visión de los numerosos astros que pueblan el espacio se emplean los telescopios.

telesilla *m* Teleférico constituido por una serie de asientos suspendidos de un cable único. | Laiglesia *Tachado* 27: En una de las laderas había un funicular para subir a un parque de atracciones; en la segunda, un "telesilla" para transportar a los esquiadores hasta la cumbre.

telesismo *m* (*Geol*) Terremoto producido en un lugar muy distante. | Ybarra-Cabetas *Ciencias* 147: Cuando el sismo se produce cerca del observatorio, el sismograma es bastante confuso, siendo, por el contrario, muy claro si tiene su origen lejos de él (telesismo).

telespectador -ra *adj* Espectador de televisión. *Gralm n.* | J. GPastor *SYa* 27.4.75, 49: Ella actuará de presentadora .. Claro está que para el elemento masculino telespectador Brigitte resultará de mejor ver que don Félix. *Act* 30.10.69, 8: ¿Quién podía asegurar que lo hubiera hecho ante los telespectadores de toda la nación?

telesquí *m* Cable sin fin del que penden otros para transportar a los esquiadores a la parte alta de la pista. | Payno *Curso* 40: Después, con aire satisfecho, emprendía de nuevo la subida. Unas veces a golpe de bastón, otras utilizaba el telesquí o el telesilla, o el telecabina.

telestesia *f* (*Parapsicol*) Percepción de objetos más allá del alcance normal de los sentidos. | * La telestesia no es lo mismo que la telepatía.

telestésico -ca *adj* (*Parapsicol*) De (la) telestesia. | LIbor *Pról. Antología* XXI: Muchas gentes andan por el mundo inquietas con otras experiencias telepáticas, telequinéticas, telestésicas, etc.

teleteca *f* (*raro*) Colección de grabaciones de emisiones de televisión realizadas. | A. Arias *Ya* 2.8.70, 6: El sistema alemán del VCR viene, por tanto, a resolver ese natural deseo, que se transformará rápidamente en grata necesidad, de grabar a voluntad aquellos programas de interés, disponiendo .. de una "tele-teca" particular.

teletex *m* Sistema de transmisión, a través del teléfono, de textos informatizados. | *País* 4.10.83, 22: De momento, la instalación de 15 terminales de videotex y los servicios de teletex en diversos puntos de la comunidad castellano-manchega, tiene carácter experimental. Dentro de un año se estabilizará el servicio de videotex.

teletexto *m* Sistema electrónico que transmite por televisión textos informativos por medio de señales codificadas. | *País* 23.6.83, 55: Pugna de Philips y Thomson por imponer su sistema de teletexto.

teletipista *m y f* Pers. que atiende un teletipo. | *HLM* 24.11.75, 8: El redactor que la obtuvo, contrastó y redactó [la noticia] fue Marcelino Martín Arrosagaray. El teletipista que la transmitió, José Luis Blanco Mascareñas.

teletipo (*n comercial registrado*) *m* **1** Aparato telegráfico que transmite un texto mediante teclado mecanográfico y lo hace llegar impreso a la estación receptora. | *Van* 4.11.62, 12: Crónica de nuestro redactor, recibida por teletipo.
2 Mensaje enviado por teletipo. | C. LTena *SAbc* 12.10.75, 28: Desde Elda, .. Negrín habla con Casado y aún le envía un teletipo tras el Consejo de Ministros que celebra.

teletonta *f (col, humoríst)* Televisión. | *País* 3.5.80, 10: Lo que mis ojos presenciaron el pasado día 19 de abril en la *teletonta* me llegó al alma con billete de ida y vuelta.

teletransmisión *f* Acción de teletransmitir. | *SAbc* 13.12.70, 72: Olivetti transmite y recibe la información con sus terminales y equipos de teletransmisión.

teletransmitir *tr* Transmitir a distancia por medios electrónicos. | *D16* 17.10.76, 1: Teletransmitiendo por canales telefónicos de alta velocidad y banda ancha, D16 llegará puntual a sus lectores en toda España. Para ello enviará desde Madrid facsímiles del periódico, teletransmitidos mediante ordenadores digitales.

teletratamiento *m (Informát)* Teleproceso. | E. Terrón *Tri* 26.12.70, 21: Entre los progresos de este sector destacan las comunicaciones .. y las computadoras electrónicas, con el teleproceso o teletratamiento de datos.

teleutospora *f (Bot)* Espora invernal de paredes muy resistentes, propia de determinados hongos. | Alvarado *Botánica* 64: En la roya de la malva (*Puccinia malvacearum*), las teleutosporas, que van asociadas por parejas, .. están agrupadas en manchas rojizas crateriformes que salpican las hojas.

televidente *adj* Telespectador. *Gralm n.* | L. LSancho *Abc* 9.5.71, 18: Las masas televidentes serían incapaces del acto de voluntad necesario para no encender en un día cualquiera de la semana su receptor. *Tri* 11.4.70, 9: Lo hizo para los televidentes de toda España.

televisar *tr* Transmitir por televisión. | *Ya* 4.3.75, 37: El partido no será televisado.

televisión *f* **1** Sistema de transmisión de imágenes a distancia, mediante ondas hertzianas. | GJiménez *SYa* 28.5.72, 45: Robert Young se dio cuenta muy pronto de lo que la televisión iba a representar en el futuro inmediato. **2** Actividad relativa a la televisión [1]. | *Inf* 15.12.69, 2: Unas bases acordadas en principio para la creación de un Estatuto de los profesionales de la radio y la televisión. **b)** Conjunto de programas de televisión. | * Veo poca televisión. **3** Emisora de televisión [1]. *A veces con sent colectivo.* | Medio *Bibiana* 117: Bueno, doña Bibiana, ¿cuándo te llevan a la televisión? **4** Televisor. | GPavón *Hermanas* 46: Nadie volvería a .. poner la televisión nueva.

televisionario -ria *adj (raro)* Telespectador. *Tb n.* | *DLi* 23.2.78, 13 (C): Los sufridos televisionarios.

televisista *m y f (hoy raro)* Profesional de la televisión. | E. Corral *Abc* 10.2.74, 78: Parece que debe corresponderle [al equipo humano de TVE] la hermosa tarea de enriquecer los medios de trabajo con los recursos que la técnica ha puesto a disposición de los televisistas.

televisivamente *adv* En el aspecto televisivo. | E. Corral *Abc* 20.9.70, 71: Muere fusilado después de una persecución angustiosa, bien jugada televisivamente, hábil de filmación y efecto sonoro.

televisivo -va *adj* **1** De (la) televisión [1 y 2]. | *Sp* 19.7.70, 36: El presidente se traslada a Los Ángeles para someterse a una hora de preguntas de tres representantes de las mayores entidades televisivas del país. **b)** Que se produce por televisión. | *Rio* 2.10.88, 41: Aquí, en la feria taurina, está toda la prensa, escrita, radiada y televisiva. **2** Que tiene buenas condiciones para ser televisado. | *Sáb* 10.9.66, 24: Estaba escrito .. con un solo y garrafal defecto: no era "televisivo".

televisor *m* Aparato receptor de televisión. | Alfonso *España* 26: Es costumbre atroz el poner altavoces, radios y televisores a un volumen increíble.

televisual *adj* Televisivo [1]. | *HLM* 18.1.65, 6: La adaptación televisual nos pareció correcta.

televisualmente *adv* En el aspecto televisual. | E. Corral *Abc* 21.8.66, 77: Televisualmente, "Media hora con..." es un programa irreprochable.

télex *(pl invar) m* **1** Servicio telegráfico mediante teletipos conectados a la red de telecomunicación pública, que permite a sus abonados comunicarse directamente entre sí. | *Pue* 20.1.67, 4: Crónica, por télex, de nuestro corresponsal. **2** Teletipo usado en el télex [1]. | *Ya* 25.6.75, 8: Se requiere una persona con gran experiencia en IBM 129, manejo de télex, buenos conocimientos de inglés. **3** Mensaje transmitido por télex [1]. | G. Fernández *Ya* 8.4.88, 19: El Ministerio de Educación envió un télex a los medios de comunicación.

tell *m (Arqueol)* Colina artificial formada por ruinas. | Romano-Sanz *Alcudia* 247: Las ruinas se encuentran sobre un gran túmulo de unos trescientos metros de largo por cien de ancho .. El tell de ruinas, cubiertas apenas por una capa de tierra y malezas, debió ser colonia importante.

telliza *f (raro)* Colcha. | *Alcántara Ya* 16.2.83, 7: Todo sirve en estas fiestas para el atavío, incluso tellizas y cobertores.

telo *m (reg)* Tela de araña. | Nácher *Guanche* 30: Lo que en verdad tenía importancia era la pitarra tracomatosa .. –Se te cagó una araña en los ojos, muchacho, y te puso un telo delante. VMontalbán *Pájaros* 274: Al salir del agua, la braga, improvisado traje de baño, era un telo ceñido a la vulva succionada por la araña del vello púbico.

telofase *f (Biol)* Fase final de la mitosis. | Navarro *Biología* 62: División indirecta .. comprende cuatro fases sucesivas: profase, metafase, anafase y telofase.

telolecito -ta *adj (Biol)* [Huevo] que tiene el vitelo nutritivo concentrado en uno de los polos. | Ybarra-Cabetas *Ciencias* 213: En los huevos telolecitos la segmentación es parcial.

telón I *m* **1** *En un teatro:* Pieza grande de tela que se desliza vertical u horizontalmente para descubrir u ocultar la escena. *Tb* ~ DE BOCA. | CSotelo *Inocente* 85: El espectador se encontrará, al levantarse el telón, el escenario oscuro y desnudo. LTena *Alfonso XII* 170: El telón de boca permanece corrido, pues la escena siguiente de la séptima estampa comienza a telón corrido. **b)** *Con un adj o compl especificador designa otras piezas de tela que bajan sobre el escenario:* CORTO, DE FORO. | * Hay un cambio de escena en que baja un nuevo telón de foro. **c)** ~ **metálico.** Pieza metálica con que se separa del público el escenario en caso de incendio u otro siniestro. | * El teatro cuenta con un moderno telón metálico contra incendios. **d)** *Se usa como acotación para indicar bajada de telón.* | LRubio *Manos* 61: La escena queda a medias alumbrada por la fría luz del amanecer en el balcón. Telón. **e)** *En constr como* SUBIR (o BAJAR) EL ~, ARRIBA (o ABAJO) EL ~, *se usa para indicar el comienzo (o el fin) de determinadas actividades.* | * Se levanta el telón de la nueva legislatura.

2 ~ **de fondo.** Decorado de fondo. *Gralm fig.* | S. RSanterbás *Tri* 5.12.70, 40: Advierte .. las coincidencias existentes entre la crisis de 1870 y la del período 1820-1823, que sirve de telón de fondo a la novela.

3 ~ **de acero.** *(hist)* Línea que en Europa separa los países comunistas de los no comunistas. *Tb el conjunto de esos países comunistas.* | Cela *Viaje andaluz* 284: –¿Es usted portugués? –No, señor, yo soy búlgaro .. –¿Búlgaro? –Sí, señor, búlgaro de detrás del telón de acero, ¡qué pasa? **b)** ~ **de bambú.** Línea que en Asia separa a China de los demás países. | *VNu* 7.10.72, 37: ¿Cómo no pensar que la vida en China habrá cambiado también en algún sentido gracias a que no solo China ha levantado su "telón de bambú", sino que los países libres han retirado por su parte ese "cordón sanitario" que rodeaba al pueblo chino?

4 *(reg)* Tela fuerte para recoger aceitunas u otros frutos. | *SHoy* 31.8.75, 22: Fábrica de Tejidos .. Lonas especiales para usos agrícolas e industriales, costales, alforjas, etc. .. Telones para vendimia.

II *loc adv* **5** a ~ **subido** (o **bajado**). Con (o sin) conocimiento público. | Bueno *Tri* 26.12.70, 10: Como presencial es preciso considerar la labor diaria de las clases impartidas por muchos profesores, cuyos nombres .. son .. los nombres de los verdaderos realizadores del "pensamiento español", .. aunque a telón bajado.

telonazo *m (Taur, desp)* Pase dado por alto y con el engaño muy desplegado. | J. Laverón *País* 5.8.79, 23: El quinto, uno de los toros más serios que habrá matado El Cordobés en su vida, solo unos telonazos con la capa y se inhibe de la lidia.

telonero -ra *adj* Que se presenta en primer lugar en un espectáculo, esp. por ser poco importante. *Tb fig. Tb n,* *referido a pers.* | Hontañón *Abc* 20.8.69, 50: Cumplió la misión de obra telonera la "Sonata en mi menor, opus 90", de Beethoven. FReguera-March *Semana* 372: Le decía que ahora trabajaba en el Edén, de la calle Nueva. Había pasado "de telonera a figura destacada del espectáculo". Caporte *Ya* 6.12.70, 41: Aparte de los citados responsables de propaganda figuran en el cuartel general de Clay su padre, que ejerce de empresario; su hermano, pugilista también, incluido como telonero.

telonio *m* (*hist*) *En el Imperio romano:* Oficina pública de pago de tributos. | F. J. Balibrea *NotC* 25.2.71, 5: Escuchamos .. la voz de Cristo, transmitida por ese hombre llamado Mateo, que, sentado al telonio, oyó su llamada y le siguió dejándolo todo.

telson *m* (*Zool*) *En los crustáceos:* Último segmento del cuerpo. | Ybarra-Cabetas *Ciencias* 337: Las regiones del cuerpo en el cangrejo de río son tres: pereion, pleon y telson.

telugú (*tb* **telugu**) *m* Lengua india hablada en la meseta del Decán, y que es la más importante de las dravídicas. | Villar *Lenguas* 174: En la actualidad las lenguas dravídicas se hablan en el Dekán, con varios dialectos como el tamul, el telugú, el canarés. *Sp* 1.3.65, 41: Vinoba .. se ha mostrado razonable en cuanto al amor por el telugu, el malayalam o el bengalí y es partidario de mantener los derechos de esas lenguas.

telúrico -ca *adj* **1** (*Geol o lit*) De la tierra. | Torrente *Fragmentos* 122: En los dragones .. simbolizaron los hombres la maldad de las fuerzas telúricas.
2 (*Geol*) [Movimiento] sísmico. | *Abc* 26.8.66, 33: La región de Vercors es un centro de frecuentes movimientos telúricos.
3 (*Geol*) Subterráneo. | L. Calvo *Abc* 9.10.70, 25: La empresa de explotar y valorar los productos telúricos de la U.R.S.S. .. supera las posibilidades financieras y aun técnicas individuales de Francia y de Alemania.
4 (*lit*) Relativo a la tierra en que se habita. | HSBarba *HEspaña* 4, 343: Los criollos del siglo XVIII fueron creando otra nueva fuerza sobre una base más telúrica que étnica, como había sido hasta entonces su anhelo de blancura.

teluro *m* (*Quím*) Metaloide, de número atómico 52, quebradizo y fácilmente fusible, que gralm. se halla combinado con el oro, la plata, el plomo o el bismuto. | Bustinza-Mascaró *Ciencias* 323: Además del oro nativo, se beneficia este metal de otros minerales que son combinados de teluro y de oro y plata o de plomo y oro.

tema[1] *m* **1** Idea o hecho, o conjunto de ellos, que se desarrollan [en una expresión hablada, escrita o artística (*compl de posesión*)]. *Frec el compl se omite por consabido.* | Laforet *Mujer* 46: La abuela se hubiese muerto de horror si hubiese sabido la libertad con que Víctor y Paulina hablaban de temas del día. GNuño *Madrid* 9: Las ventanas altas y el barandal del coro son obra del siglo XIX, mas parece que el restaurador copió los temas de residuos antiguos. **b)** (*semiculto*) Cuestión o asunto. | Umbral *Noche* 21: Trabajaba, sin duda, pacientemente, día a día, mas sin perder nunca el humor, la curiosidad o el gusto por el tema femenino.
2 (*Mús*) Elemento que sirve de base a una elaboración sonora. | RÁngel *Música* 57: Las variaciones son una serie de piezas breves, escritas sobre un tema propio o ajeno, que se suele escuchar, en su forma original, al comienzo de ellas. **b)** Pieza instrumental o cantada de música popular moderna. | *Pue* 25.2.81, 30: El álbum que recoge la música del film contiene siete temas, a cual más vigoroso y vibrante.
3 (*Ling*) Parte de la palabra, constituida por la raíz y un elemento añadido y a la que se aplican las desinencias. | *Bachillerato 1967* 175: Conjugación en el tema de presente de los verbos irregulares: *volo, nolo, malo.*

tema[2] *m* (*o, raro, f*) (*lit*) Manía, o idea en que uno se obstina. | Cunqueiro *Un hombre* 174: ¡Todos tenemos un tema! De mozo, yo soñaba que llegaba a rico. Cunqueiro *Un hombre* 61: Explicó que había aparecido un dragón en la comarca, que había caído en la tema de pedir aquel bello fruto de su vientre para moza.

temario *m* Temas, o conjunto de temas[1] [1], esp. los propuestos para estudio a una asamblea o comisión o los exigidos para un examen. | Cossío *Montaña* 72: El personaje es histórico, y la leyenda de luchas con la Casa de Castañeda corresponde al temario, habitual en estas tierras, de bandos en el siglo XIV, en que parece localizado el asunto. *Reg* 22.11.66, 1: Después de estos temas, en el temario de la Caja de Ahorros se enuncian temas económicos y de tributación.

temáticamente *adv* En el aspecto temático[1]. | C. Castroviejo *HLM* 26.10.70, 18: Estas páginas, temáticamente presididas en el título general por los "Tres pueblos...", son de las más hermosas del libro.

temático[1] **-ca I** *adj* **1** De(l) tema[1]. | DPlaja *Abc* 8.9.66, 12: Coincidencia temática. Simultáneos y bajo un mismo cuño editorial, me llegan estos dos volúmenes.
II *f* **2** Conjunto de temas[1] [1]. *Normalmente con un compl de posesión.* | Laforet *Mujer* 183: Era la eterna temática de Amalia. Podía seguir así durante horas .. tejiendo el mismo asunto.

temático[2] **-ca** *adj* (*lit, raro*) [Pers.] que tiene temas[2] o manías. | Azorín *Cine* 11: Temático del tiempo, ¿cómo no me había de atraer el cine, que es el tiempo en concreto? **b)** Propio de la pers. temática. | FFlórez *Florestán* 706: El árbitro .. se dio prisa en anular jugadas .. Excitado por tan temática oposición .., Chang-Fu anunció ..: –¡Voy por el árbitro!

tembladera *f* **1** (*col*) Temblor [1a] muy intenso. | MFVelasco *Peña* 77: Me entró una tembladera en las canillas que ni correr me dejaba.
2 Torpedo (pez). | Noval *Fauna* 416: La Tembladera (*Torpedo marmorata*), conocida aquí [en Asturias] como *Temblera*, con la cabeza muy ancha y redondeada en forma de Raya y jaspeada de color rojo ladrillo, que cuando se la toca produce una descarga eléctrica repetida.
3 Planta gramínea con espiguillas que se mueven fácilmente con el viento, usada como ornamental (*Briza maxima*). *Frec en pl.* | Loriente *Plantas* 75: *Briza maxima* L. "Pendientes"; "Tembladeras". Herbácea anual, cultivada como ornamental en parterres ajardinados.

temblador -ra I *adj* **1** Que tiembla. | Hoyo *Caza* 77: Su desconsuelo le llevó a sentir de nuevo su cuerpo flaco, aquella carne escasa de su cuerpo y los grandes huesos tembladores. Herrero *Ya* 3.4.90, 17: Una de ellas [de las ocurrencias] era su referencia a Juan Empleado, de profesión temblador, como personificador del funcionario decimonónico, siempre temeroso de que un cambio de gobierno lo dejara cesante.
II *m* **2** (*raro*) Tembladera o torpedo (pez). | *SYa* 25.5.74, 11: También hubo otros momentos de peligro, ya que trabajamos entre las pirañas, .. los tembladores, las rayas de agua dulce.

temblante *adj* Que tiembla. | J. GMontero *Abc* 23.4.58, 15: La cítola .. regula ese movimiento y hace oscilar temblante a la tolva.

temblar I *v* (*conjug* 6) **A** *intr* **1** Moverse [una pers. o animal, o una parte de su cuerpo] en contracciones involuntarias. | Laforet *Mujer* 140: Cuando llegó a la iglesia le temblaban las rodillas.
2 Moverse [algo] en sacudidas rápidas y repetidas. | Ramos-LSerrano *Circulación* 184: Puede irse a menos de 40 Kms. por hora sin necesidad de cambiar a segunda y apurar la directa, pero sin llegar a que tiemble el motor o la transmisión. Medio *Bibiana* 17: El lacito blanco de su camisa le tiembla a impulsos de su agitación. **b)** Variar [la luz] rápida y repetidamente de intensidad. | Matute *Memoria* 163: Un rojo resplandor temblaba .. en las columnas partidas donde en tiempos se alzó un porche. **c)** Sonar [la voz u otro sonido] con variaciones rápidas y repetidas de tono y de intensidad. | * La voz le temblaba al hablarme.
3 Sentir gran miedo o emoción, a veces acompañado de temblor físico. *Tb* (*pop*) *pr.* | Paso *Isabel* 233: Toco un timbre y tiemblan trescientos empleados. Olmo *Golfos* 153: Abrí, lentísimamente, la puerta. ¡Y yo temblaba, Dámaso! Porque ellos, Timucho y Clarita, estaban abrazados y besándose. Delibes *Guerras* 216: Dice que el Francisco Rincón se tembló al verle, oiga, natural, y salió a la calle dando voces, en calzoncillos, hágase cuenta.
B *tr* **4** (*col*) Temer [algo o a alguien]. | MGaite *Nubosidad* 118: La tiemblo cuando se pone usted a cambiar los muebles de sitio.
II *adv* **5 temblando.** (*col*) En situación precaria. *Con vs como* ESTAR, DEJAR *o* QUEDARSE. | * Acabo de comprar un

tembleque – temiente

regalo y me he quedado temblando. * Le dio un tiento a la bota que la dejó temblando.

tembleque *m* (*col*) Temblor [1a]. | Berlanga *Barrunto* 32: Con el tembleque y unos golpes en el trasero, la petaca entreabierta escurría el tabaco hasta la palma de la mano. Cela *Judíos* 242: Siente flaquear las piernas, .. nota un tembleque en la voz.

temblequeante *adj* (*col*) Que temblequea. | Castellano *Agromán* 108: –Señor comisario –dijo con voz temblequeante–: su colega no me deja pasar.

temblequear (*col*) **A** *intr* **1** Temblar [1 y 2] de manera poco intensa y continuada. | Lera *Boda* 573: Las manos de Pelocabra se cerraron, y temblequearon sus puños.
B *tr* **2** (*raro*) Hacer que [algo (*cd*)] temblequee [1]. | Cela *Judíos* 19: La cabra del peón caminero abre los ojos, levanta la cabeza, temblequea la barba.

temblequeo *m* (*col*) Acción de temblequear. | GPavón *Rapto* 237: El Rosario empezó a hipar con un temblequeo que recordaba su ataque de la noche anterior.

temblequera *f* (*col*) Tembladera o temblor. | Delibes *Guerras* 31: Así que empezaban las heladas fuertes, me entraba una temblequera que para qué.

tembleteante *adj* (*col*) Que tembletea. | Hoyo *Caza* 59: Y poco después el mismo bufido de antes, el de los tembleteantes labios –tembleteantes por las nerviosas espiraciones–.

tembletear *intr* (*col*) Temblequear. | Gironella *Millón* 161: Vio tembletear los labios del Cojo.

temblón -na **I** *adj* **1** Que tiembla [1, 2 y 3] mucho. | Benet *Nunca* 113: Todas las demás inscripciones habían sido hechas por una mano .. que, a medida que pasaban los años, se iba haciendo más temblona e insegura. Torrente *DJuan* 165: Algo en mi interior temblaba, sin embargo, todavía desconcertado .. Tenía, sí, que acatar su autoridad, pero sin rebajarme .. A un mozo sumiso y blando, a un mozo temblón, le hubieran desdeñado. **b)** [Álamo] de hojas muy móviles (→ ÁLAMO). | Ybarra-Cabetas *Ciencias* 290: Las hojas son de limbo más bien ancho, y su peciolo les permite gran movilidad, sobre todo en algunas variedades, como en el álamo temblón, que tienen un movimiento característico.
2 Que denota o implica temblor. | Torrente *Saga* 280: Cerraron los ojos, buscando en un abrazo remedio al pánico temblón.
II *f* **3** (*raro*) Temblor. *En constrs como* ENTRARLE, *o* DARLE, [a uno] ~. | Berlanga *Rev* 3.69, 27: Padre dice que con el [tabaco] negro le entra temblona, un ahora me caigo, ahora no me caigo pa partirse a reír. **b)** (*raro*) Temblor fingido por un pordiosero para mover a lástima. | Cela *Judíos* 296: El vagabundo se dio con un colega mañoso, aunque no de fiar, que .. se aplicaba a perfeccionarse en la nada fácil habilidad de la temblona, eficaz ganzúa para abrir las bolsas sensibles.

temblor *m* **1** Acción de temblar [1 y 2]. | Medio *Bibiana* 87: Las piernas le tiemblan, y el temblor se hace visible. **b)** ~ **de tierra.** Terremoto. | *Nue* 29.3.70, 1: Quinientas personas han encontrado la muerte en el temblor de tierra que anoche sacudió la parte occidental de Turquía.
2 (*lit*) Emoción. | *SAbc* 16.6.68, 26: El reportaje [sobre la reina Mercedes] que publicamos a continuación nos devuelve el temblor de aquellas fechas inolvidables.

temblorear *intr* (*raro*) Temblar [1 y 2]. | Zunzunegui *Camino* 230: El motor tembloreaba, en marcha el coche, y daba saltos extraños.

temblorosamente *adv* De manera temblorosa. | Matute *Memoria* 115: Yo, alzada de puntillas, con el auricular negro temblorosamente acercado a la mejilla, y un nudo en la garganta.

tembloroso -sa *adj* **1** Que tiembla [1, 2 y 3]. | Olmo *Golfos* 144: Tembloroso y con unas tristes lágrimas saliéndole de los ojos, va de nuevo por la calle el hermano mayor. Laforet *Mujer* 205: Sus sonrisas le salían pálidas y la voz estúpidamente temblorosa. Cuevas *Finca* 74: Oían estas historias, temblorosos.
2 Que denota temblor. | A. Pizá *Bal* 4.3.70, 16: La casa .. guarda un montón de papeles inéditos, con la caligrafía torpe y temblorosa de un hombre que estaba dominado por el ansia de saber.

tembloteante *adj* (*col*) Que temblotea. | ZVicente *Balcón* 56: Nieves, pálida, tembloteante, cita los remedios que en este caso habría usado la ciencia naturalista de su marido.

temblotear *intr* (*col*) Temblequear. | Sampedro *Sonrisa* 141: Viejo, sí; en ese perfil de alegre bebedor la nariz ya se afila y la barbilla temblotea.

temer A *tr* **1** Tener temor [1] [a alguien o algo (*cd*)]. *Tb abs.* | D. Merino *VozC* 3.7.63, 7: Todos reconocen con unanimidad que Merino en Castilla era acatado como un rey y temido como un dios. Areilza *Abc* 21.11.75, 46: No tenía [Franco] gran estima por los intelectuales, cuyo sentimiento de superioridad espiritual temía. Ortega *Americanos* 153: Algunos tienen ligas anti-difamatorias. Se previenen porque temen.
2 Creer que [algo dañino o negativo (*cd*)] va a suceder o ha sucedido. *Frec pr.* | *Reg* 8.10.74, 8: Se teme que, de seguir así la situación de la agricultura, desaparecerán los aparceros y de ninguna forma resultable rentable la explotación agrícola. A. Assía *Ya* 24.7.75, 14: Yo me temo que ninguna de las ventajas que la "concentración" pueda reportarle al benemérito cuerpo y al país sea susceptible de compensar la pérdida del ruralismo de la Guardia Civil.
B *intr* **3** Sentir temor [1] [por alguien o algo]. *Tb con compl.* | Ramírez *Derecho* 169: Los vecinos de Barcelona que, hallándose en viaje, temieren por su vida, pueden otorgar el llamado testamento sacramental, ante dos testigos idóneos y rogados.

temerariamente *adv* De manera temeraria. | CNavarro *Perros* 17: Las motos sorteaban temerariamente a los automóviles.

temerario -ria *adj* **1** [Pers.] que acomete imprudentemente una acción peligrosa. | L. Calvo *Abc* 5.11.70, 29: De Gaulle era hombre temerario; Pompidou, avisado. **b)** Propio de la pers. temeraria. | L. Calvo *SAbc* 16.3.69, 18: Tenía la aptitud de hacer un espectáculo de sí mismo, cuándo por su valor temerario, cuándo por su mordaz invectiva. G. L. DPlaja *Tri* 13.2.71, 12: Las consecuencias económicas que esta temeraria decisión comporta suelen ser funestas para la familia que abandona los cauces oficiales. **c)** (*Der*) [Imprudencia] que implica descuido negligente de los más elementales cuidados y que puede llegar a constituir delito o falta. | Ramírez *Derecho* 155: Me refiero .. a los .. delitos culposos. Ejemplo: un atropello cometido conduciendo un automóvil con infracción de reglamentos o con imprudencia temeraria.
2 [Cosa] hecha sin fundamento o justificación. | * Es una afirmación muy temeraria, para mí por lo menos. **b)** [Juicio] negativo que se forma acerca de una pers., sin motivo suficiente. | Valcarce *Moral* 177: Las violaciones del derecho al honor son el juicio temerario, la contumelia.

temeridad *f* **1** Cualidad de temerario. | CNavarro *Perros* 18: Los vehículos adelantaban o retrocedían, según fuera la pericia o la temeridad de sus conductores.
2 Acción temeraria. | * Eso es una temeridad.

temerosamente *adv* De manera temerosa [2]. | Umbral *Ninfas* 55: Al salir de misa de la catedral y entrar allí temerosamente, siempre entre el tirón de la calle y el tirón de la cultura.

temeroso -sa *adj* **1** Que siente temor. | Hoyo *Caza* 46: Temeroso de los tientos que le darían, el Chaparro presentó un botillo de vino. GPavón *Reinado* 170: –Son gente muy principal .. –Ya lo sé, ya. –Y muy buena y temerosa de Dios.
2 Que denota o implica temor. | CNavarro *Perros* 18: Sus ojos, de color claro, miraban temerosos.
3 Temible. | Escobar *Itinerarios* 42: El invierno es largo, sombrío, helador y temeroso en Castilla.

temible *adj* Digno de ser temido. | *Abc* 8.9.66, 13: Ha de enfrentarse en inferioridad de condiciones con competidores temibles.

temiente *adj* (*lit*) Temeroso [1 y 2]. | Peraile *Cuentos* 53: El tono de Manuel era siseante y confidencial, el gesto de Manuel era temiente y en ascuas, y aún, por si acaso, enmascarábamos el cuchicheo con el trajín de la herramienta, con el miedo de perseguidos, con la obsesión de espiados.

temor *m* **1** Sentimiento causado [por alguien o algo (*compl* A, ANTE, DE *o* POR) que se considera dañino o negativo]. | SLuis *Doctrina* 144: Dolor de atrición es un sentimiento o pena de haber ofendido a Dios, por temor al infierno, por haber perdido el cielo .., etc. .. La atrición se funda en el temor, tiene algo de egoísmo. *Cocina* 22: Las patatas .. de este modo se cuecen sin temor a que se abran. **b) ~ de Dios.** (*Rel crist*) Temor a ofender a Dios y merecer su castigo. | Kurtz *Lado* 24: Cuando se vive en el temor de Dios no se cogen enfermedades venéreas.
2 Creencia de que algo dañino o negativo va a suceder o ha sucedido. | Arce *Testamento* 84: "Este es capaz de mandarme al otro mundo con un par de tiros." Y me horroricé al pensarlo. No había manera de desechar mis temores: "Me liquidará tan pronto como sepa que se encuentra en peligro".

temoso -sa *adj* (*lit, raro*) Tenaz y porfiado. | ILaguna *Ateneo* 34: El Ateneo hará de Juan Palomo al ponerse temoso en su arbitrario arbitraje.

tempanizar *tr* Convertir [tierra o agua] en témpano [1]. | J. SEgea *Abc* 6.4.75, 34: El frío y las heladas .. volvieron a morder y tempanizar la Tierra.

témpano *m* **1** Bloque [de hielo o de tierra helada]. *Sin compl, designa normalmente el de hielo*. | Bustinza-Mascaró *Ciencias* 16: El agua .. se presenta .. al estado sólido en la nieve y granizo, y en los glaciares y témpanos de hielo. MCampos *Abc* 9.4.67, 5: La nieve sigue intacta sobre el agua. Un témpano perdido es arrastrado por la corriente. **b)** *Frec se usa en constrs de sent comparativo para ponderar la frialdad, real o figurada, de alguien o algo*. | * Estoy como un témpano. * Esta mujer es un témpano.
2 (*Arquit*) Tímpano. | J. Bassegoda *Van* 20.5.73, 3: La policromía .. en la aureola alrededor de la clave en el intradós de los témpanos se hizo reproduciendo fielmente los restos existentes.
3 (*reg*) Tira de tocino. | Gerardo *NAl* 6.10.89, 15: ¿Y la cámara y el camaranchón? Ahí sí que se ha de encontrar desde una albarca vieja sin capillos hasta .. morcillas y un cacho de témpano rancio de tocino.

témpera *f* (*Pint*) **1** Preparación pictórica en que se emplea como aglutinante de los colores un medio albuminoso o coloidal, esp. cola o clara de huevo. | *SAbc* 22.11.70, 24: Recibe, además, gratuitamente, todo el material de dibujo y pintura necesario para sus prácticas, a saber: lápices, reglas, plumas, pinceles, papel de dibujo, .. colores a la acuarela, témpera y óleo. *Ide* 25.8.89, 5: Regalo compuesto de: Una mochila .. Una caja con siete témperas .. Una carpeta con clasificadores.
2 Pintura realizada con témpera [1]. | *Pue* 21.10.70, 13: Manuel Viola inauguró el VIII Curso, con una muestra de guaches, témperas, acrílicos, tintas y estructuras metálicas.

temperado -da *adj* (*Mús*) Sometido a temperamento [3]. | Valls *Música* 36: Es una música .. que se nos presenta desafinada, lo cual no es cierto para la audiencia a que está destinada, pero sí lo es para el oído occidental, "viciado" por la uniformidad y casi inamovilidad de nuestra afinación temperada.

temperamental *adj* De(l) temperamento [1]. | Pinillos *Mente* 147: La caracterología alemana operaba constantemente con nociones temperamentales. V. A. Pineda *MHi* 7.68, 53: Jorge Grau procede con más serenidad y sobriedad que en anteriores ocasiones, como conteniendo algunos excesos retóricos con una inclinación temperamental desmedida en ocasiones. **b)** [Pers.] de temperamento [1b]. | * Soy demasiado temperamental.

temperamentalmente *adv* **1** De manera temperamental. | *Ya* 28.10.70, 11: Administrativo comercial .. Desempeñará cometidos administrativa ..; posibilidades rápidas de promocionarse siempre que sea activo y temperamentalmente comercial.
2 En el aspecto temperamental. | S. Nadal *Act* 25.1.62, 15: Un hombre así, temperamentalmente incluso, debía entrar en conflicto con Nikita Kruschev.

temperamento *m* **1** Conjunto de caracteres físicos y psicológicos [de una pers. o de un grupo] que condicionan su comportamiento. *Normalmente con un adj especificador*. | Pinillos *Mente* 146: Por temperamento o genio se entiende normalmente en psicología el conjunto de disposiciones afectivas que predominan y tiñen las reacciones habituales de un sujeto y, muy especialmente, sus relaciones interpersonales. * El temperamento latino es ardiente. **b)** *Sin compl:* Temperamento vehemente e impulsivo. | * Es una mujer de temperamento. * Lola Flores presume de temperamento. **c)** (*Fisiol*) Tipo orgánico determinado por el predominio de un humor fisiológico. *Frec con un adj especificador*: LINFÁTICO, NERVIOSO, SANGUÍNEO. | Ybarra-Cabetas *Ciencias* 398: El caballo es de temperamento sanguíneo y muscular.
2 (*raro*) Temperie. | Carandell *Cua* 10.4.76, 74: Cayó malo en la ciudad de Vennes, en la Bretaña. Sus compañeros españoles le hicieron grandes instancias para que se dejase transportar a Valencia de España, pretextando la necesidad de experimentar el más benigno temperamento de los aires nativos.
3 (*Mús*) Modificación de los intervalos acústicos para facilitar la modulación, y que consiste en la afinación igual de los intervalos. | * Mediante el temperamento se borran las diferencias entre semitonos.

temperancia *f* (*raro*) Moderación o templanza. | M. E. Costa *Ciu* 15.3.75, 9: Durante la última semana de febrero, la Liga Internacional de Temperancia ha celebrado en Barcelona un curso sobre cómo "dejar de fumar en cinco días".

temperatura *f* Grado de calor [de un cuerpo]. *Tb su medida. Tb fig.* | *Economía* 249: La temperatura de un enfermo es un síntoma de extraordinario interés. Delibes *Año* 100: Las discusiones en torno a mi interpretación de los Estados Unidos alcanzaban una muy alta temperatura en las aulas. **b)** Grado de calor [de la atmósfera]. *Frec sin compl*. | Ortega-Roig *País* 40: La temperatura .. nos permite hablar de un clima cálido, frío o templado.

temperie *f* (*Meteor*) Estado de la atmósfera en cuanto a temperatura y humedad. | J. SEgea *Abc* 14.7.74, 39: Esta semana, en cuanto a la temperie se refiere, ha sido un calco de la anterior.

tempero *m* **1** Disposición de la tierra para las sementeras y labores, esp. por tener el grado adecuado de humedad. | Escobar *Itinerarios* 196: Al lado de los barbechos, a punto de ser surcados de nuevo, con el tempero aparente.
2 Tiempo (estado de la atmósfera). | F. Portillo *SAbc* 16.3.80, 39: La mejor época de pesca la constituyen los meses de mayo y junio .. Por supuesto, esta afirmación es muy variable según las regiones y condiciones del tempero. Umbral *Mortal* 13: Algo raro que se posó en mi frente la noche anterior, cuando me asomé al tempero.

tempestad *f* Tormenta grande, esp. marina, en que los vientos alcanzan los 90 km por hora. *Tb fig.* | Laforet *Mujer* 16: El aire aplastaba y él deseó que estallase de una vez la tempestad .. Los truenos empezaron a llenar el mundo de avisos .. Pronto llovería. Ortega-Roig *País* 62: En él [mar Mediterráneo] no son frecuentes las tempestades. CSotelo *Inocente* 129: Ginés Flauto .. juega con las manos sobre la barriga, aguantando paciente y filosóficamente la tempestad .. Gregorio tira unos libros al suelo, lleno de violencia. **b) ~ en un vaso de agua.** Escándalo o alboroto grandes para una causa muy pequeña. | GRuiz *País* 4.10.80, 9: Divorcio e Iglesia: tempestad en un vaso de agua.

tempestividad *f* (*lit, raro*) Cualidad de tempestivo. | E. Corral *Abc* 4.2.73, 76: Las comedias de Jardiel .. "funcionan" como piezas de relojería obedientes a un ritmo interior que es preciso expresar con mucho tacto y, en televisión, con tempestividad al realizar para dar a cada personaje, a cada situación, y a cada frase, su valor.

tempestivo -va *adj* (*lit, raro*) Oportuno o adecuado. | E. Corral *Abc* 4.2.73, 76: Una cosa, en cambio, es siempre admirable en "Tres eran tres": la dirección .. La realización, de Yagüe, oportuna y tempestiva, como siempre.

tempestuosidad *f* (*raro*) Cualidad de tempestuoso. | J. Balansó *SAbc* 2.6.74, 25: Forzudo, sensual, cínico y burlón, vivió ahogado en la tempestuosidad de sus incontables amores.

tempestuoso – temple

tempestuoso -sa *adj* **1** De (la) tempestad. | Argos *Abc* 4.5.71, 37: La atmósfera se ha mostrado tremendamente tempestuosa en el último fin de semana. Lluvia, viento y descenso del barómetro impidieron la celebración del primero de mayo.
2 Violento. | Payno *Curso* 56: Hacia mediados de enero hubo una sesión tempestuosa .. Estaban los tres de mal humor. Kurtz *Lado* 229: Tu padre siempre ha sido tempestuoso.

templa[1] *f (Pint)* Agua en la que se han disuelto goma y yema o clara de huevo, que sirve para desleír los colores en la pintura al temple. | Angulo *Arte* 1, 17: La pintura al temple es aquella donde el color .. se disuelve en un líquido glutinoso formado por una templa de cola, yema de huevo o jugo vegetal.

templa[2] *f (raro)* Sien. | Delibes *Madera* 20: Los pasmados ojos de los asistentes .. no repararon en .. el despeluzamiento progresivo de las templas y la morra.

templadamente *adv* De manera templada [3 y 4]. | ILaguna *Ateneo* 33: La politización del Ateneo resulta palmaria, aunque naciera templadamente liberal.

templado -da **I** *adj* **1** *part* → TEMPLAR.
2 Ligeramente caliente. | R. Rubio *Hoy* 22.11.70, 3: El otoño al fin ha tenido rostro de otoño .. Un tiempo templado, agradable, pero sin el suelo húmedo. **b)** [Zona] de clima templado. *Tb fig*. | Ortega-Roig *País* 14: Entre los trópicos y los círculos polares se extienden las Zonas templadas .. Como el nombre indica, las temperaturas son más suaves: ni muy cálidas ni muy frías. M. Benito *GacR* 27.10.70, 12: Es posible que los méritos haya que atribuírselos al Cádiz y al Villarreal, que han logrado colocarse en la zona templada con seguridad en sus campos. **c)** *Se usa en el juego de adivinanzas para indicar acierto aproximado*. | Sastre *Oficio* 99: –¿Quién eres tú? .. –Adivina. –Trabajas en un ballet; seguro. –Templado.
3 Moderado o carente de extremismos. | ILaguna *Ateneo* 37: Actualmente, encabezado por don José María de Cossío y don Ramón Solís, vuelve a ser liberal templado y apolítico. Delibes *Madera* 351: Repasaba con el *spotter* el perfil de la ciudad: el Arenal, la catedral señoreando el barrio antiguo, el templado equilibrio de la Lonja. **b)** Suave, o carente de violencia o estridencia. | Delibes *Mundos* 132: El acceso al volcán por La Esperanza es de una belleza templada. J. Miranda *DCu* 11.7.76, 8: A la tierra, .. lo que se importa es el agua bien caída. Ni muy fuerte ni muy suave. Constante. Templadita.
4 Sereno y con dominio. | *Rue* 7.3.63, 4: Por esos pueblos se ven cosas que ponen al más templado los pelos de punta. CSotelo *Resentido* 230: Hace falta un alma muy templada para que no se encone cuando eso pasa. DCañabate *Abc* 23.8.66, 54: Álvaro Domecq nos deleita con su toreo a caballo tan templado y gracioso.
5 *(col)* Ligeramente bebido. | Delibes *Santos* 109: Asaban un cabrito y le regaban con vino .. y, como es de rigor, todos terminaban un poco templados, pero contentos.
6 *(reg)* Tranquilo o calmoso. | MFVelasco *Peña* 79: Treparon ellos detrás de mí buscando el amparo de los corros de maleza para que no los descubriera. Caminaba yo templado para que no perdieran contacto, pero eligiendo aposta los peores andaderos.
II *interj* **7** *Se usa en el juego de las adivinanzas para indicar acierto aproximado*. | * –¿Eres bailarina? –Templado.

templanza **I** *f* **1** Virtud que consiste en moderar los placeres de los sentidos, esp. en lo relativo a la comida y a la bebida. | Villapún *Moral* 170: La templanza ordena el apetito sensual, no lo mata .. Dos son los principales pecados contra la templanza: la intemperancia. La lujuria. SLuis *Doctrina* 123: La Templanza, opuesta a la Gula, consiste en moderar razonablemente el uso de la comida y la bebida.
2 Moderación. | *Ya* 15.10.67, 3: Frente al segundo Plan de Desarrollo se necesita en todos un clima de serenidad y templanza, que evite innecesarios triunfalismos.
3 Benignidad. *Referido a clima*. | J. SEgea *Abc* 23.3.75, 29: La ola de frío .. no alcanzó a las comarcas meridionales de la Península ni a Canarias, verdaderos oasis de templanza.
II *loc adj* **4** [Casa] **de ~** → CASA.

templar **A** *tr* **1** Hacer que [algo (*cd*)] pase a estar ligeramente caliente. | Gala *Séneca* 95: Le echaron en la taza agua fría para templar el caldo. Alvarado *Anatomía* 105: Dicha mucosa está .. encargada de templar el aire. **b)** *pr* Pasar [algo] a estar ligeramente caliente. | F. Portillo *SAbc* 16.3.80, 37: Las capas superficiales de agua se templan al amainar las heladas y calentar el sol.
2 Enfriar bruscamente [un material previamente calentado] para mejorar sus propiedades. *Frec en part*. | *SAbc* 24.11.68, 5: "Duralex" es la vajilla de vidrio templado que embellece su mesa con más de 80 modelos diferentes. Aleixandre *Química* 129: Si se calienta poco a poco el acero templado, pierde la fragilidad, pero conserva la dureza.
3 Dar fuerza o resistencia moral [a alguien o algo (*cd*)]. | SLuis *Doctrina* 96: Hay que templar la voluntad y ejercitarla mediante actos frecuentes y enérgicos de propio vencimiento. **b)** *pr* Adquirir fuerza o resistencia moral. | Llopis *Amor* 466: ¡Los hombres nos templamos en la adversidad!
4 Moderar o suavizar. | Torrente *DJuan* 34: Parecía sinceramente avergonzado, y con ganas de templar mi enojo con humildades. E. Iparraguirre *SAbc* 1.6.69, 24: No quiere ser simplista y se corrige continuamente, templando lo que acaba de decir.
5 Tensar o presionar adecuadamente [algo]. *Tb abs*. | Aldecoa *Gran Sol* 82: La voz de Simón Orozco devolvió el dinamismo de la maniobra a aquel mundo parado y silente en la atención. –Templa y arría.– Macario Martín soltó la estacha.
6 Dar [a un instrumento (*cd*)] el tono adecuado. | Landero *Juegos* 156: Fue a por la guitarra .., la templó y cantó la habanera. Carnicer *Cabrera* 27: Encontramos a Benigno en pie y templando la flauta.
7 *(Taur)* Ajustar el movimiento de la capa o muleta a la embestida [del toro (*cd*)]. *Frec abs*. | Hache *Cod* 9.2.64, 5: Su media verónica liándose el toro a la cintura, sus naturales cargando la suerte, mandando y templando, y sus espectaculares molinetes.
8 *(reg)* Hartar. | Romano-Sanz *Alcudia* 20: Una vez me llevaron unos señores de guía por esos montes de la Solana del Pino. Me templaron a fotografías.
B *intr* **9** Ponerse templado [2 y 3] [algo, esp. el tiempo]. | Delibes *Hoja* 88: El tiempo había templado. Cuevas *Finca* 105: Cuando templó la lluvia, los relámpagos restallaban sobre la sierra.

templario -ria *adj (hist)* De la orden militar de los Caballeros del Temple (ss. XII-XIV). *Tb n, referido a pers*. | *SVozC* 25.7.70, 1: Es de planta octogonal y está rodeada por una arquería; pudo tener carácter funerario, aunque se supuso que había pertenecido a los templarios. Torrente *Señor* 168: La iglesia es del estilo románico más puro, y la capilla de los Churruchaos .., una de las más raras muestras del estilo templario.

temple **I** *m* **1** Acción de templar [2, 3, 6 y 7]. *Tb su efecto*. | Marcos-Martínez *Física* 295: Las cualidades del acero pueden mejorarse todavía, adquiriendo mayor dureza y elasticidad mediante el temple y el recocido. DCañabate *Paseíllo* 36: Con el arregusto del temple, le lleva sin sentir adonde él quiere, que eso, según el señor Antolín, es el arte del toreo.
2 Humor o estado de ánimo. *Gralm precedido de los adjs* BUEN o MAL. | APaz *Circulación* 113: Cuando sienta que se le encrespa el temple, sea por una tribulación del trabajo .. o por un simple dolor de estómago, absténgase de guiar. * Hoy está de mal temple.
3 Serenidad y dominio. | CSotelo *Proceso* 352: Como canonista, es una lumbrera, pero ignoro si su temple estará a la altura de su talento.
4 Pintura al temple [8]. | GTelefónica *N*. 170: Colorante extraconcentrado para pinturas emulsionadas plásticas y temples.
5 *(raro)* Temperatura atmosférica. | Cela *Judíos* 273: La vertiente sur de Gredos, por donde ahora camina el vagabundo, es de temples –no de paisajes– más duros que la ladera norte.
6 *(raro)* Temperatura [de algo]. | *Cocina* 693: Se lavan en agua fría, se tienen un momento en agua al temple natural, se secan al sacarlo[s] y se desmoldan en el plato donde se vayan a servir.

7 (*reg*) Acción de calentar el horno. | D. Orts *Nar* 3.77, 4: Después las piezas ya se meten en el horno. Este necesita un temple de unas treinta horas. La temperatura adecuada se va consiguiendo mediante caldas sucesivas.
  II *loc adj* **8 al ~.** [Pintura] preparada con líquidos glutinosos, esp. cola y clara de huevo, y gralm. destinada a pintar paredes y techos. *Tb adv*. | *ByN* 31.12.66, 30: "Dos mujeres corriendo en la playa." Pintura al temple sobre madera.

templete *m* Pequeña construcción formada por una cúpula sostenida por columnas. | Salcedo *Córdoba* 73: Tiene un extraordinario mérito el facistol del centro, coronado por un templete que posee una imagen de marfil de la Santísima Virgen. Cabezas *SAbc* 15.5.58, 91: Apareció en su templete o campanario civil ese reloj que da la hora del meridiano a toda España.

templo I *m* **1** Edificio público destinado al culto religioso y en el que gralm. se considera que habita la divinidad. *Tb* (*lit*) *fig*. | Tejedor *Arte* 36: El templo griego, solo casa para la estatua de la divinidad y para custodia de su tesoro, pero no lugar de reunión de los fieles, era por ello de reducidas proporciones. SLuis *Doctrina* 92: El sexto Mandamiento nos manda .. respetar nuestro propio cuerpo, templo del Espíritu Santo.
  2 (*lit*) Lugar en que se rinde culto [a algo espiritual (*compl de posesión*)]. | Halcón *Monólogo* 13: Todo aquel templo de femineidad tan cuidadosamente fabricado [Madame Bovary] resultaba ser un hombre: su creador.
  II *loc adj* **3 como un ~.** (*col*) Muy grande. *Con intención ponderativa. Normalmente referido a verdad*. | F. Llavero *Ya* 7.6.75, 7: No se trata, pues, de razones y argumentos producto de "improvisaciones luminosas" o de "ocurrencias geniales", sino de realidades como "templos".

tempo *m* (*Mús*) Ritmo con que se ha de ejecutar una pieza. *Tb* (*lit*) *fig, fuera del ámbito musical*. | Sopeña *Música* 68: Continuamente se refiere a realidades musicales: diferencia de "tempo" entre un lento de Bach y otro de Schumann, atinadísimas referencias al mundo de la orquestación. Torrente *Off-side* 42: –¿Por qué no va al grano? –Por razones estéticas. Soy partidario del *tempo lento*.

tempoespacial *adj* Del tiempo y del espacio. | G. L. DPlaja *Tri* 3.2.71, 12: El neuropsiquiatra, dentro de las variedades y limitaciones tempoespaciales de su consulta, puede, y más que nada debe, detectar diagnósticamente los casos graves y proceder en consecuencia.

temporada I *f* **1** Espacio de tiempo constituido por varias semanas o meses. | Laforet *Mujer* 247: El chico es mayor. No le hará daño vivir a temporadas con uno y con otro. **b)** Espacio de tiempo caracterizado por algo o destinado especialmente a ello. *Con un compl especificador, que a veces se omite por consabido*. | * La temporada de caza es muy larga. Laiglesia *Tachado* 97: En los pequeños países, .. a los gobernantes les sobra tiempo para asistir a todas las recepciones, inauguraciones y exposiciones de la temporada.
  II *loc adj* **2 de ~.** Que solo se produce o tiene vigencia durante una temporada [1]. | * La uva es un producto de temporada. * Se rebajan los trajes de temporada.
  III *loc adv* **3 de ~.** Durante una o varias temporadas [1]. | Halcón *Ir* 97: Bruno había pasado tres años de su infancia en el cortijo de Estiva, de temporada, como nieto del que en tiempos había sido su dueño.

temporal[1] *adj* **1** De(l) tiempo. *En sent cronológico*. | Amorós-Mayoral *Lengua* 81: Hay tres tiempos fundamentales .. Sin embargo, al hablar distinguimos muchos más matices temporales.
  2 Que dura solo cierto tiempo. | *Compil. Cataluña* 714: La prohibición o limitación de disponer solo será eficaz si es temporal.
  3 (*Rel*) Perecedero o no eterno. | Vesga-Fernández *Jesucristo* 64: La solicitud por lo temporal.
  4 (*Rel*) Secular o profano. *Se opone a* ESPIRITUAL. | Escrivá *Conversaciones* 149: Nadie puede pretender en cuestiones temporales imponer dogmas.
  II *m* **5** Tempestad. *Tb fig*. | Ortega-Roig *País* 64: En esta costa son frecuentes los temporales marítimos, llamados galernas. DCañabate *Abc* 29.12.70, 9: En aquella casa de la calle del Barco había pasado todos los temporales y bonanzas de la vida y de su soltería. **b)** (*Meteor*) Viento de velocidad entre 89 y 102 kilómetros por hora (grado 10 de la escala de Beaufort). | Cancio *Bronces* 25: –Y ¿de qué cuadrante soplaba el temporal? –¡Orza! Del noroeste, como tos los bien guarníos de por acá, señor.
  6 Lluvia persistente. | * Parece que tendremos agua para rato; está de temporal.
  III *loc v* **7 capear el ~.** (*col*) Arreglárselas para salir de una situación difícil. | FSantos *Hombre* 115: Si decía que los había visto tendría que escapar .. Decidió ir capeando el temporal hasta donde pudiera.

temporal[2] *adj* (*Anat*) De la sien. *Tb n m, referido a hueso o músculo*. | *Ya* 5.12.70, 39: Padece heridas incisas en la región clavicular, temporal y cervical. Bustinza-Mascaró *Ciencias* 42: Entre los [músculos] masticadores están: los temporales y los maseteros. Bustinza-Mascaró *Ciencias* 36: Detrás del frontal hay dos huesos llamados parietales, y a uno y otro lado de cada parietal, y por debajo de ellos, hay un temporal.

temporalear *intr impers* Haber temporal[1] [5 y 6]. | Aldecoa *Gran Sol* 169: No llueve hasta la madrugada. Si temporalea nos parte la marea con lo bien que cargaba ahora.

temporalidad *f* **1** Cualidad de temporal[1] [2, 3 y 4]. | Gaos *Antología* 31: Guillén toma dolorosa conciencia de la humana temporalidad, de la muerte. Gambra *Filosofía* 82: Bergson distingue dos modos diferentes de durar los seres, dos distintas temporalidades.
  2 *En pl*: Bienes que un eclesiástico posee o recibe como retribución. *Frec en la constr* OCUPAR LAS ~ES. | Mercader-DOrtiz *HEspaña* 4, 223: Si el prelado estaba reacio en levantar la excomunión, el Consejo amenazaba ocuparle las temporalidades.

temporalismo *m* Tendencia eclesiástica a dar especial importancia a lo temporal[1] [4]. | MDescalzo *Abc* 1.12.74, 17: Un Episcopado que solo afrontase los [problemas] terceros (sociopolíticos), dejando de lado los segundos (directamente espirituales), podría ser acusado en justicia de temporalismo.

temporalista *adj* De(l) temporalismo. | GRuiz *Sáb* 12.10.74, 35: Mi devoción al papado me impulsa a luchar honesta y públicamente contra la existencia del Estado Vaticano, para que esa evangelización, de la que habla el Sínodo y tan bien describe el Papa actual, sea auténticamente dialéctica: ni evasiva ni temporalista.

temporalización *f* **1** Acción de temporalizar. | L. Espina *VNu* 9.9.72, 29: Quizá en estas comunidades cristianas canarias más conscientes abunde .. una honda preocupación por la fe, que inmuniza de la excesiva temporalización en los enfoques y actuaciones.
  2 Organización o distribución temporal[1] [1]. | *Reforma* 139: Se realizarían adaptaciones fundamentalmente en la temporalización y en el nivel de las orientaciones didácticas más importantes.

temporalizar *tr* Dar carácter temporal[1] [1 y 4] [a algo (*cd*)]. | *Tri* 10.4.71, 34: En "Treinta años de teatro de la derecha", quiere insistir sobre la necesidad de "temporalizar" la imagen de toda obra teatral.

temporalmente *adv* **1** De manera temporal[1] [2]. | A. Olano *Sáb* 10.9.66, 7: Otra casa realmente excepcional es .. la ya citada del productor Jaime Prades, .. en la que reside temporalmente desde hace ocho años.
  2 En el aspecto temporal[1] [1]. | CBonald *Ágata* 175: Un esposo que procedía con tanta más decepcionante zafiedad cuanto más se distanciaban temporalmente de la tornaboda.

temporariamente *adv* (*raro*) De manera temporaria. | S. Magán *Ya* 17.5.75, 34: Lo máximo que puede ocurrirle a una verdadera obra de arte es que su brillantez oscurezca temporariamente, pero con el paso del tiempo, y contrariamente a lo que ocurre con la moda, esta resurge de su letargo y toma de nuevo su antigua y maravillosa belleza.

temporario -ria *adj* (*raro*) Temporal[1] [2]. | Prados *Sistema* 184: Austria ha utilizado la aplicación de límites máximos al crédito, y ha establecido fronteras para las facilidades del redescuento, así como restricciones temporarias para la concesión de crédito en ciertos sectores.

témporas – tenaz

témporas *f pl* (*Rel catól*) Conjunto de tres días de ayuno y abstinencia al comienzo de cada estación del año litúrgico. | SLuis *Liturgia* 14: Días de témporas son los miércoles, viernes y sábados.

temporero -ra **I** *adj* **1** [Pers.] que realiza temporalmente un trabajo, sin ser de plantilla. *Tb n.* | Berlanga *Acá* 47: Sinesio estaba fijo y cobraba; los demás eran temporeros. Lorenzo *SAbc* 20.12.70, 6: Ramón Rodríguez Correa le gestiona una plaza de temporero en la Dirección de Bienes: tres mil reales por unas horas de oficina.
2 De temporada. | *Mad Extra* 12.70, 44: La del turrón, industria temporera, se mantiene bien gracias al incremento de la exportación. Benet *Volverás* 54: La nieve, la ventisca, las tormentas .. mantienen cerrado el puerto, que solamente en los albores de la sequía los leñadores y pastores se aventuran a abrir, con un criterio temporero, para el paso del ganado y las carretas. **b)** [Trabajador agrícola] que se contrata solo por determinada temporada. *Tb n.* | Grosso *Capirote* 36: Es peón agrícola, segador temporero de arroz.
II *f* **3** Cante flamenco propio de los gañanes andaluces, que se canta entre varias perss., cada una un verso. | Manfredi *Cante* 136: Los gañanes andaluces inventaron la temporera, quizás en una comarca con centro en Cabra de Córdoba; es un cante entre serrana y fandango.

temporización *f* (*Electr*) Retraso intencionado del funcionamiento de un aparato, obtenido mediante el uso de un temporizador. | GTelefónica *N.* 96: Automatización .. Programadores. Micromotores. Microrreductores. Temporización maniobras.

temporizador *m* (*Electr*) Dispositivo que retrasa el funcionamiento de un aparato hasta el momento deseado. | *Ya* 9.2.75, 4: Lavadora-secadora Sears .. Con programador de puesta en marcha y temporizador de secado: hasta 2 h. *Ya* 3.4.83, 8: Lo que fuentes de la Guardia Civil han calificado como "el mayor depósito de armas intervenido a ETA-militar" estaba compuesto por un lanzagranadas de fabricación americana, .. dos rodillos de mecha detonante, temporizadores, aparatos de transmisión.

temporizar *intr* (*raro*) Contemporizar. | ZVicente *Desorganización* 22: Somos unas calamidades que no entendemos de nada. Sin embargo, y por temporizar: –Bueno, la verdad es que ya no tiene remedio .. A usted, ¿se le ocurre algo?

temporoparietal *adj* (*Anat*) Temporal[2] y parietal. *Tb n m, referido a hueso.* | *Inf* 5.3.75, 8: El infante don Jaime fue sometido a una operación de craneotomía osteo-plástica de temporo-parietal izquierdo.

tempranada *f* (*reg*) Anticipación de un hecho a una hora más temprana de la normal o esperable. *Frec en la constr* DE ~. | Mann *DMo* 23.8.87, 4: La famosa carrera de caballos, que este año, con horario más tempranero del habitual .., dará comienzo a las once menos cuarto de la mañana. De hacer bueno, aun con la tempranada, habrá lleno.

tempranal *adj* [Tierra] de fruto temprano. *Tb n m.* | Lorenzo *Extremadura* 126: Los modernos moradores han venido con sus viviendas a borrar las líneas del muro. ¿Dónde está la plaza de armas? Quizá esa posada .. ¿O será plaza de armas la explanada vestida hoy de tierra tempranal?

tempranamente *adv* (*lit*) En un momento anterior al debido o al esperado. | DPlaja *Sociedad* 47: La jovencita casada tempranamente con un viejo rico.

tempranero -ra *adj* Temprano [1]. | E. Pablo *Abc* 30.3.75, 39: Posiblemente se ha marchitado o perdido la inflorescencia de los almendros y de alguna variedad de frutales tempraneros. **b)** [Pers.] que madruga mucho, o más de lo habitual. | Cela *Viaje andaluz* 25: Cuando el vagabundo pasa por Ostiz, las gentes acuden a la primera misa, una misa que, con el sol todavía escondido, se dice casi a oscuras .. Unos niños tempraneros se divierten tratando de hacer volar una cometa rebelde.

tempranillo *m* Variedad de uva temprana. | PComa *SInf* 2.12.70, 16: Estas variedades serán el tempranillo, la garnacha, el graciano y la mazuel[a] para los vinos tintos.

temprano -na **I** *adj* **1** Que aparece o se produce en un momento o tiempo anterior al habitual, al debido o al esperado. | F. ACandela *SAbc* 25.1.70, 20: Está por llevarse a cabo un auténtico programa de profilaxis y detección temprana de los defectos auditivos en la edad escolar. **b)** [Planta o cultivo] que fructifica antes del tiempo habitual. *Tb n m, referido a cultivo.* | Ybarra-Cabetas *Ciencias* 304: El hortelano procura adelantar la vegetación cultivando variedades tempranas .. El cultivo del tomate y patata tempranos son en España de gran importancia económica.
II *adv* **2** En un momento o en un tiempo anterior al habitual, al debido o al esperado. | Cela *Pirineo* 29: No aún de noche pero sí temprano, el viajero, con el frescor del día recién nacido, .. se mete .. por el camino. **b)** *En el pred de una or cualitativa, se sustantiva:* Momento o tiempo anterior al habitual, al debido o al esperado. | DCañabate *Paseíllo* 23: No, es que aún es temprano. No van a estar toreando desde las nueve de la mañana. **c) tarde o ~, más tarde o más ~** → TARDE.

temulento -ta *adj* (*raro*) Borracho o bebido. | Faner *Flor* 133: Debió fugarse con él, dejar al doncel, a todo el pueblo, con un palmo de narices .. Caer rendida de vino, de cansancio. En las tabernas de Diodor, encima, o debajo, de un montón de cuerpos temulentos.

ten. ~ con ~. *loc n m* (*col*) Actitud equilibrada o contemporizadora. | GPavón *Rapto* 139: Debe resultar difícil comportarse en el duelo de un loro. Porque, si te pones muy triste, es ridículo. Y si alegre o despectivo .., podría resultar frívolo. Así es que los Compte llevaban las cosas en un ten con ten. Gamallo *MHi* 12.70, 20: En eso hubiera consistido la única hábil táctica de ten con ten político. **b)** Tiento o moderación. | SSolís *Blanca* 102: Mucho quiero y no puedo y mucho aparentar, pero menudo ten con ten en lo económico.

tenacero *m* Hombre que sujeta con las tenazas la pieza que se trabaja en el yunque. | L. Calvo *Abc* 3.2.65, 31: ¡Qué abigarrada y bulliciosa debió de ser la ciudad de Bucarest ..! Con sus cúpulas .., herreros y tenaceros sacando chispas del yunque.

tenacidad *f* Cualidad de tenaz. | J. M. Moreiro *SAbc* 16.3.69, 43: La prosperidad no ha de atribuirse únicamente al clima, sino a la tenacidad del hombre. Aleixandre *Química* 124: Las aleaciones presentan a menudo propiedades diferentes de los metales que entran en su composición: la tenacidad, resistencia eléctrica, etc., son diferentes.

tenacilla *f* Tenaza para rizar el pelo o encañonar. *Más frec en pl, con sent sg.* | *Ya* 10.10.70, 6: Una peluquera española .. ha conseguido .. el premio del campeonato del mundo de peluquería en la prueba de peinado de calle con tenacilla. ZVicente *Traque* 214: Así me amigo hay que llevarle algo que quede bien .. Una plancha de vapor .., tenacillas para el pelo. *Economía* 229: Para encañonar o rizar los volantes se utilizan una tenacillas especiales.

tenada *f* **1** Cobertizo para el ganado. | Hoyo *Señas* 5: Las ovejas buscaban la puerta de la tenada.
2 (*reg*) Henil. | Llamazares *Río* 139: El propio Abilio le acompaña hasta el pajar y le alumbra con su linterna mientras el viajero trepa al postigo y, por él, a la tenada de la hierba, sobre la que cae rendido.

tenado *m* (*reg*) Cobertizo, esp. para el ganado. | MFVelasco *Peña* 93: Fue [su caída] en el sumidero donde desaguan los purines del tenado. E. JRey *Reg* 18.8.70, 1: Las edificaciones de secaderos y tenados para tabaco son canes.

tenaja *f* (*reg*) Tinaja. | J. MNicolás *SYa* 15.6.75, 15: La crisis de la tenaja toboseña y la aparición del mito de Doña Dulcinea son paralelos.

tenante *m* (*Heráld*) Figura que sostiene el escudo. | Cossío *Montaña* 470: Una aureola que hace inquietante su recuerdo frente a esta gran cerca heráldica, con sus temerosos tenantes que guardaron los juegos infantiles del enigmático caballero montañés.

tenar *adj* (*Anat*) De la palma de la mano. | Cela *Mazurca* 253: La mano derecha tiene una sola impronta de mordedura en la zona tenar.

tenaz *adj* **1** [Pers.] que permanece firme en su propósito durante mucho tiempo. | FSalgado *Conversaciones* 533: Cuando él consideraba que una cosa era de justicia, no cedía, era tenaz en defenderlo incluso con el mismo Franco. **b)** Propio de la pers. tenaz. | *País* 28.12.76, 21: Los

cuentos verdes .. circularon ampliamente por todo el país escritos a mano, y ello a pesar de la tenaz persecución de que fueron objeto tales manuscritos por parte de la Inquisición. **c)** Que denota carácter tenaz. | Laforet *Mujer* 31: Los gestos de Pepe Vados, su barbilla tenaz, sus ojos limpios eran los mismos.
2 (*Fís*) Que opone mucha resistencia a romperse. | Aleixandre *Química* 188: Si se sumerge papel de filtro breves instantes en ácido sulfúrico concentrado y se lava en seguida con agua para eliminar el ácido, se transforma en papel pergamino, impermeable y mucho más tenaz.

tenaza *f* **1** Instrumento formado por dos brazos articulados que, según su forma, sirve para arrancar, cortar o sujetar. *Más frec en pl, con sent sg. Tb fig.* | Hacerlo 29: La tenaza se utiliza para sujetar fuertemente una cosa o bien para arrancarla. M. E. SSanz *Nar* 11.77, 15: En Ansó se hacían tres cruces con las tenazas y se decía: Dios nos guarde por esta noche del fuego y de todo maleficio. Anson *Oriente* 116: La civilización occidental estaría perdida si un día se encontrara entre dos fuegos enemigos, entre los dientes de una gigantesca tenaza capaz de triturar el suelo europeo desde Berlín a Gibraltar. **b)** *Se usa en constrs como* SACAR CON ~S *o* HACER FALTA ~S, *para ponderar el hermetismo o la resistencia a la comunicación de alguien.* | * A este chico hay que sacarle las cosas con tenazas.
2 Pinza de los artrópodos. | * El cangrejo me cogió con sus tenazas.
3 Operación estratégica que consiste en atacar por dos flancos a la vez, cerrando el paso. *Tb fig. Frec en la constr* EN ~. | Gambra *Filosofía* 61: El dilema es un arma dialéctica (para la discusión), argumento en tenaza que cierra toda salida en cualquier sentido que no sea el de la conclusión.

tenazmente *adv* De manera tenaz [1b]. | Arce *Testamento* 56: Cuando asomamos la cabeza, el toro rascaba el suelo con la pezuña, tenazmente.

tenazón. a ~. *loc adv* **1** Sin fijar la puntería. | Delibes *Emigrante* 21: El mandria soltó los dos tiros a tenazón.
2 De golpe o de improviso. | Escobar *Itinerarios* 151: Me saltó a tenazón el diligente anciano: –¿Tú no comiste nunca lagarto?
3 Por la fuerza. | Umbral *País* 3.2.77, 20: Suárez quiere traer la democracia al tenazón.

tenca *f* Pez comestible de agua dulce, de unos 30 cm de largo y color verdoso en el dorso, que habita en los fondos limosos (*Tinca tinca*). | Bernard *Pescados* 8: Limpias y despellejadas las anguilas, se hacen a trozos y se ponen a un lado con la tenca, el sollo y la carpa, limpios también.

tendal *m* **1** Toldo o cubierta de tela. | Umbral *País* 22.2.78, 24: Los tendales, entre chabola y chabola, son azote del viento y suenan a fatalidad y huelen a pobreza resignada.
2 Trozo grande de tejido tendido vertical u horizontalmente. | Zunzunegui *Camino* 12: Vivían los padres y los hijos mezcolados en el mismo tabuco sórdido, solo separado por un tendal de cañizo.
3 (*reg*) Lugar para secar algo al aire y al sol. | M. F. Lucas *Nar* 6.77, 9: El mismo alfarero traslada el barro a las proximidades del alfar, donde lo extiende en el "tendal", al sol y al hielo. **b)** (*reg*) Tendedero. | J. M. Jimeno *DMo* 23.8.90, 8: Se encontraba retirando la ropa que había tendida en el tendal sujeto a una de las ventanas de la vivienda.

tendalero *m* (*reg*) Tendedero. | FReguera-March *Boda* 117: En el patio lavaban varias mujeres; veíanse tendaleros de ropa.

tendedero *m* Lugar en que se tiende algo a secar, esp. ropa. | Laforet *Mujer* 237: El calcetín había sido robado en un tendedero. **b)** Dispositivo de cuerdas o alambres para tender ropa. | ZVicente *Traque* 106: Y entonces, la cantante, .. más flaca que la cuerda del tendedero, salió dando gritos. *Prospecto* 9.90: Tendedero plegable. 2 alas. 1.260.

tendejón *m* (*reg*) Cobertizo. | OrA 19.8.78, 9: Se acuerda conceder las siguientes licencias de obras: .. a don Ángel Husillos Guerra, de Vidiago, para construir un gallinero y retejo de un tendejón.

tendel *m* (*Constr*) Capa de mezcla o argamasa que se extiende sobre los ladrillos de una hilada para asentar los de la siguiente. | Angulo *Arte* 1, 6: En el [muro] de ladrillo, el espacio de mezcla o argamasa que sirve de lecho a sus diversas hiladas es el tendel.

tendencia *f* **1** Impulso espontáneo que lleva a actuar o a comportarse de un modo determinado. *Frec con un compl* A *o un adj especificador.* | Gambra *Filosofía* 115: Un tipo muy particular de tendencia o apetito sensible es el constituido por el instinto. Halcón *Manuela* 36: "La Jarapa" se corrigió de su tendencia a decirle las cosas en tono de mando. *DLi* 3.3.78, 2: Dos altos cargos de ese ministerio .. no niegan sus tendencias homosexuales.
2 Dirección en que se produce la actuación [de una pers. o grupo] o el desarrollo [de algo, esp. de un fenómeno]. *Frec con un compl* A *o un adj especificador.* | Laiglesia *Tachado* 80: Los choques entre partidos de distintas tendencias son constantes. J. A. Maldonado *Abc* 12.2.89, 56: Área de Madrid: Intervalos nubosos, con tendencia a desaparecer. CBaroja *Inquisidor* 49: Estaba encargada .. de vender .. manuscritos políticos de tendencia liberal.

tendencial *adj* De (la) tendencia. | Aranguren *Marxismo* 33: La reducción total al factor económico .. se ve .., aunque por ahora de modo tendencial, en el socialismo del Tercer Mundo, que se interesa por el marxismo exclusivamente por razones económicas.

tendencialmente *adv* De manera tendencial. | *Cua* 8.73, 4: Semejantes paradojas .. exigen, en última instancia, a plazo más o menos largo, una decisión política que persiga resolver –tendencialmente al menos– la contradicción en el plano de la realidad. J. MSagarmínaga *Inde* 3.9.90, 47: El popular tenor es un cantante tendencialmente frío.

tendenciosamente *adv* De manera tendenciosa. | Tarancón *Abc* 6.5.70, 39: No es lícito faltar a la verdad o presentarla tendenciosamente, ni aun para defender una cosa legítima.

tendenciosidad *f* Cualidad de tendencioso. | Anson *Abc* 29.7.67, 31: China y su revolución cultural aparecen hoy deformadas ante el lector occidental por la tendenciosidad de unos, la ingenuidad de otros.

tendencioso -sa *adj* Que tiene o implica una tendencia intelectual o ideológica determinada, gralm. no declarada. | J. Córdoba *MHi* 11.63, 67: Una historiografía tendenciosa .. ha hecho ver a la mayor parte de los conquistadores y evangelizadores como criaturas ambiciosas.

tendente *adj* Que tiende o se dirige [a un fin]. | Ramírez *Derecho* 157: Dicho principio lo redondea [el Derecho] con determinadas medidas tendentes a la conservación .. del patrimonio del deudor.

tender (*conjug* **14**) **A** *tr* **1** Extender [algo doblado, encogido o recogido]. | * Tender el mantel. * Tender las mercancías por el suelo. * Tender las velas.
2 Colgar o extender [algo húmedo o mojado, esp. ropa] para que se seque. | *Economía* 213: Una vez lavada la ropa y bien escurrida debe tenderse para que se seque.
3 Tumbar extendido [a alguien]. *Gralm el cd es refl.* | * Le tendieron en la cama y llamaron al médico.
4 Extender [una extremidad, esp. la mano] presentándola hacia adelante. | Torrente *DJuan* 329: Don Juan le tendía la mano. Tímidamente, Mariana alargó la suya, y don Juan la besó. Matute *Memoria* 11: Recuerdo el maquinal movimiento de Borja, precipitándose cada vez que el bastoncillo de bambú resbalaba .. Sus manos largas y morenas .. se tendían hacia él. **b)** Ofrecer [algo que se presenta tendiendo la mano]. | * El camarero nos tendió la carta.
5 (*Constr*) Extender [yeso u otra masa] para revestir paredes o techos. | * El albañil que me mandaste no sabe tender yeso.
6 Construir [algo de estructura lineal, esp. un puente, una canalización o una línea férrea, telefónica o telegráfica]. *Tb fig.* | *SInf* 5.12.70, 7: Para la Red Telegráfica .. se tendieron 1.259 kilómetros de circuitos antiinductados. Castresana *Abc* 30.12.65, 74: Cuando se visita Babilonia, es difícil tender un puente de identificación o de mera comprensión entre las fastuosidades de ayer y las ruinas de hoy.
7 Preparar [una trampa o algo similar]. | * Le tendieron una emboscada.

ténder – tenedor

8 Tensar. | Cunqueiro *Un hombre* 75: Egisto conservó la tradición de hacer la revista en la plaza de armas, .. tendiendo el arco y disparando carabinas.
B *intr* **9** Tener [determinada dirección o finalidad (*compl* A o HACIA)] o dirigirse espontáneamente [a algo]. | Carrero *Pue* 22.12.70, 6: Todo lo que tiende a producir divisiones .. debilita y propende a la destrucción y a la muerte. F. Ros *Abc* 6.6.67, 51: El centro comercial tiende a edificios cada vez más altos. Gambra *Filosofía* 114: El desarrollo de los seres vivos, que es su vida, se cumple tendiendo hacia aquellos otros seres que convienen a ese desarrollo y valiéndose de ellos para su perfeccionamiento. **b)** (*Mat*) Evolucionar [un valor] aproximándose progresivamente [a otro]. | Ríos-RSanjuán *Matemáticas* 175: $f(x)$ tiende a b, cuando x tiende a a. **c)** Tirar (ser [algo (*compl* A)] parcial o ligeramente). | * Es un rojo que tiende a morado.

ténder *m* Vagón de ferrocarril que va inmediatamente detrás de la locomotora y que sirve para transportar el agua y el combustible. | Zunzunegui *Camino* 415: La locomotora arrastró el ténder y un coche de tercera abarrotado.

tenderete *m* **1** Puesto de venta callejero. | Torrente *Off-side* 24: Los tenderetes de la calle aparecen, en su mayoría, levantados.
2 (*col*) Conjunto de cosas esparcidas en desorden. | * ¡Vaya tenderete que han montado con los juguetes!

tendero -ra *m y f* Pers. que posee o atiende una tienda, esp. de comestibles. | Amable *Sáb* 10.9.66, 44: Sin que vean al tendero de la esquina llamando a su puerta con un "fajo" de facturas impagadas.

tendido¹ -da I *adj* **1** *part* → TENDER.
2 [Galope o carrera] que se realiza con la máxima velocidad. | J. M. Moreiro *SAbc* 9.2.69, 47: Encajonados, entran [los toros] a galope tendido por la calle Madrid.
3 (*lit*) Extendido y llano. | Escobar *Itinerarios* 226: El animal .. subió las anchas y tendidas escaleras del edificio. Correa *Abc* 29.6.58, sn: A un lado y otro, el paisaje, tendido o montañoso, es espléndido.
4 (*Mar*) [Mar] que presenta olas de gran longitud y que no rompen. | R. Martínez *Lev* 22.2.75, 24: Nueve mañana: Viento, ventolina; mar, tendida; cielo cubierto; visibilidad, poca.
5 (*Taur*) [Estocada] más horizontal de lo debido. | * Al segundo lo mató de una estocada algo tendida y un descabello.
II *m* **6** *En una plaza de toros*: Gradería descubierta y próxima a la barrera. | Heras *Mad* 13.5.70, 32: En la primera plaza del mundo, en la de las Ventas, los tendidos parece que han cobrado vida.
7 (*reg*) Paño con que se cubre la masa o los panes antes de su horneado. | R. Rubio *Abc* 12.11.70, 11: La masa aguardaba colocada en los escriños, bien arropados con los "tendíos" (fuertes lienzos que solamente a esos menesteres se dedicaban), y aun con alguna recia manta.
III *adv* **8** *largo y* ~ → LARGO.

tendido² *m* **1** Acción de tender [1, 2, 5 y 6]. | *Día* 29.8.72, 8: A fin de proceder seguidamente al tendido de la arena [en la playa] .. se dispone lo siguiente. *Ya* 4.4.75, 47: Necesidad de enérgicas medidas para prohibir el tendido de ropa al exterior. GTelefónica *N*. 44: López Sanz, Luis. Especialista en tendido de yeso y albañilería en general.
2 Conjunto de cables de una conducción eléctrica. | Alfonso *España* 104: Ni siquiera son capaces de quitar los tendidos aéreos de alta tensión –que en las poblaciones deben ir subterráneos–.

tendiente *adj* Tendente. | *MHi* 11.63, 8: Se ampliaba en términos explícitos, a través de los cuatro documentos anejos, el cuadro de las colaboraciones tendientes a la mutua defensa.

tendillano -na *adj* De Tendilla (Guadalajara). *Tb n, referido a pers*. | *NAl* 12.8.83, 8: Me anduve una serie de kilómetros, monte arriba, hasta llegar a un sencillo pero bello monumento que los tendillanos pusieron, va para muchos años, junto a las ruinas del monasterio de La Salceda.

tendinitis *f* (*Med*) Inflamación de un tendón. | *Inf* 10.7.75, 1: Aquejado de inflamación y tendinitis, Luis Ocaña abandona el "Tour" de Francia.

tendinoso -sa *adj* (*Anat*) De(l) tendón. | Navarro *Biología* 88: A veces se unen los músculos mediante una lámina tendinosa denominada aponeurosis.

tendón *m* **1** Órgano conjuntivo fibroso, de color blanco nacarado, que prolonga un músculo hasta su punto de inserción. | Arce *Testamento* 27: Parecía como si aún la sintiera caer duramente sobre los tendones de mi garganta.
2 ~ **de Aquiles.** Reunión de los tendones [1] de los músculos gemelos y sóleo, que se inserta en la cara posterior del calcáneo. | *HLM* 26.10.70, 36: En el quinto toro fue internado el banderillero Rafael Ateide (Rafaelillo), con rotura del tendón de Aquiles. **b)** Punto vulnerable [de alguien o algo]. | Halcón *Manuela* 89: Sabía de lo que era capaz aquel hombre del que conocía su tendón de Aquiles.

tendral *adj* (*reg*) Tierno. *Referido gralm a una clase de melones. Tb n m*. | *Ya* 22.12.73, 21: Melones de Levante, 28 Ptas/Kg. Melones tendral, 30 Ptas/Kg. MCalero *Usos* 36: De las vigas .. colgaban horcas de ajos y de cebollas, algún talego de buenas semillas de tendral o de otra clase y un saquillo de pedernales para trillos.

tenducho *m* (*desp*) Tienda pequeña y de mal aspecto. | ZVicente *Mesa* 203: Voy a comprar una postal aquí, en este tenducho.

tenebrario *m* (*Rel catól*) Candelabro triangular, alto y gralm. de 15 velas, que se emplea en los oficios de tinieblas de la Semana Santa. | Moreno *Galería* 234: El tenebrario .. era pieza principal en las funciones vespertinas de los tres días santos.

tenebrismo *m* (*Pint*) **1** Estilo propio de los ss. XVI y XVII, caracterizado por el uso del contraste violento entre luz y sombra. | GNuño *Arte* 339: Ribera, por su educación italiana y su nervio español, podía aprovechar como nadie las oportunidades estéticas del tenebrismo.
2 Carácter tenebrista. | Camón *LGaldiano* 89: Es [el lienzo] de un arte todavía no liberado de tenebrismos.

tenebrista *adj* (*Pint*) De(l) tenebrismo [1]. | GNuño *Madrid* 140: Ribera aparece .., superada ya la etapa tenebrista, trazando en gama caliente. **b)** Adepto al tenebrismo. *Tb n*. | GNuño *Arte* 343: Pablo Legot, en su San Jerónimo, de la Catedral Hispalense, es tenebrista.

tenebrosamente *adv* (*lit*) De manera tenebrosa. | CBonald *Ágata* 51: El centro pendular y único de la vida del normando seguía tenebrosamente sumergido en la hondonada.

tenebrosidad *f* (*lit*) Condición de tenebroso. *A veces en pl con sent sg*. | CPuche *Sabor* 27: Las salidas de las minas con los mineros se imaginan claras y risueñas mientras están picando en la pura tenebrosidad. Torrente *Isla* 188: El general Della Porta no es más que una ficción, una historia sin nombre, algo que han inventado y siguen inventando en la tenebrosidad de la Señoría, cuando se reúne el Tribunal de los Ciento, o el más secreto todavía, el poderoso y siniestro de los Doce. J. M. Alfaro *País* 3.7.80, 11: Será muy sencillo erigirse en delator de la "España negra"; de las tenebrosidades de un ámbito siniestro de inquisidores y verdugos, de golillas sombríos y cortesanos inclementes.

tenebroso -sa *adj* **1** Muy oscuro, o cubierto de tinieblas. *Tb fig*. | GGual *Novela* 118: Mares tenebrosos y enrevesados ríos. * El asunto está tenebroso.
2 Sombrío o tétrico. | Agromán 36: Las pruebas de aquellos tenebrosos y trágicos días están expuestas en el Tribunal Supremo.
3 Misterioso y siniestro. | Espinosa *Escuela* 430: En esto apareció un tuerto, llamado Filacio, hombre tenebroso, a la sazón Mandarín Político. * No podría escapar a sus tenebrosos designios.

tenebrura *f* (*lit, raro*) Tenebrosidad u oscuridad. | Zunzunegui *Camino* 36: El patio ascoso no devolvía ya más que tenebruras.

tenedor -ra I *n* A *m y f* **1** Pers. que tiene [1] [algo (*compl de posesión*), esp. una letra de cambio]. | FVidal *Duero* 139: El viajero dirige sus pasos hacia el Palacio y ni quita ni pone propietario, porque sea quien fuese el último tenedor del mismo, lo vendió al Patrimonio Nacional. *Abc* 1.12.70, 60: Aviso a los tenedores de obligaciones en circulación al 7,017 por 100 emitidas en 31 de julio de 1969.

2 ~ de libros. Pers. encargada de los libros de contabilidad. | VMontalbán *Pájaros* 20: Fue una de las primeras mujeres tenedoras de libros que salieron de la academia Cots.

B *m* **3** Utensilio de mesa terminado en tres o cuatro dientes iguales, empleado para pinchar los alimentos y llevarlos a la boca. | Bernard *Verduras* 92: Los huevos se cuecen duros y se chafan con un tenedor. **b)** *Se usa, precedido de un numeral del uno al cinco, como distintivo de la categoría oficial de un restaurante.* | Delibes *Año* 44: El otro día vi en un restaurante de dos tenedores que la pareja de codornices iba a 105 pesetas.

4 (*reg*) Señal que se hace en la oreja de las reses, cuya forma recuerda al tenedor [3]. | Moreno *Galería* 196: Este apartamiento o separación se lograba con cierta facilidad sirviéndose de la marca de las reses: "pega" de pez, sobre la lana, y "señal", en las orejas. La señal era escardillo, corte de punta, tenedor, etc.

II *loc adv* **5 de ~.** A base de alimentos que se toman con tenedor [3]. *Con el v* COMER. | * No resisto comer de tenedor todos los días.

teneduría *f* Puesto o actividad de tenedor de libros. *Tb* ~ DE LIBROS. *Tb los mismos libros.* | Cuevas *Finca* 91: Don Bartolomé volvió a San Rafael por su cabás, su ten[e]duría y sus ganchos de alambre con recibos y facturas. [*En el texto,* tenaduría.]

tenencia *f* **1** Acción de tener [1]. | Ramírez *Derecho* 73: Posesión natural es la simple tenencia de una cosa o el disfrute de un derecho por una persona. Lama *Aves* 73: La presencia de este pájaro en el campo o la tenencia de él en cautividad, por su canto y sus colores, le merecerá su atención más decidida.

2 Cargo de teniente [5a]. | Mercader-DOrtiz *HEspaña* 4, 82: De la Universidad salían los cargos burocráticos, los escalafones corregimentales y tenencias, los llamados "justicias", los oidores de Audiencias y Chancillerías. **b) ~ de alcaldía.** Cargo de teniente de alcalde. *Tb su oficina.* | MSantos *Tiempo* 229: Aquella verbena tan animadamente establecida por los cuidados de la tenencia de alcaldía para solaz del pueblo bajo. * Tengo que ir a la tenencia de alcaldía para sacar un certificado.

tener I *v* (*conjug* **31**) **A** *tr* **1** Expresa que lo designado en el cd pertenece al ser designado en el suj, o está en su poder, a su alcance o a su disposición. *Tb fig.* | Medio *Bibiana* 9: ¿Qué sabrá él de esto? Un hombre que no tiene casa ni brasa. Arce *Testamento* 21: De tenerlo allí, de estar Antonino en aquel momento con nosotros, sin duda que era lo que le hubiese preguntado. Arce *Testamento* 14: Tienes poca personalidad. Medio *Bibiana* 9: La culpa de lo que hacen los hijos la tienen los padres. **b) no ~ dónde caerse muerto.** (*col*) Encontrarse en extrema pobreza. *Frec con intención ponderativa.* | Delibes *Mundos* 75: El "roto" no es sino un filósofo del buen vivir disfrazado de pobre .. Su antagonista será el presunto señorito, bien vestido y escrupulosamente afeitado, que no tiene dónde caerse muerto. **c) ~ en cuenta; ~ presente; ¿esas tenemos?** → CUENTA, PRESENTE, ESE[1].

2 Expresa que el ser designado en el cd, en cuanto tal ser, afecta al designado en el suj, o existe como tal con respecto a él. | Torrente *SInf* 20.6.74, 16: El reconocimiento de Fulano, Zutano o Perengano no añad[e] nada a mi propia estimación, que tiene enemigos mucho peores y más difíciles de convencer. Sánchez *Inf* 2.1.75, 12: Arturo nos animaba a un viaje a París .. Isabel atemperó: –Bueno, si para cuando lo decidáis no tengo película. **b) ~** + *n o pron* + **que** + *infin* = ENCONTRARSE ANTE LA NECESIDAD o EL DEBER DE + *infin* + *n o pron* (*cd*). | Torrente *DJuan* 43: Usted no tiene nada que hacer a estas horas. Sastre *Oficio* 97: Tengo un rato de cosas que hacer. **c) ahí tienes** → AHÍ.

3 Expresa que lo designado en el cd se encierra, se produce o se presenta en el ser designado en el suj. | Cunqueiro *Un hombre* 12: Tenía el pelo de la cabeza castaño oscuro. Arce *Testamento* 15: Yo había adivinado el insulto en la manera en que Enzo tuvo de preguntarme. Arce *Testamento* 85: Tuve una náusea, después una arcada y vomité. ZVicente *Traque* 46: En mi barrio todos nos tenemos confianza, ¿sabe?

4 Haber cumplido [determinada edad]. | GPavón *Hermanas* 38: Tenían veinte años y cumplidos. Aldecoa *Gran Sol*

17: –Tu chico mayor tendrá..., tu chico ya pronto soldado... –Dentro de dos años.

5 Empezar a contar [con un nuevo miembro de la familia recién nacido (*cd*)]. | * Han tenido un niño. * Ha tenido un nieto. * Ha tenido una sobrina. **b)** Dar a luz [un hijo]. | J. Navarro *Alc* 31.10.62, 13: El día 30 del mes pasado la "esposa" del león "Zurich", la leona "Prissi", tuvo tres leoncitos.

6 Sostener o mantener [a alguien o algo en determinada posición o situación (*adj o compl adv*)]. *Frec el cd es refl.* | * Tenlo de pie. P. Narvión *Pue* 16.12.70, 2: La niña se tiene sobre sus dos pies y comienza a jugar a las muñecas. MSantos *Tiempo* 36: Se tenía muy tiesa [la señora]. **b)** *Sin compl:* Sostener o mantener de pie o derecho. | GHortelano *Amistades* 119: Usted se encontraba muy mareada .. Usted no se tenía. Seseña *Barros* 130: La labor de Fajalauza parecía estar anclada en el tiempo. Las mismas características: vidriado estannífero .., motivos heráldicos tenidos por águilas de dos cabezas. **c)** Asir o sujetar. | * Tenlo por esa punta.

7 ~ [a alguien o algo] **en** [determinado concepto]. Tener [1] [de él ese concepto]. | * Tiene a mi hermano en alto concepto. **b)** Estimar o valorar. *Seguido de* EN + *un compl que expresa cantidad indefinida.* | * Sus compañeros le tienen en poco. * Sus compañeros le tienen en menos. **c) ~** [a alguien o algo] **por** + *n o adj* = CONSIDERARLO + *el mismo n o adj.* | Cunqueiro *Un hombre* 53: Actriz que no lograba esto lo tenía por fracaso. Torrente *SInf* 20.6.74, 16: Muchos de entre ellos, si no todos, e incluso los antes, se tenían, se tienen aún, por escogidos de Dios. **d) ~ a menos.** Desdeñar. *Seguido gralm de un infin.* | J. Córdoba *MHi* 11.63, 67: No desdeñó ni tuvo a menos el reconocer la inmensa aportación cultural. Palomino *Torremolinos* 73: –Señorita Rosario, yo soy un don nadie. –No, Ramón, usted es una bella persona. –Un don nadie; usted me tiene a menos, a ver si no. **e) ~ a bien; ~ a gala; ~ a honra** → BIEN[2], GALA, HONRA.

8 no ~las todas consigo. No estar seguro o tranquilo. | F. Vadillo *Mar* 17.7.66, 10: Eran muchos los que no las tenían todas consigo y albergaban el secreto temor de que el nuevo ídolo argentino perdiera .. la corona mundial del peso mosca.

9 ~ para sí. (*lit*) Tener [algo (*prop* QUE)] como opinión particular. *Gralm en primera pers.* | A. Osorio *Ya* 19.11.74, 19: Tengo para mí que muchos de quienes así razonan no desean la evolución política prevista. Cela *Viaje andaluz* 260: El vagabundo no lo sabría argumentar .., pero para sí tiene que en el cante, en todo el cante, late un vetusto aroma que viene del Viejo Testamento.

10 ~ que ver. Tener relación [dos perss. o cosas, o una con otra]. | Matute *Memoria* 147: ¿Qué tenía él que ver con todo aquello? ¿Qué tenía que ver él con nadie en el mundo? **b)** (*col*) Tener relaciones sexuales no legales [dos perss., o una con otra]. | Zunzunegui *Hijo* 55: Por las tabernas más de uno dijo que [Manolo] había tenido que ver con la viuda del carbonero.

11 ~selas [con alguien]. (*col*) Enfrentarse [con él], mostrándose firme ante sus imposiciones o sus pretensiones. *Tb* ~SELAS TIESAS (→ TIESO). | Delibes *Emigrante* 95: A la mañana me las tuve tiesas con el tío .. El cipote emperraba en que me cosiera un mandil para repartir .. Ya le dije que eso no. Goytisolo *Recuento* 641: Alguna vez se las había tenido con la guardia civil, pero siempre habían preferido dejarlo correr, no darse por enterados .. Una noche en el calabozo y ya está.

12 *n* + **y tente tieso** (*a veces con la grafía* **tentetieso**). (*col, humoríst*) Fórmula con que se expresa la rigidez con que alguien recurre o se atiene a lo designado con el n, indicando que no queda más solución que aguantarse. | MSantos *Tiempo* 160: Escalafón, escalafón y tente tieso. ZVicente *Traque* 274: Y si me quejaba a los mayores, torta y tente tieso, y ¡Esta boba, siempre tan jindama! CSotelo *Muchachita* 270: Focelos es un señor de Mondoñedo que ha formado un coro regional. Y a la menor ocasión, muñeira que te pego y Negra sombra y tentetieso.

B *aux* **13 ~** + *part, en forma variable, de un v tr* = HABER + *el mismo part en forma* -O. *Con matiz de reiteración o insistencia.* | SFerlosio *Jarama* 69: Yo lo tengo afeitado la mar de veces, y sabía ser un tío cordial cuando quería. Arce *Testamento* 15: Enzo tenía puesta la mirada en los arandaneros. * Tengo revisados varios artículos. **b) ~** + *part, en forma* -O, *de un v intr* = HABER + *el mismo part.* Más frec como uso reg. | ZVicente *Traque* 300: Suelen ser muy buenos conmigo. Ya les tengo hablado para que le den un empleo a mi hijo. Torrente *SInf* 30.1.75, 12: Yo, que veo poco la televisión, me tiene sucedido verme obligado a apagarla a la vista de alguno de esos agresivos ya famosos.

14 ~ **que** + *infin* = ESTAR EN LA NECESIDAD, *o* EN LA OBLIGACIÓN, DE + *infin*. | Medio *Bibiana* 12: La cabeza de Marcelo .. despierta en Bibiana .. un deseo de acariciarla, de besarla... pero no lo hace. Antes tiene que ganar .. una batalla. **b)** *A veces expresa el deseo o el propósito firme del que habla de que se realice la acción significada por el infin. Tb (reg o lit)* ~ DE + *infin*. | *Inf* 23.5.74, 16: La tragedia de anoche .. nos exime de la dudosa satisfacción de volver a predecir que no será esta la última casa ruinosa que se desplome como un castillo de naipes. Tiene que ser la última. Lagos *Vida* 50: Aquí tengo de verte en seguida.

II *loc adj* **15 de tente mientras cobro.** (*col*) [Cosa] construida sin esmero y con el único propósito de que ofrezca buena apariencia para el momento de venderse. | Berlanga *Pólvora* 151: Muebles de tente mientras cobro, nudosos y contrachapados, condenados a soportar toda una generación y más, serán pagados en religiosas letras mensuales.

tenería *f* **1** Taller en que se curten y trabajan pieles. | Escobar *Itinerarios* 228: Vamos por la calle .. de Cordovillas, donde en tenerías trabajaron el cordobán.

2 Oficio de curtir pieles. | *Barcelona* 92: I. S. "Virgen de la Merced" .. Escuela Sindical Superior de Tenería, de Igualada.

tenérrimo → TIERNO.

tenesmo *m* (*Med*) Necesidad continua y dolorosa de orinar o defecar. | MNiclos *Toxicología* 128: Se inicia por trastornos digestivos, como náuseas, vómitos y diarreas profusas, con tenesmo.

tengue *m* Árbol leguminoso cubano semejante a la acacia (*Acacia arborea*). | FReguera-March *Cuba* 176: Más curioso es el [árbol] que llaman corazón prieto. Y hay otros como el patabún, el tengue, la majagua, de la que se hacen sogas, la palma enana, etcétera.

tenguerengue. en ~. *loc adv* (*col*) En equilibrio inestable. | J. R. Alonso *Sáb* 31.5.75, 6: Están sucediendo en España tantas cosas, y todas al mismo tiempo, .. que el espectador tiene la sensación de hallarse todo en tenguerengue.

tenia *f* Gusano parásito del intestino de los animales y del hombre, cuyo cuerpo está formado por gran cantidad de anillos planos y una cabeza con ventosas o ganchos de fijación (gén. *Taenia*, esp. *T. solium*). | Legorburu-Barrutia *Ciencias* 143: Las tenias pertenecen a un grupo de gusanos llamados Platelmintos o gusanos planos.

teniasis *f* (*Med*) Presencia de tenias en el organismo. | Alcalde *Salud* 330: Tanto la teniasis como la botriocephalosis han sido tratadas con numerosos medicamentos.

tenida *f* Sesión o reunión de una sociedad secreta. *Tb fig*. | *Ya* 27.8.88, 16: Los grandes maestros de la masonería tuvieron su "tenida" en El Escorial. Torrente *Saga* 91: Contaba con pelos y detalles los trámites de una sesión o "tenida" Rosa-Cruz en que había habido materializaciones. Alfonso *España* 47: Se callan o no comparecen, para evitar sufrir un rato incómodo y vidrioso que les amargue el fin de semana, oportunidad en que tales tenidas [las asambleas anuales de copropietarios] suelen celebrarse.

teniente I *n* **A** *m* **1** Oficial del ejército cuyo empleo es el inmediatamente inferior al de capitán, y que normalmente manda una sección. | Lera *Clarines* 385: Es que en la mili pasa cada cosa .. Tenía yo un teniente más flamenco que nadie y...

2 ~ **coronel.** Jefe del ejército cuyo empleo es inmediatamente inferior al de coronel. | L. Armiñán *Abc* 19.9.64, 22: El teniente coronel Millán Astray logró que fuera firmado el Real Decreto de fundación de la Legión.

3 ~ **general.** General de categoría superior a la de general de división e inferior a la de capitán general. | FSalgado *Conversaciones* 186: Valiño le dijo que podía mandar al ministro del Ejército, teniente general Muñoz Grandes.

4 ~ **de navío.** Oficial de la marina de guerra, cuyo empleo es equivalente al de capitán del ejército. | *Ya* 3.3.63, 1: Un marino barbado, luciendo el uniforme de teniente de navío de la Marina española, posaba una y otra vez para fotógrafos y operadores del No-Do.

B *m* y *f* **5** Pers. designada para sustituir o asistir [a otra (*compl* DE, *o aposición*)] en su cargo. | HSBarba *HEspaña* 4, 352: Los alguaciles mayores eran los ejecutores de las resoluciones de los oidores y virreyes; nombraban tenientes que les auxiliaban en sus funciones. Cela *Judíos* 191: La clerecía de Ávila –los párrocos, los diáconos, los tenientes cura ..– se dirigió al papa. **b)** ~ **de alcalde** (*tb, semiculto,* ~ ALCALDE). Concejal que en nombre del alcalde desempeña determinadas funciones municipales, esp. el gobierno de un distrito. | *País* 4.3.81, 20: ¿Dónde están el alcalde y el teniente de alcalde, que los voy a matar?

II *adj* **6** (*col*) Sordo. | Berenguer *Mundo* 134: Estuvo muchos días diciendo bobadas y, después, le quedó como sordera, y todavía está teniente del lado izquierdo, que le largaron una patada justo donde cae la oreja.

tenis *m* **1** Juego, entre dos o cuatro jugadores, que consiste en lanzarse la pelota, con raqueta y alternativamente, de una parte a otra del campo por encima de una red que lo divide. | Repollés *Deportes* 79: En un principio se practicaba el tenis un poco anárquicamente.

2 ~ **de mesa.** Ping-pong. | Delibes *Vida* 111: Mi solemne proclamación como subcampeón de tenis de mesa en el transatlántico *Constitution* en 1964.

tenista *m* y *f* Jugador de tenis. | *Abc Extra* 12.62, 57: "El nuevo juego se juega en La Granja" .., se lee al pie de unas tenistas de 1902.

tenístico -ca *adj* De(l) tenis. | Delibes *Vida* 114: La teoría tenística volvió a desconcertarme.

tenor[1] **I** *m* **1** Contenido literal [de un escrito o dicho]. | *Compil. Vizcaya* 640: Los comisarios desempeñarán sus funciones mancomunadamente, salvo que del tenor del testamento resulte otra cosa.

2 Estilo o carácter. *Frec en la constr* DE ESTE, *o* DEL MISMO, ~. | *Pue* 29.9.70, 20: Su tenor de vida fue siempre muy modesto, sus costumbres sumamente sencillas, y no demostraba apego alguno al lujo ni al dinero. * Siguió diciendo barbaridades del mismo tenor.

II *loc prep* **3 a** ~ **de** (*o* **con**). De acuerdo con. *Con n de cosa*. | *Mad* 13.12.69, 20: A tenor del texto que hoy inserta la "Gaceta", las prórrogas se dividirán en las siguientes clases. J. M. Moreiro *SAbc* 13.9.70, 47: Reclama [Málaga] .. la creación de centros de formación profesional a tenor con sus exigencias.

tenor[2] -**ra** (*en acep 4 gralm se usa la forma* ~ *para m y f*) **I** *n* **A** *m* **1** Voz masculina intermedia entre la de contralto y la de barítono. *Gralm* VOZ DE ~. | Academia *Esbozo* 104: La línea melódica se desarrolla en una determinada zona de alturas musicales que varía de unas lenguas a otras y aparece determinada, además, por la edad, el sexo y la tesitura de la voz (soprano, contralto, tenor, barítono, bajo). * Tiene voz de tenor.

2 Cantante que tiene voz de tenor [1]. | Montsalvatge *Des* 12.9.70, 36: Intervendrán [en el Festival de América y España] .. las sopranos Ángeles Chamorro y Elvira Padín, el tenor José Foronda .. y el violoncelista Pedro Gorostola.

B *f* **3** Instrumento de viento, de los que componen la cobla, con lengüeta doble y pabellón de metal, y de mayor tamaño que el oboe. | *Barcelona* 26: La cobla lanza con la tenora sus melodiosos sones.

II *adj* **4** [Instrumento musical, esp. saxofón] cuya extensión corresponde a la de la voz de tenor [1]. | Cabezas *Abc* 7.5.72, 45: Cuando terminó el fugaz reinado del intruso monarca se vio que habían desaparecido de Madrid las dos violas, una tenor y otra contralto. F. Pablos *Faro* 3.8.75, 15: Que se oiga repique general de campanas. Que el grave sonido de las mayores de Santa María se confunda con las tenoras de templos y conventos de la urbe. *Abc* 11.2.78, 45: Los instrumentos desaparecidos son un saxofón tenor, un saxofón barítono y un saxofón alto, además de un fiscorno.

tenorino *m* (*Mús, raro*) Tenor ligero que canta en falsete. | Isidro *Abc* 15.4.58, 51: El que se encoge de hombros cuando cuatro mozalbetes pisotean a una anciana en los andenes del "Metro" .., se sulfura ante una inclinación irónica de un tenorino italiano.

tenorio *m* Donjuán (seductor o conquistador). | Torrente *Vuelta* 129: La señora .. las había convencido de que,

tenosinovitis – tentación

asistiendo a ella [la misa], estaban mágicamente a cubierto de las asechanzas de cierto conquistador local .. Esa señorita Aldán .. quizá siga teniendo miedo a la asechanza del tenorio.

tenosinovitis *f (Med)* Inflamación de la vaina de un tendón, o de este y su vaina. | *Min* 5.87, 32: Indicaciones [de Fastum Gel]: Afecciones dolorosas, flogísticas o traumáticas de las articulaciones, tendones, ligamentos y músculos (artritis, periartritis, artrosinovitis, tendinitis, tenosinovitis, bursitis, .. lumbalgias).

tensado *m* Acción de tensar. *Tb su efecto.* | Ramos-LSerrano *Circulación* 313: Deberán realizarse las siguientes [comprobaciones]: .. Comprobación del tensado de las correas del ventilador y dínamo.

tensador -ra *adj* Tensor. *Tb n m.* | M. E. SSanz *Nar* 6.77, 30: Nada nuevo podemos aportar a la tipología del carro, constando el segoviano de los siguientes elementos: caja, comportas, .. vara, tensador, tentemozo.

tensar *tr* Poner tenso, esp [1]. | Ramos-LSerrano *Circulación* 323: La correa del ventilador patina o está rota. Correcciones .. Tensarla o sustituirla por otra nueva. GPavón *Hermanas* 17: Plinio .. tensó los músculos de la cara. Payno *Curso* 248: Al terminar de leer la carta, Bele apretó los labios y fue rápida por papel y pluma. La fría lógica la había tensado. Delibes *Tesoro* 107: Hizo una pausa larga, estudiada, que tensó el ambiente. **b)** *pr* Ponerse tenso. | Delibes *Príncipe* 96: La voz de la Domi se tensó y, aunque brumosa, se hizo más vivaz y dramática.

tensino -na *adj* Del Valle de Tena (Huesca). *Tb n, referido a pers.* | V. Serrano *SD16* 12.12.93, 83: Son encantadoras poblaciones montañesas donde los tensinos (autóctonos de estas tierras) viven de forma rural y pastoril.

tensioactivo -va *adj (Quím)* [Sustancia o agente] que reduce la tensión superficial del líquido al que se añade. *Tb n m.* | F. J. FTascón *SYa* 7.5.70, 9: Los carcinógenos químicos, como los hidrocarburos, que poseen en su molécula regiones de gran concentración electrónica, de las que depende su fijación sobre las moléculas orgánicas, como las sustancias macromoleculares hidrosolubles o tensioactivas. *Abc* 27.12.70, 40: Se abordarán temas relacionados con los "buildergs" para detergentes, los tensioactivos no iónicos, las enzimas.

tensiómetro *m* Instrumento para medir la tensión [5]. | *Ya* 29.10.83, 9: Tensiómetros desde 2.738.

tensión *f* **1** Estado de un cuerpo sometido a la acción de fuerzas contrarias. | Alarcos *Fonología* 71: La fuerza de la corriente de aire está en razón directa de la tensión o rigidez de los órganos.
2 Estado anímico de excitación propio de determinadas situaciones, esp. la espera, la atención o la impaciencia. | Laforet *Mujer* 321: El hecho sencillo de escribir unas palabras de condolencia por Rita la calmó, mejoró algo su tensión.
3 Estado de desacuerdo en las relaciones entre perss., grupos o estados, que se prevé un posible choque o ruptura. | V. Gállego *ByN* 31.12.66, 43: Las tensiones de la guerra fría desaparecían.
4 Acción de fuerzas contrarias que mantienen extendido un cuerpo o tienden a separar sus partes constitutivas. | M. Calvo *MHi* 12.70, 14: La exploración espacial ha conseguido que materiales ya existentes en la naturaleza se transformen, para su utilización a temperaturas muy elevadas, con tensiones muy fuertes.
5 Presión que ejerce un líquido o un gas. *Esp referido a la sangre. Frec con un adj:* ARTERIAL, VENOSA, ALTA, BAJA. | M. Aguilar *SAbc* 16.6.68, 39: Un gazpacho bien salado es uno de los procedimientos más fáciles y más a la mano para subir la tensión arterial. Navarro *Biología* 56: El oxígeno atraviesa la membrana citoplasmática por simple difusión, siempre que la tensión de este gas en el citoplasma sea inferior a la que alcanza en el exterior. **b)** Presión arterial. | Matute *Memoria* 202: Permanecía sentada en su mecedora y se metía en la boca los comprimidos para la tensión. **c)** *(col)* Presión arterial alta. | * No puede comer con sal porque dice que tiene tensión.
6 *(Electr)* Diferencia de potencial entre dos puntos. *Frec con un adj especificador:* ALTA, BAJA, *gralm antepuesto.* | Ramos-LSerrano *Circulación* 304: Las características de la energía suministrada por la dínamo (tensión o voltaje e intensidad de corriente o amperaje) varían fundamentalmente con la velocidad del inducido. Alfonso *España* 104: Ni siquiera son capaces de quitar los tendidos aéreos de alta tensión. *HLM* 26.10.70, 21: Medios de protección contra los contactos indirectos en las instalaciones de baja tensión.
7 *(Fon)* Condición de tenso [3]. | Alarcos *Fonología* 71: En ciertos casos, el rasgo fónico de tensión/flojedad aparece incrementado por la aspiración, que opone fonemas aspirados, que a la vez son tensos, a fonemas no aspirados, a la vez flojos.
8 *(Fon)* Segunda fase de la articulación, durante la cual los órganos fonadores permanecen en la posición propia de la emisión de determinado fonema. | Quilis-Fernández *Fonética* 32: Cuando los órganos articulatorios han concluido el paso de la formación del sonido, esto es, lo han formado, ocupando la posición pertinente y característica del mismo, en la que se mantiene por algún tiempo, sobreviene la fase tensiva o la tensión.

tensional *adj (Med)* De la tensión [5b]. | Vega *Corazón* 28: No se puede hablar de hipertensión arterial .., dando más importancia a las cifras tensionales que a las enfermedades que producen su elevación.

tensionamiento *m* Acción de tensionar. | L. I. Parada *Abc* 12.11.86, 63: Vivimos el tiempo de la "ingeniería financiera". En solo dos días los periódicos españoles han publicado tantas novedades informativas como en los últimos dos años. He aquí algunos ejemplares: "holding circulante", .. "liquidificación de créditos", "tensionamiento sistemático del moroso".

tensionar *tr* Someter a tensión. *Frec en part, referido a vidrio.* | *Abc* 25.2.68, 28: El complejo Álvarez ha visto aumentada a más de 500.000 mts. su superficie con la puesta en marcha de la nueva factoría Vanosa .., dedicada a la producción de vidrio tensionado e irrompible. *Voz* 31.8.90, 44: En todas las ciudades gallegas escasean los pisos en alquiler, y Vigo parece ser donde más se han tensionado los precios por este motivo.

tensivo -va *adj (E)* De (la) tensión. | LIbor *Rebeldes* 28: El placer nace de la afirmación de la vida, afirmación que tiene un polo tensivo, abierto, inacabado .. Este polo tensivo y abierto existe en todas las funciones humanas. La acción es, por ello, fuente de placer, en tanto que la inacción lo es de tedio. Quilis-Fernández *Fonética* 75: Reciben el nombre de oclusivos aquellos sonidos que se caracterizan por una interrupción en el paso del aire, motivada por el cierre completo de dos órganos articulatorios. La oclusión se produce en el segundo momento, en el tensivo.

tenso -sa *adj* **1** Que está en tensión [1 y 2]. | Olmo *Golfos* 70: Sus brazos, tensos sobre el manillar, parecían de palo. * Estás muy tenso estos días. Debes relajarte.
2 Que denota o implica tensión [1, 2 y 3]. | Agromán 53: Las expresiones tensas de los alumnos son todo un estudio de sicología. Anson *SAbc* 25.1.70, 6: Las relaciones con Rusia empiezan a hacerse tensas y se cuartean.
3 *(Fon)* [Fonema o articulación] caracterizados por una gran tensión muscular en el momento de su emisión. | Alarcos *Fonología* 71: La variedad fundamental de fonemas tensos y flojos se caracteriza porque la fuerza de la corriente de aire está en razón directa de la tensión o rigidez de los órganos.

tensón *f (TLit)* Composición poética provenzal que consiste en una controversia entre poetas sobre un tema determinado, frec. amoroso. | DPlaja *Literatura* 59: Son frecuentes los temas dialogados como .. tensones, en que se discuten temas que ponen a prueba el ingenio de los poetas.

tensor -ra *adj* Que sirve para tensar. *Tb n m, referido a dispositivo o a músculo.* | GTelefónica *N.* 1039: Rodajes y Tractores, S.A. .. Rodillos inferiores. Rodillos superiores. Ruedas tensoras o Guías. Ruedas motrices o Cabillas. *Abc* 9.4.67, sn: Puños. Tensor. Polea. Pedales. Navarro *Biología* 95: Músculos superficiales de las partes lateral y posterior del tronco: .. Glúteo mayor. Tensor de la fascia lata. [*En un gráfico*.]

tentación *f* **1** Acción de tentar [3]. | DPlaja *El español* 111: Cuando las tentaciones de Jesucristo, este tuvo suerte con que los Pirineos le ocultasen a Madrid, porque, si no, hubiera probablemente aceptado el regalo humillándose ante el diablo.

2 Pers. o cosa que tienta [3]. | B. Mostaza *SYa* 24.6.73, 9: Las islas Canarias son una tentación para los montañeros.

tentacular *adj* (*Zool*) **1** De(l) tentáculo. | * Los apéndices tentaculares del chipirón son pequeños.

2 Que tiene tentáculos. *Tb* (*lit*) *fig*. | Matute *Memoria* 202: Los ojos de la abuela, como dos peces tentaculares, nos observaban crudamente. L. Sastre *SMad* 22.11.69, 2: Esta máquina tentacular puede abarcar no solo los distintos despachos de una Empresa o las diversas secciones de una fábrica. Puede extender su radio de información a través de decenas y centenas de kilómetros.

tentacularmente *adv* (*lit*) De manera tentacular. | Gironella *Millón* 9: La ciudad de Gerona sigue siendo su eje geográfico, eje que poco a poco, al compás de los episodios bélicos, se amplía tentacularmente.

tentáculo *m* (*Zool*) Apéndice móvil y blando, propio de algunos animales, que sirve fundamentalmente como órgano del tacto y de prensión. *Tb* (*lit*) *fig*. | Aldecoa *Cuentos* 1, 64: El patrón sintió que los bronquios se le revolvían como los tentáculos de un pulpo. * Hasta aquí llegan los tentáculos de la compañía.

tentadero *m* Corral o cercado en que se hace la tienta de reses bravas. | S. RSanterbás *Tri* 11.4.70, 21: El maletilla aparece donde menos se espera: en los tentaderos, en las dehesas iluminadas por la luna.

tentador -ra I *adj* **1** Que tienta [3]. *Tb n m, referido al Diablo*. | *Zar* 27.1.69, 22: No hacemos ofertas tentadoras. Nuestros precios favorecen siempre a los clientes. Torrente *Señor* 203: Soñó que el Tentador, tan parecido de cara a Cayetano, peleaba con un ángel de rostro feo, como el de Carlos.

II *m* **2** Hombre encargado de picar las reses en la tienta. | G. Sureda *Sáb* 30.11.74, 72: La tienta es un rito que tiene que hacerse en silencio. La becerra sale como alocada .. El tentador, sobre un fuerte caballo cubierto por un enorme peto, la cita moviendo el palo.

tentadoramente *adv* De manera tentadora. | Castroviejo *Abc* 28.8.66, 33: Las verdes olas de mayo y las gaviotas procelarias nos incitan tentadoramente otra vez al viaje sobre el eterno ancho camino del mar.

tentadura *f* (*raro*) Sobo o manoseo. | GPavón *Rapto* 196: No va al cine si no viene su hermana, para evitar tentaduras.

tentar (*conjug* 6) *tr* **1** Tocar o palpar. | CBonald *Dos días* 120: El sacristán era un lego socarrón y rollizo que, además de regalarnos obleas, nos tentaba para ver si habíamos engordado.

2 Intentar o procurar. | Payno *Curso* 156: La tensión con la pandilla aumentaba. Tentaba por todos medios buscar una salida al retortijón en que estaba metido.

3 Probar la fortaleza moral [de una pers. (*cd*)] presentándole de modo atrayente [algo que le está prohibido o no le conviene (*compl* CON)]. *Frec se omite el 2º compl*. | Vesga-Fernández *Jesucristo* 41: Se le acercó el diablo por tres veces para tentarle. **b)** Resultar atrayente [para alguien (*cd*) algo, esp. una idea o proyecto]. *Frec en part, a veces con un compl* DE. | Laforet *Mujer* 116: Podía llamar a la doncella .. Por un momento le tentó esta idea. CSotelo *Proceso* 405: –¿Le apetece un poco de caldo? .. –Poco me tienta. Gala *Suerte* 620: –Guardaré las medias por si acaso. Para decir que no, siempre habrá tiempo. –(Tentada.) ¿Me las deja usté ver? * Estuve tentada de no ir.

4 Poner a prueba [a alguien o algo personificado], frec. con riesgo de provocar en él una reacción hostil. | Kurtz *Lado* 113: Es algo así como una provocación. Y es malo tentar a quien sea. **b) ~ a la suerte** → SUERTE.

5 Probar con la garrocha [un becerro] para apreciar su bravura y sus condiciones para la lidia. | G. Sureda *Sáb* 30.11.74, 72: La tienta es un rito que tiene que hacerse en silencio. La becerra sale como alocada .. El tentador .. la cita moviendo el palo .. En caso dudoso, será tentada de nuevo, es decir, retentada.

6 Atraer con el cebo [a un pez]. | J. A. Donaire *Inf* 19.6.70, 32: Para tentar las piezas de mayor tamaño se recomienda el pez vivo.

7 (*raro*) Dar un tiento [a una botella o algo similar]. | Aldecoa *Gran Sol* 151: Macario Martín bajó a su rancho y retornó con una botella de vino. –El primero que la tienta soy yo –advirtió.

tentaruja. a la ~. *loc adv* (*col*) A tientas. | * Subimos la escalera a la tentaruja.

tentativamente *adv* (*lit, raro*) De manera tentativa. | RMoñino *Poesía* 36: Disponer apurados índices de autores y primeros versos que permitan, a veces tentativamente y a veces con seguridad absoluta, la adscripción de obras.

tentativo -va I *adj* **1** (*lit*) Que sirve de prueba o tanteo. | J. R. Lasuén *SInf* 15.5.76, 12: Su programa [el de la socialdemocracia en los países desarrollados] .. es gradual y tentativo. En los países menos desarrollados .., los cambios institucionales tienen que ser más drásticos y menos tentativos.

II *f* **2** Intento. | Benet *Nunca* 15: Con una capacidad de despreocupación suficiente para ahorrarme una tentativa de suicidio inútil.

tentebonete *m* (*reg*) Cantidad grande. *Gralm en la constr* A ~. | Gala *Días* 381: Tú dime a mí: en total, ¿qué tenemos? .. Nada: cuatro electrodomésticos. Y a plazos. ¡Vaya un tentebonete! Faner *Flor* 113: Diodor durmió hasta la noche .. Luego cenó a tentebonete y se alejó a caballo, como había hecho otras veces.

tentemozo *m* **1** Puntal o apoyo que se pone a una cosa para que no se caiga. | CBonald *Noche* 178: Don Fermín se situó entre las largas varas de la volanta, que habían sido fijadas al suelo por medio de dos tentemozos.

2 Palo que se articula en el extremo anterior del carro y le sirve de apoyo cuando este descansa solo sobre las ruedas. | Borrás *Abc* 23.3.58, 18: Tomó una pala, cargaba con ferocidad su carro puesto a nivel con el tentemozo.

3 Tentetieso [1]. | Marcos-Martínez *Física* 33: Si se dispone del conocido juguete llamado tentemozo, se verá que, de cualquier modo como se tire al suelo, él siempre viene a quedar tieso.

tentempié *m* **1** (*col*) Comida ligera e informal. | Vega *Cocina* 29: Resultó una moderna edición de la cena del rey Baltasar .., ante la cual las bodas de Camacho parecen un tentempié.

2 Tentetieso [1]. | Sampedro *Sonrisa* 60: El niño .. se concentra en los juguetes así desparramados: piezas educativas ensamblables moldeadas en plástico de colores, bichitos de trapo, un tentempié con cascabeles.

tentenelaire (*tb con la grafía* tenten-en-el-aire) *m y f* (*hist*) En las castas coloniales americanas: Hijo de cuarterón y mulata o de mulato y cuarterona. | Cela *Inde* 24.4.91, 64: Los mestizos, .. los albarazados, los tenten[e]laires, los calpamulos y todos los demás mezclados .. tienen abuelos esclavos y esclavistas en las proporciones que solo Dios conoce. [*En el texto*, tentenalaires.] M. Fórmica *Abc* 21.1.68, 75: Junto al español puro y al indio puro apareció la raza nueva de los mestizos. Solo en nuestra lengua se encuentran para designarlos palabras llenas de sentido humano. "Cuarterón", "Albarazado", "Salta atrás", "Tente-en-el-aire", "Castizo". [*En el texto, sin guiones.*]

tentetieso I *m* **1** Muñeco que recobra automáticamente la posición vertical. | CBonald *Casa* 39: María Patricia, la menor, que no había salido aún de una infancia asediada por enjambres de muñecas y tentetiesos, disponía de las mañas de la antojadiza profunda.

II *fórm or* **2 y ~** → TENER.

tentón (*reg*) **I** *m* **1** Acción de tentar [1] de manera brusca o rápida. | Lera *Trampa* 1051: Goya también era generosa a su manera: dejando ver su muelle y abundante pechuga, permitiendo tentones más acá y más allá de sus morenos brazos.

II *loc adv* **2 a(l) ~.** A tientas. | Berlanga *Gaznápira* 21: –Acércame el tabardo.– Busca al tentón en el bolsillo, sin dejar de mirarte.

tenue *adj* **1** [Cosa] muy fina o delgada. *Tb fig*. | Faner *Flor* 81: Pintada en los cuadros de la estancia había una dama descolorida, con verdugón de ahorcada en torno al cuello. Vestía una ropa tenue, descotada, de color negro. R. Barros *SIdG* 10.8.75, 14: Si [las uñas] son cortas, desco-

loridas y tenues, indican afecciones del corazón. R. Capilla *Alc* 31.10.62, 28: Situaciones hilarantes que se suceden sobre un hilo argumental muy tenue.
2 Poco intenso o poco perceptible. | Ortega *Americanos* 50: Escuchando una música dulzona, almibarada, tenue.

tenuemente *adv* De manera tenue. | CSotelo *Muchachita* 320: –Luego tú, ahora..., ibas a... –(Tenuemente.) Tomar el té.

tenuidad *f* Cualidad de tenue. | *Gac* 1.6.63, 15: En Sophisti Fluid se han unido sabiamente: los componentes hidratantes que dan nuevo frescor a su cutis, los colores exóticos y el Vibranol que da a los tonos su tenuidad.

tenuirrostro *adj (Zool)* [Pájaro] de pico largo y delgado. *Frec como n m en pl, designando este taxón zoológico.* | Lama *Aves* 33: Tenuirrostros, de pico largo, débil y muy puntiagudo.

tenuta *f (Der) En Cataluña:* Derecho de la viuda a la posesión y al usufructo de los bienes del marido mientras no se le restituya la dote. | *Compil. Cataluña* 676: La tenuta es compatible con la opción dotal.

tenutario -ria *adj (Der)* [Pers.] que tiene tenuta. *Frec n f.* | *Compil. Cataluña* 677: La viuda tenutaria no podrá impedir que se proceda a la venta de bienes. *Compil. Cataluña* 677: La tenutaria tendrá las obligacio[ne]s de todo usufructuario, excepto la de prestar fianza.

teñido *m* Acción de teñir [1 y 2]. | *CoE* 12.3.75, 46: Barnizo muebles domicilio, .. toda clase teñidos, lacados.

teñidor -ra *adj (raro)* Que tiñe [1]. *Tb n.* | Cabezas *Madrid* 142: Coloreros (Calle de) .. Todas sus características son las de una calle de gremio artesano medieval. A ese concepto responde su nombre de los coloreros o teñidores de telas y medias de seda.

teñir *(conjug 58)* **A** *tr* **1** Impregnar [algo] de una materia colorante haciendo que cambie de color. *Si se expresa el nuevo color, se hace mediante un compl* DE *o* EN. | *Economía* 87: En las pieles naturales, el cuero es blanco; si es de imitación, va teñido de oscuro. **b)** *pr* Cambiar [algo *(suj)*] de color por impregnarse de una materia colorante. *Si se expresa el nuevo color, se hace mediante un compl* DE. | Ybarra-Cabetas *Ciencias* 239: Tomemos ahora una planta verde .. y coloquémosla en un frasco de cristal que contenga alcohol. Al poco tiempo, el alcohol se teñirá de verde.
2 Producir [una sustancia *(suj)*], por impregnación, cambio de color [en algo *(cd)*]. *Tb abs.* | * Este producto es solo para lavar, no tiñe.
3 *(lit)* Impregnar [algo no material de un determinado carácter]. | * Toda la carta venía teñida de tristeza.
4 *(lit)* Impregnar [determinado carácter *(suj)*] algo no material]. | Cuevas *Finca* 181: –Las noticias de "San Rafael" no son buenas –dijo don José a su familia, la voz teñida por la tristeza.
B *intr* **5** Ser [algo] susceptible de ser teñido [1 y 2]. | * Este tejido tiñe muy mal.

teobromina *f (Quím)* Alcaloide del cacao. | Alvarado *Anatomía* 123: Constituyen también [las purinas] la base de ciertos alcaloides, como la teobromina del cacao y la cafeína o teína del café y del té.

teocéntrico -ca *adj (lit)* Que tiene a Dios como centro de referencia. | Fernández-Llorens *Occidente* 154: Durante la época medieval la cultura había sido teocéntrica.

teocracia *f (Pol)* Forma de gobierno en que la autoridad, que se considera emanada de la divinidad, es ejercida por la clase sacerdotal o por un soberano. | E. Valero *SAbc* 11.1.70, 33: Preparan el advenimiento de una Teocracia que dirigirá Cristo, con él desaparecerá la organización política y religiosa. **b)** Comunidad cuya forma de gobierno es una teocracia. | Lapesa *HLengua* 85: Desde la abjuración de Recaredo (589), la actitud de los visigodos empezó a cambiar. La teocracia toledana conquistó las capas superiores de la sociedad goda y constituyó el más firme apoyo del poder real.

teocrático -ca *adj (Pol)* De (la) teocracia. | Fernández-Llorens *Occidente* 152: Un primer período llega hasta el siglo X, con el desarrollo de ciudades tan importantes como Palenque y Copán, organizadas en forma de ciudades-estado de régimen teocrático.

teodicea *f (Filos)* Teología fundada en principios racionales. | Gambra *Filosofía* 19: La [metafísica] especial se divide en cosmología, psicología y teología natural o teodicea.

teodolito *m (E)* Instrumento óptico que sirve para medir ángulos verticales y horizontales. | Mendoza *Ciudad* 45: Por el recinto iban y venían unos personajes cubiertos de guardapolvo; llevaban gorra y anteojos e inspeccionaban la marcha de los trabajos, tomaban medidas con varas y teodolitos, consultaban planos.

teofanía *f (Rel)* Aparición o manifestación patente de la divinidad. | Torrente *Sombras* 319: Me dijiste que esas muchachas, cuando llegase el momento, y mediante una sencilla operación reveladora, acaso una teofanía .., caerían a tus plantas para adorarte como al padre de los dioses que eres.

teofánico -ca *adj (Rel)* De (la) teofanía. | *Ya* 26.4.74, 19: En la segunda lección explicitó en qué medida es reveladora la existencia concreta de Jesús y cuál es la intensidad teofánica de cada una de sus fases.

teofilántropo -pa *m y f (hist)* Adepto a un sistema filosófico-religioso de carácter deísta, de los últimos años del s. XVIII, que pretendía sustituir el cristianismo por una nueva religión basada en la creencia en Dios, en la inmortalidad del alma y en la virtud. | Sánchez *MPelayo* 12: Los restantes capítulos completan el índice heterodoxo del siglo XIX. El capítulo XXVIII enfocaría al teofilántropo Andrés María Santa Cruz.

teofilina *f (Quím)* Alcaloide contenido en las hojas de té. | MNiclos *Toxicología* 131: Teofilina. Tanto esta sustancia como su derivado aminofilina son de uso peligroso en niños pequeños, en los que actúan como poderosos excitantes del sistema nervioso central.

teogonía *f (Rel)* Genealogía de los dioses. | MSantos *Tiempo* 130: Como de modo inevitable ocurre en toda teogonía, la esfera inferior estaba consagrada a los infiernos.

teogónico -ca *adj (Rel)* De (la) teogonía. | GÁlvarez *Filosofía* 1, 171: La filosofía había surgido en el orbe griego precisamente cuando la especulación se separó de las primitivas concepciones cosmogónicas y teogónicas.

teologado *m (Rel catól)* Período de los estudios eclesiásticos dedicado a la teología. *Tb el centro en que se cursa.* | GNuño *Arte s. XX* 293: Si este último conjunto [el Colegio de los Dominicos en Valladolid] es ya de total belleza, .. pronto será superado por el Teologado de los Dominicos en Alcobendas (Madrid).

teologal *adj (Rel catól)* [Virtud] que tiene a Dios como objeto inmediato. | SLuis *Doctrina* 68: La Fe es una virtud teologal, por la cual creemos lo que Dios ha revelado y nos propone la Santa Madre Iglesia.

teología *f* **1** Ciencia que tiene por objeto a Dios, su naturaleza, sus atributos y su relación con el mundo. *Frec con un adj especificador que determina el método que le sirve de base o el aspecto en que se desarrolla:* DOGMÁTICA, MORAL, NATURAL, PASTORAL, *etc.* | Van 4.11.62, 14: El profesor Hamilcar Alivisates, profesor de teología en Atenas. Gambra *Filosofía* 164: Dentro de la teología natural hay tres teorías principales sobre el problema de cuál será el constitutivo formal de Dios.
2 Doctrina teológica. | J. Lois *VNu* 17.8.74, 26: Cuando los teólogos latinoamericanos sitúan la teología de la liberación en el género de la teología política, añaden inmediatamente la diferencia específica: teología política, sí, pero latinoamericana. **b)** Argumentación teológica o religiosa. | Umbral *Ninfas* 191: Yo escuchaba las teologías de don Agustín (Darío les hubiera llamado sofismas).
3 *(humorist)* Cuestión muy complicada y difícil de entender. *Gralm en pl, frec en la constr* METERSE EN ~s. | * No te metas en teologías.

teológicamente *adv* **1** De manera teológica. | JLozano *Des* 14.5.75, 33: Antes que tratar de responder teológicamente a los retos del pensamiento y del mundo modernos .., se prefiere hacer antropología teológica o sociología religiosa.

teológico – tepe

2 En el aspecto teológico. | GRuiz *Fam* 15.12.70, 10: Estimo que es teológicamente correcto decir que toda la comunidad concelebra la Eucaristía.

teológico -ca *adj* De (la) teología [1]. | A. M. López *Rev* 7/8.70, 15: Esta mujer de temple castellano, sin preparación teológica, pero en diálogo permanente con las personas más cultas de su ambiente, descubre en la consideración del misterio de Cristo la dimensión del hombre.

teologismo *m* Tendencia a recurrir en exceso a la teología [1]. | Mercader-DOrtiz *HEspaña* 4, 74: A pesar del consabido teologismo y del aferramiento rutinario al peripato, no dejó de haber en las filas del clero .. hombres curiosos por las modernas teorías filosóficas.

teologizar *intr* Discurrir sobre cuestiones teológicas. | Espinosa *Escuela* 631: Propinándole [al cráneo de la zorra] un buen puntapié, predique de esta manera: "Hermanos, ¡y pensar que pudo blasfemar!". El cascajo rodó hueco, al compás de cuya música me lucré con el séptimo de mis atributos, o propensión a teologizar.

teólogo -ga *m y f* **1** Especialista en teología [1]. | Escrivá *Conversaciones* 149: Mi mentalidad de jurista y de teólogo .. me llev[a] a estar siempre al lado de la legítima libertad de todos los hombres. *Abc* 13.6.87, 40: Teóloga sancionada por negar la virginidad de María.
2 Estudiante de teología [1]. *Esp referido a seminarista.* | CPuche *Conocerás* 38: Lo más importante también era saber cuanto antes qué teólogo te había tocado como jefe de sala y qué pasantes se encargarían de nosotros. [*En un seminario.*]

teorba *f* Tiorba (instrumento musical). | Perales *Música* 36: Así empezó a cundir el empleo de los "archilaúdes" y "teorbas", creación de los luthieres italianos. Sus proporciones eran sensiblemente mayores que las de los antiguos "laúdes".

teorema *m* Proposición científica demostrable. | Marcos-Martínez *Aritmética* 2° 155: Este teorema fue demostrado por Tales de Mileto, uno de los siete sabios de Grecia.

teoremático -ca *adj* De(l) teorema. | Ó. Esplá *Abc* 18.6.58, 3: La forma artística no envuelve un fondo separable de ella, como lo hay en una proposición teoremática.

teoréticamente *adv* (*Filos*) De manera teorética [1]. | Aranguren *Marxismo* 155: Renunciar a comprender "teoréticamente" el tránsito de un orden a otro es optar por la inteligencia frente a la intuición irracionalista.

teorético -ca (*Filos*) **I** *adj* **1** Teórico [1]. | Aranguren *Marxismo* 36: Sorel planteaba un problema de, llamémoslo así, "doble verdad": verdad o, por mejor decir, no-verdad teorética, y "verdad" práctica.
II *f* **2** Teórica [2] o teoría[1] [1]. | GÁlvarez *Filosofía* 1, 315: En la búsqueda de los tres remedios encontró el hombre tres disciplinas: la teorética, la práctica y la mecánica. La teorética proporciona la sabiduría y rechaza la ignorancia.

teoría[1] **I** *f* **1** Conocimiento o razonamiento abstracto, considerado con independencia de la realidad práctica. | * Eso solo es posible en el plano de la teoría. **b)** Conjunto de conocimientos abstractos [de una ciencia o actividad]. | Marcos-Martínez *Aritmética* 2° 8: Por la claridad en la exposición de la teoría, la disposición de esta y de los ejercicios .., creemos entregar un instrumento útil para alumnos y profesores.
2 Conjunto organizado de ideas o hipótesis [sobre una cuestión]. | Gambra *Filosofía* 136: Teorías filosóficas sobre el hombre.
II *loc adv* **3 en ~.** Teóricamente. | Población *Sesión* 306: Ya organizadas las situaciones en teoría, intentamos recrear la estructura de una sesión psicodramática. Fernández-Llorens *Occidente* 113: Los vasallos-villanos eran, en teoría, hombres libres. * En teoría, íbamos a reunirnos a las cinco.

teoría[2] *f* (*lit*) Procesión o cortejo. | GNuño *Escultura* 50: Las teorías de personajes en fila, visibles en la Situla de la Certosa, quedan ritmadas con un movimiento nada extraño para quien esté familiarizado con los vasos del Levante español. Lera *Olvidados* 301: Por las aceras se desplegaba una larga teoría de jóvenes acacias.

teóricamente *adv* En el aspecto teórico. | S. RSanterbás *Tri* 11.4.70, 21: Teóricamente, entre el sumo sacerdote (el torero) y la asamblea de fieles (el público) no debería haber intermediarios.

teoricidad *f* (*raro*) Condición de teórico. | R. Conte *Inf* 19.9.74, 2: Pese a la teoricidad de sus poderes, el Senado goza de un indiscutible prestigio por su independencia y autoridad moral.

teórico -ca I *adj* **1** De (la) teoría[1] [1]. | J. M. ÁRomero *MHi* 11.63, 73: Mucho se ha especulado sobre el pretendido carácter teórico de la legislación española en América. **b)** [Pers.] que se ocupa exclusiva o fundamentalmente de la creación o estudio de la teoría[1] [de una ciencia o actividad]. *Frec n.* | * Los teóricos de la revolución.
II *f* **2** Teoría[1], *esp* [1]. | * Teórica y práctica deben ir unidas. Lera *Boda* 641: En cuanto cunda esa teórica, las rentas del pueblo van a ser para los cuatro indinos que se dejen caer por aquí.

teorización *f* Acción de teorizar. *Tb su efecto.* | Pinillos *Mente* 137: Otro tipo de fenómeno disociativo es el que se conoce bajo el epígrafe de teorización excesiva .. Todos conocemos personas que tienen un enorme interés en la teoría poética, cuando en el fondo les hubiera gustado ser poetas. Cierva *País* 27.8.78, 6: El portavoz del Grupo Socialista dijo expresamente: "Los socialistas nos declaramos compatibles con la monarquía", para explicar después una sugestiva teorización sobre la nacionalización de la Corona.

teorizador -ra *adj* Que teoriza. *Frec n, referido a pers.* | DPlaja *Literatura* 363: El aludido refinamiento de la época victoriana viene señalado por la serie de teorizadores de la belleza que ansían nuevos goces para el espíritu.

teorizante *adj* Teorizador. *Frec n, referido a pers.* | Tejedor *Arte* 212: El Romanticismo tuvo su origen en Alemania .., contando .. como primeros teorizantes a los hermanos Schlegel.

teorizar *intr* Elaborar teorías[1] [2] [sobre algo], o discurrir [sobre ello] en el plano estrictamente teórico. | PRivera *Discursos* 16: Sobre todas estas cuestiones se ha teorizado mucho, y he escrito mucho.

teosofía *f* (*Rel*) Doctrina común a varias sectas de carácter místico y mágico que pretenden un conocimiento directo e intuitivo de Dios. | CBonald *Ágata* 143: Un mundo de términos invertidos, por donde se aventuró para no salir más que con un caótico bagaje de panaceas oscuramente localizadas entre la magia, la teosofía y la alquimia.

teosófico -ca *adj* (*Rel*) De (la) teosofía. | Torrente *Saga* 50: Estrujaba el cerebro para inventar un mensaje que contentara .. a las del Círculo Espiritista y Teosófico de Castroforte del Baralla.

teosofismo *m* (*Rel*) Teosofía. | A. Yáñez *Abc* 7.12.80, 24: Los fundadores partieron para la India y se instalaron .. en Adyar, cerca de Madrás, pequeña población que aún hoy continúa siendo la Roma del teosofismo.

teosofista *m y f* (*Rel*) Teósofo. | A. Yáñez *Abc* 7.12.80, 24: En 1883 el profesor neoyorquino E. Kiddle denunció que un mensaje que los teosofistas vendieron a una revista como obra de un "mahatma" era un discurso suyo.

teósofo -fa *m y f* (*Rel*) Pers. que profesa la teosofía. | Torrente *Saga* 430: También salieron el cojo que tocaba el bandoneón .. y el teósofo políglota del Ateneo.

teotihuacano -na *adj* De Teotihuacán (Méjico). *Tb n, referido a pers. Frec referido a los habitantes históricos de la región de esta ciudad.* | Fernández-Llorens *Occidente* 152: La cultura mexicana, o azteca, recoge elementos de los pueblos anteriormente establecidos en la zona, incluidos los teotihuacanos. Pi. Ortega *Ya* 20.10.90, 48: Obras y objetos en cerámica, piedra, barro, y algunos ejemplos de pintura mural de las grandes culturas azteca, maya, teotihuacana y tolteca.

tépalo *m* (*Bot*) Pieza del perianto de una flor en que sépalos y pétalos son del mismo color. | Legorburu-Barrutia *Ciencias* 266: Si los pétalos y sépalos están igualmente coloreados, se llaman tépalos. Ej.: los lirios.

tepe *m* Pedazo pequeño de tierra cubierto de césped, muy trabado con las raíces de este, y que se corta en forma de prisma. | *Prospecto* 10.93: Todo para el otoño: .. Semillas, tierra, .. césped en tepes, motosierras para preparar la leña.

tepeté *m (reg)* Juego infantil que consiste en tirar la pelota contra una pared realizando, mientras bota, las acciones consignadas en la canción que lo acompaña. | Delibes *Guerras* 148: Algunas tardes, la Candi subía una pelota y jugábamos al tepeté en el ábside de la iglesia.

tepidarium *(lat; pronunc corriente, /tepidárium/; pl invar) m (hist) En las termas romanas:* Lugar de temperatura templada. | Tejedor *Arte* 54: Las termas o baños públicos, con instalaciones de aguas calientes *–caldarium–*, templadas *–tepidarium–* y frías *–frigidarium–*, vinieron a ser centros de reunión de la sociedad romana.

tequi *m (jerg)* Coche. | Oliver *Relatos* 129: Cuatro o cinco faros de tequi, colgados del techo con alambres, daban la luz en el local.

tequila *m (más raro, f)* Aguardiente mejicano que se extrae de algunos agaves, esp. del *Agave tequilana*. | L. Calvo *SAbc* 12.4.70, 10: Por las noches se canta, se baila y se toma whisky o tequila.

Ter *(sigla; tb, raro, con la grafía* **TER***) m* Cierto tipo de tren rápido español. | RMencía *SVozC* 29.6.69, 8: Cuatro están considerados como trenes de verano .. Vemos que cuatro son Talgos; once, expresos; .. seis, Taf; dos, Ter.

tera- *r pref (E)* Un billón. *Antepuesta a ns de unidades de medida, forma compuestos que designan unidades un billón de veces mayores.* | *Unidades* 37: Factor por el que se multiplica la unidad: .. 10^{12}. Prefijo: tera. Símbolo: T.

terapeuta *m y f* Pers. que se dedica a la terapéutica [2]. | Laín *Marañón* 84: El clínico se cualifica como tal en cuanto procura ser, antes que cualquier otra cosa, terapeuta, sanador.

terapéuticamente *adv* En el aspecto terapéutico. | Laín *Marañón* 41: Coartar ocasionalmente el ejercicio público de la libertad individual puede ser una medida .. terapéuticamente necesaria.

terapéutico -ca I *adj* **1** De (la) terapéutica [2]. | Bustinza-Mascaró *Ciencias* 100: Se utilizan como medicamentos porque reúnen las condiciones que se exigen a las sustancias para que puedan emplearse como remedios terapéuticos.
II *f* **2** Tratamiento o curación de enfermedades. | Aleixandre *Química* 174: El ácido cítrico tiene aplicación en tintorería y en terapéutica.

terapia *f* Terapéutica [2]. | *Gac* 11.5.69, 7: Algunos médicos .. prescriben un medicamento llamado imipramina para los pacientes que no responden a la terapia oral.

teratogénesis *f (Biol)* Producción de malformaciones. | *SAbc* 14.12.69, 21: La misión del futuro será la de poner en manos de los clínicos medicamentos cuya innocuidad para la teratogénesis y organogénesis pueda darse por segura a base de experimentación previa en animales.

teratogenia *f (Biol)* Teratogénesis. *Tb su estudio.* | J. Tomeo *Abc* 30.10.93, 18: Me habla también del médico galo Camille Dareste, que a finales del siglo pasado fundó la Teratogenia.

teratogénico -ca *adj (Biol)* De (la) teratogénesis. | *SInf* 12.5.71, 5: Cuando en 1961 aparecieron en la Prensa médica los primeros informes sobre las propiedades teratogénicas (generadoras de monstruos) de la talidomida, fueron recibidos con incredulidad y escepticismo.

teratógeno -na *adj (Biol)* Que produce malformaciones. *Tb n m, referido a medicamento o agente.* | *SAbc* 14.12.69, 19: El miedo exagerado de la población, desde que se conoció la imprevista acción teratógena de los preparados de Talidomida, ha hecho que el uso de los medicamentos durante la gestación se hay[a] limitado. *SInf* 12.5.71, 5: La talidomida es un teratógeno más potente que ninguna otra sustancia conocida.

teratología *f (E)* **1** Estudio de las malformaciones y monstruosidades. | Torrente *Sombras* 246: El inventor de esta historia reconoce .. no haber investigado en su vida privada, menos aún en la intimidad de su conciencia, caminos reales por los que pudieran rescatarse de la vulgaridad, aunque solo fuera para zambullirla en los ámbitos de la teratología.
2 Conjunto o colección de seres monstruosos o deformes. | Torrente *Sombras* 37: La teratología registrada por Sebastián Münster estaba allí; estaba allí la teratología dibujada por Ambroise Paré.
3 Monstruosidad física. *Tb fig.* | GNuño *Escultura* 20: Nuestra tierra .. no había dejado de conocer y de otorgar su respeto a orientalismos que cristalizaron en lo púnico, otro de los indiscutibles precedentes del arte ibérico, que de él extrajo muchísima teratología y complicación orgánica. Gala *Séneca* 136: Las religiones siempre se construyen sobre dogmas muy poco naturales: aberraciones y t[e]ratologías. [*En el texto*, taratología.]

teratológico -ca *adj (E)* Monstruoso o deforme. | GNuño *Escultura* 63: Al águila de Archena .. suceden complicaciones animales de tipo teratológico o gratas cabrillas. *Abc* 5.10.75, 66: Nace un cerdo con trompa de elefante .. El cerdo teratológico, que no tenía otras anomalías en su formación, solo vivió unas cinco horas.

teratoma *m (Med)* Tumor constituido por tejidos extraños al lugar en que se desarrolla. | C. INavarro *SYa* 17.4.77, 27: Durante el año 1976 se diagnosticaron noventa y tres casos de cáncer, distribuidos de la siguiente forma: Leucemias: 35 .. Teratomas: 4.

tercamente *adv* De manera terca. | Arce *Testamento* 24: –Ha de ser ahora –insistí tercamente.

tercelete *m (Arquit)* Nervio de la bóveda estrellada, que sube por un lado del arco diagonal hasta la línea media. | Angulo *Arte* 1, 382: Este tipo de bóveda, llamada de terceletes, es de gran valor decorativo y representa un paso capital en el proceso de enriquecimiento de la bóveda.

tercena *f* Almacén estatal para vender al por mayor tabaco u otros productos. | B. Pinar *Van* 16.10.70, 10: Don José Porcel, labrador en el término de Granada .., trae a las tercenas dos cajas de pepinos que pesan cincuenta kilos.

tercenista *m y f* Pers. encargada de una tercena. | B. Pinar *Van* 16.10.70, 10: Mi amigo Porcel va al otro día a cobrar el valor de sus cincuenta kilogramos de buenos pepinos y el tercenista le entrega 13,90 pesetas.

tercería *f* **1** Oficio o actividad de tercero [3]. | Aldecoa *Cuentos* 1, 134: "Lavoz" rebajaba la profesión con labores de tercería. CBonald *Ágata* 53: Entró como una exhalación en aquella casa cuya dueña le hiciera más de una vez el servicio de sus tercerías y acomodos.
2 *(Der)* Derecho que deduce un tercero entre dos o más litigantes. | PCastro *Pue* 12.2.75, 27: "Las tercerías habrán de fundarse o en el dominio de los bienes embargados al deudor (en un proceso ejecutivo o de ejecución) o en el derecho del tercero a ser reintegrado de su crédito con preferencia al acreedor ejecutante" ..; es decir, dos distintas acepciones: tercería de dominio y tercería de mejor derecho o de preferencia.

tercerilla *f (TLit)* Estrofa de tres versos de arte menor, de los cuales normalmente riman dos entre sí. | Quilis *Métrica* 94: La forma estrófica del terceto se emplea también con versos de arte menor; en este caso, recibe el nombre de tercerilla.

tercermundismo *m* **1** Movimiento de (los) países tercermundistas. | J. Alonso *Rev* 11.70, 6: Fue así como nació el panarabismo y el tercermundismo de Nasser.
2 Conjunto de problemas y fenómenos relativos al tercer mundo. | * El tercermundismo es una de las cuestiones más urgentes de esta época.
3 Condición de tercermundista. | * Los teléfonos no funcionan; las carreteras, tampoco...; tercermundismo puro.

tercermundista *adj* Del Tercer Mundo (conjunto de los países subdesarrollados). | *Cua* 7.70, 3: En la década de los cincuenta, y al comenzar los años sesenta, el término "tercermundista" tenía un claro contenido político. **b)** *(desp)* Propio de un país muy atrasado. | CBaroja *País* 31.1.83, 9: Ahora es corriente oír afirmar a personas que comentan algo que ha ocurrido en este país: "Eso es tercermundista".

tercero -ra I *adj (toma la forma* TERCER *cuando va delante del n m del que es adjunto, aunque se interponga otro adj. Es pop el empleo de esta forma ante n f)* **1** Que ocupa un lugar inmediatamente detrás o después del

tercerol – terciario

segundo. *Frec el n va sobrentendido.* | Olmo *Golfos* 150: Subí al tercer piso. **b**) **tercera** [edad], **tercer** [mundo], [orden] **tercera** → EDAD, MUNDO, ORDEN[1].

2 [Pers. o cosa) que no es ninguna de las dos a las que incumbe el asunto en cuestión. *Tb n m, referido a pers.* | *Abc* 26.2.75, 68: La Comisión permanente de la Federación Española de Boxeo .. ha decidido sancionar al boxeador profesional Pedro Fernández .. por sus declaraciones despectivas para su preparador, apoderado y terceras personas. Ramírez *Derecho* 66: Son [servidumbres] voluntarias las que, por libre decisión o en virtud de pacto, .. establece un propietario sobre su finca en favor de otra ajena o de terceros.

II *n* **A** *m y f* **3** (*lit*) Alcahuete. | GLópez *Lit. española* 138: Su influencia [de "La Celestina"] limitóse a lo más externo (situaciones y tipos, sobre todo el de la vieja tercera).

4 ~ en discordia. Pers. que interviene para mediar en la discusión de otras dos, o que tercia en una discusión o conversación iniciada por otras dos. | Torrente *Señor* 226: Se conoce que ya no tienen qué decirse, y le necesitan a usted como tercero en discordia.

B *f* **5** Tercera [1] clase. *Frec fig para ponderar inferioridad o falta de calidad o importancia.* | CBaroja *País* 31.1.83, 9: Durante mis viajes etnográficos juveniles, he encontrado en los vagones de tercera a gentes que eran simpáticas, cordiales e interesantes. GSerrano *Macuto* 514: Por semejante jornal [los legionarios] morían a chorros y eran considerados muertos de tercera, de los que no hay que dolerse.

6 (*Mús*) Consonancia que comprende el intervalo de dos tonos y medio. | Subirá-Casanovas *Música* 16: Se cultiva el sistema llamado fabordón, constituido por tres voces que se mueven paralelamente formando intervalos de tercera y sexta.

7 tercera proporcional. (*Mat*) Tercer término de una proporción de la que se conocen los otros dos. | Marcos-Martínez *Aritmética* 2° 78: Hallar la tercera proporcional a 0'5, 1'5.

III *adv* **8** En tercer lugar. | ANavarro *Ya* 13.2.74, 12: Al servicio de aquellos fines .. anunciamos: Primero. La retirada del proyecto de ley de Régimen Local .. Segundo. El desarrollo de la disposición transitoria quinta del Reglamento de las Cortes .. Tercero. La inmediata aceleración del desarrollo de la ley Sindical.

tercerol *m* (*reg*) Individuo de la Orden Tercera o de la Sangre de Cristo, que participa en las procesiones de Viernes Santo con túnica negra. | R. FPombo *Ya* 2.4.85, 27: Al filo de las doce de la noche las calles [de Híjar, Teruel] se ven invadidas por multitud de "terceroles" con túnicas negras ajustadas a la cintura por correajes que sujetan el tambor.

tercerola[1] *f* Carabina corta. | Torrente *Pascua* 378: También la Guardia Civil, sin tercerolas, andaba por allí, simuladamente curiosa.

tercerola[2] *f* (*col, humoríst, hoy raro*) En el tren: Tercera clase. | Laiglesia *Fulana* 119: Me acuerdo de aquel primer viaje que hice en "tercerola".

terceto *m* Grupo de tres perss. o cosas. | *Abc* 20.8.66, 55: Cada equipo contará con tres corredores y la especialidad será "contra el reloj", saliendo cada terceto en intervalos de 3 o 4 minutos. **b**) (*TLit*) Estrofa de tres versos de arte mayor de los cuales normalmente riman dos entre sí. | Amorós-Mayoral *Lengua* 189: El terceto. Es la estrofa de tres endecasílabos que riman en consonante el primero con el tercero. El segundo queda libre.

tercia *f* **1** Medida equivalente a la tercera parte de una vara. | Villarta *Rutas* 53: Hay un devotísimo crucifijo de siete tercias de alto.

2 (*reg*) Medida de áridos equivalente a la catorceava parte de un celemín. | Arce *Testamento* 45: "Fue buen mercado", decía. "Las alubias, un real más en tercia. Nos las quitaban de las manos las recoveras de Oviedo y Santander."

3 (*Agric*) Tercera labor que se da a la tierra. | Moreno *Galería* 148: Labor de alza, bina o tercia de las fincas.

4 (*Rel catól*) Hora canónica que se reza después de prima. | SLuis *Liturgia* 4: Durante el día se rezan: .. Las horas menores (tercia, sexta y nona), formadas por un himno, tres salmos, capítula, responsorio y oración.

5 (*hist*) Entre los antiguos romanos: Segunda de las cuatro partes en que se dividía el día artificial, y que duraba desde media mañana hasta mediodía. *Tb* HORA ~. | Vesga-Fernández *Jesucristo* 104: Saliendo después cerca de la hora de tercia (9 de la mañana) y de la hora nona (3 de la tarde) hizo lo mismo. Ribera *Misal* 92: Hora romana: .. Hora Prima .. Hora Tercia .. Hora Sexta .. Hora Nona.

6 (*Naipes*) En algunos juegos: Reunión de tres cartas del mismo palo y de valor correlativo. | *Naipes extranjeros* 105: Si tenemos ocho cartas correlativas, tenemos una Quinta, que vale 100, más una Tercia, que vale 20.

7 ~s reales. (*hist*) Dos novenas partes deducidas de los diezmos eclesiásticos para el rey. | Cela *Judíos* 42: En Ayllón, el conde de Miranda cobraba las alcabalas, las martiniegas y las tercias reales.

terciado -da I *adj* **1** *part* → TERCIAR.

2 Intermedio, ni grande ni pequeño. | S. RSanterbás *Tri* 11.4.70, 19: ¿Qué se lleva esta temporada? ¿El utrero gordito, terciado, .. cómodo de pitones?

II *m* **3** Madero de sierra de unos 5 cm de ancho. | Moreno *Galería* 39: Cabrios, varas, tablas, tablones, machones y vigas, terciados y cuchillos, bien apilados y ordenados en la carreta.

terciana *adj* [Fiebre] intermitente que se repite cada tres días. *Gralm como n f en pl.* | Mascaró *Médico* 33: Fiebre terciana: 10 a 14 [días de incubación]. Navarro *Biología* 262: Los accesos febriles pueden producirse cada 48 horas o cada 72 horas; en el primer caso se denominan fiebres tercianas. DCañabate *Abc* 23.8.66, 53: Ese calofrío que entra de pronto como al enfermo de tercianas.

terciar (*conjug* **1a**) **A** *tr* **1** Poner atravesado o cruzado diagonalmente. *Gralm en part.* | Cela *Pirineo* 102: Por el camino –jinetes en sendas bicicletas de alto manillar; el mosquetón terciado, y aburridillo el gesto– pedalea la pareja de la guardia civil. GNuño *Escultura* 137: Las hay que sobre la túnica traen el manto, y las que parecen contentarse con una sencilla falda, apenas velado el pecho por una especie de velo terciado.

2 Repartir [la carga] a ambos lados de una caballería. | Romano-Sanz *Alcudia* 137: El de la burra ata los macutos con una tomiza, terciándolos en una de las caballerías.

3 Dividir [algo] en tres partes. *Frec en part.* | J. Atienza *MHi* 5.64, 71: Los Quintero son castellanos, de Laredo (Santander). Usan escudo terciado en palo.

4 Gastar un tercio [de algo (*cd*)]. *Gralm en part.* | * La botella está terciada.

5 (*Agric*) Dar la tercera labor [a una tierra (*cd*)]. *Tb abs.* | Moreno *Galería* 40: El labrador o los mozos se ocupaban en binar, terciar, rejalcar u otras tareas semejantes de preparación de terrenos.

B *intr* ➤ **a** *normal* **6** Intervenir o mediar [en algo, esp. en una conversación o disputa]. *Tb sin compl.* | S. Codina *Mun* 23.5.70, 60: He aquí una cuestión susceptible de polémica .. Terciemos en ella fijando nuestra sincera opinión.

➤ **b** *pr* **7** Presentarse u ofrecerse la oportunidad [de algo (*suj*)]. *A veces se omite el suj por consabido.* | P. Higuera *Tri* 11.4.70, 8: Un primer pincho de piedra que había de servirle para cavar por aquí y por allá y para todo lo que se terciara. * Si se tercia, iré.

terciario -ria *adj* **1** Tercero o de tercer grado. *Normalmente solo se usa en series de muy pocos elementos, contraponiéndose a* PRIMARIO, SECUNDARIO, CUATERNARIO. | C. INavarro *SYa* 27.3.77, 15: Período terciario o final de la sífilis. F. Pacho *SInf* 14.11.70, 2: Muchas de ellas [hectáreas] están pendientes de la actuación del Instituto Nacional de Colonización para ejecutar las obras complementarias (nivelaciones, subsolados, acequias terciarias, etc.). **b**) (*Geol*) [Era] comprendida entre la secundaria y la cuaternaria, y cuyos terrenos datan de 65-1 millones de años a.C. *Tb n m.* | Bustinza-Mascaró *Ciencias* 108: En la Era terciaria existieron con mucha abundancia los Nummulites. **c**) Perteneciente a la era terciaria. | Ybarra-Cabetas *Ciencias* 167: Los terrenos terciario y cuaternario forman las partes bajas de las cuencas del Ebro, Duero, Tajo.

2 (*Rel catól*) [Pers.] perteneciente a la orden tercera de una regla religiosa. *Frec n.* | *Sáb* 10.9.66, 21: La célebre actriz ha sido amortajada con el hábito de terciaria franciscana.

3 (*Econ*) [Sector] que comprende las actividades que no se orientan a la producción inmediata de bienes de consumo. | *SInf* 5.12.70, 2: La participación relativa del sector primario

valenciano sobre el producto neto intersectorial provincial ha ido secularmente disminuyendo .., mientras que el secundario y el terciario se incrementan. **b)** De(l) sector terciario. | P. González *D16* 20.8.87, 15: La actividad que están registrando las ocupaciones terciarias, que en el último año y medio han sido las responsables de la creación de alrededor de medio millón de puestos de trabajo.
4 (*Fís*) [Color] que resulta de la mezcla de dos secundarios. | *Hacerlo* 113: Si mezclamos dos colores secundarios, obtendremos terciarios.
5 (*Quím*) Que resulta de la sustitución de tres átomos o grupos. | Aleixandre *Química* 192: Aminas .. Pueden ser primarias, secundarias o terciarias, según que se reemplace uno, dos o tres átomos de hidrógeno del amoniaco.

terciarización *f* (*Econ*) Proceso socioeconómico de desarrollo preponderante del sector terciario. | C. Bellver *País* 8.11.81, 26: Las directrices .. hablan, por ejemplo, de evitar que el centro de la ciudad se siga convirtiendo, .. en una gran oficina, proceso conocido como terciarización.

tercio (*frec con mayúscula en aceps 4 a 7*) **I** *m* **1** Parte de las tres iguales en que se divide o se supone dividido un todo. | Marín *Enseñanza* 182: Dividimos por tres: concepto de tercio. GPavón *Hermanas* 44: Todo él [el piso] puesto al gusto del último tercio del siglo pasado. **b)** (*Taur*) Parte de las tres en que se divide la corrida de toros. | *Abc* 14.5.67, 89: Durante el tercio de banderillas del quinto toro fue atropellado el banderillero José Leandro Pirfo. **c)** (*Taur*) Zona de las tres concéntricas en que se divide el ruedo, esp. la correspondiente al tercio medio. *Frec en pl.* | Corrochano *Clarín* 65: Dejando el toro en el tercio llegóse a la barrera .. y se negó a seguir toreando. G. Carvajal *Pue* 19.10.70, 29: Luego, con el cuarto toro, allá por los tercios de sol, el misterio sonoro de los olés.
2 Sector de los tres (o más) en que se divide una corporación, a efectos de designación o elección de sus miembros. | *Voz* 8.11.70, 6: Mañana, lunes, a las doce de la noche, expira el plazo para la presentación de solicitudes para candidatos a concejales por el tercio sindical.
3 Verso de una copla de cante flamenco. | Manfredi *Cante* 136: La toná es .. seguiriya gitana sin el tercio de entrada.
4 el ~. La Legión española de África. | GSerrano *Macuto* 513: Los conocimientos que sobre la condición, calidad y origen histórico del Tercio de Extranjeros, fundado el 4 de septiembre de 1920, .. pudiese tener el español medio, eran muy escasos.
5 Regimiento de la Guardia Civil, integrado en una zona y mandado por un coronel. | *Ya* 28.2.74, 13: Pasó por la Academia Especial de la Guardia Civil .., mando de la 101 comandancia de Madrid y tercer tercio de Guadalajara.
6 *A veces se da este n a ciertos cuerpos armados no militares*. | GSerrano *Macuto* 499: Los Tercios de requetés llevaban al Cristo en vanguardia.
7 (*hist*) Regimiento de la infantería española de los ss. XVI y XVII, caracterizado por el uso, según sus compañías, de tres armas diferentes. | Pemán *MHi* 7.69, 10: Cuando Felipe Segundo ganó, contra los franceses, la batalla de San Quintín, todo el mundo creía .. que los tercios hispanos seguirían hasta París.
8 (*Filos*) Tercer elemento. | Gambra *Filosofía* 68: El principio de tercio excluido. Establece que un contenido lógico M cualquiera, o es L, o es no-L.
II *loc adj* **9 al ~.** (*Mar*) [Vela] trapezoidal que se suspende por el tercio de su longitud. | Aparicio *Íns* 2.88, 23: Los hay incluso más modernos y más bellos y hasta más marineros, como el pailebote o el fabuloso quechemarín, que con solo dos palos y velas al tercio tiene, sin embargo, varios foques en su botalón de proa.
III *loc v* **10 hacer** [a alguien] **buen** (*o* **mal**) **~.** (*col*) Favorecer[le] (o perjudicar[le]). | Delibes *Guerras* 122: Padre, si por mí fuera, ya andaba de vuelta, y él, el caso es que te vendrá bien, pero ahora me hace mal tercio que te largues.
11 cambiar el ~. (*col*) Cambiar de conversación. | Cela *SCamilo* 37: Nada mujer nada, ¡aleja los malos pensamientos!, don Roque cambia el tercio, don Roque no ha ido a la calle de Alcántara a hablar de política.

terciopana *m* Pana lisa. | *Ya* 17.10.70, 13: Una tonalidad elegante en una dilatada gama de matices .. Brillante y profundo en los terciopelos y terciopanas. Sobrio y distinguido en las lanas.

terciopelado -da *adj* (*raro*) Aterciopelado. | FVidal *Duero* 44: Quizá asustado al contemplar el real continente del peregrino, tan alejado de ropas terciopeladas y sederías en las que se ve en sueños.

terciopelo I *m* **1** Tejido, esp. de seda, raso por una de sus caras y por la otra cubierta de vello tupido y suave, obtenido mediante dos urdimbres y una trama o una urdimbre y dos tramas. | GPavón *Hermanas* 45: Galerías talladas, con cortinas de damasco y terciopelo fatigado, sin nervio.
II *loc adj* **2 de ~.** Sumamente suave. | * Consiga un cutis de terciopelo con la nueva crema X.

terco -ca *adj* [Pers. o animal] que se mantiene en su actitud sin dejarse vencer por razones u obstáculos. *Tb fig, referido a cosas*. | Olmo *Golfos* 179: A veces, tercas, no le hacen caso [las vacas]; entonces les tira piedras. * La realidad es terca. **b)** Propio de la pers. o animal tercos. | Benet *Nunca* 11: Para repetirme, con esa terca arrogancia de la que solo esa raza es capaz, aquella mezcla de reproches inconclusos.

terebintácea *adj* (*Bot*) [Planta] dicotiledónea, leñosa, de hojas alternas sin estípulas y fruto en drupa, de la familia del terebinto. *Frec como n f en pl, designando este taxón botánico*. | Ro. Rodríguez *Ya* 17.10.88, 37: No estaría mal que .. la cúpula socialista .. enviara a Pedro Bermejo y adláteres .. a criar durante un tiempo condonados, género de plantas de la parentela de las terebintáceas.

terebinto *m* Arbusto de hojas lustrosas, flores en racimos laterales, fruto en drupa y madera dura y compacta, que exuda una trementina blanca muy olorosa (*Pistacia terebinthus*). *Tb su madera*. | Fraile *Ejemplario* 121: La trementina, una resina semifluida que exudan los pinos, abetos, alerces y terebintos. *Abc Extra* 12.62, 63: Entró un muchacho con un tablero de terebinto y las damas de cristal de roca.

terebrante *adj* [Dolor] que produce la sensación de que es taladrada la parte dolorida. | L. Castro *SLib* 26.3.75, 10: Las palabras del Rabí van haciendo mella en su ánimo, a pesar de que se retuerce sobre la cruz por el terebrante dolor, ya no blasfema.

terebrátula *f* Molusco de concha calcárea con valvas desiguales y articuladas mediante charnela (gén. *Terebratula*). *Gralm designa solo las especies fósiles*. | ZVicente *Balcón* 99: Quizá ser feliz sea solo eso .. percibir el ruido de los somieres, y su respiración tranquila, y más máquina de escribir, paramecios, terebrátulas, trofozoides.

teredo *m* Molusco de cuerpo largo y delgado cubierto por una pequeña concha, que excava galerías en la madera sumergida (*Teredo navalis*). | Legorburu-Barrutia *Ciencias* 153: Como moluscos perjudiciales cabe citar .. los teredos, que perforan la madera de las embarcaciones.

tereftálico *adj* (*Quím*) [Ácido] derivado del benceno, usado en la fabricación de poliésteres. | *Inf* 17.4.70, 22: Ofrécese licencia explotación patentes: .. "Procedimiento preparación dicloruro ácido tereftálico, dicloruro ácido isoftálico".

teresiana *f* Gorro militar semejante al quepis. | R. González *Ya* 8.5.90, 11: La Guardia Civil nunca protesta. Ya ven: les han cambiado el tricornio por la teresiana legionaria y no han dicho esta boca es mía.

teresiano -na I *adj* **1** Relativo a Santa Teresa de Jesús († 1582). | Areilza *Abc* 6.12.70, 3: La noticia estalló a finales del XVI, cuando el Carmelo descalzo masculino buscaba lugares habitables donde organizar desiertos para el fervor teresiano reformado.
2 De (las) teresianas [3 y 4]. | R. Sierra *Abc* 26.11.70, 7: Manarían sobrados recursos para esta reforma en todos los centros teresianos del mundo.
II *f* **3** Miembro de la Institución religiosa fundada por el P. Poveda († 1936), destinada a la educación de la mujer. | ZVicente *Balcón* 74: Las cosas han cambiado mucho desde que yo estuve en las teresianas.
4 Religiosa de la Compañía de Santa Teresa de Jesús, fundada por el P. Ossó († 1896). | * Va al colegio de las teresianas de hábito.

teresita *f* **1** (*col, raro*) Pecho femenino. | Campmany *HLM* 20.2.78, 5: Susana Estrada se le acercó y le dio un

tergal – terminado

beso. La niña del destape llevaba una teresita fuera, que por eso la conocí. No era la izquierda, tal vez porque la ocasión no era propicia.
2 (*reg*) Yema (dulce). | Landero *Juegos* 84: Exhumó sus útiles de dulcera y dedicó las tardes del sábado a llevar a su punto perrunillas de vino, .. teresitas de yema .. y buñuelos de viento.

tergal (*n comercial registrado*) *m* Fibra sintética de poliéster de patente francesa. | Medio *Bibiana* 176: Tiene que ser [la falda] plegada y de tergal.

tergiversación *f* Acción de tergiversar. | CNavarro *Perros* 233: Se mortificaba suponiendo que un día tendría que rendir cuentas a alguien a quien no sería factible engañar con tergiversaciones más o menos acomodaticias.

tergiversador -ra *adj* Que tergiversa. *Tb n, referido a pers.* | MGaite *Usos* 148: A la consecución de aquel propósito no la ayudaba mucho la lectura asidua de las novelas rosas, totalmente tergiversadoras de la realidad.

tergiversar *tr* Dar una interpretación falsa [a algo (*cd*), esp. un dicho]. | Valcarce *Moral* 61: Se desviaron los hombres del camino recto .. por las falsas interpretaciones con que los doctores y escribas del pueblo judío tergiversaban los preceptos de la Ley. Moncada *Juegos* 317: Siempre tergiversas mis palabras.

tergo *m* (*Anat*) Dorso o espalda. | Bustinza-Mascaró *Ciencias* 161: Aspecto externo del percebe: *e*, escudo; *t*, tergo; *q*, quilla.

terilene → TERYLENE.

terlenka (*n comercial registrado*) *f* Fibra sintética de poliéster de patente holandesa. | *Pue* 20.1.67, 5: Trajecito en terlenka, moderna línea.

termal *adj* [Agua] que brota siempre caliente. | Bustinza-Mascaró *Ciencias* 368: Hay aguas termales .. que no tienen relación con los fenómenos volcánicos. **b)** De(l) agua termal. | *SVozC* 25.7.70, 1: Hubo famosos baños termales desde la época romana.

termalismo *m* Actividad relativa a la utilización y explotación de las aguas termales. | C. Ayala *Pue* 10.5.74, 24: El termalismo de nuestro país, en líneas generales, está pidiendo a gritos un mecanismo de acción, manos impulsoras, reestructuración.

termalista *m y f* **1** Pers. que se dedica al termalismo. | *HLV* 16.1.89, 24: La Asociación Valenciana de Termalistas invertirá doscientos millones en el sector.
2 Pers. que sigue un tratamiento de aguas termales. | Areilza *Artículos* 506: Los romanos eran termalistas empedernidos.

termalístico -ca *adj* De(l) termalismo. | C. Ayala *Pue* 10.5.74, 24: Expertos y autoridades en la materia termalística han dicho recientemente .. que las termas de nuestro país podrían recibir en un futuro más o menos próximo un millón de agüistas.

termas *f pl* **1** Establecimiento de baños de aguas minerales calientes. | C. Ayala *Pue* 10.5.74, 24: Las termas de nuestro país podrían recibir en un futuro más o menos próximo un millón de agüistas.
2 (*Geol*) Fuente termal. | Alvarado *Geología* 114: Los [manantiales hipogénicos] más abundantes son las caldas o termas (fuentes termales), que manan constantemente agua a temperatura oscilante entre 40º y 90º.
3 (*hist*) *En la antigua Roma:* Establecimiento de baños públicos. | *SInf* 12.8.70, 6: Una ciudad que coordina lo típico con lo monumental, que aúna la plaza de Valdés, por ejemplo, con las termas romanas.

termes *m* Insecto semejante a la hormiga, que vive en sociedad, presenta polimorfismo muy acentuado y es preferentemente xilófago (géns. *Kalotermes* y *Reticulitermes*). | Cuevas *Finca* 63: El dinero se multiplica subterráneamente, como las larvas o los termes.

termestino -na *adj* De Termes (antigua ciudad en la actual provincia de Soria). *Tb n, referido a pers.* | Tovar-Blázquez *Hispania* 64: Mientras en público exhortaba a los numantinos y termestinos a ponerse a merced de los romanos .., establecía con ellos en secreto un acuerdo.

termia *f* (*Fís*) Unidad de cantidad de calor equivalente a un millón de calorías. | *Abc* 16.12.70, 63: Si se tiene el gas ciudad consumido por los madrileños, ha pasado de 484,3 millones de termias a 917,3, lo que supone un aumento del 89,5 por 100.

térmicamente *adv* En el aspecto térmico [1]. | Moncada *Juegos* 316: Entonces yo tendría calor y tú frío .. Térmicamente, somos incompatibles. Alvarado *Anatomía* 142: Esos animales poseen unos tegumentos que les aíslan térmicamente del medio en que habitan.

térmico -ca *adj* **1** De(l) calor o de (la) temperatura. | Navarro *Biología* 188: Para mantener constante la temperatura del cuerpo ha de existir un mecanismo regulador que garantice el equilibrio térmico.
2 Que funciona mediante energía térmica [1]. | *Mun* 10.10.70, 3: El coche eléctrico, en lucha con el motor térmico, puede ser una solución contra la contaminación atmosférica. Ortega-Roig *País* 97: Las centrales eléctricas .. pueden ser térmicas o hidroeléctricas.
3 (*Electr*) [Relé] que establece los contactos cuando el calor engendrado en él por la corriente alcanza la temperatura para la que ha sido regulado. *Tb n m.* | *Ya* 5.12.74, 50: Al haber conseguido la gama más amplia de relés de fabricación nacional, tanto en soluciones técnicas a ofrecer .. como en funciones a realizar (sobreintensidad, tensión, térmicos y diferenciales de motores .., etc.).

termidor (*tb con la grafía* **thermidor**) *m* (*hist*) Undécimo mes del calendario revolucionario francés, que va del 19 de julio al 17 de agosto. | Vicens *Polis* 426: Robespierre fue derribado por sus antiguos partidarios el 9 Termidor (27 de julio de 1794). Fernández-Llorens *Occidente* 219: Se llama reacción thermidoriana (surge en el mes de thermidor, del calendario revolucionario) al golpe de fuerza que en el verano de 1794 desplaza a los jacobinos.

termidoriano -na (*tb con la grafía* **thermidoriano**) *adj* (*hist*) De la coalición que derrocó a Robespierre el 9 Termidor (1794). *Tb n, referido a pers.* | Vicens *Polis* 426: Se da el nombre de reacción termidoriana al período que se extiende de 1794 a 1799, durante el cual, si se mantuvo la República, se derogó cuanto habían hecho los jacobinos. Fernández-Llorens *Occidente* 219: Se llama reacción thermidoriana .. al golpe de fuerza que en el verano de 1794 desplaza a los jacobinos.

terminable *adj* Que puede terminar. | J. F. Elorriaga *Ya* 25.6.88, 13: Caso antológico en la historia de los tratados internacionales según los especialistas, el texto inglés habla de acuerdo terminable, mientras que el griego, igualmente válido, insiste en que el pacto "terminará" el 31 de diciembre.

terminación *f* **1** Acción de terminar(se). | Pemán *Gac* 11.5.69, 21: Acaso en esa floración de acción y actitudes terminales, a alguno se le pase de largo uno de los elementos que .. está contribuyendo de modo más científico a esa general voluntad de terminación.
2 Momento en que se termina [algo (*compl de posesión*)]. | Carrero *Pue* 22.12.70, 6: Hacia estos objetivos marchamos, siguiendo las directrices del Caudillo, desde la terminación de nuestra guerra.
3 Parte en que termina [algo (*compl de posesión*)]. | Zunzunegui *Hijo* 27: Se hallaban en la terminación del muelle de Las Arenas, donde se inicia el paseo que lleva a la grúa grande de Algorta. **b)** (*Gram o TLit*) Letra o conjunto de letras en que termina [una palabra (*compl de posesión*)] y que constituye su elemento flexivo o que determina su rima. | Alonso *Lengua* 99: Con sus terminaciones [el verbo] repite las personas gramaticales del sujeto. Correa-Lázaro *Lengua* 3º 76: Se repiten periódicamente las terminaciones -*eño*, -*agos*, constituyendo la rima.
4 Acabado (trabajo que perfecciona o remata una obra). | *Mad* 30.12.69, 6: Magníficos pisos .. Esmerada terminación.

terminado *m* Acabado (trabajo que perfecciona o remata una obra). | D. Orts *Nar* 3.77, 4: Otra forma hecha a molde es la de los candelabros en forma de cabeza de ángel alado. Se hacen de dos tipos .. El terminado puede ser vidriado, con el jaspeado policromado o con un vidriado negro acharolado.

terminal I *adj* **1** De(l) término o de (la) terminación. | Bustinza-Mascaró *Ciencias* 162: Antes de la boca [de la araña] hay un par de apéndices, y cada uno consta de una parte basal ensanchada y otra terminal, articulada a la primera, que tiene forma de garfio. Pemán *Gac* 11.5.69, 21: Acaso en esa floración de acción y actitudes terminales, a alguno se le pase de largo uno de los elementos que .. está contribuyendo de modo más científico a esa general voluntad de terminación. *Reforma* 124: Toda Educación Técnico--profesional tiene un objetivo terminal claro: facilitar la incorporación laboral inmediata de los jóvenes. **b)** (*Bot*) Que se encuentra en el extremo de un órgano. | Legorburu-Barrutia *Ciencias* 294: La yema terminal origina un tallo florífero o escapo floral, coronado por un racimo de flores. **c)** (*Med*) [Enfermedad, estado o fase] que conduce inexorablemente a la muerte. | *Ya* 11.2.87, 38: Padecía miocardiopatía en estado terminal. **d)** (*Med*) [Enfermo] que se encuentra en estado terminal. | *Ya* 3.12.86, 37: Médicos madrileños logran frenar el SIDA en enfermos terminales.
II *n* **A** *m* **2** Punto en que termina [algo (*compl de posesión*), esp. un circuito o una conducción]. | CBonald *Ágata* 23: Lo primero que se le ocurrió fue trazar mentalmente la supuesta trayectoria de aquel sepultado camino, eligiendo .. el rumbo occidental .., ya olvidado de sus plantaciones e inconscientemente esclavizado por el obsesivo rastreo del terminal –o del punto de arranque– de la calzada. **b)** (*Electr*) Extremo de un conductor preparado para facilitar su conexión. | Marcos-Martínez *Física* 184: Poniendo sobre él los terminales de los dos hilos .., el terminal unido al polo negativo dejará marcada en el papel una mancha roja. **c)** Terminal [3b]. | Gala *Sáb* 5.7.75, 5: Al llegar al nuevo Terminal de Iberia en Barajas me ha animado ver el águila –familiar, aunque ya no bicéfala– con nuestro escudo y su collarín de "una, grande, libre". **d)** (*Informát*) Dispositivo de acceso a un ordenador situado a distancia, capaz de enviar o recibir información. | *País* 15.5.77, 28: Importante empresa internacional de informática precisa analistas de sistemas para colaborar en la definición e implantación de Sistemas de Teleproceso con terminales inteligentes.
B *f* **3** Punto en que termina [algo (*compl de posesión*), esp. una conducción]. | I. MJovellar *Mad* 10.9.70, 13: Inocencio Guerrero hacía y deshacía lo que más creía conveniente para atraer al público a aquella "lejana" terminal de la Gran Vía vecina al ventisquero de la plaza de España. **b)** Conjunto de instalaciones que constituyen uno de los extremos de una línea de transporte o comunicación o de un oleoducto. | *ElM* 1.5.91, 48: Familiares del jefe de la terminal de Renfe en Madrid obtuvieron contratas. *Abc* 18.12.70, 40: La terminal [del oleoducto] está rodeada por una alambrada.

terminante *adj* Que no deja lugar a dudas o a discusión. | Mingarro *Física* 35: El análisis detallado de tan exactas y terminantes manifestaciones exige que determinemos con precisión qué se entiende por movimiento doble, triple, etc. Laforet *Mujer* 24: A veces decía nena como un martillo que estuviese cayendo sobre cada letra. Como una orden terminante.

terminantemente *adv* De manera terminante. | *Act* 25.1.62, 9: Se prohíbe terminantemente fumar. Carrero *Pue* 22.12.70, 7: No parece probable, pero sería peligrosa ligereza el asegurar, terminantemente, que no.

terminar A *intr* **1** Acabar (dejar de tener existencia [algo]). *Tb pr.* | *DLe* 13.11.74, 3: Finalizó el encierro en la guardería de Valldaura .. La reclusión ha terminado tras las conversaciones celebradas esta mañana. * Se ha terminado el curso. **b)** (*lit*) Morir. | CNavarro *Perros* 17: –Nadie ha de matarse –repitió la anciana, como si tuviera presentes todas las muertes imprevistas .. que allí, en la carretera, en un segundo, cuando nadie pensaba en terminar .., venían acaeciendo. **c)** Tener [una cosa (*suj*)] su final físico o temporal [de una determinada manera (*compl adv*)]. | Legorburu-Barrutia *Ciencias* 269: El tallo floral termina siempre en una flor. Ybarra-Cabetas *Ciencias* 402: Los miembros son enormes y terminan por cinco dedos englobados en una masa carnosa. *Cam* 9.6.75, 33: El consejero nacional por Valladolid, Anselmo de la Iglesia, fue protagonista de un hecho insólito, que pudo terminar como el rosario de la aurora.
2 Pasar en último lugar [por una determinada acción o circunstancia]. *El compl es gralm* POR + *infin o n de acción, o un ger.* | V. Zabala *Abc* 8.4.75, 1-17: El animal se vino abajo después de dos series de elegantes pases en redondo. El "colorao" terminó por defenderse con la cara alta. Lo mató por arriba de una estocada. M. GMorell *Inf* 1.5.75, 14: El plan de estudios universitarios españoles sigue delimitando la llamada enseñanza libre y termina consagrando los exámenes.
3 Realizar completamente [una acción (DE + *infin*)]. *Tb sin compl, por consabido.* | *Economía* 43: Terminada de arreglar la habitación, se cierra el balcón. *Abc* 9.4.75, 25: Lee la lista de los procesados y uno tras otro van poniéndose en pie. Cuando el presidente termina, les ordena que se sienten. **b)** *Con* NO *y seguido de infin, se emplea para negar atenuadamente lo expresado por el infin*. | L. Granell *Cam* 11.11.74, 25: "Tranvías de Zaragoza, en constante evolución al servicio de la ciudad." Eso dicen unos carteles .. Los zaragozanos no terminan de creérselo. **c) para ~lo de arreglar**, *o* **de fastidiar** (*u otro v equivalente*). (*col*) Para colmo. | * Para terminarlo de arreglar se enfadó conmigo.
4 Destruir [a alguien o algo (*compl* CON)] o hacer que acabe. | Delibes *Ratas* 119: –Ya no deberías cazar. –¿Y eso? –Destruyendo las camadas terminarás con las ratas. * Hay que terminar con esta situación.
5 Romper la relación, esp. afectiva, [dos perss. o una con otra]. | Matute *Memoria* 103: Mi abuela era buena amiga suya... Y nadie ha terminado con nadie, realmente. CSotelo *Herencia* 272: –Hemos terminado Trini y yo. –¡No me digas! –Más bien Trini ha terminado conmigo.
6 ~ de + *infin* = ACABAR DE + *infin*. | * Termina de irse.
B *tr* **7** Hacer que [alguien o algo (*cd*)] termine [1]. | Medio *Bibiana* 11: "No volvamos a hablar más de esto." Así termina siempre Marcelo Prats sus discusiones con Bibiana. Criado *MHi* 11.63, 21: A su lado, un pastor o peregrino es terminado de una magnífica cuchillada. Navarro *Biología* 27: Diferentes tipos de enzimas .. Se nombran terminando en *asa* el nombre de la sustancia sobre la que operan. **b)** Consumir o gastar [algo (*cd*)] completamente. | * Hemos terminado las cuartillas. * El niño se ha terminado todo el puré. **c)** Estar situado al final [de algo (*cd*)]. | Lapesa *HLengua* 56: Se pronunciaron largas las vocales acentuadas que terminaban sílaba.
8 Hacer que [algo (*cd*)] quede completamente hecho. *Tb abs.* | *Economía* 43: Terminado el barrido, polvo, fregado, etc., se hará la cama. *Mar* 31.3.75, 28: En la carrera de relevos cortos, varios atletas actuaron sin quitarse el chandal, a pesar de lo cual terminaron en 41.8. **b)** Rematar [algo (*cd*)] de modo que quede perfecto. *Frec en part.* | *Ciu* 1.9.75, 13: Por su parte, los empujadores son de mala calidad, están mal terminados y son fácilmente atacables por jugos y zumos. **c)** Realizar completamente determinada actuación [sobre algo (*cd*)]. | *Economía* 42: Se sacudirán [las alfombras] por el balcón y se dejarán enrolladas hasta que la habitación esté terminada.

terminativo -va *adj* (*Filos*) De(l) objetivo o fin de una acción. | GÁlvarez *Filosofía* 1, 393: Conviene distinguir el objeto formal "quod" o terminativo (sujeto u objeto propio en la terminología de Santo Tomás) y el objeto formal "quo" o motivo.

terminismo *m* (*Filos*) Nominalismo. | GÁlvarez *Filosofía* 1, 446: Su doctrina [de Guillermo de Occam] se conoce con el nombre de nominalismo o terminismo, por tener a su base el problema de los universales, a los que concibe como puros nombres, meros términos.

terminista *adj* (*Filos*) Nominalista. *Tb n.* | Espinosa *Escuela* 343: Solo pergeñó unos intentos [de filosofía] .., suficientes para que los excarcelantes .. me acusen de terminista y panlogista.

término I *m* **1** Punto en que termina algo, en el espacio o en el tiempo. | *Inf* 5.5.75, 36: Cuatro personas .. fueron detenidas ayer por la Policía al término de una asamblea. *Ya* 12.7.75, 16: Agotada la dictadura autoritaria .., la vía portuguesa habrá de acabar desembocando en Bruselas o en Moscú. No hay otra estación término a la vista.
2 Límite o frontera. | M. Salamanca *MHi* 10.60, 44: A la entrada de la ciudad, de cara a las murallas, dan la bienvenida estas tres columnas augustales, que delimitaron los términos con las ciudades de Bletisa y Elmántica. **b)** Porción de territorio sometida a la autoridad de un ayuntamiento. *Frec* ~ MUNICIPAL. | *Abc* 13.12.70, 39: Hay plantaciones de albaricoqueros en este término que van a quedar

terminología – termitero

diezmadas. *Abc* 11.5.75, 18: Más de 300 ovejas y corderos han aparecido muertas [*sic*], al parecer, por perros asilvestrados, en Dehesa de Cuadrilleros, dentro del término municipal de Plasencia.

3 Plazo de tiempo determinado. *A veces en la constr* A ~. | *Inf* 26.6.75, 10: Los encartados han de comparecer en el término de diez días ante don Eduardo Herrero Carral, .. bajo el apercibimiento de ser declarados rebeldes. *Compil. Cataluña* 745: En los fideicomisos puros y en las sustituciones fideicomisarias a término, el fiduciario carecerá de esta facultad.

4 Plano en que se presenta algo a la consideración visual. *Normalmente precedido de los adjs* PRIMER, SEGUNDO, TERCER *o* ÚLTIMO. | Ortega-Roig *País* 39: Un pueblo gallego, Lage, con cielo nublado, calles mojadas (fijaos en la arcada del primer término). **b)** Lugar relativo, en orden o importancia, que se atribuye a algo. *En las constrs* EN PRIMER ~, EN SEGUNDO ~, *etc.* | *Economía* 152: Al llegar, si ven a la señora de la casa, la saludarán en primer término. DPlaja *Abc* 4.5.75, sn: La amenaza de una sustitución de los temas histórico-literarios por materia lingüística .. implicaba, como consecuencia, el riesgo de una minusvaloración de nuestra conciencia histórica. De nuestra conciencia histórica, en primer término.

5 Palabra, esp. propia de una actividad o de un ámbito determinados. | *Sp* 19.7.70, 24: Empezaron a acuñarse los términos "babor" y "estribor". **b)** *En pl:* Modo de expresarse. | A. Camba *SInf* 15.10.75, 12: Cuando le manifestamos disgusto ante una acción censurable, resulta imprescindible .. que el diálogo trate de indicarle su falta en términos justos y proporcionados. **c)** *En pl:* Sentido. | DPlaja *El español* 118: El español es generoso en términos más amplios; con sus hijos, por ejemplo, a quienes permite proseguir sus estudios mientras él se multiplica trabajando. **d)** *En pl:* Condiciones con que se plantea un asunto o que se establecen en un acuerdo. | * Desconozco los términos del acuerdo. **e)** (*Gram*) Palabra que sigue [a una preposición (*compl de posesión*)] y constituye con ella un complemento. | Academia *Esbozo* 434: Las preposiciones .. se usan siempre en proclisis con su término. **f)** (*Filos*) Expresión de un concepto. | Gambra *Filosofía* 37: Término es, en general, la expresión lógica del concepto. Tratándose de expresión lógica, y no gramatical, no le afecta el que haya de expresarse por una o más palabras.

6 Elemento de una relación. | Marcos-Martínez *Matemáticas* 23: Términos de una fracción son el numerador y el denominador de la misma. Marcos-Martínez *Aritmética* 2º 71: Los cuatro números comparados son los términos de la proposición. Academia *Esbozo* 418: El término de la comparación que sigue a *más* o *menos* puede enlazarse a estos mediante *que* o *de*. **b)** Base [de una referencia o comparación]. | L. Apostua *Ya* 2.1.75, 12: La operación va muy cuesta arriba. Piénsese, como término de comparación, en otra cosa mucho más viable y que tampoco marcha a pesar de reiterados esfuerzos. **c)** (*Mat*) Monomio. | Marcos-Martínez *Matemáticas* 4: Suma algebraica de polinomios. Se disponen como para una adición numérica, uno debajo de otro, haciendo corresponder verticalmente los términos semejantes. **d)** ~ **mayor**, ~ **medio**, ~ **menor** (*Filos*) → MAYOR, MEDIO, MENOR.

7 (*Arte*) Soporte rematado por una cabeza o un busto. | MHidalgo *HyV* 10.71, 81: Entre la tabla del timonel y la celosía, la decoración de la popa está repartida en cuadros de pintura, términos de medio relieve en madera y frisos en bajo relieve. En todo el exterior de la popa, frente al timón y a ambos costados, hay doce "términos" (esculturas) y nueve "historias" (pinturas sobre tabla).

8 ~ **medio**. Punto equidistante entre dos extremos. | * Es un exagerado para todo; no tiene término medio. **b)** (*Mat*) Media aritmética. *Gralm, fuera del ámbito técn, se usa con valor aproximativo, frec en la constr* POR ~ MEDIO. | Marcos-Martínez *Aritmética* 125: Un peregrino se propone recorrer 1254 km. Anda a razón de 33 km por día, término medio. ¿Cuánto dura su viaje? IdG 9.8.75, 9: La elevación de los sueldos por los convenios colectivos de enseñanza privada (que por término medio han subido un 21 por ciento).

II *loc v* **9 dar ~** [a una cosa (*ci*)]. Terminar de realizarla. | *Van* 20.1.77, 4: En vista de sus dolencias, el doctor Trueta deseaba únicamente prolongar sus días para dar término a sus memorias.

10 estar en buenos ~s [dos perss. o una con otra]. Estar en buena relación. | Torrente *DJuan* 323: ¡Que nadie miente a Dios en mi presencia! No estamos en buenos términos.

11 invertirse los ~s. Cambiarse radicalmente la situación. | L. Monje *Abc* 30.12.65, 86: Este año, por tanto, se han invertido los términos, y la cosecha del espliego o del tardío, que ordinariamente es mejor que la de la primavera, en esta ocasión ha sido mucho peor.

12 llevar a ~ [una cosa (*cd*)]. Realizar[la] completamente. | L. E. CSotelo *Abc* 9.2.75, 3: Durante los días 4, 5 y 6 de noviembre de 1936 se llevó a término, a marchas forzadas porque Varela llegaba a la Universitaria, aquel drama dantesco.

13 poner ~ [a una cosa (*ci*)]. Hacer que acabe. | *Voz* 10.8.75, 26: Se dirige a los trabajadores para que muestren claramente su apoyo al Movimiento de las Fuerzas Armadas y las medidas que pongan término a la escalada reaccionaria.

III *loc adv* **14 en ~s generales**. En general. | *Abc* 25.5.75, 4: La señalización viaria no es solo, naturalmente, para ordenar el tráfico, sino para indicar los lugares de interés, para el transeúnte .. En términos generales, se cumple con esta finalidad a lo largo de las cada vez más transitadas carreteras españolas.

15 en último ~. Como último recurso o en último caso. | *Faro* 6.8.75, 1: Se recuerda que, a pesar de la existencia de autos de procesamiento, estos pueden ser posteriormente revocados o sobreseídos y que, en último término, el Tribunal puede conceder la absolución. **b)** A fin de cuentas. | Torrente *SInf* 20.3.75, 8: En último término, ¿no fueron conscientes de su menester, o no lo son todavía .., Jorge Guillén, Dámaso Alonso y Vicente Aleixandre?

IV *loc prep* **16 en ~s de**. En cuanto a, o en materia de. | *País* 1.11.81, 53: El PSOE aspira a socializar el 40% del sistema crediticio en términos de depósitos y el 50% en términos de créditos.

terminología *f* Conjunto de términos [5a] [de un ámbito o pers. determinados]. *Tb su estudio*. | Lapesa *HLengua* 20: No hay esfera material o espiritual cuya terminología no esté llena de latinismos. Alfonso *España* 70: Hoy nos hallamos en plena explosión del "fenómeno humano", como podríamos decir con terminología de Teilhard de Chardin.

terminológico -ca *adj* De (la) terminología. | Academia *Esbozo* 16: A esta circunstancia obedece la simplificación terminológica que intentamos en este y otros casos análogos.

terminólogo -ga *m y f* Especialista en terminología. | GYebra *Traducción* 135: Su objeto es el estudio sistemático de la terminología científica española, la formación de terminólogos, la difusión de las investigaciones terminológicas.

termita[1] *f* (*Quím*) Mezcla pulverulenta de aluminio y óxido de hierro o de otro metal, que, por inflamación, produce elevadísima temperatura. | Aleixandre *Química* 119: Las mezclas de óxidos metálicos y de aluminio en polvo se llaman termitas. GTelefónica *N.* 39: Fibra de vidrio. Lana mineral. Termita.

termita[2] *f* Termes. | *Abc* 19.9.64, 50: Más de seis millones de pesetas han sido presupuestados para la construcción en Sueca de una nueva estación arrocera, a causa de que la actual en servicio tiene sus entramados destruidos por las termitas.

térmite (*tb* **termite**) *m* (*raro, f*) Termes. | L. MDomínguez *Inf* 1.2.74, 18: En el maderamen de las *Unions* o sindicatos británicos. Cruce de termita y térmite. Temperatura elevadísima y destrucción. Las *Unions*, carcomiendas. Ybarra-Cabetas *Ciencias* 422: Los termites .. son insectos masticadores.

termitera *f* Termitero. *Tb* (*lit*) *fig*. | Benet *Volverás* 52: Acostumbran a vivir .. bajo unos montones de leña y hojarasca que, observados a distancia, semejan termiteras. J. Rubio *SAbc* 9.2.69, 13: En esta fábrica italianizante, termitera de ilusiones, crisol, aventura de geometrías.

termitero *m* **1** Habitáculo hecho por los termes. | Ybarra-Cabetas *Ciencias* 423: Tienen los termiteros una

parte subterránea formada por numerosas cámaras y galerías, y otra aérea.
2 (*lit*) Lugar en que vive y se agita gran cantidad de perss. | Lázaro *Abc* 6.11.74, 3: Tokio, termitero caótico, cuya norma no se asimila en pocos días.

termítido *adj* (*Zool*) [Insecto] social, con cuatro alas iguales, boca masticadora y metamorfosis sencilla, del taxón que incluye los termes. *Gralm como n m en pl, designando este taxón zoológico.* | Ybarra-Cabetas *Ciencias* 422: Se les conoce a los termítidos con el nombre vulgar de hormigas blancas.

termo[1] *m* Recipiente de paredes aislantes que sirve para conservar bebidas o alimentos a la temperatura en que se introducen en él. | Aldecoa *Cuentos* 1, 80: Él prepara el bocadillo de la alta noche, la botella de ponche del invierno, el termo de café para la soñarrera.

termo[2] *m* Depósito calentador de líquidos. | Medio *Bibiana* 113: Ya sospechaba ella que Bibiana no había entrado en su habitación para averiguar quién gastaba el agua del termo. *GTelefónica N.* 1016: Termos de Leche Eléctricos, Automáticos y a Gas.

termo- *r pref* Térmico. | *Por ej: GTelefónica N.* 39: Instalación y venta de toda clase de aislamientos termo-acústicos. *Ya* 22.10.64, sn: Balanzas analíticas de precisión y de platillo. Equipo termoanalítico. *Ya* 22.10.64, sn: Termobalanzas y termobalanzas de vacío "Massflow". Aparato de análisis termodiferencial. *ASeg* 24.11.90, 16: Temogeneradores automáticos de aire, robustos y duraderos. *Ya* 22.10.64, sn: Termohigrógrafo. Barógrafo. *Ya* 8.12.70, 32: Electrocardiógrafos termosensibles de uno, dos y tres canales. *Ya* 9.7.83, 45: Proyecto de planta piloto termosolar experimental.

termobomba *f* (*Fís*) Dispositivo que permite calentar un cuerpo con las calorías extraídas de otro. | *Rev* 10.57, 16: En verano la termobomba funciona a la inversa; el agua entra a 13° y sale a unos 29°. La constancia de temperatura se regula por termostatos.

termodinámicamente *adv* (*Fís*) De manera termodinámica [1]. | Navarro *Biología* 27: La mayor parte de las reacciones que catalizan [las diastasas] acelerándolas son termodinámicamente reversibles.

termodinámico -ca (*Fís*) **I** *adj* **1** De (la) termodinámica [2]. | *DBu* 19.9.70, 6: Nos aseguraron que no podía tratarse de un globo lanzado por ellos para un sondeo termodinámico, ya que el globo .. no podía haber permanecido tanto tiempo en el aire.
II *f* **2** Parte de la física que estudia la relación entre los fenómenos térmicos y los mecánicos. | Vicens *Polis* 474: Carnot .. formuló las leyes de la Termodinámica.

termoelectricidad *f* (*Fís*) Electricidad producida por medio del calor. | *GTelefónica N.* 39: Aislantes. Conductores. Termoelectricidad.

termoeléctrico -ca *adj* (*Fís*) De (la) termoelectricidad. | FQuintana-Velarde *Política* 127: Siendo de alguna importancia las cuencas [hulleras] de León, Palencia y Sierra Morena y las de lignito —empleado en la producción termoeléctrica— de Puentes de García Rodríguez (La Coruña) y Teruel. *Act* 25.1.62, 40: Equipo completo de centrales hidroeléctricas y termoeléctricas.

termoestable *adj* (*Quím*) [Plástico] que no pierde su forma por la acción del calor. | S. Pey *TEx* 21.2.75, 19: Los materiales blandos (como el plomo) o reblandecidos por calor (como las tuberías de ciertos materiales plásticos termoestables), pueden abrirse o abocardarse.

termófilo -la *adj* (*Bot*) [Planta] poco resistente al frío. | C. Asencio *VSi* 7.89, 40: Desde sus exposiciones de umbría a las de solana [el pinar de laricio] va dando paso a especies cada vez más termófilas como la encina y el quejigo.

termogénesis *f* (*Biol*) Producción de calor en los seres vivos. | Navarro *Biología* 202: Es [el tiroides] una glándula que influye .. En las oxidaciones celulares, regularizando la termogénesis.

termógeno -na *adj* (*Biol*) Que produce calor. | Navarro *Biología* 159: Los glúcidos, lípidos y parte de los prótidos son oxidados proporcionando energía, por lo que se denominan alimentos termógenos.

termografía *f* (*Med*) Observación de la temperatura corporal aumentada en las zonas afectadas de un proceso patógeno. | O. Aparicio *SPue* 17.10.70, 8: En este diagnóstico se utiliza la citología, la termografía y la radiografía, que permiten descubrir el tumor cuando este no es aún palpable, cuando todavía no hay bulto.

termógrafo *m* (*Fís*) Termómetro registrador. | Alvarado *Geología* 116: Los sismógrafos, aparatos extraordinariamente sensibles a las trepidaciones y capaces de registrarlas automáticamente .. sobre un carrete registrador, semejante a los carretes registradores de los barógrafos y termógrafos.

termogravimetría *f* (*Quím*) Estudio de la disminución o el aumento de masa que experimentan las sustancias al ser calentadas o enfriadas de modo constante durante un tiempo determinado. | *Ya* 22.10.64, sn: Termogravimetría con registro gráfico.

termoiónico -ca *adj* (*Electr*) De (la) emisión de electrones por un cátodo por efecto del calor. | Mingarro *Física* 173: La corriente termoiónica ha llegado a la saturación. Mingarro *Física* 208: El aparato de estos físicos, montado en un vacío lo más perfecto posible, consiste en un tubo termoiónico productor de electrones, un cristal de níquel y un cilindro de Faraday.

termolábil *adj* (*Quím*) Que se altera fácilmente por el calor. | MSantos *Tiempo* 30: Gracias a la potente fritada .., los ésteres volátiles de la iniciada putrefacción de los calamares son totalmente consumidos (cual compuestos termolábiles que son).

termología *f* (*Fís*) Parte de la física que trata de los fenómenos relativos al calor o a la temperatura. | Marcos-Martínez *Física* 100: Termometría. Es la parte de la Termología que trata de la medida de la temperatura.

termoluminiscencia *f* (*Fís*) Luminiscencia provocada por el calor. | Pericot-Maluquer *Humanidad* 20: Aún podríamos citar el método del arqueomagnetismo para la cronología de la cerámica, lo mismo que el de la termoluminiscencia.

termometría *f* (*Fís*) Parte de la termología que trata de la medida de la temperatura. | Marcos-Martínez *Física* 99: Termometría y calorimetría.

termométrico -ca *adj* De(l) termómetro o de la termometría. | Ybarra-Cabetas *Ciencias* 97: El mercurio contenido en el tubo termométrico nos da la temperatura. Marcos-Martínez *Física* 100: Un grado termométrico se define convencionalmente como la centésima parte de la diferencia de temperatura que hay entre el hielo fundente y el agua hirviendo. A. Linés *Ya* 15.10.67, 2: Sevilla alcanzó los 34 .., lo que constituye valores termométricos verdaderamente notables para casi mediados de octubre.

termómetro *m* Aparato destinado a medir la temperatura. *Tb fig.* | Marcos-Martínez *Física* 102: Un termómetro de máxima muy empleado es el termómetro clínico. *SVozC* 31.12.70, 7: Como "señal de alarma", el termómetro de los accidentes de carretera, en España y fuera de España, ha seguido subiendo.

termonuclear *adj* **1** (*Fís*) [Fenómeno] de fusión de núcleos ligeros a temperaturas muy elevadas. | Alfonso *España* 58: Verdadero placer de dioses esto de que pueda saberse lo que ocurre en el interior del Sol, con esas transformaciones del hidrógeno en helio y demás triquiñuelas termonucleares.
2 [Arma] de reacción termonuclear [1]. | *Sp* 19.7.70, 15: La explosión del tres de julio es la tercera prueba de una carga termonuclear. MCampos *Abc* 7.9.66, 3: Las posibles instalaciones de cohetes termo-nucleares. **b)** De (las) armas termonucleares. | CPuche *Paralelo* 349: Tomás podía ser .. un ocupante más de una base más en el conglomerado agresivo y criminal de las potencias termonucleares.

termopar *m* (*Electr*) Par termoeléctrico. | *Unidades* 52: Los principales instrumentos utilizados para la medición de temperaturas con la escala internacional son el termómetro de resistencia de platino, el termopar platino rodio .. platino y el pirómetro óptico monocromático.

termopila *f* (*Electr*) Generador eléctrico constituido por el acoplamiento de numerosos pares termoeléc-

termoplástico -ca *adj* (*Quím*) [Materia plástica] que se ablanda y puede moldearse bajo la acción del calor, endureciéndose de nuevo al enfriarse. *Tb n m.* | Aleixandre *Química* 205: La condensación de la anilina en medio ácido con aldehído fórmico nos da resinas termoplásticas, llamadas así porque al calentarlas se vuelven plásticas. *Ya* 21.10.64, 33: Se moldea termoplástico, capacidad 80 grs.

termoquímico -ca (*Quím*) **I** *adj* **1** De (la) termoquímica [2]. | B. Sánchez *SD16* 3.5.89, VIII: Otra de las vertientes de esta investigación es someter a los materiales a una reducción termoquímica que produzca en ellos fenómenos adicionales.
II *f* **2** Estudio de los fenómenos térmicos que se producen en las combinaciones químicas. *Tb el conjunto de esos fenómenos.* | * La termoquímica es una parte de la química.

termorreceptor -ra *adj* (*Biol*) [Órgano] receptor de estímulos térmicos. | Navarro *Biología* 133: Se pueden distinguir y clasificar los diferentes receptores [de sensaciones] en fotorreceptores .., fonorreceptores .. y termorreceptores.

termorregulador -ra *adj* (*E*) Que sirve para mantener constante la temperatura. *Tb n m, designando dispositivo.* | Bustinza-Mascaró *Ciencias* 70: En los animales de sangre caliente u homeotermos .. la temperatura interior es sensiblemente constante, y se debe a que poseen mecanismo termorregulador.

termos *m* (*hoy raro*) Termo¹ (recipiente). | Alvarado *Botánica* 29: Llénese un "termos" casi hasta la boca de semillas de guisante u otra leguminosa en plena germinación.

termosifón *m* Circuito de canalizaciones por las que circula un líquido en razón de las variaciones de densidad que experimenta al calentarse en una parte del mismo y enfriarse en otra. | F. A. González *Ya* 8.4.75, 60: A saber si le ha tocado a uno el coche brillante, con bar y termosifón, la "tele" de color o el juego de cacerolas.

termostáticamente *adv* De manera termostática. | *Sem* 1.3.75, 22: Roca es la calefacción del calor sano, natural, termostáticamente regulable y, sobre todo, económico.

termostático -ca *adj* Que tiene termostato. | Ramos-LSerrano *Circulación* 224: En algunos automóviles modernos el movimiento de las persianas se realiza automáticamente, dejando pasar más o menos aire a través del radiador según la temperatura del agua, es decir que el movimiento de las persianas se realiza por mando termostático. *Prospecto* 10.90: Alcampo .. Lavadora-secadora New-pol .., termostática, 14 programas.

termostato (*tb, raro,* **termóstato**) *m* Regulador que permite mantener una temperatura constante en un recinto. | ZVicente *Traque* 51: Esto que ve usted aquí, que se llama termostato, esto hace que se apaguen solitos.

termotaxia *f* (*Biol*) Movimiento de los organismos determinado por el calor. | Navarro *Biología* 59: Según la índole del estímulo, reciben [los movimientos celulares] diferentes nombres: fototaxias, si son provocados por la luz; .. termotaxias, por la temperatura.

termotecnia *f* (*Fís*) Estudio de las aplicaciones prácticas del calor. | *BOE* 28.1.83, 2234: Resolución de 11 de enero de 1983, del Tribunal que ha de juzgar el concurso-oposición a la plaza del Cuerpo de Profesores Adjuntos de Universidad en la disciplina del grupo XXV, "Termotecnia" (Escuela Superior de Ingenieros Industriales).

termotécnico -ca *adj* (*Fís*) De (la) termotecnia. | *GTelefónica N.* 31: Ingeniero industrial. Estudio de aplicaciones termotécnicas.

termoterapia *f* (*Med*) Aplicación terapéutica del calor. | *Prospecto* 4.87: Termoterapias. Masajes. Drenaje. Control dietético.

termoventilación *f* (*E*) Sistema de calefacción mediante la circulación de aire caliente. | *GTelefónica N.* 36: Instalaciones de aire acondicionado. Calefacción. Termoventilación y saneamiento.

termoventilador *m* (*E*) Aparato de calefacción por aire caliente con ventilador que acelera la circulación de este. | *Abc* 30.12.65, sn: Termoventiladores. Marmita electroautomática.

terna *f* Conjunto de tres perss. | Salvador *Haragán* 43: —Los aliados ganarán la guerra —decía Tío Federico, el francófilo de la terna. **b)** Conjunto de tres perss. propuestas para que de entre ellas se designe la que ha de ocupar un cargo. | A. Ballarín *Mun* 23.5.70, 66: Se va a producir la concentración de los grupos fuera del Gobierno para ofrecer una nueva alternativa al Jefe del Estado o al presidente del Gobierno que salga de una terna presentada por el Consejo del Reino. **c)** Conjunto de tres matadores contratados para una corrida de toros. | S. RSanterbás *Tri* 11.4.70, 21: Se cuenta que Rafael, "El Gallo", antes de iniciar el paseíllo, solía decir a sus compañeros de terna.

ternario -ria *adj* Formado por tres elementos. | Ríos-RSanjuán *Matemáticas* 203: Para formar las variaciones ternarias con estos elementos bastará agregar al final de cada variación binaria cada uno de los elementos que no figuran en ella. **b)** (*Mús*) Formado por un número de elementos igual a 3 o múltiplo de 3. | Valls *Música* 147: Las peculiaridades formales y expresivas que ofrece la música popular española .. muestran .. una general uniformidad en su metro, al encuadrarse en los compases tradicionalmente llamados "regulares", o sea binarios o ternarios.

ternasco *m* (*reg*) Cordero lechal. | Vega *Cocina* 30: En Zaragoza triunfa el ternasco.

ternateño -ña *adj* De Ternate (isla de las Molucas, Indonesia). *Tb n m, referido a lengua.* | ZVicente *Dialectología* 450: Todos [los dialectos filipino-españoles] tienen en su pasado al ternateño, de la isla de Ternate, en las Molucas, teñido de portugués. De esa isla, numerosos hablantes (unas doscientas familias) fueron trasladados a Manila en el siglo XVII.

terne *adj* (*col*) **1** Sano y fuerte. *Tb fig.* | Cela *Judíos* 46: Y los ochenta y cinco ha de cumplir también, hermano, que yo lo veo terne y de sana color. Halcón *Ir* 79: Era un Dodge de los años cuarenta, zurrado, pero terne.
2 Firme u obstinado. | Benet *Volverás* 108: Ella fue terne, nunca despertó de su sueño como para lamentarlo.
3 Impasible o que no se inmuta. | Delibes *Cinco horas* 72: Estaba harta, en la calle, "a tu cuñado lo han paseado por rojo", con segundas, a ver, pero yo tan terne.
4 (*raro*) Valentón. *Tb n.* | Lera *Olvidados* 132: Mercedes se marchó pensando quién podría ser aquel mozo terne y despótico. Lera *Olvidados* 133: —Usted es que, por lo visto, no sabe todavía lo que es una mujer .. Pero .. yo sí conozco a los golfos.— Los ojos del terne relampaguearon, pero no se movió y la dejó marchar.

ternerío *m* (*reg*) Terneros, o conjunto de (los) terneros. | Bartolomé *Ale* 2.8.78, 20: Tampoco hay que quejarse de los precios del ternerío, macho y hembra.

ternero -ra **A** *m y f* **1** Cría de la vaca. | Alvarado *Anatomía* 113: Existe [el cuajo] en el estómago de los mamíferos lactantes, principalmente en el de los terneros. Bustinza-Mascaró *Ciencias* 103: Actualmente, la vacuna antivariólica se obtiene produciendo la enfermedad en terneras y preparando el contenido de las pústulas.
B *f* **2** Carne de ternero o ternera. | *Cocina* 6: La ternera de primera calidad es carne de un blanco sonrosado bastante firme y abundante en grasa.

terneza *f* **1** Ternura [2 y 3]. | P. Berrocal *Hoy* 7.10.76, 18: El concepto de ternura [de la carne], a veces denominado terneza, encierra otros caracteres, de los cuales cabe mencionar la masticabilidad y la blandura, poniendo, además, más de manifiesto la sapidez. Payno *Curso* 67: Vio en la cara de María Rosa una ancha sonrisa y terneza en los ojos.
2 Palabra o expresión dulce y cariñosa. | Halcón *Abc* 13.5.58, 15: Estos de ahora, los que andan por los veinticinco años, estos sí que saben tratar a las mujeres. Ni piropos, ni riñas, ni ternezas. Empujones, sopapos, miradas de protección.

ternilla *f* Cartílago. | Delibes *Cinco horas* 31: Carmen notó el afluir de agua a la ternilla de la nariz.

ternísimo → TIERNO.

terno m **1** Conjunto de chaqueta, chaleco y pantalón de la misma tela. | Carandell *Madrid* 150: Salen de casa malvestidos, dejándose en el armario ropero el terno elegante y los zapatitos de pisaverde. **b)** Traje de torero. *Tb* ~ DE LUCES. | Diego *Pap* 1.57, 12: La poesía actual española abunda en poetas y libros de profesión diversa, y que solo por pura vocación segunda .. un buen día se encuentran sin saber cómo metidos en pruebas de imprenta y temblándoles las carnes .. ante la perspectiva de comparecer ante cátedra y plebe disfrazados en terno de luces.
2 (*Rel catól*) Vestuario exterior del sacerdote oficiante y de sus dos ministros en la misa solemne, constituido por casulla y capa pluvial para el primero y por sendas dalmáticas para los segundos. | Gironella *Millón* 773: El Partido Comunista español le había hecho entrega, con el ruego de llevarlo a Rusia, de un terno completo procedente de la iglesia del Noviciado.
3 (*Impr*) Conjunto de tres pliegos metidos uno dentro de otro. | MSousa *Libro* 33: Por el número de las hojas que constituían el códice, recibía este nombres distintos; por ejemplo, si constaba de dos hojas de pergamino dobladas por la mitad (ocho páginas) se llamaban duernos ..; los de tres hojas (doce páginas), ternos.
4 (*hist*) *En la lotería:* Suerte de tres números. | E. Borrás *HLM* 14.12.70, 17: Pero la lotería propiamente, no rifa, comenzó en el reinado de Carlos III, puntualmente en 1763, con maravedises y reales que se jugaban al "ambo" y al "terno".
5 (*lit*) Juramento o execración en demostración de ira. | * El capitán, furioso, soltó un terno.

ternstroemiácea *adj* (*Bot*) [Planta] dicotiledónea, arbórea o arbustiva, de hojas simples y verdes todo el año, de la familia del té. *Frec como n f en pl, designando este taxón botánico.* | GCabezón *Orotava* 61: Té, *Thea sinensis*, Linn., Ternstroemiácea, China, India.

ternura *f* **1** Sentimiento de cariño delicado y protector. | Medio *Bibiana* 12: La cabeza de Marcelo, con los pelos revueltos, entre los que empiezan a asomar las primeras canas, despierta en Bibiana un sentimiento de ternura y un deseo de acariciarla.
2 Cualidad de tierno (fácil de cortar o partir). | P. Berrocal *Hoy* 7.10.76, 18: El concepto de ternura [de la carne], a veces denominado terneza, encierra otros caracteres, de los cuales cabe mencionar la masticabilidad y la blandura.
3 Cualidad de tierno (afectivo, sentimental o dulce). | Vega *Cocina* 96: No era un mal añadido, pero aquellos corderos no lo necesitaban, porque eran de una ternura de protagonista de novela rosa.

ternurismo *m* Ternura [1] exagerada o empalagosa. | MDescalzo *Abc* 24.12.70, 3: Cuando el mundo no tuvo más remedio que convencerse de que aquel bebé era Dios .., prefirió cubrir el desconcierto que esto le producía con su ternura, o seamos exactos, con su ternurismo.

ternurista *adj* Exageradamente o empalagosamente tierno o sentimental. | *Abc* 25.2.58, 3: Por lo que hace a los propagandistas del "amor universal", suelen ser, con harta y comprobada frecuencia, farsantes humanitarios y ternuristas, cuyos hechos no suelen corresponder a sus ideas. Buero *Tragaluz* 75: –Te habrá parecido... espléndida [la novela] .. Te has emocionado, has llorado... –Sí. –No me sorprende. Peca de ternurista.

tero *m* Ave zancuda americana, plumaje blanco, negro y pardo, que vuela en bandadas y da gritos estridentes al levantar el vuelo (*Belenopterus chilensis*). | Zunzunegui *Camino* 495: Esto es dar gato por liebre y poner el grito donde no está el huevo, como el tero de la Pampa de que habla Martín Fierro.

terópodo *adj* (*Zool*) [Dinosaurio] carnívoro del jurásico y cretácico, caracterizado por el gran desarrollo de sus patas posteriores y por sus dientes agudos. *Frec como n m en pl, designando este taxón zoológico.* | *Rio* 24.3.89, 11: En el trabajo que se presenta, .. se muestran los distintos parámetros utilizados a la hora de establecer diferencias entre ornitópodos y terópodos.

terorense *adj* De Teror (Gran Canaria). *Tb n, referido a pers.* | *Día* 29.8.72, 6: El Pabellón Victoria registró una buena entrada para presenciar la actuación del nuevo grupo teatral juvenil terorense.

terpeno *m* (*Quím*) Hidrocarburo presente en las esencias vegetales y cuya molécula contiene 8 átomos de hidrógeno por cada 5 de carbono. | *His* 3.83, 9: Es autor de investigaciones sobre los terpenos y los glúcidos.

terpenoide *m* (*Quím*) Derivado oxigenado de los terpenos. | *BOE* 12.3.68, 3770: Temario de Química orgánica .. 29. Terpenos y terpenoides.

terquear *intr* Mostrarse terco. | Zunzunegui *Hijo* 49: –Venga..., déme ocho. –Ni una más –terqueó. –Ni uno, ni otro..., siete.

terquedad *f* Cualidad de terco. | Olmo *Golfos* 189: Cuno, agarrando nuevamente las caderas del viejo, empuja, terco, con esa terquedad de los niños que se deciden a conseguir algo.

terquería *f* (*raro*) Terquedad. | GPavón *Rapto* 85: Lo del tío del casco rojo y la moto se me ha metío entre ceja y ceja, pero me huele que es terquería más que ciencia.

terracampino -na *adj* De la Tierra de Campos (comarca de Palencia, Valladolid y Zamora). *Tb n, referido a pers.* | Torbado *Inf* 5.4.74, 25: Muy joven, abandoné mi aldea terracampina para recolectar habichuelas en una granja británica.

terracota *f* Barro cocido. | GNuño *Madrid* 118: Admirable medallón de terracota policromada.
2 Escultura de barro cocido. | *ByN* 17.4.88, 67: Sobre estas líneas, un joyero inglés de marquetería. Sobre él, dos copas belgas y una terracota de Blanca Perinat.

terrado *m* Azotea o terraza. | *Economía* 47: Alfombras y cortinas. Se quitan, se ponen a ventilar un día o dos en el terrado, se sacuden luego muy bien, apaleándolas con una vara de fresno.

terraja *f* Herramienta para labrar roscas a mano. | I. Álvarez *Nar* 6.77, 18: La mayoría de los utensilios que emplea [el herrero] actualmente son los tradicionales: El yunque .. "Manual": barra con perforación rectangular en su centro, útil para retorcer, con movimientos semejantes a los de las terrajas de roscar.

terrajo *m* (*reg*) Trozo pequeño de tierra labrantía. | Romano-Sanz *Alcudia* 139: Los que hemos nacido en estos terrajos semos unos desgraciaos.

terral *adj* [Viento] que procede de tierra. *Tb n m.* | CBonald *Ágata* 96: Sin moverse estaban cuando un viento terral, llegado de las tórridas lejanías del levante, les picoteó los cuerpos. Palomino *Torremolinos* 132: Sopla una brisa terral y calentona que reseca la piel y levanta nubecillas de arena. Torrente *Isla* 49: Ya tiene adquirido el lugar donde habrán de sepultarlo, cierto lecho de arena entre dos rocas, a la sombra de un ciprés batido por el terral.

terramara *f* (*Arqueol*) Hábitat de la Edad de Bronce y principios de la de Hierro, propio del norte de Italia, constituido por montículos agrupados en torno a dos vías perpendiculares, norte-sur y este-oeste. | Villar *Lenguas* 204: Las terramaras y palafitos del norte de Italia tendrían una evolución autónoma en la Cultura de Villanova atribuible a los etruscos.

terramicina (*n comercial registrado*) *f* Antibiótico de amplio espectro obtenido del *Streptomyces rimosus*. | Navarro *Biología* 250: Con el descubrimiento de la penicilina los científicos investigaron y descubrieron otros antibióticos, .. como la estreptomicina .., terramicina, etc.

terra nullius (*lat*; *pronunc corriente*, /téra nulíus/) *loc n f* Tierra de nadie. | L. R. Criado *Sáb* 5.7.75, 49: Es la Asamblea General la que .. ha pedido responda a dos preguntas: 1ª, si el Sahara occidental era en el momento de la colonización española un territorio de nadie ("Terra nullius"), y 2ª, si la respuesta a la primera es negativa, ¿cuáles eran los lazos jurídicos de ese territorio con el Reino de Marruecos y Mauritania?

terrapene *m* Tortuga acuática de América del Norte (gén. *Malaclemys*, esp. *M. terrapin*, y gén. *Pseudemys*). | A. Valle *SYa* 9.2.75, 33: ¿Quién no conoce al galápago? .. Convive con otros quelonios, como los terrapenes.

terraplén *m* Macizo de tierra, piedras u otros materiales, hecho para rellenar un desnivel, para defensa o para que sirva de asiento a una vía u otra obra similar. |

terraplenado – terreno

FReguera-March *Filipinas* 310: Los terraplenes que las obstruían [las puertas] fueron levantados hasta que alcanzaron la mitad de la altura de los batientes. Lera *Olvidados* 171: Tuvieron que tirarse del tren en marcha, dejándose caer por los terraplenes. **b)** Terreno en pendiente. | * El camión rodó por un terraplén de diez metros.

terraplenado *m* Acción de terraplenar. *Tb su efecto.* | M. Jiménez *Ya* 24.7.75, 19: El resto de los vertidos de la provincia se realiza sin tratamiento mecánico, variando entre los terraplenados higiénicos y los vertidos incontrolados.

terraplenar *tr* Hacer terraplén [en un lugar (*cd*)]. *Tb abs.* | FReguera-March *Filipinas* 217: Creo que deberíamos terraplenar las puertas y ventanas. SSilva *Ya* 2.8.70, 13: –¿Dinamita? –preguntó Ladis muy asustado. –Es para terraplenar, muchacho.

terráqueo -a *adj* **1** [Globo o esfera] en cuya superficie están representados las tierras y mares del planeta. | Ortega-Roig *País* 15: Es imposible estudiar Geografía de España sobre un globo terráqueo normal.
2 (*lit*) Terrestre. | MSantos *Tiempo* 202: Ni porque creyera que al decirlo se elevaba ligeramente sobre la costra terráquea en la que seguía estando hundida.

terrario *m* Recinto acondicionado para mantener en cautividad algunos animales terrestres, esp. reptiles, batracios, insectos o arácnidos. | Legorburu-Barrutia *Ciencias* 199: Constrúyase un terrario con un cajón con tela metálica y un cristal en uno de sus costados. De fondo se pone arena y piedras. En él se puede estudiar la actividad de las lagartijas echándoles moscas, arañas, orugas. Bustinza-Mascaró *Ciencias* 126: Recoger lombrices de tierra vivas y tenerlas en un terrario o bocal con tierra mantillosa muy húmeda.

terrasado -da *adj* (*Heráld*) Terrazado. | F. Ángel *Abc* 1.5.58, 7: Sus armas. Escudo cuartelado: 1º, en campo de azur, una custodia de plata; 2º, en campo de oro, un pino terrasado, de sinople, con dos lebreles de sable.

terra sigillata (*lat; pronunc corriente,* /téřa-siχiláta/) *f* (*Arqueol*) Cerámica romana de uso corriente en la época del Imperio, hecha a molde con arcilla fina de color rojizo, cubierta de barniz y firmada con sellos. | Tarradell *HEspaña* 1, 158: La cerámica itálica sustituyó a la griega (ática) como uno de los elementos importantes de intercambio a partir del siglo III a. J.C. En la segunda mitad del siglo I a. J.C., cuando se pone de moda un nuevo tipo, la *terra sigillata*, fabricada en Arretium (Arezzo), su expansión por las provincias hispánicas es paralela a lo que sucede en todo el mundo romano.

terrateniente *m y f* Propietario de tierras. *Tb adj.* | Lapesa *HLengua* 50: Las exacciones tributarias, cada vez más duras, resultaban insostenibles para los terratenientes modestos. Fernández-Llorens *Occidente* 225: La vieja aristocracia terrateniente .. ve desaparecer, con la abolición de los siervos, el fundamento de su preeminencia social.

terraza *f* **1** Franja de terreno llano en una pendiente, que gralm. forma serie escalonada con otras y frec. se destina al cultivo. | Benet *Nunca* 71: Sobre una primera planta casi ciega corría un largo balcón con vistas sobre las terrazas de cultivo. **b)** (*Geol*) Capa aluvial recortada por la erosión de un río, que frec. forma serie escalonada con otras. | Pericot *HEspaña* 1, 14: Respecto a la habitación, pudo ser en comarcas templadas, al aire libre, generalmente en las terrazas de los ríos, en chozas de planta circular. **c) ~ costera.** (*Geol*) Plano inclinado submarino al pie de un acantilado. | Alvarado *Geología* 100: El choque de las olas contra los acantilados los mina por su base y los desmorona, utilizando después los fragmentos resultantes como metralla. De esta manera, el frente del acantilado retrocede y el mar avanza tierra adentro sobre un plano inclinado llamado plataforma litoral o terraza costera.
2 Sitio alto y abierto de una casa, voladizo o no, protegido con un pretil o barandilla. | * El apartamento tiene una preciosa terraza sobre la playa. **b)** Azotea (cubierta llana de un edificio, dispuesta para poder andar por ella). | F. PEmbid *Abc* 19.11.64, 17: Se hicieron en aquellos locales ciertas reformas, que, entre otros inconvenientes, tuvieron el de destruir el armazón almohade de los tejados .. para sustituirlo por una terraza.
3 Superficie acotada al aire libre, delante de un café o bar, en la que se colocan mesas para el público. | GPavón *Hermanas* 20: Me gustaría verlo a las doce treinta en la terraza del San Fernando.
4 (*raro*) Jarra vidriada de dos asas. | C. Nonell *Abc* 17.7.66, 51: Se extravió en el monte, refugiándose en una cueva en la que halló una imagen de la Virgen, alumbrada por unos cirios y con una jarra o terraza llena de azucenas.

terrazado -da *adj* (*Heráld*) [Figura] que reposa sobre un suelo o plataforma. | P. Redondo *Lan* 28.8.74, 5: El escudo de Tomelloso queda con las siguientes armas: "En campo de oro, una mata de tomillo, de sinople, adiestrada de una liebre, de sable, terrazado de sinople. Al timbre, corona real".

terrazguero *m* (*hist*) Labrador que tiene arrendadas las tierras de un señor mediante un contrato de aparcería. | Céspedes *HEspaña* 3, 495: Sucumben [los españoles modestos en América] ante el desarrollo de los latifundios, pierden sus tierras y trabajan las de un hacendado, que se las arrienda a cambio de su trabajo en la hacienda o mediante un contrato de aparcería; estos son, respectivamente, los rancheros y terrazgueros, entre quienes se hallan lo mismo blancos que mestizos e indios.

terrazo *m* Pavimento formado por trozos de mármol aglomerados con cemento, y que tiene superficie pulimentada. | *VozA* 8.10.70, 26: Allen vende 2 estupendos pisos .. 4 habitaciones, parquet, terrazo.

terre à terre (*fr; pronunc corriente,* /téř-a-teř/) *loc adj* (*lit*) Pedestre o a ras de tierra. | Laín *Universidad* 74: "Dime en qué gastas tu dinero, y te diré lo que de veras te importa"; así podría sonar una versión *terre à terre* de la sabida sentencia evangélica sobre el tesoro y el corazón.

terrecer (*conjug* **11**) *tr* (*raro*) Aterrar o causar terror. | F. Fuentes *VozAl* 19.11.75, 3: Toda esa plaga de mezquindades, tropelías, peligros y fieros males, que amedrentan y terrecen el rumbo y la trayectoria de esta mísera y pobre existencia nuestra de cada día.

terremoto *m* **1** Sacudida, de origen interno, de la corteza terrestre. | Ybarra-Cabetas *Ciencias* 148: Los terremotos suelen ir acompañados de unos ruidos subterráneos lejanos. **b)** Conmoción o sacudida violenta. | Fernández-Llorens *Occidente* 298: La estética occidental sufre un terremoto.
2 (*col*) Pers. o animal muy vivo e inquieto. | * Este crío es un terremoto.

terrenal *adj* (*lit*) Terreno. | Salvador *Haragán* 39: El cielo, para ellos, se juntaba con la tierra en un casquete, lleno de nubes, que rodeaba la superficie terrenal. Grosso *Germinal* 133: Allí, entre los serafines, todo se entiende y se perdona, y todo también es mucho más fácil no estando como no está el ánimo afligido por los terrenales egoísmos. **b)** [Paraíso] ~ → PARAÍSO.

terrenalidad *f* (*lit*) Cualidad de terrenal. | Castilla *Natur. saber* 14: Es en la práctica donde el hombre tiene que demostrar .. la terrenalidad de su pensamiento.

terrenamente *adv* En el aspecto terreno. | J. M. Llanos *Ya* 13.4.75, 17: Hay una "tierra prometida" también por aquí abajo, terrenamente.

terrenidad *f* (*lit*) Cualidad de terreno. | Delibes *Madera* 22: Como si el pequeño, en el experimento, hubiera enajenado algo de su terrenidad.

terreno I *adj* **1** Del planeta Tierra. | *Inf* 4.4.70, 16: El día 13 se inaugurirá la tercera estación terrena de comunicaciones por satélite de la Compañía Telefónica Nacional de España, que se bautizará "Buitrago II".
2 De este mundo. *Por contraposición a lo espiritual o a lo celestial.* | CBaroja *Inquisidor* 19: Pagó la universidad del XVI tributo a los éxitos terrenos con exceso.

II *m* **3** Superficie terrestre. | Zubía *España* 37: Comarcas. Son zonas de terreno más pequeñas en que se subdividen las regiones naturales.
4 Porción de superficie terrestre. | Marcos-Martínez *Aritmética* 126: Se ha comprado un terreno a 200 pesetas el área. **b)** (*Geol*) Porción de la corteza terrestre, considerada en cuanto a su naturaleza, estructura, edad u origen. | Alvarado *Geología* 127: No todos los fósiles se prestan igual-

mente bien para la determinación de la edad de los terrenos. **c) todo** ~ -> TODO-TERRENO.
5 Orden de cosas. | Escrivá *Conversaciones* 144: El cristiano sabe que .. tiene obligación grave de formarse bien en ese terreno.
6 Campo o esfera de acción [de una pers. o cosa]. | * Me meto en un terreno que no es el mío. **b)** (*Taur*) Sector del ruedo en que es más eficaz la acción [del toro o del torero]. | * Toro y torero tenían los terrenos cambiados.
7 ~ abonado. Pers. o cosa que reúne condiciones óptimas [para que en ella prospere o se desarrolle algo (*compl* PARA)]. | * La juventud en paro es terreno abonado para la delincuencia.
III *loc v* **8 comer**, *o* **ganar**, (**el**) ~ [a alguien]. (*Taur*) Sacar[le] ventaja. *Tb sin ci. Frec fig, fuera del ámbito técn.* | *Rue* 22.12.70, 12: Delante tiene [el toro] un torero poderoso, que .. le lleva toreado y le gana terreno en cada embroque.
9 cortar el ~ [a alguien]. (*Taur*) Dirigirse al punto al que se intuye que irá a parar. *Tb fig, fuera del ámbito técn.* | Halcón *Ir* 133: Tuvo que alzarse de una estirada para ir .. a cortarle el terreno a la mula "Beata", que ya hacía sonar la esquila muy cerca del padrón de la linde.
10 llevar [una pers. a otra] **a su ~**. Hacer que tome una actitud favorable. | Carandell *Tri* 8.8.70, 14: "Es muy fino 'ligando'", se dice popularmente con admiración de un hombre que sabe abordarlas [a las mujeres] y llevarlas a su terreno.
11 minar el ~ [a alguien]. Trabajar solapadamente para desbaratar[le] los planes. | CPuche *Paralelo* 171: –Un día llegará al encontronazo, pero ¿cuándo será? El día del Juicio. –No creas. Todo esto es minar el terreno, es tarea positiva.
12 perder ~. Quedarse atrás o perder ventaja. | LMuñoz *Tri* 26.12.70, 7: ¿Sobre qué bases o piezas decisivas se intenta esa recuperación del terreno perdido?
13 saber [alguien] **el ~ que pisa**. Conocer bien a las perss. o cosas con las que tiene que tratar. | * No te preocupes por él; sabe el terreno que pisa.
14 tantear el ~. Indagar discretamente las posibilidades de éxito. | Medio *Bibiana* 12: Al final se rendirá Marcelo, eso ya lo sabe, pero antes de rendirle tendrá que batirse de firme. Tantea el terreno: –Marcelo... ¿Duermes ya, Marcelo?
IV *loc adv* **15 sobre el ~**. En el mismo lugar en cuestión. | *MHi* 12.57, 11: El arquitecto señor Barroso fue invitado a estudiar sobre el terreno la posible vivificación del palacio.

terreño -ña *adj* (*reg*) Terrero [1]. | Cunqueiro *Crónicas* 118: El cobertizo era de gruesos e informes trozos de madera, cubierto de paja y terreño, y mediado de hierba seca.

térreo -a *adj* (*lit o E*) De (la) tierra (materia constituida por el conjunto de partículas menudas que forman el suelo natural). | Alvarado *Botánica* 83: Del tamaño y naturaleza de las partículas térreas depende la permeabilidad y la capacidad acuífera del suelo. Marcos-Martínez *Física* 294: Los minerales de los que se extraen los metales van de ordinario acompañados de una parte térrea, inútil, que se denomina la ganga.

terrerilla *f* (*reg*) Ave semejante a la alondra (*Calandrella cinerea*). | R. Ortega *Jaén* 4.9.74, 6: Hay otras avecillas, .. semejantes a las alondras, pero más pequeñas, de quince centímetros en lugar de dieciocho, que por estos contornos se les llama "terrerillas".

terrero I *adj* **1** De (la) tierra (materia constituida por el conjunto de partículas menudas que forman el suelo natural). | Cela *Judíos* 158: El castillo de Coca es fortaleza terrera, de fábrica de ladrillo.
2 (*reg*) [Casa] de una planta. | *Día* 23.9.75, 30: Vendo casa terrera en Santa Cruz, calle Francisco Pizarro. 3 habitaciones, cocina, baño, patio, local con servicio y teléfono.
II *n* **a m 3** Montón o depósito de tierra. | S. Araúz *Ya* 15.1.75, 5: Las lomas eran puros terreros: con el humus suelto, inerme a la erosión.
B *f* **4** Se da este *n* a varias aves semejantes a la alondra, esp a la *Calandrella cinerea* y la *C. rufescens*, y *tb* (*reg*) a la misma alondra (*Alauda arvensis*). *A veces con un adj especificador*: COMÚN, MARISMEÑA, etc. | Lama *Aves* 134: Tanto la Terrera común (*Calandrella cinerea*) como la Terrera marismeña (*C. rufescens*) y la Cogujada montesina .. no tienen ningún interés para nuestro trabajo. Cuevas *Finca* 169: Con la luna, las cogujadas, las terreras, vuelan, alegremente.
5 (*reg*) Vasija pequeña de barro. | *Nar* 11.77, 5: Al lado del torno, tienen "la terrera", cacharro con agua para ir humedeciéndose los dedos mientras se realiza la pieza.

terrestre *adj* **1** Del planeta Tierra. | Alvarado *Geología* 65: La masa de los cuerpos terrestres se halla con toda facilidad pesándolos. Alvarado *Geología* 64: La densidad media de la corteza terrestre es de 2,7.
2 De la superficie de la Tierra. | Zubía *Geografía* 75: Accidentes del relieve terrestre. **b)** De la superficie de la Tierra no cubierta por el mar. | Navarro *Biología* 293: En el medio acuático, las variaciones de las condiciones físicas son más reducidas y menos bruscas que en el medio aéreo o terrestre. HSBarba *HEspaña* 4, 382: Las comunicaciones terrestres fueron objeto, desde principios del siglo XVIII, de un especial cuidado. Se ensancharon los antiguos caminos. **c)** Que habita en la superficie de la tierra no cubierta por el mar. | Navarro *Biología* 293: Los animales acuáticos se diferencian de los terrestres por tener las siguientes características.

terribilidad *f* Cualidad de terrible. | Carandell *Cua* 10.4.76, 74: El más ordinario asunto de sus sermones eran las verdades más terribles de la religión, la muerte, el infierno y, sobre todo, la terribilidad del juicio particular y universal.

terrible *adj* **1** Que causa terror [1a]. *Frec con intención ponderativa.* | Ortega *Americanos* 154: Da verdaderamente miedo pensar en lo que pasaría entonces: Sería terrible entonces. AMillán *Marta* 176: Hace una noche terrible.
2 (*col*) Muy grande o extraordinario. | Vesga-Fernández *Jesucristo* 118: La tribulación será tan terrible entonces como no la hubo semejante desde el principio del mundo.

terriblemente *adv* De manera terrible [2]. | Medio *Bibiana* 115: Bibiana Prats .. Es terriblemente feliz en este momento.

terrícola *adj* **1** Que habita en la superficie terrestre. | Navarro *Biología* 299: Entre los diferentes tipos biológicos de animales adaptados a la vida terrestre, se encuentran: los animales terrícolas, aerícolas, arborícolas, acuícolas, y de vida subterránea (hipogeos y cavernícolas). **b)** (*humoríst*) Habitante de tierra adentro, de zona no costera. | Torrente *Sombras* 28: Lo que respondió en seguida fue que cómo se notaba que yo era de puerto de mar; que llevaba años viviendo entre terrícolas y que nadie había mostrado interés ni extrañeza al ver su colección, menos aún entusiasmo.
2 Habitante del planeta Tierra. | Paso *Sem* 5.10.74, 66: Para Sendy la cosa está clara. Alguien vino a la Tierra y enseñó a un grupo de terrícolas cosas que otros no han aprendido.

terrier *m* Se da este *n* a diversas razas de perros utilizados para la caza de animales en madriguera, y hoy preferentemente de compañía. | Payno *Curso* 121: En un jardín de otra calle un terrier chiquito, blanco, ladraba entre un banco de lilas que le envolvían.

terrífico -ca *adj* (*lit*) Terrible o terrorífico. | Faner *Flor* 41: Pronto dos marineros se hallaron apestados. Uno murió en medio de terrífico tormento.

terrígeno -na *adj* (*Geol*) De origen terrestre o continental. | Ybarra-Cabetas *Ciencias* 101: En el talud continental, los materiales terrígenos son limos y arcillas, y hay ya algunos restos orgánicos.

terrina *f* Pequeño recipiente, frec. de barro, en forma de tronco de cono con la base mayor arriba. *Tb su contenido.* | *Cocina* 36: La terrina es el nombre que se da a los recipientes de gres o loza y a los alimentos que en ellas [sic] se conservan. Hay gran variedad de terrinas, pues se hacen de hígado ("foie-gras"), muy a propósito para viajes y comidas de campo. *Abc* 6.7.76, 13: Es un poco incómodo estar ante la puerta del garaje horas y horas con el único entretenimiento del autobús 82, que no deja de pasar, y con la llegada de una furgoneta que lleva terrinas de flores para la esposa del presidente.

territorial *adj* De(l) territorio. | *Sp* 19.7.70, 40: Su superficie territorial es de 13.576 kilómetros cuadrados. **b)** [Audiencia] ~ -> AUDIENCIA.

territorialidad – terso

territorialidad f Consideración jurídica [de algo] como territorio nacional. | *Inf* 27.4.76, 14: España tiene el propósito de fijar legalmente en doce millas el límite de la territorialidad de sus aguas marinas adyacentes.

territorialización f Acción de territorializar. | Pericot-Maluquer *Humanidad* 169: La misma autarquía económica obra contra la territorialización de los grupos, que se desarraigan o emigran con facilidad.

territorializar tr Adscribir [algo] al territorio. | *SPaís* 25.11.77, VIII: Dichos impuestos [de los territorios autónomos] serían los que pudieran territorializarse y como ejemplo, los que gravan determinadas ventas y el comercio al detall.

territorialmente adv En el aspecto territorial. | Fernández-Llorens *Occidente* 267: Los Sung no se afanaron en aumentar territorialmente los dominios imperiales.

territorio m **1** Extensión de tierra. *Frec con un adj o compl que especifica el país o demarcación a que pertenece.* | Arenaza-Gastaminza *Historia* 180: Los territorios del Sur (Chile) recibieron el nombre de Nueva Toledo, y su conquista fue encomendada a Almagro. Laiglesia *Tachado* 23: Los viajes por el territorio de Burlonia eran siempre breves.
2 (*Biol*) Lugar en que vive un animal o un grupo de animales y que es defendido frente a la invasión de otros. | Alvarado *Geología* 149: En Europa y Asia, la primera glaciación arrojó hacia el Sur las ricas fauna y flora terciarias de elefantes, hipopótamos, rinocerontes, monos, etc., y permitió que invadieran sus territorios animales y plantas nórdicos.
3 (*Anat*) Zona irrigada por una arteria o inervada por un nervio. | Vega *Corazón* 39: La estimulación de los receptores olfatorios con sustancias olorosas .. produce alteraciones vasomotoras endocraneales con hipertensión arterial del territorio.

terrizo -za I adj **1** De tierra (materia constituida por el conjunto de partículas menudas que forman el suelo natural). | Hoyo *Pequeñuelo* 14: ¿Lo descubrirían los muchachos [al erizo] ..? Confié en su aspecto terrizo, el mismo del suelo del jardín. Grosso *Capirote* 94: Daban las últimas pasadas a ras del suelo terrizo del patio los vencejos. JGregorio *Jara* 44: Al comenzar el siglo la mayoría tienen sus calles terrizas o solo empedradas en sus laterales.
II n A m **2** Barreño o lebrillo. | Seseña *Barros* 46: Las formas de la cerámica de Teruel presentan gran originalidad por su energía, rotundidad y variedad. Destacan las oleiras (alcuzas), .. pilas bautismales, platos, jarros, escudillas, terrizos (lebrillos), cántaros y cantarillas. C. Monge *Abc* 17.9.68, 51: Siempre permanente el obsequio de zurracapote, que se presenta al consumo general en terrizos de regular tamaño. **b)** (*reg*) Bebida hecha con vino, azúcar, canela y fruta, que se prepara en un terrizo. | Moreno *Galería* 284: El terrizo .. se realiza con tres o cuatro elementos ingredientes: vino, azúcar, canela, melocotón en crudo y no sé si alguna compañía más.
3 (*reg*) Suelo de tierra. | CBonald *Dos días* 47: Serafín cargó con la caja de botellas. Cuando entraba en el patio del caserío, la dejó un momento sobre el terrizo para tomar aliento.
B f **4** (*reg*) Terrizo [2]. | Moreno *Galería* 285: Al terrizo se le llama "terriza" en algunos pueblos sorianos.

terrón m Masa compacta y pequeña de tierra. | Delibes *Ratas* 10: Un grajo permaneció inmóvil sobre los pardos terrones, y el niño, al divisarle, corrió hacia él, zigzagueando por los surcos pesados de humedad. **b)** Masa compacta y pequeña [de una sustancia cuyo estado normal es en partículas], frec. moldeado, por medios artificiales, en forma geométrica. | Olmo *Golfos* 158: Mi padre cogió un terrón de azúcar. *Economía* 48: Una vez completamente limpia la ropa, se doblan las prendas del revés, metiendo en los bolsillos unas bolas de naftalina o terrones de alcanfor. Lera *Olvidados* 267: Cayó entonces sobre el mármol un terrón de ceniza.

terronera f (*raro*) Conjunto de (los) terrones [1a]. | Cela *Judíos* 300: El bullidor ciempiés de la terronera hervía, con sus mil patas acordes, por el sendero polvoriento.

terror (*con mayúscula en acep 3*) m **1** Miedo muy intenso. *Frec con intención ponderativa.* | Umbral *Ninfas* 128: El predicador les llenaba de terrores. **b)** Miedo colectivo que mediante actos violentos se hace padecer a una población a fin de anular su resistencia política. | *Mad* 8.9.70, 1: Israel espera que los secuestros desprestigien del todo a los guerrilleros. Impotencia del mundo ante el terror palestino.
2 Pers. o cosa que causa terror [1] [a alguien o en un lugar (*compl de posesión*)]. | * Atila, el terror de los mortales. * Es el terror del barrio.
3 (*hist*) Período de la Revolución Francesa comprendido entre mayo de 1793 y julio de 1794, durante el cual se decretaron numerosas ejecuciones. | Fernández-Llorens *Occidente* 214: Hay una serie de hechos que debes recordar: el comienzo de la revolución .., sus momentos culminantes (la guerra contra los reyes absolutos, la condena a muerte del rey, el Terror).

terroríficamente adv De manera terrorífica. | *País* 22.4.78, 21: Este otro factor importante para el proceso urbanístico .. multiplicaba terroríficamente esta población.

terrorífico -ca adj **1** Que infunde terror [1a]. *Frec con intención ponderativa.* | CBaroja *Inquisidor* 16: Los liberales y librepensadores divulgaron imágenes terroríficas de la Inquisición.
2 (*col*) Muy grande o extraordinario. | *Tri* 15.12.73, 93: Entre los films vistos de esta manera y los "cazados" en viajes al extranjero, .. al menos un núcleo de espectadores hispanos ha podido subsanar las terroríficas lagunas que –muy a su pesar las más de las veces– presentan nuestros locales de exhibición.

terrorismo m Método de lucha política basado en el terror [1b]. *Tb fig, fuera del ámbito político.* | Aranguren *Marxismo* 90: Pertenece a la doctrina misma del marxismo –en contraste .. con el radicalismo místico de la violencia por la violencia, de la "virtud" purificadora del terrorismo– la máxima economía en .. los medios violentos. *Ya* 30.11.88, 21: Aunque de momento la mayor parte de los virus detectados en España son de tipo benigno, ya se han dado algunos casos de terrorismo informático, es decir, de auténtico y premeditado sabotaje.

terrorista adj De(l) terrorismo. | Bueno *Tri* 26.12.70, 11: No se trata internamente de ninguna teoría, sino de una verbalización de actitudes terroristas, a quienes no es posible conceder beligerancia política. **b)** [Pers.] perteneciente a una organización terrorista. *Tb n.* | *Inf* 27.12.73, 3: Los terroristas de Fiumicino planeaban asesinar a Kissinger.

terroso -sa adj **1** Semejante a la tierra (materia constituida por el conjunto de partículas menudas que forman el suelo natural), esp. en la textura o en el color. | Ybarra-Cabetas *Ciencias* 60: Cristalizada en el sistema cúbico, cristalina o en masas terrosas, es de color rojo oscuro. Bustinza-Mascaró *Ciencias* 209: Su cuerpo está cubierto de pelo de coloración terrosa.
2 De tierra. | Arce *Testamento* 69: La luz .. era igual que el brillo de dos grandes hojas de cuchillos clavados oblicuamente sobre el piso terroso de la cabaña. Pinilla *Hormigas* 111: Desde el borde del monte, lo agarró [el saco] con la mano derecha de una punta y lo depositó en la esquina terrosa, en tanto que nosotros dábamos más cuerda.
3 Que tiene tierra. | Goytisolo *Recuento* 42: El Polit venía del campo, los pies terrosos, los pantalones arremangados, en camiseta de incierto color desteñido.

terruñero -ra adj (*raro*) Apegado al terruño. | GPavón *Hermanas* 15: Sois más terruñeras [las mujeres] .. que nosotros, los cerebros varones.

terruño m Tierra o país natal. | J. M. Osuna *Abc* 16.12.70, 57: Claro que el camino de la emigración no está sembrado de rosas: la terrible nostalgia del terruño, .. el trabajo distinto representan serias dificultades que el emigrado ha de vencer.

terso -sa adj **1** Limpio y brillante. | Hoyo *ROc* 8/9.76, 91: Ellos eran mensajeros del buen tiempo, .. del esquileo de las caballerías, a las que dejaban tersas, relucientes, vestidas solo con el primor de sus melenas.
2 Liso sin arrugas. | CNavarro *Perros* 20: Aquellas carnes, ahora ajadas y llenas de arrugas, tenían que haber sido tersas y apretadas.
3 [Estilo o lenguaje] pulido y elegante. | SRobles *Pról. Teatro 1964* 14: Todas las obras de López Rubio tienen temas de seductora atracción sentimental. Y los plantea, desa-

tersura *f* Cualidad de terso. | Payno *Curso* 165: Darío miraba a Bele .. estudiando las líneas de su cara: la suave curva del puente de la nariz, la tersura del pómulo, la boca fresca. P. Rocamora *Abc* 22.10.70, sn: El encanto de una prosa traslúcida, llena de claridades y tersura, se acompasa con el rigor del pensamiento.

tertium non datur (*lat; pronunc corriente,* /tértium-nón-dátur/) *form or* Lo tercero no existe, o no hay término medio. | *Ya* 22.4.89, 12: En medicina, quien no sea médico es un intruso, un curandero. *Tertium non datur.*

tertulia *f* Reunión habitual de perss. para conversar o para jugar a juegos de sobremesa. | *Inf* 31.10.70, 12: Falleció .. doña Encarnación Fernández Rodríguez, propietaria del famoso café Gijón, lugar de tertulia de artistas y literatos durante los últimos decenios. Laforet *Mujer* 335: Todas las tardes tenía su tertulia de jugadores en el comedor. **b)** Conversación entre dos o más perss. | GPavón *Hermanas* 50: Hace usted tertulia consigo mismo.

tertuliano -na *adj* De (la) tertulia. | L. Contreras *Mun* 23.5.70, 10: Las disputas en las Cortes son casi convencionales. Treinta años de mesa redonda han producido un amable parlamento tertuliano que solo se parece a cualquier otro en el uso del tratamiento "su señoría". **b)** [Pers.] que concurre a una tertulia. *Frec n.* | Solís *Siglo* 228: El amplio salón .. donde se daban las fiestas y se recibía a los tertulianos no era extraño causara admiración al visitante.

tertuliante *adj* [Pers.] que concurre a una tertulia. *Frec n.* | MGaite *Retahílas* 39: Muchachos de carne y hueso que también habrían soñado con el amor en los atardeceres de su provincia, tertuliantes enardecidos al hablar de los males del país.

tertuliar (*conjug* **1a**) *intr* Conversar o hacer tertulia. | J. Carabias *Ya* 28.6.74, 8: Cuando no acudía nadie, los Machado "tertuliaban" ellos solos o con su otro hermano José, que también acudía al café Español, al café Madrid y al café Varela. A. Pombo *Voz* 12.6.90, sn: La sombra de don Ramón aún parece ocupar su despacho preparando un nuevo ensayo, manifiesto o novela, o quizás aguarde la visita de algún amigo del grupo *Nos* con el que tomar el café y tertuliar sobre los problemas de Galicia.

tertuliero -ra *adj* De (la) tertulia. | Arevaco *Alc* 20.10.70, 12: En esta sesión extraordinaria, pero de vivo coloquio por tertuliera, pronunciará una conferencia el escritor y periodista Rafael Flórez.

tertulio -lia *adj* Tertuliano o tertuliante. *Tb n.* | C. Carrasco *SInf* 3.1.74, 7: Escribe sus impresiones para que sus amigos Escudero y Hermosa, a quienes llama tertulios, en su tertulia comenten las incidencias del viaje.

teruelita *f* (*Mineral*) Variedad de dolomita propia de Teruel. | Alvarado *Geología* 47: En España merece mención una variedad [de dolomita] llamada Teruelita, que es ferrífera y negra y se presenta en romboedros muy perfectos en los yesos de Teruel.

terylene (*tb, raro, con la grafía* **terilene**; *n comercial registrado*) *m* Fibra sintética de poliéster de patente inglesa. | M. I. Secades *Alc* 13.11.70, 15: En cuanto a tejidos, aparecen nuevamente las corbatas lisas de lana de colores muy escoceses, pero la seda y el terylene serán quienes lleven la voz cantante. L. I. Parada *Mun* 14.11.70, 28: Hoy se obtienen del petróleo .. el nylon, el terilene y otras fibras sintéticas.

terzón *m* (*hist*) Tercio. *Referido a la división territorial del Valle de Arán.* | Cela *Pirineo* 207: El valle estuvo dividido en terzones, que eran tres (como su nombre indica).

tesalio -lia (*hist*) **I** *adj* **1** De Tesalia (región de la Grecia antigua). *Tb n, referido a pers.* | GGual *Novela* 94: Magos con poderes para curar enfermedades con ensalmos, .. y –en competencia con las brujas tesalias– para evocar a los espíritus de los muertos.

II *m* **2** Dialecto griego de Tesalia. | Villar *Lenguas* 122: El grupo eolio. Cuenta con varios dialectos, correspondientes a la zona noreste de Grecia: tesalio, beocio, lesbio.

tesalonicense *adj* (*hist*) De Tesalónica (actual Salónica, Grecia). *Tb n, referido a pers. Gralm con referencia a las cartas de S. Pablo.* | Villapún *Iglesia* 27: Las Cartas de San Pablo admitidas por la Iglesia en el Canon de libros sagrados .. Las dos a los tesalonicenses, hacia finales del año 52; una a los gálatas.

tesalónico -ca *adj* (*hist*) Tesalonicense. *Tb n.* | J. L. Calleja *Abc* 24.6.75, sn: Ya veremos lo que sale de esta medida civilizadora. No creo que sea la Epístola de San Pablo a los tesalónicos, ni una educación rubensiana de los espíritus populares.

tesar *tr* (*E*) Poner tirante [una cuerda o cable]. | *SAbc* 22.2.70, 30: Postesado sistema .. 4.600 cables fabricados, tesados e inyectados. Guillén *Lenguaje* 31: Decimos [en marina] .. *tesar* y no tensar.

tesaurización *f* (*Econ*) Tesorización. | Aranguren *Moral* 16: La respuesta del mercantilismo había sido inequívoca: riqueza del Estado, concebida bajo la forma de máxima tesaurización, de acumulación .. de metales preciosos.

tesaurizar *tr* (*Econ*) Tesorizar. | Aranguren *Moral* 16: La verdadera riqueza no es la improductividad tesaurizada por el Estado, sino la producida y capitalizada por la sociedad.

tesauro *m* Tesoro (diccionario). | *Ya* 30.7.87, 40: Presentado el primer tesauro de literatura infantil y juvenil.

tesela *f* Pieza de las que constituyen un mosaico. | Cela *Viaje andaluz* 293: Dicen que la fundaron los fenicios y la tomaron .. los romanos que acuñaban moneda y que casaban, con paciencia y con arte, el pintado mosaico de las mil teselas. *NotB* 18.4.73, 32: Para poder utilizar el gresite en la realización del mosaico, hay que independizar las teselas del papel.

tesina *f* Tesis [2a] de licenciatura. | Burgos *Tri* 5.12.70, 10: Vino una vez una estudiante francesa a sacar material para una tesina en sociología.

tesis *f* **1** Idea u opinión que se tiene por verdadera y que se trata de demostrar o defender con argumentos. | *Sp* 19.7.70, 17: La tesis de los teólogos allí reunidos es que "el hombre honesto ha muerto". **b)** Idea, esp. de carácter moral o sociopolítico, que se expone o apoya en una obra literaria. *Frec en la loc* DE ~. | RPeña *Literatura* 342: La tesis de este drama .. es que el mundo, con sus indiscreciones, curiosidad y entrometimiento, resulta medianero inconsciente en ciertos casos de amor. GLópez *Lit. española* 480: El teatro realista y de tesis .. Tamayo escribió dramas y comedias de ambiente contemporáneo y tendencia moralizadora.

2 Trabajo de investigación para obtener un grado universitario. *Con un compl especificador:* DE LICENCIATURA, *o* DOCTORAL. | Cunqueiro *Un hombre* 242: Viajó a Tracia por estudiar el centauro y escribir una tesis doctoral. **b)** *Sin compl:* Tesis doctoral. | Delibes *Año* 96: Se propone hacer su tesina y su tesis sobre la estilística de mi obra.

3 (*Filos*) Proposición o término que inician el proceso dialéctico y a los cuales se opone la antítesis. *Esp en la filosofía de Hegel.* | Espinosa *Escuela* 48: Descubrió una síntesis que no contenía la tesis ni la antítesis.

4 (*Mús*) Momento de descenso de la mano al marcar el compás. *Se opone a* ARSIS. | Academia *Esbozo* 65: Según la terminología musical, arsis y tesis, elevación y golpe en el movimiento de la mano con que se marca alternativamente el compás.

5 (*TLit*) Parte no acentuada del pie métrico. *Se opone a* ARSIS. | Academia *Esbozo* 66: Indicamos con un guión los silencios de la notación musical, con una línea vertical la separación de los compases .. y con tilde el arsis y la tesis que se suceden alternativamente en la tonada.

tesitura *f* **1** (*Mús*) Parte de la escala sonora propia de una voz o de un instrumento. | Academia *Esbozo* 104: En el habla española, con algunas diferencias regionales, y cualquiera que sea la tesitura personal, la zona melódica es algo superior a una octava.

2 Actitud o disposición de ánimo. | *Van* 4.11.62, 5: Preocupa seriamente la tesitura antioccidental de Ben Bella. PLuis *HLM* 26.10.70, 36: Andrés Vázquez salió peleón también y siguió en igual tesitura toda la tarde.

tesla *f* (*Fís*) *En el sistema internacional:* Unidad de inducción magnética equivalente a la inducción producida por un flujo magnético de un wéber sobre una superficie de un metro cuadrado. | *Unidades* 14: Inducción magnética: tesla.

tesmotete – testamento

tesmotete m (hist) *En la antigua Grecia:* Arconte encargado de revisar las leyes y de vigilar su cumplimiento. | Pericot *Polis* 70: Los arcontes eran nueve .. El primero se llamaba Epónimo ..; el segundo, Basileos ..; el tercero, Polemarca ..; los otros seis, Tesmotetes.

teso m **1** Colina pequeña y gralm. de cima llana. | Delibes *Historias* 41: Sobre el pueblo hay un teso que no es redondo, sino arisco y con la cresta erguida.
2 (reg) Recinto de una feria de ganado. | *Abc* 8.6.75, 38: En el primer mercado quincenal de Talavera de la Reina, con predominio de la oferta sobre la demanda, de 20.114 reses presentadas en el teso se vendieron 10.026.

tesón m Firmeza y perseverancia. | Laforet *Mujer* 18: Un clan de trabajadores, llenos de tesón, afortunados.

tesoneramente adv De manera tesonera. | ZVicente *Asedio* 10: ¡Qué huella profunda, excavada tesoneramente día a día, deja entre nosotros Melchor Fernández Almagro!

tesonería f Cualidad de tesonero. | *Abc* 2.11.83, 18: Tesonería deportiva .. Pedro Gutiérrez .. y su amigo Juan Ramón Salvador .. acaban de dar la vuelta al mundo sobre dos ruedas.

tesonero -ra adj [Pers.] que tiene tesón. | MGaite *Tri* 11.4.70, 43: Se sabe que Macanaz era tesonero, terco. **b)** Propio de la pers. tesonera. | MCachero *AGBlanco* 132: Saberes y aptitudes que la vida, el estudio y la insistencia tesonera en el oficio proporcionan.

tesorería f **1** Conjunto de los fondos [de una empresa o entidad]. *Tb*, gralm. humoríst, referido a una pers particular. | *Nue* 22.12.70, 8: Una mayor aceleración en los trámites de los pagos .. ha favorecido la tesorería de muchas empresas de la construcción. Ramírez *Derecho* 160: Durante la tramitación de tales expedientes, el deudor cobra y no paga .. Con ello se le permite sanear su tesorería.
2 Cargo de tesorero. | Carnicer *Castilla* 35: En 1622 se posesionó de la tesorería, cargo que tuvo hasta su muerte.
3 Oficina del tesorero. | * Pásate por tesorería.
4 (hist) Lugar en que se guarda un tesoro [1a], esp. de un príncipe o de un estado. | J. Balansó *SAbc* 16.3.69, 36: Tras el motín de Aranjuez, las gemas fueron entregadas a Fernando VII y guardadas en la tesorería del Real Palacio madrileño.

tesorero -ra m y f Pers. encargada de custodiar y administrar los bienes [de una empresa o entidad o de un soberano]. | G. Revuelta *Zar* 27.1.69, 19: Todos los campos volverán a poner el cartel, tan codiciado por los tesoreros, de "No hay entradas". *Música Toledo* 33: Fundada por Samuel Leví, tesorero del Rey Pedro I.

tesorización f (Econ) Acción de tesorizar. | Aguilar *Experiencia* 681: Perseguí la ganancia para reinvertirla, y sin móvil alguno de tesorización dineraria.

tesorizar tr (Econ) Acumular [riquezas] de manera improductiva. *Tb abs.* | Aguilar *Experiencia* 791: Tampoco en este segundo período tesoricé dinerariamente, sino que reinvertí los beneficios.

tesoro m **1** Cantidad grande de dinero, joyas u otros objetos valiosos. *Tb fig*. | Tejedor *Arte* 79: La orfebrería tiene su mejor ejemplo en el Tesoro de Guarrazar. Vesga-Fernández *Jesucristo* 103: Vende cuanto tienes y dalo a los pobres y poseerás un tesoro en el Cielo. **b)** (Der) Conjunto escondido de monedas u objetos preciosos cuyo dueño se desconoce. | Villapún *Moral* 122: Las cosas encontradas pueden ser: Un tesoro, u objeto precioso, oculto, cuyo dueño se desconoce.
2 Erario público. *Tb* ~ PÚBLICO. | Cero *Cod* 17.5.64, 2: Incrementar el contenido de las arcas de los tesoros públicos de los países.
3 Pers. o cosa muy valiosa. *Con intención ponderativa.* | Villapún *Iglesia* 99: La fe de los pueblos no se resiente, y unos y otros, obedeciendo a distintos pastores, mantienen incólume el tesoro de los hogares. Arce *Precio* 61: Es un tesoro de viejecita. Pero da mucha lata. **b)** *A veces se emplea como apelativo cariñoso.* | Alós *Hogueras* 239: Todo el mundo se inclinará ante ella. ¿Verdad, tesoro?
4 Diccionario que aspira a ser exhaustivo. | AEzquerra *Lexicografía* 16: Lo que diferenciaría entonces el vocabulario del Tesoro sería la dimensión del corpus y el tener este últi-

mo un carácter marcadamente diacrónico, mientras que el primero no.

test (ing; pronunc corriente, /test/; pl normal, ~s) m **1** Prueba psicotécnica para determinar la capacidad, aptitudes o preparación de una pers. *Frec con un compl especificador*. | PRivera *Discursos* 13: Ahora, mucho lo social, mucho diálogo, mucho "test", mucha encuesta. Delibes *Ratas* 122: –¿Y por qué no le hacemos un test? –¿Un test? –dijo doña Resu. –A ver. Esas cosas que se preguntan. Si hay un médico que dice que está chaveta o que es un retrasado, se le encierra y en paz. **b)** Examen en que hay que contestar seleccionando una entre varias contestaciones propuestas. | * El examen consta de un test y dos temas.
2 Prueba que permite establecer un juicio o comprobar un hecho. | J. Camarero *Pue* 24.12.69, 18: Las recientes elecciones en el Colegio de Abogados .. han traído vientos de confrontación política y para no pocos han constituido un elocuente "test".

testa f (lit) **1** Cabeza [de pers. o de animal]. | Delibes *Cartas* 64: Y, luego, su físico, su noble testa patricia. GNuño *Escultura* 118: Es una cabeza atormentada, no de divinidad, sino de alguien que implora a la divinidad, convergiendo en esta testa toda su expresividad taurina.
2 ~ **coronada.** Monarca. | FReguera-March *Boda* 57: La lista es impresionante. Estarán los herederos de todas las testas coronadas.

testado -da adj **1** part → TESTAR.
2 Que tiene testamento [1]. | Ramírez *Derecho* 49: Si concurre con hijos legítimos y la sucesión es testada, no puede percibir por mejora más que el hijo legítimo menos favorecido.

testador -ra adj [Pers.] que testa. *Frec n.* | Ramírez *Derecho* 84: Se llama abierto el testamento cuando el testador manifiesta su última voluntad en presencia de las personas que deben autorizar el acto.

testaferro m Pers. que en un contrato o negocio figura como interesado, no siéndolo. | HSBarba *HEspaña* 4, 356: Los riesgos de introducción de estas mercancías los dejaban totalmente cubiertos, ya fuese recurriendo al cohecho, ya más generalmente utilizando testaferros.

testamentaría f **1** Conjunto de gestiones o trámites relacionados con la ejecución de lo dispuesto en un testamento [1]. | Torrente *Señor* 150: La testamentaría de mi padre me retuvo casi un año en Pueblanueva.
2 Conjunto de bienes dejados a alguien en testamento, considerados desde la muerte del testador hasta que pasan a poder del heredero. | *Abc* 4.10.70, sn: Compramos muebles antiguos, testamentarías enteras, cuadros.

testamentariamente adv De manera testamentaria. | CBonald *Ágata* 201: Dejó mejorada –según se sabría testamentariamente en su hora– a la menor de las hijas.

testamentario -ria I adj **1** De(l) testamento [1 y 2]. | Ramírez *Derecho* 84: Paso a referirme a la sucesión hereditaria, comenzando por la impuesta por el difunto, o sea por la llamada testamentaria. Laín *Marañón* 76: Con esto no hacía otra cosa que confirmar de manera definitiva y como testamentaria la tan reiterada proclamación que de su amor vocacional a la Medicina hizo él a lo largo de su vida.
II m y f **2** Pers. encargada por el testador de cumplir su testamento. | GNuño *Madrid* 41: Las Mercedarias Descalzas, llamadas de don Juan de Alarcón, por ser este personaje el testamentario de la dama fundadora.

testamento (con mayúscula en aceps 4 y 5) m **1** Declaración legal de una pers. sobre el destino de sus bienes después de su muerte. *Tb el documento en que consta. Frec con un adj o compl que especifica la modalidad*: ABIERTO, CERRADO, DE HERMANDAD, OLÓGRAFO, etc. | Canilleros *Abc* 9.4.67, sn: Poco antes de morir, en 1546, otorgó en Cáceres su testamento, en el que consigna los cargos que desempeñara. Ramírez *Derecho* 173: Existe el llamado testamento de hermandad, o sea el mancomunado, por el que dos o más personas, cónyuges o no, pueden testar en un solo acto. Ramírez *Derecho* 175: Además de las formas de testar comunes, se admiten, en el infanzonado [vizcaíno], el testamento *il-burucu* [sic], parecido al sacramental barcelonés, y el testamento por comisario, por el cual se encomienda a uno o varios comisarios la designación de herederos y la distribución de los bienes.

2 Manifestación escrita, destinada a la posteridad, que una pers. hace de su pensamiento. *Gralm con un adj especificador*. | L. Pereña *Ya* 9.6.68, 3: Sabiduría y coraje es el segundo punto de su testamento político.

3 (*col*) Carta o escrito muy largo. | * ¿A quién escribes ese testamento?

4 Antiguo ~. Conjunto de libros bíblicos anteriores a la venida de Jesucristo. | SLuis *Doctrina* 15: La Sagrada Escritura nos habla a cada paso de Dios, tanto en el Antiguo como en el Nuevo Testamento.

5 Nuevo ~. Conjunto de libros bíblicos posteriores a la venida de Jesucristo. | Villapún *Iglesia* 5: Entre las fuentes divinas, está la Sagrada Escritura, sobre todo, el Nuevo Testamento.

testar[1] *intr* Hacer testamento [1]. | Chamorro *Sin raíces* 69: –¿Habrá testao? –Eso no se sabe. –Yo me creo que no. –Un algo le dejará al sobrino.

testar[2] *m* (*Arqueol*) Vertedero al que van a parar los desperdicios y piezas defectuosas de un horno de cerámica. | Seseña *Barros* 78: Otro centro histórico de gran importancia es Paterna, .. cuya producción era desconocida hasta 1907, fecha del descubrimiento, excavaciones de sus testares y posterior estudio llevados a cabo por González Martí.

testarada *f* (*raro*) Cabezazo. | Acquaroni *SAbc* 17.3.74, 52: Me remito (y permítaseme continuar con el símil taurino) a la libertad de embestirles a ustedes... dialécticamente y al poder de asestarles una testarada en las posaderas (con perdón) para enviarles a casa.

testarazo *m* (*col*) **1** Cabezazo. | R. Santidrián *HLM* 26.10.70, 26: Zoco no acertó a meter el testarazo indiscutible que alejase el peligro.

2 Golpe o porrazo. | Delibes *Príncipe* 113: La Domi levantó la mano: –Te metía un testarazo así.

testarrón -na *adj* (*reg*) Testarudo. | Delibes *Guerras* 61: –Probablemente no sería tan tozudo como el Bisa. –Pues es verdad, sí señor, no era tan testarrón, eso es cierto.

testarudamente *adv* De manera testaruda. | Espinosa *Escuela* 75: Macacio el Canoso .. explicaba testarudamente el reinado del Procónsul Filadelfo.

testarudez *f* Cualidad de testarudo. | M. Pozo *Act* 7.7.66, 63: La testarudez de los adultos tapa el agujero del muro.

testarudo -da *adj* Terco u obstinado. | Olmo *Golfos* 125: Fui un chaval sin prisas, de mucha pachorra y resueltamente testarudo.

testatorio -ria *adj* (*Der*) Que sirve para testar. | Compil. *Vizcaya* 639: Se admiten en el Infanzonado el testamento "il-buruco" y el testamento por comisario, llamado también poder testatorio.

teste *m* (*Anat*) Testículo. | *Inf* 30.4.74, 26: Las glándulas sexuales también son punto importante en esta edad. Existen retrasos o adelantos sexuales de tipo anatómico, como las criptorquid[i]as o retrasos de descenso de los testes.

tester (*ing; pronunc corriente*, /téster/) *m* (*Electr*) Instrumento de control, esp. destinado a medir tensión, intensidad de corriente o resistencia. | *Abc* 2.1.66, 44: Recibirá gratuitamente todo el material necesario para construir: un probador de válvulas, un generador de señales AF, una radio a FM con teclado y transistores, un tester y todo el material necesario profesional.

testera *f* **1** Frente o parte frontal [de alguien o algo]. | CBonald *Noche* 71: Rascaba suavemente la testera del potro, metiéndole luego la mano entre las crines rizadas. Faner *Flor* 93: El perro se detuvo a oliscar el cadáver. Emilia estaba espalditendida, con una estrella de sangre en la testera.

2 *En un coche de caballos*: Asiento en que se va de frente. | S. Adame *HyV* 10.71, 40: Enlaza [la manuela] con los otros dos [la carretela y el birlocho], al poseer cuatro asientos –dos en la "bigotera", suplemento puesto enfrente de la testera ..–, caja abierta .. e ir tirada por un caballo.

testero *m* **1** Frente o parte anterior [de algo]. | Benet *Aire* 90: Puso la mano sobre el testero de la cama, y todo el armatoste rechinó.

2 Pared [de un edificio o habitación]. | Cossío *Confesiones* 31: Trabajaba el tío Antón en un pequeño despacho .. cuyo testero principal tenía una gran estantería de libros. **b)** Pared situada frente a la entrada. | Torrente *Isla* 157: Entramos en un salón de holgada latitud, en cuyo testero se enfilaba una serie larga de vitrinas alumbradas.

testicular *adj* De(l) testículo. | G. Monti *SAbc* 20.10.68, 25: En 1889, el profesor francés Brown-Séquard, septuagenario, se inyecta jugo testicular fresco de carnero.

testiculina *f* (*col, humorist*) Coraje. | R. Solla *SYa* 28.6.90, 229: "No se dejaron la piel en el campo", "no se rompieron sobre el terreno", "faltó testiculina", fueron frases oídas tras la derrota ante los balcánicos.

testículo *m* **1** Glándula sexual masculina de los animales, productora de los espermatozoides. | CPuche *Paralelo* 148: Tú no manejas los dados .. Los propios testículos manejas tú. Bustinza-Mascaró *Ciencias* 121: Es [la lombriz] hermafrodita, y los órganos sexuales están localizados en la parte anterior del animal. Hay dos pares de testículos y un par de ovarios.

2 ~(s) de perro. Variedad de orquídea (*Orchis morio*). | P. Ros *SYa* 30.12.84, 32: Destaca sobremanera la "Papilionácea" .. La "Compañón" o "testículos de perro" ("Orchis morio", se suele encontrar junto a ella.

testificación *f* **1** Acción de testificar. *Tb su efecto*. | CBaroja *Inquisidor* 25: Durante ellas [las audiencias] recibía testificaciones. Solís *Siglo* 492: La cosa está muy clara. Se sabe que antes había estado en la venta; a esas testificaciones me refiero.

2 Prueba o testimonio. | CBonald *Ágata* 37: Aquel brebaje (única testificación de que el normando no había olvidado del todo la existencia del hijo) comunicó su salutífera sustancia al infante.

3 (*Geol*) Extracción de testigos o muestras de terreno. | I. AVillalobos *Ya* 17.9.74, 14: En la valoración del yacimiento se utilizaron las técnicas más modernas de perforación y testificación. Los estudios realizados dieron como resultados comprobar la existencia de 1.700 millones de toneladas de fosfatos.

testificador -ra *adj* Que testifica. | *Cua* 1.72, 12: Los representantes de la Iglesia tendrán que abandonar .. los órganos políticos en los que están presentes, condiciones que se estiman necesarias para que nazca en España una Iglesia más testificadora del Evangelio.

testifical *adj* De(l) testigo [1, 2 y 3]. | Cossío *Montaña* 285: Lo que sí es seguro, y de ello hay constancia testifical, es que aquí escribió su soneto. *Pue* 9.12.70, 5: Los letrados defensores .. han renunciado a la prueba testifical.

testificalmente *adv* De manera testifical. | REscorial *Lecturas* 211: Su sangre de hijodalgo está probada, testificalmente, hasta su bisabuelo.

testificante *adj* Que testifica. | Cobos *Machado* 73: Hemos de tener en cuenta que el sino, o destino, testificante de Mariano Quintanilla se robustece y acrecienta por lo mucho que se alarga su convivencia con don Antonio.

testificar *tr* **1** Probar [algo] mediante testigos o documentos. | Ridruejo *Memorias* 55: En este trabajo de recuerdos no quiero perderme .. en digresiones que no pueden ser testificadas sino solo conjeturadas.

2 Declarar legalmente [algo] como testigo. *Frec abs*. | * Testificó haber visto al acusado cuando salía. Solís *Siglo* 492: Hay testigos de que fue llamado cuando ya no había nada que hacer, y nadie, en cambio, ha testificado en contra.

3 Actuar como testigo [de algo (*cd*)]. | *Inf* 26.6.70, 19: Testificaron el acta matrimonial .. el ministro de Asuntos Exteriores .. y don Álvaro Martínez Pesqueira. FVidal *Duero* 24: Alvar Fáñez de Minaya, al cual imaginamos ordenando a obispos .. así como testificando profesiones espontáneas de fe de unos y otros.

4 Atestiguar (ser [una cosa] prueba o demostración [de otra (*cd*)]). | ZVicente *Balcón* 50: Las exclamaciones testifican el pudor de las faldas de la dueña de la casa.

testigo A *m y f* **1** Pers. que presencia o conoce directamente [un hecho (*compl de posesión*)]. | Laforet *Mujer* 243: Él no se ha movido de aquí, tengo testigos. R. Saladrigas *Des* 12.9.70, 29: Ha sido testigo de cómo la activísima

testiguero – teta

evolución de las ideologías enterraba para siempre la supuesta vigencia de su tono de "terrible opresión ética".

2 Pers. que asiste [a una ceremonia o a un acto legal *(compl de posesión)*] y certifica su celebración. | Laforet *Mujer* 330: Se casaban dos viejos con el cabello blanco. Los hijos servían de testigos. Villapún *Moral* 144: Es [el duelo] pecado gravísimo, castigado por la Iglesia con la pena de excomunión; pena que extiende a los padrinos, testigos, médicos y a cuantos directa o indirectamente cooperen a la consumación del delito. Tilu *Ya* 27.6.75, 80: En su ciudad natal tomó la alternativa el 11 de junio de 1933. Se la otorgó Fuentes Bejarano y fue testigo el mejicano Jesús Solórzano.

3 Pers. que declara en un juicio, sin ser parte. *Tb fig.* | SLuis *Doctrina* 104: El falso testimonio es la calumnia confirmada con juramento, generalmente en un juicio donde se actúa como testigo. F. Valle *Abc* 28.4.74, sn: La serie de artículos "Acotaciones de un oyente" .. dio la primera popularidad a su nombre y .. le permitió ser un implacable testigo de cargo del parlamentarismo español.

4 ~ **de Jehová.** *(Rel)* Miembro de una secta cristiana que cree en la proximidad del fin del mundo y en la restauración del reino de Jehová, y que preconiza la desobediencia a las leyes civiles cuando estas entran en conflicto con su religión. *Frec en pl, designando la secta.* | *VNu* 27.7.74, 28: Salón del Reino, habilitado en el comedor de un piso. Un testigo de Jehová lee y comenta pasajes bíblicos.

B *m* **5** Cosa que sirve de prueba o confirmación. | Romano *Abc* 28.11.71, 45: Se procedió a su derribo planta por planta, con toda clase de medidas previsoras de cualquier riesgo, llegándose a situar maderos de los denominados "testigos". J. A. Cecilia *SPue* 10.5.74, 17: No se puede emplear "la veleta" (flotador o testigo); es necesario pescar a tiento. **b)** Dispositivo que advierte del funcionamiento de algo. | *SYa* 17.6.73, 39: El fallo de un fusible implica que quedan fuera de servicio toda una serie de elementos: testigos del cuadro de instrumentos, intermitentes y un indicador óptico en el cuadro. *Ya* 22.11.90, 25: Teclado "Qwerty" expandido de 102 teclas. Caja tipo mini-tower con llave, reset, turbo y testigos. **c)** *(Dep) En carreras de relevos:* Objeto cilíndrico que se pasa un corredor a otro al hacer el relevo. *Tb fig, fuera del ámbito deportivo.* | *País* 20.10.79, 48: Es la hermana Mary Elizabeth, que participa, con su testigo en la mano, en una carrera de relevos. Delibes *Madera* 14: En el bebé mofletudo que llegó en tercer lugar .. vio no solo un altivo heredero, sino un soldado digno de recibir el testigo. **d)** Objeto que lleva el conductor de un vehículo que circula por una vía que circunstancialmente solo tiene una dirección, para entregarlo al que espera para circular en sentido contrario. | * Al cabo de casi diez minutos de espera, nos entregaron el testigo y pudimos pasar. **e)** *(Geol y Min)* Muestra más o menos profunda de terreno que se extrae por perforación. | *GTelefónica N.* 696: Sondas rotativas para toda clase de terrenos. Varillaje y tubos testigueros normales y especiales. Aparatos especiales para sacar el testigo sin extraer el varillaje.

6 Cosa que sirve de punto de referencia. *Gralm en aposición.* | *Cam* 21.7.75, 35: El precio testigo para la anchoa o el boquerón ha de ser del orden de las 42 pesetas.

testiguero *adj (Geol y Min)* [Aparato] para extraer testigos o muestras de terreno. *Tb n m.* | *GTelefónica N.* 696: Sondas rotativas para toda clase de terrenos. Varillaje y tubos testigueros normales y especiales. Aparatos especiales para sacar el testigo sin extraer el varillaje.

testimoniador -ra *adj (raro)* Que testimonia. | *Tri* 27.5.72, 43: Harto, hartísimo de denunciadores de profundas realidades .. Hartivo [sic] de pseudointelectuales de pacotilla testimoniadores de las angustias del hombre moderno.

testimonial **I** *adj* **1** Que sirve de testimonio. | Pemán *Abc* 3.9.68, 3: Era más bien heredero del Juan José de Dicenta o del Julián de la "Verbena". Es el tipo humano y testimonial de la hora.

II *m* **2** *(Der)* Documento auténtico que asegura su contenido. *Gralm en pl.* | Cunqueiro *Crónicas* 75: Cuando se murió quedé titulado sin más en su puesto. ¡Cuando salí de la Cámara de recoger los testimoniales, di gracias a Dios que en tan poco tiempo .. me había hecho un hombre de provecho!

testimonialmente *adv* Desde el punto de vista testimonial. | GNuño *Escultura* 30: Que un primer momento de brío en estos pueblos los hizo llegar hasta Cádiz y Huelva es testimonialmente indudable.

testimoniante *adj* Que testimonia. | B. Forcano *VNu* 29.4.72, 9: Habría que lograr .. Que acepte un tipo de trabajo profano y ordinario como medio de sustento y de presencia íntima y testimoniante entre los hombres.

testimoniar *(conjug* 1a*)* **A** *tr* **1** Dar testimonio [de algo *(cd)*]. | A. Trujillo *Día* 25.6.76, 4: Las imágenes agresivas de las quemaduras de los volcanes, con la geología teideana que testimonia tantos demonios que nos aguijonean por dentro y por fuera.

B *intr* **2** Dar testimonio [de algo]. | Cossío *Montaña* 444: Fue el alférez montañés uno de los llamados a testimoniar de la conducta del glorioso manco.

testimonio *m* **1** Declaración [de algo] hecha por alguien afirmando su veracidad como testigo. | CBaroja *Inquisidor* 24: Deben disponer de un notario que .. reciba y suscriba las denuncias y testimonios. SLuis *Doctrina* 104: El falso testimonio es la calumnia confirmada con juramento, generalmente en un juicio donde se actúa como testigo. **b) falso ~.** Calumnia. *Tb, raro, simplemente ~. Gralm con el v* LEVANTAR. | SLuis *Doctrina* 103: No dirás falso testimonio ni mentirás.

2 Cosa que sirve para demostrar la existencia o la verdad [de algo]. | Andrés *Hartzenbusch* XXI: Los primeros testimonios literarios en torno al asunto de los amantes desdichados aparecen a mediados del siglo XVI. Vesga-Fernández *Jesucristo* 36: Preséntate a los sacerdotes y ofrece por tu curación lo que Moisés tiene ordenado, para que esto les sirva de testimonio. **b)** *(Der)* Copia certificada [de un documento] expedida por el secretario de un juzgado o por un notario. | *BOE* 14.2.58, 1490: El opositor que resulte aprobado presentará en esta Dirección General .. los documentos siguientes: a) Certificación de nacimiento .. b) Título de Licenciado o Doctor en Medicina o testimonio notarial del mismo.

3 Afirmación o constatación [de algo] mediante palabras o hechos. | Vesga-Fernández *Jesucristo* 138: Para esto nací Yo y para esto vine al mundo, para dar testimonio de la verdad.

testosterona *f (Biol)* Hormona producida por los testículos. | Navarro *Biología* 33: Las gónadas masculinas o testículos elaboran la hormona testosterona.

testuz *m o f En algunos animales, esp el toro:* Parte superior y posterior de la cabeza. | CPuche *Paralelo* 89: Encima de la nevera había una cabeza de toro de cartón .. con un estoque clavado en medio de la testuz. Delibes *Ratas* 41: Cuando el animal tornó al redil, .. llevaba un cuerno tronzado, el testuz sangrante y el lomo literalmente cubierto de mataduras. Romano-Sanz *Alcudia* 49: Varios alambres la atraviesan [la campana de la chimenea], y de ellos penden papadas, testuces de cerdo y morcillas negrísimas.

teta **I** *f* **1** *En las hembras de los mamíferos:* Mama. *Referido a mujer es pop.* | Olmo *Golfos* 49: Los primeros en apearse fueron un hombre menudito y una señora de mucho culo y no menos teta.

2 *(pop)* Leche de mujer. *Frec en las constrs* DAR, *o* QUITAR, LA ~. | Alós *Hogueras* 235: El Eusebiete se murió canijo. Mi madre no tenía teta y él no quiso mamar de la cabra.

3 *(raro)* Montecillo en forma de pecho de mujer. | GPavón *Rapto* 246: Aquel es campo raso, de llanura sin pliegues, muelas, gajos, motas y ni siquiera tetas que alzasen una cuarta el nivel del camino y de sus viñas aledañas.

4 *(juv)* Cosa muy buena. *Con intención ponderativa.* | Delibes *Emigrante* 77: Hacía muchos años que no me metía en el cuerpo un filete como el que acababa de manducarme. ¡Teta pura, vamos!

5 ~ **de vaca.** Planta herbácea de la familia de la escorzonera (*Scorzonera graminifolia, S. humilis* y *S. laciniata*). | Mayor-Díaz *Flora* 510: *Scorzonera humilis* L. "Teta de vaca" .. Rizoma grueso .. Hojas enteras .. Flores amarillas en capítulos .. No frecuente.

II *adj* **6** *(juv)* Muy bueno. *Con intención ponderativa. Frec adv.* | GSerrano *Macuto* 194: –¿Qué te parece *La decadencia de Occidente*? –Chico, un libro teta. Aristófanes *Sáb* 22.3.75, 59: Y los reprimidos, a darse su ración de vista y a pasarlo teta.

7 de ~. (col) [Niño] que mama. | ZVicente *Mesa* 99: Eso se lo saben ya los críos de teta.
8 de ~. [Queso] cuya forma recuerda la del pecho de mujer. | Cela *Mazurca* 223: Toman queso de teta, dulce de membrillo y melocotones en almíbar de postre.

tetada f Mamada (acción de mamar el bebé). | *Puericultura* 10: La duración de la tetada no debe exceder de quince a veinte minutos.

tetamen m (juv) Conjunto de los pechos de una mujer. | Cela *Inf* 12.9.75, 18: ¡Jo, qué tetamen!

tetania f (Med) Excitabilidad anormal de los nervios y de los músculos, caracterizada por contracciones dolorosas de los músculos y debida a trastornos del metabolismo del calcio. | Cañadell *Salud* 359: La tetania crónica se manifiesta por hormigueos y a veces ligeros espasmos musculares.

tetánicamente adv (Med) De manera tetánica [1]. | Navarro *Biología* 92: La contracción natural del músculo se hace tetánicamente.

tetánico -ca adj (Med) **1** De(l) tétanos. | Nolla *Salud* 241: El bacilo tetánico que ha penetrado en una herida queda localizado en la misma. **b)** [Contracción] muscular persistente, esp. provocada experimentalmente por una sucesión de estímulos. | Navarro *Biología* 92: A estas contracciones continuadas obtenidas por una sucesión de estímulos se denomina contracción tetánica o tétanos imperfecto.
2 Que padece tétanos. *Tb n, referido a pers.* | Nolla *Salud* 241: El tetánico presenta un aumento del tono de la musculatura esquelética.

tetanización f (Med) Acción de tetanizar. *Tb su efecto.* | L. G. Cruz *SD16* 7.5.87, II: Los calambres generalizados se hicieron cada vez más intensos, hasta la tetanización muscular.

tetanizar tr (Med) Producir contracción tetánica [en un músculo (cd)]. | Alvarado *Anatomía* 62: Si aplicamos una corriente alterna de 30 a 50 pulsaciones por segundo, el músculo queda tetanizado, es decir, en estado de contracción.

tétano m Tétanos [1]. | *Córdoba* 129: Servicio de inmunizaciones (viruela, difteria, tos ferina, tétano, tuberculosis).

tétanos m **1** Enfermedad muy grave producida por un bacilo que penetra gralm. por las heridas y ataca el sistema nervioso, produciendo contracción dolorosa y permanente de los músculos. | Nolla *Salud* 242: El tétanos, una vez que los síntomas se han manifestado, sigue siendo una enfermedad sumamente grave.
2 (Med) Contracción muscular persistente, esp. provocada experimentalmente por una sucesión de estímulos. | Navarro *Biología* 92: Si la sucesión de estímulos se hace de tal manera que por estar muy próximos todos caigan en la fase de contracción, se obtiene un estado permanente de contracción denominado tétanos perfecto.

tetar tr (reg) Mamar [leche]. *Frec abs.* | *Ya* 28.10.82, 18: Vendo cuatro borregas, cinco primalas y 30 corderos tetando.

tetartoedria (tb **tetartoedría**) f (Mineral) Simetría que afecta solo a la cuarta parte de los elementos de un cristal. | Ybarra-Cabetas *Ciencias* 31: Si la modificación no alcanza más que a la cuarta parte de los elementos, la forma resultante se denomina tetartoédrica, y tetartoedría al fenómeno.

tetartoédrico -ca adj (Mineral) De (la) tetartoedria. | Ybarra-Cabetas *Ciencias* 31: Si la modificación no alcanza más que a la cuarta parte de los elementos, la forma resultante se denomina tetartoédrica.

tetartoedro m (Mineral) Forma tetartoédrica. | Alvarado *Geología* 7: En estos [los meroedros] hay que distinguir los hemiedros y los tetartoedros.

tête à tête (fr; pronunc corriente, /tét-a-tét/; pl, invar) **I** loc n m **1** Entrevista personal para tratar un asunto. | Torrente *Off-side* 212: ¿Y aquellos comedores que se usaban antaño para los *tête-à-tête*?
II loc adv **2** Frente a frente y a solas. | Ortega *Americanos* 160: Nos enviaron .. a buscar un lugar realmente secreto .. Donde ellos se encontraran tête-à-tête, a sus anchas.

tetera f Vasija para hacer y servir el té. | Laiglesia *Ombligos* 36: No volvía a arrimarle la tetera por miedo a que cometiese una nueva torpeza.

tetería f Establecimiento público semejante a una cafetería y especializado en tés. | *GOc* 17.11.80, 37: Teterías. Al-Mounia .. Tés árabes con pastas árabes y frutos secos. La Charlotte .. Tés, tartas y comidas caseras .. Tetería de la Abuela .. Gran variedad de tés, crepés y tartas.

tetilla f **1** *En los machos de los mamíferos:* Abultamiento pequeño en el lugar correspondiente a la mama de la hembra. | Olmo *Golfos* 35: De pequeño .. lo dejaban en un rincón del patio metido en una tinaja que apenas le llegaba a las tetillas.
2 Variedad de queso gallego en forma de pecho de mujer. | Savarin *SAbc* 22.2.70, 49: Terminé yo mi almuerzo con queso gallego "tetilla".
3 Tetina. | J. L. Herrera *Sáb* 9.7.75, 10: El "bunker" no ha nacido ahora .. Y funciona con el automatismo del mamón a quien se le obstruye la tetilla del biberón en plena faena.

tetina f Tapa de biberón, que tiene un saliente en forma de pezón. | *Puericultura* 26: Las tetinas deben ser de goma natural.

tetón[1] -na adj **1** [Hembra] de tetas grandes. *Referido a mujer, es vulg.* | Cela *Pirineo* 48: Un calendario .. representaba una señorita muy aparente y más bien tetona. Cela *Viaje andaluz* 297: Entre chumberas y jaguarzos, el niño belitre y la cabra tetona y mozcorra se reparten, como buenos hermanos, las lujurias que llevan al infierno.
2 (reg) [Cochinillo] que aún mama. *Tb n.* | Moreno *Galería* 90: Cerdas madres de ocho a catorce y más cerditos tetones.

tetón[2] m Pequeño saliente de una pieza para facilitar su fijación. | Ramos-LSerrano *Circulación* 276: El eje del cambio de velocidades termina en un tetón por donde se apoya centrado en un cojinete de bolas dispuesto en el volante.

tetra m Se da este n a varios peces tropicales de coloración brillante, criados frec en acuarios (gén *Hemigrammus* y otros similares). | Castellanos *Animales* 143: Enfermedades de los peces .. Tuberculosis: Síntomas: pérdida de apetito, pereza, delgadez progresiva y agotamiento gradual. En los tetras, también es un síntoma la aparición de manchas amarillas en la base del pedúnculo caudal.

tetrabrik (n comercial registrado; tb con la grafía **tetra brik**; pl normal, ~s) m Envase de cartón impermeabilizado, cerrado herméticamente y en forma de paralelepípedo rectángulo, para productos alimenticios líquidos. | A. Orejas *SYa* 9.7.89, 33: Un atrevido comerciante de Bata que .. atravesará los cuarenta y ocho puentes de troncos .. cargado de leche condensada, galletas y el preciado vino Don Simón en "tetrabri[k]". [*En el texto,* tetra-brick.] *Impreso* 4.91: Continente .. Zumo PMI .. Tetra Brik, 1 l. 79.

tetracampeón -na m y f (Dep) Pers. o equipo que ha sido cuatro veces campeón. | *SYa* 7.1.91, XII: Atletismo .. El tetracampeón del mundo, John Ngugi, defraudó al conseguir tan solo el cuarto lugar.

tetraciclina f (Med) Se da este n a distintos antibióticos de amplio espectro y de acción bacteriostática, esp al obtenido del *Streptomyces viridifaciens*. | Bustinza-Mascaró *Ciencias* 100: Entre los antibióticos empleados en medicina figuran: la penicilina, la estreptomicina, las tetraciclinas y la cloromicetina.

tetracloruro m (Quím) Compuesto que contiene cuatro átomos de cloro. | *Abc* 28.4.74, 7: El escape se produjo en un tanque que contenía 250.000 litros de tetracloruro de silicona.

tetracoco m (Biol) Asociación de cuatro cocos. | Navarro *Biología* 234: Los cocos son inmóviles y pueden estar dispuestos por pares (diplococos), en grupos de cuatro (tetracocos).

tetracordo m (Mús) Serie de cuatro sonidos que forman un intervalo de cuarta. | Valls *Música* 31: Los grados de estas breves escalas (tetracordos) eran alterables, de manera que los cuatro sonidos que las integraban estaban dotados de cierta movilidad en su afinación.

tetradracma *m* (*hist*) Moneda griega de valor de cuatro dracmas. | Sampedro *Sirena* 283: Es una medalla de estaño, del tamaño de un tetradracma.

tetraédrico -ca *adj* (*Geom*) De(l) tetraedro. | Aleixandre *Química* 33: Los cuatro pares electrónicos de un octete .. tienden a disponerse en el espacio según los vértices de un tetraedro regular. Así, pues, el ángulo entre dos enlaces sencillos formados por un átomo es muy próximo al tetraédrico 109° 28'. **b)** Que tiene forma de tetraedro. | Aleixandre *Química* 139: La representación tetraédrica explica perfectamente que no haya más que un compuesto CH_2RR'.

tetraedro *adj* (*Geom*) [Poliedro] de cuatro caras triangulares. *Gralm n m.* | Marcos-Martínez *Matemáticas* 120: Por el número de sus caras los ángulos poliedros se llaman: ángulo triedro, tetraedro, pentaedro, exaedro, etc. Aleixandre *Química* 33: Los cuatro pares electrónicos de un octete .. tienden a disponerse en el espacio según los vértices de un tetraedro regular.

tetragonal *adj* (*Mineral*) [Sistema] caracterizado por los elementos de simetría del prisma recto de base cuadrada. | Ybarra-Cabetas *Ciencias* 28: Sistema tetragonal. **b)** De(l) sistema tetragonal. | Ybarra-Cabetas *Ciencias* 28: Bipirámide tetragonal.

tetragrama *m* (*Mús*) Pauta formada por cuatro líneas. | Casares *Música* 35: Se le debe al benedictino Guido d'Arezzo (990-1050) quien inventará nuestro sistema de solfeo, aportando: Las líneas horizontales entre las que se escriben las notas; al principio eran cuatro, tetragrama, aunque también escribió en cinco, pentagrama.

tetralina *f* (*Quím*) Hidrocarburo que se obtiene por hidrogenación del naftaleno y que se utiliza como disolvente. | Aleixandre *Química* 155: Por la acción del hidrógeno en presencia de un catalizador [el naftaleno] fija 4 ó 10 átomos de hidrógeno y se transforma, respectivamente, en tetralina o decalina, ambos líquidos y muy empleados en la actualidad como disolventes.

tetralogía *f* Conjunto de cuatro obras literarias o musicales que tienen una unidad argumental básica. | J. GPalacio *Act* 12.11.70, 11: Es escritor fecundo y toca todos los géneros. Tiene una tetralogía sobre la guerra civil española. G. Gombau *Abc* 16.12.70, 23: Su "Tetralogía" [de Wagner] ha podido compararse a una gigantesca sinfonía en cuatro tiempos. **b)** (*hist*) *En la antigua Grecia:* Conjunto de tres tragedias y una comedia presentado a concurso público. | DPlaja *Literatura* 23: Las autoridades de cada lugar abren concursos para premiar la mejor tetralogía (tres tragedias y una comedia) que haya de representarse.

tetrámero -ra *adj* (*Quím*) [Polímero] cuyo peso molecular es cuádruple de otro. *Tb n m.* | Aleixandre *Química* 202: Los polímeros de peso molecular doble, triple, cuádruple, etc., de otro se llaman dímeros, trímeros, tetrámeros, etc.

tetrámetro *m* (*TLit*) *En la poesía grecolatina:* Verso que consta de cuatro grupos de dos pies. | RAdrados *Fiesta* 351: En Eurípides hay al menos un pasaje .. con tetrámetros trocaicos.

tetramorfos (*frec con mayúscula*) *m* (*Arte*) Conjunto de los símbolos de los cuatro evangelistas, que en las pinturas románicas suelen rodear a la imagen de Cristo o la Virgen. | Tejedor *Arte* 107: Pinturas murales al fresco .., donde aparece en la parte superior el Cristo Pantocrátor (Creador) o la Virgen Theótocos (Madre de Dios) dentro de una almendra o mandorla rodeada por el Tetramorfos o símbolos de los cuatro Evangelistas.

tetrapak (*n comercial registrado; pl normal,* ~s) *m* Envase de cartón impermeabilizado, cerrado herméticamente, en forma de tetraedro, para productos alimenticios líquidos. | * La leche empezó a venderse en tetrapaks.

tetrapartito -ta *adj* (*raro*) Cuatripartito. | *Ya* 2.12.70, 1: Se esperaba una pronta "distensión" en Berlín a consecuencia de las proyectadas conversaciones tetrapartitas sobre el futuro de la antigua capital alemana.

tetraplejía *f* Parálisis de las cuatro extremidades. | *DMo* 14.8.87, 15: La tetraplejía le sobrevino tras un accidente sufrido el pasado 1 de agosto.

tetrapléjico -ca *adj* Que padece tetraplejía. *Tb n.* | J. Parra *Ya* 22.10.86, 60: Si la lesión alcanza la gravedad que confirman los médicos, Azucena Hernández, Miss Cataluña y actriz hasta el miércoles 15 de octubre, puede quedar tetrapléjica.

tetraquenio *m* (*Bot*) Fruto constituido por cuatro aquenios. | Alvarado *Botánica* 50: Los [esquizocarpios] más interesantes [s]on el diaquenio de las Umbelíferas .., el tetraquenio de las Borragináceas .. y Labiadas .. y el poliaquenio de las Geraniáceas.

tetraquishexaedro *m* (*Geom*) Cubo con una pirámide en cada una de sus caras. | Ybarra-Cabetas *Ciencias* 25: Cubo piramidado o tetraquishexaedro .. Tiene .. 24 caras iguales, que son triángulos isósceles.

tetrarca *m* (*hist*) *En la época romana:* Gobernante subordinado de una región que es una de las cuatro subdivisiones de una provincia. | Pericot *Polis* 62: Pompeyo incorpora Judea a la provincia de Siria; pero le conserva su autonomía bajo el sumo sacerdote Hircano. César da a este el título de etnarca, y el de tetrarcas a otros subordinados suyos .. El tetrarca Herodes Ántipas es quien hace matar a San Juan Bautista.

tetrarquía *f* (*hist*) *En la época romana:* Sistema de gobierno en que el poder es ejercido solidariamente por cuatro autoridades imperiales. | Pericot *Polis* 127: El Imperio quedaba así dividido en cuatro regiones con sus respectivas capitales. Las decisiones de los emperadores eran solidarias y valían para todo el Imperio. Quedaba fundada la Tetrarquía.

tetrarreactor -ra *adj* [Avión] propulsado por cuatro reactores. *Más frec n m.* | *Ya* 22.10.64, sn: A bordo de los "jets" tetrarreactores de TWA, Vd. es nuestro huésped. *Abc* 12.9.68, 20: El nuevo Douglas .., el más poderoso tetrarreactor del mundo, se ha unido ya a nuestra flota.

tetrasilábico -ca *adj* (*Fon y TLit*) Tetrasílabo. | CSotelo *Muchachita* 255: La eufonía tetrasilábica de esa palabra [Valladolid] ha contribuido mucho a que se le asigne [a la protagonista] tan preciso origen.

tetrasílabo -ba *adj* (*Fon y TLit*) De cuatro sílabas. *Tb n m, referido a verso.* | Quilis *Métrica* 48: En la profecía de Casandra hay estrofas con predominio del verso tetrasílabo. Quilis *Métrica* 48: Tetrasílabo .. Suele alternar con versos de ocho sílabas.

tetrástilo -la *adj* (*Arquit*) [Edificio, esp. templo clásico] que tiene una fila de cuatro columnas en la fachada. | Tejedor *Arte* 36: El templo podía ser también tetrástilo, hexástilo u octástilo, según que las columnas de su fachada principal fueran respectivamente cuatro, seis u ocho.

tetrástrofo *m* (*TLit*) Estrofa de cuatro versos. *Normalmente designando la de la cuaderna vía.* | Quilis *Métrica* 98: Tetrástrofo monorrimo alejandrino .. Es un cuarteto formado por una sola rima.

tetratómico -ca *adj* (*Quím*) [Molécula] formada por cuatro átomos. | Bustinza-Mascaró *Ciencias* 6: Cuando las moléculas están formadas por dos átomos se llaman biatómicas; .. si por cuatro, tetratómicas.

tetravalencia *f* (*Quím*) Condición de tetravalente. | Aleixandre *Química* 134: En ambas cadenas la tetravalencia del carbono se cumple rigurosamente.

tetravalente *adj* (*Quím*) Que tiene valencia 4. | Marcos-Martínez *Física* 278: Todos ellos [elementos] funcionan como tetravalentes con el hidrógeno.

tétrico -ca *adj* Lúgubre. | Laforet *Mujer* 309: Nunca he visto tantas criaturas espantosas..., y esos guardapolvos grises, tan tétricos.

tetrosa *f* (*Quím*) Glúcido que contiene en su molécula cuatro átomos de carbono. | Navarro *Biología* 19: Existen glúcidos que contienen en su molécula 2, 3, 4, 5, 6 o más átomos de carbono, y que por ello se denominan diosas, triosas, tetrosas, pentosas, hexosas, etc.

tetróxido *m* (*Quím*) Óxido cuya molécula contiene cuatro átomos de oxígeno. | *Voz* 27.7.75, 1: Los tres astronautas del "Apolo" .. ingresaron en un hospital militar para ser internados en la unidad de cuidados intensivos. Acusaban irritación pulmonar a causa de un escape de tetróxido de nitrógeno.

tetuaní *adj* De Tetuán (Marruecos). *Tb n, referido a pers.* | C. Laredo *Abc* 9.9.66, 31: Un ministro dio un gran abrazo, ante la televisión, al dirigente tetuaní.

tetudo -da *adj* **1** (*col*) De tetas [1] grandes. | Torrente *Fragmentos* 14: Ahora mismo las veo, algunas de ellas, caras y cuerpos olvidados, como un capitel románico, unas narices aquí, allá una pierna, entre un torso tetudo y un brazo armado. Zunzunegui *Camino* 444: A los pocos días se vio con Amparo .. Grande, tetuda, con el pelo teñido y tirante sobre una frente espléndida.
2 Que tiene forma de pecho de mujer. *Esp referido a una clase de aceituna y al árbol que la produce. Frec en la forma* TETUDILLO. | FVidal *Duero* 35: Divisa a sus pies un panorama vastísimo, que incluye la penillanura alcarreña, con los gemelos y tetudos cerros de Viana sobre las márgenes del río Tajo. E. Marco *MHi* 6.60, 29: El nombre de estos venerables árboles [olivos] es muy otro. Es el *oleae media oblonga fructi corni*, más llanamente picudo; picual, en Andalucía; .. tetudillo en Granada.

teucrio *m* Planta aromática de la familia de las labiadas, propia de la región mediterránea (gén. *Teucrium*). | Loriente *Plantas* 65: *Teucrium fruticans* L. "Teucrio marítimo." Arbusto bastante frecuente en la banda litórea, sobre todo para formar setos recortados.

teucro -cra *adj* (*hist, lit*) Troyano. *Tb n.* | J. P. Quiñonero *Inf* 11.4.75, 25: Así ahora, los héroes aqueos y teucros, los sagrados arquetipos de la mitología griega, pudieran emparentarse con los relatos americanos de las tribus primitivas.

teúrgo *m* (*lit, raro*) Mago. | Cela *Diez* 31.5.80, 13: Seguro del todo, no, esa es la verdad. A mí me lo dijo un primo de la Raquelita, que es teúrgo.

teutón -na *adj* **1** (*hist*) [Individuo] del pueblo germánico habitante del territorio cercano a la desembocadura del Elba. *Tb n.* | Tovar-Blázquez *Hispania* 79: Los cimbros penetraron en Hispania, pero .. fueron rechazados por los celtíberos, y regresaron a la Galia a reunirse con los teutones.
2 (*lit*) Alemán. *Tb n, referido a pers.* | VParga *Santiago* 11: Borgoñones y teutones seguían la Vía Podiense. DPalomero *Ya* 22.4.77, 37: El presidente del equipo rojiblanco, don Vicente Calderón, se encontraba mejor de la gripe que padeció en tierras teutonas.

teutónico -ca *adj* **1** De los teutones. | J. Montserrat *Gac* 1.6.63, 21: A mediados de mayo ha muerto en Roma el obispo austríaco Luis Hudal, que fue durante treinta años rector del colegio teutónico de Roma en Santa María dell'Anima.
2 (*hist*) [Orden] militar de origen alemán cuyo fin es atender a los enfermos. | * La Orden Teutónica surgió en el siglo XII. **b)** De la orden teutónica. *Tb n, referido a pers.* | Villapún *Iglesia* 79: Los Teutónicos. Esta Orden militar fue de origen alemán.

tevergano -na *adj* De Teverga (Asturias). *Tb n, referido a pers.* | Peyroux *NEs* 10.8.79, 11: No faltarían las alegres notas del puntero y del roncón de Fuxó, "gaitero mayor de Teverga" .. La fe mueve montañas y esto es lo que ocurre el día del Cébrano con los tevergamos.

texano → TEJANO.

tex-mex (*ing; pronunc corriente,* /téks-méks/) *adj* Tejano-mejicano. *Referido esp a un tipo de música o de cocina. Tb n m.* | J. PAlbéniz *SPaís* 14.9.90, 6: Un álbum que no desentona en absoluto de la línea marcada por esta banda desde sus comienzos: sonidos fronterizos basados en el *rock and roll*, el *tex-mex* y el *blues*. S. Alonso *SPaís* 1.8.90, 3: Llegó el momento de aclarar que en pleno Madrid de los Austrias nos hallamos en la cuesta del *tex mex* (estilo tejano-mexicano). El Rompeolas se reserva sus mezcales y mezcalitos para la barra del bar.

textil I *adj* **1** [Materia] que puede ser transformada en hilos y tejida. *Tb n m.* | Bosque *Universo* 172: Desde que, en 1884, Chardonnet inventó el rayón o seda artificial, .. a esta fibra .. se han agregado nuevos textiles que han conquistado el mercado. **b)** [Planta] que produce materia textil. | Legorburu-Barrutia *Ciencias* 298: Plantas textiles. Suministran fibras para fabricar tejidos.
2 De(l) tejido. | *Van* 4.11.62, 1: Se celebró la solemne inauguración de la I Feria Técnica Nacional de Maquinaria Textil.
II *m* **3** Tejido. | Halcón *Ir* 341: Tomando baños de sol estaba ahora .., sin más tapujo que un breve "textil" en el vientre, todo a la luz. * Trabaja en el ramo del textil.

texto I *m* **1** Enunciado escrito. | Laiglesia *Tachado* 44: Comprima el texto todo lo posible, para que no tengamos que hipotecar el porvenir de la monarquía cuando Telégrafos pase la factura. **b)** Escrito considerado en su redacción original y auténtica. | * No recuerdo el texto, pero dice algo así como... **c)** Pasaje citado de una obra escrita. | * Se apoya en textos del Antiguo Testamento. **d)** (*Ling*) Conjunto de signos, o enunciado, oral o escrito, considerado como objeto de estudio. | * El dialectólogo recoge textos orales.
2 Cuerpo de un escrito o impreso, con exclusión de portadas, notas, índices e ilustraciones. | Huarte *Tipografía* 62: Los suplementos del libro son: 1º Notas. 2º Apéndices. 3º Índices alfabéticos. Las tres partes irán compuestas en letra de cuerpo menor que el texto.
3 Libro de texto [4]. | Peña-Useros *Mesías* 9: Terminamos solicitando una vez más las opiniones y sugerencias de los profesores que nos han honrado adoptando nuestros textos.
II *loc adj* **4 de ~**. [Libro] que se utiliza como manual en una clase para su estudio a lo largo de un curso. | *Bachillerato 1967* 19: Establecimiento de bases preceptivas para la reducción del contenido de los cuestionarios y de los libros de texto.

textual *adj* De(l) texto. | RMoñino *Poesía* 20: Los problemas que se nos planteen cuando hallemos obra manuscrita de tales escritores serán de dos clases: de autenticidad en la atribución o de pureza textual. GNuño *Escultura* 20: Las pruebas de lo dicho quedan en el cuerpo de este libro, tanto en lo textual como en lo gráfico. **b)** Conforme literalmente al texto [1b]. *Tb fig, referido a comunicación oral o a música.* | * La cita es textual. * Estas fueron sus palabras textuales. SFerlosio *Jarama* 76: Se ha terminado la Mely para mí; "Hola qué tal", "Adiós buenas tardes", eso va a ser toda la Mely para mí de aquí en adelante. Textual. FCid *Abc* 4.10.70, 71: En su curso escuchamos breves citas textuales de Bach, Beethoven.

textualidad *f* (*raro*) Cualidad de textual [1b]. | Torrente *Sombras* 311: A cada nueva idea estratégica o táctica del general Mambrú, comunicada en su textualidad a los capitostes por los presentes a las lecciones, obligaba a cambiar los supuestos.

textualmente *adv* De manera textual [1b]. | *Sp* 19.7.70, 22: Dice textualmente el informe: ".. también ha influido la devaluación de nuestro signo monetario".

textura *f* **1** Modo de entrecruzarse los hilos [de un tejido]. | * Ambos tejidos tienen el mismo color y la misma fibra, pero difieren en la textura.
2 Modo de combinarse entre sí los distintos componentes [de algo]. | I. LDorta *Día* 26.9.75, 13: El suelo ideal para un invernadero es el que presenta una textura ligera con abundante materia orgánica. *Inf* 25.2.70, 8: Helena Rubinstein nos ofrece un maquillaje con una fluidez incomparable y una textura ligerísima. MCachero *AGBlanco* 132: El horizonte se entenebrece más cuando advertimos la .. invasión del ámbito estricta y peculiarmente narrativo por elementos ajenos, incompatibles con su textura sustancial.

texturador -ra *adj* (*Tex*) Que textura. | *Inf* 4.2.71, 22: Ofrécese licencia explotación patentes: .. "Procedimiento texturador hilos filamentos lisos, hilos filamentos texturados".

textural *adj* De (la) textura. | J. Castro *SInf* 22.4.71, 12: El "collage", que es tratado aquí por Vento del modo como hay que tratarlo en verdad, es decir, pictóricamente, sometiéndole a las mismas exigencias texturales y sintácticas que el color al uso.

texturar *tr* (*Tex*) Texturizar. | *Gac* 1.6.63, 92: Ropa para deporte y trabajo, tapicería, hilos texturados.

texturizar *tr* (*Tex*) Someter [una fibra sintética] a un proceso de deformación en caliente, a fin de darle una

tez – tibio

textura [1] apropiada. | *Van* 20.12.70, 87: Precisamos persona joven y dinámica conocedora del mercado de hilos texturizados.

tez *f* **1** (*lit*) Piel del rostro. | GPavón *Hermanas* 31: Cuando le pasaba la flama, la tez de doña María de los Remedios volvía a su albura lechal.
2 (*raro*) Superficie [de algo]. | Romano-Sanz *Alcudia* 139: Aparecen los sembrados .. –Hogaño con tanta agua está la tez muy dura .. Si llueve mucho, malo, y si llueve poco, peor.

thai *adj* Tailandés. Tb *n*. | L. Calvo *Abc* 19.11.72, 23: Allí, en Bangkok y en todos los rincones thais, quien dice rito religioso dice Monarquía. *País* 27.11.88, 18: "Yo estaba", dice, "con 4.500 dólares en mi bolsillo para comprar al *thai* unos rubíes". VMontalbán *Pájaros* 87: –Son nombres de masajes, es decir, de cochineo. El francés es el francés, y el griego pues es *El último tango en París*, para entendernos. Y el thai. –Ya sé lo que es el thai. –Pues eso.

thailandés → TAILANDÉS.

Theótocos *f* (*Arte*) Representación de la Virgen con el niño en el regazo, propia del románico. Gralm en aposición. | Fernández-Llorens *Occidente* 120: A veces, cuando la iglesia estaba dedicada a la Virgen, se la representaba en el ábside con el niño sentado en el regazo (Theótocos). Tejedor *Arte* 107: Aparece en la parte superior el Cristo Pantocrátor (Creador) o la Virgen Theótocos (Madre de Dios).

thermidor → TERMIDOR.

thermidoriano → TERMIDORIANO.

tholos (*gr; pronunc corriente*, /tólos/; *pl normal*, THOLOI) *m* (*Arqueol*) Construcción circular con cubierta de cúpula o cónica, gralm. de carácter funerario y propia esp. de la civilización micénica. | Pericot-Maluquer *Humanidad* 155: Se usan cuevas naturales o artificiales para sepulcros y se construyen también cámaras circulares cubiertas con falsa bóveda, los famosos *tholoi*.

thriller (*ing; pronunc corriente*, /θríler/; *pl normal*, ~s) *m* Película de crimen, misterio o espionaje con suspense. Alguna vez tb referido a novela u obra teatral. | J. Castro *SInf* 3.1.74, 15: Unos presupuestos que consistían en, partiendo de un esquema de "thriller", llevar a cabo la disección más lúcida y cruel de la estupidez de una sociedad. L. Azancot *SPue* 22.11.80, 2: Este relato [de Graham Greene] de la persecución de un delator .. introduce una inquietante .. problemática ética en el seno mismo del *thriller*.

ti → TÚ.

tialina *f* (*Fisiol*) Ptialina. | *Ya* 24.5.86, 30: La saliva .. está formada por un 99 por 100 de agua, reservándose el resto para una proporción diversa de elementos, entre los que se incluyen dos sustancias con una misión muy particular: la tialina, un fermento que inicia realmente la digestión al destruir las cadenas químicas de los hidratos de carbono, y la lisozima.

tiamina *f* (*Med*) Vitamina B_1. | Cañadell *Salud* 158: Esta vitamina es denominada vitamina B_1, aneurina o tiamina.

tiara *f* **1** Tocado papal formado por tres coronas superpuestas y rematado por una cruz sobre un globo. Frec se emplea como símbolo de la dignidad papal. | * En esta solemnidad el Papa aparece tocado con la tiara. * La tiara para un obispo del Este.
2 Tocado propio de las jerarquías de la iglesia ortodoxa. | J. CCavanillas *Abc* 19.9.64, 33: Las tiaras, materialmente revestidas de piedras preciosas, de los patriarcas y arzobispos ortodoxos .. desafiaban las joyas históricas.
3 Diadema (joya femenina). | *Abc* 15.8.73, sn: Se ha distribuido en Londres este bello retrato de la princesa Ana de Inglaterra, en el que luce una nueva tiara de diamantes. L. Román *Abc* 20.6.88, 79: Como joyas llevaba una tiara de brillantes, estilo rusa, perteneciente a Cayetana Alba; pendientes de brillantes y la pulsera de pedida.
4 (*hist*) Gorro alto usado como símbolo de la soberanía en el antiguo Oriente. | Angulo *Arte* 1, 60: Hamurabi viste y se toca con turbante como Gudea, pero tiene ya barba semítica, mientras Shama, con larga barba postiza, se toca con tiara de cuernos. Angulo *Arte* 1, 48: Le vemos [a Ramsés II] en el acto de ofrecer incienso a Osiris tocado con la tiara del alto Egipto.

tiberino -na *adj* Del río Tíber (Italia). | Cunqueiro *Crónicas* 86: Tenía el señor San Giusepe por segundo en el mando de los cacos a un tal Nettuno, que trabajaba en la puente del castillo de Sant'Angelo, y por el verano en la Piscinula y en la isla tiberina.

tiberio *m* (*col*) Alboroto o jaleo. | Buero *Hoy* 58: ¿Ha visto qué tiberio? Y es que son todos muy ordinarios.

tibetanización *f* (*lit*) Aislamiento cultural. | Aranguren *Moral* 189: La ciencia moderna empieza a desarrollarse a fondo en el siglo XVII, es decir, una vez producida la "tibetanización" de España.

tibetano -na I *adj* **1** Del Tíbet. Tb *n*, *referido a pers*. | *Inf* 29.9.75, 21: En un ciclo de dieciséis lecciones sobre Literaturas Asiáticas, [Joaquín del Val] explicó diversos aspectos de las literaturas japonesa, vietnamita, armenia, tibetana .. y china.
II *m* **2** Lengua del Tíbet. | *Abc* 19.3.58, 12: Está traducido [el Quijote] a los idiomas y dialectos siguientes: alemán, .. tagalo, tibetano, turco.

tibia[1] *f* Hueso mayor e interno, de los dos que constituyen el esqueleto de la pierna del hombre. | Bustinza-Mascaró *Ciencias* 38: En la pierna hay dos huesos: tibia y peroné, de la rodilla al pie. **b)** Hueso correspondiente a la tibia en otros vertebrados. | Legorburu-Barrutia *Ciencias* 204: En las patas se distinguen: el fémur ..; la tibia-peroné, que forma el muslo del ave, y el tarso-metatarso, reducido a un hueso. **c)** *En los insectos*: Cuarto artejo de la pata. | Ybarra-Cabetas *Ciencias* 341: Cada uno de ellos [los anillos del saltamontes] lleva un par de patas articuladas, compuestas de varios artejos, que se denominan: cadera, trocánter, fémur, tibia y tarso.

tibia[2] *f* Flauta. | *HLBR* 26.8.74, 6: Los txistularis .. estuvieron animando la mañana con el incansable sonido de las antiquísimas melodías vascas, interpretadas, y muy bien, por medio de la famosa tibia vasca.

tibial *adj* (*Anat*) De la tibia[1]. Tb *n*: *m, referido a músculo; f, referido a arteria*. | *Ya* 1.3.91, 42: El jugador del Atlético de Madrid será operado hoy de una rotura tibial. Montecelos *SYa* 11.6.89, 7: Registrará [la máquina] .. una serie de datos: el electroencefalograma, .. la actividad muscular en los tibiales. Navarro *Biología* 166: La ilíaca externa .., al ingresar en la pierna con el nombre de femoral, se bifurca en la pantorrilla para originar la tibial y peróneas.

tibiamente *adv* De manera tibia. | L. Álamo *HLM* 26.10.70, 9: Hay una parra que da uvas tintas y otra parra que tiene uvas doradas para que las caliente tibiamente en la mañana del domingo un sol melancólico. P. Crespo *SArr* 27.12.70, 43: "¡Vivan los novios!" fue tibiamente recibida en Cannes.

tibieza *f* Cualidad de tibio. | Laforet *Mujer* 107: La gran noche .. volvía a exhalar su tibieza vital. *Abc* 25.2.58, 56: En el cuarto de la tarde .. se le aplaudió con tibieza. Palacios *Juicio* 109: La Escritura habla de los tibios, a quienes Dios arroja de su boca; y cuando un pueblo es dominado por la tibieza, no tardan en surgir hombres que se encargan de hacernos ver que hay cosas inolvidables con las que no se juega.

tibio -bia I *adj* **1** Templado (ligeramente caliente). | Bustinza-Mascaró *Ciencias* 90: Los pies deben ser lavados con frecuencia con agua tibia o caliente y jabón. A. Nadal *Van* 4.4.73, 59: Después, fue marzo, .. que, al final, nos abrió las puertas de la primavera entre crudos fríos y días tibios y soleados.
2 Ligeramente cálido o afectuoso. | J. M. Cabodevilla *SYa* 8.12.74, 3: En la sociedad actual, tan férreamente estructurada, aquello de dar de comer al hambriento o visitar a los presos requiere otras formas de actuación menos efusivas, menos tibias, menos consoladoras para quien las ejecutare.
3 Poco fervoroso. Tb *n, referido a pers*. | Castroviejo *Van* 20.5.73, 13: Son los "sepulcros blanqueados" que anatematiza Cristo, o, en los más favorable de los casos, los tibios que vomita el Evangelio.
4 (*lit*) Suave o delicado. | Cuevas *Finca* 260: La luz eléctrica brillaba con ese amarillo tibio que toman las luces eléctricas cuando se acerca el frío. Matute *Memoria* 17: Me

fui, descalza, aún con un tibio sueño prendido en los párpados, hacia la ventana.

II *loc v* (*col*) **5 poner ~** [a alguien o algo]. Criticar[lo] o denostar[lo] duramente. | FReguera-March *Boda* 201: Ha hecho unas declaraciones explosivas a la prensa, poniendo tibios a los catalanistas de la Solidaridad.

6 ponerse ~. Mancharse mucho. | * Se puso tibio jugando con el barro.

7 ponerse ~ [de algo]. Hartarse o saciarse [de ello]. | GSerrano *Macuto* 354: Se ponían tibios de inventar letrillas.

tibioperoneo -a *adj* (*Anat*) De la tibia[1] y el peroné. | *Abc* 4.10.70, 66: El diagnóstico fue rotura de ligamento lateral interno del tobillo izquierdo, con diastasis tibioperonea y fisura en el tercio medio del peroné izquierdo.

tibor *m* Vaso grande decorado de origen oriental, gralm. en forma de tinaja y normalmente de barro o porcelana. | D. I. Salas *MHi* 7.69, 44: Hay .. algunos tibores chinos y delicadas figuras japonesas. J. Trenas *Van* 6.1.74, 10: Un tibor de bronce, con base de veinticinco mil pesetas .., llegó hasta las trescientas diez mil.

tiburón *m* **1** Se da este n a distintas especies de escualos, esp al Carcharodon carcharias (~ BLANCO). | Ybarra-Cabetas *Ciencias* 364: Los Elasmobranquios comprenden, además de la pintarroja, los tiburones, rayas, torpedos, etc. *Últ* 18.8.70, 17: En Cuba pesqué un tiburón de 109 kilos y en San Telmo una serviola de 43.

2 Pers. codiciosa, despiadada y sin escrúpulos. | *Cam* 2.6.75, 3: Al hablar de Portugal, aquí en este país hay muchas cosas que no pueden decirse por temor a hacerle el juego a tiburones dictatoriales de todos los colores. Fieramosca *Ya* 13.1.89, 48: ¿Qué significa que Pilar Miró es un hueso fácil de roer? Parece indicar que se trata de una pobre e indefensa señorita incapaz de romper un plato, la pobre, y que los tiburones de la política y la prensa se han dedicado a descuartizarla.

3 (*Econ*) Pers. o sociedad que de modo oculto adquiere acciones para lograr posiciones de control en una empresa. | *Épo* 21.12.87, 36: En los registros de esta entidad sigue sin inscribirse ninguna sociedad que justifique ese paquete de acciones, y se está a la espera de conocer lo que se ha denominado "el segundo acto", que desvele la cara y la filiación del nuevo tiburón.

tiburoneo *m* (*Econ*) Acción o comportamiento propios de un tiburón [3]. | F. Nadal *Ya* 1.3.88, 26: La Junta Sindical de la Bolsa de Madrid suspendió ayer la contratación pública y la cotización oficial de las acciones de las cinco sociedades de cartera del Banco Español de Crédito: Cartisa, Fintisa, Invatisa, Patrisa y Rentisa, en lo que se considera en medios cercanos a la entidad como "una medida para evitar posibles «tiburoneos»".

tic[1] (*pl normal*, ~s) *m* **1** Movimiento convulsivo e involuntario que se repite con frecuencia. *Tb* ~ NERVIOSO. | MSantos *Tiempo* 200: A quien .. llamaron hace años Muecas a causa de los incontenibles tics que como residuo le dejara la corea.

2 Gesto o actitud habituales y que se repiten de manera automática o mecánica. | * Leer acariciando al perro se había convertido para él en un tic.

tic[2] *interj* Se usa, gralm. repetida, para imitar el tenue golpeteo de algo, esp de un reloj. A veces se sustantiva. | Marías *País* 19.10.80, 11: Relojes digitales .. Ya casi ha desaparecido el tic-tic.

ticera *f* (*reg*) Boliche (horno). | Romano-Sanz *Alcudia* 195: En la carbonera suelen quedar tizos sin quemar. Con ellos construye[n] otro horno pequeño, llamado ticera o boliche, para obtener más carbón.

ticket (*ing; pronunc corriente,* /tíket/; *pl normal*, ~s) *m* **1** Tique. | A. Pizá *Bal* 4.3.70, 16: Sentada en la trasera del autobús tiene su pequeño despacho de tickets.

2 Lista de candidatos. *Referido a algunos países extranjeros, esp Estados Unidos.* | *País* 16.7.76, 1: Carter y Mondale, tándem demócrata para las elecciones presidenciales. Jimmy Carter, candidato del Partido Demócrata a la Presidencia de los Estados Unidos, eligió a Walter Mondale .. como candidato a la vicepresidencia. Con este nombramiento .. se completa el "ticket" electoral de los demócratas.

tico -ca *adj* (*col, raro*) Costarricense. *Tb n.* | J. B. Lorente *SYa* 20.1.85, 25: Hoy los ticos —cariñoso apelativo con el que se conoce a los costarricenses— pasan por ser el pueblo más próspero, estable y prometedor de toda Centroamérica.

tictac (*tb con la grafía* **tic-tac**) *interj* Se usa para imitar el sonido del reloj. *Frec se sustantiva como n m.* | *Abc* 4.10.70, sn: Un reloj que hace tic-tac puede funcionar mal. Goytisolo *Afueras* 72: En el pasillo sonaba el tictac del reloj.

tictaquear *intr* Hacer tictac [un reloj]. | Montero *Reina* 180: Los relojes tictaqueaban en el silencio.

tie-break (*ing; pronunc corriente,* /tái-brék/; *pl normal*, ~s) *m* (*Dep*) *En tenis:* Método para decidir rápidamente el resultado de un set, cuando los jugadores están empatados a 6 juegos. | *Shot Mad* 23.12.70, 31: La implantación del sistema de marcador nuevo por medio de los "tie-break" en los Torneos [de tenis] más importantes.

tiemblo *m* (*reg*) Temblor. | Nácher *Guanche* 34: En su alma cobarde se metían cada vez más grandes temores que llegaban a la carne con tiemblos que se corrían por bajo de la piel. CBonald *Ágata* 43: ¿Qué se ha figurado?, contestó Manuela con un enronquecido tiemblo en la voz.

tiempla *f* (*reg*) Acción de templar o tensar. | Delibes *Castilla* 20: Ya sé que hacer un cepo no tiene ciencia, pero la tiempla del codillo del muelle, esa no hay quien se la dé, porque, una de dos, o lo quiebras o el resorte no salta, no tiene fuerza.

tiempo I *m* **1** Medio imaginario en que transcurre la sucesión de los cambios, los fenómenos y los hechos de todo lo existente, y cuya unidad de medida fundamental es el día. | Gambra *Filosofía* 81: El mundo .. se ofrece a la experiencia del hombre .. como una realidad en movimiento, en cambio. La percepción de estas mutaciones de las cosas, la sucesión y la duración de las mismas nos sugiere la noción de tiempo.

2 Porción de tiempo [1] determinada por la coincidencia con algo, delimitada entre dos hechos o medida por un número más o menos preciso de unidades. *A veces en pl, con sent sg y frec matiz amplificador.* | Miret *Tri* 16.8.75, 39: Respecto a la sospecha de Carandell sobre si en 1934 existía o no la Obra, no coincide con los datos que yo tengo del tiempo de nuestra II República. *Alc* 1.1.55, 4: Es uno de los documentos políticos más importantes de estos últimos tiempos. Matute *Memoria* 75: Corren malos tiempos para ocuparse de estas cosas. **b) ~(s) de Maricastaña.** (*col*) Época muy remota. *Usado para ponderar antigüedad o vejez.* — *SInf* 18.6.75, 1: A su lado, según se ve en la fotografía, se ha situado una bella joven accionando un tostador manual, de aquellos de los tiempos de Maricastaña. ZVicente *Traque* 98: Que tú y yo éramos unos desalmados atestados de manías, y del tiempo de Maricastaña, y del año de la pera. **c)** Jornada laboral. *Con los adjs* COMPLETO (*o* TOTAL) *o* PARCIAL, *y gralm en la constr* A ~ COMPLETO *o* PARCIAL. | M. López *PapD* 2.88, 193: No queremos decir necesariamente que todos los componentes tengan que estar en los equipos psicopedagógicos a tiempo total. **d) ~ muerto** → MUERTO.

3 Momento adecuado u oportuno. *Frec en la constr* A SU (DEBIDO) ~. | Cela *Judíos* 27: Hoy he casado a una nieta, ¡Dios la haga biencasada!, y aún es tiempo de que se dé uno una vuelta por mi casa. Torrente *SInf* 10.7.75, 12: En el mundo de un poco más arriba soy, pues, ignorado, tanto para el cartero como para los inquilinos o habitantes del 54, que fueron inquiridos a su tiempo.

4 Porción de tiempo [1] suficiente [para algo]. *Frec con los vs* DAR *o* TENER. *En constrs de sent negativo, frec en la forma enfática* ~ MATERIAL. | Laforet *Mujer* 14: Me parece que tendrás tiempo para pensar, en dos meses. *IdG* 9.8.75, 9: La demanda de estos aparatos es tan grande que no da tiempo a los establecimientos especializados en dichos electrodomésticos a reponer las existencias. L. Contreras *CCa* 23.5.71, 9: En esta [legislatura] prácticamente no hay tiempo material para su discusión.

5 Porción bastante larga de tiempo [1]. | *Van* 8.11.73, 13: Castelló de Ampurias: hallazgo de un cadáver que podría ser el de un joven alemán desaparecido hace tiempo.

6 Edad [de una pers.]. *Gralm referido a niños*. | Delibes *Guerras* 36: —Si tu basbuelo peleó en la guerra carlista, tendría un montón de años, ¿no? —Mire, sobre eso no soy quién. En casa .. nadie sabía el tiempo de nadie. ZVicente *Traque*

tienda – tienda

55: Frasquito acaba de llegar de Suiza fantásticamente enriquecido, .. y, lo que son las cosas, ni las chicas de su tiempo le han dicho qué vas a hacer esta tarde, o qué piensas hacer con la casa. Delibes *Príncipe* 132: –¿Qué tiempo tiene? –Tres años –dijo Mamá.

7 Parte del año. | Ribera *Misal* 246: Tenemos ..: La preparación remota [para la Pascua], constituida por la Septuagésima, Sexagésima y Quincuagésima; La preparación próxima, formada por el tiempo de Cuaresma.

8 Parte de las sucesivas en que se divide la realización de una cosa. | Vega *Cocina* 143: Puede servirse en dos tiempos: primero el arroz y luego los pescados. Goytisolo *Recuento* 596: Se encontró .. como siguiendo las instrucciones de un profesor de gimnasia que, tras advertirnos que es más viejo y más fuerte que nosotros, añadiera que nada debía preocuparnos, no obstante, mientras cumpliéramos al pie de la letra los tiempos y movimientos del ejercicio. **b)** (*Mús*) Movimiento o parte de una composición. | Casares *Música* 119: Mazurca: Danza de origen polaco de ritmo moderado en la que de tanto en cuanto se acentúa el tercer tiempo en toda su extensión. Montsalvatge *Van* 3.2.74, 54: Las cuatro sonatas de Bach para flauta y clave obligado o bajo cifrado son un auténtico prodigio de imaginación, de capacidad para encontrar infinitas variantes, .. una fórmula casi, con la sola escapada rítmica al tipo de sonata-suite con sus tiempos reflejo de arcaicas danzas populares francesas, italianas o de la Bretaña. **c)** (*Dep*) Parte de las dos que, separadas por un descanso, constituyen un encuentro. | *Ya* 23.6.70, 1: Consiguió superar el empate a un tanto del primer tiempo frente a los duros italianos. **d)** (*Mec*) Fase de las que constituyen el ciclo de funcionamiento de un motor. | *Act* 25.1.62, 39: Motores Diesel de dos y cuatro tiempos, marinos y estacionarios.

9 Evolución o cambio constante de todas las cosas. *Frec personificado*. | Sánchez *Inf* 10.7.75, 30: Como Truffaut nunca se afilia a una moda, sus obras apenas acusan el paso del tiempo. M. GMorell *Inf* 1.6.74, 16: El tiempo le dio la razón.

10 (*Gram*) Forma verbal susceptible de variación de pers. y que en algunos casos expresa el momento de la acción del verbo. | Amorós-Mayoral *Lengua* 21: En las oraciones un poco largas debes tener cuidado para mantener el mismo sujeto, para no cambiar bruscamente el tiempo.

11 (*Mús*) Tempo. *Tb fig*. | Marías *Gac* 16.11.75, 35: Cómo ha recreado Eisenstein el frenesí en que consistió la Revolución .. Con claridad, sin perderse, sin confusión, sin armar barullo. Introduce en el cine, en forma de ritmo, de *tiempo*, la condición del tiempo histórico revolucionario.

12 Estado de la atmósfera. *Tb fig*. | Ortega-Roig *País* 38: Cuando hablamos de un día soleado .. decimos .. que hace buen tiempo. DCañabate *Paseíllo* 41: –Convido a lo que pida tu cuerpecito en la arena. –Rumboso está el tiempo. Se agradece la fineza.

II *loc v y fórm o* **13 al ~** (*o* **si no, al ~**). *Fórmula con que se remacha una predicción*. | Lera *Boda* 640: Como andemos así, cuando nos queramos dar cuenta, los forasteros se han hecho los amos. Al tiempo. Delibes *Cinco horas* 135: Como es monilla y tiene mano izquierda, no le faltará un enjambre alrededor, y si no, al tiempo.

14 dar ~ al ~. Esperar con calma a que las cosas se resuelvan. *A veces en la fórmula* ~ AL ~. | Delibes *Emigrante* 102: En estas circunstancias hay que darle tiempo al tiempo. Llopis *Hijos* 547: Tú, de momento, di que sí; y luego... ¡ya veremos! ¡Tiempo al tiempo, Cayetano!

15 echársele [a uno] **el ~ encima**. Hacérsele tarde o pasársele más deprisa de lo esperado el tiempo con que contaba. | CBonald *Ágata* 49: Más de una vez, cuando inadvertida o deliberadamente se le echaba el tiempo encima, pernoctaba en algún cobijo del caserío.

16 faltarle [a uno] **~ para** [algo]. Aplicarse [a ello] sin dilación. *Frec con intención crítica o de recriminación*. | Arce *Testamento* 26: Pero temí que si Ángeles se enteraba de lo del rescate le faltaría tiempo para ir a Llanes y retirar el dinero del Banco. Castillo *Polis* 225: Participó [Felipe Augusto de Francia] en la Tercera Cruzada al lado de Ricardo Corazón de León .. Pero muy pronto abandonó la empresa, y a su regreso le faltó tiempo para aliarse con Juan sin Tierra, hermano y rival de Ricardo.

17 ganar ~. Hacer de modo que el tiempo que transcurra aproveche al propósito de adelantar o retrasar algún suceso. | Palomino *Torremolinos* 93: Luis hace la pregunta sin ironía. Tampoco pretende hacerse pasar por tonto: solo quiere ganar tiempo, buscar una salida. Sánchez *Inf* 29.10.75, 18: Franco resiste. Los últimos partes médicos alivian tensiones. Siempre es importante ganar tiempo. Más aún en las enfermedades del corazón, donde los ataques suelen producirse por sorpresa.

18 hacer ~. Entretenerse o esperar mientras llega la hora [de algo previsto (*compl* PARA)]. | Ortega *Americanos* 142: Estaba yo haciendo tiempo para ir al teatro.

19 matar el ~, perder (**el**) **~** → MATAR, PERDER.

II *loc adj* **20 del ~**. De la parte del año mencionada o consabida. | Bernard *Combinados* 10: Se agrega .. fruta del tiempo, picada a pedacitos.

III *loc adv* **21 a ~**. En el momento adecuado, o cuando aún no es tarde. | CBaroja *Inquisidor* 48: El 5 de febrero de 1823 murió en Madrid, y murió a tiempo, porque su suerte no parece hubiera sido muy buena en la época del terror blanco. V. Ventura *Inf* 19.6.75, 18: Hace falta saber si yendo tan poco a poco se llegará a tiempo para que no se colapse la economía de este país.

22 a un ~, al (**mismo**) **~**. Coincidiendo en el tiempo [1], o juntamente. | Laforet *Mujer* 91: La dueña de la casa de huéspedes era .. reservada y bondadosa a un tiempo. Arce *Testamento* 103: Levantó la cabeza al cielo y continuó riéndose, pero me miraba al tiempo de soslayo. Torrente *Señor* 104: Cuando Juan decidió que el Derecho y las Letras le atraían igualmente, y que podía estudiar al mismo tiempo las dos carreras, Remigio lamentó que no le gustasen más las Ciencias Químicas. **b) al** (**mismo**) **~**. Coincidiendo en el tiempo [con algo (DE + *infin, o prop con* QUE)]. | CNavarro *Perros* 12: El hombre, al tiempo de limpiar su frente de sudor .. correspondía a sus miradas. Arce *Testamento* 88: Alcé un poco los hombros al tiempo que me entretenía en dar patadidas a un pedrusco con la puntera del zapato.

23 con el ~, *o* **andando el ~**. Después de cierto tiempo [2]. | CNavarro *Perros* 13: Pues sí que estamos bien; con el tiempo, aquí, vamos a tener que colorear hasta los propios pensamientos. *Abc* 2.9.75, 3: El Ministerio .. autorizó una sección delegada que, andando el tiempo, se convirtió en Instituto.

24 con ~. Con antelación, o con tiempo [4] suficiente. | Matute *Memoria* 99: A veces, daba de comer a los forasteros, si le avisaban con tiempo.

25 del ~. A la temperatura ambiente. *Dicho de alimentos y esp de bebidas*. | SFerlosio *Jarama* 23: Está [la gaseosa] mejor que el agua, desde luego, porque la tengo a refrescar ..; mientras que el agua está del tiempo.

26 de ~ en ~. De vez en cuando. | A. GWalker *Ind* 1.11.74, 3: Nuestros "amigos oficiales" .. se limitan a cubrir las "formas" de tiempo en tiempo con declaraciones paternalistas, alentadoras y cariñosas.

27 de un ~ a esta parte (*más raro,* **de un ~ acá**). Desde hace algún tiempo [2]. | Gironella *SAbc* 9.2.69, 21: En los países socialistas se estimulan de un tiempo a esta parte las llamadas "simultáneas masivas". Ortega *Americanos* 45: De un tiempo acá se le veía muy desmejorado.

28 en ~s. En otra época o en otro tiempo [2]. | Matute *Memoria* 32: En tiempos estuvo pintada de verde y blanco, pero ahora su color era incierto. **b) en mis** (**sus**, *etc*) **~s**. En una época pasada de mi (su, etc.) vida, o cuando yo (él, etc.) estaba activo o presente. | FSantos *Catedrales* 38: –Estos [huevos] son de paloma torcaz –los mira otra vez, jugando con ellos como si fueran canicas, los pesa tan contento como Agustinillo en sus tiempos. **c) en mis** (**sus,** *etc*) (**buenos**) **~s**. Cuando yo (él, etc.) era joven. | FSantos *Catedrales* 106: A la abuela le gustaba, igual que al hijo, andar por la casa de noche .. Y era, en sus buenos tiempos, alta y flaca lo mismo que el tío.

29 por ~s. Dividiendo la acción en fases o etapas. | Delibes *Parábola* 74: La pierna derecha .. se le duerme y Jacinto la va estirando subrepticiamente, por tiempos, para no distraer a don Abdón.

30 un ~. (*lit*) En otro tiempo [2]. | MGaite *Fragmentos* 46: Jaime vio el largo brazo caído, los dedos rematados por uñas pulidas que sostenían la carta, aquellos pechos un tiempo desafiantes agitados por los sollozos.

tienda¹ I *f* **1** Establecimiento de venta por menor al público. *Frec con un compl especificador*. | GPavón *Hermanas* 50: El primer teléfono correspondía a una tienda de ultramarinos. * En la esquina hay una tienda de muebles. **b)** *Sin compl:* Tienda de comestibles. ∣ Laforet *Mujer* 181: Le traigo las cosas que usted dejó encargadas en la tienda .. El hielo se deshace en este cubo.

II *loc v* (*col*) **2 abrir** (*o* **cerrar**) **la ~.** Ser el primero en llegar al trabajo (o el último en salir). ∣ * Es muy cumplidora; suele abrir y cerrar la tienda casi todos los días.

3 cerrar la ~. Abandonar una obra emprendida. ∣ *Abc* 30.4.85, 107: Manolo Summers: "Cierro la tienda".

tienda² *f* Construcción desmontable hecha con una armazón cubierta con lona o pieles, que se emplea como alojamiento en el campo. *Frec* ~ DE CAMPAÑA. ∣ Escrivá *Conversaciones* 23: San Pablo recurrió alguna vez a su antiguo oficio de fabricante de tiendas. *GTelefónica N.* 362: Tiendas de campaña, colchones, sacos de dormir.

tienta **I** *f* **1** Prueba que se hace a los becerros con la garrocha, a fin de apreciar su bravura y sus condiciones para la lidia. ∣ DCañabate *Paseíllo* 23: Como en este tiempo no hay capeas ni tientas y no podemos torear a un toro o a una vaca, nos las arreglamos con un amigo. **b)** Prueba de la bravura de un gallo de pelea. ∣ SYa 29.6.73, 40: Cinco mil gallos de pelea exporta España anualmente .. Como los toros de lidia, precisan de la tienta e incluso de su marca para evitar el fraude de procedencia.

II *loc adv* **2 a ~s.** Tentando, esp. para saber por dónde se va. *Frec fig.* ∣ CBonald *Noche* 77: No había luz en el patio y subió la escalera medio a tientas. ARíos *Tri* 13.4.68, 30: A tientas reconoce el timón del arado, suave y lustroso. FSantos *Hombre* 85: Trabajar en casa no le gustaba, ni las copias en el museo .. ni enmendar a tientas las obras de los otros.

tientaparedes *m y f* (*raro*) Pers. que anda a tientas, física o moralmente. ∣ Gala *Cítaras* 555: –La virtud es siempre castigada en este mundo. A veces, no muchas, pero a veces .., también lo es la idiotez. –¡Calle el tientaparedes!

tiento *m* **1** Cuidado o cautela. ∣ Olmo *Golfos* 75: Lo malo era el robo de las patatas, pues había que tener mucho tiento, ya que, si don Cipriano nos pillaba, no podíamos volver a por ellas hasta pasados bastantes días.

2 (*raro*) Acción de tentar o tocar. *Tb fig.* ∣ Cabezas *Abc* 7.9.66, 45: Antes de despedirse daban por turno unos tientos a las cuerdas en que Hernández había puesto arte y alma.

3 (*col*) Trago de un recipiente de vino. *Normalmente con los vs* DAR *o* TIRAR. *Tb fig.* ∣ Cela *Judíos* 57: El vagabundo, que se puso triste y lleno de pesar, se entona en la posada con tres tientos a una bota de vino. DCañabate *Paseíllo* 93: ¡Lo que daría el chavó por estar a tu lado, Martina, tirándoles tientos a la bota y a tus pedazos!

4 Destreza en una operación en el manejo de algo. *Gralm en la constr* COGER *o* PERDER EL ~ [a algo]. ∣ * Te costará un poco hasta que le cojas el tiento.

5 Cante andaluz con letra de tres versos octosílabos. *Tb su baile.* ∣ Mañas *Tarantos* 344: Se pone a bailar delante de ella con una música de tiento que viene del barrio de allá arriba. *AbcS* 20.3.75, 68: Enrique Morente ha lanzado al mercado su disco "Se hace camino al andar", con tangos, seguiriyas, fandangos, soleares, tientos, tarantos, alegrías y mineras.

6 (*hist, Mús*) Obra contrapuntística de forma libre y con cierto carácter de improvisación. ∣ Subirá-Casanovas *Música* 33: En España, los compositores de música de órgano escribieron preferentemente variaciones y tientos.

tiernamente *adv* De manera tierna [3]. ∣ Aldecoa *Gran Sol* 137: A Simón Orozco le gustaba la fotografía porque su mujer tenía una cara extraña que le hacía sonreír tiernamente.

tierno -na (*superl* TIERNÍSIMO, TERNÍSIMO *o, lit raro,* TENÉRRIMO) **I** *adj* **1** [Cosa, esp. alimento] que es fácil de cortar o partir. ∣ Legorburu-Barrutia *Ciencias* 296: Plantas herbáceas. Son las que tienen el tallo verde, tierno, flexible. P. Berrocal *Hoy* 7.10.76, 18: Este proceso .. hace la carne más tierna. **b)** [Pasta] **tierna** → PASTA.

2 [Pers. o cosa] joven (de poca edad). ∣ Payno *Curso* 43: –Pues esa, Bale, Bele, o lo que sea, no me disgusta. –Muy tiernecilla aún. Quizás dentro de unos años... Matute *Memoria* 94: Tenía el patio lleno de ruedas apoyadas en la pared, en un aire oloroso a madera tierna. **b)** [Edad] de la niñez o de la primera etapa de la vida. ∣ Castellanos *Animales* 14: A tierna edad los cachorros son muy vulnerables a distintas enfermedades.

3 Afectivo y cariñoso. ∣ *Ya* 20.11.75, 21: Una viejecita asturiana de Grado llamaba a su hijo por teléfono y le decía, con esas amonestaciones tan tiernas de las madres, algo como esto. Valencia *Teatro 1963* 32: Un lenguaje que es a la vez definición y caricatura ternísima. **b)** Sentimental. ∣ Sancho *Inf* 27.6.70, 31: La película que se ofrece está considerada como neorrealista de tono romántico y tierno.

4 Dulce y delicado. ∣ Laforet *Mujer* 19: En el cuarto estaban Antonio y Rita su mujer; alta, delgada, guapa y muy joven, con una tierna languidez de caña verde. Rabanal *Lenguaje* 156: "Candeal", popular y ternérimo epíteto de aquella clase de trigo que rinde la harina más blanca. M. P. Ramos *Inf* 8.3.75, 18: Además de los tonos pasteles, Guitare ha elegido estampados de perfiles pequeños, .. rayas y algunos tejidos de colorido tierno adornados con bordados de tipo suizo.

5 [Ojo] blando o lloroso. ∣ * Desde hace algún tiempo tiene los ojos tiernos.

II *loc v* **6 poner los ojos ~s** [a una pers.], *o* **mirar**[la] **con ojos ~s.** (*col*) Mostrarse enamorado [de ella]. ∣ F. A. González *Ya* 7.6.75, 60: Las gentes dieron en preocuparse menos .. de quién estaba poniéndole los ojos tiernos a la guapa.

tierra **I** *f* **1** Superficie del planeta Tierra. ∣ Salvador *Haragán* 39: El cielo, para ellos, se juntaba con la tierra en un casquete, lleno de nubes, que rodeaba la superficie terrenal. **b)** Superficie terrestre no cubierta por el mar. ∣ Van 4.11.62, 14: El proyectil tierra-aire ha tenido pleno éxito destruyendo el objetivo en su primer disparo. **c)** ~ **firme.** Porción de la superficie terrestre que no constituye una isla. ∣ Alvarado *Geología* 75: Los llamados mares interiores .. tienen categoría de lagos, y sus aguas no forman parte de la hidrosfera, sino de las llamadas aguas continentales. Reciben este nombre las aguas que se encuentran "sobre" la tierra firme.

2 País o región. ∣ Lera *Bochorno* 86: A todos esos extranjeros de alquiler los pondría yo en la frontera y les daría una patada en "salva sea la parte". ¡Hala, a vuestra tierra a tomar viento! **b)** Territorio o extensión de tierra [1b]. *Frec en pl.* ∣ Arenaza-Gastaminza *Historia* 161: Sostenían la idea de llegar a esas tierras de Oriente por la ruta de Occidente. **c)** ~ **de nadie.** Territorio que no pertenece a nadie. *Esp designa al comprendido entre dos puestos fronterizos o entre dos demarcaciones. Tb fig.* ∣ Castillo *Polis* 178: Quedando .. entre los territorios dominados efectivamente por Alfonso I .. y los dominados por los musulmanes una amplia faja de "tierra de nadie", campo de acción de las algaradas de moros y cristianos. CSotelo *Inocente* 85: No hay que descartar la posibilidad de que se sitúe [el coro] en la orquesta o en esa tierra de nadie que a veces existe entre el patio de butacas y el escenario. Barrero *Cuento* 13: El tremendismo ocupó esa tierra de nadie que tras el vacío originado por el paréntesis bélico quedó en la narrativa española. **d)** ~ **de nadie.** Territorio que se encuentra entre las primeras líneas de dos ejércitos enemigos. ∣ Torrente *Saga* 420: Los soldados se preparan a comer. Otros recogen a los muertos y a algún herido que grita en la tierra de nadie.

3 Terreno cultivable. ∣ Tamames *Economía* 54: Las tierras que queden después de garantizar la reserva discrecional a los propietarios cultivadores directos se denominan "tierras de exceso".

4 Suelo. *Frec sin art, precedido de las preps* A *o* EN. ∣ Arce *Testamento* 187: Intenté ponerme en pie. Fue una idea descabellada, pero quise huir. Enzo me hizo caer a tierra cruzándome una pierna. **b)** (*Electr*) Suelo, considerado como polo y conductor eléctrico. ∣ Marcos-Martínez *Física* 184: Para mayor seguridad, los grandes generadores de corriente tienen su segundo polo .. conectado a tierra. Marcos-Martínez *Física* 190: ¿Qué sucede cuando un cuerpo electrizado toca tierra?

5 Materia constituida por el conjunto de partículas menudas que forman el suelo natural. ∣ Arce *Testamento* 186: Algunos nubarrones plomizos que se arrastraban pesadamente en el cielo me hicieron pensar que la tierra que iba a cubrir el cuerpo de mi madre estaría húmedamente fría. **b)** Mineral desmenuzado a manera de tierra. *Frec con un adj o compl especificador.* ∣ *Economía* 45: Los grifos se limpian primero con limón y tierra; luego se aclaran y se secan, y

tieso - tiesto

después se les da brillo con algún producto de los que se venden en droguerías. Aleixandre *Química* 113: El trípoli, tierra de infusorios .., etc., son otras tantas variedades de sílice amorfa. **c)** (*Pint*) Pigmento mineral de color ocre, constituido por arcilla teñida con óxido de hierro. *Frec en constrs como ~ DE SIENA o ~ DE SOMBRA.* | Tejedor *Arte* 5: Todas estas pinturas .. presentan primero el grabado del contorno del animal y luego el dibujo de sus miembros. Después se daba el color, de tonos ocres, rojizos y negros obtenidos de tierras ocres, de hematites o de carbón vegetal. **d) ~ de batán.** Greda que se emplea en los batanes para desengrasar paños. | CBonald *Ágata* 205: Preparó Alejandra una pomada de tierra de batán y vinagre.

6 (*Econ*) Factor de producción constituido por los recursos naturales. | FQuintana-Velarde *Política* 41: La tierra o naturaleza es el segundo de los factores de producción.

7 ~s raras. (*Quím*) Lantánidos. | Ybarra-Cabetas *Ciencias* 67: Platino. Se presenta asociado a los metales de las tierras raras (iridio, osmio, rutenio, rodio y paladio) en laminillas, granos o pequeñas masas.

II *loc adj* **8 de ~ adentro.** De territorio no costero. | Grosso *Germinal* 118: –Ahora, a volver a tu casa, a tu trabajo y a tus cosas. –Sí. –Porque tú eres de tierra adentro. –De tierra adentro. Y te enrolarías por variar ... –Por variar.

9 de la ~. [Alimento] producido en la misma región en que se está. | * Tomates de la tierra y jamón son su merienda predilecta.

III *loc v* **10 caer por ~.** Venirse abajo. *Frec fig.* | RMoñino *Poesía* 15: Si se lee, todo lo espontáneo de la oración cae por tierra.

11 dar en ~ [con alguien o algo]. Derribar[lo]. | *Día* 29.8.72, 14: Pepe Trujillo dio en tierra con Chago, y Barranquera IV con José Hernández, estableciéndose el primer empate a dos.

12 dar ~ [a un muerto]. Enterrar[lo]. | Delibes *Guerras* 105: Volviendo a lo de antes, Pacífico, ¿se las tuvieron tiesas tus abuelos? ¿No subieron al Otero a dar tierra a tu madre? **b) dar ~ sagrada** [a un muerto]. Enterrar[lo] en un cementerio cristiano. | Halcón *Manuela* 18: Se le dio tierra sagrada al usurero, se dijo el responso.

13 echar (*o* **tirar**) **por ~** [una cosa]. Derribar[la]. *Frec fig.* | *Act* 8.10.77, 97: El concursante debe defender su trabajo ante las cámaras de televisión y el contradictor tratará de echar por tierra su trabajo. AMillán *Marta* 220: Lo que acabó de tirar por tierra todas mis teorías fue la tarjeta del Canadá.

14 echar ~ (**encima**) [a una cosa], *o* **echar ~ encima** [de una cosa]. Procurar que sea olvidada. | Fraile *Cuentos* 40: Quería cambiar "de postura" a la habitación, echar tierra encima. Solís *Siglo* 375: El brigadier Bengoa, tan pronto estuvo restablecido, se ocupó de echar tierra encima al asunto y traspapelar aquel informe.

15 poner ~ por medio. (*col*) Marcharse de un lugar, para librarse de una situación de tensión o de peligro. | Zunzunegui *Camino* 110: Y casi se alegró de que hubiese escapado y puesto tierra por medio. Llamazares *Río* 68: Antes de que comiencen los tortazos, el viajero se aleja por la cuesta, decidido a poner tierra por medio.

16 ser [una pers.] **de su ~.** (*col*) Tener ocurrencias absurdas. | ZVicente *Íns* 10.77, 16: Mire, no sea usted de su tierra. De quién va a ser la pesadilla, también con usted. De él, de mi héroe; más claro, agua.

17 tocar (*o* **tomar**) **~.** Arribar [un barco]. | * El barco tomó tierra en Valencia. **b) tomar ~.** Aterrizar [un vehículo aéreo o espacial]. | Buero *Música* 64: No tardará. El avión debió tomar tierra hace hora y media. S*Inf* 27.1.71, 2: La navecilla "Antares" del "Apolo 14" no tomará tierra en un satélite desprovisto de todo hálito humano. **c) tomar ~.** Desembarcar [alguien de una embarcación o de un aparato aéreo]. | FReguera-March *Caída* 377: Al regreso de su incursión, los aviadores sufrieron otro desengaño ... Cuando tomaron tierra, Ramón Franco y otros jefes y oficiales les salieron ansiosamente al encuentro. **d) tomar ~.** Empezar a tener contacto con la realidad o a familiarizarse con ella. | T. HHernández *Castronuño* 5: Apenas había "tomado tierra" en mi Secretaría, me documenté y opiné, informé, auspicié y provoqué un cambio radical de aquel anacronismo.

18 tragar(se) la ~ [a una pers. o cosa]. (*col*) Desaparecer [esa pers. o cosa] sin dejar rastro. *Frec en constr de sent comparativo.* | Arce *Testamento* 34: Cada vez que ocurría una cosa así, la Guardia Civil se echaba al monte, pero ellos desaparecían. Era igual que si los tragase la tierra. Gironella *Millón* 625: ¿Dónde está el capitán? ¿Se lo ha tragado la tierra? **b) trágame, ~** (*o* **~, trágame**). (*col, humoríst*) Fórmula con que se expresa el deseo de desaparecer inmediatamente, causado por una gran vergüenza. | * Cuando vi que me había oído, dije: ¡Tierra, trágame!

IV *loc adv* **19 a ras de ~** → RAS.

20 en ~. Sin subir a un vehículo en el que se pretendía viajar. *Con los vs* DEJAR *o* QUEDAR(SE). | * Se enfadó conmigo y arrancó dejándome en tierra.

21 en toda ~ de garbanzos. (*col*) En todas partes. *Se usa para ponderar la gran difusión de un uso o de un conocimiento.* | MGaite *Fragmentos* 88: Escribir cartas de novia con florecitas pegadas a los cincuenta años es hacer el ridículo en toda tierra de garbanzos.

tieso -sa I *adj* **1** Que no se dobla o tuerce, o lo hace con dificultad. | Sainz *Hucha* 1, 129: Su pelo .. crece desordenadamente, como un remolino en la parte alta, en la coronilla, y tieso y agresivo, puntiagudo como clavos, en los laterales. **b)** (*col*) Muerto. *Gralm con los vs* DEJAR *o* QUEDARSE. *Frec con intención ponderativa.* | Delibes *Siestas* 96: Si el hombre honrado se pone tonto, además de quitarle la cartera le dan media docena de sopapos, si es que no le dejan tieso. **c)** (*col*) Helado o muy frío. *Gralm con el v* QUEDARSE. | Umbral *Tierno* 81: Yo estaba loco por irme a sobar, pero nos habíamos quedado tiesos.

2 Erguido o derecho. | Arce *Testamento* 93: Le vi marcharse muy tieso y, cuando hubo desaparecido, mi madre comenzó a llamarme a gritos.

3 (*col*) [Pers.] que tiene buena salud. | Escobar *Itinerarios* 243: Venancio Fresno era el hijo único del señor Melitón, .. viudo, y, aunque viejo, todavía muy tieso y valiente.

4 (*col*) Estirado o engreído. | Laiglesia *Ombligos* 117: Algo menos tiesos e inaccesibles eran los agregados.

5 (*col*) [Pers.] firme e inflexible en su actitud. *Frec con el v* PONERSE. | Delibes *Siestas* 58: Y mi mujer en contra, y mi salud en contra, y todo en contra, y yo tieso en mis trece.

6 Tenso o tirante. | * Mantén bien tiesa la cuerda.

7 (*col*) Que está en dificultades o en mala situación. *Frec referido a dinero.* | Tomás *Orilla* 227: –Mira, de polvo no hay nada ahora en todo el maco –explicó el Bobadilla–. Está todo el mundo tieso. Si te puedo ligar algo, te lo haré llegar. Tomás *Orilla* 17: –¿Cómo está la calle? –preguntó–. ¿Se mueven buenos polvos? –Hay una cosa muy mala, por ahí –respondió Rafael–. Últimamente, en Valencia está todo muy tieso .. por menos de nada, te tangan.

II *loc v y fórm or* **8 tenérselas** (*o* **mantenérselas**, *o* **traérselas**) **tiesas** [una pers. con otra]. (*col*) Enfrentarse [con ella] manteniendo tenazmente su actitud. | Salvador *Haragán* 50: Se las tuvo tiesas con tus hijas durante una temporada. DCañabate *Paseíllo* 32: Se las mantuvo tiesas con Cúchares, con Lagartijo. Torrente *Pascua* 291: Ahora, estos días, anda metido en líos con don Lino, que, desde que salió diputado, se las trae tiesas con él.

9 y tente ~ → TENER.

tiesto[1] *m* **1** Vasija de barro, gralm. de forma troncocónica, empleada esp. para criar plantas. | Paso *Pobrecitos* 192: El mirador está cuajado de tiestos con profusión de plantas. Seseña *Barros* 42: La producción tradicional "de agua" incluye cántaros, botijos, barreños, macetas, tiestos de resina y huchas.

2 Trozo de una vasija de barro rota. *Frec en la constr* HACER ~S. | Nácher *Guanche* 81: Pino .. partió a todo correr entre las plataneras, con su cacharro debajo del brazo. Algo lejos, Felipe oyó cómo se deshacía en tiestos la cacerola, que, sin duda, se le fue de las manos.

3 (*reg*) Vasija de barro. | Nácher *Guanche* 121: La mujer andaba hacia su casa con la "talla" de barro cocido sobre la cabeza .. Candelaria andaba tiesa sin ladear el tiesto al pasar los desniveles del piso. G. GHontoria 76.76, 25: Entre las piezas gomeras .. destacan el plato para escurrir las "papas" .. El "tiesto" para tostar el maíz para el gofio y el "plato" para amasarlo. M. F. Lucas *Nar* 6.77, 11: Generalmente [el alfarero] no decora las piezas .. Casi todas las piezas llevan vidriado, para lo que utiliza un recipiente llamado "tiesto de bañar".

II *loc adv* **4 salirse del ~.** (*col*) Sacar los pies del plato. | SSolís *Camino* 37: ¡[H]ay que ver, Purina, cómo se está saliendo del tiesto...! ¡La fama del marido se le sube a la cabeza!

5 mear (*o* **escupir**) **fuera del ~**. (*col*) Actuar de manera improcedente o ilógica. | Marsé *Dicen* 343: Que no, Sarnita, estás meando fuera del tiesto, espera un momento, calla y escucha. Candel *Catalanes* 14: Tuve la sensación de que había escupido fuera del tiesto. Mi artículo .. lo encontraba un tanto detonante, resultaba una joroba, una sinuosidad más pronunciada que las restantes.

tiesto[2] **-ta** *adj* (*raro*) Cargado o atestado. | Escobar *Itinerarios* 241: –¿Quién pesa más, un muerto o un borracho? .. –El muerto está, por de pronto, descargado del alma ..; y digo yo que, por el contrario, el borracho está tiesto. MFVelasco *Peña* 26: Repetí la operación al siguiente día, esta vez con el morral bien tiesto.

tiesura *f* Cualidad de tieso, *esp* [1, 2, 4 y 5]. | CPuche *Paralelo* 13: Recios jerseys hechos en casa, viejos, descoloridos y remendados jerseys que habían adquirido dureza y tiesura de corazas con los pegotes de yeso y de cemento. GPavón *Reinado* 107: Al menos animaban prudentemente la tiesura del desfile. Laforet *Mujer* 223: Se limpió dos lágrimas provocadas por aquellos desagradables nervios. Antonio sintió su tiesura y su sequedad. –Vete, Antonio.

tífico -ca *adj* **1** De(l) tifus. | Nolla *Salud* 239: Los pacientes con tifoidea eliminan por sus heces y orina bacilos tíficos en gran cantidad.

2 Que padece tifus. *Tb n*. | LMiranda *Ateneo* 101: Estábamos muy orgullosos de nuestro Ateneo. ¿Dónde se hubiera hecho, con el cadáver de un tífico, nada semejante?

tiflología *f* (*Med*) Parte de la medicina que estudia la ceguera. | M. Aguado *Ya* 5.12.74, 53: El autor se centra en la consideración de los ciegos como objetos de una ciencia, la tiflología.

tifódico -ca *adj* (*Med*) Tífico. *Tb n*. | Alvarado *Anatomía* 167: La infección se realiza por vía bucal, de preferencia bebiendo aguas contaminadas por las deyecciones de los tifódicos.

tifoideo -a *adj* **1** [Fiebre] de carácter endémico o epidémico, producida por el bacilo de Eberth, que afecta a las placas linfáticas del intestino delgado. *Frec n f*. | Delibes *Cartas* 116: Los médicos hablaron primero de fiebres de Malta, luego de tifoideas. Salom *Baúl* 105: El capitán López, con la tifoidea... ¿Le parece a usted propio de un militar pillar el tifus en vísperas de unas maniobras?

2 De(l) tifus. | *SInf* 24.4.70, 7: Estas cifras pueden aumentarse con las de las personas que han sufrido desde trastornos tifoideos, intestinales y hepáticos.

tifón *m* Ciclón tropical. *Referido al oeste del Pacífico y al mar de la China*. | *SVozC* 31.12.70, 7: 1970 ha sido pródigo en sucesos. Algunos de magnitud bíblica, apocalíptica, como los seísmos de Perú de mayo-junio, y el tifón que materialmente asoló Pakistán Oriental.

tifosi (*it; pronunc corriente*, /tifósi/; *tb, semiculto,* **tifosis**) *m pl* (*Dep*) Hinchas [de un deportista o de un equipo]. | Arquero *DBu* 19.9.70, 14: El Cagliari no puede soportar tales cargas y ha pensado en su traspaso; pero los "tifosis" de Cerdeña han amenazado .. que entrarán a "sangre y fuego" en las instalaciones del Club si el traspaso se produce. Valencia *SYa* 29.4.75, 31: En esto no se diferencia la Vuelta de sus grandes hermanas mayores, el Tour y el Giro. De este se recuerdan todavía las luchas entre los "tifosi" de Bartali y de Coppi.

tifus *m Se da este n a diversas enfermedades contagiosas caracterizadas por un cuadro febril grave y estupor. Frec con un compl especificador*: ABDOMINAL, EXANTEMÁTICO, PETEQUIAL, ICTERODES. *Sin compl designa gralm el abdominal o fiebre tifoidea*. | Nolla *Salud* 221: El tifus exantemático o histórico, transmitido por el piojo de los vestidos, es producido por una rickettsia, la *Rickettsia prowazeki*. CNavarro *Perros* 49: Cuidado, no sea que le dé el tifus.

tigmotropismo *m* (*Bot*) Tropismo ocasionado por el contacto. | Alvarado *Botánica* 36: En la mayoría de las plantas trepadoras se diferencian órganos de tigmotropismo exaltado: son los zarcillos.

tigre -esa (*tb, raro, f* **tigra**) **I** *n* **A** *m y f* **1** Felino asiático de hasta 3 m de longitud y 200 kg de peso, con pelaje amarillento con rayas negras en el lomo y blanco en el vientre (*Felis tigris*). *Tb designa solamente el macho de esta especie. Tb su piel*. | Anson *SAbc* 27.4.69, 10: En Asia [al elefante] se le domestica con facilidad, defiende a los poblados del tigre voraz. *SPue* 7.11.70, 4: Dior llegó, presentó y triunfó .. Baile de panteras, ocelotes, guepardos y tigres.

2 Pers. temible por su dureza o por su crueldad. *Tb fig*. | J. Miravitlles *TEx* 3.10.75, 5: Clemenceau, el "tigre" francés de la Primera Guerra Mundial, fue decididamente partidario de volver a las raíces regionales después de su liquidación por la Revolución Francesa, primero, y por Napoleón, después. Arenaza-Gastaminza *Historia* 272: Las guerrillas carlistas tuvieron realmente al gran general Tomás de Zumalacárregui, en las Vascongadas, y al "Tigre del Maestrazgo", Cabrera, en Cataluña. **b) ~ de papel**. Pers., institución o nación poderosa en apariencia, pero en realidad débil o insignificante. | Cierva *Gac* 4.1.76, 52: La imponente FET del 39 era .. un tigre de papel.

B *f* **3** Hembra del tigre [1]. | B. M. Hernando *Inf* 21.5.77, 1: En el zoo de Valencia dicen que hay una perra que amamanta con igual ternura maternal a sus cachorros y a cachorros de leona y de tigresa.

4 (*col*) Mujer vampiresa. | FReguera-March *Caída* 179: Su mirada no se apartaba un momento de la viuda de Seoane. ¡Pobre muchacho! Aquella pequeña tigresa lo devoraría como si fuera un gorrión.

C *m* **5** (*jerg*) Retrete. | *SPaís* 5.3.78, 27: No me extraña que prendan fuego a las cárceles. Mira, el primer día me dieron ganas de orinar y entré en el tigre, y estaba meando y llegaron dos tíos, uno me puso por detrás una navaja en el cuello y me dijo, "Te vamos a follar".

6 Mejillón preparado con salsa bechamel. | *Prospecto* 5.89: Las Tabernas de Pozuelo .. Salchichón 800. Pizza casa 550 .. Tigres 50 uno.

II *loc v* **7 hacer el ~**. (*col*) Estar tumbado haciendo el vago. | Goytisolo *Recuento* 131: Se rebajó y, mientras los demás marchaban, permaneció en la tienda haciendo el tigre hasta la hora de presentarse en el botiquín.

III *loc adv* **8 a ~**. (*col*) Mal. *Con el v* OLER. *Tb adj*. | GHortelano *Momento* 275: Aquí huele a tigre y eso que he soplado más de medio bote de ozonopino.

tigris *m* (*jerg*) Tigre o retrete. | Oliver *Relatos* 138: Nos metimos en el tigris de las tías y yo le dije al calvo maricón del dueño que no pasara nadie a molestarnos.

tijera **I** *f* **1** Instrumento para cortar formado por dos cuchillas de acero cruzadas y sujetas por un eje, las cuales se prolongan en dos ojos en los que se introducen los dedos para accionarlo. *Frec en pl con sent sg*. | MGaite *Visillos* 21: Cogió el programa de las ferias y con una tijera de bordar le empezó a hacer dientes y adornos. Laforet *Mujer* 232: Las limas, las tijeras .. Todo tenía un aire maligno aquella mañana.

2 Pieza constituida por dos elementos cruzados y articulados por su parte central o por un extremo. *Gralm en la loc* DE ~. | Hoyo *Glorieta* 21: Contra el pie de la fachada .. estaban apoyadas y plegadas algunas mesas y sillas de tijera. Grosso *Capirote* 142: Faltaba solo situar la escalera de tijera bajo una de las vigas para descolgar el capirote de cartón. **b)** (*Arquit*) Conjunto de dos pares que forman ángulo. | Angulo *Arte* 1, 9: Para evitar el pandeo o inflexión de los pares en su parte central, se dispone a esa altura, entre cada pareja de pares o tijera, una viga pequeña horizontal o nudillo. Cuevas *Finca* 248: Una enorme nave con techo de tijera y placas de uralita.

3 Cruce de piernas en el aire. | Delibes *Parábola* 146: Brinca sobre sus fuerzas, salta al vacío, intenta hacer la doble tijera en el aire, como dicen que hacen los atletas en las pruebas de longitud, y cae. L. Arnaiz *As* 7.12.70, 9: A los treinta minutos llegaba un nuevo tanto, ahora de Bueno, al rematar un centro, de tijeras, de Pirri.

4 (*col*) Censura. | P. Crespo *SArr* 27.12.70, 42: Se crearon las "salas especiales" en las que se proyectan títulos en versión original, pero convenientemente pasadas por la tijera.

II *loc v* **5 meter la ~**. Cortar. *Tb fig*. | * Cerciórate de que has puesto bien el patrón antes de meter la tijera. * El artículo es demasiado largo; ya puedes meter la tijera.

tijerería *f* (*raro*) Tienda o fábrica de tijeras [1]. | E. Camino *Ya* 27.6.75, 18: Por el año 1900 hubo en Mora, por lo menos, pues las que citamos se recuerdan con exactitud, ocho romanerías, 16 cuchillerías y tijererías y nueve cencerrerías.

tijerero -ra *m y f (raro)* Pers. que fabrica o vende tijeras [1]. | Ma. Gómez *Ya* 10.1.91, 2: No menor importancia tenían los artesanos tijereros, establecidos en las cercanías de Puerta Cerrada y que dieron abasto a no pocas algaradas.

tijereta *f* **1** Insecto de cuerpo alargado y pardo, con un par de apéndices en forma de pinza (*Forficula auricularia*). | *Ama casa 1972* 308a: Protegeremos nuestras flores contra las tijeretas y las babosas.
2 Tijera [3]. | Valencia *Mar* 17.7.66, 3: En el segundo tiempo fue Perfumo quien despejó con una acrobática tijereta en la raya un balón que Roma había dejado pasar y se colaba sin remisión.

tijeretazo *m* Corte, gralm. enérgico, hecho con la tijera [1]. *Tb fig.* | CBonald *Noche* 29: Un moscón empezó a rondar por la tulipa esmaltada de verde, topándose con ella al mismo compás que se sucedían los tijeretazos. Van 4.2.77, 24: Tijeretazo a los precios durante el mes blanco.

tijeretear A *tr* **1** Cortar [algo] con la tijera, esp. de manera desordenada. | FFlórez *Florestán* 681: Dos individuos .. tij[e]reteaban trozos de los periódicos. [*En el texto*, tijireteaban.]
B *intr* **2** Hacer la tijereta [2]. | J. Redondo *Ya* 11.4.88, 28: Hugo Sánchez .. dio la espalda a la portería, saltó, puso los pies donde un segundo antes tenía la cabeza y *tijereteó* con tal maestría y fuerza que la pelota .. se coló por la escuadra contraria al lugar de la ejecución.

tijereteo *m* Acción de tijeretear [1]. | Romano-Sanz *Alcudia* 293: Los esquiladores reanudan el trabajo .. El de la canción calla pronto, y sólo se siente otra vez el tijereteo.

tijerilla *f (Taur)* Lance en que el torero cita al toro llevando el capote con los brazos cruzados en aspa. | DCañabate *Paseíllo* 37: Lo intentó todo: las verónicas, .. las tijerillas, el galleo, y nada le salía a derechas.

tiki *m* Imagen de madera o de piedra de una divinidad maorí. | L. LDelpecho *SYa* 2.8.70, 5: Bomarzo es un paraje descuidado, olvidado. Produce .. sensaciones equivalentes, hablo por experiencia, a las que se adquieren viendo los "tikis", esas divinidades horrendas, labradas en lava, en torno a las cuales los maoríes de Nueva Zelanda practicaban un guiso detestable: el del hombre.

tila I *f* **1** Mezcla de hojas y flores de tilo, usada como sedante en infusión. *Tb la infusión.* | ZVicente *Traque* 13: Salvia, romero, muérdago, azahar, tila, mágicos remedios en azul de Talavera. * Tuve que darle una tila para que se calmara.
2 (*jerg*) Marihuana. | J. Romaguera *Inf* 27.2.78, 23: Todo en torno a la marihuana tiene una terminología especial .. La misma marihuana, o la grifa, se llama también "tila".
II *fórm or* **3 que se le den ~** [a alguien]. (*col, reg*) Que se fastidie. | Delibes *Parábola* 80: Tú tranquilo, Jacinto, que si tú con leer un libro de mar o regar una flor quedas a gusto, a los demás que les den tila, mira.

tilán *interj* Se usa, frec siguiendo a la campana. *A veces se sustantiva como n m.* | Torrente *Isla* 324: Fue puntual el cañonazo meridiano .. Le respondieron las campanas: de San Procopio, de San Hilario, .. de San Julián: tilín, tilán, tilón, sobre todo tilón.

tilar *m (reg)* Tilo. | Mayor-Díaz *Flora* 556: *Tilia platyphyllos* Scop. "Tilo", "Tilar", "Teja".

tílburi *m (hist)* Carruaje para dos perss., ligero, descubierto, con dos ruedas grandes y tirado por una caballería. | CBonald *Casa* 49: Tía Carola había vuelto hacía poco de dar su paseo matinal en el tílburi.

tildar *tr* **1** Tachar [a alguien o algo de un defecto o falta (*compl* DE]. | CNavarro *Perros* 188: Siempre la habían tildado de primitiva. **b)** (*semiculto*) Calificar. | Ja. Trías *CCa* 13.10.70, 5: La caza en España continúa evolucionando hacia una privatización general y dirigida. Los acotados colectivos no pueden tildarse de "socializantes" en tanto limiten, también, el ejercicio cinegético. MGaite *Usos* 217: A principios de la década de los sesenta, toda jovencita que se tildara de moderna devoraba la traducción española de un libro publicado en Francia .. Se titulaba *El segundo sexo*.
2 (*raro*) Tachar [algo escrito]. | Lera *Bochorno* 35: Cogió de pronto un lápiz rojo y tildó unos números y unas frases en la blanca hoja.

tilde *f (o, raro, m en aceps 1 y 2)* **1** Acento ortográfico. | Amorós-Mayoral *Lengua* 43: Algunas veces representamos esa fuerza especial en la escritura mediante un signo colocado sobre la vocal de la sílaba que lleva el acento: eso es la tilde o acento ortográfico.
2 Rasgo pequeño de las letras ñ o t, o de algunas abreviaturas. | Clara *Sáb* 13.8.77, 55: El tilde de la "eñe" refleja fuerza en la voluntad que no si[e]mpre es bien aprovechada. Alvarado *Anatomía* 29: El cilindroeje, a manera de tilde de T.
3 Cosa insignificante. *Normalmente en la constr* NO PERDER UNA ~. | Espinosa *Escuela* 143: Aquí me tenéis, pateando la Tierra para que la Humanidad no pierda una tilde de tan ubérrimo pensamiento.

tilín I *interj* **1** Se usa, frec repetida o seguida de TILÁN, para imitar el sonido de una campanilla. *A veces se sustantiva como n m.* | Torrente *Isla* 324: Fue puntual el cañonazo meridiano .. Le respondieron las campanas: de San Procopio, de San Hilario, .. de San Julián: tilín, tilán, tilón, sobre todo tilón. J. IGalán *SAbc* 2.6.74, 50: Todos los viejos y olvidados caminos se llenan estos días de caravanas de carretas y jinetes .. El caminar de las hermandades al tardo paso, lento y sin tiempo, de los bueyes, con el acompasado tilín-tilán de las campanillas.
II *loc v* **2 hacer ~** [a alguien una pers. o cosa]. (*col*) Gustar[le]. *Cuando el suj es pers, gralm indica atracción sexual.* | * El marisco no le hace tilín. Delibes *Cinco horas* 214: Una mujer nota a la legua cuándo le hace tilín a un hombre.

tillado *m (reg)* Suelo de tablas. | Zunzunegui *Camino* 367: Toda la casa por sus muros, tabiques y tillados se embebió de su bestial pelea.

tillar *tr (reg)* Poner [suelos de madera]. | *DMo* 22.8.90, 16: Promoción de 24 viviendas .. Parquet tillado sobre rastreles en dormitorios, salón y pasillo.

tilma *f (raro)* Manta de algodón que llevan los campesinos mejicanos anudada sobre un hombro. | J. MArtajo *Ya* 22.5.77, 7: Las "rosas de Castilla" florecieron, hace cuatro siglos, en la tilma del indito Juan Diego.

tilo *m* Árbol grande y frondoso, usado como ornamental, de madera blanda y blanca, hojas acorazonadas y flores pequeñas, amarillentas y muy perfumadas, que se emplean en medicina para infusiones sedantes (gén. *Tilia*, esp. *T. platyphyllos*). | Lagos *Vida* 43: Recordó la alameda de su pueblo, el olor de los tilos, la glorieta y su estanque. Loriente *Plantas* 52: *Tilia cordata* Miller, "Tilo de hoja pequeña". *Tilia platyphyllos* Scop., "Tilo de hoja grande". *Tilia tomentosa* Moench, "Tilo plateado". *Tilia x vulgaris* Hayne, "Tilo híbrido". Los tilos, como árboles de adorno y de sombra, son muy comunes en todos los parques y jardines.

tilón *interj* Se usa, frec siguiendo a TILÍN, para imitar el sonido de una campana grande. *A veces se sustantiva como n m.* | Torrente *Isla* 324: Fue puntual el cañonazo meridiano .. Le respondieron las campanas: de San Procopio, de San Hilario, .. de San Julián: tilín, tilán, tilón, sobre todo tilón.

tilópodo -da *adj (Zool)* [Artiodáctilo] del suborden al que pertenece la familia de los camélidos. *Frec como n m en pl, designando este taxón zoológico.* | Espinosa *Escuela* 416: Puedo ofreceros tráqueas de miriápodos, .. bisos de acéfalos, escroto[s] de tilópodos.

timador -ra *m y f* Pers. que tima [1]. | *Abc* 25.8.68, 36: Consiguió identificar el vehículo en el que viajaban los timadores.

timar A *tr* **1** Engañar [a una pers.] en una venta o en un trato. | Nácher *Guanche* 133: —Costará lo suyo .. —No me time, don Porfirio .. —Ya sabe que soy hombre honrado. *Ya* 2.11.75, 41: A los cinco meses de ser timado por el procedimiento de la "estampita", don Antonio Canadá López, que perdió entonces 8.300 pesetas, se ha encontrado frente a frente con el timador y la ha emprendido a bofetadas con él. **b)** (*raro*) Engañar. | ZVicente *Traque* 270: En fin, ya usted lo sabe, y, si no, viene de cualquier guía. Léalo, verá cómo no le timo.

timba – time sharing

B *intr pr* **2** (*col*) Coquetear [dos perss. o una con otra] intercambiando miradas o señas. *Tb sin compl*. | CNavarro *Perros* 233: El anciano se levantó, y su pareja se puso a timarse con un hombre de unos treinta y ocho años. GPavón *Reinado* 132: Sí, señor, está buena, y además se tima la jodía.

timba *f* (*col*) **1** Partida [de un juego de azar, esp. de cartas]. | Torrente *Señor* 371: Un grupo de obreros endomingados alborotaba alrededor de una timba de siete y media. CPuche *Paralelo* 148: –Yo creo, ja, ja, que tú no manejas los dados. Ja, ja, ja. Los propios testículos manejas tú ..– Montaron en el cochazo del negro y .. se dirigieron a una cafetería que hay a la salida de la Base de Torrejón. Allí .. se organizaban unas timbas fenomenales.
2 Casa de juego. | Chamorro *Sin raíces* 114: En la plaza y sus alrededores funcionaban unas timbas a las que acudían los mismos desarrapados que frecuentaban las tabernas.

timbal *m* **1** Instrumento músico semejante al tambor, con caja metálica esférica y un solo parche. *Frec en pl*. | R. Frühbeck *SAbc* 20.9.70, 13: Digo que no llega a óptima [la acústica en el teatro Real] porque la práctica me ha enseñado que el mover de su sitio los timbales, por ejemplo, es todo un problema.
2 Preparación culinaria, gralm. de carne o pescado, a manera de pastel circular. *Gralm con un compl especificador*. | *Cocina* 47: Timbal de merluza. C. LTena *SAbc* 1.6.75, 22: En la cena que Loubet ofrece en su residencia del Elíseo figuran en los programas de mano todas estas cosas: melón al Oporto, crema de cangrejos .. Sin contar los espárragos, los guisantes, .. el timbal de frutas, los helados.

timbalero -ra *m y f* Músico que toca los timbales. | Montsalvatge *Des* 12.9.70, 36: Intervendrán .. las sopranos Ángeles Chamorro y Elvira Padín, .. el timbalero José Martín.

timbrada *f* (*raro*) Timbrazo. | Delibes *Príncipe* 58: Sonó el timbre dos veces, una timbrada corta y otra larga.

timbrado[1] -da *adj* Que tiene un timbre[1] [2] determinado. *Gralm referido a voz y en la constr* BIEN ~. | Torrente *DJuan* 60: Lo más importante de Sonja era su modo de moverse y de estar quieta, a la vez natural y mesurado, así como su voz, timbrada de soprano y rica en resonancias y cálidas modulaciones. J. M. Moreiro *SAbc* 13.4.69, 31: No hay asomo de vanidad en esa voz potente y bien timbrada.

timbrado[2] -da *adj* **1** *part* → TIMBRAR.
2 Sometido a timbre[2] [1]. | Tamames *Economía* 312: Para cada área o subárea se tomaron siete datos considerados de interés: población, número de Bancos, .. y efectos comerciales timbrados.

timbrado[3] *m* Acción de timbrar [1 y 3]. | APaz *Circulación* 218: El Permiso de Primera Especial se obtiene, mediante examen, por timbrado del de 1ª con un sello en tinta roja que estampará la Jefatura de Tráfico. G*Telefónica N*. 81: Relieves Nieto. Industria dedicada exclusivamente al timbrado en relieve.

timbrar *tr* **1** Estampar [en un papel (*cd*)] un timbre[2] [1], sello o membrete. *Gralm en part*. | L. Contreras *Mun* 19.12.70, 9: Diversos consejos provinciales del Movimiento han provocado una marea de protesta en papel timbrado. Armenteras *Epistolario* 29: El uso de timbrar el papel de cartas con el nombre de quien lo usa se extiende cada vez más.
2 (*Heráld*) Poner timbre[2] [2a] [a un escudo (*cd*)]. | *Hoy* 12.4.74, 9: El referido escudo quedará así: En campo de azul un monte de oro, surmontado de un sol, del mismo metal y timbrado con corona real de España.
3 (*E*) Dotar de timbre[2] [4]. | *BOE* 3.12.75, 25187: Por lo menos dos de las válvulas estarán timbradas a la presión máxima de servicio. **b)** Poner [a algo (*cd*)] un sello o marca. *Tb abs*. | G*Telefónica N*. 513: Grabadores .. Atienza, grabador. Planchas acero para timbrar troqueles y grabados en metales. G*Telefónica N*. 514: Tipografía en bronce. Ruedas. Florones. Planchas para dorar. Planchas para etiquetas. Planchas de timbrar. Grabados en general.

timbrazo *m* Toque de timbre[1] [1]. *Tb fig*. | CPuche *Paralelo* 52: Como todos somos tan buenos, pues a las once timbrazo y a la cama. L. LSancho *Abc* 13.2.87, 14: El timbrazo de la desconfianza no está solo en el bajón de la Bolsa.

timbre[1] *m* **1** Aparato para llamar o avisar, compuesto normalmente por una campanilla que es golpeada de forma repetida por un mazo, frec. por impulso eléctrico. | GPavón *Hermanas* 51: Se disponían a marcharse a cenar al hotel cuando sonó el timbre de la puerta.
2 (*Acúst*) Cualidad del sonido, que permite distinguir la voz o el instrumento que lo emiten de otras voces o instrumentos. | Valls *Música* 17: En la composición del sonido entran otros ingredientes. El timbre es uno de ellos. Este componente es el que nos permite distinguir, entre dos o más sonidos, el agente (voz o instrumento) que los produce. **b)** (*Fon*) Cualidad de una vocal, resultante del punto de articulación y del grado de abertura. | Lapesa *HLengua* 116: Unas veces se pronunciaban con el timbre latino (*semitarium-semidariu*) .., otras, con timbre vulgar (*semedario- -semedeiro*). **c)** Cualidad [de la voz] que hace que resulte agradable al oído. | Halcón *Manuela* 37: Antonio, tú debes de cantar bien, tienes buen timbre de voz.

timbre[2] *m* **1** Impuesto que grava determinados documentos y mercancías y cuyo pago se acredita normalmente mediante un sello impreso o pegado. *Tb el mismo sello*. | Olmo *Golfos* 70: Tenía encima una lata de escabeche con una etiquetita que decía: "12,50 incluido timbre". *Caso* 5.12.70, 18: Se especializan en robar estancos, cuyo contenido de labores de tabaco, timbres y efectos de comercio sigue el mismo rumbo ignorado.
2 (*Heráld*) Insignia que se coloca encima del escudo para distinguir los grados de nobleza. | P. Redondo *Lan* 28.8.74, 5: El escudo de Tomelloso queda con las siguientes armas: "En campo de oro, una mata de tomillo, de sinople, aditamentada de una liebre, de sable, terrazado de sinople. Al timbre, corona real". **b)** Blasón o escudo de armas. *Tb fig*. | Cossío *Montaña* 149: Este es hoy el más alto timbre de Guevara y, aunque no reparado hasta ahora, el blasón más alto de la Montaña que le vio nacer. Cossío *Montaña* 69: Mi paso por la Casona al menos no ha redundado en desdoro de sus timbres literarios, antes los ha acrecido.
3 ~ **de gloria** (*o* **de honor**). Acción o cualidad que ennoblece. | SSolís *Blanca* 40: Repetir las palabras del salvador de España era un timbre de gloria. *Paso Abc* 25.2.68, sn: Cuando la nobleza se toma única y exclusivamente como mote de escudo, timbre de honor y posibilidad de dominio, deja automáticamente de serlo.
4 (*E*) Placa que se fija en una máquina para indicar el límite de presión admisible. *Tb la presión*. | *BOE* 3.12.75, 25187: Los depósitos estarán equipados con dispositivos automáticos que mantengan la presión de funcionamiento en valores comprendidos entre las presiones máximas y mínimas de timbre de las válvulas rompedoras de vacío.

tímbricamente *adv* (*Acúst y Fonét*) En el aspecto tímbrico. | Valls *Música* 17: Muchas páginas de Bach (*El arte de la fuga*, por ejemplo) son indiferentes tímbricamente hablando.

tímbrico -ca I *adj* **1** (*Acúst y Fonét*) De(l) timbre[1] [2]. | Valls *Música* 17: El factor tímbrico no reclama la atención de los compositores, como elemento integrante de la creación musical, hasta el siglo XVIII.
II *f* **2** (*Acúst*) Estudio de los timbres[1] [2]. *Tb los mismos timbres*. | *Ya* 18.10.86, 45: Los postulados de la escuela de Viena sedimentaban profundamente en una generación de jóvenes compositores, intérpretes y directores que entrevieron la posibilidad de un nuevo mundo musical basado en la tímbrica, la rítmica y la articulación.

time out (*ing; pronunc corriente*, /táim-áut/) *m* (*Dep*) Interrupción del juego. | * El entrenador solicitó un time out para romper la racha de encestes del equipo visitante. **b)** (*Ajedrez*) Aplazamiento de una partida. | *Ya* 31.10.87, 38: Aplazada: séptima partida del mundial. Aplazamiento con ventaja de Karpov .. La séptima partida, tras el primer "time out" solicitado por el campeón, despertó el interés de los grandes maestros presentes en la sala.

time sharing (*ing; pronunc corriente*, /táim- -ʃárin/) *m* Sistema por el que varias perss. adquieren un inmueble para utilizarlo de modo compartido por períodos alternos de tiempo. | C. Garrido *Ya* 13.2.89, 34: La fórmula del "time-sharing", sistema por el cual varias personas adquieren un mismo bien inmueble para su uso y disfrute de forma compartida y por un determinado período de tiempo,

tímidamente – timoratez

se ha extendido en los últimos años con gran celeridad como modelo de vacaciones atractivo y económico.

tímidamente *adv* De manera tímida [1c]. | Medio *Bibiana* 81: Bibiana Prats .. abre los ojos y, tímidamente, mira a su alrededor.

timidez *f* **1** Cualidad de tímido. | Villapún *Moral* 167: La cobardía, o exceso de timidez, que nos aparta de los peligros a los que el hombre puede y debe exponerse en la lucha con la vida. *Ya* 17.11.63, 3: Avizoramos, pues, un porvenir de grandes ventajas para todos a esta enseñanza televisada que ahora se inicia con timidez.
2 Actitud tímida [1c]. | Pemán *Abc* 26.12.70, 3: Clarificó así esa concepción negativa del matrimonio, como si fuera lo que quedaba disponible, después de una aglomeración de "tabús", timideces y fariseísmos.

tímido -da *adj* **1** [Pers.] poco atrevida y falta de decisión al actuar. *Tb n*. | * Un tímido jamás emprende un negocio arriesgado. **b)** [Pers.] que se muestra cohibida o acobardada en su trato con los demás. *Tb n*. | Medio *Bibiana* 19: Un chico tan tímido, tan callado. **c)** Propio de la pers. tímida. | Marathon *Abc* 23.8.66, 57: Más adelante hubo una tímida reacción en las filas blanquiazules.
2 [Animal] miedoso o asustadizo. | Ybarra-Cabetas *Ciencias* 392: Es [el conejo] un animal tímido y astuto.

timina *f* (*Biol*) Base de las componentes de los ácidos desoxirribonucleicos. | A. M. Yagüe *Ya* 28.9.88, 19: Es necesario precisar el cometido de cada uno de los 3.000 millones de pares de moléculas base (adenina, guanina, citosina y ti-[m]ina) que componen la cadena del ADN con que se escribe la información genética y que cada célula reproduce en su núcleo. [*En el texto*, tinina.]

timing (*ing; pronunc corriente,* /táimin/) *m* Distribución prevista del tiempo para una serie de operaciones. | C. Sentís *Abc* 17.4.58, 39: Mañana, la Exposición se inaugurará, y a su conjunto le falta aún mucho por terminar. Su "timing" laboral, del cual tanto hablan, ha fallado por esta vez.

timo¹ I *m* **1** Acción de timar [1]. | *Van* 4.11.62, 6: Una banda que se dedicaba a dar timos de importancia por el procedimiento del "anuncio en revistas".
2 Cosa con que se tima [1]. | ZVicente *Traque* 193: Vas a hacerme el favor de no lloriquearme, que me pones negro, siempre con ese timito del lagrimón.
3 (*col, hoy raro*) Dicho de carácter humorístico y frec. rimado que se repite como muletilla. *Frec en la forma* TIMITO. | M. C. Pallarés *Ya* 19.6.75, 42: De repente, de un programa a otro, se convertiría en "Matilde, Perico y Periquín" .. Esta famosísima serie campeó después en libros y su popularidad vino a plasmarse en verdaderos "timitos" y tópicos expresivos. Burgos *Tri* 22.10.77, 46: En cualquier barrio de nuestras ciudades puede oírse a unos chavales dándole a la nueva moda de los timos lingüísticos en la cresta de la ola.
4 Guiño o seña con que alguien se tima [2]. | Gala *Días* 397: Al principio nos hacíamos timitos, carantoñas, nos dábamos cachetes y esas cosas.
II *loc v* **5 dar el ~** [a alguien]. Engañar[le]. | CPuche *Paralelo* 191: Dice que a ella nunca le diste el timo. Que ella siempre vio claro lo que tú eras.

timo² *m* (*Anat*) Glándula endocrina de los vertebrados, que se atrofia en la pubertad y cuya secreción estimula el crecimiento de los huesos y favorece el desarrollo de las glándulas genitales. | Navarro *Biología* 170: El bazo y el timo .. tienen una constitución semejante a los ganglios linfáticos.

timocéntrico -ca *adj* (*Psicol*) Que se centra sobre lo afectivo. | Pinillos *Mente* 146: La concepción timocéntrica del hombre ha impregnado profundamente amplios sectores de la psicología de la personalidad.

timocracia *f* (*Pol*) Sistema de gobierno en que el poder es ejercido por los ciudadanos que tienen cierta renta. | MReviriego *Abc* 30.10.93, 26: Lo suyo es la "timocracia", que a lo mejor resulta algo muy diferente de la democracia del timo y a lo peor no lo es tanto.

timócrata *adj* (*Pol*) Partidario de la timocracia. *Tb n*. | Tamarón *SAbc* 17.1.87, x: La expresión *happy few* tiene una vieja y honrosa historia, y aplicarla a una caterva de catetos timócratas –aun con ironía, cosa que dudo– es emputecimiento que dice mucho sobre la sociedad en que vivimos.

timol *m* (*Quím*) Sustancia de carácter ácido, extraída del tomillo, que se usa como desinfectante. | N. Luján *NotB* 18.4.73, 5: La esencia del tomillo, rico en un fenol particular llamado timol –que hoy se fabrica sintéticamente–, servía para elaborar el agua timolada.

timolado -da *adj* Que contiene timol. | J. M. Moreiro *SYa* 27.10.74, 4: Ha tenido el sueño más sano y seguro de su vida en el ropero del hostal, junto a una percha de árbol, dos docenas de toallas relimpias y con un botiquín junto a la cabecera repleto de agua timolada.

timón *m* **1** Pieza de hierro o tablón que sirve para dirigir una embarcación. | *Sol* 24.5.70, 13: Se produjeron .. averías en timones, obenques y trapas que motivaron la retirada de los barcos que las sufrieron. **b)** Plano articulado en un eje, que sirve para dirigir un aparato aéreo. | F. Merayo *Ya* 20.4.74, 10: Al lado del simulador aéreo no buscaremos la presencia de motores, alerones, timones, etc., sino que, sencillamente, lo que existe es una calculadora automática.
2 Dirección o gobierno [de algo]. | * Espero que cuando cojas el timón de la empresa todo vaya mejor.
3 Palo que sale de la extremidad anterior de la cama del arado, en el que se sujeta el tiro. | ARíos *Tri* 13.4.68, 30: A tientas reconoce el timón del arado, suave y lustroso, y coge las vilortas que hay al pie.
4 Lanza [de un carruaje]. | DPlaja *Sociedad* 236: La salida de la diligencia es como un [sic] apoteosis de estruendo y movimiento. Las seis mulas son puestas de acuerdo a latigazos. Chasquean las herraduras contra el pésimo empedrado, el zagal agarra un mulo del timón y le hace iniciar la marcha.
5 (*raro*) Pluma timonera. | Torbado *En el día* 315: Las aves, a las que previamente se había recortado los timones para que no volasen en línea recta y algunas plumas de las alas para reducir su velocidad, brotaban fulgentes de la trampilla con todo el impulso de la recobrada libertad.

timonear *intr* Manejar el timón [1]. | Torrente *Sombras* 82: No dejó de mirarlo mientras bogaban los remeros, y él, de pie, timoneaba.

timonel *m* Marinero que gobierna el timón [1a]. *Tb fig*. | MHidalgo *HyV* 10.71, 80: A popa de la carroza corría transversalmente la tabla llamada timonera .. (más tarde el timonel pasó al interior de la carroza). RMorales *Present. Santiago VParga* 5: Se necesitan timoneles para orientar a las gentes.

timonero -ra I *adj* **1** (*Zool*) [Pluma] grande de la cola de las aves, que sirve para dirigir el vuelo. *Tb n f*. | Delibes *Mundos* 43: En las proximidades de algún poblado aparecen el azor y el jote, también rapaz autóctona, aunque más modesta, de pechuga blanca y timoneras en abanico.
II *n* **A** *m* (*raro f*) **2** Timonel. *Tb fig*. | García *Abc* 16.7.75, sn: Raro será el piloto que antes de subir al puente de mando no vuelva los ojos al cuadro o a la imagen de la Virgen del Carmen, que no falta en el navío y del que Ella es Patrona timonera. Chamorro *Sin raíces* 236: Un mundo antiguo .. le invadió y corroyó ahora que su mano podía empezar a descansar de su vigilia permanente de timonero. [*Habla de un impresor*.]
B *f* **3** (*Mar*) Lugar en que está la caña o rueda del timón. | Aldecoa *Cuentos* 1, 434: –¿Dónde podemos dejar todo esto? .. Es vino, chuletas y pasteles .. –De momento, se pueden dejar en la timonera –dijo el costa–. O mejor abajo, en los ranchos. MHidalgo *HyV* 10.71, 80: A popa de la carroza corría transversalmente la tabla llamada timonera porque desde ella se gobernaba la galera (más tarde el timonel pasó al interior de la carroza).

timoratamente *adv* De manera timorata. | Huarte *Tipografía* 23: Cuando este [el escritor] advierta tarde un fallo de su original, atendidas todas las razones, no debe dejarse guiar timoratamente por las consideraciones precedentes.

timoratez *f* (*raro*) Cualidad de timorato. | R. LIzquierdo *HLM* 12.5.75, 11: Como la timoratez y la indiferencia parecen incapaces de enfrentarse abiertamente con el desmán, claro es que se anula toda posibilidad de colaboración con el orden de la calle en lo que atañe al simple ciudadano.

timoratismo *m* (*raro*) Actitud timorata. | *Ya* 11.10.70, 47: Hoy pueden examinarse en paz algunas de estas actitudes anticlericales, y con fruto si el examen de conciencia se hace con fe y sin timoratismos.

timorato -ta *adj* **1** [Pers.] que se escandaliza exageradamente ante cosas no acordes con la moral tradicional. | * No seas timorata, este escote lo luce hoy cualquiera.
2 [Pers.] tímida o falta de decisión. | S. Sans *Des* 12.9.70, 34: Llamamos empresarios a comerciantes timoratos y sin iniciativa.
3 Propio de la pers. timorata [1 y 2]. | A. M. Carbonaro *SArr* 27.12.70, 63: Las señoras mayores .. se colocan el largo Chanel, ese largo-corto timorato y púdico que llaman elegante. CBonald *Noche* 77: Subió la escalera medio a tientas, con un timorato sigilo de reo. A. Miguélez *SYa* 11.5.78, 5: La asignación timorata de 3.400 pesetas como valor del punto del nivel retributivo deja tan bajas las retribuciones básicas.

timpánico -ca *adj* (*Anat*) De(l) tímpano [1]. | Ybarra-Cabetas *Ciencias* 371: Detrás de los ojos están situadas las membranas timpánicas del oído.

timpanismo *m* (*Med*) Timpanización. | F. Martino *Ya* 9.10.70, 43: Flatulencia es la presencia en el tubo digestivo, estómago e intestinos de gases, siendo sinónimos las palabras meteorismo intestinal y timpanismo, con la que se alude al sonido de tambor que da el abdomen cuando se le percute estando distendido por gases.

timpanización *f* (*Med*) Distensión de una cavidad del cuerpo, esp. del vientre, por acumulación anormal de gases. | M. Rodríguez *Rue* 17.11.70, 14: Los veterinarios de servicio debemos .. reconocer "de visu" si los animales presentan síntomas aparentes de enfermedad: glosopeda, .. timpanización.

tímpano *m* **1** (*Anat*) Membrana tensa que separa el conducto auditivo externo del oído medio. | Legorburu-Barrutia *Ciencias* 116: Los grandes ruidos y explosiones rompen el tímpano.
2 (*Arquit*) Espacio interior de un frontón. | Angulo *Arte* 1, 320: El arco de puerta [románico], como el frontón clásico, suele tener tímpano. **b)** Espacio delimitado por el dintel y las arquivoltas de una portada. | Angulo *Arte* 1, 386: Las portadas góticas son abocinadas, como las románicas, pero el tímpano suele dividirse en varias zonas horizontales.
3 (*lit, raro*) Tambor (instrumento musical). | Ribera *SSanta* 121: Alabadle con tímpano y con danza.

timpanoplastia *f* (*Med*) Reconstrucción quirúrgica del tímpano [1]. | *VozA* 8.10.70, 2: Cirugía del oído. Timpanoplastias.

timplar *tr* (*reg*) Hinchar o llenar. | MFVelasco *Peña* 166: –La bota no tiene vino. –¿Cómo que no, si está timplada? –Pero no de vino.

timple *m* Instrumento musical típico de las islas Canarias, semejante a la guitarra, pero más pequeño. | Valls *Música* 151: En las "isas" no sería difícil hallar un nexo estructural con la jota, con la nota de que en su ejecución participa, además de la guitarra, un instrumento típicamente local: el timple.

tin *interj* Se usa, normalmente repetida o seguida de TAN o TON, *para imitar el sonido de una campana o campanilla*. *A veces se sustantiva como n m.* | Lera *Clarines* 446: El triste son de las esquilas de la iglesia: tin, ton; tin, ton... El toque de agonizantes. DCañabate *Abc* 21.11.70, 7: El tin-tin de las campanillas te ayuda to suyo.

tina[1] *f* **1** Recipiente grande, frec. de madera, en forma de media cuba. | Cossío *Confesiones* 33: Un portal con gran puerta en arco daba entrada a la capilla, y por otro arco se pasaba a un zaguán que daba acceso a las cuadras, a un departamento improvisado, oscuro, con unas tinas donde se curaba la cecina. CBonald *Dos días* 59: Cobeña se había puesto a hablar con uno de los mosteadores que trasegaban el vino de la tina a la bota.
2 (*hoy raro*) Recipiente grande y redondeado que se emplea para bañarse. | Cuevas *Finca* 113: También vio José cómo traían del pueblo una tina. –Ella se baña todos los días con jabón.

tina[2]. **de ~.** *loc adj* [Papel] de hilo que se hace en molde pliego a pliego. | Cabezas *Abc* 11.5.75, 24: En la calle de Atocha 85 estuvo la imprenta de Juan de la Cuesta, donde se imprimió en papel de tina .. la primera edición de "El Quijote".

tinada *f* Cobertizo para el ganado. | A. Barra *Abc* 11.7.74, 30: Las sociedades británicas de amigos de ese ganado aseguran que no se ha registrado ninguna actividad extraordinaria en las tinadas de las granjas mercadistas.

tinado *m* Cobertizo, esp. para el ganado. | Chamorro *Sin raíces* 193: Siendo noche cerrada trasladó, con gran sigilo, las máquinas a unos tinados de su cuñado Rafael. Berlanga *Gaznápira* 132: El Alcalde quiso expropiarle el tinado de la fragua para guarecer su muleto.

tinaja *f* **1** Vasija grande de barro cocido, mucho más ancha por su centro que por la base y la boca, que se emplea esp. para líquidos. *Tb su contenido*. | Olmo *Golfos* 35: Lo dejaban en un rincón del patio metido en una tinaja que apenas le llegaba a las tetillas.
2 (*raro*) Tina (baño). | Mihura *Dorotea* 48: No he pegado ojo en toda la noche, papá. Desde las cuatro estoy levantada, metiéndome en la tinaja y dando vueltas por el pasillo.

tinajería *f* Tinajas [1] o conjunto de tinajas. | Lorenzo *SAbc* 8.9.74, 9: Pueblo alfarero, no sé de otra arcilla –tinajería de Castuera, botijos de Salvatierra– ni de pareciida paciencia para lucir, a saliva y canto de río, el botijo de los Barros.

tinajero -ra I *adj* **1** De (la) tinaja [1]. | DCañabate *Abc* 6.2.75, 41: Me acuerdo muy bien de las tinajas .. Ya en los últimos tiempos tinajeros, los aguadores no subían agua a las casas.
II *n* **A** *m y f* **2** Pers. que fabrica o vende tinajas [1]. | *Ya* 3.2.76, 1: María José Nieto .. se casó el domingo, en su pueblo, con don Francisco Ortega, tinajero y albañil en invierno.
B *m* **3** Sitio en que se colocan las tinajas [1]. | Seseña *Barros* 82: Lugar preponderante de la casa huertana es el tinajero, situado en el zaguán.

tinajón *m* Tinaja [1] grande. | CBonald *Casa* 250: Permanecía cabizbajo entre los tinajones como un caballo viejo bajo el sol. GPavón *Rapto* 44: ¿No recuerdas que el mismo miércoles se estuvo bañando en el tinajón?

tinción *f* (*E*) Teñido (acción de teñir). | Navarro *Biología* 240: La observación microscópica requiere la tinción de las bacterias.

tindalizar *tr* (*Quím*) Esterilizar [una sustancia] mediante calor aplicado de manera fraccionada. | Ganza *Ale* 4.8.76, 3: Respecto a los quesos tipo Lebeña .., las medidas son severísimas, prohibiéndose su venta en tanto no se tindalice la materia prima.

tíndalo (*tb* tindalo) *m* Árbol filipino de la familia de las leguminosas, de madera roja oscura y compacta, apreciada en ebanistería (*Pahudia rhomboidea*). | FReguera-March *Filipinas* 105: La inagotable variedad de la flora filipina desplegaba sus verdes banderas: el ébano, el molave, el tíndalo, el acle, el baticubí, la narra.

tínea *f* (*Med*) Tiña. | J. L. Serna *SYa* 22.8.90, 2: No es infrecuente que la infección alcance las uñas de los pies produciendo, en el borde libre de la uña, zonas amarillentas, ensanchadas y quebradizas. Es la tínea de las uñas. [*En el texto, sin tilde.*]

tinelero -ra *m y f* (*hist*) Pers. encargada del comedor de la servidumbre de una casa rica. | Aparicio *Año* 209: Eteria, la oronda mujer del tinelero, le cerró el paso.

tinerfeño -ña *adj* De Tenerife. *Tb n, referido a pers.* | Manfredi *Tenerife* 134: Surge [en el XVIII] un estilo arquitectónico .. de extraordinaria belleza y del que aún quedan ejemplos que patentizan las virtudes artísticas de aquel tiempo tinerfeño.

tingible *adj* (*E*) Que se puede teñir. | Alvarado *Botánica* 24: En la mayoría de las plantas la glucosa se condensa dando almidón, el cual se deposita en los cloroplastos en forma de sus típicos granos tingibles por el yodo.

tingladillo *m* (*Mar*) Disposición de las tablas de forro del casco, en que monta el borde de unas sobre el de otras. | MHidalgo *Van* 26.1.77, 30: En el proceso evolutivo del tronco de árbol, ahuecado después para ser canoa monóxila, que se convertiría en embarcación al realzarse con ta-

tinglado – tinta

blas, bien a tope o de canto (sistema mediterráneo) o en tingladillo o montado sobre tejas planas (sistema nórdico o vikingo), se llega al barco sin elementos estructurales primero y con ellos después.

tinglado *m* **1** Armazón hecha a la ligera. | Delibes *Parábola* 34: En la trasera se halla el pozo, con el tinglado del depósito del agua en alto. Lera *Clarines* 420: El calor, acumulado durante toda la mañana, era transpirado ya por el suelo, por las paredes de las casas y por los tablones del tinglado, concentrándose en el estrecho círculo.
2 Cobertizo, esp. el que sirve para almacenar mercancías en un muelle. | *Abc* 21.2.58, 8: Los bomberos barceloneses trabajan para extinguir el incendio, que destruyó gran parte de las setecientas balas de yute que se encontraban almacenadas en el tinglado número 1 del muelle de España, en el puerto de Barcelona.
3 Montaje u organización. *Frec con intención desp.* | A. Barra *Abc* 13.9.70, 13: La temeridad del Frente Popular para la Liberación de Palestina ha hecho tambalearse al tinglado de las fuerzas del Oriente Medio. M. Unciti *SYa* 20.10.74, 4: No cree usted en la reconciliación y se teme muy mucho que todo el imponente tinglado que se está armando en todo el mundo al conjuro de este concepto no sea sino cortina de humo para ocultar las injusticias que azotan a nuestro presente.

tinguián -na *adj* [Individuo] del pueblo indígena filipino que habita al norte de la isla de Luzón. *Tb n.* | FReguera-March *Filipinas* 517: En este país, además de los indios ordinarios, hay muchos que son salvajes. A saber: los negritos o aetas, los igorrotes, tinguianes, kanakas, balugas, que son muy pequeñajos, manguianes y otros muchos más.

tiniebla *f* **1** Ausencia total de luz. *Gralm en pl. Frec en la constr* EN ~S. | Umbral *Ninfas* 128: El predicador les llenaba de terrores, a los ciegos, cuyos pecados están absueltos siempre por la ceguera, por la tiniebla inocente en que los cometen. Arce *Testamento* 59: Cada vez que chupaba para tomar lumbre nos quedábamos casi en tinieblas.
2 Ignorancia absoluta. *Gralm en la constr* ESTAR EN ~S. | Tamames *Economía* 240: Debería haberse prestado en la realización del Plan triquinquenal de la vivienda una atención decidida al urbanismo, sector de la política de vivienda donde nos encontramos poco menos que en tinieblas.
3 Sombra o clandestinidad. *Gralm en la constr* EN LAS ~S. | Torbado *En el día* 131: Una especie de policía paralela actúa en las tinieblas con tal precisión y sigilo que resulta imposible desenmascararla o detenerla.
4 (*Rel*). *En pl:* Estado o situación de desconocimiento y apartamiento de Dios. *Gralm en la loc* DE LAS ~S, *referida a reino o ángel y simbolizando el infierno.* | Villapún *Iglesia* 27: A unos y a otros redimió de sus pecados con su muerte y resurrección, trasladándonos del reino de las tinieblas al reino de la luz. Vesga-Fernández *Jesucristo* 115: Atadle de pies y manos y arrojadle fuera, a las tinieblas, donde no habrá sino llanto y crujir de dientes.
5 (*Rel catól*) *En pl:* Maitines del miércoles, jueves y viernes santos. | Moreno *Galería* 232: Las tinieblas constituían triduo: Miércoles, Jueves y Viernes Santo.

tinillo *m* Receptáculo, gralm. hecho de fábrica, donde se recoge el mosto en el lagar. | S. GCasarrubios *Nar* 1.76, 14: Cuando el tinillo se llena, el caldo obtenido o mosto es colado mediante una tela metálica o similar.

tino[1] *m* **1** Puntería (destreza del tirador para dar en el blanco). *Tb fig.* | * Tengo mal tino, no le doy a un árbol a más de cinco metros. R. Frühbeck *SAbc* 20.9.70, 11: Los programas o planes de los conciertos exigen una organización extraordinariamente cuidadosa .. La persona o las personas que a estos menesteres se entreguen .. han de tener buen tino en la programación y en las exigencias técnicas de una buena propaganda.
2 Destreza en una operación o en el manejo de algo. *Normalmente en la constr* COGER o PERDER EL ~ [a algo]. | Aldecoa *Gran Sol* 84: –Mal abierto .. –Le he perdido el tino–. Hasta que abra una docena no lo haré bien.
3 Juicio o cordura. | CNavarro *Perros* 71: –Mañana me lo contarás todo. –¿Mañana? –Sí, ahora estás un poco fuera de tino. **b)** Sensatez o moderación. *A veces,* BUEN ~. *Frec en la loc* SIN ~. | * Medio *Bibiana* 57: Va a ponerse malo de comer tanto. Estos chicos no tienen tino. Laforet *Mujer* 25: Adiviné .. que iba a caer sobre él una catarata de palabras llenas de sensatez y buen tino. F. J. FTascón *SYa* 26.6.77, 19: Los bebedores compulsivos .. beben sin tino.

tino[2] *m* Tina[1] [1]. | M. SRivero *Nar* 10.76, 8: Antiguamente, para quitar impurezas echaban un animal en los tinos para precipitar sustancias que llevaba el vino y entonces conseguir una transparencia mayor.

tinta I *f* **1** Preparación más o menos fluida que se usa para escribir, dibujar, imprimir o reproducir textos o figuras. *Diversas variedades se distinguen por medio de adjs o compls:* CHINA, DE IMPRENTA, SIMPÁTICA, *etc.* | Arce *Testamento* 31: Sopló sobre la tinta aún fresca y dobló el pliego en cuatro. *Abc Extra* 12.62, 79: Hubo ya siluetas de tinta china sobre cartón blanco. E. Cohen *Ya* 31.1.90, 53: Dos años entre pieles que se acechan, grimorios, sangre, .. talismanes, tinta mágica. **b)** Dibujo hecho a tinta. | *Pue* 21.10.70, 13: Club Pueblo. Manuel Viola inauguró el VIII Curso, con una muestra de guaches, témperas, acrílicos, tintas y estructuras metálicas.
2 Líquido oscuro que segregan los cefalópodos, con el que tiñen el agua para escapar de sus perseguidores. | Ybarra-Cabetas *Ciencias* 330: Los cefalópodos tienen un medio de defensa, que consiste en enturbiar el agua con un líquido (tinta), cegando a sus perseguidores. J. Carabias *Ya* 29.12.74, 6: El ejemplar del diario "La Correspondencia de España" presentaba un título enorme, a toda plana .., compuesto en inmensas letras negras y gordas, como chipirones en su tinta.
3 Color. *Gralm en pl y frec en sent fig. Frec (Impr) en la constr* A UNA, DOS, *etc,* ~S. | Mingarro *Física* 194: Cada color simple, al atravesar un prisma, se dispersa para producir una pequeña faja. El ojo humano no es capaz de apreciar tan pequeña[s] variaciones de tinta y agrupa las sensaciones en los colores simples antes anunciados. Iparaguirre-Dávila *Tapices* 43: Cambia de estilo y pinta [Goya] con una gran brillantez de tintas, un color vivo y caliente que recuerda el de la escuela flamenca. E. La Orden *MHi* 7.69, 33: Estas sinceras declaraciones se contrapesan con algunas tintas negras para justificar la posterior apostasía del autor. *Ecc* 14.9.63, 20: Ediciones especiales de Orientación Religiosa para las fiestas de precepto no dominicales. A una tinta. Cuevas *Finca* 192: Coleccionaba *Gracia y Justicia* –en dos tintas, roja y negra– y oía los discursos por la radio.
4 Tinte (sustancia). | *Tri* 17.12.66, 47: Tinta rápida Búfalo normal o de autoaplicación.
5 Enfermedad parasitaria del castaño, producida por el hongo *Phytophthora cambivora. Tb el mismo hongo.* | J. PGuerra *SInf* 7.11.70, 8: Existen hongos que amenazan con extinguir los castañares –la "tinta" y el "chancro americano"–.
6 medias ~s. Actitudes imprecisas o vagas. | A. Marsillach *SAbc* 11.10.70, 18: Lo que ya no valen son las medias tintas. Ni en el teatro ni en otras cosas.
II *loc v* **7 cargar las ~s.** Exagerar el alcance o significado de algo. | P. DConejero *Reg* 21.1.75, 6: Parece como si tuviera prisa por abandonar el asunto fundamental .. y cargar las tintas en lo accesorio.
8 correr ~ [sobre algo]**.** Escribirse [sobre ello]. | * Sobre este tema ha corrido ya mucha tinta. **b) hacer** [algo] **correr mucha ~.** Dar lugar a que se escriba abundantemente [sobre ello]. | J. Carabias *Ya* 18.2.75, 6: "La Celestina" es una de las obras que han hecho correr más tinta.
9 gastar ~. Escribir. | Moreno *Galería* 17: Hemos gastado mucha tinta sobre el tema soriano.
10 sudar ~ (china). Realizar grandes esfuerzos, esp. de ingenio [para conseguir algo]. | J. Carabias *Ya* 6.10.74, 8: Habrá sudado tinta china para llevar al teatro, sin tomarse la más mínima libertad, esta obra maestra del gran don Ramón. *ASeg* 11.2.81, 12: Hay directivos que tienen más valor que los "pupas" y sudan "tinta china" para poder concluir una temporada. Millán *Fresa* 62: No combatía frente a un hombre, sino contra una nube de ideas .. Sudé tinta.
III *loc adv* **11 de buena ~.** De fuente fidedigna. *Gralm con el v* SABER. *Tb adj.* | Solís *Siglo* 366: A mí me han dicho que se prepara un desembarco en Huelva; lo sé de muy buena tinta. R. Frühbeck *SAbc* 20.9.70, 9: Todos los años, cuando se abre el festival madrileño de la Ópera, suelen brotar como por ensalmo noticias de buena, de mediana o de mala tinta .. acerca de la posible conversión de la sala de conciertos que es hoy el Real, en teatro de la Ópera.

tintada *f* Teñido (acción de teñir). | *Envase* 11.80: [Lana] Torredemer .. color 6557. Tintada 110598.

tintado *m* Teñido (acción de teñir). | *Abc* 20.8.66, 54: Esta fibra ha causado una auténtica sensación cuando ha sido presentada en distintos países. Permite un tintado fácil.

tintán *m* Sonido de la campana. | Moreno *Galería* 81: Tintanes y repiques de la campana.

tintar *tr* Teñir. *Tb pr.* | Lorenzo *SAbc* 8.9.74, 10: Cáceres tinta los mapas con el rojo de este rincón pimentero. Ferres-LSalinas *Hurdes* 49: Unos niños salían delante del chorro de luz .. Quedan quietos un instante y sus cuerpos se tintan de amarillo. GSalomé *Ya* 8.5.74, 10: Las organizaciones de extrema izquierda se tintaron entonces de peronismo.

tinte *m* **1** Sustancia con que se tiñe. | *Economía* 210: Deben aclararse tantas cuantas veces sea necesario para que la prenda no suelte ya tinte.
2 Matiz. *Tb fig.* | Laforet *Mujer* 337: Algunos árboles tenían un tinte rojizo ya en sus hojas. R. Frühbeck *SAbc* 20.9.70, 13: La visibilidad resulta francamente mediocre, con tintes de mala.
3 Teñido (acción de teñir). | C. LServiá *Mad* 23.12.70, 13: En el Llobregat y Ter, dos ríos catalanes en los que vierten sus residuos millares de industrias, entre ellas las de tintes y aprestos, la ruina de su .. vida acuática es completa.
4 Tintorería [1]. | Laiglesia *Tachado* 31: –¿Dónde están los pantalones de mi uniforme? –En el tinte, señorito.

tintero I *m* **1** Recipiente para tinta [1]. | Laiglesia *Tachado* 79: Los restantes y terroríficos pajarracos simbólicos ocupaban los respaldos de las sillas y los adornos de los tinteros. **b)** *En una máquina de imprimir:* Depósito de tinta. | Chamorro *Sin raíces* 189: La casa que le vendió la máquina, le envió un croquis de la misma. Las piezas sobrantes eran los plomos que llevaba el tintero .. Pero Agustín desconocía, en absoluto, el manejo de los tipos, así como la confección del más sencillo impreso.
II *loc adv* **2 en el ~.** Sin ser dicho. *Con los vs* DEJAR o QUEDARSE. | Grosso *Capirote* 175: Me gustan las cosas claras y no dejar nada en el tintero.

tintilla *m* Vino tinto, dulce y astringente de la zona de Rota (Cádiz). *Tb ~ DE ROTA.* | *Cádiz* 83: Anotemos también a Chipiona, que produce una manzanilla de muy buena calidad y que comparte con la vecina villa de Rota el nacimiento y la curiosa crianza del "tintilla", un vino espeso y oscuro.

tintillo -lla *adj* [Vino o uva] de color rojo oscuro poco subido. *Frec n m, referido a vino.* | DCañabate *Abc* 3.2.74, 49: –¿Este tintillo es argandeño o valdepeñero? –Es de Noblejas, sin molestar a nadie. A. Casado *SPue* 17.10.70, 3: Otra vez el milagro de la variedad. Chacolí, rioja, valdepeñas, ribeiro, jerez, cariñena, cazalla, moriles. Para dar y tomar. Blanco, tinto, tintillo, clarete.

tintín *m* Sonido de la campanilla o de un objeto de cristal o de metal golpeado suavemente. | Cela *Pirineo* 251: La señora hizo sonar una campanilla de plata oscura, pequeña y de muy delicado tintín.

tintinar *intr* Tintinear. | F. PMarqués *Hoy Extra* 12.69, 42: Aún hay en sus ámbitos anchos espacios de silencio que permiten escuchar el tañido de las campanas .., el tintinar de las herrerías.

tintineante *adj* Que tintinea. | S. RSanterbás *Tri* 28.2.70, 35: El sereno .. anhela liberarse del zarzuelesco chuzo y del tintineante manojo de llaves.

tintinear *intr* Producir un sonido de tintín. | Cela *Pirineo* 135: Pegadas a Francia se ven las bordas de Alós, en las que tintinea el cantarín esquilón del ganado.

tintineo *m* Acción de tintinear. *Tb su efecto.* | Cuevas *Finca* 88: Aquel tintineo de la moneda de oro le ganó el aprecio personal.

tinto[1] **-ta** *adj* **1** [Vino] de color rojo muy oscuro. *Frec n m, tb designando vaso de este vino.* | Calera *Potajes* 39: Se mezcla el resto del agua con el vino tinto. Arce *Precio* 77: Uno de ellos se me acercó con un vaso de tinto.
2 Rojo muy oscuro. *Gralm referido a variedad de uva. Tb n f.* | E. GGonzález *Pro* 13.8.75, 22: Racimo y granos con hollejo y pulpa muy tintos. L. Álamo *HLM* 26.10.70, 9: Hay una parra que da uvas tintas. Cela *Judíos* 81: La uva de Peñafiel, la albilla, la verdeja y la tinta del toro, dan un vino que, por donde pasa, moja.

tinto[2] **-ta** *adj* (*lit*) Que está teñido [de algo (*compl* EN o DE)]. | GGual *Novela* 87: La bruja encadenada se transforma en agua, y al meter Luciano su espada en el charco la saca tinta en sangre. Faner *Flor* 12: El 4 se peleaba en un laberinto de casacas azules y sombreros tricornios, de espadas y machetes tintos de sangre que la fría lluvia no conseguía lavar.

tintóreo -a *adj* **1** [Sustancia] que sirve para teñir. | Mercader-DOrtiz *HEspaña* 4, 149: A medida que progresaba la fabricación de indianas en Cataluña era más apremiante la demanda de materias tintóreas. **b)** [Planta] que produce sustancias tintóreas. | Manfredi *Tenerife* 54: La orchilla, liquen tintóreo que crece en las duras corrientes de lava solidificada.
2 De (las) sustancias tintóreas [1]. | Alvarado *Anatomía* 16: Durante el reposo nuclear su avidez tintórea [de la cromatina] se pierde, por lo cual apenas es reconocible.

tintorería *f* **1** Establecimiento en que se tiñen y limpian prendas de vestir, cortinajes y alfombras. | *SVoz* 8.11.70, 13: Traspaso tintorería muy céntrica.
2 Actividad u oficio de tintorero. | Aleixandre *Química* 173: Se emplea [el ácido tartárico] en Medicina, tintorería, etc.

tintorero -ra I *adj* **1** De (la) tintorería [2]. | Isidro *Abc* 14.5.58, 53: Concurso de celeridad tintorera, que ganaría el que quitara más rápidamente las manchas que produce el barro al saltar desde las ruedas de un automóvil.
2 [Variedad de vid] que produce uvas muy tintas[1] [2]. *Tb n f.* | E. GGonzález *Pro* 13.8.75, 22: Tintorera. Hoja verde oscuro .. Racimo y granos con hollejo y pulpa muy tintos.
II *n* **A** *m y f* **3** Pers. que tiene por oficio teñir o limpiar prendas. | *Economía* 100: Si no se sabe positivamente de qué naturaleza es la mancha, se debe llevar la prenda al tintorero.
B *f* **4** Tiburón muy difundido en zonas templadas y tropicales de todos los océanos y también en el Mediterráneo (*Prionace glauca*). | Bustinza-Mascaró *Ciencias* 172: Los [tiburones] más frecuentes en las aguas marinas de España son el cazón .. y la tintorera.

tintorro *m* (*col, humorist*) Vino tinto. | ZVicente *Ya* 27.12.70, sn: Se bebía tintorro de Valdepeñas.

tintura *f* **1** Producto farmacéutico obtenido por disolución de una sustancia medicamentosa en un líquido, esp. alcohol o éter. *Con un compl especificador.* | *Cod* 3.5.64, 4: Nuestras críticas no hacen daño, sino bien, aunque duelan como duele la tintura de yodo en el arañazo.
2 Tinte (sustancia con que se tiñe). | Bustinza-Mascaró *Ciencias* 11: Ponen [los ácidos] rojo el papel azul de tornasol y la tintura de anaranjado de metilo.
3 Tinte (acción de teñir). | Iparaguirre-Dávila *Tapices* 93: Ya no se encuentran tintes vegetales, y la Real Fábrica se ve obligada a incorporarse al progreso y aceptar como mal menor la tintura por productos químicos.
4 (*raro*) Afeite colorante del rostro. | *Inf* 25.2.70, 8: El tono de una tintura, el rojo de un lápiz de labios o la estilización de unos ojos ha surgido a veces por la contemplación de una obra maestra de pintura.

tiña *f* **1** Enfermedad parasitaria de la piel del cráneo, que causa costras, escamas, ulceraciones o la caída del cabello. | Corbella *Salud* 459: El segundo gran capítulo de afecciones del cuero cabelludo lo forman las enfermedades parasitarias, de las que la más importante es la tiña. **b)** *Se da este n a otras enfermedades parasitarias de los animales o de las plantas.* | *Puericultura* 76: Los parásitos del reino vegetal originan las tiñas.
2 *Se da este n a varios insectos lepidópteros que atacan a las plantas.* | F. Ángel *Abc* 28.2.58, 17: Esta pequeña mariposa, "Palomilla", "Tiña", "Polilla" o "Prays", mide unos quince milímetros de envergadura, tiene alas de color gris plateado y es de vuelo nocturno. Cerex *Hoy* 22.12.74, 31: A esta planta le atacan los pulgones, tiña y polilla, plagas que pueden combatirse con facilidad con cualquier producto insecticida.

tiñería *f* (*reg*) Miseria o mezquindad. | *Ale* 12.8.81, 26: El Descenso del Pisuerga .. no precisa de un presupuesto

tiñosillero – tipazo

muy elevado. Solo 500.000 pesetas –una tiñería– permitiría[n] su celebración con desahogos.

tiñosillero -ra *adj* De Tiñosillos (Ávila). *Tb n, referido a pers.* | Escobar *Itinerarios* 28: El cabrito adquiere un punto inmejorable, servido en vasija de barro oscuro, tiñosillera.

tiñoso -sa **I** *adj* **1** Que padece tiña. *Tb n.* | Cela *Pirineo* 187: Las aguas de Artíes .. también valen para bañar sarnosos, tiñosos y otros picosos.
2 (*col, desp*) [Pers.] sucia y miserable. *Tb n. A veces, más o menos vacío de significado, se emplea como insulto.* | Espinosa *Escuela* 575: Después que el Procónsul Colacio cerró el ojo, la Comisión de Procónsules tomó el Poder y lo entregó a Pancleto, que mandaba cincuenta legiones de tiñosos y carecía de prestigio entre la gente de estaca. Marsé *Montse* 19: "¡Envidiosas tiñosas!", grita la Claramunt.
II *m* **3** (*reg*) Cabracho (pez). | Trévis *Gallega* 15: En Asturias le añaden también tiñoso, pica, macete, escorpión y escamón, pescados todos ellos propios de allí.
4 (*reg*) Colirrojo negro o tizón (pájaro). | Lama *Aves* 97: El Colirrojo tizón (Phoenicurus ochrurus), llamado también en Cantabria Colirrojo negro o Tiñoso, es un pájaro de unos 15 centímetros de longitud.

tío -a I *n* **A** *m y f* **1** Hermano del padre o de la madre [de un pers. (*compl de posesión*)]. *Tb sin compl. En m pl, a veces designa al conjunto formado por el tío o la tía y su cónyuge. Tb ~ CARNAL.* | Benet *Nunca* 60: Un tío mío .. vino a tomar café expresamente comisionado para mantener conmigo, a puerta cerrada, una conversación decisiva. Grosso *Germinal* 20: No se quedó con él por guardar luto de una tía carnal. **b)** Cónyuge del tío o de la tía [de una pers. (*compl de posesión*)]. *Tb sin compl.* | Delibes *Madera* 17: Comentario que espoleó al tío Vidal (celoso de la propia progenie, sentado en el diván recamado junto a tía Macrina, su esposa).
c) ~ segundo. Primo del padre o de la madre [de un pers. (*compl de posesión*)]. *Tb, simplemente, ~.* | Cela *Inf* 27.5.77, 23: Mi tía segunda doña Luftolde .. se pasó la vida fumando brevas y vegueros y no padeció jamás de las vías respiratorias. **d) ~ abuelo.** Hermano del abuelo o de la abuela [de una pers. (*compl de posesión*)]. *Tb, simplemente, ~.* | Delibes *Año* 170: También recuerdo que otro tío-abuelo .. emigró a la Argentina y regresó rico. **e) ~ de América.** (*col*) Pariente desconocido de quien se hereda una fortuna. | Ramírez *Derecho* 89: No tengo por qué ocultarte el enfado que anida en el corazón de todos aquellos que se saben desheredados, por no tener nadie a quien suceder. Son los que no han tenido la suerte de nacer "hijos de papá" o tener "un tío de América". **f)** (*pop*) Padrastro. | Sastre *Taberna* 114: Entré de lazarillo con mi padrastro el Ciego de las Ventas (con mi tío, que yo le llamo al hombre).
2 (*rur*) Normalmente con art, se usa como tratamiento de las perss de edad que no tienen el de don o señor. | Cela *Judíos* 105: La tía Tecla, la Quintanilla, es una mujer gorda y barbuda. Cossío *Montaña* 59: No puedo dejar de dirigir mi recuerdo .. hacia su bardo popular, o mejor rural, tío Juan Manuel Morante.
3 (*col*) Hombre o mujer. | CPuche *Paralelo* 77: En el centro del salón acababa de aparecer un negro en pantalón y camiseta que, en realidad, no se sabía si era negro o negra disfrazada .. Fijándose más vio que era un tío. Payno *Curso* 31: Hay algunas tías estupendas. **b)** *Frec se emplea con matiz admirativo.* | Delibes *Año* 56: Hay que ver el tío menos de Anthony Lamb. ¡Qué tío! En diez renglones de "El camino" ha encontrado dilogías, metonimias y sinécdoques para llenar un camión. ASantos *Bajarse* 112: Gracias. Eres un tío. **c)** *Frec se emplea con intención despectiva.* | MGaite *Visillos* 230: –Que el novio de Gertru es un pinta y que .. cuando va a Madrid vive con una señora extranjera .. –Pero ¿cómo sigue con él? –Porque le querrá .. –Yo estaba indignada, cómo le va a querer a un tío así. Berenguer *Mundo* 260: Me fui de allí con el barrunto de que aquella tía la habían untado para envenenar a don Cosme con espíritu y boticas. **d)** *Frec se usa como apelativo más o menos afectivo. Esp en lenguaje juvenil.* | Delibes *Voto* 14: Jo, tío, eres la pera .. Dos horas rompiéndonos la crisma y ahora el Diputado que no le gusta.
e) ~ bueno. Pers. atractiva físicamente. *A veces se usa como piropo.* | * ¿Quién es aquel tío bueno que se acerca? * ¡Tía buena!

B *f* **4** (*col*) Mujer de malas costumbres o prostituta. | CPuche *Paralelo* 408: –La muchacha, cómo te diría yo, tiene como el aire de una azafata de aviación o así. –Bueno, no te fíes del aire de las mujeres .. Hijo mío –dijo muy serio–, si me das con esa tía, porque estoy seguro de que será una tía, será mejor que acertar los catorce.

II *loc v y fórm or* (*col*) **5 cuéntaselo a tu tía.** *Fórmula con que se expresa incredulidad burlona ante algo dicho por otro.* | * Eso se lo cuentas a tu tía.
6 no hay ~ páseme usted el río. *Fórmula con que se comenta la necesidad de afrontar personalmente y sin ayuda algo irremediable.* | MFVelasco *Peña* 91: Si, a la hora acordada, no estás en la fuente con el oso, no hay tío páseme usted el río que valga. Coll *D16* 9.7.77, 18: De la misma forma que con la Juventud [el espejo] es reconfortante, con la Vejez es inmisericorde. No hay tío páseme usted el río.
7 no hay tu tía. Es imposible. *Como or independiente.* | * Nada, no hay tu tía; esto no anda.
8 que + *v en subj* **+ su** (*o* **tu**) **tía.** *Se usa como rechazo enfático.* | ZVicente *Traque* 60: Mire, el billete del tren, lo tiro, no vuelvo esta noche al pueblo, que vuelva su tía, perdón, es un decir.
9 ser [alguien o algo] **como tener** (*o* **ser** [algo] **como quien tiene**) **un ~ en Alcalá.** No servir para nada. | Á. FSantos *Gac* 23.11.75, 67: Dirigió el magnífico tinglado Josefina Molina, una de las pocas mujeres españolas que está censada en el Sindicato de directores de cine, aunque, como se sabe, formar parte de este censo es como tener un tío en Alcalá.
10 venir el ~ Paco con la rebaja. Llegar el momento en que las previsiones optimistas o la situación favorable sufran un revés. *Gralm en la fórmula admonitoria* YA VENDRÁ EL ~ PACO CON LA REBAJA. | Delibes *Perdiz* 137: No hay cazador que al salir al campo no piense en hacer una buena percha. Luego viene el tío Paco con la rebaja, y un día tras otro el Cazador ha de regresar con las orejas gachas.

III *interj* **11 su tía.** (*col*) Expresa susto o sorpresa desagradable. | * –No han aprobado más que un 5%. –Su tía.

tión *m* (*reg*) Solterón. | *Ya* 7.1.85, 4: Cincuenta mujeres responden a la llamada de los solteros de Plan .. Los cuarenta "tiones" (como allí dicen a los solterones), de edades entre los 30 y 50 años, publicaron los anuncios después de que TVE emitiera la película "Caravana de mujeres". *Ide* 28.9.87, 37: Aunque todavía es pronto para hacer un balance del encuentro, los 62 tiones de este pueblo toledano expresaron su decepción ante la edad de las casaderas.

tiorba *f* Instrumento músico de la familia del laúd, con dos mangos, típico del s. XVI. | * En la orquesta toca varios instrumentos, entre ellos la tiorba.

tiorro -rra *m y f* (*desp*) Tío [3a]. *Más frec en f.* | CSotelo *Resentido* 247: Detrás del mostrador, la Remedios, una tiorra pechisacada, maquilladísima, se dirige a la clientela con chulería y desgarro.

tiouracilo *m* (*Quím*) Compuesto cristalino derivado de la tiourea, que disminuye la acción de la glándula tiroidea. | M. Aguilar *SAbc* 30.11.69, 54: Algunos tóxicos que pueden dar agranulocitosis .. Aminopirina .. Tiouracilo. Tiourea.

tiourea *f* (*Quím*) Compuesto análogo a la urea, en que el oxígeno se ha sustituido con el azufre. | Aleixandre *Química* 205: Condensación de la urea o tiourea .. con el aldehído fórmico.

tiovivo *m* Atracción de feria consistente en una plataforma giratoria sobre la que se encuentran pequeñas reproducciones de caballos, coches, tranvías, etc., en que se sientan las perss. | Medio *Bibiana* 336: Mira, ahora se para un tiovivo. Vamos a subir.

tiparraco -ca *m y f* (*col*) Pers. despreciable. | Palomino *Torremolinos* 221: Después de todo yo no tengo por qué sentirme apocado ante el chófer, un tiparraco, un lameculos que no me saluda.

tipazo *m* Tipo[1] [5] muy bueno. *Tb la pers que lo tiene.* | Delibes *Cinco horas* 103: Eligió a los .. de mejor facha .. Desde luego, el batallón .. que llegó aquí armó la revolución, qué tipazos.

tipejo -ja *m y f* (*col*) Pers. despreciable. | ZVicente *Balcón* 41: Ese tipejo de Administrativo que no le aprueba ni a la de tres, dicen que es gallego.

tipiar (*conjug* **1a**) *tr* (*Impr*) Componer en la linotipia. | Huarte *Tipografía* 27: Origen de las erratas .. Defecto de sincronización de movimientos que hace tipiar o componer trocadas las letras de un grupo: "extermo" por "extremo".

típical (*tb* **tipical**) *adj* (*col, humoríst*) Que presenta un tipismo propio para turistas. | CPuche *Paralelo* 110: Las [oficinas] de viajes a los sitios *tipicales*: Toledo, Aranjuez, El Escorial.

típicamente *adv* De manera típica. | DPlaja *Literatura* 240: La figura de Don Juan es típicamente renacentista.

tipicidad *f* **1** Cualidad de típico. | *Leg. contencioso-adm.* 112: Este precepto, hermenéuticamente examinado, tiene un carácter genérico y no de tipicidad exhaustiva.
2 (*Der*) Adecuación de un hecho al tipo de delito descrito por la ley. | *Ya* 11.5.82, 10: Para que una acción pueda considerarse constitutiva de delito es condición indispensable que la conducta del sujeto se adecue puntualmente y a cada uno de los elementos que el legislador emplea al describir la acción antijurídica. Es este el elemento de la tipicidad que, desde Beling, preconiza la dogmática jurídica del delito.

típico -ca *adj* **1** [Pers. o cosa] que constituye un tipo¹ [1] o responde a los caracteres esenciales del tipo. | DPlaja *Literatura* 240: Don Juan es una figura típica del Renacimiento: representa al hombre que aspira a gozar incansablemente del mundo y del amor.
2 Peculiar o característico. *Frec con un compl especificador*. | DPlaja *Literatura* 123: Los protagonistas y los criados forman un contraste muy típico en la literatura española. **b)** Que forma parte del folklore [de un lugar]. | *GTelefónica N.* 940: Mesón del Segoviano. El restaurante más típico y antiguo de Madrid.

tipificable *adj* Que se puede tipificar. | VMontalbán *Tri* 9.12.72, 54: El libro de Giménez Frontín no es una excepción. Está dirigido a sí mismo y, por lo tanto, dirigido a un culturalizado tipificable, de unos treinta años, con escasas apetencias de promoción profesional. R. Acosta *Ya* 30.3.90, 19: Flores apuntó que el resto de actividades de Juan Guerra eran difícilmente tipificables con el Código Penal en las manos.

tipificación *f* Acción de tipificar. *Tb su efecto*. | Alonso *CId* nº 1.65, 28: Apoyándose en esta tipificación de los caracteres, la genial introspección del autor cala tan hondo en el corazón de sus criaturas que al final nos sorprenden como individuos. E. ÁPuga *Mun* 23.5.70, 23: Cuando el chismorreo alcanza rango delictivo, ahí están los códigos penales con su tipificación clara de los delitos de calumnia e injuria a disposición de los tribunales de la jurisdicción ordinaria.

tipificador -ra *adj* Que tipifica. | *Abc* 1.6.75, 57: "Poder de dirección", tocante al Gobierno, cuya naturaleza viene determinada por la "nota rigurosamente tipificadora de su calidad de órgano, o conjunto de órganos, que asume las más importantes actividades de ideación política global en el Estado".

tipificar *tr* Reducir [algo] a tipo¹ [1b]. | Alonso *CId* nº 1.65, 28: *La Celestina* hereda una gran tradición en la que los caracteres humanos estaban ya tipificados: la alcahueta, el amante, la tímida doncella, los rufianes. *Mad* 8.9.70, 1: El secuestro aéreo no está tipificado en parte alguna como delito.

tipismo *m* **1** Cualidad de típico [2, esp. 2b]. | * El tipismo de estas calles es todavía auténtico.
2 Conjunto de costumbres o caracteres típicos [2, esp. 2b]. | ZVicente *Balcón* 33: ¿Veis? ¡Inquisición pura, delectación en los tormentos, en lo macabro! ¡Toda esta falta de caridad se debe también a la nefasta influencia extranjera! A mí todo esto me hiere, pero lo soporto como tipismo. ¡Yo soy muy europeizante!

tiple A *m* **1** Soprano (voz). *Gralm* VOZ DE ~. | Subirá-Casanovas *Música* 24: Componían, comúnmente, para cuatro partes vocales: superior o cantus –tiple o soprano–, altus o contratenor –contralto–, tenor, y bassus –bajo–. * Tiene voz de tiple.
B *f* (*más raro, m*) **2** Cantante que tiene voz de tiple [1]. | L. Calvo *Abc* 21.11.70, 35: El locuaz e impertinente Nikita, vanidoso como una tiple, .. dictó las Memorias. Cunqueiro *Un hombre* 46: La Malena había muerto, pero había dejado su nombre al burdel, que ahora lo regía un tiple vaticano, muy bien castrado.

tipo¹ -pa I *n* **A** *m* **1** Ejemplar o especie que posee los caracteres esenciales que distinguen a su grupo. | Ybarra-Cabetas *Ciencias* 318: Esta esponja se puede tomar como tipo, no solo por su abundancia, sino porque su organización responde a la constitución general de estos seres. **b)** Representación ideal de los caracteres esenciales de un conjunto. *Frec en aposición*. | DPlaja *Literatura* 35: Tipos. Como se ve, Plauto gusta de representar figuras caricaturescas: viejos avaros y licenciosos, esclavos astutos y ladrones, parásitos que viven sin trabajar, militares palabreros. * La encuesta tipo no nos vale.
2 Clase o modalidad. | Castilla *Humanismo* 24: Las voces más alertadas .. han llamado .. la atención sobre el carácter alienador del tipo de producción capitalista. *Mad* 27.4.70, 1: La Unión Soviética lanzó al espacio ocho satélites del tipo "Cosmos". **b)** (*Psicol*) Grupo de los varios que se establecen con los individuos, según sus características físicas y psíquicas. *Gralm con un adj especificador*: ATLÉTICO, PÍCNICO, *etc*. | Pinillos *Mente* 157: Junto a los dos tipos clásicos que acabamos de describir, el leptomorfo y el picnomorfo, aparece a menudo un tercer tipo, que suele denominarse muscular o atlético.
3 (*CNat*) Grupo taxonómico comprendido entre el reino y la clase. | Alvarado *Biología* 1: El gato es un ser del Reino animal, Subreino Metazoos, Tipo Cordados, Subtipo Vertebrados, Clase Mamíferos.
4 Precio o porcentaje establecido para determinadas operaciones comerciales o fiscales. *Gralm con un adj o compl especificador*: DE CAMBIO, DE INTERÉS, DE EMISIÓN, IMPOSITIVO. | *Hoy* 15.11.70, 5: Los saldos .. devengarán el tipo básico de interés de redescuento del Banco de España. **b)** *En una subasta*: Precio mínimo de salida. | *Alc* 31.10.62, 28: Se tomará como tipo de la subasta la cantidad de cincuenta mil pesetas, fijado en la escritura de préstamo.
5 Forma exterior [de una pers.]. *Normalmente con un compl calificador*. | * Tiene un tipo muy bonito. **b)** Pers. que tiene buen tipo. | Kurtz *Lado* 15: Marion como hombre habría sido todo un tipo; como mujer es algo rara. Ni siquiera fea, rara.
6 (*Impr*) Pieza de metal que lleva en relieve una letra u otro signo. | Huarte *Tipografía* 54: Del grueso del tipo depende que entren más o menos letras en una línea.
7 (*Numism*) Figura principal de una moneda o medalla. | GNuño *Escultura* 157: Las [monedas] de Cádiz suelen llevar como tipos la cabeza de Hércules tirio, el rostro de la Gorgona, un delfín y uno o dos atunes.
B *m y f* **8** (*col*) Hombre o mujer. *Frec con intención desp*. | Arce *Testamento* 14: Conocía a tipos como él. Sabía que era capaz de abofetearme. Payno *Curso* 59: ¡Míralo quién habla! Si tuviera una tipa como Blanca, claro que no estudiaba. M. Alcalá *Inf* 23.2.70, 16: Es un tipo estupendo. Olmo *Golfos* 111: ¡Será mamón el tipo ese!
II *loc v* (*col*) **9 aguantar**, *o* **mantener**, **el** ~. Mantenerse con dignidad en circunstancias difíciles. *Tb fig*. | Cela *Pirineo* 203: Hasta la guerra civil aguantó el tipo la ermita románica del Mig Arán.
10 jugarse el ~. Arriesgar la vida o la integridad física. *Tb fig*. | FVidal *Duero* 88: El caminante, tras jugarse el tipo o al menos una mala quebradura de tibia o de clavícula .., vuelve hacia la plaza de la villa. Lera *Bochorno* 84: Si los que no quieren que se jueguen el tipo son los propios clubs, ¿qué van a hacer ellos?
11 ser [una pers.] **el ~** [de otra]. Responder a su ideal de belleza o perfección. | Arce *Precio* 95: –¿Qué tal eran las chicas? .. –No eran mi tipo.
III *prep* **12** Del tipo [2] de. *Gralm el n al que precede no lleva art*. | *Economía* 34: Pueden emplearse los preparados especiales .., tipo Cristasol. *Sp* 19.7.70, 49: En ciudades tipo París, el éxito es de igual dimensión.

tipo² *f* (*argot Impr*) Tipografía. | Berlanga *Barrunto* 89: Embuchar más de doscientos periódicos en los cuadernillos de "fotos" –¿por qué les llamarían allí de hueco, y a lo de dentro, de tipo?– era una memez.

tipografía – tiracero

tipografía *f* **1** Procedimiento de impresión mediante tipos[1] [6] y grabados que se aplican a presión sobre el papel. | Huarte *Tipografía* 24: La errata es la manifestación del error, propio de toda obra humana, en la tipografía.
2 Manera de estar impreso algo, en cuanto al modelo de tipos[1] [6] y su disposición en el papel. | A. Barra *Abc* 19.12.70, 35: Hoy, los diarios de Londres, con tipografía de lujo, insertan este titular en primera plana.

tipografiar (*conjug* **1c**) *tr* (*raro*) Imprimir. | Delibes *Cartas* 103: Tomé la revista de la mesita, para hojearla, a falta de mejor cosa que hacer. Entonces saltó tu minuta ante mis ojos como si estuviera viva, iluminada, tipografiada en otros caracteres.

tipográficamente *adv* **1** De manera tipográfica. | * Componer tipográficamente un texto.
2 En el aspecto tipográfico. | G. Prieto *Mad* 23.12.70, 25: Tipográficamente este Quijote también es una obra de arte.

tipográfico -ca *adj* De (la) tipografía. | Huarte *Tipografía* 24: La errata es la manifestación del error .. en la tipografía. Tan antigua como el arte tipográfica misma, parece haber un sino de fatalidad.

tipógrafo -fa *m y f* Pers. que trabaja en tipografía [1]. | Huarte *Tipografía* 9: La razón es .. evitar al tipógrafo el cuidado de comprobar a cada final de plana si continúa el texto al dorso.

tipología *f* **1** Estudio de los tipos[1] [1], esp. para facilitar una clasificación. | Pinillos *Mente* 154: No cabe hablar de la tipología contemporánea sin dedicar una preferente atención a Ernst Kretschmer y a sus ya conocidos tipos corporales.
2 Conjunto de tipos[1] estudiados por la tipología [1]. | Bueno *Tri* 26.12.70, 10: Utilizamos cuatro criterios dicotómicos que, combinados, dan lugar a una tipología de $2^4 = 16$ tipos de cuadros sociales. **b)** Conjunto de tipos[1] [1]. | Delibes *Mundos* 75: De entre la limitada tipología chilena es, sin duda alguna, el "roto" el elemento más definidor.

tipológicamente *adv* En el aspecto tipológico. | Pericot-Maluquer *Humanidad* 164: Cada uno de estos focos crea unos productos tipológicamente distintos que permiten conocer rápidamente sus respectivas áreas comerciales.

tipológico -ca *adj* De (la) tipología. | M. GManzano *Rev* 12.70, 19: El autor .. destaca y valora la situación humana. Esta anchura y universalización tipológica le exige un despojo técnico.

tipómetro *m* (*Impr*) Instrumento para medir las composiciones tipográficas. | MReverte *Demasiado* 62: Rasgó el papel y me acertó con el tipómetro en la entrepierna. [*En la redacción de un periódico*.]

típula *f* Insecto díptero semejante a un mosquito grande de patas muy largas, que se alimenta del jugo de las plantas y cuya larva daña los cultivos (gén. *Tipula*). | F. Ángel *Abc* 16.2.68, 23: Con "Fertisalus" se combaten eficazmente las Típulas de los prados; el Gusano blanco.

tipúlido *adj* (*Zool*) [Insecto] de la familia de la típula. *Frec como n m en pl, designando este taxón zoológico*. | Remón *Maleza* 14: El segundo [grupo de plagas], de insectos y, en concreto, los tipúlidos, una especie de mosquito que empieza a ser habitual en nuestros prados, en el otoño, y cuyas larvas devoran el césped.

tique *m* Pequeño papel o cartulina que da derecho a un servicio o indica su importe. | *Ya* 1.11.59, 13: Al llegar a este límite, el taxista entregará al viajero un tique con el precio que señale el contador. MSantos *Tiempo* 226: Qué otra cosa podía él hacer, sino llegarse al recinto acotado, .. mirar hacia la zona de luz después de haber pagado los tiques de la entrada.

tíquet *m* Tique. | N. Luján *Sáb* 11.1.75, 3: El misterio del banquete es realmente enigmático: resulta siempre más caro el tíquet que comer a solas o con un grupo de amigos la misma minuta en el mismo sitio. [*En el texto, sin tilde.*] *Ya* 8.1.91, 5: Hay que exigir el tíquet. [*En el texto, sin tilde.*]

tiqui *interj* Se usa, gralm. repetida o seguida de TACA, para imitar el golpeteo de algo. *A veces se sustantiva como n m*. | Berenguer *Mundo* 104: Si me quitaron fue porque había que escribir en una máquina de esas, tiqui taca, tiqui taca.

tiquín *m* Pértiga, gralm. de caña de bambú, usada en Filipinas para impulsar las embarcaciones menores, apoyándola en el fondo. | FReguera-March *Filipinas* 281: La tropa embarcó en tres viejos cascos sin timón, velas, remos ni tiquines.

tiquismiquis (*tb con las grafías* **tiquis miquis** *o* **tiquis-miquis**) (*col*) **A** *m pl* **1** Escrúpulos o reparos de muy poca importancia. | T. MEntrialgo *VozA* 8.10.70, 3: Concédase un voto de confianza a los prelados y no se les complique su de por sí dificultosa tarea con recelos pueriles y tiquismiquis de sacristía.
2 Discusiones por poco motivo. | DCañabate *Paseíllo* 18: –Yo tampoco te lo había pedido –salta la de antes–. Eres un panoli ..– Pepito opta por callarse porque no está para tiquismiquis, porque en el primer espada y va a salir su toro.
B *m y f* **3** Pers. que anda con tiquismiquis [1]. *Tb adj*. | Delibes *Mundos* 83: El tiquis-miquis, el hombre cargante y lleno de prejuicios para comer, o se corrige o se muere en Chile. Montero *Reina* 34: Venga, mujer, no seas tiquismiquis, que uno no se condena por tan poca cosa.

tira I *f* **1** Trozo largo y estrecho [de algo]. *Tb fig*. | Bernard *Verduras* 60: Se separan las hojas de la lombarda .. y se cortan a tiras estrechas. Vega *Cocina* 89: Los solomillos de toro de carne van mechados con tiritas de tocino. Hoyo *Glorieta* 27: Era como si algo se hubiera gastado y rasgado y quedasen no más que unas tiras de voz. **b) ~ bordada.** Tira más o menos ancha de batista bordada a máquina en forma de puntilla o entredós, que se emplea como adorno, esp. en lencería. | Cela *Judíos* 260: Tenía .. un camisón de lino de manga larga, con pasacintas por el decente escote y tira bordada en el jaretón.
2 Lista (dibujo en forma de línea). | MSantos *Tiempo* 27: Taxis con una tira roja.
3 ~ cómica. Serie breve de dibujos que desarrollan un chiste o una historieta de humor. *Tb simplemente ~*. | *Ya* 31.1.86, 7: Mercedes Milá en "Jueves a jueves" .. Todavía es pronto para el juicio sobre su tarea. Pero es justo alabar la elección de los entrevistados, el clima de interés que sabe despertar y las tiras de humor incluidas.
II *loc v* **4 hacer ~s.** (*col*) Destrozar o despedazar. *Tb fig*. | Laforet *Mujer* 200: Si ellos tienen siempre esta alegría .. no hay mérito alguno en dejarse hacer tiras por ella.
III *loc adv* **5 la ~.** (*col*) Mucho. *Con intención ponderativa*. | Aristófanes *Sáb* 15.3.75, 79: Bueno, pues aquí el chache, que es la tira de observador, se ha dado cuenta que llegar el Cebrián Boné a director y desaparecer la "maciza girl" de la última página del diario ha sido todo uno.

tirabalas *m* Tirador (juguete). | Berenguer *Mundo* 33: También perdía mucho el tiempo en juegos que nada daban, como poner cepos a los gandanos y melones y arrimarme a la laguna con un tirabalas de goma para pegarle un cantazo a las gallaretas.

tirabeque *m* (*reg*) Tirador (juguete). | Lera *Clarines* 507: Otros .. disparaban sus tirabeques contra las sartas de las bombillitas .., logrando estallar muchas de ellas. Delibes *Vida* 204: Como el tirabeque de tablilla hacía una puntería muy fina, casi tan certera como un rifle con visor, cazaba gorriones en cantidad.

tirabrasas *m* (*reg*) Utensilio de hierro para remover las brasas del horno. | *País* 10.3.84, 48: Se niega a introducir a nadie en su taller [de pastelería], bajo pretexto de que "no hay nada que ver, solo la pala de cocer y el tirabrasas del horno".

tirabuzón *m* **1** Rizo de pelo en espiral. *Tb fig*. | Salvador *Haragán* 117: La Andrea de ahora .. es una hermosa mujer, sin pecas, sin tirabuzones.
2 Cosa cuya forma recuerda la del tirabuzón [1]. | Aldecoa *Gran Sol* 159: Era una pareja grande, con unos tirabuzones de humo alargándose y deshaciéndose en la marcha. Barquerito *D16* 20.8.90, 35: Metido entre los pitones, Jesulín empezó a "tirabuzonear", es decir, a ligar dos circulares, uno cambiado con otro natural, y a rematar las tandas de "tirabuzones", con largos pases de pecho.

tiracero *m* (*hist*) Fabricante de tiraces. | Castejón *Pról. Salcedo* 8: Solo un barrio de la ciudad, el de los tiraceros o bordadores de tiraces, que es el actual de San Andrés, tenía censados cinco mil trabajadores de ese ramo.

tirachinas *m* Tirador (juguete). | Cela *Judíos* 268: Por la Tijera, dos niños andan a pájaros con el silencioso y eficaz tirachinas.

tirachinos *m* (*reg*) Tirachinas. | Marlasca *Abc* 20.9.70, 43: Los empollones .. son más listos que las ardillas y manejan la Gramática Española (y la parda) mejor que el tirachinos.

tiracuero *m* (*desp, raro*) Zapatero (pers. que arregla el calzado). | Faner *Flor* 80: Los tiracueros martillaban la suela de un remendadísimo escarpín.

tirada I *f* **1** Acción de tirar [3a y b y 9]. | Moreno *Galería* 371: Para establecer el orden de tirada [a la tanguilla] no se sortea con moneda. *HLS* 3.8.70, 8: Se recuerda a los gobernadores civiles que quedan absolutamente prohibidas las tiradas de tórtolas en su época de entrada. Huarte *Tipografía* 50: No deberá permitir, bajo la responsabilidad del regente de la imprenta, que se haga la tirada hasta que él haya dado su conformidad absoluta. **b)** (*Impr*) Conjunto de ejemplares tirados. | R. L. Chao *Tri* 5.12.70, 41: El Goncourt asegura a su editor una tirada de 200.000 ejemplares. *Alc* 31.10.62, 6: El escándalo del famoso semanario, que con su medio millón de ejemplares de tirada se ha convertido en altavoz, cara al mundo, del inconformismo alemán. **c)** ~ **aparte**. Separata. | Huarte *Biblioteca* 92: Suelen ser [los folletos] tiradas aparte de artículos de revista y proceder de envíos de cortesía presentados por sus propios autores.

2 Distancia grande entre dos lugares. | Benet *Aire* 17: No ha llegado todavía. Supongo que vendrá andando desde su casa. Hay una tirada. Ferres-LSalinas *Hurdes* 39: Allá voy yo, soy el cartero. Mucha tirada, a lo mejor para una carta.

3 Serie larga e ininterrumpida [de algo, frec. versos]. | Ridruejo *Memorias* 32: Me gustaban los versos, tenía memoria para ellos y a la salida me sabía entera, con muy pocos fallos, toda la tirada del "Capitán de los Tercios". Torrente *Sombras* 183: Al fondo y no muy lejos, se erguía, misteriosa, la vieja, la caduca fortaleza en que lady Macbeth había recitado sus tiradas, de las cuales, sin embargo, nadie hablaba.

II *loc adv* **4 de una ~**. De una vez o sin interrupción. | Delibes *Vida* 166: Me fui hasta Palencia (más o menos cincuenta kilómetros) de una tirada.

tiradera *f* (*reg*) **1** Trozo pequeño de madera o metal que utiliza el alfarero para quitar los sobrantes de barro de una pieza mientras está en el torno. | M. F. Lucas *Nar* 6.77, 10: Los instrumentos auxiliares que utiliza el alfarero son: "tiradera", "punzón", "alambre", "peine" y "suavizador".

2 Pequeña red de forma cónica, con plomos en su parte inferior para que se hunda al tirarla al agua. | Delibes *Inf* 24.9.75, 16: Aquí sorprendí una madrugada a un chaval que iba con la tiradera .. Pero él fue entonces y me tiró a la cabeza el esparavel, que sentí silbar los plomos y todo como si fueran balas.

tiradero *m* Lugar donde el cazador se pone para tirar. | Valdueza *Abc* 20.3.71, 11: La despreocupación por las tradiciones monteras y el rápido y superficial contacto con el monte explica el desconocimiento que con sobrada frecuencia reina entre los monteros de cuanto precede a la batida y de cuanto acontece en su transcurso, fuera del alcance de cada tiradero.

tirado[1] **-da** *adj* **1** *part* → TIRAR.

2 (*col*) Muy barato. | Torrente *Off-side* 26: Aquella pareja de óleos, si le interesa, se la dejaré en las cinco mil, y van tirados.

3 (*col*) Muy fácil. *Gralm con el v* ESTAR. | G. Abeijón *IdG* 3.8.75, 33: Imagínese (está tirado) que le plantan una tarta de hormigón a 10 metros de su ventana. Marsé *Dicen* 301: –Conozco a un legionario .. que a esa distancia podría leer lo que dicen por el movimiento de los labios. –Yo también .., eso es tirado.

4 (*col*) [Cosa] de baja categoría. | CPuche *Paralelo* 7: No teníamos carnicería ni pescadería, tahona ni farmacia. En cambio proliferaban las cafeterías alegres y los bares tirados.

5 (*col*) [Pers.] de mala vida o de conducta despreciable. *Referido a mujer, alude gralm al aspecto sexual. En este caso, frec como n f*. | Laforet *Mujer* 70: Fustigaba a Paulina y pensaba en ella como una mujer tirada.

6 (*col*) [Pers.] que está en una situación lamentable, esp. en el terreno económico. | Berlanga *Barrunto* 88: Llevaban corbata y en la cartera pasarían de dos los verdes plegados en el último forro .. El más tirado de los que paseaban me podía comprar todas [las "Goleadas"] y aún le sobraría otro tanto. *Int* 25.8.82, 95: Es que a mí me mola más la comida y el catre que la botella y entre las chapuzas y lo que apaño no estoy tan tirado.

tirado[2] *m* Acción de reducir a hilo un metal, esp. oro. *Tb su efecto*. | Morales *Artífices* 1, 22: Francisco Izquierdo, director y socio de la Real Fábrica de tirados de oro y plata, bordados y cordonería.

tirador -ra A *m y f* **1** Pers. que tira [3a y b]. | *Nue* 28.6.70, 1: Los soldados británicos abrieron el fuego contra tiradores aislados. Alfonso *España* 186: Todo debe y puede compaginarse, incluido el despejar el campo de tiradores durante agosto y primeros días de septiembre.

2 Pers. que practica el deporte de la esgrima. | *Abc* 10.5.58, 9: Campeonato femenino de esgrima. Uno de los asaltos celebrados en la sala del Círculo de la Unión Mercantil para disputar el Campeonato Nacional de Esgrima, con participación de las catorce mejores tiradoras de España. Ad. Guerra *SSe* 8.7.90, 16: Los combates se disputan al mejor de tres asaltos, y estos a cinco "tocados", adjudicándoselos el esgrimista o tirador que antes logre esa cifra.

3 Pers. que reduce a hilo un metal, esp. el oro. | Cabezas *Madrid* 76: Barcelona es la antigua calle Ancha de Majaderitos .., nombre que procedía del mazo o majadero que usaban los tiradores de oro.

4 (*jerg*) Taxista que actúa sin respetar las normas establecidas para el gremio. | *Ya* 8.10.90, 4: Los "tiradores" del taxi extorsionan el negocio.

B *m* **5** Asidero del que se tira para abrir, cerrar o mover algo, esp. una puerta o un cajón. | Payno *Curso* 165: Subían en el ascensor .. Estaba él apoyado en las puertas –los tiradores de estas encajados entre sus paletillas–. *Hacerlo* 89: Naturalmente, hablamos de un mueble de madera blanca. Ante todo, habrá que quitar todos los tiradores, cerraduras, etc. Ramos-LSerrano *Circulación* 262: Para parar el motor dotado con bomba de inyección con regulador neumático, se dispone en el salpicadero un tirador que por un cable llega hasta la palanquita dispuesta en el regulador.

6 Juguete formado por una horquilla que lleva en sus extremos dos gomas unidas por una badana, y que se emplea para disparar piedrecitas u otras cosas semejantes. | MGaite *Visillos* 25: A un muchacho pecoso que andaba por allí con tirador en la mano le llamaron desde una ventanilla. Delibes *Vida* 204: Ladislao García Amo había pasado ya a la segunda fase del aprendizaje: el tiragomas. Pero el tirador de Ladis no era un tirador corriente, puesto que, en lugar de una horquilla de metal o madera, disponía de una tablilla lisa donde se clavaban las gomas con puntas de tapicero.

C *f* **7** Prenda de cazador semejante a un chaleco largo, con bolsillos y con refuerzo en el hombro para apoyar el arma. | *Mad* 18.11.70, 9: Anorak caballero Nylon reversible 575 pesetas. Tiradora en Fibralty. Cuello desmontable. Forro lana 775 pesetas.

tirafondo (*tb* **tirafondos**) *m* Tornillo de cabeza cuadrada para asegurar piezas metálicas en la madera. | Benet *Aire* 122: Le encontré detrás del mostrador .., colocando en su sitio tornillos, tirafondos y cosas de esas. GPavón *Rapto* 214: Le obsesionaba esta palabra, que oía a los ebanistas: "tirafondos". Allí había un tirafondos.

tiragomas *m* (*reg*) Tirador (juguete). | Carandell *Madrid* 147: Los periódicos se inventan a menudo bandas de delincuencia infantil, a las que atribuyen crímenes a la americana y que en realidad son las clásicas bandas de la pedrada y tiragomas.

tirahílos *adj En una máquina de coser*: [Pieza] que tira del hilo. *Frec n m*. | *Van* 10.1.74, 2: Máquina de coser con motor y mueble .. Puntada recta, con palanca tirahílos articulada. *Abc* 20.4.58, 24: Alfa .. Dotada de tirahílos articulado, lanzadera rotativa, lámpara acoplada y todo el perfeccionamiento moderno.

tiraje[1] *m* **1** Tiro [5]. | *Economía* 59: Se echa encima el azufre y se coloca el tubo para hacer tiraje.

2 (*Impr*) Tirada [1]. | Laiglesia *Tachado* 11: Y se mandó hacer un retrato publicitario, con gran tiraje de copias que

tiraje – tirar

reparte profusamente en todas partes. Nadie ignora, gracias a este anuncio, cómo es tu antagonista.

3 (*Fotogr*) Acción de sacar copias a partir de un negativo. | *GTelefónica N*. 274: Laboratorios .. Fotofilm Madrid, S.A. Tiraje de copias de películas.

tiraje² *m* (*Med*) Depresión del hueco epigástrico, de las regiones altas del tórax y de la base del cuello, por obstrucción de las vías respiratorias. | Mascaró *Médico* 59: Dos signos complementarios pueden acompañar a la disnea: la depresión de las partes blandas del tórax y base del cuello en el momento de la inspiración (tiraje) y la coloración azulada de la piel y las mucosas.

tiralevitas *m y f* (*col, desp*) Pers. aduladora. | *País* 22.12.76, 23: Permítame que le diga –escribe el inverecundo clérigo– que es usted un adulador, un tiralevitas o, como dicen en mi pueblo (con perdón), un lameculos.

tiralíneas *m* Instrumento de dibujo para trazar líneas con tinta, que tiene en el extremo dos laminillas de acero cuya separación se gradúa mediante un tornillo. | J. M. Moreiro *SAbc* 12.10.69, 46: Trazado con la regla y el tiralíneas la prolongación del Paseo de la Independencia.

tiranía *f* **1** Gobierno ejercido por un tirano [2 y 3]. | Pericot *Polis* 68: Numerosos estados griegos conocieron las tiranías. Los tiranos obtenían el poder por medios no constitucionales, generalmente apoyados por el pueblo. Tejedor *Arte* 130: Así nacieron [en Italia] las señorías, también llamadas tiranías en razón de la forma violenta como generalmente ejercieron la autoridad.

2 Abuso opresivo de autoridad o de poder. | *Cod* 3.5.64, 4: Derrocada la tiranía del casero, la autoridad reside teóricamente en la junta de vecinos. FSalgado *Conversaciones* 343: La monarquía liberal que él [Don Juan] preconiza trajo la república, y esta el comunismo .. Sería la mayor traición que se pudiera cometer contra la Patria y los que lucharon por librarla de la tiranía de Moscú. **b)** Dominio opresivo [de algo, esp. una pasión o afecto] sobre la voluntad. | * La tiranía del vicio y de las pasiones.

tiránicamente *adv* De manera tiránica. | Dátile *Ya* 10.6.72, 7: Es un tema obsesivo, una auténtica manía que me llena hasta rebosar y me gobierna tiránicamente.

tiranicida I *m y f* **1** Pers. que mata a un tirano [2 y 3]. | Calonge *Tucídides* 17: En cuanto al posible parentesco con los descendientes de Pisístrato .., no hay datos para afirmar o negar nada. No obstante, en el excurso sobre los tiranicidas .., Tucídides manifiesta que sobre ese tema "posee una información más segura que otros".

II *adj* **2** De(l) tiranicida [1] o de(l) tiranicidio. | G. Estal *Ya* 19.5.74, 7: La condena de la tesis tiranicida fue renovada por constitución apostólica del papa Paulo V el 24 de enero de 1615.

tiranicidio *m* Acción de matar a un tirano [2 y 3]. | Aranguren *Marxismo* 100: La legitimación de actos determinados de violencia siempre puede lograrse: pena de muerte, tiranicidio, guerra justa.

tiránico -ca *adj* **1** De (la) tiranía. | Anson *Oriente* 19: Un solo régimen político estable: la dictadura, hereditaria o no, paternal o tiránica.

2 Que ejerce tiranía. | SLuis *Doctrina* 96: Se opone el vicio tiránico que la domina.

tiranizar *tr* Ejercer tiranía [sobre alguien (cd)]. *Tb abs.* | Sampedro *Sonrisa* 205: "No debemos dejar al niño que nos tiranice..." ¿Te das cuenta, Hortensia? ¡Tirano, ese angelote! ¿Y lo que hacen con él no es tiranizar? ¡Qué salvajes! SLuis *Doctrina* 93: Para que nunca se vea el alma tiranizada o arrastrada por el tirano.

tirano -na I *adj* **1** [Pers. o gobierno] que abusa opresivamente de su autoridad o de su poder. *Tb n, referido a pers.* | * No seas tan tirana, mujer, de algún modo tiene que divertirse. *País* 23.6.83, 32: Es muy difícil imaginar un Gobierno tirano con semiótica. **b)** [Pers.] que abusa del ascendiente afectivo que tiene sobre otra. *Frec en la forma* TIRANUELO. *Tb n*. | Sampedro *Sonrisa* 205: "No debemos dejar al niño que nos tiranice..." ¿Te das cuenta, Hortensia? ¡Tirano, ese angelote! DCañabate *Paseíllo* 40: Marquitos, con sus dieciocho años, era un tiranuelo y un viva la Virgen. **c)** [Cosa, esp. pasión o afecto] que ejerce un dominio opresivo sobre la voluntad. | * Nada tan tirano como el amor y los celos.

II *n* **A** *m* **2** (*hist*) *En la Grecia antigua:* Gobernante que ocupa el poder por la fuerza. | Cunqueiro *Un hombre* 152: Esperaba en el patio a que viniese a buscarlo el mayordomo que iba a llevarlo ante el tirano de aquella ciudad.

3 Gobernante que ejerce el poder de manera absoluta y opresiva. | CBaroja *Inquisidor* 12: Nadie piensa, por ejemplo, en la posibilidad .. de que un tirano, sanguinario e inculto, haya tenido sus puntas y ribetes de hombre de leyes.

B *f* **4** Canción popular española de aire lento y ritmo sincopado en compás ternario. | Manfredi *Cante* 136: La tirana es una malagueña, cantada y bailada, lento el cante y lento el baile.

5 Franja de paño que adorna la parte inferior de la saya. | J. Montero *Nor* 13.11.89, 10: La saya (especie de falda) de bayeta, seguramente teñida con rubia, no lleva tiranas, sino un sencillo adorno o pespunte bordado a media altura.

tiranosaurio *m* (*Zool*) Dinosaurio muy feroz propio del cretáceo superior (gén. *Tyrannosaurus*). | M. Calvo *SYa* 14.8.83, 27: El cerebro del más fiero de ellos [dinosaurios], el llamado tiranosaurio, era equivalente a una pelota de tenis.

tirante I *adj* **1** Tenso (estirado por estar sometido a distintas fuerzas). *Tb fig*. | A. M. Calera *Agromán* 20: El sitio donde se practica [el judo] se denomina "dogo". Se trata de una sala con una alfombra especial de lona muy tirante. MSantos *Tiempo* 194: Atronaba así los oídos de los que trabajaban y a todos les estaba poniendo los nervios tirantes.

2 [Relación] que está en un momento de frialdad o próxima a romperse. | *Abc* 21.3.58, 48: Nos referimos a Etiopía y Uganda, sobre todo a la primera, .. cuyas relaciones con El Cairo son más bien tirantes. **b)** [Pers.] que tiene [con otra] una relación tirante. | * Lleva una temporada muy tirante conmigo.

II *m* **3** Tira que sirve para suspender algo de los hombros, esp. una prenda de vestir. | *Abc* 15.5.73, 70: Vestiditos de niña .. Con tirantes, cuerpo fruncido, bolsillos y lazos a contraste. **b)** *En pl:* Juego de dos tiras elásticas con broches que sirven para sujetar los pantalones. | Olmo *Golfos* 16: Su cuerpo lo cubría con .. un pantalón sucio .. Usaba tirantes.

4 Cuerda o correa que une la guarnición de una caballería al carruaje u objeto que arrastra. | Moreno *Galería* 288: Cabezadas, cinchas de cuero, tirantes, enterrollos y otras piezas usuales para el ganado de tiro y trabajo.

5 (*Constr*) Pieza cuyos extremos se fijan a otras dos para evitar que estas se separen y aumentar su resistencia. | Cela *Pirineo* 64: Sobre las aguas salta un puente colgante de madera .. con los pilares de hormigón y los tirantes metálicos y tan bien tensados que parece, lo menos, un puente del Canadá. Angulo *Arte* 1, 9: Da lugar al tirante o viga horizontal transversal que ata las soleras.

tirantez *f* Estado de tirante [1 y 2]. | Mingarro *Física* 40: Si así no fuese, no tendría explicación plausible el atirantamiento de los enganches del animal .. Además, como esta tirantez se reitera cada vez que el caballo acelera su marcha y cesa cuando el vehículo se mueve con velocidad constante, se ve que estas fuerzas nacen con la aceleración y son un efecto de inercia. Kurtz *Lado* 163: No quisiera que este estado se traduzca en una tirantez entre mi hija y yo.

tirapiés *m* (*E*) Utensilio de zapatero consistente en una correa unida por sus extremos, que se pasa por el pie y la rodilla para sujetar el zapato y su horma al coserlo. | Escobar *Itinerarios* 33: Conocí en mi pueblo –Arévalo– a un hombre, de oficio zapatero, pero a quien nunca vi con la lezna o la cuchilla en la mano, ni el tirapiés en su sitio.

tirar I *v* **A** *tr* ➤ **a** *normal* **1** Hacer caer [algo]. | Cunqueiro *Un hombre* 9: Una mujer abrió una ventana, se asomó y tiró a la calle unas flores marchitas.

2 Derribar, o hacer caer al suelo. *Tb* ~ ABAJO; *en este caso, tb fig*. | Munitíbar *CoE* 3.8.74, 5: El autobús era el que hacía el servicio de Correos. Al tirarse el puente, se ha suspendido el servicio sin el menor aviso de antemano. Regadío *Río* 2.10.88, 15: Ni que decir tiene que la oposición es total y ya se h[a] enviado recurso de reclamación para tirar abajo el proyecto. **b)** (*col*) Suspender [a alguien] en un examen. *Tb* ~ ABAJO. | *Ya* 14.10.83, 3: Te "tira" por tener faltas de ortografía. En eso afina mucho.

3 Lanzar (impulsar [algo o a alguien hacia un lugar]). *Frec el cd es refl. Tb abs*. | Matute *Memoria* 111: Nos tiraban piedras, aunque no a "dar", pues solo era el principio de la provocación. Laforet *Mujer* 244: Al abrir la puerta, se encontró con Miguel, que se tiraba a ella con un grito agudo. *Agromán* 50: Más de veinte veces he sentido la tentación de tirarme de aquí y terminar mi vida. **b)** Disparar [un tiro]. *Tb abs*. | *SArr* 17.1.71, 6: Me parece vergonzoso que un país, para solucionar sus problemas, tenga que recurrir a tirar tiros. M. GAróstegui *SAbc* 20.10.68, 34: Iba hacia la portería, pero al ver a su rival tendido en el suelo, no tiró a gol. **c)** Servir [cerveza de barril]. | * No sabe tirar la cerveza, todo es espuma. **d)** (*col*) Expeler [una ventosidad]. *Frec pr.* | Cela *SCamilo* 17: Los obreros .. cantan pasodobles y tiran pedos y piedras. **e)** (*reg*) Echar [una carta]. | J. Palarea *Van* 4.10.89, 88: Poner las cartas en los sobres, comprar sellos, tirarlas al Correo y esperar varios días a que lleguen.

4 Echar o tender descuidadamente [algo o a alguien]. *Frec el cd es refl. Frec en part.* | Arce *Testamento* 76: Le recogieron los Hermanos de la Doctrina Cristiana, porque gritaba como un descosido tirado en la cuneta. Benet *Nunca* 115: Él .. seguía escondido, tirado en un colchón.

5 Echar [algo] a la basura o desechar[lo]. *Frec ~ A LA BASURA*. | *Economía* 179: Vender, en vez de tirarlos, todos los papeles viejos o de periódico, botellas, latas, etc. * Ese abrigo está para tirarlo a la basura.

6 Malgastar o derrochar [dinero o bienes]. | Medio *Bibiana* 52: Vergüenza había de darle, hombre, tirar así el dinero con los chicos.

7 Disponer [algo en una determinada dirección]. | Delibes *Siestas* 48: El mozo tenía .. un cabello negro y reluciente de brillantina tirado hacia atrás.

8 (*E*) Trazar [una línea]. *Tb fig, fuera del ámbito técn*. | Cela *Viaje andaluz* 68: El terreno es llano y el camino parece tirado con una regla. Delibes *Ratas* 47: El niño trazó mentalmente una línea equidistante de las mamas y tiró la bisectriz de la papada al ano sin vacilar.

9 Imprimir definitivamente [un pliego o página o una publicación]. | J. A. Liaño *Abc* 18.8.64, 22: De las "Escenas" se han seguido tirando ediciones sin parar. Carandell *Tri* 3.11.73, 71: La carta .. venía manuscrita y tirada a ciclostil.

10 Dar [un pellizco, un mordisco, una coz o una acometida repentina]. | Corrochano *Clarín* 19: El toro, que tantas tarascadas había tirado en los quites anteriores, en este apenas derrotó.

11 Arrastrar [algo] tirando [20] de ello. *Solo en constr pasiva*. | F. J. FTascón *SYa* 3.12.7, 29: Heme aquí de nuevo, jinete en el "Clavileño" del reactor; marinero como Lohengrin, de frágil esquife, tirado por cisnes, surcando el cielo azul.

12 ~ a matar. Actuar con mala intención. | Valencia *SYa* 29.4.75, 31: Los extranjeros han ganado bastantes Vueltas no solo por su valía, sino porque los ciclistas españoles, divididos en banderías o equipos, se han tirado a matar entre ellos. **b) ~ con bala, ~ a degüello →** BALA, DEGÜELLO.

13 ~ para atrás. (*col*) Resultar repulsivo [a alguien (*cd*)]. *Gralm abs.* | Aldecoa *Gran Sol* 110: Una piltrafa que olerá a pescado, de tirar para atrás. Delibes *Historias* 80: Al cabo le guisaron .., pero nadie pudo probar bocado porque el animal tenía un gusto que tiraba para atrás.

14 estar [alguien] **que lo tira.** (*col*) Encontrarse en un momento de gran empuje. | *Abc* 16.1.81, 72: La popular presentadora y pianista está que lo tira. Además de su trabajo en "Gente hoy" y de sus discos, acaba de estrenarse en un nuevo empleo. **b)** Estar muy bien físicamente o resultar muy atractivo. | FReguera *Bienaventurados* 63: –Me parece que esa gachí te está poniendo los puntos .. –¡Bah! –Pues está que lo tira, tú.

15 ~la [a un lugar]. (*pop*) Dirigirse [a él]. | Berlanga *Gaznápira* 123: Pese al del Bubillo, que andaba de veraneante, dijo: "¿dónde la tiran estas señoritas?", y cuando tu amiga comprendió la pregunta respondió: "a tomar unas copas".

▶ **b** *pr* **16** (*col*) Pasar [un período de tiempo (*cd*) en determinada circunstancia (*compl adv o predicat*)]. | DCañabate *Paseíllo* 122: Esas tres horas se las tiraban discutiendo. SFerlosio *Jarama* 78: Ese sí que se tira un dominguito de aúpa.

17 (*col*) Realizar. *Solo con determinados compls, como* FAROL *o* PLANCHA. | Grosso *Capirote* 115: Para tirarte un farol como el que te tiraste anoche hay que estar muy seguro de sí mismo. **b)** (*col*) Tener [un detalle o atención]. | Delibes *Hoja* 53: A ver si un día se tira un detalle y me saca de verdad.

18 (*vulg*) Poseer sexualmente [a alguien]. | Salom *Casa* 308: Mi madre le plantaba los cuernos desde antes de casarse, y, si pones uno detrás de otro a todos los que se han tirado a mi hermana, la fila llega hasta Madrid. Cela *SCamilo* 54: La Chonina a veces se tira de capricho (más bien por caridad) a don Olegario Murciego .. Se lo tira de capricho y después le da una peseta para que se tome algo.

19 ~selas [de algo]. (*col*) Dárselas o presumir [de ello]. | Ro. Rodríguez *Ya* 29.6.86, 13: La opinión de los más es .. que algo raro habría en las empresas de don José María cuando lo expropiaron, pero que él nunca, eso sí, fue tirándoselas de rico por ahí.

B *intr* **20** Hacer fuerza para mover [a una pers. o cosa (*compl* DE)], desde delante de ella. *Tb sin compl. Tb fig.* | Cunqueiro *Un hombre* 10: Nacieron de un vientre, Cosme el primero, de cabeza, y con la mano derecha tirando de un pie de Damián, que venía detrás. *VozC* 2.6.70, 4: Gimondi continúa "tirando" de todos y todos responden a los "tirones" del as italiano. *Abc* 17.11.84, 63: Las eléctricas han tirado del mercado desde los primeros corros. **b)** Hacer fuerza [en una cosa (*compl* DE)] hacia afuera de donde está implantada. | Arce *Testamento* 29: Al mismo tiempo me tiraba de los cabellos hacia atrás. **c) ~se de los pelos →** PELO.

21 Producir (*suj*) sensación de tirantez [a alguien (*ci*)]. *Tb sin compl.* | Delibes *Hoja* 29: Al despertar le tiraban las sienes y le dolía la cabeza.

22 Atraer [algo o a alguien (*compl* DE)]. *En sent físico o moral. Tb sin compl.* | DCañabate *Paseíllo* 25: Nos alejábamos de las aulas universitarias para impregnarnos de otros saberes que tiraban de nuestras apetencias juveniles. Delibes *Guerras* 74: Considerando la acción de la gravedad, o sea, lo que tira la tierra, podríamos saber la profundidad. **b)** Atraer afectivamente [a alguien (*ci*)]. *Tb sin compl.* | Chamorro *Sin raíces* 73: A él no le tiraba la política. MSantos *Tiempo* 32: Madrid tira mucho. Hasta a los que no son de aquí.

23 (*col*) Sacar [una cosa (*compl* DE) o tomar[la] en la mano para usarla. *Normalmente el compl va sin art.* | Cela *Pirineo* 218: Remigio Rosell tiró de petaca y se sentó en el suelo. MGaite *Fragmentos* 183: Todo por culpa de un negro que se acampanó con un chuleta de Vallecas y el otro tío tiró de navaja. **b)** (*col*) Hacer uso [de algo]. | CPuche *Paralelo* 349: ¿Crees que en el fondo me gusta tirar de los dados? Arce *Precio* 202: Tú llevándote por ahí a las chavalas y yo, como un memo, tirando de cafetera. [*Dice el camarero de un bar*.] **c)** (*raro*) Manejar [un arma (*compl* A)]. *Tb fig. Tb sin compl.* | Cunqueiro *Un hombre* 241: Diestro, con sala de armas en la ciudad. Tiraba por geometría y discutía la trisección del ángulo. Cela *Pirineo* 66: El viajero se vio y se deseó para sacarles los cuartos tirando al naipe a unos puntos amarrones.

24 Ser [una pers. o cosa (*suj*) algo (A + *adj*)] parcial o ligeramente. *Frec en la forma* TIRANDO. | Laiglesia *Ombligos* 59: Las piernas de Mantencón eran rechonchas tirando a zambas. **b)** Tender [a algo (A + *infin o* PARA + *n*)] o llevar camino [de ello]. | Lagos *Vida* 36: Si bueno me ha salido Lorenzo, mi Andrés tira a mejorarlo. Lera *Bochorno* 12: –Yo os hacía empollando . –Esa sospecha sería por estos, que tiran para sabios. **c)** Tender a desviarse [en una dirección (*compl* A o HACIA)]. | Ramos-LSerrano *Circulación* 338: El vehículo al ser frenado "tira" hacia un lado. **d)** Inclinarse [por alguien o algo]. | Mann *Ale* 5.8.78, 2: ¿Cuál de las comarcas montañesas prefieres tú? Nos han dicho que tiras por Cabuérniga.

25 (*col*) Parecerse [una pers. o cosa a otra de la que es descendiente o derivada]. | * Este niño tira más al padre.

26 Producir [un horno u otro dispositivo para quemar] la corriente de aire adecuada para la combustión. *Frec con los advs* BIEN *o* MAL. | Laiglesia *Tachado* 238: La estufa tiraba mal. CBonald *Dos días* 247: El primer fósforo se le apagó, y, con el segundo, el puro no acababa de tirar por más que chupaba.

27 (*col*) Marchar o funcionar. *Tb fig.* | Ramos-LSerrano *Circulación* 322: Averías .. Falta de potencia en el motor. No tira. VMontalbán *Pájaros* 59: Tienen una voluntad de apostolado que marea. Así que la noche no tiraba, no, y uno por aquí, otro por allá, todos nos planteamos marcharnos y tomar unas copas.

tiratrillo – tiritón

28 (*col*) Vivir [alguien] con justeza en cuanto a medios o a salud. *Gralm como euf de modestia, y frec en la forma* TIRANDO, *o* TIRANDILLO, *usada como respuesta a una pregunta cortés.* | Paso *Pobrecitos* 202: Ella, cuando viene el frío, se levanta tarde. Nosotros, temprano. Ella vive. Nosotros... tiramos. Grosso *Capirote* 125: –¿Y tu pariente? –Tirando, como siempre. Cela *SCamilo* 36: –¿Qué tal te van las cosas? –No me quejo, ¿y a ti? –Pues ya lo ves, tirandillo, anteayer vendí dos sillones frailunos. Lázaro *JZorra* 36: Si la mala pata es ajena, quiere decir, se piensa, que los otros vamos tirando. **b)** Durar o mantenerse en uso [algo], aunque viejo o deslucido. | * El abrigo aún puede tirar este año.

29 Marchar [por una dirección determinada (*compl de lugar*)]. | J. Maza *Ya* 3.3.63, sn: Ahora tienen que tirar un poquitín hacia la derecha. Cela *Judíos* 30: Tiró por el camino adelante sin volver la cabeza. Olmo *Golfos* 104: El Cucha tiró calle adelante en busca del quince. Aldecoa *Gran Sol* 136: Tira un poco a estribor. Aldecoa *Gran Sol* 181: Uno a máquinas, que tiramos para costa.

30 (*col*) Iniciar o proseguir la marcha. *Tb* ~ (PARA) ADELANTE. *Frec fig. Frec en imperat o ger.* | MGaite *Visillos* 29: Llevaremos primero a los del centro. ¡Cuidado, que cierro! ¡Tira, Manolo! Arce *Testamento* 89: Desde que empezamos a planearlo le dije que no me fiaba un pelo de tu mujer... Fue Enzo el que tiró adelante. Delibes *Cinco horas* 124: El noviazgo es una baza muy importante, Mario, un paso para toda la vida, que muchos ni se dan cuenta, me gustas, te gusto, pues ¡tira! GPavón *Rapto* 226: –Pues en marcha .. Como un cohete a la calle de los carros. Tirando. –Tirando, maestro.

31 (*reg*) Tirar [3] [algo (*compl* CON)]. | Cela *Mazurca* 91: ¡Si yo supiera tocar el instrumento como el amigo Faustino, tiraba con el banjo por la ventana!

II *loc n m* **32 tira y afloja.** Rigor y condescendencia alternados. | Goytisolo *Recuento* 300: Se encarga de despacharla [la certificación], y de hecho la despacha, pero no sin un tira y afloja tan conflictivo como fructífero.

III *loc adv* **33 a todo, a mucho,** *o* **a más, ~.** Como mucho. | Delibes *Mundos* 93: Santiago engloba un tercio de la población chilena, de tal modo que la geografía del resto del país, con sus cuatro millones de personas mal repartidas, a todo tirar, está prácticamente deshabitada. *Fam* 15.11.70, 3: El error de muchas jóvenes es poner toda su confianza en las manos del hombre .. que, a más tirar, les ha hecho pasar "unos días maravillosos".

34 tirando corto (*o* **largo**). Como poco (o mucho). | CBonald *Dos días* 215: Hay que irse a acostar para levantarse a las seis, tirando corto.

tiratrillo *m* (*reg*) Balancín para enganchar el trillo al ganado que tira de él. | Moreno *Galería* 141: Yuntas de trilla, trillos, trilladoras, tiratrillos .. fueron desplazados por la máquina trilladora.

tiraz *m* (*hist*) Tejido árabe de seda policromada. | GNuño *Madrid* 103: Otra de las más artísticas creaciones granadinas es la de los "tiraces" o sedas policromadas con composiciones geométricas y eulogias inscritas.

tírese *m* (*Impr*) Orden de tirar [9] un texto compuesto y corregido. | Huarte *Tipografía* 50: Se entiende que el tírese se supedita en todo caso a la previa enmienda de las erratas.

tireta *f* Correa o cinta que sirve para sujetar algo. | GTelefónica *N.* 337: Correas de goma y lona. Trapezoidales. Transportadoras. Tubería goma. Cordón cilíndrico. Tireta cosedora. Empalmes y grapas en todos los sistemas. *Abc* 15.11.68, 56: Polipastos Midget .. Con cadena a rodillos o a mallas. Mando por botonera o tiretas.

tirigaña *f* (*reg*) Planta vivaz de flores de color violeta púrpura, frecuente en pastizales (*Pinguicula grandiflora*). | Mayor-Díaz *Flora* 492: *Pinguicula grandiflora* Lamk. "Tirigaña", "Grasilla".

tirijala *f* Dulce canario correoso hecho con miel hervida. | GSosa *GCanaria* 145: Entre los productos de la repostería popular hay que citar el turrón de gofio, el bienmesabe, la trucha navideña, la tirijala, la rapadura, etc.

tirilla I *f* **1** Tira pequeña que bordea la parte del escote de la camisa u otra prenda, y a la cual se une gralm. el cuello. | *Lab* 9.70, 61: Aunque en los modelos de punto se vean escotes sin cuello, los de militar montados sobre tirilla alta siguen viéndose.

2 Tira pequeña y blanca, gralm. de plástico, que asoma ligeramente sobre el cuello de la sotana y de la guerrera. | FSantos *Hombre* 30: Se había alzado del párroco, abrochándose la tirilla en el cuello. Pinilla *Hormigas* 234: Se pasaba [el teniente] un enorme pañuelo blanco por el encendido rostro y el terrible cuello oprimido por la dura tirilla de la chaqueta.

II *loc adj* **3 de ~.** [Cuello] constituido exclusivamente por la tirilla [1], que sube ligeramente. | * El traje lleva cuello de tirilla.

tirillas *m y f* (*col, desp*) **1** Pers. pequeña y de poco vigor físico. | Olmo *Golfos* 147: Luisa era ancha, de mucho pecho y no menos culo, cosa que no disgustaba a Joaquín, el chófer. Este era un tirillas, con más agua que leche.

2 Pers. insignificante y presumida. | SSolís *Jardín* 121: ¿Vendría vestido con el conjunto de camisa beige y pantalón marrón, o con el jersey verde y el pantalón gris? Los zapatos irían siempre a juego ..; ¡qué refinamiento el de aquel tirillas!

tirio -ria I *adj* **1** (*hist*) De Tiro (Fenicia). *Tb n, referido a pers.* | Pericot-Malaquer *Humanidad* 183: Una nave de cualquier ciudad de la costa siria es simplemente un barco sidonio, tirio o biblita.

II *loc n m* **2 ~s y** (*u o*) **troyanos.** (*lit*) Unos y otros (o unos u otros). | *Pue* 30.9.70, 1: La pregunta está en boca de tirios y troyanos. MGaite *Búsqueda* 63: Se empeña en ir al fondo de las cuestiones sin considerar si es a tirios o a troyanos a quienes sirve.

tiristor *m* (*Radio*) Transistor que consta de tres uniones y un electrodo de control. | GTelefónica *N.* 20: Cargadores de Baterías rápidos y standard de selenio, silio y tiristores.

tirita (*n comercial registrado*) *f* Tira de esparadrapo con gasa y un preparado medicinal para proteger pequeñas heridas. | GTelefónica *N.* 591: Laboratorios Unitex, S.A. Cre[m]a Famos. Tiritas. Esparadrapo imperial. * Siempre llevo en el bolso una tirita, por si acaso.

tiritadera *f* (*reg*) Tiritera. | Moreno *Galería* 166: De manera que no se dieran "retemblones" o entraran "tiritaderas" al embutirse en el lecho.

tiritaina *f* (*reg*) Tiritera. | Castroviejo *Abc* 16.12.69, 7: En pura tiritaina y apoyados en muletas de aspirina, salimos monte arriba.

tiritamiento *m* Acción de tiritar. | Navarro *Biología* 189: El organismo recurre a incrementar las combustiones celulares originando energía (termogénesis), mediante el tiritamiento o contracción rítmica de los músculos.

tiritante *adj* Que tirita. *Tb* (*lit*) *fig, referido a cosa.* | Hoyo *Caza* 58: Ahora los dos bailaban la misma jota: el uno, fijo y tiritante bajo la alcachofa; el otro, buscando el estropajo y el jabón. Aldecoa *Cuentos* 1, 89: El hombre baja el cristal [del vagón] con tiritantes gotas de condensación.

tiritar I *intr* **1** Temblar de frío o de miedo. | Olmo *Golfos* 190: –Estás tiritando. –Un poquito sí .. – Estás malo, parece que lloraste.

II *adv* **2 tiritando.** (*col*) Temblando (en situación precaria). *Con vs como* ESTAR, DEJAR *o* QUEDARSE. | * He pagado el recibo del teléfono y me ha quedado tiritando.

tiritera *f* (*col*) Acción de tiritar intensamente. | Salvador *Haragán* 117: –Estás hecho un lío, vamos. –Sí –dije, resignadamente, dolido por aquella forma tan vulgar de resumir mis sentimientos .. Y me entró una tiritera espantosa. Yale *Nue* 15.1.76, 4: A uno le entra la tiritera solo de pensar que algunos señores procuradores .. podrían seguir ocupando sus escaños durante cuatro nuevos años.

tiritero -ra *m y f* (*reg*) Titiritero. | Sastre *Taberna* 118: Usted se marchó con una ja fenómena que andaba de feriante con unos tiriteros.

tiritón -na I *adj* **1** Que tirita mucho. *Tb* (*lit*) *fig, referido a cosa.* | Espinosa *Escuela* 635: Mis piernas se tornaron torpes y tiritonas. CPuche *Paralelo* 13: Para aguantarlo mejor [el frío], Emiliano cantaba, aunque el canto le salía cortado y tiritón.

II *n* **A** *m* **2** Temblor o estremecimiento. | Cela *Judíos* 240: El caminante nota que un tiritón le corre por el espaldar.
B *f* **3** (*col*) Acción de tiritar intensamente. | ZVicente *Traque* 17: Mientras Don Pantaleón silabea, va entornando los ojos y se reduce en la silla, y le entra una inquietante tiritona, y no ve, ni oye, ni se entera de nada. Herrero *Ya* 8.11.70, 7: Aquel periodista .. comenzó a tener una tiritona de piernas. Estaba asustadísimo.

tiro I *m* **1** Acción de tirar [3a]. | Moreno *Galería* 371: La distancia de tiro [en la tanguilla] se fija entre siete y diez metros. R. Solla *IdG* 10.8.75, 27: Lo más curioso es que los tres goles del Cruzeiro llegaron en tiros directos. **b)** Disparo [de un arma de fuego]. *Tb el impacto que produce.* | Arce *Testamento* 84: Éste es capaz de matarme... Este es capaz de mandarme al otro mundo con un par de tiros. *Ya* 28.6.74, 6: Tenía dos tiros de bala en la cabeza. **c)** Ejercicio de tiro [1b]. | Goytisolo *Recuento* 104: Mañana que hay tiro, verás cómo hace buen tiempo. **d)** Deporte que consiste en tirar con un arma. *Normalmente con un compl especificador*: AL BLANCO, AL PLATO, DE PICHÓN, CON ARCO, *etc*. *Tb la instalación correspondiente.* | MSantos *Tiempo* 229: También había tiros al blanco en aquella verbena. Cruz *Burgos* 19: A las 10, en el Campo de Tiro de la Carretera de Valladolid, tiro al plato, organizado por la Federación Provincial de Tiro Olímpico. Torbado *En el día* 315: El club del Tiro de Pichón había abierto aquella mañana sus puertas, como todos los jueves, a su más distinguida clientela. *SYa* 20.5.75, 34: Tiro con arco. Emilio Ramos y Catalina González, vencedores del Trofeo San Isidro.
2 Ataque. *En sent no material.* | *Rev* 7/8.70, 25: Si Chumy se propone denunciar, lo consigue. El más ajeno a sus "tiros" se sorprende ante lo grotesco de la situación y el anacronismo reinante. *Abc* 15.10, 70, 26: Pese a que en este caso, como en el de Perú, los más de los tiros vayan dirigidos contra sus propios intereses.
3 Conjunto de caballerías que tiran de un carruaje. | Burgos *SAbc* 13.4.69, 47: Se ignora en qué santuarios del campo andaluz se conservan esos carruajes, esos tiros de caballos.
4 Tirante [de un carruaje u otro objeto que se arrastra]. | Gerardo *NAl* 6.10.89, 15: Y a enganchar: vertedera o arado y .. vuelta para aquí, vuelta para allá, eso si no se rompe un tiro o un balancín.
5 *En una chimenea o algo similar:* Corriente de aire que permite la combustión. | *Economía* 80: Para conservar una estufa durante la noche sin que se apague, se deja muy poco tiro y recubierto el fuego de ceniza.
6 *En un pantalón:* Escote correspondiente al vientre y a las nalgas. | * Este pantalón tiene el tiro muy corto.
7 (*jerg*) Dosis de cocaína o heroína sorbida por la nariz. | L. C. Buraya *Ya* 10.5.87, 26: Los efectos de una rayita (o tirito) [de cocaína] duran un par de horas .. El exceso de marcha que sel tirito provocó produce un cansancio tan anormal y profundo como potente era la euforia. *Ya* 15.1.90, 20: Había fumado algún porro y me había puesto algún "tiro" de cocaína.
II *loc adj* **8 de ~**. [Caballería] que se emplea para arrastrar carruajes u otros objetos tirando de ellos. | Arce *Testamento* 73: Teníamos cuatro vacas y un caballo de tiro.
III *loc v* **9 errar el ~**. Fallar o fracasar. | * Trataron de convencerle, pero erraron el tiro.
10 ir los ~s [por un lugar]. Dirigirse [allí] las intenciones o propósitos. *Gralm en la constr* SABER POR DÓNDE VAN LOS ~S. | Torrente *Vuelta* 71: –Cuento con tu discreción .. –Gracias, pero los tiros van por otro lado. Me lo has contado porque necesitas que yo lo sepa. CPuche *Paralelo* 286: ¡Hatajo de majaderos! ¿Sabrá ninguno de ellos por dónde van los tiros?
11 pegar un ~ (*o* **dos**, *o* **cuatro**, **~s**) [a alguien]. Matar[lo] disparando contra él. | Laforet *Mujer* 47: Para vengar el honor de su hija pegaría un tiro a cualquiera.
12 salirle [a alguien] **el ~ por la culata**. Obtener [esa pers.] un resultado opuesto al que pretendía. | SFerlosio *Jarama* 51: Acudieron los otros y en seguida la bulla se deshizo. Ahora Tito y Fernando se miraban agotados .. –Venían metiéndose conmigo –dijo Mely–; pero les ha salido el tiro por la culata.
IV *loc adv* **13 a ~**. Al alcance de un arma arrojadiza o de fuego. | F. LSerrano *SYa* 9.3.75, 57: Es la hora de contraer los músculos y de alertar los sentidos, a la espera de que los batidores y los perros ahuyenten estratégicamente a las reses para que se pongan a tiro. **b)** Al alcance de las posibilidades. *Frec con el v* PONER. | F. A. González *Ya* 3.5.74, sn: Fui al supermercado y me di de cara con el precio del jamón .. Entonces vi, al lado del jamón, otro, el "jamón York", de precio mucho más a tiro. Zunzunegui *Hijo* 46: –¿Qué es lo que quiere usted de esa gabarra? –Ver si se pone a tiro... y comprársela.
14 a ~ hecho. Con un propósito deliberado y concreto. | Lagos *Vida* 97: Le aburría callejear. Sus salidas eran a tiro hecho. GPavón *Reinado* 72: Está claro como el agua que venían al nicho del Faraón a tiro hecho.
15 a un ~ de piedra *o* (*lit*) **a ~ de ballesta**. Muy cerca. | Vega *Cocina* 38: Existe un barrio maldito .. a un tiro de piedra de Francia. L. J. Buil *SYa* 10.6.73, 19: Al otro extremo del pequeño anfiteatro en que se respalda el pueblo, la ermita de Fajanillas, .. y a tiro de ballesta, la ermita románica de la Virgen de la Peña.
16 como un ~. (*col*) Muy mal. *Con los vs* CAER *o* SENTAR. | Berenguer *Mundo* 63: Lo que me hizo Vicente me cayó como un tiro. Paso *Pobrecitos* 235: Los sillonzitos .. le sientan como un tiro al tono general de la pieza.
17 de ~s largos. Con atuendo muy elegante o lujoso. | Mihura *Maribel* 15: He preferido no decirle nada para que no se vaya a poner nerviosa, o a vestirse de tiros largos. Me gusta como va: sencilla, moderna, elegante.
18 ni a ~s. (*col*) De ninguna manera o en absoluto. | C. Sentís *CCa* 5.3.72, 5: Un francés vive también en la soledad robinsoniana de una imaginada gloria .. Se fue a Djibuti, la tórrida y exigua colonia francesa del Mar Rojo que no se quiere separar ni a tiros de la "madre patria". * No llueve ni a tiros.

tirocinio *m* (*lit, raro*) Aprendizaje o preparación. | Van 15.5.75, 51: Lo propio de las fábulas es subrayar el horror, como providente tirocinio infantil que prepare a la lectura de los diarios.

tiroglobulina *f* (*Fisiol*) Proteína de la que derivan por hidrólisis las hormonas tiroideas. | Cañadell *Salud* 356: Hay dos hormonas tiroideas .. Ambas se acumulan en el interior de la glándula, en forma de tiroglobulina.

tirohioideo -a *adj* (*Fisiol*) Relativo al cartílago tiroides y el hueso hioides. | Navarro *Biología* 179: Membrana tirohioidea .. Músculo tirohioideo.

tiroideo -a *adj* (*Fisiol*) De(l) tiroides. | Navarro *Biología* 201: En todos los casos de insuficiencia tiroidea se manifiesta la hipofunción por la enfermedad conocida con el nombre de mixedema.

tiroides *adj* (*Anat*) **1** [Cartílago] situado en la parte anterior y superior de la laringe. | Navarro *Biología* 178: La arista anterior del cartílago tiroides forma un saliente en el cuello, denominado nuez.
2 [Glándula] de secreción interna, situada en la parte anterior e inferior del cuello, cuyá secreción regula el metabolismo y el crecimiento. *Frec como n m* (*raro f*). | Laín *Marañón* 80: El "signo de Marañón" del hipertiroidismo (enrojecimiento de la piel que cubre la glándula tiroides cuando se la estimula con los dedos). Cañadell *Salud* 352: La tirotrofina regula la actividad del tiroides. E. Angulo *Ya* 15.4.64, 4: Se fija el yodo radiactivo en la tiroides.

tirolés -sa *adj* Del Tirol (región de Austria). *Tb n, referido a pers*. | Hoyo *Pequeñuelo* 71: Siempre iba el pequeño .. vestido unas veces de jockey .., otras de tirolés. **b)** [Revoco] de aspecto rugoso. *Tb n m. Tb* A LA TIROLESA. | *BOE* 1.12.75, 25024: Albañiles. Son los operarios capacitados en todas las operaciones o cometidos siguientes: leer planos o croquis de obra o de fábrica ..; maestrar, revocar, blanquear, lucir, enlatar, correr molduras y hacer tiroleses y demás decoraciones corrientes.

tirolina *f* Sistema de cables instalados sobre una piscina para tirarse a ella. | *Ya* 4.11.86, 19: Para el próximo verano se instalarán las siguientes novedades: Piscina-playa, bar acuático, .. tirolinas (cables por encima de las piscinas para lanzarse a ellas).

tirón I *m* **1** Acción de tirar violentamente [de alguien o algo]. *Tb fig*. | *Abc Extra* 12.62, 25: Aunque uno pueda mediante el impulso del cuerpo o de las piernas o pegándole tirones a otra cuerda columpiarse por sí solo. J. M. Burgos

tironazo – tisú

Ecc 16.11.63, 35: La votación .. sacó de un tirón formidable al Vaticano II del atasco. **b)** *(col)* Procedimiento de robo que consiste en tirar con violencia del objeto codiciado y salir huyendo. | *Caso* 26.12.70, 18: Su socio .. también tiene largo historial, especialmente por robos mediante el "tirón". **c)** Movimiento brusco de un vehículo al cambiar de marcha. | APaz *Circulación* 201: De cada diez veces que cambia, ¿en nueve lo hace silenciosamente y sin que se note tirón o frenada al soltar el embrague? **d)** Contracción muscular fuerte y dolorosa. *Tb* ~ MUSCULAR. | H. Fernández *Ya* 6.1.89, 23: La cruz volvió a presentarla el delantero Carlos, quien, aquejado de un tirón en el recto anterior de la pierna derecha, tuvo que abandonar la sesión preparatoria de ayer.
2 Atracción fuerte que ejerce sobre alguien una pers. o cosa. | Umbral *Ninfas* 55: Siempre entre el tirón de la calle y el tirón de la cultura. T. Medina *ByN* 22.11.78, 8: Tiene una memoria de elefante. La ha heredado de su padre, la ha encontrado en la masa de su sangre, desde su abuelo. Su abuelo, Alfonso XIII, por el que siente un tirón especial. **b)** Atractivo fuerte. | AMillán *Juegos* 109: Queríamos averiguar .. si Monse seguía teniendo tirón erótico.
II *loc adv* **3 de un ~.** De una vez o ininterrumpidamente. | Arce *Precio* 118: Ella había dormido muy bien. De un tirón. R. L. Chao *Tri* 5.12.70, 41: Las cuatrocientas páginas de esta novela se leen fácilmente de un tirón. **b)** De una vez o de un golpe. | Faner *Flor* 59: Uno fue destripado por el propio capitán pirata: le rajó el vientre de un tirón con su cimitarra y le desarraigó brutalmente las vísceras a puñadas.
4 ni a tres ~es. *(col)* De ninguna manera. *Pondera resistencia o pasividad.* | * No conseguirás que te lo deje ni a tres tirones.

tironazo *m (col)* Tirón [1] muy fuerte. *Frec con intención desp.* | G. Sureda *Sáb* 14.9.74, 51: El otro día, hablando con un joven torero, al censurar yo esa estúpida y sucia costumbre que tienen la mayoría de toreros actuales de dar bocados y tironazos a la esclavina del capote, me contestó. APaz *Circulación* 187: Usar la combinación del cambio más alta sin que se produzcan tironazos ni pique el motor.

tironear **A** *intr* **1** Dar tirones [1] [de alguien o algo]. *Tb sin compl.* | Delibes *Príncipe* 32: Sujetó a Quico del jersey y tironeó de él hacia abajo. Mendoza *Ciudad* 81: Ella agarró al guapo del cabello y tironeó con fuerza, como para separarle la cabeza del tronco.
B *tr* **2** Dar tirones [1] [a alguien o algo (cd)]. | Goytisolo *Recuento* 46: De vez en cuando montaba una pierna sobre otra y entonces aprovechaba para tironearse el calcetín, para alisarse los tobillos. Alvar *Salvador* 54: Lo que tironeaba su alma no eran aquellas umbrías, sino el recuerdo de las personas.

tironero -ra *m y f (jerg)* **1** Pers. que roba por el procedimiento del tirón [1b]. | *Ya* 12.12.80, 50: Dos "tironeros", detenidos cuando iban a cobrar un cheque recién robado.
2 Tirador [4]. | M. Delgado *Ya* 8.10.90, 4: Los "tiradores" o "tironeros", así conocidos por el resto de los taxistas, "tiran" de los clientes saltándose las reglas del juego. "No respetan el turno de la zona reglamentaria", afirma Pedro.

tirosina *f (Quím)* Aminoácido resultante de la putrefacción o de la digestión pancreática de las proteínas. | Navarro *Biología* 22: Algunos [aminoácidos] tienen una estructura molecular cíclica, como .. la tirosina.

tirotear *tr* Disparar tiros [contra alguien o algo (cd)]. | Alfonso *España* 128: El 18 de junio de 1968, cuatro niños fueron tiroteados y recibieron cada uno diversas lesiones.

tiroteo *m* **1** Acción de tirotear. *Frec fig, referido a preguntas.* | Laforet *Mujer* 81: Ha habido tiroteos y jaleos del demonio. * Los periodistas le sometieron a un implacable tiroteo de preguntas.
2 *(hoy raro)* Intercambio de réplicas y contrarréplicas entre dos perss. que discuten sin acritud. | DCañabate *Abc* 10.2.74, 51: Cuidadito con lo que se dice y con lo que se hace. Aquí no cabe más que la escena del sofá, u en todo caso, un ligero tiroteo sin empinar la voz, que no hace falta alborotar pa enterarse de que dos y dos son cuatro. DCañabate *Andanzas* 150: Cuando andaba de tiroteo un si es que no es digamos amoroso con que luego fue mi arrimo matrimonial, le decía pa animarla: "Contigo, pan y vino".

tirotoxicosis *f (Med)* Hipertiroidismo. | Cañadell *Salud* 357: El hipertiroidismo o tirotoxicosis es rarísimo en la infancia, siendo relativamente frecuente en los jóvenes y adultos, especialmente las mujeres.

tirotricina *f (Med)* Mixtura de dos antibióticos que se emplea como bactericida en infecciones locales. | *Abc* 21.1.68, 17: Resfriados, Tos, Anginas, Catarros, Bronquitis. Ha aparecido en España Tirocetas, la bitableta que contiene Antibióticos (Tirotricina y Neomicina), Vitamina C, Antitusivo, Balsámicos.

tirotrofina *f (Biol)* Hormona de la parte anterior de la hipófisis, estimulante de la glándula tiroides. | Cañadell *Salud* 356: La síntesis de las hormonas tiroideas es estimulada por la tirotrofina de la hipófisis.

tiroxina *f (Biol)* Hormona de la glándula tiroides. | Navarro *Biología* 33: Tiroides .. Segrega la tiroxina.

tirreno -na *adj* **1** Del mar Tirreno. | * La costa tirrena.
2 *(hist)* Etrusco. *Tb n, referido a pers.* | Goytisolo *Recuento* 221: Aportan hipótesis .. en favor de la presunta existencia de una colonia .. a cargo de pelasgos y tirrenos.

tirria *f (col)* Manía o antipatía. | ZVicente *Traque* 285: Son malas voluntades, tirrias que nos tienen los vecinos. DCañabate *Paseíllo* 34: Le tiene usted tirria a la suerte de matar.

tirseno -na *adj (hist)* [Individuo] de un pueblo de Asia Menor, que se ha supuesto antecedente de los tirrenos [2]. *Tb n.* | Pericot-Maluquer *Humanidad* 191: Herodoto afirmó que los etruscos eran descendientes de los tirsenos de las costas jonias. Lapesa *HLengua* 12: Se ha relacionado a los tartesios con los tirsenos de Lidia, en Asia Menor.

tirso *m (hist)* Símbolo de Baco utilizado por las bacantes, que consiste en una vara rodeada de hojas de hiedra o de parra. | E. Laventana *NHi* 8.77, 48: En el "ofertorio" que se celebra el cuarto y último día de la fiesta aún se azota a los hombres con unas largas porras terminadas en calabazas que recuerdan muy bien a los tirsos de las antiguas bacantes.

tis *adj (reg)* Tísico [1]. | J. Isla *Día* 17.6.76, 5: Yo no sé de joven estuve algo tis. Lo que sí sé es que cada vez que agarro un costipado un poco fuerte y se me pega la tos, me duele todo el arca.

tisaje *f (Tex)* Tejido (acción de tejer). | *Alcoy* sn: Industrias Vidal, S.A. .. Representantes en Alcoy y comarca: Sección hilatura, Custodio Carbonell Borja ..; Sección tisaje, Jesús Pardo Brotons.

tisana *f* Infusión de una o varias plantas medicinales. | CBonald *Ágata* 215: Cayó en un sopitipando .. Pero ya repuesta con tisanas y pediluvios .., impuso Araceli .. un primer riguroso turno de castigos.

tísico -ca *adj* **1** Que padece tisis. *Tb n, referido a pers. Frec fig, ponderando la delgadez o la palidez.* | Laforet *Mujer* 311: Mi Tiburcio no está tísico para que haigan traído a su hermano y a él no. Cela *Judíos* 281: Las señoritas de la colonia toman baños de sol y enseñan las piernas y los hombros; antes, los mozos les tiraban piedras y les llamaban tísicas y otras cosas peores.
2 De (la) tisis. | Pinillos *Mente* 153: En los escritos hipocráticos (siglo V a.C.), se sabía ya que el hábito corporal de los que padecían la tisis (el hábito tísico) poseía características típicas.

tisiología *f (Med)* Parte de la medicina relativa a la tisis. | *SInf* 25.11.70, 2: Los dos médicos galardonados han dedicado sus trabajos a la tisiología.

tisiólogo -ga *m y f (Med)* Especialista en tisiología. | SRobles *Abc* 28.8.66, sn: Nos remite al cardiólogo, al reumatólogo, al neurólogo, al tisiólogo.

tisis *f* Tuberculosis pulmonar. | Aldecoa *Cuentos* 1, 136: Mencía y "Lavoz" andaban remisos al acercarse, porque tenían un miedo atávico y sano de su tisis.

tissue *(ing; pronunc corriente, /tisú/; pl normal, ~s) m* Pieza delgada de papel suave y absorbente, gralm. de dos o más capas, usada como pañuelo o toallita no recuperables. | *Ya* 22.5.75, 31: Caja de tissues .. 100 unidades de hoja doble, muy suaves, en color blanco.

tisú *m* Tela de seda entretejida con hilos de oro o plata. *Gralm con un compl especificador.* | Villarta *Rutas* 86: El infante don Antonio donó a la iglesia un magnífico terno de tisú de plata.

tisular *adj* (*Biol*) De (los) tejidos. | Bustinza-Mascaró *Ciencias* 25: Existe una influencia recíproca entre las actividades celulares de los diferentes órganos, resultando de dicho influjo mutuo la armonía funcional de los distintos territorios tisulares.

titán *m* (*lit*) **1** Hombre gigantesco de fuerza extraordinaria. | Salom *Delfines* 349: Hay que tener la fuerza de un titán para luchar contra eso. Moix *Des* 12.9.70, 12: Entre estatuas de titanes demasiado inmaculados en su novedad para convencernos de que pertenecieron a algún imperio acreditado, surge un pedazo de naturaleza.
2 Pers. excepcional o sobresaliente en algún aspecto. *Gralm con un compl especificador.* | Fernández-Llorens *Occidente* 277: El descubrimiento de la relatividad del tiempo es una de las más grandes conquistas del pensamiento humano y ha situado a Albert Einstein entre los titanes de la ciencia.

titánicamente *adv* (*lit*) De manera titánica. | Pinilla *Hormigas* 81: El poderoso viento esforzándose por levantar titánicamente el invencible mar y convertirlo en montañas líquidas.

titánico -ca *adj* (*lit*) De(l) titán. | Olmo *Golfos* 163: La historia de don Poco es la de un esfuerzo titánico.

titanio *m* (*Quím*) Metal blanco pulverulento, de número atómico 22, muy ligero, elástico y resistente a la corrosión. | M. Calvo *MHi* 12.70, 14: Este es el caso del titanio, el germanio, el silicio y un gran número de aleaciones metálicas ultrasensibles.

titano *m* (*Quím*) Titanio. | *BOE* 2.6.69, 8577: Levantar la suspensión del derecho de petición de permisos de investigación y concesiones directas de explotación de minerales de tántalo, niobio, circonio, berilio, molibdeno, cesio, titano y estaño.

titanomagnetita *f* (*Mineral*) Magnetita que contiene óxido de titanio. | M. GVelarde *Tri* 5.1.74, 18: Las rocas volcánicas .. son materiales ricos en óxidos de hierro, tales como magnetita (óxido férrico), hematita (óxido ferroso) y titanomagnetita.

títere *m* **1** Muñeco que es movido con cuerdas o introduciendo la mano en su interior. | Hernández *HCLE* 7, 602: Es esa línea de cuajada y grácil perfección que va de la *Tragicomedia de don Cristóbal* a *La comedianta* .. En medio resta una pieza de títeres por el momento perdida, *La niña que riega la albahaca*. **b)** *En pl*: Representación de una pantomima con títeres. | * Esta tarde hay títeres para los niños en la sala del Ayuntamiento.
2 *En pl:* Espectáculo de carácter circense realizado gralm. en plena calle. | J. M. Moreiro *SAbc* 20.4.69, 32: No verás a "quinqui" alguno con una monita de la mano haciendo títeres, cantando, o con una guitarra entre los dedos. **b)** *En pl:* Piruetas. *Tb fig.* | Delibes *Madera* 164: Una de las chicas .. le rogó que "hiciese unos títeres como despedida". –¿Es que son saltimbanquis tus tíos? –¡Calla!– El tío Adrián .. afianzó las palmas de las manos en el suelo y volteó su menudo cuerpo. Delibes *Castilla* 80: Los Herrero tenían intereses en Vega Sicilia, y hasta el taco de la mañana se pasaba con ese vino. Como es presumible, después del taco no se cobraba un conejo .., y hasta había que hacer títeres para evitar los perdigones ajenos.
3 (*desp*) Pers. sin carácter que es manejada por otra. *A veces, más o menos vacío de significado, se emplea como insulto.* | * Su marido es un títere. **b)** *Frec en aposición con* GOBIERNO, *designando aquel que gobierna bajo la influencia notoria de otro.* | J. Córdoba *MHi* 11.63, 67: Él dio el grito de alarma contra las manos en el suelo y, contra la miseria moral de los gobiernos títeres.
4 ~ con cabeza. (*esp*) Pers. o cosa indemne. *En las constrs* NO DEJAR, *O* NO QUEDAR, ~ CON CABEZA. | Alfonso *España* 65: Ciertos jóvenes "iracundos" creen que, para presumir de terribles y no quedarse rezagados, conviene no dejar títere con cabeza en nuestra cultura.

titerería *f* Arte u oficio de titerero. | *SYa* 6.7.75, 37: En 1973, Hermann Bonnin, director del Instituto del Teatro de Barcelona, rescató del olvido y posibilitando de su irreparable y triste pérdida al titerero míster H. V. Tozer,

que en su actual taller de muñecos, dependiente de dicho centro de estudios dramáticos, enseña magia y secretos de la titerería con el mismo entusiasmo que, a sus doce años, después de ver a un vagabundo titerero, construyó sus primeros muñecos.

titerero -ra *m y f* Pers. que hace títeres [1]. | Cabezas *Abc* 16.7.75, 24: La acertada dirección de Quique Torán y la magnífica fotografía de Madurga tienen como soporte literario el ingenio seleccionador y la capacidad "técnica" de la señorita Ángeles Gasset, titerera y pedagoga de gran experiencia, que, además de componer las tres ingeniosas farsas y construir los "muñecos de guante" .., actuó en el filme como primera "actriz" con el manejo de los prodigiosos actores.

titi (*juv*) **A** *f* **1** Mujer, esp. joven. | ASantos *Estanquera* 29: Yo soy así, qué quieres que te diga. Si me gusta una titi, pues me gusta, ¿no?
B *m y f* **2** Se usa como tratamiento afectivo. | Montero *Reina* 143: –Hola, tía, ¿me has echado de menos? –¿Qué? .. –Anda, titi, confiesa... Di que te alegras de verme. CBonald *Dos días* 53: La rubia de los pechos exuberantes hablaba con Perico. –¿Y todo esto es tuyo, titi? –Y tuyo. –Pues sí que atrincarás parné.

tití *m* Mono de pequeño tamaño, con cola larga y penachos de pelo en los lados de las orejas, propio de América meridional (gén. *Hapale*, esp. *H. jacchus*). | Bustinza-Mascaró *Ciencias* 215: Otros, como el mono araña y el tití (el más pequeño de todos los monos) poseen una cola larga y prensil.

titilación *f* (*lit o Med*) Acción de titilar. *Tb su efecto.* | Pla *América* 27: Es una sensualidad que riela como un rayo lunar sudoroso, bochornoso, y que penetra en las escasas defensas humanas. Sobre esta febricitante y tibia titilación parecen flotar las miradas de una tristeza animal insondable de los negros. Mascaró *Médico* 115: Como medida de urgencia, .. se procurará el vómito (titilaciones de la úvula o campanilla del velo del paladar, administrar un vaso de agua caliente salada).

titilante *adj* (*lit*) Que titila. | Aldecoa *Gran Sol* 93: El *Aril* navegaba gelatinosas aguas bicolores: verdes, .. negras, de las profundas negruras minerales –brilladoras, titilantes, engañosas– del carbón.

titilar A *intr* (*lit*) **1** Centellear con ligero temblor [un cuerpo luminoso, esp. una estrella]. | Aldecoa *Gran Sol* 35: Las luces de un barco grande titilaban en la móvil niebla.
2 Temblar ligeramente [algo]. | Fraile *Cuentos* 15: Se oía ahora un oleaje suave, un titilar de gotas y múltiples chorrillos jabonosos. Gironella *Millón* 132: El puro titilar de los ojos del sacerdote lo venció, y se calló.
B *tr* **3** (*Med*) Rozar o estimular ligeramente [las mucosas nasales o el velo del paladar], para producir el estornudo o el vómito. | Mascaró *Médico* 121: Administrar un vomitivo (dar un vaso de leche o agua caliente con dos cucharadas de sal y titilar la campanilla del velo del paladar).

titileo *m* (*lit*) Acción de titilar [1]. | Espinosa *Escuela* 468: Transcurrí la noche deambulando por entre los vetustos muros que protegen los huertos y alquerías de los mandarines, contemplando el titileo de las lucecitas en sus pequeñas torres.

titirimundi *m* Cosmorama portátil. | CBonald *Ágata* 69: El vagabundo afianzó el titirimundi sobre un inestable trípode .. Al fin, después de haber colocado el cachivache, le dijo él que se acercara, venga aquí y prepárese para viajar a lo desconocido.

titiritaina *f* (*col*) **1** Ruido confuso de flautas u otros instrumentos. | L. Calvo *Abc* 9.9.66, 26: Un séquito danzante de hombres y mujeres recalcaban a brincos y gorgoritos de carmañola y titiritaina de ópera china la jovialidad de la atmósfera electoral.
2 Bulla alegre y desordenada. | DCañabate *Paseíllo* 65: Los vaqueros preparan el rodeo. Estallan cohetes, salvas anunciadoras de la titiritaina. El encierro se pone en movimiento.

titiritero -ra *m y f* Pers. que hace títeres [2]. | Aldecoa *Cuentos* 1, 133: "Faisán" había nacido de padres titiriteros, en una covachuela de las cercas bajas de la ciudad, junto al río.

titismo *m (Pol)* Comunismo practicado en Yugoslavia por el mariscal Tito († 1980), caracterizado por la independencia frente a la Unión Soviética. *Tb se da este n a otras variantes del comunismo similares a esta.* | R. Cotarelo *D16* 24.5.91, 19: Sus difíciles relaciones [de Yugoslavia] con la URSS desde la ruptura entre Stalin y Tito, que dio origen a la curiosa herejía del "titismo" en el seno de la fe comunista y de cuya acusación no se vieron libres ni siquiera los dirigentes del Partido Comunista de España.

tito[1] *m (reg)* **1** Almorta. | Abella *Imperio* 125: La presencia de un alimento básico y común en la alimentación de todos los enfermos ..: las guijas, muelas, almortas o titos.
2 Hueso o pepita de la fruta. | MCalero *Usos* 62: Si en un principio todo fue uvas en racimos, ahora mosto por un lado y rampojos, titos y hollejos por otro, volvían a mezclarse.

tito[2] **-ta** *m y f (reg)* Tío (hermano del padre o de la madre). | * Han venido a verte los titos.

tito[3] **-ta** *adj (hist)* [Individuo] del pueblo celtíbero habitante de la actual comarca de Ariza (Zaragoza). *Tb n.* | Ridruejo *Castilla* 2, 59: Numancia .., donde arevacos, pelendones, belos y titos se concentraron frente a la Roma omnipotente, poniéndola en jaque.

titoísmo *m (Pol)* Titismo. | Miquelarena *Abc* 24.4.58, 37: Aseguran los expertos ingleses en titoísmo que "la traición de Dyilas" fue dramatizada en Liubliana.

titola *f (reg)* Pene. | VMontalbán *Rosa* 89: ¿Una aventura ese viaje programado por una computadora y con esos tipejos vestidos de buzo que no sacan la titola ni para mear?

titubeante *adj* **1** Que titubea. *Tb fig.* | Aldecoa *Cuentos* 1, 96: Empezó titubeante a contar algo muy vago de un cura, un alcalde y un tío avaro. Tomás *Orilla* 141: Cuando llegó a la galería, por los ventanales de la inmensa bóveda, destellaba y un sol titubeante.
2 Que denota o implica titubeo. | M. Aguilar *SAbc* 1.12.68, 54: Se añaden ruidos de oídos, marcha titubeante, falta de fuerza muscular, náuseas.

titubear *intr* **1** Mostrar duda o inseguridad al hablar o al decidir. | *Abc* 25.8.68, 24: No ha titubeado en escribir unas palabras que conviene recordar precisamente en estos momentos.
2 Oscilar por falta de estabilidad. | Aparicio *César* 57: El animal acusó el tiro, pero se negó a caer y, de otros dos ágiles brincos, desapareció detrás de unos árboles. El Salvador .. reconoció el lugar donde el venado había titubeado.

titubeo *m* Acción de titubear. | GPavón *Hermanas* 44: Pidió el llavín y abrió sin titubeos.

titulación *f* Acción de titular(se)[1] [1 y 3]. *Tb su efecto.* | M. GGarrido *Inf* 7.9.70, 2: No afirmé .. ante los periodistas .. que se va a la inmediata supresión de la enseñanza libre .. Eso fue más bien una errónea interpretación de unas palabras mías y una equívoca titulación. *Inf* 16.4.70, 18: Bachilleres, peritos, maestros, estudiantes, universitarios .. Han de ser cubiertas unas 500 plazas (solo para varones) .. en puesto de responsabilidad adecuada a la titulación.

titulado -da *adj* **1** *part* → TITULAR[1].
2 [Pers.] que tiene un título profesional o de estudios. *Tb n.* | GTelefónica 23: Scholl, S.A. Callistas titulados. Tratamientos únicos. E. LRamos *SAbc* 29.11.70, 39: En números redondos .. muy cerca de veinte mil titulados habrá. [En Universidades Laborales.]
3 Que tiene título de nobleza. *Tb n, referido a pers.* | Halcón *Monólogo* 28: Él fue segundón de una casa titulada, pero que ni compararse podía con la familia Dueñas.

titulador -ra *adj* Que titula[1] [1]. *Tb n: m y f, referido a pers; f, referido a máquina.* | *País* 29.4.90, 43: Canon pone al alcance de su mano todos los efectos especiales que siempre deseó realizar .. Tituladora incorporada. Empuñadura orientable 180°.

titular[1] **A** *tr* **1** Dar [a alguien o algo (*cd*)] como título [1, 2 y 3] [el n. que se expresa (*predicat*)]. *A veces con un compl de modo en lugar del predicat, esp en ors interrogs.* | PLozano *Ya* 9.3.72, 7: Tras ese famoso viaje a China, quién sabe cómo titularía hoy don José Ortega y Gasset a su revista; tal vez "Revista de Oriente". J. Salas *Abc* 28.8.66, 49: El jefe de la organización terrorista .. se titula a sí mismo jefe espiritual del Movimiento Irredentista B.A.S. Ridruejo *Memorias* 58: José Antonio me encomendó la jefatura del S.E.U. en Segovia .. Su intención era la de titularme para que pudiera desempeñar una misión delicada: la de reconstruir, en la medida de lo posible, la célula de afiliados militares. Cunqueiro *Crónicas* 163: Embarazaba con mucha facilidad en Lorena porque prometía dejar titulados sus frutos y heredados en Pondichery a noventa días vista. **b)** Dar nombre [a algo (*cd*)]. | *BOE* 20.1.69, 965: Por el excelentísimo señor Ministro del Departamento han sido otorgadas y tituladas las siguientes concesiones de explotación minera: Número 3.153. Nombre: "Providencia". Mineral: Barita. Hectáreas: 220. Término municipal: Camuñas. Número 3.163. Nombre: "Basconia". Mineral: Sepiolita y bentonita. **c)** (*Per*) Poner titulares[2] [5] [a algo (*cd*)]. *Frec abs.* | Berlanga *Acá* 47: Eran temporeros: pegaban fajas de suscripciones, llevaban el sobre a la imprenta, titulaban, buscaban grabados para ilustrar. [En la redacción de un periódico.]
B *copulat pr* **2** Tener [algo (*suj*)] por título [el n. que se expresa (*predicat*)]. *A veces con un compl de modo en lugar del predicat, esp en ors interrogs.* | GNuño *Arte* 369: A la espontánea invención del arte en el anterior período sucede la Academia. Esta institución fue inaugurada en 1752 por Fernando VI, titulándose Real Academia de Bellas Artes de San Fernando. *Abc* 25.2.68, 101: Dirigirá en breve un argumento propio, titulado "Cuarenta y ocho horas de amor".
C *intr pr* **3** Obtener un título [3]. | *Lev* 9.7.75, 15: Por orden ministerial de 18 de febrero de 1975, los farmacéuticos y aquellos alumnos de farmacia que hayan cumplido el primer ciclo de esta Carrera, podrán, mediante un curso de dos cuatrimestres, diplomarse o titularse en óptica y anteojería en las Universidades de Barcelona y Santiago de Compostela.

titular[2] **I** *adj* **1** [Pers.] que tiene un título [4, 5 y 6]. *Frec n.* | *Inf* 26.6.70, 1: Miguel Velázquez, titular de los ligeros, defiende su cetro ante el aspirante oficial. Ramírez *Derecho* 22: Si en lugar de tratarse de una finca se tratase de un coche, de un cuadro o de unos valores públicos, el marido, titular de tales bienes, podría tranquilamente venderlos. **b)** [Obispo] que toma título de un país o territorio ocupado por infieles y en el cual no reside. *Normalmente con compl especificador.* | M. Escribano *Pue* 1.12.70, 5: El más anciano de la asamblea es don Fidel García, que fue obispo de Calahorra y ahora es titular de Lugo.
2 [Pers.] que ocupa un puesto en propiedad por haber sido nombrada para ello. *Frec n.* | J. Sampelayo *Ya* 6.12.75, 45: Vertiente geográfica e histórica de ancha amplitud la del futuro académico .. Miembro titular del Instituto de Estudios Madrileños, su labor en este aspecto es muy amplia. Juanlo *VozA* 8.10.70, 19: Al final .. un partido de ensayo, titulares contra suplentes.
3 Que da nombre, con el suyo propio, [a algo (*compl de posesión*)]. *Tb n. Tb sin compl, por consabido.* | GNuño *Madrid* 127: Estos elementos anticlásicos y arbitrarios convergen hacia el escudo sobre la puerta y a la hornacina con el titular San Fernando.
4 (*Impr*) [Letra] mayúscula que se emplea en portadas, títulos o principios de capítulo. *Frec n f.* | F. Izquierdo *SYa* 9.11.73, 7: La imprenta recurrió pronto a la tipografía de fundición, pero siguió apegada y por mucho tiempo a la letrería de mayor tamaño, las titulares y las capitales, en las que el artista entalló pequeñas obras por maravillosas obras.
II *m* **5** Título que en un periódico encabeza una información o un artículo. *Frec en pl con sent sg.* | GNieto *Abc* 16.12.58, 3: El titular de un periódico. * La noticia viene en grandes titulares.

titularidad *f* Condición de titular[2] [1 y 2]. | *Inf* 16.4.70, 15: Pudiendo asistir .. los señores accionistas .. que .. obtengan la tarjeta .. mediante la debida justificación de la titularidad de las acciones. Juanlo *VozA* 8.10.70, 19: Al final .. un partido de ensayo, titulares contra suplentes (es decir, puesto que la titularidad hay que demostrarla sobre el terreno).

titularización *f* Hecho de titularizar. *Tb su efecto.* | *Inf* 15.12.69, 2: Llega a la dirección de la Escuela de Periodismo un profesional de sobrado prestigio –don Emilio Romero– a cuya sensibilidad de periodista y hombre político no pueden escaparse los complicados matices que envuelven la "titularización" de los informadores.

titularizar *tr* Ser [alguien] titular [de algo (*cd*)]. | ANavarro *Ya* 25.6.75, 12: Debemos servir la causa de hacer transitable el paso .. desde el protagonismo político de Franco al protagonismo del pueblo español vertebrado en el entramado jurídico de nuestras instituciones y culminado por la monarquía, tan dignamente titularizada.

titulciano -na *adj* De Titulcia (Madrid). *Tb n, referido a pers.* | *Ya* 30.4.87, 33: Se hace también un recorrido exhaustivo por la comarca, con paradas en las localidades que la componen y un paseo por las fiestas, tradiciones, costumbres, cultura, historia y arte de los pintenses, .. ciempozueleños y titulcianos.

titulillo *m* (*Impr*) **1** Renglón puesto en la parte superior de una página impresa, para indicar la materia de que se trata. | RMoñino *Poesía* 41: Los veintidós primeros folios contienen obras de devoción y moralidad, tal como lo expresan los titulillos paginales.
2 Título secundario en un texto impreso. | GYebra *Traducción* 154: Veo en el Índice dos títulos de artículos relacionados con lo que ahora nos interesa .. Inmediatamente, en el titulillo que precede al texto, hallo *énergies de substitution*.

título I *m* **1** Nombre de una obra escrita (o de alguna de sus partes), de un discurso o de una obra de arte. *Tb el texto escrito o rótulo en que se enuncia ese nombre.* | GLópez *Lit. española* 67: El "Libro de buen amor". Es el título que se ha dado modernamente al largo poema .. que de Juan Ruiz se conserva. Huarte *Tipografía* 16: Para los títulos, subtítulos, epígrafes .. hay que señalar .. si han de ir al centro, a la izquierda o a la derecha. **b)** Obra escrita, designada por su nombre. | *Cam* 14.6.76, 97: Basta, para dar una idea de la muy sugestiva línea que la edición va a seguir, con informar de los otros títulos aparecidos. **c)** Parte de las principales en que se divide una ley o un reglamento, o en que se subdividen los libros de que consta un código. | *Compil. Galicia* 861: Compilación del Derecho Civil especial de Galicia. Título preliminar. De la aplicación territorial del Derecho Civil de Galicia. *Compil. Navarra* 31: Libro primero. De las personas y de la familia. Título primero. De las personas jurídicas. **d) ~s de crédito.** (*Cine y TV*) Serie de rótulos en que figuran las perss. que han participado en una producción. | C. SFontenla *Sáb* 8.1.77, 65: "La Pantera Rosa ataca de nuevo" .. La verdad es que la susodicha pantera ya nada tiene que hacer en las películas que siguieron a la original, salvo servir como reclamo publicitario y justificar unos siempre admirables títulos de crédito de Richard Williams, que constituyen, por sí solos, auténticas obras maestras.
2 Denominación honorífica que se da a una pers. | Arenaza-Gastaminza *Historia* 59: Trajano. Español, natural de Itálica, mereció del Senado el título de "el mejor de los príncipes". **b)** Denominación honorífica que, concedida por un soberano y normalmente con carácter hereditario, lleva una pers. perteneciente a la nobleza. | Laforet *Mujer* 29: Los Vados de Robre se llamaban González de apellido, aunque se les solía llamar por el título de sus padres. **c)** Pers. que tiene un título de nobleza. | ZVicente *Balcón* 86: Es una rubia guapa, rica y título.
3 Denominación oficial que expresa el nivel de estudios, la categoría profesional o la función de una pers. | *País* 15.6.76, 15: A los Alumnos que estén en posesión del título de graduado escolar les serán convalidados en las escuelas de artes aplicadas y oficios artísticos el ingreso, las matemáticas, religión y formación del espíritu nacional de primero y segundo.
4 (*Dep*) Condición de campeón. | *País* 23.6.76, 29: El púgil, que arrebató el título a Perico Fernández en julio del pasado año, lo pondrá en juego el próximo día 30.
5 Derecho (posibilidad legal o moral). *Frec en pl con intención expresiva.* | Ramírez *Derecho* 162: Se entiende por justo título el que legalmente baste para transmitir el dominio o derecho real de cuya prescripción se trate. Valdeavellano *Burguesía* 47: Ningún período de la historia europea parece tener más títulos que el siglo X para ser calificado de "renacimiento".
6 Documento que acredita oficialmente un título [2 y 3]. | ZVicente *Hojas* 81: Los títulos del tío colgaban de la pared, Caballero Maestrante de no sé qué, y Gran Cruz de San Hermenegildo .., Mérito civil blanco. *BOE* 29.1.76, 1902: Los opositores incluidos en la propuesta del nombramiento habrán de presentar en el Registro General del Ministerio .. los documentos siguientes, acreditativos de las condiciones de capacidad y requisitos exigidos en la convocatoria: .. Certificado de nacimiento .. El título académico exigido para tomar parte en la oposición. **b)** Documento que acredita un derecho. | Armenteras *Epistolario* 313: Forma parte de este contrato la relación de fincas y títulos de adquisiciones que a continuación se contiene. **c)** Documento que acredita la inversión de una cantidad en un valor bursátil. | Marcos-Martínez *Aritmética 2º* 123: Si el cambio de un título de la Deuda es 120, quiere decir que por cada 100 ptas. nominales del mismo se pagan 120 ptas.
7 (*Med*) Grado o proporción. | J. Félix *Ya* 19.6.75, 44: Si esta mujer no ha sido vacunada y se pone en contacto con alguna persona que padezca la enfermedad, hay que hacer rápidamente un estudio del título de anticuerpos que posee, para aplicarle rápidamente gammaglobulina, que pueda atenuar los graves efectos sobre el embrión.
II *loc adv* **8 a ~.** De manera. *Seguido de adj.* | CBonald *Ágata* 145: Prosiguió sin más su perorata Ojodejibia diciendo que había creído plausible proponer a su benefactor, dadas las circunstancias y aun sabiendo que se excedía en la cuota de los favores, traerse a la esposa .., no naturalmente a título gracioso sino para ocuparla en algún quehacer doméstico. **b)** En calidad [de algo] u ostentando la condición [de algo]. | Armenteras *Epistolario* 296: El exponente paga la contribución a título de dueño.

tiuque *m* Ave rapaz americana de plumaje oscuro (*Milvago chimango*). | Delibes *Mundos* 48: Entre los riscos vuelan reposadamente cóndores, tiuques y jotes.

tiza *f* Barrita de yeso y greda, o de creta pulverizada y amasada con agua, que se emplea esp. para escribir en encerados o pizarras. | Carandell *Madrid* 19: El pintor se limita a firmar en el suelo con una tiza. L. LSancho *Abc* 24.1.87, 14: A don Felipe empieza a faltarle tiza en el taco. Le resbalan algunas carambolas.

tiznado[1] -da *adj* **1** *part* → TIZNAR.
2 (*raro*) Borracho o ebrio. | Faner *Flor* 114: Había un vino peleón que les dejó completamente tiznados.

tiznado[2] *m* Acción de tiznar(se). | *Ya* 5.3.91, 3: Ojo con el tiznado. Si los aparatos o recipientes se tiznan es que la combustión no es correcta.

tiznajo *m* (*col*) Tiznón. | Soto *Íns* 3.75, 16: Seguía haciendo como que leía en su periódico, que era el periódico más encontrado por ahí que te puedes figurar, guarro y arrugado y con tiznajos de taconazos y pisotones.

tiznar *tr* **1** Manchar [algo] con hollín u otra sustancia, esp. negruzca. | M. Aznar *SAbc* 16.6.68, 6: Acebal se tiznaba la cara y las manos. Delibes *Príncipe* 121: Cris, con la cara tiznada, le miraba indiferente. [*Con cosméticos.*]
2 Producir [el hollín u otra sustancia (*suj*)] una mancha negruzca [en algo (*cd*)]. *Tb abs.* | Bustinza-Mascaró *Ciencias* 330: Es muy blando [el grafito]. Tizna el papel y se utiliza para fabricar lápices.

tizne *m* (*o f*) **1** Hollín. | Lera *Boda* 741: Eran caras sucias de la tizne y la pez de las antorchas.
2 Tizón[1] [1]. | Lorenzo *SAbc* 22.9.74, 11: El tino, el gobierno de los piconeros: paletada de tierra y agua de la cántara, al achique de la flama según vaya el tizne: no ha de quedar tizo humoso, levantador de jaquecas.
3 Tiznón. | Aldecoa *Gran Sol* 143: Manuel Espina tenía el rostro enmascarado de tiznes. Las muecas lo hacían risible.
4 Negrilla del olivo. | F. Ángel *Abc* 28.3.58, 15: Hay dos tipos de Polvo Cúprico "Medem": Normal y Concentrado .. En los frutales, se emplea contra la Roña o Moteado, del manzano y el peral .. En el olivo, contra la Tizn[e] o Mangla. [*En el texto,* tizna.]

tiznón *m* Mancha negruzca, esp. de hollín. *Tb fig.* | Laforet *Mujer* 80: Su camisa tenía tiznones y el cuello completamente negro. MGaite *Retahílas* 194: Aquella noche que se anunciaba con tiznones grises manchando el cielo malva.

tizo *m* **1** Trozo de leña mal carbonizado que produce humo al arder. | Lorenzo *SAbc* 22.9.74, 11: El tino, el gobierno de los piconeros: paletada de tierra y agua de la cántara, al achique de la flama según vaya el tizne: no ha de quedar tizo humoso, levantador de jaquecas.
2 Tizón[1] [1]. | Escobar *Itinerarios* 74: Los tizos sirven para colocar sobre ellos las trébedes y la sartén.

tizón – tobillero

tizón[1] **I** *m* **1** Palo a medio quemar. | Escobar *Itinerarios* 208: Tan tonto como .. gastar cerillas para encender el cigarro sentado a la lumbre de la cocina, con los tizones a mano.
2 Hongo parásito de color negruzco que destruye los granos del trigo y de otros cereales (géns. *Tilletia* y *Ustilago*). *Tb la enfermedad que produce*. | J. L. Aguado *SInf* 3.12.75, 3: En Europa se consideran como perniciosas el tizón o añublo, .. la digital .. y la belladona. Cuevas *Finca* 259: ¿Tú crees que se me ha olvidado? La oficina, el laboratorio, las parcelas de la granja, el problema del tizón o las caries del trigo.
II *loc adv* **3 a ~.** (*Constr*) Referido al modo de colocar un sillar o un ladrillo: De modo que la dimensión mayor quede perpendicular a la pared. *Tb adj*. | Falete *Arte* 1, 7: Suelen disponerse, alternando con los sillares dispuestos a soga, .. otros a tizón que atraviesan el muro.

tizón[2] *adj* De color negro o muy oscuro. *Usado como especificador de ciertas especies zoológicas*. | Lama *Aves* 97: El Colirrojo tizón (Phoenicurus ochrurus), llamado también en Cantabria Colirrojo negro o Tiñoso, es un pájaro de unos 15 centímetros de longitud. *MOPU* 7/8.85, 65: La fauna de Tenerife tiene sus peculiaridades: el pinzón del Teide, por ejemplo, es una .. En La Palma, .. el lagarto tizón, que también se encuentra en el Teide.

tizona *f* (*lit*) Espada. | J. M. Moreiro *SAbc* 12.10.69, 42: Por ella transitó la Historia, el apóstol de bota y escapulario, la "tizona" desterrada y hasta la misma Virgen.

tizonazo *m* Golpe dado con un tizón[1] [1]. *Frec en pl, designando el castigo del infierno*. | J. M. Moreiro *SAbc* 13.9.70, 45: Pero aquellos turistas sin pasaporte [los pueblos invasores: fenicios, griegos, romanos y moros], lejos de dejar divisas, se ocuparon más bien en repartir, a tizonazo limpio, lo que había.

tizonear A *intr* **1** Colocar los tizones[1] [1]. | Berlanga *Gaznápira* 56: Se sentará .. de cara a la lumbre, mientras tú tizoneas con las tenazas.
B *tr* **2** Atizar [el fuego o la discordia]. | Anson *Abc* 14.11.74, 3: Apena presenciar las maniobras de aquellos que desde hace algún tiempo se esfuerzan por tizonear de nuevo la discordia.

tizonera *f* Carbonera que se hace con los tizos [1] para acabar de carbonizarlos. | Delibes *Ratas* 9: Las tierras bajas de Don Antero, el Poderoso, negreaban en la distancia como una extensa tizonera.

tlascalteca (*tb con la grafía* **tlaxcalteca**) *adj* De Tlascala (Méjico). *Tb n, referido a pers. Esp referido a los indios que en la época de la conquista se aliaron con Cortés*. | Pemán *Gac* 30.8.70, 5: Todavía los indios aztecas puros pueden acceder constitucionalmente a todos los puestos políticos del país, pero son excluidos de ellos los "tlascaltecas", o sea los descendientes de los "colaboracionistas" que tomaron el partido de Cortés. E. RGarcía *MHi* 10.60, 9: Tribal también era América, y el español se impuso, con inaudita violencia en ocasiones –digámoslo–, la tarea de hacer hablar una misma lengua a los guerreros tlax[c]altecas y a los aztecas. [*En el texto*, tlaxaltecas.]

TNT (*sigla; pronunc*, /té-éne-té/) *m* Trinitrotolueno. | *Van* 19.3.72, 5: China ha realizado una prueba nuclear en la atmósfera .. El ingenio nuclear .. tenía una potencia entre 20 y 200 kilotoneladas, el equivalente entre 20.000 y 200.000 toneladas de "TNT".

to[1] *interj* (*pop*) **1** Se usa para llamar a un animal, esp al perro. | Cela *Judíos* 211: El vagabundo, para no darle un cantazo [al perro], le amaga con la voz. –¡To, chucho! Cela *Viaje andaluz* 150: Estos hombres enjutos, magros, duros y caminadores que, tirando del ronzal de su borrico –¡to, Peluso!, ¡hala, Perlana!, ¡arre, Consentío!–, se llegan hasta donde llega la sed.
2 Denota sorpresa o admiración. | Delibes *Voto* 91: –Pero no se cae ninguna, oiga. –¡Too! y ¿por qué habían de caerse?

to[2] → TODO.

toalla I *f* **1** Prenda, gralm. de forma rectangular y de tela de rizo, que se emplea para secarse. | CNavarro *Perros* 55: –Muy raros los hombres, ¿verdad? –preguntó, al tiempo de tirar lejos la toalla con que terminaba de secarse. *ProP* 17.9.75, 8: Hay toallas que siempre se están "estrenando". Las de papel automatic.
2 Tela de rizo, empleada esp. para hacer toallas [1]. | Marsé *Tardes* 105: Vestía un amplio jersey blanco como de toalla y pantalones claros de hilo.
II *loc v* **3 tirar** (**lanzar**, *o* **arrojar**) **la ~.** (*Boxeo*) Tirar la toalla [1] al ring [el preparador de uno de los púgiles], en señal de abandono. | Ch. Conesa *País* 13.3.77, 41: Alfonso del Río, preparador de Urtáin, arrojó inmediatamente la toalla ante la tremenda paliza que había resistido su pupilo.
b) Abandonar [alguien] una empresa dificultosa, dándose por vencido. | J. M. Gironés *Mun* 23.5.70, 15: –Creo que en un par de años tendré que abandonar alguna de las dos cosas [la canción o la arquitectura]. –Si tiras la toalla, ¿quién dirá lo que tú dices?

toallero *m* Soporte para toallas [1]. | *ProP* 17.9.75, 8: Toallero automático para toalla de algodón continua.

toast (*ing; pronunc corriente*, /tóas/ *o, raro*, /tóust/; *pl normal*, ~s) *m* **1** Sandwich de pan de molde a la plancha. | Ju. Ferrer *Gar* 4.8.62, 42: ¡"Toast" de jamón y queso... marche!
2 (*raro*) Brindis. | Laiglesia *Ombligos* 40: Todos los presentes, capitaneados por sir James, se llevaron sus tazas a los labios para rematar el *toast*.

toba[1] *f* Roca muy porosa formada por precipitación del carbonato cálcico disuelto en el agua, o por acumulación de cenizas u otros elementos volcánicos. *Frec con un adj especificador*: CALIZA *o* CALCÁREA, *o* VOLCÁNICA. | Delibes *Guerras* 16: Mi casa era de piedra de toba. GSosa *GCanaria* 118: La mayor parte de sus gentes viven en habitaciones excavadas en la toba volcánica.

toba[2] *f* Cardo borriquero. | Benet *Viaje* 171: Perennidad ganada a costa de renunciar al afán de regeneración que, con la sangre menstruada y seca de los robles, con el manto damasceno de helechos y tobas, había marchado a refugiarse en las sombras.

toba[3] *f* (*col*) Golpe, esp. el que se da disparando el dedo corazón contra la oreja. | Falete *Cod* 1.9.74, 19: –¡Te vas a llevar un mojicón! .. –¡Y tú una toba!

toba[4] *f* **1** (*jerg*) Colilla [de tabaco o de hachís]. | J. Berlanga *Abc* 19.9.87, 113: "Yo no me vendo", dice el mísero incorruptible, mientras fuma con odio la toba que arroja el opulento vendido. J. C. Iglesias *SPaís* 19.12.82, 99: En una noche de zozobra, una *toba* de hachís puede valer una medalla, una sortija o lo que el camello quiera.
2 (*col*) Miembro sexual del niño. | *SInt* 4.1.79, 9: La tobita de Lolo .. "¿Usted sabe que dentro de cuatro años la colita de Lolo, que ahora es tan bonita y mostrable en una revista, crecerá y será impublicable?"

toba[5] **I** *adj* **1** [Individuo] indígena argentino, habitante del sur del Pilcomayo. *Tb n.* | Tovar *Mataco* 2: Indios no agresivos, en contraste con sus vecinos orientales, los tobas y demás miembros de la familia lingüística guaicurú se mantuvieron aparte de los blancos.
II *m* **2** Lengua de los tobas. | Tovar *Español* 512: De los trabajos de Bárcena se salvó el manuscrito sobre la quinta lengua, que no es otra que el toba.

tobera *f* (*Mec*) Conducto de entrada o salida de fluidos, de forma apropiada para que estos, al pasar, aumenten de velocidad o de presión. | Aldecoa *Gran Sol* 143: –Las toberas van mal, .. convendría que echases una ojeada. –Bueno, ahora bajo.– Manuel Espina bajó a las máquinas. E. Subiza *Ya* 20.6.73, 35: Una medida que realmente sirve para muy poco en la de cerrar las ventanillas del coche, pues este siempre va aireado a través de sus toberas. Aleixandre *Química* 189: Se filtra la solución e hila en máquinas hiladoras .. Los orificios por donde pasa la solución, para transformarse en hilos, se llaman toberas y son de platino.

tobillero -ra I *adj* **1** [Prenda de vestir] que llega hasta los tobillos. | M. P. Comín *Van* 3.10.74, 49: En general, la longitud midi se mantuvo muy subrayada hacia el tobillo .. También fueron tobilleros algunos pantalones. Marsé *Dicen* 322: Las meucas regresan a la barra meneando frenéticamente las ancas dentro de sus ajados vestidos tobilleros.

II *f* **2** Venda, gralm. elástica, con que se sujeta el tobillo. | *Abc Extra* 12.62, 90: Medias para varices, tobilleras y rodilleras.

tobillo *m* Zona de unión del pie con la pierna. | CNavarro *Perros* 60: Tenía que ir con mucho cuidado, temerosa de caer o de torcerse un tobillo. Arce *Testamento* 61: Tenía unos pantalones que no le llegaban más que a los tobillos.

tobogán *m* **1** Aparato recreativo consistente en una rampa de deslizamiento, gralm. de forma helicoidal, por la que se desciende sentado o tumbado. | CPuche *Paralelo* 436: Ya los solares que rodean el bloque se habían inundado de niños americanos. Unos hacían gimnasia con el profesor delante, otros subían y bajaban por los toboganes.
2 Rampa para el transporte de objetos impulsados por su propio peso. | *Alc* 13.11.70, 27: La industria de cigarrillos ha alcanzado un alto grado de mecanización. Puede observarse en la fotografía cómo las cajetillas discurren por unos toboganes mecánicamente.
3 Descenso muy pronunciado en una carretera. | E. Teus *Ya* 5.7.75, 39: Por su longitud y trazado, que es sinuoso y con bastantes toboganes, esta segunda parte de la jornada, tercera contra reloj del Tour, puede ser capaz de producir diferencias notables.

toboseño -ña *adj* De El Toboso (Toledo). *Tb n, referido a pers.* | J. MNicolás *SYa* 15.6.75, 7: Allí está enterrado su fundador, don Alejo Martínez Nieva y Morales, un descendiente de los grandes toboseños de 1575.

tobosesco -ca *adj* (*raro*) Toboseño. *Tb n.* | J. MNicolás *SYa* 15.6.75, 15: Esta actitud quijotesca nos está indicando el fracaso de la tenaja tobosesca y, con ella, la pérdida del sentido práctico que se produce en El Toboso en aquellos días.

toc *interj* Se usa, frec repetida, para imitar el sonido de un golpe. A veces se sustantiva como n m. | J. R. SGuzmán *Ya* 19.12.82, 6: El dulce sonido de las monedas repicando sobre la bandeja metálica (toc, toc, toc) y la voz ilusionada del acompañante (¡son veinte, Pepe, veinte!).

toca[1] *f* **1** Prenda de tela blanca con que se cubren la cabeza las religiosas de algunas órdenes. | CBonald *Noche* 213: Se produjeron lances de distinta anomalía que .. debieron pasar desapercibidos para sus padres. Por ejemplo: .. otra monja joven con la cara y las tocas igualmente almidonadas tendida como una momia al fondo del refectorio.
2 (*hist*) Prenda femenina que cubre la cabeza. | Revilla *Lecturas* 64: Le pide [la serrana al Arcipreste], como regalo de boda, un prendedero, seis anillos, .. toca amarilla y zapatos altos.

toca[2]. **por ~s.** *loc adv* (*reg*) Por tandas o por suertes. | JMartos *Abc* 20.2.87, 18: El lenguaje va por tocas. Hay palabras que se suben al tren de la actualidad y de la repetición y las leemos y escuchamos como si fuesen claves de un tiempo.

tocadiscos *adj* [Aparato] electroacústico para la reproducción de sonidos registrados en disco. *Gralm como n m.* | Goytisolo *Afueras* 172: También habían [sic] allí espejos deformantes que daban mucha risa, y una máquina tocadiscos y un balón. Medio *Bibiana* 54: Francisca está al cuidado del tocadiscos.

tocado[1] *m* Prenda con que se cubre y adorna la cabeza. | *Ya* 15.4.64, 11: Primera Comunión .. Libros, rosarios, limosneras, tocados, velos.

tocado[2] **-da** *adj* **1** *part* → TOCAR[1].
2 [Fruta] dañada o que empieza a pudrirse. | Cela *SCamilo* 276: Dominica le lleva a don Olegario dos albaricoques, están un poco tocados pero son buenos.
3 Que padece una ligera indisposición o lesión. | J. M. Ruiz *HLM* 26.10.70, 27: Salcedo, uno de los tocados rojiblancos en Cagliari, a los veinticuatro minutos de juego, dejó su demarcación en Sarriá a Alberto.
4 (*col, euf*) Algo perturbado o trastornado mentalmente. *Tb ~ DE LA CABEZA.* | * Para mí que estás tocado. ¿Cómo se te ocurre eso?

tocado[3] *m* (*Dep*) **1** *En lucha:* Hecho de permanecer un luchador tocando con la espalda la lona durante cierto número de segundos, quedando por ello vencido. | *Mar* 24.1.68, 14: Lucha. Gran exhibición de Requejo, vencedor de Rojo por tocado.
2 *En esgrima:* Acción de tocar al contrario con el arma. | Ad. Guerra *SSe* 8.7.90, 16: Los combates se disputan al mejor de tres asaltos, y estos a cinco "tocados", adjudicándoselos el esgrimista o tirador que antes logre esa cifra.

tocador[1] **I** *m* **1** Mueble en forma de mesa y con espejo, empleado para peinarse y maquillarse. | Laforet *Mujer* 326: Estaba delante de un tocador en una habitación llena de armarios.
2 Habitación destinada para el aseo y maquillaje. | *Sáb* 26.2.72, 21: Primer jabón fluido creado para su uso en el tocador. **b)** *En un lugar público:* Aseo de señoras. *Frec ~ DE SEÑORAS.* | Medio *Bibiana* 90: No sé dónde está aquí el tocador de señoras.
II *loc adj* **3 de ~.** [Producto u objeto] de belleza o de aseo. | *Economía* 354: Las cosas siempre necesarias son los objetos de tocador y la ropa blanca .. Lo que debéis hacer es tener en cuenta el tiempo que estaréis fuera para no llevaros demasiada cantidad de cremas y aguas de tocador.

tocador[2] **-ra** *m* y *f* Pers. que toca [un instrumento músico (*compl* DE)]. *Tb sin compl, por consabido.* | Cunqueiro *Un hombre* 141: Con ellos iría a la isla .. un tocador de dulzaina y tamboril. GNuño *Escultura* 89: La arista del sillar marca la dirección opuesta de cada una de las figuras adheridas a sus lados externos: una tocadora de doble flauta y un personaje vistiendo capa. Cero *Cod* 15.3.64, 2: Las plazas a ocupar serán de bailaores de ambos sexos, cantaores, tocaores y jaleadores.

tocadura *f* (*raro*) Tocamiento. | A. Navalón *Inf* 18.4.70, 19: Palomo optó por la faena rápida, en vista de que el público no tomaba ya en cuenta sus intentos de toreo efectista, tocaduras de testuz y demás lindezas.

tocamiento *m* Acción de tocar(se)[1] [1]. | Cela *Inf* 1.4.77, 18: En La Rioja, .. apunté hace algunos años determinados letreros que me llenaron de paz interior. Helos aquí: "Se prohíbe hacer aguas mayores o menores en el portal y en las escaleras" .. "Se prohíben los tocamientos a los novios".

tocante I *adj* **1** Que toca o se refiere [a alguien o algo]. | L. Alberdi *DBu* 27.12.70, 3: Sobre esta ópera existe una mayor oscuridad todavía, y es la tocante al autor de la música que el propio Lope silencia.
II *loc prep* **2 ~ a, o en lo ~ a.** Respecto a, o en lo que se refiere a. | *Sp* 19.7.70, 54: En lo tocante a las libertades terrenales .., Rusia es manifiestamente una "sociedad cerrada". Carnicer *Castilla* 29: Dudaba yo tocante a la ubicación de dicho patio.

tocar[1] **A** *tr* **1** Llegar con las manos, o con otra parte del cuerpo, o con un objeto que uno sostiene, [a una pers. o cosa (*cd*)] de manera que se aprecie su presencia o alguna cualidad física. *Tb abs.* | Vesga-Fernández *Jesucristo* 55: Al ver Jesús a aquel desgraciado, movido a compasión, extendió sobre él su mano y tocándole le dijo. Peña-Useros *Mesías* 73: Moisés tocó con una vara las aguas del mar Rojo y se hizo un camino seco en medio de ellas. Delibes *Príncipe* 11: –¿Es posible?, ¿no te has meado en la cama?– .. El niño se pasó las manos, una detrás de la otra, por el pijama: –Toca –dijo–. Ni gota. **b)** Llegar a conocer [algo no material]. | E. Montes *Abc* 19.11.72, 57: En Montecatini se le han hecho estos días preguntas a la esfinge, que no tardará en responder. Estamos, casi casi, tocando la clave de la vida. **c)** Llegar [a algo (*cd*) que es término o extremo]. | * Están tocando el resultado de su ineptitud. * Estamos tocando el final del trabajo.
2 Estar [una cosa] al lado [de otra (*cd*)] de manera que en algún punto no queda ningún espacio intermedio. | Marcos-Martínez *Aritmética* 163: Una recta puede ser: .. Tangente a la circunferencia, si le toca solo en un punto .. Secante, si le corta en dos puntos.
3 Llegar a hacer contacto [con alguien o algo (*cd*) un proyectil o algo que se mueve (*suj*), o la pers. que lo lanza o va en él]. | * Le tiré una piedra, pero no le tocó. * Estaba tirando de cantos a un poste, pero no lo tocaba.
4 Alcanzar o afectar [a alguien o algo una cosa, esp. negativa]. *Frec en part.* | *MHi* 11.63, 53: Hace diecinueve siglos, un hombre tocado por la luz de Dios llegaba a las playas de Tarragona. J. Aldebarán *Tri* 11.4.70, 16: El "Ham[p]shire", en que navegaba a Rusia, fue tocado por una mina alemana.

tocar – tocho

P. Berbén *Tri* 12.12.70, 38: Podrás ser acusado como yo .. de idealista, esquemático, especulativo y tocado del cargante moralismo de izquierdas. GNuño *Madrid* 8: Sus piedras .. componen un bello conjunto gótico, ciertamente tocado de estilo mudéjar.
5 Actuar [respecto a alguien o algo (*cd*)]. *Normalmente en constr neg*. | L. Apostua *Ya* 2.6.74, 14: Le viene a decir que no ose tocar, ni por finalidad perfectiva del propio Sistema, ninguna de las sagradas palabras de las Leyes Fundamentales, so pena de que todo se venga abajo. Lera *Bochorno* 137: No sé adónde iremos a parar si las cosas siguen así. La verdad, no lo sé. La fruta está que no hay quien la toque. **b)** Alterar [algo] con propósito de mejorar[lo]. *Normalmente en constr neg*. | * Está muy bien escrito; no hay que tocar nada. **c)** (*col*) Actuar [contra alguien o algo (*cd*)]. *Gralm en constr neg*. | CPuche *Paralelo* 263: Pero ellos tendrán alguna prueba, algún soplo, por lo menos .. A ti no podrán tocarte. Halcón *Manuela* 73: Yo sigo creyendo .. Te prevengo que en esta casa puedes hacer y decir cuanto te venga en gana, menos tocar al credo.
6 Tratar [un asunto], gralm. no como tema central. | D. Meseguer *Abc* 29.6.58, 37: Uno de los asuntos tocados en estas conversaciones .. fue el de la Compañía.
7 Ejecutar instrumentalmente [una pieza musical]. *Tb abs*. | Escobar *Itinerarios* 145: En acabando la tocata, uno de nosotros le instaba: –Toque usted otra, tío Magín. Matute *Memoria* 64: Excepto tocar malamente en el piano .. nunca la vi hacer nada. **b)** Hacer sonar [un instrumento musical o un dispositivo de señales acústicas]. *Tb abs*. | Arce *Testamento* 77: El alcalde mandó tocar la pequeña campana del concejo. CNavarro *Perros* 11: Tocó el claxon, a fin de advertir a sus familiares de que empezaba a impacientarse. *Abc Extra* 12.62, 39: Fueron de los tambores más lucidos de todos los tiempos. ¡Y a tocar se ha dicho! **c)** Avisar u ordenar [algo] por medio de señales acústicas. | Grosso *Capirote* 161: Tocó misa de nueve la espadaña de los Capuchinos. Marlasca *Abc* 18.12.70, 49: ¡No importa; que toquen fagina!
8 (*col*) Hacer [a alguien (*cd*)] una oferta de carácter económico o profesional, para ver cómo responde. | *País* 5.5.79, 37: Juan de Dios Román, el preparador rojiblanco, se muestra preocupado e indignado desde hace ya algunas fechas porque "jugadores cotizados de mi equipo están siendo «tocados» económicamente para que cambien de club la próxima temporada". I. Martínez *As* 16.7.88, 36: De la Cruz terminó tercero en Valles Mineros y ganó la montaña. En la Vuelta a España recibió una oferta de Seur. También le ha "tocado" Ferrys. En uno y otro caso, nada que hacer.
B *intr* **9** Tocar [1 y 2] [algo (*compl de lugar*)]. | Delibes *Príncipe* 13: Él [el niño] se miró, desnudo, y rió al divisar el diminuto apéndice. –Mira, el pito –dijo. –Ahí no se toca, ¿oyes?
10 Arribar de paso [un barco o un avión, a un lugar (*compl* EN)]. | V. Gállego *ByN* 11.11.67, 44: Sus advertencias fueron desoídas en Washington, resuelto a impedir en cualquier forma el comercio occidental con Cuba, incluso incitando a actos agresivos contra los barcos que tocaran en aquellos puertos. CSotelo *Muchachita* 292: Te doy mi palabra de que mañana mismo te deposito en el primer avión que toque en Valladolid. **b)** Tener parada [en un lugar una línea de comunicación o un itinerario]. | FQuintana-Velarde *Política* 171: El tráfico entre Madrid y Lisboa se reserva a las aeronaves españolas y lusitanas. Las líneas aéreas extranjeras que tocan en los dos capitales no pueden llevar pasaj[e]ros de una a la otra. VParga *Santiago* 11: El itinerario .. seguía el valle del Araquil para entrar en Álava, y después tocaba en las viejas ciudades romanas de Briviesca, Tricio y Sasamón.
11 Afectar [a alguien o algo] o tener relación [con ellos (*ci*)]. | Laforet *Mujer* 170: La gente enfoca cada asunto desde el ángulo que le toca de cerca. Laín *Universidad* 22: En lo que toca a mi persona.
12 (*col*) Ser pariente [de alguien (*ci*)]. | ZVicente *Traque* 84: Yo le hablaría de mi abuelo Crisóstomo, que también le toca algo al Pepe.
13 Corresponder [algo a alguien] por obligación o derecho, o según un orden establecido. | FReguera *Bienaventurados* 27: ¿Qué nos toca hoy? ¿Los ríos de España? Muy bien. Adelante. Hoyo *Glorieta* 28: Ahora no sabéis nada. Ahora solo os toca jugar y ver. **b)** Llegar el momento [de algo (*suj*)]. | Grosso *Capirote* 155: –¿Me quieres? –Sabes que sí.– Empezaba el desmadejamiento. Tocaba sentirse más madre que mujer. **c)** Corresponder [algo a alguien] en suerte o en un reparto. *Tb ~* EN SUERTE. | Medio *Bibiana* 81: Alguna persona de su familia a la que había tocado algo en un concurso. A. M. Calera *Agromán* 20: La mujer actual precisa .. de una serie de conocimientos que la "sitúen" dentro del mundo que le ha tocado vivir. **d)** Participar [alguien] de un reparto [en una cantidad (*compl* A)]. | Olmo *Golfos* 81: –¡El que quiera patatas que alce el dedo!– Y como todos lo alzaron, tocamos a pedazos muy pequeños. **e)** Favorecer [a alguien] con un premio [la lotería, una rifa o las quinielas]. | Laforet *Mujer* 161: ¡Me dijo el pobrecito que le había tocado la lotería!
14 Avisar u ordenar [algo (*compl* A)] por medio de señales acústicas. | Delibes *Guerras* 25: A ver si este maricón de turuta toca a armar bayonetas. Moreno *Galería* 241: Cuando las campanas tocaban a expirar, era una modulación tranquila. **b)** *~* **a** + *infin*. Llegar el momento o la ocasión oportunos [para la acción expresada por el infin.]. *Gralm en la fórmula* A + *infin* + TOCAN. | Torrente *DJuan* 226: Me gustaría dormir a mis horas; pero, si tocan a trasnochar, trasnocho. * A las diez, ya están todos en la playa, y a bañarse tocan.

tocar[2] *intr pr* Adornarse o cubrirse la cabeza [con una prenda (*compl* CON o DE)]. *Frec en part*. | GNuño *Madrid* 62: El rey Carlos, tocado con tricornio, es una bravísima estampa goyesca. CPuche *Paralelo* 36: La señora, tocada con un gran gorro de piel, .. había permanecido hasta este instante acurrucada en el taxi. **b)** Adornarse o cubrirse [la cabeza (*suj*) con una prenda (*compl* CON o DE)]. *Frec en part*. | CBaroja *Inquisidor* 27: Reclina la cabeza tocada de birrete.

tocario -ria (*hist*) **I** *adj* **1** [Individuo] del pueblo o pueblos hablantes del tocario [3]. *Tb n*. | Villar *Lenguas* 221: El origen de los tocarios y la época de su marcha hasta Extremo Oriente son dudosos.
2 Del tocario [3]. | Villar *Lenguas* 221: A ellos [los establecidos en la región de Tarim] corresponden los textos tocarios conocidos.
II *m* **3** Lengua indoeuropea del Turquestán chino. | Villar *Lenguas* 144: A pesar de que el descubrimiento y desciframiento del tocario data ya de varios decenios, esta lengua ha sido mucho menos estudiada que el hetita.

tocata[1] *f* **1** (*Mús*) Composición libre, para un instrumento de teclado, de carácter brillante y con sonidos rápidos y de igual valor temporal. | J. Palau *Des* 12.9.70, 36: Encontramos en este disco .. "Elegía y tocata" de Buenagu, joven compositor español que ha sabido establecer un acertado contraste entre la personalidad melódica de la elegía y la vivacidad rítmica de la tocata.
2 (*col*) Acción de tocar un instrumento. | Escobar *Itinerarios* 31: Inflaba sus carrillos en sus tocatas con la dulzaina el tío Pío.

tocata[2] *m* (*juv*) Tocadiscos. | *SD16* 20.9.81, XIV: La música pop .. No permitas que tu coco sea un mogollón. Corre, pon este libro al lado del tocata y verás cómo suena.

tocateja (*tb con la grafía* **toca teja**). **a *~*** *loc adv* (*col*) Al contado o en el acto. *Con los vs* PAGAR *o* COBRAR *u otro equivalente*. | ZVicente *Traque* 193: Aquí, a tocateja, no pagan más que los catetos. Salom *Noche* 578: A nosotros nos toca pagar el género a toca teja.

tocayo -ya *m y f* Pers. que tiene el mismo nombre [que otra (*compl de posesión*)]. *Tb sin compl, en pl*. | Ortega *Americanos* 31: Al final fue capaz de citarme *Las masas invertebradas* [sic], de mi genial tocayo.

tocho[1] *m* **1** Lingote de hierro, propio esp. para viguetas. | Zunzunegui *Hijo* 38: Los pensamientos se le erizaban como tochos ardientes.
2 (*col*) Libro, o conjunto de hojas de papel, muy voluminoso. | G. Bartolomé *Ya* 12.10.88, 6: Él se deja las pestañas en revistas, en informes de prensa, en mamotretos y "tochos" voluminosos.
3 (*reg*) Ladrillo (pieza de arcilla). | Marsé *Dicen* 132: Él mismo levantó la pared, no sé de dónde sacó los tochos y el cemento.

tocho[2] **-cha** *adj* (*reg*) Tonto o necio. *Tb n*. | A. Hernández *ElM* 19.5.90, 2: Recomiendo con fervor la compra [de libros] a sandios, dundos, abobados, tochos, lerdos, lilas y zotes. Cancio *Bronces* 55: ¡Tocha de mujer, que desde que se fue el muchacho paece talmente un ánima en pena!

tocinería *f* Tienda destinada a la venta de tocino y otros productos de cerdo. | Cela *Pirineo* 320: Un pueblo con quince abacerías, .. cuatro escuelas, tres tocinerías, dos confiterías y una librería, no es un aduar ni un villorrio.

tocinero -ra I *adj* **1** [Mesa] pequeña y baja, con un cajón, típica de las cocinas rurales, usada frec. en decoración como auxiliar. | Torbado *En el día* 168: Alejo Rubio siguió a los dos de cerca, mirando muy sorprendido .. la imponente habitación de altísimo techo y sin ventanas, amueblada con sillas y sillones de todos los estilos, una barra de tosca madera y mesas tocineras sin duda recogidas por la región. *Pue* 9.11.70, 10: Mesa de centro castellana, 1.100 pesetas. Tocineras, 400 pesetas.
II *n* **A** *m y f* **2** Pers. que vende tocino y otros productos de cerdo. | *Van* 10.10.74, 88: Falta tocinera. Con experiencia para parada de mercado.
B *m* **3** (*reg*) Carbonero común (pájaro). | Lama *Aves* 123: El Cerrajero, Herrezuel[o] o Tocinero, como también le llaman por aquí [al carbonero común: *Parus major*], es de temperamento guerrero, principalmente cuando se halla en el período de reproducción.
C *f* **4** (*jerg*) Furgoneta policial en que se traslada a los detenidos. | VMontalbán *Laberinto* 153: Si hay una redada, tú tienes cara de pescadito frito .. Quiero decir que si te ve un "madero" te mete en la tocinera.

tocino *m* **1** Capa de grasa inmediata a la piel del cerdo. | Arce *Testamento* 78: Ahora nadie quería que los demás se enterasen de cuántos chorizos en manteca habían sacado del cerdo, ni los kilos de morcilla o de tocino.
2 (*reg*) Cerdo (animal). | Cela *Pirineo* 261: Animales de todas clases: perros, gatos, pollos, ovejas, tocinos, caballerías..., ¡de todo!
3 ~ de(l) cielo. Dulce hecho con yema de huevo y almíbar cocidos hasta que cuajan. *A veces en la forma* TOCINILLO *o* TOCINITO. | CBonald *Casa* 227: Esas yemas pasarían a convertirse productivamente en tocinos de cielo y otros primores de dulcería casera. Carandell *Madrid* 60: Las camareras .. seguían repartiendo torrijas, magdalenas, .. tocinillos del cielo. Máximo *Van* 19.9.74, 6: Los señores ya han elegido: esto y esto .. No, soufflé, no, tocinitos de cielo.
4 *En el juego de la comba:* Modo de dar a la cuerda a un ritmo muy rápido. *Frec en la constr* DAR ~. *Tb* TOCINILLO. | DCañabate *Andanzas* 161: Una de las zangolotinas pidió: "Dadme tocino". Dar tocino es imprimir velocidad a la comba, lo que obliga a la saltarina a echar mano de toda su agilidad. ¡Imposible! En cuanto empezaba el tocino la pelambrera se agolpaba a su cara, cegando sus ojos. Gala *SPaís* 28.9.80, 6: Como sabes que le voy a dar fuerte al grifo para que te salpique –igual que el tocinillo de la comba infantil–, tú te apartas.

tocio *m* (*reg*) Variedad de roble (*Quercus pyrenaica y Q. toza*). *Tb* ROBLE ~. | *MOPU* 7/8.85, 83: La encina y el roble tocio, otrora príncipes de la flora provincial [de Valladolid], están a estas alturas en flagrante regresión.

tocoferol *m* (*Quím*) Alcohol derivado del aceite de gérmenes del trigo, con propiedades análogas a la vitamina E. | *Sem* 19.10.74, 81: Si usted hiciera un profundo análisis de este verdadero bálsamo mata-dolor, descubriría el tranquilizante aceite de marmota, el aceite de tocoferol.

tocoginecología *f* (*Med*) Parte de la medicina que comprende la tocología y la ginecología. | *DBu* 19.9.70, 13: Miguel Campo. Tocoginecología.

tocoginecológico -ca *adj* (*Med*) De (la) tocoginecología. | *Abc* 1.8.63, 21: Ayer le falló a María una de sus intervenciones tocoginecológicas, y la paciente .. fallecía poco después.

tocoginecólogo -ga *m y f* (*Med*) Especialista en tocoginecología. | *DBu* 19.9.70, 13: José Luis Rica Rica. Tocoginecólogo. Consulta de 12 a 2.

tocología *f* Obstetricia. | *Abc* 19.11.57, 49: Convocatorias para hoy .. Profesor García Orcoyen, "Tocología social y maternidad".

tocológico -ca *adj* De (la) tocología. | M. GSantos S*Abc* 14.12.69, 18: La formación de un recién nacido es una aventura extraordinaria .. Y no solo en cuanto a la clínica tocológica se refiere.

tocólogo -ga *m y f* Especialista en tocología. | *Gac* 28.12.75, 61: Está bien, no habrá comadronas, no habrá tocólogas en Belén. Pero al menos que nos dejen la presencia del buey y el asno en el establo.

toco-mocho (*tb con las grafías* **tocomocho** *o* **toco mocho**) *m* (*col*) Timo que consiste en ofrecer un billete de lotería que se hace pasar como premiado, a cambio de una cantidad inferior al premio correspondiente. | *Abc* 18.12.70, 40: Detenidos en Sevilla cuando intentaban dar el timo del "toco-mocho". *Mun* 5.12.70, 8: Se nos ha explicado minuciosamente en qué consisten los timos de "la estampita", el "toco mocho", etc. Umbral *País* 7.3.83, 27: Es lo que se merece, por aplicarle el tocomocho al pueblo español, como si el pueblo español acabase de entrar todo él por la estación de Atocha y hubiese caído en manos de Toni Leblanc haciendo de chorizo.

tocón[1] -na *adj* (*col*) Pers. aficionada a tocar[1] [1a], esp. a otra pers. | Marsé *Tardes* 259: Terminaron la fiesta en el Cristal City Bar .., terminaron besándose en paz en el altillo inaccesible a murcianos desatados y a tocones furtivos. Cela *Inf* 28.1.77, 23: Yo me voy a dormir a la fonda, porque Su Alteza, que por regla general es muy correcto, cuando se embriaga se vuelve muy tocón. Comprenda usted que una dama debe evitar las ocasiones.

tocón[2] *m* Parte del tronco de un árbol que queda unida a la raíz al cortar este. | Cela *Judíos* 141: La patrona saca un hacha de detrás de la puerta y un tocón de pino de debajo del fregadero.

toconera *f* (*reg*) Parte que rodea al tocón[2]. | Romano-Sanz *Alcudia* 199: –¿Y no sería mejor cortarlas primero [las encinas] y sacar luego las raíces? .. –Daría más trabajo, porque de todas maneras habría que sacar la toconera.

todabuena *f* Todasana (planta). | FQuer *Plantas med.* 294: Androsemo. (*Hypericum androsaemum* L.) Sinonimia cast[ellana], todabuena.

todasana *f* Planta herbácea de flores amarillas, usada en medicina como vulneraria (*Hypericum androsaemum, H. undulatum* y *Androsaemum officinale*). | FVidal *Duero* 167: Como ha llegado a la cima del montecillo pelón y sin mayores adornos que unos matojos de tomillo y todasana, se detiene.

todavía *adv* **1** Denota persistencia de un hecho hasta el momento en que se habla o de que se habla. | Arce *Testamento* 18: Todavía conteniendo la risa, fue Enzo y dijo: –De seguro ha oído hablar de nosotros.
2 *Acompaña a una palabra comparativa* (MÁS, MENOS, MEJOR, *etc*) *para denotar que en el objeto base de la comparación se encuentra ya en grado notable la cualidad o la intensidad de que se habla.* | CPuche *Paralelo* 78: Se quedó más preocupado todavía cuando vio que el negro Tomás también desaparecía con una de las muchachas.
3 *Denota que el hecho expresado por el v se añade a otro hecho que ya de por sí es notable. Frec con matiz adversativo.* | Medio *Bibiana* 70: De un duro hacen dos y todavía les sobra. MFVelasco *Peña* 98: Pierdo lo que me es más querido en esta vida por ayudar a los demás. Pues con todo, y todavía, el egoísta soy yo.
4 Al menos. | * Todavía, si supiera leer, podría encontrar empleo.
5 en ~ → ENTODAVÍA.

todo -da (*tb, pop,* **to, toa**) **I** *adj* **1** *Ante n en sg precedido de* EL (*a veces* UN), *o de adj posesivo o demostrativo, indica que no se excluye ninguna parte de la pers o cosa designada por el n. A veces* (*lit*) *va detrás del n.* | DCañabate *Abc* 30.8.66, 54: En el tercero vimos los únicos lances de capa de toda la feria. Aguirre *Galdós* 6: Él supo captar de tal modo el significado de Madrid y de los madrileños que ha dado nombre a todo un período de la Villa de las Siete Estrellas. L. A. Viuda *SVozC* 29.6.69, 1: Dan fe de su tesón y honradez colaborando en el trabajo engrandecedor de la patria toda.
b) ~ el mundo → MUNDO. **c)** *A veces ante n abstracto usado expresivamente en pl.* | SFerlosio *Jarama* 46: Una carne bien buena; una cabrita de dos años, en todas sus gorduras. **d)** *Sin art, ante determinados ns, formando compls advs:* A ~ CONFORT, CON TODA FACILIDAD, A TODA MÁQUINA, A

todo – todo

TODA PÁGINA, A TODA PLANA, A TODA POTENCIA, A TODA PRISA, A ~ VOLUMEN, *etc*. | FSantos *Cabeza* 67: Nos trajeron a toda prisa, a matacaballos, para relevar a un batallón de voluntarios. Carandell *Madrid* 47: No hay día en que no aparezca en los periódicos alguna reseña breve o a toda página del homenaje ofrecido a algún personaje más o menos famoso. **e)** *Sin art, ante pron pers en sg, o pron demostrativo neutro, o n propio de lugar*. | Olmo *Camisa* 75: –¿A qué viene eso ahora? –¡A que estoy harta de to esto! CPuche *Paralelo* 240: Todo Madrid estaba lleno de ellos [los norteamericanos] .. Y todo Madrid se había ceñido al gusto de los laureados visitantes.

2 *Ante n individual en pl precedido de* LOS, *o de adj posesivo o demostrativo, indica que no se excluye ninguna de las perss o cosas designadas por el n. A veces* (lit) *va detrás del n*. | Cuevas *Finca* 245: Pedro utilizó .. todos los procedimientos de captación posibles. Medio *Bibiana* 10: Tenemos que organizarles las juergas y pagarlas de nuestro bolsillo. Y tolerar todas esas basuras que ahora se estilan entre los chicos. L. A. Viuda *SVozC* 29.6.69, 1: A los burgaleses todos que sobre la tierra de España dan fe de su tesón y honradez. **b)** *Sin art, ante ciertos ns, formando compls advs*: POR TODAS PARTES, A TODAS HORAS. | Neville *Vida* 372: Salen cohetes por todas partes. **c)** *Sin art, ante pron pers o demostrativo en pl*. | Onieva *Prado* 190: En los muros cuelgan cuadros de asuntos mitológicos todos ellos, por lo general copias de flamencos de primera categoría. **d)** *Sin art, ante n individual en sg*. | MSantos *Tiempo* 9: No todo ratón es cancerígeno. *Catálogo* 10.75, 45: Encuadernación: en tela, con sobrecubierta a todo color. **e)** ~ **quisque.** (*col*) Todo el mundo. | CNavarro *Perros* 39: Lo seguro es una buena cuenta corriente en el banco, .. comprar el mejor pescado y la mejor carne para que todo quisque se entere.

3 *Ante n en pl precedido de* LOS, *o de adj posesivo o demostrativo;* Cada uno de. | Aldecoa *Cuentos* 1, 178: Piensa lo que quieras, pero para ti. No vamos a tener todos los domingos un altercado.

4 *Ante n precedido de* UN: Que reúne en grado excelente las cualidades ideales de lo designado por el n. | Paso *Pobrecitos* 220: Él .. dispuesto a luchar como un hombre, como todo un hombre.

5 *Ante n en sg sin art o adj determinante*: Único. | Zunzunegui *Camino* 146: Por toda respuesta, él soltó un taco rotundo.

6 el ~ + *n de ciudad*. El sector más distinguido o más representativo de los habitantes de la ciudad. | FAlmagro *Abc* 18.8.64, 3: El "todo Madrid" no les alcanzaba. "Todo Madrid", adaptación del también acotado mundo parisién.

II *pron* **7** *En sg, en forma m o f, designa a la pers o cosa ya mencionada o aludida, sin excluir ninguna parte de ella*. | Delibes *Perdiz* 130: Para que no me viera mi madre con la escopeta la tiré por encima las bardas del corral, y con el golpe se ha marrotado toda. **b)** *Ante adj de cualidad, expresa el grado sumo de esta*. | Olmo *Golfos* 13: Una tarde el gato sacó las uñas y se fue. El niño, todo furioso, echó a correr detrás de él. **c)** *Detrás de determinados vs expresa la suma intensidad de la acción*. | Delibes *Príncipe* 143: Yo no sé qué hacer con esta cría; me se duerme toda, no hago vida de ella.

8 *En pl, en forma m o f, designa a las perss o cosas ya mencionadas o aludidas, sin excluir ninguna de ellas*. | Arce *Testamento* 31: Seguido a esto, Enzo dijo que era mejor que sesteásemos todos un rato.

9 *En pl m, sin referencia a un ser mencionado o aludido*: La gente en general. | Ramírez *Derecho* 184: [El Derecho es] reglamento que regula, para conocimiento de todos, lo que los hombres acordaron para poder conllevarse.

10 *En sg, en forma m con sent neutro*: Todas las cosas. | Zunzunegui *Camino* 46: Todo está por empezar para ti. **b) de ~.** Toda clase de cosas. | PRivera *Discursos* 12: Hemos llevado treinta y tantos años de incomprensión en los que desde comunistas hasta herejes nos han llamado de todo. Torre *Caña* 107: –¿Qué venía dentro? –Ropa interior. –¡Pues ya tenemos de todo!

III *m* **11 Cosa íntegra.** | Castilla *Alienación* 35: Es cierto que, mientras tanto, hay cosas que hacer, porque no se puede aspirar a hacer el todo o, caso de ser este históricamente inviable, no hacer nada.

IV *loc v y fórm or* **12 ahí** (*o* **aquí**, *o* **allí**) **me las den todas.** (*col*) Fórmula que expresa indiferencia o despreocupación ante los males que puedan ocurrir alrededor. A veces *se sustantiva.* | Berlanga *Pólvora* 20: Mientras otras tan repanchingadas, dándose la gran vida y ahí me las den todas, una sacrificada a todas horas. Medio *Bibiana* 9: Paga su habitación, y lo demás, a gastárselo en sus caprichos, y aquí me las den todas. Zunzunegui *Camino* 252: Todo lo que en sus relaciones había sido desvarío, exceso, locura y allí me las den todas, era ahora, en las vísperas, de una insípida e inodora lisura.

13 jugarse el ~ por el ~. Hacer un esfuerzo definitivo [por lograr algo], arriesgando el máximo de recursos. | Franco *Discurso* 44: España se jugaba el todo por el todo en una lucha en la cual el enemigo de enfrente no era verdaderamente los españoles que combatían, sino las ideas y los intereses de las Internacionales que los aprisionaban.

14 no tenerlas todas consigo. Tener recelo. | Zunzunegui *Camino* 499: No las tengo todas conmigo que el jesuita no tenga razón.

15 ser [alguien o algo] (**el**) **~.** Ser lo más importante. | * En una casa las cortinas son el todo.

16 ser [alguien o algo] **~ +** *n*. Tener [en esa pers. o cosa (*suj*)] suma importancia o relieve [la parte o el aspecto designado por el n.]. *A veces se omite el v* SER. *La palabra ~ suele usarse adverbializada (en forma m sg) cuando se refiere a antecedente pl*. | Delibes *Parábola* 227: Va aproximándose al espejo .. observa de cerca sus ojos estupidizados (todo pupilas), su frente oblicua y cerril. Paso *Pobrecitos* 199: Cómo los despreciaría. Él, que era todo decencia, todo honradez. Marsé *Dicen* 262: Una cara todo ojos.

V *adv* **17 Totalmente.** *Precediendo a determinadas constrs advs*. | Torrente *Isla* 118: Fisgar todo a lo largo de la avenida, todo a lo ancho del muelle.

18 ante ~. En primer lugar. | CBaroja *Inquisidor* 10: Sintieron .. animadversión marcada hacia las biografías .., por considerarlas .. poco sujetas a normas rigurosas, poco serias también en última instancia. La seriedad ante todo.

19 así y ~. A pesar de eso. | Delibes *Ratas* 108: La Columba empezó a mirar al Nini torcidamente, como a su más directo, encarnizado enemigo. Así y todo, el Nini, el chiquillo, parecía ignorar tal disposición.

20 a toda marcha, a toda mecha, a todas estas, a ~ esto, a ~ trapo, a ~ tren → MARCHA, MECHA, ESTE, ESTO, TRAPO, TREN.

21 a ~ + *infin* = *ger* + CON LA MÁXIMA INTENSIDAD. *A veces precedido del ger por el mismo v*. | Olmo *Golfos* 128: Salí a todo correr calle abajo. CBonald *Dos días* 162: El levante seguía arremetiendo a todo lo largo de la calle, remontando la basura como si estuviesen soplando a todo soplar por debajo de las piedras. **b) a ~ correr, a ~ meter, a ~ tirar** → CORRER, METER, TIRAR.

22 con ~. A pesar de eso. | J. Alsina *Arb* 6.62, 8: Era esta una cuestión que se venía debatiendo desde tiempo [*sic*]. La visión histórico-genética de la lengua, con todo, se había impuesto como algo definitivo .. y, a pesar de los esfuerzos de Saussure, tardaría bastantes años hasta conseguirse su completa superación. **b) con ~ y con eso, con eso y con ~** → ESO. **c) con ~ y.** (*reg*) A pesar de. *Seguido de infin, n, o prop con* QUE. | Goytisolo *Recuento* 260: Pobre Polit, con todo y ser un vivales, no se puede negar que lo llevaba bien. Goytisolo *Afueras* 167: Cuidado que eres tú un mala uva, Roig, con todo y esa cara de picadillo que gastas. SFerlosio *Jarama* 89: Lo que es yo, por mi parte, suelo aburrirme muchas veces, con todo y que vivo en Madrid.

23 del ~, *o* (*lit, raro*) **en un ~.** Completamente. | Matute *Memoria* 81: Él se reía con una malicia que yo no entendía del todo. A. Iniesta *Abc* 29.6.58, 6: El primer ayo .. da a conocer ocurrencias y travesuras del príncipe, normales en un todo a las de cualquier niño de su edad.

24 después de ~. Al fin y al cabo. | RIriarte *Noche* 148: Después de todo, este no es un mal refugio.

25 de todas todas. (*col*) Con absoluta seguridad. | CPuche *Ya* 8.6.66, 7: Ya estaba claro que iba al poder de todas todas. **b)** Absolutamente. | DCañabate *Andanzas* 35: Los castizales han desaparecido, "pero que de todas todas", que diría uno de ellos. ZVicente *Traque* 115: Esa alusión a mi abuela sobraba. De todas todas.

26 de ~s modos, de todas formas, de todas maneras → MODO, FORMA, MANERA.

27 en medio de ~. A pesar de los inconvenientes que se han citado. | Zunzunegui *Camino* 30: No tomaré nada; en medio de todo... ya ves, me siento orgullosa de lo que venga.
28 en ~ y por ~. Absolutamente. | * –¿Estás conforme? –En todo y por todo.
29 por ~ lo alto → ALTO¹.
30 sobre ~, o **por encima de ~.** Principal o predominantemente. | Mihura *Carlota* 336: Hay que tener educación y buenas maneras; sobre todo en el Reino Unido.
31 ~ lo contrario ~ lo más → CONTRARIO, MÁS.
32 y ~. Siguiendo a un compl adv, expresa que lo enunciado en la or se cumple a pesar de la circunstancia indicada por el compl. | *SHLB* 4.8.75, 8: El procurador por La Coruña dice más, y asegura que el proyecto de Ley de Régimen Local, perfeccionado y todo por las Cortes, es inferior al de Calvo Sotelo de 1925.
33 y ~. *Concluyendo una or, pone énfasis en lo que se acaba de enunciar.* | Buero *Hoy* 91: El otro papel es la participación de Casa Claudio, que las da tan grandes como los billetes de a mil, y con adornos y todo.

todogrado *adj invar* [Aceite lubricante] cuya viscosidad se mantiene dentro de unos límites muy amplios de temperatura. | *DíaZ* 13.9.88, 5: Todo para su coche .. Aceite Todogrado CS 2 litros.

todopoder *m* (*lit, raro*) Omnipotencia. | M. Unciti *Ya* 27.4.75, 21: Este lenguaje resulta escandaloso para los simples creyentes en Dios. Prontos a admitir la eternidad, la superioridad, la majestad, el todopoder divinos, rehúsan un Dios gratuitad total, servicio y entrega para bien del hombre.

todopoderoso -sa *adj* Que todo lo puede. *Frec como sust, designando a Dios.* | CPuche *Sabor* 85: Veía claramente a don Jerónimo, el todopoderoso señor de las aguas, sentado en su despacho. M. GMartí *Abc* 19.9.64, 49: Lucrecia Borja .. nació en Valencia, .. agraciada por el Todopoderoso con una belleza ideal.

todo-terreno (*tb con las grafías* **todo terreno** *y* **todoterreno**) *adj invar* [Vehículo automóvil] dotado de motor potente y mucha adherencia, que puede circular por cualquier camino. *Frec como n m.* | *Ya* 7.5.70, 55: Pueden otras empresas fabricar vehículos todo-terreno, pero ninguno de ellos será un "Jeep". *Alc* 31.10.62, 22: Con unas características realmente revolucionarias ha sido lanzado al mercado en Inglaterra el "todo terreno" Alvis Stalwart, vehículo que puede marchar tanto por tierra como por agua. L. Solana *Cam* 6.1.75, 16: Dos modelos de camiones habría que solicitar a las empresas. Un todoterreno ligero de 1 a 2,5 Tm. que sustituyera a los famosos Dodge y Reo. **b)** [Pers. o cosa] válida para cualquier situación. *Tb n.* | *Ya* 11.5.90, 39: Echave llegó a ser el líder .. Excepcional corredor todoterreno. *Abc* 2.12.90, 55: En cintas de vídeo formato VHS, TDK dispone de cuatro modelos: HS: La "todo terreno" de TDK para grabar y borrar. *Ya* 23.11.90, 56: Ella, a sus 27 años, se siente una "todoterreno" del mundo del espectáculo.

toesa *f* (*hist*) Antigua medida francesa de longitud, equivalente a 1,946 m. | Cela *Pirineo* 46: La cana de Lérida tiene algo menos de dos varas de Burgos, casi tanto como una toesa.

tofana. agua ~ → AGUA.

tofe *m* Pastilla de café con leche. | Delibes *Parábola* 161: ¡Los tofes, Jacinto! ¡He ganado una caja de tofes!

tofo *m* (*Med*) Nódulo o depósito de ácido úrico, típico de la gota. | F. J. FTascón *SYa* 18.9.77, 15: Se produce en sangre un aumento de la concentración sanguínea de ácido úrico por encima de su solubilidad .. y su incrustación en las articulaciones, que secundariamente se inflaman, dando el ataque de gota de los tejidos blandos, como en los tofos, o en los riñones, donde hay lesión o formación de piedras.

tofoso -sa *adj* (*Med*) Que tiene o implica tofos. | F. J. FTascón *SYa* 18.9.77, 15: En "la gota tofosa crónica" .. los depósitos no son solo articulares, sino que hay tofos en las orejas, en los dedos de las manos, en los codos.

toga *f* **1** Vestidura talar que usan en los juicios los magistrados y letrados, y en las ceremonias universitarias los catedráticos y doctores. | GPavón *Hermanas* 46: Se detuvieron especialmente ante una solemne fotografía de don Norberto Peláez y Correa con toga.
2 (*hist*) *Entre los antiguos romanos:* Amplia pieza de tela que se coloca sobre la túnica envolviendo el cuerpo. Pericot *Polis* 125: Terminada su educación, el joven entraba en la vida social, cuyo distintivo era la toga viril. La toga, el signo de los ciudadanos, era una pieza de tela blanca de forma oval.
3 Moldeado que se hace rodeando el pelo alrededor de la cabeza para que quede liso y hueco. | * Si te haces la toga te quedará mejor la melena.

togado -da *adj* Que viste toga [1 y 2]. *Frec n m.* | M. Torres *Abc* 5.12.70, 35: Representantes del Colegio de Abogados de Madrid, del de París .. elevan a diez el número de los tres espectadores togados de ayer. Goytisolo *Recuento* 218: Bases de estatuas ecuestres, esculturas, torsos togados, manos de mármol. *SVozC* 25.7.70, 7: Estos hallazgos hay que juntarlos con los que realizó Calvo, entre ellos un fragmento de togado en mármol [en Clunia].

togolés -sa *adj* De Togo. *Tb n, referido a pers.* | *Cam* 15.10.78, 17: Manuela Santos, togolesa, una de las mejores deportistas africanas, ha explicado, desde sus adultos quince años, el porqué de unas fulgurantes carreras y unas más rápidas retiradas.

toile (*fr; pronunc corriente,* /tuál/) *f* Tejido del ligamento más sencillo. | *Economía* 89: Las distintas combinaciones de estos dos hilos dan lugar a diferentes clases de tejidos. Los más clásicos son la toile, cruzado, sarga y satín. *Sem* 26.4.75, 76: Sanloret. Modelo realizado en toile de lino, tejido de hijos de S. Bernades.

toilette (*fr; pronunc corriente,* /tualét/) *f* (hoy raro) **1** Aseo o arreglo personal. | Sastre *Oficio* 95: Sigue su "toilette". No le mira.
2 Objetos de aseo o arreglo personal. | *Abc* 15.3.68, 48: Una carpeta extensible mantiene los papeles en orden y su caja inferior está especialmente diseñada para llevar la "toilette" y las prendas necesarias en los viajes.
3 Aseo o servicio. | AMillán *Damas* 11: Decorado. La toilette, o tocador, o lavabo de señoras de una moderna discoteca situada en la Costa del Sol.
4 Atavío (conjunto de prendas que constituyen el vestido y adorno). | *Arr* 14.10.62, 6: La madre del contrayente .. lucía elegante "toilette".

toisón (*gralm con mayúscula*) *m* Orden de caballería de la casa de Borgoña, y de la cual es jefe el rey de España. *Tb su emblema, que representa el vellocino de oro. Tb* **~ DE ORO.** | Armenteras *Epistolario* 121: Tienen tratamiento de Excelencia: Ministros, Consejeros del Estado, Caballeros del Toisón, y los del Collar y Grandes Cruces de Carlos III e Isabel la Católica. FSalgado *Conversaciones* 556: Lo anterior lo cuenta el Generalísimo con muchas otras anécdotas del general Sanjurjo, quien a su juicio estaba resentido porque no le habían dado a su debido tiempo el Toisón de Oro.

tojal *m* Terreno poblado de tojos. | Cunqueiro *Un hombre* 98: Estás leyendo que Eumón sale de Tracia una mañana de lluvia, y lo ves cabalgar por aquel camino que va entre tojales.

tojeño -ña *adj* De Fuente Tójar (Córdoba). *Tb n, referido a pers.* | F. Leiva *Cór* 24.8.90, 36: Por la noche, en la plaza principal, se subastaron platos típicos tojeños.

tojo¹ *m* Planta arbustiva leguminosa, de ramas espinosas y flores amarillas, propia de lugares áridos (*Ulex europaeus*). *Tb se da este n a otras especies afines.* | Llamazares *Lluvia* 94: Recuerdo, por ejemplo, .. el aroma del tojo y de los tomillares.

tojo² *m* (*reg*) Lugar manso y profundo de un río. | Delibes *Inf* 3.11.76, 18: En contra de lo que sucedió el miércoles pasado, la poca trucha que subió no andaba en las chorreras –la[s] arco-iris las prendí en un tojo–.

tokamak *m* (*Fís*) Aparato usado para confinar plasmas y obtener la fusión de los núcleos de átomos ligeros. | M. Calvo *Ya* 27.6.75, 27: El hidrógeno podrá ser utilizado también como fuente de energía cuando sea posible aprovechar la fusión con este objeto .. El problema está en el confinamiento magnético del plasma (gas a temperaturas altísimas) mediante el aparato denominado tokamak.

toldería *f* Campamento de indios. *Referido a Hispanoamérica.* | C. Lacalle *MHi* 10.60, 5: Descubridores y

toldilla – tolmo

conquistadores se convierten en pobladores. En las tolderías indígenas los niños comienzan a mirar el mundo con ojos claros.

toldilla *f* **1** Toldo pequeño. | *Pro* 5.7.75, 13: Dos guardias de Tráfico han tenido que ser asistidos de insolación de carácter grave, y ello ha movido al Ayuntamiento granadino a la colocación de toldillas protectoras a estos servidores y reguladores del tráfico.
2 (*Mar*) *En un buque mercante:* Construcción situada a popa sobre la cubierta superior, que va de banda a banda. | Delibes *Emigrante* 64: Nos amartelamos en la toldilla y beso va, beso viene. **b)** *En un buque de guerra:* Parte de la cubierta principal de popa. | Delibes *Madera* 290: Finalmente, antes de darlos por incorporados, la ducha en toldilla, cabe el palo mesana.

toldo *m* Cubierta de lona u otra tela, destinada esp. a hacer sombra. | Laforet *Mujer* 92: Siempre quedó el recuerdo .. de un toldo rayado en un restaurante de la Barceloneta.

tole (*col*) **I** *m* **1** Rumor que circula entre la gente. *Frec se usa repetido*. | *Abc* 29.7.67, 19: El abogado, que era y no era abogado, puesto que –según el tole tole– oficiaba de amante y, por tanto, resultaba acusador de sí mismo.
2 Ambiente (circunstancias). | Gala *SPaís* 28.9.80, 6: Me preocupa que no logres adaptarte al tole de esta casa. ZVicente *Traque* 104: No me va a discutir eso ahora, pues sí que no me conozco yo bien el tole.
II *loc v* **3 coger** (*o* **tomar**) **el ~**. Irse rápidamente. | Peraile *Ínsula* 30: Doña Laly coge el tole, se va a la sierra y hasta más ver.

toledano -na *adj* **1** De Toledo. *Tb n, referido a pers*. | VParga *Santiago* 9: Consigue afianzar en Oviedo la capital de su reino .. con ambiciosas aspiraciones de restaurar en él el goticismo toledano.
2 (*col*) [Noche] ajetreada e inquieta en que no se puede dormir. | *Van* 29.12.76, 11: Noche "toledana" para los bomberos sevillanos.

tolemaico -ca (*tb* **ptolemaico**) *adj* **1** Del astrónomo Tolomeo (s. II). | * La teoría tolemaica.
2 De la dinastía egipcia de los Tolomeos. | C. Dávila *Abc* 17.10.70, 61: La capilla consta de cuatro columnas en estado de semidestrucción, pero que conservan sus bellos capiteles de la época tolemaica. R. Griñó *HyV* 1.75, 68: Este dios-toro .. pasó a convertirse, en unión de Osiris, .. en la máxima divinidad del Estado ptolemaico.

tolerable *adj* Que puede ser tolerado. | *Sp* 19.7.70, 17: Las cosas están casi en el límite de lo tolerable.

tolerablemente *adv* De manera tolerable. | Valencia *SYa* 17.5.75, 8: No se trata de un asilo con su carga peyorativa, sino de una "casa de reposo" para gente anciana tolerablemente acomodada.

tolerado -da *adj* **1** *part* → TOLERAR.
2 [Espectáculo, esp. cinematográfico] en el que está permitida la entrada a los menores. | CPuche *Paralelo* 326: –La cosa parece de película .. –Sí, de película no tolerada.

tolerancia I *f* **1** Acción de tolerar, *esp* [1]. | Aranguren *Marxismo* 21: Le dirige unas palabras referentes al comportamiento sexual de su madre o el de su esposa y a la tolerancia del mismo por parte del inculpado. **b)** Margen o diferencia que se consiente en la calidad, en la medida o en el tiempo. | *As* 7.12.70, 4: Técnico en Soldadura. Verificación y Medición Ajustes y Tolerancias. *Ya* 3.12.77, 42: Se suprimen los márgenes de tolerancia en el cierre de espectáculos.
2 Respeto o consideración hacia las opiniones o prácticas ajenas, o hacia sus sujetos. | VMontalbán *Tri* 11.4.70, 31: Sería absurdo empecinarse en una visión absolutamente tenebrosa del panorama de la tolerancia nacional.
3 Posibilidad de ser tolerado (→ TOLERAR [2b]). | *Abc* 13.3.75, 17: Han creado un material especialmente concebido para lograr la lente de contacto blanda perfecta y distinta .. Tolerancia inmediata. *Prospecto* 3.76: Tolerancia. El Benzetacil es prácticamente atóxico y no tiene otra contraindicación que la que comprende a los pacientes alérgicos a la penicilina.
II *loc adj* **4** [Casa] **de ~** → CASA.

tolerante *adj* **1** Que tolera [1] o tiene tolerancia [2]. | Medio *Bibiana* 115: Bibiana es comprensiva y tolerante.

Villapún *Iglesia* 35: Este emperador fue al principio tolerante con los cristianos. **b)** [Marido] que permite que su mujer le sea infiel. | * Abundan los maridos tolerantes.
2 De (la) tolerancia [1 y 2]. | *SAbc* 6.6.76, 26: Fraga anuncia la elaboración de una nueva ley de Prensa, y, mientras, se crea un interregno tolerante que permitirá a los periódicos informar puntualmente sobre el nuevo movimiento huelguístico que estalla en Asturias a mediados de agosto.

tolerar *tr* **1** Permitir [una pers. algo que no es o no le parece bueno]. | Medio *Bibiana* 10: Tenemos que organizarles las juergas y pagarlas de nuestro bolsillo. Y tolerar todas esas basuras que ahora se estilan entre los chicos. ZVicente *Traque* 65: No sé por qué me parece que usted intenta tomarme algo el pelo, y eso no se lo tolero.
2 Resistir sin grave daño [una acción o una fuerza exterior, o aquello que la produce]. | *Economía* 87: La viscosa resiste la acción de los álcalis en frío y tolera el agua caliente. *Hoy* 4.11.75, 1: La intervención fue bien tolerada, con esporádicas alteraciones electrocardiográficas severas, que fueron controladas satisfactoriamente por el grupo cardiológico que colaboró durante el acto quirúrgico. **b)** Ser [alguien] capaz de recibir en sí un organismo [algo] sin sufrir trastorno. | *Puericultura* 29: La leche en polvo debe utilizarse en aquellos casos de lactancia mixta o artificial en que el niño no tolera la leche de vaca.
3 Resistir sin gran fastidio o repugnancia la presencia o la existencia [de alguien o algo molesto (*cd*)]. | * No tolero a los hipócritas. * No tolero los insectos en casa.

tolete *m* (*Mar*) Pieza metálica o de madera fijada en el borde de la embarcación para articular en ella el remo. | MHidalgo *HyV* 10.71, 78: Los remos, generalmente de haya, se armaban mediante estrobos a los toletes o escálamos de las postizas.

tolili *adj* (*col*) Tonto. *Tb n*. | DCañabate *Paseíllo* 84: Eres como todas y vas a la pesca del tolili.

tolino *m* (*reg*) Delfín (cetáceo). | Cancio *Bronces* 23: Y chumba que te chumba, bucea que te bucea como un tolino, por aquellos desiertos de agua y de cielo.

tolla *f* Lugar pantanoso. | Arce *Testamento* 109: Las cañaveras que crecían en la tolla, junto al manantial, sonaban musicalmente al chocar unas con otras. **b)** Turbera. | Alvarado *Geología* 58: El proceso de la formación de la turba es perfectamente conocido. Se forma actualmente este carbón en ciertos parajes, llamados en España turberas, turbales, tollas, tolladeros, atolladeros, paúles y paularas.

tolladero *m* Turbera. | Alvarado *Geología* 58: Se forma actualmente este carbón [la turba] en ciertos parajes, llamados en España turberas, turbales, tollas, tolladeros .. y paularas.

tolle *m* (*reg*) Cazón (pez). | Aldecoa *Gran Sol* 82: Vertía la red con los escuelos de gatunos ojos: mielgas de aguijones en las aletas dorsales y caudales, pequeños tolles de duros dientes.

tollina *f* Zurra o paliza. | Faner *Flor* 93: El perro se detuvo a oliscar el cadáver .. El doncel se ensañó con el pobre animal. Le propinó tal tollina a base de culatazos que le quebró el entrecuesto.

tollo[1] *m* Hoyo en la tierra, o escondite de ramaje, donde se ocultan los cazadores en espera de la caza. | Delibes *Historias* 97: Subimos, y en un periquete .. hizo él un tollo con cuatro jaras y nos encerramos los dos en él.

tollo[2] *m* (*reg*) Tira de cazón seca al aire y al sol, que se usa para preparar distintos guisos. | Alvar *Islas* 57: Hablar de la mar me gusta mucho. Distingo el bocaduz, de la tintorera, de la gata y del hanequín. Sé hacer tollos con el cazón a tiras y poner viejas en salmuera. *Huelva* 59: Son también platos típicos de esta provincia: el rape a la marinera, .. chocos fritos, "tollos" con tomate.

tollo[3] *m* (*reg*) Duro (moneda). | Nácher *Guanche* 222: Saltaba en su silla .. enseñando fanfarrón un billete de cinco duros. –¿Hay quien tope mis cinco tollos?

tolmo *m* Peñasco semejante a un hito o mojón. | Delibes *Voto* 64: En la ribera opuesta, se iniciaba la ladera, muy pina, abrigada de robles con hoja nueva y coronada por abruptos tolmos.

tolo -la *adj (reg)* Tonto o bobo. *Tb n.* | Carnicer *Cabrera* 142: Una mujer vestida de negro se mueve como una magdalena alrededor del camión .. –¡Salga ya de ahí! –le dice con enfado el dueño del vehículo–. ¡Parece tola! *Int* 24.8.83, 15: Así asombró en una fría primavera a una paisana, que comentaba: "Ahí le está un «tolo» bañándose". Y Fraga precisa: "Y, claro, el «tolo» era yo".

tolomeico -ca (*tb* **ptolomeico**) *adj* Tolemaico. | Cossío *Montaña* 78: Todo el deleitoso trayecto de Celis a Carmona, tan transitado por él, y sus montes, brañas e invernales, me lleva su recuerdo, así como el majestuoso silencio del monte .. me representa la cántabra ciudad tolomeica de Camarica, que él quiso localizar en aquellas soledades. R. MHerrero *Abc* 13.10.74, 11: ¿Cuándo comenzó a cambiar el panorama? Yo creo que al ser definitivamente reemplazada la concepción ptolomeica del Universo .. por la copernicana.

tolón *interj* Se usa, normalmente repetida, para imitar el sonido grave de una campana o algo similar. A veces se sustantiva como *n m*. | Lera *Clarines* 371: Sonaron las campanas de la torre .. ¡Tolón, ton ton; tolón, ton ton...!

tolondro -dra *adj (reg)* [Pers.] aturdida o atolondrada. | Delibes *Emigrante* 42: Uno, en fuerza de dar vueltas a las cosas, acaba como tolondro.

tolondrón -na **I** *adj* **1** (*reg*) Tolondro. | * ¡Qué tolondrón eres!

II *m* **2** Bulto o chichón producido por un golpe. *Tb fig.* | CBonald *Ágata* 44: Dijo ella resbalándose por el petate como para acomodarse mejor entre los tolondrones de la borra. **b)** (*reg*) Trozo o masa de forma más o menos redondeada. | Quiñones *Viento* 269: Pegué un chillido y le tiré [al gato] seis o siete tolondrones de hielo, aunque ya estaba muy lejos a los primeros que volaron. Mendicutti *Palomo* 114: Yo no me podía creer que aquel tolondrón enmorecido y desparramado como una lombriz con calambres .. fuera la bisabuela Carmen.

tolosano -na *adj* **1** De Tolosa (Guipúzcoa). *Tb n, referido a pers.* | Vega *Cocina* 68: Se puso particularmente insistente en la loa de la alubiada tolosana.

2 De Toulouse (Francia). *Tb n, referido a pers.* | Ubieto *Historia* 191: Un momento interesante que estuvo a punto de eliminar la presencia francesa en Toulouse se produjo a finales del siglo XII cuando se acordó (1198) el matrimonio de Pedro II de Aragón con la tolosana María .. y del conde tolosano Ramón V con Leonor.

tolosarra *adj* (*reg*) Tolosano [1]. | *Inf* 14.1.76, 17: Por primera vez en la historia de la docencia española, un joven médico tolosarra, Ricardo Arrúe Imaz, ha leído una tesis doctoral en euskera.

tolteca *adj* (*hist*) [Individuo] del pueblo indio que dominó en Méjico entre los ss. X y XII. *Tb n.* | Pericot-Maluquer *Humanidad* 193: Este [Teotihuacán] era uno entre los varios grandes centros culturales y políticos que los toltecas y otros pueblos vecinos organizaron en lo que se llama la etapa clásica de la cultura mesoamericana. **b)** De (los) toltecas. | Tejedor *Arte* 184: En esta fecha [siglo XII] llegaron los aztecas .. Su cultura se basaba en la maya y tolteca.

Tolú. bálsamo de ~ → BÁLSAMO.

tolueno *m* (*Quím*) Hidrocarburo incoloro y volátil que se extrae del alquitrán de hulla y del bálsamo de Tolú, usado esp. como disolvente. | Aleixandre *Química* 150: Se le llama tolueno, porque se extrae del bálsamo de tolú. M. Mancebo *Inf* 7.9.70, 17: La enfermedad denominada "Parálisis del calzado" podía haber sido producida por el contacto del tolueno con el caucho virgen.

toluol *m* (*Quím*) Tolueno. | *Asturias* 127: El tratamiento posterior de las fracciones separadas se efectúa en instalaciones del tipo más moderno para la fabricación de sulfato amónico y destilación de benzol y alquitrán para la producción de benzol puro, toluol puro, naftalina.

tolva *f* Depósito grande en forma de pirámide invertida, que sirve para alimentar un molino u otra máquina o para cargar camiones o vagones. | Romano-Sanz *Alcudia* 123: El molino, medio en ruinas, se halla encima del caz .. Los forasteros se acercan a ver las dos grandes piedras de moler, la citola y la tolva, ahora inmóviles. *Ya* 19.5.70, 24: Un obrero muerto y dos gravemente heridos al quedar aprisionados por una tolva .. en una empresa hormigonera de la calle de Doce de Octubre.

tolvanera *f* Remolino de polvo. | Delibes *Ratas* 153: Un viento cálido se desató al ponerse el sol e hizo ondear los campos sin segar y provocó violentas tolvaneras en los caminos.

toma *f* **1** Acción de tomar. *Tb su efecto.* | PRivera *Discursos* 20: El Congreso Internacional de la Mujer .. esperamos sea una toma de postura general .. con respecto a los problemas femeninos. Delibes *Año* 47: Zamora y León van tirando [para el riego] con las tomas realizadas en el río Esla y la red de acequias y canales construidos. Cela *Judíos* 20: Este cochino trance se atribuye, a veces, a Isabel la Católica y a la toma de Granada. Salom *Cita* 238: ¡Corten! .. Apaguen los focos. Las dos últimas tomas son buenas. Sampedro *Sonrisa* 72: Sí, había estado amable la mujer, reconoce el viejo, al tiempo que le levantan de su incómoda postura, una vez terminadas las tomas radiográficas. GPavón *Rapto* 222: Madre e hija se miraron .. La hija .. vigilando de reojo si el guardia apuraba la taza. Cuando concluyó la toma, se limpió con el dorso de la mano. *Puericultura* 10: El total de tomas será de seis a siete en las veinticuatro horas. *Ciu* 8.74, 21: Existen contraindicaciones, a veces muy serias, para la toma indiscriminada de baños de sol, tales como tuberculosis en activo. **b)** Cantidad de una sustancia que se toma de una vez. | F. Martino *Ya* 24.7.75, 16: La dieta hídrica puede efectuarse a base de cocimientos de tila, manzanilla, té muy claro, etc., y en cantidad de un litro cada día, repartido en seis u ocho tomas.

2 Punto o dispositivo por donde se efectúa la toma [1] de un fluido o una corriente, o se realiza un contacto. | *Inf* 19.6.70, 32: En las proximidades de la fábrica de luz se encuentra una toma de aguas donde el crustáceo tiene sus querencias. CBonald *Dos días* 157: Un hombre enroscaba el extremo de una manguera en la boca de riego de la esquina. Después la arrastró por el lado contrario mientras otro hombre hacía girar la palanca de la toma. *Abc* 21.5.67, 20: Voigtländer .. Flash: Toma para sincro de Flash. * Necesito un enchufe con toma de tierra.

tomadera *f* Utensilio de pesca consistente en una red provista de mango largo. | Delibes *Año* 19: He atrapado una trucha de kilo con cucharilla .. Había olvidado en casa la tomadera y he tenido que sacarla a pulso, cansándola antes.

tomadero *m* Toma de agua. | Etruco *Día* 25.6.76, 17: Proyectan el Embalse del Cedro, como decía, para garantizar los cultivos establecidos en el Valle de Hermigua, y desde la salida de sus compuertas de aguas arrancar el azud o tomadero del Canal de conducción de aguas al Sur.

tomador -ra **I** *adj* **1** [Pers.] que toma. *Tb n.* | *Pul Extra* 6.64, 17: ¿Le parece bien echar un cubo de agua sobre un tomador de sol?

II *n* **A** *m y f* (*Econ*) **2** Pers. a cuya orden se gira una letra de cambio. | Ramírez *Derecho* 137: Tras la expresión ya impresa en la letra que dice "a la orden de", pones el nombre: "Juan Ruiz López" o "Banco Español de Crédito", si es que aquel o este es el tomador de la letra.

3 Pers. que suscribe una póliza de seguros. | *Sáb* 21.12.74, 80: El Seguro cubrirá la reparación de los daños corporales .., excepto al conductor del vehículo .., al propietario o, en su caso, al tomador del Seguro.

B *m* **4 ~ del dos.** (*jerg*) Ladrón que hurta de los bolsillos utilizando solamente los dedos. | GLedesma *Crónica* 6: Todo está lleno de travestís, de maricas, de navajeros, de to[m]adores del dos. [*En el texto*, tocadores.]

tomadura. ~ de pelo. *f* (*col*) Burla. *Tb simplemente* ~. | Torrente *Off-side* 517: Se requiere cierta energía mental para escucharla y discernir si se trata de un sueño o de una tomadura de pelo. * Esto es una tomadura; conmigo que no cuenten.

tomahawk (*ing; pronunc corriente,* /tomaxók/; *pl normal,* ~**s**) *m* Hacha guerrera de los indios pieles rojas. | Torrente *Fragmentos* 94: Los niños, entusiasmados con sus tocados de plumas y sus lanzas, cuchillos y *tomahawks*.

tomante *m* (*humoríst*) Homosexual pasivo. *Se opone a* DANTE. | VMontalbán *Pájaros* 57: Entre los tomantes ya hay excepciones, y no se sorprenda de que entienda tanto de maricones.

tomar I *v* **A** *tr* **1** Pasar a tener [algo no material, esp. una cualidad, un sentimiento o una costumbre]. | Cunqueiro *Des* 12.9.70, 27: La "planta bebé" se mete .. en la cuna donde duerme un niño .. y se adhiere a él hasta tomar su forma. Laforet *Mujer* 257: Francisco empezó a aborrecer las sardinas .. Les había tomado algo así como una especie de manía. Cunqueiro *Un hombre* 20: Eusebio tomó la costumbre de acompañar al señor Eustaquio. J. REstasen *SAbc* 15.5.58, 97: La Virgen de la Almudena .. apareció el día 9 de noviembre de 1085, tras haber permanecido durante trescientos sesenta y cinco años oculta en un cubo de la muralla que existía en la hoy denominada Cuesta de la Vega, lindante con el "Almodín" o alhóndiga de los árabes, de donde toma el nombre. Gambra *Filosofía* 16: La India, ese pueblo apático, indiferente, que se dejó siempre gobernar por extranjeros solo por no tomarse el trabajo de hacerlo por sí mismo. **b)** Pasar a tener [un propósito de acción] o hacer que [esta (*cd*)] comience a realizarse. | Arce *Testamento* 76: Armó mucho jaleo aquello, y el alcalde llamó a consejo y se tomaron medidas.

2 Pasar a tener [algo o a alguien en determinada situación o condición]. *Gralm con un compl especificador, que a veces se omite por consabido*. | * Ha tomado a su cargo este departamento. CBonald *Dos días* 40: A mí no me pasa nada. Lo único es que no aguanto que me tomen de primo. **b)** Pasar a tener [algo] en préstamo o alquiler. *Gralm con un adj o compl especificador*. | *Reg* 1.10.74, 5: La Comisión .. acuerda conceder el permiso pasar en traspaso el bar "El Burladero", propiedad de don Fausto Rovira Salgueró, a don Francisco Gil Valle. * Ha tomado un piso cerca del trabajo. * Tomó dos habitaciones en el hotel. * Tomar prestado algo. **c)** Pasar a tener [un empleado o un subordinado]. | * Tomar un criado no es fácil.

3 Pasar a poseer o dominar por la fuerza [algo o a alguien (*cd*)]. *Tb fig. A veces con ci de pers, que expresa el poseedor o dominador anterior*. | Arenaza-Gastaminza *Historia* 132: El avance cristiano continuó hasta tomar Jerez y Cádiz. Bermejo *Derecho* 14: De paso para el infierno, poco antes de llegar, encuentra a dos santos, San Lorenzo y Santa Inés, a los que en vida, con sus torcidas sentencias había engañado. A San Lorenzo le tomó tres casares y a Santa Inés un huerto. *País* 28.9.76, 12: La plaza de Alonso Martínez se hallaba prácticamente tomada por las fuerzas de orden público. **b)** Poseer sexualmente [a alguien]. | * Se oía a Rocío Jurado cantando aquello de "tómame, tómame". **c)** (*lit*) Sobrevenir [a alguien (*cd*) un desmayo u otro accidente similar)]. | Gala *Séneca* 95: Nerón dijo que desmayos así tomaban a Británico desde muy pequeñito.

4 Aceptar [algo o a alguien]. | Escobar *Itinerarios* 168: ¡Aquí el que manda soy yo! Al que lo quiera así, que lo tome, y al que no, que lo deje. Pinilla *Hormigas* 89: El cura dijo: "Sabas, ¿tomas a esta mujer por legítima esposa?".

5 Recibir [una pers. o cosa (*suj*) algo (*cd*) que se le da o llega a ella]. *Frec con un compl de modo*. | DCañabate *Abc* 6.6.58, 45: El tercero [toro] tomó con pegajosidad tres varas, pero sin clara bravura. * ¿Cómo ha tomado la noticia? **b)** Enfrentarse [a algo de un modo determinado]. | Torrente *SInf* 5.9.74, 8: Visto lo anterior, me vienen ganas de cruzarlo solemnemente con dos rayas rojas y hacerlo después cachiza .. Tomémoslo con calma, y si los hay, echemos mano de algunos precedentes. Castilla *Humanismo* 28: La amistad misma sabemos que hay que tomarla y vivirla epidérmicamente. **c)** (*col*) *Se usa en imperat, con intención malévola o irónica, para subrayar lo que se nombra a continuación*. | *DLi* 23.2.78, 7 (C): Toma protocolo.

6 Hacer [una pers.] que [otra (*ci*)] haga en su presencia [un juramento, una declaración u otra manifestación oral semejante], *frec. registrando sus palabras*. | *Các* 7.10.74, 15: La Brigada de Investigación Social de la comisaría malagueña está instruyendo diligencias sobre el suceso y .. ha tomado declaración a diversas personas que asistían a la misa. CBonald *Dos días* 274: El cabo escupió y se volvía al número con un enojoso ademán de fatiga. –Tómele usted la filiación al testigo. **b)** Hacer repetir [a alguien (*ci*) algo que ha estudiado (*cd*)] para comprobar que lo sabe. | Ballesteros *Hermano* 32: Por fin cogí el hilo de su pensamiento. ¡Séneca no tuvo que estudiar nunca los afluentes del Mississipí! .. Después de la digresión al margen volvimos a la tarea. –Tómame Alaska.

7 Recoger o constatar [algo] fijándolo en la memoria o en un medio físico. | Ó. NMayo *Abc* 31.1.58, 23: Checa .. tomó los apuntes de "La invasión de los bárbaros", poniéndose de acuerdo con el coronel de un regimiento romano de Caballería, quien invitó al pintor a acudir a una explanada donde hacían ejercicios militares sus jinetes. *Economía* 250: Lo frecuente es que se tome la temperatura a las ocho de la mañana y siete de la tarde. **b)** Impresionar [una película o fotografía]. | Anson *SAbc* 20.4.69, 8: Puede acercarse a una manada de búfalos; puede tomar película de un cocodrilo y casi meter el tomavistas entre las sierras dentadas de su boca abierta.

8 Ingerir. *Frec con un compl de interés. Tb abs*. | GPavón *Hermanas* 29: Ya no se estilan las botas. Ahora se toma en termo. *Puericultura* 10: Ha de seguir tomando el niño el pecho cada tres horas .. Durante los primeros días es conveniente que tome de los dos pechos. V. Gállego *Abc* 23.6.74, 3: En solo Nueva York hubo un año más de 900 muertos por tomar morfina. CBonald *Dos días* 27: –¿Nos tomamos una copa? –Yo me voy a ir para casa.

9 Exponerse o estar expuesto a los efectos [de un agente físico, esp. el aire o el sol, o de su acción (*cd*)]. | *SAbc* 23.6.74, 5: Canarias le ofrece un sinfín de diversiones y pasatiempos. La vela, el surf, la pesca submarina, o simplemente tomar el sol o jugar al golf. *Economía* 330: El baño de mar se completa con el baño de aire que se toma en la playa. **b)** Ejercer sus efectos [sobre alguien (*cd*) un agente físico, esp. el sol]. | Torrente *DJuan* 221: ¿No te habrá tomado el sol demasiado fuerte y se te habrán calentado los cascos?

10 Empezar a hacer uso [de algo (*cd*)]. | J. V. Puente *Abc* 22.5.58, 23: No deben esperar más aviones porque, al tomar el autobús para la ciudad, una mujer empieza a fregar el suelo y se apagan las pequeñas luces del vestíbulo. *As* 30.12.70, 25: Esta Federación no autorizó a los púgiles Madrazo y San José a tomar el micrófono, como tampoco al locutor la cesión del mismo. **b)** Hacer uso [de algo (*cd*)]. *Gralm con compl de interés*. | Laforet *Mujer* 333: Él también había querido tomarse algún tiempo para resolver este asunto. Medio *Andrés* 262: Hay que ser amable, pero sin tomarse ninguna confianza.

11 Empezar a seguir [una dirección determinada]. | Carandell *Madrid* 13: Se toma la Avenida de José Antonio .., se baja por Preciados .., se cruza la Puerta del Sol. Goytisolo *Afueras* 166: Siempre toma las curvas en tercera.

12 Considerar o juzgar. *Con compl de modo*. | B. Mostaza *Ya* 21.10.64, 20: No se tome, pues, a puro juego el soneto de Ory. *Economía* 313: No hay que tomar el deporte como pretexto para llevar trajes deportivos escandalosos. **b)** Considerar o juzgar equivocadamente que [alguien o algo (*cd*)] es [lo que se expresa (*compl* POR)]. *Frec en la pregunta retórica* ¿POR QUIÉN ME TOMAS? | Arce *Testamento* 33: –¡Me has tomado por un imbécil!, ¿no? –voceó.

13 Coger o asir. | T. Medina *Inf* 4.6.70, 21: Durmieron, se tomaron de las manos y juntaron las mejillas.

14 ~la [con alguien o algo]. (*col*) Hacerle objeto de continuos reproches, censuras o burlas. | ZVicente *Traque* 301: Eran muy pesados, tercos, muy tercos, la tomaron con él. Siempre con la misma manía: "Con la hija del guarda, ¿no te sonroja?". DCañabate *Abc* 10.12.72, 47: Uno de estos publicistas la tenía tomada con los cafés .. Aquel hombre sostenía que el aire del café era irrespirable. **b)** ~la [con algo]. (*col*) Ponerse pesado hablando u ocupándose [de ello]. | * Hoy la ha tomado con la música pop y nos está dando un rollo terrible.

B *intr* ➤ **a** *normal* **15** Empezar a seguir [una dirección determinada (*compl* POR *o* HACIA)]. | Gironella *Millón* 61: Se dio cuenta de que había tomado por la carretera del cementerio, y sin avisar dio un viraje brusco. Cela *Viaje andaluz* 177: –¿Vio usted a un novillo retinto que se me desmandó? –Sí, señor, sí que lo vi. –¿Y hacia dónde tomó?

➤ **b** *pr* **16** Perder [algo] la nitidez o brillo naturales. *Frec en part*. | Berlanga *Pólvora* 38: Volvieron a los padres, y a Paco la voz se le tomaba. –Palabra que todo lo hago por él. FVidal *Duero* 205: Abocado al abismo de lo que antes fue llamada y hoy mar artificial, de aguas más bien tomadas o abiertamente sucias. CBonald *Noche* 121: Un silencio arduo y melancólico restableciéndose .. en las vitrinas atiborradas de maquetas de barcos, de viejas brújulas y sextantes tomados de cardenillo.

17 (*euf*) Embriagarse. *Frec en part.* | * Yo creo que estaba tomado.

II *loc n m* **18 toma y daca.** (*col*) Intercambio de objetos o servicios. | Cela *Viaje andaluz* 52: Al vagabundo se le despertaron en el alma los insospechados y dormidos posos del toma y daca .. El ventero y el vagabundo echaron la mañana entera .. en las antiguas artes del tratillo. Delibes *Mundos* 103: La india conserva –o ha adquirido– un sentido práctico de la vida. Ha asimilado la tiranía del toma y daca.

III *interj* (*col*) **19 toma.** *Denota sorpresa. A veces se emplea para hacer aparecer como absurdo lo que acaba de decir otro.* | Paso *Alc* 23.10.70, 28: Todavía recuerdo el rostro de mi padre cuando entré en su despacho y le dije: –Papá, está ahí El Tenebroso. –¡Toma! –Y viene con El León de Missouri.– El rostro de mi padre reflejaba un estupor sin límites. Payno *Curso* 59: –Debería estudiar, ¿sabes? –¡Toma, y yo! Tienes cada idea luminosa... Espinosa *Escuela* 129: –¿Para qué querrá tantas faltriqueras? –¡Toma! Para archivar sus asuntos.

20 toma ya. *Fórmula con que se comenta, gralm con intención polémica, algo que se ve como digno de admiración.* | Humberto *Sáb* 24.5.75, 64: En cuestión de santos, que es lo definitivo, España, 31, y USA, 5. Toma ya.

tomatada *f* Fritada o ensalada de tomate. | GMacías *Abc* 30.6.74, 34: En la geografía cacereña, se come mucho la tomatada, "entomatá", ensalada de pimientos asados del país, los pimientos morrones y los tomates redondos y de pera.

tomatazo *m* Golpe dado con un tomate [1a]. | Cela *Viaje andaluz* 42: El vagabundo, a cambio del corte de mangas .. con que respondió, se papó un tomatazo en un ojo.

tomate *m* **1** Baya jugosa y comestible, de forma redondeada y color rojo, que es el fruto de la tomatera. | Bernard *Verduras* 43: Se hunden los tomates en agua hirviendo. **b)** (*col*) *Frec se usa en constrs de sent comparativo para ponderar el color rojo muy intenso, esp por vergüenza.* | Medio *Bibiana* 17: Bibiana se persigna una vez y otra vez, asombrada, anonadada por el golpe. Se pone colorada como un tomate.

2 Tomatera (planta). | FSantos *Catedrales* 138: Entonces el gran valle donde se hallaban las fincas de su padre no aparecía aún cubierto totalmente de plataneras y tomates.
b) ~ **arbóreo.** Planta solanácea de América del Sur, cuyos frutos, de color rojizo, tienen un sabor parecido al del tomate (*Cyphomandra betacea*). | GCabezón *Orotava* 44: Tomate arbóreo .. Pequeño árbol con hojas grandes y enteras y flores pequeñas, rojizas y olorosas.

3 (*col*) Roto redondeado en una prenda de punto, esp. una media o calcetín. | Salom *Cita* 207: Yo no sé qué hace esa criatura con los calcetines. Me viene todos los días con unos tomates así.

4 (*col*) Lío o jaleo. | Gironella *Millón* 677: ¡Ya me entran ganas a mí de armar un poco de tomate! .. ¡Que estamos aquí muy quietecitos y a mí me gustaría discutir cuanto antes eso de la colectivización! CPuche *Paralelo* 171: Ya veremos al final de la corrida. Ellos tienen ahora un buen tomate en puertas.

5 (*col*) Enredo o situación poco clara. *Gralm con el v* HABER. | Salom *Noche* 598: Ya sé que una no es de la policía, pero una se hace preguntas, y una se dice: si ya había tomate con la otra. Mihura *Maribel* 37: A mí todo esto me da muy mala espina, la verdad... Yo creo que aquí hay tomate.

6 (*Naipes*) Juego en que se distribuyen tres cartas a cada jugador y cada baza ganada da derecho a la tercera parte del fondo. | Corral *Cartas* 28: El tomate .. Para este juego se emplea la baraja de 40 cartas. **b)** *En el juego del tomate:* Jugador que no ha hecho ninguna baza. | Corral *Cartas* 30: El que no haga ninguna baza será tomate y pondrá en el centro de la mesa una cantidad igual a la total que se hubiese jugado.

tomatero -ra **I** *adj* **1** De(l) tomate [1a y 2]. | *Abc* 4.12.64, sn: El cultivo tomatero en España. GSosa *GCanaria* 98: Esta excursión nos permitirá ver las extensas llanadas tomateras del Carrizal.

2 [Pollo de gallina] que sale de su segunda muda. *Tb n m.* | E. Marco *MHi* 8.60, 38: Se sacrifica un pollo algo más que tomatero y se trocea. Goytisolo *Recuento* 265: Gallos encrespados y cacareantes, tomateros picoteadores, polluelos, cluecas, gallinas movedizas, de ojos espantados.

II *n* **A** *m y f* **3** Pers. que cultiva o vende tomates [1a]. | Muñiz *Abc* 22.4.86, 16: Aceituneros de Jaén, .. remolacheros de Tierra de Campos, tomateros de Canarias.

B *f* **4** Planta herbácea de tallos ramosos, hojas dentadas y flores amarillas en racimos sencillos, cuyo fruto es el tomate (*Solanum lycopersicum* o *Lycopersicon esculentum*). | Lagos *Vida* 6: Gracias al pozo pudo arriesgarse a lo de la parra, a las tomateras y a otras menudencias.

tomatillo. ~(s) del diablo. *m* Planta semejante a la del tomate (*Solanum nigrum* y *S. sodomaeum*). | Berenguer *Mundo* 373: Me llevé atado de la pata un verraco para taparlo allí en los tarajes, en un apretado que había mucha zarza y tomatillo del diablo. Mayor-Díaz *Flora* 466: *Solanum nigrum* L. "Hierba mora", "Tomatillos del diablo".

tomavistas *m* Cámara fotográfica para impresionar películas cinematográficas. *Tb adj.* | Ferres-LSalinas *Hurdes* 18: Un turista francés maneja el tomavistas rodeado por un grupo de frailes.

tómbola *f* Caseta de rifa en que los premios se encuentran en sobres cerrados que descubre el jugador al comprarlos. | Alfonso *España* 152: Están los altavoces de las machaconas tómbolas y los transistores.

tómbolo *m* Istmo de poca extensión, formado frec. por acumulación de arena. | Ortega-Roig *País* 63: El mar, con sus corrientes, tiende a transportar los aluviones de los ríos y a rellenar los accidentes de la costa, ya cerrando brazos de mar (albufera), ya uniendo islas a la tierra firme (tómbolo).

tomellosero -ra *adj* De Tomelloso (Ciudad Real). *Tb n, referido a pers.* | GPavón *Reinado* 91: Las más empinadas familias tomelloseras se criaron junto al sarmiento y la rastrojera.

tomentoso -sa *adj* (*Bot*) Cubierto de pelos cortos y densos. | Santamaría *Paisajes* 24: *Digitalis purpurea*, digital o dedalera .. Es una planta que puede superar el metro de altura; tiene hojas tomentosas, lanceoladas, numerosas y grandes en la base pero disminuyendo de tamaño y de número con la altura.

tomillar *m* Sitio poblado de tomillo. | Villarta *Rutas* 138: Madrigal de las Altas Torres, entre una muralla de piedra y otra muralla de tomillares.

tomillero -ra *adj* De(l) tomillo. | Vega *Cocina* 99: En ninguna parte me han servido un cabrito asado tan delicioso como en Jadraque, impregnado de una salsa tomillera inventada por los jadraqueños.

tomillo *m* Planta perenne de tallos leñosos, muy aromática y de color verde grisáceo (gén. *Thymus*). *A veces con un adj especificador:* BLANCO, SALSERO, *etc. Tb se da este n a otras plantas semejantes.* | Arce *Testamento* 75: El tomillo lo llenaba todo con su aroma. Cela *Judíos* 296: Piedralaves .. hiede a vetusta cochambre, en el caserío .. y aroma a las fragancias del tomillo salsero.

tomín *m* (*hist*) Medida de peso equivalente a 596 mg aproximadamente. | MCalero *Usos* 79: Pero aún había dos [medidas] más pequeñas, y la menor la decían tomín, que era un cuarto de adarme.

tomismo *m* (*Filos*) Sistema filosófico y teológico de Santo Tomás de Aquino († 1274). | Laín *Universidad* 63: Durante la Edad Media, y salvo las diferencias meramente accidentales que pudiese introducir la "escuela" en que el pensador militara –realismo o nominalismo, tomismo o escotismo, etc.–, el saber europeo poseía una orientación uniforme.

tomista *adj* (*Filos*) De(l) tomismo. | Gambra *Filosofía* 292: Contra la escuela "tomista" enseña [Suárez] que no hay distinción real entre la esencia y la existencia de los entes finitos. Albalá *Periodismo* 32: No perdamos de vista la aguda diferenciación tomista entre individuo y persona. **b)** Adepto al tomismo. *Tb n.* | SInf 26.12.74, 7: Zaragüeta fue discípulo del cardenal Mercier .. Fue uno de los más destacados tomistas de su tiempo.

tomiza *f* Cuerda delgada de esparto. | Cuevas *Finca* 124: Estaba allí, hinchado, con su carita de ratón con barbas, los pantalones atados con tomizas. Berlanga *Gaznápira* 110: Esperando que el Moisés se deje de proponer sandeces,

tomo – tonelaje

como serrar el barrote .. o pasarle una tomiza por el cuello y tirar de la cuerda entre cuatro.

tomo I *m* **1** Parte [de una obra escrita] encuadernada separadamente, en uno o más volúmenes, y gralm. con paginación independiente. | Huarte *Biblioteca* 104: A la agrupación meramente material puede seguir un primer paso de ordenación consistente en operaciones como poner en secuencia normal los volúmenes que estén numerados (obras en varios tomos, series y colecciones editoriales). Huarte *Diccionarios* 86: En los casos de diccionarios con los dos tomos en un mismo volumen. **b)** Conjunto de números [de una publicación periódica] con una encuadernación única y que suele corresponder a un período determinado de tiempo, esp. un año. | GPavón *Hermanas* 45: Un despacho con anaqueles altos y anchos, cargados de libros jurídicos y colecciones de revistas en tomos encuadernados.

2 Espesor y grosor [de algo acumulable]. | J. Heras *Hoy* 3.11.76, 20: El tomo de nieve caída es de bastante consideración.

II *loc adj* **3 de ~ y lomo.** (*col*) De consideración o importancia. Con intención ponderativa. | R. Saladrigas *Des* 12.9.70, 28: Es un escéptico de tomo y lomo.

tomografía *f* (*E*) Técnica para obtener la radiografía de una sección plana del organismo o de otro cuerpo sólido. *Tb* la radiografía así obtenida. | *Inf* 12.1.76, 23: La tomografía por computadora, nuevo método radiológico. Torrente *Off-side* 444: ¿Quería usted una radiografía? Ahí tiene media docena .. ¡Ah! Y una tomografía del pulmón izquierdo a la altura del corazón.

tomógrafo *m* (*E*) Aparato para realizar tomografías. | *Abc* 19.12.82, 51: Médicos israelíes desarrollan el tomógrafo cardíaco .. El tomógrafo posibilita observar cortes "de cualquier punto del organismo humano con la resolución de menos de un milímetro".

tomograma *m* (*E*) Radiografía obtenida por tomografía. | *Inf* 12.1.76, 23: En estos "tomogramas" no solo pueden apreciarse claramente los grandes focos patológicos, sino incluso hemorragias cerebrales y finas calcificaciones.

ton[1] *loc adv* (*col*) **1 sin ~ ni son.** Sin motivo o justificación. *Tb adj.* | Espinosa *Escuela* 514: Habló sin ton ni son. DCañabate *Paseíllo* 16: Prevalece la fuerza sin ton ni son; la fuerza de la patada es la que impera.

2 a qué ~. Por qué motivo. | Delibes *Cinco horas* 56: No sé a qué ton tenéis ahora tanta ojeriza a los sentimientos.

ton[2] *interj* Se usa, normalmente repetida, para imitar el sonido grave de una campana o algo similar. A veces se sustantiva como *n m.* | Lera *Clarines* 371: Sonaron las campanas de la torre .. ¡Tolón, ton ton; tolón, ton ton...!

toná *f* Cante popular andaluz, semejante a la seguiriya gitana, pero sin el tercio de entrada. | Manfredi *Cante* 136: La toná es un cante de fragua, gitano hasta los tuétanos; seguiriya gitana sin el tercio de entrada, acompañada por el martilleo en el yunque; se podría decir que la toná es una seguiriya trabajadora, a pie de fragua.

tonada *f* Pieza musical popular, esp. cantada. | *VozA* 8.10.70, 11: Con una sola edición como precedente, el concurso "Tonadas de Asturias" ya cuenta con un prestigio que se verá corregido y aumentado en la presente convocatoria. ZVicente *Mesa* 39: Qué bien, ahora nos ponen música patriótica, se ve que los tiempos no están tan cambiados como algunos creen. ¿Conoce usted esa tonada? .. Es un pasodoble torero.

tonadilla *f* **1** Canción popular alegre y ligera. | Villarta *Rutas* 12: El Arco de Cuchilleros, con tonadillas, romances y coplas, tiene tradición.

2 (*TLit, hist*) Pieza teatral cantada, corta y ligera, popular en el s. XVIII. *Frec* ~ ESCÉNICA. | Mercader-DOrtiz *HEspaña* 4, 257: La afición al teatro clásico español se mantuvo viva; .. seguían aplaudiéndose las viejas comedias de heroísmo, amor y celos, los entremeses, bailes y tonadillas. Valverde *Literatura* 182: Sus sainetes .. reflejan la vena popularizante que bullía por debajo de las formas cortesanas y que se muestra también en los toros, en la moda de la guitarra y de las "tonadillas escénicas".

tonadillero -ra *m y f* Pers. que compone o que canta tonadillas [1]. | Solís *Siglo* 161: Eran muy numerosas las tonadilleras que concurrían a aquellos tablados al olor de los marinos ingleses, que dejaban allí gustosos sus libras, siempre bien recibidas tanto por ellas como por los guitarristas y cantaores. *Ya* 10.4.87, 24: Desde "rockeros" hasta tonadilleros en las fiestas del 2 de mayo.

tonal (*Mús y Fon*) De(l) tono [1 y 5]. | J. Palau *Des* 12.9.70, 37: Schoenberg aún respeta las estructuras tonales.

tonalidad *f* **1** Impresión general producida por un conjunto de tonos [8]. | * La tonalidad del cuadro. **b)** Tono [8]. | CNavarro *Perros* 29: La luz roja del ascensor le prestó tonalidades diversas.

2 (*Mús*) Sistema de sonidos que depende del predominio de una nota. | Valls *Música* 36: La música .., al no estar conformada por el sistema de contraste de tonos propi[o] de la tonalidad y al carecer, en consecuencia, de nuestra función modulatoria, resulta (es) monótona.

3 (*Fon*) Tono [1]. | Academia *Esbozo* 64: Los prosodemas de la lengua española son dos: tono o tonalidad .. y acento de intensidad.

tonalmente *adv* (*Mús y Fon*) En el aspecto tonal. | J. L. Legaza *SYa* 25.1.75, 13: El primer movimiento es rápido .. De carácter sincopado, en continua inflexión de sus alturas e inquieto tonalmente, decide resolverse cromáticamente.

tonante *adj* (*lit*) Que truena. *Normalmente como epíteto de Júpiter. Tb fig.* | RMorales *Present. Santiago VParga* 6: El Pórtico de la Gloria .. Su Pantocrátor no es heredero de Júpiter tonante. A. Aradillas *Pue* 10.5.74, 3: Tonante obispo. Furibundamente ha arremetido el obispo de Coria-Cáceres, monseñor Llopis Iborra, contra Televisión Española. Torrente *DJuan* 318: Entonces, el mármol se revolvió, y de su seno salió un vozarrón tonante. Delibes *Madera* 302: Las rabotadas del instructor de marinería .., su desaprobación tonante y desabrida, no solo le movieron a desistir, sino que le infundieron el demoledor complejo de que aún no había aprendido a andar.

tonel *m* **1** Recipiente de base y tapa redondas, formado con listones curvos de madera. | Olmo *Golfos* 188: Dentro [de la bodega] está Anguilucha, derrumbado al pie de un panzudo tonel. CBaroja *Inquisidor* 58: Después de muerto, su cadáver fue metido en un tonel pintado de culebras y arrojado al río.

2 (*col, humoríst*) Pers. muy gorda. | SSolís *Camino* 186: Sentía vergüenza de su prima Candidina, gorda, fea .. Tina y Luisi le tomaban el pelo de vez en cuando mentándole "el tonel de tu prima".

3 (*Aer*) Movimiento de acrobacia aérea consistente en una vuelta completa del aparato alrededor de su eje longitudinal. | *Sáb* 5.7.75, 50: El YF-16 nos mostró su capacidad de subida, tras un despegue de máxima potencia .. Después de girar 360° –en un viraje muy ceñido– baja el tren y efectúa un "tonel" con la configuración de aterrizaje, seguido de un viraje ascendente con las ruedas fuera.

tonelada *f* **1** Unidad de peso equivalente a 1.000 kg. *Tb* ~ MÉTRICA. | *Inf* 27.7.70, 8: El "C-5" puede lanzar una carga de 100 toneladas en una sola pasada. Tamames *Economía* 133: El total de pesca desembarcada .. ha pasado de 230.646 toneladas métricas en 1927 a 812.200 en 1962. **b)** ~ **corta.** Unidad de peso de Estados Unidos equivalente a 907,184 kg. | *Abc* 7.8.92, 41: Mercado de materias primas en origen .. Chicago .. Harina de soja (dólares/Tm corta). Agosto: 169,9. Sept.: 171,2. Equivalencias .. Una tonelada corta = 907,2 kilogramos.

2 (*Mar*) Unidad de capacidad equivalente a 2,83 m³. | Zunzunegui *Camino* 308: Estos compraron al principio de la guerra un barco que hacía agua por todas partes .. Un casco majo de cinco mil toneladas, lo arreglaron y están ahora con él ganando millones.

tonelaje *m* **1** Capacidad [de un barco o de una flota] expresada en toneladas [2]. *Tb fig* (*humoríst*), *referido al volumen de una pers.* | Delibes *Madera* 429: Los transportes, con los buques de menor tonelaje, aproaron al norte. Zunzunegui *Camino* 307: –Está calculando lo que vale la flota de Sota y Aznar con los fletes actuales. –¿Y por qué gritan así? –Discuten el tonelaje, los miles de toneladas de que consta. Laiglesia *Ombligos* 108: Hay que tener unas pantorrillas de acero para resistir estos trotes, acarreando casi siempre a alguna señora de gran tonelaje.

tonelería – tonitronante

2 Número total de toneladas. | *Sp* 19.7.70, 21: El valor del tonelaje exportado durante 1969 fue de 70 millones de dólares.

tonelería *f* **1** Tienda o taller de toneles [1]. | CBonald *Dos días* 210: Poner algún negocio por mi cuenta, un depósito de alcohol o una tonelería.
2 Oficio de fabricante de toneles [1]. | CBonald *Dos días* 67: Decidió .. mudarse a casa de la tía, para ayudarla a cuidar de los tres huéspedes: Marcelo Ayuso y dos aprendices de tonelería.
3 Industria de la fabricación de toneles [1]. | *Abc Extra* 12.62, 15: Otra industria que colabora en el juego es la tonelería.

tonelero -ra I *adj* **1** De(l) tonel [1]. | D. Frades *Hoy* 9.11.75, 22: Qué nos da el olivo. Dinero al olivicultor, dinero al aderezador ..; la necesidad de otras industrias como las toneleras, envases de vidrio.
II *m y f* **2** Pers. que fabrica o vende toneles [1]. | Azorín *Agenda* 1338: A dos pasos de casa, la primera casa, funcionaba una tonelería, la de Justo Verdú; era Justo Verdú habilísimo tonelero.

tonelete *m* (*hist*) Falda o traje que solo llega a la rodilla. *Tb* (*lit*) *fig.* | GCaballero *Cabra* 16: Llamaba don Juan a Juanito el Bolero, que era un sastre, y mucho más porque representaba "pasillos" con la gente y mozas que traía vistiéndose de ninfo de tonelete, de majo para el Bolero que nombre le daba, de gitanilla para el vito y cantando cantares accionados de verdura subidísima. FVidal *Duero* 112: El caminante se vuelve y observa frente a sí la estampa de una mujer feble, de nariz chiga y mirar devalado, que viste jersey de alepín y falda de tonelete, a cuadros escoceses.

tonema *m* (*Fon*) Parte final de la unidad melódica, a partir de la última sílaba acentuada. | Alcina-Blecua *Gramática* 464: La semicadencia y la semianticadencia son tonemas de contraste menor y no suelen utilizarse al fin de las ramas.

tóner (*tb con la grafía ing* **toner**) *m* Tinta o sustancia equivalente, usada en máquinas fotocopiadoras y en algunas impresoras. | *País* 30.3.80, 2: Una gran fidelidad de reproducción gracias a un tambor de Cadmio, y el "toner" monocomponente, que reproducen únicamente lo que hay en el original y con todos sus matices. *País* 13.11.89, 11: La nueva Canon LBP-4 reúne, en el espacio más pequeño, los mayores logros de Canon en tecnología Láser. El cartucho de tóner desechable EP-L. El lenguaje de control más potente y sencillo que se conoce. *NAl* 20.4.90, 48: Pelikan. Cintas de impresora de ordenador. Cintas de máquina de escribir. Toner para fotocopiadoras. Toner para impresoras láser.

tonga[1] *f* (*reg*) Pila o montón. | J. Jurenito *Día* 1.6.75, 4: Hablan en rueda de Prensa los artistas, los poetas, los pintores, los escultores, los futbolistas, los políticos, los entrenadores, los directivos, los que propugnan una serie de actividades artísticas terminadas en una tonga de "ismos" o "pops" o "paps", que nadie entiende ni averigua para qué maldito sirven.

tonga[2] *f* (*raro*) Vehículo ligero de dos ruedas, tirado por una o dos caballerías, propio de la India. | R. A. Calle *SYa* 5.5.74, 11: De vez en cuando puede verse una tonga, que es una especie de tartana tirada por una o dos mulas, que se emplea para el transporte de personas.

tongo *m* (*Dep*) Trampa que consiste en dejarse ganar, esp. por dinero. | F. Vadillo *As* 10.1.71, 27: No sabemos si Urtáin ha practicado el tongo. **b)** Trampa o fraude. | Paso *Alc* 23.10.70, 28: Sobre esto de la lucha libre hay mucho tongo.

tonguista *adj* (*Dep*) Que practica el tongo. *Tb n.* | *Voz* 29.7.75, 37: Cinco púgiles estaban comprados .. Pero al poco tiempo uno de los boxeadores "tonguistas" se quedó medio ciego.

tónicamente *adv* (*E*) En lo relativo al tono [1, 11 y 12]. | Carnicer *Van* 3.4.75, 49: Hay en nuestra lengua muchas palabras griegas que en su etapa latina se alteraron tónicamente. N. Retana *Inf* 27.12.69, 13: Tónicamente activo durante el estado de vigilia, este sistema "bombardearía" constantemente los centros superiores del sistema nervioso.

tonicidad *f* (*Fisiol*) Estado permanente y particular de contracción [de un músculo]. | Navarro *Biología* 90: La tonicidad de los músculos les permite fijar los segmentos óseos en una actitud determinada.

tónico -ca I *adj* **1** Que aumenta el vigor o el tono vital. *Tb n m, referido a medicamento o agente. Tb fig.* | Zeda *Ya* 15.10.67, sn: La eficacia digestiva, reguladora y tónica de las sales a que me refiero. *Caso* 21.11.70, 10: Vigor Juvenil con el nuevo tónico Vigorizante. * Los tónicos de la voluntad.
b) Que aumenta el tono muscular o de los tejidos. *Tb n m, referido a producto.* | E. LGuevara *NEs* 22.10.87, 44: A él lo que de verdad le iba era ponerse medias .. y echarse cada noche la leche desmaquilladora y el tónico facial. * Loción tónica.
2 (*Fon*) Que tiene acento. | Amorós-Mayoral *Lengua* 44: El encuentro de vocal fuerte tónica con débil átona, o de débil átona con fuerte tónica, forma siempre diptongo. **b)** [Grupo] formado por varias sílabas en torno a una acentuada. | Blecua *Lengua* 35: Se llama grupo tónico a la reunión de varias sílabas de entre las cuales se destaca una que por su altura musical domina sobre las demás. **c)** [Acento] ~ → ACENTO.
3 (*Mús*) [Nota] principal, a la que se someten todas las demás de la escala. *Frec n f.* | RÁngel *Música* 51: El principio de la Tonalidad es establecer un sistema, tanto melódico como armónico, basado sobre la escala, cuya importancia radica en su nota principal llamada tónica, a cuya sumisión se someten todos los demás. Es una jerarquización de los demás sonidos respecto a uno de ellos: la tónica.
4 (*Med*) [Convulsión] persistente, sin fase de relajación. | Mascaró *Médico* 51: Se distinguen dos formas principales de convulsiones: tónicas o continuas, acompañadas de rigidez, y clónicas.
II *f* **5** Rasgo característico [de un conjunto]. | *Lab* 2.70, 26: Confeccionar un fondo .. en el color elegido como tónica dominante en el conjunto.
6 Agua tónica (→ AGUA). | *Tri* 9.12.72, 20: El secreto de Schhh... Un secreto celosamente guardado. Solo en él se encuentra el sabor de la tónica.

tonificación *f* Acción de tonificar. | *SYa* 28.9.75, 18: También le ofrecemos: Un nuevo tratamiento para el cabello .. Tratamiento facial: lifting, antiarrugas, antiacné, anticuperosis, tonificación del cuello. Tratamiento especial senos (tonificación, remodelaje). CPuche *Ya* 17.11.63, sn: De la segunda cocción sale el "fino", es decir, el azulejo ya vivito y coleando, dispuesto para ser usado. Pero antes viene una delicada operación: la "clasificación y tonificación".

tonificador -ra *adj* Que tonifica. | L. Santacana *DLér* 31.7.69, 12: Tiene un clima ideal, seco, cálido al sol y sensiblemente fresco por la noche, tolerable y tonificador para todas las personas de cualquier edad.

tonificante *adj* Que tonifica. | Laforet *Mujer* 67: El buen olor del verano, el fresco de la lluvia, se mezclaban en una sensación tonificante.

tonificar *tr* **1** Aumentar el tono vital o muscular. | Laforet *Mujer* 124: El cuerpo, tonificado por el aire puro y vivo, no sentiría cansancio. *Fam* 15.11.70, 52: ¡Juventud Bustaid-70, el baño de espuma hidratante que relaja, tonifica y adelgaza!
2 Fortalecer o reforzar. | CPuche *Ya* 17.11.63, sn: En Italia se han hecho experimentos para tonificar el azulejo por medio de células fotoeléctricas.

tonillo *m* Tono [2] característico de una pers. o grupo, o que expresa burla o ironía. *Frec con intención desp.* | DPlaja *Abc* 17.6.75, sn: Es el llamado "acento regional" que .. es no solo una manera peculiar de pronunciar cada palabra, sino lo que pudiéramos llamar "tonillo" general de la frase, tan expresivo como puedan ser las modificaciones fónicas del vocabulario.

tonina *f* (*reg*) Atún (pez). | Delibes *Madera* 382: Pequeños bancos de toninas, desgajados de un marjal próximo, brincaban al sol, centelleantes y escurridizas.

tonino *m* (*reg*) Atún (pez). | Cancio *Bronces* 40: Un perrillo de aguas que .. no se separaba de su dueño ni para ladrar a los toninos.

tonitronante *adj* (*lit*) [Voz] de trueno. *Tb fig, referido a la pers que tiene esa voz o lo dicho con ella.* |

tonitruante *adj* (*lit*) Tonitronante. | C. Sentís *Inf* 19.3.75, 16: Durante la concejalía de Cambó tuvo lugar un famoso "viaje regio" .. que Alejandro Lerroux, entonces tonitruante en Barcelona, en donde era "emperador del Paralelo", quiso evitar o deslucir.

Gironella *Millón* 175: Don Anselmo Ichaso tenía un defecto: no dejaba hablar. Su voz era tonitronante, capaz de hundir un puente.

tonkinés -sa (*tb con la grafía* **tonquinés**) *adj* De la región de Tonkín (Vietnam). *Tb n, referido a pers.* | Anson *Oriente* 87: En 1802 el Emperador cochinchino Chai-Lung .. consiguió unir al territorio annamita los reinos de Tonkín y la Cochinchina, creándose así el gran Vietnam, escindido en la actualidad por el dominio chino en la región tonkinesa. L. Calvo *Abc* 7.9.66, 29: Playa excelente, Sam San; en la provincia tonquinesa de Thanh Hoa.

tono I *m* **1** Cualidad del sonido, que depende del número de vibraciones por segundo. | Amorós-Mayoral *Lengua* 50: Los sonidos que producimos .. no tienen todos el mismo tono .. Unos [son] más agudos y otros más graves. RÁngel *Música* 44: Son las llamadas, por los físicos, cualidades del sonido: tono, intensidad y timbre. Tono: entonación o altura de cada sonido.
2 Manera de modular la voz, en la que se refleja una actitud o un estado de ánimo. *Gralm con un compl especificador.* | Laforet *Mujer* 183: El tono de Paulina era de alivio y distracción, a un tiempo. **b)** Intención o actitud con que alguien se manifiesta. | * Vino a mí en tono amistoso. **c)** Comportamiento o trato acorde con las circunstancias y el uso normal. *Gralm en constrs como* FUERA DE ~ *o* SALIDA DE ~. | J. M. Bellido *SAbc* 24.3.74, 30: Un simple gesto del faraute .., una risotada, una salida de tono no previstas en el rito, se consideraban "ob-scenos", es decir, actos que el intérprete únicamente podía llevar a cabo "fuera de la escena". * Eso que dices está totalmente fuera de tono.
3 Volumen o intensidad [de un sonido o de aquello que lo emite]. | CPuche *Paralelo* 241: Subió el tono del aparato. **b)** Energía o altivez con que se habla. *Normalmente en las constrs* SUBIR, *o* BAJAR, EL ~, *o* CAMBIAR DE ~. | * Cuando le recordé su pasado, bajó el tono.
4 Sonido monótono que en el teléfono indica que la línea está disponible para marcar un número a fin de establecer una comunicación. | M. Calvo *SYa* 1.2.76, 11: Una vez obtenido el tono, el abonado marca las cifras del teléfono de su interlocutor.
5 (*Mús*) Intervalo o distancia que media entre una nota y su inmediata, excepto del mi al fa o del si al do. | Subirá-Casanovas *Música* 13: Grecia contó .. con géneros basados en la respectiva colocación de los tonos y semitonos.
6 Estilo o carácter general [de algo, esp. un discurso, un escrito o un espectáculo]. | Sancho *Inf* 27.6.70, 31: La película que se ofrece está considerada como neorrealista de tono romántico y tierno. **b)** ~ **menor**. (*Arte y TLit*) Estilo relativamente sencillo y de pocas pretensiones. | V. D'Ors *SAbc* 15.5.58, 37: Ventura Rodríguez da a Madrid su toque de compositor y decorador atildado .. Exquisito en el "tono menor", sus maneras corteses .. han de abrir las puertas de par en par a la influencia de la arquitectura francesa.
7 Clase o nivel. *Referido al trato social.* | Zunzunegui *Camino* 266: Habiendo aquí una falta de negocios de este tipo llevados con un cierto tono... * Esta asociación ha perdido su tono distinguido.
8 Matiz o grado de color. | Villarta *SYa* 28.5.72, 31: En esta colección para la noche triunfan el negro sobre el blanco y los tonos fuertes en contraste.
9 Grado de atrevimiento o procacidad de un insulto, un chiste o una expresión. *Frec en la constr* SUBIDO DE ~. | Herrero *Ya* 18.4.75, 5: El escándalo duró media hora, y los insultos de la muchacha fueron subiendo de tono hasta romperse la garganta llamando ladrones a los vigilantes de la mesa.
10 Grado de excitación de una pers. *Frec en la constr* SUBIDO, *o* LEVANTADO, DE ~. | Torrente *Isla* 283: El primer gulipa a mano le refirió que Su Excelencia andaba a aquellas horas levantado de tono, no hacía más que gritar, y que ninguna oficina funcionaba, porque a las órdenes sucedían las contraórdenes y a los síes los noes.
11 Energía o vitalidad [de una pers.]. *Tb* ~ VITAL. | Vilaltella *Salud* 434: Las funciones psíquicas se conservan íntegramente, y los síntomas orgánicos derivados se reducen a insomnio, aumento del tono vital, aceleración de los procesos vitales (pulso, metabolismo, etc.).
12 (*Fisiol*) Elasticidad y firmeza [de un tejido]. | M. Á. Calles *Crí* 1.72, 24: Los discípulos del yoga ponen en práctica sus ejercicios ascéticos: 1) las posturas correctas o *asanas*; 2) la respiración regular o *pranayana*; 3) una relajación del tono muscular. *Méd* 9.9.88, sn: Metorene .. Aumenta el tono venoso.
II *loc adj* **13 de buen** (*o* **mal**) **~.** [Cosa] socialmente bien (*o* mal) vista, o de buen (*o* mal) gusto. | Arce *Precio* 178: A Elsa y a Keta les parecía una frase genial. –Es simplemente de mal tono –protestó Irene.
III *loc v* **14 darse ~.** Pavonearse, o darse importancia. | Torrente *SInf* 25.7.74, 12: Algunos españoles están contentos porque disponen de un coche para darse tono y sacar a las familias los fines de semana.
IV *loc adv* **15 a ~.** En armonía. *Tb adj. Frec con un compl* CON. | *Ecc* 16.11.63, 28: El santo oficio, cuyo modo de proceder en muchas cosas no está a tono con nuestro tiempo. *Lab* 9.70, 22: Borden .. utilizando algodón Áncora blanco y azul a tono con el color del mantel.
16 a ~. En forma o estado satisfactorios. *Gralm con los vs* ESTAR *o* PONER(SE). | C. Castañares *Ya* 28.5.67, 14: Salió suelto de la primera vara, dio un respingo en la segunda y hubo de colocarle cuatro garrochazos para ponerle a medio tono y poderle hacer faena. **b)** En estado de animación o alegría, esp. por la bebida. *Gralm con los vs* ESTAR *o* PONER(SE). | Grosso *Capirote* 171: No creas que es .. una cualquiera porque se ha puesto a tono con dos copas.
17 en todos los ~s. Insistiendo en todas las formas posibles. *Con vs como* DECIR *o* PEDIR. | Delibes *Emigrante* 49: Los altavoces dijeron en todos los tonos que la comida para los de tercera estaba lista.

tonó *m* (*hist*) Coche de caballos ligero, de dos ruedas, descubierto y con entrada por detrás. | Lázaro *JZorra* 78: Padre ya está en el patio enganchando el tonó.

tonometría *f* (*Med*) Medición del tono o de la tensión. | R. ASantaella *SYa* 11.12.83, 41: La determinación de la presión intraocular, determinación que médicamente se llama tonometría, permite seguir el estadio evolutivo del glaucoma.

tonoplasma *m* (*Biol*) Membrana que envuelve la vacuola. | Alvarado *Anatomía* 20: Sus paredes [de las vacuolas] están formadas por una delicadísima membrana, que recibe el nombre de tonoplasma.

tonoplasto *m* (*Biol*) Gránulo que da lugar a la formación de una vacuola. | Alvarado *Anatomía* 20: Las vacuolas procederían de unos gránulos preexistentes denominados tonoplastos.

tonquinés → TONKINÉS.

tonsura *f* Acción de tonsurar [1b]. *Tb su efecto y el grado conferido.* | Villapún *Iglesia* 120: Por la tonsura se pasa del estado seglar al clerical y es una preparación para las Órdenes. C. Alvear *ByN* 27.3.76, 24: Al parecer, según me cuenta un sevillano, para taparse la tonsura cuando van de paisano, los obispos se ponen una boina. SLuis *Liturgia* 2: Unos han recibido solo la tonsura, con la que entran a formar parte del estado clerical.

tonsurar *tr* (*raro*) Cortar el pelo [a alguien o algo (*cd*)]. | *Ya* 24.10.74, 23: Los obispos y sacerdotes siguieron fieles al peinado y al vestido romanos: cabeza totalmente tonsurada y túnica larga. **b)** Cortar el pelo de la coronilla [a alguien (*cd*)] para conferir[le] el grado preparatorio del estado clerical. *Frec en part, frec sustantivado.* | Torrente *Fragmentos* 391: Las puertas de la catedral se entreabrieron, salieron acólitos curiosos y tonsurados medrosos.

tontada *f* Tontería [2 y 3]. | ZVicente *Traque* 218: El otro día me estuvo diciendo tontadas un chico que tenía un Jaguar como ese. CPuche *Paralelo* 259: Sí, una tontada, pero a lo mejor el sereno se muere.

tontaina *adj* (*col*) Tonto [1, 2, 3 y 4]. *Frec n, referido a pers.* | *Pul Extra* 6.64, 4: ¡Me he pinchado con un guijarro, tontaina! Villarta *Ya* 30.5.64, sn: No parece de un género menos tontaina que aquello de las natillas y el arroz con leche.

tontamente *adv* De manera tonta [4]. | Arce *Testamento* 102: Esa mala caída te hubiese mandado tontamente al otro mundo.

tontarra *adj* (*col*) Tonto [1]. *Tb n.* | Marsé *Dicen* 346: –Te revienta no haberlo visto tú .. –¿Ver qué, tontarras? Yo he visto más cosas que vosotros nunca veréis.

tontear *intr* **1** Hacer o decir tonterías. | Berenguer *Mundo* 350: Apretaba detrás de los otros perros, se me volvía para ver lo que yo mandaba, y parecía un cachorro de pachón tonteando por el campo.
2 Tener una ligera relación amorosa [con alguien]. *Tb sin compl, con suj pl.* | SSolís *Blanca* 9: Bailé mucho con Rafael, que entonces tonteaba conmigo. Arce *Precio* 68: Recordaba cuando mi primo y ella comenzaron a tontear.
3 Coquetear (conversar o bromear [con una pers. de otro sexo] tratando de despertar su interés). *Tb sin compl.* | Palomino *Torremolinos* 26: Eran muy monas .. y tonteaban con estudiantes y oficinistas. Goytisolo *Recuento* 83: Había dos chicas bebiendo cocacola .., y Leo empezó a tontear y a decirles cosas, y Raúl lo mismo, y acabaron por ligar.

tonteo *m* Acción de tontear [2 y 3]. | Palomino *Torremolinos* 194: Romano levantó su copa en gesto de amistoso brindis y sonrió a Betsy. Betsy levantó su copa y guiñó un ojo a Romano. Estos pequeños tonteos los desconoce Mr. Hidden.

tontera *f* **1** Tontería. | Cela *SCamilo* 141: La tontera y el crimen también son una inercia. DCañabate *Paseíllo* 110: Na; tonteras de chiquilicuatros que lo preguntan todo.
2 (*reg*) Atontamiento o pesadez de cabeza. | J. Carabias *Ya* 25.5.75, 8: Mejor camino fue recurrir al "gas hilarante", que producía un estado de risa y tontera. Lo emplearon los dentistas para sacar muelas.

tontería *f* **1** Cualidad de tonto [1, 2 y 3]. | LRubio *Diana* 332: Una mujer que disimula su tontería empieza a no ser tan tonta. Pinillos *Mente* 122: La psicología actual no se reduce .. a medir los cocientes intelectuales de las personas para darles su correspondiente certificado de genialidad o tontería.
2 Hecho o dicho tonto [4]. | Arce *Testamento* 19: –¿Le pegó? .. –Sería una tontería.
3 Cosa sin importancia. | Kurtz *Lado* 232: –Parece que ha orinado sangre. –Puede ser una tontería .. Un pequeño pólipo, una venilla. Benet *Aire* 45: –¿No me habrás ...? –Una miseria, Daniel, una tontería; porque quiero que tengas un recuerdo mío.

tontez *f* (*reg*) Tontería. | FVidal *Duero* 139: Se encuentra con un hatillo de mujercitas uniformadas .., que alborotan y cantan la tontez de *Carmen, Carmen, Carmen, te quiero y tú lo sabes*.

tontilán *m* (*reg*) Hombre tonto. *Tb adj.* | Berlanga *Gaznápira* 42: Te fueron a esperar tu tía Leoncia, su marido .. y el tontilán de tu primo. ZVicente *SYa* 27.4.75, 23: He devorado las informaciones y las quejas de todo el mundo, en *Ya*, en "*Abc*", en las revistas esas de los grandes y los tontilanes.

tontilindango -ga *adj* (*reg*) [Pers.] tonta. *Tb n.* | Cela *Viaje andaluz* 289: –Siempre ha habido ricos y pobres, ¿verdad usted? –Sí, señor. Y vivos y tontilindangos, es la ley.

tontillo *m* (*hist*) Prenda armada para ahuecar la falda. | ZVicente *Traque* 180: Eran bonitos [los vestiditos], .. con un lazo aquí, con un bolsillito aquí, y el tontillo aquí, aunque esté mal el señalar.

tontiloco -ca *adj* (*col*) [Pers.] tonta y alocada. *Tb n.* | MGaite *Usos* 75: Atreviéndose a hacerle competencia al fútbol y al parchís, aquel juego como de tontilocos. ByN 31.12.66, 78: Del muchacho, .. quizá demasiado charlatán, no entusiasma a los Fouquet. –Me produjo la impresión de un tontiloco –dice el padre. **b)** Propio de la pers. tontiloca. | Campmany *Abc* 26.12.85, 17: El señor juez leyó el artículo .. y comentó con los abogados de Ruiz-Mateos .. que un servidor de ustedes había escrito ese artículo mediante el precio de un millón de pesetas .. He tenido noticia de este tontiloco comentario por varias fuentes, entre ellas, la auténtica fuente del propio don Luis Lerga.

tontina *f* (*hist*) Operación de lucro consistente en poner un fondo entre varias perss. para repartirlo en un momento dado, con sus intereses, solo entre los asociados supervivientes. | L. LSancho *Abc* 10.4.85, 18: Aquel sistema prometedor que defraudó a mi padre era llamado de las tontinas porque lo había inventado un economista italiano llamado Tonti. El sistema de pensiones de nuestra Seguridad Social es lo más parecido a la tontina. Las prestaciones crecen mucho más de prisa que la pirámide invertida de las aportaciones.

tonto -ta I *adj* **1** [Pers.] de poca inteligencia. *Más o menos vacío de significado, se emplea frec como insulto.* A veces (*col*) *se intensifica su expresividad con un compl* (DEL BOTE, DE CAPIROTE, DEL CULO, DEL HABA, *etc*) *o una constr comparativa. Tb n. A veces referido a animales.* | Laforet *Mujer* 29: El padre loco y la madre tonta. Gironella *Millón* 683: La Monarquía es otro error, porque el rey sucesor o heredero puede ser tonto de capirote. Landero *Juegos* 200: Yo soy un fracasado y no tengo remedio, eso es lo que yo soy, un tonto del bote, tan torpe que no serviría para ser su ayudante ni su amigo ni nada. ASantos *Bajarse* 92: –¿Y cómo la habrán cogido en el tren? –Yo qué sé. Porque es tonta del culo. Se habrá puesto a fumar allí, y a dar a la gente. **b)** [Pers.] retrasada mental. | Cela *SCamilo* 147: Un niño vagabundo, un niño con mirada de tonto, probablemente tonto. **c)** [Pers.] que actúa con ingenuidad o sin aprovechar las oportunidades que se le brindan. | Arce *Testamento* 82: "He sido tonto", me dije. "Debía callarme la boca y esperar." Delibes *Cinco horas* 44: Qué ceguera la de este hombre, que ya lleva años, uno no es de hoy, y como ese, otros que me callo, tonto del higo. **d)** (*col*) [Pers.] pasmada o estupefacta. *Gralm con los us* DEJAR *o* QUEDAR(SE). *Con intención ponderativa.* | * Me quedé tonto al oírlo. * Me dejas tonto con la noticia.
2 (*col*) [Pers.] impresionable o que se conmueve con facilidad. *Frec con intención afectiva. Frec en la constr* LLORAR COMO UN ~. | Laforet *Mujer* 22: A la tonta de mi nuera la ha fascinado aquello. Carnicer *Cabrera* 112: Estaba tan conmovida, que no puedo recordar lo que dije. Solo sé que hablé, y creo que mucho. Al final, todas las autoridades vinieron a felicitarme. Yo lloraba como una tonta.
3 (*col*) [Pers.] afectada o cursi. | Payno *Curso* 258: Darío pidió un cuba-libre –un "fidel-castro" decían entonces los niños tontos–. **b)** (*col*) [Pers.] engreída o vanidosa. *Frec ~* DEL CULO. | A. D. Galicia *Sáb* 10.9.66, 13: Ninguno de los Hohenlohe ni su familia política responde al tipo de aristócrata envarado, tonto de almidón. Son gentes sencillas.
4 [Cosa] propia de la pers. tonta, *esp* [1]. | Aldecoa *Gran Sol* 189: La pareja, ahora que está rindiendo, sería tonto venderla. Cela *Judíos* 35: Dio unas briznas de rosquilla .. al niño que lo miraba con el aire tontino y tierno como una peladilla. **b)** [Cosa] falta de sentido o justificación. | Arce *Testamento* 27: Aquello de los golpes había sucedido de una manera tonta.
5 (*col*) Fastidioso o molesto. | * ¡Qué día tan tonto hace! * ¡Qué tontas están las moscas!
6 (*col*) Insulso o sin gracia. | J. F. Lequerica *MHi* 3.61, 69: Un chiste tontín, atribuido a varios escritores, define la salud como un estado precario que no augura nada bueno. **b)** (*reg*) [Rosquilla] propia de la fiesta de San Isidro, que no lleva baño de azúcar. | *SYa* 17.5.85, VIII: Rosquillas tontas. Ingredientes (para 2 kilos): 9 huevos, 300 gramos de azúcar, 30 gramos de anises, 300 gramos de aceite de oliva, 800 gramos de harina floja.
7 (*col*) [Mano] que se pone en un sitio afectando distracción o ingenuidad. | Cela *SCamilo* 313: Ya no volverán a cruzarse con su madrastra por el pasillo ni a tocarle el culo poniendo la mano tonta.

II *m* **8** Payaso. *Frec ~* DE(L) CIRCO. *Frec fig.* | J. A. Hormigón *Tri* 24.11.73, 55: Todavía se habla muchas veces de "los tontos" del circo.
9 (*reg*) Culebra de agua. | Delibes *Guerras* 41: El Abue .. fue muy culebrero desde chaval .. Y a las de agua, tontos que dicen, las soltaba en el pilón.
10 (*reg*) Prenda a modo de chaqueta amplia, propia esp. de embarazadas. | Lázaro *Gac* 11.1.76, 7: Puede admirarse a la actriz .. lo mismo en combinación que en bata, igual con tonto de preñada que con un modelito indo-hippie.

III *loc v* (*col*) **11 hacer** [alguien] **el ~.** Comportarse como una pers. tonta, *esp* [1a y c y 3]. | Gala *Ulises* 772: –A vi-

tontódromo – tope

vir la vida que nos queda deprisa, muy deprisa... –Sí, porque has perdido mucho tiempo haciendo el tonto.
12 hacerse [alguien] **el ~.** Afectar ignorancia o distracción. | Corebo *HLVa* 20.10.75, 11: Cuando por fin se reanudó el juego, siguieron cayendo almohadillas, y el señor Jiménez Sánchez optó por hacerse el tonto.
IV *loc adv* (*col*) **13 a lo ~.** Como quien no quiere la cosa. *Frec se enuncia repetida*. | Laiglesia *Fulana* 153: A lo tonto, a lo tonto, fui aprendiendo a leer.
14 a lo ~. De manera injustificada o innecesaria. | Delibes *Cinco horas* 129: ¡Hay que ver las enemistades que te has ganado por eso, y qué a lo tonto!
15 a tontas y a locas. De manera alocada o sin fundamento. | Delibes *Ratas* 49: El Nini reía a menudo, aunque nunca lo hiciera a tontas y a locas como los hombres en las matanzas o como cuando se emborrachaban en la taberna del Malvino.

tontódromo *m* (*col*) Calle o zona frecuentada por los niños bien. | MGaite *Usos* 85: Las topolinos solían reunirse con sus amigos en bares de la calle de Serrano y sus alrededores, barrio que tal vez por eso se empezó a llamar "el tontódromo".

tontolaba *adj* (*reg*) Tonto del haba. *Tb n.* | Berlanga *Gaznápira* 41: Dale estudios, Ramiro. Mándala a la capital, no seas tontolaba; es por su bien.

tontorro -rra *adj* (*col*) Tontorrón. | F. A. González *Ya* 9.10.70, sn : A la hora de escribir argumentos tontorros y topiqueros, la vida no se queda .. atrás.

tontorrón -na *adj* (*col*) Tonto [1 a 6]. *Tb n, referido a pers*. | F. Gracia *DLi* 3.3.78, 11: Me parece fenomenal lo de vivir del despelote, que para eso los españoles somos tan tontorrones que nos ponemos "morados" de comprar revistas de tetamen y trasero.

tontorronada *f* (*col*) Tontería [2]. | MFVelasco *Peña* 246: Era pura tontorronada seguir andando.

tontucio -cia *adj* (*col*) Tonto [1a]. | CPuche *Paralelo* 165: ¿Y de qué imperio hablaba el señor alcalde, el tontucio del conde?

tontuna *f* (*col*) Tontería. | Hoyo *Bigotillo* 10: Don Rabuelo sabía interpretar debidamente mi bigote, es decir, como signo de aseo y dignidad ratonil, no como presunción vana o tontuna. ZVicente *SYa* 12.1.75, 23: Chucho era maestro .. Todavía me hace gracia recordar el mosconeo, las tontunas que hacíamos al cruzarnos con él en el paseo.

toña *f* **1** Tala (juego). | ZVicente *Traque* 265: Soñaba que era campeón de parchís, de mus, de pídola, de toña.
2 (*col*) Borrachera. | Sastre *Taberna* 125: Por cierto nos clavaron de miedo por unas copas, hasta la una o las dos serían, cuando volví a casa y me acosté con una toña de miedo.
3 (*col*) Golpe violento. | J. A. Castro *Ya* 21.12.74, 8: ¿Y qué lo van a hacer si tropiezan con una tarjetilla de visita y se pegan la toña y ya de paso desmoronan, devastan y hacen trizas la vitrina Luis XV con sus chinas, sus vidrios y sus chismes?

toñazo *m* (*col*) Golpe violento. | * Se pegaron el toñazo con el coche.

toñil *m* (*reg*) Lugar entre paja o hierba seca en que se colocan manzanas o peras para que maduren. *Tb* (*lit*) *fig*. | Zunzunegui *Camino* 249: Las noches de víspera de fiesta era la casa de la amiga toñil donde maduraba sus sueños de inconsumible juventud.

top[1] (*fr; pl normal*, ~s) *m* (*E*) Señal sonora que se da para determinar o registrar con precisión el principio o el fin de una operación. | Merlín *HLM* 26.10.70, 34: Por el contrario, "Wilti" sentía el "top" de la carrera al final de la misma y solo pudo conseguir el cuarto lugar.

top[2] (*ing; pl normal*, ~s) *m* Prenda de vestir femenina que cubre la parte superior del cuerpo, gralm. muy escotada y sin mangas ni tirantes. | *Nov* 9.86, 39: Un dos piezas de fiesta en el que se ha combinado una falda estampada con un top de terciopelo negro. R. LHaro *PaísE* 20.8.89, 27: Brazos tostados por el sol, hombros sugerentes y escotes provocativos... Los *tops* veraniegos suponen una generosa exhibición de piel. El cuerpo o el *bustier* que cubre el pecho y la cintura, a veces sin tirantes, con solo una cremallera, se asemeja a una prenda de lencería fina.

top[3] *f* Top-model. | *ByN* 20.1.91, 29: Nació en Sevilla hace veinticuatro años. "Para ser una «top» –dice– hay que ser modelo antes que persona."

topacio I *m* **1** Piedra fina, de color amarillo o pardo, compuesta de sílice, alúmina y flúor. | J. Balansó *SAbc* 16.3.69, 36: En la "Cámara Santa" del Tesoro de la catedral de Oviedo podemos admirar la "Cruz de los Ángeles", verdadera filigrana en oro, topacios y rubíes. **b)** *Con distintos adjs o compls especificativos, designa otras piedras finas de color amarillo*. | FALSO ~, ~ ORIENTAL, AHUMADO, DE HINOJOSA, *etc*. | Bustinza-Mascaró *Ciencias* 331: Entre las [variedades de cuarzo] de cristales grandes pueden citarse: si es transparente e incoloro, cristal de roca; .. si amarillo, falso topacio. Ybarra-Cabetas *Ciencias* 62: Corindón .. Variedades cristalizadas ..: rubí oriental, si son rojas; .. topacio oriental, las amarillas.
II *adj invar* **2** [Color] amarillo vivo y transparente. | Aleixandre *Química* 102: Se descompone lentamente por la acción de la luz .., razón por la que debe guardarse en frasco de color topacio.

topar A *tr* **1** Embestir con la cabeza [a alguien (*cd*) un animal con cuernos (*suj*)]. *Tb fig. Tb abs*. | Chamorro *Sin raíces* 35: Le enseñaría a destruir un hormiguero, a cazar ranas en las charcas, a montar en las cabras y a topar al borrego del tío Celso. Hoyo *ROc* 8/9.74, 92: Quique miró agradecido a su abuelo, agachó la cabeza y le topó blandamente con ella en el pecho. Sampedro *Sonrisa* 61: ¡Apréndetelo bien: hazte duro, pero disfruta los cariños! Como hacía mi Lambrino: topar y mamar... Solo que el pobrecillo era un cordero y no podía llegar a fuerte.
2 Chocar o tropezar [con alguien o algo (*cd*)]. | Umbral *Ninfas* 159: Se levantó y anduvo por los fondos de la casa, topando objetos que sonaban en el suelo. Delibes *Hoja* 185: Cada mañana salía en el automóvil .. Un día regresó muy excitada: –He topado a una tía coja, Leo.
3 Encontrar casualmente [algo o a alguien]. | Lera *Boda* 593: Cada vez que me ve, me mira como si fuera a comerme .. Siempre que lo he topado, no he podido remediar que la carne se me pusiese de gallina. J. M. Moreiro *SYa* 10.12.72, 7: El Madrid de hoy no tiene pobres de chaquetón raído de aquellos que hace años se podían topar a pares en cada esquina.
4 (*reg*) Aceptar [una apuesta]. | Nácher *Guanche* 222: Saltaba en su silla palmeando la enorme espalda de Eulogio y enseñando fanfarrón un billete de cinco duros. –¿Hay quien tope mis cinco tollos? Van por el del Pagador. –Van conmigo –dijo un viejo de la tercera fila.
B *intr* **5** Chocar o tropezar [una pers. o cosa (*suj*) con otra (*compl* EN, CON *o* CONTRA)]. | GPavón *Reinado* 101: Salieron casi tropezando uno con otro al *hall* tenebroso. A los pocos pasos don Lotario topó con un mueble. –¡Leche! –gritó. Delibes *Príncipe* 120: Quico se asustó, quiso guardar todo al mismo tiempo, pero su antebrazo topó contra el suelo.
b) Tropezar [con un obstáculo o dificultad]. | E. Haro *Tri* 26.12.70, 5: El mito de la desestalinización se rompió en mil pedazos al topar con la revolución blanda de Checoslovaquia.
6 Encontrar casualmente [algo o a alguien (*compl* CON)]. *Tb pr*. | J. M. Moreiro *SAbc* 13.9.70, 50: De lo que también dispone Benalmádena .. es de un extraordinario museo precolombino .. Una de esas joyas con las que el viajero nunca pensó topar.

toparca *m* (*lit*) Señor o soberano de un país muy pequeño. | *Barcelona* 8: No logró remontar el vuelo entre las incontables bandadas de enmiendas y rémoras partidistas, azuzadas por camarillas de oligarcas y toparcas.

tope I *m* **1** Parte por la cual una cosa topa [5] con otra. | Ramos-LSerrano *Circulación* 213: En la figura 188 se representa la sección de un motor de un cilindro por el lugar donde se halla dispuesta una válvula .. En la parte posterior de la cola existe un muelle o resorte que, apoyado en un tope dispuesto en el extremo de la cola y en el bloque, tiende a mantener la válvula continuamente cerrada sobre los asientos. **b)** *En un vagón o locomotora:* Pieza situada en el extremo y que sirve para amortiguar los choques. | Lera *Olvidados* 64: Viajó en los topes de los trenes y en los camiones nocturnos. Payno *Curso* 24: La máquina emitía un runrún de fuerza. Los topes estaban totalmente untados de grasa.

c) *En un tranvía:* Parachoques. | Olmo *Golfos* 15: Igual que si un duende amigo .. crease un surtidor despidiendo hacia arriba .. tranvías con golfos en el tope. **d)** *En el calzado:* Refuerzo que se pone en la punta para que no se arrugue. | *Ya* 25.5.78, 17: En la línea deportiva imperará el estilo sandalias de principios de siglo, muy picadas. Gran parte de ellas se fabricará sin topes ni contrafuertes, ganando en comodidad lo que se pierde en estética.

2 Pieza u objeto que impide que algo pase de un punto dado. | Aldecoa *Gran Sol* 52: Dejó la pluma en el tope de una regla para que no cayera al suelo. Delibes *Príncipe* 53: Dio otras tres vueltas al grifo hasta el tope. **b)** *En una vía:* Dispositivo situado en el extremo para detener los trenes. | *Abc* 30.12.65, 93: Los coches de tercera clase .. se hallaban estacionados al final de la vía indicadora, junto al tope.

3 Punto máximo a que puede llegar algo. *A veces en aposición.* | L. Contreras *Mun* 26.12.70, 10: El preámbulo del decreto-ley por el que se suspendió el artículo 18 del Fuero de los Españoles marcaba los topes de la medida. CBaroja *Inquisidor* 23: En España se llegó a rebajar la edad tope a los treinta.

4 (*Mar*) Extremo o remate superior de cualquier palo. *Tb el marinero que vigila desde él.* | Guillén *Lenguaje* 37: A bordo existió siempre tendencia a la metonimia, .. y en ocasiones .., en los destinos, el hombre toma el nombre del suyo o servicio de guardia, como tope, serviola y guíndola.

5 (*jerg*) Modalidad de robo en viviendas o locales forzando la entrada, frec. con palanqueta. | *Ya* 25.4.75, 24: Desde hace casi un mes proliferaba por la zona de Usera la comisión de robos en establecimientos públicos, utilizando como "modus operandi" el procedimiento conocido policialmente como de "el tope" apareciendo las lunas de las puertas de entrada completamente destrozadas. Tomás *Orilla* 58: –¿De qué va el tope esta noche? .. –Jamones .. Tú liga el coche, que ya te diremos dónde lo hacemos.

II *adj* **6** (*juv*) Estupendo. | Forges *D16* 3.11.87, 2: –Te se está saliendo el pecado original. –Es lo más tope: "Vatican's Mode".

III *adv* **7** (*juv*) Mucho. | * Este sitio es tope guay.

8 a ~. Por los extremos o sin superposición. *Con vs como* UNIR o JUNTAR. *Tb adj.* | GTelefónica *N.* 988: Águila. Soldadura eléctrica. Construcción de máquinas de soldar por puntos y a tope. *BOE* 3.12.75, 25184: Las tuberías para la conducción de hidrocarburos serán de acero en tramos de la mayor longitud posible unidos por soldadura a tope o mediante el uso de bridas.

9 a ~. (*col*) Al máximo. *Tb adj. Esp en lenguaje juv.* | *Abc* 25.2.68, 93: Los dos equipos nacionales se emplearon a tope, sin reservas. FSantos *Cabrera* 40: Un convoy de coches se abría paso cargado a tope. VMontalbán *Rosa* 99: Tengo la tensión a tope. ASantos *Bajarse* 110: Voy a hacer otro té, pero especial, de los que te gustan a ti; un quitapenas moruno a tope.

10 hasta los ~s (o **hasta el ~**). (*col*) Al máximo. *Gralm con el v* LLENAR o *el adj* LLENO, *que a veces se omiten por consabidos.* | CSotelo *Resentido* 232: El teatro estará lleno hasta los topes. GPavón *Reinado* 257: La capilla se llenó hasta el tope.

topear *intr* (*reg*) Excavar galerías como el topo[1]. | Delibes *Guerras* 220: El Capullo está topeando.

topera *f* Madriguera de topo[1]. *Tb* (*lit*) *fig.* | Delibes *Parábola* 169: Divisa .. los agujeros de las toperas y las piedras blancas incrustadas entre los estratos. Pemán *Andalucía* 532: Nos querrán enseñar [en Guadix] las cuevas de los gitanos .. Pero sería un error interpretar a Guadix a través de su topera gitana. **b)** Montoncito de tierra de la boca de una topera. | Ybarra-Cabetas *Ciencias* 390: Con la tierra que sacan [los topos] forman montoncitos llamados toperas.

topero -ra *m y f* (*jerg*) Topista. | *Abc* 18.6.75, 90: Detención de dos "toperos" por la Policía barcelonesa. Berlanga *Acá* 39: El ferretero confirmó que tanto la puerta principal como la de servicio estaban chupadas para un topero, que en un santiamén las hacía saltar con la brava o con la espada.

topetar *intr* Topar [con algo (*compl* CON, EN o CONTRA)]. | Hoyo *Lobo* 31: De cuando en cuando la lámina del agua se movía y topetaba en los costados de las lanchas.

topetazo *m* Golpe dado topando, *esp* [1]. | DCañabate *Paseíllo* 138: Se ha vuelto a meter en el burladero..

topear – topinera

¿No te lo dije? ¡Vaya topetazo que se [ha] dao contra las tablas! Por poco se espampana.

topetón *m* Topetazo. | ZVicente *Mesa* 140: Coincidían siempre con el regreso de las cabras, las dejaba el pastor solitas en la esquina, se acercaban, abrían ellas mismas a topetones el postigo de las cuadras.

tópicamente *adv* De manera tópica [1 y 2]. | Laín *Marañón* 194: Con los escritores de tópicamente llamamos "del 98", lo que hasta entonces era marco se convierte en piel. Pi. Moreno *SAbc* 19.9.82, 12: En el caso del acné inflamatorio .. se utilizan además los antibióticos por vía oral o aplicados tópicamente (localmente).

topicida *adj* (*E*) Que mata topos[1]. | F. Ángel *Abc* 26.4.58, 7: Se hace preciso distribuir en tramos cortos, y a lo largo de todas las galerías, cartuchos fumígenos, con objeto de evitar que quede alguna zona privada de la influencia del gas topicida.

topicista *adj* (*raro*) Topiquero. | E. Corral *Abc* 21.8.66, 77: Julita Martínez logró una de sus mejores creaciones en TVE "haciendo" la viudita pemaniana, y Pablo Sanz, otro de sus triunfos como galán sobrio, seguro, estudioso y nada topicista.

tópico -ca I *adj* **1** De(l) tópico [3]. | GArnau *SAbc* 13.12.70, 82: Y, tras enumerar los instrumentos de percusión típicos y tópicos, como son la sartén, la alpargata, .. terminar diciendo que estos y otros son los villancicos.

2 (*Med*) Que se aplica o realiza externamente, sobre el lugar afectado. *Tb n, referido a medicamento.* | P. Ortega *MSa* 31.12.75, 15: Antes este [tratamiento quirúrgico] se efectuaba por laringoscopia indirecta y anestesia tópica, lo que requería una gran habilidad por parte del cirujano. *Prospecto* 9.76: Anticerumen Liade .. Uso tópico. MNiclos *Toxicología* 25: Diarreas. Se empleará una poción con astringentes y tópicos (kaolín, óxido de magnesia).

II *n* **A** *m* **3** Lugar común. | *Tri* 20.5.67, 5: El tópico de la agresividad masculina y la pasividad femenina se desvanece. Bueno *Tri* 26.12.70, 10: Lo que sobreentendemos con el nombre "pensamiento español" es algo de contornos bastante precisos .. Quizá sea suficiente aquí delimitarlos de este modo: .. pensamiento consagrado a los lugares comunes, los tópicos de Aristóteles. **b)** (*TLit*) Tema o forma de expresión pertenecientes a un acervo tradicional y que se repiten con frecuencia a lo largo de la historia literaria. | LEstrada *Lit. medieval* 160: El tópico puede ser de contenido o argumento, o ser de expresión o fórmula determinada. En gran parte proceden de la Antigüedad, y a veces se crearon en la transmisión de su herencia.

B *f* **4** (*E*) Teoría de los tópicos [3]. | J. Sampelayo *Ya* 11.2.75, 43: Entre los llamados apotegmas lógico-decisionales, examinó los resultados de la tópica y de la lógica moderna. Suñén *Manrique* 63: Con su poesía satírica, Manrique queda adscrito a la tópica compositiva de su tiempo con fortuna nunca superior a la de sus contemporáneos.

topificador -ra *adj* (*raro*) Que topifica. | *SNue* 14.6.70, 17: No deja de ser sorprendente que sea un pensador oriental quien proponga esta fórmula .. contradictoria de hermetismos que un afán topificador ha presentado como típicos de la mentalidad oriental.

topificar *tr* (*raro*) Convertir [algo] en tópico [3]. | N. Carrasco *MHi* 7.69, 23: La reiteración del tema lo ha topificado ya para el cine en numerosas producciones.

topillo *m* Roedor semejante al topo[1], que causa graves daños a la agricultura (gén. *Pitymys* y otros afines). *A veces con un adj denotador de la especie:* COMÚN, EUROPEO, ROJO, OSCURO. | J. A. González *Nor* 2.11.89, 14: El Servicio Territorial de Agricultura de la Junta de Castilla y León asegura que la incidencia de la plaga de "topillos campesinos" que se observa en la provincia desde el comienzo del otoño es menor que la ocurrida el año pasado. Noval *Fauna* 68: Topillos. Son roedores de hocico romo con la cola bastante corta y las orejas muy pequeñas y redondeadas .. Son más fecundos que los topos .. El Topillo rojo (*Clethrionomys glareolus*) tiene el tamaño muy variable según la localidad .. El Topillo oscuro (*Pitymys mariae*) tiene el pelaje gris oscuro.

topinera *f* Topera. *Alguna vez en aposición con* BOCA. | * El prado está lleno de topineras. F. Ángel *Abc* 26.4.58, 7: Se hace preciso distribuir en tramos cortos, y a lo largo de

topiquería – topológico

todas las galerías, cartuchos fumígenos .., siendo el procedimiento ideal para la utilización de los cartuchos el de abrir la boca topinera, prender la mecha e introducir en el agujero el cartucho encendido.

topiquería f *(desp)* Tópico [3]. | *Prog* 8.8.75, 2: Creemos que el desarrollo turístico de Lugo –topiquería sobre la que se han acuñado infinitos artículos y discursos triunfalistas– exige que los servicios hoteleros, ya que escasos, funcionen, al menos, con seriedad.

topiquero -ra adj *(desp)* **1** [Pers.] dada al uso de tópicos [3]. | Torrente *Saga* 311: "¡Amigos míos, estoy verdaderamente conmovido, y me falta la voz para daros las gracias!" "Y si le falta la voz para dar las gracias, ¿por qué las da? Por lo pronto, es bastante topiquero."
2 [Cosa] tópica [1]. | F. A. González *Ya* 9.10.70, sn: A la hora de escribir argumentos tontorros y topiqueros, la vida no se queda, ni mucho menos, atrás.

topiquismo m *(raro)* Tendencia al tópico [3]. | Falete *Cod* 1.9.74, 20: ¡El virus del propagandismo, del triunfalismo, del topiquismo y del guarismo de doble sentido!

topista m y f *(jerg)* Ladrón que roba por el procedimiento del tope [5]. | Ero *Van* 11.7.74, 28: A mí me parece que España no ha producido nunca geniales carteristas y en cambio ha generado con profusión rateros, descuideros y topistas.

top-less *(ing; pronunc corriente, /tóples/)* adj invar Que deja al descubierto el pecho femenino. Frec n m referido a traje de baño o modo de vestir. | * En la moda baño se impone el top-less. * En las playas se ven muchas mujeres en top-less con bonitos pareos. **b)** [Espectáculo o establecimiento] en que las artistas o las camareras llevan el pecho descubierto. Frec n m. | J. C. Clemente *SCCa* 26.10.75, 5: Aunque la pornografía está prohibida por los ingleses, innumerables cabarets, cines y bares presentan espectáculos eróticos y "top-less".

top-model *(ing; pronunc corriente, /tóp-módel/; pl normal, -s)* f Modelo muy cotizada. | S. Moreno *Tiem* 20.3.89, 14: Son mujeres bellas, semivestidas, que podían superar a las *top-models* y actrices más *sexys*.

topo[1] **I** n **A** m **1** Mamífero insectívoro del tamaño del ratón, con pelo negro y aterciopelado y fuertes patas con las que excava galerías en el suelo (*Talpa europaea*). *También se da este n a otras especies del gén Talpa o de otros similares.* Frec con un adj o compl especificador: COMÚN, CIEGO, DE AGUA, etc. | Noval *Fauna* 66: Tres especies diferentes de topos viven en Asturias: El Topo de agua o Rata almizclera (*Desmana pyrenaica*) es muy poco conocido .. El Topo común (*Talpa europaea*) y el Topo ciego (*Talpa caeca*) son muy difíciles de diferenciar entre sí. *MOPU* 7/8.85, 125: Entre la fauna existente en Lérida, citamos las especies que habitan en la zona alta del Pirineo español, como la trucha, el tritón pirenaico, topo de río, águila real. **b)** *(col)* Se usa en frases de sent comparativo para ponderar la poca vista de una pers. | * Se niega a usar gafas, pero es un topo. * Ve menos que un topo.
2 *(col)* Pers. que fabrica o utiliza túneles para escapar. | J. B. Filgueira *Ya* 9.6.78, 16: Continúan los topos construyendo túneles para fugarse de las prisiones. **b)** Pers. o vehículo que realiza su función por túneles bajo tierra. | *Ya* 27.12.90, 7: Los "topos" de Madrid quieren la huelga. Los conductores de Metro acusan a la Compañía de incumplir los acuerdos de marzo. Aguilar *Experiencia* 517: El "topo" –ese ferrocarril de vía estrecha o tranvía que aún subsiste entre Hendaya y San Sebastián– tardaba unos minutos en franquear la distancia.
3 *(col)* Pers. que vive oculta por temor a represalias políticas. | Alarico *DBu* 21.7.81, 28: Más "topos". La guerra española continúa siendo tema de interés en la mayoría de los países del Mundo.
4 Espía infiltrado en una organización. | *Int* 31.8.83, 46: Los trabajos sucios de los servicios secretos británicos .. Aún no se han apagado los ecos del escándalo suscitado al descubrirse un nuevo "topo" en su estructura. *País* 10.4.89, 1: Cienciología tiene "topos" en la Administración, según la policía.
B f **5** Máquina para excavar túneles. | E. Bayo *Gac* 22.2.70, 39: Las "topos" van alojadas en un cojinete principal, soportado por el cuerpo de la máquina, que a su vez lleva diversos motorreductores eléctricos con una potencia total de 600 caballos.
II adj invar **6** [Color] negro lustroso propio del topo [1]. | *ByN* 25.3.90, 90: Blusa sin mangas, en chantung de seda color topo, con aplicaciones de madera en el cuello (51.000 pesetas).
7 *(raro)* [Cosa] oculta por motivos políticos. | Aparicio *Retratos* 183: –¿Qué es? –La medalla del valor de la República .. La ganó el difunto Orencio Mosácula, ¿qué te parece? Es una noticia topo, oculta durante cuarenta años y dada a conocer por su hijo Ezequiel mucho después de la muerte de Franco.

topo[2] m Lunar (dibujo redondeado en una tela). *Gralm en pl.* | Carandell *Madrid* 57: Llevaba un vestido de seda blanca con topos negros.

topografía f **1** Técnica de levantar mapas y planos a una escala relativamente pequeña y considerando la Tierra plana. | E. Novoa *HLM* 26.10.70, 14: Aparecen elementos históricos de cartografía, juntamente con trabajos modernos en topografía, fotogrametría.
2 Configuración [de un terreno]. | Delibes *Mundos* 43: Tras las Termas de Cacheuta, cuyos bosques de chopos y sauces dulcifican un tanto la adusta topografía, el viajero pierde contacto con la vida vegetal. **b)** Configuración [de algo]. | Legorburu-Barrutia *Ciencias* 37: Topografía general del cuerpo humano. *Inf* 16.11.70, 15: Es preciso fraccionar y ampliar el escrito, cuadricularlo perfectamente para estudiar en él la forma de la escritura, la topografía de las letras –su situación entre sí–, el tamaño de cada una, sus índices curvimétricos.

topográficamente adv En el aspecto topográfico. | A. Manzanares *Reg* 11.8.70, 5: La Sierra camerana no pertenece, ni étnica ni topográficamente, a lo que se entiende genéricamente por Rioja.

topográfico -ca adj De (la) topografía. | Ortega-Roig *País* 16: Mapas topográficos son los de pequeñas extensiones de terreno, y en ellos se indican todos los accidentes, campos de cultivo, caminos, casas, etc. Alfonso *España* 148: Estamos en medio de una meseta, con espacio y libertad para proyectarnos inteligentemente y sin dificultades físicas o topográficas.
2 Relativo a la colocación de algo en un conjunto. | Huarte *Biblioteca* 109: La signatura topográfica debe escribirse con lápiz en un sitio muy visible del comienzo de cada volumen. RMoñino *Poesía* 57: El resto [del Cancionero] no es más que una torpe reducción de la obra de Castillo, tan ruda e imperfecta que sigue su mismo orden topográfico.

topógrafo -fa m y f Especialista en topografía [1]. | Ortega-Roig *País* 11: Hay muchas personas que necesitan saber la orientación exacta: los topógrafos, los cartógrafos, los alpinistas.

topolino adj *(invar en gén y frec en núm) (col, hist)* En los años cuarenta: [Chica] moderna. *Tb n f.* | MGaite *Usos* 79: Muy otros eran los métodos de la niña topolino. MGaite *Usos* 85: En el Madrid de postguerra .. las topolinos solían reunirse con sus amigos en bares de la calle de Serrano y sus alrededores. **b)** [Zapato] de plataforma, típico de las chicas topolino. *Tb n m.* | SSolís *Camino* 147: Llevaba un vestido de muselina estampada .. Los zapatos topolino, con gran suplemento, la hacían aparentar casi alta. P. Romero *Inf* 21.10.82, 24: Bravo Java ha sido afamada, entre otras cosas, porque ha cuidado mucho el calzar de pies delicados, creando hormas especiales para señoras mayores .. Los famosos "topolino" y tiroleses acreditaron mucho al establecimiento en su primera época. **c)** De (las) chicas topolino. | MGaite *Usos* 85: Eran los padres de la generación topolino. Que no solamente estaba compuesta por hijas, como es natural, aunque se hablara más de ellas, sino también por hijos.

topología f Parte de la geometría que estudia las propiedades de las superficies que, mediante las necesarias deformaciones, pueden transformarse en otras. | Aranguren *Marxismo* 146: Lombardo-Radice (matemático, .. ha estudiado las estructuras formales del álgebra y la topología).

topológico -ca adj De (la) topología. | Pinillos *Mente* 115: El campo espacial [de aptitudes intelectuales] abarca un conjunto de aptitudes precisas para resolver problemas de tipo técnico-práctico .. El factor S$_3$, espacial topológico, que consiste en la aptitud para manipular mental o físicamente aspectos no figurativos ni métricos del espacio, como orientaciones, trayectorias, obstáculos, etc.

topón -na *adj* (*Taur*) [Res] que al embestir topa y no tira cornadas. | Hache *Cod* 9.2.64, 5: Con un animal que gazapea, .. topón, incierto o con otro defecto por el estilo es un toreo impracticable.

toponimia *f* **1** Estudio de los nombres propios de lugar. | Lapesa *HLengua* 14: La hipótesis de una inmigración ligur .. ha cobrado después nuevo crédito, apoyada por la arqueología y la toponimia.
2 Conjunto de los nombres propios de lugar [de un país, región o población]. | Burgos *SAbc* 13.4.69, 44: Las quince puertas que aún existían en la pasada centuria –muchas de las cuales persisten en la toponimia urbana, como Puerta Osario, Puerta de Córdoba–.

toponímico -ca I *adj* **1** De (la) toponimia. | Areilza *Abc* 6.12.70, 3: Los pantanos de la alta Extremadura relumbran plateados en la vertiente meridional: Peña de Francia. ¡Qué singularidad toponímica! En plena medianería de las Castillas, una cordillera bautizada con el nombre del vecino país.
II *m* **2** Topónimo. | Lapesa *HLengua* 15: De estos últimos nos hablan los toponímicos *Ambrona*, *Ambroa* y *Hambrón*, de Soria, Coruña y Salamanca.

topónimo *m* Nombre propio de lugar. | Cela *Viaje andaluz* 87: El vagabundo piensa también que se podría componer un hermoso romance .. barajando .. los sonoros topónimos de la Mancha.

topos *m* (*TLit*) Tópico [3b] literario. | Correa *Introd. Gracián* XL: Tampoco es original el jesuita en su toques de la vida como camino difícil, como dolorosa peregrinación, tan utilizado por los místicos anteriores o las novelas caballerescas "a lo divino".

top secret (*ing; pronunc corriente*, /tóp-síkret/) *m* **1** Materia o documento estrictamente confidencial. | *Miss* 18.10.74, 72: Otros sugieren la permanente sobre cabellos rizados para eliminar su antiestética apariencia, pero esta técnica es "top secret".
2 Condición de estrictamente confidencial. | Salom *Ya* 5.12.74, 7: Se ha concentrado el poder en "castillos" científico-militares, bloques de amplia autonomía, que escapan a cualquier expediente de control, salvaguardados por el "top secret".

toque I *m* **1** Acción de tocar¹ (llegar con las manos u otra cosa). *Tb su efecto.* | *Abc Extra* 12.62, 72: Usted lo guía al leve toque de su mano. Miró *As* 14.12.70, 7: Hicimos correr el balón y lo pasamos al primer toque.
2 Acción de tocar¹ [un instrumento o dispositivo, o una orden o aviso]. *Tb su efecto.* | Moreno *Galería* 242: El toque del campanario para esta hora postrera y el toque del esquilón, por las calles, señalaban .. el acontecimiento que .. abría las puertas del Camposanto. **b)** (*Mil*) Indicación o aviso que se hace con determinados instrumentos musicales. *Frec con un compl especificador.* | Valls *Música* 21: La percusión sobre la tensa membrana de un tambor o sobre un tronco vaciado .. tiene el equivalente actual en las llamadas o toques militares transmitidos por el cornetín de órdenes. FReguera-March *Filipinas* 220: Se oyó un toque de atención en el campo enemigo. **c)** Aviso o advertencia para que alguien actúe o deje de actuar en una determinada forma. *Frec* ~ DE ATENCIÓN. *Gralm con el v* DAR. | Cabinista *Pro* 14.8.75, 14: Una señora cayó de espaldas fuera del autobús por tener este la puerta abierta. –Bueno, pues entonces damos un nuevo toque de atención a Saltuv. * El cólico del otro día ha sido un toque de atención. * Dale un toque a ver si mueve un poco ese asunto. **d)** ~ **de queda** → QUEDA.
3 Arreglo ligero. *Esp referido al aspecto físico de una pers.* | ZVicente *Balcón* 26: Las tres mujeres se revuelven en sus asientos, arreglándose los adornos de los vestidos, mirándose los puños, un toquecito al pelo.
4 Aplicación [de una sustancia, frec. un medicamento]. | * Es conveniente dar unos toques de yodo en la zona afectada. * Eso se arregla con unos toques de esmalte.
5 (*Pint*) Pincelada ligera. | * El brillo se consigue con unos toques de blanco. **b)** Modo peculiar de aplicar las pinceladas [de un autor]. *Tb fig, fuera del ámbito técn.* | Camón *Abc* 24.6.58, sn: El dominio del oficio aparece ya en su plenitud desde las primeras obras, de fragantes pinceladas, y dentro de esa feliz escuela valenciana cuyo repentismo y soltura de toque advertimos en esta etapa inicial de su arte.
6 Nota o detalle. | *ByN* 11.11.67, 30: La boca, grande, da al rostro el toque moderno. FAlmagro *Abc* 30.12.65, sn: Realismo, por supuesto, con toques de poesía dramática y ciertos vislumbres eglógicos de abolengo clásico.
7 Punto difícil [de un asunto] que requiere especial cuidado o habilidad. *Frec en la constr* EL ~ ESTÁ EN + *infin*. | Buero *Hoy* 71: Tánger. Allí se pueden comprar cosas, ¿sabes? El toque está en pasarlas aquí. **b)** Habilidad o acierto. | Palomino *Torremolinos* 29: A Arturo le fallan pocos tiros financieros. Donde pone la mano, algo ocurre que brotan los millones. Con las mujeres, en cambio, no tiene tan buen toque.
II *loc adj* **8** [Piedra] **de** ~ → PIEDRA.
III *loc v* **9 dar el último ~**, *o* **los últimos ~s** [a una cosa]. Hacer [en ella (*ci*)] correcciones o adiciones de detalle para dejarla completamente terminada. | J. M. Gallego *Hie* 19.9.70, 9: Ángel Cuetos, el excelente preparador de la escuadra vizcaína, está dando los últimos toques a la misma.
IV *loc adv* **10 a** ~ **de corneta.** Con disciplina y puntualidad extremadas. *Tb, raro,* A ~ DE SILBATO *o* A ~ DE SIRENA. | *IdG* 10.8.75, 2: Mi madre era una persona de mucho carácter. En casa andábamos a toque de corneta. Alfonso *España* 55: Esta clase de enseñanza tampoco se preocupa mucho de lo que pueda ser de la pieza fuera del tiempo y el lugar estrictos en que, a toque de sirena, cumple con su asignada engranadura en el gran montaje.

toquero -ra *m y f* (*hist*) Pers. que fabrica o vende tocas. | R. GParra *Gac* 19.10.80, 15: En la lista toledana de "habilitados" en 1495 aparecen .. 19 toqueros, 15 traperos, 10 lenceros.

toquetear *tr* Tocar reiteradamente [algo] o pasar la mano [por ello (*cd*)]. | Goytisolo *Recuento* 47: Juanito .. se toqueteaba la punta del pañuelo que asomaba por el bolsillo superior de la americana. Zunzunegui *Camino* 265: Observan a la luz sus aguas y cambiantes [de la seda], después de toquetearla y melindrearla. **b)** Tocar reiteradamente [a una pers.], esp. por placer sexual. | CPuche *Paralelo* 22: Así daba gusto, en diciembre y en mangas de camisa, toqueteando a señoras calentonas y con poca ropa. CNavarro *Perros* 153: Se toqueteaban sin sensualidad.

toqueteo *m* Acción de toquetear. | Berlanga *Rev* 3.69, 28: Las patatas recién excavadas de un golpe del huerto, en la cerrada de Los Charcos, soltaban agua a cualquier toqueteo. CPuche *Paralelo* 51: Como a las muchachas que ya, a lo último, lo que quieren es que les venga el toqueteo de donde sea, pero que les venga.

toquilla¹ *f* **1** Prenda de punto que se ponen las mujeres sobre los hombros o con la que se envuelve a un niño pequeño. | FSantos *Hombre* 100: Vestidas de luto, con sus negras toquillas y sus medias negras.
2 (*col*) Borrachera. | Escobar *Itinerarios* 241: ¡Vaya una toquilla que ha apañado el amigo!
3 (*hist*) Gasa u otro adorno puesto alrededor de la copa del sombrero. | Cunqueiro *Un hombre* 108: No se quitaba el ancho sombrero marrón con toquilla carmesí.

toquilla² *f* Palmera americana cuyas hojas salen del suelo sobre un pecíolo largo y de la se extrae la paja para fabricar los sombreros de jipijapa (*Carludovica palmata*). | Zubía *Geografía* 278: De la palmera "toquilla" se sacan las fibras para los "sombreros de Panamá", "de jipijapa" o jipis.

toquillería *f* (*raro*) Toquillas o conjunto de toquillas¹ [1]. | Villena 177: Lanas finas para labores .. Lanas especiales para toquillería.

toquillón *m* (*reg*) Mantón de punto usado por las mujeres en invierno. | GPavón *Cuentos rep*. 62: Lo que hizo la mozona fue sacarse un alfiler matasuegras que llevaba en el toquillón.

tora¹ *f* Armazón en figura de toro que sirve de diversión en algunas fiestas populares. | DCañabate *Paseíllo* 129: Con la tora, con el idiota que se deja hacer encaje de bolillos, cualquier indocumentado es torero.

tora² (*normalmente con mayúscula; tb con la grafía* **torah**) *f* Ley de Moisés. *Tb el libro que la contiene.* | *Sáb*

tora – torcer

11.1.75, 35: El rabino don Benito Garzón, con uno de los rollos (Tora). GRuiz *Sp* 21.6.70, 47: La "toráh" (= la Ley de Moisés) es una marcha revolucionaria, porque allí se insiste constantemente en este tema: no hay que volver a la situación precedente de Egipto.

tora[3] *f* Ranúnculo de hoja arriñonada (*Ranunculus thora*). *Tb* HIERBA ~. | Mayor-Díaz *Flora* 284: *Ranunculus thora* L. "Tora", "Rejalgar" .. Flores amarillas, solitarias, pequeñas, 5 pétalos.

torácico -ca *adj* Del tórax. | Ybarra-Cabetas *Ciencias* 375: Las extremidades torácicas [del cocodrilo] tienen cinco dedos libres.

toracicoabdominal *adj* (*Anat*) Del tórax y del abdomen. | *Ya* 30.7.87, 2: El miembro de la UEI sufrió "un traumatismo toracicoabdominal con múltiples fracturas costales y traumatismo en el primer dedo del pie derecho".

toraco *m* (*Taur, desp*) Toro de gran tamaño y cornamenta. | DCañabate *Paseíllo* 65: En los improvisados corrales estaban los toracos. **b)** (*col, desp*) Toro grande. | FVidal *Duero* 176: Culmina con la exhibición del toro maromado, consistente en atar con una soga por la cuerda al toraco más vejancón y aquerenciado que caiga a mano y pasearlo así por el pueblo.

toracolumbar *adj* (*Anat*) Del tórax y la región lumbar. | Alvarado *Anatomía* 134: Nervios raquídeos de la región toraco-lumbar de la médula espinal.

toracoplastia *f* (*Med*) Operación de resección de algunas costillas, practicada en algunos casos de tuberculosis pulmonar con el fin de disminuir la capacidad de un hemitórax y facilitar el colapso pulmonar. | Pau *Salud* 292: Decidirá también [el médico] las posibilidades quirúrgicas de esta enfermedad: neumotórax, toracoplastia, exéresis, etc.

toracotomía *f* (*Med*) Abertura quirúrgica del tórax. | J. L. Minondo *Inf* 16.11.78, 3: Previendo que hubiera necesidad de efectuarle otra toracotomía, se decidió trasladarle a Vitoria, en grave estado.

torada *f* **1** Manada de toros. | G. Ferrari *MHi* 8.66, 34: Los sementales son escogidos entre toda la torada después de haberlos probado en la tienta y en la retienta.
2 Junta de machos de perdiz. | MFVelasco *Peña* 27: Di con la torada de perdices y maté un machazo como pavo.

torah → TORA[2].

toral[1] *adj* (*Arquit*) [Elemento arquitectónico, esp. arco] que soporta el mayor esfuerzo. *Gralm referido a los arcos del crucero*. | DBu 19.9.70, 10: Hablemos por tanto de canes con labra tosca, de esculpido primigenio, comparados con la delicada labor de los arcos torales en la entrada del ábside y en sus extraordinarios capiteles.

toral[2] *m* (*reg*) Plazoleta. | A. Navalón *Inf* 26.10.71, 18: Vas, cuando haya anochecido, al barrio de la Trinidad, estrecho y blanco .. Allí está la Era del Scrig. Un rincón parecido a los recoletos "torales" de Castilla.

torancés -sa *adj* Del valle de Toranzo (Cantabria). *Tb n, referido a pers*. | Mann *Ale* 5.8.78, 2: –¿Cuál de las comarcas montañesas prefieres tú? Nos han dicho que tiras por Cabuérniga. –Bella comarca esa, sí, señor; pero no son menos bellas Liébana, Campoo .., las de la costa, las pasiegas, las torancesas y carredanas.

torar *tr* (*reg*) Echar el toro [a la vaca (*cd*)]. | J. P. Río *DMo* 17.8.87, 19: Por una novilla de dos años y medio, "torada", daba a su dueño .. 150.000 pesetas.

tórax *m* Parte del cuerpo del hombre y de algunos animales comprendida entre el cuello o la cabeza y el abdomen. | CNavarro *Perros* 72: Ella alzó la mirada y recorrió sus piernas, .. sus escurridizas caderas, su tórax y el cuello. Bustinza-Mascaró *Ciencias* 137: Los dos últimos anillos del tórax [de la abeja obrera] llevan insertas alas en número de cuatro.

torbellino *m* **1** Masa [de aire o de agua] en movimiento rápido y giratorio. *Tb el mismo movimiento*. *Tb fig*. | GGual *Novela* 80: De las columnas de Hércules, con su nave y sus compañeros .., se lanza por el *mare ignotum* de la Antigüedad, el Atlántico, acogedor de monstruos, torbellinos y tierras inexploradas. GHortelano *Amistades* 127: A lo lejos, detrás de lo que Juan había señalado como el ferrocarril, giraban unos torbellinos de polvo. Bustinza-Mascaró *Ciencias* 107: El movimiento de los cilios de su peristoma produce en el torbellino en el agua. Aranguren *Marxismo* 99: El marxismo .. se nos aparece, en el centro del torbellino revolucionario, como esos proyectos que elaboramos cuidadosamente para cuando sobrevenga una situación.
2 (*col*) Pers. muy inquieta y que actúa atropelladamente. | D. Enrique *Tri* 4.8.73, 36: Entre ellos estaban el fotógrafo Stieglitz, Ray .., el torbellino español Picabia y Duchamp.

torca *f* (*Geol*) Depresión en forma de embudo, causada por hundimiento del techo de una cavidad excavada por las aguas. | Bustinza-Mascaró *Ciencias* 356: El techo de estas galerías puede hundirse. Las cavidades así originadas reciben el nombre de torcas o dolinas.

torcal *m* (*Geol*) Terreno en que abundan las torcas. | *MOPU* 7/8.85, 28: Espacios naturales de interés .. El Torcal de Antequera .. Formaciones calizas de interés geológico y paisajístico. S. GCortés *Sur* 25.8.89, 34: La sierra de las Nieves, entre Tolox y Ronda, constituye, sin lugar a dudas, un Torcal rondeño.

torcaz *adj* [Paloma] de color gris azulado, con el borde de las alas blanco y dos manchas también blancas a cada lado del cuello, que nidifica en los árboles. *Tb n m o, más frec, f*. | Ybarra-Cabetas *Ciencias* 380: La paloma torcaz se caracteriza por una mancha blanca que tiene a cada lado del cuello. Cunqueiro *Un hombre* 128: Asustando torcaces bebedores, pasó una corza joven. Delibes *Año* 17: Esta mañana se cayeron del nido los dos pichones de la torcaz.

torcazo -za *adj* Torcaz. *Tb n*. | CBonald *Ágata* 31: Adecentó y remendó el chamizo, industrió trampas de liga para torcazas y orzuelos para nutrias.

torcecuello *m* Ave insectívora de pequeño tamaño, con plumaje pardo jaspeado en el lomo y blanquecino con rayas negras en el vientre, y que mueve el cuello en todas direcciones (*Jynx torquilla*). | J. L. Aguado *SInf* 31.3.76, 6: Las aves que Basanta y Pereira sometieron a estudio fueron las siguientes: zampullín chico, .. abubilla, torcecuello, pito real.

torcedor[1] **-ra I** *adj* **1** Que tuerce, *esp* [5]. *Tb n, referido a pers*. | FReguera-March *Cuba* 257: Mi padre empezó siendo anillador y fileteador, luego le pasaron a la "galera" de los torcedores .. Los anilladores y fileteadores se encargan de poner las anillas a los puros y cierran las cajas. Los torcedores son los que los lían.
II *n* **A** *m* **2** Aparato que sirve para torcer [5 y 6]. | Cunqueiro *Un hombre* 22: En una vuelta en el tormento, de las que llaman de pespunte, que es la segunda de la cuestión del torcedor, se le llenaron los ojos de sangre.
3 (*lit*) Tormento o mortificación. | Lera *Olvidados* 141: Ya no podía más. Había que librarse de aquel torcedor y romper la cadena. Era necesario, sin duda, un acto de desesperado valor, no ya para no acudir a la cita .., sino para rebelarse ante él. ZVicente *SYa* 12.1.75, 25: He conseguido que no sepa lo que es el rencor, qué torcedor estéril.
B *f* **4** Polilla de las uvas (*Eudemis botrana*). | F. Ángel *Abc* 4.3.58, 7: Oruguil, en polvo, es un poderoso insecticida de acción interna, .. dotado de una toxicidad extraordinaria para toda clase de insectos masticadores, tales como Piral, gusano verde, .. hilandero, Arañuelo, Torcedora, Barrenilla.

torcedor[2] *m* (*Dep*) Hincha brasileño. | L. Diego *Ya* 25.6.82, 50: La cometa de los torcedores ascenderá a lo alto con una banda de carnaval a bordo.

torcedura *f* Acción de torcer(se), *esp* [6]. *Tb su efecto*. | Castañeda *Grafopsicología* 99: Letra T .. Hampa vertical y recta. No tiene torceduras ni temblores. Es señal de afirmación de sí mismo y de independencia. Cabezas *Abc* 6.4.75, 9: La política es flexibilidad, adaptación a las circunstancias y las conveniencias, benevolencia, torcedura espiritual. *Ya* 23.9.70, 36: Nadie está libre de un golpe, de una torcedura, de un resbalón.

torcer (*conjug* **18**) **A** *tr* **1** Hacer que [algo o alguien (*cd*)] tome una dirección u orientación distinta a la que tiene o a la que es habitual. *Tb fig*. | ZVicente *Traque* 163: Fíjate qué babas, qué torcer la vista y, luego, este tembleque. Torrente *Sombras* 330: Te advierto de antemano que, cualquiera que sea tu razonamiento, no torcerá mi propósito. **b)**

pr Tomar [una pers. o cosa (*suj*)] una dirección u orientación distinta a la que tiene o a la que es habitual. | Laforet *Mujer* 11: Los frágiles zapatos de la mujer se torcían entre las piedras.
2 Desviar [a alguien] de la buena conducta. | DCañabate *Paseíllo* 82: Marquitos era un buen chico. Lo habían torcido los mismos familiares y las malas compañías a que se entregó. **b)** *pr* Desviarse [una pers.] de la buena conducta. | Delibes *Ratas* 18: Con estas relaciones el Viejo Rabino .. se torció y dejó de frecuentar la iglesia.
3 Estropear [algo o a alguien] haciendo que evolucione negativamente. | Olmo *Golfos* 16: Nunca la envidia, o cualquier otra cosa, torcieron la mutua admiración. * No toques la mayonesa, que la tuerces. **b)** *pr* Estropearse [alguien o algo] evolucionando negativamente. | Cuevas *Finca* 174: El campo .., ante las primeras coletadas sociales de la República, se había torcido. GPavón *Reinado* 134: Pronto empezaron las cosas a torcerse.
4 Enemistar [a una pers. con otra] o hacer que pierdan la confianza existente. | * Este asunto hizo mucha mella en nuestra amistad, tanta que acabó por torcernos. **b)** *pr* Enemistarse [una pers. con otra] o perder la confianza existente. *Tb sin compl, con suj pl*. | * Nos torcimos a partir de aquella discusión.
5 Dar vueltas [a una cosa (*cd*)] sobre sí misma, de modo que tome forma helicoidal. | *AbcS* 2.11.75, 33: Revestidos de riquísimos ornamentos blancos, bordados de oro torcido y hojilla de oro, del siglo XVII. **b)** Liar [un cigarro puro]. | * Estuvo unos años torciendo puros en Cuba.
6 Dar un movimiento de flexión o giro, violento y antinatural, [a un miembro (*cd*) del cuerpo]. *Frec con un ci refl, implicando que el hecho es involuntario*. | * Me torcieron el brazo hasta hacerme llorar. Gironella *Millón* 40: Ocurrió que uno de los expedicionarios se torció un pie. **b)** *pr* Sufrir un movimiento de flexión o giro, violento, antinatural y fortuito, [un miembro corporal (*suj*)]. | * Los tobillos se tuercen con facilidad en un piso así.
7 Tergiversar [palabras o su sentido]. | * No quise decir eso; tú torciste mis palabras.
B *intr* **8** Tomar [una pers. o cosa (*suj*)] una dirección distinta a la que llevaba. *Frec con un compl que expresa la nueva dirección*. | Lorenzo *SAbc* 20.12.70, 4: Por aquí tuerce el río. Olmo *Golfos* 120: Al llegar al "Huerto del Sordo", torció hacia la derecha.

torcida¹ *f* (*Dep*) Hinchada brasileña. | L. Diego *Ya* 25.6.82, 50: Todos los brasileños .. mascan chicle .. Apoyados por una torcida musical que podría levantar el ánimo, si fuera necesario, a once viejecitos de ochenta años, empiezan a tejer y destejer. *SYa* 26.6.90, 206: La torcida vuelve a Brasil.

torcida² → TORCIDO¹.

torcidamente *adv* De manera torcida (→ TORCIDO¹ [4b]). | Chamorro *Sin raíces* 79: No solo no comprendían lo que le ocurría al joven, sino que, por añadidura, lo interpretaban torcidamente.

torcido¹ -da I *adj* 1 *part* → TORCER.
2 [Cosa] que sigue una dirección que no es recta. | CPuche *Ya* 17.11.63, sn: Un pueblo de calles pinas, torcidas, muy coloristas y graciosas.
3 [Cosa] que se aparta de la rectitud moral. | Bermejo *Derecho* 14: De paso para el infierno, poco antes de llegar, encuentra a dos santos, San Lorenzo y Santa Inés, a los que en vida, con sus torcidas sentencias, había engañado. Matute *Memoria* 120: Era un hombre sin principios, obsesionado por ideas torcidas.
4 [Pers.] retorcida (sinuosa y maligna). | Delibes *Cinco horas* 177: Se te ha pegado de don Nicolás .. solo lo malo, que torcido será un rato largo, pero se le ve venir. **b)** [Cosa] propia de la pers. torcida. | Hache *Cod* 2.2.64, 5: Para evitar torcidas interpretaciones, hay que dejar sentado que tanto Joselito como Belmonte fueron dos de los genios del toreo.
II *n* **A** *m* **5** Hilo torcido (→ TORCER [5a]). | *Alcoy* sn: Lombard, S.A. .. Hilatura de seda y chapé, torcidos de seda, chapé, rayón y nylon.
B *f* **6** Mecha de algodón torcido (→ TORCER [5a]) que se pone en los candiles y otros objetos similares. | Moreno *Galería* 172: Cuidar los candiles: rellenarlos de aceite, colocarle [*sic*] la torcida, "despabilarlo" .., era todo ceremonioso. MOtamendi *MHi* 5.64, 24: Al año siguiente se adoptaba el farol de plomilla, con depósito de aceite y torcida de algodón.

torcido² *m* Acción de torcer [5]. | Moreno *Galería* 161: Ya quedaba la fibra limpia para el hilado y el torcido.

torcijón *m* (*raro*) Retortijón de tripas. | Cela *Pirineo* 273: San Cirilo, santo mártir a quien los gentiles vaciaron el vientre y patrono de estitiqueces, flojera de muelles y otros torcijones y trastornos.

torculado *m* (*E*) Acción de someter algo al tórculo. | R. Velázquez *SAbc* 23.11.75, 11: Se obtienen discos que tienen el peso exacto de la moneda y el diámetro apropiado. Este disco se somete a una operación de torculado o rebordeado que realza el canto del mismo, convirtiéndose en cospel.

tórculo *m* (*E*) Prensa, esp. la que se emplea para imprimir, estampar grabados o acuñar moneda. | Piñero *Lazarillo* 16: Así, reducido y retocado, salió una vez más el *Lazarillo* impreso en los tórculos madrileños de Pierres Cosin, en 1573. I. Montejano *Abc* 21.11.82, 45: Habrá que empezar poco a poco .., reuniendo un fondo de grabados que se irá agrandando paulatinamente, comprando un tórculo .., creando un interés por el arte de la gráfica en la misma población.

torda¹ → TORDO.

torda² *adj* (*reg*) Tonto o bobo. *Tb n*. | Delibes *Emigrante* 54: Bien mirado el Melecio, con su rutina y sus cosas, no me da envidia. Habrá que verle volver de Barcelona, al torda de él. ¡Se pensará el gilí que solo por eso ya ha visto medio mundo!

tordear *intr* (*reg*) Tambalearse. | Cunqueiro *Fantini* 129: Derrotado, se marchaba hacia su casa, tordeando como beodo.

tordesillano -na *adj* De Tordesillas (Valladolid). *Tb n, referido a pers*. | E. GHerrera *SLib* 26.3.75, 27: ¿Cuándo le llega el turno a Tordesillas para que por Televisión Española .. se pueda dar a conocer, en directo, los magníficos desfiles procesionales de la Semana Santa tordesillana?

tordilio *m* Planta herbácea de flores blancas en umbela (*Tordylium maximum*). *Tb ~ GRANDE*. | Mayor-Díaz *Flora* 456: *Tordylium maximum* L. "Tordilio grande".

tordillo -lla *adj* Tordo [1]. *Tb n*. | Barquerito *SD16* 21.5.89, 1: La mayoría de la plaza jaleó más las piruetas y la experiencia del tordillo español Aranjuez, que fue a clavar con las cortas y mató al toro, pero fue el Zamorino del segundo tercio el caballo de la corrida.

tordo -da I *adj* **1** [Caballería] que tiene el pelo mezclado de negro y blanco. *Tb n*. | Cuevas *Finca* 15: Son yeguas .. tordas árabes. Cunqueiro *Un hombre* 162: Había comprado otro caballo, un tordo muy brioso, alegre en las horas matinales.
II *n* **A** *m* **2** Se da este *n* a varios pájaros del gén *Turdus*, esp *T. philomelos*, de cuerpo robusto, pico recto y plumaje pardo. También se da este *n* a otras especies de los géns *Sturnus*, *Cinchus* y *Monticola*. *Frec con un adj indicador de la especie. Tb designa solamente el macho*. | *HLS* 3.8.70, 8: Períodos hábiles de caza .. Estorninos, tordos y zorzales. El mismo período establecido con carácter general para la caza menor. Lama *Aves* 93: Así es el Mirlo, Miruello o Tordo negro, que con todos estos nombres se le conoce en Cantabria. [*Turdus merula*.]
3 Pez marino comestible de pequeño tamaño (*Crenilabrus melops*). | Noval *Fauna* 420: Especies menores [de peces], como .. el Tabernero (*Ctenolabrus rupestris*) y el Tordo roquero (*Crenilabrus melops*), que llevan aquí [en Asturias], entre otros nombres, los de *Sarrianu* y *Gobito*.
B *f* **4** Hembra del tordo [2]. | Delibes *Historias* 13: Mis viejos amigos .. seguían matando tordas con el tirachinas.

toreable *adj* Que se puede torear. | V. Zabala *Abc* 29.5.74, 91: Fueron toreables el primero, tercero y quinto [toros].

toreador *m* Torero. *Gralm humoríst*. | G. Sureda *Sáb* 14.9.74, 51: Al hablar de tema taurino hay que añadir siempre ese Gasset para que no se confunda el toreador con el pensador. Armiñán *SElM* 14.8.90, 4: Pido perdón por personalizar estas historias de espadas y toreadores.

torear *tr* **1** Enfrentarse [una pers. con un toro (*cd*)] provocando su acometida y esquivándolo, con arreglo a ciertas normas. *Tb abs.* | Alardi *Alc* 12.10.59, 29: Fue toreado por Torcu Varón en un ambiente de pelea .. Pinchó en lo duro, y cuando el acero señaló media estocada, el novillo .. le alcanzó secamente en el vientre. *Rue* 22.12.70, 13: El arte de torear .. no tiene razón de ser ante un animal que no permite despliegue de gallardías. **b)** Torear [en una corrida (*cd*)]. | *País* 19.12.78, 50: Camino toreó la goyesca de Querétaro.
2 Evitar o esquivar [algo o a alguien]. | R. L. Chao *Tri* 5,12.70, 42: El incesto tiene una larga tradición literaria, pero en este caso todo lo escabroso es toreado con sutileza y aliento poético. Berenguer *Mundo* 130: Cuando vio que no corría, apretó el caballo contra mí, que, si no lo recorto, me patea. Al verse toreado, me tiró un fustazo a la espalda.
3 Conducir con habilidad [algo o a alguien] por donde interesa. | DCañabate *Paseíllo* 63: Veremos a ver cómo toreamos la cosa si se presenta.
4 Burlarse [de una pers. (*cd*)] actuando sin respeto o consideración [hacia ella]. | Montero *Reina* 171: Mocosa de mierda, tú te crees que nos vas a torear, tú te crees que puedes reírte de nosotros, zorra.

toreo *m* Acción de torear [1]. *Tb el arte correspondiente.* | DCañabate *Paseíllo* 24: En el toreo las piernas mandan tanto como los brazos.

torería *f* **1** Conjunto de los toreros [5]. | Selipe *Rue* 7.3.63, 3: Televisión abonaría por cada espectáculo unas doscientas mil pesetas; el 55 por 100 de lo obtenido se destinaría a la torería.
2 Toreo. | J. M. Moreiro *SAbc* 13.9.70, 45: Pedro Romero, aquel gigante rondeño de la torería.

toreril *adj* De(l) torero o de(l) toreo. | Lera *Olvidados* 180: ¿No iba a comer aquel día? Miró bien en todas direcciones y el hurto se le presentó fácil, mucho más fácil que aquellos que cometiera en su vida toreril.

torerismo *m* **1** Cualidad de torero [3]. | *Các* 23.9.74, 16: En el sexto logró momentos de gran belleza y torerismo. El toro era noble.
2 Afición torera [1]. | B. Gil *MHi* 8.60, 27: Podríase deducir que Salamanca ha podido irradiar a través del tiempo a sus vecinas de Cáceres y Ávila en el canto y poesía populares del torerismo rural.

torerista *adj* (*Taur*) [Aficionado] que da importancia primordial al arte del torero [5]. *Tb n.* | DCañabate *Paseíllo* 133: Antaño el toro contaba tanto o más que el torero y no porque el público fuera más torista que torerista, sino por todo lo que apuntado queda.

torero -ra I *adj* **1** De(l) toreo. | Torrente *Off-side* 35: Una orquesta alterna el "twist" con el pasodoble torero.
2 De(l) torero [5]. | DCañabate *Paseíllo* 17: El capote de paseo es un lujo fugaz, mientras que la montera forma parte permanente del indumento torero.
3 Que muestra cualidades de buen torero [5]. | *HLM* 26.10.70, 36: Antonio Chenel (Antoñete) estuvo igualmente torero tanto con el capote como con la franela. **b)** (*col*) *Se usa para aclamar a alguien por su brillante actuación.* | *Ya* 13.12.90, 29: Gritos de "¡torero, torero!" para Aragón, al marcar el cuarto gol desde más de 40 metros.
4 [Pers.] aficionado a las corridas de toros. | Zunzunegui *Camino* 80: –¿No va usted a los toros? –Lo he ido abandonando..., he sido poco torero.
II *n* A *m y f* **5** Pers. que tiene por oficio torear [1]. *Referido a mujer, frec en aposición.* | DCañabate *Paseíllo* 44: Yo quiero ser torero. *Inf* 16.5.75, 1: A la gran expectación que había levantado en San Sebastián de los Reyes el debut de Morenita de Quindío, la única mujer torera con alternativa, no correspondió después la calidad del espectáculo. *Ya* 16.5.75, 1: La "torera" colombiana Morenita de Quindío resultó ayer lesionada de pronóstico reservado en San Sebastián de los Reyes.
B *f* **6** Chaquetilla corta y ceñida, semejante a la del traje de luces. *A veces en aposición.* | Villarta *SYa* 11.5.75, 31: Sus modelos [del traje de novia] carecen de mangas. Pero para subir al altar les acompaña una capa, una esclavina, una torera, una estola, a veces en forma de volante. *Prospecto* 4.88: Chaqueta torera en punto canalé, de algodón-mezcla y lycra, 2.950.

7 (*col*) Mujer liviana. | Delibes *Hoja* 187: El Picaza decía que todas las del cine son toreras.

III *loc v y fórm or* **8 saltar(se) a la torera** [una obligación]. (*col*) Hacer caso omiso [de ella]. | F. Agramunt *Tri* 5.12.70, 36: Los señores promotores han saltado a la torera la seriedad y el rigor que toda manifestación cultural requiere.

9 que no se lo salta un ~ –> SALTAR.

toresano -na *adj* De Toro (Zamora). *Tb n, referido a pers.* | Escobar *Itinerarios* 189: Es un vino, el toresano, que sale de unas cepas viejas y selectas.

torgo *m* (*reg*) Raíz de brezo. | Delibes *Castilla* 30: La echábamos en un plato con unas brasas de torgo o encina, y se quemaba.

toricantano -na *m y f* (*Taur*) Torero que toma la alternativa. | Manolo *HLM* 26.10.70, 37: No hay a la vista anuncio alguno de posibles doctorados taurinos en lo poco que queda de temporada, que ofrece un balance de diecinueve toricantanos.

toricida *adj* (*raro*) Que mata toros. *Tb n, referido a pers.* | Tilu *Ya* 17.6.75, 41: Fue al tomar los trebejos toricidas cuando llegó el aguacero.

toril *m En una plaza de toros:* Sitio en que se tienen encerrados los toros que han de lidiarse. | *Rue* 22.12.70, 12: El toril es la verdadera caja de las sorpresas de la Fiesta.

torilero *m* Empleado encargado de abrir la puerta del toril. | DCañabate *Abc* 20.8.69, 47: En cuanto arrastran al toro se abre la puerta de la barrera que comunica con el toril. Dos torileros, impecablemente vestidos de blanco, aparecen en la puerta.

torillo *m* **1** Pez de pequeño tamaño, con piel viscosa y sin escamas, propio del Mediterráneo (gén. *Blennius*, esp. *B. ocellaris*). | Cela *Judíos* 23: –¿Sabe usted lo que es el *Blennius ocellaris*? –No, señor. –Pues es el torillo.
2 Ave semejante a la codorniz, con una mancha anaranjada en el pecho y motas negras en los laterales (*Turnix sylvatica*). | C. Edo *Ya* 11.12.89, 20: Entre las [especies] que se encuentran en peligro más o menos grave abundan, sobre todo, las aves –el avetoro, la garcilla cangrejera, .. el grévol, la focha cornuda, el torillo, la hubara canaria–.

torina *f* (*Quím*) Óxido de torio. | Aleixandre *Química* 140: Se puede conseguir esta deshidratación haciendo pasar vapores de alcohol sobre torina.

torio *m* (*Quím*) Metal radiactivo, de número atómico 90, blanco plateado y dúctil, usado en equipamientos electrónicos y como fuente de energía nuclear. | P. Guerrero *Abc* 9.4.67, 82: La importancia económica del torio es bastante menor que la del estaño.

toriondo -da *adj* [Animal vacuno, esp. vaca] que está en celo. *Tb (lit) fig, referido a pers.* | Moreno *Galería* 73: La vaca había salido "torionda". Cela *Viaje andaluz* 42: Una mocita albina lo mira, casi arrobada e inconfesablemente torionda, desde un balcón.

torista *adj* (*Taur*) [Aficionado] que da importancia primordial al toro. *Tb n.* | *Rue* 22.12.70, 15: Para el aficionado torista, el toro que no da facilidades... ¡Bueno!... **b)** Propio del aficionado torista. | A. Navalón *Inf* 27.11.70, 31: En el primer paseíllo de la feria se guardó un minuto de silencio a la memoria de los señores Lostao e Irujo, cuyo ejemplo deben seguir los actuales organizadores para que Pamplona mantenga su rango torista, aun a costa de que allí hayan fracasado los más empingorotados toreros. *Ya* 31.8.88, 32: Oreja para Litri en la cuarta de feria. Decae la seriedad torista de Colmenar Viejo.

tormenta *f* **1** Perturbación atmosférica violenta, acompañada de truenos, relámpagos, ráfagas de viento y lluvia, nieve o granizo. | Hoyo *Glorieta* 22: Blas miró al cielo: –Me parece que hoy no escapamos sin tormenta. C. Lacalle *MHi* 10.60, 5: Velas que adivinan el rumbo traen de España frágiles embarcaciones que han vencido tormentas y calmas.
2 Irritación o alteración violenta del ánimo, que gralm. se manifiesta en riñas o discusiones. | Lera *Trampa* 1070: –¿Crees que eres tú sola la que sufre? –y la miraba con ojos encendidos, llenos de tormenta. LTena *Triste* 45: –Señor: el presidente del Consejo de Ministros. (Doña María Cristina ahoga un sollozo y se va por la izquierda.) ¿Tormenta, se-

ñor?... –Sí, más bien. *Hoy* 23.6.79, 7: Cuando creí que la tormenta había pasado, la dejé libre, pero, ante mi estupefacción, volvió a golpearme.
3 ~ de verano. Nube de verano. | M. Xandró *SYa* 17.3.74, 46: Hay [en sus firmas] tendencias impositivas y explosivas de humor, que, como tormenta de verano, salpican su tensión creacional.

tormentaria *f (hist)* Artillería. | *Ya* 2.2.85, 23: Seminario sobre Castellología Medieval Española .. Entre otros temas, se hablará de la clasificación de las fortificaciones, emplazamientos, tormentaria y balística, poliorcética medieval.

tormentila *f* Tormentilla (planta). | J. L. Aguado *SInf* 3.12.75, 3: Los remedios de acción "contraria", antidisentéricos, eran las bellotas y las hojas de encina, la raíz de tormentila y las bayas de arándano.

tormentilla *f* Planta rosácea cuyo rizoma se usa en medicina como astringente (*Potentilla tormentilla* o *P. erecta*). | Mayor-Díaz *Flora* 338: *Potentilla erecta* (L.) Räuschel "To[r]mentilla". (Sin. *P. tormentilla* Stokes.) .. Se utiliza el rizoma .. por ser un poderoso astringente y antidiarreico. [*En el texto*, tomentilla; *en el índice*, tormentilla.]

tormento *m* **1** Pena corporal grave, infligida como castigo o para hacer confesar o declarar. *Normalmente referido a tiempos pasados*. | Cunqueiro *Un hombre* 22: En el tormento dijo llamarse Andrés y estar huido de su madrastra.
2 Sufrimiento físico o moral muy intenso. *Frec con intención ponderativa*. | SLuis *Doctrina* 61: El mayor tormento de los condenados no es la pena de sentido. * Es tal el tormento de cabeza que no puedo seguir. * ¿Qué puede compararse al tormento que causa la duda? **b)** Pers. o cosa que causa tormento. *Frec (humoríst) se usa para designar a la pers amada*. | Torrente *Sombras* 197: Hubo también algunos dimes y diretes al pretender los señores Cammember y Weeson dar la mano a sus respectivos tormentos, la señorita Christie y la señora Smith.

tormentón *m (col)* Tormenta grande. | B. Lezama *Ide* 27.9.92, 6: Mientras escribo esta historia, veo jarrear sobre Granada de forma inmisericorde .. Ni siquiera la popular fiesta granadina de La Virgen ha parado el tormentón.

tormentoso -sa *adj* De (la) tormenta. | Zubía *Geografía* 52: Cúmulos: nubes algodonosas y tormentosas; son frecuentes en verano. GPavón *Reinado* 15: Oscuro y tormentoso se presentaba el reinado de Witiza. Laforet *Mujer* 40: Hacía cerca de dos meses que duraban aquellas tormentosas relaciones.

tormo *m* Terrón. | G. Comín *Not* 31.12.70, 47: El pajarillo de nuestro hospedaje, que .. tosía en vez de cantar y tal vez estaba diabético incurable para corresponder en todo al vejete de los tormos de azúcar, ¡ha muerto!

torna. volverse, o **cambiarse**, **las ~s**. *loc v* Alterarse las circunstancias en sentido contrario al que tenían. | MHerrera *Abc* 19.12.70, 27: Bastarán unos meses .. para que se vuelvan las tornas. Grosso *Capirote* 175: No quiero deciros que mañana no se vayan a cambiar las tornas, ¡que bien pudiera!, y que el que hoy me responda mejore su sitio.

torna-atrás → TORNATRÁS.

tornaboda *f En ambiente rural*: Día siguiente al de la boda. *Tb la celebración correspondiente*. | Escobar *Itinerarios* 153: Había que hacer el chocolate de la tornaboda. Berlanga *Gaznápira* 107: No hay tornaboda porque los novios tenían pensado irse de mañana, sin dar tiempo a que los mozos les laven la cara en la fuente.

tornada *f (lit)* Acción de tornar [1]. | Faner *Flor* 52: En 1726, a la tornada de un provechoso viaje, Diodor se acercó a doña Catalina en el paseo.

tornadera *f* Horca para volver la parva. | MCalero *Usos* 46: Los trillos llevaban unas piezas de hierro que se llamaban aparvaderas, y su misión era la de ir moviendo la trilla, a la vez que unos hombres la movían con tornaderas de madera.

tornadizo -za *adj* Variable o inconstante. *Frec con intención desp*. | Delibes *Príncipe* 73: Los de los demás es circunstancial y tornadizo; lo de ellos, intocable y permanente. *HLC* 2.11.70, 6: Y por último, la preocupación de cada domingo: el público ferrolano, que no anima lo que debe; es variable, tornadizo.

tornado *m* Huracán muy violento y destructivo en que los vientos pueden alcanzar los 400 km por hora. *Referido esp a la zona tropical americana*. | *Mad* 22.4.70, 16: Un tornado arrasa un pueblo de Uruguay. *Ya* 14.4.64, 18: Dacca (Pakistán oriental) .. Doscientas cincuenta y nueve personas han perecido como consecuencia de un tornado que ha arrasado distintas localidades.

tornante *adj (lit)* Que torna [1]. | N. FCuesta *Abc* 4.6.75, 9: El interés juvenil por el libro, .. la aproximación reverencial a los grandes autores, tornantes muchos de ellos del exilio por la magia de su creación y el respeto reconocido que merecen.

tornapunta *f (Constr)* Pieza inclinada que se apoya por su pie en una vertical y se une por arriba con otra horizontal, enlazando ambas. | Benet *Volverás* 47: Frente a las puertas que miran al septentrión, apoyados en el suelo y en la pared a modo de tornapuntas, coloca cuantos tablones y rollizos tiene a su alcance a fin de formar un jabalcón que le permita salir al exterior bajo un túnel de hielo, cuando amaine el ventón. J. IGalán *AbcS* 18.1.75, 17: El total de piezas de hierro fundido, placas, segmentos, tornapuntas, formaletas, consolas, roscones, aros, cuñas, planchuelas, cojinetes y otras son más de veintisiete mil.

tornar *(lit)* **A** *intr* **1** Volver o regresar. | Arce *Testamento* 43: De pronto me había parecido como si aquel estúpido temor de la infancia tornase a mí. Aguilar *Experiencia* 817: Volví a meditar, y torné, también, sobre mi primitiva resolución.
2 ~ a + *infin* = *ind* + DE NUEVO (tornó a caer = cayó de nuevo). | F. PMarqués *Hoy* 26.12.75, 12: –¿Y "Beato", existe alguien apodado "Beato"? –vuelves a preguntar. –Sí, alguno hay por ahí con ese mote –tornan a informarte.
B *tr* **3** Volver (hacer que [alguien o algo (*cd*)] vaya al lugar de donde salió). | * Torna la espada a su vaina.
4 Volver o devolver. | * Hay que tornar bien por mal.
5 Volver (hacer que [alguien o algo (*cd*)] cambie su orientación). *Gralm seguido de un compl adv que expresa la nueva orientación*. | Arce *Testamento* 14: Tornó hacia mí su cabeza.
6 Volver (transformar en). *Con un n o adj predicativos*. | * La luz del sol tornaba rubios sus cabellos. **b)** *pr* Volverse (transformarse en). *Con un n o adj predicativos*. | Arce *Testamento* 23: Cuando [sus ojos] cambiaban de expresión se tornaban duros y fríos como el acero.

tornarratas *m (reg)* Piedra saliente encima del pie del hórreo. | MMariño *Abc* 3.9.68, 9: Se le aísla [al hórreo] del suelo mediante cuatro puntos de apoyo o pivotes, cuya continuidad se interrumpe por unas piedras, llamadas "tornarratas", que impiden el paso de estos roedores.

tornasol *m* **1** Materia colorante azul violácea que se vuelve roja en contacto con un ácido. | Bustinza-Mascaró *Ciencias* 284: Hay un liquen del cual se obtiene el tornasol, indicador que sirve para reconocer si un cuerpo es ácido o alcalino.
2 *(lit)* Reflejo irisado que produce la luz en determinadas superficies. | J. A. Castro *Ya* 21.6.75, 8: Y volvieron tozudos, vates, a[rú]spices, rapsodas, bardos, versistas, ripiadores, a ensoparnos la vida con un caldo de lunas, arrayanes, crepúsculos, palomas, tornasoles, miradas de azabache.

tornasolado -da I *adj* **1** *part* → TORNASOLAR.
2 Que presenta tornasoles [2]. | * La luz, al reflejarse en el espejo, producía en la pared reflejos tornasolados.
II *m* **3** Colorido de tornasoles [2]. | N. Luján *Sáb* 6.8.75, 3: Que los gallos .. no soporten la última de todas las indignidades, que es la pérdida de su magnífico plumaje: el gran atavío de los gallos, con su lujurioso tornasolado, fastuoso y petulante.

tornasolar *tr (lit)* Producir tornasoles [2] [en algo (*cd*)]. | Lera *Boda* 670: Oro derretido era el sol cuya última caricia tornasolaba los tejados. **b)** Hacer que [algo (*cd*)] presente tornasoles [2]. | G. Bartolomé *Ya* 18.1.88, 4: Que dichos arquitectos, además, tengan en cuenta en su trabajo lo variables que son los políticos y así tornasolen la piel de los respaldos para que el mismo sirva para varios, si cambiaren de sigla o se convirtieren en mixtos.

tornátil – tornillo

tornátil *adj (lit, raro)* Tornadizo. | Cr. García *Abc* 3.5.89, 22: La posmodernidad sostiene que el ser es débil, lábil, feble, quebradizo, tornátil.

tornatrás *(tb con la grafía* **torna-atrás**; *pl, ~ o ~ES) m y f (hist) En las castas coloniales americanas:* Hijo de español y albina o de albino y española. | Cela *Inde* 24.4.91, 64: Los mestizos, los saltatrás o tornatrás (los puristas y también los popularistas dirían saltatrases y tornatrases ..), los cuarterones .. y todos los demás mezclados .. tienen abuelos esclavos y esclavistas en las proporciones que solo Dios conoce. MPérez *Comunidad* 100: Mestizos de todo tipo (los pintorescos nombres de albinos, coyotes, torna-atrás).

tornavaquero -ra *adj* De Tornavacas (Cáceres). *Tb n, referido a pers.* | I. Montejano *Hoy* 4.9.75, 12: Julián tiene la pasión extremeña y tornavaquera metida en el alma.

tornaviaje *m (lit)* Viaje de regreso. | Guillén *Lenguaje* 34: Marchar al otro mundo con el Práctico a bordo es recibir a Su Divina Majestad en viático para esta última navegación, sin posible tornaviaje, que todos tenemos que emprender.

tornavirón *m (raro)* Torniscón. | Falete *Cod* 1.9.74, 19: –¡Mira que te doy un cosque! –Y yo un tabanazo! –¡Y yo un tornavirón!

tornavoz *m* Dispositivo destinado a recoger y reflejar la voz. | E. Corral *Abc* 21.8.66, 77: Suele ocurrir en programas de este tipo que se desvirtúe su carácter televisual para incidir en el meramente "microsurcal", como si la TV fuera un tornavoz, un altavoz o una caja de resonancias dedicada a pregonar los éxitos grabados.

torneado¹ -da I *adj* **1** *part* → TORNEAR.
2 De formas redondeadas. *Normalmente referido al cuerpo femenino.* | Payno *Curso* 212: Era una mocita de buen ver, rellena y torneada. Umbral *Ninfas* 67: Las piernas de Tati me resultaban excesivamente torneadas, con la línea forzada en un servil afán de la naturaleza por agradar.
II *m* **3** Producto torneado [1] o fabricado en torno. | *D16* 4.3.89, 46: Torneados Muñoz, S.L., es una empresa especializada en la fabricación de balaustres para escaleras en madera de primera calidad.

torneado² *m* Acción de tornear. | GNuño *Escultura* 61: Pudieron encontrarse, anejas al horno, otras dependencias de la misma industria, como el taller de torneado.

torneador -ra *adj* Que tornea. *Tb n f, referido a máquina.* | *EOn* 10.64, 70: Construcción de maquinarias, hornos y accesorios para la Industria de Panificación y Pastelería. Molinos trituradores .. Heñidoras-Torneadoras. Batidoras.

tornear *tr* **1** Dar forma [a algo (*cd*)] en el torno [2]. | A. M. Campoy *Abc* 19.11.64, 24: Cuando ya no se puede ser alfarero, es decir, creador de formas, se es ceramista, y cuando no era posible tornear y cocer un cacharro .. hubo que hacer Sèvres o Capodimonte. *GTelefónica N.* 15: Aceros calibrados, torneados, rectificados, laminados y forjados.
2 *(raro)* Dar forma redondeada [a algo (*cd*)]. | Vega *Cocina* 12: Rodajas de limón, perejil y patatas torneadas en forma ovalada.

torneo¹ *m* **1** *(hist)* Combate cortés entre dos bandos de caballeros en un recinto destinado a este fin. | DPlaja *Sociedad* 36: Todavía puede verse en la primera mitad [del siglo XVI] un torneo como se usaba en los siglos pasados. *Abc* 21.4.70, 44: Fiestas medievales .. En el programa se incluyen torneos, corridas y alanceamientos de toros. **b)** *(lit)* Lucha competitiva o de emulación. | CNavarro *Perros* 129: La convivencia jamás puede estar fundamentada en una especie de torneo de bondad. Lázaro *Gac* 30.12.79, 85: Los tres amigos poetas de Nise celebraban la salud recuperada por esta con un torneo recitativo de la más pura y bella tradición renacentista.
2 *(Dep)* Competición con varias series de pruebas eliminatorias. | *As* 10.1.71, 28: El próximo domingo .. comenzará el torneo de minibasket.

torneo² *m* Torneado². | Seseña *Barros* 14: Es muy importante el colado de la pasta, y por eso se la tamiza para separar las piedras, los caliches y otras impurezas que harían difícil el torneo de la pieza y que además la estropearían una vez cocida.

tornería *f* **1** Industria del torno [2]. | *Alcoy* sn: Industrias Vidal, S.A. Tornería textil.
2 Oficio de tornero [1]. | FRius *HEspaña* 1, 368: En tierras leonesas no faltaron verdaderas comunidades industriales, integradas por los habitantes de un lugar o aldea, dedicados todos a un mismo oficio –fabricación de ollas, tejas, ruedas; herrería; tornería–.

tornero -ra *m y f* **1** Pers. que trabaja con el torno [2]. | Laiglesia *Tachado* 69: –Temo que la ruleta y el chemin de fer no sean los entretenimientos más adecuados para los obreros, por alto que sea su nivel de vida –objetó Su Alteza, sintiendo un escalofrío al imaginar los casinos burlones invadidos por un enjambre de torneros, mecánicos y albañiles.
2 Pers. que atiende a un torno [3]. *Normalmente designando monja; en este caso, frec en aposición con* HERMANA. | DPlaja *El español* 46: Encuentra como tornera a una muchacha igual que ella. A. González *Abc* 23.2.58, 9: Os saluda y recibe la voz acogedora de la hermana tornera.

tornés -sa *adj (hist)* [Moneda] fabricada en Tours (Francia). | Sobrequés *HEspaña* 2, 81: Las monedas de oro y plata circulantes [en Navarra] eran, como en todas partes, las musulmanas y castellanas, y, en vellón, los dineros torneses franceses.

torniego -ga *adj* De El Torno (Cáceres). *Tb n, referido a pers.* | *Hoy* 4.9.75, 14: Este hombre, menudo de cuerpo, torniego por nacimiento, investigador nato, nos habló de una importante corriente subterránea.

tornillazo *m* **1** *(reg)* Vuelta o giro rápidos. | Berenguer *Mundo* 124: Tomamos por el mismo río hasta sobrepasar todo lo que es el torno, que es un buen cacho con los dos tornillazos que da en la Valera y en la Zarza. MCampos *Abc* 4.6.72, 3: Nuestras monturas no se habían acostumbrado al estridente ruido del "Hispano" o del "Dion Bouton" que se acercaba a toda mecha: "sesenta por hora". Convenía apartarse de la vía. Meterse un poco en los trigales; y hacer frente al peligro. Prepararse a un tornillazo, y aún esperar hasta que el polvo se esfumara.
2 *(Taur)* Golpe seco que tira el toro con los cuernos levantando la cabeza. | V. Zabala *Abc* 18.5.75, 87: No quisieron [los toros] comerse a nadie .. No les cabe, pues, a los llamados diestros la disculpa del "pregonao" con la cara alta, los ágiles tornillazos buscando las femorales.

tornillería *f* **1** Tornillos, o conjunto de tornillos [1]. | *GTelefónica N.* 14: Aceros inoxidables .. en chapas, barras, tubos, pletinas, mallas, varillas, perfiles, flejes, tornillería.
2 Industria del tornillo [1]. | *Ya* 8.11.70, 43: Cooperativa Madrileña Tornillería solicita con urgencia especialistas torneros para grandes series.

tornillero -ra I *adj* **1** De(l) tornillo [1]. | * Industria tornillera.
II *m y f* **2** Fabricante de tornillos [1]. | *Abc* 27.12.70, 30: Importante sociedad productora de aceros finos laminados al horno eléctrico busca vendedor .. Deberá estar introducido en el mercado de la citada zona y tener experiencia probada en la venta de aceros para almacenistas, forjas, calibradores, torneros, fabricantes de muelles y ballestas.

tornillo I *m* **1** Pieza cilíndrica o cónica, con relieve helicoidal en un extremo, que, haciéndola girar, se introduce en madera, metal o en otra pieza dotada de su mismo relieve. | Laforet *Mujer* 39: Se le caían al suelo las tapas y los tornillos.
2 ~ **de Arquímedes.** (*Mec*) Cilindro hueco, provisto interiormente de una chapa en forma de hélice, que se emplea para elevar agua o para arrastrar por el tubo materias pastosas o pulverulentas en la alimentación de máquinas o calderas. | Marcos-Martínez *Física* 275: Mediante el tornillo de Arquímedes, A, se introduce en el interior del horno.
3 ~ **sin fin.** (*Mec*) Engranaje compuesto por una rueda dentada y un cilindro con resalte de hélice. | Tejedor *Arte* 42: Arquímedes, creador de inventos como el tornillo sin fin, la polea movible.
4 Arbusto americano de flores rojas y fruto capsular en forma de hélice (gén. *Helicteres*). *Tb su madera.* | F. Presa *MHi* 2.64, 45: Las maderas de la región son principalmente el cedro, caobo, tornillo, ulcumano y una infinidad de maderas preciosas.

II *loc adj* **5 de ~.** (*col*) [Beso] retorcido. | Delibes *Cinco horas* 119: Los primeros días .. me daba un beso en la boca, bastante apretados, desde luego, raros, como de tornillo.
III *loc v* **6 apretar los ~s** [a alguien]. Comportarse [con él] de manera dura y exigente. *Tb sin compl*. | MReverte *Demasiado* 89: Me gusta que te hayas decidido a apretarle los tornillos a ese tipo. L. Calvo *Abc* 1.12.70, 29: La República Democrática Alemana aprieta los tornillos y obstruye como en los peores tiempos el paso por su territorio al Berlín Oeste.
7 faltarle [a alguien] **algún ~**, *o* **tener flojo algún ~**. (*col, humoríst*) Estar loco. | SFerlosio *Jarama* 40: Sebastián se había puesto a dar brincos y hacer cabriolas .. –¿Qué hace ese loco? –dijo Carmen. –Nada; se siente indígena. –Unos cuantos tornillos le faltan.

torniquete *m* **1** Aparato constituido por un eje vertical con cuatro aspas, que se pone en una entrada para hacer pasar a las perss. de una en una. | Cabezas *Abc* 19.3.75, 54: Se han puesto en servicio los modernos torniquetes para control de entrada de viajeros.
2 Instrumento o dispositivo para detener la circulación en un vaso sanguíneo y evitar así la hemorragia. | GGarcía *Salud* 521: En el caso de heridas arteriales o venosas de los miembros, la solución de urgencia es la aplicación de un torniquete o ligadura exterior entre el corazón y el vaso afectado.

tornisción *m* Golpe dado con la mano en la cara o en la cabeza, esp. de revés. | Zunzunegui *Hijo* 94: Quedaba ya luego todo el santo día de mal humor que se le escapaba en torniscones a los críos.

torno I *m* **1** Máquina para levantar o arrastrar pesos, compuesta por un cilindro cuyo eje descansa sobre dos soportes y que puede girar por medio de un manubrio o de un motor. | Marcos-Martínez *Física* 49: Se levanta un cuerpo de 50 kilogramos de masa mediante un torno. *Gar* 15.9.62, 23: A diferencia del avión velero, el planeador no necesita ser remolcado a torno o por avioneta. Aquí el remolque es humano.
2 Máquina que sirve para hacer que algo gire sobre sí mismo. *Frec con un compl especificador:* DE ALFARERO, DE HILAR, DE DEVANAR, DE DENTISTA, *etc*. | *Lab* 9.70, 60: Una vez todo dispuesto, ya puede empezar a modelar los objetos. No es necesario ningún torno de alfarero. MSantos *Tiempo* 167: Como dice el dentista: "Estése quieto", me hinca el torno en el momento en que hinca el torno en el centro de la muela. J. F. Álvarez *Nar* 6.77, 29: Una vez obtenida la tablilla viene la operación del torneado. Se moja bien la tablilla con el fin de que adquiera flexibilidad y no se parta, y a continuación se pasa por el torno; este aparato para domar los cercos de las cribas consta de dos cilindros y un aspa. **b)** Máquina para labrar piezas animadas de un movimiento giratorio. | GTelefónica *N*. 1036: Talleres Segura. Tornillería especial. Trabajos de torno revólver y cilíndrico.
3 Armazón giratoria que se ajusta al hueco de una pared y permite pasar objetos de una parte a otra. | A. González *Abc* 23.2.58, 9: A la derecha de la puerta de entrada a la clausura está el torno.
4 Recodo que forma el cauce de un río y en el que gralm. adquiere mucha fuerza la corriente. | Berenguer *Mundo* 38: Entramos por el torno del río hacia el Berrocal.
5 (*lit, raro*) *En pl*: Alrededores. | Aldecoa *Gran Sol* 150: Las aguas volverían a sus colores radicales: verdes en los tornos de los barcos, azules hasta el horizonte circular.
II *loc adv* **6 en ~.** Alrededor. *Gralm seguido de un compl* A *o* DE, *o de un posesivo. Tb adj*. | Arce *Testamento* 91: Lanzó una mirada en torno. Arce *Testamento* 28: El Bayona lo pasó en torno a mi cabeza. LMuñoz *Tri* 26.12.70, 8: Cubriendo en torno al 15 por 100 del importe total. Cuevas *Finca* 229: El levante bramaba en torno de la casa. Medio *Bibiana* 59: Mira en torno suyo. MGaite *Búsqueda* 19: Esto se debe a que el mundo en torno no siempre es propicio.

toro¹ *m* **1** Mamífero rumiante de gran tamaño, con la cabeza armada de dos cuernos largos y curvados hacia adelante (*Bos domesticus*). *Esp designa el macho no castrado de esta especie. Tb su piel*. | Ybarra-Cabetas *Ciencias* 394: El aparato digestivo del toro está adaptado a su régimen alimenticio. Arce *Testamento* 14: Un pescuezo que de pronto me recordó al del toro de don Juan. Soraya *SPue* 24.10.70, 4: El toro, piel menos confortable por su aspecto rígido y menos caliente (por su pelo corto), tiene en esta ocasión, y en los modelos femeninos, un trabajado especial que imita a las garras de astracán en relieve. **b)** *Se usa frec en constrs de sent comparativo para ponderar la fortaleza, la furia o la bravura de un hombre*. | * Estás hecho un toro, muchacho. * Se puso hecho un toro cuando se enteró. **c) ~ del aguardiente** → AGUARDIENTE.
2 *En pl*: Fiesta o corrida de toros [1a]. | DCañabate *Paseíllo* 135: Mañana voy a los toros. Se ha empeñado el pelmazo de Andrés. Dice que torea un tremendista.
II *loc v y fórm or* (*col*) **3 ciertos son los ~s.** Fórmula con que se comenta la confirmación de un temor o sospecha, o de una noticia. | CPuche *Paralelo* 256: Se dio cuenta de que algo raro sucedía .. De una rubia bajaron también varios policías americanos. "Ciertos son los toros", pensó Genaro.
4 coger el ~ por los cuernos, *o* **ir** (**directamente**) **al ~.** Afrontar de manera decidida e inmediata un asunto difícil. | CSotelo *Resentido* 213: ¡Duro y a la cabeza! Hay que coger el toro por los cuernos. Que vean que con la autoridad no se juega. Torrente *Vuelta* 396: Había tardado mucho tiempo en escribir la carta; había ensayado estilos ..; había iniciado el texto con rodeos y había ido directamente al toro. GPavón *Abc* 11.8.64, 3: Le coarta cierta timidez, pero se va al toro.
5 echar (*o* **soltar**) **el ~** [a alguien]. Reprender[le] o recriminar[le]. | * El guarda nos echó el toro cuando quisimos pasar. DCañabate *Abc* 1.6.75, sn: Poca gente compraba flores a los principios de este siglo. Rosita se indignaba... "Yo es que a veces tengo que contenerme pa no soltar el toro. Los hay como mantas."
6 pillar, *o* **coger**, **el ~** [a alguien]. Ser derrotado o superado por las circunstancias. | Delibes *Ratas* 86: –[Te gustaría] saber cuántos dedos tiene el águila real o dónde anida el cernícalo lagartijero, ¿verdad que sí? –Eso ya lo sé, doña Resu. –Está bien .., tú quieres que a doña Resu la pille el toro. Eso quieres tú, ¿verdad?
7 ver los ~s desde la barrera. Asistir al desarrollo de un suceso y opinar sobre ello, sin exponerse a ningún riesgo o contratiempo. | SFerlosio *Jarama* 59: ¡Qué bien se ven los toros desde la barrera! Como tuviera usted una úlcera .. mordiéndole por dentro, entonces ya me lo diría usted.
III *loc adv* **8 a ~ pasado.** Cuando ya ha pasado la dificultad. | J. M. Cortés *País* 25.1.89, 59: Los analistas hablan, a toro pasado, de una sesión marcada por el clásico repunte técnico.
9 a ~ suelto. (*Caza*) Con hurón y sin red. *Referido al modo de cazar conejos. Tb adj*. | Delibes *Castilla* 21: El hurón va bien para distraerte un rato cazando a toro suelto, o para el furtivo, pero para el negocio, no; tiene muchos inconvenientes el bicho, el primero de todos que por menos de nada se te trasconeja.

toro² *m* (*Arquit*) Moldura convexa de sección semicilíndrica. | Angulo *Arte* 1, 14: Aspecto esencial en la moldura es la sección, que puede ser convexa, cóncava o concavoconvexa .. Entre las primeras figura .. el bocel o toro .., que es de sección s[e]micircular, y que si es pequeño se denomina baquetón o verdugo.

toroidal *adj* (*Mat*) Que tiene forma de sólido engendrado por una curva cerrada plana que gira alrededor de una recta situada en el mismo plano pero que no la corta. | *Sáb* 4.3.72, 28: Los anillos de las toberas magnético-toroidales transmitirán a las naves sus impulsos progresivamente, y cuando el hombre viaje a 300.000 km/seg., su tiempo se medirá por relojes einstenianos.

toromaima *adj* [Individuo] de una tribu aborigen venezolana de las cercanías de Caracas. *Tb n*. | Acquaroni *Abc* 29.7.67, 7: Los auténticos nombres de aquellas tribus eran muy otros: "toromaimas", los que habitaban el valle del Guaire; "mariches", que asentaban sus bohíos en Petare.

torón *m* (*Quím*) Gas producido por la desintegración del torio. | J. L. Serna *Ya* 7.6.90, 60: El radón y también el torón son gases incoloros, más pesados que el aire, productos de la desintegración de las series del uranio y el torio.

toronja *f* Pomelo. | F. Presa *MHi* 2.64, 45: Hay muchos frutales, especialmente cítricos, .. cuya explotación habría de ser tan beneficiosa como ahora resulta la de naranjos, limoneros, limas y toronjas.

toronjil *m* Melisa (planta). A veces con un adj especificador. | ZVicente *Traque* 12: Don Facundo se quedó lelo, con los paquetes de toronjil .. y de mate en la mano, fósil la sonrisa. Mayor-Díaz *Flora* 570: *Melittis melissophyllum* L. "Toron[j]il silvestre". [*En el texto*, torongil.]

toronjina *f* Toronjil. | Berlanga *Barrunto* 50: Me gritaba ufano para enseñarme algún nuevo descubrimiento ..; yo le llamaba imbécil para mis adentros al encontrar una simple chicharra, unas cochinillas o unas matas de toronjina.

toronjo *m* Árbol que produce las toronjas (*Citrus paradisi* o *C. grandis*). | *Abc Extra* 12.62, 17: Pueblos que huelen a pan y espinomajoleto y azahar de toronjo, que es el azahar más persistente que existe.

torovisco *m* (*reg*) Torvisco. | Romano-Sanz *Alcudia* 211: Esa otra es la yerbamora y ese arbusto el toro[v]isco. [*En el texto*, torobisco.]

torozón *m* **1** Cólico o enteritis de las caballerías. *Tb el dolor de vientre que produce. Tb* (*humoríst*) *referido a pers*. | ZVicente *Traque* 158: Las dos mulas, que tienen unos torozones que para qué. Zunzunegui *Hucha* 1, 86: Deje usted el fútbol a un lado, no vale la pena que por un punto más o menos que gane "el Madrid" vaya a sufrir un torozón y esté expuesto a un infarto de miocardio que podría ser mortal.
2 (*reg*) Inquietud o desazón. | CBonald *Casa* 26: Atosigado por el efluvio de las aguas olvidadas en los floreros y los súbitos torozones de conciencia, el deán se sentía zaherido por algún remanente de la duda.

torpe (*en aceps 1, 2 y 3, frec en la forma aum* TORPÓN) *adj* **1** De movimiento lento y pesado. | PLozano *Ya* 7.11.70, 7: Al coger el autobús, don José ha visto la larga fila de ancianos que esperan, para cobrar su pensión, a la puerta de una sucursal bancaria. Lentos, torpones, don José ha sentido hacia ellos una profunda oleada de ternura y de respeto.
b) [Movimiento] lento y pesado. | Moreno *Galería* 299: Acusan zonas con movimiento muy torpe. Hoyo *Bigotillo* 67: Unos ratones de andar torpón.
2 Falto de soltura, habilidad o destreza. | Moncada *Juegos* 325: El torpe tirador que acertó a herir a sus tres víctimas a varios metros de distancia con los ojos cerrados falló el último disparo a seis mil novecientos uno con su propia cabeza. R. Llates *Des* 12.9.70, 44: No eran precisamente las carambolas que los cortesanos, obsequiosos, ofrecían al taco torpe de Fernando VII. Ortega *Americanos* 164: La mirada huidiza, torpe el oído.
3 [Pers.] poco inteligente, o que tiene dificultad para entender o comprender. | Arce *Testamento* 84: No comprendo cómo fui tan torpe en comprender que era un arma. **b) ~ de oído.** (*euf*) Sordo. | Cabezas *Madrid* 220: Este sordo era un truhán, torpe de oído cuando le convenía. **c)** Propio de la pers. torpe. | J. M. GEscudero *Ya* 6.12.75, 17: La revolución fue dominada. Pero sorprendentemente, una represión torpísima, y no precisamente porque fuese dura respecto de los máximos responsables, permitió que el socialismo saliese de aquella derrota fortalecido.
4 (*lit*) Lascivo u obsceno. | *Caso* 14.11.70, 11: Es en las niñas donde ceba sus desviaciones fetichistas con sus torpes caricias.

torpear *intr* (*raro*) Mostrarse torpe [1 y 2] o actuar con torpeza. | Halcón *Ir* 238: –Ahora –terminó Benito torpeándole la lengua– le toca hablar a usted.

torpedeamiento *m* Acción de torpedear, *esp* [1]. | Nácher *Guanche* 10: Un madero .. Tal vez parte del cargamento de algún barco torpedeado .. Se podía imaginar este origen porque aquí se hablaba mucho del torpedeamiento de barcos.

torpedear *tr* **1** Atacar [un barco] con torpedos [1]. | Zunzunegui *Hijo* 98: Encontró una viuda de un capitán cuyo barco había sido torpedeado por un submarino alemán y le traspasó el negocio.
2 Atacar [algo, esp. un proyecto] con maniobras ocultas. | FQuintana-Velarde *Política* 14: Unamuno .. señalaba cómo la enseñanza de la Economía en los estudios medios, que él propugnaba, era torpedeada por las clases más ricas. *País* 11.9.77, 2: Argelia acusa a Marruecos de torpedear la "cumbre" africana sobre el Sahara.

torpedeo *m* Acción de torpedear, *esp* [2]. | A. Cañagueral *Sáb* 22.6.74, 79: Pende amenazante la política de torpedeo y la anquilosada burocracia de París.

torpedero -ra *adj* [Embarcación o avión] destinados a lanzar torpedos [1]. *Frec n m, referido a barco o avión; f, referido a lancha*. | Gironella *Millón* 791: El semáforo de Tarragona indicó el momento exacto en que el Caudillo embarcó en la lancha torpedera que lo condujo desde el muelle a bordo del *Mar Negro*. E. Montes *Abc* 29.8.71, 13: Fueron avisadas las naves mercantes de diversas nacionalidades que cruzaban esas latitudes. Salieron como galgos dos cañoneros, dos torpederos y varios helicópteros militares. *Inf* 18.4.70, 3: Las fuerzas navales de Oriente y Occidente. Portaaviones .. Torpederas y cañoneras .. 250.

torpedista *m* Especialista en la utilización de torpedos y otras armas submarinas. | *Ya* 22.9.85, 11: Acto seguido, el padre .., que es sarg[e]nto torpedista, se trasladó a la Capitanía General de El Ferrol. *D16* 6.9.90, 10: Guirao Pérez, 32 años, radio .. Macián Sánchez, 30 años, torpedista, guerra submarina.

torpedo *m* **1** Proyectil autopropulsado que se utiliza bajo el agua y explota por percusión o por influencia magnética. | D. Vecino *SYa* 16.11.73, 19: El equipo de guerra .. incluye minas, bombas, cargas de profundidad, cohetes, torpedos, misiles, etc.
2 Pez selacio de cuerpo aplanado y redondeado y cola corta, que posee a ambos lados de la cabeza unos órganos que producen descargas eléctricas (gén. *Torpedo*). *Tb* PEZ ~. | Bustinza-Mascaró *Ciencias* 174: El torpedo, parecido a las rayas, produce al tocarlo una intensa descarga eléctrica. Legorburu-Barrutia *Ciencias* 187: Hay peces que producen fuertes descargas eléctricas. Entre ellos están el pez torpedo y el gimnoto.
3 (*Autom*) Automóvil descapotable que se puede cerrar con una capota y dos cortinas laterales. | DPlaja *El español* 103: Me contaba López Rubio que con ocasión de traer a España un coche rojo deportivo, tipo torpedo, .. oyó a un mozalbete desharrapado decir a otro curioso: "¡Tenía uno igual y lo tiré!".

torpemente *adv* De manera torpe. | SFerlosio *Jarama* 54: Sebastián nadaba en círculos, torpemente, formando mucho alboroto de espuma. Alfonso *España* 73: Juan Antonio Gaya Nuño ha escrito un libro, .. dando noticia de la cantidad de monumentos y joyas arquitectónicas torpemente abatidos en los dos últimos siglos.

torpeza *f* **1** Cualidad de torpe. | Bustinza-Mascaró *Ciencias* 216: En tierra [la foca] anda con torpeza. Palacios *Juicio* 77: Antes del pecado original, la unión de Adán y de Eva hubiera acaecido sin torpeza, y por eso el pudor no existía.
2 Acción torpe [3c]. | J. CAlberich *Mun* 23.5.70, 32: La lista de fracasos [del presidente Nixon] es larga. Las repetidas derrotas en el Senado. El aumento constante de los precios .. Las constantes torpezas del vicepresidente Agnew.

tórpido -da *adj* **1** (*lit*) Torpe [1, 2 y 3]. | Umbral *País* 3.3.83, 28: Debajo, tórpido grafito que alude al niño de dos años muerto por la Guardia Civil.
2 (*Med*) Que no muestra tendencia a mejorar ni a empeorar. | L. Cappa *Ya* 19.1.90, 19: Una nueva fuente de energía, capaz de regenerar los tejidos, acelerar la cicatrización de úlceras tórpidas, .. acaba de ser presentada en la II Reunión de Cosmética y Terapéutica Dermatológica.

torpor *m* Entorpecimiento sensorial o de movimientos causado esp. por sueño o por la bebida. *Tb fig*. | Delibes *Siestas* 79: La fiebre me subía por días y sentía en la cabeza como un torpor de vino o de insomnio. *Cam* 15.9.75, 8: La sociedad española empieza a despertar del torpor estival.

torques *m o f* (*Arqueol*) Collar metálico. | GNuño *Madrid* 114: Una vitrina con piezas de oro con un torques céltico muy bien conservado. Angulo *Arte* 1, 28: Típicos de los celtas son, además, las torques, o aros metálicos abiertos y, por lo general, retorcidos, que llevan al cuello.

torr *m* (*Fís*) Unidad de presión equivalente a la presión de 1 mm de mercurio. | *Unidades* 24: Otras unidades generalmente desaconsejadas. .. Nombre: torr .. Valor en unidad SI: 1 torr = (101325/760) Pa.

torrado -da I *adj* **1** *part* → TORRAR.

II *m* **2** Garbanzo tostado. | A. A. Requena *Abc* 22.10.67, 7: Torrados, chufas y pipas de girasol se venden en patrióticos puestos ambulantes.

3 (*col*) Cabeza. | GPavón *Rapto* 30: El torrao le funciona malamente.

torralbino -na *adj* De Torralba del Burgo (Soria). *Tb n, referido a pers.* | FVidal *Duero* 31: Cuyos afanes corren parejos a los del descubridor del primer mamut torralbino.

torrar *tr* Tostar al fuego. *Tb fig.* | R. Casado *Nar* 3.77, 28: Consiste en un puñao que se coge de nueces, cañamones y garbanzos torrados. Lera *Clarines* 389: Aquel camaranchón de los altos de la casa, torrado por el sol durante tantas horas, despedía fuego por los cuatro costados.

torre *f* **1** Construcción mucho más alta que ancha, adosada a un edificio o aislada. *Frec con un adj o compl que especifica el uso a que está destinada, que a veces se omite por consabido.* | Laforet *Mujer* 193: Imaginó .. la catedral de León, con sus torres desiguales. Villarta *Rutas* 173: A lo largo de la torre siguen las habitaciones de las galerías de este alcázar, con ventanas y balcones a ambos costados, destacándose la Torre del Homenaje. *SInf* 4.7.70, 18: Refinerías e industrias químicas y petroquímicas. Cambiadores de calor. Torres de destilación. Columnas de refrigeración. Depósitos a presión. *D16* 9.3.78, 24: Debido a fuerte viento aproado se nos ha hecho tarde, y no atreviéndonos a seguir a Sanchidrián, intentamos tomar como alternativa Cuatro Vientos, pero torre no contesta. **b)** Conjunto de cosas apiladas verticalmente. *Frec con un compl especificador.* | * Tiene una torre de libros en el suelo. * El niño fabricaba torres con las cajitas.

2 *En el ajedrez*: Pieza en figura de torre [1a] de defensa. | *Abc Extra* 12.62, 66: Recordamos las palabras del maestro Capablanca, en tanto colocamos peones, caballos, alfiles, torres, sobre el tablero.

3 *En un buque de guerra:* Reducto acorazado que protege la artillería o el puesto de mando. *Frec con un compl especificador.* | Delibes *Madera* 355: A bordo, puestos de dirección de tiro, torres, antiaéreos y ametralladoras entraban en una fase de vigilante reposo.

4 (*reg*) Casa de campo o de recreo. | CNavarro *Perros* 112: El vestíbulo era como el vestíbulo de cualquier torre de las que aún quedan Muntaner arriba.

5 ~ de Babel. Lugar en que hay gran mezcla o confusión de perss. que no se entienden. | R. VZamora *Des* 12.9.70, 26: En esta torre de Babel había indios con sari y rubios finlandeses.

6 ~ de marfil. Aislamiento del escritor o artista que rehúsa comprometerse con la realidad del momento. | Delibes *Año* 41: No caben más que dos soluciones: mandar todo a hacer gárgaras y pasarnos la vida charlando .., o sentar plaza de energúmeno inabordable y encerrarse en una torre de marfil.

torreado -da I *adj* **1** [Edificio o construcción] que tiene torre [1]. | Villarta *Rutas* 15: Enfrente se alza la casa de los Lujanes, palacio torreado. Goytisolo *Recuento* 219: Los cultivos antaño extendidos a la sombra de murallas torreadas y briosas.

II *f* **2** Planta crucífera de tallo robusto y flores amarillentas en racimo (*Arabis glabra* o *Turritis glabra*). | Mayor-Díaz *Flora* 539: *Arabis glabra* (L.) Bernh. "Torreada". (Sin. *A. perfoliata* Lam.; *Turritis glabra* L.) .. Flores blanco-amarillentas. Racimo fructífero muy alargado .. Silicuas de 5-6 cm., comprimidas.

torreblanquino -na *adj* De Torreblanca (Castellón). *Tb n, referido a pers.* | M. Aparicio *Med* 1.9.67, 3: Aquí está el caso de los jóvenes torreblanquinos que sabemos hacer las cosas como los mejores.

torrecica *f* (*reg*) Macla de aragonito. | Alvarado *Geología* 47: Con frecuencia, tres prismas rómbicos de aragonito se reúnen por sus caras laterales, formando una macla centrada que imita un prisma hexagonal .. En Molina de Aragón, donde estas maclas son muy frecuentes, las llaman torrecicas.

torrecilla *f* Molusco gasterópodo de concha alargada, que vive en los fondos marinos arenosos o limosos (*Turritella communis*). | Bustinza-Mascaró *Ciencias* 129: Las lapas, de concha cónica, no torcida, y que se adhieren fuertemente a las rocas marinas; las orejas de mar, con una fila de orificios en el borde de la concha; los bígaros, las porcelanas, las torrecillas.

torrecillano -na *adj* De alguna de las poblaciones denominadas Torrecilla o Torrecillas. *Tb n, referido a pers.* | *Hoy* 24.7.76, 2: Guardó cerdos en las dehesas de la tiesa torrecillana. [*De Torrecilla de la Tiesa, Cáceres.*]

torrefacción *f* Acción de torrefactar. | I. Lerín *SPaís* 30.1.77, 18: La torrefacción se hace poniendo el café verde en unos grandes recipientes que dan vueltas lentamente por encima de una fuente de calor.

torrefactado *m* Torrefacción. | *SInf* 18.6.75, 1: Ni siquiera el torrefactado del café o la fabricación de caramelos se escapa a los avances de la técnica.

torrefactar *tr* Tostar [algo, esp. café] al fuego. | Zenón *ByN* 20.12.75, 95: Complementa la comida un buen café sin torrefactar.

torrefacto *adj* [Café] torrefactado. *Tb n m.* | Isidro *Abc* 5.3.58, 49: El café café se contiene en las tazas únicamente en estado de sospecha, ya que el e[x]cipiente es cualquier clase de eso que llaman torrefacto.

torrefactor -ra *adj* Que torrefacta. *Tb n, referido a pers.* | *Ide* 27.2.75, 19: Se recuerda a todas las industrias que utilicen el azúcar como materia en la elaboración de sus productos (estuchadores, torrefactores, fábrica de licores ..), la obligación que tienen de presentar el día último de cada mes .. un parte por duplicado del movimiento de azúcar.

torrejimenudo -da *adj* De Torredonjimeno (Jaén). *Tb n, referido a pers.* | Cela *Viaje andaluz* 128: A la mano izquierda queda el camino de Jamilena, con su ermita de Nuestra Señora de la Estrella, que pertenece al curato torrejimenudo de San Pedro.

torrejoncillano -na *adj* De Torrejoncillo (Cáceres), o de Torrejoncillo del Rey (Cuenca). *Tb n, referido a pers.* | En. Romero *Hoy* 10.12.74, 13: Se celebró en Torrejoncillo, en la noche del sábado, la fiesta de la "Encamisá". Esa fiesta extraña y llena de color .. parece que tuvo su origen en la conmemoración de una batalla de los torrejoncillanos en la época de la Reconquista contra la fortaleza del castillo de Portezuelo.

torrejonense *adj* De Torrejón de Ardoz o de Torrejón de Velasco (Madrid). *Tb n, referido a pers.* | *Ya* 26.2.75, 10: Esta situación solo afectaba a la base torrejonense. [*De Torrejón de Ardoz.*] *Ya* 30.4.87, 33: Se hace también un recorrido exhaustivo por la comarca [del Jarama], con paradas en las localidades que la componen y un paseo por las fiestas, tradiciones, costumbres, cultura, historia y arte de los pintenses, sanmartineros, torrejonenses, valdemoreños, ciempozueleños y titulcianos. [*De Torrejón de Velasco.*]

torrejonero -ra *adj* De Torrejón de Ardoz o de Torrejón de Velasco (Madrid). *Tb n, referido a pers.* | Villarta *Rutas* 54: Los barbos torrejoneros son extraordinarios. [*De Torrejón de Ardoz.*]

torrelagunense *adj* De Torrelaguna (Madrid). *Tb n, referido a pers.* | I. Montejano *Abc* 31.8.91, 30: Pero volvamos a las fiestas patronales de Torrelaguna, que el señor cura párroco .. dice son termómetros de la devoción de los torrelagunenses.

torrelavegano -na *adj* De Torrelavega (Cantabria). *Tb n, referido a pers.* | Campmany *Abc* 30.5.93, 25: A don Pedro Solbes .. le han llamado "chorizo" los torrelaveganos, los santanderinos en general.

torrelaveguense *adj* De Torrelavega (Cantabria). *Tb n, referido a pers.* | *Abc* 4.12.64, sn: Escenario: el mercado de Torrelavega .. Los torrelaveguenses se formulan la misma pregunta que hemos hecho nosotros.

torrelodonense *adj* De Torrelodones (Madrid). *Tb n, referido a pers.* | M. Jiménez *Ya* 20.12.74, 47: Torrelodones guarda algunos detalles que nos hablan de un sabor a pueblo, como es el lavadero público, curiosa instalación a la que las torrelodonenses acuden pese a las lavadoras y los adelantos de la técnica.

torremochano -na *adj* De Torremocha (Cáceres). *Tb n, referido a pers.* | En. Romero *Hoy* 2.4.77, 5:

torremolinense – torsión

Los torremochanos se han vertido para que su feria pueda celebrarse.

torremolinense *adj* De Torremolinos (Málaga). *Tb n, referido a pers.* | S. Ramírez *Sur* 4.8.89, 14: El Ayuntamiento de Torremolinos está "dispuesto a luchar contra el deterioro de la riqueza turística del término municipal" regulando todas aquellas actividades que puedan perjudicar el sector turístico, principal variable del modelo económico torremolinense.

torrencial *adj* **1** De(l) torrente [1 y 2]. | Ybarra-Cabetas *Ciencias* 111: El río tiene en su origen poca agua, pero mucha velocidad (carácter torrencial). *Abc Extra* 12.62, 51: Son los propios niños quienes, con su fantasía torrencial y con su visión simbólica de las cosas, los crean.
2 [Lluvia] muy intensa. | Zubía *Geografía* 58: Tipos de clima .. Continental: Mucho calor en verano y frío en invierno. Lluvias torrenciales. **b)** [Tiempo] de lluvia torrencial. | AMillán *Marta* 173: Los dos actos de la obra transcurren en una noche torrencial del mes de febrero de 1968. Llueve, truena, relampaguea.
3 Impetuoso o caudaloso como un torrente [1]. | Llamazares *Río* 16: Esa vieja leyenda milenaria que Pedro de La Vecilla Castellanos, escritor torrencial y apasionado como los propios ríos que el viajero ahora contempla, recogiera hace ya siglos.

torrencialmente *adv* De manera torrencial. | Bustinza-Mascaró *Ciencias* 275: Cuando llueve torrencialmente sobre una arboleda, las copas soportan la fuerza de la lluvia y escurren el agua lentamente.

torrentada *f* Torrentera [2]. | Umbral *Mortal* 102: No quedarse sin hijos, no quedarse sin proyecto, no quedarse a la intemperie, en la torrentada de los días.

torrente *m* **1** Corriente impetuosa y discontinua de agua, que se produce como consecuencia de grandes lluvias o rápidos deshielos. | Legorburu-Barrutia *Ciencias* 369: Los torrentes erosionan muy intensamente en la cuenca de recepción.
2 Gran abundancia [de algo que afluye con ímpetu o violencia]. | Areilza *Abc* 30.5.71, 3: El centenario de Proust empieza a desencadenar en Europa el esperado torrente de comentarios y evocaciones de variada índole.
3 ~ circulatorio (*o* **sanguíneo**). Sangre circulante. | *Economía* 275: En las picaduras de serpientes, lo fundamental es impedir [sic] que el veneno depositado por estas en la herida no llegue, o lo haga en la menor cantidad posible, al torrente circulatorio. Laiglesia *Ombligos* 56: Estas impurezas .. son las toxinas que sus fracasos sentimentales vierten en su torrente sanguíneo.

torrentera *f* **1** Cauce de un torrente [1]. | Salom *Playa* 430: El día que llueva y baje el agua del monte por la torrentera, me temo que van a quedar incomunicados.
2 Torrente [1 y 2]. | L. Blanco *Ya* 10.10.70, 5: Cientos de coches han jugado una siniestra carambola durante varias horas, a merced de la fuerza de las torrenteras desbordadas. Berlanga *Gaznápira* 133: Con Gabriela fue una torrentera de atenciones.

torrentino -na *adj* De Torrente (Valencia). *Tb n, referido a pers.* | A. Torrijos *Pro* 13.8.75, 25: Torrente .. En el San Gregorio B, está efectuando el conjunto torrentino los primeros entrenamientos de la temporada.

torreño -ña *adj* De alguno de los pueblos denominados Torre o Torres, o cuyo nombre comienza por Torre-. *Tb n, referido a pers.* | *Lan* 16.7.74, 7: La emoción llegó a su cénit, cuando los mayores de Torre de Juan Abad se lanzaron a bailar su jota .. Toda su sangre torreña estaba allí.

torreón *m* Torre grande de un castillo o fortaleza. | Tejedor *Arte* 102: En el centro del recinto [del castillo], dominándolo, se levantaba por fin el torreón, la habitación del señor y su familia.

torrepachequeño -ña *adj* De Torre Pacheco (Murcia). *Tb n, referido a pers.* | F. A. González *Ya* 25.3.77, 62: Tanto en el Azerbaijján como en Torre Pacheco las gentes duran mucho .. En el Azerbaijján achacan la larga y sana vida .. a la miel, la leche agria y el aire puro ... Habrá que averiguar cuáles son las determinantes de los magníficos torrepachequeños.

torrero -ra *m y f* Pers. que atiende un faro o una atalaya. | Cunqueiro *Un hombre* 29: Me dijeron los torreros del faro que a mano izquierda quedaba una aldea.

torreta *f* **1** Torre [1] pequeña. | Romano-Sanz *Alcudia* 101: Las torretas de los pozos y las escombreras grises recuerdan que se trata de un pueblo minero. **b)** Torre pequeña situada en lo alto de una construcción. | Tejedor *Arte* 102: En el centro del recinto [del castillo], dominándolo, se levantaba por fin el torreón, la habitación del señor y su familia, .. en cuya cima se erguía una torreta o atalaya, desde la que un vigía permanente observaba siempre los alrededores.
2 Afuste blindado que soporta el armamento de un carro de combate. | Gironella *Millón* 334: Iban precedidas por majestuosos blindados rusos que se adueñaron de las calles madrileñas como carrozas de un carnaval desconocido. El cañón de sus torretas era un dedo, una acusación, un anatema que apuntaba a los moros de Mizzian.

torrevejense *adj* De Torrevieja (Alicante). *Tb n, referido a pers.* | M. TSala *Ver* 10.9.75, 8: El concepto que el torrevejense tiene del calificativo de industria .. es la implantación de nuevas fuentes de ingresos.

torreznada *f* Fritada de torreznos. | Cunqueiro *Fantini* 130: A las dos horas estaba de nuevo a la mesa, saludando una torreznada con huevos y una escabechada de atún de almadraba.

torreznero -ra *adj* (*raro*) Holgazán y regalón. | Torbado *En el día* 184: José Antonio Girón .. decidió quedarse en Castilla, organizar una nueva tropa comunera y luchar contra el gobierno desde dentro, lejos de conspiraciones torrezneras en Italia o en Portugal.

torrezno *m* Trozo de tocino frito. | Cela *Judíos* 28: Los huevos de la venta Juanilla se entienden fritos y con torreznos.

tórrido -da *adj* Extremadamente caluroso. | Arce *Testamento* 72: Me era grato volver a mis años de infancia. Me era tan grato como cuando estaba en Tombstone y las noches eran tórridas y no se podía dormir. **b)** [Calor] muy intenso. | Lera *Clarines* 376: Ni un ruido. Ni un movimiento. Calor tórrido. Sequedad de tierra quemada. **c)** [Zona] de clima muy caluroso, comprendida entre los trópicos. | Ortega-Roig *País* 14: Entre el Trópico de Cáncer y el Trópico de Capricornio, N y S respectivamente del Ecuador, se extiende la Zona Tórrida, que es la más cálida de la Tierra.

torrija *f* **1** Rebanada de pan empapada en leche o vino, rebozada en huevo y frita, a la que se rocía con azúcar o almíbar. | Carandell *Madrid* 60: Las camareras .. seguían repartiendo torrijas, magdalenas, palmeras.
2 (*col*) Borrachera. | * Buena torrija llevabas tú ayer.

torrijero -ra *adj* De (la) torrija [1]. | DCañabate *Abc* 27.3.75, 35: ¿Por qué no me haces un sitito junto a tu vera, .. y después te convido a torrijas en la taberna del señor Antonio, .. que pa eso es Jueves Santo, el día torrijero por excelencia?

torrontés *adj* [Uva] blanca, transparente, de grano pequeño y hollejo tierno y delgado. *Tb referido a la vid que la produce.* | *Voz* 11.5.87, 80: Una operación similar se realizará con cinco variedades tintas y otras tantas blancas de vid, plantadas en ocho hectáreas, entre ellas, caíño; espadeiro; torrontés; godello; albariño; loureiro y treixadura.

torrotito *m* (*Mar*) Bandera de proa. | Guillén *Lenguaje* 47: El pito de contramaestre ha dejado rastro en nuestro léxico marinero con alguna que otra voz, una de ellas la de *torrotito*, .. exaltada oficialmente en nuestros días nada menos que a los reglamentos, al denominar así a lo antes denominado bandera de tajamar, de bauprés o de proa.

torruca *f* (*reg*) Adobe, o barro amasado. | Romano-Sanz *Alcudia* 291: Ascienden el suave repecho hasta un chozo destacado en un altozano. Es de planta cilíndrica con paredes de torruca, de techumbre cónica de ramas, coronado por un nido de cigüeña.

torsión *f* (E) Acción de torcer(se) [una cosa sobre sí misma]. *Tb su efecto. Tb fig.* | *BOE* 3.12.75, 25186: Las características mecánicas de la conexión serán las de la tubería correspondiente, y su trazado y sus soportes estarán dispuestos de manera que dicha unión con el depósito no sufra ningún esfuerzo de flexión, torsión o tracción. D. Santos *Pue* 24.12.69, 29: La descripción del trance tan simple como trágico alcanza la más alta graduación de los sabores narrativos de la huida, de la torsión psicológica de un hombre sin culpa que teme ser culpado.

torsional *adj* (*E*) De (la) torsión. | *Act* 7.7.66, 11: Su perfecta suspensión [del coche], de tipo torsional, hace imperceptibles los baches.

torsionar *tr* (*E*) Someter [algo] a torsión. *Tb abs*. | Marcos-Martínez *Física* 172: Torsionemos el hilo, manteniendo fijos sus extremos. E. PLema *Mad* 6.11.67, 21: Y tanto empujó el encorajinado Valencia que el 4-2-4 de Muñoz se quedaba a los pocos minutos en 4-3-3, .. y aún torsionaba sus guarismos hasta hacerlos desaparecer, convirtiendo el área en un amasijo de hombres a la defensiva. Berlanga *Acá* 36: En el pasillo de su casa, descalzo para no despertar, robando horas al sueño, en la madrugada de sucesivos días, flexiona, torsiona, aspira, corre en un palmo, espira, extiende, bracea.

torso[1] *m* Tronco del cuerpo humano. | Olmo *Cuerpo* 14: En la ventana de enfrente aparece, desnudo el atlético torso, un joven de veinte años. **b)** (*Arte*) Estatua falta de cabeza, brazos y piernas. | *SVozC* 25.7.70, 7: Un grupo de torsos y restos de figuras, y tres bustos imperiales.

torso[2] **-sa** *adj* (*Arte*) Retorcido o helicoidal. | GNuño *Arte* 295: Su retablo de San Esteban, de Salamanca, por el empleo de columnas torsas o salomónicas en dimensiones gigantescas, vino a ser el portón de escape para toda la fantasía encerrada en la mente de los tracistas hispanos. PCarmona *Burgos* 181: Es curiosa la disposición de los fustes centrales de la galería occidental. Son cuatro y tienen forma torsa.

torta I *f* **1** Alimento, gralm. dulce y redondo, hecho con una masa de harina cocida al horno. | Moreno *Galería* 28: El aroma del pan reciente y las tortas de aceite dejaba una estela.
2 Trozo de masa compacto, aplastado y gralm. redondo. | Canilleros *Cáceres* 165: Muy típicos y de buena calidad son los quesos de oveja, entre los que destacan las "tortas del Casar".
3 Flor del girasol. | Delibes *Castilla* 41: Aquí lo que se aprovecha del girasol es el aceite. La pepita negra no es de consumo, no vale para ello, es demasiado pastosa .. De manera que las tortas que se cogen aquí son exclusivamente para aceite .. Molerse se muele solo la pipa; la torta ya vacía, la escupe la cosechadora.
4 Palmada (golpe dado con las palmas de las manos). *Frec en la forma* TORTITAS *y referido a un niño*. | * El niño ya hace tortitas.
5 (*col*) Bofetada. *Tb fig*. | Cela *Judíos* 306: El vagabundo .. se entera .. de las tortas que se dieron en la bodega de Ulogio, alias Sastre, dos veraneantes. P. Blanco *DLe* 11.12.74, 14: La Deportiva juega mucho mejor contra los equipos punteros, quizás apercibid[a], desde el primer minuto de juego, de que los contrarios son en teoría mucho más difíciles. Luego, las "tortas" vienen contra los más modestos.
6 (*col*) Golpe o choque. | J. Carabias *Ya* 15.5.75, 8: Lograr las salerosas medias vueltas, tan limpiamente, sin darse "la torta" y sin rozar siquiera aquel cordón que revoloteaba como el velo de una bayadera, ¡tenía su mérito!
7 (*col*) Borrachera. | * ¡Qué torta lleva!
II *loc pr* **8 ni ~.** (*col*) Absolutamente nada. *Gralm con vs como* VER, ENTENDER, SABER *o* DECIR. *Tb adv*. | CPuche *Paralelo* 169: No entiendo ni torta. Laiglesia *Ombligos* 327: No veo ni torta.
III *loc v* (*col*) **9 costar la ~ un pan.** Costar [algo] mucho más de lo que vale. | * Si para traerlo necesitas coger un taxi, te cuesta la torta un pan.
10 estar [alguien] **con la ~.** Mostrarse distraído o despistado. | Marsé *Dicen* 341: —No das una. —Estás con la torta.
11 no tener [alguien] (**ni**) **media ~.** Ser pequeño o débil. | * Ese tipejo no tiene media torta.
12 ser [algo] **~s y pan pintado.** No ofrecer dificultad. | ZVicente *Traque* 118: Le digo esto para que no crea que todo eran tortas y pan pintado, quia, también había sus peguitas.

tortada *f* Torta [1] rellena de carne, huevos o dulce. | Vega *Cocina* 138: De postre .., toda la dulcería imaginable: calabazate o chirigaita, .. mamelles de moncha, giraboix, tortada valenciana.

tortazo *m* (*col*) Torta [5 y 6] grande. | Laiglesia *Ombligos* 7: Susurros de conformidad, y algún tortazo suelto a los que no están de acuerdo. CPuche *Paralelo* 208: Sacó las manos del volante y se puso a fingir que tocaba la trompeta. —Pero, oye, que nos vamos a dar el tortazo.

tortel *m* Dulce en forma de rosco, de hojaldre o de masa rellena de pasta de mazapán. | Carandell *Madrid* 87: Aparte del croasán y de la ensaimada, que son bollos generalizados en casi toda España, se come aquí el tortel.

tortero -ra A *m y f* **1** Pers. que fabrica o vende tortas [1]. | Cabezas *SAbc* 15.5.58, 91: Frente al Ministerio quedan unos soportales de la época, en donde los lunes, miércoles y viernes, se pone un puesto de "tortas de Santa Cruz", famosas desde que el bisabuelo del actual "tortero" instaló por primera vez su mesa bajo los soportales, en 1807.
B *f* **2** Cazuela muy plana. | Seseña *Barros* 53: En Villafeliche .. queda un solo alfarero, José Martínez Villamil. Fabrica pucheros .. También torteras (cazuelas) y terrizos (lebrillos).
C *m* **3** Recipiente para guardar tortas [1]. | VMontalbán *Rosa* 100: Cuando están cocidas [las tortas] se guardan en un tortero.

torti *adj* (*col*) Tortillera o lesbiana. *Tb n f*. | A. Otaño *D16* 23.2.91, 76: Yo le contesto lo del azahar y me dice si soy torti, o así. El caso es que estoy hecha un lío.

torticeramente *adv* (*Der*) De manera torticera. | *D16* 28.2.87, 8: El pretender ahora torticeramente, por una técnica parlamentaria que en absoluto se compadece con las fórmulas que el reglamento prevé .., el que su señoría utilice un turno de fijación de posición para crear escándalo.

torticero -ra *adj* (*Der*) Ilegal o injusto. *Gralm referido a enriquecimiento*. | Ramírez *Derecho* 147: El fundamento de mis disposiciones respecto a todos ellos [estafa, falsedad, etc.] es el mismo: evitar el enriquecimiento torticero, poner un freno a la mala fe. *Abc* 13.4.85, 19: En relación con lo propuesto por el presidente de la Cámara, Herrero de Miñón subrayó que "un intento semejante no va a llevarse adelante. Sería un trámite torticero".

tortícolis (*tb, raro,* **torticolis**) *f* (*o m en el uso técn*) Espasmo doloroso de los músculos del cuello, que impide mover normalmente la cabeza. *Tb fig*. | CPuche *Paralelo* 88: No se había desnucado. Solo tenía un poco de tortícolis o algo parecido. Nolla *Salud* 339: El tortícolis es un reumatismo muscular localizado en los grandes músculos de un lado del cuello. An. Miguel *HLM* 24.4.67, 7: Como no quiero que el lector siga sufriendo de "tortícolis mental" .. diré que la "Algología" es la ciencia que estudia las algas marinas.

tortículis *f* (*pop*) Tortícolis. | MGaite *Cuento* 15: No puedes estarle mirando a toda la gente a la cara uno por uno, so pena de acabar con tortículis.

tortilla I *f* **1** Plato preparado con huevos batidos y fritos, a los que se suele añadir algún otro ingrediente. *Gralm con un compl que especifica ese ingrediente*. | Bernard *Verduras* 29: Sirven de guarnición a carne .. e incluso para preparar tortillas. *Cocina* 376: Tortilla de setas. **b)** (*col*) *Se usa frec en constr de sent comparativo para ponderar el estado de total aplastamiento en que queda alguien o algo a consecuencia de un golpe o caída. Gralm con el v* HACER(SE). | ZVicente *Traque* 139: Hubo quien se cayó por los aleros. Anda, a ver, ¿qué le va a pasar? Tortilla instantánea, como en las mejores cafeterías. ZVicente *Balcón* 31: Se han hecho tortilla dos turistas franceses en la Cruz del Puente, por no mirar bien por dónde iban. Moreno *Galería* 29: ¡Qué tortilla, Dios mío, se le organizó un día al "aceitero" cuando se espantó la yegua ..! Dio la yegua con el aceitero en tierra, y con todos los huevos de las cestas.
2 (*vulg*) Relación homosexual entre mujeres. | VMontalbán *Pájaros* 254: Charo cogió la mano de Marta y la apartó. —Lo siento, señora, pero no me va la tortilla.
II *loc v* **3 dar la vuelta a la ~,** *o* **volver la ~.** (*col*) Invertir las circunstancias, esp. políticas. | Delibes *Parábola* 62: Te doró la píldora, que de tu conducta no tenía queja, pero te volvió la tortilla, a ver, aplicación máxima, caligrafía

tortillería – torunda

carolina sobresaliente, pero, como quien no quiere la cosa, la preguntita sobre lo que sumabais era improcedente. **b) dar la vuelta la ~,** o **volverse la ~.** Invertirse las circunstancias, esp. políticas. | Delibes *Cinco horas* 84: El día que dé la vuelta la tortilla, cuatro tiros de agradecimiento.

tortillería *f* Establecimiento especializado en tortillas [1a]. | *Ale* 17.8.85, 8: Tortillería-espectáculo. 50 clases de tortilla. Casa Vallisoletana. C/ Peñas Redondas, 17.

tortillero -ra *adj* **1** De (la) tortilla [1a]. | VMontalbán *Pájaros* 44: En el bar Egipto .. solían tener .. tortillas frescas y españolas, sin nada que ver con las momificaciones tortilleras que suelen servirse en los bares de España antes del mediodía. Seseña *Barros* 52: Al norte de la provincia [de Huesca] está Naval con dos alfareros .. que mantienen viva la tradición sin adulteración ninguna: pichelas (jarras de vino), pucheros .. y unos platos muy ingeniosos llamados tortilleros y que sirven para volver la tortilla.

2 (*vulg*) Lesbiano. *Frec n f.* | Cela *SCamilo* 140: A Matiítas no le gustan las mujeres, no llega a marica viciosa, a marica tortillera. Cela *SCamilo* 140: Le gustaría que le gustasen las mujeres .. como a las tortilleras. Cela *Inf* 28.11.75, 18: Don Filiberto Anchuela .. se ha convertido en señora, actitud que .. todos deberíamos imitar en este Año Internacional de la Mujer (que dicho así con iniciales mayúsculas, queda más tortillero y proclive, ¡vaya por Dios!).

tortolero -ra *m y f* Cazador de tórtolas [1]. | *Hoy* 24.8.76, 5: El domingo se inició la caza de la tórtola. Miles de cazadores de nuestra capital salieron al campo para disparar contra las indefensas tortolillas .. Al regreso, los tortoleros se mostraban contentos.

tórtolo -la A *f* **1** Ave semejante a la paloma, pero de cuerpo más esbelto y cabeza más pequeña, apreciada como pieza de caza (*Streptopelia turtur*). *Tb designa solamente la hembra de esta especie. Tb se da este n a otras especies del mismo gén, que frec se distinguen por medio de un adj*: DOMÉSTICA (*S. risoria*), TURCA (*S. decaocto*), ORIENTAL (*S. orientalis*), SENEGALESA (*S. senegalensis*). | Delibes *Parábola* 72: Los silbidos de los mirlos .. y el zureo de las tórtolas en la pinada. Noval *Fauna* 262: La presencia de Tórtola turca (*Streptopelia decaocto*) en Asturias ya ha sido comprobada .. Se diferencia de la Tórtola común por poseer un plumaje pardo uniforme .. Se parece mucho a la llamada Tórtola doméstica (*Streptopelia risoria*), que se cría siempre en cautividad.

2 (*col*) Pers. boba. *Tb adj.* | ZVicente *Mesa* 144: Se llamaban títulos de la Deuda, acciones, departamentos, la doble vivienda, que el viejo atesoraba y trabajó a base de bien para que luego está tórtola..

B *m* **3** Macho de la tórtola [1]. *En pl designa la pareja de macho y hembra.* | Lorenzo *SAbc* 8.9.74, 11: El sacador piensa en la pareja de tórtolos que ha de llevarse para el niño de los dientes crueles.

4 (*col*) *En pl*: Pareja de enamorados. *Frec en la forma* TORTOLITOS. | Aldecoa *Cuentos* 1, 23: Los del grupo se acercan .. —Mirad a los tórtolos. Ya tendréis tiempo, hombre, que la vida es larga.

tortosino -na *adj* De Tortosa (Tarragona). *Tb n, referido a pers.* | Cela *Judíos* 187: El día que un erudito tortosino o pontevedrés no nos demuestre que Colón era, precisamente, de Tortosa o de Pontevedra, el vagabundo empezará a tomarlos a todos algo más en serio.

tortuga I *f* **1** Reptil quelonio, que puede ser terrestre, de agua dulce o de mar, según las especies (géns. *Testudo, Emys y Dermochelys*, entre otros). *Frec con un adj especificador.* | Legorburu-Barrutia *Ciencias* 198: Entre las tortugas están: La tortuga común de los jardines. La tortuga carey, de concha muy fina. Los galápagos, pequeñas tortugas acuáticas. MOPU 7/8.85, 57: El águila pescadora y el halcón de Eleonor son denominador común a las grandes islas y a algunas de las menores. En Ibiza les hacen digna compañía .. las tortugas moras y las tortugas mediterráneas. M. J. Barrero *Ya* 8.11.89, 20: Su mayor riqueza se encuentra bajo el agua. Unas aguas de carácter subtropical en las que viven erizos arbacia, estrellas de mar, tortugas bobas, meros, langostas y gorgonarias. **b)** *Se usa frec en constr de sent comparativo para ponderar la lentitud.* | G. Marañón *Abc* 18.12.70, 3: Admiración y gratitud tienen algo de tortugas: siempre tardan pero siempre llegan. * Me sacas de quicio, eres una tortuga.

II *loc adj* **2 de ~.** (*col*) [Paso] muy lento. | Escartín *Act* 25.1.62, 52: Al fútbol español le van mejor que bien los conjuntos cargados de ciencia futbolística, pero moviéndose a paso de tortuga.

tortuosamente *adv* De manera tortuosa. | Torrente *Isla* 207: Las leyes civiles o consuetudinarias que rigen la vida privada de los dioses solo tortuosamente nos fueron reveladas.

tortuosidad *f* **1** Cualidad de tortuoso. | * Es famosa la tortuosidad de sus calles antiguas. * Aborrezco la tortuosidad oriental.

2 Vuelta o recoveco. | CNavarro *Perros* 177: Se daba cuenta de que la inocencia era algo privativo de los seres simples y maldecía todas y cada una de las tortuosidades de su alma.

tortuoso -sa *adj* **1** Que presenta cambios de dirección abundantes y pronunciados. | Villarta *Rutas* 181: Cinco escudos en cinco palacios, casa torreada de Aguilar, murallones en calles tortuosas. Santamaría *Paisajes* 26: *Quercus pyrenaica* .. es un árbol de mediano porte que puede alcanzar los 20 m. de altura; su tronco es tortuoso y agrietado.

2 Retorcido o sinuoso. | L. Calvo *Abc* 9.9.66, 25: Los vietnamitas .. son hombres recelosos, maliciosos, tortuosos.

tortura *f* **1** Pena corporal grave, infligida como castigo o para hacer confesar o declarar. | Salvador *Haragán* 78: A mal Cristo mucha sangre .. Quería decir que algunos artistas exageraban los efectos de la tortura divina para conseguir efectos patéticos. *País* 12.12.80, 18: Tipifica como delito de tortura las coacciones y malos tratos a detenidos o presos.

2 Sufrimiento físico o moral muy intenso. *Frec con intención ponderativa.* | DPlaja *Literatura* 236: El amor se canta en sus *Rimas* con una vehemencia apasionada como goce y como tortura. **b)** Pers. o cosa que causa tortura. | * Este trabajo es una tortura.

torturadamente *adv* (*lit, raro*) Atormentadamente. | Diego *Arr* 27.12.70, 3: Existe también el poeta difícil que suda torturadamente su poema.

torturado -da *adj* **1** *part* → TORTURAR.

2 Atormentado. | Laforet *Mujer* 83: Yo no he conocido esos sacerdotes horribles, esas beatas torturadas. E. Bayo *Gac* 22.2.70, 39: El terreno, como dicen los ingenieros, es "torturado", "endemoniado".

torturador -ra *adj* Que tortura. *Tb n, referido a pers.* | SSolís *Camino* 227: Se dio cuenta de que, en lugar de cumplir la penitencia, estaba nuevamente dando vueltas a aquellos torturadores pensamientos que la obsesionaban día y noche. Cela *SCamilo* 73: Es fácil convertir a un mozo en asesino, también es fácil hacer de él un buen torturador, un buen esbirro.

torturante *adj* Que tortura [2]. | FReguera *Bienaventurados* 233: Sentía una desesperación torturante.

torturar *tr* **1** Someter a tortura [1] [a alguien (*cd*)]. *Tb* (*lit*) *fig.* | *Com* 3.8.78, 24: En la segunda planta de la sexta galería se descubrió la celda de tortura, .. que era utilizada, según una inscripción existente en la misma, por algunos reclusos para torturar a otros considerados por los primeros como delatores o enemigos. Palacios *Juicio* 145: No torturar los textos de Santo Tomás en favor de la propia opinión.

2 Causar tortura [2] [a una pers. o a una parte de ella (*cd*)]. | Laforet *Mujer* 82: Él tenía la cabeza torturada porque su cerebro .. le estaba diciendo que no podía dejarse ir con aquella muchacha. Castellanos *Animales* 76: Al gato le tortura la picazón y puede causarse eczemas de tanto rascarse.

tórula *f* (*Biol*) Se da este n a ciertas levaduras que se multiplican por gemación formando cadenas de células (*gén Torula*). | R. Casares *SYa* 6.12.70, 7: En los últimos años se han hecho experiencias para cultivar tórulas y otras levaduras sobre desechos de petróleo.

torunda *f* (*Med*) Bola [de algodón, gasa o tela]. | *Prospecto* 9.76: Anticerumen Liade .. Administración y dosis. Uso tópico. Instilar 4-5 gotas en el conducto auditivo afecto; tapar con una torunda de algodón y esperar media hora.

torvamente *adv* De manera torva. | Delibes *Perdiz* 136: El Juan Gualberto mira al cazador esquinadamente, casi torvamente.

torvisca *f (reg)* Torvisco (arbusto). | Delibes *Santos* 15: Salía al campo y se acostaba a la abrigada de los zahurdones o entre la torvisca.

torvisco *m* Arbusto ramoso de hojas persistentes, flores blanquecinas y fruto en baya redonda y roja, cuya corteza se usa para cauterizar heridas (*Daphne gnidium*). | *Ama casa 1972* 132a: En este mes florecen: El calicanto precoz, el torvisco, la adelfilla, el tusílago y el eléboro negro o rosa de Navidad. **b) ~ macho.** Se da este *n* a la especie *D. laureola.* | Mayor-Díaz *Flora* 557: *Daphne laureola* L. "Lauréola", "Torvisco macho" .. Es muy tóxico y vesicante.

torvo -va *adj* **1** [Pers.] de mirada torcida y amenazadora. | *Ya* 7.6.73, 20: Con respecto a "el Lolo", nos dijo que sigue apresado en Sevilla y que es muy distinto a "el Lute". De mucha peor condición: torvo, rudo, con malicia, más duro. Ortega *Americanos* 97: Pasé muy tieso delante de Harry, que aún me miraba torvo. **b)** [Cosa, esp. mirada] propia de la pers. torva. | J. M. Moreiro *SAbc* 20.4.69, 31: El "quinqui", en cambio, tiene la mirada torva y mala la entraña.

2 *(raro)* Sombrío o siniestro. | Delibes *Madera* 207: Cuanto más gratas eran sus expansiones, más torvos resultaban los regresos a casa. Halcón *Ir* 143: Sintió de pronto llegar a su mente .. las palabras que le descubrían su torva situación. Su problema creciente .. no era otro que la pobreza de la carne.

tory *(ing; pronunc corriente, /tóri/; pl normal,* TORIES, *pronunc /tóris/) adj (Pol) Referido a Gran Bretaña:* Conservador. *Tb n, referido a pers.* | L. Calvo *Abc* 2.3.58, 4: Los clubs "whig" y "tory" tienen montada una guardia permanente a la tradición. J. Meléndez *HLM* 14.12.70, 5: Cuando apenas llevaban los "tories" un mes saboreando su inesperado triunfo electoral, los estibadores portuarios declararon su huelga nacional de julio.

torzal *m* **1** Cordoncillo de seda hecho de varias hebras torcidas, que se emplea para coser y bordar. | *Abc* 26.6.58, 41: Guantes señora, en piel y punto en torzal calado, de gran vestir. *Envase* 3.80: Sedas Sansón .. Torzal .. Para ojalar.

2 Hilo que resulta de retorcer varios cabos. | Bustinza-Mascaró *Ciencias* 176: El sedal es un torzal largo y fuerte provisto en su extremidad de plomo para sumergirse, y que lleva atados uno o muchos anzuelos con cebo.

torzalillo *m (hist)* Torzal [1] más delgado que el normal. | Morales *Artífices* 1, 19: El 21 de enero de 1761 entrega un vestido bordado de oro sobre terciopelo azul y chupa de glasé de plata, realizado con oro de pasar, torzalillo, .. etc.

torzón *m* Torozón. | J. A. Castro *SYa* 22.6.75, 25: Mi padre se le paró en medio la carretera y le pidió las borras o que le devolviera el dinero. El otro empezó a disculparse, que si la semana que viene se las llevaba, que no había podido porque le había dado un torzón... Pretextos y zarandajas.

tos *f* **1** Expulsión súbita, ruidosa y más o menos repetida y violenta del aire de los pulmones, debida gralm. a irritación de las mucosas. | Paso *MHi* 12.70, 49: Empezó a toser .. Le besó hasta hacer que la tos disminuyera.

2 ~ ferina. Enfermedad contagiosa caracterizada por tos [1] convulsiva muy intensa, y propia esp. de niños. | Navarro *Biología* 258: En los niños la mortalidad por la tos ferina es muy elevada.

tosca *f (reg)* **1** Toba (piedra caliza). | M. E. SSanz *Nar* 11.77, 15: Las chimeneas a que vamos a referirnos están rematadas por una especie de rostros o de figuritas talladas, hechos con una piedra llamada en esta zona "tosca" (o toba) que es blanda, ligera y compuesta de una mezcla de caliza y materias vegetales.

2 Piedra del subsuelo de algunas zonas. | GPavón *Rapto* 134: A su pueblo, .. con igual habitación bajo el suelo que sobre la tosca, ahora le tocaba perder de medio cuerpo para abajo.

toscamente *adv* De manera tosca. | Torrente *Off-side* 23: Queda encima de la mesa una Virgen de palo, toscamente tallada.

toscano -na I *adj* **1** De Toscana (región de Italia). *Tb n, referido a pers.* | L. Blanco *Ya* 10.10.70, 5: La ley sería –según expresión de los obispos toscanos– una de las más desastrosas. Cunqueiro *Fantini* 20: A hora de alba caían en la vecindad de algún castillo, umbro, lombardo o toscano.

2 *(Arquit)* [Orden] caracterizado por ser una imitación simplificada del dórico. *Tb n m.* | Tejedor *Arte* 52: Añaden [los romanos] a los tres griegos otros dos órdenes: el toscano .. y el compuesto. GNuño *Arte* 240: El muro occidental de la iglesia, trazado en toscano. **b)** Propio del orden toscano. | M. Jiménez *Ya* 25.4.75, 46: Tiene [la catedral] tres naves con columnas toscanas y arcos de medio punto.

II *n* **3** Dialecto de Toscana, convertido en la base esencial de la lengua italiana. | Villar *Lenguas* 117: El grupo italiano [de lenguas neolatinas]. Comprende gran número de dialectos. En el norte, el piamontés, el lombardo, etc.; en el centro, el toscano, entre otros.

tosco -ca *adj* [Pers. o cosa] falta de delicadeza o refinamiento. | Ero *Van* 26.1.77, 6: Seguramente, López Aguado sea hombre de menos recursos que Silvestre y González Velázquez; sin embargo, dejó en la capital unas obras de cierta estimación, como la Puerta de Toledo, de tosca monumentalidad, la Academia Española y el gracioso Teatro Real. Llorca *Ateneo* 154: Día vendrá en que mi tosco pincel ensaye la ardua tarea de retratarte en la tribuna. **b)** [Cosa] ordinaria o sin arte. | Pericot *Polis* 16: Se trata de una industria muy tosca con talla de la piedra. Moreno *Galería* 168: Hasta entonces con aquella indumentaria tosca y áspera de los días de hacer.

toscón *m (reg)* Piedra grande. | LBarreto *Lit. Canarias* 1, 111: Proseguía el diluvio de cenizas y toscones candentes, de modo que llegaban a cubrir la luz del sol como en un eclipse.

tosedor -ra *adj* Que tose o es propenso a toser [1]. | Laforet *Mujer* 61: La madre de Paulina: una mujer flaca, tosedora.

toser *intr* **1** Tener tos [1] o producirla voluntariamente. | CNavarro *Perros* 79: El vecino del quinto tosió estrepitosamente. **b)** Producir [un motor] un ruido anormal que denota mal funcionamiento. | X. Moro *SAbc* 2.6.74, 31: El motor tosía sin cesar y avanzábamos muy lentamente.

2 ~le [a alguien]. *(col)* Atreverse [con él]. | J. M. Moreiro *SAbc* 13.9.70, 50: Hace quince años era un pueblo de pescadores que utilizaban el arte de la jábega .. ¡Pues tósale hoy usted a Fuengirola! De las 983 hectáreas con que cuenta, la mitad están urbanizadas.

tosferina *f* Tos ferina (→ TOS). | O. Aparicio *NotC* 25.2.71, 2: La Sanidad española .. está próxima a terminar con el tétanos, la tosferina, la difteria y la tuberculosis.

tosida *f* Acción de toser [1a]. | GPavón *Reinado* 78: Maquinalmente volvió a sacar el "Caldo de gallina", a ofrecer a los visitantes, a encender, a chupar, a expeler, a dar una tosida.

tosido *m* Acción de toser [1a]. | J. M. Moreiro *SAbc* 25.1.70, 43: Gracias a los antibióticos leoneses, el tosido secreto de la gripe nacional es más secreto y menos tosido.

tósigo *m (lit)* Veneno o ponzoña. *Tb fig.* | Cierva *Triángulo* 17: La madre .. consiguió trasvasar su odio antihumano a su segunda hija, Ramona, a la que engatusó, cuando apenas tenía dos años, para que escondiese un tósigo de setas falsas en la tortilla preparada para María Dolores. CBonald *Ágata* 167: –¿Serás capaz? –murmuró Estefanía como si se lo preguntara a ella misma, sintiendo en el vientre el tósigo de una defraudación inconsolable.

tosón -na *adj (col)* Que tose [1a] mucho. | ZVicente *Traque* 123: Fíjese usted en esos vejestorios que andan por ahí, sordos, con reuma, .. pitarrosos, tosones.

tosquedad *f* Cualidad de tosco. | Alfonso *España* 95: Nuestra tosquedad para el detalle nos conduce al fracaso. Pericot *Polis* 16: Se trata de una industria muy tosca con talla de la piedra, la llamada *pebble-culture* o cultura de los guijarros. Su caracterización es dudosa por razón de su misma tosquedad.

tostación *f (E)* Acción de tostar [1 y esp. 3]. | Legorburu-Barrutia *Ciencias* 345: Arriba visitan los hornos de tostación. Allí el cinabrio arde y deja libre el mercurio. Aleixandre *Química* 88: En la tostación de los sulfuros se forma además óxido metálico.

tostadero – totalizador

tostadero m **1** Lugar o instalación en que se tuesta [1 y 3] [algo (*compl de posesión*)]. *Tb sin compl.* | A. Assía *Gac* 12.1.63, 50: Un tostadero en el que todos los días tuestan 2.000 sacos de café.
2 Tostador (aparato). | ZVicente *Traque* 192: Ya ves, archimillonario, y tienen esas cocinas, y tostaderos para el pan de siete formas, y altavoces por todos los rincones.

tostadillo m Vino ligero que se cría en varias regiones del norte de España. | Delgado *Vino* 25: León tiene .. el tostadillo de Ardón. E. DUceta *Ya* 9.8.86, 43: Son clásicos los recitales de romanceros y trovadores de Cantabria. Las competiciones de bolos. La promoción de productos típicos como el orujo de Potes, el tostadillo de Liébana.

tostado¹ -da I *adj* **1** *part* → TOSTAR.
2 [Color] que tira a ocre o a marrón. *Tb n m.* | Benet *Volverás* 103: A los tres días había desaparecido, enfundado en su gabán de color tostado y su sombrero de ciudad. F. Alejandro *MHi* 5.64, 42: El color blanco se presenta como rey, en competencia con el color paja y toda la gama de los amarillos, incluso el miel y el tostado. **b)** De color tostado. | P. SMartín *Nue* 24.1.70, 21: Siber presentó .. abrigo en napa tostada con chorreras de fleco de lana.
II *f* **3** Rebanada de pan tostado (→ TOSTAR [1]). | *Act* 25.1.62, 35: Extiendo un poco del nuevo Tulipán sobre las tostadas y... ¡qué delicioso desayuno!
III *loc v* **4 olerse la tostada.** (*col*) Sospechar un peligro o engaño. | * Me olí la tostada y no acudí a la reunión.

tostado² m Acción de tostar [1 y 2]. *Tb su efecto.* | A. Hurtado *SYa* 10.10.76, 4: Rojo el fruto, se separa la pulpa y se lavan y secan las semillas, dos por cada grano. Esta primera operación se lleva a cabo en las mismas fincas cafeteras. Luego viene el tostado y molido. Cela *Inf* 29.8.75, 14: El punto de asado de las vacas, como el punto de tostado de las señoras, requiere un cauto equilibrio.

tostador -ra *adj* Que tuesta [1 y 3]. *Tb n, más frec m, referido a pers o a aparato.* | DCañabate *Andanzas* 85: A la puerta de las tiendas de ultramarinos se instalaba el tostadero. El tostador se sentaba en una sillita y pausadamente daba vueltas a una manivela. *Abc* 18.4.58, 39: Tostador de pan Odag. *Abc* 18.4.58, 48: Estufas. Aspiradores. Cocinas. Tostadoras.

tostadura *f* Acción de tostar [1]. | *Cádiz* 111: Van del cambio de envases de las mercancías a la extracción de aceite de copra y semillas oleaginosas, y del tundido de pieles al descascarado y tostadura de café y cacao.

tostar (*conjug* **4**) *tr* **1** Someter [una cosa] a la acción del fuego para que se deseque y tome color. *Tb fig.* | A. Assía *Gac* 12.1.63, 50: Todos los días tuestan 2.000 sacos de café. Arce *Testamento* 61: Habían traído una lata de gasolina porque querían tostarle [al cura]. **b)** *pr* Desecarse y tomar color [algo] por la acción del fuego. | * No dejes que se tueste mucho el pan.
2 Poner morena [a una pers. o a una parte de ella]. | Laforet *Mujer* 206: Arturito también tenía la cara tostada del sol de la playa. **b)** *pr* Ponerse moreno. | *Economía* 330: Si nos apetece muchísimo tumbarnos boca abajo en una somnolencia muy agradable mientras nos tostamos, no podemos entregarnos a este placer inmoderadamente.
3 (*Quím*) Calentar [una sustancia] hasta desecarla u oxidarla, sin carbonizarla. | Marcos-Martínez *Física* 294: Los sulfuros se tuestan, o sea, se calientan en una corriente de aire, con lo que desprenden anhídrido sulfuroso y quedan convertidos en óxidos.

tostón¹ I m **1** Cochinillo, esp. asado. | MCalero *Usos* 20: Había tostones recién desahijados corriendo por todo el corral y hozando entre las basuras de las caballerías y otros ganados. Escobar *Itinerarios* 24: En los asados castellanos están el cordero, el lechón y el cabrito.
2 Dado de pan frito. | CPuche *Paralelo* 154: Cuando se ponía a cantar .. parecía que freía las palabras en la garganta como si fueran tostones.
3 Cosa demasiado tostada. | * El bizcocho ha salido hecho un tostón.
4 (*reg*) Semilla o fruto tostados que se comen como golosina. *Frec en pl.* | GPavón *Cuentos rep.* 113: Siempre le traía él algún presente: las primeras muestras de la viña, .. espigas secas de trigo para hacer tostones.
5 (*col*) Cosa o pers. fastidiosa y pesada. *Frec en la forma aum* TOSTONAZO. *Tb adj.* | Medio *Bibiana* 68: A ellos les gustan esas películas en las que no pasa nada. ¡Pues vaya tostón! SSolís *Jardín* 183: Yo creía que la reunión resultaría un tostonazo a base de santidad por aquí y pecado por allá, pero no. FReguera *Bienaventurados* 261: –Tú eres un buen hombre. –¡No, no! Eso tampoco. –Un buen hombre bastante tostón.
II *loc v* **6 dar el ~.** (*col*) Fastidiar o hacerse pesado. | * Lleva toda la mañana dándome el tostón.

tostón² m (*reg*) Tejo del juego de la rana. | Delibes *Cartas* 93: El quid consiste en introducir el tostón (un pequeño disco de plomo) por la boca de una rana de metal.

total I *adj* **1** De todos los componentes de un conjunto. | Tamames *Economía* 78: La producción final agraria es igual a la diferencia entre la producción total agraria y la parte de la producción empleada de nuevo en la agricultura. **b)** Absoluto o que no tiene restricción alguna. | Arce *Testamento* 29: El dolor de aquellos golpes me redujo a una imposibilidad total. Burgos *Tri* 22.10.77, 46: Que no, tío, que voy de boquerón total, que estoy sin curro y no tengo una pela.
II m **2** Suma o cantidad total [1a]. | Marcos-Martínez *Aritmética* 24: El total de la última columna se escribe tal como resulte. Tamames *Economía* 81: Representa un 60 por 100 del total de la superficie labrada del país.
III *adv* **3** En resumen o en definitiva. *Tb* EN ~. | Delibes *Cinco horas* 21: Con que mañana salga "El Correo" con que el entierro es a las diez no vas a adelantar nada, que muchos .. ni enterarse, tenlo por seguro, total que le encargué media docena [de esquelas]. **b)** Al fin y al cabo. | MGaite *Visillos* 22: –¿Vas a ir al Casino a la noche? .. –A mí me da igual. Total, está siempre tan ful.
4 en ~. Como total [2]. | Marcos-Martínez *Aritmética* 27: ¿Cuánto ha recorrido en total entre la ida y el regreso a Madrid?

totalidad *f* Conjunto total de elementos o partes [de un todo]. | *Des* 12.9.70, 29: Actualmente .. prepara un índice lexicográfico en cinco volúmenes de la totalidad de la obra de Gottfried Benn. Cuevas *Finca* 75: Faltan veintidós días para tomar el dinero de la piara y treinta y seis para entregar la totalidad a doña Carmen. **b)** Conjunto total [de elementos o partes de un todo]. | * Incluye la totalidad de las partes o atributos de una cosa.

totalitariamente *adv* De manera totalitaria. | Espinosa *Escuela* 576: Hasta para adquirir literatura, su Totalidad ha de operar totalitariamente.

totalitario -ria *adj* De (la) totalidad. | * La filosofía es un conocimiento totalitario de las cosas.
2 (*Pol*) [Régimen] de partido único, que no admite oposición organizada y que ejerce fuerte intervención en todos los órdenes de la vida nacional. | E. Haro *Tri* 26.12.70, 4: El mal eran Hitler y Stalin, los regímenes totalitarios. **b)** De(l) régimen totalitario. | Laiglesia *Tachado* 68: Es curiosa la afición de usar espuelas que tienen los funcionarios civiles de los países totalitarios. **c)** Propio de(l) régimen totalitario. | Gambra *Filosofía* 248: Consecuencia de esta teoría es la extralimitación totalitaria del Estado moderno, que somete o destruye toda fuente autónoma de vida jurídica o administrativa.

totalitarismo m (*Pol*) Sistema de los regímenes totalitarios [2]. | A. Assía *Van* 4.11.62, 15: Que .. gentes nostálgicas hayan pretendido volver la rueda de la historia precisamente en el momento en que la rueda de la historia se movía contra el totalitarismo otra vez y quizá para siempre.

totalitarista *adj* (*Pol*) De(l) totalitarismo. | F. P. Velázquez *Crí* 7/8.73, 22: El "lenguaje gestual" sustituye a la palabra, los gestos miman de una manera precisa el proceso de la dominación totalitarista, representado en el más radical silencio.

totalización *f* Acción de totalizar. | Tierno *Humanismo* 63: La tendencia del humanismo a encontrar sentidos totales que superen el fraccionamiento rompe la simultaneidad en cuanto la totalización es ajena a la percepción simultánea permanente.

totalizador -ra *adj* Que totaliza, *esp* [1]. *Frec n m, referido a aparato.* | Castilla *Natur. saber* 28: Hay, pues,

totalizante – toxemia

dentro del saber estrictamente científico, saberes de carácter totalizador y saberes de carácter parcial. *Abc* 30.12.65, 24: Calculadora completamente automática, con 2 totalizadores de 20 cifras y 2 contadores de vueltas de 10 cifras.

totalizante *adj* Que totaliza [3 y 4]. | Aranguren *Marxismo* 47: La "sociología" marxista en realidad es una *Weltanschauung*, una visión total y totalizante de la realidad *sub specie* historicista.

totalizar *tr* **1** Determinar o establecer el total [de algo (cd)]. | * ¿Has totalizado las sumas?
2 Componer [varios elementos (*suj*) un total (*cd*)]. | * Entre las dos clases totalizan cincuenta niños. **b)** Alcanzar [algo] como total. | L. Gallego *Mad* 20.11.70, 30: Con asignación federativa o no .., la brillante e inteligente región catalana totaliza cerca de las diez expediciones.
3 Abarcar la totalidad [de algo (*cd*)]. | Bueno *Tri* 26.12.70, 10: La tabla siguiente, que utilizamos en nuestro "taller" de Oviedo, totaliza los dieciséis tipos de marcos.
4 Resumir o sintetizar. | ZVicente *Traque* 225: Totalizando: que te muerde, a la semana te muerde, menudas son las mujeres con bozal.

totalmente *adv* De manera total, esp [1b]. | Olmo *Golfos* 166: El conserje lo vio pasar totalmente descompuesto.

tótem (*pl*, ~s o ~ES) *m* (*Rel*) Animal, más raramente vegetal, objeto, o fenómeno de la naturaleza, considerado como emblema protector de una tribu o de un individuo y frec. como progenitor. *Tb su representación plástica.* | Pericot *Polis* 12: Por lo general, el animal tótem no puede ser comido (tabú). [*En el texto, sin tilde.*] *Gac* 11.5.69, 56: Contra la fachada, de 25 metros de alto, del edificio se apoyan conchas de nácar, imágenes de madera de los antepasados, tótems, transportados entre cánticos durante docenas de kilómetros. FVidal *Duero* 11: El lector aceptará que .. el viajero .. nos confiese que la golondrina es su tótem, y ello por su optimismo, su voluntad de ser y su alegría.

totémico -ca *adj* (*Rel*) De(l) tótem. | Angulo *Arte* 1, 30: Muy relacionado con el arte de Oceanía se encuentra el de los indios del noroeste de América, cuya creación artística más destacada son las columnas o mástiles totémicos .. de madera que levantan ante sus casas. CBonald *Ágata* 156: El lince dio un brinco y luego se hizo un ovillo y bufó .., como si aquellas postrimerías del furor incluyesen también la derrota totémica de cuantos legendarios vigías de la Libia llevaran su nombre. **b)** [Animal o cosa] que tiene la consideración de tótem. | J. M. Moreiro *SAbc* 9.2.69, 43: En el toro totémico que preside el puente romano; en esas calles angostas, en esas plazas tranquilas.

totemismo *m* (*Rel*) Sistema religioso y de organización social basado en el tótem y su culto. | Pericot *Polis* 12: El culto al animal crea el totemismo.

totemista *adj* (*Rel*) De(l) totemismo. | Pericot *Polis* 13: Entre los antiguos egipcios hallamos elementos totemistas. **b)** Que practica el totemismo. *Tb n, referido a pers.* | Pericot *Polis* 12: Los pueblos totemistas. Pericot *Polis* 12: Conocemos estos totemistas en multitud de regiones: en Australia y otras islas de Oceanía.

totizo *m* (*reg*) Parte posterior del cuello. | Alvar *Islas* 34: Allí supo de cosas nunca oídas de los camellos .., de su ferocidad cuando mascan y de la dureza de su esternón, de la mancha negra en el totizo y de lo útil que puede resultar sacudirles en ella.

totora *f* Planta de América meridional, semejante a la anea, que se emplea para techumbres (gén. *Typha*). | Delibes *Mundos* 101: Las chozas indias son construcciones primarias de tablas viejas con techado de paja de totora.

totovía *f* Ave semejante a la alondra, con cola corta y unas listas oculares grandes y blancas que tienden a unirse en la región de la nuca (*Lullula arborea*). | Cuevas *Finca* 169: La totovía en los chaparros .. empieza a cantar. **b)** Cogujada. | Romano-Sanz *Alcudia* 47: –También hay otro [pájaro] que tiene un moño y le llaman moñona. –Ese debe ser la totovía.

tótum *m* (*lit*) Todo. *Precedido de art.* | Valls *Música* 35: Las manifestaciones de las distintas razas .. constituyen un *tótum* compuesto de las múltiples facetas que integran la cultura universal. [*En el texto, sin tilde.*]

totumo *m* Árbol propio de América tropical, de unos 4 m de altura, hojas grandes acorazonadas, flores axilares blanquecinas y fruto globoso de corteza dura y banquecina (*Crescentia cujete*). | GCabezón *Orotava* 9: El totumo es un árbol bonito, que produce una fruta en forma de calabaza.

totum revolutum (*lat; pronunc*, /tótum rebolútum/) *m* (*lit*) Revoltijo. | F. PRidruejo *ByN* 24.1.79, 15: En UCD se ha formado un "totum revolutum" de ideologías en un solo partido, donde cabe la derecha conservadora con la socialdemocracia, sin deslinde de campos.

touche (*fr; pronunc corriente*, /túʃ/) *f* (*Rugby*) Puesta en juego del balón cuando ha salido de la línea lateral. | Á. JVázquez *As* 30.12.70, 26: Los delanteros sudafricanos son muy atléticos y están muy bien organizados, por lo que dominaron en "touche" y "melée" ostensiblemente.

touché (*fr; pronunc corriente*, /tuʃé/) *adj* (*Esgrima*) Tocado. *Tb fig.* | Aristófanes *Sáb* 14.9.74, 45: A Tina, de Madrid, que .. me acusa de emplear exclusivamente el genérico masculino al dirigirme al lectoramen: ¡"Touché"! Ahí la pifiaba.

tour (*fr; pronunc corriente*, /tur/; *pl normal*, ~s) *m* **1** (*Dep*) Vuelta ciclista a Francia. | *VozC* 29.6.69, 3: Rudi Altig gana la primera etapa del Tour-69.
2 Excursión o gira organizada por una agencia de turismo. | *Gac* 11.5.69, 88: Se está diciendo que los Tours que actualmente organiza TWA a EE.UU. son las mejores gangas desde que los indios vendieron Manhattan a Peter Minuit.
3 Gira artística. | J. Parra *Ya* 27.2.86, 60: Ahora me veo un anuncio a toda página del cantante, posando como El Puma, en el que se asegura que hará un "tour" el próximo verano por España, con un espectáculo de "luz y sonido".
4 (*Ballet*) Giro o vuelta. | Casares *Música* 190: Elementos formales del Ballet: .. Los tours o piruetas, que son las vueltas que se dan manteniendo una pierna fija.

tour de force (*fr; pronunc corriente*, /túr-de-fórs/; *pl normal*, TOURS DE FORCE) *m* (*lit*) Acción difícil en que se hace gala de una gran destreza. | Marco *Van* 3.4.75, 43: Hay, en ocasiones, un auténtico "tour de force" al crear una realidad literaria paralela y dependiente de otra realidad material.

tournedó (*pronunc*, /turnedó/) *m* Tournedos. | *Cocina* 460: Se coloca una rodaja sobre cada tournedó.

tournedos (*fr; pronunc corriente*, /turnedó/) *m* Filete de solomillo de vacuno. | Palomino *Torremolinos* 110: Allí [en la carta] están los familiares espárragos, el cóctel de gambas, el pollo, el tournedos, la pechuga.

tournée (*fr; pronunc corriente*, /turné/) *f* Gira artística. | *Bal* 21.3.70, 18: Yupanqui .. va a ofrecer en Chile una larga serie de recitales y posteriormente en Japón continuará su enésima tournée mundial.

touroperador (*pronunc*, /turoperadór/; *tb con las grafías* **tour operador** *y* **tour-operador**) *m* Turoperador. | A. Barra *Abc* 2.3.75, 27: El año último fueron a Gibraltar 20.000 viajeros enviados por los "tour operadores". *Abc* 23.3.89, 78: Tour-operadores europeos prevén un descenso del turismo en España en 1989. *D16* 9.3.91, 53: El segundo touroperador británico, Intasun, está en crisis.

tour operator (*ing; pronunc corriente*, /túr-operéitor/; *pl normal*, ~s) *m* Turoperador. | F. Casares *SVozC* 25.7.70, 10: Urge implantar un "tour operator" que comprenda los principales aspectos en relación con la actividad turística. *Actor Ciu* 8.74, 30: Si .. hubiese habido en España unos cerebros que durante esos años se hubieran preocupado de apropiarse poco a poco de los "tour operators" tanto en el turismo como en el cine, .. creo que a estas horas tendríamos una posición muchísimo más confortable.

toxemia *f* (*Med*) Presencia de toxinas en la sangre. *A veces con un adj especificador.* | Navarro *Biología* 254: Sus toxinas pueden invadir todo el organismo produciendo una toxemia que origina parálisis y accidentes mortales. R. ASantaella *SYa* 14.8.83, 33: La eclampsia es una complicación de la toxemia gravídica, que en forma ligera aparece en un 10 por 100 de las mujeres en su primera gestación.

tóxicamente *adv* En el aspecto tóxico. | J. M. Reverte *Méd* 27.11.87, 80: Los jamaicanos conocen una planta .. tan tóxicamente activa que es capaz de provocar un estado de "muerte aparente".

toxicidad *f* Cualidad de tóxico. | *Abc* 19.8.72, 27: En razón del vertido accidental de productos nocivos, cuyo grado de toxicidad está actualmente en estudio, la pesca de toda clase de peces, crustáceos y moluscos se prohíbe a partir del día de la fecha y hasta nuevo aviso.

tóxico -ca *adj* Que contiene veneno o que tiene las propiedades del veneno. *Frec n m, referido a sustancia.* | Mayor-Díaz *Flora* 327: El "Napelo" es una de las plantas más tóxicas de Europa. J. Manzanares *IdG* 31.10.70, 11: Es muy probable que el volumen de los tóxicos acumulados en el aire continú[e] incrementándose. **b)** De (las) sustancias tóxicas. | *SInf* 21.11.70, 8: El resto [de los pescados] .. no se ve afectado por la actual situación originada por el accidente de un navío sudanés con cargamento tóxico.

toxicodependiente *adj* Toxicómano. *Frec n.* | M. Gordon *Ya* 23.4.85, 33: Así lo demuestra la tragedia de Cristina Capuano, de sesenta años, con tres hijos toxicodependientes y dos yernos drogadictos.

toxicofilia *f* (*Med*) Predisposición a padecer toxicomanía. | Vilaltella *Salud* 430: Hay personalidades predispuestas a padecer la toxicomanía cuando se han puesto en contacto con una droga. Esta predisposición, denominada toxicofilia, puede ser de dos tipos.

toxicofílico -ca *adj* (*Med*) Que presenta toxicofilia. *Tb n, referido a pers.* | Vilaltella *Salud* 430: El tema axial de la toxicomanía es la constitución toxicofílica. Vilaltella *Salud* 429: Son las [drogas] que pueden dañar a los toxicofílicos y que en otros individuos no provocan ni siquiera hábito.

toxicología *f* Parte de la medicina que trata de los tóxicos. | GLestache *Ya* 21.2.75, 36: La toxicología infantil acusa hoy un problema del más alto interés ante el aumento constante en la cifra de morbilidad y de mortalidad.

toxicológicamente *adv* En el aspecto toxicológico. | R. ASantaella *SYa* 3.4.83, 33: Toxicológicamente determinan [los bronceadores] borracheras accidentales.

toxicológico -ca *adj* De (la) toxicología. | R. Ríos *Inf* 26.9.74, 18: Para hablar de estas Jornadas Toxicológicas hemos visitado al director del Instituto de Toxicología en Sevilla.

toxicólogo -ga *m y f* Especialista en toxicología. | *Ya* 13.11.70, 22: El LSD provoca graves daños genéticos. Un toxicólogo italiano afirma que son superiores a los que causa la talidomida.

toxicomanía *f* Hábito patológico de consumir sustancias que producen sensaciones placenteras o suprimen el dolor, esp. drogas. | SRobles *Pról. Teatro 1959* XXVIII: Drama .. en el que se acumulan crudezas: adulterio, toxicomanías.

toxicómano -na *adj* Que padece toxicomanía. *Frec n.* | SRobles *Pról. Teatro 1959* XXVIII: En suma: el proceso moroso y angustioso de un toxicómano. *Abc* 26.11.70, 44: Era toxicómano desde hacía un año.

toxicosis *f* (*Med*) Estado morboso producido por un tóxico. | D. Segura *Inf* 16.12.71, 25: Cogió al más pequeño de sus hijos, aquejado de una toxicosis aguda, con deshidratación y vómitos, y marchó angustiada.

toxiinfección *f* (*Med*) Proceso patológico caracterizado por infección e intoxicación simultáneas. | *SAbc* 4.10.70, 35: Las intoxicaciones originadas por los alimentos ocasionan un grupo complejo de trastornos que afectan principalmente al aparato digestivo. Acostumbramos a llamarlas intoxicaciones, pero son en realidad toxi-infecciones. *Ya* 23.11.83, 40: Toxiinfección en el Ramiro de Maeztu: la "Salmonella enteritis" fue la causa.

toxina *f* (*Biol*) Sustancia tóxica, producida por organismos vivos, esp. microbios o bacterias, que provoca la producción de anticuerpos. | Nolla *Salud* 221: Algunos de los hechos que acaecen en los enfermos infecciosos son consecuencia de la acción directa de los gérmenes o de sus toxinas.

toxoide *m* (*Med*) Toxina que ha sido tratada para reducir su toxicidad, pero que mantiene su capacidad inmunizante, usada como vacuna. | J. L. Serna *SYa* 7.8.90, 2: Para ello se inyecta toxoide tetánico –la vacuna– acompañado a veces de gammaglobulina antitetánica.

toxoplasmosis *f* (*Med*) Enfermedad aguda o crónica del hombre y de algunos animales causada por el protozoo *Toxoplasma gondii*. | *País* 15.3.79, 9: Se trata de un tema –la toxoplasmosis– del que me vengo ocupando de modo preferente desde hace quince años.

toza *f* (*reg*) **1** Vasar grande en la campana de la chimenea. | Seseña *Barros* 104: Nos referimos a las "ollas majas". Son vasijas ovoidales –una variante de la orza– que la novia llevaba y lleva en su ajuar para ser colocadas encima de la toza o repisa del hogar casero.
2 Corteza de pino o de otros árboles. | GPavón *Cuentos rep.* 110: –¿Llevas el vinagre? –Sí, Paulina .. –¿Y las tozas? –Sí, paloma.

tozal *m* **1** Cima de un cerro. | Delibes *Tesoro* 20: En realidad, el tesoro no apareció en el monte sino en el cortafuegos, en el tozal, o sea, arriba del castro.
2 Cerro o colina. | Cela *Pirineo* 267: El viajero, por el camino abajo –con el tozal de Fontana, a la derecha, y el pico de la Condesa, a la izquierda– .., empezó a andar.

tozolada *f* (*reg*) Tozolón. | Falete *Cod* 1.9.74, 19: –¡Te vas a llevar un mojicón! .. –¡Y tú una toba! .. ¡A que te pego una toz[o]llada! [*En el texto*, tozalada.]

tozolón *m* (*reg*) **1** Golpe dado en el tozuelo. | Gala *Días* 363: Cuando mi padre me pegaba un tozolón, yo decía: "No importa".
2 Golpe o batacazo. | *Abc* 19.1.85, 29: Dijo muy contento que Ruiz Gallardón había ejecutado un número circense sin red y había estado a punto de darse un tozolón.

tozudamente *adv* De manera tozuda. | Laforet *Mujer* 137: Se había negado tozudamente, una y otra vez, a casarse por la iglesia.

tozudez *f* **1** Cualidad de tozudo. | Laforet *Mujer* 334: Los Nives, todos, eran capaces de comprometer la vida entera por tozudez, por salirse con la suya.
2 Actitud tozuda. | Matute *Memoria* 169: Un mundo de chiquillos malvados y caprichosos, con tozudeces infantiles.

tozudo -da *adj* Terco o testarudo. *Tb fig.* | Lera *Boda* 575: Los hombres siguieron haciendo comentarios, mientras espantaban de vez en cuando a los tozudos muchachos, decididos a trepar por los postes. Al. MAlonso *Abc* 10.9.88, 14: Los hechos son tozudos.

tozuelo *m* (*reg*) Parte posterior del cuello. *Esp referido a animales.* | *Abc* 19.1.85, 29: Muy difícilmente se podía dar el señor Ruiz Gallardón en el tozuelo, so pena [de] que el señor Moral le insultara gravemente.

traba *f* **1** Ligadura con que se une o ata algo, esp. las patas de los animales para impedirles el movimiento. | Moreno *Galería* 221: El pastor colocó bien las patas de la zorra .. y las ató con una traba de esparto que sacó del zurrón. Moreno *Galería* 176: En la boca y para atarla bien [la bolsa], se hacía un fuerte nudo .. o llevaba "traba", que era un cordoncillo de cuero. E. Castellote *Nar* 1.76, 19: Aguja de bordear, para hacer el bordeo y empalmar las trabas; aguja de trabar, para pasar las trabas. [*Al hacer el serón.*]
2 Impedimento o estorbo. | D. Giménez *Mun* 23.5.70, 26: Cualquier traba que se ponga a esa libertad de movimientos será considerada como una traición.

trabacuenta *m* Enredo o confusión en una cuenta. | * Dime lo que te debo y te pago ahora mismo, que no quiero trabacuentas.

trabado -da *adj* **1** *part* → TRABAR.
2 (*Fon*) [Sílaba] que termina en consonante. | Lapesa *HLengua* 56: En otros romances ha habido evolución distinta según fuera libre o trabada la sílaba.
3 (*Ling*) [Forma léxica] que solo se presenta como elemento compositivo. | Academia *Esbozo* 79: El primer componente [en compuestos del tipo "biología", "cronómetro"] es siempre una forma trabada.

trabajadamente *adv* (*raro*) Trabajosamente. | Gala *SPaís* 25.3.79, 4: A la sociedad de los sedicentes maduros se le ha venido encima el mundo, tan meticulosa y trabajadamente construido.

trabajadera *f (reg) En un paso procesional:* Travesaño de los que de lado a lado sostienen las andas. | Grosso *Capirote* 11: Los sesenta pares de hombros, los sesenta cuellos, las sesenta gargantas, se tensaron en un esfuerzo sobre las trabajaderas.

trabajado¹ -da *adj* **1** *part* → TRABAJAR.
2 [Pers. o, más raro, cosa] cuyo aspecto muestra el desgaste causado por el tiempo o por los trabajos. | Nácher *Guanche* 42: –Está usté muy trabajao, don Miguel .. –¿Yo?, un muchacho. Míreme bien. ¿Qué son sesenta años? **b)** Cansado por el trabajo. | Lagos *Pap* 11.70, 164: Quico se levantó remolón, arrastrando con parsimonia las piernas, acusando lo trabajado del cuerpo.
3 [Cosa] que denota o implica trabajo. | J. M. Llompart *Pap* 1.57, 85: Su lírica es .. de una maravillosa y trabajada perfección. DCañabate *Paseíllo* 90: Como rostro de mujer envejecida prematuramente por incuria de una vida trabajada.

trabajado² *m* Acción de trabajar [5 y 6]. *Tb su efecto.* | Huarte *Biblioteca* 42: La factura del cosido o pegado de unas hojas con otras y con las tapas, y el adorno y trabajado de estas. Soraya *SPue* 24.10.70, 4: El toro .. tiene en esta ocasión, y en los modelos femeninos, un trabajado especial que imita a las garras de astracán en relieve, y que ha pasado a engrosar las vestimentas de noche.

trabajador -ra I *adj* **1** Que trabaja [1a y b]. *A veces con un adv calificador.* | Arenaza-Gastaminza *Historia* 191: La decadencia económica se acentúa en los siglos XVI y XVII por una serie de causas: falta de población trabajadora, numerosas guerras. Alfonso *España* 50: Lugares de reunión, .. y, sobre todo, bibliotecas, son cosas que no abundan mucho en las poblaciones españolas. Y ello afecta especialmente a la juventud trabajadora.
2 Inclinado a trabajar [1a]. | * Es una chica muy trabajadora; siempre saca sobresaliente.
II *m y f* **3** Pers. que trabaja [1a y b] para ganarse la vida. | Villapún *Moral* 200: Por cuestión social se entiende, principalmente, la tendencia progresiva a mejorar las condiciones de los trabajadores. Al decir trabajadores no se pretende limitar esta cuestión social a los obreros .., sino que comprende a todos los que con su trabajo se ganan el sustento. **b)** *Esp:* Trabajador manual por cuenta ajena. | Vicens-Nadal-Ortega *HEspaña* 5, 159: La conciencia de que existía una clase diferenciada de la sociedad en el mundo de trabajadores de la industria y que esta clase era tratada con notoria injusticia, se formó con la primera generación de obreros que vivieron la revolución maquinista.

trabajar A *intr* **1** Actuar [alguien] de manera continuada y con esfuerzo, para obtener un resultado útil. *Tb fig, referido a cosa.* | Medio *Bibiana* 10: ¡Mátese usted a trabajar, Marcelo Prats, que todo lo que usted gana ya lo tirarán los chicos en sus juergas! *Alc* 1.1.55, 3: Entre los que madrugaron y se pusieron a trabajar a su hora estábamos nosotros. * La mente es la que trabaja. * El tiempo trabaja a nuestro favor. **b)** Ejercer una actividad profesional. *Frec con un compl* DE *o* COMO. | * Trabaja de camarero los fines de semana. **c)** *(col)* Ejercer una actividad prohibida o no reconocida legalmente, esp. el robo o la prostitución. | * La zona está llena de prostitutas que trabajan tanto en la calle como en los bares. * Formaba parte de una cuadrilla de ladrones, pero últimamente trabajaba solo. **d)** Desempeñar [un papel (*compl* DE *o* COMO) en un espectáculo]. *Tb sin compl.* | Cunqueiro *Un hombre* 14: Una noche, un mosquetero licenciado .., que trabajaba de león en la pantomima de San Androcles en el teatro, salió vestido con la piel de la fiera. **e)** Operar o actuar. | Arce *Testamento* 99: –¿En qué Banco guardas el dinero? .. –En el Banco Herrero –dije, sin vacilar.– Y añadí: –Trabajo también con algún otro. Cunqueiro *Un hombre* 41: –No lo hay –dijo Celedonio, tras hacer buches con el tinto y trabajar con el mondadientes.
2 Funcionar [algo]. | * Hoy no trabaja la fábrica de galletas. **b)** Producir provecho o fruto. | Mendoza *Ciudad* 185: Se tenía por muy tonto al que vivía "sentado sobre su propio capital". Que inmovilice otro su dinero, se decía, yo pago de mes en mes y a mi dinero "lo pongo a trabajar".
3 Ser [una cosa] objeto de un esfuerzo o presión. | * Esta columna trabaja demasiado.

4 *(reg)* Molestar o fastidiar. | Nácher *Guanche* 82: Mismamente se me hinchó la garganta y me está trabajando que rabio de dolor.

B *tr* **5** Trabajar [1] [con o en una cosa (*cd*) o en relación con ella (*cd*)]. | MGaite *Nubosidad* 49: Se vino porque a su mujer le tiraba la capital. Aquí ha trabajado el camión hasta hace unos años. *Inf* 3.11.76, 19: Cuando me ofrezcan un guión que merezca la pena, con contenido, verás cómo lo trabajaré. M. P. Ballesteros *Hoy* 21.9.75, 22: He trabajado manualmente, sobre todo el estaño. *Lab* 2.70, 40: Entre un punto y otro echar hebra que se trabajará en la vuelta siguiente. Delibes *Historias* 13: Más tarde empecé a trabajar las radios Philips que dejaban una punta de pesos sin ensuciarse uno las manos. **b)** Hacer o realizar. *Esp en actividades manuales.* | *Lab* 2.70, 5: Trabajar tres presillas en la abertura de la espalda y coser 3 botones.
6 Someter [algo] a la acción precisa para poner[lo] en el estado que se desea. | Calera *Postres* 70: Póngase el chocolate a deshacer en baño maría y una vez disuelto trabájese con la mantequilla, añádase el azúcar, las yemas de los huevos y las claras. Á. SJuan *Sáb* 13.8.75, 17: Es preciso trabajar 50.000 toneladas de roca para obtener 150 toneladas de mineral de uranio. Cossío *Confesiones* 72: Poeta muy discreto, que trabajaba mucho sus versos. *Sp* 19.7.70, 24: El tronco es trabajado mediante la acción del fuego y del sílex.
7 Trabajar [1a] para convencer o conquistar [a alguien (*cd*)]. *Frec con compl de interés.* | CPuche *Paralelo* 336: Genaro creyó notar que Evaristo no le miraba con buenos ojos. Probablemente era una impresión suya, aunque también pudiera ser que hubiera sido trabajado por el Penca. El Penca estaba creando cierto vacío a su alrededor. Lera *Clarines* 405: A lo que íbamos de las gachís .. La del alcalde es una rosquilla, hijo. Pero vamos de paso y no tenemos tiempo para trabajarla. Sampedro *Sirena* 462: Parecía la chica una insignificancia y se destapó .. Su baile me ponía cachondo. Hasta el Lysias dejó de trabajarse a Clea, que se enfureció.

trabajera *f (col)* Trabajina. | Gala *Petra* 784: –Un caballero joven se lleva a la sota de espadas a la grupa. –Qué trabajera.

trabajina *f (col)* Trabajo muy intenso. | Delibes *Cinco horas* 27: Si no, la mañana entera, como lo oyes, menuda trabajina.

trabajo I *m* **1** Acción de trabajar. | Arce *Testamento* 16: Es mejor que no sea verdad cuanto dicen. ¡El trabajo resultaría inútil, o por lo menos embrollado! [*Un secuestro*.] *Ya* 28.5.67, sn: Taladrador "Super Match" eléctrico .. Interruptor bipolar a contacto momentáneo y posición de trabajo fijo. Ubieto *Historia* 109: Se desarrollaron los sistemas textiles, la industria lanera, el uso del lino y del cáñamo, el trabajo de la seda. **b)** Actividad, gralm. profesional y remunerada, a que alguien se dedica. | Vicens-Nadal-Ortega *HEspaña* 5, 158: El amo tenía un concepto feudal de su empresa: él, casi con mayúscula, daba trabajo y sustento a sus empleados. **c)** Cosa que hay que hacer o solucionar. *A veces con sent colectivo y frec en constrs como* TENER, *o* DAR, ~. | Mendoza *Ciudad* 122: Queremos que alguien haga por nuestra cuenta un trabajo sucio, y que usted sea nuestro intermediario. * No puedo ir a verte, tengo mucho trabajo. **d)** *(col)* Acción encaminada a causar placer sexual a otro. | Oliver *Relatos* 141: La tronca estaba lanzada y, a más de ciento cuarenta por hora, mientras el volante le rozaba la cabeza, me hizo un trabajo con la lengua que yo no he alucinado tanto en mi vida. **e)** ~s forzados → FORZADO.
2 Cosa hecha trabajando. | MSantos *Tiempo* 30: Un tintero-escribanía forrado de cuero con trabajos al fuego. *Lab* 2.70, 4: Las trenzas de 4 p[untos] se cruzan cada 8 v[ueltas] de la forma siguiente: coger 2 p[untos] sobre una ag[uja] aux[iliar] y ponerlos detrás del trabajo. **b)** Obra de carácter científico, intelectual o artístico. | Tamames *Economía* 10: El lector más avisado podrá advertir que en este libro me ocupo de una serie de aspectos de nuestra realidad económica no analizados en anteriores trabajos míos.
3 Esfuerzo o dificultad. *Frec con el v* COSTAR *o en la constr* TOMARSE EL ~. | Laforet *Mujer* 14: Iba hablando, con lentitud, con trabajo. Laiglesia *Tachado* 311: A la propia Constanza le costó trabajo reconocer "el saloncito dorado". A. Valverde *Abc* 2.3.58, 8: Muchas cosas demasiado "sotiles" no

trabajosamente – trabucar

las había entendido, por lo que rogaba al ilustre Pacheco que se tomase el trabajo de explicarlas.

4 (*lit*) Sufrimiento o penalidad. *Frec en pl*. | Cossío *Montaña* 238: Los continuos trabajos y prisiones que tejieron su vida nos persuaden de que las cosas, o eran distintas de como las pinta, o tuvieron visos de sospechosas.

5 (*Econ*) Factor de producción constituido por el esfuerzo humano. *Gralm contrapuesto a* CAPITAL. | F. Santos *Cua* 1.70, 52: La huelga es un fenómeno natural dentro de la relación trabajo-capital. **b)** Conjunto de los trabajadores. | Tamames *Economía* 439: Por parte de los patronos existe una marcada preferencia por los convenios a nivel de empresa, lo que naturalmente permite la fragmentación del frente del trabajo.

6 (*Fís*) Magnitud equivalente al producto del valor de una fuerza por la distancia que recorre su punto de aplicación. | Mingarro *Física* 55: En el sistema C.G.S. la unidad de trabajo se llama ergio.

II *loc adj* **7 de ~**. [Hipótesis] establecida provisionalmente como base de una investigación o de una teoría. | A. Míguez *Mad* 25.11.70, 19: Algunas de las hipótesis de trabajo manejadas por Saña podrían someterse a revisión.

III *fórm or* **8 ~ te** (**le**, *etc*) **mando** (*o* **doy**). (*col*) *Fórmula con que se pondera la dificultad de una acción*. | * Trabajo te mando si quieres convencerle.

trabajosamente *adv* De manera trabajosa. | A. Amo *Cua* 6/7.68, 50: El empleo, trabajosamente conseguido, a base de trampas y chantajes .. se pierde, se deja, sin saber muy bien por qué.

trabajoso -sa *adj* Que implica mucho trabajo o esfuerzo. | L. Daufí *Van* 23.6.74, 53: La circulación de la sangre por el tejido pulmonar en estas condiciones es trabajosa. Cela *Judíos* 276: El repecho hasta el paso de la Puerta Falsa es durillo y algo trabajoso.

trabalenguas *m* Palabra o frase difícil de pronunciar. *Esp designa una frase difícil formulada como juego*. | MSantos *Tiempo* 240: Podría también no estar desesperado a causa de estar desesperado por no estar desesperado. A qué viene aquí ahora ese trabalenguas.

trabanca *f* **1** Mesa formada por un tablero sobre dos caballetes. | CBonald *Noche* 17: Mamá Paulina se acercó a la trabanca que hacía las veces de mostrador.

2 (*reg*) Madero de los que forman una presa o un muro de contención. | *SYa* 23.5.74, 11: Aquí está .. el cuadro entibador, y aquí –retira un madero y vemos un túnel negro, inclinado y ascendente– está la bocarrampla del carbón. Por aquí sale el carbón al abrirse la tra[b]anca, que es lo que en principio llamamos inadecuadamente "un madero". [*En el texto*, travanca.]

trabar A *tr* **1** Sujetar con trabas [1]. | Halcón *Ir* 108: Cuando ya en el rastrojo trabo las bestias, le pongo esquila al mulo "Morisco". Berenguer *Mundo* 38: Como yo no quería ir, .. hasta me ató una cuerda larga a la cintura .. Así, yo trabado y él porrudo, estuvimos cogiendo mostaza en las tierras de descanso del Regalito. E. Castellote *Nar* 1.76, 19: Aguja de bordear, para hacer el bordeo y empalmar las trabas; aguja de trabar, para pasar las trabas. [*Al hacer el serón*.] **b)** Sujetar [algo o a alguien] impidiendo[le] el movimiento. | Moreno *Galería* 193: Aparte de recibirlas trabadas [el esquilador las reses], las trababa más aún con cierta llave técnica entre sus propios pies. **c)** (*Dep*) Sujetar [un luchador a otro] abrazándo[lo]. *Frec el cd es recíproco*. | *Abc* 31.7.77, 44: La cabeza de Valdés en punta contra el mentón del campeón mundial. Se traban. Monzón busca el uno-dos.

2 Juntar las distintas partes [de un todo (*cd*)], dándoles unidad y fuerza. | MMariño *Abc* 25.3.73, 11: En tiempos en los que aún no se fundían vigas de hierro, un milagro de dovelas trababa el arco que saltaba el cauce. Gambra *Filosofía* 25: Se llama lógico al pensamiento recto y consecuentemente trabado. *MHi* 3.61, 43: Recuerdan las imágenes de igual asunto de la serie de "Las Meninas", pero de escritura más trabada y abstracta, dentro de su intrínseca pictoricidad. **b)** Dar unidad y cohesión [a una salsa o algo similar (*cd*)]. *Tb abs*. | Trévis *Extremeña* 25: Empezad por preparar el relleno a base de los restos de cualquier comida anterior, que picaréis menudamente y trabaréis con un huevo. P. Barceló *SYa* 9.11.75, 9: El aceite ejerce su múltiple hegemonía: une, traba, emulsiona, fríe, suaviza.

3 Iniciar o comenzar [una amistad, una conversación, una batalla o algo similar]. *El cd va normalmente sin art*. | F. Oliván *Abc* 9.12.70, 9: Quiere la suerte que trabe amistad con un experto químico. **b)** (*Der*) Incoar [un embargo]. | *Compil. Cataluña* 674: La mujer que hubiese aportado dote tendrá, si se traba el embargo a que alude el artículo anterior, el derecho de opción dotal.

4 (*raro*) Poner trabas [2] [a algo (*cd*)]. | *Ya* 19.12.89, 9: Defensa trabó la salida de prisión de Martínez Inglés para operarse.

5 (*raro*) Entorpecer [la lengua]. | GPavón *Reinado* 25: La suspensión trabó lenguas y filosofías.

B *intr* ➤ **a** *normal* **6** Tomar unidad y cohesión [una salsa o algo similar]. | *Cocina* 520: Se va agregando aceite hasta que trabe como una mayonesa.

➤ **b** *pr* **7** Quedar [alguien o algo] enganchado o enredado de manera que no puede moverse libremente. | F. Mugueta *Abc* 18.10.73, 21: Baja al establo, Lucas, que ha debido trabarse la pollina.

8 Entorpecerse [la lengua] impidiendo hablar con soltura y corrección. | E. Valero *SAbc* 11.6.72, 33: La lengua se me traba. **b)** Tartamudear. | * A veces, cuando se pone muy nervioso, se traba.

9 (*lit*) Pelear [con alguien]. *Tb sin compl, con suj pl*. | Paso *MHi* 12.70, 49: Había envejecido en la lucha diaria; se había trabado cuerpo a cuerpo demasiado con la vida. PFerrero *MHi* 7.69, 69: Su realidad y su leyenda estuvieron de continuo trabadas en batalla de la que salió triunfante, a la hora final, la verdad.

trabazón *f* Acción de trabar [1 y 2]. *Frec su efecto*. | Gilera *Abc* 23.5.74, 87: El segundo asalto, mal, sin precisión alguna ni sentido táctico; solamente algún intento y el enredo o trabazón separado por el árbitro. Ferres-LSalinas *Hurdes* 75: Las casas jurdanas son pizarras amontonadas y sin trabazón. Salvador *Haragán* 166: Quizás en mi narración halles incoherencias, tiempos sin medida, palabras sin trabazón.

trabécula *f* (*Anat*) Estructura alargada que, frec. unida o entrecruzada con otras, sirve de soporte a un órgano o atraviesa una cavidad. | Alvarado *Anatomía* 19: El retículo citoplásmico o citorretículo consiste en una especie de red de finísimas trabéculas que ocupa la totalidad del plasma exonuclear. Nolla *Salud* 346: Los huesos osteoporóticos suelen ser de morfología normal, pero dada la delgadez de sus trabéculas constitutivas, son muy frágiles.

trabilla *f* Tira pequeña que une dos partes de una prenda, para sujetarlas o ceñirlas, o como simple adorno. | Aparicio *Retratos* 155: Se puso unos vaqueros y una camisa gris con dos bolsillos y una trabilla en cada hombro. M. D. PCamarero *Rev* 11.70, 23: Abrigos de línea cuadrada abotonados casi todo el largo, con grandes bolsillos y trabilla aplicados.

trabón *m* Protuberancia de la base del pene del perro, cuya turgencia le impide separarse de la hembra inmediatamente después del coito. | Cela *Mazurca* 30: Dos perros acaban de amarse bajo la lluvia .. –¡Mira tú que si tuvieras trabones, como Wilde! –¡No seas descarada, Moncha!

trabucaire *m* (*hist*) Facciosa catalán armado con trabuco. | Cela *Viaje andaluz* 123: Un obispo trabucaire, don Nicolás de Biedma, la tiró abajo, con manifiesta irreverencia para el recuerdo del rey santo.

trabucamiento *m* Acción de trabucar(se). *Tb su efecto*. | A. Orzán *Voz* 6.11.70, 20: Añadía, con tres interrogantes (???, sic), si no habría por mi parte un "despiste", yerro o trabucamiento.

trabucar A *tr* **1** Confundir [una cosa con otra]. *Tb sin el segundo compl*. | Guillén *Lenguaje* 37: Decimos .. *sudoeste*, en lugar de *suroeste*, para no trabucarlo con *sueste*. Torrente *SInf* 1.8.74, 12: Las noticias de Prensa tienen la ventaja de que pueden releerse; con las otras, al intentar recordarlas, se corre el peligro de trabucar una palabra, y entonces la noticia entera se desmorona. Delibes *Príncipe* 157: Domi, no trabuque las cosas a su gusto, yo no la he despedido, la he regañado, que es distinto.

B *intr pr* **2** Equivocarse al hablar o escribir, cambiando unas palabras, sílabas o letras por otras. | *Sáb* 7.8.76, 19: "La Pasionaria", después de trabucarse un par de veces en la lectura, concluyó el texto del telegrama entre grandes aplausos.

trabucazo *m* Disparo de trabuco. | FReguera-March *Cuba* 24: ¿Es verdad que usted le soltó un trabucazo a Zumalacárregui?

trabuco *m* (*hist*) Arma semejante a la escopeta, pero más corta y de mayor calibre. | Moreno *Galería* 143: Polvorines en los que conservar la pólvora para cargar con ellos trabucos y mosquetes.

traca I *f* **1** Artificio pirotécnico consistente en una serie de petardos colocados a lo largo de una cuerda y que estallan sucesivamente. *Tb fig*. | A. Barra *Abc* 13.9.70, 13: El primer acto del drama del "aeropuerto revolucionario" concluye como las fiestas patronales de muchos pueblos del litoral mediterráneo: con una gran traca final. Los tres aviones secuestrados han sido destruidos por los guerrilleros del Frente Popular para la Liberación de Palestina. S. Jiménez *Abc* 9.9.66, 27: El final de fiesta atómico, que, como culminación de la gran traca viajera del general De Gaulle, estaba previsto para entrar en fuego mañana.

II *loc adj* **2 de ~.** (*col*) De risa o grotesco. | C. RGodoy *Cam* 5.3.84, 146: Que los españoles –que somos los últimos en todo– suframos síntomas de una enfermedad que todavía no tenemos es como de traca.

tracamundana *f* (*col, hoy raro*) Lío o alboroto. | DCañabate *Paseíllo* 14: No faltaban tracamundanas, porque la ambición general se cifraba en empuñar la espada y la muleta.

tracatrá *interj* (*col*) **1** *Se usa, a veces repetida, para imitar el traqueteo. A veces se sustantiva como n m.* | ZVicente *Traque* 282: Cuando esté sola y se oiga ahí al lado el tracatrá de la tricotosa.

2 (*euf*) *Se usa para aludir al acto sexual. Frec se sustantiva como n m.* | * Se piensa que es conocer a una chica y tracatrá.

tracatraca *interj* (*col*) Tracatrá. *Tb n m*. | M. Torres *País* 14.9.88, 60: Hasta puede ocurrir que vengan los cuatro osos panda que aún les quedan, que también andan flojísimos en el asunto del tracatraca.

tracción *f* **1** Acción de tirar de algo, esp. un vehículo, para moverlo o arrastrarlo. | Alfonso *España* 33: Nunca se nos nuble la buena apreciativa y confundamos la tracción con lo traído, lo que debe halar y lo que debe ser halado. APaz *Circulación* 12: Esto indica la influencia de un factor permanente, común a las épocas de tracción animal y mecánica: el peatón. **b)** (*Mec*) Conjunto de órganos y fenómenos que dan movimiento a un vehículo de motor. | *Tri* 12.12.70, 18: Es pionero en la técnica automovilística, con innovaciones como tracción delantera y motor transversal.

2 (*Mec*) Acción de aplicar a un cuerpo una fuerza o un par de fuerzas antagonistas, para alargarlo. | *Act* 25.1.62, 40: Los talleres de Oerlikon se destacaron también en el campo de la tracción por corriente monofásica y por corriente continua. **b)** (*Med*) Acción de estirar músculos o huesos, frec. para reducir una fractura. | Nolla *Salud* 343: En las artrosis vertebrales, con dolores por irritación de las raíces nerviosas, puede ser de utilidad la tracción o la extensión continua.

tracería *f* (*Arquit*) Decoración formada por combinaciones de figuras geométricas. | Villarta *Rutas* 94: En la torre, tracerías que recuerdan los mudéjares de Toledo.

tracio -cia (*hist*) **I** *adj* **1** De Tracia (región de la antigua Grecia). *Tb n, referido a pers*. | Villar *Lenguas* 221: En su composición [de la migración póntica] entrarían elementos cimmerios, tracios, ilirios y probablemente también germánicos. Villar *Lenguas* 219: Al final de la Edad del Bronce consta ya la existencia de los tracios, que aparecen mencionados en la epopeya homérica.

II *m* **2** Lengua de los tracios [1]. | Villar *Lenguas* 145: Del tracio solo tenemos una breve inscripción.

tracista I *adj* **1** (*lit*) [Pers.] fecunda en tretas o engaños. *Tb n*. | Rosales *MHi* 3.61, 30: ¡Ay Sancho, Sancho, tracista y urdidor!

II *m y f* **2** (*Arte*) Diseñador o proyectista. | GNuño *Arte* 283: También fue tracista de retablos.

tracofrigio -gia *adj* (*hist*) Tracio y frigio. *Tb n, referido a pers o a idioma*. | Pericot *Polis* 67: Otras oleadas indogermánicas penetran en Asia Menor: los tracofrigios, que destruyen la ciudad de Troya. Villar *Lenguas* 145: El tracofrigio. Las lenguas que lo integran son muy mal conocidas: Del tracio solo tenemos una breve inscripción .. Del frigio disponemos de algunas palabras.

tracoma *m* (*Med*) Conjuntivitis granulosa y contagiosa, que llega a causar ceguera. | ZVicente *Traque* 20: Habrá que vacunarse contra la viruela, el tifus, la fiebre amarilla, el tracoma, sobre todo si se va de viaje.

tracomatoso -sa *adj* (*Med*) **1** De(l) tracoma. | *Ya* 3.3.63, 10: Ha aportado valiosos conocimientos, tales como la clasificación clínica de los períodos evolutivos de la enfermedad, la operación del "pannus cras[u]s" tracomatoso.

2 Que padece tracoma. *Tb n*. | M. Aguilar *SAbc* 13.12.70, 102: Se calcula que puede haber en nuestra patria unos doscientos mil (200.000) tracomatosos.

tracto *m* **1** (*Anat*) Estructura o aparato en que predomina la longitud. | Bustinza-Mascaró *Ciencias* 104: Hoy se sabe que existen varios virus causantes de la gripe, los cuales actúan específicamente sobre el tracto respiratorio.

2 (*Rel catól*) Conjunto de versículos que se rezan o cantan inmediatamente antes del evangelio en la misa de ciertos días. | Vesga-Fernández *Jesucristo* 65: Después se leen o cantan: El Gradual .. El Tracto .. La Secuencia.

3 ~ sucesivo. (*Der*) Encadenamiento entre los distintos asientos en el Registro de la Propiedad. | *ASeg* 29.11.79, 8: Se sigue expediente de dominio por el procurador D. Francisco Martín Orejana, en nombre de don Moisés López Gómez, vecino de Segovia, sobre reanudación del tracto sucesivo interrumpido e inscripción a su favor en el Registro de la Propiedad de este Distrito Hipotecario, de las fincas rústicas.

tractocamión *m* Camión para semirremolques. *Tb el conjunto constituido por el camión y el semirremolque*. | *GTelefónica N.* 136: Berliet Sava .. Camiones pesados. Tractocamiones para semi-remolques. Camiones para transportes especiales. APaz *Circulación* 20: Ese remolque, sin eje delantero porque se apoya sobre el tractor, se llama semi-remolque (y al conjunto también se le denomina "tracto-camión").

tractor -ra I *adj* **1** (*E*) De (la) tracción. | E. Iparraguirre *SAbc* 8.2.70, 45: Navacerrada cuenta con cinco telesillas y tres telesquís, con una capacidad total de subida de 4.565 esquiadores por hora, en una longitud de cables tractores de 5.519 metros. APaz *Circulación* 20: Vehículo articulado es el automóvil seguido de un remolque sin eje delantero, acoplados de modo que una parte del remolque descansa sobre el vehículo tractor.

II *n* **A** *m* **2** Vehículo automóvil de gran adherencia, que sirve esp. para remolcar vehículos de carga o máquinas agrícolas. | GPavón *Hermanas* 32: Las viejas veían pasar los camiones y tractores con cara de no comprender nada. Hoyo *Pequeñuelo* 9: Se han traído, de las obras de la carretera, un enorme tractor cuchara y otro enorme tractor allanador. *SAbc* 29.12.68, 11: El 15 de marzo, con un trágico balance de muertos y heridos, se estrelló un tren "Ter", procedente de Galicia, contra un tractor ferroviario, a setenta kilómetros de Madrid.

B *f* **3** Tractor [2], esp. para vehículos de carga. | *País* 1.10.82, 53: La gama de Tractoras Pegaso, cada día, está más a la cabeza. *Ya* 25.1.90, 9: Se vende empresa S.A. de transportes especiales, maquinaria y calderería, góndolas de hasta 100 Tm., tractoras dos diferenciales.

tractorable *adj* Que se puede labrar con tractor [2]. | *Abc* 7.12.75, 63: Rústica agropecuaria. Cáceres. 1.000 hectáreas. Acotada de caza, cercada .. Abundante agua. Tractorable. 38.000.000 de ptas.

tractoración *f* Acción de labrar con tractor [2]. | Aparicio *HLM* 11.10.76, 6: Tales zozobras sempiternas y endémicos perjuicios .. no son privativos e idóneos de nuestra agricultura tan atrasada y rutinaria, que, a despecho o a favor de su tractoración y abonado integral, se considera como una supervivencia neolítica.

tractorada – traducir

tractorada f Manifestación con tractores [2]. | *Ya* 28.2.87, 13: "Tractorada." Cerca de 50.000 tractores apoyaron ayer en la carretera la protesta de los agricultores.

tractorista m y f Pers. que conduce un tractor [2]. | Berenguer *Mundo* 276: El Balbino dijo que tenía que ir a ver al tractorista.

tractorizar tr (raro) Mecanizar con tractores [2]. | GPavón *Reinado* 187: El veterinario, desde que no hay mulas, porque casi todos nos hemos tractorizado, vive a sus anchas.

tractus m (Med) Tracto [1]. | R. GTapia *SAbc* 2.2.69, 19: Y, por último, alteraciones de la acción del ruido sobre el tractus digestivo, la posibilidad de espasmos de los músculos del píloro.

tradición f **1** Modo de transmisión de conocimientos, doctrinas o costumbres, de generación en generación. | DPlaja *Literatura* 187: El historiador expone de una manera viva y directa lo que sabe de la tradición oral y escrita. Alarcos *Fonología* 26: Las normas .. y el sistema, como algo aprendido que se repite por tradición, constituirán el dominio de la lengua. **2** Conocimiento, doctrina, costumbre o relato transmitidos por tradición [1]. | DPlaja *Literatura* 84: Alfonso el Sabio se vale para su historia de la Biblia y de historiadores anteriores, y, además, de cuantas leyendas y tradiciones llegan hasta él. **b)** Conjunto de tradiciones [de un pueblo o colectividad]. | Vesga-Fernández *Jesucristo* 18: Los fariseos eran los nacionalistas. Es decir, los enemigos del yugo extranjero y defensores de la ley y de la tradición. **3** Hecho de datar [una costumbre] de un pasado más o menos remoto. *Gralm con un compl de tiempo.* | FQuintana-Velarde *Política* 242: La distribución espacial de la renta nacional española tiene una corta tradición. **4** (Der) Entrega. | *Compil. Cataluña* 795: En el contrato de compraventa la tradición o entrega de la cosa vendida tendrá lugar por cualquiera de las formas admitidas en el Código Civil.

tradicional adj De (la) tradición [1 y 2]. | Moreno *Galería* 349: Puede constituir un índice o enunciado incompleto de las danzas rituales o bailes tradicionales que se ejecutaron en los lugares sorianos. **b)** Que se atiene a la tradición [2b]. *Tb n, referido a pers.* | FMora *Abc* 8.9.66, 13: ¿Fue un revolucionario o un reaccionario, un innovador o un tradicional? **c)** (*Ling*) [Gramática] cuyos fundamentos están en la doctrina de los gramáticos grecolatinos. | Lázaro *Lengua* 2, 99: El propio Chomsky ha señalado que hay, en cambio, concomitancias entre la Gramática creada por él y la Gramática tradicional.

tradicionalidad f Cualidad de tradicional. | DPlaja *Abc* 31.12.70, sn: Nos ofrece el libro .. otra vertiente que de un modo imprevisto se separa de la tónica anterior y, consecuentemente, de su tradicionalidad temática y retórica.

tradicionalismo m **1** Doctrina o partido que defiende el mantenimiento de las formas políticas y religiosas tradicionales. | Espadas *SYa* 20.10.74, 19: La tercera guerra carlista alistó bajo las banderas del tradicionalismo no solo a quienes defendían los derechos dinásticos del pretendiente don Carlos, sino a quienes .. se enfrentaban con la demagogia anticlerical de los Gobiernos de Madrid. **2** (*Filos*) Doctrina según la cual todo conocimiento tiene su origen en la revelación y en la tradición. | GÁlvarez *Filosofía* 2, 261: Entre las ruinas producidas por la Revolución francesa nace la escuela tradicionalista .. El tradicionalismo francés se funda, filosóficamente, en la teoría noética del fideísmo. **3** Apego a la tradición [2b]. | GZamora *Teatro 1956* 260: A pesar .. de su tradicionalismo dramático .., es, por lo menos, una comedia estéticamente limpia. Payno *Curso* 144: Nos conviene la ayuda americana y sería necio rechazarla. Pero no. Siempre surge un patriotismo erróneo, un tradicionalismo retrógrado.

tradicionalista adj De(l) tradicionalismo. | GÁlvarez *Filosofía* 2, 261: Entre las ruinas producidas por la Revolución francesa nace la escuela tradicionalista .. El tradicionalismo francés se funda, filosóficamente, en la teoría noética del fideísmo. **b)** Adepto al tradicionalismo. *Tb n.* | ILaguna *Ateneo* 34: Ignora monstruosidades como la desamortización, ocurrida meses después de 1835, la cual .. constituye un atentado contra los tesoros artísticos de la nación y el clarinazo que despertará a los tradicionalistas.

tradicionalización f (raro) Transformación [de algo] en tradicional. | *Abc* 20.8.69, 35: En esta primera sesión intervinieron el doctor Manuel Alvar, de la Universidad Autónoma de Madrid, que desarrolló el tema "Ammón y Tamar, tradicionalización de un tema erudito".

tradicionalmente adv De manera tradicional. | J. M. Rollán *SAbc* 1.12.68, 27: Ha sido un quehacer tradicionalmente liberal.

traducción f Acción de traducir, esp [1]. *Tb su efecto.* | Villapún *Iglesia* 55: Tradujo la Sagrada Escritura del griego al latín, traducción que se llama la *Vulgata*. GNuño *Madrid* 150: José Antolínez aparece con su *Magdalena*, traducción de lo murillesco al barroco madrileño. Palacios *Juicio* 229: Se me dirá que también es práctica la obra de Santiago María Ramírez, obra de teología moral. Y es cierto que esta obra ramireciana tiene sin duda una posible traducción práctica en nuestra vida, pues nos habla de la felicidad del hombre.

traducianismo m (*Filos*) Generacionismo. | Gambra *Filosofía* 143: El traducianismo está hoy comúnmente desechado, pues no se comprende cómo un ser espiritual finito puede, por generación o germen, hacer brotar otro ser espiritual.

traducibilidad f Cualidad de traducible. | S. RSanterbás *Tri* 12.6.71, 36: El profano no sabe leer, naturalmente, el contenido del pentagrama; pero cree en su traducibilidad a términos sonoros.

traducible adj Que se puede traducir. | F. Abascal *Van* 20.12.70, 26: Murió un estudiante berlinés –llamado Ohnesorge, traducible al castellano como "no te preocupes"–. *DBa* 10.6.77, 2: El problema fundamental que plantea el futuro postelectoral es la insistencia de doctrinas y filosofías de gobierno, traducibles a programas políticos, fuera de lo que ha sido hasta ahora la oposición al Régimen.

traducir (*conjug* **41**) tr **1** Pasar [a un idioma (*compl* A) algo (*cd*) expresado en otro (*compl* DE)]. *Frec sin compls* A *o* DE *por consabidos.* | Villapún *Iglesia* 55: Tradujo la Sagrada Escritura del griego al latín. CBaroja *Inquisidor* 54: Alcalá Galiano tradujo el título, pero no dijo el autor del libro en cuestión. **b)** Pasar [a otro idioma la obra de un autor (*cd*)]. *Frec sin compl* A*, por consabido.* | Lapesa *HLengua* 179: Boecio y Tito Livio son traducidos por Ayala. **2** Pasar [algo a un lenguaje o modo de expresión distinto de aquel en que está (*compl* A *o* EN)]. *Tb sin compl, por consabido.* | GÁlvarez *Filosofía* 1, 188: Se concluyó la tarea traduciendo la filosofía griega en los términos de la nueva doctrina. *BOE* 1.12.75, 25025: Se asimilan a esta categoría los taquimecanógrafos de ambos sexos que tomen al dictado 120 palabras por minuto, traduciéndolas correcta y directamente en seis minutos. CBonald *Noche* 294: –¿Con quién? –preguntó Mojarrita. –¿No te lo estoy diciendo? .. Con el viejo Leiston. –Según y como –dijo Mojarrita. –O sea, que sí –tradujo Felipe Anafre. **b)** Expresar [algo por medio de palabras (*compl* A *o* EN)]. | Lera *Clarines* 455: No era capaz de traducir sus ideas a palabras. **c)** Explicar o interpretar. | ZVicente *Mesa* 177: ¡Luego, luego me traduce el sueño, que no se le olvide! **3** Corresponder [una palabra o frase a otra (*cd*) de otra lengua] o ser su equivalente. | * El término "viejo" no traduce exactamente el francés "ancien" en este caso. **b)** Corresponder [una cosa a otra (*cd*)] o ser su expresión. | VMontalbán *Rosa* 111: Se levantó para asomarse al pasillo y comprobar que el silencio traducía soledad. **c)** Ser [una obra] el resultado de traducir [1a] [otra de otra lengua]. | DPlaja *Literatura* 86: Gran parte de las obras astronómicas de Alfonso el Sabio tienen, sin embargo, mayor valor científico, ya que traducen los libros de los grandes astrónomos orientales. **4** Reflejar o mostrar [algo, esp. un sentimiento o idea]. | *Ya* 17.11.63, 3: Han sido tan amplias y sugestivas que, de traducirse fielmente en el texto legal, su efecto sobre la vida económica española ha de ser, ciertamente, muy considerable. **b)** *pr* Reflejarse o mostrarse [una cosa en otra]. | RBuded *Charlatán* 176: Invadida toda ella de una contenida excitación, que se traduce en débiles, fugaces movimientos.

5 Transformar o convertir [una cosa en otra]. | E. Martínez *Ade* 27.10.70, 11: No pudo evitar que, cuando iban siete minutos de juego, un centro magnífico de Vegal lo tradujese Páez en gol. **b)** *pr* Transformarse o convertirse [una cosa en otra]. | Ybarra-Cabetas *Ciencias* 40: Si ponemos en contacto dos cuerpos buenos conductores y los calentamos por su punto de unión, se produce una diferencia de potencial que se traducirá, al unir por un conductor los extremos libres, en una corriente eléctrica que irá de un metal (polo positivo) al otro (polo negativo).

traductor -ra *adj* Que traduce [1, 2 y 5]. *Tb n, m y f, referido a pers y a máquina o aparato.* | Diego *Abc* 21.8.66, 3: Las máquinas traductoras han de progresar a velocidad de vértigo. Tejedor *Arte* 117: En Toledo, en el Alcázar donde tuvo su corte, reunió [Alfonso X] una serie de sabios del más distinto origen, lengua o religión .., con los que llevó a su mayor florecimiento la Escuela de Traductores de Toledo. *Pue* 10.11.70, 20: La utilización de líneas telefónicas para transmisión de datos o mensajes codificados precisan de unos "traductores" que transformen este tipo de señales en las que produce la voz humana, dado que ambas son radicalmente diferentes. *ByN* 10.12.89, 80: Traductora eléctrica a seis idiomas.

traedor -ra *adj* Que trae. | *Abc* 11.7.80, 71: Protestó contra el acuerdo municipal de suprimir y borrar en 27 calles los nombres de los "más recios españoles", considerándolo un insulto, "vulgar expresión del odio y rencor de los que se llaman traedores de la democracia".

traer I *v* (*conjug* **32**) *tr* **1** Llevar al lugar donde está el que habla. *A veces se especifica el lugar con un compl* A. | Delibes *Príncipe* 72: –¿Le traigo un poco de leche? –No, gracias, Vítora. Delibes *Príncipe* 116: Ese pájaro es mío. Me lo trajeron a mí los Reyes. **b)** Llevar [alguien que no es el que habla (*suj*) algo (*cd*)] al lugar donde está la pers. de quien se habla. | MGaite *Retahílas* 12: Allí se detuvo el coche .., y el conductor, volviéndose hacia el asiento de atrás, cambió unas palabras con el viajero que traía. **c)** Llevar [algo a un lugar que está en la pers. que habla o de que se habla, o contiguo a ellas]. | APaz *Circulación* 190: Estas dos facultades, prever y prevenir, .. conviene fomentarlas y desarrollarlas en los conductores, o, por lo menos, despertarlas, trayéndolas a la consciencia mediante su conocimiento. *Alc* 1.1.55, 1: Al iniciarse el Nuevo Año, traemos a nuestra portada este aspecto de la calle de Pelayo.
2 Llevar [algo (*cd*)] consigo o sobre sí [la pers. que habla o de quien se habla, u otra contigua a ellas]. | Cunqueiro *Un hombre* 13: ¿Qué moneda traes? **b)** Tener o mostrar [alguien un estado físico o anímico determinado]. *A veces con compl de interés.* | Aldecoa *Cuentos* 1, 37: Traes hambre. Anda, pasa. Encima de la hornilla hay pescado. Ojo, que hay que repartirlo. Carnicer *Cabrera* 114: Cerca ya de Nogar alcanzo a un labrador que con la aguijada al hombro marcha delante de un carro .. Salió a cargar yerba al amanecer y trae ganas de conversación. SFerlosio *Jarama* 34: –¡Ni pensar! De aquí no nos movemos .. –Vaya una gandulitis que nos traemos todos esta mañana. **c)** Contener [una cosa (*suj*) algo que está a disposición de todos]. | Torrente *SInf* 3.10.74, 12: "La Voz de Galicia" de esta mañana trae un artículo que me dedica Umbral. SFerlosio *Jarama* 33: Yo por mi parte he venido a descansar. De domingos no tiene mal que uno esta semana, y hay que aprovecharse. **d)** Acarrear o llevar consigo [algo (*cd*) como consecuencia]. | *Abc* 5.7.58, 17: Todo aquello que reporta enormes ventajas trae, asimismo, graves inconvenientes. "In medio virtus." Todo exceso daña.
3 Tener desde un tiempo pasado. | *Ecc* 8.12.62, 25: El [rito] syro-occidental se sigue en Siria .. Syro-malabar, utilizado por los cristianos tomeos; es decir, cristianos que traen su origen de las predicaciones de Santo Tomás Apóstol. **b)** Tener desde hace algún tiempo [a alguien de una determinada manera (*predicat o compl adv*)]. | Lagos *Vida* 6: La "Lucera" .. lanzaba un brinco ágil sobre las zarzas, pero resguardándose del macho que la traía acorralada. * Al pobre viejo le traen todo el día de acá para allá. **c)** Tener [con otra pers. una actividad o proyecto común que se oculta o mantiene reservado]. *Con compl de interés.* | Matute *Memoria* 97: Es Mariné se traía mucho misterio con los chicos. SFerlosio *Jarama* 81: –¿Qué secretos te traes tú con el barbero? –Cosas nuestras .. –Alguna picardía os traéis entre los dos. **d)** (*Heráld*) Tener [determinada pieza o figura]. *Frec en la constr* ~ POR ARMAS. | J. Atienza *MHi* 6.60, 4: Traen por armas: En campo de azur (azul), una garra de plata.
4 ~ [a alguien] **a mal** ~ (*o* **a maltraer**). (*col*) Mortificar[le]. *Tb fig.* | Umbral *Des* 12.9.70, 28: Esa constatación de la pobre realidad humana me trae a mal traer. Delibes *Guerras* 74: A mí aquel hoyo, la Torca, digo, me traía a mal traer.
5 ~**sela** [a uno (*ci*)] **floja** [alguien o algo (*suj*)]. (*vulg*) Serle indiferente. | CBonald *Dos días* 206: Mira, a mí Gabriel me la trae floja, de modo que ya se lo puedes ir diciendo. Goytisolo *Recuento* 168: Pero qué coño estás diciendo de cuernos y tonterías. Los cuernos me la traen floja, coño.
6 ~**selas**. (*col*) Salirse [alguien o algo] de lo común, esp. por ser muy raro, difícil o provocativo. *Con intención ponderativa.* | Candel *Catalanes* 13: "La Jirafa", revista literaria con un lema que se las traía –"Visto desde arriba con los pies abajo"–. DCañabate *Paseíllo* 14: Si espinoso era encontrar un toro, persuadir a un macaco que hiciera de caballo se las traía. Mihura *Maribel* 42: –Hijas, hay que ver cómo vais... –Oye, guapa, sin ofender. –No es ninguna ofensa, porque la faldita que llevas se las trae.
7 ~ **y llevar.** Llevar reiteradamente de un lado a otro. *Frec referido a cuentos o habladurías. En este caso, frec abs. Tb fig.* | LMiranda *Ateneo* 124: Lo izaron hasta la tribuna .. y lo trajeron y llevaron procesionariamente por los pasillos y salones. Berenguer *Mundo* 91: Yo no he visto a nadie que sepa más cosas de traer y llevar, del que tiene cuernos, del que robó una bestia, del que tiene un apuro. Torrente *Off-side* 19: Yo soy un hombre traído y llevado. La vida social, el arte, la literatura .. Todo eso roba tiempo.
8 ~ **a colación**, ~ **a cuento**, ~ **entre manos**, ~ **por la calle de la amargura** → COLACIÓN, CUENTO, MANO, CALLE.
II *loc adj* **9 bien** (*o* **mal**) **traído.** Expuesto o concebido con oportunidad o acierto (o sin ellos). | Delibes *Guerras* 12: Pacífico me hizo accionar el aparato varias veces y su comentario fue por demás expresivo: "Está bien traído el chisme ese –dijo–; todo lo parla".
10 traído y llevado. Manido o usado con exceso. | W. Mier *MHi* 11.63, 26: Mallorca es paraíso de muchas cosas, aparte del tan traído y llevado paraíso de los turistas.

tráfago *m* **1** Ajetreo o actividad intensa. | Palacios *Juicio* 70: Esos "turismos estrictamente de serie" .. han de servir las crudas necesidades del hombre moderno, morbosamente activo, hijo de la revolución del trabajo, y sumergido hasta el cuello en el tráfago de los negocios.
2 Tráfico [1 y 2]. | CBonald *Ágata* 114: Tenía previsto sacar tajada del siempre ventajoso tráfago del atún. GPavón *Hermanas* 11: Como era lunes se veía mucho tráfago de remolques, camiones y motos.

trafagoso -sa *adj* Que tiene tráfago. | MGaite *Búsqueda* 87: Para armonizar ese conjunto de gestos vacíos y uniformes, protegido por los cuales ya está en condiciones de echarse a circular por el trafagoso mundo.

traficante *adj* Que trafica. *Tb n, referido a pers.* | Salvador *Haragán* 86: Todo sucedía [en las aventuras de Dick Turpin] en las grandes llanuras del Este, entre verdes praderas, caminos a la par de ríos y posadas llenas de nobles y traficantes.

traficar *intr* Comerciar o negociar [con algo (*compl* EN *o* CON)]. *Gralm indica que se hace de modo irregular o ilegal.* | Villapún *Iglesia* 48: Se traficaba con los esclavos, como si fuesen bestias.

tráfico *m* **1** Acción de traficar. | Ramírez *Derecho* 164: Cuando se trata de una acción relacionada con el tráfico mercantil, no basta su reclamación judicial para que la interrupción surta efectos. *Nue* 8.11.70, 13: Tráfico de niños en Uruguay. *Ya* 16.3.88, 1: El Congreso crea una comisión para investigar el tráfico de influencias desde la instauración de la democracia.
2 Circulación de vehículos. | GPavón *Hermanas* 32: Caserones abandonados entre señales de tráfico y carteles publicitarios. *ByN* 31.12.66, 97: Hemos recibido una amable carta de un madrileño refiriéndose al tráfico en la capital.
3 Movimiento de perss. o mercancías por cualquier procedimiento de transporte. | Cunqueiro *Un hombre* 36: Vive en la torre nueva del palacio, que no tiene puerta, y todo el trá-

trafulla – tragar

fico se hace por roldana, que suben y bajan serones. *Van* 19.9.74, 15: Ascensores gran tráfico y especiales.

trafulla *(reg)* **A** *f* **1** Trampa o fullería. | V. Ruiz *HLM* 30.12.74, 43: Villar .. le ganó la baza siempre, aun con alguna trafulla, como la de entrarle a destiempo y malintencionadamente. Campmany *Inf* 22.9.77, 36: Cada caso de infracción, de corrupción, de abuso .. merece también ese suplemento de pena que impone la publicidad del hecho .., para que todos conozcamos .. dónde se ocultan o actúan la trampa, el negocio sucio, los enriquecimientos indebidos, los sobornos, las prevaricaciones o simplemente las trafullas.
B *m y f* **2** Pers. tramposa o fullera. | *D16* 3.1.88, 6: Hoy en Cataluña gobierna un hombre que declara constantemente que Cataluña es una nación. Es el sueño de un nuevo Israel, mezcla de rencores y reivindicaciones de payés, que solo nos conducirían a una caricatura andorrana, domicilio de trafullas y malandrines.

trafullero -ra *adj* *(reg)* Tramposo o fullero. *Tb n, referido a pers.* | Campmany *Abc* 10.4.86, 17: Se trata de negarse a jugar con una baraja marcada y con un hábil trafullero o tahúr repartiendo las cartas.

tragable *adj* Que se puede tragar. | Mi. Borges *Día* 29.5.76, 4: Por lo que respecta a nuestras islas estábamos a salvo con el empleo de los pozos negros, simas abismales en terreno volcánico capaces de tragar todo lo tragable en el inmenso "horno crematorio" del subsuelo canario.

tragacanto *m* Goma muy usada en farmacia y en la industria, que es segregada por varios arbustos asiáticos del gén. *Astragalus*, esp. por el *A. gummifer. Tb la planta.* | Cela *Judíos* 82: El ama, una mujer inmensa y bigotuda, .. lo miró con un desprecio infinito. –Ya tiene usted dispuesto su tragacanto–.. Los canelonis, bien calientes .., no estaban malos. Sabían un poco a engrudo, pero no estaban malos.

tragaderas *f pl (col)* **1** Faringe, u órgano de la deglución. | Berenguer *Mundo* 220: Me mandaron la Encarna allí y me hizo patatas a la puercachona, aplastándolas después, para que pudiera pasarlas por las tragaderas sin que me lastimara.
2 Facilidad para tragar [1, 3, 8 y 13] cualquier cosa. *Frec con el adj* BUENAS *u otro de sent equivalente.* | Delibes *Príncipe* 133: –Lo intentaré, Emilio –dijo con desánimo–. Pero no tengo ninguna fe; las tragaderas de este niño son una calamidad. DCañabate *Paseíllo* 47: La gente, que ante la propaganda abre la boca de sus tragaderas amplias e inocentes, se lo cree. E. Chamorro *Tri* 29.5.71, 31: Al más alto nivel de masificación y consumismo se sitúa la burguesía acomodada .. A continuación el sector universitario, de indiscriminad[a]s tragaderas ante una oferta global, en el que no obstante se perciben rastros de inquietud hacia unos autores y temáticas literarias y científicas marginadas anteriormente.

tragadero *m* **1** *(col)* Faringe, u órgano de la deglución. | Chamorro *Sin raíces* 15: Agustín no podía por menos que estar satisfecho de la matanza. Los cebones no habían dado mucho gordo .. Las lenguas sonrosadas desde la punta hasta el tragadero.
2 Desagüe o sumidero. | CBonald *Ágata* 224: Se le iba la vista entre el verdegay de las macetas esmaltadas dispuestas por Mercedes, en corros concéntricos, alrededor del tragadero de la corraliza.

tragador -ra *adj (raro)* Que traga [2 y 3]. | Palacios *Juicio* 58: Si abrimos el libro de las *Florecillas de San Francisco*, hallamos en el capítulo XX la historia del lobo grandísimo, feroz y terrible, que asolaba la ciudad de Gubio, tragador de animales y devorador de personas.

tragahombres *m (col, raro)* Bravucón. | Faner *Flor* 58: El mancebo .. alegó haberlo perdido [el pasaporte] en la galerna. A lo que el tragahombres estalló en sonora risotada y le conminó a entregarse con la tripulación, la nave y cuanto transportaba.

tragahúmos *m En una cocina:* Dispositivo para dar salida a los humos. | M. D. PCamarero *Rev* 5.69, 27: El trabajo en una cocina requiere indispensablemente estos medios: una mesa de trabajo..; cocina, con horno, tragahúmos, etc.

trágala *(col)* **I** *m* **1** Acción por la que se obliga a alguien a aceptar algo a la fuerza. | ZVicente *Mesa* 145: Qué inmensa oquedad la del país entero, a ver, solamente se tupe con hipocresía y trágalas. Zunzunegui *Hijo* 62: Seguía rindiendo viajes con el mismo alboroto. Pasado el primer momento de trágala, fue suavizando su indumentaria.
II *loc adv* **2 a la ~**. De manera atropellada. | DCañabate *Abc* 6.6.58, 45: El primero de Gregorio Sánchez huía de la muleta. Y Gregorio no logró .. sujetarle. Y, en vista de ello, le propinó unos cuantos naturales "a la trágala", que resultaron muy endebles.

tragaldabas *m y f (col)* Pers. muy comilona. | Lera *Bochorno* 43: Está visto que para vosotros lo primero es comer. Sois unos tragaldabas.

tragaluz *m* Ventana pequeña abierta en el techo o en la parte alta de la pared, gralm. con derrame hacia adentro. | Cuevas *Finca* 73: Dejaron solo un pequeño tragaluz que cerraba por fuera y que daba a otra habitación interior.

tragamillas *m y f (Dep)* Nadador de gran resistencia. | *Ya* 19.6.74, 33: En cinco horas y treinta y cinco minutos atravesó a nado el estrecho de Gibraltar .. el tragamillas argentino Alfredo Camarero.

tragantada *f* Trago grande. *Tb fig.* | I. RQuintano *SAbc* 17.1.82, 42: Los hombrones de la matanza se curan el frío con un porrón de vino churrillo, que lo apuran de una tragantada. Landero *Juegos* 15: Cuando a punto estaba ya de proclamar que el mundo era ilusión y solo ilusión, salió a la realidad con una tragantada de pánico.

tragante *m* **1** Sumidero. | *Hoy* 28.3.79, 21: Los tragantes o absorbederos no suelen estar en buenas condiciones de uso. Cuando no están llenos de tierra, arenas y demás, tienen las tapaderas rotas y entonces, para evitar los tropezones, u otros accidentes, rellenan el hueco con piedras y en paz.
2 Cauce para encaminar una corriente de agua. | *Pro* 12.7.75, 16: Salvados todos los detalles (ingreso en la caja municipal del valor de los viales a ceder, comprobación de que las alineaciones [s]on correctas y construcción de un tragante para la acequia) Urbanismo ha propuesto .. conceder la oportuna licencia.
3 *(Metal)* Abertura superior de los altos hornos y de los hornos de cuba. | Aleixandre *Química* 126: La parte superior de la cuba, por donde se echa el mineral, se llama tragante.

tragantón -na *adj (col)* Comilón. *Tb n.* | FReguera *Bienaventurados* 92: Catalina, que era una tragantona insaciable .., lo había decidido a ultranza: o participar del convite o perder la vida en el empeño.

tragantona *f (col)* Comilona. | Faner *Flor* 93: Para raer de la memoria su permanente enemiga, mosén Martí Dasi concertaba con caballeros, oficiales y altas dignidades buenas partidas de caza. Se andaban a la flor del berro con tragantonas y tripundios [*sic*].

tragaperras *m o f* Máquina que funciona automáticamente introduciendo en ella las monedas adecuadas. *Frec en aposición con* MÁQUINA. | ZVicente *Traque* 221: Hay máquinas tragaperras, para discos, ¿no ves? Alfonso *España* 50: La cultura de los tragaperras.

tragar **A** *tr* ▶ **a** *normal* **1** Hacer pasar al interior del tubo digestivo [algo (*cd*) que se tiene en la boca]. *Tb abs. Tb con compl de interés.* | Medio *Bibiana* 73: Voy a darte un poco de coñac .. Pero no lo tragues. Déjalo en la boca. F. Martino *Ya* 12.12.75, 38: La afección estalla súbitamente, con signos tales como dolor al tragar. **b) ~ saliva** → SALIVA.
2 Hacer [una cosa (*suj*)] que [otra (*cd*)] desaparezca en su interior. *Tb fig. Tb con compl de interés. Tb abs.* | *Ya* 5.10.86, 3: Las alcantarillas se veían imposibilitadas para tragar la enorme cantidad de lluvia que estaba cayendo. A. Gómez *Ya* 11.1.90, 17: Un enorme socavón de quinientos metros de longitud por más de cien de anchura y setenta de profundidad amenaza con tragarse varias casas de la localidad. * La pila no traga. **b) ~(se) la tierra** [a alguien o algo] → TIERRA.
3 *(col)* Comer (tomar alimento). *En frases de intención ponderativa. Tb con compl de interés. Tb abs.* | * Se traga lo que le des. Escobar *Itinerarios* 68: ¡Qué manera de tragar! Ya llevan cuatro medianas por delante. Y vaya una cazuela de escabeche.

4 (col) Consumir o gastar. *Tb fig. Tb con compl de interés.* | * ¡Lo que traga esta chimenea! * Este coche traga gasolina como nada. GSerrano *Ya* 17.11.63, 3: Entre los libros que me he tragado hay uno, ya viejo y caduco, que me ha interesado singularmente. Marsé *Dicen* 76: Absolutamente serenas, por otra parte, como cuando tragaba kilómetros, como cuando aparcaba en la puerta del club.

5 (col) Prevalecer a la vista o a la atención [una cosa sobre otra (cd)], haciendo que esta parezca más pequeña o insignificante. *Gralm con compl de interés.* | Delibes *Mundos* 54: Santiago: el decorado se traga la obra. A Santiago le ocurre un poco lo que a esas comedias mediocres bien presentadas; a la obra se la come el decorado. GPavón *Hermanas* 45: Armarios de lunas descomunales .. se tragaban toda la habitación.

6 (col) Aguantar o soportar [algo o a alguien]. | Medio *Bibiana* 69: Bernabé no puede tragar la sopa sin ajo. Delibes *Cinco horas* 81: Me da rabia que terciase el don Nicolás ese, que no le trago.

➤ **b** *pr* **7** Tragar [1a] involuntariamente [algo]. | Delibes *Príncipe* 128: Me he tragado una punta, Juan.

8 (col) Creerse [algo]. | Delibes *Cinco horas* 165: Yo nunca me tragué que el guardia aquel te pegase. **b) tener tragado** [algo] (o **habérse**[lo] **tragado**). Estar convencido de que ha de suceder. | * Tienen tragada ya la muerte de la abuela.

9 (col) Aguantar [algo pesado, molesto o no deseado]. | Cod 15.3.64, 3: ¡Qué bestia! Se ha tragado el concierto íntegro de di Saulo. Berenguer *Mundo* 376: El lío gordo empezó porque el Daniel le sacudió dos buenas guantadas a Aldavaca Sánchez, que era el alcalde, y el alcalde se las tragó. **b)** Aguantar [algo] sin exteriorizar[lo] o comunicar[lo]. | Medio *Bibiana* 112: Ella tuvo que tragarse día tras día su sospecha.

10 (col) Chocar [contra alguien o algo (cd)]. | * Iba despistado y se tragó una farola.

11 (col) Pasarse o saltarse [una señal de detención]. | Marlasca *Abc* 7.11.71, 43: Los hombres .. se "tragaron" un semáforo que no pudieron distinguir por estar tapado por la enramada.

12 ~se el mundo → MUNDO.

B *intr* **13** (col) Aguantarse o resignarse [con alguien o algo]. *Tb sin compl.* | Umbral *Ninfas* 157: O sea, que tuvieron que tragar con mi música y con mi vino, ¿qué te parece? Llopis *Hijos* 565: –¿Es que vas a dejar torear a nuestro hijo? ¡Eso no! ¡Eso sí que no! –¿No trago yo con el guardia?... ¡Pues tú tienes que tragar con el torero! Sastre *Taberna* 121: –¡Hombre! También los tiempos cambian. –Ya. Pero lo que debe ser de una forma, debe ser de esa forma, y no hay que darle vueltas, Carburo; que yo no trago. **b)** Acceder [a algo (*compl* CON)] o aceptar[lo (*compl* CON)]. *Tb sin compl.* | Campmany *Abc* 12.9.84, 13: Marcelino Camacho no traga con lo del Acuerdo económico. Tomás *Orilla* 171: Me ligas un poco de chocolate; y de polvos, lo que puedas. Cuando lo tengas, vienes a verme y te diré la forma de pasármelo. Yo he pensado en el abogado. Falta que trague. **c)** Acceder [una mujer] a las proposiciones sexuales. | Marsé *Tardes* 30: Lola, su pareja, no consiguió más que ponerle de peor humor .. Por si fuera poco, había adivinado ya que la chica no tragaba. Oliver *Relatos* 133: Bajé la mano hacia la biela de la que estaba a mi derecha, una jai cojonuda .. Y como tragaba, seguí buscando para arriba y hacia dentro.

tragedia I *f* **1** Obra de teatro extensa, de tono elevado y final triste. *Tb el género constituido por estas obras.* | DPlaja *Literatura* 24: Escribió [Esquilo] numerosas obras, no habiendo llegado hasta nosotros más que siete tragedias. GLópez-Pleyán *Teoría* 138: En el campo de la tragedia la figura más importante fue Alfieri.

2 Acontecimiento lamentable y de consecuencias funestas. *Frec con intención ponderativa.* | SAbc 29.12.68, 17: Los carros de combate soviéticos invadieron territorio checo .. Se repetía así la tragedia de 1956, cuando .. el levantamiento de los patriotas húngaros.

II *loc v* **3 hacer** (o **montar**) **una ~** [de o con algo]. (col) Dar tintes trágicos [a algo que no los tiene]. *Tb sin compl, por consabido.* | * Monta una tragedia con cualquier cosa. * Anda, no hagas una tragedia, que no pasa nada.

tragediante *m y f* **1** Autor de tragedias [1]. | Lorenzo *Abc* 26.8.79, 19: Tiene tumba en la iglesia de Fregenal. Ese pueblo extremeño, patria del tragediante Vasco Díaz Tanco.

2 Actor de tragedias [1]. | MReviriego *D16* 28.10.90, 80: Como actor de sí mismo es lo contrario de la paradoja del comediante, pues es lo suyo la comedia del tragediante que sufre con lo que cuenta.

trágicamente *adv* De manera trágica. | Aranguren *Marxismo* 95: Comprendo .. que, desde el corazón de la violencia, en el centro mismo de la situación dramática, se ejerza aquella trágicamente.

trágico -ca *adj* **1** De (la) tragedia. *Tb n, referido a autor.* | DPlaja *Literatura* 24: Los autores trágicos. A pesar de que muchas de sus obras se han perdido, los tres grandes trágicos griegos son Esquilo, Sófocles y Eurípides. SAbc 29.12.68, 20: La muerte del senador Kennedy, por las trágicas circunstancias que en ella concurrieron, conmovió a todo el mundo. *Ama casa 1972* 73: La depresión .. Los sujetos emotivos, sensibles, los que toman las dificultades siempre por lo trágico, los indecisos, también suelen ser víctimas de esta enfermedad.

2 Que inspira emoción intensa por la expresión del sufrimiento. | GNuño *Madrid* 14: No hay en la capilla imágenes ni cuadros, aparte de dos trágicos crucifijos de escuela madrileña.

tragicomedia *f* **1** (*TLit*) Obra de teatro extensa en que se reúnen elementos trágicos y cómicos. *Tb el género constituido por estas obras.* | Amorós *Lengua* 194: Si son tristes, las obras [de teatro] se llaman tragedias; si son alegres, comedias; si mezclan, como sucede en la vida, alegrías y tristezas, se llaman dramas o tragicomedias. Correa-Lázaro *Lengua 4°* 73: Esta mezcla de lo cómico y lo trágico se reconoció con el nombre de tragicomedia, que fue común en España hasta el siglo XVIII.

2 Suceso o situación en que lo cómico se mezcla con lo trágico. | * El episodio del Congreso fue una tragicomedia.

tragicómicamente *adv* De manera tragicómica. | *País* 11.7.78, 8: No es únicamente el ministro del Interior quien debe dar explicaciones al respecto. Paradójica y tragicómicamente también el del Exterior. ETA sigue teniendo sus bases logísticas y de armamento en el sur de Francia.

tragicómico -ca *adj* De (la) tragicomedia, esp [2]. | E. Toda *Abc* 23.6.74, 13: Carlos era un gran conversador. A esta cualidad contribuían, de una parte, un sentimiento del humor, .. y culminándolo todo, un cultivado sentimiento tragicómico de la existencia.

trago¹ I *m* **1** Acción de tragar [1] un líquido. *Frec su efecto. Frec con el v* ECHAR. | Arce *Testamento* 22: El Bayona empinó el botijo y echó un largo trago. **b)** Cantidad de líquido que se traga de una vez. *Frec sin compl especificador, esp referido a bebidas alcohólicas. Frec con los vs* ECHAR *o* TOMAR. | Laforet *Mujer* 285: Eulogio empezó a verter whisky en su vaso .. Eulogio tomó un buen trago de su vaso. **c)** Cantidad muy pequeña de líquido. *Con intención ponderativa.* | * Lleva toda la mañana con solo un traguito de leche.

2 Trance o situación desagradables o dolorosos. *Frec con el adj* MAL(O). | Delibes *Cinco horas* 115: Siempre he oído decir que la noche esa es de campeonato, que no se disfruta, que es un trago. Sp 19.7.70, 54: Los comunistas han impuesto una sana prudencia victoriana, trago por el que ya pasaron los ingleses tiempo ha. Delibes *Mundos* 115: El hecho de que un pueblo no pierda la serenidad, ni la simpatía en los malos tragos, es significativo.

II *loc adv* **3 a ~s.** A sorbos (poco a poco). | * La vida hay que pasarla a tragos.

4 de un ~. De un sorbo (de una vez). | *Gar* 21.12.63, 70: Bismar[c]k se comía doce huevos duros y bebía un litro de vino de un trago.

trago² *m* (*Anat*) Prominencia cartilaginosa de la oreja, situada delante del conducto auditivo. | Legorburu-Barrutia *Ciencias* 117: Los salientes del pabellón de la oreja se denominan: hélice, antihélice, trago, antitrago, lóbulo o pulpejo.

tragón -na *adj* (col) **1** Que come mucho. *Tb n.* | Espinosa *Escuela* 467: –Juro que me zamparía la Escritura y concedería a mis piojos participación en el banquete. –¡Vaya!, no seas tragón.

2 [Mujer] fácil. *Tb n f.* | Espinosa *Escuela* 111: Donde se habla finolis, las llaman pecosas o frívolas; en los decretos, rameras; y en las aldeas, putas, tragonas.

traguear – trajín

traguear *intr* (*reg*) Beber. *Normalmente referido a bebidas alcohólicas.* | Soler *Caminos* 306: Convertían su palco proscenio en una cantina y tragueaban de lo lindo. VMontalbán *Pájaros* 238: De vez en cuando el chófer tragueaba de una botella de estimulante de hierbas y miel.

traición I *f* **1** Falta cometida contra la lealtad o fidelidad debida a alguien o algo. | Vesga-Fernández *Jesucristo* 124: En verdad os digo que uno de vosotros me hará traición. **b)** Falta grave que se comete contra la patria, esp. sirviendo al enemigo. | * Fue acusado de traición y condenado a muerte.
II *adv* **2 a ~.** Sorprendiendo la confianza o la buena fe. | Cela *SCamilo* 230: El cementerio es buen sitio para enseñarles la polla a traición a las viudas jóvenes.

traicionar *tr* **1** Cometer traición [1] [contra alguien o algo (*cd*)]. | LTena *Abc* 17.11.70, 5: Un voto contrario al señor Allende en el Parlamento hubiera significado traicionar la voluntad del país.
2 Engañar [algo a alguien]. | * Muchas veces nos traiciona el entusiasmo; creemos tener más fuerzas de las reales.
3 Fallar o abandonar [a alguien (*cd*) sus miembros o facultades]. | *Ya* 21.3.75, 33: Mi memoria me traiciona.
4 Delatar involuntariamente [algo a alguien]. | MHerrero *Ya* 21.5.75, 5: Allí estaba Raúl Rego .. Se unía a los hombres enlazándose tímidamente, pero los ojos le traicionaban, se le humedecían, y su nariz, de la que salían ruidos leves, era el tubo de escape de su emoción.

traicioneramente *adv* De manera traicionera. | DCañabate *SAbc* 16.2.69, 36: El toro ha sido reducido traicioneramente. Está inerme. No puede valerse ni de sus cuernos ni de sus músculos.

traicionero -ra *adj* Traidor, esp [2 y 3]. | Delibes *Cinco horas* 17: El corazón es muy traicionero, ya se sabe. Alfonso *España* 187: Siendo necesaria la prohibición de las [armas] de gas y aire comprimido, por traicioneras e inútiles. D. I. Salas *SAbc* 15.2.70, 34: Aprovechan un momento crítico en la política española para asestar un golpe traicionero.

traída *f* Acción de traer. *Gralm referido a servicios como agua o luz.* | M. A. Iglesias *Inf* 15.4.70, 16: La traída de aguas no era entonces problema esencial. FSantos *Hombre* 11: Estamos en las mismas. Si hacemos la traída [de la luz] de tan lejos nos quedamos sin ella a mitad de camino.

traidor -ra *adj* **1** Que traiciona. *Tb n, referido a pers.* | Arenaza-Gastaminza *Historia* 111: Doña Urraca se resistió en Zamora. Al sitiar esta ciudad el rey es asesinado por un traidor, Bellido Dolfos.
2 Que ataca a traición. *Tb fig. Tb n, referido a pers.* | Lafuente *Pról. Iparaguirre-Dávila* 14: Cortando el aire, usados [los tapices] como cortinajes, a las corrientes traidoras de las puertas o huecos exteriores. J. Hospital *Van* 9.6.71, 51: Después, le apareció al minero aquella terrible y traidora enfermedad profesional de la silicosis.
3 Que denota o implica traición. | J. M. Juana *SMad* 19.10.70, 9: La desconfianza en la traidora embestida del burel hizo que no ligara faena con la muleta.

traidoramente *adv* De manera traidora [3]. | Cossío *Montaña* 237: Traidoramente el mismo de quien fiaba su libertad volvió a entregarle a sus carceleros.

tráiler (*tb con la grafía ing* **trailer**; *pl normal*, ~s) *m* **1** Avance [de una película]. | CSotelo *Inocente* 140: Te haré el "tra[i]ler" como en las películas. [*En el texto*, trayler.] G. Bartolomé *Ya* 1.10.87, 8: El señor Ollero Tassara .. ya advirtió que el debate sobre créditos a la enseñanza era una especie de *trailer* de una superproducción que muy pronto tendremos en esta sala.
2 Remolque. | *NAl* 30.5.70, 9: Cosechadora Dania .. Corte fácilmente desmontable con trailer para su transporte.

traílla I *f* **1** Aparato que sirve para allanar el terreno. | *Abc* 18.4.58, 46: ¿Quiere comprar Excavadoras .., Traíllas, Motoniveladoras, etc.?
2 Cuerda o correa con que se ata a un perro en una cacería. *Tb la pareja o conjunto de parejas de perros atados con ella.* | J. C. Redondo *SYa* 15.2.76, 17: Los cargos se hacen cada vez más curiosos en sus denominaciones: monteros de traílla (cada uno tenía en su casa un sabueso de traílla; esto es, un perro capaz de olfatear y levantar la caza existente en el monte). Torrente *Sombras* 304: ¿Echas de menos las montañas, las traíllas, los ciervos y la aljaba?
II *loc adj* **3 de ~.** [Montero] que tiene a su cargo los sabuesos de traílla [2]. | J. C. Redondo *SYa* 12.2.76, 17: Monteros de traílla .., en número de doce, igual que los monteros de lebrel.

trainera *f* Embarcación ligera propia para pescar con traíña. | *Abc* 26.8.66, 42: Regatas de traineras: Campeonato de España.

training (*ing; pronunc corriente*, /tráinin/; *pl normal*, ~s) *m* Entrenamiento. | *CoE* 19.9.74, 26: Importante Compañía Internacional .. precisa un Ingeniero Técnico .. Existirá un breve periodo de "training". *Pin* 1.3.86, 10: Un Gimnasio diferente en un edificio exclusivo .. Training. Zapateo americano. Pasarela.

traíña *f* (*Mar*) Red grande para la pesca de la sardina y otros peces que forman bancos, que se cala rodeando uno de estos y llevando los peces vivos a la orilla para conservarlos allí a modo de vivero. | Torrente *Señor* 273: Si no llevo el pescado, no hay qué comer; pero yo .. sé pelear con las vendedoras y sacarles unos jureles al fiado cuando no hay dinero. Y cuando hay traíña o xeito, voy a la playa y me dan el pescado más barato, porque mis caderas les gustan a los pescadores.

traje I *m* **1** Conjunto de prendas exteriores de vestir. *Frec con un compl que indica el uso a que está destinado:* DE CEREMONIA, DE BAÑO, DE DIARIO. | Zubía *España* 225: Los trajes populares. Son variadísimos y de gran riqueza. *Economía* 332: Lo conveniente para el traje de baño será que resulte cómodo y favorecedor.
2 Conjunto masculino de chaqueta y pantalón y a veces también chaleco, realizados en la misma tela. | Delibes *Cinco horas* 19: Carmen rasuró a Mario .., le peinó y le vistió el traje gris oscuro. Heras *Mad* 13.5.70, 32: Se han dado ya las últimas puntadas a los últimos trajes de luces.
3 Conjunto femenino de chaqueta y falda. *Frec* ~ DE CHAQUETA *o, a veces*, ~ CHAQUETA. | *Abc* 7.3.58, 33: Trajes de chaqueta, chaquetones, abrigos, faldas, blusas, vestidos. Matute *Memoria* 75: La tía Emilia vestía un traje chaqueta, de brillante seda negra, que acentuaba la anchura de sus caderas. **b)** ~ **pantalón.** Conjunto femenino de chaqueta y pantalón. | * Llevaba un traje pantalón de terciopelo verde.
4 Vestido femenino de una sola pieza. | * La Reina lucía un precioso traje largo de seda verde.
5 Disfraz. *En la constr* BAILE DE ~S. | DPlaja *El español* 128: Le dijo a una máscara en un baile de trajes: "¡Vaya gallega!".
6 ~ de madera (*o* **de pino**). (*col, humoríst*) Ataúd. | F. Costa *Sáb* 21.12.74, 67: Los pinos son sufridos como el soldadito español, que prefiere vestirse de traje de pino antes que echar a correr en desbandada.
II *loc v* **7 cortar** (*o* **hacer**) **un ~** [a alguien]. (*col*) Hablar mal [de él]. | * Mira qué animadas están; seguro que le están cortando un traje a alguien.

trajear *tr* Poner o proporcionar traje [1] [a alguien (*cd*)]. *Normalmente con los adv* BIEN *o* MAL. | Umbral *País* 9.12.77, 23: Galopo al encuentro de Enrique Brinkmann, pintor malagueño, senador socialista, hombre joven y progre con algo de pasota de bien al que ha trajeado papá. Berenguer *Mundo* 303: No vas trajeado tú como para soltar tanto cuarto. Lera *Bochorno* 28: Se abrió en ese momento la puerta de la cafetería y apareció en ella un joven fornido y bien trajeado.

trajelar *tr* (*jerg*) Comer. *Tb fig. Tb abs.* | Umbral *País* 9.9.80, 23: Ha salido barón Martín Villa, que se trajela todo el cobre de España, o sea que el baranda.

trajín *m* **1** Acción de trajinar [1]. | Hoyo *ROc* 8/9.76, 91: Algunas familias salieron del apuro dejando el antiguo trajín, dedicándose al merodeo o a mercar por los pueblos los heredados calderos de cobre de la matanza o de la colada. **b)** (*jerg*) Tráfico de drogas. | Tomás *Orilla* 53: ¿No conoces al Cortés? .. Vive en otra parte, pero los trajines se los hace en un piso de aquí. Solo pasa mercancía a los que conoce.
2 Actividad que implica mucho ir y venir. | CNavarro *Perros* 152: Atisbaba a todos los lados tratando de encontrar al perro, pero no pudo ver otra cosa que el trajín diario. GPavón *Hermanas* 19: Don Lotario, más todavía que sus

glorias y trajines profesionales, lo que solía añorar .. eran las famosas aventuras policiacas.

3 (*col*) Prostitución. | CBonald *Dos días* 132: Al hombre ni le va ni le viene, claro, pero cuando a una muchacha la pierden ya no la quieren nada más que para el trajín.

4 (*col*) Fornicación. | GPavón *Reinado* 154: Nos quedamos dormidos los dos, pero después... del trajín... Quiero decir de los trajines, porque tenía mucha hambre *atrasá* la pobrecica mía.

trajinador -ra *adj* Que trajina [1 y 5]. | Hoyo *ROc* 8/9.76, 91: Siempre fue la suya una familia grande, incansable, trajinadora. Cela *Judíos* 198: La plazuela de las Vacas, con su fuentecilla y su cruz, sus casuchas de escolta, sus viejas silenciosas y trajinadoras .. respira .. un vago aire pueblerino.

trajinante I *adj* **1** Que trajina [5]. | Moreno *Galería* 276: Era mucho saber y bien hacer para aquellas amas trajinantes en la cocina aldeana.

2 De(l) trajín [1]. | J. C. Villacorta *Abc* 5.5.74, sn: A veces pienso si el ímpetu trajinante de la maragatería y su afán de correr mundo no venía de un cierto entusiasmo por Homero.

II *m* **3** Individuo que tiene por oficio trajinar [1]. | Cabezas *Abc* 23.12.70, 23: Alternaban con los viajeros de provincias, arrieros, trajinantes, cómicos de la legua.

trajinar **A** *tr* **1** Transportar [géneros o mercancías] de un lugar a otro por medio de caballerías. *Tb abs.* | Hoyo *ROc* 8/9.76, 94: Yo he tenido perniles, quién sabe cuántos, y caballos y carros y una gran familia con la que me movía y trajinaba por toda la España, y ahora, ya lo ves, todo eso fue nada. **b)** Transportar o acarrear. | Kurtz *Lado* 14: El tonto del pueblo hacía las veces de aguador, pero no daba abasto el pobre, y de tanto trajinar agua .. tanto se le alargaron los brazos que casi arrastraba los cántaros por el suelo.

2 (*col*) Manejar [a una pers.]. | ZVicente *Traque* 87: Caray con el crío. Si al menos pudiésemos avisar a mi mujer, que le trajina mejor que yo...

3 (*col*) Trabajar [a una pers.]. *Tb fig.* | CBonald *Dos días* 197: Don Felipe .. seguía trajinando a su pareja con una babosa cochambre. La mujer le ponía un codo en la rodilla. GPavón *Rapto* 242: –Mujer, .. por chiquirrina que la tenga, como tú dices, algo podrá hacer el pobre. –Mire usted... me lo ha dicho una compañera que estuvo de criada en su casa y él quiso trajinarla.

4 (*col*) Realizar las gestiones precisas [para algo (*cd*)]. | Aldecoa *Cuentos* 1, 80: Salvador aguanta en el mostrador hasta el paso de los camiones de la pesca .. Trajina algún encargo a Madrid .., sacándoles unas pesetas a los encargantes. Moreno *Galería* 27: En este horno público cocían el pan las aldeanas, las vecinas que no tenían horno en casa o, si lo tenían, les resultaba mejor "trajinar la cochura en él".

5 (*reg*) Trajinar [6] [con algo (*cd*)]. | Marsé *Tardes* 124: Una abuela que siempre estaba trajinando flores y cuidada de la casita como si fuese un cortijo. Goytisolo *Recuento* 60: Trajinaba [la Mercè] los platos, los cubiertos.

B *intr* **6** Realizar un trabajo o actividad que implica mucho ir y venir. | Laforet *Mujer* 211: Paloma trajinaba en la cocina. Ferres-LSalinas *Hurdes* 63: Pobres gentes, son como las hormigas cuando termina la lluvia y trajinan a la entrada de los hormigueros; hacer y deshacer...

trajinería *f* (*raro*) Conjunto de los trajineros [2]. | Cela *Judíos* 68: El corregidor .. lo sacaba todos los martes en una jaula, para que el campesinado y la trajinería que se acercaba al pueblo a comprar y a vender se cachondeasen de ver a un héroe tratado como una mona.

trajinero -ra I *adj* **1** De(l) trajín [1]. | Cela *Viaje andaluz* 301: En los tiempos antiguos, Palos fue puerto trajinero y bullidor .. En los tiempos modernos, el puerto de Palos .. está casi ciego y triste.

II *m* **2** Trajinante [3]. | Á. Río *SYa* 14.3.74, 3: Se podía encontrar a aguadores que reponían las cubas vaciadas en las Peñuelas o el Portillo de Embajadores; trajineros que daban reposo a sus caballerías para que saciasen su sed en uno de los tres pilones de la fuente.

tralla *f* **1** Látigo, gralm. con la correa o cuerda formando trencilla, que se emplea para animar a andar a los animales. | Cela *Viaje andaluz* 72: Unos feriantes de blusa negra y larga y restallante tralla venden mulas.

2 (*Pesca*) Aparejo consistente en una cuerda encerada de varios metros, no lastrada, cuyo grosor disminuye progresivamente hacia su extremo, donde se coloca la mosca artificial. | Delibes *Vida* 157: A los trece era ya un gran pescador. Manejaba con tiento la cucharilla .. En seguida me di cuenta de que no se detendría ahí. Efectivamente, pronto empezó a ensayar la tralla.

trallazo *m* **1** Golpe de tralla [1]. *Tb fig.* | Escobar *Itinerarios* 88: Los trallazos verdes de los rayos comenzaron a azuzar a los corceles nubosos. DCañabate *Paseíllo* 66: Las increpaciones del público surgían como trallazos.

2 (*Fút*) Disparo muy potente. | *Zar* 27.1.69, 1: Su gol fue un trallazo disparado por raso que no hay guardameta que lo detenga.

trama *f* **1** Conjunto de hilos paralelos que van a lo ancho de una tela. | *Economía* 89: En el tejido se deben de distinguir dos clases de hilos: la urdimbre, que sigue a lo largo del tejido, y la trama, que va de orillo a orillo del mismo.

2 Estructura de un tejido, constituida por el entrecruzamiento de los hilos de la urdimbre y de la trama [1]. | C. SMartín *MHi* 3.61, 59: Llevaba siempre bajo el brazo .. un delantal pringoso, de hule medio desconchado, que enseñaba la trama sucia. **b)** Estructura entrecruzada o reticular. | Navarro *Biología* 44: Utilizando colorantes adecuados, en el núcleo aparecen dos sustancias que forman una trama. VMontalbán *Pájaros* 240: Sobre unas tablas cabalgantes sobre una trama de listones, cuarenta o cincuenta cadáveres amarillentos se sientan en cuclillas. **c)** Estructura formada por un conjunto de puntos, rayas, cruces u otros elementos, que sirve para distinguir unas zonas de otras en mapas u otras representaciones gráficas. | *País* 14.1.78, 15: Las flechas negras del mapa indican los puertos de montaña que anoche se hallaban cerrados al tráfico. Asimismo las provincias de Álava y Burgos (señaladas con trama oscura) se hallaban completamente incomunicadas por carretera.

3 Armazón argumental. *Tb fig.* | GRuiz *Sáb* 21.8.76, 25: La ficción narra los avatares de dos truhanes .. evadidos, que salen para Roma vestidos de curas. Pero su avión es desviado por unos piratas que lo hacen aterrizar en Tánger. Esta trama insípida le va a permitir al realizador enfocar cierto número de instituciones o de prácticas.

4 Intriga o complot. | CBaroja *Inquisidor* 50: Este [Godoy] descubrió, por conducto de Napoleón al parecer, una especie de trama urdida contra él por los arzobispos Múzquiz y Despuig.

tramado *m* Acción de tramar [1 y 2]. *Tb su efecto.* | J. Carabias *Ya* 3.7.75, 6: En el piso alto de la galería se exponen otros tapices .. El impresionante autorretrato de Durero; "El cardenal", de Miguel Ángel; una "Menina" vestida de rosa, cuyas faldas y sobrefaldas amplias adquieren gracias al tramado perfecto del tapiz un relieve increíble. GTelefónica *N.* 471: Fotograbado Rafael. Directo color línea. Tramados de todas clases de originales.

tramar *tr* **1** Formar la trama [de un tejido (*cd*)]. *Tb abs.* | Villarta *SYa* 27.10.74, 41: Tampoco falta variedad de tejidos .. Franelas clásicas. Puntos fuertemente tramados o suaves y dúctiles, labrados en aspecto de artesanía. * Una vez urdida una longitud suficiente de hilo, se comienza a tramar.

2 Formar la trama o estructura [de algo (*cd*)]. | Peraile *Ínsula* 76: Las parietarias se arriman a los tabiques .., a las cercas tramadas con desechos de toda clase de material: hierro, latón, encina, pino, alambre. **b)** Marcar con trama [2c]. | *País* 14.10.78, 19: Distribución de los servicios contra incendios en la provincia. La zona tramada corresponde al área forestal.

3 Preparar o concebir [algo], esp. de modo cauteloso o secreto. | VParga *Santiago* 18: Marsilio y Beligando .. traman con el traidor Ganelón la emboscada de Roncesvalles.

tramilla *f* **1** Bramante. | GTelefónica *N.* 624: Lonas y toldos. Cordelería. Saquerío. Yutes y tramillas.

2 Algodón (insecto o plaga). | F. Ángel *Abc* 28.2.58, 17: El olivo tiene numerosos enemigos naturales .. Las terribles plagas del "Arañuelo", el "Algodón" o "Tramilla" .. pueden ser dominadas hoy .. Este pequeño insecto chupador, de unos dos milímetros de longitud, es de color verde amarillento.

tramitación – trampear

tramitación f Acción de tramitar. | *Reg* 22.11.66, 8: Asesoría .. Tramitaciones sociales de todas clases.

tramitador -ra m y f Pers. encargada de tramitar un asunto. | *BOE* 28.12.74, 26339: Personal de Técnicas Comerciales: Agente. Coordinador. Ceremonial de primera. Tramitador.

tramitar tr Realizar los trámites [1b] [de algo (*cd*)]. | Delibes *Madera* 237: ¡Tramite la denuncia! Torrente DJuan 231: En su ausencia, yo había escrito una carta, la última, a Elvira. Pocas palabras: "Esta noche, después de las doce. Don Juan". Leporello se encargó de tramitar el envío.

trámite m Vía establecida oficial o formalmente para la consecución o resolución de un negocio. *Frec en la constr* DE ~, *a veces con intención desp aludiendo a su poca importancia*. | * Toda reclamación tiene su trámite. CSotelo *Inocente* 91: –Será una carta de trámite. –Conforme. Pero si no lo fuese y si el señor ministro, por ejemplo, me llamase al teléfono... Yo daría a Dominico una plaza de auxiliar contable. DCañabate *SAbc* 29.9.68, 53: Se han terminado los quites y con ello el toreo de capa. Y las banderillas es cuestión de puro trámite. **b)** Gestión de trámite. | CNavarro *Perros* 190: Procuramos simplificar los trámites.

tramo m Parte diferenciada [de algo que tiene una estructura lineal]. | Ortega-Roig *País* 34: Los Pirineos pueden dividirse en tres tramos: Pirineos navarros, aragoneses y catalanes. Ortega-Roig *País* 56: El Bidasoa, fronterizo con Francia en su tramo final. *ByN* 31.12.66, 97: Los estacionamientos en doble fila están a la orden del día, y rara es la calle en la que no se ven incluso en un tramo de una simple manzana cuatro o cinco de esta clase de infracciones. **b)** *En una escalera:* Parte comprendida entre dos rellanos. | Laforet *Mujer* 311: Las otras corrían bajando los últimos tramos de escalera que aún las separaban del andén. **c)** Parte [de algo]. | *Mar* 24.1.68, 5: Tenía resuelta la alineación inicial y las sustituciones pertinentes en el segundo tramo. Maravall *Pról. Reforma* 15: El documento mediante el que el Ministerio de Educación y Ciencia hace pública su propuesta de la Reforma de la Enseñanza en sus tramos infantil, primario, secundario y profesional, compromete antes que a nadie al propio Ministerio.

tramontano -na I *adj* 1 Del otro lado de los montes. *Tb n, referido a pers.* | RMiquel *Lev* 22.2.75, 23: Gran puerto de montaña es este paso de la serranía morellana. Allí, en la casa que fue venta, cita de arrieros tramontanos y de conductores de vehículos modernos, empieza o termina un ancho sendero, pista o camino.

II f 2 Viento que sopla en Cataluña procedente de los Pirineos. | Ortega-Roig *País* 41: En algunas regiones los vientos del Norte tienen nombres especiales: cierzo, en Castilla y valle del Ebro; tramontana, en el Norte de Cataluña.

tramontar *intr* (*lit*) Ponerse [un astro, esp. el Sol] tras los montes. | S. Araúz *Abc* 2.5.75, sn: El sol acaba de tramontar. **b)** Declinar o llegar al ocaso [alguien o algo]. | Aguilar *Experiencia* 98: Los retratos solían aparecer en la cubierta de los libros .. Muchos de esos autores han tramontado. Pero en el tiempo de que hablo tenían vasta popularidad.

tramonto m (*lit*) Ocaso. *Tb fig.* | Laín *Tovar* 60: Contempla las mañanas, los tramontos, las noches sobre el campo.

tramoya f 1 (*Escén*) Maquinaria para el montaje escénico. | P. GAparicio *SYa* 23.11.75, 27: Al comenzar el segundo acto, una antorcha encendida cayó sobre un dosel y prendió con toda rapidez en la tramoya.

2 Maquinación o montaje engañosos. | Payno *Curso* 92: Se empeñaba en hacerlo todo conscientemente y a sabiendas de por qué lo hacía. Y acababa su racionalismo con la tramoya artificial que había montado.

3 (*reg*) Tolva [de un molino]. | MCalero *Usos* 108: En el molino había tramoyas para recibir el grano.

tramoyista m y f (*Escén*) Encargado de la tramoya [1]. | Gironella *Millón* 91: Porvenir, con sus flamantes estrellas en el gorro, se encontró en el Barrio Chino como pez en el agua y arrastró consigo a unos veinte afiliados al Sindicato del Espectáculo, tramoyistas, acomodadores.

tramp (ing; pronunc corriente, /tramp/; pl normal, ~s) m (*Mar*) Buque mercante que no se dedica al tráfico regular y que va de un puerto a otro según los fletes que se le ofrecen. *Tb este sistema de navegación. Frec en aposición con* CABOTAJE. | *Día* 29.8.72, 2: Hace unos años, el "Danby" fue adquirido por la Naviera Yllera, de Santander, que lo rebautizó "Astro" y dedicó al "tramp" y al tráfico mineralero. Tamames *Economía* 287: El cabotaje *tramp* .. se encuentra además con una serie de inconvenientes peculiares.

trampa I f 1 Artificio para cazar un animal aprisionándolo. | *SPaís* 14.1.79, 4: Hay muchas formas de intentar acabar con ellas [las ratas]; uno de los métodos más caseros es el de las trampas.

2 Engaño que se tiende contra alguien. | Herrero *Ya* 24.5.70, sn: ¿Cómo lo pueden olvidar los propios norteamericanos, si ellos mismos han editado un libro sobre las mil trampas del Vietcong? Laforet *Mujer* 47: No se trata de "atraparte legalmente" .. Nada de trampas legales, ni un papel firmado. **b)** Infracción maliciosa y disimulada a una regla o ley. | AMillán *Juegos* 121: –Tienes que sacar las primeras llaves... –Veamos... Si saco las de Roque, se repite el juego. –Prohibido hacer trampas. *Pue* 1.12.70, 27: La Federación de Automovilismo justifica trampas que modifican piezas metálicas rígidas. **c)** Procedimiento, oculto para el espectador, utilizado en juegos de prestidigitación. | L. Calvo *SAbc* 16.3.69, 19: Descubriendo las trampas y cubileteos de los nuevos prestidigitadores que habían subido al escenario.

3 (*col*) Deuda monetaria. | Palomino *Torremolinos* 30: Tiene minas y una cadena de supermercados, pero deja trampas por donde quiera que pasa; parece que lo hace para que le recuerden, porque paga siempre aunque tarde en hacerlo.

4 (*reg*) Cierre, normalmente metálico, [de un establecimiento]. *Tb fig.* | MGaite *Visillos* 14: Empezaban a levantarse las trampas metálicas de algunos escaparates y se descubrían al otro lado del cristal objetos polvorientos. Delibes *Abc* 8.8.79, sn: El artista, el novelista, no puede sino sentir envidia de aquellos profesionales que echan la trampa a las siete para no volver a acordarse de su oficio hasta la mañana siguiente.

5 (*hist*) Tira de tela con que se tapan los calzones o pantalones por delante. | J. L. Mayoral *Abc* 3.2.65, 41: De los viejos arcas y baúles de las casas cebreñeñas .. saldrán los manteos estampados .. y los pantalones de trampa.

II *loc v* 6 **llevarse** [una cosa (*cd*)] **la ~**. (*col*) Malograrse [esa cosa (*suj*)] o echarse a perder. | Cela *Judíos* 251: Si una caballería pierde pie, ya puede decirse que a la excursión se la llevó la trampa. Delibes *Madera* 150: Su fascinante poder de seducción se lo llevó la trampa.

III *loc adv* 7 **sin ~ ni cartón**. (*col*) Sin engaño. | AMillán *Marta* 222: Ya no hay juego .. Es la verdad, sin trampa ni cartón.

trampantojo m (*col*) Trampa [2] con que se engaña a alguien. | ZVicente *Mesa* 196: No le faltaban trampantojos para dominarme, para engañarme, y yo me conformaba.

trampear A tr 1 (*raro*) Poner trampas [1] [en un lugar (*cd*)]. | J. RMateo *Abc* 2.2.58, 11: Por fin alcancé el trampeado terreno por el sitio más arisco y bronco, a donde vino a parar, ciego de coraje, mi inmediato enemigo. **b)** (*raro*) Hacer trampas [2b] [en algo (*cd*)]. | Benet *Volverás* 66: Para cobrarse venganza de aquel donjuán de provincias que trampeó la apuesta y le quitó la mujer.

2 (*col*) Pedir prestado [algo] sin intención de pagar. | Faner *Flor* 65: En primavera se recibió misiva de Turquía. Pedían gran dinerada, pero mosén Dasi soltó la mosca. –Habrá que trampearlo a los ingleses –dijo.

3 (*col*) Sacar [algo] adelante con tropiezos o dificultades. | SSolís *Camino* 112: Carmina iba trampeando los exámenes de solfeo nadie sabía cómo, porque no se arrimaba al piano ni le gustaba la música. **b)** Conllevar [algo molesto]. | DCañabate *Andanzas* 16: Vivir en el principal de una casa .. era el desiderátum de la burguesía .. En cambio, los vecinos de los quintos pisos se pasaban la vida trinando contra su perra suerte. Todavía los que disponían de ascensor trampeaban la cosa más llevaderamente.

B *intr* 4 (*col*) Salir adelante sorteando unas dificultades y cayendo en otras. *Gralm en ger.* | Cela *Judíos* 273: En la guerra civil se ayudaron todos y, mejor o peor, llegaron trampeando hasta el final. Palomino *Torremolinos* 41: No hay ni cuatro millones ni cuatro pesetas en dinero de verdad. Letras y pólizas para ir trampeando, las que se quieran. **b)** Conllevar los achaques. | Delibes *Ratas* 71: El Centenario, aun trampeando, iba todavía de acá para allá, mas en las horas de sol era fijo encontrarle sentado en el poyo.

trampero -ra *m* y *f* Cazador que utiliza trampas [1]. | Delibes *Castilla* 172: El alimañero profesional, el hombre que, en el buen sentido de la palabra, vive de la trampa, ha desaparecido también, aunque subsista el trampero circunstancial.

trampilla *f* **1** Puerta pequeña situada en el suelo o en el techo para dar acceso a un sótano o a un desván. | Aldecoa *Gran Sol* 32: Hazle subir y charláis un rato. Baja por la trampilla.
2 Tablero articulado con goznes que funciona como puerta o cierre. | Laiglesia *Ombligos* 105: Llego por fin a la mesa de noche, abro la trampilla conteniendo el aliento y lanzo un grito de júbilo. Olmo *Golfos* 49: Bajaron la trampilla del camión y dieron principio al traslado de los muebles. Cuevas *Finca* 248: Un gallinero para 2000 Leghorns con .. ponederos de trampilla.

trampolín *m* Tablero elástico que sirve para tomar impulso en el salto. *Tb fig.* | CPuche *Paralelo* 87: Aquello no era .. sino el trampolín de un inmenso circo. Valls *Música* 18: El análisis de su íntima naturaleza [del sonido] como trampolín de nuevas aventuras artísticas es producto de nuestra sociedad científica. **b)** *(Dep)* Tablero desde el que salta el nadador, el cual se usa en las competiciones oficiales tiene unas medidas mínimas de 4,8 m de largo por 0,5 de ancho y está situado a 3 m de altura. | GTelefónica *N.* 27: Accesorios de todo tipo para piscinas. Skimmers. Trampolines. Escaleras.

tramposamente *adv* De manera tramposa [3]. | L. LSancho *Abc* 14.4.89, 18: Santi Potros dispone, y usa, de ese derecho a la vida, como Joe Bossano dispone del derecho sobre el territorio, expropiado tramposamente, del suelo español en el istmo gibraltareś.

tramposo -sa *adj* **1** [Pers.] que hace trampas [2, esp. 2b]. *Tb n.* | M. Vidal *As* 7.12.70, 22: Le hace falta .. no ser tan "tramposillo".
2 [Pers.] que tiene trampas [3], o es mala pagadora. | Chamorro *Sin raíces* 129: Si fracasaba con su nuevo proyecto, le aguardaba toda una vida tras el mostrador soportando clientes estúpidas, clientes chismosas, clientes tramposas.
3 [Cosa] que implica trampa [2]. | Torrente *Sombras* 282: Hermes, de un salto elegantísimo, aunque tramposo, hendió el espacio. Berenguer *Mundo* 408: Don Senén plomeó a don Cosme con pleitos reforzados y mixtos tramposos, lo plomeó a la vista de los civiles y del juez.

tramuzo *m* *(reg)* Altramuz. | CPuche *Paralelo* 168: –Lo que traigo aquí son *tramuzos* ..– Y Genaro abrió sobre la mesa el cartucho de altramuces.

tranca I *f* **1** Palo grueso y fuerte, que se usa frec. como bastón o como arma. | DCañabate *Paseíllo* 66: A ver si te arrimas al toro como a la Emetería. ¿Ves esta tranca? Pues arrea ca palo que tiembla el misterio. Romano-Sanz *Alcudia* 189: Para construir un chozo se empieza por buscar un lugar apropiado .. Luego se traen las trancas maestras, se pingan para empalarlo y se arma con los varetones intermedios. **b)** Palo grueso con que se asegura una puerta o ventana cerradas, esp. atravesándolo por detrás. | Cuevas *Finca* 134: Don Fernando daba órdenes en la casa: –Cerrar todas las maderas; asegurar las trancas de la puerta del molino.
2 *(col)* Borrachera. | Goytisolo *Recuento* 585: La cortesía puntillosa, de carácter reparador, de la que ciertas personas hacen gala el día siguiente de haber agarrado una tranca de la que apenas recuerdan nada.
II *loc adv* **3 a ~s y barrancas.** *(col)* Con grandes tropiezos o dificultades. *Tb fig.* | Cela *Judíos* 243: El lobo aúlla desde las cinco de la tarde hasta que el día, a trancas y barrancas, se levanta.

trancanil *m* *(Mar)* Serie de maderos tendidos de popa a proa que ligan los baos con las cuadernas. | Aldecoa *Gran Sol* 33: El agua se derramaba a la mar por los imbornales insuficientes y las puertas de trancanil.

trancar *tr* *(reg)* Atrancar (cerrar con una tranca u otro cierre). | Delibes *Historias* 91: Los cuervos constituyen una plaga en mi pueblo y de nada vale trancar los palomares. Pombo *Héroe* 69: Haz eso en el retrete, mejor, donde no te puedan ver. Trancas la puerta y hale, a empinarte el capullo.

trancazo *m* **1** Golpe dado con una tranca [1]. *Tb fig.* | Buero *Sueño* 196: Cuando el país iba a revivir lo han adormecido a trancazos, a martillazos. GPavón *Reinado* 227: No parecen hermanos .. El uno tan festero. Y este, con ese trancazo de tristeza que le debieron sacudir en el mismo umbral de la vida.
2 *(col)* Gripe o resfriado muy fuerte. | *Alc* 14.12.59, 11: Y pienso yo: ¿Por qué no hacer cómodas las medicinas, que de hacernos polvo ya se cuida el trancazo? ASantos *Bajarse* 100: Sécate, que vas a coger un trancazo si sigues ahí calado.

trance I *m* **1** Situación crítica o difícil. *Frec con un adj o compl especificador, que a veces se omite por consabido.* | Benet *Nunca* 15: Tal vez el destino le había deparado tan amargos trances en sus mejores años de mujer que pasó por la juventud como por una autoclave. CNavarro *Perros* 109: Se situó en trance semejante al de su madre, muerta repentinamente y dentro del portaequipajes. Cuevas *Finca* 142: Acudieron, enseguida, [al parto] con ese misterioso sentido de humanidad que tienen las mujeres en el trance. **b)** **postrer, ◊ último, ~.** *(lit)* Momento de la muerte. | Ribera *Misal* 1595: Pidan al buen Jesús que un día puedan también los demás recibirle cuando llegue para ellos el último trance de la vida.
2 Estado de suspensión o exaltación de las facultades anímicas, frec. acompañado de fenómenos paranormales. *Tb fig.* | Lagos *Vida* 8: Sin dejar de frotarse la coronilla con el mango de la brocha, empezó a entrar como en trance: –"Casa Ambrosio". Valls *Música* 32: En el momento de la ejecución (siempre improvisada ..), el intérprete, como en estado de trance, sugiere el estado espiritual que trasciende de su ejecución. Delibes *Guerras* 148: Ella se ponía una ramita en el pelo, de espliego, digo. Y, si andábamos en trance, otras dos en los sobacos y otra, tal que así, en la canal de los pechos, ¿sabe?
3 *(Der)* Apremio judicial contra los bienes de un deudor, para pagar a sus acreedores. | *BOM* 17.9.75, 7: Fallo: Que debo mandar y mando seguir adelante la ejecución despachada contra doña Carmen Cristóbal García y contra los ignorados herederos de don Paulino Álvarez Pascual, haciendo trance y remate de los bienes embargados.
II *loc adv* **4 a todo ~.** A toda costa, o de manera absolutamente decidida. | *Inf* 6.6.74, 18: Debe incluir también estos objetivos: Mantener a todo trance la apertura informativa. Planteamiento y regulación del asociacionismo político dentro del sistema.
III *loc prep* **5 en ~ de.** En vías de, o en situación de. | M. Porter *Des* 12.9.70, 32: Hay quien da por muerto o en trance de fenecer al espectáculo cinematográfico.

tranche *(fr; pronunc corriente, /tránʃ/ f (Econ)* Cupo. | Prados *Sistema* 243: En junio de 1954 se suprimieron los cupos ("tranches") dentro de las cuotas, y todos los créditos y débitos de la Unión debieran liquidarse sobre la base del 50 por 100 en crédito y el 50 por 100 en oro.

tranchete *m* Cuchilla de zapatero o para vendimiar. | J. Pablo *Ya* 30.9.85, 48: En su planta de La Solana, a nombre de la empresa Jesús Romero de Ávila, S.L., fabrica diversos artículos para el campo como hoces, tranchetes para la vendimia, cortaespárragos.

tranco¹ *m* **1** Paso largo. *Frec en la constr* A GRANDES ~s. | Zunzunegui *Camino* 113: El hombre, que iba y venía por la salita a grandes trancos, se detuvo brusco. Hoyo *Lobo* 22: Anda [el caballo] a trancos bruscos.
2 *(Taur)* Recorrido y forma de humillar que tiene el toro al perseguir el engaño. | Barquerito *D16* 20.8.90, 35: El novillo se empleó en el capote y por emplearse perdió las manos un par de veces y estuvo a punto de volver a perderlas otro par de veces más. Pero el tranco del animal quedó entonces ya visto.

tranco² *m* *(reg)* Soporte semicircular de hierro para sujetar los pucheros en la lumbre. | G. GHontoria *Nar* 6.77, 33: Para las secciones de Trabajos agrícolas se ha adquirido un arado radial .. En la sección de Vida doméstica: ..

tranquera – transalpino

"Trancos" o "arrimaderos" de hierro de forma semicircular para sujetar los pucheros en la lumbre. Pozorrubio (Cuenca).

tranquera *f (reg)* **1** Cerca o valla, gralm. de madera. | CBonald *Noche* 73: Se detuvieron a un lado de la tranquera .. Sagrario se empinó en un listón de la valla. **2** Puerta rústica en una valla o cierre, hecha gralm. de trancas [1a]. | CBonald *Casa* 94: Arrimaron el cajón a un lado de la empalizada, entre dos pilares que sostenían una especie de tranquera.

tranquero *m (reg)* Tranca [1]. | CBonald *Dos días* 168: Uno de los arrumbadores le metió un palo por detrás y hacía palanca. La bota no se movía .. Cogieron dos tranqueros de calzo y volvieron a hacer la misma operación, ahora por los dos lados.

tranqui *adj (juv)* Tranquilo. | ASantos *Estanquera* 17: ¿Qué pasa? ¡Tranqui, Leandro! ¡Quieto, no te sulfures! ASantos *Bajarse* 41: Nosotras en plan tranqui, nos vamos rápido para Chagüe, que allí ya es otra cosa.

tranquil. por ~. *loc adj (Arquit)* [Arco] que tiene los arranques a distinta altura. | Angulo *Arte* 1, 10: El arco que tiene sus salmeres a distinta altura se denomina rampante o por tranquil.

tranquilamente *adv* De manera tranquila [4]. | Arce *Testamento* 87: Yo le veía hacer tranquilamente. Cuando terminó, yo me levanté.

tranquilidad *f* Cualidad o condición de tranquilo. | Laforet *Mujer* 244: Eulogio le daba tranquilidad hasta frente a la policía. *Cua* 6/7.68, 8: De momento, una cierta tranquilidad ha vuelto a Francia.

tranquilizador -ra *adj* Que tranquiliza. | MSantos *Tiempo* 167: –Vamos, son solo unas preguntas –repitió siempre humano y tranquilizador el policía–. No se asuste.

tranquilizadoramente *adv* De manera tranquilizadora. | MSantos *Tiempo* 75: La calle les recibió tranquilizadoramente ofreciéndoles un hálito más fresco.

tranquilizante *adj* Que tranquiliza. *Tb n m, referido a medicamento*. | Torrente *Pascua* 265: No dejaba de ser tranquilizante que volviera a las andadas y precisamente con una chica de mala reputación. V. RRozas *Caso* 5.12.70, 11: Dado su estado de supuesta embriaguez y admitida la posibilidad de que tomara alguno de los tranquilizantes que utilizan los enfermos mentales .., no es extraño que se produjera en él un estado de sopor.

tranquilizar *tr* Poner tranquilo [1 y 4] [a alguien o algo]. | B. Mostaza *Ya* 28.12.74, 6: Chirac, jefe del Gobierno francés, tranquilizó al Sha en este respecto días atrás. **b)** *pr* Quedarse tranquilo [1 y 4] [alguien o algo]. | Laforet *Mujer* 116: Solo al mirarse al espejo .. Rita se tranquilizaba algo. Laiglesia *Tachado* 193: Y al veros pasar, las conciencias se tranquilizan.

tranquillo *m (col)* Modo de actuar con el que se obtienen los mejores resultados. *Gralm en la constr* COGER EL ~ [a alguien o algo]. | CBonald *Dos días* 101: Don Gabriel tiene su trastienda, como cada quisque, mayormente, pero en cogiéndole el tranquil[l]o, o sea, en sabiendo llevarlo, una aguja. [*En el texto,* tranquilo.] Berenguer *Mundo* 182: Lo demás es buscar el tranquillo de poner más de esto, menos de lo otro.

tranquillón *m* Mezcla de trigo y centeno. | Cela *Judíos* 62: Se bebe aguardiente y se come pan de tranquillón. MCalero *Usos* 67: Lo habían sembrado del morcajo sacado al barrer el solar de la era, una parte de él con buen tranquillón.

tranquilo -la *adj* **1** [Pers. o animal] que no tiene los nervios excitados. | *Van* 31.10.74, 69: Tranquilo, sin señal alguna en la cara, hablando con parsimonia, sentado sobre un banco del vestuario, Muhammad Alí ha declarado lacónicamente. **b)** [Pers.] que no está preocupada. *Frec en la constr* TÚ (o USTED) *~, para exhortar a alguien a que no se preocupe*. | Moncada *Juegos* 367: Llega, organiza este jaleo, y no solo se queda tan tranquilo, sino que insiste. *País* 13.3.77, 7: Hágase un Plan de Previsión Familiar y vivirá mucho más tranquilo. Medio *Bibiana* 80: Usted, tranquila. ¿Quién dijo miedo? **c)** [Pers. o su conciencia] que no siente remordimientos. | AMillán *Juegos* 143: –Me pone enferma tu sangre fría .. –Para esto basta tener la conciencia tranquila. **2** [Pers. o animal] que tiene los nervios poco excitables. | *Abc* 16.11.75, 38: –Tu carácter ¿cambia cuando conduces? –No, en absoluto. Soy muy tranquilo en todo y con el coche también. **3** [Pers.] poco amante del bullicio o del ajetreo. | * Los vecinos son gente tranquila. **4** [Cosa] propia de la pers. o el animal tranquilos [1, 2 y 3]. | Olmo *Golfos* 148: Cuando don Cosme salía, sus andares eran airosos, pero tranquilos. Cunqueiro *Un hombre* 21: Con voz ronca que quería aparentar tranquila, ordenó: –¡Lee! **b)** [Cosa] carente de bullicio o ajetreo. | Fraile *Cuentos* 39: Llegaba resuelto a trascender sus vidas, tranquilas hoy, normales, milagrosamente. G*Telefónica N.* 1096: Situado en el sitio más céntrico y tranquilo de la capital. **c)** [Cosa] falta de alteración o violencia. | V. Vidal *Abc* 19.12.70, 55: Las aguas tranquilas y azules del lago. *Inf* 2.11.72, 14: Esta fuente de energía era comparativamente pequeña y tranquila. Pero repentinamente el 2 de septiembre último los astrónomos .. captaron señales mil veces mayores que las usuales.

trans- (*tb* **tras-**; *en muchas palabras se usa indistintamente una u otra forma; en otras se usa solo una de las dos*) **1** *Denota paso a través.* | *Por ej:* Bustinza-Mascaró *Ciencias* 371: La zona transasiática, que sigue poco más o menos las cordilleras más elevadas, desde España y África del Norte hasta Filipinas. **2** *Denota superación de límites.* | *Por ej:* M. Sentís *PaísE* 9.4.89, 20: Antoni Miralda, cuyo proyecto transcontinental *Honeymoon* (la boda entre la estatua de Colón, en Barcelona, y la de la Libertad, en Nueva York) no acabará hasta 1992. J. Estévez *País* 23.4.89, 9: El Partido Radical inició ayer por la tarde en Budapest su 35 congreso, el primero que celebra fuera de Italia, y ha elegido para subrayar su carácter transnacional la capital de un país como Hungría que se encuentra en plena prim[a]vera política. P. Andrés *País* 10.4.80, 26: El hecho escueto es de por sí tan importante y significativo como para merecer sin más una positiva valoración. Fundamentalmente, en cuanto supone la recuperación por la judicatura de esa dimensión transpersonal autoconsciente a que tiene derecho cualquier colectivo. Umbral *Mortal* 145: La transvaloración de todos los valores, que diría Nietzsche, pero entendido al revés. Lo que en su día fue subversivo con el tiempo se torna instructivo. F. Morales *Ide* 28.9.87, 3: Está en tu estética proscrita la transvanguardia, que algunos confunden con la postmodernidad. **3** *Denota lugar más allá, en sent material o no material.* | *Por ej:* Tri 9.12.72, 50: Desde que un tío, supuestamente barbudo, se dio a esculpir cérvidos en una peña de Barbanza, aún no ha dejado La Puebla de tener escritores. El transpenúltimo más notable, que digamos, fue un ciego. FVidal *Duero* 125: Jugando con luz, sombra y penumbra, como si se tratase de elementos de un entretenimiento trashumano. **4** *Denota lugar que está detrás.* | *Por ej:* Torrente *Isla* 273: Le hizo el rostro pedazos, de modo que quedó al descubierto la trascara.

transacción *f* **1** Acuerdo o trato. | * Esta fórmula de transacción favorece al Cuerpo de Directores. **2** Operación de compraventa. | Llorca *Pue* 24.12.69, 3: Comerciantes que verifican sus transacciones a la puerta del banco.

transaccional *adj* De (la) transacción. | *Abc* 3.6.70, 31: Fórmula transaccional que favorece, indirectamente, al Cuerpo de Directores de Centros Escolares. G*Telefónica* 6: Agentes .. Propiedad Inmobiliaria .. Exclusivas Hernández .. Especialidad transac[c]ional en la Costa del Sol. [*En el texto,* transacional.]

transahariano -na *adj* [Camino o tránsito] a través del Sáhara. | Gironella *Millón* 795: El Ferrocarril Transahariano se propone enlazar el Mediterráneo con el río Níger a través del desierto del Sahara.

transalpino -na (*tb* **trasalpino**) *adj (lit)* Del otro lado de los Alpes. *Normalmente alude a Italia (siendo España o Francia el punto de vista); en otro caso, a Francia (siendo Italia el punto de vista)*. | *Abc* 11.10.86, 46: Al catedrático italiano Oreste Macrí, uno de los mejores especialistas transalpinos en nuestra historia literaria.

transamazónico -ca *adj* [Camino o tránsito] a través de la región del Amazonas. | *Inf* 7.9.70, 9: Comienzan las obras de la carretera transamazónica.

transaminasa *f* (*Biol*) Enzima que sintetiza los aminoácidos. | Delibes *Cartas* 117: Con reposo escrupulosamente observado y un régimen de comidas adecuado, las transaminasas irán decreciendo gradualmente hasta volver a la normalidad.

transandino -na (*tb* **trasandino**) *adj* [Camino o tránsito] a través de los Andes. *Tb n m, referido al ferrocarril*. | Delibes *Emigrante* 34: Dice que los boletos para el transandino los recojamos en una tienda de juguetes. Delibes *Emigrante* 77: Don Eusebio me entregó los billetes para el trasandino de pasado mañana.

transar *intr* (*raro*) Transigir o ceder [en algo]. | *País* 16.11.76, 8: En la dinámica de los hechos, la victoria del Gobierno en la votación de hoy es, pues, casi una necesidad histórica, y no parece que exista una preocupación mayor sobre este punto. Pero para lograrla, parece que Suárez ha podido transar en algunos aspectos del proyecto.

transatlántico -ca (*tb* **trasatlántico**) *adj* **1** Del otro lado del Atlántico. | Arenaza-Gastaminza *Historia* 165: Colón designó a estas tierras trasatlánticas con el nombre de Indias.
2 Que cruza el Atlántico. | Montero *País* 28.12.85, 40: Pasean a modo de cebo toda esa farmacopea de directivo estresado y hecho un asco, la angina de pecho de la tensión, el insomnio de la responsabilidad .. y la resaca de un Chivas bebido en vuelo transatlántico.
3 [Buque] grande destinado a hacer travesías oceánicas. *Gralm como n m.* | *Act* 5.11.70, 90: La elección de Santander para depósito de tabaco en rama se encuentra perfectamente justificada al ser puerto importante de escalas de buques trasatlánticos y de cabotaje. Ortega-Roig *País* 222: El Puerto de la Luz .. es muy importante .. por el número de grandes transatlánticos que lo visitan camino de América del Sur.

transbisabuelo → TRASBISABUELO.

transbordador -ra (*tb* **trasbordador**) *adj* **1** Que sirve para trasladar algo de un lugar a otro. *Tb n m, designando frec el barco o vehículo aéreo que circula alternativamente entre dos puntos y transporta viajeros y vehículos*. | *Sol* 24.5.70, 8: Líneas Marítimas. Málaga-Melilla. Buques trasbordadores, car ferry, "Vicente Puchol" o "Antonio Lázaro", de la Cía. Trasmediterránea. *Act* 30.10.69, 8: La primera contestación de Kennedy fue: "A tomar el transbordador". Pero el último viaje de este "ferry" .. es a las cero horas. J. A. Gallart *Gar* 15.9.62, 42: En 1929 el señor Gründel, llamado por una sociedad privada, empezó la construcción en Barcelona del transbordador aéreo que a lo largo de mil trescientos metros de cable uniría Montjuich con la Barceloneta. J. A. Alberich *Inf* 22.9.77, 23: Para solucionar este problema ha sido concebido un sistema de satélite cautivo que iría sujeto a un transbordador espacial en órbita, de similar concepción a los ya probados por la N.A.S.A., mediante un cable de hasta 100 kilómetros de longitud.
2 [Instalación o dispositivo] que sirve para transbordar. *Tb n m.* | M. J. Manteiga *Ya* 30.1.88, 21: En este documento viario integral (carreteras, tren y Metro) se adelanta la utilidad de un transbordador de transportes en la estación de Príncipe Pío.

transbordar (*tb* **trasbordar**) **A** *tr* **1** Cambiar [a alguien o algo] de vehículo. | *Mad* 10.9.70, 15: Los pasajeros fueron entonces trasbordados al "Begoña".
B *intr* **2** Cambiar [alguien] de vehículo. | J. Vallés *Abc* 25.10.70, 39: El Ter procedente de Madrid se viene dividiendo en Baeza en dos convoyes: uno continúa hacia Málaga, mientras que el otro se dirige a Granada. En este quedan los viajeros de Almería hasta Moreda, donde han de transbordar, pasando al Taf, con los trastornos consiguientes. *Asturias* 22: Hubo de transbordar desde su nao a una lancha.

transbordo (*tb* **trasbordo**) *m* Acción de transbordar. | *Abc* 24.8.66, 37: El barco español fue remolcado por otro de la misma nacionalidad hasta un fondo rocoso al sur de la isla, donde llevaron a cabo el transbordo del equipaje y de la tripulación. *Van* 4.11.62, 6: Para evitar transbordos se ha organizado un servicio provisional vía Zamora-Astorga-Monforte, hasta tanto pueda normalizarse la circulación de trenes por la vía directa de Galicia.

transcantábrico -ca *adj* [Camino o tránsito] a través de la región cantábrica. | *Ya* 15.7.83, 10: Enrique Barón inauguró el tren transcantábrico. Recorre el norte de la Península desde León a El Ferrol, pasando por Bilbao, Santander y Oviedo.

transcaucásico -ca *adj* De Transcaucasia (región al sur del Cáucaso). | *Ya* 29.10.90, 49: La república soviética transcaucásica de Georgia eligió ayer un nuevo Parlamento.

transcendencia, **transcendental**, **transcendentalidad**, **transcendentalismo**, **transcendentalizar**, **transcendentalmente**, **transcendente**, **transcender**, **transcendible** → TRASCENDENCIA, *etc*.

transcribir (*tb, raro*, **trascribir**; *conjug* **46**) *tr* **1** Copiar [algo ya escrito]. | * Es muy difícil transcribir fielmente un manuscrito. **b)** (*Biol*) Reproducir o copiar. | I. Valladares *Inf* 14.7.78, 24: Hay dos genes víricos que transcriben ácidos ribonucleicos mensajeros precoces, que preceden a la reproducción del DNA vírico.
2 Transliterar. *Tb abs.* | J. PAlija *Inf* 7.8.75, 13: No soy yo quién (no soy eslavista) para ponerme a pontificar aquí sobre la manera correcta de transliterar o transcribir del ruso al castellano.
3 (*Mús*) Arreglar [para un instrumento música compuesta para otro]. | * Ha transcrito ya varias piezas para la guitarra.
4 Poner o representar [algo] por escrito. | Lapesa *HLengua* 145: El Auto de los Reyes Magos ofrece el diptongo *uo* (mal transcrito, unas veces *pusto*, otras *morto*). Delibes *Guerras* 13: Así es como pude llevar a cabo la grabaciones que a continuación transcribo. Academia *Esbozo* 129: La letra *y* transcribe la consonante palatal sonora /y/.

transcripción (*tb, raro*, **trascripción**) *f* Acción de transcribir. *Tb su efecto.* | *BOE* 30.12.74, 26403: Oficial de segunda. Tiene a su cargo .. efectuar operaciones auxiliares de contabilidad, transcripción de libros, archivos, ficheros y demás trabajos similares. I. Valladares *Inf* 14.7.78, 24: Estas partículas [cancerígenas] son del tipo llamado "defectivo", sea por elisión genética o por inhibición celular de la transcripción del DNA vírico en los llamados "ácidos ribonucleicos mensajeros tardíos". E. Franco *País* 27.11.81, 34: Las composiciones de Regino .. figurarán en el repertorio al lado de sus excelentes transcripciones. *Pap* 1.57, sn: En este *Diccionari* .. se dan .. modismos y refranes explicados; transcripción fonética de las voces según la pronunciación de los diversos dialectos.

transcriptivo -va (*tb, raro*, **trascriptivo**) *adj* De (la) transcripción. | J. PAlija *Inf* 7.8.75, 12: Es una necesidad ampliamente sentida .. poseer un sistema de transcripción uniforme a la hora de verter al castellano .. vocablos .. del mundo eslavo que aún escribe con caracteres cirílicos .. El lector de la Prensa no acierta a colegir los altos principios que subyacen a la moda transcriptiva del momento.

transcriptor -ra (*tb, raro*, **trascriptor**) *adj* Que transcribe. *Tb n, referido a pers.* | Rabanal *Ya* 28.11.73, 8: Si todos los corresponsales de mi "buzón" fuesen como el de hoy, al "buzonero" le iba a quedar muy poco que hacer: una simple labor de transcriptor.

transculturación *f* Proceso de difusión e infiltración de rasgos culturales de un grupo social a otros. | GCaballero *SYa* 15.5.77, 3: El fruto cultural fue muy grande, y hoy todos los españoles nos sentimos orgullosos de la imborrable labor que los transplantados dejaron allá [en Méjico]. En una auténtica y nueva transculturación.

transcurrir (*tb, raro*, **trascurrir**) **A** *intr* **1** Convertirse en pasado [el tiempo]. | Cabezas *Madrid* 72: Veintitrés años transcurrieron desde la primera piedra, hasta que el primero de diciembre de 1764 el rey Carlos III se aposentó por primera vez en una pequeña parte del Palacio Nuevo. **b)** Realizarse [algo que se desarrolla en el tiempo]. *Frec con un compl adv.* | *País* 15.5.77, 13: El mitin

transcurso – transferrina

programado de San Lorenzo de El Escorial transcurrió sin incidentes.
B *tr* **2** (*semiculto*) Pasar [alguien un tiempo determinado (*cd*)]. | *Gar* 6.10.62, 51: La princesa .. ha llegado a Madrid para transcurrir en la capital de España algunos días en compañía de su marido. Espinosa *Escuela* 468: Transcurrí la noche deambulando por entre los vetustos muros que protegen los huertos y alquerías de los mandarines.

transcurso (*tb*, *raro*, **trascurso**) *m* Acción de transcurrir [1]. *Tb su efecto.* | *ByN* 11.11.67, 88: En el transcurso de la prueba se decía a sí mismo: "No pienses en nada".

transcutáneo -a *adj* (*Med*) [Vía o comunicación] a través de la piel. | Mascaró *Médico* 112: El veneno penetra en el organismo por dos vías: respiratoria y transcutánea (a través de la piel).

transdérmico -ca *adj* (*Med*) [Vía o comunicación] a través de la dermis. | *Sáb* 29.3.75, 39: Hace poco se ha conseguido la comunicación transdérmica con el cerebro, y, dentro de poco, será posible implantar ordenadores microscópicos bajo la piel.

transductor *m* (*Electr*) Dispositivo que convierte la potencia de una corriente eléctrica en potencia mecánica o acústica, o la presión de las vibraciones acústicas en señales eléctricas. | *Ya* 22.10.64, sn: Frecuencímetros numéricos. Cronómetros contadores. Transductores de las revoluciones del eje. F. Martino *Ya* 25.11.75, 13: La "tromboflebitis íleo--femoral izquierda" .. fue debida tanto a la presencia del catéter (sonda) que portaba el transductor que transformaba la presión venosa central en impulsos eléctricos, comprobables al segundo, como a la necesaria medicación coagulante.

transección *f* (*CNat*) Sección a través de un eje longitudinal. | *BOE* 12.3.68, 3771: El estudio cuantitativo de la vegetación. Cuadrados de registro. Sus modalidades. La transección. La sección. Otros métodos.

transepto *m* (*Arquit*) Crucero. | Tejedor *Arte* 64: Algunas basílicas .. poseían .., ante el ábside, una nave transversal llamada transepto o crucero.

transeúnte *adj* **1** [Pers.] que transita por un lugar. *Frec n.* | CNavarro *Perros* 28: Un transeúnte, un inquilino .. podía constituirse en testigo presencial.
2 [Pers.] que está de paso o temporalmente en un lugar. *Frec n.* | *Inf* 29.5.75, 10: Los habitantes del Municipio tendrán la condición de residentes o de transeúntes. **b)** Propio de la pers. transeúnte. | C. Rivero *HLM* 26.10.70, 13: Se puede advertir que hay gentes instaladas en su profesión con un aire apresurado y transeúnte, como si estuvieran en ella de paso.
3 [Cosa] transitoria. | *Ya* 28.5.74, 15: La inalterabilidad que se declara es la propia de la política, sin que se politice el contenido trascendente de algunas de l[a]s verdades que expresan ni se canonice el valor transeúnte de otros enunciados.

transexual *adj* **1** [Pers.] que tiene un sentimiento acusado de pertenecer al sexo opuesto, cuyos caracteres fisiológicos aspira a poseer y a los que ha adquirido por medio de la cirugía. *Frec n.* | *Cam* 21.7.75, 51: Gay Club: Caramelo transexual. *País* 14.8.87, 22: El transexual odia sus genitales ..; el travestido no tiene por qué, puede actuar y disfrutar activa o pasivamente.
2 De(l) cambio de sexo. | *SPaís* 14.6.88, 3: Patología genital y sexológica. Enfermedades de transmisión sexual y test del SIDA .. Cirugía transexual.

transexualidad *f* **1** Condición de transexual [1]. | *Ya* 6.7.87, 11: Afirma la mayoría de la Sala Primera del Tribunal Supremo, de la mano de su presidente y ponente en la sentencia sobre transexualidad, que la ficción y la apariencia son jurídicamente atendibles.
2 Cambio de sexo por medios quirúrgicos. | *Cam* 21.7.75, 51: El profesor Frank-burguesa .., travestí que busca el placer carnal en sus experiencias científicas, precursor de la transexualidad. A. F. Rubio *País* 14.8.87, 23: En los estatutos de la asociación ..se incluyen peticiones concretas, como que oficialmente se facilite la transexualidad física y la asistencia psicológica.

transexualismo *m* Transexualidad [1]. | A. F. Rubio *País* 14.8.87, 22: Existe otro mundo para el transexualismo, fuera de la dureza de la calle.

transfer (*ing*; *pronunc corriente*, /tránsfer/; *pl normal*, ~s) *m* (*Dep*) Traspaso. | *Rio* 6.10.88, 1: Ruggeri y Alzamendi no podrán ser alineados el próximo sábado ante el Valencia si no queda solucionada la situación del "transfer" al River Plate.

transferencia (*tb*, *raro*, **trasferencia**) *f* **1** Acción de transferir. | Castellanos *Animales* 144: Cualquier acuario pequeño, bien provisto de plantas, sirve de "sala de maternidad" para los peces ovíparos .. No debe dejar de hacerse una comprobación de la temperatura de los dos acuarios antes de hacer la transferencia. R. Clemente *Van* 17.7.75, 18: La transferencia de nave no es una maniobra sencilla ni rápida, sobre todo debido a razones de tipo fisiológico .. Precisamente una de las concesiones de la URSS con respecto a este vuelo fue el aceptar una reducción de un tercio en la presión de la nave, a fin de acelerar la maniobra de transferencia de tripulantes. Tamames *Economía* 155: La dotación inicial del INI fue de 50 millones de pesetas, además de la transferencia por parte del Estado de sus valores mobiliarios. **b)** Operación bancaria por la que se transfiere una cantidad de una cuenta a otra. *Frec* ~ BANCARIA. | *Hoy* 15.11.70, 5: Las imposiciones se harán necesariamente en divisas, bien directamente en los Bancos o Cajas o mediante trasferencia o giro postal.
2 (*Med*) Vinculación afectiva, frec. de carácter sexual, entre el paciente de una cura psicoanalítica y el médico que le trata. | Rof *SAbc* 3.11.84, 1: Dos puntos, a mi juicio, culminantes en el libro de Laín. Las páginas en que trata de la relación, no siempre clara, entre la amistad entre médico y enfermo, y el gran descubrimiento psicoanalítico de la transferencia. Unas veces predominará en la relación entre médico y enfermo la amistad, en otr[a]s el juego instintivo de la transferencia.

transferencial (*tb*, *raro*, **trasferencial**) *adj* De (la) transferencia. | J. Aldaz *Abc* 4.10.70, 57: La actividad de la Bolsa de valores y la suscripción de todas las nuevas emisiones pertenecen al campo de la economía transferencial.

transferibilidad (*tb*, *raro*, **trasferibilidad**) *f* Cualidad de transferible. | Tamames *Economía* 352: Existe la garantía de transferibilidad de beneficios, en divisas, sin limitación de ninguna clase.

transferible (*tb*, *raro*, **trasferible**) *adj* Que se puede transferir. | *Van* 20.12.70, 17: A los señores accionistas que lo soliciten les serán entregados documentos acreditativos de sus derechos de adjudicación, los cuales serán transferibles.

transferidor -ra (*tb*, *raro*, **trasferidor**) *adj* Que transfiere. *Tb n, referido a pers.* | M. Logroño *SAbc* 6.4.75, 26: Cuando el riguroso aparato de la Fábrica Nacional de Moneda y Timbre se pone en funcionamiento –dibujantes, grabadores, transferidores...– está reiterando, de hecho, el gesto manual, artesanal, del primer sello español, el "6 cuartos negro" de 1850.

transferir (*tb*, *raro*, **trasferir**; *conjug* **60**) *tr* **1** Traspasar [algo de un lugar a otro]. | * Di orden de transferir a tu cuenta 20.000 pts. **b)** (*raro*) Trasladar (cambiar de lugar). | *Fam* 15.11.70, 34: Ella y su madre se habían transferido a un pueblo donde el calor era más seco. **c)** (*raro*) Traducir o trasladar. | Fuster *Van* 2.6.74, 17: Se sabe de un t[o]nsurado local, Jeroni Conqués, que el 1566 sufrió persecución por –entre otras cosas– haber transferido al catalán de Valencia el Libro de Job.
2 Traspasar o ceder [algo o a alguien]. | J. Sanz *Hoy* 15.11.70, 6: Transfería [el decreto] los riesgos del seguro de crédito a la exportación al Consorcio de Compensación de Seguros. *Bal* 21.3.70, 27: El guardameta Pazos fue transferido por el Elche al Celta.

transferrina *f* (*Fisiol*) Globulina presente en el plasma, que se combina con el hierro y sirve de vehículo de este. | E. Sanz *ByN* 14.1.90, 87: Otra parte [del hierro] es transportado [*sic*] en el plasma sanguíneo por medio de una proteína llamada transferrina, que la lleva hacia los depósitos para su ulterior utilización en la médula ósea.

transfiguración (tb, raro, **trasfiguración**) f Acción de transfigurar(se). | Vesga-Fernández *Jesucristo* 88: Relata el episodio de la transfiguración.

transfigurador -ra (tb, raro, **trasfigurador**) adj Que transfigura. | CPuche *Abc* 22.6.74, 23: Hierbas, matujos, flores, tierra seca, piedras, no son más que complementos de la verdad esquemática de este proceso de descomposición e integración transfiguradora de la luz.

transfigurar (tb, raro, **trasfigurar**) tr Hacer que [alguien o algo (cd)] cambie de figura o de aspecto. | *Abc* 15.12.70, 22: Surge allí la chispa del industrialismo europeo que transfiguró el nivel de vida de la tierra vasca. **b)** pr Cambiar [alguien o algo] de figura o de aspecto. | Vesga-Fernández *Jesucristo* 85: Tomó Jesús a Pedro, a Santiago y a Juan, llevólos a solas a un monte muy alto y se transfiguró delante de ellos. Llorca *Ateneo* 154: Día vendrá en que mi tosco pincel ensaye la ardua tarea de retratarte en la tribuna, cuando transfigurado y sublime suspendes el ánimo del auditorio. Torrente *Sombras* 283: Como un bólido o un meteorito que al roce con las partículas suspensas en una y en otra atmósferas se transfigura en esfera incandescente.

transfondo → TRASFONDO.

transformable (tb, raro, **trasformable**) adj Que se puede transformar. | *Abc* 25.2.68, 86: Accione Vd. mismo el genuino mecanismo americano, y... ¡¡¡verá qué diferencia!!! Trans Mobel. Mueble transformable.

transformación (tb, raro, **trasformación**) f Acción de transformar(se). | Laforet *Mujer* 29: La transformación de Pepe Vados, .. librepensador, .. en un cura de aldea .. era una de las cosas más extrañas que encontró Eulogio a su vuelta a España. Navarro *Biología* 156: Las células, con esos principios nutritivos, realizan una serie de transformaciones químicas denominadas metabolismo. **b)** (Ling) *En gramática transformacional*: Transformación de un esquema oracional en otro. | RAdrados *Lingüística* 475: La G[ramática] T[ransformacional] ha intentado simplificar la teoría de las oraciones compuestas explicándolas como transformaciones de dos (o más) oraciones simples: una matriz y una o más constituyentes.

transformacional (tb, raro, **trasformacional**) adj (Ling) **1** [Gramática generativa] que establece que de un esquema oracional se pasa a otro u otros por la aplicación de determinadas reglas. | RAdrados *Lingüística* 11: Introducimos .. a la Gramática transformacional, aunque creemos que se trata de una notación o simbolización más que de una teoría gramatical independiente.
2 De (la) gramática transformacional [1]. | RAdrados *Lingüística* 471: Es fácil de formalizar con ayuda de reglas transformacionales.

transformacionalismo (tb, raro, **trasformacionalismo**) m (Ling) Tendencia transformacional [2]. | RAdrados *Lingüística* 22: Esta es la esencia .. de la Lingüística Matemática y del transformacionalismo de Chomsky.

transformacionalista (tb, raro, **trasformacionalista**) adj (Ling) Del transformacionalismo. | * Es un libro de orientación transformacionalista. **b)** Partidario de la gramática transformacional. *Tb n.* | RAdrados *Lingüística* 53: Los transformacionalistas tienden en exceso a considerar universales los marcadores de frase subyacentes.

transformador -ra (tb, raro, **trasformador**) **I** adj Que transforma. | Bustinza-Mascaró *Ciencias* 222: Los animales domésticos pueden ser considerados como máquinas transformadoras de productos vegetales en animales.
II m **2** Aparato que sirve para transformar la tensión, la intensidad o la forma de una corriente eléctrica. | GTelefónica *N.* 53: Anuncios luminosos. Fluorescentes. Transformadores.

transformar (tb, raro, **trasformar**) tr **1** Hacer que [alguien o algo (cd)] cambie de forma o de aspecto. | J. MNicolás *SYa* 30.11.75, 11: Ha sido con trabajo innovador como los hombres de Don Fadrique han transformado sus terrenos. Y ahora, una vez transformada la tierra, sueñan con volver a la ganadería. **b)** pr Cambiar [alguien o algo] de forma o aspecto. | * Con la lluvia todo parece transformarse, brillar.
2 Hacer que [alguien o algo (cd)] pase a ser [algo (compl EN)]. *A veces se omite el segundo compl por consabido.* | F. Martino *Ya* 3.12.72, 43: Si los dientes no transforman en papilla el alimento, tal transformación correrá a cargo de la musculatura del estómago. **b)** pr Pasar [alguien o algo] a ser [algo (compl EN)]. | *Abc* 7.9.66, 28: Abandonó su cátedra .. para transformarse en director de un modesto diario. J. M. Moreiro *SAbc* 16.3.69, 42: Bendita el agua que se transforma en hortaliza y en grano de arroz.
3 Cambiar o hacer distinto [a alguien o algo]. | Navarro *Biología* 156: El organismo, mediante la digestión, transforma los alimentos para admitirlos en el medio interno. **b)** pr Cambiar o hacerse distinto. | Laforet *Mujer* 286: Yo me transformé al ver su cambio... En el fondo, Mariana, tú tienes la culpa de que yo sea cura.
4 (Dep) Convertir [un disparo o un penalty] en un tanto. *Tb abs.* | LSánchez *Ya* 9.12.72, 38: El árbitro señaló el punto de penalty, y el propio Bellido se encargó de transformarlo. Á. Arredondo *SYa* 22.1.74, 25: A los diecisiete minutos, Ologaray consigue una nueva marca para su equipo, fintando muy bien a la salida de una "melée" (9-11), sin que transforme Felín por lo esquinado de la posición.

transformativo -va (tb, raro, **trasformativo**) adj (Ling) Transformacional. | Alarcos *Estudios* 10: Admiramos la rigurosa construcción mental de la llamada "gramática generativa y transformativa".

transformismo (tb, raro, **trasformismo**) m **1** Evolucionismo. | Gambra *Filosofía* 141: Sobre el origen del alma humana se han sostenido diversas opiniones a lo largo de la historia. Son las principales: el evolucionismo o transformismo ..; el emanatismo ..; el generacionismo ..; el creacionismo. Vicens *Polis* 474: Lamarck, 1744-1829, partidario del transformismo.
2 Actividad de transformista [3, 4 y 5]. | DCañabate *Abc* 10.11.74, 44: Leopoldo Frégoli .. llenaba él solo un espectáculo de transformismo rápido en el que interpretaba múltiples tipos. A. F. Rubio *País* 14.8.87, 22: En Sachas, un local de transformismo madrileño, un homosexual hormonado que no quiere ser considerado como travestido porque identifica esa palabra con prostitución.

transformista (tb, raro, **trasformista**) **I** adj **1** De(l) transformismo [1]. | * Las teorías transformistas están muy extendidas. **b)** Adepto al transformismo. *Tb n.* | * Los transformistas proclaman la adecuación al medio.
2 De(l) transformista o de (los) transformistas [3, 4 y 5]. | C. Fonseca *Ya* 12.12.82, 39: Nuevos datos, conseguidos en círculos transformistas en que se desenvolvía el fallecido, hacen suponer que esa persona aprovecharía la indisposición de "Rosita" para apoderarse del dinero y joyas que aquel guardaba en una caja de caudales.
II m y f **3** Actor cuyo espectáculo consiste en transformarse en distintos tipos. | J. J. Esparza *Ya* 28.1.91, 37: Eso es, de algún modo, lo que le está pasando al conocido transformista Raúl Sender, a quien las exigencias de la profesión .. le obligan a aparecer continuamente como proxeneta, como pervertido, como un ser grosero y zafio.
4 Travestí. | *SPaís* 28.8.77, 7: ¿Qué relación crees que hay entre la homosexualidad y los que trabajan como travestís o transformistas?
5 Pers., esp. político, que cambia fácilmente de ideología. | L. LSancho *Abc* 16.2.75, 14: Su vanidosa directora [de "L'Express"], la transformista Françoise Giroud, prefirió a los goces de la oposición las satisfacciones de una cartera ministerial.

transfretano (tb **trasfretano**) adj (lit, raro) Del otro lado del estrecho. | *Hoy* 13.10.76, 16: ¿Olvida el señor Laraki que cuando Portugal y España rescataron Ceuta y Melilla en el siglo XV lo que hicieron no fue invadir un territorio extraño, sino restablecer su soberanía sobre trozos de las provincias transfretanas, que la invasión islámica le había arrebatado a la española visigoda?

transfronterizo -za adj Que funciona a uno y otro lado de las fronteras. | S. Otto *Ya* 5.6.89, 6: En el plano bilateral destaca el acuerdo sobre la cooperación transfronteriza. *Ya* 24.3.89, 37: El Consejo de Europa pospone la firma de la convención de televisión transfronteriza.

tránsfuga (tb, raro, **trásfuga**) **I** m y f **1** Pers. que pasa huyendo de una parte a otra. *Frec fig, esp referido a po-*

tránsfugo – transir

líticos. | M. Fontcuberta *Mun* 23.5.70, 58: Esto hace que la clase media sea tránsfuga frente a los dos graves problemas que mueven al mundo: la detentación y conservación de las riquezas y la lucha contra la pobreza. L. E. CSotelo *Abc* 9.2.75, 3: De Santiago Carrillo, el español medio conoce que es .. fundador, en compañía de ciertos trásfugas, de una titulada Junta Democrática.
II *adj* **2** De los tránsfugas [1] políticos. | *Ya* 20.4.89, 8: El comité ejecutivo del partido Convergencia Democrática de Cataluña .. ha acordado proponer un pacto con todas las fuerzas políticas con el fin de asegurar que las mayorías de gobierno municipales no se vean alteradas con votos "tránsfugas" de otros partidos.

tránsfugo *(tb, raro,* **trásfugo***) m* Tránsfuga [1]. | Cierva *Ya* 4.9.82, 5: Resulta que ahora los denostados tránsfugos se conviert[e]n en precursores.

transfuguismo *(tb, raro,* **trasfuguismo***) m* Comportamiento de(l) tránsfuga político. | *Ya* 5.10.86, 12: El "transfuguismo político" refleja que no está afianzado el sistema de partidos.

transfundir *(tb* **trasfundir***) tr* Hacer pasar [sangre de un individuo a otro]. | Mascaró *Médico* 159: Siempre que se desconozca el signo Rh de un paciente, debe transfundirse una sangre Rh negativa. *ElM* 16.8.90, 10: Trasfunden sangre del cordón umbilical de una niña a su hermano. **b)** Trasvasar. *Frec fig.* | Gambra *Filosofía* 208: La caridad .. transfunde y confiere sentido sobrenatural a todos sus actos. Torrente *Sombras* 197: Le divertiría mucho que se pudiera trasfundir al visitante algo de la materia caballar allí presente, a fin de que le proporcionase, por ejemplo, unas buenas patas equinas.

transfusión *(tb* **trasfusión***) f* Acción de transfundir, *esp* [1a]. | Navarro *Biología* 113: No puede efectuarse al hombre la transfusión de sangre de otro animal. M. CMarín *SNEs* 24.11.74, 9: El contagio intrauterino también es posible, lo mismo que con una trasfusión de sangre, pero esto último no suele suceder, dado el riguroso control que se efectúa en los bancos de sangre.

transfusional *(tb* **trasfusional***) adj* De (la) transfusión. | *DíaCu* 14.5.89, 9: Destacó el hecho de que el Hospital "Virgen de la Luz" .. se ampliara hace dos años, "ya que supuso un aumento del doble en el número de camas y con el consiguiente aumento de las necesidades transfusionales".

transgénesis *f (Biol)* Génesis de una especie animal en laboratorio, mediante el cruce de dos especies diversas. | *Abc* 3.6.89, 45: Transgénesis: expertos italianos desarrollan un método nuevo.

transgénico -ca *adj (Biol)* [Animal] obtenido por transgénesis. | A. Pistolesi *Abc* 3.6.89, 45: Biólogos italianos han conseguido un método nuevo para crear, en laboratorio, animales transgénicos. *SDLP* 8.10.90, 34: Ahora una compañía escocesa de biotecnología acaba de hacer público el nacimiento de una cordera transgénica.

transgredible *(tb, raro,* **trasgredible***) adj* Que se puede transgredir. | Ma. Gómez *Ya* 24.1.91, 6: Más allá de estas definiciones, que, como todas, son espurias y fácilmente transgredibles, el vínculo es la voluntad común de hacer teatro.

transgredir *(tb, raro,* **trasgredir***; normalmente, solo usado en las formas en que la base es átona) tr* **1** Violar [una ley o precepto]. | Sádaba *Pról. Gala* 23: El amor quizá sea, por principio, amoral, sin que se pueda construir un argumento convincente contra aquellos que, por ese mismo amor, transgreden las costumbres de la comunidad.
2 Pasar por encima o más allá [de algo no material *(cd)*]. | MGaite *Usos* 142: La noche .. no concedía su borrachera de aventura más que a los que transgredían sus umbrales sin miedo.

transgresión *(tb, raro,* **trasgresión***) f* **1** Acción de transgredir. | Valcarce *Moral* 59: Hay transgresión grave cuando el acto humano es perfecto y se opone a la ley en materia grave o tenida por grave.
2 *(Geol)* Avance del mar sobre tierras emergidas. | Bustinza-Mascaró *Ciencias* 360: El acantilado habrá terminado su retroceso a menos que cambie el nivel de las aguas por una transgresión.

transgresivo -va *(tb, raro,* **trasgresivo***) adj* Que implica transgresión. | *SDBu* 1.6.90, III: Extremoduro: rock transgresivo y militante.

transgresor -ra *(tb, raro,* **trasgresor***) adj* Que comete transgresión [1]. *Tb n, referido a pers*. | *Ya* 15.4.64, 5: La segunda condición antes aludida, sanciones para los transgresores, es igualmente esencial.

transiberiano -na *adj* [Camino o tránsito] a través de Siberia. *Tb n m, referido al ferrocarril*. | Palascar *Ya* 2.8.70, 6: Los mismos rusos están construyendo un ferrocarril transiberiano paralelo al actual, pero desplazado 300 kilómetros al Norte.

transición *f* **1** Paso [de un estado o situación a otros distintos]. *Frec sin compls*. | Tejedor *Arte* 138: La transición de estas tendencias a la novedad renacentista la representa sobre todo Damián Forment, el autor del retablo del Pilar de Zaragoza. V. A. Pineda *Des* 12.9.70, 18: Festival en transición, y no en estado preagónico .. Festival, eso sí, que no puede mantenerse más en esa transitoriedad.
2 Estado o situación intermedios entre el punto de partida y el final de una transición [1]. *Frec en las constrs* DE ~ y SIN ~. | *SVozC* 25.7.70, 1: En tierras de Navarrete se puede ver hoy un pórtico románico de transición. Arce *Testamento* 30: Pasamos del calor al frío casi sin transición.

transicional *adj* De (la) transición. | Tejedor *Arte* 120: Corresponde esta fase transicional a la segunda mitad del siglo XII y principios del XIII. Gaos *Antología* 8: Hay ciertos poetas a los que usualmente se considera, sin claro motivo, "transicionales".

transigencia *f* Cualidad de transigente [1]. | Delibes *Mundos* 115: El extranjero, sin enajenar sus notas temperamentales, se integra espontáneamente en la comunidad. La transigencia, la cordialidad chilenas se comunican en seguida al forastero.

transigente *adj* **1** Que transige. | FSalgado *Conversaciones* 443: Al gobierno, que se considera fuerte, no debe gobernar con dureza a sus enemigos .. Hay que ser transigentes en muchas cosas .. Además, nuestras relaciones económicas y culturales con la mayoría de los gobiernos del mundo nos animan a la transigencia en ideas políticas.
2 Que denota o implica transigencia. | A. HGil *Inf* 18.2.76, 4: La democracia no es la verdad última, sino la conciliación transigente que permite en la misma medida coincidir y discrepar sin sometimientos ni agresiones.

transigible *adj* [Cosa] que se puede transigir. | R. MHerrero *Abc* 31.5.73, 29: Hay cosas –las menos– que son irrenunciables; otras –las más– que son y deben ser transigibles.

transigir A *tr* **1** Permitir o tolerar [algo que es o se considera malo]. | GRuano *Abc* 16.4.58, 15: Él sabe muy bien lo que es el legado de una civilización milenaria, pero sus compromisos no los transige. Él sabe lo que es el mundo.
B *intr* **2** Permitir o tolerar [algo *(compl* CON*)* que es o se considera malo]. *A veces se omite el compl por consabido*. | FSalgado *Conversaciones* 120: Sus ministros, con tal de seguir en el poder, transigen con lo que sea. *Voz* 6.11.70, 7: Como la cosa no es de gran importancia por su valor material, se va transigiendo, y los hechos suelen reproducirse. **b)** Ser condescendiente [con alguien]. | Cela *Inf* 14.5.76, 22: ¿Que una señora o señorita se pone pelma y empieza a presumir de estrecha a destiempo? ¡Peor para ella! Se la cambia por otra y santas pascuas; .. con las histéricas no se debe transigir. **c)** Aceptar, sin compartirlas, las ideas o actitudes de otros. | * En este país tenemos que aprender a transigir.

transilvano -na *adj* De Transilvania (región de Rumanía). *Tb n, referido a pers*. | Riquer *Caballeros* 136: Dejo de mencionar diversas actuaciones de Pedro Vázquez de Saavedra en el próximo Oriente .. entre ellas su relación directa con el voivoda transilvano Juan Hunyadi.

transir *(lit)* **A** *tr* **1** Traspasar, o afectar en lo más íntimo. *Gralm en part. Tb fig*. | Lera *Olvidados* 209: Aquel alborozo orgánico, aquella estremecida sensualidad que vibraba en el aire como una carga eléctrica, le penetraron, le transieron. Aparicio *César* 23: Pata se detuvo transido de dolor. Torrente *Fragmentos* 387: El guarda, cabe una hoguera, se había dormido, de modo que transía el aire un olor a jara quemada.

B *intr pr* **2** Trasponerse o adormilarse. | Torrente *Vuelta* 249: No había podido dormir. Llevaba horas revolviéndose en la cama sin encontrar la postura. Si empezaba a transirse, la espabilaba el temor de que Juan se marchase sin decir nada.

transistor *m* **1** Dispositivo electrónico, fundado en el uso de semiconductores, que se utiliza para rectificar o amplificar los impulsos eléctricos. | G. Lorente *Abc* 9.4.67, 18: Los transistores, como las válvulas electrónicas, son componentes de los circuitos. *Nue* 22.12.70, 25: Autorradios, ocho transistores. Conmutación por teclado.
2 Radiorreceptor portátil provisto de transistores [1]. | Medio *Bibiana* 67: Fermina .. está muy contenta con su transistor.

transistorizar *tr* Dotar de transistores [1]. *Gralm en part.* | *SVoz* 8.11.70, 11: La parte electrónica está transistorizada, y todo el equipo queda herméticamente cerrado.

transitable *adj* Que se puede transitar [2]. | *Barcelona* 206: 200 [pueblos], sin caminos transitables o aislados.

transitado -da *adj* **1** *part* → TRANSITAR.
2 Que tiene mucho tránsito. | *Hie* 19.9.70, 1: Circulaban al mediodía de ayer por la transitada ronda de Capuchinos.

transitar **A** *intr* **1** Ir o pasar [por una calle o camino]. *Tb sin compl.* | *País* 21.11.76, 11: Una persona que transitaba por la calle Escudillers Blanchs, de Barcelona, resultó muerta accidentalmente. Anson *SAbc* 20.4.69, 8: En los zoos europeos los animales están encerrados en jaulas y los hombres transitan libremente para verlos.
B *tr* **2** Ir o pasar [por una calle o camino (cd)]. *Tb fig.* | Fernández-Llorens *Occidente* 128: Las calles, sin alcantarillas, solían ser sucias y difíciles de transitar por las noches. *Reforma* 94: Debe asegurarse la existencia de pasarelas o puentes efectivos y fáciles de "transitar" entre las diferentes modalidades de la segunda etapa de la Educación Secundaria. GBarrientos *Pról. Buero* 22: Las páginas que siguen pretenden ofrecer algunas "claves" de su teatro, que sirvan de orientación para transitarlo.

transitario -ria *adj* (*Com*) Que se dedica al comercio de tránsito. | *Abc* 5.3.89, 26: Director sociedad transitaria dependiendo directamente del consejero-delegado necesita importante grupo nacional líder ramo transitario y transporte internacional para su filial en Madrid, de reciente adquisición.

transitividad *f* (*lit o E*) Cualidad de transitivo. | Lázaro *Abc* 8.9.74, 3: Cuando no hay victoria o derrota sino "relevo", es lógico que la prudencia evite "destituir" y se acoja a la transitividad formal de "cesar", que es destituir pero poco, casi sin que se note.

transitivo -va *adj* **1** (*lit*) De transición. | GNuño *Escultura* 68: Esta fase puede ser considerada transitiva entre la anterior y el que pudiéramos llamar momento de plenitud. **b)** Pasajero o inestable. | GPavón *Rapto* 79: En serio os digo que todo es así de engañoso y transitivo, que todo nos pasa por la cabeza y el corazón como el río bajo los puentes.
2 (*Gram*) [Verbo u oración] que tiene complemento directo. | Academia *Esbozo* 378: Muchos verbos transitivos se construyen a menudo como absolutos. Amorós-Mayoral *Lengua* 150: Oraciones transitivas. Son las que llevan complemento directo. **b)** Propio de verbo transitivo. | Academia *Esbozo* 377: El empleo predominante, transitivo o intransitivo, que los diccionarios indican, depende sobre todo de la significación.
3 (*Mat*) [Propiedad] según la cual, si un número divide a otro, divide también a sus múltiplos. | Gironza *Matemáticas* 24: Puede, pues, enunciarse la propiedad transitiva así: Si un número divide a otro, divide a sus múltiplos.

tránsito I *m* **1** Acción de transitar. | * El tránsito por este barrio es peligroso. **b)** Circulación de perss. o de vehículos. | Payno *Curso* 182: Luego montaron en el coche. Escogieron carretera de poco tránsito y poca luz.
2 Paso [de un lugar a otro]. | Laforet *Mujer* 129: El respirar y el gemir le es natural a un recién nacido, aunque el tránsito desde la placenta maternal al mundo no deje de ser extraordinario. **b)** Paso [de un estado o situación a otros]. | Lera *Bochorno* 126: Era una muchacha de rasgos finos y delicados, cuya naturaleza se demoraba en el tránsito hacia la plena feminidad. **c)** (*lit*) Muerte. *Frec referido a la Virgen.* | Delibes *Mundos* 108: Desde la Universidad Santa María, fundación del avaro filántropo –avaro en vida, filántropo en el tránsito– Federico Santa María, la ciudad cobra un realce rutilante.
3 Lugar por donde se pasa de un sitio a otro. | M. Delgado *Abc* 9.10.70, 18: En las relaciones internacionales el precio percibido de los usuarios [del servicio de Correos] se repartía entre los países de origen, tránsito y destino. **b)** *En conventos y otras casas de comunidad:* Pasillo o corredor. | F. Mugueta *Abc* 17.8.72, sn: Me enseña la casa: tránsitos, jardines, capilla. Villarta *Rutas* 166: Después de haber subido diez peldaños a partir de la nave mayor, se pasa al trascoro, largo, de sesenta y cinco metros a través del pasaje llamado Tránsito de los Encapuchados por las ocho estatuas graníticas.
II *loc adj* **4 de ~.** De paso. | Burgos *SAbc* 13.4.69, 44: Pero el turismo en Sevilla no es estable, sino de tránsito.
III *loc v* **5 hacer ~.** (*Der*) Pasar. | *Compil. Cataluña* 759: Estableciendo que aquellos bienes de que no hubiere dispuesto el fiduciario hagan tránsito al fideicomisario.

transitoriamente *adv* De manera transitoria. | CBonald *Ágata* 51: Ya había ella renunciado –transitoriamente al menos– a sus voraces indagaciones.

transitoriedad *f* Cualidad de transitorio. | Ramírez *Derecho* 12: Tampoco me avergüenzan mi transitoriedad ni mis contradicciones. Reconozco que soy perfectible.

transitorio -ria *adj* Temporal (que dura solo cierto tiempo). | J. M. Fontana *Pue* 28.12.70, 3: Esta situación, poco humana, que pudiera y debiera ser transitoria, se transforma en definitiva. *Abc* 14.5.67, 59: Disposiciones transitorias. 1ª Queda autorizado el Gobierno para aprobar .. la acomodación a lo previsto en el artículo 14 de la presente ley.

translación, translaticio, translativo → TRASLACIÓN, etc.

transliteración *f* (*Ling*) Acción de transliterar. *Tb su efecto.* | J. PAlija *Inf* 7.8.75, 13: La suprema confusión .. la supuso la transliteración del nombre .. del antiguo secretario del Partido Comunista soviético ["Khrushchev", "Chrouchtchev", etc.].

transliterar *tr* (*Ling*) Escribir con un sistema de caracteres [algo escrito con otro]. *Tb abs.* | J. PAlija *Inf* 7.8.75, 13: Ninguna razón válida podría aducirse para transliterar el mismo dígrafo ruso por fonemas diferentes en castellano. J. PAlija *Inf* 7.8.75, 13: No soy yo quién (no soy eslavista) para ponerme a pontificar aquí sobre la manera correcta de transliterar o transcribir del ruso al castellano.

transliterativo -va *adj* (*Ling*) De (la) transliteración. | J. PAlija *Inf* 7.8.75, 12: Es una necesidad ampliamente sentida .. poseer un sistema de transcripción uniforme a la hora de verter al castellano .. vocablos .. del mundo eslavo que aún escribe con caracteres cirílicos .. Incluso para el lector menos avisado es patente que la mayoría de las veces la arbitrariedad transliterativa campea libérrima en nuestros medios de comunicación.

translúcido, transluciente, translucir → TRASLÚCIDO, etc.

transmarino -na (*tb* trasmarino) *adj* Del otro lado del mar. | GSosa *GCanaria* 25: Se dan cita [en Vegueta] muestras variadas de los más diversos estilos y de modo especial del gótico florido, que aquí exhibe, sobre todo en fachadas y patios, agraciadas y madrugadoras modulaciones transmarinas.

transmigración (*tb* **trasmigración**) *f* Acción de transmigrar. | Delibes *Siestas* 74: No creo esas paparruchas de la metempsicosis, la transmigración y demás.

transmigrar (*tb* **trasmigrar**) *intr* Pasar [un alma] de un cuerpo a otro. | Gambra *Filosofía* 137: El alma .. puede incluso transmigrar a otro cuerpo de hombre o de animal (teoría de la metempsícosis).

transmigratorio -ria (*tb* **trasmigratorio**) *adj* Relativo a la transmigración. | Alcántara *Ya* 29.1.87, 4: Ya los pitagóricos estaban convencidos de que el alma humana es inmortal y se encarna una y otra vez en cuer-

transmisibilidad – transparencia

pos mortales. Platón hereda de ellos esta creencia transmigratoria.

transmisibilidad (*tb, raro,* **trasmisibilidad**) *f* Cualidad de transmisible. | *Compil. Cataluña* 734: El testador podrá excluir esta transmisibilidad.

transmisible (*tb, raro,* **trasmisible**) *adj* Que se puede transmitir. | Bustinza-Mascaró *Ciencias* 223: Deberán estar sanos y ser previamente seleccionados entre aquellos que presenten caracteres favorables y transmisibles a los hijos. Ramírez *Derecho* 143: El cheque .. "a la orden" .., al igual que la letra de cambio, será transmisible por endoso.

transmisión (*tb, raro,* **trasmisión**) *f* **1** Acción de transmitir. | VParga *Santiago* 19: La leyenda se difunde, .. y la encontramos, con deformaciones que denotan su transmisión oral, en los más variados países. R. RSastre *Mun* 5.12.70, 45: No lo hubieran hecho de no haber gozado de la bonificación del 90 por ciento en Impuesto sobre Transmisiones en la constitución de la sociedad anónima y sus ampliaciones de capital.
2 *En un automóvil:* Conjunto formado por los órganos que contribuyen a transmitir el movimiento del motor a las ruedas motrices. | *Ya* 15.10.67, sn: Si tiene una transmisión corriente, ponga su coche en primera velocidad.
3 (*Mil*) *En pl:* Conjunto de medios destinados a transmitir informaciones. | *SAbc* 6.12.70, 18: Recuerdo que cuando estalló la guerra, un poco antes, empezaron las huelgas .. A mí me llamaron la "quinta" y estuve en los frentes de Madrid (en Transmisiones).

transmisor -ra (*tb, raro,* **trasmisor**) *adj* Que transmite. *Tb n m, referido a aparato.* | Ybarra-Cabetas *Ciencias* 353: Hay muchos [insectos] que son los agentes transmisores de multitud de enfermedades. Pemán *Abc* 28.8.66, 3: Ocurre que los que tienen títulos lógicos para figurar en esa sucesión, se afanan mucho en presentarse, desde ahora, como poseedores y trasmisores de lo que ha de permanecer. *Mun* 5.12.70, 48: También hace radares costeros, .. transmisores-receptores desde unidades transoceánicas.

transmitente (*tb, raro,* **trasmitente**) *adj* (*Der*) [Pers.] que efectúa una transmisión. *Tb n.* | *BOE* 30.1.81, 2155: El transmitente notificará de forma fehaciente al arrendatario su propósito de enajenar, indicando las condiciones de la enajenación.

transmitir (*tb, raro,* **trasmitir**) *tr* **1** Hacer que [algo (*cd*)] pase [de una pers. o cosa a otra]. | Navarro *Biología* 251: La mayor parte de los microbios son transmitidos directamente (estornudo, tos, beso, etc.) por los sujetos enfermos. Cuevas *Finca* 261: Pedro había conseguido separar las frases que pertenecían a Jeromo y las que le llegaron heredadas, transmitidas de su padre.
2 Hacer llegar [a alguien una información o un mensaje], esp. actuando como intermediario. | * Transmítale mi más sentido pésame. **b)** Difundir [algo] por radio o televisión. *Tb abs.* | Laiglesia *Tachado* 20: Desde el suelo de la ciudad, subirá hasta mis oídos .. el ritmo de una lección de gimnasia transmitida por la radio. J. Vidal *Inf* 2.1.75, 25: Las reses que se lidiaran en Málaga en la primera corrida del año, que fue transmitida al país por TVE, tenían aspecto de toros. * Transmite Radio Nacional de España.

transmontano -na (*tb* **trasmontano**) *adj* **1** De Tras-os-Montes (región de Portugal). | Losada *CBranco* XXXIII: Manuel Joaquim Botelho Castelo Branco, hidalgo transmontano.
2 Que está al otro lado de los montes. | Viñayo *Asturias* 4: Los historiadores nos hablan de la Asturias Augustana, que tenía por capital a Astorga y llegaba hasta el Duero, y de la Asturias Transmontana, que coincide con la Asturias de nuestros tiempos.

transmudar (*tb* **trasmudar**) *tr* **1** Transmutar. | Torrente *Off-side* 256: La Macarrona y la Malena, gordas, fondonas, transmudan en sierpes encantadas sus brazos. **b)** *pr* Transmutarse. | Torrente *Sombras* 188: La ira anterior de la duquesa se trasmudó en súbito estremecimiento de placer.
2 Trasladar o cambiar de lugar. | CBonald *Ágata* 13: Roedores traídos en las naves de los viajantes de comercio fenicios y vueltos a trasmudar en las barquichuelas que registraban los socaires en busca de la garza malherida.

transmundano -na *adj* De fuera del mundo, o de más allá del mundo. | Espinosa *Escuela* 422: Ciertas señoronas y mocitas principalísimas .. comenzaron a valorarme como comparecencia transmundana, fontana de conexiones ultraterrenas.

transmutación (*tb* **trasmutación**) *f* Acción de transmutar(se). | DCañabate *Paseíllo* 180: Los toreros van muy a gusto en el machito de la comodidad y creen que han descubierto la alquimia de la transmutación del plomo en oro. Torrente *Sombras* 329: Ni aun en los tiempos de mi mayor poderío estuvo a mis alcances la trasmutación de las sustancias.

transmutador -ra (*tb* **trasmutador**) *adj* **1** Que transmuta. | *Tb n, referido a pers.* | Borrás *SAbc* 15.5.58, 57: Los retratos seguros de pincelada seguida, del dominio sobre una materia translúcida de este transmutador están allí, sorollismo pasmoso, hijo del impresionismo.
2 De (la) transmutación. | MSantos *Tiempo* 147: El gran ojo acusador (que ocupa durante el día el vértice de la cúpula astronómica ..) extendió como cotidianamente su actividad trasmutadora al ombligo mismo del mundo de las sombras.

transmutar (*tb* **trasmutar**) *tr* Transformar o convertir [una cosa o a una pers. en otra]. *Tb sin compl* EN. | Delibes *Madera* 385: Durante las últimas semanas se había activado en Gervasio su facultad congénita para trasmutar la realidad, para convertir en gestas los sucesos más triviales. Torrente *Isla* 27: Lo cual la trasmuta, de amante duradera .., en testigo inapreciable de un hecho histórico. **b)** *pr* Transformarse o convertirse. *Tb sin compl* EN. | Diego *Abc* 15.12.70, 7: Las golondrinas solo aparecen en la primera octava. Luego se transmutan en madreselvas tupidas y cuajadas de rocío. Cossío *Confesiones* 74: No me refiero a la fe teológica, que consiste en creer lo que no vimos, sino la fe sobre lo que vemos, que constantemente cambia, se transmuta, se trastorna.

transmutatorio -ria (*tb* **trasmutatorio**) *adj* Que sirve para transmutar. | Ó. Esplá *Abc* 9.5.58, 5: El escepticismo racionalista ha suplantado a las íntimas convicciones intuitivas. Y como el artista no encuentra estas últimas en la materia prima que el hombre le aporta, las suple conceptualmente en el acto transmutatorio.

transoceánico -ca (*tb* **trasoceánico**) *adj* [Medio de transporte, comunicación o relación] a través del océano. | Fernández-Llorens *Occidente* 201: Los barcos transoceánicos se forran y grapan con láminas de hierro o acero. *Bal* 21.3.70, 14: Ida y vuelta en avión DC-7 transoceánico. Delibes *Mundos* 17: La compañía española ha prescindido de la azafata para sus vuelos trasoceánicos.

transpacífico -ca *adj* [Medio de transporte, de comunicación o de relación] a través del océano Pacífico. | *Inf* 2.12.70, 13: El comercio transpacífico. Japón, el país más beneficiado.

transpaleta *f* Carretilla elevadora. | *Van* 5.12.74, 70: Ahorre energía humana y física. Stöcklin. Transpaletas. El más universal de los elementos de transporte interior. Ligera y robusta, mínimo esfuerzo de arrastre y gran maniobrabilidad. Modelos combinados, transpaleta-apiladora.

transparecer → TRASPARECER.

transparencia (*tb, raro,* **trasparencia**) *f* **1** Cualidad de transparente. | F. Montero *Abc* 9.4.67, sn: El aire no ha perdido su transparencia. *País* 18.6.77, 6: Entre los requisitos de una vida democrática como la que acabamos de estrenar figura, en lugar destacado, la transparencia y claridad de la información.
2 Fenómeno por el que los rayos luminosos visibles se perciben a través de determinados cuerpos. | *GTelefónica N.* 888: Faberplast. Fabricados en plástico. Moldeado y manipulado de los más modernos materiales plásticos. Anuncios luminosos publicitarios .. Iluminación por transparencia. Trabajos especiales.
3 Diapositiva. | *MHi* 11.63, 39: Si el reportaje viene realizado total o parcialmente en color, el tamaño de las transparencias, positivadas, no será inferior a 6 x 6 cm.
4 (*Cine*) Proyección sobre una superficie transparente, que evoluciona de decorado ante el cual evolucionan los personajes reales. | *GTelefónica N.* 475: Minerva. S.E. de Fotografía

Aplicada, S.A. .. Diapositivas. Transparencias. Murales. Reportajes cinematográficos .. Fotografía mural (industrial y decorativa). Transparencias murales. Reproducciones.

transparentar *(tb, raro,* **trasparentar)** **A** *tr* **1** Dejar [una cosa *(suj)*] ver [algo *(cd)*] a través de ella. *Tb fig.* | *Arr* 27.11.75, 7: El indulto alcanzará a los hechos cometidos con anterioridad al día 22 de noviembre del año actual. Este precepto transparenta, asimismo, la benevolencia de toda actitud indultora.
2 *(raro)* Hacer transparente [1]. | Aldecoa *Gran Sol* 64: La mar está iluminada por un sol grande cuya luz verdea las aguas .. casi transparentándolas.
B *intr* ➤ **a** *normal* **3** Ser transparente [1]. *Más frec pr.* | Delibes *Hoja* 121: Al igual que los pechos que se ocultaban pudorosamente tras un sujetador de seda que trasparentaba. Gala *Sáb* 22.1.77, 5: Una horrible comedia en la que no se sostiene títere con cabeza; en la que los antifaces son tan viejos que se transparentan y dejan ver las caras verdaderas, mucho más feas que Picio.
➤ **b** *pr* **4** Dejarse ver [una cosa a través de otra]. *Tb fig.* | *Abc* 25.8.66, 15: Que ellas [las ideas] no puedan transparentarse en sus escritos formando parte de su personalidad.

transparente *(tb, raro,* **trasparente)** **I** *adj* **1** [Cuerpo] que permite ver claramente a través de él. | Ybarra-Cabetas *Ciencias* 74: Es el ámbar .. sólido, amorfo, de brillo resinoso, transparente o translúcido, de no estar alterado, y de color amarillo. **b)** [Cuerpo] traslúcido (que permite el paso de la luz pero no deja ver claramente a través de él). | *Mad* 20.11.70, 9: Vestir minifalda y blusa transparentes no es delito en Italia. **c)** [Imagen] en soporte transparente y destinada a ser observada por transparencia [2] o proyectada sobre una pantalla. *Tb n m.* | *Abc* 13.4.58, 17: Proyector Mini. Para vistas transparentes de 35 mm., plegable, dispositivo automático para proyección consecutiva de series de 24 vistas. F. M. León *Ext* 23.10.74, 3: Ahí se dan los nuevos propietarios esos en el lavado tribal de sus autitos. A los que llenan de embellecedores, de insignias y de transparentes del peor gusto.
2 *(lit)* Nítido o diáfano. *Tb fig.* | Matute *Memoria* 63: Las noches transparentes bebía licor de naranja, lúcido como agua, y Pernod los días nublosos. Cuevas *Finca* 51: El ruiseñor .., sobre todo cuando las notas eran más transparentes y altas, se quebraba en un croac. RMoñino *Poesía* 83: La carrera de Juan Timoneda, valenciano, está jalonada por una serie de libros y papeles sueltos .. estampados con su nombre o con los transparentes anagramas Diamonte o Montidea.
II *m* **3** Elemento transparente [1] que se coloca delante de una luz para producir un efecto decorativo por transparencia [2]. | * En esta ventana pondremos un transparente decorado con flores.
4 *(Arte)* Motivo escultórico destinado a ser iluminado por detrás. | Tejedor *Arte* 171: El estilo [barroco] se prolonga dentro del siglo XVIII y en él produce sus mejores obras, de las que son las más representativas la iglesia de Montserrat .., el Transparente de la Catedral de Toledo.

transparentemente *(tb, raro,* **trasparentemente)** *adv (lit)* De manera transparente. | Diego *Abc* 22.10.67, 3: Su visión de la vida se torna, cada libro, más limpia y más transparentemente comunicada al lector.

transpirable *(tb, raro,* **traspirable)** *adj* Que permite la transpiración. | *Abc* 15.3.68, 33: Solo las fundas Customagic le ofrecen tantas ventajas por un precio tan económico .. Confort: transpirables y climatizadas, tan cómodas en invierno como en verano.

transpiración *(tb, raro,* **traspiración)** *f* Acción de transpirar. *Tb su efecto.* | Ybarra-Cabetas *Ciencias* 264: El primer acto de esta elaboración consiste en la eliminación del agua sobrante .. Esto se realiza en la transpiración, que consiste en la evaporación del agua en la superficie de la hoja. Arce *Testamento* 16: Al mover los brazos era agradable sentir en las axilas la fría humedad de la transpiración.

transpirante *(tb, raro,* **traspirante)** *adj* Que transpira. | Lera *Clarines* 389: Olía a ropa sucia y sudada, a carne transpirante.

transpirar *(tb, raro,* **traspirar)** **A** *intr* **1** Segregar líquido a través de la piel o de la epidermis. | Arce *Testamento* 101: Recuerdo que la cabeza me ardía y que todo mi cuerpo transpiraba copiosamente. Bustinza-Mascaró *Ciencias* 243: Las hojas realizan el intercambio de gases a través de sus estomas aeríferos, por los cuales también transpiran, es decir, emiten vapor de agua.
B *tr* **2** Segregar [líquido] a través de la piel o de la epidermis. | Laforet *Mujer* 208: El chico odiaba su propia naturaleza, que dejaba traspirar agua como un botijo sudado. Arce *Testamento* 18: El tomillo se esparcía penetrante al transpirar la savia por sus tallos.

transpirenaico -ca *(tb* **traspirenaico)** *adj* Del otro lado de los Pirineos. *Alude normalmente a Francia (siendo España el punto de vista); en otro caso, a España (siendo Francia el punto de vista).* | L. M. Auberson *Abc* 9.12.64, 49: Quién sabe si esta hermosa rosa de Francia .. no se acercaría .. al castillo de Zorita para conocer el corazón de la Celtiberia y mezclar .. su delicado perfume de princesa transpirenaica con el aroma de una campiña de tomillo y de romero. *SAbc* 10.8.75, 8: La resistencia .. de este triple pivote de la paz pública y la seguridad nacional contra el asalto muchas veces traspirenaico de bandas de forajidos es puntualmente relatada.

transplantable, **transplantación**, **transplantador**, **transplantar**, **transplante** → TRASPLANTABLE, *etc.*

transpolar *adj* Que pasa por un polo de la Tierra. | MCampos *Abc* 3.12.57, 3: El objetivo de ese ingenio es rebasar una cortina de explosiones producida por los interceptores, cuyas cabezas electrónicas ayudarán con éxito a cazar los grandes proyectiles transpolares e intercontinentales.

transponedor, **transponer** → TRASPONEDOR, TRASPONER.

transportabilidad *(tb, raro,* **trasportabilidad)** *f* Cualidad de transportable. | *Inf* 18.4.74, 9: Ariagel se instala sin obras .. Ariagel, precisamente por su transportabilidad, le acondicionará en el momento justo la habitación donde vaya a estar.

transportable *(tb, raro,* **trasportable)** *adj* Que se puede transportar. *Tb n m, referido a aparato.* | *Abc* 6.1.68, sn: Con el transportable Sony 9" puede ver el nuevo capítulo de la telenovela.

transportación *(tb, raro,* **trasportación)** *f* Acción de transportar. | *Abc* 30.3.86, 38: Otra técnica presentada por dicho profesor ha sido el concepto de transportación ósea, sistema que permite transportar fragmentos óseos por medio de dicho fijador externo para rellenar zonas de defectos óseos secundarios a accidentes. *BOE* 1.12.75, 25027: Delineante de primera. Es el técnico que .. está capacitado para el complejo desarrollo de los proyectos sencillos, .. interpretación de planos, cubicaciones y transportaciones de mayor cuantía.

transportador -ra *(tb, raro,* **trasportador)** **I** *adj* **1** Que transporta. *Tb n, m o f, referido a dispositivo o instalación.* | Bustinza-Mascaró *Ciencias* 349: El viento como agente transportador. GTelefónica *N.* 1041: Elevación y Maquinaria, S.A. Elyma. Mecanización del movimiento de materiales .. Transportadores: de cinta, fijos, portátiles de altura variable o fija, transportadores de espiral, de cadena, paletas. GTelefónica *N.* 653: Maquinaria .. Transportadoras Mono Pumps. Bombas especiales John Fawler.
II *m* **2** *(Geom)* Utensilio consistente en una pieza semicircular graduada, que sirve para medir y trazar ángulos. *Tb ~ DE ÁNGULOS.* | Gironza *Matemáticas* 15: Las demás magnitudes .. se miden valiéndose de mecanismos, como la balanza para el peso, .. y el transportador o semicírculo graduado para los ángulos. Marín *Enseñanza* 208: Conocimiento y uso del transportador de ángulos para la suma y resta de los mismos.

transportar *(tb, raro,* **trasportar)** *tr* **1** Llevar [algo o a alguien] de un lugar a otro. *A veces con un compl de lugar que especifica origen o destino. Tb fig.* | FQuintana-Velarde *Política* 165: Si el tráfico lo midiésemos por viajero transportado, tanto en un caso como en otro nos encontraríamos con la misma cifra. Ybarra-Cabetas *Ciencias* 107: Cualquier obstáculo en el terreno .. puede detener el viento, lo que determina que este abandone gran parte de la arena que transportaba. M. Á. Calles *Crí* 7/8.73, 28: Siempre que sea posible, y especialmente en los injertos de cara, se recurre a los llamados "colgajos": tegumentos contiguos a la herida que, separados incompletamente de su origen y por la elasticidad de la piel, pueden ser transportados a la zona cruenta por deslizamiento o rotación.

2 (*lit*) Causar [a alguien (*cd*)] una emoción o sentimiento muy intensos que suspenden los sentidos. *Tb fig.* | * Esta música me transporta. **b)** *pr* Experimentar [alguien] una emoción o sentimiento muy intensos que suspenden los sentidos. | * Con esta música me transporto.

3 (*Mús*) Pasar [una composición] de un tono a otro. | * El tono es demasiado bajo; será preciso transportar esta parte al menos.

transporte (*tb, raro,* **trasporte**) *m* **1** Acción de transportar, *esp* [1]. | Bustinza-Mascaró *Ciencias* 227: Los vasos sirven para el transporte de la savia. LIbor *Rebeldes* 26 (G): Un simple trasporte de un objeto de un lugar a otro de la mesa tiene una intencionalidad que impregna al movimiento que realiza. FCid *Abc* 18.2.68, 35: "¿Se ha dado cuenta del transporte?" "¡El «la» natural, lo convirtió en bemol!"

2 Buque o avión de transporte [1]. | FReguera-March *Filipinas* 115: Desembarcó la tropa, y fueron llevados a tierra los víveres que venían en el transporte. A. Alférez *Abc* 30.6.73, 49: Estos científicos afortunados podrán seguir este acontecimiento a bordo del Concorde, el transporte supersónico civil convertido en esta ocasión en un excepcional medio al servicio de la ciencia.

3 (*lit*) Estado de suspensión de los sentidos causado por una emoción o sentimiento muy intensos. *Tb fig.* | Halcón *Ir* 294: Fernanda se condujo con el mismo anhelo, en el ansia y el transporte, de la primera vez en el bosque. Delibes *Madera* 189: Mi sobrino Gervasio, ya un adolescente, experimentó hoy un nuevo transporte .. A su entender, el trance, en esta ocasión, fue debido .. a una especial disposición de ánimo .. El rapto se produjo en el colegio. **b)** Manifestación viva [de una emoción]. | Ribera *SSanta* 49: Los cielos y los bienaventurados Serafines la celebran con mutuos transportes de gozo.

transportín (*tb* **trasportín**) *m* **1** *En una bicicleta:* Pequeña plataforma sobre la rueda trasera, para llevar algo o a alguien. | Cela *Viaje andaluz* 31: Un hombre lleva en el trasportín de su bicicleta una cesta llena de pollos vivos.

2 *En un coche:* Asiento supletorio y plegable. | Delibes *Madera* 53: Conforme avanzaban en el Buick verde de papá León .. camino del colegio, Gervasio .., sentado en el transportín entre sus dos hermanas, observaba el cogote de Benigno, el chófer.

transportista (*tb, raro,* **trasportista**) *m y f* Pers. que se dedica a hacer transportes de mercancías. | F. Estapé *Van* 4.11.62, 10: Muchas empresas ya no tienen que recurrir a transportistas públicos, sino que pueden costear y explotar su propio servicio de camiones. Halcón *Ir* 377: –¿El Sindicato? –había preguntado el empresario transportista.

transposición, **transpositor** → TRASPOSICIÓN, TRASPOSITOR.

transrenano -na *adj* Del otro lado del Rin. *Tb n, referido a pers.* | Valdeavellano *Burguesía* 40: La mayor parte de las ciudades de la Alemania transrenana fueron en sus orígenes colonias de mercaderes.

transterminante → TRASTERMINANTE.

transterrar (*tb* **trasterrar**) *tr* (*lit*) Forzar [a alguien] a establecerse en un país extranjero, esp. por motivos políticos. *Frec el cd es refl.* | F. Abad *País* 12.8.76, 18: Con las tormentas del 36, muchos de ellos [miembros de la escuela de Menéndez Pidal] hubieron de transterrarse para, si acaso, apenas volver: Navarro, Castro, Moreno Villa, Salinas, Guillén, J. F. Montesinos. J. RPadrón *Día* 21.9.75, 39: Con Juan Goytisolo .. se está construyendo un mito peligroso: el del exiliado, el del marginado. Y se está avalando como ejemplar una mitología: la mitología del llanto, del lamento, de la melancolía del trasterrado.

transubstanciación, **transubstanciar** → TRANSUSTANCIACIÓN, TRANSUSTANCIAR.

transuránico -ca *adj* (*Quím*) [Elemento] inestable y artificial, de número atómico superior al 92. *Tb n m.* | Aleixandre *Química* 10: Los elementos 93 al 103 .. han sido obtenidos sintéticamente y reciben el nombre de transuránicos. Aleixandre *Química* 7: Las capas [electrónicas] O, P y Q están incompletas incluso en los transuránicos, que son los elementos de mayor peso atómico.

transustanciación (*tb* **transubstanciación**) *f* Acción de transustanciar(se). | SLuis *Doctrina* 135: La presencia real de Jesús se realiza mediante la transubstanciación.

transustanciar (*tb* **transubstanciar**; *conjug* **1a**) *tr* Convertir totalmente [una sustancia en otra]. *Normalmente* (*Rel catól*) *referido al sacramento de la Eucaristía. Tb* (*lit*) *fig.* | P. J. Cabello *EOn* 10.63, 11: Dios lo escoge [el vino] entre las criaturas, formando un dúo inseparable con el "buen candial trigo", "puro, non de otra ciuera" para transubstanciarlos en Su misma naturaleza divina. Benet *Volverás* 115: Había hinchado el pecho y alzado la barbilla hasta el punto de dar a la fotografía una sensación de convexidad que había de transubstanciar hipostáticamente a la persona representada .. en el símbolo de otra. **b)** *pr* Convertirse totalmente [una sustancia en otra]. *Tb* (*lit*) *fig.* | Anson *SAbc* 1.2.70, 11: El hombre se convierte en Dios, se encarna en Dios, se transustancia en materia divina.

transvasación, **transvasado**, **transvasar**, **transvase** → TRASVASACIÓN, *etc.*

transverberación (*tb, raro,* **trasverberación**) *f* (*lit*) Acción de transverberar. | Camón *LGaldiano* 89: En el muro frontal hay un lienzo de escuela sevillana con Santa Clara en trance de transverberación.

transverberar (*tb, raro,* **trasverberar**) *tr* (*lit*) Herir atravesando de parte a parte. *Tb fig.* | Villapún *Iglesia* 129: Se venera incorrupto su santo cuerpo y su corazón transverberado [de Santa Teresa]. Umbral *Memorias* 103: Ese regusto sacrílego del erotismo .. es lo característico de una sexualidad de derechas, enajenada por eso que un francés, Bataille, llama la transgresión. Éramos ya niños transverberados deliciosamente por la transgresión.

transversal (*tb, raro,* **trasversal**) *adj* [Cosa alargada o de estructura lineal] que corta [a otra (*compl* A *o de posesión*)] de modo perpendicular u oblicuo. *Tb n f, referido a línea o calle. Frec sin compl, por consabido.* | Ortega-Roig *País* 160: Los Pirineos poseen varios valles transversales situados cada uno de ellos a lo largo de un río. Alfonso *España* 112: En los cruces de calles, igual procedimiento: Ya oirá el bocinazo quien venga por la transversal. **b)** Perpendicular al eje principal. | Tejedor *Arte* 106: La planta de cruz latina .., resultante de la adición de una nave transversal, el transepto o crucero, a la rectangular de la anterior basílica romana.

transversalmente (*tb, raro,* **trasversalmente**) *adv* De manera transversal. | Payno *Curso* 53: El laboratorio era una sala amplia e iluminada. Transversalmente estaban las mesas de azulejos, alargadas, con mecheros de gas.

transverso -sa (*tb, raro,* **trasverso**) *adj* Transversal. | GNuño *Arte* 96: La iglesia de Compostela es de planta cruciforme, con tres naves en el eje longitudinal y otras tres en el transversal ..; en la cabecera, girola o deambulatorio, con cinco capillas, más otras cuatro en el eje transverso, que no mide menos de 70 metros de largo.

transvestismo *m* Travestismo. | Cañadell *Salud* 367: El transvestismo es un trastorno psicológico caracterizado por el deseo de desempeñar en la sociedad un papel inverso al de su sexo. Umbral *Memorias* 65: Red Skelton se vestía de mujer, que es una cosa que siempre hace reír mucho a la gente en todas partes, porque el transvestismo está en el corazón de todos los hombres.

tranvía I *m* **1** Vehículo de transporte urbano que circula por raíles planos. | Miguel *Mad* 22.12.69, 12: Hemos visto en estos años la progresiva desaparición o decadencia de los tranvías. **b)** *Se usa en contexto metafórico en constrs como* PERDER EL ~ DE, *o* EL ÚLTIMO ~, *aludiendo a una oportunidad que se escapa.* | Aguilar *Experiencia* 1071: El público agotaba las ediciones de la competencia. El director .. fue interpelado por sus colaboradores más íntimos y leales, quienes le señalaron el peligro de quedarse a la zaga o de perder el tranvía.

2 (*Min*) Aparato de transporte aéreo por cable. | Zunzunegui *Camino* 529: Sobre sus cabezas, los baldes de los tran-

vías aéreos se deslizaban suaves por los cables tendidos apoyados en los altos caballetes de hierro.
II *adj* **3** [Tren] de cercanías. *Tb n m*. | LTena *Triste* 51: ¿Y a qué hora sale ese tren tranvía? Delibes *Cartas* 96: A mí me place viajar en tren, en especial en trenes tranvías o mixtos. Cossío *Confesiones* 29: Una sola vez, aquel verano, estuve en Santander, con mi abuela y mi tía Dolores, yendo en el tranvía de Pombo, que era un pequeño tren de vapor que traspasaba un túnel.

tranviario -ria I *adj* **1** De(l) tranvía [1]. | *Agromán* 22: Tenemos .. una línea tranviaria desde la Puerta del Sol a la Plaza del Progreso.
II *m y f* **2** Empleado del servicio de tranvías [1]. | Cela *SCamilo* 152: Los tranviarios caminan en grupitos de tres o cuatro .. con cara de vinagre, a lo mejor es que durmieron mal. Llorca *Pue* 9.9.70, 25: También me acuerdo de la tranviaria petersburguesa que conduce por la noche y pronuncia en voz alta y suave, como un canto nocturno, el nombre de cada parada.

tranviero -ra *m y f (raro)* Tranviario [2]. | CPuche *Paralelo* 52: El silencio era tan perfecto que hasta podía oírse lo que se decían los tranvieros y los chóferes al dar la vuelta a la plaza.

tranzón *m* Parte de las que se hacen en un monte o finca para su aprovechamiento o cultivo. | *BOM* 17.9.75, 5: A las doce horas tendrá lugar en esta Casa Consistorial .. la subasta pública para la adjudicación del aprovechamiento de pastos del monte denominado "Dehesa del Berrocal" y tranzón de "Gargantilla".

trapa[1] *f (Mar)* Cabo con que se ayuda a cargar y cerrar una vela cuando hay mucho viento. | *Sol* 24.5.70, 13: Se produjeron .. averías en timones, obenques y trapas, que motivaron la retirada de los barcos que las sufrieron.

trapa[2] *f (reg)* Tapadera o trampilla que cubre una abertura en el suelo o en el techo. | *Pro* 7.4.74, 13: Entre los objetos sustraídos por dos individuos detenidos la pasada madrugada se encontraba una enorme trapa de alcantarilla .. Los detenidos .. fueron llevados a la comisaría del distrito, con los efectos recuperados, salvo la citada tapadera.

trapaceramente *adv* De manera trapacera. | Acquaroni *Abc* 9.7.75, sn: Se refería a esa legión de perjudicados en un sonado caso de fraude inmobiliario, muchos de los cuales han hecho dejación de reclamar por vía legal cuanto les ha sido trapaceramente desposeído.

trapacería *f* Trampa o engaño maliciosos. | LTena *Alfonso XII* 123: ¡La de intrigas y trapacerías políticas que habré yo visto, y lo que me han hecho sufrir unos y otros! Lapesa *HLengua* 232: La penumbra favorecía las trapacerías de los comerciantes.

trapacero -ra *adj* [Pers.] que usa de trapacerías. *Tb n.* | Torrente *Pascua* 392: El más grave peligro de la República estriba en la pululación de voluntades individuales contra la voluntad general; en los deseos de quienes se proponen medrar a nuestra cuenta; en los trapaceros, en los francotiradores. **b)** Propio de la pers. trapacera. | * Nadie se comportó antes de un modo tan trapacero.

trapajo *m (col, desp)* Trapo [1a, 2 y 3]. | Mingote *Ya* 12.2.83, 17: Que nadie piense .. que nuestro talle gentil no necesita de un trapajo. MSantos *Tiempo* 24: La casa-pensión .. venida a menos por el ajamiento de los trapajos pasados de moda con que yo cursimente la había ataviado.

trapajoso -sa *adj* **1** De pronunciación confusa o defectuosa. | * Lengua trapajosa. * Habla de un modo trapajoso.
2 Viejo o andrajoso. *Tb (lit) fig*. | MGalván *Tri* 17.12.66, 55: Respondiendo a la atávica y misteriosísima necesidad del juego y del juguete, transforman, por ejemplo, un cacho de palo en una caballería y un casi informe muñón trapajoso en un recién nacido. Pemán *Abc* 10.9.75, sn: Dentro de la "Torre de Tavira"], se guardaban las banderas o telégrafos de señales que servían para avisar la llegada o salida de buques por la enjuta canal de la bahía. Era el antecedente trapajoso del anteojo.

trápala *(col)* **A** *f* **1** Mentira o engaño. | Anson *Abc* 22.3.74, 3: En el cerebro alienado de Tomás penetra la oscura luz de la realidad. Se derrumba la "fundación" .. Se emporca el suelo de la trápala que les cobija, cúbrense de mugre y roña los muebles y las paredes.
B *m y f* **2** Pers. embustera e informal. | Grosso *Zanja* 184: Señora, que yo no tengo la culpa que me persigan esos golfos, esos trápalas, esos pendones.

trapalón -na *m y f (col)* Trápala [2]. *Tb adj*. | G. Bolín *Abc* 17.5.58, 56: Se trata de la lucha encarnizada que un joven doctor ha de sostener, a brazo partido, contra todo un pueblo oscurantista y supersticioso, rendido, entregado con fe ciega a las milagrosas artes de un curandero trapisondista y trapalón.

trapatiesta *f (col)* Escándalo o alboroto. | Umbral *Memorias* 156: Ya no había aquellos apaños de siglos con el señorito, sino que, si al señorito se le iba la mano, en seguida armaban una trapatiesta y empezaban a decir que aquellos señoritingos de mierda.

trapazo *m (Taur)* Pase ejecutado sin arte. | *Rue* 22.12.70, 12: El matador le toma a la defensiva y a los pocos trapazos se ve encerrado en el burladero.

trapecial *adj (Geom)* De(l) trapecio [1]. | * Tiene figura trapecial. **b)** De forma trapecial. | Benet *Nunca* 64: El otro me miraba con suficiencia: una cara torcida y chulesca, unas facciones grandes que despedían olor a loción y una frente pequeña y trapecial.

trapecio I *m* **1** *(Geom)* Cuadrilátero irregular que tiene paralelos dos de sus lados. | Gironza *Matemáticas* 158: Los lados no paralelos de un trapecio miden 4 y 7 m.
2 Barra horizontal suspendida de dos cuerdas por sus extremos y que sirve para ejercicios gimnásticos o acrobáticos. | *Mar* 24.1.68, 4: Los sensacionales trapecistas italianos Troupe Cardona .. realizan la triple pirueta en los trapecios, con escalofriantes pasadas de doble salto mortal.
3 *(Anat)* Músculo plano situado en la parte posterior del cuello y superior de la espalda. | Legorburu-Barrutia *Ciencias* 53: Músculos del tronco: .. el trapecio ..; los grandes dorsales.
4 *(Anat)* Primer hueso de la segunda fila del carpo. | Nolla *Salud* 98: En el carpo encontramos ocho pequeños huesecillos: escafoides, semilunar, piramidal, pisiforme, trapecio, trapezoide, hueso grande y hueso ganchoso.
II *adj invar* **5** *(Moda)* [Línea] que recuerda la forma del trapecio [1]. | *Abc* 3.6.58, 35: Vestidos de gran moda .. Línea "saco" y "trapecio". **b)** De línea trapecio. | E. Cruz *Pue* 23.10.70, 2: "La mujer más buscada de los Estados Unidos" aparece en las fotografías con una blusita azul claro, una falda trapecio azul oscuro, unas gafas grandes.

trapecista *m y f* Artista de circo que trabaja en el trapecio [2]. | *Abc Extra* 12.62, 19: A su lado se lanzan al aire los trapecistas.

trapense *adj* De la orden de la Trapa, de los cistercienses reformados por el abad Rancé (s. XVII). *Tb n, referido a pers*. | Villarta *Rutas* 185: Habitaron el convento primero los Dominicos, después los Trapenses y, por último, las Comendadoras de Calatrava. **b)** Propio de los trapenses. | MReverte *Demasiado* 35: Un fotógrafo al que todos llamábamos Cascabelillo por su locuacidad trapense y su humor digno de Carrero Blanco.

trapería *f* **1** Tienda donde se compran y venden trapos [1], papeles y otros objetos viejos. | A. JLandi *País* 15.8.76, 17: Pocos días antes, una furgoneta habíase llevado todo lo que restaba del archivo municipal, y seguramente para venderlo en alguna trapería. Sastre *Taberna* 141: –¿Qué es eso? –Una pizarra que será, seguro, de la basura del colegio. Debe valer un rato, casi nueva que está. En la trapería nos darán para copas.
2 Conjunto de trapos [1]. | Marsé *Dicen* 347: Las mujeres avanzaban hacia él con sus faldones podridos de agua y su trapería en las rodillas hinchadas.

traperil *adj* De(l) trapero o de los traperos [1]. | DCañabate *Andanzas* 8: Otro de los encantos traperiles era y es la posibilidad de regatear.

trapero -ra I *m y f* **1** Pers. que compra y vende trapos [1], papeles y otros objetos viejos. | Laforet *Mujer* 198: Los ruidos de la calle... El pregón de un trapero.
2 *(hist)* Pañero (pers. que fabrica o vende paños). | CBaroja *Judíos* 1, 81: Predominaban también [entre los ju-

trapezoedro – trapo

díos] los plateros y traperos (es decir, vendedores de paño) y ropavejeros.
II *adj* **3** [Puñalada] **trapera** → PUÑALADA.

trapezoedro *m (Geom)* Sólido cuyas caras son trapecios. | Ybarra-Cabetas *Ciencias* 26: Trapezoedro o icositetraedro. 24 caras trapezoidales iguales.

trapezoidal *adj (Geom)* De(l) trapezoide [1]. | Angulo *Arte* 1, 34: Al fondo de la avenida se levanta la gran fachada exterior del templo, que los griegos denominan el pilono, enorme muro en pronunciado talud, de figura trapezoidal. **b)** De forma de trapezoide. | *Sp* 19.7.70, 24: Los egipcios descubren la vela trapezoidal.

trapezoide I *m* **1** *(Geom)* Cuadrilátero irregular que no tiene ningún lado paralelo a otro. | R. DAlejo *Ya* 3.3.63, sn: Formando la base de un trapezoide con la plaza de Mayo .. se halla la intendencia de la capital argentina.
2 *(Anat)* Segundo hueso de la segunda fila del carpo. | Navarro *Biología* 85: Escafoides, Trapezoide, Trapecio. [*Gráfico del esqueleto de la mano*].
II *adj* **3** *(Geom)* Trapezoidal. | Matute *Memoria* 26: Borja echó sobre la mesa el lápiz, que rodó con un tableteo menudo sobre sus planos de forma trapezoide.

trapiche *m* Molino para prensar caña de azúcar u otros vegetales, con objeto de extraer su zumo. | CBonald *Casa* 212: Su madre evocaba .. el clima de abulia melosa del central de Camagüey, la rumorosa hilera de negros transportando la caña hasta el trapiche.

trapichear A *intr* **1** Hacer trapicheos. | * Lo suyo es trapichear, ya lo conoces.
B *tr (raro)* **2** Hacer trapicheos [con algo *(cd)*]. | E. Múgica *D16* 19.3.81, 3: Hay que terminar con una forma de gobernar en que, para conseguir votos de confianza o contrarrestar los de censura, se trapicheaban competencias, en detrimento del interés del Estado.
3 *(col)* Vestir o desvestir. | SFerlosio *Jarama* 35: –Lo que es las chicas .. dudo mucho de que se quieran desnudar en este sitio. Te ven desde todas partes. –Ellas lo traen ya seguramente debajo de la ropa. Luego se trapichean detrás del primer tronco, y listo.

trapicheo *m* Trato o negocio ilegal o poco claro. | Laiglesia *Ombligos* 32: Se han sucedido en tu familia muchos insignes especialistas en trapicheos internacionales: tu bisabuelo Edmundo, embajador en París. Halcón *Manuela* 14: Nunca había sido labrador ni le interesaba otra cosa que el trapicheo usurario.

trapichería *f (raro)* Trapicheo. | Chimo *Cod* 1.9.74, 11: ¿Es, verdaderamente, el señor Nixon, el único de los 37 presidentes de los Estados Unidos que ha hecho trapicherías?

trapillo. de ~. *loc adv (col)* Con vestido ordinario o poco elegante. *Tb adj.* | Cela *SCamilo* 74: Tenéis que poneros las dos muy guapas, a los toros no se puede ir de trapillo. * Llevaba un traje de trapillo, totalmente inadecuado para aquella ocasión.

trapío *m* **1** *(col)* Garbo y brío. *Esp referido a mujer.* | L. Calvo *SAbc* 12.4.70, 10: Tiene muchos ranchos y muy holgados todos ellos, y fértiles y bien provistos de .. servidumbre femenina, que habla español –lo suficiente para lucir trapío y despejo y la afición a los toros y mariachis–. Delibes *Madera* 301: Procuró [Gervasio] enmendar sus imperfecciones, imprimir trapío a sus andares y elasticidad a su cuello, y, con esta pretensión, inició el paseíllo ante el oficial de guardia.
2 *(Taur)* Planta, esp. buena, [del toro de lidia]. *Tb fig, referido a gallos de pelea.* | BRemacha *Alc* 9.11.70, 29: De los seis toros .., solo el tercero respondió a su leyenda. A su leyenda de trapío y casta indómita. SYa 29.6.73, 40: Los combates [de gallos] son inevitables, pues sin ellos se nos escaparía no el control, y su trapío y valentía irían degenerando.

trapisonda *(col)* **A** *f* **1** Embuste o enredo. | Chamorro *Sin raíces* 73: Era mucho hombre para vivir en los engaños y trapisondas.
B *m y f* **2** Trapisondista. *Tb adj.* | Lera *Bochorno* 145: Es un trapisonda. Pide un crédito enorme al Banco.

trapisondear *intr (col)* Armar trapisondas [1]. | * Se pasa la vida trapisondeando, no te fíes.

trapisondeo *m (col)* Acción de trapisondear. *Tb su efecto.* | *País* 26.3.77, 1: En menos de siete días y en ausencia del Rey, una parte del Gobierno ha metido a este país en una crisis imprevisible e inadmisible. La Corona no puede verse sometida a este trapisondeo de alevines políticos.

trapisondista *m y f (col)* Pers. amiga de trapisondas [1]. *Tb adj.* | RIriarte *Paraguas* 148: –¡Bruja! –¡Ay! .. –¡Trapisondista! –¡Jesús! G. Bolín *Abc* 17.5.58, 56: Se trata de la lucha encarnizada que un joven doctor ha de sostener, a brazo partido, contra todo un pueblo oscurantista y supersticioso, rendido, entregado con fe ciega a las milagrosas artes de un curandero trapisondista y trapalón.

trapo I *m* **1** Trozo de tela no muy grande, roto, viejo o inútil. | Arce *Testamento* 94: Otras veces .. quitábamos la piedra y los trapos que entaponaban el desagüe. **b)** *(col) Se usa frec en constrs de sent comparativo para referirse a una prenda muy vieja o estropeada.* | R. Río *Ciu* 1.8.75, 36: Si un ciudadano se compra unos pantalones y en la primera lavada se le quedan hechos "un trapo", .. ¿qué puede hacer? **c)** *(col) Se usa frec en constrs de sent comparativo para referirse a una pers en un estado físico o moral muy bajo.* | Paso *Cosas* 291: (Leandro ha aparecido en la derecha. Está hecho un trapo ..) –¿Se siente con fuerzas de avanzar hasta ese sillón y sentarse? *Sur* 25.8.89, 30: Estamos preocupadísimas ..; no sabemos ni siquiera si está bien; yo estoy callada porque cada vez que oigo algo de él me pongo como un trapo.
d) *(col) Se usa frec en constrs de sent comparativo para referirse a una pers muy criticada o desacreditada. Gralm con el v* PONER. | * Le puso como un trapo delante de todos. **e)** *(col) Se usa frec en constrs de sent comparativo para referirse a una pers o cosa a las que se tiene poco aprecio o consideración.* | * Trata a su padre como un trapo.
2 Trozo de tela destinado a secar o limpiar objetos. | CNavarro *Perros* 46: El barman secaba los vasos con un trapo que pendía de su cintura.
3 Tela o tejido. *Gralm referido al material de que está hecho un muñeco.* | * Me han regalado una muñeca de trapo.
4 *(col) En pl:* Prendas de vestir. *Frec en la forma* TRAPITOS, *que a veces designa las prendas elegantes o de fiesta, esp en la constr* TRAPITOS DE CRISTIANAR. | Mihura *Dorotea* 58: –Aún está a tiempo de quitarse esos trapos. –Hasta que me case, no puedo. Arce *Precio* 47: ¡Y tan *dandy*! ¡Siempre tan inglés con tus trapos! Salvador *Haragán* 57: Tenemos puestos los trapitos elegantes, domingueros. ZVicente *Traque* 42: No tenía nada que ponerme, a ver, fíjese, estoy con estos trapitos que voy heredando, y solamente en las liquidaciones del supermercado me puedo comprar alguna que otra cosilla.
5 *(Mar)* Velamen (conjunto de velas). | CBonald *Noche* 236: Creo que no les funciona bien el timón y han debido perder todo el trapo.
6 *(Taur)* Capa o muleta. *Frec en constrs como* ENTRAR, *o* ACUDIR, AL ~. | FRosa *CoA* 22.10.75, 29: Hubo pases limpios y otros no tanto, ya que el animal, al no ir mandado, derrotaba cuando tropezaba con el trapo. **b)** *(col)* Provocación para que alguien se defienda o responda agresivamente. *Gralm en las constrs* ENTRAR, O ACUDIR, AL ~. | *Ya* 22.11.89, 39: Schuster no contesta al técnico porque se lo han prohibido, y Míchel elude el "trapo". SFerlosio *País* 19.11.82, 12: "Alabado sea Dios", se dijo Thatcher, "Galtieri ha entrado al trapo". Llamazares *Río* 18: –Tienes que mirar el aire .. Con tanto peso, traes las ruedas algo bajas.– El de la línea resiste la embestida sin acudir al trapo.
7 *(reg)* Copo de nieve. | ZVicente *Desorganización* 24: El tiempo se hace largo bajo el vendaval cortante. Caen algunos trapitos de vez en cuando.
8 ~s sucios. *(col)* Asuntos íntimos vergonzosos. | Torrente *Fragmentos* 349: "¿Por qué me cuentas eso?" "Para que sepas que en todas partes hay trapos sucios que esconder, y para que no te dé reparo de ser mi amiga."
II *loc adj* **9 de ~.** *(col)* [Lengua] torpe y confusa. *Gralm referido a niños.* | * El crío está saladísimo, con su lengua de trapo.
III *loc v* **10 soltar el ~.** *(col)* Dejar de contener la risa o el llanto. *A veces con un compl especificador.* | DCañabate *Paseíllo* 113: Bastantes llantinas te proporcionan los disgustos, .. para que encima sueltes el trapo en el teatro. DCañabate *Abc* 25.2.68, 71: El golfillo suelta el trapo de la risa. "¡Anda este, nos ha amolao!, y parecía lelo."

IV *loc adv* **11 a todo ~.** (*Mar*) A toda vela o con la máxima velocidad. *Tb fig, fuera del ámbito técn.* | FSantos *Cabrera* 104: Apenas se había cumplido una semana cuando nos embarcaban en un nuevo convoy con orden de salir a alta mar, abandonando el puerto a todo trapo. **b)** (*col*) Con la máxima potencia o intensidad. | Alós *Hogueras* 59: Ponían la radio a todo trapo. R. Luján *Hoy* 15.11.70, 4: Tienen que trabajar a todo trapo para poder pagar la casa construida por la Asociación. **c)** (*col*) Con el máximo lujo u opulencia. *Tb adj.* | Delibes *Emigrante* 71: A la noche entregaron los premios en una fiesta a todo trapo.

traque[1] (*col, raro*) **I** *m* **1** Ventosidad ruidosa. | Cela *Inf* 3.9.76, 14: El calendario no gobierna la precisión de descoserse .. cuando se crían deseos expelentes, y en el Fuero de los Españoles nada se dice sobre la oportunidad o inoportunidad del traque .. placentero, sosegador y alegre.

II *loc adv* **2 a ~ barraque.** En cualquier momento y con cualquier motivo. | ZVicente *Traque* solapa: Habla a traque barraque, es decir, por cualquier estímulo y en cualquier ocasión, sin pararse a ver, tan fácil como sería, si tiene o no autoridad, razón o vagar para hacerlo.

traque[2] *m* (*jerg*) Atraco. | Tomás *Orilla* 203: Hacemos lo que tenemos que hacer. Un buen traque a un banco, o se desparraman unas cuantas joyerías. Con lo colorao, a vivir.

tráquea *f* **1** (*Anat*) Conducto respiratorio situado entre la laringe y los bronquios. | Navarro *Biología* 179: La tráquea tiene forma cilíndrica excepto por su parte posterior.

2 (*Zool*) *En algunos artrópodos:* Cavidad de las que constituyen el aparato respiratorio. | Ybarra-Cabetas *Ciencias* 358: El aparato respiratorio [de los artrópodos] puede ser traqueal (en los terrestres) y branquial (en los acuáticos). Las tráqueas son unos tubitos por cuyo interior pasa el aire.

3 (*Bot*) Vaso constituido por una serie de células alargadas cuyos tabiques de separación han desaparecido casi por completo. | Alvarado *Botánica* 5: El tejido vascular está formado por los vasos o tráqueas.

traqueal *adj* **1** (*Anat y CNat*) De (la) tráquea. | Navarro *Biología* 299: La respiración es pulmonar .. o traqueal.

2 (*Zool*) [Animal] que respira mediante tráqueas [2]. | Ybarra-Cabetas *Ciencias* 439: Los insectos son los animales más típicamente traqueales.

traquear *intr* Producir reiteradamente con un arma de fuego el ruido seco de los disparos. | Delibes *Santos* 127: El señorito Iván, ¡pim-pam!, ¡pim-pam!, traqueaba sin pausa.

traqueida *f* (*Bot*) Elemento conductor muy corto, constituido por células alargadas y lignificadas cuyas paredes permanecen íntegras. | Alvarado *Botánica* 2: Células vegetales fibrosas: A, grupo de células de un parénquina leñoso; B, fibra leñosa viva tabicada; C, ídem sin tabicar; D y E, traqueidas fibrosas. [*Pie de un grabado.*]

traqueítis *f* (*Med*) Inflamación de la tráquea [1]. | M. Aguilar *SAbc* 3.5.70, 54: Antes de irrumpir en la piel, la erupción ha aparecido por dentro, en las cubiertas o mucosas que recubren nariz, boca, faringe, vías altas del aparato respiratorio, etc., dando síntomas de bronquitis y de traqueítis.

traqueo *m* Acción de traquear. *Tb su efecto.* | Aparicio *César* 57: Los ladridos de la jauría y el continuo traqueo de las escopetas y los rifles se mezclaban con trepidante alborozo.

traqueostoma *m* (*Med*) Abertura quirúrgica permanente de la tráquea [1] a través del cuello. | *SInf* 25.11.70, 2: Uno de los más grandes problemas de la laringuectomía [*sic*] ha sido la necesidad de mantener la respiración de los enfermos por vía traqueal, efectuando un traqueostoma que supone una grave mutilación para el enfermo.

traqueotomía *f* (*Med*) Incisión quirúrgica de la tráquea [1] para evitar la asfixia. | CSotelo *Resentido* 202: Yo he visto .. cómo hacían la traqueotomía a Miguelli, gloria del teatro Real.

traqueteante *adj* Que traquetea. | Delibes *Mundos* 27: Los tranvías .. son traqueteantes y destartalados.

traquetear A *intr* **1** Agitarse o moverse mucho [algo], gralm. haciendo ruido. | Cossío *Confesiones* 88: Traqueteaba la diligencia de firme; así, todos creían estar dormidos, y abrían los ojos súbitamente a cada bache.

B *tr* **2** Traer y llevar [algo] de una parte a otra. *Tb fig.* | J. C. Luna *Abc* 18.12.59, 67: La lírica popular andaluza –el traqueteado folklore– es campo bellísimo y dilatado.

traqueteo *m* Acción de traquetear. *Tb su efecto.* | Laforet *Mujer* 126: Se pintaba los labios frente al espejo del lavabo, haciendo mil equilibrios con el traqueteo del tren.

traquido *m* (*reg*) Reventón. | Lera *Clarines* 385: El Aceituno levantó entonces la vista para mirar al músico. Había estado hasta entonces comiendo en silencio con voracidad furtiva .. –¡Ojú, hijo! –exclamó–. Este tío cipote es capaz de dar un traquío.

tras[1] (*con pronunc átona*) *prep* (*frec va seguida por* DE, *formando la loc prep ~ DE*) **1** Denota posterioridad en el espacio (*real o fig*) *o en el tiempo*. | Matute *Memoria* 38: Resonaban las pisadas de los hermanos Taronjí, parientes de José Taronjí, padre de aquel muchacho que salía de tras la barca. R. M. Pereda *SInf* 31.10.74, 2: El sermón de Agustín García Calvo se apoya también, tras su lenguaje libre y profundamente irrespetuoso, en una serie de clisés universales, históricos, ya hechos. Chamorro *Sin raíces* 42: Tras de su ingreso en la escuela entró a formar parte de la primera pandilla organizada. | *CoE* 8.8.75, 29: La atleta Marianne Adam mejoró el récord mundial del lanzamiento del peso femenino, remitiendo al ingenio de 4 kgs. hasta los 21,60 m., tras de que en el primer intento consiguiera una distancia de 21,58 m., también primado planetario.

2 *n + ~ + el mismo n* (*o* UN *+ n + ~ +* OTRO). *Denota reiteración indefinida.* | Castilla *Alienación* 27: Tenemos ocasión de enfrentarnos día tras día con la realidad. * Se fumaba un cigarrillo tras otro.

3 En busca de, o en persecución de. *Tb fig.* | Delibes *Cinco horas* 29: Que Encarna desde que murió Elviro andaba tras él, eso no hay quien me lo saque de la cabeza. Delibes *Ratas* 51: Nini, bergante, llevo una semana tras el raposo y no le ponga la vista encima. ¿Le viste tú? *SHoy* 27.9.74, 12: Nosotros dábamos larga a los perros y corrían tras de los jabalíes, ciervos o venados y les hacían ir cerca de los puestos, desde donde tiraban los cazadores.

4 Además de, o encima de. *Con intención enfática.* | SFerlosio *Jarama* 75: –Haces el primo, tú, si vas. –Y tú te callas. –¿Por qué voy a callarme? Tras que saco la cara por ti. * Tras de feo, caro.

tras[2] *interj* (*col*) *Se usa, normalmente repetida, para expresar movimiento o golpe reiterados.* | Cela *Judíos* 237: Y Morito, tras, tras, incansable, obediente, alegre, retozón, le traía el cayado para que se lo volviese a lanzar.

tras[3] *m* (*col*) Trasero o posaderas. | Hoyo *Glorieta* 89: Mostraba el chaleco, como si realmente fuese un hombre de buen ver, y no porque su mano derecha, apoyada en el tras, hiciese un revoltiño y tirase de los filos del guardapolvo.

tras- → TRANS-.

trasalpino → TRANSALPINO.

trasaltar *m En una iglesia:* Espacio que está detrás del altar. | Tejedor *Arte* 119: La girola o deambulatorio, pasillo en el trasaltar que comunica las naves laterales.

trasandino → TRANSANDINO.

trasandosco -ca *adj* [Res de ganado menor] que tiene algo más de dos años. | *CSo* 27.11.75, 10: Vendo 20 ovejas, 8 con cordero de 11 kilos, 2 moruecos, primal y trasandosco y perra de ganado de 2 años.

trasantaño *adv* (*lit, raro*) En otro tiempo muy lejano. | Sopeña *Inf* 14.3.77, 18: Trasantaño, en la edad de los Orfeones, el coro era casi lo único. **b)** *Precedido de prep, o como suj de una or cualitativa, se sustantiva:* Otro tiempo muy lejano. | GPavón *Abc* 11.8.64, 3: Les estrujan el corazón, y en lugar de los chotis y habaneras de trasantaño, lanzan gritos agónicos.

trasantier *adv* (*rur*) En el día anterior a anteayer. *Tb fig.* | MCalero *Usos* 85: Como siempre, como trasantier, al llegar al mercado tenían su lugar de costumbre.

trasañejo -ja *adj (lit, raro)* Muy añejo. | PAyala *Abc* 14.5.58, 3: Al leer en la "Summa Theologica" la descripción que Santo Tomás hace de la Naturaleza y prerrogativas angélicas, uno se figura estar leyendo, aunque con trasañejo tecnicismo escolástico, una monografía sobre las ondas hertzianas y la "radio".

trasatlántico → TRANSATLÁNTICO.

trasbisabuelo -la *(tb* **transbisabuelo***) m y f (raro)* Tatarabuelo. | Torrente *Sombras* 218: Lo primero que aprendíamos los Forres es que tu trasbisabuelo había muerto en Waterloo.

trasbordador, **trasbordar**, **trasbordo** → TRANSBORDADOR, *etc.*

trasca *f* Correa fuerte de piel de toro que se emplea esp. para unir el barzón del arado al yugo. | Moreno *Galería* 152: El barzón unido al yugo por la trasca para el tiro.

trascendencia *(tb* **transcendencia***) f* **1** Cualidad de trascendente. | *Abc* 3.12.70, 43: Aparecen con plena claridad los siguientes rasgos: una llamada a todos los hombres hacia la plenitud de la vida cristiana y a la perfección de la caridad; el reconocimiento de la trascendencia del Dios vivo y su llamada al diálogo personal con el hombre. Arenaza-Gastaminza *Historia* 161: Mucha más trascendencia tuvieron los conocimientos aportados por los viajes del veneciano Marco Polo.
2 Cosa trascendente [2]. | Arce *Precio* 29: Hay tiempo para todo: para trascendencias y para divertirse.

trascendental *(tb* **transcendental***) adj* **1** De mucha importancia por sus consecuencias. | *Alc* 1.1.55, 4: Las declaraciones, realmente trascendentales, que en el mismo [radiomensaje] se contienen. **b)** [Importancia] muy grande. | * Tiene una importancia trascendental este viaje.
2 Trascendente [1]. | * Meditación trascendental. * No te pongas ahora trascendental.
3 *(Filos)* Que constituye o expresa una condición anterior a la experiencia. | FRamírez *Lengua* 53: La actividad del hombre lingüísticamente libre podría concebirse como concibe Schelling la actividad del artista en su sistema del Idealismo Transcendental.

trascendentalidad *(tb* **transcendentalidad***) f (lit)* Cualidad de trascendental. | L. Rojas *Abc* 19.11.64, sn: El viaje del Papa a la India adquiere dimensiones de trascendentalidad. Chueca *Abc* 19.10.80, sn: Hizo que para mí nunca perdiera la aureola del mito y con ello esa trascendentalidad que hace de ciertos hombres criaturas sobrenaturales.

trascendentalismo *(tb* **transcendentalismo***) m* Cualidad de trascendental [2]. | Umbral *Memorias* 136: Tenía cierto trascendentalismo y cierto rubor ese momento dominical de dar y tomar la propina.

trascendentalizar *(tb* **transcendentalizar***) tr* Dar carácter trascendental [1 y 2] [a algo o a alguien *(cd)*]. | Torrente *SInf* 20.5.76, 12: A Sade se le ha trascendentalizado, es ya un documento y un símbolo. Losada *CBranco* XXIII: Los amantes .. agobiados por el peso de un obstáculo social o legal, siempre exterior a ellos, y que, sin embargo, alimenta su amor y lo trascendentaliza.

trascendentalmente *(tb* **transcendentalmente***) adv* De manera trascendental. | *SInf* 7.1.71, 12: La educación de las nuevas generaciones en una faceta trascendentalmente humanística como es la música será ya una realidad a partir de ahora.

trascendente *(tb* **transcendente***) adj* **1** Que sobrepasa los límites de la realidad concreta. | Alfonso *España* 56: Por encima queda el destino último de orden trascendente en que le haga creer a cada uno su fe religiosa. L. Pancorbo *Ya* 14.12.75, 7: La sauna está baja, solo a 80 grados. Pero ¡qué seriedad ponen estos suecos sudando! Los suecos es que se ponen muy serios y trascendentes para todo.
2 [Cosa] importante. | Fernández-Llorens *Occidente* 202: La máquina .. es uno de los inventos más trascendentes de la historia humana.

trascender *(tb* **transcender**; *conjug* **14**) **A** *intr* **1** Despedir [algo] un olor intenso y que se percibe a gran distancia. | Delibes *Guerras* 48: Entonces empezó lo malo: el hedor, o sea, los muertos. Que a su decir, trascendían. **b)** Desprenderse o exhalarse [un olor]. | Torrente *DJuan* 162: Un fuerte olor trascendía de la tierra.
2 Pasar a ser conocida [una noticia] fuera de su ámbito. *Frec con un compl* A. | AMillán *Día* 140: –En el Seguro de Enfermedad se han enterado de lo tuyo. Las monjas no me dirigen la palabra .. –Yo no sabía que hubiera trascendido tanto. *Nue* 11.10.70, 2: Ha trascendido en esta ciudad que el general Rogelio Miranda buscó asilo en la Embajada argentina. **b)** Manifestarse [algo] o darse a conocer. | Mascaró *Médico* 30: Todos estos mecanismos de defensa, naturales o adquiridos por vacunación previa, puestos al servicio de una lucha desaforada contra el invasor, trasciende a veces, como síntomas preliminares, en forma de fiebre, aumento de las combustiones orgánicas o del ritmo vital.
3 Pasar o extenderse [una cosa a otra]. | *BOE* 3.12.75, 25189: La seguridad se obtiene mediante la adición de los elementos necesarios para que el calor, la producción de chispas o la emisión de gases calientes no trascienda de manera peligrosa a la atmósfera exterior y por lo tanto se evite la explosión. Lapesa *HLengua* 286: Al léxico literario trascendieron también palabras oriundas del lenguaje científico. **b)** Comunicar sus efectos [una cosa a otra]. | PRivera *Discursos* 13: Hacer por hacer sin impulso ideológico no trasciende al alma y pierde, por tanto, razón de eternidad.
4 Sobrepasar los límites [de algo *(compl adv)*]. | Cossío *Montaña* 34: El prestigio, tanto de su saber como de su virtud, trascendió mucho de estas montañas.
B *tr* **5** Sobrepasar los límites [de algo *(cd)*]. | Marco *Van* 6.12.73, 53: Los excelentes novelistas del siglo XIX, comparados con sus coetáneos rusos, ingleses o franceses, no trascienden las fronteras. MGaite *Búsqueda* 18: No se trata, pues, solamente del deseo de prolongar por algún tiempo más las vivencias demasiado efímeras, trascendiendo su mero producirse.
6 Comunicar [algo] sus efectos [a alguien o algo *(cd)*]. | Fraile *Cuentos* 39: Podría ver ese animalillo de alpaca que .. llegaba resuelto a trascender sus vidas, tranquilas hoy, normales, milagrosamente.

trascendible *(tb* **transcendible***) adj (raro)* Que se puede trascender [5 y 6]. | Torrente *Off-side* 227: Cada hombre es el ombligo del mundo y el centro de un sistema de conexiones legítimamente trascendible.

trascolarse *(conjug* **4***) intr pr* Pasar [por, o a través de, un lugar]. | Delibes *Príncipe* 10: Su vocecita se trascoló por los resquicios de la puerta.

trasconejarse *intr pr* **1** Quedar [el hurón] atrapado en la madriguera del conejo. | Delibes *Castilla* 21: El hurón va bien para distraerte un rato cazando a toro suelto o para el furtivo, pero para el negocio, no; .. por menos de nada se te trasconeja y ya estás echando la tarde entera para sacarlo de la hura.
2 *(col)* Desaparecer de la vista [alguien o algo] voluntaria o accidentalmente. *Tb fig.* | MFVelasco *Peña* 25: Me trasconejé en unos chaparros haciendo comedia de que me alejaba. Berenguer *Mundo* 52: La Carmen sí que me parecía una mujer hecha y derecha y terminé tomándole miedo porque se trasconejaba con el Pepe. Delibes *Tesoro* 104: No me saque usted las cosas de quicio, señor Secretario; no se me trasconeje.

trascordarse *(conjug* **4***) intr pr* **1** Perder la memoria. *Frec en part.* | DCañabate *Abc* 21.11.70, 7: Si no estoy trascordado, allá por las inmediaciones de la Puerta de Toledo tenía cobijo semanalmente el mercado de ganados. **b)** Olvidarse [una cosa]. | ZVicente *Mesa* 58: Mi padre me lo dijo, macho, pero se me ha trascordado, a ver, de ayer es la fecha.
2 Perder la cordura. | Delibes *Guerras* 60: Oír esto el Bisa y trascordársele la cabeza fue todo uno. Me agarró por un brazo, me zarandeó.

trascoro *m En una iglesia:* Lugar situado detrás del coro. | Villarta *Rutas* 166: Después de haber subido diez peldaños a partir de la nave mayor, se pasa el trascoro.

trascorral *m* Lugar cercado y descubierto que está detrás del corral. | GPavón *Rapto* 11: –¿Es que en tu casa tienes buen aparejo para verlos? –Hombre, colosal. Desde una ventana que da a los trascorrales.

trascribir, **trascripción**, **trascriptivo**, **trascriptor** → TRANSCRIBIR, etc.

trascurrir, **trascurso** → TRANSCURRIR, TRANSCURSO.

trasdós I *m* **1** (*Arquit*) Superficie exterior [de un arco o una bóveda]. | GNuño *Arte* 26: En este tiempo puede haberse formulado el módulo del arco de herradura .. Característica principal, la de llevar descentrada la curva exterior (trasdós) respecto de la interior (intradós). GNuño *Madrid* 6: Para observar los detalles citados es preciso subir hasta el trasdós de las bóvedas de la iglesia.
II *loc adj* **2 de ~**. (*Carpint*) [Sierra] de hoja rectangular y muy delgada, reforzada en el lomo. | *Hacerlo* 25: Tanto la sierra de punta como la sierra de trasdós se manejan de la misma manera .. En cuanto a la sierra de trasdós, se utiliza para serrar molduras o listones, ya que se ajusta perfectamente al cortaángulos (inglete).

trasegador -ra *adj* Que trasiega. | Cela *Inf* 27.5.77, 23: Mi tía segunda doña Luftolde .. tenía dos criadas de su edad, la lánguida Escolástica y la machorra Consolación.., también fumadoras de puros y trasegadoras de anís seco.

trasegar (*conjug* **6**) **A** *tr* **1** Trasladar o trasvasar [algo, esp. un líquido]. | *Ver* 10.9.75, 7: El SENPA adquirirá únicamente vinos que hayan sido trasegados. **b)** (*col*) Beber. *Tb fig*. | DCañabate *Paseíllo* 123: Estas pegas .. se discutían en casa de la Concha, trasegando medios chicos de vino. Alfonso *España* 52: Las ranuras de los artefactos devoran moneda tras moneda. No soltarán ni una; ¡estad tranquilos! Si acaso, darán algún que otro chasco, trasegando las pesetas de tarifa sin que se le encienda el sostén a la chica del bikini.
B *intr* **2** Cambiar de sitio o de situación. | Fraile *Cuentos* XIII: El argumento se intrinca, los personajes trasiegan de lo verosímil .. a lo sobrehumano.

trasero -ra I *adj* **1** De detrás o de atrás. | Olmo *Golfos* 127: Me acerqué, cauteloso, a la parte trasera del puesto. *DBu* 19.9.70, 13: Guadañadoras MF para forrajes. De montaje trasero al tractor. **b)** Que está o va detrás. | F. Peregil *SPaís* 29.11.93, 5: Ellos vienen con coches desvencijados, puro hierro, como dicen ellos, a meter pata, coger la rosca, a hacer manos, en la categoría de tracción trasera.
2 (*Taur*) [Puyazo, pinchazo o par de banderillas] colocado detrás del alto de las agujas. *Tb adv*. | J. Vidal *País* 15.5.77, 42: El quinto también acudió al caballo de largo para dos encuentros, y le picaron muy mal, trasero y con la salida tapada.
II *n* **A** *m* **3** Nalgas. *Tb fig, referido a animales*. | Laforet *Mujer* 64: Al llegar a la cocina vio otra vez el gran trasero de Leonela, marcado por una falda estrecha. Delibes *Parábola* 49: Los traseritos blancos de los conejos arrancándose de los robles a su paso. **b)** *euf por* CULO, *en locs cols como* LAMER EL ~, PERDER EL ~. | FReguera-March *Cuba* 112: Le ha hecho teniente el general Linares, a base de lamerle el trasero. Delibes *Tri* 25.5.68, 74: ¡Allá usted a los dirigentes del partido perder el trasero para buscar al general!
4 (*col*) Parte de atrás [de una cosa]. | Berlanga *Pólvora* 11: Sería .. administrador de los taxis de su tío a golpe de telefonear con el trasero del bolígrafo para chulear –"jo, macho, el dedo se desgasta". **b)** *En pl* (*reg*): Trasera [de una casa]. | CBonald *Ágata* 59: Corrió hacia él [el niño] y la arrastró hasta los traseros de la casucha, donde se parapetó antes de comprobar que el águila seguía en el mismo sitio en que la dejó.
B *f* **5** Parte de atrás [de una cosa]. | APaz *Circulación* 33: Los vehículos afectados llevarán visible en su trasera un disco blanco de 30 cm de diámetro con la cifra en negro de su velocidad tope. GPavón *Rapto* 145: Cada año se le pone una pila [al reloj] en este sitio de la trasera. Cela *Judíos* 35: A la trasera de un chozo, .. una vieja desliendra a una mujer joven. **b)** *En pl*: Dependencias en la parte de atrás [de una casa]. | Delibes *Ratas* 41: El Nini, compadecido de los desgarrados mugidos de la vaca en la alta noche, se llegó a las traseras de don Antero, el Poderoso, y le dio suelta.

trasferencia, **trasferencial**, **trasferibilidad**, **trasferible**, **trasferidor**, **trasferir** → TRANSFERENCIA, etc.

trasfiguración, **trasfigurador**, **trasfigurar** → TRANSFIGURACIÓN, etc.

trasfondo (*tb, raro,* **transfondo**) *m* Elemento que subyace bajo el fondo aparente de algo. | Valls *Música* 33: Es cierto que su música sirve para "algo", pero este "algo" trasciende la realidad y se proyecta en un más allá que tiene siempre un trasfondo divino. M. Calvo *SYa* 19.6.77, 15: Estas investigaciones sobre el fondo y transfondo de la materia pueden servir de herramienta de trabajo a los cultivadores de otras ciencias, entre las que figura la cosmología. Mercader-DOrtiz *HEspaña* 4, 246: Puesto que dice que incluso había eclesiásticos que se entregaban a estos jueguecillos, debe creerse que eran inocentes aunque encerrasen un soterrado y quizás inconsciente trasfondo sexual.

trasformable, **trasformación**, **trasformacional**, **trasformacionalismo**, **trasformacionalista**, **trasformador**, **trasformar**, **trasformativo**, **trasformismo**, **trasformista** → TRANSFORMABLE, etc.

trasfretano → TRANSFRETANO.

trásfuga, **trásfugo**, **trasfuguismo** → TRÁNSFUGA, etc.

trasfundir, **trasfusión**, **trasfusional** → TRANSFUNDIR, etc.

trasga *f* (*reg*) Pértiga del carro o carreta. | MCalero *Usos* 16: Tenían carros de yugo con su pértiga o trasga.

trasgo *m* Duende (espíritu). | Cela *Pirineo* 280: En el valle de Bicierri no habita el hombre, que viven el rebeco .. y el burlón trasgo que se agazapa, igual que un ciempiés risueño, debajo de las piedras.

trasgredible, **trasgredir**, **trasgresión**, **trasgresivo**, **trasgresor** → TRANSGREDIBLE, etc.

trashoguero *m* Losa o plancha de metal que protege la pared detrás del hogar. | Delibes *Voto* 133: Del lar colgaba el perol ahumado y, al fondo, empotrado en el muro, el trashoguero de hierro con un relieve indescifrable.

trashoja *f* (*reg*) Siembra de un barbecho en el año en que debía descansar. | Delibes *Año* 48: Pregunté .. si no es todavía hacedera la supresión de barbechos en el secano, esto es, la siembra de trashoja en lugar de año y vez.

trashumación *f* Trashumancia. | P. GMartín *His* 5.85, 33: El pastoreo trasterminante o travesío, considerado como la última etapa en la evolución del antiguo sistema de trashumación.

trashumancia *f* Acción de trashumar. | Romano-Sanz *Alcudia* 35: La trashumancia de ganados es una constante a lo largo de nuestra historia. *Últ* 8.8.70, 32: La juventud no es ajena a esa trashumancia mundial, en la que pone su bella nota humana.

trashumante *adj* **1** Que trashuma. *Tb n, referido a pers*. | Mercader-DOrtiz *HEspaña* 4, 109: La ganadería estante iba unida a la agricultura, y la trashumante comprendía un cierto número de individuos incontrolables. Laiglesia *Tachado* 36: Desaparecieron también los majestuosos "Rolls" de las millonarias trashumantes, que paseaban por todos los balnearios su cargamento de alhajas y alifafes. Romano-Sanz *Alcudia* 80: A mediados de octubre, los trashumantes inician su marcha hacia extremos.
2 De (la) trashumancia. | Ridruejo *Memorias* 22: En casa había oído hablar siempre de ovejas merinas, de nieves invernales, de lobos temibles y de las marchas trashumantes del invierno hacia Sierra Morena.

trashumar *intr* **1** Pasar [un rebaño y su pastor] de los pastos de invierno a los de verano y viceversa. | Santamaría *Paisajes* 7: El que guste de recorrer los caminos de las viejas tierras de Segovia, especialmente si lo hace por donde otrora trashumaban los rebaños .., podrá observar cómo se recuperan las masas boscosas. Romano-Sanz *Alcudia* 43: –¿Trashuma usted? –En verano voy a la provincia de Jaén.
2 Cambiar [alguien] periódicamente de lugar. | Grosso *Capirote* 66: Les preocupaba [a los temporeros] .. la otoñada que se acercaba, los largos días del invierno, la incertidumbre del nuevo año, de su trashumar el verano siguiente.

trasiego *m* **1** Acción de trasegar. | GPavón *Rapto* 135: Al faltarles [a las cuevas] la alegría de los trasiegos y el chupar de bombas .., quedarían en espeluncas olvidadas. Moreno *Galería* 151: La hermana menor del escriño era la pandera .. Aquel servía de almacén, repito, y esta, por más manejable, para los trasiegos o traslados de mercancías.
2 Tránsito o paso, esp. de perss., de un lugar a otro. | Carandell *Madrid* 86: En las cafeterías de los ministerios .. hay un constante trasiego de empleados y secretarias.

traslación (*tb*, *raro*, **translación**) *f* **1** (*lit*) Acción de trasladar [1, 3 y 5]. *Tb su efecto*. | E. La Orden *MHi* 7.69, 29: El obispo fray Juan Bautista Álvarez de Toledo solicitó la traslación de la ciudad a otro lugar. VParga *Santiago* 16: El tercero reanuda la materia hagiográfica con la traslación de Santiago y sus tres fiestas. Montero *SPaís* 5.3.78, 13: Cada día aumenta el número de *yonquis*, traslación directa al castellano del inglés *junkie*, que es aquel que es adicto al *caballo*, a la heroína.
2 (*Mec*) Movimiento de un cuerpo cuando todas sus partes siguen una dirección constante. | Ramos-LSerrano *Circulación* 283: El árbol de transmisión termina en un piñón cónico, llamado piñón de ataque, que engrana con la corona, a quien obliga a girar. En la corona van dispuestos dos o más piñones, llamados satélites, que, según se observa, no giran sobre su eje por el movimiento de la corona, sino que su movimiento es de traslación alrededor del eje de la corona. **b)** (*Astron*) Movimiento de un astro alrededor de otro. | Marcos-Martínez *Matemáticas* 238: En su movimiento de traslación la Tierra se mueve en el plano de la eclíptica, y su eje .. se conserva siempre paralelo a sí mismo. Zubía *Geografía* 14: Tiene [la Luna] dos movimientos: uno de rotación, alrededor de su eje; otro de traslación, alrededor de la Tierra.
3 (*Ling*) Cambio o desviación de significado. | Gambra *Filosofía* 175: Esta segunda acepción puede considerarse derivada por traslación de la anterior.
4 (*Mineral*) Distancia con que se repite un motivo estructural a lo largo de una determinada dirección. | Ybarra-Cabetas *Ciencias* 15: Los elementos de simetría .. y la existencia de otros elementos (ejes helicoidales, translaciones, platos de deslizamiento...) aumentan considerablemente las posibilidades de combinación.

trasladable *adj* Que se puede trasladar. | *Act* 8.10.70, 106: Involca. La mesita trasladable, perfecta.

trasladador -ra *adj* Que traslada, *esp* [5]. *Tb n, referido a pers*. | Cossío *Montaña* 136: Tiene [esa palabra] un carácter local inconfundible y nos aproxima a la más viva sospecha de que debió ser montañés el trasladador del poema.

trasladar A *tr* **1** Cambiar de lugar [a alguien o algo]. *Frec con un compl de lugar que expresa origen o dirección*. *Tb fig*. | VParga *Santiago* 9: Se descubre .. el sepulcro del apóstol Santiago el Mayor, decapitado en Judea y trasladado .. a Galicia por sus discípulos. J. A. Riofrío *Nar* 11.77, 3: En la actualidad el ganado se traslada generalmente en camiones. GNuño *Arte* 99: Estos relieves .. son una singular mezcla de desenfado .. y arcaísmo, por trasladar a la piedra la técnica bizantinizante de los marfiles.
2 Cambiar [a un empleado] de lugar de servicio. | *SPaís* 29.1.78, III: La imposición de Franco de que Carlos Arias fuera a Gobernación trasladó a Fernando de Liñán a Información.
3 Cambiar de fecha [algo]. *Frec con un compl* A *que expresa la nueva fecha*. | *SPaís* 29.1.78, II: El nivel de productividad es bajísimo, porque ese es el espíritu. Pero todavía hay quien traslada al sábado y al domingo trabajos que pudo realizar en días laborables.
4 Copiar [algo ya escrito]. | RMoñino *Poesía* 38: Los copistas suelen poner prólogos a las obras que trasladan.
5 (*lit*) Traducir [algo de un idioma a otro]. | Sánchez MPelayo 24: El poema *De rerum natura*, de Lucrecio, trasladado íntegramente al castellano por Marchena en versos sueltos.
B *intr pr* **6** Ir [a un lugar]. | *Abc* 4.4.75, 25: El primer ministro belga se traslada hoy a Madrid.

traslado *m* **1** Acción de trasladar. | Olmo *Golfos* 49: Bajaron la trampilla del camión y dieron principio al traslado de los muebles. Laforet *Mujer* 62: Paulina era demasiado pequeña para recordar otros traslados y estaba sorprendida y feliz.
2 (*Der*) Copia que se envía a una de las partes litigantes de los alegatos de la otra. | F. J. Asís *Rev* 11.69, 18: Ya lo hemos dicho antes y siempre refiriéndonos al procedimiento civil que es y se desarrolla mediante escritos; escritos que dan lugar a traslados por escrito, contestaciones por escrito, etc., etc.

traslaticio -cia (*tb*, *raro*, **translaticio**) *adj* **1** De (la) traslación. | Torrente *Saga* 375: Desde la llegada de Lanzarote, y en virtud de una operación traslaticia inadvertida por el concurso, José Bastida había recobrado su puesto.
2 Que se traslada. | CBonald *Ágata* 172: Fue entonces cuando asomó la tortuga .. Con su largo medio metro de envergadura, parecía un traslaticio madero de naufragio, un bloque de jaspe arrancado del antiguo delta por algún recóndito cataclismo.

traslativo -va (*tb*, *raro*, **translativo**) *adj* (*Der*) De (la) transferencia. | *Leg. contencioso-adm.* 64: Según se deduce del expediente seguido para alumbrar aguas en terrenos particulares, el titular de estos cedió los derechos a la referida Comunidad, exclusión vaga e imprecisa que no acredita ni el documento ni los términos del acto traslativo.

trasluchada *f* (*Mar*) Acción de trasluchar. | F. Castañeira *Abc* 6.8.88, 67: Con el role del viento, el largo siguiente fue un rumbo muy cerrado, lo que produjo algunas roturas de "espí" en varias embarcaciones, y después de la trasluchada, el segundo largo se convertía casi en una popa.

trasluchar *tr* (*Mar*) Cambiar de una banda a otra la escota [de una vela de cuchillo (*cd*)] cuando se navega en popa. | CBonald *Casa* 55: Primo Aurelio se ocupó un tiempo de la escota del foque y yo ayudé al marinero a trasluchar la mayor, medio colgándome de la botavara.

traslúcido -da (*tb* **translúcido**) *adj* **1** [Cuerpo] que permite el paso de la luz pero no deja ver claramente a través de él. | Bustinza-Mascaró *Ciencias* 171: Generalmente las hembras [de la sardina] ponen sus huevos en invierno y primavera, y los animalitos que de ellos nacen son traslúcidos al principio. FSantos *Hombre* 22: Todo aquello era su hogar, que allá en el pueblo de arriba yacía bajo el musgo, la vieja cal y las pizarras escamosas, bajo la translúcida costra de la escarcha.
2 (*lit*, *raro*) Nítido o transparente. | P. Rocamora *Abc* 22.10.70, sn: El encanto de una prosa traslúcida .. se acompasa con el rigor del pensamiento.

trasluciente (*tb* **transluciente**) *adj* Traslúcido [1]. | Berlanga *Gaznápira* 117: Teodoro el Francés siguió mirando a Gabriela como si nada .., cabeceando parsimonioso sin apartar la vista de la blusa trasluciente.

traslucir (*tb* **translucir**; *conjug* 51) **A** *tr* **1** Dejar [una cosa (*suj*)] ver [algo (*cd*)] a través de ella. *Frec fig*. | Lera *Bochorno* 23: –¿Aquí queréis que entremos, machos?– Y el tono de sus palabras traslucía un ofensivo desprecio.
B *intr* ▶ **a** *normal* **2** Dejarse ver [una cosa a través de otra]. *Frec fig y pr*. | FFlórez *Florestán* 705: Tras gestiones preliminares en las que tuvieron buen cuidado en no dejar que su secreto trasluciera, consiguieron organizar un partido [de fútbol]. GPavón *Cuentos* 16: Todas las caras estaban tan serias que nada se les traslucía.
▶ **b** *pr* **3** Ser traslúcido [1]. | Ferres-LSalinas *Hurdes* 49: Unos niños saltan delante del chorro de luz .. Quedan quietos un instante, y sus cuerpos se tintan de amarillo y parecen traslucirse.

trasluz. al ~. *loc adv* De manera que el objeto, traslúcido o transparente, esté situado entre la luz y el ojo. *Gralm con el v* MIRAR. | Bustinza-Mascaró *Ciencias* 194: Una persona entendida, mirando los huevos al trasluz al sexto día de incubación, nota si el germen está vivo y desarrollándose.

trasmallar *tr* (*raro*) Coser [algo (*cd*)] malla con malla. | E. Castellote *Nar* 1.76, 19: Este trabajo [forjar el serón] corresponde al espartero; las herramientas con que lo realiza .. son las siguientes: Aguja de tra[s]mallar, para coser malla con malla las pleitas; aguja de bordear, para hacer el bordeo y empalmar las trabas. [*En el texto*, transmallar.]

trasmalle *m* (*Pesca*, *reg*) Trasmallo. | *Abc* 26.8.75, 21: La pesca con trasmalle comienza el día 16 de agosto.

trasmallero *m* (*Pesca*) Barco que faena con trasmallo. | *Voz* 8.11.70, 3: En la mañana de ayer, llegaron al puerto pesquero del Berbés 1 trío, 5 bacas y 6 trasmalleros.

trasmallo *m* (*Pesca*) Arte de pesca constituido por tres redes, una central más tupida y dos laterales, que se cala verticalmente. | Delibes *Año* 31: Después de comer estuvimos viendo a José Luis pescar en el río con el trasmallo.

trasmano. a ~. *loc adv* **1** Fuera del alcance de la mano, o en situación en que es difícil de coger. | * Alcánzalo tú, que a mí me pilla muy a trasmano.
2 Fuera de los caminos habituales o frecuentados. *Tb fig.* | Landero *Juegos* 250: Yo nací a trasmano, en estos valles. J. Monleón *Tri* 12.12.70, 32: "La camisa" es una obra que estéticamente queda a trasmano de las últimas propuestas del teatro europeo. Delibes *Voto* 143: Mire, para decir verdad, a mí ese señor [Franco] me cogía un poco a trasmano.

trasmarino → TRANSMARINO.

trasmerano -na *adj* De Trasmiera (comarca de Cantabria). *Tb n, referido a pers.* | Cossío *Montaña* 350: Tras su indudable preparación histórica .. aparecía siempre el puntillo cauto y socarrón del auténtico trasmerano.

trasmigración, trasmigrar, trasmigratorio → TRANSMIGRACIÓN, *etc.*

trasminar (*lit*) **A** *intr* **1** Pasar [algo (*suj*), esp. un olor o un líquido, a través de un cuerpo]. *Tb fig.* | CBonald *Ágata* 115: Atravesaron dehesas y campos de labor y cortijos almenados [por donde nunca trasminara la enferma emanación de la ciénaga]. Cuevas *Finca* 222: Jamás sintió Fernando la tierra tan cercana, tan rendida, tan tibia .. Su calor trasminaba por la suela, como si no llevara zapatos. J. R. Yordi *Abc* 7.9.66, 37: Es ese clima de fiesta que trasmina del suelo, que flota en el aire.
B *tr* **2** Emanar o desprender. | CBonald *Noche* 167: Se había puesto una especie de ruso de paño negro encima del pijama azul y trasminaba un consistente olor a belladona. Cuevas *Finca* 117: Las yeguas, al amparo del pozo, que trasminaban la frescura de su boca.
3 Transparentar (dejar ver o adivinar) [algo no material]. | Berenguer-GMorell *Ganivet* XI: La novela trasmina no pocas realidades de la conquista del Congo por el rey Alberto.

trasmisibilidad, trasmisible, trasmisión, trasmisor, trasmitente, trasmitir → TRANSMISIBILIDAD, *etc.*

trasmocho -cha *adj* [Árbol] cortado a cierta altura de su tronco para que produzca brotes. *Tb referido al monte poblado con estos árboles.* | Santamaría *Paisajes* 59: No es .. extraño que el rebollar, el monte bajo por excelencia, retroceda transformado en monte medio o trasmocho e incluso que desaparezca sustituido por el pastizal.

trasmontano → TRANSMONTANO.

trasmudar → TRANSMUDAR.

trasmundo *m* Mundo del más allá. | Aranguren *Marxismo* 174: Uno y otro [cristianismo y marxismo] consisten esencialmente en fe y esperanza: que los contenidos de esta fe y esta esperanza sean .. referidos al trasmundo o al mundo, no deja de aproximarlos.

trasmutación, trasmutador, trasmutar, trasmutatorio → TRANSMUTACIÓN, *etc.*

trasno *m* (*reg*) Trasgo. | ILaguna *Abc* 12.11.70, sn: El mar, la lluvia, la fraga, los trasnos, los levitadores, .. van tejiendo un ramo de ensoñaciones.

trasnochada *f* Acción de trasnochar. | Berlanga *Gaznápira* 75: El maldito sueño que te derrengaba cada trasnochada no te había dejado pasar de la lección treinta y seis.

trasnochado -da *adj* **1** *part* → TRASNOCHAR.
2 Que ha perdido actualidad o vigencia. | *Act* 25.1.62, 3: No me explico el injustificable e incalificable premio religioso que se dio a este film en la Semana de Valladolid. Todavía que la premien los que defienden el trasnochado lema del arte por el arte.
3 Alterado o estropeado por ser del día anterior. *Esp referido a alimentos.* | Moreno *Galería* 285: Esto lo hacían las mozas o las madres de familia .. en la cantidad necesaria para un consumo familiar de amigos, que deben acabar con él, porque también el perolo, sobre todo "trasnochado", dicen que es muy cabezón.

trasnochador -ra *adj* [Pers.] que trasnocha. *Tb n.* | Cossío *Confesiones* 235: Más de una vez vimos amanecer en un restaurante de los mercados, cuando llegan los camiones de abastecimiento, donde muchos trasnochadores ponen fin a la crápula.

trasnochar *intr* Pasar levantado muchas horas de la noche antes de acostarse. | CNavarro *Perros* 64: Tendrías que dormir. A tu edad no es bueno trasnochar tanto.

trasnoche *m* Trasnochada. | VMontalbán *Rosa* 29: Ginés valoraba el ritmo de la llegada de las parejas .., de las que a veces colgaban adolescentes aburridos o niños predispuestos a la aventura del trasnoche.

trasnocheo *m* Trasnochada. | SSolís *Jardín* 209: Llegábamos a casa rendidos por el trasnocheo y la larga caminata hasta el barrio.

trasoceánico → TRANSOCEÁNICO.

trasoír (*conjug* **54**) *tr* (*lit, raro*) Oír de manera vaga o confusa. | ZVicente *SYa* 16.3.75, 23: Allí dentro, sucio redil y todo, se trasoía el quejido de la tarde rayada de vencejos, el tumultuoso vocerío de un suspiro entrecortado.

trasojado -da *adj* Ojeroso. | Delibes *Cartas* 42: Conecté así con la buena de Querubina, una mujer que frisará los cincuenta, fondona y trasojada, que todo lo que tiene de testaruda lo tiene de laboriosa.

trasoñar (*conjug* **4**) *tr* (*lit, raro*) Creer equivocadamente en la realidad [de algo (*cd*)]. *Tb abs.* | J. L. Auria *Abc* 5.9.71, 33: Un retrato de don Juan de Mañara, creo que debido a Pareja, preside el despacho en que el marqués de Gracia Real, magro y quijotesco, lee y escribe, solitario y pensativo, soñando y trasoñando.

traspaís *m* (*Geogr*) Territorio interior inmediato a un punto de la costa. | Mercader-DOrtiz *HEspaña* 4, 160: Los puertos del Cantábrico bebían caldos catalanes y andaluces, pues les llegaban con mayor facilidad que los del traspaís castellano.

traspalar *tr* Mover [una carga] de un lugar a otro. | Mendoza *Ciudad* 80: Ahí permanecían hasta que una grúa traspalaba el carbón a una gabarra o un vagón o un carro.

traspapelar *tr* **1** Perder [un papel o documento] por ponerlo fuera del sitio correspondiente. | LRubio *Nunca* 202: ¡Traspapelan las órdenes, y luego hemos de ser nosotros los que hagamos los imposibles! **b)** *pr* Perderse [un papel o documento] por ir a parar fuera del sitio correspondiente. | *Sáb* 6.8.75, 47: Ni el certificado de la sesión ni el acta aparecen. ¿Se ha traspapelado?, ¿se ha perdido?
2 Hacer que [un papel o documento (*cd*)] se traspapele [1b]. | Solís *Siglo* 375: El brigadier Bengoa, tan pronto estuvo restablecido, se ocupó de echar tierra encima al asunto y traspapelar aquel informe.

traspapeleo *m* (*raro*) Acción de traspapelar(se). | *Sp* 1.3.65, 43: Obtendrá mayor protección para sus documentos y ganará tiempo y dinero al evitarse traspapeleos innecesarios.

trasparecer (*tb* **transparecer**; *conjug* **11**) *intr* (*lit*) Dejarse ver [una pers. o cosa a través de otra]. *Tb sin compl.* | Torrente *Señor* 434: Dejó de sonreír, y más había trasparecer el rostro duro de tu hijo cuando mandaba y cuando castigaba. Torrente *SInf* 19.9.74, 12: Busco algo que leer, caigo sobre un libro ya antiguo, "Études érasmiennes", de Renaudet .. A través de los textos y de los hechos, Erasmo transparece y comparece.

trasparencia, trasparentar, trasparente, trasparentemente → TRANSPARENCIA, *etc.*

traspasable *adj* Que puede ser traspasado. | *AbcS* 20.3.75, 59: El defensa ex madridista .. Zunzunegui se encuentra en situación de traspasable.

traspasador -ra *adj* Que traspasa. | CPuche *Paralelo* 13: Arriba, corría un aire traspasador como hoz de siega.

traspasante *adj* Que traspasa. | GPavón *Abc* 19.3.71, 9: Los chicos, de cuando en cuando, le echaban mi-

traspasar – trasponer

radas traspasantes. Sampedro *Sonrisa* 287: Necesitó reponerse de la puñalada antes de poder telefonear... ¡Qué traspasante vivencia!

traspasar A *tr* **1** Atravesar [algo] de parte a parte. *Tb* (*lit*) *fig*. | Laforet *Mujer* 51: Una alegría fuerte como un barreno la agujereaba, la traspasaba.
2 Pasar al otro lado [de algo (*cd*)]. *Tb fig. Tb abs.* | F. PMarqués *Hoy* 27.8.75, 13: Cerca de este lugar, traspasadas las montuosidades del Castelar, bullía en Zafra una especie de corte renacentista. *Sp* 19.7.70, 50: Ingrid Bergman o J[o]an Fontaine .. traspasan la pantalla.
3 Pasar [algo o a alguien de un lugar o situación a otros]. | Bueno *Tri* 26.12.70, 10: Por supuesto, los pensamientos pueden traspasarse de unos marcos a otros.
4 Ceder o transmitir [un derecho u obligación]. | *SAbc* 14.9.75, 32: Alegaba Castaños que la orden la esperaba del general Villegas. Contestaba Fanjul que Villegas le había traspasado la jefatura. **b)** Ceder [un arrendatario a otro] el alquiler [de algo (*cd*)]. | *Abc* 1.12.70, 54: Bodegones, paisajes .. Liquidamos, traspasamos. **c)** Ceder los derechos que se tienen [sobre alguien o algo (*cd*)]. | Lera *Bochorno* 29: Con las bragas de *nylon* francés que le regalé, aún se la puede mirar... Pero no vale la pena. Si quieres, te la traspaso.
B *intr pr* (*raro*) **5** Quedarse rígido a causa del llanto. | ZVicente *Traque* 93: Oiga, si se va a traspasar, ay, madre mía, que busquen un médico .. ¡Que se me ahoga!

traspaso *m* **1** Acción de traspasar [3 y esp. 4]. | GTelefónica *N.* 367: Grabación al público de discos microsurco. A las 16, 33 y 45 RPM desde un solo disco en adelante. Traspasos de cinta a disco. Grabaciones y copias en cinta. GTelefónica 6: Agente colegiado de la propiedad inmobiliaria. Compraventa de fincas. Hipotecas. Traspasos Comerciales.
2 Cantidad que se paga por el traspaso [1] de un alquiler o un derecho. | CNavarro *Perros* 101: Un piso .. no puede obtenerse sin pagar un traspaso.

traspatio *m* (*reg*) Patio posterior. | CBonald *Ágata* 157: Arrastraba al cachorro de una pata y abría el ventanuco de la buharda para arrojarlo desde allí al traspatio. Landero *Juegos* 237: Oía sus pasos, que el eco doblaba por corredores y traspatios.

traspellado -da *adj* (*desp, raro*) Muerto de hambre. *Tb n.* | ZVicente *Traque* 249: Traigo encarguitos para los refugiados, que si unos celtas, que el champú ..., en fin, lo que me piden, que nunca son mirlos blancos, qué va, aquí todos somos unos pobres traspellados.

traspié *m* **1** Tropezón, resbalón o torcedura en el pie, que se sufren al dar un paso. | Arce *Testamento* 30: Di frecuentes traspiés en aquel caminar a ciegas.
2 Tropiezo (fracaso o equivocación). | Cela *Viaje andaluz* 101: Las mesnadas cristianas machacaron cuidadosamente a las huestes almohades, que sufrieron el mayor traspié de su historia.

traspiés *m* Traspié. | Delibes *Hoja* 161: La chica dio un traspiés. CPuche *Paralelo* 323: Acaso, si damos un traspiés, pongamos en peligro más cosas de las que creemos.

traspillado -da *adj* (*raro*) **1** Débil o que no tiene fuerza. | *Ya* 28.10.82, 18: El pastor de Oncala Manuel del Río nos ha dejado un verdadero tesoro de voces pastoriles sorianas .. "Las ovejas paren sin querencia ni leche, y la cría resulta traspillada."
2 Ajado o deslucido. | S. Melero *Abc* 14.11.70, 51: Como el aristócrata tronado, [el Campo Grande] conserva el porte y las maneras de su ascendencia señorial, pero se cubre con un traje traspillado. Pronto, si no se pone urgente remedio, lo veremos vestido de harapos.

traspirable, **traspiración**, **traspirante**, **traspirar** → TRANSPIRABLE, *etc.*
traspirenaico → TRANSPIRENAICO.

trasplantable (*tb, raro,* **transplantable**) *adj* Que se puede trasplantar. | *País* 30.6.77, 8: Una persona de acendrado espíritu católico jamás optará por el divorcio que le ofrece el Estado civil. Pero será su problema íntimo, nunca trasplantable al terreno jurídico.

trasplantación (*tb, raro,* **transplantación**) *f* Trasplante. *Esp en Med.* | Moraza *Ya* 10.10.74, 42: El problema de la supervivencia de tejidos después de muerto el sujeto a que pertenecían se ha puesto de manifiesto con motivo de la trasplantación de órganos.

trasplantador -ra (*tb, raro,* **transplantador**) *adj* Que trasplanta, *esp* [1]. *Tb n, m y f, referido a pers* o a *instrumento o máquina.* | M. Bermejo *Hoy* 27.7.76, 2: Diversas firmas .. aportarán maquinaria de todo tipo. Desde las recolectoras por hojas hasta las trasplantadoras, deshojadoras del tabaco en el secadero y maquinaria para el deshojado, todo lo que existe en el mundo del tabaco. *NotB* 21.3.74, 41: Calendario de herramientas de jardín .. Mayo: Es el momento de arrancar las plantas .. Se pondrá en su lugar flores anuales (rastrillo, trasplantador, almocafre o plantador, garfio de 4 dientes, cuerda).

trasplantar (*tb, raro,* **transplantar**) *tr* **1** Arrancar [una planta] del lugar en que está y plantarla [en otro (*compl* A)]. *Tb sin compl.* | Bustinza-Mascaró *Ciencias* 262: La siembra puede ser en semillero –para luego trasplantar– o de asiento, cuando se efectúa en el terreno donde han de cultivarse las plantas.
2 Trasladar [a una pers. o cosa a un lugar distinto de aquel en que está arraigada] para asentarla en él. *Tb fig.* | GCaballero *SYa* 15.5.77, 3: El fruto cultural fue muy grande, y hoy todos los españoles nos sentimos orgullosos de la imborrable labor que los trasplantados dejaron allá [en Méjico]. Lapesa *HLengua* 180: Resultado de tanta admiración fue el intento de trasplantar al romance usos sintácticos latinos. CSotelo *Proceso* 338: Algo más he querido también: trasplantar a nuestro tiempo aquel de encontradas pasiones que vivieron .. los protagonistas del proceso.
3 Trasladar [un órgano a un cuerpo distinto a aquel al que pertenece] para sustituir a su equivalente dañado o enfermo. | O. Aparicio *MHi* 7.68, 29: El donante no debe padecer enfermedad alguna susceptible de ser transferida al receptor en el momento de trasplantar el corazón. **b)** Trasplantar un órgano [a una pers. (*cd*)]. *Normalmente en part.* | A. Cenzano *D16* 4.5.89, 16: El dermatólogo riojano Miguel Aizpún .. cita como colectivos más significados a diabéticos, trasplantados, embarazadas, anémicos y personas que estén utilizando corticoides.

trasplante (*tb, raro,* **transplante**) *m* Acción de trasplantar. | L. Montero *Hoy* 4.5.74, 16: Otro factor importante a tener en cuenta sobre el momento de la plantación es la temperatura ambiente, que debe ser superior a los veinticinco grados, pues de lo contrario la planta sufre un parón fuerte o golpe de trasplante. Gironella *Millón* 124: Cosme Vila aseguraba que hizo donación de él [el ojo] a una clínica de Moscú donde se experimentaba la posibilidad de trasplante de córnea.

trasponedor -ra (*tb* **transponedor**) *adj* Que trasponé. *Tb n, referido a pers.* | JLozano *Íns* 9.84, 16: El trasponedor tenía tan buena maña de niñero, que hasta la misma muerte se tranquilizaría, si pudiera dormirse como un niño. Y era el sostenedor del Hospicio este hombre, y sobre todo el guardador de su honra .. Alguna gente timorata del pueblo cerraba a veces las ventanas cuando él pasaba, por las noches, con el burro a trasponer .. Estos encargos y recados los hacía cuando iba a los negocios de las trasposiciones del Hospicio.

trasponer (*tb* **transponer**; *conjug* **21**) A *tr* **1** Cambiar de lugar [a alguien o algo]. | R. RSastre *Mun* 28.11.70, 48: Seguidamente, se transponen las diferentes coord[e]nadas o mapas de fácil lectura. JLozano *Íns* 9.84, 16: Apenas se juntan cuatro o seis niños .. se providencia el trasponerlos, que así se llama a entregarlos a un hombre inhumano, que, de noche, cuando no hay luna, los conduce en una bestia fuera del término de esta villa y los va dejando donde le parece. **b)** Cambiar de orden [dos o más cosas entre sí]. | Huarte *Tipografía* 41: Llamadas y signos [de corrección] .. 1. Quitar espacio. 2. Poner espacio. 3. Trasponer letras. **c)** (*Mat*) Pasar [un término] de un miembro a otro de una igualdad. | Marcos-Martínez *Álgebra* 18: En una igualdad se puede trasponer un término de un miembro a otro, cambiándole el signo que le precede. **d)** (*Gram*) Cambiar la categoría [de una palabra (*cd*)] por otra, o el carácter independiente [de una oración (*cd*)] por el de elemento constitutivo de otra. | Alcina-Blecua *Gramática* 976: La proposición será, pues, una oración transpuesta como elemento oracional o la oración encajada en el esquema de un verbo dominante.

2 Adaptar [una obra musical, literaria o escénica] a otro medio. | Cunqueiro *Un hombre* 103: El motivo de mi viaje es escuchar sirenas, y trasponer sus tonadas para laúd. Sánchez *Inf* 30.3.74, 25: La novela está traspuesta al lenguaje cinematográfico en unas imágenes elegantes.

3 Pasar al otro lado [de una cosa (*cd*)]. | Laforet *Mujer* 206: Un miedo casi abyecto .. había hecho que él no se atreviese ni a trasponer el umbral. **b)** Dejar atrás. | Berenguer *Mundo* 21: Padre hizo una choza en la cañada que linda con lo Romeral, más abajo de la umbría de la Casa del Fraile, después de trasponer como media legua el ventorrillo de Miguel.

B *intr* ➤ **a** *normal* **4** Desaparecer de la vista [alguien o algo que se mueve], esp. tras una esquina o un accidente del terreno. *Tb pr.* | Berlanga *Gaznápira* 25: Ensilla la burra y deja la fiesta ..; se va mucho antes de que atardezca .. El Royo piensa, al verle trasponer, que será por algo que le habrá dicho el Alcalde. Berlanga *Gaznápira* 22: –¡Uña de aquí, mecagüenlamarsalá! ¡Traspón, traspón!– Al salir tú de la alcoba los dos teníais la misma tiritona.

➤ **b** *pr* **5** Caer en un sueño ligero. *Frec en la constr* QUE-DARSE TRASPUESTO. | Moreno *Galería* 213: La abuela se había traspuesto. Hoyo *Pequeñuelo* 50: Creo que me quedé un rato traspuesto. El caso es que cuando abrí los ojos encontré los de ella fijos en mí. **b)** Perder el sentido o la consciencia. | Salvador *Haragán* 72: La médium seguía sentada y con los ojos cerrados. Tía Juana, rebosando de alegría, la sacudió. –¡Ha sido un triunfo! .. ¡Nunca había escuchado una voz! .. –No escuché ninguna voz –dijo la otra. –Estaba usted traspuesta.

trasportabilidad, trasportable, trasportación, trasportar, trasporte, trasportín, trasportista → TRANSPORTABILIDAD, *etc*.

trasposición (*tb* **transposición**) *f* Acción de trasponer(se), *esp* [1]. | *Anticonceptivo* 58: La trasposición. Consiste en la colocación de la trompa o del ovario en un lugar diferente al habitual, de forma que se impide la llegada del óvulo hasta la trompa. Marín *Enseñanza* 288: Son errores las omisiones o las adiciones de letras y las trasposiciones. Marcos-Martínez *Álgebra* 18: Esta operación de pasar un número de un miembro a otro se denomina trasposición de términos. Alcina-Blecua *Gramática* 977: Transposiciones proposicionales. Las marcas que advierten del encajamiento de una oración como elemento de una oración compuesta .. están constituidas por un muy cerrado grupo de palabras átonas.

traspositor -ra (*tb* **transpositor**) *adj* Que traspone [1 y 2]. *Tb n*: *m y f, referido a pers*; *m, referido a elemento o aparato*. | Alcina-Blecua *Gramática* 979: El transpositor más importante por ser el más frecuente y por introducir un mayor número de relaciones sintácticas es, sin duda, el *que*. *Ya* 30.5.64, 44: Electrogan transpositor, 4 octavos F.F.

traspunte *m y f* (*Teatro*) Pers. encargada de avisar a los actores cuando han de salir a escena y de apuntarles las primeras palabras que han de decir. *Tb fig, fuera del ámbito teatral.* | MChacón *Abc* 27.12.70, 15: ¿En qué país –o países– ponían sus pies todos esos personajes cuando el traspunte les convocaba a escena? J. M. Moreiro *SAbc* 12.4.70, 42: Es un ser sin estar, un mundo de ciegos habilidosamente despiertos, donde ni siquiera pervive la voz lejana del traspunte.

traspuntín *m* **1** Transportín. | Cela *Viaje andaluz* 204: El vagabundo, en equilibrio en el traspuntín de la motocicleta y agarrándose a su amigo por la barriga, para no caerse, salió .. por el camino de Sevilla.

2 (*euf, col*) Trasero o posaderas. | Campmany *Abc* 26.10.79, 10: Tampoco comprende uno cómo una brava mujer .. se queja .. de que le hayan nalgueado el traspuntín. Pues que se hubieran llevado a la manifestación el bullarengue.

trasquilar *tr* **1** Esquilar [a un animal]. *Tb fig, referido a pers, frec humoríst.* | CBonald *Noche* 27: El viejo Leiston buscaba nerviosamente la herida entre el cabello rubicundo de su hijo .. –Yo llamaría a un médico .. –Nada .. Se le trasquila un poco y se le pone un tafetán. * ¿Cuándo tras-

trasportabilidad – traste

quilas las ovejas? * Voy a que me trasquilen; no aguanto estos pelos.

2 salir trasquilado. (*col*) Resultar defraudado y perjudicado en un intento. | Salvador *Haragán* 121: Nunca me quiso dar un beso. Una vez lo intenté y salí trasquilado.

trasquileo *m* Acción de trasquilar [1]. | Villarta *Rutas* 169: Venían trajinantes .. para admirar los rebaños trashumantes, adquirir los sedosos vellones durante la época del trasquileo y el lavado.

trasquilo *m* Trasquileo. | Chamorro *Sin raíces* 56: Y su gusto .. fue contemplar la vacada pacer en los campos, .. asistir al trasquilo de los rebaños.

trasquilón *m* Corte desigual de un mechón de pelo. | Espinosa *Escuela* 571: Tan porro era que traía el pelo a trasquilones, como los bobos comunales.

trastabillado -da *adj* **1** *part* → TRASTABILLAR.
2 Desconcertado o confuso. | ZVicente *Mesa* 170: Aquí todo el mundo está un poco sonado, digamos, así, trastabilladico, ¿no le parece?

trastabillante *adj* Que trastabilla. | Faner *Flor* 33: La señora paseaba con el aya y el doncel don Domènec .. La jorobada velaba por su paso trastabillante, o retozaba con él.

trastabillar *intr* Tambalearse o vacilar, esp. a causa de un traspié. | Delibes *Santos* 111: La señorita Miriam, arrastrada por la fuerza hercúlea del hombre, le seguía, trastabillando. CBonald *Ágata* 231: Llegaron al punto los perros y se quedaron gruñendo y trastabillando en el pretil de la charca.

trastabilleante *adj* Que trastabillea. | Montero *Reina* 54: La chica .. se puso en pie, trastabilleante y dispuesta a irse .. –Está bien, vete.– .. Vanessa se apresuró a desaparecer bamboleándose sobre sus altos tacones.

trastabillear *intr* **1** Trastabillar. | Delibes *Voto* 163: Víctor dio un paso atrás, trastabilleó y se pasó dos dedos por los vértices de los ojos.

2 Enredarse al hablar. *Tb pr.* | Berlanga *Gaznápira* 109: Trastabillea tu lengua por culpa del atento escanciador, las palabras pastosamente apelotonadas, enredadas como cerezas. Berlanga *Rev* 3.69, 27: Hasta que no le pusieron de bombachos andaba preguntando cada verano si la abuela de Deme era francesa, todo porque el frenillo de la lengua no le dejaba pronunciar las erres, y encima se trastabilleaba.

trastabilleo *m* Acción de trastabillear [1]. | J. Duva *Ya* 16.12.78, 17: Según un testigo presencial, marinero que iba a la base de Rota para embarcarse, el accidente comenzó cuando sintieron un trastabilleo y vieron que el Talgo empezaba a moverse.

trastabillón *m* Traspié o tropezón. | Cela *País* 25.6.83, 9: Los trastabillones y trompadas del presidente norteamericano pronto empezaron a no ser noticia.

trastada *f* (*col*) Faena o mala pasada. | Cuevas *Finca* 124: –No irás a hacernos una trastada aquí. –Luego viene el Juzgado, y todo son líos. MCampos *HLM* 26.10.70, 15: En resumen: dificultades grandes. Son trastadas que nos hacen las grandes olas cuando la mar es excesivamente gruesa. **b)** Travesura. | Olmo *Golfos* 17: Nos reuníamos en el solar "do Castelo" .. De allí salían todas las trastadas.

trastazo *m* (*col*) Choque muy fuerte contra algo. | Payno *Curso* 70: –¿Tienes el cacharro? –No. Me pegué un trastazo en Perdices a cien.

traste[1] *loc v* **1 dar al ~** [con algo]. Destruir[lo] o echar[lo] a perder. | Carandell *Madrid* 27: Con esta loable iniciativa parece que se ha dado al traste con la tan traída y llevada cuestión de la lucha de clases.

2 irse [algo] **al ~**. Destruirse o echarse a perder. * Todas nuestras ilusiones se fueron al traste.

traste[2] *m En la guitarra y otros instrumentos semejantes:* Saliente de metal o de hueso de los que se colocan en el mástil para que, oprimiendo entre ellos las cuerdas con los dedos, quede a estas la longitud libre correspondiente a los diversos sonidos. | J. J. Perlado *Abc* 18.2.75, 17: Pulsé las cuerdas [de la guitarra] como acariciando los nervios de la música y con las yemas de los dedos fui oprimiendo los trastes cruzados de tiritas de metal.

traste – trastrabillear

traste[3] *m* (*col*) Trasero o asentaderas. | Torrente *Señor* 336: Apoyado el traste en una raíz del castaño que era como una misericordia, la había recordado muchas veces.

traste[4] *m* (*reg*) Trasto o utensilio. | MCampos *Abc* 4.6.72, 3: Los reclutas de ahora ya no saben manejar los trastes –bruza y almohaza–, ni hace falta que lo sepan.

trastear A *intr* **1** Trajinar, o ir de un sitio para otro. | SSolís *Camino* 319: Alboreó encapotado .. Mari Pili lanzaba venablos contra el clima primaveral de la región. Sor Gracia la oyó trastear muy temprano, Lera *Boda* 540: Trasteé por tierra de moros .. hasta que me hablaron de un país que llamaban Angola, y me determiné a ir allí con unos portugueses.
2 Enredar, o hacer travesuras. | Delibes *Mundos* 109: Cuatro rapaces juegan a bolas en el peldaño inferior .. Otro grupo de chiquillos atraviesa más allá, trasteando, persiguiéndose.
B *tr* **3** (*Taur*) Mover la muleta o la capa para que [el toro (*cd*)] cambie de posición, esp. en la preparación de la suerte de matar. | DCañabate *Abc* 23.8.66, 53: Lo trastea por bajo y lo mata mal, muy mal. *HLM* 26.10.70, 36: José Manuel Inchausti (Tinín) toreó de capa muy artista y valiente a sus dos toros. Al primero lo trasteó con ambas manos.
4 (*col*) Manejar con habilidad [a alguien o algo] para conseguir lo que se desea. | * Sabe cómo trastear a sus empleados.
5 (*reg*) Registrar, o examinar en busca de algo oculto. | Grosso *Capirote* 114: Dio la vuelta sobre el petate .. Había percibido el roce, el contacto. La vuelta le daría la certeza de la mano que había imaginado trasteando su cintura.

trastejar[1] *tr* Retejar. | *Día* 27.4.76, 16: Con pisos de madera y techo sin trastejar, las goteras estaban a la orden del día.

trastejar[2] *tr* (*reg*) Registrar, o examinar en busca de algo oculto. | MFVelasco *Peña* 268: Tuve que trastejar mata por mata hasta que levanté la primera.

trasteo *m* Acción de trastear [3 y 4]. *Tb fig*. | DCañabate *Paseíllo* 21: Presenta de nuevo la muleta al toro. Breve trasteo. Celedonio vuelve a quedar igualado. Sampedro *Sonrisa* 301: Sí, un canalla, esa es la palabra. Eso sí, con mucha labia y mucho trasteo. Delibes *Inf* 20.8.75, 12: El trasteo de la trucha, una vez enganchada, es con frecuencia operación delicadísima.

trasterminante (*tb* **transterminante**) *adj* Que pasa de un término jurisdiccional a otro. | P. GMartín *His* 5.85, 33: Es factible establecer una tipología de la actividad pastoril desglosándola en tres modalidades: 1) El pastoreo estante .. 2) El pastoreo trasterminante o travesío, considerado como la última etapa en la evolución del antiguo sistema de trashumación, donde los rebaños salen de sus suelos y pasan a utilizar pastos de otros términos jurisdiccionales próximos .. 3) El pastoreo trashumante.

trastero -ra *adj* [Cuarto] destinado a guardar objetos que están fuera de uso. *Tb n m y f*. | Laforet *Mujer* 235: El cuarto trastero .. no tenía ventilación directa. Tomás *Orilla* 223: Había abierto con su llave, y tras saludar a su madre, que cosía junto a la ventana, buscó en el viejo ropero de la habitación trastera. *Mad* 30.12.69, 6: Magníficos pisos .. Con garaje y trastero. Delibes *Emigrante* 36: Don Basilio me ofreció una trastera del Centro para los muebles.

trasterrar → TRANSTERRAR.

trastienda *f* **1** Habitación o local situados en la parte trasera de una tienda. | Olmo *Golfos* 67: Cuando doña Leonor –la frutera– lo veía así, lo llamaba y, pasándolo a la trastienda, le metía la camisa en su sitio.
2 (*col*) Conjunto de pensamientos o intenciones que una pers. oculta o disimula. | Torrente *Fragmentos* 379: Me gusta su seriedad profunda, disimulada por una risa casi constante, o por una sonrisa abierta de persona sin trastienda.
3 (*col*) Trasfondo. | F. Fidalgo *Ya* 5.7.75, 41: ¿Hay trastienda política en el asesinato, a sangre fría, del juez de Lyon François Renaud?

trasto I *m* **1** Objeto inútil o de poco valor. | * En esta habitación no hay más que trastos. **b)** (*col, desp*) Aparato o artilugio. | Delibes *Año* 30: El magnetófono .. es un trasto que aborrezco.
2 (*col*) *En pl*: Utensilios. *Frec con un compl especificador*. | *Tri* 12.12.70, 28: Nos íbamos con nuestros trastos a trabajar en una plaza pública.
3 (*col*) Pers. que solo sirve para estorbar. | ZVicente *Traque* 166: No esperarás a que los hermanos se encarguen de ella. Ya ves, la Fátima, hala, hala, a hijo por año .. No se va a poner a cuidar a este trasto. **b)** Pers. traviesa, informal o que causa problemas. *Frec con intención afectuosa. Tb adj*. | CSotelo *Herencia* 284: –Realmente qué guapa eres, hija mía. –Ojo, que me azaro. –Este trasto tiene buen gusto. DCañabate *Andanzas* 17: ¡La primera doncella del principal! ¡Valiente trasto está hecha, con un novio que tiene organillero, que le saca los cuartos! MCalero *Usos* 32: También se sentaba en un cornijal de la mesa el espolique, trasto y juguetón, urdidor de fiestas y chanzas.
II *loc v* **4 tirarse los ~s** (**a la cabeza**). (*col*) Reñir o pelear. | DCañabate *Paseíllo* 122: Miguel y Pablo se tiraban los trastos retóricos, menos en un punto, su común aversión al matrimonio. Laiglesia *Tachado* 30: El principado de Burlonia .. era entonces un país rico, tranquilo y feliz, en el que se reunía durante todo el año una Humanidad que aún no había empezado a tirarse los trastos a la cabeza.

trastocación *f* Acción de trastocar(se). | M. Roiz *Tri* 2.2.74, 31: La trastocación sexual y generacional, por medio de la máscara, que recubre todo indicio, permite una crítica objetiva.

trastocamiento *m* Acción de trastocar(se). | DCañabate *Paseíllo* 178: Muchas, muy constantes y muy dilatadas han sido mis estancias en el planeta de los toros anterior a su trastocamiento. Jamás en él se oía hablar de dinero en sentido reverencial.

trastocar A *tr* **1** Trastornar o cambiar. | JGregorio *Jara* 19: La invasión islámica, a la larga, trastocó el antiguo poblamiento hispanorromano-visigodo. **b)** *pr* Trastornarse o cambiar. | * Con la llegada del turismo, todo se trastoca.
B *intr pr* **2** Trastornarse mentalmente. | B. Amo *Gar* 25.8.62, 41: Era una mujer extraña y original; no precisamente loca, pero algo trastocada.

trastoque *m* Acción de trastocar(se). | J. Cueto *País* 24.10.76, 27: No han escatimado esfuerzos: nuevo equipo de relaciones públicas .., manipulación de horario, trastoque de espacios.

trastornador -ra *adj* Que trastorna. | Marín *Enseñanza* 133: El buscar una deslumbrante ilustración es tan prematuro como trastornador. FReguera *Bienaventurados* 227: Para Sánchez, los años de la guerra fueron de una felicidad trastornadora.

trastornar *tr* Alterar o cambiar [algo], esp. negativamente. | GNuño *Madrid* 9: El otro edificio es el trastornado y a menudo restaurado templo de San Jerónimo el Real. S. LTorre *Abc* 15.10.70, 27: La Carta era una convención pactada ..; en ningún caso resultaría admisible trastornar la fórmula elegida de mutuo acuerdo. **b)** Alterarse o cambiarse [algo]. | * Con la guerra todo se trastornó.
2 Alterar la normalidad del funcionamiento [de algo (*cd*)] o de la actividad [de alguien (*cd*)]. | * ¿Te trastorna mucho venir a buscarme? * Estos cambios tan bruscos trastornan el organismo. **b)** Alterar el funcionamiento normal de la mente [de una pers. (*cd*)]. | M. Landi *Caso* 26.12.70, 14: Parecía estar muy normal, pero .. le dieron un palo en la cabeza, .. y eso le trastornó más. **c)** Alterar psíquica o afectivamente [a alguien]. | Laforet *Mujer* 246: Yo no estaré aquí una semana .. Tú dirás lo que decides. –Estoy tan trastornada... ¿No te importaría, Eulogio, que me quedase aquí algún tiempo más? **d)** (*col*) Volver loco o gustar mucho. | * Le tiene trastornado esa chica. * Le trastornan los coches. **e)** *pr* Perder [alguien] el normal funcionamiento de la mente. | * Tras la muerte de su esposa se trastornó totalmente.

trastorno *m* Acción de trastornar(se), *esp* [2a, b y e]. *Tb su efecto*. | Armenteras *Epistolario* 59: No quisiera que el tratar de complacerme te causara el menor trastorno. Navarro *Biología* 242: A veces, los trastornos patológicos que originan se deben en parte a una simple acción mecánica sobre los tejidos.

trastrabillear *intr* (*raro*) Trastabillear. | S. Araúz *Abc* 2.5.75, sn: Las cabras se remueven: entre los vasos rosados, desmesurados, de las ubres, trastrabillean, a veces las manos dobladas, gen[u]flexos, los cabritillos.

trastrocamiento *m* Trastrueque. | DCañabate *Paseíllo* 97: No pararon ahí los males. Apareció otro, asimismo de mucha entidad. El trastrueque del público que acude a las plazas. Trastrocamiento total, radical, que se inicia débilmente.

trastrocar (*conjug* **4**) *tr* Trastocar [1]. *Tb pr.* | Torrente *Isla* 57: En ese caso [la mente] mueve montes, trastrueca tiempos, anticipa visiones y nos transporta a esas ínsulas extrañas que los científicos llaman la cuarta dimensión. Gironella *Millón* 551: Era un hombre trastrocado por la guerra. Siempre fue autoritario, pero sencillo; ahora su alma exigía complicaciones.

trastrueque *m* Acción de trastrocar(se). | Camón *Abc* 25.6.75, sn: Es esa subversión de la realidad, el trastrueque de formas, con el consiguiente trastrueque de sentimientos y de trascendencias estables, lo que añora parte de nuestra juventud.

trastueque *m* (*semiculto*) Trastrueque. | M. Roiz *Tri* 2.2.74, 31: Se entroncaría así con las fiestas romanas llamadas "saturnales", en las que había claro trastueque de amos y esclavos, de mujeres y hombres.

trastumbar *tr* Dejar caer o echar a rodar [algo]. | CBonald *Ágata* 106: Empujaron prontamente el informe amasijo del muerto y lo trastumbaron por el resbaladizo pretil de la charca.

trasudado *m* (*Med*) Líquido que ha atravesado una membrana mecánicamente sin fenómenos inflamatorios. | F. Martino *Hoy* 11.11.75, 5: La sangre proveniente de estómago, intestino, etc., no encuentra libre su camino, de donde el dilatarse las venas con la siguiente formación de trasudado y ascitis.

trasudar **A** *intr* **1** Sudar (expeler sudor), esp. a consecuencia de miedo o congoja. | SSolís *Camino* 317: Sor Gracia trasudaba. Subía detrás de su madre, sofocada, confusa, con las piernas temblorosas.
B *tr* **2** Sudar (segregar [algo] por los poros de la piel). *Tb fig.* | Borrás *Abc* 23.3.58, 17: Se entregó al sol, bebía sol por los poros y el alma, pasivo al tonificarse y trasudar aquella agua absorbida. Delibes *Madera* 386: A Gervasio le iba ganando la fiebre de la literatura. Gustaba de hincharse, como un pavo real, trasudar sus emociones.
3 (*Med*) Exudar [un líquido (*cd*)]. | Alvarado *Anatomía* 130: Las cápsulas de Bowman realizan la filtración de todas las substancias dializables del plasma sanguíneo, que trasudan los capilares de los respectivos glomérulos de Malpigio.

trasudor *m* Sudor, esp. ligero y causado por miedo o congoja. | Aguilar *Experiencia* 238: Hablé por vez primera en público. Me temblaban las piernas, tenía la boca seca, sudaba .. El recibimiento pudo contribuir a conferirme aplomo después de los trasudores del principio.

trasuntar *tr* (*lit*) Reflejar o representar [algo o a alguien]. | GPavón *Reinado* 185: Sus confesiones sobre su administración de las fincas de don Ignacio también trasuntaban el mismo cinismo. J. M. Alfaro *Abc* 12.9.76, 39: "La vorágine" es un relato con una buena zona autobiográfica. Arturo Cova, el protagonista, es, a la par, el relator .. Pero Arturo Cova, joven poeta de tempranos reconocimientos, trasunta al mozo José Eustasio, rápido triunfador en los círculos intelectuales de la ferviente y literaria Bogotá.

trasunto *m* (*lit*) Reflejo o representación [de alguien o algo]. | GNuño *Madrid* 86: Villanueva construyó .. una bellísima basílica en miniatura, trasunto de lo que aprendido hubiera de arquitectura paleocristiana. Burgos *SAbc* 13.4.69, 47: La caseta es, en este sentido, un trasunto de cualquier interior de una vivienda tradicional sevillana.

trasvasación (*tb* **transvasación**) *f* (*raro*) Trasvase. | Carande *Pról. Valdeavellano* 13: Concordias y enlaces trajeron consigo numerosas e importantes trasvasaciones.

trasvasado (*tb* **transvasado**) *m* Trasvase. | Marcos-Martínez *Física* 304: Hacer con ellas las mismas experiencias que con el hidrógeno: combustión, explosión, trasvasado, .. etc.

trasvasar (*tb* **transvasar**) *tr* Trasladar [líquido de un recipiente a otro]. *Tb fig.* | Alvarado *Anatomía* 178: Como el agua al hervir pierde el aire .. será conveniente que después que esté fría la transvasemos unas cuantas veces a fin de airearla de nuevo. Tamames *Economía* 44: De esta idea básica partía para plantear la necesidad de transvasar agua de la vertiente atlántica a la mediterránea. J. Sanz *Hoy* 15.11.70, 6: A partir de aquí se consideraría la necesidad de trasvasar a una entidad oficial el peso de este seguro. Albalá *Periodismo* 35: En la relación comunicativa o que la información periodística da lugar habrá .. un sujeto que .. toma selectivamente el hecho que es noticia .. y .. lo trasvasa al término-objeto de la relación, que .. es el hombre-en-sociedad.

trasvase (*tb* **transvase**) *m* Acción de trasvasar. | Tamames *Economía* 44: El transvase podría hacerse mediante un canal que por la cota 1.000 recogiese parte de las aguas del Tajo. *Ya* 15.10.67, 3: El trasvase en el factor trabajo del campo a la ciudad ha sido tan acelerado y rotundo en los últimos años que su absorción se ha verificado con muchas dificultades.

trasver (*conjug* **34**) *tr* (*raro*) Ver de manera imprecisa. | Peraile *Cuentos* 67: Informaban los ojeadores de la ventana. –En la garita sur, dos, seguro. La otra coge al sesgo y no hay manera... –Yo solo trasví uno, alto.

trasverberación, **trasverberar** → TRANSVERBERACIÓN, TRANSVERBERAR.

trasversal, **trasversalmente**, **trasverso** → TRANSVERSAL, etc.

trasvinar *tr* (*raro*) Rezumar. *Tb fig.* | Zunzunegui *Hijo* 68: Era un lloro silencioso y manso, como si todo su ser trasvinara lágrimas.

trata *f* Comercio [con seres humanos (*compl* DE)]. *Esp* ~ DE ESCLAVOS *o* DE NEGROS *y* ~ DE BLANCAS. *Tb sin compl por consabido.* | Pla *América* 26: El lugar revistió su esplendor máximo en la época de los negreros y de la trata. C. Santamaría *Cua* 6/7.68, 12: Recusa, por supuesto, la guerra .. pero también las otras numerosas formas de violencia que padecen o pueden padecer las sociedades civilizadas de nuestro tiempo (terrorismo, .. trata de blancas). Torrente *Isla* 39: Serían buscados si practicasen la antropofagia ritual o la poligamia, si negociasen descaradamente en la trata o en la droga. Alfonso *España* 35: Esta "trata" de cerebros sin colocación, debiera ser urgentemente regulada por el Estado.

tratable *adj* **1** Que puede ser tratado. | *Abc* 15.11.75, 87: El abdomen agudo, en efecto, no es clínicamente tratable; necesariamente hay que realizar una operación si se quiere controlar la vida del paciente.
2 [Pers.] accesible, o abierta a la conversación y a la discusión. | *Mun* 23.5.70, 61: Buckingham es mucho más tratable, mucho más flexible. Tiene simpatía, sentido del humor.

tratadista *m y f* Autor de un tratado [1]. | CBaroja *Inquisidor* 36: Don Diego, en suma, no parece haber sido un tipo ajustado a las reglas que establecen los tratadistas que hemos citado.

tratado *m* **1** Libro en que se estudia extensamente una materia. | CBaroja *Inquisidor* 44: Las penas y los delitos se hallan discutidos y establecidos en tratados como los que se han utilizado ya.
2 Acuerdo formal entre dos o más estados. *Tb el documento correspondiente.* | Arenaza-Gastaminza *Historia* 285: Los aliados firmaron además otros tratados de paz complementarios con Austria, Hungría, Turquía y Bulgaria.

tratador -ra *adj* (*raro*) Que trata, *esp* [2]. *Tb n f, referido a máquina.* | *Abc* 27.4.74, 77: Los antiguos habitantes del Perú fueron excelentes tratadores de los metales. *Ya* 23.1.89, 15: "Tenemos una tratadora de textos que es producto del narcotráfico", comenta con sorna un periodista recluso.

tratamiento *m* **1** Acción de tratar [1, 2 y 3]. | A. Olano *Sáb* 20.8.66, 39: Pocas veces un entrevistado me interesó tanto en el tratamiento del tema. Alvarado *Anatomía* 178: La esterilización del agua para el servicio de la ciudad se consigue por otros procedimientos. Los más importantes son: la ozonización .. y el tratamiento por determinados productos químicos. *Gac* 11.5.69, 9: El último modelo es el Office Computer P 350, un ordenador destinado al tratamiento de datos reservados hasta ahora a las máquinas de

tratante – trauma

contabilidad. Navarro *Biología* 257: El tétanos es una enfermedad grave. Su tratamiento adecuado es mediante suero antitetánico de caballo. **b)** Conjunto de medicamentos y acciones encaminados a la curación de una enfermedad. | * Me han puesto un tratamiento muy severo. **c) ~ de texto(s).** (*Informát*) Programa destinado a la composición y corrección de textos. | Millán *SPaís* 10.10.92, 4: Word-perfect, por ejemplo, uno de los tratamientos de texto más extendidos, desarrolla todas sus ayudas para el castellano desde Estados Unidos.

2 Modo de dirigirse al interlocutor, o al destinatario de una carta, utilizando alguna de las posibles formas del pronombre de segunda pers. *Tb esa forma pronominal.* | ZVicente *Traque* 65: ¿Hay que explicar a los niños qué fue el anglosajón? Método. ¿Hay que decirles las fórmulas de tratamiento? Método. Academia *Esbozo* 344: El *vos* .. compitió con el *tú* como tratamiento de confianza. **b)** Nombre o título, a veces exigido por el protocolo, que se da a una pers. al dirigirse a ella o al nombrarla. | *Economía* 123: Siempre se encabeza una carta de cumplido con "el nombre", precedido "del tratamiento": Excmo. Sr. D. Fulano de Tal. Laiglesia *Tachado* 306: En la cédula, naturalmente, no figuraba el rango de la noble dama, ni los elevados títulos y tratamientos a que tenían derecho tanto ella como su hijo.

tratante I *adj* **1** [Producto cosmético] que trata [2] o cuida. | Mora *Sem* 2.11.74, 97: Para el cabello reseco o decolorado por el sol, un buen corte, un tinte tratante y... cambiar de peinado. *Hoy* 5.11.75, 24: "Balsam Raíces y Puntas" está destinado a todas las mujeres que se lavan los cabellos con champú tratante o colorante.

II *m y f* **2** Pers. que se dedica a la compraventa [de determinados productos, esp. ganado (*compl* EN o DE)]. *Frec sin compl, por consabido.* | Cuevas *Finca* 147: Charlaron, por encima de las demás mesas donde comían tratantes, vendedores de manías. Cunqueiro *Un hombre* 122: Sonrió al tratante en cereales, diciéndole que se llamaba Eudoxia.

3 Pers. que se dedica a la trata. | J. Aldebarán *Tri* 11.4.70, 16: El Sudán tiene una parte Sur cristiana y animista que odia a todo árabe .. porque ve en él a un tratante de esclavos.

tratar A *tr* **1** Hablar o escribir [sobre algo (*cd*)], frec. sometiéndolo a consideración o discusión. | Ybarra-Cabetas *Ciencias* 50: Tratados en las lecciones anteriores los puntos fundamentales de la Mineralogía general, pasamos ahora a la descriptiva. * En la próxima reunión se tratará la cuestión de los precios.

2 Actuar [sobre algo (*cd*)] o someter[lo] a determinada acción. | *Economía* 100: Su acción es lenta, tanto que a veces no desaparece la mancha hasta seis o siete horas después de haberla tratado. Gambra *Filosofía* 15: Cada ciencia parte de unos postulados o axiomas que no demuestra, y ateniéndose a ellos trata su objeto. **b)** Someter [algo o a alguien] a la acción [de una sustancia o agente (*compl* CON)]. | OCristina *SVoz* 8.11.70, 3: Carnes, pescados, verduras, tratados con energía nuclear. Navarro *Biología* 262: Las complicaciones postgripales casi siempre proceden de los estreptococos y neumococos que acompañan al virus de la gripe. Por esto deben tratarse con antibióticos aunque no tienen acción contra el virus.

3 Tener [un médico a un enfermo] bajo su cuidado. | * Le está tratando un especialista muy famoso. | * Tratar [a una pers. (*ci*)] para la curación [de un órgano enfermo o de una enfermedad (*cd*)]. | * Me está tratando una infección. * Me está tratando el hígado.

4 Dar [a alguien (*cd*)] el tratamiento [2] [que se indica (*compl* DE)]. | ZVicente *Balcón* 13: No olvides tratarme de usted. **b)** Dar [a alguien (*cd*)] un título o una calificación determinados (*compl* DE)]. | * Le trató de imbécil delante de todos. * Le trata de maestro.

5 Tener relación o comunicación [con una pers. (*cd*)]. *Frec con suj pl y cd recíproco.* | Arce *Precio* 97: No sabía que os trataseis. Escrivá *Conversaciones* 144: La religión es la mayor rebelión del hombre .., que no se conforma .. si no trata y conoce al Creador.

6 Actuar [de determinada manera] en la relación [con alguien o algo (*cd*)]. *Sin compl adv, indica que la manera es la adecuada.* | FSalgado *Conversaciones* 107: Trata a patadas, como vulgarmente se dice, a todo el mundo. *ASeg* 15.11.62, 2: Al niño hay que tratarlo y formarlo como a un niño, no como a hombrecito con pantalón corto. * No sabes cómo trata a los libros. **b)** Actuar [de determinada manera] en la representación artística [de alguien o algo (*cd*)]. | GNuño *Madrid* 139: El Santo, de pontifical, está tratado con profusos oros, y la pasmosa cabeza es lo más recio de la pintura española.

B *intr* ➤ **a** *normal* **7** Intentar o procurar [algo (DE + *infin,* o DE QUE + *subj*)]. | *Economía* 151: Si llega alguna que no conoce a las demás la presentará sin ceremonia, sin tratar de imitar a los mayores.

8 Hablar [sobre alguien o algo (*compl* DE, o, *más raro,* SOBRE o ACERCA DE)]. | *Alc* 1.1.55, 3: Es posible que ambos traten de la conferencia de Bogor. **b)** Tener [algo, esp. una obra o una ciencia (*suj*)] como tema [una cosa (*compl* DE, *más raro,* SOBRE o ACERCA DE)]. | DPlaja *Literatura* 81: Trata [el Libro de Alexandre] de la vida de Alejandro Magno. Marcos-Martínez *Física* 296: La Química orgánica. Trata de las substancias orgánicas.

9 Hablar [con alguien] con objeto de llegar a un acuerdo. *Tb sin compl.* | *Nor* 28.9.71, 4: Vendo cuatro vacas. Para ver y tratar, Granja Aupa, carretera Soria kilómetro 5. **b)** Tener relación o comunicación [con alguien]. | * No trato con sinvergüenzas. **c)** Tener [alguien] relación [con algo] en su trabajo o actividad. | * El veterinario trata con animales y el mecánico con motores. FQuintana-Velarde *Política* 182: Suponiendo que el Banco con el que tratamos ha prestado a alguien esas 800 pesetas, esta cantidad volverá al sistema bancario.

10 Comerciar [con algo (*compl* EN)]. | * Se dedica a tratar en vinos.

➤ **b** *pr* **11** Tener relación o comunicación habitual [con alguien]. | *Inf* 16.9.77, 17: Desde que me casé .. dejé de tratarme con él. Era un hombre tímido y solitario.

12 (*semiculto*) Ser [algo o alguien (*compl* DE)]. *En 3ª pers sg.* | J. M. Benet *SCCa* 26.10.75, 11: En el extremo norteoeste de la comarca de El Berguedà existe la casa pairal de Els Cots de Sant Joan de Montdarn, perteneciente al municipio de Viver y Serrateix, que se trata de una de las casas más antiguas de aquellos contornos berguedanos.

➤ **c** *pr impers* **13 se trata de.** La pers. o cosa en cuestión es. | Marcos-Martínez *Física* 251: Cuando se trata de yacimientos salinos existentes a flor de tierra, se explotan como las piedras de las canteras. Arce *Testamento* 18: No llegué a pensar aún que se trataba de un secuestro. **b)** Lo que interesa es. | * Se trataba de salir como fuera del atolladero.

trato I *m* **1** Acción de tratar [5, 6, 9 y, raro, 1]. | *Economía* 156: Los muchachos, a veces, no son todo lo leales que debían ser en su trato con las chicas. Tierno *País* 6.5.76, 8: El trato y discusión de los problemas, el conocimiento personal, .. han de ser esenciales. **b)** Educación, o capacidad de comportarse adecuadamente en la vida social. | Delibes *Cinco horas* 97: Los que sí eran un poco así, como frescos, ahora me doy cuenta, eran los de los pueblos, a ver, gente sin trato.

2 Convenio o acuerdo. *Referido normalmente a perss, no a estados.* | Laforet *Mujer* 245: Mariana había hecho con él un trato muy generoso.

3 Compraventa [de determinados productos, esp. ganado]. *Frec sin compl por consabido.* | Cela *Judíos* 309: El vagabundo .. piensa en los niños que viven de milagro, en los flacos chavales gitanos que, cuando lleguen a hombres, si Dios les deja, a lo mejor se hacen ricos con el tratillo, o con el cante. Cunqueiro *Un hombre* 104: Soy siríaco y llevo diez años en este puerto en el trato del centeno.

4 Prostitución. | Torrente *DJuan* 184: Es que en el trato, si una no baila...

5 (*raro*) Tratamiento [2]. | J. A. Castro *Ya* 21.12.74, 7: Gritan [los torpes] "¡Viva el padrino!" en los entierros, y llaman señor José a quien tiene trato de usía y reverencia.

II *fórm* or **6 ~ hecho.** Fórmula con que se manifiesta aceptación firme de una propuesta de convenio o acuerdo. *Tb en forma interrogativa para pedir esa aceptación.* | * –Si te comes todo te llevo al cine. –Trato hecho. * –Si acabo antes del sábado no vengo hasta septiembre. ¿Trato hecho? –Vale.

trattoria (*it; pronunc corriente,* /tratoría/) *f* Restaurante italiano económico. | FCid *Abc* 9.4.67, sn: En las "trattorias" del puerto se cantan napolitanas.

trauma *m* **1** Choque emocional violento que deja una impresión negativa y duradera en el subconsciente. *Tb esa impresión. Tb ~* PSÍQUICO. | J. M. Fontana *Pue* 28.12.70, 3:

La "separación" .. solo sirve para enconar y prolongar los traumas de las divergencias entre los "separados". Diosdado *Olvida* 33: –En su vida ha leído a San Pablo. –Le leyeron un trozo el día de su boda, y le quedó un trauma.
2 (*Med*) Traumatismo. | Campmajó *Salud* 497: Las llamadas sorderas profesionales, propias de individuos cuyo trabajo en ambientes ruidosos les ocasiona un trauma acústico –caldereros, planchistas–.

traumáticamente *adv* De manera traumática. | A. Semprún *Abc* 8.6.71, 37: La Policía española .. llega a saber que, cortado traumáticamente el camino del aire, la organización marsellesa "mafia corsa" .. había buscado otra vía por la cual tratar de continuar impunemente los envíos de heroína a los Estados Unidos.

traumático -ca *adj* De(l) trauma o de(l) traumatismo. | CBonald *Ágata* 218: Un ganadero de la Tabla con fama de bujarrón, a quien había arruinado –y, según sospechas indignas de estima, dado involuntaria muerte por castración traumática– aquella hembra.

traumatismo *m* (*Med*) Lesión interna o externa causada por una violencia exterior. | GGarcía *Salud* 511: Los traumatismos mecánicos que actúan sobre una gran superficie del cuerpo pueden dar lugar en los órganos internos a una alteración llamada conmoción.

traumatizante *adj* Que traumatiza. | SSolís *Jardín* 75: Siempre hacemos el amor de tapadillo ..; es traumatizante. Mascaró *Médico* 86: Cuando los fragmentos óseos .. no salen al exterior, se habla de fracturas cerradas; en el caso contrario se trata de una fractura abierta, mucho más peligrosa por la posibilidad de que se infecte el foco fracturario y de que los fragmentos actúen de elementos traumatizantes sobre las partes blandas.

traumatizar *tr* **1** Causar trauma [1] [a alguien (*cd*)]. | Oliver *Relatos* 119: Para ellos ir a la comisaría es como para nosotros tomarnos una caña en el bar, lo de todos los días, y no los traumatiza. **b)** *pr* Sufrir trauma [1] [alguien]. | Umbral *País* 10.1.79, 22: No me gusta que me riñan, porque me traumatizo.
2 (*Med*) Causar traumatismo [a una pers. o a una parte de su cuerpo (*cd*)]. | Mascaró *Médico* 98: Instilaremos solo unas gotas de colirio y mantendremos ambos ojos cerrados para que el paciente no los mueva y el cuerpo extraño arañe o traumatice la superficie interna del párpado.

traumatología *f* Parte de la medicina que trata del estudio y tratamiento de los traumatismos. | GTelefónica 21: Clínica Dr. Diéguez. Traumatología. Rehabilitación y electrodiagnóstico.

traumatológico -ca *adj* De (la) traumatología. | *Ya* 27.11.83, 42: Trasladadas ambas a la residencia sanitaria Virgen del Rocío, los médicos las trataron de importantes lesiones traumatológicas que obligaron a intervenirlas quirúrgicamente.

traumatólogo -ga *m y f* Especialista en traumatología. | *Abc* 3.12.70, 61: I convención nacional de traumatólogos, en Valencia.

travelín *m* (*Cine*) Travelling. *Tb fig*. | P. Touceda *SAbc* 6.4.86, 35: Después de echar un travelín por su cuarto, Kike descubrió, entre las fotos que empapelaban sus muros, una escena que no recordaba haber vivido.

traveller's cheque (*ing*; *pronunc corriente*, /trábelers-ĉék/; *tb con las grafías* **traveller's check** *o* **travellers cheque**) *m* Cheque de viaje (→ VIAJE). *Tb, simplemente*, TRAVELLER. | *Inf* 21.12.70, 13: Solo en travellers cheques, Cook's tiene más de 100 millones anuales en operaciones realizadas. VMontalbán *Pájaros* 292: –¿Qué tal está usted de dinero? –Me quedan travellers.

travelling (*ing*; *pronunc corriente*, /trábelin/; *pl normal*, ~s) *m* (*Cine*) Movimiento de la cámara colocada sobre un mecanismo que se desliza sobre rieles. *Tb el mismo mecanismo*. | Vitinowski *Cod* 2.2.64, 7: Cuyo único alarde técnico es el "travelling" circular alrededor de la secoya gigante, capaz de marear al espectador más pintado. R. RRaso *Rev* 12.70, 8: Los primeros equipos sonoros estaban como inmovilizados en las pesadas cabinas insonorizadas y la desaparición de los *travellings* llevaba la técnica del cine veinte años atrás.

traversa *f* Travesaño. | JGregorio *Jara* 61: Cruz Arzobispal, de doble traversa, de los arzobispos de Toledo.

travertino *m* (*Mineral*) Roca calcárea sedimentaria de color blanco o amarillento y con pequeñas cavidades, usada como material de construcción y revestimiento. *Tb* MÁRMOL ~. | *Almería* 103: En cuanto al mármol, Almería produce el 83 por 100 del total nacional .. Se encuentran piedras denominadas "travertino" y "brechao", así como el "olivino" y, en menor cuantía, el mármol verde. *ByN* 6.1.91, 78: Arriba, Rocío Jurado sentada en las escaleras de mármol travertino de su casa madrileña.

través I *loc adv* **1 a ~**, *o* (*más raro*) **al ~**. Por en medio. *Frec seguido de un compl* DE. | CNavarro *Perros* 12: Se le veía la carne a través de la camisa abierta. CNavarro *Perros* 99: Los trabajadores llevaban camisa abierta hasta la cintura y al través se veía el pecho sudoroso. **b) campo a ~** → CAMPO.
2 a ~, *o* (*más raro*) **al ~**. Penetrando de parte a parte. *Frec seguido de un compl* DE, *o* (*semiculto*) *acompañado de un posesivo*. | Marcos-Martínez *Física* 154: Se hace penetrar un rayo de luz .. a través de un pequeño orificio. Matute *Memoria* 24: Miró sobre los cristales verdes, al través de la bruma amarilla de sus ojos. Mingarro *Física* 96: Se dividen los cuerpos en dos grupos: conductores, a cuyo través circula la electricidad .., y aisladores .., que tienen la propiedad fundamental de impedir el paso de los electrones a su través.
3 a ~, *o* (*más raro*) **al ~**. En dirección transversal. | Arce *Testamento* 20: Habíamos abandonado el senderillo arenoso. Subíamos a través. Bustinza-Mascaró *Ciencias* 157: Dos pares de alas, el anterior, endurecido (élitros), y el posterior, membranoso y plegado al través: Coleópteros.
4 de ~. Transversalmente. | Matute *Memoria* 28: Luego se soltó y cayó al suelo, frotándose las muñecas y mirándonos de través bajo sus párpados anchos y dorados.
II *loc prep* **5 a ~ de**. A lo largo de. *Tb fig*. | Payno *Curso* 202: Llenó veinte folios de apretada letra a través de cuatro horas de trabajo a ritmo intenso. *Alc* 1.1.55, 4: Late a través de las declaraciones .. una orientación de futuro.
6 a ~ de. Por intermedio de. *A veces* (*semiculto*) *el compl* DE *se sustituye por un posesivo*. | Matute *Memoria* 68: En las contadas ocasiones en que me dijo algo, lo hizo a través de la abuela o de Borja. *Alc* 1.1.55, 3: Hoy entra en vigor la ayuda financiera norteamericana en forma directa .. en lugar de efectuar dicha acción a través de Francia. Cossío *Confesiones* 324: Uriburu no quería que el diario La Razón desapareciese, y quizá pensase darle un marchamo, a través mío, siendo Sojo el primero que tuviera sus declaraciones.

travesaño *m* Pieza horizontal comprendida entre dos o más verticales, o que corta a una vertical. | Olmo *Golfos* 121: Todo se reducía a quitar el travesaño que cerraba la puerta. PCarmona *Burgos* 237: Completa el tímpano un crismón que hay entre dos animales, muy parecido al de Jaca. Tiene, en efecto, en su parte inferior una S invertida, que recuerda al Espíritu Santo, aunque aquí no lleva travesaño la P para formar la cruz.

travesero -ra I *adj* **1** Que se pone de través. | M. LGarcía *SYa* 13.4.86, 6: En el Alto Aragón, por ejemplo, se han llegado a denunciar casos de desaprensivos que .. llegaron a picar portaladas para obtener piedras traveseras. **b)** [Flauta] que se coloca de través, de izquierda a derecha, para tocarla. | Perales *Música* 39: Con el mismo nombre ["flauta"], pero designando diferente posición, conocemos la "flauta travesera", que procede de la "axabeba" medieval.
II *f* **2** (*reg*) Travesía [1]. | *Barcelona* 225: Acceso a Barcelona por la avenida del Generalísimo, .. travesera de las Corts.

travesía *f* **1** Calle o camino transversal. | CNavarro *Perros* 214: Aparcó dos travesías antes de llegar a su casa.
2 Parte de una carretera que atraviesa una población. | APaz *Circulación* 18: Travesía es la parte de una carretera que se convierte en calle al pasar por dentro del casco de una población.
3 Viaje en que se atraviesa [algo (*compl de posesión*)]. | Lueje *Picos* 139: Es la excursión del máximo interés montañero .. Es la travesía del grandioso circo del Jou Lluengu, médula de la Peña. **b)** Viaje por mar. | *Sp* 19.7.70, 25: Los grandes clippers .. hacían travesías trasoceánicas.

4 Hecho de estar algo al través o de través. | Selipe *Abc* 11.4.58, 51: Antonio .. llevó a la res a los medios ..; pinchó levemente con la mano en alto, sepultó el acero con travesía y descabelló con acierto. Lueje *Picos* 28: El río marcha mansamente .. Después, por debajo del pueblo de Sotres, se profundiza y agria violentamente su curso, al precipitarse en travesía por las escabrosidades de la India de Allende y la India de Aquende.

travesío -a I *adj* **1** [Ganadería o pastoreo] que, sin ir a puntos distantes, sale de los términos del pueblo a que pertenece. | P. GMartín *His* 5.85, 33: Es factible establecer una tipología de la actividad pastoril desglosándola en tres modalidades: 1) El pastoreo estante .. 2) El pastoreo trasterminante o travesío .. 3) El pastoreo trashumante.
II *m* **2** Terreno por donde se atraviesa. | P. GMartín *His* 5.85, 33: Como en su caminar en busca de dehesas contiguas siguen el curso de las riberas, estos ganaderos recibieron en un principio el nombre de riberiegos, aquellos que recorren travesíos en tierras llanas, para pasar con el tiempo a designar a los del resto del reino.

travestí (*tb* **travesti**) *m y f* Pers. que, por inclinaciones anómalas o como espectáculo, se viste con ropa del sexo contrario. | X. Montsalvatge *Van* 20.12.70, 44: Las posibilidades de esta cantante son idóneas para papeles de "travestí" como el que interpretó, con toda propiedad.

travestido -da I *adj* **1** *part* → TRAVESTIR.
II *m y f* **2** Travestí. | J. Aldebarán *Tri* 21.10.67, 26: ¿Qué es, en el fondo, el travestido? El hecho de que un hombre desee vestirse de mujer, de que una mujer desee vestirse de hombre –no ya en el teatro, sino en la vida real–, ¿qué indica? *País* 14.8.87, 22: El transexual odia sus genitales ..; el travestido no tiene por qué, puede actuar y disfrutar activa o pasivamente.

travestir (*conjug* **62**) *tr* Vestir [a una pers.] con ropa propia del sexo contrario. *Gralm el cd es refl.* | Cunqueiro *Un hombre* 122: El siríaco Ragel se confesó al oficial de inventario que era un ojo del servicio de Egisto, por lo cual na- tenía de extraño que supiese que su género era el femenino y el motivo de andar travestida por aquellos pagos. **b)** Disfrazar [a alguien]. *Tb fig.* | P. Ballestero *Abc* 10.1.87, 91: El humorista .. atisbó en un concierto .. el pelo oscurísimo de Marta Madruga .. La imaginó repentinamente don Manolo enfundada en negro desde las cejas y se quedó prendado imaginándose el contraste. Una vez travestida, de mala, la colocó delante de la cámara para sacudirla en un abrir y cerrar de ojos la vergüenza. *Abc* 18.3.89, 15: En la paz, en su peculiaridad legítima, [el País Vasco debe] retomar la construcción de la cultura de los "chapelaundis" –los vascos universales– frente a la estrechez de los "chapelchiquis", travestidos en marxistas-leninistas.

travestismo *m* Tendencia, propia esp. de homosexuales o transexuales, a usar ropas propias del sexo contrario. *Tb la actividad correspondiente.* | *Ya* 24.2.83, 56: El travestismo .. es casi tan viejo como la humanidad. *Ya* 13.2.87, 21: Los vecinos del barrio y los colegiales .. nos vemos obligados a padecer pasivamente las consecuencias de este negocio de prostitución y travestismo. **b)** Tendencia a disfrazarse o a aparecer con un aspecto distinto al real. *Frec fig.* | Vizcaíno *Alc* 8.5.81, 4: ¡Qué diversión más divertida la de bucear por los archivos! ¡Qué fenómeno más fenomenal el de las evoluciones, travestismos o descargos! *Ya* 14.12.83, 37: En España estamos tristemente acostumbrados al travestismo político, pero no al intelectual. Ahora ha aparecido algún nuevo socialista, autoestampillado con inverecunda premura.

travestista *m y f* Travestí habitual. | P. Montoliu *País* 21.9.76, 44: Este es el motivo de que en la actualidad Ángel Cabrera, travestista, .. quiera, al parecer, entregarse a un juez especial que asegurara la vida contra cualquier amenaza.

travesura *f* **1** Acción traviesa. | Arce *Testamento* 95: Un día que pasé solo frente al lavadero y le vi solitario, cautelosamente, como si cometiese una gran fechoría, fui a recoger una boñiga reseca y la dejé flotando en el agua de la pila de aclarar .. Fue aquella una travesura que llevé en secreto. GPavón *Reinado* 249: La travesura se le ocurrió luego .. Y lo único que no les perdono es que, tal como me dejaron caer en la sepultura, me podía haber roto una pierna.

FCid *Ópera* 22: Un mundo de fusas, corcheas, trinos, tresillos, melodías, travesuras rítmicas, arias con leve signo lírico anunciador de un vuelo romántico latente, se unen a las más de veinte óperas que constituyen su aportación a la historia del género.
2 Cualidad de travieso. | MGaite *Cuarto* 64: Me la imaginaba dotada de la misma travesura, audacia e ingenio que desplegaba para sortear las peripecias que se sucedían en el argumento de sus películas.

traviesa I *f* **1** Pieza de las que se atraviesan en una vía férrea para asentar sobre ellas los rieles. | CNavarro *Perros* 96: Uno de los carteles reproducía un par de vías de ferrocarril alargadas hasta el infinito, y sobre cada una de las traviesas se veían multitud de naranjas. **b)** Pieza o elemento transversal. | *DBa* 10.6.77, 43: El cuadro está formado por dos traviesas paralelas (1) y de dos ejes (2), sobre las que se fija la tapicería por medio de chinchetas de tapicería. T. HHernández *Castronuño* 7: Se formalizó el contrato .. Renta por año: 500.000 ptas. en metálico y la lidia de 8 novillos y 2 añojos para las Fiestas de San Miguel. La construcción de la cerca exterior con traviesas y alambre de espino.
2 (*raro*) Apuesta que alguien que no juega hace a favor de un jugador. | Gilera *Abc* 2.2.65, 55: El partido dio la vuelta, como esos de los Frontones que producen el alboroto entre los poseedores de "traviesas" que quieren cubrir su dinero, parecido al pánico en la Bolsa.
II *loc adv* **3 a campo ~** → CAMPO.

traviesamente *adv* De manera traviesa. | A. Cobos *Ya* 18.12.73, 35: En sus narraciones pictóricas, los seres de su mundo salieron de las páginas de los cuentos de nuestra infancia y se encararon a los encuadres para bullir en boscajes repletos de gnomos, juguetear sobre la nieve y trepar traviesamente por los tallos de flores imposibles.

travieso -sa *adj* [Pers., esp. no adulta] inquieta y dada a acciones indebidas, peligrosas o molestas pero de poca importancia y frec. ingeniosas. *Frec con intención afectiva.* | J. Balansó *SAbc* 18.5.69, 18: De niño, Julio es muy travieso y vivaz. GPavón *Reinado* 30: Él es hombre de buen natural. Travieso y bromero sí, pero nunca pasa a mayores. RMoñino *Poesía* 37: Producciones de fray Íñigo de Mendoza, el franciscano travieso de la corte de Isabel I. **b)** [Cosa] propia de las pers. traviesa. | Payno *Curso* 106: Despiertan –con lo anterior más bocas pintarrajeadas, ojos traviesos y provocantes, y gestos desenfadados– el macho en el hombre.

trawl (*ing; pronunc corriente, /trol/*) *m* (*Mar*) Red de arrastre. | Bustinza-Mascaró *Ciencias* 176: En la pesca del bou se emplea una gran red en forma de bolsa (*trawl*), la cual es arrastrada por el fondo por dos embarcaciones.

trayecto *m* Camino o espacio que hay que recorrer para ir de un punto a otro. | CNavarro *Perros* 143: Las puntas de los pies se movían como si hubieran de desandar todos los trayectos recorridos. Laforet *Mujer* 50: Todas las estacioncitas del trayecto se confundían en la negrura de la noche. **b)** Acción de recorrer un trayecto. | M. Pozo *Act* 22.3.73, 83: Durante un viaje en tren, Walt comentó el tema con su mujer, Lillian Marie, y esta le sugirió un ratón. Incluso escogieron su nombre, Mickey Mouse, uno de los más conocidos personajes contemporáneos, nacido así en 1928 en el trayecto ferroviario de Toluca (Illinois) a La Junta (Colorado).

trayectoria *f* **1** Línea que describe [un cuerpo móvil (*compl de posesión*)]. | Alfonso *España* 189: Lo menos que puede pedirse a la reglamentación aneja a la nueva Ley de Caza es .. que haga responsable a toda persona de la trayectoria de sus disparos. *Abc* 18.4.58, 13: La pelota, en trayectoria descendente, llega a la red. **b)** (*Astron*) Órbita. *Tb fig.* | A. Pizá *Bal* 4.3.70, 16: "El Hijo de Zeid" consultaba el firmamento y leía .. la trayectoria secular de los astros y las estrellas. DPlaja *El español* 77: Está entrando en la trayectoria de otro ciudadano que hasta entonces iba paralelo a él. **c)** Dirección o camino. | J. Sotos *Rue* 22.12.70, 8: La lesión está situada en el triángulo de Scarpa, con dos trayectorias: una, de quince, y la otra, de veinte centímetros. *Ya* 4.5.88, 3: El vehículo llevaba instalado un *grillo*, según estas fuentes, que permitió seguir su trayectoria.
2 Línea de conducta o actuación. | PRivera *Discursos* 11: Toda esta trayectoria ha dado como consecuencia el refrendo por las Cortes de la institucionalización del futuro en el

Príncipe don Juan Carlos. *Mun* 23.5.70, 60: Aquí, en el fútbol español, ha discurrido su trayectoria profesional.

traza[1] *f* **1** Aspecto o apariencia. *Frec en pl. Frec con los vs* TENER *o* LLEVAR. | Delibes *Parábola* 16: Seguro que le da vergüenza llevar al marido de esas trazas. FSantos *Hombre* 25: El que no tiene trazas de marchar es su amigo. L. Calvo *Abc* 18.12.70, 28: No lleva trazas de concluir la turbulencia de pasiones.
2 Maña o habilidad. *Frec con los adjs* BUENA *o* MALA. | * ¡Qué trazas tiene para coser, Dios mío! * Aún se da buena traza para esto.
3 Truco o recurso ingenioso. | Ubieto *Historia* 108: Llegaron a escribirse manuales para los compradores de esclavos, anotando las trazas de los vendedores para colocar mejor su mercancía.
4 (*Arquit*) Diseño o plano. | GNuño *Madrid* 36: Se adosó al conjunto .. una capilla para la que dio traza el arquitecto Pedro de la Torre. E. La Orden *MHi* 7.69, 30: Los guatemaltecos no quisieron abandonar entonces su hermosa traza urbana, dibujada nada menos que por Juan Bautista Antonelli.

traza[2] *f* (*semiculto*) Huella o rastro. *Frec en pl.* | J. Bassegoda *Van* 20.5.73, 3: Una vez remodelada la escultura se procedió al policromado empezando por la pintura de las nervaduras, siguiendo las trazas de color persistentes, y dejando sin pintar los tímpanos por carecer de los suficientes elementos de juicio al haberse borrado totalmente los motivos y colores. E. Montes *Abc* 20.1.74, 21: Cuando fue asesinado en Sicilia un fiscal, la Policía siguió las trazas de este viejo mafioso.

trazado *m* Acción de trazar, *esp* [1]. *Frec su efecto.* | Marcos-Martínez *Aritmética* 158: Trazado de segmentos. J. M. Rollán *SAbc* 1.12.68, 27: Ella sabe leer en las manos como el grafólogo en el trazado. Laforet *Mujer* 58: El coche empezó a atravesar la parte de Ponferrada, con .. su vida desbordando toda la sujeción del viejo trazado de las calles.

trazador -ra I *adj* **1** Que traza o sirve para trazar. *Tb n m, referido a aparato.* | F. Brío *Abc* 21.5.78, 36: Cuentan con modernos equipos científicos, tales como ordenadores, láser, mesas trazadoras y bancos de óptica, manejados por personal muy cualificado. *Van* 5.6.75, 93: La amplia gama de aparatos periféricos incluye bloque de matrices y funciones cableadas, una selección de trazadores de gráficos, memoria periférica de cassette, lectores de tarjetas, cinta de papel y memoria de disco. **b)** [Pers.] especializada en operaciones de trazado. *Tb n.* | *Abc* 30.12.65, 111: Barreiros precisa para su ampliación cubrir plazas de verificadores--trazadores. **c)** [Proyectil] que por su luminosidad o por la estela de humo que deja permite observar su trayectoria. | *Ya* 22.11.74, 48: Acostumbrábamos llevar radio-teléfonos, brújula, prismáticos, y a veces, bengalas trazadoras. Delibes *Madera* 353: Veía las balas trazadoras por encima del antepecho, hendiendo el cielo como cohetes, brillando al sol.
II *m* **2** (*Fís*) Isótopo radiactivo que se introduce en un organismo y cuya progresión y fijación se siguen después. | *SAbc* 2.6.74, 24: Las pruebas con el trazador de isótopos radiactivos confirman la acción recubridora del Motaloy.

trazar *tr* **1** Hacer [una línea o un dibujo]. *Tb abs.* | Marcos-Martínez *Aritmética* 157: Para trazar segmentos rectilíneos se usa la regla. GNuño *Madrid* 140: Ribera aparece .., superada ya la etapa tenebrista, trazando en gama caliente. **b)** (*Arquit*) Hacer los planos o el diseño [de un edificio u obra (*cd*)]. | CBaroja *Inquisidor* 31: Lo trazó [el palacio] Juan Bautista de Toledo, el mismo arquitecto de El Escorial.
2 Idear y dar forma [a un plan o proyecto]. | CSotelo *Inocente* 138: (Animadísimo, trazando sus planes.) Vaya, vaya... Anson *SAbc* 25.1.70, 6: Traza normas y lanza consignas sobre arte.
3 Hacer mediante el lenguaje [una semblanza o bosquejo]. | FAlmagro *Abc* 4.12.64, 3: Alcalá Galiano .. traza en su "Historia de España" una concentrada semblanza de Van Halen.

trazo *m* **1** Acción de trazar. *Tb su efecto.* | *Gar* 6.10.62, 3: La mayor longitud permite aplicar los modernos tonos .. con la rapidez y precisión de trazo de un pincel de labios. P. J. Cabello *EOn* 10.63, 16: Berceo se limitará al apunte rápido, al trazo escueto, en los que moralizará sin prestar oído a deseos culpables. F. Presa *MHi* 2.64, 45: Tiene un trazo [la carretera] que se inspira en el propósito de completar la red fluvial.
2 Parte [de una letra]. | Ybarra-Cabetas *Ciencias* 167: Los [terrenos] secundarios forman tres zonas que se unen como los trazos de una gigantesca Z.

trébede *f* (*o, reg, m*) Aro o triángulo de hierro con tres pies y frec. con un asidero largo, que sirve para poner sobre la lumbre la sartén u otra vasija. *Gralm en pl con sent sg.* | DCañabate *Andanzas* 163: Un año, el 15 de mayo, nos lanzamos a las ocho de la mañana armados de una hogaza de pan .., una trébede, una sartén .., longaniza, chicharrones y qué sé yo los bastimentos más. Escobar *Itinerarios* 74: Los tizos sirven para colocar sobre ellos las trébedes y la sartén. Berenguer *Mundo* 312: En la lobera lo único que me encontré fue muchísimos mojones, pues el colchón, los trébedes y los cajones que yo tenía se los llevaron.

trebejo *m* **1** Utensilio o instrumento. *Gralm en pl.* | Delibes *Emigrante* 19: Uno no necesitaba sino mentarle la caza [a la madre] para que ella fuera a ojos ciegas donde los trebejos. *Mad* 23.12.70, 34: Sopletes, pinzas, alicates .. constituyen las primordiales herramientas de la artista, trebejos que en manos femeninas adquieren nuevas dimensiones de uso.
2 Pieza [del ajedrez]. | Campmany *Abc* 28.10.83, 21: Lo peor de este ajedrez es que todos somos peones, trebejos mayores o menores.
3 (*raro*) Juguete (objeto). | Espinosa *Escuela* 413: Regalaste mi corazón con golosinas y trebejos fabricados por tus manos.

trebeliánica *adj* (*Der*) [Cuarta] que corresponde al heredero fiduciario. *Tb n f.* | Ramírez *Derecho* 170: Se llama cuarta trebeliánica a la que corresponde al heredero fiduciario que acepta la herencia fideicomitida y practica el debido inventario, si el testador no la hubiere prohibido. Ramírez *Derecho* 170: Solo será eficaz la prohibición de la trebeliánica si el testador así lo manifiesta expresamente en testamento o codicilo.

trébol *m* **1** Planta herbácea común en los prados, con hojas compuestas de tres folíolos y flores en cabezuela blanquecinas o purpúreas (*Trifolium pratense*). *Tb se da este n a otras plantas, de este u otros géns, cuyas hojas son similares a las del trébol común.* | F. Torroba *Abc* 22.12.70, 11: Es portador de un cochinillo vivo y sonrosado, adornado con un gran trébol verde. Loriente *Plantas* 45: *Trifolium hybridum* L., "Trébol bastardo". *Trifolium incarnatum* L., "Trébol encarnado". *Trifolium pratense* L., "Trébol rojo o violeta". *Trifolium repens* L., "Trébol blanco o ladino". Herbáceas. El tercero y cuarto trébol, muy comunes en las praderas temporales de toda la región, como forraje y para pasto.
2 Palo de la baraja francesa cuya figura representa un trébol [1]. | *Naipes extranjeros* 4: Estas barajas se componen de 52 cartas .. distribuidas en cuatro palos: Pica, Corazón, Diamante y Trébol.
3 *En una carretera:* Entronque de tres o cuatro curvas que eliminan los cruces. | D. GRopero *Ya* 22.11.74, 46: Una cosa que observamos desde el trébol circulatorio de Villalba fue que la mayor afluencia de vehículos no bajaba precisamente del puerto de Navacerrada .., sino que venía por la autopista de peaje.

trebolado -da *adj* Que recuerda la figura del trébol [1]. | Seseña *Barros* 70: Otra forma generalizada la constituyen las jarras con ancha boca ligeramente trebolada y asa ancha de poco vuelo.

trebujenero -ra *adj* De Trebujena (Cádiz). *Tb n, referido a pers.* | *Ya* 26.4.87, 30: Son, sin duda, los jóvenes trebujeneros quienes mejor lo están pasando con el tinglado.

trece I *adj* **1** Precediendo a susts en pl: Doce más uno. *Puede ir precedido de art o de otros determinantes, y en este caso sustantivarse.* | J. M. Moreiro *SAbc* 13.9.70, 50: Los automóviles .. ya no tendrán que salvar la Cuesta de la Reina, que en trece kilómetros llega a los 960 metros de altitud.
2 *Precediendo o siguiendo a ns en sg* (*o, más raro, en pl*): Decimotercero. *Frec el n va sobrentendido.* | *Ley P. Administrativo* 30: Artículo trece .. Los órganos colegiados nombrarán de entre sus miembros un Secretario. Torrente *Señor* 96: Hacía tres años que vivían allí .. En agosto había hecho tres años, el trece de agosto.

trecentista – treintón

II *pron* **3** Doce más una perss. o cosas. *Siempre referido a perss o cosas mencionadas o consabidas, o que se van a mencionar.* | * He comprado trece. * Lo partió en trece. * Trece de los invitados no acudieron.

III *n* **A** *m* **4** Número de la serie natural que sigue al doce. *Frec va siguiendo al n* NÚMERO. | * El trece da mala suerte. **b)** Cosa que en una serie va marcada con el número trece. | * Le han puesto un trece.

5 (*hist*) Caballero de la Orden de Santiago que, junto con otros doce, ejercía el gobierno y administración de aquella. | E. Borrás *HLM* 9.6.75, 31: Beatriz sería nieta de Martín Fernández Galindo, comendador de la reina y trece de la Orden de Santiago nada menos.

B *f pl* **6** Una de la tarde. *Normalmente precedido de* LAS. *Tb adj* (~ horas). | * El tren sale a las trece treinta. *Tri* 27.4.74, 14: Homenaje de Amor y Desagravio de las mujeres a don Miguel de Cervantes Saavedra. Cuevas de Medrano, 21 de abril de 1974. A las trece horas.

IV *loc adv* **7 en mis** (**tus, sus,** *etc*) **~.** (*col*) En la misma actitud u opinión ya manifestada. *Gralm con el v* SEGUIR *u otro equivalente.* | Delibes *Siestas* 58: Y mi mujer en contra, y mi salud en contra, y todo en contra, y yo tieso en mis trece. Cela *Judíos* 96: Yo, ¿sabe usted?, sigo en mis trece: mientras no me pidan perdón, no entro. Torrente *Off-side* 55: Se mantiene en sus trece y prefiere llevar los bajos rotos a firmar la adhesión al Gobierno. PGarcía *Cod* 9.2.64, 4: "¡Pues seguiría siéndolo, qué carape!", mascullé para mi capote, persistiendo en mis trece.

trecentista *adj* Del siglo XIV. *Esp en historia del arte.* | Camón *LGaldiano* 101: Muestra [el cuadro] recuerdos italianos trecentistas. Tejedor *Arte* 138: Tras los pintores góticos trecentistas –Ferrer Bassa o los hermanos Serra, ya citados–, los cuatrocentistas o primitivos españoles recogen las influencias italianas y flamencas.

trecha *f* (*reg*) Voltereta. *Tb fig.* | Alcántara *Ya* 11.1.83, 7: Si pudieran juntarse todas las tonterías que ha dicho Fernando Arrabal .., darían suficiente material para un grueso volumen .. Fernando Arrabal se ha equivocado de siglo .. A ver si se sosiega y deja de pegar trechas.

trecho I *m* **1** Espacio o distancia entre dos lugares. *Tb fig.* | Arce *Testamento* 13: Queda un buen trecho hasta El Palacio. Maravall *Pról. Reforma* 15: Tampoco cabe desconocer que el trecho que separa a España de la media de la C.E.E. (5,3%) sigue siendo muy amplio.

2 Trozo o parte [de un recorrido o de un terreno]. | Arce *Testamento* 20: La ascensión comenzaba a ser más difícil. Había trechos que tenía que ayudarme con las manos.

II *loc adv* **3 a ~s,** *o* **de ~ en ~.** De manera intermitente, en unos trozos sí y en otros no. | *Sp* 19.7.70, 28: Una vegetación espesa de arbustos y monte bajo .. puebla abundantemente la tierra parda, cobriza a trechos. Matute *Memoria* 172: Los almendros invadían la tierra, bordeada de trecho en trecho por la hierba.

trefilado *m* (*Metal*) Acción de trefilar. | *Van* 10.10.74, 3: Las ventajas más destacables del nuevo procedimiento de laminación son las de mejorar y simplificar los procesos de preparación en todas las operaciones de trefilado y transformación ulterior.

trefilador -ra *adj* (*Metal*) Que trefila. *Tb n, m y f, referido a pers y a máquina o aparato.* | *Ya* 8.11.70, 13: Obreros de la empresa Trefiladora Madrileña .., dedicada a la fabricación de bobinas de motores, han trabajado ayer a ritmo lento. Laforet *Mujer* 153: Ahora tenemos que hacer hilos esta barrilla de plata. Tú has manejado ya los trefiladores.

trefilar *tr* (*Metal*) Reducir a hilo [un metal]. | *BOE* 26.7.74, 15487: Este Ministerio .. ha resuelto .. conceder a la firma "Smi Española, S.A." .. el régimen de reposición para la importación con franquicia arancelaria de .. alambre de hierro o acero no especial simplemente desnudo, trefilado, de sección transversal igual o superior a 5 milímetros.

trefilería *f* (*Metal*) Fábrica o taller de trefilado. | *GTelefónica N.* 42: Sociedad Industrial Asturiana Santa Bárbara. Trefilería Sia Moreda. Enrejados de alambre.

trefilero -ra *adj* (*raro*) Trefilador. *Tb n, referido a pers.* | *Pue* 4.12.75, 15: Firman los trefileros el concierto siderúrgico. Invertirán 3.223 millones para aumentar en doscientas mil toneladas la producción de alambre.

tregua *f* **1** Cese temporal de las hostilidades por acuerdo entre los combatientes. | Arenaza-Gastaminza *Historia* 300: El Convenio de Zanjón (1878), conseguido por Martínez Campos, fue una simple tregua. **b) ~ de Dios.** (*hist*) En la Edad Media: Prohibición, impuesta por la Iglesia, de luchar durante determinados días, esp. desde la noche del miércoles hasta el lunes y durante el Adviento, Navidad, Cuaresma y Pascua. | RMorales *Present. Santiago VParga* 7: Una de las muchas nobles iniciativas, como la tregua de Dios, arbitradas por la Santa Iglesia Romana.

2 Interrupción o descanso en algo trabajoso o penoso. *Frec en las constrs* SIN ~, *o* DAR ~. | Lagos *Vida* 92: Apenas trasponía el portón, .. se tomaba una tregua; el tiempo justo para que .. le dedicaran los primeros aplausos. *Rue* 22.12.70, 15: [El toro] la perseguía [la muleta] incansable, sin dar tregua al matador. **b)** Interrupción o aplazamiento. | LTena *Luz* 14: ¿Puedo hablarte? (Jaime alza una mano pidiendo una tregua y no contesta.)

treinta I *adj* **1** *Precediendo a susts en pl*: Veintinueve más uno. *Puede ir precedido de art o de otros determinantes, y en este caso sustantivarse.* | Cunqueiro *Un hombre* 12: El hombre del bastón y la sortija cumpliría treinta años.

2 *Precediendo o siguiendo a ns en sg* (*o, más raro, en pl*): Trigésimo. *Frec el n va sobrentendido.* | Laiglesia *Tachado* 32: No parece fácil que volvamos a vivir unos años tan agradables como los comprendidos entre el dieciocho y el treinta y nueve. *Cocina* 10: Minuta treinta.

II *pron* **3** Veintinueve más una perss. o cosas. *Siempre referido a perss o cosas mencionadas o consabidas, o que se van a mencionar.* | *Inf* 10.1.74, 28: El paro forzoso a que están abocadas las tripulaciones de los setenta y dos barcos –.. treinta lo hacen con artes de tendido– crear[á] un grave problema socioeconómico. Torrente *Vuelta* 279: Carlos miró el termómetro a la luz de la ventana. –Treinta y ocho y medio. * Treinta de los invitados no acudieron.

III *m* **4** Número de la serie natural que sigue al veintinueve. *Frec va siguiendo al n* NÚMERO. | *Van* 23.6.74, 8: Le ha sido iniciado un nuevo expediente administrativo que hace el número treinta y uno de los que se le incoan desde su inauguración. **b)** Cosa que en una serie va marcada con el número treinta. | * Le han calificado con un treinta.

5 los (**años**) **~,** *o más raro,* **los** (**años**) **~s.** Cuarto decenio de un siglo, esp. del XX. | Jover *Historia* 888: El gran maestro de la España europeizante de los años veinte y de los años treinta es José Ortega y Gasset.

6 ~ y cuarenta (*o* **~-cuarenta**). (*Naipes*) Juego en que el banquero pone dos hileras de cartas cuyos puntos deben estar entre 31 y 40. | Pemán *Abc* 9.10.74, 3: Es profanación otorgar nombramiento de juego a la ruleta, al "baccarat", al "treinta y cuarenta". A. Calaf *Van* 2.4.78, 49: Los juegos instalados en el casino de Sant Pere-Sitges-Vilanova serán todos los autorizados: ruleta, baccará, punto y banca, "boule", "black-jack" o veintiuno, ferrocarril o "chemin de Fer", ruleta americana, treinta-cuarenta y dados o "craps".

7 ~ y uno. (*Naipes*) Juego que consiste en hacer 31 tantos o puntos, y no más. | *Abc Extra* 12.62, 95: El treinta y uno, el prohibido monte, las siete y media.

treintañero -ra *adj* [Pers.] que tiene treinta años o poco más. *Tb n.* | Cela *Pirineo* 182: Al viajero, las apuestas y pechugonas damas veraneantes y treintañeras siempre le llamaron mucho la atención.

treintena *f* **1** Conjunto de treinta unidades. *Gralm seguido de un compl* DE. *Frec solo con sent aproximativo.* | *Nue* 11.1.70, 5: Manifiesta el deseo del Gobierno español de adquirir una treintena de aviones Mirage.

2 Edad de treinta años. | Montero *Reina* 166: Rondaban ambos la treintena y procedían, sin duda, del otro lado de la frontera.

3 Edad comprendida entre los treinta y los cuarenta años. | *SInf* 9.1.70, 4: Después de la treintena los brazos femeninos se tornan fofos.

treintenio *m* Período de treinta años. | *Inf* 3.7.74, 32: En el último treintenio la máxima absoluta de Bilbao alcanzó 41,2 grados.

treintón -na *adj* (*col*) [Pers.] que está en la treintena [3]. *Tb n.* | R. Rodríguez *Rev* 7/8.70, 27: Quizá [Truffaut] es ese curioso observador treintón que la sigue. Delibes *Madera* 364: Miodelo tenía a su cargo, a los veintiuno, una mujer treintona, tres hijos y una tiendecita de comestibles en Betanzos.

trekking (ing; pronunc corriente, /trékin/; pl normal, ~s) m (Dep) Viaje turístico colectivo a pie. | País 2.3.80, 21: Trekking y aventura. Viajes Scorpio.

tremante adj (lit) Que tiembla. | Lera Bochorno 217: Miguel, con los puños crispados, tremante, se detuvo detrás de aquella pareja, como un vengador.

trematodo adj (Zool) [Gusano platelminto] parásito, dotado de ventosas o ganchos que le permiten fijarse a su huésped. Frec como n m en pl, designando este taxón zoológico. | M. Cayón Abc 23.9.70, 43: Se ha comprobado la existencia de dos especies de "trematodos" y otras dos de "nematodos", nuevas para la fauna ibérica.

tremebundo -da adj Terrible. Frec con intención ponderativa. | DCañabate Paseíllo 64: Mala noche pasó el Niño de la Fuentecilla. La cama de la posada era infecta. Los ronquidos de sus compañeros de habitación, tremebundos.

tremedal m Terreno pantanoso, abundante en turba y cubierto de césped, que retiembla al andar sobre él. Tb fig. | CBonald Ágata 13: La humedad y el salitre .. han ido erosionando, desmontando lo que la implacable ejecutoria de los desplazamientos geológicos terminó de fundir en la viscosidad de los tremedales. Landero Juegos 346: Solo los astros estaban a salvo del tremedal de las pasiones. Cam 14.4.75, 60: Eran guerras de símbolos, de símbolos a veces muy trillados: "La luz al final del túnel", "el dedo en el engranaje", "el tremedal vietnamita".

tremendamente adv De manera tremenda [2a]. | Arce Precio 168: Don Pedro estaba tremendamente avejentado.

tremendismo m **1** Tendencia a destacar lo terrible o desagradable. | C. SBeato Rev 7/8.70, 18: Santa Teresa no es amiga de tremendismos. No hará nunca una exposición patética del momento de la muerte. **b)** (TLit) Corriente literaria, esp. narrativa, desarrollada en España en el s. XX, que tiende a exagerar la expresión de los aspectos más crudos de la vida real. | GLópez Lit. española 675: La familia de Pascual Duarte, en la que se ha visto el punto de arranque del "tremendismo" de la posguerra, constituyó .. un verdadero escándalo literario. **c)** (Taur) Modo de torear haciendo alarde de valor, con lances muy llamativos y peligrosos. | Nacho Rue 17.11.70, 5: El toreo clásico llena; el tremendismo gusta.

2 (raro) Condición de tremendo. | Zunzunegui Hijo 11: En Algorta, mientras no se demuestre lo contrario, son todos un poco tremendos. Es el suyo un tremendismo corporal, de hombres grandotes.

tremendista adj De(l) tremendismo [1]. | FAlmagro Arr 30.9.62, 18: Estamos en la gran ola de la novela tremendista, truculenta. DCañabate Paseíllo 48: No necesitan saber matar, porque, aunque maten a pellizcos, como la faena haya sido ligeramente tremendista, tienen aseguradas las orejas. **b)** Adepto al tremendismo. Tb n. | DCañabate SAbc 16.2.69, 36: ¿Qué toreros son esos que engañan al público echándoselas de tremendistas? ¿Tremendistas de merengue?

tremendo -da I adj **1** Terrible o que causa terror. Frec con intención ponderativa. | CBaroja Inquisidor 16: Disponemos también de algunos libros .. en que podemos estudiar los procedimientos y las vicisitudes del tremendo tribunal. Laforet Mujer 53: Eulogio quería otra Paulina .. Fue tremendo. Ella se sentía enferma.

2 (col) Muy grande o extraordinario. | PRivera Discursos 17: Esta postura no es una regresión, sino, por el contrario, sentir un respeto tremendo por el ser humano. **b)** [Pers.] grande y gruesa. | Zunzunegui Hijo 11: En Algorta .. son todos un poco tremendos. Es el suyo un tremendismo corporal, de hombres grandotes.

II loc adv (col) **3 por la tremenda.** De manera violenta y desconsiderada. | Juanjo SYa 24.5.74, 3: Ante tal sarta de impotencias, el político no tiene otra salida que cortar por la tremenda el nudo gordiano.

4 por la tremenda (o, más raro, **por lo ~**). Por el lado trágico. Gralm con el v TOMAR. | Lera Boda 706: –Yo, de aquí a un rato, saldré también a ver qué pasa .. –¡Muy bonito! Dentro de un rato... Cuando haya pasado la tormenta .. –No lo eches por la tremenda, haz el favor. Torrente DJuan 174: Nosotros no te obligamos a que tomes las cosas por lo tremendo y lo desquicies todo.

trementina f Oleorresina que se extrae del alerce, el abeto, el terebinto y esp. el pino. | Alvarado Botánica 73: Todos los órganos del pino poseen una oleorresina, denominada trementina, que rezuma por cualquier herida que se produzca.

tremesino -na adj De tres meses. | Delibes Castilla 12: De las siembras tremesinas es bobería esperar nada, es decir, para conseguir algo, tendrían que caer ahora veinte litros, a la semana que viene otros veinte y a este tenor hasta junio.

tremís m (hist) Moneda romana equivalente a la tercera parte de un sólido de oro. | C. Castán MDi 28.2.75, 22: Estos mismos pueblos bárbaros afincados militarmente en la Hispania empezaron a tener necesidad de la moneda, y a través de ellas comenzaron a conmemorar a sus caudillos (visigodos), acuñando Sólidos y Tremises en oro en varias ciudades de la Hispania Romana.

tremolante adj (lit) Que tremola. | Cela Pirineo 102: El sol persigue una nube en forma de león desmelenado; de león que, poco a poco, se va convirtiendo en blando fantasma: en tremolante harapo de alba túnica de fantasma. Torrente Off-side 233: Suenan unos golpes en la puerta. Domínguez se estremece. Con voz tremolante: –¡Sí!

tremolar (lit) **A** tr **1** Agitar [algo, esp. una bandera] en el aire. Tb fig. | Grosso Capirote 164: El monago tremolaba el campanil mientras guiñaba burlas y gestos a los niños arrodillados en las aceras.

B intr **2** Agitarse en el aire [algo, esp. una bandera]. | DCañabate Abc 7.3.58, 34: Las puntas aceradas de las lanzas de los lanceros de la escolta de honor brillan refulgentes. Tremolan los gallardetes rojo y gualda que las adornan.

3 Hacer trémolos. | Torrente DJuan 338: En el silencio, el violoncello, tras los decorados, tremolaba por los graves más patéticos.

tremolina f (col) Jaleo o alboroto. | DCañabate Paseíllo 93: Al revuelo de un capote, el Pulguita se aprovecha y le prende una banderilla en mitad de la barriga. Truenan la pólvora y la tremolina en los tendidos. **b)** Agitación [de algo movido por el aire]. | Landero Juegos 39: En ese momento solo acertó a verla desaparecer por una esquina envuelta en la tremolina de su cabellera.

tremolita f (Mineral) Anfíbol que carece de aluminio, de color blanco, gris o verde. | Ybarra-Cabetas Ciencias 55: Algunas variedades de tremolitas tienen sus cristales prismáticos en disposición radiante.

trémolo m **1** (Mús) Repetición rápida de un sonido o de un acorde, esp. en el piano y en los instrumentos de cuerda. | GEspina HLM 26.10.70, 40: Los tres intérpretes .. cantaron obedientes con afinación segura. Aún se dejaron oír otras espiras sonoras, que Luis de Pablo obtiene para ambientar los temas con el trémolo electrónico.

2 (lit) Temblor de la voz causado por una emoción. | Aldecoa Gran Sol 188: La voz de Macario Martín tenía un trémolo de angustia. Laforet Mujer 65: Los trémolos en la voz .. le salían al contar una historia edificante.

tremor m (lit, raro) Temblor. | Soto SYa 1.6.75, 19: Las tijeras tijereteaban el tremor de un enjambre enloquecido en un aire ahogado entre planos de luz.

trempar intr (reg) Excitarse sexualmente [esp. el hombre]. | X. Domingo Cam 26.12.77, 147: ¿Seremos capaces de tratarnos de tú a tú y de gozar de nuestros deseos .. y de reír y de "trempar" y de rendir homenaje a todo lo que deseamos? VMontalbán Pájaros 58: Y no es que fuera frígida, porque a veces cuando le metías mano, para qué engañarnos, cuando le metías mano en la patata, trempaba, porque se le ponía a sudar la patata y ese es el síntoma más claro de que una mujer tiene algo entre pierna y pierna.

trémulamente adv (lit) De manera trémula. | Cela Judíos 236: De un balcón próximo salió una suave voz, cálida y cristalina, trémulamente firme y, quizás, suplicadora.

tremulante – trenza

tremulante *adj* (*lit, raro*) Trémulo. | Arce *Testamento* 63: La llamita del carburo se había menguado considerablemente y en lugar de aquella claridad blanca y lechosa del principio nos iluminaba con una tremulante amarillez.

trémulo -la *adj* (*lit*) Tembloroso. | Arce *Testamento* 85: Di media vuelta y caminé sobre mis trémulas piernas hacia las cañaveras. Laforet *Mujer* 58: La voz de Paulina salió algo trémula.

tren I *m* **1** Conjunto formado por los vagones y la locomotora que los arrastra. *Frec con un adj o compl especificador:* CORREO, MIXTO, DE MERCANCÍAS, *etc*. | Laforet *Mujer* 11: El tren no sale hasta las siete. *Inf* 12.12.70, 27: Las autoridades checoslovacas han anunciado que el número de muertos como consecuencia del accidente sufrido por el tren expreso Budapest-Berlín Oriental podría ser muy importante. *Ya* 27.12.74, 1: A primeras horas de la mañana de ayer se produjo un accidente en una línea del Metro madrileño .. al desprenderse un hilo de trabajo de la línea aérea que lleva la corriente y que los trenes toman por la pértiga. **b)** *Frec se usa en contexto metafórico en constrs como* PERDER EL ~ DE, *o* EL ÚLTIMO ~, *aludiendo a una oportunidad que se escapa*. | Castilla *Humanismo* 11: Cualquier intento de prescindir de estos momentos ha llevado consigo la pérdida de la conciencia histórica, el desfase con nuestra propia modernidad, la pérdida del tren de nuestro instante. **c)** Ferrocarril (vía o medio de comunicación). | R. Haba *Cór* 26.8.90, 11: Nos acercamos a este pueblo contemplando las obras que junto a la carretera se están realizando para crear la infraestructura que necesitará el futuro tren de alta velocidad.
2 Conjunto de máquinas o útiles necesarios para una determinada operación. *Gralm con un compl especificador*. | Arce *Precio* 36: Igual podemos montar una fábrica de hilaturas que un tren de laminación. Moreno *Galería* 153: Era una especie de anilla de enganche o de tren de tiro. **b)** ~ **de aterrizaje**. Dispositivo sobre el que descansa el avión y que le permite despegar y posarse. *A veces se omite el compl* DE ATERRIZAJE, *por consabido*. | *Abc* 29.11.70, 29: Cuando el avión rodaba por la pista sufrió un pinchazo en las ruedas del tren de aterrizaje. *Sáb* 5.7.75, 50: El YF-16 nos mostró su capacidad de subida, tras un despegue de máxima potencia .. Después de girar 360° –en un viraje muy ceñido– baja el tren y efectúa un "tonel" con la configuración de aterrizaje.
3 (*Fís*) Conjunto de ondas que se repite siempre igual. *Gralm* ~ DE ONDAS. | Mingarro *Física* 93: Sucede que el tren incidente y el reflejado, al recorrer en sentido contrario el medio ondulatorio, se componen para dar lugar a un nuevo sistema de ondas. Mingarro *Física* 92: Reflexión de un tren de ondas.
4 Ritmo (velocidad a la que se ejecuta una acción o se desarrolla un suceso o conjunto de sucesos). *Frec en deportes*. | S. García *Ya* 22.10.64, 27: Ha impuesto un tren de carrera arrasador que no han podido seguir ninguno de ellos. *Abc* 30.12.65, 103: En los minutos finales del encuentro, los israelitas forzaron su tren y hubo bastantes encestes.
5 Modo de vida, en lo relativo al lujo o al gasto. *Frec* ~ DE VIDA. | Arce *Precio* 201: ¿Cuánto hay que ganar para mantener en buen tren a una mujer como Elsa? Aparicio *Mono* 185: ¿Estarán los supervivientes en condiciones de llevar un tren de vida como el que están habituados a llevar los norteamericanos?
II *loc adv* (*col*) **6 a todo ~**. Con la máxima velocidad. | *Cam* 2.6.75, 17: Las máquinas fotocopiadoras funcionaban a todo tren.
7 a todo ~. Con el máximo lujo u opulencia. | Marsé *Dicen* 163: Una rubia platino que vivía a todo tren en el Ritz con dos perritos.
8 (**como**) **para parar un ~**. En gran abundancia. *Con intención ponderativa*. | A. MGarrido *Pue* 25.9.70, 16: Agua hay para parar un tren, y el vodka, aun a precios no demasiado asequibles, tampoco falta en cualquier despensa.
9 como un ~, *o* **para parar un ~**. Muy bien. *Referido a la belleza o atractivo físico de una pers. Gralm con el v* ESTAR. *Con intención ponderativa. Tb adj*. | PGarcía *Sáb* 15.3.75, 77: Es Victoriano, que tiene la barbilla partida y está como para hacerle un favor. ¡Está como un tren! Cela *Viaje andaluz* 227: En la plaza del Pan, una turista sueca que estaba como un tren dio un duro al vagabundo porque se dejase retratar con ella.

trena *f* (*col*) Cárcel. | GPavón *Hermanas* 27: Cállate esa boca que te suspendo el viaje y duermes en la trena.

trenca[1] (*frec con la grafía* **trenka**) *f* Prenda juvenil de abrigo, semejante a un chaquetón largo, con capucha y abrochada con tiras de cuero y botones alargados. | *Pue* 17.2.65, 15: Uno de los jóvenes que fueron vistos por un vigilante nocturno cerca del lugar donde ocurrió la explosión usaba barba y llevaba una trenca. *HLM* 26.10.70, 11: Trenka en gamuza de Lana Australia. Colores marino, beige y verde.

trenca[2] *f* Raíz principal de una cepa. | Espinosa *Escuela* 353: –Nadie vivió jamás del aire –arguyó Bernaldo. Y el otro repuso: –Pero sí de cardos borriqueros, .. ásperas tápenas, trencas, rizomas y pámpanos.

trench (*ing; pronunc corriente*, /trenč/) *m* Trinchera (prenda). | *Miss* 18.10.74, 69: A la derecha, modelo de trench de noche en crepé de chiné color arcilla. *SD16* 3.6.90, 72: Para los días inciertos y lluviosos, trench de microfibra en marfil.

trencha *f* (*Mar*) Formón grande usado esp. para desguazar tablones. | Zunzunegui *Hijo* 15: Sonaban mazos y mandarrias en torno a la maltrecha gabarra; y el ruido seco de las trenchas desguazando algunos tablones. **b)** (*reg*) Formón. | Torrente *Señor* 214: –¿No basta con barrer y limpiar? –Sí; y, después, encalar la habitación, tapizar los muebles ..– Doña Mariana se encargaría de avisar al maestro que tomase a su cargo el tapizado de los muebles. Carlos pidió un martillo y una trencha.

trencilla A *f* **1** Galón estrecho de tres cordoncillos trenzados. | *Lab* 9.70, 18: Son de tela de rizo estampada .. ribeteados con trencillas de algodón. **b)** Cordón estrecho y trenzado. | Nácher *Guanche* 183: Un día el uno quiso gritarle por un pellizco que le dio al aflojar la trencilla de una bota, y tuvo que dormir con la otra puesta.
B *m* **2** (*col*) Árbitro de fútbol. | A. Vega *Ext* 19.10.70, 10: Dirigió el encuentro el colegiado señor Jiménez Correa, auxiliado en las bandas por los señores Corchado y Ledo. Muy flojito el "trencilla" de turno.

trenero -ra *adj* (*raro*) De(l) tren [1]. | Ero *Van* 11.4.71, 23: En los difíciles años de la escasez de hierro, múltiples rollos de redondos de variados calibres fueron lanzados en la noche desde las plataformas treneras y recogid[o]s por gavillas que los vendían de estraperlo.

trenka → TRENCA[1].

treno *m* **1** (*hist*) *En la antigua Grecia:* Canto de lamentación. *Tb* (*lit*) *fig*. | Subirá-Casanovas *Música* 13: Grecia contó .. con melodías adecuadas a las diversas situaciones –trenos, peanes y ditirambos, es decir, cantos dolorosos, jubilosos y en honor de Dioniosos, respectivamente–. FMora *Abc* 2.2.65, 3: Los jeremíacos trenos que se escuchan sobre la pobreza y la disolución social .. distraen la atención de la verdadera crisis. CBonald *Ágata* 301: Ya habían metido a Manuela en un ataúd ..; nada parecía oponerse a que dieran comienzo unos trenos y plegarias que durarían hasta que ya no hubo otro remedio que sacar el féretro.
2 (*raro*) Maldición o juramento. | Guelbenzu *Río* 18: –¿Y para qué voy a lograrlo? –preguntó José. El otro soltó un treno que retumbó poderosamente por la cueva. –¡La madre que nos parió! Para qué voy a lograrlo, dice. ¿Eso es lo que os enseñan ahora?

trente *m o f* (*reg*) Utensilio en forma de horca o rastrillo con tres o más dientes metálicos. | A. Toquero *DMo* 16.8.89, 6: La gusana de "cabeza", [cebo] que .. tiene la particularidad de que hay que capturarla con una trente (especie de rastrillo de 5 ganchos). [*En el texto*, un a trente.]

trentino -na *adj* Tridentino. | *DBu* 3.7.55, 3: El heroísmo de un muchacho trentino. Humberto *Sáb* 24.5.75, 64: Si el país fuera, como se pretendió algún día, el pozo petrolífero espiritual de Occidente y la fortaleza hercúlea del catolicismo trentino.

trenza I *f* **1** Tejido que se forma con tres o más hebras o grupos de fibras, cruzándolas alternativamente. | *InA* 9.7.75, 26: De nuevo aparecen las sandalias .., compuestas de modelos con tiras, trenzas, perforaciones y grandes calados, que dejarán al pie en gran libertad. E. Castellote *Nar* 1.76, 17: El sobijo, trenza de tres cabos con la que cose el esparto, y la tomiza, de idéntica factura, pero más gruesa, no eran especialidad exclusiva de la mujer. *GTelefónica N.* 198: Trenzas y cables de acero. **b)** *Esp:* Trenza de pelo. | Medio *Bibiana* 49: Parece que fue ayer cuando era chiquilla y él la cogía por las trenzas para darle un beso. **c)** Objeto o adorno en forma de trenza [1a]. | Carandell *Madrid* 60: Las camareras .. seguían repartiendo torrijas, magdalenas, palmeras, trenzas. RNola *ByN* 24.12.89, 97: En Nochevieja, ofrece ostras en gelatina a la vinagreta de caviar, trenza de salmón. *Lab* 2.70, 4: Puntos empleados: .. Trenzas: Se trabajan sobre 4, 6 u 8 puntos.

II *loc adj* **2 de ~**. (*Híp*) [Paso] trenzado[2] [2]. | Cunqueiro *Crónicas* 168: La Garde. Caballo de guerra del coronel Coulaincourt de Bayeux. Sabía paso de trenza.

trenzado[1] *m* Acción de trenzar. *Tb su efecto.* | Pericot *Polis* 22: Surgió también, en el Neolítico, el tejido. Desde el trenzado original de fibras se llegó tras sucesivos progresos al uso de auténticos telares. C. Nonell *Abc* 22.10.67, 9: Cuando la marea está en su bajamar, mujeres y niños se precipitan en su busca desenterrándola de la arena con un trenzado de los pies que es toda una teoría de ritmo. Cunqueiro *Un hombre* 10: La madre fue una señora muy fina, con pamela ceñida de trenzado de rosas. **b)** (*Danza*) Salto ligero en que se cruzan los pies. | AMillán *Mayores* 374: Tenías que haberme visto... Yo era el que mejor bailaba... El trenzado, ¿sabes?... Es lo más difícil.

trenzado[2] **-da** *adj* **1** *part* → TRENZAR.

2 (*Híp*) [Paso] que realiza el caballo piafando. *Tb n m.* | Viñayo *Asturias* 15: Celebrados fueron entre los équites romanos los caballos asturcones, de paso portante y trenzado.

3 (*raro*) Que tiene forma de trenza. | Castellanos *Animales* 27: El pelo largo, a su vez, puede ser suave y sedoso, como es el caso del San Bernardo; .. semilargo y acordelado (o trenzado), como en otra variedad de caniche.

trenzar *tr* **1** Hacer una trenza [1a] [con algo (*cd*)]. | Delibes *Santos* 106: Los dedos se deforman de trenzar esparto. DCañabate *Paseíllo* 175: En los nuebos mataban toracos imponentes, en la calle, con su coleta bien trenzada asomando por bajo del catite o del calañés, perdonaban la vida a los transeúntes.

2 Entrecruzar o entretejer. *Tb fig.* | Aldecoa *Gran Sol* 155: No, déjalo vivo .. Trénzale las alas. CNavarro *Perros* 136: El cabello recordaba al lino cuando es puesto a secar sobre cañas y el aire lo trenza y lo destrenza. *País* 28.1.78, 6: En torno al Sahara no solo trenzan sus jugadas Marruecos y Argelia. **b)** (*lit*) Tejer o formar [algo] entrecruzando distintos elementos. | Olmo *Golfos* 193: Las llamas crepitando trenzan su danza. C. Nonell *Nar* 4.76, 25: Los hombres trenzan, en fila, una danza de reminiscencias ibéricas.

trepa[1] *f* Acción de trepar[1]. | P. Urbano *Ya* 21.1.90, 8: ¿En qué se diferencian una frondosa buganvilla trepadora... y ese magnífico ejemplar humano de barba cana llamado Martín Toval? Sin duda, en que a la buganvilla le basta adherirse al muro y estarse quieta y callada, al sol, y a Martín Toval la "trepa" le cuesta tener que salir a escena, de vez en cuando, a decir insensateces.

trepa[2] *m y f* (*col*) Arribista. | Umbral *País* 27.7.76, 15: –Vamos a ser democratacristianos. –También tiene usted razón. Desde mañana titularé esta columna Diario de un democratacristiano. Yo es que soy un trepa.

trepa[3] *f* **1** Plantilla para estarcir. | *Lab* 6.81, 105: Con un "spray" o un pulverizador también podemos utilizar las trepas. **b)** Estarcido. | Seseña *Barros* 22: Otro método [de decorar vasijas] consiste en recubrir la parte que irá decorada con una pasta muy blanca de caolín y sobreponer una plantilla con el dibujo deseado. Una vez pasado el motivo a la pieza, se raspa el caolín sobrante. Relacionado con este sistema existe el estarcido o trepa, que consiste en pintar los motivos con una plancha o plantilla donde están previamente recortados.

2 (*hist*) Bordado de aplicación, típico del Renacimiento, en que el contorno del motivo aparece sombreado con diversos puntos. | Camón *LGaldiano* 161: En la franja .. se puede advertir una de las etapas de la evolución del bordado del final del siglo XVI. Es la aplicación, con el nombre de trepas o trepados, de telas superpuestas recortadas formando ornamentaciones, dentro de las cuales se matizan todavía las sombras con fina labor de puntos.

trepada *f* Acción de trepar[1]. | Lueje *Picos* 35: La presencia de estos animales [rebecos], .. con sus brincos, carreras y emocionantes trepadas por neveros, desplomadas paredes y voladas cornisas, supone el más rico y sugestivo de los espectáculos.

trepado *m* **1** Acción de trepar[2]. *Tb su efecto.* | M. Logroño *SAbc* 6.4.75, 26: Las tareas .. hoy se encadenan por medio de una meticulosa distribución de funciones. Conforme a las fases siguientes: documentación; .. impresión; trepado –perforado– de los pliegos.

2 (*hist*) Trepa[3] [2]. | Camón *LGaldiano* 161: En la franja .. se puede advertir una de las etapas de la evolución del bordado del final del siglo XVI. Es la aplicación, con el nombre de trepas o trepados, de telas superpuestas recortadas formando ornamentaciones.

trepador -ra I *adj* **1** Que trepa[1]. | Castellanos *Animales* 151: Ardillas .. Aspecto muy atractivo; animales trepadores y saltadores muy vivarachos. Navarro *Biología* 302: Lianas .. Son plantas trepadoras o volubles. Gironella *Millón* 472: Desde niño había oído hablar de la ciudad vasca, de sus Altos Hornos, de sus minas, de sus astilleros y de sus ciclistas, "mejores trepadores que los ciclistas italianos", en opinión de Marta y de María Victoria. **b)** (*Zool*) [Ave] adaptada a la vida arborícola. *Tb como n f en pl, designando este taxón zoológico.* | Bustinza-Mascaró *Ciencias* 197: Las aves trepadoras. Son aquellas especialmente adaptadas para trepar por los árboles.

2 (*col*) Arribista. *Frec n.* | Gala *Sáb* 5.4.75, 5: El trepador Pedrosa .., el mediocre Pedrosa, había ganado, de momento. Torrente *Sombras* 264: Se te empieza a notar que no eres un verdadero *gentleman*, sino quizá un esnob trepadorcillo.

3 De (la) acción de trepar[1]. | J. Tamarit *Mar* 15.7.88, 30: Son, por tanto, los corredores de facilidad trepadora los que deben salir más beneficiados de la pugna, y, entre ellos, el segoviano Perico Delgado.

II *m* **4** Pájaro pequeño que nidifica en los orificios de los muros y de los árboles (*Sitta europaea*). *Tb ~ AZUL.* | F. LSerrano *SYa* 17.3.74, 25: Icona viene realizando desde hace varios años una instalación masiva, en los montes del Estado, de nidos artificiales .. Herrerillos, carboneros, colirrojos, trepadores, agateadores y otras especies ven así asegurada su habitabilidad y considerablemente aumentadas las posibilidades de supervivencia. Noval *Fauna* 229: Un pequeño pájaro de forma rechonc[h]a, cola corta y actitudes como de pájaro carpintero, con el pico muy fino y destacando mucho el contraste entre el plumaje gris azulado del dorso y los flancos de color ocre muy vivo. Se trata del Trepador azul o *Esguilón azul* (*Sitta europaea*).

trepanación *f* (*Med*) Acción de trepanar. | LIbor *SAbc* 10.3.74, 6: De siempre han sido muy famosas las trepanaciones de cráneos.

trepanador -ra *adj* (*Med*) Que trepana. *Tb n m, referido a médico o a aparato.* | F. Gor *SYa* 21.9.74, 11: No tiene descendencia el matrimonio y adopta el niño, que habrá de llegar a ser un médico famoso, trepanador real, trece siglos y medio antes del advenimiento de Jesucristo. E. Montes *Abc* 3.7.75, 37: Los franceses Chouard y Sterker, de París, y Characlon, de Grenoble, dieron grandes pasos adelante destruyendo, con velocísimos trepanadores eléctricos, casi toda la cóclea, a fin de acercarse lo más posible al nervio acústico.

trepanar *tr* (*Med*) Horadar [un hueso, esp. del cráneo]. | LIbor *SAbc* 10.3.74, 6: Existen cráneos prehistóricos trepanados.

trépano *m* Utensilio o herramienta que sirve para taladrar o perforar, esp. un hueso o el suelo. | Solís *Siglo* 112: Prepare los vendajes necesarios para una operación de trépano. MChacón *Abc* 11.8.64, 41: La torre del pozo "Ayoluengo 1" horadaba tenazmente, y sus trépanos avanzaban lenta, pero implacablemente, por el suelo.

trepante *adj* Que trepa[1]. | GCasado *Íns* 6.85, 16: Una urna tibetana, doble recipiente, dobles motivos, un motivo repetido en cuatro cuadrados, .. y en los cuadrados laterales, una figura femenina trepante, curvada sobre sí.

trepar - trescientos

trepar[1] **A** *intr* **1** Subir [a un lugar alto y dificultoso] valiéndose de los pies y de las manos. *Tb fig.* | Arce *Testamento* 100: El Bayona había alcanzado la cumbre de un risco .. Tomé aliento y comencé a trepar hasta él ayudándome con las manos. **b)** Subir [una planta] agarrándose a otra o a un objeto. | Cunqueiro *Un hombre* 11: Y aquí y allá la hiedra trepaba hasta las almenas. **c)** (*lit*) Subir o ascender [algo] a ras de tierra. | Ferres-LSalinas *Hurdes* 98: Los viajeros descienden a lo hondo, cruzan el puente del arroyo y toman la senda que trepa por la loma arriba entre el yermo paisaje. Más alto, la trocha se rompe en una y griega de caminos. Lera *Boda* 670: El pinar, que trepaba hacia el norte, iba quedándose oscuro.
B *tr* **2** Trepar [1] [por un lugar (*cd*)]. | CSotelo *Proceso* 410: Tengo la muerte acampada al pie de este castillo y muy pronto, mañana, pasado, trepará las murallas y me helará la sangre. GPavón *Rapto* 186: Las viñas barbudas de oro trepaban los modestos oteros.

trepar[2] *tr* Taladrar o agujerear. | *Impreso* 8.74: Rogamos separe(n) por la línea trepada la presente carta y nos la devuelva(n) autorizada con su firma.

treparriscos *m* Pájaro de plumaje gris, de alas negruzcas y redondeadas con grandes manchas de color rojo vivo y motas blancas en los bordes, propio de lugares rocosos (*Tichodroma muraria*). | Noval *Fauna* 246: En los murallones rocosos de los Picos de Europa .. se puede observar un pequeño pájaro de aspecto negruzco, pero cuyo plumaje es extraordinariamente vistoso. Es el Treparriscos (*Tichodroma muraria*).

trepe *m* (*reg*) Alboroto o jaleo. *Normalmente con el v* ARMAR. | Delibes *Ratas* 11: Cuando los hombres no están contentos con lo que tienen, arman un trepe.

trepidación *f* **1** Hecho de trepidar. | J. Carabias *Ya* 18.4.75, 8: Ni sus calles estrechas ni las casas que las flanquean fueron concebidas para soportar la trepidación infernal del tráfico rodado, que amenaza incluso con dañar las construcciones monumentales que abundan en la zona.
2 Agitación o movimiento intenso. | Zunzunegui *Hijo* 45: En aquellos años Bilbao estaba dando el salto de capital de provincia a gran metrópoli de los negocios. La ría empezaba a tener una trepidación inusitada. CSotelo *Inocente* 75: Un ritmo y una trepidación que no sé si latían en mis cuartillas.

trepidante *adj* **1** Que trepida. | FSantos *Hombre* 127: Después vienen los helicópteros, en bandadas que casi cubren el cielo, transparentes, ligeros, trepidantes como grandes juguetes.
2 Agitado o muy movido. | A. D. Galicia *Sáb* 10.9.66, 11: En modo alguno elude la trepidante vida social que se desarrolla en el área de Marbella. E. Terrón *Tri* 26.12.70, 18: La ciencia se encuentra sometida a un proceso de cambio trepidante.

trepidar *intr* Temblar (moverse [algo] en sacudidas rápidas y repentinas). | Cela *Pirineo* 292: Por la carretera de Pont de Suert y trepidando de poderío, .. resoplaba un jeep de airosas hechuras de gazapo. **b)** (*lit*) Temblar (moverse [alguien o una parte de su cuerpo] con contracciones involuntarias). | Chamorro *Sin raíces* 191: Agustín trepidaba. El cómico se puso manos a la obra. Se metieron en una habitación de donde no saldrían hasta haber conseguido la lenta confección de *El Tábano*. Montero *Reina* 117: No parecía importarle que ella viera cómo le trepidaban las manos.

treponema *m* (*Med*) Se da este n a los microorganismos del gén Treponema, algunas de cuyas especies son patógenas, como T. pallidum, que causa la sífilis. | SYa 27.3.77, 15: Treponemas. En las fotografías, tomadas del libro "Microbiología e inmunobiología de las enfermedades infecciosas", que presenta el profesor Juan del Rey Calero, se observan treponemas causantes, como se explica en el texto, de la sífilis.

treponematosis *f* (*Med*) Infección por un treponema. | *Antibióticos* 87: Prof. Gay Prieto, .. Consejero de la Unión Internacional contra el peligro venéreo y las treponematosis.

tres **I** *adj* **1** Dos más uno. *Siempre precedido a susts en pl. Puede ir precedido de art o de otros determinantes, y en este caso sustantivarse.* | Cunqueiro *Un hombre* 9: Eran cuatro, una vieja .. y tres muchachas. **b)** ~ **cuartos** → CUARTO.
2 *Siguiendo a susts en sg:* Tercero. *Frec el n va sobrentendido.* | PSerrano *Tri* 16.2.74, 9: En atención a lo previsto en la Ley General de Educación, disposición segunda, apartado tres .., se integran las Escuelas Normales en la enseñanza universitaria. Alonso *SAbc* 20.1.74, 31: Mi primer libro .. se publica en el año veintiuno. Desde entonces hasta el cuarenta y tres no publico ningún libro.
3 de ~. (*Mat*) [Regla] que, dada la relación entre dos magnitudes, permite hallar el valor de una de ellas si varía el de la otra (→ REGLA). | Marcos-Martínez *Aritmética* 2º 93: La regla de tres simple puede ser: directa o inversa.
4 de ~ al cuarto. (*col*) Vulgar o sin importancia. | Carandell *Madrid* 156: Exige tener conocidos de postín, amigos de medio pelo, amigos de tres al cuarto, amigos que no tienen una chapa.
II *pron* **5** Dos más una perss. o cosas. *Siempre referido a perss o cosas mencionadas o consabidas, o que se van a mencionar.* | *Ya* 20.11.73, 5: Cuatro o cinco individuos .. han intervenido en el hecho, aunque solo fueron tres los que encañonaron a los ocupantes de la furgoneta. Torrente *Vuelta* 234: Son tres setenta y cinco, señorita. Valls *Música* 80: Se han descrito sumariamente tres de los muchos aspectos que presenta la incorporación de la música a la experiencia cinematográfica. **b)** ~ **en raya** → RAYA.
III *n* **A** *m* **6** Número que en la serie natural sigue al dos. *Frec va siguiendo al n* NÚMERO. | MGaite *Retahílas* 197: Es un suplicio, sí, saberse de memoria los siete numeritos ..: dos seis dos nueve seis seis tres. **b)** Cosa que en una serie va marcada con el número tres. | *Naipes extranjeros* 6: Con 5 jugadores conviene descartar los doses, treses y cuatros.
B *f pl* **7** Tercera hora después de mediodía o de medianoche. *Normalmente precedido de* LAS. | Olmo *Golfos* 159: El alambre .. que hasta las tres de la tarde del día diecisiete de octubre .. sostuvo nuestra vida, se había quebrado.
IV *loc adv* **8 a las ~.** *Fórmula con que se anima a la realización inmediata de algo previsto.* | * Vamos a correr la mesa. Venga, todos, a las tres. **b) a la una, a las dos, (y) a las ~** → UNO.
9 como ~ y dos son cinco. (*col*) Con toda seguridad. | * Mañana vas a verle como tres y dos son cinco.
10 ni a la de ~. (*col*) De ningún modo, a pesar de las reiteradas tentativas. | ZVicente *Balcón* 41: Ese tipejo de Administrativo que no le aprueba ni a la de tres, dicen que es gallego.

tresalbo -ba *m y f* (*hist*) En las castas coloniales americanas: Hijo de mestizo e india o de indio y mestiza. | M. Fórmica *Abc* 21.1.68, 75: Junto al español puro y al indio puro apareció la raza nueva de los mestizos. Solo en nuestra lengua se encuentran para designarlos palabras llenas de sentido humano. "Cuarterón", "Albarazado", .. "Puchuela", "Tresalbo".

tresbolillo. al (o **a**) ~. *loc adv Referido a una plantación:* En dos filas paralelas y alternando los huecos y plantas de cada una de modo que formen triángulos. *Tb fig, fuera del ámbito agrícola.* | E. Marco *MHi* 6.60, 29: Se comienza con la labor de desfondo con las yuntas, el marqueo –al tresbolillo o al marco real–; se abren hoyos, se ponen estacas. MSantos *Tiempo* 54: Las jaulas estaban colgadas artísticamente al tresbolillo. Cela *Viaje andaluz* 73: El niño que se daba al arte de pegar los mocos a tresbolillo suspendió sus industrias por atender .. a los fallidos esfuerzos amatorios del perrillo ruin.

trescientos -tas I *adj* **1** *Precediendo a susts en pl:* Doscientos noventa y nueve más uno. *Puede ir precedido de art o de otros determinantes, y en este caso sustantivarse.* | F. A. González *Pa* 6.12.70, 60: Todavía anda sonando en todos los ecos los trescientos noventa y dos millones de pesetas a que ha alcanzado .. el "Juan de Pareja", de Velázquez.
2 *Precediendo o siguiendo a ns en sg* (*o, más raro, en pl*): Tricentésimo. *Frec el n va sobrentendido.* | *Inf* 23.4.75, 21: Trescientos cincuenta y nueve aniversario de la muerte de Cervantes. Hoy, Día del Libro. * Página trescientas. * Murió en el mil trescientos.
II *pron* **3** Doscientos noventa y nueve más una perss. o cosas. *Siempre referido a perss o cosas mencionadas o consabidas, o que se van a mencionar.* | Torrente *Señor* 326: Aquí guardo mis ahorros. Vea. Pesetas de plata y billetes. Cuestión de unas trescientas, en total.

III *m* **4** Número de la serie natural que sigue al doscientos noventa y nueve. *Frec va siguiendo al n* NÚMERO. | * El número premiado es el trescientos.

tresechón *m* (*reg*) Placa de nieve o de granizo helados en las laderas sombrías de los montes. | Cossío *Montaña* 16: La barrera de los Picos de Europa, bellos a todas horas, heridos por el sol y brillantes los tresechones de nieve que .. conservan.

tres erre *loc adj* (*hoy raro*) [Película] calificada por la autoridad eclesiástica como apta solo para mayores y con reparos morales. *Tb n m, referido a la propia calificación.* | Ferres *Tierra* 24: –Es tres erre –ha dicho una chica, mirando las carteleras del cine. * Esta película tiene un tres erre.

tresillista I *adj* **1** (*raro*) De(l) tresillo [2]. | *Abc Extra* 12.62, 89: Hacían mención al carácter anónimo de la mayoría de los libros tresillistas.
II *m y f* **2** Jugador de tresillo [2]. | Torrente *Señor* 201: Los jugadores se habían levantado .. Carlos miró tranquilamente a los tresillistas y a los chamelistas.

tresillo *m* **1** Conjunto formado por un sofá y dos butacas a juego. | Arce *Precio* 231: Me arrastró materialmente hasta un tresillo y nos sentamos en el diván.
2 (*Naipes*) Juego entre tres personas, con nueve cartas cada una, en el que gana el que hace mayor número de bazas. | Cela *SCamilo* 79: Los veterinarios clásicos .. juegan al tute o al tresillo.
3 Sortija con tres piedras que hacen juego. | Á. Heredia *País* 25.11.77, 40: En el dormitorio del chalet encontraron el variado y valioso botín, que envolvieron en un pañuelo: un anillo, valorado en 700.000 pesetas; unos pendientes valorados en 400.000; un tresillo de oro y brillantes valorado en 300.000.
4 (*Mús*) Figura constituida por tres notas de igual valor, que deben ejecutarse en un tiempo binario. | FCid *Ópera* 22: Un mundo de fusas, corcheas, trinos, tresillos, melodías, travesuras rítmicas, arias con leve signo lírico anunciador de un vuelo romántico latente, se unen a las más de veinte óperas.

tresjunqueño -ña *adj* De Tresjuncos (Cuenca). *Tb n, referido a pers.* | *SDíaCu* 14.5.89, 4: La llegada se produjo sin el más mínimo aviso, sin ningún tipo de protocolo convencional, cogiendo a todos los tresjunqueños entregados a la algarabía de la fiesta.

tresmallo *m* (*reg*) Trasmallo. | MFVelasco *Peña* 231: Todo el mundo daba por seguro que yo era furtivo de escopeta y caña, pero nunca con otros artilugios, como tresmallos, perchas, lazos o cepos.

tresnal *m* Montón triangular que se forma con los haces de mies en el mismo campo. | Cela *Pirineo* 89: En torno al pueblo y sobre los campos aún ayer sembrados, se despliega la bucólica tropilla de los tresnales.

tresviso *m* Cabrales (queso). | PComa *SPaís* 2 3.5.81, 20: Tanto en Asturias como en León y Santander se elabora un queso idéntico, al que se denomina cabrales, picón o tresviso. Su zona de elaboración es la de los Picos de Europa, en la que confluyen las tres regiones.

treta *f* Recurso astuto para conseguir algo. | Laforet *Mujer* 170: Mariana había descubierto una por una todas sus tretas.

treveleño -ña *adj* De Trevélez (Granada). *Tb n, referido a pers.* | Cela *Viaje andaluz* 183: El jamón –jabugueño o treveleño, que tanto monta– cortado como Dios manda.

treviñés -sa *adj* Del condado de Treviño (Burgos). *Tb n, referido a pers.* | A. SAlba *Abc* 29.4.73, 39: En 1940 nada menos que el 95,83 por 100 de los treviñeses solicitaron del ministro de la Gobernación "que se dictara la oportuna ley para que el condado de Treviño pasara a pertenecer a la provincia de Álava".

trevira (*n comercial registrado*) *f* Fibra sintética de poliéster de patente alemana. | *Van* 1.7.73, 4: Cómodas casacas. En trevira verano; estilo polo con cuello cambré.

tri- *r pref* Tres, o tres veces. | *Por ej:* J. M. Moreiro *SAbc* 8.6.69, 17: La vieja ciudad, trimillonaria, tiene las caderas estrechas y para ayudar a nacer la ciudad del futuro hay que meter las pinzas de la guía. C. Reixa *Ya* 26.12.89, 18: El margen de exactitud de los relojes atómicos se mide en una trimillonésima parte de segundo por año. **b)** (*Quím*) Indica triple presencia de un grupo funcional. | *Por ej:* Aleixandre *Química* 175: Los ésteres más importantes y que más abundantemente se encuentran en la Naturaleza son: la estearina (triestearato de glicerina), la palmitina (tripalmitato de glicerina) y la oleína (trioleato de glicerina). Aleixandre *Química* 114: Si los anillos son de tres tetraedros resultan los trisilicatos, entre los cuales el más importante es la Wolastonita.

tría *f* **1** Acción de triar. *Tb su efecto.* | V. Ventura *Van* 10.10.74, 8: Hay otros [políticos], naturalmente, que no aparecen. Unos a causa, sin duda, de su alejamiento del Camino de Tránsitos, que parece ser el limitado horizonte de la "tría". Otros por razones bien diferentes de las puramente geográficas.
2 (*reg*) Huella que dejan las ruedas de un vehículo. | GPavón *Reinado* 88: Las trías que dejaron los coches de los muertos y los carros municipales.

triaca *f* **1** (*hist*) Preparado farmacéutico formado por numerosos ingredientes, usado como antídoto. *Tb* (*lit*) *fig.* | CSotelo *Poder* 209: Se le dieron triacas para que se le vaciasen las entrañas. L. GLinares *Sem* 1.9.84, 23: Viene a nuestra imaginación la famosa triaca máxima de las antiguas boticas, que era la que se administraba al paciente cuando todo lo demás había fallado. L. Calvo *Abc* 22.10.70, 30: La declaración de Alain Geismar .. no fue otra cosa que una violenta apología del maoísmo, o la triaca mágica.
2 Verónica (planta, *Veronica officinalis* y *V. agrestis*). | Mayor-Díaz *Flora* 573: *Veronica officinalis* L. "Verónica común", "Triaca" .. Bosques mixtos, prados. Es aperitiva, estimulante y diurética. Remón *Maleza* 120: V[*eronica*] *agrestis* L. Nombre común: Verónica rústica, Triaca, Serpentina, Pamplina basta. Sus cotiledones semejan la forma de un "as de trébol" ..; es mala hierba anual, común en tierras de cultivo y yerbas.

tríada *f* (*lit*) Conjunto de tres perss. o cosas vinculadas entre sí. | Pericot *Polis* 123: De todos estos dioses sobresalieron tres: Júpiter, Juno y Minerva, la tríada capitolina. Aleixandre *Química* 9: Un primer ensayo consistió en la agrupación en tríadas, es decir, grupos de tres elementos, entre los cuales existen relaciones muy íntimas. Alvarado *Botánica* 42: Cerca del micropilo hay en la nucela una gran célula llamada saco embrionario, que a la madurez engendra ..: 1°, un grupo de tres próximo [a]l micropilo ..; 2°, otra tríada totalmente estéril en el polo opuesto ..; 3°, dos núcleos centrales. [*En el texto,* triada]. Albalá *Periodismo* 60: La ciencia del periodismo tendrá que abarcar .. el análisis metodológico no tanto de esa triada de elementos (sujeto, medio y objeto ..) cuanto de todo aquello que los condiciona .. con respecto a la utilización del medio.

triádico -ca *adj* (*lit*) De (la) tríada. | GÁlvarez *Filosofía* 1, 321: Esta primera inteligencia .. produce una segunda inteligencia .. De esta segunda inteligencia .. nace una segunda procesión triádica constituida también de una inteligencia, un alma y una esfera.

trial[1] *m* (*Dep*) Carrera de motocross. | E. Catania *CoE* 12.3.75, 41: El próximo día 16, domingo, la Real Peña Motorista Vizcaya celebrará el II Trial Motocicletas Tito.

trial[2] *adj* (*Ling*) [Número] que expresa tres perss. o cosas. *Frec n m.* | RAdrados *Lingüística* 900: El trial presupone la existencia del dual y este la del singular.

trianero -ra *adj* De Triana (barrio de Sevilla). *Tb n, referido a pers.* | PLuis *HLM* 26.10.70, 36: Sus medias verónicas trajeron a la plaza perfumes trianeros del toreo de antaño. Hache *Cod* 2.2.64, 5: Juan Belmonte se rodeó de artistas, intelectuales .. fueron los que hicieron el pedestal sobre el que se colocó al trianero.

triangulación *f* **1** Acción de triangular[2]. | L. LSancho *Abc* 17.4.58, 61: Jugaban los azules con enorme energía un fútbol radicalmente distinto al que exhibieron en Chamartín; un fútbol de pases largos sobre el centro de desmarque, rápido, de menosprecio a la triangulación y juego raseado de su primer partido.
2 (*Topogr*) Conjunto de operaciones geodésicas que permiten hallar las coordenadas de puntos característicos del terreno, mediante el cálculo de los triángulos [1a] formados por cada tres de ellos. | Torrente *Saga* 83: Un equipo de ingenieros topógrafos, que se ocupaba en la triangulación

geodésica, había buscado en vano el emplazamiento de Castroforte.

triangular[1] *adj* **1** De(l) triángulo [1a]. | *Puericultura* 14: Pañal-braga: De forma triangular, pero con sisas en los bordes. **b)** Que tiene forma triangular. | Laforet *Mujer* 56: Aquella luz .. le hacía la cara triangular y triste. Navarro *Biología* 93: Triangular del labio inferior. [*En un grabado de los músculos de la cabeza y cuello.*] **c)** Que tiene base o sección triangular. | Ybarra-Cabetas *Ciencias* 25: Triaquisoctaedro .. Es un octaedro con una pirámide triangular en cada una de sus caras.
2 Que pone en juego tres elementos. | E. Covarrubias *Jaén* 4.9.74, 9: Otro festejo deportivo de notable importancia ha sido el de la celebración del torneo triangular de baloncesto.

triangular[2] *tr* Disponer [algo] en forma de triángulo [1a] o dar[le (cd)] forma de triángulo. | Aparicio *César* 10: Conforme adelantaba el día, los rayos del sol, metiéndose por las altas rejas, sesgaban y triangulaban la cuadra del calabozo.

triangularidad *f* Cualidad de triangular[1]. | MPuelles *Filosofía* 2, 136: La entidad es lo común a todos los entes; como la triangularidad es lo común a todos los triángulos.

triangularmente *adv* De manera triangular[1]. | Pemán *Testigos* 271: La chispa saltó triangularmente... Robi, el padre, entró también en el juego.

triángulo *m* **1** Polígono de tres lados. | Ybarra-Cabetas *Ciencias* 25: Octaedro. Ocho caras iguales, triángulos equiláteros. **b)** Cosa con figura de triángulo. | Torrente *Off-side* 70: Aparece .. Ramona, ahora Monchita, .. con un camisón corto color salmón cuyo borde apenas tapa el lado superior del triángulo oscuro. **c)** (*Anat*) Espacio en forma de triángulo. | J. Sotos *Rue* 22.12.70, 8: La lesión está situada en el triángulo de Scarpa, con dos trayectorias.
2 Instrumento de percusión que consiste en una varilla metálica doblada en forma de triángulo [1a] que se golpea con otra varilla también metálica. | Marín *Enseñanza* 103: Panderetas, castañuelas, xilófonos, maracas, crótalos, tambores, triángulos y todos los aparatos de percusión que podamos.
3 Conjunto formado por un matrimonio o pareja y el amante de uno de ellos. | SRobles *Pról. Teatro 1969* XVIII: El tema es el eterno triángulo: una y dos, pero tratado como en tono menor y casi inocente.

triaquisoctaedro *m* (*Geom*) Octaedro con una pirámide triangular en cada cara. | Ybarra-Cabetas *Ciencias* 25: Triaquisoctaedro u octaedro piramidado. Es un octaedro con una pirámide triangular en cada una de sus caras. Por tanto, tiene 24 caras que son triángulos isósceles iguales.

triar (*conjug* 1c) *tr* (*reg*) Elegir o escoger. | Espinosa *Escuela* 333: Alcanzamos un altozano y descubrimos un riachuelo que regaba un umbroso rincón, donde algunas mujeres y hombres parecían lavar y triar lentejas.

triásico -ca *adj* (*Geol*) [Período] primero de la Era Secundaria. *Tb n m*. | Ybarra-Cabetas *Ciencias* 159: Período triásico. Se denomina así porque en los primeros terrenos en que se estudió se observaron tres pisos. *Navarra* 38: Era secundaria. El triásico comprende la casi totalidad del Baztán y algunas zonas que arrancan de este valle. **b)** Del período triásico. *Tb n m, referido a terreno*. | SInf 7.11.70, 5: Las sales terciarias y triá[si]cas .. cubren zonas de Navarra, Vascongadas. [*En el texto*, triásticas.]

triatleta *m y f* (*Dep*) Atleta que compite en un triatlón. | *Mar* 30.6.90, 28: Pedro Delgado estrenó esta máquina en la pasada Midi Libre, aunque allí la utilizó con un manillar de triatleta también nuevo.

triatlón *m* (*Dep*) Prueba atlética consistente en una carrera de larga distancia dividida en tres fases correspondientes a tres deportes distintos. | *NAl* 20.9.85, 23: Se ha celebrado en Guadalajara el II Triatlón .. La prueba consistía en una prueba en bicicleta con un recorrido de 25 kilómetros, en una carrera de diez kilómetros y una prueba de natación de 1.000 metros. *Ya* 26.4.90, 38: Los polémicos, y ahora de moda, manillares de triatlón son una auténtica tortura para varios corredores.

triatómico -ca *adj* (*Quím*) [Molécula] formada por tres átomos. | Bustinza-Mascaró *Ciencias* 6: Cuando las moléculas están formadas por dos átomos se llaman biatómicas; si por tres, triatómicas.

tríbade *f* (*lit*) Mujer lesbiana. | Tovar *Gac* 29.4.79, 78: El tema principal [del libro], la autobiografía de una tríbade, trazada con atención incansable, se proyecta sobre un fondo social.

tribal *adj* De (la) tribu. | *Gac* 11.5.69, 58: Son animistas. Su vida tribal se desarrolla controlada por el miedo a sus antepasados y a los espíritus.

tribalidad *f* (*raro*) Cualidad de tribal. | Valencia *Pro* 14.8.75, 20: Por estas esperanzas camina el boxeo español, que en este momento, a falta de cosa mejor, sin cuajar por el triunfo de oriundez de Pajarito y sin asimilar como hispánica la tribalidad africana de Jonathan Dele .., se ha dedicado a investigar arduamente sobre la psicología de Perico Fernández.

tribalismo *m* **1** Organización social en tribus. | C. GHeras *VozC* 6.10.68, 3: Nigeria está en guerra. Todo comenzó a raíz de su independencia cuando el tribalismo y las facciones acabaron con su unidad.
2 Tendencia al tribalismo [1]. | Lera *Clarines* 418: Es el tribalismo, la taifa, la guerra civil que todos los españoles llevamos dentro sin saber por qué.

tribalmente *adv* De manera tribal. | C. Osete *Crí* 7/8.73, 23: Europa trazó los países al hilo de sus intereses, pero África ya estaba dividida tribalmente, y la división subsiste aún.

tribología *f* (*Fís*) Estudio del rozamiento entre los cuerpos sólidos y de sus efectos. | *Inf* 26.9.75, 25: Una ponencia sobre la Tribología, una nueva ciencia que tiene por objeto el buen funcionamiento de las máquinas .., será presentada en la conferencia sobre Tribología de los 70, que se celebrará en Paisley (Escocia).

tribómetro *m* (*Fís*) Instrumento destinado a medir el coeficiente de fricción entre dos cuerpos. | Catalá *Física* 73: Fuerzas de rozamiento. Si montamos un dispositivo como el de la figura 6.11 (tribómetro), observaremos que para que el cuerpo comience a deslizarse sobre el plano, BC, es necesario colocar en el platillo, P, un determinado número de pesas.

tribu *f* **1** Agrupación social y política, fundada sobre una relación étnica, propia de los pueblos de organización primitiva. | B. Andía *Ya* 15.10.67, sn: Desde Lere partimos con la expedición que nos debe conducir al lugar de las famosas tribus bororo. **b)** Conjunto de familias nómadas con un mismo origen y mandadas por el mismo jefe. | Cuevas *Finca* 111: Era, entonces, cuando aparecía el misterioso arte de los gitanos .. Los sembrados más tiernos desaparecían y los aperadores tenían que dejar paso a las piaras odiadas, .. ante las trapacerías de la tribu que merodeaba la finca. **c)** (*col, humoríst*) Familia muy numerosa. | * Viene también Pepe con toda su tribu. **d)** Grupo numeroso de perss. o animales. | Torrente *DJuan* 299: La señora se iba en tribu con las arrepentidas a las puertas de la ciudad. Navarro *Biología* 273: Frecuentemente se asocian muchos individuos formando tribus, como las focas, morsas, monos, muchos ungulados, aves, etc.
2 (*hist*) Grupo de los doce en que estaba dividido el antiguo pueblo de Israel, y descendiente de uno de los doce hijos de Jacob. | Vesga-Fernández *Jesucristo* 17: Los levitas. Eran los israelitas pertenecientes a la tribu de Leví.
3 (*hist*) *En la antigua Roma:* Fracción de las numerosas en que estaba dividido el territorio del estado. | Tejedor *Arte* 47: Los Comicios fueron entonces de tres clases: por curias (*comitia curiata*) ..; por centurias (*comitia centuriata*) .., y por tribus (*comitia tributa*).
4 (*Biol*) Grupo taxonómico intermedio entre la familia y el género. | * Estas plantas pertenecen a la misma familia, pero a distinta tribu.

tribulación *f* (*lit*) Sufrimiento o congoja. | Vesga-Fernández *Jesucristo* 118: La tribulación será tan terrible entonces como no la hubo semejante desde el principio del mundo. **b)** Problema o preocupación. | APaz *Circulación* 113: Cuando sienta que se le encrespa el temple, sea por una tribulación del trabajo, un problema familiar .. o por un simple dolor de estómago, absténgase de guiar.

tribuna *f* **1** Plataforma elevada para presenciar un desfile, procesión u otro acto al aire libre. | *Abc* 27.11.75, 1: Se han instalado varias tribunas desde las que el Rey y sus invitados presenciarán el desfile de las fuerzas de los tres Ejércitos.
2 *En algunos lugares cerrados:* Emplazamiento elevado reservado a determinadas perss. *Frec con un compl especificador.* | P. Urbano *Abc* 23.11.75, 43: Las personalidades invitadas van concurriendo a las tribunas que bordean el hemiciclo. *Ya* 5.2.82, 11: Entraron varios guardias civiles armados, que ocuparon posiciones en el salón y en la tribuna de invitados.
3 *En un campo de deportes:* Emplazamiento preferente, con gradas y gralm. cubierto. | Ortega *Americanos* 68: Yo estaba en la tribuna entre mis colegas [en el campo de fútbol]. **b)** Entrada de tribuna. | Berlanga *Acá* 65: Un compañero de Comisiones le había regalado a Lucas dos tribunas, y Fulgencio anduvo todo el partido sacudiéndose el aburrimiento con explicaciones sobre lo que era el fuera de juego, la obstrucción ilegal o la ley de la ventaja.
4 *En una asamblea:* Lugar elevado destinado al orador. | * Sube a la tribuna el diputado X. DPlaja *Literatura* 470: Los escritores de esta generación son autodidactas y batalladores; llevan a la prensa, a la tribuna y al libro sus ideas y sus doctrinas. **b)** Lugar desde donde alguien se dirige al público. *Frec referido a los medios de comunicación.* | J. M. Llompart *Pap* 1.57, 82: "Ínsula", tribuna sobradamente acreditada, se esmeró en ofrecer una edición perfecta. Aguilar *Experiencia* 1042: Los poetas contemporáneos tienen una buena tribuna en la que se les ofrece periódicamente oportunidad de manifestarse. Me refiero a la *Antología de poetas de hoy*, que publico anualmente. **c)** Actividad oratoria, esp. política. | Marqueríe *Abc* 25.10.73, 17: Quizá sea esta la respuesta más concreta, matizada y original, puesto que excluye del tablado todo lo pedagógico-didáctico, lo sermoneante, lo propio de otros menesteres: tribuna, cátedra, púlpito.
5 *En una iglesia:* Balcón, con o sin celosía, desde donde se puede asistir a los oficios. | GNuño *Madrid* 40: El interior es de magnífico efecto, aunque no tenga capillas, sino seis altares y, sobre estos, tribunas.
6 *En un periódico:* Sección informativa dedicada a recoger opiniones de perss. ajenas a la redacción. *Tb los artículos correspondientes.* | SPaís 9.10.84, 4: Firman esta tribuna 28 miembros de un colectivo de maestros de Mondragón (Guipúzcoa).

tribunado *m* (*hist*) Cargo o dignidad de tribuno [2 y 3]. | Pericot *Polis* 122: Las asambleas y las magistraturas republicanas desaparecieron o se perdieron; algunas solo fueron conservadas de nombre; otras, como el tribunado y la censura, se asimilaron a las facultades imperiales.

tribunal *m* **1** Lugar en que los jueces administran justicia. | *SVozC* 25.7.70, 7: Por el este de la basílica y detrás del cuadrado del tribunal, otro frente de piedra con zócalo moldurado. **b)** (*lit*) Lugar en que se enjuicia moralmente. *Con los compls* DE DIOS, *o* DE LA PENITENCIA. | VParga *Santiago* 10: La peregrinación les había sido impuesta en el tribunal de la penitencia. **c)** *En pl:* Acción de la justicia. *Frec con los vs* ACUDIR *o* LLEVAR. | R. L. Chao *Tri* 27.2.71, 6: Algunos jueces aseguran que hay materia para llevarlo a los tribunales. F. A. González *Ya* 2.2.75, 60: Por lo que se le indemniza a Antonio Bonifazio es por tener que soportar los malos olores que desprende un depósito municipal de basuras .. Yo aireo, desde aquí, su triunfo ante los tribunales.
2 Juez o conjunto de jueces encargados de administrar justicia. *Frec con un compl especificador.* | CBaroja *Inquisidor* 15: Desde el siglo XVI encontramos no solo detractores sistemáticos de aquel tribunal ajenos a la fe, sino también católicos sinceros. **b)** Conjunto de jueces de un examen. | CSotelo *Resentido* 189: Dalmiro intentó que el Estado le echase una mano como suele hacerlo a quien recita unos temas delante de un tribunal cualquiera; entiéndase que preparó unas oposiciones.
3 ~ de Cuentas. Organismo público que tiene a su cargo el examen de las cuentas de todas las dependencias del Estado. | *SPaís* 25.11.77, VI: El Tribunal de Cuentas es el órgano fiscalizador de todas las cuentas del Estado.

tribunicio -cia *adj* De(l) tribuno. | Aguilar *Experiencia* 328: Yo no tenía la vocación tribunicia del gran novelista. Pericot *Polis* 122: Aparecieron, como consecuencia de la pugna de los plebeyos para intervenir en el gobierno de Roma, los Comicios centuriados y los Comicios tribunicios .. En estos se elegían a los tribunos de la plebe.

tribuno *m* **1** (*lit*) Orador político. | GPavón *Cuentos rep.* 68: Se citaban frases célebres de tribunos, dichas en mítines apoteósicos.
2 (*hist*) *Entre los antiguos romanos:* Magistrado elegido para defender los intereses de la plebe. *Tb ~* DE LA PLEBE. | Arenaza-Gastaminza *Historia* 46: Los tribunos de la plebe defendían los derechos del pueblo.
3 (*hist*) *Entre los antiguos romanos:* Oficial de los seis que mandaban una legión. *Tb ~* MILITAR. | Pericot *Polis* 107: Los centuriones eran los oficiales formados en la milicia; por encima de ellos se hallaban los tribunos, los legados y el general.

tributable *adj* Que puede tributar [3b]. | *Ya* 13.4.61, 24: No se me oculta .. la complejidad de resumir todos los datos tributables en cada caso.

tributación *f* Acción de tributar [1 y 3]. | *Reg* 22.11.66, 1: Después de estos temas .. se enuncian temas económicos y de tributación.

tributar A *tr* **1** Pagar [algo] como tributo [1]. *Tb fig.* | E. Marco *MHi* 6.60, 30: Aún vive el recuerdo de las 3.000 almas tributadas en sangrienta lucha con los Comuneros.
2 Ofrecer [algo] como tributo [2]. | S. Miranda *Abc* 23.12.70, 8: Se quedó dormido durante una pausa, y al apercibirse el público le despertó tributándole una gran ovación.
B *intr* **3** Pagar [alguien] tributos [1]. | *País* 4.6.78, 8: No hay .. razones económicas suficientes como para afirmar o negar la idoneidad de que todos los españoles puedan saber quiénes tributan y en qué cuantía. **b)** Ser [algo] causa de que su poseedor pague tributos. | Laiglesia *Ombligos* 30: La ilusión en estos tiempos es un artículo de lujo que tributa mucho más que un abrigo de visón.
4 Desembocar [una corriente de agua (*suj*) en otra o en el mar (*ci*)]. | JGregorio *Jara* 11: Los arroyos que tributan al Tajo son: Valdevenga .., Tamujoso .. y Zarzuela. Moreno *Galería* 127: Casi a la misma altura en la que le tributa el río Navaleno, por la derecha, le descargan turbiones del barranco del Chorrón.

tributario -ria *adj* **1** De(l) tributo [1]. | FQuintana-Velarde *Política* 248: El sistema tributario español deriva .. de la reforma realizada .. por Alejandro Mon.
2 Que paga tributos [1]. *Tb n, referido a pers. Tb fig.* | DPlaja *Literatura* 54: Hace [el Cid] tributarios a los moros del Bajo Aragón. Castilla *Humanismo* 30: Es completamente baladí que hablemos de la incomunicación como .. si aconteciera en exclusividad a neuróticos o a cualesquiera otros sujetos tributarios del psiquiatra.
3 [Corriente de agua] que desemboca [en otra o en un mar (*compl de posesión*)]. *Tb n m.* | JGregorio *Jara* 30: Este poblado se inclina hacia el arroyo del Castaño, tributario del Sangrera. A. Montejo *Abc* 9.9.66, 7: El Tormes, en la ruta sur-norte, y algunos tributarios del Águeda, Riofrío y Mallas, .. ofrecen extraordinarias condiciones para el pescador más cualificado: el truchero.

tributo *m* **1** Impuesto. *Sin compl especificador.* | Tamames *Economía* 428: Hacemos una breve revisión de los principales tributos. **b)** (*hist*) Contribución obligatoria en dinero, especies o servicios, de un vasallo a su señor. | Arenaza-Gastaminza *Historia* 110: Los reinos moros de Badajoz, Sevilla, Toledo y Zaragoza pagan sus tributos al rey castellano. **c)** (*lit*) Pago o contraprestación obligatorios. | *SVozC* 31.12.70, 7: Los endémicos incendios acrecentados en el verano en montes y bosques; el tributo anual pagado por los trabajadores de las minas. RMorales *Present. Santiago VParga* 4: Renunciar a ideas enraizadas ..; pero es este el tributo, la "grandeza y servidumbre", de todo catecúmeno.
2 (*lit*) Manifestación [de un sentimiento] ofrecida como reconocimiento de deuda moral. *Frec con el v* RENDIR. | G. Valverde *Ya* 9.6.68, 1: Ha sido el pueblo llano el que ha permanecido en la larga, interminable procesión para rendir el último tributo a Kennedy.

tricampeón -na *m y f* (*Dep*) Pers. o equipo que ha sido tres veces campeón. | *Inf* 18.8.70, 24: El legendario Pe-

tricéfalo – trictrac

lé, el tricampeón mundial de fútbol, .. continúa practicando su deporte favorito.

tricéfalo -la *adj (lit)* Que tiene tres cabezas. | J. M. Lepe *Hoy* 13.8.75, 23: Todo el recinto está bellamente decorado .. Al centro, un canastillo con flores, sobre el que se escorzan las águilas y unos pelícanos tricéfalos.

tricentenario -ria I *adj* **1** De trescientos años. | *Tri* 11.4.70, 10: Se trataba de las encinas tricentenarias del bosque de Orgosolo.
II *m* **2** Fecha en que se cumplen trescientos años [de algo, esp. del nacimiento o muerte de alguien]. | MGaite *Búsqueda* 55: No puede por menos de verlos [los acontecimientos] tan accesorios y fantasmales como los proyectos que bullían .. en la cabeza del viejo y desquiciado ministro hellinense cuyo tricentenario se ha celebrado este año.

tricentésimo -ma *adj (lit)* Que ocupa un lugar inmediatamente detrás o después del ducentésimo nonagesimonoveno. | * El tricentésimo aniversario.

tríceps *adj (Anat)* [Músculo] que tiene su extremo dividido en tres fragmentos. *Tb n m.* | Navarro *Biología* 89: Algunos músculos fusiformes se denominan bíceps, tríceps o cuadríceps, según tengan su extremo escindido en dos, tres o cuatro fragmentos. Bustinza-Mascaró *Ciencias* 43: Músculos de las extremidades torácicas. El deltoides, .. el bíceps braquial, .. el tríceps braquial.

triciclo *m* Vehículo de tres ruedas. | Goytisolo *Recuento* 98: Los tranvías circulaban abarrotados y en las bocacalles se sucedían los triciclos, las camionetas de reparto.
b) Juguete consistente en un vehículo de pedales con tres ruedas, una delantera dirigida por manillar y dos traseras. | *GTelefónica N.* 587: Bazar de juguetes S. Matey. Triciclos. Patines.

triclínico -ca *adj (Mineral)* [Sistema] que carece de ejes de simetría. | Ybarra-Cabetas *Ciencias* 24: Sin ejes de simetría. Sistema Triclínico. **b)** De(l) sistema triclínico. | Ybarra-Cabetas *Ciencias* 31: Bipirámide triclínica.

triclinio *m (hist) Entre los antiguos romanos:* Lecho, gralm. capaz para tres perss., destinado a reclinarse en él para comer. *Tb el comedor en que está instalado.* | Suárez *Monedas* 283: Una sala en el palacio de Heliogábalo: triclinios, columnas.

tricloruro *m (Quím)* Cloruro que contiene tres átomos de cloro. | *BOE* 2.8.76, 14905: Designación de la materia: .. Tricloruro de antimonio.

tricocéfalo *m (Med)* Gusano nematodo parásito del intestino grueso del hombre (gén. *Trichuris*). | Alcalde *Salud* 331: En nuestro país, las especies más importantes [de nematelmintos] son el tricocéfalo, el o[x]iuro y los áscaris.

tricocefalosis *f (Med)* Infestación con tricocéfalos. | Alcalde *Salud* 331: Tricocefalosis. El nematodo que la produce tiene forma de látigo y mide de tres a cinco cm de largo.

tricofítico -ca *adj (Med)* [Afección cutánea] causada por hongos del gén. *Trichophyton.* | Corbella *Salud* 459: Quedan las pequeñas lesiones en forma de placas, de tamaño reducido y algo descamantes, de las tiñas microspóricas y tricofíticas.

tricología *f* Estudio del cabello y el cuero cabelludo y de sus afecciones. | * No hay muchos especialistas en tricología.

tricólogo -ga *m y f* Especialista en tricología. | *Ya* 7.2.75, 7: Calvicie prematura o pérdida periódica del cabello .. Cada uno de estos casos es estudiado por especialistas tricólogos con objeto de aplicar, a cada uno de ellos, el tratamiento más conveniente y eficaz.

tricoloma *m Se da este n a varios hongos del gén* Tricholoma. | X. Domingo *Cam* 11.10.76, 79: Hongos y setas proliferaban, e hicimos una importante cosecha en la que abundaron los gónfidos glutinosos, algunos sabrosos tricolomas de diferente tipo.

tricolor *adj* De tres colores. *Frec referido a la bandera republicana española.* | Delibes *Cinco horas* 169: El día de la República anduvo por la Acera gritando como un energúmeno, con una bandera tricolor al hombro. Cunqueiro *Crónicas* 151: En el chapeau redondo llevaba plumas tricolores. **b)** *(Pol)* De tres partidos. | * Se ha formado un gabinete tricolor.

tricomona *m (Zool)* Protozoo parásito de las mucosas digestivas o genitales (gén. *Trichomonas*). | Á. Río *Ya* 7.10.85, 14: Las enfermedades detectadas son mayormente venéreas, como gonorreas e infecciones de orina, en un 66,23 por 100; sífil[i]s, 20,73 por 100; tricomonas, 15,58 por 100.

tricomoniasis *f (Med)* Infestación con tricomonas. | *Ya* 9.7.86, 41: Cuatro de las mujeres denunciantes de los hechos [de violación] contrajeron una enfermedad venérea denominada tricomoniasis, por la que precisaron tratamiento médico.

tricono *m (Min)* Trépano que desintegra la roca con tres rodillos dentados de forma cónica. | J. SEspinosa *Abc* 9.6.66, 89: En el pozo 28 el tricono barrenador sigue perforando las entrañas de la tierra en busca del preciado hidrocarburo.

tricóptero *m (Zool)* [Insecto] de pequeñas o medianas dimensiones, cuerpo alargado y alas cubiertas de pelos, cuyas larvas construyen curiosos estuches y son utilizadas frec. como cebo de pesca. *Frec como n m en pl, designando este taxón zoológico.* | J. A. Donaire *Abc* 17.8.85, 54: No desprecian [las carpas] las larvas de tricópteros y frigánidos, pero prefieren las masillas, la miga de pan, la patata cocida y... los frutos del tiempo.

tricornio *m* **1** Sombrero de copa redondeada y ala posterior vertical y en forma de trapecio, propio de la guardia civil. | Pinilla *Hormigas* 214: –Vamos, ponte el uniforme –ordenó el guardia joven .. El tricornio parecía que formaba parte de su cráneo. **b)** *(col)* Individuo de la guardia civil. | Berenguer *Mundo* 220: Estando en esto, al otro día, me entran los tricornios por la puerta. –Tú, andando para el cuartelillo.
2 *(hist)* Sombrero de tres picos. | DPlaja *El español* 93: El marqués de Esquilache decidió que todos los habitantes de Madrid debían cambiar su atavío por la [forma de vestir] francesa de capa corta y tricornio.

tricot *(pl normal, ~s) m* **1** Punto (tejido). | *Tri* 25.8.62, 7: Una mujer del pueblo que no deja de hacer su tricot mientras caen cabezas.
2 Prenda de punto. | *Hoy Extra* 12.69, 45: Galerías de las Heras .. Tricots Morgat. Tricots calidad.

tricotadora *f* Tricotosa. | *NAl* 23.3.90, 10: Se vende tricotadora. Marca "Toyota". Seminueva.

tricotar A *intr* **1** Hacer punto. | *Lab* 9.70, 8: Material necesario: .. agujas de tricotar nº 3, 5.
B *tr* **2** Hacer [una labor de punto]. | *Abc* 7.8.70, 55: Gane 500 Ptas. Tricotando jerseys en su casa. Vendemos máquina. Enseñamos oficio.

tricotilomanía *f (Med)* Hábito morboso de arrancarse el cabello. | B. Tierno *Ya* 8.1.87, 34: La tendencia irresistible a arrancarse el cabello, o tricotilomanía, es frecuentemente la expresión de un gran estado de ansiedad .. Lo más normal es que la tricotilomanía sea una acción utilizada por el niño para resolver sus conflictos.

tricotina *f* Tela de algodón o seda, con doble surco diagonal muy marcado. | *Inf* 20.10.70, 5: Fantástica variedad de Trincheras y Gabardinas .. Modelos .. en charoles brillantes o rugosos, estampados imitación piel de serpiente, tricotinas y lisos.

tricotosa *f* Máquina de hacer punto. | ZVicente *Traque* 279: Ella hace punto con su tricotosa, venga a hacer jerseys y más jerseys.

tricromía *f (E)* Procedimiento fotográfico o de impresión basado en la combinación de los tres colores primarios. | Foxá *Abc* 25.5.58, 18: Manolo Góngora le había dedicado sus estrofas, macizas y sonoras, en el número extraordinario de un gran diario, con dibujos alargados, como lianas, en tricromía.

trictrac *(tb* **tric-trac***) m (hist)* Juego de dados en que se hacen avanzar damas sobre un tablero de casillas triangulares. | Camón *LGaldiano* 221: Entre las más interesantes piezas de este Museo figuran los juegos de trictrac del siglo XVII .. Dos de ellos, en madera blanca y negra, tienen una talla tan delicada .. que quizá fueran realizados con troqueles, a la manera de las medallas.

tricúspide *adj* (*Anat*) [Válvula cardiaca o muela] que tiene tres puntas. *Tb n f.* | Bustinza-Mascaró *Ciencias* 58: La válvula aurículo-ventricular derecha se llama tricúspide. Pemán *Abc* 19.9.64, 3: Los dentistas por mucho tiempo colocaron en sus paredes grabados donde se veían caballeros con flemones, y sacamuelas tirando de una tricúspide, con un pie apoyado en el abdomen del paciente.

tridáctilo -la *adj* (*Zool*) Que tiene tres dedos. | Ybarra-Cabetas *Ciencias* 332: Sobre la zona membranosa peribucal pueden observarse unos organitos prensiles tridáctilos denominados pedicelarios.

tridecasílabo -ba *adj* (*TLit*) De trece sílabas. *Tb n m, designando verso.* | José-Carballo *Lengua* 88: Versos de trece sílabas o tridecasílabos.

tridente *m* Arpón de tres dientes, que es atributo típico de Neptuno. | *Nue* 22.12.70, 3: Si no es por el tridente de Neptuno, .. el tenedor habría pasado desapercibido en la historia de los monumentos.

tridentinamente *adv* (*lit*) De manera tridentina [2]. | Burgos *Tri* 5.12.70, 11: Con tanta silla plegable, "La Alcaparrosa" semeja un inmenso "picnic", más o menos espiritual y tridentinamente contestatario.

tridentino -na *adj* **1** De Trento (Italia). | *Ecc* 16.11.63, 28: El Concilio tridentino confirmó esta "praxis".
2 Del concilio de Trento (s. XVI). *Frec aludiendo a su carácter contrarreformista.* | CBaroja *Inquisidor* 28: Sabemos que fue un inquisidor con cierta simpatía por el erasmismo, un poco anterior a los de la época tridentina. CBonald *Ágata* 175: Por más que tratara Araceli de separarlos con tridentinos ímpetus, no consintieron ellos en renunciar .. a aquella irreductible pasión.

tridimensional *adj* Que tiene tres dimensiones. | A. Pezuela *Mun* 12.12.70, 62: TV en relieve .. La imagen tridimensional está, pues, lograda. Alvar *Arb* 12.68, 11: Aquí la triple perspectiva óptica se ha sabido manejar para crear una narración tridimensional.

tridimensionalidad *f* Cualidad de tridimensional. | Areán *Rev* 2.71, 31: Entre los más destacados creadores de este nuevo arte argentino cabe recordar a Hugo Demarco, más calmo en su vibración que los antes citados García Miranda y Asís, pero ya con perceptible tridimensionalidad en sus construcciones.

tridimensionalmente *adv* De manera tridimensional. | A. M. Yagüe *Ya* 22.2.89, 21: Existe un proyecto para realizar un barrido completo al cuerpo humano consistente en 240 secciones en un tiempo de 11 milésimas de segundo. En el proyecto el barrido se repite cada 1/60 segundos y se reconstruye la imagen tridimensionalmente.

tridiona *f* (*Med*) Polvo blanco cristalino y soluble usado en el tratamiento de la epilepsia. | M. Aguilar *SAbc* 30.11.69, 54: Algunos tóxicos que pueden dar agranulocitosis .. Tridiona.

triduo *m* **1** (*Rel catól*) Ejercicio devoto que se practica durante tres días seguidos. | CBonald *Ágata* 158: La bien documentada información produjo de inmediato crisis de ahogos, triduos a los Tres Arcángeles.
2 Conjunto de tres días. | A. M. López *Rev* 11.70, 26: Ofrecen el fenómeno ya muy generalizado de una semana laboral reducida en la que el día de descanso tradicional .. se ha convertido casi en un triduo a partir del viernes por la tarde.

triédrico -ca *adj* (*Geom*) De(l) triedro. | Ybarra-Cabetas *Ciencias* 32: Conserva ejes ternarios que unen los vértices triédricos.

triedro *adj* (*Geom*) [Ángulo] formado por tres planos que concurren en un punto. *Tb n m.* | Marcos-Martínez *Matemáticas* 128: Estas dos propiedades se demuestran de modo análogo a como se ha hecho para los ángulos triedros. Marcos-Martínez *Física* 25: Hallar la resultante de tres fuerzas perpendiculares entre sí (que forman un triedro trirrectángulo).

trienal *adj* **1** Que dura tres años. | GRuiz *Sáb* 15.3.75, 39: La Conferencia Episcopal Española acaba de renovar sus cargos trienales.
2 Que se produce cada tres años. | *Abc* 9.4.67, 60: Existen en Madrid .. muchos edificios donde la Delegación de Industria no ha efectuado aún la inspección trienal reglamentaria.

trienio *m* **1** Período de tres años. | Laín *Gac* 22.2.70, 8: Estamos en diciembre de 1823. Las tropas del duque de Angulema han acabado con el trienio liberal.
2 Incremento de un sueldo o salario, correspondiente a tres años de servicio activo. | *Muf* 6/7.91, 37: En las pensiones de la extinguida Mutualidad Nacional de Enseñanza Primaria .. se calcularán al 3,6 todos los trienios computables de los maestros nacionales y profesores de E.G.B.

triente *m* (*hist*) **1** Moneda romana de bronce equivalente a un tercio de as. | GNuño *Escultura* 157: Las piezas que siguen a continuación pertenecen ya al sistema romano, con el denario de plata como unidad principal y sus divisores de bronce titulados as, semis, triente, cuadrante, etc.
2 Moneda de oro acuñada por los visigodos en España. | J. Linares *SAbc* 28.6.81, 42: Los visigodos labraron exclusivamente piezas de oro: sueldos y sobre todo trientes.

triestino -na *adj* De Trieste (Italia). *Tb n, referido a pers.* | E. Montes *Abc* 8.10.72, 35: Un avión Fokker de la compañía Ati había salido de Trieste .. Cuando estaba volando sobre la ciudad de las lagunas, un joven como de dieciocho años, empuñando una pistola, obligó al piloto a volver al punto de partida, es decir, al aeródromo triestino. Delibes *Abc* 24.8.85, 3: Los espectadores –dos docenas de triestinos, mis hijos y yo– aplaudimos con calor.

trifásicamente *adv* (*Fís*) Por corriente trifásica. | *VozC* 4.7.63, 2: ¡¡Rústica!! 150 hectáreas, 60 kilómetros Burgos, pie carretera, tiene agua, electrificada trifásicamente.

trifásico -ca *adj* (*Electr*) [Corriente] constituida por tres corrientes engendradas por un mismo manantial pero desfasadas en un tercio de período. | Mingarro *Física* 166: Si fuesen precisos seis hilos para ello, las corrientes trifásicas no habrían logrado grandes aplicaciones. **b)** De (la) corriente trifásica. | Mingarro *Física* 162: La máquina nos producirá tres corrientes distintas, defasada cada una de ellas respecto de la anterior .., las cuales recorrerán tres circuitos exteriores distintos ..: la máquina así construida recibe el nombre de alternador trifásico.

trífido -da *adj* (*Biol*) Hendido en tres partes. | PCarmona *Burgos* 156: Lo más misterioso son las serpientes de lengua trífida.

trifoliado -da *adj* (*Bot*) Compuesto de tres folíolos. | Legorburu-Barrutia *Ciencias* 248: Las hojas compuestas pueden ser ..: Pinnadas .. Trifoliadas. **b)** De hojas trifoliadas. | Alvarado *Botánica* 20: Un caso intermedio entre estos dos tipos [de hojas compuestas] es el trifoliado del trébol y el fresal.

trífora *f* (*Arquit*) Ventana cuyo vano se divide en tres partes por medio de dos columnillas o pilastras. | M. E. Juliá *TEx* 21.2.75, 4: Las ventanas de la Pía Almoyna y la trífora de la casa Casadevall.

triforio *m* (*Arquit*) Galería que corre sobre las naves laterales de algunas iglesias. | Tejedor *Arte* 64: Algunas basílicas, para aumentar su capacidad, poseían sobre las naves laterales un triforio o galería para las mujeres.

triforme *adj* (*lit*) De tres formas o figuras. | J. P. Quiñonero *Inf* 29.8.74, 15: En América, la vida comunitaria fue una obsesión que .. en el siglo pasado tomó formas extremas. Cristianismo radical, Fourier, Robert Owen, fueron la cabeza triforme que sirvió el limo donde crecieron y se propagaron esas formas de vida.

trifulca *f* (*col*) Riña o disputa a voces. | Laforet *Mujer* 188: Paulina .. no quería soportar las impertinencias de aquel hombre .. ni oír sus trifulcas con Amalia. **b)** Pelea o combate. | Torrente *Isla* 69: Hasta ahora, todos los [héroes] nuestros lo fueron de batallas navales o de tormentas, pero esto de ganar trifulcas en tierra firme es una novedad.

trifurcación *f* Hecho de dividirse en tres ramales o direcciones. | GÁlvarez *Filosofía* 1, 427: Aquellas tres direcciones en el desarrollo histórico del hiperlismo deben entenderse como la trifurcación de algo que originariamente se hallaba plenamente sintetizado en Raimundo Lulio, en quien convivían el polemista, el filósofo y el místico.

trigal – trilita

trigal I *adj* **1** De(l) trigo [1]. | Escobar *Itinerarios* 9: Una lumbre de encina o de pino, apañada con paja trigal.
II *m* **2** Campo sembrado de trigo [1]. | Halcón *Manuela* 69: Antes de llegar a los trigales, Pura había soplado dos veces en el cuello curtido de su tío.

trigémino *adj* (*Anat*) [Nervio] craneal sensitivo-motor, con tres ramas, que inerva los ojos, las fosas nasales y los dientes y lengua. *Frec n m.* | Navarro *Biología* 145: Los nervios sensitivos de la boca (el trigémino y el glosofaríngeo) transmiten impulsos nerviosos a los centros de la masticación.

trigésimo -ma *adj* (*lit*) Que ocupa un lugar inmediatamente detrás o después del vigesimonoveno. *Seguido de los ordinales* PRIMERO *a* NOVENO, *forma los adjs ordinales correspondientes a los números 31 a 39.* | V. A. Pineda *Des* 12.9.70, 17: En la trigésima primera edición de la "Mostra Internazionale d'Arte Cinematografica" el nivel es limitado.

trigesimo- *r pref* (*lit*) *Unida sin guión a los ordinales* PRIMERO, SEGUNDO, TERCERO, CUARTO, QUINTO, SEXTO, SÉPTIMO, OCTAVO, NOVENO (*o* NONO), *forma los adjs ordinales correspondientes a los números 31 al 39.* | *Por ej:* Laiglesia *Ombligos* 97: Encendiendo el trigesimoquinto cigarrillo de la jornada.

triglicérido *m* (*Quím*) Lípido producido por la esterificación de la glicerina por tres ácidos grasos. | Vega *Corazón* 19: Asombra, por ejemplo, que en la epidemiología de la enfermedad coronaria solo sean tenidos en cuenta la obesidad, la hipertensión, el colesterol, los triglicéridos.

triglifo (*tb* **tríglifo**) *m* (*Arquit*) Adorno típico del friso dórico, consistente en un rectángulo saliente surcado por tres canales verticales, o a veces por dos canales completas y dos medias laterales. | GNuño *Madrid* 15: La corriente clasicista se echa de ver en los triglifos que coronan las pilastras. Angulo *Arte* 1, 79: El friso, reflejo del cuerpo de las vigas longitudinales de la cubierta, consta de tríglifos y metopas.

trigo *m* **1** Planta gramínea cuya semilla es la base de la alimentacióin humana en gran parte del mundo (gén. *Triticum*). *Diversas especies y variedades se distinguen por medio de adjs o compls:* CANDEAL, CHAMORRO, DURO, FANFARRÓN, *etc. Tb su semilla;* en este caso, frec en sg con sent colectivo. | Ortega-Roig *País* 83: El trigo es el principal cereal de la España seca. Cela *Judíos* 183: La moza .. desrabera la parva del trigo cascalbo. Cela *Judíos* 84: Le ofreció una rebanada de pan de trigo salmerón untada de aceitejo alperchín.
2 ~ sarraceno (*o* **negro**). Planta forrajera de fruto en aquenio triangular negruzco (*Fagopyrum esculentum*). | Bustinza-Mascaró *Ciencias* 274: Son [cereales]: el trigo, la cebada, .. el panizo y el llamado trigo sarraceno.
3 Trigal [2]. *Gralm en pl.* | Gala *Suerte* 685: Yo veo un olivar que no se acaba y aquel pozo con verdín y el corral y el aire alborotando los trigos.
4 ~ limpio. (*col*) Pers. intachable. *Con los* US SER O PARECER *y normalmente en constr neg.* | Lagos *Vida* 109: Doña Valle .. no era trigo limpio, pero ¿quién se acordaba ya de aquello? CSotelo *Inocente* 132: Y ojo con este pájaro, que no me parece trigo limpio.

trigonal *adj* (*Mineral*) [Sistema] que tiene un solo eje principal ternario. | Ybarra-Cabetas *Ciencias* 24: Eje principal ternario. Sistema Trigonal.

trigonometría *f* (*Mat*) Estudio de las relaciones numéricas entre los elementos de un triángulo. | MHi 12.57, 24: Abandona los astilleros y sustituye la trigonometría por el caballete.

trigonométricamente *adv* (*Mat*) De manera trigonométrica. | Mingarro *Física* 156: Es posible obtener su valor numérico exacto resolviendo trigonométricamente el triángulo OBE.

trigonométrico -ca *adj* (*Mat*) De (la) trigonometría. | Marcos-Martínez *Álgebra* 224: El seno, coseno y tangente se llaman razones goniométricas o trigonométricas.

trigueño -ña *adj* **1** [Color] dorado oscuro propio del trigo [1]. *Tb n m.* | MVictoria *Ya* 1.12.74, 29: Pero si desea el polvo-crema Joya (compacto), también Myurgia ofrece dos nuevos colores: el trigueño y el beige oscuro.
2 De color trigueño [1]. | CBonald *Ágata* 230: Le caían las mechas del pelo trigueño a un lado.

triguereño -ña *adj* De Trigueros (Huelva). *Tb n, referido a pers.* | Cela *Viaje andaluz* 312: –Soy de Tri Tri Trigueros.– El mariscador .. era tartaja; lo de ser triguereño era menos importante.

triguero -ra I *adj* **1** De(l) trigo [1]. | Ortega-Roig *País* 144: La Tierra de Campos .. es uno de los centros trigueros más importantes de España.
2 [Espárrago] silvestre, esp. el que brota en los sembrados de trigo [1]. *Tb n m.* | Vega *Cocina* 147: No importa que las puntas de los espárragos sean verdes, de los llamados trigueros, o blancos [*sic*], del tipo de los de Aranjuez. Comino *Gac* 29.5.77, 16: Son varios los acompañamientos de los huevos fritos y tortillas .. con pisto, trigueros, etcétera.
II *n* **A** *m y f* **3** Pers. que comercia en trigo [1]. | FQuintana-Velarde *Política* 257: Al propio tiempo se inicia el auge de una nueva fuerza económica: los trigueros castellanos, sostenidos por el partido liberal.
B *m* **4** Pájaro común en los campos de trigo [1], de carne apreciada (*Emberiza calandra*). | Delibes *Ratas* 157: Por los caminos y junto a las linderas yacían los cadáveres de los trigueros y las alondras.
C *f* **5** Se da este n a las plantas gramíneas *Aegilops ovata, Triticum ovatum, Phalaris bulbosa y Phalaris coerulescens;* estas dos últimas, TRIGUERA CABALLUNA. | J. C. Luna *Abc* 18.12.59, 67: Que si el paisaje tiene vegas anchas y mullidas de grama y de zu[ll]a y de trigueras, también se arbola en serranías broncas y quebradas, donde los matorrales parecen bronce, y las algabas de pedernal, y el esparto pincha como leznas.

trihíbrido -da *adj* (*Biol*) [Individuo] que desciende de padres que difieren en tres rasgos constitucionales. | Navarro *Biología* 215: Cuando se cruzan dos individuos que difieren por solo un rasgo constitucional, es decir, por un par de caracteres, a los hijos se les llama monohíbridos; .. si por tres, trihíbridos.

trilateral *adj* (*Pol*) De tres elementos o participantes. | *País* 30.1.77, 2: Mondale ha querido jugar con una quimera, abandonada ya por los eurócratas y solo almacenada en el desván de las utopías: Europa como personalidad autónoma, es decir, como entidad económica que camina hacia su unificación política y con la que podrá en el futuro negociarse según el esquema trilateral (USA-Europa-Japón).

trilateralismo *m* (*Pol*) Sistema trilateral. | *País* 30.1.77, 2: Del trilateralismo a los proconsulados. Algo más que buenas palabras.

trile *m* Juego fraudulento de apuestas en que una carta, enseñada por el timador y luego manipulada con otras dos, debe ser acertada por el apostante. *Tb en pl con sent sg.* | Sastre *Taberna* 117: Ah, sí, ya me recuerdo, uno del trile que usted lo conoció en el maco. M. A. Llinás *Inf* 14.9.78, 6: Paraban a todos los viandantes y detenían a aquellos que justificaban su presencia allí por motivos de trabajo: prostitutas, toxicómanos, vendedores de "porros" y jugadores de los "triles" que cada noche frecuentan Las Ramblas.

trilero *m* Individuo que se dedica al timo del trile. | *Abc* 15.11.84, 12: Las zonas peatonalizadas de Madrid son las más utilizadas por los trileros para captar a sus víctimas.

trilingüe *adj* De tres lenguas. | *Abc* 12.12.74, 72: Valentín García Yebra, autor de una edición trilingüe de la "Metafísica" de Aristóteles, publica en Gredos otra monumental y no menos importante edición trilingüe del estagirita: la "Poética".
2 Que habla tres lenguas. | Alvar *Abc* 5.3.88, 33: Uno de cada dos nacionales es bilingüe o trilingüe.

trilingüismo *m* Cualidad de trilingüe. | L. LSancho *Abc* 27.6.75, 4: Ionesco habrá descubierto la absurdidad del lenguaje al perder y recuperar su rumano nativo, al aprender y recobrar después su francés de adopción. ¿Podría proclamarse el bilingüismo, el trilingüismo como fuerza máxima del escritor?

trilita *f* Trinitrotolueno. | Laiglesia *Ombligos* 213: Procure, sin embargo, dosificar mejor la trilita en lo sucesivo.

trilla f Acción de trillar [1]. | *Tb la época del año en que se realiza*. | Halcón *Manuela* 24: Qué raro que a su edad y en plena temporada de trilla no haya encontrado ya trabajo. Ortega-Roig *País* 49: La Meseta, donde las tierras después de la trilla son ocre-amarillas.

trilladera f (*reg*) **1** Tirante, gralm. de esparto, con que se ata el trillo a las caballerías. | Moreno *Galería* 31: Lo mismo que el guarnicionero hacía toda clase de enterrollos, .. quitaipones, correas y trilladeras.
2 Rastra o grada. | G. GHontoria *Nar* 7.76, 26: Las piezas adquiridas en todos estos viajes son de gran interés .. Agricultura: "rastra" o "trilladera" para ser arrastrada por una sola mula con objeto de alisar el suelo después de arar y antes de sembrar, usada en Tierra de Campos.

trillado -da *adj* **1** *part* → TRILLAR.
2 Común o muy conocido. *Frec con el v* ESTAR. *Gralm con intención desp*. | *Sp* 19.7.70, 35: No era un activista de la publicidad fácil salida del slogan trillado "acérquese al pueblo". **b)** [Camino] ~ → CAMINO.

trillador -ra *adj* Que trilla [1]. *Tb n: m y f, referido a pers; f, referido a máquina*. | Moreno *Galería* 191: Convirtiéndose en el más duradero césped natural, resistente a las herraduras de las yuntas trilladoras. Cuevas *Finca* 68: Retrillaban cinco cobras de yeguas .. sujetas de la mano del trillador. Cuevas *Finca* 158: Don José obtuvo su primera trilladora mecánica.

trillar *tr* **1** Triturar [la mies] para separar el grano de la paja. *A veces referido tb a algunas leguminosas. Tb abs*. | Moreno *Galería* 191: Lo que no se traía en haces se traía en "bálago" y ello se descargaba .. en anchas parvas que debían trillarse las primeras. Cuevas *Finca* 45: En un pedazo que había servido para trillar los guisantes .. levantó una tapia. MCalero *Usos* 46: Preparada la era y cuando el sol calentaba, empezaban a trillar. **b)** Trillar [en una era (*cd*)]. | MCalero *Usos* 46: Empezaban a trillar .. dando vueltas y más vueltas ..., y así con los trillos necesarios para dejar la era trillada.
2 Recorrer [un camino] de manera continuada o habitual. *Frec fig*. | Laforet *Mujer* 201: Lutero .. opinaba que el hombre es incapaz de subir lo que ha bajado, de remontar los caminos ya trillados por su cuerpo. Cossío *Montaña* 205: A Ortega le horrorizaba poder caer en el tópico, y todo lugar o toda obra artística cien ve[ce]s trillada por el comentario .. le ponen en trance de confundir su visión con la de tantos que antes de él contemplaran.
3 (*raro*) Quebrantar o dejar maltrecho. | *Ya* 6.5.85, 30: Se estima una media horaria probable de 38 kilómetros por hora. Puede que se cumpla, puede que no; los corredores, en general, están ya todos muy trillados y hay que guardar fuerzas como sea.

trillero -ra (*reg*) **A** *m* **1** Hombre que fabrica y vende trillos. | Cela *Judíos* 101: Cantalejo es famoso por sus trillos y por sus trilleros, que venden los sacos de piedra de sílex a muchas leguas a la redonda.
B *m y f* **2** Trillador. | FVidal *Ayllón* 54: A pocos metros .. está la eruela de Grado, en la que un par de viejos y una mujer de sucia faldamenta menean .. los cribos, que, de pronto, dejan de oscilar .. porque los tres trilleros distinguen mi presencia.
C *f* **3** Cante popular andaluz propio de la trilla, que se canta sin guitarra y con copla de seguidilla. | Cela *Viaje andaluz* 254: La toná .. se canta, como la debla y el martinete y las saetas –también como las trilleras–, sin acompañamiento de guitarra.

trillizo -za *adj* [Pers.] nacida con el mismo parto que otras dos. *Más frec como n y en pl*. | *Inf* 7.9.70, 18: Han fallecido en la tarde del sábado los hermanos trillizos alumbrados a mediodía. *Ya* 12.11.70, 6: Ha tenido dos veces cuatrillizos, una vez trillizos y otra gemelos.

trillo *m* Tablón guarnecido en su parte inferior con cuchillas de acero y pequeñas piedras de pedernal, que se usa para trillar [1]. | Delibes *Historias* 67: Había ido, en la mula ciega, por pernalas para el trillo.

trillón *m* Cantidad de un millón de billones. *Gralm con compl* DE (*sin* DE *cuando se interpone otro número*). *A veces se usa para ponderar enfáticamente una cantidad indeterminada*. | Aleixandre *Química* 210: ¿Cuántos electrones pasan por segundo ..? Solución: 6,3 trillones de electrones. Zunzunegui *Camino* 337: Le ganó una jaqueca hecha de trillones de hormigueos.

trillonésimo -ma *adj* [Parte] que es una del trillón de partes en que se considera dividida la unidad. *Tb n f*. | M. Calvo *SYa* 19.6.77, 15: Las partículas elementales están formadas de otras menores, tres que sí realmente elementales y fundamentales, los "quarks" .. Si se achicase una cereza a su trillonésima parte .. tendría aproximadamente el tamaño de uno de estos objetos, si es que pueden llamarse así.

trilobal *m* Tejido fabricado con una fibra sintética cuya sección transversal presenta tres caras y caracterizado por su aspecto sedoso y brillante. | *CCa* 15.11.70, 33: Bata acolchada .. Para señora. De trilobal. Con modernos estampados en 2 tonos.

trilobites *m* (*Zool*) Crustáceo fósil de la Era Primaria, cuyo cuerpo está dividido en tres lóbulos. | Legorburu-Barrutia *Ciencias* 395: Los fósiles característicos [de la Era Primaria] son los trilobites.

trilobulado -da *adj* (*E*) Dividido en tres lóbulos. | GNuño *Madrid* 6: Sus frentes se decoran con tres filas de pequeños arcos; los inferiores trilobulados, una fila media de cinco lóbulos y los superiores son de herradura.

trilocular *adj* (*Biol*) Dividido en tres cavidades o cámaras. | Alvarado *Botánica* 74: En el ovario, que es trilocular, no madura más que un óvulo que se desarrolla enormemente.

trilogía f Conjunto de tres obras literarias o musicales que tienen una unidad argumental básica. | GLópez *Lit. española* 673: Destaca la trilogía titulada *El Laberinto mágico* (*Campo cerrado*, 1943; *Campo abierto*, 1951; y *Campo de sangre*, 1945), cuyo ambiente histórico lo proporcionan los acontecimientos de la guerra civil. **b)** *En la antigua Grecia*: Conjunto de tres tragedias presentadas a concurso. | DPlaja *Literatura* 24: Escribió [Esquilo] numerosas obras, no habiendo llegado hasta nosotros más que siete tragedias, de las cuales tres (*Agamenón*, *Las Coéforas* y *Las Euménides*) constituyen una trilogía: *La Orestiada*.

trimarán *m* (*Dep*) Multicasco de dos flotadores o cascos. | *País* 8.8.87, 30: En la Regata de Europa, también llamada por su dureza la París-Dakar del mar, participan los veleros más rápidos del mundo, los grandes multicascos (catamaranes –dos cascos– y trimaranes –tres–).

trimembre *adj* Que consta de tres miembros o partes. | FMora *Abc* 18.11.75, sn: Los protagonistas de esta maniobra tratan de legitimarla con un demagógico lema trimembre que es una contrafigura del estoicismo inmortal: no a la represión, a la desigualdad y a la inautenticidad.

trímero -ra *adj* **1** (*CNat*) Que consta de tres partes. | Bustinza-Mascaró *Ciencias* 267: La flor [del tulipán] es hermafrodita, regular y trímera.
2 (*Quím*) Polímero cuyo peso molecular es triple de otro. *Tb n m*. | Aleixandre *Química* 202: Los polímeros de peso molecular doble, triple, cuádruple, etc., de otro, se llaman dímeros, trímeros, tetrámeros, etc.

trimestral *adj* **1** De un trimestre. *Con idea de duración*. | * Hay asignaturas trimestrales y cuatrimestrales. * Sale con periodicidad trimestral.
2 Que corresponde a cada trimestre o se produce cada trimestre. | Laforet *Mujer* 302: Ahora a fines de marzo se hacían los exámenes trimestrales.

trimestralmente *adv* De manera trimestral [1]. | Delibes *Historias* 59: Publicaba trimestralmente la hojita en loor de la mártir Sisinia.

trimestre *m* Período de tres meses. | Medio *Bibiana* 159: ¿Te ha dado ya el recibo de este trimestre?

trimetadiona f (*Med*) Tridiona. | M. Aguilar *SAbc* 30.11.69, 54: Algunos tóxicos que pueden dar agranulocitosis .. Trimetadiona.

trímetro *m* (*TLit*) *En la poesía grecolatina*: Verso que consta de tres grupos de dos pies. | RAdrados *Fiesta* 350: Esta intervención de los trímetros yámbicos no está limitada ni mucho menos a este pasaje.

trimilenario - trinchera

trimilenario -ria *adj (raro)* De tres mil años. | Gironella *Millón* 361: Estimaba simbólico que la antiquísima Italia acudiera en ayuda de España a través precisamente de Cádiz, la más antigua ciudad de Europa, la Gades trimilenaria. .

trimotor *m* Avión de tres motores. | Gironella *Millón* 471: Oleadas de trimotores cubrieron el cielo, despejando la tierra para que avanzaran por ella los tanques y la infantería.

trimurti *f (raro, m) (Rel) En el brahmanismo:* Trinidad de dioses. *Tb (lit) fig.* | Anson *Oriente* 33: El "trimurti" hindú está formado por un solo Dios todopoderoso, sin principio ni fin, con tres personas distintas: Brahma, o el padre, que es el creador del mundo; Vishnú, que es el conservador, y Shiva, el destructor. MSantos *Tiempo* 37: Este enigma no era el que menos movía a Pedro a someterse pa[u]latinamente al engranaje en que la trimurti de disparejas diosas lo había introducido.

trinación *f* Acción de trinar². | *Ya* 28.6.74, 22: Los obispos pueden permitir que los sacerdotes celebren, con limosna, misas de binación o trinación, a condición de que la limosna se devuelva para los fines de caridad que serán determinados por el obispo diocesano.

trinador. zarapito ~ → ZARAPITO.

trinante *adj* Que trina¹ [1]. | J. Sampelayo *Ya* 22.10.64, 12: Por lo demás, pájaros trinantes y un perro "pointer".

trinar¹ *intr* **1** Emitir trinos [un pájaro]. | Laforet *Mujer* 198: Un canario .. trinaba estrepitosamente. **b)** Hacer trinos [un instrumento musical]. | Torrente *DJuan* 310: Detrás del decorado trinaba un violín.

2 *(col)* Rabiar o irritarse. *Gralm en la constr* ESTAR [alguien] QUE TRINA. | Delibes *Madera* 279: Papá Telmo se encolerizó, trinó, puso los ojos en blanco, amenazó con escaparse. Berlanga *Gaznápira* 108: La mujer está que trina desde que han trasladado el buzón de Correos a la puerta de la tienda.

trinar² *intr* Celebrar [un sacerdote] tres misas en el mismo día. | Delibes *Emigrante* 20: El hombre que binaba, pero que no podía trinar, y cuando Melecio se dejó caer con lo de la limosna a poco se le escapa la izquierda y le cepilla los morros de una guantada.

trinca *f* **1** Grupo o pandilla reducidos de amigos. | *Inf* 22.2.75, 12: ¡La trinca del "Botón de Ancla"! ¡Tres amigos en busca del amor, de la aventura, del heroísmo! Soler *Caminos* 306: En Burgos, bastantes años después, reduciría a una trinca de ocho o diez ejemplares de ambos sexos que .. convertían su palco proscenio en una cantina y tragueaban de lo lindo.

2 *En oposiciones a cátedras:* Ejercicio en que cada opositor critica los méritos de los otros. | Miguel *Mad* 24.1.70, 9: Luego ocurrirá, cuando hagan oposiciones a cátedra, que en la trinca le dirán a Simancas que el libro lo ha hecho Elizalde. **b)** *(hist)* Controversia universitaria. | CBaroja *Inquisidor* 19: Cantó fray Luis la descansada vida del que huye del mundanal ruido, pero pasó la suya en trincas, competiciones y sobresaltos, dentro de un espeso ambiente profesoral.

3 *(Mar)* Cabo, cable u otro objeto similar con que se amarra o sujeta algo. | VMontalbán *Rosa* 156: Germán comprobaba la estiba y las trincas en las bodegas y la seguridad de los cuarteles de las bocas de las escotillas.

trincado *m (hist)* Embarcación gallega de cabotaje o de pesca, con un palo situado muy a proa y caído hacia popa. | Guillén *Lenguaje* 27: Alcanzaron [las parejas de bou] incluso la vía de El Ferrol, en cuya villa de Mugardos no hace mucho, cuando no existían vestigios de los clásicos trincados, largaban al viento su vela latina los faluchos con patrones de apellido catalán.

trincar¹ *tr* **1** Sujetar o asegurar. *Esp en lenguaje marinero.* | CBonald *Casa* 97: Ya habían acabado de trincar el cajón, y Agustín Gallareta se disponía a ordenar el regreso inmediato. [*Han cargado el cajón en un camión.*] VMontalbán *Rosa* 83: Germán .. trincaba cuanto pudiera moverse. [*En un barco.*] **b)** *(col)* Sujetar o atar. | Delibes *Guerras* 291: Te trincan la garganta con un cepo de hierro y te aprietan un tornillo hasta que te ahoga.

2 *(col)* Coger. | Berenguer *Mundo* 7: Los bichos montunos son de todos y de nadie: del que los trinca. No hay castigo por matarlos. Lera *Clarines* 430: –Yo quiero dar al menos un par de verónicas .. Antes no he podido. –¡Cómo ibas a poder, si ha estado en un pelo que no te trincase! Moncada *Juegos* 367: Fue usted quien me besó a mí. Me trincó por sorpresa. **b)** Prender o detener [a una pers.]. | Berlanga *Pólvora* 7: ¿A que no sabes a quién han trincado? .. Date por rajado y toma nota, macho; han pescado al delegado de cuarto cuando bajaba del autobús. **c)** Robar. | Marsé *Tardes* 34: Y esta madrugada, una vez trincadas las motos, en lugar de llevarlas al taller me vienes con lloriqueos.

3 *(col)* Poseer sexualmente [a alguien]. *Frec con un compl refl de interés.* | CPuche *Paralelo* 345: Tú, Pascualete, no seas tonto. Llévatela un día al Jarama y te la trincas.

trincar² *tr (col)* Beber. *Frec con un compl refl de interés.* | Sastre *Taberna* 123: Dame otra [cazalla], que se la ha trincado toda la criatura. Faner *Flor* 109: Le convidó a zumaque en la taberna de Diodor. Trincaron dos jarras.

trincarro *m (reg)* Juego de tres en raya. | Grosso *Capirote* 95: Se acercó a un grupo que jugaba al trincarro. El papel cuadriculado, las rayas trazadas oblicuas y perpendiculares sobre él, los seis botones –tres a tres– de color distinto, buscaban la línea recta para conseguir el triunfo.

trinchador -ra *m y f* Pers. que trincha. | J. Carabias *Ya* 24.12.74, 8: Hasta el siglo XVI apenas se conocían más que los tenedores de dos púas, con los que los trinchadores se ayudaban para cortar los trozos de carne.

trinchamiento *m* Acción de trinchar. | Vega *Cocina* 92: Busqué el capítulo referente al trinchamiento de los pavos reales.

trinchante *m* **1** Cuchillo para trinchar. | *Abc* 7.5.58, 45: En la primera vitrina hay un juego de trinchantes con escudo y escena venatoria en la vaina. **b)** Utensilio que sirve para trinchar. | J. LDepetre *Abc* 20.7.67, 11: Aún no nos hemos acostumbrado al trinchante mecánico. **c)** Tenedor grande con que se sujeta lo que se trincha. | * La cubertería incluye cazo y trinchante.

2 *(reg)* Trinchero. | Salom *Casa* 323: Saca del trinchante .. unos vasos.

trinchar *tr* Cortar en trozos [un alimento], esp. para servirlo. | Bernard *Verduras* 8: Se añade la cebolla trinchada, los ajos enteros. *Cocina* 498: Terminada la cocción, se trincha el pollo y se coloca como si fuera entero.

trinche *m (reg)* Apero de labranza semejante a la azada, con tres o más dientes de hierro. | Delibes *Castilla* 74: Lo mismo le sucedió a un pastor que tuvimos aquí, no crea, claro que en ese caso la culpa fue suya, que al demonio se le ocurre ir a clavarle al animal un trinche en el cuadril.

trinchera¹ *f* **1** Zanja alargada excavada en un frente para protección de la tropa. | DPlaja *El español* 28: La camaradería de trinchera, en donde se reunieron todas las gamas de la clase social. **b)** Zanja o fosa alargada. | Delibes *Tesoro* 122: El cortafuegos había sido socavado de punta a punta. Una pala mecánica había pasado sobre él y abierto una trinchera de tres metros de anchura por dos de profundidad. M. GVelarde *Tri* 5.1.74, 19: Existiendo fuentes de material, cabe pensar en los eventuales sumideros del mismo. Tales son las llamadas trincheras oceánicas. Diversos estudios sísmicos, amén de análisis paleomagnéticos, han puesto de relieve que estas grandes fosas, que llegan hasta los doce kilómetros de profundidad, son efectivamente las zonas donde la corteza terrestre se hunde en el interior del globo.

2 Corte con taludes a ambos lados, hecho para trazar una vía de comunicación. | J. Cienfuegos *Hoy Extra* 12.69, 3: Puede seguirse el febril trabajo de los ingenieros .., de las brigadas de obreros que van tajando las trincheras, tendiendo el palastro, atirantando los raíles.

trinchera² *f* Gabardina con cinturón. | *ByN* 11.11.67, 75: Trincheras clásicas y gran fantasía. Con Terlenka, libertad de moda.

trinchera³ *f (Taur)* Pase por bajo en que se cita resguardando el cuerpo con la muleta. | A. Navalón *Pue* 25.8.80, 20: En el cuarto, aseado en banderillas, trincheras buenas y unos derechazos limpios y templados.

trincherazo *m* (*Taur*) Trinchera³ en que se lleva al toro embebido en el engaño. | A. Navarro *Rue* 17.11.70, 10: Escuchó música y encendidas ovaciones al exhibir en los trincherazos, naturales y redondos su documentación de torero fino y bien enterado.

trincherilla *f* (*Taur, desp*) Trinchera³. | Hache *Cod* 9.2.64, 5: El toro andaba centímetro a centímetro embebido en la muleta y molinetes, afarolados, quiquiriquíes, pases de la firma, trincherillas, de pecho, por lo alto.

trinchero *m* Mueble de comedor que sirve gralm. para trinchar sobre él. | Goytisolo *Recuento* 186: ¿Comedor estilo qué? A la luz de la salita era posible adivinar, entre cuatro sillas, la mesa cuadrada .., las sillas claveteadas .., y, sombreando el fondo, las sólidas dimensiones del aparador y el trinchero, con sus escudetes de latón y sus mármoles grises. **b)** Aparador (mueble). | ZVicente *Traque* 118: Se quedaba muy bien puestecito sobre la cómoda o sobre el trinchero.

trincherón *m* Trinchera¹ grande. | Carnicer *Cabra* 58: A la izquierda de la pendiente que metafóricamente llamaremos calle, desciende una torrentera que a trechos y por la fuerza de las aguas ha excavado un verdadero trincherón. Legorburu-Barrutia *Ciencias* 351: Las hallaréis [las piedras] en los cortes del terreno, .. en los cortes y trincherones de las carreteras y las vías.

trincón -na *m y f* (*col*) Ladrón, esp. descuidero. *Tb fig*. | Gala *Sáb* 27.8.75, 7: Supongo que el propio Marqués de Salamanca, que en su momento fue un trincón bastante útil, opinaría lo mismo.

trineo *m* **1** Vehículo sin ruedas que se sustenta sobre dos tiras longitudinales de madera o metal, con las cuales se desliza sobre la nieve o el hielo. | A. Barra *Abc* 9.12.70, 39: Los árboles de Navidad tienen sus luces muertas y .. los trineos de Santa Claus no dejan ya una estela fulgurante para iluminar las ilusiones.
2 Aparato o dispositivo que se puede deslizar por el suelo. | *SYa* 13.7.75, 6: Ligera aspiradora Sears "Transform" .. Doble uso: como escoba o trineo. *SLín* 3.8.75, 11: De acuerdo con ellos [los vientos] –además de otros factores–, hemos de proyectar. La modificación del marco de riego –distancia de tubería y aspersores–, empleo de materiales que nos permita[n] una mayor flexibilidad en ese marco –trineos y mangueras–, regulación de la presión de trabajo, etc.

trinidad *f* Conjunto de tres personas o cosas. | Mercader-DOrtiz *HEspaña* 4, 217: El Consejo de Castilla pareció avanzar al primer plano bajo la presidencia del conde de Aranda, que con los fiscales Moñino .. y Campomanes formó la trinidad hacia el Absolutismo Ilustrado. ASáez *Abc* 24.8.66, 17: Mineras, cartagueneras y tarantas componen la trinidad del cante de las minas. **b)** (*Rel catól*) Conjunto de las tres personas divinas. *Gralm precedido del adj* SANTÍSIMA. | Vesga-Fernández *Jesucristo* 41: En este episodio se manifiestan las tres personas de la Santísima Trinidad: el Padre que habla, Jesucristo y el Espíritu Santo en forma de paloma. *Ade* 27.10.70, 4: La comunión entre los hermanos es signo de nuestra comunión de vida con la Trinidad.

trinitano -na *adj* Trinitense. *Tb n*. | Gilera *Abc* 28.7.76, 45: Poca historia tuvo la final de los 200 metros lisos masculinos, ya que desde la salida falló el trinitano Hasely Crawford, que abandonó unos metros más tarde, al parecer aquejado de un "tirón".

trinitario -ria I *adj* **1** De (la) trinidad. | S. LTorre *Abc* 24.8.66, 27: Del sistema de los dos partidos habríamos pasado a la estructura trinitaria de la política nacional. **b)** *Esp* (*Rel crist*): De (la) Santísima Trinidad. | *Ade* 27.10.70, 4: Se iniciaron las actividades de la V Semana de Estudios Trinitarios.
2 De la orden de la Santísima Trinidad, fundada en el s. XII para la redención de cautivos. *Tb n, referido a pers*. | J. MNicolás *SYa* 15.6.75, 7: El Toboso es distinto. En la gran plaza del parque hay una calle dedicada al padre Juan Gil .. Y en esta misma plaza, un soberbio monasterio de trinitarias.
II *f* **3** Pensamiento (planta). | Lagos *Vida* 67: Los domingos, después de Misa, se llegaba aún hasta el cementerio con el ramito de trinitarias que a su Antonio le gustaban tanto.

trinitarismo *m* (*Rel crist*) Doctrina o dogma de la Santísima Trinidad. | Lapesa *HLengua* 338: Decían [los judíos] el Dió, en lugar de Dios, que les parecía un plural propio del trinitarismo cristiano.

trinitense *adj* De la isla de Trinidad o del estado de Trinidad y Tobago. *Tb n, referido a pers*. | *Mar* 5.7.59, 8: Son tres fenómenos del sprint, todos ellos americanos, pues se trata de los estadounidenses Carney y Poynter y el trinitense Agostini.

triniteño -ña *adj* Trinitense. *Tb n*. | X. Domingo *Cam* 26.7.76, 47: Quizá todo haya salido del "pepper pot" o cocido de la Trinidad, que parece ser el plato indio antillano típico aún consumido .. El "pepper pot" hierve de continuo en el hogar triniteño.

trinítrico -ca *adj* (*Quím*) Que tiene tres moléculas de ácido nítrico. | Aleixandre *Química* 162: Nitroglicerina. Es el éster trinítrico de la glicerina.

trinitroglicerina *f* (*Quím*) Nitroglicerina. | Aleixandre *Química* 162: Las mezclas de trinitroglicerina y polvo inerte se llaman dinamitas.

trinitrotolueno *m* (*Quím*) Explosivo muy potente, en forma de sólido cristalino, que se obtiene al tratar el tolueno con una mezcla de ácido nítrico y ácido sulfúrico. | Torrente *Saga* 35: Lo único que deploro es que no la desplacen mediante una buena bomba de trinitrotolueno, que, de paso, podía llevarse por los aires la ciudad entera.

trino¹ -na *adj* (*lit*) Que contiene en sí tres elementos distintos. | Laín *Gac* 8.1.78, 23: El castellano .. ¿La sangre de mi espíritu ..? Desde luego; mas también algo que la sangre .. por sí misma no puede dar: el flexible y recreable esquema primario que permite a mi espíritu adquirir la trina forma específica –hombre, europeo, occidental–, de la cual puedo y debo construir la mía. SLuis *Doctrina* 15: Dios, Uno y Trino .. Hay un solo Dios .. Pero en Dios hay tres Personas.

trino² *m* **1** Gorjeo [de un pájaro]. | Laforet *Mujer* 154: Cuando paraba el soplete, los pájaros armaban tal algarabía de trinos que a veces costaba trabajo entenderse.
2 (*Mús*) Sucesión rápida y alternada de dos notas de igual duración, entre las cuales media la distancia de un tono o un semitono. | FCid *Ópera* 22: Un mundo de fusas, corcheas, trinos, tresillos, melodías, travesuras rítmicas, arias con leve signo lírico anunciador de un vuelo romántico latente, se unen a las más de veinte óperas.

trinomio *m* (*Mat*) Expresión algebraica compuesta de tres términos unidos por los signos más o menos. | Marcos-Martínez *Álgebra* 54: Cuando un polinomio .. contiene tres términos es un trinomio. **b)** (*lit*) Conjunto de tres perss. o cosas que actúan como una unidad. | *Santander* 44: El trinomio Laredo-Colindres-Santoña es, posiblemente, después de los puertos gallegos, el más importante en la pesca de bajura.

trinque¹ *m* (*col*) Robo. *Frec con intención ponderativa, designando cualquier ganancia poco limpia*. | JLosantos *D16* 1.4.84, 3: No importa que en los últimos meses las chapuzas y trinques de sus prebostes provincianos hayan empezado a hundir esa imagen de marca del partido de los "Cien años de honradez".

trinque² *m* (*col*) Bebida. | Lera *Clarines* 336: –¡Se acabó el trinque!– Y Maxi mostró la botella vacía.

trinquete¹ *m* (*Mar*) *En una embarcación con más de un mástil:* Mástil inmediato a la proa. *Tb la verga y la vela correspondientes*. | MHidalgo *HyV* 10.71, 77: En la arrumbada y algo a la banda siniestra de la línea de crujía se hallaba el árbol de trinquete; este desplazamiento del palo tenía por objeto dejar sitio al cañón de crujía. J. A. Padrón *Día* 28.5.76, 19: Estaba equipada [la fragata] con una máquina de vapor, y aquellas dos chimeneas –entre los palos trinquete y mayor– le daban una magnífica estampa. MHidalgo *HyV* 10.71, 77: Desde allí [las arrumbadas] se hacía también la maniobra de izar y arriar el trinquete, cuando este comenzó a usarse en el siglo XVI y, más corrientemente, en el XVII.

trinquete² *m* (*reg*) Frontón cerrado. | J. Morante *Abc* 26.9.70, 43: En los pueblos se jugaba, como hasta ahora, en determinadas calles y en trinquetes.

trinquete[3] *m* (*Mec*) Dispositivo que traba dos elementos cuando el movimiento relativo de estos tiende a invertirse. | Ramos-LSerrano *Circulación* 179: En los cambios de cuatro velocidades, la posición de la palanca para la marcha atrás no es la misma para todas las marcas, siendo muy frecuente que se encuentre en prolongación de una adelante, pero que vaya provista de un trinquete que no permite meter la marcha atrás si no se acciona este trinquete, evitándose así falsas maniobras. *BOE* 2.9.77, 19711: Cuando el sistema de cierre de la faja sea mediante hebijones sobre agujeros, aquellos no tendrán una sección menor que la correspondiente a un diámetro de cinco milímetros y colocados en posición de enlace normal, resaltarán sobre el trinquete de la hebilla al menos dos milímetros.

trinquetilla *f* (*Mar*) Vela triangular, a modo de foque, que se larga en un cable inmediato y paralelo al estay del trinquete. | *Ya* 10.1.87, 8: Apareja veinte velas, con una superficie total de 3.153 metros cuadrados. 1: Bauprés .. 6: Trinquetilla.

trinqui *m* (*col*) Bebida. | CPuche *Paralelo* 223: Déjate de beber más. Te gusta demasiado el trinqui.

trinquis *m* (*col*) **1** Trinqui o bebida. | * Le gusta demasiado el trinquis.
2 (*hoy raro*) Trago de vino o licor. | DCañabate *Paseíllo* 67: Marquitos, que acaba de pegarse un trinquis, salta eufórico: –Yo sí lo seré.

trío *m* **1** Conjunto de tres perss. o cosas. | Escartín *Act* 25.1.62, 52: Los ingleses tienen una formidable línea delantera, .. medios fantásticos y un buen trío defensivo. **b)** Conjunto de tres instrumentos o cantantes. | Torrente *Vuelta* 217: Un trío de violín, viol[o]ncello y piano tocaba una pieza lenta y solemne. **c)** *En algunos juegos de naipes o en los dados:* Conjunto de tres cartas o dados de un mismo valor. | *Naipes extranjeros* 11: Gana el trío de las cartas mayores. [*En el póker.*] **d)** Arte de pesca compuesta de tres barcos que arrastran una red barredera de profundidad. | *Voz* 8.11.70, 3: En la mañana de ayer llegaron al puerto pesquero del Berbés 1 trío, 5 barcas y 6 trasmalleros. **e)** Acto sexual en que participan tres personas. | *Her* 18.8.90, 32: Relaciones .. Nani, Sandra y Silvia. Especialidad en trío y dúplex. Hotel, domicilio.
2 (*Mús*) Composición o parte musical para tres instrumentos o para tres cantantes. | FCid *Abc* 16.12.70, 3: Cinco conciertos pianísticos, el de violín, el "triple", tríos, variaciones, fantasías. **b)** Parte central del minueto, que originariamente era ejecutada por tres instrumentos. *Tb, a veces, en otros movimientos musicales.* | RÁngel *Música* 58: Tercer tiempo [de la sonata]: Un minué .. en compás a tres partes y aire moderado. Consta de dos frases repetidas, a las que sigue un trío, también repetido, para volver "da capo". MAlonso *Música* 145: Sigue un Allegretto que, sobre todo en el trío, supera su aparente intrascendencia.

trióbolo *m* (*hist*) Moneda griega equivalente a tres óbolos. | GNuño *Escultura* 156: Estas monedas son acuñadas conforme al sistema helénico de dracmas y tróbolos, esto es, la unidad monetal del mundo mediterráneo y uno de sus divisores.

triodo (*tb* **tríodo**) *m* (*Electr*) Lámpara termoiónica de tres electrodos. | G. Lorente *Abc* 9.4.67, 18: Es la microelectrónica, la tercera generación, la nieta por línea directa de aquella electrónica que vino al mundo el año 1907, cuando se inventó el triodo. Mingarro *Física* 175: En esta propiedad se fundan las extensísimas aplicaciones del tríodo en la moderna electrónica, sobre todo como *relais*, amplificador y oscilador.

triorquio *adj* (*Anat*) Que tiene tres testículos. | Cela *Oficio* 47: Ispareta, el dios malabar, que era triorquio.

triosa *f* (*Quím*) Glúcido que contiene en su molécula tres átomos de carbono. | Navarro *Biología* 19: Existen glúcidos que contienen en su molécula 2, 3, 4, 5, 6 o más átomos de carbono, y que por ello se denominan diosas, triosas, .. etc.

trióxido *m* (*Quím*) Compuesto cuya molécula contiene tres átomos de oxígeno. | *Ya* 26.6.86, 43: La contaminación que produce el Óleum (disolución de trióxido de azufre en ácido sulfúrico), sustancia catalogada como tóxica y peligrosa, traerá consigo los mismos problemas que las denominadas "lluvias ácida[s]".

trip (*ing; pronunc corriente*, /trip/; *pl normal*, ~s) *m* (*jerg*) **1** Viaje (efecto producido por un alucinógeno). *Tb referido a otras drogas.* | S. Cámara *Tri* 20.5.72, 14: ¡Si me vas a hablar de Grecia, entonces me fumo un petardo! .. Le he invitado a que participara en mi "trip" particular, en mi intransferible viaje liberalizador de los viernes por la noche.
2 Dosis de LSD. *Tb referido a otras drogas.* | Montero *SPaís* 5.3.78, 13: En la esquina de la calle, a la luz de los faroles, pequeños grupos se dedican al trapiche, a la compra y venta de material: *tate, trips*, un poquito de *mari*... Son los camellos, vendedores de drogas suaves.

tripa I *f* **1** Trozo de intestino. | Moreno *Galería* 275: A embutir: morcillas estrechas, .. morcones, culares y la tripa cagalar. **b)** *En pl:* Intestino (conducto digestivo). | CNavarro *Perros* 141: El vientre apareció lleno de grietas; las tripas se veían a través. Arce *Testamento* 110: Y mis tripas sonaban quejosamente y de una manera grotesca en medio de aquel silencio.
2 Vientre [de una pers. o animal]. | Arce *Testamento* 86: Varias moscas de alas metálicas y tripa verdosa merodeaban golosas sobre el excremento del día anterior. Laforet *Mujer* 283: A la mujer le da ahora por hacerse monja carmelita y a ti se te pone tripa de canónigo. **b)** (*col*) Vientre hinchado por el embarazo. *Tb el mismo embarazo.* | Cela *Judíos* 306: El vagabundo .. se entera .. de las últimas novedades del pueblo: de la tripa que le hicieron, nadie sabe quién, a la Ufrasia.
3 Panza [de un vasija]. | Montero *Reina* 147: Detrás de la puerta se apretujaba el lavabo ..; en su tripa de porcelana anidaban una falda tubo arrugadísima y una sandalia roja de charol.
4 Relleno del cigarro puro. | FReguera-March *Cuba* 257: El interior del puro, la tripa, se envuelve con las hojas mejores, llamadas capas.
5 (*col*) *En pl:* Conjunto de cosas que están dentro [de algo]. | Delibes *Mundos* 158: A lo que la isla aspira .. es, pongamos por caso, a poder vaciar las tripas de un barco japonés y llenar las de un barco argentino .. sin trabas ni papeleo. **b)** Interioridades o intimidades [de algo]. | MGaite *Búsqueda* 90: El sacar a la luz diariamente las tripas de tantas vidas de famosas y multimillonarias mujeres, sublimando sus abortos, menopausias y necesidades sexuales, .. no tiene por objeto más que el aumentar la proporción de vehementes buscadores de esa felicidad tan decantada. BTobío *Abc* 6.7.85, 16: Sin duda alguna el diplomático que mejor conoce las tripas de la Casa Blanca y del Departamento de Estado.
6 (*col*) *En pl:* Ánimo o humor. | CPuche *Paralelo* 66: Había que tener una cabeza y unas tripas especiales para hacerse guardia. **b)** Intención. *Gralm con el adj* MALAS. | Halcón *Manuela* 14: Había encubierto, por dinero, al verdadero criminal que podía ser el dueño de la finca, hombre de malas tripas.

II *loc v y fórm or* (*col*) **7 echar las ~s.** Vomitar. *Con intención ponderativa.* | * Echaré las tripas si sigues contando guarrerías.
8 encogérsele (a alguien) **la(s) ~(s).** Sentir miedo. | Lera *Clarines* 319: Se me revuelven las bilis cuando tengo que ponerme el traje de luces .. Se me encogen las tripas, niño. GPavón *Reinado* 46: Yo he sacado ascuas muy grandes del fogón criminal para que ahora se me encoja la tripa tan de mañana.
9 hacer de ~s corazón. Sobreponerse para hacer algo que cuesta mucho esfuerzo o da mucha repugnancia. | Diosdado *Olvida* 73: Fui a ver a Lorenzo. A pedirle un favor .. Me costó mucho trabajo, desde luego, pero lo hice .. Yo sabía que Lorenzo tenía unos ahorros y que estaba buscando dónde invertirlos, así que hice de tripas corazón y le escribí.
10 ¿qué ~ se le (te, etc) **ha roto?** ¿Qué le (te, etc.) pasa? | Laiglesia *Tachado* 297: El doctor se sentaba junto al paciente en una calzadora tapizada en seda malva, y le decía: –¿Qué tripa se le ha roto? –No se trata de una tripa, sino de la espalda.
11 rascarse la ~. No hacer nada de provecho. | * Se pasa el día rascándose la tripa.
12 reírse las ~s. Desternillarse de risa. | Cela *Mazurca* 233: Sus siete hijos, tras matar a bastonazos al bufón .., se rieron las tripas.

13 revolver la(s) ~(s) → REVOLVER.
14 sacar las ~s [a alguien]. Abrir[le] el vientre. *En frases de amenaza*. | * Te voy a sacar las tripas.
15 sacar la(s) ~(s) de mal año. Hartarse después de haber pasado necesidad de comer. | Cela *Judíos* 234: El vagabundo, a cambio de guardar silencio, sacó las tripas de mal año.
16 tomar tripita. (*raro*) Aguantarse. | ZVicente *Traque* 161: Hala, hala, a comer, a beber, a bailar, así y así, y toma tripita, y palmas, y jaleos.

tripada *f* (*col*) Hartazgo de comer. | Delibes *Emigrante* 68: Regresamos a comer a bordo y la Anita que no podía pasar bocado. Tuve que bajar a toda prisa, y la merqué un melón en el muelle .. La chavala se pegó una tripada de órdago.

tripanosoma *m* (*Zool*) Protozoo flagelado parásito, transmitido por insectos, que causa graves enfermedades en el hombre y en los animales domésticos (gén. *Trypanosoma*). | Bustinza-Mascaró *Ciencias* 94: Pueden citarse como patógenos o productores de enfermedades: .. el tripanosoma, causante de la enfermedad del sueño.

tripanosomiasis *f* (*Med*) Estado morboso producido por un tripanosoma, esp. la enfermedad del sueño. | Navarro *Biología* 264: La mosca tse-tse tiene una distribución geográfica coincidente con el área de la tripanosomiasis.

triparsamida *f* (*Quím*) Sal sódica que contiene arsénico y se emplea en el tratamiento de la tripanosomiasis. | Navarro *Biología* 264: Se combate [el tripanosoma] con los compuestos de antimonio y arsénico y con la triparsamida.

tripartición *f* Acción de tripartir. | Torrente *Saga* 343: Esas tres hipóstasis mías en que se proyecta, no la bifurcación, sino la tripartición de mi espíritu y de mi intelecto ante los problemas fundamentales de la Lingüística.

tripartidismo *m* (*Pol*) Sistema en que dominan exclusivamente tres grandes partidos. | * Después de las elecciones quedó establecido un sistema de tripartidismo.

tripartidista *adj* (*Pol*) De(l) tripartidismo. | J. Sierra *País* 18.3.80, 5: Hasta tal punto se han visto conmocionados los partidos convencionales (socialdemócrata, democristiano y liberal) que los tres han coincidido en ver en peligro el sistema tripartidista vigente en la RFA desde 1961.

tripartir *tr* Partir [algo] en tres partes. | Torrente *Saga* 76: Voy a instalar estos tres [angulares] en los tres tubos de la derecha .. Con lo cual el Destino unánime y monótono queda alterado y, por decirlo así, tripartido.

tripartitamente *adv* De manera tripartita. | J. GPastor *SYa* 5.1.75, 19: Un tribunal de Los Ángeles concedió a una esposa de treinta y cinco años un millón trescientos cincuenta y tres mil dólares por daños y perjuicios .. La citada cantidad tendrá que ser abonada tripartitamente por el fabricante, el mayorista y la farmacia que expendió el anticonceptivo.

tripartito -ta *adj* **1** Dividido en tres partes. | GNuño *Madrid* 24: Se reservó para capilla .. una estancia tripartita.
2 Que se hace entre tres elementos o partes. | Vicens *Polis* 499: El llamado Nuevo Orden europeo .. se apoyaba en el eje establecido entre los dos gobiernos de Alemania e Italia, en el cual el primero ejercía un gran predominio. Su influjo internacional se acentuó al ser firmado con el Japón el Pacto Tripartito. FQuintana-Velarde *Política* 251: Gozaba de gran predicamento el sistema de seguros sociales instaurado por el canciller Bismarck en Alemania, que garantizaba el socorro a los trabajadores con un fondo creado mediante una aportación tripartita de empresarios, los propios trabajadores y el Estado.

tripasái *m* (*reg*) Individuo aficionado a la buena mesa. | Vega *Cocina* 38: Decidieron reunirse para celebrar gastronómicamente cada una de las fiestas del país, y así lo hicieron, en los locales de la Casa Vasca, a la manera de las sociedades de *tripasáis* de San Sebastián. [*En el texto*, tripasais.]

tripaúndi *m* (*reg*) Tripasái. | Vega *Cocina* 43: Lo consideraba espectáculo encantador, muy apto para personas de buen diente, llámense *tripasáis*, *tripaúndis*, ..

o, disparatadamente, gourmets. [*En el texto*, tripasais, tripaundis.]

tripazo *m* Golpe dado con la tripa [2]. | Olmo *Golfos* 28: Si hay que pegarse, se defiende con la tripa, y tripazo acá, tripazo allá, queda hecho un hombrecito.

tripería *f* (*raro*) Establecimiento o puesto donde se venden tripas [1]. | Azorín *Recuadros* 1358: El criado limosnea: en una tripería le dan un pedazo de uña de vaca, cocida, y algunas tripas.

tripero -ra *m y f* **1** (*raro*) Pers. que vende tripas [1]. | Azorín *Recuadros* 1359: ¿Y las triperas que regalan a Lázaro un pedazo de uña de vaca aderezada, cocida, y algunos pedazos de tripas?
2 (*col*) Pers. comilona. | Á. Río *Ya* 9.6.86, 15: Que se vayan preparando los "triperos" y aquellos que acuden a las recepciones oficiales con el exclusivo ánimo de darle gusto al estómago.

tripi *m* (*jerg*) Trip. | L. C. Buraya *Ya* 10.5.87, 25: El ácido fabricaba fantásticos viajes por mundos de colores (por eso se le aplicó el nombre chusco de tripi, con que hoy se le conoce, derivación de la palabra inglesa *trip*, viaje). *ByN* 8.9.91, 28: Es cierto que fumo heroína, tomo pastillas y de vez en cuando algún "tripi", pero nunca he robado a nadie.

tripicallero -ra *adj* De (los) callos (guiso). | Vega *Cocina* 85: ¡Callos a la zamorana! Cosa tan suculenta en materia trip[i]callera no la había comido. [*En el texto*, tripacallera.]

triplaza *adj* [Avión, u otro aparato aéreo] de tres plazas. *Tb n m*. | J. PGuerra *SInf* 3.4.71, 8: El autogiro diseñado por el señor Del Campo Aguilera .. parte del invento de don Juan de la Cierva. Consiste en un aparato triplaza y lugar para equipaje; lleva fuselaje metálico, monocasco con cabina de gran visibilidad.

triple I *adj* **1** Tres veces mayor en cantidad o en intensidad. *Frec seguido de un término de comparación introducido por* QUE *o* DE. | A. Nadal *Van* 27.4.74, 65: Las enfermedades .. o defectos .. incurables .. deben merecernos triple respeto y cariño por la lucha social que representan para el propio enfermo y sus familias.
2 [Cosa] formada por tres elementos gemelos. | Burges *Ya* 21.10.64, 29: En triple salto, su especialidad, tuvo un día malo y su marca fue floja. *Abc* 19.12.70, 48: Tres personas muertas .. ha sido el resultado de un triple choque de vehículos. **b)** ~ + *n* = TRES + *el mismo n en pl*. | *Abc* 27.4.74, 35: Spínola ante un triple reto: La pobreza, la guerra y la libertad. **c)** (*Mús*) [Concierto] para tres instrumentos solistas y orquesta. | FCid *Abc* 16.12.70, 3: Cinco conciertos pianísticos, el de violín, el "triple", tríos, variaciones, fantasías.
II *m* **3** Cantidad tres veces mayor. *Frec precedido de* EL *y seguido de un término de comparación introducido por* QUE *o* DE. | R. Urgoiti *Abc* 19.3.58, 21: Otras vibraciones naturales .. la acompañan, cuya frecuencia .. es el doble, triple, cuádruple..., etc., de la fundamental.
III *adv* **4 el ~** (*o, simplemente,* **~**). En cantidad o intensidad tres veces mayor. *Frec seguido de un término de comparación introducido por* QUE *o* DE. | * El sábado trabajé el triple.

triplemente *adv* (*raro*) Tres veces o de manera triple. | *Abc* 26.2.58, 21: El nuevo Omega Calendar Seamaster es para el hombre moderno el reloj de precisión más completo. Automático .. Triplemente protegido contra el agua y el polvo.

tripleta *f* Trío (conjunto de tres perss. o cosas). *Esp en deportes*. | Escartín *Act* 25.1.62, 52: Los ingleses tienen una formidable línea delantera, cuya tripleta central, Greaves-Hitchens-Haynes, dará mucho que hablar. *As* 9.12.70, 30: Si en la reunión del lunes los dividendos se vieron muy repartidos en el Canódromo Madrileño, en la reunión de ayer tuvieron su máximo auge en la última reunión de la jornada, con la tripleta de "Mimada", "Ponderosa III" y "Achispar". L. Contreras *Sáb* 1.2.75, 13: La situación perfilada por la hipotética asociación Fraga-Areilza-Silva está originando una historia de apoyos .. y oposiciones .. Es aquí recordable el juicio de Joaquín Garrigues Walker sobre el porvenir de la tripleta.

triplete *m* (*Dep*) Triunfo sucesivo en las tres vueltas ciclistas, a España, a Italia y a Francia. | *ElM* 3.7.90, 41: El

triplicación – tripudo

Tour. La ONCE busca el triplete. Se impuso por equipos en la Vuelta y en el Giro. **b)** Hecho de conseguir tres triunfos sucesivos en una prueba. | *Ya* 14.9.91, 46: La URSS hizo el triplete en el individual masculino.

triplicación *f* Acción de triplicar(se). | G. SRuiz *Ya* 4.1.75, 22: A finales de 1973, la O.C.P., ya sin competidores, anunciaba una triplicación del precio del fosfato marroquí.

triplicado -da I *adj* **1** *part* → TRIPLICAR.
2 Tercero de los elementos [de una cosa triple [2a]]. *Tb n m*. | *Inf* 9.5.74, 21: La Sala Cuarta del Tribunal Supremo ha dictado sentencia confirmando la demolición de una parte de las fincas número 17, duplicado, triplicado y cuadruplicado, de la calle de Antonio Leyva, por invadir terrenos calificados de espacios libres.
II *loc adv* **3 por ~**. Tres veces, en tres copias. *Tb adj*. | Aguilar *Experiencia* 452: Michaud recibía, de cada uno de los miembros del consorcio, talonarios de facturas que se extendían por triplicado. *HLM* 26.10.70, 21: Las personas o entidades que se consideren afectadas pueden presentar sus escritos, por triplicado, con las alegaciones oportunas.

triplicar *tr* **1** Multiplicar por tres [algo]. *Tb fig, con intención ponderativa*. | Marcos-Martínez *Física* 196: En seguida dupliquemos, tripliquemos, etc., la longitud del hilo del reostato. *Puericultura* 18: El niño debe duplicar su peso a los seis meses; al año lo triplica. Lapesa *HLengua* 295: Lejos de manifestar síntomas de decadencia, [nuestro idioma] ha triplicado su número de hablantes en los últimos ciento cincuenta años. **b)** *pr* Pasar [algo] a ser tres veces mayor. | *Des* 12.9.70, 38: El número .. se duplicará en cinco años y se triplicará en diez años.
2 Ser [una cosa] tres veces mayor en número o medida [que otra (*cd*)]. | Mercader-DOrtiz *HEspaña* 4, 129: El agricultor tenía pocos capitales para mejorar su equipo y escasos medios auxiliares animales .. Por esta causa la cosecha apenas triplicaba la simiente.
3 Hacer [algo] triple [2a]. | * No corras toda la numeración; basta con triplicar un número.

tríplice *adj* (*lit*) Triple, esp [2a]. | *Ya* 2.5.74, 5: El sindicalismo es, en su compleja y tríplice agrupación de componentes humanos, un instrumento que, tal como ahora está configurado, puede servir a muy opuestas finalidades.

triplicidad *f* Cualidad de triple. | *Abc* 24.3.66, 89: El tercer momento de la verdad es el de posibilitación. Por estar colocados en línea genética, somos miembros de convivencia de tres generaciones. En el caso del hombre, la triplicidad es una interna forma genética de la publicidad de la verdad.

triplo -pla *adj* (*raro*) [Cantidad] tres veces mayor. *Más frec como n m*. | Gironza *Matemáticas* 136: Se ha de descomponer el número 1440 en cuatro sumandos, de modo que el segundo sea el triplo del primero, el tercero el cuádruplo del segundo, y el cuarto sea el quíntuplo de la suma de los anteriores.

trípode *m* **1** Soporte con tres pies. | Ortega *Americanos* 54: El aparato .. se transportaba sobre un trípode con ruedas.
2 Banquillo o taburete de tres pies. | Pericot *Polis* 73: El dios inspiraba a una sacerdotisa, la Pitonisa, que, sentada en un trípode junto a una grieta de la que salían emanaciones gaseosas, entraba en éxtasis.

tripolar *adj* (*Electr*) Que tiene tres polos. *Tb fig, fuera del ámbito técn*. | *Abc* 14.6.58, sn: Protecciones del transformador: Un desconectador tripolar 15.000 voltios. Tres desconectadores unipolares 15.000 voltios.

tripolaridad *f* (*Pol*) Coexistencia de tres polos o núcleos principales. | E. Haro *Tri* 1.1.72, 7: Podríamos encontrar, sobre esta pauta, tres grupos de acontecimientos principales en el año. Uno es el de la integración de China al mundo dominante, con la rotura de los últimos efectos del bloqueo y el aislamiento, y por lo tanto, la creación del triángulo o de la tripolaridad, como se ha dado en decir.

trípoli *m* Roca silícea formada por agregación de caparazones de diatomeas fósiles. | Ybarra-Cabetas *Ciencias* 82: El trípoli, que es roca de grano muy fino y muy dura, se usa para pulimentar y como absorbente de la nitroglicerina en la fabricación de la dinamita.

tripolitano -na *adj* De Trípoli. *Tb n, referido a pers*. | *SPaís* 5.12.76, 3: Durante la campaña tripolitana de Leclerc, marcada por el enfrentamiento entre el mariscal Rommel y el general Montgomery, el capitán de aviación corso Albert Preziosi tuvo un hijo con una joven libia.

tripón¹ -na *adj* Tripudo. | CBonald *Dos días* 31: Ayuso, tripón y asmático, de apariencia lerda y pasmada.

tripón² *m* (*col*) Tripa [2] grande. | Montero *Reina* 35: Mira, mira qué caderas... Mira qué tripón... Estoy gorda como un cerdo.

triporio *m* (*reg*) Conjunto de las tripas [1]. | Cunqueiro *Fantini* 29: Ambos se encerraron con el cadáver en una cuadra, y al cabo de dos días dieron por terminado el raspado del estómago y del triporio, limpiándol[o]s del oro allí acumulado.

triposo -sa *adj* (*reg*) Comilón. | Espinosa *Escuela* 102: Se les llama [a los alcaldes] .. dignísimas autoridades, buenos padres de sus hijos, reflexionados, triposos, calientacueros y calabazones.

tripotera *f* (*reg*) Dolor de tripa [2]. | LTena *Luz* 33: La leche hay que tomarla a sorbos pequeños, que, si no, da tripotera.

trips *m* (*Zool*) Insecto hemíptero que invade las espigas del trigo y del centeno en el momento de su formación, causando la atrofia de los granos (*Thrips cerealium* y *T. decora*). | A. Valle *SYa* 21.7.74, 25: Con ellos [los preparados] se suprimen los pulgones, las cochinillas, las orugas, los mosquitos verdes, minadores de hojas, trips, arañas rojas.

tripsina *f* (*Fisiol*) Fermento del jugo pancreático que transforma los prótidos en aminoácidos. | Navarro *Biología* 152: La tripsina tiene una acción más enérgica que la pepsina estomacal.

tripsinógeno *m* (*Fisiol*) Sustancia pancreática que da lugar a la tripsina. | Navarro *Biología* 152: Por acción de un fermento .. el tripsinógeno se transforma en tripsina.

tríptico *m* **1** Obra de pintura o de escultura compuesta de un panel central y dos laterales que se doblan sobre él. | Angulo *Arte* 2, 144: El retablo de San Bavon es un gran tríptico dividido en dos zonas, tanto en la tabla central como en las puertas.
2 Obra literaria o artística dividida en tres partes. | *Ya* 30.6.88, 58: Como historiador publicó un tríptico sobre la Revolución Francesa de 1789. C. SFontenla *Tri* 1.11.69, 10: Años después, personaje, actor y autor volvían a encontrarse en el episodio francés de "El amor a los veinte años", estrenado en pantallas españolas con enorme retraso, cuando ya el díptico se había convertido en tríptico.
3 Documento o prospecto constituido por una hoja que se dobla en tres partes. | *HLP* 6.10.75, 20: Fútbol infantil .. La presentación .. de fichas y trípticos finalizará el día 15 de febrero de 1976. Berlanga *Acá* 89: Teléfono subrayado en rojo para llamar a la imprenta y ver si ya tienen el tríptico que les ha encargado, con una selección de las mejores críticas .. habidas sobre su primera y única novela.

triptófano *m* (*Quím*) Aminoácido presente en las proteínas, que es liberado por la acción de la tripsina. | Mascaró *Médico* 145: El organismo exige, además de la aportación de energía: 1º Alimentos de valor puramente plástico, como las sales .. y los aminoácidos y grasas que el cuerpo humano no sabe sintetizar (metionina, triptófano, ácido linolénico, etc.).

triptongo *m* (*Fon*) Conjunto de tres vocales que forman una sola sílaba. | Amorós-Mayoral *Lengua* 43: Cuando el acento recae en una sílaba que es un diptongo o triptongo, la tilde se coloca sobre la vocal más abierta.

tripudio *m* (*lit, raro*) Baile. | *VNu* 9.9.72, 2: Los ritos litúrgicos evidenciarán el firme y preservado fervor a nuestros Santos patronos, consagrados avizores de sus protegidos, y el toreo junto al tripudio almiba[ra]rán esta mereciada semana de ocio.

tripudo -da *adj* Que tiene la tripa [2] abultada. | Laiglesia *Ombligos* 51: Una reminiscencia del recio torniquete que debió de llevar en su origen para comprimir las grasas de aquel tripudo.

tripulación *f* Conjunto de perss. que prestan servicio en una embarcación o en un aparato de navegación aérea o espacial. | *Sol* 24.5.70, 13: En la bahía norte del puerto de Ceuta, se celebró el "II Campeonato Regional, Clase Vaurien, Zona Sur-Mediterránea", en el que compitieron cuatro tripulaciones del Club Náutico de la Universidad de Granada y siete del Club Náutico C.A.S. de Ceuta. *Ya* 5.12.74, 67: La tripulación del avión secuestrado pudo bajar del aparato en el momento de llegar a Barajas. *Cam* 21.7.75, 49: El abrazo cósmico está previsto a doscientos diez kilómetros de altura, y justo cincuenta horas después del lanzamiento del Apolo. Es decir, que las dos tripulaciones y los numerosos controles terrestres de los dos países trabajarán al unísono.

tripulado -da *adj* **1** *part* → TRIPULAR.
2 no ~. [Embarcación, o aparato de navegación aérea o espacial] que funciona sin tripulación. | *Abc* 14.10.72, 11: En el último Salón Aeronáutico de Farnborough ha sido presentado este vehículo no tripulado de despegue y aterrizaje vertical, ideal para reconocimiento aéreo.

tripulante *m y f* Pers. que forma parte de la tripulación. | *Abc* 19.12.70, 46: Un bote salvavidas británico rescató hoy a ocho tripulantes del pesquero español. C. B. Runner *SYa* 21.1.90, 13: En cuanto a profesiones, son los tripulantes de cabinas de pasaje (azafatas) las que se llevan la palma a la hora de soportar este acoso en cualquiera de sus niveles.

tripular *tr* **1** Prestar servicio [en una embarcación o en un aparato de navegación aérea (*cd*)]. | G. Lorente *Abc* 29.7.67, 13: Averiguar por qué padecían más accidentes los pilotos al tripular aviones con carlinga cerrada.
2 Conducir [un vehículo, esp. embarcación o avión]. | Torrente *Sombras* 47: Mandó que echasen el chinchorro al agua y él mismo lo tripuló. Gambra *Filosofía* 205: Compara Platón al alma del hombre con un carro griego tripulado por una auriga que representa a la razón. *HLS* 3.8.70, 2: Mariano Borne López .., tripulando un vehículo con matrícula de aquella nacionalidad .., sufrió un derrape.

triquina *f* (*Zool*) Gusano nematodo parásito, que vive enquistado en los músculos de algunos animales, esp. del cerdo, y causa trastornos graves en el hombre (*Trichinella spiralis*). | Ybarra-Cabetas *Ciencias* 325: La triquina es un parásito que produce una enfermedad conocida con el nombre de triquinosis.

triquinado -da *adj* (*Med*) Portador de triquina. | Nolla *Salud* 229: El cerdo se infecta [de triquinosis] devorando ratas, que son los animales más a menudo triquinados.

triquinoscopio *m* (*Med*) Microscopio especialmente previsto para examinar la carne supuestamente triquinada. | *GTelefónica N.* 801: Aparatos ópticos Cajal. Fabricación de microscopios. Triquinoscopios. Polarímetros, etc.

triquinosis *f* (*Med*) Enfermedad debida a la presencia de triquinas en el organismo. | Ybarra-Cabetas *Ciencias* 325: La triquinosis es en el hombre una enfermedad grave.

triquinoso -sa *adj* (*Med*) Portador de triquina. | Legorburu-Barrutia *Ciencias* 145: Si se come carne de cerdo triquinoso sin bien cocer, las triquinas se reproducen en el intestino.

triquiñuela *f* (*col*) **1** Truco o artimaña. *Frec en pl.* | DCañabate *Paseíllo* 97: Se aprovecha de la llave del toreo para .. aumentar considerablemente exigencias económicas y triquiñuelas picarescas.
2 Dificultad pequeña y engorrosa que hay que sortear con habilidad. *Gralm en pl.* | Aguilar *Experiencia* 76: Esa frecuentación mía de los usos y estilos del Juzgado me enseñó matices y triquiñuelas del Código.

triquitraque I *m* **1** Buscapiés (cohete). | Delibes *Madera* 437: En el morro de Bellver seguían estallando cohetes y triquitraques, y la ciudad, con su inusual iluminación .., parecía arder. **b)** (*col*) *Se usa enfáticamente como término de comparación, con el v* REVENTAR, *referido a pers.* | Medio *Andrés* 11: ¡Uno debería morirse de una puñetera vez!... ¡Reventar como un triquitraque!
II *loc adv* **2 a cada ~.** (*col*) A cada momento. | Pombo *Héroe* 154: No se puede hacer caso a cada triquitraque que las añas te telefoneen diciendo que el crío está a la muerte porque le duele la cabeza.

trirreactor *m* Avión propulsado por tres reactores. | *Van* 29.3.74, 35: Próxima inauguración de la línea aérea Santiago de Compostela-Barcelona, directa. Será operada con trirreactores Boeing-727 de "Iberia".

trirrectángulo -la *adj* (*Geom*) Que tiene tres ángulos rectos. | Marcos-Martínez *Física* 25: Forman un triedro trirrectángulo.

trirreme *f* (*hist*) Nave de tres órdenes de remos a cada banda. | Torrente *Saga* 138: La llegada, un día remoto, de Argimiro el Efesio, con sus birremes (o trirremes, ¿quién sabe?).

tris. en un ~. *loc adv* (*col*) **1** A punto o al borde [de algo (*prop introducida por* DE, QUE *o, más raro,* SI)]. *A veces se omite la prop por consabida.* | Delibes *Cinco horas* 137: Pero tú estuviste en un tris de armarla. CPuche *Paralelo* 447: Estuvo en un tris de que me lincharan. Palomino *Torremolinos* 25: Estuvo en un tris que a él no le fusilaran los moros. SFerlosio *Jarama* 65: Estuve en un tris si me los compro, y no tuve valor.
2 En un instante. | ASantos *Estanquera* 13: La anciana se lo alcanza [el paquete de Celtas], y él se busca los duros disimulando, mientras el otro vigila de reojo. A una seña se lanzan al lío, amaneciendo en un tris en las manos del más joven un pistolón de aquí te e[s]pero.

trisagio *m* (*Rel catól*) **1** Oración a la Santísima Trinidad en que se repite tres veces la palabra "santo". | Delibes *Historias* 66: Tan pronto sonaba el primer retumbo del trueno, la tía Marcelina iniciaba el rezo del trisagio.
2 Ejercicio piadoso que se practica durante tres días seguidos. *Tb* (*lit*) *fig.* | Escobar *Itinerarios* 153: Cuando cerró la boda definitivamente su trisagio gastronómico, pensé en Gargantúa y Pantagruel.

trisar[1] *intr* Emitir [la golondrina u otro pájaro semejante] su canto o chirrido. | MAbril *Faro* 6.8.75, 28: Me ha salido esta divagación de verano después de haber estado contemplando un rato los muchos vencejos que evolucionan como locos, trisando a más trisar, por la tira azul del cielo de mi calle.

trisar[2] *tr* (*raro*) Repetir tres veces [una parte o pieza musical]. | SSolís *Jardín* 203: Habían bisado y trisado el misterioso, electrizante y sugerente, aunque simplicísimo, coro de peregrinos de *Nabucco*.

triscador -ra *adj* Que trisca. *Tb n m, referido a aparato.* | Cela *Viaje andaluz* 73: Por el despoblado de Corralejo ramonea el chivo triscador.

triscar A *intr* **1** Saltar o retozar [una oveja o una cabra]. *Tb fig, referido a pers.* | Ferres-LSalinas *Hurdes* 81: El rebaño trisca entre las grandes piedras mordisqueando los líquenes y los hierbajos. Torbado *En el día* 221: Por el Ebro andaba con el torso desnudo, triscando sobre las rocas y animando a gritos a "los hijos de Negrín". CSotelo *Proceso* 351: Te quedan diez noches para andar triscando con tu mujer.
B *tr* **2** (*reg*) Ramonear [un animal (*suj*)]. | CPuche *Paralelo* 48: Genaro escupió mirando a los corrales de enfrente, donde dormía apelotonado el ganado, las sucias ovejas que ya no encontraban qué triscar.
3 (*Carpint*) Torcer o aplastar [los dientes de una sierra] para hacer que se deslice más fácilmente. | *Hacerlo* 16: Todas las sierras, o serruchos, están compuestas por un mango de madera y una hoja de acero con dientes agudos y triscados en el borde que sirven para dividir maderas u otros cuerpos duros.

trisección *f* (*Geom*) División en tres partes iguales. | Cunqueiro *Un hombre* 241: Tiraba por geometría y discutía la trisección del ángulo.

trisemanal *adj* De tres días por semana. | J. C. Villacorta *Abc* 5.5.74, sn: La periodicidad de cada uno de los periódicos locales de Astorga es trisemanal, alternándose uno y otro título, sucesivamente, a lo largo de los días hábiles de la semana.

trishaw (*ing; pronunc corriente,* /tráiʃo/; *pl normal,* ~s) *m* Rickshaw en forma de triciclo. | J. Merino *SSe* 3.3.91, 43: Ya hemos quedado en que el taxi es cómodo, barato y

trisilábico – trituración

útil, pero, si quieren experimentar sensaciones nuevas, viajen en *trishaw*.

trisilábico -ca *adj* (*Fon* y *TLit*) Trisílabo. | Academia *Esbozo* 69: El número de las [palabras] monosilábicas y de las bisilábicas es aproximadamente el mismo. Las trisilábicas forman un grupo bastante más reducido.

trisilabismo *m* (*Fon*) Condición de trisílabo. | Academia *Esbozo* 99: A pesar de que la forma *agora* ha prevalecido durante toda la Edad Media .., no influyó decisivamente en el trisilabismo de la forma posterior *ahora*.

trisílabo -ba *adj* (*Fon* y *TLit*) De tres sílabas. | Cunqueiro *Un hombre* 10: No oía las palabras largas, esas que los gramáticos .. llamaron trisílabas o polisílabas.

trismo *m* (*Med*) Contracción tetánica de los músculos maseteros que impide abrir la boca. | AAlcalde *Hucha* 2, 142: Aunque notaba un amargo sabor en la lengua y un trismo extraño en las mandíbulas, había adoptado un paso indiferente, deliberado, tardo.

trismus *m* (*Med*) Trismo. | Nolla *Salud* 241: El trismus, que dificulta la abertura de la boca, es debido a la contracción de los músculos maseteros y suele ser el síntoma inicial [del tétanos].

trisomía *f* (*Med*) Existencia de un cromosoma supernumerario. | *Ale* 21.8.81, 31: La incidencia de hijos con el Síndrome de Down (o mongolismo) por trisomía primaria es muy superior en madres con edades por encima de los 35 años.

triste *adj* **1** Que tiene tristeza [1]. | *Puericultura* 44: Cuando se inicia la enfermedad, [el niño] se hace huraño, triste, pierde la risa.
2 [Pers.] de carácter retraído, dada al ensimismamiento y al pesimismo. | LMiranda *Ateneo* 114: Ingenuo y triste, era además cosmógrafo, cantante y poeta.
3 Que produce o favorece la tristeza [1]. | *IdG* 10.8.75, 34: La triste noticia causó honda impresión entre la colonia veraniega, donde el señor Taboada y su familia eran muy conocidos y apreciados. CSotelo *Proceso* 351: Todo en ella [la casa] es sórdido y triste. *Hoy Extra* 12.69, 11: En la triste realidad son unos pocos quienes asumieron la grave responsabilidad de formar la corporación local. **b)** [Vivienda o habitación] que recibe poca luz del día. | * ¡Qué casa tan triste! ¡No conoce el sol! **c)** De colores apagados. | * La chaqueta es bonita, pero triste. Deberías buscar tonos más animados.
4 [Cosa] que manifiesta o denota tristeza [1]. | E. PMontes *Ya* 18.6.76, 14: Un traje raído, pero muy limpio; una mirada triste, una calva reluciente y un aire de desconfianza, de estar a la que salta, de cierto temor... Así vi al ex presidente de Portugal.
5 [Planta o flor] mustia. | * Las plantas están tristes; hace falta la lluvia.
6 (*col*) *Precediendo al n, se usa para ponderar la insignificancia de lo expresado por este*. | DCañabate *Andanzas* 26: Todo esto .. justificaría, en parte, que por la langosta se puedan pedir ochocientas pesetas, y por seis tristes percebes veinte duros.

tristemente *adv* De manera triste [3 y 4]. *Frec precede a un adj para manifestar que lo expresado por este se considera triste o lamentable.* | * No miró tristemente y se fue. *Caso* 26.12.70, 18: La tristemente célebre banda de delincuentes juveniles peligrosísimos capitaneados por "el Rata".

tristeza *f* **1** Estado de ánimo caracterizado por la tendencia al llanto, al ensimismamiento y a la pasividad, frec. causado por un dolor o una insatisfacción. | Laforet *Mujer* 15: Hasta él, que no acostumbraba a bucear en estas cosas, podía notarle la tristeza en los ojos.
2 Cualidad de triste [1 a 5]. | Medio *Bibiana* 15: ¿Qué sabe él de Xenius, de su tristeza, de su amargura, de este modo de ser suyo? Villarta *Arte* 4.72, 46: Una planta enferma pierde hojas, amarillea .. También puede ser causa de su tristeza el ataque de algún bicho: un insecticida resolverá la cuestión.
3 Cosa triste [3]. | * En la vida de todas las personas hay tristezas y alegrías.
4 Enfermedad de los cítricos caracterizada por el decaimiento de las hojas. | J. PGuerra *SInf* 7.11.70, 8: Surge un servicio oficial para combatir las plagas forestales. Y en la actualidad .. actúa en todas las regiones, centrándose en los puntos más amenazados: pinares ..; naranjos, con su "tristeza".

tristón -na *adj* (*col*) **1** [Pers.] que tiende a la tristeza [1]. | Laforet *Mujer* 45: Su hija Isabel le escribiría desde Villa de Robre que Paulina le preocupaba por lo tristona y antipática.
2 [Cosa] que incita a la tristeza [1]. | GPavón *Hermanas* 32: Los pueblos, aligerados por la emigración masiva, soportaban la soledad tristona. Ferres-LSalinas *Hurdes* 102: El paisaje del pueblo no es tan tristón como el de otras caserías.

tristura *f* (*lit*) Tristeza [1 y 2]. | Cela *Judíos* 175: El vagabundo, que no la ve [a la moza], se la imagina dueña de una deleitosa y quebradiza tristura de flor de jardín. Berlanga *Gaznápira* 47: En el atardecer de contornos cada vez más fundidos imaginas que los de Monchel puedan ser algún día como estos del antiguo Valderrodrigo, y aumenta tu tristura malva y lacia de todo el día.

tritagonista *m* y *f* (*TLit*) *En la tragedia griega*: Tercer personaje, después del protagonista y del deuteragonista. | Brocense *SAbc* 17.9.83, XII: "Cothurnus" (borceguí) era una bota peraltada, de suela, que transmitía dignidad a los actores clásicos, protagonista, deuteragonista y tritagonista.

triteísmo *m* (*Rel crist*) Doctrina religiosa que afirma que en la Santísima Trinidad hay tres personas, tres naturalezas y tres sustancias distintas. | GÁlvarez *Filosofía* 1, 286: Aunque con intenciones de dejar a salvo el dogma de la trinidad de personas en la unidad de sustancia, afirme que las tres divinas personas tienen una única voluntad y un mismo poder, fue acusado de triteísmo y refutado por San Anselmo y Abelardo.

triteísta *adj* (*Rel crist*) Partidario o adepto del triteísmo. *Tb n.* | Villapún *Dogma* 70: Los triteístas, los cuales admitían tres dioses.

tritical *m* Híbrido de trigo y centeno. | *Ya* 2.6.74, 20: Cien agricultores de la región visitarán los campos experimentales donde se realizan trabajos sobre cereales (trigos, cebadas, triticales, etc.).

tritio *m* (*Quím*) Isótopo radiactivo del hidrógeno, cuyo núcleo consta de un protón y dos neutrones. | Aleixandre *Química* 77: El hidrógeno presenta tres isótopos llamados protio, deuterio y tritio .. El tritio es un isótopo inestable cuyo núcleo se descompone espontáneamente.

tritón *m* **1** (*Mitol clás*) Deidad marina que tiene cuerpo de hombre y cola de pez. | Torrente *Isla* 207: Le precedía [a Poseidón] un escuadrón de delfines, le acompañaba una pequeña corte de tritones y nereidas. **b)** (*lit*) Nadador. | *GacNS* 6.8.70, 4: En este tipo de pruebas son pocos los nadadores que se atreven con la distancia .. Cuatro tritones han conseguido llevarse los laureles de esta dura competición desde el año 1960.
2 Anfibio urodelo semejante a la salamandra y con la cola comprimida lateralmente (*gén. Triturus*). *Diversas especies se distinguen por medio de adjs:* COMÚN, CRESTADO, ALPINO, VERDE, *etc.* | Legorburu-Barrutia *Ciencias* 193: Los urodelos o anfibios con cola son la salamandra y el tritón. Noval *Fauna* 372: El Tritón alpino (*Triturus alpestris*) es uno de los que poseen rasgos más destacados. Noval *Fauna* 373: El Tritón palmeado (*Triturus helveticus*) debe su nombre a la membrana que une los dedos de sus patas. Noval *Fauna* 374: Más escaso es el Tritón de Bosca (*Triturus boscai*) .., con el cuerpo también delgado, sin cresta dorsal y una cola no tan alta como el Tritón palmeado ... El mayor de todos los tritones que viven en Asturias es el Tritón verde o común (*Triturus marmoratus*).
3 Molusco gasterópodo de gran talla cuya concha se usa a veces como trompeta (*géns. Triton y Cymatium*). | Ybarra-Cabetas *Ciencias* 328: Como ejemplos [de Gasterópodos] podemos citar el caracol, .. los tritones, múrex, etc.

trituración *f* Acción de triturar. | Bustinza-Mascaró *Ciencias* 5: El azúcar .. puede ser reducido por trituración y pulverización a polvo fino impalpable. Olmo *Golfos* 18: La carne del escalope se resistía a la trituración.

triturado *m* Trituración. | Bustinza-Mascaró *Ciencias* 221: La preparación de los alimentos (limpiado, cortado, triturado, cocido, condimentación, etc.) facilita la digestión y los hace más apetecibles.

triturador -ra *adj* Que tritura. *Tb n, m y f, referido a aparato o máquina*. | Alvarado *Zoología* 113: La redecilla las impulsa [las porciones de alimento] esófago arriba, hasta la boca, donde son sometidas a la concienzuda labor trituradora de los molares. Aleixandre *Química* 190: La operación se verifica en las pilas holandesas .., const[it]uidas, en primer lugar, por máquinas trituradoras. Calera *Postres* 9: Las frutas se pasarán por una trituradora eléctrica. ZVicente *Traque* 289: Ni siquiera gritó cuando la volcaron en el triturador del ayuntamiento.

triturar *tr* **1** Moler o desmenuzar [algo] sin reducirlo a polvo. | Legorburu-Barrutia *Ciencias* 62: La masticación, triturando los alimentos con los dientes.
2 Destrozar o dejar maltrecho [algo o a alguien]. | *Abc* 29.7.67, 19: La adónica apostura de Ronnie Harrison, .. triturada por los retorcidos hierros del automóvil. Delibes *Mundos* 65: Chile tritura el idioma en aras del diminutivo.

triunfadoramente *adv* De manera triunfadora. | Laín *Marañón* 122: ¿Por qué él, tan entusiasta y triunfadoramente consagrado a la Medicina, llegó a ser historiador?

triunfador -ra *adj* Que triunfa [1 y 2]. *Tb n, referido a pers.* | *Sáb* 10.9.66, 39: Ella recibió en su estupenda casa de Beverly Hills —morada de los triunfadores de Hollywood— al productor Ray Stark y al director Sidney Pollack. **b)** Propio de la pers. triunfadora. | * Entró con aire triunfador, casi insolente.

triunfal *adj* **1** De(l) triunfo [1]. | DPlaja *Literatura* 22: Los dioses mismos otorgaban la victoria a los mejores, orgullo de su ciudad, que los recibía, espléndidamente ataviados, en su carro triunfal. Angulo *Arte* 1, 160: Generalmente [los arcos de triunfo] se cubren de relieves conmemorativos de las hazañas del personaje, siendo casi de rigor la representación del desfile triunfal, en el que figura el interesado guiando su cuadriga conducida por la figura alegórica de Roma. **b)** [Arco] ~ → ARCO.
2 Que manifiesta o denota triunfo [1]. | MSantos *Tiempo* 169: –Así que usted... (suposición capciosa y sorprendente) –No. Yo no... (refutación indignada y sorprendida) .. –Perfectamente. Entonces usted... (triunfal). –¿Yo?... (horror ante las deducciones imprevistas).
3 Que se realiza con éxito. | *Sáb* 10.9.66, 31: Hace algunos días Luis Miguel y su hijo Miguelín regresaron de su triunfal safari en Mozambique.
4 Que va acompañado de aclamaciones y demostraciones de entusiasmo. | Vesga-Fernández *Jesucristo* 111: Entrada triunfal de Jesús en Jerusalén.

triunfalismo *m* Tendencia a exaltar con exceso de satisfacción u optimismo un hecho pasado o las perspectivas de un proyecto. | M. ANavarro *Ya* 17.6.76, 8: Se ha huido de lo fácil, del pasado triunfalismo, en aras del cual nos debíamos sentir orgullosos de haber logrado el Estado más eficiente que jamás los españoles tuvieron. Alfonso *España* 175: ¿Cuánta muerte absurda provocamos a diario por nuestro descuido, .. nuestro estúpido triunfalismo pseudoprogresista, como en la mayoría de los accidentes de tráfico...?

triunfalista *adj* Que tiene o muestra triunfalismo. *Tb n, referido a pers.* | An. Miguel *Inf* 30.9.71, 19: El general victorioso que fue Franco en los campos de batalla no fue el general triunfalista y chapucero a la hora de la reconstrucción. Aranguren *Marxismo* 176: El comunismo monolítico y el catolicismo integrista fueron triunfalistas.

triunfalísticamente *adv* De manera triunfalista. | Descarte *Día* 16.6.76, 3: Las guaguas irán hasta los topes y lentísimas mientras el servicio, tan reciente y triunfalísticamente renovado .., no sea verdaderamente eficaz.

triunfalístico -ca *adj* [Cosa] triunfalista. | * Hay que abandonar el tono triunfalístico en los discursos. Aristófanes *Sáb* 8.2.75, 45: Estos días han estado los papeles dándonos la "milk" triunfalístico-tranquilizante de que la CAT ponía a la venta aceite estupendo a 90 púas litro.

triunfalmente *adv* De manera triunfal, *esp* [4]. | Arenaza-Gastaminza *Historia* 233: Cuando regresó a Francia [Napoleón] fue recibido triunfalmente por sus compatriotas como a su salvador.

triunfante *adj* **1** Que triunfa [1]. | PFerrero *MHi* 7.69, 69: Su realidad y su leyenda estuvieron de continuo trabadas en batalla de la que salió triunfante, a la hora final, la segunda.
2 Que denota o implica triunfo [1]. | B. Andía *Ya* 15.10.67, sn: Esta segunda llegada de la esposa-madre reviste el carácter de un retorno victorioso y triunfante a la casa de la familia de su marido.
3 (*Rel catól*) [Iglesia] constituida por los santos del Cielo. | SLuis *Doctrina* 53: Estados de la Iglesia ..: Iglesia militante .. Iglesia paciente .. Iglesia triunfante.
4 (*raro*) Triunfal [4]. | Vesga-Fernández *Jesucristo* 112: Entrada triunfante de Jesús en Jerusalén.

triunfar *intr* **1** Quedar victorioso. *A veces con un compl con* DE *o* SOBRE *que expresa el vencido*. | Torbado *En el día* 212: Si no consigo que triunfen los socialistas, todos los socialistas juntos, es que no sirvo para nada. Alvarado *Anatomía* 156: De esta suerte el organismo triunfa de la infección con facilidad. Marquerie *Teatro 1958* 127: Pero hay, además, .. una idea, una temática, .. que triunfa y vence sobre el determinismo materialista.
2 Conseguir el éxito. | GPavón *Hermanas* 23: En cuanto a la familia, qué más quieren que verte triunfar en Madrid.
3 Darse aires de triunfador. | Goytisolo *Recuento* 333: El charnego batiendo palmas y taconeando, chisteando, triunfando con su traje marengo, su corbata vistosa aunque aflojada, sus zapatos picudos.
4 (*Naipes*) Jugar una carta de triunfo [3]. | Torrente *Vuelta* 359: Cayetano echó una carta .. Don Baldomero triunfó y recogió la baza.

triunfo I *m* **1** Acción de triunfar [1 y 2]. | CBaroja *País* 23.12.77, 7: La oposición empieza por ser un acto de una incivilidad absoluta, con la desdichada trinca como base. Así, para hacer boca, se enfrenta a la gente joven y se inculca la idea de que para obtener un triunfo hay que parear al contrario. **b)** (*hist*) Entrada solemne en Roma de un general victorioso. | * Después de su victoria, el Senado romano le concedió los honores del triunfo.
2 (*col*) Acción que cuesta mucho esfuerzo. *Con intención ponderativa*. | MGaite *Retahílas* 21: Fue un triunfo acostarla en esa cama tan alta sin meterle el baúl dentro con ella, como pedía.
3 (*Naipes*) *En algunos juegos*: Palo preferido por suerte o elección, que vence a los demás. | Corral *Cartas* 26: El triunfo lo marca el que juega, después de ganada la subasta, y por lo tanto no se marca al dar las cartas como en el tute corriente. **b)** Carta del palo de triunfo. | Corral *Cartas* 11: Estas tres cartas tienen el privilegio de no estar obligadas a jugarse cuando se sale triunfando o arrastrando con triunfos menores.
4 (*Naipes, raro*) Burro (juego). | *Abc Extra* 12.62, 95: Otros juegos franceses: el hoc .., el briscán, el triunfo, la mosca.
II *loc adj* **5 de ~**. (*Arquit*) *En una iglesia*: [Arco] que da acceso al presbiterio desde la nave. | PCarmona *Burgos* 62: Surgen cuatro gruesos nervios coincidentes en la clave del segundo arco de triunfo, con lo que resulta una perfecta bóveda gallonada. **b)** [Arco] **de ~** → ARCO.
III *loc adv* **6 en ~**. Con aclamaciones y demostraciones de entusiasmo. *Con vs como* LLEVAR, SACAR *o* RECIBIR. | N. Luján *Sáb* 14.6.75, 3: La Historia, los viejos cronicones, pretenden que Drácula .. murió a los cuarenta y cinco años campeando contra los turcos, quienes llevaron su cabeza enristrada en una pica para pasearla en triunfo por las calles de la Constantinopla recién conquistada.
7 un ~. (*col*) Mucho. *Con el v* COSTAR. *Con intención ponderativa*. | DCañabate *Paseíllo* 111: ¿Qué le pasa a su hija de usted, que me dice mi chico que le cuesta un triunfo hablar con ella?

triunvirato *m* **1** (*hist*) *En la antigua Roma*: Gobierno compuesto por tres magistrados. | Arenaza-Gastaminza *Historia* 49: El primer triunvirato (60) fue formado por Craso, Pompeyo y César.
2 Junta directiva o de gobierno constituida por tres perss. | Arenaza-Gastaminza *Historia* 233: El gobierno pasó a manos de un triunvirato formado por tres cónsules, entre los cuales el verdadero dueño de la situación era Napoleón

Bonaparte. *Inf* 9.6.70, 1: Un triunvirato militar promete nombrar nuevo jefe del Estado antes de diez días.

triunviro *m* Miembro de un triunvirato, *esp* [1]. | GGual *Novela* 21: El triunviro Craso, procónsul de Siria, pereció al frente de sus legiones en la batalla de Carras.

trivalente *adj* **1** Que tiene tres valores. | *Prospecto* 9.91: Mutagrip es una vacuna trivalente de virus fraccionados.
2 (*Quím*) Que tiene valencia 3. | Marcos-Martínez *Física* 221: Citar tres elementos monovalentes, tres bivalentes y tres trivalentes.

trivial *adj* Que carece de importancia o trascendencia. | *Tri* 20.5.67, 5: Muy poco de todo esto, después de una trivial selección, queda como consubstancial a la persona humana. Bueno *Tri* 26.12.70, 12: ¿No era mejor el Lefebvre "encadenado" a una verdad objetiva .. que un Lefebvre quizá demasiado cotidiano y trivial?

trivialidad *f* **1** Cualidad de trivial. | * Es un libro de una trivialidad increíble.
2 Hecho o dicho trivial. | Carandell *Madrid* 33: ¿Quién no aspira a contar una trivialidad con la voz aspirada, casi gregoriana, con que ellos la cuentan? Halcón *Monólogo* 9: Lo que no impedirá .. que tenga la confesión de Anita por trivialidad burguesa.

trivialización *f* Acción de trivializar(se). | GGual *Novela* 154: El folletín, con su trivialización de la vida y del conflicto con el mundo, tiene en nuestras novelas sus prototipos más antiguos.

trivializar *tr* Dar [a algo (*cd*)] carácter trivial. | Torrente *Isla* 108: Algunos detalles de los presentes .. hubieran trivializado el acto, de no esforzarme yo en redimirlo de la vulgaridad por la poesía. **b)** *pr* Hacerse trivial [algo]. | Tierno *Humanismo* 60: En los países más desarrollados, el humanismo se trivializa y la conciencia de la arbitrariedad de su saber crece.

trivio *m* (*hist*) Trívium. | GÁlvarez *Filosofía* 1, 301: Las siete artes liberales constituían la más firme base de la educación. Del trivio se cultivaba con especial predilección la retórica, cuyos mejores ejemplos se buscaban en los clásicos latinos.

trívium *m* (*hist*) *En la Edad Media:* Grupo de disciplinas constituido por la gramática, la retórica y la dialéctica. | GÁlvarez *Filosofía* 1, 248: La afición a la dialéctica hizo que perdieran interés las otras ramas del *trívium*.

trizar *tr* (*lit*) Hacer trizas [algo]. *Tb fig*. | Faner *Flor* 60: Cuando se hallaba a medio camino entre ambas embarcaciones la mecha llegó a su término y se produjo un fuerte estallido, acompañado de maderos trizados, hombres arrollados y mercancías disparadas en acerbo torbellino. M. C. Portela *Rev* 11.69, 28: Crispa los nervios, trizados por la ciudad, de los veraneantes, Pero nosotros, gente de los pueblos del mar, amamos la sirena. **b)** *pr* Hacerse trizas. | Faner *Flor* 166: Como el obús estaba hendido por la intemperie, se trizó como si fuera de vidrio.

trizas. hacer ~. *loc v* (*col*) **1** Romper [algo] en trozos muy pequeños. *Tb fig*. | Chamorro *Sin raíces* 18: La partera traficaba con lienzos, hacía trizas sábanas viejas, pasadas como la tela de cebolla. **b) hacerse ~** [algo]. Romperse en trozos muy pequeños. *Tb fig*. | Laiglesia *Tachado* 199: El bote quedó hecho trizas.
2 Dejar [a alguien] maltrecho física o moralmente. | * Me hizo trizas con no venir. **b) hacerse ~** [alguien]. Quedar maltrecho física o moralmente. *Normalmente en la forma* HECHO ~, *con los vs* ESTAR, DEJAR *o* QUEDAR. | * Estoy hecho trizas.

trocaico -ca *adj* **1** (*TLit*) De(l) troqueo. | Quilis *Métrica* 27: Si la sílaba sobre la que va situado [el acento estrófico] es de signo impar, el ritmo es trocaico. **b)** [Verso] cuyo elemento fundamental es el troqueo. | RAdrados *Fiesta* 351: En Eurípides hay al menos un pasaje .. con tetrámetros trocaicos. Torrente *Saga* 578: Que se pudieran oír mejor los endecasílabos trocaicos de su invención que venía cantando.
2 (*Fon, raro*) Llano o grave. | Lapesa *HLengua* 63: Domina en él el acento llano o trocaico, intermedio entre los abundantes proparoxítonos del Oriente y el ritmo oxítono del francés. Lapesa *HLengua* 61: El español ha transformado voces dactílicas en trocaicas mediante la apócope de la vocal final.

trocánter *m* (*Anat*) **1** Saliente de la parte superior del fémur. *Gralm con los adjs* MAYOR *o* MENOR. | Alvarado *Anatomía* 50: Fémur derecho, visto por detrás. 1, cuerpo (diáfisis); 6, cabeza; 9, cuello; 7, trocánter mayor.
2 *En los insectos:* Segundo artejo de la pata. | Ybarra-Cabetas *Ciencias* 341: El tórax [del saltamontes] se compone de tres anillos .. Cada uno de ellos lleva un par de patas articuladas, compuestas de varios artejos, que se denominan: cadera, trocánter, fémur, tibia y tarso.

trocar (*conjug* **4**) *tr* **1** Cambiar [una cosa por otra]. *Tb sin el segundo compl, con cd pl*. | GSanchiz *Ya* 15.4.64, 6: El feudalismo de los castillos se trueca por el de las fábricas. Gambra *Filosofía* 44: No en todas las proposiciones se pueden trocar sujeto y predicado conservando al mismo tiempo la verdad.
2 Convertir o transformar [una cosa en otra]. | * La llegada del visitante trocó en malhumor su habitual placidez. **b)** *pr* Convertirse o transformarse [una cosa en otra]. | Umbral *Ninfas* 23: El misticismo se iba trocando en lirismo.

troceador -ra *adj* Que trocea. *Tb n f, referido a máquina*. | *País* 13.2.89, 25: Atención, panaderos y pasteleros. Liquidamos Amasadoras, Batidoras, Formadoras, Hornos, Troceadora, Tamizadora.

trocear *tr* Dividir [algo] en trozos. | FFlórez *Florestán* 710: –Podremos echarlo al fuego. –No se quemaría. –Podremos trocearlo. –Ninguna navaja lo conseguiría cortar.

troceo *m* Acción de trocear. | Acquaroni *Abc* 22.10.67, 45: Mucho de lo que tenemos a la vista empieza a parecernos informe y anárquico: bellos pueblecitos costeros aquejados de elefantiasis y convertidos en urbanísticos monstruos de mil cabezas; .. caprichoso troceo onomástico de nuestro litoral.

trocha *f* Senda o atajo. | MChacón *Abc* 27.12.70, 16: En ocasiones viajó por carretera, en automóvil; en ocasiones, también, anduvo a pie por trochas montaraces. Cuevas *Finca* 59: No cogieron aquella vez la trocha del haza, sino que se dirigieron por el camino.

troche. a ~ y moche. *loc adv* (*col*) Sin tino ni medida. *Tb adj*. | MCachero *AGBlanco* 89: Tenemos .. su tendencia a la cita a troche y moche, resulte o no pertinente. CPuche *Paralelo* 125: En vez de escupir a troche y moche, lo que hacía era silbar.

trocisco *m* (*hist, Med*) Porción de forma variada de una materia medicamentosa. | *Ya* 21.3.75, 65: Al describir el trocisco de víboras, .. explica [Jerónimo de la Fuente, 1660] cómo se cazan las víboras, dando preferencia a las hembras cazadas en verano.

tróclea *f* (*Anat*) Superficie articular en forma de polea. | Navarro *Biología* 81: Cuando las apófisis son hemisféricas se denominan cabezas, .. y cuando tienen forma de polea, trócleas.

troclear *adj* (*Anat*) [Nervio] patético. *Tb n m*. | Bustinza-Mascaró *Ciencias* 76: Los óculo-motores, trocleares, accesorios e hipoglosos son únicamente nervios motores.

trocófora *f* (*Zool*) Larva ciliada y en forma de trompo de algunos invertebrados, *esp* de los anélidos. | Ybarra-Cabetas *Ciencias* 323: Son [los Anélidos] unisexuales o hermafroditas, y del huevo sale una larva en forma de peonza (trocófora).

trofeo *m* Objeto que atestigua una victoria. *Tb fig*. | Anson *SAbc* 27.4.69, 13: Después los indígenas cortan los trofeos. Primero el rabo, que es el recibo de propiedad de la fiera. Después los colmillos. *Rue* 22.12.70, 12: Su capote, abandonado, es ostentado como un trofeo por el toro. MGaite *Usos* 187: Y el placer que pudieran extraer de sus "aventuras" lo abarataban al hacer trofeo de él ante los demás. **b)** Copa u otro objeto con que se premia al vencedor de una competición deportiva. *Tb la misma competición*. | Escartín *Act* 25.1.62, 52: Brasil tiene depositado en las vitrinas de la C.B.D. de Río de Janeiro el trofeo de oro y brillantes de la Fifa. *Pro* 20.8.75, 23: Estadio Luis Casanova. Torneo triangular. "V trofeo internacional Valencia-Naranja."

trófico -ca *adj* (*Biol*) De (la) nutrición. | Bustinza-Mascaró *Ciencias* 249: El hombre mismo, como ser heteró-

trofismo – trombón

trofo que es, está supeditado en el aspecto trófico a los alimentos orgánicos elaborados por las plantas verdes.

trofismo *m* (*Biol*) Conjunto de funciones orgánicas relacionadas con la nutrición. | Ó. Esplá *Abc* 18.6.58, 3: La relación entre lo real y la actividad artística es pareja a la que existe entre nuestro trofismo y nuestra acción en la vida o, en otros términos, entre el alimento que nutre a un órgano y la función específica de este.

trofoblasto *m* (*Biol*) Estrato celular que envuelve al huevo y que tiene función nutritiva. | *SInf* 25.11.70, 5: El óvulo estará formado por una masa celular interna, de la que surgirá el embrión, y una esfera compuesta de células, a la que se da el nombre de trofoblasto y cuya misión es hacer que el embrión se comunique con los tejidos de las paredes uterinas para que pueda alimentarse.

troglodita *adj* **1** Que vive en cavernas. *Frec n, referido a pers primitiva.* | Laiglesia *Ombligos* 221: La desdichada África sigue viviendo como en tiempos de nuestros queridos antepasados los trogloditas: cuevas, toscas cabañas. I. F. Almarza *SYa* 9.9.84, 22: Puede "luchar" contra la resistencia de una duna, .. o saltar de pedrusco en pedrusco para observar los nidos de los murciélagos trogloditas. **b)** Propio de los trogloditas. | F. RBatllori *Abc* 23.4.58, 23: Uno de los más conocidos centros alfareros de Canarias es el de la Atalaya, donde hacen vida casi troglodita muchas familias.
2 [Pers.] bárbara y ruda. *Tb n.* | Moncada *Juegos* 341: Quizá les impresione esa mirada de troglodita.

troglodítico -ca *adj* De (los) trogloditas. | E. Barrenechea *Gac* 24.8.80, 12: Al llegar a Quisicedo, más arriba del pueblo, se encuentra un santuario troglodítico: el de San Bartolomé. Excavado en piedra calcárea entre espesa arboleda. Lera *Olvidados* 12: El Granaíno avanzó hacia el centro de aquella troglodítica colonia, hasta donde se abría una diminuta plazuela.

trogloditismo *m* Modo de vida propio de los trogloditas. | L. Torres *Abc* 13.9.66, 39: No se trata de unas cuevas vulgares en las que vivan en pleno trogloditismo unos vecinos de aquella hermosa y rica villa de la ribera del Jalón.

troika (*tb con la grafía* **troica**) *f* **1** Gran trineo ruso tirado por tres caballos. | *Agromán* 93: Apareció el simpático abuelo conduciendo su "troika". J. J. SJarque *Ya* 6.12.70, 7: Hemos visitado por tercera vez la Unión Soviética en los treinta últimos años, habiéndola recorrido ampliamente a lo largo y ancho de su inmensa geografía, con frío y calor, lluvia y nieve, a pie, en troicas y trineos.
2 Equipo político constituido por tres perss. *Gralm referido a Rusia.* | *Nue* 22.12.70, 11: La "troika" soviética ha iniciado conversaciones, en Moscú, con una delegación egipcia. J. CAlberich *Mun* 23.5.70, 31: El presidente [Nixon] en el momento de iniciar su mandato –el 20 de enero de 1969– confió los cargos de máxima responsabilidad a la "troika" Rogers-Laird-Kissinger.

troje *f* Espacio limitado por tabiques para guardar frutos, esp. cereales. *Tb fig.* | Cruz Torres 16: Las tierras de esa lengua de tierra .. fueron la bendición que mató el hambre secular de los foramontanos, llenando las trojes de grano. P. Rocamora *Abc* 22.10.70, sn: Uno quisiera .. guardarlas [las ideas] amorosamente en la troje privada donde el alma almacena lo que la embellece.

trola *f* (*col*) Mentira. | Vega *Cocina* 170: Un chico muy fantasioso .. nos contó la trola de que a Pepe Illo le llamaron don Joseph porque había sido magistrado.

trole *m* **1** *En un vehículo eléctrico:* Dispositivo formado por una pértiga fija y un órgano de contacto, que sirve para transmitir la corriente de un cable conductor. | F. Ramos-LSerrano *Circulación* 31: Si el ómnibus está provisto de toma de corriente eléctrica por trole y no circula sobre carriles, se le denomina trolebús.
2 (*col, raro*) Tranvía (vehículo urbano). | MSantos *Tiempo* 159: Se va a subir al tranvía. ¡Se subió! .. Se creía que me la iba a dar subiéndose al trole.

trolebús *m* Autobús eléctrico provisto de trole [1]. | Laforet *Mujer* 210: Estalló como una ola todo el rumor de la calle .. Las bocinas de los autos. El trolebús.

trolero -ra *adj* (*col*) [Pers.] mentirosa. *Tb n.* | Goytisolo *Recuento* 34: Gomis decía .. que la había visto desnuda en una foto. Trolero, le dijeron. Paso *Isabel* 289: Eres la trolera más acreditada de España.

tromba I *f* **1** Torbellino violento que da lugar a precipitaciones abundantes y en el mar levanta columnas espumosas. *Gralm* ~ DE AGUA. | E. La Orden *MHi* 7.69, 29: Esta segunda ciudad de Santiago de los Caballeros debió se su fundación en 1543 a otra catástrofe natural, la que arrasó dos años antes bajo una tromba de agua a la primitiva fundación de 1527. **b)** Masa grande de agua que avanza impetuosamente. *Gralm* ~ DE AGUA. *Tb fig.* | L. M. Agudo *Ya* 9.1.84, 2: Parte de la presa de Vega de Tera .. se derrumba provocando una enorme tromba de agua de ocho mil millones de litros que arrasa completamente la mitad del pueblo de Ribadelago. Payno *Curso* 35: José se vio sentado en el asiento. Sebastián arrancó violentamente. Entró como una tromba en casa de su padre. **c)** Lluvia muy violenta. *Gralm* ~ DE AGUA. | *Ya* 31.5.75, 6: La gran tromba de agua caída el pasado miércoles en la zona sur de la provincia de Tarragona afectó principalmente a la localidad de Perelló.
II *loc adv* **2 en** ~. De manera muy impetuosa o violenta. | RIriarte *Carrusell* 320: Por la puerta de la izquierda surgen en tromba, liándose los cinturones de las batas respectivas, Rita y Daniel. *Sem* 20.12.69, 3: La mente galopa inútilmente detrás de los hechos, que corren mucho más, o, jadeante, se deja caer en la cuneta, resignada a verlos pasar en tromba, como las vacas de los prados norteños contemplan el paso del tren.

trombina *f* (*Biol*) Fermento que interviene en la transformación del fibrinógeno en fibrina, en el curso de la coagulación de la sangre. | Navarro *Biología* 112: El fermento necesario para que se efectúe la coagulación es la trombina.

trombo *m* (*Fisiol*) Coágulo sanguíneo que se forma en el interior de un vaso o del corazón y que permanece en el lugar de su formación. | *Abc* 16.11.75, 1: El trombo, el coágulo sanguíneo que se formó en la femoral, no se ha movilizado.

trombocinasa *f* (*Fisiol*) Sustancia que se encuentra en las plaquetas y en los leucocitos y que contribuye a transformar el trombógeno en trombina. | Navarro *Biología* 112: Los trombocitos intervienen en la coagulación de la sangre mediante la trombocinasa que poseen.

trombocito *m* (*Fisiol*) Plaqueta de la sangre. | Navarro *Biología* 112: Los trombocitos intervienen en la coagulación de la sangre mediante la trombocinasa que poseen.

trombocitopenia *f* (*Med*) Disminución del número de trombocitos de la sangre. | Chumy *Ya* 25.3.90, 16: Los efectos secundarios que produce ese producto pueden ser los siguientes: adormecimiento, .. disuria, trombocitopenia, leucopenia.

tromboembólico -ca *adj* (*Med*) De (la) embolia u oclusión completa de un vaso por un trombo. | C. Nicolás S*Abc* 14.12.69, 21: Tampoco se debe tomar [la píldora] si existen antecedentes tromboembólicos, mal estado circulatorio de los miembros inferiores o hipertensión.

tromboflebítico -ca *adj* (*Med*) De (la) tromboflebitis. | F. J. MMunibe *VNu* 17.8.74, 21: El nuevo equipo médico de El Pardo .. vigilará la convalecencia del proceso tromboflebítico.

tromboflebitis *f* (*Med*) Inflamación de las venas con formación de trombos. | *Inf* 20.7.74, 1: Para corregir esta tromboflebitis los médicos le han tenido que aplicar a Franco anticoagulantes.

trombógeno *m* (*Fisiol*) Protrombina. | Navarro *Biología* 113: Para que el trombógeno se transforme en trombina es necesaria la presencia de iones calcio.

trombón *m* **1** Instrumento músico de viento, semejante a una trompeta grande, cuyas notas se obtienen por medio de varas o de pistones. *Frec con los compls* DE VARAS *o* DE PISTONES. | Perales *Música* 41: Los "trombones" están directamente emparentados con los "sacabuches". El sonido, en los de "varas", se produce mediante el deslizamiento de esas "varas", que modifican la longitud del instrumento. **b)**

trombonista – trompetazo

Sacabuche. | Valls *Música* 59: Con embocadura (trompeta, trompa, trombón o sacabuches, tuba, etc.).
 2 Músico que toca el trombón [1]. | Zunzunegui *Hijo* 65: Alquiló un bombardino, un clarinete, un trombón. Eran tres chicos de la Banda de Erandio.

trombonista *m* y *f* Músico que toca el trombón [1]. | *País* 10.5.83, 47: Kai Winding, trombonista de jazz, falleció anteayer en Nueva York.

tromboplastina *f* (*Fisiol*) Trombocinasa. | Bustinza-Mascaró *Ciencias* 58: Cuando se produce una herida, las células dañadas, así como las plaquetas de la sangre que sale por la herida, ponen en libertad una sustancia llamada tromboplastina, la cual transforma a la protrombina, presente en la sangre, en trombina.

trombosarse *intr pr* (*Med*) Sufrir trombosis [un vaso sanguíneo]. | Alcalde *Salud* 314: La mortalidad por hemorragia ulcerosa no existe, prácticamente, por debajo de los 40 años; a esta edad, los vasos sanguíneos se trombosan y se retraen muy fácilmente.

trombosis *f* (*Med*) Proceso de formación de un trombo. | Sales *Salud* 391: La trombosis es el accidente vascular cerebral más frecuente en la edad media de la vida.

trombótico -ca *adj* (*Med*) De (la) trombosis. | *Inf* 31.10.75, 2: La evolución del proceso trombótico abdominal persiste en sus manifestaciones clínicas.

trómel *m* (*E*) Criba clasificadora con cilindros giratorios. | *GTelefónica N.* 1088: Trómeles de clasificación. Gruber Hermanos.

trompa **I** *n* **A** *f* **1** Instrumento músico de viento, consistente en un tubo de latón enrollado circularmente y acabado en un pabellón muy ancho. *A veces* (*lit*) *se menciona como símbolo de la poesía heroica.* | Valls *Música* 59: Con embocadura (trompeta, trompa, trombón o sacabuches, tuba, etc.). García *Abc* 16.8.75, sn: Cuando Gracián, en el "Criticón", formula su "Censura de España", nos dice más, para nuestro cabal conocimiento y afición a España, que cuantos han empuñado solo la trompa heroica y engolado la voz para proferir ditirambos y verbosas grandilocuencias.
 2 *En algunos animales, esp el elefante:* Prolongación musculosa del apéndice nasal. | Bustinza-Mascaró *Ciencias* 207: La cabeza [del elefante] tiene en su parte anterior una enorme trompa, prolongación del labio superior y de la nariz. Ybarra-Cabetas *Ciencias* 389: El topo tiene las patas anteriores apropiadas para cavar .. La nariz prolongada en trompa. **b)** (*col, humoríst*) Nariz muy prominente. | * ¡Vaya trompa que gasta el muchacho!
 3 (*Zool*) *En algunos insectos:* Aparato chupador. | Ybarra-Cabetas *Ciencias* 351: Boca chupadora de un díptero, con la trompa labial.
 4 (*Zool*) *En algunos gusanos:* Prolongación de la parte anterior del aparato digestivo. | Ybarra-Cabetas *Ciencias* 323: A la boca sigue la primera porción del aparato digestivo, que en algunos gusanos está transformada en una especie de trompa, armada de pinzas robustas y quitinosas. Esta trompa puede convertirse en un verdadero aparato de defensa o de masticación.
 5 ~ **de Eustaquio.** (*Anat*) Conducto que une el oído medio con la faringe. | Nolla *Salud* 117: La trompa de Eustaquio mantiene el aire del interior de la caja del tímpano a la misma presión que el atmosférico.
 6 ~ **de Falopio.** (*Anat*) Oviducto de los mamíferos. *Tb simplemente* ~. | Cañadell *Salud* 181: El óvulo es captado por el pabellón de las trompas de Falopio, de las cuales pasa al útero. Navarro *Biología* 207: A los conductos sexuales femeninos se les da [*sic*] los nombres de oviductos o trompas, útero o matriz y vagina.
 7 Trompo o peonza, esp. grande. | Moreno *Galería* 368: ¡Qué diré del trompo, trompa o peonza!
 8 (*col*) Borrachera. | Aldecoa *Gran Sol* 115: Habrá cambiado por ginebra y tendrá la trompa encima.
 9 (*Arquit*) Bóveda voladiza fuera del paramento de un muro. | Tejedor *Arte* 85: Crearon los bizantinos, en sustitución de las trompas o superficies conoides, las pechinas.
 10 (*Fís*) Aparato que sirve para practicar el vacío por medio de un líquido. | Mingarro *Física* 73: El mismo fundamento tiene la trompa de agua, tan utilizada en los laboratorios para el establecimiento de pequeños vacíos.

B *m* **11** Músico que toca la trompa [1]. | FCid *Abc* 6.12.70, 74: Quiero todavía citar la calidad del trompa en Schubert.
 II *adj* **12** (*col*) Borracho. *Tb n*. | GPavón *Rapto* 56: Pero, ¡arrea!, ¿es que ya está trompa la Rocío? Marsé *Tardes* 35: El Cardenal está siempre con la tajada, es peligroso .. El Cardenal está acabado, es un trompa y tiene miedo, es viejo ya.
 III *loc adv* **13 a ~ y talega.** (*raro*) A tontas y a locas. | An. Miguel *HLM* 5.12.77, 21: Ya está bien que nos hayamos "concienciado" y "mentalizado" todos .. con una democracia que será preciso conservar a todo trance. Y para ello nada mejor que no manosearla a trompa y talega ni querer tapar con ella todas nuestras debilidades y vicios.

trompada *f* (*col*) Trompazo. | MFVelasco *Peña* 165: Si permanecía en el árbol no era .. sino porque estaba tan consumido que me hubiera dado la trompada si me muevo del sitio.

trompar *intr* (*raro*) Jugar al trompo. | *Abc Extra* 12.62, 11: Cada uno trompe con el trompo que más le conviene.

trompazo *m* (*col*) Golpe o choque muy fuerte. | DCañabate *Paseíllo* 134: Eso son fantasías de los gilis atosigaos por las camelantas femeninas, que te inflan con cuatro carantoñas y te desinflan luego a fuerza de trompazos. L. I. Seco *Act* 7.7.66, 16: No encuentra mejor solución que la de llamar a su mujer para que vea con él el trompazo que se van a pegar el Correo y el Express viniendo en dirección contraria.

trompear *intr* (*Mar*) Chocar o golpear [una embarcación] contra otra o contra un bajo o punto de tierra. | Aldecoa *Gran Sol* 101: La marejada había aumentado, el *Aril* casi trompeaba.

trompe-l'oeil (*fr; pronunc corriente,* /trompelói/) *m* **1** (*Pint*) Pintura que, mediante artificios de perspectiva, produce la ilusión de objetos en relieve. | J. M. Bermejo *Ya* 23.6.87, 44: El arte negro, la geometría analítica, el cézannismo, el "trompe l'oeil" y los "papier collé", le aportan al artista un nuevo método de trabajo.
 2 (*lit*) Ilusión óptica. | DPlaja *Ya* 21.10.64, 7: La misma ciudad porteña es una abrumadora horizontalidad, donde las calles rectilíneas dan el "trompe-l'oeil" de la cercanía.

trompeta **A** *f* **1** Instrumento músico de viento que consiste en un tubo largo de metal que va ensanchándose desde la boquilla al pabellón. | Medio *Bibiana* 95: La canción de la vocalista .. se levanta monótona y gangosa sobre las trompetas. **b)** *En el órgano:* Registro cuyo sonido es semejante al de la trompeta. | J. PGállego *SPaís* 10.7.77, 33: Hasta que no se ha escuchado un tiento o una sonata de Antonio de Cabezón en los clarines, címbalos, trompetas, octavas, tapadillos y nasardos del impar órgano de Covarrubias, no puede decirse que se ha oído música castellana de órgano en su propia salsa.
 2 ~ **de la muerte.** Cuerno de la abundancia (seta). | Lotina *Setas* sn: *Craterellus cornucopoides* .. Cuerno de la abundancia, Trompeta de la muerte.
 3 (*Mec*) *En un automóvil:* Tubo abocardado en cuyo interior van los ejes o palieres de las ruedas. | Ramos-LSerrano *Circulación* 285: Los palieres van protegidos por unos tubos llamados trompetas, que a su vez sirven de apoyo a las ballestas.
 4 (*jerg*) Porro de forma cónica. | Oliver *Relatos* 128: Mi colega me pidió que me montase un chiri .. Salió una trompeta de buti.
 B *m* **5** Músico que toca la trompeta [1]. | *Abc* 22.11.75, 5: Le precederá la escuadra de Batidores y la banda de trompetas.
 6 (*hist*) Emisario. | Riquer *Caballeros* 167: Los trompetas son numerosísimos, y hay que advertir que un mismo personaje aparece a veces como perseverante y luego como heraldo o rey de armas, lo que supone un ascenso en su carrera.

trompetazo *m* Sonido fuerte de trompeta [1a] u otro instrumento similar. *Tb fig*. | DCañabate *Paseíllo* 41: La música se contagia de todas estas extravagancias y pega unos trompetazos como si rugiera dolores en vez de entonar armonías. Berenguer *Mundo* 84: Sonaba distinto que ahora hasta el latido del perro, porque entonces era gloria de uno y, luego, un trompetazo que a uno se le antojaba que lo estaban oyendo los guardas o los civiles.

trompetear A *intr* **1** Tocar la trompeta [1]. *Tb fig.*
| Lera *Bochorno* 112: Otro camión pasó por delante de la casa trompeteando ensordecedoramente.
2 Emitir [la grulla] la voz que le es propia. | S. MMorán *Ya* 3.1.87, 34: Puede detectarse su derrotero [de las grullas damiselas] más fácilmente gracias a su frecuente "trompeteo", audible a más de un kilómetro de distancia .. Varios individuos .. trompeteaban sin cesar .. Entonces se reúnen bandadas de hasta 400 individuos que, rumbo sur, despiden a la pradera con su trompetear hasta la cita de la primavera siguiente.
B *tr* **3** (*raro*) Anunciar [algo] de manera ruidosa o aparatosa. | D. Santos *Pue* 24.12.69, 29: No quiero desencantar a los que esperan con avidez esta trompeteada novela.

trompeteo *m* Acción de trompetear. | Carnicer *Cabrera* 67: A la entrada de algunas [casas] se ve un viejo o una vieja sentados en una piedra o un poyo, indiferentes al trompeteo de la plaza y a mi paso. S. MMorán *Ya* 3.1.87, 34: Las grullas damiselas .. llegaban a nuestra península unos días después que las grullas comunes o grises .. Puede detectarse su derrotero más fácilmente gracias a su frecuente "trompeteo", audible a más de un kilómetro de distancia.

trompetería *f* **1** Sonido de un conjunto de trompetas [1a] o de instrumentos similares. | Escobar *Amor* 297: (Se oye una trompetería.) ¡Ay! Ya está descabalgando. Moreno *Galería* 231: Cuyo cántico se acompañaba de trompetería de órgano. Moreno *Galería* 324: Animan [las fiestas] con batería y órgano eléctrico, mucha trompetería y griterío "músico-vocal".
2 Conjunto de trompetas [1a] o de otros instrumentos similares. | *Alcoy* 15: Al entrar el Capitán en la plaza de España, los toques y llamadas de trompetería de su séquito fueron contestados por otros desde el Castillo. *SYa* 21.4.74, 11: El órgano es espléndido en su construcción externa y en sus características técnicas. Consta de un teclado de octava corta, con cuarenta y cinco notas; diez registros partidos, flautado, dos octavas, quincena, docena, lleno, címbalo y trompetería con dos registros.

trompeteril *adj* (*raro*) De (la) trompeta [1a]. | FCid *Abc* 6.1.68, 72: Tan solo en "Sambambo" la algarabía sobreaguda trompeteril resultó excesiva.

trompetero -ra *adj* **1** Que toca la trompeta [1a]. *Tb n.* | Delibes *Parábola* 23: El graderío y el basamento y el baldaquino .. de oro y los niños trompeteros arriba. Cela *Judíos* 192: Los timbaleros y los trompeteros atronaron el aire con su redoble y su soplar.
2 (*raro*) De (las) trompetas [1a]. | MReviriego *País* 18.2.83, 9: Para que cayeran las murallas con música tenía que soplar el mismo Dios, como en el asedio trompetero de Jericó.

trompetilla I *f* **1** Instrumento en forma de trompeta [1a] usado por los sordos para percibir mejor los sonidos. | * Vas a tener que usar trompetilla.
II *loc adj* **de ~.** [Mosquito] que produce cierto zumbido al volar. | * Los mosquitos de trompetilla pican bastante.

trompetista *m y f* Músico que toca la trompeta [1a]. | Vicent *País* 12.2.83, 11: El trompetista se puso al aparato. –Diga.

trompeto -ta *adj* (*raro*) Borracho. | ZVicente *Mesa* 190: Me parece que .. estás ligeramente trompeto. Pues no será porque el vino era apetecible.

trompicar A *intr* **1** Tropezar [en algo] al andar. *Tb sin compl. Tb pr.* | Delibes *Hoja* 63: Inquirían .. si era cierto que Su Majestad trompicó en la alfombra al prestar juramento. Delibes *Parábola* 118: Jacinto trompicó y cayó sentado. Kurtz *Lado* 85: Costó lo suyo meter a Lucía en el coche .. Por último entró David trompicándose.
B *tr* **2** Hacer que [alguien (*cd*)] trompique [1]. | Delibes *Vida* 48: El ariete Ocaña .. parecía empeñado en meterme a mí con la pelota en el fondo de la red. Yo le advertía .. Pero él, erre que erre, seguía cargándome, trompicándome, empujándome. *Abc* 18.4.58, 54: Busca el diestro más el lucimiento que la eficacia .. Tres ayudados por alto en el terreno enemigo y otra vez naturales y redondos, en uno de los cuales resulta trompicado.

trompicón I *m* **1** Acción de trompicar. *Tb su efecto.* | Buero *Sueño* 227: Quienes le sujetan le traen a trompicones al primer término.
II *loc adv* **2 a ~es.** Con tropiezos o dificultades. | Agustí *Abc* 4.12.70, 3: El ansia de contar es como el repaso íntimo de una lección que hemos aprendido a trompicones. Lera *Bochorno* 21: Conozco a uno de la vecindad .. que hasta hace cuatro o cinco años vivía a trompicones con el tendero, con el panadero y con todo el mundo. De repente empezó a subir, y hoy tiene un piso magnífico y un Mercedes que marea.

trompillón *m* (*Arquit*) Dovela o sillar que constituye la clave de una trompa o de una cúpula. | PCarmona *Burgos* 148: También en Zorita del Páramo, en Olmos de Santa Eufemia y primeramente en Jaca se labraron tetramorfos en los trompillones bajo la cúpula.

trompo *m* **1** Peonza (juguete). | *Abc Extra* 12.62, 11: Los chiquillos juegan al trompo en "los anchos zaguanes".
2 (*col*) Pers. torpe. | DCañabate *Paseíllo* 61: Yo te voy a probar. ¿Que sirves? P'alante. ¿Que eres un trompo o te se encoge el ombligo? Pues a la tienda de tu padre.
3 (*Autom*) Cambio de dirección que se sufre al derrapar. *Esp en carreras*. | *Mar* 23.11.70, 26: Faltando poco para terminar, iba primero Villacieros en la penúltima vuelta; Fafeche apura frenada y entran juntos en la curva, con los coches pegados uno a otro; juntos, tocándose, inician un medio trompo; pegados, como estaban, corrigen los dos y los dos se disponen a iniciar de nuevo la marcha. Á. Arredondo *Ya* 3.6.78, 38: A punto de finalizar la segunda tanda, Emilio hizo un trompo a la salida de la curva del túnel, al enfilar la recta de tribunas, y se quedó en la mitad de la pista.
4 (*jerg*) Billete de mil pesetas. | Tomás *Orilla* 188: –¿A quién limpiaste? .. –A un chuleta que va de listo por la vida –explicó–. Perdió varios trompos en la partida.

trona *f* Silla alta con brazos y un tablero delantero, para dar de comer a un bebé. *Tb* SILLA ~. | *Ya* 3.12.70, sn: Para su bebé tiene usted en Cochecitos Chiky corralitos, sillas tronas, andadores.

tronada *f* **1** Tormenta con truenos. | CSotelo *Muchachita* 318: –Vaya, tronada a la vista. –¿Es posible? Nadie lo diría... –En estos climas las tormentas se forman en pocos segundos. **b)** Conjunto de truenos. | Laforet *Mujer* 23: Las cortinas corridas .. no dejaban ver los relámpagos, pero se oía la tronada cada vez más fuerte.
2 Conjunto de explosiones pirotécnicas. | CPuche *Conocerás* 91: Era el pueblo de las grandes tronadas de pólvora a la Virgen, el pueblo de los rosarios de la aurora y de las salves penitentes de madrugada.

tronado -da *adj* (*col*) **1** [Pers.] algo trastornada mentalmente. | MSantos *Tiempo* 18: Siempre le aficionó lo raro y estrambótico. Estuvo siempre un poco tronado, yo creo, y no había manera de tenerle sujeto. *SYa* 15.5.77, 39: La lista podría alargarse con los millares de púgiles que no perecieron de inmediato, pero que quedaron .. sonados o tronados, como Eddie Machen.
2 Arruinado o venido a menos. | S. Melero *Abc* 14.11.70, 51: El espléndido pasado del Campo Grande no exculpa .. su desamparado presente. Como el aristócrata tronado, conserva el porte y las maneras de su ascendencia señorial.
3 Viejo o deteriorado. | Aparicio *Retratos* 73: –Y qué íbamos a hacer si el taxi aéreo que traíamos de Neuquén se negó a seguir y en todo Comodoro Rivadavia no encontramos más piloto que este holandés loco, ni más avioneta que la suya. –Un piloto tronado y una avioneta tronada...

tronante *adj* (*lit*) Que truena [2, 3 y 4]. | L. A. Viuda *SVozC* 29.6.69, 1: La voz del pregonero quiere ahora hacerse sonora y un poco tronante para llegar, desde aquí, .. a todos los hombres y a todas las tierras de España. Torrente *Sombras* 285: –Siendo así –insistía Zeus casi tronante– que no hay más que contemplar esta asamblea para convencerse de cuál es la realidad numérica de esta familia. Cossío *Montaña* 357: El pretexto que [la zona de Cudeyo] le dio para escribir las más tronantes diatribas contra los hombres revolucionarios.

tronar (*conjug* **4**) *intr* ➤ **a** *impers* **1** Producirse truenos. | J. SEgea *Abc* 25.5.75, 19: Las precipitaciones, en forma de chubascos de lluvia inicialmente, fueron al final de origen tormentoso, tronando y extendiéndose los nublados por amplias comarcas de la nación.

troncal – troncocónico

➤ **b** *normal* **2** Sonar [algo] como un trueno. | Delibes *Parábola* 21: De pronto tronaba la voz de Darío Esteban, el celador, por los altavoces. Buero *Sueño* 202: Los dos miran al frente, bajo el tronar de los latidos.

3 Hablar [alguien] con voz muy fuerte y enérgica. | Delibes *Parábola* 137: Cuando este [el dado] se detuvo, doña Presenta, puesta en pie, tronó: "¡Seis, a casa!".

4 Hablar o escribir violentamente [contra alguien o algo]. | CRistol *Van* 26.3.70, 11: Quisiera plantear una delicada cuestión .. a muchos que hoy truenan contra Patufet y el patufetismo.

5 Suceder. *Normalmente en la constr* POR LO QUE PUEDA (*o* PUDIERA) ~. | Delibes *Emigrante* 16: Ya le aclaré .. que tenía en el pensamiento pedir la excedencia por más de un año y menos de diez, por lo que pueda tronar. Delibes *Guerras* 46: Dobló la guardia, los piquetes, vamos, por lo que pudiera tronar.

6 (*col*) Arruinarse o quebrar. | R. Pieltáin *SAbc* 15.5.58, 63: Rara era la temporada en que una compañía no tronaba; y en los teatros del Príncipe y de la Cruz, .. el déficit era endémico.

troncal *adj* De(l) tronco¹ [3]. | *Compil. Vizcaya* 637: El parentesco troncal termina en el ascendiente que primero poseyó la raíz. *Abc* 25.2.68, 79: Los neoplatónicos .. fueron los primeros que emplearon el método comparativo de las ciencias, filosofías y religiones para buscar la verdad troncal de todas ellas. **b)** (*Der*) [Bien] que a la muerte del poseedor debe volver a la línea, tronco o raíz de donde procede. | *Compil. Aragón* 614: Sucesión en bienes troncales de abolorio. **c)** De (los) bienes troncales. | *Compil. Aragón* 614: Sucesión troncal. **d)** (*Enseñ*) [Asignatura] de(l) tronco común. | E. MConde *País* 2.12.86, 30: El ministerio ha nombrado comisiones en las que, para los estudios de biología, hay representantes .. de las facultades de Químicas, Farmacia y Biología, para proponer un número de asignaturas troncales, a partir de las cuales se formen las especialidades.

troncalidad *f* (*Der*) Condición de troncal. | *Compil. Vizcaya* 636: La troncalidad en el parentesco se determina siempre con relación a un bien raíz. FRius *HEspaña* 1, 390: Otra modalidad [de sucesión] era la que distinguía entre los bienes heredados o de abolengo, los cuales forzosamente debían recaer en la familia, y dentro de ella en la línea de donde procedían (derecho de troncalidad), y los adquiridos por el causante.

tronchado *m* Acción de tronchar(se) [1]. | M. Toharia *SInf* 9.12.70, 16: Los perjuicios [del viento] son: gran secado del suelo tras las lluvias o riegos, .. tronchados de todo tipo de plantas, transporte de semillas de malas hierbas.

tronchamiento *m* Acción de tronchar(se). *Tb su efecto.* | I. LDorta *Día* 26.9.75, 13: También en el suelo existen insectos que son perjudiciales, causando graves daños, principalmente aquellos que se localizan en el cuello de las plantas, provocando el tronchamiento y muerte de la misma. * Tengo un tronchamiento que no puedo con mi alma.

tronchante *adj* (*col*) Que causa mucha risa. | SFerlosio *Jarama* 80: El carnicero y Chamarís se mondaban de risa. –¡Ay, qué Carmelo este! ¡Es tronchante, qué tío! Delibes *Cinco horas* 97: Me escribía unas cartas tronchantes, llenas de faltas de ortografía.

tronchar A *tr* **1** Partir mediante fuerza [una planta, su tallo o una rama]. *Tb fig.* | CNavarro *Perros* 101: Ella dobló el cuello, dejando la cabeza inclinada, como una flor que hubiera de ser tronchada por la primera ráfaga de viento. Olmo *Golfos* 186: Solamente la yegua do Mosteiro mira curiosa el corpachón tronchado del amigo de Cuno. **b)** *pr* Partirse [una planta, su tallo o una rama]. | * Hizo mucho viento y se troncharon varios árboles.

2 Truncar o interrumpir. | Pemán *MHi* 5.64, 8: Ese esbozo y vislumbre de futuro, tronchado en Dallas a tiros, no debe encelarnos a nosotros, españoles.

3 (*col*) Cansar o agotar físicamente. *Con intención ponderativa. Gralm en part.* | * Esta gripe me tiene tronchado.

B *intr pr* **4** (*col*) Partirse de risa. *Tb* ~ DE RISA (*o* DE REÍR). | Delibes *Cinco horas* 100: Se troncha, fíjate, de la devoción de la Doro por ti. Berenguer *Mundo* 8: Don Fermín, el alguacil, se troncha de reír cuando le digo que voy a llenar un libro con mis cosas.

troncho *m* Tallo [de una hortaliza]. | *Cocina* 421: Se quitan las hojas a la coliflor, .. se corta el troncho para dejarle buen asiento y se pone con agua hirviendo y sal.

tronco¹ *m* **1** *En los árboles y arbustos:* Tallo leñoso, ramificado a cierta distancia del suelo. | GPavón *Hermanas* 32: Pasaban veloces entre árboles con las hojas ya pajizas y los troncos cenicientos. **b)** Dulce de chocolate en forma de tronco de árbol. *Frec* ~ DE NAVIDAD. | *Abc* 2.12.73, 82: Cena de noche vieja. Salmón del Narcea Ahumado .. Tronco Navideño. Biscuit Glacé salsa de chocolate. Ma. Pineda *ByN* 24.12.89, 95: Tronco de Navidad.

2 *En el hombre y algunos animales:* Parte del cuerpo a la que van unidas la cabeza y las extremidades. | Arce *Testamento* 29: Tuve la impresión de que mi cabeza se desgajaba del tronco. Legorburu-Barrutia *Ciencias* 185: En el tronco tiene [el tiburón]: Dentículos dérmicos .. Las hendiduras branquiales.

3 Ascendiente común de dos o más ramas o familias. *Tb fig.* | Em. Serrano *Sáb* 30.11.74, 86: Esta Casa es la más importante de Aragón después de la Casa Real, y ya en el siglo XIII se gloriaba de ser tronco de ocho casas coronadas. Villar *Lenguas* 29: Deben existir .. lenguas indoeuropeas que procedan de un tipo antiguo del indoeuropeo (las que se separaron del tronco originario en fecha más temprana) frente a otras que proceden de un tipo reciente (las que se separaron en épocas más tardías). **b)** ~ **común.** (*Enseñ*) Conjunto de asignaturas comunes a varias especialidades o grados de enseñanza. | *Reforma* 120: El tronco común y las modalidades específicas se completan con el bloque de las asignaturas estrictamente optativas .. De la combinación entre disciplinas de tronco común y optativas, los estudiantes obtendrán un indudable enriquecimiento de la modalidad elegida.

4 Conducto principal del que parten o al que concurren otros menores. | Navarro *Biología* 169: Todos los vasos linfáticos llegan a dos troncos linfáticos: el canal torácico y la gran vena linfática. *Ya* 14.12.90, 4: La penúltima fase del nudo del Puente de los Franceses se abrirá hoy al tráfico. Este hecho supone la entrada en servicio de todo el tronco de la M-30 con carácter definitivo.

5 Conjunto de caballerías que tiran de un carruaje. | Laiglesia *Tachado* 187: A las diez de la mañana, llegó a palacio el coche fúnebre tirado por un tronco de doce caballos engualdrapados. FReguera-March *Filipinas* 297: El conductor hacía trotar el poderoso tronco de mulas, voceando y restallando el látigo.

6 (*col*) Pers. que duerme profundamente. *Frec en constrs como* SER UN ~, ESTAR COMO UN ~, *o* DORMIR COMO UN ~. | *Abc Extra* 12.62, 49: Dormíamos irremediablemente como troncos.

7 (*Geom*) Parte [de un cono o de una pirámide] comprendida entre la base y una sección plana paralela a ella. | Bustinza-Mascaró *Ciencias* 107: Este animalillo unicelular [la vorticela] consta de un cuerpo que tiene forma de copa o de tronco de cono. Marcos-Martínez *Aritmética* 2º 201: Las pesas de hierro fundido suelen tener forma de tronco de pirámide. **b)** Parte [de un cilindro o prisma] comprendida entre la base y una sección plana oblicua a ella. | Marcos-Martínez *Matemáticas* 146: Hallar el área lateral de este tronco de prisma.

8 (*jerg*) Bote de las propinas. | *D16* 3.3.78, 14: He quedado sorprendido al conocer el método que dentro del ramo de hostelería se usa para repartir el llamado tronco, tronquillo, bodeguilla, etcétera, que no es sino el conocidísimo "bote".

tronco² -**ca** *m y f* (*juv*) **1** Amigo o compañero. *Frec como apelativo.* | Montero *SPaís* 5.3.78, 13: Un tipo tira de navaja, y bajo la música discotequera se oyen gritos angustiados: "Ayudadme, *troncos*, que me están pinchando" .. El *tronco* es un amigo para la vida y para la muerte, un camarada de clan y de defensa. *D16* 12.3.81, 1: El protagonista del último film de Saura .. Con Berta Socuéllamos, su "tronca" en el film.

2 Compinche, o compañero de robos o timos. | Sastre *Taberna* 117: Ah, sí, ya me recuerdo, uno del trile .. que era tronco del Huevo Federico con aquello del cuento largo.

3 Hombre o mujer. | McMacarra *Pue* 5.7.83, 36: Las troncas denunsiantes han sido hasta ahora trese o catorse.

troncocónico -**ca** *adj* (*Geom*) De(l) tronco de cono. | F. Ángel *Abc* 18.9.70, sn: La mezcla de simiente .. se verifica en una "Tolva para la desinfección de semillas", bien cerrada, de forma troncocónica. **b)** De figura de tronco de cono. | Pericot-Maluquer *Humanidad* 159: Cubren la isla numerosos poblados fortificados con grandes murallas organizadas en forma de bastiones tronco-cónicos.

troncón *m* Tocón [de un árbol]. | Murciano *Hucha* 2, 96: –Sé dónde guarda mi tío Rufo la cuerda con el gancho. Podríamos atar al troncón una punta; yo me ataría la otra y tú me ayudarías a bajar despacio ..– La cuerda era gruesa y larga, y el troncón, en mitad del Pico, era ya, pardo y mocho, tan de roca como la roca en que un día creciera.

troncopiramidal *adj (Geom)* Que tiene forma de tronco de pirámide. | Tejedor *Arte* 14: La mastaba .. era una sencilla construcción troncopiramidal.

troncular *adj (Med)* De(l) tronco[1] [4]. | *SYa* 10.4.83, 33: Esquema de las vías respiratorias. Poco después de su entrada en la caja torácica, la tráquea se divide en dos bronquios tronculares. **b)** [Anestesia] del maxilar inferior, mediante inyección en el nervio dentario inferior. | M. Aguilar *SAbc* 23.11.69, 54: Tenemos la gran variedad de anestesias locales, desde la troncular hasta la insignificante que adormece la parte superficial.

tronera[1] *f* **1** *En una muralla o en un barco de guerra:* Abertura para disparar los cañones. | Cela *Judíos* 162: El castillo de la Mota lo forman cuatro recintos: la barbacana que cierra el patio de armas; el muro, con sus almenas, sus aspilleras, sus saeteras y sus troneras para la infantería.
2 Ventana muy pequeña y estrecha. | Ferres-LSalinas *Hurdes* 72: La habitación es estrecha, oscura .. Solo entra luz por el portillo y por una tronera abierta en la pared.
3 Agujero de la mesa de billar. | J. RFernández *SYa* 12.6.88, 15: El "pool-8" ha conocido un auge inusitado .. El ganador es el jugador que mete la bola 8, de color negro, en la misma tronera por la que metió la bola número 7.

tronera[2] *m y f (col)* Pers. juerguista o de vida desordenada. *A veces con intención afectiva.* | DCañabate *Abc* 22.6.58, 51: Se alzaban humildes merenderos .., de los que cobijaban .. los días festivos las alegres parejas de la "chacha" y el mílite, de los menestrales, de la modistilla y el estudiante, del tronera y su coima. Berlanga *Gaznápira* 15: ¡Con lo que ha sido! Y más majo que las pesetas, tan tronera y tan disparatado toda su vida.

tronga *f (raro)* Manceba o concubina. | Cela *Judíos* 266: El vagabundo .. se zampó como un lobo los gozos de la merienda que, tan amorosamente, le preparara su caritativa y pretérita coima serrana, su tronga viuda.

tronido *m (raro)* Estruendo o estrépito. | FReguera-March *Filipinas* 311: –¡Échales un buen tronido, Tátara!– .. El corneta lanzó a los aires las notas de un toque floreado.

tronío *m (col)* Clase o categoría. *Frec en la constr* DE ~. *Con intención ponderativa.* | GPavón *Rapto* 95: Su primera amante fue una tal Lola Solares, puta de tronío cuando la primera Guerra Mundial. Hache *Cod* 3.5.64, 8: Hay Empresas poderosas que hacen mangas y capirotes con las localidades en las corridas de "tronío".

tronitonante *adj (lit)* Tonitronante. | Torrente *Saga* 311: Este le respondió gritando: "¡Bienvenido!", con una voz que superaba la altura de la música, un vozarrón de macho joven, tronitonante, atronante y casi diríamos resplandeciente.

trono *m* **1** Asiento de ceremonia, gralm. con gradas y con dosel, que usan los monarcas y otras altas dignidades en actos solemnes. | CSotelo *Poder* 202: Al fondo, un sillón, más solemne, que servirá de trono para Aurelio.
2 Dignidad real. | D. I. Salas *MHi* 7.69, 40: Cuando Carlos II "el Hechizado" accedió al trono, pasó a ocupar al igual que sus antecesores el alcázar. **b)** *(lit)* Monarquía (institución monárquica). *Frec unido a* ALTAR. | Vicens *Polis* 433: El documento [del pacto de la Santa Alianza] proponía la defensa mancomunada del Trono y del Altar.
3 *(Rel crist)* Espíritu celeste de los que constituyen el tercero de la primera jerarquía y que se caracterizan por conocer inmediatamente en Dios las razones de las obras divinas. *Gralm en pl.* | PAyala *Abc* 30.5.58, 3: Nada hay en el mundo superior al hombre. Con él se inicia el ultramundo, o mundo de los espíritus puros, compuesto de tres jerarquías, cada una subdividida en tres coros: ángeles, arcángeles y principados; potencias, virtudes y dominaciones; tronos, querubines y serafines.
4 *(col)* Taza de wáter. | Lázaro *JZorra* 98: Piensa él todas las mañanas frente al espejo grande del cuarto de baño, desde el trono, como llama a cierto aparato sanitario de uso general.

tronquero -ra *adj (Der, reg)* [Pariente] troncal. *Tb n.* | *Compil. Vizcaya* 636: Son parientes tronqueros: 1º En la línea descendente, todos los hijos legítimos. *Compil. Vizcaya* 646: El cónyuge viudo será llamado a la sucesión intestada de los bienes troncales, a falta de tronqueros.

tronquillo *m (jerg)* Bote de las propinas. | *D16* 3.3.78, 14: He quedado sorprendido al conocer el método que dentro del ramo de hostelería se usa para repartir el llamado tronco, tronquillo, bodeguilla, etcétera, que no es sino el conocidísimo "bote".

tronzado *m* Acción de tronzar [1]. | Santamaría *Paisajes* 57: El metro cúbico de madera de pino silvestre serrada y curada alcanza un precio en el mercado en torno a las 25.000 pesetas, aunque debe de tenerse en cuenta que este precio final incluye muchas y costosas labores como apeo, desrame, tronzado, saca, transporte, aserrado.

tronzador -ra I *adj* **1** Que tronza [1]. *Frec n f, referido a máquina.* | *GTelefónica N.* 994: Máquinas: Taladradoras. Desbarbadoras. Tronzadoras. Afiladoras plegadoras. *País* 18.3.87, 25: Esmeriladora .. Pulidora de pinturas y maderas .. Tronzadora.
II *m* **2** Sierra grande con mango en los dos extremos, que se emplea esp. para cortar árboles. *Tb se da este n a otro tipo de sierras.* | J. L. Berdegui *Abc* 24.12.57, 39: Cuando la [mano] del hombre aparece es con el hacha y el tronzador.

tronzar A *tr* **1** Dividir en trozos [madera o metal]. *Tb abs.* | *GTelefónica N.* 2: Abrasivos, discos para rebarbar, tronzar, abrasivos en polvo, muelas.
2 *(reg)* Tronchar [una planta o algo semejante, esp. un hueso]. | Torrente *Isla* 172: Llegaron a darme miedo los ímpetus que traía, .. el poder de sus aires revueltos, que desnudaban al paso los árboles y a algunos los tronzaban. Delibes *Vida* 44: La pelota iba con tanta fuerza que le tronzó la muñeca y tuvo que ser substituido por el portero reserva.
3 *(reg)* Cortar o tajar. | Cunqueiro *Fantini* 100: Era una vieja .. falta de un brazo, que se lo había tronzado un congrio.
4 *(reg)* Cansar o agotar físicamente. *Con intención ponderativa. Gralm en part.* | Delibes *Santos* 50: A la noche, tan pronto llegó a casa, aunque se encontraba tronzada por el ajetreo del día, le dijo a Paco, el Bajo: padre, yo quiero hacer la Comunión. Aldecoa *Cuentos* 1, 32: –Que levante con vosotros. –Pero si es imposible, si está tronzado.
B *intr* **5** *(reg)* Troncharse o partirse [una planta o algo semejante, esp. un hueso]. *Tb pr.* | Delibes *Cartas* 130: Mi equivocación fue ponerlas rodrigones de chopo viejo, podridos, que en su mayor parte han tronzado con el viento. Delibes *Santos* 140: La pierna, señorito, se ha vuelto a tronzar el hueso.

tropa *f* **1** Grupo regular y organizado de soldados. | Arenaza-Gastaminza *Historia* 50: Calígula .. fue asesinado por la tropa pretoriana. Arenaza-Gastaminza *Historia* 67: A estas invasiones violentas había precedido .. una infiltración germana en calidad de colonos, de esclavos o de tropas auxiliares del ejército. **b)** *En pl:* Ejército o fuerzas armadas. | *Alc* 1.1.55, 3: Los franceses .. tienen proyectado [*sic*] la retirada escalonada que alejará todas sus tropas antes de las elecciones.
2 Clase militar constituida por los soldados y los cabos. | L. Calvo *Abc* 30.12.70, 22: Ha convivido con la oficialidad y ha visto en faena a los hombres de tropa.
3 Conjunto de perss. que van o actúan juntas. | GGual *Novela* 380: La tropa nocturna de pastores sufre el ataque de los habitantes de una aldea vecina. Salvador *Haragán* 31: Yo, entonces, era el más tranquilo de la tropilla de los pequeños. **b)** Grupo más o menos grande de perss. *Frec con intención desp.* | Delibes *Santos* 83: En estas, se presentó el Críspulo y, luego, el Rogelio, y la Pepa, y el Facundo, y el Crespo, y toda la tropa.

tropario *m (Mús)* Colección de tropos [2]. | Casares *Música* 36: Los primeros *Organum* que conocemos se conser-

tropecientos – tropófilo

van en los libros antes citados y también en el llamado tropario de Winchester.

tropecientos -tas *adj pl* (*col, humoríst*) Muchos. | Laiglesia *SHLM* 10.11.80, 9: Los minutos finales se dedican a nombrar a todos los que han participado en la elaboración del programa, que vienen a ser otros "tropecientos montones".

tropel *m* Conjunto de perss. o animales que se mueven rápida y desordenadamente. *Frec en la constr* EN ~. | Medio *Bibiana* 171: Los muchachos salen en tropel. L. LSancho *Abc* 28.2.87, 18: Un tropel de cebras que huye a toda velocidad de las leonas se detiene y se dedica a pastar apaciblemente en cuanto las leonas han capturado a una cebra y allí mismo, al lado, la descuartizan y la devoran.

tropelía *f* (*lit*) Abuso o atropello. | A. Aricha *Caso* 14.11.70, 3: La obligó a caminar junto a él hasta un lugar adecuado para cometer con ella las tropelías que había premeditado.

tropezadero *m* (*raro*) Lugar en que es fácil tropezar. *Tb fig.* | MGaite *Retahílas* 24: Sentía la agonía de la abuela como un tropezadero en mi respiración.

tropezador -ra *adj* (*raro*) Que tropieza [1] con frecuencia. | Zunzunegui *Camino* 232: Las gentes iban de aquí para allá .. tropezadoras, exultantes.

tropezar (*conjug* 6) **A** *intr* **1** Dar [alguien que va andando] con los pies [en algo (*compl* EN *o* CON)] perdiendo momentáneamente el equilibrio. *Tb sin compl.* | Laiglesia *Tachado* 8: También yo creí que un ángel de la guarda guiaba mis pasos, hasta que tropecé con un cascote y me rompí un diente. Laforet *Mujer* 11: Su marido, Eulogio, le sujetó el brazo más de una vez cuando los frágiles zapatos de la mujer se torcían entre las piedras, o tropezaba.
2 Entrar [alguien o algo que se mueve] en contacto [con algo (*compl* EN *o* CON) que impide u obstaculiza su avance]. | * El armario tropieza en el marco de la puerta; habrá que inclinarlo para meterlo.
3 Hallar [alguien o algo] en su actividad o desarrollo [a alguien o algo (*compl* EN *o* CON) que los impide u obstaculiza]. | Cunqueiro *Un hombre* 90: Eumón levantaba la mano derecha al hablar y tropezaba algo en las arres. FQuintana-Velarde *Política* 123: La renovación de la flota tropieza con problemas de financiación.
4 Tener [alguien] un fracaso o equivocación. | CSotelo *Resentido* 141: Has tropezado con tu comedia, y eso es triste; pero eres joven y fuerte, y eso es bueno.
5 Encontrar casualmente [a alguien o algo (*compl* CON)]. *Tb pr.* | CNavarro *Perros* 12: Susi tropezó con sus ojos y miró hacia la acera de enfrente. Benet *Nunca* 10: Ya sabía que había gente como nosotros, que nunca se había tropezado con ella, pero que de sobra sabía que existía.
6 Chocar o reñir [con alguien]. | Kurtz *Lado* 154: Tú no inspiras respeto, por eso nunca has tropezado con él.
B *tr* **7** Encontrar casualmente [a alguien o algo]. *Frec con compl de interés.* | Paso *Sem* 26.4.75, 16: Un mal día –o bueno, vaya Dios a decir– apareció Felipe .. Mariana lo tropezó a la vuelta de Villalba. ZVicente *Traque* 205: Nos tropezamos, revolviendo la escombrera, el espejo de la Petro.
8 Tropezar [1 y 2] [con alguien o algo (*cd*)]. | Umbral *Mortal* 54: Tropiezo cosas que dejaste caídas, deshago con los pies, involuntariamente, un resto de tu juego interrumpido. Torrente *Sombras* 47: Quienes andaban aún por el sonido cuchicheaban de lo que pasaría si un barco de mediano porte los tropezase en su ruta: un barco que, como ellos, viniese repicando para que se le apartasen del camino. **b)** Tropezar [2] [con algo (*cd*) en un lugar (*compl* EN *o* CON)]. | GHortelano *Amistades* 98: Resultaba asfixiante permanecer, aun quieto, dentro de la chabola. Leopoldo habría tropezado la cabeza en el techo.

tropezón *m* **1** Acción de tropezar [1]. | Laiglesia *Tachado* 322: El borracho solo necesitó cinco tropezones más para alcanzar su meta.
2 Tropiezo (fracaso o equivocación). | DPlaja *El español* 150: Cualquier tropezón verbal de un extranjero .. produce grandes carcajadas.
3 Trozo pequeño de jamón, carne u otra sustancia con que se adereza un guiso, esp. la sopa. | Escobar *Itinerarios* 59: Las sopas de ajo, con sus tropezones y sus huevos escalfados, ganan en poderío al café con leche.

tropezoso -sa *adj* (*raro*) Que tropieza [1]. | Zunzunegui *Camino* 154: Le vio desnudarse dificultosamente y avanzar tropezoso hasta la ducha.

tropical *adj* De(l) trópico [1 y 2]. | Ortega-Roig *País* 180: Una agricultura muy especializada y rica de productos tropicales (tabaco, algodón, caña de azúcar). **b)** [Clima] muy caluroso con lluvias en verano. | Zubía *Geografía* 290: Paraguay .. Es una gran llanura de clima tropical.

tropicalidad *f* Cualidad de tropical. | VMontalbán *Rosa* 30: Los músicos de la orquesta cubrían el instrumental electrónico con plásticos antes de ponerse a salvo, sumergida la tropicalidad de sus guayaberas de colores encogidas por las aguas implacables.

tropicalización *f* Acción de tropicalizar. | *Ya* 22.10.64, sn: Estufa para cultivos bacteriológicos. Estufa de tropicalización.

tropicalizar *tr* Adaptar [algo] al uso o al clima tropical. | J. M. Alfaro *Abc* 15.4.73, 3: En parte por este motivo, y acaso también por su desbordante y tropicalizada fantasía –hija, quizá, de sus antecedentes antillanos–, su capacidad de distorsionar héroes y episodios le condujo a melodramáticas deformaciones de la Historia de Francia. Van 22.5.75, 50: Introduzca su cartucho de ocho pistas en el reproductor .. Y deje que suene su Voxson a través de los cuatro altavoces impermeabilizados y tropicalizados. Uno en cada puerta.

trópico I *m* **1** (*Geogr y Astron*) Círculo menor de la esfera celeste y terrestre, paralelo al ecuador y distante de este 23º 27', al norte o al sur, y que coincide con el curso del Sol en los solsticios. | Ortega-Roig *País* 14: Entre el Trópico de Cáncer y el Trópico de Capricornio, N y S respectivamente del Ecuador, se extiende la Zona Tórrida.
2 Zona terrestre comprendida entre los trópicos [1]. *Frec en pl con sent sg.* | J. M. Alfaro *Abc* 24.8.75, 30: "El otoño del patriarca" –como certifica su título– es una tremenda y repasadora crónica de la decadencia de un dictador inconfundible, del trópico americano.
II *adj* **3** (*Astron*) [Año] que se mide tomando como referencia el paso de la Tierra por el equinoccio de primavera. | Marcos-Martínez *Aritmética* 139: El año civil no es exactamente 1/4 de día más corto que el año trópico, sino algo menos.

tropiezo *m* **1** Acción de tropezar [1, 2, 3 y esp. 4]. | J. Calvo *SurO* 18.8.76, 18: La caída [de los toros] viene a producirse sin previo aviso, si bien en algunos casos, que en ocasiones se presentan como muy numerosos, se notaron tropiezos y dobladuras. Carandell *Tri* 11.4.70, 9: Esencias tal vez desvanecidas por los recientes tropiezos del Real Madrid en la Liga.
2 Cosa en que se tropieza [1, 2, 3 y 4]. | Ribera *SSanta* 73: Extendieron sus redes para sorprenderme; pusiéronme tropiezos junto al camino.
3 (*raro*) Tropezón [3]. | Vega *Cocina* 136: La tercera fórmula [de arroz a la milanesa] lleva tropiezos o, como dicen los asturianos, compangos.

tropismo *m* (*Biol*) Movimiento de orientación de un organismo, esp. de una planta, como respuesta a un estímulo. *Tb* (*lit*) *fig.* | Legorburu-Barrutia *Ciencias* 264: Tropismos. Son movimientos de crecimiento o curvatura que tienen las plantas. J. Carvajal *Inf* 4.4.70, 3: Ese tropismo del ciudadano hacia los espacios libres –verdes si es posible, pardos cuando menos– tiene, indudablemente, explicaciones evidentes.

tropo *m* **1** (*TLit*) Figura que consiste en usar una palabra en un sentido que no es el suyo propio, pero que tiene con él alguna relación o semejanza. | Correa-Lázaro *Lengua* 4º 57: Metáfora. Es, con mucho, el tropo más importante.
2 (*hist*) *En la liturgia medieval:* Texto breve cantado, interpolado en un texto litúrgico. | Romeu *EE* nº 9.63, 13: Se supone de Tutilo .. el tropo del introito de la misa de Pascua.

tropófilo -la *adj* (*Bot*) [Planta] capaz de adaptarse a la alternancia de una estación muy húmeda con otra seca. | Navarro *Biología* 271: Se denominan plantas tropófilas las que viven en regiones geográficas, como los trópicos, donde alternan una estación húmeda con una seca.

tropófito -ta *adj (Bot)* Tropófilo. *Tb n f.* | Bustinza-Mascaró *Ciencias* 295: Las plantas terrestres pueden ser: higrófitas .., xerófitas .., tropófitas .. y mesófitas.

tropopausa *f (Meteor)* Zona de discontinuidad entre la estratosfera y la troposfera. | Be. Blanco *SYa* 13.6.90, I: Estos elementos, tan estables en las capas bajas de la atmósfera, en cuanto que superan la tropopausa (zona atmosférica que divide la troposfera de la estratosfera), la radiación ultravioleta solar disocia las moléculas que los componen.

troposfera *f (Meteor)* Capa inferior de la atmósfera terrestre, que llega hasta una altura de unos 18 km en el ecuador. | Ybarra-Cabetas *Ciencias* 88: La composición química de la atmósfera no es igual cuantitativamente en todo el espesor de la troposfera, pero sí análoga.

troposférico -ca *adj (Meteor)* De la troposfera. | Jo. Peláez *Abc* 27.9.70, 40: Se trata de una moderna estación de las llamadas troposféricas, adecuada a las cambiantes condiciones meteorológicas en que ha de prestar sus servicios.

troquel *m* **1** Molde metálico grabado en hueco, que se emplea para estampar en relieve y esp. para acuñar monedas y medallas. | A. Téllez *Abc* 25.7.68, sn: Antes de aquel año [1869] habían circulado otras pesetas precursoras, surgidas de los troqueles por las necesidades del momento.
2 Pieza de bordes cortantes y forma adecuada, usada para cortar a presión determinadas materias. | *SYa* 21.4.74, 45: Luego tenemos que meterlas en agua unas horas (me refiero a las pieles curtidas) .. Una vez escurrida el agua y probada su resistencia, tenemos que proceder al secado. Trocearlas por medio de troqueles y seleccionar las piezas.

troquelado *m* **1** Acción de troquelar. | *SYa* 21.4.74, 45: Troquelado del cuero .. Luego tenemos que meterlas en agua unas horas (me refiero a las pieles curtidas) .. Tenemos que proceder al secado. Trocearlas por medio de troqueles y seleccionar las piezas.
2 *(Biol)* Impronta. | F. Llavero *SYa* 4.6.72, 3: La gran mayoría de los autores, concepciones y doctrinas coinciden en admitir un hecho de observación o fenómeno primario de hondas raíces onto y filogenéticas, que se conoce con el ya tópico "printing", "pregung" [*sic*] o troquelado de los seres vivos en relación con las primeras vivencias.

troquelador -ra *adj* Que troquela. *Tb n f, referido a máquina.* | *Van* 17.4.73, 69: Vendo troqueladora automática Arisa y máq. de cortar piel.

troquelaje *m* Acción de troquelar. | *GTelefónica N.* 209: Manufact. de envases de cartón. Embalajes de cartón ondulado. Troquelajes de papel cartón y materias plásticas.

troquelar *tr* Dar forma [a algo (*cd*)] mediante troquel [1 y 2]. *Tb fig.* | Moreno *Galería* 160: Otros cuadros se fabricaban de unas molduras, ni siquiera de madera revestida de escayola, sino de papel troquelado. *GTelefónica* 10: Cartulinas. Láminas autoadhesivas Letraset. Letras troqueladas. Materiales rotulación. J. GPalacio *Act* 12.11.70, 11: La vida humana, ya de por sí difícil, no puede estar troquelada por el Estado. **b)** Acuñar [monedas o medallas]. | Cela *SCamilo* 189: Nieto del Trespatas está en la cárcel por troquelar monedas de cobre de diez céntimos.

troquelería *f* Industria de(l) troquelado. | *GacNS* 6.8.70, 16: Troquelistas de 1ª. Troquelería Evi. Santurce. *Ya* 22.10.64, 18: Comprende los siguientes renglones: fundición y laminación, .. troquelería, grifería.

troquelista *m y f* Pers. que trabaja con un troquel. | *GacNS* 6.8.70, 16: Troquelistas de 1ª. Troquelería Evi. Santurce.

troqueo *m* (*TLit*) **1** *En la poesía grecolatina:* Pie compuesto por una sílaba larga y otra breve. | Quilis *Métrica* 26: Los tipos fundamentales de pies eran: yambo, de dos sílabas: breve, larga ..; troqueo, de dos sílabas: larga, breve.
2 *En la poesía castellana:* Unidad rítmica formada por una sílaba tónica seguida de otra átona. | Quilis *Métrica* 26: En nuestra métrica .. los ritmos serán: yambo: dos sílabas: átona-tónica ..; troqueo: dos sílabas: tónica-átona.

trotacalles *m y f (col, desp)* Pers. que anda continuamente en la calle. | Palomino *Torremolinos* 173: Se trasladó .. a una pensión, esperó que llegase la noche, como hacen las trotacalles de carrocería desvencijada, se puso una blusa escotada y se fue otra vez a la carretera a hacer auto-stop.

trotada *f* Trote o carrera. | ZVicente *Mesa* 135: Me gustaría tanto quedarme allí en la última trotada, estoy seguro de que cuando llegue el encuentro con la última frontera, cuando la pase, me preguntarán por ese barrio de risas y de juegos.

trotador -ra *adj* Que trota [1] bien o mucho. *Tb (lit) fig.* | *Abc Extra* 12.62, 33: Aquí tenéis al caballo trotador de Cuzner-Ives. Cela *Judíos* 173: Como un lobo trotador, así el viejo refrán corrió por los caminos.

trotamundos *m y f* Pers. que viaja mucho y por muchos lugares. | Altabella *Ateneo* 109: La firma de Cavia abrió de par en par las puertas del Ateneo a ese desconocido trotamundos levantino.

trotante *adj* Que trota. *Tb fig.* | O. Serrano *HLM* 31.1.83, 28: El "New York Times" .. está editado en un pueblo consumista, vitalista, cuya renta per cápita, con un dólar trotante, supera los 10.000-12.000 dólares.

trotar **A** *intr* **1** Ir al trote [1] [una caballería]. | Hoyo *Lobo* 9: Mientras trotaba, Lucero, de cuando en cuando, volvía la cabeza hacia mí.
2 Montar [alguien (*suj*)] sobre una caballería que va al trote. | * Veía a los niños trotar en la playa sobre hermosos caballos.
3 Andar deprisa [una pers. o un animal]. | Cuevas *Finca* 209: Los ratones que trotaban por el suelo con un trotecillo de bailarín. Sampedro *Sonrisa* 189: Mangurrone gritó que se sentía transformado en toro y se puso a cuatro patas tras la corista con intenciones obvias. La chica salió trotando y él detrás. **b)** Andar mucho [una pers.]. | Medio *Bibiana* 76: Calza sus zapatos bajos "para trotar".
B *tr* **4** Hacer que [una caballería (*cd*)] trote [1]. | Mañas *Tarantos* 330: Coge el ramal corto de la yegua... Más corto. Trótala despacio.
5 Trotar [1, 2 y 3] [a través de un lugar o a lo largo de una distancia (*cd*)]. | Cela *Judíos* 15: Castilla la Vieja no se puede viajar, sino mejor caminar o trotar. Aldecoa *Gran Sol* 137: De fotógrafo a salto de feria, a cacha partida de trotar calles.

trote **I** *m* **1** Marcha natural rápida [de una caballería] en la que el apoyo se realiza sobre pares cruzados. | *Abc Extra* 12.62, 41: Una de las clases de equitación consistía en cabalgar al trote con los brazos cruzados y los estribos recogidos.
2 Andar rápido [de una pers. o de un animal]. *Frec en la forma* TROTECILLO. | Medio *Bibiana* 279: Camina con tanta prisa que más que andar emprende un trotecillo.
3 Actividad muy intensa y ajetreada. *Normalmente en la constr* NO ESTAR PARA MUCHOS (*o* ESTOS, *o* ESOS) ~S. | Laiglesia *Tachado* 237: Ya no estoy para muchos trotes. Laforet *Mujer* 335: No estoy para esos trotes, Paulina. Mire mis piernas.
II *loc adj* **4 para** (*o* **de**) **todo ~**. [Prenda] para uso diario y continuado. | * Quiero unos pantalones para todo trote.
III *loc v* **5 amansar** [alguien] **el ~**. (*col*) Moderarse. | Delibes *Parábola* 14: Al principio .. Genaro pedía pan y agua, pero luego amansó el trote y resistía tiempo y tiempo sin comer ni beber.
IV *loc adv* **6 al ~**. A toda prisa. | * Me he pasado la mañana trabajando al trote.

trotera *f* (*lit*) Ramera o prostituta. | Escobar *Itinerarios* 33: Cierta trotera ya otoñal que lució garbo y juventud libérrima en los venustos barrios madrileños.

trotón -na **I** *adj* **1** [Caballería] cuyo paso ordinario es el trote. *Tb n m, referido a caballo.* | Ferres-LSalinas *Hurdes* 121: El carro, tirado por dos mulas trotonas, va guiado por un chico. S. Verd *Abc* 12.9.75, 59: Una epidemia de gripe afecta a las cuadras de los hipódromos mallorquines, que como se sabe están especializadas en trotones.
II *f* **2** (*col*) Ramera o prostituta. | Montero *Reina* 169: Vanessa daba tumbos en mitad del club .. Una chica muy vulgar, se dijo Bella. Una trotona de culo respingado, como tantas.

trotskismo – trucar

trotskismo *m* **1** Teoría del comunismo desarrollada por Trotsky († 1940) o basada en sus doctrinas, y que propugna la revolución socialista mundial, frente a la idea de socialismo en un solo país. | E. Haro *Tri* 15.12.73, 11: ¿Podría tener la Unión Soviética escrúpulos .. contra un tercer mundo cuyos dirigentes han preferido la protección de los Estados Unidos y cuyos revolucionarios se han inclinado en los últimos años hacia "trotskismos", "maoísmos" u otros sistemas alejados de Moscú?
2 Condición de trotskista. | F. Bonamusa *Tri* 1.12.73, 19: Empieza con un análisis retroactivo de la actividad del PCE durante la Dictadura, .. y rechazando y devolviendo las acusaciones de trotskismo que le había dirigido la dirección del PCE.

trotskista *adj* De(l) trotskismo [1]. | Aldebarán *Tri* 7.2.70, 5: Se alejó de nuevo del comunismo oficial y se aproximó a los reformismos tro[t]skistas y de otra índole. [*En el texto*, troskistas.] **b)** Adepto al trotskismo [1]. *Tb n.* | E. Haro *Tri* 26.12.70, 4: Orwell estaba metido de cabeza en la realidad, .. junto a los trotskistas del POUM, en la guerra de España.

trotsko -ka *adj* (*col*) Trotskista [1b]. *Tb n.* | *Ya* 4.2.87, 8: El "Trotsko". GHortelano *Apólogos* 289: Jotanueve es un tro[ts]ko y un abusivo. [*En el texto*, trostko.]

troupe (*fr; pronunc corriente*, /trup/) *f* Compañía de circo o de teatro. | *Pue* 20.1.67, 34: Circo Price... ¡Troupe china Tcher den Tchai!

trousseau (*fr; pronunc corriente*, /trusó/) *m* Ajuar o equipo de novia. | Halcón *Monólogo* 151: El *trousseau*, las tiendas, los partes de boda.

trova I *f* **1** (*hist o lit*) Composición poética compuesta para ser cantada. *Tb el conjunto formado por ella y por la música con que se acompaña.* | FVidal *Duero* 180: Ofrece aún [el castillo] aspecto lúgubre y de prisión más que escenario de trovas y de esperas fieles al esposo guerrero. Cossío *Montaña* 70: Albarcas y palas son indicios, que confirmarán la misma trova, de que es la de estos valles una civilización primitiva.
II *loc adj* **2 en ~.** (*raro*) [Melena] igualada y rizada alrededor de la cabeza. | Cossío *Confesiones* 71: Vestía un balandrán que le llegaba a los tobillos, y su melena en trova, un poco más larga que la melena romántica, la cubría .. con un sombrero.

trovador -ra A *m* **1** (*hist*) *En la Edad Media:* Poeta cortesano en lengua de oc. | Correa-Lázaro *Lengua* 4º 110: A comienzos del siglo XII surge en Provenza un tipo de poesía esencialmente lírica, compuesta y recitada por sus propios autores, los trovadores, que solían ser cortesanos y aristócratas. **b)** *En la Edad Media:* Poeta cortesano [1]. | GLópez *Lit. española* 92: Alfonso Álvarez de Villasandino fue un trovador pedigüeño que puso su inspiración al servicio de los nobles.
B *m y f* **2** (*lit*) Poeta, esp. popular. | * F. es el trovador de la vida campestre.

trovadoresco -ca *adj* De(l) trovador. | GLópez *Lit. española* 93: La poesía de esta época [de Juan II] .. puede encuadrarse en dos tendencias que apuntan en el "Cancionero de Baena" ..: la trovadoresca, de origen galaicoprovenzal, y la italiana. GLópez *Lit. española* 38: Estos juglares que en el siglo XIII utilizaban el gallego difundieron a menudo un tipo de poesía cortesana o trovadoresca. GCotorruelo *Cartagena* 133: Temática del trovo. Como corresponde al carácter esencialmente polémico de esta poesía, su temática gira preferentemente en torno a la rivalidad trovadoresca.

trovadorismo *m* (*raro*) Actividad de trovador [2]. | P. GBlanco *Abc* 18.4.58, sn: La gloria de la Severa rebasó el trovadorismo popular, siendo objeto de encarnaciones teatrales.

trovar *intr* Componer trovos [1]. | GCotorruelo *Cartagena* 131: Rara vez se trova sin competencia, a solas.

trovería *f* Actividad de trovero [2]. | GCotorruelo *Cartagena* 133: La trovería ha seguido en nuestra tierra un desarrollo paralelo al cante de mineras y cartageneras.

trovero -ra I *adj* **1** De(l) trovo [1]. | GRaymundo *Ya* 30.8.74, 40: En las contiendas troveras, el trovero le dicta al cantaor.
II *n* **A** *m y f* **2** Poeta popular repentizador de trovos [1]. | GCotorruelo *Cartagena* 131: En estas veladas actúan dos troveros o poetas improvisadores.
B *m* **3** (*hist*) *En la Edad Media:* Poeta cortesano en lengua de oil. | Subirá-Casanovas *Música* 17: Una de las manifestaciones musicales más característica [*sic*] y de mayor irradiación en la Edad Media fue la creada por los trovadores, en el sur de Francia, .. y con posterioridad por los troveros, en el norte de Francia.

trovo I *m* **1** Composición métrica popular, consistente en la paráfrasis de una cuarteta en cuatro quintillas, cuyos quintos versos son los de la cuarteta. | GCotorruelo *Cartagena* 132: El trovo consiste aquí en la paráfrasis de una cuarteta en cuatro quintillas cuyos quintos versos son los de la cuarteta, que quedan incorporados así a las quintillas por el sentido y la rima .. En esencia viene a ser, pues, la glosa de nuestros Siglos de Oro. ASáez *Abc* 18.12.70, 21: Coincidiendo con la misa "minera", Morenito .. ha recitado un trovo de "el Conejo".
II *loc adj* **2 de ~s.** [Velada], típica de Cartagena, en que dos poetas improvisan trovos [1], quintillas o décimas, que cantan acompañándose a la guitarra. | GCotorruelo *Cartagena* 131: Entre las tradiciones populares de más arraigo en Cartagena se encuentran las veladas de trovos.

troy. libra ~, onza ~ → LIBRA¹, ONZA¹.

Troya. allí (o **aquí**) **fue ~.** *Fórmula oracional con que se comenta el inicio de un gran escándalo o alboroto.* | Ramírez *Derecho* 58: Si se trata de una hija, y un mal día aparece en estado, sea o no con novio, ¡allí fue Troya!

troyano -na *adj* (*hist*) De Troya (antigua ciudad de Asia Menor). *Tb n, referido a pers.* | DPlaja *Literatura* 34: Virgilio .. se complace en hacer al Emperador descendiente de Eneas, el héroe troyano.

troza *f* (*E*) Tronco aserrado por los extremos y dispuesto para convertirlo en tablas. | *Ale* 4.8.76, 4: Barcos despachados de entrada .. "Bardomar" (singaporense), de Greenville (Liberia), con 1.852 toneladas de madera en trozas.

trozo *m* **1** Parte [de algo partido o roto]. | Olmo *Golfos* 127: Partió en tres pedazos un trozo de cordel. Olmo *Golfos* 149: Un trozo de madera, haciendo de cartel, le anunciará que en el sótano existe un taller de planchado.
2 Parte [de un todo] considerada independientemente. | F. Olivencia *EOn* 10.63, 16: Es lamentablemente frecuente la falta de justicia con que son tratados trozos de suelo español.

trucador -ra *adj* Que truca¹. *Tb n, referido a pers.* | *Ya* 3.1.87, 6: No lo va a tener difícil el "trucador" de oficio para convertir al secretario general de Alianza Popular, Ruiz Gallardón, en un rey negro más bonito que un Baltasar para la cabalgata de Reyes del Ayuntamiento de Madrid.

trucaje *m* Acción de trucar¹. | R. Escamilla *Miss* 9.8.68, 29: –¿Qué opina de las "preparaciones" o "trucajes" en los coches de serie? –Para el señor que quiere correr, un trucaje de competición tiene su encanto, pensando en los circuitos o las carreteras despejadas. **b)** (*Cine*) Procedimiento empleado para crear un efecto visual o sonoro. | M. Porter *Des* 12.9.70, 34: Acá y acullá, se ha acudido a los trucajes o a las innovaciones técnicas para conseguir resultados más idóneos.

trucar¹ *tr* Falsificar o falsear. | *Abc* 17.5.81, 57: Extraña oferta para trucar la quiniela de hoy. Bermejo *Derecho* 171: Para ello nada mejor que hacerse pasar por un oficial real y así poder comprobar en el terreno, con el doble juego de la trucada personalidad, hasta dónde llega la negativa de don Tello. **b)** Dotar [a un automóvil o a un motor (*cd*)] de los dispositivos precisos para que tenga una potencia superior a la suya originaria. | *Abc* 16.12.69, 20: Este se debe a la potencia de su nuevo motor. Con 12.000 cm³ y 216 CV sin trucar, va desahogado hasta en las circunstancias más difíciles.

trucar² *intr* (*jerg, raro*) Gustar. | Umbral *País* 17.8.76, 15: –Que me ha dicho Nadiuska que Adolfo Suárez y tú sois los más machos del país. –No acabo de creérmelo.

–Pues sí, que le *moláis* cantidad. O sea, más claro, que le *trucáis cantidubi*.

trucha A *f* **1** Pez propio esp. de ríos y lagos de montaña, de piel moteada y carne muy apreciada (gén. *Salmo* y *Salvelinus*). *Frec con un adj o compl especificador*: ~ ALPINA (*Salvelinus alpinus*), ~ ARCO IRIS (*Salmo gairdneri*), ~ COMÚN, DE RÍO o ASALMONADA (*Salmo trutta fario*), ~ MARISCA, MARINA o DE MAR (*Salmo trutta trutta*), etc. | *Inf* 19.6.70, 34: Consiguió una trucha que pasó de los 500 gramos de peso. Delibes *Año* 25: Aunque puse aparejo de mosca, la trucha no se dejó engañar, y únicamente al anochecer logré agarrar una, por cierto arco iris, de las que echaron esta primavera. F. Portillo *SAbc* 16.3.80, 38: La trucha de mar, contrariamente al salmón, se alimenta durante su estancia en las aguas dulces. F. Portillo *SAbc* 16.3.80, 38: El reo, también llamado trucha marisca, es una subespecie de la trucha común adaptada a la vida anádroma.
B *m* y *f* **2** (*raro*) Pers. pícara. | Cela *Judíos* 100: ¡Dorotea, prepara lo que encuentres! ¡Y tú, Lorenzo, anda a echarle una mano a tu mujer! ¡Y vosotros, truchas, ya os estáis yendo con la madre!

truchero -ra I *adj* **1** De (la) trucha [1]. | Delibes *Vida* 74: Se sembró [el río] de lucios que con el tiempo subirían aguas arriba y crearían un serio problema a la población truchera. **b)** [Río o lago] abundante en truchas. | Cendrero *Cantabria* 217: Hemos de señalar la importancia del Asón como río truchero y salmonero.
II *m* y *f* **2** Pescador de truchas [1]. | A. Montejo *Abc* 9.9.66, 7: Ofrecen extraordinarias condiciones para el pescador más cualificado: el truchero.

truchimán *m* (*lit*) **1** Intérprete. *Tb fig*. | Sánchez *Inf* 3.12.76, 34: Álvaro Forqué se ha metido con sus cámaras en un "music-hall" .. Utiliza como truchimán a José María Montez, "estrella" de viejos tiempos, que evoca un pasado todavía conocido.
2 Hombre experto en compraventas y cambios. | Cela *Viaje andaluz* 161: La Corredera es hoy el bullidor centro de contratación de las artesanías populares de la ciudad; sus truchimanes, sus ganchos, sus parroquianos y sus mirones harían las delicias del novelista.

truchuela *f* Bacalao curado más delgado que el común. | Cunqueiro *Fantini* 130: Le entraba entonces un deseo de recuperar fuerzas, una canina hambre .., reclamando pan y compango, truchuela y lardo, pollo asado, olla podrida y vino toledano.

truco¹ I *m* **1** Procedimiento hábil para hacer algo. | *Gac* 11.5.69, 7: Otro de los trucos, consistente en colocar debajo de la espalda del niño una toalla anudada, .. lo consideran los médicos un método bárbaro. **b)** Procedimiento hábil y oculto para obtener un efecto dado. | A. Salinas *Ya* 4.9.87, 22: Los dos aspirantes al mundial son maestros de *full-contact* y enseñan en gimnasios todos los trucos de este sistema de defensa personal. **c)** Procedimiento astuto y engañoso. | Laiglesia *Tachado* 18: Un muchacho provinciano que sacaba a su familia una asignación para residir en Madrid con el truco de que estaba realizando prácticas de periodismo. **d)** Modo de actuar con el que se obtienen los mejores resultados. *Gralm en la constr* COGER EL ~ [a alguien o algo]. | * Una vez que le coges el truco, ya es fácil todo.
2 *pl* (*hist*) Juego antiguo semejante al billar. | Mercader-DOrtiz *HEspaña* 4, 98: Podrían [los obreros] ejercitarse en los juegos de pelota, bolos, esgrima o barra y trucos (billar).
II *fórm or* **3 como si dijera** (o **dijeras**, *etc*) ~. (*col, raro*) Fórmula con que se comenta la poca atención prestada a lo que alguien dice. | Berlanga *Gaznápira* 30: A Juliana, es como si le dijeras truco: te escucha en silencio y, en cuanto puede, se sale de la fila para coger un vilano.

truco² *m* (*reg*) Cencerro grande de boca estrecha. | Berlanga *Barrunto* 41: Y los cencerros .. los fui sonando. A cada lengüetazo del badajo de enebro, los cencerros hablaban, ladraban, balaban: el grillete chiquitajo .., el chingarro de la cordera modorra, el campano –ancho y ronco–, el truco con su boca estrecha. Moreno *Galería* 332: Esquilas, esquililas, cencerrillas y cencerros, trucos y zumbos.

truculencia *f* Cualidad de truculento. | DPlaja *El español* 93: Los españoles van a remolque de los cambios en forma y color de ropa y solo acceden a ellos cuando estos cambios han perdido impacto y truculencia.

truculento -ta *adj* **1** Atroz o terrible. | L. Calvo *Abc* 1.12.70, 29: El problema de Berlín no tenía solución mientras Walter Ulbricht .. bracease como un energúmeno, truculento e indomable, abrasado en los más puros sentimientos de lealtad al Kremlin. **b)** Que presenta de manera exagerada los aspectos dramáticos o crueles. | Cossío *Confesiones* 116: Entonces se daba mucha importancia a las noticias de las ejecuciones, que ya no eran públicas .., pero que llegaron en los periódicos de esta época a tener mucha extensión y que adquirían en sus detalles un tono morboso y truculento.
2 Llamativo o chocante. | * Tanto su atuendo como su lenguaje eran bastante truculentos.

truel *m* (*Pesca*) Salabre grande. | *Animales marinos* 219: Quisquilla .. Procedimiento de pesca: Ganguil, gambera, truel y nasa camaronera.

trueno *m* **1** Ruido que se produce en las nubes por una descarga eléctrica. | Laforet *Mujer* 12: Cuando Paulina y Eulogio cruzaban el puente nuevo para llegar a la estación, empezaron a oír los primeros truenos lejanos.
2 Ruido estruendoso. | Aparicio *César* 33: Por encima del trueno de las voces, la música del himno y el brillo de los colores del recinto esparcían en el aire una intensa exhalación.
3 Artificio pirotécnico que produce un gran estampido. | FVidal *Duero* 162: Mientras el Nazareno es llevado en procesión por callejas y plazas, los adnamantinos dan suelta a miles de cohetes, de truenos, de ruedas, de petardos y tracas, en honor a la Divinidad.

trueque I *m* **1** Acción de trocar(se). | Laiglesia *Ombligos* 127: Cambió con él unas frases tajantes, y el trueque de sillas se realizó a la misma velocidad que ya ver anterior. **b)** (*Econ*) Intercambio directo de una cosa por otra. | FQuintana-Velarde *Política* 178: Sin dinero, el intercambio tendría que efectuarse por trueque o permuta, cambiándose cada artículo directamente por otros.
II *loc adv* **2 a** (o **en**) ~. (*lit*) En cambio. | Delibes *Mundos* 13: Vayan .. al lector mis leves impresiones sobre Sudamérica tal y como nacieron. Tal vez de este modo no resulten profundas, pero a trueque .. pueden ser espontáneas y hasta sinceras. GNuño *Escultura* 159: Veamos ahora las acuñaciones de las ciudades béticas, en las que no se da un tipo tan puro, repetido y consagrado como el del jinete, bien que, en trueque, se ofrezca motivación mucho más varia.
III *loc prep* **3 a ~ de.** (*lit*) A cambio de. | * Está decidido a hacerlo aun a trueque de su tranquilidad.

trufa *f* **1** Hongo subterráneo comestible, aromático y muy apreciado (gén. *Tuber*, esp. *T. magnatum* y *T. melanosporum*). *Frec se denomina* ~ BLANCA GRIS o ~ DEL PIAMONTE *a la primera especie, y* ~ NEGRA, ~ VIOLETA o ~ DEL PERIGORD, *a la segunda*. | Bernard *Verduras* 95: Se vacían en parte los tomates y se llenan con los champiñones y la trufa finamente picados. Perala *Setas* 88: *Tuber melanosporum*. Trufa. Turma. Trufa del Perigord. Trufa negra.
2 Dulce redondo consistente en una pasta blanda de chocolate y otros ingredientes, rebozada en chocolate en polvo o rallado. | *Cocina* 631: Trufas de chocolate.

trufar *tr* **1** Rellenar o aderezar con trufas [1]. | Medio *Bibiana* 101: Abre esta lata, José... Dice pavo trufado.
2 (*lit*) Llenar [algo (*cd*) de cosas diseminadas en abundancia (*compl* DE o CON)]. | J. Carabias *Ya* 23.5.73, 8: Lo primero que hacía cuando le invitaban en cualquier parte era levantar los almohadones de las butacas para ver si había micrófonos disimulados. Se decía que entre los rusos, los "macarthystas" y los de la C.I.A. lo tenían todo trufado de "chivatos" electrónicos. Buero *Tragaluz* 91: Una noche transmitieron *El Misterio de Elche* y aquello pareció interesarle. A la mitad lo interrumpieron bruscamente para trufarlo con todos esos anuncios de lavadoras, bebidas, detergentes...

trufero -ra *adj* De (la) trufa [1]. | *Abc* 3.11.74, 38: Buena cosecha trufera en los pinares sorianos.

truhán -na (*la forma f es rara*) *adj* (*lit*) Granuja o sinvergüenza. *Tb n*. | Arce *Testamento* 32: Yo sabía por dónde iban los dos truhanes.

truhanería *f* (*lit*) **1** Cualidad o condición de truhán. | FReguera-March *Cuba* 21: Parecía asimismo el salteador hombre jactancioso, satisfecho de su vida criminal, y tam-

bién de aquella truhanería suya, mezcla de habilidad para escurrir el bulto a la justicia y de perspicacia para que no le escapasen sin desvalijar caballeros "tramposos". Crémer *Abc* 2.1.66, 18: El pueblo arrastraba su desánimo por el polvo y abandonaba los nobles oficios para arrojarse complacido en la inmunda argucia de la mendicidad y de la truhanería.
2 Conjunto de (los) truhanes. | Lera *Olvidados* 181: Ahora ya estaba ducho en estas lides de la truhanería y de la gente de bronce.

truismo *m* (*lit*) Verdad evidente cuyo enunciado resulta superfluo. | Miguel *D16* 8.8.85, 2: El diputado Bandrés señaló que votar a Herri Batasuna era tanto como apoyar a ETA. En la cultura política española la afirmación era una axioma más, un tr[u]ismo. [*En el texto*, troismo.]

truja *m* (*jerg*) Cigarrillo. | Tomás *Orilla* 188: –Dame un truja, Califa –pidió Serafín. Movió la cabeza con desasosiego y encendió el cigarro.

trujal *m* (*reg*) **1** Prensa de uva o de aceituna. | *Navarra* 140: Las cooperativas de Navarra pueden clasificarse del modo siguiente: Cooperativas agrícolas .. Trujales cooperativos.
2 Depósito en que se elabora el vino. | *Ya* 31.8.88, 15: Mueren tres personas mientras limpiaban un depósito de vino .. Adolfo García Gimeno .. murió por asfixia mientras se encontraba en el fondo del trujal, de seis metros de profundidad, debido al monóxido de carbono que se desprende por la fermentación del vino.

trujalero -ra *m y f* (*reg*) Pers. que trabaja en un trujal. | L. SBurata *Ecc* 8.12.62, 26: Se había establecido en La Mure (Altos Alpes franceses) como cuchillero y luego trujalero de aceite.

trujamán *m* (*lit*) Truchimán. | Torrente *Fragmentos* 318: Solicitará una audiencia con el escalda, en la que actuaré de trujamán. CBonald *Ágata* 133: Con pórfido de las estribaciones de Alcaduz .. y granito de Benalmijar, comenzó la larga y extenuante construcción del casal de Pedro Lambert, cuyas obras duraron los mismos veintidós meses que había tardado el susodicho al frente de Malcorta al frente de un séquito de asalariados y trujamanes. Cela *Judíos* 232: Un tío de muchas arrobas y dentadura de oro, blusa negra de trujamán del toma y daca, .. se está zampando un cabrito asado.

trujillano -na *adj* De Trujillo (Cáceres). *Tb n*, *referido a pers*. | *Reg* 22.10.74, 3: Actuó luego el grupo perfectamente conjuntado de la Coral de Trujillo bajo la dirección acertadísima del trujillano Emilio Bravo.

trujimán *m* (*lit*) Trujamán o truchimán. | L. Calvo *Abc* 18.12.70, 28: Exceptuando al comunismo, verdadero trujimán Maese Pedro de la campaña.

trulla *f* (*raro*) Grupo numeroso de perss. | Alcántara *Ya* 16.2.83, 7: Nadie puede impedir que pandillas o trullas se infiltren entre la buena grey bulliciosa.

trullo[1] *m* Lagar con depósito inferior donde cae directamente el mosto cuando se pisa la uva. | R. FPombo *Ya* 19.6.75, 35: De aquellas viñas que tenían, que tienen, en medio o a la linde, su "bombo", rural vivienda con algo de talayot baleárico, de aquellos viñeros y de los trullos, jaraíces, lagares y chilancos, al puesto indiscutible, indiscutido, en el mapa vitivinícola de España, hay poco más de un siglo.

trullo[2] *m* (*jerg*) Cárcel. | MSantos *Tiempo* 162: A mí no me la da. Acabaré en el trullo. Pero a mí ni ese ni nadie.

truncado -da *adj* **1** *part* → TRUNCAR.
2 (*Arquit*) [Columna] a la que le falta la parte superior del fuste. | Carandell *Tri* 1.11.69, 35: Hay, sobre todo, un gesto, una actitud peculiar ante la vida y la muerte que se manifiesta a veces en los símbolos de las tumbas, como el de la columna truncada o el de las manos enlazadas en un apretón solidario.
3 (*Geom*) [Cono o pirámide] cortados por un plano paralelo a la base. | Marcos-Martínez *Aritmética* 2º 209: La parte superior del cono truncado se llama cono deficiente. Arenaza-Gastaminza *Historia* 17: Las mastabas, a modo de pirámides truncadas de poca altura. **b)** [Cilindro o prisma] cortado por un plano oblicuo a la base. | * La forma es un poco extraña, como de prisma truncado.
4 De figura aparentemente truncada [1]. | Laiglesia *Ombligos* 79: Cuando pasó junto a las torres truncadas de Notre-Dame, los monstruos de las gárgolas le hicieron burla.

truncadura *f* (*Mineral*) Sustitución de un ángulo o de una arista por una cara. | Ybarra-Cabetas *Ciencias* 31: La truncadura de todos los vértices del cubo nos conduce al octaedro.

truncamiento *m* Acción de truncar(se). | M. Pinta *Abc* 2.3.58, 49: ¿Cómo no recordar el truncamiento de la dinastía autóctona, originaria, y la desaparición de tantas excelencias y virtudes hispánicas? GYebra *Traducción* 133: En muchos préstamos grecolatinos, híbridos o no, cuando son largos, se practica, en el lenguaje popular, el truncamiento, consistente en eliminar el segundo elemento: foto (por *fotografía*).

truncar *tr* (*lit*) **1** Interrumpir o cortar [algo] dejándolo incompleto. | Kurtz *Lado* 206: Un brutal accidente de carretera que truncó la vida de Andrea y dejó moribundo a Luciano. **b)** *pr* Interrumpirse o cortarse [algo] quedando incompleto. | DPlaja *El español* 149: Cuando sus esperanzas se truncan, cuando la realidad no corresponde con lo esperado, el español reacciona característicamente.
2 Cortar [algo], separándolo del todo del que forma parte. | Rabanal *SYa* 6.4.75, 7: Desde sus primitivas almenas arrojaba el feroz Adelantado, Pedro Suárez de Quiñones, la cabeza truncada de su sobrino Ares de Omaña, después de freírla en aceite y de segarla en medio de una serie de alevosías dignas de un regicida de Shakespeare.

trunco -ca *adj* (*lit*) Truncado [1, 2 y 4]. | Huarte *Tipografía* 26: Una omisión de palabras, además de dejar trunco el sentido, es apreciable a simple vista. *Abc* 9.3.75, 11: Solemos cantársela [la canción] a toda ruina antigua, como hacía mi gran amigo y paisano Eugenio Montes en sus paseos por Ostia Antica: "Les digo el verso a las columnas truncas, y a las alas de la Victoria". Delibes *Abc* 5.4.86, 28: Analizada atentamente, en detalle, con su ojito cercado y redondo, su cabeza grande .. y su cola trunca, comprobamos que se trata de una cotorrita gris americana.

truque *m* **1** (*Naipes*) Juego de envite que se juega sin cuatros ni cincos, repartiendo tres cartas a cada jugador y en el que el valor máximo corresponde al tres. | Romano-Sanz *Alcudia* 30: –¿Quieren echar un truque?... –sugiere el arriero de más edad – –No sabemos.
2 Rayuela (juego de niñas). | Berlanga *Barrunto* 72: Las niñas del solar se fueron a la acera. Y con un ladrillo rojo jugaron al truque.

truquiflor *m* (*Naipes, raro*) Juego semejante al truque. | FVidal *Duero* 110: El caminante .. lamenta que el resto de los españoles no se decidan con él .. a corretear .. por llanos y laderas, jugando al truquiflor o a *la se cansa*.

truquista *m y f* (*raro*) Pers. que hace o inventa trucos[1] [1]. | A. Olano *Sáb* 20.8.66, 40: Un gran ejemplo de truquista es Darry Cowl, que siempre lleva un cigarrillo en la comisura del labio .. Jamás prescinde de su pitillo ni de hablar muy de prisa. GAlonso *Alc* 30.11.59, 23: Con gran secreto, nuestro truquista-inventor se construyó su "microsincrotón", o sincrotón en miniatura, para la mutación del hierro en oro.

trusa *f* Bolso de fiesta en forma de estuche. | SSolis *Camino* 147: Llevaba un vestido de muselina estampada ..; altos tacones, medias de seda natural y una preciosa trusa de nácar completaban su "gracia juvenil". GTelefónica *N*. 886: Manufacturas Sanz. Artículos regalo. Concha y Fantasía. Pitilleras. Polveras. Trusas. Botones, etc.

trusó *m* Trousseau. *Tb fig*. | FReguera *Bienaventurados* 127: –¿Qué pasa aquí? –¿Qué quieres que pase? Que el señorito se quiere comprar un *trusó*.

trust (*ing; pronunc corriente*, /trust/ o /trus/; *pl normal*, ~s) *m* Unión de sociedades o empresas cuyo fin es ejercer una influencia preponderante en un sector económico. | Gambra *Filosofía* 257: La propiedad privada .. se convirtió después en capitalista y anónima .., concentrándose progresivamente en grandes empresas o *trusts*.

tse-tse *f* (*Zool*) Mosca africana que transmite diversas tripanosomiasis (gén. *Glossina*). *Normalmente* MOSCA ~. |

Alvarado *Anatomía* 176: Se adquiere la tripanosomiasis por intermedio de la mosca tse-tse (*Glossina palpalis*).

T-shirt (*ing; pronunc corriente,* /tí-ʃért/; *tb con la grafía* **tee-shirt**; *pl normal,* ~s) *f* (*raro m*) Camiseta (prenda exterior de punto). | *SYa* 15.6.75, 33: Esta fusión playa-calle se comprende perfectamente cuando bañadores, biquinis, se acompañan sobre la arena con faldas, trajes largos, que pueden igualmente lucirse en fiestas con blusas que se emparejan con faldas estilo gitana, "shorts", faldas, chaquetones sueltos de vuelo, "tee shirts". M. P. Ramos *Inf* 8.3.75, 18: Línea. Es ancha, confortable, muchas veces con bolsillos a los lados, aunque cabe también el "tee-shirt" ajustado al cuerpo .. Sobre los bikinis, los vestidos playeros y los "tee-shirts" siempre coordinados con el bañador. Ju. Echevarría *Ya* 25.7.90, 55: Te encuentras con un señor que tiene aspecto de pastor maragato vestido, por ejemplo, de *Miami vice*, o sea, bermuda pistacho a la rótula y *T-shirt* sin mangas en tono fucsia con un flamenco amarillo pintado en la espalda.

tsigano *m* (*raro*) Gitano (lengua de los gitanos). | Villar *Lenguas* 89: Fuera de la India se habla un dialecto neoindio que recibe el nombre de gitano (o tsigano) .. Sus hablantes se separaron de la India hacia el siglo V d.C., y como consecuencia de distintas migraciones y de la vida nómada, su lengua se ha dividido en varias ramas.

tsonga *adj* De un pueblo negro de Mozambique, Suazilandia y Sudáfrica, cuya lengua pertenece al grupo bantú. *Tb n, referido a pers.* | B. Mostaza *Ya* 19.6.76, 7: Parece que el propósito del Gobierno blanco de la República Surafricana es ir independizando a las distintas etnias negras: bantú, xhosa, zulú, tswana, sotho, tsonga, swazi... El conjunto de etnias negras asciende a 15 millones.

tsunami (*jap; pronunc corriente,* /sunámi/) *m* Ola gigantesca causada por un maremoto. | Legorburu-Barrutia *Ciencias* 386: Estos [los maremotos] originan olas gigantescas (hasta 30 m. de altas) llamadas *tsunamis*. *Ya* 20.9.85, 41: Un tsunami causó gravísimos daños y elevado número de víctimas en Mesina y Reggio Calabria.

tswana (*ing; pronunc corriente,* /tsuána/) **I** *adj* **1** De un pueblo negro que habita pralm. en Botsuana. *Tb n, referido a pers.* | B. Mostaza *Ya* 19.6.76, 7: Parece que el propósito del Gobierno blanco de la República Surafricana es ir independizando a las distintas etnias negras: bantú, xhosa, zulú, tswana.
II *m* **2** Lengua principal de Botsuana, perteneciente al grupo bantú. | *SAbc* 24.11.68, 29: Botswana. Superficie: 575.000 Km² .. Habitantes: 576.000. Idioma: inglés y tswana.

tu → TUYO.

tú (*con pronunc tónica*) **I** *pron pers sg* **1** Designa dentro de la frase al ser a quien esta va dirigida. *Toma la forma* TI *cuando va precedido de una de las preps comunes (excepto* SEGÚN *y, a veces,* ENTRE*); si la prep es* CON, *se une con él formando la palabra* CONTIGO. *Toma la forma* TE (*que se pronuncia átona*) *cuando funciona como cd o ci sin prep; cuando* TE *va inmediatamente después del v, se escribe unido a él en una sola palabra.* | MSantos *Tiempo* 192: Tú estáte al tanto y avísame, y cuando pueda yo actuaré solicitando libertad provisional. Sastre *Cornada* 75: Ese hambre es verdad; la tienen otros por ti. Delibes *Cinco horas* 40: Cada vez que .. la oía cuchichear contigo .. me llevaban los demonios. **b)** (*col*) *Se usa con sent impers.* | Olmo *Camisa* 44: La última marmota que ha llegao del pueblo te suelta que si Londres, que si Ginebra, que si... Vamos, que te voltea el mapa como un enterao! **c)** (*reg*) *Se usa como vocativo con valor expletivo.* | Goytisolo *Afueras* 182: –¿Qué, Álvaro? ¿A Barcelona? –Sí, tú, a Barcelona .. –Parece que le pudiste, ¿eh, Álvaro? –Hice lo que pude, tú.
II *loc n m* **2 – y yo.** Conjunto formado por un mantel pequeño y dos servilletas a juego. | * Le está bordando un tú y yo a su madrina.
III *loc v* **3 hablar, tratar** *o* **llamar** (*más raro,* **dar**) **de –.** Emplear el pronombre *tú*, y no *usted*, para referirse al interlocutor. *Tb* DE – POR –, *o* – POR –. *A veces se omite el v por consabido.* | J. GCano *Gac* 11.5.69, 79: Aparece una señora joven, guapa, que os habla de tú. SFerlosio *Jarama* 67: ¿Pues quién se ha creído él que es, para darme de tú así de buenas a primeras? ¡Vamos!, .. tengo derecho a que se me trate debidamente y con arreglo a lo que soy. Medio *Andrés* 236: Y ahora, pues... eso... Tú por tú, como siempre, que el chaval no se da tono. **b)** Tratar en un plano de igualdad. | J. Miravitlles *Inf* 12.11.73, 17: Era con estas credenciales que Nixon podía hablar de tú a tú con Mao y Brezhnev. Vega *Cocina* 63: La alubia santanderina trata de tú a las de las más afamadas zonas alubieras, y todavía les hace un favor. **c)** Conocer de cerca o a fondo [una cosa (*cd*)]. | Delibes *Mundos* 131: Para tratar de tú al Teide hay que hacer un esfuerzo: trepar y pasar frío.
IV *loc adv* **4 de ti para mí.** Confidencialmente [entre las dos perss. que dialogan]. | * De ti para mí, esto queda pero que muy bien.

tuareg (*ár; pronunc corriente,* /tuarég/; *pl normal,* ~s) *adj* [Individuo] nómada beréber del Sahara. *Tb n.* | Zubía *Geografía* 304: Allí construyó [Foucauld] un eremitorio, y, solo entre salvajes tuaregs, lleva una vida de oración, de caridad y de estudio. **b)** De (los) tuaregs. | *Méd* 20.5.88, 119: No hablan el árabe, sino su lengua vernácula y nacional, el tamachek, que es la lengua tuareg con variaciones dialectales múltiples.

tuáutem *m* (*lit*) Pers. o cosa esencial o imprescindible. | Palacios *Juicio* 25: Mi amigo sabía que yo no era persona de medias palabras y él tampoco daba a nadie el corazón a medias. Por eso rechazábamos de consuno lo que hoy llaman "posición tercera". El tuáutem de todo era conseguir el respeto para las posturas nobles y claras.

tuba A *f* **1** Instrumento músico de viento del grupo del metal, de proporciones bastante grandes, de tubo cónico y provisto de pistones, que realiza el bajo en las bandas. | FCid *Abc* 18.10.70, 73: Servirlo con las tubas, la trompeta y el trombón bajos que el autor reclama .. multiplica el atractivo.
B *m* **2** Músico que toca la tuba [1]. | Cándido *Abc* 20.11.64, 69: Se dan las plazas de que consta una orquesta y las remuneraciones mensuales .. Remuneraciones justas, sin duda, como la del Tuba o la del Contrafagot (catorce mil quinientas para cada uno).

tubárico -ca *adj* (*Med*) De (los) tubos o trompas, esp. de las de Falopio. | MSantos *Tiempo* 110: "Los ángulos tubáricos", se repetía, sabiendo que es en estos ángulos .. donde puede ocultarse algún fragmento de materia viva (no de la misma vida de la madre) y desde allí reiniciar hemorragias.

tuberculado -da *adj* (*Anat*) Que tiene tubérculos. | Alvarado *Anatomía* 107: Muelas, de corona ancha y tuberculada, adecuada para aplastar y triturar los alimentos.

tuberculina *f* (*Med*) Preparación de gérmenes tuberculosos que se emplea en el diagnóstico de la tuberculosis. | *Puericultura* 74: El médico sigue haciendo su reconocimiento, investigando principalmente la reacción de la tuberculina.

tuberculínico -ca *adj* (*Med*) De (la) tuberculina. | *Ya* 30.5.64, 14: Se comprobará el grado de infección de los niños mediante la realización de tres millones de pruebas tuberculínicas por año.

tuberculización *f* (*Med*) Infección con el bacilo de la tuberculosis. | HSBarba *HEspaña* 4, 288: El método de trasplante del indio de un clima a otro producía una enorme mortalidad .., por .. "la agresión climática", que producía la tuberculización de los indios.

tubérculo *m* **1** (*Bot*) Abultamiento redondeado de un tallo, esp. subterráneo, o de una raíz, que constituye una reserva nutritiva de la planta. | Ortega-Roig *País* 85: En las regiones húmedas se produce un tubérculo: la patata.
2 (*Anat*) Protuberancia redondeada. | Alvarado *Anatomía* 108: Los premolares de la dentición definitiva tienen dos tubérculos; los molares, cuatro o cinco. Nolla *Salud* 108: En su parte dorsal [de los pedúnculos cerebrales] se aprecian los cuatro tubérculos cuadrigéminos, dos anteriores y dos posteriores.
3 (*Med*) Masa redondeada constituida por un aglomerado de células, típica de determinadas enfermedades, esp. la tuberculosis. | Alvarado *Anatomía* 164: Los bacilos forman en estos órganos unas masas redondeadas (tubérculos), que acaban por convertirse en pus y salir al exterior, constituyendo los esputos.

tuberculoide *adj* (*Med*) Semejante a la tuberculosis. | Corbella *Salud* 454: Existen diversas formas clínicas de lepra, de las cuales las más típicas son las denominadas lepra tuberculoide y lepromatosa.

tuberculosis *f* **1** Enfermedad infecciosa y contagiosa, causada por el bacilo de Koch y caracterizada por la formación de tubérculos [3]. | Alvarado *Anatomía* 165: Los estragos de la tuberculosis son enormes.
2 *Se da este n a varias enfermedades de las plantas, que se manifiestan por la formación de verrugas o tumores.* | *Ya* 8.9.86, 15: El ataque intenso de una bacteria productora de tuberculosis y las heladas tardías que cayeron en la primera quincena del mes de abril son las causas del deterioro de los olivares madrileños.

tuberculoso -sa *adj* **1** De (la) tuberculosis. | *Puericultura* 53: El bacilo tuberculoso. *Gar* 6.10.62, 4: El niño es débil o deficiente y corre el riesgo de sufrir una infección tuberculosa primaria.
2 Que padece tuberculosis. *Tb n, referido a pers.* | GPavón *Hucha* 1, 58: En esa misma cama murió el tío Higinio tuberculoso. Bustinza-Mascaró *Ciencias* 101: El contagio puede ser directo .. por ingestión de leche o carne de vaca tuberculosa.

tubería *f* **1** Tubo o conjunto de tubos empalmados que sirven para la conducción de fluidos. | *Mor Extra* 6.74, 4: Estaba tratando de tapar un agujero que hay en la tubería del agua.
2 Conjunto de tubos o tuberías [1]. | L. Echeverría *SYa* 21.4.74, 11: Si estas [las naves] son bajas, la trasera del órgano estará discretamente disimulada. Pero si, como ocurre en Salamanca, la nave lateral es alta, aparece una segunda fachada, importante, con tubería cantante y sonante, sin olvidar la trompetería exterior. *GTelefónica N.* 14: Aceros inoxidables .. en chapas, barras, tubos, .. tornillería, accesorios para la tubería inoxidable.

tubero *m* Operario que fabrica o monta tubos eléctricos, de presión o de conducción. | *Ya* 21.10.64, 12: Caldereros y tuberos para trabajar en la provincia, empresa importante necesita.

tuberosidad *f* (*E*) Tubérculo [1 y 2]. | Bustinza-Mascaró *Ciencias* 47: Hay tres tipos de dientes: incisivos, .. caninos .. y muelas, de corona aplastada y con tuberosidades destinadas a triturar los alimentos.

tuberoso -sa *adj* (*E*) Que tiene tuberosidades o tubérculos. | Legorburu-Barrutia *Ciencias* 241: Clases de raíces: .. Pivotantes .. Fasciculadas .. Tuberosas.

tubícine *m* (*lit, raro*) Músico que toca la trompeta. | Sampedro *Sirena* 419: Mientras la primera autoridad va nombrando a los personajes presentes, en medio del trompeteo de los tubícines, el resonar de los atabales y el aleteo del centenar de palomas .., Glauka contempla a los recién llegados.

tubícola *adj* (*Zool*) [Gusano] que vive dentro de un tubo fabricado por él. *Tb como n m en pl, designando este taxón zoológico.* | Navarro *Biología* 295: Otros son fijos como si fueran vegetales (pólipos, esponjas, lapas, ostras, gusanos tubícolas).

tubingués -sa *adj* De Tubinga (Alemania). *Tb n, referido a pers.* | Laín *Inf* 21.7.78, 21: Su amigo y huésped, ya de vuelta en la casita del llano tubingués .., se sienta al piano.

tubo I *m* **1** Objeto cilíndrico y hueco, abierto por uno o por los dos extremos. *Frec con un adj o compl especificador:* ACÚSTICO, DE ENSAYO, DE ESCAPE, *etc* (→ ACÚSTICO, ENSAYO, ESCAPE, *etc*). | *Economía* 357: Se procede a limpiar la cama, según la clase que sea: Madera: Se quita el polvo frotándola con una franela. De tubo: De la misma forma. GGual *Novela* 254: Le cuenta la prueba de la gruta de Pan. Dentro de ella está la siringa del dios, y los tubos de la flauta dan un silbido ligero si se les acerca una doncella. * Se quedó horrorizada al ver a su padre en el hospital, lleno de tubos. Aldecoa *Gran Sol* 29: Paulino Castro voceó por el tubo acústico. Arce *Precio* 79: Hay quien se expresa a través de una probeta o unos tubos de ensayo. Cabezas *Abc* 6.11.75, sn: Se exigía que los tubos de escape de automóviles y motocicletas llevasen el correspondiente aparato silenciador. *Van* 4.11.62, 2: El nuevo tubo de imagen exclusivo Zenith da la mejor imagen de TV. del mundo. Marcos-Martínez *Física* 204: El díodo. Es un tubo de vacío con dos electrodos. J. A. Padrón *Día* 28.5.76, 19: En 1885 se le unió la fragata acorazada "Charlotte", .. que estaba artillada con dieciocho piezas de 152 milímetros, dos de 88 e igual número de tubos lanzatorpedos. **b)** Recipiente de forma cilíndrica y paredes flexibles, abierto con un tapón en uno de sus extremos y destinado a sustancias blandas. | *Economía* 284: 1 Tubo de pomada de penicilina para las heridas. **c)** Recipiente cilíndrico y rígido, destinado a pastillas u otras cosas menudas. | N. Retana *SInf* 27.1.71, 13: El tubo de barbitúricos sobre la mesilla de noche se ha convertido en un peligroso símbolo de nuestra civilización. **d)** Vaso cilíndrico, largo y estrecho. *Tb su contenido.* | A. Varo *Cór* 31.8.91, 11: Una anciana .. se toma un tubo de cerveza en una terraza.
2 (*Anat*) Órgano hueco y alargado. *Normalmente con un adj o compl especificador.* | Ybarra-Cabetas *Ciencias* 323: El aparato excretor [de los Anélidos] está formado por una serie de tubos apelotonados —nefridios— abiertos por sus dos extremos. Bustinza-Mascaró *Ciencias* 87: Recubre [la epidermis] al cuerpo y se continúa por los labios, aberturas nasales, el ano y por todo el revestimiento mucoso del tubo digestivo. Ybarra-Cabetas *Ciencias* 276: Mientras se forma el tubo polínico, la célula vegetativa del grano de polen se ha reabsorbido. **b)** (*Bot*) Célula viva, alargada y tubular apropiada para el transporte de jugos nutricios. | Alvarado *Botánica* 3: Cuando [las células vegetales] son alargadas y sirven para conducir los jugos nutricios se denominan vasos si están muertas, tubos si son vivas.
3 (*col*) Metro (medio de transporte). | Á. Río *Ya* 28.5.87, 24: No habrá paros en el Metro. Usuarios, candidatos, músicos ambulantes .. y charlatanes de chucherías podrán viajar tranquilamente en el *tubo* madrileño.
4 (*jerg*) Castigo. *Gralm en la constr* METER UN ~. | L. LSancho *Abc* 12.5.87, 18: El progresismo del Gobierno de aquí dale que dale a meternos el tubo fiscal y a vender a precios de saldo las industrias públicas, amén de las antaño privadas de Rumasa, a los extranjeros de sus secretas predilecciones.
II *adj invar* **5** [Falda o pantalón] muy estrechos y ajustados. | Montero *Reina* 147: Detrás de la puerta se apretujaba el lavabo ..; en su tripa de porcelana anidaban una falda tubo arrugadísima y una sandalia roja de charol. E. Iparraguirre *SAbc* 8.2.70, 45: Un equipo completo para esquiar, incluidos botas, pantalones tubo, .. cuesta alrededor de las 8.000 pesetas.
III *loc v* **6 pasar por el ~.** (*col*) Pasar por el aro. | Ramírez *Derecho* 92: Imperativamente lo dispongo, y has de pasar por el tubo.
IV *loc adv* **7 por un ~.** (*col*) En gran cantidad. *Tb adj.* | Torrente *Señor* 297: Se desafiaba a quién comería, a quién bebería más .. –¡Mariscos y ribeiro, por un tubo!

tubu *adj* De un pueblo nómada del Sahara, que habita en los confines de Libia y el Chad. *Tb n, referido a pers.* | M. Cruz *Pue* 20.10.70, 9: El Presidente Tombalbaye .. ha hecho un llamamiento al jefe de la principal tribu levantisca, la tubu, para que acuda a la capital, Fort Lamy, donde sería recibido como un gran "notable". *SAbc* 24.9.72, 26: Dispersados alrededor del Tibesti, en los confines del temible Ténere, el desierto de los desiertos, los tubus (algunos pretenden que descienden de los Faraones) se encuentran en las regiones más áridas del Sahara.

tubular I *adj* **1** De(l) tubo [1 y 2]. | *Abc* 12.10.91, 50: Cuatro hombres y cuatro mujeres entraron en esa estructura de forma tubular. **b)** Que tiene forma de tubo [1 y 2]. | Navarro *Biología* 71: La cavidad donde vierten sus productos de secreción es tubular, semejante al dedo de un guante.
2 Hecho o provisto de tubos [1 y 2]. | *GTelefónica N.* 57: Entrepose Española, S.A. Andamios tubulares. *Abc* 15.6.58, 19: Somier tubular metalizado. **b)** (*E*) [Caldera] atravesada por numerosos tubos que permiten el paso de los gases calientes. | Marcos-Martínez *Física* 138: Hay calderas llamadas tubulares, que están atravesadas por tubos por donde penetran las llamas del hogar.
II *m* **3** Neumático sin cámara de aire usado en las bicicletas de carreras. | A. Valdeón *SPue* 10.5.74, 19: Si usted, su esposa y sus hijos montan por primera vez en bicicleta, deben tener en cuenta: 1. Revisar los neumáticos .. 3. No olvidar llevar la bomba del aire y el neumático o tubular de repuesto.

tubulina *f (Fisiol)* Proteína que constituye las fibrillas externas de los cilios epiteliales. | *SSe* 27.5.90, 18: Últimamente hemos desarrollado una dieta muy rica en amoníaco .. con lo que se consigue una pérdida de grasas y un aumento de determinadas proteínas, especialmente la denominada tubulina, la cual compone los llamados microtúbulos del cerebro.

túbulo *m (Anat)* Tubo pequeño, esp. del riñón o del testículo. | Bustinza-Mascaró *Ciencias* 71: En los vertebrados la excreción se realiza por los túbulos renales que derivan de los nefridios de los invertebrados. Cañadell *Salud* 179: Los testículos del adulto incorporan dos sistemas funcionales: el intersticial o células de Leydig .. y el sistema de túbulos seminíferos.

tubuloso -sa *adj (Anat)* Tubular. | Alvarado *Anatomía* 67: Quedando con el aspecto tubuloso un trozo que relaciona estos dos últimos ventrículos. Alvarado *Botánica* 5: Los conductos secretores [de la planta], que son espacios tubulosos, llenos de líquidos variables.

tucán *m* Ave trepadora de plumaje llamativo y pico muy grande, grueso y arqueado, propia de América del Sur (gén. *Ramphastos*, esp. *R. toco* y *R. piscivorus*). | Bustinza-Mascaró *Ciencias* 197: Como trepadoras pueden considerarse también el tucán, de Colombia, Brasil, etc., notable por el tamaño enorme de su pico.

tuchir *intr (reg)* Agacharse [el camello] doblando las patas para facilitar su carga. | Aldecoa *Historia* 40: Se le va a tuchir el camello y lo va a aplanar.

tuciorismo *m (Filos)* Doctrina moral según la cual en asuntos dudosos es preferible seguir la opinión más favorable a la ley. | Gambra *Filosofía* 202: La escuela moral llamada tuciorismo .. contesta: no es lícito actuar si no se está seguro de la licitud del acto.

tuda *f (reg)* Cueva hecha en la falda de un monte para guarecerse perss. y ganado. | MCalero *Usos* 51: Con frecuencia cambiaban el chozo por la tuda, aunque muchos no lo quisieran .. En ella tenían mejor resguardo, estaba bien cavada y fue construida en tiempos de atrás .. para estos menesteres y servicios.

tudanco -ca *adj* De Tudanca (Cantabria). *Tb n, referido a pers*. | Cossío *Confesiones* 39: La primera representación que yo vi de la Muerte, con una guadaña, me pareció horrible, cuando hubiese sido tan amable para representarnos la muerte un tudanco cortando la hierba. **b)** [Raza de ganado vacuno] originaria de la región de Tudanca. *Tb n m*. | J. L. Calleja *Abc* 17.9.68, 3: Las vacas montañesas son holandesas y suizas, porque de las tudancas apenas queda el recuerdo. J. PRío *DMo* 4.8.89, 30: Nos acompañó en la ascensión al puerto "El Pinto", joven ganadero de Viaña, que tiene allí la cabaña de tudanco.

tudel *m (Mús) En algunos instrumentos de viento:* Tubo de latón encorvado en que se ajusta la lengüeta. | Perales *Música* 38: Su origen [del fagot] podría fecharse en el siglo XVI, pero el sistema definitivo, consistente en un tubo doblado al que se conecta un tudel que aloja la lengüeta, fue perfeccionado por Schelltzer, mediado el siglo XVII.

tudelano -na *adj* De Tudela (Navarra). *Tb n, referido a pers*. | L. Pozos *VozR* 15.2.75, 21: Muchas papeletas rezaban así, poco más o menos: "Votad esta candidatura, somos tudelanos y defenderemos los intereses de Tudela".

tudense *adj* De Tuy (Pontevedra). *Tb n, referido a pers*. | Torrente *Saga* 366: Se sacó de la nada a Jerónimo Bermúdez, que no figura en los catálogos de los obispos tudenses ni en ningún documento de la época.

tudesco -ca **I** *adj* **1** *(lit)* Alemán. *Tb n*. | Laín *Universidad* 43: A ellos se refería en 1957 un libro que luego ha sido famoso, *Die skeptische Generation*, del sociólogo tudesco Helmut Schelsky. Torrente *DJuan* 73: –¿Quiere usted acompañarme?– El tudesco puso cara de vinagre. Torrente *DJuan* 77: –Espérate a que salgamos –dijo Welcek en tudesco.
II *f* **2** *(raro)* Caléndula (*Calendula officinalis*). | J. M. Bermejo *Ya* 9.1.87, 40: La mañana del 24 de agosto de 1635, Lope salía por última vez al jardín, a regar sus lirios "que dan hojas de espada", sus mosquetas, las tudescas "que parecen llamas", los tulipanes.

tueco *m* Tocón [de un árbol]. | Landero *Juegos* 250: Una noche, hurgando en el tueco de una encina, donde había un rumor, resultó ser un zorro.

tuera *f (reg)* Coloquíntida (planta y fruto). | F. Castelló *País* 19.5.85, 13: Era un cochino feo y chuchumeco .. Le enseñé a buscar y comer nutritivas granzas de rastrojo, fragantes margaritas .. y purgantes tueras. CPuche *Sabor* 9: Hostia de polvo viejo que se queda pegada al cielo reseco de la boca, cielo morado de tueras picadas en un mortero.

tuerca *f* Pieza con un hueco labrado en espiral en el que ajusta un tornillo. | Torrente *Saga* 202: En mi balada se cuentan los amores de un tornillo del doce y de una tuerca del siete. **b)** *Se usa frec fig en constrs como* APRETAR, *o* AFLOJAR, LAS ~s, *aludiendo al hecho de aumentar, o disminuir, el nivel de exigencia o disciplina*. | Alfonso *España* 98: Vamos convenciéndonos de la necesidad que existe de aflojar ciertas tuercas .. Nos encontramos con el hecho de que la disponibilidad política .. se controla y sopesa aquí con sumo cuidado. *Ya* 10.2.90, 37: En la subida, Eduardo Chozas, como en sus mejores tiempos, apretó tuerca y tras dar rueda a sus compañeros de escapada se fue en solitario en busca de la meta. *ElM* 9.12.91, 13: Y hay demasiados golpes de tuerca hacia el liberalismo, mientras la corrupción es algo casi normal.

tuercebotas *m y f (col)* Pers. sin importancia. | Sastre *Taberna* 58: ¡Se ha caído en la zanja y no puede salir, el tuercebotas ese!

tuero *m* Leño (trozo de madera). | Lapesa *HLengua* 228: El tuero de encina arde en el hogar como "mariposa en cenizas desatada". FVidal *Duero* 90: Llega hasta a cegarle, subirle la tensión arterial y quemarle la entraña, como pedazo de tuero que uno es.

tuerto -ta **I** *adj* **1** Falto de un ojo, o que no tiene vista en él. | Ferres-LSalinas *Hurdes* 41: El otro es muy joven, flaco, cetrino y tuerto, tiene la cara muy despierta.
2 *(lit)* Torcido. | Torrente *Off-side* 396: Todos los ajusticiados del bienio negro penden, descabezados, del vigamen, y muchos de ellos ostentan zapatos de suela remendada y tacones tuertos. Torrente *Saga* 201: De pronto, llegó la onda [psíquica], aunque por caminos tuertos.
II *loc pron* **3 este ~ (o el ~).** *(col)* Yo. *Con v en 3ª pers*. | Sastre *Taberna* 103: –¡Eso es mentira! –¿Quién lo ha dicho? –(Cierra un ojo.) Este tuerto.
III *fórm or* **4 parece que le ha mirado un ~**, **o ni que le hubiera mirado un ~.** *(col) Fórmulas con que se pondera la mala suerte de alguien*. | P. J. Ramírez *ElM* 23.6.91, 3: La [mala suerte] que ha perseguido al Partido Socialista desde que al segundo de a bordo de su Secretaría de Finanzas parece que le miró un tuerto.

tueste *m* Acción de tostar. *Tb su efecto*. | Peraile *Cuentos* 49: Desde las parrillas .. ascendía un atrayente olor, un aperitivo aroma dorado. El señor Ventura tocaba las parrillas como nadie: maestro concertista, inspiración y tacto del asado, arte y gracia del tueste.

tuétano **I** *m* **1** Sustancia contenida dentro de los huesos. | Calera *Postres* 56: Se mezclan 250 gramos de harina con dos huevos enteros, 30 gramos de tuétano de vaca, un quesito de crema.
2 Parte más importante [de algo]. | GClares *Ava* 7.12.68, 16: El tuétano de este cáncer, de esta revuelta cotidiana de las aulas, lo tenemos ahí.
II *loc adv* **3 hasta los ~s.** *(col)* Profundamente. *Referido normalmente a actos o cualidades morales*. | Escobar *Itinerarios* 9: Restaremos de la región leonesa a Palencia, a Valladolid, a Zamora y a Salamanca, las dos primeras castellanas hasta los tuétanos.

tufarada *f* Olor fuerte que se percibe de pronto. | Lera *Bochorno* 40: Los ruidos y los olores de la casa subían ya en espesas tufaradas y en remolinos violentos por el patio interior como por una chimenea.

tufarrina *f (reg)* Olor fuerte y desagradable. | ZVicente *SYa* 27.4.75, 23: Pasé dos años largos temiendo por su vida, emocionándome al pasar, respirando con él la tufarrina del alquitrán de la hoguera.

tufillo *m* **1** Olor ligero. | Gironella *Millón* 395: Feliz porque aquellos hombres, en los que todo era auténtico, des-

tufo - tumbaga

de los lamparones del capote hasta el tufillo a paja quemada y a sardinas de aceite, les hacían tanto caso.
2 Carácter que evoca [algo (*adj o compl especificador*)]. | C. Callejo *Hoy* 16.4.74, 3: De un tiempo a esta parte, se ha extendido por el mundo una afición a la astrología que da delicioso tufillo medieval a las conversaciones.

tufo[1] *m* **1** Emanación gaseosa que se desprende de las fermentaciones o de las combustiones imperfectas. | *HLM* 26.10.70, 35: Da un calor sano al no desprender tufos, ni humos, ni quemar el oxígeno del aire. GPavón *Cuentos rep.* 119: Sobre la estufa hervía una lata de agua para evitar el tufo.
2 Olor fuerte y desagradable. | Laforet *Mujer* 80: A su espalda solo estaba la puerta de la cocina, por la que salía un horrible tufo a aceite.
3 Tufillo [2]. | S. LTorre *Abc* 14.10.70, 25: López Bravo ha hablado claro, despojando sus palabras del más modesto tufo retórico para llamarle al pan, pan y al vino, vino.
4 Vanidad u orgullo. *Gralm. en pl.* | Delibes *Voto* 103: De este modo desaparecieron para siempre mis tufos de inventor.

tufo[2] *m* Toba[1] (piedra). | E. La Orden *SYa* 23.11.75, 19: Las esculturas incluyen docenas de "metates" para moler el maíz, .. lápidas, mesas y altares calados en tufo volcánico.

tufo[3] *m* Mechón de pelo que cae por delante de la oreja. | Lera *Olvidados* 255: Trató de sonreír, pero la línea amarga de su boca y las arrugas de sus párpados, la contracción de sus cejas y la erección de sus tufos hicieron transparentarse en el cristal la imagen borrosa de un fauno. **b)** Grupo o conjunto [de pelos]. | Ybarra-Cabetas *Ciencias* 290: Los granos están desprovistos de albumen y llevan un tufo de pelos sedosos blanquecinos.

tugurio *m* **1** Vivienda miserable. | CPuche *Paralelo* 21: Desde entonces Genaro se había pegado a su casucha del desmonte de Tetuán .. Ahora iba a intentar la [estratagema] más colosal de todas .. Abandonaría para siempre el tugurio.
2 Lugar de diversión de ínfima categoría. | CPuche *Paralelo* 27: Habían desaparecido dos o tres tugurios o escapaderos de la capital, restaurantes medio clandestinos y lugares de algo más que de bailoteo y merendola.

tuitivo *adj* (*Der*) Que ampara o defiende. | Alfonso *España* 123: El bien jurídicamente protegible casi nunca suscita la materialización tuitiva del Derecho hasta que no hay un perjuicio efectivo.

tul *m* **1** Tejido ligero y transparente, de mallas grandes y poligonales, empleado esp. para velos. | *Economía* 95: Los tejidos finos (nipis, batista, tul, etc.) se lavan con agua jabonosa.
2 Velo de tul [1]. | L. Calvo *Abc* 14.11.70, 35: La viuda .. se levanta .. segura de sí, yerta, impasible y pálida, bajo los tules negros de su luto.

tula *f* Juego de niños que consiste en que uno persigue a los otros hasta conseguir dar con la mano a alguno, que pasa entonces a ser el perseguidor. | Ma. Gómez *Ya* 10.12.90, 2: Allí se jugaba al clavo, al látigo, al taco, al marro, a la tula (tú la llevas), al picozorrozaina.

tulipa *f* **1** Pantalla de vidrio cuya forma recuerda la del tulipán [1]. | Benet *Nunca* 20: Absorto en el vuelo de una mosca en torno a una tulipa verde.
2 (*raro*) Tulipán [1]. | FVidal *Duero* 227: Como perros borrachos de perfume a tulipas y liliáceas [*sic*], a buganvilias y a tamarindos, los cielos de los atardeceres levantinos son límpidos y ledos. Loriente *Plantas* 31: *Liriodendron tulipifera* L., "Árbol de las tulipas"; "Tulípero de Virginia".

tulipán *m* **1** Planta herbácea ornamental de la familia de las liliáceas, con flor única, globosa, de seis pétalos y variados colores (gén. *Tulipa*, esp. *T. gesneriana*). *Tb su flor*. | Ybarra-Cabetas *Ciencias* 288: Cada tulipán no produce más que una flor grande y vistosa. Medio *Bibiana* 136: En el centro de la mesa coloca un florero con los tulipanes de plástico que los chicos le regalaron.
2 (*raro*) Copa de champán alargada cuya forma recuerda la de la flor del tulipán [1]. | Villarta *SYa* 10.6.73, 37: El champán se sirve en copa ancha o aflautada y se reserva la "tulipán" cuando el espumoso aparece a la hora del aperitivo o también cuando es protagonista único de una comida.

tulipero (*tb, semiculto*, **tulípero**) *m* **1 ~ de Virginia.** Árbol de América septentrional, de gran tamaño, con hojas caducas y flores amarillentas o anaranjadas semejantes al tulipán (*Liriodendron tulipifera*). | C. Farré *ByN* 13.5.90, 98: Un ejemplar de tulipero de Virginia de unos tres metros y un tronco de catorce centímetros de circunferencia costará una 15.000 pesetas. Loriente *Plantas* 31: *Liriodendron tulipifera* L., "Árbol de las tulipas"; "Tulípero de Virginia". No son corrientes, pero tampoco raros.
2 ~ del Gabón. Árbol del África tropical, de gran tamaño, con hoja escarlata y grandes flores escarlatas en panículos (*Spathodea campanulata*). | GCabezón *Orotava* 33: Tulipero del Gabón .. Árbol alto de hoja perenne con flores grandes, escarlatas, agrupadas en panículas que lo hacen muy vistoso. Es planta corriente en los jardines y calles de Tenerife.

tullido -da *adj* **1** *part* → TULLIR.
2 Paralítico. *Tb n, referido a pers.* | *ByN* 31.12.66, 80: No puede soportar la idea de que Sonia se quede tullida y enferma para toda la vida. Torrente *Fragmentos* 393: Era un tonto de pueblo .., un poco jorobeta, con las manos tullidas y un hablar tartajeante.

tullir (*conjug* 53) *tr* Hacer que [alguien o una parte de su cuerpo (*cd*)] pierda la capacidad de movimiento. | Delibes *Madera* 146: La vieja sirvienta se resumía, se arrugaba, y él empezó a verla como lo que era: un ovillito enlutado, quebradizo, lerdo, tullido por la artrosis. **b)** *pr* Perder [alguien o una parte de su cuerpo] la capacidad de movimiento. *Frec en part.* | * Por las mañanas me levanto tullida, pero la ducha caliente me entona un poco.

tumba[1] **I** *f* **1** Lugar, gralm. excavado en el suelo, en que se deposita definitivamente un cadáver. | Laforet *Mujer* 168: También se las arreglaba ahora para dejar alguna flor en la tumba del ingeniero Goya.
2 Pers. que guarda rigurosamente un secreto. *En la constr* SER UNA ~, *o* COMO (UNA) ~. | FReguera-March *Cuba* 347: —Usted es un hombre reservado, don Herminio... —¡Soy una tumba, caballero! Torrente *Fragmentos* 333: "Supongo que lo llevarán todo en secreto .." "Pues no pase cuidado, señor arzobispo, que somos todos como tumbas."
II *loc adv* **3 a ~ abierta.** A toda velocidad y con grave riesgo. *Gralm con vs como* BAJAR *o* LANZARSE, *y referido a ciclistas*. | Olmo *Golfos* 69: Era cuesta abajo .. Cabrito se vio como los campeones: lanzado a tumba abierta. **b)** De manera decidida y arriesgada. | Piñeiro *Faro* 7.8.75, 17: Camilo José escribe como las propias rosas. Esto es indudable. Claro que a veces se lanza a tumba abierta y en sus cocktails literarios entra a matar que es una preciosidad.
4 con un pie en la ~ → PIE.

tumba[2] *f* Tambor africano. | VMontalbán *Tri* 28.9.74, 70: Musicalmente, representaron [los Quilapayún] .. una síntesis cultural entre la tradición musical de la canción popular española y la tradición precolombina. Esa síntesis se manifiesta en una riqueza instrumental en la que elementos de origen europeo modificados, como el guitarrón, se combinan con la "quena" .., la "zampoña", el "pinquillo", la "tarca", la "tumba", el "bongo", las "maracas", la "cajita china".

tumbacuartillos *m y f* (*col, raro*) Pers. dada a la bebida. | Cela *Viaje andaluz* 10: Bartolo Salvaleón, sacrismoche raído y tumba[cu]artillos, murió en un charco —¡quién lo había de decir!—. [*En el texto,* tumbamartillos.]

tumbada *f* Acción de tumbar(se) [1]. | Nácher *Guanche* 99: Bajó rápido los brazos que rodeaban el cuello de Felipe y, haciendo presa en el canesú, tiró fuerte hacia los lados. Causaba, el mustio gemir del jirón, un inefable placer que superaba al de la difícil tumbada del tieso enemigo. *Ya* 7.5.90, 10: "Tumbada" ante el Ministerio de Cultura .. La forma de expresar su descontento fue la de tumbarse frente a la puerta del Ministerio.

tumbaga *f* **1** Aleación de oro y cobre, o de cobre y cinc, usada en joyería. | GNuño *Madrid* 107: 62 piezas, unas de oro y otras de tumbaga (aleación de oro y cobre).
2 Sortija, esp. la hecha con tumbaga [1]. | CBonald *Ágata* 195: Seguía .. ayudándose también ocasionalmente con las ventas de tumbagas que el orífice Taronjí elaboraba con aleaciones indescriptibles. DCañabate *Abc* 11.5.80, sn: No le faltaba un duro en el bolsillo, un cigarro puro en la boca,

una tumbaga con un brillante y un rubí, peinado con fijador, rasurado con esmero.

tumbal *adj* (*lit, raro*) De (la) tumba[1] [1]. | MSantos *Tiempo* 27: Había ido a buscar Amador a su querido investigador y amo arrancándole a la penumbra acogedora de la casa de huéspedes, antro oscuro en que cada día se sumergía con alegrías tumbales.

tumbar *tr* **1** Poner tendido u horizontal [algo o a alguien (*cd*) que está vertical]. *Frec el cd es refl.* | Benet *Nunca* 13: Sabía, en los intermedios, tumbarse a la sombra de un árbol vecino y evocar las noches del verano inminente. Alós *Hogueras* 163: En mayo, si no llovía, ya se veía la espiga casi hecha tumbando el tallo de los trigos, haciendo que estos se acostaran, verdes aún, en los campos. **b)** Derribar o hacer caer [algo o a alguien]. *Tb fig.* | Olmo *Golfos* 59: Aprovechó la postura en que dejó a este para pegarle una patada en la boca que lo tumbó. Chamorro *Sin raíces* 35: Con la prisa de traerlo venía la jaca muy corriendo y nos tumbó en tierra. Lorenzo *Abc* 6.7.75, sn: Cada discurso, .. consecuencia política inmediata: consigue una Constitución, o la mayoría de una reina niña, o tumba un gobierno. **c)** Hacer caer [a alguien] por dejarle sin sentido. *Frec con intención ponderativa, esp referido a olores.* | Berenguer *Mundo* 224: No es que él estuviera borracho, porque ni con un barril entero bastaba para tumbarlo. *Inf* 29.4.70, 36: Dice .. que el alemán Wieland pidió 12 millones por tumbarse en su combate con el español [Urtáin]. **d) ~se a la bartola** → BARTOLA.
2 (*col*) Suspender [a alguien] en un examen. | Chicotágoras *Cod* 25.8.74, 3: En el Paso del Ecuador conoce a Barbandro (uno que sabía la tira), cuando acaban de tumbarle .. en las oposiciones a cátedra de Instituto.

tumbillo *m* (*reg*) Calentador para la cama. | Delibes *Guerras* 31: No daban abasto a ponerme mantas y edredones, que hasta un tumbillo me metían en la cama, hágase cuenta. G. GHontoria *Nar* 6.77, 33: Calentador de cama con brasas llamado "tumbillo", de madera y hojalata. Pozorrubio (Cuenca).

tumbo[1] *m* **1** Vaivén violento. *Tb fig. Frec con el v* DAR. | Sastre *Oficio* 130: Está a punto de perder pie, da un tumbo. CNavarro *Perros* 237: Se marchó [el borracho] dando tumbos. Alfonso *España* 200: Ello conduce a los fatales tumbos y cambios bruscos en la organización de la convivencia.
2 Vuelta o voltereta. | *Caso* 14.11.70, 24: Dando tumbos, lanzando alaridos de dolor, el infortunado rodó por esta ladera.
3 Retumbo. | Delibes *Parábola* 109: La voz del doctor tiene los trémolos y tumbos del trueno lejano.
4 (*Mar*) Caída y golpe que da la ola al romper. | Delibes *Madera* 430: Los tumbos del mar se abrían como cráteres bajo la luna.
II *loc v* **5 dar ~s.** (*col*) Ir de un sitio a otro sin objetivo o sin fijeza. | CPuche *Paralelo* 157: Genaro alguna vez acompañaba a un grupo, pero por lo general se excusaba y se quedaba dando tumbos por el bloque.

tumbo[2] *m* (*hist*) *En algunas iglesias y monasterios:* Cartulario. | Torrente *Fragmentos* 31: Me metí en la catedral. Allí encontré a un amigo. Él iba a ver no sé qué en el Tumbo A, o quizás en el B, no lo recuerdo bien.

tumbón -na I *adj* **1** (*col*) Perezoso u holgazán. | Pemán *Gac* 12.1.63, 18: La propuesta de Steinbeck cierra en cierto modo la escuela y echa a la humanidad al vagabundeo y la vacación. Pero no a una vacación alegre y tumbona.
II *f* **2** Silla de respaldo largo y con tijera que permite inclinarlo en ángulos muy abiertos. | Laforet *Mujer* 182: Paulina .. deseaba que llegase la noche para sacar la tumbona al balconcillo y dormir allí, al aire libre.

tumefacción *f* (*Med*) Hinchazón. | Nolla *Salud* 343: Aparece una tumefacción muy dolorosa a nivel del dedo gordo del pie.

tumefacto -ta *adj* (*Med o lit*) Hinchado. | Nolla *Salud* 340: Las articulaciones inflamadas se hallan tumefactas, rubicundas, calientes. CBonald *Casa* 50: Ofrecía realmente un aspecto lastimoso .. Tenía además el labio tumefacto.

tumescente *adj* (*Med o lit*) Tumefacto o hinchado. | Lera *Olvidados* 273: Bofetadas, rodillazos, puntapiés .. El Granaíno ya no sentía nada .. Sintió impulsos de protestar por el cambio; pero sus labios y su lengua, insensibles y tumescentes, no le obedecieron.

túmido -da *adj* (*Arquit*) [Arco] de herradura apuntado. *Tb referido a la bóveda correspondiente.* | GNuño *Madrid* 6: Arcos de herradura túmidos, bajo arrabá.

tumor *m* **1** Masa persistente de tejido nuevo sin función fisiológica, que crece y se multiplica de manera anormal. | E. Angulo *Ya* 15.4.64, 4: Se fija .. la sangre en cualquier tumor cerebral.
2 (*Med*) Tumefacción o hinchazón. | Nolla *Salud* 222: Estos cuatro signos (tumor, rubor, calor y dolor) .. traducen la reacción defensiva local y caracterizan la inflamación del tejido invadido .. El tumor es debido al plasma, cargado de leucocitos, que sale del interior de los capilares e infiltra la zona inflamada.
3 (*Bot*) Hinchazón anormal de alguna parte del organismo de una planta. | *Ya* 8.9.86, 15: La tuberculosis, causa del deterioro de los olivos .. Aunque no se puede considerar que la enfermedad sea la causa fundamental por las ramas secas observadas sin los tumores clásicos que produce la citada bacteria.

tumoración *f* (*Med*) Tumor [1 y 2]. | Vega *Salud* 556: Mioma y fibroma de útero. Son tumoraciones benignas que pueden crecer desmesuradamente y pesar varios kilos.

tumoral *adj* (*Med*) De(l) tumor [1]. *Tb* (*lit*) *fig, fuera del ámbito técn.* | Mascaró *Médico* 46: Ante una hemorragia urinaria que, a menos que sea de origen neoplásico o tumoral, .. reviste generalmente poca gravedad, se impone el reposo absoluto. Alfonso *España* 99: Tenemos a un crecimiento anárquico, tumoral e individualista.

tumular *adj* De(l) túmulo. | Pericot-Maluquer *Humanidad* 171: Grupos de túmulos adoptarán la incineración e incluso formas de la cultura material de las urnas, .. pero no renunciarán a la estructura tumular tradicional. Angulo *Arte* 2, 80: El más importante de estos últimos [monumentos sepulcrales] es el de Don Felipe y Doña Juana .., en que emplea el tipo tumular de frentes verticales y no inclinados.

túmulo *m* **1** Armazón cubierta de paños de luto, usada en la celebración de las honras fúnebres para colocar sobre ella el ataúd o para representarlo. | Laiglesia *Tachado* 178: Hubo tiempo de preparlo todo con mucha calma: las gualdrapas .., los cortes de traje para el luto de los cortesanos, los cirios y el túmulo para la misa de *córpore insepulto*.
2 (*Arte*) Sepultura levantada respecto al suelo. | Angulo *Arte* 1, 430: El sepulcro .. se convierte en uno de los géneros escultóricos principales, bien en forma de túmulo o lecho funerario rodeado de estatuillas, o de arco rehundido en el muro.
3 Montículo artificial que cubre una sepultura. *Esp en arqueología.* | Tejedor *Arte* 53: Las construcciones funerarias romanas fueron .. de diversos tipos ..: los túmulos o montones de piedras; las torres ..; los mausoleos. Delibes *Santos* 27: Cavó una hoya profunda en la base de un alcornoque, depositó en ella al pájaro y, acto seguido, empujando la tierra con la azuela, cegó el agujero y se quedó mirando para el túmulo.
4 Montículo, natural o artificial, formado por acumulación de tierra u otros materiales. | Romano-Sanz *Alcudia* 247: Las ruinas se encuentran sobre un gran túmulo de unos trescientos metros de largo por cien de ancho. El tell de ruinas, cubiertas apenas por una capa de tierra y malezas, debió ser colonia importante.

tumulto *m* **1** Alboroto producido por una multitud. | *Nue* 11.1.70, 3: Se acordonarán los bancos de la iglesia de El Escorial, para que no haya tumultos. **b)** Alboroto o confusión. | ZVicente *Traque* 16: Al regreso de las vacaciones, no pudo salir de casa, acorralado por el tumulto de felicitaciones.
2 Multitud de perss. congregadas, que gralm. se mueven o actúan en desorden. | * ¡Qué tumulto de gente! ¡No hay quien ande!

tumultuariamente *adv* De manera tumultuaria. | *Abc* 9.12.64, 60: Los atacantes se habían congregado para protestar tumultuariamente contra la intervención norteamericana en el Congo. Cela *Pirineo* 321: Pont de Suert .. creció al buen tuntún y sin mayor orden ni concierto,

tumultuario – túnica

un poco tumultuariamente y mecido por un jaranero desbarajuste vivificador y confuso.

tumultuario -ria *adj* De(l) tumulto. | Cela *Viaje andaluz* 308: La calle de Huelva .. es, por sus arrestos y guirigay, algo así como el próvido puchero de la abundancia: tumultuaria, sorprendedora e hirviente. *Nue* 22.12.70, 9: Se siguen sucediendo las manifestaciones tumultuarias de adhesión a Franco, al Ejército y a las fuerzas armadas.

tumultuosamente *adv* De manera tumultuosa. | *Abc* 25.2.68, 51: En el curso de su marcha se manifestaron tumultuosamente contra el Gobierno y los Estados Unidos. Marcos-Martínez *Física* 114: Ebullición. Es la vaporización que se realiza tumultuosamente y en toda la masa del líquido.

tumultuoso -sa *adj* **1** De(l) tumulto. | E. La Orden *MHi* 7.69, 29: Tampoco es una ciudad muerta, como el Foro de Roma, que yace solitario dentro de una urna invisible, entre las calles tumultuosas de la urbe contemporánea. **2** Agitado o violento. | Ybarra-Cabetas *Ciencias* 111: Si la presión del agua acumulada rompe el dique, la presa se vacía violentamente por el canal de desagüe, transportando todas las piedras que obstruían la salida, y llegan a las zonas bajas de una manera tumultuosa. F. MLosa *SSe* 18.9.88, 28: Acabada la fermentación tumultuosa, se procede al descu[b]e. Comienza entonces una fermentación lenta, reposada.

tumulus (*lat; pronunc corriente,* /túmulus/) *m* (*E*) Túmulo [3 y 4]. | R. Battestini *Min* 5.87, 20: Hay "salinas grises" en tumulus dispersos, resultantes de antiguas termiteras, y "salinas amarillas" de apariencia arcillosa.

tuna[1] *f* Conjunto musical estudiantil, caracterizado por su atuendo tradicional y constituido esp. por guitarras y bandurrias. | A. Assía *Ya* 15.5.75, 18: Había sido el director de la rondalla de múltiples tunas santiaguesas.

tuna[2] *f* (*reg*) Nopal (planta). | Halcón *Ir* 223: Atravesó las huertas de la salida del pueblo por un callejón entre vallados de tunas.

tunante -ta I *adj* **1** Granuja. *Frec n. Frec con intención ponderativa, esp referido a niños.* | Torrente *Sombras* 168: "Y ese tunante de Charles, ¿sigue bien, Mr. Horn?", me preguntó; y yo le respondí: "Hecho un tunante, gracias, aunque un poco más tunante". Olmo *Golfos* 75: –Buenas tardes, don Cipriano. –¡Hola, tunantes! ZVicente *Traque* 300: Su padre era el hombre con más labia que he conocido. Un verdadero tunantón, se lo digo yo.
II *f* **2** (*col, raro*) Prostituta o ramera. | Mihura *Dorotea* 46: Si vienen a veranear y una chica enseña una pierna y pide en un café un vermut con gotas, esa chica es una tunanta.

tunantería *f* Acción propia de un tunante. | Berenguer *Mundo* 158: Ya no se pueden armar más pleitos, porque una tunantería que se repite se encona.

tunda *f* (*col*) Paliza (serie de golpes). | Cela *Judíos* 97: El marido, que presumía de librepensador, le arreaba unas tundas tremendas cada vez que la cogía haciendo la novena.

tundente *adj* (*lit*) Que tunde[1]. | Lorenzo *Abc* 19.7.75, sn: Se encaminan, Espronceda a la cabeza, en medio de una lluvia tundente, animados por la banda de la Milicia, hasta la Puerta del Sol.

tundido *m* Acción de tundir[2]. | *Cádiz* 111: Van del cambio de envases de las mercancías a la extracción de aceite de copra y semillas oleaginosas, y del tundido de pieles al descascarado y tostadura de café y cacao.

tundidor[1] **-ra** *adj* Que tunde o sirve para tundir[1]. | Moreno *Galería* 343: Consistía "la palerna" –como objeto tundidor– en una pala ancha de madera y con la que el "verdugo" castigaba .. al reo en las posaderas.

tundidor[2] **-ra** *adj* Que tunde[2]. *Tb n: m y f, referido a pers; f, referido a máquina.* | Cela *Judíos* 71: En la Real Chancillería de Valladolid no verá usted un solo expediente de cerrajeros, herradores o tundidores.

tundir[1] *tr* Pegar o golpear. *Tb* (*lit*) *fig*. | Halcón *Manuela* 89: Un hombretón con la mano muy larga para tundir a un cabrero, aunque llevase entre sus cabras las dos del juez. L. Marañón *Abc* 13.12.70, 15: Pablo recorre millas y lanza la buena semilla en el tundido Oriente.

tundir[2] *tr* Cortar o igualar el pelo [de paños o pieles (*cd*)]. | * Para tundir paños se usa normalmente una máquina.

tundra *f* Estepa de la zona ártica, de suelo helado durante parte del año, y caracterizada por asociaciones vegetales de algas y líquenes. | Bustinza-Mascaró *Ciencias* 293: A este tipo de desierto se llama desierto frío o tundra.

tunecino -na *adj* De Túnez. *Tb n, referido a pers.* | C. Laredo *Abc* 26.8.66, 29: La nueva política fue predicada .. en las capas más populares de la población tunecina. Burges *Ya* 21.10.64, 29: El vencedor de la misma, el tunecino Gamoudi, hizo seis segundos.

túnel I *m* **1** Galería subterránea destinada al paso de una vía de comunicación. | Laiglesia *Tachado* 27: Había también, a distintas alturas y en diversos pliegues de su falda, un sanatorio para los enfermos del pulmón, un observatorio meteorológico y el único túnel de todo el país, por el que pasaban los trenes nacionales llenos de orgullo. **b)** Galería subterránea. | Delibes *Guerras* 222: Y ¿cómo horadabais el túnel? ¿A lo ancho del muro? [*En la cárcel.*] **c)** *Se usa frec en constrs de sent comparativo para referirse a una situación difícil o penosa que parece no tener salida.* | *Inde* 14.10.91, 41: La luz al final del túnel.
2 Construcción de forma cilíndrica o tubular destinada a diversos usos. *Gralm con un adj o compl especificador.* | *Abc* 3.2.74, 86: Matadero industrial con fábrica de embutidos, 2.000 m² de naves, cámaras de congelación y conservación, carriles en naves y cámaras, túnel de congelación, secadero y muelle de carga. F. Brío *Abc* 21.5.78, 36: Se inicia la fabricación, que comienza con la embutición de los espejos o parábolas, piezas de alta precisión que exigen un control muy minucioso. Una vez conformadas estas, se pulen interiormente y se pasan por un túnel de fosfatación para protegerlas de la oxidación. Ó. Caballero *Inf* 6.5.71, 19: Un instrumento que mide la presión de aire en los famosos túneles de viento fue adaptado para establecer la presión sanguínea.
3 (*Autom*) Elevación del suelo del automóvil causada por la presencia de la caja de cambios o del árbol de transmisión. | *Ya* 29.7.76, 17: El Seat 127 es un coche que está marcando el camino a otros coches .. Ventilador de dos velocidades. Bandeja portaobjetos en el túnel central.
II *adj invar* **4** (*Fís*) [Efecto] que consiste en el paso de una partícula a través de una barrera de potencial que debiera repelerla. | *Ya* 11.1.89, 20: Madrid contará con el microscopio de efecto túnel más avanzado de Europa.
III *loc v* **5 hacer el ~.** (*Fút*) Burlar [a un jugador] pasando el balón entre sus piernas. | * En un hábil regate le hizo el túnel y envió el balón a la portería.

tuner (*ing; pronunc corriente,* /túner/; *pl normal,* ~s) *m* (*raro*) Sintonizador. | *Pue* 20.1.67, 12: Convertidores UHF (Tuners) importados de Francia.

tunera *f* (*reg*) Nopal. | Manfredi *Tenerife* 54: La cochinilla, un minúsculo insecto, parásito de la tunera.

tungro -gra *adj* (*hist*) [Individuo] de un antiguo pueblo germánico establecido entre el Rin y el Escalda. *Tb n.* | Villar *Lenguas* 187: Es inevitable que ciertos contingentes de germanos desciendan más al sur mezclados con los celtas, como los que Plinio llama tungros, herviones, eburones, etc.

tungstato *m* (*Quím*) Wolframato. | Ybarra-Cabetas *Ciencias* 64: Wolframita. Es un tungstato o wolframato de hierro y manganeso.

tungsteno *m* Wolframio. | Marcos-Martínez *Física* 185: En las lámparas o bombillas eléctricas hay un filamento finísimo de volframio o tungsteno.

túnica *f* **1** (*hist*) Prenda de vestir holgada, con o sin mangas y frec talar, propia esp. de los antiguos griegos y romanos. | Bustinza-Mascaró *Ciencias* 128: Las túnicas de los senadores romanos habían de teñirse con púrpura. **b)** Prenda de vestir, recta y holgada, cuya forma recuerda la de la túnica antigua. | *Prospecto* 4.88: Maillot lycra estampado, drapeado: 5.400. Túnica a juego en crep: 9.200. *ByN* 17.3.91, 82: Camisa túnica de seda con rayas rosas, amarillas, negras y blancas sobre un "top" y una falda recta en lana a rayas azules y blancas.

2 (*Biol*) Membrana que constituye una envoltura de protección. | Navarro *Biología* 77: Las túnicas de las arterias y algunos ligamentos .. están formados por un tejido fibroso.

tunicado -da *adj* (*Biol*) Envuelto por una o varias túnicas [2]. | Bustinza-Mascaró *Ciencias* 236: Los bulbos son también tallos subterráneos que están constituidos por una porción corta e hinchada terminada por una yema y recubierta por hojas carnosas, como en los bulbos tunicados de la cebolla. **b)** (*Zool*) [Animal] marino cordado con la epidermis revestida por una túnica y en el que la cuerda dorsal se limita únicamente a la cola. *Frec como n m en pl, designando este taxón zoológico*. | Carlavilla *Ciencias 1º* 322: Urocordados. Son animales marinos, fijos o pelágicos, que presentan una envoltura externa llamada túnica, por lo que reciben el nombre de tunicados. Carlavilla *Ciencias 1º* 322: El tipo de los cordados comprende unas 50000 especies que se distribuyen en tres subtipos: Los urocordados o tunicados, que no poseen cabeza ni segmentación; los cefalocordados o anfioxus .. y los vertebrados o craneados.

tunicela *f* **1** (*Rel catól*) Vestidura litúrgica episcopal que se usa debajo de la casulla y es de su mismo color. | L. RVargas *FaC* 21.3.75, 8: Y no se diga que la sotana es un traje también funcional, como la casulla, la capa o la tunicela.

2 (*raro*) Túnica [1] corta. | R. LHaro *SPaís* 15.3.81, 31: Para después del sol [en la playa], el diseñador Roger Franck ha creado una minitúnica, o tunicela.

túnido *adj* (*Zool*) [Pez] perteneciente a la misma familia que el atún. *Frec como n m en pl, designando este taxón zoológico*. | L. Ramos *Abc* 13.12.70, 37: Abundan túnidos, especialmente el denominado pez peto, bonitos.

tuno¹ -na **I** *adj* **1** [Pers.] que engaña con habilidad y picardía. *Tb n*. | GMacías *Relatos* 34: El final fue que se le cayó el burro que transportaba los encargos .. Entonces la pícara vecina, la muy tuna, .. le dice tan tranquila: –Anda, que si te doy las perras. **b)** Propio de la pers. tuna. | J. Cruset *Van* 26.3.70, 11: Nombrar el lugar y "mesa cúbrete": el hombre se produce a sus anchas, se le ponen lucientes y tunos los ojos chicos.

II *m* **2** Miembro de una tuna (conjunto musical estudiantil). | *Ya* 10.2.87, 54: "Gente joven" descalifica a unos "tunos" .. La grabación del citado grupo se produjo el pasado mes de noviembre y a la misma se presentaron trece o catorce miembros de la tuna.

tuno² *m* (*reg*) Higo chumbo. | Cebea *SAbc* 27.12.80, XIV: De postre, algo realmente excepcional: el batido de tunos, es decir de higos chumbos.

tuntún (*tb con las grafías* **tun tun** *o* **tun-tun**). **al (buen) ~.** *loc adv* (*col*) De manera descuidada o sin pensar apenas en lo que se dice o se hace. | Savarin *SAbc* 3.5.70, 27: El aceite y el vinagre, rociados al tuntún. Eran lechugas y tomates en un plato, no una ensalada. DCañabate *Abc* 23.8.66, 54: Es preciso torearlo para dominar su casta, fin que no se alcanza con los pases al buen tun tun. Torrente *Vuelta* 164: Ahora, nadie pesca al tun-tun; hay técnicos especializados que saben dónde y cuándo hay que echar las redes.

tupamaro -ra *adj* De la organización guerrillera urbana uruguaya Tupac Amaru, de ideología marxista. *Gralm n, referido a pers*. | E. Haro *Tri* 15.9.73, 6: El Tercer Mundo .. es difícilmente identificable consigo mismo, con los guerreros ardientes de la independencia, desde los mau-mau hasta los tupamaros.

tupé I *m* **1** Onda o mechón de cabellos sobre la frente. | Torrente *Off-side* 22: El camarero –tupé negro ondulado encima de la frente– va de la partida de futbolín .. a la partida de parchís. Berlanga *Barrunto* 92: El Moncho llegó con las manos en los bolsillos del pantalón vaquero .. El tupé le caía en abanico. A. Petit *SGacN* 25.8.74, 3: Tres piensos diarios .. recibirá el potro .. A los 16 meses se les arregla las crines, el tupé y la cola.

2 Bisoñé. | *GTelefónica N.* 845: Pelucas-postizos y tupés caballero.

3 (*col*) Desfachatez o descaro. | Salom *Viaje* 507: Y el pobre marido, más solo que la una y con más adornos en la frente que un ciervo. ¡Las hay con un tupé!

II *loc v* **4 tomar el ~.** (*col*) Tomar el pelo. | FReguera *Bienaventurados* 56: A mí no me toma el tupé ese fulano.

tupi *m* (*col, hoy raro*) Café (establecimiento) de carácter modesto. | DCañabate *Andanzas* 66: En los cafés no se tomaba más que café con leche .. Sus íntimos los llamaban tupis, contracción del nombre de una marca de café, Tupinamba. Cuando los bares se extendieron se les dejó de llamar tupis.

tupí¹ *m* (*Carpint*) Máquina cepilladora de eje vertical para labrar perfiles y molduras. | *Abc* 9.5.58, 6: Maquinaria .. Maderas: Cepilladoras combinadas, sierras de cinta, tupís, etc. *GTelefónica N.* 661: Corcuera, S.A. .. Sierras de cinta. Cepilladoras. Regruesadoras. Tupíes. Escopleadoras de cadena cortante, etc.

tupí² (*pl, ~s*) **I** *adj* **1** De un pueblo indio de Brasil y Paraguay. *Tb n, referido a pers*. | * Los tupís dominaban la costa del Brasil cuando llegaron los portugueses.

II *m* **2** Lengua de los indios tupís. | Buesa *Americanismos* 345: Se distinguen dos variedades en el tupí-guaraní antiguo: la del Sur o guaraní propiamente dicho, que ha originado el guaraní moderno del Paraguay y territorios vecinos; y la del Norte o tupí, base del tupí moderno, .. de donde provienen muchos tupiguaranismos que han pasado al español.

tupidez *f* Cualidad de tupido. | Torrente *Saga* 121: La maraña de tubos alcanzó un grado de tupidez tan grande que a primera vista aquello se asemejaba a un lío.

tupido -da *adj* **1** *part* → TUPIR.

2 [Cosa, esp. tejido] cuyos elementos están muy juntos. | MSantos *Tiempo* 20: Vestida de negro y con la tupida pena con que yo me cubría la cara. *SVozC* 25.7.70, 6: A partir de Clunia tenemos una tupida red de caminos secundarios.

tupidor -ra *m y f* Operario que maneja un tupí¹. | *BOE* 28.12.74, 26339: Personal de Técnicas Industriales (obrero): Tupidor. Mecánico-Conductor.

tupí-guaraní *adj* [Familia de lenguas indígenas] de Brasil y Paraguay y algunas zonas limítrofes. *Frec n m*. | Buesa *Americanismos* 345: Muchos indoamericanismos proceden de la gran familia lingüística tupí-guaraní. Buesa *Americanismos* 345: Se distinguen dos variedades en el tupí-guaraní antiguo.

tupiguaranismo *m* (*Ling*) Palabra o giro propios del tupí-guaraní o procedentes de él. | Buesa *Americanismos* 345: De donde provienen muchos tupiguaranismos que han pasado al español.

tupinamba *m* (*col, hoy raro*) Tupi. | Cossío *Confesiones* 162: A Madrid aún no había llegado la "barra", cuyos adelantados en Madrid fueron los refrescos ingleses y el tupinamba.

tupir A *tr* **1** Hacer más tupido [2] [algo]. | * Hay que tupir más esa red.

2 Tapar o cubrir. | Lagos *Vida* 73: Las campanillas de la enredadera habían tupido la tapia. MGaite *Retahílas* 197: Los grabé [los números] con saña repasando el trazo por encima a rotulador, a tinta, a bolígrafo, tupiéndoles los huecos de negro. **b)** Obstruir o cerrar. | MSantos *Tiempo* 18: Le tuvo que pegar la infección la muy sucia y se la pasó toda a caballo, sin lavados y sin cuidado ninguno hasta que se le emberrenchinó y le llegó a tupir los conductos.

B *intr pr* **3** (*raro*) Hartarse [de algo]. | Cela *Viaje andaluz* 310: Al vagabundo, que no tiene posibles que le permitan comer jamón, le entran, las pocas veces que puede hacerlo, tales ansias y sudores tales que se siente morir; no sana, si no es tupiéndose de jamón.

tupista *m y f* Operario que maneja un tupí¹. | *Abc* 10.10.65, 111: Importante Empresa de Villaverde necesita oficiales tupistas.

tupitaina *f* (*col*) Hartazgo. | Gala *Sáb* 24.9.75, 5: ¿Le extraña al editorialista que, después de tantos años con el dedo puesto, el reprimido se dé una tupitaina como el niño que se coloca de repartidor en una dulcería?

tupitina *f* (*col*) Hartazgo. | * Se dieron una tupitina de mariscos enorme.

tur *m* Tour. | A. Alférez *Abc* 26.6.75, 9: Duke Johnson fue el piloto encargado de dar el recital ayer en el cielo castellano; en este tur por el mundo de YF-16, Johnson se alterna con su compañero Neil Anderson.

turanio – turbión

turanio -nia *adj* (*hist*) Del Turán (antigua región de Asia Central). *Tb n, referido a pers.* | Alvarado *Eslavismos* 405: Se trata de un topónimo de presumible origen turanio.

turba[1] *f* Muchedumbre de gente alborotada y frec. violenta. | Vesga-Fernández *Jesucristo* 140: Dirigiéndose, pues, a la turba dijo Pilatos: –¿A quién queréis que os suelte: a Barrabás o a Jesús, llamado el Cristo? *Gac* 9.8.70, 8: Turbas harapientas de campesinos sin tierras han merodeado por los campos de Bengala.

turba[2] *f* Carbón fósil, ligero y esponjoso, de formación reciente. | Bustinza-Mascaró *Ciencias* 342: La turba es el carbón menos transformado, el de más reciente formación.

turbación *f* Acción de turbar(se). *Tb su efecto.* | Medio *Bibiana* 95: Todo llega hasta Bibiana Prats claramente, libre ya de su turbación.

turbadamente *adv* De manera turbada. | Delibes *Cinco horas* 18: Sus amigos ocultaban el rostro turbadamente contra su hombro y le golpeaban frenéticamente la espalda.

turbado -da *adj* **1** *part* → TURBAR.
2 Que denota o implica turbación. | Fernández-Llorens *Occidente* 198: En sus accesos de melancolía, se anuncia la música turbada del siglo XIX.

turbador -ra *adj* Que turba, esp [2]. *Frec referido a belleza o atractivo físico.* | Laforet *Mujer* 172: Quizá resultaba turbadora la idea. Moncada *Juegos* 323: ¿No te resulto enloquecedora?... ¿Turbadora?

turbadoramente *adv* De manera turbadora. | Aparicio *César* 22: El ímpetu de la corriente de aire .. dejaba a su paso una escalofriante sensación de frío, de amenazante vacío, descomponiendo turbadoramente el equilibrio de los subterráneos.

turbal *m* Turbera. | Alvarado *Geología* 58: Se forma actualmente este carbón [turba] en ciertos parajes llamados en España turberas, turbales, atolladeros, paúles y paulares, es decir, en sitios encharcados o pantanosos, fríos y húmedos.

turbamulta *f* Multitud confusa y desordenada. | Carandell *Madrid* 14: La turbamulta de maletillas, actores con restos de maquillaje, americanos. Alfonso *España* 161: Impide o limita [la ley] el acceso de coches a lugares y recintos cuyo especial interés artístico o natural quedaría, si no, frustrado por la turbamulta de automóviles.

turbante *m* **1** Tocado oriental masculino hecho con una banda de tela enrollada a la cabeza. | A. Barrio *Abc* 2.12.70, 8: Viejos campesinos de larga barba blanca y turbantes tradicionales escuchan atentamente.
2 Tocado femenino cuya forma recuerda la del turbante [1]. | Laforet *Mujer* 308: Una señora mayor, vestida con un fresco traje azul marino y gris, y con un turbante gris, muy sencillo, recogiéndole los cabellos.

turbar *tr* **1** Alterar o perturbar [algo no material]. | *País* 12.3.77, 6: Según esta mentalidad, convertir las columnas de la prensa en foro abierto, para aportar las pruebas de cargo contra la legalización del Partido Comunista, no es coercionar a los tribunales ni turbar la atmósfera de paz y sosiego en que deben deliberar los magistrados. **b)** *pr* Alterarse o perturbarse [algo no material]. | Benet *Nunca* 20: Todo lo que antes de los treinta se ha dejado de hacer se resuelve luego en un clima tal de prudencia y sabiduría que a duras penas se turba el ánimo.
2 Alterar el ánimo [de una pers. (*cd*)], esp. dejándola aturdida o desconcertada. | MSantos *Tiempo* 67: No la mires ya más. Vas a turbarla. **b)** *pr* Alterarse [una pers.], esp. quedando aturdida o desconcertada. | Vesga-Fernández *Jesucristo* 22: Al oír estas palabras, la Virgen se turbó.
3 Alterar o molestar [a alguien]. | CSotelo *Proceso* 411: Ambos, entonces, quedamente, para no turbarle, se van por la lateral derecha.

turbero -ra **I** *adj* **1** De (la) turba[2]. | J. A. Valverde *Abc* 24.5.58, sn: Hará dos años que los últimos 15 pares de espátulas ibéricas dejaron la charca en que se mantienen desde hace años sin más defensa que la movediza condición del barrizal en que crían –amenazado ya por una concesión turbera–, y se fueron a anidar en la marisma.
II *f* **2** Yacimiento de turba[2]. | Ybarra-Cabetas *Ciencias* 83: Su formación [de la turba] corresponde a la Era Cuaternaria, no siendo difícil encontrar, en los climas fríos y templados, turberas en pleno ciclo de formación.

turbiamente *adv* De manera turbia [2]. | Lera *Boda* 745: Él los veía turbiamente, pero las voces le llegaban claras y acuciantes.

turbidez *f* (*lit*) Turbiedad. | Mascaró *Médico* 164: Como los fosfatos pueden también enturbiar por calentamiento la orina, es preciso eliminar esta engañosa turbidez con unas gotas de ácido acético (o simplemente de limón) que aclaran el enturbiamiento por fosfatos. Nácher *Guanche* 171: Con esta palabra se agolpaba en la mente una turbidez de cosas que habían existido.

turbiedad *f* Cualidad de turbio. | R. Rubio *Abc* 18.12.70, 23: El vino, con los primeros fríos otoñales, se aclara; pierde la turbiedad y recupera su graduación alcohólica. Aldecoa *Gran Sol* 180: Simón Orozco volvió la cabeza y en la turbiedad de su mirada se mezclaron los rostros de los compañeros. Delibes *Madera* 346: Sobre la turbiedad mental y su estómago bloqueado iba imponiéndose ahora una sensación de angustia. MPuelles *Hombre* 257: Lo que menos pueden comprender quienes, sin compartir la fe cristiana, admiran y reverencian la pureza y el desprendimiento nobilísimo de tan sublime ideal es que el creyente se aventure a mancillarlo al ponerse en contacto con la viscosa turbiedad de la política.

turbina *f* Máquina que transforma la fuerza viva o la presión de un fluido en movimiento giratorio de una rueda de paletas. *Frec con un adj o compl especificador.* | Ortega-Roig *País* 97: [En las centrales hidroeléctricas] el agua cae con gran fuerza por unas tuberías y mueve unas turbinas que originan la electricidad. *Act* 25.1.62, 26: Turbinas hidráulicas de todos los tipos.

turbinación *f* (*Electr*) Acción de consumir la energía potencial del agua corriente o embalsada para producir energía eléctrica. | L. Nergón *Abc* 26.5.74, 39: Están en condiciones [los grupos de bombeo] .. de alcanzar una potencia en turbinación de 200.000 kilovatios, utilizando las aguas previamente elevadas desde el río Tajo.

turbio -bia **I** *adj* **1** [Líquido] falto de transparencia por llevar materias en suspensión. | Bustinza-Mascaró *Ciencias* 18: Cuando las partículas dispersas en un líquido son mayores que 1/10 de micra, entonces se forman los líquidos turbios.
2 [Cosa, esp. visión] confusa o poco clara. | Payno *Curso* 127: Con los ojos turbios imaginaban los farolillos de colores .. del mítico Montmartre.
3 [Cosa] oscura o inconfesable. | Delibes *Año* 101: El hecho de no hablar o de hablar poco y con sordina .. puede achacarse a incapacidad, cuando no a otras razones más turbias. CNavarro *Perros* 119: Últimamente había circulado por la ciudad cierta historia un tanto turbia y repugnante.
II *m pl* **4** Heces o sedimentos [de un líquido, esp. aceite]. | *Ya* 22.12.73, 21: Se habla expuesto, hasta el día 28, el pliego de condiciones del concurso de 4.813 kilos de aceite de oliva (turbios y borras).
III *adv* **5** De manera confusa o poco clara. *Con el v* VER. | * Veo turbio desde hace unos días.

turbión *m* **1** Aguacero con viento fuerte, repentino y poco duradero. | Gironella *Millón* 647: No solo la derrota le afligía, sino la desaparición de una docena de sus hombres de la centuria Onésimo Redondo. Desorientados por el turbión, cuando el barómetro marcó los veintiún grados, se dejaron caer, declarándose vencidos.
2 Golpe de viento. | Borrás *Abc* 23.3.58, 14: Embistiendo al agua .. llegóse a la casita .. Por la chimenea entró un turbión que vorazmente se derramaba por la cocina.
3 Cosa de fuerza o empuje imparables. | Umbral *Ninfas* 28: Usted, Muñoz, es un turbión de vida.
4 Multitud de cosas que se presentan juntas y de modo avasallador. | ZVicente *Traque* 231: De recomendaciones para conseguir entradas, un turbión. Arbó *Van* 4.11.62, 9: Hay que conocer a Cervantes para saber el valor que debe atribuirse a aquel turbión de hipérboles.
5 (*reg*) Riada. | Moreno *Galería* 127: En épocas de tormentas y riadas, su ancho lecho recibe los turbiones del arroyo de Valdesanchón.

turbo (*Mec*) **I** *m* **1** Turbocompresor. | S*Sur* 31.3.91, 17: El tercer papel que cumple la ECU es regular la potencia del turbo para evitar que el motor se pase de vueltas. *Ya* 22.11.90, 25: Foxen PC 386-SX .. Caja tipo mini-tower con llave, reset, turbo y testigos.
II *adj* **2** [Motor, vehículo o aparato] dotado de turbocompresor. | *Sur* 31.3.91, 44: Mosa .. Renault 5 turbo. Carretera Cádiz, 83.

turbo- *r pref* (*Mec*) De turbina. | *Por ej: Abc* 21.5.67, 16: Turboagitadores, Agitadores, Turbinas.

turboalternador *m* (*Electr*) Generador de corriente alterna constituido por una turbina y un alternador montados en el mismo eje. | *Act* 8.10.70, 56: El turboalternador construido por Siemens en su fábrica de Cornellá (Barcelona) es de las siguientes características.

turbobomba *f* (*Mec*) Bomba centrífuga acoplada a una turbina. | *GTelefónica N.* 189: Sigmund, S.A. Bombas centrífugas para todos los usos .. Grupo[s] motobombas. Grupos turbobombas.

turbocompresor *m* (*Mec*) Compresor en que el aire es aspirado por una rueda de álabes o arrastrado por una turbina. | *Act* 25.1.62, 39: Programa de fabricación Sulzer .. Compresores: Ventiladores .. Turbocompresores. Compresores de émbolo.

turbodiésel *adj* (*Mec*) [Motor] diésel sobrealimentado con turbocompresor. *Tb n m.* | *SElM* 8.7.90, 3: Motor turbodiésel para el Rover 800. *Nor* 10.10.89, 22: Un automóvil que despierta admiración en toda su gama: Gasolina, Turbodiésel, Break. [*En el texto*, turbodiesel.] **b)** [Vehículo] dotado de motor turbodiésel. *Tb n m.* | *Ya* 25.3.90, 53: Peugeot 650, turbodiésel y automático. [*En el texto*, turbodiesel.]

turbogenerador *m* (*Electr*) Generador de electricidad fundado en el uso de la turbina. | *Asturias* 129: La potencia instalada en turbogeneradores es de 97.500 kilovatios.

turbohélice *adj* (*Mec*) [Motor] turbopropulsor. *Tb n f.* | F. Escribano S*Ya* 22.6.75, 29: El C-212 es un avión de ala alta, con dos motores turbohélices, capacidad de 19 pasajeros y con posibilidades de realizar operaciones tipo "stol". *Inf* 27.7.70, 9: El grupo motopropulsor está constituido por dos turbohélices. **b)** [Aparato de aviación] dotado de motor turbohélice. *Tb n m.* | *Inf* 27.7.70, 9: Construcciones Aeronáuticas S.A. trabaja actualmente en un nuevo prototipo de avión ligero turbohélice.

turboleta *adj* (*hist*) Turdetano. *Tb n.* | Tovar-Blázquez *Hispania* 14: Las fuentes llaman a este pueblo turdetanos, túrdulos o turboletas.

turbomotor *m* (*Mec*) Turbina, movida por aire comprimido, que funciona como motor. | A. Alférez *Abc* 26.6.75, 9: El avión de guerra del futuro fue presentado ayer en Madrid .. El turbomotor de doble flujo y poscombustión Pratt & Whitney F-100, que desarrolla un impulso superior a los 11.000 kilos, movía las diez toneladas de peso del YF-16 por el cielo castellano como si se tratara de una pluma.

turbonada *f* Turbión. *Tb fig.* | FReguera-March *Filipinas* 42: Era la estación de las lluvias y las turbonadas descargaban sin cesar. Borrás *Abc* 23.3.58, 14: La chica quiso encender la vela a Santa Bárbara; un manotón de la turbonada la apagó. U. Buezas *Reg* 20.10.70, 4: Afloran a la superficie descaradamente con furor incontenible rompiendo todos los diques que la moral más elemental opone a la turbonada pasional plena de instintos primarios. A. GMonerris *Abc* 11.4.58, sn: El Turia se ha encargado, con sus turbonadas rojizas, de darle la razón al señor Berriochoa.

turbonave *f* Buque propulsado por turbinas. | *Inf* 12.8.70, 28: La turbonave "Montserrat", en su viaje de regreso de América, ha sufrido una avería que la ha forzado a interrumpir la navegación.

turbopropulsión *f* (*Mec*) Sistema de propulsión por turbopropulsor. | *Ya* 22.1.91, 27: Misil de crucero Tomahawk. Ojiva y sistema de guiado electrónico. Alerones. Turbopropulsión.

turbopropulsor -ra *adj* (*Mec*) [Motor de aviación] en que una turbina de gas mueve una o dos hélices. *Gralm n m.* | *Act* 8.10.70, 51: El programa de producción de la KHD abarca .. grupos electrógenos; turbinas a gas y grupos turbopropulsores. **b)** [Aparato de aviación] dotado de motor turbopropulsor. *Tb n m.* | *CCa* 5.3.72, 18: Un turbopropulsor de "Mohawk Airlines" se estrelló anoche, al fallarle uno de los 2 motores, contra un edificio de Albany.

turborreactor *m* (*Mec*) Motor de reacción del que es parte funcional una turbina de gas. | Mingarro *Física* 44: Puede construirse otro tipo de motores de reacción utilizando los gases de salida en turbinas especialmente diseñadas .. La rotación del órgano móvil de la turbina mueve una hélice, que es quien, en definitiva, arrastra al avión. Este tipo de motores de reacción se conoce con el nombre de turborreactores. **b)** Avión que funciona con turborreactor. | *Sp* 19.4.70, 25: Tres horas más tarde, el turborreactor aterrizaría en el aeropuerto malagueño.

turbotrén *m* Tren propulsado por turbinas de gas. | *Abc* 10.10.74, 11: Un prototipo de nuevo convoy para pasajeros, para competir con el "turbotrén" francés, en cuanto a velocidad, ha sido probado en el recorrido de Chicago a Pueblo Nuevo.

turbulencia *f* **1** Cualidad de turbulento [1 y 2]. | M. Calvo S*Ya* 28.11.73, 24: La idea romántica del cosmos .. como sistema ordenado de galaxias que giran serenamente ha dado paso a la creencia en un distinto sistema, de turbulencia casi increíble, y en el que las galaxias explotan y se producen "agujeros negros". Fernández-Llorens *Occidente* 243: El paisaje .. recupera importancia, con luces dramáticas que quieren ser expresión de la turbulencia de los espíritus.
2 (*Fís*) Estado o condición de un fluido, caracterizados por la variación irregular de la velocidad en cada punto y por la formación de ondulaciones y torbellinos. | *BOE* 29.7.77, 16941: Todas las chimeneas de esta planta deberán estar provistas de los orificios precisos para poder realizar la toma de muestras de gases y polvos, debiendo estar dispuestos de modo que se eviten turbulencias y otras anomalías, que puedan afectar a la representatividad de las mediciones. **b)** (*Meteor*) Conjunto de movimientos irregulares del aire, que se manifiestan con torbellinos y bruscas variaciones de la intensidad del viento y de la presión atmosférica. | J. FCastro *Abc* 5.3.72, 51: Los doce primeros días del mes .. han registrado precipitaciones debidas al paso de frentes y a situaciones depresionarias acompañadas de inestabilidades, ascendencias verticales y turbulencias.

turbulentamente *adv* De manera turbulenta. | Suñén *Manrique* 18: El propio Manrique participará en la discusión turbulentamente violenta de las relaciones entre rey y nobleza.

turbulento -ta *adj* **1** [Cosa] agitada y violenta. | *Abc* 6.6.81, sn: Las aguas del mar de Barentz son frías y turbulentas. FVidal *Duero* 213: Al viajero le tiene, en efecto, sin cuidado que .. a su alrededor se diesen turbulentas acciones de guerra durante el reinado de don Juan II.
2 [Pers.] que promueve disturbios o conflictos. | Fernández-Llorens *Occidente* 33: El imperio asirio sufrió varias veces el ataque de los guerreros persas, a los que consideraban un pueblo de nómadas ladrones y turbulentos.
3 (*Fís*) De (la) turbulencia [2]. | Mingarro *Física* 70: El paso de régimen laminar a turbulento tiene lugar para cada líquido y cada conducto a una velocidad denominada crítica. *Libro agrario* 78: Torres meteorológicas y determinación de parámetros turbulentos.

turco -ca I *adj* **1** De Turquía. *Tb n, referido a pers.* | *Abc* 7.5.58, 39: Los turcos solo aceptarán la partición de Chipre. **b)** (*hist*) [Individuo] de un pueblo del Asia central que se estableció en el s. X en el Oriente Medio y en Anatolia. *Tb n.* | Castillo *Polis* 287: Alejo I (1081-1118) detuvo el avance de los turcos seljúcidas con la ayuda de la primera Cruzada. **c)** De (los) turcos. | Arenaza-Gastaminza *Historia* 96: Federico II consiguió la devolución de Jerusalén pactando con el Sultán. Pero a su regreso a Europa cayó la ciudad de nuevo en manos turcas. **d) gran ~.** (*hist*) Sultán de Turquía. | * Lucharon contra el Gran Turco.
2 De(l) turco [6]. | Amorós-Mayoral *Lengua* 15: Ha adoptado [el judeo-español] muchas expresiones turcas, griegas, rumanas, árabes.
3 [Baño] de vapor seguido de masajes y ducha fría. | Alcalá *Inf* 3.6.71, 18: Cuando llego a hablar con él, Antonio, don Antonio, está de dulce. Acaba de tomar unos baños tur-

turcochipriota – turísticamente

cos en el Hilton como preparación para su corrida de la Beneficencia.
4 [Cama] formada solo por un somier con patas y el colchón, que suele utilizarse como diván. *Frec n f.* | Sastre *Muerte* 119: Tobías, su padre, está tumbado en una cama turca. Arce *Precio* 81: –¿Duermes aquí? –Sí: en la turca.
5 [Cabeza] **de ~**, [silla] **turca** → CABEZA, SILLA.
II *n A m* **6** Lengua de Turquía. | Torrente *Fragmentos* 338: Estas palabras las dijo el guía en francés .. Y así también en alemán, en turco y en bastantes idiomas.
7 jóvenes ~s. *En un partido político:* Elementos jóvenes que desean una evolución. *Tb, simplemente,* ~s. | * Los jóvenes turcos de UCD. C. Dávila *Abc* 19.7.81, 7: Ahora los "turcos" buscan sitio y se han dirigido a los liberales por si estos les hacen un acomodo.
B *f* **8** (*col*) Borrachera. | Faner *Flor* 86: Vivía atormentado por su debilidad, cogiendo la turca en la taberna o en el burdel de la calle San Juan.

turcochipriota *adj* De la comunidad turca de Chipre. *Tb n, referido a pers.* | L. Molla *Mun* 26.12.70, 54: En aquella isla, el Gobierno se encuentra con un 80 por ciento de población grecochipriota .. enfrentada al otro 20 por ciento de los habitantes turcochipriotas.

turcomano -na *adj* De un pueblo nómada del Asia central, que hoy vive pralm. en Turkmenistán (república de la antigua URSS) y en el nordeste de Irán. *Tb n, referido a pers.* | S. LTorre *Abc* 2.1.66, 69: Los kurdos, que no son árabes ni hablan el árabe, encaramados en las montañas del Norte, protegidos por la orografía y la violencia; los turcos y los turcomanos; los asirios.

turdetano -na *adj* (*hist*) [Individuo] de un pueblo hispánico prerromano descendiente de los tartesios y habitante del valle inferior del Guadalquivir. *Tb n.* | *Huelva* 23: Estrabón, el griego, da testimonio de que Huelva es una de las colonias que se apropiaron los tirios y fenicios. Túrdulos, turdetanos y tartesios tuvieron su sede en ella. **b)** De (los) turdetanos. | CBonald *Ágata* 16: 14 monedas de plata con inscripciones turdetanas.

túrdiga *f* Tira de piel o pellejo. | Torrente *Saga* 453: Tiene que moverse como el [cuerpo] de un gusano, para adelante, para atrás; las aristas, o las arrugas, le van arrancando túrdigas hasta dejarlo como un arenque pelado.

túrdulo -la *adj* (*hist*) **1** De un pueblo hispánico prerromano que habitó esp. en Andalucía central. *Tb n, referido a pers.* | *Huelva* 23: Estrabón, el griego, da testimonio de que Huelva es una de las colonias que se apropiaron los tirios y fenicios. Túrdulos, turdetanos y tartesios tuvieron su sede en ella.
2 Turdetano. *Tb n, referido a pers.* | Tovar-Blázquez *Hispania* 14: Las fuentes llaman a este pueblo turdetanos, túrdulos o turboletas.

turf (*ing; pronunc corriente,* /turf/; *pl normal,* ~s) *m* **1** Pista del hipódromo. *Tb el mismo hipódromo.* | *Mar* 24.1.68, 2: Casi huele a caballo o, por lo menos, aunque no huela, se respira ambiente de turf. Torrente *Sombras* 177: Si bien todos los presentes sabían cómo tratar a un caballo de carreras en la campiña, en los establos o en el turf, nadie sabía cómo portarse con él en el salón de una dama.
2 Deporte hípico. | Legamarejo *Abc* 29.6.58, 93: En una tercera revisión colocaríamos al resto de los participantes: .. y "La Maja", que gracias a la "incertidumbre" del "turf", tan hoy en boga, pueden ser la sorpresa de la tarde.

turgaliense *adj* (*lit*) Trujillano. *Tb n.* | A. Naharro *Hoy* 14.11.75, 8: Actualmente se están llevando a cabo trabajos de prospección y excavaciones arqueológicas en las proximidades de Trujillo con aparente éxito. Un equipo de jóvenes arqueólogos acaba de descubrir los restos de una posible iglesia visigótica que, de confirmarse su origen, sería la más antigua del campo turgaliense.

turgencia *f* (*lit o E*) **1** Cualidad de turgente. | Delibes *Cinco horas* 16: El suéter negro de Carmen clareaba en las puntas de los senos debido a la turgencia. Alvarado *Botánica* 37: Las causas de estos movimientos son generalmente diferencias de turgencia en unos inflamientos motores existentes en la base del pecíolo.
2 Cosa turgente. | Delibes *Parábola* 24: En las abrigadas y acogedoras turgencias pectorales de don Abdón, barrunta (Jacinto) que se esconde la seguridad perdida.

turgente *adj* (*lit o E*) Hinchado o abultado y con cierta tensión o firmeza. | Delibes *Ratas* 36: Flotaba en el cielo quedo de otoño un sol rojo y turgente como un globo.

turgescencia *f* (*Biol*) Turgencia [1]. | Alvarado *Botánica* 31: Cada pelo radical es un pequeño osmómetro que toma del suelo agua y adquiere gran turgescencia. **b)** Hinchamiento celular producido por endósmosis. | Navarro *Biología* 7: Fenómenos de plasmólisis y turgescencia celular. Osmorregulación.

túrgido -da *adj* (*lit o E*) Turgente. | DPlaja *Abc* 12.11.70, sn: Color que se aplica sobre formas túrgidas, incitantes, inmediatas.

turgor *m* (*Biol*) Turgencia [1]. | F. Martino *Ya* 21.5.77, 40: En esta intoxicación aguda el turgor de la piel se mantiene, así como también la presión arterial, ya que el agua en exceso se ubica fuera de los vasos sanguíneos en su gran mayoría.

turiasonense *adj* De Tarazona (Zaragoza). *Tb n, referido a pers.* | M. Á. GMalo *Not* 12.4.74, 12: Contemplando el conjunto se adivinan fragmentos como extraídos de la casa natal de Benedicto XIII, de la mansión episcopal turiasonense.

turiferario -ria *adj* (*lit*) **1** [Pers.] que lleva incensario. *Tb n.* | Camón *LGaldiano* 161: Dos preciosos bordados, uno con dos ángeles turiferarios, de arte español del siglo XVI. Ribera *SSanta* 97: Se ordena la procesión: Va delante el Turiferario, sigue el Subdiácono con la cruz.
2 Adulador. *Tb n, referido a pers.* | *País* 5.2.77, 8: El afán turiferario que por la Universidad se siente en los círculos político-intelectuales de nuestro país. R. Sierra *Abc* 2.2.65, 32: Ya hemos advertido que no se trata de ejercicios de turiferarios al servicio de una política de amistad.

turífero -ra *adj* (*lit*) Que lleva incienso. | Goytisolo *Recuento* 233: El órgano y el coro, la cripta, formas espectrales, ángeles turíferos, imágenes yacentes.

turinés -sa *adj* De Turín (Italia). *Tb n, referido a pers.* | Valencia *GacR* 27.10.70, 12: Aún es explicable que el Barcelona lo hiciese contra la Juventus turinesa. *Abc* 8.2.76, 61: Una turinesa ha creído durante nueve meses hallarse encinta.

turión *m* Yema que nace de un tallo subterráneo. | MCalero *Usos* 9: Atardecía en un día de primavera sin que aún apuntaran los brotes del hayedo y los turiones soterrados empezaran a salir.

turismo *m* **1** Hecho de viajar por placer. | Laiglesia *Tachado* 35: El turismo murió en pocas semanas. Aquel alegre e incesante ir y venir de un sitio a otro, sin más objetivo que ver paisajes y acumular recuerdos, fue desapareciendo con gran rapidez. **b)** Conjunto de actividades relacionadas con el turismo. | Berlanga *Ya* 18.2.75, 15: Tres de los cuatro ministros que ha tenido el Ministerio de Información y Turismo estaban allí.
2 Conjunto de los turistas. | M. Ors *Pue* 11.9.65, 19: Si el turismo francés sigue frecuentando unos años más nuestras costas.
3 Automóvil capaz para un máximo de nueve ocupantes. *Tb (raro)* AUTOMÓVIL DE ~. | Miguel *Mad* 22.12.69, 12: El automóvil. He aquí la impresionante curva de ascenso de los turismos en circulación.

turista I *m y f* **1** Pers. que hace turismo [1a]. | Carandell *Madrid* 12: Segovia, Ávila y Toledo .. se han visto reducidas a vender baratijas a los turistas.
II *adj* **2** *En un medio de transporte, esp el avión:* [Clase] inmediatamente inferior a la primera. *Tb n f.* | ZVicente *Traque* 75: Claro que para viajar en clase turista, no se va a poner una las joyas de familia.

turistear *intr* (*raro*) Hacer turismo [1a]. | *Pul Extra* 6.64, 23: En la actualidad, veranear, turistear y todas estas cosas, son lo más normal del mundo.

turísticamente *adv* **1** De manera turística [1]. | W. Mier *MHi* 11.63, 27: A mí muchas veces me ha llenado de tristeza ese bracear bufonesco y turísticamente mercenario de los viejos molinos del Jonquet.
2 En el aspecto turístico [1]. | Aristófanes *Sáb* 13.8.75, 19: ¿Por qué las personalidades de campanillas, que son las

que movilizan el turismo político, no se van a plazas turísticamente deprimidas?

turístico -ca *adj* **1** De(l) turismo [1 y 2]. | *Córdoba* 96: Rutas e itinerarios turísticos. *Santander* 91: Hoy la concurrencia turística afluye también a las playas de la provincia. **2** [Clase] turista [2]. | *Mad* 13.12.69, 20: Se produjo otro incidente en el departamento de la clase turística [del avión].

turkmenio -nia *adj* De Turkmenistán (república de la antigua URSS). *Tb n, referido a pers.* | *Inf* 29.9.75, 21: En un ciclo de dieciséis lecciones sobre Literaturas Asiáticas, [Joaquín del Val] explicó diversos aspectos de las literaturas japonesa, vietnamita, armenia, tibetana, persa, tadzhiki, turkmenia y china.

turlequeño -ña *adj* De Turleque (Toledo). *Tb n, referido a pers.* | Cela *Viaje andaluz* 77: Con el rabo entre piernas y huyendo por el barbecho, el galgo turlequeño fingía el avatar del alma en pena y condenada al tueste.

turma *f* **1** Trufa (hongo). *Tb ~ DE TIERRA.* | Perala *Setas* 88: *Tuber melanosporum*. Trufa. Turma. **2** (*lit, raro*) Testículo. | Cela *Inf* 26.11.76, 19: Mi burro se llama "Cleofás" ..; rebuzna como un bajo cantante con prurito de ano o como un canónigo preconciliar que se hubiera pillado las turmas con la tapa de un baúl.

turmalina *f* Mineral formado por un silicato de aluminio con ácido bórico y pequeñas proporciones de otras sustancias, que tiene propiedades piroeléctricas y piezoeléctricas, y algunas de cuyas variedades se emplean en joyería. | Ybarra-Cabetas *Ciencias* 57: Todas las turmalinas son hexagonales hemimórficas, piezoeléctricas y piroeléctricas.

túrmix (*n comercial registrado*) *m o* (*más frec*) *f* Batidora eléctrica. | MSantos *Tiempo* 129: Nutrida con vitamínicos jugos y proteicos extractos que el túrmix logra de materias primas diversas. J. M. Moreiro *SAbc* 15.2.70, 12: Cuando Felisa, con el brazo desnudo y rojo, agitaba la sangre del barreño como una "túrmix" a cámara lenta .., me acordaba, digo, de la "mondonguera" castellana.

turmódigo -ga *adj* (*hist*) Del antiguo pueblo hispano habitante de la zona correspondiente a la actual región de Burgos. *Tb n, referido a pers.* | GOña *Covarrubias* 7: El P. Justo Pérez de Urbel .. sitúa en esta región a la tribu de los turmódigos.

turnante *adj* Que turna o se turna. | J. M. Massip *Abc* 14.9.68, 40: George Wallace .. es hoy una positiva amenaza al régimen bipartidista, el de los "partidos turnantes" de nuestro Cánovas del Castillo.

turnar *intr* ➤ **a** *normal* (*raro*) **1** Turnarse [3]. | Areilza *Abc* 21.3.75, 3: No ha de olvidarse [la derecha], ciertamente, de que la izquierda existe y está ahí y representa un buen sector del país que ha de turnar con ella un día. **2** Tener [alguien] su turno [2] [en un determinado momento]. | ZVicente *Mesa* 195: El camarero que turna a media tarde. ➤ **b** *pr* **3** Actuar o presentarse por turno [1] [dos o más perss. o cosas]. *Con suj sg o pl y un compl* CON, *o con suj pl y sin compl.* | AMillán *Juegos* 142: Nos turnamos con otra pareja. Ustedes no saben cómo cansa todo el día en la carretera. N. Figueroa *MHi* 2.64, 53: Giuliano y Viktor Ronna se turnan en el papel del príncipe.

turné *f* Tournée. *Tb fig.* | J. Monleón *Tri* 2.4.66, 36: Otra época. Tiempos de duras turnés por los pueblecitos andaluces. Arce *Precio* 29: Dijo luego que yo acababa de llegar; que no conocía los lugares de diversión y que bien podíamos hacer una gira .. No me parecía mal la idea de hacer una pequeña turné.

turno I *m* **1** Orden de sucesión que se establece para una serie de perss. o cosas. | *CoA* 20.3.75, 18: La Mutualidad Laboral Siderometalúrgica de Sevilla ha concertado un turno de vacaciones para sus pensionistas de jubilación e invalidez. DCañabate *Abc* 31.8.75, sn: Su gran lujo fueron siempre los cronómetros. Poseía cuatro, a cuál mejor. Los usaba por turno. Uno en primavera, otro en verano, otro en otoño y otro en invierno. **2** Tiempo correspondiente a una pers. o cosa que forma serie con otras. | E. GHerrera *SLib* 26.3.75, 27: ¿Cuándo le llega el turno a Tordesillas para que por Televisión Española, o la de otro lugar del mundo, se pueda [*sic*] dar a conocer, en directo, los magníficos desfiles procesionales de la Semana Santa tordesillana? GPavón *Hermanas* 11: Los ocho o diez guardias que salían del turno de noche estaban barbudos. **b)** Intervención prevista de una pers. en una asamblea. | S. Cámara *Tri* 12.6.71, 6: Tan disgustado estaba yo por los componentes del menú que apenas si paraba atención a los turnos oratorios.

II *loc adj* **3 de ~.** [Pers. o cosa] a la que toca actuar según el turno [1] establecido. *Tb fig, con matiz desp, con referencia a la pers o cosa que por el momento está vigente, o en el poder, o de moda.* | Sastre *Cornada* 15: Acaba de salir el toro... Lo miran con alguna inquietud .. El peón de turno lo recorta. CNavarro *Perros* 86: Su amiguito de turno era persona influyente.

turolense *adj* De Teruel. *Tb n, referido a pers.* | Vega *Cocina* 31: Las expediciones más o menos arqueológicas u orográficas no os hagan olvidar los particulares aspectos de la culinaria turolense.

turón *m* Mamífero carnicero de pequeño tamaño, de cuerpo robusto y flexible, pelaje pardo con una zona clara cerca de los ojos, y que emite un olor desagradable producido por sus glándulas anales (*Mustela putorius*). | Berenguer *Mundo* 69: Los días que pasó en el pueblo no hizo más que buscar cuartos a un fiador y estuvo como un turón de esos que se ponen morados del berrinche de verse en jaula.

turoperador *m* Agente o empresa que organiza viajes turísticos y reserva hoteles y transportes, estableciendo contratos con empresas extranjeras. | Ca. SMartín *VAl* 15.1.92, 6: Ellos, los extranjeros, se acogían a los "turoperadores" (turismo de agencia a tanto fijo, más bien bajo), mientras los indígenas íbamos desprotegidos, a nuestro aire, sin privilegios. [*En el texto*, tur-operadores.]

turqué *adj* [Paloma] propia de Madeira y Canarias (*Columba trocaz*). | N. Carrasco *Ya* 2.8.78, 21: Estos singulares "Lacerta", con otra larga hilera de fauna amenazada canaria –foca monje, grajo marino, paloma rabiche, paloma turqué ..–, esperan la luz verde de un decreto que asegure su asentamiento pleno en aquellas tierras.

turquesa I *f* **1** Mineral formado por un fosfato hidratado de aluminio y cobre, duro, opaco y de color claro, que se emplea como piedra preciosa. | GNuño *Madrid* 107: Nueve estatuillas antropomorfas, de turquesa. **b) falsa ~.** Calaíta. | Pericot-Maluquer *Humanidad* 140: La calaíta o falsa turquesa se utiliza durante toda la primera Edad del Bronce del Occidente.

II *adj* **2** [Color] azul propio de la turquesa [1]. *Tb n m.* | Goytisolo *Recuento* 636: Brillos fluidos, crisoles, ágatas abigarrados, del morado al turquesa, tonalidades de crepúsculo. **b)** De color turquesa. | CBonald *Ágata* 188: Reclinatorios de felpa turquesa, los mismos en que permanecían ahora de hinojos.

turquesado -da *adj* (*lit*) De color azul turquí. | García *Abc* 16.7.75, sn: Nuestra Señora de Gracia llegó flotando sobre las aguas espejadas del "turquesado mar de Barcelona", que diría el poeta.

turquí *adj* (*lit*) [Azul] oscuro. *Tb n m.* | Vera *Lecturas* 233: El uniforme consistía en una casaca corta azul turquí con forro del mismo color, solapas, chaleco y calzón también azules con las vueltas y el collarín de color rojo.

turquismo *m* Palabra o rasgo idiomático propio del turco o procedentes de él. | *Ya* 20.4.86, 6: El griego moderno ha perdido gran parte de la riqueza del antiguo heleno y, además, está plagado de eslavismos, turquismos, arabismos, galicismos y anglicismos.

turrar[1] *tr* (*reg*) Torrar o tostar. | A. Alemán *Día* 25.6.76, 11: Un año más las hogueras de San Juan ardieron, los niños saltaron sobre el fuego y los mayores "turraron" sus papas y festejaron con vino las fiestas del antiguo abogado. G. Comín *Not* 18.12.70, 21: En la Nochebuena tocaba sacar ese pan turrado o tostado hecho de almendras y azúcar.

turrar[2] *tr* (*reg*) Embestir [un animal]. | Torrente *Saga* 426: Continuó caminando como una vaca que turra, hasta tropezar .. con el carrito del señor Valenzuela.

turrero -ra *adj* De Turre (Almería). *Tb n, referido a pers.* | J. M. Granados *Ya* 29.3.83, 37: Se trata, al parecer, de un crimen pasional, aunque también existen indicios, y así lo comentaba la población turrera, de problemas de lindes.

turriforme *adj* (E) Que tiene forma de torre. | P. Amaro *Cór* 8.8.89, 17: Esta custodia pertenece al tipo denominado turriforme.

turrón *m* Dulce navideño hecho con una pasta de miel y almendras, enteras o molidas. *También se da este n a otros dulces similares hechos con diversos frutos secos, coco, yema, frutas, etc. Frec con un adj o compl especificador.* | Ortega-Roig *País* 183: La agricultura produce cereales, uvas y almendras, que dan lugar a industrias alimenticias típicas como las de pasas de Denia y el turrón de Jijona. *Cocina* 696: Helado de turrón. Ingredientes y cantidades. Leche: 1/2 litro. Turrón de Jijona: 300 gramos. Huevos: 5. Azúcar: 50 gramos. GSosa *GCanaria* 145: Entre los productos de la repostería popular hay que citar el turrón de gofio, el bienmesabe, la trucha navideña, la tirijala, la rapadura, etc.

turronería *f* Tienda especializada en la venta de turrón. | Cela *SCamilo* 425: Jacinto Rueda está más tartamudo que de costumbre, el peligro que se cierne sobre la turronería se conoce que le aviva la tartamudez.

turronero -ra **I** *adj* **1** De(l) turrón. | L. Caparrós *Voz* 6.11.70, 20: Las Navidades están ahí, a la vuelta de la esquina. Dentro de nada comenzarán la "tele" a estimular los consumos turroneros y champaneros.
II *m y f* **2** Pers. que fabrica o vende turrón. | A. Sirvent *Ya* 30.11.73, 15: No se ha especulado con el turrón .. Los turroneros ganarán menos que el año pasado. Isidro *Abc* 24.12.57, 76: Discusiones, griterío, apuestas incobrables y barullo. Casi tanto como el que, atardecido, había el domingo en la plaza Mayor .. Con sus castañeras, carameleros, turroneros, zambomberos.
3 (*jerg*) Contratado eventual en Correos para la época de Navidad. | *Abc* 30.12.75, 31: Los "turroneros" de Correos y el servicio extraordinario. En una jornada, cinco millones de envíos a repartir en la ciudad. *Ya* 18.2.91, 12: Antaño, en épocas navideñas se contrataba [en Correos] a los que llamábamos "turroneros".

tursio *m* Mamífero cetáceo de la familia del delfín, con una aleta dorsal alta (gén. *Tursiops*). | J. Delgado *País* 6.7.86, 27: Los tursios viven a lo largo del litoral cantábrico y se alimentan de peces de pequeño tamaño, lo que a veces les obliga a acercarse a la costa e incluso introducirse en las rías.

turtó *m* (E) Residuo sólido que queda después de prensar granos o frutos oleaginosos y de extraer sus aceites. | *Abc* 30.3.75, 42: Para que las aves pudiesen consumir mayores cantidades de turtó de girasol habría que procurar que su proteína y su fibra se acercasen a las de la soja.

turulato -ta *adj* (*col*) **1** Pasmado o estupefacto. | Torrente *DJuan* 202: La que le abrió la puerta llegó como embrujada y dijo a las demás que se asomasen a verle. De momento, quedaron turulatas; después, empezaron a cuchichear, a llamarle guapo, a decir que se entregarían a usted.
2 Tonto o bobo. | Mendoza *Ciudad* 24: Los [indianos] más pintorescos traían consigo esclavas negras o mestizas con las que obviamente mantenían relaciones íntimas. Esto causaba un gran revuelo y, ellos, presionados por parientes y vecinos, acababan casando aquellas esclavas con masoveros turulatos. Pombo *Héroe* 155: Si era lo que creía la abuela –que podría serlo, a juzgar por los síntomas– el niño tenía un brote turulato, al fin y al cabo muy de la familia, entonces no era cosa de andarlo voceando por teléfono.

tururú I *m* **1** (*Naipes*) *En ciertos juegos:* Reunión de tres cartas del mismo valor. | *Abc Extra* 12.62, 95: La pareja tiene nueve lances distintos: "flor", "treinta y una", "no diez"... Uno de ellos el tururú, el jugador con tres cartas iguales.
II *adj* **2** (*col, humoríst*) Loco o chiflado. *Normalmente con el v* ESTAR. | * Tú estás tururú.
III *interj* **3** (*col, humoríst*) Se usa para negar burlonamente. | * –Vente conmigo al funeral. –Tururú.

turuta *m* (*col, humoríst*) **1** Corneta de un regimiento. | Delibes *Guerras* 25: A ver si este maricón de turuta toca a armar bayonetas de una vez.
2 Corneta (instrumento). | FReguera-March *Filipinas* 218: A este tatarabuelo le heredé lo bruto, y lo feíco, y la turuta. [*Habla un corneta.*]

tusa *f* (*reg*) Envoltura de la mazorca del maíz. | Cuevas *Finca* 162: Tenía 15 años rubios y fragantes, que habían estallado, de pronto, como las tusas del maíz.

tuscánico -ca *adj* (*lit, raro*) De Toscana (región de Italia). | Blanco *His* 6.81, 124: No habían de ser solo antigüedades tuscánicas, sino también antigüedades romanas.

tusculano -na *adj* (*hist*) De Túsculo (antigua ciudad de Italia). *Tb n, referido a pers.* | García *Abc* 9.10.75, sn: Platón dialoga bajo los plátanos de la Academia, y Cicerón en su Quinta tusculana.

tusígeno -na *adj* (*Med*) De (la) tos. | Mascaró *Médico* 55: Se aflojarán las ropas que compriman y se procurará que inhale algo que despierte un reflejo tusígeno-estornutatorio, como ácido acético. P. Ortega *NSa* 31.12.75, 12: Otras funciones de la laringe son: Función protectora .. Función tusígena.

tusílago (*tb* **tusilago**) *m* Fárfara (planta). | Mayor-Díaz *Flora* 313: *Tussilago farfara* L. "Tusílago", "Pie de caballo". *Ama casa* 1972 132a: En ese mes florecen: El calicanto precoz, el torvisco, la adelfilla, el tusílago y el eléboro negro o rosa de Navidad.

tuso[1] -sa *m y f* Perro. *Usado como interj para llamarlo o espantarlo.* | * Tuso, fuera de ahí, que me espantas las gallinas.

tuso[2] -sa *adj* (*raro*) Atusado o esquilado. | Hoyo *Lobo* 12: De cuando en cuando palpaba yo, bajo la manta, su grupa tusa, calientemente húmeda.

tusona *f* (*lit, raro*) Ramera. | Salvador *Atracadores* 149: En un bar de la calle de Escudillers encontraron lo que buscaban: dos tusonas de buen ver, que fumaban con cara de aburridas.

tuta *f* (*reg*) Tanga[1] (juego y pieza). | Moreno *Galería* 370: Expreso ahora en mentados reglamentos o costumbres de jugar, en cuanto a la calva y a la tanguilla o tuta se refiere. Moreno *Galería* 371: Tirando a aproximar chocón a tuta cada uno de los jugadores.

tute *m* **1** Juego de cartas en el que se canta con reyes y caballos y se gana, en algunas modalidades, reuniendo los cuatro reyes o los cuatro caballos. | DPlaja *El español* 83: El español prefiere los juegos "de salón" .. como dominó, tute, mus. Corral *Cartas* 26: En el tute subastado rigen las mismas reglas generales que en el tute arrastrado.
2 *En el tute* [1]: Reunión de los cuatro reyes o los cuatro caballos. *Tb fig.* | *Naipes españoles* 12: El tute de reyes o caballos no vale. *Sáb* 3.12.66, 9: El tute de reinas de la pantalla italiana emigradas temporalmente a Cinelandia queda completo: Sofía Loren, Claudia Cardinale, Virna Lisi y, ahora, esta criatura.
3 (*col*) Trabajo o esfuerzo muy grandes. *Frec en la constr* DAR(SE) UN ~. | FSantos *Catedrales* 23: Para los niños, subir hasta allá arriba es un buen tute. Palomino *Torremolinos* 201: Ahora en Colmenar me tomo una cervecita, que dicen que es muy mala para las purgaciones, pero peor que el tute que me di con la noruega no será, digo yo.
4 (*col*) Acometida muy intensa en el uso, en el consumo o en la ejecución de algo. *Gralm con los vs* DAR O METER. | * Este verano le ha dado un buen tute al coche. * Le has metido buen tute a la labor.

tutear A *tr* **1** Hablar [a alguien (*cd*)] de tú. *Frec el cd es recípr. Tb fig.* | Laforet *Mujer* 185: Julián tuteaba a Paulina. Arce *Testamento* 19: Es mejor que nos tuteemos.
B *intr pr* **2** Tratarse de tú [con alguien]. *Tb fig.* | L. Calvo *Abc* 10.12.70, 37: Nikita había dado a los cubanos las instalaciones y pertrechos nucleares que necesitaban para tutearse con los americanos.

tutela *f* **1** Autoridad conferida legalmente a alguien para cuidar de la pers. y de los bienes de quien, por ser menor de edad o por otra causa, no tiene completa capacidad civil. *Tb la institución legal correspondiente.* | Ramírez *Derecho* 51: Para eso ha creado la institución denominada tutela,

que tiene por objeto la guarda de la persona y bienes, o solamente de los bienes de los que, no estando sujetos a patria potestad, son incapaces de gobernarse por sí mismos.
2 Protección y defensa [de alguien o algo]. | *SPaís* 25.11.77, III: Los derechos y libertades establecidos en este título vinculan a todos los poderes públicos, y cualquier ciudadano podrá recabar su tutela ante los tribunales ordinarios. **b)** Protección o atención vigilante. | PRivera *Discursos* 13: Han pasado de un extremo al otro .., de una sujeción excesiva a la tutela paterna, a un desprecio absoluto por los progenitores.
3 (*Pol*) Administración de un país por otro, encomendada a este por la ONU. | Fernández-Llorens *Occidente* 286: Inglaterra parece haber sido el país más práctico .. Sus políticos .. aceptaron que el período colonial era de duración limitada y convenía prepararse para su eventual liquidación. La doctrina de la tutela fue la fórmula aplicada.

tutelaje *f* Acción de tutelar[1]. | García *Abc* 20.5.75, sn: Se refugian en el "apartamento" para el disfrute de una libertad mal entendida, o para huir del tutelaje de la familia o de la ordenación social.

tutelar[1] *tr* Ejercer tutela [sobre alguien o algo (*cd*)]. | Ramírez *Derecho* 52: Si el tutelado lo es por minoría de edad, corresponde ser tutor al abuelo paterno. Valcarce *Moral* 169: Distinguimos entre los bienes del hombre: 1) Unos puramente externos, cuales son los tutelados por el séptimo y décimo mandamiento. A. Catalá *PapD* 2.88, 129: Junto a ello, debería establecerse un sistema de prácticas tuteladas durante los dos últimos años de carrera, orientadas por profesores en ejercicio que dispongan de las necesarias compensaciones de tiempo para realizar esta función.

tutelar[2] *adj* De (la) tutela. | S. LTorre *Abc* 15.10.70, 27: Repitiendo los viejos cuplés anticolonialistas sobre los escasos territorios que todavía viven .. bajo el viejo estatuto tutelar.

tuteo *m* Acción de tutear. | DPlaja *El español* 28: De este empeño de acercarse lo más posible al de arriba nace el tuteo.

tutiplén. a ~. *loc adv* (*col*) En abundancia. | Torrente *Fragmentos* 391: Alguien mandó que se iluminasen los monumentos como en día de fiesta, y que se diera comida y bebida a tutiplén.

tutor -ra A *m y f* **1** Pers. que tiene la tutela [1] [de otra]. | Ramírez *Derecho* 29: Está prohibido el matrimonio, canónico y civil, .. al tutor con su pupila hasta que, cesado en el cargo, se le aprueben las cuentas.
2 Pers. que cuida y protege [a otra (*compl de posesión*)]. | * Él ha sido siempre mi tutor en el trabajo. * No necesito tutor, me valgo yo sola. **b)** Profesor encargado de la atención y supervisión de los estudios [de los alumnos de un curso determinado]. | A. Miguélez *SYa* 11.5.78, 5: Donde tampoco estamos de acuerdo, dentro de este cuadro de docentes, es en la diferencia que existe entre jefe de seminario y tutor.
B *m* **3** Palo o soporte clavado en el suelo para sostener o enderezar una planta. | Artero *Plantas* 54: Los hay [tallos] .. volubles como la judía, capaz de arrollarse a un tutor.

tutoría *f* Cargo o función de tutor [1 y 2]. | L. Monje *Abc* 22.2.62, 52: Tiene su origen esta singular cofradía en el histórico episodio de la liberación de Alfonso VIII, siendo niño, del cerco a que le tenía sometido en Atienza su tío Fernando II de León, que quería apoderarse del rey castellano y de su tutoría. CBonald *Ágata* 123: Quiso Manuela erigirse en sustituta de parientes olvidados .., ejerciendo a partir de entonces una almibarada tutoría sobre la pareja. A. Miguélez *SYa* 11.5.78, 5: Todos sabemos que la tutoría tiene más trabajo y tanta responsabilidad, al menos, que la de un jefe de seminario.

tutorial *adj* De (la) tutoría o de(l) tutor. | *Ya* 10.10.75, 41: Entre los puntos principales que orientan esta nueva organización figuran el de responder al carácter interdisciplinar del plan de estudios, establecer orgánicamente el sistema tutorial y de orientación y regular la participación en el gobierno del centro.

tutsi (*pl normal*, ~s o ~) *adj* De un grupo racial africano establecido en la región de Ruanda y Burundi. *Tb n, referido a pers.* | M. Unciti *Ya* 15.6.72, 8: Los hutus han sido durante siglos una especie de esclavos de los tutsis, pese a su aplastante mayoría numérica. [*En Burundi.*] Ju. Fernández *Hoy* 30.7.74, 32: Sobre el siglo XI llegan los tutsi, que representan el 10 por 100 de la población actual. [*En Ruanda.*] Ju. Fernández *Hoy* 31.7.74, 16: Con el consentimiento explícito y tolerante de las nuevas autoridades comienza una nueva etapa de asesinatos, masacres, incendios, contra la minoría tutsi, a la que acaban de arrebatar el poder.

tutti (*it; pronunc corriente*, /túti/; *pl invar*) *m* (*Mús*) Parte de una composición musical que ha de ser ejecutada por toda la orquesta. | RÁngel *Música* 59: Los solos instrumentales alternan con los "tutti" orquestales, estableciéndose diálogos entre el solista y la orquesta.

tutti-frutti (*it; pronunc corriente*, /tuti-frúti/; *pl invar*) *adj* **1** [Helado] de frutas variadas. *Frec n m. Tb* HELADO DE ~. | * Me encantan los helados de tutti-frutti. * Pídeme un tutti-frutti.
2 [Cosa] compuesta por una mezcla de elementos variados. *Tb n m. A veces con intención desp.* | J. Berlanga *Abc* 19.9.87, 79: Ofrece a los avispados cinéfilos una programación "tutti-frutti" en la que se conjuntan en perfecta simbiosis clásicos del ayer con lo más reciente de la nueva ola de los 80. B. M. Hernando *Ya* 16.6.85, 7: Alí Agca se empecina en asegurar que es Jesucristo. Pero también ha dicho que es un terrorista ideológico .. Semejante "tutti-frutti", tal empanada de hiel y azúcar, está teniendo resonancia mundial.

tuttista *m y f* (*Mús*) Músico que toca conjuntamente con toda la orquesta. *Se opone a* SOLISTA. *Normalmente en aposición*. | *País* 18.2.84, 36: Orquesta Sinfónica de Euskadi. Se convoca concurso libre para cubrir plazas de Concertino, viola solista, fagot solista, violín tuttista, oboe tuttista con obligación de corno inglés.

tutú (*pl*, ~s) *m* Falda corta de gasa, con varias capas y mucho vuelo, usada por las bailarinas de ballet. | Torrente *Off-side* 76: Las mecanógrafas, pimpantes, con tutús que imitan corolas y cálices de flores, hacen alardes de agilidad sobre las puntas de los pies.

tuturuto -ta *adj* (*raro*) Tonto o turulato. *Tb n.* | Lázaro *Abc* 29.6.85, 3: Tontos hay en cualquier edad .. Mamacallos de colegio o de asilo, .. tuturutos con melena o tonsurados.

tuya *f* Se da este n a varios árboles de la familia del ciprés, cultivados frec como ornamentales (*Thuja orientalis, T. occidentalis, T. plicata y Tetraclinis articulata*). *Frec con un adj o compl especificador.* | Goytisolo *Recuento* 28: Emboscados entre los laureles y las tuyas y los pitosporum, espiaban a las niñas que jugaban en una plazoleta. Loriente *Plantas* 16: *Thuja orientalis* L., "Árbol de la vida"; "Biota"; "Tuya de la China". Loriente *Plantas* 16: *Thuja occidentalis* L., "Tuya del Canadá". Loriente *Plantas* 16: *Thuja plicata* D. Don., "Tuya gigante" .. Esta última es de América del Norte, incluyendo Alaska.

tuyo -ya (*cuando va delante del n del cual es adjunto, se usa la forma* TU *–en pl* TUS–, *que se pronuncia átona*) *adj* De ti. | Vesga-Fernández *Jesucristo* 22: Ahí tienes a tu prima Isabel, que en su vejez ha concebido también un hijo. **b)** (*col*) *A veces se refiere a una pers indeterminada.* | Puértolas *Noche* 87: En la puerta del teatro pregunté por mi entrada. Estaba metida en un sobre en el que estaba escrito mi nombre. Sorprende ver tu nombre escrito en un lugar donde no te conocen de nada. **c) lo ~** (has trabajado lo tuyo); **los ~s** (es de los tuyos); **tu** + *n propio* (tu Juan); **delante** (**detrás**, *etc*) **~**; **ser muy ~** → SUYO. **d) hacer** (**una**) **de las tuyas**; **salirte con la tuya** → HACER, SALIR.

tweed (*ing; pronunc corriente*, /tuíd/ o /tuéd/; *pl normal*, ~s) *m* Tejido escocés de lana, frec. nudoso, propio esp. para trajes y gabanes deportivos. | M. Amat *Des* 12.9.70, 41: En Gran Bretaña: Telas de lana, "tweeds", "shetlands".

twill (*ing; pronunc corriente*, /tuíl/; *pl normal*, ~s) *m* Tejido que forma líneas diagonales. | *Pik Ext* 24.11.70, 12: Los "maxi-abrigos todo tiempo" de empleo deportivo están también realizados en terciopelos, pero sobre todo en la gran gama de los twills.

twin set (*ing; pronunc corriente*, /tuín-set/) *m* Conjunto de jersey y chaqueta. | *Sem* 5.10.74, 73: "Twin set" en pura lana gris, con blusa. Hombros calados y talle canalé. Falda de talle alto en gabardina de lana.

twist (ing; pronunc corriente, /tuis/; pl normal, ~s) m Baile suelto de ritmo muy rápido, caracterizado por el balanceo constante de caderas, brazos y piernas, en boga en la primera mitad de los años sesenta. *Tb su música.* | *Alc* 31.10.62, 26: Bailes modernos, cha-cha-chá, rock and roll, twist. Medio *Bibiana* 53: Teresa no pone un "twist", sino un pasodoble.

twistear (pronunc, /tuisteár/) intr Bailar twist. | L. Calvo *Abc* 21.8.66, 45: Al son de viejas cadencias .. twistean con una gracia fresca y nueva.

typical (ing; pronunc corriente, /típical/) adj (col, humoríst) Típical. | *Mad* 10.9.70, 17: Así, con atuendo "typical", continuó después su actuación.

tzutujil adj De la tribu maya que formó un importante reino en Guatemala en la época anterior a la conquista española, y que hoy habita en el suroeste de Guatemala y oeste de Nicaragua. *Tb n, referido a pers.* | F. Ros *Abc* 6.6.67, 51: Son mayas las tribus de hoy: quichés, tzutujiles, pocomchíes.

U

u¹ → o¹.

u² *f* **1** Letra del alfabeto (*u, U*), que en español corresponde al fonema /u/, o que se usa sin ningún valor fonético siguiendo a *g* (cuando esta letra representa /g/ ante *e o i*) o a *q*. (V. PRELIM.) *Tb el fonema representado por esta letra*. | Academia *Esbozo* 133: Alfabeto español .. ese .., te .., u .., ve o uve. Carandell *Madrid* 129: Feli, la camarera, que era asturiana y hablaba con la u, sacaba del aparador las servilletas.
2 Pieza en figura de letra *u* mayúscula. | GTelefónica *N.* 54: Tubos rectangulares. Úes alas iguales. Tubos redondos, cuadrados y rectangulares.
3 ~ consonante. (*raro*) Uve. | Academia *Esbozo* 133: Alfabeto español: .. ese .., te .., u .., ve o uve, u consonante .., ve doble o uve doble.

uad (*pl invar*) *m* Río del norte de África, seco durante la mayor parte del año. | Plans *España* 204: Como en Ifni llueve, en conjunto, muy poco, no pueden formarse verdaderos ríos. Existen en su lugar unos cauces que casi siempre están secos. A estos cauces secos se los conoce, en estas regiones del Norte de África y del Sáhara, con el nombre de *uad*, palabra árabe que quiere decir río. En Ifni las lluvias permiten que todos los años corra el agua de vez en cuando por los uad.

ubérrimo -ma *adj* (*lit*) **1** Muy fértil. | An. Blanco *Ya* 27.11.74, 41: Muchos países tuvieron que recurrir a importar alimentos de un puñado de naciones que tienen la fortuna de contar con tierras ubérrimas.
2 Muy abundante o rico. | *Abc* 29.7.67, 28: Ha florecido, en cualquier época, una literatura política agraria verdaderamente ubérrima.

ubetense *adj* De Úbeda (Jaén). *Tb n, referido a pers.* | R. Pieltáin *Abc* 2.1.66, 23: En Úbeda entraba para marchar luego a devastar las ricas comarcas de Álora, Antequera y Archidona .. Fueron tales los agasajos y atenciones recibidas por el monarca que este, agradecido al noble ubetense, le pidió para su servicio a uno de sus hijos.

ubi *m* Planta filipina de rizomas comestibles (*Dioscorea alata*). | FReguera-March *Filipinas* 144: También me gustan otras comidas indias, como .. las vainas del árbol cachimil, que parecen judías verdes; la ensalada de bejuco o de palmito; las raíces de ubi y gabi.

ubí *f* Variedad de vid procedente de Cuba. | Salvador *Haragán* 18: Aquí tenemos cuatro clases de vid: la picapoll ..; la ubí de Cuba, o parra cimarrona, que el abuelo mandó traer de allí, no sé por qué, porque es muy basta; la moscatel .. y la concard.

ubicable *adj* (*lit*) Que se puede ubicar. | J. P. Quiñonero *SInf* 25.3.71, 8: Le habla [la literatura] de problemas de siempre, en la medida en que los "problemas de siempre" son ubicables aquí y allá, en cualquier parte.

ubicación *f* (*lit*) Acción de ubicar(se). *Tb su efecto.* | *Mad* 23.4.70, 32: El Price se va de la plaza en donde está el teniente Ruiz, entre otras razones, porque su actual ubicación es insuficiente para albergar .. un aforo consecuente.

ubicar *tr* (*lit*) Situar [algo o a alguien en un lugar]. *Tb fig.* | Coello *InA* 20.3.75, 30: Altea va a ser sede del Museo Taurino Español .. Desde hace bastante tiempo está en la mente de los señores que hoy forman el consejo de administración de [*sic*] ubicarlo en Altea. D. Rodríguez *PapD* 2.88, 181: Las anteriores cuestiones pueden ayudarnos a ubicar «el papel de las "artes" en la educación obligatoria». J. M. Osés *PapD* 2.88, 42: La angustia del profesorado ante qué y cómo se va a llevar a cabo esta reforma, y dónde va a quedar ubicado cada cual. **b)** *pr* Estar situado [en un lugar]. | J. Tarín *Abc* 21.3.76, 12: Hace muchos, muchísimos años, en la barcelonesa calle de Fernando, cuando todavía se ubicaba en ella toda la crema de la ciudad, existía una sombre[re]ría de exquisito gusto.

ubicuamente *adv* (*lit*) De manera ubicua. | Goytisolo *Recuento* 549: Una tormenta providencial desbarató aquel ambiente como de casino de pueblo .., los pasodobles ubicuamente repetidos por los altavoces.

ubicuidad *f* (*lit*) Cualidad de ubicuo. | *HLM* 26.10.70, 8: Como si se tratase de uno de esos santos que, poseyendo don de ubicuidad, vivían a la vez en dos ciudades distintas y distantes entre sí.

ubicuo -cua *adj* (*lit*) Que está presente en todas partes a un mismo tiempo. *Gralm con intención ponderativa.* | Miguel *Ya* 3.2.90, 14: El otro día oí por la ubicua radio la más extravagante interpretación de la realidad noticiosa. Benet *Aire* 94: Sirvió sobre todo para hacer más pública y casi ubicua la figura del doctor. MSantos *Tiempo* 122: Incluso para Matías —cuya casa era— tenía que resultar el pasillo demasiado ancho y el criado demasiado ubicuo.

ubio *m* (*reg*) Yugo (de animales). | A. RAbascal *GacCo* 10.89, 12: En el entorno escurialense hay una montaña que tiene forma de "ubio", o de yugo, para mejor entender, llamada Las Machotas.

ubre *f* Teta de la hembra de un animal mamífero. *Tb (desp o humorist) referido a mujer, a veces denotando gran tamaño.* | Arce *Testamento* 37: Si entraba en el establo me parecía verla bajo las ubres de una vaca, ordeñando. CBaroja *Brujas* 99: ¿Hay .. un relieve más horrible que el de la portalada de la iglesia de Moissac, en el que se ve cómo mientras dos serpientes cuelgan de las ubres flácidas de otra mujer desgraciada y un sapo se coloca sobre su sexo, el Diablo la contempla tranquilamente? **b)** Conjunto de las ubres. | *Inf* 23.11.72, 23: Ese caballero que aparece tranquilamente ordeñando la ubre de la vaca es un minero de la localidad leonesa de Taravilla. Grosso *Germinal* 39: Mi madre .. dejó de usar aquellos escotes que le dejaban la canal de los pechos al aire, y a veces hasta la misma ubre.

ubrera *f* Excoriación que se forma en la boca a los niños de pecho. | Campmany *Abc* 6.2.88, 17: A las [mamas] de mi madre estuve agarrado yo hasta más allá de los dos años, por más ubreras que me salían.

ucase (*tb, frec, con la grafía* **ukase**) *m* (*hist*) Decreto del zar de Rusia. | P. González *Inde* 19.11.90, 13: El zar gobernaba mediante ucases y también cayó. N. Luján *Faro* 29.7.75, 7: Horas después, casi todas las barbas habían

ucedista – ulceración

desaparecido de la corte. Y Pedro el Grande dictó en 1698 un "ukase" prohibiendo llevarlas. **b)** (*lit*) Mandato arbitrario y tajante de la autoridad. | Gala *Sáb* 17.3.76, 16: ¿Continuará manejándose esta patria por consignas, "ukases", materias reservadas y cabildeos secretos?

ucedista *adj* De UCD (Unión de Centro Democrático, partido político, 1977-1982). *Tb n, referido a pers.* | *País* 10.4.79, 8: La oportunidad de tener un poder municipal ampliamente ejercido por la oposición puede y debe servir de freno a los excesos del triunfalismo ucedista.

UCI (*sigla*) *f* Unidad de cuidados intensivos de un hospital. | *Ya* 29.4.90, 54: Liz Taylor abandona la UCI.

ucraniano -na I *adj* **1** De Ucrania (república de la antigua URSS). *Tb n, referido a pers.* | Torrente *Vuelta* 207: Pelado y rasurado, se vio al espejo que le ofrecían, y halló en su rostro, en su cabeza, algo de oriental, de mongólico .. En Alemania, en la Universidad, había conocido a un ucraniano con la cara así.
II *m* **2** Idioma hablado en Ucrania. | Miret *Tri* 12.12.70, 16: Edita todos los meses, en español, alemán, francés, inglés y ucraniano, un millón de ejemplares.

ucranio -nia *adj* Ucraniano. *Tb n.* | *D16* 22.8.77, 13: Meses antes .., el muralista mejicano Siqueiros había atentado contra la vida del político ucranio [Trotski].

ucronía *f* (*lit*) Utopía histórica, o construcción de la historia sobre datos hipotéticos o ficticios. | MPérez *Comunidad* 79: El historiador no debe incurrir en la ucronía; bastante tiene con explicar o tratar de explicar lo que realmente pasó para ponerse a especular con lo que pudo haber pasado.

ucrónico -ca *adj* (*lit*) De la ucronía. | Pemán *Abc* 29.11.70, 3: Todos creían haber inventado alguna forma utópica y ucrónica.

udrí *adj* (*lit*) [Amor] idealista y casto cuya teoría fue formulada por el árabe Muhammad ibn Dawud (s. IX). | Cunqueiro *Sáb* 27.8.75, 23: Aquí [en la película sobre Juan Ruiz] .. nos sacan del libro, y Juan Ruiz no cata la monja ..; sobre su cama, en un alarde que llega hasta el amor udrí y los platónicos continentes, una rosa roja y un cilicio.

uf *interj* (*col*) Acompaña predominantemente a situaciones o frases de cansancio, alivio, repugnancia o sofoco. | * Uf, no puedo más; me voy a dormir. * ¡Uf, qué asco! * ¡Uf, menos mal que has apagado la radio! Cela *Judíos* 228: –¿A dónde van? –¡Uf, a donde quiera! **b)** *A veces se usa para ponderar algo que se expresa a continuación de modo exclamativo.* | CSotelo *Muchachita* 286: –Qué lengua más expresiva la nuestra, ¿verdad, Ángel? .. –¡Uff..., imagínate! Ramín *Voz* 8.11.70, 6: ¡Uf!, cómo vuela el tiempo; me temo que tendré que dejar la consulta para otro día.

ufa *interj* (*raro*) Uf. | CSotelo *Inocente* 122: –Yo es que me encuentro muy solo. –Ufa..., si es por lo de la soledad, visítame cuando quieras.

ufanamente *adv* De manera ufana. | J. A. Sobrino *Ya* 24.12.74, 8: Ya podía ufanamente alzar sus torres la destilería de butano.

ufanarse *intr pr* Mostrarse ufano u orgulloso [de algo]. | CNavarro *Perros* 117: Ante una de las puertas había un niño jugando con su perro. El animal se dejaba retorcer las orejas, y el pequeño se ufanaba de ello.

ufanía *f* Cualidad de ufano. | CBonald *Noche* 125: Octavio el jardinero lo miraba con la ufanía del que se dispone a remediar una ignorancia.

ufano -na *adj* Orgulloso o satisfecho [de algo]. *Tb sin compl.* | A. Assía *Van* 10.1.74, 6: Imagínese usted que después de proceder a la publicación de tal disposición nuestros administradores se quedarán tan ufanos pensando que habían descubierto la cuadratura del círculo. Gala *Sáb* 17.3.76, 16: Televisión Española, en junio, mandó al Festival de Praga "El doncel de Sigüenza"; luego, a otro, "Quevedo"; a los visitantes extranjeros les visionaba, muy ufana, unos u otros. **b)** Arrogante o altivo. | Zunzunegui *Hijo* 58: Ante el espejo se encontró ufano y hermoso.

ufología *f* Estudio de los ovnis. | J. J. Plans *Ya* 15.6.74, 7: Ovnis. La ufología en el periodismo.

ufológico -ca *adj* De (la) ufología. | Á. Vence *Faro* 30.7.75, 11: Con esa metodología .. no parece casar muy bien la aureola mística que algunos francotiradores han conseguido colgar a los fenómenos parapsicológicos y ufológicos.

ufólogo -ga *m y f* Especialista en ufología. | *Faro* 30.7.75, 11: El matrimonio Alonso busca ufólogos y parapsicólogos en Galicia.

ugandeño -ña *adj* Ugandés. *Tb n.* | Anson *SAbc* 20.4.69, 8: En los parques nacionales ugandeños las fieras salvajes gozan de plena libertad.

ugandés -sa *adj* De Uganda. *Tb n, referido a pers.* | *HLM* 9.12.74, 7: Se dice que toda la historia pudo ser una sencilla y apasionada reacción amorosa del Presidente ugandés.

ugarítico -ca *adj* De Ugarit (antigua ciudad de Siria). | GYebra *Traducción* 29: Ugarit fue un emporio comercial situado en la costa de Siria, 11 kilómetros al norte de Lataquia .. La literatura ugarítica recibe temas de la babilónica y la egipcia.

uh *interj* (*col*) **1** *Se usa para ponderar algo que se expresa a continuación.* | CPuche *Paralelo* 285: –El niño está muy bien. ¿No? –¡Uh! Está desconocido. Últimamente ha crecido por lo menos cinco centímetros. Y come como una fiera. MGaite *Visillos* 16: Es que es una friolera, ¿mi madre?, uh, algo de miedo.
2 *Denota desilusión, desdén o escepticismo.* | GPavón *Hermanas* 54: –¡Las dos eran solteras y sin compromiso? –¡Uh, qué lástima! Pues claro. *HLo* 28.2.76, 22: –¿Cuándo van a dimitir los señores que dicen que nos estamos cargando el país, para que no dé tiempo a que se lo carguen ellos? –Uuuuuuuh. [*En el texto, sin* h.]
3 *Se usa para asustar.* | ZVicente *Traque* 273: Ya de noche, si estábamos solos en casa, pues que me corrían por los pasillos, ¡Uuuh!, ¡Uuuh!, y yo, venga a llorar.
4 *Se usa para imitar el aullido de algunos animales.* | * Uuuh, sonaba a lo lejos el aullido del lobo.

UHF (*sigla; pronunc corriente,* /ú-âĉe-éfe/) *m* (*RTV*) Frecuencia de onda radioeléctrica comprendida entre 300 y 3.000 megahertzios. | GTelefónica *N.* 1009: Videotel. Servicio técnico de TV. Adaptación de UHF. Instalación de antenas. **b)** (*col*) Canal de televisión que transmite en UHF. | J. Esquivel *Ya* 1.4.75, 43: Este es el planteamiento de Juan José Plans .. en "El mar soñado", que se emite esta noche en el espacio "Original", del UHF.

uigur (*tb con la grafía* **uighur**) *adj* [Individuo] de un pueblo mongol del noroeste de China y zonas limítrofes. *Tb n.* | Anson *SAbc* 25.1.70, 5: Tongus, manchúes, turcos, los de la raza altaica, y los uighur, y los tibetanos altivos como monasterios.

ujier *m* Empleado subalterno de algunos tribunales y cuerpos del estado. | Laiglesia *Tachado* 80: –Excelencia –anunciaba un ujier–, el encargado de Negocios de Honduras desea ser recibido.

ukase → UCASE.

ukelele *m* Guitarra hawaiana de cuatro cuerdas. | *País* 28.12.76, 1: Garrido. Instrumentos de música. Acordeones piano .. Órganos electrónicos con y sin ritmo. Ukeleles. Timples.

ulano *m* (*hist*) *En algunos ejércitos europeos, hasta la primera Guerra Mundial;* Lancero de caballería. | Torrente *Saga* 493: Se enamoró de mí el Príncipe-Elector del Palatinado .. y me rogó que fuese a cantar al teatro de Heidelberg; y, cuando llegué, ni teatro ni nada: dos habitaciones en el castillo, con ventanas al parque, y una guardia de ulanos a la puerta, unos soldados grandes y fuertes como tilos.

úlcera *f* Solución de continuidad en un tejido orgánico, con pérdida de sustancia y con escasa o nula tendencia a la cicatrización. | M. Aguilar *SAbc* 30.11.69, 54: Otros síntomas frecuentes son un cansancio exagerado y úlceras en la cavidad bucal. **b)** Úlcera de estómago o de duodeno. | SSolís *Blanca* 82: –Pero tienes buena salud, ¿no? –¡Qué va! Bajones de tensión y dolores de cabeza, y que tuve úlcera.

ulceración *f* Acción de ulcerar(se). *Tb su efecto.* | M. Aguilar *SAbc* 30.11.69, 54: Otros síntomas frecuentes son un cansancio exagerado y úlceras en la cavidad bucal, .. aunque puede[n] no existir ulceraciones.

ulcerar *tr* **1** Causar úlcera [en un órgano (*cd*)]. | *Cam* 5.12.77, 99: La enfermedad .. afecta a la córnea por medio de un virus, ulcerándola hasta producir la ceguera total. **b)** *pr* Pasar [un órgano o (*raro*) una pers.] a padecer una úlcera. | CBonald *Ágata* 92: El enfermo no había dejado un solo instante de supurar y temblar, como si la carne le abrasase y quisiera desprenderse de ella sacudiéndosela por las porciones ulceradas. SFerlosio *Jarama* 58: Estuvimos echando la cuenta, por curiosidad, a ver cuántos eran los que conocíamos en el pueblo ulcerados de estómago.
2 (*lit*) Herir o dañar. | Lera *Olvidados* 176: Tan repetidos alfilerazos consiguieron ulcerar su espíritu, y sentía ya cualquier roce, por mínimo que fuese, como un zarpazo en la carne viva. Aguilar *Experiencia* 20: Esa sensación de injusta inferioridad ulceró mis años infantiles precozmente avisados.

ulcerativo -va *adj* Que produce úlcera. | CBonald *Ágata* 295: Pedro Lambert .. empezó a relacionar el deterioro físico –y mental– de la madre con aquel otro ulcerativo proceso de corrosión que terminaría relegando al padre a un funesto estado irracional.

ulceroso -sa *adj* **1** De (la) úlcera. | P. Escartín *ByN* 29.11.75, 99: Se ha dicho que la enfermedad ulcerosa gastroduodenal es una enfermedad propia de la civilización.
2 Que padece úlcera. *Tb n, referido a pers.* | Cela *Judíos* 301: Al vagabundo, los ajados y siempre mal afeitados, los ulcerosos y aparatosos maceros de las grandes solemnidades, le producen la misma honda tristeza que las purpurinas. *Abc* 21.5.67, 89: Consideraciones sobre la patogenia y el tratamiento de los ulcerosos gastroduodenales.

ulcus *m* (*Med*) Úlcera. | *TMé* 24.12.82, 33: Contraindicaciones: .. Ulcus gastroduodenal.

ulema *m* Entre los musulmanes: Doctor de la ley. | GTolsá *HEspaña* 1, 234: La mezquita propiamente dicha es una sala rectangular esterada, orientada hacia La Meca, en cuyo fondo se halla una hornacina llamada mihrab y a su derecha un púlpito, denominado mimbar, desde donde predica el ulema.

ulfilano -na *adj* [Alfabeto] gótico cuya invención se atribuye al obispo Ulfilas (s. IV). | MSousa *Libro* 75: En España, en el año 598 el Rey Recaredo ordena destruir los libros arrianos, lo que trae como consecuencia que no quede en la península ningún escrito en caracteres ulfilanos.

ullastre *m* (*reg*) Acebuche. | *MOPU* 7/8.85, 57: Las llamadas estepa negra y estepa llimonenca se asocian a los pinares, y en el monte bajo o "garriga" predominan la mata y el ullastre.

ulldeconense *adj* De Ulldecona (Tarragona). *Tb n, referido a pers.* | Reglá *HEspaña* 3, 70: Miguel Servet .., un librepensador producto del humanismo crítico, como el humanista ulldeconense Pedro Galés, filólogo y jurisperito.

ulmaria *f* Reina de los prados (planta). | Mayor-Díaz *Flora* 335: *Filipendula ulmaria* (L.) .. "Reina de los prados", "Ulmaria". (Sin. *Spiraea ulmaria* L.) .. Hojas grandes .. Flores blancas en corimbo.

ulmo *m* Árbol chileno de flores blancas, cuya corteza se emplea para curtir (*Eucryphia cordifolia*). | Delibes *Mundos* 86: La mezcla de carne .. con mariscos y verduras se recubre con hojas frescas de ulmo y tierra encima.

ulna *f* (*Anat*) Cúbito. | Alvarado *Zoología* 81: Para las extremidades anteriores (escapulares) [de los anfibios] los elementos esqueléticos del quirídio son: En el brazo, un solo hueso: el húmero .. En el antebrazo, dos: radio .. en la parte correspondiente al dedo pulgar (primer dedo), y cúbito o ulna .. en la parte correspondiente al meñique (quinto dedo).

ulsterización *f* (*Pol*) Paso [de una región] a un estado de lucha terrorista por la independencia, similar al del Ulster. | *País* 21.8.79, 9: Yo creo, sinceramente, que no se llegará a la *ulsterización* de Euskadi.

ulterior *adj* (*lit*) [Cosa] posterior en el tiempo. | V. Royo *Sp* 19.7.70, 19: Un paquete de acciones que quedan depositadas bancariamente, pendientes de su ulterior decisión.

ulteriormente *adv* (*lit*) De manera ulterior. | Y. Valladares *SInf* 25.2.76, 5: El cáncer "in situ" puede permanecer localizado y prácticamente inocuo de manera indefinida, pudiendo ulteriormente evolucionar en dos direcciones.

ultílogo *m* (*lit*) Discurso puesto en un libro después de terminada la obra. | E. Chamorro *Tri* 15.5.71, 31: "La vida nació de un solo grito del Señor, y cada vez que se repite no es una nueva voz la que la ordena, sino el eco que va y vuelve desde el infinito al infinito." (Ultílogo de "El bosque animado".)

ultimación *f* Acción de ultimar. | Ramírez *Derecho* 93: Sabe que el hombre ha de morir, ha de dejar de ser, pero su patrimonio, cuando lo tiene, queda, como quedan, pendientes de realización o ultimación, los negocios jurídicos que no llegaron a consumarse.

últimamente *adv* En el tiempo inmediatamente anterior. | CNavarro *Perros* 118: Últimamente había circulado por la ciudad cierta historia un tanto turbia. Laforet *Mujer* 23: Últimamente el tema del día y de la noche ha sido el de esas mujeres.

ultimar *tr* **1** Rematar [una cosa (*cd*)] o darle el último toque. | FQuintana-Velarde *Política* 40: Ultimado el artículo producido, se deposita en los almacenes de salida, de donde parte hacia los clientes. **b)** Alcanzar [un acuerdo (*cd*)] después de unas negociaciones. | * Ha sido ultimado el convenio colectivo de la Telefónica.
2 (*raro*) Matar [a alguien]. | X. Domingo *Tri* 1.5.71, 23: Algunas ejecuciones, como la del internacionalista Varlin, fueron especialmente atroces .. La misma plebe de hampones de Montmartre .. le linchó y le arrojó frente al muro de la Sinagoga de la calle de Rosiers; allí los soldados ultimaron a Varlin con fusiles que no disparaban bien.

ultima ratio (*lat; pronunc,* /última-rátio/) *f* (*lit*) Razón última. | MSantos *Tiempo* 55: La ultima ratio de la reproducción ratonil consiste en conseguir el celo de las ratoncitas. L. Apostua *Gac* 7.3.76, 27: No puede haber libertad sin la efectiva protección de unas Fuerzas Armadas que, como "ultima ratio", la protejan de las ofensivas extremistas de uno y otro signo.

ultimato *m* (*raro*) Ultimátum. *Gralm en pl.* | F. Sales *País* 4.11.93, 4: El Grupo Islámico Armado (GIA) ha concedido un mes de plazo a los residentes franceses para que abandonen Argelia .. Ultimatos similares, con un plazo más corto, han sido remitidos también por los integristas a otras delegaciones diplomáticas.

ultimátum (*pl normal,* ~s *o invar*) *m* Condiciones últimas y terminantes que un estado presenta a otro comportando intimación. | Jover *Historia* 771: El gran designio de los medios africanistas portugueses consiste en soldar las posesiones de Angola y Mozambique mediante la ocupación de los territorios intermedios (actual Rhodesia). Ahora bien, estos planes chocan con los de Inglaterra .. Los portugueses toman la iniciativa; pero un ultimátum del gobierno británico –exigiendo una respuesta "aquella misma tarde": 11 enero 1890– obliga al de Lisboa a telegrafiar a su gobernador en Mozambique las instrucciones dictadas por Londres. **b)** Propuesta o demanda final y perentoria. | A. Assía *Van* 4.11.62, 15: Ultimátum al canciller en relación con el desorbitado caso "Spiegel". J. CCavanillas *Abc* 16.12.70, 39: Ha vuelto a poner en posiciones hostiles entre sí a los componentes de la coalición gubernativa, hasta el punto de crearse un clima de ultimátums.

ultimidad *f* (*lit, raro*) Razón última. | Laín *Marañón* 156: La orientación del espíritu humano hacia las ultimidades de la existencia –esto es, hacia lo que otorga último fundamento a la vocación del hombre– puede adoptar y adopta de hecho dos formas cardinales: la conjetura y la fe.

último -ma I *adj* **1** Que en una serie o en una sucesión ocupa un lugar posterior a todos los demás elementos. *Frec n va sobrentendido.* | Medio *Bibiana* 11: Bibiana .. recorre toda la casa recogiendo cosas, .. dando un último vistazo a los zapatos y a la ropa que mañana se van a poner los muchachos. *Tri* 19.11.66, 92: Margarita confiesa ser la última de la clase. **b)** [Cosa] más allá de la cual no hay otra de su especie. | SLuis *Doctrina* 56: Los novísimos .. Son realidades últimas y definitivas de la vida humana. Gambra *Filosofía* 185: Cualquiera de nuestros actos voluntarios adquiere verdadero sentido dentro de una serie de bienes y fines escalonados, que solo se justifican por el bien o fin último, del que los demás dependen. **c)** [Cosa] más extremada. *Frec con intención ponderativa.* | Grosso *Capirote* 196: El

corneta rubricó el solitario arabesco de un *do* sostenido. Los tendones de la garganta parecían estallarle dilatados hasta el último extremo de la vibración. ZVicente *Traque* 188: Y ahora... Realquilada. Lo último, no me diga. Yo que he vivido en una embajada. **d)** [Pena] de muerte. *Normalmente antepuesto al n.* | Delibes *Año* 94: Hacemos constar nuestra repulsa porque aún perdure en el país la pena de muerte .. Es paradójico que en España exista la última pena y no exista la de cadena perpetua. **e)** Definitivo. | *Gac* 9.8.70, 9: El Gobierno del coronel Huari Bumedien tiene la última palabra. **f)** [Lugar] más lejano o escondido. *Con intención ponderativa.* | Espinosa *Escuela* 205: El buen padre del último rincón exigió que te ligáramos también los pies. **g)** De la menor importancia. | Torrente *SInf* 26.2.76, 12: El diario provincial en que lo encuentro lo considera noticia de última clase, confinada a página interior, con titular a una columna. **h) última** [voluntad], ~ [grito], ~s [sacramentos] → VOLUNTAD, GRITO, SACRAMENTO.
2 Inmediatamente anterior (en el espacio o en el tiempo). | Miguel *Inf* 2.2.74, 17: Ese plantel de personas apenas ha cambiado de significación ideológica en los últimos treinta y tantos años. *País* 10.1.79, 8: La derecha conservadora remeda al último Calvo Sotelo.
II *n A m* **3** *En pl:* Finales [de una determinada unidad de tiempo no inferior al mes]. *Frec en la constr* A ~s. | *Inf* 10.3.76, 36: Un grupo de universitarios .. han tomado la iniciativa de organizar unas Jornadas de Filosofía, que se llevarían a cabo .. a últimos de este mes y primeros de abril. * Los últimos de mes son terribles.
B *f* **4 las últimas.** *(col)* Los últimos momentos o la muerte. *Gralm en la constr* ESTAR EN LAS ÚLTIMAS. *Tb fig, a veces referido a situación económica.* | C. Aguilera *Ya* 19.11.89, 39: Solo le queda a José Luis [enfermo] una hermana .. y sus padres, a los que ama y necesita, porque sabe que serán los únicos que estarán a su lado cuando lleguen las últimas. Berenguer *Mundo* 354: ¡Pero cómo va a decir eso, si ayer estaba en las últimas y me mandó por ti! Ferres-LSalinas *Hurdes* 86: –Beba vino– Antonio ofrece la bota. –No puedo catarlo, me hace daño dentro de la tripa. La última vez que bebí me puse a las últimas. * El periódico está en las últimas. * El pago del coche me ha dejado casi en las últimas.
III *loc adv* **5 a la última.** *(col)* A la última moda. *Tb adj.* | Lorenzo *Abc* 15.6.76, sn: Corro después la noche de Plasencia alegre, a la última, porque, señores, me encantará luego pregonarlo: Plasencia es una fiesta. Marías *Abc* 25.3.84, 3: Es muy frecuente que los que no han sido nunca liberales traten siempre de estar "a la última" y rehúyan toda apariencia "conservadora".
6 a lo ~ *(o, raro,* **de últimas**). Al final. | Berenguer *Mundo* 69: Me volví al campo mareado del berrinche porque, a lo último, me salió preguntando por la Carmen y por el crío. Cunqueiro *Un hombre* 185: Ellos contestaron que ahora de últimas había tantos coronados que solo los escribanos llevaban la cuenta.
7 por ~. En último lugar. | M. Funes *Sáb* 5.10.74, 23: Por último, comentemos la nota del Banco de España, que ha producido una impresión deplorable. **b)** Al fin o por fin. | * No quería salir, pero por último le convencieron.

ultra *adj* **1** *(col)* [Pers.] ultraderechista. *Frec n.* | *Cam* 9.2.76, 28: Las acciones de los ultras no recusan la violencia, si bien especializan sus modalidades favoritas y sus destinatarios habituales. **b)** [Pers.] de ideas sumamente conservadoras en religión. *Frec n.* | Georgina *NEs* 11.8.78, 7: Se programa una sentada en el palacio arzobispal, contra la postura de Tarancón, por parte de un grupo de sacerdotes progresistas .. Ceferino de Blas dice que el cardenal no ha sido nunca un progresista como le tildan los "ultras", ni un integrista como le motejan los contestatarios de izquierda.
2 *(col)* [Pers.] extremista. *Frec n.* | *Cam* 9.2.76, 28: Más de medio centenar de partidos o agrupaciones políticas hay en este país en el abanico que va desde los ultras de derecha al considerado por el profesor Martínez Cuadrado como el "centro liberal".
3 *(col)* De los ultras [1 y 2]. | *Cam* 2.2.76, 30: En el arco iris de la política española se concretarían –según el profesor Martínez Cuadrado– doce corrientes significativas, desde un extremo ultra al otro.
4 *(TLit)* Ultraísta. | Marco *Lit. española* 4, 153: El manifiesto ultra se publicó en el otoño de 1918.

ultra- *pref Se antepone normalmente a adjs.* **1** Extremadamente. | *Por ej: Pue* 9.11.70, 14: En una segunda fase investigadora se pasó al tren vertebrado actual, en el que se suprime la clásica rueda de pestaña, se hace indescarrilable al móvil y se obtienen economías sustanciales de todo orden por medio del ultraaligeramiento del tren, con reducciones de una quinta parte de su peso. T. Berruetta *Rev* 12.70, 28: Regaladle algo original .. Que llame la atención. Una agenda ultraconfidencial con el número de teléfono del último conjunto musical. *Lab* 9.70, 61: Abrigo corto: .. confeccionado como una chaqueta recta, ultralarga. A. Semprún *Abc* 27.11.70, 43: Eran los integrantes de un famoso conjunto de música ultramoderna, llamado .. "The Piper". *Abc* 7.9.66, 28: No vaciló en romper con Hertzog y formar con Johannes Strijdom un partido extremista, o ultranacionalista. M. Calvo *MHi* 8.66, 24: Se trata de determinar las condiciones apropiadas para la congelación ultrarrápida de algunas frutas. A. Cobos *Ya* 18.2.75, 33: Jaime de Jaraíz, que hace gala de maestría ortodoxa en sus lienzos ultrarrealistas, se define con mayor personalidad cuando se mueve en un mundo de armonías coloristas. *Pue* 20.1.67, 6: Nadie se explica cómo 50 cuartillas conteniendo planes ultrasecretos hayan podido ser extraviadas por su portador.
2 Más que, o más allá de. | *Por ej: Ecc* 16.11.63, 29: Los padres han saludado con aplausos al ultracentenario. A. M. Yagüe *Ya* 22.2.89, 21: Ultraescalas. Las tecnologías VLSI se caracterizan por tener dispositivos submicrón. Esto implica la necesidad de reducir la escala fotolitográfica de forma que se resuelvan líneas por debajo de la micra. *Pue* 10.11.70, 20: Terminal para el envío y recepción masiva de datos entre distintas localidades, mediante el uso .. de enlaces radiotelefónicos de hiperfrecuencia y ultrafrecuencia y satélites de comunicaciones. Casares *Música* 169: El serialismo integral o el ultrarracionalismo. Pericot-Maluquer *Humanidad* 160: Otra de las características menorquinas es la aparición de las grandes *taulas*, en el interior de recintos ultra-semicirculares.

ultracentrifugación *f (E)* Centrifugación a alta velocidad. | V. Moreno *Rev* 12.70, 25: Se conocen dos técnicas de enriquecimiento de uranio: la difusión gaseosa y la ultracentrifugación.

ultracentrífugo -ga *adj (E)* Que centrifuga a alta velocidad. *Frec n f, referido a máquina.* | *Ya* 22.10.64, sn: Máquinas centrífugas para laboratorio. Máquina ultracentrífuga analítica y aparato electroforético. Moraza *Ya* 4.12.74, 36: Corresponde a Claude el mérito de comprender la importancia que el microscopio y la ultracentrífuga podían tener para el estudio del protoplasma celular.

ultracongelar *tr* Congelar [algo, esp. alimentos] a alta velocidad. *Frec en part, a veces sustantivado.* | *Ya* 22.1.90, 39: Los alimentos ultracongelados deben ser envasados por el fabricante en envases adecuados que los protejan contra las contaminaciones externas de microbios.

ultracorrección *f (Ling)* Deformación de una palabra por equivocado afán de corrección. | Lapesa *HLengua* 118: La ultracorrección es fenómeno endémico en esta época de vacilaciones.

ultracorrecto -ta *adj (Ling)* [Forma] producida por ultracorrección. | Marcos *Gramática* 266: Existe en el coloquio la negación del imperativo con *no*, tal vez semiculta o ultracorrecta en sus orígenes .., pero ya bastante frecuente.

ultracorto -ta *adj (Radio)* [Onda] de longitud inferior a 10 m. | E. Novoa *Abc* 7.5.58, 27: El transistor revolucionó la "radio"; pero de modo parcial, pues no era apropiado para ondas cortas y ultracortas.

ultraderecha *f (Pol)* Extrema derecha. | *Cam* 9.2.76, 28: Es en las conmemoraciones falangistas en las que se perfilan una serie de escisiones latentes, algunas de las cuales nutrirán después las filas de la ultraderecha.

ultraderechista *adj (Pol)* De la ultraderecha. *Tb n, referido a pers.* | *Inf* 8.8.70, 28: El grupo ultraderechista uruguayo "Mano" ha hecho público su propósito de comenzar una persecución de sangre contra los familiares de los "tupamaros". A. Barra *Abc* 15.12.70, 26: La serie de alegaciones caprichosas contra nuestras autoridades e instituciones encuentran eco generoso en el mencionado diario, y en algún otro de tendencia ultraderechista.

ultraísmo *m* **1** (*TLit*) Movimiento poético español e hispanoamericano surgido en 1918, de carácter vanguardista y de reacción contra el modernismo, que propone una poesía esencialmente metafórica e inspirada en los temas más dinámicos y deportivos del mundo moderno. | GLópez *Lit. española* 627: Pasado el momento iconoclasta del ultraísmo, hay una vuelta a los cauces tradicionales.
2 (*Pol*) Tendencia extremista. | Buero *SNue* 4.1.76, 8: El país tiene que abocar a una verdadera libertad. ¿Cómo reaccionará con ella si no está acostumbrado? Está por ver, pero lo que sí hemos visto es cómo ha reaccionado ante la falta de ella: creando ultraísmos, que son perjudiciales para la totalidad del cuerpo social.

ultraísta *adj* (*TLit*) Del ultraísmo [1]. | DPlaja *Literatura* 502: Gerardo Diego .. empezó su obra poética, en parte, dentro del movimiento ultraísta. **b)** [Poeta] adepto al ultraísmo. *Tb n.* | DPlaja *Literatura* 501: Buscando la novedad, los poetas ultraístas cayeron en los caligramas que había puesto de moda Apollinaire. Gaos *Antología* 25: Para los ultraístas la imagen y la metáfora eran los "más puros e imperecederos elementos" del poema.

ultraizquierda *f* (*Pol*) Extrema izquierda. | *Cam* 9.2.76, 28: En algunos casos, los métodos se identifican plenamente con los de la ultraizquierda.

ultraizquierdista *adj* (*Pol*) De la ultraizquierda. *Tb n, referido a pers.* | *Cam* 2.2.76, 30: En el arco iris de la política española se concretarían –según el profesor Martínez Cuadrado– doce corrientes significativas, desde un extremo ultra al otro: ultras (trece grupos), .. izquierdistas (tres), ultraizquierdistas (cinco).

ultrajador -ra *adj* Que ultraja. *Tb n, referido a pers.* | *Ya* 2.8.85, 15: Ultraje a la Gran Vía .. Nuestro comunicante añade: "Madrileños que amáis un Madrid acogedor, no consintáis que se echen de ella los ultrajadores". Goytisolo *Recuento* 239: Fray Garí o Garín, ultrajador y asesino de Riquilda, hija de Vifredo el Velloso.

ultrajar *tr* **1** Ofender o injuriar de palabra o de obra. | L. Calvo *SAbc* 16.3.69, 18: Tenía la aptitud de hacer un espectáculo de sí mismo, cuándo por su valor temerario, .. cuándo por su defensa de una teoría estética o de un amigo ultrajado. Lázaro *Inf* 22.4.76, 17: Me permito aconsejar a los periodistas que se olviden del condicional francés: ni el desaliento justifica ultrajar nuestra lengua.
2 (*lit*) Violar [a una mujer]. | Delibes *Historias* 48: La joven Sisinia, de veintidós años, hija del Telesforo y la Herculana, fue ultrajada por un bárbaro, allá por el año nueve, y murió por defender su doncellez.

ultraje *m* Acción de ultrajar. *Tb su efecto.* | Salvador *Haragán* 77: Por eso digo que Ricitos no fue movida por la fe, por el ultraje a su Dios. Le movió la piedad.

ultraligero -ra *adj* **1** Sumamente ligero o liviano. | * El modelo está fabricado con materiales ultraligeros.
2 [Avión] muy pequeño, simple y de poco peso, gralm. sin fuselaje y con alas de tela, propulsado por un motor de baja potencia. *Gralm n m.* | B. Castellanos *Ya* 16.6.86, 10: Paracaidistas, ultraligeros y avionetas .. amenizaron el festival aéreo, que terminó en el aeródromo de Las Rozas con el vuelo en ultraligero de Federico Carlos Sainz de Robles y Antonio Garrigues.

ultramar I *m* **1** Lugar que está situado al otro lado del mar. *Esp designa las antiguas colonias europeas en América, Asia y Oceanía. Normalmente sin art.* | Solís *Siglo* 73: Tarde o temprano, los países de ultramar reclamarán su independencia. *Inf* 16.3.76, 1: Mensaje del Rey a los españoles de ultramar.
II *adj invar* **2** [Color azul] intenso propio del lapislázuli. *Tb* DE ~. | Gironella *Millón* 695: Sobre los pupitres, o en el suelo, yacían cuadernos escolares forrados de azul ultramar.

ultramarinero -ra *m y f* (*col, raro*) Comerciante de ultramarinos [2]. | Delibes *Cinco horas* 47: Cada vez que Esther o Valentina o el mismo Crescente, el ultramarinero, me hablaban de su excursión del domingo me enfermaba.

ultramarino -na I *adj* **1** De ultramar [1]. | Paso *Isabel* 289: Eres la trolera más acreditada de España y provincias ultramarinas.
II *m* **2** (*hoy raro*) En pl: Comestibles. *Se usa solo con referencia al comercio de estos.* | GPavón *Hermanas* 50: El primer teléfono correspondía a una tienda de ultramarinos. CPuche *Paralelo* 256: Peluqueros, camareros, dependientes de ultramarinos, chicos de recados y muchachas, todos se asomaban como con miedo y precaución a las puertas de sus establecimientos.

ultramarinos *m* (*raro*) Tienda de comestibles. | Aldecoa *Gran Sol* 87: Con el ultramarinos y la taberna, se aseguraba la vida. Landero *Juegos* 316: Le apenó que aquellas prendas hubiesen ido a parar al infierno de un ultramarinos.

ultramicrobio *m* (*Biol*) Microbio ultramicroscópico. | Alvarado *Botánica* 57: Algunos de ellos [los virus] pueden considerarse como ultramicrobios, es decir, como microbios pequeñísimos.

ultramicroscópico -ca *adj* (*Biol*) Que solo puede ser visto por medio del ultramicroscopio. | N. Retana *Inf* 3.1.70, 19: Faltan .. infinidad de detalles de perfiles que configuren al completo la imagen de ese mundo ultramicroscópico que es la química de la vida.

ultramicroscopio *m* (*Biol*) Microscopio de gran potencia que, mediante una iluminación lateral, permite ver objetos no visibles en el microscopio normal, iluminados brillantemente sobre fondo negro. | Alvarado *Botánica* 59: Con el microscopio ordinario .. [los virus] resultan absolutamente invisibles. Con el ultramicroscopio solo se perciben los mayores en forma de simples puntitos.

ultramontanismo *m* Tendencia ultramontana [2c]. | S. Cámara *Tri* 17.6.72, 11: Yo me echaría a llorar cuando pienso en las víctimas de la intolerancia hispánica, del ultramontanismo hispánico. Esos partidarios de la defensa "a ultranza" de las tan traídas y llevadas esencias hispánicas han conseguido una historia de pesadilla.

ultramontano -na *adj* **1** Del otro lado de los montes. | Carande *Pról. Valdeavellano* 15: Acerca de los burgueses de procedencia ultramontana, le reportan muchas más referencias que otras ciudades las del Norte.
2 (*hist*) [Pers.] partidaria o defensora de las prerrogativas del papa. *Frec n.* | CBaroja *Inquisidor* 46: La época [últimos años del siglo XVIII] era difícil para que nadie triunfara del todo: ni los llamados jansenistas, de tendencia regalista, ni los ultramontanos. **b)** [Pers.] de ideas sumamente conservadoras en cuestiones religiosas. *Tb n.* | Cossío *Confesiones* 65: El [catedrático] de Derecho político, hombre muy ultramontano que explicaba con la mayor claridad los mayores errores. CBaroja *Inquisidor* 16: Los liberales y librepensadores [del siglo XIX] divulgaron imágenes terroríficas de la Inquisición, y los ultramontanos respondieron a los ataques violentos con apologías más o menos sinceras. **c)** De los ultramontanos. | *País* 23.7.76, 4: Irlanda busca, como en el pasado, las señas de su identidad. Y la religión católica, con una interpretación un tanto ultramontana, ha servido de base para semejante búsqueda.

ultramundano -na *adj* (*lit*) De(l) ultramundo. | J. L. Legaza *SYa* 25.1.75, 13: Determinadas combinaciones, duplicaciones o unísonos que los tratados de la época .. rechazarían como anticoloristas los emplea Schumann para darle profundidad, trasfondo, opacidad ultramundana al sonido orquestal.

ultramundo *m* (*lit*) Mundo del más allá. | Torrente *DJuan* 143: No sé el tiempo que pasé de aquella manera, como *médium* cuya mano conducen desde el ultramundo.

ultranza. a ~. *loc adv* (*lit*) **1** A toda costa o sin concesiones. *Frec comp adj.* | Miret *País* 26.5.76, 19: Piensan muchos que es preciso mantener a ultranza la vida vegetativa de un ser humano que no puede recuperar ya el ejercicio de su psiquismo consciente. Benet *Nunca* 16: Creció el horror del sobrino a las virtudes domésticas, la puntualidad inútil, el rigor, la seriedad a ultranza, los lamentos.
2 A muerte. *Tb adj.* | Riquer *Caballeros* 49: La vida real y la novela se siguen interfiriendo en nuestra indagación por el mundo de los caballeros, los carteles de desafío y las batallas a ultranza.

ultrapirenaico -ca *adj* Del otro lado de los Pirineos. | Lapesa *HLengua* 142: Los siglos X al XIII marcan el apogeo de la inmigración ultrapirenaica en España.

ultrapuertos *m* Lugar que está más allá de los puertos. *Sin art*. | VParga *Santiago* 18: El florecimiento de la lírica gallega .. ha sido atribuido a los contactos con juglares de ultrapuertos.

ultrasensible *adj (Fís)* Dotado de sensibilidad superior a la normal. | M. Calvo *MHi* 12.70, 14: Este es el caso del titanio, el germanio, el silicio y un gran número de aleaciones metálicas ultrasensibles. *Ya* 12.4.89, 22: Para detectarlos [los campos magnéticos] se requieren elementos ultrasensibles.

ultrasónico -ca *adj* **1** De(l) ultrasonido. | *SInf* 9.1.70, 4: Los rayos ultrasónicos están recomendados. **2** Supersónico. | Mingarro *Física* 44: Además de motor tipo cohete (propulsión a chorro), aplicado hoy normalmente a los aviones ultrasónicos .., puede construirse otro tipo de motores de reacción.

ultrasonido *m* Vibración sonora cuya frecuencia es superior a los 20.000 ciclos por segundo y resulta imperceptible para el oído humano. | Bustinza-Mascaró *Ciencias* 214: La percepción de ultrasonidos se conoce en otros animales (algunas aves, ciertas razas de perros). Valls *Música* 16: Si el fenómeno vibratorio no alcanza los 30 ciclos, percibimos como un rumor confuso (el infrasonido); y .. el sonido producido más allá de los 20.000 ciclos por segundo (ultrasonido) solo es percibido por oídos muy educados. **b)** Aplicación terapéutica de ultrasonidos. | *GTelefónica* 15: Electrorradiología .. Onda corta. Ultrasonido. Lámpara de cuarzo.

ultrasonoro -ra *adj* De(l) ultrasonido. | Bustinza-Mascaró *Ciencias* 214: Las vibraciones ultrasonoras requieren mucha energía para producirse.

ultraterreno -na *adj* De más allá de lo terreno. | Camón *Abc* 8.12.70, 3: Se ensimisma en la región de los sueños. Pero en esos éxtasis que parecen ultraterrenos la sangre es impetuosa. S. Nadal *Act* 25.1.62, 16: A este hombre sin creencias ultraterrenas, sin una auténtica cultura "en profundidad", el marxismo le hace las veces de "religión" y de "cultura".

ultratumba *f* Mundo del más allá. *Gralm en la constr* DE ~. *Tb fig*. | Torrente *Fragmentos* 36: "¿Y cómo hace su padre para estorbárselo?" "¡Ay, amigo mío! ¡A voces! Me grita desde la ultratumba: ¿Qué vas a hacer? ¡No te acuestes con tu madre!" Pericot-Maluquer *Humanidad* 170: Su característica más sobresaliente es la adopción de nuevas ideas religiosas más espiritualistas sobre la vida de ultratumba. CPuche *Paralelo* 226: Genaro dio varios golpes .. Se abrió el ventanuco de la izquierda y se asomó una cabeza toda blanca .. –¿Quién es? –preguntó una voz de ultratumba. –Soy yo, Genaro .. Abre, madre.

ultravioleta *adj (Fís)* [Radiación] cuya longitud de onda se encuentra entre la del extremo violeta del espectro luminoso y la de los rayos X, y que resulta invisible para el ojo humano. *Tb n m. A veces el pl es invar*. | Bustinza-Mascaró *Ciencias* 139: Por sus ojos, que son compuestos .., perciben [las abejas] las radiaciones ultravioletas, que son invisibles para el ojo humano. No distinguen más que cuatro colores: amarillo, azulado-verdoso, azul y ultravioleta. P. Moreno *SInf* 3.12.75, 4: Después estos son disociados en hidrógeno y en nitrógeno por los rayos ultravioleta procedentes del Sol.

úlula *f* Autillo (ave). | Pombo *Héroe* 30: Con el invierno el Parque Agüero .. cobraba, o recobraba, una cierta mala fama. El Excelentísimo Ayuntamiento, por un lado, procuraba ahorrar fluido eléctrico .. Y por otro, gentuzas allegadas de las incontinentes sombras que iban y venían. Y el cárabo, por otro, la úlula, el diablo que, insensible a las humedades geométricas del boj, hace de todo un poco por puro aburrimiento.

ululante *adj (lit)* Que ulula. *Tb fig*. | Torrente *Sombras* 201: Habían pasado por los alrededores ululantes cabalgatas de búfalos blancos. CPuche *Sabor* 36: Lo que yo veía medio soñando .. en las paredes enroscadas de mi duermevela en las noches de vientos ululantes.

ulular *intr (lit)* Emitir un sonido triste y prolongado, semejante al aullido. *Tb fig, esp referido a viento*. | Olmo *Cuerpo* 60: ¡Entonces yo debía andar con sábana y ululando! Delibes *Ratas* 102: Y con el agua se desató el viento y, por la noche, ululaba lúgubremente batiendo los tesos.

ululato *m (lit)* Sonido triste y prolongado, semejante al aullido. | Aguilar *Experiencia* 175: Oí el ronco ululato de la sirena de un trasatlántico. Pombo *Héroe* 153: En mayo se complicaron [las gripes] con un aparatoso .. caerse del sillón .. y quedarse ahí .. hasta que volvió María del Carmen Villacantero de la misa y de la compra, e iniciar entonces .. un ululato que duró hasta que vino el practicante.

umbela *f (Bot)* Inflorescencia de flores pedunculadas que salen de un punto común y llegan a la misma altura. | Bustinza-Mascaró *Ciencias* 259: Hay muchos tipos [de inflorescencias], entre ellos, como más frecuentes: racimo ..; umbela.

umbelífero -ra *adj (Bot)* [Planta] dicotiledónea de flores en umbela y frutos en aquenio. *Frec como n f en pl, designando este taxón botánico*. | Alvarado *Botánica* 44: La umbela lo es [característica] de las Umbelíferas (perejil, zanahoria, hinojo, anís).

umbilical *adj* Del ombligo. | MSantos *Tiempo* 129: La sangre visigótica enmohecida ves .. circular .. por nuestras venas umbilicales. Prandi *Salud* 599: El equipo de ropa [del recién nacido] comprende: 4 camisitas de batista de manga larga .. 4 fajitas umbilicales. **b)** [Cordón] ~ → CORDÓN.

umbo *m (raro)* Parte central sobresaliente [de una cosa]. | Camón *LGaldiano* 13: Uno [de los gemellones], con orla de damas; otro, de la más bella factura, con caballero en el umbo y bordura de guerreros.

umbráculo *m (lit)* Armazón para dar sombra. | TBlanc *HLV* 18.8.75, 4: Brindo una sugerencia. Ya que no umbráculos en esos desolladeros públicos [las paradas de autobús], podrían subir las tarifas aprovechando el vacío oposicionista que produce la dispersión masiva del veraneo.

umbral *m* **1** Parte inferior del hueco de una puerta, contrapuesta al dintel. *Tb en pl con sent sg*. | Laforet *Mujer* 206: Un miedo casi abyecto .. había hecho que él no se atreviese ni a trasponer el umbral. Torrente *Señor* 408: Llegó frente a una casa blanca, más allá de una era .. Preguntaron: –¿Quién es?– No respondió hasta pisar los umbrales. **b)** Entrada. *Frec fig*. | Valls *Música* 22: El intento de estudiar lo que pudo ser la música del hombre primitivo implica salir del umbral de la historia y, a través de los caminos de la conjetura, adentrarse en las brumas de un remoto pasado. *Cam* 16.6.75, 3: El Príncipe, en el umbral [del trono], acaba de ser recibido en Finlandia con los honores de Jefe del Estado español.
2 (E) Valor a partir del cual comienzan a ser perceptibles los efectos de un agente físico, o dejan de serlo. *A veces en aposición*. | Pinillos *Mente* 68: El estudio científico de los umbrales diferenciales y absolutos de la sensibilidad humana ha originado .. la psicofísica. Mingarro *Física* 190: Cuanto más blando es un tubo .., mayor es el valor de la longitud de onda umbral, y los rayos obtenidos son menos penetrantes.
3 *(Geol)* Elevación del terreno que determina una línea divisoria de las aguas. | Alvarado *Geología* 79: Los umbrales o crestas son regiones alargadas que desde las profundidades medias se elevan a modo de cordilleras submarinas hasta cerca de la superficie.

umbrela *f (Zool)* Parte superior, de forma acampanada, del cuerpo de la medusa. | Legorburu-Barrutia *Ciencias* 137: Una medusa consta de: Umbrela: es la parte superior en forma de campana. Manubrio .. Tentáculos.

úmbrico -ca *adj* Umbro. *Tb n m, referido a lengua*. | Lapesa *HLengua* 68: Es muy probable que entre los colonos y legionarios venidos a Hispania hubiera .. gran número de individuos cuya lengua originaria no fuera el latín, sino el osco o el úmbrico.

umbrío[1] -a I *adj* **1** *(lit)* [Lugar] sombrío. | Arce *Precio* 126: El mar, al retirarse, dejaba tras de sí .. fugaces esquilas en los charcos y, en las umbrías grutas, tornasolados erizos.
II *f* **2** Lugar en que casi siempre hay sombra, por estar orientado al norte. | Cela *Judíos* 112: Entre Villafranca y Valdesaz .. se levanta, en una umbría, el castillo.

umbrío[2] -a *adj (hist)* Umbro [1]. *Tb n*. | Pericot *Polis* 101: En la segunda guerra, el peligro se hace mayor, pues el crecimiento de Roma produce la alianza de samnitas, galos, etruscos, umbríos y otros pueblos itálicos.

umbro -bra I *adj* **1** (*hist*) [Individuo] del antiguo pueblo italiano que habitó la región de Umbría. *Tb n.* ǀ Villar *Lenguas* 204: Mientras los pueblos itálicos de tipo latino y los célticos de tipo irlandés se habrían alejado antes del hábitat común, los umbros y los británicos habrían permanecido en contacto en el hábitat. **b)** De los umbros. ǀ Villar *Lenguas* 204: Los pueblos latinos entraron en la península antes que el grupo umbro.
2 De Umbría (región de Italia). *Tb n, referido a pers.* ǀ Cunqueiro *Fantini* 20: A hora de alba caían en la vecindad de algún castillo, umbro, lombardo o toscano.
II *m* **3** Lengua del grupo itálico hablada por los umbros [1]. ǀ RAdrados *Lingüística* 772: La [aglutinación] de *per*, *co*(*m*) en umbro.

umbrófilo -la *adj* (*Bot*) [Vegetal] propio de los sitios poco iluminados. ǀ Bustinza-Mascaró *Ciencias* 294: Los vegetales terrestres pueden tener adaptaciones distintas a la luz: unos son heliófilos, buscan el sol y viven mejor bajo una iluminación intensa; otros son umbrófilos, viven en las umbrías o sitios poco iluminados.

umbroso -sa *adj* (*lit*) **1** [Lugar] sombrío. ǀ E. La Orden *MHi* 7.69, 31: La estupenda Plaza Mayor o de Armas –en la que se alzan la catedral .. y el ayuntamiento–, amén de los portales comerciales; con las viejas y umbrosas alamedas del Calvario.
2 Que produce sombra. ǀ Halcón *Ir* 399: Sintió el deseo de sentarse bajo aquellos árboles umbrosos.

umiak *m* Embarcación esquimal constituida por una armazón de madera cubierta de piel. ǀ *Ya* 2.10.90, 40: La cultura esquimal, en el Museo Etnológico de Madrid .. Reúne [la muestra] diversas esculturas, .. así como el modelo de un *umiak*, un barco recubierto de piel.

un → UNO.

unánime *adj* **1** [Conjunto de perss.] que tienen un mismo sentimiento u opinión y que actúan con arreglo a ellos. ǀ Olmo *Golfos* 20: Y todos, unánimes, decidieron romper la cajita de cristal en que se hallaba encerrado Luisito Ramírez. **b)** [Cosa] propia de las perss. unánimes. ǀ L. Contreras *Dis* 3.76, 9: Han sido casi unánimes los criterios de apreciación del "paquete" de medidas económicas.
2 [Conjunto de perss.] que actúan a un mismo tiempo. ǀ CSotelo *Inocente* 85: En todas sus intervenciones recitarán unánimes, escanciando los versos, subrayando sus acentos. **b)** [Cosas] que se producen a un mismo tiempo. ǀ CBonald *Ágata* 229: Escaparon a galope .., solo deteniéndose en el momento en que los ladridos, unánimes y próximos de improviso, anunciaron la recuperación del rastro de la jabalina.

unánimemente *adv* De manera unánime. ǀ Aranguren *Marxismo* 110: El historicismo es esencial –o, al menos, hasta hace poco, así se ha pensado unánimemente– al sistema de Marx.

unanimidad I *f* **1** Cualidad de unánime. ǀ Laiglesia *Tachado* 9: ¡Un coro compuesto por treinta millones de gargantas, entonando al unísono desde todas las ventanas del país el himno más colosal que ningún compositor haya podido imaginar! .. Aunque esta unanimidad será difícil de conseguir, no me desanimo. GPavón *Reinado* 127: Todas tres se pusieron en pie, con chusca unanimidad.
II *loc adv* **2 por ~.** De manera unánime [1b]. ǀ *Inf* 9.3.76, 1: Los consejeros aprobaron por unanimidad el reconocimiento de las asociaciones políticas del Movimiento Unión Nacional Española .. y Frente Nacional Español.

unanimista *adj* (*TLit*) [Movimiento] surgido en Francia hacia 1910, según el cual el creador debe expresar la vida y los sentimientos colectivos. ǀ *Abc* 12.3.72, 54: El académico francés Jules Romains, escritor y poeta y representante principal del movimiento "unanimista", ha sido hospitalizado la pasada semana en una clínica de París.

uncial *adj* (*Paleogr*) [Tipo de letra] semejante a las modernas mayúsculas y de trazo redondeado, propio de la alta Edad Media. *Tb n f, referido a letra.* ǀ MSousa *Libro* 539: La letra uncial, derivada de la capital libraria o rústica, así como la semiuncial .., fueron adoptadas por los amanuenses en el siglo VI. GGual *Novela* 191: Por el tipo de escritura empleado (unciales caligráficas) en la copia de la novela, los paleógrafos opinan que esta escritura es aproximadamente unos cien años anterio[r] a ese documento de la otra cara.

uncidero -ra *adj* Que se puede uncir. ǀ *Alc* 24.4.59, 9: La mayoría de los ganaderos de la montaña, así como de Vizcaya y de otras provincias del interior, se reunieron en esta villa para realizar sus compraventas de vacas selectas de leche, terneros y parejas uncideras de bueyes y vacas.

uncinado -da *adj* (*Anat*) Que tiene forma de gancho o garfio. ǀ Ybarra-Cabetas *Ciencias* 379: Las costillas [de la paloma] .. están unidas entre sí por unas apófisis uncinadas que le dan una mayor solidez a la caja torácica.

unción *f* **1** Acción de ungir. *Tb su efecto.* ǀ Villapún *Iglesia* 89: Se le apellida "sacro o sagrado" porque fue instituido por el Papa mediante la unción con que consagraba el emperador. **b) ~ de los enfermos.** (*Rel catól*) Extremaunción. ǀ *Mun* 23.5.70, 49: En una ceremonia integrada dentro de la misa, 600 personas ancianas .. han recibido el sacramento de la unción de los enfermos. **c)** (*hist*) *En pl*: Untura de ungüento mercurial para la curación de la sífilis. ǀ J. Riera *Min* 5.87, 7: Algunos hospitales dispusieron de salas especializadas para .. aplicar las unciones mercuriales a los enfermos de afectos venéreos.
2 (*lit*) Fervor o devoción. ǀ Cossío *Confesiones* 45: Se me llevaba con más facilidad a la unción religiosa por el amor que por la vía truculenta. Carandell *Tri* 8.8.70, 14: Recordando la unción con que don Eugenio hablaba de los cuadros del Museo .. no podía por menos de pensar .. que mi visita tenía un carácter heterodoxo.

uncir *tr* **1** Unir [una yunta (*cd*)] mediante el yugo. *Tb fig.* ǀ Pinilla *Hormigas* 29: Azuzando a los dos bueyes para que traspasaran de una vez el ancho vano de la puerta de la cuadra, tirando de la carreta, a la que ya estaban uncidos. MMariño *Abc* 22.10.67, 23: Carbón y vapor, como un par de trotones gigantescos, iban a impulsar el carro de la revolución industrial y a caminar indisolublemente uncidos a lo largo de siglo y medio.
2 Unir [a alguien o algo (*cd*) a una carga (*compl* A)]. *Tb fig.* ǀ Arce *Testamento* 74: Cuando los prados quedaban limpios de hojarasca, mi madre uncía el caballo al carro, le cargábamos con el estiércol que se amontonaba detrás de la casa durante el invierno y nos íbamos a los prados. Anson *SAbc* 18.5.69, 5: En la última década, la hermosa esclava negra se de[s]perezó como un felino hambriento, rompió las cadenas que le uncían a Europa y se abrazó a la libertad.

undécimo -ma I *adj* **1** Que ocupa un lugar inmediatamente detrás o después del décimo. *Frec el n va sobrentendido.* ǀ *Alc* 31.10.62, 5: Ha dado comienzo, a las nueve horas, la undécima Congregación General del Concilio.
II *adv* **2** En undécimo lugar. ǀ *VozC* 25.7.70, 5: Tras larga y detenida deliberación, se acuerd[a] por unanimidad .. Undécimo. Conceder los premios "Diputación Provincial" para capataces, camineros y peones.

underground (*ing; pronunc corriente,* /ándergraun/; *pl normal, invar*) *adj* [Movimiento cultural] de carácter vanguardista y contestatario, que se apoya en elementos subculturales y rehúye los canales habituales de difusión y comercio. *Tb n m.* ǀ FCruz *Abc* 22.3.73, 3: En los años setenta la cultura "underground" ya no es la que crea la llamada "generación golpeada", sino que es todo un programa intelectual. **b)** De (la) cultura underground. ǀ Umbral *VozA* 8.10.70, 28: Jorge Krahe estudiaba Ciencias y lo dejó. Tiene dieciocho años y canta en los sitios más o menos "underground". *SYa* 27.4.74, 5: Hace poco se ha publicado en Estados Unidos un libro sobre el teatro español "underground". *Gac* 28.3.76, 22: Organizaciones clandestinas en España y bien conocidas centrales de subversión en el extranjero han desencadenado una copiosa campaña de propaganda clandestina, difundida a través de la prensa "underground" y periódicos del exilio. **c)** [Música pop] que tiende a la improvisación y la experimentación. *Tb n m.* ǀ FSantos *Catedrales* 176: Entonces sientes la música aquí ..; y sudas y confundes las caras .., y también esos horteras, calvos y sebosos que bailan underground como si fuera un twist.

undoso -sa *adj* (*lit*) Ondulado (que tiene la superficie formando ondas). ǀ Lera *Bochorno* 43: En la muchacha esplendía la juventud .. Un undoso cabello castaño, muy cor-

ungimiento – unicolor

to y peinado al desgaire, enmarcaba la pequeña frente tersa. Tovar *Gac* 6.8.78, 59: Desde nuestros comienzos literarios, lecturas y conversaciones .. y paseos a las orillas del río undoso, hemos seguido creyendo en la literatura.

ungimiento *m* Acción de ungir. | P. Barceló *SYa* 9.11.75, 9: El de oliva .. es el aceite del rito, de la suavidad, del ungimiento, del privilegio y de la gastronomía.

ungir *tr* **1** Aplicar [a una pers. o cosa (*cd*) aceite u otra materia similar (*compl* CON)]. | Anson *SAbc* 1.2.70, 10: María de Magdala ungió al Señor con perfume de flores silvestres. Vesga-Fernández *Jesucristo* 108: María tomó una libra de ungüento legítimo y precioso nardo, y quebrando el cuello del ánfora de alabastro ungió con el perfume los pies de Jesús.
2 (*Rel catól*) Aplicar [óleo sagrado (*compl* CON) a una pers. o a una parte de su cuerpo (*cd*)] al administrar determinados sacramentos. | CPuche *Paralelo* 235: Le estaban dando [a la enferma] la Extremaunción. Las viejas ayudaban al cura a ungirla con los santos óleos.
3 (*hist*) Aplicar óleo sagrado [a una pers. (*cd*)] para investirla de una dignidad. *Frec en part, a veces sustantivado. La dignidad se expresa a veces por medio de un predicat.* | Peña-Useros *Mesías* 111: Dios inspiró a Samuel que bajara a casa de Isaí a ungir al nuevo rey de Israel .. Hizo llamar al pequeño David, que estaba en el campo, y le ungió rey de Israel para cuando Saúl muriera. CSotelo *Poder* 211: Ha sido ungido .. como príncipe reinante. Ribera *SSanta* 47: El Señor es fuerza de su pueblo, y salvador baluarte de su ungido.

ungüentario *m* Recipiente para guardar ungüento. | D. Quiroga *Abc* 2.3.58, 32: Asombra el Museo Ebusitano, repleto de verdaderas joyas fenicias, cartaginesas .., ungüentarios, esencieros, mascarillas.

ungüento *m* **1** Sustancia con que se unge. | *Agromán* 94: El petróleo constituía una especie de ungüento mágico. Vesga-Fernández *Jesucristo* 69: No ungiste mi cabeza con aceite, mas esta con ungüento ha ungido mis pies; por esto te digo que se le perdonan muchos pecados, porque amó mucho. **b)** (*Med*) Preparación medicamentosa de uso externo en cuya composición entran ceras o resinas. | *Prospecto* 1.80: Claral ungüento. Las dermopatías crónicas o muy secas exigen un excipiente graso anhidro. El excipiente del ungüento posee un efecto oclusivo.
2 ~ amarillo. Supuesto remedio de todos los males. *Con intención irónica.* | *SYa* 6.4.89, 7: El Consejo Escolar del Estado empieza a parecerse al "ungüento amarillo": Para todo se aplica y para nada sirve.

unguiculado -da *adj* (*Zool*) Que tiene los dedos terminados en uñas. *Tb n m.* | Ybarra-Cabetas *Ciencias* 392: Significación del grupo biológico de los Mamíferos unguiculados.

unguicular *adj* (*lit, raro*) En forma de uña. | Pericot-Maluquer *Humanidad* 91: Es curioso el proceso de microlitización, que se acentúa cuando nos acercamos al final del Paleolítico superior: triángulos, .. raspadores circulares o unguiculares, microburiles.

unguis *m* (*Anat*) Hueso pequeño de la parte anterior e interna de cada una de las órbitas, que contribuye a formar los conductos lacrimal y nasal. | Legorburu-Barrutia *Ciencias* 42: Huesos de la cara: .. dos unguis, en el ángulo interno del ojo.

ungulado -da *adj* (*Zool*) [Mamífero] que tiene casco o pezuña. *Frec como n m en pl, designando este taxón zoológico.* | Ybarra-Cabetas *Ciencias* 397: Los artiodáctilos son mamíferos ungulados. Ybarra-Cabetas *Ciencias* 403: Los ungulados comprenden: los Artiodáctilos, los Perisodáctilos y los Proboscídeos. El suborden de los artiodáctilos es el más numeroso de los Ungulados actuales.

ungular *adj* (*lit*) De (la) uña. | Rabanal *Ya* 5.12.74, 7: ¿No leíste a tu hada, querido Alonso, un hermoso artículo .. en el que se ambientaba, explicaba y fustigaba cordialmente la propensión de las estudiantillas a tal mordisqueo o roedura ungulares?

unguligrado -da *adj* (*Zool*) [Mamífero] que en la locomoción solo apoya la extremidad digital. | Ybarra-Cabetas *Ciencias* 410: Según la manera de apoyarse las extremidades en el suelo para la locomoción, pueden clasificarse [los mamíferos] en: plantígrados .., digitígrados .., y unguligrados, si apoyan solo el extremo de los dedos.

uni- *pref* De solo uno. | *Por ej:* Van 26.9.74, 45: Modelos "uniestilo", de línea cuarteada, presentados por Paco Rabanne. Pericot-Maluquer *Humanidad* 77: No es fácil interpretar los hechos conocidos, demasiado escasos para fijar las etapas de una evolución tan larga. ¿Fue tal evolución unilineal y progresiva?

uniata *adj* (*Rel*) Uniato. *Tb n.* | A. Montero *Ecc* 8.12.62, 23: Casi todos los ritos orientales cuentan .. con una comunidad católica que practica el mismo culto y sigue idénticas tradiciones, pero bajo la obediencia de Roma. Son los llamados uniatas o católicos de rito oriental .. Cada una de estas Comunidades uniatas se adhirió a Roma en un momento histórico concreto.

uniato -ta *adj* (*Rel*) [Cristiano] de la Iglesia Oriental, que reconoce la supremacía del papa, pero conserva su propia liturgia y organización. *Tb n.* | P. Bonet *País* 29.10.89, 4: El sacerdote sabe que los uniatos aspiran a recuperar esta iglesia, y la Iglesia ortodoxa rusa, por boca del metropolita Filaret, ha subrayado su intención de no ceder.

uniáxico -ca *adj* (*E*) Que tiene un solo eje. | Ybarra-Cabetas *Ciencias* 36: Los cristales que poseen un solo eje de simetría principal .. son birrefringentes uniáxicos.

únicamente *adv* Solamente. | *Abc* 15.5.58, 33: Todos los telegramas que se emiten desde Argelia son censurados, y únicamente se permite el uso del teléfono para asuntos oficiales.

unicameral *adj* (*Pol*) De una sola cámara. | I. Fuente *Abc* 26.5.74, 27: Junto al Parlamento, unicameral, en Mannerheimintie, hay un bar. LRodó *Inf* 20.3.76, 3: De los treinta y cuatro Estados europeos signatarios de la Conferencia de Helsinki .., dieciocho países responden al sistema unicameral, quince bicameral, y el Estado Vaticano carece de Parlamento.

unicameralismo *m* (*Pol*) Sistema parlamentario unicameral. | E. Sopena *Inf* 20.3.76, 3: Ayer, el propugnador del unicameralismo se acogía a las propias páginas del periódico barcelonés.

unicarpelar *adj* (*Bot*) Monocarpelar. | Legorburu-Barrutia *Ciencias* 274: Legumbre. Caja alargada unicarpelar con varias semillas.

unicelular *adj* (*Biol*) Constituido por una sola célula. | Bustinza-Mascaró *Ciencias* 25: Los seres que como la ameba están formados por una sola célula se llaman unicelulares. Ybarra-Cabetas *Ciencias* 230: Tienen estos hongos talo unicelular y uninucleado. **b)** Propio de los seres o elementos unicelulares. | Alvarado *Botánica* 6: El carácter unicelular o pluricelular del cuerpo no tiene en el reino vegetal la misma importancia que en el animal.

uniciclo *m* Monociclo. | *Sur* 16.7.80, 64: El camarero de la foto utiliza un medio difícil y único para servir cerveza, en el curso de una fiesta: el "uniciclo".

unicidad *f* Cualidad de único. | MPuelles *Filosofía* 2, 144: La concepción de la unicidad del ente tiene su más típico representante en Parménides. Cándido *Pue* 9.4.75, 3: Si el esquema de la sociedad fuera socialista, quien hubiera tenido que reclamar la unicidad de criterio y de responsabilidad gubernamental habría sido el señor Cabello de Alba.

único -ca *adj* Solo en su especie. | Benet *Nunca* 17: Para un hombre sin demasiadas ambiciones, hijo único de una madre que jamás le pidió explicaciones por nada. **b)** Excepcional. | Ridruejo *Castilla* 1, 181: Las manadas de bisontes, coloreados y casi vivos, están cerca de aquí, pastando hierbas de hace 15.000 años, en el fondo de una caverna adonde no ha llegado jamás la luz del sol. Esta es la sorpresa verdaderamente "única" que nos aguarda en Santillana.

unicolor **I** *adj* **1** De un solo color. | L. M. Lorente *MHi* 2.64, 50: Ha aparecido una serie [de sellos] formada por los valores 6 y 30 céntimos, elaborados por el sistema calcográfico y unicolores.
II *m* **2** Color liso. | *Sáb* 17.3.76, 38: Continúa imperando el estilo Luis XV. Y en tonos, el unicolor, combinando afelpados con pieles finas en el mismo tono.

unicornio – uniforme

unicornio *m* **1** Animal mítico de figura de caballo con un cuerno recto en medio de la frente. | Camón *LGaldiano* 277: En el reverso [de la medalla], una mujer se sienta entre un unicornio y un perro.
2 Rinoceronte de un solo cuerno (*Rhinoceros unicornis*). *Tb* RINOCERONTE ~. | Navarro *Biología* 308: Los animales más típicos son el orangután (Sumatra), el gibón, elefante indio, rinoceronte unicornio, tapir malayo .., etc.

unidad *f* **1** Propiedad [de un ser] de no poder dividirse sin que su esencia se destruya o altere. | Carreras *Filosofía* 188: Por razón de su simplicidad, Dios goza de la máxima unidad que cabe en ser alguno; su unidad excluye cualquier clase de división.
2 Propiedad [de varias perss. o cosas] de formar un todo. | Ley Orgánica 71: Son fines fundamentales del Estado: la defensa de la unidad entre los hombres y entre las tierras de España; el mantenimiento de la integridad, independencia y seguridad de la Nación. GPicazo *Mad* 28.4.70, 21: La figura del "simple" da unidad a la serie [de los pasos de Lope de Rueda].
3 Cosa que tiene unidad [1 y 2]. | R. RSastre *Mun* 28.11.70, 44: Tiene [la región] un significado mínimo de unidad geográfica. Arenaza-Gastaminza *Historia* 149: Más tarde conseguirían [los Reyes Católicos] incorporar a la unidad peninsular Granada y Navarra.
4 Elemento de los que forman parte de una serie o conjunto. *En determinados contextos tiene un sent preciso; por ej, en un tren, "vagón"; en una escuadra, "barco", etc.* | Franco *Discurso* 41: Los hombres y las unidades naturales de la sociedad tienen que hacerse presentes ante el Estado, siendo plenamente dueños de sí mismos. *Alc* 31.10.62, 20: Seat, con ocasión de alcanzar el número 100.000 en la fabricación de su modelo "600", había donado ocho unidades de este modelo a la Federación Española de Clubs 600. *Van* 4.11.62, 6: El choque fue muy violento, y las dos máquinas quedaron empotradas, saliendo de la vía algunas unidades. J. M. Massip *Abc* 3.12.70, 36: Además del vergonzoso espectáculo como tal, a bordo de una unidad naval norteamericana .., se faltaba a la Convención de Ginebra sobre refugiados políticos. **b)** Fracción militar que está bajo las órdenes de un jefe. | *SAbc* 14.9.75, 32: El general fue recibido con alivio y alegría .. Luego, habló sucesivamente a las tres unidades acuarteladas en el edificio militar.
5 Cantidad que se toma como medida o término de comparación para todas las demás de su especie. | Marcos-Martínez *Física* 3: La unidad fundamental de masa es el Kilogramo. **b) la ~.** (*Mat*) El número uno. | Marcos-Martínez *Aritmética* 120: Se divide el número dado por la unidad seguida de tantos ceros como lugares hay.
6 Cualidad de único (solo en su especie). | SLuis *Doctrina* 17: Atributos Entitativos: La Unidad: Dios es Uno; no puede haber dos dioses. **2)** (*TLit*) Cualidad de las tres tradicionales de la obra dramática, y que consisten en poseer una sola acción, un solo lugar donde esta se desarrolla y un tiempo para la misma que no rebase las veinticuatro horas. *Gralm seguido del respectivo compl especificador:* DE ACCIÓN, DE LUGAR, DE TIEMPO. *Frec en pl,* LAS TRES ~ES. | DPlaja *Literatura* 288: Las tres unidades fueron establecidas por los preceptistas italianos del Renacimiento ..; son, como es sabido, la unidad de lugar, de acción y de tiempo, a las que bien pudiera añadirse la unidad de estilo. N. GRuiz *Teatro 1958* 6: López Rubio .. respeta las unidades. Las tres.

unidimensional *adj* De una sola dimensión. | Castellet *Marcuse* 95: Desde el hombre unidimensional al estado totalitario. *Tri* 11.4.70, 39: Esta postura es la única plausible para un hombre con ética ante una sociedad "unidimensional".

unidireccional *adj* De una sola dirección. | Aranguren *Marxismo* 71: Esta concepción .. nos parece muy simplistamente unidireccional y pensamos que en el movimiento de la historia hay mucha más complicación de lo que juzgó Marx. J. V. Sevilla *País* 19.11.81, 50: Esta política renunciaría, como es obvio, a plantear una batalla unidireccional sobre los salarios.

unido -da *adj* **1** *part* → UNIR.
2 [Color] liso. | *Economía* 95: Se tendrá en cuenta si estos trajes son de color (unido o estampado), si los colores son sólidos.
3 Que denota o implica unidad. | * Debemos enfrentarnos al problema de una manera unida, sin disensiones.

unidor -ra *adj* (*raro*) Que une. | *Barcelona* 26: Las familias .. ofrendan la firmeza de esa trilogía, hecha de puras tradiciones, al hogar unidor, grande y libre de la Patria.

unifamiliar *adj* [Vivienda] constituida por un edificio y destinada a ser habitada por una sola familia. | Delibes *Mundos* 56: Aquí, como en otros lugares de América, he comprobado la sensata tendencia hacia la vivienda unifamiliar. *NAl* 18.1.91, 49: Vendo vivienda unifamiliar en Marchamalo. 4 dormitorios, 2 baños, jardín y garaje.

unificación *f* Acción de unificar. | Arenaza-Gastaminza *Historia* 149: La importancia del reinado de los Reyes Católicos se deriva de estos hechos trascendentales: Culminación de la obra de la Reconquista. Unificación bajo su cetro de todos los Reinos que actualmente integran España. Montarco *Abc* 15.12.70, 3: El pasado mes de octubre las tres grandes centrales sindicales italianas .. celebraron una asamblea en Florencia para tratar de su unificación en 1972.

unificador -ra *adj* **1** Que unifica. *Tb n, referido a pers.* | *HLM* 7.4.75, 3: Chiang Kai-Kek, el unificador de China.
2 De (la) unificación. | V. RFlecha *Cua* 6/7.68, 9: Basta observar .. el aumento de las disidencias a pesar del esfuerzo unificador de los últimos años.

unificante *adj* (*lit*) Unificador. | G. Fabra *SInf* 26.12.74, 12: Las glorificaciones del amor loco y del furor sagrado, la sublimación del cuerpo femenino como vía de acceso a un éxtasis unificante de la esencia y la existencia, son algunas de las líneas de un esforzado enfrentamiento contra ese concepto del mal.

unificar *tr* Reducir [algo] a unidad. | Arenaza-Gastaminza *Historia* 157: Unificaron [los Reyes Católicos] la embrollada legislación. M. Calvo *HLM* 22.12.75, 20: En España, la ley de 19 de julio de 1849, de Isabel II, unifica todas las medidas y pesas.

uniformación *f* Acción de uniformar(se). | Huarte *Tipografía* 57: Al enmendar los paquetes hay que atender a la justificación y uniformación del espaciado como al componer.

uniformador -ra *adj* Que uniforma [1]. | R. M. Torelló *Van* 15.6.78, 5: Sería ingenuidad imperdonable aceptar pasivamente este hecho sin que sepamos .. si puede llegar el caso de un cambio político que propicie la utilización de este sistema uniforme de escuelas para convertirlo fácilmente en uniformador.

uniformante *adj* (*lit*) Uniformador. | Lu. Blanco *PapD* 2.88, 175: Han sido nuestros argumentos durante muchos años frente a la imposición de modelos educativos uniformantes, "urbanos y concentradores", que se implantaban sobre realidades rurales muy diversas.

uniformar *tr* **1** Hacer uniforme [1] [algo]. | R. M. Torelló *Van* 15.6.78, 5: Hay razones para pensar que algunos de los grupos que defienden la escuela pública lo hacen .. por poder tener a mano un instrumento que, llegado el momento, sirva maravillosamente para uniformar políticamente, en edad maleable, las mentes de todos los españoles. **b)** *pr* Hacerse uniforme [algo]. | Goytisolo *Afueras* 52: El aire se aquietaba y aparecían los murciélagos .., y, poco a poco, todo se uniformaba, emborronado por la oscuridad.
2 Dotar de uniforme [2] [a alguien (*cd*)]. | Pemán *Abc* 9.4.67, 3: ¿Por qué nos asombramos de sus barbas o melenas? Es un modo de uniformarse. ¿No se puso nuestra generación uniformes mucho más costosos, bélicos y agresivos?

uniforme I *adj* **1** [Cosa] cuyas características no varían a lo largo del espacio o del tiempo. | Ybarra-Cabetas *Ciencias* 97: La temperatura disminuye con la profundidad, pero a profundidades superiores a los 4.000 metros, la temperatura de las aguas oceánicas es uniforme en todas las latitudes. Delibes *Parábola* 221: Levanta una pierna, recoge el pantalón, baja el calcetín y examina esta (la pantorrilla) y Jacinto se queda perplejo porque sus canillas son delgadas y uniformes (sin corvas). **b)** Homogéneo. | * En ambos trabajos se siguen criterios muy uniformes. **c)** (*Fís*) [Movimiento] de un móvil que recorre espacios iguales en tiempos iguales. | Marcos-Martínez *Física* 9: El sonido .. se propaga con movimiento uniforme a una velocidad de 340 m/seg. **d)** *(Mat)* [Propiedad] de una igualdad de mantenerse como tal si a sus dos miembros se les somete a una misma operación con unos mismos elementos. | Gironza *Matemáticas* 72: Si se eleva a un mismo número los dos miembros de una igualdad, resulta otra igualdad con los resultados (propiedad uniforme).

II *m* **2** Ropa distintiva que reglamentariamente usan los individuos pertenecientes a una determinada institución o a un grupo profesional. *Tb fig.* | CNavarro *Perros* 161: El local se hallaba repleto de americanos, con y sin uniforme. Marías *Gac* 11.4.76, 7: La disminución de uniformidad en los chicos y chicas –consecuencia de las diferencias entre países– queda compensada por algo así como un "uniforme" que va mucho más allá de los vestidos y adornos y se extiende sobre todo al gesto y la conducta.

uniformemente *adv* De manera uniforme. | Mingarro *Física* 20: Entre los movimientos de velocidad no constante, el más sencillo es aquel en el cual la velocidad varía uniformemente. **b)** *(Fís)* Proporcionalmente al tiempo. *En las constrs* MOVIMIENTO ~ ACELERADO, *o* RETARDADO. | Marcos-Martínez *Física* 11: Todo movimiento en que se cumpla esta condición de ser constante la aceleración se denomina uniformemente acelerado.

uniformidad *f* Cualidad de uniforme. | Cuevas *Finca* 248: Abrir la tierra con el arado de discos, voltearla y dejarla desventrada al sol con una uniformidad sobrecogedora. Laforet *Mujer* 309: La cola de aquellos niños rapados se deshacía, reptaba, se alargaba, desbaratándose la uniformidad de aquella fila de dos en dos.

uniformismo *m* **1** Tendencia a la uniformación. *Esp en política.* | Fernández-Llorens *Occidente* 174: La centralización y uniformismo se advierten no solo en lo político, sino también en la economía, la religión e incluso el arte.
2 Uniformidad. | Carrero *Pue* 22.12.70, 6: Esta unidad esencial no es ni debe ser uniformismo. Su base es más amplia.

uniformista *adj* Que tiende a la uniformación. *Esp en política.* | Candel *Catalanes* 11: Esa castellanización [de topónimos] .. en su origen tenía unos móviles uniformistas. Fernández-Llorens *Occidente* 174: Los intendentes actúan bajo las órdenes directas de la monarquía, practicando una política uniformista. LRodó *Abc* 24.6.76, 13: Los contornos de mi postura política vienen determinados por aquello que me es ajeno: no soy marxista, ni confesional, ni uniformista, ni estatista.

uniformización *f* Acción de uniformizar. | *D16* 22.12.76, 4: El espantajo del separatismo sirvió para justificar una sistemática persecución de las culturas no castellanas y para proseguir una política de uniformización centralista.

uniformizar *tr* Uniformar [1]. | F. L. Pablo *Hoy* 15.11.70, 5: El esfuerzo por garantizar la igualdad de oportunidades de los candidatos ha conseguido uniformizar a estos. L. Calvo *Abc* 5.3.72, 21: La igualdad uniformiza las costumbres como los vestidos.

unigénito -ta *adj (lit)* [Hijo] único. *Tb n. Esp referido a Jesucristo.* | Ribera *SSanta* 35: Os suplicamos .. seamos libres por la Pasión de vuestro Hijo unigénito. CBonald *Ágata* 121: El visitante .. fue con la prosopopéyica misión de presentarle a la señora .. a un doncel de nombre Clemente que resultó ser hijo unigénito suyo, habido en su legítimo matrimonio con una pegujalera de Los Albarranes.

unilateral *adj* **1** Que atiende a un solo lado o aspecto. | * Esa visión del problema es por fuerza unilateral.
2 Hecho por una sola de las partes interesadas, sin contar con las demás. | V. Gállego *ByN* 31.12.66, 43: El fuerte interpreta como ofensa nacional, casi como agresión, que no se acepten sus decisiones unilaterales.

unilateralidad *f* Cualidad de unilateral. | ILaguna *Ateneo* 47: Florentino Pérez Embid se afana por dar a conocer el pensamiento extranjero, acaso con unilateralidad y otorgando menos importancia a lo estrictamente literario.

unilateralmente *adv* De manera unilateral. | Laforet *Mujer* 171: Los simples no comprenden que una persona pueda ser buena y mala a la vez, y así las ven siempre unilateralmente.

unilingüismo *m* Monolingüismo. | *Inf* 20.10.70, 2: La Comisión B. B. (Bilingüismo y Biculturalismo) no ha logrado grandes progresos, y el unilingüismo (inglés) gana terreno [en Canadá].

unilocular *adj (Biol)* De una sola cavidad o cámara. | Alvarado *Botánica* 49: La cápsula [variedad de fruto en caja], que es policarpelar, pero unilocular, y se abre mediante grietas longitudinales, como, por ejemplo, la de la violeta.

unimembre *adj (Gram)* [Oración] que carece de la estructura normal sujeto-predicado. | Academia *Esbozo* 363: Por su carácter sintético, el mandato tiende a expresarse en oraciones unimembres y fuertemente acentuadas, con verbo o sin él: ¡Aquí!, ¡A las siete!, ¡Adelante!

uninervio -via *adj (Bot)* De un solo nervio. | Ybarra-Cabetas *Ciencias* 285: Entre las gimnospermas más importantes se encuentra el pino .. Sus hojas son estrechas, uninervias, de forma de aguja.

uninucleado -da *adj (Biol)* De un solo núcleo. | Ybarra-Cabetas *Ciencias* 230: Tienen estos hongos talo unicelular y uninucleado.

unión **I** *f* **1** Acción de unir(se). *Tb su efecto.* | Laforet *Mujer* 69: Había en ella un deseo de mucho más amor y comprensión y unión del que Antonio podía darle. M. O. Faría *Rev* 12.70, 3: Cada realidad lograda es una nueva promesa para el pueblo y su historia, hacia aquella unión con Dios. **b)** Entidad constituida por la unión de varias. *Frec formando parte del n. de determinadas entidades.* | Fernández-Llorens *Occidente* 287: Al acabar la segunda guerra mundial organizó [Francia] la Unión Francesa.
2 Lugar en que se unen dos cosas. | Á. L. Calle *SInf* 9.12.70, 9: Se realizan las últimas operaciones: rematado, forrado, para evitar que se vean las uniones de los hilos.

II *loc prep* **3 en ~ de** *(o* **con)**. Juntamente con. | P. GRábago *Abc* 30.12.70, 18: Orar ante el sepulcro de Santiago el Mayor, discípulo de Cristo, al que llamó, en unión de su hermano San Juan Evangelista, "hijos del trueno".

unionense *adj* De La Unión (Murcia). *Tb n, referido a pers.* | ASáez *Abc* 24.8.66, 16: El unionense anda orgulloso de un pasado que llegó a obtener para su ciudad nada menos que el título de "Nueva California".

unionista *adj (Pol y Rel)* **1** Que propugna la unión de grupos, partidos o naciones. *Tb n, referido a pers.* | *Sp* 19.7.70, 37: Ante la presión de los dirigentes unionistas de Belfast .. Sir Alec hizo, en los Comunes, una declaración en términos vigorosos y duros. Ortega *Americanos* 73: Empezó a enumerar ..: El templo mormónico, los cuáqueros, los unionistas, los episcopalianos.
2 *(hist)* De alguno de los grupos, asociaciones o partidos denominados "unión"; esp., de la Unión Liberal (partido político español del s. XIX). *Tb n, referido a pers.* | LTena *Alfonso XII* 124: ¡El tío Montpensier! El mismo que le dio dinero a Prim para destronarte, .. el que conspiraba con los Generales unionistas. Jover *Historia* 639: Sobreviene la Revolución de Septiembre de 1868, expresión de la coincidencia, en plano político, entre unionistas, progresistas y demócratas.

uniovular *adj (Biol)* De un solo óvulo. | E. Rey *Ya* 21.5.74, 23: Se trata del embarazo doble o gemelar. Una de las formas de este tipo de embarazo es el bivitelino (o biovular) y la otra es la univitelina o uniovular.

unipartidista *adj (Pol)* De un solo partido. | MCuadrado *Ya* 23.6.90, 17: Pienso que se equivocaron y que ha sido más bien negativo el gobierno unipartidista de Cataluña.

unipersonal *adj* **1** De una sola persona. | Ramírez *Derecho* 129: El patrimonio unipersonal no basta para el pleno éxito o desarrollo del negocio en ciernes. Albalá *Periodismo* 95: Esta actividad periodística (literaria) es propiamente unipersonal.
2 *(Gram)* [Verbo] que se conjuga solo en tercera persona del singular. | Amorós-Mayoral *Lengua* 157: Los verbos que expresan fenómenos de la naturaleza se llaman unipersonales y se conjugan solamente en la tercera persona del singular.

unir – universal

unir *tr* Hacer que [una pers. o cosa (*cd*)] esté al lado [de otra (*compl* A o CON)]. *Los dos compls pueden aparecer como un solo cd. Frec el cd es refl, a veces con sent recípr. Tb fig.* | *Alc* 1.1.55, 3: A nuestros corresponsales de Londres .. y de París .. se unirán .. los de Roma y Washington. *Abc* 8.1.75, 15: El "Enterp[r]ise" y el crucero "Long Beach" .. se unirían en alta mar con otro crucero. RMorales *Present. Santiago* VParga 5: Todos aquellos peregrinos aparecían unidos por el lazo de la Cáritas. *SInf* 20.3.76, 6: Todo ello se traduce en un factor de inestabilidad académica .., que, unida a una inestabilidad de signo más general, contribuye a forjar la actual situación universitaria. **b)** Hacer que [una pers. o cosa (*cd*)] esté en contacto [con otra (*compl* A o CON)]. | J. Planas *Van* 17.4.73, 9: La reforma aprobada consiste en abrir una vía rápida y amplia que una la plaza de Cort, donde se halla el Ayuntamiento, con las avenidas de ronda. **c)** Hacer que [una pers. o cosa (*cd*)] actúe o viva junto [con otra (*compl* A o CON)]. | *Inf* 6.3.75, 11: A los cincuenta colegios afectados ayer por la huelga se han unido catorce más. Chamorro *Sin raíces* 119: Se enamoró de Sofía porque ella se encontró ante él, por casualidad, en el justo instante en que Agustín experimentó el misterioso afán de completarse uniéndose a otra persona. **d)** Hacer que [una pers. (*cd*)] sienta afecto y confianza [hacia otra (*compl* A o CON)]. | * La desgracia los unió aún más. * Madre e hija estaban muy unidas. **e)** Hacer que [una cosa (*cd*)] forme un todo [con otra (*compl* A o CON)]. | *Ciu* 2.75, 11: Le propusieron a mi padre unir las dos viviendas y en el solar de las dos levantar un edificio.

unisex *adj* [Cosa] adecuada tanto para hombres como para mujeres. *Esp referido a moda.* | *SHie* 19.9.70, 9: Esta vez Herrera y Ollero nos reservaban otra sorpresa: su moda "unisex". SSolís *Jardín* 45: Exponían, en sus renovados escaparates, ropa adocenada unisex y bisutería quincallera.

unisexo *m* Uniformidad de ambos sexos, esp. en el atuendo. *A veces en aposición.* | J. Aldebarán *Tri* 21.10.67, 26: La tendencia a abatir ese muro que ahora se considera arbitrario es la que produce una cierta revuelta de la juventud, es la que busca el fenómeno del unisexo. Las muchachas acortan su melena al tiempo que los muchachos dejan crecer la suya para encontrarse a medio camino. El pantalón es mutuo, como lo es el "pull over" amplio. Delibes *Cartas* 85: La coquetería es esencialmente femenina, y detesto las nuevas y juveniles tendencias al unisexo.

unisexual *adj* (*Biol*) Dotado de un solo sexo. | Navarro *Biología* 207: En los animales superiores y en algunos vegetales, cada especie está formada por individuos masculinos o femeninos; es decir, solamente presentan individuos un solo tipo de gametangios, por lo que reciben la denominación de organismos unisexuales. Ybarra-Cabetas *Ciencias* 273: Cuando las flores son unisexuales, puede ocurrir que en el mismo individuo existan las dos clases de flor.

unísono -na I *adj* **1** Que tiene igual sonido. *Tb fig.* | Cunqueiro *Un hombre* 13: Una marcha que marcaba los graves pasos o el golpe unísono de los remos. *SHie* 19.9.70, 2: También a través de las estrías se trasluce sonoramente el alma unísona de todos sus integrantes [de un conjunto musical].
II *m* **2** (*Mús*) Ejecución de la misma nota por varias voces o instrumentos. | J. L. Legaza *SYa* 25.1.75, 13: Determinadas combinaciones, duplicaciones o unísonos que los tratados de la época .. rechazarían como anticoloristas los emplea Schumann para darle profundidad, trasfondo, opacidad ultramundana al sonido orquestal.
III *loc adv* **3 al ~.** Conjuntamente y en armonía. | Escrivá *Conversaciones* 149: Ha de haber unos representantes .. conscientes de que tienen que trabajar al unísono. **b)** Al mismo tiempo. | FQuintana-Velarde *Política* 117: Se observa [en el gráfico] que el crecimiento en el tamaño de la parcela media provincial y del número de analfabetos se hace al unísono. Mendoza *Ciudad* 27: ¿Quién de vosotros es Foscarini? Todos los pasajeros levantaron el brazo al unísono.

unitariamente *adv* De manera unitaria. | J. Aldaz *Abc* 3.12.70, 65: El concepto de "economías de escala" expresa tanto el ahorro .. que se produce unitariamente con la mayor producción, como también un sentido general de competencia entre empresas.

unitariedad *f* (*raro*) Cualidad de unitario [1]. | GÁlvarez *Filosofía* 2, 145: El *Tratado de las sensaciones* consuma este impulso primitivo de integración y unitariedad para constituir el sensismo.

unitario -ria *adj* **1** De (la) unidad [1 y 2]. | A. Míguez *Inf* 7.3.74, 4: El discurso pronunciado el pasado sábado por el Presidente de Túnez .. ha dado al traste con el "sueño unitario" entre Libia y Túnez. **b)** Partidario de la unidad, esp. en política. *Tb n.* | Jover *Historia* 648: El designio de Pi y Margall de establecer la república federal .. va a enfrentarse .. con una doble oposición. Oposición de los republicanos "unitarios", centralistas .. Oposición de los federales "intransigentes". **c)** (*Rel*) [Cristiano] que no reconoce en Dios más que una sola pers. *Tb n.* | * La doctrina de los unitarios fue rechazada por la Iglesia.
2 Que tiene unidad [1]. | Albalá *Periodismo* 55: No admite [el periodismo] una política, sino aquella que, objetivada, es resultante unitaria de la propia y compleja dinámica social. Alfonso *España* 74: Ha surgido la moderna y funcional Dubrovnik, unitaria también y con personalidad, dentro de su propio estilo.
3 Formado por una sola unidad [4]. | JGregorio *Jara* 66: A mediados del siglo XIX todos los lugares o villas cabezas de Ayuntamiento tienen, al menos, dos escuelas unitarias y una mixta. J. Zaragüeta *Abc* 23.12.70, 3: Los conjuntos .. se llaman pares si constan de dos elementos; unitarios, si de un elemento, y vacíos, si no tienen ninguno.
4 Correspondiente a cada unidad [4]. | *BOE* 3.12.75, 25191: Deberá contarse con tres mangueras de un caudal unitario de 185 litros por minuto.

unitarismo *m* Tendencia o doctrina de los unitarios [1b y c]. | Tovar *Gac* 22.2.70, 12: Con su unitarismo y centralismo, luchando personalmente con los fueros de Aragón en los años de su encumbramiento, es quizás el primer reformador de la vieja España. Sánchez *MPelayo* 28: Los desdichados avatares religiosos de Blanco (White), católico primero, escéptico más tarde, afiliado luego a la Iglesia oficial anglicana .., para desembocar en el unitarismo o protestantismo liberal .. y terminar, por último, en un puro deísmo, suscitaron en torno suyo violentas reacciones.

unitarista *adj* Partidario de la unidad, esp. en política. | *Cua* 1.72, 11: Coincidió .. este momento de inflexión de una Iglesia unitarista y dogmática a una Iglesia patrocinadora del diálogo, el ecumenismo y la lucha por la liberación.

unitermo -ma *adj* (*E*) [Aparato de calefacción] constituido por una batería de tubos por los que se hace pasar aire, que, calentado, puede ser dirigido por unos reflectores. | *Ya* 6.5.70, 19: El Parque Móvil Ministerial convoca concurso-subasta para adjudicación de las obras de instalación de calefacción por dos redes generales y aparatos unitermos con funcionamiento de agua sobrecalentada a 120 ºC.

unitivo -va *adj* De (la) unión [1]. | Alvarado *Anatomía* 24: El tejido conjuntivo tiene misión preferentemente unitiva. MPérez *Comunidad* 112: Pese a que no exista unanimidad en la fe, se ha dejado un factor unitivo en la propia entraña de la Comunidad. DPlaja *Literatura* 199: Tiene [el camino de perfección] tres etapas, en su acercamiento a la divinidad: 1. Vía purgativa .. 2. Vía iluminativa .. 3. Vía unitiva.

univalencia *f* (*Quím* o *lit*) Condición de univalente. | Laín *Marañón* 214: La univalencia .. conduce resuelta y determinadamente hacia el logro de un solo objetivo.

univalente *adj* **1** (*Quím*) Monovalente. | * El cloro es univalente.
2 (*lit*) [Pers.] que define claramente sus actitudes u opiniones. | Laín *Marañón* 214: ¿Qué hombre debemos preferir, el dubitante, el ambivalente o el univalente? **b)** Propio de la pers. univalente. | Laín *Marañón* 214: Esas serían las situaciones cardinales del ánimo frente a la acción concreta: la duda, la ambivalencia y la resolución univalente.

univalvo -va *adj* (*Zool*) Que tiene una sola valva. | Bustinza-Mascaró *Ciencias* 384: Existen también formas de concha univalva y bivalva. Legorburu-Barrutia *Ciencias* 149: Algunos moluscos con una y con dos valvas. Univalvos: lapa, porcelana, caracola.

universal I *adj* **1** De todo el universo. | Marcos-Martínez *Física* 27: La fuerza de la gravedad no es más que

universalidad – universo

un caso particular de una fuerza general que impulsa a todos los cuerpos del Universo a aproximarse unos a otros y que se denomina gravitación o atracción universal. **b)** De toda la Tierra. *A veces con intención ponderativa.* | SLuis *Doctrina* 47: La Iglesia verdadera tiene que ser: .. Católica: es decir, Universal. Propia para todas las épocas y lugares. DPlaja *Literatura* 1: Historia de la literatura española encuadrada en la universal. **c)** Conocido en toda la Tierra. *Gralm con intención ponderativa.* | T. Rabanal *Hoy Extra* 12.69, 62: Es el mejor broche, para cerrar el presente trabajo, la actuación del famoso y universal Trío de Praga.
2 De todas las cosas. | Gambra *Filosofía* 294: Hay que dudar de todo (Duda metódica universal) hasta encontrar una proposición cuya duda sea contradictoria. **b)** De todos los hombres. *A veces con intención ponderativa.* | Villapún *Dogma* 239: El juicio universal se llama así porque en él serán juzgados todos los hombres. PRivera *Discursos* 11: Evitar .. los partidos políticos y su instrumento imprescindible, el sufragio universal. **c)** De todos los elementos de una misma especie. | Gambra *Filosofía* 35: Desde el punto de vista de la extensión se dividen los conceptos en: Particulares, cuando se aplican a una pluralidad de objetos, pero de un modo restringido y sin precisar .. Universales, cuando los representan sin restricción. *Compil. Navarra* 57: Los cónyuges pueden pactar el régimen de comunidad universal de bienes en capitulaciones otorgadas antes o después del matrimonio. **d)** Que sirve para una generalidad de usos o circunstancias. | Legorburu-Barrutia *Ciencias* 219: Poseen [los elefantes] una larga trompa que viene a ser una prolongación de la nariz. Es muy musculosa y flexible, sirviéndoles de instrumento universal. **e)** (*lit*) [Pers.] cuyos conocimientos o aptitudes se aplican a todos los temas en general. | DPlaja *Literatura* 148: "El hombre universal." Como vamos viendo, el Renacimiento viene marcado por el orgullo humano .. La pintura y la escultura reflejan el carácter de este hombre nuevo, todo curiosidad: el *uomo universale* que, en muchos casos, se interesa por todos los aspectos del arte y de la literatura.
3 (*Der*) [Pers.] a quien corresponde la totalidad de un patrimonio. | Ramírez *Derecho* 169: El heredante instituye heredero entre sus hijos nacidos o nacederos, para el caso de fallecer sin sucesor universal.
4 (*Filos*) [Proposición] cuyo sujeto está tomado en toda su extensión. *Se opone a* PARTICULAR. | Gambra *Filosofía* 43: En razón de la cantidad se dividen las proposiciones en universales y particulares, según que se tome el sujeto en toda su extensión o solamente en parte.
II *m* **5** (*Filos*) Concepto aplicable a todos los individuos de la misma especie. *Normalmente en pl.* | Gambra *Filosofía* 121: Tampoco puede el animal hablar, porque cuanto se diga es expresión de un juicio, y todo juicio requiere conceptos o universales para su formación.

universalidad *f* **1** Cualidad de universal. | R. Roquer *Van* 20.12.70, 32: Distingue la universalidad religiosa en su bidimensionalidad: soteriológica y pacificadora.
2 Totalidad. | Tejedor *Arte* 115: Palabra ["universidad"] que procede de la latina "Universitas" y que se justifica por enseñarse en tales centros todas las disciplinas entonces conocidas, es decir, la universalidad del saber. *Compil. Cataluña* 770: Serán albaceas universales las personas que reciban del testador el encargo de entregar la herencia en su universalidad a personas por él designadas.

universalismo *m* **1** Aspiración o tendencia a la universalidad [1]. | Castiella *MHi* 11.63, 60: Una exigencia de esta índole daría al traste con el universalismo de la Organización.
2 Doctrina que preconiza la subordinación absoluta del individuo a la comunidad. | Gambra *Filosofía* 229: Existen diversos tipos de universalismo social. Para unos, esa sociedad originaria de que ha ido brotando la individualidad y el carácter de los hombres es la Nación o el Estado histórico (nacionalismos totalitarios); para otros, la raza (racismo).

universalista *adj* **1** Que aspira a la universalidad [1]. | Fernández-Llorens *Occidente* 173: Mientras el concepto de imperio de Carlos V tenía un sentido universalista –la unión de toda la Europa cristiana frente a los turcos–, Felipe II apoyó su poderío en los dominios hispánicos. Academia *Esbozo* 14: Es lícito .. hablar de un español común, de una obediencia a determinada regulación básica de orden fonéti-

co y gramatical que se manifiesta en el habla de las personas cultas y se refleja en la literatura más universalista y menos teñida de particularismos lingüísticos.
2 De(l) universalismo [2]. | Gambra *Filosofía* 229: En el extremo contrario del individualismo se encuentran las doctrinas universalistas o totalitarias sobre el origen de la sociedad.

universalizable *adj* Que se puede universalizar. | Albalá *Rev* 11.70, 18: Por fuerza ha de demandar un método de conocimiento con el que obtener una ordenación válida, universalizable, de esos fenómenos.

universalización *f* Acción de universalizar. | GSanchiz *Ya* 15.4.64, 5: Una de las tentativas japonesas de universalización es la denominada "romaji", que consiste en la busca de equivalencias fonéticas entre el silabario "Iroha" y el alfabeto latino.

universalizador -ra *adj* Que universaliza. | F. Almazán *Tri* 18.10.69, 18: ¿Sufrirá el flamenco .. una explosión universalizadora similar a la del "jazz"? J. Cueto *País* 3.2.81, 29: Tramaron los enciclopedistas impíos sus severos diccionarios universalizadores y profanos a partir de la lógica del alfabeto.

universalizante *adj* Universalizador. | G. Sierra *Abc* 27.4.74, 29: Los medios de transporte han facilitado el comercio y desencadenado los vientos universalizantes del turismo de todas clases.

universalizar *tr* Hacer universal. *Frec con intención ponderativa.* | Tejedor *Arte* 45: Para el mantenimiento de este dominio, ya no era válida la organización republicana y se precisaba el hallazgo de otra nueva fórmula política, capaz de universalizar y unificar el vasto mundo conquistado. Burgos *SAbc* 13.4.69, 43: Las bodegas de Cazalla, que han universalizado un nombre para el anís.

universalmente *adv* De manera universal. | V. RFlecha *Cua* 6/7.68, 9: Muchas de sus tesis son hoy aceptadas universalmente, otras muchas discutidas.

universidad *f* **1** Institución de enseñanza superior, constituida por diversas facultades y otros centros de estudio o investigación, en la cual se confieren los títulos de doctor y licenciado. | J. F. Herrera *SArr* 27.12.70, 20: Nunca en este país se había hablado y escrito tanto de profesores y alumnos, enseñanza privada y enseñanza estatal. Universidad Autónoma y Universidad privada. **b)** *Se da este n a otras instituciones de enseñanza que no confieren esos títulos.* | E. LRamos *SAbc* 29.11.70, 36: Es la Universidad Laboral de Alcalá. **c)** (*hist*) *En la Edad Media y el Renacimiento:* Establecimiento público de enseñanza en que se conferían los grados de bachiller, maestro, licenciado y doctor. | Tejedor *Arte* 115: La primera Universidad europea, fundada en el siglo XI, fue la de Bolonia, que especialmente se distinguió por sus estudios sobre el Derecho romano. **d)** Edificio o conjunto de edificios en que se halla instalada una universidad. | Tejedor *Arte* 153: El estilo Plateresco .. Son sus ejemplos más destacados: .. en Salamanca –la plateresca–, la fachada de su Universidad, atribuida sin base a Egas.
2 (*hist*) Conjunto de poblaciones y tierras unidas por una misma representación jurídica. | Cela *Judíos* 79: El Duratón es río largo, que nace en la Somosierra, cruza la universidad de Segovia y va a morir en el Duero.

universitariamente *adv* (*raro*) De manera universitaria. | Albalá *Periodismo* 101: Cuando esta dimensión universitaria .. falta en el periodista, difícilmente logrará una técnica en tanto en cuanto esto supone la aplicación de unos conocimientos universitariamente asimilados.

universitario -ria *adj* De (la) universidad. *Frec n, referido a pers.* | Ortega-Roig *País* 127: Estas divisiones [del Estado] son eclesiásticas .., universitarias .., militar .. y judicial. *Sem* 20.12.69, 3: Varios catedráticos encabezaron una exposición ..: "Lejos de nosotros la peligrosa novedad de discurrir". La sombra de Platón debió de reírse mucho del carácter resueltamente modernista atribuido por aquellos universitarios a la cogitación. *Inf* 7.4.76, 36: El Supremo confirma la condena de un universitario de Valencia. **b)** [Colegio] ~ → COLEGIO.

universo -sa I *adj* **1** (*lit, raro*) Universal. | GCaballero *Abc* 29.12.70, 3: Lo único que hubimos de menester para tal unidad religiosa y heroica y tal imperialidad universa no fue el turismo, sino la peregrinación.

II *m* **2** Conjunto de todo lo que tiene existencia material. *Tb fig. Frec con intención ponderativa, a veces* (*lit*) *en la forma* ~ MUNDO. | Ortega-Roig *País* 8: Existen otras galaxias. Los espacios que las separan son tan enormes que por eso decimos que el Universo es infinito. *Catálogo* 10.75, 45: *El Universo de las Formas* .. Es edición mundial, coeditada por seis grandes editoriales, además de Aguilar. Torrente *Señor* 430: Nada se ha conmovido, ni en mi vida, ni en la de ella, ni menos en el universo mundo, porque nos hayamos amado. **b)** **el ~.** La Tierra. | CPuche *Paralelo* 100: Basureros y americanos, igual de infelices, igual de borregos .. El alcalde de Madrid, matándose por eliminar a los basureros. Desdicen de la gran ciudad .. Menos mal que vienen estos, los zánganos del universo, a arreglar las cosas.

univitelino -na *adj* (*Fisiol*) [Gemelos] que proceden de un solo huevo. | Pinillos *Mente* 54: Numerosos estudios hechos con gemelos idénticos o univitelinos .. atestiguan que la herencia desempeña un cometido muy relevante.

unívocamente *adv* De manera unívoca. | Gambra *Filosofía* 38: Cuando decimos que tanto este árbol como un triángulo o Dios "existen", no lo decimos unívocamente, pues es muy diferente el existir de un árbol del existir de un triángulo y del existir de Dios.

univocidad *f* Cualidad de unívoco. | A. GTorrens *SYa* 17.4.85, VII: Comprobación empírica de la aceptabilidad emotiva y de la univocidad de los términos que se seleccionen o se creen.

unívoco -ca *adj* [Término o modo de expresión] que tiene siempre un mismo significado. *Tb fig.* | Gambra *Filosofía* 37: Son unívocos aquellos términos que significan un solo concepto y, por tanto, se emplean siempre en el mismo sentido. Por ejemplo: mesa, hombre, etc. *Unidades* 8: Desde el punto de vista científico, hay un elemento arbitrario en esta división de las unidades SI en tres clases, puesto que esta división no está impuesta de una manera unívoca por la física. *Abc* 21.5.67, 61: La Iglesia es una sociedad visible, jerárquica, entregada a una misión salvadora que no admite sino una unívoca y determinada realización.

uno, una I *art y adj* (*La forma m* UNO *se convierte en* UN *cuando va inmediatamente delante del n del cual es adjunto, y tb cuando entre los dos se interpone algún adj. La forma f* UNA *se convierte normalmente en* UN *cuando el n al que precede inmediatamente comienza por* /a/ *tónica:* un hacha) **1** *Precede a un n de pers o cosa no consabida. Se opone a* EL. | Olmo *Golfos* 149: Vaya usted al número quince, allí un trozo de madera, haciendo de cartel, le anunciará que en el sótano existe un taller de planchado. Delibes *Guerras* 96: El Krim era un perro, ¿verdad? **b)** *Con carácter expletivo, se antepone a advs de intensidad como* MUCHO, BASTANTE *y otros, contraponiéndolos* (*a veces implícitamente*) *a las locs advs* UN POCO, UN TANTO (→ POCO, TANTO). | Delibes *Mundos* 8: Y hemos llegado .. a precisar la finalidad de estas páginas un bastante deshilvanadas y un mucho apresuradas y superficiales.

2 *Precede a un n de pers o cosa a la que se quiere presentar de manera imprecisa. Se opone a* ESTE, ESE, AQUEL. | Grosso *Capirote* 182: Es necesario seguir cultivando la tierra, que es lo nuestro. Y si no nos la dejan cultivar, a algún lado tendremos que ir a hacerlo, hasta que un día podamos regresar para que nuestros hijos la cultiven. **b)** *Precediendo a n propio de pers:* Un tal (→ TAL). | CBonald *Casa* 90: Salimos de tapadillo para La Valerita en el camión de un tercer socio –un Orlando Mardeleva–, transportista de pescado. **c)** **~ de tantos, ~ más,** *o* **~ del montón.** (*col*) Vulgar o que no destaca entre los de su clase. *Se usa como predicat.* | * Para mí es una compañera de tantas. **d)** **~ que otro** + *n, o* **un** + *n* + **que otro.** Unos pocos + *n en pl.* | Faner *Flor* 34: La jorobada la peinaba en presencia del señor de Eleazar, y una que otra vez vio al vejete posar risueño su mano sobre el vientre del ama, para sentir cocear al nietecillo.

3 *En pl, expresa cantidad indeterminada.* | Hoyo *Caza* 29: Estuvo de maestro unos meses en la escuela de San Martín. **b)** *Precediendo a una expresión de cantidad, la presenta como aproximada.* | Legorburu-Barrutia *Ciencias* 374: Unos 11 kilómetros antes de llegar al lago Ontario se encuentra con un precipicio de 50 metros de altura.

4 *Precede a un n de pers o cosa considerada sola, sin otras de su especie. Siempre en sg. Se opone a* VARIOS, DOS, TRES, *etc.* | FSantos *Cabeza* 151: Falta apenas un minuto para la hora. **b)** *Puede ir sumado a otros adjs de número.* | *Ya* 26.1.74, 29: Escribió el primer libro de la "Suma" contra gentiles cuando tenía treinta y cuatro años; la primera parte de la "Suma teológica", entre los cuarenta y uno y los cuarenta y tres años.

5 Único (solo en su especie). | SLuis *Doctrina* 47: La Iglesia verdadera tiene que ser: 1º Una: no pueden ser varias.

6 Igual o idéntico. | Torrente *Señor* 368: Debemos de ser de una edad. ¿Dónde estudió usted?

7 *En contraposición con* OTRO: Cada. | Torrente *Señor* 407: Rosario pisaba de una en otra para no mojar las zuecas relucientes. **b)** *En pl:* Una parte de los. | * Unos amigos irán, otros no. **c)** **~ y otro.** Los dos. | Bustinza-Mascaró *Ciencias* 190: El raquis o eje duro, sobre el cual se insertan, a uno y otro lado, las barbas. **d)** **~s y otros.** Todos, los de un grupo y los de otro. | * La guerra perjudicó a unos beligerantes y a otros. **e)** **~ con otro,** *o* **~s con otros.** Se usa con valor adv para expresar promedio. | * Unos libros con otros me han costado a unas 3.000.

8 Tal o tanto. *Funciona como antecedente de una prop con* QUE *que expresa consecuencia.* | * Tengo un hambre que no veo. **b)** *A veces en forma exclam, sin prop de consecuencia.* | Medio *Bibiana* 12: Esto de la casa no cansa tanto ... Pero tú... ¡Me da una rabia que trabajes tanto! **c)** **de un** + *adj* = CON TAL + *el n abstracto correspondiente a ese adj* (de un tonto = con tal tontería). | * Está de un pesado que no hay quien le aguante.

II *pron* **9** *Designa una pers o cosa indeterminada que forma parte de un grupo ya mencionado o aludido, o que se va a mencionar en seguida.* | SFerlosio *Jarama* 55: Todos los perros acaban pareciéndose a los amos ..; en todavía tengo yo la señal del muerdo que me atizó uno negro que tuvo mi cuñada. *Alc* 1.1.55, 1: La calle de Pelayo, de Barcelona, una de las vías más céntricas y animadas de la Ciudad Condal. **b)** *Designa una pers indeterminada, no mencionada antes.* | MGaite *Visillos* 88: –¿Con quién hablaste antes por teléfono? –Con uno que debía ser tu padre. **c)** **~ de tantos, ~ más,** *o* **~ del montón.** (*col*) Pers. o cosa vulgar o que no destaca entre los de su clase. *Se usa como predicat.* | Zunzunegui *Camino* 317: Es corriente..., uno de tantos... Así, de primera impresión, me parece un hombre decidido y algo triste. R. PEscolar *Inf* 13.5.74, 16: Como uno más, del montón, me atrevo a opinar.

10 *Funciona como suj o compl impers, designando una pers indiferente.* | Delibes *Mundos* 125: El lector se preguntará si es que una isla puede oxidarse .., y a la vista de este desconcertante archipiélago canario uno puede responder que sí. **b)** (*col*) *Frec designa, de manera más o menos impersonalizada, con intención generalizadora, a la propia pers que habla. A veces se usa la forma m para designar mujer.* | Aldecoa *Cuentos* 1, 82: A estas horas lo que está deseando uno es meterse en la cama; que uno a estas horas no tiene ganas de nada. MGaite *Visillos* 231: –La familia le come a uno, yo no sé. Hoy sin falta voy a hablar con mi padre. –Estupendo, me parece bien, mujer.

11 *Designa una pers o cosa considerada sola, sin otras de su especie. Siempre en sg.* | Hoyo *Glorieta* 60: Deberíamos tener dos cabezas, pues una sola no es suficiente para vivir. **b)** *Puede ir sumado a otros prons de número.* | Alonso *SAbc* 20.1.74, 30: Luego, del treinta y uno al treinta y tres [estuve] en Oxford.

12 *Se usa en constrs de sent distributivo:* ~ A ~, ~ POR ~, DE ~ EN ~. | Lagos *Pap* 11.70, 163: El domingo mismo me llevé unas naranjas con los cuartos que me dio el señor Paco. Una a una las fui sacando del capacho y se las puse allí al alcance.

13 Una misma cosa. *Normalmente en la forma m sg.* | Medio *Bibiana* 10: Azotar y dar en el culo, todo es uno. Torrente *Pascua* 165: No sé si somos parientes o no, pero llevamos el mismo mote. La gente todos los Churruchaos somos unos.

14 *En contraposición con* OTRO, *en sg:* Cada uno. | Diego *Abc* 22.10.67, 3: El poeta Salustiano Masó lleva publicados algunos libros .. Su técnica va de uno en otro depurándose. **b)** *En pl:* Una parte [de un conjunto]. | Matute *Memoria* 96: Su madre, la herrera, con el delantal lleno de tomates, maduros unos y verdes otros. **c)** **~ y otro.** Los dos. |

untable – untuoso

Delibes *Mundos* 131: Las excursiones por la isla .. están inevitablemente flanqueadas, de un lado por el Teide, del otro por el mar. La vecindad de uno y otro se presta, naturalmente, a mil combinaciones. **d)** **~s y otros.** Todos, los de un grupo y los de otro. | R. Marichalar *Inf* 20.12.73, 15: Un partido que permite a los yugoslavos continuar vivos en la fase de clasificación, lo mismo que a los españoles, y obliga a unos y otros a un partido de desempate. **e)** **~ con otro,** *o* **~s con otros.** *Se usa con valor adv para expresar promedio.* | *ByN* 11.11.67, 83: G. M. tiene un volumen anual de ventas, neto, de veinte billones de dólares: superior, por lo tanto, a las rentas nacionales de cincuenta y cuatro (la mitad) de los más pequeños países miembros de las Naciones Unidas, unos con otros.

15 una. *(col) Designa, con intención ponderativa, una cosa que solo se precisa por medio del adj que acompaña o de todo el contexto.* | Aldecoa *Cuentos* 1, 51: El viento había crecido y arrastraba el polvo y formaba torbellinos de tierra y papeles viejos. –Va a caer una buena –comentó Antonio Miranda.

16 una de *+ n en pl o colectivo. (col)* Tal cantidad de. *Funciona como antecedente de una prop con* QUE *que expresa consecuencia.* | DCañabate *Abc* 26.8.66, 47: Empieza a silbar un aire vasco, con una de florituras que era el acabose. **b)** *A veces en una exclam, sin prop de consecuencia.* | Buero *Hoy* 80: Si yo estuviera en su pellejo, señor Silverio, me forraba la faltriquera de billetes. Iba a inventar una de aparatos.

III *n* **A** *m* **17** Primer número de la serie natural. *Frec va siguiendo al n* NÚMERO. | CPuche *Paralelo* 405: –Las quinielas a base de unos no dan dinero .. –Doses, doses es lo que hay que poner. **b)** Pers. o cosa que ocupa el primer lugar de una serie. *Frec en aposición.* | *Inf* 21.12.73, 32: El padre Larzábal, .. conocido como experto número uno en cuestiones internas de la E.T.A. J. Carabias *Ya* 1.5.76, 8: Uno de mayo .. En España, la fiesta del primero de mayo es seguramente más moderna en todos los otros países de Europa. * Habitación uno.

B *f* **18** Primera hora después de mediodía o de medianoche. *Precedido de* LA. | Arce *Testamento* 15: Miré el reloj, por hacer algo, y vi que era la una.

IV *loc v* **19 hacer una de las suyas (tuyas, vuestras,** *etc*) → HACER.

20 no dar, *o* **no acertar, una.** *(col)* No hacer nada con acierto. | ZVicente *Ya* 27.12.70, sn: No daba una en el cole.

V *loc adv* **21 a la una, a las dos, (y) a las tres.** *Fórmula que se emplea para advertir que a su término no ha de realizarse algo previsto de antemano. Tb* UNA, DOS Y TRES. | Peridis *País* 5.5.76, 12: A la una, a las dos y a las tres. Viva la Platajuntaa. Paso *Pobrecitos* 230: ¡Atención al número! ¡Gira la rueda! Una, dos y... tres. ¡Zas! Doña Clara es soltera. **b)** *En una subasta, se emplea para dar un último plazo para que se puje antes de adjudicar el objeto al último postor.* | CPuche *SYa* 10.11.63, 15: Veinticinco pesetas a la una, veinticinco pesetas a las dos... ¿No hay quien dé más?

22 a una. Al mismo tiempo o a la vez. | Hoyo *Pequeñuelo* 25: Entre los tres arrancaban brazadas de berrañas y, a una, las echaban a la orilla.

23 lo ~...., lo otro. Lo primero..., lo segundo. | * Se negó a hacerlo, lo uno, por cobardía, y lo otro, por pereza.

24 una de dos. *Precede al planteamiento de una doble posibilidad.* | Torrente *Señor* 386: Una de dos: o estoy aquí para hacer de Rosario la Galana mi manceba .. o para casarme con Clara.

untable *adj* Que se puede untar, *esp* [1b]. | *Tel* 1.5.75, 92: Margarina hecha 100% de aceites vegetales. Digestible. Ligera. Saludable. Untable.

untada *f (reg)* Acción de untar [1 y 2]. | Aldecoa *Cuentos* 1, 117: El comandante merendaba de cocina por lo barato: el huevo frito, la pimentada del tiempo y la chopera de tinto riojano .. El aceite le dibujaba un sutás brillador de las comisuras de los labios a la barbilla. El ordenanza le interrumpió la untada.

untador -ra *adj* Que unta. *Tb* n: *m* y *f, referido a pers; m, referido a utensilio.* | *Ya* 2.4.75, 39: Surgirán psicosis parecidas a las que se habían producido en el pasado con respecto a los "untadores". [*Durante la peste.*] *Impreso* 10.80: Lote constituido por 1 cepillo de ropa, 1 cepillo de calzado y 1 untador: 95 Pts.

untadura *f* Acción de untar [1 y 2]. | Mendoza *Ciudad* 53: Mariano sacaba muelas, hacía untaduras, ponía sinapismos y cataplasmas y provocaba abortos.

untar *tr* **1** Extender [sobre una pers. o cosa (*cd*) una materia fluida o grasa (*compl* DE *o* CON)]. | SFerlosio *Jarama* 87: Lo que te puedo hacer es untarte de nivea. MGaite *Fragmentos* 105: Se concentró en la tarea de untar el pan con mantequilla. Chamorro *Sin raíces* 150: Si de quemaduras se trataba, lavaban la piel con agua de cocer "hierba del ciervo", o bien, untando la llaga con tinta de escribir. **b)** Extender [una materia fluida o grasa (*cd*) sobre alguien o algo]. | *Act* 25.1.62, 35: ¡Qué rico! el nuevo Tulipán .. con su nueva calidad totalmente pura, vitaminada y más fácil de untar.

2 Impregnar [algo (*cd*) en una sustancia fluida]. | *Cocina* 31: Se toma una hoja de papel de barba, se unta en aceite frío y se coloca el pescado sobre ella.

3 *(col)* Sobornar [a alguien]. | Mendoza *Ciudad* 191: En varias ocasiones hubo que apelar a autoridades venales para echar tierra sobre asuntos escandalosos; hubo que hacer desaparecer algún cuerpo y untar a la justicia. **b) ~ la mano** → MANO.

unte *m (reg)* Unto. | Delibes *Emigrante* 78: Lo mejor para no andar comprometidos es comprar mañana un pan y meter algo de sustancia dentro. Cualquier unte, como yo digo.

unto *m* **1** Materia que se unta. | CBonald *Ágata* 154: Sintió Manuela chorrear entre aquella general inminencia de harapo la sangre de las garcetas desplumadas, el unto abrasivo de los curtientes.

2 Grasa. | Cela *Pirineo* 84: El confitat es un dúo de pucheros de barro: en uno están escondidos, náufragos en el aceite de oliva (también pudieran estarlo en unto) el lomo de cerdo, la costilla, la butifarra y la salchicha. Cela *Mazurca* 115: El ungüento .. se prepara cociendo unto de niño moro o sin bautizar en agua de rosas y en un caldero de cobre. Mingarro *Física* 46: Su papel [de los lubricantes] es doble, pues de una parte rellenan los huecos .. y por otra disminuyen las fuerzas de cohesión sustituyéndolas por las de adhesión entre los cuerpos que rozan y el unto, siempre menores.

3 *(col)* Dinero con que se soborna. | ZVicente *Balcón* 85: No hay estudiante peor que Aljicenito, pero, eso sí, la Portales tiene buen unto, y con unto para qué te voy a contar, no hay puerta que se resista.

4 *(col)* Acción de untar. | SSolís *Camino* 170: El culto al sol comenzaba con el unto de crema bronceadora, seguía con la exposición del cuerpo por minutos graduados progresivamente. Brocense *HLM* 6.11.78, 19: El unto no se olvida pronto y se perdona. ¿Cuántas fortunas del franquismo no son hoy respetadas y adoradas como si se hubiesen labrado en los años voraces de las guerras medievales?

untoso -sa *adj* Untuoso. | Berenguer *Mundo* 44: Entonces le dio por mí y, si en la enfrentada era malo, a la vera era peor, pues se ponía untoso diciendo que me iba a hacer su secretario para que yo aprendiera de él a ser cazador.

untuosamente *adv* De manera untuosa. | C. Laredo *Abc* 6.2.58, 39: Por vez primera el numeroso personal de la Embajada soviética en Karachi salía de su reserva para derramarse untuosamente por los círculos sociales.

untuosidad *f* Cualidad de untuoso. | Bustinza-Mascaró *Ciencias* 318: El olor, el sabor .., la untuosidad o sensación suave que producen ciertos minerales al ser tocados. MDescalzo *HLM* 2.1.78, 15: Conmueve la untuosidad sermoneadora de los mítines de Carrillo hace unos años, usando para hablar de su partido todos los tópicos que usaba la Iglesia en sus peores siglos.

untuoso -sa *adj* **1** Que produce al tacto una sensación suave y pegajosa, característica de las materias grasas. | M. Aguilar *SAbc* 14.12.69, 54: A los dos días de un buen lavado de cabeza ya parecen sucios, no se dejan peinar; al exprimirlos entre las yemas de los dedos dejan una sensación untuosa. Bustinza-Mascaró *Ciencias* 330: Grafito .. Tizna el papel y se utiliza para fabricar lápices, .. y por su carácter untuoso, como lubricante.

2 Zalamero. | Delibes *Parábola* 14: Se le veía satisfecho .. en las untuosas zalemas con que a diario recibía a sus compañeros.

untura f **1** Acción de untar [1 y 2]. | Clarasó *Van* 18.7.74, 66: Se les ennegrece la piel. Quizá más que por los ultravioletas del sol, por el teñido de las unturas con Morenil, Ennegrecil, Tostadoril.
2 Materia con que se unta. | *SurO* 18.8.76, 10: El vigilante o así de "Kaine" .. tenía la obligación de aplicar debajo del rabo, por donde el animal hacía el pis pis, una sustancia aceitosa de fuerte olor, con mezcla de gasolina, que alejaba a los canes "varones" .. Sin embargo dicen las malas lenguas que, un día, al vigilante se le olvidó aplicar la "untura repelente".

uña I f **1** *En el hombre y algunos animales:* Parte córnea que recubre la parte superior de las extremidades de los dedos. | MGaite *Visillos* 235: Un día de aquellos, Gertru la fue a ver .. Estaba haciendo un jersey para el niño, y llevaba el pelo liso, recogido de cualquier manera, y las uñas sin arreglar. Ybarra-Cabetas *Ciencias* 381: El cernícalo es un ave de rapiña .. Su plumaje es rojizo, su pico y las uñas muy fuertes. **b)** *Se usa en pl para simbolizar la disposición agresiva o de pelea, en frases como* AFILARSE LAS ~S, SACAR, *o* ENSEÑAR, LAS ~S. | M. GBaró *SYa* 24.6.75, 16: Nos queda el Athletic de Bilbao, el de azul en Madrid, que estará toda la semana afilándose las uñas en sus campitos de Lezama, presto a sacar su temible estampa leonada .., con la que tantas veces ha borrado del mapa a sus más empi[n]gorotados contrarios. * Los grupos extremistas hace tiempo que enseñaron las uñas. Nácher *Guanche* 183: En ella no había la humildad de la otra. Un día el amo quiso gritarle por un pellizco que le dio al aflojar la trencilla de una bota, y tuvo que dormir con la otra puesta. Ella gritó también, y don Salvador le vio las uñas amedrentado. **c)** *Se usa, gralm en pl, para simbolizar la acción de apresar, robar, retener o poseer, en frases como* CAER EN LAS ~S, ESCAPARSE DE LAS ~S, QUEDARSE ENTRE LAS ~S. | LTena *Alfonso XII* 159: ¿Conoce Vuecencia el paradero de Don Francisco Romero Robledo? ¡Se le ha escapado a la Policía de entre las uñas! A. Aricha *Caso* 26.12.70, 24: Nadie piensa lo que puede quedar entre uñas al hacer cuentas. Delibes *Guerras* 23: –¿Cogió el dinero de la iglesia el Bisa? –Bueno, oiga, no le choque. El Bisa era de los de la uña larga, para que usted se entere.
2 Pezuña o casco. | J. R. Alfaro *SInf* 11.11.70, 10: En el polvo de luna formaba parte, además de su composición, la placenta de una mujer primípara, .. la uña de la Gran Bestia y otros ingredientes.
3 Punta corva en que termina la cola del alacrán. | Legorburu-Barrutia *Ciencias* 182: El escorpión .. El veneno de su uña del abdomen no tiene ningún efecto sobre él.
4 Parte dura del extremo del pedúnculo del percebe. | GPavón *Hermanas* 43: Don Lotario .. le quitaba la uña al dedo de un percebe.
5 Punta corva en que terminan algunos instrumentos o herramientas. | Halcón *Abc* 11.5.58, 6: Benito razonaba: –Sí, zeñó; mandó usté las máquinas, pero antes había venido el temporal de aguas que apelmazó la tierra y las uñas de los tubos se embotaban en el barro. *Ya* 9.10.74, 63: Martillo de uña. Pesa 290 gr. Es de acero templado y el mango de madera. **b)** Punta en que terminan los brazos del ancla. | MHidalgo *HyV* 10.71, 77: Los hierros (los rezones o anclas de cuatro uñas).
6 (*Bot*) Parte estrecha de los pétalos de una flor. | Ybarra-Cabetas *Ciencias* 270: Estas piezas se denominan pétalos y constan de una porción estrecha denominada uña, y otra ensanchada llamada limbo.
7 ~ de caballo. Fárfara (planta). | Cela *Pirineo* 126: El valle de Aneu es tierra pródiga en yerbas de herbolario: la fárfara amarilla o uña de caballo, que sirve para ablandar la tos; .. la belladona, que calma los dolores, etc.
8 ~ de gato. Planta herbácea de tallos robustos y flores en corimbo de color amarillo pálido (*Sedum nicaeense*). | FSantos *Catedrales* 87: Ahora no llueve, pero el musgo, la uña de gato, los jaramagos y los líquenes brillan contra la luz, se recortan al resplandor de la cuádruple farola. Mayor-Díaz *Flora* 290: *Sedum nicaeense* All. "Uña de gato". (Sin. *S. sediforme* (Jacq.) Pav.; *S. altissimum* Poir.)
II *loc v* **9 dejar(se) las ~s** [en algo]. (*col*) Poner [en ello] mucho esfuerzo o trabajo. | SDragó *Río* 21.3.89, 25: Convoco a un grupo de amigos y por las bravas, dejándonos las uñas y los pulmones en la apuesta, conseguimos bajar, transportar y abandonar la chatarra en un desmonte de las afueras.

10 ser ~ y carne [dos o más perss.]. (*col*) Tener una amistad muy estrecha. *A veces con suj sg y un compl* DE *o* CON. *Tb fig*. | GPavón *Reinado* 175: –El hombre de confianza de verdad, para don Lupercio, ¿quién es? –Luque Calvo. Son uña y carne. Goytisolo *Recuento* 275: El grupo, cuando estábamos todos, era excepcional, esta es la verdad, gente selecta, de élite, y todos muy compenetrados, uña y carne. SFerlosio *Jarama* 37: Lo puso verde [a Guillermo], y a todo esto sin darse cuenta de que estaba otro señor .. que al parecer es uña y carne de Guillermo. Y el tío, claro, la inmediata; al otro con el cuento. *Abc* 17.6.58, 29: Se sentía, por ejemplo, uña y carne con el frente rojo de la guerra civil española.
III *loc adv* **11 a ~ de caballo.** Montando sobre un caballo. *Frec con vs como* HUIR *o* ESCAPAR. *Alguna vez* (*lit*) *referido a otra caballería*. | Delibes *Historias* 35: El páramo de Lahoces desciende suavemente hacia Villalube del Pan y desde mi pueblo tiene dos accesos –uno por delante del cerro y otro por detrás– por los que solo puede subirse a uña de caballo. M. Fontrodona *NHi* 8.77, 82: Joaquín Gatell i Folch no es de los que se duermen sobre los laureles .. En 1864 abandona el servicio del sultán, inexplicablemente. Huye a uña de caballo y su cabeza es puesta a precio. Delibes *Ratas* 77: Componían una abigarrada caravana con la recua de borricos enjaezados, y llegaban cantando, como si en lugar de acabar de hacer quinientos kilómetros en diez días a uña de asno por caminos polvorientos, terminaran de emerger de un baño tibio tras un sueño reparador. **b)** A toda prisa. *Tb* (*reg*) A (LA) ~. | Llamazares *Río* 69: Antes ha de pasar por Valdepiélago. El viajero lo hace casi a uña de caballo .. sin detenerse más que unos segundos para mirar las truchas desde el puente. Romano-Sanz *Alcudia* 240: Leovi coge un palo con unos cascabeles en la punta. Lo agita, y al sonido los animales huyen despavoridos .. –El palo tenía antes un látigo –aclara Leovi–. Cada vez que atizábamos a un gato sonaban los cascabeles. Y ahora, en cuanto los oyen, salen a la uña.
12 con ~s y dientes. Con todas las fuerzas. *Con vs como* LUCHAR *o* DEFENDER. | Labadíe *Cam* 11.11.74, 11: Defenderemos con uñas y dientes la legitimidad de una victoria que es hoy patrimonio del pueblo español.
13 de ~s (*o, más raro,* **~s arriba**). (*col*) En actitud hostil o en mala disposición. | A. Navarro *Rue* 8.12.70, 20: Curro Girón, primer espada del cartel, tuvo el público de uñas toda la tarde. * Se puso uñas arriba al saber que no pensaba venir.

uñagata f (*reg*) Gatuña (planta). | Delibes *Castilla* 84: El sabor de la seta cultivada no puede ni comparase con el de la silvestre, especialmente la de altura .., que aunque la llamemos de cardo, no siempre sale del tronco del cardo, que a menudo se cría en el tronco de la uñagata, como aquí le decimos.

uñarada f Arañazo hecho con las uñas [1]. | Zunzunegui *Camino* 516: Se mordió en la lengua hasta hacerse sangre; se mesó los hermosos cabellos; salpicó de uñaradas su rostro.

uñazo m (*reg*) Uñarada. | MFVelasco *Peña* 251: Levantó una zarpa y me la puso sobre el hombro. Temí que fuese el final y pasé angustias de muerte esperando el uñazo fatal.

uñero m Lesión en los bordes de la uña, esp. la producida por el crecimiento incorrecto de esta. | *Envase* 1.76: Mercromina. Indicaciones: General. Toda clase de heridas. Desinfección de la piel .. Uñeros y grietas de los pies. Campmany *Abc* 29.9.90, 18: Bueno, dos marineros se han dado de baja, sí, por enfermos, les ha salido un uñero, bueno, un uñero no, un padrastro, y otro ha presentado objeción de conciencia.

uñir (*conjug* **53**) *tr* (*reg*) Uncir. | Antolín *Ya* 19.9.74, 33: Escasean los decires del otoño; todo lo más, el de que calenturas otoñales, o muy longas o mortales. O los concentrados en sus meses: .. en octubre, uñe los bueyes y cubre.

uñoso -sa *adj* De uñas [1] largas. | J. RMateo *Abc* 2.2.58, 11: Las uñosas patas de los galgos y los cascos broncos de los caballos martirizaban el suelo ansiosos de llegar a nuestra guarida.

uperisación f (*E*) Uperización. | *Ya* 1.12.83, 24: Me ha interesado conocer las razones de la calidad de esta leche,

uperisar – urbanización

y un amigo especialista en productos lácteos me ha dicho que se debe a la uperisación.

uperisar *tr* (E) Uperizar. | *Ya* 1.12.83, 24: Fue una amiga quien explicó a mi mujer las ventajas de la leche descremada uperisada.

uperización *f* (E) Procedimiento de esterilización de la leche, que consiste en someterla a temperatura muy elevada durante un tiempo muy breve. | *Act* 25.1.62, 39: Programa de fabricación Sulzer .. Instalaciones industriales para procesos físicoquímicos: Rectificación de precisión .. Desintoxicación del gas urbano. Uperización.

uperizar *tr* (E) Someter a uperización. | *SYa* 27.5.84, 48: Tipos de leches y sus envases .. Homogeneizada y uperizada.

uppercut (*ing; pronunc corriente*, /aperkút/ o /uperkút/; *pl normal*, ~s) *m* (*Boxeo*) Gancho al mentón. | J. GCano *Gac* 11.5.69, 79: Los tiros entre ceja y ceja, y los "uppercut" al mentón de los altísimos e invencible[s] héroes de Estefanía, encarrilaban a una parte importante de jóvenes españoles hacia un machismo falso y cobarde.

urálico -ca *adj* [Lengua] de la familia constituida pralm. por el fino-ugrio y el samoyedo. | *HLB* 20.8.79, 7: Los grupos lingüísticos de Europa son: las indogermánicas ..; las germanas .. Las urálicas, en la parte oriental, habladas en muchas de las repúblicas soviéticas.

uralita (*n comercial registrado*) *f* Material análogo al fibrocemento, usado esp. para cubiertas y tejados. | Halcón *Manuela* 40: Te daré unas planchas de uralita y los palos necesarios para que formes la techumbre. **b)** Plancha de uralita. | Benet *Aire* 64: Acondicionó el establo con chapas de bidones, bloques de cemento y unas cuantas uralitas viejas.

uraloaltaico -ca (*tb con la grafía* **uralo-altaico**) **I** *adj* **1** [Lengua] del grupo formado pralm. por el mogol, el turco y el fino-ugrio. | RAdrados *Lingüística* 209: En lenguas aglutinantes como las uralo-altaicas la división entre morfemas libres y ligados es .. fácil de hacer.
2 [Pers.] que habla alguna de las lenguas uraloaltaicas. *Tb n*. | Torrente *Saga* 159: Al final tenía ante mí un montón de materiales que solo había que ordenar, y una serie de nombres .. que figuran como protagonistas de varias narraciones pertenecientes a las culturas más distintas y distantes: de los mayas .., de los uralo-altaicos .. de los hotentotes.
II *m* **3** Familia de las lenguas uraloaltaicas. | RAdrados *Lingüística* 364: Lenguas .. centrípetas acusadas: caucásico, hotentote, dravídico, esquimal, uraloaltaico, japonés.

uraniano -na *adj* Del planeta Urano. | *Ya* 30.12.85, 43: El planeta Urano, menos misterioso .. Ni siquiera se conocen su período de rotación (día uraniano), ni el número de sus satélites.

uranífero -ra *adj* De uranio. | V. Moreno *Rev* 12.70, 24: Se quiso aprovechar la ocasión de la devaluación de las reservas uraníferas.

uraninita *f* (*Mineral*) Pecblenda. | Alvarado *Geología* 40: La Uraninita o pechblenda es el bióxido de uranio .. La uraninita se encontró primeramente en ciertos filones de Escandinavia y Estados Unidos, así como en filones de cinc de Cornwall (Gran Bretaña).

uranio *m* Elemento metal radiactivo, de número atómico 92, de color blanco argentífero, algunos de cuyos isótopos se emplean en la producción de energía atómica. | L. I. Parada *Mun* 14.11.70, 33: Algunos carburos metálicos pesados, plomo o uranio, dan, al contacto con el agua, una mezcla de hidrocarburos efectivamente semejantes al petróleo.

uranismo *m* (*lit*) Homosexualidad, esp. masculina. | JLozano *País* 20.6.76, 20: El concepto de homosexual y sus diversos nombres –desde el más sublimado o culturalista, como el de uranismo o amor socrático, hasta los más bajos, que antes eran casi exclusivos del lenguaje prostibulario ..– siguen siendo distribuidos, de todas formas, como insultos.

uranista *adj* (*lit*) Homosexual, esp. masculino. *Tb n*. | Valencia *HLM* 8.9.75, 23: Estamos ante una comedia de "raros", como se les llama a los homosexuales .. De sus nueve personajes, ocho pertenecen a la secta y el noveno sale ileso de alguna dentellada que le tira el gremio uranista.

urano *m* (*raro*) Uranio. | Ybarra-Cabetas *Ciencias* 65: Su principal cualidad [de la uraninita] es la que corresponde al urano; es decir, su desintegración.

urato *m* (*Quím*) Sal del ácido úrico. | Navarro *Biología* 196: La orina puede tener en suspensión cristales de sales poco solubles (oxalatos, fosfatos y uratos).

urbanamente *adv* De manera urbana [3]. | CBonald *Ágata* 119: Se encontró a un hombre de arrogante madurez .. que permaneció un punto indeciso antes de preguntar urbanamente si vivía allí, como le habían informado, una antigua moradora de las inmediaciones del caño Cleofás que traficaba .. en pieles.

urbanícola *adj* (*humoríst*) Que habita en una ciudad. *Frec n, referido a pers*. | Isidro *Abc* 23.2.58, 67: Lo que le engordaba a él era la atmósfera nutritiva, aromatizada, humeante del café. Todos los urbanícolas nos hemos adaptado a condiciones semejantes y gracias a eso resistimos impávidos toda clase de ambientes deletéreos.

urbanidad *f* Buena educación o buenos modales. | S. Galindo *Abc* 11.11.70, 12: A estas masas despersonalizadas les viene enormemente ancha la educación cívica, la urbanidad, los buenos modos. Goytisolo *Recuento* 24: Los jueves, entre la misa y la clase de urbanidad, después del recreo, la mañana pasaba pronto.

urbanismo *m* **1** Conjunto de conocimientos y técnicas relativos a la adaptación de las poblaciones a las necesidades materiales de la vida humana. | A. Andújar *Abc* 30.12.65, 87: La denegación por la Dirección General de Urbanismo del plan de reforma interior del Alto de la Villa, .. obliga a buscar otra fórmula para la resolución de este problema.
2 Forma urbana [1] de vida. | Pericot *Polis* 22: Los cultivadores tienden al sedentarismo y los pastores practican el nomadismo dentro de ciertos límites. Como consecuencia de ello las aldeas se desarrollan y surge el urbanismo.

urbanista I *m y f* **1** Especialista en urbanismo [1]. | *Cua* 6/7.68, 7: Los urbanistas, sociólogos y arquitectos han de plantear diferentes opciones artísticas y técnicas.
II *adj* **2** Urbanístico. | Delibes *Mundos* 107: Las modestas casas de los cerros .. son de lata y madera, no nacidas al hilo de un criterio urbanista esquemático, aburrido y formal, sino con la confiada espontaneidad de las flores en el campo.

urbanísticamente *adv* En el aspecto urbanístico. | Alfonso *España* 147: Urbanísticamente, la verdad es que el Madrid que hemos heredado se fue concibiendo tan bien para sus épocas sucesivas que aún ha podido sobrellevar esa drástica ciru[g]ía de los ensanches de calzadas.

urbanístico -ca I *adj* **1** Del urbanismo. | B. Arrizabalaga *Tri* 18.7.70, 14: Mientras las ideas urbanísticas de Arturo Soria son aplicadas en otros países, su realización parcial en Madrid tiende a desaparecer.
II *f* **2** Urbanismo [1]. | G. L. DPlaja *Tri* 10.4.71, 26: ¿Cuáles son las perspectivas que encuentran en su horizonte los nuevos arquitectos que escogen el atractivo camino de la urbanística?

urbanita *adj* (*humoríst*) Que habita en una ciudad. *Frec n, referido a pers*. | J. Laverón *SD16* 21.5.89, 1: La corrida de rejones se ha convertido en tradicional dentro del abono isidril .. Además, el curioso urbanita admira al caballo por ser un animal exótico en el entorno de rascacielos, ruidos, asfalto y contaminación.

urbanizable *adj* Que se puede urbanizar, *esp* [1]. | Tamames *Economía* 429: La contribución territorial urbana grava el suelo urbano o urbanizable y todas las edificaciones de carácter no agrícola.

urbanización *f* **1** Acción de urbanizar. *Tb su efecto*. | Fernández-Llorens *Occidente* 182: La columnata de San Pedro del Vaticano y la urbanización de la plaza son obra de Lorenzo Bernini. R. DHochleitner *Fam* 15.11.70, 47: Ello explica que después de un engaño secularmente utilizado y en función del proceso del cambio social que vivimos, .. el movimiento de urbanización sea incontenible.
2 Terreno delimitado artificialmente para establecer en él un núcleo residencial urbanizado. | *Cam* 26.4.76, 19: La falta de visitantes a la urbanización donde está la casa-escondite, y la nieve .., les favorecían.

urbanizador -ra *adj* **1** Que urbaniza [1]. *Tb n: m y f, referido a pers; f, referido a empresa.* | A. Semprún *Abc* 19.12.70, 33: Dos enormes y elegantes bloques de apartamentos que una empresa urbanizadora ha construido a pocos metros del rompeolas. *VAl* 25.7.76, 19: Resuelva ahora su verano para muchos años .. Urbanización Retamar .. Información y venta: Urbanizadora del Mediterráneo, S.A.E.
2 De (la) urbanización [1]. | *Van* 28.4.72, 29: En punto a la ejecución se extendió sobre la aportación de los propietarios a la obra urbanizadora mediante la cesión gratuita de terrenos y la contribución al coste de la urbanización. GNuño *Arte* 14: El resurgir económico y social de España .. permitió un normal trabajo .. de los propios hispanos, incorporados a la obra urbanizadora de Roma.

urbanizamiento *m (raro)* Urbanización [1]. | GNuño *Madrid* 88: Otro urbanizamiento espontáneo y señorial del Madrid dieciochesco dejó la estampa más evocadora de la vieja Corte: es el trozo de la Plaza del Cordón y la calle del Sacramento.

urbanizante *adj* Urbanizador [2]. | L. LSancho *Abc* 9.10.74, 30: Una espontánea reforma agraria surge ante nosotros, y sus finalidades no son agrícolas, sino urbanizantes y especulativas.

urbanizar *tr* **1** Dotar [a un terreno (cd)] de luz, pavimento y demás servicios urbanos. | *Cam* 31.3.75, 54: Solo queremos recordarle que a 8 Kms. de Madrid, en un frondoso bosque, que hemos urbanizado dotándolo de todos los servicios, encontrará el lugar ideal donde edificar su chalet. Laforet *Mujer* 133: El automóvil se metió por una calle aún sin urbanizar.
2 Concentrar en ciudades la población [de un territorio (cd)]. | Miguel *Mad* 22.12.69, 12: España .. es el país más urbanizado del mundo .. Vive en las ciudades .. el 33 por 100 de los españoles.
3 Adaptar [a alguien] a la vida ciudadana. *Frec el cd es refl.* | Delibes *Hoja* 53: El Picaza, desde la ciudad, no hedía a establo .. ni tenía los ojos juntos. A medida que la Desi se urbanizaba iba emergiendo en su imaginación un Picaza urbano y próspero. Fraile *Cuentos* 52: La criada más urbanizada, la que más y mejor cruzaba los pasos de peatones.
4 Educar [a alguien]. | Umbral *Mortal* 21: Se pasa uno la vida tratando de educar al antropoide, y cuando lo tienes casi completamente urbanizado, resulta que eres tú mismo, que es lo mejor de ti lo que empieza a fallar.

urbano -na *adj* **1** De (la) ciudad. | *Alc* 31.10.62, 26: Autobuses urbanos, interurbanos, furgonetas. Delibes *Hoja* 53: El Picaza, desde la ciudad, no hedía a establo .. A medida que la Desi se urbanizaba iba emergiendo en su imaginación un Picaza urbano y próspero.
2 [Guardia] encargado de la vigilancia del tráfico en ciudad. *Tb n m.* | CNavarro *Perros* 102: Alguien dijo algo referente al No-Do .. mientras .. los pitidos de los guardias urbanos componían una música de fondo. Marsé *Tardes* 210: Se acerca a un urbano y le pregunta por el Monte Carmelo.
3 Educado o cortés. | * Modales urbanos.

urbe *f (lit)* Ciudad, esp. la muy populosa. | Alfonso *España* 148: En Madrid no hay motivo para tener que resignarse con que nos crezca la urbe por todos lados como un globo que se hincha.

urbi et orbi *(lat; pronunc, /úrbi-et-órbi/) (lit)* **I** *loc adj (invar)* **1** [Bendición papal] extensiva a los fieles de todo el mundo y que comporta una indulgencia plenaria. | *Ya* 20.4.76, 22: Pablo VI abandonó la plaza de San Pedro para subir al balcón central de la basílica, desde donde pronunció el mensaje pascual e impartió la solemne bendición "urbi et orbi".
II *loc adv* **2** A los cuatro vientos. | U. Buezas *Reg* 29.12.70, 6: Es ya muy persistente y reincidente su vesánica furia pretendiendo mostrarnos "urbi et orb[i]" como un pueblo primitivo. [*En el texto,* urbi et orbe.]

urca *f (hist)* Embarcación de carga de popa redondeada. | Céspedes *HEspaña* 3, 504: Hasta mediados del siglo [XVII] todavía el descenso en número de buques está compensado por el mayor tonelaje de estos, pero después empiezan a figurar en la carrera de Indias, junto a los grandes galeones, las urcas, más pequeñas.

urce *m (reg)* Brecina o brezo blanco (planta). | Benet *Volverás* 81: Cavando trincheras en las laderas y escondiendo los morteros entre los urces.

urcia *f (reg)* Urce o brecina. | Mayor-Díaz *Flora* 507: *Calluna vulgaris* (L.) Hull. "Brezo", "Brezina", .. "Urcias" .. La planta es diurética y antiséptica de las vías urinarias.

urdidor -ra I *adj* **1** Que urde. *Tb n, referido a pers.* | *Béj* 21.8.70, 5: Representan a las galanianas mujeres las infatigables urdidoras, canilleras, tejedoras. Rosales *MHi* 3.61, 30: ¡Ay, Sancho, Sancho, tracista y urdidor!
II *m* **2** Instrumento en que se preparan los hilos para la urdimbre. | *Van* 20.12.70, 83: Fábrica tejidos en Manresa. Liquidación total. Filetas 420 conos, Urdidores.

urdimbre *f* **1** Conjunto de hilos paralelos que van a lo largo de un tejido. | *Economía* 89: En el tejido se deben de distinguir dos clases de hilos: la urdimbre, que sigue a lo largo del tejido, y la trama, que va de orillo a orillo del mismo.
2 Armazón argumental. | G. Comín *Not* 31.12.70, 47: No va uno a observar y menos estudiar tipos como estos que son iguales o parecidos a los que, por curiosidad y gusto de adquirir material sórdido para la urdimbre de sus novelas, tan literaturizados dejó Baroja en ellas.

urdir *tr* **1** Preparar la urdimbre [de una tela (cd)] en el telar. *Frec abs. Tb fig.* | *Alc* 13.11.70, 29: Una máquina bobinadora de madejas de plegado cruzado .. Un urdidor seccional rápido, de faja cónica, para urdir telas de 110 centímetros de ancho, freno automático .., mando independiente para urdir y plegar. FSantos *País* 14.10.76, 28: Conociendo la carrera artística de Gassman y sabiendo que su antagonista comparte la cabecera del reparto de uno de los filmes italianos más importantes de la temporada, es fácil deducir que la culpa del fracaso debe cargarse a Franco Rossi .. Con tales mimbres podía haberse urdido algo más consistente. CNavarro *Perros* 191: Se levantó y cambió el disco .. El solista urdía su sonoridad improvisando un contrapunto mágico.
2 Preparar o concebir [una cosa], esp. de modo cauteloso o secreto. | CBaroja *Inquisidor* 50: Este descubrió, por conducto de Napoleón al parecer, una especie de trama urdida contra él. DCañabate *Pasello* 122: Pocos carteles se urdían a satisfacción de los aficionados, a todos les ponían pegas.

urdú *(tb* **urdu***) m* Lengua derivada del hindustaní, con muchos elementos de origen persa, que se escribe con alfabeto árabe y que es idioma oficial del Pakistán. *Tb adj.* | Villar *Lenguas* 89: Uno de los dialectos del hindi occidental, el hindustaní, se ha convertido en una especie de lengua común utilizada en diversas zonas de la India. De él se ha formado una lengua literaria, el urdu, que se escribe con alfabeto árabe y contiene un gran número de préstamos del vocabulario persa. C. Laredo *Abc* 6.2.58, 39: Algunas publicaciones, en lengua urdú, sindi y bengalí, insertan diariamente, como noticias, amplias informaciones de la Prensa soviética.

urea *f* Sustancia nitrogenada cristalina, sólida y soluble que se encuentra esp. en la orina del hombre y de los animales superiores, y que, elaborada industrialmente, se usa como disolvente y abono. | Bustinza-Mascaró *Ciencias* 73: Si no se elimina la urea por la orina, se acumula en la sangre. GTelefónica *N.* 873: Pintores .. Esmaltado a estufa. Rugosos. Ureas. Martelet. GTelefónica *N.* 1: Fertilizantes de Iberia, S.A. .. Urea 46% N.

uredal *adj (Bot)* [Hongo] parásito de las plantas superiores, en las que ocasiona enfermedades. *Frec como n m en pl, designando este taxón botánico.* | Ybarra-Cabetas *Ciencias* 243: Uredales. Son hongos parásitos de las plantas fanerógamas .. Una de las especies más notables es la *Puccinia graminis*, que produce la enfermedad llamada roya de los cereales.

uremia *f (Med)* Estado de autointoxicación producido por acumulación de urea en la sangre por mal funcionamiento del riñón. | Bustinza-Mascaró *Ciencias* 73: Si no se elimina la urea por la orina, se acumula en la sangre y se produce la uremia, que puede acarrear la muerte.

urémico -ca *adj (Med)* **1** De (la) uremia. | Mascaró *Médico* 57: Los comas pueden dividirse en dos grandes gru-

urente – urna

pos: nerviosos y tóxicos .. Los segundos incluyen los comas diabético, urémico, alcohólico.
2 Que padece uremia. *Tb n, referido a pers.* | SRobles *Abc* 28.8.66, sn: Les era imprescindible entender de la absoluta etiología y de la absoluta terapéutica y atender por igual al tuberculoso y al diabético, al cardiaco y al prostático, al nefrítico y al urémico.

urente *adj (Med)* Que escuece o abrasa. *Tb (lit) fig.* | Mascaró *Médico* 112: Los síntomas consisten en dolor de cabeza, dolor urente en la piel, aparición de ampollas o flictenas en la misma. Lorenzo *SAbc* 8.9.74, 9: Más barro: el corcho, corteza que, de tan penetrada y porosa, vale por barro vegetal .. Barro de pan el gazpacho, plato del día en el verano urente de Badajoz.

ureopoyético -ca *adj (Fisiol)* De (la) formación de urea. | Navarro *Biología* 159: En el hígado se transforma [el amoníaco] en una sustancia menos tóxica denominada urea (función ureopoyética del hígado).

uretano *m (Med)* Sustancia cristalina, incolora, amarga y soluble en agua y alcohol, que se emplea como anestésico en animales pequeños de laboratorio. | MNiclos *Toxicología* 133: Uretano. Lo mismo que ocurre con otros hipnóticos, a dosis elevadas produce sueño.

uréter *m (Anat)* Conducto por donde desciende la orina de los riñones a la vejiga. | Bustinza-Mascaró *Ciencias* 72: El uréter es un tubo que sale de la escotadura de cada riñón, se dirige hacia abajo y conduce la orina producida en los tubos uriníferos a la vejiga urinaria.

ureteritis *f (Med)* Inflamación del uréter. | Mascaró *Médico* 45: Las causas principales de una hematuria pueden ser: un cálculo (del riñón, uréter, vejiga o uretra), un proceso infeccioso, agudo o crónico de estos órganos (tuberculosis, .. ureteritis, cistitis, uretritis).

ureterostomía *f (Med)* Formación quirúrgica de una fístula permanente en el uréter. | *Ya* 8.12.70, 32: Aparatos para colostomía. Ureterostomía.

uretra *f (Anat)* Conducto membranoso desde la vejiga urinaria al exterior. | Bustinza-Mascaró *Ciencias* 72: La orina contenida en la vejiga sale al exterior por un conducto denominado uretra.

uretral *adj (Anat)* De (la) uretra. | Vega *Salud* 553: Se caracteriza [el hipospadias] porque el meato uretral desemboca dentro de la vagina en lugar de hacerlo en su sitio habitual.

uretritis *f (Med)* Inflamación de la uretra. | Mascaró *Médico* 45: Las causas principales de una hematuria pueden ser: un cálculo (del riñón, uréter, vejiga o uretra), un proceso infeccioso, agudo o crónico de estos órganos (tuberculosis, .. ureteritis, cistitis, uretritis).

ureus *m (Arqueol)* Serpiente representada en el tocado faraónico como símbolo del poder. | Angulo *Arte* 1, 33: También desempeñan [en la decoración] papel de primer orden las representaciones de animales y símbolos sagrados, como .. los *ureus* o serpientes sagradas.

urgelense *adj* De La Seo de Urgel (Lérida). *Tb n, referido a pers.* | *Abc* 20.4.74, 59: Seo de Urgel .. El cambio de horario ha puesto dificultades para muchos urgelenses y comarcanos.

urgelés -sa *adj* Urgelense. *Tb n.* | E. Monrós *Van* 20.12.70, 37: El Ministerio de Información y Turismo ofreció a los urgeleses desplazados a Madrid un almuerzo.

urgellenco -ca *adj (reg)* Urgelense. *Tb n.* | Vega *Cocina* 14: Se trata de los caracoles a la garriguesa, el cordero a la urgellenca y las codornices Montseny.

urgencia *f* **1** Cualidad de urgente [1]. | FMiranda *SInf* 8.5.76, 1: Para negar la urgencia de este procedimiento sería preciso negar la necesidad de la reforma.
2 Cosa urgente. | GPavón *Hermanas* 12: Si usted no manda ninguna urgencia, este cabo se va ahora mismo a desayunar. Nolla *Salud* 539: Entendemos por urgencias aquellas situaciones que requieren una valoración clínica inmediata, con la instauración, lo antes posible, de una terapéutica adecuada .. En este apartado nos limitaremos a la descripción de las urgencias médicas, es decir, de aquellas condiciones urgentes cuyo tratamiento no es en principio quirúrgico. **b)** Necesidad urgente. | V. D'Ors *SAbc* 15.5.58, 35: Es imposible una verdadera catedral sin haber vivido altamente las urgencias espirituales colectivas, el misticismo y el teologismo medievales.
3 Rapidez o apresuramiento. | Laiglesia *Tachado* 59: Le llamó mi sobrino esta tarde, para que fuese a verle con la máxima urgencia. Por lo visto hay noticias importantes.

urgente *adj* **1** [Cosa] que urge [1]. | CNavarro *Perros* 29: Susi tuvo la .. urgente necesidad de mirar a un lado y a otro.
2 (raro) [Pers.] que urge [3 y 4]. | Torrente *DJuan* 77: Caminaba de prisa hacia un rincón oscuro donde pudiera hablar sin embarazo al diablo urgente.

urgentemente *adv* De manera urgente. | *Mad* 10.9.70, 6: A la reunión, solicitada ayer mañana urgentemente por los Estados Unidos y Gran Bretaña, asistieron el secretario general, U Thant, y el mediador sueco, Gunnar Jarring.

urgir A *intr* **1** Precisar [una cosa (*suj*)] su pronta realización u obtención. | RGiménez *País* 7.5.76, 6: Urge que todos tengamos el coraje moral de reconocer la lealtad y el patriotismo de cuantos viven y luchan en las tierras de nuestra compleja España. Delibes *Parábola* 16: Husmeando en el hueco de los árboles, levantando la pierna en las esquinas, donde le urge.
2 Obligar de hecho [una ley o precepto]. | SLuis *Doctrina* 107: En caso de enfermedad, no urge la misa dominical ni la ley del ayuno.
B *tr* **3** Hacer que [alguien o algo (*cd*)] se apresure. *Tb abs.* | CBonald *Noche* 97: Felipe Anafre le cogió aquella mano desentendida y la urgió a participar en la ceremonia con algún tocamiento preparatorio. Paso *Isabel* 275: Necesitaba verte con urgencia; que nos encontráramos fuera como fuese. Para urgir la cosa le dije a una amiga lo primero que se me ocurrió. Aldecoa *Gran Sol* 14: Habría que intentarlo por el nordeste, si no al oeste, pegados a los bajíos. Urgía el tiempo.
4 Pedir [algo] con urgencia o apremio. | *Abc* 25.10.78, 30: El vecindario, que reivindica una Casa de Socorro y un Ambulatorio con especialidades, urge también una gran zona verde. Torrente *Sombras* 294: Pero la explicación .. se aplazó para un tiempo indefinido, porque les urgía Hermes que se pusieran en camino.

úrico *adj (Quím)* [Ácido] orgánico nitrogenado que se encuentra en la orina y en los excrementos de las aves y de los reptiles. | Bustinza-Mascaró *Ciencias* 71: Como consecuencia de los procesos metabólicos se producen en los animales pluricelulares, aparte del anhídrido carbónico, .. otros cuerpos, tales como la urea y el ácido úrico.

urinario -ria I *adj* **1** De la orina. | Navarro *Biología* 191: El aparato urinario. Morfología. Bustinza-Mascaró *Ciencias* 73: Cualquier anormalidad urinaria debe ser puesta en conocimiento del médico.
II *m* **2** Retrete público. | Laforet *Mujer* 43: Riéndose [Antonio] de su propia debilidad se metió en un urinario.

urinífero -ra *adj (Anat)* Que conduce la orina. | Navarro *Biología* 196: Por no estar completamente aclarado cómo las células de los tubos uriníferos seleccionan los elementos de la sangre para originar la orina, se emitieron en el siglo XIX dos teorías respecto a la formación de la orina.

urinoso -sa *adj (Med)* De (la) orina. | Nolla *Salud* 541: Coma urémico .. El paciente aparece pálido, con aliento urinoso, temblor muscular fino.

urna *f* **1** Caja o vaso destinados a guardar diversos objetos, esp. restos humanos. | CBaroja *Inquisidor* 27: Un hombre con traje talar yace sobre la urna mortuoria. Tejedor *Arte* 9: El arte de la 1ª Edad del Hierro o Hallstáttica también tiene su principal manifestación en la orfebrería o en algún típico elemento como las "urnas de rostro", tinajas--sepulcros antropoides con rostros humanos.
2 Caja para depositar las papeletas de un sorteo o de una votación. *Frec se usa (lit) como símbolo de las elecciones, en constrs como* ACUDIR A LAS ~S. | *Mun* 23.5.70, 28: El voto de 1966 [en Gran Bretaña] representa la presencia en las urnas del 75.8% del electorado.
3 Caja de cristales planos para tener visibles y resguardados ciertos objetos. | Alcolea *Segovia* 60: En la parte baja, dentro de una urna, está un magnífico Cristo yacente

de Gregorio Hernández. **b)** *Se usa en constrs de sent comparativo para expresar aislamiento. Frec* ~ DE CRISTAL. | Umbral *Ninfas* 90: Cada uno venía de su época literaria, de su siglo, de su urna lírica, y se congregaban en aquel patio de yedra, ante mí, los jueves por la tarde. CSotelo *Resentido* 218: Pero estar casados es justamente lo contrario. Es vivir en una urna de cristal, leerse el pensamiento y ayudarse..., tanto en los buenos momentos como en los malos.

uro[1] *m* Bóvido salvaje, ya desaparecido, similar al toro, pero de mayor tamaño (*Bos primigenius*). | Pericot *HEspaña* 1, 27: La rica fauna paleolítica había desaparecido en buena parte; no solo las especies típicamente cuaternarias, como el mamut o el bisonte, sino también el caballo, el uro.

uro[2] **-ra** *adj* [Individuo] de un pueblo indígena boliviano habitante en los departamentos de la Paz y Oruro, en la región del río Desaguadero. *Tb n.* | *His Extra* 2.85, 41: Indígenas uros en el lago Titicaca, Perú. R. DAlejo *Ya* 18.5.77, 30: El Titicaca fue lago sagrado para los uros y para los incas.

urobilina *f* (*Fisiol*) Pigmento urinario de origen biliar. | Navarro *Biología* 195: Los pigmentos urinarios son el urocromo y la urobilina; este último procede de la transformación de la bilirrubina en el intestino. Dan a la orina su característico color.

urocordado *adj* (*Zool*) Tunicado. *Frec como n m en pl, designando este taxón zoológico.* | Alvarado *Zoología* 67: El más importante [de los procordados] es el anfioxus, con el que se forma la Clase de los Cefalocordados, en razón a que la cuerda dorsal se prolonga en la cabeza. Merece saberse que hay también la Clase de los Urocordados .., así llamada porque en ellos la cuerda dorsal solo se encuentra en la cola.

urocromo *m* (*Fisiol*) Pigmento urinario de color amarillo. | Navarro *Biología* 195: Los pigmentos urinarios son el urocromo y la urobilina .. Dan a la orina su característico color.

urodelo *adj* (*Zool*) [Batracio] que tiene cola. *Frec como n m en pl, designando este taxón zoológico.* | Legorburu-Barrutia *Ciencias* 193: Los anfibios forman dos grupos algo distintos: los urodelos y los anuros. Los urodelos o anfibios con cola son la salamandra y el tritón.

urogallo *m* Ave de unos 80 cm de largo y 150 de envergadura, de plumaje pardo negruzco y cola redonda, que habita en los bosques y que en época de celo emite un sonido similar a un mugido (*Tetrao urogallus*). | Alfonso *España* 185: Vemos que todas las vedas se encuentran bajadas para mediados o finales de marzo, salvo en el caso del urogallo, que se caza desde el tercer domingo de abril.

urogenital *adj* (*Anat*) De(l) aparato urinario y genital. | *Anticonceptivo* 22: Eyaculación: el centro motor está situado en la parte inferior de la médula espinal que emite los impulsos necesarios para desencadenar una serie de contracciones urogenitales, que acaban con la emisión del semen.

urografía *f* (*Med*) Radiografía (procedimiento o fotografía) de las vías urinarias. | * Mañana me hacen una urografía.

urograma *m* (*Med*) Imagen radiográfica de las vías urinarias. | G. Valverde *Ya* 9.8.86, 17: Reagan, que cumplirá 76 años en febrero próximo, sufrirá dos pruebas bajo anestesia local: un urograma y un examen cistoscópico.

urolitiasis *f* (*Med*) Formación de cálculos o concreciones en las vías urinarias. | J. Ibáñez *Ya* 8.4.85, 34: La cirugía para tratar la urolitiasis requiere anestesia total para una delicada operación en la que hay que cortar a través de músculos para llegar al riñón.

urología *f* Parte de la medicina referente al aparato urinario. | *GTelefónica* 21: Médicos .. Urología (Riñón y Vías Urinarias).

urológico -ca *adj* De la urología. | Nolla *Salud* 463: En la vieja Grecia, los seguidores de Hipócrates llegaron a realizar intervenciones urológicas de gran importancia.

urólogo -ga *m y f* Especialista en urología. | *GTelefónica* 14: Fraga Iribarne, J. Urólogo diplomado. Diagnóstico y tratamiento de tumores del Aparato Genitourinario.

uro – urticaria

Nolla *Salud* 463: A las afecciones de este apartado las denominamos urológicas o quirúrgicas porque, para su diagnóstico, y frecuentemente también para su tratamiento, es indispensable el urólogo, o sea el cirujano especializado en las enfermedades del aparato urinario.

uropigiano -na *adj* (*Zool*) [Glándula] de la cola de las aves, cuya secreción protege las plumas. | Lama *Aves* 28: Si exceptuamos una glándula situada en el obispillo, próximo al nacimiento de la cola, donde se encuentra la denominada uropigiana .., su piel está desprovista de glándula alguna.

uroscopia *f* (*Med*) Examen físico y químico de la orina. | *Impreso* 1975: A la derecha, lo que parece ser un cestillo para sostener pruebas de uroscopia.

urotropina *f* (*Med*) Antiséptico de las vías urinarias que se obtiene mediante la acción del formol sobre el amoniaco. | Aleixandre *Química* 167: El aldehído fórmico reacciona con el amoniaco, dando urotropina, muy empleada como desinfectante de las vías urinarias. *Abc* 21.11.75, 96: El sistema de embalsamamiento ha sido el normal, con utilización de formol, urotropina y alcohol.

urraca *f* Ave semejante al cuervo, con plumaje blanco en el vientre y en el arranque de las alas y negro metálico en el resto, que remeda palabras y suele llevarse al nido objetos brillantes (*Pica pica*). | Noval *Fauna* 352: La Pega o Urraca (*Pica pica*) es uno de los córvidos más conocidos y perseguidos en Asturias. **b)** (*col, humoríst*) Pers. acaparadora. | Gala *Anillos* 442: Te llevaste tú solita, avariciosa, traidoraza, urracona.

urrecha *f* (*reg*) Carbonera (seta). | Perala *Setas* 62: *Russula cyanoxantha*. Carbonera. Urrecha. Seta de cerdos.

úrsido -da *adj* (*Zool*) [Mamífero] carnívoro, de cuerpo robusto, gran talla, cabeza ancha y hocico largo, miembros fuertes con cinco dedos de uñas no retráctiles, plantígrado y de marcha lenta. *Frec como n m en pl, designando este taxón zoológico.* | Alvarado *Zoología* 106: Los carnívoros más importantes pertenecen a tres familias: 1ª Félidos (fieras) .. 2ª Cánidos .. 3ª Úrsidos (osos). **b)** De (los) úrsidos. | E. Vicente *Abc* 10.11.73, 21: Una población aproximada de 150 ejemplares .. es cuanto queda de la fauna úrsida en nuestros montes.

ursino -na *adj* (*lit*) De(l) oso. | D. Plata *Abc* 12.6.58, 51: En esta figura heráldica hay como una prefiguración del amor del marqués de la Valdavia por la Tierra y Villa de Madrid, parcela ursina de España.

ursonense *adj* (*lit*) De Osuna (Sevilla). *Tb n, referido a pers.* | GNuño *Escultura* 93: No queda descrito sino el primer ejemplar de la curiosísima serie ursonense. GNuño *Escultura* 93: Ahora, la guerra, pareciendo como si todas las actividades del ursonense debieran quedar plasmadas en este soberbio edificio ciudadano.

ursulina *adj* [Religiosa] de la congregación agustiniana fundada por Santa Ángela de Brescia en el s. XVI para educación de niñas y cuidado de enfermos. *Frec n.* | Villapún *Iglesia* 147: Las Ursulinas se dedicaron a la educación de las niñas. **b)** (*col*) *Frec se usa en frases de sent comparativo para ponderar la mojigatería o la ñoñería de una mujer.* | SSolís *Blanca* 31: Nosotras nos vestíamos como las abuelitas de ahora: trajes gris, azul marino, verde botella, cortes modositos, mangas hasta el codo .. Unas ursulinas.

urta *f* (*reg*) Dentón (pez). | *Cádiz* 81: Dentro de la gastronomía costera, no puede prescindirse de Rota, villa en la que se prepara la urta.

urticácea *adj* (*Bot*) [Planta] dicotiledónea herbácea, de hojas alternas, gralm. con pelos urticantes, de la familia de la ortiga. *Frec como n f en pl, designando este taxón botánico.* | GCabezón *Orotava* 45: Árbol de pica-pica, Laportea Thysmaniana, Urticácea, Australia.

urticante *adj* (*CNat*) Que produce comezón como la ocasionada por la ortiga. | Bustinza-Mascaró *Ciencias* 113: En la mayoría de estos animales [pólipos, medusas, corales y madréporas] existen en el ectodermo células especiales denominadas cápsulas urticantes o cnidoblastos.

urticaria *f* Afección cutánea caracterizada por la aparición de habones blanquecinos o rojizos y comezón. |

urticarial – uso

Cela *SCamilo* 347: Hay espejos que dan urticaria solo de mirarlos.

urticarial *adj (Med)* De (la) urticaria. | Pau *Salud* 447: La enfermedad sérica es una reacción alérgica que corrientemente aparece a los 8-12 días después de haber sido administrado un suero heterólogo ..; la fiebre, los dolores articulares y una erupción del tipo urticarial o edematoso son sus síntomas principales.

urticárico -ca *adj (Med)* Que padece urticaria. *Tb n.* | Corbella *Salud* 453: Si se explora con detenimiento a un enfermo urticárico es posible demostrar que existe un aumento global de la susceptibilidad de la piel.

uruguayo -ya *adj* Del Uruguay. *Tb n, referido a pers.* | *Abc* 5.8.70, 16: El gobierno uruguayo insiste en que no canjeará los presos políticos.

urz *f (reg)* Urce o brecina. | Llamazares *Río* 185: Los hombres beben y ríen y cantan abrazados, ajenos por completo a la amenaza de la nieve y a los aullidos de los lobos que ya empiezan, como la flor de la urz, a acercarse. Llamazares *Río* 97: Lo único que ve es la misma cuesta polvorienta e interminable, las urces y los tojos que bordean las cunetas.

urzal *m (reg)* Terreno poblado de urces. | Castroviejo *Abc* 11.5.58, 13: En cuanto al señor Fanchuco, apareció muerto al pie del crucero del camino de Lamas. Dicen que fue arrebatado por la "Hueste" y que aún ahora vaga, con las almas en pena, por urzales y campías.

USA *(tb con la grafía* **U.S.A.***) adj invar* Estadounidense. *Tb n, referido a pers.* | *Inf* 14.10.70, 7: Franco recibió al general jefe de las fuerzas aéreas U.S.A. Delibes *Año* 179: Dormimos en un motel, a unos kilómetros de Zaragoza, copado por los USA. Los USA dicen que se van, pero vuelven.

usable *adj* Que se puede usar. | Casares *Música* 162: Por eso llamarán a su música Música utilitaria, con lo que pretendían explicar que lo que ellos trataban de hacer era un lenguaje que entendiese el pueblo y que fuese usable.

usadero -ra *adj (lit)* **1** Que se puede usar. | Ridruejo *Castilla* 1, 66: Refugios más que moradas, [las "torronas" montañesas] perpetuaban .. el modelo de castro dominical visigodo, impuesto por la hostilidad del ambiente. Cuando estaban usaderas solían llevar galerías y cadalsos exteriores de madera.
2 Usual. | MCachero *AGBlanco* 146: Algo muy fuera de lo tópico y usadero .. se impuso claramente.

usado -da *adj* **1** *part* → USAR.
2 [Cosa] de segunda mano, o que ha pertenecido a otra pers. | Medio *Andrés* 41: Pablo no sabe lo que los guantes podrían costar, nuevos o usados, pero debía saberlo el acomodador.

usador -ra *adj (lit, raro)* Usuario. *Tb n.* | J. A. Castro *Ya* 30.1.75, 5: Los hay consumidores de caviar, salmón ahumado, ostras, faisanes y champaña; usadores de automóviles grandes, de finísimas pieles y perfumes de Francia. Peraile *Cuentos* 41: Todas las tazas salen a recibir su chorro de vino con reforma y decoración, menos la taza de Angelito Úbeda, que ocupa el sitio que hace un momento ocupaba su usador.

usanza *f (lit)* Uso o costumbre. *Gralm en la constr* A LA ~ *con un adj o compl* DE. | S. RSanterbás *Tri* 11.4.70, 20: Contra la oposición de todos los técnicos a la antigua usanza. Olmo *Golfos* 164: Una mujer joven, vestida a la usanza de la primera década del siglo.

usar A *tr* **1** Hacer [alguien] que [algo (*cd*)] realice para él una función, esp. la que le es propia. | Marcos-Martínez *Aritmética* 161: Hemos usado el compás .. para trazar un segmento de longitud dada. Ahora lo usaremos para trazar una línea curva llamada circunferencia. *Naipes extranjeros* 21: El farol exige una gran habilidad, pues solamente puede usarse con éxito ante la certeza de que los demás jugadores no poseen un buen juego. **b)** Servirse [de algo (*cd*)] o aprovecharlo. | GPavón *Hermanas* 23: Tú tienes derecho a un permiso anual como todo el mundo. Por una vez que lo uses..
2 Tener [algo, esp. un hecho (*cd*)] como habitual. *Frec en constr pr pasiva, a veces indicando moda.* | J. M. Moreiro *Ya* 10.6.73, 23: Se dice que los reclusos, en aquella institución penitenciaria, usan decir "palabra de Lute", porque este siempre cumple lo que promete. PRivera *Discursos* 12: Lo primero es mantener .. un principio que ahora no se usa, pero que·es bastante importante: una actitud disciplinada. *Economía* 290: En piel siempre están bien [los marcos de fotografía] .. Hoy se usa mucho el cristal y el espejo y también el dorado.
3 Desgastar o envejecer [algo (*cd*)] como consecuencia de hacer que realice una función. *Gralm en part.* | I. LMuñoz *SPaís* 6.11.77, 12: En esta época del año la *babuska* no se desprende de su gabán bastante usado, del gran pañuelo a la cabeza y de las recias botas de grueso fieltro. Cunqueiro *Un hombre* 162: Orestes .. se preguntaba quiénes serían aquellos a los que había de dar muerte terrible, cambiados también con el paso de los lustros, usados por los invernos. **b)** *pr (raro)* Desgastarse o envejecerse [algo]. | Aguilar *Experiencia* 201: A medida que transcurrían los meses .., mi ropa iba usándose hasta lo inverosímil, a pesar de mis celosos cuidados.
B *intr* **4** Usar [1 y 2] [algo (*compl* DE)]. | Villapún *Moral* 131: El préstamo de un objeto para usar de él obliga a conservarlo y a usar de él únicamente satisfaciendo los gastos necesarios para su conservación y uso y devolviéndolo a su debido tiempo. Abella *Vida* 1, 221: Con los enfermos, también los médicos usaban de convenciones que ocultasen al doliente la gravedad del mal.

usbekistano -na *adj* Usbeko. *Tb n.* | J. V. Colchero *Tar* 23.9.75, 4: Usbekistán es la más rica de las repúblicas soviéticas del Asia Central .. Tiene casi tanta extensión como España y catorce millones de habitantes, de los cuales el sesenta y cinco por ciento son usbekistanos, el doce por ciento rusos y el resto pertenecen a otras minorías.

usbeko -ka *(tb* **uzbeko** *o* **uzbeco***) adj* [Individuo] de un pueblo turco-mongol habitante de Usbekistán (antigua república soviética). *Tb n.* | A. Sotillo *Abc* 10.6.89, 40: Ni la imposición del estado de toque de queda, ni la masiva llegada de 12.000 hombres de las duras tropas del interior han conseguido terminar con los incendios de casas, asaltos a cuarteles y violentos ataques cometidos por bandas de uzbecos contra los miembros de la etnia mesjeta. M. LGonzález *Ya* 13.6.89, 14: En el brote de violencia étnica entre uzbekos, musulmanes suníes y mesjetas .. han perecido hasta ahora 87 personas: 65 mesjetas, 17 uzbekos, un tayiko y el resto de otras nacionalidades. **b)** De (los) usbekos. | *País* 15.9.81, 64: Otra obra .. es la que recoge en lengua *uzbeka* .. unas *Obras Escogidas* de Federico García Lorca.

usía I *pron pers* **1** Vuestra señoría. *Empleado como tratamiento de respeto para determinadas perss. Tb (humoríst) referido a cosas.* | CPuche *Paralelo* 18: Genaro y Emiliano se traían muchas bromas con usía. Según la botella que agarraban, decían: –¡Diantre! ¿Va un whisky, excelencia? ¿Tomaría usía un vodka? Yo creo que a su señoría le sentaría muy bien una copa de ginebra, caramba. Vega *Cocina* 34: Prefieren solazarse con los productos de su región: patatas, judías rojas, .. chorizos, que hasta la gente menos respetuosa debería tratar de usía.
II *loc v* **2 tener ~** [alguien]. Tener derecho al tratamiento de usía. | * Los procuradores tienen usía. **b) tener ~** [alguien o algo]. (*humoríst*) Ser de respeto. | DCañabate *Paseíllo* 122: Se comían unas judías a la bretona que quitaban el hipo por lo sabrosas. El vino también tenía usía.

uso I *m* **1** Acción de usar(se). | Villapún *Moral* 131: El préstamo de un objeto para usar de él obliga a conservarlo y a usar de él únicamente satisfaciendo los gastos necesarios para su conservación y uso y devolviéndolo a su debido tiempo. Mascaró *Médico* 21: Todos los utensilios de uso personal del enfermo .. se separarán de los demás. Cela *Judíos* 301: El vagabundo tiene, para su uso, y aquí lo repite, que en los toros de Guisando fue donde, mejor o peor, se fundó España.
2 Posibilidad de ser usado. | HLM 18.4.66, 17: Siguen presentándose colecciones de vestidos de uso inmediato. *Ya* 21.10.71, sn: La hojalata, el envase perfecto para 1.000 usos. **b) ~ de (la) razón**. Capacidad de razonar normalmente. *A veces tb la edad, posterior a la infancia, en que se da esta capacidad.* | Villapún *Moral* 35: A las leyes eclesiásticas están sujetos los bautizados que han cumplido siete años y tienen suficiente uso de razón. Villapún *Moral* 73: Entre las obligaciones positivas que nos manda la fe son: Hacer actos internos de fe. a) Al llegar al uso de la razón. b) Varias veces en la vida.

ustachi – usura

3 Costumbre (manera habitual de obrar una pers. o una colectividad). | *Compil. Navarra* 194: El usufructuario podrá hacer los aprovechamientos ordinarios con arreglo a la naturaleza del predio y a los usos del lugar. **b)** (*Der*) Forma del derecho consuetudinario inicial de la costumbre, pero menos solemne que esta, que suele servir como supletorio en algunas leyes escritas. | Ramírez *Derecho* 13: Contra el texto de una ley no caben usos, costumbres ni prácticas en contrario.
II *loc adj* **4 al ~.** Que ahora se estila. *Tb adv*. | M. I. Sancho *Rev* 7/8.70, 21: Da acogida a los distintos grupos de teatro independientes, exponentes de las inquietudes de jóvenes insatisfechos con el teatro comercial al uso.
5 (de) todo ~. [Objeto] ideado para que pueda usarse en cualquiera de los servicios propios de su género. *Tb n m en la forma* TODO ~. | * Es una máquina de coser de todo uso. *Lab* 9.70, 2: Nuevo hilo para coser Drima, el moderno *todo uso*.
6 en buen (mal, *etc*) **~.** [Cosa usada] en buen (mal, etc.) estado. *Tb adv*. | *Abc* 22.12.70, 48: Excavadora de cables compraría nueva o en buen uso.

ustachi *adj* De una organización política croata de extrema derecha, fundada en 1929. *Tb n, referido a pers.* | Abella *Imperio* 197: Lo que no tenía nada de tal [fantasía] era el éxodo de nazis, de rexistas, de ustachis, de fascistas y de petainistas que habían encontrado aquí refugio y ocultación huyendo de sus países.

usted I *pron pers* **1** Designa dentro de la frase a la pers a quien aquella va dirigida, cuando no se tiene con ésta suficiente familiaridad para designarla con el pron TÚ. *Cuando funciona como cd o ci sin prep, toma las formas* (LE, LA, *etc*) *propias del pron* ÉL (→ ÉL). | Cuevas *Finca* 114: Jeromo parece estar conforme con usted. Olmo *Golfos* 149: Vaya usted al número quince, allí un trozo de madera, haciendo de cartel, le anunciará que en el sótano existe un taller de planchado. Olmo *Camisa* 49: Siéntese un ratejo con nosotros, ¿hace? **b)** *A veces se usa para expresar una actitud de distanciamiento.* | * Niños, son ustedes unos pesados. **c)** (*col*) *Se usa con sent impers.* | * ¡Tiene usted que oír cada cosa...!
II *loc v* **2 hablar, tratar,** *o* **llamar** (*más raro* **dar**), **de ~.** Emplear el pronombre USTED, y no TÚ, para referirse al interlocutor. | Torrente *Pascua* 184: ¿No le hace raro que nos hablemos de usted? A mí me resulta forzado. SFerlosio *Jarama* 68: Di que porque trabaja en el Ayuntamiento y con eso ya parece que tiene como algo más de representación, que si no, a buenas horas le iba a dar yo de usted normalmente a un muchacho de esa edad.
III *loc adv* **3 de ~ para mí.** Confidencialmente. *Entre dos perss que dialogan.* | Torrente *Pascua* 437: El señor Mariño se detuvo y acercó los labios al oído del boticario: –De usted para mí: lo del camisón y todo lo demás es un puro paripé. A mí no hay quien me quite de la cabeza que aquí hay amaño.

ustible *adj* (*lit*) Que se puede quemar. | FVidal *Duero* 118: Al caminante también le consta que el monasterio de Silos es altamente ustible y propenso al fuego destructor. F. Martino *Ya* 20.11.75, 17: Es [el intestino] el que discrimina y hace absorbible la porción ustible (oxidable) del alimento ingerido.

ustilagal *adj* (*Bot*) Ustilaginal. *Tb n.* | Ybarra-Cabetas *Ciencias* 245: La caries del trigo es producida por un Ustilagal (*Tilletia caries*) que ataca los granos. Ybarra-Cabetas *Ciencias* 243: Ustilagales. Son parecidos a los Uredales y producen también enfermedades.

ustilaginal *adj* (*Bot*) [Hongo] parásito de las plantas superiores, en las que produce la enfermedad del carbón o tizón. *Frec como n m en pl, designando este taxón botánico.* | Alvarado *Botánica* 64: Los Ustilaginales son los hongos productores de las enfermedades llamadas carbón, tizón y caries de los cereales.

ustorio *adj* (*raro*) [Espejo] cóncavo que refleja los rayos del Sol y es capaz de quemar los objetos situados en su foco. | L. LSancho *Abc* 6.12.86, 18: Veinte años de liberación sexual reflotan quizá en el combate amoroso armas como la mirada, casi tan pirógena como los espejos ustorios usados por Arquímedes para incendiar las naves romanas ante Siracusa.

usual *adj* [Cosa] habitual o acostumbrada. | Diosdado *Olvida* 13: –¿Lorenzo una amiguita? No le creo capaz. –Sí, mujer. Es lo usual. Llevan dos años casados, ¿no? Seguro que tiene una amiguita.

usualmente *adv* De manera usual. | MChacón *Abc* 27.12.70, 16: En cuanto a los medicamentos que tomaba, parece que eran los mismos, pero de distinta marca que los que él tomaba usualmente.

usuario -ria *adj* Que usa [algo (*compl de posesión*)]. *Tb sin compl. Frec n, referido a pers.* | *País* 24.1.91, 57: Meneer señaló que la única respuesta posible a *Abc* es la adopción de medidas legales inmediatas contra el diario por parte de Ecotel, de las televisiones usuarias y de los anunciantes. Alvar-Mariner *Latinismos* 27: Para un latino, *eructare*, tan onomatopéyico como *regoldar*, podía producir idéntica repulsión .. Lo que ocurre es que, por estar tomado [el término *eructar*] del latín y prestigiado por venir de él, no hay duda de que el usuario se sentirá menos inclinado a la sospecha. *ByN* 31.12.66, 97: Cada día que pasa el tráfico está peor, ante la casi indiferencia general (excepto de los usuarios).

usucapión *f* (*Der*) Adquisición de un derecho mediante su ejercicio en las condiciones y durante el tiempo previstos por la ley. | Ramírez *Derecho* 73: Poseedor natural es, por ejemplo, el arrendatario de un piso o finca; poseedor civil, el propietario de la cosa y quien, no siéndolo aún, aspira a serlo, por ejemplo, por prescripción o usucapión. *Compil. Cataluña* 821: La usucapión del dominio y demás derechos reales sobre cosas inmuebles .. tendrá lugar por la posesión en concepto de dueño por el tiempo de treinta años, sin necesidad de título ni de buena fe.

usucapir *tr* (*Der*) Adquirir [un derecho] por usucapión. | *Compil. Cataluña* 821: Las servidumbres positivas aparentes se empezarán a usucapir desde que se ejerciten o se realicen actos necesarios para su ejercicio.

usufructo *m* (*Der*) Derecho de usar algo ajeno y de aprovecharse de sus frutos, con la obligación de conservarlo. *Tb las utilidades derivadas de ese derecho.* | Ramírez *Derecho* 173: Se conoce por viudedad foral al derecho de usufructo que se concede al cónyuge supérstite sobre todos los bienes raíces del cónyuge premuerto. Laforet *Mujer* 17: Todos sus bienes los tenía su madre en usufructo. *Compil. Cataluña* 689: El usufructuario deberá: 1º Prestar, con cargo al usufructo, alimentos al heredero.

usufructuar (*conjug* **1d**) *tr* (*Der*) Tener el usufructo [de una cosa (*cd*)]. *Tb fig.* | *Compil. Navarra* 193: También se abonarán, en la misma proporción, las primas de los seguros de la cosa usufructuada en el caso de que cualquiera de ellos exigiere concertarlos. R. Roig *Ya* 8.12.70, 24: Pedimos .. que sepamos qué es el mundo, para qué debemos utilizarle, saber para usufructuarle en igualdad. Cossío *Confesiones* 66: Por nuestro lado pasó una mujer espléndida .. Uno de los estudiantes, después de contemplarla, dijo: –Don Laureano, a esa mujer me la usufructuaba yo.– A lo que don Laureano replicó: –Pero, amigo mío, ¿qué idea tiene usted del usufructo?

usufructuario -ria (*Der*) *adj* **1** [Pers.] que tiene el usufructo [de algo]. *Frec n. Tb fig.* | *Compil. Aragón* 594: La obligación de alimentos .. se extiende para el viudo usufructuario a los descendientes no comunes del cónyuge premuerto. CPuche *Paralelo* 179: Los americanos, aparentemente, vivían una comunidad usufructuaria y ramplona, por supuesto, sin tensiones ideológicas de ninguna clase.
2 De(l) usufructo. | *Abc* 15.4.58, 35: Este derecho se fija cuantitativamente, manteniendo su atribución usufructuaria, en un tercio de la herencia, si concurre con hijos o descendientes.

usura *f* **1** Préstamo con interés excesivo. | Ramírez *Derecho* 149: Castigo la usura, cuando se trata de un prestamista profesional o habitual.
2 Interés excesivo en un préstamo. *Tb fig.* | Cela *Inf* 25.3.77, 16: Las ocupaciones del hombre espejo de caballeros son bien otras: hacer la guerra, soplarse doncellas, prestar a usura, batirse a espada. * Pagó con usura aquel favor.
3 Desgaste. *Frec en medicina.* | Vega *Corazón* 28: Parecen existir razones para pensar que sean la usura o el desgaste o la erosión vascular producidos por la hiperten-

usurariamente – utilizador

sión lo más importante. Goytisolo *Recuento* 528: Tendencia al repliegue que no hace sino aumentar con los años, bajo la usura del tiempo. Benet *Volverás* 65: Todas las ofensivas .. se traducirán, por deseo expreso del Mando, en batallas de usura, en ataques frontales con los que desgastar los cuadros .., en largas campañas de inútil atrición.

usurariamente *adv* De manera usuraria. | Halcón *Ir* 341: Bruno completó la visión con la idea de que aquello era cosa suya, usurariamente suya. Que este era su reino en la tierra.

usurario -ria *adj* De la usura [1]. | Halcón *Manuela* 14: Nunca había sido labrador ni le interesaba otra cosa que el trapicheo usurario.

usurero -ra I *m y f* **1** Pers. que presta con usura [2]. | CNavarro *Perros* 38: Son ojos de comprador, ojos de marchante o de usurero.
2 Pers. que busca un provecho excesivo en sus relaciones comerciales con los demás. | * En esa tienda son unos usureros.
II *adj* **3** (*raro*) De (la) usura [1]. | CBaroja *SD16* 30.12.89, VIII: A los viejos nos puede chocar .. que los préstamos sean aquí los más usureros de toda Europa.

usurpación *f* Acción de usurpar. | Ramírez *Derecho* 71: Limito mi castigo al que llamo delito de usurpación, que se comete cuando, con violencia o intimidación en las personas, alguien ocupa una cosa inmueble ajena.

usurpador -ra *adj* **1** Que usurpa. *Frec n, referido a pers.* | W. Mier *MHi* 11.63, 27: Más que calma, paz sepulcral en muchos de los viejos castillos mallorquines, como el de Artá o el de Pollensa, que fue baluarte de Jaime III contra el usurpador Pedro IV de Aragón, en 1343.
2 De (la) usurpación. | Valcarce *Moral* 155: En ambos casos, la voluntad de la persona perjudicada se opone razonablemente a la acción usurpadora.

usurpar *tr* Apropiarse [de un derecho, dignidad o puesto (*cd*)] sin derecho. | Chueca *País* 11.5.76, 8: Es posible que los menos comedidos sean los más privilegiados, los que por guardar estos privilegios, muchas veces usurpados, pierden todo comedimiento. Valencia *Mar* 23.11.70, 3: Si redacta sus informes tan mal como defiende las notas enviadas por la FIFA, medrado está este organismo, bien en pleno, bien cuando usurpa su nombre una patrulla arbitral. **b)** (*Der*) Apoderarse con engaño o violencia [de algo (*cd*) que pertenece a otro]. | Cela *Cám* 14.4.76, 41: El que esa herencia y esa administración se nos nieguen o se nos usurpen es cosa que cae lejos del ámbito del derecho civil.

utensilio *m* Objeto que se utiliza para realizar una acción. | Mascaró *Médico* 21: Todos los utensilios de uso personal del enfermo (cubiertos, vasos, servilletas, manteles, pañuelos, etc.) se separarán de los demás.

uterino -na *adj* (*Anat*) Del útero. | Navarro *Biología* 211: En el hombre y en casi todos los mamíferos la formación del embrión se realiza en la cavidad uterina de la madre. **b)** (*Der*) [Hermano] por parte de madre únicamente. | Ramírez *Derecho* 52: Si el tutelado lo es por minoría de edad, corresponde ser tutor al abuelo paterno y, en su defecto, al materno; a falta de ambos, a las abuelas por el mismo orden; en defecto de estas, al mayor de los hermanos de doble vínculo, y a falta de estos, de los consanguíneos o uterinos. **c)** [Furor] ~ → FUROR.

útero *m* (*Anat*) Matriz (órgano de la gestación). | Bustinza-Mascaró *Ciencias* 33: En la mujer, en la región pélvica, se hallan también: los ovarios, las trompas de Falopio y el útero.

utielano -na *adj* De Utiel (Valencia). *Tb n, referido a pers.* | Ó. GGarcía *Pro* 13.8.75, 19: El nombramiento de una reina .. fue un acierto de indudable buen gusto, máxime si se tiene el cuidado de elegir a muchachas utielanas que de algún modo estén vinculadas a la vida y también a la historia de la ciudad.

útil I *adj* **1** Que proporciona un provecho o servicio. *Frec con compl* PARA. | Arce *Testamento* 13: Me será útil conocer el camino si logro escapar. Legorburu-Barrutia *Ciencias* 215: El caballo. Es animal doméstico muy útil al hombre desde los más remotos tiempos. **b)** [Tiempo] hábil. *Sin compl.* | * En el año podemos contar con unos 250 días útiles.
2 (*Der*) [Dominio] que consiste en la facultad de gozar los frutos o beneficios que una cosa puede producir. | *CCa* 31.12.70, 11: A la finca descrita, cuyo dominio útil pertenece a don Antonio Parera Oliveras, .. se le asigna una pensión de tres pesetas.
II *m* **3** Utensilio. *Gralm en pl y con compl especificador.* | Marín *Enseñanza* 256: Revista de útiles de trabajo. Dirigida a la limpieza y orden de carpetas, carteras y plumieres y a que todos los niños tengan los útiles imprescindibles. Castañeda *Grafopsicología* 39: El dedo índice y medio cogerán el útil escritural con suavidad, sin doblar la muñeca y sin agarrotarse. El útil no debe caer vertical sobre el papel, sino en la misma inclinación que en el caso del diestro.

utilería *f* (*Escén*) Atrezo. | *Inf* 11.6.76, 1: Los oficiales del gremio (maquinaria y tramoya, utilería y electricidad) pasan a cobrar 640 pesetas diarias.

utilero -ra *m y f* (*Escén*) Pers. encargada de la utilería. | Valencia *HLM* 9.6.75, 31: El verano, con sus calores y dispersiones, está llamando a la puerta y los utileros preparan para los escenarios que no cierren el abanico y el botijo.

utilidad I *f* **1** Cualidad de útil [1]. | *Economía* 371: Lección VI. Sobre las lecturas. Su utilidad. **b)** Posibilidad de utilización. | * Este aparato tiene varias utilidades.
2 Provecho o beneficio. | *SNEs* 24.11.74, 19: No perdí en los libros; pero dejaban poca utilidad. Armenteras *Epistolario* 250: Suplica se digne conceder autorización .., con el fin de efectuar la liquidación del Impuesto de Utilidades.
II *loc adj* **3 de ~**. Útil [1]. | Laiglesia *Tachado* 184: Se pensó con razón que el suizo Müller sería de gran utilidad a la egregia pareja.

utilitariamente *adv* En el aspecto utilitario. | A. M. Campoy *Abc* 15.12.70, 3: Utilitariamente soy una calamidad.

utilitario -ria *adj* **1** Encaminado fundamentalmente a la utilidad. | Halcón *Manuela* 26: Ahora, como otras veces, mezclaba la bondad con lo utilitario. **b)** [Automóvil] pequeño y económico. *Frec n.* | Medio *Bibiana* 66: Vicente dice que quiere un coche. Un utilitario... Gastan poco.
2 (*Filos*) De(l) utilitarismo. | Gambra *Filosofía* 186: Sistemas hedonistas y utilitarios. Un grupo de teorías morales .. han supuesto que el fin último o bien supremo del hombre se identifica con el placer.

utilitarismo *m* Tendencia a buscar ante todo la utilidad de las cosas. | A. M. Campoy *Abc* 15.12.70, 3: Habrá muchísimos hombres cuya brújula no sea la de un utilitarismo a ultranza. **b)** (*Filos*) Doctrina que considera la utilidad como principio de todo valor. | Gambra *Filosofía* 187: En la época moderna tuvo también carácter hedonista el utilitarismo moral, escuela inglesa del siglo XIX, entre cuyos representantes cabe citar a Jeremías Bentham y a Stuart Mill.

utilitarista *adj* (*Filos*) De(l) utilitarismo [1b]. | Valcarce *Moral* 10: Tales son las morales intuitivas, como la Moral del sentimiento, la formalista de Kant, etc.; las inductivas, .. como todas las utilitaristas de tipo negativo y positivo. **b)** Partidario del utilitarismo. *Tb n.* | MPuelles *Filosofía* 2, 340: Propugnan una norma intrínseca todos los "utilitaristas", en la medida en que determinan la moralidad de los actos humanos por su intrínseca utilidad para el logro de algún bien finito.

utilizable *adj* Que puede ser utilizado. | MSantos *Tiempo* 173: Su sólida construcción hace sumamente improbable que de él puedan obtenerse materiales arrojadizos u otros utilizables como ganzúa.

utilización *f* **1** Acción de utilizar. | *Sáb* 10.9.66, 27: Los niños de la Operación Plus Ultra han visitado la base de utilización conjunta de Torrejón de Ardoz.
2 Posibilidad de ser utilizado. | Calera *Postres* 58: Sus utilizaciones [de la pasta] son muchas. Puede estirarse con el rodillo y hacer discos que se fríen.

utilizador -ra *adj* Que utiliza. *Tb n, referido a pers.* | J. M. GPáramo *SYa* 10.6.73, 29: En la construcción de las ciudades juega un papel fundamental la estructura socio-económica del grupo fundador y utilizador de la urbe.

Ya 7.5.74, 24: Galvanotécnicos. Ofrece a los utilizadores de procedimientos electrolíticos para el acabado de las superficies industriales análisis rápidos de los baños con interpretación de resultados.

utilizar *tr* Usar (hacer [alguien] que [algo (*cd*)] realice para él una función, esp. la que le es propia). I J. M. Armero *HLBa* 26.4.76, 5: El Gobierno debería explicar, utilizando los poderosos medios de comunicación social de que dispone, su política en diversos campos que chocan con la mentalidad de extensas parcelas de la opinión. **b)** Aprovechar [algo para una acción determinada (*compl* EN o PARA)]. I *País* 13.5.76, 15: Los psicólogos, cuyo encierro tiene duración indefinida, utilizarán el tiempo en actos conjuntos con otros profesionales. **c)** Hacer [alguien] que [otra pers. (*cd*)] realice para él, sin saberlo, un servicio. I CPuche *Paralelo* 411: Desde el primer momento le pareció a Genaro que el Penca le engañaba totalmente con el plan .. ¿Había pensado también seriamente el Penca en utilizar a la muchacha del carrito? .. Sería una bestialidad .. ¿Qué culpa tenía la chiquilla?

utillaje *m* Conjunto de útiles necesarios para una industria o un trabajo. *Frec con un adj o compl especificador. Tb fig.* I ZVicente *Traque* 227: Imagínate: "Natalio Rioboo. Construcciones. Dragados. Aguas subterráneas". Y en rojo, con unas cuantas herramientas pintadas al fondo: "Concesionarios del utillaje alemán". Salom *Delfines* 370: El utillaje mental envejece antes que el otro... y es mucho más difícil de renovar.

utillar *tr* (*raro*) Dotar de utillaje [a alguien o algo (*cd*)]. I Mercader-DOrtiz *HEspaña* 4, 128: El campo español aparece vacío de gentes, hambriento y poco utillado, en plena discordancia con los progresos realizados en Europa desde el siglo XVI.

utillería *f* **1** (*Escén*) Utilería. I *País* 9.6.76, 40: Durante la noche de ayer casi la totalidad de los teatros madrileños suspendió sus funciones teatrales, a consecuencia de la ruptura del convenio colectivo que se negociaba entre los empresarios y operarios, maquinistas, eléctricos y personal de utillería, del sector.
2 (*raro*) Conjunto de objetos o utensilios necesarios para algo. I T. Castilla *SPaís* 6.9.90, 6: En la Facultad de Ciencias de la Información, los estudiantes protestan por la falta de utillería en los inodoros.

utillero -ra *m y f* **1** (*Escén*) Utilero. I Llovet *País* 13.6.76, 28: Por segunda vez, en un período de tiempo relativamente breve, han cerrado los teatros de Madrid. Primero fueron los actores. Ahora se trata de maquinistas, electricistas y utilleros.
2 (*Dep*) Pers. encargada del equipo material necesario para un conjunto o para una prueba. I *ASeg* 29.5.80, 13: 750.000 pesetas cobraron los jugadores del Betis por empatar en Atocha .. Esta cantidad fue repartida entre los jugadores que viajaron a San Sebastián, el masajista y el utillero del equipo. J. Redondo *Ya* 23.4.82, 42: Esta huelga, probablemente, la van a protagonizar los que podríamos llamar utilleros de la Vuelta, los hombres que se dedican a montar y desmontar las metas, colocar pancartas y situar las vallas.

utoazteca (*tb con la grafía* **uto-azteca**) *adj* [Familia de lenguas] propias de los indios norteamericanos, que se extiende desde el Norte de los Estados Unidos al Sur de Méjico. *Tb los pueblos que las hablan. Tb n, referido a pers.* I Buesa *Americanismos* 336: El náhuatl, denominado también mejicano y azteca, perteneciente a la gran familia uto-azteca, era la principal lengua del imperio mejicano.

utopía *f* Ideal político o social muy alejado de la realidad. I Aranguren *Marxismo* 77: Después de la supresión de la clase opresora puede lograrse .. la conversión, por fin, en realidad, de la vieja utopía comunista: la Edad de Oro. **b)** Proyecto bueno pero irrealizable. I CBaroja *País* 16.1.77, 40: El pedir la abolición de la pena de muerte en estos momentos puede parecer una utopía.

utópicamente *adv* De manera utópica. I F. J. FTáscón *Ya* 11.7.72, 7: El escritor ha de ser –como Miguel Veyrat– el delimitador y el desmitificador del entrevistado, por lo general utópicamente contaminado.

utópico -ca *adj* **1** De (la) utopía. I *Sp* 19.7.70, 51: Vuelve a darse una vez más la paradoja de que su jira por las Universidades norteamericanas sea irrepetible y utópica en su propio país.
2 [Pers.] que concibe utopías o lucha por ellas. *Tb n.* I CBonald *Casa* 80: Apalabró por entonces a un muchacho .., hijo presunto de un incendiario utópico muerto en el incendio de unos garbanzales. *Abc* 14.3.58, 29: Los utópicos son "pacifistas".

utopismo *m* (*lit*) Tendencia a la utopía. I Aranguren *Marxismo* 25: El emotivismo positivo referido al marxismo consiste, bajo su forma más exaltante, en la mitificación y el utopismo.

utopista *adj* Que tiende a la utopía. *Tb n, referido a pers.* I J. P. Quiñonero *Inf* 29.8.74, 14: Esas ciudades .. y comunidades .. constituyen el otro rostro de la nación americana: frente al confort, la pobreza voluntaria; .. frente a las filosofías analíticas .., los panteísmos utopistas y las filosofías orientales. Torrente *SInf* 5.5.77, 12: Lo que tiene uno de utopista científico .. se le dispara hacia la invención de un rayo Eme que .. anulase el poder de todos los uranios y plutonios.

utrerano -na *adj* De Utrera (Sevilla). *Tb n, referido a pers.* I *Abc Extra* 12.62, 11: Nosotros preferimos la donosa traducción andaluza del utrerano Caro.

utrero -ra *m y f* Toro o vaca de dos a tres años. *Tb adj.* I Ybarra-Cabetas *Ciencias* 395: El buey es un rumiante; sus nombres vulgares son: Toro, el macho; buey, el macho castrado; .. becerro, el joven de un año; utrero, el joven de dos años, y novillo, el joven de tres años. Á. Domecq *Abc* 29.6.58, 23: Una vez, cansada y falta de fuerzas, cayó detrás de una utrera que acosábamos. G. Sureda *Sáb* 5.4.75, 44: Ambos pasan "por el aro" cuantas veces tienen que pasar. Hasta que llega Guerrita, que impone sobre las reses utreras, mangoneando a su gusto y placer lo que en relación con el toro cabe mangonear.

utricularia *f* Planta herbácea acuática de flores amarillas, que captura pequeños insectos (gén. *Utricularia*). I F. Nicolás *País* 21.1.86, 16: Se han detectado en los marjales seis tipos de comunidades vegetales que viven exclusivamente en el agua, entre ellas la lenteja de agua, la u[tr]icularia, nenúfares y sombrerillos de agua. [*En el texto*, urticularia.]

utrículo *m* (*Anat*) Vesícula del oído interno en la que confluyen los canales semicirculares. I Legorburu-Barrutia *Ciencias* 114: El oído interno tiene una parte central, llamada vestíbulo, que contiene dos saquitos: El utrículo, de donde salen los tres canales semicirculares en las tres dimensiones del espacio. El sáculo, de donde sale el caracol.

ut supra (*lat; pronunc*, /ut-súpra/) *loc adv* (*lit*) Como arriba. *Tb adj. Frec en documentos, referido a la fecha.* I * Fecha ut supra. Torrente *SInf* 18.12.75, 16: Recuerdos condicionados. Los ortodoxos prefieren llamarlos "asociados", pero a mí se me ha ocurrido ahora la denominación *ut supra*, porque todo lo condicionante está de moda.

uva[1] **I** *f* **1** Baya redondeada de color verde dorado o morado, que nace en racimos y constituye el fruto de la vid. I GPavón *Hermanas* 52: Yo les hago de cuando en cuando gachas, galianos, migas con uvas. **b)** *Diversas clases se distinguen por medio de compls o adjs:* ALBILLA, MOSCATEL, NEGRA, *etc*. I Cela *Judíos* 45: En San Esteban de Gormaz el campo es verde y primoroso, con huerta en la llanada, con uva en la ladera –uva verdeja, uva quiebratinajas, uva garnacha, uva arandeña–. Cela *Judíos* 53: En la Vid se da la uva que dicen de botón de gallo, y la tintina. Cela *Judíos* 61: En Roa se cría la uva graciana y empieza a aparecer la albilla. *Pro* 6.10.74, 6: Frutas: melocotones, uva rosetti, uva negra. **c)** *Seguido de distintos compls o adjs, designa diversas plantas de diferentes especies, similares en algún aspecto a la uva o a su planta:* ~ CANILLA, ~ DE MAR, ~ DE OSO, ~ DE PÁJARO, ~ DE PERRO, ~ DE ZORRA, *etc*. I Mayor-Díaz *Flora* 291: *Sedum annuum* L. "Uva canilla". GCabezón *Orotava* 61: Uva de mar, *Coccoloba uvifera*, Linn. .. Árbol que crece generalmente en las orillas del mar .. Frutos en baya, rojos y comestibles. Mayor-Díaz *Flora* 563: *Arctostaphyllos uva-ursi* (L.) Sprengel. "Gayuba", "Uva de oso", "Uvaduz". Santamaría *Paisajes* 22: No faltan especies de pequeño porte y ciclo vegetativo corto como Saxifragas, Sphagnos y otras que son

UVA – uzbeco

típicas y casi exclusivas de nuestras sierras: Sedum hispanicus –planta crasa conocida como uva de pájaro–, Hieracium castellanum –pelo de ratón–. Cendrero *Cantabria* 104: Las especies que constituyen estas comunidades son las siguientes: .. *Asplenium trichomanes* L.: Tricomanes .. *Sedum album* L.: Uvas de perro. Mayor-Díaz *Flora* 589: *Paris quadrifolia* L. "Uva de raposa", "Uva de zorra".

2 (*jerg*) Vino. *Tb* designa bebida en gral. | Aristófanes *Sáb* 8.2.75, 45: Se le había subido la uva a la cabeza al cuarto chupito.

3 mala ~. (*col*) Mala intención. *Tb* se usa como adj (a veces en la forma MALAÚVA) *sin var de gén*, refiriéndose a la pers de mala intención; a veces sustantivado como n m o f. | Olmo *Camisa* 108: Y ahora me explico por qué me sacudes los liques con tan mala uva. ZVicente *Mesa* 58: Me la ha traído floja siempre por esaborío y mala uva. J. A. Valdeón *Pue* 22.3.66, 3: Viajando en autobús .. encontré dos honrados y asépticos funcionarios, quizá resentidos, quizá malaúvas, que, mirándome y sonriéndome astutamente, me dijeron. Goytisolo *Afueras* 167: Cuidado que eres tú un mala uva, Roig. **b)** Mal genio. | Olmo *Golfos* 120: ¡Mucha pupila, eh! El guarda es un tipo con muy mala uva.

II *loc v* **4 entrar por ~s.** (*col*) Arriesgarse a tomar parte o a intervenir en un asunto. *Tb* fig. | Soler *Caminos* 76: Bastaba que yo dijera que no para que los demás dijesen que sí, y a mí me daba por la intransigencia, por la tozudez. Que no entraba por uvas. Zunzunegui *Hijo* 25: No estaba dispuesto a casarse con una muchacha de servicio .. ni mucho menos era hombre capaz de "entrar por uvas", por las buenas, con una mujer por bien que se le diese. Lera *Clarines* 460: ¡Hay que ver lo que ha tenido que bregar el Aceituno para hacerle entrar por uvas! No le ha faltado más que montarse en él [el novillo].

III *loc adv* **5 a la ~.** (*reg*) De acuerdo o en connivencia. | Delibes *Guerras* 163: Usted se malicia que la Candi y el Teotista, el Teotista y la Candi, andaban a la uva, ¿no es eso, doctor? Delibes *Tesoro* 79: He ido a verle después del episodio y se había largado del pueblo... Todos a la uva, conchabados, eso es indudable.

6 de ~s a peras. (*col*) Muy de tarde en tarde. | S. Garin *NotC* 25.2.71, 4: A Mara la hemos encontrado tan guapa como nos la presenta el cine, la vemos en la tele y en las revistas gráficas, y cuando de "uvas a peras" viene por su Cartagena.

UVA[2] (*sigla*) *adj invar* [Rayos] ultravioletas A, usados esp. para broncear la piel. | L. Cappa *SYa* 19.7.90, 2: Son los rayos ultravioletas A y B los responsables del bronceado. Se sabe que los efectos de los rayos UVA en dosis razonables son benéficos.

uvaduz *f* Gayuba (planta). | Mayor-Díaz *Flora* 563: *Arctostaphyllos uva-ursi* (L.) Sprengel. "Gayuba", "Uva de oso", "Uvaduz".

uve *f* **1** Letra del alfabeto (*v*, *V*), que en español corresponde al fonema /b/. (V. PRELIM.) | Torrente *Saga* 170: Una de Las Tres Damas, vaya usted a saber cuál, la de la letra picuda que había eliminado la uve de su alfabeto, recuerda la preocupación colectiva. **b)** Ángulo en forma de uve. | Ferres-LSalinas *Hurdes* 32: Un hombre asciende por la vertiente opuesta. Los viajeros, tumbados en la tierra, por entre la uve que forman sus pies, ven cómo se oculta y aparece muchas veces la cabeza del hombre que viene.

2 Fonema /v/. (V. PRELIM.) | *HLM* 26.10.70, 14: Siempre habrá cinco consonantes totalmente inasequibles para el ventrílocuo: be, efe, eme, pe y uve.

3 ~ doble. Letra del alfabeto (*w*, *W*), que en español solo se usa en palabras de origen extranjero y se pronuncia como /b/ o como /w/, según los casos. | Academia *Esbozo* 133: Alfabeto español: .. ese .., te .., u .., ve o uve, u consonante .., ve doble o uve doble .., equis .., i griega .., zeda o zeta.

úvea *f* (*Anat*) Túnica tercera del ojo. | Mascaró *Médico* 63: Manifestaciones oculares. Las más frecuentes son el escozor e hinchazón de los párpados y conjuntiva ocular, .. la inflamación de la córnea (queratitis) y de la úvea (capa vascular del ojo y cara posterior del iris).

uveal *adj* (*Anat*) De (la) úvea. | Pau *Salud* 442: Otro tipo de afecciones que se asientan en la córnea o en el tracto uveal pueden corresponder también a un mecanismo alérgico.

uveítis *f* (*Med*) Inflamación de la úvea. | Sales *Salud* 395: También son causa de dolor craneal las enfermedades oculares orgánicas, tales como el glaucoma, la uveítis, etc.

UVI (*sigla*) *f* Unidad de vigilancia intensiva de un hospital. *Frec* fig. | J. Jurenito *Día* 1.6.76, 4: ¿Con la noche que hacía no cogió una gripe de las que requieren ingreso en la UVI de un centro sanitario? *Ya* 21.2.86, 3: La economía sale de la UVI, pero el paro sigue aumentando. *Ya* 13.1.91, 46: El Atlético mandó al Madrid a la UVI.

úvula *f* (*Anat*) Campanilla (parte del velo del paladar). | Bustinza-Mascaró *Ciencias* 48: En el sitio donde acaba la boca y comienza la faringe se halla el velo del paladar, que soporta la úvula o campanilla.

uvular *adj* **1** (*Anat*) De (la) úvula. | * Zona uvular. * Inflamación uvular.

2 (*Fon*) [Sonido] en cuya articulación interviene la úvula. | Alcina-Blecua *Gramática* 392: En Oaxaca, Méjico, las mujeres encuestadas tuvieron [h] y los hombres [x], postpalatal ante *e*, *i*, uvular en los demás.

uxoricida (*lit*) **I** *m* **1** Hombre que comete uxoricidio. | * Los uxoricidas pasionales son muy numerosos.

II *adj* **2** Propio del uxoricida o del uxoricidio. | C. Paniagua *Méd* 9.9.88, 92: Logró Scherezade fascinar –o torear– con sus cuentos a Shahriyar. Tuvo dos hijos con él, le convenció de que era posible la fidelidad en algunas mujeres y le disuadió de sus propósitos uxoricidas.

uxoricidio *m* (*lit*) Acción de matar el marido a su mujer. | * Fue acusado de uxoricidio.

uy → HUY.

uz *m* (*reg*) Urce o brecina. | Mayor-Díaz *Flora* 507: *Erica arborea* L. "Uz", "Rozo" .. Toda Asturias. Brezales, piornales, abedulares .. *Erica vagans* L. "Uz", "Cauriotu" .. Toda Asturias. Brezales, matorrales.

uzbeco, uzbeko → USBEKO.

V

v → UVE.

va *interj* (*reg*) Se usa para animar o apremiar. | Marsé *Montse* 176: Trae, le dice, ¿no sabes escribir? .. A ver, dime. Simón Bernal Carbó, 35 años .. Sin estudios, sin aficiones deportivas (pon fútbol, va). VMontalbán *Pianista* 42: Va, mujer, es una broma.

vaca I *f* **1** Hembra del toro. *Tb su carne*. | Arce *Testamento* 37: Si entraba en el establo me parecía verla bajo las ubres de una vaca, ordeñando. A. Barrio *Abc* 2.12.70, 8: Los musulmanes se abstienen de tomar cerdo y los hinduistas de tomar vaca. **b)** (*col*) *Se usa frec en constrs de sentido comparativo para ponderar la gordura. Esp referido a mujer*. | P. J. Rey *Sur* 25.8.88, 10: Claro, como la otra nuera, la vaca de la Tere, tenía tres chinorris que cuidar.
2 (*col*) Cantidad de dinero que juegan juntas dos o más perss. | Torrente *DJuan* 131: –¿Pretende que vaya a jugarme los pocos fondos que me quedan? –Pretendo que hagamos una vaquita. ¿Cuánto tiene? Tanto le doy, lo juega, y vamos a medias.
3 ~s gordas (*o* **flacas**). Época de abundancia (o escasez). | ASáez *Abc* 18.12.70, 20: Bajo las bóvedas de Nuestra Señora del Rosario, resto lujoso del tiempo de las vacas gordas de la minería, el suceso rompió el ocre de las emociones. Cela *Compañías* 218: Pero, ¡ay!, a las serpientes de mar, como a todo en esta vida, les llegó su ocaso, la hora de su decadencia, el tiempo de las vacas flacas.
4 ~ marina. Dugón. *Tb designa en gral cualquier mamífero sirenio*. | Bustinza-Mascaró *Ciencias* 216: El tercer grupo [de mamíferos acuáticos], en el que están incluidos la vaca marina y el manatí, tiene las extremidades anteriores desarrolladas en forma de aleta.
5 ~ verde. (*col*) Leche con menta. | R. F. Reboiras *País* 31.5.89, 26: Muchos de los clientes eligen consumición por la tonalidad, y no es extraño que después de un perrito caliente alguien pida una *vaca verde* –combinación de leche y *pippermint*–.
II *loc adj* **6** [Lengua] **de ~** → LENGUA.
III *loc v* **7 hacer la ~** [a alguien]. (*col*) Dejar[le], por broma y a la fuerza, los genitales al aire y ensuciárselos con saliva, barro o excrementos. | Goytisolo *Recuento* 58: Emilio protestó, les aseguró que ya sí, que lo había hecho [el acto sexual] .. La historia no era muy coherente y le hicieron la vaca.

vacación I *f* **1** Suspensión, por descanso, de la actividad laboral o de la ocupación de una pers., durante uno o más días. *Tb el tiempo que dura. Frec en pl con sent sg*. | *Abc* 7.9.66, 36: Es evidente el interés de infinidad de gentes .. por disfrutar de la vacación en lugar de tanta riqueza monumental, tan hermosa naturaleza y tan espléndidas playas como es la comarca noyesa. J. Berruezo *Abc* 1.8.70, 31: Mañana comenzará .. el éxodo de los trabajadores .. a sus pueblos de origen .., donde pasarán las vacaciones.
II *loc v* **2 ir**, *o* **salir**, **de ~es.** Desplazarse fuera de la residencia habitual para disfrutar de las vacaciones [1]. | DPlaja *El español* 141: Cuando las esposas se van de vacaciones con sus hijos, el marido queda solo.

vacacional *adj* De (la) vacación. | *DMa* 29.3.70, 32: Abre la esperanza de que .. podamos disfrutar de unas horas de sol en los últimos días de este período vacacional.

vacacionar *intr* (*raro*) Disfrutar de vacaciones. | *Cod* 25.8.74, 2: Los cotitulares, con la Jefatura del Estado, de la soberanía nacional que son la alta representación del pueblo, colegiada en las Cortes, están vacacionando en distintos puntos del país.

vacacionero -ra I *adj* **1** De (la) vacación. | J. Pol *CoE* 3.8.74, 1: Los campesinos, recurriendo al procedimiento del bloqueo de tráfico (que es ya un procedimiento tradicional y vacacionero), han controlado algunos camiones españoles.
II *m y f* **2** Pers. que está de vacaciones. | J. Berruezo *Abc* 1.8.70, 31: Mañana comenzará .. el éxodo de los trabajadores .. a sus pueblos de origen .., donde pasarán las vacaciones .. La Policía .. contribuye .. encauzando la salida de esa alegre caravana de –válgame el galicismo– vacacioneros.

vacada *f* Conjunto de ganado vacuno, esp. el de un lugar o un propietario determinados. | Laforet *Mujer* 11: Nada .. indicaba la presencia de las minas. Pastos muy verdes, con grandes vacadas. Á. Domecq *Abc* 29.6.58, 21: Pervive todavía la fabulosa vacada del marqués de Tamarón.

vacancia *f* **1** Condición de vacante. | Í. Cavero *SInf* 25.10.75, 7: Producida la vacancia en la Jefatura del Estado, se originaría la automática asunción de los poderes de la primera magistratura por el Consejo de Regencia.
2 (*raro*) Plaza o puesto vacante. | L. Calvo *Abc* 10.11.70, 29: Se hace pública la vacante de François Mauriac en la Academia Francesa. Sin contar con la vacancia .. del difunto Luis Pasteur Vallery-Radot, hay ahora tres sillones vacíos.

vacante I *adj* **1** [Cosa] que no está ocupada o no es utilizada por nadie. *Frec como n f, referido a plaza o puesto*. | Mercader-DOrtiz *HEspaña* 4, 66: La facultad que lograron los monarcas españoles de percibir los réditos de los beneficios eclesiásticos que se hallaban vacantes les empujó a dilatar intencionadamente los nombramientos en perjuicio de los intereses de la Iglesia. Laiglesia *Ombligos* 63: Pocos días después, .. apareció la lista de vacantes que debía cubrir la promoción.
2 (*lit*) [Mirada o expresión] ausente. | Torrente *Isla* 118: Ascanio queda bastante sorprendido, la mirada vacante unos momentos. Delibes *Madera* 235: A Gervasio se le había borrado la expresión de los ojos, mejor aún, su iris amarillento tenía una expresión vacante.
II *f* **3** (*hist*) Impuesto devengado durante el tiempo que permanecen vacantes [1] un beneficio o una dignidad eclesiásticos. | Mercader-DOrtiz *HEspaña* 4, 66: La desconsideración estatal subió de tono con los derechos llamados espolios y vacantes.

vacar *intr* **1** (*lit o admin*) Estar de vacación. | Ramírez *Derecho* 17: En la vida procesal civil se contará, solo, por días hábiles, dejando de computarse los domingos, fiestas .. y los días en que vaquen los tribunales. Delibes *Madera* 421: El cabo Pita, custodiado por infantes de Marina, había abandonado el barco una tarde, mientras su bri-

vacceo – vaciedad

gada vacaba. **b)** (*lit*) Ir de vacaciones. | *GacNS* 15.8.74, 3: Vacar en España es cada año más caro. Los extranjeros encuentran menos ventajosos los precios de nuestra provincia.
2 (*admin*) Estar o quedar vacante [una plaza o un puesto]. | *Ley Orgánica* 115: En los casos de imposibilidad del Presidente o de que vaque la Presidencia de las Cortes y, en este último caso, hasta que se provea esta Presidencia, le sustituirá el Vicepresidente del Consejo del Reino.
3 (*raro*) Dedicarse [a algo] en el tiempo libre. | Torrente *DJuan* 135: Los giros mensuales que un magnate del acero le hacía desde Suecia le permitían vacar a las aventuras sublimes sin cuidarse de otra cosa.

vacceo -a *adj* (*hist*) [Individuo] del pueblo prerromano que habitaba el territorio correspondiente actualmente a Medina del Campo, Valladolid, Palencia, Sahagún, Villalpando y Toro. *Tb n.* | Cela *Judíos* 62: Con los vacceos Roa se llamó Rauda, y Rodacis con los romanos. **b)** De los vacceos. | Tovar-Blázquez *Hispania* 57: Continuó Lúculo por el desierto valle del Duero y llegó a otra ciudad vaccea, Intercacia —hacia Villalpando (Zamora)—, donde se había refugiado .. un ejército de 22.000 hombres.

vaciadero *m* Lugar en que se vacía algo. | CBonald *Ágata* 95: Se dirigieron hacia el sur de la marisma hasta dar como querían con la vieja calzada, solo visible ahora a través de algunos imprecisos vaciaderos del arenal. Burgos *Mad* 7.11.70, 6: Gran parte de las zonas verdes de la ciudad han sido convertidas en vaciaderos de basuras y escombros.

vaciado *m* **1** Acción de vaciar(se). | *BOE* 3.12.75, 25185: Capacidad útil. Es la que se usa en la práctica al realizar las operaciones de llenado o vaciado del tanque. *SDía To* 14.5.89, 2: La fibra alimenticia de origen vegetal resiste a la digestión en el tracto intestinal. Entre sus funciones se destaca la capacidad de captación de agua, la reducción de vaciado gástrico. *GTelefónica N.* 1098: Talleres de vaciador. Especialidad en vaciado de toda clase de objetos cortantes para las artes gráficas. *PapD* 2.88, 198: Actividades por realizar: .. reuniones por zonas y vaciado de datos de los encuentros, enviados a los Claustros para la elaboración de propuestas globales. **b)** (*Arquit*) Excavación. | *Abc* 9.10.74, 9: En el gran solar en la esquina de la calle de Bravo Murillo con la avenida del Generalísimo continúan a buen ritmo las obras de vaciado y cimentación de los futuros edificios donde se instalarán los Juzgados de Madrid.
2 Objeto formado al echar en un molde hueco la materia de que se hace. | *Hoy* 2.11.75, 14: Ceres, escayolada. ¿Nuevo regalo a Bellas Artes? En la actualidad se procede a sacar un vaciado de la famosa estatua.

vaciador -ra I *adj* **1** Que vacía. *Tb n m o f, referido a máquina o dispositivo*. | *Hacerlo* 60: Una vez llena la cisterna, se cierra automáticamente la entrada de agua a través del grifo y la salida de la misma a través del sifón vaciador. VMontalbán *Rosa* 162: Aquí y allá, el capricho de la tierra conformando formas vaciadoras de un aire ya salino, capricho de fantasmales protuberancias. *Abc* 12.4.58, 67: Vendo Fábrica embutidos con matadero particular, maquinaria alemana .. y española .., enlatadora, vaciadora, frigoríficos, secaderos, báscula, etc.
II *m* **2** Afilador. | *Hoy* 27.1.77, 26: En la tienda de un vaciador de la calle Talavera citada rompieron el cristal de la puerta y sustrajeron cuchillos, navajas, llaveros y algunas otras cosas.

vaciamiento *m* Acción de vaciar(se). | R. DAlejo *Ya* 18.5.77, 30: Bajan las aguas del Titicaca lentamente, mientras asciende el interés de la ciencia energética en torno al "lago sagrado" de los uros y de los incas para buscar una energía valiosísima en sus posibles futuras presas por vaciamiento hacia el Pacífico.

vaciante *f* (*Mar*) Marea que baja. | CBonald *Noche* 130: No contaron con el estirón de la vaciante, se les fue el rumbo.

vaciar (*conjug* **1c**) **A** *tr* **1** Hacer que [algo (*cd*)] quede vacío [1 y 2]. | Cunqueiro *Un hombre* 14: Vació el vaso de un chope. E. Haro *Tri* 26.12.70, 5: Nada significa nada. La falta de significación está .. estrechamente unida a la poderosa labor que ha consistido en vaciar los vocablos. Delibes *Siestas* 125: Continuaba trepando, al caer octubre, a sus seis nogales y los apaleaba con método y pulcritud, procurando vaciarlos sin herirlos. **b)** *pr* Quedarse [algo] vacío. | J. L. Cebrián *País* 26.6.77, 9: Al filo de las once de la noche, los salones de palacio comenzaron a vaciarse de invitados. Lapesa *HLengua* 359: *Mandar* se vacía casi de sentido ante infinitivos reflexivos de movimiento.
2 Sacar [algo] del recipiente que lo contiene. *Tb fig.* | * Vacía el agua de la botella. MGaite *Ritmo* 9: Un tranvía acababa de pararse junto a ellos, vaciando a varios viajeros que se dispersaron. **b)** *pr* Salirse [el contenido de un recipiente]. | * Se ha vaciado el agua de la pila; ya te dije que cerraras bien. **c)** Trasladar [el contenido (*cd*) de un recipiente a otro (*compl* EN)]. | PCarmona *Burgos* 231: De la arquería superior del mismo ábside merecen destacarse un capitel en el que figuran dos hombres llevando un cubo pendiente de un largo palo que apoyan sobre sus hombros, y otro con dos figuras entre tres grandes tinajas, donde diríase que han vaciado ya el líquido que llevaban.
3 Dejar hueco [algo]. | Calera *Postres* 22: Cortadas las naranjas horizontalmente por la mitad, se vacían con una cuchara formando 8 cazuelitas.
4 Formar [un objeto] echando en un molde hueco y en estado más o menos líquido [la materia de que se hace (*compl* EN)]. | Cossío *Abc* 30.4.58, 3: Conservó siempre y a la vista en el despacho de su biblioteca un busto pequeño vaciado en yeso.
5 Formar [un objeto] dejando hueco [algo (*compl* EN)]. | Pericot-Maluquer *Humanidad* 134: En las zonas de bosques y lagos, como el centro y norte de Europa, las primeras embarcaciones fueron piraguas o canoas vaciadas en troncos de árbol.
6 Afilar [un instrumento cortante o su filo]. | Cancio *Bronces* 54: Llegará hasta nosotros un martilleo rítmico y cantarín. Es Toño .., que pica el dalle para ver de ir ahorrando en la otoñada el agosto hacinado en el pajar .. Hoy vacía el dalle a conciencia, entre salivazos y tantos de pulgar. *Ya* 10.10.74, 2: Ferretería Gran Vía .. Juego de cuchillos de 6 piezas en acero inox. Mod. francés, filo vaciado, en estuche regalo G. V.
7 (*E*) Extraer todos los datos que interesan [de un texto (*cd*)]. | * Han vaciado varias novelas para hacer ese estudio.
8 (*Taur*) Dar salida [al toro (*cd*)] con la muleta, al entrar a matar. *Tb abs.* | Delibes *Año* 196: A mí, que no me agrada la fiesta, me entusiasma, en cambio, la jerga taurina (cornigacho, burriciego, perritoro, "con la izquierda se le vacía y con la derecha se le mata", etc.). V. Zabala *Nue* 19.4.70, 35: Quiso entrar a matar a conciencia y el volapié le resultó estupendo. El hombre salió limpiamente por el costillar, vaciando a la perfección. Le dieron una merecida oreja.
B *intr* ➤ **a** *normal* **9** Desembocar [una corriente de agua]. *Tb pr.* | Cela *Viaje andaluz* 130: Por su término corre el arroyo que llaman Salado de Martos, que viene de más allá de los Baños .. y que se vacía en el Saladillo.
10 (*Mar*) Bajar [la marea]. | CBonald *Noche* 308: Cuando se percató de que la marea estaba vaciando, cobró de nuevo el ancla.
➤ **b** *pr* **11** (*raro*) Desahogar [una pers. o animal] una necesidad fisiológica. | Cela *Pirineo* 183: El viajero, para evitar que el perro Llir se le vaciase en cualquier rincón, le abrió la puerta y le predicó mesura y buen comportamiento. **b)** Realizar el coito. | Cela *SCamilo* 61: —Magdalena, enciende la luz. —Venga, vacíate otra vez, ¿no es eso lo que quieres?, y déjame dormir tranquila.
12 Esforzarse [alguien] hasta agotarse físicamente. | Berlanga *Acá* 61: El aburrimiento del partido otra vez, el sufrimiento, la rabia, leer que el entrenador está contento porque los muchachos se han vaciado, escuchar que el míster planteó bien el partido. *Hora* 16.5.76, 22: ¡Voy muerto! Tengo una "pájara terrible". No puedo más .. Santisteban había hecho en la escapada un trabajo extraordinario .. Yo me pregunto ¿para qué se vació tan pronto? ¿En beneficio de quién?

vaciedad *f* **1** Cualidad de vacío [1b, 3 y 4]. | Goytisolo *Recuento* 528: Lo importante es salirse de esta vida cotidiana solo comparable, por el tedio que puede llegar a producir, a la lectura de uno de esos poemas .., matización de una simpleza o simplemente de la pequeña experiencia personal, tan pequeña que obliga a considerar .. la vaciedad polifacética de su verso. Delibes *Hoja* 98: La chica se puso en pie y el viejo la tomó por las manos .. y sus voces desacompasadas clamaban contra la vaciedad y el aislamiento y el

miedo. Pemán *Abc* 9.4.67, 3: Ya he llamado la atención sobre la vaciedad de esa evasiva convencional.
2 Cosa vacía [1b]. | J. M. Llompart *Pap* 1.57, 93: Al margen de vaciedades retóricas, encontramos versos en que palpita la misma fe.

vacilación *f* Acción de vacilar. *Tb su efecto.* | J. Pasquau *Abc* 21.5.67, 29: Parece que la población española se mantuvo con escasas vacilaciones, prácticamente la misma, desde los tiempos de Sertorio hasta los de Felipe V. Torrente *SInf* 10.7.75, 12: No vaciló jamás, a partir de entonces, y lo que varió su pensamiento más fue en precisiones y enriquecimientos que en vacilaciones.

vacilante *adj* **1** Que vacila [1 y 2]. | * Se dirigió a él vacilante.
2 Que denota o implica vacilación. | M. Esturo *Hie* 19.9.70, 8: La actuación de la Bolsa en la semana no ha dejado lugar a dudas de que ha sido de tono vacilante. CBonald *Ágata* 283: De vuelo como iba, se cruzó Pedro Lambert al final de la escalera con su hijo y a poco más lo atropella entre vacilantes jadeos e imprecisas alusiones al paradero de Clemente.

vacilantemente *adv* De manera vacilante [2]. | *VNu* 11.11.72, 22: Balance de una asamblea: Organización y preparación: sobresaliente .. Tema sacerdocio: bien planteado, vacilantemente resuelto.

vacilar A *intr* **1** Oscilar o moverse indeterminadamente [alguien o algo] por falta de estabilidad. *Tb fig.* | Benet *Nunca* 23: Llegaría un día en que aquella estampa familiar, tan perfilada, se pusiese a vacilar como la película que sale del carrete y gira a una velocidad errónea, las figuras no desencajadas, pero temblonas.
2 Dudar o estar irresoluto. | Cunqueiro *Un hombre* 19: El oficial de forasteros .. requirió el paraguas, pero al llegar ante la puerta de su despacho vaciló, y finalmente volvió el paraguas al paragüero.
3 (*juv*) Divertirse o pasarlo bien. | Goytisolo *Recuento* 342: Ahí donde la veis, con ese aspecto de no brillar precisamente por su seso, brilla en cambio por su sexo, por sus orgasmos. Y ella: ¿quieres callar, payaso? Y él: el hecho es que, por lo menos en la cama, vacilamos como cocodrilos. **b)** Conversar en tono de burla o broma. | * No vaciles, macho. * Se puso a vacilar sobre el asunto del otro día, y casi le pegan. **c)** Burlarse [de alguien (*compl* CON) o tomar[le] el pelo. | *Ya* 31.10.89, 10: A El Indiscreto le gustaría saber por qué razón el vicepresidente del Gobierno se permite *vacilar* con los españoles en vez de informarles oportuna y exhaustivamente como es su deber.
B *tr* **4** (*juv*) Vacilar [3b y c] [con alguien (*cd*)]. | Oliver *Relatos* 84: El Manuel andaba al principio como loco, bailando solo en medio del pasillo .. y no dejando pasar a los que iban a la pista, sobre todo a las tías, claro, vacilándolas y tirándolas los tejos. Forges *Inf* 22.8.77, 14: Me han vacilado, señor subsecretario; este Ministerio jamás ha tenido piscina.

vacile *m* (*juv*) Acción de vacilar [3 y 4]. *Tb su efecto.* | FSantos *ROc* 5.76, 20: Los domingos comíamos con Rodri, luego un poco de cine de ese de ahora, un poco de vacile en algún bar y a la cama. Oliver *Relatos* 96: El Manuel iba diciendo todo el camino –medio en vacile, medio en serio– que aquella noche el único que iba a ligar era el Maestro. PGarcía *Sáb* 15.3.75, 77: –¿Y a este picadero le llamáis Club Siglo XXI? .. –Sí. Le llamamos así porque aquí hablamos siempre de la monarquía futura, el pluralismo y otros vaciles.

vacilón -na (*juv*) **I** *adj* **1** Que vacila [3 y 4]. | J. Barquín *Abc* 4.7.87, 106: Su resaca era terrible, pero al menos recordaba que era Richi el Bello, el pijo más cachondo y vacilón del barrio de Salamanca.
2 Adicto al hachís o marihuana. | Sastre *Oficio* 102: Lo de menos era que me hice vacilona... Todavía me fumo alguno cuando se tercia.
II *m* **3** Estado producido por el hachís o marihuana. | MSantos *Tiempo* 191: A veces se la consume haciendo burbujear el humo a través de un botijo de vino que luego se bebe y con ello se reúnen varias borracheras en una. Cuando da el vacilón, con los ojos cerrados, alguien va contando en voz alta las cosas que sueña.

vacinostilo *m* (*Med*) Pluma metálica muy puntiaguda que se emplea para vacunar. | *Puericultura* 63: Se deja caer una gota de linfa vacuna .. y se practica a continuación una pequeña escarificación con la lanceta o vacinostilo.

vacío -a I *adj* **1** [Espacio o recipiente] que no contiene nada, salvo aire. | Torbado *En el día* 217: Ernesto había llenado de vino un vaso que estaba vacío ante sí. **b)** Que carece de contenido intelectual o afectivo. | E. Arce *Ade* 27.10.70, 16: Los jefes de las Delegaciones pronuncian discursos –largos, vacíos–, discuten. *Ya* 15.10.67, sn: Mi etapa anterior no era trascendente. Las ovaciones que me prodigaban, vacías, de un momento. He querido que el público me aplauda a mí y no a mis canciones. **c)** Que no contiene [algo (*compl* DE)]. | *Abc* 31.1.58, 47: Hinchazón y palabrería eran las consecuencias naturales de un romanticismo ya vacío de contenido. **d)** (*Mat*) [Conjunto] que no tiene ningún elemento. | J. Zaragüeta *Abc* 23.12.70, 3: Se llaman pares [los conjuntos] si constan de dos elementos; unitarios si de un elemento, y vacíos si no tienen ninguno.
2 Que carece de su contenido habitual. | * El monedero está vacío. **b)** [Lugar] deshabitado o sin gente. *A veces dicho con intención ponderativa.* | Burgos *SAbc* 13.4.69, 47: El paseo de caballistas dura hasta que el Real se va quedando vacío. *D16* 19.12.77, 21: Dos intentos frustrados de ocupación de viviendas vacías protagonizaron los vecinos de Fuencarral. J. FFerreiro *Abc* 8.7.75, 27: Las rúas, en domingos y fiestas de guardar, se quedan vacías, solitarias. **c)** [Cosa, esp. plaza] disponible o que no está ocupada. | Torbado *En el día* 290: Dijo Salvatori dando un manotazo en el montón de diarios que había depositado en un asiento vacío del vagón, contiguo al suyo.
3 [Pers.] carente de alicientes o ilusión. | Payno *Curso* 33: Darío no tenía ganas de compañía. Se sentía vacío. Se resentía de un esfuerzo que no sabía cuál era.
4 [Pers.] frívola e insustancial. | Goytisolo *Recuento* 81: Es un metafísico y un dandy, dijo Federico. Vamos, un tipo vacío, un pelma. Es que no hay más que verle, coño. Un dandy.
5 [Animal hembra] que no tiene cría. | *Hoy* 4.5.74, 16: Pudiera ocurrir que se produzca un falso celo quedando un porcentaje de ovejas vacías, por lo que es necesario que los moruecos permanezcan con el rebaño hasta que aparezca el segundo celo.
II *m* **6** Espacio vacío [1]. *Tb fig.* | Zubía *Geografía* 51: Como el aire caliente pesa menos, se eleva y deja un vacío que viene a ocuparlo el aire de las proximidades. V. Royo *Sp* 21.6.70, 19: ¿Cómo se podría llenar el vacío dejado por las fuerzas norteamericanas al regresar a casa? **b)** (*Fís*) Espacio que no contiene aire ni otra materia perceptible por medios físicos o químicos. | Marcos-Martínez *Física* 58: El sonido no se propaga en el vacío. **c)** (*Fís*) Máximo enrarecimiento de gas en un recipiente cerrado. | Marcos-Martínez *Física* 86: Si, estando unidos, se hace el vacío en el interior de los hemisferios, resulta casi imposible separarlos.
7 Ijada. | MSantos *Tiempo* 120: Se echó sobre Amador .. y le puso la punta de la navaja en el vacío izquierdo y apretó un poco hasta que la sintiera. *PaísE* 11.3.90, 46: Filetes finos para empanar: .. vacío, cortado al sesgo y sin la telilla que le recubre.
8 Condición de vacío, *esp* [3]. | Laforet *Mujer* 107: Su alma no se había hecho para el vacío y la tristeza. E. Corral *Abc* 6.12.70, 72: Gorki critica así el vacío existencial de unos seres ansiosos de motivaciones.
III *loc v* **9 hacer el ~** [a alguien]. Aislar[le] negándo[le] o dificultándo[le] el trato. | Salom *Tiempo* 676: ¡No consentiré que me hagan el vacío! ¡Tendrán que escucharme, aunque no quieran!
10 caer (**o quedar**) **en el ~** [algo]. No tener ningún efecto o carecer de resonancia. | *Sp* 21.6.70, 9: Lo que realmente interesa .. es que no se pierda ni quede en el vacío la ideología sindicalista.
IV *loc adv* **11 de ~.** Sin carga. *Con vs como* IR, VENIR *o* VOLVER. | Delibes *Mundos* 157: Estos barcos vienen lógicamente a traer algo o a llevarse algo cuando no son de pasajeros, en cuyo caso bien se puede asegurar que tampoco estos se irán de vacío y .. en sus callejeos y recorridos por la isla siempre dejarán a la economía canaria algún provecho. Aldecoa *Gran Sol* 119: Ahí viene cargado el Zarauz .., está de vacío y otras van rotas y con las varas rotas y la chimenea doblada el barco del señor Agustín. **b)** Sin conseguir lo que se pretendía. *Con los vs* IR *o* VOLVER. | FFlórez *Año* 216: –Escuche –gritó de pronto–: para que no se vaya usted de vacío en la

vaco – vade retro

interviú, le voy a hacer el regalo de una declaración trascendental.
12 en ~. Sin producir el efecto que le es propio. *Tb adj.* | *Ya* 15.10.67, sn: Tome nota de la rapidez con que su coche marcha hacia adelante cuando está en la posición de conducir, con el motor girando en vacío. Ramos-LSerrano *Circulación* 181: Un arranque brusco, a saltos, calando el motor y con acelerones en vacío, es inadmisible en un mediano conductor y muy perjudicial para el coche.

vaco *m* (col) Buey. *A veces con intención desp.* | A. Navalón *Pue* 9.8.75, 24: Y pongo en boca de la señorita inglesa lo mansos, flojos y pavisosos que salieron los vacos jerezanos y me ahorro las iras del ganadero.

vacuidad *f* (*lit*) Cualidad de vacuo. | *Ya* 9.12.72, 7: Se comprende, en este contexto, que el general Amin haya denunciado a los misioneros en cuestión como militares que ocultan su verdadera identidad y que pretenda justificar la orden de expulsión como requerida por la seguridad del país. La vacuidad de estas acusaciones es palmaria. Pombo *Héroe* 201: La ominosa vacuidad de su habitación y de su niñez sin fábulas, sin temblor, sin maravillas, no respondía ahora con respuestas coherentes.

vacuna → VACUNO.

vacunación *f* Acción de vacunar. | Navarro *Biología* 247: La vacunación es un método preventivo. *Ya* 14.10.89, 17: La importación de disquetes piratas contaminados amenaz[a] los sistemas MS-DOS. Según la misma fuente, la *vacunación* es la única forma eficaz de luchar contra estos virus.

vacunador -ra *adj* Que vacuna. *Tb n, referido a pers.* | N. Luján *Sáb* 15.3.75, 5: Solo en Asia .. existe, aunque en clara regresión, la viruela, a la que combaten epidem[i]ólogos, médicos y vacunadores.

vacunal *adj* De (la) vacuna. | *Puericultura* 65: Para evitar un número elevado de inyecciones vacunales, se preparan en la actualidad vacunas mixtas.

vacunante *adj* Que sirve para vacunar. | *Hoy* 16.10.75, 13: Se recuerda a los ganaderos de porcinos la obligatoriedad que existe de vacunar contra la fiebre aftosa todos sus efectivos a partir de los dos meses de edad. Por resolución de la D. G. de la Producción Agraria, se ha modificado el porcentaje de subvención que tenía el producto vacunante (20 por ciento) quedando establecido en un 50 por ciento.

vacunar *tr* Inocular [a alguien (*cd*)] una vacuna (→ VACUNO [4]). *Tb fig. Tb abs.* | Laforet *Mujer* 311: Oiga, que si los vacunan que yo no dejo ir a mi Pepe. Torrente *Fragmentos* 361: "Deja de decir disparates delante de Amalia." "Estoy vacunándola, y la primera dosis siempre resulta fuerte." *Puericultura* 63: Se oye hablar frecuentemente de que tales o cuales meses son los mejores para vacunar, pero debemos decir que todas las épocas del año son buenas para practicar la vacunación.

vacuno -na **I** *adj* **1** De(l) toro o de (la) vaca. | Zubía *España* 71: La ganadería vacuna y lanar predomina en las zonas montañosas.
II *n* **A** *m* **2** Res vacuna [1]. *Frec con sent colectivo.* | *Abc* 2.2.65, 67: Pastos para 1000 lanares, varios vacunos. *ASeg* 14.4.78, 13: Suben el vacuno y el ovino.
B *f* **3** Enfermedad que produce en la ubre de la vaca unas pústulas semejantes a las de la viruela humana. *Tb la pústula y esp su pus, que se emplea para preservar al hombre de la viruela.* | Navarro *Biología* 247: La vacuna de la vaca se presenta formando unas pústulas localizadas en las ubres, semejantes a las que origina la viruela humana.
4 Virus o principio orgánico que, convenientemente preparado, se inocula a una pers. o animal para preservarlos de una enfermedad determinada. *Normalmente con un adj o compl especificador. Tb fig.* | Navarro *Biología* 261: La vacuna antirrábica fue descubierta por Pasteur. Cierva *Ya* 16.2.82, 5: La Monarquía parlamentaria y constitucional está en auge hacia el futuro; el 23 de febrero se ha convertido de amenaza mortal en vacuna de choque. M. J. Barrero *Ya* 14.10.89, 17: El gigante del sector, la multinacional IBM, .. dispone de un departamento de seguridad informática que vigila cualquier anomalía que se detecte en sus programas. Además, la empresa ha comercializad[o] sus propias "vacunas".

vacunoso -sa *adj* De (la) vacuna (→ VACUNO [3]). | Alvarado *Anatomía* 168: La primera vacunación fue hecha por Jenner a un muchacho, a quien le inoculó el contenido de una pústula vacunosa que presentaba en una mano una ordeñadora.

vacunoterapia *f* (*Med*) Tratamiento o profilaxis de enfermedades infecciosas por medio de vacunas (→ VACUNO [4]). | Navarro *Biología* 259: Se combate [el microbio productor del pus] con sulfamidas, antibióticos, .. así como por vacunoterapia.

vacuo -cua *adj* (*lit*) Vacío, *esp* [1b y 4]. | Matute *Memoria* 64: Como un gran bizcocho borracho .. que parece vacuo e inocente, y sin embargo está empapado de vino. J. M. Llompart *Pap* 1.57, 84: La cerrada y vacua retórica del floralismo y de los más endebles momentos de Verdaguer. Delibes *Hoja* 126: Por lo que afectaba a su hermana Lupe era tan sosa y vacua como una pava.

vacuola *f* (*Biol*) Cavidad del citoplasma de la célula. | Navarro *Biología* 50: A medida que envejecen las células vegetales, las vacuolas se van haciendo mayores, fusionándose, llegando a ocupar casi todo el espacio citoplasmático.

vacuolar *adj* (*Biol*) De (la) vacuola. | Alvarado *Anatomía* 20: Las células animales son muy pobres en vacuolas. Probablemente su sistema vacuolar está representado por el aparato de Golgi.

vacuoma *m* (*Biol*) Sistema vacuolar de una célula. | Alvarado *Anatomía* 20: Dangeard .. ha propuesto el nombre de vacuoma para el aparato o sistema vacuolar de la célula.

vacuómetro *m* (*E*) Manómetro para medir la presión de los recintos sometidos al vacío. | *HLM* 24.3.75, 6: Colortest 500 es la única bujía de pruebas para que "usted mismo" ponga a punto su motor .. Disponible en cajas de 4 bujías y también con vacuómetro.

vade *m* (*raro*) Carpeta, esp. de cuero. | Cunqueiro *Un hombre* 19: Extrajo un papelillo doblado, que posó encima del vade verde. *Gac* 18.3.61, 55: Vandago. Brillo vitalizador del cuero .. Vades y carteras de piel. Asientos de cuero.

vadeable *adj* Que se puede vadear. | Lázaro *JZorra* 67: El río Misouri, en su curso alto, fácilmente vadeable, resulta el talón de aquiles de la fortaleza.

vadear *tr* Atravesar [un curso de agua] a pie o con caballería. | Benet *Nunca* 120: Vadeaba el río –casi seco en tal época–, mientras el pequeño Blanco saltaba por las piedras. **b)** Atravesar [un camino (*suj*) un curso de agua]. | JGregorio *Jara* 17: Usan las cañadas o cordeles que vadean el Tajo, cruzan la Jara .. y se internan en la actual Extremadura.

vademécum (*pl normal, ~s o invar*) *m* Libro que contiene las nociones y los datos más necesarios de una ciencia o arte. *Frec con un compl especificador.* | Lorenzo *Español* 143: No vacilamos en afirmar que .. este diccionario .. constituye el vademécum indispensable de cuantas personas, españoles y extranjeros, se toman interés por cuestiones de la lengua española. **b)** Compendio. *Tb fig.* | E. Corral *Abc* 4.10.70, 70: Una gran novedad de la nueva programación puede ser el espacio titulado "Buenas tardes", desde las 15,15 a las 17, en un "vademécum" de amenidades. ZVicente *Balcón* 91: Era un vademécum sufriente de la fealdad y de la hermosura humanas, de su vileza y su fanfarronería.

vadeo *m* Acción de vadear. | P. GAparicio *SYa* 30.3.75, 19: Las dificultades .. surgieron muy pronto. La primera fue el vadeo del río Kingani.

vadera *f* Vado. | CBonald *Ágata* 204: Corrió en busca de las pistas invisibles hasta husmear la sangre caliente y ver desde la otra parte de la vadera del caño los deshechos cuerpos de los beligerantes.

vade retro (*lat; pronunc,* /báde-rḗtro/) *interj* Se usa para expresar rechazo. | Torrente *Isla* 67: Y después de la palmaria inclinación de la casta dominante .. hacia la recién estrenada Revolución Francesa, *vade retro*, Satán, y su diabólica ideología.

vadiniense *adj* *(hist)* [Individuo] del pueblo cántabro cuyo centro era la ciudad de Vadinia. *Tb n.* | *NEs* 20.8.78, 22: Estela del vadiniense Septimio Silo, encontrada en Beleño (Ponga); al pie, persiguiendo a un ciervo, aparece un lobo, ¿representación de Lug? GNuño *Escultura* 32: Cántabros: Orgenomescos. Aurinos. Coniscos. Vadinienses.

vado[1] *m* **1** *En un curso de agua:* Lugar de fondo firme y poco profundo por donde se puede cruzar a pie o con caballería. | Cela *Judíos* 44: En el vado del Cascajar murieron tantos guerreros que las aguas del río corrieron rojas de sangre.
2 *En una acera:* Lugar con el bordillo modificado para permitir el acceso de vehículos a los edificios ante los que se encuentra, y en el que está prohibido obstruir el paso. | *Van* 11.1.63, 23: Hemos exhortado a los servicios competentes a que no concentren sus esfuerzos en la persecución y castigo de la infracción fácil –el coche mal aparcado, la vulneración de un vado y otras futesas–.

vado[2] *m* *(rúst)* Vaho. | Moreno *Galería* 307: Aquellos remedios de saúco, "vados" de agua de ajos y laurel.

vadoso -sa *adj* *(Geol)* [Agua] de origen meteórico que penetra y circula en el subsuelo. | Alvarado *Geología* 114: El agua de muchos de estos manantiales [hipogénicos] se supone formada sintéticamente en zonas muy profundas de la corteza terrestre (aguas juveniles), pero en otros casos se trata simplemente de aguas meteóricas de infiltración (aguas vadosas) calentadas en virtud de la geotermia.

vaga *f* *(reg)* Marejada muy fuerte. *Frec* ~ DE MAR. | Cancio *Bronces* 37: Habla de los tifones del Índico y de los huracanes de las Antillas con la misma naturalidad que si comentase la última vaga de mar que cerró la bocana del puerto.

vagabundaje *m* Vagabundeo. | Halcón *Ir* 249: Mi caso tiene características de vagabundaje. Yo me resisto al trabajo organizado.

vagabundear *intr* Andar vagabundo. | Umbral *Ninfas* 181: ¿Por qué no me unía yo a ellos, por qué no dejaba el empleo y la familia y me iba a vagabundear con aquellos tres locos? **b)** Vagar, o andar de una parte a otra sin objetivo determinado. | Arce *Testamento* 45: Cuando mi madre salía al campo yo me levantaba y andaba vagabundeando por la corralada o por los alrededores. G. Ferrari *MHi* 8.66, 34: El toro vencido vagabundea por los pastizales sin atreverse a acercarse al hato.

vagabundeo *m* Acción de vagabundear. | *Ale* 24.8.77, 5: Manuel Fernández Cobo .. ha hecho también sus "trabajillos" por París y Bruselas, donde le trincaron por hurto y vagabundeo. Marsé *Tardes* 208: Su constante vagabundeo por la ciudad producía también una extraña sensación de falta de hogar.

vagabundería *f* Condición de vagabundo. | P. GBlanco *Abc* 18.4.58, sn: Hay que desterrar esa canción espúrea [el fado], en mala hora llegada de ultramar y arraigada en barrios donde hace medio siglo se albergaban el crimen, el vicio y la vagabundería.

vagabundo -da *adj* Que anda errante sin tener domicilio ni medios de vida determinados. *Tb n, referido a pers.* | Cunqueiro *Un hombre* 22: Decía que era celta, y que andaba por voto vagabundo. **b)** Propio del vagabundo. | Landero *Juegos* 277: No, la vida vagabunda no era para él.

vagal *adj* *(Anat)* Del nervio vago. | Cela *Mazurca* 256: En dicho mecanismo de muerte es muy posible que intervinieran mecanismos vagales de inhibición por estímulo del glomus carotídeo.

vagamar *f* *(reg)* Vaga de mar. | *ByN* 11.11.67, 38: La gran tempestad originada por una de las clásicas vagamares del mar norteño coincidió con una marea del máximo coeficiente registrado en las tablas técnicas.

vagamente *adv* De manera vaga o imprecisa. | Laforet *Mujer* 313: El padre vio que detrás de las mujeres estaba una señora alta, .. que le resultaba vagamente conocida. Torrente *Señor* 413: Ella se había acostado, con los ojos cerrados, y oía vagamente los gritos, como si no fuesen con ella.

vagamundo -da *adj* *(raro)* Vagabundo. *Tb n.* | Torbado *PrP* 18.2.77, 7: Otros sabios han demostrado también que en los años cuyas cifras suman dos docenas resucita el castellano viejo .. para reemprender los menesteres de cazar judíos, vagamundos.

vagancia[1] *f* Condición de vago[1]. | DCañabate *Paseíllo* 26: Sultán de un serrallo familiar que .. fomentó en él la vagancia.

vagancia[2] *f* *(raro)* Acción de vagar[1]. | Cunqueiro *Un hombre* 130: Eumón se alegró de haberle dado ocasión para aquellas vagancias por los campos y la marina.

vagante *adj* Que vaga[1]. | Cunqueiro *Un hombre* 66: Los más piensan que pudo, dentro del caballo de madera, haberse escondido uno del mar, de las cuadras siempre vagantes y espumosas de Poseidón. Peña *Música* 69: Los goliardos y clérigos vagantes son la consecuencia de los juegos de escarnio, y sus canciones han llegado hasta nosotros en el famoso Códice llamado "Carmina Burana".

vagar[1] *intr* Recorrer distintas partes [de un lugar (*compl* POR)] sin detenerse especialmente en ninguna o sin un objetivo determinado. *Tb sin compl. Tb fig.* | E. La Orden *MHi* 7.69, 33: Se quedó en México por miedo a los idólatras malayos y vagó doce años por toda Centroamérica. Lera *Bochorno* 143: Luis .. fumaba en silencio, lentamente. Su mirada vagaba por la pared frontera.

vagar[2] *intr* Vacar, o estar de vacación. | J. M. Moreiro *SAbc* 25.1.70, 47: Pienso yo que el minero también debe tener derecho a chapuzarse los días de vagar. Hacen falta piscinas.

vagarosidad *f* *(lit)* Cualidad de vagaroso. | * La vagarosidad de las promesas de los políticos.

vagaroso -sa *adj* *(lit)* Impreciso o falto de fijeza. | Ballesteros *Hermano* 65: Todo él, como los bucles que le flotaban cerca del cogote, era vagaroso y desdibujado. Umbral *Ninfas* 42: Estaba leyendo a la sazón el *Jack* de Alfonso Daudet (cuyo realismo poético, cuyo romanticismo posterior y naturalista me nutría más que los romanticismos vagarosos de los poetas de mi primo).

vagido *m* Gemido del recién nacido. *Tb (lit) fig.* | M. BTobío *MHi* 2.55, 12: Tenemos, pues, en los pañales una criatura que no sabemos si llegará a dar su primer vagido. Campmany *Abc* 11.2.78, 11: Nos recitó un trozo de aquella sopa de letras del primer vagido de la democracia.

vagina *f En las hembras de los mamíferos:* Conducto membranoso que va desde la vulva hasta la matriz. | Mascaró *Médico* 47: Las hemorragias genitales femeninas requieren reposo en cama (sin almohada), quietud, administración de preparados frenadores de la pérdida, colocación de un taponamiento vulvar para que el coágulo de la propia sangre perdida y acumulada en la vagina actúe de tapón.

vaginal *adj* De (la) vagina. | Goytisolo *Recuento* 480: Idea muy común que se basa .. en la superioridad indiscutible del orgasmo clitórico sobre el vaginal.

vaginalmente *adv* Por vía vaginal. | *Ya* 9.10.89, 18: El informe forense, elaborado tras la autopsia, confirmó que la pequeña Vanessa fue violada anal y vaginalmente antes de ser estrangulada por su asesino.

vaginitis *f* *(Med)* Inflamación de la vagina. | *Ciu* 8.74, 3: Los desodorantes íntimos .. son responsables de muchos casos de infección de ovarios, vaginitis, úlcera de cuello de matriz.

vago[1] **-ga** *adj* **1** Perezoso para el trabajo. *Tb n.* | MVictoria *Ya* 14.5.72, 36: –¿Y tu Juanito? ¿Cómo ha quedado esta vez? ¿Le han vuelto a suspender? .. –¿Ese? ¡Ya sabes que es un vago! Solo le interesa jugar, y no "da golpe".
2 [Pers.] sin domicilio ni oficio determinados. *Frec n.* | Berenguer *Mundo* 285: A usted, como siga por el camino que va, lo mando donde el juez de los vagos y maleantes.

vago[2] **-ga I** *adj* **1** Indeterminado o impreciso. | MPuelles *Persona* 100: Todo el que sobreabunda en bienes está en la obligación de usar de ellos de modo que proveaa ese sustento. Sin embargo, esta afirmación es demasiado vaga, y para hacerla más concreta y rigurosa lo primero es saber qué clase de deber se encierra en ella.
2 *(Anat)* [Nervio] que nace del bulbo de la médula espinal, desciende por las partes laterales del cuello, penetra en el pecho y vientre y termina en el estómago y plexo solar. *Tb*

vagón – vainada

n. | Navarro *Biología* 129: Los nervios mixtos o sensitivo-motores son: el trigémino ..; el glosofaríngeo o de la lengua y faringe, y el vago, que inerva casi todas las vísceras.

II *loc adv* **3 en ~.** De manera vaga o imprecisa. | *Abc* 1.7.58, 25: Dicho así, sin ambages, que "se espera de la juventud", no es decir nada o es decir demasiado, obviamente algo como que amanecerá mañana el nuevo día. Nos quedaríamos patidifusos si cualquier gran tratadista político de Europa .. plantease, así, en vago y con adulatoria unción, su "esperanza en la juventud".

vagón *m* Vehículo sobre raíles destinado a ser movido por una locomotora. | Laforet *Mujer* 48: Su imagen tiembla bajo el reflejo de la bombilla del vagón. **b)** *Frec se emplea apuesto a distintos ns para indicar el servicio al que está destinado:* ~ CISTERNA, ~ CUBA, ~ RESTAURANTE, *etc*. | F. Casares *HLM* 26.10.70, 13: El suministro se efectúa desde la factoría de Campsa en Villaverde, a la que llega el carburante en trenes completos de vagones-cisternas procedentes de las refinerías de Puertollano y Castellón. *GTelefónica* 3: Corcobado Arroyo, Antonio. Representaciones y alquiler de vagones cubas. Miguel *Mad* 22.12.69, 13: Esta puritana sociedad adopta sin rechistar lo promiscuos vagones-literas.

vagonero *m* (*Min*) Operario que conduce las vagonetas de mineral. | *Các* 15.4.74, 7: Ofertas de empleo: Peones construcción .. Picadores minas, entibadores y vagoneros interior minas: Saldes (Barcelona).

vagoneta *f* Vehículo sobre raíles, pequeño y descubierto, que se emplea para el transporte, esp. en las minas. | Bustinza-Mascaró *Ciencias* 322: En el suelo de las minas se tienen verdaderas vías férreas para el transporte de los minerales, mediante vagonetas.

vagorosidad *f* (*semiculto*) Vagarosidad. | *País* 6.4.78, 8: De ahí que la polémica emprendida tenga un cierto sabor de disputación escolástica y una notable vagorosidad y ambigüedad en sus términos.

vagoroso -sa *adj* (*semiculto*) Vagaroso. | GPavón *Hermanas* 9: El hombre .. recibía la claridad con la vagorosa sensación de arribar a la vida por primera vez.

vagotonía *f* (*Med*) Excitabilidad anormal del nervio vago² [2]. | MNiclos *Toxicología* 111: La nicotina provoca un síndrome de vagotonía.

vagotónico -ca *adj* (*Med*) De (la) vagotonía. | MNiclos *Toxicología* 24: En venenos de acción vagotónica, será antídoto la atropina.

vaguada *f* **1** Parte más honda de un valle, por donde discurren las corrientes naturales de agua. *Tb fig*. | Delibes *Historias* 78: El matacán regateaba muy por lo fino y así que alcanzaba las pajas de la vaguada podía darse por salvado, ya que las laderas del Otero del Cristo l[e] conducían al perdedero y, en fin de cuentas, a la libertad. VMontalbán *Pájaros* 206: Notaba que las frotaciones de los pechos y la vaguada púbica de la muchacha habían despertado el interés por la vida de su pene.

2 (*Meteor*) Seno de bajas presiones. | J. SEgea *Abc* 6.6.71, 36: Las tormentas no tardaron en hacer su aparición; tormentas que posteriormente se generalizaron al llegar una vaguada a la Península.

vaguear *intr* (*col*) Hacer el vago¹ [1]. | A. Ruiz *Ya* 19.7.83, 29: Estas razones .. atraen a un importante número de aficionados que, dicho sea de paso, con el calor "vaguean" bastante y esperan a que el pez se clave solo.

vaguedad *f* **1** Cualidad de vago² [1]. | Laforet *Mujer* 14: Paulina comprendía que lo que decía Eulogio era de mucha importancia, a pesar de su vaguedad.

2 Idea vaga² [1] o imprecisa. *Tb su expresión. Frec en pl*. | Kurtz *Lado* 18: Hablamos de vaguedades, de la casa que compró hacía unos años .. y de lo poco que llovía en la región. Aitona *CoE* 21.8.74, 33: Me limito a hacer saber a Javier Zabaleta que será para mí un honor cruzar las armas de la dialéctica con él, siempre que .. concrete claramente la materia de la discordia y los puntos o discrepancias sobre los que quiere plantear discusión, razonando sus puntos de vista sin escudarse en vaguedades.

vaguería *f* Cualidad de vago¹ [1]. | FSantos *Catedrales* 50: El padre .. siguió en su trabajo, en aquel artefacto de madera que colocado en el techo de la alcoba le permitía tocar la campana sin levantarse, ya por estar enfermo o por puro cansancio o vaguería.

vaguido *m* (*raro*) Vahído. | A. Figueroa *Abc* 20.4.58, 10: La dueña de la casa ofrece a sus amigas .. un licor muy apreciado: el Hipocrás, muy eficaz para aliviar los vaguidos.

vahaje *m* (*Mar*) Viento suave. | Guillén *Lenguaje* 35: *Flor* no la empleamos en su acepción .. de lo más escogido de una cosa, sino para lo primero que sale o se ve; como *flor de viento* o vahaje.

vaharada *f* Emisión de vaho. | Laforet *Mujer* 272: Un aroma de castañas asadas llenaba el aire de vaharadas tibias.

vahear *intr* Echar vaho. | CBonald *Dos días* 103: El agua bajaba .. estancándose entre los ajados ladrillos, que vaheaban como la boca de un horno.

vahído *m* Desvanecimiento o pérdida momentánea del conocimiento. | Arce *Testamento* 40: Tuve un vahído y temí perder la cabeza.

vaho *m* Vapor que despiden los cuerpos en determinadas condiciones de calor y humedad. | Cuevas *Finca* 22: Los bueyes .. avanzaban despacio, entre un incienso de vahos. CNavarro *Perros* 187: El propio vaho empañaba el vidrio.

vaída → BAÍDA.

vaina¹ A *f* **1** Funda [de un arma blanca o de un instrumento cortante o punzante]. | Vesga-Fernández *Jesucristo* 134: Jesús le curo y mandó severamente a Pedro que volviese la espada a su vaina.

2 Cáscara tierna y larga en que están encerradas algunas semillas. | Cuevas *Finca* 250: Los jaramagos tenían ya las vainas de semillas, que parecían minúsculos antifaces verdes. **b)** (*reg*) Judía verde. | *CoE* 19.8.76, 4: José Luis Echevarría .. tiene veinte cabezas en su cuadra y también unas extensas huertas donde saca tomates, vainas, pimientos. Delibes *Cartas* 130: Lo que me desborda, en cambio, es la alubia verde, vaina decimos aquí.

3 Casquillo [de un cartucho]. | M. M. Meseguer *Abc* 22.6.75, 95: Igualmente, junto a unos cargadores de subfusil y algunas vainas, se vieron las huellas del trípode de la ametralladora que disparó contra el puesto.

4 (*raro*) Jareta que se cose en el canto de una prenda para pasar un cordón o algo similar por su interior. | *Lab* 6.81, 102: Los pantalones se ajustan con un elástico pasado por el dobladillo-vaina.

5 (*Bot*) Ensanchamiento de la hoja del pecíolo, que envuelve al tallo. | Alvarado *Botánica* 18: Esta última [la base de la hoja] tiene a veces la forma de una expansión laminar o tubulosa, llamada vaina, que abraza total o parcialmente al tallo.

6 (*Anat*) Túnica o cubierta. | Mascaró *Médico* 65: Manifestaciones nerviosas. Las principales son debilidad, postración, nerviosismo, .. hormigueos y parálisis musculares por el edema de las vainas que envuelven los nervios.

B *m* **7** (*col*) Hombre despreciable o sin provecho. Gralm se emplea como insulto. | Olmo *Golfos* 113: –Yo que tú le había sacao a ese un duro. –¡Natural! ¡Pero este es un vaina!

vaina² *f* (*col, raro*) **1** Contrariedad o molestia. | Faner *Flor* 107: El desembarque había sido penoso .. Para colmo se produjo otra vaina, una ninfa deliciosa, que guerreó antaño junto a los carlistas y fue ejecutada por Leonardo Dávila. Seducía a los soldados con su venustidad.

2 Tontería o bobada. | Cela *Inf* 16.12.78, 32: Mire usted: esas cosas de preceder al otro [en la muerte] y demás vainas se dicen solo cuando se pueden decir.

3 Cosa o asunto. *En constrs como* SABER DE QUÉ VA LA ~. | *D16* 9.4.81, 30: Concha no sabía muy bien de qué iba la vaina y la pobre presentía que al final iba a ser de folklóricos contra rockeros. Á. Río *Ya* 14.7.86, 16: ¡Anda con el tío! Pero si no se ha "enterao de lo que va la vaina". Que este chocolate que te vendo no es de cacao, "colgao", que es del "guay" para colocarse.

vainada *f* (*reg*) Tontería o bobada. | Gala *Días* 382: La de trabajos que he tenido que hacer para pagarte tu Seminario. Y ahora, aquí, ¿qué? No puedo disfrutar ni de cuatro vainadas que se pudren de risa ahí en la iglesia.

vainero *m* Fabricante de vainas[1] [1]. | Sobrequés *HEspaña* 2, 263: Otras manufacturas de notorio desarrollo fueron las relacionadas con el armamento y la caballería, en las que se llegó a una gran especialización: espaderos, ballesteros, puñaleros, dagueros, cuchilleros, lanceros, yelmeros .., vaineros.

vainica *f* Labor de adorno que se hace esp. en el borde interior del dobladillo, gralm. sacando uno o más hilos a lo largo de este. | * El pañuelo va hecho a vainica. Benet *Nunca* 123: Telas blancas y vainicas y bordados eran removidos del cesto y extendidos en el antepecho por una mano zozobrante.

vainilla I *f* **1** Planta americana de tallos trepadores, flores grandes y verdosas y fruto capsular, muy oloroso, que se emplea para aromatizar licores y dulces (*Vanilla planifolia*). Tb *su fruto*. | J. L. Aguado *SInf* 3.12.75, 3: La vainilla, por ejemplo, provoca en quienes se exponen reiteradamente a su acción una especie de intoxicación llamada "vainillismo". Bernard *Salsas* 63: 1 litro de leche. 4 cucharadas soperas de harina. Vainilla o canela según los gustos.
2 Heliotropo (planta). | C. Farré *ByN* 17.6.90, 99: La vainilla de jardín, también llamada heliotropo, es una planta semi-arbustiva con tallos flexibles que conviene podar en invierno.
3 (*reg*) Judía verde. | * -¿Qué hay para comer? –Vainillas con mayonesa.
II *adj* (*frec invar*) **4** [Color] amarillo pálido. | *Rio* 24.3.89, 13: Es el triunfo del color y de las texturas. Tonos currys, marfiles, arenas, vainillas, mostazas.

vainillado -da *adj* Aromatizado con vainilla [1]. | Calera *Postres* 55: Dos plátanos bien maduros, 25 gramos de azúcar tamizada vainillada.

vainillismo *m* (*Med*) Intoxicación causada por la vainilla. | J. L. Aguado *SInf* 3.12.75, 3: La vainilla, por ejemplo, provoca en quienes se exponen reiteradamente a su acción una especie de intoxicación llamada "vainillismo" y caracterizada por erupciones cutáneas, dolores de cabeza y vértigo.

vaivén *m* **1** Movimiento alternativo de un cuerpo que describe una línea primero en un sentido y después en el opuesto. Tb MOVIMIENTO DE ~. | ZVicente *Balcón* 7: Los primeros vencejos desflecan el alero sombrío de la plaza, oscuro gorjeo, vacilación en vaivén. Delibes *Tesoro* 18: Jero, sosteniendo con el codo la puerta de vaivén, paseó sus claros ojos asombrados por entre los comensales. Ramos-LSerrano *Circulación* 267: El émbolo se mueve por medio de la excéntrica que se apoya en su vástago y le empuja, volviendo a la posición inicial por la fuerza del resorte, con lo que tiene un movimiento alternativo o de "vaivén" dentro de su cilindro.
2 Sacudida o movimiento brusco, primero en una dirección y luego en la contraria. | * Me marea el metro con tanto vaivén.
3 Variación o alternativa. | *Mun* 23.5.70, 40: En general son industrias de nueva creación .. o bien actividades que sufren un fuerte control estatal, por lo que escapan a los vaivenes de la oferta y la demanda de los mercados bolsísticos.

vaiveneo *m* (*raro*) Movimiento en vaivén. | Zunzunegui *Camino* 81: Se veían circular por la calle los primeros canotiers de paja y sobre el pecho de las mujeres el vaiveneo de algún abanico.

vaivoda *m* (*hist*) Voivoda. | L. Calvo *Abc* 3.2.65, 31: Han saltado del feudalismo de los vaivodas y boyardos, del látigo y el alfanje, al Comité Central del Partido con sede palaciega en el centro de la ciudad.

vajilla *f* Conjunto de recipientes usados en la mesa para comer o presentar los alimentos, esp. platos, fuentes y tazas. | Laforet *Mujer* 288: En la gran mesa adornada por Mariana con la mejor vajilla de los condes, sobraba mucho sitio.

vajillería *f* Arte de hacer vajillas. | M. Lucena *MHi* 6.60, 38: Los dos últimos [cursos] son de especialización, y comprenden decoración, escultura, .. vajillería.

válaco -ca (tb **valaco**) I *adj* **1** De Valaquia (región de Rumanía). Tb *n, referido a pers.* | Castillo *Polis* 289: A fines del siglo XII, búlgaros y valacos consiguieron emanciparse de los bizantinos y formar un pequeño reino independiente. Riquer *Caballeros* 135: Arribaron a la desembocadura del Danubio, donde los válacos que allí encontraron no les supieron dar noticias del rey de Hungría.
II *m* **2** Dialecto rumano hablado en Valaquia. | Villar *Lenguas* 119: El más importante de ellos [los dialectos del grupo rumano] es el daco-rumano, hablado en Rumania, que presenta diversas variantes. La lengua literaria está basada en un dialecto del sur: el válaco.

valdaviés -sa *adj* De la Valdavia (comarca de Palencia). Tb *n, referido a pers.* | P. Cosgaya *DPa* 10.9.75, 13: "La Valdavia es la zona comprendida entre Congosto y Villanuño, extensiva a Ayuela, Tabanera y Valderrábano. Doce municipios. Ni uno más, ni uno menos", afirma tajante el señor Gutiérrez .. En ese caso, .. yo no sería valdaviés.

valdemoreño -ña *adj* De Valdemoro (Madrid). Tb *n, referido a pers.* | *Ya* 30.4.87, 33: Viaje emocionante por el Jarama .. Se hace también un recorrido exhaustivo por la comarca, con paradas en las localidades que la componen y un paseo por las fiestas, tradiciones, costumbres, cultura, historia y arte de los pintenses, sanmartineros, torrejoneses, valdemoreños, ciempozueleños y titulcianos.

valdemorillano -na *adj* De Valdemorillo (Madrid). Tb *n, referido a pers.* | J. Vidal *País* 17.1.89, 52: La casa tiene una extensión como Valdemorillo, y cualquiera ha de entender que, en tales circunstancias, ni un cuarto de baño ni media docena bastan, y aun 16 son pocos. Pregúnteles a los valdemorillanos qué harían con un WC para todos.

valdemorillense *adj* Valdemorillano. Tb *n*. | I. Montejano *Abc* 12.8.79, 19: Ya había en Valdemorillo tradición alfarera, cerca del arroyo de La Nava. En 1902, un valdemorillense, Juan Orodea, abrió por su cuenta y riesgo .. una fábrica propia.

valdense *adj* Seguidor de Pedro Valdo (s. XII), que mantenía doctrinas contrarias a la jerarquía y liturgia de la Iglesia y a los sacramentos, y cuya secta está asociada al calvinismo desde el s. XVI. Tb *n*. | Tejedor *Arte* 114: El desarrollo del lujo .., la decadencia también de la Orden cisterciense y la aparición de algunas herejías como la de los valdenses y la de los albigenses o cátaros, estimularon en el siglo XIII la creación de otras Órdenes.

valdeobispeño -ña *adj* De Valdeobispo (Cáceres). Tb *n, referido a pers.* | Em. Domínguez *Hoy* 28.7.76, 6: Valdeobispo .. San Roque .. cada año va adquiriendo más popularidad entre los valdeobispeños.

valdeorrés -sa *adj* De Valdeorras (comarca de Orense). Tb *n, referido a pers.* | *Voz* 26.11.88, 24: Un anciano de la residencia de la tercera edad de Valdegodos, en la localidad valdeorresa de Vilamartín, puso fin a su vida ayer.

valdepeñas *m* Vino de la zona de Valdepeñas (Ciudad Real). | Cela *SCamilo* 119: ¿Quieres .. un vasito de Valdepeñas?

valdepeñero -ra *adj* De Valdepeñas (Ciudad Real). Tb *n, referido a pers.* | DCañabate *Paseíllo* 133: Se servían unas chuletas a la parrilla, .. como asimismo el vino valdepeñero legítimo. GPavón *Rapto* 156: Luego revisó los nombres de los valdepeñeros que tomó don Lotario de las patentes de los coches.

vale[1] *m* **1** Papel que faculta a su poseedor para la obtención o disfrute de lo que en él se expresa. | Medio *Bibiana* 80: Se le regalará un lote surtido de nuestros productos y un vale con cinco números para el sorteo de la magnífica lavadora. Solís *Siglo* 256: En la intendencia se pertrechó de alimentos para tres días, firmó un vale por un caballo y abandonó la vaguada en compañía de los dos guerrilleros.
2 ~ real. (*hist*) *En el s* XVIII: Título de la Deuda pública. | Tamames *Economía* 38: En el primer tercio del siglo XIX estaba muy generalizada la idea de que la Deuda pública, de la que tanto se abusó en los últimos años del siglo XVIII (vales reales) .., solo podría amortizarse precisamente con el producto extraordinario de la venta por el Estado de los bienes amortizados.

vale[2] *interj* (*lit*) Adiós. *Se usa como despedida en una carta.* | Cela *Inf* 13.5.77, 18: Envío a un grupo de amigos cuya intención aplaudo. Ya sabéis lo que pienso. Pensadlo ahora vosotros .. Ojalá, en cualquiera de las dos únicas

vale – valer

posibilidades que se nos brindan, acertéis a dar en la diana que vuestra generosa dedicación se merece. Vale.

vale³ *interj* → VALER¹.

valedero -ra *adj* [Cosa] que vale [5a y 6a y b]. *Normalmente con un compl* PARA. | García *Flórez* 18: Conocidísima es el elogio, tan valedero y de calidad, que el Padre Feijoo hizo del Padre Flórez. *Abc* 23.8.66, 55: Corrida valedera para el trofeo Costa Dorada.

valedor -ra *m y f* Pers. que ampara o defiende [a otra (*compl de posesión*)]. | CBaroja *Inquisidor* 37: Con este motivo describe las gestiones realizadas por él y sus valedores. Torrente *Pascua* 362: –¿Tú crees que con este tipo [diputado por el distrito] conseguiremos algo? .. ¿No has asistido nunca a una sesión de Cortes? .. Un chiste oportuno puede dar al traste con el propósito más noble, y don Lino se presta al chiste. –Esto ya lo sabías antes, ¿no? –Pero lo recordé esta tarde, al oír a nuestro valedor.

valencia *f* **1** (*Quím*) Capacidad de combinación de un elemento, expresada por el número de átomos de hidrógeno u oxígeno que se combinan con un átomo de un metaloide, o por los de cloro que lo hacen con uno de un metal. | Marcos-Martínez *Física* 217: Los metales, en general, no reaccionan con el hidrógeno. Su valencia se define con relación al cloro. Marcos-Martínez *Física* 218: La valencia máxima de un metaloide al reaccionar con el oxígeno, aumentada en su valencia respecto al hidrógeno, da siempre 8.
2 (*lit*) Valor o calidad. | Aguilar *Experiencia* 734: Sería imposible que el propio editor fuera leyéndolas y anotándolas [las obras] en sus valencias posibles y actuales.

valencianía *f* (*lit*) Condición de valenciano, esp. amante de lo valenciano. | E. Beut *Pro* 17.8.75, 21: Ya desde entonces Ayora es valenciana, pero no solo valenciana de derecho, sino de corazón, y en todo momento ha dado pruebas de su valencianía.

valencianidad *f* (*lit*) Condición de valenciano. | J. LSellés *Lev* 22.2.75, 18: Soledad Sancho, de nuevo la valencianidad de una mujer dueña y señora de una olimpiada.

valencianismo *m* **1** Condición de valenciano, esp. amante de lo valenciano. | Aguilar *Experiencia* 362: El corazón de Peris se había conmovido noblemente gracias a mi condición de emigrado político, por venir yo de un periódico afín a sus ideas y por una razón de valencianismo.
2 Palabra o rasgo idiomático propios del valenciano o procedentes de él. | Lapesa *HLengua* 332: En el vocabulario abundan aragonesismos y valencianismos. RMoñino *Poesía* 92: Acaso los valencianismos de la ortografía permiten suponer que fueron escritos en las comarcas del Turia.

valencianista *adj* De(l) valencianismo [1]. | Miguel *Inf* 14.1.75, 18: Es curioso este historicismo de la literatura de búsqueda de identidad nacional: la del 98 castellano, la de la Renaixença catalana de principios de siglo, la del valencianismo actual .. Estas páginas son para mí lo mejorcito de la iconoclastia valencianista de Marqués.

valencianización *f* Acción de valencianizar(se). | Verdurín *Pro* 22.8.75, 16: La valencianización de Europa, a estas alturas, es un hecho consumado. Yo he pensado, mi querido amigo, que después de valencianizar el extranjero podríamos empezar a valencianizar Valencia, que falta hace.

valencianizar *tr* Dar carácter valenciano [a alguien o algo (*cd*)]. | Verdurín *Pro* 22.8.75, 16: Por las rutas de Europa salíamos a docena y media de valencianitos por día. Tanto era el abundamiento de hijos, sobrinos y amantes del Antiquísimo Reino que se llegó a hablar, en círculos allegados y bien informados, de una operación subrepticia destinada a valencianizar Europa. **b)** *pr* Pasar [alguien o algo] a tener carácter valenciano. | * En dos años que lleva allí, se ha valencianizado totalmente.

valenciano -na I *adj* **1** De Valencia. *Tb n, referido a pers.* | Amable *Sáb* 10.9.66, 44: No es un verdadero problema el que nos propone nuestra lectora valenciana.
2 De Valencia de Alcántara (Badajoz), de Valencia de Don Juan (León) o de Valencia de las Torres (Badajoz). *Tb n, referido a pers.* | *Hoy* 26.10.74, 22: Valencia de Alcántara .. Fue abundante la afluencia de valencianos del casco urbano de la población y desde sus distintos barrios rurales. *Hoy* 15.2.76, 18: Valencia de las Torres .. Ya son más los valencianos de fuera que los de dentro.
3 (*Encuad*) [Pasta] de piel de cordero que se arruga para teñirla. | Huarte *Biblioteca* 75: La encuadernación totalmente de piel se designa por el nombre de la que se emplea en las de lujo .. o bien se llama pasta española o pasta valenciana en las más comúnmente usadas de este grado.
II *m* **4** Variedad del catalán hablada en el reino de Valencia y gralm. considerada como la lengua propia de este. | Tovar *Lucha* 35: El cultivo del valenciano ya acusa caracteres dialectales propios en fray Antonio Canals, en pleno siglo XIV.

valentía *f* **1** Cualidad de valiente [1]. | Celaya *País* 30.5.76, 8: Y esto porque en él [Miguel Hernández] se da el valor en el doble sentido de la palabra: Valor de poeta y valentía de luchador.
2 Acción valiente [1c]. | Torrente *SInf* 3.6.76, 16: En esto de las rectificaciones hay que andarse con cuidado, porque son, para unos, valentía, cobardía para otros.

valentino -na *adj* (*lit*) Valenciano [1]. | E. Llagaría *Pro* 16.11.75, 26: La diócesis de Valencia tributará un homenaje de parabienes a su arzobispo, don José María García Lahiguera .. La diócesis valentina estará allí donde esté su arzobispo.

valentón -na *adj* (*desp*) [Pers.] que hace ostentación de valentía [1]. *Tb n.* | DCañabate *Abc* 23.8.66, 54: Rafa torea de capa embarullado y valentón. Lázaro-Tusón *Literatura* 148: Son muy famosos algunos sonetos, como este con estrambote, en que Cervantes se burla de un valentón que comenta los elogios que un soldado ha dirigido al soberbio túmulo levantado en la catedral de Sevilla al morir Felipe II.

valer¹ I *v* (*conjug* **33**) **A** *tr* **1** Tener [algo o alguien un valor [1, 2 y 3] determinado (*cd*)]. | *Ya* 10.10.70, 4: Un buen edificio .. no solo conserva su valor con el paso del tiempo, sino que va revalorizándose, valiendo más y más. Halcón *Ir* 387: Y lo que está fuera de duda es que sin la hija del pueblo no hubiese habido restauración. Como también que sin Bruno .. tampoco valdría Fernanda lo que está valiendo. Marcos-Martínez *Aritmética* 174: Dos ángulos son complementarios y uno es doble que el otro. ¿Cuánto vale cada uno? Marcos-Martínez *Aritmética* 189: La suma de los tres ángulos de un triángulo vale dos rectos. Delibes *Ratas* 143: –La cueva es mía –repitió el Ratero .–Está bien, te la compro. ¿Qué quieres por ella? –Nada. –¿Nada? ¿Ni mil? –No. –Tendrá un precio; algo valdrá, digo yo. **b) ni nada** (o **cosa**) **que lo valga.** *Fórmula con que se refuerza enfáticamente una negación.* | RMoñino *Poesía* 58: Sin prólogo ni cosa que lo valga.
2 Tener [una cosa] calidad [en la medida que se indica (*cd*)]. | P. MZaro *País* 26.5.76, 6: Logros innegables que no han costado, por otra parte, menos, ni valen más, en su conjunto, que los alcanzados por las sociedades capitalistas. **b)** Tener [una pers.] inteligencia o capacidad [en la medida que se indica (*cd*)]. *Frec abs.* | Halcón *Monólogo* 126: Es nuestra primera *snob*, aunque vale un mundo. * Es un chico que vale. **c)** (*col*) Tener [una pers.] prestancia física [en la medida que se indica (*cd*)]. *Gralm en frases negativas o de intención neg.* | Salom *Baúl* 96: Por Dios, qué me va a gustar. Si no vale nada, ya la ves..., pse..., nada de particular. Delibes *Cartas* 72: Cuando prejuzgo que una fémina "vale poco" me estoy refiriendo exclusivamente a sus cualidades externas, a su físico. Torrente *Vuelta* 382: La llevó a la sala de estar y le enseñó la fotografía de Germaine. Clara la miró curiosamente. –Sí. Es guapa, pero yo valgo más. **d)** (*col*) Tener salud [en la medida que se indica (*cd*)]. *Solo en frases negativas o de intención neg.* | * –¿Qué tal tu madre? –Más o menos. –Vale poco mi mujer.
3 Producir [algo (*suj*) un determinado efecto (*cd*) para alguien (*ci*)]. | Arenaza-Gastaminza *Historia* 133: Alfonso X el Sabio .. Sus conocimientos y su protección a la cultura le valieron el sobrenombre de Sabio.
4 (*reg*) Ser capaz [de algo (*infin*)]. *Frec en constr neg.* | Berlanga *Gaznápira* 113: Contigo la Abuela andaba mohína .. porque no habías valido avisarla. * No valgo moverme.

B *intr* ▶ **a** *normal* **5** Ser valiente [una cosa]. | MPuelles *Filosofía* 1, 242: Mas si el efecto primario de la cantidad no es una fuerza de resistencia, sino la ordenación formal de las partes de un todo .., la explicación no vale, ya que tal

valer – valiato

orden posicional se sigue dando aun cuando el cuerpo no tenga aquella fuerza. **b)** (*col*) Estar permitida [una cosa]. *Frec en juegos.* | CPuche *Paralelo* 373: Explícame a mí lo que hace en este mundo .. A seres así debía de valer matarlos. * No vale mirar. **c) hacer ~** [algo]. Procurar que surta sus efectos. | *Compil. Navarra* 261: Cuando se hubiese establecido la posibilidad de prórrogas, el ejercicio del retracto por uno de los cotitulares impedirá a los demás hacer valer contra él nuevas prórrogas. **d) hacerse ~** [alguien]. Hacer que le respeten o le tengan en consideración. | * Hazte valer o estás perdido. **e) valga** + *art* + *n.* *Fórmula con que el hablante se excusa por la imprecisión o imprecisión de su expresión y pide que se acepte con las reservas necesarias.* | *Reg* 27.2.68, 3: Se ha visto así al hombre, valga la redundancia, como ser humano. **f) no haber + *n* + que valga.** (*col*) *Fórmula con que se expresa la falta de validez de lo designado por el n.* | DCañabate *Paseíllo* 49: Sin oficio no hay torero que valga.

6 Servir (ser adecuado a las necesidades [de alguien (*ci*) o algo (*compl* PARA)]. *Frec se omite el compl.* | Lera *Bochorno* 118: Salazar no me vale, es tonto. Es muy tonto y muy lento. Grosso *Capirote* 159: –No creo que te vaya a negar el sitio llevándote yo y diciéndole que respondo por ti .. –¿Crees que valdré? –¿Qué tienes menos que otros? * Ya no le vale la ropa del año pasado. **b)** Tener utilidad. *Gralm con un compl* PARA *o* DE, *frec seguido de un pron indefinido.* | Buero *Hoy* 51: –Yo no tengo la culpa de que aún no haya venido nadie. –¡Pero de no valer para nada sí que la tienes! Palacios *Juicio* 48: Cuando los tímpanos de la vida espiritual se endurecen, de nada valen las imponentes virtudes de la técnica. **c)** Servir [alguien o algo] de amparo o de defensa [a alguien (*ci*)]. | * Conmigo no le vale; mientras no haya hecho sus deberes no saldrá. * Que Dios te valga. **d) ~ más** (*o, pop,* **mejor**) [una cosa]. Ser mejor o preferible. | SLuis *Doctrina* 89: Nuestro Señor fulminó contra los escandalosos esta sentencia: "Más le valiera ser arrojado al fondo del mar con una rueda de molino atada al cuello". Berlanga *Pólvora* 141: –Una rutina, como todo. –Todo, no .. –Como casi todo, si lo prefieres así. Y corramos un estúpido velo .. –Más vale. SFerlosio *Jarama* 36: Yo lo único que digo es que en mi tierra es en donde tenía que haberme quedado. Mejor me valdría. MGaite *Búsqueda* 116: Quítate de encima, más valía que te peinaras. **e)** (*col*) Ser [algo] aceptable para el deseo de alguien. | Arce *Precio* 26: El barman me saludó .. –¿Ginebra? –Un whisky. –¿"Johnnie Walker"? –inquirió. Le dije que valía. Medio *Andrés* 78: Ni hablar, chico. Te doy diez pesetas. ¿Valen diez pesetas? **f)** (*col*) Ser suficiente. *Gralm en las constrs* VALE, YA VALE *o* VALE YA. | SFerlosio *Jarama* 40: –Y nosotros que nos bañamos tan tranquilos. –Como si nada; y a lo mejor donde te metes ha habido ya un cadáver.– Lucita interrumpió: –Ya vale.También son ganas de andar sacando cosas, ahora. ASantos *Bajarse* 96: –Sí, eso, saca la porra y dame con ella. Así te quedas a gusto. ¡Tu puta madre! –¡Ya! ¡Vale ya!, ¿eh? ¡Vale! **g) y vale.** (*col*) Y listo, o y ya está. | Oliver *Relatos* 61: Cuando uno va tras algo, pues hasta le parece lógico que le den puerta ..; te largas a casa un poco cabreado y vale.

7 Tener [una pers. o cosa] el mismo valor [1, 2 y 3] [que otra (*compl* POR *o* COMO)]. | Hoyo *Lobo* 34: Quino valía por dos. Lapesa *ROc* 3.66, 375: *Informal:* vale de antiguo como "no aten[i]do a las normas o requisitos que habitualmente se exigen". Cela *Judíos* 257: *Cervunal,* de la mano viene, debe valer por lugar de cervunos.

➤ **b** *pr* **8** Usar o utilizar [a una pers. o cosa (*compl* DE)], a veces de manera abusiva o astuta. | Villapún *Dogma* 77: El hombre puede hacer muchas cosas: una casa, una mesa, una estatua, pero necesita siempre valerse de una materia existente. Montero *Hucha* 2, 117: Los mozos del pueblo no permitían a los obreros de la presa bailar con las mozas. Se valían de que estaba permitido "fiar la pareja" y, en cuanto un obrero empezaba a bailar, ya tenía un mocito pidiéndole, "por favor", que le cediese la pareja. **b)** Solucionar [una pers. *por sí misma*] sus necesidades o sus problemas. | Salom *Espejo* 156: –¿Pero aún vive Patricia? –Hecha una ruina, sin poder valerse para nada. Ramírez *Derecho* 51: Están sujetos a tutela todos aquellos que no pueden valerse por sí mismos en la vida del Derecho.

II *loc adv* **9 en lo que vale.** En todo su valor. *Con intención ponderativa. Con vs como* APRECIAR *o* AGRADECER. | * Aprecio en lo que valen sus palabras.

III *interj* **10 válgame Dios** (*o* **el cielo,** *o un n de ser bienaventurado*). *Denota sorpresa desagradable.* | Delibes *Príncipe* 108: –¿Dónde, a ver?– El niño señaló el cuarto de plancha: –Ahí, en la de Seve, contigo.– La Vítora se llevó las manos al rostro. –¡Válgame Dios! –dijo–. ¿Quieres callar la boca?

11 vale. (*col*) De acuerdo. *Denota consentimiento o aquiescencia a lo que acaba de ser propuesto o afirmado.* | CPuche *Paralelo* 409: –Mañana, ¿dónde? .. –Pues aquí mismo y a la misma hora. –Vale. –Adiós.

valer[2] *m* Valía [de una pers.]. | Clara *Sáb* 2.11.74, 94: Temperamento femenino que a veces es demasiado sensual, inteligencia de mérito y bien cultivada, excesiva confianza en el propio valer y en la certeza y objetividad de sus juicios.

valeriana *f* Planta herbácea propia de lugares húmedos y umbríos, con flores pequeñas, blancas o rojizas, en corimbo, y fruto en aquenio con vilano, usada en medicina como antiespasmódica y sedante (*Valeriana officinalis*). *Con un adj o compl especificador designa otras especies de la misma familia, pertenecientes a los géns* Valeriana *y* Centranthus: DE LOS PIRINEOS, DE ARROYOS, DE ESPUELA, ESPAÑOLA, MAYOR, *etc.* | Cunqueiro *Un hombre* 11: Entre las oscuras piedras cuadradas florecía la valeriana. Mayor-Díaz *Flora* 575: *Valeriana officinalis* L. "Valeriana", "Hierba de los gatos" .. Es antiespasmódica, estomacal y sedante, utilizándose el rizoma y las raíces .. *Valeriana pyrenaica* L. "Valeriana de los Pirineos". Mayor-Díaz *Flora* 310: *Valeriana dioica* L. "Valeriana de arroyos". Mayor-Díaz *Flora* 310: *Centranthus ruber* (L.) DC. "Hierba de San Jorge", "Valeriana de espuela". Mayor-Díaz *Flora* 311: *Centranthus calcitrapae* (L.) DC. "Valeriana española". Mayor-Díaz *Flora* 576: *Valeriana montana* L. "Valeriana mayor".

valerosamente *adv* De manera valerosa. | Arce *Anzuelos* 19: Es de señores dar la cara .. Acudí valerosamente.

valeroso -sa *adj* [Pers.] que tiene valor [6a]. | DPlaja *El español* 113: Los casos de hombres habitualmente poco valerosos que asombran por su serenidad en el momento de afrontar el pelotón de fusilamiento se han repetido. **b)** Propio de la pers. valerosa. | Riquer *Caballeros* 151: Como es natural, la valerosa muerte de Álvaro Vaz de Almada era un motivo de orgullo caballeresco para su hijo.

valet (*fr; pronunc corriente,* /balé/; *pl normal,* ~s) *m* **1** Criado encargado del servicio personal de un señor. | Mendoza *Ciudad* 147: Su valet le ayudaba a anudarse la corbata. CSotelo *Muchachita* 277: El cine, señor ministro, en mi humilde criterio, se ha hecho para los "valets". El teatro, para los mayordomos.

2 (*Naipes*) *En la baraja francesa:* Carta, marcada con la letra J, que lleva representada la figura de un paje. *Tb, en los dados de póquer, la cara que representa esta figura.* | *Naipes extranjeros* 106: Es recomendable al marcar el triunfo que se tenga por lo menos una de las dos cartas principales, el Valet o el Nueve.

valetudinario -ria *adj* (*lit*) [Pers.] enfermiza o delicada de salud. *Tb n.* | LMiranda *Ateneo* 124: Anciana y valetudinaria, a todo sonreía, maravillada y embobada. Gala *Séneca* 65: Tú, como todos los valetudinarios, no olvidas nunca, pero tienes paciencia.

valgo -ga *adj* (*Med*) Desviado hacia fuera. *Tb* EN ~. | R. ASantaella *SYa* 7.10.84, 35: Se conforma así una estructura admirable, que mecánicamente puede alterarse en el pie plano, o equino, o talo, o bien apoyando hacia adentro o varo, o por fuera o valgo .. Las rodillas pueden estar lejanas en las rodillas en varo o paréntesis, y demasiado próximas o en valgo.

valí *m* (*hist*) Gobernador de una provincia de un país musulmán. | Castillo *Polis* 174: Al frente de cada provincia [del califato] estaba el valí o gobernador, quien gobernaba en nombre del califa.

valía *f* Cualidad de la pers. o cosa que vale [2a y b]. *Más frec referido a pers.* | Halcón *Monólogo* 35: A mí me llama la atención en un hombre de tanta valía que tan *snob.*

valiato *m* (*hist*) Territorio gobernado por un valí. | Cela *Pirineo* 275: El condado de Ribagorza .. limitaba con el condado de Comminges, al norte; los valiatos de Lérida y Huesca, al sur, y el condado de Sobrarbe .., al oeste.

validación – valle

validación f Acción de validar. | A. M. Aragó *Crí* 2.74, 22: En la escala de valores del hombre actual, la cultura clásica se halla entre dos polos opuestos: el de mero rechazo o absoluta indiferencia, y el de la toma de conciencia de lo que aquella significa, como continuidad y validación de nuestra génesis intelectual.

válidamente adv De manera válida. | Valcarce *Moral* 197: Los demás no pueden disfrutar válidamente de los privilegios relativos a la abstinencia.

validar tr Dar validez [a algo (cd)]. | J. M. Gómez *SYa* 1.4.75, 9: Dirigió el colegiado murciano Juliá Campos .. Validó el gol visitante en claro fuera de juego.

validez f Cualidad de válido. | *Abc* 29.7.67, 54: Se declaró la validez de las subastas convocadas para obras de extensión de capa de rodadura en la calle del Clavel. Subirá-Casanovas *Música* 16: En ellas [en el Ars Antiqua y en el Ars Nova] se concedió validez al compás binario y se introdujeron valores o notas de corta duración.

valido m Hombre que, merced a su amistad personal con el rey, se hace cargo del gobierno o influye decisivamente en este. | Arenaza-Gastaminza *Historia* 188: Durante su menoridad [de Carlos II] se encargó de la regencia su madre Mariana de Austria, quien confió el peso del gobierno al jesuita Everardo Nithard. Los desaciertos de este dieron paso a un nuevo valido, Fernando de Valenzuela. Halcón *Ir* 388: Tú eres un valido sin valimiento.

válido -da adj Que tiene las condiciones necesarias para poder cumplir su efecto. | Valcarce *Moral* 15: Se llama [acto humano] válido aquel al que no le falta nada. Laforet *Mujer* 297: Tenía una motivación válida aquel dolor sentido al apartarse de Antonio. **b)** Que tiene valor o calidad. | Castilla *Humanismo* 24: A veces junto a la producción de algo mercantilmente valioso se obtiene también algo por otro concepto objetivamente válido.

valiente adj **1** [Pers.] que acomete una empresa arriesgada a pesar del peligro o el miedo. *Tb n.* | G. Sureda *Sáb* 2.6.76, 85: El Puno [estuvo] valiente y torpe, siendo cogido de pronóstico menos grave por el quinto toro. **b)** [Pers.] valerosa. *Tb n.* | Diosdado *Olvida* 39: –Tony dejó colgada una carrera y abandonó eso que el vulgo llama un porvenir brillante. ¿O no? –Lo que demuestra únicamente que Tony es más valiente que yo. **c)** Propio de la pers. valiente [1a y b]. | G. Sureda *Sáb* 2.6.76, 85: Antonio Rojas hizo una faena valiente y meritoria al último de la tarde, cortando una merecida oreja. **d)** (col) [Pers.] que tiene buena salud. | Escobar *Itinerarios* 243: Venancio Fresno era el hijo único del señor Melitón, vendedor de vinos al por mayor, viudo, y, aunque viejo, todavía muy tieso y valiente.
2 *Precediendo a un adj o n, se usa para ponderar despectivamente lo expresado por ellos.* | ZVicente *Balcón* 41: Valiente nuera te han traído, hija de Carmen Lanchares, ni pintada.
3 De sabor fuerte. *Esp referido a alimentos.* | Cruz *NBurgalés* 6: Los Altos .. Tierra de corderos y de queso valiente, es propicia también para la caza, jabalí incluido.
4 [Carne] ~ → CARNE.

valientemente adv **1** De manera valiente. | * Luchó valientemente.
2 (lit) Con fuerza o vigor. | Angulo *Arte* 2, 291: La [cabeza] de Adán, con el magnífico encuadramiento de la gran masa de su cabellera esculpida valientemente en amplios mechones, demuestra que el escultor de figuritas menudas vuelve a sentir la seducción de lo grandioso.

valija f **1** (raro) Maleta. | GPavón *Cuentos rep.* 82: Se sentó .. sobre una valija grande de las que traía.
2 Cartera en que se transporta el correo diplomático. *Tb el mismo correo. Frec* ~ DIPLOMÁTICA. | CSotelo *Muchachita* 303: –Le esperé en Pinar hasta las sinco. –Le dije que era día de valija y que seguramente no podría. *Abc Extra* 12.62, 81: Había arribado unos años antes a Europa, traído en la valija diplomática como un extraño objeto.

valimiento m **1** Condición de valido. | *Rev* 7/8.70, 24: Un jesuita .. gozó del valimiento real en los días del cambio de dinastía.
2 (raro) Valor o calidad. | J. Castro *SInf* 10.6.76, 12: La obra de Mary Martín, por su valimiento moral, entra en mi estimación con el mejor pie.

valioso -sa adj Que tiene mucho valor [1]. | Laforet *Mujer* 225: A propósito de antecedentes, no quiero quedarme el sábado a mediodía con la cajita de las piedras... No estando tú a comer, me da miedo tener algo tan valioso. P. Moreno *Hoy* 18.10.74, 21: Un valioso documento, fechado en el año 1826, .. con la firma y rúbrica de Fernando VII, fue descubierto hace muy poco tiempo. * Es una persona muy valiosa.

valkiria → VALQUIRIA.

valla f **1** Construcción o pared, frec. de poca altura, hecha esp. de madera y destinada a impedir el paso a un lugar. | Olmo *Golfos* 20: Luisito usa pantalones largos, por eso no juega al "gua", .. ni a saltar las vallas del campo de fútbol. **b)** (Dep) Se usa en aposición con una expr de medida de longitud, para indicar que esta se corre con interposición de vallas. | *HLM* 26.10.70, 32: 100 metros vallas, 14 segundos y nueve décimas. Lanzamiento de peso, 13.38 metros.
2 Panel destinado a publicidad, que se coloca gralm. en una calle o carretera. *Frec* ~ PUBLICITARIA. | * He visto este anuncio en varias vallas publicitarias.

valladar m Valla [1a]. *Frec fig.* | SLuis *Doctrina* 101: La justicia cristiana es el mejor valladar protector de la propiedad privada. DCañabate *Abc* 6.12.70, 10: Antaño, a pesar de estas grandes ventajas, las costumbres de entonces hubieran sido valladar opuesto a la satisfacción de muchos de sus deseos.

vallado m **1** Valla [1a]. | Castillo *Polis* 234: El censo que se obligaban a pagar era proporcional a la superficie cedida (no a la cosecha), que se delimitaba mediante fosos y vallados para impedir la entrada a los rebaños.
2 Acción de vallar. | M. L. Nachón *Inf* 28.2.75, 19: Se refirió también a los solares convertidos en vertederos, sobre los que el Ayuntamiento podría actuar de forma sustitutoria limpiándoles e instalando las vallas preceptivas, señalando que en María de Molina-Castellana-Pinar había uno en malas condiciones, y que estaba ya cansado de ordenar a la propiedad la limpieza y el vallado.

vallar tr Cercar o cerrar [algo] con vallas [1a]. | *BOE* 3.12.75, 25189: El conjunto de las instalaciones, excluida la línea de descarga, estarán valladas por una cerca de malla de alambre de 1,80 metros de altura con puertas de acceso controladas.

valldeuxense adj De Vall de Uxó (Castellón). *Tb n, referido a pers.* | *Lev* 12.8.77, 2: La U.G.T. solicita la ocupación del centro obrero El Faro de Vall de Uxó .. Fue levantado por la sociedad centro obrero El Faro, siendo .. sede de la agrupación socialista valldeuxense.

valle I m **1** Terreno bajo entre montañas. | Laforet *Mujer* 15: El tren se perdió en una revuelta del valle. **b)** Cuenca [de un río]. | Zubía *España* 71: La depresión del Ebro .. Comprende el valle del Ebro y las zonas montañosas que la limitan.
2 (reg) Conjunto de lugares, caseríos o aldeas situados en un valle [1]. | *Navarra* 54: Navarra cuenta con un gran número de pequeños núcleos de población, insuficientes para formar por sí solos Ayuntamientos, pero .. se unen entre sí para la defensa de intereses comunes .. Se constituyen así agrupaciones con un solo municipio, denominadas valles.
3 (Fís) En el movimiento ondulatorio: Parte más baja de una onda. | Marcos-Martínez *Física* 57: El conjunto constituye un movimiento ondulatorio, denominándose longitud de onda a la distancia que media entre dos crestas o dos valles sucesivos.
4 ~ **de lágrimas.** (lit) Lugar de sufrimiento. *Gralm referido al mundo.* | GGual *Novela* 160: Tanto las religiones mistéricas de Isis y Mitra como Cristo y la Gnosis prometen una protección en los trances apurados de este valle de lágrimas y una bonificación definitiva de nuestros sufrimientos en el más allá de la resurrección.

II adj invar **5** [Hora] de mínima intensidad de trabajo o de movimiento. *Se opone a* PUNTA. | *Ya* 17.12.80, 24: Cada barrio se vería privado de corriente eléctrica durante unas dos horas en "horas valle", en principio. En caso de ser necesarias restricciones más duras, esas dos horas pasarían a "horas punta". *Abc* 12.6.80, 21: Se trata de potenciar la utilización de ese modo de transporte [el metro] en las "horas valle", atrayendo, a ser posible, al ama de casa.

vallecano -na *adj* De Vallecas o del Puente de Vallecas (Madrid). *Tb n, referido a pers.* | * La barriada vallecana tiene mucha solera. *SD16* 28.9.92, v: El Rayo Vallecano ha abierto su "línea caliente".

valleja *f (reg)* Vallejo. | E. GLlorente *Ale* 11.8.81, 19: En uno de los muchos pliegues o vallejas que constituyen la base de este monte está enclavado el monasterio de Santo Toribio de Liébana. E. Barrenechea *Gac* 24.8.80, 13: El paisaje se allana en la valleja y como surgiendo de un mar en calma rompe y rasga el cielo una colina.

vallejo *m* Valle [1] pequeño. | Delibes *Castilla* 88: Ahí pegando, en el vallejo de Valdepuente, en una cueva .., habrá estado durmiendo mi difunto padre igual cuarenta años.

vallejón *m* Vallejo. | JGregorio *Jara* 14: En los vallejones y en sus laderas se advierten rodados o manchos de tonos grises, son las estériles pedrizas.

vallense *adj* De Valls (Tarragona). *Tb n, referido a pers.* | Van 25.4.74, 10: Las películas proyectadas, que han sido realizadas por el cineasta vallense don José Albareda Duch, expusieron los temas "Cien años después", "Cada día el mar" y "Xiquets de Valls".

vallesano -na *adj* Del Vallés (comarca de Barcelona). *Tb n, referido a pers.* | V. Semir *Van* 23.4.77, 33: Sant Quirze del Vallès tiene aprobado su Plan General de Ordenación .. En conclusión, más de seis mil futuros nuevos vallesanos para dentro de unos seis años, aproximadamente.

vallico → BALLICO.

vallina *f (reg)* Valle pequeño. | Cunqueiro *His* 8.77, 126: Va quedando atrás el duro último "puerto seco", y ya aparecen las vallinas que hacen los ríos que van alegres al Miño. Lueje *Picos* 69: Es el verdor rezumante de los prados y praderas esmaltadas, que cubren y se extienden primorosamente por aquellos rellanos y laderas, recuestos y vallinas.

vallisoletanismo *m (lit)* Condición de vallisoletano, esp. amante de lo vallisoletano. | Delibes *Año* 36: Esta nota diaria de Paco, cargada de nostalgia y de acendrado vallisoletanismo, viene muy bien al periódico.

vallisoletano -na *adj* De Valladolid. *Tb n, referido a pers.* | Alfonso *España* 147: Felipe III, a interesada instigación del duque de Lerma, llevó de nuevo la capital a su vieja sede vallisoletana.

vallista *m y f* Corredor de carreras con vallas. | TLarrea *CoE* 12.3.75, 41: En los 60 m. vallas hubo de entrar en acción la foto finis [*sic*], por lo apretada que resultó, venciendo el polaco Wodzynski, delante del excelente vallista alemán Siebeck.

vallonada *f (reg)* Valle [1] extenso. | Cela *Pirineo* 211: La artiga de Lin, o vallonada del Jueu, es quizás la más exuberante y frondosa de todas las artigas aranesas. *Santander* 51: En el extremo de la costa oriental santanderina, aprovechando una vallonada litoral, se halla enclavada la ciudad de Castro Urdiales.

valluco -ca *adj* De la zona de Reinosa (Cantabria). *Tb n, referido a pers.* | Mann *Ale* 21.8.77, 13: Mateo Gómez Pérez (setenta años), un valluco popular. *Ale* 10.8.83, 12: Arenillas del Ebro, un publeci[t]o valluco a 95 kilómetros de Santander, resucita cada verano del letargo invernal.

valmasedano -na *adj* De Valmaseda (Vizcaya). *Tb n, referido a pers.* | M. Llano *SAbc* 13.7.69, 52: Apenas si restaban otros recuerdos de León Felipe que los que .. conservan determinados valmasedanos.

valmojadeño -ña *adj* De Valmojado (Toledo). *Tb n, referido a pers.* | *Ya* 26.2.83, 3: El ministro del Interior visitó en Valmojado a los guardias civiles .. La gratitud se extendía también por todo el pueblo que está viviendo las críticas como si fueran dirigidas directamente a los valmojadeños.

valón -na (*tb, raro, con la grafía* **walón**) **I** *adj* **1** [Individuo] del territorio comprendido entre los ríos Escalda y Lys, en el sur de Bélgica, de lengua francesa. *Tb n.* | Palomino *Torremolinos* 146: Wartall dirige una agencia en Bruselas, pero no es valón, sino flamenco y antifrancófono. **b)** De (los) valones. | M. Aznar *SYa* 18.5.75, 7: Quedaban las tierras valonas, flamencas y escandinavas, sin ánimo de combate. **c)** (*hist*) [Guardia] real, existente hasta 1815, constituida originariamente por valones. | Marías *Sociedad* 107: Es sabido que se prohibió a rajatabla el uso de la capa larga y el chambergo; las guardias walonas, acompañadas de sastres, se acercaban a los madrileños que transitaban. **II** *n* **A** *m* **2** Dialecto francés hablado por los valones [1]. | C. Aznar *Día* 20.5.76, 4: Pero esas son solo las dos grandes diferencias, las raciales, que explican la permanencia de dos lenguas, el flamenco y el valón, en un país tan poco extenso. **B** *f* **3** (*hist*) Cuello grande y vuelto sobre la espalda, los hombros y el pecho, usado en el s. XVII. | DPlaja *Sociedad* 67: Se acabó la gorguera .. Su sucesora la valona, cuello grande y plano que caía sobre los hombros, fue a su vez suplantada por la golilla.

valor I *m* **1** Cualidad [de una pers. o cosa] que la hace susceptible de estimación o precio. | Torrente *SInf* 3.6.76, 16: Esto no afecta al valor de su obra, sino al juicio que se haga de su persona. P. MZaro *País* 26.5.76, 6: Todo ello determina –si la estructura de lo real tiene sentido y valor– una modificación cualitativa del sistema capitalista.
2 Cantidad de una magnitud que corresponde [a una cosa (*compl de posesión*)]. | Marcos-Martínez *Aritmética* 40: El orden de los factores no altera el valor del producto. Ybarra-Cabetas *Ciencias* 96: El valor medio de la salinidad del mar es de 35 gramos por litro. **b)** Equivalencia [de una moneda] con respecto a un patrón. | *País* 3.6.76, 34: La libra sigue perdiendo valor. **c)** Precio. | Marcos-Martínez *Aritmética* 2º 123: Lo contrario sucede si la Empresa marcha mal: aumenta la oferta, y el valor de las acciones disminuye. Marcos-Martínez *Aritmética* 126: Dos terrenos miden en conjunto 3'50 Ha. Sabiendo que uno de ellos tiene 64 áreas más que el otro, hallar el valor de cada uno a razón de 4'20 pesetas el metro cuadrado. **d)** (*Mús*) Duración [de una nota]. | Subirá-Casanovas *Música* 16: Al dejar la música de ser monódica nos hallamos con el *organum* .., con la diafonía .. y después con el discante, donde cantan dos o tres voces en movimiento contrario o se intercalan notas de valor más reducido para oponerlas a las del tema o canto dado.
3 Significado [de un signo]. | * Valor de los puntos y rayas en el alfabeto Morse. **b)** Sentido [de una palabra o de una expresión]. | Academia *Esbozo* 508: Los elementos copulados presentan entre sí diferencias u oposiciones que alteran su condición de sumandos homogéneos y el significado total del período copulativo, hasta darle valor adversativo, causal, consecutivo, temporal, etc.
4 Cosa que tiene calidad según una consideración personal o social. | DPlaja *El español* 19: El tremendo orgullo del pueblo español, que tanto impresiona al forastero .., se fija en la curiosa jerarquía de valores que la España del XVI proyectó y ha llegado fácilmente hasta nuestros días. *BOE* 23.1.74, 1306: Todo ello contribuye a formar [en el Monasterio] un conjunto renacentista de elevada categoría artística .. Estos valores deben ser preservados de reformas e innovaciones que pudieran perjudicarlos. **b)** Pers. de calidad [en una determinada actividad (*compl de posesión*)]. *A veces se omite el compl.* | *SInf* 16.6.76, 7: Su primordial ambición estriba en pasear nuestra bandera por todos los más importantes circuitos, tratando de promocionar a nuevos valores que hayan destacado en las carreras nacionales.
5 (*Econ*) Billete de banco, título, efecto de comercio u otro documento que representa una suma de dinero. | *Inf* 16.4.70, 13: El Banco Federal alemán .. ha procedido ayer a ordenar una reducción en el precio de compra del dólar U.S.A. de 3,6375 a 3,6350 marcos por dólar. Al mismo tiempo, confirmó el Banco de Emisiones que el precio de venta del valor norteamericano permanece invariable en 3,6600 marcos por dólar. **b)** **~ mobiliario.** Conjunto de una clase de acciones u obligaciones negociables en Bolsa. *Tb simplemente* ~. | J. G. Manrique *MHi* 11.63, 15: La verdad es que el hombre de la calle sabe muy poco de Bolsa. Sabe que es el mercado de los valores mobiliarios. Ramírez *Derecho* 22: Si en lugar de tratarse de una finca se tratase de un coche, de un cuadro o de unos valores públicos, el marido, titular de tales bienes, podría tranquilamente venderlos.
6 Fortaleza moral que permite arrostrar peligros y dificultades o acometer empresas arriesgadas. | Cela *España* 319: Creo que la memoria, el entendimiento y la voluntad son una misma cosa; como también lo son la fuerza y la inteligencia, por un lado, y la nobleza y el valor, por otro. Cuevas *Finca* 141: –No se ponga usted así, don José. Hay que echarle valor. **b)** Atrevimiento. | *Ya* 17.12.75, 6: Se

valorabilidad – valvasor

celebraba la presentación del libro de Gloria Fuertes "Obras incompletas" .. –¿Por qué incompletas, Gloria? –Porque no están todas. Solo se componen de la suma de cuatro libros agotados. He tenido el valor de dejar que publiquen los primeros versos que escribí. * Tuvo el valor de decir que él no tenía nada que ver en eso. **c)** (*col*) Salud. *Normalmente en preguntas como* ¿CÓMO VA ESE ~? | CBonald *Dos días* 263: –¿Y cómo va ese valor? –Vaya.
II *loc adj* **7 de ~**. [Cosa] valiosa. | *País* 4.6.76, 5: Ni siquiera comprando una costosa caja de caudales e instalándola en su casa a un coste muchísimo más alto, tendrían mejor protección sus objetos de valor.
8 de ~. [Juicio] por el que se afirma que alguien o algo es más o menos digno de estima. | Castilla *Natur. saber* 13: Hemos aplicado de antemano al objeto saber .. un juicio de valor.
III *loc v* **9 poner en ~** [a alguien o algo]. Hacer que sea más apreciado, resaltando sus cualidades. | *Hoy* 27.9.74, 21: Plaza de San Pedro de Alcántara, cuyas edificaciones desaparecerán así que Bellas Artes empiece a descubrir y poner en valor las murallas existentes en la parte posterior de las mismas.

valorabilidad *f* Cualidad de valorable. | A. MEstévez *Pro* 14.8.75, 5: Resulta curioso observar el diferente tono con el que dichos estudios están redactados, variando la gama .. como consecuencia de la distinta valorabilidad que cada estudio otorga a las diferentes variables implicadas.

valorable *adj* Que puede ser valorado. | *Ciu* 8.74, 21: Constituye esto toda una serie de hechos patológicos valorables por el dermatólogo.

valoración *f* Acción de valorar. *Tb su efecto*. | *Ava* 7.12.68, 5: Informes sobre estado, valoración, etc., de toda clase de fincas. García *Flórez* 9: El Padre Enrique Flórez .. nos dejó esa obra de incalculable valor –*La España Sagrada*– .., y adyacentes a esa obra genial, otras de estilo menor .. pero de indudable importancia para la valoración total del hombre.

valorador -ra *adj* Que valora [1]. *Tb n, referido a pers*. | GTelefónica *N.* 1001: Tasadores .. Manzano, J. Dr. Arquitecto. Valorador oficial de Fincas urbanas. Solares en general, honorarios fijos.

valorar *tr* **1** Determinar el valor [1 y 2] [de alguien o algo] (*cd*)]. *Referido a precio, frec con un compl* EN, *que lo expresa*. | *Inf* 4.4.70, 5: Valoramos espléndidamente su coche viejo. FMora *Abc* 12.9.68, 21: A pesar de todo, valora a Las Casas con entusiasmo, como "una de las figuras cumbres que haya producido España". * Se le incautó un alijo valorado en cientos de millones. **b)** Apreciar el valor [de algo (*cd*)]. | *SYa* 14.5.72, 2: Generalmente los jóvenes de hoy comprenden la necesidad de mantener limpia y brillante la dentadura. Pero seguramente no valoran suficientemente los efectos que esta limpieza puede producir como acción protectora contra la caries.
2 (*raro*) Valorizar [1]. | *BOE* 23.1.74, 1306: Recientes excavaciones han valorado esta zona, tan importante, además, en el paisaje urbano de Madrid.

valorativo -va *adj* **1** Que valora [1]. | VMontalbán *Rosa* 108: Dos ojos redondos y valorativos se posaron en Carvalho.
2 De (la) valoración. | Delibes *Mad* 20.1.70, 3: Las Escuelas de Comercio .. van a morir al tratar de aplicarles el criterio valorativo que rige para la Segunda Enseñanza.

valoriano -na *adj* De Valoria la Buena (Valladolid). *Tb n, referido a pers*. | S. Sanz *Nor* 2.11.89, 12: El pueblo de Valoria celebraba la fiesta de los valorianos emigrantes y en la plaza tenía lugar una animada verbena popular.

valorización *f* Acción de valorizar. | Areilza *Abc* 22.6.74, 3: El acuerdo de permitir valorización del oro de las reservas de los Bancos centrales de emisión a precios cercanos al mercado libre del metal .. ha servido para multiplicar también por cuatro, contablemente al menos, el valor potencial del oro del Banco de Francia.

valorizar *tr* **1** Hacer que [algo (*cd*)] tenga valor o más valor [1]. | Halcón *Ir* 240: La imposibilidad de amarlo así, tal cual vive ahora, valoriza lo que ella considera hipo. Lapesa *HLengua* 215: Valoriza [fray Luis] las palabras usuales sin recurrir apenas a cultismos violentos. **b)** *pr*

Pasar [algo (*suj*)] a tener valor o más valor. | Salom *Tiempo* 649: Como si lo demás careciera de importancia y solo pudiera valorizarse a través de su presencia.
2 Valorar [1]. | R. Castellar *Gac* 11.5.69, 19: No atinó en valorizar lo que había detrás del arte, la música, la danza.

valquiria (*tb con las grafías* **valkiria**, **walkiria** *y* **walkyria**) *f* (*Mitol nórd*) Servidora de Odín que decide cuáles son los guerreros que han de morir en el combate. | Á. MSarmiento *Hoy* 21.11.70, 4: Os promete un cielo con azafatas –con walkirias, como dicen los nibelungos– rubias. Castillo *Polis* 155: Según el mito más tardío, los dioses vivían en el Walhalla, entre las nubes .. Allí llevaban las walkirias, amazonas guerreras, las almas de los soldados muertos en el campo de batalla. FCid *Ópera* 88: Liszt se extasía ya, solo con el poema. ¿Cómo abarcarlo en unas líneas? Dioses, héroes, gigantes, walkyrias, gnomos, anillos malditos, forjas. **b)** (*humoríst*) A veces se usa en constrs de sent comparativo para ponderar la robustez o belicosidad de una mujer. | Faner *Flor* 25: Cuando probaron el comistrajo el sargento llamó a la muchacha, que era rolliza y un tanto rubia, como una valquiria, y tirándole del pelo le hizo probar la olla verdinegra con sus propias narices. Kurtz *Lado* 167: Elsa es una valquiria, una peleona. **c)** (*humoríst*) Mujer alemana. | *SPaís* 5.8.90, 11: Sobre estas líneas, dos *walkirias* de sienes rapadas toman un refresco junto a la playa.

vals *m* Danza de ritmo ternario que se baila en parejas girando y desplazándose continuamente. *Tb su música*. | Payno *Curso* 32: Fue incorporándose, dispuesto a estar cerca de ella al cesar el baile para invitarla al siguiente. El siguiente fue un vals.

valsar *intr* Bailar el vals. | Torrente *Sombras* 73: En el corazón de las muchachas peleaba el deseo que tenían de bailar con él (¡el vals, aquella novedad tan peligrosa!) y el miedo .. Sin embargo, ¡qué bien valsaba!

valsones *m pl* (*reg*) Idas y venidas sin objeto. | Buero *Irene* 18: Don Dimas, desasosegado, da valsones a sus espaldas. Méndez vuelve la cabeza a ambos lados para hablarle.

valtelino -na *adj* De la Valtelina (valle alpino del norte de Italia). *Tb n, referido a pers*. | A. SGijón *SYa* 8.6.75, 10: Fuentes .. hace cuestión inmediatamente de la Valtelina .. Los valtelinos son italianos y católicos y están oprimidos por los grisones, suizos y protestantes, y protegidos del rey de Francia.

valuable *adj* Que se puede valuar. | *Leg. contencioso-adm.* 345: En toda clase de juicios en que se litiguen cantidades líquidas en metálico o cosas valuables, incluso juicios ejecutivos y tercerías consideradas como pleitos independientes, se devengará la tasa con arreglo a la siguiente escala.

valuar (*conjug* **1d**) *tr* Determinar el valor [1 y 2] [de algo (*cd*)]. | HSBarba *HEspaña* 4, 279: La población indígena .. en 1825 se valúa en 5.532.000 almas. Marcos-Martínez *Aritmética* 123: Para valuar la extensión de campos .. se toma por unidad el área.

valuta *f* (*Econ*) Moneda fundamental en un sistema monetario. | Tamames *Economía* 253: Si esto es lo que sucedería revalorando nuestra valuta, con una devaluación .. se obtendría el efecto contrario.

valva *f* **1** Pieza dura que, sola o articulada con otra, constituye la concha de algunos animales, esp. de los moluscos lamelibranquios. | Legorburu-Barrutia *Ciencias* 151: Pueden tener (los Moluscos) concha con una o dos valvas, producidas por el manto.
2 (*Bot*) Pieza que, unida a otra mediante sutura, constituye la envoltura de un fruto. | Ybarra-Cabetas *Ciencias* 279: El guisante .. Está constituido por la vaina alargada que proviene del ovario de una sola hoja carpelar .. De este modo se separan dos valvas distintas, que llevan cada una una fila de granos.

valvasor *m* (*hist*) En el régimen feudal: Infanzón. | Castillo *Polis* 201: Así se constituyó la jerarquía feudal, en cuya cúspide se hallaba el rey, y luego seguían los duques y condes, poseedores de las grandes circunscripciones del Imperio carolingio; los castellanos o barones, propietarios de castillos, y los caballeros sin castillo o valvasores.

valverdano -na adj De Valverde de la Vera (Cáceres), o de Valverde de los Arroyos (Guadalajara). Tb n, referido a pers. | ARíos Tri 13.4.68, 32: Se llega a Valverde [de la Vera] .. La "fiesta", como la llaman los valverdanos, resulta sobrecogedora. J. L. GArpide Nar 1.76, 30: Valverde [de los Arroyos] se halla enclavado en la Serranía noroccidental de la provincia de Guadalajara .. La evolución social de los valverdanos ha ido transformando la fiesta [del Corpus].

valverdeño -ña adj De Valverde del Camino (Huelva), o de otras poblaciones llamadas Valverde. Tb n, referido a pers. | J. L. Aguilar Ya 8.9.87, 29: Tras años de prosperidad, la crisis económica amenaza con dar al traste con esta privilegiada situación y con el producto más característico de la artesanía valverdeña: el mundialmente famoso "boto campero". NAl 28.8.82, 10: Este fue, a grandes rasgos, el verano valverdeño. [*Valverde de los Arroyos, Guadalajara.*]

válvula f **1** Dispositivo que sirve para regular el flujo de un líquido, un gas o una corriente, permitiendo que sigan un sentido determinado en una canalización, pero no el contrario. Tb fig. | Abc 30.12.65, 93: La máquina del expreso, cuando se disponía a detenerse en el andén, debido, al parecer, a un fallo de la válvula del frenado de control, se precipitó sobre los coches de tercera clase y mixto de primera. **b)** (Anat) Pliegue membranoso que impide el retroceso de los líquidos en un vaso o conducto. Frec con un adj o compl especificador. | Bustinza-Mascaró *Ciencias* 48: Comunica [el íleon] con el intestino grueso por la válvula íleo-cecal. Navarro *Biología* 164: La válvula derecha o tricúspide está formada por tres láminas, y la válvula izquierda o mitral, por dos láminas. **c)** ~ **de escape.** Cosa que sirve de desahogo o compensación de una represión. | L. Pablo *SAbc* 20.4.69, 35: Negaba a la música su calidad de arte inmerso en una problemática viva, dejándola reducida .. a un puro evasionismo, suerte de mundo ideal, refugio de atribulados, válvula de escape frente a una realidad demasiado dura e incómoda.
2 (hoy raro) Lámpara de radio. | * Hay que cambiar las válvulas; esto no funciona.

valvular adj (Anat) De (la) válvula. | E. Rey *Ya* 17.1.75, 34: Tras superar la crisis, el enfermo conservará una insuficiencia o una reducción valvular que puede provocar insuficiencias y reducciones mitrales o aórticas.

valvulería f (Mec) Válvulas, o conjunto de válvulas [1a]. | Abc 17.9.68, 6: Austinox, S.A., primera fábrica de España, se ha visto distinguida por Monómeros Españoles, S.A. de Guardo (Palencia) al aceptar para sus instalaciones tubería, valvulería y accesorios en acero inoxidable de nuestra fabricación.

valvulina f (Mec) Grasa usada como lubricante para las válvulas [1a]. | Ramos-LSerrano *Circulación* 284: Todo el mecanismo diferencial, incluidos la corona y el piñón de ataque, van dispuestos dentro de un cárter lleno de valvulina que asegura el engrase perfecto.

valvulopatía f (Med) Afección de una válvula [1b], esp. cardiaca. | F. FUrraca *Tri* 22.5.71, 9: Lesiones coronarias, hipertensión, angina de pecho, valvulopatías, trastornos del ritmo cardíaco .. se han observado en el 84 por 100 de los casos estudiados.

vamos → IR.

vamp (ing; pronunc corriente, /bámp/; pl normal, ~s) **I** f **1** Vampiresa. | GRuano *Abc* 20.6.58, 41: En este sentido todo ha ido de acuerdo: la alta costura en la restauración de los cuplés del veintitantos; la vuelta a la "vamp", que parecía haber sido descartada por la ingenua. RMéndez *Flor* 140: El Lluiset se aleja del espejo para contemplar su figura. Marca unos cuantos pasos de "claqué" .. luego se coloca las manos en las caderas y avanza hacia el espejo con andares de "vamp" cinematográfica estilo Mae West.
II adj **2** De (la) vamp [1]. | Villarta *SYa* 4.11.73, 33: Trajes "vamp", a base de drapeados en tejidos de punto, .. capitas hasta el talle ribeteadas con piel.

vampiresa f Mujer fatal e irresistible. | Payno *Curso* 74: O estallaban golpes de Estado en Iberoamérica. O tifones con nombres de vampiresas del cine en los Estados Unidos.

vampírico -ca adj De(l) vampiro. | Marsé *Montse* 296: Podía oírse todavía la aterciopelada risa de la vizcondesa fluyendo a lo lejos, en la exótica noche azul de su boca ancha, inmensa, vampírica. G. VChamorro *His* 3.85, 100: Los murciélagos no limitaron sus vampíricas actividades a la egregia persona del capitán general del Río de la Plata.

vampirismo m **1** Comportamiento propio de un vampiro [1]. | CBaroja *Brujas* 227: Varios casos horrendos de vampirismo cuenta la relación, relacionados sobre todo con niños.
2 Comportamiento propio de una vampiresa. | Umbral *Ninfas* 73: Le gustaba darse un paseo por todo el mercado saludando a los otros tenderos y recibiendo el homenaje macho y vegetal de los hortelanos: haciendo, en fin, un poco de vampirismo en aquel mundo que era su reino.

vampirización f Acción de vampirizar. | Cándido *Pue* 22.10.70, 2: La espesa red de plusvalías que asfixia el suelo de las ciudades españolas es uno de los más notables ejemplos de "vampirización" social.

vampirizante adj Que vampiriza. | *Ya* 19.12.89, 53: No oculta [Almodóvar] que su relación con los actores es tan intensa, "tan vampirizante", que llega a ser "peligrosa porque traspasa los límites de lo permitido".

vampirizar tr Chupar la sangre [a alguien (cd)]. Gralm fig. | J. P. Quiñonero *Abc* 3.12.88, 57: Rodin vampirizó a Camille artística y personalmente. Como artista, Rodin impuso la huella tumultuosa de su talento y su genio en el trabajo de su joven y apasionada amante. MGaite *SLe* 4.89, 3: Durante el tiempo que transcurre desde su llegada a Mimoun hasta que consigue abandonar esa ciudad que lo embruja y vampiriza, Manuel se siente más o menos implicado en historias fragmentarias y en conflictos ajenos que casi nunca sabe interpretar.

vampiro -ra A m y f **1** *En la creencia popular:* Cadáver que sale por la noche de su tumba para chupar la sangre de sus víctimas. | Cunqueiro *Des* 12.9.70, 27: El vampiro, en vez de la sangre de la muchacha, chupó la sangre de la "planta bebé". *Van* 15.1.76, 51: Una pizpireta mujer .. se ve envuelta en la historia de vampiros. Ella encarna al bien como la condesa vampira rescatada al sarcófago por el científico ambicioso representa el mal.
2 (col) Pers. que explota o chupa la sangre a otros. | * Los vampiros de Hacienda.
B m **3** Quiróptero americano que posee un apéndice sobre la nariz y que chupa la sangre de las perss. o animales dormidos (Desmodus rotundus). Tb se da este n a otros quirópteros afines. | Navarro *Biología* 307: Entre los mamíferos característicos [de la región Neotrópica] están los desdentados .., monos platirrinos .., así como el vampiro, puma, jaguar y tapir americano. R. Morales *SYa* 16.6.74, 9: La antigua colonia francesa de la Costa de Marfil es acaso una de las que viven todavía con más intensidad su primitiva civilización .. En sus praderas corren lagartos de cabeza amarilla y bandadas de vampiros vuelan estrepitosamente entre sus gigantescos árboles.

vanadio m Metal, de número atómico 23, que se presenta en diversos minerales y rocas y que se emplea esp. para aumentar la resistencia del acero. | Navarro *Biología* 14: Elementos biogénicos .. Algunos, como el Vanadio y Cadmio, aparecen con carácter excepcional en determinados seres.

vanagloria f Jactancia del propio valer. | Valcarce *Moral* 172: La jactancia es la adulación para sí mismo, .. con vanagloria cuando repite lo que otros dicen de sí.

vanagloriarse (conjug **1a**) intr pr Tener vanagloria [de algo]. | CBaroja *Inquisidor* 29: Simancas se vanagloria de la rapidez con que llegó a ser de los que votaban en último lugar.

vanaglorioso -sa adj Jactancioso. | Espinosa *Escuela* 435: Aunque la caridad es originariamente severa, áspera, y vanagloriosa, en tiempos comunes suele estar laxa por la general decadencia que relaja toda disposición.

vanamente adv De manera vana, esp [3]. | ZVicente *Balcón* 57: Los chiquillos gritan, locos, entre los arbolillos desmedrados, y los pregones .. se estrellan, vanamente y vaciándose, contra las cornucopias, contra el repostero, contra las porcelanas cursis de doña Piedad.

vandálicamente *adv* De manera vandálica. | *Inf* 4.7.74, 4: En aquel cementerio londinense fue vandálicamente atacado a principios de esta semana el busto que preside la tumba de Carlos Marx.

vandálico -ca *adj* **1** Propio de los vándalos [2]. | *Abc* 27.11.70, 26: A causa de este vandálico hecho la Universidad cerrará sus puertas desde el día 27 al 6 de diciembre próximo.
2 [Pers.] que tiene actitudes vandálicas [1]. | *Abc* 2.11.79, 41: Estos vandálicos individuos procedieron a sodomizar a su víctima.

vandalismo *m* Comportamiento vandálico. | *Abc* 18.8.64, 27: Un grupo de más de mil jóvenes .. ha provocado actos de vandalismo.

vandalizar *tr* Cometer actos vandálicos [en un lugar (cd)]. | J. León *Cua* 8.73, 55: El llamado "V Comando Adolfo Hitler" ha asaltado la revista católica *El Ciervo*, maniatando a una secretaria y vandalizando el establecimiento.

vándalo -la *adj* **1** (*hist*) [Individuo] del pueblo germánico que en el s. V invadió y devastó la Galia, España y el norte de África. *Tb n.* | Villapún *Iglesia* 62: San Agustín defiende la ciudad de Hipona contra las crueldades de los vándalos. J. Balansó *SAbc* 9.3.69, 50: El 20 de abril de 1947, su hijo primogénito era proclamado rey Federico IX de Dinamarca, de los vándalos y de los godos. **b)** De los vándalos. | *HLM* 10.2.75, 3: Las tierras del norte de África pertenecieron al Imperio romano, como las de la Península Ibérica, hasta la invasión vándala.
2 [Pers.] destructora y salvaje. *Tb n.* | *Inf* 25.8.77, 8: Un vándalo destroza un cuadro de Rubens.

vanguardia *f* **1** *En una fuerza armada:* Parte que va delante. | J. Pando *His* 8.78, 24: El balance del primer día de lucha proporciona un resonante éxito al Ejército del Ebro .. Sus vanguardias combatían en las afueras del primer objetivo importante, Gandesa.
2 Parte más avanzada o progresista [de algo]. *Frec en constrs como* EN ~, *o* A (LA) ~. | L. LSancho *Abc* 20.4.88, 18: Las vanguardias frecuentemente se demodan, se pasan de moda, mueren. Aranguren *Marxismo* 122: Este peso de responsabilidad .. ha hecho que la imagen proyectada hoy por Rusia ante el mundo sea mucho más la de "gran potencia mundial" que la del país comunista a la vanguardia .. de la liberación del proletariado.

vanguardismo *m* (*Arte y TLit*) **1** Movimiento de vanguardia [2]. | Valverde *Literatura* 242: También son muy sabrosas ciertas monografías [de R. Gómez de la Serna] como *Ismos* –animadísima visión de primera mano de los "vanguardismos"–. Torrente *Panorama* 309: Fenómeno .. común a todos aquellos poetas, cuya autenticidad les ponía a salvo de perecer con el vanguardismo en la hora inevitable de su liquidación.
2 Condición de vanguardista. | Valverde *Literatura* 240: Gerardo Diego .. siempre ha ido alternando intermitentemente estilos muy diversos, desde el sencillísimo de *Versos humanos* hasta el absolutamente "no figurativo" .. de *Poemas adrede*, con dos líneas intermedias: el semitradicionalismo de *Alondra de verdad* y el "vanguardismo moderado" de *Imagen*.

vanguardista *adj* **1** (*Arte y TLit*) De(l) vanguardismo [1]. | Valverde *Literatura* 258: En la novela, no todo era la línea tradicional de costumbrismo, mezclado con estilo de poesía vanguardista en la obra de Juan Antonio de Zunzunegui. Fernández-Llorens *Occidente* 294: Edificios que llaman la atención por sus líneas vanguardistas. **b)** Adepto al vanguardismo. *Tb n.* | Torrente *Panorama* 309: Es [Gerardo Diego] el poeta vanguardista que, sistemáticamente, sorprende al lector. R. RRaso *Rev* 12.70, 6: Y hay que saber admirarlo en 1924, o en 1930, en su entrega joven y total al cine (había nacido en 1898), con sus hallazgos cinematográficos tan sorprendentes entonces como frecuentes; su amistad sincera con los vanguardistas de la hora (Picabia).
2 De (la) vanguardia [2]. | *Ya* 29.11.70, 36: Escorpión, fiel a su tradición vanguardista, ya lanzó en el invierno anterior la moda "maxi" de punto.

vanidad *f* **1** Cualidad de vanidoso. | Laforet *Mujer* 65: Paulina no quería parecerse a aquel hombre de gustos groseros que era su padre. Le desesperaba su hipocresía y su vanidad.
2 Cosa vanidosa. | Escrivá *Conversaciones* 159: Permitid a un viejo de más de sesenta años esta pequeña vanidad.
3 Cualidad de vano [1c y d, 2 y 3]. | MGaite *Búsqueda* 25: Pero el escritor .., aunque haya vislumbrado la vanidad de su aportación personal e incluso el aumento de caos que supone, escribe, a pesar de todo.
4 Cosa vana [1c]. | DPlaja *Literatura* 253: Ello hizo a Quevedo un escéptico ante las vanidades humanas.

vanidosamente *adv* De manera vanidosa. | J. J. Plans *Ya* 18.2.75, 5: En esa recapitulación de nuestras miserias y grandezas –despachadas en pocas líneas las primeras y destacadas vanidosamente las segundas–, quedaría reflejada la época.

vanidoso -sa *adj* [Pers.] satisfecha de sí misma y que gusta de la alabanza y el halago de los demás. | J. HPetit *SAbc* 9.2.69, 39: Estoy convencido de que es el hombre menos vanidoso del mundo. **b)** Propio de la pers. vanidosa. | J. M. Gárate *Abc* 16.12.75, sn: No hay aún perspectiva para juzgar un testamento así, .. habría que considerarlo en lo místico y en lo político, en la reflexión y el sentimiento, en esa sintaxis serena, depurada, que da sabor clásico a una pequeña pieza escrita sin regodeos vanidosos.

vanílocuo -cua *adj* (*lit*) [Pers.] que habla de forma insustancial. *Tb n.* | Lázaro *Gac* 9.8.81, 4: Es este complemento final de la definición el que impide a los actuales vanílocuos el empleo de dicho adjetivo.

vanistorio *m* (*raro*) Vanidad afectada. | B. M. Hernando *Inf* 16.2.78, 1: En las solapas de nuestra crónica vanidad florecen cada día las mil flores del vanistorio.

vano -na I *adj* **1** Falto de contenido. | J. M. Massip *SAbc* 27.4.69, 18: No eran palabras vanas. Era un afán universalista expresado por primera vez en español ante la O.N.U. **b)** [Fruto] cuya cáscara no contiene nada, o contiene la semilla seca o podrida. | * Estas nueces están vanas. **c)** Frívolo o insustancial. | Conde *Hucha* 1, 111: A la hora de la siesta se durmió y se soñó princesa descuidada y vana que solo sabía reír y jugar como una tonta. GÁlvarez *Filosofía* 1, 199: Ante las filosofías paganas adoptan la actitud negativa derivada de la advertencia literal del Apóstol, yo como a cosas vanas e inútiles las dejan de lado. **d)** (*lit*) Que tiene apariencia, pero carece de realidad. | SLuis *Doctrina* 31: Supo [Jesús] despreciar las grandezas de este mundo, sombras vanas que el tiempo disipa y la soberbia corrompe.
2 Falto de fundamento o justificación. | L. LSancho *Abc* 5.10.78, 3: Lope de Rueda .. caricaturiza la vana esperanza de quienes se agitan, discuten y malhumoran a propósito de todavía muy lejanas cosechas.
3 Inútil o infructuoso. | MPuelles *Hombre* 254: No me acuerdo muy bien de lo que le dije: probablemente una sarta de incoherencias, con la vana intención de mantener una última dosis de pedagogía.
II *m* **4** (*Arquit*) Parte del muro o fábrica en que no hay apoyo para el techo. | Villarta *Rutas* 21: Dan acceso a un espacioso atrio de planta elíptica, con dos puertas en los extremos del eje mayor y vano rectangular.
III *loc adv* **5 en ~.** Inútilmente. | Benet *Nunca* 10: Nos dijo que era de cerca de Manchester .. y que nosotros, en cambio .., qué éramos sino unos pobres "deterrent" tratando en vano de sobrevivir.
6 en ~. Sin justificación o fundamento. | Valcarce *Moral* 60: No tomarás en vano en vano el nombre del Señor, tu Dios.

vapor *m* **1** Sustancia que se encuentra en estado gaseoso por la acción del calor. *Gralm con un compl especificador.* | Bustinza-Mascaró *Ciencias* 16: Si dejamos agua sobre un plato veremos que poco a poco va desapareciendo porque se va evaporando, es decir, se va transformando en vapor. Marcos-Martínez *Física* 266: Se hace arder cobre en vapor de azufre. **b)** *Sin compl:* Vapor de agua. | Marcos-Martínez *Física* 139: Se aplican las turbinas de vapor a los barcos, para accionar las hélices, y en las grandes centrales termoeléctricas, para mover los generadores de corriente eléctrica.
2 Emanación. *Tb fig. Frec en pl.* | Nolla *Salud* 535: Dada la alta volatilidad de este producto [amoníaco], sus vapores

pasan fácilmente a las vías respiratorias, produciendo signos de asfixia. *Abc* 16.1.79, 39: Según manifestó la joven a la Policía, se había llevado al animal cuando se hallaba en un estado de euforia por los vapores de bebidas alcohólicas que había consumido.
3 Buque de vapor [1b]. | *Fam* 15.11.70, 35: Tan mayestáticamente iba desplazándose el vapor por el Polo que los osos no pudieron resistirse a su embrujo.

vapora *f* Lancha de vapor [1b]. | Muñiz *Señas* 55: Para no hacer el regreso de vacío, sin un solo pez, consumida la carnada, el vino, el poco pan, las vitualles que nos entregan a las vaporas las familias, tras un día de ayuno.

vaporación *f* Vaporización. | *GTelefónica N.* 504: Bastian Blessing Co. Chicago, U.S.A. Equipos Rego .. Compresores. Bombas. Vaporaciones. Contadores. Quemadores. Controles de nivel.

vaporario *m* Aparato para producir vapor [1b] para baños. | C. Ayala *Pue* 10.5.74, 25: Puestos a destacar detalles habría que citar .. modernas instalaciones de hidroterapia para baños, duchas, vaporarios, inhalaciones, duchas nasales, vaginales.

vaporización *f* Acción de vaporizar(se). | Marcos-Martínez *Física* 113: La vaporización de líquidos en el vacío se realiza instantáneamente. Umbral *Ninfas* 55: Era como una vaporización periódica del ambiente, una fumigación de santidad.

vaporizado *m* Vaporización. | *Hoy* 13.8.75, 22: Inopark, S.A. Industrias del parquet de Badajoz. Parquets. Tarimas. Rodapiés. Vaporizado y secaderos.

vaporizador *m* Aparato que sirve para vaporizar. | *Tri* 11.4.70, 25: Desodorante en vaporizador para los que lo prefieren en fino rocío.

vaporizante *adj* Que vaporiza. | *Abc* 13.6.58, sn: Máquina autónoma de planchar trajes, con caldera incorporada. De gran superficie vaporizante.

vaporizar *tr* **1** Transformar en vapor [1] [una sustancia]. | Marcos-Martínez *Física* 137: La máquina de vapor precisa únicamente del calor necesario para vaporizar el agua de la caldera. **b)** *pr* Transformarse en vapor [una sustancia]. | Marcos-Martínez *Física* 252: Esto se debe al agua que quedó encerrada entre las moléculas al cristalizar la sal, que se vaporiza y rompe su prisión.
2 Pulverizar [un líquido]. | *SHie* 19.9.70, 9: Retírela [la laca] todos los días cepillando fuertemente y vuelva a vaporizar una capa ligera cada día después de peinarse.
3 Someter [algo] a la acción del vapor [1b]. | *Ya* 9.6.74, 3: Ahorre 2.207 pts. al adquirir el comedor "Mississippí" .. De estilo colonial, en haya vaporizada y lacado en rojo.

vaporosamente *adv* De manera vaporosa. | *Ya* 2.5.75, 13: En ese momento apareció en escena un conjunto de muchachas, vestidas vaporosamente, que sobre música del "Concierto de Aranjuez", del maestro Rodrigo, danzaron bellamente.

vaporosidad *f* Cualidad de vaporoso. | Lera *Trampa* 964: Su andar silencioso y la vaporosidad de la batista y los encajes daban a su figura un aire de irrealidad.

vaporoso -sa *adj* Transparente y ligero. | *Sáb* 3.12.66, 20: Roxana, tan romántica como su nombre, no quiso prescindir del traje besatón, el velo vaporoso y las flores. **b)** Hueco y ligero. | Kurtz *Lado* 177: Los cabellos rubio oscuro, vaporosos, recogidos en lo alto de la cabeza, dejaban ver en la nuca y en las sienes pequeñas sortijas alborotadas.

vapulear *tr* Azotar o golpear. *Frec fig.* | Escobar *Itinerarios* 220: Sin vino no habría holocausto .. ¡Si hasta está presente ahí, en las inquietas banderolas de percalina roja y amarilla que la Feria vapulea pudorosamente! L. Calvo *Abc* 18.12.70, 27: Pase que la democracia gobernante, tan vapuleada por los hombres de buen discurso democrático, no pueda coartar todos los públicos.

vapuleo *m* Acción de vapulear. | GMorales *Hoy* 14.4.74, 14: La procesión de la "sangre" se llamaba a la que hacía la Cofradía de la "Vera Cruz" .. Las filas se disciplinaban, estando dispensado únicamente el mayordomo de este piadoso vapuleo. Sánchez *Inf* 31.7.75, 19: La comedia "Seascape", de Edward Albee, fue un fracaso comercial .. Achacan el fracaso al vapuleo de los críticos.

vaqueiro -ra *adj* [Individuo] del pueblo asturiano que habita, más o menos aislado, en la zona de las brañas, dedicado al pastoreo de vacas. *Tb* ~ DE ALZADA. *Tb n.* | A. Méndez *Abc* 1.8.72, 25: Se celebró en la Braña de Aristebano .. el gran festival .., instituido para honrar a los famosos "vaqueiros de alzada", raza de pastores que desde tiempos inmemoriales .. habitan las más altas cumbres, dedicados al cuidado de sus vacas. **b)** De los vaqueiros. | A. Méndez *Abc* 1.8.72, 25: Se celebró en la Braña de Aristebano .. el gran festival vaqueiro.

vaquería *f* Establecimiento en que hay vacas y se vende leche. | Delibes *Castilla* 96: Además de la tierra, atendemos los gallineros, la vaquería y las funciones de casa.

vaqueril *m* (*reg*) Dehesa o pastizal para ganado vacuno. | G. Sureda *Sáb* 15.3.75, 87: Nos vamos ahora al vaqueril. Allí, como bien indica su nombre, están las vacas de cría, las que el semental no ha dejado machorras, las que han parido o van a parir.

vaquerizo -za A *m* y *f* **1** Vaquero [3]. | JGregorio *Jara* 23: Fueron los cazadores, leñadores .. y vaquerizos los que formaron los iniciales centros de atracción de un poblamiento disperso. P. J. Cabello *EOn* 10.64, 19: Frente al sedentarismo de Berceo, el afán incoercible de aventuras de Juan Ruiz; frente a un mundo unitario de religiosidad, .. el polimorfismo abigarrado de dueñas apuestas y garridas, mujeres lozanas, vaquerizas hombrunas.
B *f* **2** Establo o corral para ganado vacuno. | Cuevas *Finca* 127: El chiquillo no dijo nada y se dejó llevar de la mano hacia la vaqueriza.

vaquero -ra I *adj* **1** De (los) vaqueros [3]. | *Halcón Manuela* 70: La azalea de una silla vaquera no basta para romper la unidad del centauro.
2 [Pantalón] muy ajustado y de tela recia, propio de los vaqueros norteamericanos. *Frec n m; tb en pl con sent sg.* | Arce *Precio* 124: Traía puesto un suéter negro y vaqueros azules muy desgastados. **b)** Propio del pantalón vaquero. | *Ya* 7.5.83, 32: La muchacha .. vestía un pantalón de tela vaquera y un jersey verde. **c)** [Prenda] de tela o hechura vaquera [2b]. | *Abc* 29.9.77, 53: Don Manuel Ariza García .. se disponía a echar el cierre cuando observó que dos individuos de aspecto juvenil, vestidos con ropa vaquera y cubiertos sus rostros, .. impedían su acción. **d)** [Tienda] de ropa vaquera. | *Abc* 4.1.88, 9: Rufino Fernández (tienda vaquera): "A escondidas se venden cosas que ni siquiera son de venta ambulante".
II *m* y *f* **3** Pastor de ganado vacuno. | Cuevas *Finca* 206: Ordenó las pesadas maletas en la parte de atrás del vehículo. El porquero, el yegüero, el vaquero, se acercaron despacio.

vaquerosa. a la ~. *loc adv* (*reg*) Al estilo andaluz o vaquero [1]. *Gralm con el v* MONTAR. | MCalero *Usos* 65: Desde la mañana se preparaban las jacas que montaban a la vaquerosa, que no a la jineta, pero no estaba bien visto.

vaqueta *f* Cuero de ternera curtido y adobado. | FVidal *Duero* 209: El viajero .. tira de piernas y asciende, bajo el rigor del sol, feliz como un cura en silla de vaqueta, el lomazo del castillo.

vaquetilla *f* Cuero más fino y delgado que la vaqueta. | *Villena* 26: Fábrica de curtidos Ramón Riba Carrer, Igualada. Hojas suela y palmilla. Crupones. Cuellos. Faldas suela y vaquetilla.

vaquilla *f* **1** Vaca, gralm. joven, que se torea en capeas y fiestas populares. | *Sáb* 10.9.66, 27: Palomo brinda a los dieciséis niños de la Operación Plus Ultra la suerte de la vaquilla. **b)** *En pl:* Corrida de vaquillas. | * Esta tarde hay vaquillas en Vistalegre.
2 ~ **de San Antón.** Mariquita (insecto coleóptero). | Bustinza-Mascaró *Ciencias* 148: La mariquita o vaquilla de San Antón, de cuerpo globoso de color rojizo con siete puntos negros en la porción dorsal.

vara I *f* **1** Rama delgada y limpia de hojas. | CNavarro *Perros* 176: Ella se había agachado para coger la varita que se le cayó.
2 Tallo herbáceo, sin hojas, en que nacen las flores y el fruto de algunas plantas. *Gralm con un compl especificador.* | Campmany *Abc* 27.10.84, 17: Sabe que los votos más rojelios se le van al comunismo .. Luego, vendrá el pasteleo con don Miguel Roca, o llegará don Adolfo a ponérselos,

varada – varar

como una varita de nardos, en la solapa. **b) ~ de oro**, o **de San José**. Planta herbácea de flores amarillas en capítulos, propia de los bosques y pastos montanos (*Solidago virgaurea*). | Mayor-Díaz *Flora* 576: *Solidago virgaurea* L. "Vara de oro", "Vara de S. José" .. Tallo simple .. Flores amarillas .. Tiene propiedades diuréticas y antidiarreicas; en uso externo es antiinflamatorio [sic] y cicatrizante.

3 Palo largo y delgado. | A. Bernabé *Sáb* 9.11.74, 60: El respeto que un gitano inspira a otro gitano depende del número de "varas" o "garrotas", de varones adultos aptos para la pelea, que su parentela cuente, su clan. Aldecoa *Gran Sol* 119: Ahí está de vacío y con las varas rotas y la chimenea doblada el barco del señor Agustín. **b) ~ de (las) virtudes.** Varita mágica. | Torrente *DJuan* 117: Leporello, de frac y con la vara de las virtudes en la mano, me obligaba a comprobar que dentro del cilindro no había nadie.

4 Bastón de mando del alcalde. *A veces como símbolo de la alcaldía. Tb fig.* | GPavón *Hermanas* 49: Los dos parecen muy bien trajeaos, y Francisco [el alcalde] lleva la vara. J. M. Cadena *SDBa* 28.3.76, 27: Se le puso en la alcaldía para cubrir una etapa de transición. Y como la misma duró más de lo previsto, debido a los desastres coloniales, el señor Griera usufructuó la vara durante casi un año.

5 Medida de longitud que en Castilla equivale a 835,9 mm. *Tb el instrumento en que va marcada una vara y que se emplea para medir.* | Cela *Judíos* 232: Se compra el chorizo de Candelario, .. y el confite, y la vainica por varas. **b) ~ cuadrada.** Medida de superficie equivalente a la de un cuadrado cuyo lado mide una vara. | *Alc* 24.10.70, 30: Un trozo de tierra secano, blanca, conocido por Pieza de la Encina, que forma parte de la labor titulada Casa del Olmo, partido Fuente del Judío, término de Jumilla, de cabida una fanega y dos cuartillos del marco de 9.600 varas cuadradas, equivalentes a 69 áreas y ochenta y siete centiáreas.

6 *En un carro o carruaje:* Barra a la que se engancha la caballería. | Cela *Judíos* 117: El vagabundo .. sale de Pedraza .. sobre el carro de Rodrigo Martínez, que va cantando en la vara. CBonald *Ágata* 108: Cargó Perico Chico con aquella .. porción de la riqueza y salió una furtiva mañana de Malcorta con rumbo ignorado, caballero en la vara de un carricoche ruinoso p[e]ro de tiro alegre.

7 (*Taur*) Garrochazo. | DCañabate *Abc* 26.8.66, 47: El primer toro de Pablo Romero, después de la segunda vara, dobló sus manos.

8 (*col*) Fastidio o molestia. *Frec en la loc* DAR LA ~. | Mann *DMo* 14.8.87, 4: A ver si esos tíos de la máquina respetan las actuaciones de La Concha, que el otro día estábamos viendo .. a la Nati bailando, y la máquina, a todo ruido... ¡Vaya una vara, tío, toda la noche! L. Aparicio *Muf* 4.87, 26: Son de los que dan "la vara" todos los días en la seguridad social para confirmarse que están sanos.

9 ~ alta. (*col*) Influencia o ascendiente. | Torrente *Offside* 75: Hoy almuerzo con un caballero que tiene en la Academia vara alta.

10 (*Mús*) *En pl:* Tubo en forma de U que constituye la parte móvil del trombón (→ TROMBÓN). | Perales *Música* 41: Los "trombones" están directamente emparentados con los "sacabuches". El sonido, en los de "varas", se produce mediante el deslizamiento de esas "varas", que modifica la longitud del instrumento.

II *loc v* **11 tomar** (o **admitir**) **~s** [una mujer]. (*col, raro*) Mostrarse favorable a ser cortejada. | DCañabate *Paseíllo* 53: La moza admitía varas. Me se pegaba al bailar que, amos, que yo echaba chiribitas.

III *loc adv* **12 en ~s.** Entre las dos varas [6] de un carruaje. *Con vs como* IR o METER. | Gerardo *NAl* 22.9.89, 19: Por ahí pasan la mohína y la roana, y el macho tordo que está de non y que para el carro completa la reata, metiéndole en varas.

varada[1] *f* Acción de varar. | *Inf* 24.6.70, 11: Las instalaciones se han montado por el sistema "Syncrolift" o de plataforma elevada, según las más recientes técnicas mundiales, ya que el barco no tiene que aguantar esfuerzos de tracción y flexión en el momento de la varada.

varada[2] *f* (*reg*) Acción de lanzar el anzuelo al agua. | Delibes *Inf* 24.9.75, 16: Registra las torrentes lanzando con precisión entre las piedras, y a la tercera varada engancha un pez de cuarto de kilo.

varadero *m* Lugar donde se varan las embarcaciones para protegerlas o repararlas. | *Sp* 19.7.70, 26: Cuenta, para su funcionamiento, con 11 diques secos, tres flotantes y tres varaderos.

varado *m* (*raro*) Varada[1]. | Pericot-Maluquer *Humanidad* 135: Las naves desarrollan muy pronto una alta proa para hacer frente al embite [sic] del oleaje y para facilitar su varado en las playas.

varadura *f* Varada[1]. *Tb fig.* | Marlasca *Abc* 18.9.70, 43: Doña Veneranda y don Exuperancio, nuestros viejos amigos, estuvieron conmigo durante mi larga varadura en el dique sanatorial.

varal *m* **1** Vara [3] o barra larga. | Escobar *Itinerarios* 46: Gotean las morcillas puestas a secar en los varales que penden del techo de la cocina. Grosso *Capirote* 178: Como la manecilla de un segundero, .. las andas [del paso de procesión] fueron avanzando milímetro a milímetro en la piedra .. Por un momento, pareció que la punta de los varales de plata quedarían enganchados [sic] en los rebordes de piedra del arco. **b)** *A veces se usa en constrs de sent comparativo para ponderar la altura o la figura erguida de una pers.* | Lera *Boda* 655: –Bien plantao sí que es .. –Y tieso, como un varal.

2 Palo redondo en el que encajan las estacas que forman los laterales de la caja del carro. | Romano-Sanz *Alcudia* 226: Leovi entra en la cuadra y saca una yunta de mulas castellanas. Las unce al carro atrancado cerca del horno, adosa unos tableros a los varales y, por último, se encarama en lo alto.

3 Vara [6]. | Hoyo *Glorieta* 15: La piedra del pilón se había alisado con el roce de las caballerías y de sus arneses y con los varales de los carros.

4 (*reg*) Parte delantera del timón del arado. | ARíos *Tri* 13.4.68, 32: Algunos labradores, no contentos con llevar la mancera del arado .., se atan a un varal de arado romano, una vez al año.

varano *m* Reptil saurio de gran tamaño, propio de África, Asia meridional, archipiélago malayo y Australia (gén. *Varanus*). | Grosso *Invitados* 169: Aunque aún quede a la Legión el Sahara y el desierto, "la caza de gerbos, avestruces y varanos".

varapalo *m* **1** Palo largo y delgado. | Romano-Sanz *Alcudia* 117: Los compañeros preparan las mochilas, y la mujer de Faustino los obliga a aceptar un paquete de comida. Con el morral a cuestas y el varapalo en la mano salen en pos de la molinera.

2 Serie de golpes dados con un palo o vara [3]. | Lera *Clarines* 427: Corría junto a las tablas, tal vez buscando la salida, y así fue recibiendo el sucesivo varapalo de todo el mocerío.

3 Crítica o represión dura. | Delibes *Año* 65: En el programa de noche transmitió la TV el reportaje sobre caza que me hicieron el jueves .. Lo lamentable es que omitieron mi varapalo a la prórroga de la temporada en ciertas provincias del sur.

varar A *intr* **1** Encallar [una embarcación], esp. en la arena. *Tb fig.* | *Abc* 27.11.70, 33: Suponiéndose dicho pedazo de tierra como un barco costero varado. Alvarado *Zoología* 121: Jamás acude [la ballena] a tierra, y si por casualidad arriba a una playa queda varada en ella sin remedio. Delibes *Año* 94: Jardiel Poncela, renovador genial de nuestro teatro y de nuestro humor (hasta él, varado en el chascarrillo).

2 Salir a la playa o ponerse en seco [una embarcación] para resguardarse o ser reparada. | S. Ramírez *Sur* 4.8.89, 14: Tanto pesqueros como embarcaciones deportivas deberán estar registrados o, en su caso, contar con la licencia municipal para varar en las playas. Guillén *Lenguaje* 40: Desde fecha muy reciente, en nuestro Reglamento de obras aparece el disparate de equiparar el varar a entrar en dique.

B *tr* **3** Sacar a la playa o poner en seco [una embarcación] para resguardar[la] o reparar[la]. *Tb fig.* | * Ante la gran tormenta que se avecina han decidido varar la barca. Delibes *Vida* 135: Yo daba vueltas al carrete con parsimonia, orgulloso de mi hazaña, y cuando varé el pez en las piedras del malecón y saltó espasmódicamente en sus postrimerías, mi hijo Miguel se lanzó a por él.

varazo *m* Golpe dado con una vara [1 y 3]. | Lera *Boda* 739: Los varazos y los golpes con piedras descargados sobre la puerta principal resonaban siniestramente en toda la casa.

várdulo -la *(tb con la grafía* **bárdulo***) adj (hist)* [Individuo] del pueblo hispánico prerromano que habitaba el territorio que en la actualidad corresponde aproximadamente a la provincia de Guipúzcoa. *Tb n.* | Tovar-Blázquez *Hispania* 79: La misma fuente .. nos dice que Mario tenía una escolta personal de *Bardyaioi*, lo que suele interpretarse como várdulos. J. M. Codón *Tri* 22.5.71, 67: En España, además de celtíberos, ha habido godos, suevos, alanos, bárdulos, caristios y autrigones.

vareado *m* Acción de varear [1]. | E. Marco *MHi* 6.60, 29: He aquí las fases [en el cultivo del olivo]: alzar, .. hacer suelos, quitar varetas, cura de enfermedades, vareado.

vareador -ra *adj* Que varea [1]. *Frec n, referido a pers.* | *GTelefónica N.* 287: Colchonerías Ríos .. Se posee máquina vareadora eléctrica. Chamorro *Sin raíces* 14: Agustín con los vareadores y recogedoras se diseminaron por el olivar.

varear *tr* **1** Golpear con una vara [1 y 3]. *Tb fig.* | CPuche *Paralelo* 215: Lo que le dio fue por robar. Hasta que una vez la Guardia Civil lo vareó. Fíjate cómo anda de lado. Le rompió dos o tres costillas. **b)** Golpear [un árbol] con una vara para hacer que caiga su fruto. | MCalero *Usos* 99: Con grandes látigos, formados por dos varas, la una mayor y más larga que la otra y unidas por un pedazo de guita, vareaban las encinas. **c)** Golpear con una vara [el fruto (*cd*) de un árbol] para hacer que caiga. | Cunqueiro *Sáb* 12.11.75, 31: Se ha ido el veranillo, los gallegos hemos vareado las castañas. **d)** Golpear con una vara [la lana] para ahuecar[la]. | *Economía* 48: Lo más corriente es llamar al colchonero para que .. varee la lana. **e)** Golpear con una vara la lana [de un colchón (*cd*)] para ahuecarla. | Vega *Cocina* 82: Podía leerse .. un letrero que anunciaba : "Se dan clases de inglés y se varean colchones".
2 (*reg*) Lanzar el anzuelo [en un lugar (*cd*)]. *Tb abs.* | Delibes *Vida* 139: Uno pescaba una lubina y un par de mules a todo tirar después de varear la ría durante toda la tarde. Delibes *Inf* 21.9.76, 17: No alcanza más quien varea con mayor vigor, sino quien más oportunamente da el golpe de gracia y coloca con mayor precisión la caña. **b)** Pescar con anzuelo [un pez]. | Cancio *Bronces* 42: Es "Erizos" uno de los campeones de la costa en el difícil arte de varear, a son y en contra de corriente, una lubina.

varego -ga *adj (hist)* [Individuo] del pueblo escandinavo que en el siglo IX se estableció en Rusia y dio origen al imperio ruso. *Tb n.* | Castillo *Polis* 289: Los eslavos orientales o rusos fueron colonizados por emigrantes suecos llamados varegos en el siglo IX. Estos varegos, que fueron eslavizándose, fu[n]daron .. Novgorod, Esmolensko y Kiev.

varenga *f (Mar)* Pieza curva que se pone atravesada sobre la quilla para formar la cuaderna. | Zunzunegui *Hijo* 63: Una vez puesta la quilla e insertadas la roda y el codaste se abrió a los lados, como las hojas de una gigantesca alcachofa, la varenga de mayor ángulo, la varenga maestra y los primeros genoles del plan o de fondo.

vareo *m* Acción de varear [1]. | E. Marco *MHi* 6.60, 29: Gentes que laborean su tierra o que efectúan el vareo y ordeño de la aceituna. GTelefónica *N.* 285: Borragán Echevarría, Manuel .. Gran surtido en lanas y colchones. Talleres para el vareo y desinfección de colchones.

vareta I *f* **1** Ramita o vara [1] pequeña. | Cuevas *Finca* 99: La estreché en mis brazos, como si fuera un haz de varetas de olivo.
2 Palito o listoncillo delgado. | GPavón *Cuentos rep.* 35: Me estaba esperando con un mecano .. Como tardaba, se había hecho yo un puente colgante con muchas varetas rojas y verdes. V. Muñoz *SSur* 7.8.88, 10: El barnizado, la disposición de las varetas y barras en el interior de la caja de resonancia, el ancho y el largo del mástil, el tipo de madera de la tapa armónica... son características que hacen que los guitarristas busquen a un determinado constructor para realizar sus encargos.
3 (*reg*) Pleita de cinco manojos sin torcer. | CBonald *Dos días* 93: Lola trajinaba ahora en el fogón, metiendo papeles por la ventanilla y dando aire con el soplador de palmiche. El soplador parecía un abanico de anuncio, con su redondo país bordeado de unos cordones malvas y su flexible mango de vareta.
II *loc v* **4 irse**, *o* **estar**, [alguien] **de ~(s)**. (*col*) Tener [el que sufre diarrea] necesidad urgente de evacuar. | Delibes *Cartas* 91: Hasta que un buen día, sin avisar, sobreviene el apretón y me voy de vareta, me descompongo. Berenguer *Mundo* 48: Allí todos empezaron a aplaudir como si estuvieran viendo los toros, y yo estaba viendo que me iba a ir de varetas.

varetazo *m* **1** Varazo. | Romano-Sanz *Alcudia* 56: Los gatos, espabilados por el olor de la comida, maúllan nerviosos. Se meten por entre las piernas .. La mujer coge un palo y les sacude varios varetazos.
2 (*Taur*) Golpe producido por la pala del cuerno. | *Abc* 10.12.74, 98: Al terminar la corrida de toros celebrada ayer en esta ciudad ingresó a la enfermería el matador Paco Bautista, que se quejaba de un varetazo en el vientre.

vareto *m* (*reg*) **1** Vareta [1]. | S. Araúz *Inf* 20.1.76, 17: El cazador solitario debe discernir los ruidos o movimientos del bosque; porque una cosa es el oreo de un vareto de roble con la brisa .. y otra muy distinta la flexión y el ruido del mismo vareto al paso liviano de un conejo.
2 Varetón [1]. | *HLS* 3.8.70, 8: Queda asimismo prohibida la caza de ciervos .. en sus dos primeras edades de cervato y vareto.

varetón *m* **1** Ciervo joven cuya cornamenta tiene una sola punta. | Berenguer *Mundo* 165: El macho, si es que lo era, no pasaba de ser un varetón que todavía apretaba los labios para mamar.
2 Vareta [1] grande. | Grosso *Capirote* 53: Nieblas se inclinó para quitarle las esposas. Le obligó a incoporarse y lo llevó hasta la mesa .. Le dejó ante ella solo, tambaleante, como si hubiera dispuesto un hinco de cerca, .. un hinco .., o una espiga, o un armajo, o un varetón de olivo sin sustancia ya, seco y erguido. Romano-Sanz *Alcudia* 190: Para construir un chozo se empieza por buscar un lugar apropiado .. Luego se traen las trancas maestras, se pingan para empalarlo y se arma con los varetones intermedios.

varga *f* Cuesta pendiente. | Delibes *Cartas* 23: El regreso, con la varga de la Penilla por medio, se hace agitado y fatigoso.

Vargas. averígüelo ~. *fórm or (lit)* Cualquiera sabe, o vaya usted a saber. | Cela *Judíos* 300: América hubiese sido descubierta, sin duda, pero con otra bandera y quizás también con intenciones diferentes. Averígüelo Vargas. CSotelo *Inocente* 117: No, por Dios, no me pregunte cuándo fue la última vez, que ni me acuerdo. Veinte o treinta años, averígüelo Vargas.

variabilidad *f* Cualidad de variable. | J. G. Manrique *MHi* 11.63, 15: Tiene esa idea un poco caótica de que tener acciones es algo así como el agua en una cesta, dada la variabilidad de su renta.

variable *adj* Que puede variar [3]. | Bustinza-Mascaró *Ciencias* 303: Los vientos variables son los más frecuentes. **b)** (*Mat*) [Magnitud] que puede tener un valor cualquiera de los comprendidos en un conjunto. *Frec como n f.* | Marín *Enseñanza* 287: Observemos que las tablas tienen dos variables: número de órdenes conseguido y orden correspondiente a cada escolar.

variablemente *adv* De manera variable. | GSerrano *Alc* 9.11.70, 32: Cuando por la tarde tomé el taxi que nos lleva a mi mujer y a mí al cine variablemente semanal, porque hay muchos sábados en los que he de quedarme en casa, hacía fresquete, el cielo se había encapuchado de nuevo.

variación *f* **1** Acción de variar. *Tb su efecto.* | Marcos-Martínez *Algebra* 157: Los puntos representativos [de la temperatura] se unen luego por segmentos rectilíneos, no porque la variación sea así efectivamente, sino porque desconociendo dicha variación intermedia, es más cómodo unirlos por rectas que por curvas. J. Castell *Van* 19.5.76, 49: Solo esta población autóctona [de Alguer] habla el algüerés, reliquia de finales del siglo XIV, una variación dialectal que tiene el catalán arcaico como base.

variadamente – varilla

2 (*Mús*) Composición formada por la transformación de un tema, desarrollando distintos aspectos melódicos, armónicos o rítmicos. *Frec en pl.* | Blancafort *Música* 80: Las numerosas formas que irá creando el nuevo estilo instrumental [renacentista] tendrán importancia decisiva para la música del período barroco: las danzas engendrarán la *suite*; la *variación* y el *basso ostinato* serán recurso constante de los compositores posteriores. **c)** ~**es sobre el mismo tema.** Insistencia machacona y sin interés sobre un mismo asunto. | * Las charlas de hoy no han pasado de ser variaciones sobre el mismo tema.
3 (*Biol*) Desviación, en un individuo, del carácter típico del grupo a que pertenece, o en la descendencia, de las características de los progenitores. | Ybarra-Cabetas *Ciencias* 215: Estas diferencias entre los individuos y sus descendientes se conocen con el nombre de variaciones.
4 (*Mat*) Conjunto de los diferentes que pueden formarse con un número de elementos dado, según cuáles sean estos o su disposición. | Ríos-RSanjuán *Matemáticas* 203: Escribir los números de una, dos y tres cifras distintas que pueden formarse con 2, 8, 6 y 5. Evidentemente, son las variaciones unitarias, binarias y ternarias de dichas cifras.

variadamente *adv* De manera variada. | J. CCavanillas *Abc* 5.12.70, 36: Inexactitudes, fantasías y mezclada documentación ocupan variadamente .. amplios espacios en la Prensa italiana.

variado -da *adj* **1** *part* → VARIAR.
2 [Cosa] formada por elementos distintos. | Carrero *Pue* 22.12.70, 6: La técnica, en toda su variada gama, es función directa de la formación profesional. Zubía *España* 225: El folklore español es muy variado.
3 [Cosas] diferentes entre sí. | Legorburu-Barrutia *Ciencias* 248: Las hojas son muy variadas. Se pueden dividir en : Simples .. Compuestas.
4 (*Fís*) [Movimiento] cuya velocidad no es constante. | Marcos-Martínez *Física* 10: El movimiento variado es el más general en la naturaleza.

variador -ra *adj* Que varía [1]. *Gralm n m, referido a aparato o dispositivo.* | Ramos-LSerrano *Circulación* 264: El dispositivo para variar el momento de la inyección de combustible se llama variador de avance, siendo actualmente automático. GTelefónica *N.* 1100: Talleres Constan. Variadores de velocidad, variación normal de 0/900 R.P.M.

variante A *f* **1** Variación [respecto a algo (*compl de posesión*) que se toma como referencia]. *Frec sin complt, por consabido.* | Galmés *Dialectalismos* 313: La palabra *torreón* sería una variante fonética leonesa .. de la forma *torrejón*. DPlaja *El español* 149: He oído la historia situada en Nueva York, Venecia, Berlín .. Con variantes (en lugar del cuarto del hotel puede ser el camarote de un barco ..), pero siempre con tres circunstancias permanentes. **b)** Desviación de un tramo de carretera. | *NEs* 5.8.78, 10: En la variante Riaño-Puente Yago de la carretera comarcal Oviedo-Campo de Caso .., se produjo en la noche del jueves la primera víctima. **c)** *En las quinielas:* Resultado diferente al 1. | *Mar* 23.11.70, 2: La quiniela de ayer, con solo cinco variantes, ha resultado fácil.
B *m* **2** Fruto o verdura encurtidos en vinagre. *Normalmente en pl.* | GTelefónica *N.* 9: Aceitunas sevillanas. Pepinillos y variantes.

variar (*conjug* **1c**) **A** *tr* **1** Hacer que [alguien o algo (*cd*)] pase a ser diferente de como era o de lo que era. | *HLB* 9.12.74, 10: "L'Espresso" publica los nombres de Álvarez Puga .., José María Pemán y Ruiz Jiménez, a quien no se sabe si el señor García o el periodista Scialoja ha variado el nombre hebraizando la palabra Joaquín, que pasa a ser Hachim. Ramos-LSerrano *Circulación* 264: El dispositivo para variar el momento de la inyección de combustible se llama variador de avance, siendo actualmente automático. **b)** Dar variedad [a algo (*cd*)]. | A. Valle *SYa* 9.3.75, 45: Es un animal apropiado para nuestras casas .. Debemos procurar variar su comida, dándosela de varias clases juntas.
2 (*Mús*) Transformar [un tema] desarrollando distintos aspectos melódicos, armónicos o rítmicos. | Blancafort *Música* 83: Fray Juan Bermudo .., cuya *Declaración de instrumentos* (Osuna 1555) recoge una serie de principios para improvisar, componer y variar música de tecla.
B *intr* **3** Pasar [alguien o algo] a ser diferente de como era o de lo que era. | W. Delso *TEx* 21.2.75, 13: Desde el punto de vista jerárquico la situación no ha variado, porque cada uno nos hemos reafirmado en nuestra postura. **b)** Oscilar o alternar. | C. Dávila *Abc* 9.5.76, 34: La proporción habitual de los linfocitos es de 20-30 por 100 en el adulto .. Los monocitos suelen variar de 5 a 10 por 100.
4 Hacer que [algo (*compl* DE)] varíe [3]. | Castellanos *Animales* 60: El gato es un animal muy glotón, quizás el animal al que más le agrade variar de menú. **b) para ~.** (*col*) *Se usa irónicamente para comentar la persistencia en una conducta.* | * Para variar, llegarás tarde.
5 Diferir o ser distinto. | F. Ros *Abc* 6.6.67, sn: Alguno de los bordados que acabas de comprar tendrá la greca al revés, .. o variará su color.
6 (*Mil*) Cambiar de dirección [una formación en marcha] por la cabeza. | Goytisolo *Recuento* 121: Pringaban la tarde entera .., literalmente acojonados por el riesgo de variar a la izquierda en lugar de a la derecha o de saltarse un tiempo o de perder el paso.

varicela *f* Enfermedad contagiosa y benigna caracterizada por una erupción semejante a la de la viruela. | Bustinza-Mascaró *Ciencias* 103: En la varicela o viruela loca, la fiebre es poco intensa y las pústulas escasas.

varicosidad *f* (*Med*) Variz. | *Ya* 27.4.75, 61: Tratamientos .. Para varicosidades, venas aparentes, piernas pesadas y dolorosas.

varicoso -sa *adj* **1** De (las) varices. | *GTelefónica* 15: Dr. Juan de Dios García Ayuso. Dermatólogo Jefe Dispensario Médico Escolar. Piel .. Úlceras Varicosas.
2 Que tiene varices. *Tb n, referido a pers.* | Nolla *Salud* 274: Son especialmente causa frecuente de anemias agudas posthemorrágicas las úlceras gástricas y duodenales, la ruptura de venas varicosas del esófago, la tuberculosis pulmonar. GPavón *Cod* 11.8.74, 17: Nunca les faltaba [a los camareros] una señora más o menos varicosa, conquistada mientras le servían la sopa.

variedad *f* **1** Cualidad de variado [2 y 3]. | CBonald *Casa* 22: Pasaron por momentos de reprimida tirantez, no tanto por discrepancias educativas –que eran de mucha variedad– cuanto por incompatibilidades domésticas.
2 Cosa que supone una variación [respecto a otra (*compl de posesión*) cuyos caracteres esenciales posee]. | Legorburu-Barrutia *Ciencias* 352: También son variedades del cuarzo, aunque no forman cristales grandes, la calcedonia, el pedernal, el ágata, el ónice, etc. Lapesa *País* 16.11.77, 27: El catalán y sus variedades valenciana y balear dejaron de contar como instrumentos de literatura culta hasta la Renaixença posromántica. **b)** (*CNat*) Subdivisión de la especie, caracterizada por la variación de caracteres secundarios. | Legorburu-Barrutia *Ciencias* 217: Camélidos. Son importantes: el camello de Asia o de dos jorobas .; el camello africano, de una; el dromedario es una variedad de este, que se utiliza para montar. **c)** Conjunto de variedades [de una cosa]. | Cunqueiro *Un hombre* 22: Eusebio aprendió todo lo que se sabía de espuelas, leyó tratados, recibió estampas con toda la variedad de ruedas.
3 *En pl:* Espectáculo ligero compuesto por atracciones variadas. | J. Montini *Sáb* 10.9.66, 25: A los trece años ya era artista. Artista de variedades.

variegado -da *adj* (*Bot*) De colores diversos. | M. Pino *SAbc* 13.3.83, 62: Planta ornamental por sus hojas colgantes, verdes o variegadas.

varietal *adj* (*Bot*) De la variedad [2b]. | *Ya* 27.11.74, 42: La reconversión varietal por injerto ha sido desde muy antiguo técnica utilizada en el sector olivarero a fin de conseguir la producción de otra variedad cuyo fruto obtuviera en el mercado mayor precio.

varieté *m* (*raro*) Teatro de varietés. | Paso *Pobrecitos* 231: Harén que seleccionó entre lo más florido del varieté de la época.

varietés *f pl* Variedades [3]. | J. Montini *Sáb* 10.9.66, 25: Siempre ha ganado el pan .. con su arte. No ha muchos meses comía acá o allá tras su sesión de "varietés".

varilarguero *m* (*Taur*) Picador de toros. | *GacR* 27.10.70, 6: Falleció el que fue buen varilarguero don Antonio Caneva.

varilla *f* **1** Barra larga y delgada. | Marcos-Martínez *Física* 138: La biela *b* va unida por un extremo a una pieza,

J, llamada cruceta, que mueve la varilla del émbolo. Bustinza-Mascaró *Ciencias* 170: Las aletas [de la sardina] tienen un esqueleto formado por unas varillas de hueso, llamadas radios, recubiertos de piel por ambas caras. **b)** Varilla que forma parte de la armazón de un paraguas o sombrilla. | * Se le han roto dos varillas al paraguas. **c)** *En pl:* Utensilio de cocina formado por un conjunto de varillas metálicas y que se emplea para batir. | *Cocina* 659: Se mueve con las varillas y se deja al calor suave hasta que espesa.
2 Tira de las que forman la armazón de un abanico. | * Las varillas de este abanico son de marfil.

varillaje *m* Varillas o conjunto de varillas. | Alvarado *Zoología* 109: La parte principal del ala [del murciélago] está sostenida por una especie de varillaje formada por los dedos índice, medio, anular y meñique. Pemán *Gac* 1.6.63, 33: Una nación que se llama a sí misma "enigma" .. está a dos pasos de aceptar la coquetería goyesca del velo sobre la cara y el varillaje del abanico ante los ojos.

vario -ria I *adj* **1** *Referido a un n en pl:* Algunos, no muchos. | Arce *Testamento* 29: Estuve caído en el suelo varios minutos.
2 (*lit*) Variado [2]. | *Pap* 1.57, 107: Es un libro voluntariamente construido con materiales poéticos de muy varia extracción.
II *pron pl* **3** Algunas, no muchas, personas o cosas. | Cunqueiro *Un hombre* 22: Sería un falso Orestes, como los otros. Hubo varios.
III *n* **A** *m pl* **4** *En un archivo o en una publicación:* Documentos o textos no clasificables en las secciones establecidas. *Tb en la sección en que se recogen.* | *Van* 17.4.73, 63: [Anuncios por palabras.] Índice de secciones .. Ventas .. Traspasos .. Alquileres .. Bolsa de trabajo .. Varios.
B *f* **5** (*lit*) Varios [4]. | FSantos *Catedrales* 94: Más jugos[a]s que los tomos de libranzas son esas grandes carpetas .. que llevan una etiqueta orlada, donde una mano fina ha escrito en letra grande y redondilla: Varia.

variólico -ca *adj* (*Med*) De (la) viruela. | N. Luján *Sáb* 15.3.75, 5: Antes de que Jenner inventara la vacuna existió lo que se llamaba el "método griego", que consistía en intentar la inmunidad a base de unas punturas en la frente, el mentón y en pómulos con linfa variólica.

variolización *f* (*Med*) Inoculación profiláctica del virus de la viruela benigna no modificado. | Alvarado *Anatomía* 168: Los médicos de Oriente inventaron la llamada variolización, consistente en transmitir la varicela de los enfermos a las personas sanas mediante incisiones cutáneas.

varioloso -sa *adj* (*Med*) **1** De (la) viruela. | Alvarado *Anatomía* 157: Esta linfa es la materia de las pústulas variolosas de terneras infectadas por la enfermedad llamada viruela vacuna.
2 Que padece viruela. *Tb n.* | Cela *Inf* 28.1.77, 23: El pobre Dick, a los dos años de su matrimonio, se murió de viruelas igual que si fuera turco .. Mi tía bisabuela, después del indio y antes del varioloso, había tenido otros dos novios.

variómetro *m* (*Aer*) Aparato que sirve para indicar las variaciones de la altura y la velocidad de ascenso o de descenso. | *Gar* 15.9.62, 23: Las Escuelas de Vuelo sin Motor constituyen el único lugar de entrenamiento para los ya pilotos .. Vemos al portugués manejar, de modo indescifrable para los profanos, el variómetro y el altímetro.

variopinto -ta *adj* (*lit*) **1** Que presenta diversidad de colores o aspectos. | L. Álamo *Alc* 5.11.70, 28: El ingeniero Eiffel .. proyectó el puente de Ormáiztegui y la marquesina variopinta de la estación de Irún.
2 [Conjunto] heterogéneo. | Delibes *Mundos* 112: Es la casa-museo de don Pedro del Río Zañartu; casa hermosa y museo variopinto: momias egipcias y armaduras medievales, alfarería quechua y caracoles marinos. PFerrero *MHi* 12.70, 50: Una revista .. ha relacionado y situado hace poco a Zuloaga con aquel grupo variopinto [la generación del 98], y dentro de él.

varita *f* Vara pequeña de que se sirven las hadas y magos para realizar sus prodigios. *Gralm* ~ MÁGICA. | *Sáb* 10.9.66, 41: Este aparato .. obedece a sus deseos como una varita mágica.

variz *f* Dilatación permanente de una vena, causada por la acumulación de sangre en su cavidad. *Frec en pl.* |
Legorburu-Barrutia *Ciencias* 76: Las enfermedades más corrientes del sistema circulatorio son: la arterioesclerosis o endurecimiento de las arterias; las varices o dilataciones de las venas; .. la leucemia, etc.

varja *f* (*reg*) Cofre de madera. | GPavón *Cuentos rep.* 109: Lo primero que colocaba Gumersindo en el fondo de las bolsas del carro era la varja.

varo *adj* (*Med*) Desviado hacia adentro. *Tb* EN ~. | R. ASantaella *SYa* 7.10.84, 35: Se conforma así una estructura admirable, que mecánicamente puede alterarse en el pie plano, o equino, o talo, o bien apoyando hacia adentro o varo, o por fuera o valgo .. Las rodillas pueden estar lejanas en las rodillas en varo o paréntesis y demasiado próximas o en valgo.

varón *m* Pers. del sexo masculino. | PRivera *Discursos* 17: Cuantas más incorporadas al Movimiento tengan presencia activa en la vida de España, mejor, entendida esta presencia como servicio a la Patria, como colaboración con los varones, y siempre .. que no menoscabe obligaciones primordiales. **b) santo ~.** Hombre sumamente bueno. *A veces con intención peyorativa, ponderando la ingenuidad.* | * Tu padre es un santo varón.

varona *f* (*lit*) Mujer varonil. *Tb adj.* | Fraile *Pról. Vida Lagos* VIII: Concha Lagos es una fuerza de la Naturaleza, pero no una "varona", sino una mujer cien por cien. MSantos *Tiempo* 19: Quizá por el contraste, mi hija, tan varona, se dejó conquistar.

varonía *f* **1** Descendencia por línea de varón. | Cossío *Montaña* 215: Con él se extingue la varonía en la sucesión de los Garcilasos.
2 Condición de varón. | J. VBeneyto *Índ* 1.11.74, 6: El cuadro que precede parece señalar inequívocamente las condiciones siguientes: 1) Varonía: El 100% en un caso y el 98% en el otro son varones; 2) Madrileñismo: Los miembros de las listas que residen habitualmente en Madrid alcanzan el 84% en una y el 82% en la otra. Laín *Gac* 22.2.70, 8: Goya .. vive con pasión de viejo –una pasión por igual desfalleciente y áspera– los últimos ramalazos de su larga varonía.

varonil *adj* **1** De(l) varón. | Clara *Sáb* 10.9.66, 46: Grafológicamente, le atribuyo: carácter serio, reflexivo y razonable; buen temperamento varonil.
2 Que tiene cualidades propias de varón. | * Es un hombre muy varonil. * Esa chica es un poco varonil.

varonilidad *f* (*raro*) Cualidad de varonil. | M. Roiz *Tri* 2.2.74, 31: Desde niños, todos los habitantes de Laza están deseando llegar a poder vestirse de cigarrones, lo que es raro, exclusivo. Es el ideal de expresión de la varonilidad: correr, subir y bajar, golpear, fustigar.

varonilmente *adv* **1** De manera varonil. | * Respondió varonilmente.
2 En el aspecto varonil. | C. Piernavieja *Mar* 13.4.60, 7: Se nos iba a presentar a la "vedette" internacional Jack Lasartesse, ese hércules de rostro varonilmente femenino.

varraco *m* Verraco. | Ridruejo *Castilla* 2, 436: Llegaremos a Cillán y a Chamartín, donde se encuentran un castro y una necrópolis de la Edad de Hierro .. El campo fue descubierto en 1930 .. Se hallaron en él cinco varracos de piedra.

varraquera *f* (*col*) Verraquera. | Alvar *Islas* 32: Otro se acuerda de cuando era muy chico y se cayó de bruces contra el santo suelo. Lloriqueaba y hocicaba en el polvo. Don Miguel lo puso a dos pies, que es postura de cristianos, y en brazos lo tuvo hasta que se le pasó la [v]arraquera. [*En el texto,* barraquera.]

varrionda *adj* (*reg*) [Puerca] verrionda. | Moreno *Galería* 73: Para expresar que una vaca estaba en celo, se decía que la vaca había salido "torionda"; si era la cerda, "varrionda".

varsoviano -na *adj* De Varsovia. *Tb n, referido a pers.* | *Ya* 26.12.81, 1: Los varsovianos han montado guardia ante los comercios para llevarse una estrella plateada o las ramas de abeto necesarias para improvisar un árbol.

varve *f* (*Geol*) Conjunto de dos capas, una clara y otra oscura, depositadas anualmente por las aguas de fusión de un glaciar. | Pericot-Maluquer *Humanidad* 20: Para el periodo pospleistocénico del norte de Europa y Norteamérica

vasa – vasera

se emplea el método, más sencillo, de contar las laminillas o varves que el retroceso de los hielos depositó anualmente en los lagos que se iban formando.

vasa *f* (*reg*) Conjunto de utensilios de cocina fabricados de barro. | Seseña *Barros* 31: Alfares de cacharrería existieron en Coto de Estrada (partido de San Vicente de la Barquera); .. en Cos .. fabricaban la vasa (diversas piezas que forman la batería de cocina), las *tarreiras* (jarras de pastor), y las embernías (tazones para la leche).

vasal *adj* (*Med*) Vascular. | *Ciu* 10.78, 10: Antiojeras: Tiene el sentido de prevenir o eliminar los círculos negros o las bolsas periorbitales debidos a una estasis linfática o vasal, o bien a factores hereditarios.

vasallaje *m* Condición de vasallo. | Vicens *HEspaña* 1, 263: Para garantizar la fidelidad de los grandes, los Carolingios distribuyeron tierras entre ellos, haciéndoles aceptar el vínculo de vasallaje. Valcarce *Moral* 197: Todo el que posee bienes debe ofrecer una parte de ellos al Señor en señal de sumisión, gratitud y vasallaje.

vasallo -lla *m y f* (*hist*) *En el régimen feudal:* Pers. sometida con vínculo de fidelidad a un señor que le concede la posesión efectiva de un feudo. | Arenaza-Gastaminza *Historia* 93: La nobleza estaba constituida por todos los que tenían feudos y vasallos a sus órdenes, en cualquiera de sus grados. **b)** Pers. que depende [de otra (*compl de posesión*)] y está sometida [a ella]. *Tb fig.* | *Ya* 10.6.78, 11: El Zaire ha calificado a los líderes soviéticos de "modernos zares" y les ha acusado de apoyar a los rebeldes katangueños para convertir al Estado centroafricano en un vasallo ruso.

vasar *m* Anaquel o estante, gralm. de yeso y ladrillo, destinado a vajilla y otros utensilios de cocina. | FSantos *Hombre* 30: Alcanzó en el vasar, sobre el fuego, la llave y se la dio.

vasco -ca **I** *adj* **1** Del País Vasco o Provincias Vascongadas (Vizcaya, Alava y Guipúzcoa). *Tb n, referido a pers.* | CBaroja *Inquisidor* 37: Escribió a Madrid, a un fraile vasco calificador del Santo Oficio. **b)** De los vascos. | Zubía *España* 225: El folklore español es muy variado. En el gráfico se aprecia el vestido y el baile popular vasco.
2 Del departamento francés de los Bajos Pirineos. *Tb n, referido a pers. Frec* ~ FRANCÉS. | *Ya* 21.9.74, 5: La situación en que se desenvuelven [los terroristas] en la región vasca francesa es incompatible con las relaciones amistosas entre ambos países.
3 Del vasco [4]. | Tovar *Lucha* 81: La "traducción" .. parecióles clara a los descubridores de la inscripción, no obstante carecer la frase ibérica así interpretada de sintaxis vasca.
II *m* **4** Vascuence (lengua). | Amorós-Mayoral *Lengua* 5: Si dejamos aparte el caso del vasco, .. podemos decir que todas las lenguas que se hablan en nuestra Patria son lenguas románicas.

vascohablante *adj* [Pers., grupo humano o territorio] que tiene el vasco [4] como lengua propia. *Tb n, referido a pers.* | Tovar *Lucha* 40: Un cálculo estadístico de sus hablantes es difícil .. Se dan cifras que oscilan alrededor de medio millón de vascohablantes.

vascólogo -ga *m y f* Especialista en lengua y cultura vascas [1 y 2]. | *Ya* 13.2.90, 17: Se da la paradoja de que los mejores vascólogos son franceses o alemanes.

vascón -na *adj* (*hist*) [Individuo] del pueblo íbero que habitaba la región aproximadamente equivalente a la actual provincia de Navarra. *Tb n.* | Tovar *Lucha* 39: Los vascones históricos entran en la composición del reino bilingüe en Pamplona. **b)** De los vascones. | Ubieto *Historia* 79: Una España cristiana que .. solo contaba con una ciudad importante: Pamplona. Pero una ciudad que hasta entonces había sido un enclave militar del poder visigodo sobre una tierra vascona hostil.

vascongado -da *adj* Vasco [1]. *Tb n.* | Zunzunegui *Camino* 32: Descendió silbando un zorcico. Tomó el tren de los vascongados.

vascónico -ca *adj* **1** De los antiguos vascones. | CBaroja *Inquisidor* 41: Don Alonso hizo la síntesis de cuanto .. averiguó respecto a las brujas en tierras vascónicas.
2 Del territorio de los antiguos vascones. *Tb n, referido a pers.* | CBaroja *Brujas* 240: Con aquelarres o sin ellos .., lo cierto es que la bruja y el brujo vascónico producen una inquietud constante y que los pueblos viven en tensión.

vasconidad *f* Condición de vascón. | *Abc* 15.12.70, 22: Dejando aparte lo remoto, como la probable vasconidad de los numantinos.

vascoparlante *adj* Vascohablante. *Tb n.* | *Pue* 26.2.74, 6: Se publican desde hace tiempo lecciones de gramática y lexicografía euskérica, que, por cierto, han validado reiteradas felicitaciones de los más diversos sectores vascoparlantes.

vascuence I *adj* **1** [Cosa] vasca. | Laiglesia *Ombligos* 237: Unos kilómetros después, al atravesar el tren la línea divisoria de la región vascuence, comenzó a caer una lluvia copiosa.
II *m* **2** Lengua de los vascos [1 y 2]. | Tovar *Lucha* 81: El pronombre *en* que creemos haber aislado en varios ejemplos del íbero, en vascuence es, entre otras cosas, la desinencia de genitivo.

vascular *adj* (*Biol*) **1** De los vasos [3]. | Alvarado *Botánica* 5: Se compone [el sistema conductor] de dos tejidos: 1º, el tejido vascular, que conduce el agua (savia bruta) desde las raíces a las hojas, y 2º, el liberiano, que distribuye por la planta el alimento orgánico (savia elaborada).
2 Que posee vasos [3]. | Artero *Plantas* 85: En el tallo y en las hojas hay auténticos vasos para la conducción de la savia bruta tomada por las raíces, por lo que el helecho es considerado planta vascular.

vascularización *f* (*Biol*) Formación de vasos [3] o aumento del número de estos. *Tb su efecto.* | *Voz* 8.11.70, 7: La lección finalizó con la proyección de una película en colores sobre la cirugía experimental de diferentes tipos de osteogénesis, en relación con la vascularización y los isótopos radiactivos. Nolla *Salud* 95: Los riñones tienen una vascularización muy rica.

vascularizado -da *adj* (*Biol*) **1** *part* → VASCULARIZAR.
2 Que tiene vasos [3]. | Navarro *Biología* 178: La pituitaria inferior o pituitaria roja está ricamente vascularizada.

vascularizar *tr* (*Biol*) Dotar de vasos [3] [a un tejido o a un órgano (*cd*)]. | Ó. Caballero *SInf* 3.2.71, 2: Los homoinjertos –trasplantes de un hombre a otro–, en los que se observa un primer momento de "duda" a lo largo de algunos días de extrañeza y tanteo, el organismo vasculariza al tejido extranjero.

vasculitis *f* (*Med*) Inflamación de uno o más vasos [3]. | *País* 27.10.87, 32: Lluís Pasqual, hospitalizado a causa de una vasculitis alérgica.

vasculonervioso -sa *adj* (*Anat*) Que contiene vasos [3] y nervios. | S. Cayol *Ya* 15.9.85, 42: José Antonio Campuzano sufrió herida en la región axilar izquierda con dos trayectorias, una hacia arriba, de diez centímetros, que diseca músculos pectorales y contusiona la parrilla costal y el paquete vasculonervioso, y otra hacia abajo.

vasculopatía *f* (*Med*) Afección de los vasos [3]. | *Abc* 27.6.71, 53: Su disertación versó sobre "Expresión clínica y tratamiento causal de las vasculopatías ateromatosas".

vasectomía *f* (*Med*) Sección quirúrgica de un vaso, esp. del conducto deferente. | *SInf* 4.6.75, 4: Esterilidad y esterilización. Varones. Un millón de vasectomías anuales realizadas voluntariamente en Estados Unidos.

vasectomizar *tr* (*Med*) Hacer la vasectomía [a alguien (*cd*)]. | *Ya* 16.1.87, 3: Vasectomizan a un joven que quería operarse de fimosis.

vaselina *f* Sustancia crasa derivada del petróleo, que se emplea esp. en farmacia y perfumería. *Tb fig.* | Marcos-Martínez *Física* 298: Aceites pesados o residuos de petróleo, que están formados por hidrocarburos sólidos. Están entre ellos la parafina ..; la vaselina, empleada en pomadas, y otros aceites minerales. P. Corbalán *Inf* 12.9.77, 25: En resumidas cuentas: lo obsceno que no osa decir su nombre; lo obsceno introducido con la vaselina bieneducada.

vasera *f* Poyo o anaquel para poner vasos [1]. | Escobar *Itinerarios* 252: Buscaba [en el almacén de vinos] un rincón .., arrellanaba el cuerpo en un banco, a mano la vasera, y por señas pedía lo suyo: una jarra de dos cuartillos.

vasero *m* (*reg*) Vasar. | Moreno *Galería* 154: Otra vajilla .. ocupaba otro lugar próximo .. que se llamaba el vasero.

vasija *f* Recipiente cóncavo destinado esp. a líquidos o productos alimenticios. | Marcos-Martínez *Aritmética* 136: Una vasija llena contiene 12'8 l de agua.

vaso I *m* **1** Vasija pequeña, frec. de vidrio y de forma gralm. cilíndrica, que se emplea para beber. *Tb su contenido.* | Cunqueiro *Un hombre* 14: El oscuro vino del país, cuando hubo llenado los vasos, se coronó a sí mismo con cincuenta perlas iguales. **b)** (*col*) Vaso de vino. | Delibes *Año* 27: A la salida bebí un vaso muy agradablemente con Emilio Lorenzo y César Hernández.
2 Vasija o recipiente. | Pericot *Polis* 26: También aparecen tipos peculiares de arte menor. El más importante .. es el vaso campaniforme, que tal vez tiene su origen en el valle del Guadalquivir. **b)** (*E*) Parte cóncava que constituye el recipiente de una acumulación de agua. | L. Apostua *Ya* 9.5.75, 13: Assuán tiene hoy un punto crítico de discusión .. Ahora, el río ni se sale de madre ni aporta el limo. Este se deposita en el vaso de la presa. *GTelefónica N.* 876: Piscinas cubiertas. Instalación de acondicionamiento de ambientes. Calentamiento del agua del vaso. Lázaro *JZorra* 74: Si, como hoy, la barca viene por el vaso de arriba, por el tramo superior del canal, el señor Esteban, el e[s]clusero, abre los gatos de las compuertas un mismo tiempo que vierra y cierra los de las inferiores. **c) ~s comunicantes.** (*Fís*) Recipientes de formas diversas que comunican entre sí. *Tb fig, fuera del ámbito técn.* | Marcos-Martínez *Física* 70: En vasos comunicantes, un mismo líquido alcanza en todos alturas iguales. Aguilar *Experiencia* 961: Los editores españoles debemos hacer vasos comunicantes de las ideas, de las creaciones literarias y de los conocimientos, entre todos los países del mismo idioma.
3 (*Biol*) Conducto circulatorio. | Navarro *Biología* 175: Las mismas causas que mueven la sangre en las venas son las que obligan al desplazamiento de la linfa en los vasos linfáticos. Artero *Plantas* 85: En el tallo y en las hojas hay auténticos vasos para la conducción de la savia bruta tomada por las raíces, por lo que el helecho es considerado planta vascular. **b)** (*Bot*) Célula muerta, alargada y tubular, apropiada para el transporte de agua o soluciones acuosas. | Alvarado *Botánica* 3: Cuando [las células vegetales] son alargadas y sirven para conducir los jugos nutricios se denominan vasos si están muertas, tubos si son vivas.
4 (*Mar*) Barco. *Tb* (*lit*) *fuera del ámbito técn.* | DAlegría *Defensa* 161: Maura se propone sacar a la Armada de la postración en que yacía, conjunto de viejos vasos inservibles para la guerra marítima de su tiempo. **b) ~ flotante.** (*Mar*) Casco del barco. | MHidalgo *HyV* 10.71, 76: El vaso flotante o casco .. está formado por 162 cuadernas y 160 baos o latas, de roble.
5 (*raro*) Orinal. *Tb* ~ DE NOCHE. | Benet *Nunca* 25: Volví a entrar con un vaso de noche en cada mano.
II *loc v* **6 ahogarse en un ~ de agua.** (*col*) Apurarse por muy poca cosa. | Laiglesia *Tachado* 179: –¿Y a quién se las encargamos? –decían sus subordinados, que se ahogaban en un vaso de agua. –Pues a un sastre –rezongaba Forlé.

vasoconstricción *f* (*Med*) Disminución del calibre de los vasos [3]. | Navarro *Biología* 198: También puede producirse la secreción de sudor al mismo tiempo que una vasoconstricción, palideciendo la piel.

vasoconstrictor -ra *adj* (*Med*) Que causa vasoconstricción. *Tb n m, referido a agente o fármaco.* | Navarro *Biología* 176: A los músculos lisos de las arterias y arteriolas les llegan dos nervios vasomotores .., uno que determina la contracción de sus fibras musculares, denominado vasoconstrictor, y otro, vasodilatador, que relaja su musculatura. Alvarado *Anatomía* 141: La constricción o dilatación de los vasos sanguíneos puede realizarse por medio de .. la acción de hormonas generales, como la adrenalina, que es vasoconstrictora.

vasodepresor -ra *adj* (*Med*) Que causa depresión o colapso de los vasos [3]. | T. GYebra *Ya* 9.3.90, 70: Entre las distintas variedades de plantas medicinales que cultiva el Jardín Botánico se encuentran el orégano (tónico digestivo), .. beleño blanco (vasodepresor, narcótico y midriático).

vasodilatación *f* (*Med*) Dilatación de los vasos [3]. | Alvarado *Anatomía* 140: La excitación mecánica de la piel .. determina vasodilatación, y por tanto, enrojecimiento.

vasodilatador -ra *adj* (*Med*) Que causa vasodilatación. *Tb n m, referido a agente o fármaco.* | Navarro *Biología* 176: El ácido láctico producido en los músculos .. desencadena un reflejo vasodilatador de los capilares musculares. Mascaró *Médico* 81: Es aconsejable el calentamiento lento, gradual y progresivo de la región afectada administrando alcohol (útil como vasodilatador).

vasoespástico -ca *adj* (*Med*) Que produce contracción espasmódica de la túnica muscular de los vasos sanguíneos. | M. Carreras *Min* 5.87, 11: La crisis de jaqueca sería básicamente vasoespástica, y su patogenia habría que situarla en una hipertonía simpática.

vasomotor -ra *adj* (*Med*) **1** Que produce los movimientos de contracción y dilatación de los vasos [3]. *Tb n m, referido a agente o nervio.* | Navarro *Biología* 176: A los músculos lisos de las arterias y arteriolas les llegan dos nervios vasomotores de naturaleza simpática o vegetativa. *SAbc* 8.3.70, 32: Friccionado el cuero cabelludo, obtiene, gracias a sus cualidades descongestionantes y estimulantes, actuar sobre los vasomotores que regulan la vida de los cabellos.
2 De (la) constricción o dilatación de los vasos [3]. | Navarro *Biología* 176: A veces se verifican actividades vasomotoras por influencia psíquica.

vasoparálisis *f* (*Med*) Parálisis de los nervios vasomotores. | M. Carreras *Min* 5.87, 11: La crisis cefalálgica encuentra su inicio en una hipertonía simpática con vasoconstricción seguida de vasoparálisis por agotamiento.

vasopresina *f* (*Biol*) Hormona del lóbulo posterior de la hipófisis, que aumenta la presión sanguínea. | Navarro *Biología* 204: También produce esta región de la hipófisis hormonas como la vasopresina que eleva la presión arterial.

vasquismo *m* **1** Condición de vasco [1]. | *HLM* 14.12.70, 2: Son los partidos marxistas y otros grupos de la extrema izquierda revolucionaria quienes han orquestado ese ululante alegato en pro de unos individuos cuya etiqueta de vasquismo nacionalista tiene una significación secundaria en relación con otras filiaciones más categóricas y definitorias.
2 Palabra o rasgo idiomático propios del vascuence [2] o procedentes de él. | Lapesa *HLengua* 36: En la alta Edad Media el dominio del habla vasca era más extenso que en la actualidad, y el crecimiento del reino navarro favoreció la adopción de vasquismos.

vasquista *adj* Partidario o defensor de la causa vasca [1]. | *Inf* 23.6.77, 36: Hay que pedirle una vez más [al pueblo vasco] que confirme .. su decidido apoyo .. a las fuerzas políticas y sociales que, encarnadas en sus nuevos diputados y senadores de distintas ideologías –pero siempre de claro carácter vasco y vasquista–, representan las mejores opciones de futuro.

vasquizar *tr* Dar [a alguien o algo (*cd*)] carácter vasco [1 y 3]. | Tovar *País* 31.5.79, 11: Usted [Apostua] lleva en su apellido vasco una palabra latina o románica vasquizada.

vástago *m* **1** Renuevo [de una planta]. | Bustinza-Mascaró *Ciencias* 246: Transpiración. Es la emisión de vapor de agua por los órganos aéreos de las plantas, vástagos tiernos, tallos jóvenes y muy especialmente por las hojas.
2 (*lit o humoríst*) Hijo o descendiente. | PFerrero *MHi* 12.70, 50: El vástago no habría de seguir los pasos del progenitor, sino dedicarse a la pintura. PAyala *Abc* 13.11.58, 3: Tampoco está justificado que un vástago cacoquimio [*sic*] y desmedrado, descendiente, acaso por vía lateral y remota, de un centenario árbol genealógico, presuma asumir la nobleza, reciedumbre y fertilidad del tronco pretérito.
3 Pieza en forma de varilla que sirve para articular o sostener otras piezas. | Seseña *Barros* 107: Consta [el torno] de dos partes fundamentales: un eje fijo al suelo, husillo, y el rodillo, que son dos aspas o cruces paralelas sujetas entre sí por cuatro vástagos que encajan en el eje o husillo. Pinilla *Hormigas* 61: La chapita dorada sujeta a la madera de la ta-

vastamente – vecindad

pa con una bisagra, que encierra en un hueco el vastaguillo de la otra mitad de la caja.

vastamente *adv* De manera vasta [1]. | A. HCasado *NAl* 31.10.70, 1: Es una cascada ascendente que derrama sus gotas muy lejos, muy dura y pegajosamente. Serena y vastamente difundida.

vastedad *f (lit)* **1** Cualidad de vasto [1]. | Goytisolo *Recuento* 567: Esta ciudad que tan bien se contempla en su vastedad desde lo alto del Carmelo. D. Giralt *Des* 12.9.70, 31: La amplia vastedad del fenómeno turístico ha generado una degradación subdesarrollada del diseño urbano.
2 Lugar vasto [1]. | R. Saladrigas *Des* 12.9.70, 28: Me vienen a la mente las narraciones de viajeros que cuentan haber descubierto, en las inmarcesibles vastedades oceánicas, islotes lejanos y perdidos.

vasto -ta *adj* **1** *(lit)* Amplio o extenso. | DPlaja *Literatura* 31: Debemos a Roma no solo la conservación de la gran civilización helénica, sino la expansión de la misma a través de su vasto Imperio. GNuño *Escultura* 15: El término hispánico ha sido llevado a la adjetivación de contenidos vastísimos y trasoceánicos.
2 *(Anat)* [Músculo] que forma parte del tríceps braquial. *Frec n m.* | Navarro *Biología* 92: Músculos. Frontal .. Sartorio. Vasto interno. Gemelos. Tibial. [*En un gráfico.*] *Ya* 5.7.75, 45: Ingresó en el Hospital Provincial de Plasencia presentando un gran "shock" traumático, con herida de 25 centímetros de longitud, que diseca prácticamente todo el vasto interno.

vate *m (lit)* **1** Poeta. | Palacios *Abc* 22.12.70, 3: El vate [Bécquer] procura consolarla, evocando todas las cosas bellas que ostentan verdor.
2 *(raro)* Adivino. | Lázaro *Gac* 6.8.78, 57: Que yo sepa, nunca he sido gafe ni vate, pero si tuviera alguna responsabilidad en estos asuntos, estaría muy preocupado y tomaría alguna medida.

váter → WATER.

vaticanista *adj* **1** De (la) política del Vaticano. | L. Apostua *Ya* 10.6.71, 12: "El Alcázar" ponía un llamativo título, "¿Golpismo eclesiástico?", en el que refleja la peregrina teoría de que el nombramiento de administrador apostólico de la diócesis de Madrid ha sido un "golpe" vaticanista por cauces no canónicos. **b)** Partidario de la política del Vaticano. *Tb n, referido a pers.* | Miret *Tri* 17.11.73, 77: Ha habido un interés muy especial de parte de los católicos vaticanistas en conseguir la intervención de nuestros Obispos en estas conversaciones concordatarias.
2 [Pers.] especialista en temas vaticanos [1]. *Tb n.* | L. Blanco *Ya* 30.9.71, 21: La Televisión Italiana comenzó ayer con un ciclo de cinco programas dedicados al Sínodo .. Entre los responsables de dichos programas está el sacerdote español padre Juan Arias y los vaticanistas Santis y Zizola.

vaticano -na *adj* **1** Del Vaticano o Santa Sede. | *Nue* 24.1.70, 9: En medios vaticanos ha[n] pasado a ocupar un primer plano las relaciones entre España y la Santa Sede.
2 Del monte Vaticano, en Roma. | J. Cienfuegos *Hoy Extra* 12.69, 3: Desde el enriquecido, humanamente imparcial y elevado, de la colina vaticana, Juan XXIII lanzaba estas ideas.

vaticinador -ra *adj* Que vaticina. *Tb n, referido a pers.* | L. LSancho *Abc* 27.3.75, 49: Nadie hace caso a tiempo al vaticinador de la catástrofe. Torrente *Fragmentos* 139: La propagación del dicho .. tuvo al menos tres núcleos originales y justamente dinámicos, si se prescinde de la expresión primigenia que el Sibilo había proferido en su ebriedad vaticinadora.

vaticinar *tr* Pronosticar o profetizar. | CNavarro *Perros* 89: Conozco muchos seres como tú y puedo vaticinarte que la vida será benévola contigo.

vaticinio *m* Acción de vaticinar. *Tb su efecto.* | J. M. Terrón *SAbc* 9.2.69, 34: ABC publicó el 20 de diciembre .. mi vaticinio de esa gesta gloriosa.

vatímetro (*tb con la grafía* **watímetro**) *m* Aparato que mide la potencia disponible en un circuito eléctrico o la consumida en él. | *Ya* 22.10.64, sn: Milivoltímetros. Osciloscopios. Watímetros.

vatio *m En el sistema MKSA:* Unidad de potencia eléctrica equivalente a un julio por segundo. | Palomino *Torremolinos* 152: Allí está, iluminado por dos lámparas de cien vatios, el cliente de la 217, tumbado en la cama.

vaudeville (*fr; pronunc corriente,* /bodebíl/) *m* Vodevil. | R. RRaso *Rev* 12.70, 6: París, en sus alegres *vaudevilles* y en el alma de sus artistas bohemios, .. tiene una presencia más insinuante y atractiva que la de Annabella.

vaurien (*fr; pronunc corriente,* /borián/; *pl normal,* ~s) *m (Dep)* Balandro de regatas, de clase internacional, de orza movible y de dos tripulantes. | L. Espejo *Sáb* 30.11.74, 91: La Federación Española de Vela cuenta en sus ficheros con 11.312 licencias federativas pertenecientes a otros tantos regatistas que a su vez disponen de 4.913 embarcaciones de las clases "Snipe", "Vaurien", "Optimist", "Moth Europa", "Finn", "Flying Dutchman".

vaya[1]. dar (la) ~. *loc v (lit o reg)* Gastar bromas. | GPavón *Reinado* 172: ¿Usted se imagina a todos los habitantes del pueblo con caretas puestas, sin dejarnos comer, ni dormir ni andar, dándonos la vaya por todos sitios. FReguera *Bienaventurados* 12: La noche en que Juana se prometió, la oyeron cantar. "¡Anda!, si sabe cantar." Al día siguiente le dieron vaya. Ella sonrió encogiéndose de hombros. "¡Bah!, ¿y por qué no iba a saber?"

vaya[2] → IR.

ve *f* **1** Uve (letra). | Academia *Esbozo* 133: Alfabeto español: .. ese .., te .., u .., ve o uve, u consonante.
2 ~ doble. Uve doble. | Academia *Esbozo* 133: Alfabeto español: .. ve doble o uve doble .., equis .., i griega .., zeda o zeta.

vecera *f (reg)* Manada de ganado, frec porcino, perteneciente a un vecindario y que suele guardarse por turno. | Delibes *Castilla* 105: Al gocho capado hay que protegerle, apartarle de la vecera, porque el gocho es muy sanguino, y, si no se le aparta, se le comen los demás. J. Menchero *Inf* 1.2.75, 12: Esta propiedad comunal se administra conforme a fueros y costumbres inmemoriales, y especialmente por el sistema de veceras, que establece los turnos de pastoreo del ganado de cada vecino.

vecería *f (reg)* **1** Hecho de producir una planta mucho fruto en un año y poco o ninguno en otro. | L. Moreno *Abc* 26.1.71, 37: Por el sistema de ordeño .. se precisan dos minutos y medio para desprender un kilo de aceituna, tiempo notablemente superior –casi el doble– al que se emplea por el sistema del vareo, aún predominante a pesar de ser el causante de la vecería, por la gran cantidad de ramón que derriba.
2 Vecera. | MCalero *Usos* 53: Solía ser el espigadero abundante, y era norma de la alquería ceder una parte de él y lo que estaba más rayano al pueblo, así el vecindario lo aprovechaba con la vecería comunal.

vecero *m (reg)* **1** Hombre que tiene que ejercer por turno un cometido o cargo concejil. | Escobar *Itinerarios* 36: Gracias a que uno de los veceros me informó al instante: –Si busca usted al alcalde, vaya al Ayuntamiento, que están en sesión.
2 Pastor que cuida una vecera. | MCalero *Usos* 53: Era una estampa curiosa ver, y más bien oír, al vecero .., tocando su silbo, flautín o caramillo por las calles del pueblo, y a las vecinas soltando sus puercos.

vecinal *adj* **1** De (los) vecinos. | R. VZamora *Des* 12.9.70, 26: Vivía a quinientos metros de la calle Gorki, en un inmenso edificio vecinal destinado a extranjeros.
2 [Camino] interurbano construido y conservado por el municipio. | *SVozC* 25.7.70, 6: Un viejo camino vecinal, convertido en carretera, circunda las graderías del mismo.

vecindad *f* **1** Condición de vecino. | Alfonso *España* 45: Hay viejas asociaciones de solera .. Y un modo público de producirse, entre aislacionista y cortés, cristalizado en una relativa conciencia de la "buena vecindad" y el civismo. *Economía* 12: Conviene que esté situada la casa en lugar sano, alejado de sumideros y corrales, ya que la vecindad de estos, además del mal olor, atrae cantidad de moscas e insectos. **b)** Derecho a participar en las cargas y repartimientos de una población por haber habitado en ella el tiempo reglamentario. | Ramírez *Derecho* 15: La vecindad

se gana .. por la residencia de diez años en provincias o territorios de Derecho común.
  2 Conjunto de vecinos, esp. de una casa. | Olmo *Golfos* 83: Los gritos de la muchacha pusieron en pie a toda la vecindad. C. Santamaría *País* 27.8.77, 7: En Vasconia, cada región, cada valle, cada comuna, cada vecindad y hasta –si se me apura– cada caserío, ha aspirado siempre a conservar su identidad y a mantener incólume su "parcela de soberanía".
  3 Cercanías o inmediaciones. *Tb fig.* | Alvarado *Anatomía* 19: No es otra cosa que una vesiculita protoplásmica hialina situada en las vecindades del núcleo. GPavón *Reinado* 16: Es que Manuel, como es tan púdico, en vez de decir el sitio dice la vecindad. CSotelo *Resentido* 226: Llora con angustia, en la vecindad de un ataque de nervios.
  vecindaje *m* Vecindad [1a]. | Torrente *DJuan* 69: Solía entonces echar mano de un cuerpo idóneo, pariente, prójimo o amigo del rematante, de modo que el parentesco, la amistad o el vecindaje le permitieran entrar, salir, andar alrededor, ayudar en las vigilias o administrar los remedios de urgencia. Camón *Abc* 19.5.74, 3: Todos los personajes de ese políptico de San Vicente parecen tallados en roca de siglos. A su lado las tablas flamencas forman un séquito de bellezas exquisitas, sí, pero en pequeño formato. Solo las españolas aguantan el vecindaje.
  vecindario *m* **1** Conjunto de vecinos [de una población o un barrio]. | M. Landi *Caso* 21.11.70, 7: Es fácil figurarse el impacto producido por tales declaraciones entre los miembros del vecindario.
  2 (*raro*) Vecindad [3]. | Zunzunegui *Camino* 529: –Mira ese edificio grande que se alza ahí, es el hospital. –Es la mejor casa del vecindario.
  vecindona *f* (*desp*) Vecina aficionada a comadrear. | ZVicente *Balcón* 62: Quizá no le saque nunca brillo a los zapatos de él, y le guste jugar a las cartas con las vecindonas.
  vecino -na *adj* **1** [Pers.] que habita [en una población, en un barrio, o en una casa de varias viviendas (*compl de posesión*)]. *Tb n.* | Arce *Testamento* 34: Cuando en el pueblo se enteraron de mi marcha, todos los vecinos la comentaban. **b)** [Pers.] que posee el derecho de vecindad [1b] o es cabeza de familia. | Delibes *Año* 37: Se casó mi hija Ángeles .. en la ermita de Moradillo de Sedano (ocho vecinos).
  2 [Pers.] que habita en la misma población, barriada o casa, aunque no vivienda, [que otra (*compl de posesión*)]. *Tb n.* | Laiglesia *Tachado* 35: El "espacio vital" viene a ser como los pisos de nuestros vecinos, en los cuales metemos a la fuerza el exceso de familiares que no nos cabe en el nuestro.
  3 [Pers. o cosa] que ocupa el lugar más próximo [a otra (*compl de posesión*)]. *Tb fig. Tb n.* | Galmés *Dialectalismos* 309: Los copistas rechazan bien pronto el regionalismo como prueba de la afirmación del predominio castellano-burgalés sobre sus vecinos laterales. *Ya* 3.5.78, 7: Por primera vez, desde que uno y otro establecieron un régimen democrático .., un Jefe de Estado español visita el país vecino. M. Calvo *SYa* 4.6.72, 5: La lucha por la vida .. ha motivado que algunas variedades vegetales, casi siempre de diferentes especies, emprendan insólitos tipos de guerra contra sus vecinas. **b)** [Pers. o cosa] que ocupa un lugar próximo [a otra]. | FSantos *Cabrera* 147: Alto, enjuto, vecino a la ventana, acariciándose con la mano la quijada, mira el cielo que ya amenaza primavera.
  vectación *f* (*lit, raro*) Hecho de ser transportado en un vehículo. | Azorín *Recuadros* 1354: No es lo mismo el placer que se fruye al recorrer una ciudad a pie, un jardín a pie, un campo a pie, que en vectación artificiosa o animal.
  vector -ra I *adj* **1** (*Biol*) Transmisor o portador [de una enfermedad]. *Tb n m, referido a agente, esp insecto.* | M. Sierra *Pro* 20.8.75, 22: Por recientes investigaciones se sabe que el agente vector [o] transmisor del virus del "entrenudo corto" es un nematodo. M. Calvo *SYa* 21.4.74, 25: Su semejanza [de la rata de laboratorio] con las ratas vectoras de enfermedades es mucho mayor que la existente entre la mayoría de las razas caninas y su antepasado el lobo.
  2 (*Biol*) Conductor o portador. | Alvarado *Zoología* 95: La cloaca [de las aves] sigue siendo el lugar en que desembocan los conductos vectores de la orina (uréteres) y los conductos genitales (oviductos, en las hembras).

vecindaje – vedegambre

  3 (*Geom*) [Radio] ~ → RADIO.
  II *m* **4** (*Fís*) Magnitud a cuyo valor numérico se atribuye una dirección y que se expresa gráficamente por un segmento de recta de longitud, dirección y sentido determinados. *Frec esta representación gráfica.* | MSantos *Tiempo* 171: Las dimensiones de la celda son más o menos las siguientes. Dos metros cincuenta de altura ..; un metro diez desde la puerta hasta la pared opuesta; un metro sesenta en sentido perpendicular al vector anteriormente medido. Ybarra-Cabetas *Ciencias* 41: Si a partir de un punto interior del cristal trazamos en todas direcciones vectores cuya magnitud sea proporcional al valor de la elasticidad en aquella dirección y unimos los extremos de los vectores por una superficie, esta será la superficie de elasticidad.
  5 (*Psicol*) Fuerza o factor de influencia en el comportamiento. | Castilla *Humanismo* 31: La espontaneidad no se tiene porque en tales casos un vector emerge desde dentro de la persona para inhibir lo que en la terminología existencial se denomina el encuentro.
  6 (*Aer*) Rumbo de una aeronave. | M. Valdecantos *Sáb* 8.3.75, 39: Dameron contó que el avión hacía una "radar arrival" (llegada con radar), bajo la cual se le dan indicaciones de dirección, llamadas vectores, únicamente.
  vectorial *adj* (*E*) **1** De(l) vector [4 y 5]. | Mingarro *Física* 153: La gran ventaja de la representación cinemática o vectorial de la función sinusoidal estriba en que las funciones suma o diferencia se obtienen por suma o diferencia de vectores. J. L. Herrera *Inf* 27.7.78, 14: ¿O es que no vamos a tener en cuenta la multípara riqueza idiomática de las nacionalidades, a la hora de concienciar la Constitución en la incidencia vectorial del texto sobre la gnoseología del honorable detenido?
  2 Que tiene carácter de vector [4 y 5]. | Mingarro *Física* 24: ¿Qué diferencia hay entre desplazamiento y longitud de la trayectoria? ¿Cuál de estos dos conceptos es vectorial?
  vectorialmente *adv* (*E*) De manera vectorial. | Mingarro *Física* 152: Resolver el problema algébrica y vectorialmente.
  veda[1] *f* Acción de vedar. *Tb el tiempo que dura.* | Delibes *Caza* 35: Bastaron cuatro normas (veda total del oso durante cinco años; indefinida .. para el lince; importación de muflones corsos .., etcétera) para que el cacerío de altura medrase.
  veda[2] (*tb, raro, con la grafía* **vedda**) *adj* [Individuo] del pueblo aborigen de Ceilán. | C. A. Caranci *País* 20.10.82, 8: Hay, además, [en Ceilán] un 6,9% de católicos, un 1% de musulmanes mahratas y malayos, un 0,3% de *burghers* .. y unos 1.200 vedas, la antigua población autóctona de raza australoide. Pericot-Maluquer *Humanidad* 63: El hombre de Wadjak, en Java, del Pleistoceno final, puede mostrarnos la raíz de la población australoide (Australia, Tasmania, *senois* de la península malaya, *veddas* de Ceilán).
  vedado *m* Lugar sometido a veda[1]. | Berenguer *Mundo* 16: Don Gumersindo tiene su guardería, pero cada vez que quiso palmear el vedado, me puso a su vera.
  vedar *tr* **1** Impedir o prohibir. | Aranguren *Marxismo* 131: La lingüística histórica, con su voluntad de entender cada hecho histórico singular .. se vedaba el acceso a su constitución como ciencia rigurosa. Alvarado *Zoología* 156: El desmedido afán de lucro o la incontenida afición cinegética de muchas personas de escasa cultura exigen la protección de estos animales mediante leyes que vedan la caza o la pesca de estos animales en la época de su reproducción.
  2 Prohibir legalmente la caza o pesca [en un lugar (*cd*)]. | *IdG* 31.10.70, 3: Se ha propuesto vedar determinadas zonas de cantil, con el fin de conservar y fomentar las especies. **b)** Prohibir legalmente la caza o pesca [de un animal (*cd*)]. | J. A. Donaire *Inf* 19.10.78, 27: El Nalón, cuenca carbonífera, corta el paso de los salmones al Narcea .. El caso de la trucha es el mismo, pero sin carbón .. Los furtivos esperan que se vede la especie, para entrar ellos en acción.
  vedda → VEDA[2].
  vedegambre *m* Eléboro blanco (planta). *Tb* ~ BLANCO. | FQuer *Plantas med.* 881: Vedegrambre. (*Veratrum album* L.) Sinonimia cast[ellana], vedegambre blanco, eléboro blanco, hierba de ballesteros. **b)** *Con un adj especificador, designa otras plantas:* ~ AZUL (*Aconitum napellus*), ~ FÉTIDO (*Helleborus foetidus*), ~ NEGRO (*Helleborus niger*). |

vedete – vegetariano

FQuer *Plantas med*. 214: Acónito. (*Aconitum napellus* L.) Sinonimia cast[ellana], .. vedegambre o verdegambre azul. FQuer *Plantas med*. 206: Eléboro fétido. (*Helleborus foetidus* L.) Sinonimia cast[ellana], heléboro, hierba de ballesteros, ballestera (como al eléboro blanco o vedegambre), vedegambre fétido.

vedete *f* Vedette. | Lázaro *Gac* 15.2.76, 7: Entre *Las corsarias* y *El embarazado* no hay mentalmente ninguna diferencia. Tan solo se han bajado unos cuantos peldaños de la misma escalera, y se ha logrado que las vedetes se quiten el sostén.

vedetismo → VEDETTISMO.

vedette (*fr; pronunc corriente,* /bedét/) *f* **1** Artista principal de una revista o un espectáculo de variedades. | *Alc* 31.10.62, 25: Las más explosivas y fabulosas "vedettes".
2 Pers. principal o muy destacada en un ambiente o en una actividad, esp. en el mundo del espectáculo. | C. Piernavieja *Mar* 13.4.60, 7: "Todo el mundo" de la lucha libre parecía haberse dado cita en el suntuoso local de la calle de la Reina, en el que .. se nos iba a presentar a la "vedette" internacional Jack Lasartesse, ese hércules de rostro varonilmente correcto. **b)** *Se usa en aposición para indicar que lo designado por el n al que acompaña es lo más destacado o principal*. | L. Contreras *Mun* 19.12.70, 10: Hay como una actitud de huidiza esquiva ante lo que recientemente era una cuestión "vedette".
3 Pequeño navío de guerra utilizado para la observación. | *Mad* 30.12.69, 5: La prensa acusa al Gobierno tras el "affaire" de las cañoneras .. El asunto de las "vedettes" lanzamissiles surge como un obstáculo en la línea seguida por la diplomacia de la República.

vedettismo (*tb con la grafía* **vedetismo**) *m* **1** Condición de vedette [2]. | *Sp* 19.7.70, 53: El argumento más definitivo era la dificultad de von Karajan para desarrollar una labor estable en París atendiendo al mismo tiempo Berlín y su vedettismo internacional. Halcón *Abc* 13.5.58, 15: Tu juventud despierta en un tramo de época en que la tensión amorosa se rige por el "vedettismo". Es esto una crispación colectiva que os lleva a admirar todas a un mismo sujeto, a aquel que se distingue.
2 Afán de ser vedette [2]. | Umbral *Mortal* 178: ¿Por qué se escribe un diario íntimo? No por vanidad, ya, a estas alturas y en mi caso, ni por egocentrismo, ni por vedetismo, sino por buscar la sencillez última.

védico -ca *adj* De los *Vedas* (libros sagrados primitivos de la India). | Tovar *Lucha* 37: Ciertos elementos culturales .. los hallamos en las más antiguas culturas de los pueblos que hablaban lenguas indoeuropeas. De los reyes micénicos de los que aún se acuerda Homero muy bien, en los conquistadores de la India en la época védica.

vedija *f* Mechón de lana. *Tb* (*lit*) *fig*. | P. J. Cabello *EOn* 10.64, 19: Humea la leña a cuyo arrima se acurruca un viejo e hila sobre su escaño la vieja sus vedijas blancas y negras de lana. Aldecoa *Gran Sol* 148: Al atardecer, la niebla se rasgaba en vedijas oscuras y doradas.

vedijero -ra *m y f* Pers. que recoge la lana de las patas cuando se esquila el ganado. | P. GMartín *His* 5.85, 39: Esquileo .. Vedijeros. Moreneros. Echavinos. Temporeros.

vedijudo -da *adj* Que tiene vedijas. *Tb* (*lit*) *fig*. | FVidal *Duero* 61: Lo único que logra distinguir bajo los alborotados y vedijudos nubarrones son restos escasos y pigres de murallas.

vedrío *m* (*reg*) Vidriado (acción de vidriar). | Seseña *Barros* 20: Se llama vidriado, vidrío o vedrío al baño total o parcial a que se somete la vasija una vez cocida o también en crudo, según los casos.

veedor *m* (*hist*) **1** Inspector. | Céspedes *HEspaña* 2, 460: Fonseca se rodeó de una camarilla de subalternos y auxiliares .. Estos funcionarios viajan en las flotillas descubridoras o se centran muy pronto en Sevilla. Los primeros son los veedores del rey, embarcados para fiscalizar la parte del monarca en las expediciones.
2 Jefe segundo de las caballerizas reales, encargado de las provisiones y de la conservación de los coches y el ganado. | Mendoza *Ciudad* 115: A los reyes se les había habilitado la antigua residencia del gobernador, pero a los camarlengos y veedores, cazadores y palafreneros .. hubo que hospedarlos donde buenamente se pudo.

vega *f* Terreno bajo, llano y fértil, recorrido por un río. | Cunqueiro *Un hombre* 11: El camino que subía de la vega a la ciudad, al llegar al palomar, se partía en dos.

vegada *f* (*reg*) Vez. | Ero *Van* 30.3.74, 34: En los yantares, inseguros y torpes, volcaban los vasos .. y a vegadas rompían con el peso las sillas.

vegetación *f* **1** Conjunto de plantas que crecen [en un lugar (*compl de posesión*)]. | Zubía *España* 39: Galicia. Región de colinas y de montañas viejas, cubiertas de rica vegetación.
2 Acción de vegetar [1]. | F. Ángel *Abc* 21.1.72, 10: Estos gérmenes invernales, de toda clase de hongos, son diferentes en su estructura organográfica de los mismos gérmenes de las generaciones primaverales y estivales, de modo que resisten a los fungicidas aplicados durante la vegetación de la planta.
3 *En pl*: Hipertrofia de las amígdalas faríngeas y nasales y de los folículos linfáticos de la parte posterior de las fosas nasales. *Tb* (*Med*) ~ES ADENOIDEAS. | Ridruejo *Memorias* 21: En Valladolid me operaron de vegetaciones, lo que no fue una aventura plácida. Prandi *Salud* 614: Vegetaciones adenoideas. Están formadas por una masa de tejido linfático que se extiende por la rinofaringe, detrás de la nariz y encima del paladar.

vegetal I *adj* **1** De (los) vegetales [3]. | Ybarra-Cabetas *Ciencias* 226: La forma de la célula vegetal es muy variada. **b)** Procedente de (los) vegetales. | *ASeg* 24.2.78, 4: La expansión ganadera de Segovia en los últimos años resulta evidente, y el ganado necesita para su alimentación de una fuente de proteínas vegetales baratas.
2 [Tierra] rica en elementos orgánicos que la hacen apta para el cultivo. | A. Valle *SYa* 9.3.75, 45: Requiere [la colocasia] una exposición soleada, tierra vegetal mezclada con arena y riegos con mucha abundancia de agua.
II *m* **3** Ser vivo caracterizado normalmente por carecer de órganos sensoriales, sistema nervioso y poder de locomoción, por sintetizar su alimento a partir de sustancias inorgánicas y por tener células con membrana de celulosa. | Ybarra-Cabetas *Ciencias* 226: En los vegetales, como en los animales, es la célula el elemento anatómico primordial.

vegetalmente *adv* (*raro*) De manera vegetal [1]. | MGalván *MHi* 6.60, 13: Sus formas [arquitectónicas] nacen por una inercia autogenerativa, como fluyendo vegetalmente.

vegetante *adj* (*Med*) Que produce excrecencias carnosas. | *País* 26.12.82, 23: Carcinoma vegetante de colon observado en vídeo a través de un fibroscopio.

vegetar *intr* **1** Realizar [una planta] su ciclo vital. | Navarro *Biología* 276: Generalmente son árboles forestales, brezos, orquídeas, etc.; es decir, plantas que vegetan en suelos humíferos.
2 Vivir [una pers.] de modo semejante a una planta, realizando únicamente sus funciones orgánicas. *Tb fig, referido a cosa*. | El enfermo, llegado a este punto, simplemente vegeta. FQuintana-Velarde *Política* 249: En 1940 se creyó que este impuesto iba a ser definitivamente arraigado en nuestra convivencia fiscal, pero ha vegetado modestamente entre nuestros tributos. **b)** Llevar [una pers.] una vida monótona e inactiva. | Kurtz *Lado* 228: Viven, no vegetan. Salvo excepciones, no son felices más que a ratos. Cándido *Pue* 24.12.69, 2: Aquí vegeta media España; vive de la otra media.

vegetarianismo *m* Régimen alimenticio basado exclusivamente en sustancias de origen vegetal. | Gironella *Millón* 653: El doctor Roselló estimaba que lo más grave era la falta de carne, habida cuenta de que con déficit de vitaminas se podía vivir. El Responsable decía: "Mira por dónde todo el mundo se ha convertido al vegetarianismo".

vegetariano -na *adj* De(l) vegetarianismo. | Miret *Tri* 12.12.70, 17: No es nada raro que en su sede norteamericana de Takoma Park se encuentren juntos cinco locales expresivos de sus doctrinas: una gran iglesia, un sanatorio .., un magnífico colegio, una editorial .. y una cafetería-restaurante vegetariano. Alvarado *Zoología* 106: En los osos, cuyo régimen es predominantemente vegetariano, la muela carnicera se hace tuberculada. **b)** Que se alimenta exclusivamente de sustancias de origen vegetal. *Tb n, referido a pers.* | Torrente *Fragmentos* 290: Es rigurosamente vegetariano, y de un ascetismo solo comparable al mío. Bustinza-Mascaró *Ciencias* 167: Viven [los cardadores] en los sitios húmedos, son vegetarianos y arrollan su cuerpo en espiral.

vegetativamente *adv* De manera vegetativa [1a]. | *Ya* 18.2.75, 6: Pío XII .. se planteó un problema moral nuevo, surgido al ritmo de los avances médicos: la posibilidad de mantener, tal vez durante años, vivo vegetativamente a un ser irremisiblemente condenado.

vegetativo -va *adj* **1** (*Anat*) De las funciones fisiológicas involuntarias o inconscientes. | Navarro *Biología* 130: Existen centros vegetativos superiores, pero se encuentran en el sistema cerebroespinal. **b)** [Sistema nervioso] que regula el funcionamiento de las vísceras. | Nolla *Salud* 118: El sistema nervioso vegetativo es denominado también sistema nervioso autónomo, porque sus procesos cursan independientemente de la movilidad voluntaria y de las sensaciones conscientes.
2 (*Filos*) [Alma o vida] de las funciones de nutrición, crecimiento y reproducción. | Gambra *Filosofía* 135: Podemos también clasificar las clases de vida y de almas .. El primer escalón de la vida está constituido por la vida vegetativa, que posee las funciones de nutrición, crecimiento y reproducción, pero carece de conocimiento.
3 (*Bot*) De la vida de la planta en general, esp. de las funciones vitales no reproductoras. | Ybarra-Cabetas *Ciencias* 234: El aparato vegetativo de las algas se denomina .. talo. **b)** [Multiplicación] asexual, esp. la que se realiza por escisión o por gemación. | Navarro *Biología* 205: Se pueden distinguir dos tipos de reproducción asexual: la multiplicación vegetativa y la reproducción por esporas.
4 (*Estad*) [Crecimiento de la población] que viene dado por la diferencia entre natalidad y mortalidad. | Tamames *Economía* 28: El ritmo de crecimiento real viene dado por el crecimiento vegetativo menos el coeficiente que expresa el saldo emigratorio.

veguer *m* (*hist*) Funcionario de la administración territorial catalana y mallorquina, con funciones judiciales, gubernativas y militares. | *Barcelona* 18: Los cinc consellers .. representaban al *Consell*, asistían y asesoraban a los oficiales o delegados de la autoridad regia: el *Veguer*, especie de vizconde, que asumía en el territorio condal funciones vicariales de orden gubernativo y judicial.

veguería *f* **1** División territorial catalana constituida por varias comarcas. | E. Canals *País* 21.11.78, 22: La enmienda [de los socialistas catalanes] consiste en considerar como circunscripción electoral a la veguería, o agrupación de varias comarcas, tomando como base la división territorial de la Generalidad de 1936.
2 (*hist*) Territorio sometido a la jurisdicción de un veguer. | *Barcelona* 53: Al ser declarado independiente el Condado de Barcelona, en el año 985, fue extendiendo sus dominios .. Dividida en veguerías, correspondieron, aproximadamente, a las tierras de la actual provincia las de Barcelona, Vallés.

veguerío *m* Plantación cubana de tabaco. | FReguera-March *Cuba* 257: Se colocó en una fábrica de Pinar del Río .. Allí están los famosos veguerios de Vuelta Abajo, que producen el mejor tabaco de Cuba y del mundo.

veguero *m* **1** Cigarro puro. | ZVicente *Traque* 80: Ni corto ni perezoso, encendió el veguero que nos habían dado en la boda .. Un Partagás que para qué, un señor puro de la Havana con v.
2 Cultivador cubano de tabaco. | FReguera-March *Cuba* 79: Eso era una plantación de tabaco .. Mira; también han quemado el bohío del veguero y el caney.

vehemencia *f* Cualidad de vehemente. | E. Marco *MHi* 6.60, 30: Es .. un pedazo de tierra que no sueña, sino que vive con intensidad y vehemencia la fecunda y alegre realidad de sus campos.

vehemente *adj* Impetuoso y apasionado. | Espinosa *Escuela* 568: ¡Nadie escapará al Teólogo!: miles de adictos, enfervorizados por vehementísimos apóstoles, tal vez algo desmandados, esperan ansiosos. Arce *Testamento* 91: No supe qué fue lo que me hizo decir aquellas palabras. Acaso un vehemente deseo de seguir con vida.

vegetativamente – veinte

vehementemente *adv* De manera vehemente. | *Ya* 25.5.85, 16: Yo acato la sentencia como es mi obligación. Vehementemente no la comparto y, por supuesto, la voy a recurrir inmediatamente.

vehicular[1] *adj* De(l) vehículo. | GValcárcel *HLM* 26.10.70, 16: El tráfico peatonal en una ciudad como Toledo es, aún más que el vehicular, el que da expresión clara de la vida de la ciudad. GNuño *Escultura* 45: Incluyendo en este los normales menesteres vehiculares de cultura que fueron consustanciales con la expansión helena.

vehicular[2] *tr* Servir de vehículo [2] [a algo (*cd*)]. | J. Luna *Tri* 24.6.72, 16: Estas carencias materiales .. permiten explicar, por ejemplo, los numerosos casos de tifus, paratifus, salmonelosis y otras infecciones vehiculadas por las aguas. Azancot *Ya* 10.10.87, 47: De aquí que el libro, en cuanto vehículo de cultura, necesite un soporte físico acorde con su función; un soporte físico duradero, que sea una imagen viva de la perdurabilidad y de la nobleza de aquello que vehicula.

vehiculizar *tr* Vehicular[2]. | M. D. Renau *Tri* 24.11.73, 36: ¿Quién reflexiona sobre la incidencia de la vida escolar en campos tan aparentemente alejados de ella como las vacaciones de verano .., las bicicletas, los regalos y, en una palabra, toda la vida de relación personal del niño, actualmente vehiculizada a través de la familia? *Glo* 4.12.87, 75: Ansioso de vehiculizar el signo de los tiempos .., Wenner soñó con un medio de expresión para su generación, y ese medio fue la revista que ahora cumple cuatro lustros de existencia.

vehículo *m* **1** Aparato que sirve como medio de transporte para perss. o cosas. | Olmo *Golfos* 136:Yo cogí el primer vehículo que pasó.
2 Cosa que sirve para conducir o transmitir algo. | Tovar *Lucha* 37: Desde el romanticismo .., la restauración de la lengua [catalana] como vehículo de literatura y cultura ha continuado sus progresos.

veinte I *adj* **1** *Precediendo a susts en pl:* Diecinueve más uno. *Puede ir precedido de art o de otros determinantes, y en este caso sustantivarse.* | Cunqueiro *Un hombre* 14: Si hace unos veinte años hubiese llegado a la ciudad un hombre como tú .. habría que cortar el miedo con un cuchillo. * Me quedo con estos veinte.
2 *Precediendo o siguiendo a ns en sg* (*o, más raro, en pl*): Vigésimo. *Frec n va sobrentendido.* | M. A. Guardia *Van* 6.1.74, 3: Quizás ahora, lo que impresiona a los espectadores del siglo veinte, tenga un poco de música del diecinueve. Torrente *Pascua* 299: Nosotros nos agarramos a cualquier solución. Si no aparece, el veinte de abril nos embarga. * La veinte Promoción. * Vivo en el veinte.

II *pron* **3** Diecinueve más una perss. o cosas. *Siempre referido a perss o cosas mencionadas o consabidas, o que se van a mencionar.* | *Abc* 20.1.74, 29: Han sido identificados como S.N. de G.F., de diecisiete años; E.A.N.F., de diecinueve, y F.V.C., de veinte. *Inf* 8.1.74, 26: Los administrativos se niegan a salir a las tres y veinte de la tarde. *Inf* 1.2.74, 4: Veinte de los pasajeros se negaron a volver a bordo del navío.

III *n* **A** *m* **4** Número de la serie natural que sigue al diecinueve. *Frec va siguiendo al n* NÚMERO. | * El número premiado es el veinte. **b)** Cosa que en una serie va marcada con el número veinte. | * Le calificaron con un veinte.
5 los (años) ~, *o, más raro*, los (años) ~s. Tercer decenio de un siglo esp. del XX. | Jover *Historia* 793: Comienza, desde 1922, una recuperación que alcanzará su ápice desde 1925 .. Estamos en los "felices veinte", en los años de una "prosperidad" en que comienza a olvidarse la gran matanza. GNuño *Arte* 427: Cualquiera que recuerde los años veintes certificará de la fama que obtuvieron .. López Mezquita, .. Romero de Torres.
B *f pl* (*invar*) **6** Ocho de la tarde. *Normalmente precedido de* LAS. | E. Corral *Abc* 5.1.75, 61: La programación preveía: A las veinte, "Sillones de la Academia: Juan Ignacio Luca de Tena".
7 *En ciertos juegos de naipes:* Veinte puntos que gana el jugador que reúne el rey y el caballo (o la sota) de un palo que no pinta. *Frec precedido de* LAS, *y con el v* CANTAR. | *Abc Extra* 12.62, 93: Encontraréis siempre una partidita de tute cantando las cuarenta o las veinte.

veinteañero – vejiga

veinteañero -ra *adj* (*col*) [Pers.] que tiene veinte años o poco más. *Tb n. Tb* (*raro*) *referido a cosa.* | Torrente *Des* 22.2.75, 16: Ella era una moza veinteañera de cuerpo fornido y de muy bello rostro. Torrente *Sombras* 316: Afrodita seguía tan pimpante como una veinteañera. *Cam* 31.3.75, 119: Los soldaditos de plomo han sido prohibidos, igual que el material escolar o los juguetes plomizos, por el veinteañero Código Alimentario –su origen data de 1955–.

veintena *f* **1** Conjunto de veinte unidades. *Gralm seguido de un compl* DE. *Frec solo con sent aproximativo.* | CNavarro *Perros* 49: Una veintena de metros más arriba ordenó al taxista que parara.
2 Edad comprendida entre los veinte y los veintinueve años. | L. Apostua *Ya* 4.2.87, 8: También lo tienen claro los líderes –ya pasada la veintena– que proceden o tienen aún ideologías trotskistas.
3 (*reg*) Junta de veintiún vecinos encargada de regir un concejo que exceda de 500 habitantes. | *Navarra* 54: En los municipios que no excedan de 250 habitantes .. existe también la junta de oncena. En los restantes, y además de la corporación municipal respectiva, se nombran también juntas de quincena y veintena. Corresponde quincena a los municipios que tienen de 251 a 500 habitantes, y veintena, a los que pasen de este número .. Las veintenas tienen veintiún vocales.

veintenio *m* Período de veinte años. | Ridruejo *Des* 1.3.75, 11: En la casa no había un trozo de pared sin cuadro ..: pintura catalana del veintenio anterior a la guerra.

veinteno -na *adj* [Parte] de las veinte en que se divide un todo. *Tb n f.* | FRius *HEspaña* 1, 315: Dueños de extensos términos, o alfoces, .. [los concejos] tomaron sobre sí la tarea de organizar la colonización de los mismos .. Para ello solía dividirse el término, o alfoz, en seis partes (sesmos), y estas, en veintenas, lotes de tierra para heredar.

veinti- *Elemento pref* Veinte y. *Forma compuestos sin guión con los numerales* UNO *al* NUEVE, *para designar las unidades correspondientes a esta decena; y con algunos cuantitativos indefinidos, como* TANTOS, MUCHOS, ALGO. | *Por ej:* J. CCavanillas *Abc* 19.9.64, 33: Al sonar de nuevo otros veintiún cañonazos, Su Majestad el Rey Constantino y la princesa Ana María salieron de palacio. *Cocina* 85: Minuta veintiuna. CBonald *Dos días* 275: –Usted es el capataz, ¿no? –Para servirle: Serafín Benítez Lozano, veintidós años de servicio. Laforet *Mujer* 85: El día veintidós de julio cogieron prisionero a don Pedro. Benet *Nunca* 15: A los veintitrés, siendo prometida de un brillante militar .., tuvo que ver cómo el Destino se lo arrebataba de este suelo miserable la misma víspera de la boda. *Cocina* 89: Minuta veintitrés. Laiglesia *Tachado* 97: Los políticos luchan veinticuatro horas diarias para llegar al Poder. CBonald *Dos días* 245: –Estudiando duro, ¿a que sí? .. –Me examino el veinticuatro. J. M. Moreiro *SAbc* 13.9.70, 50: Fuengirola quedará a unos veinticinco minutos de la capital [Málaga]. *Cocina* 93: Minuta veinticinco. CNavarro *Perros* 18: Con sus veintiséis años y los veintiuno de su hermana podía irse sola por el mundo. *Cocina* 95: Minuta veintiséis. M. Torres *Abc* 9.12.70, 33: Enrique Venancio Gueselaga Larreta, de veintisiete años. *Cocina* 96: Minuta veintisiete. *Inf* 27.7.70, 8: Su tren de aterrizaje está provisto de veintiocho ruedas. *Cocina* 98: Minuta veintiocho. M. Torres *Abc* 9.12.70, 31: José María Dorronsoro Ceberio, de veintinueve años, soltero. *Cocina* 99: Minuta veintinueve. CBaroja *Inquisidor* 16: Si don Marcelino hubiera vivido diez o doce años más habría dicho y escrito cosas muy contrarias a las que dijo y escribió a los veintitantos. GRuano *MHi* 6.60, 5: Después, ya por el veintimuchos, le encontré –de embajador o ministro– en París.

vejación *f* Acción de vejar. | Laiglesia *Tachado* 78: El Reich no puede tolerar que sus minorías residentes en el extranjero sufran vejaciones.

vejamen *m* **1** Vejación. | * Los vejámenes sufridos por él han sido excesivos.
2 Sátira festiva en que se ponderan los defectos de alguien. | Cossío *Montaña* 61: No era purrigio, naturalmente, el vaquero autor de este vejamen. **b)** (*hist*) Discurso o composición poética de sátira personal, leídos en determinados actos universitarios o literarios. | Entrambasaguas-Nieto *Lit. española* 2, 677: En el vejamen que le encargaron para la justa literaria en honor de la duquesa de Chevreuse, debió de ofender [Rojas Zorrilla] a alguno de los poetas satirizados, que le hirió gravemente.

vejancón -na *adj* (*desp*) [Pers. o animal] viejo. *Tb n, referido a pers.* | ZVicente *Mesa* 65: No suelo leer ya cosas nuevas, estoy algo vejancón. FVidal *Duero* 176: En Cuéllar .. existe fanatismo totémico hacia el burel, el cual culmina con la exhibición del toro maromado, consistente en atar con una soga por la cuerna al toraco más vejancón y aquerenciado que caiga a mano y pasearlo así por el pueblo.

vejar *tr* Humillar o maltratar moralmente [a alguien]. *Tb fig, referido a cosa.* | *País* 4.1.79, 6: Una población a la que ha vejado, menospreciado, utilizado y traicionado. R. RSastre *Mun* 12.12.70, 43: De un velado y vergonzante neoproteccionismo se había pasado al viejo proteccionismo mercantilista, tan vejado por los teóricos modernos.

vejatoriamente *adv* De manera vejatoria. | *Abc* 9.1.72, 31: Un alcalde que pública y vejatoriamente postergó a un funcionario contra la decisión de un Tribunal Administrativo cometió delito de coacción.

vejatorio -ria *adj* Que sirve de vejación. | Mercader-DOrtiz *HEspaña* 4, 58: En Cataluña el régimen baronal, muy extendido todavía, no tenía un carácter vejatorio, y esto explica la frialdad de los diputados catalanes ante los proyectos de acabar con todo el feudalismo.

vejera *f* (*reg*) Vejez. | Cancio *Bronces* 25: –¿Qué cargo desempeñaba usted a bordo? –El patrón de respeto, que no da ya pa más esta maldita vejera.

vejeriego -ga *adj* De Vejer de la Frontera (Cádiz). *Tb n, referido a pers.* | *Cádiz* 88: Era frecuente ver a jóvenes .. en las empinadas y moriscas calles de Vejer de la Frontera .. La mujer vejeriega usaba blusa.

vejestorio -ria (*desp*) **I** *adj* **1** (*raro*) Viejo. | Berlanga *Acá* 95: Un matrimonio que remolonea pregunta, al fin, precio, tiempo de navegación, .. si hay peligro con una barcaza tan vejestoria, y no acaban por decidirse.
II *n* **A** *m* **2** Pers. vieja. | ZVicente *Traque* 123: Fíjese en esos vejestorios que andan por ahí, sordos, con reuma.
3 Cosa vieja. | Torrente *Vuelta* 352: Había muchos papeles en casa de doña Mariana. Los había en una especie de archivo: testamentos, contratos, vejestorios en seguida descartados; cartas y minutas de cartas.
B *f* **4** (*raro*) Mujer vieja. | ZVicente *Íns* 10.77, 16: La vecina, una vejestoria de esas de sauna .., hace gimnasia a base de huracanes respiratorios.

vejeta *f* (*reg*) Cogujada (ave). | Ferres-LSalinas *Hurdes* 111: Llevábamos faroles y lo menos cogimos medio ciento de pajarillos, nos dimos una hartá .. En mi pueblo hay unos que llaman vejetas, y las abubillas, que huelen muy mal porque no comen más que boñigas.

vejete *m* (*desp*) Hombre viejo. *A veces con intención afectiva.* | Ballesteros *Abc* 1.12.70, 3: –En mis tiempos –se lamenta el vejete–, con un duro me bastaba para almorzar en Lhardy, tomar chocolate en Doña Mariquita.

vejez *f* **1** Cualidad de viejo (que tiene muchos años o que ha sufrido el deterioro del tiempo). | * No pudo acompañarlos debido a su vejez. Tamames *Economía* 287: El patronaje *tramp* .. se encuentra además con una serie de inconvenientes peculiares, como son la extremada vejez de su flota .. y la falta de eficacia de los puertos nacionales. Cortés *CoE* 12.3.75, 3: Un técnico del "servicio especial de ruinas" del Ayuntamiento de Bilbao comentaba, hace dos meses largos, que casi la mitad de los edificios de la villa presentaban síntomas de vejez y que por determinadas zonas no se podía pasear con tranquilidad.
2 Período de la vida humana que sigue a la madurez. | CNavarro *Perros* 72: Siempre había tenido prisa por llegar a la vejez, y la vejez, ahora, le resultaba costosa.
3 (*raro*) Cosa vieja. | Delibes *Mundos* 26: Los porteños se duelen de que la suya sea una ciudad sin historia; efectivamente es así, pero, en cambio, no le faltan vejeces.

vejiga *f* **1** (*Anat*) Bolsa membranosa, esp. destinada a contener una secreción orgánica. *Con un compl especificador:* ~ DE LA BILIS, DE LA ORINA, NATATORIA, *etc.* | Bustinza-Mascaró *Ciencias* 33: En la porción pélvica se halla la última porción del colon descendente, el recto y la vejiga de la orina. Bustinza-Mascaró *Ciencias* 170: En relación con el aparato digestivo, unido al esófago mediante un cordón, tiene este animal una vejiga natatoria, llena de gases, que sirve para facilitar la flotación. **b)** *Sin compl:* Vejiga de la orina. | Aparicio *César* 78: Sentí que la vejiga se me desbordaba y, sin vacilación, oriné en el Santo Grial. **c)** Vejiga [1b] seca, gralm. de cerdo, que se emplea para diversos usos. | Laiglesia *Tachado* 49: A su iniciativa se debió el lanzamiento al mercado .. y la fabricación de unas vejigas atadas a un palo, que al oprimirlas emitían el primer acorde del himno nacional.

2 Bolsita llena de aire o líquido, que se forma esp. sobre la piel. | Legorburu-Barrutia *Ciencias* 279: La naranja. El endocarpio está formado por vejiguitas llenas de líquido y dividido en gajos. Aldecoa *Gran Sol* 82: Traía prendida la florafauna de las playas: grandes vejigas rojas y amarillas, cardúmenes y pólenes de peces carnavales y payasos.

vejigazo *m* Golpe dado con una vejiga [1c] rellena, esp. de aire. | Pinilla *Hormigas* 129: Los golpes suenan sordamente, como los vejigazos que arrean los cabezudos a los chiquillos en las fiestas del pueblo.

vela[1] **I** *f* **1** Acción de velar[1]. | F. SVentura *SAbc* 9.3.69, 31: Conseguir turno de vela ante el Pilar sagrado hace unos años era cosa difícil, por no decir imposible.

2 Pieza, gralm. cilíndrica, de cera u otra materia grasa sólida, con pabilo en el eje y que se emplea para alumbrar. | *Economía* 181: Hay unos cuantos objetos que toda ama de casa, si quiere tener esta bien organizada, debe tener a mano. Un botiquín .. Cordeles. Velas. Cerillas. **b)** Lámpara en forma de vela. | Laforet *Mujer* 260: La iglesia estaba en penumbra. Apenas dos velas eléctricas.

3 (*col*) Moco que cuelga de la nariz. *Gralm en pl.* | Aldecoa *Gran Sol* 25: El chiquillo aplicó los labios al borde del vaso y bebió. –Ven aquí, cochinazo, ven, que te quite esas velas –dijo Begoña María.

II *loc v* **4 dar** [a alguien] **~ en un entierro.** (*col*) Invitar[le] a que participe en un asunto, o darle ocasión para ello. *Normalmente en constr neg.* | Medio *Bibiana* 57: Tú, a callarte, mocoso, que nadie te ha dado vela en este entierro. ZVicente *Balcón* 53: ¡Quién te da vela en este entierro! **b) tener** [alguien] **~(s) en un entierro.** (*col*) Ser parte en un asunto. *Normalmente en constr neg.* | Grosso *Capirote* 21: Y conste que no es por nada, que no tengo yo velas en este entierro, y no hago más que lo que se me ha ordenado.

5 poner (*o* **encomendar**) **una ~ a Dios y otra al Diablo.** Procurar contemporizar con dos perss. u opiniones opuestas. | * Este trata de poner una vela a Dios y otra al Diablo, pero se le ve el plumero. A. Hernández *Inf* 19.10.78, 3: Sería curioso que llevara razón Nicolás Redondo (U.G.T.) cuando afirmaba que el problema fundamental para devolver la confianza a los empresarios estriba precisamente en que U.C.D. haga una política económica coherente, sin dedicarse sus acólitos a poner velas a Dios y al diablo.

III *loc adv* **6 a dos ~s.** (*col*) Sin dinero. *Gralm con vs como* ESTAR, DEJAR *o* QUEDAR. | *Abc* 22.11.78, 30: Carece de lo imprescindible para su desenvolvimiento. La Real Academia a dos velas. **b)** Sin nada. *Gralm con vs como* ESTAR, DEJAR *o* QUEDAR. | Lázaro *JZorra* 22: ¿Cómo no se iba a echar la pobre [liebre], si tiene toda la culera estrozá? ¡Al zurrón, hermana, no vaya a ser que venga un reclamante! Anda, tú, que si no me apuro, a dos velas me hubiera quedado, que allá asoma el tirador.

7 en ~. Sin dormir. | Romero *Ya* 15.10.67, 5: Se pasa la mano por la mejilla rasposa; es un día nuevo, pero como la noche ha transcurrido en vela no ha advertido que está en "mañana".

vela[2] **I** *f* **1** Pieza de tejido fuerte destinada a recibir el impulso del viento para hacer avanzar una embarcación. *A veces en sg con sent colectivo.* | F. RBatllori *Abc* 11.6.67, 6: También era preciso cambiar en redonda la vela latina de la "Niña", para que pudiese seguir a las demás naos "con seguridad y menos peligro". * Ese barco lleva mucha vela. **b)** (*Dep*) Pieza análoga a la vela de una embarcación, usada para impulsar una tabla por el agua o la nieve. | An. Guerrero *SPaís* 8.11.81, 42: El terreno elegido por los *windskiers* .. suelen ser caminos muy pisados y tubos de nieve helada .. También se pueden remontar pendientes de espaldas, poniéndose en posición de descenso y con la vela por detrás, cuando el viento viene de cara. **c)** Lona de las aspas de un molino de viento. | E. Cáliz *SNue* 6.9.70, 6: "El Castaño", "El Infanto", "El Sardinero", "El Quimera" y "El Pilón" tienden al cielo sus rotas velas, sus aspas sin lonas, que ningún aire moverá ya.

2 (*lit*) Embarcación de vela [1a]. | Cossío *Montaña* 457: La expedición a Orán .., en la que tomaban parte seiscientas once velas, entre buques de guerra y vasos de transportes.

3 Deporte de la navegación a vela [1a]. | *Ya* 23.9.90, 46: Deportes .. Vela: El BBV-Expo 92, en el grupo de cabeza.

4 Lona con que se cubre algo, esp. para protegerlo del sol. | J. M. Mena *Abc* 25.5.58, 61: Salen desde los pueblos y ciudades de la Andalucía Baja las carretas rocieras, con sus velas blancas. Goytisolo *Afueras* 134: Caminaba junto a un carro de vela, tirando del caballo por el ronzal. Grosso *Capirote* 80: De las calles no habían aún desaparecido los toldos y las velas del estío. La luz quedaba matizada sobre las lonas blancas y vibrantes de una a otra acera, que no serían descorridas sino al atardecer.

II *loc v* **5 recoger ~s.** Desdecirse, o mostrarse menos decidido o impulsivo al actuar. | Solís *Siglo* 158: Chano no supo qué decir. Cambió de conversación recogiendo velas.

III *loc adv* **6 a toda ~** (*o* **a ~s desplegadas**). (*Mar*) A toda marcha o con la máxima velocidad. *Tb fig, fuera del ámbito técn.* | * Salieron del puerto a toda vela. * Lleva unos días trabajando a toda vela.

velacho *m* (*Mar*) Gavia del trinquete. *Tb la verga y el mastelero correspondientes.* | Cancio *Bronces* 22: En los días en que repicaban gordo en el Cabildo lucía en el pecho una medalla ganada en un juanete de velacho, con ocasión de unas maniobras de la Armada que fueron por mucho tiempo orgullo de la bahía de Santander.

velación *f* (*Rel catól*) Ceremonia que consiste en cubrir con un velo a los cónyuges en la misa nupcial. *Normalmente en pl. Tb el tiempo establecido para su celebración.* | Vicens *HEspaña* 1, 386: Con el tiempo .. pasaron a hacerla los padres [la entrega de la novia] al sacerdote y este al novio después de darles la bendición, celebrar la misa y la velación (imposición del velo sobre los contrayentes). Villapún *Iglesia* 130: Misa de velaciones. Es la que se celebra después de la boda, pidiendo a Dios gracias para los recién casados. *Anuario Observatorio 1967* 13: Calendario católico para 1967 .. Velaciones. Se cierran: el 7 de febrero y 2 de diciembre. Se abren: el 27 de marzo y 26 de diciembre.

velada *f* **1** Reunión o fiesta nocturna. | Benet *Nunca* 69: Mi abuela ofrecía a sus vecinas y desmemoriadas amistades una velada de buen tono.

2 Período de tiempo que media entre la cena y la hora de dormir. | J. Balansó *SAbc* 18.5.69, 21: Sus veladas transcurren en la acogedora casa de Jacques Arago, ex navegante y aventurero que, anciano y medio ciego, se complace en relatar largamente sus viajes.

veladamente *adv* De manera velada (→ VELADO[1]). | Cela *Judíos* 192: El vagabundo ignora la rara y oculta clave de esta Ávila que, veladamente, se nutre de su propia entraña.

velado[1] **-da** *adj* **1** *part* → VELAR[2].

2 Disimulado o encubierto. | CBaroja *Inquisidor* 15: Lo que de modo más o menos velado o claro se dijo contra la Inquisición en el siglo XVI se convirtió en teoría. **b)** Tenue o ligero. | Lera *Bochorno* 209: Cuando algún rostro era aprehendido por el resplandor de las veladas luces, se le veía brillante de sudor. Olmo *Golfos* 153: Se dirigían a mí, interrogantes, con un velado balbuceo.

velado[2] *m* Acción de velar(se)[2] [2 y 4]. *Tb su efecto.* | A. Abad *Act* 8.10.70, 113: Esta función se atempera a las necesidades y denuncia cualquier posible deficiencia de filmación o de velado de la película.

velador -ra I *adj* **1** [Pers.] que vela[1] [1]. *Tb n.* | Gironella *Millón* 192: El obispo de la diócesis lo encontró cansado y le destinó de capellán a un convento de monjas veladoras. CBonald *Ágata* 105: Quedó Manuela de guardiana del botín –ya que no lo veladora del difunto– y se volvió Perico Chico hacia donde dejaran trabadas a las mulas. *NAl* 29.11.80, 30: Servicio de veladoras. Llamar al teléfono 22 11 84. Cruz Roja Española.

II *m* **2** Mesita gralm. redonda y de un solo pie. | Ortega *Americanos* 76: Al pasar por delante del porche había visto sobre un velador una botella bastante maltratada.

veladura – velero

3 (*reg*) Gañán que cuida mulas o bueyes y les da el pienso por la noche. | Halcón *Ir* 107: Le han ofrecido a Bruno el puesto de velador de los mulos.

veladura *f* **1** Acción de velar(se)² [1, 2 y 4]. *Tb su efecto*. | Cela *Judíos* 33: Al vagabundo, quién sabe si de mirar a las nubes, le ha brotado una nube en un ojo, .. una tenue veladura que incluso da gracia a su mirar. *Pro* 26.7.77, 10: Periodista obligado a velar su carrete con fotografías de la Reina .. Dice el diario que "se trata de saber a qué atenernos en estos casos y de sugerir se proporcionen unas normas protocolarias, a fin de evitar esta violencia siempre implícita en la forzada veladura de un carrete".

2 (*Pint*) Tinta que se da para suavizar el tono de lo pintado. | *Abc* 7.5.58, 33: Pintó la "Maja desnuda" casi aterida, con veladuras violetas en la piel y, quizá, carne de gallina.

velaí → VELAY.

velamen *m* Conjunto de velas de una embarcación. | *Abc Extra* 12.62, 26: La flota infantil alinea .. veleros, desplegado su velamen de nieve. **b)** Conjunto de lonas de las aspas de un molino de viento. | *Ya* 7.9.75, 1: Con su velamen perdido, este típico molino de la comarca del Mar Menor muestra su desnudo varillaje, por donde el aire se cuela en vez de hacerlo girar como en otro tiempo.

velar¹ **A** *tr* **1** Hacer guardia durante la noche [ante alguien o algo (*cd*), esp. el Santísimo Sacramento o un difunto]. | GPavón *Reinado* 152: –¿A qué hora vinieron las señoras esas a velar el cadáver? –A eso de las diez y media. **b)** ~ **las armas** → ARMA. **c)** Atender durante la noche [a un enfermo]. | Laforet *Mujer* 101: A Mariana le gustaría que a los niños los trajese la cigüeña .. Blanca fue quien se cuidó de mí, me acompañó, me veló muchas horas.

2 Cuidar o vigilar [algo, esp. el sueño de otro]. | MGaite *Fragmentos* 98: Ahora estaba .. velando el sueño de unos seres desconocidos. Delibes *Tesoro* 116: Se fue solo, flanqueado por los concejales, el Secretario velando la retaguardia.

B *intr* **3** Permanecer sin dormir durante el tiempo destinado comúnmente a ello. | SLuis *Doctrina* 132: Simón, ¿duermes? ¿No has podido velar una hora conmigo? Delibes *Hoja* 48: Se iba al cuarto del niño y se desvestía con la luz del pasillo para que, si acaso aquel velaba, no viera sus desnudeces.

4 Cuidar atentamente [de alguien o algo (*compl* POR)]. | Kurtz *Lado* 131: Ponía en ellas el mismo celo que el campesino pone en su heredad al velar por la siembra, la cosecha, el regadío.

velar² **A** *tr* **1** Cubrir u ocultar [algo o a alguien] con un velo o algo similar. | Torrente *DJuan* 192: La dueña se demoró unos instantes .. Venía velada, y hubiera sido igual que viniera descubierta, porque del modo de andar acordé colegí que era una vieja. Goytisolo *Recuento* 602: En Vallfosca apenas se notaba siquiera que fuese Pascua, aparte del Sagrado Corazón de la capilla que tía Paquita velaba de morado, como se vela o encapucha el cuerpo de un agarrotado. **b)** Cubrir u ocultar. *Tb fig*. | GPavón *Reinado* 102: Tupidas cortinas velaban las vidrieras plomadas. Halcón *Ir* 339: A pesar de su espontaneidad y de su falta de malicia, sabe velar su íntimo pensamiento. **c)** Hacer menos perceptible [algo]. | Salvador *Haragán* 56: Era una mujer joven, triste, de estrecha cintura y formas veladas por los pesados ropajes de la época. M. LPalacios *Caso* 26.12.70, 5: Tanto ella como su marido sufren un poco de sordera, y entre el ruido de las ya mencionadas máquinas de la obra y los coches de la calle, es muy posible que el de la lucha quedase velado para ellos.

2 Hacer que [un carrete o un cliché fotográfico] se vele [4]. | *Cam* 16.2.76, 15: Algunos [reporteros] fueron víctimas de la intervención de la policía, que veló numerosos carretes.

B *intr pr* **3** Celebrar [los desposados] la ceremonia de las velaciones. | A. Grado *Abc* 22.8.87, 23: Esta semana ha terminado la restauración de la torre de la Capilla Real de la iglesia de Navalcarnero .. Fue el lugar escogido por el rey Felipe IV para velarse con su segunda esposa, su sobrina Mariana de Austria.

4 Perder la imagen [un carrete o un cliché fotográfico] por la acción indebida de la luz. | * No saques así el carrete, que se te va a velar.

5 Perder [un espejo o cristal] la nitidez. | CNavarro *Perros* 53: Uno de los espejos se hallaba velado y las cosas en él se veían como llenas de polvo.

velar³ *adj* (*Anat*) **1** Del velo del paladar. | * La región velar.

2 (*Fon*) [Sonido] que se articula por medio de la aproximación o el contacto de la parte posterior del dorso de la lengua con el velo del paladar. *Tb la letra que representa ese sonido*. *Tb n f*. | Alarcos *Fonología* 78: A las [consonantes] mates fonéticamente bilabiales, dentales, palatales, velares, se oponen las estridentes fonéticamente labiodentales, ciceantes, chicheantes y uvulares. J. PAlija *Inf* 7.8.75, 12: Si una revista .. escribe "Brejnev" .., debería darse cuenta de que sus lectores, por lo general, leerán esa "j" al estilo castellano, es decir, como una velar, no como una "j" francesa. **b)** De(l) sonido velar. | Lapesa *HLengua* 91: Por eso no tienen hoy pronunciación velar, sino dental o interdental, los topónim[o]s portugueses Cintães, Sintião.

velarización *f* (*Fon*) Acción de velarizar(se). | Academia *Esbozo* 126: Con *j* ante *e* o *i* escribimos hoy el resultado del antiguo fonema prepalatal sordo .. En posición intervocálica procede de *x* /ks/ latino, escrito *x* durante la Edad Media y bastante después de su velarización.

velarizador -ra *adj* (*Fon*) Que velariza. | Lapesa *HLengua* 301: La misma propensión velarizadora mantiene la *h* o *j*.

velarizar *tr* (*Fon*) Hacer velar³ [2] [un sonido]. | Lapesa *HLengua* 307: Velarizan [catalanes, mallorquines y valencianos] fuertemente la *l* y la *a* contigua, sobre todo en sílaba trabada. **b)** *pr* Hacerse velar [un sonido]. | Lapesa *HLengua* 404: *N* final velarizada en el habla vulgar.

velatorio *m* **1** Reunión de perss. que velan a un difunto. | Nácher *Guanche* 71: Dos viejas con mantilla negra y el mayordomo de don Miguel constituían todo el velatorio.

2 Lugar destinado a velatorios [1]. | *País* 23.3.78, 1: El cadáver de Jesús Haddad, director general de Instituciones Penitenciarias, es trasladado hacia el pabellón de velatorios de la residencia sanitaria Francisco Franco de Madrid.

velay (*tb* **velaí**) *interj* (*col, raro*) Ahí tienes. | DCañabate *Paseíllo* 41: –Es muy raro que un hombre como tú no tenga su pedazo de novia. –Pues, ¡velay!, que por lo visto tengo el corazón muy alto o muy bajo. C. RGodoy *Cam* 3.3.75, 49: Conque rojo .. El Ramón tos los domingos les obliga a sus hijos y nueras a ir a misa .. "¡Venga, a misa, a oír al cura, que es el único que dice las verdades en este puñetero pueblo!". Ya sabes lo mal hablaos que han sido siempr[e] los rojos. Velaí.

veleidad *f* **1** Cualidad de veleidoso. | FReguera *Bienaventurados* 82: El "Eléctrico" estaba en el café de la calle de Hortaleza. Estaba con la Patro. A Teresa le dolió mucho su veleidad.

2 Actitud o inclinación pasajera. | Mercader-DOrtiz *HEspaña* 4, 210: Ahora ya el aliado español [Francia] no era un Estado que utilizando los medios de la diplomacia clásica perseguía objetivos limitados y que, pese a ciertas veleidades de supremacía, se comportó lealmente, sino un Estado que manejaba ideas revolucionarias.

veleidoso -sa *adj* Inconstante o mudable. | Torrente *Fragmentos* 290: El corazón del hombre .. es veleidoso. Sigue sus admiraciones más que sus convicciones.

veleño -ña *adj* De Vélez Málaga (Málaga). *Tb n, referido a pers*. | J. L. Barrionuevo *SAbc* 9.3.69, 43: Su padre es presidente de la Peña Flamenca de Vélez Málaga y viene dedicando el mayor esfuerzo en conseguir el dinero necesario para erigir un monumento a Juan Breva, el gran "cantaor" veleño.

velero -ra *adj* **1** [Embarcación] muy ligera o que navega mucho a la vela². | * Este barco es muy velero.

2 [Barco] que se mueve mediante velas². *Tb n*. | Mercader-DOrtiz *HEspaña* 4, 162: Las innovaciones técnicas en la navegación de altura y cabotaje, en particular la aparición de los foques, contribuyeron a hacer más maniobrable el velero, que en este momento conoce su época dorada.

3 [Avión] de vuelo sin motor, capaz de elevarse con las corrientes ascendentes de aire. *Tb n m*. | *Gar* 15.9.62, 23: A diferencia del avión velero, el planeador no necesita ser remolcado a torno o por avioneta. Al. Cobo *Gar* 15.9.62, 22: Unos planeadores jugueteaban a ras de tierra y un par de veleros dibujaban su acrobacia de turno sin dejar rastro de sonidos o humos.

veleta A f **1** Aparato consistente en una pieza de metal que gira sobre un eje vertical fijo y que se coloca en lo alto de un edificio para señalar la dirección del viento. | Zubía *Geografía* 55: Fíjate en la veleta más próxima y verás la dirección del viento.
2 Plumilla u otra cosa de poco peso que se coloca sobre el corcho de la caña de pescar para saber cuándo pica el pez. | Bustinza-Mascaró *Ciencias* 176: Entre los aparejos de mano el más sencillo es el de caña, que consta de caña (ligera, resistente y elástica), hilo (de cáñamo, crin o seda), la veleta o flotador.
3 (*reg*) Cometa. | Cunqueiro *Un hombre* 219: Soltaba veletas y aprovechaba los vientos, y cuando la veleta estaba a pique sobre la torre, disparaba su carabina contra la caña de amarre, y la veleta .. caía en la terraza.
B m y f **4** Pers. inconstante y mudable. *A veces se usa la forma f referida a hombre.* | * De ese no puede uno fiarse, es un veleta. * Ese tipo es una veleta.

veleto -ta adj (*Taur*) [Res] cuyos cuernos son altos y derechos, con la curvatura muy poco marcada. | Fabricio *AbcS* 1.4.75, 49: Toro de rejones. De Guardiola. Número 57. "Espigado". Negro bragao meano. 482 kilos. Astifino y veleto. De impresionante arboladura intacta.

vélico -ca adj De (la) vela² [1]. | El. Serrano *SYa* 16.6.74, 4: Se construye en madera o plástico, tiene 2,30 metros de eslora, 1,13 metros de manga y 3,25 metros cuadrados de superficie vélica.

velilla f (*reg*) Cerilla. | Ero *Van* 17.10.74, 32: En los estancos andaluces y extremeños entra mucha gente que pide una caja de fósforos .. Hace unos años todavía se veían unos caballeros inactuales que usaban estuches de metal para guardar las velillas, palitos o tiritas de cartón, y unos los llamaban cerilleras y otros, fosforeras.

velillense adj De alguno de los pueblos llamados Velilla. | M. Mancebo *SInf* 17.4.70, 5: Al frente de la expedición marcha el alcalde de Velilla don Manuel Mediavilla Paredes; don Abencio Gutiérrez, corresponsal en el pueblo del "Diario Palentino", y los jóvenes componentes del equipo espeleológico velillense, recientemente creado. [*Velilla del Río Carrión, Palencia.*]

velis nolis (*lat; pronunc corriente,* /bélis-nólis/) loc adv (*lit*) Quieras o no, por las buenas o por las malas. | Valls *Música* 13: Este libro .. puede inducirle a prestar más atención al chaparrón sonoro que diariamente, *velis nolis*, ha de aguantar.

vélite m (*hist*) Soldado romano de infantería ligera. | MCampos *Abc* 8.2.58, 3: Los [h]oplitas macedónicos, los vélites legionarios y los soldados y piqueros españoles combatían en tensión –moral y física– y con un "tacto de codos" casi inquebrantable.

vello m **1** Conjunto de pelos cortos y suaves del cuerpo humano. | Arce *Testamento* 14: Se había desabrochado los botones de la camisa y se rascaba entre el vello del pecho. **b)** Pelo del vello. | Grosso *Capirote* 30: Con las uñas arrancaba las conchas de barro seco pegadas sobre el empeine de los pies, tercamente agarradas a los vellos de los tobillos. Lera *Boda* 731: La caricia de aquella mano, tan suave y tan cálida, le erizaba los vellos.
2 Pelusilla, esp. la que cubre algunas plantas y frutos. | * El vello de los melocotones me produce dentera.

vellocino m Cuero curtido de carnero o de oveja con su lana. *Frec referido al vellocino de oro de la mitología.* | CBonald *Ágata* 25: Le hicieron la recelosa caridad de un viejo blusón de dril, que sustituyó por su ya andrajosa zamarra de vellocino. GNuño *Madrid* 26: En la composición central el origen del Toisón de Oro, con Felipe de Borgoña que recibe de Hércules el vellocino.

vellón¹ m Conjunto de la lana de un carnero u oveja que se esquilan. | S. Aráuz *Inf* 20.4.74, 17: El día antes del pesaje ponía en la misma sala donde apilaba los vellones unos baldes con agua, que la lana absorbía con avidez.

vellón² m **1** (*hist*) Aleación de plata y cobre con que se acuñó moneda durante la Edad Media y hasta la segunda mitad del s. XVI. | Sobrequés *HEspaña* 2, 81: Las monedas de oro y plata extranjeras circulantes [en Navarra] eran, como en todas partes, las musulmanas y castellanas, y, en vellón, los dineros torneses franceses. **b) real de ~** → REAL².
2 (*reg, raro*) Real (unidad de cuenta). | Nácher *Guanche* 57: ¿Seguimos la cuentita o qué? .. Un vellón y diez céntimos el queso; ¿qué más? Nácher *Guanche* 207: Ni un vellón he tocado de lo de la niña. Ahí están las cuentas.

vellonero -ra m y f Pers. que recoge los vellones de lana cuando se esquila el ganado. | P. GMartín *His* 5.85, 39: Esquileo .. Esquiladores. Pelambreros. Recibidores. Velloneros. Apiladores. Ligadores.

vellorita (*tb con la grafía* **bellorita**) f Planta herbácea, común en los prados, con pequeños capítulos de flores amarillas en el centro y blancas rosadas en la periferia (*Bellis perennis*). | *Ama casa* 1972 97: Exterminaremos todas las malas hierbas que crezcan en él [el césped], como collejas, velloritas, musgos, etc. Remón *Maleza* 25: Especie: *Bellis perennis* L. Nombre común: Margarita menor, Bellorita o Vellorita, Maya.

vellosidad f **1** Condición de velloso. | *HLM* 5.10.70, 14: El aparato para medir la vellosidad de los hilos, una verdadera revolución científica.
2 ~ intestinal. (*Anat*) Pequeño saliente filiforme de la pared interior del intestino. *A veces en sg con sent colectivo.* | Navarro *Biología* 156: Cada vellosidad intestinal es un saliente de la mucosa intestinal al que llega un pequeño vaso linfático.

vellosilla f Planta herbácea común en prados y pastos, con hojas tomentosas en el envés y flores amarillas en capítulos (*Hieracium pilosella*). | Mayor-Díaz *Flora* 386: *Hieracium pilosella* L. "Vellosilla", "Pilosela", "Oreja de ratón" .. Es diurética y astringente.

velloso -sa adj Que tiene vello. | MCampos *Abc* 9.4.67, 7: De vez en cuando: brezos de los pantanos y verdaderas platabandas de lino silvestre, con sus esferitas blancas y vellosas.

velludillo m (*hist*) Felpa o terciopelo de algodón, de pelo muy corto. | Faner *Flor* 69: Al día siguiente mosén Dasi visitó con el doncel las tiendas más elegantes de Londres. Compraron calzas de velludillo, camisas de seda, sombreros.

velludo -da I adj **1** Que tiene mucho vello. | Arce *Testamento* 14: Era velludo el pecho de El Bayona. **b)** [Hierba] **velluda** → HIERBA.
II m **2** (*raro*) Tejido velludo [1], esp. felpa o terciopelo. | Mendoza *Ciudad* 91: Lo encabezaba un caballero vestido con levita verde y chistera de velludo del mismo color.

velo I m **1** Cortina o tela, gralm. fina, que se emplea para cubrir algo. | Vesga-Fernández *Jesucristo* 16: El Santo de los Santos era el lugar donde estuvo el Arca de la Alianza en el primer Templo .. Un espeso velo cubría la entrada. Este velo fue el que se rasgó a la muerte de Jesús. *Lab* 2.70, 7: Clásica cuna estilo lencería, con velo y volantes de batista verde agua y remate de encaje suizo.
2 Prenda de tul, gasa o encaje con que se cubren las mujeres la cabeza, esp. para ir a la iglesia. | *Alc* 31.10.62, 11: Casa Jiménez vende exclusivamente mantones de Manila, mantillas, velos. **b)** Manto más o menos largo con que las religiosas se cubren la cabeza. | * Las novicias llevan velo blanco, y las profesas, negro.
3 (*Rel catól*) Banda de tela blanca que en la misa de velaciones se coloca sobre los hombros del hombre y la cabeza de la mujer. | Villapún *Iglesia* 130: Misa de velaciones .. Suele ponérseles sobre los hombros un velo blanco, a manera de yugo, para significar que en adelante debe ser la misma suerte para ambos.
4 Cosa que cubre u oculta. *Tb fig.* | Huarte *Biblioteca* 99: Los grabados y las copias fotográficas, protegidos por velos de papel de seda, [se guardan] dentro de carpetillas. C. Llaguno *SYa* 4.11.73, 17: Sus estudios sobre los vinos del Jura, que desarrollan en su superficie levaduras que forman "velo", le permitieron asegurar que las entonces llamadas "flores del vino" podían no ser desfavorables. * Los muebles aparecían con un velo de polvo.
5 ~ del paladar. (*Anat*) Cortina muscular y membranosa que separa la boca de la faringe. | Mascaró *Médico* 115: El tratamiento del intoxicado corresponde al médico; como medida de urgencia, mientras se espera su llegada, se

velocidad – vena

procurará el vómito (titilaciones de la úvula o campanilla del velo del paladar, administrar un vaso de agua caliente salada).

II *loc v* **6 correr** (*o* **echar**) **un tupido ~** [sobre un asunto]. (*col*) Dejar[lo] de lado o no hablar más [de él]. *Frec en la constr* CORRAMOS UN TUPIDO ~. | Cela *Judíos* 260: El vagabundo .. se comió tres platos de judías con chorizo, una perdiz escabechada y medio jamón, de postre .. Corramos un tupido velo. Miret *Tri* 24.8.74, 44: Los libros sobre Nixon y Watergate ya no se venden. Todos están echando un tupido velo sobre el fondo de la cuestión.

7 tomar el ~ [una monja]. Profesar. | * Mañana toman el velo las novicias.

velocidad I *f* **1** Cualidad de veloz. | L. Contreras *Inf* 19.10.78, 5: El presidente en funciones, señor Esperabé de Arteaga, llamó la atención una sola vez al señor Letamendía, al parecer, porque en la segunda ocasión, dada la velocidad con que se expresa normalmente el diputado vasco, no captó sus palabras.

2 Relación existente entre el espacio recorrido y el tiempo invertido en recorrerlo. | Marcos-Martínez *Física* 13: La velocidad es proporcional al tiempo. CNavarro *Perros* 14: Susi conducía a gran velocidad.

3 Número de vueltas que da un motor por unidad de tiempo. | *Abc* 30.12.65, 70: Magnetofón Tesla .. 4 pistas. 2 velocidades. **b)** *En un automóvil:* Combinación de las que se obtienen con los engranajes del cambio de marchas. | *Ya* 15.10.67, sn: Si tiene una transmisión corriente, ponga su coche en primera velocidad y observe su velocidad con el motor en ralentí.

4 ~ de circulación. (*Econ*) Número medio de veces que una unidad monetaria cambia de manos en un período de tiempo dado. *Tb, simplemente,* **~**. | FQuintana-Velarde *Política* 184: El dinero, su velocidad de circulación y los precios. FQuintana-Velarde *Política* 185: En España solo se dispone de una estadística con la velocidad del dinero bancario.

II *loc v* **5 confundir la ~ con el tocino.** (*col*) Hablar o actuar ilógicamente, mostrando confusión entre cosas muy distintas. | L. LSancho *Abc* 14.6.87, 34: El permisivismo, .. el impunismo de los atracadores, violadores, tironeros, van a hacer perder cientos de miles de turistas a los gobernantes socialistas, que en materia de cultura y de costumbres confunden la velocidad con el tocino.

velocímetro *m* Aparato para medir la velocidad [2] de un vehículo. | APaz *Circulación* 154: El velocímetro es un aparato de seguridad e información en el coche.

velocipédico -ca *adj* (*lit*) De (la) bicicleta. | M. Merchant *As* 22.9.74, 24: Ayer finalizó en Málaga la decimocuarta edición de la Vuelta Ciclista a Málaga, que organiza y dirige el club Velocipédico Malagueño. E. Montes *Abc* 28.11.71, 25: Eddy Merckx, el famoso "galgo" velocipédico belga, ha llegado –sin bicicleta– a la costa malagueña para pasar unas breves vacaciones al sol.

velocipedista *adj* (*hist*) De(l) deporte del velocípedo. | *Abc Extra* 12.62, 77: Una carrera velocipedista en los jardines del Buen Retiro en noviembre de 1886.

velocípedo *m* (*hist*) Aparato de locomoción constituido por un caballete que se apoya sobre dos o tres ruedas desiguales movidas por pedales. | *Abc Extra* 12.62, 15: El último descendiente del aro, un descendiente casi metafísico, es el velocípedo.

velocista *m y f* (*Dep*) Atleta especializado en pruebas de velocidad. | *Mad* 10.9.70, 22: Le siguen en la relación el saltador Blanquer y el velocista Gayoso.

velódromo *m* Lugar destinado para carreras de bicicletas. | J. M. Moreiro *SAbc* 13.4.69, 31: En el velódromo de Anoeta de San Sebastián cobraría su segunda victoria al cabo de cuatro minutos y 48 segundos sobre el argentino Mario Miranda.

velomotor *m* Motocicleta ligera, con motor de 50 a 125 c.c. | Halcón *Ir* 209: Este último se iba derecho al pueblo desde el tajo en el velomotor.

velón *m* **1** Cirio o vela grande. | Umbral *MHi* 11.63, 78: Frente al altar mayor, escalonados velones que arden .. entre columnas doradas.

2 Lámpara de metal compuesta de un vaso con una o varias mechas, y de un eje en que puede girar, terminado por arriba en un asa y por abajo en un pie. | DPlaja *Sociedad* 88: Se alumbra con candil de aceite el pobre, y velón de 2 y 4 mechas y candelabros el rico.

velonería *f* Industria del velón [2]. | *Córdoba* 123: Pueden mencionarse las industrias típicas de Córdoba, representadas por más de cien platerías, la de velonería y objetos de metal de Lucena.

velorio *m* **1** Velatorio [1]. | CBonald *Ágata* 301: Nada alteró aquella modorra del velorio hasta que el amanecer pareció despabilar a la mustia Agripina, quien se acercó al cadáver.

2 Reunión nocturna con bailes, cantos y cuentos, que se celebra en los pueblos, gralm. con ocasión de alguna faena doméstica. *Tb fig.* | L. Calvo *Abc* 26.7.70, 16: El ministro francés del Interior .. tiene agrio el humor, es misoneísta, puntilloso y tan extremadamente precavido que allí donde husmea –y su olfato es largo– velorios de gente moza, allí manda el ukase de tabú.

velote *m* (*reg*) Resto o cabo de vela[1] [2]. | Moreno *Galería* 251: Las velas correspondían a los fieles de ambos sexos y los velotes a los chicos.

velours (*fr; pronunc corriente,* /belúr/; *pl invar*) *m* Tejido semejante al terciopelo. | *Van* 7.3.71, 2: Vestido Velours con adornos guipur. M. P. Ramos *Inf* 8.3.75, 18: Ha nacido una nueva prenda: el anorak veraniego. Está hecho en "velours" o tejidos de rizo.

velouté (*fr; pronunc corriente,* /belúté/; *pl normal,* ~s) *m* (*Coc*) Salsa de pescado. | *Cocina* 520: Una salsa besamel o un velouté de pescado pueden servir de fondo.

veloz *adj* Rápido o muy ligero. | FSantos *Hombre* 117: Le vio dudar, bajar el arma vacilando y contestó veloz: –Ese es mi primo. Lo juro por mis hijos. M. Ortega *Ya* 24.6.69, 36: Nuevamente Jochen Rind volvió a ser el piloto más veloz de los entrenamientos, para después, durante la carrera, verse obligado a abandonar.

velozmente *adv* De manera veloz. | Cela *SCamilo* 73: El picorcillo puede (debe) extenderse velozmente por todo el cuerpo.

veludillo *m* (*hist*) Velludillo. | Villarta *Rutas* 203: Esconderán los terciopelos carmesíes, los negros veludillos de Flandes.

veludo *m* (*hist*) Velludo (felpa o terciopelo). | D. Quiroga *Abc* 2.3.58, sn: Este mismo traje con telas de color y frecuentemente con mangas del jubón postizas de veludo, damasco o seda, y pequeño delantal, constituye la moda más moderna.

velvetón *m* Tejido de algodón que imita el terciopelo. | *Alc* 31.10.62, 9: Trincheras .. En tejido impermeabilizado, combinado con punto. Forro de velvetón: 1.125.

vena I *f* **1** Vaso sanguíneo. | Cela *España* 26: Ni un solo español está libre de ver correr por sus venas sangre mora o judía. **b)** (*Anat*) Vaso por donde la sangre vuelve al corazón. *Frec con un adj especificador:* CAVA, PULMONAR, *etc*. | Laforet *Mujer* 193: Unas cuantas voces lejanas .. Y al mismo tiempo, el latido de sus arterias, de sus venas. Bustinza-Mascaró *Ciencias* 61: La sangre venosa pobre en oxígeno entra en la aurícula derecha por las venas cavas, y la sangre rica en oxígeno entra en la aurícula izquierda por las venas pulmonares.

2 Inspiración artística. *Frec en la constr* ESTAR EN ~. | Valverde *Literatura* 83: La poesía de Herrera tiene dos vetas principales: la sentimental .., y la vena heroica, en grandes odas. * Los días que está en vena escribe diez horas seguidas. **b)** Condiciones físicas o morales favorables [para algo (*compl* DE)]. *Frec en la constr* ESTAR EN ~. *A veces sin compl.* | Cela *Viaje andaluz* 30: Un servidor, cuando está en vena de trabajar, nada pide, aunque, todo hay que decirlo, coge y bendice lo que le quieren dar. P. P. Buylla *VozA* 8.10.70, 20: Todo consiste en que los tres hombres que actúan en punta estén en vena o no. Si responden, estás seguro de vencer.

3 Estado de ánimo pasajero que impulsa a actuar de forma desacostumbrada o poco racional. *Frec en la constr* DARLE [a uno] LA ~. | Aldecoa *Gran Sol* 91: El patrón tiene venas. Estoy seguro de que ha mandado marchar por lo de la caíla. Si vuelve a dejarse ver el animal, se tira al agua a

rematarlo. Tomás *Orilla* 195: Maica, por tus muertos, liga la pasta. Lígala como sea, pero págale al tío, que si no me pudro aquí .. Hay veces que me da la vena .. Me voy a romper la cabeza contra la pared.
4 Tendencia acusada [a la locura o a un comportamiento anormal (*compl especificador*)]. *A veces se omite el compl, por consabido.* | * Ha sacado la vena de locura de la madre. * La hermana también tiene una vena, no digas.
5 Corriente subterránea natural de agua. | Delibes *Mundos* 155: El negocio de las aguas es un auténtico juego de azar, no solo porque lo mismo puede salir cara que cruz, sino porque dentro de la cara caben mil gradaciones, ya que la vena alumbrada puede ser de millares de litros por hora o solamente de unos pocos. **b)** Corriente pequeña de agua. | Rabanal *Hablas* 141: El español y leonés río Luna, vena truchera del viejo condado sumido hoy bajo las aguas del embalse del mismo nombre.
6 (*Min*) Filón pequeño [de un mineral]. | Legorburu-Barrutia *Ciencias* 341: Hay yacimientos de diversos tipos: 1º Filones, es decir, grietas del terreno rellenas de un mineral; así se halla la galena, blenda, etc. Si los filones son pequeños se llaman vetas o venas.
7 Faja o lista que por su color o calidad se distingue de la materia en que se encuentra. | Matute *Memoria* 73: El mármol rojizo del lavado, veteado de venas sangrientas, y el negro de la madera con entrelazados dragones de talla .., es uno de los recuerdos más vivos.
8 Haz pequeño de fibras que sobresale en el envés de la hoja de una planta. | *Act* 15.10.70, 54: El tabaco en rama es sometido .. a una serie de tratamientos de humectación con los que adquiere un grado de flexibilidad óptimo que permite la eliminación de la vena del tabaco. **b)** Fibra o hebra del fruto o de la vaina de ciertas plantas. | Trévis *Navarra* 37: Cuando todo esté bien rehogado, mezcladlo con los pimientos, a los que habréis despojado de simientes, pieles y venas.
II *loc v* **9 llevar** [una cualidad o aptitud] **en las ~s.** Tener[la] innata. | PFerrero *MHi* 12.70, 50: Llevaba Zuloaga el arte en las venas.

venable *adj* (*lit*) Vendible. | FVidal *Duero* 129: El peregrino prefiere dar en olvido tan desdichado ejemplo de hombre incumplidor y trujumán de todo lo venable en su provecho propio.

venablo I *m* **1** Dardo, o lanza pequeña y arrojadiza. | Torrente *Saga* 576: Entre los muertos, alguno rebullía. Jacinto Barallobre, la mano en el pecho, bien agarrada al asta de la flecha (quizás fuera un venablo), procuraba no pisarlos.
II *loc v* **2 echar ~s.** Proferir expresiones coléricas. | Halcón *Ir* 99: Por aquí entró el inefable don Antonio echando venablos contra el invasor estilo churriguera, su bestia negra.

venada *f* Vena [3]. | AAlcalde *Unos* 20 (G): Emilia, que le conocía, sacó en consecuencia, por lo que hablaba, que al chico le había dado la venada y se le había puesto de repente no seguir con los libros.

venado¹ -da A *m* **1** Ciervo. *Tb designa solamente el macho de esta especie.* | D. J. Salas *MHi* 7.69, 40: La enorme cantidad de venados, osos y jabalíes.
2 *euf por* CORNUDO *o* CABRÓN. | Goytisolo *Recuento* 68: Que viva la policía, dijo. ¿Por qué?, dijo el gris. Porque mantiene el orden, dijo Leo. Bueno, dijo el gris. Pero a ver si lo dices con otra entonación, que esta no me gusta. Nos entendemos, ¿no? Se volvió a los suyos. No te jode, esos venados.
B *f* **3** Hembra del venado [1]. | Berenguer *Mundo* 85: Mataron ocho corzos, cerca de veinte jabalíes y dos venadas.

venado² -da *adj* (*col*) Loco o chiflado. *Tb n.* | F. A. González *Ya* 27.4.75, 60: Edward quiere volar en un aparato a pedal .. Diez años lleva trabajando en su proyecto Edward Ernst. En diez años le habrán llamado chalado, venado, pirado la tira de veces. Tomás *Orilla* 243: –¿Te acuerdas de un menda que llaman el Perolo?– Antonio negó con la cabeza. –Era de la primera galería. Un venao. Con decirte que aún está en el hospital.

venador *m* (*lit*) Cazador. | Delibes *Inf* 17.9.75, 16: Si estos venadores sureños marchan con cuatro codornices a casa, ¿qué tienen que ver los pobres con nuestras escuálidas perchas de agosto y septiembre?

venaje *m* (*lit, raro*) Conjunto de venas de agua y manantiales que dan origen a un río. *Tb fig.* | T. Cepeda *Reg* 24.9.74, 8: En el libro que comentamos tiene todo aquel que por afán estudioso o por curiosidad quiera asomarse a nuestra hermosa comarca .. un verdadero compendio de los datos más importantes, a la vez que el pórtico indispensable para una ulterior incursión en el rico venaje de aquella imperial época.

venal *adj* (*lit*) **1** [Cosa] destinada a ser vendida. | Torrente *SInf* 25.7.74, 12: Según Valeira[s], ciudades enteras son asimismo venales, todas esas que han declarado monumento nacional o conjunto monumental. **b)** Propio de la cosa venal. | Gimferrer *Des* 1.3.75, 31: El carácter no venal de la edición haría inadecuado extenderse aquí sobre el poema.
2 [Pers.] que se presta a una acción indigna a cambio de una ventaja o beneficio. | S. RSanterbás *Tri* 11.4.70, 23: El crítico es un sujeto venal que recibe sobres misteriosos repletos de verdes billetes. Zunzunegui *Hijo* 131: No me crió mi madre para hembra venal, y nada se ha inventado mejor para la mujer mujer que el matrimonio.

venalidad *f* (*lit*) Cualidad de venal. | Fernández-Llorens *Occidente* VII: ¿Qué consecuencias tuvo para la República Romana la venalidad del cuerpo electoral? Cossío *Confesiones* 181: Se acusaba a don Santiago Alba .. de delitos de venalidad y de cohecho.

venatorio -ria *adj* (*lit*) De (la) caza. | Bustinza-Mascaró *Ciencias* 219: El oficio más antiguo del hombre fue seguramente la caza, aun antes de representar escenas venatorias en las pinturas rupestres.

vencedero -ra *adj* Que vence [4] [en una fecha determinada]. | *Van* 17.4.73, 16: Se avisa a los señores tenedores de Obligaciones "Emisión 1972" de esta Compañía que a partir del día 16 del corriente quedará abierto el pago del cupón vencedero en dicha fecha.

vencedor -ra *adj* Que vence [1]. *Tb n.* | Criado *MHi* 11.63, 18: Por la vaguada avanzan las legiones vencedoras, bien cerradas sus filas, armadas de lanzas, espadas. Tovar-Blázquez *Hispania* 55: Escipión Emiliano, el hijo del vencedor del rey Perseo .., se ofreció de la manera más sorprendente al Senado para ir a Hispania.

vencejo¹ *m* Pájaro insectívoro semejante a la golondrina, de cola larga y ahorquillada y plumaje negro, excepto en la garganta, que es blanca (*Apus apus*). *Otras especies del mismo gén se distinguen por medio de un adj:* REAL (*Apus melba*), PÁLIDO (*A. pallidus*), CULIBLANCO (*A. caffer*). | Cuevas *Finca* 36: Vio volar de vuelta las lechuzas y zarpar en la luz azul los primeros vencejos. Noval *Fauna* 234: Sobre las altas crestas de la Cordillera Cantábrica aparecen en el mes de mayo los grandes Vencejos reales (*Apus melba*).

vencejo² *m* Ligadura con que se atan los haces, esp. la hecha de bálago. *Tb fig.* | S. Araúz *Inf* 16.11.74, 17: Agavillaba con vencejos o manijas. Moreno *Galería* 17: Trata [el libro] de cosas diferentes, aunque todas atadas con un mismo vencejo del centenal soriano.

vencer A *tr* **1** Resultar superior [a alguien (*cd*)] en una lucha, una competición o una disputa. *Tb abs.* | Arenaza-Gastaminza *Historia* 152: Vencieron por completo [los españoles] a las tropas francesas, restableciendo en el trono de Nápoles a su legítimo soberano. S. García *Ya* 22.10.64, 27: Hoy, cuatro años después, Abebe Bikila .. ha vuelto a vencer. *Ya* 21.2.76, 12: El señor Hernández Navarro insiste .. La ponencia insiste también. Al fin, como es natural, vence la ponencia. **b)** Dominar [una cosa o cosa] o no dejarse dominar [por ella (*cd*)]. | MCampos *Abc* 9.4.67, 8: Así consigue vencer el frío, vencer la noche, vencer la tierra en que ha nacido. **c)** Superar [un obstáculo o dificultad]. | Suárez *País* 30.12.78, 9: En cada uno de los 20 kilopondios, está la nueva esperanza. Marcos-Martínez *Física* 48: Con un remo de 3 metros de longitud se quiere vencer la resistencia de la barca, que es de 20 kilopondios. Olmo *Golfos* 189: Y vencen la cuesta. **d)** darse [alguien] **por vencido.** Renunciar a la lucha por considerar que no existe posibilidad de vencer. *Frec fig.* | Laiglesia *Ombligos* 101: No quise darme por vencida. Y me lancé a recorrer los países beligerantes, dispuesta a demostrar que Chandra Govín podía variar aún el curso de la guerra con sus encantos marchitos.

vencetósigo – vendido

2 Ser superior [a alguien (*cd*)] en algo]. | * Vence a todas en inteligencia y valor.
3 Torcer o inclinar. *Frec en part.* | Delibes *Mundos* 95: Que la mayor parte del año "surea" lo demuestra el hecho de que las copas de los árboles están indefectiblemente vencidas del lado norte. VMontalbán *Pájaros* 224: El improvisado chófer venció una palanca y ante Carvalho apareció un mueble bar iluminado. **b)** *pr* Torcerse o inclinarse. | Lera *Bochorno* 161: De pronto pareció que se fuera a volcar el tranvía, al vencerse sobre uno de sus lados. Nácher *Guanche* 160: Sobre el muro del cementerio asomaban las enredaderas, venciéndose frondosas hacia el lado de la carretera. DCañabate *Paseíllo* 129: –El toro frena .., da la impresión de que se vence. –Nada de eso. Lo que pasa es que no está ahormado.
B *intr* **4** Terminarse [un plazo o un período de tiempo]. | Á. L. Calle *País* 19.11.78, 7: Ese día vence el plazo que el Frente Amplio Opositor concedió a la comisión negociadora de la Organización de Estados Americanos para que consiguiera de Anastasio Somoza una promesa formal de abandonar el poder. Moreno *Galería* 125: Y para las graves tardes caniculares, .. cuando agosto ya empieza a vencer, hay un techo de sombras y de brisa, ofrenda generosa de la fronda del pinar. **b)** Terminarse el plazo establecido [para algo, esp. una letra de cambio (*suj*)]. | Ramírez *Derecho* 137: Si en el mes del vencimiento no hay día equivalente al de la fecha en que la letra se expidió, se entiende que vence el último día del mes. **c)** Caducar o prescribir [algo, esp. un derecho]. | * Los derechos vencen a los seis meses de realizado el sorteo.

vencetósigo *m* Planta herbácea de flores verdosas o amarillentas y raíz venenosa, que se considera eficaz contra el veneno de las serpientes (*Vincetoxicum hirundinaria* o *V. officinalis*). | Mayor-Díaz *Flora* 304: *Vincetoxicum hirundinaria* Medicus. "Vencetósigo", "Hirundinaria". (Sin. *V. officinalis* Moench.) .. Se le atribuye a esta planta la propiedad de suprimir el efecto del veneno de serpiente, así como actuar contra el virus de la rabia.

vencible *adj* Que puede ser vencido. | Gironella *Millón* 235: El hecho tenía una importancia extrema, pues demostraba que los mineros eran vencibles. Valcarce *Moral* 22: Ignorancia es la carencia de conocimiento en un sujeto capaz de poseerlo. La llamamos vencible si puede superarse con algún esfuerzo.

vencida I *f* **1** Acción de vencer [1]. *En la fórmula* A LA TERCERA VA (*o* FUE, *etc*) LA ~. | *Caso* 21.11.70, 16: Los empleados volvieron a sofocar el incipiente incendio. Hasta que a la tercera fue la vencida.
II *loc adv* **2 de ~**. A punto de ser vencida [una pers. o cosa] o de terminar [una cosa]. *Gralm con el v* IR. | GGómez *Abc* 9.10.81, 3: Su primera recalada [de Aníbal], ahora en la Corte de Antioco de Siria, desembocó en un fracaso y, ya de vencida, el último refugio en el reino de Bitinia acabó en su suicidio. L. Calvo *Abc* 7.9.66, 29: El año va de vencida.

vencimiento *m* Acción de vencer(se), *esp* [4]. | Gironza *Matemáticas* 124: Un documento en el que el comprador o deudor se compromete a hacer efectiva la cantidad en la fecha convenida, o fecha del vencimiento.

venda I *f* **1** Tira, gralm. de gasa, que se emplea para cubrir un miembro dañado o para sujetar los apósitos aplicados a una herida. | *Economía* 265: Las vendas pueden ser de gasa o de Cambric. **b)** *Frec se emplea en sent fig, aludiendo a la ofuscación o ceguera mental, en frases como* TENER UNA ~ SOBRE LOS OJOS, CAÉRSELE [a alguien] LA ~ DE LOS OJOS, *etc*. | FSalgado *Conversaciones* 363: Se quiso que fuesen victoriosos [los rojos] y que el comunismo se implantase en España, Portugal y Marruecos. Los Estados Unidos e Inglaterra estuvieron completamente ciegos y aún no les ha caído la venda de los ojos, a pesar de la evidencia tan demostrada.
II *loc v* **2 ponerse la ~ antes de la herida**. (*col*) Ser excesivamente precavido. | * Es de los que se ponen la venda antes de la herida, qué agonía.

vendaje *m* Acción de vendar. | Gironella *Millón* 494: Moncho lo adiestró, sobre todo en el trabajo de camillero, en el del vendaje, aplicaciones de férulas y colocación de tubos hemostáticos. **b)** Venda o conjunto de vendas con que se realiza el vendaje. | *Caso* 21.11.70, 19: Cubierto de heridas y de vendajes, don Eladio Piles se va reponiendo lentamente.

vendar *tr* Poner una venda [sobre una herida o una parte del cuerpo (*cd*)]. | Arce *Testamento* 28: Solo vamos a vendarte los ojos... para que no veas. **b)** Poner una venda sobre una parte del cuerpo [de alguien (*cd*)]. | Delibes *Guerras* 60: –Así que lloraba la higuera, ¿eh, Pacífico? –Qué hacer, doctor, como un niño. El Abue la había podado por la mañana y ni la vendó siquiera.

vendaval *m* Viento muy fuerte. *Tb fig.* | Delibes *Historias* 65: Antes de estancarse la nube sobre el pueblo, cuando más arreciaba el venda[v]al, los vencejos se elevaban en el firmamento hasta casi diluirse. [*En el texto*, vendabal.] *Tri* 12.12.70, 29: Cada vez que acomete una película se organiza un vendaval de discusiones.

vendeano -na *adj* De la Vendée (provincia francesa). *Tb n, referido a pers.* | *Van* 20.12.70, 75: Cachorros Pastor Alemán, Bassets, grifon, vendeano.

vendedor -ra *adj* **1** Que vende [1a]. *Frec n, referido a pers.* | * Hay un libro de instrucciones editado por la casa vendedora. Cunqueiro *Un hombre* 12: El hombre .., sin responder palabra a la oferta que le hacían, pasó por entre compradores y vendedores.
2 Relativo a la acción de vender [1a]. | *VozC* 6.10.68, 6: En salvados hay firmeza por parte de la oferta vendedora que se contrarresta con la resistencia del comercio comprador.

vendeja *f* (*reg*) Venta de pasas, higos, limones y cosas similares en el tiempo de la cosecha. | J. Sesmero *SSur* 6.8.89, 16: Es la Málaga de la vendeja, de la Industria Malagueña, del Ceregumil.

vender *tr* **1** Dar [a alguien] la propiedad [de una cosa o de una pers. (*cd*)] a cambio de dinero. | Paso *MHi* 12.70, 48: En aquel puesto se vendían recuerdos, pañuelos de seda, tapetes de encaje. Peña-Useros *Mesías* 59: José, vendido por sus hermanos. **b)** Dar [a alguien algo no material] a cambio de dinero o de un favor o ventaja. | Laiglesia *Tachado* 114: Gurdín habría vendido su pluma al partido clerical, a la Liga Ultramonárquica. **c)** *Con cd refl:* Pasar a servir [a alguien o algo, esp. a un adversario] a cambio de una ventaja o beneficio. | CPuche *Paralelo* 387: Dirían que se había vendido a los americanos .. Dirían que era un vendepatrias más. L. LSancho *Abc* 14.11.71, 74: Hay dirigentes vendidos a la corrupción que desvían y traicionan el movimiento. **d)** *Con cd refl:* Ejecutar una acción indigna a cambio de una ventaja o beneficio. | * Este hombre se vende por una condecoración.
2 ~ caro [algo]. Conceder[lo] después de gran resistencia. | * Ha vendido caro su consentimiento. **b)** **~ cara su vida** → VIDA. **c)** **~se caro** [alguien]. (*col*) No dejarse ver con frecuencia. | * Ven por aquí más a menudo, no te vendas tan caro.
3 Traicionar [a alguien], gralm. a cambio de una recompensa o ventaja. | CPuche *Paralelo* 378: ¿Tú también crees que para servir al partido tengo que vender a un amigo, precisamente a un amigo?
4 Inducir o promover la venta [de un producto (*cd*)]. *Frec abs.* | * La publicidad vende cualquier cosa. P. Altares *País* 24.8.84, 7: La vida privada de los políticos, en cuanto personajes famosos, *vende*. **b)** Inducir o promover la aceptación [de una pers. o de una idea (*cd*)] o la adhesión [a ellas (*cd*)]. *Frec abs.* | * Anda vendiéndonos la idea de la integración. Delibes *Voto* 29: Él dice que para el Senado eso vende, y no me atreví a contradecirle.

vendetta (*it; pronunc corriente*, /bendéta/) *f* Venganza familiar. *Tb fig.* | *Abc* 23.12.72, 54: La "vendetta" entre los esmeralderos ha cobrado durante este año no menos de cuarenta víctimas. *Abc* 2.2.85, 18: El sector Garaicoechea busca la "vendetta" en el PNV de Guipúzcoa.

vendible *adj* Que puede venderse [1]. | Laín *ROc* 7.63, 15: Entre los restantes [científicos], no será difícil descubrir los no escasos para los cuales la ciencia es cínicamente .. una mercancía vendible al mejor postor. Fernández-Llorens *Occidente* VII: ¿Es cierto lo que afirma el autor de que existió una relación entre la ruina del pequeño campesino romano y su transformación en clientela vendible?

vendido -da *adj* **1** *part* → VENDER.
2 [Pers.] indefensa en un medio hostil. *Tb fig. Normalmente como predicat.* | Gilera *Abc* 1.12.70, 63: Cuando fa-

llan los jugadores circulantes de la defensa, se dice en el argot futbolístico que "le dejaron vendido" [al guardameta].

vendimia f Acción de vendimiar. *Tb su efecto y la época del año en que se realiza.* | Salvador *Haragán* 41: La vendimia de nuestras cepas era un acontecimiento. CBonald *Dos días* 173: –Vaya vendimia –dijo. –¿Verdad? –Nadie va a sacar lo de las Talegas, me pongo lo que haga falta. A. Casado *SPue* 17.10.70, 3: Es vendimia en España; los caminos se llenan de mosto, de olor a uvas reventonas y de alegres cuadrillas de jornaleros –y jornaleras–.

vendimiador -ra I *m y f* **1** Pers. que vendimia. | MAlonso *MHi* 2.64, 38: Habla a ras de tierra, como los labradores y los vendimiadores manchegos.
II *adj* **2** De (la) vendimia. | GPavón *Reinado* 218: Para hablar .. de las tardes en las viñas palpando pámpanos y sopesando racimos; de los otoños vendimiadores. R. Rubio *Hoy* 22.11.70, 3: Ese tiempo, el hermoso octubre, luego de los días vendimiadores, se nos mostraba demasiado seco.

vendimiar (*conjug* **1a**) *tr* Recoger el fruto [de la viña (*cd*)]. *Frec abs.* | Pemán *Abc* 8.6.75, sn: Un chico imberbe .. vendimiaba la cepa. Escobar *Itinerarios* 195: Hemos ido a muchas vendimias y hemos vendimiado en muchos majuelos.

vendimiario *m* (*hist*) Primer mes del calendario revolucionario francés, que va del 22 de septiembre al 21 de octubre. | Vicens *Polis* 426: El episodio más notable [del Directorio] fue la insurrección de los monárquicos de París en 1795 (Vendimiario).

vending (*ing; pronunc corriente, /béndin/*) *m* Venta mediante máquinas automáticas. | *Envase* 10.87: Euvesa. Europea de Vending, S.A. Gomis, 51 .. Barcelona .. Máquinas automáticas de bebidas calientes, frías y sólidas.

vendos *m pl* (*reg*) Zorros (utensilio de limpieza). | MRecuerda *Salvajes* 36: –¡Eh! ¿Quién barre esto? ¡Dos dedos de polvo tienen los lavabos! ¡Eh, usted, cáncana! ¿Es usted la barrendera? –Yo misma. –¡Pues traiga usted unos vendos!

vendrellense *adj* De Vendrell (Tarragona). *Tb n, referido a pers.* | P. Aloy *DEs* 20.10.76, 23: Las Ferias y Fiestas de Santa Teresa y la Primera Semana Castellera han polarizado la atención de vendrellenses y comarcanos.

veneciano -na *adj* **1** De Venecia (Italia). *Tb n, referido a pers.* | V. A. Pineda *Des* 12.9.70, 17: La manifestación [cinematográfica] veneciana es .. la suma de una serie de actividades.
2 [Persiana] de tiras transversales móviles, que permiten graduar la entrada de luz. | *GTelefónica N.* 860: Persianas venecianas Miniluz.
3 [Farolillo] de papel de colores. *Tb en la loc* A LA VENECIANA. | Cela *Viaje andaluz* 205: Por Villaverde del Río .. unos hombres, tocados con amplios sombreros de segador, se dedican a engalanar las calles con banderitas españolas y farolillos a la veneciana.

venectasia *f* (*Med*) Dilatación de una vena. | R. ASantaella *SYa* 24.7.83, 39: A la dilatación de los bronquios se la llama "bronquiectasia", a la dilatación de las venas se l[a] llama "venectasia".

venencia *f* Utensilio formado por un pequeño recipiente cilíndrico unido a una larga varilla, que se emplea para extraer pequeñas cantidades de vino de una bota. | Vega *Cocina* 170: La mañana la habíamos pasado recorriendo las bodegas jerezanas, donde, en su generoso afán de obsequiarnos, no concedieron reposo a las venencias.

venenciador -ra *m y f* Pers. que venencia. | *Abc* 17.12.74, sn: Se ha celebrado estos días el cuarto concurso de venenciadores, que fue ganado por "Niño" López. *Diez* 6.10.87, 38: Con ocasión de la cena de clausura de los Campeonatos Sénior de Baloncesto .., fueron recibidas las jugadoras de los equipos participantes por una venenciadora.

venenciar (*conjug* **1a**) *tr* Extraer [vino] de la bota con la venencia. | CBonald *Dos días* 214: El vino que se saca de una bota de solera con cien años de telarañas, y se venencia alargando el chorrito desde la cazoleta a la copa de cristal, ese es un vino que exige respeto en el trato.

veneno *m* **1** Sustancia que, introducida en un organismo, altera o destruye sus actividades vitales. | Bustinza-Mascaró *Ciencias* 185: Las mordeduras de víboras son dolorosas y peligrosas para el hombre. Es conveniente .. agrandar la herida y procurar que salga sangre abundante por ella para evitar la difusión del veneno. **b)** Cosa perjudicial para la salud. *Con intención ponderativa. Tb fig.* | Goytisolo *Verdes* 16: A ver de qué es este [bombón] .., ¡de licor!, ¡puro veneno!
2 Mala intención. *Tb fig.* | Berenguer *Mundo* 384: Molino fue acercándose por abajo y estaba lejos todavía, cuando los corzos husmearon el peligro y salieron por pies dando botes, al tiempo que el Molino largó cinco tiros seguidos con muchísimo veneno.
3 Sentimiento que intranquiliza o inquieta. *Frec referido a afición y en la forma* VENENILLO. | * El veneno de los celos no le deja vivir. Delibes *Vida* 46: Definitivamente, dejé de asistir al fútbol como espectáculo al aire libre .. No obstante, el veneno queda. J. M. Moreiro *SAbc* 6.12.70, 46: Llevaba el venenillo del arte muy dentro, pero no terminaba de surgir una oportunidad.
4 (*Taur*) Punta del cuerno. *Gralm en la constr* QUITAR EL ~. | G. Sureda *Sáb* 5.4.75, 44: Luego llegará, mucho más tarde –allá por los años cuarenta–, el innoble afeitado, la vil maniobra de cortar la punta, el "veneno", el diamante.

venenoso -sa *adj* Que contiene veneno [1 y 2]. | Legorburu-Barrutia *Ciencias* 198: Es [la víbora] el único reptil venenoso en España. *Sp* 19.4.70, 38: La prensa liberal y conservadora publica versiones editoriales contra el ex dictador. *Inf* 4.7.70, 18: Pelota .. Anita largó unos cuantos saques venenosos, por su dirección y dureza, algunos a dos paredes.

venera *f* **1** Concha de la vieira. *Frec el adorno arquitectónico que la imita.* | GNuño *Madrid* 67: Los tres arcos centrales de ingreso van bajo hornacinas cubiertas por veneras.
2 Insignia distintiva de una orden militar, que se lleva sobre el pecho. | Buero *Soñador* 230: Sobre la cerrada casaca lleva bordada la verde venera de Alcántara. CBaroja *Inquisidor* 57: El 17 de marzo se creaba una orden de caballería, con uso de venera, para los inquisidores exclusivamente.

venerabilidad *adj* Cualidad de venerable [1]. | Barril *PaísBa* 17.5.89, 26: Parece que todo el futuro de la democracia cristiana catalana se agita bajo las venillas palpitantes de esa calva leonardiana, un cráneo bruñido que duda entre la venerabilidad precoz de las monedas conmemorativas y la quilla del nadador de fondo.

venerable *adj* **1** Digno de veneración y respeto, esp. por su edad o antigüedad. | A. Alférez *Abc* 29.12.70, 12: Un millón de visitantes ha acudido este año al lugar más venerable de Inglaterra.
2 (*lit*) Que tiene muchos años. | *País* 8.5.77, 12: Venerables diputados por Burgos: cuatro candidatos suman 295 años.
3 (*Rel catól*) [Pers.] que ha muerto con fama de santidad y a quien la Congregación de Ritos concede este título, inmediatamente inferior al de beato. | * El venerable Simón Martínez.

veneración *f* Acción de venerar. *Tb su efecto.* | DPlaja *El español* 147: Esta casi supersticiosa veneración por la virginidad y el desprecio consiguiente a la soltera que la profesa, produce curiosas reacciones.

venerador -ra *adj* Que venera. *Tb n.* | A. Vélez *Inf* 11.5.74, 5: Ambos campeones, en su esfuerzo final por atraerse el favor de los votantes, no han encontrado recurso mejor que el de presentarse como veneradores de la figura histórica del prócer de Colombey.

venerando -da *adj* (*lit*) Que debe ser venerado. | Ribera *SSanta* 45: Conceded a nuestras almas .. que confiemos habernos dado la vida eterna por medio de la muerte temporal de vuestro Hijo, representada en estos venerandos misterios.

venerante *adj* (*lit*) Que venera. | S. Delgado *SHoy* 27.9.74, 5: Por allí siguen armoniosas, alegres, sus aguas buscando el Tajo, y como río venerante de Nuestra Señora, saluda, a los pies de la madre de su mismo nombre, a la mariana Torrequemada.

venerar *tr* **1** Profesar el máximo respeto [a alguien o algo (*cd*)]. | * Venera a sus padres.
2 Tributar culto [a alguien o algo sagrado (*cd*)]. | RMorales *Present. Santiago VParga* 3: Las provincias romanas

de España correspondieron a Santiago el Mayor, cuya tumba es venerada en Compostela.

venéreo -a *adj* **1** (*lit*) De(l) deleite o el acto sexual. | PAyala *Abc* 8.6.58, 3: La invocación inicial está enderezada .. no tanto a Venus cuanto a la venus o impulso venéreo. Cunqueiro *Fantini* 21: Va para cinco años que se fueron para no volver mis alboradas venéreas. **b)** [Enfermedad] contagiosa que se contrae esp. a través del acto sexual. *Tb n m.* | CBaroja *Inquisidor* 11: Dios libre a sus criaturas de caer en manos de uno de esos galenos, para los que todo son perlesías y podagras, cálculos, cólicos, insuficiencias hormonales, úlceras y males venéreos. GTelefónica 15: Dermatología .. Piel. Venéreo. Sífilis.
2 (*Med*) [Pers.] que padece una enfermedad venérea. | N. Retana *Inf* 3.4.79, 27: En los últimos años se ha cuadruplicado el número de enfermos venéreos.

venereología *f* (*Med*) Parte de la medicina referente a las enfermedades venéreas. | *Barcelona* 106: Escuelas de especialidades: de Urología, Dermatología y Venereología, Cardioangiología y Otorrinolaringología.

venereológico -ca *adj* (*Med*) De (la) venereología. | M. CMarín *SNEs* 24.11.74, 9: La halagüeña disminución de la sífilis en la década de los 50 .. hizo desaparecer revistas venereológicas.

venero *m* **1** Vena o filón. *Tb fig.* | FQuintana-Velarde *Política* 126: El agotamiento de los más fructíferos veneros, el descubrimiento de minas más ricas en el extranjero, .. alterarán más tarde el panorama de forma profunda. Cela *Judíos* 298: La huerta de la Adrada, venero fecundo, brinda dos cosechas.
2 Corriente subterránea natural de agua. *Tb fig.* | CPuche *Sabor* 204: "Enhorabuena, doña Clara, esto parece un cañón de agua, y sale fría como una espada" .., y por lo que decían aquellos hombres el venero era de los importantes. Lera *Boda* 654: Daba [la joven] la sensación de poseer unos veneros riquísimos. Como el chiquitín soltara el pezón para poder respirar, le dijeron: –Que le ahoga el caño, tú. **b)** Manantial. *Tb fig.* | MSantos *Tiempo* 7: Hay posibilidad de construir unas presas que detengan la carrera de las aguas. Pero ¿y el espíritu libre? El venero de la inventiva.

véneto -ta I *adj* **1** (*lit*) Veneciano. *Tb n.* | Valverde *Literatura* 129: Perseguido en Venecia como instigador de una conspiración, logró escapar gracias a un disfraz de mendigo y a su excelente acento veneto.
2 (*hist*) [Individuo] de un antiguo pueblo de la zona italiana del Véneto. *Tb n.* | Villar *Lenguas* 194: Los vénetos fueron considerados como un subgrupo de los ilirios. **b)** De (los) vénetos. | Villar *Lenguas* 194: También los grupos vénetos de Italia, con su cultura atestina, tendrían el mismo origen [la cultura de Lusacia].
3 De(l) véneto [4]. | Villar *Lenguas* 193: Dicha lengua no diferenciada, llamada por Krahe "antiguo europeo", sería responsable de una gran cantidad de nombres de lugar anteriormente considerados ilirios y luego vénetos.
II *m* **4** Antiguo idioma indoeuropeo que se habló en el Véneto. | Villar *Lenguas* 193: Hacia la mitad del segundo milenio a.C. debieron existir en el centro de Europa una serie de grupos étnicos hablantes de una lengua todavía no diferenciada, de la cual surgirían posteriormente varias lenguas indoeuropeas, entre ellas el celta, el véneto y el ilirio.

venezolano -na *adj* De Venezuela. *Tb n, referido a pers.* | RPeña *Literatura* 362: Andrés Bello (1781-1865), venezolano, .. es autor de una fundamental *Gramática castellana*.

venga → VENIR.

vengador -ra *adj* Que venga o se venga. *Tb n.* | Lera *Bochorno* 217: Miguel, con los puños crispados, tremante, se detuvo detrás de aquella pareja, como un vengador.

venganza *f* Acción de vengar(se). | CBaroja *Inquisidor* 48: Llorente replicó con una carta en nombre de sus correligionarios y los presentó como objeto permanente de la venganza de un tribunal perverso: el del Santo Oficio.

vengar A *tr* **1** Tomar satisfacción [de un daño o agravio (*cd*)] haciendo sufrir otro a la pers. responsable. | DPlaja *Literatura* 275: Muy curiosos, dentro del teatro de Rojas Zorrilla, son los personajes femeninos que vengan el deshonor por su propia mano.
2 Tomar satisfacción de un daño o agravio causado [a una pers (*cd*)]. | DPlaja *Literatura* 241: El Conde Lozano, padre de doña Jimena, abofetea en una discusión palaciega a Diego Laínez, padre de Rodrigo Díaz, quien pide a sus hijos ser vengado.
B *intr pr* **3** Tomar satisfacción [de un daño o agravio (*compl* DE o POR)]. *Tb sin compl.* | * Me vengaré de esto, no lo olvides. DPlaja *Literatura* 55: Los infantes de Carrión dan pruebas de su cobardía en la guerra y en palacio y son objeto de burlas. Proyectando vengarse solicitan del Cid deje marchar a sus hijas a sus estados de Carrión.
4 Causar un daño o agravio [a alguien (*compl* DE)] como satisfacción por otro del que esa pers. es responsable. | SPaís 24.6.79, 22: Lo cierto es que su paranoico deseo de "vengarme una a una de todas las mujeres" era un sueño inútil e injustificable.

vengativamente *adv* De manera vengativa. | MSantos *Tiempo* 140: –Matías estaba muy ocupado –explica vengativamente Pedro.

vengativo -va *adj* [Pers.] predispuesta a vengarse. | ZVicente *Balcón* 35: Casta, triunfal, vengativa: –¡Esas cosas solo valen para las mocitas tiernas! **b)** Propio de la pers. vengativa. | J. J. Perlado *SAbc* 8.3.70, 24: Su segunda esposa, amante aún bajo sus apariencias vengativas.

venia *f* **1** Permiso o licencia. *Frec en lenguaje jurídico.* | M. Torres *Abc* 5.12.70, 35: –Con la venia, .. –comienza a decir el letrado señor Castells Arteche. –Silencio –replica el presidente. Aldecoa *Cuentos* 1, 141: –En esta Babilonia va a entrar la moral por las buenas o por las malas. –¿Y en fiestas, señor alcalde? .. –En fiestas se verá. Si ha remitido la concupiscencia, habrá venia.
2 Inclinación hecha con la cabeza como saludo respetuoso. | Delibes *Madera* 294: Al concluir, dio media vuelta, hizo una leve venia ante don Manuel Borau, comandante de marinería, y este ordenó romper filas.

venial *adj* Que se opone levemente a una ley o a un precepto. *Normalmente referido a pecado.* | Valcarce *Moral* 137: Puede ser pecado venial, pero no mortal, si su causa no está del todo justificada o no es en sí misma del todo buena o indiferente. **b)** (*lit*) Leve o de poca importancia. | Delibes *Madera* 192: Al fin don Urbano levantó la cabeza e impartió la absolución al P. Rivero, que la recibió humildemente, el tronco inclinado, propinándose veniales golpes de pecho. Alfonso *España* 136: Al amor, y en sus manifestaciones más veniales, se le ha perseguido mucho de todas las maneras imaginables.

venialmente *adv* De manera venial. | SLuis *Doctrina* 78: Peca venialmente si falta, por su culpa, a alguna de las otras partes del Santo Sacrificio.

venida *f* Acción de venir [1 y 3]. | Laforet *Mujer* 333: Hasta finales de septiembre no llegó el telegrama de Eulogio anunciando su venida. Vesga-Fernández *Jesucristo* 157: La venida del Espíritu Santo y primera predicación de San Pedro.

venidero -ra *adj* Que ha de venir o suceder después. | E. LRamos *SAbc* 29.11.70, 39: Quiero expurgar lo práctico para el posible beneficiario, para que el hijo del trabajador y becario de años venideros sepa inicialmente qué le ofrece y qué encierra el término "beca".

venilla *f* (*Min*) Vena o filón de escaso espesor. | Ybarra-Cabetas *Ciencias* 48: Si el filón es de poca anchura, se denomina vena, y, cuando es muy estrecho, venilla.

venir I *v* (*conjug* **61**) *intr* ➤ **a** *normal* **1** Trasladarse a o hacia el lugar en que se encuentra la pers. que habla. *Tb fig. Tb pr, denotando a veces el carácter definitivo o duradero del traslado. A veces el compl de lugar va explícito.* | Torrente *SInf* 26.9.74, 12: Colmeiro había venido a pasar unas horas con ellos. Delibes *Historias* 32: Yo miraba a los hombres hacer y deshacer en las faenas, y Padre me decía: "Vamos, ven aquí y echa una mano". DAntonio *Rue* 17.11.70, 20: Pero vengamos ya a la corrida de Jaén y al momento en que Manuel Benítez cabalga un toro. Kurtz *Lado* 170: Vengan esos problemas, venga la gramática, el latín y lo que sea ..; es una lástima perder lo que se tiene a mano. Antolín *SYa* 23.5.74, 11: Angelín se cogió el nombre famoso de su

venir – venir

casa y se vino con él para Madrid. **b)** Trasladarse a algún lugar en compañía de la pers. que habla. *Tb pr. A veces el compl de lugar va explícito.* | * Ven a la playa, no seas tonta. Arce *Testamento* 19: Él se va a venir con nosotros, y vamos a portarnos como si fuéramos sus amigos.

2 Exponer o proponer [algo rechazable o inadmisible (*compl* CON)]. *Tb* ~ DICIENDO (*o ger de otro v equivalente*). | GPavón *Hermanas* 40: No vengan con evasivas. Lera *Bochorno* 165: –Ese es el motivo. –¿De qué? –y Miguel le miró fijamente–. ¿No me vendrás diciendo ahora que...? **b) no (me) vengas.** (*col*) *Fórmula con que se rechaza cualquier argumento, real o imaginario, del interlocutor.* | Delibes *Cinco horas* 51: Te han puesto la cabeza del revés, cariño, que tú al principio no eras así, no me vengas ahora.

3 Presentarse o aparecer [alguien o algo en un determinado lugar o tiempo]. | PAyala *Abc* 25.5.58, 3: La palabra metafísica es una denominación casual en Aristóteles. La empleó como cabecera de un tratado filosófico, que venía a continuación del tratado sobre la física. Cela *Judíos* 24: En la Granja hay muchas fuentes .. Las oficinas del turismo tienen unos folletos muy bien hechos en los que vienen todas. Torrente *SInf* 5.9.74, 8: Algún tiempo después vino Rousseau, de quien podría haberse tomado la lección de que conviene y es necesario apartarse de la Naturaleza, pero no demasiado. Hoyo *Caza* 74: Aquella luz .. brillará siempre detrás de él, cada vez más débil, más suave. Y vendría un momento en que ya no sería luz, sino oscuridad también. **b) ~ mal dadas.** (*col*) Presentarse desfavorable la situación. | J. M. Moreiro *SAbc* 13.4.69, 32: No quiero manchar su recuerdo si un día me vienen mal dadas. **c) ~ en gana →** GANA.

4 Llegar junto a la pers. que habla. | Medio *Bibiana* 12: Claro, vienes cansado de trabajar. Matute *Memoria* 133: Me vino de golpe el olor del patio de la alcaldía, en la mañana que volvían de enterrar a José Taronjí. **b) bien venido →** BIENVENIDO.

5 Llegar [a algo (A + *infin*, *o* EN + *n de acción*)]. | A. Figueroa *Abc* 29.9.74, 9: Un éxito impensado como periodista vino a cambiar favorablemente el curso de su vida. * Vino en conocimiento de que su auténtico nombre era Pablo al reunir la documentación para el reclutamiento. **b)** (*lit o admin*) Resolver o acordar [algo (EN + *infin*)]. | *BOE* 27.11.75, 24775: Queriendo dar una muestra de mi Real aprecio y testimoniar los sentimientos de afecto y admiración a la egregia figura de doña Carmen Polo de Franco .. Vengo en concederle la Merced Nobiliaria del Señorío de Meirás, con Grandeza de España. **c) ~ a más →** MÁS. **d) ~ a menos →** MENOS.

6 Resultar o acomodarse [de una determinada manera (*compl adv o adj predicat*) con respecto a alguien o algo (*ci*)]. | *Abc* 8.6.74, 6: Hay otras muchas razones por las que le viene muy requetebién asegurar ahora sus billetes de ida .. Se pueden sacar hasta con dos meses de antelación. Cela *Inf* 11.2.77, 24: Mi primo Teótimo cogió la dentadura, le sopló un poco y probó a encajársela. –Me viene un poco grande. **b)** *Sin compl adv o adj predicat*: Resultar o acomodarse bien [algo, esp. una prenda]. | GPavón *Reinado* 116: La ropa hecha, que no le venía, como es tan raro... Total, que tuvo que estar cuatro días en cueros en la habitación hasta que un sastre le hizo el traje.

7 Tener origen [en alguien o algo (*compl* DE)]. | P. GBlanco *Abc* 18.4.58, sn: Esto de la inclinación al aguardiente podía venirle de su madre. P. Magaz *Abc* 26.9.74, 37: Sobrevolamos la pequeña guarnición de Daora, rodeada de dunas sensuales en forma de herradura, que señalan, con su apertura hacia el Norte, de dónde viene el viento. **b)** Tener relación o conexión [con algo (*compl* A)]. *Frec en constrs como* SIN ~ A QUÉ, ¿A QUÉ VIENE...?, *etc*. | Fraile *Cuentos* 25: Se reían a carcajadas sin venir a qué. Mihura *Maribel* 74: ¿A qué viene tanto hola? **c) ~ a cuento →** CUENTO. **d) ~ de lejos** [algo no material]. Ser antiguo o datar de tiempo atrás. | R. Conte *Inf* 12.9.74, 5: El descontento de la "clase de tropa" viene de lejos.

8 *Seguido de un ger, forma una perífrasis con que se presenta en su desarrollo, y no como instantánea, la acción significada por el v que va en ger, expresando además que se produce desde algún tiempo antes del indicado por el v.* | L. Monje *Abc* 21.5.67, 73: Es una situación que viene preocupando tradicionalmente a las autoridades alcarreñas.

9 *Seguido del part de un v tr, forma una constr pasiva con la que se denota que lo designado en el suj "recibe" o "sufre" la acción significada por el segundo v, frec expresando además que ello ocurre desde algún tiempo antes del indicado por el v.* | Romeu *EE* nº 9.63, 25: La última y más compleja fase de tal evolución viene dada por la comparecencia en el drama de los soldados. Espinosa *Escuela* 103: ¿No sabes que todo predicador, profesional o aficionado, viene obligado a llevar cédula? Marcos-Martínez *Aritmética* 157: La distancia más corta entre dos puntos viene dada por el segmento rectilíneo que los une.

10 ~ a + *infin* (*más raro*, ~ + *ger*) = *ind* + APROXIMADAMENTE. | Torrente *SInf* 15.8.74, 8: Conviene destacar de su discurso una única frase, cuya textualidad no recuerdo, pero que venía a decir, sobre poco más o menos: "En este país mandan las leyes, no los hombres". SFerlosio *Jarama* 56: Diga usted, Aniano, ¿a cómo vendrá costando una moto de esas?

11 venga a (*o* **de**) + *infin*. (*col*) *Fórmula con que se expresa enfáticamente la reiteración de la acción significada por el infin. Tb, simplemente,* VENGA (*o* VENGA Y VENGA), *aludiendo a una acción enunciada antes*. | Lagos *Vida* 50: La boca me dolía de decírtelo, y tú venga de mecerla. Olmo *Golfos* 64: Y luego, venga a reír, y venga sin parar. Berenguer *Mundo* 58: Le estuvimos frotando con arena y aceite, venga y venga, hasta sacarle lustre al cañón. **b) venga de** + *n*. *Fórmula que expresa enfáticamente el exceso de lo designado por el n*. | Berenguer *Mundo* 48: Allí había muchísimo personal, faldas y pantalones, todos del señorío; ellas muy blancas y rubias, venga de pintura por la cara y las tetas empinadas.

▶ **b** *pr* **12 ~se**[le] **encima** [algo a alguien]. Precipitarse [sobre él]. *Tb fig*. | C. Sentís *Inf* 25.7.74, 12: Un moderno Sampson ha intentado derrocar .. unas columnas de la paz como pudo hacerlo Hércules. La fábrica sostenida por las columnas está a punto de venírsele encima. * ¡Vaya problema que se nos viene encima! **b)** Encontrarse abrumado [por algo (*suj*)]. | A. GPintado *MHi* 11.63, 33: Los Estados Unidos se me venían encima, yo no podía defenderme allí.

13 ~se abajo. Hundirse o desmoronarse. *Tb fig*. | Á. Río *Ya* 22.11.74, 49: Resulta curioso ver anunciados grandes pisos en las fachadas de estas casitas que se vienen abajo de viejas. *Sp* 21.6.70, 16: Los latinos esto no lo comprendemos. Nos venimos abajo enseguida. Olmo *Golfos* 151: Tú .. no pudiste sentir lo que en aquel momento paralizó mi vida. Todo se me vino abajo en ese estrepitoso silencio de las verdaderas catástrofes. * El toro se vino abajo después de picado.

II *loc adj* **14 que viene.** Próximo o siguiente. *Normalmente siguiendo a expresiones de tiempo del tipo* EL LUNES, LA SEMANA, EL MES, EL VERANO, EL AÑO, EL SIGLO. | DCañabate *Paseíllo* 96: Yo te aseguro que el año que viene cobro el diez por ciento de un buen puñado de corridas de toros. SFerlosio *Jarama* 223: Nosotros le damos a la manivela esta pieza que viene.

15 por ~. (*lit*) [Tiempo] futuro. | PAyala *Abc* 29.6.58, 3: Estaba persuadido que con él advenía una casta de superhombres, ordenadora del mundo, para dos mil años por venir. MCachero *AGBlanco* 145: Escritores que iniciaban su carrera literaria y a los que la vida por venir reservaría olvido absoluto.

III *loc n* **16 lo que venga** (*más raro*, **lo que viene**). (*col*) El hijo que va a nacer. | Delibes *Príncipe* 104: –¿Y es el más chico? –La niña está –dijo la Vítora. –Seis –añadió el Femio y ladeó la cabeza–. No está mal. –Y lo que venga –dijo la Vítora. Forges *SInf* 11.12.74, 12: En el viaje de vuelta (3 niñas, lo que viene, mi señora, la tata, la perra, el jilguero, etc.) el que suscribe perdió, de forma hábil, todos los apuntes.

IV *interj* (*col*) **17 venga.** Se usa para exhortar a alguien a que se mueva o cambie de actitud. *Frec seguido de* YA. | Aldecoa *Gran Sol* 45: Paulino Castro animaba desde el espardel. –Venga, arriba, venga, arriba. SFerlosio *Jarama* 66: Venga ya, Aniano; no se exalte usted. **b)** *Se usa para rechazar lo que se acaba de oír. Frec seguido de* YA. | ZVicente *Traque* 232: Naturalmente que había que pagar la entrada, a ver si no. Anda, hijo, que tú también tienes unas ocurrencias que ya ya. Gratis, gratis. Venga ya, hombre. MGaite *Visillos* 153: –¿Lo dejamos o echamos otra?– Federico le quitó el cubilete. –No, hombre, venga ya. Y a no juego más. **c) venga de ahí.** (*col*) *Fórmula con que se ani-*

venoclisis – ventanilla

ma a alguien a que se decida a hacer o decir algo. | CBonald *Dos días* 49: –¿La caja es para ahora, don Pedro? .. ¿Quiere usted que vaya abriéndola? –Venga de ahí. GPavón *Hermanas* 21: Venga de ahí. A ver qué me tenías que decir con tanto misterio.

venoclisis *f* (*Med*) Inyección de líquido en una vena. | MNiclos *Toxicología* 96: Tratamiento. Lavado gástrico con antídoto universal .. Purgante salino. Venoclisis con suero gluco-salino para rehidratar.

venoso -sa *adj* De (las) venas [1b]. | Mascaró *Médico* 71: Es preciso distinguir entre sí la hemorragia capilar, la arterial y la venosa. **b)** (*Fisiol*) [Sangre] pobre en oxígeno y que recoge los productos de secreción de los distintos órganos del cuerpo. | Bustinza-Mascaró *Ciencias* 61: La sangre venosa pobre en oxígeno entra en la aurícula derecha por las venas cavas, y la sangre rica en oxígeno entra en la aurícula izquierda por las venas pulmonares.

venta[1] **I** *f* **1** Acción de vender [1]. *Tb su efecto.* | *Ya* 8.11.70, 12: Empresa internacional de cosmética capilar .. necesita inspectores de ventas en perfumerías.
2 Contrato de compraventa. | * No tiene venta de la casa y ahora no puede demostrar que es suya.
II *loc adv* **3 en ~, de ~, o a la ~.** Para ser vendido. *Tb adj.* | CBaroja *Inquisidor* 49: Llorente tenía su historia de la Inquisición y el retrato político de los papas, en venta en casa de Eymery. *Tri* 10.1.76, 4: De venta solo en establecimientos seleccionados por Atkinsons. *Tri* 10.1.76, 57: *Tiempo de Historia*. A la venta en toda España.

venta[2] *f* Posada o taberna en despoblado. | CBonald *Dos días* 213: Muchas veces me cogía el amanecer en las ventas, sin comprender del todo qué era lo que estaba haciendo allí. Pero ya sabía de sobra que no podía acostarme si no me había bebido lo que me hacía falta beber.

ventada *f* Golpe de viento. | Kurtz *Lado* 42: En la portería me tropecé con Elsa, que entró al par que una ventada.

ventaja I *f* **1** Situación más adelantada o favorable [de una pers. o cosa respecto a otra). *Frec con los vs* TENER o LLEVAR. | Bueno *Tri* 26.12.70, 11: Castilla del Pino tiene el mérito de la claridad, y juega con la ventaja .. de su gran experiencia clínica. * El tren nos lleva una ventaja de media hora.
2 Condición favorable [de una pers. o cosa respecto a otra]. | Medio *Bibiana* 228: Bibiana compra las naranjas en un puesto de la planta alta porque le permiten escogerlas. Es una ventaja.
3 (*hoy raro*) Sueldo sobreañadido al común. | Cossío *Montaña* 446: Cervantes tuvo alguna ventaja en su soldada por su comportamiento.
4 (*Tenis*) Punto conseguido después de un deuce. | A. SPrieto *Abc* 4.6.72, 66: Había ganado el saque a Proisy en el quinto juego, a la tercera ventaja y jugando contra el viento.
II *loc adj* **5 de ~.** (*Naipes*) [Jugador] fullero. | Paso *Isabel* 235: Jugadorcito de ventaja. Te has descartado de una con el póquer servido.

ventajismo *m* Actitud ventajista [1b]. | *Hoy* 27.1.79, 3: Ventajismo sindical. J. A. Zarzalejos *Ya* 15.2.90, 17: El ambiente de corrupción que se respira en la vida política, la instrumentalización de la TVE .. urgen a la oposición a cumplir su papel con rigor. Mucho más cuando, por ventajismo, por temor, por complicidad ininteligible, tres minorías en el Congreso han dimitido o les han hecho dimitir de su función.

ventajista *adj* **1** [Pers.] que trata de obtener ventaja [1] por cualquier medio. *Tb n.* | DCañabate *Paseíllo* 32: Nadie le echó mano manejando el capote, ni el sinvergonzón ventajista de Cúchares, ni Lagartijo. **b)** Propio de la pers. ventajista. | Alcántara *Ya* 28.2.90, 52: En España se cazan ilegalmente 64 millones de pájaros cada año. Somos .. los que practicamos los safaris más ventajistas.
2 [Jugador] de ventaja [5]. *Frec n.* | Cossío *Confesiones* 131: Se jugaba desaforadamente .. en chirlatas y encerraderos a los que acudían estudiantes, dependientes de comercio y aun menestrales, y con ellos un ejército de profesionales del juego, tahúres, ventajistas y usureros.

ventajosamente *adv* De manera ventajosa. | Marcos-Martínez *Física* 40: Máquinas son instrumentos que sirven para aplicar ventajosamente las fuerzas.

ventajoso -sa *adj* Que tiene o reporta ventajas [1 y 2]. | FQuintana-Velarde *Política* 28: El trigo se siembra porque se demanda por los consumidores y se paga un precio más ventajoso que por otros cultivos alternativos. Medio *Bibiana* 31: Un matrimonio ventajoso es la única solución acertada para las mujeres.

ventalle *m* (*lit*) Abanico. | Torrente *Off-side* 28: Su mano derecha va y viene, desde casi las narices de la viuda hasta el propio corazón; con tres dedos abiertos, con uno solo, con el ventalle desplegado, siempre rápidamente.

ventana I *f* **1** Abertura, gralm. a cierta altura sobre el suelo, hecha en una pared para dar luz y ventilación al interior. | Medio *Bibiana* 10: Marcelo Prats .. empieza a pasearse desde la puerta hasta la ventana. **b)** Armazón de madera o metal con cristales, que tapa o cierra una ventana. | Cunqueiro *Un hombre* 9: En una casa frente al palacio, una mujer abrió una ventana. GTelefónica *N.* 1101: Ventanas y puertas metálicas Ferlux.
2 Abertura en una superficie, que permite pasar la luz o ver lo que hay al otro lado. | Mingarro *Física* 180: Toda la ampolla se platea exteriormente, salvo una ventana, por la cual penetra la luz. *As* 7.12.70, 17: Se trata del nuevo reloj sin agujas LTD .. y sus tres ventanas ópticas para la lectura de las horas, minutos y fechas.
3 (*Anat*) Abertura en una pared u órgano. *Gralm con un adj especificador:* NASAL, OVAL, REDONDA. | Alvarado *Anatomía* 80: Está [el oído medio] adosado al oído interno, con el cual comunica por dos aberturas, llamadas ventana oval y ventana redonda. Legorburu-Barrutia *Ciencias* 101: Pituitaria amarilla. Pituitaria roja .. Ventana de la nariz. [*En un gráfico.*]
4 (*Impr*) Texto, fotografía o espacio en blanco incrustados en una composición más amplia. | *Gac* 31.8.75, 18: Hubo aquí una vez un editorial titulado "Terrorismo" .., informaba ["Cambio16"] a sus lectores en una "ventana" del editorial sustituto. J. GPastor *Ya* 6.8.86, 48: Quien se lleva la palma es Isabel Preysler .. "Semana" le dedica el mayor espacio gráfico, con una foto de Isabel y tres de sus retoños al llegar a Marbella. "La Revista" y "Diez Minutos" también la llevan a su portada, pero con sendas ventanas.
II *adj invar* **5** *En tejidos:* [Cuadro] grande. | *Abc* 9.12.73, 23: Nunca hicimos una moda tan a tu gusto. Nueva colección de chaquetones y cazadoras en "cordelés"; cuadros canadienses, ventana, escoceses.
III *loc v* **6 tirar** (*o* **echar**) [algo] **por la ~.** Malgastar[lo]. | * Tiras por la ventana los mejores años de tu vida. **b) tirar** (*o* **echar**) **la casa por la ~** → CASA.

ventanaje *m* Conjunto de ventanas [1] [de un edificio]. | Cossío *Montaña* 111: Muy poco después se introdujo la arquitectura ojival, que se nota en la puerta y ventanaje de la torre.

ventanal *m* Ventana [1] grande. | GPavón *Hermanas* 44: Se sucedían las habitaciones grandísimas con altos ventanales.

ventaneo *m* Hecho de asomarse o ponerse a la ventana con frecuencia. | CBonald *Casa* 197: Se pasaba el día confeccionando un ajuar infundado, y –cosa rara– abominaba por igual de los cromos, los seriales y el ventaneo.

ventanero -ra *adj* **1** De (la) ventana [1]. | Aparicio *NEs* 24.11.74, 7: Guadix es, de veras, un lugar encantador, con sus asnos alimentados por la corteza del melón y sus rejas ventaneras de hierro forjado.
2 (*lit*) [Mujer] ociosa y aficionada a asomarse a la ventana. | Gala *Hotelito* 19: Qué ventaneras fuimos, madre. Con la faena que teníamos dentro.

ventanilla *f* **1** *En una oficina:* Abertura pequeña por la que un empleado atiende al público. | Laforet *Mujer* 14: Eulogio fue hacia la ventanilla para sacar los billetes. **b)** Abertura pequeña por la que se despacha o sirve algo. | * En el estanco te despachan a través de una ventanilla.
2 *En un vehículo:* Abertura acristalada de los costados. | Delibes *Emigrante* 79: La chavala no se movió de la ventanilla en todo el día de Dios. [*En el tren.*] APaz *Circulación* 119: No conduzca apoyando el codo en la ventanilla.

3 Orificio de la nariz. | J. Pardo *Mad* 24.7.70, 1: Aun diluido como estaba [el olor del gas] aquella mañana, hacía daño en los ojos y en las ventanillas de la nariz.

ventanillero -ra *m y f* Empleado que atiende en una ventanilla [1]. | Berlanga *Pólvora* 22: A Paco se le confundieron las dos caras: la del ventanillero de Protección Escolar cuando le dijo aquello con aquella sonrisita triunfante y la del canónigo que le abofeteó.

ventanillo *m* **1** Ventana pequeña, esp. la hecha en una puerta para permitir ver quién llama, sin tener que abrir. | MSantos *Tiempo* 172: La puerta es suficiente para pasar por ella .. A media altura hay en ella un ventanillo de 15 por 20 centímetros.
2 Ventanilla [2]. | Laiglesia *Ombligos* 75: –¡Mire! –exclamó de pronto el alemán, pegando la nariz al cristal del ventanillo–. ¡Ya estamos volando sobre Francia! Aldecoa *Gran Sol* 188: Los hermanos Quiroga se sentían atraídos por el ojo de buey. Los dos miraban hacia el agujero luminoso .. Juan Quiroga movió la cabeza afirmativamente sin separar los ojos del ventanillo.

ventano *m* Ventana [1] pequeña. | Laforet *Mujer* 303: La luz del amanecer empezaba a llegar con un sucio color ceniza, por arriba de un ventano cerca del techo. Solís *Siglo* 245: Desde los ventanos de la cámara se veía la Alameda. [*En una fragata.*]

ventanuco *m* Ventana [1] muy pequeña. | Cuevas *Finca* 36: Taponó con una lata agujereada los ventanucos redondos.

ventar (*conjug* **6**) *intr impers* (*Mar*) Soplar el viento. | Guillén *Lenguaje* 34: *Ventar*, que es soplar el viento, mientras *ventear* se aplica solo cuando sopla fuerte.

ventarrón *m* Viento muy fuerte. | Torrente *Sombras* 325: Había vuelto el ventarrón, el ruido rodeaba el hostal.

venteado -da *adj* **1** *part* → VENTEAR.
2 Abundante en viento. | Zunzunegui *Hijo* 14: Era una mañana venteada y lluviosa, y Manolo sentía helados los pies.

venteador -ra *adj* Que ventea [1 y 2]. *Tb n*, referido a pers. | *Ya* 23.12.70, 7: El encastillamiento político .. nunca será una solución de los problemas; los complicará y agravará con la terca negativa a recibir y asimilar los nuevos mensajes que lanza al pueblo por boca de los venteadores del futuro.

ventear A *tr* **1** Olfatear [un animal] el aire [de un lugar (*cd*)]. *Frec abs. Tb fig, referido a pers.* | Cela *Judíos* 301: Un perro sin amo, rabón y de color canela, venteaba el campo con los olfatos puestos hacia el venir del viento. Delibes *Santos* 41: Paco, el Bajo, al decir del señorito Iván, tenía la nariz más fina que un pointer, que venteaba de largo. Carnicer *Cabrera* 62: –¿No notan olor a podrido?– Contestamos con gestos interrogantes y nos ponemos a ventear.
2 Descubrir [algo] mediante el olfato. *Tb fig.* | P. Pascual *MHi* 8.66, 44: Es blanca, como una gaviota que ventea la pesca. DCañabate *Paseíllo* 94: Casi todos ventean con gozo la tragedia.
3 Exponer [algo] al viento. *Frec fig.* | Pericot-Maluquer *Humanidad* 129: Los peruanos fueron habilísimos en estas técnicas, disponiendo los hornos en lo alto de los montes, venteados, para obtener las altas temperaturas exigidas para algunos metales. Pemán *Abc* 8.7.58, 3: La idea de las "ferias del Libro" lleva, en sí misma, implícito, un homenaje a la bella e insigne mercancía que ofrece y ventea.
4 Espantar o ahuyentar. | GNuño *Escultura* 118: Tiene [la Bicha de Balazote] traza de un toro acostado .., el rabo curvado sobre la grupa, como si acabase de ventearse las moscas. Gironella *Millón* 159: El jefe del comité de Salt había descubierto un sistema para ventear sus negros pensamientos: la contemplación de las moscas y de las hormigas.
B *intr impers* **5** Soplar viento, esp. fuerte. | Mañas *Tarantos* 386: Un foco ilumina en este momento a El Picao, que está en la playa. Ventea. Guillén *Lenguaje* 34: *Ventar*, que es soplar el viento, mientras *ventear* se aplica solo cuando sopla fuerte.

ventenio *m* (*semiculto*) Veintenio. | *Cádiz* 76: El [Ateneo] de Sanlúcar de Barrameda ha sido fundado en el transcurso del último ventenio.

venteo *m* Acción de ventear [1 y 2]. | Laín *CId* 5.65, 53: El ensayo auténtico, inquieto venteo del alma en torno a la clave del todo de lo real. Cuando ese venteo llega a otorgar, siquiera sea fugaz y oscuramente, una experiencia personal de la clave que se busca .., entonces el buscador y ensayante penetra en el ámbito existencial de la genuina religiosidad. Montero *Reina* 188: El inspector García era hombre de costumbres y solía comenzar sus rondas por el parque. Atravesaba la pequeña zona ajardinada al venteo de rateros improbables o de parejas en actitud "maníaca".

ventero -ra *m y f* Dueño o encargado de una venta². | Halcón *Manuela* 24: Basilio, el ventero, salió a llamarle.

ventilación *f* **1** Acción de ventilar(se) [1 y 2]. *Tb su efecto.* | Bustinza-Mascaró *Ciencias* 68: En determinados casos y acudiendo a tiempo, se puede restablecer la ventilación pulmonar con la respiración artificial.
2 Sistema de ventilación [1]. | APaz *Circulación* 153: Es prudente cortar la calefacción o ventilación en caso de ir en caravana o con tráfico intenso.
3 Hueco para la ventilación [1]. | Laforet *Mujer* 235: El cuarto trastero .. no tenía ventilación directa, solo la puerta del pasillo y su montante.

ventilador *m* **1** Aparato que remueve el aire, esp. para refrescar. | CNavarro *Perros* 93: Ambos trabajaban frente por frente en la misma mesa, teniendo que compartir la alfombrilla, el ventilador, en el verano, y el flexo. * Si das al ventilador, el aire caliente se extiende en seguida por el coche.
2 Abertura permanente hacia el exterior hecha en un lugar para que se ventile. | *Ciu* 10.78, 7: Las medidas de seguridad adoptadas en este país en lo que respecta al transporte de bombonas de gas por carretera serán las más rigurosas de toda Europa, pues, entre otras cosas, deben disponer, como las bombonas de camping gas, de ventiladores especiales de seguridad.

ventilar A *tr* **1** Hacer que entre o se renueve el aire [en un lugar (*cd*)]. | Legorburu-Barrutia *Ciencias* 81: Hacer de vez en cuando ejercicios respiratorios intensos para ventilar perfectamente la totalidad de los pulmones. **b)** *pr* Entrar o renovarse el aire [en un lugar (*suj*)]. | Medio *Bibiana* 59: Deja abierta la ventana del comedor para que se ventile.
2 Someter [a alguien o algo] a la acción del aire. | *Economía* 47: Alfombras y cortinas. Se quitan, se ponen a ventilar un día o dos en el terrado, se sacuden luego muy bien, apaleándolas con una vara de fresno. **b)** *pr* Recibir [alguien o algo] la acción del aire. | Delibes *Emigrante* 55: Noté que se me revolvía el cuerpo y dije que disculpasen y me largué a ventilarme a la cubierta.
3 Solucionar o resolver [un asunto]. | Palomino *Torremolinos* 50: Me contesta .. que está en Sierra Nevada esquiando y que ventile yo el asunto. Goyo *VozA* 8.10.70, 24: Antes de esta se ventilarán el tercero y cuarto puesto del Torneo. **b)** Tratar o discutir [un asunto]. | Salom *Culpables* 28: Los asuntos íntimos da cierta aprensión ventilarlos delante de extraños, ¿no cree?
4 (*col*) Liquidar [a una pers. o cosa] o acabar [con ella (*cd*)]. *Con compl de interés.* | Grosso *Capirote* 167: No creas que estando como se están poniendo las cosas no es un momio una bolsa de las que te vas a ventilar cada noche. ASantos *Estanquera* 16: –¡Quieta, condenada, o la meto un navajazo y la sajo de arriba abajo! –¡Apártate, Leandro, que me la ventilo de un tiro!
5 (*col*) Poseer sexualmente [a alguien]. *Con compl de interés.* | *Ya* 14.9.88, 13: Se trata, en este caso, de un sacrificio al fetiche del sexo .. Se es moderno si se *ventila* uno varias señoritas por semana.
B *intr* **5** Ventilarse [1b]. | Mascaró *Médico* 34: El enfermo infeccioso que deba aislarse en casa ocupará una habitación apropiada (que no sea de paso ni ventile indirectamente en otra habitación en la que se viva).

ventilatorio -ria *adj* (*Med*) De (la) ventilación [1]. | *Abc* 11.11.75, 1: La buena evolución ventilatoria pulmonar y su estado de consciencia han permitido la retirada del tubo endotraqueal a primera hora de la tarde.

ventiloterapia *f* (*Med*) Terapia ventilatoria. | *DBu* 19.9.70, 13: M. Calvo Pinillos. Aparato respiratorio, corazón, bronquios, electrocardiografía, espirografía, ventiloterapia.

ventisca *f* Tormenta de viento, o de viento y nieve. | DCañabate *Abc* 29.10.70, 19: Amedrentada por la ventisca y la nieve, se refugió al socaire de un recodo de la tapia. CBonald *Ágata* 291: Aquella misma noche, después de un duermevela azotado de ventiscas recónditas y de fuegos de San Telmo .., salió Pedro de su habitación.

ventisquero *m* **1** Lugar muy expuesto a las ventiscas. | CBonald *Ágata* 122: Aprovechó el Emisario las intimidaciones de una noche de clamorosa borrasca para hacer público, desde el ventisquero del zaguán de Manuela habilitado como arengatorio, que .. era llegada la hora en que debía regresar. I. MJovellar *Mad* 10.9.70, 13: Inocencio Guerrero hacía y deshacía lo que más creía conveniente para atraer al público a aquella "lejana" terminal de la Gran Vía vecina al ventisquero de la plaza de España.
2 Lugar de una montaña donde se conserva mucho tiempo la nieve y el hielo. | MCampos *Abc* 9.4.67, 5: Las laderas y los propios ventisqueros se confunden o enmarañan.

ventolada *f* (reg) Ventolera [1]. | Cunqueiro *Un hombre* 108: Una gorra a cuadros .. que un día en que paseaba por el muelle vino una ventolada súbitamente y me la arrancó de la cabeza.

ventolera *f* **1** Golpe de viento fuerte y poco durable. | Hoyo *Glorieta* 24: Esperaremos aquí a que pase esta ventolera del demonio.
2 (col) Capricho o decisión extravagante. *Frec en la constr* DARLE [a alguien] LA ~ [de algo, o por alguien o algo]. | MGaite *Retahílas* 57: ¿Crees que se le puede preguntar "tú qué haces aquí" a un señor que acaba de cruzar media España para recoger el último suspiro de su bisabuela? Será una chaladura o una ventolera, pero diga Colette, pero eso que lo diga Colette, bueno, no tú. DCañabate *Paseíllo* 28: Hasta que a Dios le dé la ventolera de llenarle los bolsillos de miles de pesetas. CSotelo *Muchachita* 313: Y como parece ser que [al canciller] la ventolera le ha dado por mí, yo estoy en condiciones excepcionales para moverle en un sentido o en otro.

ventolero -ra *adj* (col, raro) Caprichoso o que tiene ventoleras [2]. | Delibes *Castilla* 147: Un año malo, es imposible calcularlo, puede haber árbol que lleve una carga y otro, a su lado, no llevar ninguna, que el pino es ventolero y uno nunca sabe por dónde va a salir.

ventolina *f* (Meteor) Viento de velocidad entre 1 y 5 kilómetros por hora (grado 1 de la escala de Beaufort). | CBonald *Ágata* 249: Todo sosegaba aparentemente entre la arboleda, y apenas se oía el silbo de una sulfurosa ventolina pasando por el tamiz de la oscuridad. Carnicer *Cabrera* 82: Son las eras del pueblo. Me siento un rato en la yerba, al sol y a la ventolina.

ventolinero -ra *adj* (raro) De (la) ventolina. | Zunzunegui *Camino* 223: Un invierno ventolinero, frío y lluvioso, las metió en casa.

ventón *m* Ventarrón. | Benet *Volverás* 47: Luego vienen los ventones de marzo; tampoco hay anemómetros en la comarca, no existen otros testigos ni registros de la fuerza del viento que esa flora de aspecto austral.

ventor -ra *adj* [Animal] que ventea en busca de un rastro. *Frec n m, referido a perro.* | J. C. Redondo *SYa* 15.2.76, 17: Los cargos se hacen cada vez más curiosos en sus denominaciones: monteros de traílla .. en número de doce, igual que los monteros de lebrel .. y los monteros de ventores.

ventorrero -ra *m y f* Dueño o encargado de un ventorro. | Hoyo *Glorieta* 21: Contra el pie de la fachada del Ventorrillo estaban apoyadas y plegadas algunas mesas y sillas de tijera .. El ventorrero se asomó a la puerta. Poco después le trajo un vaso de blanco al abuelo.

ventorro (frec en la forma dim VENTORRILLO) *m* Pequeño establecimiento donde se sirven comidas y bebidas situado en las afueras de una ciudad o en una carretera. | Galache *Biografía* 39: Sale [el caminante] a la carretera de Arévalo, una de las vías primeras de salida de Segovia, donde las ventas, los ventorros y los mesones abundaban. Solís *Siglo* 191: Se alternaba el repertorio de sacos terreros con alguna que otra escapada al ventorrillo del Chato.

ventosa *f* **1** *En algunos animales:* Órgano con que se adhieren mediante el vacío, al andar o al capturar su presa.
| Bustinza-Mascaró *Ciencias* 122: Tiene [la sanguijuela medicinal] una ventosa en la porción anterior del cuerpo, y en el fondo de aquella está la boca.
2 (Med) Vaso en que se hace el vacío y que se aplica sobre la piel para conseguir un efecto de succión. | Torrente *Vuelta* 281: Tomó el piramidón recetado. Había que ponerle, además, unas inyecciones y aplicarle unas ventosas.

ventosear *intr* Expeler gases intestinales por el ano. *Frec pr.* | *Ya* 8.11.92, 60: Un trabajador de una funeraria de Cartagena (Murcia) fue despedido por ventosearse ante el gerente de la empresa.

ventosidad *f* Expulsión de gases intestinales por el ano. | Cela *SCamilo* 65: El gluglú de las tripas de Magdalena .. es ya alarmante, lo probable es que .. se le escape una ventosidad aun sin querer.

ventoso -sa I *adj* **1** Abundante en vientos. | GNuño *Madrid* 5: El Guadarrama se tornó ventoso y gélido.
II *m* **2** (hist) Sexto mes del calendario revolucionario francés, que va del 19 de febrero al 20 de marzo. | Arenaza-Gastaminza *Historia* 268: Los nombres de los meses era[n] Vendimiario, Brumario y Frimario (Otoño); Nivoso, Pluvioso y Ventoso (Invierno).

ventral *adj* Del vientre. | Bustinza-Mascaró *Ciencias* 33: La cavidad ventral está dividida en las cavidades torácica y abdomino-pélvica, separadas entre sí por el diafragma. D. Vecino *SYa* 19.12.73, 6: El Blinder apareció públicamente por primera vez durante una exhibición aérea en el aeródromo moscovita de Tushino en 1961 .. Llevaba parcialmente alojado en la parte ventral del fuselaje un misil. Alvarado *Botánica* 49: Entre las muchas variedades [de cajas], citaremos .. el folículo, monocarpelar, que se abre por la sutura ventral.

ventralmente *adv* En la parte ventral. | Bustinza-Mascaró *Ciencias* 181: En el cuello [del lagarto] hay escamas que forman ventralmente una especie de collar.

ventrecha *f En un pescado:* Vientre. *Considerado como manjar.* | Aldecoa *Gran Sol* 44: Estaban a la cacea del bonito .. –¿Habéis sacado alguno? .. –Dos, patrón .. Prepara bien las ventrechas .. –Las ventrechas las voy a preparar yo porque este no sabe, las quema.

ventresca *f* Ventrecha. | *Abc* 30.12.65, 31: Filetes de bonito en aceite. Ventresca de sardinas en salsa picante. C. Cortés *SYa* 22.2.70, 49: Mousse de ventresca de atún.

ventricular *adj* (Anat) De(l) ventrículo. | Bustinza-Mascaró *Ciencias* 61: Un momento después se contraen los ventrículos –sístole ventricular–.

ventrículo *m* (Anat) **1** Cavidad del corazón que recibe la sangre de la aurícula. *Frec con un adj especificador:* IZQUIERDO, DERECHO. | Bustinza-Mascaró *Ciencias* 58: En el interior del corazón hay cuatro cavidades: dos superiores llamadas aurículas .. y dos inferiores llamadas ventrículos. Ybarra-Cabetas *Ciencias* 326: El corazón [del caracol], situado en la parte posterior de la cavidad paleal, es fusiforme y se compone de dos partes: una aurícula y un ventrículo, envueltos por un pericardio.
2 *En los vertebrados:* Cavidad interior de las cuatro en que se divide el encéfalo. | Navarro *Biología* 121: El sistema nervioso cerebro-espinal presenta en su interior varias cavidades o ventrículos. Y está rodeado de unas membranas protectoras o meninges.
3 ~ **succenturiado.** *En las aves:* Cavidad situada en el extremo posterior del esófago, cuyas paredes segregan jugos para digerir los alimentos ya reblandecidos en el buche. | Ybarra-Cabetas *Ciencias* 378: Después, el esófago [de la paloma] adquiere un diámetro normal, pero pronto se vuelve a dilatar para formar un estómago de paredes glandulares llamado ventrículo su[c]centuriado. [*En el texto*, subcenturiado.]

ventril *m* (reg) Correa que pasa por debajo del vientre de los animales y se une al yugo. | M. E. SSanz *Nar* 6.77, 31: Las caballerías que conducen estos carros iban ataviadas con los siguientes aparejos: 1. para el carro de yugo: collera, ventril. 2. para el carro de varas: bridón en la cabeza, collarón.

ventrílocuo -cua *adj* [Pers.] capaz de hablar sin mover los labios, mediante una voz modificada que parece

ventriloquia – ver

proceder del vientre. *Frec n.* | *HLM* 26.10.70, 14: La madre expectante, Tjut Zaharafonna, de veintitrés años, mujer con evidentes manifestaciones psicopáticas, es ventrílocua, y utiliza de manera inconsciente –como el que sueña en voz alta– ese procedimiento de expresarse. Laiglesia *Ombligos* 44: Con inverosímiles movimientos y contracciones viscerales, lo mismo que un ventrílocuo profesional, articuló aquel gorjeo caprichoso.

ventriloquia *(tb, semiculto,* **ventriloquía***) f* Arte del ventrílocuo. | Cunqueiro *Sáb* 1.10.75, 27: En el Imperio bizantino, en los días de los Paleólogos, hubo mucha afición a la ventriloquía.

ventrisca *f* Ventrecha. | Cela *País* 12.11.78, 48: Comimos pochas con chistorra y oreja, ventrisca de bonito y manitas de cerdo con garbanzos.

ventrudo -da *adj* Que tiene el vientre abultado. | J. C. Arévalo *Tri* 15.7.72, 29: Uno se extraña de que Goya pintase unos caballos tan feos, ventrudos, cuellicortos. Fraile *Cuentos* 59: Abrió el último cajón de la ventruda cómoda, y unos ojos fuertes .. le miraron desde una cartulina.

ventura I *f* **1** *(lit)* Dicha o felicidad. | *Not* 18.12.70, 20: El señor Horno Liria intercambió con los periodistas cordiales frases .., deseándose mutuamente toda suerte de venturas y prosperidades en el año 1971.
2 Suerte o azar. *Frec en la constr* A LA ~. | L. Calvo *Abc* 8.3.72, 23: Si la Unión Soviética, por cualquier ventura o capricho, decidiese atacar a la China, los Estados Unidos no se quedarían en lo alto del cerro viendo cómo jugaba a la guerra ese extraño hatajo de "forajidos" (así eran antes) comunistas. Villarta *Rutas* 192: Se servirán platos típicos castellanos de los tiempos en que Don Quijote andaba desfaciendo entuertos a la ventura y a la aventura.
II *loc adv* **3 por ~.** *(lit)* Quizá o acaso. | Vesga-Fernández *Jesucristo* 124: Entonces Judas se atrevió a preguntarle: –¿Por ventura soy yo, Maestro?

venturi *m* Tubo con un estrechamiento, que se usa para reducir o controlar el flujo de un fluido. *Tb* TUBO (DE) VENTURI. | Ramos-LSerrano *Circulación* 228: De la cuba pasa la gasolina al surtidor .. El surtidor está dispuesto dentro de la tubería que llega a la lumbrera de admisión del cilindro, que presenta un estrechamiento llamado difusor o venturi.

venturina *f (Mineral)* Cuarzo pardo amarillento con laminillas de mica dorada en su masa. | Bustinza-Mascaró *Ciencias* 331: El cristal de roca se utiliza para fabricar lentes y utensilios de laboratorio, y los cuarzos de coloraciones variadas, amatista, venturina, etc., para objetos de adorno.

venturo -ra *adj (lit, raro)* Que ha de venir o suceder. | PAyala *Abc* 29.6.58, 3: Nadie ha podido tomar en serio el venturo adviento .. del superhombre, salvo Hitler.

venturosamente *adv (lit)* De manera venturosa. | Diego *Abc* 15.12.70, 7: En nuestros días no faltan poetas venturosamente ingenuos que vuelven a expresarla así.

venturoso -sa *adj (lit)* Dichoso o feliz. | Faner *Flor* 62: Ahora era un gran mercadante, que ganaba fortuna superior a la de los marqueses de Osorio y matrimoniaba con su hija. Construían una mansión versallesca y eran venturosos. Laforet *Mujer* 110: El cariño entre ellos se hizo sólido y extrañamente venturoso y firme.

vénula *f (Anat)* Vena de pequeño calibre. | Alvarado *Anatomía* 102: Las cuales [arterias y venas] se ramifican .. en el interior de cada pulmón, hasta llegar a convertirse en arteriolas y vénulas a nivel de los bronquiolos.

venus *f (lit)* **1** Mujer muy hermosa. | R. Morales *SYa* 16.6.74, 11: El hechicero lo repara [el puente] por las noches para que cada mañana puedan cruzar .. los nativos, erguidos, con la carga sobre la cabeza, y las mujeres, verdaderas venus negras por su equilibrio y formas esculturales. **b)** *(Arqueol)* Estatuilla de mujer con los rasgos femeninos muy acentuados. | Tejedor *Arte* 4: El arte mobiliar presenta como primeros ejemplos una serie de estatuillas femeninas conocidas con el nombre de Venus .. De rasgos femeninos muy acentuados, se han interpretado como expresión de un culto a la maternidad.
2 Placer sexual. | PAyala *Abc* 8.6.58, 3: La invocación inicial está enderezada a la diosa Venus no ya a modo de abstracción o comodín lírico, sino como agencia real y efectiva, "elan vital"; no tanto a Venus cuanto a la venus o impulso venéreo.

venusiano -na *adj* Del planeta Venus. *Tb n, referido a pers.* | MSantos *Tiempo* 60: Los seres astrales, marcianos o venusianos .. habían de ser blancos, rubios y con los ojos alucinantemente azules.

venusino -na *adj* **1** De la diosa Venus. | CBonald *Ágata* 266: Medinilla mantenía la vista fija en el horizonte, erguido en su asiento al lado del amo y como dándole a su rudeza un nuevo empaque de efebo conducido en andas a las fiestas venusinas.
2 Del planeta Venus. *Tb n, referido a pers.* | A. LVello *D16* 5.12.78, 20: El proyecto representa también cinco años de exhaustivas investigaciones, orientadas a instalar por primera vez una nave estadounidense en órbita venusina. Campmany *Abc* 27.5.80, 3: A lo mejor es que los marcianos, los venusinos o los saturninos tienen problemas de transición política.

venustez *f (lit)* Cualidad de venusto. | L. LSancho *Abc* 25.3.73, 81: La censura oculta las atractivas venusteces de Florinda Bolkan, que ve así su papel muy recortado.

venustidad *f (lit)* Cualidad de venusto. | Lera *Bochorno* 123: Era una muchacha de rasgos finos y delicados, cuya naturaleza se demorara en el tránsito hacia la plena feminidad. Quizá no fuera nunca una mujer de restallante y cegadora venustidad.

venusto -ta *adj (lit)* Hermoso. | L. LSancho *Abc* 12.4.75, 71: A la Cardinale, en un papel escasito de relieves, la utiliza como cebo visual, dándole oportunidades de lucir sus muchos encantos venustos.

veo-veo *(tb con la grafía* **veoveo***) m* Juego que consiste en adivinar lo que un jugador dice ver en el lugar del juego, respondiendo este a varias preguntas que le hacen los otros jugadores, la primera de las cuales es la letra por la que comienza el nombre de la cosa en cuestión. | Landero *Juegos* 66: Al fin confesó que lo que más le divertía en los ratos libres era jugar al veoveo.

ver I *v (conjug* **34***)* **A** *tr* ➤ **a** *como simple v* **1** Percibir por los ojos. *Tb abs.* | Olmo *Golfos* 88: Tinajilla llevaba una carpeta .. Cabrito, al vérsela, exigió: –¡Tienes que esconderla! Van 27.12.70, 52: ¿No ve Ud. bien? Compre sus gafas en Óptica Claramunt. **b)** Visitar [a alguien] o entrevistarse [con él *(cd)*]. *Tb pr, con suj pl y sent recíproco, o con suj sg y un compl* CON. | DCañabate *Abc* 2.3.75, 45: Al día siguiente, se fue a ver a un boticario amigo. CPuche *Paralelo* 285: –Él está relacionado... –Sí, él es quien se ve con los de fuera, unos que han llegado de trabajar en Francia. Je. Heras *País* 23.12.76, 9: Sartorius y el hijo mayor de Carrillo quedan en verse a las nueve de la noche en una cafetería de la calle de Génova.
2 Percibir o comprender. | P. Corbalán *SInf* 9.5.74, 7: Pocos críticos se han ocupado de la obra de nuestro poeta, pero el que más certeramente le ha visto ha sido Luis Cernuda. **b)** Sospechar o intuir. | Kurtz *Lado* 80: Papá, que ya veía la quiebra, se apresuró a emanciparme.
3 Observar o experimentar [algo]. *Frec en la constr* TENER VISTO. | GPavón *Reinado* 17: No crea, el vino no me daña. Lo tengo bien visto. Lo que me raja es la coña.
4 Mirar o examinar. | Hoyo *Caza* 60: –¿Quién será? –¡Cualquiera sabe! –¿Vemos quién es? –¡Y qué más da! DCañabate *Abc* 19.1.75, 43: ¿Otro médico? Si ya la han visto cuatro, y nada, no saben lo que tiene. **b)** Presenciar [un espectáculo]. | Isidro *Abc* 8.6.58, 82: Uno, que no ha tenido la suerte de no ver ninguna de las películas cupleteras de Sarita Montiel, se sabe ya de memoria casi todos los cuplés que había olvidado desde que se puso de pantalón largo. **c)** Estudiar o considerar. *En la forma* VEREMOS, *o* VERÉ, *se usa frec para aplazar la resolución de algo, sin afirmarlo ni negarlo.* | Sp 21.6.70, 5: Necesito ver una manera de hilar las cuestiones que siguen. MGaite *Visillos* 20: –Pues Mercedes decía que os casabais este año que viene para verano, ¿no? ¿No te estabas haciendo el ajuar? –Sí. Me lo estoy haciendo a pocos. Ya veremos. A él todo eso de ajuar y peticiones y preparativos no le gusta. **d)** *En fut o pret, se emplea, en una exposición oral o escrita, para remitir a otro momento en que se trata del asunto en cuestión.* | Aranguren *SInf* 20.3.75, 3: La Segunda Semana del Jardín de Sánchez

Ferlosio, tras hacerse cargo, como veíamos el último día, de las aporías contenidas en las conclusiones de la Primera Semana, .. se dedica a desarrollar la teoría de los espectáculos más importantes. **e)** (*Der*) Asistir [los jueces (*suj*)] a la discusión oral [de un pleito o causa (*cd*) que han de sentenciar]. *Frec en constr pr pasiva.* | *Abc* 12.6.75, 93: El pasado 12 de marzo dictó auto la Sección Sexta de la Audiencia Provincial de Madrid, contra el que se ha visto recurso ante la Sala Segunda del Tribunal Supremo.

5 Juzgar o considerar. | * Yo lo veo bien tal como está.

6 Estar [algo] expuesto [a la luz o el sol (*cd*)]. | *Economía* 101: Este producto debe guardarse en frascos azules y donde no vea la luz.

➤ **b** *en locs y fórm o* **7 allá vea** (*o* **veas**). (*pop*) Lo mismo da, o poco importa. | SFerlosio *Jarama* 221: —Mala cosa, nos falló el hombre este —dijo Tito. —Allá vea. Tú no te preocupes. —Me preocupo. Lo siento que se haya separado.

8 aquí te (**le**, *etc*) **quiero ~.** (*col*) *Fórmula con que se pondera lo difícil o embarazosa que es la situación en que uno se encuentra. A veces con el incremento* ESCOPETA. | ZVicente *Traque* 89: Aquí las quería yo ver, escopeta, con un niño hecho una fiera.

9 a ~. (*col*) *Fórmula con que se expresa el interés por mirar algo o enterarse de ello. A veces seguido de una prop interrog indirecta. La entonación puede ser interrog o enunciativa.* | SFerlosio *Jarama* 92: —Oye, y hielo y toda la pesca. –A ver, a ver... ¡Pero si viene ya medio deshecho! SFerlosio *Jarama* 20: ¿Qué bien te están [los pantalones]. Vuélvete, a ver. * ¿A ver qué dice? **b)** (*col*) *Se emplea como llamada de atención previa a una pregunta, a una petición o a un mandato.* | Goytisolo *Afueras* 18: ¡Hola, Roig! A ver esa cerveza. SFerlosio *Jarama* 84: Bueno, hombre, sigue. Pongamos que con setecientas te alcanzaba para ponerte siquiera medio decente. ¿Luego qué hacías?, a ver, continúa. **c)** (*col*) *Seguido de una prop interrog indirecta, manifiesta el deseo de que el oyente ponga especial cuidado o interés en lo expresado en la prop.* | Torrente *Señor* 331: Anda, sube y empieza a afinarme el piano. A ver cómo lo das. Delibes *Príncipe* 40: Agachó la cabeza y se miró los pantalones .. –Toca, Vito –dijo–. Ni gota. –A ver lo que dura. **d)** (*col*) *Precede a una prop interrog indirecta, expresando un reto.* | Grosso *Capirote* 38: A ver quién es el valiente que le pone cerca al campo .. A ver quién es el guapo que le pone a ese perro un bozal. **e)** (*col*) *Seguido de una prop interrog indirecta introducida por* SI, *expresa deseo, gralm con sentido de exhortación.* | CBonald *Ágata* 232: Se despidieron al fin con afables adioses, sugiriendo Juansegundo que a ver si iban un día al raposo. Delibes *Príncipe* 20: La Vítora .. le dijo al señor Avelino desde la puerta: –A ver si aviva el Santines. –Descuida. **f)** (*col*) *Seguido de una prop interrog indirecta introducida por* SI, *expresa temor, o deseo de evitar algo.* | SFerlosio *Jarama* 220: Habían dejado atrás la carretera .. –A ver si nos perdemos –dijo ella. **g)** (*pop*) Naturalmente. *Se emplea frec como respuesta. Referido a algo que se presenta como inevitable, a veces en la forma* A ~ QUÉ REMEDIO, *o* A ~ QUÉ VIDA. | Delibes *Guerras* 144: –Pero ¿quieres decir que a los muertos los enterraban sin caja? –Ande, a ver, pues ¿qué se ha creído usted que es la vida de los pueblos? MGaite *Retahílas* 155: Eran estas historias contadas así de noche por tu voz lo que me hubiera hecho falta como el comer, cuando se murió mamá, y luego te marchaste tú al poco tiempo, lo que pasa es que me fui aguantando el hambre, a ver qué remedio. **h) a ~ si no.** (*pop*) Eso es innegable. *Usado como refuerzo de lo que se acaba de afirmar. Tb, más raro,* SI NO, A ~. | Delibes *Cinco horas* 71: Tú mirabas a mamá con prevención, Mario, a ver si no. SFerlosio *Jarama* 218: ¿No quiere queso? –A, ay, ay, señor Lucio, que se me hace a mí que está hecho usted un intelectual. ¡Si no, a ver!

10 ¿cómo lo ves? (*col*) *Fórmula con que se pide la opinión del interlocutor sobre algo.* | * Creo que debemos ir a la playa. ¿Cómo lo ves, papi?

11 echar de ~ → ECHAR.

12 estar [algo] **por ~**, *o* (*más raro*) **faltar ~**[lo]. Estar sin demostrar. *Normalmente se emplea como réplica a una afirmación que se considera gratuita o exagerada.* | * Eso de que ganará aún está por ver. * Falta ver eso que dices.

13 estar muy visto [alguien o algo]. (*col*) Carecer de novedad o de interés. *En lugar de* MUY *puede usarse otra expr cuantitativa.* | GPavón *Hermanas* 43: La tierra ya está muy vista. Delibes *Cinco horas* 217: Mira luego con quién fue a dar, el viejo de Evaristo, que estaba más visto que el TBO, un hombre que la llevaba quince años, sin oficio ni beneficio, y un sinvergüenza redomado.

14 estar visto [algo]. Ser evidente. *Frec el suj es una prop introducida por* QUE. | Payno *Curso* 142: Está visto que es estúpido ahorrar. Matute *Memoria* 13: Mi abuela se hacía cargo definitivamente de mí, estaba visto.

15 faltar ~ [algo] → acep. 12.

16 ¿lo ves? → acep. 38.

17 no haberlas visto más gordas. (*col*) Encontrarse en una situación de la que no se tiene ninguna experiencia. | Delibes *Cazador* 157: ¡En mi vida las he visto más gordas! Tochano tiene cada zanganada que para qué. Y lo malo es que nos enreda a todos.

18 no poder ~ [alguien a una pers. o cosa]. (*col*) Resultarle [esa pers. o cosa] odiosa, o no gustarle en absoluto. *A veces con el incremento* NI EN PINTURA. | Torrente *Señor* 333: Ahí tiene usted a don Baldomero: no puede ver a Cayetano, y por detrás lo pone verde, pero, cuando están juntos, parecen tan amigos. *Abc Extra* 12.62, 41: Don Leandro Fernández de Moratín no podía ver los niños ni en pintura.

19 no veas, *o* (*más raro*) **no quieras ~.** (*pop*) *Fórmula con que se pondera enfáticamente la importancia de lo que se dice. Frec se emplea como prop consecutiva, a veces en la forma* NO VEAS COSA IGUAL. | Delibes *Cinco horas* 91: Otras, no veas, como locas en los refugios en cuanto empezaban a sonar [las sirenas]. Delibes *Cinco horas* 67: Me miraba a mí .., pero con un desahogo que no veas cosa igual. ZVicente *Traque* 96: Ya se le ha aviado la tripita y está la mar de mona. Pero ha pasado unos días que no veas. * Tiene una lengua que no quieras ver.

20 no ~. (*col*) *Se usa para ponderar el alto grado en que se tiene una sensación. Gralm en constr consecutiva.* | * Esta niña no ve de sueño. * Tengo un hambre que no veo.

21 para que veas. (*col*) *Fórmula con que, con intención polémica, se pone de relieve lo dicho.* | * No me ha reñido, para que veas.

22 que no vea yo. (*col*) *Fórmula con que se enfatiza una advertencia o una prohibición.* | Nácher *Guanche* 47: Ya ando rascada con tanta majadería. Que yo no vea qué vuelve a tocar al niño.

23 quién te ha visto y quién te ve. (*col*) *Fórmula con que se comenta el enorme cambio experimentado por alguien o algo.* | Cela *Izas* 59: ¡Quién te ha visto y quién te ve, macho en derrota, garañón jubilado, padrote que ya quemó el último cartucho!

24 se ve que. Se conoce que, o parece que. | SFerlosio *Jarama* 22: Ahí atrás viene andando, con la novia y con los de la moto. Se ve que los conoce igual.

25 si te he visto (*o* **vi**), **no me acuerdo.** *Fórmula con que se alude a la ingratitud de una pers respecto a otra que la ayudó en algún momento.* | Torrente *Saga* 40: Cuando la señorita Vieites tuvo el aprobado en la mano, se llevó sus cosas de la pensión, y, si te he visto, no me acuerdo. CBonald *Dos días* 131: Le mandó decir a padre que ya aquí no había trabajo, que teníamos que irnos. Ese es el pago, si te vi no me acuerdo.

26 tener que ~ → TENER.

27 te (**le**, *etc*) **veo y no te** (**le**, *etc*) **veo.** (*col*) *Fórmula con que se comenta el peligro inminente en que se ve a alguien o algo.* | CPuche *Paralelo* 311: –Ella .. se empeña en que vayamos ahora a la iglesia .. ¿comprendes? –Ya comprendo. Te llevará a algún cura a confesarte y tal... –No, yo le dije que la acompaño .. –Te veo y no te veo. ¡Como dejes que los curas te echen el guante...! No es tonta Olimpia, no.

28 tú verás. (*col*) Naturalmente. *Se emplea como réplica a la duda mostrada por el interlocutor sobre algo.* | SFerlosio *Jarama* 363: –Me marcho para casa. Mañana tengo que hacer. –¿Tú? –¿Tanto te extraña? –Pues tú verás.

29 vamos a ~, *o* (*más raro*) **veamos.** (*col*) *Fórmula previa a una reflexión, una pregunta o un mandato, que a veces quedan implícitos.* | Callealtero *HLS* 5.8.74, 3: Vamos, que tú eres "anti". –"Anti", no, joven; nada más que realista. Veamos: Si tú tuvieras en casa un parquet de caoba y roble, ¿lo taparías con tablas de cajón? * –Vamos a ver: pero ¿tú sabes cantar? –No.

30 ve ahí (*o* **ve ahí tienes**). (*reg*) He ahí. | Delibes *Guerras* 154: Como las cuentas marchaban, pues ve ahí, Padre como unas pascuas. Delibes *Historias* 73: Ve ahí tienes a la Rosa Mari. El día que seas mozo debes casarte con ella.

31 veamos → acep. 29.
32 verás (**verá**, *etc*). (*col*) *Se usa para insinuar o introducir una previsión o una amenaza. Frec precedido de* YA. | ZVicente *Traque* 89: Ahora, hipo. Lo que faltaba. Verás qué susto te voy a arrear yo para que se te pase. SFerlosio *Jarama* 13: –Pues esta tarde me voy a ver negro para poder atender. –Desde luego. Ya verás hoy el público que afluye. Delibes *Príncipe* 54: ¡Huy, madre! Verás de que lo vea tu mamá. **b)** *Se usa para reforzar enfáticamente una afirmación anterior. Tb* YA (LO) VERÁS. | Lera *Clarines* 499: Te prepararemos un buen debut. Ya lo verás. **c)** *Se usa expletivamente a fin de tomarse tiempo para pensar la respuesta*. | *FaC* 21.3.75, 17: –¡Tres semanas! ¿Y hasta hoy no se ha preocupado usted de denunciarlo? –exclama el comisario. –Verá usted –responde justificándose–. Es que no me atrevía a hacerlo.
33 veremos. (*col*) *Respuesta con que se manifiesta reserva sobre si se cumplirá lo que alguien acaba de afirmar. Frec precedido de* YA. | * –Viene mañana, lo dijo. –Ya veremos.
34 ~selas [con una pers. o cosa]**.** Enfrentarse [con ella]. | *Cronos Mar* 24.1.68, 13: Nuestros jóvenes estudiantes hacían el durísimo aprendizaje de vérselas con hombres hechos ya a participar en estas competiciones. V. Zabala *Abc* 18.5.75, 87: Me atrevo a asegurar que, si los dos espadas se las hubiesen tenido que ver con las corridas de estos días atrás, se habrían dejado vivos unos cuantos toros.
35 ~selas y deseárselas, *o* **~selas negras** [para algo]. (*col*) Serle [eso] extremadamente difícil. *Tb* ~SE Y DESEARSE. | Alfonso *Caso* 5.12.70, 15: Ello complica la vida de Juan Miguel López Medina, quien las ve y se las desea para averiguar los nombres de los futuros contrayentes. CNavarro *Perros* 86: Su esposa ha de vérselas muy negras para ponerle la mesa con esa birria de sueldo. Cela *Pirineo* 66: El viajero se vio y se deseó para sacarles los cuartos tirando al naipe a unos puntos amarrones que jugaban calentando las cartas con la mano.
36 ~ si + *v en ind* = INTENTAR + *el mismo v en infin*. | PRivera *Discursos* 9: Voy a ver si procuro situarnos con claridad en un momento político bastante difícil de explicar.
37 ~ venir [a una pers.]**.** Adivinar sus intenciones. | Delibes *Cinco horas* 178: Torcido será un rato largo, pero se le ve venir. **b) ~ venir** [una cosa]**.** Adivinar que va a suceder. | R. DManresa *Rue* 8.12.70, 13: Lo de Gregorio se veía venir tras su unión a los "guerrilleros".
38 ¿ves? *o* **¿lo ves?** (*col*) *Fórmula con que se recalca ante el oyente el haber acertado en una afirmación anterior*. | Salom *Noche* 579: –¿Por qué no me echas un pregón por la radio? –(Riendo.) Ves, esto ha tenido gracia. **b) ¿ves?** → acep. 42b.
39 visto bueno. *Fórmula que figura al pie de algunos documentos para indicar la aprobación por parte del funcionario superior que firma a continuación de ella. Frec sustantivado, designando esta fórmula. Tb fig, designando cualquier aprobación*. | *Abc* 1.12.70, 59: El proyecto de Ley –conocido por Ley Mills– está actualmente pendiente del visto bueno del Senado. Delibes *Hoja* 12: Se analizó detenidamente en la gigantesca luna y mentalmente se dio el visto bueno. [*En el texto*, vistobueno.]
40 ya lo (**le**, *etc*) **has visto** (*o* **viste**). (*col*) *Fórmula con que se pondera la desaparición definitiva de alguien o algo*. | SSolís *Blanca* 119: Gabriel padre era loco por invertir en joyas, una lota como están los tiempos: te las roban y ya las viste.
41 ya se ve. (*col*) *Fórmula con que se replica irónicamente a lo que se acaba de afirmar*. | * –Pues es una chica muy lista. –Ya se ve, ya.
42 ya ves (**ve**, *etc*)**.** (*col*) *Fórmula con que trata de implicar al oyente en la situación que se le expone, o de que se haga cargo de ella*. | Delibes *Guerras* 158: –Y luego los chavales .. menuda juerga se traían. –¿A cuenta vuestra? –A cuenta nuestra, natural, ya ve, la Candi en pelotas y un servidor en paños menores, ¿para qué querían más? MGaite *Visillos* 20: –A él todo esto de ajuar y peticiones y preparativos no le gusta. Dice que casarse en diez días, cuando decidamos, sin darle cuenta a nadie. Ya ves tú. **b)** *Fórmula con que se llama la atención sobre una pers o cosa que se menciona inmediatamente. Tb* ¿VES? *o* ¿VES TÚ? | Medio *Bibiana* 13: No son malos chicos .. Ya ves Natalia, una niña y trabajando ya en una oficina. Cela *Judíos* 153: Soy de Pedraza, pero allí, ¡ya lo ve usted!, padre estaba de más.

GPavón *Reinado* 221: –Es voz de hombre. –Ves tú, eso de que sea hombre le quita ilusión a la cosa. **c)** (*col*) *Fórmula con que se pone de relieve una aseveración que no se consideraba esperable o lógica. Tb* YA VES TÚ POR DÓNDE. | Delibes *Guerras* 157: –¿No trató de iniciarte a ti en el vicio? –Eso no, ya ve, no porfiaba. ZVicente *Traque* 234: Pero falló, ya ves tú por dónde, porque las cuatro o cinco sopranos .. contratadas no pudieron venir.
43 y yo (**tú**, *etc*) **que lo vea** (**veas**, *etc*)**.** (*col*) *Fórmula con que se expresa el deseo de que la pers mencionada participe en un suceso próspero por el que alguien ha hecho votos*. | * –Que cumplas muchos años. –Y tú que lo veas.

B *intr* ➤ **a** *normal* **44 ~ de** + *infin* = TRATAR DE + *el mismo infin*. | Torrente *Vuelta* 75: Váyase al pueblo y vea de hablar a esa señora.

➤ **b** *pr* **45** Encontrarse [en un determinado lugar o circunstancia]. | DCañabate *Abc* 2.3.75, 45: Las ganas que tenía de verme en el café. SFerlosio *Jarama* 27: Abajo fue una gran risa cuando una de las chicas patinó sobre el limo y se quedó sentada .. Le supo mal a lo primero, sorprendida de verse así, pero en seguida levantó la cabeza riendo, al oír que los otros se reían.

II *m* **46** (*col*) Apariencia o aspecto. *Normalmente en la constr* DE BUEN ~. | Olmo *Golfos* 149: Es una mujer gorda, simpática y de buen ver. Grosso *Capirote* 78: Es suficiente que una moza tenga un buen ver .. para que se le culpe de lo que nunca un hombre debe culpar a una mujer. GPavón *Reinado* 246: Cuando el Rufilanchas entró en el despacho del Juez traía mejor ver. Cela *Judíos* 159: El coche estaba parado en la plaza de Cuéllar, delante de un café de regular ver.

III *loc adj* **47 bien** (*o* **mal**) **visto.** Bien (o mal) considerado socialmente. *Frec con el v* ESTAR. | Matute *Memoria* 39: Sa Malene estaba muy mal vista en el pueblo.
48 nunca visto. *Fórmula con que se comenta un hecho excepcional. Frec en la constr* SER LO NUNCA VISTO. | * Lo nunca visto, una edición de Marx en la Editora Nacional.
49 visto y no visto. (*col*) *Fórmula que se emplea para expresar la gran rapidez con que sucede algo. Frec con el v* SER *o como o independiente*. | Delibes *Guerras* 259: Todo, visto y no visto, oiga, en menos tiempo de lo que tardo en decirlo. CPuche *Paralelo* 317: Sacaron la primera pareja [de gallos] para mostrarla al público .. Genaro apostó por uno blanco .. Fue visto y no visto. El blanco dejó segado a un gallito entre marrón y negro, a pesar de que este había dado antes de la pelea gran sensación de fiereza. ZVicente *Traque* 161: Apareció, debió traerla el maestro, una lata de atún. Vista y no vista. Su madre, qué tíos.

IV *loc adv* **50 aquí** (*o* **ahí**) **donde le** (**me**, *etc*) **ves** (**veis**, *etc*)**.** (*col*) *Fórmula con que se anuncia que se va a dar, referida a la pers aludida, una noticia sorprendente*. | Hoyo *Glorieta* 65: Aunque no lo crean, yo, aquí donde me ven, he sido como un héroe de novela. CPuche *Paralelo* 342: Lo digo porque Gracita, ahí donde la ves, es una niña.
51 a ~las venir. (*col*) Sin nada, o sin algo con que se contaba. | Delibes *Emigrante* 70: Seguimos con el tiro sobre las diez .. Llegué a la final, con el italiano, y no sé qué coños pasó .., lo cierto es que el último plato se me fue a criar y me quedé a verlas venir. **b)** Esperando el desarrollo de los acontecimientos. | VMontalbán *Rosa* 92: A los dos minutos y medio de la explosión la altura media de las olas es de seis metros. No olvide, Larios, en cuanto se enteren del bombazo, la popa hacia la explosión y a verlas venir.
52 como quien (*o* **el que**) **ve llover** → LLOVER.
53 como si lo viera. (*col*) Con toda seguridad. | Lagos *Vida* 51: Seguro que es allí, jugando al tresillo, como si lo viera.
54 por lo visto. Al parecer. | CPuche *Paralelo* 163: Pistón había sido por lo visto teniente con los rojos durante la guerra.
55 si vamos (**vas**, *etc*) **a ~.** Considerando con detenimiento. | * Si vas a ver, tampoco es tan importante que venga.
56 visto lo visto. (*col*) Dadas las circunstancias. | Delibes *Guerras* 280: No había terminado de decirlo y, ¡pum!, un tiro .. Conque, visto lo visto, agarré otra vez por el callejón y a galope, oiga.

V *loc conj* **57 visto que.** (*lit*) En vista de que. | * Visto que no se puede hacer nada, mejor será retirarse.

vera – verbalizar

VI *interj* (col) **58 habráse visto.** *Expresa asombro e indignación ante algo abusivo. A veces seguido de un cd que expresa el motivo.* | CPuche *Paralelo* 36: El americano, que estaba curda perdido, queriéndola apartarla, le dio un empujón. Entonces la prostituta empezó a gritar: –¡Habráse visto! Este barril de mierda, si no sabe beber que no beba.
59 hasta más ~. *Fórmula de despedida.* | Lera *Clarines* 499: –¡Hasta más ver! –dijo el Cantares. Y el Aceituno los vio desaparecer como en el aire turbio de un sueño.
60 hasta verte, Jesús mío → JESÚS.
61 hay que ~. *Expresa asombro. A veces seguido de un cd que expresa el motivo.* | ZVicente *Traque* 209: Es que hay que ver cómo eres. Ya te había avisado, no digas que no.

vera. a la ~. *loc adv* Al lado. *Normalmente con un compl de posesión.* | Cela *Judíos* 60: El vagabundo marcha a la vera de tres mozas pálidas, enlutadas y silenciosas.

veracidad *f* Cualidad de veraz. | Laforet *Mujer* 241: Solo me interesa comprobar la veracidad de su declaración.

veracruzano -na *adj* De Veracruz (ciudad o estado mejicanos). *Tb n, referido a pers.* | MPérez *Comunidad* 83: Se podría decir que se siente en porteño o en guayaquileño o en veracruzano, y a la vez en hispanoamericano, pero que todavía no se piensa en boliviano o en argentino.

veranda *f* Galería o pórtico que se extiende a lo largo del exterior de un edificio. | GHortelano *Tormenta* 30: En la veranda, Rufi retiraba el servicio del desayuno.

veraneante *adj* Que veranea. *Frec n. En este caso, la forma f es a veces* (col) VERANEANTA. | A. Olano *Sáb* 10.9.66, 5: ¿Que el veraneante nos mira como cosa pintoresca? Nosotros les miramos a ellos como cosa rara. Aldecoa *Gran Sol* 135: En los bailes, en la playa, donde fuera, siempre sacaba un plan. Hasta con veraneantas que parecía que vivían a cien millas de uno.

veranear *intr* Pasar el verano o las vacaciones de verano [en un lugar]. | Laforet *Mujer* 84: Me ha invitado uno de mis infinitos tíos, que está veraneando en Santander. **b)** Pasar el verano o las vacaciones de verano en un lugar diferente al de residencia. | GGarcía *NEs* 6.8.78, 20: La mayor parte de los españoles que pueden veranear disfrutan de un ocio merecido sobre las largas playas de nuestro litoral.

veraneo *m* Acción de veranear. *Tb el tiempo que dura.* | Laforet *Mujer* 156: Había llamado una antigua clienta de la casa para pedir que le enviasen su cuenta porque se iba de veraneo.

veranero -ra *m y f* (reg) Pers. que se contrata para trabajar en el verano [2]. | I. Cicero *Ale* 30.6.85, 28: En las horas más tórridas del mediodía, los veraneros echan la siesta a la sombra de un haya.

veraniego -ga *adj* **1** De(l) verano [1]. | Arce *Testamento* 95: ¿Seguirían [los muchachos] reuniéndose las noches veraniegas, después de la cortejada, frente a la tasca del nuevo Antonino?
2 (Pers.) que lleva vestidos propios del verano [1]. *Frec con el v* IR. | Delgado *Hucha* 1, 92: Madruga siempre. Es una chaladura de las suyas. Y hay que verla, con este frío, tan veraniega. A esa un día la encuentran tiesa en el jergón.

veranillo *m* Temporada breve, dentro del otoño, en que hace calor. | *HLM* 26.10.70, 5: Es así como hemos pasado de una sequía cálida, la del último veranillo otoñal, a otra sequía fría.

verano *m* **1** Estación más calurosa del año, que en el hemisferio norte abarca oficialmente del 22 de junio al 22 de septiembre. | Arce *Testamento* 67: Pasamos a través de otoños, de inviernos, de primaveras, de veranos, de nuevos otoños.
2 (reg) Recolección o cosecha. | Delibes *Abc* 22.9.84, 31: Con un borriquillo subíamos a los altos .. y a cosechar el poco verano que había.

veras. de ~. I *loc adj* **1** De verdad o auténtico. | * Es un hombre de veras.
II *loc adv* **2** De verdad o realmente. *Tb* (raro) DE TODAS ~. | Laforet *Mujer* 325: Volvió a comprender que de veras la deseaban, de veras habían querido su presencia sin necesitarla para nada más. Ribera *SSanta* 4: Concedednos cuanto haga hoy corporalmente el pueblo fiel en honra vuestra, lo ejecute espiritualmente con gran fervor, triunfando del enemigo, y amando de todas veras la obra de misericordia. **b)** En serio. *Frec con intención enfática.* | Olmo *Golfos* 79: Unos de broma y otros de veras, le fuimos contando la extraordinaria aventura de Cabrito.
3 entre bromas y ~ → BROMA.

verato -ta *adj* De la Vera de Plasencia (Cáceres). *Tb n, referido a pers.* | E. JRey *Reg* 25.8.70, 1: Fomenta esta tendencia a emigrar la circunstancia de encontrarse en estos pueblos de la Vera los veratos emigrados en años anteriores.

veratrina *f* Alcaloide en polvo, blanco, cristalino, de sabor acre y cáustico, que se obtiene de la cebadilla. | MNiclos *Toxicología* 133: Veratrina. Es un producto complejo, contenido en las semillas de Cebadilla.

veraz *adj* **1** [Pers.] que dice la verdad. | Laforet *Mujer* 250: Blanca me ha hecho comprender muchas cosas .. Es veraz hasta el fondo.
2 [Cosa] que se ajusta exactamente a la verdad o a la realidad. | * Su declaración es veraz. * Las descripciones son de lo más veraz.

verazmente *adv* De manera veraz [2]. | *Ciudadano Pue* 17.12.70, 3: Es lógico que tienda a revestirse de posturas socialistas, de avanzada, cuando, verazmente, el fundamento intelectual del separatismo no es sino una raíz eradicada del espectro de ideas y de tendencias de nuestra hora. Cossío *Montaña* 107: Con estos datos confusos llega a dar con lo esencial del paisaje veracísimamente.

verbal *adj* **1** De (la) palabra o de (la) expresión oral. | DPlaja *El español* 150: Cualquier tropezón verbal de un extranjero .. produce grandes carcajadas.
2 *En diplomacia:* [Nota] sin firma y sin los requisitos formales ordinarios. | *Ya* 19.11.74, 5: Francia no concede la extradición de los supuestos implicados en el asesinato de Carrero Blanco. El Ministerio de Asuntos Exteriores francés ha comunicado esta decisión por nota verbal a la Embajada de España en París.
3 (Gram) De(l) verbo [2]. | Amorós-Mayoral *Lengua* 13: En Argentina .. dos personas, para hablarse, usan el antiguo pronombre personal "vos" en vez de "tú" y unas formas verbales también antiguas. **b)** [Predicado] en que el verbo no va acompañado de predicativo. | Alcina-Blecua *Gramática* 858: Se oponía así el predicado verbal, cuya palabra fundamental era un verbo, al predicado nominal, cuya palabra fundamental era un nombre unido por un verbo al sujeto.

verbalismo *m* Tendencia a conceder una importancia excesiva a las palabras, en detrimento de las ideas. | E. Tijeras *Abc* 29.11.70, 7: Igual que la famosa salivación del perro de Pavlov, nos llega el verbalismo desplazado.

verbalista *adj* **1** De(l) verbalismo. | Pemán *MHi* 7.69, 10: Se justifica este interés jurídico ante un concepto que algunos entendieron como una especie de "latiguillo" verbalista.
2 Que se basa exclusiva o fundamentalmente en la palabra. | Marías *Filosofía* 132: Roscelino llega a una pura interpretación verbalista de los universales: no son más que soplos de la voz, *flatus vocis*.

verbalistamente *adv* De manera verbalista. | *País* 20.5.79, 10: Los halagüeños resultados electorales del PSOE no son consecuencia de los párrafos verbalistamente revolucionarios del programa del XXVII Congreso, sino de la confianza que ha logrado inspirar en una parte de la sociedad la figura de Felipe González.

verbalización *f* Acción de verbalizar(se). | Bueno *Tri* 26.12.70, 11: No se trata internamente de ninguna teoría, sino de una verbalización de actitudes terroristas. Albalá *Periodismo* 139: Homologamos el significante al proceso de "verbalización" y el significado al "contenido" del concepto.

verbalizar *tr* **1** Expresar [algo] mediante palabras. | Pinillos *Mente* 115: Los factores de fluidez verbal se refieren a la facilidad para escribir muchas palabras que empiecen, por ejemplo, con una letra dada; la prontitud y abundancia de lenguaje, y la riqueza y facilidad para verbalizar ideas.
2 (Gram) Dar forma o carácter verbal [a una palabra (cd)]. | * Verbaliza los sustantivos norte y mayo. **b)** *pr* Tomar [una palabra] forma o carácter verbal. | DPlaja *Abc* 1.9.66, 18: Finalmente, anotemos la dinamización de los sus-

tantivos al verbalizarse: "galguean las colinas", "primavereo en mis temores".

verbalmente *adv* De manera verbal [1]. | Marín *Enseñanza* 332: Escritura de una fracción, expresada verbalmente por el maestro, con denominador inferior a diez.

verbasco *m* Gordolobo (*Verbascum thapsus*). | Santamaría *TSeg* 1.11.79, 24: Uno irá un día y verá cañas secas y yerbas agostadas, pero irá otro y verá verbascos y tapsias florecidos.

verbena[1] *f* Fiesta popular al aire libre con música, baile y diversiones, que se celebra gralm. por la noche. *Tb fig, con intención desp.* | *Sp* 19.7.70, 13: Se tolera .. el aumento de ruidos nocturnos que lleva implícito el verano, entre verbenas, juerguistas, veraneantes. ILaguna *Ateneo* 39: Los "intelectuales" liberales se imponen a los conservadores. ¡Gran verbena democrática, parlamentaria y filantrópica!

verbena[2] *f* Planta herbácea de tallo erguido y ramoso con flores en espigas largas y delgadas de varios colores (*Verbena officinalis*). *Tb su flor.* | Cela *Viaje andaluz* 298: El vagabundo se limitó a dejar sobre su sepultura [de Juan Ramón Jiménez], también sobre la de Zenobia, unas verbenas rosas, azules, moradas..., como las estrellitas de colores de sus sueños de niño.

verbenaca *f* Gallocresta (planta). | Mayor-Díaz *Flora* 464: *Salvia verbenaca* L. "Verbenaca", "Gallocresta".

verbenácea *adj* (*Bot*) [Planta] dicotiledónea, herbácea o leñosa, de la familia de la verbena[2]. *Frec como n f en pl, designando este taxón botánico.* | GCabezón *Orotava* 14: *Petrea volubilis* Jacq., Verbenácea, América tropical.

verbenear *intr* (*raro*) Bullir u hormiguear. | L. Calvo *SAbc* 26.4.70, 21: El alcohol está prohibido, venga usted a mi cava. Verbenean las taifas y pandillas furtivas, rivales, feroces de encarnizamiento.

verbeneo *m* (*raro*) Acción de verbenear. | *Prog* 8.8.75, 2: Algún hotel de Lugo .. no está a la altura de las circunstancias que impone una ciudad que se prepara para celebrar (hay que suponer que con cierto verbeneo de promoción turística) sus primeros dos mil años.

verbenero -ra *adj* De (la) verbena[1]. *Tb fig, con intención desp.* | S. Adame *Abc* 7.9.66, 8: Padecen una ciudad carente de espectáculos al aire libre, salvo alguna kermés verbenera. V. A. Pineda *Des* 12.9.70, 18: La ceremonia .. fue penosa, provinciana y verbenera.

verbigracia *adv* Por ejemplo. | Alfonso *España* 26: En una playa, ponerse a leer un libro casi es llamar la atención. Hacerlo en la Casa de Campo de Madrid, verbigracia, es difícil por los transistores a flor de cuello.

verbi gratia (*lat; pronunc corriente,* /berbigráθia/) *loc adv* Verbigracia. | CSotelo *Pról. Epist. Armenteras* 5: Con frecuencia suele uno equivocarse al pronosticar cuáles han de ser los resultados de la aparición de un nuevo invento. Al surgir la radio, verbi gratia, se creyó que iban a arruinarse las compañías de discos.

verbo (*con mayúscula en aceps 3 y 5*) **I** *m* **1** (*lit*) Elocución, esp. oratoria. | Lapesa *HLengua* 277: Después .. el verbo elocuente fue instrumento imprescindible para la actividad parlamentaria o la captación de prosélitos.
2 (*Gram*) Palabra capaz de funcionar como núcleo del predicado y de recibir cambios de forma acordes con el sujeto y el tiempo del hecho expresado en la oración. | Amorós-Mayoral *Lengua* 14: En Hispanoamérica, .. partiendo de palabras de uso frecuente, se forman verbos no empleados en España, como "vivar" (= dar vivas, vitorear).
3 el ~. (*Rel crist*) El Hijo de Dios. *Tb* EL ~ DIVINO o EL ~ DE DIOS. | Vesga-Fernández *Jesucristo* 27: María no estaba obligada a purificarse: su caso era una excepción a causa de la milagrosa Encarnación del Verbo.
II *loc adv* **4 en un ~.** (*col*) En un instante. | Delibes *Emigrante* 100: Me llegué a casa en un verbo, pero la chavala no estaba.
III *interj* **5 ~ divino.** Dios mío, o santo Dios. | Lera *Boda* 580: Pero ¿es que va a venir? .. ¡Verbo divino!

verborragia *f* (*lit, desp*) Verborrea. | G. Bartolomé *Ya* 8.10.87, 5: José Prat no hizo escuela. Este delicioso parlamentario está solo como una isla en el mar de la verborragia.

verborrea *f* (*desp*) Verbosidad. | Escobar *Itinerarios* 16: Nos asombra pensar que ciertos escritores y oradores de agria pluma y virulenta verborrea arrojasen tanta tinta y tantas palabras contra un alimento tan sencillo y veraz.

verborreico -ca *adj* (*desp*) Dado a la verborrea. | Montero *Reina* 129: Los lunes parecían afectar al secretario de un modo curiosísimo, le ponían verborreico, exultante y saltarín.

verbosidad *f* Cualidad de verboso. | Laforet *Mujer* 190: Colgó el teléfono .. El aparato parecía vibrar estremecido por la verbosidad de Amalia.

verboso -sa *adj* [Pers. o expresión] que utiliza abundante o excesivo número de palabras. | Lapesa *HLengua* 173: Su lenguaje efusivo y verboso [de Juan Ruiz] trasluce un espíritu lleno de apetencias vitales y de inagotable humorismo. García *Abc* 16.8.75, sn: Cuando Gracián, en el "Criticón", formula su "Censura de España", nos dice más, para nuestro cabal conocimiento y afición a España, que cuantos han empuñado solo la trompa heroica y engolado la voz para proferir ditirambos y verbosas grandilocuencias.

verdad I *f* **1** Hecho que tiene existencia. *Normalmente en constrs con el v* SER. | Olmo *Golfos* 111: La verdad es que el cajón cayó. Cela *SCamilo* 28: Paca .. es algo gibosilla (vamos, la verdad es que es chepa del todo). **b) ¿~?** (*col*) Se dice, con entonación independiente, para pedir al interlocutor confirmación o asentimiento ante lo que se le expone. *Tb* (*pop*) *¿~* TÚ? *o ¿~* USTED? *A veces se usa con carácter puramente expletivo. La frase sobre la que se pide confirmación puede ir a continuación en forma de prop introducida por* QUE. | Delibes *Príncipe* 69: Papá dijo a Mamá, señalando a Pablo con un movimiento de cabeza: —Ya le has malmetido tú, ¿verdad? Medio *Bibiana* 12: Si no hubiésemos tenido hijos, ¿verdad, Marcelo?, para nosotros cualquier cosa nos bastaría. Cela *Viaje andaluz* 286: —En otros pueblos [los árboles] los tumban los cristianos para hacer leña, ¿verdad usted? —Sí, señora; entre los cristianos y las cabras acabarán por dejar al país sin un solo árbol. *SLín* 15.8.75, 10: Con su bikini floreado, que además le sienta a las mil maravillas, ella reposa tranquila y, además, un tanto sonriente como invitándole a usted, lector, a que la contemple. ¿Verdad que merece la pena?
2 Idea o representación intelectual [de una pers. o cosa] que responde a lo que es en sí. | Gambra *Filosofía* 62: Inducir es obtener de verdades particulares o menos generales una universal que las engloba y comprende. Escrivá *Conversaciones* 160: Una vez más, no puedo dejar de invitaros a amar la verdad. Coll *D16* 14.12.76, 18: Me llena de envidia y nostalgia que la juventud sea consecuente consigo misma, que crea que está en posesión de la verdad o incluso que lo esté realmente.
3 Cosa dicha conforme a lo que es en sí o a lo que se piensa o siente. | *Inf* 8.2.79, 1: El juez instructor estima que el semanario dice la verdad y que los carabineros mataron a Moro. SLuis *Doctrina* 103: El octavo Mandamiento nos manda decir la verdad y respetar la fama del prójimo. Delibes *Cinco horas* 17: Si te digo mi verdad no le he visto más que una vez en el No-Do. **b)** Pensamiento o hecho expuesto francamente y sin rebozo, con riesgo de molestar al interlocutor. *Gralm en pl, normalmente con el v* DECIR. *Tb* (*col*) LAS ~ES DEL BARQUERO. | Herrero *Ya* 21.5.75, 5: Allí me enseñé cartas suyas de protestas, muy duras, a Caetano, por una censura denigrante y analfabeta hacia la pluma del hombre que quería decir simplemente la verdad. Van 10.2.77, 39: A la joven dama no faltaron oportunidades para dar al marido .. buen número de vástagos. Ni de soltar las verdades del barquero así a uno de los retoños. * Te escuece la verdad. * Te molesta que te digan las verdades. * Le dijo cuatro verdades. **c)** [Cantar] **las ~es** → CANTAR.
4 Dicho razonable. *Normalmente como predicat con el v* SER. | * Es verdad lo que dices; hay que protestar.
5 Conformidad [de un aserto o de una imagen] con la verdad [1 y 2]. | Gambra *Filosofía* 28: El punto de vista de la lógica es, pues, ajeno a la verdad o falsedad del contenido de los pensamientos. GNuño *Escultura* 119: Ha plasmado la ferocidad de la loba con una verdad y un sexto sentido de lo animal que solo parecen lógicos en un pastor. **b) ~ formal.**

(*Filos*) Conformidad [de un pensamiento] con las leyes de la lógica. | Gambra *Filosofía* 28: Atiende [la lógica] solo a lo que se ha llamado su verdad formal, es decir, a la conformidad de estos [los pensamientos] con las leyes del pensamiento.
6 ~ de Pero Grullo (*o* **de Perogrullo**). Afirmación tan obvia que parece una tontería decirla. | J. M. Alfaro *Abc* 16.9.75, sn: España, aunque parezca una verdad de Pero Grullo, se halla en el mundo, y más concretamente dentro de ese ejemplar y maduro resumen histórico que se llama Europa. *HLSa* 9.11.70, 2: Las películas españolas son malas porque quienes las hacen no saben hacerlas mejor. Es una verdad de Perogrullo.
II *loc adj* **7 de ~**. Auténtico (que es realmente lo que parece o se dice que es). *Tb* (*hoy raro, como adj invar*), simplemente, ~. | SFerlosio *Jarama* 62: Oye, Santos, ¿es cierto eso que los nadadores de verdad se dan de grasa por todo el cuerpo para no pasar frío? Carandell *Madrid* 43: Juanito es un amigo verdad.
III *loc v* **8 faltar a la ~**. (*euf*) Mentir. | FSalgado *Conversaciones* 431: Eso fue lo que evitó el Movimiento Nacional del 18 de julio, en cuya preparación para nada intervinieron ni Mussolini ni Hitler, como de forma insistente y faltando a la verdad ya a sabiendas nos achacan las democracias del mundo entero.
IV *loc adv* **9 de ~**. Realmente o de hecho. | Carrero *Pue* 22.12.70, 6: Ello solo será posible .. cuando todos, de verdad, participen en los beneficios de la misma. **b)** En serio. *Frec con intención enfática*. | MGaite *Visillos* 91: Ellos no te quieren mal, de verdad te lo digo, pero también ponte en su caso.
10 en ~. (*lit*) Ciertamente. | *País* 11.2.79, 8: El acuerdo adoptado ayer por la Junta Electoral Central de no tomar en consideración el pintoresco decreto de 2 de febrero de 1979 .. es un acontecimiento que en verdad merece el calificativo de histórico.
11 la ~. Hablando con sinceridad. *Se usa, con entonación independiente, como fórmula intercalada dentro de una or. Tb* (*lit*), (SI VA) A DECIR ~ *o* SI HE DE DECIR (LA) ~. | PRivera *Discursos* 9: Sé de antemano que habrá quienes no entiendan nuestra postura, pero eso, la verdad, no debe importarnos. Olmo *Golfos* 41: Nos los arrancan de nuestro lado. Y, la verdad, duele.
12 con la ~ por delante. Actuando y hablando con sinceridad y abiertamente. | Delibes *Cinco horas* 168: "Con la verdad por delante se va a todas partes?, ¿qué te parece?, pues ya ves cómo nos ha crecido el pelo con tus teorías.

verdaderamente *adv* **1** De verdad [9]. | Olmo *Golfos* 163: Verdaderamente, la historia de don Poco es la de un esfuerzo titánico.
2 De manera verdadera [1]. | Gambra *Filosofía* 61: La mayoría de los dilemas son razonamientos ingeniosos, pero que no concluyen verdaderamente, porque la realidad no se presta por lo general a disyunciones confluyentes que no dejen término medio.

verdadero -ra *adj* **1** Que se ajusta o responde a la verdad [1 y 2]. | Gambra *Filosofía* 28: Puede un razonamiento ser por azar verdadero en todas sus proposiciones y no ser lógico. **b)** Fundado en la verdad. | Valcarce *Moral* 10: La moral natural es verdadera, porque sus normas son también verdaderas.
2 De verdad o auténtico. | Olmo *Golfos* 151: Todo se me vino abajo con ese estrepitoso silencio de las verdaderas catástrofes.
3 (*Anat*) [Costilla] que conecta directamente con el esternón. | Legoburu-Barrutia *Ciencias* 44: Las costillas son huesos delgados en forma de arco. Se articulan con la columna vertebral y con el esternón .. Son doce pares: siete pares de verdaderas, tres de falsas y dos de flotantes.

verdal *adj* [Fruta] que tiene color verde aun después de madura. *Tb referido al árbol que la produce*. | Cela *Viaje andaluz* 263: En Andalucía también se dice verdial a la fruta verdal y a su árbol.

verde I *adj* **1** [Color] propio de la hierba fresca, que en el espectro de luz blanca ocupa el cuarto lugar, entre el amarillo y el azul. *Tb n m. Distintos matices se expresan por medio de adjs o ns en aposición*. ~ CLARO, OSCURO, BOTELLA, MANZANA, *etc*. | Legoburu-Barrutia *Ciencias* 248: El color verde es debido a una sustancia llamada clorofila. Torrente *Pascua* 319: El sol había remontado las colinas y envolvía a Pueblanueva de una luz dorada. Azuleaba la mar, y en las laderas, sobre el verde oscuro de los pinos, nacían verdes suaves.
2 Que tiene color verde [1]. | Laforet *Mujer* 12: Paulina llevaba al cuello un pañuelo de seda verde. **b)** (*col*) [Billete] de mil pesetas. *Frec n m*. | Medio *Bibiana* 50: Lorenzo Massó .. saca su cartera, aparta un billete grande, un billete verde. ZVicente *Traque* 159: Cómo se nota que él amasa los verdes con el abrigo puesto y en una camilla calentita. **c)** [Sapo] ~ → SAPO.
3 [Planta o parte de ella] que tiene savia. *Se opone a* SECO. | Arce *Testamento* 13: El césped era breve, pero estaba muy verde. **b)** [Leña] recién cortada de un árbol vivo. | *Ya* 28.2.89, 45: Calvino gritó su odio contra él hasta que vio cómo moría en la hoguera, que, en un rasgo de refinamiento sádico, estaba formada por leña verde para que el sufrimiento fuese mayor.
4 [Fruto] que aún no está maduro. *Tb fig*. | Bustinza-Mascaró *Ciencias* 277: Algunas variedades [de olivo], como gordal y manzanillo, se cultivan para recoger sus frutos verdes y aderezarlos convenientemente para comerlos. MSantos *Tiempo* 102: Acabarán siendo famosos artífices del cuchillo y de la aguja, pero que, por el momento, .. están necesariamente verdes. **b)** [Legumbre, esp. judía] que se come antes de que se seque y pierda el color verde. | *Cocina* 430: Judías verdes con jamón.
5 [Terreno o región] abundante en vegetación. | Plans *España* 144: La España Atlántica es la España verde y lluviosa .. La España Central o Interior y la España Mediterránea son, en cambio, amarillas y secas. **b)** [Espacio] ~, [zona] ~ → ESPACIO, ZONA. **c)** [Región] fundamentalmente agrícola. | A. Vélez *Inf* 25.3.71, 13: La impresión que se recoge en las salas de Prensa y en los despachos oficiales del Palacio de Carlomagno es que las deliberaciones no terminarán hasta que se haya llegado a un compromiso para sentar las bases definitivas de la "Europa verde".
6 Ecologista. *Tb n, referido a pers*. | DBu 20.7.76, 13: Se crea en Madrid una "patrulla" verde contra ruidos y humos. *Abc* 13.3.83, 17: El "voto verde" y la abstención decidirán las municipales. *Ya* 22.4.85, 11: Las distintas federaciones de los verdes se reunirán esta semana en Segovia para comenzar a elaborar el plan de trabajo hasta las próximas elecciones generales. **b)** [Producto] de bajo o nulo nivel de contaminación. | *Inde* 8.10.89, 14: Nuevas pila[s] "verdes". Ucar, Philips y Cegasa ya tienen a punto una nueva gama de pilas bajas en mercurio. J. Muñoz *ElM* 23.10.89, 10: A pesar de que dentro de solo cuatro años todos los coches que se vendan en España deberán ir dotados de catalizador, es decir, preparados para la gasolina "verde", el Gobierno no parece tener prisa en estimular fiscalmente el consumo de la gasolina sin plomo.
7 [Vino] joven, elaborado con uvas poco maduras. | A. Casado *SPue* 17.10.70, 3: Por tierras de meigas, bandoleros, ingeniosos hidalgos, pastores y sirenas se extienden los campos de viñas. Otra vez el milagro de la variedad .. Blanco, tinto, tintillo, clarete, moro, verde.
8 (*Agric*) [Abono] constituido por plantas de crecimiento rápido, esp. leguminosas, que se entierran para que se descompongan y cedan al suelo el nitrógeno y otros principios nutritivos elaborados por ellas. | *BOE* 12.3.68, 3772: Abonos orgánicos .. Estiércol artificial y compuestos. Otros abonos orgánicos. Abonos verdes.
9 (*col*) Indecente u obsceno. | Delibes *Cinco horas* 107: Era un argumento formidable, muy humano y así, quizá un poquitín verde. **b)** [Pers.] que muestra inclinaciones sexuales impropias ya de su edad o estado. *Gralm en la constr* VIEJO ~. | GPavón *Reinado* 216: —Cuando hago la picardía con alguna..., mejor dicho, cuando la hacía, se me salía la satisfacción por la corcheta. –¡Qué hombre este más verde! Lera *Bochorno* 32: Me refiero a esa clase de mujeres que buscan amantes jóvenes para desquitarse de los viejos verdes que les salen.
II *m* **10** Hierba. | ZVicente *Balcón* 43: ¿Y cómo dejan pisar el verde? Aquí, en cuanto te descuidas, ¡multazo!
11 Conjunto de hierbas y plantas que se dan verdes al ganado. | JGregorio *Jara* 54: Algunas cercas sembradas de verde o forraje se riegan. Medio *Andrés* 198: Va a dar una vuelta por el establo para mullir el ganado y darles un verde.

12 *Referido a la edad de los animales que pastan:* Año. | MFVelasco *Peña* 24: Era un animal joven, de cuatro verdes, oscuro, fuerte, muy bien plantado.
13 (*col*) Verdura (hortaliza). | Landero *Juegos* 317: Indagó [en el mercado] el coste del verde y de la carne.
14 (*col*) Guardia civil. | *DLi* 30.3.78, 8 (C): Confundieron a los verdes con guerrilleros. **b)** Funcionario de prisiones. | Tomás *Orilla* 206: Le ha dado el telele, esquizofrénico perdido. Entre varios verdes no podían hacerse con él.
III *loc v y fórm or* (*col*) **15 darse** [alguien] **un ~**. Disfrutar mucho. *Frec con sent obsceno.* | Torrente *Vuelta* 36: –Pues no te duermas, porque una al menos de tus ovejitas se está dando un verde morrocotudo con mi sobrino .. –Si es tu sobrino, no importa. A los muchachos no hay que temerlos. Todo se les va en palabras.
16 estar ~ [algo]. Ser inasequible o inalcanzable. *Gralm en la fórmula* ESTÁN ~S, *con que se comenta que alguien quiere aparentar que renuncia a algo que en realidad no puede conseguir*. | SSolís *Jardín* 159: Como los precios seguían subiendo, cuando yo alcanzara la cifra equis, ya ellos costarían el doble, y así estarían siempre verdes para mí. Kurtz *Lado* 178: Ahora papá siente aversión por el sexo. Están verdes.
17 poner ~ [a una pers. o cosa]. Criticar[la] o censurar[la] duramente. | L. C. Buraya *Ya* 1.6.78, 31: Ramoncín .. se aprovechó inteligentemente del "punk", puso verde a todo bicho viviente y empezó a forrarse a base de armar escándalos.
18 ponerse [alguien] **~** [de algo]. Hartarse [de ello]. | Mihura *Maribel* 22: Como tengo la ventaja de que no engordo con lo que coma, pues me pongo verde de comer dulces.
19 ~s las han segado. No hay nada que hacer. | ZVicente *Traque* 265: Yo no puedo perder el tiempo con eso, yo estoy predestinado a cosas grandes, sin duda. Lo que pasa es que aquí, vamos, aquí... Que si uno no tiene un enchufito, pues que verdes las han segado.
20 ~ y con asas. Es inequívoco. | Torrente *Vuelta* 10: Pasó el diario a un compañero .. "Repugnante espectáculo dado en un café cantante por un millonario socialista." "¿Crees que es él?" "¡Toma! Verde y con asas."
IV *loc adv* **21 en ~**. Sin haber madurado. *Dicho de vegetales.* | Cuevas *Finca* 111: Los yegüeros .. portaban .. carretas cargadas de cebada segada en verde.

verdeante *adj* Que verdea [1]. | Torrente *Pascua* 273: Halló las piedras de Pueblanueva ennegrecidas, sucia la cal de las fachadas, verdeante el recebo de los aleros y el rojo de los tejados.

verdear A *intr* **1** Tener o mostrar color verde [1] o verdoso. | Cuevas *Finca* 178: La loma de la izquierda, según se entra por el carril, verdea por lo alto. Laforet *Mujer* 314: El padre era más bajo que la señora; aquella luz, su sotana verdeaba.
2 Pasar a tener color verde [1]. | Perala *Setas* 79: Himenio: Poros Rojo sangre o naranja. Al tocar, azulea o verdea. **b)** (*col*) Hacerse verde [9]. | Arce *Precio* 176: La esposa de Richart observó que la conversación entre los hombres comenzaba a verdear bastante y fue a sentarse en la tertulia de tía Daniela.
3 (*reg*) Recolectar [frutos] en verde [21] para consumirlos antes de que maduren. *Tb abs.* | D. Frades *Hoy* 9.11.75, 22: La campaña del 74 fue de escasa producción, esta ya se ve y la que viene no puede ser muy grande porque el no verdear agota incluso al olivo.
B *tr* **4** Hacer que [algo (*cd*)] verdee [1]. | Aldecoa *Gran Sol* 64: La mar está iluminada por un sol grande cuya luz verdea las aguas.

verdecer (*conjug* **11**) *intr* Cubrirse de verde [10] [la tierra], o de hojas [una planta]. | T. Alcoverro *Van* 21.3.74, 26: Sus sucesores comenzaron a levantar estos castillos, mitad pabellones de caza, mitad lugares de reposo, que nos asombran hoy, en medio de este desierto que las lluvias abundantes de las últimas semanas han hecho verdecer.

verdecillo *m* Pájaro pequeño semejante al canario, de color amarillento listado, pico rechoncho y obispillo amarillo (*Serinus serinus*). | Cela *Pirineo* 110: Silba, sobre los helechos de la fuente del Ferro, el verdecillo con pintas de oro en la pechuga. Lama *Ave* 54: ¡Habíamos "aprendido" un nido de Verdecillo, o Canariuco, como también le llaman en muchos pueblos de nuestra provincia!

verdegambre *m* Vedegambre (planta, *Veratrum album* y *Aconitum napellus*). *Tb* ~ BLANCO *y* ~ AZUL *respectivamente*. | Mayor-Díaz *Flora* 587: *Veratrum album* L. "Verdegambre", "Eléboro blanco" .. Tallo robusto, redondo .. Contiene unos alcaloides que son un veneno narcótico acre muy violento. FQuer *Plantas med.* 214: Acónito. (*Aconitus napellus* L.) Sinonimia cast[ellana], .. vedegambre o verdegambre azul.

verdegay *adj invar* (*lit*) Verde claro. *Tb n m, referido a color.* | Cela *Viaje andaluz* 304: Cuando Dios lobreguece sobre la mar de Huelva y el sol pinta de rojo el horizonte azul, las negras aguas, el pino verdegay y ceniciento, por el aire rueda la melancolía. CBonald *Agata* 224: Se le iba la vista entre el verdegay de las macetas esmaltadas dispuestas por Mercedes.

verdegueante *adj* Que verdeguea. | *SYa* 3.2.74, 5: Vista general de la villa de Oña. Bello panorama en el que la villa aparece a los pies del monasterio, verdadera ciudadela fortificada, y al fondo, la sierra verdegueante.

verdeguear *intr* Verdear [1]. | Delibes *Año* 14: Los montes verdeguean más que de costumbre.

verdejo -ja *adj* Verdal. *Tb n m, referido a vid.* | GMacías *Abc* 30.6.74, 34: Los melones de Holguera cabe clasificarlos en amarillos, negros, verdejos y melonas verdejas. Delibes *Ratas* 27: Un majuelo de verdejo de 30 años llevará dos varas de empalmes, dos nuevas, dos o tres calzadas y dos o tres pulgares.

verdel *m* (*reg*) Caballa (pez). | Mayoral *Muerte* 13: En el puerto era todavía un olor fresco, a sardina, a verdel, a bonito. *Abc* 23.5.74, 52: El topónimo actual de Escombreras no proviene de escombros o desechos, sino de escómbrido o caballa, pez .. llamado verdel o berdel en el norte de España.

verdelita *f* (*Mineral*) Turmalina de color verde. | *SAbc* 14.10.84, 16: La turmalina es la gema que tiene más riqueza de colores ..: rubelita, rosa, roja o violeta; dravita, amarilla, verdelita, en todos los tonos verdes.

verdelón *m* (*reg*) Verderón [2]. | Lama *Aves* 41: El Verderón (*Carduelis chloris*) o Verdelón, como también le llaman, es de temperamento apacible.

verdemar *adj invar* (*lit*) Verde propio del mar. *Tb n m, referido a color.* | MHerrera *Abc* 14.5.67, 7: Los puertos tienen un atractivo singular, una vida redoblada, con acentos de ilusión verdemar.

verdeo *m* **1** Recolección de frutos en verde [21] para consumirlos antes de que maduren. *Gralm en la loc* DE ~. | Grosso *Capirote* 58: –Nunca pasa nada. –Y si pasa tú no estarás para verlo. Te encontrarás ya en el arroz, en el verdeo o en la vendimia. *Pro* 5.7.75, 24: Se ofrece la más variada gama de hortalizas y frutas: judías de verdeo (para plaza y conserva). J. M. Moreiro *SAbc* 13.9.70, 46: Como no compense la almendra no sé qué vamos a hacer, porque la aceituna de verdeo y los cereales no suponen gran cosa.
2 (*reg*) Venta de carne de cerdo fresca. *Frec en la loc* DE ~. | *Ext* 24.11.70, 11: Cotizaciones de ganado de carnes .. Porcino: Cerdos "verdeo" de 95 a 100 kgs., 54-49; cerdos "industria" más de 100 kgs., 46-44.

verderín *m* (*reg*) Serín (pájaro). | Noval *Fauna* 338: El Verderín o Serín (*Serinus canarius*) es un pájaro más pequeño aún que las especies anteriores, con un plumaje que es una combinación de verde y amarillo azufre.

verderol *m* Verderón [2]. | Cela *SCamilo* 153: En los cipreses cantan el verderol y el mirlo.

verderón -na *adj* **1** Que tiene verdor. *Tb fig.* | Grosso *Capirote* 52: La carriola atravesaba a buen paso el latifundio. A uno y otro lado, el arroz; el arroz ya segado apilado en gavillas de color de cobre, el arroz sin segar pajizo y verderón. M. Ors *Abc* 18.2.89, 82: Se ve que el señor Soler Padró es experto en juridicidades, pero verderón en la cosa del balón. F. Botello *Sev* 1.11.75, 10: Un público .. al que gusta la procacidad, el chiste verderón, la escena subidita de tono.
II *m* **2** Pájaro de color verdoso, con grandes manchas amarillas en las alas y en la cola (*Carduelis chloris* o *Chloris chloris*). | Arce *Testamento* 23: Entre sus ramas más bajas revoloteaban los verderones. **b) ~ serrano.** Pájaro de color verde amarillento, con los lados del cuello y el cogote grisá-

verdi- – verdulería

ceos (*Carduelis citrinella* o *Serinus citrinella*). ǀ Noval *Fauna* 250: Una especie que también vive en alta montaña y es muy poco conocido en la región, el Verderón serrano (*Carduelis citrinella*) es un pequeño pájaro de color verde amarillento, que tiene los laterales del cuello y la nuca de color gris.

3 (*col, humoríst*) Billete de mil pesetas. ǀ *DEs* 22.10.76, 32: El que quiera comprarse unos buenos zapatos, ya sabe: verderón y medio y dos verderones.

verdi- *r pref* Verde. ǀ *Por ej*: Cela *Pirineo* 193: Los caracoles de oro .. lucen sobre la roca verdinegra y el húmedo y verdialbo tronco de los salces. Aldecoa *Gran Sol* 161: La cubierta blanqueaba de merluza y pescadilla, manchada por el verdiamarillento color de los bacalaos. Payno *Curso* 191: Los montes de la Sierra se veían pardos, verdiazules. Cela *Judíos* 117: Un último niño llega .. trayendo preso de la punta de un palo, igual que un trofeo, un lagartón verdibermejo. Zitro *Mar* 24.1.68, 3: La expedición verdiblanca regresó sin novedad y ya esta mañana se entrenó en El Arcángel. E. Marco *MHi* 6.60, 32: Ni un poco de viento en las hojas verdigrises de los olivos. Cela *Judíos* 19: Enfrente, verdinegra y sepia, empieza a despertarse Castilla la Vieja. Cela *Pirineo* 135: En Isil .. se abre el paisaje entre las montañas azules y verdiprietas de la sierra de Pilás. Lera *Bochorno* 137: Saboreaba, una por una, las fresas verdirrojas que le habían tocado en suerte.

verdial¹ *adj* (*reg*) Verdal. *Esp referido a aceituna*. ǀ Cela *Viaje andaluz* 263: En Andalucía también se dice verdial a la fruta verdal y a su árbol. GCaballero *Cabra* 45: Las aceitunas salvarían el oro de nuestro olivo. Aunque solo fuera por sus nombres de delicia: moronas, carrasqueñas, verdiales, aloreñas, picuales, de repasayo y de cornicabra.

verdial² *m* Estilo del fandango de Málaga que se canta y se baila y que se acompaña con instrumentos peculiares. *Normalmente en pl.* ǀ ÁCaballero *Cante* 60: Son dos las formas del fandango malagueño: los verdiales y las bandolás. ÁCaballero *Cante* 61: Algunas localidades y regiones han acreditado formas propias .., como Canillas de Aceituno, Coín, Montes de Málaga y Álora, cuyos lagares dieron cuna a un tipo de fandango que apenas se diferencia del verdial.

verdigón *m* (*reg*) Berberecho (molusco). ǀ *Huelva* 59: Es preciso aludir a la preparación exquisita de hermosas almejas de mar y de río, .. los "[v]erdigones", "longuerones", "cangrejos". [*En el texto*, berdigones.]

verdín *m* **1** Color verde de la hierba o de una planta. ǀ * No te sientes en el césped con ese traje, que lo mancharás de verdín.

2 Capa de plantas criptógamas que crecen en los lugares húmedos o cubiertos de agua. ǀ Delibes *Emigrante* 22: Qué hermosa es esa ladera de vides, y esa torre cubierta de verdín.

verdina *f* Verdín. ǀ Halcón *Ir* 192: He limpiado el pilón todas las tardes para que no haya babas ni sanguijuelas ni verdina.

verdinal *m* Parte que, en una pradera agostada, se conserva verde por la humedad natural del terreno. ǀ Arce *Testamento* 23: Quedaba un verdinal a ambos lados de la barranquera que complacía a la mirada.

verdino -na *adj* [Perro] de color oscuro verdoso. ǀ L. ÁCruz *Abc* 4.7.58, 19: Los perros –perros lobos o verdinos de la tierra– mantienen sus ojos fijos en los pastores.

verdinoso -sa *adj* Verdoso. ǀ Isidro *Abc* 24.8.66, 10: Un caballero de poblado bigote y verdinosa levita .. estaba apostado en un estrecho pasadizo poblado de cascote y entre rejas. FVidal *Duero* 45: Formando entrambos [ríos] una vega, verdinosa y umbría, con frondosidad de pinatar al fondo.

verdolaga *f* Planta herbácea anual de tallos tendidos, hojas carnosas, flores amarillas y fruto capsular con semillas negras, que se cultiva como verdura (*Portulaca oleracea*). ǀ X. Domingo *Cam* 9.8.76, 51: Queda otra [planta], para mi gusto más rica aún que las dos citadas .. La verdolaga, muy abundante en toda el área mediterránea, y muy rica con una salsa vinagreta o preparada cocida, como las espinacas.

verdón *m* Verderón [2]. ǀ Cela *Viaje andaluz* 149: Por el camino de Montalbán, mientras Dios amanece, el pintado colorín, el camacho pardillo y el verdón huyen .. del albo y cruel alcaudón morisco.

verdor *m* Color verde de las plantas o del campo. ǀ * El verdor de las hojas lo llena todo. R. Rubio *Abc* 18.12.70, 23: La tristeza no la transmiten los árboles sin hojas, o un horizonte desnudo de verdor.

verdoso -sa *adj* Que tira a verde. ǀ Cunqueiro *Un hombre* 11: Y antes de llegar al puentecillo de madera, con el pie derecho impulsó un guijarro a las aguas verdosas.

verdoyo -ya *adj* (*lit, raro*) Verde propio de las plantas nacientes. *Tb n m, referido a color*. ǀ Cela *España* 153: El terreno en el que se levanta Son Abrines, a media altura entre Calamayor, con sus transparentes aguas verdegay, y Génova, con su pinar verdoyo y transparente, se muestra en terrazas mansas y bien pensadas.

verdugada *f* (*Arquit*) Hilada horizontal de ladrillos, entre otras de diferente material. ǀ Angulo *Arte* 1, 8: Las hiladas horizontales de ladrillo introducidas en el muro de tierra o de mampostería son las verdugadas.

verdugado *m* (*hist*) Verdugo [4]. ǀ DPlaja *Sociedad* 69: Lo que más caracteriza a una dama es la prenda guardainfante .. Por encima, la pollera o el verdugado, todo ello incómodo para cruzar puertas.

verdugal *m* Monte bajo que, después de cortado o quemado, se cubre de renuevos. ǀ FRoces *Hucha* 1, 36: El monte quemado, el que queda a la izquierda del vallejo, según se va, retoñó todo él, y a nosotros se nos alegraba algo dentro de ver aquel verdugal.

verdugazo *m* Azote (golpe). ǀ P. Pardo *SPaís* 10.4.83, 33: Reciben patadas, coscorrones, verdugazos, descalabros, detenciones.

verdugo *m* **1** Funcionario de justicia que ejecuta las penas de muerte u otro castigo físico. ǀ Aranguren *Marxismo* 96: Yo respetaría .. la posición de los partidarios de la pena de muerte con una condición: que .. fuesen ellos mismos .. los que, sin interposición de verdugos, .. la ejecutaran. **b)** Pers. cruel o despiadada. ǀ FGonzález *SAbc* 2.11.69, 17: Querían pólvora, metralla y tanques para sacudirse al verdugo; recibieron solo palabras y cobardía.

2 Prenda de punto que cubre enteramente la cabeza y el cuello, dejando al descubierto solo la cara. ǀ *Pue* 30.9.70, 9: Son elementos claves en la Nueva Moda .. las pamelas de alas anchas y los gorros tipo "verdugo" o casquete.

3 (*Arquit*) Moldura convexa y estrecha de perfil semicircular. ǀ Angulo *Arte* 1, 14: Aspecto esencial en la moldura es la sección, que puede ser convexa, cóncava o concavoconvexa .. Entre las primeras figura .. el bocel o toro .., que es de sección s[e]micircular, y que si es pequeño se denomina baquetón o verdugo.

4 (*hist*) Prenda de vestir femenina destinada a ahuecar la basquiña. ǀ Sobrequés *HEspaña* 2, 429: Entre las mujeres se usaban anchos vestidos de muchas varas de tela en las faldas .. Más tarde, se introdujeron los llamados verdugos (moda de Valladolid), que daban aún mayor vuelo a las faldas.

verdugón *m* Señal que deja en el cuerpo un azote de vara o látigo. *Tb fig*. ǀ Cuevas *Finca* 79: La vara gime en el aire y deja sobre la piel verdugones largos de color violeta. FReguera *Bienaventurados* 270: Mostró las piernas blancuzcas, tumefactas, con los verdugones azules de las varices.

verduguillo *m* (*Taur*) Estoque muy delgado, utilizado para rematar al toro herido de muerte que aún está en pie. ǀ A. Travesí *Abc* 17.9.68, 76: Por no correr debidamente la mano en los derechazos le los naturales el toro comenzó a avisarle .. Pinchó tres veces y acertó al primer golpe de verduguillo.

verdulería *f* **1** Tienda de verduras. ǀ Laiglesia *Tachado* 59: Iré a la verdulería vestida con pantalones y botas de montar.

2 (*col*) Obscenidad. ǀ E. Amezúa *Sáb* 2.11.74, 28: Nada extraña, por supuesto, que quien nunca ha visto en la sexualidad más que la represión coercitiva o la verdulería chabacana, tenga una mirada tan canija y hasta tan grosera como siguen teniéndola no pocos.

verdulero – vergüenza

verdulero -ra A *m y f* **1** Pers. que vende verduras. | Laiglesia *Tachado* 59: Yo voy a inventarme un caballo, para que el verdulero me reserve las hojas de berza pochas.
B *m* **2** Utensilio con varios estantes para colocar en él las verduras y frutas. | *Ya* 17.11.63, sn: Verdulero alambre plastificado, tres estantes.
C *f* **3** (*col*) Mujer descarada y ordinaria. | *ByN* 24.1.79, 56: Al acercarse las elecciones ya está subiendo el tono del vocabulario. ¡Qué cosas se han dicho recientemente los señores Fraga y Abril Martorell! ¡Y qué cosas dijo de Fraga el señor Piñar en su discurso del cine Europa! Como auténticas verduleras.

verdura *f* **1** Hortaliza, esp. de hojas verdes. *A veces en sg con sent colectivo.* | Laforet *Mujer* 87: Tenía algunos comestibles en la despensa y quedaban verduras en el huerto.
2 Verdor. | Landero *Juegos* 34: ¿Tú no sabes que yo estuve en Cuba de joven .. y que es una isla llena de sol y de verdura?
3 (*lit*) Follaje. | Matute *Memoria* 185: La espesa verdura ya se había agotado. Distinguí el pozo entre los árboles, cubierto de musgo y orín.
4 (*col*) Picardía u obscenidad. | García *Abc* 7.6.58, 3: Escribe "una obrita verde –como dice el mismo Pemán– para oponer siquiera nuestra fresca verdura popular al estercolero de la tranquila amoralidad lógica".

verdusco -ca *adj* Verduzco. *Tb fig.* | J. LDepetre *Abc* 19.6.75, sn: Los árboles adolescentes que no llenaban aún sus alcorques se despojaban de su hojarasca aún verdusca, que correteaba por el suelo. Olmo *English* 59: –Qué, ¿os cuento otro? –¿Verdusco también?

verduzco -ca *adj* Que tira a verde oscuro. *Tb fig.* | Lázaro *JZorra* 19: Aprieta los dedos sobre ella [la bola] y rompe la envoltura. Dentro, un polvo verduzco, casi negro, se convierte en nube.

verecundia *f* (*lit, raro*) Vergüenza. | Gala *ElM* 14.7.93, 2: Ser independiente .. se considera un timbre de gloria y una explícita garantía de honorabilidad y verecundia.

vereda *f* **1** Camino estrecho. | Arce *Testamento* 36: El día de mi marcha Ángeles estaba sentada en el muro de la vereda que pasaba ante su casa.
2 (*col*) Orden o rectitud de conducta. *En las constrs* ENTRAR EN ~, *o* METER EN ~. | CBaroja *Inquisidor* 43: El tribunal condena a cien azotes a la mujer dada al diablo y se recrea acumulando culpas sobre un hombre .. al que hay que meter en vereda.

veredicto *m* Fallo emitido por un juez o un jurado. *Tb fig.* | A. Relaño *País* 18.6.77, 37: El público llenó en unos segundos el ring de todo tipo de objetos, alcanzó con uno de ellos al mismo árbitro, que rodó por la lona, y protestó airadamente un veredicto a todas luces justo. *Abc* 15.10.70, 26: En su basculación, el hemisferio hispanoamericano se ve impelido, como cabe advertir, igual por pronunciamientos de las armas que por veredictos de las urnas. **b)** Juicio u opinión. | CNavarro *Perros* 185: Siempre estaba más allá del bien y del mal, dispuesto a emitir su veredicto sobre todo aquello que no terminara de encajar en su norma de conducta.

verga *f* **1** Miembro genital [de un mamífero]. | Kurtz *Lado* 17: Esta tuvo un arranque de genio y, con el látigo que verás a la entrada y que es de verga de toro, le atizó. GPavón *Cuentos rep.* 81: Morenos encadenados, que, cuando los sacaban a cubierta, gustaban de darse baños de sol en la verga.
2 (*Mar*) Percha capaz de girar alrededor de su centro y en la cual se fija una vela. | CBonald *Noche* 243: La gavia se vino abajo .., arrastrando con ella a la verga y chocando contra un flanco del castillo.

vergajazo *m* Golpe dado con un vergajo. | CPuche *Paralelo* 52: Una buena ración de vergajazos le daría él al tal marido.

vergajo *m* Látigo, esp. el hecho con una verga de toro seca y retorcida. | L. Calvo *SAbc* 12.4.70, 10: En las tiendas de la ciudad hay numeroso surtido de zanjos, mantas y felpudos de los indios navajos, .. espuelas de Amozoc, vergajos, correas. CPuche *Paralelo* 121: Por unos minutos se sintió niño .., niño ya mayorcito que se disputa con los de la calle de abajo, con vergajos hechos de nervio de toro, el dominio de la Peña del Castillo.

Vergara. de ~. *loc adj* [Azul] fuerte propio de monos y otras prendas de trabajo. *Tb en la constr* AZUL VERGARA (*o* VERGARA). | *GTelefónica N.* 299: Confecciones Industriales Joypa. Especialistas de vestuario de trabajo en azul vergara para fábricas .. Confecciones Industriales la Máquina .. Especialista de vestuario de trabajo en azules vergara para fábricas, talleres, industrias y laboratorios. *GTelefónica N.* 970: Casas Castillo, J. Especialidad azules Vergara.

vergarés -sa *adj* De Vergara (Guipúzcoa). *Tb n, referido a pers.* | GCaballero *SYa* 2.12.73, 22: Entramos en el convento y, al poco, irrumpieron novicios .. Al poco, el padre vergarés.

vergel *m* (*lit*) Huerto con variedad de flores y árboles frutales. *Frec se emplea con intención ponderativa para designar un lugar rico en vegetación.* | Alvarado *Botánica* 90: El vergel de Aranjuez surge en plena "estepa castellana" gracias a las aguas del Tajo.

verglás *m* Capa fina de hielo que se forma en el suelo o en las superficies sólidas. | *ByN* 31.12.66, 98: Empleo de neumáticos en invierno .. En "verglás" los clavos y cadenas aumentan el rozamiento de adherencia alrededor de un 30 por 100.

vergonzante *adj* **1** [Pers., esp. pobre] que siente vergüenza [1a] de su actividad o de su condición. | Mercader-DOrtiz *HEspaña* 4, 102: La [cifra] de 60.985 [mendigos] .. no incluye más que a las veintidós provincias de Castilla, y seguramente deja fuera a los llamados pobres vergonzantes, procedentes de buenas familias venidas a menos que recibían secretamente limosnas de personas caritativas. **b)** Propio de la pers. vergonzante. | Aranguren *Marxismo* 29: Surgió así un marxismo un tanto vergonzante, que se esforzaba por poder seguir usando el para muchos .. santo nombre de Marx..., pero filosóficamente.
2 (*semiculto*) Vergonzoso o que causa vergüenza. | Huarte *Tipografía* 26: Si una omisión de palabras .. es apreciable a simple vista aun sin leer el libro .. será tanto más grave y vergonzante cuanto más participe la obra de las condiciones de lujo y utilidad antes aludidas.

vergonzantemente *adv* De manera vergonzante. | Cabezas *Madrid* 209: Dentro de este prado, oculto por las ramas de un abeto, estuvo muchos años el busto de Mariano José de Larra (Fígaro) vergonzantemente oculto.

vergonzosamente *adv* De manera vergonzosa. | Umbral *Des* 12.9.70, 28: Pese a la coartada que tengo para no creer en la vida, comprendo que eso le quita belleza a mi escepticismo, que yo quisiera que fuera más estético y menos vital, como vergonzosamente es.

vergonzoso -sa *adj* **1** Que causa vergüenza [1a]. | *ByN* 10.4.76, 22: Las casas de prostitución podían convertirse en focos de enfermedades crueles .. Las enfermedades vergonzosas eran una plaga. **b)** [Partes] **vergonzosas** → PARTE[1].
2 [Pers.] dada a sentir vergüenza [2]. | Espinosa *Escuela* 546: Son enjutas y denegridas .. Las hay vergonzosas y las hay descaradas. **b)** Propio de la pers. vergonzosa. | * Tiene un mirar tan vergonzoso.

vergüenza I *n* A *f* **1** Sentimiento penoso de indignidad o de humillación ante los demás. | Laforet *Mujer* 15: Ahora se avergonzaba de las grandes y desagradables discusiones que había tenido con Paulina hacía unos meses solamente... La vergüenza es algo extraño. Va socavando a uno, hasta que sale a flor de piel en el momento más inesperado. **b) ~ ajena.** Sentimiento penoso ante un hecho o dicho ajeno que se considera ridículo o vergonzoso. | Marías *País* 28.6.78, 11: Sentí una profunda vergüenza. No solo política –eso que se llama *lipori* o vergüenza ajena, claro está–, sino intelectual, simplemente, humana.
2 Sentimiento de incomodidad causado por timidez o miedo al ridículo. | Arce *Testamento* 18: Díselo tú; a mí me da vergüenza.
3 Estimación de la propia dignidad. | Medio *Bibiana* 36: Mucho miedo y poca vergüenza. Así son todas. **b) poca ~.** Desvergüenza. | * ¡Qué poca vergüenza tienes!

vericueto – vermiculita

4 Cosa que produce vergüenza [1a]. | GPavón *Reinado* 134: Culminó el proceso con una verdadera vergüenza para nuestra familia. Fue detenido y luego internado en la cárcel Modelo. **b)** Situación que causa vergüenza [1a]. *Frec en las constrs* DEJAR, QUEDAR EN ~. | * Este niño te deja en vergüenza por menos de nada. **c)** Situación en que se descubren las culpas o faltas de alguien para hacerle sufrir la burla o el desprecio de los demás. *Frec en constrs como* PONER EN ~, *o* SACAR A LA ~ (PÚBLICA). | * Han sacado a la vergüenza a sus antiguos colaboradores. **d)** *(hist)* Castigo consistente en exponer públicamente a un reo de modo que se sepa su delito. *Gralm* ~ PÚBLICA. | Arenaza-Gastaminza *Historia* 159: La "Picota" o "Rollo" era una columna situada a la entrada de las poblaciones. En ella se colocaba a los condenados a la vergüenza pública y se realizaban las ejecuciones.
5 *En pl:* Órganos genitales externos del ser humano. | FReguera-March *Filipinas* 226: Alcaide se quedó en cueros .. –¡Podías taparte las vergüenzas!
B *m* **6 poca ~.** *(col)* Hombre sinvergüenza. | Berenguer *Mundo* 376: ¡Valiente marrano y poca vergüenza estás tú hecho!
II *loc adj* **7 de ~.** Que debe producir vergüenza [1a]. | *DEs* 22.10.76, 32: Los abandonos actuales son de vergüenza.

vericueto *m* Lugar de tránsito dificultoso. *Tb fig.* | Arce *Testamento* 71: Es aún de noche... Me perderé por cualquier vericueto y darán conmigo antes de que amanezca.

verídicamente *adv* De manera verídica. | *Gac* 5.10.75, 13: Novelescamente, pero también verídica y valerosamente, un anónimo muchacho negro .. se deshizo del mordisco mortal de un cocodrilo.

verídico -ca *adj* [Cosa] verdadera o que se ajusta a la verdad. | Alfonso *España* 98: Podemos materializarlo en la siguiente anécdota verídica.

verificabilidad *f (raro)* Cualidad de verificable. | Castilla *Natur. saber* 23: Respecto a la verificabilidad, tan solo una palabra. Verificable quiere decir susceptible de comprobación.

verificable *adj* Que se puede verificar, *esp* [1]. | Castilla *Natur. saber* 21: Es sencillamente auténtico cualquier saber que se ajusta y adecua a los hechos y que constituye una explicación de los mismos verificable y comunicable.

verificación *f* Acción de verificar(se). | Castilla *Humanismo* 20: La verdad o falsedad de lo postulado es en la praxis en donde encuentra su única y posible verificación. *Nue* 22.12.70, 18: A las ocho y media de la mañana se efectuará la verificación de los bombos para el sorteo extraordinario de la lotería.

verificador -ra *adj* Que verifica [1]. *Tb n: m y f, referido a pers; m, referido a aparato.* | VMontalbán *Tri* 11.4.70, 31: Su vida y su obra han sido testimonio verificador de aquella sentencia de Machado: Quien no habla a uno no habla a nadie. G*Telefónica N.* 103: Seat. Estación Simpson .. Diagnosis en potenciómetro. Frenómetro alineador y verificador de circuitos. *Van* 13.6.74, 86: Verificadores para recepción Técnica, precisa Empresa Auxiliar del Automóvil.

verificar A *tr* **1** Comprobar que [algo (*cd*)] es verdadero o exacto. | Delibes *Año* 45: En las temporadas de relativo optimismo mi letra es grande, tendida .. Así era, por ejemplo, el manuscrito de "Diario de un cazador" –lo he verificado–. *Unidades* 52: Estos instrumentos se verifican a un cierto número de temperaturas reproducibles llamadas "puntos fijos de definición", cuyo valor es fijado por convenio.
2 Realizar o efectuar [algo]. *Frec en constr pr pasiva.* | Castilla *Humanismo* 38: Un diálogo es auténtico, real, cuando abre nuevas posibilidades a cada uno de los que participan en él, cuando cada uno de ellos "es otro", distinto, tras el diálogo que verificaron. L. Monje *Abc* 14.5.67, 72: El 17, a las seis de la tarde, se verificará el torneo con el máximo verismo en su realización.
B *intr pr* **3** Cumplirse [algo anunciado o previsto]. | Marcos-Martínez *Matemáticas* 65: Para que la ecuación .. se verifique, basta que A (x) - B (x) = 0.

veril *m* **1** *(Mar)* Orilla o borde de un bajo u otro accidente similar. | Aldecoa *Gran Sol* 74: Por el veril oeste del Cockburn Bank llevaban el arrastre los barcos de Simón Orozco.
2 *(reg)* Faja estrecha de terreno colindante con un camino o una carretera. | Zunzunegui *Camino* 203: Van por un veril estrecho entre rosas.

verismo *m* **1** Fidelidad a la realidad. *Referido normalmente a manifestaciones literarias y artísticas.* | L. Monje *Abc* 14.5.67, 72: El 17, a las seis de la tarde, se verificará el torneo con el máximo verismo en su realización: trajes, armas y escenario. Landero *Juegos* 72: La madre comenzó muy pronto a deslizar la hipótesis de una muerte heroica, primero como sospecha deslumbrante, luego como creencia, y con tantos detalles y tal verismo que los tres acabaron resignados a la certeza.
2 *(TLit)* Movimiento italiano de finales del s. XIX, inspirado en el naturalismo francés y que presta especial atención a los problemas sociales de la Italia meridional. *Tb referido a otras artes, esp la música de ópera.* | Sánchez *Cine* 2, 11: Más que por el naturalismo francés, del que asimila cierta estética, Visconti se halla en esa época influido por el verismo de Giovanni Verga. El fermento de ese verismo tardará seis años en dar su fruto: La Terra trema. FCid *Música* 172: Un afán directo, un deseo de llamar a las cosas por su nombre antes de poetizarlas, parece presidir el deseo estético de Leoncavallo, como "Cavalleria rusticana", la inseparable obra de Mascagni, fiel exponente del verismo.

verista *adj* **1** Que se ajusta fielmente a la realidad. *Referido normalmente a manifestaciones literarias o artísticas.* | Marquerie *Teatro 1964* 360: Alonso Millán, picardía y malicia en las situaciones y en las réplicas, idioma verista en que "habla el pueblo a su vecino", .. ha dado en el blanco propuesto.
2 De(l) verismo [2]. | FCid *Música* 174: No es el suyo [de Massenet] un mundo denso, crudo, al estilo de las muestras veristas, sino refinado, sutil, con una intención de sensualismo y un buen gusto que jamás sobrepasa los límites que puedan reducir la pulcritud. **b)** Adepto al verismo. *Tb n.* | Casares *Música* 133: Los veristas pretenden exponer la verdad de la realidad, pintar un trozo de vida. Giacomo Puccini .. es hasta cierto punto verista.

verja *f* **1** Cerca de barrotes metálicos. | Laforet *Mujer* 269: Cuando llegue a la calle que cruza ya verá en seguida el colegio de los Hermanos. En cuanto pase la verja verá la iglesia.
2 *(raro)* Reja [de una puerta o ventana]. | Porcel *Tie* 14.8.76, 8: Mientras se vende y se convierte la casa donde nació y vivió Eugenia de Montijo .. en un almacén de juguetes, .. las verjas de los ventanales de sus patios se venden para "chalet" de los asiduos a fotografiarse en "Hola".
3 *(raro)* Enrejado (conjunto de varillas entrecruzadas). | Bustinza-Mascaró *Ciencias* 176: Las nasas son cestos que se construyen con alambres, verjas o con mimbres.

verjurado -da *adj* [Papel] que lleva una filigrana de rayas muy menudas cortadas perpendicularmente por otras más separadas. | *Pap* 1.57, 2: Se han tirado aparte cincuenta ejemplares sobre papel de hilo verjurado Guarro, numerados y con el nombre del suscriptor impreso.

verme *m (reg o Zool)* Gusano. | Torrente *DJuan* 186: Palpita todavía el cuerpo de tu madre, o palpitan al menos los vermes que lo comen, y ¿me recibes con música? Alvarado *Zoología* 21: Los zoólogos reúnen bajo el nombre de gusanos o vermes una porción de animales muy heterogéneos.

vermeil *m* Plata dorada. | *Ya* 11.12.83, 2: El mismo Pierre Cardin y sus elegantes camareros constataron que faltaban decenas de cubiertos de plata y vermeil, ceniceros de cristal de Murano, servilletas de hilo y toallas bordadas con el nombre de la casa.

vermiculado -da *adj (Arte)* Constituido o adornado por una serie de estrías sinuosas, semejantes a las que hacen los gusanos en la madera. | Camón *LGaldiano* 11: Muestran [las placas] el cuerpo trabajado con esmaltes en vivas coloraciones y el fondo vermiculado.

**vermicular. apéndice ~ → APÉNDICE.

vermiculita *f (Mineral)* Mineral semejante a la mica que, calentado, se deshidrata y exfolia en filamentos semejantes a gusanos y que se usa esp. como aislante. |

GTelefónica N. 39: Aislamientos Generales. Termita. Calor. Frío. Sonido. Fuego. Vermiculita Española, Cía. Ltda.

vermiforme adj (Anat) Que tiene forma de gusano. | Alvarado Zoología 124: En América del Sur viven: el perezoso ..; el oso hormiguero, de cola larga y lengua vermiforme, en cuya viscosa saliva quedan pegados los termes de que se aliment[a]. **b)** [Apéndice] ~ → APÉNDICE.

vermífugo -ga adj (Med) [Medicamento o sustancia] que expulsa los gusanos intestinales. Frec n m. | Alvarado Zoología 25: Para librar al hombre de estos indeseables inquilinos [las tenias] es necesario un tratamiento especial consistente en la ingestión de un medicamento vermífugo que mate al parásito y le expulse del intestino.

vermis m (Anat) Cuerpo central del cerebelo. | Navarro Biología 126: Consta [el cerebelo] de dos masas o hemisferios cerebelosos y de un cuerpo central o vermis.

vermouth (fr; pronunc corriente, /bermú/; pl normal, ~s) m **1** Vermú. | GTelefónica N. 1102: Vermouth As. El más selecto.
2 (hist) En el primer tercio del s XX: Segunda sesión de cine por la tarde. En aposición con SESIÓN o FUNCIÓN. | C. SFontenla Sáb 21.8.76, 49: Uno se acuerda todavía, de cuando era niño, que aquellas sesiones [de cine] se llamaban "especial" –la primera de la tarde–, "vermouth" –la segunda– y "de noche", que era, como su nombre indica, la de después de cenar.

vermú m **1** Licor aperitivo compuesto de vino, ajenjo y otras sustancias amargas y tónicas. Tb la copa de este licor. | Cela SCamilo 102: El Julianín babea cuando sirve vermús .. a las mujeres.
2 Aperitivo (bebida que se toma antes de una comida principal y que gralm. va acompañada de pequeñas porciones de un alimento apetitoso). Frec en la constr TOMAR EL ~. | * Nos invitó a tomar el vermú en el bar de la plaza.

vermut (pl normal, ~s) m Vermú. | GTelefónica N. 1102: Danubio, S.A. Vermut Alazán. Delibes Emigrante 55: Ayer invité al griego a tomar el vermut.

vernacular adj Vernáculo. | Carnicer Van 19.6.75, 55: He tomado la resolución de no denominar los lances, avances, técnicas y situaciones aludidas con los términos latinos utilizados por aquel matrimonio, sino con los tradicionales y vernaculares (castellanos en mi caso).

vernáculo -la adj Propio del país o de la región en cuestión. Gralm referido a lengua; en este caso, tb n m. | Salvador Haragán 14: Torrentes, rieras en el lenguaje vernáculo, donde los huertos aprovechaban la humedad que escurría por los innumerables turonets que escalonaban la montaña mayor. Goyo VozA 8.10.70, 24: Aún les quedan a los pulsistas asturianos unos días para ver de lograr borrar esos 74 bolos que ostenta el clasificador en el primer puesto de esta formidable lucha del vernáculo deporte. Aguilar Experiencia 362: –Veurem, veurem –me respondió en vernáculo. **b)** Que está en lengua vernácula. | Lapesa País 16.11.77, 27: Ya antes se habían dado casos de poetas catalanes bilingües, .. a pesar del espléndido florecimiento de la literatura vernácula en Cataluña y Valencia.

vernal adj (Astron o lit) Primaveral. | Anuario Observatorio 1967 71: Hora sidérea verdadera. Este dato representa el ángulo horario, que, en un lugar cualquiera del meridiano de Greenwich, corresponde al punto vernal, o primer punto de Aries, cuando en ese mismo meridiano es medianoche media. Lera Olvidados 167: Al comprobar que era de noche, una aterciopelada noche vernal, quedó al pronto desconcertado.

vernissage (fr; pronunc corriente, /bernisáǰ/) m Inauguración de una exposición de pintura. | Inf 31.10.70, 16: Entre las personalidades que rodeaban al embajador Alba en la ceremonia de apertura de la exposición ("vernissage") figuraba el vicepresidente de la Cámara de diputados. J. Rubio Abc 16.10.86, 53: No asistirá [Jacqueline] el día 25 de octubre al "vernissage" de la exposición "Picasso en Madrid".

vero[1] -ra adj (lit) Verdadero. Frec precediendo a EFIGIE. | Abc Extra 12.62, 42: En la colección Stone, de Nueva York, la muñeca que es la vera efigie de la Reina Ana de Inglaterra. GPavón Reinado 107: Según noticias verísimas, tenía ya eco en el de Calatrava.

vero[2] m (Heráld) Figura de campanilla que se presenta en serie con otras, yendo en posiciones opuestas y alternando los colores de plata y azur. | J. Atienza MHi 11.63, 70: Es su blasón: En campo de gules (rojo), una cruz de veros, que toca con sus extremos los del escudo.

verode m Planta canaria de hojas carnosas reunidas en rosetas y con flores en panículas de colores variados (gén. Aeonium o Sempervivum). | Alvar Islas 51: Hay cuevas limpias y confortables: con sus macetas de verodes, de lengua de vaca, de orobal.

veronal (n comercial registrado) m Barbitúrico empleado como somnífero. | Laforet Mujer 290: Pensaba Mariana ahora en aquel día, en que después del fusilamiento de Miguel, ella había decidido tomar un tubo de veronal, al acostarse, y dormir para siempre.

veronense adj (lit) Veronés. Tb n. | Villarta Rutas 54: Hay testimonio en el Código Veronense de rito mozárabe.

veronés -sa adj De Verona (Italia). Tb n, referido a pers. | Cunqueiro Un hombre 41: Al alcance de la mano tenía un abanico veronés.

verónica f **1** (Taur) Lance que consiste en esperar la acometida del toro teniendo la capa abierta con ambas manos enfrente de la res. | DCañabate Abc 17.5.58, 51: Rafael le toreó a la verónica de puro trámite. **b) media ~**. Remate con las dos manos, recogiendo el capote en la cadera por la que se da salida al toro. | PLuis HLM 26.10.70, 36: Sus medias verónicas trajeron a la plaza perfumes trianeros del toreo de antaño.
2 Se da este n a numerosas plantas del gén Veronica, esp a la V. officinalis (tb ~ MACHO), usada en medicina contra la tos y como diurético. A veces con un adj o compl especificador: HEMBRA (V. nummularia), PÉRSICA o DE PERSIA (V. persica), etc. | Mayor-Díaz Flora 573: Veronica officinalis L. "Verónica común", "Triaca" .. Es aperitiva, estimulante y diurética. Veronica chamaedrys L. "Verónica menor de prados". Mayor-Díaz Flora 308: Veronica nummularia Gouan. "Verónica hembra". Remón Maleza 123: Especie: V[erónica] persica L. Poiret. Nombre común: Verónica persa, Verónica de Persia.

veroniquear tr (Taur) Torear con verónicas [a una res]. Tb abs. | Abc 23.8.66, 54: "Litri", ovacionado al veroniquear a su primero.

verosímil adj Susceptible de ser tomado como verdadero. | A. Colón Abc 16.12.70, 57: Si le hace hablar en tales términos es porque cree verosímil que ese sea el lenguaje de un hombre en tales circunstancias.

verosimilitud f Cualidad de verosímil. | Agustí Abc 4.12.70, 3: Es muy posible que lo de menos sea la autenticidad cabal de las memorias y que lo verdaderamente importante sea el hecho de su verosimilitud.

verosímilmente adv De manera verosímil. | GNuño Arte 98: El claustro .. ha sido objeto de debates en cuanto a su fecha, verosímilmente datable entre 1085 y 1100.

verraco m **1** Cerdo semental. | Cuevas Finca 107: Es necesario comprar verracos nuevos. Estas puercas están demasiado cruzadas con la sangre de la casa.
2 Escultura ibérica de granito, que representa un toro. | GNuño Escultura 143: Casi toda nuestra meseta está sembrada de verracos, de pacientes y mudos verracos. Son celebrados, famosos y de siempre conocidos los llamados toros de Guisando.

verraquear intr (col) Berrear [una pers.]. | Lera Clarines 397: Y el público... No se harta de verraquear. Oyes insultos por todas partes y tu madre sale a relucir.

verraquera f (col) Llanto fuerte y con gritos. Referido a un niño. | Campmany Abc 3.5.89, 21: Lo que les pasa a estos chicos es que se quedan por debajo del cargo, pero además están muy apegados a la mamandurria. Les quitas la teta y te organizan la verraquera.

verriondez f Condición de verriondo. | Cela Izas 9: El estado de cachondería a contrapelo no implica óptima y prepotente verriondez sino, bien al contrario, flaqueza de ambas iguales glándulas.

verriondo -da *adj* [Animal] que está en celo. *Tb (humoríst) referido a pers.* | ZVicente *Traque* 203: No hay alhábega de mejor perfume ni hortensia de mejor color que las abonadas con estiércol de yegua verrionda. Cela *Pirineo* 92: Una zagala prieta y sordomuda y aromáticamente verrionda, le brinda la revolcada y violenta merced de su compañía.

verrojazo *m* Golpe dado por el jabalí con los colmillos. | Cela *Judíos* 218: Gregorio se había ido para el otro barrio .. del verrojazo que le metió un jabalí furioso.

verruga *f* **1** Excrecencia cutánea gralm. de forma redondeada. | Corbella *Salud* 453: Las verrugas consisten en elevaciones pequeñas de la piel, a veces numerosas, que no suelen molestar si no es por su particular localización.
2 (*Bot*) Prominencia superficial más o menos redondeada. | Alvarado *Botánica* 10: Son [los anteridios] simples verrugas que encierran numerosos espermatozoides de forma de sacacorchos.

verrugato → BERRUGATO.

verrugosidad *f* Excrecencia semejante a la verruga. | P. Ortega *NSa* 31.12.75, 13: Estas [inflamaciones] son mucho más habituales, sobre todo en fumadores. Las hay de muy diversos tipos, y las lesiones que se producen en las cuerdas son difusas, dando lugar a verrugosidades, callos y otras deformaciones que impiden una correcta fase de cierre.

verrugoso -sa *adj* **1** Que tiene verrugas. | Bustinza-Mascaró *Ciencias* 179: El sapo común. Muy frecuente también en España, es de cuerpo rechoncho, de piel verrugosa y patas más cortas que la rana.
2 De (la) verruga. | O. Aparicio *VozC* 6.10.68, 6: Sobre la piel modificada de este modo se presentan con frecuencia formaciones verrugosas.

versación *f* (*reg*) Lenguaje o léxico [de una pers.]. *Gralm con intención peyorativa.* | Burgos *Abc* 15.11.84, 20: Del "caso Flick" lo más descalificador para el gobierno ha sido la "versación" del presidente González.

versado -da *adj* [Pers.] experta [en una materia] o que tiene grandes conocimientos [sobre ella (*compl* EN)]. *A veces se omite el compl, por consabido.* | Palomino *Hucha* 2, 40: Mi elección fue un acontecimiento histórico: un Papa de cuarenta y cinco años, poco versado en Teología. L. Calvo *Abc* 30.12.70, 22: Uno de los grandes comentaristas políticos de Francia, que los tiene muy versados y sutiles. **b)** (*raro*) Propio de la pers. versada. | CBonald *Ágata* 289: Le cogió ella entonces una mano con versada languidez mientras le decía ¿qué te pasa cariño te has enfadado?

versal *adj* **1** (*Impr*) [Letra] mayúscula. *Tb n f.* | Huarte *Tipografía* 15: Las letras versales pueden también ser de tipo cursiva o negrita. Huarte *Tipografía* 14: Se subrayará .. con tres [rayas] lo que requiera versales.
2 De(l) verso. | Gimferrer *Des* 1.3.75, 30: Luis Lerate, responsable de la edición y traducción, ha acometido con éxito una singular proeza: la reconstrucción de un ritmo versal que siga de cerca .. la peculiar estructura de ritmos y cesuras del original.

versalita *adj* (*Impr*) [Letra] de figura de mayúscula y de tamaño de minúscula. *Tb n f.* | Huarte *Tipografía* 14: Con tinta o lápiz se subrayará una vez lo que haya de ir compuesto en cursiva, con dos rayas lo que deba ir en versalitas, con tres lo que requiera versales.

versallescamente *adv* De manera versallesca [2]. | S. Cámara *Tri* 15.7.72, 10: Tú no sabes discutir y has tenido en la prensa diaria una magistral lección de cómo se discute versallescamente.

versallesco -ca *adj* **1** De Versalles (Francia). | Fernández-Llorens *Occidente* 195: En Francia la grandiosidad versallesca va dejando paso a un estilo decorativo .. que se denomina Rococó.
2 Sumamente cortés. *A veces con intención desp.* | A. Olano *Sáb* 4.3.72, 50: Se explicó que el bacilo del señor Koch (q.e.p.d.) es algo versallesco con las mujeres. 2,7 varones enfermos por cada hembra existían en nuestro país.

versallismo *m* Lujo versallesco. | Umbral *Ninfas* 222: En seguida observé en él la mirada miope .. que recogía como valores culturales a examinar las platas de los aparadores, .. los muebles de un versallismo de purpurina y los rostros de las gentes del mercado. A. Obregón *Abc* 16.1.72, 26: Hay hoteles grandes, amplios, suntuosos, con lujo de otro tiempo y que funcionan. Otros, con un funcionamiento al día, modernizados y sin "versallismos".

versar *intr* Tener [una cosa, esp. un libro o discurso (*suj*)] como tema [algo (*compl* SOBRE o ACERCA DE)]. | Berruezo *Abc* 21.5.67, 71: Su conferencia ha versado sobre "Los conjuntos histórico-artísticos y el europeísmo".

versátil *adj* **1** [Pers.] inconstante en sus gustos y afectos. | BVillasante *SPue* 10.11.79, 2: Aparecen mujeres muy diversas, la mujer cosmopolita, caprichosa, elegante, mujeres inmorales y perversas, la versátil. **b)** Propio de la pers. versátil. | Mercader-DOrtiz *HEspaña* 4, 55: Sucedió este proceso durante el reinado de Carlos IV .., sobre todo por la manera de ser frívola y versátil de su esposa María Luisa de Parma.
2 [Cosa] adaptable o útil para diversos usos. | *Gac* 11.5.69, 86: Para Vd. Johnson fabrica ahora un fuera borda versátil y compacto. *Abc* 7.8.70, 3: Antena Belga Televés, la más versátil. Por recibir todos los canales de TV, está especialmente indicada para instalaciones en Barcos, Caravanas, Campi[n]g, Chalets. **b)** [Pers.] capaz de adaptarse a actividades o situaciones diversas. | Aranguren *SPaís* 28.1.79, 14: Ahora es posible que haya gente que piense que soy voluble; yo creo que soy versátil, en sentido positivo, que tengo capacidad para asimilar esto y lo otro.
3 (*CNat*) Que se puede volver con facilidad. | * Tiene los dedos versátiles.

versatilidad *f* Cualidad de versátil. | F. Vargas *Ade* 27.10.70, 16: Pero por algo la Luna es Luna, y su nombre lleva consigo esa versatilidad. *Act* 7.7.66, 64: Para ampliar su versatilidad la Canon Pellix admite más de 20 lentes intercambiables.

versicolor *adj* **1** (*lit*) Que varía de color. | Delibes *Ratas* 13: Bajo el sol, el yeso cristalizado de las laderas rebrillaba intermitentemente con unos guiños versicolores, como pretendiendo transmitir un mensaje indescifrable.
2 (*lit*) De varios colores. | VMontalbán *Rosa* 160: —¿Y es colorada de noche, blanca de día? —La rosa de Alejandría simbólica sí .. La rosa de Alejandría o de Damasco real, no .. Hay una variante versicolor, roja con rayas blancas, conocida también como Rosa de York y Lancaster. **b)** (*Med*) [Pitiriasis] caracterizada por manchas amarillentas diseminadas, causada por el *Microsporon furfur*. | Corbella *Salud* 456: Pueden verse personas que presentan amplias manchas discrómicas, en las que se mezclan las zonas pigmentadas y despigmentadas, en brazos y espalda, como consecuencia de la parasitación superficial por un hongo, constituyendo el cuadro de la pitiriasis versicolor.

versicular *adj* (*TLit*) De(l) versículo. | DPlaja *Abc* 31.12.70, sn: A cada una de estas vertientes corresponde el repertorio formal adecuado .. El amplio despliegue de la estrofa con libertad versicular. Ridruejo *Memorias* 47: Bleiberg me hizo leer también a Claudel y a otros poetas versiculares.

versículo *m* **1** Breve división establecida en un capítulo de un texto sagrado. *Normalmente con un compl especificador.* | J. M. Terrón *SAbc* 9.2.69, 34: Los astronautas, al predicar desde espaciales "terrados" los versículos del Génesis, .. estaban confirmando la conjunción "palabra-tiempo-espacio".
2 (*TLit*) Línea de las que forman un poema en el que se prescinde del metro y de la rima, así como del ritmo propio de los versos. | Correa-Lázaro *Lengua* 4º 45: Los poetas contemporáneos han llegado más lejos en busca de nuevas formas para la poesía .. Ya no podemos aquí hablar de versos, puesto que les falta lo que es típico en los versos: acentos, pausas, cesuras, musicalidad propia. Son líneas de muy diversos tamaños, que reciben el nombre de versículos.
3 (*raro*) Verso corto. | Gambra *Filosofía* 45: El lógico medieval Pedro Hispano nos dejó unos versículos latinos para recordar fácilmente el método que conviene a cada clase de proposición.

versificación *f* Acción de versificar. | Amorós-Mayoral *Lengua* 191: El romance es la forma de versificación más típicamente española.

versificador -ra *adj* **1** Que versifica. *Frec n, referido a pers.* I Romeu *EE* nº 9.63, 38: La dignidad poética .. y el empleo de ciertos recursos retóricos .. revelan la mano de un versificador culto.
2 De (la) versificación. I *Abc* 10.4.75, sn: Guerrero Zamora ha dicho que realizó el drama respetando su forma versificadora y desarrollando en imágenes las secuencias épicas, solo aludidas verbalmente por Lope.

versificante *adj* Que versifica. I Umbral *Ninfas* 12: Lo cual no empece .. para que uno .. se soporte en forma de medusa, pulpo de indefinidos tentáculos, nebulosa versificante y tal.

versificar A *tr* **1** Poner [algo] en verso[1] [1]. I Lorenzo *Abc* 4.3.75, 49: Espronceda piensa en Salamanca y con el nombre de la ciudad al título, "El estudiante de Salamanca", versifica su interpretación romántica del Burlador.
B *intr* **2** Hacer versos[1] [1]. I DPlaja *Literatura* 249: Contesta [Góngora] con sátiras a los ataques que se dirigen a su manera de versificar.

versión *f* **1** Traducción. I GLópez *Lit. española* 155: Gran importancia tiene también la magnífica versión que hizo, a instancias de Garcilaso, de "El Cortesano", de Baltasar de Castiglione, traducción que hay que considerar como una de las mejores producciones en prosa del reinado del Emperador.
2 Narración personal [de algo]. I CSotelo *Pról. Epist. Armenteras* 8: Este libro está llamado .. a transmitir, a aquellos de nuestros nietos entre cuyas manos caiga el porvenir, una versión de la hora actual atrayente y simpática.
3 Interpretación [de una obra artística o musical]. I FCid *Abc* 6.12.70, 73: Su forma de tocar el "Concierto", de Dvorak, fue deslumbradora. Muchas horas después seguimos presos del hechizo que dimana de la versión.
4 Adaptación [de una obra artística o musical] que supone una variante respecto a ella. I DPlaja *Literatura* 99: El trasiego de boca en boca origina que de cada romance se encuentren infinidad de versiones. Blancafort *Música* 81: Luego van apareciendo las mismas obras vocales editadas simultáneamente para ser cantadas, tocadas, sonadas o tañidas, en versiones ligeramente distintas, según se emplee para su ejecución el coro, la tecla, el instrumento de sonar o el de pulso. **b)** Realización [de una idea o un modelo] que supone una variante respecto a ellos. I Tamames *Economía* 144: La Guerra de la Independencia produjo la ruina de las mejores versiones de nuestra economía moderna precapitalista. *Alc* 21.10.62, 22: En las versiones anteriores el motor iba colocado en la misma posición, pero verticalmente. **c) ~ original.** Copia [de una película] que tiene la banda sonora original. I *Abc* 23.4.78, 59: Cartelera de cine .. Versión original subtitulada. Alexandra .. Los demonios.
5 (*lit*) Acción de verterse [7]. I Marías *Literatura* 49: ¿Qué puede interesarnos hoy en la figura de Don Juan? .. La versión a la mujer, esa operación que se llama la "conquista", que paradójicamente no puede conseguirse más que mediante el "rendimiento".

versionar *tr* Hacer una versión [4a] [de una pieza musical]. I J. Figuero *SPaís* 17.12.89, 146: Los tres, tras indescriptibles ensayos, consiguieron sacar, al fin, el bajo de *Popotitos*, y a partir de ahí versionaron al *pichinglis* y al annobono a todo bicho viviente con el pequeño Armandito como solista.

versista *m y f* (*desp, raro*) Pers. que hace versos[1] [1]. I Espinosa *Escuela* 508: –¡Vaya!, el mocito resultó versista –manifestaron los soldados.

verso[1] **I** *m* **1** Palabra o conjunto de palabras, dispuestas en serie con otras, sujetas a medida, ritmo y rima, o simplemente a ritmo. *A veces en sg con sent colectivo.* I Amorós-Mayoral *Lengua* 36: Las sinalefas .. no sabemos contarlas. Sin embargo, es muy importante saber hacerlo, sobre todo para medir bien los versos. *Pap* 1.57, 108: Este bello y emocionado poema a Miró está escrito todo él en verso libre.
2 *En sg:* Forma de expresión en verso [1]. I Amorós-Mayoral *Lengua* 186: El curso pasado vimos ya las diferencias que existen entre el verso y la prosa.
3 (*pop*) Composición poética. I Umbral *País* 7.12.78, 32: Recitaban poemas escritos por ellas mismas –"he escrito un verso, ¿sabes?"–.

II *loc adj* **4 de ~.** (*hist*) [Compañía teatral] de declamación. I P. GAparicio *SYa* 23.11.75, 31: La inauguración del Novedades se había llevado a cabo el 13 de septiembre de 1857, con la asistencia de los reyes Isabel II y Francisco de Asís y por la compañía de verso que dirigía José Valero.

verso[2] *m* (*Bibl*) Folio verso (→ FOLIO). I MSousa *Libro* 33: La foliación, es decir, la numeración de cada hoja (hoy se numeran las páginas no las hojas), de modo que un mismo número servía para la cara impar (recto) y para la par (verso).

versolari → BERSOLARI.

versolibrismo *m* (*TLit*) Uso del verso libre. I M. GPosada *SAbc* 18.8.84, VIII: "Candente horror", publicado también en 1936, acusa directamente, en su versolibrismo, las huellas de Neruda.

versolibrista *adj* (*TLit*) De(l) verso libre. I DPlaja *Abc* 9.6.66, 40: La tensión musical de las estrofas se ha diluido en una blanda explanación versolibrista, sostenida por un leve vaivén rítmico.

versta *f* Unidad rusa de longitud, equivalente a 1067 m. I Laiglesia *Ombligos* 145: Aquellas archiduquesas moscovitas que habían vivido en palacios cuyos salones se medían en verstas.

versus (*lat; pronunc átona,* /bersus/) *prep* (*lit*) Contra. *Normalmente solo entre dos susts o sintagmas susts.* I *Inf* 3.8.73, 4: Kanellopoulos "versus" coroneles. El ex primer ministro no ha dejado de enfrentarse al actual régimen griego.

vértebra *f* Hueso de la columna vertebral. I Alvarado *Anatomía* 44: Las dos primeras vértebras cervicales están muy modificadas y sirven para sostener la cabeza.

vertebración *f* Acción de vertebrar. *Tb su efecto.* I S. HConesa *SAbc* 22.6.75, 44: La medicina considera el aparato locomotor integrado por las cuatro extremidades y la columna vertebral .. Su consistencia le concede la facultad de soporte, su vertebración le posibilita el movimiento. MGaite *Fragmentos* 135: Se trataba de fragmentos aislados y lo difícil estaba en la vertebración de unos con otros, en la estructura.

vertebrado -da *adj* **1** *part* → VERTEBRAR.
2 [Animal] con esqueleto dotado de columna vertebral y cráneo, y sistema central constituido por médula espinal y encéfalo. *Frec como n m pl, designando este taxón zoológico.* I Bustinza-Mascaró *Ciencias* 168: Los animales que van a ser tratados a continuación son los vertebrados, pues todos ellos poseen una columna vertebral formada de vértebras.
3 [Tren] cuyos vagones van articulados a manera de vértebras. I GCandau *Ya* 9.10.70, 43: La serie de inventos españoles .. incluyen el horno catalán, el garaje radial y los trenes vertebrados del señor Goicoechea.

vertebrador -ra *adj* Que vertebra. I *Reforma* 66: Incrementar al máximo este carácter instrumental se traduce, en primer lugar, en la necesidad de disponer de un modelo de currículum vertebrador de todos los niveles del sistema educativo.

vertebral *adj* De (las) vértebras. I Alvarado *Anatomía* 44: Cada vértebra consta de un cuerpo macizo y del anillo vertebral que rodea al llamado agujero vertebral. **b)** [Columna] ~ → COLUMNA.

vertebrar *tr* Articular [algo] mediante vértebras, o de manera semejante a como van articuladas las vértebras. *Frec fig.* I MGaite *Tri* 11.4.70, 43: Yo creo que lo que vertebró al "grupo" y le dio homogeneidad fue la necesidad que todos teníamos de inventar la propia formación. Delibes *Madera* 45: Mientras en el suburbio norte .. la acequia vertebraba el caserío de adobes .., en el sur .. era la línea férrea la ordenadora del poblado.

vertedera *f* Utensilio que sirve para voltear y extender la tierra levantada por el arado. I Chamorro *Sin raíces* 125: Él, lo que tenía que hacer, es lo que le dice su padre: más esparto, más cacerolas, .. y aparejos y cinchas y azadones y hasta alguna vertedera por si alguien se anima.

vertedero *m* **1** Lugar en que se vierten desechos. I Arce *Precio* 50: En nuestra época de niños aquello había sido un gran vertedero de basuras.

vertedor – vértice

2 Conducto por el que se arrojan desperdicios o ropa sucia. | *Abc* 10.5.58, 58: Pisos lujosos .. Cocinas y ofices amueblados. Armarios empotrados revestidos. Tendederos ropa. Vertedero basuras. Antena televisión.
3 Desagüe o rebosadero. | *Abc* 28.3.58, 47: Comunican de Cervera de Pisuerga que debido al temporal de lluvias de estos días los pantanos de Requejada y Ruesga están completamente llenos y el agua salta por los vertederos.
4 (*reg*) Fregadero. | Torrente *Isla* 22: Me ayudaste a recoger la mesa y hasta te empeñaste en fregarme la loza, amontonada en el vertedero desde hacía una semana.

vertedor *m* **1** Conducto por el que se vierten líquidos o desechos. | *Coc* 12.66, 45: Desde el vertedor hasta el mango, esta es la cafetera que Ud. necesita.
2 Cogedor utilizado esp. para poner en el peso mercancías secas. | M. CHernández *Ya* 16.7.83, 33: Con la [vista] de la artesa, botijo, cedazos, pala, vertedor, y otros trebejos de la panadería de "Lobillo" se afilan los dientes.

verter (*conjug* **14**) **A** *tr* **1** Echar [un líquido o una materia sólida no compacta en un recipiente]. | Laforet *Mujer* 284: Eulogio empezó a verter whisky en su vaso. Ferres-LSalinas *Hurdes* 63: Una muchacha y unos niños quitan las piedras que las azadas encuentran y, echándolas en unas serillas, las transportan hasta la orilla del río, donde las vierten. **b)** Ceder [una corriente sus aguas (*cd*) a otra corriente o al mar (*compl* A o EN)]. *Tb abs*. | Ferres-LSalinas *Hurdes* 63: Cincuenta metros más allá, el Malvellido vierte sus aguas al Hurdano. Romano-Sanz *Alcudia* 198: Cruzan un arroyo que vierte en el Tablillas.
2 Hacer salir [un líquido o una materia sólida no compacta] fuera del recipiente que los contiene. | Aldecoa *Gran Sol* 176: Se descalzó y vertió el agua de sus botas como en un juego de niños, adelgazando los chorritos para que el entretenimiento durase algunos segundos más. *Ama casa* 1972 124: La sal es un buen signo, en general, a no ser que la vertamos. **b)** *pr* Salirse [un líquido o una materia sólida no compacta] del recipiente que los contiene. | Marcos-Martínez *Física* 260: A los 200 °C. puede invertirse el recipiente sin que se vierta el azufre.
3 Volcar [una vasija u otro recipiente] para hacer salir su contenido. | Aldecoa *Gran Sol* 82: Se vertía la red con los escualos de gatunos ojos. L. Blanco *Ya* 17.3.74, 8: El pulso le hace la jugada de verterle el vaso al conocer la muerte de Dolores. **b)** *pr* Volcarse [una vasija u otro recipiente] saliendo fuera su contenido. | Aldecoa *Gran Sol* 25: El vaso se vertió. Begoña María dio unos cachetes al niño.
4 Expresar [una idea o afirmación en una exposición hablada o escrita]. *A veces se usa aludiendo a mala intención en lo dicho*. | Armenteras *Epistolario* 139: Dios quiera que sean ciertas tus promesas de arrepentimiento que viertes en tu carta.
5 (*lit*) Traducir. *Tb fig*. | Lapesa *País* 16.11.77, 27: Poco después el barcelonés Juan Boscán inicia con Garcilaso la poesía italianizante en castellano, lengua a la que vierte el *Cortesano* de Castiglione. JLozano *Inf* 12.9.77, 17: El "misterio" representado y revivido en "La cacatúa atmosférica" [de A. Serrano Plaja], libre de toda connotación dramática e intencionalidad literaria y vertido en un lenguaje casi "garbancero", nos resulta aún más terrible.
B *intr* ▶ **a** *normal* **6** Ir a parar [un líquido o una materia sólida no compacta a un lugar (*compl de lugar en donde*)]. | Escobar *Itinerarios* 201: El jugo va a parar a un canallijo, por donde vierte el mosto en las cubas. Torrente *Pascua* 427: Al echar el café, el chorro oscuro vertió fuera de la taza.
▶ **b** *pr* **7** (*lit*) Mostrar [una pers.] especial inclinación o tendencia [hacia alguien o algo (*compl* A o EN)]. | *Abc* 24.3.66, 89: El hombre .. está vertido a los demás desde el punto de vista genético, y esta versión se imprime en su inteligir. Kurtz *Lado* 116: A la muerte de mamá, papá se vertió en Cat.
8 (*euf*) Eyacular. | GPavón *Rapto* 233: Los hombres necesitan verterse como sea y hay que tenerles dispuestas las cosas para las horas libres.

vértex *m* (*Anat*) Coronilla (parte superior de la cabeza). | I. FBayo *País* 30.5.87, 30: Provoca [la alopecia] una pérdida de cabello progresiva que se inicia frecuentemente en la zona frontal o en los vértices o vértex.

vertical I *adj* **1** Perpendicular al horizonte. *Tb n f, referido a línea o posición*. | Arce *Testamento* 15: El sol caía vertical. Cunqueiro *Un hombre* 242: A poco estuvo, la última vez que giró, en quedarse cambiado, la nuca, como él explicaba, en la vertical del ombligo.
2 [Cosa] dispuesta o desarrollada de arriba abajo o de abajo arriba. *Tb fig*. | Fernández-Llorens *Occidente* 275: La técnica no deja de ofrecer novedades: nuevas locomotoras, trenes, helicópteros, aviones de despegue vertical. *Ya* 24.5.90, 7: Vecinos de los barrios de San Diego y Puente de Vallecas se concentraron ayer frente a la sede de la Junta Municipal del distrito para protestar por el "chabolismo vertical" que sufre el casco antiguo de Vallecas. **b)** (*hist*) [Sindicato] nacionalsindicalista que engloba conjunta y obligatoriamente a patronos, técnicos y obreros de una misma actividad. | *País* 23.2.77, 39: Por primera vez en cuarenta años una central sindical ilegal pudo celebrar abiertamente una reunión en Barcelona de su órgano dirigente en los locales del sindicato vertical.
II *m* **3** (*Astron*) Semicírculo máximo perpendicular al horizonte. | *Anuario Observatorio 1967* 210: En aquella situación, el vertical de la estrella es perpendicular al círculo horario.

verticalidad *f* Cualidad de vertical. | Bustinza-Mascaró *Ciencias* 304: Como la verticalidad con que caen los rayos solares va disminuyendo con la latitud, se comprende que la temperatura va disminuyendo del Ecuador a los polos.

verticalismo *m* (*hist*) Sistema de los sindicatos verticales. | *País* 23.2.77, 39: CCOO de Cataluña celebra una reunión en locales del verticalismo.

verticalista *adj* (*hist*) De(l) verticalismo. | *His* 2.78, 4: No hay que confundir el verticalismo, que nunca existió en España, con el corporativismo. La Organización Sindical Española .. fue corporativista y no verticalista. **b)** Partidario del verticalismo. *Tb n*. | *País* 23.10.77, 6: La Confederación Democrática de Trabajadores (CDT) denuncia la manipulación que se realiza en los periódicos y en los medios de difusión con las noticias sobre asuntos sindicales, ya que se informa exclusivamente de unas centrales y no de otras, acusando continuamente, a los que no queremos depender de partidos políticos, de amarillos, verticalistas, etcétera.

verticalizar *tr* Poner vertical [algo]. | C. Sentís *Abc* 7.6.58, 31: Tendrá que sobrevolar ambas [tendencias] con su típico gesto de brazos levantados en forma de V, aunque, a ratos, sienta deseos de verticalizarlos, clamando al cielo. **b)** *pr* Ponerse vertical [algo]. | *Inf* 4.1.72, 19: Todas estas experiencias terminan por ahora .. en ese sillón del mejor estilo "pop" concebido en forma de libro .. Según se pasan las hojas .., la altura del asiento sube o baja y el respaldo se verticaliza o se inclina.

verticalmente *adv* De manera vertical. | Bustinza-Mascaró *Ciencias* 234: En dirección contraria a la raíz se desarrolla, al germinar la semilla, un pequeño eje verde que se eleva verticalmente en el aire y que es el tallo principal de la nueva planta. FQuintana-Velarde *Política* 124: "Sector cautivo" es el sector que se integra verticalmente en otro al que beneficia a costa de su propia depresión; se reproduce un traspase de rentas del sector cautivo al que lo domina.

vértice *m* **1** (*Geom*) Punto en que concurren los dos lados [de un ángulo]. *Tb (lit) fig*. | Marcos-Martínez *Aritmética* 172: Ángulos consecutivos son dos ángulos que tienen el mismo vértice y un lado común entre ellos. GPavón *Hermanas* 38: A veces sacaba la lengua o encogía la nariz y el cigarrillo le seguía adherido al vértice de la boca. **b)** Punto en que concurren tres o más planos [de un ángulo poliedro]. | Marcos-Martínez *Matemáticas* 120: Un ángulo poliedro se designa por la letra del vértice seguida de las letras relativas a las diferentes aristas. **c)** Cúspide [de un cono o pirámide]. *Tb fig, fuera del ámbito geométrico*. | Marcos-Martínez *Matemáticas* 181: Altura del cono es el segmento de perpendicular trazado desde el vértice hasta el plano de la base. | B. M. Hernando *Inf* 15.12.77, 1: "Por ahí" la base-masa empuja al vértice mientras que aquí invertimos la pirámide y es el vértice lo que sostiene y empuja la base.
2 (*Anat*) Coronilla (parte superior de la cabeza). | I. FBayo *País* 30.5.87, 30: Provoca [la alopecia] una pérdida de cabello progresiva que se inicia frecuentemente en la zona frontal o en los vértices o vértex.

verticilado -da *adj* (*Bot*) De(l) verticilo. | Bustinza-Mascaró *Ciencias* 242: Si hay más de dos hojas en el mismo nudo, entonces la disposición es verticilada.

verticilo *m* (*Bot*) Conjunto de tres o más hojas, u otros órganos florales, dispuestos en un mismo plano alrededor de un tallo. | Alvarado *Botánica* 20: Es muy general que los distintos verticilos de un tallo alternen unos con otros.

vertido *m* **1** Acción de verter(se) [1 y 2]. | RMencía *VozC* 31.12.70, 10: El Arlanzón contaminado en Pampliega donde se murieron millares de peces por el uso abusivo del vertido de residuos.
2 Sustancia de desecho vertida. | *Ya* 8.9.78, 1: Millares de peces han muerto en las costas de Suances (Santander) debido a la contaminación de las aguas por vertidos y residuos que arrojan algunas empresas al mar.

vertiente I *adj* **1** [Aguas] que bajan de las montañas. | *BOE* 9.1.75, 479: Sube [la dehesa] por la canal llamada de la Cerca, al camino llamado de la Era, atraviesa por esta Era y va por aguas vertientes entre la [o]mbría llamada del Pilar y la Solana llamada de Mochila.
II *f* **2** Superficie inclinada de las que, con distinta orientación, forman [una montaña o un tejado o cubierta (*compl de posesión*)]. | Arce *Testamento* 20: Dimos cima a unos riscos. En la otra vertiente había una hondonada con hierba muy verde. Tejedor *Arte* 35: Sobre esta [la cornisa] apoyada ya la techumbre, plana y a dos vertientes. Pinilla *Hormigas* 71: Era un consuelo oír el golpeteo de la lluvia sobre las dos vertientes de la lona, por encima de nuestras cabezas. **b)** Zona geográfica cuyas aguas van a desembocar al mismo mar. | Zubía *España* 193: Todos nuestros ríos pertenecen a dos vertientes: Vertiente Atlántica .. Vertiente Mediterránea.
3 (*lit*) Aspecto [de un asunto]. | Seco *Historia* 973: Durante la fase final de la guerra, España mantuvo la tesis de que esta tenía dos vertientes diferenciadas: de una parte, la lucha contra Rusia ..; de otra, la lucha entre las democracias occidentales y el fascismo.

vertiginosamente *adv* De manera vertiginosa [2]. | FQuintana-Velarde *Política* 97: Este porcentaje ha venido creciendo vertiginosamente en los últimos tiempos.

vertiginoso -sa *adj* **1** De(l) vértigo [1]. | Campmajó *Salud* 496: No es únicamente la laberintitis lo que ocasiona el vértigo .. Un enfermo que presenta un cuadro vertiginoso debe siempre acudir al médico.
2 Que causa vértigo [1]. *Normalmente con intención ponderativa, referido a velocidad*. | Alfonso *España* 33: Ya sea vertiginosa o tarda la fuerza motriz, en cualquier caso debe ir delante. *Sp* 19.7.70, 29: Los trabajos .. se han ido realizando de manera vertiginosa.

vértigo I *m* **1** Trastorno del sentido del equilibrio, caracterizado por una sensación de movimiento rotatorio u oscilatorio del propio cuerpo o de los objetos que le rodean. *Tb la sensación misma*. | Sales *Salud* 391: Estos trastornos se deben a defectos fugaces de oxigenación de ciertas áreas del cerebro, que originan una pérdida funcional de la zona afectada, caracterizada por hemiparesias, afasias, vértigo, trastornos visuales de breve duración.
2 Actividad que implica mucho ir y venir. | * No soporta el vértigo de la vida moderna.
3 (*lit*) Turbación del juicio repentina y pasajera. *Tb fig*. | CBaroja *País* 6.8.78, 7: La obra es densa .. Cada colaborador ha aportado lo que sabe mejor, de suerte que la documentación es la más sólida que cabe hallar en esa bibliografía a la que antes me referí y que produce algo de vértigo. Sampedro *Sirena* 505: Ahram es el Vértigo, el Instante, mi piel bajo el imperio de la suya, su olor me droga y me intoxica.
II *loc adj* **4 de ~**. (*col*) Vertiginoso [2]. *Con intención ponderativa*. | CNavarro *Perros* 17: Continúa conduciendo a esa velocidad de vértigo, y verás dónde paramos.

vertigoso -sa *adj* (*raro*) Que produce vértigo. | B. Mostaza *SYa* 24.6.73, 9: Las islas Canarias son una tentación para los montañeros. En ninguna parte se dan precipicios tan ásperos y vertigosos.

vertimiento *m* Vertido. | *Inf* 19.6.70, 33: En estas épocas del año en las que se acentúa el estiaje, la desproporción entre los vertimientos industriales y el caudal de las aguas motiva un grado de intoxicación [*sic*] en ellas.

verticilado – véspero

vertir (*conjug* **43**) *tr e intr* (*semiculto*) Verter. | Gambra *Filosofía* 26: La expresión verbal en que el pensamiento puede vertirse.

vesania *f* (*lit*) Demencia o locura furiosa. | Cela *Viaje andaluz* 114: Baeza .. fue plaza fuerte hasta que Isabel la Católica, en uno de los ataques de providencialista vesania a que era tan propensa, mandó tirar abajo sus murallas.

vesánicamente *adv* (*lit*) De manera vesánica. | Fieramosca *Ya* 28.4.87, 64: Empecemos a preguntarnos por qué hace falta que alguien les sacuda a los socialistas –vesánicamente, criminalmente, intolerablemente, pero a los socialistas– para que los mecanismos del Estado funcionen en serio.

vesánico -ca *adj* (*lit*) **1** De (la) vesania. | Pinilla *Hormigas* 279: Y las sacaba [las manos] con vacilante fuerza, lanzando al aire el negro carbón, brotando de su boca la risa vesánica que aún no he podido olvidar.
2 Que padece vesania. *Tb n*. | CBonald *Ágata* 236: Pedro .. ya entrevió en aquel señalado y preciso momento .. el tránsito de una amenazante y todavía incomprensible caterva de gente armada y vesánica, enemiga y protectora a la vez.

vesical *adj* (*Anat*) De (la) vejiga. | Mascaró *Médico* 45: Cuando la micción se inicia con orina clara y solo aparece teñida de sangre al final de la misma, debe pensarse en un origen vesical.

vesicante *adj* (*Med*) Que produce ampollas en la piel. *Tb n m, referido a sustancia o producto*. | *Ya* 23.5.86, 24: Gases tóxicos para la guerra .. Agentes mortales: Sofocantes .. Vesicantes. *Libro agrario* 66: Catálogo de los coleópteros vesicantes de la provincia de León.

vesícula *f* **1** (*Anat*) Vejiga pequeña, esp. destinada a contener una secreción orgánica. *Gralm con un adj especificador*: BILIAR, OVÁRICA, SEMINAL, *etc*. | Bustinza-Mascaró *Ciencias* 33: En la mujer, en la región pélvica se hallan también: los ovarios .., y en el hombre: la próstata, las vesículas seminales y parte del conducto deferente. C. M. Franco *Pue* 3.12.70, 16: Con el nacimiento del joven salmón empieza el alevinaje, durante el cual se reabsorbe la vesícula vitelina, que es un depósito con las sustancias de reserva necesarias para alimentar los pececillos durante los quince o veinte primeros días de su vida. Legorburu-Barrutia *Ciencias* 82: Los ruidos respiratorios que se aprecian con el estetoscopio son: el murmullo vesicular, al llenarse las vesículas, y el soplo bronquial. **b)** *Sin compl*: Vesícula biliar. | Lagos *Vida* 111: Nombre, fortuna y una operación de vesícula sumaban su haber.
2 (*Med*) Bolsita llena de líquido seroso que se forma sobre la piel. | Corbella *Salud* 450: La lesión cutánea elemental más característica es quizá la vesícula, pequeña elevación de la piel, de contenido líquido, por lo general seroso, acuoso.

vesicular *adj* (*Anat o Med*) De (la) vesícula. | Legorburu-Barrutia *Ciencias* 82: Los ruidos respiratorios que se aprecian con el estetoscopio son: el murmullo vesicular, al llenarse las vesículas, y el soplo bronquial.

vesiculoso -sa *adj* (*Anat o Med*) Que tiene vesículas, esp [2]. | Corbella *Salud* 452: Entre las demás afecciones vesiculosas, la más importante, sobre todo desde un punto de vista popular, es el herpes.

vespa (*n comercial registrado*) *f* Scooter. | Cela *Viaje andaluz* 211: El amigo del vagabundo, en su vespa, se metió hacia el Guadalquivir, por la calle de la Resolana.

vesperal *adj* (*lit*) **1** De (las) vísperas. *Tb n m, referido al libro que contiene el canto de estas*. | Pinell *Horas* 200: Es posible reconocer una dinámica de celebración entre el oficio vesperal y el matutino.
2 Vespertino [1]. | FVidal *Duero* 126: El espectáculo de Lerma extramuros es uno de los más bellos que hasta hoy le ha ofrecido Castilla, ya sea con el nacer del día o con el escurrirse de sombras vesperales.

véspero *m* (*lit*) **1** Lucero de la tarde. | *Lan* 16.7.74, 7: Era ya la hora de la anochecida y el véspero brillaba en el firmamento.
2 Anochecer (hora del día en que se pone el Sol). | Mi. Borges *Día* 22.6.76, 4: A intervalos llegaban a mis oídos los mugidos del ganado y el canto de un gallo, que es canto de

vespertiliónido – vestir

desafío. Ansioso anhelaba la hora del véspero, con el regreso de los campesinos a sus hogares.

vespertiliónido *adj* (*Zool*) [Mamífero quiróptero] de pequeñas dimensiones, con hocico desprovisto de apéndices carnosos y cola muy desarrollada. *Frec como n m en pl, designando este taxón zoológico*. | Alvarado *Zoología* 153: Hay especies cosmopolitas que viven sobre extensísimos territorios, como la mosca común, alguna especie de rata y algunos murciélagos (los vespertiliónidos).

vespertino -na I *adj* **1** (*lit*) De la tarde. | CBaroja *Inquisidor* 29: Intervenían en las sesiones vespertinas dos consejeros de Castilla.
II *m* **2** (*hoy raro*) Periódico de la tarde. | Umbral *País* 21.5.78, 17: Como lo oyes, carroza, que quitan la Peligrosidad Social, o sea, para siempre, que lo traen los vespertinos.

vestal *f* (*hist*) *En la antigua Roma:* Virgen sacerdotisa de la diosa Vesta, encargada de mantener el fuego sagrado. *Frec en constrs de sent comparativo para ponderar la castidad de una mujer; a veces con intención irónica*. | Salom *Delfines* 353: –Nuestra vida íntima terminó hace años. Fue Luisa quien lo decidió .. –Tenía mi dignidad. No estaba dispuesta a recibir limosnas. –A veces creo que se siente orgullosa de ello, como una vestal.

veste *f* (*lit*) Vestidura o vestido. | GNuño *Escultura* 93: Las dos muchachas de Osuna .. se acercan una a otra en acompasada y devota lentitud ..; un torques al cuello .., los ricos pendientes en las orejas, las conocidas largas vestes envolviendo sus cuerpos.

vestibular *adj* (*Anat*) De(l) vestíbulo [2]. | Bustinza-Mascaró *Ciencias* 85: En la región vestibular, el laberinto membranoso está dividido en dos regiones: el utrículo y el sáculo.

vestíbulo *m* **1** *En un edificio:* Pieza inmediata a la entrada. | Laforet *Mujer* 21: Parecía escuchar .. Como si estuviese atento a los pasos que pudieran oírse en la escalera de piedra que arrancaba del cercano vestíbulo. **b)** *En una vivienda:* Recibimiento. | Laforet *Mujer* 191: Aquel pasillito de la casa .. iba desde el pequeño vestíbulo hasta la alcoba.
2 (*Anat*) Espacio o cavidad que sirve de entrada a otra cavidad. | *Anticonceptivo* 15: Labios menores .. En su parte inferior se unen en lo que se llama vestíbulo vulvar. En la parte superior se unen dando lugar al prepucio que rodea al clítoris. **b)** *Esp:* Cavidad ósea central del oído interno. | Bustinza-Mascaró *Ciencias* 85: El vestíbulo está separado del oído medio por una lámina ósea fina.

vestido[1] *m* **1** Objeto destinado a cubrir el cuerpo para protegerlo y frec. para adornarlo. *A veces en sg con sent colectivo*. | Vesga-Fernández *Jesucristo* 144: Después de la crucifixión, los soldados se repartieron sus vestidos y echaron suertes sobre su túnica. *Economía* 89: Sus posibilidades de empleo [del orlón y del crylor] son numerosas, tanto en el campo del vestido como en decoración.
2 Traje, o conjunto de prendas exteriores de vestir. | Matute *Memoria* 124: De mala gana me quité las sandalias y el vestido (la eterna blusita blanca y la execrable falda tableada). Torrente *Vuelta* 17: Don Baldomero se arregló el vestido. –Uno ya peina canas, y sabe que ciertas cosas no pueden hacerse donde campan los mozalbetes.
3 Prenda exterior de vestir femenina, de una sola pieza, con falda, y que cubre todo el cuerpo. | MGaite *Visillos* 12: Yo quise que remáramos un poco, pero Gertru tenía prisa por volver a las siete, y además no quería arrugarse el vestido de organza amarilla.

vestido[2] *m* Acción de vestir(se) [1]. | *BOE* 30.12.74, 26403: Deberá por sí mismo realizar el vestido y adecentamiento de cadáveres.

vestidor -ra A *m* **1** Habitación destinada a vestirse y desnudarse. | Grosso *Capirote* 148: Ayudó a la gobernanta a meter la túnica ya planchada dentro de una bolsa de papel para colocarla cuidadosamente colgada del gran armario del vestidor. Kurtz *Lado* 21: Le dije que pasara al vestidor y se aligerara de ropa .. Un cuerpo duro .. Poco pecho, vientre plano, tensión más bien baja.
B *f* **2** Mueble con espejo para verse mientras uno se viste. | GPavón *Cuentos rep.* 76: Como me acostaron en la cama grande de mamá .. veía en el espejo de la vestidora, casi con susto, el tamaño de mis ojos. Alós *Hogueras* 61: El espejo de la vestidora la reflejaba a ella rubia, sin un milímetro de grasa.
C *m* y *f* **3** Pers. encargada de vestir cadáveres. | Carandell *Tri* 3.4.71, 45: Es ilustrativa también en este párrafo la ayuda que el Mozo de Funeraria presta a la Vestidora en caso de tratarse de un difunto varón.

vestidura I *f* **1** (*lit*) Vestido[1] [1]. | Vesga-Fernández *Jesucristo* 144: Así se cumplió la profecía que dice: "Repartieron entre sí mis vestiduras y sobre mi túnica echaron suertes". *Pue* 17.12.70, 5: Trajes de fiesta. Elegantes .. Exóticos: Inspirados en las vestiduras orientales.
2 (*raro*) Prenda u objeto con que se viste [4] algo. | GTelefónica *N.* 135: Tapizauto .. Fundas y todas clases de vestiduras para automóviles y camiones.
II *loc v* **3 rasgarse las ~s.** Escandalizarse de manera indignada. | Miret *Tri* 26.12.70, 14: Hubo quien en España se rasgó las vestiduras ante algunos planteamientos realistas de este Concilio católico.

vestigial *adj* (*Med*) Reducido a simple vestigio. | R. ASantaella *SYa* 24.4.83, 33: A este nivel también se encuentra un órgano "vestigial", la epífisis. F. J. FTascón *SYa* 23.6.74, 11: En sus "epos" [de la medicina de ayer] figur[a] la desaparición de las grandes pestes, hoy vestigiales y arqueológicas.

vestigio *m* Resto o huella [de algo material o inmaterial]. | GNuño *Madrid* 14: Ya sin vestigios góticos, fue la gran cuarta fundación madrileña. La iglesia y el convento de Descalzas Reales eran fundados por doña Juana de Austria.

vestiglo *m* (*lit*) Monstruo creado por la imaginación. | Sánchez *Pról. Quijote* 30: Un hidalgo rural se trastorna leyendo libros de caballerías y se lanza al campo en busca de aventuras que le den eterna gloria y fama; según los cánones de la andante caballería, en ayuda de los débiles y contra tiranos y vestiglos.

vestimenta *f* Conjunto de los vestidos o vestiduras [de alguien o algo]. *A veces con intención desp*. | Medio *Bibiana* 172: Extranjeras de pasos largos y vestimenta estrafalaria. *As* 9.4.87, 41: Renault 9 y 11, con nueva vestimenta.

vestimentario -ria *adj* (*raro*) De (la) vestimenta. | Ridruejo *Des* 1.3.75, 11: Durante la guerra, la zona nacionalista .. no conoció problemas en materia de abastecimientos de boca .. En cambio, fue inverso el suministro de productos industriales y especialmente vestimentarios.

vestir I *v* (*conjug* 62) **A** *tr* **1** Poner [a alguien (*cd*)] un vestido[1] [1]. *Frec el cd es refl. A veces con un compl* CON, *que expresa el vestido*. | Delibes *Siestas* 38: Cuando concluyó de vestir al muerto, destapó la botella y echó un largo trago. Cunqueiro *Un hombre* 14: Salió vestido con la piel de la fiera. **b)** Poner [a alguien (*cd*)] un vestido apropiado para salir. *Frec el cd es refl.* | VVigo *Abc* 23.8.64, sn: La madre llamó desde dentro. –¡Clarita! .. –Estoy aquí. –Vístete, vamos a salir. **c)** Poner [a alguien (*cd*)] un vestido elegante o apropiado para una ocasión solemne. *Frec el cd es refl.* | Alós *Hogueras* 60: Se había pasado meses sin vestirse. Por la mañana se ponía unos pantalones y un jersey, y así iba todo el día. **d) ~ santos** → SANTO.
2 Poner [a alguien (*ci*) un vestido[1] [1] (*cd*)]. *Frec el ci es refl.* | Delibes *Cinco horas* 19: Carmen rasuró a Mario con la maquinilla eléctrica, le lavó, le peinó y le vistió el traje gris oscuro. Delibes *Siestas* 35: Sacó los calcetines de listas amarillas del fondo de un cajón y se vistió uno.
3 Usar [algo (*cd*)] como vestido[1] [1]. | M. BTobío *MHi* 2.55, 12: La juventud alemana se niega a entrar otra vez en los cuarteles y a vestir el uniforme. Riquer *Caballeros* 23: Delante de él cabalgaban los gentiles hombres de su acompañamiento ..; detrás era conducido un corcel cargado con las armas que debía vestir en la batalla. Delibes *Madera* 156: Aún vestía calcetines. **b)** Usar los vestidos adecuados [a un cargo o a una situación (*cd*)]. *Tb fig.* | SSolís *Blanca* 60: A veces me apetecerían bata y alpargatas, pero no, no, siempre bien puesta, sencilla, eso sí, que es lo difícil, deportiva si venía al caso, pero adecuada, vistiendo el cargo. Umbral *Mortal* 145: Comprendo que ya nunca llegaré a solemne, que nunca sabré eso que se llama vestir el cargo, vestir el nombre, vestir el prestigio.
4 Cubrir [algo], esp. adornándo[lo]. *Frec con un compl* CON. | Cunqueiro *Un hombre* 119: Los cuernos lo eran de un

sátiro elegante, que vestía los suyos con oricalco. *Lab* 2.70, 23: Dispóngase el mantel sobre un fondo de color, para vestir la mesa. **b)** Forrar [un armario empotrado]. | *Abc* 25.6.88, 7: Apartamentos de lujo .. Cocina totalmente amueblada. Baños de mármol. Armarios vestidos en dormitorios.
5 Dar elegancia [a algo (*cd*)]. | Delibes *Cinco horas* 20: La pena fue lo del ilustrísimo señor. Parece que no, pero un encabezamiento así, total dos palabras, viste a una esquela.
6 Hacer o suministrar los vestidos[1] [1] [a alguien (*cd*)]. *Frec el cd es refl.* | Villarta *Ya* 17.1.75, 47: Las grandes firmas de la costura .. dedican parte de su esfuerzo a vestir a las criaturas. SLuis *Doctrina* 82: Los padres deben amar, sustentar y educar cristianamente a sus hijos .. Sustentarles, cuidando de su salud .., alimentándoles, vistiéndoles, aliviando sus dolencias.
B *intr* **7** Llevar un vestido[1] [1] [de características determinadas (*compl adv*)]. *Tb pr.* | S. Araúz *Inf* 26.6.78, 19: Era un hombre gris, la grisura misma .. Posiblemente vestía de gris. No de marrón o de azul, como el labrador en fiestas, y, por supuesto, tampoco de "sport". L. Pancorbo *Ya* 19.1.75, 8: Los ricos en Italia empiezan a tener miedo de ostentarlo .. No es que se vistan ya como la clase media, pero es difícil ya oír sus hazañas, sus cócteles, sus vanidades. **b)** **~ bien** (o **mal**, *u otro adv equivalente*). Usar vestidos buenos o elegantes (o no). | Medio *Bibiana* 82: El locutor dobla la esquina, acompañado de una muchacha muy bien vestida. Olmo *Golfos* 157: Mi padre es alto y viste con mucha pulcritud.
8 Ir [alguien] con vestidos[1] [1] elegantes o a propósito para una ocasión solemne. *Frec en la loc* DE ~. | *Ya* 23.5.73, 30: Sandalias señora, para vestir y sport. Villarta *SYa* 12.5.74, 33: Ni que decir tiene que el algodón ha de utilizarse en todos los momentos. Incluso para más vestir. *GTelefónica N*. 186: Bolsos Domingo. Bolsos de vestir.
9 Ser [un vestido o la materia de que está hecho] elegante o a propósito para una ocasión solemne. | * Ese traje no viste. * La seda viste más que la lana. * El charol viste mucho.
10 Ser o resultar elegante [algo]. | Aize *DNa* 14.5.77, 25: Van al río porque está de moda, porque viste mucho.
II *loc pr* **11 el mismo que viste y calza.** (*col*) Confirma enfáticamente la identidad de la pers que se acaba de nombrar. | ZVicente *Balcón* 61: –¿La novia del aviador extranjero? –¡La misma que viste y calza!

vestuario *m* **1** Conjunto de los vestidos[1] [de alguien]. | Ribera *Misal* 36: Es [el cíngulo] muy secundario en el vestuario litúrgico, y lo impone la estética y la necesidad de ceñirse el alba. **b)** *En una representación escénica:* Conjunto de los vestidos empleados. | ZVicente *Traque* 159: Y Ramona, la gallega de Redondela que cuidaba del vestuario [del circo], pues que agarró una pleuresía.
2 Ayuda que, en dinero o en especie, se da para vestuario [1] a una pers. que pertenece a un determinado cuerpo o disfruta de determinada situación. | * Los guardias tenían una asignación llamada vestuario.
3 *En un teatro o en un local público:* Lugar destinado a vestirse. | *SInf* 21.11.70, 1: En su interior el [avión] "Minifalcon" tiene un pequeño vestuario y un bar frente a la puerta de acceso.

vesubiano -na *adj* Del Vesubio (volcán italiano). | J. G. Manrique *Ya* 5.9.74, 8: Nápoles es nuestra segunda entidad continental europea. Calles alcantarilladas, .. recinto amurallado con siete puertas de escape desde el mar a la ladera vesubiana del Sarno.

veta[1] *f* **1** Faja o lista de calidad o color diferentes a los de la masa en que se encuentra. *Tb fig.* | Delibes *Historias* 95: A mí siempre me intrigó el fenómeno de que hubiera allí una veta aislada de piedras de granito que, vista en la distancia .., parece un extraño lunar. PAyala *Abc* 29.6.58, 3: Llevaba en sus venas vetas de sangre eslava.
2 (*Min*) Filón pequeño. | Legorburu-Barrutia *Ciencias* 341: Si los filones son pequeños se llaman vetas o venas.

veta[2] → BETA[2].

vetar *tr* Poner el veto [a alguien o algo (*cd*)]. | J. M. Moreiro *SAbc* 13.9.70, 47: La cultura es una riqueza que nadie tiene derecho a vetar.

veteado -da *adj* Que tiene vetas[1] [1]. | *SAbc* 9.3.69, 52: Despacho, Chimenea moderna de mármol veteado amarillento.

vetear *tr* Hacer que [algo (*cd*)] tenga vetas[1] [1]. | Laiglesia *Tachado* 65: Tenía el cabello pajizo, veteado de canas, que hacía resaltar un par de orejas formidables y bastante coloradas.

veteranía *f* Cualidad de veterano. | PRivera *Discursos* 23: Nuevos valores han aflorado en él, todos ellos unidos a la veteranía en la fidelidad a una doctrina.

veterano -na *adj* [Pers. perteneciente a una condición o a un trabajo] antigua y experimentada. *Tb n. Tb fig, referido a cosa.* | Gironella *SAbc* 9.2.69, 18: La lista de participantes era realmente tentadora para un veterano aficionado como yo. Laforet *Mujer* 241: El policía, aquel muchacho, no era ningún veterano.

veterinario -ria **I** *adj* **1** De (la) veterinaria [3]. | *Puericultura* 53: La legislación sanitaria veterinaria establece que estas vacas enfermas no deben ser empleadas a este fin de alimentación.
II *n* **A** *m y f* **2** Pers. especialista en veterinaria [3]. | Laforet *Mujer* 302: En matemáticas soy el número uno .. También estoy fuerte en ciencias naturales, como quiero ser veterinario... M. Calvo *SYa* 27.4.75, 43: Existen 199.000 mujeres agrónomas, zootécnicas y veterinarias diplomadas de los institutos superiores.
B *f* **3** Ciencia que trata de las enfermedades de los animales. | *Abc* 9.4.67, 83: La clausura de la VIII Reunión Hispano-Francesa de Veterinaria se celebró esta mañana en la sala de juntas del Gobierno Civil.

vetiver *m* Planta gramínea originaria de la India, de raíz muy aromática, usada en perfumería (*Andropogon muricatus*). *Tb su raíz.* | M. Pajarón *Ya* 25.1.78, 37: Describía el patio interior, los tinajones de barro cocido que se humedecen fácilmente, la bolsa de vetiver escondida en la ropa y el olor a hinojo: ese perfume de la Cuba colonial que casi envuelve a barrios enteros.

veto *m* **1** Impedimento que tiene derecho a interponer una autoridad para la aplicación de un acuerdo. *Frec en la constr* PONER EL ~. | Arenaza-Gastaminza *Historia* 296: La O.N.U., no obstante su defecto fundamental de estar supeditada a las "cinco grandes" potencias con su derecho de veto, ha tenido notables éxitos en su misión pacificadora.
2 Acción de vedar o prohibir. *Frec en la constr* PONER EL ~. | Ramírez *Derecho* 21: Si bien la mujer casada no puede contratar, sí puede, en cambio, poner el veto a la contratación por parte de su marido sobre bienes inmuebles.

vetón -na (*tb con la grafía* **vettón**) *adj* (*hist*) [Individuo] del pueblo prerromano que habitaba parte de las actuales provincias de Zamora, Salamanca, Ávila, Cáceres, Toledo y Badajoz. *Tb n.* | Cela *Judíos* 186: Había por lo menos dos Abylas o Abulas –la de los vetones, que es el Ávila actual, y la de los bastitanos, a la que se tragó el tiempo–. **b)** De (los) vetones. | F. Barroso *Hoy* 31.3.79, 12: La mayoría de los geógrafos griegos y romanos consideran vettonas las ciudades de Cáparra y Kottaeóbriga (posiblemente, Ciudad Rodrigo).

vetustez *f* (*lit*) Cualidad de vetusto. | Lapesa *HLengua* 68: Estas y otras particularidades, unidas a los demás arcaísmos señalados antes, debían de dar al latín de España cierto dejo de vetustez.

vetusto -ta *adj* (*lit*) Viejo. *Frec con intención desp; referido a pers, con intención humorist.* | Carandell *Madrid* 22: Dentro, en las mal iluminadas oficinas, chupatintas ocultos detrás de grandes legajos vetustos donde se guarda la propiedad de las familias.

vexilología *f* Estudio de las banderas. | *Inf* 11.8.71, 18: Se ha celebrado en Turín el III Congreso Internacional de Vexilología.

vexilológico -ca *adj* De (la) vexilología. | *Prospecto* 1.88: Ateneo de Madrid .. Programa .. Día 31: Visita a Ávila. En colaboración con la Agrupación Especial de Estudios Vexilológicos, Heráldicos y Genealógicos.

vez **I** *f* **1** Punto determinado en el tiempo. *Normalmente en constrs de valor adv, sin prep:* UNA ~, ALGUNA ~. | *Abc* 25.6.75, 89: Una vez me pidió que la enviara un practicante. Medio *Bibiana* 13: Y José .. ¿Le has visto alguna vez llegar borracho a casa?

2 Vez [1] de las varias en que se repite un hecho o una circunstancia. *Frec en constrs ponderativas como* CIEN VECES, MIL VECES, UNA Y MIL (*o* CIEN) VECES. | *Puericultura* 62: Durante el segundo o tercer año debe efectuarse la revacunación, pero esta vez debe realizarse por medio de inyección. D. Galán *Tri* 12.6.71, 30: Quizá sea por esto por lo que la publicidad y la crítica más retrógradas insistan una y mil veces en pregonar que el cine de hoy es un cine lleno de pornografía y de violencia. MFVelasco *Peña* 239: Orestes porfió una y cien veces que estaba acérrimo a no catar gota de anís así le amarraran a un poste de tortura.

3 Turno (tiempo correspondiente a una pers. o cosa que forma serie con otras). | Delibes *Cinco horas* 170: Sacabas el genio por una futesa y, luego, .. cedías la vez en las tiendas. **b) a su** (*o* **mi, tu**) **~.** En su (mi, tu) turno y en correspondencia a la acción de otro. | Arce *Testamento* 25: –Estoy esperando que me digan para qué me han traído hasta aquí –dije a mi vez, fastidiado.

4 *En pl, precedido de un numeral o un cuantitativo, funciona como elemento multiplicador de cantidad o intensidad. Frec en constrs ponderativas como* MIL (CIEN, CINCUENTA, *etc*) VECES. | J. L. Sanz *Inf* 26.6.75, 8: La velocidad máxima que desarrolla el aparato es de dos veces la del sonido. * Esta boina es mil veces más elegante.

II *loc adj* **5 de una ~.** Cabal. | Benet *Nunca* 26: Allí está .. evocando las desventuras de su padre, un hombre de una vez. CBonald *Dos días* 33: –Quiero comprarle un manto a la Verónica .. Tiene que ser un manto de exposición, bordado de arriba abajo, ¿te estás enterando? –Sí, señor, lo que se dice un manto de una vez.

III *loc v* **6 coger** (*o* **ganar**) **la ~.** (*reg*) Ganar por la mano. *Tb fig.* | Halcón *Abc* 11.5.58, 6: En estas tierras fuertes de bujeo, en los claros entre chorro y chorro brota la yerba, que está siempre en acecho, y le coge la vez al sembrar. Y después, póngase usté a escardá.

7 hacer las veces [de una pers. o cosa]**.** Desempeñar de manera interina o no formal las funciones [de ella]. | Delibes *Historias* 102: Don Armando, que era librepensador y hacía las veces de Alcalde. Kurtz *Lado* 14: El tonto del pueblo hacía las veces de aguador, pero no daba abasto el pobre. Apicio *Sáb* 24.9.75, 61: En España no se generalizó en aquel tiempo [Edad Media] el uso de .. los trincheros –grandes rebanadas de pan que hacían las veces de plato, es decir, sobre las que se colocaban los manjares.

IV *loc adv* **8 a la ~.** Al mismo tiempo. | GPavón *Hermanas* 45: Parecía una casa en la que se hubiesen muerto todos a la vez.

9 a veces. En algunas ocasiones. *Tb* (*reg*) POR VECES *y* (*lit*) A LAS VECES. | CBaroja *Inquisidor* 44: Los magistrados civiles eran, a veces, más duros. Castroviejo *Abc* 25.3.58, 23: Fuera fungaba el largo viento sobre el frío violín de la nieve, mientras la "palloza" se estremecía por veces. Aldecoa *Cuentos* 1, 80: Salvador nunca tenía buen humor .. A las veces enseñaba los dientes y gruñía por bajo.

10 cada ~. Progresivamente. *Seguido de un comparativo.* | Pla *SAbc* 6.7.75, 15: Ahora cada vez me va interesando menos [la política].

11 de una ~. En una sola acción, o juntamente. | * Se lo comió todo de una vez.

12 de una ~. Por fin. *Se emplea referido a hechos cuya realización o terminación se espera con impaciencia.* | Laforet *Mujer* 16: Deseó que estallase de una vez la tempestad. **b) de una ~,** *o* **de una ~ para siempre,** *o* **de una ~ por todas** (*más raro,* **de una ~ para todas**)**.** Definitivamente. | *Inf* 6.6.74, 18: En estudio se encuentra el Estatuto del Derecho de Asociación .. y el asociacionismo político emergerá de una vez para siempre. Aranguren *Marxismo* 50: La pretensión, tan extendida entre los marxistas, de que [Marx] les dotó de fundamento científico, de una vez por todas, para entender los cambiantes fenómenos de la economía posterior, es muy cuestionable. J. Meliá *Nue* 16.6.68, 9: Hay que admitir, de una vez para todas, que los catalanes ya hablaban el catalán cuando se realizó la unidad de España.

13 de ~ en cuando, *o* (*lit*) **de ~ en ~.** De manera repetida, pero espaciada. | Céspedes *HEspaña* 2, 458: De vez en cuando, hechos de tipo político (rivalidades con Portugal) o económico (oro o perlas llegados en buena cantidad desde América) atraen su atención [de Fernando el Católico]

hacia los problemas descubridores. Aldecoa *Gran Sol* 47: El patrón los animaba de vez en vez.

14 en veces. Repartiendo la acción en varios momentos. *A veces con un numeral especificador.* | * Se lo voy a decir en veces, para no asustarle. * Esto te lo tomas en tres veces.

15 otra ~. Expresa la repetición de la acción enunciada por el v, o denota que esta acción es inversa de otra anterior. | FSantos *Catedrales* 19: Y más allá de la sacristía, pasamos junto a la capilla del Cristo, que con la poca luz parecía menos triste y maltrecho. Y otra vez el ruido allá en el órgano, y yo vuelta a temblar.

16 tal ~. Posiblemente. *Frec delante del v, que en este caso suele ir en subj.* | Arce *Testamento* 31: –Tal vez aciertes –se lamentó, pesimista.

17 una ~. *Precediendo a prop de part abs, denota que la acción expresada por el part es inmediatamente anterior a la del v pral.* | *Abc* 25.6.75, 89: Los vecinos están preocupados por el mal olor que todavía, una vez sacado su cadáver, despide la vivienda.

18 una ~. (*lit*) En otro tiempo. | *Cam* 25.8.75, 3: Hubo aquí una vez un editorial, titulado "Terrorismo" en el que se decían cosas, al parecer, no publicables. Qué le vamos a hacer. La Ley es la Ley.

V *loc prep* **19 en ~ de.** En sustitución de. *Frec precede a la mención de algo que se presenta como normal o esperable.* | *Inf* 31.7.75, 13: El cardenal Enrique y Tarancón se ha declarado .. del Athlétic de Bilbao, en vez del Castellón –siendo como es nacido en Burriana– o del Atlético de Madrid –siendo arzobispo de Madrid-Alcalá–. Ero *Van* 25.4.74, 30: Tras dura lucha con las olas alcanzó [el náufrago] la playa, al remitir la tempestad, y en vez de fugarse en un coche, entró a vestirse en una casa.

VI *loc conj* **20 una ~ que** (*reg,* **una ~**)**.** Después que. | *Abc* 25.6.75, 89: Me pidió que la enviara un practicante, pero una vez que fue no le dejó entrar. Arce *Precio* 118: Prefería hacerlo [el desayuno] en el hotel una vez estuviese afeitado y vestido.

21 toda ~ que. Puesto que. *Gralm en lenguaje admin.* | Ybarra-Cabetas *Ciencias* 49: Sin embargo, las clasificaciones puramente químicas no han resuelto el problema, toda vez que los minerales de un mismo grupo son a veces tan numerosos y distintos que no se ve entre ellos relación que facilite su estudio.

veza *f* Arveja. *A veces con un adj o compl especificador:* ERECTA O HIRSUTA, PERENNE O DE LOS PRADOS, *etc.* | Delibes *Castilla* 184: Hace tiempo, la alternativa del cereal era la algarroba o la veza, pero como eran muy costosas y rendían poco, ensayamos el girasol, que es lo que tenemos ahora. Remón *Maleza* 126: Especie: V[icia] hirsuta L. Nombre común: Veza hirsuta, Veza erecta .. En fase de plántula, su distinción respecto a la *V. cracca* se encuentra en las hojas, que son anchas, más cortas y de ápice redondeado. Remón *Maleza* 125: Especie: V[icia] cracca L. Nombre común: Veza de los prados, Veza perenne .. La distinción de otras vezas no presenta dificultad por la forma de las primeras hojas verdaderas, que en la *V. cracca* son estrechas, largas y puntiagudas; terminan por un zarcillo.

vía I *f* **1** Camino (faja de terreno allanada, limitada por los lados y destinada al tránsito). | *Alc* 1.1.55, 1: La calle de Pelayo, de Barcelona, una de las vías más céntricas y animadas de la Ciudad Condal. **b) ~ pública.** (*admin*) Calle, plaza o camino destinados al tránsito público. | *Ya* 9.4.68, 5: Todos los usuarios de las vías públicas deben dejar paso libre a los vehículos de los servicios de Policía, extinción de incendios o asistencia sanitaria que circulen en servicio urgente. **c) ~ férrea.** (*lit*) Ferrocarril (medio de comunicación). | Arenaza-Gastaminza *Historia* 281: En menos de un siglo los medios de transporte han asegurado la comunicación entre las diversas partes del mundo por medio de una vasta red de vías férreas, de líneas de navegación, de carreteras y autopistas.

2 Camino (lugar por donde se puede pasar). | M. Alcalá *Inf* 23.2.70, 17: –¿Por qué no llegaron a la cumbre? –Por culpa de la tormenta tuvimos que parar la escalada .. –Quizá falló porque pretendiese[n] abrir una nueva vía en la pared del Naranjo. –No. Fuimos por el itinerario normal de la cara oeste. **b) ~ de agua.** Abertura accidental por la que penetra agua en una embarcación. *Tb fig.* | *Bal* 21.3.70, 14: El buque .. tenía una importante vía de agua. Delibes *Guerras* 123: Conque se llegó orilla mía, el sargento, digo, y,

¡Pacífico Pérez!, que yo, a ver, ¡servidor!, y él, muchacho, tú ya estás cumplido, que yo, ¿tan pronto?, y él, tienes tres vías de agua: cegato, estrecho de pecho y los pulmones agujereados.
3 Medio a través del cual se establece un tránsito o una comunicación. | Zubía *Geografía* 115: Vías de comunicación. Son los medios empleados para el transporte de mercancías, viajeros, noticias, etc. Pueden ser terrestres, acuáticas, aéreas. Zubía *Geografía* 259: Los ríos principales son el Mackenzie y el San Lorenzo, que es una magnífica vía navegable. A. Pelayo *Ya* 6.4.78, 18: Los restos mortales del que fue político socialista español y presidente del Gobierno durante la República, don Francisco Largo Caballero, llegarán hoy a Madrid por vía aérea procedentes de París. **b)** Conducto a través del cual llega algo. | Alvarado *Anatomía* 159: Las vías de la invasión varían mucho. Para unas enfermedades es el aparato respiratorio; para otras, el digestivo; para otras, la piel. Laforet *Mujer* 164: Los chismes escandalosos de las señoras les sabía Amalia por las "sucedáneas", a quienes a su vez les llegaban por vía masculina. *Prospecto* 3.76: Neurocatavín-Dexa (Inyectable) .. Después de disolver el contenido del vial se deberá aplicar inmediatamente (antes de una hora) por vía intramuscular profunda. **c)** (*Anat*) Conducto. *Con un adj especificador*. | Legorburu-Barrutia *Ciencias* 78: El aparato respiratorio consta de dos partes: las vías respiratorias y los pulmones.
4 Camino (medio o procedimiento). | *Cua* 6/7.68, 8: El general De Gaulle adoptó la vía formalmente democrática. Gambra *Filosofía* 162: De las cinco vías o pruebas tomistas, la tercera tiene un valor especial.
5 (*Rel catól*) Etapa de las tres que constituyen el camino de perfección de los ascéticos y místicos. | DPlaja *Literatura* 199: Ambas [ascética y mística] son parte del camino de perfección de la vida espiritual, que, según los teólogos, tiene tres etapas, en su acercamiento a la divinidad: 1. Vía purgativa .. 2. Vía iluminativa .. 3. Vía unitiva.
6 Conjunto formado por los raíles y traviesas [de un tren o tranvía] y el camino en que están asentados. | Escobar *Itinerarios* 90: El matrimonio tenía una taberna, hecha de tablas, frente al edificio de la estación de Quintanilleja, al otro lado de la vía. Olmo *Golfos* 141: La Parroquia no está cerca. Saliendo de las chabolas, hay que subir por el Callejón del Sordo, y luego, vía adelante, llegar hasta la última parada del tranvía. **b)** Raíl. | Mendicutti *Señas* 67: Un tren avanzaba en aquel momento por las vías de la estación. **c)** Espacio que media entre los dos raíles. | Zubía *España* 276: Los ferrocarriles .. Pueden ser de vía ancha y de vía estrecha. **d)** Espacio que media entre las ruedas delanteras o traseras de un vehículo. | APaz *Circulación* 227: La distancia entre ejes se llama paso o batalla, y vía la separación o anchura entre las ruedas delanteras o entre las ruedas traseras.
7 ~ libre. Posibilidad de paso. *Frec fig.* | Medio *Bibiana* 20: Su silencio [de Marcelo] indica a Bibiana que hay vía libre.
8 ~ muerta. Vía [6] que no tiene salida y que sirve para apartar vagones o locomotoras en una estación. | Torbado *En el día* 167: No se oían voces: únicamente los violentos choques de los furgones entre sí, al ir frenando la locomotora, y el apagado resoplido de otras máquinas que maniobraban en vías muertas. **b)** Situación de total paralización o abandono de un asunto. | * El asunto está en vía muerta.
9 cuaderna ~. (*TLit*) Estrofa compuesta de cuatro versos alejandrinos monorrimos, propia de los ss. XIII y XIV. | DPlaja *Literatura* 75: El mester de clerecía tiene unas reglas precisas –la "cuaderna vía"– para su métrica.
II *loc adj* **10 de ~ estrecha.** (*col*) De poca categoría o importancia. | *Tri* 12.12.70, 31: No vives, estás empezando a morirte desde que naces. Esto ya es una cuestión filosófica de vía estrecha, pero es así.
III *prep* **11** Pasando por. *Normalmente seguido de un n propio geográfico.* | *Van* 4.11.62, 6: Para evitar transbordos se ha organizado un servicio provisional vía Zamora-Astorga-Monforte. **b)** A través de, o por medio de. | M. F. Ruiz *Pue* 3.5.66, 5: Vía París llegó una precisión, que no ha encontrado confirmación en los círculos diplomáticos españoles.
12 en ~s de. En proceso de. *Seguido de un n de acción o de un infin.* | M. Rubio *Nue* 31.12.69, 18: Pocas veces nuestro cine .. –salvo los grandes maestros en vías de desaparición– nos h[a] dado un plano tan real.
13 por ~ de. (*lit*) A modo de. | CBaroja *Inquisidor* 43: Tomemos otro caso concreto por vía de ejemplo.

viabilidad *f* Cualidad de viable[1]. | Castilla *Humanismo* 11: Con la presencia ante nuestros propios ojos del hecho decisivo de la historia contemporánea, a saber, el triunfo de la revolución de octubre en la Rusia de los Zares y la viabilidad del pensamiento marxista.

viabilizar[1] *tr* Hacer que [algo (*cd*)] sea viable[1]. | G. POlaguer *Mun* 12.12.70, 56: Esta doble función viabiliza al máximo la comercialidad de la obra.

viabilizar[2] *tr* Hacer que [algo (*cd*)] sea viable[2]. | J. Menéndez *Abc* 21.8.66, sn: De esta forma puede viabilizarse el acceso a lugares antes incomunicados.

viable[1] *adj* **1** Que puede ser realizado. | Clara *Sáb* 10.9.66, 46: Tiene una visión clara y precisa del delicado problema que expone, para el que ofrece una solución que me parece viable y muy sensata.
2 (*Biol*) Que puede vivir. | Navarro *Biología* 226: No existen mujeres hemofílicas porque no es viable el embrión en ellas.

viable[2] *adj* Transitable. | Delibes *Historias* 102: Era una pequeña meseta sin acceso viable.

vía crucis (*tb con las grafías* **viacrucis** *o* **vía--crucis**; *pronunc corriente*, /bía-krúθis/ *o* /biakrúθis/; *pl invar*) *m* **1** (*Rel catól*) Camino señalado por catorce cruces, que simboliza el recorrido por Jesús hasta el Calvario. | *Tri* 13.4.68, 3: Los agricultores de Valverde de la Vera se "crucifican" la noche del Jueves Santo y recorren penosamente las catorce estaciones del viacrucis. **b)** Conjunto de las catorce cruces que señalan el vía crucis, o de las cruces o cuadros con que se representa en el interior de la iglesia. | Ridruejo *Castilla* 2, 264: A su derecha sube el camino de la Piedad con su Vía Crucis de granito. Esta Piedad es una eminencia pelada de la serrezuela del Pinarillo.
2 (*Rel catól*) Ejercicio piadoso en que se conmemora la subida al Calvario y que se reza recorriendo las catorce estaciones. | Ribera *Misal* 1504: Es necesario, para ganar las indulgencias del Vía crucis, moverse de lugar, por poco que sea, entre estación y estación.
3 Sufrimiento prolongado, o serie de sufrimientos. | J. CCavanillas *Abc* 6.6.67, 69: La señorita egipcia .. me había hecho pasar por un "vía-crucis" toda la mañana, negándome obstinadamente un "visado".
4 (*col*) Recorrido por varios bares o tabernas. *Frec en la constr* HACER EL ~. | Carandell *Tri* 15.7.72, 12: Los "del bocho" con sus "chapelas" y sus bufandas rojiblancas ocuparon materialmente la ciudad. Hubo "chiquiteo" y "vía crucis" por bares y tabernas, lo cual gustó al ramo de la hostelería y al madrileño medio, muy dado, como se sabe, al "alterne".

viador -ra I *adj* **1** (*lit*) Viajero. *Tb n, referido a pers.* | Laín *Marañón* 212: En el fondo insobornable de su persona, Marañón se sentía viajero, caminante, viador. Laín *Marañón* 158: Esa arraigada creencia suya en la condición viadora del hombre.
II *m* **2** (*Rel*) Pers. que está en esta vida y camina a la eternidad. | L. Valeri *Van* 4.11.62, 9: Todos nosotros que, unidos por el espíritu de Cristo, formamos la Iglesia, viadores al fin en este mundo como Iglesia militante.

viaducto *m* Puente construido sobre una hondonada para el paso de un camino o una vía férrea. *Tb fig.* | MSantos *Tiempo* 99: El suicida del viaducto, juntito a donde debiera estar la catedral y solo luce el esplendor de la Casa. R. RRaso *Rev* 12.70, 8: Cualquiera de estas dos líneas del cine de Clair le sirv[e] de viaducto para su sátira humorística, poco aristada, pero sincera.

viajado -da *adj* **1** *part* → VIAJAR.
2 Que ha viajado. *Gralm con un adv cuantitativo.* | GPavón *Hermanas* 29: Llenaban el coche .. soldados y otras criaturas poco viajadas. Berlanga *Gaznápira* 128: El Alcalde, más viajado, aplicaba con gran provecho el invento de los moros, aprendido cuando sirvió en África.

viajador -ra *m y f* (*raro*) Viajero. | Escobar *Itinerarios* 260: A fin de cuentas, el viajero o viajador siempre habla de la feria según le va en ella.

viajante – vianda

viajante *m* Representante de una casa comercial, que hace viajes para efectuar sus ventas. *Tb* ~ DE COMERCIO. | Cela *Judíos* 78: El viajante en pastas para sopa sonrió satisfechamente y endulzó la voz. Laiglesia *Ombligos* 65: Las maletas adquiridas por Juan habían pertenecido a un viajante de comercio.

viajar A *intr* **1** Trasladarse [a un lugar, gralm. distante]. | *Ya* 25.10.77, 15: Carrillo y Dolores Ibarruri viajarán el día 2 a Moscú. **b)** Trasladarse de un lugar a otro, gralm. distante. *Frec con un compl adv que expresa el medio.* | Benet *Nunca* 9: Preguntaba que por qué seguíamos empeñados en viajar sin sentido. J. B. Filgueira *SYa* 6.1.74, 30: Sobre esta preocupación psicológica del vuelo habría mucho que hablar. Parece ser que no se acaba de desterrar del todo, a pesar de la seguridad que hoy ofrece el viajar en avión. **c)** Ser transportada [una cosa, esp. una mercancía]. | * La mercancía viaja por cuenta de la empresa. * El coche viaja gratis si vamos toda la familia en tren.
2 (*jerg*) Estar bajo los efectos de un alucinógeno. | * Con una dosis así no viajas ni cinco minutos.
B *tr* **3** (*lit*) Recorrer [un territorio]. | Cela *Judíos* 15: A nadie se le ocurrirá jamás viajarse Castilla la Vieja de cabo a rabo y de una sentada.
4 Ser viajante [de un producto o de una casa comercial (*cd*)]. | Cela *Viaje andaluz* 202: Ya no viajaba alpargatas, sino radiorreceptores, abonos químicos, elevadores de agua, recambios de motocicleta y de automóvil y maquinaria agrícola en general. Cela *Judíos* 78: El viajante en pastas para sopa sonrió satisfechamente y endulzó la voz .. –Yo, como le digo, no soy rencoroso y, para demostrárselo, le voy a obsequiar a usted con un producto de la casa que viajo.

viajata *f* (*raro*) Viaje [1], esp. fatigoso. | G. ÁLimeses *Abc* 16.2.68, 24: El bebedizo que la leyenda antillana ofrecía mediante la viajata de las pocas millas que mediaban desde la fortaleza de San Juan a los manantiales de magia de que hablaban los indios.

viaje I *m* **1** Acción de viajar. *Tb su efecto.* | *Alc* 1.1.55, 3: Emprendió el viaje a Madrid, en automóvil, a las ocho y media de la mañana. **b)** Ida [a un lugar cercano]. | * Ha hecho ya veinte viajes a la cocina. ZVicente *Balcón* 52: Las mujeres están con la boca abierta, suspenso el viaje de la taza a los labios. **c)** (*jerg*) Alucinación producida por una droga. | AMillán *Juegos* 99: –Qué tontería... Pero a mí... ¿Saben qué me da [*sic*] estas cosas? –Como un sopor ¿no? –Ya está usted en el viaje... Fume más y... –¡Qué viaje! Hambre... Esto a mí me da hambre. **d) último ~.** (*lit*) Muerte. | Escobar *Itinerarios* 250: Al morir dejó dicho y escrito .. que los que llevaran la caja celebrasen con una gran comilona y bebidona su último viaje.
2 Carga que puede transportar alguien de una vez en un solo viaje [1]. | Aparicio *César* 45: Recordó también la conversación entre el mulero y Arcadio Badillo: .. "¿Cuánto quieres por un viaje de cantos hasta esta obra?"
3 Conducto de agua desde un manantial o depósito para el consumo de una población. *Tb* ~ DE AGUA. | J. J. Perlado *HLM* 21.11.77, 13: El tiempo tiene sótanos, y, si escuchamos, ahí va el hilo del agua en viajes subterráneos por el Madrid inmóvil. Á. Río *Ya* 7.2.74, 33: Los antiguos viajes de agua y las tuberías procedentes del depósito de la Reina aliviaban algo ese sed que Madrid padecía todos los veranos.
4 Camino que sigue un animal. | Berenguer *Mundo* 16: Si yo no hubiera entrado al vedado, ¿cómo podía conocerme las querencias, los viajes, los correderos, dónde parió la cochina y cuántos rayones se cuajaron en el Berrocal? **b)** (*Taur*) Dirección que sigue el toro o el torero al ejecutar una suerte. | A. Navalón *Inf* 27.11.70, 31: Está claro que a los toros inadecuados para la tanda de naturales se le pueden dar veinte o treinta pases diferentes, aprovechando sus querencias, sus viajes y hasta sus medias arrancadas.
5 (*col*) Acometida con arma blanca. *Frec con el v* TIRAR. | Cunqueiro *Un hombre* 58: Hieres por vez primera y retiras, y como el herido se encoge, vuelves por segunda vez, ahora media cuarta a la derecha, y el viaje paralelo al primero. Sastre *Taberna* 100: Por poco me deja usted seco, ¿eh? Me ha tirado un viaje a la tripa; me he dado cuenta. **b)** Acometida repentina. *Gralm con el v* TIRAR. *Tb fig.* | * El toro le tiró un viaje y lo enganchó por la taleguilla. Delibes *Año* 46: Esta mañana mordió la "Dina" una mano a mi vecina .. Rosario Fisac .. Al parecer, Rosario Fisac trató de encerrarla ..., y, al intentar acariciarle la cabeza, la tiró el viaje. Cela *Pirineo* 33: Los mozos durmiendo en el zaguán, y los amos, en la cocina y bien comidos, tirándoles viajes a las criadas y al porrón. Delibes *Emigrante* 98: Al Efrén .. le pregunté esta tarde si el tío llevaba muchos años de casado y él que no lo conoció de otra manera. Le tiré otro viaje, pero el marrajo, quieto parado. Al cipote de él la lengua le ha debido dar más de un disgusto.
II *loc adj* **6 de ~.** [Cheque] nominativo expedido por un banco, que se firma al adquirirlo y puede cobrarse en otro banco firmándolo de nuevo. | *Tri* 8.8.70, 2: Con los Cheques de Viaje del Banco Hispano Americano usted dispone de una cuenta corriente abierta en todas partes.
III *loc v y fórm or* **7 rendir ~.** → RENDIR.
8 buen ~. Fórmula de despedida para alguien que emprende un viaje. *Frec con intención irónica denotando desinterés total hacia el que se va o hacia algo que está en trance de perderse.* | J. B. Filgueira *SYa* 6.1.74, 31: ¡Buen viaje, míster Smith y compañía! Aldecoa *Gran Sol* 45: El bonito se desprendió del anzuelo. –Se ha ido; buen viaje. Saludos a tu madre, mozo –dijo Arenas.
9 para ese (este, semejante, *etc*) **~ no se necesitan (necesitaban, son menester,** *etc*) **alforjas.** (*col*) Fórmula con que se comenta lo insuficiente o poco satisfactorio que resulta lo conseguido. | A. Obregón *Abc* 3.6.73, 49: A veces, alguno no arranca en la pendiente y origina un parón en la "oruga" de vehículos, que claman venganza con el claxon. Para este viaje no necesitábamos alforjas subterráneas. MGaite *Retahílas* 148: El libro está bien escrito, eso quién te lo niega, pero, chica, que el triunfo de las mujeres consista en tenerse que volver tan liantes y antipáticas como la tal madame, para semejante viaje no habíamos menester alforjas.

viajero -ra *adj* **1** Que viaja [1]. *Frec n, referido a pers.* | A. GMolina *SYa* 13.7.75, 7: La Marina más viajera teme las consecuencias inmediatas de un choque con América. J. A. Santana *Día* 28.9.75, 43: Hay mujeres viajeras que, cuando llegan a una ciudad, todo se limita para ellas a ir del barco a los grandes almacenes .. En este aspecto, Alaska no es apta para esta clase de viajeras. *Economía* 348: Es de mala educación abusar de una invitación, haciendo que todos los viajeros del coche vayan incómodos por nuestra culpa.
2 [Pers.] aficionado a viajar [1]. | * Él es muy viajero, pero a ella le gusta más la tranquilidad. **b)** Propio de la pers. viajera. | *Rev* 7/8.70, 22: *España y otros mundos* es un libro casi de relatos, escrito con rigor y con profunda y muy rica personalidad viajera.
3 De(l) viaje o de (los) viajes [1a]. | C. Castroviejo *HLM* 12.11.73, 19: El libro "Por los caminos de Europa" demuestra lo mucho y bueno que puede dar de sí el oficio de andar y ver. La actividad viajera tiene diversas formas de ejercicio.
4 (*jerg*) Drogadicto. | * El pub estaba lleno de viajeros dándole al porro.

vial¹ I *adj* **1** De (la) vía [1]. | *Abc* 16.12.70, 60: Las conferencias se desarrollaron bajo la temática de primeros auxilios a accidentados de tráfico, conciencia vial.
II *m* **2** (*reg*) Calle, esp. bordeada de árboles. | Goytisolo *Recuento* 155: Barrios residenciales .., de airosas y matizadas villas, armonías de antaño .., jardines soleados, viales tranquilos desarrollados en suave faldeo hasta el pie del contorno montañoso. *Des* 12.9.70, 42: Se vende casa solar. Cuatro viales. 50 m. Plaza Mayor.
3 (*admin*) Vía pública. | RMartín *Mad Extra* 12.70, 7: El Ministerio ha decidido que la altura edificable no sobrepase nunca la equivalente a vez y media el ancho de los viales, impidiendo así la congestión urbana en los barrios.

vial² *m* Frasco pequeño destinado a contener un medicamento, esp. inyectable. | *Prospecto* 3.76: Neurocatavín-Dexa (Inyectable) .. Después de disolver el contenido del vial se deberá aplicar inmediatamente (antes de una hora) por vía intramuscular profunda.

vialidad *f* (*admin*) Conjunto de servicios pertenecientes a las vías públicas. | Espona *Inf* 2.5.74, 8: Puesto ello en conocimiento de la Delegación correspondiente del Ayuntamiento, esta .. ordenó a la Jefatura de Vialidad se ocupara de la oportuna protección y dirección.

vianda *f* (*lit*) Alimento destinado a las perss. | *Abc* 19.12.70, 56: A millares salen de sus casas los valencianos y sobre todo las valencianas, haciendo acopio de viandas y golosinas para celebrar la Navidad.

viandante *m y f* Pers. que va caminando. | VParga *Santiago* 25: Cercana se levanta la Cruz de Ferro, en la que cónico montón de piedras, arrojadas a su pie por los viandantes, da testimonio de una vieja costumbre de los peregrinos.

vianés -sa *adj* De Viana (Navarra). *Tb n, referido a pers.* | A. Coronado *Pen* 20.8.74, 15: La corrida del domingo en Tafalla .. Estupendo par de El Sevilla –el "vianés" estuvo en gran figura del peonaje– y dos pares más de su compañero.

viario -ria *(admin)* **I** *adj* **1** De (las) vías [1] públicas. | J. Carvajal *Mad* 22.1.70, 3: Las ciudades tienen tendencia a esponjarse, .. los trazados viarios tienen que tener en cuenta el hecho del automóvil y todas las necesidades de espacio que de él se derivan.
II *m* **2** Red viaria [1]. | R. MIzaguirre *Inf* 18.7.75, 15: Reordenación de la circulación en los viarios locales de cada distrito o barrio, de forma que se consiga una canalización del tráfico no local por las vías previstas en la Red Arterial de Madrid.

viático *(frec escrito con inicial mayúscula en acep 1) m* **1** *(Rel catól)* Comunión que se administra a un enfermo que está en peligro de muerte. | Ribera *Misal* 1595: Una vez recibido el Viático, no es necesario que el enfermo guarde el ayuno natural, si comulgare otros días, aunque fuera cada día, dentro de la misma enfermedad.
2 Prevención, en especie o en dinero, de lo necesario para el sustento del que hace un viaje. | Aguilar *Experiencia* 343: Decidieron embarcarme de noche, en un mercante .. Un grupo de amigos había realizado apresuradamente una suscripción, reuniendo cincuenta duros como viático. **b)** Cantidad que se abona a determinadas perss. para gastos de viaje. | Torrente *Vuelta* 135: La Regla dice: cuando un fraile quiera salirse del monasterio, el prior le entregará, como viático, una cantidad prudencial, suficiente para que no carezca de alimentos al menos durante una semana.

víbora I *f* **1** Serpiente venenosa de mediano tamaño, con cabeza triangular y gralm. con una franja oscura en zigzag a lo largo del lomo (gén. *Vipera* y otros). *A veces con un adj o compl especificador:* ~ COMÚN, EUROPEA *o* PÉLIADE (V. berus), ~ ÁSPID (V. aspis), ~ CORNUDA (V. ammodytes), *etc.* | Noval *Fauna* 391: La Víbora común (*Vipera berus*) abunda en Asturias .. El macho es menor que la hembra y rara vez se ve en Asturias una víbora con longitud superior a los 50-60 cm. Noval *Fauna* 392: En el Oriente asturiano se han capturado ya ejemplares de la Víbora áspid (*Vipera aspis*), más fina que la especie berus. C. PSantos *SYa* 15.6.75, 53: Las peligrosas son: la víbora común, o péliade (Vipera berus), la víbora áspid o áspid común (Vipera aspis). Ybarra-Cabetas *Ciencias* 374: Hay una víbora muy curiosa, denominada víbora cornuda o aspial, que posee sobre cada uno de sus ojos una lámina córnea.
2 *(col)* Pers. mordaz y maldiciente. | SSolís *Camino* 282: –Pues aplícate el cuento, mamina, que eres una cotorra .. –¡Ya estás tú...! ¡Víbora, más que víbora! ¡Siempre zahiriendo a tu madre!
II *loc adj* **3** de ~. *(col)* [Lengua] mordaz y maldiciente. *A veces la loc* LENGUA DE ~ *se aplica a la propia pers que la tiene.* | Salom *Casa* 279: ¡Hija de tu madre tenías que ser, lengua de víbora!

viborera *f* Planta herbácea propia de lugares incultos, con tallo y hojas muy híspidos y flores azules o violáceas (*Echium vulgare*). | Cela *Viaje andaluz* 190: En el campo de Osuna crecen, cada una con su aroma y con su virtud para curar la enfermedad, la malva y el malvavisco, la manzanilla y la zaragatona, el orozuz y la viborera, la centaura y la hoja del llantén.

viborero *m (hist)* Recipiente farmacéutico para guardar serpientes venenosas de aplicación terapéutica. | J. R. Alfaro *SInf* 25.11.70, 2: Los farmacéuticos, generalmente, las adquirían vivas [las víboras] para conservarlas en viboreros.

viborezno *m* Cría de la víbora. | Alvarado *Zoología* 88: Los huevos [de la víbora] son exactamente iguales que los de las demás culebras, pero en vez de ponerlos para que se incuben abandonados, los incuba dentro de su cuerpo,

y la madre pare en agosto unos cuantos viboreznos perfectamente conformados.

viborillo *m* Planta herbácea propia de lugares incultos, con flores violáceas en panícula (*Echium plantagineum*). | Mayor-Díaz *Flora* 459: *Echium plantagineum* L. "Viborillo" .. Tallo ramoso .. Flores azules, violáceas, grandes, en panícula laxa. Cáliz híspido .. No frecuente .. Escombreras, bordes de caminos.

vibración *f* **1** Acción de vibrar. | J. PIriarte *Mun* 23.5.70, 17: Toda la ciudad vibra culturalmente; no hay margen de tiempo suficiente para dejar morir esa vibración porque pronto se producen nuevos acontecimientos.
2 Movimiento completo de vaivén de un cuerpo que vibra [1]. | Marcos-Martínez *Física* 57: El oído humano solamente puede percibir el sonido si el número de vibraciones varía desde 16 hasta 40.000 por segundo.
3 *En pl:* Conjunto de sensaciones o sentimientos instintivos que percibe una pers. como emanados de otra pers. o de un lugar o un objeto. *Frec* BUENAS ~ES. | I. Prat *D16* 16.3.85, 48: Es tímida y fuerte y le gusta rodearse de gente que le dé buenas vibraciones.

vibrado -da *adj* **1** *part* → VIBRAR.
2 Que tiene vibración. | FCid *Abc* 6.12.70, 73: ¿Por dónde empezar? Quizá por el sonido, grandísimo, llenísimo, vibrado –con un "vibrato" precioso– y rico en colores.

vibrador -ra I *adj* **1** Que vibra. *Tb fig. Tb n f, referido a máquina.* | Marlasca *Abc* 21.4.70, 43: Una correa vibradora y adelgazante que amenaza ya con invadir los cuartos de baño para devolvernos una esposa bien silueteada. T. Medina *SAbc* 1.6.75, 12: Me alegra encontrarle todavía en su constante y vibradora juventud de los ochenta y tantos años de su vida. *Hoy* 28.4.76, 10: Igualmente se intervinieron 15 cajas conteniendo propaganda diversa .. e incluso una máquina vibradora para empaquetado. A. Crovetto *Ya* 4.1.74, 8: Allí, en el pozo, en vez de música sonó el vibrar de los martillos perforadores, y los rezos, que los habría, fueron en silencio, en ese silencio impresionante del tajo en el que sólo se escucha el eco de las vibradoras o el golpe seco del picotazo.
II *m* **2** Aparato destinado a producir vibraciones. | Mingarro *Física* 89: El procedimiento experimental de ponerlas de manifiesto consiste en hacer interferir un mismo tren de ondas, producido por un vibrador único, al cual se le obliga a recorrer distintos caminos que convergen de nuevo en un punto dado. **b)** Aparato que se emplea para vibrar el hormigón. | GTelefónica *N.* 654: Maquinaria para la Construcción y Obras Públicas. Cintas transportadoras .. Dumpers. Vibradores. Rodillos. **c)** Consolador eléctrico. | LevS 6.5.89, 67: Todo en películas y vídeos *porno*, consoladores, vibradores, cremas, etc.

vibrafonista *m y f* Músico que toca el vibráfono. | Marco *HMúsica* 249: Werner Heider (1930), que se orienta hacia una renovación de la técnica de los instrumentos, a veces en relación con la experiencia del jazz libre. *Katalog* (1966), para un vibrafonista, es una muestra de ello.

vibráfono *m* Instrumento músico de percusión semejante al xilófono, compuesto de placas de acero situadas sobre resonadores metálicos que funcionan eléctricamente. | FCid *Abc* 15.11.70, 74: En su primera parte se utiliza un portamento muy expresivo. En la segunda, "pizzicatos", miniaturismos, con participación de celesta, piano, arpa, vibráfono, campanólogo, timbres.

vibrante *adj* **1** Que vibra. | *Abc* 18.6.72, 20: Cribas vibrantes Treico. Ventas en almacenes de maquinaria.
2 Que hace vibrar [3]. | *Ya* 18.7.78, 10: En una improvisada y vibrante alocución, el teniente general Liniers señaló el honor que significaba para él imponer esas distinciones a los jefes militares argentinos.
3 *(Fon)* [Sonido] que se produce con vibración de la lengua. *Tb n f, designando consonante.* | Alarcos *Fonología* 82: En coreano no hay más que un fonema líquido, realizado como lateral o vibrante, según el contexto. Alarcos *Fonología* 82: Con cierta frecuencia las líquidas se escinden en dos clases: las laterales y las vibrantes o intermitentes. **b)** De los sonidos vibrantes. | Alarcos *Fonología* 82: Las líquidas de tipo vibrante presentan en el espectrograma el característico silencio correspondiente a la(s) interrupcion(es) de la articulación.

vibrantemente – vicario

vibrantemente *adv* De manera vibrante [2]. | *NotB* 18.4.73, 27: En los siguientes asaltos del noveno al undécimo, Clark fue enderezando nuevamente de modo claro la pelea a su favor, pero Zurlo reaccionó vibrantemente en el asalto duodécimo, que se adjudicó plenamente.

vibrar **A** *intr* **1** Moverse [algo] alrededor de sus posiciones naturales de equilibrio, con un movimiento muy rápido y de poca amplitud. | Laforet *Mujer* 190: Colgó el teléfono .. El aparato parecía vibrar estremecido por la verbosidad de Amalia. *Ya* 27.6.73, 22: Yo creo que lo que nos salvó es que se trata de un edificio antiguo con mucha contención. Porque, oiga usted, vibró todo lo que quiso.
2 Tener [la voz] una sonoridad trémula a causa de la emoción. | * La voz le vibraba al pronunciar aquellas palabras.
3 Estremecerse [alguien] íntima o emocionalmente. | Laforet *Mujer* 75: A Paulina le gustaban .. los cafés llenos de gentes que charlan vivamente, discuten, vibran hasta las altas horas de la mañana. J. PIriarte *Mun* 23.5.70, 17: Mario Vargas Llosa, escritor peruano, va a fijar su residencia en Barcelona .. Cuando se produce un acontecimiento de este carácter, toda la ciudad vibra culturalmente.
4 Palpitar o manifestarse con fuerza [algo]. | *Alc* 1.1.55, 3: Periodistas y escritores que .. sean .. como la llama viva del mejor espíritu, que haga vibrar en nuestras páginas el interés.
B *tr* **5** Hacer que [el hormigón (*cd*)] vibre [1] para hacer[lo] más compacto y resistente. *Normalmente en part.* | *Abc* 14.5.72, 38: Herramienta múltiple autónoma. Perfora. Rompe. Apisona. Retaca. Palea. Vibra el hormigón. Achica el agua. *Villena* 101: Viguetas normales para forjados de pisos. Jácenas para grandes resistencias .. Cuchillos de hormigón armado y vibrado.

vibrátil *adj* (*lit* o *CNat*) Que vibra [1]. | Bustinza-Mascaró *Ciencias* 107: El paramecio .. El cuerpo tiene una forma como de zapatilla y está cubierto de una membrana que lleva muchos cilios o pestañas vibrátiles. Pinillos *Mente* 72: El cerebro se concebía entonces como una especie de centralilla telefónica .. Al final de la conducción, en lugar de un timbre o una membrana vibrátil, había un músculo o una glándula.

vibrato *m* (*Mús*) Ondulación del sonido producida por una rápida y ligera variación de tono. | FCid *Abc* 6.12.70, 73: ¿Por dónde empezar? Quizá por el sonido, grandísimo, llenísimo, vibrado –con un "vibrato" precioso– y rico en colores.

vibrátor *m* Aparato destinado a dar masaje mediante vibraciones. | *Ya* 28.5.67, sn: Vibrátor con rascador automático .. Pieza de masaje corporal.

vibratorio -ria *adj* De (la) vibración. | Bustinza-Mascaró *Ciencias* 369: El temblor es un movimiento vibratorio con un foco central, y se transmite en todas direcciones.

vibrio *m* (*Biol*) Vibrión. | Navarro *Biología* 252: El vibrio séptico .. origina la gangrena gaseosa.

vibrión *m* (*Biol*) Bacteria ciliada de forma encorvada (gén. *Vibrio*). | Bustinza-Mascaró *Ciencias* 95: Pueden presentarse [las bacterias] en formas cortas encorvadas formando comas o vibriones.

vibro- *r pref* Denota funcionamiento o realización por vibración. | *Por ej:* GTelefónica *N*. 314: Geotécnica Stump. Estudios Geotécnica. Cimentaciones. Inyecciones. Excavaciones sótanos. Muro anclado Stump. Anclajes. Recalces especiales. Vibroflotación. *Abc* 26.2.58, 52: Losas terrazo vibroprensadas, primera calidad.

vibromasaje *m* Masaje vibratorio. | *Tri* 24.4.71, 24: Sunbeam Ibérica, S.A.: Abrelatas automáticos .. Trituradora de carnes y vegetales. Vibromasaje. *[En el texto,* vibro masaje.*]*

vibromasajista *adj* De(l) vibromasaje. | *SYa* 27.10.74, 40: Esto significa que su "cinturón vibromasajista" disuelve en 10 minutos la misma cantidad de grasa que un masajista clásico en 60 minutos.

vibroterapia *f* Tratamiento terapéutico con vibraciones. | *Abc* 21.5.72, 8: Nos ponemos a su entera disposición con nuestras completas instalaciones para adelgazar y los mejores sistemas. Gimnasia sueca y con aparatos, masajes manuales, vibroterapia.

viburno *m* Arbusto de hojas caducas y ovales, flores blancas en corimbos y fruto en baya negra (*Viburnum lantana*). | Benet *Volverás* 16: Los cañones cortados a pico donde cantan los arroyos de montaña bajo el manto de una vegetación lujuriante y hostil (bosques de helecho gigante y fosos infranqueables rellenos de acebo, viburno y hierbabuena).

vicalvarense *adj* De Vicálvaro (Madrid). *Tb n, referido a pers.* | M. Jiménez *SYa* 17.6.73, 25: Vicálvaro dicen que llegó hace años hasta los límites de nuestro parque del Retiro .. Los vicalvarenses creen que el pueblo fue fundado a principios del siglo XVII por los vecinos de un desaparecido pueblo que se denominó Ambros.

vicaría **I** *f* **1** Cargo o dignidad de vicario. | *VNu* 9.9.72, 9: Los nombramientos pastorales .. revisten este año una transcendencia especial debido, en primer lugar, al volumen de puestos renovados .., y en segundo lugar, a la importancia de los cargos que se proveen (vicaría pastoral, secretaría de cámara, .. consiliarías de movimientos apostólicos...).
2 (*Rel crist*) Oficina del vicario [3 a 8]. | Miret *Tri* 26.12.70, 13: Estableció un cuestionario consultando a todas las personas que .. intervenían en la marcha de la Curia diocesana para buscar cauces de salida y solución a esta excesiva profesionalización burocrática de las vicarías.
3 (*Rel crist*) Demarcación correspondiente a un vicario [3, 4, 5 y 8]. | *Abc* 11.12.70, 33: La próxima división de la diócesis, a efectos de pastoral, en ocho vicarías que gozarán, cada una de ellas, de autonomía.
II *loc v* **4** pasar por la ~. (*col*) Casarse. | A. SPalomares *Sáb* 27.4.74, 30: Una muchachita que hace muy poco estaba en flor, como la Cinquetti, puede afirmar que vive con un hombre sin haber pasado por la vicaría.

vicarial *adj* De(l) vicario. | *Barcelona* 18: Los *cinc consellers* .. representaban al *Consell*, asistían y asesoraban a los oficiales o delegados de la autoridad regia: el *Veguer*, especie de vizconde, que asumía en el territorio condal funciones vicariales de orden gubernativo y judicial.

vicariamente *adv* De manera vicaria [2]. | Umbral *Ninfas* 65: El esfuerzo del adolescente por crear una mujer imaginaria y enamorarse de ella no es sino otra manifestación de su esfuerzo por hacerse una personalidad propia, y acuñando esa mujer se está acuñando a sí mismo de otra forma, vicariamente.

vicariante *adj* (*Med*) Vicario [2]. | VNágera *SAbc* 22.2.70, 39: En el hombre no es una verdadera homosexualidad; es una actividad sexual vicariante que desaparece al poder elegir libremente pareja entre los dos sexos.

vicariato *m* Vicaría [1 y 3]. | *Ya* 5.1.72, 17: Siguiendo el nuevo "Anuario Pontificio", la jerarquía católica está compuesta: sedes residenciales, 2.189 .. Hay además 102 prelaturas y abadías "nullius", .. 25 vicariatos apostólicos, 84 prefecturas apostólicas, 74 prioratos, 10 vicariatos castrenses. J. M. Javierre *Ya* 4.7.65, sn: Volvió a su "Nigricia" con encargo de civilizar y cristianizar la mayor misión del mundo: un vicariato con límites al norte, en Egipto y Libia.

vicario -ria **I** *adj* **1** [Pers.] que tiene el poder o las facultades delegadas [de otra] o actúa como sustituto [de ella]. *Tb n.* | SLuis *Doctrina* 53: La Iglesia es sociedad monárquica, es decir, tiene un jefe supremo: el Papa, Vicario de Cristo y Cabeza visible de la Iglesia. Fieramosca *Ya* 6.7.87, 56: Los extraños, como es el caso de todos los demás, están enfurruñados con las coces que prodiga Solchaga por sí mismo o a través de su vicario Borrell.
2 De delegación o sustitución. | F. Jáuregui *Ya* 1.10.90, 11: Ha logrado convencer a los demás de que posee un poder vicario, derivado del que le delega el dueño del maletín que él transporta, o sea, el valedor. Miguel *España* 306: El experto difiere del tecnócrata en que este ejerce el poder por sí mismo y el primero solo de una manera vicaria.
II *m* **3** ~ apostólico. (*Rel catól*) Prelado designado por la Santa Sede para regir con jurisdicción ordinaria un territorio donde aún no está establecida la jerarquía eclesiástica. | *VNu* 5.6.71, 17: El 14 de noviembre de 1957 le nombraron Vicario Apostólico de Fernando Poo.

4 ~ capitular. (*Rel catól*) Canónigo elegido por el cabildo para el gobierno de una diócesis vacante. *Tb simplemente* ~. | Act 25.1.62, 56: Los sacerdotes de Praga dependen de un vicario capitular. Torrente *Fragmentos* 91: Se acordará que el señor vicario y otros dos cuyos cargos no se especificarán .. se trasladen a palacio y comuniquen al señor arzobispo la decisión del cabildo.

5 ~ foráneo. (*Rel catól*) Eclesiástico que ejerce la jurisdicción ordinaria en una parte de la diócesis fuera de la capital. | CBaroja *Inquisidor* 24: Además de algunos vicarios foráneos, deben disponer de un notario.

6 ~ general. (*Rel catól*) Eclesiástico que asiste al obispo en sus funciones y que gralm. gobierna la diócesis en su ausencia. | A. Semprún *Abc* 4.12.70, 27: En la sede episcopal, ausente el titular de la diócesis guipuzcoana, nos ha recibido el vicario general, don José Elgarreta.

7 ~ general castrense. (*Rel catól*) Prelado que ejerce la jurisdicción eclesiástica en el ejército y la armada. | CPuche *Paralelo* 40: Esta mañana, el vicario general castrense de las Fuerzas Aéreas Norteamericanas, Monseñor Terence P. Fannegan, recibió en conferencia de prensa a periodistas españoles y extranjeros.

8 (*Rel crist*) *Referido a un país extranjero:* Sacerdote. | Van 13.4.78, 40: El clérigo aprovecha su retiro para redactar sus memorias: su infancia en una casa rectoral, su boda, sus relaciones con un vicario bisexual.

vice *m y f* (*col*) *Apócope de determinados ns de cargos, como* VICEPRESIDENTE, VICESECRETARIO, VICEDIRECTOR, VICERRECTOR. | Campmany *Abc* 29.9.90, 18: ¿Que van a consultar con el vicepresidente? .. El vice dice que a él no le sacuden la patata caliente, que eso hay que consultarlo con el presi "in person".

vice- *r pref Denota que la pers hace las veces de la designada con el segundo elemento.* | *Por ej:* Ya 8.2.90, 64: Muere en Madrid el vicealcalde de Moscú. *MHi* 2.64, 63: Reverendo fray Noel F. Moholy, O.F.M., vicepostulador en la causa del padre Serra. *Ya* 3.10.90, 27: La revista *Newsweek* .. afirmó que el autor del secuestro del crucero se reunió la semana pasada con el primer viceprimer ministro iraquí Taha Yassin Ramadan. *Faro* 29.7.75, 8: Rumores de que Otelo Saraiva de Carvalho será promovido al puesto de "vicepremier" .. Se cree que el jefe de la seguridad militar, general Otelo Saraiva de Carvalho, será promovido a viceprimer ministro. *Abc* 20.8.66, 30: Se trata de Duncan Watson, vicesubsecretario de Relaciones con la Commonwealth.

vicealmirante *m* Oficial de marina de grado inmediatamente inferior al de almirante, y que equivale al de general de división en el ejército. | *Abc* 14.5.70, 40: Comandante general de la Flota, vicealmirante Cervera y Cervera.

vicecanciller *m* Individuo designado para hacer las veces del canciller en ausencia de este o para desempeñar por delegación algunas de sus funciones. | V. Gállego *ByN* 31.12.66, 47: Willy Brandt, nuevo vicecanciller y ministro de Asuntos Exteriores, asistió en París a la reunión de la O.T.A.N.

vicecónsul *m* Funcionario de la carrera consular, de categoría inmediatamente inferior a la de cónsul. | *MHi* 12.70, 54: El embajador de España en Suecia .. ha impuesto las insignias de la Orden del Mérito Civil al vicecónsul de España en Falun.

viceconsulado *m* **1** Cargo de vicecónsul. | * Se habla de él para un viceconsulado.

2 Oficina del vicecónsul. | *Abc* 9.9.75, 11: Unos desconocidos incendiaron el domingo una pila de neumáticos ante la fachada del viceconsulado de España en Agen (dependiente del Consulado General de Burdeos).

vicedecanato *m* Cargo de vicedecano. | *Ya* 19.6.75, 74: Académico de número de la Real de la Historia, desempeñó el decanato de la Facultad de Valladolid y el vicedecanato de la de Madrid.

vicedecano -na *m y f* Pers. designada para hacer las veces del decano en ausencia de este o para desempeñar por delegación algunas de sus funciones. | GClares *Ava* 7.12.68, 19: El acto está autorizado y lo preside el vicedecano, por ausencia del decano.

vicegobernador -ra *m y f* Pers. designada para hacer las veces del gobernador en ausencia de este o para desempeñar por delegación algunas de sus funciones. | *Abc* 4.12.64, 64: Ha llegado a Leopoldville .. Luis Lumumba .., que es vicegobernador de la provincia de Sakuru.

vicegol *m* (*Fút, humoríst*) Disparo que ha estado a punto de ser gol. | J. Andrés *As* 7.12.70, 14: El Betis, con el gol temprano, maniobró con gran confianza, y a los veinte minutos, después de varios vicegoles, aseguró prácticamente la victoria.

vicejefe -fa *m y f* Pers. designada para hacer las veces del jefe en ausencia de este o para desempeñar por delegación algunas de sus funciones. | *Inf* 19.6.70, 1: Mr. George Brown, vicejefe laborista, .. ha perdido su escaño de diputado.

viceministro -tra *m y f* Pers. designada para hacer las veces del ministro en ausencia de este o para desempeñar por delegación algunas de sus funciones. | *Abc* 15.10.70, 28: En la entrevista estuvieron presentes el primer ministo, Chu En-lai, el vicepresidente del Comité Permanente del Congreso Nacional Popular y el viceministro de Asuntos Exteriores.

vicense *adj* De Vic (Barcelona). *Tb n, referido a pers.* | Marsé *Montse* 171: Enseguida aparece la señorita Roura, Operaria parroquial de distinguida familia vicense.

vicepresidencia *f* Cargo o puesto de vicepresidente. | A. Iniesta *Abc* 18.4.58, 19: Ocupó la vicepresidencia el señor Alcántara García.

vicepresidencial *adj* De la vicepresidencia. | *Inf* 22.8.74, 2: Llegó a la Casa Blanca por el camino de la enmienda número 25, destinada a rellenar el puesto vicepresidencial cuando el ocupante muere o dimite.

vicepresidente -ta *m y f* Pers. designada para hacer las veces del presidente en ausencia de este o para desempeñar por delegación algunas de sus funciones. | *Van* 4.11.62, 11: El primer vicepresidente del Gobierno soviético, Anastas Mikoyan, está en Cuba.

viceprovincia *f* División territorial de una orden religiosa, que funciona como provincia, pero de categoría inferior a esta. | *Abc* 4.10.70, 34: Participan en esta Asamblea delegados elegidos por las 84 provincias, viceprovincias y misiones de la Orden ignaciana.

viceprovincial *m y f* Pers. que gobierna una viceprovincia. | *VNu* 5.6.71, 17: Entre los últimos expulsados figuran: el Provincial, P. Cirilo Hernández, y el Viceprovincial, P. Eugenio Legarda, de los PP. Claretianos.

vicerrector -ra *m y f* Pers. designada para hacer las veces del rector en ausencia de este o para desempeñar por delegación algunas de sus funciones. | *DMo* 1.8.74, 1: El rector y vicerrector de la Universidad de Santander con los jóvenes universitarios de las cinco tripulaciones que recibieron trofeos en el Real Club Marítimo.

vicerrectorado *m* **1** Cargo o puesto de vicerrector. | *Ya* 3.2.83, 34: Incluso el Cuerpo de Profesores contratados podría tener acceso hasta los vicerrectorados.

2 Oficina del vicerrector. | M. L. GFranco *Abc* 17.11.90, 58: En San Sebastián se encuentran encerrados desde el miércoles más de un centenar de estudiantes en el vicerrectorado y en la Facultad de Informática.

vicerrectoría *f* Vicerrectorado [1]. | *D16* 22.12.76, 8: Manuel Jiménez de Parga, rector en funciones de la Universidad, presentó ayer a los medios informativos a los dos nuevos vicerrectores .. Ambos se unirán a Nadal y Rafael Jiménez de Parga en el desempeño de las vicerrectorías.

vicesecretaría *f* Cargo o puesto de vicesecretario. | A. Tuñón *Mun* 5.12.70, 27: Por la ley de 20 de mayo de 1941 se constituye la Vicesecretaría de Educación Popular.

vicesecretario -ria *m y f* Pers. designada para hacer las veces del secretario en ausencia de este o para desempeñar por delegación algunas de sus funciones. | *VozC* 29.6.69, 2: El vicesecretario general del Movimiento, señor Rodríguez de Valcárcel.

vicetiple *f En una zarzuela, opereta o revista:* Cantante que interviene en los números de conjunto. | J. Baró *Abc* 30.12.65, sn: Daniel Montorio firmará la partitura, y

viceversa – víctima

Arturo Castilla –empresario, con Feijoo, del coliseo–, el libro. Habrá vicetiples en trapecios.

viceversa I *adv* **1** Inversa o recíprocamente. *Tb* (*col*) A LA ~. | MChacón *Abc* 27.12.70, 16: Es previsible que si el señor Beihl estaba en España se le suministrarían medicaciones francesas, y viceversa. SSolís *Camino* 224: Aquí Carmencita Quirós, ¿qué te parece, Adela? .. Este es Luis Carrión, que ya lo conocías, ¿no? Bueno, pues ahora, a la viceversa: Carmencita, Luis, esta es Adela Llanes.
II *f* **2** Cosa, esp. acción o situación, inversa o contraria. | GNuño *Escultura* 51: En este caso buscaremos menos influjo rastreable en nuestra tierra que su más lógica viceversa.

vichy (*pronunc corriente,* /biĉí/) *m* Tejido de algodón teñido en madeja, frec. a rayas o cuadros. | *Economía* 200: Los [juegos de mesa] que se utilizan hoy día en vichy son originales, y el material para su confección más barato.

vichyssoise (*fr; pronunc corriente,* /biĉisuás/) *f* Sopa espesa hecha con puerros, cebollas, patatas, caldo de pollo y crema, que gralm. se sirve fría. | Mendoza *Laberinto* 14: En el santuario de la gastronomía en el que momentáneamente me encontraba percibí a un cocinero que se refrescaba los pies en un perol de vichyssoise.

vicia *f* Algarroba o arveja. *Tb su semilla.* | Delibes *Inf* 6.9.74, 17: Estas aves [codornices] no tienen en sus buches grano, sino vicias y verde, esto es, han alterado su dieta a cambio de su seguridad.

viciación *f* (*raro*) Acción de viciar(se). | Mascaró *Médico* 137: Cubicaciones inferiores conducen al confinamiento o viciación del aire, entendiendo por tal: a) la disminución de la proporción de oxígeno; b) el aumento de la proporción de anhídrido carbónico.

viciamiento *m* (*raro*) Acción de viciar(se). | *Nor* 16.11.89, 3: La enmienda de todo esto comienza con la petición de responsabilidades a quienes hayan incurrido en ese viciamiento voluntario del voto.

viciar (*conjug* **1a**) *tr* **1** Hacer que [alguien o algo (*cd*)] pase a ser vicioso. | F. P. Velázquez *Rev* 11.70, 9: En casi todas las obras de Albee aparece la figura contrastante, inocente y acusadora del joven, en medio del mundo viciado de los mayores. **b)** *pr* Pasar [alguien o algo] a ser vicioso. | *Ade* 27.10.70, 3: Importar carneros bereberes para conservar pura la raza que ya empezaba a viciarse con el ganado churro.
2 Enrarecer o contaminar [el aire o la atmósfera]. *Frec en part.* | Delibes *Cinco horas* 23: Las conversaciones se entrecruzaban, y el humo de los cigarros les sumergía en un ambiente viciado. **b)** *pr* Enrarecerse o contaminarse [el aire o la atmósfera]. | * El aire se vicia enseguida en una habitación tan pequeña.
3 Anular o invalidar [algo (*cd*) una circunstancia (*suj*)]. *Frec en derecho.* | MGaite *Fragmentos* 135: La postura cómoda e indolente en que había emprendido la labor había ya viciado de raíz su posible eficacia. Ramírez *Derecho* 37: Son nulos los siguientes matrimonios: 1) los celebrados entre aquellas personas a quienes lo prohíbo y que antes te indiqué; 2) los contraídos por error en la persona o por coacción o miedo grave que vicie el consentimiento.

vicio I *m* **1** Hábito de obrar de manera contraria a la moral. | SLuis *Doctrina* 123: La Envidia: es la tristeza por el bien ajeno .. Vicio ruin y absurdo. Nacen de él la Maledicencia, Discordias, Calumnias. SLuis *Doctrina* 96: Frutos de la impureza .. El martirio de un corazón marchito, no saciado por los vicios a que está entregado.
2 Mala costumbre. | Laforet *Mujer* 74: Le hizo prometer .. que dejaría un poco aquel vicio de hablar horas y horas en el café. **b)** Costumbre que causa placer y la que es difícil sustraerse. | Cuevas *Finca* 46: Enseñó a doña Carmen el vicio de injertar rosales.
3 Exceso de mimo o regalo. | Delibes *Abc* 19.6.83, 3: Hoy, como le digo, la oveja tiene mucho vicio, pare dos veces y da mucha leche. VMontalbán *Rosa* 72: –¿Quién no lleva una doble vida? –Yo, por ejemplo. Me paso el día metiéndome en la vida de los otros, no tengo tiempo de vivir dos vidas. Ya sería vicio. **b)** Desarrollo excesivo [de una planta], perjudicial para su rendimiento. | * Estos rosales llevan mucho vicio.
4 Defecto o imperfección [de alguien o algo]. | Villapún *Moral* 131: El vendedor está obligado a manifestar todos los vicios sustanciales de la cosa. A. Pujol *Caso* 26.12.70, 21: Goytisolo recurrió por estimar que existían vicios en la tramitación del expediente. **b)** Forma defectuosa que toma un objeto como consecuencia de una posición indebida. | * La chaqueta ha cogido vicio por estar mal colgada.
II *loc adv* **5 de ~**. Sin motivo suficiente, frec. por pura costumbre. *Frec con el v* QUEJARSE. | DCañabate *Abc* 23.4.75, 35: Nos quejamos .. de lo antipático y molesto que es vivir en un Madrid de tres millones y buen pico de habitantes. Nos quejamos de vicio. En el siglo XVII la villa y corte se las traía.
6 de ~. (*col*) Muy bien. *Tb adj.* | * Te sale de vicio. * Tomamos unos pasteles de vicio.

viciosamente *adv* De manera viciosa [3]. | Laín *Universidad* 85: ¿Habré de agregar que, en mi opinión, esa libertad es viciosamente escasa en la Universidad española?

vicioso -sa *adj* **1** [Pers.] entregada al vicio o a los vicios [1]. *Tb n.* | Berenguer *Mundo* 90: Era mujer viciosa que le daba a todo: al vino, a la poca vergüenza, al chivateo. SLuis *Doctrina* 95: Con frecuencia, es [la impureza] causa de enfermedades humillantes y depara a los hijos del vicioso una naturaleza tarada por enfermedades mentales y físicas.
2 Que tiene vicio [2, 3 y 4]. | Berenguer *Mundo* 65: Yo tenía dinero, no porque ganara mucho, sino porque nunca fui vicioso de gastar. Tamames *Economía* 266: No existe una política dirigida a hacer salir a nuestro sistema productivo del ambiente vicioso y nocivo del proteccionismo integral. Torrente *Sombras* 320: El césped relucía de vicioso y bien cuidado. Huarte *Tipografía* 9: Es viciosa, aunque muy frecuente, la presentación de planas mecanografiadas en las que el margen de la derecha es muy escaso. **b)** (*lit*) [Vegetación] de aspecto grato por su exuberancia. | Chamorro *Sin raíces* 56: Trocó con gusto la vida ciudadana, las más de las veces artificial y preñada de falsedades, por el placer de contemplar la malva en el vicioso prado. **c)** [Círculo] ~ → CÍRCULO.
3 Que denota o implica vicio. | * Costumbres viciosas. * Muchos de estos gastos son totalmente viciosos. García *Abc* 9.10.75, sn: Se elude la plática conversacional, el razonamiento o la exposición serena, y se apela, en cambio, con viciosa frecuencia, a la palabra gruesa, al apelativo ensañado, a la frase zafia.

vicisitud *f* (*lit*) Alternancia de sucesos prósperos y adversos. *Gralm en pl.* | Laforet *Mujer* 147: La vida humana, con sus vicisitudes a través de los años, solo tiene grandeza en lo que lucha. **b)** Suceso o acontecimiento, esp. negativo, que influye en la marcha [de algo]. *Gralm en pl.* | CSotelo *Inocente* 85: La luz será el "deus ex machina" de la representación. Ella, en efecto, subrayará las vicisitudes de la acción. *Mun* 23.5.70, 48: Diversas vicisitudes hicieron cambiar varias veces la sede de la cabeza de la Iglesia armenia.

vicisitudinario -ria *adj* (*lit*) De (las) vicisitudes. | *Reg* 24.9.74, 8: El deseo de presentar ante mis conterráneos un resumen sencillo y vicisitudinario de los hechos más salientes de la fundación del monasterio de Yuste y de la estancia en el mismo del César hasta su muerte.

víctima I *f* **1** Pers. o animal que es ofrecido en sacrificio. | SLuis *Doctrina* 137: La Misa es el mismo sacrificio de la Cruz, porque se inmola la misma víctima.
2 Pers. que resulta muerta o dañada [por alguien o algo (*compl de posesión*)]. *Tb sin compl. A veces (semiculto) designa exclusivamente los muertos, en oposición a heridos o damnificados.* | A. GAlfaro *Pue* 29.9.70, 7: No solo es culpable el autor del crimen; con frecuencia también lo es la propia víctima. *Abc* 31.7.76, 40: Un violador y exhibicionista, acechando su tercera víctima, fue atrapado por una mujer policía en un parque de Londres. Arenaza-Gastaminza *Historia* 57: Numancia sucumbió víctima del hambre y la fatiga. A. Cenzano *Inf* 5.3.79, 7: En el momento del derrumbamiento se hallaban en la casa ocho personas, de las cuales, cuando redactamos esta crónica, han sido rescatadas cuatro: un niño de corta edad, que permanece con vida; una mujer, en gravísimo estado, y dos cadáveres .. Se calcula que el número de víctimas podrá ser de cuatro a cinco personas.
II *loc v* **3 ser ~** [de un daño]. Padecer[lo]. | DPlaja *Literatura* 269: El capitán se enamora de Isabel, hija de Crespo, la rapta y la engaña, dejándola abandonada en el monte,

victimable – vida

donde el padre oye de ella misma el infortunio de que ha sido víctima.

victimable *adj* (*raro*) Que puede ser victimado. | Pinillos *Abc* 29.2.84, 47: En otras circunstancias, lo que pasa es que el causante de la frustración es alguien o algo i[n]accesible a la agresión .. En estos casos, la agresión se desplaza hacia el objeto más victimable del entorno.

victimal *adj* De (la) víctima. | R. Cermeño *Cua* 8/9.70, 31: Los pueblos pertenecientes a la nucleocracia se sirven olímpicamente de los otros, como tierra de holocausto, para sobrevivir .. Y a todo este dispositivo victimal lo recubren con atrayentes slogans, con finas palabras de humanitarismo internacional.

victimar *tr* Hacer [a alguien (*cd*)] víctima. | *Ya* 10.3.78, 22: Don Blas Piñar .. manifestó que monseñor Lefebvre es uno de los hombres victimados dentro de la Iglesia, como lo fue Juana de Arco y la madre Sacramento.

victimario -ria (*lit*) **I** *adj* **1** (*raro*) De (la) víctima. | Fraile *Cuentos* 86: El señorito Kelele ostenta, con victimaria inocencia, la superioridad que le han dado.

II *n* **A** *m* y *f* **2** Pers. que sacrifica una víctima [1]. | CBonald *Ágata* 57: Como en el cruento ritual ofrecido a alguna deidad .., la victimaria, con los brazos chorreantes y el cuchillo fulgiendo de cuajarones, se instalaba en una especie de ara sexual del sacrificio. **b)** Pers. que convierte [a alguien (*compl de posesión*)] en su víctima [2]. *Tb sin compl.* | CBonald *Noche* 185: Y a poco ya bajaban hasta la playa los victimarios y sus víctimas .. Los reos quedaban situados de cara a Marquitos y su compinche y el pelotón de espaldas a ellos. L. LSancho *Abc* 8.10.72, 18: El protagonista de "Naranja mecánica", sometido a tratamiento que le hace repulsiva toda violencia, se convierte en víctima. Era victimario. Su brutalidad le imponía a los otros.

B *m* **3** (*raro*) Conjunto de víctimas [2]. | *País* 22.2.77, 8: La larga lista de púgiles muertos en el ring o a consecuencia de sus combates sería buena muestra de tal degeneración deportiva .., porque no se alimenta ese victimario por la peligrosidad de este deporte, sino por la ausencia de garantías médicas.

victimismo *m* Actitud de considerarse o presentarse como víctima [2]. | MGaite *Cuarto* 120: Estoy lejos, en una isla .., era una sensación peligrosa, .. cuando se fomenta conduce al victimismo: hay un morbo irracional en ese vago deleite de sentirse incomprendido. *Pro* 20.3.88, 5: A Cataluña le sobra victimismo y continúa pecando de querer tener siempre la razón.

victimología *f* Rama de la criminología que estudia a la víctima [2]. | A. GAlfaro *Pue* 29.9.70, 7: Ha surgido una nueva rama científica, la victimología, presente por vez primera en una "mesa redonda" en el VI Congreso de Criminología. T. Laguna *Pro* 2.6.88, 24: H[a] finalizado en Valencia el primer "Curso de Victimología", que se efectuó en el Instituto de Criminología.

victimológico -ca *adj* De (la) victimología. | A. GAlfaro *Pue* 29.9.70, 7: La investigación victimológica, en efecto, aparece con atrayentes posibilidades.

víctor *m* Vítor. | L. MDomínguez *Ya* 13.4.61, 6: Los moscovitas, excitados por el éxito, se saludaban esta mañana con gritos de "gagarin" a modo de víctor. Ferres-LSalinas *Hurdes* 19: Bajo el pórtico [de la iglesia] hay un víctor con dos angelotes; pone: "El Ilmo. Sr. D. José Pérez Calana .., Obispo de la Ciudad de Quito en las Indias y natural de La Alberca, año 1789".

victoria[1] *f* **1** Acción de vencer en una lucha, competición o disputa. | Arenaza-Gastaminza *Historia* 239: El ejército español, al mando del general Castaños, obtuvo allí [en Bailén] una gloriosa victoria sobre Dupont. SLuis *Doctrina* 70: No desesperes nunca: ni del perdón de tus pecados, como Judas, ni de tu victoria sobre tus defectos y malos instintos. **b)** [Cantar] ~ → CANTAR[1].

2 Representación alegórica de la victoria [1] como divinidad en forma de mujer con alas. | GNuño *Madrid* 40: Retablo de Miguel Fernández y una imagen de San Antonio, por Pereira, todo culminado en una victoria portando blasón.

victoria[2] *f* Coche de caballos, de dos asientos, abierto y con capota. | S. Adame *HyV* 10.71, 43: Varias poblaciones mediterráneas guardan la tradición [del coche de caballos]:

las capitales andaluzas; Barcelona, donde los hermanos Gabelli –empresa fundada hace más de noventa años– mantiene media docena de "milords" y "victorias" en servicio diario.

victoriano -na *adj* De la reina Victoria de Inglaterra (1837-1901), o de su reinado. *A veces con intención peyorativa, referido al puritanismo sexual propio de este período*. | Arce *Precio* 164: Tenía una antología de poetas victorianos que casi se sabía de memoria. *Sp* 19.7.70, 54: Los comunistas han impuesto una sana prudencia victoriana [en materia sexual]. **b)** Propio de la época victoriana. | VMontalbán *Pájaros* 142: Vio venir hacia él una curiosa comitiva compuesta por un muchacho con cola de caballo, una flautista preñada y una anciana victoriana que caminaba ligera por delante de los jóvenes.

victoriero -ra *adj* De La Victoria de Acentejo (Tenerife). *Tb n, referido a pers*. | J. Méndez *Día* 29.8.72, 14: El domingo, como estaba anunciado, fue inaugurada una cancha para baloncesto en La Victoria de Acentejo .. Abrió el acto el presidente .., quien dijo que era para él una satisfacción poder ofrecer a la juventud victoriera una instalación donde pudieran practicar el deporte.

victoriosamente *adv* De manera victoriosa. | MCampos *Abc* 8.3.58, 3: Mao Tse-tung bajaba victoriosamente hacia Pekín.

victorioso -sa *adj* **1** Que ha conseguido una victoria[1] [1]. | *HLM* 15.10.73, 29: En la foto vemos a un soldado israelí reparando una avería del carro de combate con el que pretende llegar victorioso ante las puertas de Damasco. Peña-Useros *Mesías* 95: Josué continuó victorioso sus conquistas. **b)** Propio de la pers. victoriosa. | Torbado *En el día* 32: Solo las compañías de guardias de asalto, con sus monos azules, y unidades de carabineros y de marinos avanzaban con la marcialidad y galanura exigibles en un gran desfile victorioso.

2 [Acción] que proporciona una victoria[1] [1]. | Tejedor *Arte* 95: Las victoriosas campañas de Carlomagno sobre lombardos, sajones .. y sarracenos pusieron en sus manos la casi totalidad de las tierras del antiguo Imperio de Occidente.

vicuña *f* Rumiante camélido de los Andes, semejante a la llama, de pelo largo y finísimo de color amarillento rojizo (*Lama vicugna* o *Vicugna vicugna*). | Bustinza-Mascaró *Ciencias* 207: Las llamas, vicuñas y alpacas americanas tampoco tienen cuernos. **b)** Lana de vicuña. *Tb el tejido fabricado con ella*. | Umbral *País* 25.9.79, 30: José Luis y yo estamos en lo del gabán (crema, como he dicho, de vicuña por fuera y forro burdeos por dentro).

vid *f* Planta vivaz y trepadora, de tronco retorcido, vástagos muy largos, flexibles y nudosos, hojas grandes y lobuladas y flores en racimo, cuyo fruto es la uva (gén. *Vitis*, esp. *V. vinifera*). | Laforet *Mujer* 72: Olía a rosas de zarza. A pequeñas rosas salvajes y a hojas de vides.

vida I *f* **1** Condición que distingue a los seres orgánicos, caracterizada fundamentalmente por el crecimiento y por la capacidad de reproducción y de respuesta a un estímulo. | Legorburu-Barrutia *Ciencias* 25: Célula es la más pequeña parte de materia viviente que tiene vida propia, es decir, que nace, crece, se multiplica y muere. **b)** Fuerza interna mediante la cual actúa un ser. | Gambra *Filosofía* 144: Llamamos inmortalidad a la indefectibilidad del alma, tanto en su ser como en su obrar. Es inmortal un ser que tiene vida y no puede perderla. **c)** *Se usa como vocativo dirigido a una pers querida. Frec en las formas* MI ~ *y* ~ MÍA. | MGaite *Visillos* 166: La mujer .. le abrazó [a su marido] por la cintura. –Anda, mi vida, no defraudes a la afición. Cela *SCamilo* 36: Te hago lo que quieras, vida mía, todo menos eso. Cela *SCamilo* 231: Eso no puede importarnos ahora, vidita, yo puedo trabajar en cualquier lado. **d) la ~**, *o* **media ~**. *Con intención enfática, se usa para referirse a algo sumamente placentero o importante. Normalmente con los vs* SER *o* DAR. | L. Cantero *Int* 25.8.82, 94: El chupano es media vida para el tío que está en el *carril*. *Inf* 20.8.76, 16: "Aquí habrá una fuente", les respondió el alcalde, a lo que una de las vecinas contestó, aliviada: "Nos dan ustedes la vida".

2 Hecho de tener vida [1]. | SLuis *Doctrina* 40: Llamamos "madre" a la mujer de que se sirve Dios para darnos el ser y la vida. Anson *SAbc* 20.4.69, 12: Corre los riesgos a su lado y tiene su rifle pronto al subsanar cualquier fallo. Va

vida - vida

en ello la vida de los artistas. **b)** Existencia de seres orgánicos [en un lugar]. | *Inf* 24.7.75, 15: Se montó allí [una industria], pensando en el gran volumen de agua de la ría y que por dilución se llevaría todo riesgo de contaminación. Los hechos nos demuestran que no .. Es un goteo diario y cuestión de años para que se acabe allí la vida. **c)** Existencia [de algo que implica una actividad o evolución]. | Valverde *Literatura* 98: Las prohibiciones y limitaciones de la Inquisición ponían en situación muy difícil –desde 1577, con el *Índice*– la vida de esta literatura. **d) la otra ~**, *o* **la ~ futura.** *(Rel)* La existencia del alma después de la muerte física. | Romero *Tres días* 513: A todos Dios les concedió un alma igual; en la otra vida es donde hallarán según sus merecimientos la verdadera igualdad. SLuis *Doctrina* 30: El alma humana aspira a una felicidad eterna que la vida presente no puede otorgarle; debe hallarse solo en la vida futura. **e) la ~ eterna.** *(Rel crist)* La bienaventuranza. | SLuis *Doctrina* 119: La Gracia es un don sobrenatural gratuito que Dios nos concede para alcanzar la vida eterna.

3 Tiempo comprendido entre el nacimiento y la muerte [de alguien], o entre el nacimiento y el momento en que se habla o de que se habla. | Valverde *Literatura* 203: Desde los últimos años de su vida [de Unamuno], el clima literario español entraba por un camino de preocupaciones radicales en que había de cobrar especial importancia su lírica. **b)** Conjunto de hechos y sucesos [relativos a una pers. (*compl de posesión*)] desde su nacimiento. | Valverde *Literatura* 134: Para enmarcar dentro de la vida de su autor la maravilla del *Quijote* .., conviene darse cuenta de que Cervantes fue un escritor desigual, muy tardíamente madurado y muy mal entendido y apreciado en su época. **c) ~ y milagros.** *(col)* Noticia detallada sobre las actividades pasadas y presentes [de una pers.]. | CPuche *Paralelo* 274: La policía seguía merodeando el bloque y haciendo inesperados interrogatorios y hasta redadas. Era seguro que habían averiguado ya la vida y milagros de todos los mozos de almacén. **d)** Duración [de una cosa]. | *Inf* 13.2.76, 10: Italia: Se prevé poca vida para el nuevo Gobierno.

4 Vitalidad. | Goytisolo *Recuento* 338: Un pueblo de montaña, eso sí, muy sano, el aire de montaña, el agua de montaña, la comida de montaña, gente de mucha vida, buenos colores y sangre espesa. **b)** Animación o viveza. | A. Otaño *SNue* 13.12.70, 8: La "mamma" Carrillo se pasea retozona, vivaracha, alegre, llenando de vida el teatro. *Com* 8.9.76, 18: Su rostro se llena de vida, y con una amplia sonrisa en los labios nos dice.

5 Actividad, o conjunto de actividades. *Frec con un compl especificador.* | Pla *SAbc* 6.7.75, 14: He sido sociable, pero sin embargo, la vida social me parece que no tiene ningún sentido, que está vacía. P. Cebollada *Ya* 16.12.75, 39: Tras breve mirada en espejo ajeno, empieza .. el análisis: de la vida conyugal, de la vida sexual, de la fidelidad, del amor. CBaroja *Inquisidor* 18: Desde fines del siglo XV a comienzos del XIX fue [el inquisidor] un personaje común en la vida española. **b)** Actividad social o económica [de un lugar]. | Laforet *Mujer* 91: Barcelona estaba llena de vida, con su alegría sensual y su olor. **c)** Entusiasmo o dedicación. *Gralm con el v* PONER. | * Puso su vida en ese trabajo.

6 Manera de vivir. *Normalmente con un compl especificador. Frec con el v* LLEVAR *o (col) en constrs con* DARSE *o* PEGARSE BUENA ~. | DPlaja *Literatura* 288: Corneille recoge temas de la vida romana y los trasplanta al espíritu francés. CPuche *Paralelo* 265: Había estado un agente y había querido registrar la habitación de Genaro. Además le había hecho [a la patrona] muchas preguntas sobre él y la vida que llevaba. Laiglesia *Ombligos* 108: ¡Y luego dicen que los diplomáticos nos damos buena vida! Alós *Hogueras* 44: ¡Ese tío! ¡Qué vida se mama! **b) ~ marital.** Convivencia sexual estable de un hombre y una mujer, casados o no. *Frec en la constr* HACER ~ MARITAL *(tb, simplemente,* HACER *~). Tb fig (humoríst).* | DPlaja *El español* 133: Entró en la vida marital con tal ardor que los médicos recomendaron la separación de los recién casados. Cela *Alcarria* 25: Desde que quedó viudo hace vida marital con la cabra Algazula. **c) mala ~.** Prostitución. *A veces, simplemente,* ~. | *ByN* 31.12.66, 48: Jack Ruby, el sujeto hampón y tipo destacado de la industria del cabaret, el chantaje, el juego y la mala vida. Cela *Izas* 104: La lagarta lleva ya algún tiempo apartada de la vida. **d) mala ~.** Delincuencia. | * El alterne con estos rateros le llevó a la mala vida.

7 Medios necesarios para vivir. *Frec en la constr* GANARSE LA ~. | *SAbc* 6.7.75, 13: –¿Por qué escribe y qué pretende con lo que escribe, señor Pla? –Ganarme la vida, nada más.

8 la ~. La sociedad humana, o el mundo real en que se vive. | Medio *Bibiana* 13: Bastante hacemos con tratar de situarles en la vida.

II *loc adj* **9 de la ~.** [Pena] de muerte. | L. Álamo *HLM* 15.7.74, 2: En lo penal, el incendio voluntario del monte .. tenía pena de la vida.

10 de la ~. *(col)* [Mujer] dedicada a la prostitución. *Tb* DE ~ ALEGRE *o* DE ~ AIRADA. | CPuche *Paralelo* 39: Allí había mujeres, mujeres de la vida y hasta negras. *Inf* 13.11.75, 5: Alrededor de cincuenta "mujeres de vida alegre" tienen prevista su vuelta hoy a El Aaiún, llamadas por los mismos funcionarios que no las consideraron necesarias. Torrente *Off-side* 35: Chicas de vida airada se están bañando en bikini.

11 de mi ~. *Siguiendo a n de pers, expresa cariño hacia esta.* | * Felipe de mi vida, escucha. * Hijo de mi vida.

12 de ~. [Res] destinada a la crianza y no a ser sacrificada. | *VozT* 20.3.75, 15: Ganado ovino. Ovejas de vida, de 2.200 a 2.500 ptas.; preñadas, de 2.300 a 2.800 ptas.

III *loc v y fórm or* **13 a ver qué ~** → VER.

14 complicar la ~ [a alguien]. Buscar[le] u ocasionar[le] problemas innecesarios o eludibles. *Frec el ci es refl.* | * No te compliques la vida, déjalo así.

15 consumir la ~ [a alguien]. Causar[le] gran pesadumbre o trabajo. *Con intención ponderativa.* | * Este chico me consume la vida.

16 dar la ~ [por una pers. o cosa]. Morir o sacrificarse [por ella]. | ZVicente *Traque* 259: Yo por la veracidad daría la vida gustosísimo, siempre es un alto honor dar la vida por algo.

17 dar mala ~ [a alguien o algo]. Maltratar[lo] de manera habitual. | * ¡Qué mala vida me das!

18 dar ~ [a alguien o algo]. Crear[lo]. | * Dar vida a un personaje como don Quijote debe ser maravilloso para un autor. **b) dar ~** [a un personaje]. Interpretar[lo]. | * El actor que da vida al personaje es desconocido.

19 enterrarse en ~. Retirarse totalmente del trato de la gente. | Laforet *Mujer* 23: El tema del día y de la noche ha sido el de esas mujeres que están enterradas en vida, que comen mirando una calavera, el comentario de que si es humano, de que si es inhumano.

20 esto es ~. Fórmula con que se pondera una sensación de bienestar. | * Al apreciar el lujo de la casa, comentó: Esto es vida.

21 hacer [a alguien] **la ~ imposible.** *(col)* Atormentar[le] o molestar[le] constantemente. | DCañabate *Abc* 13.7.75, sn: Al pobre Rosendo le hicieron la vida imposible los envidiosillos con sus puyas y vayas a propósito de su automóvil.

22 hacer por la ~. *(col)* Comer. | Escobar *Itinerarios* 181: Acaso entrase a hacer por la vida en algún figón del Campillo.

23 hacer ~ [de alguien]. *(col)* Conseguir que se comporte bien. *Gralm en constr neg. Tb fig.* | *Fam* 15.11.70, 5: No entiende el mundo en que vive. Los jóvenes son un problema. No hace vida de los hijos. Delibes *Guerras* 111: No era más que un perro, sargento, un jodío perro que no hacíamos vida de él. Lázaro *JZorra* 39: Las mujeres .., de rodillas en el suelo y teniendo ante sí los ciriales, se pasaban la misa despabilando lamparillas y tratando de hacer vida de las roscas de cera.

24 ir [de algo] **por la ~.** *(col)* Actuar [como lo que se indica]. | VMontalbán *Pájaros* 73: Va por la vida de *hippy* en Ibiza.

25 la ~, es la ~, *o* **así es la ~.** *(col)* Fórmula con que se aconseja resignación ante lo inevitable, o se comenta lo inevitable de los hechos. | * –¿Cómo pueden suceder cosas así? –La vida, hijo.

26 no me cuentes tu ~. *(col)* Fórmula con que se pide a alguien que cese un relato aburrido o que no interesa. | * No seas rollo; no me cuentes tu vida, anda.

27 pasar a mejor ~. *(lit)* Morir. *Tb fig (humoríst).* | *Ya* 6.8.82, 4: Un día volvió a la faena y se encontró a su amada esposa en compañía de otro ciudadano. Cogió la destral, la emprendió a golpes, y los amantes pasaron a mejor vida. Cela *Pirineo* 203: El menhir que señalaba la diana del valle también pasó a mejor vida.

28 pasarse la ~ [de una manera, o en un sitio]. Estar siempre [de esa manera o en ese lugar]. | * Se pasa la vida rascándose la cabeza.
29 perder la ~. Morir en accidente o combate. | * Nueve personas perdieron la vida como consecuencia de una explosión.
30 ¿qué es de tu ~? (col) Fórmula con que se pregunta, acerca de sus circunstancias actuales, a un interlocutor al que no se veía desde hace tiempo. A veces se usa como simple fórmula de saludo, sin esperar respuesta. | CPuche *Paralelo* 278: –¡Hola! Cuánto tiempo sin verte. –¿Qué es de tu vida?
31 quitar la ~. (*lit*) Matar. | *Pue* 20.1.67, 16: Se desconocen las circunstancias que le llevaron a tomar la decisión de quitarse la vida.
32 tener siete ~s como un gato (o **como los gatos**), o **tener más ~s que un gato**. (*col*) Salir siempre con bien de los peligros más graves. | Medio *Andrés* 191: Los chicos tienen siete vidas, como los gatos.
33 vender [alguien] **cara su ~.** (*lit*) Defenderse enérgicamente, en un combate, hasta la muerte. | FReguera-March *Cuba* 494: Persuadido, quizá, de que no tenía escapatoria, decidió vender cara su vida.
34 vivir la ~. Disfrutar o divertirse. | Umbral *Memorias* 92: Lo positivo era andar por la calle, subir en coche, comer gambas, besarse un poco con los hombres y vivir la vida, enseñando de acá para allá el dedo gordo del pie, con su uña pintada y agresiva.
35 vivir [alguien] **su ~.** Llevar una vida aparte e independiente de las perss. más allegadas. | Medio *Bibiana* 15: ¿Qué sabemos nosotros de las cosas de los chicos de ahora? .. Ellos viven su vida.
IV loc adv **36 a ~.** (*raro*) Respetando la vida. Tb adj. | *Abc* 4.2.58, sn: A las doce .. tendrá lugar .. el acto de subasta para la enajenación del aprovechamiento resinación de 70.414 pinos a vida, .. 59.126 pinos nuevos a muerte.
37 a ~ o muerte. Exponiendo la vida en un último intento de salvarla. Tb fig. Tb adj. | Cela *Viaje andaluz* 202: En Toledo le operaron de apendicitis a vida o muerte. *Nue* 4.11.75, 4: Franco, operación a vida o muerte.
38 con la ~ en un hilo (o **pendiente de un hilo**). En grave peligro de muerte. | * Está con la vida en un hilo.
39 de por ~. Para siempre. | CPuche *Paralelo* 170: Esa teoría vuestra equivale a renunciar a todo de por vida.
40 en la ~, o **en mi** (**tu**, *etc*) **~.** Nunca. | Diosdado *Olvida* 8: Cuando salgas del marasmo, vas a tener ocasión de oír algo bueno .. Lo mejor que he hecho en mi vida. Matute *Memoria* 208: Sentí pena por aquella mujer a la que no quise en toda mi vida.
41 en ~. Mientras aún está (o estaba) viva [una pers.]. *Gralm* con un compl de posesión. | CBaroja *Inquisidor* 27: El sacerdote representado en la escultura fue en vida del licenciado don Antonio del Corro.
42 entre la ~ y la muerte. En peligro grave de morir, esp. por una enfermedad. *Gralm* con el v ESTAR. | ZVicente *Traque* 159: Y Ramona .. pues que agarró una pleuresía .. La pobre Ramona estuvo más de un mes entre la vida y la muerte.
43 toda la ~. Siempre. Tb (col) TODA LA ~ DE DIOS. | Palomino *Torremolinos* 49: Estaría bueno que empezaran a meterse aquí los novios y las familias del personal; a la puerta de servicio; mi señora la primera, no faltaría más, como toda la vida. Carandell *Tri* 20.4.68, 28: No me olvidaré .. de los republicanos federales de toda la vida. GPavón *Hermanas* 203: Toda la vida de Dios fuimos viñeros cubiertos.

vidalita *f* Canción popular argentina, también existente en Andalucía, gralm. amorosa y de carácter triste, que se acompaña con la guitarra. | Barrios *CoA* 2.11.75, 35: Huelva está cercada por los mejores vientos de la flamenquería brava: .. por el mar, le llegan las bonanzas melosas de las vidalitas, las col[o]mbianas, las guajiras, las milongas. Manfredi *Cante* 136: La vidalita nos vino de la Argentina.

vidarra *f* Virgaza (planta). | Mayor-Díaz *Flora* 536: *Clematis vitalba* L. "Hierba del pordiosero", "Virgaza", "Vidarra".

vide *tr* Véase. *Se usa únicamente en esta forma. Precede a la indicación de un lugar o referencia bibliográfica a que se remite al lector.* | X. Domingo *Tri* 1.5.71, 22: El pastiche llegó hasta la creación de un Comité de Salud Pública y a la copia de una fraseología pronunciada con fervor mágico, como indicaran los propios apologistas de la Comuna (vide Lissagaray).

vidente I *adj* **1** Dotado del sentido de la vista. Tb n. | Torrente *Fragmentos* 360: "Pero ¿usted... tú entiendes de pintura? ¿Cómo es posible?" "¿Por qué no? ¿Piensas que la ceguera puede ser un obstáculo? ¡Ese es un error de los videntes, que os creéis que, por ver, vuestro mundo es más rico!"
II *m y f* **2** Pers. capaz de ver el pasado o el futuro. Tb fig. | ZVicente *SYa* 22.2.76, 31: Yo he tenido truquitos para ir tirando. Uno de ellos, el más socorrido, era ir a consultar mi porvenir a los videntes. Me encontraban pobre, muy pobre, y siempre, seguramente por pena, me profetizaban .. muchísimo dinero.
3 Pers. que tiene visiones extraordinarias o sobrenaturales. | V. Moreno *Crí* 7/8.74, 35: Otro estudio interesante ha sido el de la variación de los colores descrita por los "videntes" de Ovnis. F. SVentura *SAbc* 9.3.69, 30: Algo parecido a lo que los videntes de la Virgen suelen calificar de "las llamadas" o el presentimiento de que se acerca el momento de una revelación extraordinaria.

vídeo *m* **1** Técnica de grabación de imágenes y sonidos en soporte magnético para su emisión en televisión o por pantalla de televisión. | *SYa* 6.3.76, 3: "Pequeñeces": Un difícil guión .. Problemas para trasplantar a imágenes, si se graba en vídeo.
2 Aparato que registra y reproduce imágenes y sonidos grabados en vídeo [1]. | *Prospecto* 10.90: Alcampo .. Vídeo Akai .. programable por control remoto.
3 (*TV*) Conjunto de imágenes transmitidas o recibidas por ondas hertzianas, esp. acompañadas de sonidos. | *País* 28.4.90, 29: El sistema B.N.S. de Sanyo está basado en la integración de un tubo de altas prestaciones de bajo coeficiente de reflexión y una tecnología fundamental en un procesado y control digital de las señales de audio y vídeo a alta velocidad.
4 Cinta de vídeo [1]. | *ByN* 28.10.90, 151: Los 15 vídeos más alquilados de la semana.
5 Cámara de vídeo [1]. | * Desde que se ha comprado el vídeo no nos deja vivir, siempre enchufándonos con la cámara.
6 Videoportero. | *Abc* 3.1.78, 5: Aire acondicionado, calefacción central, aislamiento térmico y acústico, vídeo, aparcamiento y todos los complementos que requiere un piso de gran confort. SSolís *Blanca* 18: Me iré a un pisito moderno, con portero y servicios centrales, y vídeo en la puerta, y garaje.

vídeo- *r pref* **1** De(l) vídeo [1]. | *Por ej:* Río 17.3.89, 35: Sex Shop "El huerto". Videocabinas. Revistas importación. *Ya* 3.5.89, 22: Además de eliminar el parpadeo, la digitalización aporta otras mejoras de calidad, como evitar la imagen borrosa o copos de nieve .., así como las molestas franjas que suelen producirse en las imágenes fijas procedentes de videograbadoras. *Abc* 9.6.74, 12: Pida informes a .. Ibérica de Videosis-temas, S.A.
2 Que se realiza en vídeo [1], o que tiene este sistema como base fundamental. | *Por ej:* C. González *DGa* 13.3.88, 43: Las videocopias de las películas ofertadas por los videoclubes tienen s[u] explotación específicamente limitada y registrada a la unidad familiar, "home video". V. A. Pineda *Abc* 11.2.89, 86: Artistas españoles de vídeo con prestigio internacional acuden con ejemplos de su obra al apartado "Videocreación". *Abc* 11.2.89, 86: Videocreadores españoles y el arte en la electrónica. A. GRayo *STr* 17.6.90, 65: Tras editar videoenciclopedias como "Personajes del siglo XX", "Medicinas alternativas" y "El fabuloso mundo del mar", acaba de lanzar una nueva colección titulada "Original Nasa Film Library". V. A. Pineda *Abc* 11.2.89, 86: Una videoescultura de Joaquín Blázquez acoge en su integración de la arquitectura de urbanismo y del vídeo a los visitantes. *D16* 28.6.83, 42: Masajes .. Bañeras thailandesas, videosex.

videoarte *m* Actividad artística realizada en vídeo [1]. | *Ya* 15.12.89, 59: La Asociación de Amigos de la Residencia h[a] organizado unos encuentros de música por ordenador y videoarte.

videocámara *f* Cámara de vídeo [1]. | *País* 19.11.81, 7: Video-Cámaras. Video-Cassettes. Televisores. *Abc* 5.11.88, 9: Thomson traduce en ventajas concretas para

videocasete – vidriero

el consumidor los más sofisticados avances tecnológicos de nuestro tiempo .. Televisión, Vídeo, Videocámaras, Hi-Fi.

videocasete *f* Cinta de vídeo [1]. | VMontalbán *Rosa* 43: Narcís pone *Casablanca* en el televisor probador de las videocasetes.

videocassette (*ing o fr; pronunc corriente,* /bideokasét/) *f* Videocasete. | J. L. Torres *SInf* 25.11.70, 12: Están preparando en Italia la era de las videocassettes.

videoclip (*pl normal,* ~s) *m* Cinta corta de vídeo [1] en que se registra, acompañada de imágenes frec. con efectos especiales, la ejecución de una pieza musical ligera. | *Maj* 8.84, 11: Programa de las fiestas .. 23.00 h.: Verbena. Muestra de video-clips musicales. *Ya* 5.3.85, 43: TVE-2 .. Actuación en directo de Alphaville; videoclips de Talking Heads.

videoclub (*pl normal,* ~s o ~es) *m* Establecimiento en que se alquilan o venden películas de vídeo [1]. | *D16* 11.2.85, 38: La Asociación Videográfica Española, que agrupa a las más importantes empresas productoras y distribuidoras de videocasetes, ha dirigido cartas a vídeo-clubs privados de Madrid y Barcelona. *Ya* 15.2.86, 2: Archivadores y expositores para videoclubes.

videoconferencia *f* Conferencia o encuentro en que los participantes, distantes entre sí, se comunican por pantallas de televisión. | A. Montenegro *Ya* 27.3.90, 26: Este acuerdo establece pautas de cooperación entre ambas compañías en servicios de correo electrónico, videoconferencias multipunto, videotex.

videodisco *m* Disco, similar al fonográfico, en que se registran imágenes televisivas. | E. Haro *SPaís* 1.4.90, 25: Es, sobre todo, una cuestión comercial de unificación, como está pasando con los discos, en los que el videodisco ofrece más calidad.

videofórum (*pl normal,* ~s *o invar*) *m* Sesión en que tras la proyección de una película de vídeo [1] se celebra un coloquio acerca de esta. | *Ya* 19.1.83, 33: Va a tener lugar en el Aula Jovellanos de Ya una sesión de videofórum dedicada al programa "Un, dos, tres...".

videografía *f* **1** Arte, técnica o industria del vídeo [1]. | * La videografía ha cobrado un auge extraordinario.
2 Conjunto de cintas de vídeo [de un autor o de un tema determinado]. *Tb sin compl.* | J. Cueto *País* 9.6.89, 88: Nunca un puñado de españoles voló tan alto en las pistas del mayor espectáculo del mundo, pero ni bibliografía, ni filmografía, ni videografía.

videográfico -ca *adj* De (la) videografía. | *D16* 11.2.85, 38: La Asociación Videográfica Española, que agrupa a las más importantes empresas productoras y distribuidoras de videocasetes, ha dirigido cartas a vídeo-clubs privados de Madrid y Barcelona.

videojuego *m* Juego electrónico que se desarrolla sobre un monitor o una pantalla de televisión. *Tb el aparato correspondiente.* | *País* 14.6.88, 29: Sega. La consola de videojuegos del futuro.

videolibro *m* Cinta de vídeo [1] que presenta en imágenes un texto, esp. literario. | *Ya* 6.2.90, 54: Veinte videotecas para Soria. Varios municipios recibieron un equipo de videolibros.

videopelícula *f* Película de vídeo [1]. | *Ya* 15.2.86, 2: Esta muestra exhibirá los siguientes grupos de oferta: videopelículas, accesorios.

videoportero *m* Portero automático con circuito cerrado de televisión. | *Abc* 9.6.74, 12: Videoportero Salesi le permitirá ver y oír a todos sus visitantes, día tras día.

videorregistrador *m* Vídeo [2]. | *Sem* 28.9.74, 60: Los jóvenes señores de Rossi, de Turín, .. pidieron a sus amigos como regalo de boda un videorregistrador, ese aparato que graba imagen y sonido y lo reproduce después a través de un televisor cualquiera.

videotape (*ing; pronunc corriente,* /bideotéip/) *m* (*hoy raro*) Cinta de vídeo [1]. | C. Murillo *SAbc* 14.12.69, 34: El cine y el "videotape" llegan tarde para "La Rita", "La Trini".

videoteca *f* Colección de cintas de vídeo [1]. *Tb el lugar en que se guardan.* | *Abc* 11.5.74, 59: Solicitó un proyecto para la dotación de nuevo material .., interesándose especialmente por la nueva videoteca recientemente creada por el Instituto, para registro y archivo en televisión y espectáculos dramáticos. *País* 19.9.81, 24: El Instituto Francés de Madrid tiene el placer de ofrecerle .. su videoteca.

videoteléfono *m* Aparato telefónico con una pantalla en que se ve al interlocutor. | *Inf* 18.4.74, 19: Podrán contemplarse desde la telegrafía eléctrica al teletipo, y desde los teléfonos más antiguos al modernísimo videoteléfono.

videoterminal *m* Terminal de pantalla de un ordenador. | *Ya* 14.2.86, 36: Los reflejos de las fuentes luminosas cercanas figuran también entre los causantes de molestias para los usuarios de videoterminales.

videotex (*ing; n comercial registrado*) *m* Sistema que permite recibir en una pantalla de televisión o de ordenador datos transmitidos a través de un cable telefónico o televisivo. | *Ya* 25.6.82, 76: Una importante novedad es la instalación de un videotex: Espasa-Calpe es la primera librería de España que instala este sistema de servicio al público, mediante el cual se puede facilitar una amplia y constante información bibliográfica a todo el país.

videotext *m* (*raro*) Videotex. | A. Perner *Abc* 26.9.82, 44: En la ciudad alemana de Stuttgart acaba de inaugurarse el mayor Congreso europeo sobre "videotext", al que concurren 1.700 personas interesadas por este sistema de información y comunicación.

vidorra *f* (*col*) Vida regalada. | ZVicente *Traque* 202: Hasta tuve una radio de galena, oiga, aquello era vidorra.

vidriado[1] -da *adj* **1** *part* → VIDRIAR.
2 [Barniz] vítreo. | *Lab* 9.70, 60: Acto seguido se recubre el cuenco de un barniz vidriado transparente.
3 Que se hace mediante vidriado[2]. | D. Orts *Nar* 3.77, 4: El terminado puede ser vidriado, con el jaspeado policromado o con un vidriado negro acharolado.

vidriado[2] *m* Acción de vidriar [1]. *Tb su efecto.* | Seseña *Barros* 22: Los árabes son los introductores en España .. de las técnicas del vidriado. Seseña *Barros* 22: Aparte de pintar sobre el vidriado crudo con los distintos óxidos que producen .. las distintas policromías, existen otros sistemas más rudimentarios de decorar vasijas.

vidriar (*conjug* **1a**) *tr* **1** Recubrir [una pieza de cerámica] con un barniz que, fundido al horno, toma la transparencia y el brillo del vidrio[1] [1]. *Frec en part.* | Angulo *Arte* 1, 15: El barro, aunque también se emplea como material permanente, en cuyo caso se cuece e incluso a veces se vidria, por lo general sirve al artista para plasmar en él sus primeras ideas. Trévis *Extremeña* 12: Dicen los canarios que su cocido ha de hacerse .. en olla de barro vidriado.
2 Poner [los ojos] vidriosos. | Aldecoa *Gran Sol* 82: Se vertía la red con los escuelos de gatunos ojos: .. pequeñas fieras de las aguas, que sobre cubierta vidriaban los hermosos ojos de furia impotente. Laiglesia *Tachado* 146: Los ojos del ilustre periodista estaban enrojecidos, por la secreción de sus glándulas lacrimales. **b)** *pr* Ponerse [los ojos] vidriosos. | Cela *Judíos* 243: La oveja se entrega; se le vidrian los ojos, se le engrasa el hocico y se entrega.

vidriería *f* **1** Lugar en que se fabrica o vende vidrio[1] [1]. | Marcos-Martínez *Física* 283: Se usa mucho [el óxido de carbono] para calentar hornos a temperaturas que suelen sobrepasar los 2000°, en vidrierías, fábricas de cerámica, fundiciones, etcétera.
2 Industria o arte del vidrio[1] [1]. | L. Zumel *Nor* 22.6.74, 14: Casi todas las industrias que reseña el texto son: dos tahonas harineras, .. un establecimiento de vidriería, varias caldererías.
3 Técnica o arte de hacer vidrieras [3b]. | Fernández-Llorens *Occidente* 132: Era necesario, por otra parte, llenar de algún modo las amplias ventanas. Se hizo con una técnica nueva: la vidriería. Tejedor *Arte* 125: La pintura gótica española .. tiene como principales manifestaciones: la vidriería, con muestra más destacada en la catedral de León; la miniatura.

vidriero -ra I *adj* **1** De(l) vidrio[1] [1]. | I. AVillalobos *HLM* 26.10.70, 20: A continuación figuran las empresas vidrieras, con el 11,98 de beneficio neto.

II *n* **A** *m* y *f* **2** Pers. que fabrica o vende vidrio[1] [1], o trabaja con él. | Salvador *Haragán* 55: Había estado jugando con unas virutas de plomo que dejaron los vidrieros.
B *f* **3** Bastidor con vidrios [3] con que se cierra una puerta o ventana. | Torrente *Off-side* 35: María Dolores .., de espaldas al salón, mira a través de la vidriera. **b)** Conjunto formado por vidrios de distintos colores, que se emplea como elemento ornamental en arquitectura. | Arenaza-Gastaminza *Historia* 123: Otros elementos [del gótico] son: el pilar fasciculado, los rosetones, las vidrieras y los campanarios.

vidrio[1] **I** *m* **1** Sustancia dura, frágil y gralm. transparente, que se fabrica básicamente con arenas silíceas. | Bustinza-Mascaró *Ciencias* 224: Cría de ratones blancos. Lo mejor es en ratoneras de vidrio con tapa de tela metálica.
2 Objeto de vidrio [1]. | GNuño *Madrid* 124: La colección de vidrios .. comienza desde los primitivos de influjo grecofenicio. **b)** (*col, humoríst*) Vaso. *Tb su contenido.* | Vega *Cocina* 41: Son unos señores vinos que, cuando llenan los vidrios, cantan unas jotas navarras. Aristófanes *Sáb* 1.2.75, 19: Me decía ayer mismamente mi amigo Manolo, mientras tomábamos unos vidrios en la tasca que hay bajo mi pensión, que el asunto de los "ex" le sonaba como a desmadre.
3 Trozo o pieza de vidrio [1]. | Ferres-LSalinas *Hurdes* 99: El estanque es cuadrado y tiene vidrios de botellas clavados por todo alrededor, quizá para que la gente no pueda sentarse.
II *loc v* **4 pagar** [alguien] **los ~s rotos.** Sufrir las consecuencias de una acción o quedar como responsable de ella, no siéndolo, o no siendo el único. | Cela *Judíos* 95: Un servidor no tuvo culpa de nada, bien cierto es, pero las cosas se pusieron de tal forma que, con culpa o sin ella, nada faltó para que me hicieran pagar los vidrios rotos.

vidrio[2] (*tb* **vidrío**) *m* (*reg*) Vidriado[2]. | Seseña *Barros* 20: Se llama vidriado, vidrio o vedrío al baño total o parcial a que se somete la vasija una vez cocida o también en crudo, según los casos.

vidriosamente *adv* De manera vidriosa [2]. | S. GMartínez *Villena* 84: El Ayuntamiento hubo de intervenir, especialmente en los años álgidos en que se plantea vidriosamente la "cuestión del agua" entre 1908 y 1913, dando disposiciones.

vidriosidad *f* Cualidad de vidrioso, *esp* [2]. | FReguera *Bienaventurados* 154: Últimamente, la vidriosidad exacerbada de su carácter, que, con frecuencia, repercutía en él, le empezaba a resultar inaguantable. L. Contreras *Sáb* 31.5.75, 9: El reciente secuestro de militares españoles, por el malestar que ha suscitado, es también una muestra de la vidriosidad de una guerra sin salida.

vidrioso -sa *adj* **1** De(l) vidrio[1] [1]. | Matute *Memoria* 128: Abandonada, con la boca doblada hacia abajo y los ojos cerrados (uno más que otro y con un resplandor vidrioso entre el párpado derecho y la mejilla).
2 Que se quiebra o salta con facilidad. *Frec fig.* | A. Valverde *Abc* 2.3.58, 8: Añádase a esto que tenía un amor propio, o más bien una vanidad vidriosa, que al menor rasguño le hacía ponerse lívido el rostro de su poseedor. **b)** [Asunto] sumamente delicado. | L. Calvo *Abc* 9.10.70, 25: Francia no puede influir sobre la Alemania Federal en el asunto vidrioso del reconocimiento de la Alemania del Este.
3 [Ojo o mirada] cuyo brillo está apagado. | Carandell *Madrid* 13: En el pequeño local .. se agolpan los hombres de mirada vidriosa que han estado deambulando por las calles de Madrid.

vidual *adj* De (la) viudez. | Valcarce *Moral* 131: Esta última [la castidad] es conyugal, si veda todo acto ilícito a los casados; vidual, si excluye durante la viudez todo acto y deleite sensual.

vidueño *m* Casta o variedad de vid. | Cunqueiro *Sáb* 1.10.77, 31: El gallego .., a la hora de un lacón con grelos .., se tira al tinto, y entre estos a los más oscuros .. Así, por ejemplo, un vidueño que debió de llegar a nosotros en los días medievales, el *espadeiro*.

vieira *f* Molusco comestible, muy común en los mares de Galicia, cuya concha es la insignia de los peregrinos de Santiago (*Pecten jacobaeus* y *P. maximus*). *Tb su concha.* | Vega *Cocina* 72: A base de pescado, otros guisos compostelanos son .. la merluza a la gallega, la vieira cruda o guisada.

viejales *m* (*desp*) Hombre viejo demasiado locuaz o activo para su edad. | SFerlosio *Jarama* 66: Pues vaya ahora con el viejales sabihondo. Carandell *Madrid* 114: Hay que procurar quitarse años hablando y contando chistes, pero evitando al mismo tiempo caer en el vicio del viejo dicharachero (viejales).

viejarranco -ca *adj* (*desp*) Viejarrón. *Tb n, referido a pers.* | MRecuerda *Salvajes* 41: –¡Vete de aquí, viejarranca! –¡Yo salgo a las tablas y todavía todo el mundo mira a mis piernas más que a las tuyas! .. –¿No oís a la viejarranca?

viejarrón -na *adj* (*desp*) [Pers. o animal] muy viejos. *Tb n, referido a pers.* | Berlanga *Gaznápira* 30: Rezan para que se ablande el corazón del Elías –como un guijarro que golpeara la paletilla dura de una oveja viejarrona–.

viejera *f* (*reg*) Vejez. | ZVicente *Mesa* 55: La viejera va saliendo, y está el pobretico asqueroso de veras, artrosis, una rija llorona.

viejo -ja I *adj* **1** [Pers. o animal] de mucha edad. *Referido a pers, tb n y a veces con intención desp.* | Cela *Judíos* 265: A los machos viejos .. se les ve vagar, con sus doce años a cuestas, abrumados –todo pudiera ser– por la torturadora idea de no haberse sabido morir a tiempo. Cunqueiro *Un hombre* 9: Eran cuatro, una vieja flaca y arrugada .. y tres muchachas. **b) ~ verde** → VERDE. **c)** *Sigue al n propio o al apellido de una pers para diferenciarla de su homónima de menos edad. Se opone a* JOVEN *o* MOZO. | GNuño *Arte* 342: La mayor conquista de todas, la del color que enciende un dibujo nervioso y a veces de línea brutal, iba a aprovecharla Francisco de Herrera el Viejo, nacido en Sevilla en 1576. **d)** (*desp*) [Joven] de mentalidad o hábitos propios de una edad mucho mayor. *Tb n.* | Medio *Bibiana* 12: Un chico casi viejo, pero un chico, como los otros, que necesita, como ellos, de sus cuidados.
2 [Pers.] que está desde hace mucho en un lugar o situación. *Tb n.* | *Ya* 2.11.88, 21: Viejo en esta "casa" .. Emilio Muñoz .. ha vuelto a su casa, en cuyo centro de Biología Molecular investigó. **b)** De hace mucho tiempo. | *Caso* 26.12.70, 18: En la Comisaría de Policía de Horta fueron identificados como viejos conocidos. **c)** (*hist*) [Cristiano] que desciende de cristianos, sin mezcla conocida de judío, moro o gentil. *Se opone a* NUEVO. | CBaroja *Inquisidor* 18: He aquí que en cierta ciudad, villa o aldea de España nace un niño en el seno de familia "honrada" de cristianos viejos o tenidos por tales.
3 [Cosa] que existe desde hace mucho tiempo. | Tamames *Economía* 287: El cabotaje *tramp* .. se encuentra además con una serie de inconvenientes peculiares, como .. la extremada vejez de su flota –último refugio de los barcos más viejos de la marina española–. Caldas *SAbc* 1.12.68, 39: La jalea real es útil desde el punto de vista nutritivo. Su utilización es muy vieja.
4 [Pers. o cosa] de época pasada. | R. RRaso *Rev* 12.70, 6: Nuestra época, crepuscular e incierta .., no puede juzgar a ningún viejo realizador. Sempronio *Des* 12.12.70, 10: Una serie de viejas cosas, de antiguallas, recobran vigencia en la consideración de los jóvenes.
5 [Pers. o cosa] que ha sufrido el desgaste o deterioro del tiempo. | *Ya* 9.2.78, 34: El desconocido .. vestía dos americanas, una gris y otra jaspeada; los pantalones eran grises, y los zapatos, marrones. Todas estas prendas estaban viejas y sucias. Laforet *Mujer* 30: Al recordarlo, se había notado con las articulaciones viejas y oxidadas. **b)** [Cosa] usada. | * La ropa vieja la lleva a la parroquia. **c) de ~.** [Comerciante o artesano] que trabaja sobre artículos usados. *Tb se dice de su tienda.* | * Abajo vive un zapatero de viejo. L. PCutoli *Inf* 4.3.74, 14: El ejemplar que poseemos, procedente de una librería de viejo de París, no trae fecha.
6 [Año] **~** → AÑO.
II *n* **A** *m* y *f* **7** (*col, desp*) Padre o madre. *Tb como m en pl, designando a la pareja. A veces en vocativo como apelativo cariñoso.* | Lera *Bochorno* 14: Yo también me voy a fumar el caldo que le he birlado al viejo este mediodía. GHortelano *Amistades* 63: Oye, Jovita, vete anunciando a tus viejos que comes fuera.
8 *Se usa en vocativo como apelativo amistoso entre perss adultas de la misma edad.* | Aldecoa *Gran Sol* 114: Ahora invito yo .. Viejo, ponnos a todos de beber.

viella – vientre

B *f* **9** Pez comestible típico de las Canarias, de cuerpo alargado y comprimido cubierto de grandes escamas coloreadas (*Sparisoma cretense*). *Tb* VIEJA COLORADA. | Vega *Cocina* 182: Entre los pescados, la vieja, que solamente se puede encontrar en aquellas aguas [de Canarias]. Tiene gusto a besugo y merluza al mismo tiempo.

viella *f* (*Mús*, *hist*) **1** Instrumento músico de cuerda, semejante a la viola y usado en la Edad Media. | Perales *Música* 36: Las "fídulas" y "viellas", que habían acaparado la música instrumental de la Edad Media y el Renacimiento y fueron el soporte para las voces, evolucionan con unos artesanos que engrandecieron la escuela de instrumentos de arco.
2 ~ de rueda. Zanfoña. | Valls *Música* 59: La lista de procedimientos para obtener el sonido desborda las invenciones de la fantasía más desatada. A título de ilustración .. recordémoslos: mediante cuerdas frotadas (violín y familia, viola, viella de rueda), cuerdas pulsadas (mandolinas, guitarra, arpa, etc.).

Viena (*tb con la grafía* **viena**). **(de) ~.** *loc adj* [Pan] más suave y blando que el normal, gralm. en forma de barritas terminadas en dos puntas. | CPuche *Paralelo* 290: El que tenía para pan de viena, pues pan de viena. GTelefónica N. 808: Industrias I. Fernández. Fábrica de pan. Viena. Bombón.

vienense *adj* (*raro*) Vienés. *Tb n.* | HLM 14.12.70, 15: Los reporteros de los otros diarios vieneses acudieron entonces a la Embajada norteamericana.

vienés -sa *adj* De Viena. *Tb n, referido a pers.* | Payno *Curso* 33: El siguiente fue un vals. La enlazó. Se dejó llevar por la música vienesa en un torbellino de vueltas.

viento I *m* **1** Aire atmosférico en movimiento, esp. el que tiene cierta fuerza. | Arce *Testamento* 15: No corría ni un soplo de aire, ni una sola brizna de viento. CNavarro *Perros* 16: El viento jugaba con los cabellos de su hermana.
2 Rumbo o dirección. | BOE 29.7.77, 16914: Todo ello ocupa la extensión superficial de mil setecientos diez metros cuadrados. Linda por todos sus lados y vientos con los terrenos de la propia finca en que se halla enclavada la citada granja. S. Araúz *SYa* 16.2.75, 15: Aguas abajo, el paisaje se endurece. Se presiente el lugar en que el Cabrillas fecunda salvajemente al Tajo. Hacia ese mismo viento se recorta la "muela del Conde".
3 (*lit*) *En pl*: Circunstancias. *Normalmente en la constr* CORRER (*o* SOPLAR) MALOS ~S. | Delibes *Mundos* 141: La depresión es un estado normal en Tenerife. Por eso, a poco que soplen malos vientos, el isleño se suicida. JLozano *Inf* 10.10.77, 19: Esta lápida es la tercera sobre el nicho de Somoza, cosa, por otra parte, nada rara en un país como este, en el que el destino de lápidas y estatuas ya se sabe cuál es: el de ser arrancadas de cuajo cuando soplan otros vientos.
4 (*Mús*) Conjunto de los instrumentos de viento [9a]. | Tejedor *Arte* 199: El salterio evoluciona y se transforma hasta dar el clavecín, antecedente inmediato del piano, y, en el viento, aparecen, por ejemplo, los trombones de varas.
5 (*raro*) Ventosidad. | Delibes *Madera* 108: Al abuelo se le ha escapado un viento.
6 Olor que como rastro deja [una pieza de caza (*compl de posesión*)]. *Gralm en pl. Tb fig.* | Delibes *Príncipe* 32: La niña salió de debajo de la mesa como un perro que captara los vientos de una pieza. GPavón *Reinado* 59: Estoy con las narices abiertas esperando que me llegue algún viento aprovechable.
7 *En pl*: Olfato [de un animal]. *Tb fig, referido a pers.* | A. Navalón *Inf* 9.2.71, 22: Para cazar jabalíes hacen falta perros especiales, y ni el "Terrible" ni el perro de Pinto, tan valientes con los lobos, tienen vientos para saber dónde se ajabarda el jabalí. Delibes *Santos* 94: Si logras ser el más rápido de todos, entre esto, los vientos que Dios te ha dado y tu retentiva, no habrá en el mundo quien te eche la pata como secretario.
8 Cuerda larga o cable que se ata a una cosa para mantenerla firme en la posición adecuada. | Goytisolo *Recuento* 142: Y resonó el toque de silencio .. –¿Habéis aflojado los vientos?

II *loc adj* **9 de ~.** [Instrumento músico] que funciona con el aire impelido de los pulmones. | Perales *Música* 35: Siguen los instrumentos de viento o soplo, en sus versiones de caña y boquilla. **b)** De instrumentos de viento. | *Música Toledo* 35: Quinteto Cardinal. Fue fundado en 1967 por los jóvenes solistas de viento de la Orquesta Nacional de España. M. Orgaz *MHi* 12.70, 18: Cabe anotar también en este grupo el programa ofrecido por el Quinteto de Viento "Cardinal".
10 de ~. [Molino] movido por el viento [1]. | Zubía *España* 59: Abundan en La Mancha las aguas subterráneas. Para hacerlas subir se han empleado los famosos molinos de viento.
11 de ~. [Buñuelo] hueco. | *Cocina* 569: Buñuelos de viento.
12 de ~. (*Mar*) [Escala] formada por tiras de cabo y peldaños de madera. | Delibes *Madera* 373: Por el costado del carguero se lanzó una escala de viento para efectuar el intercambio de tripulaciones.
13 de ~s. (*reg*) [Catre] de tijera. | Alvar *Islas* 40: El dialectólogo .. no encuentra donde dormir .. Pero .. había una peluquería de señoras .. Aprovechando el hueco bajo el secador, pusieron un catre de vientos y la cosa quedó bastante apañada.
14 [Rosa] **de los ~s** → ROSA.

III *loc v* (*col*) **15 beber los ~s** [por una pers. o cosa]. Desear[la] vivamente y hacer lo posible por conseguir[la]. | Delibes *Hoja* 30: Pepín Vázquez bebía los vientos por la Paquita Ordóñez. DCañabate *Paseíllo* 110: Yo sé de más de una y más de dos de las que los ponen a parir y que beben los vientos por marzo antes el día de mañana al Donatito.
16 irse a tomar ~, **mandar a tomar ~** → IR, MANDAR.

IV *loc adv* **17 a los cuatro ~s.** De manera que todo el mundo se entere. *Gralm con los vs* DECIR *o* PUBLICAR. | DCañabate *Paseíllo* 47: Se dice a los cuatro vientos que hoy el toro es más bravo que nunca.
18 como el ~. Rápidamente. | * –Te espero, no tardes. –Voy como el viento.
19 con ~ fresco. (*col*) De manera brusca y definitiva. *Gralm con los vs* IR *o* MARCHAR. | ZVicente *Traque* 277: Menos mal que mis padres me dejaron mejorada, y que don José, el administrador, me ha cuidado bastante bien, hasta que en la guerra se fue todo con viento fresco. Salom *Noche* 575: Las amigas me decían que solo venía a sacar lo que pudiera y que, en cuanto le negara lo que quería, iba a largarse con viento fresco.
20 contra ~ y marea. Arrostrando inconvenientes o dificultades. | DPlaja *El español* 91: El uso de la capa, mantenida tantos años contra viento y marea, representa el compromiso entre la Soberbia y la Pobreza.
21 ~ en popa. De manera halagüeña o satisfactoria. *Normalmente con los vs* IR *o* MARCHAR. | Laiglesia *Tachado* 80: Allí todo marcha viento en popa.

vientre I *m* **1** *En los animales vertebrados:* Cavidad en que se contienen los órganos principales del aparato digestivo y genitourinario. *Tb la región exterior correspondiente.* | Arce *Testamento* 28: Comprobé que había alcanzado a El Bayona en el vientre y me entró verdadero pánico. **b) bajo ~.** Parte inferior del vientre. | CBonald *Ágata* 209: Al final, solo le quedaría como recuerdo del suplicio .. algún emblema bituminoso tatuado entre los pechos y en el bajo vientre. **c) ~ en tabla**, **o ~ de madera.** (*Med*) Contractura abdominal. | Alcalde *Salud* 327: Cuando el médico explora a estos pacientes, es característico que encuentre la pared rígida, por espasmo de los músculos abdominales (vientre en tabla).
2 Embarazo o preñez. | Cunqueiro *Un hombre* 10: Yo no le llevo las cebollas al mayordomo .., que las ofrezco a los santos hermanos, que nacieron de un vientre, Cosme el primero, de cabeza, y con la mano derecha tirando de un pie de Damián, que venía detrás.
3 Parte abultada o sobresaliente [de una cosa, esp. una vasija]. | J. A. Riofrío *Nar* 11.77, 3: A base de martillo se imprime la curvatura en las zonas correspondientes a la boca y vientre [del jarrón]. Benet *Volverás* 42: En planta, la Sierra presenta esa forma de vientre de violín. Aleixandre *Química* 126: La porción más ancha del horno recibe el nombre de vientre. Alvarado *Botánica* 67: Una vez formado el huevo, tiene lugar su germinación dentro del vientre del arquegonio. Ybarra-Cabetas *Ciencias* 113: De esta manera las curvas se pronuncian cada vez más, aproximando sus vientres hasta que, por fin, el meandro se corta en C.

4 (*Fís*) Parte central de la porción comprendida entre dos nodos. | Mingarro *Física* 93: Es evidente que dos nodos separan un vientre y que entre dos vientres hay forzosamente un nodo.
II *loc adj* **5 de ~**. [Animal hembra] destinado a la reproducción. | Cela *Pirineo* 205: En las praderas que rodean al pueblo, retozan los potrancos mientras las yeguas de vientre pasean su solemnidad y su aburrimiento con muy estudiada prosopopeya.
6 del ~. [Danza] que se ejecuta moviendo el vientre de manera voluptuosa. *Tb referido a la bailarina que la ejecuta*. | *País* 29.3.83, 5: Danza del vientre libanesa para la Fuerza de Paz. La conocida bailarina del vientre libanesa Nadia Gamal danza ante James Mead (centro) y Michel Datin (izquierda), responsables .. de .. la Fuerza Multinacional de Paz.
III *loc v* **7 descargar, exonerar, evacuar,** *o* **mover, el ~,** *o* (*pop, euf*) **hacer, dar,** *o* **ir, de**(**l**) **~**. Expulsar los excrementos por el ano. | Cela *Inf* 6.8.76, 14: Me levanto a las ocho, exonero el vientre, me afeito, me lavo con moderación y desayuno. Delibes *Madera* 81: —Son cosas de tu papá para hacer del cuerpo. —¿Para hacer del cuerpo, Zoa? .. —Para mover el vientre, hijo. Delibes *Emigrante* 54: Antes de regresar al barco íbamos un garbeo por los suburbios, y allí sí: los cipotes andan como salvajes y orinan y hacen de vientre en mitad de la calle. Delibes *Guerras* 37: A esas edades, ya se sabe, de toser y vocear, inclusive de dar de vientre, los tejidos no aguantan. Goytisolo *Recuento* 108: Sí, tú, está parando [de llover]. Voy a aprovechar para ir de vientre.
8 sacar el ~ de mal año (*o* **de penas**). (*col*) Hartarse después de haber pasado necesidad de comer. | VMontalbán *Pájaros* 256: Llegaron todos los mosquitos del Chao Phraya dispuestos a sacar el vientre de penas a su costa.

viernes **I** *m* **1** Sexto día de la semana (o quinto, según el cómputo popular). | SLuis *Doctrina* 116: Ayuno y Abstinencia .. : Los viernes y sábados de Cuaresma.
II *loc adj* **2 de ~**. (*col*) [Cara] triste o malhumorada. | ZVicente *SYa* 16.3.75, 23: La portera era nueva, muy redicha ella y con cara de viernes.
III *loc v* **2 haber aprendido** [una cosa] **en ~**. (*col*) Reiterarla de manera innecesaria y cansada. | CPuche *Paralelo* 457: —¿Qué creías que le estaba diciendo, so deslenguado? —¿No sabes otra palabra, o es que esa la aprendiste en viernes?

vierteaguas *m* Resguardo en forma de plano inclinado que se pone esp. en puertas y ventanas para escurrir el agua de lluvia. | *Alc* 31.10.62, 29: Tubería de gres. Vierteaguas. Uralita.

vietcong (*pronunc corriente*, /bietkóng/; *pl normal*, ~s *o invar*) *adj* Del Vietcong (Frente comunista de Liberación de Vietnam del Sur). *Tb n, referido a pers*. | *Abc* 1.5.70, 1: En Camboya, en donde murieron más de trescientos soldados vietcong. Ortega *Americanos* 113: El que uno se enrole en los *marines* para ir a dar caza a famélicos vietcongs.

vietminh (*pronunc corriente*, /bietmín/; *pl normal, invar*) *adj* Del Vietminh (Liga por la Independencia de Vietnam). *Tb n, referido a pers*. | J. Carabias *Ya* 13.4.75, 8: Para animar a los vietminh (liga formada por comunistas y nacionalistas de la Cochinchina, el Tonkín, y el Al Annan), Francia concedió a los reinos de Camboya y Laos, en 1949, una especie de "independencia asociada".

vietnamés -sa *adj* (*raro*) Vietnamita. *Tb n*. | L. Calvo *Abc* 1.9.66, 25: Viene, en fin, a explayar un programa irrealizable: que se deje a los vietnameses labrar su propio destino.

vietnamita **I** *adj* **1** Del Vietnam. *Tb n, referido a pers*. | M. A. Estévez *Mad* 10.9.70, 11: Los católicos vietnamitas han pedido al Papa que se acerque a Saigón durante su próximo viaje a Filipinas.
II *m* **2** Lengua oficial del Vietnam. | *Prospecto* 9.78: ¿Quiere aprender idiomas? .. Japonés moderno. Coreano. Vietnamita.

vietnamización *f* Acción de vietnamizar. | *Sp* 19.7.70, 36: Pese a todas las profecías militares, la vietnamización será una realidad y también la supervivencia del régimen de Lon Nol sin ayuda norteamericana.

vietnamizar *tr* Dar carácter vietnamita [a alguien o algo (*cd*)]. *Normalmente referido a la limitación de un* conflicto a las fronteras estrictas del país. | P. CMorata *Tri* 8.3.75, 10: Tanto en Omán (donde las guerrillas están "vietnamizando" el Dhofar) como en algunos Emiratos del Golfo, el auge del sentimiento panarabista y el conservadurismo de los jeques están llevando a situaciones de pregolpe.

viga *f* **1** Madero largo y grueso que sirve para formar los techos y para sostener y asegurar una construcción. | Angulo *Arte* 1, 9: Para evitar el pandeo o inflexión de los pares en su parte central, se dispone a esa altura, entre cada pareja de pares o tijera, una viga pequeña horizontal o nudillo. **b**) Elemento de construcción alargado, gralm. de hierro u hormigón, con los mismos usos que la viga. | Alfonso *España* 106: Se ponen en Barcelona a quitar una viga de carga para hacer un garaje en los bajos de una finca.
2 Prensa compuesta de un gran madero horizontal articulado en uno de sus extremos y que se carga con pesos en el otro para que, al bajar, comprima lo que se pone debajo. | Escobar *Itinerarios* 190: Todavía en muchos lugares fabrican el vino a garrote, con viga o prensa.

vigamen *m* (*raro*) Viguería. | Torrente *Off-side* 396: Todos los ajusticiados del bienio negro penden, descabezados, del vigamen.

vigencia *f* Cualidad de vigente. | *Compil. Galicia* 897: Tampoco estarán sujetas a prescripción las [pensiones forales] correspondientes a los cinco años siguientes a su vigencia en el caso de que los perceptores ejerciten la acción de redención forzosa en los plazos señalados.

vigente *adj* Que tiene validez o está en uso en el momento en cuestión. *Dicho esp de una norma o costumbre*. | *Compil. Galicia* 897: Las normas de Derecho Civil especial de Galicia, escrito o consuetudinario, vigente a la promulgación de esta Compilación, quedan sustituidas por las contenidas en ella. *Sp* 19.7.70, 50: A muchas décadas de su realización, continúan siendo unas películas válidas, absolutamente vigentes.

vigésimo -ma (*lit*) **I** *adj* **1** Que ocupa un lugar inmediatamente detrás o después del decimonoveno. *Seguido de los ordinales* PRIMERO *a* NOVENO, *forma los adjs ordinales correspondientes a los números 21 a 29*. | *Últ* 8.8.70, 2: Este acercamiento pan-europeo ha coincidido con el vigésimo quinto aniversario de la explosión atómica de Hiroshima.
2 [Parte] que es una de las veinte en que se divide o se supone dividido un todo. *Tb n m y f*. | Pericot *Polis* 15: Las diecinueve vigésimas partes, probablemente, de la duración de la vida del hombre en la Tierra corresponden a la primera etapa del Paleolítico. *NAl* 12.12.70, 1: Valía un billete [de lotería] en 1920 dos mil pesetas y estaba dividido en vigésimos de cien pesetas. *Inf* 11.4.75, 40: Había en las declaraciones de Matesa un tercio de realidad en 1966, un décimo de verdad en 1967 y una vigésima en 1968.
II *adv* **3** En vigésimo lugar. | *VozC* 25.7.70, 5: Tras larga y detenida deliberación, se acuerd[a] por unanimidad ..: Vigésimo. Conceder los premios "Jefatura Provincial del S.E.M.".

vigesimo- *r pref* (*lit*) Unida sin guión a los ordinales PRIMERO, SEGUNDO, TERCERO, CUARTO, QUINTO, SEXTO, SÉPTIMO, OCTAVO, NOVENO (o NONO), *forma los adjs ordinales correspondientes a los números 21 al 29*. | *Por ej*: *VozC* 25.7.70, 5: Vigesimoprimero. Conceder el premio "Comercial Velo-Moto", .. el Teleclub de Villalmanzo. Valencia *Gac* 22.2.70, 9: Patxi Alcorta le ha colocado la vigesimoséptima enorme boina bordada.

vigía **A** *m* y (*raro*) *f* **1** Pers. destinada a vigilar. | DCañabate *Paseíllo* 65: El encierro se pone en movimiento .. Emprende desenfrenado galope que prontamente levanta espesa nube de polvo atalayada al instante por los vigías pueblerinos.
B *f* **2** Torre construida en alto para vigilar el horizonte. *Frec* TORRE ~. | J. M. Moreiro *SAbc* 13.9.70, 43: Lo verdaderamente importante es que ahí están [los viajeros, en Málaga], como está el castillo de Gibralfaro .., o esa larga veintena de torres vigías que aún se yerguen a lo largo de la costa.
3 Acción de vigilar. | Mercader-DOrtiz *HEspaña* 4, 112: En la costa penibética, junto a las torres de vigía, pudo el campesino cultivar sin sobresalto sus vergeles.

vigil *adj* (*Med*) De (la) vigilia [1]. | Sales *Salud* 396: El grado de atención o de alerta de la corteza cerebral puede

vigilancia – vikingo

ser modulado por el grado de actividad que desarrollan las áreas encargadas de mantener el estado vigil y la atención.

vigilancia *f* **1** Acción de vigilar. | Escrivá *Conversaciones* 151: El Estado tiene evidentes funciones de promoción, de control, de vigilancia.
2 Conjunto de vigilantes. | Sastre *GTell* 63: Estarán obligados .. a saludar reverentemente el sombrero del señor Gobernador allí colocado, hincando una rodilla en tierra, mientras se dice en voz alta que pueda ser oída por la vigilancia allí presente "Viva el señor Gobernador".

vigilante I *adj* **1** Que vigila. | Romano-Sanz *Alcudia* 194: Día y noche el horno continúa humeando mientras el carbonero lo atiende y permanece vigilante. **b)** Propio del que vigila. | Cossío *Confesiones* 14: Tenían sobre sí .. vivir en el vigilante cuidado de sus tierras.
II *m y f* **2** Pers. encargada de vigilar. | CNavarro *Perros* 28: Un transeúnte, un inquilino de la propia finca, el vigilante, .. podía constituirse en testigo presencial.

vigilantemente *adv* De manera vigilante. | CBonald *Ágata* 288: Una pareja de buitres sobrevolaba lenta y vigilantemente el páramo.

vigilar A *tr* **1** Observar atentamente [el comportamiento de alguien (*cd*) o el funcionamiento o desarrollo de algo (*cd*)], esp. con intención de intervenir si no son los adecuados. *Tb abs.* | Medio *Bibiana* 16: Xenius se les ha escapado de entre las manos precisamente por haberse educado con el abuelo, viejo ya para vigilarle. Escrivá *Conversaciones* 151: Vigilar no es poner obstáculos, ni impedir o coartar la libertad.
B *intr* **2** (*raro*) Velar[1] [por alguien o algo]. | J. B. Filgueira *SYa* 6.1.74, 31: La misión fundamental del aeropuerto, al alimón con las compañías aéreas, es vigilar por la seguridad del tráfico y del pasajero.

vigilia *f* **1** Hecho de estar despierto o en vela. | Sales *Salud* 396: La conciencia psicofisiológica es un estado de atención o de alerta de nuestro cerebro, que perdemos durante el estado de sueño y que recuperamos al entrar de nuevo en estado de vigilia. **b)** (*Bot*) Hecho de tener las plantas sus hojas y otros órganos en determinada posición durante las horas de luz. | Artero *Plantas* 67: Muchas plantas que durante el día tienen sus foliolos muy desplegados en posición de vigilia, los pliegan por la noche en posición de sueño.
2 (*Rel*) Víspera [de una festividad]. *Tb el oficio correspondiente.* | Valcarce *Moral* 194: Días de abstinencia y ayuno .. las vigilias de Pentecostés, Asunción, Todos los Santos y Navidad. SLuis *Liturgia* 10: Los asistentes a la vigilia Pascual pueden comulgar en ella.
3 (*col*) Abstinencia de carne en las comidas, por motivos religiosos. | Moreno *Galería* 245: Guardar la vigilia. "Comer de vigilia" era guardar la norma impuesta por la Iglesia sobre "la abstinencia". **b)** Día de vigilia. | * Hoy no puedes comer jamón, que es vigilia.
4 (*hist*) *Entre los antiguos romanos:* Parte de las cuatro en que se dividía la noche. | Ribera *Misal* 92: Las [horas] del día se llamaban estaciones, y las de la noche, vigilias.

vigiliar *adj* (*Rel*) De (la) vigilia [2]. | Pinell *Horas* 200: Los oficios vigiliares .. no hacen sino mantener y acrecentar la expectación de la hora pascual matutina.

vigir *intr* (*reg*) Estar vigente. | Alsina *Pról. Homero* IX: Para nosotros vige en medida muy superior que para la Antigüedad el principio según el cual la obra artística es, ante todo, "una confesión".

vigitano -na *adj* (*lit*) De Vic (Barcelona). *Tb n, referido a pers.* | J. Tarín *Abc* 4.4.76, 16: La ciudad de Vich .. vive los días más agitados del año en ocasión de celebrarse el tradicional Mercat del Ram, exponente de todos los mercados vig[i]tanos, símbolo colectivo de la antigua inquietud que antaño se despertaba al socaire de las ferias vicenses. [*En el texto,* vigatanos.]

vigor *m* **1** Fuerza o energía [de un ser vivo]. *Tb fig.* | *Ya* 27.11.74, 42: La reconversión varietal por injerto ha sido desde muy antiguo técnica utilizada en el sector olivarero a fin de .. aprovechar las características favorables de un patrón determinado con características favorables (vigor, resistencias varias, etcétera) de las que carece la variedad injertada. *País* 29.4.79, 8: La violencia y el vigor con que ha rebrotado en la zona más industrializada de un país desarrollado como España el sentimiento nacionalista se impone por la misma fuerza de los hechos a los esquemas racionalistas.
2 Vigencia. *En las constrs* ESTAR EN ~, PONER EN ~ *o* ENTRAR EN ~. | *Alc* 1.1.55, 3: Hoy entra en vigor la ayuda financiera norteamericana .. a los Gobiernos del Vietnam, Laos y Camboya.

vigorización *f* Acción de vigorizar. | *BLM* 9.74, 3: Se proponían adecuar los contenidos y sistemas a las necesidades de la industrialización, reordenando las titulaciones en función de la dependencia tecnológica (apoyando la vigorización de títulos de grado medio mediante la implantación de los ciclos).

vigorizador -ra *adj* Que vigoriza. *Tb n m, referido a producto.* | J. Carchena *Cór* 29.8.76, 16: Oloroso. Es un vino de mucho "cuerpo", vigorizador y aromoso, ligeramente abocado. *Abc* 25.5.58, 90: Este nuevo vigorizador y restaurador glandular, llamado Varko, ha sido ensayado y probado por muchas personas en los Estados Unidos.

vigorizante *adj* Que vigoriza. | Lera *Trampa* 985: El cielo estaba henchido de sol y la brisa era una caricia vigorizante.

vigorizar *tr* Dar vigor [1] [a alguien o algo (*cd*)]. *Tb fig. Tb abs.* | Gilera *Abc* 21.5.67, 99: La entrada de don Vicente Gil García, presidente de la Federación Española, en la Presidencia de esa Unión Europea ha vigorizado, a nuestro juicio, a este organismo continental. FQuintana-Velarde *Política* 194: La necesidad de vigorizar y sistematizar todas las actividades de estas entidades oficiales de crédito aparecía clara.

vigorosamente *adv* De manera vigorosa. | *Fam* 15.11.70, 35: Todos se armaron hasta los dientes para hacer frente a los animales que nadaban vigorosamente hacia ellos.

vigoroso -sa *adj* [Ser] que tiene vigor [1]. | F. Vadillo *Mar* 17.7.66, 10: Trono que entonces ocupaba Pascualito Pérez, el vigoroso y centelleante campeón. **b)** Propio del ser vigoroso. | Angulo *Arte* 2, 55: De personalidad más vigorosa que los anteriores son Andrés Pisano .. y Nino Pisano. X. Montsalvatge *Van* 20.12.70, 59: Gary Kirkpatrick es pianista de brillantísima y vigorosa técnica.

viguería *f* Conjunto de vigas [1]. | Solís *Siglo* 47: Transformó las habitaciones reduciendo su tamaño mediante cielos rasos que ocultaban la viguería.

vigués -sa *adj* De Vigo (Pontevedra). *Tb n, referido a pers.* | *Abc* 22.11.70, 28: La Policía militar francesa ordenó el reembarque de los marinos .., a fin de evitar represalias de la población viguesa.

vigueta *f* Viga [1b] pequeña. | Mendoza *Ciudad* 261: Subió un tramo de escaleras; en varios peldaños el revestimiento de mármol había saltado dejando al descubierto la vigueta cubierta de orín.

viguetería *f* Conjunto de viguetas. | Zunzunegui *Hijo* 137: Habían desaparecido mucha viguetería de hierro y sacos de cemento.

vihuela *f* Instrumento de cuerda antiguo similar a la guitarra, provisto de cuerdas dobles. | Alfonso *Música* 203: Antonio de Cabezón .. escribió obras admirables, no solo para vihuela, sino para clave, órgano y arpa.

vihuelista *m y f* Músico que toca la vihuela, o compositor de música para vihuela. | Arce *Precio* 81: Me puse a ojear los discos: bastantes Bach .. y un disco de vihuelistas españoles del XVI.

vihuelístico -ca *adj* De (la) vihuela. | *OCNE* 20.10.89, 6: Preparando así la entrada de una serie de fragmentos tomados de una de las más singulares obras del brillante repertorio vihuelístico del renacimiento español: la Fantasía X de Alonso Mudarra.

vikingada *f* Romería que, en recuerdo de los vikingos [1], se celebra anualmente en la zona de Catoira (Pontevedra). | *Faro* 30.7.75, 15: Catoira va a ser el bonito y tradicional escenario de una nueva vikingada.

vikingo -ga (*tb, raro, con la grafía* **viquingo**) **I** *m* **1** (*hist*) Pirata normando. | Castillo *Polis* 288: A finales del

siglo X y comienzos del XI, estos noruegos, normandos o vikingos llegaron por primera vez a las costas de América del Norte.
II *adj* **2** De (los) vikingos [1]. | Cunqueiro *Sáb* 13.8.77, 22: En el río Ulla, celebran los ribereños lo que llaman fiesta viquinga, en recuerdo de la llegada de la gente normanda.
3 (*humoríst*) Escandinavo. *Frec n, referido a pers.* | Cela *España* 313: ¿Qué hacía usted en la tarde del viernes en aquel bar y con aquella vikinga?

vil *adj* (*lit*) **1** Indigno o despreciable. | CBaroja *Inquisidor* 53: Pintaban aquellos al reinado de Carlos IV como época vilísima, en que la heterodoxia triunfó. **b)** [Garrote] ~ → GARROTE.
2 [Cosa] despreciable o sin valor. | Palomino *Hucha* 2, 40: Preparó con sus propias manos un combinado de vino tinto, ginebra, un grano de pólvora y un dedal de cocimiento de tabaco negro. Un brebaje vil que el cardenal entregó al médico sin revelarle la fórmula.

vilafranqués -sa *adj* De Vilafranca del Penedés (Barcelona). *Tb n, referido a pers.* | P. Vila *DBa* 28.3.76, 12: Otro aspecto que hay que lamentar profundamente es la poca conciencia que tenemos casi todos los vilafranqueses de ese problema.

vilafranquino -na *adj* Vilafranqués. *Tb n.* | *Van* 15.1.76, 43: A comienzos del año se publicaba la pastoral del cardenal Jubany sobre la universalidad del vilafranquino.

vilagómez *m* (*hist, lit*) Hombre que saca barato en la casa de juego. | Cela *España* 295: La vida es deporte de paladines –algo que tiene sus reglas, que no son, a buen seguro, las del biribís– y no ruin relance de vilagómez, flor cautelosa de baratero de la tahurería.

vilano *m* Apéndice filamentoso que corona el fruto de algunas plantas y que sirve para que la semilla sea transportada por el viento. | Arce *Testamento* 27: A su paso se levantaban nubes de vilanos que se descomponían bajo el sol o que se iban flotando ladera abajo, livianos, tambaleantes.

vilero -ra *adj* De Villajoyosa (Alicante). *Tb n, referido a pers.* | *Ya* 17.5.78, 39: El alcalde de la ciudad .. impuso al señor Beneyto el escudo de oro de Villajoyosa tras hacer leer el acuerdo municipal de declararle "vilero" ilustre.

vileza *f* (*lit*) **1** Cualidad de vil. | MSantos *Tiempo* 225: O bien que solo sobre el telón de fondo de la carne cubierta de lentejuelas, en la vileza de un hombre, puede reconocerse y sonreírla como a una vieja conocida la vileza de un pueblo.
2 Acción vil. | Torrente *Off-side* 476: Necesito que me creas, Leonardo. Soy un hombre lleno de defectos, pero incapaz de una vileza así.

vilipendiar (*conjug* **1a**) *tr* (*lit*) Denigrar o despreciar. | Seco *Militarismo* 395: Los comentarios de que los acompañó [los Diarios de Azaña] Joaquín Arrarás .. respondían, reiteradamente, al designio de vilipendiar al Presidente desde el flanco de su supuesta "perversión" sexual.

vilipendio *m* (*lit*) Acción de vilipendiar. | *Abc* 24.2.74, 33: Dos años de reclusión en un manicomio .. sentenció hoy el Tribunal de Venecia para el llamado antipapa Clemente XV .. después de haberle absuelto de la acusación de vilipendio del Papa Pablo VI.

villa *f* **1** Población que en la Edad Media disfrutaba de ciertos privilegios. *Se contraponía a* ALDEA. *Hoy se conserva como título oficial de muchas ciudades y pueblos.* | CBaroja *Inquisidor* 18: He aquí que en cierta ciudad, villa o aldea de España nace un niño en el seno de familia "honrada" de cristianos viejos o tenidos por tales. Aguirre *Galdós* 5: Él supo captar de tal modo el significado de Madrid y de los madrileños que ha dado nombre a todo un período de la Villa de las Siete Estrellas.
2 *En las poblaciones que tienen título de villa:* Ayuntamiento (corporación municipal). | *Abc* 9.9.66, 45: Nos habló el alcalde de ese tema [revisión de sueldos] candente en la Casa de la Villa y lo relacionó con el Consejo de Ministros de hoy. **b)** Edificio del ayuntamiento. | GPavón *Hermanas* 9: Apenas sonaba en la torre de la villa el primero de los ocho golpes matinales, sentía flojera en los párpados.
3 Casa de recreo con jardín, aislada en el campo. | Goytisolo *Afueras* 59: La villa era una pequeña construcción ochocentista de dos plantas.

villacañero -ra *adj* De Villacañas (Toledo). *Tb n, referido a pers.* | J. A. Alberola *Ya* 22.4.90, 44: El abulense .. Jesús Rodríguez, "El Pájaro", fue el gran animador de la prueba, .. pero un pinchazo llegando a Olías, a seis kilómetros de la meta, .. le impidió dar el triunfo al equipo villacañero.

villacastinense *adj* De Villacastín (Segovia). *Tb n, referido a pers.* | F. Martín *ASeg* 8.10.79, 6: A pocos kilómetros de la falda norte de la sierra de Malagón se extiende Villacastín .. Nada impedía a las viejas villacastinenses usar aquellas aguas como términos comunes de la Tierra.

Villadiego. coger, *o* **tomar, las de ~.** *loc v* (*col*) Marcharse precipitadamente para huir de una situación no deseada. | *Día* 25.6.76, 4: Y nos fuimos. Y no pudimos ni ayudar a nuestros compañeros –ya que la entrada costaba 250 pesetas–, y nosotros –con planes ya establecidos– tuvimos que coger "las de Villadiego".

villaduqueño -ña *adj* De Villanueva del Duque (Córdoba). *Tb n, referido a pers.* | An. Romero *Cór* 14.8.89, 5: Inés María Romero habló en representación de los jóvenes villaduqueños asegurando que todos los pueblos necesitan la figura de un héroe.

villafranqueño -ña *adj* De Villafranca de Córdoba (Córdoba), o de alguna de las otras localidades denominadas Villafranca. *Tb n, referido a pers.* | Carnicer *Van* 17.7.75, 50: Los de Villafranca, de Navarra, Córdoba, Valladolid y Toledo, son, por el mismo orden, villafranqueses, villafranqueños, villafranquinos y villafranqueros o villafranqueses. T. Rabanal *Hoy* 9.9.75, 15: A Villafranca de los Barros le gusta pregonar sus fiestas .. Los villafranqueños, ahora, interrumpen el duro pelear de cada día, sumándose al clamor de las campanas que glorifican a María Coronada.

villafranquero -ra *adj* De Villafranca de los Caballeros (Toledo). *Tb n, referido a pers.* | Carnicer *Van* 17.7.75, 50: Los de Villafranca de .. Toledo son .. villafranqueros o villafranqueses.

villafranqués -sa *adj* De Villafranca (Guipúzcoa), de Villafranca de los Barros (Badajoz), o de alguna de las otras poblaciones denominadas Villafranca. *Tb n, referido a pers.* | Carnicer *Van* 17.7.75, 50: Los de Villafranca, de Navarra, Córdoba, Valladolid y Toledo, son, por el mismo orden, villafranqueses, villafranqueños, villafranquinos y villafranqueros o villafranqueses. *Hoy* 16.7.76, 19: Aquí y allí, también, hemos sentido cómo latía el corazón de tanto villafranqués, con una gratitud indecible. [*De Villafranca de los Barros.*] *SYa* 2.9.89, 22: TVE 1 .. "Villafranca de Penedés: los castillos del pueblo". La tronada que marcará el comienzo de la fiesta mayor de los Villafranqueses.

villafranquino -na *adj* De Villafranca de Duero (Valladolid), o de alguna de las otras poblaciones denominadas Villafranca. *Tb n, referido a pers.* | Carnicer *Van* 17.7.75, 50: Los de Villafranca de .. Valladolid .. son .. villafranquinos.

villagarciano -na *adj* De Villagarcía de Arosa (Pontevedra). *Tb n, referido a pers.* | DPatiño *Faro* 31.10.70, 18: No tan solo serían los villagarcianos trabajadores y sus familiares los que han de acudir a él [al ambulatorio], sino también de otros puntos de la comarca.

villagodio *m* Chuletón. | Vega *Cocina* 51: Para que un villagodio sea estimado por un *tripasai*, ha de tener dos dedos y medio de grueso.

villajuanés -sa *adj* De Villajuán o Vilaxoán (Pontevedra). *Tb n, referido a pers.* | *Faro* 2.8.75, 20: Intervendrá la Coral Polifónica de Villajuán, la aplaudida colectividad villajuanesa que tantos éxitos lleva obtenido.

villalbés -sa *adj* De Villalba (Lugo). *Tb n, referido a pers.* | Cunqueiro *Sáb* 3.12.75, 31: Ya no los volveré a ver [los capones] hasta que difuntos los encuentre en Villalba de Lugo .. Ahora la feria se hace a cubierto, pero la recuerdo durante muchos años en la plaza villalbesa, en mañanas de dura helada, de lluvia o de nieve, que caía lentamente y vestía con su blancura el amarillo suave de los capones.

villalbino -na *adj* De Collado-Villalba (Madrid). *Tb n, referido a pers.* | G. Salmerón *Ya* 2.3.90, 15: Según el Ayuntamiento villalbino, la piscina que finalmente se cons-

villalón – villero

truyó en la colonia no cumple ni de lejos los requisitos y las normas establecidas.

villalón m Queso fresco de leche de oveja, fabricado originariamente en la zona de Villalón de Campos (Valladolid). Gralm QUESO DE VILLALÓN. | GTelefónica N. 913: La Abulense. Fábrica de quesos. Especialidad en Manchego, Villalón y Burgos.

villalonguense adj De Villalonga (Pontevedra) o de Villalonga (Valencia). Tb n, referido a pers. | Faro 1.8.75, 16: Villalonga ha finalizado, prácticamente, sus fiestas de verano. Han pasado ya los días felices y festivos que ponen en el alma y en el semblante del villalonguense un gesto distinto. Saniz Pro 13.8.75, 20: Fiestas en Villalonga .. Todos los villalonguenses, que esperan ilusionados la llegada de estos días de fiesta, estarán satisfechos ante el esfuerzo que representa la culminación de los actos del programa.

villanamente adv (lit) De manera villana [1]. | J. DMagallón Pue 17.12.70, 2: Predicamos y practicamos la obediencia a la autoridad en lugar de ponernos a la cabeza de algaradas callejeras más o menos revolucionarias u hostigarlas villanamente desde el púlpito.

villancico m **1** Canción popular de tema religioso que se canta por Navidad. | Laforet Mujer 289: Todos se levantaron para ver el árbol y dar los regalitos a los niños, y, después de unos pocos villancicos, se formó junto al fuego una reunión.
2 (Mús) Pieza musical renacentista de carácter popular, que consta de estribillo, copla y repetición del estribillo. | Casares Música 93: Músico de una gran valía y con una obra muy extensa y variada, con villancicos profanos y sacros, escribirá [el P. Soler] obras de teatro. **b)** (TLit) Composición poética breve con estribillo, usada hasta el s. XVII. | GLópez Lit. española 40: Una de las formas métricas más frecuentes de estas poesías sería, con seguridad, la del zéjel .. Esta estrofa, así como el villancico, derivación suya, tuvo en nuestra literatura una larga vida, ya que su uso se prolongó hasta el siglo XVII.

villanella (it; pronunc corriente, /bilanéla/) f (Mús, hist) Canción italiana renacentista de carácter popular, similar a la frottola. | Subirá-Casanovas Música 30: En Italia triunfan la frottola .. y la villanella, que al espíritu cómico unía cierta libertad en el vocabulario.

villanesco -ca I adj **1** Propio de villanos [3]. | Lapesa HLengua 301: Estas formas aparecen como rusticismo en Juan del Encina y el lenguaje villanesco del teatro clásico.
II f **2** (hist) Cierta cancioncilla popular antigua. Tb su música y su danza. | RMoñino Poesía 106: Para provocar la devoción al pueblo, conviene que en las fiestas solemnes y principales del año se canten letras, villancicos, villanescas, etc., apropiados. Blancafort Música 80: Entre otros, cultivaron este estilo [popular], además del ya citado Mateo Flecha, su sobrino de igual nombre y apellido .., Juan Brudieu .., etcétera, destacando Francisco Guerrero, cuyas villanescas tanto espirituales como profanas poseen el encanto espontáneo de la melodía folklórica.

villanía f (lit) **1** Condición de villano [1]. | Cela Viaje andaluz 144: En cuentos de vino, de caza y de pesca, de guerra y de mujeres, la presunción es villanía.
2 Acción vil o villana. | Laforet Mujer 252: Ese asesinato, todas esas villanías de la gente .. Todo eso, a veces lo siento yo, Paulina, como si me pinchasen.

villano -na I adj **1** (lit) Vil o indigno. Tb n, referido a pers. | * Es un villano. * No le creí capaz de acción tan villana.
2 (hist) De (la) villa [1]. | Moreno Galería 101: Todas las villas, o casi todas, tuvieron y aún conservan su símbolo villano: el rollo.
3 (hist) [Pers.] perteneciente al estado llano, que habita en una villa [1] o aldea. Tb n. | CBaroja Inquisidor 30: Muchos hijos de familias de simples hidalgos, y aun de villanos, alcanzaron a través de la Iglesia situaciones de excepcional importancia. **b)** Propio de la pers. villana. | * Era de villana condición.
II m **4** En una película: Personaje malvado que se opone al héroe. Tb fig. | J. Miravitlles Inf 3.6.74, 19: Nixon, villano de película .. En las películas de "ladrones y policías", el público, en el fondo, simpatiza con el "villano" y espera que finalmente huya de sus perseguidores.
5 (Mús, hist) Canción popular propia de los ss. XVI y XVII, que se cantaba con la música de cierta canción que empezaba: "Al villano se lo dan". Tb su baile. | Iparaguirre-Dávila Tapices 35: En las aburridas fiestas sociales se danzaba la zarabanda, el villano y los fandangos.

villanovense adj De Villanueva del Arzobispo (Jaén), de Villanueva de la Serena (Badajoz) o de Villanueva de la Vera (Cáceres), o de alguna otra población denominada Villanueva. Tb n, referido a pers. | J. C. Fernández Jaén 4.9.74, 9: Villanueva del Arzobispo. Un grandioso recibimiento han dispensado los villanovenses a su nuevo cura párroco. E. GCalderón Hoy 23.7.76, 13: Un villanovense universal, en el momento cumbre de su vida, fundó, allá en las Indias Occidentales, una ciudad. Y don Pedro de Valdivia, que para eso era "serón", puso a la nueva urbe, sita en pleno corazón araucano, un sonoro nombre: Era un doble homenaje. A su patria chica, Villanueva de la Serena .. y a su región. A. GMarcelo Hoy 23.1.75, 11: Ya están en la calle los programas anunciadores de las célebres fiestas villanovenses, declaradas de interés turístico, del "Pero-Palo". [De Villanueva de la Vera.]

villanovés -sa adj De Villanueva de la Vera (Cáceres), o de alguna otra población denominada Villanueva. Tb n, referido a pers. | E. Laventana NHi 8.77, 49: Los villanoveses ya no quieren más líos.

villar m (raro) Pueblo pequeño. | Cela Viaje andaluz 103: Cuando Alarcos se arruinó, un rico-home de su vecindario, don Gil Turra, llevó su casa a la Puebla, villar que bautizaron, en su honor, con el nombre de Pozuelo Seco de don Gil.

villariego -ga adj De Villa del Rey (Cáceres). Tb n, referido a pers. | G. Alcalá Hoy 10.8.75, 12: Villa del Rey .. En estos días es grande el número de naturales de este pueblo, procedentes sobre todo de Vitoria donde hay más "villariegos" que en el propio Villa del Rey, que vienen a su tierra a disfrutar las vacaciones.

villarrobletano -na adj De Villarrobledo (Albacete). Tb n, referido a pers. | L. Ruescas TribAl 25.1.90, 9: El senador villarrobletano, Manuel Acacio Collado, es miembro desde el pasado día 20 de diciembre de la Comisión de Economía y Hacienda y de la Comisión de Agricultura.

villaverdeño -ña adj De Villaverde y Pasaconsol (Cuenca). Tb n, referido a pers. | C. Saiz DíaCu 14.5.89, 12: La representación de esta primera comedia dio lugar a varios corolarios, a saber: .. El elenco "Talanquera", al que pertenecen todos los villaverdeños.

villavicense adj De Villaviciosa de Córdoba (Córdoba). Tb n, referido a pers. | Cór 14.8.89, 8: Concursos populares, baile y deportes en las fiestas de agosto villavicenses.

villaviciero -ra adj De Villaviciosa de Odón (Madrid). Tb n, referido a pers. | I. Montejano Abc 15.9.84, 32: Entró este histórico pueblo madrileño [Villaviciosa de Odón] en fiestas, que fueron pregonadas por el villaviciero residente .. Manolo Gómez-Bur.

villaviciosino -na adj De Villaviciosa (Asturias). Tb n, referido a pers. | NEs 23.8.78, 9: El autor, Gonzalo Álvarez-Sierra, acompañado del alcalde de Villaviciosa, don Alfredo Pardo Tuero, y de dos miembros de la Corporación, se reunieron con el delegado provincial de Turismo .., para hacerle entrega de un ejemplar y cambiar impresiones sobre distintos aspectos de la villa villaviciosina.

villazgo m Condición de villa [1]. | D. Sueiro Cua 2.10.76, 10: La carta de villazgo a favor de Mombeltrán data de finales del siglo XIV.

villenense adj De Villena (Alicante). Tb n, referido a pers. | J. M. Soler Villena 65: Basta con lo expuesto para dejar esbozada la importancia histórica de estos yacimientos villenenses.

villenero -ra adj Villenense. Tb n. | E. Poveda Villena 77: Si para un español decir Chapí es bastante, para un villenero, decir Chapí es decirlo todo.

villero -ra adj De La Orotava (Tenerife). Tb n, referido a pers. | B. Alfonso Día 27.4.76, 15: La Orotava podría contar con una exposición permanente, con una historia en imágenes que jalonan su vida y que tan interesantes son para una amplia y documentada crónica "villera" que aún no se ha realizado.

villoría f Casería o casa de campo. | MCalero *Usos* 11: Sin llegar a formar un alfoz, tenía a su vez dos pedanías y alguna villoría en sus aledaños.

villorrio m (*desp*) Aldea. | DCañabate *Paseíllo* 64: La murga contratada para las fiestas clamorea su diana por las calles del villorrio.

villoso -sa adj (*reg*) Velloso. *Referido a una variedad de veza.* | A. Blázquez *Hoy* 17.9.76, 19: Como forrajeras, entre otras, podemos emplear: Cebada .. Veza sativa .. Veza villosa.

villuercano -na adj De las Villuercas (comarca de Cáceres). *Tb n, referido a pers.* | F. Andije *Hoy* 7.8.76, 2: Como siempre, en Cañamero se ha utilizado el castúo villuercano para invitar a los forasteros.

vilmente adv (*lit*) De manera vil. | Carrero *Pue* 22.12.70, 7: La hija del inspector de Policía, señor Manzanas, vilmente asesinado cuando tranquilamente entraba en su casa.

vilo. en ~. loc adv **1** Sin apoyo físico. | DCañabate *Paseíllo* 63: Te arrea [la Emeteria] cada pisotón que te levanta en vilo y te hace ver las estrellas. * Si llevas el paquete en vilo te pesará mucho más. **b)** En equilibrio inestable. *Tb fig.* | * Te veo en vilo. * La cuchara estaba en vilo sobre el borde de la mesa.
2 Con inquietud y zozobra. | ZVicente *Traque* 304: Nos acordábamos .. de la casilla, de las tardes allí solitos .., en vilo siempre por los gritos de los niños que cazaban ranas en el Salobralillo, el arroyo de al lado, no nos fueran a sorprender.

vilorta f **1** Abrazadera de hierro que sujeta al timón la cama del arado. | ARíos *Tri* 13.4.68, 30: A tientas reconoce el timón del arado, suave y lustroso, y coge las vilortas que hay al pie.
2 Juego que consiste en lanzar por el aire con una especie de raqueta una bola de madera que ha de pasar a través de una fila de estacas. | Repollés *Deportes* 81: Hay que decir que tiene [el golf] cierta semejanza con la *perraixe* vasca y la vilorta castellana.

viltrotear intr (*raro*) Callejear. | Faner *Flor* 91: Los vecinos salían a la calle en mangas de camisa. Brincaban, viltroteaban. Por la noche encendían antorchas.

viluria f Digital (planta). | Chamorro *Sin raíces* 202: Él demostró que las flores y plantas medicinales crecían, en el lugar, abundantemente y con calidad. Allí se daba el tomillo, la viluria (digital), el beleño.

vináceo -a adj (*raro*) De(l) vino. | Umbral *Ninfas* 115: La vinatería de Jesusita, la bruja vinatera, era un sitio profundo y húmedo de vino, un lagar maldito, todo de penumbra roja, vinácea, donde Jesusita despachaba vino al por mayor y también algunas botellas a los vecinos.

vinagre I m **1** Líquido agrio, procedente de la fermentación ácida del vino y compuesto pralm. de ácido acético y agua, que se emplea como condimento. *Tb ~ DE VINO.* | Medio *Bibiana* 72: Toma, lávate la boca con agua y vinagre. GTelefónica *N.* 1116: Vinagres Lau. Vinagres Vínicos, S.A. .. Vinagres puros de vino. **b)** Líquido resultante de la transformación en ácido acético de una bebida alcohólica que no es el vino, o de una disolución amilácea o azucarada. *Gralm con un adj o compl especificador.* | SSe 18.9.88, 23: En la carta se puede ver las pochas a la riojana al lado de una ensalada de "foie" fresco y vainas verdes con una salsa de manzana y vinagre de frambuesas.
2 (*col*) Pers. antipática o de mal carácter. | ZVicente *Traque* 177: El tío vinagrillo ese del registro está casado con una prima segunda de mi administrador, ya veríamos cómo echarle a usted una manita.
II adj **3** [Color] rojo oscuro propio del vinagre [1a]. | *Río* 24.3.89, 13: Es el triunfo del color y de las texturas. Tonos currys, marfiles, .. mostazas, vinagres.
4 de ~. (*col*) [Cara] adusta o de enfado. | DCañabate *Paseíllo* 53: Que me brindes mañana el quiebro de rodillas, que me apetece para poner cara de vinagre a más de cuatro desgracias.

villoría - vinblastina

vinagrería f Industria del vinagre [1]. | *Abc* 20.11.64, 39: Los restantes 24 millones de hectolitros de vino podrían ser absorbidos .. por el consumo interior, la destilería, la vinagrería y la exportación. *Libro agrario* 104: Fermentaciones vínicas, iniciación a la cervecería y vinagrería vínica.

vinagrero -ra I adj **1** De(l) vinagre [1]. | C. Llaguno *SYa* 4.11.73, 17: Los estudios sobre la producción de vinagre le conducen, en 1864, a explicar en la Cámara de Comercio de Orleans las aplicaciones prácticas que debían modificar la industria vinagrera de aquella zona.
II f **2** *En pl:* Utensilio de mesa compuesto de dos recipientes para aceite y vinagre y a veces también otros para sal y pimienta. | *Abc* 25.2.58, 10: Vinagreras mont. plást., 11,25 ptas.
3 Acedera (planta). | CBonald *Dos días* 220: La cuneta se abría entre la carretera y un senderillo aledaño que reptaba por los matorrales de vinagrera y de piorno. Mayor-Díaz *Flora* 324: *Rumex acetosa* L. "Acedera", "Vinagrera", "Fontana", "Hierba salada". Mayor-Díaz *Flora* 180: *Rumex bucephalophorus* L. "Vinagre[r]a borde", "Acedera de lagarto". [*En el texto*, vinagrega.] Remón *Maleza* 96: Especie: *R*[*umex*] *acetosella* L. Nombre común: Acederilla, Acedera menor, Vinagrera. Es una de las especies de *Rumex* más frecuente en nuestros prados y pastizales.

vinagreta f Salsa compuesta de aceite y vinagre, con cebolla y perejil picados. | Bernard *Verduras* 36: Espárragos a la vinagreta.

vinagrón m Vino ligeramente avinagrado y de baja calidad. | CBonald *Casa* 60: Unas naves que habían empezado siendo de crianza, pero que se usaron después como muelle de embarque y almacén indistinto de maderas de embalar y botas de vinagrón.

vinajera f **1** (*Rel catól*) Jarrita destinada a contener el agua o el vino de la misa. *Frec en pl, designando el conjunto formado por ambas jarritas y la bandeja en que se colocan.* | Vesga-Fernández *Jesucristo* 163: Después de coger las vinajeras, sube a la segunda grada del altar, saluda al Celebrante cuando se acerca a él, l[e] presenta con la mano derecha primero la vinajera del vino y luego la del agua.
2 (*pop*) Vinagrera [2]. *Gralm en pl.* | G. Cañas *SPaís* 23.9.79, 8: Las plantas reivindican un lugar tranquilo donde florecer. El cristal, ya sea una perejilera, un comedero de pájaros, una antigua vinajera de pastor o un salero, es perfecto para la *tradescantia*, más conocida por amor de hombre.

vinariamente adv (*lit*) En el aspecto vinario. | Vega *Cocina* 130: No toda Cuenca es Mancha .. Ni geográfica, ni gastronómica, ni vinariamente.

vinario -ria adj (*lit*) De(l) vino. | Vega *Cocina* 111: Solamente en dos establecimientos vinarios .. se despachan vinos aragoneses.

vinatería f Industria o comercio de vino. | Umbral *Ninfas* 115: La vinatería de Jesusita, la bruja vinatera, era un sitio profundo .. donde Jesusita despachaba vino al por mayor y también algunas botellas a los vecinos.

vinatero -ra adj **1** De(l) vino. | Grosso *Capirote* 88: El estómago era solo una bolsa fláccida y arrugada que no necesitaba, que no podía ser dilatada, soplada, como un pellejo vinatero.
2 Que se dedica a la fabricación o venta de vino. *Frec n, referido a pers.* | Umbral *Ninfas* 115: La vinatería de Jesusita, la bruja vinatera, era un sitio profundo y húmedo de vino. GPavón *Hermanas* 40: Somos pobres sabuesos de un pueblo vinatero. Cela *Judíos* 305: Recuerdan, nostálgicos, al tío Claudio, vinatero insigne.

vinaza f Residuo procedente de la destilación de mostos o melazas fermentados. | GPavón *Hermanas* 20: Todo el pueblo olía a vinazas. *Inde* 13.10.90, 21: Unas veinte toneladas de peces muertos han sido retiradas del río Pisuerga .., altamente contaminado como consecuencia de un vertido de vinazas, líquido procedente de residuos alcohólicos.

vinazo m (*desp*) Vino [1a]. | Cancio *Bronces* 62: En todo el campizal de la feria el olor a moñiga, a guisote de figón y a vinazo de taberna se había hecho ya irresistible.

vinblastina f (*Med*) Cierto alcaloide obtenido de la planta *Vinca rosea*, utilizado en algunos tipos de neoplasias.

vinca – vinícola

| Moraza *Ya* 15.1.75, 30: En las fases agudas y agravaciones generalmente empleamos los alcaloides de la vincapervinca, es decir, la vincristina y la vinblastina.

vinca *f* Planta herbácea de flores azules, cuyas hojas tienen propiedades astringentes y purgantes (*Vinca minor*). | Cunqueiro *Un hombre* 142: Ifigenia hacía que pacía con él, mordisqueando prímulas y vincas.

vincapervinca *f* Vinca. | Moraza *Ya* 15.1.75, 30: En las fases agudas y agravaciones generalmente empleamos los alcaloides de la vincapervinca. [*En el texto,* vinca pervinca.] Mayor-Díaz *Flora* 567: *Vinca minor* L. "Vincapervinca".

vincetoxina *f* (*Quím*) Glucósido tóxico que se encuentra en la raíz del vencetósigo. | Mayor-Díaz *Flora* 304: Su raíz [del vencetósigo] es venenosa, ya que contiene un glucósido tóxico (vincetoxina) que actúa sobre el corazón y sobre el sistema nervioso.

vincha *f* Cinta o pañuelo para ceñir la cabeza o sujetar el cabello, que se emplea en América del Sur. | J. Balansó *SAbc* 12.4.70, 37: Un hombre alto y fornido, de espesa barba negra, vistiendo amplio poncho y ceñidos sus cabellos con una vincha de seda roja, leía.

vincristina *f* (*Med*) Cierto alcaloide obtenido de la planta *Vinca rosea*, utilizado en algunos tipos de neoplasias. | Moraza *Ya* 15.1.75, 30: En las fases agudas y agravaciones generalmente empleamos los alcaloides de la vincapervinca, es decir, la vincristina y la vinblastina.

vinculable *adj* Que se puede vincular¹. | F. Almazán *Tri* 26.12.70, 67: Un amplio público .. lo ha hecho salir del tradicional círculo de aficionados, situándolo en el peligroso ciclo de una producción y un consumo difícilmente vinculables a la asunción mayoritaria de su significación histórica.

vinculación *f* Acción de vincular¹. *Tb su efecto.* | Alfonso *España* 40: ¿Quiénes pueden cumplir el cúmulo de requisitos que se precisa reunir a los veintitantos años...? Indudablemente, los hijos de familias muy acomodadas o con fuertes vinculaciones políticas. J. Balansó *SAbc* 16.3.69, 36: La primera vinculación de joyas a la Corona en España aparece claramente expresada en el testamento de Felipe II. Cossío *Confesiones* 14: Mi abuelo Cossío, que era un gran terrateniente en el que recaían vinculaciones, censos y propiedades afectas a sus apellidos .., cuando sobrevino la desamortización de Mendizábal .. no aprovechó aquel acuerdo que incitaba fácilmente a la rapiña.

vinculador -ra *adj* Que vincula. | Murciano *SYa* 5.6.88, 62: Son las centurias las que avalan toda una tradición vinculadora de un pueblo a su Virgen.

vinculamiento *m* Vinculación. | Tierno *Humanismo* 51: Cooperación significa no solo vinculamiento, sino individualismo. No es la entrega a la plenitud; comunicar, por el contrario, es un entusiasmo personal por una obra común.

vinculante *adj* Que vincula. *Frec en derecho.* | Ramírez *Derecho* 80: Pese al carácter vinculante de la donación, esta puede, en ciertos casos, ser revocada.

vincular¹ *tr* **1** Unir mediante vínculo [dos o más perss. o cosas]. | Rosales *MHi* 3.61, 29: He aquí el nudo de la cuestión, el nudo que en adelante va a vincular indisolublemente a los protagonistas de la novela. **b)** Sujetar [a alguien (*cd*)] a una obligación. | *Leg. contencioso-adm.* 34: Si el Juez penal dicta sentencia absolutoria .., la sentencia no vincula a la Administración, que puede sancionar administrativamente al funcionario en virtud de aquellos mismos hechos.
2 (*Der*) Someter [bienes] a perpetuidad a un empleo o sucesión determinados. *Frec en part.* | Mercader-DOrtiz *HEspaña* 4, 23: Aconseja [Jovellanos] la necesidad de dar a los mayorazgos la licencia de ceder en enfiteusis los bienes vinculados.

vincular² *adj* De(l) vínculo. | Ramírez *Derecho* 39: Hubo un tiempo, durante la segunda República, en que también entre nosotros el divorcio era vincular, o sea, producía la disolución del vínculo matrimonial. Gambra *Filosofía* 229: Las investigaciones arqueológicas y antropológicas tampoco han descubierto nunca al salvaje libre y feliz de la teoría individualista, sino, al contrario, unidades tribales más cerradas y vinculares cuanto más alejadas en la remota antigüedad.

vinculatorio -ria *adj* Que sirve para vincular¹. | F. Llavero *SYa* 4.6.72, 3: Esta célula originaria .. condiciona la primera comunicación vinculatoria con el semejante, con personas y cosas.

vínculo *m* Cosa inmaterial que une a una pers. o cosa con otra. | Gambra *Filosofía* 229: Es el desarrollo progresivo de las sociedades lo que va permitiendo la diferenciación y la autonomía de sus miembros mediante un constante aflojamiento de sus vínculos internos a medida que se va haciendo fuerte y organizada.

vindicación *f* Acción de vindicar. | *Abc* 8.4.73, 36: El defensor de los condenados recurrió ante la Sala Segunda del Tribunal Supremo, alegando que debió haberse aplicado la atenuante de haber obrado aquellos en vindicación próxima de una ofensa grave.

vindicador -ra *adj* **1** Que vindica. *Tb n, referido a pers.* | Lorenzo *Abc* 19.7.75, sn: Primer serio vindicador de la figura y la obra, históricas, de Godoy, Carlos Seco Serrano le reconoce la afición a la retórica.
2 De (la) vindicación. | Lera *Olvidados* 47: Durante la comida, .. alguien que llevaba la voz cantante proponía temas de discusión general sobre los resultados de los últimos movimientos vindicadores de la clase obrera.

vindicar *tr* **1** Defender [a alguien o algo injustamente calumniado o injuriado]. | JLozano *Inf* 15.4.72, 15: Se arrastran por Ávila los restos de Torquemada para "vindicar", trescientos años después, a las víctimas de la Inquisición.
2 Reivindicar. | GArnau *SAbc* 13.12.70, 83: El mundo filológico español quedaba ensanchado con la importancia de este descubrimiento, que conseguía vindicar para la poesía castellana la mayor antigüedad entre los romances.

vindicativamente *adv* De manera vindicativa. | Cierva *Ya* 16.2.82, 5: Un jovenzuelo enloquecido por su temprano éxito .. exige vindicativamente condenas altas en nombre de la juventud.

vindicativo -va *adj* **1** De (la) vindicación. | Valcarce *Moral* 140: Clases de justicia. Aunque suelen distinguirse cuatro (la conmutativa, la distributiva, la vindicativa y la legal), aquí haremos otra división. CBonald *Ágata* 260: Pensó entonces inopinadamente, como si fuera la última –o vindicativa– posibilidad de rehacerse con que contaba, en la exclusiva pieza del tesoro que ni siquiera se ofreció nunca al mejor postor.
2 Vengativo. | CSotelo *Proceso* 364: Al señor Arzobispo de Sevilla se le conoce en estos reinos por hombre vindicativo.

vindicatorio -ria *adj* Que sirve para vindicar. | Lázaro *Gac* 28.12.75, 15: Pudo hallarse otro motivo [en la obra] .. para conseguir lo mismo: la mostración de una conciencia progresivamente irritada en los pobres, y la espera de una ocasión vindicatoria.

vindicta *f* (*lit*) Venganza (satisfacción de un agravio o daño). | Cossío *Confesiones* 174: Don Miguel Primo de Rivera .. lanzaba al país un manifiesto en el que no se salvaba ningún político del régimen constitucional, y buscando una víctima para la vindicta pública eligió la figura de don Santiago Alba.

vinero -ra *adj* De(l) vino. | FVidal *Duero* 64: El caminante, escarcela y bota vinera al hombro .., se propone seguir su trajín viajero. J. L. Mariño *Hoy* 1.8.75, 12: Más de veinte talleres de alfarería hubo produciendo el típico jarro vinero.

vínico -ca *adj* De(l) vino. | Tamames *Economía* 99: Esta política de compra de excedentes de vino y precios altos para el alcohol vínico son [*sic*] una pesada rémora.

vinícola *adj* De (la) vinicultura. | Tamames *Economía* 97: La crisis vinícola de aquel año puso de relieve que la defensa del viticultor puede ser mejorada merced a la cooperación. **b)** (*humoríst*) De(l) vino. | Escobar *Itinerarios* 30: Después, en el aceite de la sartén son arrojadas unas cucharadas de la harina o del pan sobrante, otras de pimentón, un chorrillo acuático o vinícola, y a por las albóndigas.

vinicultor -ra *m y f* Pers. que se dedica a la vinicultura. | Ardanuy *Cod* 2.2.64, 9: La ciencia pone al alcance de los vinicultores todos [los] medios para que el producto sea siempre idéntico.

vinicultura *f* Elaboración de vino. | Ardanuy *Cod* 2.2.64, 9: Felicitamos cordialmente a las autoridades por su celo en pro de la vinicultura universal.

vinífero -ra *adj* Que produce vino. *Tb n f, referido a planta*. | E. GGonzález *Pro* 13.8.75, 22: Entre los elementos agronómicos [en] que se basa la delimitación de la zona de producción de una denominación de origen, destacan, por su relación con el viticultor, las variedades viníferas. *Ya* 9.10.70, 16: El Reglamento .. determinará las variedades de viníferas que en cada zona se consideren autorizadas y preferentes.

vinificable *adj* Que se puede vinificar. | Tamames *Economía* 93: Aunque muchas de las variedades de uva vinificable son susceptibles de consumo en fresco, las buenas uvas de mesa constituyen una verdadera especialidad.

vinificación *f* Acción de vinificar. | CBonald *Casa* 246: Un día me pidió mi padre que no dejase de ir a la bodega, que quería mostrarme el funcionamiento de un nuevo sistema de vinificación.

vinificador -ra *adj* Que vinifica. *Tb n f, referido a industria*. | *Abc* 26.8.75, 13: Los tomateros, en cambio, alegan que hacen menos proceso industrial que las vinificadoras, las factorías productoras de quesos y otras industrias de tipo agrícola.

vinificar *tr* Transformar [uvas] en vino. | *BOE* 16.7.75, 15354: En el Registro de Bodegas de Elaboración se inscribirán todas aquellas situadas en la zona de producción en las que se vinifique uva procedente de viñas inscritas, cuyos vinos producidos puedan optar a la Denominación de Origen.

vinílico -ca *adj* De vinilo. | Tamames *Economía* 125: La aparición de las resinas sintéticas (plásticos acrílicos y vinílicos) y de los disolventes petroquímicos ha hecho entrar en crisis la producción de aguarrás y colofonia en todo el mundo.

vinilo *m* **1** (*Quím*) Radical monovalente no saturado. | V. Moreno *Rev* 7/8.70, 7: Partiendo de compuestos químicamente sencillos, como el etileno, propileno, butadieno y cloruro de vinilo, el hombre ha logrado sintetizar materiales con características muy variadas de elasticidad.
2 Sustancia que contiene el radical vinilo [1]. | *Abc* 21.5.67, 25: Uno de ellos, en oveja azul vivo, rosa o naranja, con bandas de vinilo, hace juego con sombrero y botas en vinilo barnizado.

vino I *m* **1** Bebida alcohólica procedente de la fermentación del zumo de la uva. | Cunqueiro *Un hombre* 20: La hermana de Eustaquio quemaba papeles de arder y hervía vino con miel. **b)** Copa o vaso de vino. | *Abc* 20.10.79, 7: Estos policías habían estado tomando vinos por la parte vieja de la capital donostiarra.
II *loc v* (*col*) **2 dormir el ~**. Dormir la borrachera. | Faner *Flor* 79: En un apartado puso la cama de acebuche, muy alta y dura. Allí dormían el vino todos los borrachines que llegaban a perder el sentido.
3 tener buen (*o* **mal**) **~**. Ser pacífico (o agresivo) durante el estado de embriaguez. | Lera *Clarines* 500: Siempre que se cabrea se marcha por ahí a emborracharse solo. Seguramente por no pegarse con alguien .. Tiene mal vino el Raposo.

vinoso -sa *adj* **1** De(l) vino. | Bustinza-Mascaró *Ciencias* 71: Tiene el riñón forma de judía, de color rojo vinoso.
2 Semejante al vino, esp. en el color. | Cunqueiro *Un hombre* 242: No le gustaba el perfil de su nariz vinosa.

vinta *f* Embarcación filipina constituida por un tronco ahuecado y aguzado en los extremos. | FReguera-March *Filipinas* 272: El cañonero Leyte se hallaba anclado .. Llevaba a remolque un casco y trece vintas para el transporte de la tropa.

viña *f* **1** Terreno plantado de vides. | Hoyo *Pequeñuelo* 12: La liebre se había echado en la viña para salvarse. Estas viñas de aquí .. son de tierra muy blanda, como arena.
2 ~ virgen. Arbusto trepador ornamental semejante a la vid (*Ampelopsis hederacea*). | Alvarado *Botánica* 17: En la vid y en la viña virgen .., ciertos brotes se transforman en zarcillos.

viñador -ra *m y f* Pers. que posee una viña o trabaja en ella. | Delibes *Castilla* 167: El viñador viejo, presionado por abajo y por arriba, ha empezado a descepar, a sustituir el viñedo por cereales. CBonald *Casa* 80: Si el primer Romero-Bárcena había alardeado a ratos de benevolencias y compadreos, el hijo lo superó con creces: bebió y comió con viñadores, apadrinó al hijo de un manijero, se fue de putas con empleados del escritorio.

viñamarino -na *adj* De Viña del Mar (Chile). *Tb n, referido a pers*. | *Abc* 15.11.68, 49: Una invasión de objetos no identificados ("ovnis") mantuvo anteanoche y los primeros minutos de la madrugada de ayer en expectación a porteños y viñamarinos.

viñático *m* Viñátigo. | G. GHontoria *Nar* 7.76, 25: Entre las piezas que forman esta colección canaria hay objetos de madera, como .. una mortera para hacer el mojo y para comer el potaje, en una preciosa materia como es la madera de viñático.

viñátigo *m* Árbol canario muy apreciado por su madera (*Persea indica*). | FSantos *Catedrales* 136: Al pie, casi trescientos metros en vertical, más abajo, entre viñátigos y pinos, helechos colosales y laureles, se ve, junto a un arroyo seco, una casita blanca con su verde piscina.

viñedo *m* Viña. | Ortega-Roig *País* 137: En la Meseta Meridional pueden verse también enormes viñedos e importantes olivares.

viñero -ra I *adj* **1** [Arado o tractor] destinado al cultivo de la vid. | Delibes *Castilla* 169: Estoy sacando un líneo de cada dos, de manera que en la viña haya calles de seis pies y calles de doce, y por estas pueda meter el arado y trabajarla. No el arado viñero, que ese entra en cualquier parte. *DBu* 21.7.81, 26: Tractor "Barreiros" 4.000-V Viñero. 600 horas de trabajo.
II *m y f* **2** Pers. que posee una viña o trabaja en ella. | *Abc* 18.9.70, 51: Un índice de 3,25 .. pesetas kilo de fruto se consideraría como moderadamente aceptable por parte de los viñeros. GPavón *Rapto* 106: La gañanía ya duerme en el pueblo .. Los viñeros ya no echan pitos en las lindes, en el desagüe del surco.

viñeta *f* **1** Dibujo que decora la primera o la última página de un libro o de un capítulo. | MGaite *Retahílas* 20: Saqué esos libros [colecciones de revistas] y me puse a mirar las estampas pasando por alto los folletines que tanto me hicieron latir el corazón de pequeña ..; esas viñetas de entremedias se me quedaran encoladas para siempre a las paredes del desván que tenemos detrás de la retina.
2 Dibujo encuadrado y humorístico, que gralm. forma serie con otros. | Campmany *Abc* 25.10.78, 8: No es cosa de broma. Pero es que el asunto se ha convertido en una viñeta de humor macabro.

viola[1] **A** *f* **1** Instrumento músico de cuerda y arco semejante al violín, pero más grande y de cuerdas más fuertes. | Perales *Música* 37: La familia de las "violas" era amplia y de gran variedad. **b)** ~ **de brazo**, ~ **de gamba**, ~ **da braccio**, ~ **da gamba** → BRAZO, GAMBA[2], DA BRACCIO, DA GAMBA.
B *m y f* **2** Músico que toca la viola [1]. | FCid *Abc* 4.10.70, 71: Seis violines, tres violas, dos cellos y un bajo, en torno al director.

viola[2] *f* Violeta [1]. | Remón *Maleza* 129: Especie: V[iola] arvensis, Murray. Nombre común: Violeta, Viola. *MOPU* 7/8.85, 33: La Viola nevalense, uno de los 176 endemismos existentes en Sierra Nevada.

violable *adj* Que se puede violar. | PAyala *Abc* 22.6.58, 3: Es una manera sutil .. de señalar la fruta apetitosa, por prohibida, y de insinuar la tentación anteponiéndole un valladar ilusorio y fácilmente violable.

violáceo -a *adj* Que tira a violeta [3]. | Mingarro *Física* 185: El color de esta luz depende del gas contenido; es roja violácea para el aire, roja viva para el neón, .. etc.

violación *f* Acción de violar. | Laiglesia *Tachado* 77: Muchas noches en vela costó al ministro encontrar vagas

violado – violero

justificaciones jurídicas y diplomáticas para la ruptura de tratados y la violación de fronteras. Villapún *Moral* 112: Sacrilegio. Es la violación o trato indigno de una persona o cosa sagrada. *Ya* 20.4.77, 38: Inspectores .. han detenido a Francisco Izquierdo López y a Fernando Ruiz Torrejón, .. presuntos autores de un delito de violación en la persona de una joven inglesa.

violado -da *adj* Violeta [3]. *Tb n m, referido a color.* | Mingarro *Física* 185: Si se hace vacío más elevado y el tubo es de sección grande, una luminosidad violada rodea el polo negativo. Mascaró *Médico* 75: El rubor local se torna prontamente muy rojo, virando después, con el paso de los días, al azul negruzco, violado y amarillo.

violador -ra *adj* Que viola, *esp* [4]. *Tb n, referido a pers.* | Cunqueiro *Sáb* 1.10.75, 27: Cam, para que Sem y Jafet no supiesen que Shemnazai era el seductor de su mujer y el violador del mandato de su padre, Noé, cohabitó con su mujer de modo que se supiese. Halcón *Monólogo* 7: Mis compañeros de oficio se han ido de una manera resuelta al campo del "miserabilismo". Asesinos, violadores, ladrones...

violagambista *m y f* Músico que toca la viola de gamba. | A. RTarazona *País* 25.8.83, 20: El violagambista catalán y el cembalista holandés dejaron constancia de su gran categoría.

violante *adj (lit, raro)* Que viola. | Aldecoa *Cuentos* 1, 160: La señorita Sánchez contemplaba aburridamente la plaza; a veces se empinaba, y los músculos de las pantorrillas –apelotonados, fieros– rompían la morbidez de sus líneas, como defendiéndola de las resbalonas y violantes miradas de los compañeros.

violar *tr* **1** Incumplir o desobedecer [un precepto o un acuerdo]. | Laforet *Mujer* 141: Poco a poco fue haciendo un repaso de los mandamientos y con asombro veía que los había violado casi todos.
2 Entrar [en un lugar (cd)] mediante violencia. | Laiglesia *Tachado* 53: Los pesados tanques germánicos empezaron a pasearse por toda Europa .. Pero no violaron la frontera burlona.
3 *(Rel)* Profanar [un lugar sagrado]. | Valcarce *Moral* 78: El sacrilegio. Es todo atentado a personas o cosas sagradas. Se llama .. local si se violan lugares sagrados.
4 Tener [un hombre] acceso carnal [con una mujer (cd)] contra la voluntad de esta, hallándose privada de sentido o siendo menor de doce años. | *Caso* 14.11.70, 41: ¿Será necesario esperar a que una niña sea violada para reconocer que este tipo es un delincuente? **b)** Tener [una pers.] acceso carnal [con otra (cd)] contra la voluntad de esta. | Umbral *Ninfas* 117: En seguida vino María Antonieta y me besó en la boca. De modo que se trataba de eso, de seducirnos y violarnos a mi querido amigo y a mí. Goytisolo *Recuento* 594: El padre de la chica, por ejemplo, puede resultar un temible bujarrón que viola a su joven huésped extranjero. **c)** Someter [a una pers.] contra su voluntad a una simulación del acto sexual. | J. GYuste *País* 8.8.78, 32: Cuatro internas, muy jóvenes todas ellas, asaltan a la protagonista y la violan con el mango de goma de desatrancar cañerías. Cuatro días después .., la niña de nueve años Olivia Niemi sufría un asalto similar por parte de cuatro chicas .. y era violada con una botella de cerveza.
5 Violentar (ejercer violencia [contra alguien o algo (cd)]). | Escrivá *Conversaciones* 144: Nadie puede violar la libertad de las conciencias.

violario *m (reg)* Obligación de pagar una pensión anual durante la vida de una o dos personas, contraída en virtud de un capital recibido. | *Compil. Cataluña* 818: La constitución del derecho a percibir periódicamente una pensión en dinero durante la vida de una o dos personas que a la sazón existan, a cambio de la percepción de un capital o precio, se llama violario .. Los violarios se regirán por las normas de los censales.

violatorio -ria *adj* Que viola o sirve para violar. | *Tri* 5.6.71, 29: La incautación y las órdenes ministeriales que rigen en la actualidad la vida del Ateneo de Madrid no pueden ampararse en la Ley de Responsabilidades Políticas y, por lo mismo, son violatorias de los derechos de los socios. J. Cruz *Ya* 29.1.83, 5: Un porcentaje ínfimo de violadas se quedan embarazadas, y ello es lógico, porque el aten-

tado violatorio no reúne las condiciones óptimas para seguirse de una preñez.

violencia *f* **1** Cualidad de violento. | CBaroja *Inquisidor* 42: Don Diego de Simancas .. aparece ante nuestros ojos actuando con violencia y pasión. Medio *Bibiana* 16: El pecho de Marcelo Prats se levanta bruscamente, respirando de un modo fatigoso bajo la violencia de la rabia contenida.
2 Acción violenta [3 y 4]. | Delibes *Voto* 31: Yo no digo que tengáis la culpa, pero Madrid no quiere violencias. Ya... ya... Pues, antes de liarla, agarráis los carteles y os vais con la música a otra parte.
3 **no ~** → NO-VIOLENCIA.

violentador -ra *adj (lit, raro)* Que violenta. *Tb n.* | Goytisolo *Recuento* 414: Jaime el Fornicador, Pedro el Glande, fiereza violentadora de los almogávares, fálica agresividad de un pueblo de natural pacífico, pero que, cuando nos empreñamos, somos terribles.

violentamente *adv* De manera violenta. | Arce *Testamento* 28: Yo me volví violentamente y tiré un puñetazo a ciegas.

violentar *tr* **1** Ejercer violencia [contra alguien o algo (cd)]. | Ramírez *Derecho* 70: El propietario se ve amenazado, violentado o intimidado. Se le despoja de lo suyo violentamente. *País* 11.8.76, 6: Cuando con fundamento en la exigencia de una especialización ficticia se erigen órganos judiciales singularizados, se violenta la unidad jurisdiccional. **b)** Violar [a una mujer]. | *Caso* 14.11.70, 3: Cinco desalmados armados con navajas asaltaron a una joven. La golpearon, la quemaron con cigarrillos y pretendieron violentarla. **c)** Abrir [algo] por la fuerza. | Aguilar *Experiencia* 851: Sus ahorros .. y las modestas joyas .. habían desaparecido al ser violentada la caja fuerte del Banco donde los habían depositado.
2 Poner violento [5] [a alguien]. | Mihura *Modas* 36: Esta conversación me violentaba un poco. **b)** *pr* Ponerse violento. | MSantos *Tiempo* 91: Vamos, no se violenten. Pueden irse en cuanto ustedes quieran. Habiendo educación no hay más que hablar. CBonald *Dos días* 58: Los pisadores permanecían callados y quietos. Se violentaba el ambiente.

violento -ta *adj* **1** [Pers.] que actúa sin comedimiento, dejándose llevar de la pasión. | Laforet *Mujer* 46: La abuela ocultó al padre de Paulina –aquel violento don Pedro Goya– el largo noviazgo de Paulina. **b)** Propio de la pers. violenta. | CBaroja *Inquisidor* 43: Estos inquisidores .. que se muestran moderados, por lo general, en el castigo de algunas mujeres de carácter violento y peligroso para su vecindad, intervienen también en un proceso de otro tipo.
2 [Cosa] muy fuerte o intensa. | Matute *Memoria* 43: Aún veo los juncos, tan tiernos, brotando de la arena, y el azul violento de las pitas. Legorburu-Barrutia *Ciencias* 97: Higiene del sistema nervioso: .. Evitar un exceso de trabajo intelectual .. Evitar las emociones violentas. **b)** Que exige mucha fuerza o energía. | Gala *Días* 413: Ahora no debo hacer ejercicios violentos.
3 Que va contra la tendencia o condición naturales. | Arce *Testamento* 29: El cuello estaba en una posición violenta, angustiosa, asfixiante. **b)** [Muerte] que se produce por accidente o por agresión. | *Ya* 16.6.77, 12: Listas de muertes violentas de vascos iban en los labios del señor Letamendía.
4 [Acción] que supone una agresión física o moral. | Aranguren *Marxismo* 90: Pertenece a la doctrina misma del marxismo .. la máxima economía en la administración de los medios violentos. **b)** Basado en acciones violentas. | A. Obregón *Abc* 30.3.71, 80: Ha querido el realizador incorporarse al cine violento extranjero.
5 Cohibido o incómodo en una situación o ante una presencia. | Salom *Noche* 580: Ruiz está violento, pues ve la tribulación de Juana. Delibes *Cinco horas* 139: Yo violenta, si es Paco, imagina, un siglo sin verle. **b)** [Situación] tensa. | GMacías *Relatos* 124: Ante esta situación, que le parecía violenta, preguntó el sacerdote –que estaba maravillado de cuanto presenciaba– al dueño de la posada que si su hijo era mudo.

violero *m* Constructor de instrumentos músicos de cuerda. | Perales *Música* 37: Violines, "violas", "violoncellos" y "contrabajos", con ligeras variantes de los que entonces salieran de los talleres, han llegado hasta nuestros días, según los patrones de los afamados violeros.

violeta I f **1** Planta herbácea vivaz de tallos rastreros, cuyas flores, de cinco pétalos y de color morado claro característico, despiden un aroma muy agradable (*Viola odorata*). *Tb su flor. Tb ~* COMÚN *o* DE OLOR. | Bustinza-Mascaró *Ciencias* 91: Hay distintos tipos de olores, tales como el del amoníaco, olor amoniacal; .. el de las esencias o aromático, con sus múltiples matices (a violeta, a rosa, a clavel, a nardo, etc.). Loriente *Plantas* 54: *Viola odorata* L. "Violeta de olor". **b)** *Se da este n a otras plantas afines, pralm de los géns Viola, Vinca o Corydalis. Tb su flor. Frec con un adj especificador:* BULBOSA, DEL TEIDE, MARINA*, etc.* | Remón *Maleza* 129: Especie: V[*iola*] *arvensis*, Murray. Nombre común: Violeta, Viola. Es una maleza perjudicial para los cultivos, muy frecuente en nuestras tierras. Mayor-Díaz *Flora* 538: *Corydalis bulbosa* (L.) DC. "Violeta bulbosa", "Corídalo bulboso" .. Presenta propiedades hipnóticas y calmantes. Manfredi *Tenerife* 28: Este Teide, maravilla del mundo, tiene en las alturas dos únicos amigos, un flor: el Pájaro del Teide y la Violeta del Teide. *Ama casa 1972* 168a: Colocaremos en arriates violetas marinas, flox, ásteres, alhelíes y guisantes vivaces.

2 ~ de genciana. Sustancia colorante derivada de la anilina y que se emplea también en medicina por sus propiedades antisépticas. | Bustinza-Mascaró *Ciencias* 125: La lombriz blanca de los niños .. Se administran diversos medicamentos para provocar su expulsión: violeta de genciana, piperacina, etc.

II *adj invar* **3** [Color] morado claro. *Tb n m.* | Torrente *Off-side* 51: ¿No te das cuenta de que has estropeado el resto de la composición? ¡Ese violeta tenía que ser un azul Prusia! **b)** De color violeta. | Cunqueiro *Un hombre* 11: En el anular de la mano con que sostenía el bastón brilló la enorme piedra violeta de la sortija.

4 [Erudito] **a la ~** → ERUDITO.

violetera f Vendedora de violetas. | D. Plata *Abc* 11.2.58, 18: Las violeteras nos vendían sus ramitos desde la calzada.

violetero m Florero pequeño para poner violetas. | * Me han regalado un violetero de plata.

violín I m **1** Instrumento músico de arco y cuatro cuerdas, que se toca apoyándolo sobre el hombro y es el más pequeño de los de su clase. | AGómez *Música* 95: Inició los estudios de violín con su padre, violinista de la Capilla de San Marcos.
2 Violinista. | Torrente *Vuelta* 217: Un trío de violín, viol[o]ncello y piano tocaba una pieza lenta y solemne.
3 ~ de Ingres. (*lit*) Hobby. | *Sol* 24.5.70, 9: Don José María Bueno es abogado de carrera y uniformólogo de afición. La uniformología es [su] violín de Ingres.

II *loc adv* **4 de ~.** (*Taur*) Cruzando la garrocha, el rejón o las banderillas sobre el cuello del caballo. *Tb adj.* | DCañabate *Abc* 16.7.72, 56: Álvaro Domecq toreó a su toro e intentó clavarle banderillas al quiebro sin que el toro se le arrancara. Clavó un par de violín superior y lo mató de dos rejones.

violinada f (*raro*) Serie de compases ejecutada por uno o más violines. | FCid *Abc* 28.4.74, 81: Citas de honor: para el oboe, el cuarteto de trompas, los cellos, la violinada que precede al "vals".

violinista m y f Músico que toca el violín. | AGómez *Música* 95: Inició los estudios de violín con su padre, violinista de la Capilla de San Marcos.

violinístico -ca *adj* De(l) violín. | FCid *ByN* 31.12.66, 115: El estreno de Joaquín Rodrigo, que figuraba en el recital violinístico de su yerno Agustín León Ara, buen concertista.

violista m y f Músico que toca la viola. | FCid *Ópera* 95: Compositor, violinista y violista, espléndido en este último campo interpretativo, cuartetista, director, la personalidad de Paul Hindemith es una de las más firmes y representativas de su generación.

violle (*fr; pronunc corriente,* /biol/) m (*Fís*) Unidad de intensidad de la luz, que es la emitida normalmente por 1 cm² de superficie de platino a la temperatura de solidificación. | Mingarro *Física* 198: La primera [la potencia del foco] caracteriza su intensidad y varía según la dirección que se elija; para medirla se utiliza la unidad llamada violle.

violón I m (*raro*) **1** Contrabajo. | A. RTarazona *HLM* 2.10.78, 38: De la complejidad de esta obra .. nos da idea el hecho de estar escrita a once voces, distribuidas en tres coros, a los que se suma un cuarto "coro" instrumental, a base de dos violines y violón, además de la orquesta.

II *loc v* **2 tocar el ~.** (*col*) Hablar fuera de propósito. | Torrente *Cuadernos* 144: Decir de Pessoa que fue un pequeño burgués .. es otro modo de tocar el violón.

violoncelista m y f (*raro*) Violonchelista. | Tejedor *Arte* 200: Ganó su vida, falto de recursos, como violinista, .. así como luego también violoncelista.

violoncellista (*it; pronunc corriente,* /bioloncelísta/) m y f Violonchelista. | FCid *Abc* 6.12.70, 73: Rostropovitch es, permítase la expresión, un verdadero monstruo: un violoncellista, un músico.

violoncello (*it; pronunc corriente,* /bioloncêlo/) m Violonchelo. | FCid *Abc* 26.12.70, 25: Me incliné por la música: el solfeo, el violoncello. Torrente *Vuelta* 217: Un trío de violín, viol[o]ncello y piano tocaba una pieza lenta y solemne. [*En el texto,* violoncello.]

violoncelo m (*raro*) Violonchelo. | Subirá-Casanovas *Música* 44: Corelli .. produjo para los *concerti grossi* composiciones para dos violines y un violoncelo, enfrentados a otro grupo instrumental que contrastaba con aquellos elementos solistas.

violonchelista m y f Músico que toca el violonchelo. | *Ya* 6.12.70, 22: El violonchelista Mstislav Rostropovitch tiene acogido en su casa de Moscú al autor de "Sala de cancerosos".

violonchelo m **1** Instrumento músico de arco y cuatro cuerdas, semejante al violín, pero más grande, que se toca sentado y sujetándolo con las piernas. | *Abc* 30.12.65, sn: El primero .., con música interpretada al violonchelo por Enrique Correa.
2 Violonchelista. | V. Pliego *SolM* 16.11.90, 61: La participación de Pedro Corostola como violonchelo solista .. fue, sin duda, lo mejor del día.

VIP (*tb con la grafía* **vip**; *pl normal,* ~s) **I** m **1** Personaje muy importante. | *Abc* 19.11.72, 6: En Europa solo tienen Poggenpohl las señoras de los V.I.P. P. Rodríguez *Gac* 6.8.78, 10: Probablemente, los alcaldes vips, de primera página, serán de primera.
II *adj* **2** De (los) VIPS. | E. Beotas *SYa* 24.5.81, 17: Por último, solo cabe destacar las misiones de transporte VIP .. Por estos helicópteros han pasado .. multitud de personalidades de todos los países. *Ya* 11.7.86, 16: Renfe ofrece guarderías, vídeos y "salas vips" para captar clientes.

vipérido *adj* (*Zool*) [Ofidio] venenoso del taxón cuyo tipo es la víbora. *Frec como n m en pl, designando este taxón zoológico.* | MNiclos *Toxicología* 58: Las serpientes venenosas de la familia colúbridos .. no existen en España, por lo que solo trataremos de los vipéridos, y concretamente de la víbora.

viperino -na *adj* **1** De (la) víbora. | Gironella *Millón* 200: Había serpientes que les sacaban la lengua viperina.
2 [Lengua] mordaz y maldiciente. *A veces la loc* LENGUA VIPERINA *se aplica a la propia pers que la tiene.* | F. Giménez *Inf* 19.7.82, 2: Don Camilo José Cela –conocido por su lengua especialmente viperina–. *Int* 17.8.78, 31: De Mendoza dicen las malas lenguas que sus primeros contactos con Moscú coinciden con la "escala técnica" de López Bravo .. Para otras lenguas viperinas, Ramón Mendoza habría financiado las actividades del PCE. **b)** Malintencionado. | L. Contreras *Mun* 23.5.70, 9: La ponencia, entre protestas de admiración a los directores escolares, deslizó un argumento ligeramente viperino: un grupo de maestros le acababa de enviar un telegrama poco solidario con el Cuerpo [de directores].

viquingo → VIKINGO.

vira f En el calzado: Tira que se cose como refuerzo entre la suela y la pala. | *Villena* 171: Manufacturas del cuero "Sanquets". Especialidad en cercos para calzados de caballero. Mixto. Pegado y empalmillado. Curtición especial. Vira para cosido sandalia.

viracocha m (*hist*) N atribuido por los indios peruanos a los conquistadores españoles. | Galindo *Abc*

virada – virginal

27.1.71, 12: La denominación de "viracochas", con la cual los antiguos peruanos conocieron a los conquistadores españoles. Alvar *ByN* 7.10.90, 22: Pero los *viracochas* que entran en la novela de José Antonio Bravo resultaron ser hombres demasiado humanos, según vamos a ver.

virada f Acción de virar [1, 2 y 3]. | CBonald *Noche* 203: Orzó luego en una airosa virada en busca de las balizas ciegas. Nácher *Guanche* 118: Lo primero defenderse y en seguida buscar el volteo .. Una viradilla rápida para causar el traspiés al gordo. Kurtz *Lado* 264: Al hablar de sí mismo, se vio. Y no se gustó .. Y quiso cambiar. Y lo consiguió. Un cambio de noventa grados justo antes de desaparecer. Una virada muy oportuna. APaz *Circulación* 118: Si en vez de a la derecha el coche se va de zaga a la izquierda, la virada de ruedas se hará en este sentido.

virago f (*o, raro, m*) (*lit*) Mujer varonil. | Lera *Olvidados* 64: Se lanzó a la vida del mercado negro con desenfado y audacia, como una virago intrépida y codiciosa. Mendoza *Ciudad* 339: Era [la enfermera] una mujer enjuta y avinagrada. Con estos viragos me castiga mi mujer, le decía a Efrén Castells cuando este iba a visitarle.

viraje m Acción de virar. | Delibes *Madera* 337: El crucero viró cuarenta y cinco grados a babor .., y, tras el viraje, sobrevino la virazón. S. García *Ya* 22.10.64, 27: Desde ahora, los nadadores no tendrán que tocar precisamente con las manos la pared de la piscina al dar la vuelta en los virajes. GLópez *Lit. española* 477: Domina aún [a fines del siglo XIX] el realismo, pero se observan síntomas de que es inminente un viraje hacia una concepción idealista del arte y de la vida.

viral *adj* (*Med*) De(l) virus. | Vega *Corazón* 22: Resultaría mucho más interesante investigar cuáles pueden ser los restantes factores (inmunológicos, virales, .. endocrinos, etc.), que condicionan el hecho de que solo seis o siete casos de cada mil agresiones por el estreptococo beta-hemolítico hagan una fiebre reumática.

virar A *intr* **1** Cambiar de dirección [un vehículo o la pers. que lo dirige]. *Esp en marina. Tb fig*. | Aldecoa *Gran Sol* 178: El barco se movía violentamente .. –Tendrá que virar si no quiere que nos quedemos sin el arte. Delibes *Parábola* 38: El coche vira entre cárcavas y matos de roble. *Abc* 15.10.70, 26: Hispanoamérica vira a babor, golpe a golpe. Primero fue Cuba, al alborear la década de los sesenta. Después, hace dos años, Perú. **b)** Girar. | Halcón *Ir* 127: Percibir la pulsación de la esfera que vira sobre su eje.

2 Cambiar o evolucionar. | Mascaró *Médico* 75: El rubor local se torna prontamente muy rojo, virando después, con el paso de los días, al azul negruzco, violado y amarillo. Aldecoa *Gran Sol* 80: Le había virado el humor.

B *tr* **3** Hacer que [algo (cd)] vire [1]. | APaz *Circulación* 196: Debe mantenerse firme el volante con tendencia a virarlo ligeramente a la izquierda.

4 Someter [una película fotográfica (cd)] a la acción de ciertas sustancias químicas para darle un determinado color. | FSantos *Catedrales* 154: Comprendió que entendía al padre menos de lo que se había imaginado, sobre [todo] cada vez que le venían a la memoria otra vez aquellas fotos viradas en rojo y azul.

virásico -ca *adj* (*Med*) Viral. | MSantos *Tiempo* 29: Un cáncer inguinoaxilar totalmente impropio de su edad .. que demostrara la posibilidad –¡al fin!– de una transmisión virásica.

viratón m (*hist*) Saeta guarnecida con un casquillo. | A. Gabriel *Abc* 23.8.66, 17: Tal era el lujo de viratones, tapiales, tablazones, artillería y hasta una lombarda que facilitó la entrada de los asaltantes en el castillo.

virazón f **1** (*Mar*) Viento de la parte del mar que sopla en las costas durante el día. | *Van* 25.4.74, 13: No habrá temporal en el Mediterráneo occidental .. Vientos débiles de componente norte y brisas brisote en León y Ebro. Terrales y virazones acusados en las costas de Gerona, Barcelona y Tarragona.

2 (*Mar*) Cambio repentino de viento. | Delibes *Madera* 337: Tras el viraje, sobrevino la virazón, un viento ábrego, tan recio que desflecaba la bandera y amenazaba con arrebatarle el abisinio de la cabeza. Cancio *Bronces* 29: ¡Mala virazón os pille a cien nudos de la costa con to el aparejo desguarnío!

3 (*lit*) Viraje o cambio repentino. | Pemán *Abc* 14.10.70, 3: Cervantes mira hacia atrás .. La virazón en redondo nos vino ahora de Londres, de donde ayer nos venían las maletas y las telas de algodón.

virelai m (*hist*) Canción medieval de origen trovadoresco, con estribillo. | Subirá-Casanovas *Música* 30: La escuela de los trovadores se percibe, con nuevo ropaje, en el siglo XV, especialmente bajo la forma de *bergerette* y *carole*, nuevo nombre del virelai.

virgaza f Planta vivaz de tallos largos y trepadores y flores blancas sin pétalos, común en bosques y setos (*Clematis vitalba*). | Mayor-Díaz *Flora* 536: *Clematis vitalba* L. "Hierba del pordiosero", "Virgaza", "Vidarra" .. Hojas pinnadas .. Flores blancas, sin pétalos, en panícula .. Sépalos tomentosos por ambas caras.

virgen (*normalmente con mayúscula en aceps 8, 9 y 10*) **I** *adj* **1** [Pers., esp. mujer] que no ha tenido nunca relaciones sexuales. *Frec n f*. | Delibes *Cinco horas* 112: Eso de que llegaste al matrimonio tan virgen como yo, mira, guapín, eso se lo cuentas a un guardia. Cela *Inf* 28.1.77, 23: Mi tía bisabuela .. se casó, soltera y virgen, a los ochenta años y con un mozo de veinte. Vesga-Fernández *Jesucristo* 121: Parábola de las vírgenes prudentes y de las vírgenes necias.

2 [Suelo o terreno] inculto. | C. GCampo *SAbc* 9.3.69, 25: Pronto musgos y helechos tapizan los suelos vírgenes. **b)** [Selva] de vegetación exuberante, inexplorada y prácticamente impenetrable. | Cabo-DOrtiz *Geografía* 282: La Amazonia, debido al clima ecuatorial, es una inmensa selva virgen, sin más penetración fácil que el gigantesco Amazonas y sus afluentes.

3 [Cosa] que aún no se ha utilizado. | Delibes *Parábola* 56: –Veamos –musita el doctor, y le tiende una receta virgen y un bolígrafo, y añade–: Escriba ceros hasta que se canse.

4 [Cosa] que carece de mezcla o artificio en su elaboración. | *País* 29.10.77, 27: Traje con chaleco de tonos lisos, en Pura Lana Virgen, 9.975 ptas. *Hacerlo* 64: De vez en cuando .. se pasa cera virgen y, al cabo de un rato, se frota enérgicamente con una gamuza.

5 (*lit*) [Cosa] que carece todavía [de algo]. | L. Álamo *HLM* 26.10.70, 9: Ha habido cuatro votaciones a la totalidad del proyecto, vírgenes de votos favorables. Palomino *Torremolinos* 38: Ni a "Life" ni a "Paris-Match" les interesa ya Mae Pagnani. La quemaron hace quince años con aquellos senos tempestuosos, vírgenes aún de tensados quirúrgicos.

6 (*lit*) [Cosa] pura o intacta. | Delibes *Mundos* 15: Un viaje exige una mirada virgen, una conciencia sin deformar.

7 [Parra] ~, [viña] ~, **viva la** ~ → PARRA, VIÑA, VIVALAVIRGEN.

II *f* **8 la ~.** (*Rel crist*) Designa a María, madre de Jesús. *Tb su imagen. Referido a imagen puede llevar otro determinante.* | Villapún *Moral* 96: Fiestas de la Virgen: La Asunción (15 agosto). La Inmaculada (8 diciembre) .. En provincias: .. La Virgen del Pilar, en Zaragoza. La Virgen de la Merced, en Cataluña. * Se ha roto aquella Virgen que trajo de Zaragoza.

III *fórm or* **9 fíate de la ~ y no corras.** (*col*) Fórmula con que se manifiesta la necesidad del propio esfuerzo para conseguir algo, y no la pasiva confianza en la ayuda exterior. | Ma. Fuente *Faro* 10.11.90, 59: Sí, sí, pero fíate de la Virgen y no corras.

IV *interj* **10 ~, ~ santa,** *o* **la ~.** (*col*) Expresa sorpresa o admiración. | Tomás *Orilla* 270: –Se ha debido de comer varias anfetas. –¿Cuándo? –No lo sé, pero antes de los ácidos. –¡La virgen, qué ensalada se ha metido! Está colgadísimo.

virginal[1] *adj* **1** De (la) virgen [1 y 8]. | Ramírez *Derecho* 28: ¿Es que no son muchas las mujeres que solo se casan para lucir un magnífico traje virginal y exhibir el azahar en el pecho? RMoñino *Poesía* 68: Hoja y media es todo lo que se conocía a mediados del siglo XIX .. de un cancionero virginal.

2 (*lit*) Puro o inmaculado. | Hoyo *Bigotillo* 45: Semejante en mucho a este [prado] nuestro, pero virginal, y por tanto, mejor en todo. MAlonso *MHi* 8.66, 51: Va abriéndose paso la vida de hoy por entre los horizontes virginales, y caminos recientes perforan o flanquean las montañas.

virginal[2] m (*hist*) Instrumento músico inglés propio de los ss. XVI y XVII, variante de la espineta. | Blancafort *Música* 83: El virginal .. es el instrumento inglés por excelencia. Una abundante y magnífica colección de piezas escritas para virginal nos legaron los compositores ingleses.

virginalista I *adj* **1** (*hist*) De(l) virginal[2]. ‖ Blancafort *Música* 83: En pleno Renacimiento, Inglaterra tiene en John Redford .., organista de la catedral de Saint Paul de Londres, su figura más representativa, modelo de los organistas posteriores, los cuales se significarán más por su producción virginalista.
II *m* y *f* **2** (*hist*) Músico que toca el virginal[2]. ‖ Subirá-Casanovas *Música* 33: Este autor [Diego Ortiz] afirmaba haber sido el primero en enseñar el arte de la variación. Esta misma modalidad fue cultivada por los virginalistas ingleses.

virginalmente *adv* De manera virginal[1]. ‖ *Ya* 13.9.74, 20: Los musulmanes tienen en su Corán, y es elemento de su fe, que el profeta Jesús nació virginalmente de María.

virginiano -na *adj* Del estado de Virginia (Estados Unidos). *Tb n, referido a pers.* ‖ J. M. Massip *Abc* 21.1.58, 18: Una expedición de virginianos, presidida por .. el embajador de Estados Unidos en España, Mr. Lodge, ha salido a bordo del *Independence* con destino a Santa Cruz de Tenerife.

virginidad *f* Condición de virgen, *esp* [1]. ‖ DPlaja *El español* 145: Con la virginidad ocurre lo mismo que con el honor marital. Tan grave es que se suponga perdida como que, efectivamente, se pierda. J. A. Fernández *SAbc* 2.2.69, 48: La inconfundible y gigante belleza de la marisma se basa en dos hechos fundamentales: su virginidad y la profunda variación que experimenta en las distintas estaciones del año. Huarte *Biblioteca* 79: El especial aprecio a la virginidad de un libro viejo no tiene mucho sentido.

virgitano -na (*tb con la grafía* **birgitano**) *adj* De Berja (Almería). *Tb n, referido a pers.* ‖ C. Gordillo *Inf* 27.1.72, 30: Berja posee un sello característico que la hace amable e inolvidable al mismo tiempo. La antigua Virgis, recostada en el valle virgitano, .. tiene un presente óptimo y un porvenir venturoso.

virgo[1] (*col*) **I** *m* **1** Himen. ‖ Cela *SCamilo* 33: La muchacha hace bien en tomarse sus precauciones porque si su padre se entera de que el virgo no le queda más que en el recuerdo igual la mata.
II *adj* **2** Virgen [1]. ‖ Torrente *Vuelta* 225: –¿Cómo te llamas, guapo?– Morena, opulenta, descocada. Acarició la mejilla del padre Ossorio. –Contéstame, hijo. ¿O es que eres virgo?

virgo[2] (*frec escrito con inicial mayúscula*) *adj* [Pers.] nacida bajo el signo de Virgo. *Tb n.* ‖ *Valencia HLM* 15.1.79, 37: El "jumellage" es astral, nace del horóscopo de dos personajes nacidos bajo el signo de Virgo .. La obra .. es bastante potable .., dentro de unos límites que no dirá uno que sean un dechado de sal ática (a pesar de haber un personaje de ascendencia helénica, el albañil de la pareja de Virgos).

virguería *f* (*col*) Cosa que excede en primor a lo corriente. *Frec con intención desp.* ‖ AAlcalde *Unos* 50 (G): Un saxofón se había puesto a hacer virguerías en la orquesta. Cela *Sem* 23.4.66, 7: Angelito del Santo Cristo es de los que los cantan [los verdiales] bien y seriamente, sin virguerías ni concesiones al turismo.

virguero -ra *adj* (*col*) **1** [Pers.] que hace virguerías. ‖ Delibes *Voto* 65: Una chica como tú, licenciada en Exactas. Eres una virguera, escandalizas al personal.
2 [Cosa] primorosa o excelente en su línea. ‖ * Mira que fichero tan precioso; es realmente virguero.

vírgula *f* (*lit*) Rayita o línea muy delgada. ‖ Zunzunegui *Camino* 528: El último rayo del sol arrancaba una vírgula dorada del bronce churretoso del Sagrado Corazón de Jesús.

virgulilla *f* (*raro*) Signo gráfico en figura de coma, tilde o rayita. ‖ LZuazo *Ya* 4.1.86, 31: ¿Cuántas personas sabían que la rayita que vuela en lo alto de la letra ñ se llama virgulilla?

viriásico -ca *adj* (*Med*) Vírico o virásico. ‖ GLestache *Ya* 2.5.75, 40: El adelgazamiento, .. una radiografía que nos muestra las secuelas de una enfermedad viriásica .. o de otra índole; .. todo esto nos hace pensar en que hay que proporcionar a los niños un estímulo para sus defensas.

viriasis *f* (*Med*) Afección por virus. ‖ * Entre las viriasis se encuentran las gripes.

vírico -ca *adj* (*Med*) De(l) virus. ‖ Goytisolo *Recuento* 581: Al salir de un estado poco menos que delirante producido por las fiebres –gripe o cualquier otra afección vírica ..– se encontró ocupando la penúltima cama de la hilera.

viril[1] *adj* **1** Propio del hombre (ser racional del sexo masculino). ‖ *País* 27.10.77, 8: Un presunto violador, al comparecer ante un juez barcelonés, cortó su miembro viril y lo arrojó sobre el estrado. Torrente *Isla* 261: No me avergüenza confesarles que la dotación viril de mi marido .. es más bien escasa y digamos breve. **b)** Propio del hombre adulto. ‖ Onieva *Prado* 170: Los tres reyes representan las tres edades del hombre: un anciano, un hombre de edad viril y un muchacho.
2 [Hombre] dotado de las cualidades que se consideran propias de su sexo, esp. la fortaleza y el valor. *Tb fig, referido a animales.* ‖ Laforet *Mujer* 27: Él era un hombre muy viril, con un profundo instinto paternal. Matute *Memoria* 22: Era un viril y valiente gallo blanco, de ojos coléricos, que resplandecían al sol. **b)** Propio del hombre viril. *Tb fig.* ‖ Halcón *Manuela* 37: No tenía que hacer nada [para gustar a las mujeres], ni posturas viriles, ni arrogancias deportivas, ni acicalamientos. Marathon *Abc* 23.8.66, 57: La injusta expulsión de Campanal que le había rescatado la pelota a Amancio en jugada viril, no violenta. Olmo *Golfos* 181: Oye, una y otra vez, el viril acento del kikirikí.

viril[2] *m* (*Rel catól*) Caja de cristal con cerquillo de oro o dorado, que encierra la hostia consagrada y se coloca en la custodia para la exposición del Santísimo. ‖ Gironella *Millón* 543: María Victoria encontró una custodia en cuyo viril alguien había pegado la fotografía de Azaña.

virilidad *f* **1** Cualidad de viril[1]. ‖ Medio *Bibiana* 16: Bibiana mira con ternura los pelos del pecho de su marido, que siempre había tomado por un signo de virilidad.
2 Potencia sexual del hombre. ‖ Cañadell *Salud* 188: Aun cuando hacia los 20 años se ha alcanzado el total desarrollo corporal y psicológico, no se llega a la máxima virilidad hasta muchos años después.
3 Actividad sexual propia del hombre. ‖ Umbral *Memorias* 158: Para lo que se contrataba a la criada, realmente, .. era para muy distinta cosa. Ni más ni menos que para iniciar al delfín en la virilidad.
4 Conjunto de atributos viriles. ‖ CPuche *Sabor* 35: Yo me estaba quieto hasta que ella descubrió mi virilidad y con gran tirón de mí y me levantó casi del suelo y estaba en el aire pero metiéndome en sus muslos.

virilismo *m* (*Med*) Desarrollo anormal de caracteres masculinos en la mujer. ‖ Laín *Marañón* 86: El estudio .. de una corteza suprarrenal atrófica y no hiperfuncional en el cadáver de una mujer afecta de virilismo climatérico.

virilización *f* Acción de virilizar. *Tb su efecto.* ‖ M. Aguilar *SAbc* 24.11.68, 54: Los diámetros del hombro superan a los de la cadera en el hombre, y al revés, en la mujer, la cadera tiene mayor diámetro que los hombros. Cuando la mujer tiende a la virilización todos estos caracteres cambian.

virilizante *adj* Que viriliza. ‖ Cañadell *Salud* 183: Durante las primeras fases del desarrollo, el aspecto de los genitales externos también es igual en ambos sexos. Su diferenciación masculina depende de las hormonas virilizantes producidas por el testículo fetal.

virilizar *tr* Dotar [a alguien o algo (*cd*)] de caracteres viriles[1]. ‖ Camón *Abc* 9.4.75, 3: Hasta en sus dibujos, cuando quiere representar a alguna persona amada, como la marquesa de Pescara, la idealiza virilizando sus rasgos, que quedan así como paradigma del rostro humano.

virilmente *adv* De manera viril[1]. ‖ Olmo *Golfos* 21: Sacó un puñado de sal y se lo echó en sus partes a Luisito Ramírez. Este .. reaccionó ruda, virilmente.

virión *m* (*Biol*) Partícula infecciosa de un virus, constituida por un ácido nucleico y proteínas. ‖ I. Valladares *Inf* 14.7.78, 24: En una población vírica solo son cancerígenas una pequeña proporción de partículas víricas. Estas partículas son del tipo llamado "defectivo", sea por elisión genética o por inhibición celular de la transcripción del DNA vírico en los llamados "ácidos ribonucleicos mensajeros tar-

virojo – virtud 4548

díos", que proporcionan las proteínas estructurales que dan madurez al virión.

virojo -ja *adj (reg)* Bizco. *Tb n.* | Torrente *Saga* 466: El virojo de Abelardo hacía esfuerzos visibles por mantenerse simétrico en relación con el eje corporal de Heloísa, cuyos ojos estaban perfectamente centrados. Esto de la bizquera parece que me persigue. Torrente *Saga* 164: Los niños que iban naciendo de su simiente, de cada cuatro, tres tenían los ojos perfectamente encajados, y el cuarto, un poco desviados .. De vez en cuando, un virojo alteraba la ley.

virola *f* **1** Arandela o abrazadera que se pone en el extremo de determinadas piezas o herramientas, esp. para reforzarlas. | MCalero *Usos* 27: Garrocha sin virola, cayada .., dispuestas a tomarse según el trabajo.
2 (*Numism*) Molde circular de acero que se emplea para grabar el canto de monedas y medallas. | R. Velázquez *SAbc* 23.11.75, 11: El cospel se introduce a continuación en un cinturón virola que le da la forma estriada del canto.

virolai *m (reg)* Virelai. *Gralm con mayúscula, referido al himno religioso a la Virgen de Montserrat.* | RMéndez *Flor* 168: Todos se ponen en pie y entonan a coro las primeras estrofas del Virolai.

virolar *tr (Heráld)* Perfilar o bordear. | Em. Serrano *Sáb* 3.12.75, 92: Sus armas: En campo de gules, una caldera de sable sobre llamas de fuego viroladas de oro colgada por el asa de una cuerda de plata moviente del jefe.

virología *f* Parte de la microbiología que estudia los virus. | Navarro *Biología* 118: La Microbiología es la ciencia que estudia los microbios, especialmente los productores de enfermedades, como son gran número de bacterias (Bacteriología) y los virus (Virología).

virológico -ca *adj* De (la) virología. | Cabezas *Abc* 9.12.70, 27: También se hacen estudios virológicos de otros procesos neurológicos o infecciosos.

virólogo -ga *m y f* Especialista en virología. | C. Dávila *Abc* 19.5.74, 13: Melvin Calvin, premio Nobel de Medicina, reputado virólogo, profesor de Universidad.

viroloso -sa *adj (reg)* Que tiene viruela o señales de haberla padecido. | Lera *Olvidados* 200: Crucita apretó las piernas espasmódicamente y lanzó sus puños contra la virolosa cara del atacante.

virosis *f* (*Med y CNat*) Enfermedad producida por virus. | Alvarado *Botánica* 59: Las más importantes virosis de la especie humana son las siguientes: viruela, varicela, sarampión, poliomielitis. *Abc* 24.2.74, 38: Preocupación por la presencia de virosis en viñedos riojanos.

virote *m (hist)* Saeta guarnecida con un casquillo. *Tb fig.* | Van 17.7.75, 47: La subida de Hitler al poder inflamó la inveterada francofilia del comandante, quien no fue parco en advertencias al Duce y en virotes envenenados contra el Atila de la brocha.

virotillo *m (Mec)* Riostra de unión entre dos elementos que han de permanecer separados, a través de la cual pasa un perno. | GTelefónica *N.* 695: La Metalúrgica Vascongada .. Tubos y barras de cobre y latón. Barras perforadas para virotillos. Perfiles especiales.

virreinal *adj* **1** De(l) virrey. | HSBarba *HEspaña* 4, 348: La participación de estos componentes [de la administración] .. hizo que afluyesen en masa hacia los salones aristocráticos, que fuesen invitados .. a aquellas otras [fiestas] que tenían su eje normal de desarrollo en el palacio virreinal.
2 De(l) virreinato. | Céspedes *HEspaña* 3, 490: ¿Hasta qué punto es importante la venta de los cargos? ¿Está en juego el prestigio del virrey, la solidez política de la institución virreinal y el equilibrio social indiano?

virreinato *m* **1** Cargo o dignidad de virrey. | Céspedes *HEspaña* 3, 378: El éxito definitivo del centralismo estatal gira en torno a Méjico y Lima, donde se crean en 1535 y 1543 los dos virreinatos indianos .. Estos virreinatos tienen poco que ver con el otorgado a Colón en 1492 ..; estos virreinatos recaen ya en típicos funcionarios asalariados.
2 Territorio gobernado por un virrey. | Céspedes *HEspaña* 3, 433: Desde los pueblos indígenas nómadas de zonas fronterizas hasta la más encopetada capital de virreinato, es infinita la variedad de costumbres y formas de vida en las Indias.

virreino *m* Virreinato [2]. | HSBarba *HEspaña* 4, 384: El comercio interior, por regla general, consistió en la circulación de productos sobrantes en unos virreinos y escasos en otros.

virrey -rreina A *m y (raro) f* **1** Pers. que gobierna un territorio en nombre del rey. | CBaroja *Inquisidor* 31: El inquisidor de la época filipina, como un virrey .., siente la necesidad de construir su palacio.
B *f* **2** Mujer del virrey. | Villarta *Rutas* 200: Se habla de la condesa de Chinchón, cuando las que debieran mencionarse son las dos condesas de Chinchón, una la virreina del Perú y otra doña María Teresa de Borbón.

virtual *adj* **1** Que no es efectivo o real, aunque tiene todas las posibilidades de serlo. | *Abc* 21.4.70, 21: Pastrana, virtual vencedor. Cuando van escrutados el 93 por 100, lleva una ventaja de casi cinco mil sufragios. **b)** Posible o potencial. | GNuño *Escultura* 165: La idea es aparentemente tan absurda y desprovista de lógico sentido que una viva y elemental reacción de cualquier mente organizada se apresurará a rechazarla violentamente desproveyéndola de cualquier virtual significado.
2 (*Fís*) [Imagen] aparente y que no puede ser proyectada. *Se opone a* REAL. | Marcos-Martínez *Física* 156: La imagen de un objeto en un prisma óptico es virtual, del mismo tamaño, a igual distancia del prisma que el objeto y está desviada hacia el vértice del mismo.

virtualidad *f* **1** Cualidad de virtual. | *Inf* 9.1.70, 2: La huelga no está reconocida en España .. Nos encontramos de esta manera ante la existencia de hechos que no gozan de virtualidad formal. R. Castellar *Gac* 11.5.69, 19: La expansión misionera es, para la Iglesia, algo tan fundamental que su virtualidad sobrepasa los límites pastorales.
2 Cosa virtual [1]. | Gambra *Filosofía* 181: Los seres reales, las sustancias, a medida que adquieren mayor complejidad, contienen en sí las virtualidades de otras sustancias más simples. J. Palau *Des* 12.9.70, 37: Schoenberg en su juventud .. se sintió atraído por las virtualidades musicales del drama de Maeterlinck.

virtualmente *adv* De manera virtual. | *Inf* 16.6.70, 5: Wilson está virtualmente declarado vencedor de las elecciones próximas. GNuño *Escultura* 171: Saludamos un campo, virtualmente el mismo de hace veinte siglos, y damos vista a ese santuario de que hablábamos.

virtud I *f* **1** Hábito de obrar de manera acorde con la moral. | GÁlvarez *Filosofía* 1, 78: El núcleo de la ética socrática lo constituye el concepto de virtud, concebida como un saber que capacita para la vida. Según Sócrates, nadie obra el mal a sabiendas; el conocimiento del bien se identifica con la práctica de la virtud. SLuis *Doctrina* 122: Opuesta a la Lujuria es la Castidad, virtud que nos inclina a respetar nuestro cuerpo y nuestra alma.
2 Buena cualidad [de alguien o algo]. | Benet *Nunca* 15: Era soltera y cincuentona, hermana mayor de mi madre y algo así como la caja de caudales de todas las virtudes de la familia.
3 Propiedad o facultad. | Hoyo *Bigotillo* 15: De nada sirve saber la virtud curativa de una planta si no la tienes cuando la necesitas. S. Menéndez *Ya* 20.12.86, 29: Hinojo: Su virtud más importante es la carminativa, además de ser diurética y aperitiva. Montero *Reina* 63: No sabía bien por qué, pero esta casa poseía la virtud de crisparle los nervios. **b)** [Vara] **de (las) ~es** → VARA.
4 (*hoy raro*) Honestidad [de una mujer]. | N. Luján *Sáb* 5.7.75, 3: Para Lope de Vega el honor residía fundamentalmente en la honra de la mujer .. En el pudor, en la honestidad y en la virtud de las damas se cifraba tanto su honor como el del hombre.
5 (*Rel crist*) Espíritu celeste de los que constituyen el segundo coro de la segunda jerarquía, y que se caracteriza por la fuerza para llevar a cabo las operaciones divinas. *Gralm en pl.* | PAyala *Abc* 30.5.58, 3: Con él [el hombre] se inicia el ultramundo, o mundo de los espíritus puros, compuesto de tres jerarquías, cada cual subdividida en tres coros: ángeles, arcángeles y principados; potencias, virtudes y dominaciones.

virtuosismo – visaje

II *loc adv* **6 en ~** (*o, semiculto*, **a ~**) [de algo]. Como consecuencia [de ello]. I *Puericultura* 10: Además de las reglas de alimentación .. requieren los recién nacidos otros cuidados en virtud de su frágil constitución. *Leg. contencioso-adm.* 56: Procede reconocer la personalidad de la Hermandad de la Acequia de Salillas y Calatorao... a virtud de una costumbre inmemorial.

virtuosismo *m* Dominio perfecto de la técnica de un arte. I Blancafort *Música* 81: Su perfección [de los instrumentos musicales] despierta un interés acusado por el virtuosismo ejecutivo, dando lugar a un tipo de música más fantasioso. GNuño *Escultura* 50: Obras de técnica pareja pueden inducir a error fácil, relacionando engañosamente producciones muy distantes en fecha, tan solo unidas por la apariencia de una determinada rudeza, o, en otros casos, por un refinado virtuosismo.

virtuosista *adj* De(l) virtuosismo. I FCid *Música* 167: Música directa, pulcra en la orquesta, virtuosista para las voces, puede servir de ejemplo para el "bell [sic] cantismo" del que son exponentes Donizetti y Bellini.

virtuosístico -ca *adj* De(l) virtuosismo. I Suñén *Manrique* 33: Manrique .. incluso puede llegar a parecer uno de los menos complicados, poco dado a una formalización excesivamente virtuosística.

virtuoso -sa *adj* **1** [Pers.] que tiene virtudes [1 y 2]. I Benet *Nunca* 17: La misma subsistencia hubiera sido un problema difícil si a su debido tiempo no le hubieran excitado el orgullo y una cierta afición a la burla las provocaciones de una tía virtuosa. **b)** Propio de la pers. virtuosa. I SLuis *Doctrina* 82: Enseñarle .. a adquirir hábitos virtuosos, mediante un trabajo sistemático de autodominio.
2 [Artista] que domina a la perfección la técnica de su arte. *Gralm referido a música. Frec n.* I FGil *Música* 222: Muy distinta es la trascendencia de otro gran virtuoso: Isaac Albéniz (1860-1909). Pianista prodigioso.

viruébano *m* (*reg*) Viruégano. I Mayor-Díaz *Flora* 544: *Fragaria vesca* L. "Fresa silvestre", "Viruébano", "Viruégano".

viruégano *m* (*reg*) Fresa silvestre. I Mayor-Díaz *Flora* 544: *Fragaria vesca* L. "Fresa silvestre", "Viruébano", "Viruégano".

viruela *f* **1** Enfermedad infecciosa y epidémica caracterizada por la erupción de gran número de pústulas que al desaparecer dejan hoyos en la piel. *A veces en pl con sent sg. Tb la misma pústula.* I Alvarado *Anatomía* 168: La viruela era antiguamente una enfermedad terrible. FSantos *Hombre* 85: Había también un cuadro representando a un niño con medias blancas y casaca roja, al que la Virgen salvó de las viruelas. Cunqueiro *Un hombre* 20: Era un hombre pequeñito .. algo picado de viruelas y chato. **b)** **~(s) loca(s).** Varicela. I Bustinza-Mascaró *Ciencias* 103: En la varicela o viruela loca, la fiebre es poco intensa y las pústulas escasas. **c) ~ negra** (*o* **hemorrágica**). Forma muy grave de viruela caracterizada por hemorragias en diversas partes. I Faner *Flor* 87: Hubo por entonces en Maó epidemia de viruela negra, que causaba gran degollina.
2 Se da este n a varias enfermedades de las plantas, que se manifiestan por manchas y abultamientos semejantes a los que la viruela [1] produce en la piel humana. I F. Ángel *Abc* 25.3.58, 11: Combate [el azufre] las siguientes plagas: Vid: Oídio .. Hortalizas: Antracnosis, de las judías; .. Viruela o Manchas de las hojas, de la fresa.

viruje → BIRUJE.

viruji → BIRUJI.

virulé. a la ~. *loc adv* En mal estado o de mala manera. *Frec con los vs* PONER *o* ESTAR. I C. RGodoy *Cam* 23.12.74, 45: Antes, .. cuando no se había inventado la televisión y el tupé-a-la-virulé de Jesús Hermida era desconocido en los hogares hispánicos .. El pueblo español se quedaba a pasar las Navidades en casa. Cela *Escenas* 281: Además de ponerla a caldo, le dejó un ojo a la virulé. FReguera-March *Boda* 149: Salí de la cárcel. Sin oficio, que no tengo, y con el brazo a la *virulé*, ¿en qué podía trabajar?

virulencia *f* Cualidad de virulento. I Bustinza-Mascaró *Ciencias* 98: Se toma el agente causal de una enfermedad o producto que lo contenga, se somete a una preparación especial para disminuir o atenuar su virulencia. M. Toharia *Inf* 11.5.76, 29: El chubasco o chaparrón se caracteriza por su virulencia y su brusquedad.

virulentamente *adv* De manera virulenta. I Pemán *Gac* 11.5.69, 21: Se concentra en los últimos días de la zona republicana, en los que, al luchar entre sí, aparecieron virulentamente los varios dinamismos y contradicciones ideológicas que se mezclaban .. en el mismo campo.

virulento -ta *adj* **1** [Germen] capaz de segregar toxinas en un organismo. *Tb fig.* I Mascaró *Médico* 29: Se llama "contagio" al proceso en virtud del cual el cuerpo humano, en contacto con un medio que contenga gérmenes virulentos o patógenos, es invadido por ellos.
2 Agresivo o violento. *Esp referido a expresión.* I Correa *Introd. Gracián* XXIII: La contestación de Gracián es virulenta y rigurosa. Montero *Reina* 63: Estaba de muy mal humor, taciturno y virulento, como cada vez que visitaba a su hermana; no sabía bien por qué, pero esta casa poseía la virtud de crisparle los nervios.

virulo -la *adj* (*reg*) [Pers.] rústica o palurda. *Tb n.* I GPavón *Reinado* 125: ¡Desgracia[o], virulo! De momento te vas arrestado al cuerpo de guardia.

virus *m* **1** Germen patógeno de tamaño tan pequeño que gralm. no es visible al microscopio ordinario. *Tb fig.* I Navarro *Biología* 118: La Microbiología es la ciencia que estudia los microbios, especialmente los productores de enfermedades, como son gran número de bacterias (Bacteriología) y los virus (Virología). L. Contreras *Mun* 23.5.70, 10: Otro ponente .. descargó dialécticamente algo del resquemor que le produjeron los requiebros de Pemán a propósito de los virus idiomáticos del alma.
2 Serie de instrucciones que se introducen fraudulenta o accidentalmente en un sistema informático, alterándolo. *Frec ~* INFORMÁTICO. I *SD16* 16.11.88, IV: Un grupo israelí nos ofreció un virus que dañaba a algunos sectores del disco y que estropeaba la información a través de un modem, destrozándola. *Ya* 30.11.88, 21: Los denominados virus informáticos .. también se han introducido en algunos sistemas españoles.

viruta *f* Fragmento muy delgado y gralm. arrollado en espiral, que se desprende de la madera o de un metal al trabajarlos con el cepillo u otra herramienta cortante. *Gralm en pl.* I CPuche *Paralelo* 346: Al rato salió con un carro de mano cargado de cartones atados .. En un agobio viaje trajo una especie de barril de cartón lleno de latas y virutas. *GTelefónica N.* 194: Chatarra de Bronce Proinesa. Recuperación de virutas y chatarra. **b)** Cosa que tiene la forma o textura de la viruta. I Trévis *Navarra* 38: Preparad un adobo a base de aceite, los ajos recortados en virutas, las cebollas.

virutador -ra *adj* Que hace virutas. I *Van* 17.4.73, 91: Compro dos máquinas virutadoras gran producción.

visa *f* (*raro*) Visado. I Montero *Relatos* 84: Proseguimos durante años .. con nuestras visas caducadas, huyendo de los hurones del Departamento de Estado.

visación *f* (*raro*) Visado. I A. Olano *Pue* 26.1.62, 16: Mañana se verán obligados a regresar a Brazzaville para intentar conseguir la visación del consulado Británico.

visado *m* Acción de visar. *Esp referido a pasaporte. Tb el documento en que consta.* I *Abc* 27.4.74, 43: Se delega en los gobernadores civiles .. el visado de los acuerdos de las Corporaciones locales sobre retribuciones complementarias de sus funcionarios. *Inf* 30.7.70, 28: Los árabes .. anteriormente no necesitaban visados para entrar en Egipto. VMontalbán *Pájaros* 298: La policía thailandesa arrancó el visado blanco de los pasaportes y les dejó pasar sin más comentarios. Tuvieron que rellenar un visado provisional en la frontera malaya.

visagisme (*fr; pronunc corriente*, /bisayísm/) *m* Arte de cuidar la belleza del rostro. I *GTelefónica N.* 3: Basil y Anita. Alta peluquería. Instituto de belleza. Escuela de estética y visagisme.

visagista → VISAJISTA.

visaje *m* Gesto anormal o exagerado del rostro. I Hoyo *Caza* 14: Como nadie me veía, abría mucho los ojos y estuve haciendo toda clase de visajes.

visajista (*tb con la grafía* **visagista**) *m y f* Especialista en los cuidados de belleza del rostro. | B. Peña *SPaís* 8.9.91, 78: El visajista .. realiza un estudio profundo del rostro. Me. Torres *Not* 9.12.70, 18: Se ha celebrado un curso de orientación profesional organizado por Margaret Astor, bajo la dirección del conocido visagista de esta firma, don Jorge Bayarri.

visar *tr* Examinar [la autoridad competente (*suj*) algo (*cd*), esp. un documento] y dar[le] el visto bueno. | DCañabate *Abc* 14.7.74, 47: Las obras que se representaban en sábados tan inmaculados estaban visadas y revisadas por la censura eclesiástica.

vis a vis I *loc adv* **1** Frente a frente o cara a cara. *Tb fig.* | Cela *Judíos* 15: Las cosas que se pueden preguntar vis a vis o por teléfono.

II *loc n m* **2** Encuentro o entrevista a solas entre dos perss. | * Tuvimos un vis a vis antes de la reunión para uniformar datos. **b)** Encuentro íntimo entre un preso y su pareja. | * Los presos pueden tener vis a vis con sus mujeres.

3 (*hist*) Sofá en forma de S en el que dos perss. pueden hablar frente a frente, propio de finales del s. XIX. | J. Sampelayo *Abc* 4.3.75, 47: Variaba el mobiliario, pero no solía faltar un velador con nácares y un estante para los retratos familiares. Había un sofacito y hasta podía haber un vis-a--vis, y un costurero. [*En el gabinete de confianza.*]

III *loc adj* **4** De vis a vis [2b]. | *Ya* 20.2.87, 38: Nuevas salas para relaciones íntimas en la cárcel de Carabanchel. Dieciséis nuevas salas "vis a vis" se abrirán en la cárcel de Carabanchel.

vis-à-vis (*fr; pronunc corriente,* /bís-a-bís/) *loc adv o loc n m* Vis a vis. | Aranguren *Marxismo* 12: Escribí, como fórmula expresiva de la posición del intelectual *vis-à-vis* de la sociedad, que esta consiste en mantenerse solidariamente solitario y solitariamente solidario. Pinillos *Mente* 172: Los argumentos y el género de estas representaciones vitales son, desde luego, muy variados. Desde el paso trivial del saludo, que puede efectuarse en un fugaz *vis à vis* de dos personas que intercambian un gesto, hasta .. los dramas.

visaya → BISAYA.

visayo → BISAYO.

viscar → BISCAR.

víscera *f* Órgano contenido en la cavidad craneana, torácica o abdominal. | Olmo *Golfos* 159: Mi corazón. Esta pobre víscera mía que se me ha llenado de cosas.

visceral *adj* **1** De (las) vísceras. | Navarro *Biología* 129: El sistema nervioso neuro-vegetativo, también denominado visceral o simpático, inerva los órganos de la nutrición.

2 Irracional o temperamental. *Gralm referido a sentimiento o a actitud*. | Azancot *Ya* 10.10.87, 47: El fervor de las líneas precedentes, explicables también por mi rechazo visceral de esa concepción digestiva de la cultura que amenaza con dominarnos. Delibes *Madera* 183: Le impulsó a ello no solo su sangre .., sino una simpatía visceral hacia el movimiento medieval de las Cruzadas.

visceralismo *m* Cualidad de visceral [2]. | GRuiz *Sp* 21.6.70, 46: Habría que hacer a los oradores .. el pequeño reproche de excesivo "visceralismo" entusiasta en una causa que todos los asistentes estimaban justa desde el primer momento.

visceralmente *adv* De manera visceral [2]. | Delibes *Cartas* 87: ¿Por qué yo, si, como te he dicho, soy un ser visceralmente escéptico y apolítico?

viscerotónico -ca *adj* (*Psicol*) [Tipo de personalidad o temperamento] que se caracteriza por la tendencia a la sociabilidad, comodidad, glotonería y relajación postural. | Pinillos *Mente* 162: A este biotipo [el endomorfo] corresponde un temperamento viscerotónico, caracterizado por los rasgos siguientes: 1. Relax postural y movimientos fluidos. 2. Gusto por la comodidad. 3. Reacciones lentas.

visco *m* Liga para cazar pájaros. | FQuer *Plantas med.* 837: De la ajonjera se saca una especie de liga o visco, el ajonje, que se emplea para enviscar avecillas.

viscoelástico -ca *adj* (*Fís*) Que es a la vez elástico y viscoso. | M. GVelarde *Tri* 5.1.74, 19: Constituye [el manto terrestre] lo que se llama un fluido viscoplástico o viscoelástico. *Méd* 9.9.88, sn: Prim pone en sus manos la nueva fórmula de polímero viscoelástico, capaz de controlar las vibraciones de baja frecuencia y alta amplitud y absorber la mayor parte de la energía producida por el simple y repetitivo hecho de andar.

vis comica (*lat: pronunc,* /bís-kómika/) *loc n f* Capacidad [de un actor] para hacer reír. | Cossío *Confesiones* 63: Fue interpretado [mi escrito teatral] por un compañero llamado Aparicio, que tenía vis comica y sabía derivarla con singular acierto a lo sentimental. [*En el texto,* cómica.]

viscoplástico -ca *adj* (*Fís*) Viscoelástico. | M. GVelarde *Tri* 5.1.74, 19: Si tomamos como unidad la viscosidad (cinemática) del aceite, entonces el manto terrestre es, al menos, diez mil trillones .. de veces más viscoso, pero fluye. Constituye lo que se llama un fluido viscoplástico o viscoelástico.

viscosa → VISCOSO.

viscosamente *adv* De manera viscosa. | Hoyo *Caza* 56: El suelo, su humedad, brillaba viscosamente.

viscosidad *f* **1** Cualidad de viscoso [1 y 2]. | CBonald *Ágata* 106: El cuerpo flotó un punto entre la viscosidad verdiamarilla de las ovas, pero se sumergió luego de costado y dejó en la superficie un cerco oblongo de aguas inmundas.

2 (*Fís*) Propiedad de los fluidos en los que el roce de unas moléculas con otras opone una resistencia al movimiento uniforme de su masa. | D. García *Mun* 5.12.70, 66: El aceite aumenta su viscosidad con las bajas temperaturas.

viscosilla *f* Rayón que presenta el aspecto de fibras cortas que pueden hilarse como las fibras naturales y que se mezcla con ellas. | *EOn* 10.64, 52: Busca representación de hilos para tejidos (algodón, viscosilla, hilos de fantasía).

viscosimetría *f* (*Fís*) Medición de la viscosidad [2] de un fluido. | *Ya* 22.10.64, sn: Baños termostáticos especiales para viscosimetría. Balanza para determinación de humedad al vacío.

viscosimétrico -ca *adj* (*Fís*) De (la) viscosimetría. | *Ya* 22.10.64, sn: Material de laboratorio .. Termómetros químicos e industriales. Tubos viscosimétricos.

viscosímetro *m* (*Fís*) Aparato destinado a medir la viscosidad [2] de un fluido. | J. Arroyo *Ya* 22.10.64, sn: Desde la regla de cálculo hasta el aparato de medida de la resonancia nuclear magnética, pasando por el microscopio y la calculadora e instrumentos de extraños nombres para casi todos nosotros, como viscosímetros, espect[r]of[ot]ómetros.

viscoso -sa I *adj* **1** Pegajoso. | Bustinza-Mascaró *Ciencias* 127: La piel [del caracol] está recubierta de mucus o sustancia viscosa, segregada por glándulas especiales.

2 [Pers.] que repele por su falsa afabilidad. | Torbado *En el día* 304: Solo existía un confidente en el mundo que guardaría el secreto. No le era un hombre particularmente simpático. Huidizo, viscoso, egoísta y timorato, el agente del Vaticano lo había rehuido siempre pensando que acudía a él para pedirle dinero. **b)** Propio de la pers. viscosa. | * Su trato viscoso me desasosega.

3 (*Fís*) Que tiene viscosidad [2]. | Marcos-Martínez *Física* 260: El azufre funde a los 120 °C. .. Si continuamos calentando, va adquiriendo un color parduzco y haciéndose viscoso hasta el punto que a los 200 °C. puede invertirse el recipiente sin que se vierta el azufre.

II *f* **4** Solución coloidal de celulosa y sosa, que se emplea en la fabricación de fibras textiles y celofán. *Tb la misma fibra y el tejido fabricado con ella*. *A veces en aposición:* SEDA VISCOSA, RAYÓN VISCOSA. | Aleixandre *Química* 189: La fabricación de la seda viscosa se funda en que la celulosa tratada por lejía de sosa cáustica al 17 por 100 se transforma en celulosa sódica. Esta, en contacto de sulfuro de carbono, da una sustancia, la cual origina con el agua una disolución que por su gran viscosidad se llama viscosa. *Economía* 87: La materia prima de esta fibra [rayón] es la celulosa .. Según el tratamiento al que se somete esta materia prima se obtiene el rayón viscosa o el rayón acetato (seda acetato) .. La viscosa resiste la acción de los álcalis en frío y tolera el agua caliente.

visera *f* **1** Pieza delantera de las gorras que protege los ojos del sol. *A veces en aposición con* GORRA. *Tb se da este n a la gorra entera, o a esta misma pieza independiente, que se suele sujetar por medio de una goma*. | CNavarro *Perros*

112: Saludó, y el guardia correspondió llevándose la mano derecha a la visera de la gorra. SSolís *Camino* 27: Los señores de clase media solían llevar gabardina y gorra visera. Delibes *Santos* 161: El señorito Iván se ajustó la visera. E. Rey *Ya* 26.4.75, 40: Ya me contarán ustedes qué interés tiene [en la vuelta ciclista] ver a unos señoritos que van de paseo y a unos coches publicitarios que regalan bolígrafos baratos y viseras de cartón. Arce *Testamento* 100: Le vi cómo se ponía las manos a modo de visera y atisbaba los alrededores.

2 Saliente o voladizo que protege del sol. | Delibes *Año* 34: La figura de Santander impasible, con el ramo de flores en la mano entre la multitud vociferadora, bajo la visera de la estación, encierra un encanto poético que conmueve e infunde respeto. Juanlo *VozA* 8.10.70, 19: Tras los obligados movimientos gimnásticos de precalentamiento (contemplados por aficionados "polizones" subidos a la visera de la tribuna de fondo y al marcador) .., García Andoín programó y desarrolló un "interval training" o entrenamiento por intervalos.

3 Pieza móvil que, colocada en el parabrisas de algunos vehículos, sirve para proteger del sol. | Lera *Trampa* 977: Álvaro corrió el cristal de la ventanilla .. Una vuelta de la carretera los hacía correr hacia Poniente, de espaldas al mar. Los reflejos vivos y sangrantes del sol, ya invisible, los deslumbraban a veces, y Álvaro tuvo que bajar la visera.

4 (*hist*) Parte móvil del yelmo, destinada a cubrir y proteger el rostro. | Riquer *Caballeros* 24: Diego de Guzmán se acercaba altivamente con la visera bajada, y Jacques de Lalaing la llevaba levantada.

visibilidad *f* **1** Condición de visible. | *Anuario Observatorio 1967* 125: Para los planetas Mercurio, Venus, Marte, Júpiter y Saturno se inserta .. un gráfico que permite, con una sola mirada, conocer las horas de su visibilidad en cualquier época del año.

2 Posibilidad de ver. *A veces tb la medida de la distancia a que alcanza esa posibilidad*. | *Pue* 17.12.70, 16: La gafa debe subir por encima de la ceja para que el cazador, al levantar la cabeza, pueda disponer de toda visibilidad. *Jaén* 4.9.74, 4: El tiempo que hace .. Máxima, 29,3, a las 18,15 horas; .. visibilidad horizontal, 50 kilómetros; cielo, despejado.

visibilización *f* Acción de visibilizar. *Tb su efecto*. | *CoA* 20.3.75, 3: Quien no sepa ver en la vocación los designios de la Providencia ni encuentre en el ministerio sacerdotal la visibilización de la presencia actual de Cristo en su Iglesia, juzgará el sacerdocio con criterios de planificación y de eficacia.

visibilizar *tr* Hacer visible [algo (*cd*)]. | J. Menéndez *Abc* 25.2.68, 66: La Guinea Ecuatorial solo es auténticamente rica en productos agrícolas tropicales, tanto en especies de mantenimiento como en las de mercado, visibilizadas estas últimas en la botánica uniformada de las plantaciones.

visible *adj* Que se puede ver. | *Agromán* 60: Juraban que los malos espíritus –visibles solo para ellos– habían entrado en la sala. **b)** Perceptible o evidente. | Olmo *Golfos* 164: Don Poco, .. sin agitación visible, nos confesó: –Era mi madre. Medio *Bibiana* 87: Las piernas le tiemblan, y el temblor se hace visible.

visiblemente *adv* De manera visible. | R. Sánchez *As* 14.12.70, 5: Miguel Muñoz se retira hacia el vestuario, con gesto visiblemente contrariado.

visigodo -da *adj* (*hist*) [Individuo] del pueblo godo que en el s. v fundó un reino en España. *Tb n*. | Amorós-Mayoral *Lengua* 5: Durante muchos años, antes de las invasiones de los visigodos y de los musulmanes, nuestra Patria fue una provincia romana. **b)** De los visigodos. | Tejedor *Arte* 79: Las dos artes más sobresalientes de la España visigoda fueron la arquitectura y la orfebrería. **c)** De estilo visigodo. | L. Moreno *Abc* 13.12.70, 37: En el reverso [de la medalla], probablemente la silueta de la iglesia de Santa María de Melque, edificio visigodo del siglo IX.

visigótico -ca *adj* (*hist*) Visigodo [1b y c]. | *Asturias* 4: Aquí se defendió un día la cristiandad visigótica. Pinell *Horas* 203: Letra visigótica de escuela castellana, ciertamente del siglo XI.

visillería *f* Conjunto de visillos. | *Van* 17.7.75, 13: Gran oferta de oportunidades .. Visillería. Extraordinario surtido de cenefas. 280 cms. ancho a 225 ptas.

visillero -ra *adj* De(l) visillo. | *Van* 20.12.70, 89: Jefe almacén para industria textil visillera de Barcelona.

visillo *m* Cortina pequeña y semitransparente que se coloca en la parte interior de los cristales de una ventana o puerta. | Carandell *Madrid* 117: La casa en que Doña Sagrario ejerce su industria suele tener un portal oscuro y fresco, y una portería con puerta de cristales con visillos, detrás de la cual se vislumbra siempre a toda una familia.

visión I *f* **1** Hecho de ver. *Tb su efecto*. | RMorales *Present.* Santiago *VParga* 6: La visión de Compostela .. le reveló la realidad del inolvidable mandato. DPlaja *Literatura* 273: Esta visión teatral de las luchas del espíritu había de interesar a un público profundamente religioso. **b)** Capacidad de ver. | Torrente *SInf* 31.7.75, 8: Ciego hace años, no ha dejado de escribir, y diríase que la carencia de visión externa le favorece la interna.

2 Pers. o cosa, esp. fantástica, que se ve como si estuviera presente. | Benet *Nunca* 10: Me inclino a creer que durante unos días .. fuimos para él una especie de aturdida visión. F. SVentura *SAbc* 29.9.68, 22: Las niñas, en nombre de la visión, daban inconscientemente respuestas a muchos de los asistentes, que recibían así contestación a las inquietudes y problemas que les habían llevado hasta allí.

3 (*col*) Pers. (o, raro, cosa) fea o ridícula. | * Fulanito es una auténtica visión.

II *loc v* **4 ver ~es.** (*col*) Estar equivocado. *Con intención de burla*. | * ¿Que se retira? ¡Tú ves visiones, chico!

III *loc adv* **5 como quien ve ~es** (*o* **viendo ~es**). (*col*) En estado de gran sorpresa o desconcierto. *Gralm con los vs* QUEDAR *o* DEJAR. | J. Carabias *Ya* 14.2.78, 6: Los que le oíamos le calculamos lo menos ochenta y tantos años. Cuando nos dijeron que los primeros que cumplirá serán noventa y nueve, nos quedamos todos como quien ve visiones.

visionado *m* Acción de visionar. | A. Pezuela *Mun* 12.12.70, 62: El sistema americano, como se ha dicho, permite el visionado de películas impresionadas.

visionador -ra *adj* [Aparato] que sirve para visionar material filmado, utilizado esp. para montaje. *Frec n f.* | P. Hernanz *Ya* 23.11.84, 4: Videosonic, S.A., presenta proyectores Cabin, visionadoras y objetivos Erno, objetivos intercambiables Tokina, flashes Soltron.

visionar *tr* **1** Ver [una película o algo similar]. *Esp referido a técnicos o críticos*. | J. M. Caparrós *Mun* 23.5.70, 56: A quienes hayan visionado aquella primera obra [de 1939] no les recomendamos –para que no pierdan el buen recuerdo– esta discreta versión [de 1969]. *Prospecto* 5.76: En todos los tapones de botellas de Coca-Cola .. encontrarás una diapositiva .. Visiónalas con el práctico visor incluido en este folleto.

2 Proyectar o exhibir [una película o algo similar]. *Esp para técnicos o críticos*. | Gala *Sáb* 17.3.76, 16: Televisión Española, en junio, mandó al Festival de Praga "El doncel de Sigüenza"; luego, a otro, "Quevedo"; a los visitantes extranjeros les visionaba, muy ufana, unos u otros.

visionario -ria *adj* [Pers.] imaginativa que cree reales o posibles cosas quiméricas. *Tb n*. | Torrente *Fragmentos* 140: Nadie creyó lo que decía la vieja, al menos de momento, y la tuvieron por borracha o visionaria. **b)** Propio de la pers. visionaria. | J. M. Llompart *Pap* 1.57, 83: Maragall sorprendió a sus contemporáneos con una lírica audaz, visionaria y apasionada.

visir *m* (*hist*) Ministro de un soberano musulmán. | Vega *Cocina* 171: Fueron madres de califas, reyes y visires. **b) gran ~.** Primer ministro de un soberano musulmán. | Castillo *Polis* 174: El gran visir era el primer ministro, delegado del califa en el gobierno, y mandaba de hecho cuando el soberano descuidaba los negocios del Estado.

visita I *f* **1** Acción de visitar. | *Economía* 140: Hoy en día la visita de cumplido ha caído mucho en desuso. **b) ~ al Santísimo (Sacramento).** (*Rel catól*) Hecho de acudir a una iglesia para orar brevemente ante el sagrario. | Ribera *Misal* 1500: Visita al Santísimo Sacramento. .. No es necesario rezar mucho para hacer esta visita. **c) ~ de(l) médico**
→ MÉDICO.

visitable – víspera

2 Pers. o conjunto de perss. que visita [1 y 2]. | Mihura *Maribel* 8: Junto a la mesa redonda, sentados en dos sillas, hay una visita que también escucha, Doña Vicenta y Don Fernando. Un matrimonio. *Hoy* 8.8.75, 12: –¿Qué visita anual se puede calcular para el Museo Nacional de Arte Romano? –Una visita mínima, y me quedo corto, de 50.000 personas, que es quintuplicar la actual.
3 (*col*) Menstruación. *Gralm en la constr* TENER LA ~ (*o* TENER ~s). *A veces tb* LA ~ DEL NUNCIO *o* DEL VAMPIRO. | Oliver *Relatos* 147: En seguida nos metimos en faena, pero la jai nos puso cara compungida y dijo que estaba con la visita del vampiro desde por la mañana.
II *loc adj* **4 de ~**. [Tarjeta] en que figura el nombre y señas [de una pers. o entidad]. | ZVicente *Traque* 15: La tarjeta de visita proclamaba, en letras diminutas y en el ángulo, el quehacer fascinante.

visitable *adj* Que se puede visitar. | *Abc* 13.4.75, 6: Urbis ofrece en edificio singular pisos de alta calidad .. 6 modelos de pisos .. Módulos visitables en el propio edificio.

visitación I *f* **1** (*Rel crist*) Visita [1]. *Solo referido a la que hizo la Virgen a Santa Isabel*. | R. Roquer *Van* 20.12.70, 32: En el Evangelio, San Lucas nos propone la Visitación de la Virgen a Elisabet.
II *loc adj* **2 de la ~**. [Orden religiosa] fundada en 1610 por San Francisco de Sales y Santa Francisca de Chantal. | Villapún *Iglesia* 127: Ayudado por Santa Francisca de Chantal, fundó la Orden de la Visitación.

visitador -ra *m y f* **1** Pers. encargada de hacer visitas de inspección o reconocimiento. *Tb adj*. | Cossío *Montaña* 59: Aún quedan señales de haber estado tal como lo cuentan los visitadores de la Orden de Santiago cuando estuvieron allí para instruir el expediente del hábito de don Francisco [de Quevedo]. *Puericultura* 68: La beneficiaria obtiene: asistencia facultativa del médico, visitadora y matrona. *Abc* 8.6.75, 3: La Misión visitadora de las Naciones Unidas fue llevada hasta el lugar donde los insurgentes permanecen escondidos.
2 Pers. que visita a los médicos para mostrarles los productos de un laboratorio farmacéutico. *Tb* ~ MÉDICO. | * Trabaja como visitador en un laboratorio.
3 (*raro*) Visitante. | CBonald *Ágata* 122: El visitante tardó en volver .. Ni Manuela .. reconoció en las actuaciones de aquel visitador de nada la más mínima maniobra conducente a beneficiarse en el negocio del mimbre. Ju. Echevarría *Ya* 25.7.90, 55: Todavía hay lugares en España donde se pide decoro a los visitadores.

visitante *adj* **1** Que visita, *esp* [2]. *Frec n.* | DPlaja *El español* 101: Cuando el Orgullo español enseña su casa al extranjero lo hace siempre en la seguridad de que es algo totalmente distinto, y el visitante no debe .. intentar pasar de espectador a actor.
2 (*Dep*) [Equipo] que juega fuera de su campo. | *As* 14.12.70, 30: En el segundo tiempo el resultado, favorable para el equipo visitante, hizo que se centraran mejor los nervios y se practicara un buen fútbol. **b)** De(l) equipo visitante. *Tb n, referido a pers.* | J. Vicente *Abc* 1.12.70, 65: Pero el centro del campo fue siempre del dominio visitante. Desde allí nacían todos los esporádicos ataques. Miró *As* 14.12.70, 7: El vestuario de los visitantes quedó .. abierto de par en par para los informadores.

visitar A *tr* **1** Ir a ver [a alguien] a su lugar de residencia o trabajo, frec. como cortesía. | *Economía* 140: Cuando no se encontraba en su casa la persona visitada se dejaba una tarjeta, con la cual se "cumplía". **b)** Ir [el médico] al lugar de residencia [de un enfermo (*cd*)] para atender[lo]. | MCampos *Abc* 6.3.58, 3: La rata moribunda con que el doctor Bernard Rieux se tropezó sobre el rellano del "segundo", .. cuando iba a visitar a sus enfermos, no le hizo meditar sobre la peste.
2 Ir [a un lugar (*cd*)], esp. con intención de conocer[lo]. | *Des* 12.9.70, 7: Ha sido un placer visitar estos lugares nuevamente.
B *intr* ➤ **a** *normal* **3** Pasar consulta [un médico]. | * Fui al médico ayer, pero no visitaba D. Luis, sino su suplente.
➤ **b** *pr* **4** (*reg*) Ir al médico a una consulta médica. | *Tel* 1.5.83, 41: Muchos árabes con petrodólares que vienen a visitarse a la clínica Barraquer.

visiteo *m* (*desp*) Acción de hacer o recibir muchas visitas [1a]. | Mihura *Modas* 48: Me gustaría saber a qué viene tanta amistad y tanto visiteo. J. M. Moreiro *SAbc* 9.11.69, 45: Estos puntos neurálgicos de visiteo internacional caen muy distantes.

visivo -va *adj* (*lit*) De (la) visión [1]. | MPuelles *Filosofía* 2, 21: La potencia visiva difiere de la auditiva porque su acto es el ver, no el oír.

vislumbrar *tr* Ver de manera imprecisa. *Tb fig*. | Carandell *Madrid* 117: La casa .. suele tener .. una portería con puerta de cristales con visillos, detrás de la cual se vislumbra siempre a toda una familia. *Sp* 19.7.70, 37: Alguna propuesta propia, posibilidad que no se vislumbra en el horizonte, puede evitar, se dice, que Bruce traslade su residencia definitiva a París.

vislumbre *m o f* Acción de vislumbrar. *Tb su efecto*. | CBonald *Noche* 87: Sintió un escalofrío de sueño, una punzante fatiga por dentro de los ojos, el vislumbre de una amarra del barco encapillada en la bita, el sucio cabo trincado al cuello de la muchacha. Sampedro *Río* 92: Únicamente los santos habían sido dignos de alguna vislumbre [de Dios] y habían caído en deliquio.

viso I *m* **1** Reflejo ondulado y cambiante que produce la luz en algunas superficies, esp. en un tejido. *Más frec en pl. Tb fig*. | * Esta tela hace visos. CAssens *Novela* 2, 70: Ha residido unos años en Pekín .. De allí ha traído antigüedades curiosas y un viso pajizo en el rostro, vestigio de la fiebre endémica en el país.
2 (*lit*) Apariencia. *Más frec en pl. Gralm con los vs* TENER *o* PRESENTAR. | *Mun* 19.12.70, 4: Nos repugna el uso de la violencia .., por muchos visos de patriotismo que pueda presentar para su arropamiento.
3 Forro o combinación que se pone debajo de un vestido, esp. cuando este es transparente. | *Alc* 30.11.59, 20: La sobriedad del modelo de Carven nos recuerda el clásico estilo español, realizado en encaje negro con viso de raso en el mismo color.
4 Altura o terreno alto. | Aldecoa *Cuentos* 1, 118: Aquella tierra es como el campo y los visos donde hacemos instrucción, pero sin las junqueras y con más matas y con más olor.
II *loc adj* **5 de ~**. [Pers.] distinguida o de categoría. | Torrente *Pascua* 268: Cuando don Julián salió revestido, había grandes claros en los bancos delanteros, que son los que ocupó siempre la gente de más viso.

visón *m* **1** Mamífero carnívoro de pequeño tamaño, muy apreciado por su piel (*Mustela vison* y *M. lutreola*). *Tb* ~ AMERICANO *y* ~ EUROPEO, respectivamente. *Tb su piel*. | J. PGuerra *SInf* 12.12.70, 3: En España se venden actualmente unas 100.000 pieles de visones. Noval *Fauna* 39: Existen pequeños criaderos artificiales en Asturias en los que se reproduce el Visón americano, que solo se diferencia del europeo en que carece del color blanco de la boca. *ByN* 31.12.66, 91: Los suntuosos y tradicionales abrigos de visón.
2 Prenda, esp. abrigo, de visón. | *Mad* 20.11.70, 19: Hoy, la piel y la moda. Visón diamante negro. Midi.

visontino -na *adj* De Vinuesa (Soria). *Tb n, referido a pers*. | C. Monge *Abc* 21.8.80, 56: La disputa llevó a las manos a los hombres de Vinuesa y Covaleda, y como las mujeres visontinas vieron que sus hombres llevaban las de perder .. acometieron con tal brío a los enemigos .. que en pocos momentos les dejaron fuera de combate.

visor *m* **1** Dispositivo que sirve para enfocar la visión de los objetos, esp. en fotografía. | Lera *Olvidados* 249: El que llevaba la máquina fotográfica hizo señas a los chiquillos para que se acercasen .. Ante el visor aparecían, en primer plano, un grupo abierto de viejas, chiquillos y mujeres. Delibes *Castilla* 47: Los rifles con visor .. pueden más que la veda protectora.
2 Aparato en forma de caja de pequeñas dimensiones, con una pantalla en la parte frontal, para ver diapositivas. | *Prospecto* 5.76: En todos los tapones de botellas de Coca-Cola .. encontrarás una diapositiva .. Visiónalas con el práctico visor incluido en este folleto.

víspera I *f* **1** Día inmediatamente anterior [a otro determinado por un suceso o una conmemoración (*compl* DE)]. | Laforet *Mujer* 248: La víspera de la marcha de Eulogio, Paulina .. le pidió perdón. **b)** Tiempo inmediatamente anterior. *Frec en la constr* EN ~S DE. | Seco *Historia* 970: Acusado de derrotismo, después del fracaso final de Teruel, por sus mismos aliados de la víspera, [Prieto] viose forzado a abandonar el poder. Arce *Testamento* 34: Consejos y ánimos que Don Juan me daba en vísperas de mi marcha.

2 (*Rel catól*) *En pl:* Hora canónica que se reza al anochecer. | SLuis *Liturgia* 4: Vísperas –oficio de la tarde–, que consta de elementos semejantes a Laudes, con el canto del "Magníficat" en lugar del "Benedictus". **b)** Pieza musical compuesta para las vísperas. | P. Darnell *VNu* 13.7.74, 26: Escribió misas, completas, 2 pasiones –según san Mateo y según san Juan–, vísperas, motetes, salmos, etc.

3 (*hist*) *En la universidad de los ss* XVI *a* XVIII: Hora lectiva de la tarde. | J. ÁSierra *Abc* 19.11.57, sn: En lugar de las únicas cátedras entonces existentes, de Prima, .. de Vísperas, .. propone Mutis cinco años de enseñanza teórica y tres de estudios prácticos en los hospitales.

II *loc adv* **4 de ~**. En la víspera [1a]. | *Ya* 10.5.75, 23: También pueden quedar hechos [los guisos]. Hasta están más ricos hechos de víspera. Delibes *Cartas* 108: Yo marcharé a Madrid de víspera, es decir, el día 9.

vista **I** *n* **A** *f* **1** Sentido corporal por el que se perciben los objetos mediante la acción de la luz. | Bustinza-Mascaró *Ciencias* 79: Mediante la vista contemplamos y admiramos las maravillas de la Creación. **b)** Conjunto de ambos ojos. | Bustinza-Mascaró *Ciencias* 83: Higiene de la vista. Evitar las iluminaciones fuertes .. No leer en .. vehículos, pues el ojo .. tiene que ir cambiando constantemente de acomodación.

2 Acción de ver. | J. Ugalde *SGacN* 25.8.74, 6: Días pasados, en una de nuestras aldeas, vi a una mujer sacar de su costurero un huevo de madera y ponerse a repasar un par de calcetines .. ¿Creerán ustedes que la vista de aquel huevo de madera me emocionó un poco? **b)** (*Der*) Acto en que los jueces asisten a la discusión oral [de un pleito o causa que han de sentenciar]. | *Abc* 8.12.70, 21: Se había iniciado la vista con la lectura de documentos a requerimiento de vocales del Tribunal y del ponente. **c)** (*hoy raro*) Encuentro de presentación de dos novios. *Frec en pl y en la loc* IR A ~S. | Cossío *Montaña* 420: ¿Se celebró en este pueblo el matrimonio, o todo quedó reducido a vistas y complacencias? Azorín *Ejercicios* 1348: ¿Cuál fue la primera vista de los novios? "Ir a vistas" significa verse por primera vez los novios.

3 Mirada (acción de mirar). *Tb fig.* | Olmo *Golfos* 153: Si se encontraban, bajaban la vista. * Lo hizo con la vista puesta en el posible ascenso.

4 Perspicacia o sagacidad. | F. Borciqui *Fam* 15.11.70, 18: La vista de Epstein para los negocios se convertiría en proverbial.

5 Apariencia. *Gralm con un adj calificador. Sin compl, implica que esta es buena.* | * Esa tarta tiene una vista fabulosa. * Así no tiene vista.

6 Panorama que se contempla desde un punto. *Frec en pl.* | *Sit* 10.4.74, 9: Edificado directamente en la extensa y arenosa playa de S'Abanell, pineda, zona residencial, magnífica vista garantizada al mar. FSantos *Catedrales* 28: Allí desde la torre .. no se ven más que escombros y tejados de un color bien feo por cierto .. Y eso sí: la campana bien grande; pero lo que es a vistas no cambio yo esta torre por aquella. **b)** Representación visual de lo que se ve desde un punto en un determinado momento. | J. A. Recio *SVozC* 31.12.70, 6: Construyó un fusil fotográfico para tomar una sucesión de vistas del vuelo de las aves. *MHi* 5.64, 46: Proyector de vistas fijas con refrigeración.

7 Parte interior de una prenda que puede verse cuando no va abrochada. | Soraya *SPue* 24.10.70, 4: Con mayor precio están clasificadas, entre otras, las pieles de zorro y marmota, weasel y hamster, y de ellas mismas están hechos algunos de los cuellos, zócalos y vistas de otras más importantes.

B *m* **8 ~ de aduanas**. Empleado de aduanas a cuyo cargo está el registro de los géneros. *Tb, simplemente, ~*. | Zunzunegui *Hijo* 146: Mi padre era vista de aduanas. Cossío *Confesiones* 110: Una vez encontré a Villagómez en la frontera de Hendaya y vi que abría un baúl en el mostrador de la Aduana y que el vista se lo mandó cerrar y le dedicó un respetuoso saludo.

II *loc adj* **9 a la ~**. (*Econ*) [Documento bancario] cuyo pago se hace efectivo en el momento de la presentación. *Tb adv*. | Ramírez *Derecho* 136: La letra puede girarse a plazo por uno de estos términos: 1) a la vista. **b)** [Depósito bancario] del cual se hacen reintegros en efectivo a la presentación de los documentos oportunos. | Tamames *Economía* 407: Se obtiene un interés mayor que en las cuentas corrientes a la vista.

10 a [cierto número de días o meses] **~**. (*Econ*) [Documento bancario] que debe hacerse efectivo [en ese plazo]. *Tb adv.* | Ramírez *Derecho* 136: La letra puede girarse a plazo por uno de estos términos: 1) a la vista; 2) a uno o más días, uno o más meses vista. **b) a** [cierto plazo] **~**. [Hecho] que se produce [después de ese plazo]. *Frec adv.* | * Es una solución a dos meses vista. F. Pareja *Abc* 20.10.74, 35: Se teme que a uno o dos años vista se produzca una escasez mundial de carne. Mendoza *Ciudad* 52: Ahora, a tantos años vista, se alegraba de que las cosas hubieran sucedido de aquel modo.

11 a primera ~. [Amor] que se produce en el momento de conocer a una pers. *Tb adv*. | Mendoza *Ciudad* 339: Se habían conocido a bordo de un transatlántico de lujo; sí, había sido amor a primera vista.

12 de ~. [Testigo] ocular. | * Fue testigo de vista del accidente.

III *loc v* **13 dar ~** [a alguien o algo]. Avistar[lo], o ver[lo] a distancia. | Llamazares *Lluvia* 49: La carta no la abrí hasta que estaba ya bastante lejos: junto al ibón de Santa Orosia, dando ya vista a Ainielle.

14 echar la ~ encima [a alguien, esp. a quien se desea ver]. (*col*) Ver[lo]. | SFerlosio *Jarama* 33: Anda que no hay poca gente por todo el río, como para echarles a esos la vista encima. Delibes *Guerras* 201: –¿Nunca sentiste envidia, Pacífico, de ver a la gente trajinando por las calles del pueblo? –A decir verdad, no señor, al contrario. Cada vez que les echaba la vista encima, me decía para entre mí: De buena te has librado, Pacífico.

15 hacer la ~ gorda. (*col*) Fingir [alguien con autoridad] que no se entera [de algo que debería reprimir (*compl* ANTE)]. *Tb sin compl, por consabido*. | Chamorro *Sin raíces* 114: La autoridad hacía la vista gorda para evitar escándalos y altercados.

16 perder de ~ → PERDER.

17 saltar [algo] **a la ~**. Ser evidente. | L. Calvo *Abc* 21.11.70, 35: La veracidad del relato salta a la vista.

18 volver la ~ [a algo pasado]. [Reflexionar sobre ello.] | Payno *Curso* 173: Cuando uno volvía la vista a los meses pasados, no distinguía nada.

IV *loc adv* **19 a la ~**. En lugar o de manera visibles. *Normalmente con el v* ESTAR. *Tb fig.* | *FaC* 21.3.75, 15: Los carteles de precios y clases han de estar bien a la vista del público, muy claros y sin nada que obstaculice su lectura. Gala *Campos* 49: –¿Tú lo estás pasando bien? –¿Yo? A la vista está: divinamente. **b)** Al parecer o aparentemente. | * A la vista es un niño muy sano. **c)** En perspectiva, o con grandes posibilidades de suceder. *Tb adj.* | *Abc* 25.2.68, 42: Humedad y frío..., resfriado a la vista.

20 a ojos ~s → OJO.

21 a primera ~, *o* **a simple ~**. En una primera impresión o sin fijarse demasiado. | *Cam* 4.8.75, 9: Aunque a primera vista a algunos observadores imparciales les parezca arriesgado pensar en un futuro Solís como inquilino de la sede de la Presidencia del Gobierno, .. todos los datos existentes hacen pensar que el ministro del Movimiento .. lleva "ventaja". V. Penades *Pro* 5.7.75, 22: Parecía, a simple vista, que los compases se hacían más vivos, por el silencio premioso y regulado de los transeúntes.

22 a ~ de pájaro. Mirando desde una gran altura. | Zubía *Geografía* 39: Planos. Son dibujos de espacios o superficies pequeñas, contemplados a vista de pájaro.

23 de ~. Con mero conocimiento visual. *Con el v* CONOCER. | FSantos *Catedrales* 161: Llegó a conocer de vista a muchos de los nuevos y viejos comerciantes.

V *loc prep* **24 a la ~ de** [alguien o algo]. En [su] presencia, o teniendo[lo] presente. *Tb fig.* | *Voz* 10.8.75, 27: El combate se ha entablado en la ladera de un monte, a la vista de los periodistas. Torrente *SInf* 19.6.75, 12: El que educa conforma, a la vista de un modelo, algo que no está formado aún.

25 con ~s (*más raro*, **~**) **a** [algo]. Teniéndo[lo] como objetivo. | Benet *Aire* 51: El recadero fue de nuevo despachado a San Mamud, con ~s a recabar la presencia del capitán en el pueblo. *FaC* 21.3.75, 15: De conformidad con las normas emanadas del Instituto Nacional de Estadística .., se está

vistazo – vitalicio

procediendo a realizar los trabajos preliminares con vista al Padrón de 1975.
26 en ~ de (*o* **a la ~ de**) [algo]. Como reacción consiguiente a [ello]. | Zunzunegui *Camino* 156: –Te espero en el salón.– Y se fue. Le atendió pacientemente hasta las seis, pero en vista de que no aparecía se echó a la calle sola. *Ya* 30.12.72, 39: El señor Azaga se resistió. En vista de ello, los jóvenes delincuentes lo ataron y lo golpearon salvajemente. *Inf* 20.6.75, 5: A la vista de los informes técnicos emitidos, el juez de instrucción se ha inhibido en favor de la jurisdicción militar.
VI *loc interj* **27 hasta la ~.** (*col*) *Fórmula de despedida por tiempo indefinido.* | * –Hasta la vista. –Adiós.
28 ~ a la derecha (*o* **a la izquierda**). (*Mil*) Voz de mando con que se ordena el giro de la cabeza hacia la derecha (o la izquierda). | * El sargento gritó: ¡Vista a la izquierda!

vistazo *m* Mirada rápida o superficial. *Nomalmente con los vs* DAR *o* ECHAR. | Medio *Bibiana* 11: Bibiana .. recorre toda la casa recogiendo cosas, cerrando grifos .., dando un último vistazo a los zapatos .. que mañana se van a poner los muchachos. Cunqueiro *Un hombre* 10: Detuvo el asno y se volvió para echar un vistazo a las cestas.

vistillas. irse [alguien] **a las ~.** *loc v* (*col*) Mirar disimuladamente y con interés. *Tb, más raro,* IRSELE LAS ~ [a alguien]. | * No te vayas a las vistillas, listo. Atiende a tu juego. Delibes *Cinco horas* 40: El año de la playa bien se te iban las vistillas, querido.

visto -ta *adj* **1** *part* → VER.
2 Que queda a la vista. *Dicho esp de materiales de construcción.* | *Abc* 2.2.65, 69: ¡¡¡Hermoso local!!! .. abovedado, ladrillo visto, mucha altura techo. Cela *Pirineo* 320: El viejo Pont de Suert, con sus callejas de rústicos soportales a vigas vistas, guarda aún la esencia de los afanes artesanos.

vistosamente *adv* De manera vistosa. | J. HPetit *SAbc* 23.3.69, 50: En la Plaza de la Armería .. ya formaba la compañía de armas de la Casa Militar, vistosamente uniformada.

vistosidad *f* Cualidad de vistoso. | *Nue* 22.12.70, 25: Hay muchos [muebles] que son modernos, de una gran vistosidad. CBonald *Casa* 198: Se aprestó paladinamente a vengarse. Le hubiese resultado más expedito meter preso al proveedor o mandar apalearlo, pero prefirió un desagravio de mayor vistosidad.

vistoso -sa *adj* Que atrae la atención por su apariencia agradable. *Dicho esp de cosa. Tb fig, referido a cosas inmateriales.* | Laforet *Mujer* 235: A él le gustaban las cosas vistosas; oro, esmalte, piedras que brillan. Torrente *Off-side* 522: La perspectiva de unas copas de aguardiente me reanima, hasta el punto de renunciar a las vistosas hetairas de los cafés de los ricos. A. Tulla *País* 23.10.76, 46: Bajas de 81 enteros en Santander, 75 en Vizcaya .., son importantes y vistosas, pero lógicas.

visual I *adj* **1** De la vista [1]. | Bustinza-Mascaró *Ciencias* 140: El ojo de estos animales [las abejas] percibe también la luz polarizada (la que vibra en un solo plano), a la cual es también insensible nuestro aparato visual. **b)** [Campo] ~ → CAMPO.
II *f* **2** Línea imaginaria que une el ojo del espectador con el objeto que ve. | Marcos-Martínez *Física* 71: Echada el agua en los tubos [de un nivel de agua], alcanzará en ambos igual altura, marcando la visual una superficie horizontal.
3 (*col*) Vista o visión. | DCañabate *Abc* 23.3.75, 32: Allí donde brotaba bulla callejera allí estaba la Ojirris mirándolo todo con la pequeñez de sus ojos, tan poderosos de visual como unos prismáticos de buten.
4 (*col*) Mirada. *Frec en la constr* ECHAR UNA ~. | Aristófanes *Sáb* 17.3.76, 52: Me encuentro anunciada a todo cartel una exposición que se dice del libro sociopolítico .. Le echo una visual, y venga de Marx por aquí y venga de "Das Kapital" por allá. CBonald *Ágata* 39: Por ver de sosegarse o acaso por eludir entonces las visuales del alarife, se entró con el niño en el chozo.

visualidad *f* **1** Vistosidad. | GNuño *Escultura* 73: Si hasta este momento hemos comentado objetos de vitrina, ahora procederá enfrentarse con piezas de gran tamaño y visualidad, que son las que en definitiva .. construyen los sedimentos estéticos de sus primeros espectadores.
2 Visibilidad. | Buero *Tragaluz* 70: Cuando las figuras se presenta[ba]n de espaldas (o su visualidad no era clara). Mingarro *Física* 128: Aproximándole un imán potente se repite el fenómeno con más visualidad, pero en las mismas condiciones.

visualización *f* Acción de visualizar. | *SInf* 16.12.70, 10: Datos que aparecerían en tableros luminosos para su rápida visualización. Aranguren *Marxismo* 115: Rosa Luxemburg .. se alza contra la visualización del "paraíso" leninista como el mundo entero convertido .. en una inmensa factoría.

visualizador -ra *adj* Que visualiza. *Tb n m, referido a aparato.* | *Ya* 25.5.86, 2: Estarán comprendidos los detectores de radiaciones visibles, infrarrojos y ultravioletas; .. los visualizadores e intensificadores de imágenes.

visualizar *tr* **1** Hacer visible [algo que no lo es o que está oculto]. | * Puedes visualizar los códigos de impresión cuando lo necesites.
2 Representar [algo] en imágenes. | E. Corral *Abc* 20.9.70, 71: Fernando Cebrián fue el héroe de esta tragedia visualizada en "Pequeño Estudio".
3 Formar en la mente la imagen visual [de algo (*cd*)]. | * Me resulta difícil decidir porque no visualizo el resultado, no me lo imagino.
4 Ver [algo normalmente no visible o que está oculto]. | M. T. Vázquez *Far* 12.87, 7: Cuando se han visualizado los piojos, el inicio del tratamiento es recomendable realizarlo con una loción hidroalcohólica.

visualmente *adv* **1** De manera visual. | *Cua* 6/7.68, 8: Es una Filmina que presenta visualmente el contenido de la Declaración Universal de los Derechos Humanos.
2 En el aspecto visual. | *ByN* 11.11.67, 58: Esta obra estelar de la pintura mundial, reproducida íntegra .. y pormenorizada en sus detalles más elocuentes por medio de grandes primeros planos que recogen los datos pictóricos más expresivos visualmente.

vitáceo -a *adj* (*Bot*) [Planta] dicotiledónea, gralm. trepadora, de flores regulares en racimo y fruto en baya, de la familia cuyo tipo es la vid. *Frec como n f en pl, designando este taxón botánico.* | V. Mundina *Ya* 8.8.86, 24: El ciso es una planta de interior perteneciente a la familia de las vitáceas y su variedad "antarctica" es oriunda de Australia.

vital *adj* **1** De (la) vida. | Legorburu-Barrutia *Ciencias* 30: La célula que los constituye realiza todas las funciones vitales, es decir, las funciones de nutrición, relación y reproducción. Gambra *Filosofía* 95: Las partes del ser vivo no son separables ni tienen existencia fuera de la unidad vital a la que sirven.
2 Necesario para vivir. | Rivas *Hucha* 1, 161: El último en tomar posición en el solar fue un Volkswagen .. –No podemos consentirlo. Es nuestro espacio vital. **b)** De suma importancia. | CPuche *Paralelo* 333: –Tú reconoces que esto es vital para el partido, ¿sí o no?... –Yo creo que cualquier cosa puede ser importante. **c)** [Importancia o interés] sumos. *Frec antepuesto.* | * El asunto es de vital importancia para él.
3 [Pers.] que tiene mucha vitalidad [1]. | Olmo *Golfos* 21: Un juego de golfos. De golfos serios, vitales. **b)** Propio de la pers. vital. | * Su carácter vital, abierto, emprendedor, es algo envidiable.

vitaliciamente *adv* De manera vitalicia. | *Compil. Cataluña* 710: El heredero instituido en usufructo que no deba considerarse legatario, así como el heredero instituido vitaliciamente, tendrán el carácter de herederos fiduciarios.

vitalicio -cia I *adj* **1** [Cargo, pensión, o algo similar] que dura hasta el fin de la vida de la pers. de que se trata. | Escrivá *Conversaciones* 152: No excluyo que el sistema de cátedras vitalicias pueda dar buenos resultados en algún país. **b)** Propio del cargo o de la pensión vitalicios. | *Ley Orgánica* 119: La Jefatura Nacional del Movimiento corresponde con carácter vitalicio a Francisco Franco, Caudillo de España. **c)** Siguiendo a un n que designa pers que ostenta un cargo: Que es [lo expresado por el n.] con carácter vitalicio. | Herrero *SInf* 25.10.75, 6: Estos poderes, atribuidos a un magistrado hereditario, vitalicio y, por tanto, electora[l]mente irresponsable, son, a fines del siglo XX, excesivos.
II *m* **2** Pensión o renta duradera hasta el fin de la vida del perceptor. | Carandell *Madrid* 117: Doña Sagrario, la

viuda, .. no tiene más ingresos mensuales que un pobre retiro o un humilde vitalicio.

3 (*Der*) Censo sin dominio constituido a cambio de la transmisión de una finca, por el que una o dos perss., a cuyo favor se constituye, adquieren el derecho a percibir una pensión vitalicia [1]. | *Compil. Cataluña* 818: El vitalicio se constituirá en escritura pública y será irredimible, salvo mutuo acuerdo.

vitalidad *f* **1** Impulso o capacidad para vivir o actuar. | Olmo *Golfos* 150: Se me acercó Luisa, risueña, con aquella expresión tan suya y tan llena de vitalidad. Arce *Testamento* 47: Lo peor que le puede pasar a un hombre es dudar de su vitalidad amorosa.

2 (*Biol*) Vida (condición que distingue a los seres orgánicos). | Alvarado *Anatomía* 1: Están dotados [los seres vivos] de una actividad especial, a la que llamamos vida o vitalidad, caracterizada por un conjunto de fenómenos designados con el nombre de funciones vitales.

vitalismo *m* **1** (*Filos*) Doctrina según la cual los fenómenos vitales son irreductibles a los fisicoquímicos y se explican por la existencia de una fuerza vital. | Gambra *Filosofía* 293: Las corrientes más importantes [de la filosofía contemporánea] en este sentido son: La Fenomenología .. y "Existencialismo" y corrientes afines (Vitalismo, etc.).

2 Condición de vitalista [2]. | * Si algo destaca en este personaje es su vitalismo.

vitalista *adj* **1** (*Filos*) Del vitalismo. | GÁlvarez *Filosofía* 2, 322: En Alemania encontramos cuatro tendencias vitalistas. **b)** [Pers.] partidaria del vitalismo. *Tb n.* | Laín *Ciencia* 71: Viene afirmándose que lo más propio del ser viviente es su capacidad de moverse "por sí mismo" .. Pero las cosas ¿son así ..? La cuestión será planteada con toda crudeza en la polémica que .. van a sostener entre sí durante los siglos XVII y XVIII, e incluso en el siglo XIX, los mecanicistas y los vitalistas, y los vitalistas a ultranza.

2 [Pers.] entusiasta de cuanto implica vitalidad. *Tb n.* | *Nue* 3.10.75, 24: Liberto ese entrañable, locuelo, pintoresco, glorioso y puñeterísimo vitalista de la sociología noctámbula de Madrid. **b)** Propio de la pers. vitalista. | Lera *Abc* 20.7.67, 21: Es aquí, con otros pueblos mediterráneos, donde aún subsisten con más vigencia ciertas normas individualistas de comportamiento, la fácil comunicabilidad y la exuberancia vitalista.

vitalización *f* Acción de vitalizar. | CSotelo *Proceso* 338: Ellos [los reproches] podrán ser síntoma de la vitalización de un tema que a mí me asombra que esté virgen todavía en nuestros escenarios.

vitalizador -ra *adj* Que vitaliza. | Fernández-Llorens *Occidente* 259: Lugares de culto relacionados con el agua .., a la que el negro otorga un valor religioso, vitalizador. CBaroja *Inquisidor* 14: Creo .. que la mentira en sí tiene gran poder, que es fertilizante y vitalizadora.

vitalizante *adj* (*lit*) Que vitaliza. | Laforet *Mujer* 149: Un río .. después de volver a su cauce deja la tierra de las orillas cargada de semillas, de vitalizante barro y humedad.

vitalizar *tr* Dar vida o vitalidad [a algo (*cd*)]. *Tb fig.* | DPlaja *Literatura* 498: Muchas veces vitaliza las cosas, que, al ser descritas por él, se mueven y toman actitudes. Marlasca *Abc* 11.12.70, 43: Esta bendita agua de lluvia no solo favorece a la agricultura, sino que a escala doméstica vitaliza los geranios. FReguera-March *Semana* 238: Todo su actitud respondía, realmente, a una convicción: "La vida es injusta conmigo". La injusticia dejaba a salvo sus merecimientos e, incluso, los vitalizaba.

vitalmente *adv* **1** De manera vital. | FQuintana-Velarde *Política* 169: Pero, además del terrestre, el territorio nacional español precisa vitalmente del transporte marítimo.

2 En el aspecto vital. | *Coruña* 6: No es solo el predominio .. del clásico y tópico propietario de un minifundio, de una vaca, verdadero "siervo de la gleba" a la que está vital y vitaliciamente adscrito.

vitamina *f* Se da este n a varias sustancias indispensables para el organismo, carentes de valor energético y que se encuentran en estado natural en algunos alimentos. Se designan añadiendo al término ~ una letra del alfabeto, a veces seguida de un subíndice. | Bustinza-Mascaró *Ciencias* 51: La falta de vitaminas en la alimentación acarrea enfermedades llamadas en general avitaminosis. **b) ~ A.** Vitamina presente pralm. en la leche, hígado, huevos y zanahorias y cuya falta ocasiona raquitismo y trastornos en la visión. | Navarro *Biología* 30: La vitamina A es un derivado de la carotina. **c) ~ B.** Vitamina presente en los cereales, frutas y legumbres, y cuya falta ocasiona trastornos nerviosos. *Frec sus distintas clases se especifican con un subíndice:* B_1, B_6, B_{12} *etc.* | Alvarado *Anatomía* 116: La vitamina B_1 se encuentra en la cascarilla de este cereal [arroz]. Bustinza-Mascaró *Ciencias* 51: La vitamina B_6 .. interviene en el crecimiento y en la respiración celular .. La vitamina B_{12} contiene cobalto y se llama también vitamina antianemia perniciosa. **d) ~ C.** Vitamina presente pralm. en los cítricos, y cuya falta produce el escorbuto. | Navarro *Biología* 31: Vitamina C .. Abunda en los frutos frescos, especialmente en el limón, naranja y tomate. **e) ~ D.** Vitamina presente pralm. en la yema de huevo y en el aceite de hígado de bacalao, y cuya falta ocasiona raquitismo. | Alvarado *Anatomía* 115: El remedio contra el raquitismo es .. el aceite de hígado de bacalao y de otros peces marinos, en el cual se encuentra disuelta gran cantidad de vitamina D.

vitaminar *tr* Añadir vitaminas [a un alimento (*cd*)]. *Gralm en part.* | A. Barra *Abc* 15.10.70, 32: Presentaba a la C.I.A. .. como un club de aficionados, incapaces de descubrir los secretos de fabricación del chicle y de los caramelos vitaminados.

vitamínico -ca *adj* De (las) vitaminas. | Nicolau *Salud* 672: Esta última [la ergosterina] adquiere propiedades vitamínicas bajo los efectos de los rayos ultravioletas.

vitaminizar *tr* Dotar de vitaminas [a alguien o algo (*cd*)]. | *Ya* 14.4.64, sn: Hair Lac .. Además de fijar perfectamente el peinado, vitaminiza el cabello.

vitando -da *adj* (*lit*) Execrable o digno de condena. | Laín *Gac* 24.8.75, 10: En todos operaba el anhelo de una España en la cual no fuesen delictivos, vitandos o vituperables los ideales por los que con la palabra o con las armas tiempo atrás lucharon.

vitela *f* **1** Piel muy pulida de vaca o de ternera, esp. la que sirve para pintar o escribir en ella. | Angulo *Arte* 1, 17: Se ha pintado principalmente en el muro, .. en tabla y en lienzo .., en pergamino, vitela y lámina de marfil.

2 (*reg*) Ternera. *Tb su carne.* | *Ama casa 1972* 12*b*: Platos típicos regionales. Galicia. Pote gallego .. Ternera richada o vitela. Merluza a la marinera.

vitelino -na (*Biol*) **I** *adj* **1** De(l) vitelo. | Alvarado *Zoología* 3: En los animales ovíparos, una vez consumidas las reservas vitelinas, el embrión se ve forzado a abandonar las cubiertas del huevo para buscar al exterior alimento. **b)** [Membrana] que envuelve al óvulo de los animales. *Tb n f.* | Bustinza-Mascaró *Ciencias* 193: La yema [del huevo de gallina] está recubierta por una membrana llamada vitelina.

II *f* **2** Proteína principal de las que constituyen la yema del huevo. | Aleixandre *Química* 200: Proteídos. Fosfoproteídos .. A este grupo pertenecen la vitelina de la yema de huevo y la caseína de la leche.

vitelo *m* (*Biol*) Citoplasma del óvulo. | Navarro *Biología* 208: Se denomina vitelo a su citoplasma [del óvulo] .. El vitelo suele estar diferenciado en una parte que envuelve al núcleo, denominado vitelo germinativo, y otra, o vitelo nutritivo, rica en sustancias alimenticias destinadas a la nutrición del nuevo ser.

viterbense *adj* De Viterbo (Italia). *Tb n., referido a pers.* | *Alc* 14.10.78, 16: Fue el podestá de Viterbo, Conrado de Alviano, quien se propuso en enero de 1270 conseguir un arreglo entre los electores .. En junio de 1270, los viterbenses decidieron cerrar las puertas de la ciudad amurallada.

vitícola *adj* De (la) viticultura. | *Ya* 16.10.70, 15: En esta última sesión fueron examinados los capítulos referentes a las sanciones y catastros vitícola y vinícola.

viticultor -ra **I** *m y f* **1** Pers. que se dedica a la viticultura. | *HLM* 26.10.70, 2: Acuerdo que con carácter universal y colectivo se quiso refrendar en una reunión de viticultores europeos en Lausana.

II *adj* **2** De (la) viticultura. | Rafagar *Cór* 29.8.76, 16: Nuestra plegaria a la Santísima Virgen de las Viñas para

viticultura – vitriolo

que .. las miles de familias que viven de estas tareas viticultoras reciban también los beneficios y frutos del batallar de un año.

viticultura f Cultivo de la vid. | *Cádiz* 86: Un grupo de pisadores producen el primer mosto, que se ofrece a San Ginés de la Jara, Patrono de la viticultura.

vitíligo m (*Med*) Trastorno dérmico que consiste en la presencia de amplias zonas sin pigmentación. | Corbella *Salud* 456: Las manchas blancas se deben a una pérdida local de pigmento, y .. la más importante es el vitíligo, afección de carácter metabólico rebelde al tratamiento cuya única trascendencia es estética.

vitivinícola adj De (la) vitivinicultura. | *Ya* 23.9.70, 25: Durante la campaña vitivinícola 1970-71 .. continuará en régimen de libertad de precio, circulación y comercio la uva.

vitivinicultor -ra I m y f 1 Pers. que se dedica a la vitivinicultura. | *Abc* 11.6.71, 57: El mercado vitícola ha tomado un aire que es motivo de contento entre los vitivinicultores.
II adj 2 De (la) vitivinicultura. | *Abc* 20.11.64, 39: No puede dejarse escapar esta favorable coyuntura para el sector vitivinicultor.

vitivinicultura f Industria que comprende el cultivo de la vid y la elaboración del vino. | Tamames *Economía* 96: La vitivinicultura tiene en España una extraordinaria importancia.

vito m Baile andaluz muy animado y vivo. *Tb su música y la letra con que se canta.* | Cela *Viaje andaluz* 163: Más allá de la estación, que está lejos, aparece lo que los cordobeses llaman la Sierra, con sus tabernas en las que se baila el vito y la soleá. Llovet *País* 6.2.77, 25: Todos divinamente .. La transparencia de Concha Velasco .. Y el cante de Carmen Linares, el "vito" escrito por Morente y los rigurosos dibujos coreográficos de Mario Maya.

vitola f 1 Anillo de papel, gralm. de vistosos dibujos, que rodea a un cigarro puro. | ZVicente *Traque* 83: Se acercó, le cogió el puro, arrancó la vitola y la tiró al suelo y la pisó con asco.
2 Traza o apariencia [de una pers. o cosa]. | L. Calvo *SAbc* 26.4.70, 21: Los personajes de Tombstone, o "La Tumba", personajes de todo el "Wild West" .. cambian un día de vitola y suben a Chicago. FVidal *Duero* 111: El viajero .. se detiene ante una explanada natural .., en la que se alzan las sombras bienhechoras de dos endrinas y de otras tantas olmas, equiparables en vitola y avío a las descritas por el viajero en San Leonardo del río Lobos.
3 Distinción o clase [de una pers.]. | Halcón *Ir* 252: La Madre Sacramento tenía otros [padrinos] dispuestos, de más vitola en el pueblo.

vitolfilia f Afición a coleccionar vitolas [1]. | *SAbc* 3.12.78, 43: Desde la antigüedad clásica se conocen coleccionistas y colecciones de escultura, pintura .. Más modernas son la filatelia, la vito[l]filia, la filolumenia.

vítor m 1 Aclamación. *Normalmente en pl.* | *Abc* 30.12.70, 23: Los manifestantes fueron recibidos por las autoridades, que ocupaban el balcón central de la Casa Consistorial, y cuya presencia fue acogida con vítores y aplausos.
2 Inscripción en honor de alguien o algo en la que figura en anagrama la palabra "víctor". | Cossío *Montaña* 365: Un vítor escrito en rojo sobre la piedra evoca al arzobispo don Antonio Ibáñez Agüero Riva Herrera.

vitorear tr Aclamar (manifestar con voces, y gralm. aplausos, simpatía o entusiasmo [hacia alguien o algo (*cd*)]). *Tb abs.* | J. Baró *Abc* 18.12.70, 29: Incalculables jóvenes de uno y otro sexo vitoreando a España, al Ejército. Olmo *Cuerpo* 11: (Vuelve a vitorear.) ¡Alabí, alabá, alabín...!

vitoriano -na adj De Vitoria. *Tb n, referido a pers.* | *GacNS* 6.8.70, 7: Ayer, día clave en las fiestas de Vitoria .. El rosario de la Aurora .. paseó procesionalmente la imagen de la Patrona vitoriana.

vitral m Vidriera artística. | Laforet *Mujer* 331: Fuera de la iglesia estaba amaneciendo, y se veían los vitrales encendidos de rosa.

vitre m Tejido semejante a la lona, pero más fino y flexible, usado esp. para toldos y velas. | CBonald *Noche* 103: Estuve dudando entre el vitre y la lona, pero me decidí por la lona. Más pesada pero más fuerte.

vitrectomía f (*Med*) Extirpación total o parcial del humor vítreo. | *Ya* 17.6.86, 3: El Monarca aprovechó el viaje para visitar a su padre, don Juan de Borbón, que se recupera en el Instituto Barraquer de una operación de vitrectomía sufrida en su ojo derecho.

vítreo -a adj (*Mineral*) 1 De(l) vidrio[1]. | Ybarra-Cabetas *Ciencias* 34: Son muy características: el brillo adamantino del diamante, .. el vítreo de tantos silicatos. Bustinza-Mascaró *Ciencias* 316: Los minerales amorfos nunca se presentan en formas características, siendo su aspecto térreo o vítreo.
2 (*Anat*) [Humor] gelatinoso situado entre la retina y la cara posterior del cristalino. | Alvarado *Anatomía* 84: En la cámara anterior [del globo ocular] hay una gelatina llamada humor acuoso; en la posterior, otra, denominada humor vítreo.
3 (*Mineral*) Que presenta aspecto de sólido amorfo. | Ybarra-Cabetas *Ciencias* 75: Cuando el enfriamiento [de la roca] es muy rápido, la masa, al solidificarse, queda en estado amorfo; la estructura es vítrea y en la roca no pueden verse, ni al microscopio, cristales. *Economía* 81: Como la estufa se pone al rojo, las escorias pasan al estado de fusión vítrea. **b) espato ~** → ESPATO.

vitrificable adj Que se puede vitrificar. | *GTelefónica* N. 213: Calcomanías para toda clase de aplicaciones industriales y calcomanías vitrificables para cerámica.

vitrificación f Acción de vitrificar(se). *Tb su efecto.* | A. M. Campoy *Abc* 19.11.64, 24: Estos gres de Llorens Artigas poseen una vitrificación y unos tonos que se dirían plutónicos.

vitrificado m Acción de vitrificar. *Tb su efecto.* | *Día* 26.9.75, 23: Trabajo de pintura, barniz, limpiezas, vitrificado de pisos.

vitrificar tr 1 Hacer que [algo (*cd*)] adquiera la apariencia o la calidad del vidrio[1]. | Ybarra-Cabetas *Ciencias* 64: Se le [sic] utiliza también [la galena] para vitrificar superficialmente los productos de alfarería. **b)** pr Adquirir [algo] la apariencia o la calidad del vidrio[1]. | Angulo *Arte* 1, 28: El tabicado [en los esmaltes], en francés *cloisonné*, consiste en formar con delgados tabiques una serie de compartimientos en los que se deposita la piedra labrada para que ajuste perfectamente a él, o la pasta que al fundirse se vitrifica, transformándose en esmalte.
2 Dar [a los suelos] una capa de materia plástica que los abrillanta y protege. | * Me han vitrificado el parqué.

vitrina f Armario con puertas de cristal, o todo él de cristal. | GPavón *Hermanas* 45: En los trozos libres de pared, títulos, diplomas y una vitrina con medallas y cruces.

vitriolaje m Acción de lanzar vitriolo [1a] a alguien para desfigurarle. | Nolla *Salud* 535: Todos los casos de intoxicación por cáusticos ácidos que constan en nuestro estudio fueron debidos a ingestión del tóxico, a excepción de uno, que fue de vitriola[j]e: hombre víctima de un atentado de tipo pasional. [*En el texto,* vitriolage.]

vitriólico -ca adj Cáustico o corrosivo. *Gralm (lit) fig.* | J. M. Campoamor *Abc* 12.9.78, sn: Se subdividen [las censuras al prójimo] en las vehementemente irritadas .. y las de vitriólico contenido, parafinadas y envueltas en el papel de seda de la amistad. L. Contreras *Inf* 16.2.78, 3: El presidente, señor Álvarez de Miranda, estuvo a punto de retirarle el uso de la palabra al vitriólico diputado socialista.

vitriolo m 1 Ácido sulfúrico. *Tb* ACEITE DE ~. | Marcos-Martínez *Física* 265: Tiene [el ácido sulfúrico] aspecto oleaginoso, de donde el nombre de aceite de vitriolo que durante mucho tiempo se le dio. **b)** (*lit*) Mordacidad o causticidad. | J. L. Calleja *Abc* 18.2.75, 15: La "industria" del pensamiento .. es el negocio del cliché corrosivo, a sueldo del odio que vuelca vitriolo sobre cualquier florecer soleado.
2 (*Quím, hoy raro*) Sulfato. | Ybarra-Cabetas *Ciencias* 104: Las oxidaciones se verifican principalmente sobre los minerales de hierro; buen ejemplo nos ofrece la pirita o sulfuro de hierro (SFe) al transformarse en vitriolo o sulfato de

hierro (SO₄Fe). **b)** **~ azul.** (*Mineral*) Mineral de sulfato de cobre. | Carnicer *Castilla* 182: Ángel se refería a la piedra lipes, sulfato de cobre, llamada también vitriolo azul.

vitrocerámica *f* Material constituido por una masa de finísimos cristales de cerámica en suspensión en una masa de vidrio de igual volumen. | *Prospecto* 6.92: El Corte Inglés .. Cocina modelo KM 125. Placa vitrocerámica, 2 zonas de infrarrojos.

vitrofil (*n comercial registrado*) *m* Material constituido por fibra de vidrio. | Marcos-Martínez *Física* 59: Para evitar la reverberación o resonancia en una sala se recubren las paredes de vitrofil (fibra de vidrio). *GTelefónica N.* 40: Asfaltex. Aislamientos e Impermeabilizaciones .. Naves industriales. Vitrofil. Aire acondicionado.

vituallas *f pl* Víveres. | MSantos *Tiempo* 149: Con su cesto lleno de vituallas se dirigía también .. hacia la lejana cocina.

vituperable *adj* Digno de vituperio. | CBaroja *Inquisidor* 37: Pocos pensaban que tal acción es vituperable.

vituperación *f* Acción de vituperar. *Tb su efecto.* | C. SMartín *MHi* 3.61, 60: Conforme fue pasando el tiempo, la Joshepa lanzaba con más frecuencia sus vituperaciones.

vituperador -ra *adj* Que vitupera. *Tb n, referido a pers.* | *Ya* 6.3.75, 43: Durante el siglo XVII tenemos a Lope de Vega, cuya opinión sobre el espectáculo taurino es fluctuante, y al acendrado vituperador y censor de la fiesta, Quevedo.

vituperar *tr* Censurar [a una pers. o cosa], o emitir un juicio moral desfavorable [contra ella (*cd*)]. | GTabanera *Abc* 8.9.66, 9: Para intentar comprenderle, y ¿por qué no?, para admirarle, pero jamás para vituperarle. PRivera *Discursos* 11: Evitar .. los partidos políticos y su instrumento imprescindible, el sufragio universal, tan vituperado por José Antonio.

vituperio *m* Acción de vituperar. *Tb su efecto.* | J. J. Plans *Ya* 24.5.70, sn: Los poetas ya no la llenaban de alabanzas, sino de vituperios.

viudedad *f* **1** Viudez. | Halcón *Manuela* 57: Don Ramón aceptó la viudedad muy resignadamente. **b)** Pensión que percibe la viuda de un empleado durante el tiempo que permanece en ese estado. | SSolís *Blanca* 85: A mí me queda la viudedad y poco más.
2 (*Der*) Derecho de usufructo que el cónyuge vivo tiene sobre todos los bienes raíces del cónyuge premuerto. | Ramírez *Derecho* 173: Se conoce por viudedad foral al derecho de usufructo que se concede al cónyuge supérstite sobre todos los bienes raíces del cónyuge premuerto.

viudez *f* Estado de viudo [1]. | Torrente *Off-side* 18: Ahora podías aprovechar la viudez para colocarte mejor.

viudita. ~ silvestre. *f* Planta vivaz poco ramificada, de flores en cabezuela, lilas o azuladas, propia de suelos pedregosos (*Scabiosa columbaria*). | Mayor-Díaz *Flora* 372: *Scabiosa columbaria* L. "Viudita silvestre".

viudo -da I *adj* **1** [Pers.] cuyo cónyuge ha muerto. *Frec n. A veces con un compl de posesión que expresa el cónyuge. Tb fig.* | Laforet *Mujer* 158: Una viuda de ojos enrojecidos cubierta de velos. CBaroja *Inquisidor* 49: El prefecto .. se interesaba por una sobrina suya .., viuda de una tal Robillot y madre de un muchacho de quince años. Delibes *Príncipe* 19: Cómo se nota que te han dejado viudita, ¿eh? [*Su novio se va al servicio militar.*]
2 [Alimento] que se guisa o se toma sin acompañamiento. *Gralm siguiendo a un n en pl, y frec referido a patatas.* | Olmo *Camisa* 33: –Otra vez patatas viudas. –Valen, abuela. Usté las borda. Berlanga *Gaznápira* 100: Ni teléfono ni televisión antes de la guerra, sopas de pan viudas y a trotar. A. Blasco *Ya* 9.5.75, 55: Pasarse un largo viaje .. prácticamente a palo seco, con apenas una viuda taza de café.
3 de ~. (*col*) [Dolor] muy fuerte y pasajero. | Gala *Sáb* 5.5.76, 5: Se ha hablado siempre con desdén del dolor del viudo. (Se llama así al que es tan fuerte como efímero y responde, por tanto, a una ley natural .. de que todo lo que se gana en intensidad se pierde en extensión.)
II *f* **4** Planta herbácea de flores en cabezuelas rojas, violetas o púrpura oscuro y cáliz con cinco largas aristas negras, propia de pastizales secos (*Scabiosa atropurpurea*).

vitrocerámica – vivaracho

| Mayor-Díaz *Flora* 372: *Scabiosa atropurpurea* L. "Viuda". (Sin. *S. maritima* L.)
5 Se da este *n* a varias especies de pájaros africanos caracterizados por tener las plumas timoneras negras y muy largas. | Castellanos *Animales* 118: Pájaros exóticos. Amaranta; .. viuda de collar dorado; viuda Combassou; viuda dominicana o de cola de aguja; viuda de fuego; viuda gigante o de cola larga.
6 viuda negra. Araña de color oscuro y picadura dolorosa e incluso mortal, cuya hembra se come al macho después del acoplamiento (*Latrodectus mactans*). | Mascaró *Médico* 100: Nos referiremos solo a las picaduras de la viuda negra .., la malmignate y la tarántula.

viura *adj* [Variedad de uva] blanca, cultivada en Aragón y la Rioja. *Tb n f.* | PComa *SInf* 2.12.70, 16: El Reglamento .. establece las variedades de uva con que exclusivamente podrán ser elaborados los vinos de Rioja. Estas variedades serán el tempranillo, la garnacha, el graciano y la mazuel[a] para los vinos tintos, y la malvasía, la garnacha blanca y la viura, para los blancos.

viva → VIVIR.

vivac (*pl* VIVAQUES *o* ~S) *m* Campamento, esp. militar. | Benet *Volverás* 84: Quedó a oscuras [Región] .., sumergiéndose lentamente en las tinieblas de la historia, rodeada de los fugaces destellos del cañoneo y el parpadeo de los vivacs. M. Alcalá *Inf* 23.2.70, 16: No podía ser descendido por la cordada, ya que no podía salir del vivac.

vivace (*it; pronunc corriente,* /bibáĉe/) *adj* (*Mús*) Rápido y animado. *Tb fig, fuera del ámbito musical.* | J. Hermida *Ya* 8.6.90, 88: Llegó el presidente del Gobierno y dijo su discurso de victoria y gratitudes. Que fue, el discurso, algo más breve y más andante vivace de lo que parecía propio para tan señalada ocasión.

vivacidad *f* Cualidad de vivaz [1]. | J. Balansó *SAbc* 9.3.69, 51: Federico IX ha conseguido ganarse la devoción de su pueblo a causa, principalmente, de su personalidad .., de la llaneza con que trata a toda persona y de esa vivacidad de carácter, entre seria y bromista. L. LSancho *Abc* 29.7.67, 3: Cocteau proclamaba y elogiaba la vivacidad del lenguaje popular.

vivalavirgen (*tb con la grafía* **viva la Virgen**) *adj invar* (*col, desp*) [Pers.] despreocupada. *Frec n.* | Campmany *Pue* 2.5.66, 3: Los más audaces, confiados y "vivalavirgen" echan a correr, desalados, por los nuevos senderos. SSolís *Camino* 159: Su marido fue un manirroto, un vivalavirgen y un jugador. DCañabate *Pasello* 40: Marquitos, con sus dieciocho años, era un tiranuelo y un viva la Virgen.

vivales *adj* (*col*) [Pers.] viva (→ VIVO [7b]). *Frec n.* | GSerrano *Alc* 5.11.70, 28: Al lado de esta gente vivales, había gente de verdad, dispuesta a jugarse el tipo.

vivamente *adv* De manera viva, *esp* [3]. | Laforet *Mujer* 32: El pastor era un tipo sucio que se le había grabado vivamente a Eulogio.

vivaque *m* Acampada. | Lera *Olvidados* 234: Bajo el puente, el silencio y el vacío seguían envolviendo a los amantes. Mercedes no vio los restos de vivaque de gitanos y mendigos que allí habían pernoctado.

vivaquear *intr* Acampar. *Tb fig.* | Torrente *Saga* 453: Amparado en una almena, veía al otro lado del Baralla cómo se iban encendiendo las hogueras y cómo los soldados vivaqueaban. C. Otero *Abc* 26.12.82, 64: Los bandos nutridos [de palomas] que vivaquean en la cuenca media del río Tajo .. se dejaron abrir un poco, disgregándose en bandotes más asequibles.

vivar *m* Madriguera de conejos. | Delibes *Caza* 55: El hurón, animal-vampiro que en lugar de sorprender –como el perro– a los gazapos amonados en la superficie, actúa sobre los ocultos en los vivares.

vivaracho -cha *adj* (*col*) [Pers.] dinámica y alegre. *Tb fig, referido a animales.* | Cuevas *Finca* 41: Era una mujer pequeñaja, vivaracha, provocativa. **b)** Propio de la pers. vivaracha. | Castellanos *Animales* 21: Debe procurarse que los ojos del perro estén siempre brillantes y vivarachos. La expresividad de los ojos del perro depende también del color de los mismos.

vivariense – vivificadoramente

vivariense *adj* De Vivero (Lugo). *Tb n, referido a pers.* | P. Mateos *Prog* 31.7.75, 3: Vivero .. Una vez más la generosidad de los vivarienses se pondrá de manifiesto sin duda en tal jornada.

viva voce *(lat; pronunc corriente, /bíba-bóθe/) loc adv (lit)* De viva voz. | Moreno *Galería* 15: Un relato o descripción historiada "viva voce" por los ancianos que siguen repartidos por nuestra geografía.

vivaz *adj* **1** Vivo [4, 5 y 6]. | Halcón *Ir* 42: Salió la familia principesca por la puerta grande. No hubo aclamaciones. Sí hubo saludos, reflejos vivaces de simpatía. Lapesa *HLengua* 325: El habla andaluza .. se opone a la castellana en una serie de caracteres que comprenden la entonación, más variada y ágil; el ritmo, más rápido y vivaz. J. Balansó *SAbc* 18.5.69, 18: De niño, Julio es muy travieso y vivaz.
2 *(Bot)* [Planta] que vive más de dos años. | Artero *Plantas* 40: Aunque realmente las túnicas carnosas del bulbo del tulipán no duran más que dos años, como cada nuevo año se forma otro nuevo bulbo de reemplazamiento, prácticamente es como si viviese muchos años. A esta clase de plantas se las llama vivaces o perennes.

vivazmente *adv* De manera vivaz. | E. Pablo *Abc* 16.3.75, 45: ¿En dónde está la alondra, que .. levantó el vuelo desde un espeso cebadal, para subir y subir en espirales hacia el cielo, aleteando vivazmente al compás de sus trinos delirantes?

vivencia *f* **1** *(Psicol)* Experiencia que contribuye a formar la personalidad propia. | Pinillos *Mente* 83: Nadie ha observado nunca otras vivencias que las suyas, esto es, las que se le aparecen en el reducto privadísimo e infranqueable de su propia conciencia.
2 Hecho de vivir [algo *(compl* DE)] o de tener experiencia [de ello]. | Aranguren *Marxismo* 60: La moral .. no se debe basar en el sentimiento. Si así acontece se cae en fanatismo .., en la vivencia del marxismo como una laica religiosidad de cruzada.
3 *(raro)* Hecho de vivir o estar vivo. | *Ya* 27.8.85, 14: El fallecimiento de estos pensionistas fue detectado a través del nuevo sistema de control de vivencia iniciado este año, que, además de conseguir un mayor control del fraude, evita a los pensionistas el trámite de justificar personalmente su vivencia o presentar periódicamente la fe de vida.

vivencial *adj* De (la) vivencia. | Población *Sesión* 306: Situamos cada personaje en tres planos vivenciales distintos.

vivencialmente *adv* En el aspecto vivencial. | F. Lara *Tri* 12.12.70, 31: Humanamente, vivencialmente, qué han dado de sí tus cuarenta y siete años.

viveño -ña *adj* De Ibahernando (Cáceres). *Tb n, referido a pers.* | GMacías *Relatos* 34: El pobre viveño contestó contándole las peripecias que le habían ocurrido.

víveres *m pl* Provisión de alimentos para las perss. | Laforet *Mujer* 30: Se había organizado aquella caravana para llevar algunos víveres y medicamentos.

viverista *m y f* Pers. que posee o atiende un vivero [1]. | *BOE* 1.12.75, 25029: Los campos de pies madres y los viveros deberán quedar identificados por una tablilla fácilmente localizable .. El viverista deberá remitir por duplicado, antes del 15 de junio de cada año, la declaración anual de parcelas.

vivero *m* **1** Terreno en que se siembran plantas, o donde se cuidan cuando aún están tiernas, para trasplantarlas más tarde a su lugar definitivo. | *Reg* 22.11.66, 5: Abonos de todas clases. Insecticidas. Viveros de frutales.
2 Lugar donde se mantienen o se crían dentro del agua peces u otros animales. | R. SOcaña *Inf* 20.11.70, 40: Los viveros [de mariscos] empiezan a notar, en sus contabilidades, la escasísima demanda de mercancía.
3 *(lit)* Lugar donde se produce [algo *(compl* DE)] en abundancia. | Alfonso *España* 30: La política ha sido nuestro gran vivero de contrastes.

vivérrido *adj (Zool)* [Mamífero] de la familia de carnívoros a la que pertenecen la mangosta y la gineta. *Tb n m en pl, designando este taxón zoológico.* | *Ya* 17.5.84, 2: El zoo de la Casa de Campo ha incrementado su fauna con una hermosa pareja de suricatas, animales estos que son oriundos de África del Sur, de la familia de los vivérridos.

viveza *f* Cualidad de vivo [2 a 7]. | Marcos-Martínez *Física* 224: Se toca el trozo de fósforo con una varilla caliente, con lo que comienza a arder con gran viveza. M. G. SEulalia *HLM* 31.1.72, 19: La viveza de las tonalidades será más marcada para la ropa de mujer. F. P. Velázquez *Rev* 12.70, 22: Los actores tienen escuela, se expresan, pero les ha faltado una cierta originalidad y viveza. D. Santos *Pue* 24.12.69, 29: Las notas convivenciales, sociales, de disputa estética .., prestan al relato una viveza sencillamente cautivadora. ZVicente *Traque* 165: Si yo pienso que no es tan idiota como parece la esmirriada esta, que, anda, rica, no pareces hija mía, quién lo diría, con lo que a mí me ha gustado siempre la viveza.

vivible *adj* Que puede ser vivido. | J. Garrigues *Abc* 7.7.74, 17: Esta nueva generación de españoles ha heredado un país donde existen todavía "diferencias irritantes" .. Pero un país, en todo caso, más vivible, más civilizado. Umbral *Mortal* 44: Pero yo quería volver al cuadro, volver a la vida de aquella pintura que no era vida pintada sino pintura vivible.

vívidamente *adv (lit)* De manera vívida. | Laforet *Mujer* 211: Vívidamente le vino a la memoria aquel relincho de la mañana.

vividero -ra *adj* [Lugar] donde se puede vivir. | Delibes *Año* 52: Como ciudades vivideras, realmente acogedoras, solo quedan las pequeñas.

vívido -da *adj (lit)* Que evoca vivamente la realidad. | *Abc* 8.9.66, 48: El Nuevo Museo de Carrozas .. ofrecerá una mejor perspectiva, una impresión más vívida, merced a la perfecta colocación y reconstrucción de las carrozas.

vividor -ra *adj* **1** *(desp)* [Pers.] que sabe disfrutar de la vida, gralm. a expensas de los demás. *Tb n.* | CPuche *Paralelo* 332: Genaro estaba convencido de que él nunca podría llevar a cabo nada unido a un mamarracho como el Penca, a un vividor de su calaña. *Act* 7.7.66, 8: Esta es la figura entre exótica, vividora y filantrópica de un hombre que cada mañana coloca en su solapa una orquídea.
2 [Pers.] laboriosa y que busca modos de vivir. *Tb n.* | * El hijo mayor es un vago, pero el pequeño es muy vividor.

vividura *f (lit)* **1** *En la teoría histórica de Américo Castro:* Modo de vivir una colectividad dentro de un cierto horizonte de posibilidades e imposibilidades vitales. | Laín *España* 71: El español se ve obligado a importar lo que por sí mismos han conseguido, mediante la experiencia y el razonamiento, pueblos autores de vividuras no hispánicas o situados dentro de ellas.
2 Vivencia [1]. | GPavón *Hermanas* 34: Cada día se participa menos de lo externo y se hunde uno en la tertulia interior de sus vividuras.

vivienda *f* Casa u otro lugar donde se habita. | *Nue* 11.1.70, 3: Nuevas evacuaciones de familias cuyas viviendas se han visto seriamente afectadas por el temporal. Arenaza-Gastaminza *Historia* 9: El hombre empieza a cultivar los campos y se hace sedentario; construye viviendas en lugares fértiles, a veces dentro de los ríos y lagos (los palafitos).

viviente *adj* [Ser] dotado de vida. *Tb n m.* | Bustinza-Mascaró *Ciencias* 5: Los cuerpos que se hallan en la Naturaleza pueden ser vivientes .., o no vivientes, o inanimados. Gambra *Filosofía* 144: Inmortalidad esencial es la imposibilidad metafísica de que un viviente pierda su propia vida.

vivificación *f* Acción de vivificar. | *MHi* 12.57, 11: Reconstrucción o restauración .. El arquitecto señor Barroso fue invitado a estudiar sobre el terreno la posible vivificación del palacio.

vivificador -ra *adj* Que vivifica. | GPavón *Reinado* 188: Apenas pisó la umbrosa escalera de tierra sintió el fresco vivificador y el aroma del vino del año que preñaba aquella atmósfera.

vivificadoramente *adv* De manera vivificadora. | C. Castroviejo *HLM* 5.10.70, 18: Se vuelve más de cuarenta años hacia atrás .. Es fundamental y vivificadoramente lo que hace Manuel Andújar en estas tres excelentes novelas.

vivificante *adj* Vivificador. | J. Baró *Abc* 15.12.70, 28: Con aire vivificante del Romancero y de la Historia. Así se hace patria. Todo lo demás es deshacerla y deshacernos.

vivificar *tr* Dar vida o vitalidad [a algo o a alguien (*cd*)]. *Tb fig.* | Ribera *Misal* 628: Este divino aliento continúa y continuará so[s]teniendo y vivificando, infalible e indefectiblemente, la Santa Iglesia por todos los siglos y lugares. Rabanal *Ya* 21.5.77, 8: En lo más íntimo y fundamental de sus conocimientos [del estudioso] .. hay como una radical e inconmovible base que lo sustenta todo, que todo lo vivifica y que lleva el sello .. de su maestro de escuela.

vivífico -ca *adj* (*lit*) Vivificador. | F. J. Álvarez *Abc* 22.12.70, 27: El Sol .. constituye la fuente de calor y de luz, y es el principio vivífico de todos los seres organizados.

viviparidad *f* (*Zool*) Cualidad de vivíparo. | J. Botella *SAbc* 4.1.70, 31: En los mamíferos superiores o euterios, el recién nacido ha terminado ya su desarrollo embriológico, y la viviparidad supone una máxima adaptación material a las exigencias de una difícil nutrición de la cría.

viviparismo *m* (*Zool*) Viviparidad. | Alvarado *Zoología* 103: Es cosa de fijar la trascendental diferencia que hay entre el viviparismo de los mamíferos típicos (mamíferos euterios) y el viviparismo de la víbora y de algunos otros vertebrados inferiores.

vivíparo -ra *adj* (*Zool*) [Animal] cuyo embrión se desarrolla completamente dentro del útero de la madre. | Ybarra-Cabetas *Ciencias* 411: A excepción de algunos mamíferos inferiores, todos son vivíparos.

vivir I *v* **A** *intr* ➤ **a** *como simple v* **1** Tener vida o existencia. | Marías *Literatura* 15: Cervantes vive principalmente en el siglo XVI. **b)** Mantenerse o subsistir. *Frec con un compl* DE. | Reglá *HEspaña* 3, 65: En 1564 fue elevado un memorial a la curia pontificia en solicitud de que se permitiese la pluralidad de beneficios a los clérigos catalanes para poder vivir. Hoyo *Caza* 29: De estas alimañas vive el Lobero. De todo bicho que encuentra, aunque sean culebras. **c)** Durar [algo no material]. | * Su recuerdo vivirá siempre conmigo. **2** Llevar la vida [de una determinada manera (*compl adv o predicativo*)]. | Zunzunegui *Camino* 167: Para vivir así, no me importaría morirme. Umbral *Memorias* 48: "Vivir peligrosamente", decían los fascistas de entonces. **b)** Comportarse o desenvolverse en el mundo. *Normalmente sin compl.* | * Tengo que aprender a vivir. **c)** Disfrutar de la vida. *Normalmente sin compl.* | CPuche *Paralelo* 154: Y todo ese dinero, ¿para qué? .. Para hartarse de comer sopa de tomate, sándwiches y coca-colas. Es que no saben vivir. **3** Habitar [en un lugar]. | CPuche *Paralelo* 262: –¿Dónde vive usted? –Aquí mismo, ahí al lado.
➤ **b** *en locs y fórm o* **4 a ~ (que son dos días)**. (*col*) Fórmula con que se comenta la conveniencia de disfrutar en lo posible de la vida y de eludir complicaciones o privaciones. | ZVicente *Traque* 47: Es de cuidado el Facundo, se lo digo yo. Hace bien. Que se aproveche. A vivir, que son dos días. **5 no dejar ~** [a alguien una pers. o cosa]. Causar[le] continua desazón o molestia. | * Los mosquitos no nos dejan vivir. * Esta mujer no me deja vivir, siempre pendiente de mi atuendo. **6 ¿quién vive?** Fórmula con que un centinela pregunta al que se acerca quién es. | Goytisolo *Recuento* 111: Alzaron las cabezas, y Pluto, tomando un mosquetón del armero, lo empuñó desafiante. –¡Quién vive!, gritó. –¡España! **7 viva**. *Seguido de un n de pers o cosa*, expresa homenaje entusiasta a ellas. *A veces se sustantiva* (*como n m*). | Cela *SCamilo* 273: Por la calle de Alcalá abajo pasan grupos armados dando vivas y mueras, viva la república, viva la revolución social, vivan las milicias del pueblo, muera el fascismo, mueran las carcas, mueran los militares traidores. **b)** *Sin suj*, se usa como *interj* que expresa alegría o aplauso. | * ¡Mañana tenemos fiesta! ¡Viva! **8 ~ para ver**. Fórmula con que se comenta algo que causa asombro por lo inaudito. | Cela *Inf* 25.7.75, 12: En las Cortes Españolas, unos padres de la patria llamaron maricón y mandaron a la mierda .. a un colega .. por defender la postura del Gobierno en el proyecto de ley de Régimen Local. El trance desconcertó no poco a los siempre pacíficos contribuyentes .. ¡Vivir para ver!

B *tr* **9** Vivir [1, 2 y 3] [durante cierto tiempo (*cd*)]. | Legorburu-Barrutia *Ciencias* 172: La cigarra vive como larva cuatro años, y como adulto, cinco semanas. **10** Habitar [un lugar]. | MGaite *Retahílas* 223: Esta casa la construyeron los marqueses de Allariz, y luego la compró y la reformó el abuelo Ramón, y la vivisteis vosotros de niños. **11** Llevar o tener [una determinada vida, o un período de tiempo con determinadas características]. *El cd va acompañado de un compl calificador.* | Pemán *Gac* 24.8.75, 9: No sé si todos vivimos una hora de claro tránsito y de profundas mutaciones. **b)** **~** [alguien] **la vida**, *o* **~ su vida** → VIDA. **12** Participar o estar presente [en algo (*cd*), esp. un hecho], o tener experiencia [de ello (*cd*)]. | Delibes *Siestas* 51: –Lo pinta con tanto detalle que parece que lo ha vivido usted, ¡cuerno! .. –Lo suelo vivir cada noche .. Eso es peor que haberlo vivido. *SInf* 9.1.70, 8: Para comprobar el grado de insolidaridad, anoche vivimos la experiencia de un simulacro de accidente. I. GLiaño *Mad* 23.12.70, 23: Una sociedad y un mundo vividos como insoportables. **13** Poner [alguien] su vida o entusiasmo [en algo (*cd*)]. | Delibes *Siestas* 50: Le brillaban ahora al hombre, en la frente, unas minúsculas gotas de sudor. Jadeaba. A la legua se advertía que vivía su relato.
II *m* **14** (*lit*) Vida o manera de vivir [1]. | FFlórez *Hucha* 2, 101: ¿Para qué darle vueltas a las cosas, si todos sabemos cómo vivimos y parece que este vivir no tiene remedio? Olmo *Golfos* 149: Aquellos deliciosos noventa kilos .. constituían lo que mi errado vivir andaba buscando.
15 sin ~ → SINVIVIR.
III *loc adj* **16 de mal ~**. [Gente] de malas costumbres. | Laiglesia *Tachado* 56: Codeándose con la flor y nata de la sociedad podían verse artistas, negociantes, politicastros y otras gentes de mal vivir.

vivisección *f* (*Biol*) Disección practicada en un animal vivo. *Tb fig.* | MSantos *Tiempo* 235: El animal desnudo con su aspecto de persona muerta antes de que se le mate, solo las lentejas circulando por la red venosa del mesenterio, la vivisección. Delibes *Año* 39: En breves páginas consigue una vivisección muy lúcida de la novela.

viviseccionar *tr* (*Biol*) Practicar la vivisección [en alguien o algo (*cd*)]. *Tb fig.* | Gironella *Millón* 772: Aquellas jornadas servían para rumiar errores y para viviseccionar las profundas circunstancias que influyeron en el desenlace de la contienda.

vivisectar *tr* (*Biol*) Practicar la vivisección [en alguien o algo (*cd*)]. | J. Rubio *SAbc* 4.7.71, 35: Unos monos civilizados y crueles utilizan, para sus experiencias científicas o para su diversión, a otros seres. Los cazan, .. los estudian, los vivisectan, los inoculan.

vivo -va I *adj* **1** Que vive o tiene vida. *Tb n, referido a pers. Tb fig.* | Romero *Tres días* 523: Le vence el sueño y el cansancio le inhibe. El tabaco sabe bien y le afirma en la idea de que está vivo. SLuis *Doctrina* 57: Al fin de los tiempos, todos los hombres resucitados comparecerán públicamente ante Jesucristo, Juez Supremo de vivos y muertos. Valverde *Literatura* 193: Faltos de una prosa que .. pudiera incorporar a su propia expresión personal el habla viva de entonces, .. sucumben a unos ecos del clasicismo. **b)** [Seto] constituido por plantas vivas. | *BOE* 30.1.81, 2153: El arrendatario puede hacer desaparecer las paredes, vallados, setos vivos o muertos. **c)** (*Arte*) [Modelo] que consiste en una pers., gralm. desnuda. | Quintanilla *Pintor* 251: Estuvo matriculado durante doce años en la Academia de San Fernando, con puntual asistencia a las clases de Modelo del Antiguo, Modelo Vivo y Perspectiva. **d) ni ~ ni muerto**. *Usado como negación enfática con vs como* APARECER *o* ENCONTRAR. | * Llevo un rato buscando esa papeleta, pero no aparece ni viva ni muerta. **e) ~ (más frec vivito) y coleando**. (*col*) [Pers. o cosa] con toda su vitalidad. | *Cam* 9.2.76, 75: Vetados o marginados durante las últimas décadas, los Carnavales han seguido y siguen vivitos y coleando, celebrándose durante este año por gozo del pueblo en muchos lugares de España. **f) más muerto que ~** → MUERTO.
2 Activo (que actúa o funciona, o tiene capacidad de hacerlo). | Valverde *Literatura* 85: Francisco de Aldana .. tiene una sensibilidad delicada .. y una imaginación muy viva al servicio de la reflexión abstracta y teológica. Peraile *Señas* 81: No te arrimes a las trincheras ni a los fortines

viyella – vocacional

porque en esos alrededores debe de haber una plaga de bombas vivas, a flor de tierra. Villapún *Moral* 69: Fe viva, la que tiene la persona que está en gracia de Dios. **b)** [Lengua] que está en uso en el momento de que se trata. | * El español es una lengua viva, mientras que el latín es una lengua muerta.

3 Intenso o fuerte. | Matute *Memoria* 73: La madera con entrelazados dragones de talla que me llenaban de estupor es uno de los recuerdos más vivos de aquel tiempo. M. GMartín *Ya* 25.11.75, 9: Transmitídselas [estas palabras] vosotros mismos, los que, con el más vivo dolor, podéis repetirlas. **b)** [Marea] de máxima intensidad, por sumarse las atracciones del Sol y de la Luna. | Zunzunegui *Hijo* 47: Con las mareas vivas de San Miguel, allá a fines de septiembre, quedó a flote [la gabarra]. CBonald *Noche* 106: Por aquí hay como veintidós pies de calado, no llega .. En bajamar viva equinoccial, se entiende. **c)** [Color] llamativo o que atrae la atención. | GPavón *Hermanas* 30: Caracolillo Puro .., coreado por los dos amiguetes pilosos y con camisas de colores vivos, empezó a cantar.

4 [Cosa] que denota o expresa vida. | Cunqueiro *Un hombre* 13: –Porque tú eres extranjero, ¿no? –preguntó el mendigo, serio de pronto, los vivos ojillos posados en los grandes ojos negros del hombre del jubón azul. **b)** Realista. *Referido esp a descripción o relato*. | Donald *ByN* 9.8.75, 53: Es the archifamoso, cruel y grotesco Idi Amin Dada, que se prestó a este documental sobre su persona y luego se enfureció ante ese vivo y por demás elocuente retrato.

5 Rápido o ligero. | Laforet *Mujer* 271: Paulina había vuelto a coger su paso vivo, escapándose casi. V. Penades *Pro* 5.7.75, 22: Parecía, a simple vista, que los compases se hacían más vivos, por el silencio premioso y regulado de los transeúntes. **b)** (*Mús*) [Movimiento] rápido. *Tb n m.* | Casares *Música* 59: Corelli ordena sus movimientos [de la sonata] así: 1º Grave. 2º Allegro en estilo fugado. 3º Moderado. 4º Vivo en estilo fugado u homofónico.

6 [Pers.] dinámica y ágil. | Cossío *Confesiones* 24: Doña Antonina era frágil de cuerpo y sumamente viva. Andaba con menudos pasos, como de pájaro. **b)** [Carácter] excitable. | Mihura *Maribel* 23: –¡Qué carácter tan vivo tiene! –¡Y cuando se enfurruña, se pone más salada!... –¿Habéis visto cómo frunce las cejas?

7 [Pers.] despierta o lista. | ZVicente *Traque* 73: Y además, que la niña, que es muy viva, .. nota la altura del avión. **b)** [Pers.] astuta que busca su propio provecho. | Delibes *Emigrante* 37: A la Mimi tiempo le sobró de hacerse de cruces cuando el vivo del fogonero la sacó anticipada.

8 lo (**más**). Lo más sensible o delicado. | * Esto le llegó a lo vivo. * Le ha herido en lo más vivo.

9 [Cal] privada de agua. | Arce *Testamento* 15: Los riscos que nos rodeaban resplandecían como la cal viva.

10 [Piedra o roca] adherida naturalmente al terreno. | SVozC 25.7.70, 6: Se puede ver con toda magnitud una parte de la cávea, tallada en la roca viva a la manera de los teatros griegos.

11 (*Arquit*) [Arista] aguda. | Angulo *Arte* 1, 80: El fuste de la columna jónica está recorrido por estrías verticales no unidas en arista viva, sino dejando entre sí estrechísima faja de la superficie primitiva.

12 [Fuerza] **viva**, [fuerzas] **vivas**, ~ [retrato] → FUERZA, RETRATO.

II *m* **13** Tira con que se remata, normalmente para adorno, un borde o una costura. | FReguera-March *Fin* 61: Incluso el quepis, estilo francés, tenía vivos de oro y todo el conjunto producía un efecto deslumbrante, casi militar, que le gustaba. **b)** Borde. | Grosso *Capirote* 43: Carmen García, de vuelta del declarativo, atravesó el salón. Llegaba restregándose el pulgar derecho con el vivo de la falda tras estampar la huella dactilar al pie de la práctica de gestiones.

III *adv* **14** (*col*) Rápidamente. *Frec como exhortación*. | * ¡Vamos, más vivo!

15 a lo ~. De manera viva [3 y 4]. | L. Conde *Ya* 10.4.77, 21: Los alfareros .. sufren a lo vivo esta mutación en un trabajo que venía realizándose como en los tiempos primitivos. Cossío *Confesiones* 75: Algunos días asistí a los ensayos. Aun en estos interpretaba muy a lo vivo, y las actrices le tenían miedo por su violencia en las réplicas.

16 en ~. Con vida. *Tb adj.* | *VozC* 29.6.69, 10: Báscula para ganado en vivo. F. Costa *Sáb* 21.12.74, 66: Se adelantan a la zambomba y a los tenderetes de figuras navideñas esos puestos de árboles de Noel, en muerto o en vivo, procedentes de limpias y aclareos de diciembre en los viveros de las Villas.

17 en ~. En directo y no a través de grabación o fotografía. | *Cam* 9.2.76, 78: La postura de Fernández Miranda exigió que al final tuviera que intervenir el ministro de Información y Turismo, Martín Gamero, para convencerle de que Radiotelevisión Española pudiera ofrecer a los españoles el discurso en vivo. Ridruejo *Memorias* 51: A mí me fascinaron [los collages de Max Ernst]. Era la primera exposición surrealista que veía en vivo.

18 a lágrima viva, **al rojo ~**, **de viva voz**, **en carne viva**, **en cueros ~s**, **en pelota viva** → LÁGRIMA, ROJO, VOZ, CARNE, CUERO, PELOTA.

viyella (*n comercial registrado; pronunc corriente*, /biyéla/) *f* Tejido blando y suave de lana y algodón, usado esp. para vestidos de niña y blusas o camisas. | *Economía* 93: El método que vamos a explicar se aplica a los trajes de punto de lana .. y toda clase de prendas confeccionadas en géneros de lana lavables (viyellas y otros).

vizcaíno -na I *adj* **1** De Vizcaya. *Tb n, referido a pers.* | CBaroja *Inquisidor* 27: El mote del linaje familiar es típicamente norteño, montañés o vizcaíno.

II *m* **2** Dialecto vascuence hablado en gran parte de Vizcaya. | Lapesa *HLengua* 27: Además, el vasco –incluso el vizcaíno durante la Edad Media– poseía una *h* que pudo sustituir también a la *f*.

vizcaitarra → BIZCAITARRA.

vizcondado *m* Título o dignidad de vizconde. | Laiglesia *Ombligos* 32: Tu antepasado Renato, gran ministro plenipotenciario y grandísimo bebedor, al que nuestro rey concedió el vizcondado de Empinar el Codo.

vizcondal *adj* De(l) vizconde. | Van 24.10.74, 53: No era ese el caso del duque de Medinaceli, por supuesto, quien a[l] título de duque de Cardona y de Aragón-Segorbe, .. vizcondal de Vilamur, etcétera, reunía la belleza de 222 señoríos.

vizconde -esa *m y f* Pers. con el título de nobleza inmediatamente inferior al de conde. | Torrente *Pascua* 345: Ahí está el republicano Valladares, casado con una vizcondesa y vizconde consorte él mismo.

vocablo *m* (*lit*) Palabra (conjunto fijo de fonemas que constituye una unidad indivisible dotada de significado y función estables). | E. Haro *Tri* 26.12.70, 5: Nada significa nada. La falta de significación está .. estrechamente unida a la poderosa labor que ha consistido en vaciar los vocablos.

vocabulario *m* **1** Conjunto de palabras [de un idioma]. | Amorós-Mayoral *Lengua* 51: A un extranjero que conozca perfectamente la gramática española (pronunciación, morfología, vocabulario, sintaxis) le seguiremos notando, probablemente, que es extranjero por el tono especial con que habla. **b)** Conjunto de palabras propias [de una región, de una actividad, de un grupo humano o de una pers. determinados]. | Lapesa *HLengua* 305: El vocabulario campesino es particularmente rico en términos referentes a la naturaleza, labranza, ganadería, tracción e industrias rústicas.

2 Catálogo ordenado y con definiciones sucintas de las palabras del vocabulario, *esp* [1b]. | VParga *Santiago* 12: Muestra también [la Guía] curiosidades de filólogo, dando .. un pequeño vocabulario vasco, que es el primer testimonio escrito sobre dicha lengua.

vocabulista *m y f* Pers. autora de un vocabulario [2]. | Lázaro *Ya* 28.10.82, 5: El adefesio fue haciendo seguros progresos hasta hoy. Los vocabulistas americanos le saltaron pronto al cuello.

vocación *f* Inclinación o tendencia especial hacia una actividad o un género de vida. *Normalmente con un adj o un compl especificador*. | *Pap* 1.57, 110: El perdurable valor de Lucila Godoy reside quizá en su entrañable vocación pedagógica, a la que dedicó vida y afán. MSantos *Tiempo* 90: –Esa está aquí y es como si no estuviera. Para todo hay que servir. –Le falta vocación. **b)** *Sin compl:* Vocación religiosa. | Cuevas *Finca* 179: –Papá, yo tengo que decirte una cosa. –¿Qué? –Que tengo vocación. –¡Tú sabes lo que dices?

vocacional *adj* De (la) vocación. | *BOE* 14.1.76, 770: Pudiéndose por los Centros docentes respectivos asig-

vocacionalmente – vociferante

narle [al peticionario] rama de estudios en función de las particularidades de la preparación previa y vocacional de los seleccionados. *Día* 21.9.75, 9: Con esta finalidad [fomento de vocaciones sacerdotales] se ha organizado una Semana Vocacional.

vocacionalmente *adv* De manera vocacional. | MCachero *AGBlanco* 113: Nada de esto, con ser mucho e injusto, ha sido suficiente para hacerle desistir de la tarea vocacionalmente elegida.

vocal I *adj* **1** De (la) voz. | Ybarra-Cabetas *Ciencias* 379: La laringe posterior o siringe forma el órgano vocal. **b)** [Cuerdas] ~es → CUERDA. **c)** Que se realiza mediante la voz. | SLuis *Doctrina* 125: La Oración puede ser: Pública .. Privada .. Vocal .. Mental. Blancafort *Música* 81: Luego van apareciendo las mismas obras vocales, editadas simultáneamente para ser cantadas, tocadas, sonadas o tañidas, en versiones ligeramente distintas.
2 [Sonido] del lenguaje, producido por la resonancia en la cavidad bucal, y a veces también en la nasal, del aire espirado, sin estrechamiento ni oclusión en la salida de este y normalmente con vibración de las cuerdas vocales [1b]. *Tb referido a la letra que representa este sonido. Más frec n f.* | Alonso *Lengua* 26: Los sonidos vocales carecen de las formas intermedias que tienen otras lenguas, como la *e* y la *u* en la lengua francesa. Alonso *Lengua* 26: Por razón del sonido, las letras se dividen en vocales y consonantes. Amorós-Mayoral *Lengua* 18: Mucha gente duda al pronunciar las vocales sin acento y llega a cambiarlas por la vocal más cercana.
II *m y f* **3** Miembro [de un consejo, tribunal o junta] con derecho a voz. | *Abc* 8.12.70, 21: Se había iniciado la vista con la lectura de documentos a requerimiento de vocales del Tribunal y del ponente.

vocalía *f* Cargo de vocal [3]. *Tb su oficina.* | *Día* 21.9.75, 6: La distribución de vocalías a cubrir en los órganos de gobierno .. de las distintas agrupaciones. A. Moreno *Des* 7.12.74, 16: La Vocalía de Prostitución de la Asociación de Vecinos celebró una reunión e invitó a la prensa.

vocálico -ca *adj* De (la) vocal o de (las) vocales [2]. | Pericot-Maluquer *Humanidad* 183: Los fenicios crearon un alfabeto consonántico admirablemente adaptado a su propia lengua. Los griegos lo adoptan, completándolo con la notación vocálica.

vocalismo *m* (*Fon*) Sistema vocálico. | Villar *Lenguas* 259: Para todo el conjunto de problemas relacionados con el vocalismo indoeuropeo la contribución de los neogramáticos fue decisiva.

vocalista *m y f* Cantante que actúa con un conjunto de música ligera. | Medio *Bibiana* 95: La canción de la vocalista .. se levanta monótona y gangosa.

vocalización *f* Acción de vocalizar(se). | N. Rubio *SInf* 11.11.70, 12: Los monos, por ser los parientes más cercanos al hombre, tienen más facilidad de vocalización de sonidos. Villar *Lenguas* 260: La vocalización de las sonantes indoeuropeas presenta ciertas anomalías e irregularidades.

vocalizar A *intr* **1** Pronunciar los sonidos de manera clara e inteligible. | L. GOlazábal *Nar* 6.77, 4: Habla sin descanso, fluidamente, vocalizando. Umbral *Memorias* 107: Las vocalistas vocalizaban mucho, agrandaban las vocales, vivían de esas cinco letras.
2 (*Fon*) Transformarse en vocal [una consonante]. *Tb pr.* | Villar *Lenguas* 261: En el esquema consonante + sonante + consonante (que vocaliza en la segunda oleada), la vocal de apoyo puede surgir .. entre la sonante y la primera consonante. Lapesa *HLengua* 117: Desde tiempo atrás había empezado a vocalizarse la *l* interior seguida de consonante.
B *tr* **3** Pronunciar [sonidos]. | Laforet *Mujer* 255: Rezar no es solo vocalizar palabras sin sentido.

vocalmente *adv* **1** De manera vocal [1]. | Casares *Música* 12: El sonido se puede usar armónica o melódicamente, vocal o instrumentalmente, con un ritmo u otro.
2 En el aspecto vocal [1]. | *Sp* 21.6.70, 53: Grupo compuesto por muchachos de 14 años en una línea agradable que recuerda vocalmente a unos "Brincos" de la primera época.

vocar *tr* (*lit*) Llamar o destinar [a alguien o algo (*cd*) a una actividad o un destino dados (*compl* A)]. *Solo registrado en part.* | Laín *Marañón* 19: Seguirá siéndolo [discípulo de Cajal] ya de por vida, como médico vocado a la investigación. Torrente *Isla* 152: Los franceses, amigo mío, le cortaron las alas a ese amor vocado al vuelo demasiado alto, y lo redujeron a una cuestión de alcoba.

vocativo I *adj* **1** (*Gram*) [Caso] que expresa la interpelación directa al interlocutor designado por el sustantivo. *Más frec como n m; entonces puede designar tb el sust que va en dicho caso.* | Academia *Esbozo* 146: El nombre en vocativo llevará una coma detrás de sí cuando estuviere al principio de lo que se diga. Amorós-Mayoral *Lengua* 56: Si el vocativo va al comienzo de la oración, va seguido de una coma.
II *m* **2** Palabra con que se designa al interlocutor para interpelarle directamente. | * La saludó con un vocativo cariñoso.

voceador -ra *m y f* Pers. que vocea, esp [2b]. | *VozT* 12.3.75, 7: También sugeriría unas pequeñas correcciones en la sala de subastas, donde el voceador y técnicos de la Dirección General ejecutan su misión. Gironella *Millón* 107: Un voceador de periódicos clamaba: "¡Tres milicianos disfrazados de curas han atacado con bombas de mano el aeródromo faccioso de Burgos!".

vocear A *intr* **1** Dar voces o gritos. | Ferres-LSalinas *Hurdes* 121: La chica se asoma a la ventana que da a la carretera y vocea llamando a su padre.
B *tr* **2** Decir [algo] a voces. | Romano-Sanz *Alcudia* 254: Llora un niño y una mujer vocea un nombre. **b)** Anunciar o pregonar a voces [algo (*cd*), esp. una mercancía]. *Tb fig.* | CNavarro *Perros* 152: Le llegaron las voces de los vendedores de periódicos voceando "El Noticiero" y "La Prensa". J. M. ÁRomero *MHi* 6.60, 15: La noticia de Brasilia, voceada a los cuatro vientos, .. es la llave que abre las posibilidades pacíficas.

voceras → BOCERAS.

vocería *f* (*Caza*) Suelta de perros de una rehala. | J. C. Redondo *SYa* 15.2.76, 17: Los toques de las bocinas y trompetas .. regulaban las distintas fases de la caza. Nueve eran estos toques, y el libro antes citado tiene buen cuidado de especificarlos claramente: a junta .., a vocería (cuando se levanta la caza), a muerte (cuando se mata el venado).

vocerío *m* Mezcla confusa de voces o gritos. | E. LaOrden *MHi* 7.69, 29: Esas ruinas están limpias y cuidadas, rodeadas de césped y de árboles como la Recolección, o habitadas por el vocerío del mercado.

vocero -ra A *m y f* **1** Pers. que habla en nombre y en representación [de otra]. | Lapesa *Comunicación* 213: Esa voluntad fiel a las lenguas clásicas hizo que los grupos consonánticos de *concepto, victoria* .. prevalecieran sobre las simplificaciones *conceto, vitoria* .., defendidas en el XVI por tan buen vocero como Juan de Valdés. *Abc* 4.12.70, 25: Es, pues, necesario decir, como voceros de la opinión pública .., la más absoluta repulsa ante el criminal hecho del secuestro.
B *m* **2** (*hist*) Abogado. | SRobles *HLM* 26.3.79, 13: El concejo sumaría doce regidores –los concejales de hoy–, los llamados oficios –delegados de hoy–, el alférez mayor o guía del concejo, .. vocero –abogado de hoy–, procurador y guardasellos.

vociferación *f* Acción de vociferar. | FFlórez *Florestán* 705: Cuando en el marcador un nuevo número venía a sustituir al anterior, acrecentando el triunfo de los hombres de Florestán, las vociferaciones tornábanse agresivas.

vociferador -ra *adj* Que vocifera. *Tb n.* | Delibes *Año* 34: Federico Santander .. en medio de un gran abucheo entregó un ramo de flores a la reina .. La figura de Santander impasible, con el ramo de flores en la mano entre la multitud vociferadora .., encierra un encanto poético que conmueve e infunde respeto. P. Rocamora *Abc* 22.10.70, sn: Se tiene la razón y la tienen los eternos vociferadores no quieren escucharla y comprenderla.

vociferante *adj* Que vocifera. | DPlaja *El español* 67: Incluso en algo tan vociferante y colectivo como es el público de una plaza de toros, se da el superindividualista. **b)** Propio de la pers. vociferante. | CBonald *Ágata* 129: Se apartó bruscamente del ventanuco .. para correr en dirección a las gándaras de los mimbrales, desoyendo los vociferantes reclamos de la partera.

vociferar – volandero

vociferar A *intr* **1** Dar voces o gritos. | *Tri* 12.12.70, 28: Todos hemos ido a vociferar y todos hemos dicho .. que las compañías profesionales eran un asco.
B *tr* **2** (*raro*) Vocear [2]. | J. L. Herrera *Inf* 21.6.78, 22: Todo mereció la pena, con tal de poder oír a los muchachos de las juventudes comunistas vociferar –después de tanto tiempo– "Mundo Obrero".

vociglería *f* Vocerío. | DCañabate *Paseíllo* 67: Los dicterios se truecan en plácemes; la vociglería, en aplausos.

vociglero -ra *adj* **1** [Pers.] que da muchas voces o habla en voz muy alta. *Tb fig.* | Cela *Judíos* 166: Por una esquina .. dobla un herbolario ambulante y vociglero. J. Baró *Abc* 16.12.70, 35: Se nos tacha de crueles, .. rapaces, inquisitoriales... Muchos de los acusadores no pisaron jamás España. Como los vocigleros de la "ferrerada" de 1909.
2 [Cosa] en la que se dan muchas voces. | SSolís *Jardín* 32: El entresuelo de mis tíos daba a una calle vociglera y estrepitosa. A. Rojo *SD16* 8.8.82, 29: El polo es un deporte extremadamente vociglero.

vodca → VODKA.

vodevil *m* Comedia de intriga, de carácter ligero y divertido. | J. Montini *Sáb* 10.9.66, 25: La obra atracción en cartel se titulaba "La cachunda". Era un vodevil.

vodevilesco -ca *adj* De(l) vodevil. | *HLM* 26.10.70, 43: ¡El mayor éxito cómico de la temporada! es la divertidísima revista espectacular *Pili se va a la mili*. ¡Un enredo vodevilesco que es un escándalo de risa!

vodka (*tb, raro, con la grafía* **vodca**) *m* (*tb, raro, f*) Aguardiente de semilla de maíz o de trigo, aromatizado, que se fabrica pralm. en Rusia. | R. VZamora *Des* 12.9.70, 26: Estudia Bortoli uno de los aspectos más curiosos de la vida rusa: el alcoholismo. Los vinos .. no desplazan a la bebida más popular: el vodka. Oliver *Relatos* 83: El Maestro .., enrollado dándole a la naranja rebajada con vodca. **b)** Vaso de vodka. | Umbral *Pro* 13.8.75, 13: Para olvidarnos del municipio y de las Cortes nos tomamos otra vodka con naranja.

vodú *m* (*Rel, raro*) Vudú. | G. Carvajal *Pue* 9.11.70, 31: La tarde había sido de las de caminar de sorpresa en sorpresa –como sucede en el vodú, viejo poeta negro–. SSe 28.1.90, 38: Nos adentramos en la vida cotidiana del africano, con vestidos, adornos, .. máscaras, religión tradicional –el vodú– y cristiana.

voilà (*fr; pronunc corriente,* /bualá/) *interj* Ahí tienes. | Campmany *Abc* 21.1.85, 17: Ya está. Eureka. Hay que hacer ese milagro moderno que se llama estadística. ¿Que sobran un millón de parados para realizar el sueño de don Felipe? Pues se les borra de la estadística, y "voilà". [*En el texto, sin tilde.*]

voile (*fr; pronunc corriente,* /buál/) *m* Tejido de algodón, muy ligero y transparente. | *Economía* 89: Toile: .. Nylon: Organdí, voile, etc.

voivoda *m* (*hist*) Gobernador de Moldavia, Valaquia o Transilvania. | Riquer *Caballeros* 136: Dejo de mencionar diversas actuaciones de Pedro Vázquez de Saavedra en el próximo Oriente .. entre ellas su relación directa con el voivoda transilvano Juan Hunyadi.

volada *f* Vuelo (acción de volar). *Tb fig.* | A. P. Foriscot *Van* 19.5.74, 9: Me acojo al cobijo de un bar que me sale al paso .. Yo había comido allí carne en conserva bastante pasadera. Luego se establecieron algunas "peñas". Plumíferos de primera volada, y hasta de segunda. Pseudo intelectuales del barrio.

voladizo -za *adj* [Elemento] que vuela o sobresale en relación con el resto de la construcción de que forma parte. *Frec n m. A veces en la constr ~.* | *País* 2.10.76, 8: Pisochalet, por dentro, puede ser un maravilloso piso con jardín privado, o dúplex, dotados de .. escalera voladiza, gran salón .., terraza con barbacoa. CBonald *Dos días* 45: El hombre del lobanillo se acercó a una de las puertas del fondo, a la derecha, sombreada por el voladizo de la galería. Ferres-LSalinas *Hurdes* 16: –¿Y cómo hay tantas moscas? –pregunta Antonio. –En el estiércol..., los retretes en voladizo sobre los regatos, la falta de agua corriente.

volado -da *adj* **1** *part* → VOLAR.
2 Voladizo. *Tb n m.* | Cela *Judíos* 269: En los balcones volados de Candeleda crecen el geranio y el clavel. *Día* 26.9.75, 17: La cobranza en período voluntario de los arbitrios municipales correspondientes al año 1975, sobre aleros, .. toldos, tribunas, volados, etc., .. se verificará en las Oficinas de la Recaudación municipal.
3 (*Impr*) [Tipo] de menor tamaño que se coloca en la parte superior del renglón. *Frec en forma diminutiva. Tb n f.* | Huarte *Tipografía* 16: En cuanto a las notas, hay que indicar si se quiere que vayan al pie de página o al final de cada capítulo o de la obra entera, y en qué forma se han de poner las llamadas: con números volados, entre paréntesis, con asteriscos, etcétera.
4 Intranquilo o nervioso. *Normalmente con el v ESTAR*. | Buero *Hoy* 46: (Vuelve a mirar por la barandilla.) Estoy volada, con la puerta. **b)** Violento o cohibido. | Diosdado *Olvida* 55: Se casaron sin avisar a nadie .. "Nos hemos casado." .. Ya se puede usted imaginar el disgusto .. La madre de esta, volada, sin saber cómo decírselo a la gente.

volador -ra I *adj* **1** Que vuela [1 y 7]. | Bustinza-Mascaró *Ciencias* 383: Adquieren un enorme desarrollo los reptiles nadadores en forma de tiburón, los voladores y otros terrestres gigantescos de 20 a 30 metros de longitud. O. Anabitarte *Nar* 3.77, 2: La casa alcarreña es de dos plantas, con tejado a dos aguas de teja árabe, que avanza sobre las vigas voladoras formando un tosco alero protector.
II *m* **2** Hombre que hace voladuras. | *NEs* 24.11.74, 11: Serían las seis de la mañana y me despertaron los voladores .. Al llegar a la altura de las obras de Galerías Preciados, en la calle de Gil de Jaz, sonó el estampido tremendo del barreno.
3 Cefalópodo comestible semejante al calamar, pero menos apreciado (*Illex illecebrosus coindeti*). | *Ya* 17.11.63, 28: Precios en los mercados centrales .. Pescados .. Sardinas, 8 y 15; voladores, 15 y 20.
4 (*Zool*) Imago del saltamontes. | Alvarado *Zoología* 46: Al llegar la primavera tiene lugar la salida de las larvas [del saltamontes], que son casi negras, muy pequeñas y reciben el nombre de "mosquitos". Tras repetidas mudas pasan por las fases de "mosca" y "saltón" .., para hacerse imagos con el nombre de "voladores".

voladura *f* Acción de volar [12]. | A. Barra *Abc* 13.9.70, 13: La voladura de los aviones [secuestrados por los guerrilleros palestinos] fue recibida con cierta sensación de alivio, como el anticipo afortunado del final de la tragedia.

volandada *f* (*reg*) Vuelo rápido y pequeño. | Lorenzo *SAbc* 8.9.74, 10: El ala cortada, cautiva la tórtola, silenciosa, da unos pasos menuditos ... Todas las mañanas y todas las tardes se le aproxima el ausente, ruando, hueco, en volandadas.

volandas. en ~. *loc adv* Sujetando a la pers. o cosa de que se trata de modo que no toque el suelo. *Tb fig.* | Ortega *Americanos* 68: Yo lo vi salir .. Me dio la impresión de que los otros lo llevaban en volandas. Torrente *Isla* 172: Salí a la terraza, y casi me lleva en volandas ese viento que digo.

volanderamente *adv* (*raro*) De manera volandera [1]. | Laín *Tie* 14.8.76, 32: Soy .. caviloso amante de la realidad y los problemas .. de los hombres que dentro de esos paisajes hacen su vida o que fuera de ellos –yo mismo, desde mi tren– logran convertir en paisaje la tierra que volanderamente miran.

volandero -ra I *adj* **1** Que carece de asiento o de fijeza. *Tb fig.* | Cela *SCamilo* 243: Puedes bañarte y después bailar .., a veces se saca algún plan volandero pero que también tiene su encanto. Laín *Gac* 11.5.69, 22: El propio Alfonso Paso juzga [esta comedia] –si no me falla la memoria de una lectura volandera– la más importante de su ya casi bicentenaria producción.
2 [Pájaro] que está para salir a volar. | C. Otero *Abc* 6.7.80, 54: Hay pollos para todos los tamaños, desde perdigones igual que un gorrión, hasta pollos volanderos igualones.
3 Que vuela o se mueve en el aire. | Sampedro *Sonrisa* 102: El viejo la sigue con los ojos hasta que la falda volandera desaparece.
II *f* **4** Arandela de hierro que se coloca en los extremos del eje del carro para sujetar las ruedas. | M. E. SSanz *Nar* 6.77, 30: Nada nuevo podemos aportar a la tipología del carro, constando el segoviano de los siguientes elementos: caja, comportas, .. buje, volandera, radios.

volandillas - volar

5 Rueda inferior del torno. | Delibes *Castilla* 119: Conceso [alfarero] levanta el pie de la volandera y sonríe al cronista.

volandillas. en ~. *loc adv* En volandas. | Berenguer *Mundo* 38: Como yo no quería ir, me llevaba en volandillas.

volanta *f* **1** (*reg*) Volante [10]. | P. Pascual *MHi* 8.66, 44: Comienzan a tirar por la maroma de nylon hasta que aparece el ri[z]ón, un ancla de cuatro brazos que asegura la boya y la volanta al suelo marítimo.
2 (*hist*) Coche antillano de varas largas y ruedas de gran diámetro, cuya cubierta no puede plegarse. | CBonald *Noche* 178: No la encontró [a su mujer] sino en el asiento de una volanta antillana que decoraba el fondo de la galería.

volantazo *m* Giro brusco del volante de un vehículo. | *SInf* 30.12.70, 1: Una afección cardíaca, latente o compensada, puede entrar en crisis ante un "stress" (frenazo para no atropellar, volantazo para desviarse de una embestida).

volante I *adj* **1** Que vuela [1, 2 y 7]. | Ridruejo *Castilla* 2, 45: La [iglesia] de Fuentesaúco es muy completa, tardía, con .. una puerta con arquivoltas lisas y capiteles con temas sugestivos: figuras oferentes y volantes, una cabeza barbuda, sirenas. *Cádiz* 80: Este estilo queda armonizado presentando los paramentos exteriores de las fachadas, rejas volantes o "cierros" (especie de miradores a ras del suelo). **b)** [Ciervo] ~, [platillo] ~ → CIERVO, PLATILLO.
2 Que va de una parte a otra o carece de sitio determinado. *Frec como* n m, *referido a jugador de fútbol.* | RPeña *Hospitales* 54: Estuvieron en esta ciudad el Regimiento Suizo de Reding, los Regimientos de Guardias de Corps, con su real artillería volante. *Ya* 5.7.75, 39: Tour de Francia 1975 .. Magai intentó de nuevo la fuga, que consiguió en Libourne, en el kilómetro 94 de carrera, pero fue neutralizado para disputarse la meta volante, que ganó Demeyer. Ridruejo *Des* 1.3.75, 10: Venía .., como explorador, enlace o elemento volante, el nervioso y minúsculo Carlos Sentís, que llevaba estrella de alférez en su talbus de Regulares. *Abc* 18.4.58, 13: Barfi cortó imperiosamente todos los intentos constructivos de Marsal. Una muestra del rudo estilo del gran volante húngaro.

II *m* **3** Rueda que regula el movimiento de una máquina. | Mingarro *Física* 62: La energía cinética del movimiento de rotación se utiliza en los volantes de máquinas destinados a regular la marcha de las mismas. Son ruedas de acero de gran masa y diámetro adecuado dependiente de la velocidad angular que deba animarlos. Chamorro *Sin raíces* 249: Tocó, suavemente, la nueva y flamante máquina de escribir .. –¿Y esta? –La prensa a volante.
4 Pieza, gralm. en figura de aro, con que se gobierna la dirección de un vehículo automóvil. *A veces se emplea como símbolo del automóvil.* | Laforet *Mujer* 35: El coche se le paró junto a la cuneta .. Apretó las manos sobre el volante, hasta sentir dolor en las palmas. C. Monge *Van* 19.12.70, 13: Ambas dádivas tienen merecidas estos hombres, estos caballeros del volante [los camioneros].
5 *En un reloj:* Anillo provisto de dos topes que, movido por la espiral, regulariza el movimiento de la rueda de escape. | *Mun* 12.12.70, 29: Bulova Accutron ha prescindido de los mecanismos sujetos a desgaste o variación, como eran la espiral, el volante, los muelles.
6 Máquina en que se colocan los troqueles para acuñar. | Galache *Biografía* 44: Unos años más tarde salían de Inspruch artífices alemanes .. para establecer, por instrucciones del Rey Felipe II, un ingenio nuevo de acuñación de moneda en el río Manzanares y, según los modernos adelantos, a base de molino y de volante.
7 Tira rizada, plisada o gralm. fruncida con que se adorna una prenda de vestir o de tapicería. | *Fam* 15.11.70, 38: Lo mini, lo maxi y el vestido pantalón intervienen en ella, así como los volantes plisados, lazos y encajes.
8 Hoja pequeña de papel, de carácter oficial, en que se hace constar algo, esp. una autorización. | ZVicente *Traque* 93: Cualquiera encuentra un médico ahora, en el cine, con película de indios y sin tener el volante del seguro. GPavón *Hermanas* 37: El llegar hasta su despacho no fue cosa fácil. Tuvieron que llenar un volante, enseñar la citación, pasar por varios controles entre guardias y conserjes, hasta que posaron en un pequeño antedespacho.
9 Proyectil en forma de pelota con plumas, que se usa para jugar lanzándolo con raquetas. *Tb el juego correspondiente.* | Á. Río *SYa* 4.6.72, 22: Las jovencitas .. iban ataviadas con sus maxivestidos de espumosos encajes y sus tenues sombrillas, y entre un bosque de mirtos y lilas, jugando a las cuatro esquinas, a los aros, tal vez al zapatito o al volante y a la gallinita ciega, se divertían de lo lindo.
10 (*reg*) Red empleada para pescar merluzas. | Do. Quiroga *SVoz* 8.11.70, 11: Y no se diga de la volanta o volante. En cualquier asamblea de ahora escucharemos las mismas razones en pro y en contra de este arte [de pesca].

volantero *m* (*reg*) Barco que pesca con volante [10] o volanta. | *VozA* 13.8.78, 12: La "volanta" amenaza con arruinar a Cudillero .. El espectacular aumento de las capturas de merluza –debidas a los volanteros–, no se corresponde con el precio pagado por ellas.

volantín *m* **1** Cordel con uno o varios anzuelos, usado para pescar. | Alós *Hogueras* 227: Y él iba enganchando aquellos bichos agonizantes en los plateados anzuelos del volantín. En el hilo verde de nilón había cuatro anzuelos.
2 (*raro*) Cometa (juguete). | L. Diego *Ya* 25.6.82, 50: El muñeco de la televisión es la cometa sobre el césped, el volantín cansado y orgulloso de haber cumplido su deber.

volantista *m y f* Conductor de automóviles. | APaz *Circulación* 169: Bastantes conductores necesitan del "susto" .. para dejar de subestimar los riesgos de la conducción y convertirse en volantistas prudentes.

volapié *m* (*Taur*) Suerte de matar en que el toro permanece parado, siendo el torero quien corre hacia él. *Tb la estocada.* | DCañabate *Paseíllo* 176: Se disponía a consumar la bella suerte del volapié.

volapuk *m* Idioma inventado en 1879 por el sacerdote alemán Schleyer con idea de que sirviese de lengua universal. | A. Guilmáin *Abc* 20.4.58, 6: Por curiosidad leí los títulos de aquellos libros: uno era una "Gramática del «volapuk»".

volar (*conjug* 4) **A** *intr* ► a *normal* **1** Mantenerse y avanzar en el aire [un animal] por medio de las alas. | Laiglesia *Tachado* 79: Todas [las águilas], a pesar de su inmovilidad, tenían las alas desplegadas como si estuvieran a punto de echarse a volar. **b)** Mantenerse y avanzar en el aire [algo, esp. un aparato aéreo]. | Cuevas *Finca* 157: Los obreros .. echaron a volar sus boinas y sus gorras, como si les hubieran anunciado un aumento de sueldo. **c)** Elevarse y moverse en el aire [una cosa] a impulso del viento. | *SYa* 4.6.72, 4: Los vilanos forman una delicada esfera de finos hilillos de color blanco. Al menor soplo de viento los frutos, adheridos a los vilanos, vuelan. Moncada *Juegos* 318: –¡Van a volar todos mis papeles! .. –Perdona... (Cierra sin correr las cortinas.)
2 Viajar por el aire en un aparato de aviación. | ZVicente *Traque* 34: Estos aviones cada vez más caros .. Usted, señorita, no debe pensar en volar ese mes.
3 (*col*) Ir muy deprisa o darse mucha prisa. *Frec fig, referido a noticia o al tiempo. Con intención ponderativa.* | MGaite *Fragmentos* 154: –Dame la llave .. –La tiene el portero .. –Pues ya estás volando a por ella. Salom *Viaje* 509: –Tráeme un taburete. –Volando. Delibes *Príncipe* 111: –Antes de que lo piense estará de vuelta –dijo–. El tiempo se va volando.
4 (*col*) Desaparecer rápida o inesperadamente [alguien o algo]. | G. Valverde *Ya* 20.3.75, 6: Los documentos todavía no han sido localizados y los ladrones han volado. **b)** Desaparecer [algo] por robo. | *DLi* 8.4.78, 4 (C): Estación de butano: "vuelan" 130.000 pesetas.
5 ~ [alguien] **por su cuenta.** (*col*) Actuar con independencia. | Cela *Judíos* 139: Don Antonio solía tomar café en el estudio del ceramista Fernando Arranz, que por entonces ya se había separado de don Daniel Zuloaga y volaba por su cuenta. **b) echar a** ~ [alguien]. (*col*) Independizarse. | * Los hijos echan a volar demasiado pronto.
6 ~ **al cielo.** (*lit*) Morir [un niño pequeño]. | Escobar *Itinerarios* 168: Murieron dos, uno voló al cielo sin más ni más, pues no cumplió el año.
7 (*Arquit*) Sobresalir de la pared [un elemento de construcción]. | D. Terol *Sit* 10.4.74, 10: La doble espadaña parece haber sido trasladada sobre una superpuesta obra fortificada y por encima del matacán que vuela sobre la obra románica.

volatería – volcanología

8 (*jerg*) Estar bajo los efectos de la droga. *Frec* ESTAR VOLADO. | Tomás *Orilla* 11: Al fin, había podido dormir unas horas. Admitió que el hachís que le habían pasado era de excelente calidad. Les había hecho volar a los dos. *D16* 9.4.81, 30: Desde bastante antes se paseaba nerviosa por los pasillos y, todo hay que decirlo, bastante volada.
➤ **b** *pr* **9** Irse volando [1 y 4]. | Delibes *Hoja* 106: –¿No se vuela el pardillo del pie de la Virgen? .. –El maestro me lo dio y yo mismo le quebré las alas. Aldecoa *Gran Sol* 138: Cuando yo cobre .. me vuelo del muelle dos días. Les voy a meter un buen mordisco a las perras.
B *tr* **10** Hacer que [algo (*cd*)] vuele [1 y 7]. | Delibes *Vida* 22: Mis hermanos y yo descubríamos con frecuencia a la codorniz antes de arrancarse, asustada a la sombra de una morena .. Mi padre le hacía [al perro] un gesto mínimo con la cabeza .. y entonces el Boby volaba el pájaro. Landero *Juegos* 93: Vio a unos jóvenes que volaban una cometa. GNuño *Arte* 236: Una de las creaciones más bellas de la escuela andaluza es la sacristía de la Catedral de Sevilla ..; de planta cuadrada, con trompas de veneras, para volar arcos en cada muro.
11 Volar [1 y 2] [sobre un lugar (*cd*) o a lo largo de una distancia (*cd*)]. | Cela *Inf* 15.3.76, 18: Francia está cubierta y la volamos entera, de sur a norte, sobre un mar de nubes.
12 Destrozar [una cosa] haciéndola saltar por los aires mediante explosivos. *Tb fig.* | Laforet *Mujer* 237: Soltó un taco bastante fuerte como para volar la casa. Alfonso *España* 113: En Málaga, el 30 de enero, le vuelan un ojo a don Antonio Sánchez [con un arma de aire comprimido].

volatería *f* Conjunto de (las) aves, esp. las que se aprovechan por su carne o sus huevos. | *Cádiz* 81: Hay que anotar los asados de carne, unas veces de cordero, borrego y vacuno, y otras de caza menor y volatería.

volátil *adj* **1** Que vuela [1]. *Tb n m (humoríst)*, referido a ave. | *Act* 25.1.62, 52: Otra especialidad son instalaciones de desborraje y desempolvamiento de salas de cardas, para las cuales se han desarrollado filtros especiales con gran capacidad de retención de materia volátil. Villarta *Ya* 23.12.70, 8: Debe ser una reliquia de la época en que la Nochebuena era noche de vigilia, y a esto debe obedecer también que en algunos pueblos de Alicante no la celebren opíparamente y, en cambio, al día siguiente son las verdaderas bodas de Camacho, con abundancia de volátiles.
2 (*Fís*) Que se transforma en gas fácil o espontáneamente. | Marcos-Martínez *Física* 113: Hay líquidos poco volátiles, como el mercurio.

volatilidad *f* (*Fís*) Cualidad de volátil [2]. | Nolla *Salud* 535: La cauterización de las mucosas digestivas por la ingestión de amoníaco es superficial; pero dada la alta volatilidad de este producto, sus vapores pasan fácilmente a las vías respiratorias, produciendo signos de asfixia.

volatilizable *adj* (*Fís*) Que puede volatilizarse. | Cabezas *Abc* 17.10.70, 62: No creo .. que se lograse algo decisivo .. con que el alcalde ordenase que a los autobuses municipales y taxis se les hiciese .. la inspección por las brigadas controladoras de venenos volatilizables que arrojan los tubos de escape.

volatilización *f* (*Fís*) Acción de volatilizar(se). *Tb fig, fuera del ámbito técn.* | F. Ángel *Abc* 16.2.68, 23: Si se deja "Fertisalus" al exterior, pueden producirse pérdidas de "Aldrín" por volatilización, disminuyendo la efectividad del tratamiento. FMora *Abc* 1.9.66, sin: La razón no admite más coacción que la de sí misma, y cualquier limitación externa es indeseable. Pero también aquí adivino un progreso, a pesar de la lenta volatilización del demoliberalismo político.

volatilizar *tr* **1** (*Fís*) Transformar en gas [una sustancia]. | * Volatilizar azufre. **b)** *pr* (*Fís*) Convertirse en gas [una sustancia]. | Bustinza-Mascaró *Ciencias* 345: Si son [los meteoritos] de pequeño volumen, pueden volatilizarse por completo antes de llegar al suelo.
2 Hacer desaparecer súbitamente o por completo [algo o a alguien (*cd*)]. | MChacón *Abc* 20.7.67, 79: El sol consiguió rasgar las nieblas, las volatilizó en unos minutos. **b)** *pr* Desaparecer súbitamente o por completo [algo o alguien]. | DPlaja *El español* 77: Otros cuatro automóviles .. están delante y .. no pueden volatilizarse en una décima de segundo para que él salga a toda velocidad.

volatín *m* **1** Ejercicio acrobático. | Marquerie *Abc* 16.5.58, 19: Lucen sus habilidades los domadores y domesticadores, ejecutan los acróbatas sus volatines, piruetas y cabriolas.
2 Volatinero. | *Abc Extra* 12.62, 35: Los títeres italianos, los volatines o los funámbulos que, desde los romanos, trabajaban sobre lonas en el suelo.

volatinero -ra *m y f* Acróbata. | CBonald *Ágata* 126: Antes de proseguir la ignorada ruta del éxodo, quisieron ofrecer a sus ocasionales convecinos de Malcorta una especie de fiesta .. donde tenían cabida habilidades de volatineros, danzas de hembras .. y alardes de monos.

volatización *f* (*Fís*) Volatilización. | Marcos-Martínez *Física* 269: Se usa [el nitrógeno] en las bombillas eléctricas para disminuir la volatización del filamento. A. Yébenes *Sáb* 26.10.74, 9: Más allá de la cuantía material, más allá de lo que ha costado al país en pesetas, la extraña, y hasta ahora impune volatización del aceite, hay un trasfondo mucho más serio y trascendente.

volatizar *tr* (*Fís*) Volatilizar. *Tb pr.* | F. Fidalgo *País* 28.9.83, 31: Dalila, la pobre, entraba tranquila, plácidamente, pero la llegada de Julio Iglesias la volatizó. Los fotógrafos se olvidaron de todo. DPlaja *El español* 100: No afirmo .. que el español se precipite a la garganta de quien charla con su novia .. Pero si se volatizara a su vista le parecería muy bien.

vol-au-vent (*fr; pronunc corriente,* /bolobán/; *pl normal,* ~s) *m* Pastelillo de hojaldre que se sirve relleno, esp. de carne o pescado. | Calera *Postres* 32: Bastará con comprar en una pastelería 12 pastelillos de hojaldre (vol-au-vents) y rellenarlos de confitura.

volavérunt *fórm or* (*humoríst*) Ha desaparecido o han desaparecido. *Frec referido a algo que se sospecha ha sido hurtado. A veces sustantivado como n m.* | GHortelano *Apólogos* 219: Aunque no estamos entrenadas .., lo solucionábamos fácil, volviendo al volavérunt. Ahora sería esto pan comido. ¿No te percatas de que somos clientas y de las buenas?

volcado *m* Acción de volcar [2]. | *País* 31.12.88, 20: Así son las impresoras C.ITOH: Velocidad de hasta 450 caracteres por segundo .. Volcado Hexadecimal.

volcador -ra *adj* Que vuelca [2]. *Tb n m, referido a aparato.* | *Nor* 10.10.89, 8: De la larga lista de obras premiadas cabe destacar la obra "volcador de vagones" .. Es una obra creada enteramente por el maquetista, que reproduce una instalación para transvasar la carga de vagones de ferrocarril, sin abandonar la vía, a unas tolvas para su distribución a camiones.

volcán I *m* **1** Abertura en la tierra, gralm. en una montaña, que arroja o ha arrojado en otro tiempo materias fundidas. | Ybarra-Cabetas *Ciencias* 138: Cuando el volcán va a entrar en actividad, después de un período de descanso, suelen presentarse ciertas manifestaciones.
2 (*lit*) Pers. o cosa sumamente impetuosa o violenta. | *Pue* 20.1.67, 5: El teatro .. fue un volcán. Tan volcán que el estreno .. dio origen a un incidente. GCaballero *Abc* 21.1.72, 11: En este paisaje de lascas, areniscas, pedernales, .. de pronto, ¡como un volcán de luz: Aranjuez!
II *loc adv* **3 sobre un ~.** (*lit*) En un peligro inminente de revolución. | * La situación es muy tensa, vivimos sobre un volcán.

volcánicamente *adv* De manera volcánica. | *Abc* 7.9.66, 28: Simpatías y odios, que brotaban a su alrededor casi volcánicamente.

volcánico -ca *adj* De(l) volcán. | Ortega-Roig *País* 219: El archipiélago canario es de origen volcánico, es decir, que las islas son la parte superior de antiguos volcanes que sobresalen del mar. Anteno *Mad* 16.1.70, 30: La racial Maruja Garrido –genio, temperamento volcánico ..– acaba de presentarse en el Olympia de París.

volcanismo *m* (*Geol*) Conjunto de fenómenos relativos a los volcanes [1] y a su actividad. | Ybarra-Cabetas *Ciencias* 145: Al final de la Era Terciaria y principios de la Cuaternaria el volcanismo fue muy activo en España.

volcanología *f* Vulcanología. | A. M. Yagüe *Ya* 12.5.86, 45: Este Instituto .. no tiene una perspectiva meramente agraria, sino que, entre otras cosas, se ha incorporado la unidad de Volcanología.

volcar (*conjug* 4) **A** *tr* **1** Hacer que [algo (*cd*)] pierda su posición normal, poniéndo[lo] invertido o sobre uno de sus lados y gralm. haciendo salir su contenido. | Marcos-Martínez *Física* 76: Si esta condición no se cumple .., el par de fuerzas tiende a volcar el cuerpo. *Inf* 1.2.79, 23: También fueron volcados cubos de basuras en las inmediaciones. **b)** *pr* Perder [algo] su posición normal, poniéndose invertido o sobre uno de sus lados y gralm. saliéndose su contenido. | GLestache *Ya* 23.5.75, 47: Tenemos las quemaduras producidas por líquidos calientes, las cuales suceden generalmente en la cocina, al volcarse un recipiente sobre el cuerpo del niño. **2** Verter o vaciar [algo] fuera del recipiente que lo contiene. *Tb* (*lit*) *fig*. | Medio *Bibiana* 99: Bibiana coloca sobre la mesa el bolso de la compra y vuelca sobre ella el dinero de su cartera. Laforet *Mujer* 82: Poco a poco la muchacha le iba volcando todas sus impresiones. **b)** *pr* Verterse o vaciarse [algo] fuera del recipiente que lo contiene. | J. Cienfuegos *Hoy Extra* 12.69, 3: Represar las aguas que arrastran las margas y descargan las zubias para que fecunden las tierras o se vuelquen impetuosas en las turbinas, bien está.
B *intr* ➤ **a** *normal* **3** Ponerse [algo, esp. un vehículo] invertido o sobre un lado. | *Ya* 30.5.64, 18: Diecinueve personas han perdido la vida y otras treinta sufren heridas como consecuencia de haber volcado el autobús. **b)** Volcar el vehículo en que viaja [una pers (*suj*)]. | *GacNS* 4.8.74, 11: Michele Watrin, que conducía el coche, no pudo salir a tiempo después de haber volcado y murió carbonizada.
➤ **b** *pr* **4** Inclinarse [alguien] exageradamente [sobre algo]. | Delibes *Parábola* 135: La señorita Josefita agitó el cubilete .. con su manita huesuda, mientras Presenta, volcada sobre el tablero, trataba de conjurar el peligro, "¡dos, dos, dos!", repetía. **5** Poner [alguien] todo su esfuerzo o dedicación [en algo]. | J. M. ÁRomero *MHi* 11.63, 73: El pueblo, soldados y navegantes, pobladores y encomenderos, volcados materialmente en la aventura más popular de su historia. **b)** Colmar de atenciones o amabilidades [a alguien o algo (*compl* CON)]. | J. A. GCarrera *Ya* 29.12.90, 3: Al lado, en el Clínico, la dirección daba orden de desviar las urgencias de menos gravedad a otros centros hospitalarios de la capital para volcarse con los heridos en el accidente del autocar. * La crítica se volcó con este programa.

volea *f* **1** Golpe dado a una cosa en el aire, antes de que haya tocado el suelo. *Gralm en deportes*. | *Abc* 23.8.66, 58: Alfredo Rojas, de cerca, remató de volea junto a un poste. GCandau *SYa* 12.12.72, 23: La volea de revés, tanto baja como alta, fue el fallo casi continuo de Barany.
2 Palo labrado que cuelga de la punta de la lanza de algunos carruajes, para sujetar en él los tirantes de las caballerías delanteras. | MCalero *Usos* 16: Tenían carros de yugo con su pértiga o trasga. Otros de violo con su volea dispuesta.

volear *intr* (*Dep*) Ejecutar el golpe de volea. | A. SPrieto *Abc* 9.8.72, 52: La Copa Davis exige, realmente, unos nervios de acero .. Andrés .. arrinconó al joven americano en el revés, voleó muy bien a media pista y dominó siempre con sus saques colocados y largos.

voleibol *m* Balonvolea. | *Abc* 4.10.70, 66: Alemania oriental ha ganado el título mundial masculino de voleibol.

volemia *f* (*Med*) Volumen de la sangre. | Bermello *Salud* 127: Constituye [la piel] un eficaz órgano de protección biológica e interviene en tres mecanismos fisiológicos fundamentales: la regulación de la volemia, es decir, del volumen de la sangre circulante; de la hidratación y de la temperatura.

voleo I *m* **1** (*col*) Golpe dado a una pers. | Moreno *Galería* 32: La desaparición de la fragua artesana y del herradero .. –una especie de jaula bien concebida, para limitar el campo de acción y el efecto de coces y voleos– no deja, también, de producir cierta nostalgia.
2 (*raro*) Volea [1]. | G. MVivaldi *Ya* 17.5.75, 8: El "lob", según el diccionario[o], es un voleo alto de la pelota; o, si se quiere, una volea; o también lo que en fútbol solía decirse un "globo".
3 (*raro*) Movimiento de la danza española, que consiste en levantar un pie de frente y lo más alto posible. | J. Sopetrán *NAl* 7.3.81, 18: Organicemos la danza de la lluvia; .. expresemos nuestra recóndita gracia chanchullera, con nuestros voleos y giradas, botargas, mandilandingas y zurriburris.
II *loc v* **4 dar ~** [a algo]. (*col*) Dilapidar[lo]. | Escobar *Itinerarios* 239: Un anochecer encaminaba sus inciertos y torcidos pasos Liborio en dirección a su casa, tras haber dado voleo al último céntimo.
III *loc adv* **5 a(l) ~**. Esparciendo la semilla al aire en puñados. *Con el v* SEMBRAR. *Tb adj*. | Bustinza-Mascaró *Ciencias* 263: La siembra a voleo generalmente se practica a mano, y consiste en esparcir la semilla arrojándola al aire para que al caer sobre el suelo quede distribuida con regularidad. **b)** Al azar. | DCañabate *Paseíllo* 179: Los millones de pesetas se reparten a voleo como recompensa a inauditas camelancias chirigoteras. SFerlosio *Jarama* 58: Eche un cálculo a ver; diga usted un número a voleo.
6 en (*o* **de**) **un ~**. (*col*) En seguida o rápidamente. | Berlanga *Pólvora* 20: Loren arreglaba las perillas de la luz, los plomos, y si era más complicado le decía: "esto lo arregla mi amigo Pedro Luis en un voleo". Faner *Flor* 48: De un voleo estuvo frente a la muchacha, que era notoriamente encantadora.

voletío *m* (*reg*) Vuelo corto y rápido. | Hoyo *Pequeñuelo* 27: El sol se iba poniendo .. Los andarríos, nerviosos, hacían cada vez más cortas carreras y voletíos.

volframato → WOLFRAMATO.
volframio → WOLFRAMIO.
volframita → WOLFRAMITA.

volición *f* (*Filos*) Acto de la voluntad. | Gambra *Filosofía* 130: La volición es un acto simple en sí mismo considerado, puesto que es espiritual. **b)** (*lit*) Deseo. | Aguilar *Experiencia* 760: Se conjugaron en mi ánimo dos voliciones dispares, pero que convergían: la íntima satisfacción y un legítimo deseo de propaganda.

volitivamente *adv* (*Filos*) De manera volitiva. | MPuelles *Hombre* 127: A diferencia del animal, posee el hombre la capacidad de abrirse, cognoscitiva y volitivamente, a lo común, a lo que trasciende la concreción del individuo.

volitivo -va *adj* **1** (*Filos*) De (la) volición. | Valcarce *Moral* 14: Cabe calificar de actos humanos verdaderos otras operaciones de la inteligencia y de la voluntad en las que falta la libertad. Por ejemplo, las actividades volitivas e intelectuales de los Bienaventurados que gozan ya del cielo.
2 (*Gram*) Que expresa voluntad. | Academia *Esbozo* 118: Dentro de cada modalidad volitiva: orden o solicitud, hay también grados relativos de dicción atenuada o enérgica.

volován *m* Vol-au-vent. | Savarin *SAbc* 19.4.70, 37: Tres de sus mejores platos no suelen encontrarse en los restaurantes de España, pese a su sencillez: la brandada de bacalao (bacalao desmigado, guisado con crema y presentado en un volován).

volovelista *m* y *f* Pers. que practica el vuelo sin motor. | *Gar* 15.9.62, 23: Las Escuelas de Vuelo sin Motor constituyen el único lugar de entrenamiento para los ya pilotos .. Sin tanto motor, sin tanto cuento, diríamos, un volovelista solitario trenza acrobacias y virajes durante horas y horas.

volquetazo *m* Vuelco violento. *Tb fig*. | Huarte *Biblioteca* 103: Cuando se haya descargado en revoltijo o volquetazo un camión de libros en una casa .., se podrá desear ver cuanto antes la selva convertida en una tierra labrada. *Abc* 3.5.58, 15: El Estado, ¡cosa nunca vista!, va a dar el volquetazo. De una España "como es", hará una España según el figurín marxista.

volquete *m* Vehículo cuya caja consta de un dispositivo que permite volcarla para vaciar su carga. | *Abc* 25.11.70, 47: Un tren de pasajeros se ha precipitado sobre un volquete cruzado en la vía y causado la muerte a dos personas.

volquetero *m* Conductor de un volquete. | J. M. Reverte *Méd* 27.1.90, 66: Otra pista fueron las sospechas recaídas sobre un volquetero .. que pocos días antes del 24

volsco – volumen

de mayo llevó a cinco niñas del barrio hasta el Puente de Segovia.

volsco -ca (*hist*) **I** *adj* **1** [Individuo] de un antiguo pueblo del Lacio. *Tb n.* | Pericot *Polis* 98: Sus vecinos [de Roma] son peligrosos. Son los etruscos .., los sabinos .., los equos, hérnicos y volscos. **b)** De (los) volscos. | Pericot *Polis* 100: Los romanos vencen de nuevo a los latinos y hérnicos. Luego incorporan los territorios volscos.
II *m* **2** Dialecto hablado por los volscos [1]. | Villar *Lenguas* 114: Los dialectos sabélicos .. Entre ellos se encuentran el marrucino, el volsco, el marso, etc.

voltaico[1] **-ca** *adj* De la República del Alto Volta. *Tb n, referido a pers.* | A. Molina *VNu* 21.7.73, 21: Por su lado la "Cáritas" voltaica y la Unión de Creyentes (cristianos y musulmanes) trabajan en la región de Dori desde 1969 en la perforación de pozos.

voltaico[2]. **arco ~** → ARCO.

voltaje *m* Tensión eléctrica. | Marcos-Martínez *Física* 195: Si suponemos que la tensión de la línea es de 110 voltios y cada bombillita necesita una tensión de cinco voltios, se podrán colocar en serie 110/5 = 22 bombillitas. Si queremos colocar menos bombillas, habrá que buscarlas de mayor voltaje.

voltámetro *m* (*Electr*) Aparato para medir la cantidad de electricidad que pasa por un conductor, mediante la cantidad de electrólisis producida. | Marcos-Martínez *Física* 190: El voltámetro contiene agua acidulada con ácido sulfúrico, o bien solución de sosa.

voltario -ria *adj* (*lit*) Voluble o inconstante. | DCañabate *Paseíllo* 178: Las multitudes sostenedoras de los espectáculos son muy voltarias.

volteador -ra I *adj* **1** Que voltea. | Cela *Pirineo* 58: Los hombres y las mujeres de Rialp .. marchan .. camino de la plaza y sus claras y volteadoras campanas.
II *m y f* **2** Acróbata que da volteretas. | VDíaz *Abc* 18.5.58, 39: De toda esta época, lo que más me gustaba fueron .. las visitas de ese mundo del circo, trapecistas, .. volteadores.

voltear A *tr* **1** Dar la vuelta [3] [a alguien o algo (*cd*)]. | Lagos *Vida* 48: Aquella mecida, más fuerte que las anteriores, volteó la mecedora. Cuevas *Finca* 248: Abrir la tierra con el arado de discos, voltearla. **b)** Arar o labrar [tierras]. | Lázaro *JZorra* 34: Diez pares, diez yuntas necesitaba a la sazón para voltear las tierras que constituían la hacienda.
2 Hacer que [alguien o algo (*cd*)] dé una o más vueltas [2]. | FSantos *Catedrales* 36: La campana que voltea el padre la llama desde la torre. Landero *Juegos* 277: Sacó una moneda y la lanzó al aire .. Los esperó sin prisas .. y cuando se alejaron él se quedó allí con la mirada en el vacío, buscando algún modo digno de dejar de voltear la moneda.
3 (*Arquit*) Abovedar. | GNuño *Madrid* 39: El hermano Bautista, volteando la cúpula con un entramado de madera, podía aumentar la ligereza y amplitud.
B *intr* **4** Dar vueltas [2]. *Tb fig.* | Laforet *Mujer* 127: Las campanas volteaban, y, según el tren se iba acercando, pudo oírlas. Delibes *Madera* 96: El Breslau, por su parte, brincaba, volteaba, hacía cabriolas, levantaba a su pareja en el aire, en un alarde de potencia física. DCañabate *Paseíllo* 77: Un lío de pensamientos volteaba en su ánimo.

voltejear *intr* (*Mar*) Navegar alternada y sucesivamente de una y otra banda. *Tb fig.* | J. A. Padrón *Día* 26.5.76, 5: En la mar tranquila, la estampa gris y bélica del "Oquendo" que, con sus sirenazos y rojas bengalas iba dando forma a las esbeltas siluetas que voltejeaban a la espera del momento de la salida.

voltejeo *m* (*Mar*) Acción de voltejear. *Tb fig.* | Guillén *Lenguaje* 44: No puede faltar en este breve voltejeo a placer por la jerga marinera .. una suerte de lenguaje ..: el pito del cómitre.

volteo *m* **1** Acción de voltear. | Bustinza-Mascaró *Ciencias* 193: Los huevos deben cambiarse cuidadosamente de postura cada doce horas, haciéndoles girar 180 grados (volteo). Bartolomé *Ale* 15.8.79, 19: Hubo, sí, repique de campanas. Volteo, como siempre se anunció, no. Los mozos ya no saben voltear campanas. Nácher *Guanche* 118: Lo primero defenderse y en seguida buscar el volteo con las mañas de un viejo luchador. Una viradilla rápida para causar el traspiés al gordo.
2 (*reg*) Vuelta [4]. | Cuevas *Finca* 208: Jeromo dio un volteo por el pueblo para comprobar el éxito de su truco.

voltereta *f* **1** Vuelta ligera dada en el aire, o apoyando las manos o la cabeza. | CNavarro *Perros* 205: Alberto fue a propinarle una patada, y Rafael se escabulló, dando una voltereta. Delibes *Santos* 170: La grajilla .. se hizo un gurruño y se desplomó, dando volteretas.
2 (*Naipes*) En algunos juegos: Vuelta. | *Abc Extra* 12.62, 89: El juego del "hombre" puede ser de "voltereta" –el palo de la carta vuelta–, "solo" –sin robo en la baceta o monte–, y "bola" todas las bazas.

volterianamente *adv* De manera volteriana. | Umbral *Abc* 10.6.70, 7: La europea .. ha disociado cuerpo e individuo y se desviste .. cínicamente, volterianamente, como Brigitte Bardot.

volterianismo *m* Cualidad de volteriano. | Mercader-DOrtiz *HEspaña* 4, 226: Impíos integrales como Helvetius, Diderot o D'Holbach apenas es posible encontrar en la España del XVIII; algo más abundó el volterianismo cáustico y superficial de un Iriarte o un Samaniego.

volteriano -na *adj* Que hace crítica o se burla cínicamente de cosas comúnmente respetadas, esp. las de carácter religioso. *Tb n, referido a pers.* | Torrente *Pascua* 379: Arguyó la señora de Carreira que Dios y su Santa Madre estaban con los verdaderos cristianos, y que desconfiar de su ayuda era pecado mortal. "Pues como en este caso el verdadero intermediario entre nosotros y la voluntad de Dios ha sido Cayetano, yo no sacaría la procesión del Santo Entierro sin contar antes con él." "¿Sabe, Mariño, que me está usted resultando un poco volteriano?"

voltímetro *m* Aparato para medir tensiones o diferencias de potencial eléctrico. | Marcos-Martínez *Física* 196: La desviación de la aguja imantada mediante la corriente eléctrica se aplica en los aparatos de medida (amperímetros y voltímetros).

voltineta *f* (*reg*) Voltereta. | Delibes *Vida* 189: Lo que yo he admirado siempre en el nadador es el mínimo esfuerzo, la estabilidad: que uno se sostenga en el agua sin empeño, que dé una voltineta, que bucee, que vuelva a emerger.

voltio[1] *m* Unidad de diferencia de potencial y de fuerza electromotriz, que es la diferencia de potencial eléctrico que existe entre dos puntos de un hilo conductor que transporta una corriente constante de un amperio, cuando la potencia disipada entre estos puntos es igual a un vatio. | Marcos-Martínez *Física* 198: ¿Cuál es la resistencia de una lámpara de incandescencia que gasta un amperio, si la tensión de la línea es de 220 voltios?

voltio[2] *m* (*col, humoríst*) Vuelta o paseo. | Aristófanes *Sáb* 12.10.74, 57: Ayer va para ocho días que anduve pegándome un voltio por Santander, porque aquí, al chache, le gusta patearse el país.

volubilidad *f* **1** Cualidad de voluble [1]. | Kurtz *Lado* 231: Tal vez en mi excusa cuente con la volubilidad de toda la familia, los bruscos cambios de humor.
2 Rapidez o soltura de palabra. | SSolís *Camino* 268: –Pero... ¿ya casada?... –Sí, hija, sí –Tina hablaba con verdadera volubilidad–. Ya tiene veinticuatro años, ¿qué te crees?

voluble *adj* **1** [Pers.] inconstante o versátil. | Aranguren *SPaís* 28.1.79, 14: Ahora es posible que haya gente que piense que soy voluble.
2 (*Bot*) [Tallo] que crece arrollándose alrededor de un soporte. | Bustinza-Mascaró *Ciencias* 235: Tallos volubles son los que se arrollan alrededor de un soporte, por ejemplo, en el lúpulo. **b)** [Planta] de tallo voluble. | Navarro *Biología* 302: Lianas ... Son plantas trepadoras o volubles que, naciendo del suelo, se elevan sobre otros vegetales que utilizan como soportes para alcanzar la zona iluminada.

volublemente *adv* Con volubilidad. | Alós *Hogueras* 124: Y Telmo Mandilego y el periodista, volublemente, con animación, se ponen a comentar los últimos sucesos raciales en Nueva York.

volumen *m* **1** Parte del espacio ocupada por un cuerpo de tres dimensiones. *Tb su medida.* | Marcos-Martínez

Aritmética 128: No existen medidas prácticas de volumen. La Geometría nos enseña a determinar el volumen de los cuerpos midiendo ciertas longitudes de los mismos. CNavarro *Perros* 31: Se fijaba en las cosas sin dejar de definir su posición, su forma y su volumen. **b)** Masa o cuerpo considerados en sus tres dimensiones. | Delibes *Mundos* 133: Paisajes minerales los hay en todas partes. Un paisaje mineral salido del vientre de un volcán ya es distinto .. Los volúmenes rocosos, los truncados ríos de lava, tienen algo atormentado. **c)** (*Quím*) Cantidad [de una sustancia] que ocupa un determinado volumen [1a]. | Marcos-Martínez *Física* 269: Es muy soluble en el agua: un litro de esta disuelve hasta 1.000 volúmenes de amoníaco. Aleixandre *Química* 83: El agua oxigenada al 3 por 100 desprende, al descomponerse, diez veces su volumen de oxígeno, y por eso se llama de diez volúmenes.
2 Cuerpo material de un libro, reunido bajo una encuadernación. | *SInf* 19.12.74, 4: Ted Neely .. presenta en España la 2ª edición de este extraordinario y polémico volumen. Huarte *Diccionarios* 86: En los casos de diccionarios con los dos tomos en un mismo volumen. **b)** Álbum (disco o conjunto de discos que se venden formando unidad). | M. Alpuente *SInf* 11.10.73, 11: Casi al mismo tiempo que se editaba este último volumen de Joan Baez aparecía en el mercado un LP de Judy Collins.
3 Cantidad global [de algo]. | *ByN* 11.11.67, 83: G.M. tiene un volumen anual de ventas, neto, de veinte billones de dólares. *Sp* 19.7.70, 17: La producción bruta (la industria y la agricultura) habrá alcanzado, en 1970, un volumen 2,7 veces más elevado que en 1950.
4 Intensidad [de un sonido o de aquello que lo emite]. | P. Berbén *Tri* 8.8.70, 17: Los discos a volumen máximo, los reflectores paseando por el público .. constituyen parte del sistema de escamoteo. Casanovas *Des* 12.9.70, 36: Montserrat Alavedra era hasta hace poco una muy joven soprano de bella voz .. Voz incluso bellísima que adolecía de algo de falta de volumen.

volumetría *f* **1** Medición de los volúmenes [1]. | * Es un aparato muy utilizado en volumetría.
2 Distribución de los volúmenes de los distintos elementos de un edificio o conjunto arquitectónico, o de una obra artística. | J. Farrobo *Día* 28.5.76, 16: Junto a estas obras meritorias del arte religioso, la destacable representatividad de la arquitectura civil, que se armoniza volumetría y la acomodación al entorno. MGalván *Tri* 17.12.66, 55: En efecto, de ese manillar, combinado con un sillín, salió la cabeza escultórica de un toro iberocretense, dramatizado y mitificado en su bárbara esquelética volumetría.

volumétrico -ca *adj* De la volumetría. | RMartín *Mad Extra* 12.70, 7: En Alicante se han venido conculcando hasta el momento las finalidades prescritas para las plantas diáfanas y terrazas .., utilizando un volumen que no cubicaba en el proyecto de edificación y que, por lo tanto, constituía una estafa volumétrica. GNuño *Escultura* 86: Estas obras, solo aparentemente hermanas .. de la escultura griega, no se dejan vencer en grandiosidad, en vital robustez y en pleno sentido volumétrico de la piedra hecha plástica.

volúmica. masa ~ → MASA.

voluminador -ra *adj* Que da volumen al cabello. *Tb n m, referido a producto.* | *Envase* 3.77: Champú voluminador del cabello. *SD16* 21.7.90, 7: Llongueras aboga por voluminadores.

voluminoso -sa *adj* **1** Que tiene mucho volumen [1 y 3]. *Tb fig.* | Laiglesia *Tachado* 94: Toda la aristocracia de Burlonia, encabezada por la voluminosa archiduquesa Florinda, acudió ataviada con sus mejores galas. J. Juan *SVozC* 25.7.70, 9: España es receptora de un turismo muy voluminoso. L. Pablo *SAbc* 20.4.69, 35: No haré, desde luego, sino esbozar tales temas, suficientemente amplios como para ser objeto de un voluminoso estudio.
2 De(l) volumen [1]. | J. Zaragüeta *Abc* 23.12.70, 3: La cantidad continua o mensurable es abordada por la Geometría, con sus puntos, las líneas rectas o curvas que los unen, que pueden ser entre sí paralelas, .. de línea quebrada, que se dan en un plano superficial o voluminoso.

voluntad I *f* **1** Facultad humana de querer o no querer algo, tras su conocimiento y con plena libertad. | Gambra *Filosofía* 130: Atributo de la voluntad es la libertad o

albedrío. A diferencia del apetito sensible y de las formas inferiores de tendencia, el apetito racional o voluntad es libre.
2 Firmeza para realizar lo querido por la voluntad [1]. *Tb* FUERZA DE ~. | M. R. GVegas *Abc* 22.10.78, 20: Adelgazar unos kilos es cuestión de voluntad más que de otra cosa. A. PAndrés *Ya* 14.6.73, 23: Eleuterio es un individuo completamente normal, pero con una gran fuerza de voluntad.
3 Disposición u orientación de la voluntad [1]. *Gralm con los adjs* BUENA o MALA. | E. La Orden *SYa* 21.4.74, 4: ¡Qué difícil resulta, Dios mío, pese al estudio y a la buena voluntad, formarse una idea clara de algunas cosas de Las Casas! Zunzunegui *Hijo* 29: No consiguió aunar voluntades. **b) buena** ~. Disposición al bien. *Frec en la constr* DE BUENA ~. | *Arr* 22.10.70, 1: Pretendemos .. invitar a la reflexión a los hombres de buena voluntad.
4 Cosa querida por la voluntad [1]. *Frec con un compl especificador, gralm introducido por* DE. | Vesga-Fernández *Jesucristo* 132: Padre mío, si es posible aparta de mí este cáliz, mas no se haga mi voluntad, sino la tuya. *Puericultura* 15: Cualquier persona .. puede bañar a su niño diariamente .. Solo se necesita voluntad de hacerlo. **b) la** ~. (*col*) Cantidad que se da voluntariamente por algo, esp. por un servicio. | Cela *Inf* 27.5.77, 23: Aquí, en Palma de Mallorca, había un cura que sanaba los males más diversos con una castaña magnética de su exclusiva invención; por ella no cobraba nada, aunque admitía la voluntad, y así, a lo tonto a lo tonto –y castaña a castaña–, acabó comprándose un chalet en El Terreno. **c) última** ~. Voluntad [4a] expresada en testamento. *Tb el mismo testamento.* | Aguilar *Experiencia* 657: Es posible que ninguno .. promoviera tantos odios como aquel bretón, al que enterraron de pie, cumpliendo su última voluntad. *HLSa* 9.11.70, 2: Certificados nacimiento, matrimonio, bautismo, defunción, últimas voluntades.
II *loc v* **5 quitar** [a alguien] **la** ~ [de algo]. Disuadir[le de ello]. | RIriarte *Paraguas* 147: –¡No! ¡Espera! –¡Y dale! (Enfadada.) Pero, tía, ¿por qué le quitas al tío Leandro la voluntad?
III *loc adv* **6 a** ~. Libremente. | J. A. Recio *SVozC* 31.12.70, 6: Exige el cinematógrafo mecanismos especiales que permitan correr el film a voluntad.

voluntariado *m* **1** Condición de voluntario [2b]. | *Abc* 25.2.58, 41: También a la Antártida envía "voluntarios" el régimen soviético; hombres de ciencia que, por lo visto, discutían lo humano y lo divino –"lo divino" es el Kremlin– y pagan su error con "el voluntariado" en las tinieblas del Sur.
2 Alistamiento voluntario para el servicio militar. | DAlegría *Héroe* 15: En sus últimos años juzga así al sistema de voluntariado inglés en que está enrolado.

voluntariamente *adv* De manera voluntaria. | *Pap* 1.57, 107: Es un libro voluntariamente construido con materiales poéticos de muy varia extracción.

voluntariedad *f* Cualidad de voluntario [1]. | Ramírez *Derecho* 178: Es preciso además [para que haya delito] que la acción u omisión sea voluntaria. Lo que equivale a decir que sin voluntariedad no hay delito.

voluntario -ria *adj* **1** [Acto] querido por la voluntad [1]. | Ramírez *Derecho* 178: Es preciso además [para que haya delito] que la acción u omisión sea voluntaria. **b)** Que no implica obligación. | *Sor* 24.9.75, 5ª: Se pone en conocimiento de los contribuyentes y demás interesados que desde el día 16 de septiembre y hasta el día 15 de noviembre ha quedado abierta la cobranza, en período voluntario, de las contribuciones.
2 [Pers.] que obra según su voluntad [1]. *Tb fig.* | Delibes *Voto* 92: No entran muy voluntarias [las abejas], no señor. Yo no sé que las pasa hoy. **b)** [Pers.] que por propia voluntad se presenta u ofrece para algo. *Frec n, esp referido a soldados.* | I. Montejano *Hoy* 3.4.76, 16: Jaime García Sánchez lo dice siempre: "Soy pintor porque mi pueblo, Jaraíz de la Vera, me ayudó a serlo" .. Por lo tanto se puede decir que este homenaje que hoy un grupo, un abrazo de extremeños y voluntarios le ofrece, es también un homenaje de reconocimiento a ese pueblo. *Abc* 7.3.76, 18: Una vanguardia de voluntarios cubanos, en Mozambique.

voluntariosamente *adv* De manera voluntariosa. | *Van* 22.5.75, 5: Liberada voluntariosamente de las tutelas tradicionales, ha corrido sola la experiencia de ideologías ateas, de los misticismos deletéreos de la fidelidad a la pandilla.

voluntarioso – volver

voluntarioso -sa *adj* **1** [Pers.] que pone buena voluntad y esfuerzo en lo que hace. | Kurtz *Lado* 168: Era un muchacho dispuesto y voluntarioso.
2 [Pers.] que se empeña en hacer su voluntad. *Tb n.* | *Inf* 3.10.78, 19: Un importante colapso circulatorio se produjo a media tarde de ayer a causa de un voluntarioso conductor que pretendía acceder al aparcamiento de Tudescos cuando este se encontraba completo y optó por esperar, cerrando el único carril libre de la calle del mismo nombre. Pemán *Halcón* 39: El protagonista tenía que ser moreno, de tanto como lo hemos visto al sol. Los ojos, de ese negro líquido que tienen los voluntariosos.
3 [Cosa] que denota o implica voluntad o decisión. | Lera *Clarines* 381: Tenía el Raposo un perfil agresivo, voluntarioso y voraz. Alfonso *España* 62: Vamos a lomos de la lenta, humilde y voluntariosa evolución humana.

voluntarismo *m* (*Filos*) Teoría que sostiene el carácter predominante de la voluntad sobre todas las facultades psíquicas. | Aranguren *Marxismo* 57: El mito del príncipe no puede encarnar ya en un individuo sino en un grupo de la sociedad, especialmente dinámico –Gramsci erige el voluntarismo social frente al determinismo–.

voluntarista *adj* (*Filos*) De(l) voluntarismo. | Aranguren *Marxismo* 71: La realidad misma acabaría por transformarse (aspecto determinista); pero .. los comunistas .. pueden .. adelantar esa transformación (aspecto voluntarista, intervención de la libertad).

voluntativo -va *adj* (*Gram*) Volitivo. | Academia *Esbozo* 118: Una frase de naturaleza voluntativa halla fácil versión a veces en una pregunta .. La entonación voluntativa se halla también .. en correlación con formas y estructuras gramaticales específicas.

voluptuosamente *adv* De manera voluptuosa. | Arce *Precio* 105: Seguía el ritmo de la música voluptuosamente.

voluptuosidad *f* **1** Cualidad de voluptuoso [1 y 2]. | * Se recostó con voluptuosidad.
2 Cosa voluptuosa. | Laforet *Mujer* 123: Unos instantes disfrutó de esta voluptuosidad de ir .. mecida sobre las ruedas.

voluptuoso -sa *adj* **1** [Cosa] que produce placer sensual. | Escobar *Itinerarios* 199: Con tierra y uvas refriegan ávidamente su cuerpo, poniendo en el acto una pasión de abejas hirvientes que desearan el voluptuoso martirio del zángano.
2 [Pers.] amante del placer sensual. *Tb n.* | * Es un voluptuoso.
3 Que denota voluptuosidad [1]. | Payno *Curso* 229: Había hablado la de azul. Tenía una boca grande, voluptuosa.

voluta *f* (*Arquit*) Adorno en forma de espiral, propio esp. del capitel jónico. | Angulo *Arte* 1, 80: Como en dos de sus frentes las volutas quedan ocultas y sólo presentan una superficie cilíndrica, en las columnas de ángulo esta superficie cilíndrica es reemplazada por un tercer frente de volutas.
b) Espiral. *Frec referido al humo del cigarro.* | CNavarro *Perros* 238: Ella se puso a mirar el humo que salía de su cigarro: ascendía en pequeñas volutas.

volva *f* (*Bot*) Membrana que envuelve algunos hongos en la primera etapa de su desarrollo, y que después se rompe formando una especie de bolsa de donde sale el pie. | N. Luján *Gac* 28.9.75, 21: Las setas han de arrancarse enteras, sin cortarlas por el pie ..; en el caso de cortarla, podría quedar la volva de una amanita mortal enterrada en el suelo.

volvedera *f* Instrumento curvo que se fija a la parte posterior del trillo para volver la mies mientras se está trillando. | J. F. Álvarez *Nar* 6.77, 29: El cabezal delantero lleva en el centro el "gancho", hierro curvo donde se enganchan al trillo las trilladoras o el timón sujeto al yugo, y del que tiran los animales. En el cabezal trasero pueden llevar unos clavos a los que se enganchan las volvederas de la parva.

volver (*conjug* 35) **A** *intr* ➤ a *normal* **1** Ir al lugar de donde se salió. *Frec con un compl* A o HACIA. | CBonald *Dos días* 98: –Aquí tienes el billete .. –¿Qué billete? –El del tren .. Te bajas donde más coraje te dé, pero por aquí no vuelvas, ya lo sabes. Torrente *SInf* 19.9.74, 12: Otras tuvieron, después de pensarlo mucho, .. la suerte de casarse con el aldeano que volvía de Cuba, enriquecido.
2 Ir de nuevo. *Normalmente con un compl* A o HACIA. *Tb fig*. | CBonald *Dos días* 120: Yo me escapaba al jardincillo para cazar libélulas o me iba a la sacristía a pedir recortes de hostia y a esperar que tocara la campana para volver a clase. Fuster *Inf* 15.8.74, 13: Vuelvo a lo que iba: a que, excepcionalmente, el "acto" de comer es probablemente la única fatalidad "fisiológica" que .. realizamos "en común".
3 ~ **a** + *infin* = *ind* + DE NUEVO (volvió a caer = cayó de nuevo). | Olmo *Golfos* 121: El Mollas .. se levantó furioso y .. al abalanzarse sobre el guarda, recibió de este una patada en la boca que volvió a tumbarlo.
4 ~ (**en sí**). Recobrar el conocimiento. *Tb fig. Gralm se usa referido a 3ª pers sg o pl.* | Delibes *Madera* 141: Con los párpados caídos, trémulo, parecía privado de conciencia: –¡Dios mío, Telmo! .. –Ya vuelve –dijo tío Vidal. Olmo *Golfos* 58: El nuevo, al recibir el agua, volvió en sí. ZVicente *Traque* 139: Ay, no quiero ni acordarme, porque qué impresión, si me parece que aún no he vuelto en mí.
5 Tomar otra dirección. *Seguido de un compl adv que expresa la nueva dirección.* | * Al llegar allí, tiene usted que volver a la derecha. * El camino vuelve a la izquierda.
6 Volverse atrás [de algo (*compl* SOBRE)]. (→ acep. 8b.) | Mendoza *Ciudad* 194: Le había dado a entender que lo consideraba ya como su yerno. Ahora parecía buscar la forma menos cruda de volver sobre aquellas palabras de asentimiento. *Cam* 2.12.74, 33: Sindicatos le pudo a Trabajo y, con la presión de la huelga y de la reunión de enlaces y jurados, consiguió que la empresa volviera radicalmente sobre su actitud inicial. **b)** ~ **de su acuerdo** → ACUERDO.
7 (*lit*) Salir en defensa o ayuda [de alguien o algo (*compl* POR)]. | J. MArtajo *Ya* 18.5.75, 7: Nacido en el mismo solar que Isidro, me sentí obligado a volver por su honra profesional y la de sus congéneres.
➤ **b** *pr* **8** Emprender la marcha hacia el lugar de donde se salió. | Payno *Curso* 228: –Oye, Antonio, ¿dónde vamos? –A la piscina, don Darío. –Si sigues tan idiota, me vuelvo. **b)** ~**se atrás** (*o, más raro,* **para atrás**). Retirar lo dicho, o renunciar a la actitud que se había tomado. *Frec con un compl* DE. | S. Miranda *Abc* 23.12.70, 8: Al .. ver un cartel donde anunciaba que la docena de langostinos costaba 875 pesetas, di un respingo y exclamé decidido: Señores, nada de lo dicho, me vuelvo atrás. SFerlosio *Jarama* 110: Así es que a uno ni de casarse le queda humor. Hace dos años estuve a punto. A tiempo me volví para atrás.
9 Girar la cara o todo el cuerpo hacia atrás. | Cunqueiro *Un hombre* 10: Detuvo el asno y se volvió para echar un vistazo a las cestas. Medio *Bibiana* 12: Se vuelve de espaldas al hombre para quitarse la combinación y el sostén. **b)** Girar la cara o todo el cuerpo [en dirección a una pers. o cosa (*ci o compl adv*)]. | Arce *Testamento* 13: Enzo lanzó una carcajada. Después se volvió a su compañero.
10 Ponerse [una pers. o cosa (*suj*) en contra de otra (*compl* CONTRA)]. | F. A. González *Ya* 26.6.73, 60: Como todas las armas, la penicilina puede volverse contra nosotros.
11 Transformarse [en algo (*n o adj predicativo*)]. | HLM 16.9.74, 1: Todo se volvió en un segundo oscuridad y horror. Diosdado *Olvida* 32: Me estoy volviendo escéptica .. Tengo la desagradable sensación de haberme pasado la vida haciendo el primo. **b)** Ponerse. *Seguido de un adj predicativo.* | Salvador *Haragán* 116: Calla, José, que te vuelves inconveniente. Cuevas *Finca* 66: De repente se volvieron serios y llamaron a Gregorio.
12 ~**sele** [a uno] **todo** + *infin* = NO HACER [uno] MÁS QUE + *el mismo infin.* | * Todo se le volvía decir que tenía que matar al director.
B *tr* **13** Hacer que [alguien o algo (*cd*)] vaya al lugar de donde salió. | Vesga-Fernández *Jesucristo* 134: Simón Pedro sacó la espada y dio un tajazo a Malco .. Pero Jesús le curó y mandó severamente a Pedro que volviese la espada a su vaina. **b)** Devolver [algo] a aquel a quien pertenece. | * Debemos volver al prójimo lo que es suyo.
14 (*pop*) Hacer que [alguien (*cd*)] recobre el conocimiento. *Tb* ~ EN SÍ. | Delibes *Guerras* 98: A Madre, por un ejemplo, la dio el telele, y la Corina tuvo que arrearle un par de moquetes para volverla. Lera *Clarines* 400: Le miraba sin saber qué hacer para volverlo en sí.
15 Dar [algo] a cambio [de lo recibido (*compl* POR)]. | * Hay que volver bien por mal.
16 Hacer que [algo (*cd*)] presente la cara o lado opuesto a los que antes presentaba. *Tb abs.* | *Lab* 2.70, 11: Haced

vómer – voraz

unos cortes en las orillas y volved el cuerpo del derecho. Moreno *Galería* 141: Yuntas de trilla, trillos, .. horcas y palas de volver, rastras y algunos otros objetos para la faena de trillar fueron desplazados por la máquina trilladora que también incorporaba la máquina de "aventar", solamente. **b)** Confeccionar de nuevo [una prenda] haciendo que quede como derecho lo que antes era revés. | Miguel *Mad* 22.12.69, 13: El antiguo "quiero y no puedo" .. era el flan de polvos, la malta y los abrigos "vueltos". **c)** Hacer que [la piel (*cd*)] presente a la vista el lado opuesto al del pelo. *Gralm en part.* | CBonald *Dos días* 120: En casa había dos escopetas negras y brillantes guardadas en unas fundas de becerro vuelto. **d)** Pasar, girando, a la otra cara [de una esquina (*cd*)]. | DCañabate *Abc* 27.10.74, 45: Al volver una esquina me di de bruces con una mujer ya entrada en años. **e)** Dar la segunda reja [a la tierra (*cd*)]. | * Ayer pasé por la huerta, y aún estaba sin volver. **f)** ~ [a alguien] **como un guante**, o **como un calcetín**. (*col*) Hacer[le] cambiar radicalmente. | Lera *Bochorno* 141: Bernardo es también de los que no quieren preocuparse por nada que no sean sus libros. Pues, o lo vuelvo como un calcetín, o lo dejo plantado.
17 Hacer que [alguien o algo (*cd*)] cambie su orientación. *Gralm seguido de un compl adv que expresa la nueva orientación. Tb fig.* | Ramos-LSerrano *Circulación* 193: Patinazos. Cuando el coche patina por estar el piso mojado, helado, por tener barro, arena u otra causa, generalmente lo hace en forma de coletazo. Se corrigen volviendo la dirección en el mismo sentido del coletazo. * Volvió su pensamiento hacia los demás. **b)** ~ **la espalda** → ESPALDA.
18 Transformar [en algo (*n o adj predicativo*)]. | A. Cobos *Ya* 10.10.74, 33: Su procedimiento utilizaba la propiedad que tiene la luz de volver insoluble la gelatina bicromatada. *SAbc* 1.10.78, 43: El "jogging" vuelve a los pacientes más habladores. **b)** Poner [a alguien o algo de una determinada manera (*adj predicativo*)]. | * Me vuelven loco estos ruidos. * El sol lo volvió amarillo. **c)** ~ **loco** → LOCO.

vómer *m* (*Anat*) *En algunos vertebrados:* Huesecillo que forma la parte posterior de las fosas nasales. | Navarro *Biología* 177: Un tabique formado por la lámina media del etmoides, que se continúa por el vómer, divide a la cavidad nasal en una fosa nasal derecha y otra izquierda.

vómica. nuez ~ → NUEZ.

vomitada *f* Acción de vomitar [1]. *Frec su efecto.* | CPuche *Paralelo* 84: Si seguía acercándosele así, era seguro que no podría reprimirse y le echaría encima el grifo abierto de su vomitada.

vomitado¹ -da *adj* **1** *part* → VOMITAR.
2 [Pers.] que ha vomitado. *Tb n. A veces en constrs de sent comparativo para ponderar la palidez o el aspecto enfermizo de una pers.* | Berlanga *Recuentos* 14: Todas las madrugadas –a la misma hora cerrada, la misma cara de vomitado, la bombilla mortecina ..– el tío Goyetes enganchaba a la "Cociosa" en la noria de la amasadera.

vomitado² *m* Acción de vomitar [1]. | Castellanos *Animales* 71: La ingestión de esta hierba facilita el vomitado de las bolas de pelos.

vomitador -ra *adj* Que vomita [1]. | Alcalde *Salud* 306: En los niños de corta edad, el síntoma más llamativo es el vómito (niños vomitadores).

vomitar *tr* **1** Arrojar por la boca [lo contenido en el estómago]. *Frec abs.* | Arce *Testamento* 85: Tuve una náusea, después una arcada y vomité un juguillo aceitoso esparcido con trocitos de conserva. Laforet *Mujer* 53: Estaba embarazada nuevamente. Vomitaba. **b)** Arrojar por la boca [algo procedente del interior]. *Frec referido a sangre.* | * Vomitó las tripas. * Ha vomitado sangre; debe tener algo de pecho. **c)** **ser** [algo] **para** ~, o **dar** [algo] **ganas de** ~. Producir repugnancia física o moral. | * Las fotografías en cuestión daban ganas de vomitar.
2 Manchar [algo] con vómito. | GHortelano *Amistades* 8: Para que me vomite el traje, ¿no?
3 (*fig*) Arrojar [una cosa (*suj*) algo (*cd*)] fuera de sí. | ZVicente *Balcón* 63: Llega, alta, la musiquilla del cine .. Poco después, de la fachada, anónimamente, se vomita la música inaugural del Nodo.
4 (*lit*) Proferir [insultos, amenazas o inconveniencias]. | Zunzunegui *Camino* 13: Los hombres la miraban ya con venatorios ojos salaces. Más de una vez alguno le vomitara una bestialidad... y ella había corrido hacia casa atemorizada.
5 (*col*) Confesar o revelar [algo secreto]. | Tomás *Orilla* 228: Se lo habían montado bien, pero era demasiado mogollón de tíos. Alguien se ha ido de la mui .. Si alguna chota no llega a vomitar el asunto, esos se largan.

vomitera *f* (*col*) Vómito [1] grande. | Berenguer *Mundo* 223: –¡Bebe, coño! .. –Es que se me sube en seguida y me dan vomiteras.

vomitivo -va *adj* Que provoca vómito. *Frec n m, referido a medicamento o agente. Tb (lit) fig.* | Ama casa 1972 59: En caso de intoxicación, están indicados vomitivos, reposo y dieta absoluta, en espera del médico.

vómito *m* **1** Acción de vomitar [1]. *Tb su efecto.* | Alcalde *Salud* 314: Cuando la sangre es expulsada por la boca (hematemesis), el aspecto del vómito puede ser color rojo vivo o adoptar la forma de posos de café.
2 ~ **negro** (o **prieto**). Fiebre amarilla. | F. LIzquierdo *MHi* 5.64, 70: Se quedaron sin ver al extraordinario espada, pues a poco de desembarcar falleció en la misma capital a causa del vómito negro. HSBarba *HEspaña* 4, 268: El llamado vómito prieto de las regiones equinocciales, que, como las [enfermedades] anteriores, hacía presa de modo especial a los indios, aumentaba considerablemente los índices de mortalidad.

vomitón -na *adj* (*col*) Que vomita mucho. *Normalmente referido a un niño.* | Puericultura 39: En ocasiones es [el chupete] el motivo por el cual se hace vomitón.

vomitona *f* (*col*) Vómito [1] grande. *Tb fig.* | CPuche *Paralelo* 85: Genaro trató de eludir la manaza del sargento y en este mismo momento le soltó, sobre el impecable pijama, todo el chorro de su vomitona. Delibes *Mundos* 125: Tenerife es .. una vomitona del Teide, una pura excrecencia volcánica.

vomitorio *m* (*hist*) *En un teatro, anfiteatro o circo romanos:* Abertura que da acceso a las gradas. | Arenaza-Gastaminza *Historia* 52: Vomitorios. Graderíos. [*En un gráfico del teatro y anfiteatro romanos.*] **b)** *A veces tb referido a una construcción moderna, esp un estadio o una plaza de toros.* | DCañabate *Abc* 15.3.68, 109: Ha perdido exactamente 315 localidades, a pesar de que se han ampliado en tres o cuatro las filas de los tendidos. ¿Y cómo es esto? Pues porque asimismo se han ampliado las entradas llamadas por mal nombre vomitorios. Berlanga *Acá* 65: Los vomitorios fueron una riada en duelo, los dos puntos perdidos, Lucas le pidió que le enseñara la salida de los vestuarios, pero para Fulgencio no era el momento de ver a los derrotados.

vopo *m* Miembro de la policía de la antigua República Democrática Alemana. | *ElM* 12.11.89, 1: 700.000 ciudadanos de Berlín oriental visitaron ayer el sector occidental de la ciudad, utilizando los pasos tradicionales y los dos agujeros abiertos en el Muro por orden de las propias autoridades del Este. Los "vopos" se ocuparon de abrir las primeras brechas.

voquible *m* (*lit, humoríst*) Vocablo raro. | Torrente *SInf* 29.9.77, 12: No implica la más mínima manifestación de mi postura personal ante el hecho indiscutible de que nuestra civilización haya consistido .. en la .. sustitución .. de los contenidos sacros por los profanos; si quiere que juguemos un poco con el voquible, en la profanación de la vida social.

voracidad *f* Cualidad de voraz. | Arce *Testamento* 109: Enzo estaba verdaderamente agotado, yo hambriento, y El Bayona hizo alarde de una voracidad auténticamente canina.

vorágine *f* (*lit*) Remolino muy fuerte que se forma en el agua. *Frec fig.* | Miret *Tri* 26.12.70, 14: Entran en la vorágine de esta problemática de un mundo que quiere mantenerse construido por sí mismo y a espaldas de la tutela religiosa.

voraz *adj* **1** Que come mucho y con avidez. | Bustinza-Mascaró *Ciencias* 115: Son muy voraces [las actinias], alimentándose de animales que se ponen a su alcance. **b)** Propio de la pers. o animal voraz. | *Inf* 22.10.70, 23: A los dos o tres días empecé con un apetito más fuerte, hasta terminar en un apetito voraz.

2 Que destruye o consume con gran rapidez. *Frec referido al fuego.* | J. CAlberich *Mun* 23.5.70, 26: Toda la península indochina está siendo devastada por un voraz incendio bélico.

vorazmente *adv* De manera voraz. | CBonald *Ágata* 271: Un vientecillo tórrido de poniente había rociado a la sazón sobre el parque una suerte de matapolvo que, apenas caído, fue vorazmente succionado sin dejar rastro por una tierra que ya empezaba a reintegrarse a su esquilmada condición de erial.

vórtice *m* (*lit*) Torbellino o remolino. *Tb fig.* | CBonald *Ágata* 149: Le señaló con el dedo más allá de los cristales, hacia donde la densa masa central del nublo parecía haber quedado absorbida por un vórtice posterior, estableciendo un cambio de tonalidad dentro de lo apelmazado del aire. FReguera *Bienaventurados* 48: Durante varias horas estuvo dando vueltas y más vueltas en el torbellino de la Puerta del Sol, preso en el escandaloso vórtice de gritos.

vorticela *f* Animal unicelular en forma de copa, dotado de cilios en la parte superior y de un pedúnculo en la inferior que le sirve para fijarse (gén. *Vorticella*). | Bustinza-Mascaró *Ciencias* 108: Para alimentarse, la vorticela agita sus cilios y produce entonces un movimiento de torbellino en el agua, que arrastra las partículas alimenticias .. hacia el citostoma.

vos **I** *pron pers* **1** Se emplea en lenguaje ceremonioso, con concordancia en pl, para designar a la pers a quien se dirige la palabra. Toma la forma OS (que se pronuncia átona) cuando funciona como cd o ci sin prep. | *Van* 3.2.74, 5: "El pueblo español ve en vos, señor, la garantía de un brillante futuro que con el esfuerzo de todos conseguiremos para nuestra España", dijo [al Príncipe de España] el señor Samaranch, presidente del Comité Organizador del certamen. *Van* 3.2.74, 6: El señor Samaranch finalizó su discurso, manifestando ..: "Os ruego, Alteza, que hagáis llegar también al Caudillo de España, una vez más, nuestra adhesión incondicional".
2 hablar, tratar, *o* **llamar, de ~.** Emplear el pron. *vos* para referirse al interlocutor. | DPlaja *Sociedad* 86: Pedro Crespo hablará a su hijo de tú a solas y de vos ante la gente.
II *loc adv* **3 por ser ~ quien sois.** Por tratarse de quien se trata. | Torbado *SInde* 25.8.90, 9: La misma Greta Garbo, que venía sin cuartos y la dejaron marchar [del hotel] sin ajustar la cuenta, por ser vos quien sois.

vosear *intr* Hablar con voseo. | ZVicente *Dialectología* 409: Chiapas vosea .. Y se une así al voseo centroamericano.

voseo *m* Uso peculiar del pronombre *vos* en lugar de *tú*, propio de algunos países americanos. | Academia *Esbozo* 143: Los imperativos sin -*d* se conservan .. plenamente en las zonas americanas de voseo.

vosotros -tras *pron pers pl* Designa dentro de la frase a ser a quien esta va dirigida, cuando a él son asociados otro u otros; o tb, a varios seres a quienes conjuntamente se dirige la frase. Toma la forma OS (que se pronuncia átona) cuando funciona como cd o ci sin prep; cuando OS va inmediatamente después del v, se escribe unido a él en una sola palabra. Existe una forma pop SUS = OS. *Cf* TÚ. | *Catecismo 4* 1: Este Catecismo que tenéis entre las manos os va a servir para vuestro cuarto año escolar. Lo hemos pensado y escrito para vosotros un grupo de sacerdotes y de profesores. T. Berrueta *Rev* 12.70, 28: No penséis que siempre hay que elegir entre una corbata o un bolígrafo de ocho colores: os aseguro que se puede matizar un poco más. DCañabate *Paseíllo* 90: ¿Sus vais a poner acaramelaos?

votación *f* Acción de votar. *Tb su efecto.* | *Abc* 10.11.70, 30: He aquí los datos definitivos del escrutinio de las votaciones en el Estado Federal de Hessen.

votante *adj* Que vota. *Frec n, referido a pers.* | Carrero *Pue* 22.12.70, 5: El pueblo español .. dio su asentimiento con la abrumadora mayoría del .. noventa y cinco por ciento de los votantes.

votar **A** *intr* **1** Dar [alguien] su voto [3]. | *Ya* 13.11.76, 14: Quien vote en contra del proyecto está con las enmiendas a la totalidad, y quien vote a su favor rechaza aquellas enmiendas.

B *tr* **2** Votar [1] a favor [de alguien o algo (*cd*)]. | *Inf* 17.11.77, 6: Inicialmente se había previsto votar a un diputado de la U.C.D. y no a otro de Alianza Popular al que se indicó votar en el último momento.
3 Aprobar [algo] por voto [3]. | *SPaís* 25.11.77, VI: Toda exención o desgravación fiscal deberá establecerse en virtud de ley votada por las Cortes generales. Torrente *Isla* 295: Quizás fuesen también mendigos milenarios, trimilenarios, los ciudadanos libres que habían votado la cicuta para Sócrates.
4 Votar [1] [sobre algo (*cd*)]. | *Ya* 9.6.78, 12: Se votó la enmienda de los hombres de Alianza Popular y tuvo solo a favor los votos de sus dos diputados. Los demás dijeron no.

votivo -va *adj* (*Rel*) **1** Ofrecido por voto [1]. | Goytisolo *Recuento* 218: Histórico itinerario iniciado en el subsuelo del antiguo Palacio Real Mayor, a partir de las ruinas del foro romano, progresión de espacios subterráneos, de techos cerrados sobre una panorámica de columnas y pedestales .., torsos togados, manos de mármol, relieves, lápidas votivas, aras y hornacinas.
2 (*Rel catól*) [Misa] que, no siendo propia del día, se puede decir por devoción. | Ribera *Misal* 871: Si la Misa votiva es solemne .. se dirá una sola oración.

voto *m* **1** (*Rel*) Promesa formal hecha a Dios, a la Virgen o a un santo. | Cunqueiro *Un hombre* 22: Decía que era celta, y que andaba por voto vagabundo. **b)** *En pl:* Conjunto de los votos de pobreza, castidad y obediencia exigidos a los religiosos. | *Ya* 2.5.75, 22: La madre general guarda gratos recuerdos de su anterior permanencia en esta comunidad, a la que perteneció tras profesar sus votos por espacio de varios años.
2 (*lit*) *En pl:* Deseos [de algo (*compl* POR)]. *Normalmente en constrs como* HACER *~*S *o* FORMULAR *~*S. | *Alc* 1.1.55, 3: Corresponde con sus votos por la felicidad de todos. *ByN* 31.12.66, 50: *Blanco y Negro* .. formula votos por la dicha del nuevo matrimonio.
3 Opinión expresada en una asamblea deliberante, en un cuerpo político o en una elección. | *Ya* 9.6.78, 12: Se votó la enmienda de los hombres de Alianza Popular y tuvo solo a favor los votos de sus dos diputados. **b)** Opinión sobre una decisión que hay que tomar. | * Mi voto es que no vayamos hasta el lunes. **c)** Derecho a voto [3a]. | *BOE* 28.2.77, 4767: Formarán también parte del Claustro todos los profesores especiales ..; sin embargo, solo tendrán voto los que impartan al menos doce horas semanales de clase en el propio Centro.
4 Votación. | GSalomé *Ya* 4.12.74, 10: En esta ocasión había estallado un desacuerdo entre G. Papandreu y su hijo, que se oponía al voto de la investidura, pero que al fin se plegó a las terminantes órdenes de su padre.

vox populi (*lat; pronunc corriente,* /bóks-pópuli/) *loc n f* (*lit*) Voz u opinión popular. | Clarasó *Van* 20.12.70, 92: En una de las canciones suenan dos palabrotas de esas que nadie se atreve a pronunciar en sociedad y los más timoratos no se atreven ni a pensarlas. La "vox populi" ha repetido las palabrotas, con música.

voyeur (*fr; pronunc corriente,* /buayér/; *pl normal,* ~S) *m* Mirón (pers. que se complace en la contemplación de escenas eróticas o de desnudos). | X. Domingo *Tri* 19.12.70, 31: Requieren largas y agotadoras sesiones de una actividad mucho más parecida al acto sexual que a la mecánica de la toma de vistas .. Igual que los "voyeurs", igual que los "mirones". **b)** (*raro*) Mirón (pers. que mira demasiado o con excesiva curiosidad). | VMontalbán *Rosa* 69: Estaba el negocio cerrado y no había otra luz que la de las pantallas de los televisores transmitiendo simultáneamente en las tres cadenas, ante la mirada de vocacionales *voyeurs* de escaparate.

voyeurismo (*pronunc,* /buayerísmo/) *m* Condición o comportamiento de voyeur. | *Int* 14.7.82, 109: De ahí que bajo los buenos oficios de una especie de director se monten orgías "happenings", .. flagelaciones, crucifixiones, números de voyeurismo, de exhibicionismo.

voyeurista (*pronunc,* /buayerísta/) *adj* De(l) voyeurismo. | VMontalbán *Tri* 27.2.71, 28: El secuestro aéreo, el terrorismo, la guerrilla urbana, emociones fuertes que llegan al consumidor burgués con el precio gravado por la importación del mundo de la realidad al mundo de sus perversiones voyeuristas.

voz I *f* **1** Sonido producido al pasar por la laringe el aire expelido de los pulmones, haciendo vibrar las cuerdas vocales. | Legorburu-Barrutia *Ciencias* 78: La laringe. Es el órgano donde se produce la voz. **b)** Conjunto de cualidades acústicas de la voz. | Cela *Judíos* 70: El mendigo, como impensadamente, cambió la voz. Cunqueiro *Un hombre* 14: Lo preguntó con voz amable pero distante. Matute *Memoria* 71: Gondoliero [el periquito] empezó a musitar cosas, con vocecilla curruscante. **c)** (*lit*) Sonido [de una cosa, esp. de un instrumento musical]. | Cunqueiro *Un hombre* 103: El mozo rubio arrancó de su laúd unas voces melodiosas. **d)** (*lit*) Sensación interior a manera de inspiración. *Normalmente con un compl especificador*. | Delibes *Emigrante* 33: Estos chaveas no son para mí como los demás. Eso de la voz de la sangre no es un cuento. **e)** (**la**) **~ de su amo.** Pers. que por respeto o disciplina está totalmente sometida a otra en sus opiniones. | Anson *SAbc* 1.2.70, 8: En primer lugar ha nombrado un sucesor con fuerza dentro del partido y del Ejército ..: el mariscal Lin Piao, hombre de sesenta años, fiel como un perro a Mao, voz de su amo.
2 Grito (palabra pronunciada en tono muy alto). *Frec en pl y en constrs como* A VOCES *o* DAR VOCES. | FSantos *Hombre* 124: Adiós, papá, tan aburrido en casa, buscando algún pretexto para salir al bar, para volver de noche vacilante, sin una sola voz, sin un mal gesto hasta entrar en la alcoba, donde mamá te espera, siempre despierta. Cela *SCamilo* 199: Se pegan demasiadas voces y se cruzan amenazas .., a la gente le ha entrado el hormiguillo.
3 Aptitudes para el canto. | J. Cava *Alc* 21.10.70, 26: El triunfo lo consiguió primero con "Pepa Bandera" .. Y con su último éxito vino su boda con Adolfo, el hombre que supo aprovechar la voz y el encanto de Encarnita Polo.
4 (*Mús*) Cantante. | FCid *Abc* 4.10.70, 71: Intervienen vientos, cuerdas, percusiones, instrumentos de teclado, voces.
5 (*Mús*) Línea melódica de las que forman una composición polifónica. | Valls *Música* 63: La obra del maestro Antonio de Cabezón .. está compuesta en su mayor parte sobre temas procedentes de la monodia eclesiástica, a los que añade un riquísimo y variado aditamento polifónico que con frecuencia ahoga la voz fundamental.
6 Opinión o parecer. *Frec con vs como* OÍR *o* ALZAR. | CBaroja *Inquisidor* 57: Cuando los liberales cayeron otra vez, .. se alzaron voces que pedían su restablecimiento [de la Inquisición]. **b)** Derecho a opinar en una asamblea o junta. | *BOE* 13.8.57, 745: A las Juntas de Claustro asistirá con voz, pero sin voto, el Director espiritual del Instituto.
7 Información verdadera o falsa que circula de boca en boca. *Con el v* CORRER *o* CIRCULAR. | Cuevas *Finca* 13: De doña Carmen corrían malas voces. Cunqueiro *Un hombre* 14: Si hace unos veinte años hubiese llegado a la ciudad un hombre como tú .. yo hago correr la voz .. habría que cortar el miedo con un cuchillo.
8 Palabra o vocablo. | Rabanal *Lenguaje* 201: Se ha hecho notar cien veces, y en cien distintos lugares, lo frecuentemente que las voces hipocorísticas se basan en una reduplicación o reiteración de una misma o parecida sílaba. **b)** *En un diccionario*: Palabra o conjunto de palabras que encabezan un artículo. | *Abc* 21.5.67, 30: Con millares de ilustraciones, gráficos y mapas, que le "explican" a usted con claridad lo que en las voces respectivas se define. **c)** (*Mil y Mar*) Palabra o frase mediante la cual se ordena algo. *Frec ~* DE MANDO. | GSerrano *Macuto* 25: En cuanto comenzaba a oírse el zumbido de un motor, los oficiales tocaban los pitos y se oían voces: –¡Avión! ¡Cuerpo a tierra! * Las voces de mando de la milicia son numerosas.
9 (*raro*) Autoridad o poder. | Aldecoa *Cuentos* 1, 59: Si yo falto, el sotapatrón es el que tiene la voz a bordo.
10 (*Gram*) Categoría verbal que expresa básicamente si el sujeto gramatical designa al agente o al objeto de la acción del verbo. | Alonso *Lengua* 95: La voz expresa si la significación del verbo se producida o recibida.
II *loc v* **11 dar una ~** [a alguien]. Llamar[le] a gritos. | SFerlosio *Jarama* 60: –Mirarlo .., ¡vaya un sueño que tiene el gachó! .. –Vamos a darle una voz.
12 dar una ~ (*o* **cuatro voces**) [a alguien]. Reprender[le] con gritos. *Tb sin compl*. | * Le di una voz y no volvió a dar guerra en toda la tarde. Delibes *Emigrante* 37: Acabé dando cuatro voces.
13 levantar (*o* **alzar**) **la ~** [a alguien]. Hablar[le] a gritos y de manera desconsiderada. *Tb sin compl*. | Cela *Judíos* 77: Oiga usted, Jumilla, si me levanta usted la voz, le doy semejante metido que le hundo la boca. Pemán *Testigos* 269: Era la primera vez, Dios mío, que él y yo habíamos alzado la voz.
14 llevar la ~ cantante [en una reunión o en un asunto en que intervienen varias perss.]. Ser el más destacado o el que impone su voluntad. | Payno *Curso* 151: Se discutió mucho .. Melletis llevaba la voz cantante. Zunzunegui *Hijo* 76: La voz cantante de la tertulia solía llevarla "el príncipe de Gales".
15 no oírse una ~ más alta que otra [en un lugar]. Haber armonía y buenos modos en el trato entre las perss. | FReguera-March *Boda* 198: Tiene que marcharse de aquí apaciguado, conforme, en paz, sin que se oiga una voz más alta que otra.
III *loc adv* **16 a la ~.** (*Mar*) Con vítores o hurras, o con el saludo militar. *Con el v* SALUDAR. *Tb adj*. | Torrente *Sombras* 178: Había saludado cortésmente a la voz y al cañón, como en los barcos de guerra. Delibes *Madera* 310: Pese a la distancia, la mirada de águila del instructor reparó en él y, entonces, se sacó el silbato de la boca y voceó ásperamente: –¡El saludo a la voz obliga a todos!– .. Gervasio titubeó .. Afirmó la mano izquierda sobre la barra fija y fue levantando gradualmente la derecha hasta rozar la sien.
17 a (**la**) **~.** Al alcance de la voz [1]. | GPavón *Reinado* 50: Maleza y dos guardias llegaban aspeando campo traviesa. Plinio esperó a que estuvieran a voz.
18 a ~ en cuello, *o* **a ~ en grito.** En voz [1] muy alta o a gritos. | Delibes *Hoja* 25: Mientras trajinaba, podía cantar a voz en cuello sin fastidiar a nadie. Olmo *Golfos* 116: Aquella mujercita repulsiva soltó una sonora carcajada y, a voz en grito, les dijo a sus dos compañeras: –¡Oye, Lola! ¡Y tú, Renegá!
19 a voces. De manera muy evidente o llamativa. *Con vs que significan 'decir'.* | Laín *Universidad* 149: El hecho de que uno de sus ídolos intelectuales .. haya llegado a donde ahora está a través de Marx, Freud .., ¿no está diciendo a voces que no hay "ciencia congelada" cuando el hombre sabe aprender lo que le enseñan con efectiva voluntad de originalidad y progreso? MSantos *Tiempo* 63: Lo que Cervantes está gritando a voces es que su loco no estaba realmente loco. **b)** [Secreto] → SECRETO.
20 de viva ~. De manera oral. *Tb adj*. | Villapún *Iglesia* 5: Entre las fuentes humanas, están todos los documentos de origen puramente humano, como son: Las tradiciones, o testimonios orales transmitidos de viva voz, aunque en el transcurso del tiempo llegasen a escribirse. *MHi* 2.55, 20: Fueron acumulándose testimonios de viva voz, documentos, pruebas a granel.

vozarrón *m* Voz muy potente. | Kurtz *Lado* 150: El vozarrón del viejo Roura .. no se me olvidará en la vida.

vudú (*Rel*) I *m* **1** Hechicería religiosa de los negros antillanos. | *Abc* 26.8.75, 64: Brujos y brujas ofrecieron un inusitado espectáculo, mientras que [a]l ritmo del candomble y con actos de vudú se intentó "llevar" a las gentes un mensaje para convencerlas de que todos los seres humanos "son brujos".
II *adj* **2** De(l) vudú [1]. | Palomino *Hucha* 2, 43: En estornudos es mejor ese cocimiento puertorriqueño, vudú, pero hay que esperar a la noche de San Silvestre. **b)** Adepto al vudú. *Tb n*. | *Ya* 24.4.71, 11: Para "Papá Doc", médico y brujo, el número 22 ha sido la cifra mágica en su vida y en los ritos por los que se ha impuesto a una población que es en un 90 por 100 católica romana, pero en un 99 por 100 vudú.

vuduismo *m* (*Rel*) Vudú [1]. | * Los ritos del vuduismo.

vuduista *adj* (*Rel*) **1** De(l) vudú. | J. M. Reverte *Méd* 20.11.87, 82: Se requiere, además de la llamada vocacional .., conocer los nombres de los loas o espíritus, sus atributos, emblemas, días favorables, colores preferidos, conocimiento de las tradiciones vuduistas.
2 [Pers.] que practica el vudú. *Tb n*. | J. M. Reverte *Méd* 20.11.87, 82: *Bocor*, que es un médico-brujo vuduista que trata a los enfermos con hierbas medicinales y es muy respetado por sus poderes mágicos. A. Yáñez *SAbc* 16.3.86, 19:

Los vuduistas fomentan odios y disgustos con la ayuda de muñecas, uñas, pelos.

vuecencia *pron pers* Vuestra excelencia. *Usado oralmente como tratamiento de respeto para determinadas perss.* | LTena *Triste* 52: —¿Da vuecencia su permiso? —Adelante. ¿Qué hay? .. —Este sobre urgente del señor ministro de la Gobernación, con encargo de que se le entregue a vuecencia en propia mano. [Al *Presidente del Congreso de Ministros*.] FSalgado *Conversaciones* 534: Cuando llegó el día de ir a despachar fue al Pardo [el general Rodrigo]; se presentó con cara muy seria y con el ceremonial de estos actos, tratando al Caudillo de vuecencia.

vuelapluma (*tb con la grafía* **vuela pluma**). **a ~.** *loc adv* Rápidamente o sin detenimiento. *Gralm con el v* ESCRIBIR. *Tb adj.* | *Hoy Extra* 12.69, 20: El año que se nos marcha .. tuvo sus cien caras habituales, difíciles de perfilar en los breves trazos de una impresión panorámica a vuelapluma.

vuelco **I** *m* **1** Acción de volcar(se). | *Sol* 24.5.70, 13: Un viento fresquito a fresco de levante hizo poner a contribución toda la pericia de los navegantes para evitar vuelcos y llegar al término de la regata.
II *loc v* **2 darle** [a alguien] **un ~ el corazón.** Sufrir una impresión súbita muy fuerte. | A. Aricha *Caso* 14.11.70, 5: Cuando mi hija llegó a casa, a duras penas, llorando .., nos dio un vuelco el corazón.

vuelo I *m* **1** Acción de volar [1 y 2]. | Cunqueiro *Un hombre* 9: Las golondrinas salían de sus nidos .. para el primer vuelo matinal. *Inf* 18.12.73, 1: En el vuelo Madrid-Roma .. que salió ayer por la mañana del aeropuerto de Barajas, viajaban 86 pasajeros. Landero *Juegos* 277: Sacó una moneda y la lanzó al aire. En cada vuelo subía los ojos. **b) horas de ~** → HORA.
2 Parte voladiza [de una construcción o de algo similar]. | Delibes *Parábola* 53: El mareo se reprodujo acentuado, .. e instintivamente se asió al vuelo del pupitre.
3 *En una prenda, esp de vestir:* Amplitud desde un lugar en que va ajustada. | Umbral *Ninfas* 57: Y siempre la sonrisa de los frailes, el vuelo de sus hábitos, la humildad sonrosada de sus pies. M. D. PCamarero *Rev* 11.70, 22: Las mangas largas, ablusadas, con puños recogiendo el vuelo.
4 Importancia. *Frec en pl con sent sg. Gralm en las constrs* DAR, *o* TOMAR, ~(S), *o de* ALTOS ~S. | Delibes *Emigrante* 38: La verdad es que nunca me pensé que darían a lo de la despedida tantos vuelos. L. Calvo *Abc* 10.11.70, 29: La apertura al Este .. tomará vuelo y relegará o difuminará esa parsimonia. Tejedor *Arte* 64: La arquitectura se manifestó primero en solo algunas simples capillas en las galerías de las catacumbas, pero tomó mayores vuelos al llegar la paz a la Iglesia por el Edicto de Milán. FCid *Ópera* 9: Después de etapas en las que triunfa la polifonía, como fórmula expresiva y distributiva de altos vuelos, la ópera viene a ser la creación nuclear de la concepción musical monódica.
5 *En pl:* Insolencia o engreimiento. *En constrs como* TENER ~S, DAR ~S *o* CORTAR LOS ~S. | * Se las da de muy valiente; hasta que alguien le corte los vuelos. * Este niño tiene demasiados vuelos.
6 Arbolado [de un monte]. | Tamames *Economía* 125: El monte, como ya se ha dicho, lo integran el suelo y el vuelo .. La renta del capital-vuelo es el crecimiento anual de los árboles que lo forman.
7 (*reg*) Rueda inferior del torno. | M. E. SSanz *Nar* 3.77, 7: El torno de Priego está compuesto de las siguientes partes: rueda inferior o "vuelo" d[e] 1,25 m. de diámetro en la que se apoya el pie que da movimiento al torno; rueda superior o "rueda" de 0,30 m. de diámetro que es donde se coloca el barro para ser trabajado.
II *loc v* **8 alzar** (*o* **levantar**) **el ~.** Echar a volar. | Laforet *Mujer* 123: Las alondras levantaban el vuelo. **b)** (*col*) Irse. | CSotelo *Resentido* 206: Esta situación es provisional .. Pero apenas podamos levantaremos el vuelo. Madrid, Madrid, ese es su pío.
9 coger (*o* **cazar**) [algo] **al ~.** (*col*) Entender[lo] o captar[lo] rápidamente y por mínimos indicios. | Mi. Borges *Día* 29.5.76, 4: El Arcediano cogió al vuelo la indirecta. Cela *Sueños* 313: Trataba de explicarle a un amigo foráneo y nórdico –y tampoco demasiado listo, vamos, que no las cazaba al vuelo– mi idea de que en España, hoy, tienen la razón tres instituciones.

10 echar (*o* **lanzar**) **las campanas al ~.** Hacer que repiquen todas a un tiempo en señal de alegría. | *Abc* 19.9.64, 35: Todas las campanas de Atenas .. son lanzadas al vuelo. **b)** Dar por seguro un éxito que aún no se ha producido. | *Abc* 16.12.70, 61: Es pronto para echar las campanas al vuelo.
III *loc adv* **11 al ~.** De paso o casualmente. | Payno *Curso* 71: Pensaba que Fry era más lelo que un mosquito. Siempre presumiendo de su tipo, de sus trajes y de coche. Y, si pescaba la ocasión al vuelo, de su padre.
12 al ~. Mientras va volando. *Con vs como* COGER, TIRAR *o* CAZAR. | * Cazó tres moscas al vuelo. * Nunca consigo dar al vuelo a la pelota.
13 en un ~. (*col*) Rápidamente o en seguida. | F. A. González *Ya* 8.12.72, 60: Apenas habían dado unas bocanadas [en el campo], cuando unos hombres empezaron a levantar un edificio. "¿Qué será eso?" El ingeniero se enteraría en un vuelo. "Una fábrica, ¡ay, madre!"

vuelta I *f* **1** Acción de volver, *esp* [1, 2, 4, 8, 13 y 16]. | Vesga-Fernández *Jesucristo* 99: Su hijo mayor estaba en el campo, y a la vuelta, estando cerca de su casa, oyó la música y el baile. GGual *Novela* 280: La vieja sacerdotisa identifica a Ródanes con un hijo muerto, y piensa que la joven que lo acompaña en su vuelta al mundo de los vivos es Kore, la joven diosa infernal. MCalero *Usos* 40: Eran verdaderos maestros y artífices al preparar el terreno, alzando en el momento preciso, binando en el oportuno, dando la vuelta de San Juan o preparándolo para la siembra. **b)** Devolución. *Frec en las constrs* TENER ~ *o* CON ~, *usadas como prevención humorística al prestar algo.* | * –¿Me dejas este libro? –Sí, pero con vuelta.
2 Movimiento circular completo. *Tb fig. Gralm con el v* DAR. | Delibes *Príncipe* 53: Dio otras tres vueltas al grifo hasta el tope. *Sp* 19.7.70, 36: El presidente dio vueltas alrededor de la cuestión. **b)** Viaje o recorrido [alrededor de un lugar (*compl* A)]. | Arenaza-Gastaminza *Historia* 166: Juan Sebastián Elcano tomó el mando de la expedición .., siendo el primer navegante que dio la vuelta al Globo. **c)** (*Dep*) Carrera por etapas [en torno a un país o región (*compl* A)]. | *HLM* 17.5.76, 1: Cuando todos cifraban sus esperanzas en Luis Ocaña, saltó en la Vuelta Ciclista a España la gran sorpresa del triunfo final del catalán José Pesarrodona. **d) ~ al ruedo.** (*Taur*) Premio concedido al torero o al toro por su comportamiento en la lidia, y que consiste en recorrer el ruedo pasando junto a las tablas. *Tb, simplemente,* ~. | *País* 2.10.88, 27: Roberto Domínguez: oreja, petición de otra y dos vueltas al ruedo en cada toro. *D16* 3.10.88, 49: Joselito, una oreja y vuelta. **e) ~ de campana** → CAMPANA.
3 Movimiento circular incompleto, hasta conseguir la posición contraria a la primitiva. *Gralm con el v* DAR. *Tb* MEDIA ~, *usado esp en milicia como voz de mando.* | *Cocina* 234: Se hacen dos tortillas a buena lumbre, dándoles la vuelta en seguida que se cuajen por un lado para que no se resequen. Olmo *Golfos* 89: Te acercas, apoyas las manos en el tope, saltas y al mismo tiempo das media vuelta. *Día* 27.4.76, 16: La instrucción era en "orden cerrado": descanso, firme, derecha, izquierda, media vuelta. **b)** Cambio (paso a una situación distinta). | CBonald *Dos días* 125: Y ya ve usted, hasta nosotros tenemos que irnos, las vueltas que da el mundo.
4 (*col*) Paseo. *Gralm en la constr* DAR UNA ~. | CBonald *Dos días* 130: A mí me gustaría dar una vuelta. **b)** (*col*) Visita breve [a un lugar (*compl* POR)]. *Tb sin compl. Gralm en la constr* DAR UNA ~. | Carandell *Madrid* 51: Podemos ir a "dar una vuelta" por las cervecerías. SFerlosio *Jarama* 25: Ya le estaba diciendo antes aquí que me extrañaba este año no se diesen ustedes una vuelta. **c)** (*col*) Visita breve [a alguien o algo] para ver cómo se encuentra. *Gralm en la constr* DAR UNA ~. | Cuevas *Finca* 211: Llegaba Jeromo, que había ido al frontón a darle una vuelta a los borregos. **d)** *En pl:* Acción de ir de un lado a otro, esp. para buscar o gestionar algo. | Delibes *Príncipe* 11: Él aguardó a que diera varias vueltas por la habitación .. para descubrirse. * No sabes las vueltas que he dado hasta conseguirlo.
5 *En una cosa de trayectoria longitudinal:* Curva o cambio de dirección. | * El río tiene varias vueltas por aquí en las que abundan cangrejos. * Esta carretera tiene muchas vueltas. **b)** Rodeo (acción de seguir un camino más largo de lo necesario). *Gralm con el v* DAR. | * Por este camino se va mejor, pero se da mucha vuelta.

6 Figura más o menos circular que presenta una cosa de estructura alargada, por ir unidos sus extremos o por volver sobre sí misma o sobre algo. *Tb la cosa que tiene esa figura.* | Carandell *Madrid* 57: Llevaba .. un collar de perlas de dos vueltas. Ramos-LSerrano *Circulación* 238: La bobina cuenta con dos arrollamientos: el primario, de pocas vueltas, que está realizado con hilo grueso .. El arrollamiento secundario está formado por muchas espiras de hilo fino. Moreno *Galería* 281: Se cortaban, una tras otra, las vueltas del chorizo en tantos tallos y a su medida como era justo seccionarlos.

7 *En una labor de punto:* Fila de puntos. | ZVicente *Balcón* 17: ¡Casta! ¡No hay derecho! El jersey está como el jueves pasado. ¡No me has hecho ni una sola vuelta!

8 *En una prenda de vestir:* Tira de tela doblada o superpuesta que bordea los bajos o las bocamangas. | CPuche *Paralelo* 357: Muchachitos españoles más o menos mocosos con el pelo cortado a navaja y el pantalón sin vueltas. DPlaja *Sociedad* 68: Los magistrados usan Togas de paño y vueltas de velludillo llamada[s] Garnachas.

9 Lado opuesto al que está a la vista. | M. Torres *Abc* 6.12.70, 24: Pide seguidamente la lectura de los folios 612 y vuelta, sobre acta de reconocimiento del recluso Francisco Javier Izco.

10 Cantidad de dinero que se devuelve a quien hace un pago con moneda de valor superior al del importe. *Tb (pop) en pl con sent sg.* | *Ya* 21.2.78, 17: En algunos bares y comercios se ha llegado a dar la vuelta con caramelos, chicles o cajas de cerillas. Berlanga *Barrunto* 90: Un conductor, muy fardón, me dijo que me quedase con las vueltas del duro.

11 Vez u ocasión en que se repite un hecho que ha de realizarse según un turno. *Frec con un adj ordinal.* | *Mar* 24.1.68, 6: Aunque el adversario haya mejorado con relación a la primera vuelta, en que consiguió empatar en Atocha. *País* 8.1.78, 1: Las declaraciones del líder comunista galo llegan incluso a poner en entredicho la posibilidad de que la izquierda francesa reconstruya su unidad en la segunda vuelta electoral. **b)** (*reg*) Vez u ocasión. | Nácher *Guanche* 180: –Antier mismamente, me robó un queso de flor que tenía en el armario. –¡Válgame Dios, don Salvador! Guárdelo con llave para otra güelta. **c)** Repaso (revisión). | * Da una vuelta a esa ropa a ver si hay algo que coser. * Le hemos dado dos vueltas al tema del sustantivo. * Antes del examen puedo dar otra vuelta a los temas.

12 *En una composición musical:* Parte que es repetición del comienzo. | A. Marazuela *Nar* 6.77, 3: Todas las regiones españolas tienen jotas. La jota segoviana tiene una diferencia: las demás tienen veintiocho compases, entrada y vuelta; esta tiene una entrada, una vuelta y veinte compases. **b)** (*Métr*) Verso que rima con el estribillo y que sirve de introducción a la repetición de este. | Quilis *Métrica* 125: Su composición estrófica [del zéjel] es la siguiente: a) un estribillo que consta de uno o dos versos; b) una segunda estrofa (mudanza) de tres versos monorrimos, más un cuarto verso que rima con el estribillo (vuelta).

13 (*Naipes*) *En el tresillo:* Lance que consiste en descubrir una carta para saber qué palo ha de ser triunfo. | Corral *Cartas* 6: Los lances o suertes que pueden hacerse en el tresillo son: Entrada, vuelta y solo.

II *loc adj* **14 de ~.** (*Dep*) [Encuentro] segundo de los dos que han de jugarse, en un campeonato, entre los mismos participantes. *Se opone a* DE IDA. | G. Rodríguez *HLM* 15.3.76, 26: En la antevíspera de los partidos de vuelta correspondientes al turno de cuartos de final .., no estará de más echar una ojeada a las posibilidades que cada uno de los participantes tiene.

III *loc v y fórm or (col)* **15 buscar las ~s** [a alguien]. Tratar de descubrir sus gustos o sus debilidades con fines interesados. | DCañabate *Paseíllo* 31: Se alegró de la presencia de la chavalería pantalonera porque a una de ellas, la Araceli, le andaba buscando las vueltas para camelarla. **b) coger las ~s** [a una pers. o cosa]. Aprender el modo de tratar[la] y de aprovecharse [de ella]. | CBonald *Dos días* 169: Cada arrumbado se bebió dos vasos, menos el gordo, que le cogió las vueltas al capataz y se largó tres. CBonald *Dos días* 211: Si no se tenían demasiados escrúpulos, uno podía hacer una regular fortuna en un par de años, de lo único que se trataba era de saber cogerle las vueltas a las oportunidades.

16 dar cien (*o* **cincuenta**) **~s** [una pers. o cosa a otra]. Ser muy superior [a ella]. | * Esa chica me da a mí cien vueltas.

17 dar [alguien] **media ~.** Irse. | Arce *Testamento* 19: Otra cosa: sería peligroso que intentara dar media vuelta.

18 dar ~s [a algo]. Pensar [en ello] con insistencia. *Frec acompañado del compl* EN LA CABEZA. | Medio *Bibiana* 64: Una empieza a darle vueltas a las cosas. Cela *Judíos* 305: El vagabundo .. se subió .. por el camino de Cebreros, dándole vueltas en la cabeza al buen lío de las inscripciones. Arce *Testamento* 65: Mi cabeza no paraba de dar vueltas a todas estas cosas. **b) no hay que darle** (**más**) **~s**, *o* **no sirve darle** (**más**) **~s.** Es inútil discutirlo más. | * La cosa es así, y no sirve darle vueltas. * No hay que darle más vueltas, tenemos que ir.

19 dar [alguien] **~s a la cabeza.** (*col*) Cavilar o reflexionar. | Medio *Bibiana* 14: Marcelo Prats .. le da vueltas y vueltas a su cabeza sin acabar de ver claro.

20 darle [a una pers.] **~s la cabeza.** Tener [esa pers.] sensación de mareo. | J. P. Vera *Reg* 3.12.74, 4: Nos va explicando cómo se elabora el vino y, como colofón, nos invita a probar el del año pasado, un vino oscuro y rico del que no se puede abusar si no queremos que la cabeza nos dé vueltas.

21 no tener [algo] **~ de hoja.** Ser indiscutible. | *Abc* 9.10.70, 23: Lo que no tiene ya ninguna vuelta de hoja es que ahora se implanta en Bolivia un régimen no centrista, .. sino rigurosamente izquierdista.

22 poner de ~ y media [a alguien o algo]. Insultar[lo] o criticar[lo] duramente. | Palomino *Torremolinos* 72: Dos homosexuales daneses hablaban de sus mujeres poniéndolas de vuelta y media.

23 ~ a + *infin* = *el mismo infin* + DE NUEVO. | Berlanga *Rev* 11.70, 28: Al despertarse le pegaba con el meñique dos capirotazos a la ceniza apagada y vuelta a sacar el chisquero. **b)** *Frec se emplea sin infin para expresar fastidio por la excesiva reiteración de algo.* | * ¡Y vuelta, qué pesado!

24 a la ~ lo venden tinto. Fórmula que se emplea para desentenderse de una petición o pretensión. | Gala *Días* 407: –No me puedo olvidar de que es usted la madre de mi amigo . –A la vuelta lo venden tinto.

IV *loc adv* **25 a la ~ de** + *expr cuantitativa de tiempo* = PASADO + *la misma expr de tiempo.* | J. Carabias *Ya* 18.3.75, 8: El joven Aristóteles Sócrates se marchó, pues, a hacer fortuna a la República Argentina .. A la vuelta de pocos años era multimillonario.

26 a la ~ de la esquina. (*col*) Muy próximo en el espacio o en el tiempo. | *Sem* 20.12.69, 3: Ya está, a la vuelta de la esquina, el imperativo del veraneo.

27 a ~ de correo. En el mismo día en que se recibe una carta. *Normalmente con los vs* ESCRIBIR *o* CONTESTAR. | Armenteras *Epistolario* 52: Me vuelvo a dirigir a ti con la súplica de que me contestes a vuelta de correo.

28 a ~s [con una pers. o cosa]. (*col*) Ocupándose [de ella]. *Gralm con el v* ANDAR. | SFerlosio *Jarama* 52: Siempre se cree que andan todos a vueltas con ella. Y además es lo que la gusta. *Ya* 15.1.75, 21: La C.E.E., otra vez a vueltas con los precios agrícolas. **b)** Sirviéndose [de ella] o empleándo[la] con exceso o insistencia. | DCañabate *Abc* 3.6.73, 51: Las dudas de don Ubaldo se amontonaban porque otra de sus grandes preocupaciones consistía en el correcto uso de las palabras. Siempre estaba con el diccionario a vueltas. **c)** (*lit, raro*) Juntamente. | Cossío *Montaña* 37: El tipo debía ser interesante, y su austero refugio lebaniego .., lección de vida serena, a vueltas con máximas religiosas y morales y glosas del Kempis.

29 de ~ [de algo]. Desengañado o desencantado [de ello]. *Normalmente con el v* ESTAR. *Tb sin compl.* | L. Caparrós *SVoz* 8.11.70, 1: Los que ya están hartos y andan de vuelta de los apetitos elementales, maniobran la historia .. para conseguir eso de lo que ya se muestran tan aburridos. R. Saladrigas *Des* 12.9.70, 28: No se trata de un viejo que, por edad más que por convicción, está de vuelta de todo. ZVicente *Balcón* 50: Las exclamaciones testifican el pudor de las faldas de la dueña de la casa: –Pues no faltaba sino que tú... –¡Ya estamos de vuelta!

vuelto -ta *adj* **1** *part* → VOLVER.
2 [Folio] **~** → FOLIO.

vueludo -da *adj* [Prenda de vestir] que tiene mucho vuelo. | *SYa* 3.8.86, 36: Yamboo .. ofrece dos longitudes:

vuelvepiedras – vulgarizar

las faldas largas vueludas .., y las rectas, por debajo de la rodilla.

vuelvepiedras *m* Ave de pequeño tamaño, de plumaje pardo, negro y blanco y pico curvado hacia arriba, que se alimenta de animales marinos que saca de debajo de las piedras (*Arenaria interpres*). ǀ Delibes *Inf* 15.1.76, 17: Muchas de las especies que conviven en Doñana necesitan el mar, las playas y las dunas como esparcimiento. ¿Qué sería de los vuelvepiedras, los cormoranes y los patos negrones sin ellas?

vuesamerced -> MERCED.

vuestro -tra (*cuando va delante del n del cual es adjunto, se pronuncia átono*) *adj* **1** De vosotros. ǀ Torrente *Señor* 271: No sabes con qué vergüenza, aquí mismo, me pidió que no fuese a vuestra casa, por tu madre. **b) lo ~** (habéis trabajado lo vuestro); **los ~s** (es de los vuestros); **~ +** *n propio* (vuestro Juan); **delante** (**detrás**, *etc*) **~**; **ser muy ~s** -> SUYO. **c) hacer (una) de las vuestras**; **saliros con la vuestra** -> HACER, SALIR.
2 De vos. ǀ Van 3.2.74, 5: Los Príncipes de España recibieron un caluroso homenaje de simpatía. Señor Riba Ortínez: "Alteza, vuestra presencia aquí es un venturoso augurio".

vulcaniano -na *adj* (*Geol*) [Tipo de volcán] caracterizado por una lava muy viscosa y abundantes explosiones. ǀ Bustinza-Mascaró *Ciencias* 367: Los fenómenos eruptivos no son los mismos en todos los volcanes del mundo. Los geólogos distinguen varios tipos. Los fundamentales son: hawaiano, estromboliano, vulcaniano y peleano.

vulcaniense *adj* (*Geol*) Vulcaniano. ǀ Alvarado *Geología* 111: Tipo vesubiano [de volcán] .. Corresponde a los tipos vulcaniense y estromboliense de Lacroix (1908).

vulcanismo *m* (*Geol*) Volcanismo. ǀ Artero *Inerte* 127: El vulcanismo, los terremotos y los movimientos orogénicos se oponen a esta nivelación mediante la aparición de fuerzas desconocidas de extraordinaria energía.

vulcanización *f* Acción de vulcanizar. *Tb su efecto*. ǀ Ybarra-Cabetas *Ciencias* 72: Funde y arde [el azufre] fácilmente y se disuelve en sulfuro de carbono, propiedad que se utiliza en la vulcanización del caucho.

vulcanizado -da *adj* **1** *part* -> VULCANIZAR.
2 De caucho vulcanizado. *Tb n, referido a producto.* ǀ Puericultura 26: Las tetinas deben ser de goma natural. Las vulcanizadas no son convenientes. *Villena* 129: Hijos de Ramón Calpena Cañizares, S.A. Fábrica de vulcanizados y pisos de goma.

vulcanizador -ra *adj* Que vulcaniza. *Tb n, referido a pers.* ǀ Abc 6.4.75, 48: Importante empresa de ámbito nacional .. necesita .. Torneros. Soldadores. Vulcanizadores.

vulcanizar *tr* Combinar con azufre [el caucho] para aumentar su resistencia conservando su elasticidad. ǀ Bustinza-Mascaró *Ciencias* 329: Se emplea [el azufre] para combatir el oídium de la vid, .. para vulcanizar el caucho y para preparar pomadas antisárnicas.

vulcanología *f* Parte de la geología que estudia los fenómenos volcánicos. ǀ *Abc* 17.9.68, 49: Por vía aérea han llegado al aeropuerto de Puerto del Rosario, Fuerteventura, un grupo de congresistas del Sympósium Internacional de Vulcanología.

vulcanológico -ca *adj* De (la) vulcanología. ǀ *Día* 1.6.76, 12: Tanto las autoridades canarias como el Consejo Superior de Investigaciones Científicas están altamente predispuestos para crear en las islas un Centro de Estudios Vulcanológicos.

vulcanólogo -ga *m y f* Especialista en vulcanología. ǀ *Van* 9.5.78, 42: El vulcanólogo Gregorio Andal, que ha visitado el volcán, .. ha dicho que dentro de dos o tres días se podrá saber si en el volcán se va a producir una gran explosión.

vulgar *adj* **1** Propio de la gente normal o no especializada en una materia. *Se opone a* CIENTÍFICO *o* TÉCNICO. ǀ Gambra *Filosofía* 13: Saber vulgar y saber científico. Gambra *Filosofía* 11: Evoca [la palabra "filosofía"] .. la idea de un arte de vivir reflexiva y pausadamente .. Así cuando se dice en el lenguaje vulgar: "Fulano es un filósofo" o bien "te tomas las cosas con filosofía". Alvarado *Biología* 2: Surge inmediatamente el problema de dar nombres a las diferentes especies existentes. Las denominaciones vulgares no son aplicables, tanto por la diversidad de idiomas como por el cortísimo número de seres dotados de denominación popular y de las confusiones que el vulgo padece cuando examina especies afines. **b)** [Lengua] viva de una comunidad. *Tb n m. Se opone a* LATINA. ǀ GLópez *Lit. española* 189: Típica del Renacimiento es la curiosidad intelectual que le movió a estudiar matemáticas, medicina, pintura, música, etc., e idéntico sentido tienen la independencia de criterio que manifestó repetidas veces .., su exaltación de la lengua vulgar, etc. Romeu *EE* nº 9.63, 20: En piezas de procedencia germánica, este canto es en vulgar. **c)** [Variedad de la lengua latina] propia de la comunicación oral, esp. popular. *Opuesto a* CLÁSICO. ǀ Lapesa *HLengua* 52: Para el conocimiento del latín vulgar la documentación es escasa.
2 Común o frecuente. ǀ Laiglesia *Tachado* 57: Con esto basta para explicar que el mencionado joven era un "don nadie", pues el apellido Plink venía a ser tan vulgar en Burlonia como el Pérez en España.
3 Ordinario o que carece de características especiales. ǀ Palacios *Juicio* 184: ¿Cómo osar unir este nombre al de un escritor como Balmes, excelente periodista que nos han hecho pasar por filósofo, y vulgarísimo y pedestre defensor del sentido común?
4 (*desp*) [Pers.] tosca o sin educación. ǀ * Es un tipo muy vulgar y puede meter la pata en cualquier momento. Espinosa *Escuela* 619: Pronto descubrimos infinidad de becarios, .. patéticamente vulgares, señalando la faringe y afirmando que tragaron hasta colmar aquello. **b)** Propio de la pers. vulgar. ǀ Lapesa *País* 16.11.77, 27: Este espíritu innovador hacía que los castellanos acogieran como suyo lo que en otros dominios cristianos se rechazaba por demasiado vulgar.

vulgaridad *f* **1** Cualidad de vulgar. ǀ Umbral *Ninfas* 85: Firmaba [las reseñas] con su nombre sonoro y sus dos apellidos vulgares que, encabalgados uno sobre el otro, perdían vulgaridad y ganaban musicalidad. Carandell *Madrid* 149: Están reservados [esos libros] a un reducido grupo de gentes formadas que .. sobresalen por encima de la vulgaridad general.
2 Cosa vulgar [3 y esp. 4b]. ǀ Delibes *Príncipe* 75: Entonces tú estás en la verdad, pero llega un pazguato .. y trata de desmontar tu verdad con cuatro vulgaridades que le han grabado a fuego cuando niño. Y ahí está lo grave. * Para Luisa decir cáspita es una vulgaridad.

vulgaris (*lat; pronunc, /bulgáris/*) *adj invar* (*lit, humoríst*) Vulgar o corriente. *Siguiendo al n.* ǀ Espina *Abc* 29.6.58, 95: ¡Resulta que no hay un solo stradivarius verdadero en los Estados Unidos! Todos los que pasan por tales son filfas y, si no cascajos propiamente dichos, violincillos "vulgaris".

vulgarismo *m* **1** Palabra o giro vulgar [4b]. ǀ ZVicente *Traque* 63: Yo demuestro en mi tesis doctoral que todos los cumplidos ingleses en las provincias del oeste y condados vecinos .. son vulgarismos.
2 Cualidad de vulgar [4]. ǀ Lapesa *HLengua* 241: Imitaciones serviles y hueras de Quevedo, culteranismo sin inspiración y una invasión creciente de chabacanería y vulgarismo afean el estilo en la época de Carlos II.

vulgarización *f* Acción de vulgarizar, *esp* [2]. ǀ GNuño *Escultura* 160: Es abismal la distancia estética entre los ejemplares más perfectos de cada acuñación y sus degeneraciones y vulgarizaciones al caer los modelos en manos más torpes. Huarte *Tipografía* 24: Trabaja durante varias horas al día ahora "copiando" un libro de Estadística, luego uno de Poesía, después uno de Medicina... y no siempre un manual de vulgarización.

vulgarizador -ra *adj* Que vulgariza. *Tb n.* ǀ Sampedro *Sonrisa* 71: Inició con calma una disertación vulgarizadora. E. Borrás *HLM* 14.12.70, 17: Lo de perder el dinero es, como diría el vulgarizador, harina de otro costal.

vulgarizar *tr* **1** Hacer que [algo (*cd*)] pase a ser vulgar. ǀ T. GPita *SAbc* 5.4.70, 24: El retrato se va convirtiendo en regalo habitual de padres y esposos pudientes. Esta gran demanda, lejos de vulgarizar el arte, le ha dado mayor altura. Torrente *Fragmentos* 343: ¡Hay que ver, además, la precisión de conceptos con que Lénutchka se desenvuelve, y que yo soy incapaz de repetir! Traduzco sus palabras a las mías, les rebajo la precisión, las vulgarizo.

2 Divulgar [un conocimiento o una ciencia] haciendo que llegue a la gente no especializada. *Tb abs.* | Mercader-DOrtiz *HEspaña* 4, 213: La Física newtoniana fue vulgarizada por Voltaire, y la constitución inglesa por Montesquieu. Sampedro *Sonrisa* 73: Como el "lenguaje corriente" del profesor es el de la radio cuando vulgariza, el viejo se arma de paciencia, captando solo algunas expresiones.

vulgarmente *adv* De manera vulgar. | VParga *Santiago* 16: Dedicar algún espacio al ya citado *Liber Sancti Jacobi*, conocido vulgarmente como Códice Calixtino.

vulgo I *m* **1** Conjunto de la gente popular e inculta. *Frec con intención desp.* | DPlaja *El español* 65: Tenemos al bandido generoso del que el vulgo olvida la crueldad. **b)** Conjunto de la gente normal o no especializada en una materia. | Alvarado *Biología* 2: Las denominaciones vulgares no son aplicables [a las diferentes especies], tanto por la diversidad de idiomas como por el cortísimo número de seres dotados de denominación popular y de las confusiones que el vulgo padece cuando examina especies afines.

II *adv* **2** En lenguaje más vulgar [2]. *Precediendo a una expr cuyo significado se da como equivalente al de otra citada inmediatamente antes.* | DCañabate *Abc* 14.7.74, 47: En uno de ellos [de los salones] .. se reunían todas las tardes a merendar cuatro mujercitas acompañadas como era de rigor de sus respectivas señoras de compañía, vulgo carabinas. CPuche *Paralelo* 111: Algún día se armaría la gorda. Aunque no se armara aquí, donde estaba visto que se había perdido hasta el temperamento nacional, vulgo, los huevos.

vulnerabilidad *f* Cualidad de vulnerable. | *Mad* 10.9.70, 11: Este tipo de piratería es vil, porque, aprovechándose de la vulnerabilidad de los aviones y de la grave responsabilidad de los pilotos, .. actúan calculando el sentimiento de humanidad ajeno de aquellos que se sienten obligados a ceder para no sacrificar vidas inocentes.

vulnerable *adj* Que puede ser herido o dañado físicamente o moralmente. *A veces con un compl* A. | *Ya* 15.10.67, sn: Este maravilloso maniquí .. le enseñará claramente dónde se encuentran situadas las regiones más vulnerables del cuerpo humano, precisamente aquellas que deberá golpear. Olmo *Golfos* 167: Le encontramos muy desmejorado y más vulnerable.

vulneración *f* Acción de vulnerar. | *Ley Orgánica* 102: En el supuesto de que la Comisión Permanente de las Cortes advirtiera vulneración de los Principios del Movimiento o demás Leyes Fundamentales, .. expondrá su parecer.

vulnerante *adj* Que vulnera. | F. J. FTascón *SYa* 13.8.78, 26: Las heridas son lesiones traumáticas abiertas; es decir, soluciones de continuidad en la piel y partes blandas del organismo recientemente determinadas por causas mecánicas vulnerantes.

vulnerar *tr* **1** Quebrantar o violar [una ley o precepto]. | *Leg. contencioso-adm.* 29: Si el recurrente es un funcionario público que invoca derechos administrativos vulnerados por la orden recurrida, es competente la Jurisdicción contencioso-administrativa.

2 (*lit*) Herir o dañar. | Zunzunegui *Camino* 11: Había nacido en un barracón de las minas de Gallarta frente al monte vulnerado por la codiciosa explotación minera.

vulnerario -ria I *adj* **1** Que cura las llagas y heridas. | Mayor-Díaz *Flora* 529: La pomada del "álamo negro" es vulneraria.

II *f* **2** Planta herbácea de flores rojizas o rosáceas en cabezuela y fruto en legumbre, usada para curar úlceras y heridas (*Anthyllis vulneraria*). | Cendrero *Cantabria* 101: Las especies de flora más características [de alta montaña] son: Estrato herbáceo: .. Albahaca agreste .. Ajo de cabeza redonda. *Anthyllis vulneraria* L.: Vulneraria.

vulpeja *f* **1** Zorra (animal). | Laín *Inf* 27.7.78, 15: ¿Reclusión en una minoritaria torre de marfil, precisamente porque la situación en que se existe, tan vocada al pragmatismo de cada día, pone en el alma del sabio el "están verdes" de la vulpeja?

2 (*raro*) Prostituta. | Cela *Izas* 70: A Margot, vulpeja tachuela, le puede caber tanta amargura (y también tanto odio) en el corazón como a una giganta.

vultuoso -sa *adj* (*Med*) Abultado por congestión. | Espinosa *Escuela* 679: Viendo el horripilante rostro, sin poder recurrir a la protección de sus mentores, cayó en espantoso hipo y enfermó del estómago, desde entonces vultuoso.

vulturno *m* (*lit*) Bochorno (calor sofocante). | Cunqueiro *Crónicas* 32: Siento caer las goteras en el desván, en las noches de vulturno y lluvia.

vulva *f* Abertura externa de la vagina. | Aranguren *SInf* 31.7.75, 2: Hay bellos himnos a ella dedicados, más líricos unos, más metafísicos otros, y también graciosas canciones para las mozuelas del valle, ligeras de ropa y hermosas de vulva.

vulvar *adj* De (la) vulva. | Vilaltella *Salud* 438: Amenorreas, dismenorreas .., pruritos vulvares e incluso fibromas uterinos tienen un fondo psicosomático y responden positivamente a los tratamientos psicológicos.

vulviforme *adj* (*Med*) De forma o aspecto vulvar. | Cañadell *Salud* 366: La anomalía más frecuente es el hipospadias vulviforme, con un pene muy reducido, amplia hendidura escrotal y criptorquidia.

vulvitis *f* (*Med*) Inflamación de la vulva. | Vega *Salud* 553: Las vulvitis más frecuentes son: diabética .., venérea .., gonocócica.

w → UVE.

wagon-lit (fr; pronunc corriente, /bagón-lí/) m (hoy raro) Coche-cama. | MAbril Ya 28.6.75, 8: Adiós locomotoras de humo blanco .. Pantallas rosa en el restaurante. En el coche-salón, butacas grises. El wagon-lit, con aguas minerales.

wahabí (pronunc corriente, /waabí/) adj Wahabita. Tb n. | Ya 25.9.90, 27: Irak no piensa atacar el reino wahabí.

wahabita (pronunc corriente, /waabíta/) adj De una secta islámica puritana y nacionalista fundada en el s. XVIII por Mohamed Abdul Wahab. Tb n, referido a pers. | CoZ 28.3.75, 10: La epopeya saudí .. Las ambiciones internacionales habrían acabado con el empeño wahabita.

walhalla (al; pronunc corriente, /balχála/) m (Mitol nórd) Paraíso al que son llevadas las almas de los guerreros muertos en combate. | Castillo Polis 155: Según el mito más tardío, los dioses vivían en el Walhalla, entre las nubes .. Allí llevaban las walkirias, amazonas guerreras, las almas de los soldados muertos en el campo de batalla.

wali (pronunc corriente, /walí/ o /balí/) m (hist) Valí. | GTolsá HEspaña 1, 221: Los mismos yemeníes que le habían llevado al trono, los bereberes fanáticos, algunos walíes de provincias, los cristianos del Norte en fin, mantuvieron en perpetua guerra el reinado del primer emir independiente.

walkie-talkie (ing; pronunc corriente, /wálki-tálki/) m Aparato receptor y transmisor de ondas de radio, pequeño y fácilmente transportable. Frec el juego de dos comunicados entre sí. | Cam 21.7.75, 50: Fernández de Córdoba, que iba de un lado para otro enarbolando un walkie-talkie, con el que daba órdenes a sus "gorilas", es el agente y manager personal de la mayoría de los grupos que intervinieron.

walkiria → VALQUIRIA.

walkman (n comercial registrado; ing; pronunc corriente, /wólman/ o /wálman/; pl normal, ~S o, raro, WALKMEN) m Reproductor estereofónico portátil de casetes, que se oye mediante auriculares. | HLS 15.8.83, 9: Gran sorteo .. Ciento setenta Walkmen (reproductores estéreo de bolsillo de cassette con auriculares) marca Philips. M. Sentís PaísE 9.4.89, 20: Una compañía californiana regala un walkman a todo aquel que le proporcione 100 números [de fax].

walkyria → VALQUIRIA.

wallaby (ing; pronunc corriente, /wálabi/) m Piel de rata almizclera. | País 12.2.83, 20: Chaquetón de wallaby: 45.000.

walón → VALÓN.

wapití (pronunc corriente, /wapití/) m Ciervo de tamaño mayor que el europeo, propio de las regiones noroccidentales de América del Norte (Cervus canadensis). | SArr 27.9.70, 5: El mejor zoo de Europa, en Madrid .. Fauna norteamericana: .. Bisontes → Wapitís.

warning (ing; pronunc corriente, /wárnin/; pl normal, ~S) m En un automóvil: Sistema de luces de situación intermitentes destinado a indicar que una parada es ocasional o accidental. | Pue 6.9.80, 23: Todos esos detalles que se agradecen en un turismo. Por ejemplo, asientos con apoyacabezas, soporte de radio, warning, encendedor, bolsas laterales.

warrant (ing; pronunc corriente, /wárant/; pl normal, ~S) m (Econ) **1** Resguardo de garantía de depósito. | CBonald Noche 201: La citada cantidad se hará efectiva en el mismo momento en que don Fermín Benijalea aporte con idéntica finalidad otros treinta mil duros, suma que dicho señor adeuda por bajo a la "Leiston y Cía." en concepto de aranceles y warrants impagados.

2 Documento emitido por una corporación, que da al tenedor el derecho de compra de acciones de la misma a un precio preestablecido. Gralm en aposición con CUPÓN. | J. M. Cortés País 26.11.88, 59: Los accionistas que adquirieron en su día los novedosos cupones warrant tienen derecho a comprar títulos a 900.

washington (frec con mayúscula; ing; pronunc corriente, /wásinton/) adj [Naranja] de una variedad caracterizada por su gran tamaño, jugosidad y ausencia de pepitas. Tb n f. Tb DE ~. | Á. Fonseca SYa 28.12.75, 9: Para este postre es muy conveniente elegir naranjas gruesas; a mi juicio las mejores son las de Washington, ya que son las que suelen tener los gajos más grandes y carnosos. Ya 22.12.73, 21: Naranjas: Ptas./Kg. 18. Naranjas grano de oro: 20. Naranjas nável Washington: 23 .. Naranjas navelina: 20. Naranjas Washington: 16.

washingtona (pronunc corriente, /wasintóna/) adj (raro) Washington. Tb n f. | J. Cortés Ide 27.2.75, 13: Naranjas, de 6 a 8 [pesetas]; naranjas mandarinas, de 14 a 32; naranjas washingtonas, de 10 a 13.

washingtoniano -na (pronunc corriente, /wasintoniáno/) adj De Washington. Tb n, referido a pers. | J. M. Massip Abc 3.6.70, 21: No habría, pues, salida al que el influyente diario washingtoniano califica de "dilema" español en las actuales circunstancias. R. Vilaró País 8.5.80, 7: Coincidiendo con las elecciones primarias, los washingtonianos se pronunciaron al mismo tiempo en contra de la legislación del juego, a través de casinos, apuestas y loterías.

Wassermann (al; pronunc corriente, /báserman/). **de ~**. loc adj (Med) [Reacción] mediante la cual se detecta la sífilis. | Alvarado Anatomía 176: Se reconoce la enfermedad [sífilis] aun antes de que aparezcan los síntomas de ella, mediante la famosa reacción de Wassermann.

wat → WATT.

wáter (pronunc corriente, /báter/; pl normal, ~ES; tb, más raro, con la grafía **váter**) m Instalación con agua corriente destinada a orinar y a evacuar el vientre. Tb el aposento donde se encuentra esta instalación. | Medio Bibiana 90: La vocalista de la orquesta dice a uno de los muchachos: —... Un wáter .. No se dónde está aquí el tocador de señoras. MSantos Tiempo 174: Son constantes los ruidos de agua que corre, que se deben a los escapes de váteres y lavabos.

Waterloo (*pronunc corriente*, /baterló/) *m* (*lit*) Derrota definitiva. | Umbral *Van* 15.5.75, 12: La grandeza imperial yanqui ha tenido su Waterloo en Vietnam.

waterpolista (*pronunc corriente*, /baterpolísta/ o /waterpolísta/) **I** *m y f* **1** Jugador de waterpolo. | *Abc* 30.8.66, 63: Han llegado a Barcelona los nadadores y waterpolistas que han representado a España en los recientes Campeonatos de Europa.
II *adj* **2** (*raro*) De(l) waterpolo. | J. Morera *Van* 20.12.70, 69: El Club de la Escollera ha demostrado que lo de la temporada anterior fue un bache, pero que no se ha acabado su solera waterpolista, ni mucho menos.

waterpolo (*ing; pronunc corriente*, /báter-pólo/ o /wáter-pólo/; *tb con la grafía* **water-polo**) *m* Deporte que se juega en piscina entre dos equipos de siete jugadores y que consiste en hacer penetrar un balón en la meta contraria. | FReguera-March *Semana* 111: Recordó que había pensado ir con su hermano pequeño al concurso del Club de Natación Barcelona .. Habría carreras, saltos, partido de *water-polo*. *Abc* 20.8.66, 57: Este estadio de la natación .. lo integran una piscina de 50 x 21 metros, para las competiciones de natación y waterpolo; otra de 20 x 21 metros para las competiciones de saltos.

watímetro → VATÍMETRO.

watt (*pronunc corriente*, /bat/; *tb con la grafía* **wat**; *pl normal*, ~s) *m* (*Fís*) Vatio. | Catalá *Física* 89: En el sistema Giorgi la unidad de potencia es el watt .., utilizándose también su múltiplo, el kilowatt = 1.000 watts. Mingarro *Física* 58: En el sistema M. K. S. se llama wat o vatio.

wau *m* (*Fon*) Fonema /u/ que funciona como semiconsonante o semivocal. | RAdrados *Lingüística* 92: Están en primer lugar [en las sonantes] .. *y*, *w*, .. llamadas respectivamente yod y wau.

WC (*pronunc corriente*, /úbe-θé/) *m* Wáter. *Tb humoríst, referido a animales*. | J. Vidal *País* 17.1.89, 52: La moda va por rachas, y ahora la racha es hablar de cuartos de baño, que en castizo llaman WC. Castellanos *Animales* 61: Lo ideal es instalar el WC del gato en el mismo cuarto de baño.

weber (*al; pronunc corriente*, /béber/; *pl normal*, ~s) *m* (*Fís*) *En el sistema internacional:* Unidad de flujo magnético que equivale al flujo magnético que, al atravesar un circuito de una sola espira, produce en este una fuerza electromotriz de un voltio si su valor pasa a cero en un segundo. | Mingarro *Física* 130: Como el campo magnético puede representarse por líneas de inducción, se conviene en hacer iguales el número de estas líneas por unidad de superficie y el valor de la inducción magnética: a cada línea de inducción se le llama un weber.

week-end (*ing; pronunc corriente*, /wíken/ o /wíkend/; *pl normal*, ~s) *m* Fin de semana (vacación). | *Sp* 19.7.70, 49: Por mucha gente que salga de vacaciones, por muchos "week-ends", siempre quedan en las grandes ciudades cientos y cientos de miles de personas.

weigelia (*pronunc corriente*, /beigélia/) *f* Arbusto originario de Asia, de vistosas flores rosas, púrpuras o blancas (gén. *Weigelia*). | SSolís *Jardín* 94: Me fue mostrando el esplendor ya decadente de la weigelia y la adelfa y la armonía grácil de su arbusto favorito, el hibisco siriaco.

wellingtonia (*pronunc corriente*, /belintónia/) *f* Secuoya. | Loriente *Plantas* 14: *Sequoiadendron giganteum* (Lindley) Buchholz. "Secuoya gigante"; "Wellingtonia". Originaria de la Sierra Nevada de los Estados Unidos, se pueden ver magníficos ejemplares en parques y jardines.

Weltanschauung (*al; pronunc corriente*, /béltanʃaung/) *f,(Filos)* Visión de la realidad. | Aranguren *Marxismo* 47: La "sociología" marxista en realidad es una *Weltanschauung*, una visión total y totalizante de la realidad *sub specie* historicista.

welter (*ing; pronunc corriente*, /wélter/ o /bélter/; *pl normal*, ~s *o invar*) *adj* (*Boxeo*) [Peso] cuyo límite superior es de 66,6 kg. *Tb referido al deportista de ese peso; en este caso, frec n m en pl*. | *As* 9.12.70, 25: El escocés Ken Buchanan, campeón mundial de los pesos ligeros, ha infligido su primera derrota al peso welter canadiense Donato Paudano. *Inf* 25.4.70, 24: El título de los welters no cambió de manos.

Waterloo – winchester

western (*ing; pronunc corriente*, /wéstern/; *pl normal*, ~s) *m* Película del oeste. *Tb el género correspondiente*. | *Inf* 15.10.70, 25: Un "western" de pura escuela, en el que la acción se supedita a un realismo auténtico y salvajemente varonil. Sánchez *Inf* 4.3.71, 23: Es que si la costumbre prospera y al entrar en el estudio cachean a los actores, se nos acabó el "western". Y después de todo .. es un gran género.

western-spaghetti (*pronunc corriente*, /wéstern-espagéti/; *pl normal, invar*) *m* Western realizado en Europa, esp. en Italia. *Tb el género correspondiente*. | Sánchez *Inf* 4.3.71, 23: Pese a los "westerns-spaghetti" .., [el "western"] es un gran género. J. Cervera *Inf* 16.5.75, 18: Todos recordamos que los spaghetti del Oeste –los consabidos "western-spaghetti"– constituyeron un sector nada despreciable de la industria cinematográfica. J. GPastor *Ya* 14.1.90, 71: Ocho películas de muy distintos calibres para la jornada del domingo en la pantalla pequeña. Hay de todo, aventuras, acción, comedia, un *western-spaghetti* y un título político.

westfaliano -na *adj* De Westfalia (región alemana). *Tb n, referido a pers*. | *Abc* 30.6.77, 39: El premio .. fue entregado por el alcalde de la ciudad westfaliana a la esposa del pintor alemán Fritz Winter.

whig (*ing; pronunc corriente*, /wig/; *pl normal*, ~s) *adj* Referido a política inglesa: Liberal. *Tb n, referido a pers*. | L. Calvo *Abc* 2.3.58, 4: Los clubs "whig" y "tory" tienen montada una guardia permanente a la tradición. Vicens *Polis* 393: Durante esta época arraigaron en la vida política los *whigs*, cuyo jefe, Roberto Walpole .., ejerció la presidencia del ministerio de 1721 a 1742.

whirlpool (*ing; pronunc corriente*, /wérpul/; *pl normal*, ~s) *m* Baño o piscina de hidromasaje, dotados de un sistema que forma remolinos de agua. | *Abc* 6.6.67, 40: Incluyen el uso Gratuito de air therapy, baños de oxígeno, whirlpool, saunas, piscinas de agua templada.

whiskear (*pronunc corriente*, /wiskeár/ o /guiskeár/; *tb con la grafía* **güisquear**) *intr* (*col*) Tomar whisky. *Tb pr*. | Porcel *Tie* 14.8.76, 8: Las maderas de sus techos se convierten en elementos decorativos de edificios sin alma para que se "güisqueen" los dichos anteriormente.

whiskería (*pronunc corriente*, /wiskería/ o /guiskería/; *tb con la grafía* **güisquería**) *f* Establecimiento donde se sirven whisky y otros licores. | G. Ortiz *Abc* 14.8.70, 31: Hay nuevas "whiskerías" y establecimientos parecidos. *Hoy* 5.12.74, 29: 11 años de presidio mayor al autor del incendio de una güisquería.

whisky (*ing; pronunc corriente*, /wíski/ o /guíski/; *tb con la grafía* **güisqui** *o, raro,* **whiskey**; *pl normal*, ~s, *o, raro,* WHISKIES, *pronunc* /wískis/ o /guískis/) *m* Aguardiente de semillas que se fabrica sobre todo en las Islas Británicas y América del Norte. | Alfonso *España* 46: En los barrios, .. se va del especializado trabajo de cada uno al vaso de tinto, a la coca-cola o al whisky. ZVicente *Ya* 27.12.70, sn: Te preguntan si tienes resuelto tu problema sexual, si prefieres güisqui o ginebra. Laiglesia *Ombligos* 60: Los alumnos de la Escuela Diplomática quedaron listos para incrementar el consumo de whiskey en todas las capitales extranjeras. **b)** Vaso de whisky. | Laforet *Mujer* 283: Mira, prefiero hasta que te tomes un whisky de esas botellas .., que verte tragar como un canónigo.

whist (*ing; pronunc corriente*, /wist/) *m* Juego de cartas inglés precursor del bridge. | *Abc Extra* 12.62, 95: El ecarté y el piquet o "los cientos" son dos juegos franceses; .. el "whist", inglés.

whopper (*ing; pronunc corriente*, /wóper/; *pl normal*, ~s) *m* Hamburguesa gigante. | *Télex* 6.87, v: Si ya sabes comer un whopper, aprende a comer dos. Los dos whoppers a la vez.

widia (*al; pronunc corriente*, /bídia/) *f* Sustancia durísima fabricada a base de carburo de tungsteno, usada esp. para utensilios de perforación. | *Ya* 21.10.64, 14: Esta Dirección General tiene que adquirir 10 máquinas afiladoras neumáticas de barrenas con cabeza de widia.

winchester (*n comercial registrado; ing; pronunc corriente*, /wínčester/) *m* Fusil de repetición. | Sánchez *Gac*

windsurf – workshop

12.1.63, 61: Para los niños: un "winchester" que dispara balas de plástico.

windsurf (*ing; pronunc corriente,* /wínsurf/) *m* Deporte náutico que se realiza sobre una tabla provista de una vela móvil. | *Sur* 14.8.89, 20: Ha fallecido en el hospital Fernando Zamacola de Cádiz a consecuencia de un traumatismo craneoencefálico y derrame cerebral producido por un choque contra una tabla de windsurf.

windsurfing (*ing; pronunc corriente,* /winsúrfin/) *m* Windsurf. | A. Vázquez *Abc* 22.7.81, 72: Han generalizado la práctica del "windsurfing", que lleva camino de convertirse en el próximo deporte olímpico.

windsurfista (*pronunc corriente,* /winsurfísta/) *m y f* Pers. que practica el windsurf. | *Sur* 14.8.89, 20: En la playa de Los Lances, una de las mejores de Europa para practicar el windsurf, coinciden frecuentemente bañistas y windsurfistas.

wishful thinking (*ing; pronunc corriente,* /wíʃful-θínkin/) *m* (*lit*) Actitud optimista de creer que la realidad se ajusta a los propios deseos. | Laín *Marañón* 175: Esta profunda convicción llevó a Marañón a pensar, antes de la segunda guerra mundial –un *wishful thinking* hijo de su generoso optimismo ..–, que para la humanidad se había acabado definitivamente la época de las grandes guerras.

wólfram (*pronunc corriente,* /bólfram/) *m* Wolframio. | MGaite *Visillos* 22: Decíamos de la niña del wólfram. La niña del wólfram, la duquesa de Roquefeler, al lado de las cosas que se han visto este año.

wolframato (*pronunc corriente,* /bolframáto/; *tb con la grafía* **volframato**) *m* (*Quím*) Sal del ácido de wolframio. | Ybarra-Cabetas *Ciencias* 64: Wolframita. Es un tungstato o wolframato de hierro y manganeso. Mingarro *Física* 189: Son muy utilizados el platinocianuro de bario y el volframato cálcico.

wolframio (*pronunc corriente,* /bolfrámio/; *tb con la grafía* **volframio**) *m* Metal, de número atómico 74, de color gris acero, de gran dureza y densidad y difícilmente fusible. | Ortega-Roig *País* 111: Se pueden obtener aceros especiales fundiendo por segunda vez el acero con otros metales, como níquel, cromo y wolframio. Mingarro *Física* 114: Los filamentos [de las lámparas] se construyen de carbón .., osmio, tántalo, volframio, molibdeno, sustancias de muy elevado punto de fusión.

wolframita (*pronunc corriente,* /bolframíta/; *tb con la grafía* **volframita**) *f* (*Mineral*) Mineral de wolframio, constituido por wolframato de hierro y manganeso. | Ybarra-Cabetas *Ciencias* 64: Wolframita .. Es la mena más importante del tungsteno.

wolof (*ing; pronunc corriente,* /wólof/) *m* Lengua del grupo nigeriano-congoleño hablada en Senegal. | *D16* 19.1.88, 48: Este acontecimiento cultural de indudable importancia interesará sobre todo a quienes sientan irreprimible deseo de aprender el bubi, el fang, .. el swahili, el urdu o el wolof.

workshop (*ing; pronunc corriente,* /wórkʃop/; *pl normal,* ~s) *m* (*E*) Seminario (reunión o coloquio de expertos). | *BFM* 5.90, 34: Este *workshop* contará con 17 ponentes procedentes de diversos países, y en él podrán participar científicos licenciados o recién doctorados que estén trabajando en temas relacionados con el *workshop*. El máximo de participantes será de 35.

X

x → EQUIS.

xana (ast; pronunc corriente, /ʃána/) f (Mitol) Jana. | Cándido Abc 12.8.78, 2: Don Torcuato Fernández-Miranda, hijo predilecto de las hadas, de las xanas que viven en los árboles de su tierra nutricia.

xantofila f (Bot) Pigmento amarillo de las células vegetales. | Navarro Biología 18: La carotina y la xantofila se encuentran en los cloroplastos de las células vegetales, asociadas a la clorofila.

xantomatosis f (Med) Alteración del metabolismo de los lípidos que se caracteriza por el depósito de estos en distintas partes del organismo en forma de nódulos o manchas amarillentas. | Vega Corazón 49: Enfermedades de la nutrición .. como la diabetes, la xantomatosis, la gota, etc., más allá de las cuales (o sin su intermedio) la hipertensión y la arterioesclerosis conducen a catástrofes.

xantoproteico -ca adj (Quím) [Reacción] que produce un pigmento amarillo, debida a la acción del ácido nítrico sobre las proteínas. | Aleixandre Química 103: Es corrosivo [el ácido nítrico], atacando la piel y tiñéndola de amarillo (reacción xantoproteica).

xantopsia f (Med) Visión amarilla de los objetos. | MNiclos Toxicología 16: Aún más interesantes son los trastornos oculares, como la xantopsia con la santonina.

xenartro adj (Zool) [Mamífero] de dentadura reducida, con uñas grandes y robustas y con articulaciones especiales accesorias en las vértebras. Frec como n m en pl, designando este taxón zoológico. | Alvarado Zoología 124: El Orden Desdentados ha desaparecido de las Zoologías de grado superior por haberse comprobado que los animales que en él se reunían pertenecen en realidad a tres Órdenes absolutamente independientes. Uno (Xenartros) comprende los desdentados americanos; otro (Folidotos) comprende los pangolines; el tercero (Turbulidentados) está formado por el cerdo hormiguero.

xeno m (Quím) Xenón. | Artero Inerte 52: Los gases inertes responden a los nombres de Argo, Kripto, Neo, Xeno y Helio.

xenodoquio m (hist) Albergue gratuito para forasteros. | F. J. FTascón SYa 16.6.74, 23: En Occidente se fundan "xenodoquios" .. por Fabiola en Roma (399).

xenofilia f (lit) Afición a lo extranjero. | CBonald Casa 106: La xenofilia, tanto como la especialización laboral, eran para la madre de Adelaida .. vicios promovidos por el desdén a la tradición, el mal gobierno y las groserías lucrativas.

xenofobia f (lit) Odio a lo extranjero o a los extranjeros. | Solís Ateneo 16: Las mentes sencillas que, además, en aquella coyuntura, por fuerza habían de estar atacadas de xenofobia.

xenófobo -ba adj (lit) [Pers.] que siente xenofobia. Tb n. | R. ACabrer Pue 21.10.74, 24: El porcentaje de xenófobos oscila entre el 25 por 100 (Ginebra) y el 44 por 100 (Uri). **b)** Propio de la pers. xenófoba. | Abc 30.8.66, 26: Los actos violentos que presenciamos en Pekín recuerdan, más que gestos marxistas, un lejano reflejo de los acontecimientos de hace cerca de setenta años, cuando la rebelión xenófoba de los boxers.

xenón (tb **xenon**) m (Quím) Gas noble, de número atómico 54, que se encuentra en pequeñas cantidades en el aire. | Bustinza-Mascaró Ciencias 299: Hay además en el aire anhídrido carbónico, .. y pequeñísima cantidad de los gases nobles: argón, helio, neón, xenon y cripton.

xérico -ca adj (Bot) Seco. | BOE 12.3.68, 3771: Adaptación de los vegetales al agua .. El ambiente xérico. Tipos de xerófitas.

xerocopia f Fotocopia obtenida por xerografía. | M. GSantos SYa 16.12.73, 19: Esta [la Corporación] otorga grandes facilidades para el conocimiento de su tesoro documental mediante permisos para obtención de xerocopias y microfilmes.

xerocopiador -ra adj Que sirve para hacer xerocopias. Frec n f, referido a máquina. | Abc 15.11.68, sn: En máquinas reproductoras presenta el Roto-611 .. En copiadoras, la máquina Statikon, xerocopiadora de sobremesa, que trabaja sobre el principio de tambor fotosensible y no reduce las copias, extremo de gran interés.

xerocopiar (conjug **1a**) tr Reproducir [algo] por xerografía. | Ya 22.10.64, 12: Xerocopie su información. Rank Xerox.

xeroderma m (Med) Afección cutánea caracterizada por sequedad y descamación de la piel. | Navarro Biología 229: Acromatopsia total. Xeroderma. [En un gráfico.]

xerófilo -la adj (Bot) [Planta] capaz de vivir en un clima muy seco. | Alvarado Botánica 4: El parénquima acuífero es una variedad del anterior [parénquima de reserva]. En sus células se almacena agua. Se encuentra en muchas plantas de clima seco (plantas xerófilas). **b)** Propio de la planta xerófila. | Navarro Biología 309: La meseta posee una vegetación de aspecto xerófilo.

xerofítico -ca adj (Bot) De plantas xerófitas. | MOPU 7/8.85, 36: Nogales, castaños, encinas, alcornoques y robles en la Sierra Alta; vegetación xerofítica y un espeso chaparral en el Andévalo.

xerófito -ta adj (Bot) Xerófilo. Tb n f, referido a planta. | Bustinza-Mascaró Ciencias 293: Comunidad xerófita. Está formada por plantas xerófitas, es decir, que viven en condiciones de ambiente seco, donde llueve poco. Alvarado Botánica 83: Un gran número de xerófitas están dotadas de parénquimas acuíferos destinados a almacenar agua en las épocas de lluvia.

xeroformo m (Quím) Polvo amarillo e inodoro, derivado del fenol, usado como desinfectante y como antiséptico intestinal. | Aleixandre Química 164: Otro derivado del fenol es el xeroformo o tribromofenato de bismuto, que por carecer de olor y ser fuertemente desinfectante ha sustituido al yodoformo en la mayor parte de los casos.

xeroftalmía (*tb* **xeroftalmia**) *f* (*Med*) Enfermedad de los ojos caracterizada por la opacidad de la córnea. | Bustinza-Mascaró *Ciencias* 51: La carencia de esta vitamina [A] provoca lesiones en la conjuntiva y en la córnea del ojo (xeroftalmía). Alvarado *Anatomía* 114: La falta del factor A en la dieta ocasiona una grave desecación de la conjuntiva del ojo y de las glándulas lacrimales (xeroftalmia).

xerografía *f* Procedimiento electrostático para obtener fotocopias en seco. | *Mun* 28.11.70, sn: Un gran paso ha sido la introducción de la xerografía, con la que se reproducen imágenes directamente del original sobre papel corriente.

xerográfico -ca *adj* De (la) xerografía. | Lázaro *Gac* 21.9.75, 13: La farsa *Su Majestad la Sota* (1965), que apenas si he podido leer, porque la copia xerográfica es una perdición.

xerosere *f* (*Bot*) Sere que se origina en un entorno seco. | *BOE* 12.3.68, 3771: La sucesión vegetal .. La xerosere.

xhosa (*ing; pronunc corriente,* /sósa/) *adj* De un pueblo negro que habita pralm. en la República Sudafricana. *Tb n, referido a pers.* | B. Mostaza *Ya* 19.6.76, 7: Parece que el propósito del Gobierno blanco de la República Surafricana es ir independizando a las distintas etnias negras: bantú, xhosa, zulú, tswana.

xi *f* Letra del alfabeto griego que representa la suma de los sonidos [k] y [s]. | Estébanez *Pragma* 43: Alfabeto griego .. alfa, .. mi, ni, xi.

xifoides *adj* (*Anat*) [Apéndice] cartilaginoso que constituye el extremo del esternón del hombre. *Tb n.* | Alvarado *Anatomía* 44: El esternón tiene el aspecto de un puñal, y en él se distinguen tres partes ..: El mango .., la hoja .. y la punta, o apéndice xifoides.

xifosuro *adj* (*Zool*) [Artrópodo] marino de forma discoidal y coraza dura, de caracteres afines a los de los arácnidos. *Frec como n m en pl, designando este taxón zoológico.* | Espinosa *Escuela* 416: Puedo ofreceros tráqueas de miriápodos, .. maxilas de paurópodos, larvas de xifosuros.

xileno *m* (*Quím*) Hidrocarburo bencénico extraído del alquitrán de hulla y del petróleo, usado en medicina como antiséptico. | Aleixandre *Química* 150: De los aceites ligeros se extraen el benceno, tolueno, xileno, etc.

xilófago -ga *adj* (*Zool*) [Insecto] que roe la madera. *Tb n m.* | Navarro *Biología* 277: En el tubo digestivo de animales herbívoros, como los rumiantes y équidos, así como en el intestino de los que se alimentan de madera (xilófagos), como los termes, viven bacterias y protozoos. *SLib* 26.3.75,
8: Conservación y restauración de arte. Restauración de esculturas con tratamientos contra infecciones de xilófagos.

xilofón *m* Xilófono. | *Abc* 28.8.66, 77: ¡Qué conmovedores recuerdos de la época dorada del xilofón!

xilófono *m* Instrumento de percusión formado por una serie de placas de madera o de metal de desigual longitud. | Marín *Enseñanza* 97: Si se dispone de xilófonos se puede escoger un bajo y un alto y dejarles solo las notas de un acorde de tono mayor.

xilograbado *m* Grabado en madera. | *Ya* 8.5.70, 37: Del 11 al 17 de mayo se celebrará en la Casa del Brasil, de Madrid, una exposición de xilograbados de Samico.

xilografía *f* **1** Arte de grabar en madera. | Angulo *Arte* 1, 450: El grabado en bronce es creación de orfebres. Al contrario que en la xilografía, el dibujo no queda en relieve, sino inciso en la lámina.
2 Impresión tipográfica por medio de planchas de madera grabadas. | A. Álvarez *Abc* 25.4.74, 29: Los chi[nos] idearon, en el siglo XI, la xilografía –impresión tipográfica hecha con planchas grabadas en madera–.

xilográfico -ca *adj* De la xilografía. | F. Izquierdo *SYa* 9.11.73, 7: Luchó don Francisco Vindel por demostrar que en 1470 se había publicado en Sevilla, con letrería xilográfica y por protoimpresores españoles, el famoso "Sacramental".

xilógrafo -fa *m y f* Grabador en madera. | GRuano *Abc* 22.3.58, 23: Tenía el pomposo y desconcertante nombre de Gran Café Social de Oriente, al que iban asiduamente el dibujante uruguayo Barradas y el pintor polaco Wadislao Jhal, los dos principales xilógrafos del movimiento ultraísta.

xilol *m* (*Quím*) Xileno. | MNiclos *Toxicología* 117: Podemos englobar aquí otros productos no derivados del petróleo, sino obtenidos a partir del alquitrán de hulla, como Benceno .., Toluol y Xilol.

xiurell → SIURELL.

xóana (*tb* **xoana**) *f* (*Arte*) Escultura griega primitiva hecha en madera. | GNuño *Escultura* 79: Nos trae el recuerdo, incluso no visto, de la xoana, es decir, de la imagen rascada o tallada en madera.

xóanon (*gr; tb* **xoanon**; *pl,* XÓANA) *m* (*Arte*) Xóana. | Angulo *Arte* 1, 98: En las esculturas femeninas más antiguas, el cuerpo casi se reduce a un tablero de mármol .. Otras veces no es el tablero de mármol, sino la forma cilíndrica del tronco del árbol en que se labraba el antiguo xoanon, la forma en que se inscribe el cuerpo humano.

Y

y¹ → I.

y² *(con pronunc átona, excepto en aceps 2 y 3. Toma la forma* E *ante palabra que comienza por el fonema* /i/ *–cuando este no es semiconsonante–, excepto en acep 2 cuando va seguida de* n *propio)* conj **1** *Une ors, palabras o sintagmas denotando la suma de las nociones expresadas por ellos.* | *Ya* 22.10.64, sn: Material de laboratorio .. Termómetros químicos e industriales. Cunqueiro *Un hombre* 179: El músico se había levantado y se contemplaba en el espejo. CPuche *Paralelo* 442: Dos y dos son cuatro. **b)** *Con matiz enfático:* Y además. | Olmo *Golfos* 79: Yo sé montar y bien. **c)** *Precedida y seguida de una misma palabra denota repetición indefinida.* | J. Minaya *VozC* 6.10.68, 8: ¿Por qué unas barandillas rotas de un puente deben estar meses y meses sin que haya ningún organismo que, o las quite, o las reponga? Cunqueiro *Un hombre* 155: Mi padrastro reía y reía, no podía dejar de reír.
2 *Ante sust o adv, formando con él una frase interrog, se usa para preguntar por lo designado.* | Torrente *Señor* 154: No solo los varones de las familias Churruchaos, también las hembras, podían sentarse en un banco del presbiterio .. –Pero ¿y los curas? Cela *Judíos* 223: ¿Y más allá de Bohoyo, por los llanos y el Barco de Ávila?
3 *Iniciando una frase interrog o exclam, introduce una objeción. Cuando esta no forma or completa, la conj es tónica.* | * –No recuerdo cómo era. –¿Y qué más da? Neville *Vida* 384: –Los anuncios me cargan siempre. –Y a mí que me distraen... **b)** *¿~ qué?* → QUÉ.
4 *n en pl ~ + el mismo n. Sirve para destacar la diferencia de calidad que existe entre las distintas perss o cosas designadas por el mismo n.* | Delibes *Año* 17: Acabo de leer los sucesos de Granada con el triste desenlace de tres albañiles muertos .. Durante el Mayo francés, con centenares de miles de manifestantes, .. solamente se produjo un muerto. Hay países y países.
5 *Se usa expletivamente en exclams.* | Cuevas *Finca* 23: –¿Pasa algo? .. –¡Los primales! ¡Lo que nos faltaba! –¡Válgame Dios! ¡Y qué mala suerte!

ya I adv **1** *Denota que el hecho enunciado por el v al que acompaña se realiza desde un momento anterior al indicado por el tiempo verbal.* | FSantos *Catedrales* 64: Antonio ya por entonces era medio novio mío. Medio *Bibiana* 16: Pues ya ves. **b)** *Con un v en tiempo perfecto, destaca la idea de anterioridad que ese tiempo indica.* | Delibes *Guerras* 238: Don Santiago nunca tenía prisas, doctor, ya se lo he dicho.
2 *(lit, raro)* En otro tiempo. | Cela *Judíos* 57: Peñaranda ya fue más de lo que es hoy.
3 *Unido a un adv de negación, indica que no se alcanza en el tiempo el hecho expresado por el v.* | FSantos *Catedrales* 75: Miradas de refilón al espejo con anuncio de un coñac que no existe ya, que ya no se fabrica.
4 *Denota que por fin se realiza un hecho que se esperaba, se deseaba o era natural que ocurriese.* | Cunqueiro *Un hombre* 9: Se podía ver ya la alta torre de la ciudadela sobre los rojos tejados. Delibes *Príncipe* 151: Les abrió la Valen: –¿Ya estáis aquí? –dijo malhumorada.
5 *Presenta como más seguro un hecho venidero.* | Medio *Bibiana* 10: ¡Mátese usted a trabajar, Marcelo Prats, que todo lo que usted gane ya lo tirarán los chicos en sus juergas! Delibes *Príncipe* 123: Ya verá cómo va a resultar que es su hija.
6 Inmediatamente. *Tb (col), con matiz enfático,* ~ MISMO. | FSantos *Cabeza* 59: –Juana... –Ya va. –El almuerzo. ¿Está? –Ya va, ya va. CBonald *Dos días* 35: Lo dicho, ya mismo me meto con eso. **b) desde ~.** *(col)* Desde ahora mismo. *A veces se usa con valor puramente enfático.* | *Cam* 10.2.75, 9: Los partidos de la oposición azuzaron al gobierno a reclamar esos territorios y a nombrar al heredero, desde ya, "Príncipe del Sahara". FSantos *Catedrales* 187: Luego me la encontré bailando con un chino o un japonés o uno de estos del Vietnam que dan tanta guerra, pero que desde ya, le llegaba al ombligo.
7 *Formando or por sí solo, expresa comprensión de lo que se acaba de oír. A veces con matiz de escepticismo.* | Arce *Precio* 210: –¿Qué ha tomado? –"Fanodormo". –Ya –asintió. SFerlosio *Jarama* 18: –¿Por qué dices eso? –¿El qué? –Eso que acabas de decir. –¿Qué tierra esta? Pues será porque estoy mirando el campo. –Ya. –No, no te rías.
8 Ciertamente. | Zunzunegui *Hijo* 38: No se trata de eso..., pero a mí ya me gustaría verlos... Luego, si hay muchas fiestas, algo disfrutaremos los pobres. **b)** *(reg) Con valor expletivo.* | Aldecoa *Gran Sol* 17: Pesca ya quieren que traigamos, pero malleta no hay. ¡Gentuza! ¡Gentuza! **c)** *En una réplica, seguido de v en fut o antefut, denota objeción.* | Aldecoa *Gran Sol* 18: –¿Habéis hecho la sal para el bacalao? –Sí, señor Simón. –¿Cuánta sal? –Siete sacos. –Ya serán más. Delibes *Madera* 376: ¿Una reverencia? ¡Ya sería una broma!
9 *Repetido ante dos (o más) miembros de frase, presenta estos como términos de una alternativa. A veces* ~ ... o ... | E. Toda *MHi* 2.64, 31: Tener auto "importado" va adquiriendo prestigio. Ya como signo elegante .., ya como señal de deportivismo. Huarte *Tipografía* 65: La cubierta .. puede ir impresa en negro, en color o a dos colores, y su estilo debe acomodarse al contenido del libro: severo, elegante, de fantasía, etcétera, ya se trate de obras científicas, libros de ficción o escolares.
10 que ~ ~. *(col) Refuerza enfáticamente lo que se acaba de decir.* | ZVicente *Traque* 65: Y es que menuda vocación tengo yo para enseñar. Un impulso que ya ya.
11 no ~ → NO.
II conj **12 ~ que.** Puesto que. | *Inf* 12.12.73, 1: Las gestiones se están haciendo con cierta prisa, ya que el Consejo .. se reúne el próximo lunes día 17.
13 ~ que. Aunque. *Seguido frec de v en subj.* | * Ya que no trabajes, deja. Goytisolo *Recuento* 386: El golpe, el golpe bajo, consistía simplemente en que ese arreglo privado se hiciera noticia pública, y en que no solo Bellido sino también doña Dulce y Nuria, ya que no los pequeños, lo supieran.
14 ~ que. *(reg)* Cuando. | Aldecoa *Gran Sol* 66: Cuando llegó al rancho estaba congestionado de ira. Ya se calmó dijo: –Matao, a picar.

yac → YAK.

yacaré – yanacona

yacaré m (raro) Caimán. | Buesa *Americanismos* 326: Llamaron [los españoles en América] *león* al puma ..; denominaron *tigre* al jaguar ..; *lagarto* al caimán o yacaré.

yacente I adj **1** (lit) Que yace, esp [1]. *Tb n, referido a pers.* | G. Valverde *Ya* 12.11.70, 6: A los pies del cuerpo yacente, un único detalle decorativo: la cruz de Lorraine. Aldecoa *Gran Sol* 192: Poco a poco, con miedo de hacer ruido, de molestar al yacente, de importunar a Paulino Castro que tomaba entre sus dedos el débil pulso de Orozco, se acercó a Venancio Artola. Alvarado *Anatomía* 72: Delante del surco de Rolando se ha descubierto un área motriz .. con los centros motores correspondientes a los centros sensitivos yacentes inmediatamente detrás (pie, pierna, etc.). **b)** [Escultura] que representa a una pers. yacente. | GNuño *Arte* 267: Dicho sepulcro, en mármol, substituye el bulto orante o yacente por otro recostado.

2 (Der) [Herencia] de la que aún no ha tomado posesión el heredero. | *Compil. Cataluña* 703: Yacente la herencia, el heredero llamado podrá realizar actos posesorios de conservación.

II m **3** (Min) Cara inferior de un yacimiento. | Ybarra-Cabetas *Ciencias* 84: Se presenta la hulla en estratos alternando con otras rocas más o menos carbonosas que reciben los nombres de muro o yacente la inferior y techo o pendiente la superior.

yacer (conjug **36**) intr (lit) **1** Estar echada o tendida [una pers., esp. muerta]. | Olmo *Golfos* 58: Teodorín, muy pálido, yacía en el suelo. G. Valverde *Ya* 12.11.70, 6: El cuerpo [de De Gaulle], vestido con el uniforme de brigadier-general, yace en el gran salón. **b)** Encontrarse [una cosa material] totalmente apoyada [sobre una superficie horizontal o sobre el suelo]. | Gironella *Millón* 695: Sobre los pupitres, o en el suelo, yacían cuadernos escolares forrados de azul ultramar.

2 Tener acceso carnal [dos perss. o una con otra]. | Ramírez *Derecho* 25: Supongamos que la joven Marisa tiene un novio. Y que el novio la induce a yacer juntos con promesa de matrimonio. *Código Penal* 154: Se comete violación yaciendo con una mujer en cualquiera de los casos siguientes.

3 Estar enterrada [una pers. en un lugar]. | Olmo *Cuerpo* 12: –Qué, ¿me compras la raquetita? –Para el día que palmes, porque afortunadamente todo llega. Ya he redactado el epitafio: "Aquí yace, en su postura favorita, Víctor Ramos".

4 Encontrarse [algo en un lugar o en una situación]. | MSantos *Tiempo* 207: Bajo un rostro de apariencia estólida y frente estrecha puede yacer un capaz archivero incansable devorador de palimpsestos y microfílmenes. Tamames *Economía* 262: El Arancel de Aduanas, que yacía casi en el olvido desde 1933, pasó a convertirse de nuevo en un instrumento importante.

yachting (ing; pronunc corriente, /yátin/) m (Dep) Deporte de la navegación. | *Abc* 15.10.70, 72: En el programa de los juegos mediterráneos de 1971 figuran catorce manifestaciones deportivas: atletismo .., voleibol y yachting. L. Contreras *Sáb* 22.6.74, 15: La monarquía y el "yachting" .. El mero hecho de que el presidente Arias haya gustado de hacerse a la mar en Barcelona a bordo del yate de un industrial catalán ha puesto en vibración muchas antenas políticas.

yachtman (pronunc corriente, /yátman/; pl normal, ~s) m (Dep, raro) Hombre que practica el deporte náutico. | FReguera-March *Semana* 231: El Rey había dejado San Ildefonso para trasladarse a San Sebastián, donde tomó parte en las regatas con su nuevo balandro *Hispania* .. Los monárquicos alababan, muy complacidos, la presencia del Rey, el primer yachtman de la nación.

yacija f (lit) Lecho pobre o improvisado. | Cela *Viaje andaluz* 56: ¡Salve, valerosas chinches hispánicas, aguerridas heroínas de la yacija, fieles coimas de pobres y de solitarios! MSantos *Tiempo* 148: Como dos pajes viajeros .. que solicitan yacija en el alcázar. Delibes *Ratas* 72: Las urracas y los tordos y las alondras tardaban en arrancarse, y en última instancia lo hacían, pero tras un breve vuelo vertical, como un rebote, tornaban apresuradamente a sus yacijas.

yacimiento m **1** Lugar donde se encuentran naturalmente rocas, minerales, fósiles o restos arqueológicos. | *ByN* 31.12.66, 123: Las intensivas prospecciones .., cuyo primer éxito fue el descubrimiento del yacimiento de Ayoluengo, han culminado de nuevo con el descubrimiento de otro campo petrolífero. Pericot *Polis* 20: En el arte mobiliar, o sea en objetos de uso corriente, esculpidos o grabados sobre piedra o hueso, sobresalen algunos yacimientos como Isturitz y Limeuil.

2 (lit) Acción de yacer [2]. | Ramírez *Derecho* 26: Supongamos que el yacimiento se produce voluntariamente entre padres e hijos o entre hermanos. El hecho se llama entonces incesto.

yaco m Loro de plumaje gris y cola roja, muy estimado por su docilidad. | Castellanos *Animales* 116: Papagayos y loros habladores: Papagayos de cabeza amarilla; .. papagayo gris, yaco o loro gris; lorito del Senegal o yuyú.

yacusi m Jacuzzi. | Boyer *Abc* 14.1.89, 38: Ni "yacusi" iluminado con luz cenital, ni enorme terraza de 60 metros cuadrados con balaustrada de mármol.

yagua adj [Individuo] de un pueblo indio del nordeste del Perú. *Tb n.* | C. Justel *SPue* 18.4.80, 7: Indio yagua, de la Amazonia peruana, con su cerbatana.

yak (tb, raro, con la grafía **yac**; pl normal, ~s) m Bóvido de gran tamaño semejante al búfalo, propio de las zonas montañosas del Asia central, donde se usa como animal de carga y de silla (*Poephagus grunniens*). | *SArr* 27.9.70, 4: El mejor zoo de Europa, en Madrid .. Fauna asiática: .. Yak.

yakut (pl normal, ~s) adj Yakuto. *Tb n.* | Ortega *Americanos* 160: ¿Por qué Sergio Tchukichof está entre los *yakuts* cazando zorros en las anchas extensiones de Siberia?

yakuto -ta adj De Yakutia (antigua URSS). *Tb n, referido a pers.* | *País* 4.3.88, 4: Enfrentamientos entre yakuts y rusos en la República autónoma de Yakutia. Los yakutos (328.000 personas) son de lengua y cultura turca.

yámbico -ca adj (TLit) **1** De(l) yambo. | R. M. Pereda *SInf* 31.10.74, 2: En esta versión de García Calvo, la existencia de un mayor número de sílabas en las palabras castellanas ha alargado el verso hasta 13 sílabas, conservando la estructura yámbica del ritmo. **b)** [Verso] compuesto total o parcialmente por yambos. | Valencia *SYa* 14.6.75, 8: Esopo .. escribió cerca de cuatrocientas fábulas ..; fue el romano Fedro quien las versificó en senarios yámbicos.

2 [Género de la poesía lírica griega] caracterizado por el empleo del verso yámbico y por cierto carácter realista. | Blecua *Literatura* 1, 14: Tanto la poesía elegíaca como la yámbica se cultivaron mucho.

yambo m (TLit) **1** *En la poesía grecolatina*: Pie compuesto por una sílaba breve y otra larga. | Quilis *Métrica* 26: Los tipos fundamentales de pies [en el latín clásico] eran: yambo, de dos sílabas: breve-larga ..; troqueo, de dos sílabas: larga-breve.

2 *En la poesía castellana*: Unidad rítmica formada por una sílaba átona seguida de otra tónica. | Quilis *Métrica* 26: Aunque en nuestra métrica la unidad fundamental del verso es la sílaba, y no el pie, se ha venido arrastrando la clasificación latina, sustituyendo la oposición larga/breve por la de tónica/átona ..; de este modo, los ritmos serán: yambo: dos sílabas: átona-tónica; .. troqueo: dos sílabas: tónica-átona.

3 Poema en versos yámbicos. | Blecua *Literatura* 1, 14: En sus orígenes, la poesía lírica iba acompañada de música, cantándose elegías en dísticos .., yambos y melos (canciones).

yame m Ñame. | *HLM* 8.12.75, 8: Económicamente, los grupos papúes, que constituyen el grueso de la población [de Timor], tienen una economía de subsistencia basada en el cultivo del taro, yame y maíz, la ganadería, la recolección y la caza.

yana[1] f Árbol cubano de flores en racimo, tronco tortuoso y madera muy dura usada para hacer carbón (*Conocarpus erectus*). | FReguera-March *Cuba* 175: En los terrenos que rodean la ciénaga, lo que aquí llaman "costaneras", abundan los mangles y yanas, de los que se hace un carbón magnífico.

yana[2] m Lengua indígena de California, hoy extinguida. | RAdrados *Lingüística* 599: En yana, p. ej., se indica si la afirmación se hace sobre la propia autoridad del que habla o sobre la de otro.

yanacona m (hist) *En la época colonial*: Indio al servicio personal de un español. | Céspedes *HEspaña* 3, 385: El desarrollo de la propiedad rural de los españoles a costa de las tierras antes explotadas por los indios fue causa básica de un enorme aumento del número de yanaconas y mayeques.

yang *m En la filosofía china:* Principio positivo, luminoso y masculino, complementario del yin. | Fernández-Llorens *Occidente* 268: En la religiosidad primitiva, más de 1.000 años anterior a Confucio, se habla de dos principios, el *yin* y el *yang*, que vienen a representar el ritmo de las estaciones o del día y la noche, la oscuridad y la luz, la humedad y el calor. La alternancia de estos dos principios explica la vida del universo.

yangüés -sa *adj* De Yanguas (Soria) o de Yanguas (Segovia). *Tb n, referido a pers.* | Ridruejo *Castilla* 2, 56: Los pobladores de Yanguas no solo fueron ganaderos, sino industriales y comerciantes. Sus fábricas de paños tuvieron cierta fama, y sus vendedores ambulantes –los yangüeses– figuran en el *Quijote*.

yanki → YANQUI[1].

yankismo → YANQUISMO.

yanomami (*pl normal*, ~s o ~) *adj* Yanomani. *Tb n.* | *Ya* 27.11.83, 58: Otros pueblos. "Yanomamis" .. Luis Pancorvo .. ha efectuado una expedición venturosa hasta el alto Orinoco.

yanomani (*pl normal*, ~s o ~) *adj* [Indio] indígena de la región del alto Orinoco. *Tb n.* | *SAbc* 2.6.74, 28: Un joven colaborador .., amparado por una Beca de estudios, ha convivido con los indios Yanomani. *Ya* 31.1.85, 25: Durante un mes, con el único personal con el que van a convivir son los yanomanis. **b)** De (los) indios yanomanis. | X. Moro *SAbc* 2.6.74, 29: El "shabono" es la vivienda yanomani.

yanqui[1] (*tb con la grafía* **yanki**) *adj* (*col*) Estadounidense. *Tb n, referido a pers.* | Delibes *Año* 187: En la Semana de Valladolid la proyección de un filme yanqui suele despertar fuertes pasiones. Ortega *Americanos* 18: Nadie podía ser otra cosa que víctima de los yankis.

yanqui[2] *m* Sanqui (vivienda prefabricada). | J. Valenzuela *País* 24.3.85, 30: El Rancho, situado al sur de la capital, Villaverde, está formado en la actualidad por unas 120 viviendas prefabricadas o sanquis, que sus habitantes .. llaman *yanquis*.

yanquismo (*tb con la grafía* **yankismo**) *m* (*col*) Vocablo o giro yanquis[1]. | Lázaro *Inf* 12.2.76, 16: [La palabra] *vale* ha cerrado el paso en España al yankismo *okay*, de tan desoladora prevalencia en otras tierras hispanohablantes.

yanquizar *tr* Dar carácter yanqui[1] [a alguien o algo (*cd*)]. | L. LSancho *Abc* 19.6.75, 6: Veinte millones de ejemplares de "Never love a stranger" vendidos en Estados Unidos convirtieron a Robbins en escritor y en millonario. Así van las cosas de la literatura cuando se escribe en inglés yanquizado.

yantar[1] *intr* (*lit*) Comer, esp. al mediodía. | A. Figueroa *Abc* 20.4.58, 10: Aquellas señoras .. apenas tenían tiempo de tomar un frugal refrigerio, en vez de yantar al mediodía.

yantar[2] *m* **1** (*lit*) Comida. | FReguera *Bienaventurados* 9: Las monjas le daban el yantar, y dormía en una casa de adobes pequeña y mísera.
2 (*hist*) Tributo, gralm. en especie, pagado por los pueblos para el mantenimiento del soberano o del señor cuando transitaba por ellos. | Cruz *Torres* 41: En una hendidura .. está el lugar de Olmos, apodado de la Picaza, behetría que, aunque tributaba 9 maravedises para el castillo de Burgos, estaba exento de yantar y de fonsadera.

yaqui *adj* [Individuo] de una tribu indígena mejicana del estado de Sonora. *Tb n.* | Montero *SPaís* 5.3.78, 12: Aún quedan, eso sí, santones de alma mística diferente. El último *gurú* literario es Carlos Castaneda, que publicó a partir del 68 su fascinante tetralogía sobre Don Juan, un brujo yaqui mexicano que lo tomó de aprendiz y le dio el conocimiento con ayuda del peyote.

yarda *f* Medida de longitud usada en los países anglosajones y que equivale a 3 pies (0,9144 m). | *Cod* 9.2.64, 2: Realizar complicados cálculos para obtener el equivalente de las yardas, los pies, las pulgadas.

yarey *m* Palma cubana cuyas fibras se utilizan para fabricar sombreros (*Inodes causiarum*). | FReguera-March *Cuba* 75: Penetraban en terrenos baldíos, invadidos por la áspera vegetación de la manigua: palmas canas, de yarey, arbustos erizados de espinas, como el maribú.

yaro *m* Aro (planta). | Mayor-Díaz *Flora* 587: *Arum italicum* Miller. "Aro", "Yaro".

yas *m* (*raro*) Jazz. | Burgos *Tri* 22.10.77, 49: Tete el Montoliú que le dicen va de *yas* total, el tío.

yate *m* Embarcación de recreo o deportiva de motor o de vela. | Laiglesia *Tachado* 33: Y el príncipe Cirilo I, propietario del más hermoso yate de recreo que cabe imaginar, estaba siempre ausente del país haciendo cruceros por el Mediterráneo.

yatrogenia (*tb con la grafía* **iatrogenia**) *f* (*Med*) Acción perjudicial causada al organismo por el examen o el tratamiento médicos. | *Muf* 6.83, 24: Un informe técnico que aconseja una lista de 210 medicamentos esenciales para mantener y mejorar el nivel sanitario de la humanidad y evitar la yatrogenia.

yatrogénico -ca (*tb con la grafía* **iatrogénico**) *adj* (*Med*) [Alteración o enfermedad] causada por el examen o el tratamiento médicos. | *Ya* 3.12.70, sn: Las enfermedades yatrogénicas, producidas por la acción de los modernos fármacos. *Inf* 6.8.76, 19: El profesor Fisch, director del simposio, ha invitado al doctor Antolí-Candela .. para que dirija una mesa redonda sobre parálisis iatrogénica del nervio facial.

yatrógeno -na (*tb con la grafía* **iatrógeno**) *adj* (*Med*) **1** Yatrogénico. | F. Martino *Ya* 21.5.75, 42: Las causantes, al destruir los antibióticos tanto a las bacterias buenas como a las malas, de un sin fin de enfermedades yatrógenas que están sumiendo a los médicos y no médicos en un mar de confusiones.
2 Que causa yatrogenia. | *SAbc* 12.11.78, 32: Aquellas [enfermedades] que exigen una extensa e intensa medicación por su misma naturaleza difícil y que a menudo se complican por el efecto yatrógeno de los fármacos.

yatromecánica (*tb con la grafía* **iatromecánica**) *f* (*Med*) Tratamiento de las enfermedades por medios mecánicos. | Laín *Marañón* 113: Tal ha sido la meta de todos los dogmatismos teoréticos que a lo largo de los siglos han inventado los doctrinarios de la Medicina: el metodismo antiguo, la iatromecánica.

yayo -ya *m y f* (*infantil*) Abuelo. | R. Rubio *SYa* 18.11.73, 31: –¿Tú no puedes dártela? –dijo la abuela .. –Claro, tontina –y besó a la yaya.

yaz *m* (*raro*) Jazz. | *Abc* 18.7.75, 37: El X Festival Internacional de Yaz de San Sebastián dará comienzo el día 19.

ye *f* I griega. *Tb el fonema representado por esta letra.* | MCortés *Español* 67: Solo Aragón y Navarra parecen conservar en todos su pueblos la distinción entre *elle* y *ye*. En todas las demás [regiones] hay focos más o menos intensos de yeísmo.

yearling (*ing; pronunc corriente,* /yérlin/; *pl normal,* ~s) *m* (*Híp*) Caballo de un año. | MSantos *Tiempo* 60: Visitaba sus criaderos por la mañana, donde sus yeguas de vientre de raza selecta, refinada por sapientísimos cruces endogámicos, daban el codiciado fruto purasangre .. Si luego, en el momento delicioso de conciliar el sueño, aún llegaban los píos de los yearling, el Muecas se dormía .. feliz. *Abc* 19.8.70, 48: Escasa venta de "yearlings" en Deauville.

yeclano -na *adj* De Yecla (Murcia). *Tb n, referido a pers.* | *Ver* 10.9.75, 9: El motivo de la visita fue, principalmente, expresar al ministro del agradecimiento de los agricultores yeclanos.

yedra → HIEDRA.

yegua *f* Hembra del caballo, esp. adulta. | MSantos *Tiempo* 60: Visitaba sus criaderos por la mañana, donde sus yeguas de vientre de raza selecta, refinada por sapientísimos cruces endogámicos, daban el codiciado fruto purasangre. Ybarra-Cabetas *Ciencias* 397: Los nombres vulgares en

yeguada - yermar

castellano son: caballo, el macho; yegua, la hembra; potro, el joven; potra y potranca, la yegua joven.

yeguada *f* Conjunto de ganado caballar, esp. el de un lugar o propietario determinados. | Cela *Viaje andaluz* 115: Una yeguada de buen ver pace la fresca hierba. Berenguer *Mundo* 123: Daniel ha echado en la yeguada dos bestias que compró a los militares y no están cerreras. S. Galaz *Nue* 22.12.70, 31: Este caballo es nacional y es propiedad de la Yeguada Ipintza.

yeguato -ta *adj* [Mulo] hijo de asno y yegua. *Tb n.* | Delibes *Castilla* 70: El macho romo era hijo de madre burra y padre caballo. Y si era yeguata, había que echarla, para cubrirla, un burro; es decir, iban cruzados .. O sea, la mula puede ser yeguata y puede ser burreña.

yegüero *m* Hombre que guarda o cuida una yeguada. | Pemán *Halcón* 35: "Es muy callado": es la recomendación que abre camino en el campo andaluz al manijero o al yegüero que se ofrece.

yeísmo *m* (*Fon*) Pronunciación del fonema /l/ (letra *ll*) con la articulación propia del fonema /y/. | José-Carballo *Lengua* 18: El andaluz .. Tiene rasgos que lo caracterizan fuertemente frente a los demás dialectos: seseo, yeísmo, *h* aspirada, *j* andaluza, *s* andaluza, y ceceo en zonas aisladas.

yeísta *adj* (*Fon*) **1** De(l) yeísmo. | Alarcos *Fonología* 262: De todos modos, /lj/ no pudo pasar [a prepalatal fricativa sonora] .. por intermedio de un estado yeísta [y].
2 Que practica el yeísmo. *Tb n, referido a pers.* | ZVicente *Dialectología* 79: La pérdida de la *y*. Ocurre en varias regiones yeístas en contacto con *í*. Criado *Hablamos* 28: Los "yeístas" son una legión tan grande que en estos momentos la cuestión no es tanto saber si el "yeísmo" .. es o no correcto, sino hasta qué punto debe aconsejarse la pronunciación tradicional.

yelmero *m* (*hist*) Fabricante de yelmos. | Sobrequés *HEspaña* 2, 263: Otras manufacturas de notorio desarrollo fueron las relacionadas con el armamento y la caballería, en las que se llegó a una gran especialización: espaderos, ballesteros, puñaleros, dagueros, cuchilleros, lanceros, yelmeros.

yelmo *m* (*hist*) Parte de la armadura destinada a cubrir la cabeza y el rostro. | Chamorro *Sin raíces* 84: Soñaba despierto mientras caminaba por calles antiguas contemplando viejos palacios almenados que le hablaban de hazañas heroicas, de guerreros con yelmos empenachados.

yema I *f* **1** Porción central, de color amarillo, del huevo de las aves. *Tb se llama así la porción central del huevo de otros vertebrados ovíparos*. | *Cocina* 518: Se cascan los huevos y con cuidado se separan las yemas de las claras. GPavón *Hermanas* 45: Nadie volvería .. a meterse en el baño de cuerpo y medio, color yema de huevo. **b)** Dulce seco fabricado con yema de huevo y azúcar. | Carandell *Madrid* 42: Los embutidos de Segovia y las yemas de Ávila empezaron a constituir las bases de una nueva clase social.
2 Parte carnosa de la punta del dedo, opuesta a la uña. | Olmo *Golfos* 75: Nos chupábamos los dedos y como si nada. Porque el frío estaba tan en las yemas que solo un buen fuego podía con él.
3 Renuevo que en forma de botón escamoso nace en el tallo de los vegetales y produce ramas y hojas. | Cuevas *Finca* 46: Se le introducía otro pedacito de corteza del rosal injerto con una yema encima. Legorburu-Barrutia *Ciencias* 244: A lo largo de la yema se halla una porción de tallo con los entrenudos muy cortos, en donde se encuentran en formación las hojas y las yemas axilares.
4 (*Zool*) Prolongación en el cuerpo de algunos animales, como los celentéreos, que se desarrolla hasta constituir un nuevo individuo. | Bustinza-Mascaró *Ciencias* 115: Puede reproducirse [la hidra] por división, por generación o producción de yemas o botones que aparecen lateralmente en su cuerpo, y que cuando están desarrollados se separan. Bustinza-Mascaró *Ciencias* 118: Muchas medusas con velo ponen huevos, de los que nacen larvas, las cuales, más tarde, originan animales que viven fijos y que tienen al principio una organización semejante a la de la hidra de agua dulce, pero más tarde comienzan a producirse yemas que se transforman en nuevos individuos que .. quedan unidos constituyendo una colonia.
5 (*Biol*) Corpúsculo más pequeño de los dos resultantes al dividirse una célula por gemación. | Navarro *Biología* 62: Gemación. Esta división se caracteriza por formarse una o varias células a manera de protuberancias o yemas que nacen de la célula madre.
6 (*Taur*) Hoyo de las agujas. | *Abc* 13.5.58, 48: Mucha cabeza tenía el tercer cornúpeta de la tarde, al que Chamaco capoteó primero .. Pinchó una vez sin abandonar el arma, y dejó después media estocada en la propia yema.
7 ~ de huevo. Oronja (seta comestible). | X. Domingo *Cam* 17.5.76, 91: Trataremos de hallar la que quizá sea la seta más suculenta de todas: la amanita de los césares, oronja o yema de huevo, de fácil confusión para los inexpertos con la amanita matamoscas.
II *loc v* **8 dar en la ~.** (*col*) Acertar o dar en el clavo. | Miquelarena *Abc* 7.3.58, 57: Lo probable es que el alemán diera en la yema. Pero esto nos obliga a sospechar que también fue justo cuando, cinco o seis minutos antes de que terminase el partido, decretaba un "penalty" contra Estrems.

yemaa *f* Asamblea de notables de tribus en algunas regiones del Norte de África. | *Abc* 21.5.67, 65: La experiencia de estos años ha puesto de manifiesto que dichas instituciones no alcanzaron a recoger plenamente el sentir de los pobladores del desierto, centrado en las yemaas o reuniones de los componentes de tribus.

yemecilla *f* (*Bot*) Yema del embrión. | Alvarado *Botánica* 47: El embrión es una planta en miniatura, compuesta de los siguientes órganos ..: 1º, el rejo o raicilla ..; 2º, la plúmula o tallito ..; 3º, la gemmula o yemecilla .. (de la que resultará el brote de la nueva planta).

yemení *adj* Del Yemen. *Tb n, referido a pers.* | *Mad* 13.12.69, 20: Un joven yemení y otro senegalés, muertos a tiros cuando intentaban secuestrar un avión etíope.

yemenita *adj* Yemení. *Tb n.* | GSalomé *Ya* 3.3.63, 15: El "affaire" del Yemen parece haber entrado en una nueva fase. La penetración de las fuerzas yemenitas en el emirato de Belhan .. es solo un incidente. *Mad* 13.12.69, 20: Se entabló una lucha entre los dos comandos, un senegalés de diecinueve años y un yemenita de veinticuatro, y tres policías etíopes.

yen (*pl normal,* ~ES; *tb, más raro,* ~S) *m* Unidad monetaria del Japón. | *Inf* 27.6.70, 14: Ha tenido lugar en Japón la segunda edición del premio internacional "Madame Butterfly" .. El primer premio, de un millón de yens, implica además .. el pago de un viaje. *Inde* 28.6.90, 52: Mercado de divisas .. 100 yenes japoneses: 66,267.

yenka *f* Cierto baile suelto, de moda hacia el año 1965. *Tb su música*. | Alfonso *Abc* 24.3.66, 55: A través de aquellos hitos, hemos rematado en el cha-cha-cha, la raspa, .. el madison, la yenka.

yente *adj* (*raro*) Que va. *En la loc* ~ Y VINIENTE. | Marlasca *Abc* 5.12.71, 45: No acertaba a comprender cómo él, yente y viniente por todo los caminos ciudadanos, no había experimentado antes el recorrido Rosales-Casa de Campo o viceversa.

yerba → HIERBA.
yerbabuena → HIERBABUENA.
yerbajo → HIERBAJO.
yerbaluisa → HIERBALUISA.
yerbasana → HIERBASANA.

yerbazal *m* Herbazal. | CBonald *Ágata* 22: Aquellas delirantes plantaciones .., cuyas iniciales y precarias cosechas revertieron en su totalidad al semillero destinado a una gradual ampliación de los yerbazales.

yerbera *f* Vasija en que se echa el mate. | *Inf* 30.11.73, 4: Subasta extraordinaria .. Yerbera de plata colonial, siglo XVIII.

yérbode *m* (*reg*) Madroño (planta). | Mayor-Díaz *Flora* 563: *Arbutus unedo* L. "Madroño" .. "Yérbode".

yermar *tr* Dejar yermo [un lugar]. | Espinosa *Escuela* 190: Su odioso credo, fundamentado en el aborrecimiento, le manda afrentar nuestra fe, yermar nuestros campos, esquilmar nuestras haciendas.

yermo -ma *adj* **1** Inhabitado. | Ridruejo *Castilla* 1, 26: La segunda fase en la constitución de Castilla consiste en la población de las tierras dejadas yermas por Alfonso I entre el Ebro y el Duero.
2 No cultivado. *Tb n m, referido a terreno.* | Benet *Volverás* 14: El río, en un valle en artesa, se divide en una serie de pequeños brazos y venas de agua que corren en todas direcciones sobre terrenos pantanosos y yermos en los que, hasta ahora, no ha sido posible construir una calzada. Delibes *Historias* 71: Al pie del cerro .. –único en mi pueblo que admite cultivos y que ofrece junto a yermos y perdidos redondas parcelas de cereal y los pocos majuelos que perviven en el término– se alzan los chopos.

yerna *f (reg)* Nuera. | *Hoy* 23.7.74, 13: –¿No tiene parientes? –Sí. Un hermano. Se casó con una mujer que no quería a mi madre. Ya sabe lo que pasa entre las yernas y las suegras.

yerno *m* Marido de la hija [de una pers. (*compl de posesión*)]. | J. Balansó *SAbc* 9.3.69, 51: Un día este campechano soberano, bisabuelo del actual, escoltado por sus dos yernos, el príncipe de Gales y el zar de Rusia, y por su hijo, el rey de Grecia, se paseaba a pie por el campo.

yero *m* Planta herbácea leguminosa cuyas semillas se emplean como alimento para el ganado (*Ervum ervilia* o *Vicia ervilia*). *Tb su semilla. Más frec en pl.* | Cela *Judíos* 101: Fuente el Olmo cultiva el yero, la muela y el garbanzo. J. MArtajo *Ya* 17.11.63, sn: La palomita picoteaba los yeros dispersos por la caja de cartón.

yerro *m (lit)* Error o equivocación. | Ramírez *Derecho* 30: La indisolubilidad del matrimonio evita el posible yerro de volver a casarse.

yerto -ta *adj (lit)* Tieso o rígido, esp. a causa del frío o de la muerte. | L. Calvo *Abc* 14.11.70, 35: La viuda .. se levanta .. segura de sí, yerta, impasible y pálida. Pinilla *Hormigas* 153: Avanza por la cocina arrastrando los pies, moviendo la cabeza de derecha a izquierda, como un atontado, yerto de frío. Goytisolo *Recuento* 365: La última imagen de tía Paquita, el túmulo, los cuatro cirios, los brazos de náufrago del crucifijo, el velo negro, de pliegues pesados y yertos, que apagaba la cérea fulgidez del féretro.

yesaire *m (reg)* Yesero. | Berlanga *Gaznápira* 70: El Donato se fue de yesaire a Blanes, con su hermana. *Ale* 3.8.78, 23: Alicatadores y yesaires en general, a destajo, por varios meses. Interesados dirigirse a la c/ Monte Serantes, s/n .. Las Arenas-Vizcaya.

yesca *f* Materia muy seca preparada para que cualquier chispa prenda en ella. *Tb fig.* | Cela *Judíos* 88: El hombre se sentó al lado del vagabundo, prendió la yesca para encender su requemada colilla. L. Calvo *Abc* 21.11.70, 36: El Gobierno echa al fuego yesca, prohíbe libros .. como hace más de un siglo se prohibían los versos de Baudelaire.

yesería *f* **1** Lugar en que se fabrica o vende yeso. | *Abc* 11.12.70, 21: El policía les siguió en su motocicleta, obligándoles a parar en terrenos de una yesería existente hacia la mitad de la desviación del camino.
2 Obra realizada con yeso. | GNuño *Arte* 65: Las edificaciones son de simple tapial, adobe y ladrillo, con entramado de madera, y solo era primoroso el revestimiento de mármoles, azulejos, yeserías y cúpulas.

yesero -ra I *adj* **1** De(l) yeso. | * La riqueza yesera de la provincia es considerable.
II *n* **A** *m* **2** Obrero o albañil que trabaja el yeso. | GNuño *Arte* 73: Desde 1344 hasta 1366, obreros, carpinteros y yeseros moriscos se afanaron en el Alcázar.
B *f* **3** Cantera de yeso. | Cela *Judíos* 161: Íscar es pueblo de pinar y despoblado, con castillo en ruinas, pastos cuando los hay, y yeseras y carboneras.

yesífero -ra *adj* Que contiene yeso. | Benet *Aire* 71: Un campo de terrazas, las torrenteras en forma de espiga cavadas en las margas yesíferas adosadas a las cuarcitas y pizarrones de la montaña.

yesista *m* Yesero. | T. Cobo *Hoy* 8.12.89, 23: Desde hace cuatro meses, los alicatadores y soladores se encuentran en una huelga .. en petición de un anexo al convenio general de la construcción, similar al que se firmara para yesistas y escayolistas el pasado 4 de enero.

yeso *m* **1** Sulfato cálcico hidratado, de color blanco o traslúcido y muy blando. *Según la forma en que aparece cristalizado recibe distintas denominaciones:* ~ ESPEJUELO, ~ FIBROSO, *etc.* | Legorburu-Barrutia *Ciencias* 355: El yeso abunda en casi toda España. Bustinza-Mascaró *Ciencias* 333: Yeso .. Puede presentarse en cristales aplastados, frecuentemente unidos formando el yeso en flecha o yeso en lanza; en masas hojosas, yeso espejuelo, fácilmente exfoliable; en masas fibrosas, yeso fibroso, .. y en masas compactas, piedras de yeso.
2 Polvo procedente de la calcinación del yeso [1] y que se emplea esp. en construcción. *A veces con un adj especificador:* BLANCO, NEGRO, *etc.* | Laforet *Mujer* 260: La iglesia estaba adornada con mal gusto. Mucho yeso y purpurina. *GTelefónica* 83 2, 1030: Fábrica de yeso blanco y negro.
3 Escultura vaciada en yeso [2]. | L. Moreno *Abc* 14.5.67, 67: Más de un centenar de esculturas, .. bronces y yesos producidos por Macho .. podrán contemplarse.
4 Escayola (vendaje). | Delibes *Santos* 131: Este hombre debe estar cuarenta y cinco días con el yeso.

yesón *m* Cascote de yeso, usado a veces en construcción. | Carandell *Tri* 29.12.73, 29: El desbordamiento de la rambla destruyó unos veinte edificios de su orilla, casas de las que en aquella región se construyen con "yesones" y mortero.

yesoso -sa *adj* **1** De yeso [1 y 2]. | Bustinza-Mascaró *Ciencias* 333: El alabastro yesoso se emplea en escultura y ornamentación.
2 Que contiene yeso [1]. | J. MNicolás *SYa* 8.2.76, 4: Los hombres cavan y cavan. Salen margas yesosas, arcillas, y a unos trece metros, un informe montón de huesos y dientes apelotonados con el yeso.

yesquero *m* Mechero de yesca. | CBonald *Dos días* 69: El viejo intentaba encender una colilla, medio quemándose los labios con el yesquero.

yeti *m* Animal no identificado que se supone habita en el Himalaya. | Á. MCascón *Béj* 28.11.70, 9: Mucho se ha hablado y escrito sobre el misterioso yeti, mal llamado por muchos "Abominable hombre de las nieves".

yet set *f* Jet-set. | SSolís *Blanca* 128: Ella no es de la yet set ni una folklórica.

ye-ye (*tb* **yeyé**) *adj* (*col, hoy raro*) **1** [Estilo de música popular] en boga hacia el año 1965 y caracterizado por el frecuente uso del término ye-ye como estribillo rítmico. *A veces se denomina así cualquier estilo de música moderna más o menos estridente. Tb n m.* | Vizcaíno *Mancha* 227: Y hoy, que lo que priva es el ye-ye, hemos formado este conjunto.
2 [Muchacho] que se muestra como inconformista y anticonvencional en sus costumbres y en su atuendo y que suele ser amante de la música ye-ye [1]. *Tb n.* | Arce *Precio* 140: Les conozco de vista a la mayoría. Son una mezcla de yeyés y de hippies. Miguel *Mad* 22.12.69, 14: Todo el amplio mundo de ye-yes, jovencitos y menos jovencitos, anticonvencionales y espontáneos.
3 Propio de la pers. o la música ye-ye. | M. F. Molés *Pue* 17.10.70, 18: Este muchacho de aspecto ye-ye y hechos clásicos puede caminar con futuro. Marquerie *Pue* 2.11.70, 11: Alegran también el espectáculo las bellas chicas go-go que en la pista y en el escenario ondulan serpentinamente con arreglo a los ritmos ye-yes, al principio y en el epílogo de la pieza.

yeyunal *adj* (*Anat*) Del yeyuno. | *Abc* 15.11.75, 1: Suturada nuevamente la zona dehiscente, se han situado drenajes externos de cavidad abdominal y de asa yeyunal.

yeyuno *m* (*Anat*) *En los mamíferos:* Segunda porción del intestino delgado. | Legorburu-Barrutia *Ciencias* 61: Comprende [el intestino delgado] tres partes: el duodeno, el yeyuno, el íleon.

yezgo *m* Planta herbácea vivaz similar al saúco y que despide un olor fétido (*Sambucus ebulus*). | Benet *Nunca* 127: Jardines italianos trazados con macizos de boj y mirabel muy pronto devorados por la violenta jara y el correoso y enfermizo yezgo.

yiddish (*ing; tb con la grafía* **yidish**; *pronunc corriente,* /yídis/) *m* Dialecto altoalemán, con elementos hebreos y de otras lenguas, hablado por las comunidades

yin - yohimbina

judías que habitan en Europa central y oriental o que proceden de estas regiones. | J. GSánchez *Mad* 18.11.70, 19: Otro de sus grandes poemas, "Kaddish" (esta es una palabra religiosa en "yiddish": Plegaria de la muerte), es un estremecedor lamento. RAdrados *Lingüística* 783: Alternancias vocálicas del inglés y del alemán .. usadas con función morfológica .. son de origen fonético; también las del yidish de Lituania.

yin *m En la filosofía china:* Principio negativo, oscuro y femenino, complementario del yang. | Fernández-Llorens *Occidente* 47: Todo cuanto ocurre en el mundo es el resultado de la sucesión alternante de dos principios: el *yin* (humedad, sombras, frío, invierno, cerrazón, principio femenino) y el *yang* (calor, sol, verano, actividad, expansión, principio masculino).

yippie *(ing; pronunc corriente, /yípi/)* **I** *m y f* **1** Miembro del grupo político norteamericano Youth International Party, constituido por hippys de tendencia izquierdista radical. | A. Barra *Abc* 12.11.70, 37: Mr. Stew Albert, un "intelectual" de los "yippies", explicó las aspiraciones del movimiento: hacer la revolución, deshacer la burocracia y liberar al pueblo.
II *adj* **2** De los yippies [1]. | *Abc* 14.11.70, 33: La Policía ha arrestado hoy en Belfast, Irlanda del Norte, al líder "yippie" (partido internacional de la juventud), el norteamericano Jerry Rubin.

yipunu *m* Lengua del grupo bantú, hablada en Gabón y el Congo. | RAdrados *Lingüística* 168: En yipunu (bantú) el objeto del pron[ombre] de 1ª s[ingular] es *m-* o *n-*.

ylang-ylang *m* Aceite aromático obtenido del árbol *Cananga odorata* y usado en perfumería. | Montero *Reina* 42: Probador uno –y aspiró el papel con inhalaciones cortas y ansiosas–: Una nota de guayaco, otra de pachulí, lichens del Atlas, canela, ylang-ylang .. y jacinto blanco.

yo I *pron pers sg* **1** Designa dentro de la frase al propio ser que la enuncia. Toma la forma MÍ cuando va precedido de una de las preps comunes (excepto SEGÚN *y, a veces,* ENTRE); si la prep es CON, se une con ella formando la palabra CONMIGO. Toma la forma ME (que se pronuncia átona) cuando funciona como cd o ci sin prep; cuando va inmediatamente después del v, ME se escribe unido a él en una sola palabra. *Cf* NOSOTROS. | Olmo *Golfos* 192: Yo fui muy malo, ¿sabes? Laiglesia *Ombligos* 99: Juntó sus manazas para implorarme que no le abandonara. Medio *Bibiana* 14: Eso es lo que me gustaría saber a mí. Aldecoa *Gran Sol* 28: No deis disgustos a vuestra madre .. Y que no me vayáis al dique a bañaros. Arce *Testamento* 57: Se enfadó conmigo.
2 ~ que *(reg: ~* DE) *+ n o pron* = SI ~ ESTUVIERA EN LUGAR DE *+ n o pron*. | Delibes *Cinco horas* 188: Yo que el gobierno, un decreto. Torrente *Vuelta* 99: Yo que tú no iría sola. Urbina *Carromato* 32: Yo de papá no dejaría que Bita cantara así. Buñuel *Arr* 6.8.61, 12: Yo de ti estaría con la escopeta al hombro en el huerto.
3 ~ + *n* = SI ~ FUERA *+ n*. | Delibes *Cinco horas* 152: Yo sacerdote .. pediría al gobierno que los expulsase de España.
II *m* **4** La propia personalidad individual. *Siempre precedido de art o de un adj posesivo o demostrativo.* | Rof *Amor* 179: Dos perturbaciones fundamentales de la sexualidad nacen, o bien por excesiva dependencia (de las figuras paternales, esto es, por inmadurez sexual) o por excesiva rigidez (de la persona, del yo, o del llamado super-yo). GLópez *Lit. española* 429: La búsqueda de lo original .. es otro de los medios con que el autor romántico trata de afirmar su "yo".
5 ~ pecador. *(Rel catól)* Oración que comienza con las palabras "Yo pecador". | Villapún *Iglesia* 86: Dicho penitente se arrodillará junto al confesionario y rezará el "Yo pecador".

yod *f (a veces m) (Fon)* Fonema /i/ que funciona como semiconsonante o como semivocal. | Alvar-Mariner *Latinismos* 30: Berceo .. acepta los latinismos en sus aspectos menos confundibles (conservación del esdrújulo .., persistencia de los grupos con yod .., etc). Tovar *Lucha* 79: La forma de la *i* es la del yod fenicio.

yodado -da *adj* **1** *part → YODAR.*
2 Que contiene yodo. | Alvarado *Anatomía* 136: Segrega [el tiroides] la tiroxina, hormona yodada, necesaria para el crecimiento y desarrollo normal del cuerpo.

yodar *tr* Someter [algo o a alguien] a los efectos del yodo. | Laforet *Mujer* 205: La chica .. enseñaba sus piernas y su cara yodadas.

yodo *(tb con la grafía* **iodo**, *forma preferida en lenguaje técn) m* Elemento no metal, de número atómico 53, que se volatiliza desprendiendo vapores de olor parecido al del cloro, y que en disolución se emplea como desinfectante. | *Economía* 267: Limpios los bordes de la herida, se pintan estos con tintura de yodo. Marcos-Martínez *Física* 254: Existen tres elementos: el flúor, el bromo y el iodo, cuyas propiedades químicas son muy parecidas a las del cloro .. Se les denomina halógenos.

yodoformo *m (Quím)* Sustancia amarilla, cristalina y de olor fuerte y desagradable, usada como antiséptico. | CBonald *Noche* 29: Los efluvios del yodoformo lo transferían a una casa familiar en la campiña de Portsmouth.

yodurado -da *adj (Quím)* Que contiene yoduro. | Cela *Pirineo* 288: Caldas de Bohí .. es hoy balneario de lujo: de lujo en las aguas –que las hay frías y calientes, radiactivas, sulfurosas, .. yoduradas, litínicas ..– y de lujo en las instalaciones.

yoduro *(tb con la grafía* **ioduro**, *forma preferida en lenguaje técn) m (Quím)* Cuerpo resultante de la combinación del yodo con un radical simple o compuesto. | *Ya* 30.5.64, 13: En Utiel, un servicio anti-granizo a base de quemadores de yoduro de plata ha sido iniciado en período experimental. Bustinza-Mascaró *Ciencias* 250: Ya decolorada la hoja, se sumerge en agua y luego en una disolución de iodo en agua que contiene ioduro potásico.

yoga *m* **1** Sistema ascético hindú que pretende la unión del alma humana con el Espíritu Universal mediante la abstracción de los sentidos y la concentración de la mente. | Anson *Oriente* 36: Para cumplir fielmente los "Vedas" se recomienda el yoga .. en sus diversas modalidades.
2 Sistema de ejercicios físicos encaminados a lograr el dominio del espíritu sobre el organismo y la mente. | *GTelefónica N.* 510: Gimnasio masculino y femenino. Yoga. Sauna.

yogar *intr (lit, raro)* Realizar el acto sexual. | L. Torres *Imp* 13.12.77, 25: La televisión .. enmudecerá poco antes de las once de la noche ..; esta medida .. arrastrará los cuerpos hacia las camas, a una hora plena para yogar.

yoghourt *(fr; tb con la grafía* **yogourt**; *pronunc corriente, /yogúr/; pl normal, ~*s) *m* Yogur. | Savarin *SAbc* 7.12.69, 37: Se me antojó el yoghourt Crimea. Sencillamente yoghourt con grosella. Caldas *SAbc* 1.12.68, 38: La longevidad es mayor debido al ritmo vital y a la alimentación hecha a base de yogourt, frutas y verduras.

yoghurt *(ing; tb con la grafía* **yogurt**; *pronunc corriente, /yogúr/; pl normal, ~*s) *m* Yogur. | Bustinza-Mascaró *Ciencias* 288: Extender con hilo de platino u otro hilo metálico sobre un portaobjetos un poco de yoghurt. Bernard *Salsas* 45: Se chafa el queso de Rochefort en un plato, con un tenedor. Se le agrega el yogurt y los demás ingredientes y se comprueba la sazón.

yogourt → YOGHOURT.

yogui *m y f* Adepto al yoga. | M. Mancebo *SInf* 16.12.70, 7: –¿Podríamos decir que los "hippies" son yoguis? –Los "hippies" han tomado parte de la filosofía oriental.

yóguico -ca *adj* De(l) yoga. | *ASeg* 12.3.80, 4: La Asociación de Yoga Sivananda .. tiene programados .. una serie de fines de semana yóguicos.

yogur *m* **1** Producto lácteo obtenido de la fermentación de la leche previamente concentrada. *Tb la ración individual envasada.* | Cela *SCamilo* 151: Tu tío Jerónimo .. se llega a la fresquera y se toma un yogur.
2 mal ~. *(col) euf por* MALA LECHE. | Delibes *Santos* 106: Para que lo cuentes en París, René, que los franceses os gastáis muy mal yogur al juzgarnos.

yogurt → YOGHURT.

yogurtera *f* Aparato electrodoméstico con que se fabrica yogur. | *Ya* 3.1.74, 3: Yogurtera Rumbo de 220 v. En oferta 455 ptas.

yohimbina *f (Quím)* Alcaloide que se extrae de la corteza del árbol africano *Corynanthe yohimbe,* usado a veces en medicina para combatir la impotencia funcional. | Vega *Cocina* 136: No me sorprendería que le pusieran dinamita, aunque el camarero chino a quien se lo pregunté manifestó que en aquella salsa ponían yohimbina, pero no dinamita.

yoísmo *m* (*lit*) Valoración exclusiva del yo. | Castilla *Humanismo* 26: Significa, en primer lugar, la retracción del hombre a un yoísmo antinatural.

yoísta *adj* (*lit*) Que tiene o muestra yoísmo. *Tb n, referido a pers.* | C. Posadas *Abc* 19.9.87, 117: Los americanos, que todo lo traducen en dólares, han visto una mina en esto del "yoísmo", y rápidamente han puesto en marcha toda una industria en torno al *Ego* .. ¿Cómo demonios se las arregla uno para soportar a toda la caterva de yoístas que andarán por ahí sueltos monologando al unísono cada cual su particular clave en *Mí*?

yola *f* Embarcación estrecha de remo o vela, ligera y de poco calado, empleada en regatas. | *Mar* 25.5.59, 11: La Federación Española de Remo organiza una regata nacional de yolas.

yoni *m* (*raro*) Órgano sexual femenino. | Torrente *Off-side* 254: A Goya le gustaban las mujeres, era un adorador del yoni.

yonqui *m y f* (*jerg*) Heroinómano. | Montero *SPaís* 5.3.78, 13: Cada día aumenta el número de *yonquis*, traslación directa al castellano del inglés *junkie*, que es aquel que es adicto al *caballo*, a la heroína .. El *yonqui* usa heroína, o morfina, incluso se pincha cocaína a falta de otra cosa. *Int* 25.8.82, 95: La mujer, por tirada que esté, e incluso si es yonqui (heroinómana), sabe que tiene un patrimonio entre las piernas y se espabila para levantar alguien con money.

yóquey (*tb con la grafía* **yoqui**) *m* Jinete profesional de carreras de caballos. | Gilera *Abc* 11.2.78, 47: Cada una de estas cuadras tenía su yóquey, que pudiéramos llamar titular, contratado, y eran los "ases de la fusta". M. Galaz *País* 2.9.80, 39: No quería que ese yoquei volviera a subirse encima de un caballo suyo.

york *m* Jamón de york (→ JAMÓN). | Berlanga *Gaznápira* 108: La cuestión es que no ha faltado de nada: mortadela, patatas saladas, olivas, york, venga olivas, incluso pimiento y bonito en la ensaladilla rusa.

yoruba (*pl*, ~s *o* ~) **I** *adj* **1** [Individuo] de un pueblo africano que habita principalmente en las regiones costeras del suroeste de Nigeria. *Tb n.* | J. M. Reverte *Méd* 27.11.87, 75: La serpiente que sirve en África al culto vudú es la *Python regius*, que a pesar de su tamaño, puede asustar a cualquiera, es el animal más dócil e inofensivo de África. Los yorubas de Dahomey la consideran animal sagrado y a veces las reúnen en gran cantidad en sus santuarios. Fernández-Llorens *Occidente* 262: Los *yoruba*, tribu de Nigeria, han esculpido cabezas de carnero con rasgos humanos. **b)** De (los) yorubas. | J. M. Reverte *Méd* 20.11.87, 80: La palabra *zombi* es de origen africano occidental y en lengua yoruba se da al *dios-pitón*.
II *m* **2** Lengua de los yorubas. | RAdrados *Lingüística* 137: Toda vocal lleva un tono, bien fijo, bien modificado a lo largo de la emisión. La escala de los tonos puede ser lineal: por ej., .. el yoruba, senadi y mixteco, con [tono] agudo, medio y bajo.

yotización *f* (*Ling*) Transformación de un sonido en yod. | Lapesa *Comunicación* 212: Desde la yotización del latín vulgar tal vez no haya fenómeno fonético cuya capacidad revolucionaria se pueda comparar con la aspiración o pérdida de la -s implosiva.

yo-yo (*pronunc.* /yoyó/) *m* Juguete formado por dos discos unidos por un eje alrededor del cual se enrolla una cuerda, por la que se le hace subir y bajar. | FSantos *Catedrales* 182: A esa voy a llamarla un día .., cuando .. me deje el "Seiscientos" mi amiguete, ese que me lo presta a veces, que me lo dejó cuando la otra, la del yo-yo, la que lo iba sacando por la ventanilla, arriba y abajo, y todo el mundo mirando.

ýpsilon, ypsilón → ÍPSILON.

yterbio → ITERBIO.

ytrio → ITRIO.

yuan *m* Unidad monetaria de la República Popular China. | Á. Zúñiga *Van* 16.5.74, 23: A mi llegada a Pekín me esperaba en el aeropuerto el embajador de España .. El cambio del dólar es aproximadamente dos yuanes, divisa nacional.

yubarta *f* Cetáceo de unos 15 m de longitud, con grandes aletas pectorales y una prominencia adiposa en la región dorsal (*Megaptera nodosa*). | C. Galilea *SPaís* 17.12.89, 100: Su interés despertó en 1968 cuando escuchó por primera vez las grabaciones de una yubarta o ballena jorobada en Nueva York, asistiendo a una conferencia del profesor Roger Payne.

yuca *f* **1** Planta liliácea tropical de tallo arborescente, hojas largas y gruesas y flores blancas, de la que algunas especies se cultivan como ornamentales (gén. *Yucca*, esp. *Y. filamentosa* y *Y. gloriosa*). | Arce *Testamento* 52: América era un sueño... No eran verdad las llanuras desérticas de Arizona, con sus espacios apacibles cubiertos de yuca, de salvia, de "masquita", de "palo verde", cactos. Loriente *Plantas* 73: *Yucca aloifolia* L., *Yucca filamentosa* L. Las dos "Yucas", muy habituales, como arbolitos, en los parterres de parques y jardines.
2 Mandioca. | HSBarba *HEspaña* 4, 371: En las mismas zonas de cultivo platanar existió también la planta cuya raíz produce la harina del manioc .. La planta se designaba con el nombre de yuca.

yucateca *adj* Yucateco. *Tb n.* | Lapesa *HLengua* 345: Los yucatecas, incluso en ambientes cultos, pronuncian su español con las "letras heridas" del maya.

yucateco -ca *adj* Del Yucatán (Méjico). *Tb n, referido a pers.* | ZVicente *Dialectología* 396: En Veracruz, en la costa yucateca, la vocal recobra su personalidad, y las consonantes, por el contrario, tienden a debilitarse. Buesa *Americanismos* 339: Los yucatecos bebían, lo mismo que hoy, el *balché*, y aprovechaban los tallos del *chichibé* para hacer hamacas.

yudo *m* Forma de jiu-jitsu practicada como deporte. | *Abc* 10.8.75, 47: Yudo. España tiene ya 53.527 yudokas.

yudoka *m y f* Pers. que practica el yudo. | *Abc* 10.8.75, 47: Yudo. España tiene ya 53.527 yudokas.

yugada *f* **1** Espacio de tierra de labor que puede arar una yunta en un día. *Tb su medida.* | Tovar-Blázquez *Hispania* 93: Saludado por sus soldados como *imperator*, [Metelo] anuncia que se ha puesto precio a la cabeza de Sertorio: 100 talentos y 20.000 yugadas de tierra.
2 Medida agraria que en algunas regiones equivale a 50 fanegas o algo más de 32 hectáreas. | *Sor* 5.10.75, 6: Vendo casa con tierras de labor: Dos parcelas de 9 y media y 11 y media yugadas, con entradas por carretera. MCalero *Usos* 78: Con cincuenta de estas fanegas se hacía lo que llamaban una yugada.

yugar *tr* Unir mediante el yugo [1]. *Tb fig.* | Payno *Curso* 20: Volvían todos en grupo, con las cestas repletas, sobre carros del país: de dos bueyes yugados, ruedas radiadas. Gamallo *MHi* 12.70, 20: No solo la fe cristiana y el verbo reglamentador por Nebrija yugaban a criaturas de mapas tan lejanos, sino también la autoridad real.

yugo *m* **1** Armazón de madera mediante la cual se unen por el cuello o la cabeza dos animales de tiro, y a la que van sujetos el timón del arado o la lanza del carro. | Hoyo *Caza* 15: Además del ruido de las ruedas y el chirriar del eje, se oía el crujir del yugo. **b)** (*lit*) Atadura u obligación. | Ramírez *Derecho* 38: El principal efecto de la nulidad del matrimonio es liberar a los casados del vínculo o yugo matrimonial. **c)** (*lit*) Dominio o autoridad. | Pericot *Polis* 40: Hacia el 2049 .. Utukhegal de Uruk [en Mesopotamia] libera al país del yugo extranjero, capturando al rey guti Tiriqan.
2 Armazón de madera unida a la campana y que sirve para voltearla. | Cela *Pirineo* 127: En cada uno de los tres epígrafes dichos caben tres diferentes conceptos, a saber: .. compra de un yugo para que la campana pueda voltear, refundición de la campana hendida y arreglo del campanario, en el segundo.
3 (*Rel catól*) Velo que se pone a los desposados en la misa de velaciones. | Villapún *Iglesia* 130: Misa de velaciones .. Suele ponérseles [a los recién casados] sobre los hombros un

velo blanco .. para significar que .. deben estar unidos siempre, como lo están por medio del yugo.

4 (*Mar*) Madero transversal de los que se apoyan en el codaste y forman la popa. ❙ MHidalgo *HyV* 10.71, 77: Entre el yugo de proa y el arranque del espolón se encuentra la plataforma triangular denominada "tamboreta".

yugoeslavo -va *adj* Yugoslavo. *Tb n.* ❙ Zubía *Geografía* 181: Las costas yugoeslavas del Adriático, lo mismo que las costas griegas, tienen clima y cultivos mediterráneos.

yugoslavo -va *adj* De Yugoslavia. *Tb n, referido a pers.* ❙ Pla *Des* 12.9.70, 24: Tito se separó del sistema ruso y advirtió al dictador moscovita que en caso de una represalia .. el pueblo yugoslavo se levantaría en masa. Escartín *Act* 25.1.62, 51: El segundo puesto debe ser para los yugoslavos, tras durísima lucha con Uruguay.

yugulador -ra *adj* (*lit*) Que yugula². ❙ *Selectividad* 42: También a este terreno hay que acudir con medidas no meramente yuguladoras, arcaizantes o frustrantes, sino creadoras, imaginativas.

yugular¹ *adj* **1** (*Anat*) De(l) cuello. ❙ Cela *Mazurca* 256: La causa de la muerte fue debida a la hemorragia externa, profusa desde la zona carotídea yugular derecha. **b)** [Vena] del cuello por la que retorna la sangre de la cabeza. *Frec n f.* ❙ *Abc* 10.10.57, 54: Presentaba una herida incisa en la región anterior del cuello, con probable sección de las venas yugulares, causada por arma blanca. Chamorro *Sin raíces* 13: Descubrían en una callejuela, entre sombras y bultos pardos, la muerte, la tortura, el dolor físico sin esperanza, la herida tremenda en la yugular.

2 [Yugo] que une los animales por el cuello. ❙ O. Anabitarte *Nar* 1.76, 8: En el mes de agosto se representa un labrador sentado en el trillo .. Lo normal es la sustitución de los bueyes por las mulas como animal de tiro y el yugo cornal por el yugular.

yugular² *tr* **1** Degollar o cortar el cuello [a alguien (*cd*)]. ❙ Gala *Hotelito* 68: Si te da de canto te yugula.

2 (*lit*) Interrumpir o cortar bruscamente [algo]. ❙ *Van* 4.11.62, 14: Un ejército de tanques soviéticos se abatía sobre Budapest. Se trataba de yugular el levantamiento del pueblo húngaro contra la ominosa dominación comunista. **b)** *pr* Interrumpirse o cortarse bruscamente [algo]. ❙ Prandi *Salud* 617: El médico debe controlar la evolución de cada crisis de falso "crup", pero a menudo este se yugulará en sus comienzos si la madre inicia inmediatamente el tratamiento adecuado.

yuma *adj* [Individuo] de un pueblo indio de América del Norte hoy habitante de la zona de San Diego, en California. *Tb n.* ❙ Fernández-Llorens *Occidente* 151: Pueblos indígenas de la América Precolombina: Esquimales, Atapascos .., Yumas. [*En un mapa.*]

yunca *adj* [Individuo] de una gran familia indígena sudamericana habitante de las costas del Perú. *Tb n.* ❙ Pericot *Polis* 143: En la vertiente pacífica .. hallamos sucesivamente de norte a sur a los chibchas de Colombia, a los desaparecidos pueblos ecuatorianos, a los mochicas y yuncas del Perú y a los araucanos de Chile.

yuncir *tr* (*reg*) Uncir. ❙ J. Serrano *NAl* 15.5.82, 20: Si no tuviera que irme a yuncir las vacas, le hubiera atendido mejor.

yunga *m* Lengua de los indios de la región de las Yungas (Bolivia y Perú). ❙ Tovar *Español* 512: El *Rituale seu Manuale Peruanum*, del franciscano Fray Luis Jerónimo de Oré .. contiene también el texto en quechua, aimara, guaraní y yunga.

yunque *m* **1** Prisma de hierro acerado, de sección cuadrada, a veces con punta en uno de los lados, y que sirve para trabajar sobre él a martillo los metales. ❙ GPavón *Hermanas* 18: De aquella gloria de coces, relinchos, martillazos y voces arrieras, solo quedaba un yunque oxidado. **b)** *A veces se usa en constrs de sent comparativo para ponderar la firmeza y resistencia en el trabajo o en las adversidades.* ❙ Delibes *Guerras* 242: Pero no vea cómo trajinamos esos días. ¡Como yunques machacamos, oiga!

2 (*Anat*) Huesecillo del oído medio de los mamíferos, situado entre el martillo y el estribo. ❙ Bustinza-Mascaró *Ciencias* 85: Desde el tímpano hasta la ventana oval se extiende una cadena de huesecillos: martillo, yunque, lenticular y estribo.

3 (*Mec*) Pieza que recibe los golpes de otra. ❙ S. Magán *Ya* 20.4.74, 57: Distribuidor. Se compone de eje, platinos (uno fijo, llamado yunque, y otro móvil, llamado martillo), pipa o dedo distribuidor y tapa distribuidora. *BOE* 2.8.76, 14910: Las partes esenciales del aparato son: el dispositivo de percusión .., el bloque de acero colocado con base, el yunque, la columna, las guiaderas, los martinetes con dispositivo de disparo.

4 (*Mús*) Instrumento de percusión semejante al yunque [1] o con sonido de yunque. ❙ Perales *Música* 41: Los "xilófonos", instrumentos de placas de madera; "carillones", de placas de metal, al igual que el "glockenspiel", el "yunque" de "herrero" y el "yunque" de "platero", que podríamos considerar grave aquel y agudo este.

yunquerano -na *adj* De Yunquera de Henares (Guadalajara). *Tb n, referido a pers.* ❙ *NAl* 4.9.82, 19: La interpretación auténtica que aquel buen yunquerano hubiera dado de sus propias palabras.

yunta *f* Par de animales de tiro, esp. bueyes o mulas, empleados en las labores del campo. ❙ Ortega-Roig *País* 147: ¿Sabes lo que es una yunta de mulas? Ahora se sustituyen por tractores. Moreno *Galería* 185: La dula era .. el conjunto del ganado mular de un municipio, compuesto de la yunta, la yunta y media o la media yunta .. que cada uno de los vecinos aportaban.

yuntero *m* Criado que trabaja con una yunta. ❙ Romano-Sanz *Alcudia* 66: Son dos muchachos que trabajaban de yunteros en una alquería cercana. **b)** Hombre que posee una yunta y trabaja con ella a jornal. ❙ FQuintana-Velarde *Política* 113: Desde grandes sociedades anónimas o grandes propietarios individuales latifundistas hasta pequeños propietarios, aparceros, yunteros, arrendatarios foreros, etc., existen casi tantos tipos de empresas agrícolas como comarcanas [*sic*] en nuestro país.

yupi *interj* (*col*) Expresa júbilo. ❙ Torrente *Fragmentos* 86: Ya he matado a mi padre y puedo casarme. ¡Yupi!

yuppie (*ing*; *tb con la grafía* **yuppy**; *pronunc corriente,* /yúpi/) (*col*) **I** *m* **1** Joven ejecutivo muy emprendedor y de altos ingresos. ❙ *Ya* 7.12.85, 23: Del vino tinto a la coca-light .. Del hippy al yuppie, todo en la sociedad de los ochenta ha cambiado progresivamente hacia la artificialidad de los productos de consumo. *Ya* 20.2.90, 53: "Doña María" con Mercedes Milá. No se sabe si aparecerá en el programa de Mercedes Milá como "doña María" o como ejecutivo yuppie de la publicidad.

II *adj* **2** De(l) yuppie [1]. ❙ V. Ródenas *Abc* 19.9.87, 69: La clase yuppy es una clase agresiva.

yuppismo *m* Actitud vital o género de vida de los yuppies. ❙ *PaísE* 9.4.89, 17: Nosotras ya sufríamos el *yuppismo* en EEUU.

yuppy → YUPPIE.

yurok *m* Lengua principal del grupo del samoyedo. ❙ RAdrados *Lingüística* 310: Me limitaré a poner el ejemplo del yurok .. En esta lengua se opondrían los nombres .. y las demás palabras.

yusivo -va *adj* (*Gram*) Que expresa mandato. ❙ Academia *Esbozo* 72: Lo mismo o algo parecido ocurre cuando el grupo verbo + enclítico, en las formas dichas (imperativas, yusivas y exhortativas), aparece aislado en una frase exclamativa.

yute *m* Planta originaria de la India, de la que se extrae una fibra textil muy empleada en la fabricación de cuerdas, sacos y objetos similares (*Corchorus capsularis* y *C. olitorius*). *Tb la fibra y el tejido obtenido a partir de ella.* ❙ Legorburu-Barrutia *Ciencias* 298: Plantas textiles .. El cáñamo, el esparto y el yute proporcionan fibras para cuerdas, redes, sacos, etc. *Economía* 85: El abacá es una planta .. cuyas hojas .. se transforman en filamentos que, machacados, constituyen fibras con las que se fabrica un tejido que a veces sustituye al yute.

yutero -ra *adj* Del yute. *Tb n f, referido a industria.* ❙ *Van* 17.4.73, 9: En la edición del pasado día 8 de abril "La Vanguardia" informó del decreto de la Presidencia del Gobierno .. por el que se reestructuraba el sector textil yutero.

Ale 11.8.81, 26: El Comité de Empresa de Ibérica de Envases, S.A. (antigua Yutera Palentina) ha dirigido un comunicado a la opinión pública.

yuto -ta *adj* (*hist*) [Individuo] de una tribu germánica que se estableció en Gran Bretaña en el s. v. *Tb n*. | Castillo *Polis* 152: Los invasores de Britania eran los sajones, los anglos y los yutos. Los anglos se establecieron al norte del Támesis; los sajones, a lo largo de su curso, y los yutos, al sur del mismo.

yuxtalineal *adj* (*lit*) [Traducción] dispuesta de modo que corresponda línea por línea con el original. | C. Castro *Ya* 21.7.74, 8: En 1363 le llevó a su venerado poeta y amigo Petrarca a Venecia, donde estaba a la sazón huido de otra peste, una traducción yuxtalineal de los poemas homéricos.

yuxtaposición *f* Acción de yuxtaponer. | *Gac* 11.5.69, 11: La confección del horóscopo –basada en la yuxtaposición de los planetas en el instante del nacimiento del sujeto– ha cambiado muy poco a lo largo de los siglos. Amorós-Mayoral *Lengua* 114: La construcción española con "de" que acabamos de ver, se va perdiendo, y se extiende, cada vez más, la simple yuxtaposición del nombre genérico y el específico.

yuxtaponer (*conjug* **21**) *tr* Poner inmediatas [dos cosas o una a otra]. | Marín *Enseñanza* 102: Se procederá en la misma forma que los días anteriores, pero yuxtaponiendo los dos esquemas. Se hará que los chicos atiendan mucho para percibir el cambio de esquema. **b)** (*Gram*) Unir [dos elementos] sin ninguna palabra de enlace. | Pleyán-GLópez *Paradigma* 163: No deben considerarse yuxtapuestas las proposiciones subordinadas de complemento directo, por ejemplo, en las que se ha callado la conjunción.

yuyu *m* Brujería. *Frec en la loc* HACER ~. | *Abc* 23.11.93, 42: El embajador de EE.UU. hace "yuyu" según la policía de Obiang.

Z

z → ZEDA y ZETA.

zabalmedina *m (hist) En las ciudades medievales:* Magistrado con jurisdicción civil y criminal en una ciudad. | Ubieto *Historia* 118: También existieron el "sahib al-madina" y el "sahib as-surta", con funciones de justicia civil y de policía no bien conocidas, pero que se imitaron posteriormente entre los cristianos con los títulos y cargos de "zabalmedina" y "zabazorta".

zabazoque *m (hist) En las ciudades medievales:* Funcionario encargado de la vigilancia de los mercados. | Ubieto *Historia* 118: El encargado de los mercados (sahib as--suk) cuidaba de la inspección de los mercados y del control de los objetos que se vendían; este cargo pasó más tarde a las ciudades cristianas, adaptando su nombre (zabazoque).

zabazorta *m (hist) En las ciudades medievales:* Jefe de policía. | Ubieto *Historia* 118: También existieron el "sahib al-madina" y el "sahib as-surta", con funciones de justicia civil y de policía no bien conocidas, pero que se imitaron posteriormente entre los cristianos con los títulos y cargos de "zabalmedina" y "zabazorta".

zaborrero -ra *adj (reg)* Chapucero. | Lázaro *Abc* 9.11.85, 3: Se me queja una dama de que algunos líderes sean tan estropajosos y zaborreros hablando.

zabra *f (hist)* Embarcación de dos palos usada en las costas del Cantábrico. | A. Maura *SAbc* 7.2.88, 11: Muchas serán las escaramuzas y las conquistas de este joven que con veintiocho años ya era capitán general de una armada de cuatro navíos, dos zabras y dos galeras, con la misión de vigilar las costas de España.

zaca *interj (col)* Zasca. | J. Berlanga *Abc* 4.7.87, 105: El chico liga cantidad, todas andan a sus pies .. ¿que le viene una modelo publicitaria?, ¡zaca! ¿que la hija de un preboste socialista?, ¡toma del frasco!

zacapela *f (raro)* Contienda o lucha. | FVidal *Duero* 112: Hoy queda reducido a .. campo de batalla de dos famélicos gozquillos que andan, al parecer, de eterna zacapela entre sí.

zacapella *f (raro)* Contienda o lucha. | R. Buenaventura *SD16* 24.4.83, XII: Los franceses –que tienen perdida la zacapella cultural– siguen sabiendo cómo gastar el dinero.

zacatín *m (reg)* Plaza o calle en que se vende ropa. | MCalero *Usos* 87: Aún habían de hacer algunas compras en el azoguejo, y pasar por el zacatín, pues al pueblo habían de tardar en volver y mercado grande no habría hasta pasado otro verano.

zafar *tr* **1** Desembarazar o librar [de algo]. *Frec el cd es refl. Tb sin compl, por consabido.* | Delibes *Historias* 80: La encerrona que le prepararon [al matacán] fue tan alevosa que el Antonio le derribó, al fin, de dos disparos desde su puesto, camino del perdedero, cuando el matacán se había zafado ya del Sultán, del Quin, del lebrel de Arabia y de la escopeta del Norberto. Laforet *Mujer* 293: Le habían pedido que [la Navidad] la celebrase con ellos. Paulina se zafó alegando un compromiso.
2 Soltar [algo enganchado o sujeto]. | *Sur* 7.2.88, 27: Tres aficionados a la pesca naufragaron a causa del mal tiempo .. Según explicó el delegado del Gobierno, Manuel Céspedes, que dirigió las operaciones de rescate, se trataba de zafar el hierro a fin de poder volver a puerto. **b)** *pr* Soltarse [algo enganchado o sujeto]. | CBonald *Dos días* 167: A veces se zafa una cuerda porque el barril está lleno de mosto y pesa un quintal.

zafarí *adj* [Variedad de higo] muy dulce. | Landero *Juegos* 368: Tiene un regato y un pozo, y siete higueras de higos zafaríes.

zafarrancho *m* **1** (*Mil*) Limpieza general del cuartel o de otra dependencia. *Tb fig.* | Abella *Vida* 1, 217: El despistado era un punto que estaba en los antípodas del que en la jerga cuartelera gallega se llamaba el "apañador", que era aquel a quien le tocaban todas las guardias y todos los zafarranchos, sin lugar a escapatoria alguna. Canellada *Penal* 54: Limpieza general, zafarrancho y riada. Gala *SPaís* 22.10.78, 7: Que no se hiciera ilusiones [el pueblo] respecto a un cambio suficientemente rápido, ni respecto a un riguroso y terminante zafarrancho de limpieza. **b) ~ de combate.** Conjunto de preparativos para el combate. *Tb el toque militar correspondiente. Tb fig. A veces se omite el compl por consabido.* | Delibes *Madera* 352: La corneta convocó a zafarrancho de combate, la tripulación se movilizó. Gironella *Millón* 151: El Pedrete sería el corneta de la columna. Con ella tocaría diana y quién sabe si zafarrancho de combate. Delibes *Madera* 383: Después de escuchar el toque de zafarrancho, Gervasio graduaba los prismáticos .. A bordo reinaba la tranquilidad propia de un ejercicio de tiro. Grosso *Capirote* 45: –¡No hay novedad! –les había dicho Venancio [a los guardias civiles], rogándoles que esperaran–. No es necesario armar alboroto, ni despertar a ninguno .. Nadie tiene mejor mano que el propio posadero para tratar a su pupilaje .. Sé la litera que duerme, y no hay por tanto que tocar a generala ni a zafarrancho de combate. Landero *Juegos* 269: Ese día [de limpieza general] venía anunciado por un trajín incierto .. hasta que, de pronto, una voz destemplada y cachonda salía al pasillo gritando: "¡Zafarrancho de combate! ¡Guerra a los microbios! ¡A mí la Legión!"
2 (*col*) Lío o alboroto. | VMontalbán *Rosa* 91: Aquí va a haber tomate como los americanos se líen la manta a la cabeza, y cuanto más lejos de un zafarrancho mejor. Lera *Clarines* 333: –Después de todo no fue nada: una miaja de follón. Pero ¡se formó una! .– Acisclo y Maxi se rieron a dúo recordando el gracioso zafarrancho que armó el Raposo con sus guindillas.
3 (*col*) Destrozo grande. | JCorella *Ya* 6.12.74, 20: Con los primeros calores, se echan a la calle los "pontoneros" de la luz, del agua, del gas y del teléfono, y, de la noche a la mañana, zafarrancho general: calas, zanjas, trincheras, barricadas. * Ten cuidado al limpiar la cristalería, no vayas a hacer un zafarrancho.

zafiamente *adv* De manera zafia. | ZVicente *Mesa* 113: Estos ni sospechan que exista un hombre, como ellos dirían riéndose zafiamente.

zafiedad *f* **1** Cualidad de zafio. | CBonald *Ágata* 175: Vino a enturbiarse definitivamente la ya más que enturbiada convivencia de Araceli con quienes no eran .. sino mantenidos a título de nulidad genérica por un esposo que procedía con tanta más decepcionada zafiedad cuanto más se distanciaban temporalmente de la tornaboda.

2 Acción zafia. | Zunzunegui *Camino* 347: –¡Déjala, que para eso es vieja!– Pero, dándose en seguida cuenta de su zafiedad, se postró rápida a los pies de doña Elisa tomándole la mano, besándosela y suplicándole: –Perdóneme, señora .. ¿Verdad que me disculpa y perdona esa grosería?

zafio -fia *adj* [Pers.] tosca o sin finura. | Laforet *Mujer* 188: Paulina .. no quería soportar las impertinencias de aquel hombre zafio. **b)** Propio de la pers. zafia. | Sopeña *Defensa* 64: Seguían los ataques a Unamuno y a Ortega, y hubo uno especialmente zafio contra Xavier Zubiri.

zafir *m* (*lit*) Zafiro. | Umbral *Memorias* 9: El Danubio Azul, una película llena de plata y zafir, como el propio Danubio.

zafiro I *m* **1** Piedra fina, variedad azul del corindón. | Alvarado *Geología* 38: Corindón .. Las variedades nobles son transparentes y muy estimadas en joyería; el zafiro es azul; el rubí oriental, rojo; el carbunclo, rojo obscuro.
II *adj invar* **2** [Azul] transparente propio del zafiro [1]. | Villarta *SYa* 20.4.75, 37: Para la noche, un color primario, resplandeciente, el blanco puro. El azul zafiro, que a la luz artificial posee una gran luminosidad, resulta magnífico.

zafra[1] *f* **1** Cosecha de caña de azúcar. | Bosque *Universo* 151: Las labores [de cultivo de la cañamiel] .. están confiadas casi siempre a trabajadores de color, muy numerosos, sobre todo, en la recolección, la zafra. **b)** *En gral*: Cosecha o recolección. | E. Pablo *Abc* 13.3.77, 51: Autorizados círculos oleícolas coincidieron con los informes de nuestros servicios especiales en las regiones olivareras en que la zafra 1976-77 podría oscilar entre 425.000 y 450.000 toneladas. *Día* 26.9.75, 12: En tal orden, pueden señalarse los mejores resultados obtenidos por Canarias durante el período de contingentación de las cuatro últimas campañas y los adversos de la península, consecuencia de envíos excesivos en la primera época de la zafra. [*Del tomate.*]
2 Fabricación de azúcar. | Goytisolo *Afueras* 19: Fotografías de color sepia deslucido sacadas en los ingenios del abuelo, plantaciones de caña, refinerías de zafra.

Zafra[2]. **llover más** (*o* **caer más agua**) **que cuando enterraron a ~.** *loc v* (*col*) Llover copiosamente. | Delibes *Año* 182: Fernández Braso, que soportó impávido junto a mí un día de caza en el que cayó más agua que el día que enterraron a Zafra, juzga, con conocimiento de causa, sobre la presunta crueldad de este deporte.

zafrense *adj* Zafreño. *Tb n.* | A. Zoido *Hoy* 2.3.75, 23: Antonio Martín Martínez adviene a la existencia con el ocaso del siglo, en Zafra .. A su alcance estarían los prodigiosos barrocos del altar mayor de la Colegiata zafrense, del de la Valvanera .. El faenar en el taller zafrense del "Dorador" es algo incansable.

zafreño -ña *adj* De Zafra (Badajoz). *Tb n, referido a pers.* | RMoñino *Poesía* 73: Sigue otro [poema] de Francisco de Vargas contando el encuentro de un navío cristiano .. con otro turco, y la derrota y captura de este .. gracias al denodado esfuerzo del zafreño Francisco García.

zaga I *f* **1** Parte trasera de algo, esp. de un carruaje. | Halcón *Manuela* 26: El chófer hizo sitio en la zaga. El nuevo melonero obedeció. Cargó ocho melones. APaz *Circulación* 118: Si en vez de a la derecha el coche se va de zaga a la izquierda, la virada de ruedas se hará en este sentido.
2 (*Fút, lit*) Línea defensiva. | LFrías *As* 14.12.70, 10: El gol .. fue marcado en una jugada desafortunada de la zaga local.
II *loc v* **3 ir**, *o* **andar**, [una pers. o cosa] **a la ~** [de otra]; *o* **irle**, *o* **andarle**, *o* **quedarse**, **a la ~**, *o* **en ~**. (*lit*) Quedarse detrás de ella. *Normalmente en sent fig y frec en constr neg.* | Alvar *Regiones* 126: Cortés ha descrito "mercados de tipo solar" en Tlaxcala, Texcoco, Méjico, y sus relatos no van a la zaga del de Bernal. E. LRamos *SAbc* 29.11.70, 36: Esta obra tampoco anda a la zaga a este respecto [la legítima reivindicación del sexo femenino]. S. Adame *SPue* 17.10.70, 5: Nadie le va en zaga por compenetración con cada tipo. Faner *Flor* 150: Los mahoneses le agasajaban con vino, pan y queso. Las autoridades de la Universidad no se quedaban en zaga.
III *loc adv* **4 a la ~.** (*lit*) Detrás. | Cela *Pirineo* 147: El viajero .. asomó la galita al gris fresquito de la negra noche y, un pie tras otro, volvió a su sosegado andar de siempre .. El perro Llir, con mucha compostura, se estiró y se le puso a la zaga, como un monago obediente.

zagal -la A *m y f* **1** (*lit o pop*) Muchacho. | CPuche *Paralelo* 95: Un día la vendedorcita del bloque americano, la criatura del pelo color panocha, les había contestado [a los basureros]: –¡Anda!, que ya os queda poco .. –Dicen que el municipio nos va a meter a matarifes .. –Os debían de meter a frailes –contestó la zagala.
2 Pastor mozo que está a las órdenes del rabadán. | Marín *Enseñanza* 218: La vida dura del pastor, sus peligros, su soledad .. El zagal, compañero del pastor.
B *m* **3** (*hist*) Mozo ayudante del mayoral en los carruajes de camino. | DPlaja *Sociedad* 236: La salida de la diligencia es como un [*sic*] apoteosis de estruendo y movimiento. Las seis mulas son puestas de acuerdo a latigazos. Chasquean las herraduras contra el pésimo empedrado, el zagal agarra un mulo del timón y le hace iniciar la marcha.

zagalón -na *m y f* (*lit o pop*) Muchacho alto y fuerte. | GPavón *Reinado* 26: Llegaron dos zagalones, que según la cuenta eran hijos del enterrador.

zaguán *m En una casa*: Pieza inmediata a la puerta de la calle y que sirve de entrada. | Arce *Testamento* 55: Y discurriendo estas cosas me imaginaba a Ángeles, con su madre y Moncho, los tres solos en el zaguán, comentando mi desaparición y haciendo cábalas.

zaguanete *m* (*hist*) Aposento destinado a la guardia del rey. | Bellón *SYa* 14.9.75, 23: Como era entonces costumbre, debajo del palco regio figuraba un zaguanete de alabarderos, que mantenía abierta la puerta de la barrera, y ellos, con sus alabardas, defendían el que los toros pudiesen romper aquella barrera humana.

zaguero -ra I *adj* **1** De atrás o de detrás. | Zunzunegui *Camino* 273: El muro zaguero era todo de mampostería ordinaria sin verja. **b)** Retrasado. | F. Mayor *SInf* 14.7.76, 8: Un país sin investigadores es un país marginado y zaguero.
2 (*Fút, lit*) De la defensa. *Tb n m, referido a pers.* | R. Melcón *Inf* 4.4.70, 18: El bilbaíno es, seguramente, el elemento más regular y eficaz de la línea zaguera de su equipo. G. García *As* 7.12.70, 3: Adelardo pasó adelantado a Calleja, este combinó inteligentemente con Alberto, que lanzó de nuevo al zaguero que, tras internarse hacia el centro, largó un formidable disparo.
II *m* **3** (*Dep*) *En el juego de pelota*: Jugador que se coloca detrás. | J. Zabaleta *DVa* 15.3.75, 19: Habrá a continuación un gran estelar con cuatro pelotaris de la más alta categoría .. Habrá un extraordinario encuentro porque a todos los niveles, de delanteros y zagueros, hay mucho juego que poder desarrollar.

zagüía *f* Ermita marroquí en que se halla la tumba de un santón. | *Ya* 17.3.89, 55: 19,30. Alquibla. "Zagüías y cofradías islámicas." Episodio número 7.

zahareño -ña *adj* (*lit*) Arisco. | Delibes *Santos* 70: El Rogelio era efusivo y locuaz, todo lo contrario que el Quirce, cada día más taciturno y zahareño. Zunzunegui *Hijo* 20: La [mirada] de ella se daba abierta con una candidez sonriente. La réplica de Manolo era entrecortada y zahareña.

zaheridor -ra *adj* Que zahiere. | F. Vega *Abc* 9.2.75, 9: Todos sabemos el significado irónico, ridiculizante o zaheridor que entre nosotros damos al croar en las charcas.

zaherimiento *m* Acción de zaherir. | F. J. Peña *Ya* 13.10.87, 25: Fue magistral lección de cómo la ironía puede ser educado objeto de zaherimiento político.

zaherir (*conjug* **60**) *tr* **1** Decir algo mortificante [a o contra alguien (*cd*)]. | Kurtz *Lado* 115: Cat me martirizaba. Se pasaba el día zahiriéndome.
2 Echar en cara una acción [a alguien (*cd*)]. | Laforet *Mujer* 79: Paulina tenía el proyecto de zaherir a Leonela por el abandono de la casa.

zahína *f* Planta gramínea cuyos granos se usan para alimento de las aves y para hacer pan (*Sorghum doura*). *Tb su semilla.* | Berenguer *Mundo* 10: Si lo que no me dejan es entrar en lo de don Gumersindo, cuando sin arma entro, y no piso trigo, ni zahína, ¿qué daño hace el arma al campo?

zahinal – zalamero

zahinal m Terreno sembrado de zahína. | Berenguer *Mundo* 117: Tiraban colillas donde les caía, zahinales tronchados, vacas huidas por los portillos que dejaban abiertos.

zahiriente adj Que zahiere. | Olmo *Golfos* 116: *La Chata* .. se encaró con sus dos compañeras y dura, zahiriente: –¡Putas! –las llamó. Murciano *Est* 1.2.71, 18: El poeta cambia bruscamente de dirección .., y aborda una poesía satírica, directa, zahiriente, dicha como con una sonrisa, pero lastimada en lo hondo.

zahón (tb con la grafía **zajón**, en zonas de aspiración) m Calzón abierto de cuero o paño que llega hasta media pierna y que los campesinos y cazadores atan sobre el pantalón para protegerlo. *Más frec en pl.* | Diego *Pap* 1.57, 12: Los zahones y el sombrero ancho, más naturales en él que la chaqueta y el hongo o flexible .., apenas tienen nada que ver con la moderna etiqueta del torero señorito de festival. DPlaja *El español* 101: Iba muy serio a caballo con sombrero ancho, chaquetilla y zajones, siguiendo a su padre.

zahonero -ra m y f Pers. que fabrica o vende zahones. | F. Bejarano *Abc* 23.8.66, 45: Habían hablado y tratado con él, conviniendo lo siguiente: que las diez casas para tiendas .. se reduzcan a seis, que podrá alquilar para barberos, .. guanteros y zahoneros.

zahora f (reg) Comilona o merienda de amigos. | MCalero *Usos* 63: Con el sol cayendo y al llegar al lagar, organizaban cada día buena zahora con mucha bulla y alboroto.

zahorí m y f **1** Pers. que tiene la facultad de descubrir lo que está oculto bajo tierra, esp. agua. | *Van* 8.11.73, 36: Otra solución, que ha partido del Ayuntamiento, ha sido la perforación de un pozo de treinta metros de profundidad en el patio de las escuelas, utilizando los servicios de un zahorí. Laiglesia *Tachado* 160: Un zahorí me ha dicho que allí hay un filón muy rico. CBonald *Ágata* 102: Manuela se apartó de inmediato del hijo y se puso a andar a gatas, husmeando y palpando entre la arenisca con el olfato y el tacto de la zahorí.
2 Pers. muy perspicaz o adivinadora. | Burgos *SAbc* 13.4.69, 43: Joaquín Romero Murube –el escritor que desde su atalaya del Alcázar tiene el dolor de cumplir el oficio de exegeta de la Sevilla que se va y zahorí de las tropelías que en la ciudad cometen los metecos–.

zahoriar (conjug **1a**) tr (raro) Escudriñar o pretender adivinar. | J. R. Alonso *Sáb* 30.6.76, 6: He leído ambas predicciones, y en el mismo día, en dos periódicos libres .. muy dados a zahoriar el futuro.

zahorra f Piedra menuda que debidamente compactada se usa para pavimentos. | *BOE* 29.7.77, 16953: El pavimento [de la nave] está formado por una solera de hormigón de diez centímetros sobre un relleno de zahorras de treinta centímetros convenientemente compactadas. *Abc* 30.4.85, 37: Los accesos a los edificios no son de tierra compactada como dicen los vecinos, sino de un material denominado "zahorra" que en construcción se compacta para rodamientos.

zahúrda f Pocilga. *Tb fig.* | Cuevas *Finca* 23: Los lechones y las puercas que no salgan de la zahúrda. ILaguna *Ateneo* 43: Ortega, Marañón, .. son los astros en torno a los cuales giran satélites más o menos curiosos y una infantería ligera del sable que pernocta en las zahúrdas de la bohemia consecuente.

zahurdón m (reg) Zahúrda. | Delibes *Santos* 15: Salía al campo y se acostaba a la abrigada de los zahurdones o entre la torvisca.

zainamente (tb **zaínamente**) adv De soslayo o con recelo. *Con el v* MIRAR *u otro equivalente.* | Zunzunegui *Camino* 375: El padre avanzó desconfiado, ojeándolo todo zainamente. Zunzunegui *Camino* 491: La madre le miró zaínamente.

zaino[1] **-na** (tb **zaíno**) adj Falso o que no es de fiar. | Lera *Clarines* 415: Siempre anda detrás de mí comiéndome con sus ojos de carnero a medio morir, pero sin decirme nunca nada el muy zaino. Aldecoa *Cuentos* 1, 146: Me he vestido [de torero] en una cuadra con mulos zaínos, y en un carro andando, y debajo de un puente. Delibes *SD16* 27.3.88, 42: El agua del nublado es zaína. Entreverada con piedra, lo mismo puede representar un alivio que la puntilla para

estos campos sedientos. L. Calvo *Abc* 9.9.66, 25: Los vietnamitas .. son hombres recelosos, maliciosos, tortuosos y dilatadamente adiestrados en todos los artificios miméticos del disimulo a lo zaino.

zaino[2] **-na** (tb **zaíno**) adj **1** [Caballería] de color castaño oscuro exclusivamente. | * Montaba un caballo zaino.
2 [Res vacuna] de color negro exclusivamente. *Frec* NEGRO ~. | S. RSanterbás *Tri* 11.4.70, 19: ¿Qué se lleva esta temporada? ¿El utrero gordito, terciado, negro zaíno, cómodo de pitones?
3 Propio del animal zaino [1 y 2]. | CBonald *Noche* 38: Se veía brillar el pelaje zaíno de los machos, las crines de la cola barriendo el estiércol del reborde del pescante. Cunqueiro *Sáb* 9.7.75, 25: Los gallegos andamos muy ufanos con la mejora de una antigua raza vacuna, a la que, seleccionando, llamamos rubia gallega mejorada. En la Limia, en el sur de Galicia, había una raza de capa negra, zaína.

zaire m Unidad monetaria del Zaire. | G. GCalvo *Inf* 18.5.78, 10: La moneda, el zaire, apenas tiene valor real.

zairense adj Zaireño. *Tb n.* | *País* 10.4.77, 1: Marruecos envía tropas a Zaire .. La internacionalización del conflicto zairense acaba de consumarse.

zaireño -ña adj Del Zaire. *Tb n, referido a pers.* | *Abc* 3.3.74, 28: Comunicado conjunto hispano-zaireño .. Se ha puesto de manifiesto, por una parte, el deseo expreso del presidente de la República del Zaire, S. E. general Mobutu, de que España esté presente en el proceso de mejora de las infraestructuras de dicha República.

zairés -sa adj Zaireño. *Tb n.* | *Van* 23.6.74, 39: Brasil, 3 - Zaire, 0 .. El ataque brasileño tiene una gran ocasión en el minuto 15, cuando Kazadi salva milagrosamente tres tiros a bocajarro. Sin embargo, muy pronto los zaireses recobran el ritmo y se aseguran el dominio del balón.

zajón → ZAHÓN.

zalagarda f **1** Lazo para cazar animales. | MMariño *Abc* 22.6.58, 6: Asimismo impongo por condición a dicho Juan de Rebordaos que no cace con hurón ni zalagardas, ni menos en tiempo de veda.
2 Astucia maliciosa con que se procura engañar a otro. | GMacías *Relatos* 35: Entonces la pícara vecina, la muy tuna, poniendo de manifiesto la mala uva que le caracterizaba, le dice tan tranquila: –Anda, que si te doy las perras .. –Pues anda, que si te llego a comprar el cántaro...– He aquí cómo la "zalagarda" de Ibahernando quedó malparada.
3 Alboroto. | Zunzunegui *Camino* 284: Se ríen con zalagarda las dos mujeres.

zalamear intr Hacer zalamerías. | GHortelano *Amistades* 97: ¿Has venido solo a hablarme de la amistad y a zalamear con el jesuita?

zalameramente adv De manera zalamera. | Aguirre *Aranda* 44: ¿Cómo Goya, que llegó a la Corte huérfano de padrinos, jamás retrató a Aranda? Pintó, más de una vez y zalameramente, a Floridablanca, el golilla, el circunspecto murciano enemigo de nuestro Conde.

zalamería f Demostración afectada de cariño, amabilidad o simpatía. | Grosso *Capirote* 45: Acudía ya de nuevo Venancio con zalamería a los guardias abriendo los brazos. J. M. Moreiro *SAbc* 20.4.69, 31: Si se mete con alguien es para decirle la "buenaventura", para cantarle una copla o despabilarle la cartera entre zalamerías si el "payo" no anda listo. CBonald *Ágata* 49: Sintió Manuela el brusco aguijón de la mirada de un bracero .. No soslayó ella la correspondencia con aquel todavía distante asedio, sino que miró también al hombre con blanda zalamería.

zalamero -ra adj [Pers.] que hace zalamerías. *Tb fig, referido a animales.* | ZVicente *Traque* 315: No, no me llames por mi nombre, eso no me gusta, vaya, que no, anda, quita, quita, no seas zalamero. F. Castelló *País* 19.5.85, 13: Intenté que *Tocinillo* siguiera las huellas del cerdalí, y un día me lo llevé al monte atado de una soga y lo dejé libre. Pero el muy tontaina me siguió de vuelta a casa, zalamero y con el rabo hecho un ocho entre las patas. **b)** Propio de la pers. zalamera. | Halcón *Ir* 66: Más de una vez me sorprendí pronunciando palabras zalameras, por lo que luego sentí rubor.

zalea *f* Cuero de oveja o carnero, curtido de modo que conserva la lana. | Á. Domecq *Abc* 19.6.58, sn: El rejoneador español debe vestir, pues, severamente .. La silla es la silla campera, la concha negra, con solo el lujo de la zalea blanca del domingo.

zalear A *tr* **1** Mover [algo] de un lado a otro. | * No lo zalees tanto, que lo estropeas.
B *intr* **2** Moverse [algo] de un lado a otro. | Delibes *Tesoro* 74: Un alborotado griterío acogió sus últimas palabras. Las palas, azadas y dalles zaleaban sobre las cabezas del corro.

zalema *f* **1** Reverencia en muestra de sumisión. | Ortega *Americanos* 68: Para, dando vueltas y saltos, haciendo extrañas zalemas y otras muy bien acompasadas cosas y gritando, canalizar el entusiasmo. **b)** Reverencia que hacen los musulmanes ante el nombre de Dios o del monarca. | Mendoza *Ciudad* 242: —La comprensión de Su Majestad es proverbial —el ministro de asuntos exteriores del sultán hizo tres veces la zalema.
2 Zalamería. | Grosso *Capirote* 39: Venancio apareció por fin .. Sus labios se abrían con una sonrisa de zalema. Al acercarse a la *pareja* hizo una cómica reverencia. Delibes *Parábola* 11: Brincaba [el perro] sobre él .. haciéndole zalemas y manchándole de tierra las solapas de su traje gris.

zalmedina *m* (*hist*) Zabalmedina. | Fatás *And* 15.8.76, 12: Echamos en falta reproducciones facsimilares como las que acompañaron a la edición del tomo precedente, y acaso, hubiera sido esta buena ocasión para estudiar más a fondo el papel y la función de los zalmedinas, alcaldes, bailes de diversas clases, sobrejunteros, etc., de los que se sabe tan poco.

zalona *f* Vasija grande de barro sin vidriar, de boca ancha y con una o dos asas. | Cela *Viaje andaluz* 149: La Rambla —villa de artes alfareras ..— hace tantos botijos, y alcarrazas, y cántaras, y zalonas, que en ellas podrían guardarse el agua que nace en toda España.

zamac → ZAMAK.

zamacuco *m* (*raro*) Hombre tonto. | C. RGodoy *Cam* 16.12.74, 48: Sepa usted, calvo-maxmordón-zamacuco, viejo chocho pavitonto y apantallado, que yo soy el general De Gaulle y el general Foch reencarnados.

zamak (*tb con la grafía* **zamac**; *n comercial registrado*) *m* Aleación de cinc muy puro, con aluminio, cobre y magnesio. | G*Telefónica N.* 496: Alka. Fundición a presión. Piezas en aleaciones de aluminio y zamak. *Prospecto* 4.88: Colección "Ébano" en aluminio con nudos de unión en zamac, baño de oro de 24 kilates.

zamarra *f* **1** Prenda a modo de chaqueta hecha de piel con su lana o pelo. *En gral designa prendas de abrigo a modo de chaqueta*. | Hoyo *Caza* 42: De las narices de los cinco colgaba siempre, terca, una gota de moquillo. No hacían más que pasarse la manga de la zamarra para enjugarlo.
2 (*reg*) Delantal grande usado en la siega. | Moreno *Galería* 141: Hoces, zoquetas, dediles, zamarros y zamarras empleados para la siega fueron desplazados por máquinas de segar, gavilladoras y atadoras, más tarde.

zamarrear *tr* Sacudir [a alguien] a un lado y a otro. *Tb fig*. | Grosso *Capirote* 159: Junto a él, en el catre contiguo, dormía otro hombre. Lo zamarreó .. —¿Se ha despertado? —preguntó la mujer. Delibes *Emigrante* 39: Le agarró de las solapas, empezó a zamarrearle y le voceó que si aguaba la fiesta le iba a dar más que a una estera. L. Calvo *Abc* 6.6.72, 31: Los tifones —uno, "Nina"; otro, "Lola"— zamarrean ya las viviendas de la isla de Truk, en el Japón.

zamarreta *f* (*raro*) Chamarreta. | M. Sorá *Abc* 4.12.70, 21: Constaba [el traje] de zamarreta corta, pantalón muy ceñido a la rodilla y acampanado en la parte inferior.

zamarriego -ga *adj* De Zamarramala (Segovia). *Tb n, referido a pers*. | *Abc* 13.2.79, 41: El premio Matahombres .. ha sido otorgado a la poetisa y académica Carmen Conde, durante la celebración de las fiestas que las mujeres zamarriegas de Segovia dedican a Santa Águeda.

zamarro *m* Zamarra. | Landero *Juegos* 175: Algunos llevaban zamarros de oveja, chalecos de punto, chaquetas al desgaire, jerseys gruesos de cuello cisne, lentes redondos de metal, botas o zapatillas deportivas. Moreno *Galería* 325: Oí y oí mucho hablar de su baile. De las peonadas de segadores de Aragón y de Murcia, que se remangaban el deshilachado zamarro para zarandearse mejor.

zamarrón *m* **1** Prenda de abrigo a modo de chaquetón. | CPuche *Sabor* 146: Lo llevaba tío Cayetano [el dinero] cosido en aquel zamarrón de cuello de piel que le había prestado el jefe de la policía municipal.
2 (*reg*) Máscara de carnaval. | J. A. Riofrío *Nar* 6.78, 19: El atuendo descrito guarda evidentes semejanzas con el de "zamarrones" y "guirrios" asturianos, así como con otras mascaradas gallegas y castellanas.

zambear *intr* Andar como zambo. | CBonald *Noche* 280: Se acercó a los supuestos albañiles, sin zambear demasiado.

zambés -sa *adj* Zambiano. *Tb n*. | *Alc* 9.11.70, 12: El presidente zambés, Kenneth Kaunda, ha anunciado hoy que ha destituido de sus cargos a cuatro ministros, a tres empleados civiles y a un adjunto del jefe superior de Policía.

zambiano -na *adj* De Zambia. *Tb n, referido a pers*. | *País* 12.8.76, 5: El periódico *Zambian Daily Mail* calificaba ayer de "gran carnicería" lo ocurrido en Makerere, donde cursaban estudios unos 27 alumnos de nacionalidad zambiana.

zambio -bia *adj* Zambiano. *Tb n*. | *País* 15.4.79, 3: Comandos aerotransportados rodesianos destruyeron la madrugada del sábado el cuartel general de Joshua Nkomo .., no lejos de la residencia oficial del presidente zambio, Kenneth Kaunda.

zambo -ba I *adj* **1** [Pers.] que tiene juntas las rodillas y separadas hacia fuera las piernas. | ZVicente *Traque* 274: Yo llegué a creer que ser miedosa era como ser jorobeta, o zamba. **b)** [Pie o pierna] deformes, propios de la pers. zamba. | *Impreso* 9.84: Ofrezco mis zapatos de serie para .. 1º pie plano; .. 6º pie zambo. Laiglesia *Ombligos* 59: Aunque las piernas de Mantecón eran rechonchas tirando a zambas, tenía en cambio un torso amplio.
2 [Pers.] hija de negro e india o de indio y negra. *Frec n*. | Torrente *Pascua* 31: ¡Aquellos tiempos! Se habían ido a paseo con el desastre de Santiago de Cuba. Y era una pena, sobre todo para la juventud, que en Cuba tenía más libertad y más ocasiones. No con las blancas, naturalmente, pero sí con las mujeres de color, mulatas, zambas o cuarteronas.
II *m* **3** Mono de cola larga y prensil y pelaje pardo amarillento (*Ateles hybridus*). | Bustinza-Mascaró *Ciencias* 215: Otros monos tienen cola y unas bolsas en las mejillas .. y unas callosidades isquiáticas, como el mandril y el zambo de África.

zamboa *f* (*reg*) Membrillo. | GMacías *Hoy Extra* 12.75, 23: Por lo que concierne a los postres, incluyamos los productos de las huertas y las castañas, cerezas, .. ciruelas, zamboas, brevas, higos, limas, naranjas.

zamboangueño *m* Chabacano (dialecto filipino). | ZVicente *Dialectología* 450: El zamboangueño es en realidad el famoso chabacano, que tuvo más área de difusión.

zambomba I *f* **1** Instrumento musical rústico constituido por un cilindro abierto por un extremo y cerrado por el otro con una piel tirante a la que va sujeto, a manera de mástil, un carrizo, el cual, frotado con la mano, produce un sonido ronco. | Laforet *Mujer* 292: Muchas ventanas estaban iluminadas, se oían zambombas y gritos.
II *interj* (*col*) **2** Manifiesta sorpresa. | Olmo *Ayer* 251: —¡Luisa! Y la portera, ¿está enferma? —Está muerta, don Carlos. —¡Zambomba! ¿Es posible? ¡Me dejas de piedra, chica!

zambombazo *m* (*col*) **1** Explosión. | Berlanga *Pólvora* 29: Güili se ofreció a pagar todo si le cambiaban por alguno a la Hora H del Viernes V; a la hora de pegar el zambombazo.
2 Éxito clamoroso. | *Pue* 19.10.70, 29: Toros. Primer zambombazo (dos orejas) de Dámaso González. A. Pavón *Inde* 25.8.89, 32: "El perro verde" es el zambombazo de América, el éxito de los últimos veinte años.
3 (*Fút*) Disparo fuerte. | R. Santidrián *HLM* 26.10.70, 26: No era tampoco injusto un Zalbalza, que estaba allí por algo, pensase a velocidad de vértigo y tuviese la "suerte" de acertar en el zambombazo que batía al meta madridista.

4 Golpe fuerte. | * Se dieron un zambombazo contra la pared.

zambombero -ra *m y f* Pers. que fabrica o vende zambombas. | Isidro *Abc* 24.12.57, 76: Discusiones, griterío, apuestas incobrables y barullo. Casi tanto como el que, atardecido, había el domingo en la plaza Mayor .. Con sus castañeras, carameleros, turroneros, zambomberos.

zambombo *m (col)* Hombre rudo o poco inteligente. | DCañabate *Abc* 8.4.80, sn: Los espectadores presenciaban el espectáculo de pie, y es lo que decía el tonto: "¡No hay que ser artista ni na para sostener a unos zambombos que están de pie desde las seis de la mañana!".

zamborotudo -da *adj (raro)* [Pers.] tosca. | Faner *Flor* 133: Debió fugarse con él, dejar al doncel, a todo el pueblo, con un palmo de narices .. Conocer el abrazo de jayanes zamborotudos, lobos de mar.

zambra *f* **1** Fiesta de los gitanos andaluces con baile y cante. | R. GMontero *Abc* 15.4.73, 39: Cientos de hogueras y miles de bengalas lucen mientras suena la saeta en la voz de los gitanos, que cantan a su Cristo durante todo el trayecto hasta la abadía sacromontana .. Las zambras se han dormido, no hay repique de palmas ni rasgueo de guitarras.
2 Género de canción popular andaluza de inspiración gitana. Tb *su baile.* | Manfredi *Cante* 90: De los cantes chicos, cada tierra tiene una mina. En Sevilla: sevillanas, villancicos, cantiñas, vito, panaderos, bamberas, zambras, fandanguillos. Acquaroni *Ya* 15.2.76, 8: La más cumplida figura de meneo quizá nos la proporcione el rito andaluz de abanicarse en la mecedora .. Y, por supuesto, la zambra, con su frenética ondulación de caderas y giros, los pies siempre sobre el mismo limitado espacio de tablao.
3 *(col)* Enfrentamiento o pelea ruidosos. | J. Carabias *Ya* 15.5.75, 8: Los chicos y chicas pasaban corriendo a todo correr, perseguidos por los guardias .. Era un disco de Raphael .. que los estudiantes habían comprado aquella tarde, momentos antes de que se armara la "zambra", que por entonces se armaba un día sí y otro también. Delibes *Cartas* 97: Con mi difunta hermana Eloína tenía las grandes zambras por su manía de picar las uvas sin desgajar el tallo.

zambullida *f* Acción de zambullir(se). | SFerlosio *Jarama* 60: Sonaban zambullidas en la presa.

zambullir *(conjug* 53) *tr* Meter [a alguien o, raro, algo] con ímpetu bajo la superficie del agua. *Frec el cd es refl.* | Torrente *SInf* 22.7.76, 12: [Fernández Flórez] no vio en ella [la ciudad de El Ferrol] más que defectos y aburrimiento .. La habría, sin embargo, tolerado, porque se ganaba el pan en ella, si una noche de lluvia .. no lo hubieran zambullido en el estanque del cantón (que así se llama a los jardines y su alameda). Arce *Testamento* 16: Hora y media antes yo paseaba bajo los arces, un poco alejado del lugar donde ella se zambullía. *Cocina* 370: Los huevos duros se hacen dejándolos cocer de diez a quince minutos, según su tamaño .. Pasados estos minutos, se zambullen en agua fría, y no se descascarillan hasta que están completamente fríos.
b) Meter [a alguien o, raro, algo] con ímpetu [en un medio o en una actividad]. *Frec el cd es refl.* | Cuevas *Finca* 137: La cigüeña de arriba se zambullía en el aire. FReguera *Bienaventurados* 54: Atento exclusivamente a dejarse embeber y zambullir en la felicidad que lo embargaba. Torrente *Sombras* 246: El inventor de esta historia reconoce y confiesa no haberles prestado suficiente atención, no haber investigado en su vida privada, menos aún en la intimidad de su conciencia, caminos reales por los que pudieran rescatarse de la vulgaridad, aunque solo fuera zambullirla en los ámbitos de la teratología. Goytisolo *Recuento* 62: El guarda, dijo Emilio. Lo vio correr a su lado, sorteando las vides, escurriéndose. Sonó otro disparo y Raúl miró hacia atrás, saltando de lado, zambulléndose entre las cepas retorcidas.

zambullo *m* Orinal grande. | L. LSancho *Abc* 26.2.78, 3: Había veinte camas adosadas –dos filas de a diez, frente a frente– y un zambullo, ya al lado de la puerta, cerrada siempre con doble cerrojo y provista de mirilla .. Junto al apestoso zambullo dormía, para su mayor fatiga, un médico.

zamburiña *f (reg)* Marisco bivalvo semejante a la vieira, pero más pequeño *(Chlamys varia).* | J. R. Yordi *Abc* 7.9.66, 37: El mejillón, la zamburiña, los berberechos y navajas, adecuados para sopas marineras.

zamoranismo *m* Condición de zamorano, esp. amante de lo zamorano. | Aparicio *HLM* 27.5.74, 3: Han incluido su zamoranismo en la gema madrileña. Ma. Fernández *CoZ* 28.3.75, 2: Cuando estas líneas pretendan ser tipografía ya estarán pisando las rúas zamoranas .. Vislumbramos .. al entrañable Manolo Espías, heraldo de zamoranismo.

zamorano -na *adj* De Zamora. Tb *n, referido a pers.* | Zunzunegui *Camino* 11: Era hija de pobrísimo labriego palentino y de una zamorana, seca, sufrida, religiosa y de pocas palabras. VParga *Santiago* 14: Aunque muy diferentes ambas imágenes, tosca y ruda la de la abadía zamorana, .. una y otra llevan la esportilla.

zampa *f (col)* Comida. | *Ya* 24.5.85, 6: La vuelta a casa se sitúa en torno a las tres de la tarde, hora en que "la vieja" suele tenerles preparada la "zampa", que engullen con tremenda voracidad y rapidez.

zampabollos *m y f (humoríst)* Pers. glotona. | Fuster *Van* 25.12.71, 11: En el caso de la "gula", la primera imagen "desordenada" es la del "glotón": el zampabollos insaciable, el voraz empedernido, el tragaldabas.

zampalimosnas *m y f (lit, raro)* Pers. pedigüeña. | Espinosa *Escuela* 427: Viví como zampalimosnas de minorías, contento con mi destino.

zampar *tr (col)* **1** Devorar. Tb *abs.* Tb *fig. Frec con compl de interés.* | Cela *Judíos* 239: A un soldado .. se lo zamparon los lobos. * ¡Hay que ver cómo zampa este crío! Escobar *Itinerarios* 169: Comemos para vivir y vivimos para comer. Y nos zampa la muerte.
2 Meter de improviso [en un sitio]. *Normalmente el cd es refl.* | Escobar *Itinerarios* 226: El toro escapó del redondel, y, como viera abiertas de par en par las puertas del Ayuntamiento, allí que se zampó el bicho.
3 Decir de improviso. | Berenguer *Mundo* 85: Cuando ya me iba, me da un bocinazo y me zampa: –¡Ah! Antes que se olvide. Aquí en la Zarza todo dios te debe muchos favores.

zampatortas *m y f (humoríst)* Pers. torpe y ruda. Tb *adj.* | Torrente *Saga* 264: El [loro] de don Acisclo Azpilcueta, de quien su amo pregonaba maravillas, pero que nadie las había visto, y que debía de ser un loro oligofrénico y zampatortas, porque aguantaba al preste.

zampón -na *adj (col)* Comilón o tragón. Tb *n.* | Espinosa *Escuela* 153: Falca: Famoso comilón de hogaza pública .. Se le apodó Divino Becario, Zampón, Tragavacas.

zampoña *f* **1** Instrumento músico rústico semejante a la flauta, o compuesto de muchas flautas. | G. Comín *Not* 18.12.70, 21: Seamos niños u hombres aniñados, en nuestro poema dramático; villanos del villancico en una villa celeste con rumor remotísimo de caramillos y zampoñas. L. C. Buraya *Ya* 13.12.75, 46: Cada uno de los miembros del grupo utiliza múltiples instrumentos: desde la guitarra construida sobre el caparazón del armadillo hasta la zampoña (instrumento compuesto de varias flautas).
2 Zanfoña. | Perales *Música* 32: Ajen[a] a los instrumentos de arco en cuanto a la forma de ser producido el sonido se refiere, y que coincide con el sistema empleado, el de frotación, queda referida la "çinfonía" [en el siglo XIV], también conocida como "organistrum", "viola de rueda", "zampoña" y "zanfona".

zampullín *m* Ave palmípeda semejante al somormujo, de pico recto y alas pequeñas, y que efectúa inmersiones de bastante duración *(Podiceps ruficollis).* Tb ~ CHICO o COMÚN. *Otras especies se distinguen por medio de compls o adjs:* DE CUELLO ROJO, DE CUELLO NEGRO, CUELLIRROJO o CUELLINEGRO. | Delibes *Caza* 109: Las tablas de Daimiel .. constituyen un biotopo inapreciable para que en ella[s] se reúnan, aniden y muden las especies acuáticas más variadas, codiciadas y bellas: ánades .., garzas .., zampullines, cercetas. Noval *Fauna* 122: Los más abundantes, el Zampullín de cuello negro *(Podiceps nigricollis),* el Zampullín de cuello rojo *(Podiceps auritus)* .. no crían en la región .. El *Samarguyu* asturiano es el Zampullín común *(Podiceps ruficollis),* que cría en escaso número en varias zonas de la región. Foxá-Huerta *Caza* 164: Especies de caza menor .. Palmípedas .. Somormujos y Colimbos: Zampullín Cuellirrojo

(*P[o]diceps auritus*). Zampullín Cuellinegro (*P[o]diceps nigricollis*) .. Zampullín Chico o Común (*P[o]diceps ruficollis*).

zamuro *m* Aura (ave). | *Ya* 27.11.83, 2: Los zamuros, pájaros carroñeros de color negro, se han convertido en una auténtica amenaza para la aviación venezolana.

zanahoria *f* Planta herbácea anual, de la familia de las umbelíferas, caracterizada por su raíz fusiforme, amarilla o rojiza, jugosa y comestible (*Daucus carota* y *D. carota sativa*). *Más frec su raíz*. | Alvarado *Botánica* 77: Imposible citar ni siquiera todas las Dialipétalas conocidas de todo el mundo. Mencionaremos algunas familias. Cariofiláceas (claveles) .. Umbelíferas (perejil, zanahoria, anís). Laforet *Mujer* 208: El cabello color de zanahoria a Julián le pareció horrible.

zanate *m* Pájaro americano, de plumaje negro y que se alimenta de semillas (*Quiscalus macrurus*). | Murciano *Abc* 19.3.75, 3: A las seis de la mañana, los zanates comienzan a cruzar –negros, flecheros y silbadores– hacia la luz que despierta.

zanca I *f* 1 (*humorist*) Pierna, esp. larga. | * Con esas zancas que tiene llega en seguida a todas partes.
   2 Pieza de hormigón armado o metálica que sirve para afirmar un poste. | *GTelefónica N.* 900: Productos Pretensados, S.A. Postensa. Postes y zancas de hormigón pretensado para líneas eléctricas, de alumbrado, etc.
   II *loc v* **3 echarle** [a alguien] **la ~.** (*col*) Aventajarle. | ZVicente *Mesa* 188: Este es bien chato, pero a lo otro no le echa nadie la zanca.
   4 pisarle [a alguien] **las ~s.** (*col*) Ir inmediatamente detrás de él. | Cuevas *Finca* 199: Detrás de la langosta, pisándol[e] las zancas, llegaron las cigüeñas.

zancada I *f* 1 Paso largo. *Tb fig.* | Laforet *Mujer* 271: Paulina andaba muy de prisa y Antonio daba zancadas para seguirla. Areilza *País* 21.7.76, 8: Mientras la opinión pública y los grupos políticos y sociales iban avanzando a zancadas hacia la libertad, el programa reformista avanzaba a pulgadas en la misma dirección.
   II *loc adv* **2 en dos ~s.** (*col*) En un rato breve de caminar a pie. | * No te preocupes; te lo trae el chico en dos zancadas.

zancadilla *f* 1 Acción de cruzar uno su pierna con la de otro que anda, para derribarle. *Frec en la constr* PONER, o ECHAR, LA ~. | A. Almagro *HLM* 26.10.70, 30: A los cuatro minutos de iniciarse el juego, el árbitro sancionó con penalty la zancadilla dentro del área de un defensa visitante a Muñoz. Cunqueiro *Un hombre* 23: Por seis monedas un soldado le puso la zancadilla y lo hizo caer por las escaleras de la torre.
   2 Estratagema para desbancar o echar abajo a alguien o algo. | Laforet *Mujer* 180: Si no hay más que zancadillas y crueldades, robos en gran escala y una obsesión sexual desmedida.

zancadillazo *m* Zancadilla violenta. | *Abc* 25.2.68, 93: Los dos equipos nacionales se emplearon a tope, sin reservas y con una dureza rayana en la violencia, con abundancia de empujones, patadas por todos los lados y zancadillazos suficientes como para dudar muy mucho que esta sea la patria del "fair play".

zancadillear *tr* Poner la zancadilla [a alguien o algo (*cd*)]. | Hoyo *Caza* 50: El Chaleco dio un salto para escapar. Pero el Chaparro le zancadilleó. F. Fidalgo *Ya* 10.4.74, 9: En el plazo de seis horas, Chaban-Delmas, Giscard d'Estaing, Faure, Messmer, Fouchet y otros, o se han retirado, o han manifestado intenciones de hacerlo o han querido eliminar a los otros al mismo tiempo que se zancadilleaban, se reunían, amenazaban. Gala *Sáb* 5.5.76, 5: ¿Se nos convencerá de que unas Cortes, que aguaron la Ley de Incompatibilidades y zancadillean la de Asociaciones, darán su sí a la Constitución democrática que España está pidiendo a gritos?

zancado *adj* [Salmón] que baja flaco y sin fuerzas al mar, después del desove. *Tb n*. | J. A. Donaire *SInf* 17.4.70, 3: Dentro de unos días, tal vez de meses, cuando hayan desovado las hembras y los machos hayan cubierto con el semen la freza, regresarán aguas abajo, sin fuerzas, agotados, consumidas sus carnes. Son los zancados.

zancajear *intr* (*col*) Andar mucho de un lado para otro. | Medio *Andrés* 137: La mano de obra anda tan escasa que hasta para encontrar un barman o un camarero de última categoría hay que zancajear de lo lindo.

zancajo (*col*) I *m* 1 Talón (parte del pie, o de la media o calcetín). | Delibes *Emigrante* 107: Los zapatos me aprietan de más, y en el derecho, por la parte del zancajo, tengo una mancadura que no veas. Landero *Juegos* 344: A mí con la fe me pasa como con los calcetines, que me como el zancajo en cuanto ando.
   II *loc v* **2 morder**, o **roer**, **los ~s** [a alguien]. Murmurar o hablar mal [de él]. | C. GBayón *SVoz* 8.11.70, 1: Para ser un cero a la izquierda o para ser un politiquillo de sacristía y dar suelta a los resentimientos, y morder los zancajos, .. lo mejor es quedarse en casa.

zancarrón *m* Hueso grande y descarnado. *Tb fig.* | M. Sayans *Reg* 19.11.74, 4: Cada día que pasa aumenta su tristeza y su desnudez. Quedan [los arcos del acueducto] en un mero zancarrón, tan esquilmado y débil que de robarles una piedra más todo habrá acabado.

zanco *m* **1** Palo alto de los dos que, con apoyos para afirmar los pies, se usan en juegos y danzas populares. | Delibes *Historias* 12: Me mortificaba .. que prescindieran de mí cuando echaban a pies para disputar una partida de zancos o de pelota china y dijeran despectivamente: "Ese no; ese es de pueblo". **b)** Pierna muy larga. *Con intención ponderativa*. | Alvarado *Zoología* 99: Para caminar cómodamente por los pantanosos parajes ribereños, la cigüeña tiene sus patas convertidas en verdaderos zancos.
   2 Pilar o pie derecho. | MMariño *Abc* 3.9.68, 9: Encarna la forma más primitiva que se conoce del hórreo: se trata de un "cabaceiro" montado sobre altos zancos de madera que le aíslan del suelo.

zancochar (*tb con la grafía* **sancochar**, *en zonas de seseo*) *tr* (*reg*) **1** Guisar sin esmero. *Tb fig. Tb abs.* | Berlanga *Gaznápira* 107: Dos días han zancochado en casa del Cristóbal preparando ollas y pucheros, cociendo huevos, desplumando mayormente pollos y pichones. G. Comín *Not* 30.12.70, 23: Pero lo que tenemos es que cuidar muchísimo de la limpieza y pureza en la selección, tomando esta del breve cuanto ingenioso, propio y sin malear cancionero, por los advenedizos naturales y voluntarios que lo zancocharon y divulgaron.
   2 Cocer. | GSosa *GCanaria* 145: Citemos en primer lugar el "sancocho", que se compone de pescado salpreso hervido (al que previamente se ha desalinizado) y patatas y batatas cocidas ("sancochadas").

zancocho (*tb con la grafía* **sancocho**, *en zonas de seseo*) *m* (*reg*) **1** Arrope que se obtiene de la cocción a fuego lento del mosto. | Cela *Viaje andaluz* 289: Del mosto que, a fuerza de cocer y cocer, queda en un tercio, sale un arrope al que se dice zancocho .. Si se mezcla el mosto sin fermentar con el doble de zancocho, nace el color de la macetilla, pasto de ángeles.
   2 Guiso típico canario compuesto de pescado salado, patatas y batatas cocidas. | GSosa *GCanaria* 145: Citemos en primer lugar el "sancocho", que se compone de pescado salpreso hervido (al que previamente se ha desalinizado) y patatas y batatas cocidas ("sancochadas").

zancudo -da *adj* **1** (*col*) Que tiene las piernas largas. | Ballesteros *Hermano* 35: El hombre, un tipo corpulento y zancudo, tiraba del oso.
   2 [Ave] que tiene los tarsos muy largos y la parte inferior de la pierna desprovista de plumas. *Tb n f en pl, designando este taxón zoológico.* | Ybarra-Cabetas *Ciencias* 382: Se distingue [la cigüeña] perfectamente por sus patas rojas y largas (zancuda). Alvarado *Zoología* 99: La cigüeña .. Es el prototipo del Orden Zancudas, que comprende las aves de ribera.

zanfona *f* Zanfoña. | Cela *Mazurca* 91: Admiraba mucho su sabiduría y la maña que se daba para cantar romances y tocar la zanfona. Perales *Música* 32: Ajen[a] a los instrumentos de arco en cuanto a la forma de ser producido el sonido se refiere, y que coincide con el sistema empleado, el de frotación, queda referida la "çinfonía" [en el siglo XIV], también conocida como "organistrum", "viola de rueda", "zampoña" y "zanfoña". Fue este instrumento muy

zanfoña – zapa

cultivado por las clases elevadas de la Edad Media, perdurando aún en el Renacimiento.

zanfoña *f* Instrumento músico de cuerdas frotadas por una rueda de madera y sobre las que se actúa mediante un teclado. | *DMo* 1.8.74, 9: Destaca la utilización de un antiquísimo instrumento (del siglo XI): la "vielle", conocida en España con el nombre de zanfoña.

zanga *f (reg)* Palo largo que lleva, articulado con una correa, otro más corto, y que se emplea para varear las encinas. | Romano-Sanz *Alcudia* 232: Madroños, madreselvas, talanto, durillo, de donde los vareadores sacan las zangas, brusco con sus bolitas rojas, alternan entre robles, enebros y quejigos.

zanganada *f (col)* Hecho o dicho torpe o desacertado. | GSerrano *Macuto* 424: El espíritu de los Jóvenes Bárbaros –que, si hicieron odiosas zanganadas en el orden religioso, no se portaron mal, sino todo lo contrario, frente al separatismo catalán– resucita entre los republicanos. R. Vicente *Ale* 21.8.82, 8: Una payasada, en peyorativo: el "plañidera", el guarda matratado .., la jorobada .., que podrían haber constituido una galería de tipos, pero que la pésima hechura del filme convierte en zanganada.

zanganear *intr (col)* **1** Andar vagando de una parte a otra. | CPuche *Paralelo* 175: Las criadas comenzaban a asomar su jeta .., zanganeando entre guardias que iban de retirada y basureros que venían de recogida.
2 Holgazanear. | SSolís *Blanca* 95: Viuda, guapa y con dinero, ¿qué mas quieres, Filomeno? A darse la gran vida, viajar, divertirse, zanganear, y, si se le antoja, volver a casarse.

zanganeo *m (col)* Acción de zanganear. | CPuche *Paralelo* 146: Tomás le había contado sus perrerías con las muchachitas de Tetuán, zagalas a veces de menos de veinte años, echadas al zanganeo quizás por sus propias familias.

zanganería *f (col)* Cualidad de zángano [1 y 2]. | R. Alvarado *Abc* 23.1.86, 3: Los zánganos, por su parte, cumplieron la misión de fecundar a la abeja-reina, pero su zanganería, ni que decir tiene, no cuenta con "buena prensa" y las obreras los eliminarán a aguijonazos, tarde o temprano.

zángano -na A *m y f (col)* **1** Pers. que vive a costa de otros. | CPuche *Paralelo* 100: Menos mal que vienen estos [los norteamericanos], los zánganos del universo, a arreglar las cosas. Estamos listos.
2 Pers. holgazana. *Tb adj.* | Cela *SCamilo* 226: Este Paquito es un zángano y un vivalavirgen. * No seas tan zángana y ayúdame.
B *m* **3** Macho de la abeja. | Bustinza-Mascaró *Ciencias* 137: Una colmena está ordinariamente formada por 20.000 a 50.000 individuos, que son de tres clases: reina, .. obreras .. y zánganos o machos. **b)** Macho de la hormiga roja. | Alvarado *Zoología* 51: En algunos días soleados de la plena primavera, sale del hormiguero [de hormigas rojas] una verdadera nube de hormigas dotadas de dos pares de alas, parecidas, por la escasez de nerviaciones, a las de las abejas. Son los zánganos (machos) y las reinas (hembras fértiles) del hormiguero.

zangarriana *f (reg)* Dejadez o apatía. | Berlanga *Gaznápira* 57: Si tuvieras que garrapatear una carta contando todo lo que ocurre en este domingo mortecino, del que huyes arrastrando una zangarriana tristona, te gustaría hallar esos amigos.

zangarullón *m (reg, desp)* Muchacho ocioso u holgazán. | Landero *Juegos* 97: –¿Quién era ese zangarullón de blanco? –Un amigo de la juventud.

zangolotear *(col)* **A** *intr* **1** Moverse [una pers.] de una parte a otra sin propósito determinado. | V. Verdú *Cua* 8.73, 41: Supongo que ahí, en Barbadillo del Mercado, aparte de leer y zangolotear por las besanas, no te debes comer una rosca.
2 Moverse [algo] por estar flojo o mal encajado. | FReguera *Bienaventurados* 269: Y ahora estaba allí, bailando con un dramatismo aterrador, zangoloteando el esqueleto en la carne fofa como en un saco de pus.
B *tr* **3** Mover [algo] de manera continua y violenta. | FReguera-March *Cuba* 12: Las hélices [del barco] ya habían empezado a voltear; zangolotearon el agua sucia del puerto.

zangolotino -na *adj (col, desp)* [Muchacho] cuya mentalidad y comportamiento son todavía propios de niño. *Frec siguiendo a* NIÑO. *Tb n.* | Laforet *Mujer* 113: Tuvo que jugar [Antonio] con aquella niña zangolotina y llorona. Vega *Cocina* 85: Cuando yo era un mozo bastante zangolotino, se llamaba zamorada a una parada que .. inventó el futbolista Ricardo Zamora. Paso *Isabel* 272: En suma: que te casas con una zangolotina por su dinero.

zangón -na *adj (reg, desp)* [Muchacho] holgazán. | Espinosa *Escuela* 474: ¡Hola!, zangón, ¿cómo lo pasaste? Ya es hora de que vayas a pordiosear a la otra vida.

zangonero -ra *adj (reg, desp)* Que anda vagando de un lado a otro. | CPuche *Paralelo* 358: Entraban las zangoneras y desgalichadas fulanas.

zanguango -ga *adj (col)* Holgazán. *Tb n. A veces se usa como insulto gral.* | DCañabate *Paseíllo* 17: Oye, tú, so berzotas, que yo no le pido nada a nadie, y menos a un zanguango como tú. Berlanga *Gaznápira* 50: Lo que pasa es que algunos no tienen los pantalones donde deben, para atenérselas tiesas a esa zanguanga y soltarla cuatro verdades si pretende cerrarla [la escuela].

zanja *f* Excavación alargada en la tierra. | Olmo *Golfos* 96: Nuestra calle .. Con sus montones de adoquines y su larga zanja, daba la impresión de un campo preparado para la lucha.

zanjador -ra *adj* Que abre zanjas. *Tb n f, designando máquina.* | *Abc* 21.5.67, 68: Zanjadoras Ditch Witch, las de mayor prestigio mundial, en sus distintos modelos.

zanjar *tr* Resolver de manera expeditiva [una discusión o una dificultad]. | *Cua* 6/7.68, 8: Los comentarios .. se inclinaban, por la inminencia de una intervención militar que zanjara la cuestión. Riquer *Cervantes* 139: Los caballeros discuten sobre la belleza de las respectivas damas y, como era de esperar, deciden zanjar el problema mediante una batalla singular que deberá celebrarse en cuanto amanezca.

zanjeo *m* Operación de abrir zanjas. | *GTelefónica N.* 435: Excavadoras .. Zanjeos, Excavaciones y Desmontes, S. L. Maquinaria para obras públicas. Alquiler.

zanjón *m* Hondonada. | CBonald *Ágata* 228: Medinilla se aventuró lentamente hacia las manchas de jaguarzos que orillaban el zanjón.

zanquear *intr (col)* Andar mucho y con prisa de una parte a otra. | Goytisolo *Recuento* 265: Gallinas movedizas .., apretando a correr, escapando .., zanqueando, disparando como resortes las patas de flojas calzas amarillas. Aldecoa *Cuentos* 1, 73: Buenaventura Sánchez se dormía ..; zanqueaba por un medio sueño de tierras de regadío.

zanqueo *m (col)* Acción de zanquear. | FReguera-March *Filipinas* 334: Cerca del hospital, su veloz zanqueo empezó a remitir.

zanquilargo -ga *adj (col)* De piernas largas. | Hoyo *Pequeñuelo* 24: Las cien yeguas ..; sus potrillos, zanquilargos, frágiles, medrosos, inquietos. Cela *Viaje andaluz* 306: Un gitanito zanquilargo, al brazo el cestillo de mimbre de los plateados peces en agonía, camina como un gato: a carreritas cortas y un sí es no es recelosas.

zanquillas (*tb* **zanquilla**) *m y f (col)* Pers. de piernas cortas. | Cela *Izas* 70: Vulpeja enana .. Margot, vulpeja zanquillas, estuvo la mar de años sin explicarse por qué, si le crecían las tetas, no le crecían, también y a juego, las piernas y los brazos.

zapa I *f* **1** Acción de zapar. *Tb su efecto.* | Ridruejo *Memorias* 188: Se practicaba la guerrita de minas. En algún momento, cuando paraba el pianista, se oía, bajo el suelo de la habitación, el eco de la zapa enemiga. FReguera-March *Filipinas* 465: El resto de la zapa de circunvalación quedó al descubierto.
II *loc adj* **2 de ~.** Que se hace solapadamente. *Normalmente con los ns* LABOR *o* TRABAJO. | L. Blanco *Ya* 13.9.74, 11: La figura política de Haile Selassie se ha ido deteriorando en los últimos meses. La labor de zapa de las élites etíopes en el exilio, la decisión de la fuerzas armadas de controlar de alguna manera la marcha del país .., han dado en tierra con un auténtico monumento vivo.

zapador -ra I *adj* **1** Excavador. | Alvarado *Zoología* 108: Las patas anteriores [del topo] son unas verdaderas palas zapadoras. **b)** (*Zool*) [Mamífero] que hace vida subterránea abriendo galerías en el suelo. | Alvarado *Zoología* 104: Por el modo de locomoción se distinguen varios tipos de mamíferos: 1º, marchadores ..; 2º, saltadores ..; 3º, zapadores, que hacen vida subterránea abriendo galerías en el terreno con el auxilio de sus robustas patas anteriores (topo).
II *m* **2** Soldado destinado a obras de excavación. | Laiglesia *Ombligos* 92: El que fue zapador devolvió el pico a la Intendencia del ejército.

zapapico *m* Herramienta con mango de madera, punta en un extremo y corte estrecho en el otro, que se usa para excavar y demoler. | CBonald *Noche* 286: Ni la fatiga ni los broncos golpes de los zapapicos en la azotea lo dejaron caer en la última contradictoria tentación de aquel día.

zapar *tr* Excavar. *Tb abs.* | Ridruejo *Memorias* 188: Se practicaba la guerrita de minas. Unos y otros zapaban el suelo adversario y, un día dado, ¡pumba!, por los aires. Laiglesia *Ombligos* 92: El que fue zapador devolvió el pico a la Intendencia del ejército, y pidió otro igual a una sociedad minera para seguir zapando en el fondo de una mina.

záparo -ra *adj* [Individuo] de un pueblo indio habitante de la región del Tigre y el Napo en Ecuador y Perú. *Frec n.* | T. GYebra *Ya* 22.2.90, 62: Junto a ellos se suceden las tribus amazónicas de la[s] montañas peruanas y ecuatorianas (napo, canelo, záparo, etc.).

zaparrastroso -sa *adj* (*col, raro*) Zarrapastroso. | C. Posadas *D16* 6.8.89, 60: He aquí una nueva contribución suya [del anglosajón] al arte de holgar: El zaparrastroso *look* dominical.

zapata *f* **1** Solera o piedra plana puesta en el suelo para servir de apoyo a un pie derecho u otro elemento de construcción. | Burgos *SAbc* 13.4.69, 44: En la etapa de la Dictadura de Primo de Rivera fue otro puente, el de San Telmo, el que cruzó el río, sobre la zona de Los Remedios, cimentando sus zapatas sobre el lugar donde Elcano desembarcó. *Cádiz* 81: Dentro de la gastronomía costera, no puede prescindirse de Rota, villa en la que se prepara la urta –ese pez que engorda y mejora a fuerza de luchar con las olas frente a las zapatas del muelle–.
2 (*Arquit*) Pieza puesta horizontalmente sobre la cabeza de un pie derecho o de una columna para ofrecer más base de sustentación a lo que va encima. | Angulo *Arte* 1, 8: El soporte de madera denomínase pie derecho .. Función análoga a la del capitel desempeña en la parte superior la zapata o trozo de madera dispuesto horizontalmente. Angulo *Arte* 2, 26: En el patio del convento de la Piedad .., de Guadalajara, hoy Instituto, crea uno de los prototipos de la hermosísima serie de patios renacentistas toledanos. Es de galerías arquitrabadas sobre columnas con grandes zapatas y cornisas con canecillos. **b)** Pieza horizontal de soporte. | Ridruejo *Castilla* 2, 74: El modelo [de casa] predominante en el pueblo es espacioso, recio .. Lleva a veces solanas y con más frecuencia balconajes salientes sobre buenas zapatas de madera tallada.
3 (*Mec*) Pieza del freno, que se aplica sobre la superficie interna del tambor o sobre los lados del disco. | F. Brío *Abc* 28.4.74, 67: La puesta en marcha es por palanca a pedal, suspensión telehidráulica y frenos de expansión, de cuatro zapatas delante y dos en la trasera. Romano-Sanz *Alcudia* 159: El reloj de la estación señala las ocho de la mañana .. Recostadas sobre un muro se oxidan varias zapatas y otras piezas de un vagón.
4 (*Font*) Pieza de cuero o goma que se pone en los grifos. | C. Planchuelo *SD16* 26.11.87, VII: Carece de la zapata tradicional de goma que siempre acaba por gastarse bajo el efecto de la presión continua que produce cerrar el grifo.
5 (*Mar*) Pieza de madera dura que protege la quilla de un barco de madera. | FReguera-March *Cuba* 387: El *Gerona* .. dejó parte de la zapata en esa laja del Morro.
6 (*hist*) Calzado que llega a media pierna. | Sobrequés *HEspaña* 2, 263: Las ordenanzas de precios castellanos relacionan con minuciosa prolijidad innumerables tipos de calzado (zapatos y zapatas de calza, de badana, "estivales" de cordobán, borceguíes, abarcas, chapines).

zapatazo I *m* **1** Golpe dado con un zapato. | GPavón *Cuentos rep.* 97: Anduvieron toda la noche a zapatazos con ellas [las chinches]. **b)** Puntapié. *Tb fig.* | PLozano *Ya* 17.11.63, sn: De hecho, la vocación política es siempre ocupar un puesto en la cola de los que esperan el zapatazo.
II *loc adv* **2 a ~s.** (*col*) Despóticamente o sin consideración. *Gralm con el v* TRATAR. | * Su mujer le trata a zapatazos.

zapateado *m* Baile español de movimiento muy vivo y que se ejecuta con taconeo. *Tb la música compuesta para este baile. Tb fig.* | J. L. ONuevo *SInf* 9.1.75, 9: En el comienzo, acudiendo a la llamada de la guitarra y del cante, la bailaora .. ya sobrecogedora imagen de majestad y dominio .. Y se extiende en el zapateado. Gironella *Millón* 284: Un elefante que resoplaba y que, en la puerta de la chabola, bailaba un zapateado, pues el alférez estaba muerto de frío.

zapatear A *intr* **1** Bailar golpeando el suelo con los pies. *Tb fig.* | * Esta bailadora zapatea muy bien. Mendoza *Ciudad* 84: Ateridos, zapateaban, se azotaban los costados con los brazos.
B *tr* **2** Bailar [algo] zapateando [1]. | Diego *Abc* 11.11.84, 31: La bailaora no necesita ya música, le basta su fuego interior, su danza espectral de la muerte, y se jalea, y se palmea, y se zapatea su soleá y su taranta.
3 (*raro*) Golpear con el zapato. *Frec fig.* | Torrente *Pascua* 462: Cayetano entonces se levantó y dio a Cubeiro un sopapo que lo zapateó contra la pared.

zapateo *m* Acción de zapatear [1]. | Landero *Juegos* 156: Bailó una rumba flamenca, con zapateos, desplantes y ceñidos pases de pecho. *Pin* 1.3.86, 10: Un Gimnasio diferente en un edificio exclusivo .. Training. Zapateo americano. Pasarela.

zapatería *f* **1** Tienda o taller del zapatero [3]. | *ByN* 31.12.66, 53: Los escaparates de las zapaterías muestran a veces su desolación. *GTelefónica N.* 228: Rose. Zapatería de lujo a medida.
2 Oficio de zapatero [3]. | *IdG* 10.8.75, 5: Los trabajos que se exponen en la Feria corresponden a los siguientes oficios: alfarería, .. torno, vidriería y zapatería.
3 Industria del calzado. | * La industria principal de la provincia es la zapatería.

zapatero -ra I *adj* **1** De (los) zapatos, o de(l) calzado en gral. | J. Carnicero *Mad Extra* 12.70, 51: Otras 406 empresas, dedicadas a la fabricación de plásticos, corcho, .. tienen también como salida fundamental la industria zapatera. *Hacerlo* 127: Logrará usted aprovechar un espacio para guardar objetos que no sabe dónde colocar, o utilizarlo como mueble zapatero.
2 (*col*) [Legumbres] que quedan medio crudas por haberles echado agua fría cuando se estaban cociendo. | * Los garbanzos están zapateros. **b)** (*col*) [Comida] que queda correosa por haber sido guisada hace mucho tiempo. | DCañabate *Abc* 17.11.74, 49: Una anécdota conocida nos sabe siempre a un plato de patatas guisadas que se han quedado zapateras y nos las tenemos que tragar quieras que no.
II *n* **A** *m y f* **3** Pers. que tiene por oficio hacer o vender calzado. | Palomino *Torremolinos* 219: El dinero, inventado para no tener que ir con un saco de cebada o un cordero lechal a casa del zapatero a cambiarlo por un par de zapatos .., se ha convertido en la mercancía reina. M. C. Raneda *País* 17.2.77, 39: La Asociación Nacional de Fabricantes de Calzado .. agrupa al 82% de las 2.029 empresas del sector existentes en España .. No se descarta que, en las próximas semanas, la patronal de los zapateros españoles pudiera integrarse en alguna de las agrupaciones empresariales .. con más amplio espectro. **b)** Pers. que tiene por oficio arreglar calzado. *Tb ~* REMENDÓN *o* DE VIEJO. | *Act* 7.7.66, 56: Dependen de los mil y un talleres que son la pervivencia del cuchitril del zapatero remendón.
B *m* **4** Mueble o utensilio para guardar calzado. | *Día* 25.5.76, 15: Zapateros desde 1.547 .. Mesas camilla: 950. *Her* 23.11.87, 43: Se preparan para interiores de armario, estantes, cajoneras y zapateros.
5 Tejedor (insecto). | Legorburu-Barrutia *Ciencias* 172: Los insectos viven generalmente en la tierra, pero hay algunos que son acuáticos y viven en los ríos y estanques, como los zapateros, escorpiones de agua, ditiscos, etc.
6 (*reg*) *Se da este n a varios insectos coleópteros.* | Hoyo *Bigotillo* 44: No descubrimos ningún animal de pelo. Solo ligeras, rápidas lagartijillas, lentos y gordos escarabajos, vivarachos saltamontes, tozudos zapateros, y gente así.

zapateta – zaragata

7 (*reg*) Japuta (pez). | Moreno *Galería* 336: Para disponerse a comer congrios, bacalaos o abadejos, besugos negros o zapateros, huevos, tortillas de patata y otros productos de vigilia, durante toda la Cuaresma.
C *f* **8** Bolsa o estuche para guardar calzado. | *Ya* 20.6.74, 3: Amplia zapatera .. para cuatro pares de zapatos. De plástico estampado. Muy práctica.

zapateta *f* Golpe dado en un pie o en un zapato con el otro, al mismo tiempo que se brinca. | DCañabate *Paseíllo* 21: Celedonio, en lugar de tumbarse, se dedica a trazar alocadas zapatetas.

zapatiesta *f* (*col*) Trapatiesta. | SSolís *Blanca* 131: Gabi se va con amigotes, y bebe, y llega a las tantas, y ella, entonces, alborotos y zapatiestas con mala educación.

zapatilla *f* **1** Pieza de calzado ligera y cómoda que, fabricada con diversos materiales y formas, se usa para estar en casa o para actividades deportivas o artísticas. | Laforet *Mujer* 53: Ella se sentía enferma y se arrastraba en zapatillas por el pisito. Á. García *SPaís* 26.5.90, 66: Luce [el bailarín] unas greñas rubias rojizas que a la hora de bailar se recoge en una minúscula coleta, pero que prefiere dejar libres en cuanto se descalza las zapatillas. * Los chicos solo usan zapatillas.
2 Paramecio. | Ybarra-Cabetas *Ciencias* 311: El paramecio o zapatilla. Morfología, fisiología y biología de este protozoario ciliado.
3 (*reg*) Pez de estero, comestible, semejante a la mojarra. | *Cádiz* 81: El lenguado, la zapatilla, la lisa y otras clases de pescado de estero, tienen ya cotización internacional.

zapatillazo *m* Golpe dado con una zapatilla [1]. | Cela *SCamilo* 151: Pululan las cucarachas .. ajenas al temor del zapatillazo.

zapatino. ~s de la Virgen. *m pl* (*reg*) Planta herbácea de flores amarillas en cabezuela, frecuente en pastizales y lugares incultos (*Lotus corniculatus*). | Mayor-Díaz *Flora* 344: *Lotus corniculatus*. "Pie de gallo", "zapatinos de la Virgen".

zapato I *m* **1** Pieza de calzado que cubre únicamente el pie, normalmente de cuero y con suela rígida. | CNavarro *Perros* 42: Ella había perdido los zapatos, y los pies se movían lentos. * Los zapatos deportivos se han impuesto entre la juventud.
II *loc v* **2 saber** [alguien] **dónde le aprieta el ~.** (*col*) Tener idea clara de lo que desea o le conviene. | Delibes *Tesoro* 13: ¡Gran tipo el Coronel! Celoso de lo suyo, .. pero sabía dónde le apretaba el zapato.
III *loc adv* **3 como niño** (*o* **chico**) **con ~s nuevos.** (*col*) *Se usa para ponderar la satisfacción por algo que se ha obtenido.* | Grosso *Capirote* 193: Ya sabe usted que no tiene nada suyo, y que con dos perras gordas en el bolsillo es feliz, como niño con zapatos nuevos.

zapatón *m* Zapato grande y tosco. | Galache *Biografía* 72: Se venden en puestos aledaños alpargatas, abarcas y zapatones.

zapatudo -da *adj* [Animal] de casco o pezuña muy grande. | *Ya* 28.10.82, 18: Se parece a los carneros zapatudos.

zape[1] *m* (*col*) Marica (hombre homosexual o afeminado). *Tb adj.* | Cela *Inf* 13.1.76, 16: Al grito de ¡zape, el último!, se han armado broncas muy aparentes y considerables. Cela *SCamilo* 133: Él no se mete jamás con nadie, pero a veces se meten con él, .. le llaman marica y zape.

zape[2] *m* (*reg*) Palo que lleva en la punta un anzuelo para cobrar peces grandes. | Cancio *Bronces* 42: En el recoveco más íntimo de la yacija, que sirve a esta como de alacena, y entre un sinfín de trebejos y andariveles del oficio, no faltan las tancadas de boyaza a medio pudrir, el cordelillo embreado, el zape, las varillas, el esquilero, y .. el clásico cesto de mimbre conteniendo el bote de la gusana.

zapear *intr* Hacer zapping. | JLosantos *Abc* 28.2.93, 26: Zapeo un poco por las cadenas de televisión y me tropiezo en TVE-1 con este anuncio.

zapeo *m* Zapping. | *ElM* 17.10.93, 93: Momentos estelares de la televisión .. El zapeo de la semana.

zapirón *m* (*col*) Zape[1]. *Tb adj.* | GPavón *Hermanas* 27: –Ni dicho ni leches –volvió a replicar el zapirón. GPavón *Rapto* 54: Esto es bebida y no el whisky ese que beben los señoritos zapirones.

zapita *f* (*reg*) Vasija a modo de jarra, que se emplea esp. para ordeñar. | Cossío *Montaña* 70: Los utensilios más usuales, barreños y artesas, zapitas y jermosos, gozapos, jarras, cucharones y escudillas .., todo cuanto les sirve para sus trabajos o su regalo procede de los montes.

zapote *m* Árbol americano de flores rojizas en racimos y fruto en forma de manzana, dulce y aguanoso, con una semilla gruesa, negra y lustrosa (*Achras sapota*). *Tb su fruto.* | MPérez *Comunidad* 33: Pasé una mañana feliz .. preguntando por los nombres de las verduras y de las frutas ..: aguacates de jade, zapotes, mameyes, marañones.

zapoteca *adj* [Indio] mejicano del estado de Oaxaca. *Tb n.* | M. Michel *Ya* 14.1.90, 9: El Soberano español hizo referencia a la conmemoración del descubrimiento de América para decir a los mixtecas y zapotecas que tendrá un carácter constructivo. **b)** De (los) indios zapotecas. | Ballesteros *HEspaña* 1, 497: La cultura mejicana, que llamamos azteca, recoge todos los elementos que se habían ido acumulando en las tierras del valle y vecinas. Lo teotihuacano, tolteca y mixteco-zapoteca se reúne en lo azteca, formando un todo homogéneo.

zapping (*ing; pronunc corriente*, /θápin/) *m* Cambio reiterado y frecuente de canal de televisión mediante el mando a distancia. | *Ya* 18.10.90, 48: El "zapping" resta penetración a la publicidad en TV.

zaque *m* (*reg*) Recipiente de cuero con que se saca agua de un pozo. | GPavón *Rapto* 101: Siempre .. las gentes de estos linderos bebíamos el agua de ese pozo .. Y ella .. siempre transigió, pero desde unos meses a esta parte, cada vez que nos ve llegar al zaque, arma la de Dios.

zaquizamí *m* (*lit*) Cuarto pequeño e incómodo. | Torrente *Off-side* 36: Oficinistas miopes, limpiabotas .. reptan por escaleras estrechas, penetran en zaquizamíes húmedos.

zar, zarina (*hist*) **A** *m y f* **1** Emperador de Rusia. *Tb fig.* | Vicens *Polis* 379: Un golpe de Estado libró a Pedro I (1672-1725) de la tutela de su hermanastra Sofía (1689). El nuevo zar .. introdujo en Rusia las costumbres europeas, que conoció en dos viajes a Occidente. *HLM* 19.4.76, 32: Para obtener una audiencia de Catalina la Grande, zarina de Rusia, un joven oficial inglés solicita los buenos oficios de un personaje influyente. *Ya* 15.3.90, 35: El nuevo zar de la URSS .. Gorbachov alcanza la presidencia de la URSS justo cuando suenan las sirenas de la descolonización soviética.
2 Rey de Bulgaria. | Vicens *Polis* 454: En 1886 se procedió a la unificación de Bulgaria bajo Fernando I de Sajonia-Coburgo-Gotha, quien en 1908 se proclamó zar.
B *f* **3** Esposa del zar. | J. CCavanillas *SAbc* 5.12.76, 38: Desaparecieron cartas, telegramas y, en general, documentos que se referían concretamente a las gestiones que hizo Don Alfonso XIII con ánimo de salvar al Zar de Rusia, a la Zarina, al Zarevich y a las Grandes Duquesas, hijas de los Soberanos.

zarabanda *f* **1** Alboroto o confusión. | Lázaro *Inf* 26.8.76, 12: La promiscuidad con que se habla de región, país, pueblo y nación, por ejemplo, se interpreta por no pocos como indicio de regreso a la zarabanda de taifas y behetrías medievales. Moreno *Galería* 231: Era una jornada de dos días completos, desde el jueves hasta el sábado, en que por aquella zarabanda o alboroto metálico se decía que "había resucitado el Aleluya".
2 (*hist*) Danza cortesana de los ss. XVII y XVIII, de ritmo solemne, que suele constituir uno de los movimientos de la suite clásica. *Tb su música.* | Lapesa *HLengua* 198: Danzas como la chacona y la zarabanda tuvieron larga fortuna y merecieron que los más exquisitos músicos franceses, italianos y alemanes elaboraran artísticamente sus ritmos. Subirá-Casanovas *Música* 42: Ya de antes se venía cultivando otra forma instrumental con la denominación italiana de partita, o de la francesa de suite, que agrupaba una sucesión de danzas donde se alternaban los tiempos lentos y los rápidos y predominaba la alemanda, la courante, la zarabanda y la giga.

zaragata *f* (*col*) Alboroto o pendencia. | ILaguna *Ateneo* 42: Poco a poco, noventayochistas y modernistas van conquistando la tribuna del Ateneo, armando zaragatas en sus pasillos. Torrente *Sombras* 66: Por causa de ella había habido no sé qué zaragatas entre el capitán general de la Armada y el coronel Zumalacárregui.

zaragatero -ra *adj* (*col*) **1** Zalamero. | Zunzunegui *Camino* 285: Besándola zaragatera: –Sabes cuánto te quiero y que no puedo vivir sin ti.
2 Enredador o bromista. | Berlanga *Gaznápira* 21: Te diría que ni se acuerda, que eso son relatorias del Elías, a toda hora tan zaragatero. ZVicente *Mesa* 33: –Además de progretarravascoide y tal es usted un si es no es algo chulapo. ¿Lo celebramos atacando el consomé? .. –Usted, Dolorinas, siempre tan zaragatera.

zaragatona *f* Planta herbácea de la familia del llantén, cuyas semillas, cocidas, dan una sustancia mucilaginosa usada en medicina (*Plantago psyllium*). | Cela *Viaje andaluz* 190: En el campo de Osuna crecen, cada una con su aroma y con su virtud para curar la enfermedad, la malva y el malvavisco, la manzanilla y la zaragatona.

zaragozano -na *adj* De Zaragoza. *Tb n referido a pers.* | Gironella *Millón* 620: Por fin, amaneció... Y la Falange zaragozana hizo honor a su palabra.

zaragüelles *m pl* **1** Calzones anchos y con pliegues, que forman parte del traje regional valenciano. | J. Santonja *Alcoy* 38: A continuación salieron las Tomasinas Nuevas, .. detrás, los Navarros, .. y los Maseros, armados de *forquetes* y *gaiatos*, con sus monteras de terciopelo, sus fajas de seda y sus rizados zaragüelles. **b)** (*desp, raro*) Pantalones. | GPavón *Rapto* 142: Echó calle adelante .. con el uniforme bordado de arrugas, éstos los zaragüelles, mal equilibradas la porra y la pistola en el cinto y la gorra un poco volcada hacia los atrases de la cabeza.
2 Calzoncillos blancos que asoman por debajo del calzón en el traje regional aragonés. | * Los zaragüelles suelen ir adornados en la parte visible.
3 Planta gramínea de cañas débiles y flores en panoja compuesta de espiguillas colgantes (*Bromus tectorum*). | Delibes *Ratas* 9: Los perros de su condición rara vez llegaban a adultos conservando los ojos; solían dejarlos entre la maleza del arroyo, acribillados por los abrojos, los zaragüelles y la corregüela.

zarajo *m* (*reg*) Trenzado de tripas de cordero, que se conserva colgado al humo. | *Ama casa 1972* 12b: Platos típicos regionales .. La Mancha. Perdiz a lo Tío Lucas .. Zarajos. J. Merino *SYa* 25.8.85, 39: La zona alcarreña produce los zarajos, tan populares en las tabernas del Rastro, Lavapiés y Embajadores.

zaramagullón *m* Somorgujo (ave). | Berenguer *Mundo* 140: Allí había patos, gallaretas, zaramagullones, culones.

zarampaña *f* (*reg*) Red para cazar perdices. | Berenguer *Mundo* 33: Yo correteaba los pollos de pájaro perdiz para venderlos para reclamo y siempre estaba con inventos de buscarme una luz de mineral y una red para hacer la zarampaña.

zaranda *f* Criba o harnero. | CPuche *Paralelo* 145: Un puertorriqueño había apostado con otros soldados de las Fuerzas Aéreas a beberse .. una botella entera de ron "Negrita". El puertorriqueño ganó la apuesta, pero a los pocos momentos .. moría .. El estómago, según resultó en la autopsia, lo tenía como una zaranda. Sampedro *Sonrisa* 257: Sonaba todo el día el paleteo de las zarandas y el restregarse de las muelas haciendo temblar el piso.

zarandaja *f* (*desp*) Cosa menuda y sin importancia. *Normalmente en pl.* | Sopeña *Defensa* 61: Hubo sus líos, ya lo creo, y el Nuncio Cicognani .. tuvo que soportar embestidas, críticas y zarandajas que se estrellaron en su lisezta de buen humor y hermoso cigarro habano. Laiglesia *Tachado* 75: Su familia, como quizá sepa algún lector aficionado a los linajes y otras zarandajas, figura en el almanaque Gotha.

zarandalí *adj* (*reg*) [Palomo] pintado de negro. | Cela *Viaje andaluz* 144: Un palomo zarandalí levantó el vuelo sobre el olivar.

zarandear A *tr* **1** Agitar o sacudir [a alguien o algo] de un lado a otro. *Tb fig.* | Delibes *Parábola* 12: Sus largas orejas de trapo batían sus mejillas con un estrépito como ..

de zurridos de ropa zarandeada por el viento. Laforet *Mujer* 285: Un día, Pepe va y se pone a insultar al curita .. Y hasta lo zarandeó. A. Barra *Abc* 18.8.64, 25: No parece que el dirigente ruso desee verse zarandeado por el torbellino chipriota.
B *intr pr* **2** (*reg*) Contonearse. | Faner *Flor* 65: Le persuadía para acompañarle al burdel de la calle San Juan, donde esclavas moras se zarandeaban desnudas sobre el entablado.

zarandeo *m* Acción de zarandear(se). | GPavón *Reinado* 180: A los dos o tres zarandeos don Lupercio empezó a parpadear.

zarandillo (*col*) **I** *m* **1** Pers. sumamente viva e inquieta. | * Este chico es un zarandillo; no para un momento.
II *loc adv* **2 como un ~**. Yendo constantemente de un lado para otro. *Frec con los vs* ANDAR, TRAER *o* LLEVAR. | Delibes *Cinco horas* 202: Había que verla con tu padre en brazos, de acá para allá, como un zarandillo. Delibes *Emigrante* 99: Hay que andar todo el día de Dios trotando calles para ver el tamaño de esta capital .. Así es que uno anda como un zarandillo.

zarandón *m* Zaranda grande. | MCalero *Usos* 108: En el molino, había tramoyas para recibir el grano. Zarandas y zarandones para su limpieza.

zarangollo *m* (*reg*) Pisto (guiso). | *Ama casa 1972* 12b: Platos típicos regionales .. Murcia. Michirones. Zarangollo. Longaniza blanca.

zarapito *m* Ave zancuda de pico largo y arqueado y plumaje gralm. jaspeado de negro y ocre (gén. *Numenius*). *Frec con un adj especificador:* REAL (*N. arquata*), TRINADOR (*N. phaeopus*), FINO (*N. tenuirostris*). | Artero *Vertebrados* 99: Un grupo de zancudas grandes y pequeñas: .. cigüeña, garza, zarapito. Noval *Fauna* 112: El Zarapito real (*Numenius arquata*) es el mayor limícolo europeo y en Asturias abunda en todo tiempo. Noval *Fauna* 114: Más pequeño es el Zarapito trinador (*Numenius phaeopus*), que no cría en Asturias, pero pasa por la costa en grandes bandadas, especialmente en otoño.

zaratán *m* (*raro*) Cáncer de mama. | ZVicente *Traque* 303: Estaba picada de viruelas, a ver, esas cosas de los pueblos. Pero era muy buena, muy limpia, se murió de un zaratán a poco de empezar la guerra.

zarauzarra *adj* De Zarauz (Guipúzcoa). *Tb n, referido a pers.* | *Abc* 20.8.66, 45: El Real Club de Golf de Zarauz ha cumplido los cincuenta años .. Hoy, al cabo de medio siglo, otro duque de Lécera –el hijo del fundador– rige los destinos de la aristocrática y deportiva sociedad zarauzarra.

zarauztarra *adj* De Zarauz (Guipúzcoa). *Tb n, referido a pers.* | *Sáb* 20.8.66, 33: Hasta para ir a la peluquería debió [la reina Fabiola] utilizar el coche, aunque ello no impidió que en todo momento la gente, veraneantes, y sobre todo los zarauztarras, que tanto la conocen y aprecian, trataran de hacerle llegar su afecto.

zarazas *f pl* Masa formada por una mezcla de sustancias venenosas y cuerpos punzantes, destinada a matar animales. | ZVicente *Traque* 291: No me acuerdo ya bien si espichó solito o si le ayudamos algo. Déjeme que haga memoria. Fue este... No, la de las zarazas fue aquella gordinflas de Sequeros, provincia de Salamanca.

zarcear *intr* **1** Entrar [el perro] en los zarzales para buscar o echar fuera la caza. *Tb fig.* | Delibes *Vida* 20: Mi padre llamaba al perro a voces, lo azuzaba, lo ponía apresuradamente en la pista, y el Boby zarceaba, iba y venía, desaparecía y, al cabo de un rato, regresaba .. con el conejo atravesado en la boca. Peraile *Arr* 2.2.75, 19: Todos los días el sol galguea, cruza la llanura de los vientos, zarcea entre las nubes y viene a tenderse fiel al lado de su ama: mi enfermedad.
2 Ir o moverse continuamente de una parte a otra. | Berlanga *Gaznápira* 112: La Abuela anda zarceando por la casa, de un lado para otro haciendo que hace, refunfuñando su comezón.

zarceño -ña *adj* De Zarza Capilla o de Zarza de Alange (Badajoz), o de Zarza de Granadilla, de Zarza de Montánchez o de Zarza la Mayor (Cáceres). *Tb n referido a pers.* | F. Delgado *Hoy* 4.8.74, 31: Mañana se celebra en Zar-

zarcera – zarrapito

za de Alange Nuestra Señora de las Nieves .. Es muy típico el petitorio de casa en casa y que cada zarceño da lo que puede o lo que quiere. E. Arroyo *Hoy* 14.1.79, 16: Zarza La Mayor .. Los zarceños esperan este año nuevas realizaciones en la villa.

zarcera *f (reg)* Respiradero abierto en una bodega para su ventilación. | Anson *Abc* 7.9.80, sn: Todo está preparado .. para brizar los caldos hasta que se produzca, entre la respiración entrecortada de las zar[c]eras, la resurrección del vino nuevo. [*En el texto,* zarzeras.]

zarcero -ra I *adj* **1** [Curruca] ZARCERA → CURRUCA.
II *m* **2** Pájaro de pequeño tamaño, de plumaje pardo en el dorso y amarillo en la parte inferior, que frecuenta los setos o la vegetación densa (*Hippolais polyglotta*). *Otras especies del mismo gén se distinguen por medio de adjs*: ESCITA, GRANDE, ICTERINO, PÁLIDO. | Noval *Fauna* 295: Los zarceros anillados en Asturias han mostrado una extraordinaria fidelidad al matorral donde criaron en años anteriores.

zarcillo *m* **1** Pendiente en forma de aro. | LTena *SAbc* 7.7.74, 7: Uno le regaló collares de oro purísimo; otro, zarcillos y brazaletes de lo mismo para adornar tobillos y antebrazos.
2 (*Bot*) Órgano voluble de las plantas trepadoras mediante el cual estas se fijan a un soporte o a otra planta. | Alvarado *Botánica* 75: En cada nudo [en el guisante] hay una hoja verdaderamente complicada (hoja compuesta) .. Su limbo ofrece en su mitad basal unos cuantos pares de foliolos .. y en la apical unos cuantos pares de zarcillos .., que no son otra cosa que foliolos transformados.
3 (*Zool*) Filamento de que disponen algunos equinodermos para adherirse al suelo. | Alvarado *Zoología* 37: Crinoideos o lirios de mar. Tienen forma estrellada .., pero difieren considerablemente de los demás equinodermos por su organización .. Casi todos viven en los grandes fondos marinos .. Únicamente las pocas formas litorales, como la comátula, son nadadoras. No obstante, estas pueden fijarse accidentalmente a las rocas por medio de unos zarcillos situados en el polo aboral.

zarco -ca *adj* **1** Azul claro. | Zunzunegui *Camino* 236: Allí las colinas plateadas por los olivos y al fondo las finas montañas zarcas.
2 [Caballo] que tiene incoloro el iris del ojo. *Tb se dice del mismo ojo*. | Ridruejo *Memorias* 23: Mi abuela tenía en casa un caballo zarco, de pelaje alazán. Me hice amigo suyo. Me movía entre sus patas y lo montaba a pelo, pero me producía temor si me miraba con sus ojos extraviados, divergentes.

zarda → CZARDA.

zarevitz (*tb* **zarevich** *y* **zarevitch**) *m (hist)* Hijo primogénito del zar. *Tb fig*. | Mendoza *Ciudad* 239: Un individuo .. vestido de húsar le gritó en mal francés que su alteza el zarevitz .. no se fiaba de la leche que pudieran echarle en el té. Nolla *Salud* 280: Alicia, esposa de Nicolás II, el último zar de Rusia, era nieta de la reina Victoria de Inglaterra. Llevaba también el gen hemofílico: su único hijo varón, Alex, el zarevich, .. padecía una hemofilia muy grave y típica. Anson *Oriente* 77: Los restos de la vieja guardia "stalinista" y el joven secretario del partido, Kirichenko, zarevitch rojo, fueron borrados de escena.

zarigüeya *f* Mamífero marsupial americano, muy trepador y de cola prensil (gén. *Didelphis*, esp. *D. marsupialis* y *D. azarae*). | Alvarado *Zoología* 130: En América del Sur y Central viven unos marsupiales muy interesantes, cuyo representante más conocido es la zarigüeya (*Didelphis azarae*), que es arborícola y tiene la cola prensil.

zarina → ZAR.

zarismo *m (hist)* Régimen de los zares. | Vicens *Polis* 454: La lucha política [en Rusia] se envenenó con la aparición de los nihilistas, partidarios de emplear métodos terroristas para destrozar el armazón social del zarismo.

zarista *adj (hist)* De(l) zar o de(l) zarismo. | Vicens *Polis* 445: Las operaciones [de la guerra de Crimea] se redujeron a la expugnación de la plaza de Sebastopol .. Este desastre de Rusia provocó la crisis del régimen zarista. **b)** Partidario del zar o del zarismo. *Tb n*. | * Había muy pocos intelectuales zaristas.

zarpa I *f* **1** Mano o pie de animal, con uñas capaces de herir o de agarrar. | DCorral *ROc* 7.63, 53: No son raíces que salgan de la tierra .., sino raíces que se introducen en el suelo brotando de un tronco erecto sobre un gran muro .. Semejan zarpas de una fiera que se hubiera encaramado sobre el lomo de su víctima.
2 (*col, humoríst*) Mano, esp. de la pers. codiciosa o rapaz. | Laiglesia *Ombligos* 26: Ni las finas manos hechas para dar se parecerán a las rudas zarpas hechas para pedir.
3 Pieza del cepo de caza, armada de dientes para agarrar a la presa. | Berenguer *Mundo* 176: Entonces hizo un cepo zorrero, disparatado de grande, para cargárselo. El tío afiló las zarpas diente a diente, le dio con aceite al muelle, puso su cepo con su carnada junto a unas tunas, y se fue tan contento.
II *loc v* **4 echar la ~** [a algo]. (*col*) Agarrar[lo], o adueñarse [de ello], violentamente. | * En cuanto murió, su hermano le echó la zarpa al dinero.

zarpar *intr* **1** Salir [un barco] del lugar en que estaba fondeado o atracado. *Tb fig*. | Pla *América* 15: La motonave "Guadalupe" zarpó de Cádiz, rumbo a la Habana, a las cinco y media de la tarde del día 3 de agosto. *D16* 9.11.84, 29: El "Discovery" zarpó por fin rumbo a su misión de rescate. Cuevas *Finca* 36: Vio volar de vuelta las lechuzas y zarpar en la luz azul los primeros vencejos.
2 Salir [alguien] embarcado. | Mingote *SAbc* 30.11.80, sn: Zarpaban [los fenicios] con todo el cargamento y en cuanto llegaban a las playas lejanas se regalaban a los naturales del país.

zarpazo *m* Golpe dado con la zarpa [1]. *Tb fig*. | Bustinza-Mascaró *Ciencias* 202: Una vez descubierta la presa, [el gato] distiende sus uñas, que clava como garfios. Después de uno o varios zarpazos, la muerde clavándole los colmillos. * Los zarpazos del hambre.

zarracatín *m (raro)* Hombre que compra regateando, para después vender caro. | Cela *Judíos* 232: Un tío de muchas arrobas y dentadura de oro, blusa negra de trujamán del toma y daca, ademanes de zarracatín de todo lo que salga y fauces grasosas de epulón repleto, se está zampando un cabrito asado.

zarragón *m (reg)* Hombre vestido grotescamente que acompaña o dirige la danza. | Moreno *Galería* 350: Una comparsa, integrada por ocho danzarines y un zarragón, a modo de payaso o de figura estrafalaria, y otro que dirige. En total, diez personas. GNuño-Marco *Soria* 157: Ya no hay dulzaineros en los pueblos. Ni zarragones, esto es, jefes de danzantes.

zarrapastrear *intr (reg)* Arrastrar los pies. | Berlanga *Gaznápira* 81: El Capador .. zarrapastreando por la plaza agarrado a la paliducha Liboria.

zarrapastreo *m (reg)* Acción de zarrapastrear. | Berlanga *Gaznápira* 62: Vuelta al estribillo, sin esmerarse en variar, sin ganas de tocar el pollo-pollo ni un pasodoble ni nada que alegre el zarrapastreo de la quincena de parejas de la Casa Lugar.

zarrapastro *m (col)* Pers. desaseada o desaliñada. | FVidal *Duero* 143: En su compañía regresa el viajero a la botica de despacho, donde un zarrapastruelo que levantará no más de cuatro cuartas se dirige al farmacéutico y dice: —Don José, déme usted un tubo de aspirinas.

zarrapastroso -sa *adj (col)* Desaseado o desaliñado. *Tb fig. Tb n, referido a pers.* | Berlanga *Gaznápira* 117: A Gabriela también la embromó el Francés, cuando le encontrasteis camino de encerrar su rebaño en la casilla, algo zarrapastroso y ojeroso por culpa de la noche pasada en vela pastoreando por el monte. *Abc* 6.3.81, 72: Es una comedia muy zarrapastrosa, porque España todavía es muy zarrapastrosa. Hay mucha mugre, salen cucarachas y es un poco amarga. **b)** *A veces, más o menos vacío de significado, se usa como insulto*. | Laiglesia *Tachado* 162: Un zarrapastroso perteneciente a las fuerzas de choque comunistas le rompió las narices de una pedrada a Cirilo II.

zarrapito. ni ~(s). *loc pr (reg)* Nada. | Berlanga *Barrunto* 12: Los llegados .. pidieron más tortilla, más chuletas y más ensalada con mucho tomate. "¡Ya lo barruntaba yo, ya lo barruntaba yo! Hoy no sobra ni zarrapitos."

zarrapo *m* (*reg*) Sapo o escuerzo. | Aldecoa *Cuentos* 2, 271: –Sebas, he visto un zarrapo.–.. Virtudes señalaba con el dedo una forma que se movía buscando cobijo en el interior de un matorral .. –No es un zarrapo. Es una rana de San Cayetano.

zarrio *m* (*reg, desp*) Pingajo. | Lorén *Cod* 25.8.74, 10: –Me ha salido un striptease en Montparnasse, cosa fina. A doscientos francos nuevos por cada prenda arrojadiza. –Hija, pues con la de zarrios que llevas encima te vas a forrar –comentó Zuleima–.

zarrioso -sa *adj* (*reg, desp*) Sucio o desaseado. | Cela *Judíos* 191: El Tostado, enano y genial, zarrioso, letrado y malas pulgas, se encaró con el papa Eugenio IV.

zarza *f* Arbusto espinoso de la familia de las rosáceas, cuyo fruto es la mora (*Rubus fruticosus*). *Tb se da este n a otras especies afines*. | Laforet *Mujer* 72: Una suave humareda de niebla baja estaba enredada en los zarzales que guardan el camino... Ladraban muchos perros. Olía a rosas de zarza. Mayor-Díaz *Flora* 542: *Rubus ulmifolius* Schott. "Zarza", "Escayu" .. La decocción de las hojas se usa para acelerar la cicatrización de úlceras y heridas.

zarzagán *m* Cierzo muy frío. | Delibes *Castilla* 52: La puerta de los palomares se abre siempre a mediodía para evitar el zarzagán, el frío cierzo del norte.

zarzal *m* **1** Conjunto de zarzas. | Laforet *Mujer* 72: Una suave humareda de niebla baja estaba enredada en los zarzales que guardan el camino.
2 (*raro*) Zarza. | Delibes *Ratas* 133: Una tarde, el Nini descubrió que el [aguilucho] más pequeño había desaparecido del nido, y el grande había sido amarrado con un alambre al tronco del zarzal.

zarzamora *f* **1** Fruto de la zarza. | Mayor-Díaz *Flora* 542: El jarabe de zarzamora se emplea para combatir la disentería en los niños.
2 Zarza. | Delibes *Parábola* 36: Un arroyo .. flanqueado de madreselvas, salces y zarzamoras.

zarzaparrilla *f* **1** Arbusto de la familia de las liliáceas, con tallos volubles y espinosos y fruto en baya (*gén. Smilax*). *A veces con un compl especificador:* DE ESPAÑA o DEL PAÍS (*S. aspera*), DE INDIAS (*S. havanensis*). *Tb su raíz*. | Cela *SCamilo* 102: El Julianín babea cuando sirve vermús o refrescos de zarzaparrilla a las mujeres. HSBarba *HEspaña* 4, 388: Estos productos eran los normales en la exportación de América, es decir, algodón, añil, azúcar .., sebo, jalapa, moralete, zarzaparrilla, brasilete. Mayor-Díaz *Flora* 590: *Smilax aspera* L. "Zarzaparrilla".. Su raíz presenta propiedades sudoríficas. **b) ~ de Alemania.** Planta vivaz propia de dunas y arenales, cuyo rizoma se usa en medicina (*Carex arenaria*). | Mayor-Díaz *Flora* 200: *Carex arenaria* L. "Zarzaparrilla de Alemania" .. El rizoma se utiliza como depurativo en las afecciones de bronquios y contra el reuma.
2 Bebida refrescante preparada con las raíces de zarzaparrilla [1]. | Cela *Inf* 11.7.75, 16: A mí me parece que a la marijuana debería despojársele de su leyenda de flor del mal, porque no tiene cuerpo para chaleco; si se prohibiese la zarzaparrilla, también aumentaría el número de su[s] partidarios.

zarzareta *f* (*reg*) Ave palmípeda de menor tamaño que el pato. | Cela *Viaje andaluz* 189: Por todas estas lagunas y lagunillas, que casi seca el verano, vuela la zarzareta de difícil puntería en cuanto ha oído el primer tiro.

zarzarrosa *f* Escaramujo (planta). *Tb su flor*. | Hoyo *Bigotillo* 67: Allá y Acullá estaban separados por una cerca inexpugnable, de barro secado, de cuya pared asomaban innumerables pinchas, rectas pinchas de aulagas y curvadas pinchas de zarzamoras y zarzarrosas.

zarzo *m* **1** Tejido de varas, cañas, mimbres o juncos que forma una superficie plana. | ZVicente *Traque* 247: Ardió todo, ya sabe usted, lo trajeron los periódicos, casitas con entramado de zarzo, una hoguera infernal.
2 (*reg*) Aguilón (techo de la carbonera). | Romano-Sanz *Alcudia* 194: Después de encenderlo [el horno], el carbonero tapa la chimenea y con la hurga abre varias humeras en la parte superior, llamada aguilón o zarzo, para propagar la combustión.

zarzuela *f* **1** Obra dramática musical en que alternan partes cantadas y recitadas. *Tb su letra y su música. Tb el género correspondiente*. | GLópez *Lit. española* 483: Junto a la Alta Comedia, la Restauración ofrece un tipo de teatro menor, de escasa trascendencia literaria, en el que cabe agrupar una serie de sainetes, entremeses y zarzuelas, cuyo interés radica en su valor documental de época y en la música.
2 Plato a base de pescados y mariscos variados. | Mayte *Cocina* 165: Zarzuela de pescado .. Se limpian y se cortan el rape, la merluza y los calamares. Se sazonan .. y se fríen .. En la misma sartén se saltea el marisco (gambas, mejillones y cigalas).

zarzuelero -ra I *adj* **1** De (la) zarzuela [1]. *A veces dicho con intención desp, aludiendo al carácter popular y ligero de este género*. | Goytisolo *Recuento* 283: Cataluña apostólica y liberal, tierra de burgueses proteccionistas y de obreros anarquistas, actores todos ellos del repertorio, parte activa de la función, entregados como el que más a la peripecia histórica de la farsa española, romántica comedia de personajes zarzueleros. Alfonso *España* 92: A nivel de una España zarzuelera y pintoresca podrían tener hasta gracia.
2 Aficionado a la zarzuela [1]. *Tb n*. | Umbral *Memorias* 124: Luego volvía a ser, trabajosamente, el representante farmacéutico obsequiador de legumbres, o incluso el sastre apuesto, que cantaba zarzuela en las tabernas del alba .. El pederasta estaba en todas partes, era el recitador-paseante-farmacéutico-sastre-costurero-tintorero-oficinista-zarzuelero.
II *m* **3** Autor de zarzuelas [1]. | M. Daranas *Abc* 1.3.58, 17: El Estado solo tuvo hasta entonces polizontes, asalariados eventuales y removibles de hongo y bastón de nudos, que cebaban el lápiz de los caricaturistas y la musa de los zarzueleros.

zarzuelesco -ca *adj* Zarzuelero [1]. | S. RSanterbás *Tri* 28.2.70, 35: El sereno .. anhela liberarse del zarzuelesco chuzo y del tintineante manojo de llaves.

zarzuelista *m* Compositor de zarzuelas [1]. | Alfonso *Música* 210: Fue con el estímulo y ayuda de Barbieri como Chueca empezó su carrera de zarzuelista.

zarzuelístico -ca *adj* (*lit*) De (la) zarzuela [1]. | M. A. Castañeda *HLS* 5.8.74, 8: La antología es ambiciosa y el programa recorre toda la obra de un compositor que ha tenido siempre un lugar en el panorama zarzuelístico.

zas *interj* (*col*) **1** *Se usa para imitar el ruido de un golpe o de algo similar*. | Mor 9.8.76, 10: –¡Baja, bonito, baja...! [A un pájaro.] ¿No quieres bajar, con tu mamita...? ¡Pues toma pedrada!– ¡Zas! CSotelo *Inocente* 90: Me dejé llevar de la inspiración y ..., zas, zas,..., le atice un par de besos.
2 *Se usa para denotar el carácter súbito o por sorpresa de un hecho*. | Arce *Testamento* 61: Pero había tanto desbarajuste que uno se cabreó y le dio un culatazo en la boca para que cerrase el pico y, ¡zas!, se fue todo al garete. ZVicente *Traque* 11: Como le pasó a don Silverio, el maestro, que llegó bromeando .. y ¡zas!, se quedó.

zasca *interj* (*col*) Zas. | *SPaís* 5.3.78, 12: Me lo tengo bien montado con los clientes, me los camelo y les llevo a una barra americana donde hay un par de chicas con las que me he puesto de acuerdo para que sean amables. Y a la mañana siguiente, los tíos, zasca, hacen un pedido de seis kilos (seis millones de pesetas).

zascandil -la *m y f* (*col*) Pers. ligera y sin formalidad, frec. enredadora. *Tb adj*. | Delibes *Cinco horas* 161: Ya ves qué bonito, a voces, delante de mí, que no es decir que no me viese, que había saludado y todo, valiente zascandil. * No seas tan zascandila.

zascandilear *intr* (*col*) Moverse de un lado para otro sin utilidad o enredando. | CPuche *Paralelo* 93: A las diez y pico de la mañana difícilmente podía haber tal animación y bullicio en ningún otro barrio de Madrid. Las chachas zascandileaban por las esquinas. GSerrano *Alc* 19.10.70, 32: Churchill .., que se la trajo [la siesta] de Cuba, donde estuvo zascandileando como observador militar en torno al 98, hace de ella grandes elogios.

zascandileo *m* (*col*) Acción de zascandilear. | GHortelano *Amistades* 163: –A ver si esta noche nos dejan

zaya – zigzagueante

tranquilos. Te digo que estoy hasta aquí –apuntó un dedo sobre su cabeza– de tanto zascandileo.

zaya *f (reg)* Caz del molino. | Calero *Usos* 105: Era este arroyuelo de buena caída, así que en su construcción no hubieron de hacer la zaya demasiado larga.

zeda *f* Zeta[1]. | Academia *Esbozo* 133: Alfabeto español ..: a.., be.., ce.., che.., equis.., i griega.., zeda o zeta.

zéjel *m (TLit)* Composición poética medieval, formada por un estribillo inicial y por una serie de estrofas de tres versos monorrimos seguidos de otro verso, que rima con el estribillo, y de la repetición de este. | GLópez *Lit. española* 40: Esta primitiva lírica castellana –independiente de la gallega– estaría constituida por serranillas, canciones de mayo, cantos fúnebres .. Una de las formas métricas más frecuentes de estas poesías sería, con seguridad, la del zéjel (de origen arábigo-andaluz).

zejelesco -ca *adj (TLit)* De(l) zéjel. | GLópez *Lit. española* 41: La poesía peninsular habría continuado esta remota tradición romance de la cancioncilla lírica, desarrollándola con glosas zejelescas –Al-Ándalus y Castilla– o paralelísticas –Galicia y Portugal–.

zelota → CELOTA.

zelote → CELOTE.

zen *(Rel)* **I** *m* **1** Forma de budismo que da especial importancia a la meditación y a la intuición. *A veces en aposición.* | *País* 25.4.78, 33: La influencia del zen, por el que Antoni Tàpies muestra interés, también es obvia en esta pintura. * Es adepto del budismo zen.
II *adj invar* **2** Del zen [1]. | Torrente *Fragmentos* 97: "¿Tú estuviste alguna vez en un monasterio budista?" "Jamás." "¿Has leído literatura zen?" "Tampoco."

zenit → CENIT.

zeolita *f (Mineral)* Silicato natural hidratado, cuyos yacimientos se encuentran sobre todo en las cavidades de las lavas. | Ybarra-Cabetas *Ciencias* 44: Hay minerales, como las zeolitas, que solo se presentan en terrenos volcánicos.

zeolítico -ca *adj (Mineral)* De (las) zeolitas. | Ybarra-Cabetas *Ciencias* 294: Las micelas .. de arcilla y humus unidas forman una nueva micela, la del complejo zeolítico--húmico, que tiene toda la actividad correspondiente a los cuerpos coloidales.

zepelín *(tb con la grafía* **zeppelín***) m* Globo dirigible rígido, de forma alargada, que se usó en el primer tercio del s. XX. | *Abc Extra* 12.62, 37: Tenéis su réplica en juguete. En 1915 fueron zepelines de seda y "taubes" pintados de verde. J. Carabias *Ya* 4.12.75, 8: En París vio [Natalia Cossío] volar el primer aeroplano, y en Berlín, la llegada del primer zeppelín a Tempelho[f].

zeta[1] *(tb con la grafía* **ceta***)* **I** *f* **1** Última letra del alfabeto (z, Z), que en español corresponde al fonema /θ/. (V. PRELIM.) *Tb el fonema representado por esta letra.* | Torrente *Saga* 486: Fijaos bien: seraf, lezet, enam. La ese de seraf. La e de enam, ligeramente aspirada, enam. Y la zeta de lezet, no exactamente zeta, sino tirando un poquito a la ese como si fuera un andaluz el que hablase. Alvar *Regiones* 35: La no oposición *s/ceta* hace que todo el norte portugués se enfrente –desde un punto de vista fonético– a la dualidad gallega.
II *adj invar* **2** [Vehículo] policial destinado a patrullar por las calles. *Tb n m.* | J. C. Iglesias *País* 29.11.81, 31: Los funcionarios telefonearán al 091 y pedirán por favor que alguno de los coches *zeta* haga llegar el mensaje. *Ya* 2.3.90, 24: Vehículos "zeta" del Cuerpo Nacional de Policía se desplazaron al lugar ante la aparatosidad de la columna de humo que de allí salía. *Tiem* 9.2.87, 31: Me paró la Policía .. Me metieron en el "zeta" y al cabo de media hora me dijeron que me fuera.

zeta[2] *f* Letra del alfabeto griego que representa el sonido [θ]. | Estébanez *Pragma* 43: Alfabeto griego: .. épsilon, dseta, eta, zeta.

zeugma *m (TLit)* Forma de expresión que consiste en hacer que un término, explícito una sola vez, sea, a un tiempo, válido, en ocasiones con distintos sentidos, para dos o más enunciados. | Lapesa *HLengua* 222: Uno es la alusión, por medio del pronombre, a una noción no puntualizada antes, sino encerrada en otra palabra; este tipo de zeugma es muy antiguo. Lázaro *Barroco* 33: Hay, sobre todo, un aspecto particular de la dilogía, el zeugma, cuya frecuencia en la literatura del XVII fue denunciada por el poeta alemán Franz Grillparzer.

zidovudina *f (Med)* Sustancia antivírica utilizada en el tratamiento del sida. | X. Carné *País* 7.11.88, 36: Ni tan siquiera se menciona la zidovudina (azidotimidina o AZT), el primer antivírico que sabemos mejora el curso del síndrome.

ziggurat → ZIGURAT.

zigofilácea *(tb con la grafía* **cigofilácea***) adj (Bot)* [Planta] dicotiledónea, herbácea o leñosa, de la familia del abrojo, propia de climas cálidos. *Frec como n f en pl, designando este taxón botánico.* | GCabezón *Orotava* 15: Guayaco, *Guaiacum arboreum*, D. G., Zigofilácea, América tropical.

zigomático → CIGOMÁTICO.

zigomorfo -fa *(tb con la grafía* **cigomorfo***) adj (Bot)* [Órgano o parte de él] que tiene simetría bilateral. | Bustinza-Mascaró *Ciencias* 267: Las flores [del guisante] son simétricas con arreglo a un plano –flores zigomorfas– de color purpúreo o blanco. Alvarado *Botánica* 75: La corola [de la flor del guisante] .. tiene simetría bilateral (es decir, es zigomorfa).

zigospora *f (Bot)* Zigoto de ciertas algas. | Alvarado *Botánica* 60: Al igual que las clorofíceas, las conjugadas son algas verdes unicelulares o filamentosas, pero su reproducción es siempre sexual mediante copulación de dos gametos inmóviles que al fundirse engendran un huevo llamado zigospora.

zigote *m (Bot)* Zigoto. | Bustinza-Mascaró *Ciencias* 286: Uniéndose uno [un gameto] de cada sexo resulta el zigote, que se convierte en un pequeño helecho que poco a poco se desarrolla, dando lugar a una planta adulta.

zigoto *(tb con la grafía* **cigoto***) m (Bot)* Óvulo fecundado, resultante de la unión de dos gametos. | Ybarra-Cabetas *Ciencias* 207: Todas las células y tejidos proceden de la división repetida del zigoto por mitosis sucesivas. Navarro *Biología* 207: La unión de dos gametos de sexo contrario recibe el nombre de fecundación o singamia, originándose una célula huevo o cigoto.

ziguelina *f (Mineral)* Cuprita. | Ybarra-Cabetas *Ciencias* 60: Cuprita, ziguelina o cobre rojo. Es óxido de cobre. Cristalizada en el sistema cúbico, cristalina o en masas terrosas, es de color rojo oscuro.

zigurat *(tb, raro, con la grafía* **ziggurat***; pl normal, ~s) m (hist)* Construcción religiosa en forma de torre escalonada, propia de la cultura mesopotámica. | Angulo *Arte* 1, 54: Aunque sin la importancia y el desarrollo del egipcio, el templo mesopotámico posee también indudable personalidad. Su parte más típica, que es el zigurat o torre escalonada, hace que el rasgo más destacado del arte mesopotámico sea el deseo de aproximarse al cielo. Pericot *Polis* 46: Los mesopotámicos carecían de piedra .. Sus principales construcciones fueron palacios y templos que se situaban sobre colinas artificiales .. El ziggurat, torre de pisos, se hallaba junto al santuario principal.

zigzag *(tb con la grafía* **zig-zag***; pl normal, ~s o* ZIGZAGUES*) m* Línea quebrada cuyos segmentos forman alternativamente ángulos entrantes y salientes. *Frec en la constr* EN ~. | Laforet *Mujer* 16: Vio claramente el zig-zag de una chispa eléctrica. Angulo *Arte* 1, 73: Son de madera [las columnas prehelénicas] y descansan sobre una base muy sencilla; en algún caso aparece decorada por zigzags horizontales. MSantos *Tiempo* 170: Un largo pasillo laberíntico en que los zigzagues maliciosos estaban dispuestos a lo largo y a lo ancho. Goytisolo *Recuento* 50: La Mallola salpicó el suelo en zigzag, vaciando el cántaro.

zigzagueante *adj* Que zigzaguea. | Navarro *Biología* 23: La unión de dos aminoácidos origina un dipéptido y una molécula de agua. La de tres, un tripéptido, etc.; denominándose polipéptidos si son varios. Así se forman largas cadenas zigzagueantes. Olmo *Golfos* 98: Cabrito .. rabioso, zigzagueante, salió corriendo.

zigzaguear *intr* Formar o trazar una figura de zigzag. | Cuevas *Finca* 35: Una salamandra escapó y zigzagueó sobre la pared. Delibes *Historias* 19: Vi el llano y el camino polvoriento zigzagueando por él.

zigzagueo *m* Acción de zigzaguear. | MGaite *Fragmentos* 177: Caminando lenta y graciosa sobre sus tacones, ligeramente atenta al mantenimiento del peinado, al zigzagueo irreflexivo de los transeúntes y al reflejo de su figura en los escaparates. Lagos *Vida* 56: La carretera hizo un brusco viraje .. y, después de unos cuantos zigzagueos, se encaramó en el monte.

zimbabuo -bua *adj* De Zimbabue o Rodesia. *Tb n, referido a pers.* | *Ya* 14.2.81, 9: Los violentos combates en Bulawayo entre grupos guerrilleros rivales han terminado, después de la intervención del Ejército zimbabuo.

zimógeno → CIMÓGENO.

zinc → CINC.

zincado → CINCADO.

zincar → CINCAR.

zíngaro -ra *adj* Gitano. *Tb n, referido a pers. Se dice normalmente solo de los gitanos no españoles.* | A. M. Carbonaro *SArr* 27.12.70, 63: La inspiración ha venido este año, en general, de la llamada moda "hippy": pieles de trampero, ponchos, cintas y flecos de piel roja, volantes de zíngara.

zinnia (*tb con las grafías* **zinia** *y* **cinia**) *f* Planta ornamental de la familia de las compuestas, con flores grandes y dobles de diverso color (*Zinnia elegans*). | *Abc* 18.5.58, 4: La zinia es la flor ornamental por excelencia, tanto por la abundancia de sus bellas flores como por la variedad de su colorido. *Ama casa 1972* 308a: Pondremos en sus sitios las plantas anuales, cultivadas en semillero. Y también las begonias, las petunias, las cinias, los geranios y las lobelias.

zipizape *m* (*col*) Alboroto causado por una discusión o pelea. | Mihura *Dorotea* 43: –¡Nunca pensé que hicieras esto con tus mejores amigas, Dorotea! –¡Esto es una infamia! –¡Bueno! Pero ¿a qué viene este zipizape?

zloty (*pol; tb con la grafía* **zloti**; *pronunc corriente,* /(e)slóti/) *m* Unidad monetaria de Polonia. | *Abc* 24.4.58, 55: El jefe del Gobierno polaco .. ha dispuesto la entrega inicial de cuatro millones de zlotys (unas 664.000 pesetas). *Ya* 14.9.89, 12: Mazowiecki logra alabanzas de la prensa polaca y la subida del zloti frente al dólar.

zócalo *m* **1** Friso o franja que se coloca o se pinta en la parte inferior de una pared. | *Hacerlo* 64: Los muebles y las maderas (zócalos, arrimaderos, etc.) pueden estar encerados, barnizados o tratados al poliéster. GPavón *Hermanas* 44: Tras los desconchones recientes del zócalo aparecían retazos de decoración modernista. **b)** Franja en la parte inferior de una cosa. | P. Urbano *Abc* 23.11.75, 44: No pudo elegir Doña Sofía un atuendo de color más español; su vestido largo, de corte "princesa", con bordados a gran realce en el zócalo, y abrigo y bolso del mismo tejido, era carmesí. *Ya* 9.6.74,2: Ahorre 2.395 pts. comprando el dormitorio "Florencia" .. De madera chapada en sapeli. Los tiradores y los zócalos son de aluminio.

2 (*Arquit*) Cuerpo inferior de un edificio, que sirve para elevar los basamentos a un mismo nivel. *Tb fig.* | Angulo *Arte* 2, 246: Construida esta [la actual Academia de San Fernando] para Casa de Goyeneche .., tenía por zócalo grandes peñascos, como la fachada del Louvre, proyectada por Bernini. *Nue* 22.12.70, 4: Pero ese zócalo indispensable de la vida común, construido tan dolorosamente sobre nuestra guerra civil, tiene que completarse.

3 (*Arquit*) Parte inferior de un pedestal. | Goytisolo *Recuento* 216: El visitante .. hallará en la sala D, y a sus pies, unos silos romanos o dolia, y unos zócalos de pedestales colocados en el mismo lugar en que se encontraron.

4 (*Geol*) Plataforma costera submarina. *Frec* ~ CONTINENTAL. | Alvarado *Geología* 106: El zócalo continental no es otra cosa que una plataforma costera o de abrasión originada por el hundimiento progresivo de las masas continentales. Tamames *Economía* 132: El zócalo geológico cubierto por mar que circunda la Península es relativamente estrecho.

5 (*Electr*) Parte fija en que se introducen enchufes, tubos u otros elementos eléctricos o electrónicos. | *País* 22.9.88, 23: T 5200. El más potente de la amplia familia de Toshiba .. Disco duro de 40 MB .. Dos zócalos de ampliación compatibles.

zocatear *tr* (*raro*) Poner zocato [2]. *Tb fig.* | Anson *Abc* 11.10.74, 3: Sinceridad y autenticidad es lo que reclama la opinión pública frente a la confusión y la corrupción que zocatea y repudre una parte considerable del cuerpo social español.

zocatería *f* (*col*) Condición de zocato [1]. | F. J. FTascón *SYa* 13.1.80, 11: La zurdería podría ser espontánea, hereditaria, congénita .. Al lado de esta zocatería congénita la hay lesional o adquirida.

zocato -ta *adj* **1** (*col*) [Pers.] zurda. *Tb n.* | F. J. FTascón *SYa* 13.1.80, 11: Se conocen como "zurdos" o "zocatos" las personas que tienden a utilizar preferentemente toda o parte de la mitad izquierda de su cuerpo para la realización de los movimientos. Berenguer *Mundo* 178: Antes de entuertar no le daba a un cerro, y después, tirando como los zocatos, se enmendó.

2 [Fruto] que se pone amarillo y acorchado sin madurar. | * Las peras están zocatas.

zoco[1] *m* En países musulmanes: Mercado al aire libre. *Tb el lugar donde habitualmente se celebra.* | Villarta *Rutas* 19: Entonces la Puerta del Sol tenía no un algo, sino un mucho de zoco africano. **b)** (*desp*) *En gral:* Mercado callejero. | Cela *Inf* 26.3.74, 16: Nadie olvide que el Ateneo no es una plaza de toros ni un zoco del guirigay.

zoco[2] **-ca** *adj* (*raro*) [Pers. o mano] zurda. *Tb n f, referido a mano.* | Faner *Flor* 110: Solo perdió el dedo meñique y parte del anular de la mano zoca.

zoco[3] *m* (*reg*) Abrigo o resguardo. | Alvar *Islas* 24: El informante sabe muchas cosas de la elaboración del vino, y no lejos de la casa, entre el picón negro, se ven zocos para cobijar vides, tendidas por el suelo.

zodiacal *adj* **1** Del zodiaco. | *SMad* 31.12.70, 30: Se atribuía el signo zodiacal del Carnero a las provincias judías.

2 [Luz] vaga, de aspecto fusiforme, que a veces, en primavera y otoño, sigue al ocaso o precede a la puesta del Sol. | F. J. Álvarez *Abc* 22.12.70, 27: La Luz Zodiacal, que consiste en la reflexión de la luz del Sol en el polvo interplanetario, se vislumbra en el crepúsculo, en la vecindad del Sol.

zodiaco (*frec escrito con inicial mayúscula; tb* **zodíaco**) *m* Zona o faja celeste por el centro de la cual pasa la eclíptica y que comprende los doce signos o constelaciones que recorre el Sol en su curso anual aparente. | Zubía *Geografía* 17: Las doce constelaciones del Zodíaco son: Aries, Tauro, Géminis, Cáncer, Leo, Virgo, Libra, Escorpio, Sagitario, Capricornio, Acuario y Piscis. **b)** Representación del zodiaco en forma de círculo dividido en doce sectores. | T. Salinas *MHi* 12.70, 33: En él [el friso] aparecen en altorrelieve un primitivo zodíaco que agrupa escenas de la vida campesina correspondientes a los doce meses del año.

zoea *f* (*Zool*) Forma larvaria de los crustáceos superiores. | Alvarado *Zoología* 45: La mayoría [de los crustáceos superiores] se desarrollan también con metamorfosis, pero la larva que sale del huevo es más complicada que la nauplius. Se llama zoea.

zoético -ca *adj* (*lit*) De (la) vida animal. | A. Macías *ASeg* 17.12.79, 2: Tú te mueves con instintos zoéticos por la oscura tramoya de la vida.

zofra[1] *f* (*reg*) Hacendera (prestación personal). | Berlanga *Gaznápira* 12: Cuando el alguacil mete baza, para contentar al Alcalde, preguntándole que si echa el bando haciendo saber que el lunes, al salir el sol, todo hombre en disposición está obligado a ir de zofra para arreglar el caminillo de la Cabezuela, vuelve el revoloteo de voces ahogadas.

zofra[2] *f* (*reg*) Correa que, apoyada en el sillín de la caballería, sostiene las varas del carro. | M. E. SSanz *Nar* 6.77, 31: Las caballerías que conducen estos carros iban ataviadas con los siguientes aparejos: 1. para el carro de yugo: collera, ventril. 2. para el carro de varas: bridón en la cabeza, .. zofra o barriguera.

zoidiócoro – zoofílico

zoidiócoro -ra *adj* (*Bot*) [Dispersión de las semillas] producida por los animales. | Ybarra-Cabetas *Ciencias* 281: La dispersión de los frutos se hace: o por el viento –dispersión anemócora–, como las sámaras del olmo, o por los animales –zoidiócora–.

zoidiógamo -ma *adj* (*Bot*) [Planta o flor] que se poliniza por medio de los animales. | Ybarra-Cabetas *Ciencias* 276: En el segundo caso –flores zoidiógamas– son generalmente los insectos los encargados del transporte.

zoilo *m* (*lit*) Crítico injusto y malintencionado. | An. Miguel *Abc* 15.11.68, 3: ¿Será posible alguna vez hacer comprender a todos los zoilos que el "¡No!" a la subversión y a la violencia no implica necesariamente el "¡Sí!" a la dictadura y a la injusticia?

zoleta *f* (*reg*) Azada pequeña. | Halcón *Manuela* 43: Sabe ese señor cómo se queda el cuerpo después de un día chascando con la zoleta remolacha.

zollipar *intr* (*raro*) Sollozar hipando. | Faner *Flor* 50: Le presentó a la viuda, que zollipaba bajo un velo negro.

zollipo *m* (*raro*) Sollozo con hipo. | Aldecoa *Cuentos* 2, 290: De vez en cuando un zollipo contenido hacía volver las cabezas de los que formaban el duelo hacia la escenografía funeral.

zombi I *m* **1** *En las creencias populares antillanas:* Espíritu sobrenatural que reanima a un cadáver. *Tb el cadáver reanimado. Frec se usa en constrs de sent comparativo para referirse a una pers que actúa como un autómata o como un sonámbulo.* | X. Domingo *Cam* 7.11.77, 93: Algo ha muerto, ciertamente. Todos parecen zombis, máscaras de un baile de la muerte medieval. Oliver *Relatos* 118: Un madero, con la porra en la mano, quiso sujetar al de la hoz, que iba como un zombi hacia el vecino.
II *adj invar* **2** De (los) zombis [1]. | J. M. Reverte *Méd* 20.11.87, 80: Aquí nos vamos a limitar al fenómeno zombi en la isla de Haití.

zombie (*ing; pronunc corriente, /θómbi/*) *m* Zombi. *Tb adj.* | Van 17.4.75, 59: Guionista y realizador le ofrecen una ensalada compuesta con ingredientes tales como un hombre lobo, varios zombies surgidos de ultratumba a una invocación budú [*sic*]. *Ya* 19.7.86, 44: Guillermo Arenas, que se metió en el coche del equipo como si fuera un "zombie", perdiendo prácticamente el conocimiento, se retiró después de haber sufrido una caída en la víspera. Torres *Ceguera* 191: Don Marcial (medio zombie): ¿Quién? ¿Qué?

zombismo *m* Fenómeno de los zombis. | J. M. Reverte *Méd* 20.11.87, 80: El zombismo se presenta especialmente en la isla de Haití, donde la religión más difundida es el vudú, pero también lo hay en África y en Oceanía.

zona[1] *f* **1** Extensión de espacio o de terreno caracterizada por determinadas circunstancias. | M. Calvo *MHi* 7.68, 16: La obtención de agua en un mundo de grandes zonas sedientas es otro de los objetivos.
2 Demarcación territorial. | Arenaza-Gastaminza *Historia* 303: Desde el principio se dividió España en dos zonas: la roja .. y la nacional. *Ya* 28.2.74, 13: En 1945 causó baja en el Arma de Infantería e ingresa en el cuerpo de la Guardia Civil .. Como general de brigada ha mandado la sexta y cuarta zona. **b) ~ verde.** Terreno urbano destinado a parques o arbolado. | Delibes *Mundos* 29: Las zonas verdes de Buenos Aires son una cosa muy seria; .. la hierba y los árboles .. constituyen un ornato natural. **c) ~ azul.** Sector urbano en que está limitado el tiempo de aparcamiento. | ILaguna *Ateneo* 48: ¿Quién cuenta los poetas? Surgen por doquier, papel en ristre, como vigilantes de la Zona Azul.
3 Parte de una superficie. | Corbella *Salud* 453: Una característica importante de la urticaria es la fugacidad de las lesiones. Los habones duran poco tiempo, apenas unas horas. Pero en cambio se repiten con gran facilidad en otros lugares, en zonas vecinas, y a veces durante largo tiempo. **b)** Parte de las cinco en que se considera dividida la superficie terrestre por los trópicos y los círculos polares. | Zubía *Geografía* 26: Cada zona tiene distinto clima, debido a la mayor o menor oblicuidad de los rayos solares. **c)** Parte de la superficie de la esfera, comprendida entre dos planos paralelos. | Marcos-Martínez *Matemáticas* 209: El área de una zona esférica es igual al producto de su altura por una circunferencia máxima.
4 (*Dep*) En determinados deportes de pelota: Parte del campo en que uno o más jugadores deben desarrollar su acción. | * El entrenador dispuso una defensa por zonas.

zona[2] *f* (*Med*) Herpes zóster. | * El herpes zóster, o zona, es consecuencia de una infección producida por el mismo virus causante de la varicela.

zonación *f* (*Ecol*) Distribución de la fauna y flora en zonas[1] [1]. | *Impreso* 1.88: El relieve produce variaciones en el clima que condicionan la distribución de la vegetación según la altitud. Esta zonación altitudinal se manifiesta en bandas estratificadas y es característica de cada región, dependiendo, además, del suelo, latitud, orientación, geografía, etcétera.

zonal *adj* De (la) zona[1], *esp* [2]. | *Inf* 30.10.70, 19: El déficit "funcional" de la ciudad se ha valorado en 47.000 millones de pesetas. Emisión de obligaciones y contribuciones zonales para financiación de los proyectos. * El entrenador prefirió la defensa zonal.

zonalmente *adv* En el aspecto zonal. | J. Vila *Faro* 2.8.75, 3: Una buena planificación .. hubiera preservado el paisaje, limitado y seleccionado la oferta, equilibrando el desarrollo zonalmente.

zonga *f* (*reg*) Comilona. | Berlanga *Gaznápira* 79: ¿Que hay que matar un cordero pa armar una buena zonga? Déjelo usted por cuenta de mi Cristóbal.

zonificación *f* Acción de zonificar. *Tb su efecto.* | A. Méndez *Abc* 19.12.70, 53: El gobernador civil de la provincia, en una reunión informativa celebrada para presentar la zonificación del polo [de desarrollo], .. ha manifestado. *DLe* 13.11.74, 9: Deficiencias en los planos (de zonificación, zonas verdes, redes varias, etc.) del Plan del 60.

zonificar *tr* Dividir [un terreno] en zonas[1] [2] con arreglo a su utilización. | Goytisolo *Recuento* 159: Pasaron al estudio de medidas prácticas y a distribuir el trabajo, la redacción y confección de octavillas ..; a zonificar la ciudad sobre el plano, señalar los puntos clave, calles, plazas, edificios, lugares especialmente concurridos.

zonzo -za *adj* Tonto o que aparenta serlo. *Tb n, referido a pers.* | G. Bartolomé *Ya* 24.12.88, 6: El ve las cosas como un paisajista y no con el mirar de relámpago de Guerra, .. el retraído de Almunia, el picarón y zonzo de Romero.

zoo *m* Parque zoológico. | Grosso *Capirote* 106: En la explanada del zoo reían los niños y sesteaban los soldados.

zooclorela *f* (*Bot*) Alga unicelular de color verde, que vive en simbiosis con animales acuáticos inferiores. | Alvarado *Zoología* 147: Simbiosis de ciertos animales con algas unicelulares. Se trata de la asociación de ciertas alguitas unicelulares, verdes o pardas, llamadas, respectivamente, zooclorelas y zooxantelas, con numerosos animales acuáticos inferiores: amebas .., celentéreos .., medusas, madréporas, etcétera.

zoócoro -ra *adj* (*Bot*) [Dispersión de las semillas] producida por animales. | Alvarado *Botánica* 52: La dispersión de los frutos puede ser: 1º, anemócora (por medio del viento) .., y 2º, zoócora (por intermedio de los animales), a cuyo fin tienen algunos frutos pelos ganchudos con los que se adhieren al pelo de los animales. La "carne" de tantos frutos es una adaptación a la dispersión zoócora por los animales frugívoros.

zoofilia *f* (*lit*) **1** Bestialidad o bestialismo. | J. Aldebarán *Tri* 24.4.71, 11: Poligamia o poliandria, ciertas formas de incesto .. Incluso la nueva zoofilia que trata de buscar ciertas claves del comportamiento humano en el comportamiento animal sirven para atacar el concepto occidental de matrimonio y familia.
2 Amor a los animales. | * Zoofilias y zoofobias son igualmente frecuentes.

zoofílico -ca *adj* (*lit*) **1** De (la) zoofilia. | * Comportamiento zoofílico.
2 Que siente zoofilia [2]. | Cabezas *Abc* 19.8.70, 35: Una señora trabajadora que todas las mañanas, a las ocho en punto, reúne, a su paso por la calle Mar de las Antillas, unos veinte gatos y algunos perros vagabundos, que allí esperan la pitanza de residuos alimenticios a que los ha acostumbrado la zoofílica señora.

zoofobia f (lit) Odio a los animales. | J. Rubio SAbc 15.3.70, 10: Es una subversión que elimina zoofobias antiguas y convierte en blasfemia contra el fuego creador la técnica de un salto desangelado.

zoógeno -na adj (E) De origen animal. | Ybarra-Cabetas Ciencias 82: Las calizas zoógenas. Entre las numerosas variedades existentes de caliza, hay muchas que patentizan su origen orgánico.

zoografía f (Zool) Parte de la zoología que tiene por objeto la descripción de los animales. | * Es un gran especialista en zoografía.

zoográfico -ca adj (Zool) De (la) zoografía. | SYa 25.5.74, 11: "El hombre y la Tierra" es un programa muy ambicioso, y para cubrirlo hemos tenido que dividir el mundo en grandes regiones z[o]ográficas. [En el texto, zográficas.]

zoógrafo -fa m y f (Zool) Especialista en zoografía. | Laín Ciencia 117: Entre los cultivadores de las disciplinas taxonómicas y descriptivas hay nombres relevantes. Así, .. los zoógrafos Graells, Bolívar, De Buen, Cabrera, Lozano y Boscá.

zoohormona f (Biol) Hormona animal. | Navarro Biología 32: Hay que distinguir dos tipos de hormonas, según su origen animal o vegetal: las zoohormonas y las fitohormonas.

zooide m (Zool) Individuo de una colonia de celentéreos. | Alvarado Zoología 146: En la mayoría de los demás celentéreos los individuos producidos por gemación no se aíslan del primero, sino que permanecen unidos a él. Así se forman las colonias de pólipos, cuyos miembros integrantes reciben el nombre de zooides.

zoolatría f (Rel) Culto a los animales. Frec fig. | SPaís 2 10.4.83, 8: Zoolatría .. Interesan bastante más las historias de animales que las historias de personas.

zoología f Rama de las ciencias naturales que tiene por objeto el estudio de los animales. | Artero Plantas 13: El reino animal lo forman los animales, seres naturales que sienten y se mueven; los estudia la Zoología.

zoológico -ca I adj 1 De (la) zoología. | Bustinza-Mascaró Ciencias 156: Todos los animales estudiados, desde la abeja hasta los mosquitos, se reúnen en un grupo zoológico, el más extenso de todos, denominado de los insectos.
II m 2 Parque zoológico (→ PARQUE). | Anson SAbc 20.4.69, 8: El safari turístico se realiza en los parques nacionales. Estos parques son como el clásico zoológico, pero al revés.

zoólogo -ga m y f Especialista en zoología. | Alvarado Anatomía 1: Los zoólogos han demostrado que la organización y la fisiología del hombre son, incluso en sus detalles, idénticas a la organización y fisiología de los animales superiores.

zoom (ing; pronunc corriente, /θum/ o /sum/; pl normal, ~s) m Objetivo fotográfico o cinematográfico que permite pasar de un plano general a un primer plano sin mover la cámara. | E. Corral Abc 24.4.66, 117: Nos gustó mucho la manera italiana de realizar estos acontecimientos. | El uso discreto del zoom permite hacer referencias de lejanía y aproximación muy oportunas. Ya 25.9.82, 33: Copiadoras--duplicadoras Kodak Ektaprint .. El panel de mandos, de muy fácil utilización, controla entre otras cosas la reducción variable mediante zoom y diagnostica automáticamente posibles errores o fallos.

zoomórfico -ca adj (lit) De forma de animal. | Angulo Arte 1, 271: Tiene su origen [la decoración germánica] en la talla en madera, y es zoomórfica ..; de animales intensamente estilizados y de cintas entrelazadas.

zoomorfo -fa adj (lit) De forma de animal. | R. Griñó HyV 1.75, 68: Los egipcios decidieron dispensar a sus dioses zoomorfo el mismo trato que a sus dioses humanos.

zoónimo m (Ling) Denominación de animal. | Rabanal Abc 12.3.75, 19: Si esa "Ursaria" de la mencionada cita, inspirada sin duda en la pareja totémica –un zoónimo y un fitónimo– "el oso y el madroño", hubiera prevalecido, en lugar de "Madrid" tendríamos por capital del Reino a "Osera".

zoonosis f (Med) Enfermedad transmitida al hombre por animales. | Nolla Salud 229: Las zoonosis transmisibles al hombre más importantes son la tuberculosis, el carbunco, la rabia.

zooplancton m (Biol) Plancton animal, constituido por pequeños crustáceos y larvas acuáticas. | Navarro Biología 295: Junto con el zooplancton se desarrolla un abundantísimo plancton vegetal o fitoplancton.

zoopsicología f (Zool) Psicología animal. | P. Arnaldo Act 3.12.70, 47: Se dedica plenamente a la Zoología en el seno del Servicio Nacional de Pesca Fluvial y Caza, especializándose en zoopsicología.

zoosemiótica f (Zool) Estudio de los sistemas de comunicación de los animales. | R. L. Ninyoles Tri 9.12.72, 30: Estas cuestiones [los signos usados por los animales] fueron consideradas ya como una especulación sin interés positivo, opinión que perduró hasta el actual desarrollo de la "zoosemiótica".

zoospora f (Bot) Espora dotada de órganos filiformes a modo de flagelos, que le sirven para desplazarse. | Alvarado Botánica 60: Clorofíceas. Algas de color verde puro que se reproducen por zoosporas o por gametos, de los cuales uno por lo menos es móvil mediante flagelos.

zootecnia f (Zool) Estudio científico de la cría de los animales domésticos. | Ybarra-Cabetas Ciencias 429: Es a los animales que han alcanzado este último grado [domesticación] a los que dedica atención preferente la Zootecnia.

zootécnicamente adv (Zool) En el aspecto zootécnico. | Abc 15.11.68, 71: El incesante auge de esa rama ganadera, la influencia de las importaciones de aves selectas .. han requerido, por otra parte, la promulgación de un nuevo código legislativo .. al objeto de normalizar, sanitaria y zootécnicamente, a la luz de la experiencia adquirida, uno de los sectores más importantes de la riqueza pecuaria nacional.

zootécnico -ca (Zool) I adj 1 De (la) zootecnia. | Abc 6.1.68, 52: Ha publicado, entre otros trabajos, .. "Panorama zootécnico de la provincia de Cáceres". Ybarra-Cabetas Ciencias 432: De todo esto se desprende la importancia del estudio de la alimentación, que en Zootecnia se trata bajo el título de Bromatología zootécnica.
II m y f 2 Especialista en zootecnia. | M. Calvo SYa 27.4.75, 43: Existen 199.000 mujeres agrónomas, zootécnicas y veterinarias diplomadas de los institutos superiores.

zootecnista m y f (Zool) Zootécnico [2]. | Van 20.3.75, 54: Es útil para los agrónomos, veterinarios, zootecnistas, biólogos, forrajicultores, botánicos.

zoótropo (tb **zootropo**) m (hist) Aparato que al girar produce la ilusión de que se mueven las figuras dibujadas en él. | Abc Extra 12.62, 79: Nosotros, de pequeños, jugábamos todavía con los zootropos, como sombreros de copa con mirillas, donde había un galgo que no se cansaba de saltar.

zooxantela f (Bot) Alga unicelular de color pardo, que vive en simbiosis con animales acuáticos inferiores. | Navarro Biología 277: Muchos animales presentan coloraciones especiales debidas a la presencia en su interior de algas unicelulares de color amarillo verde, denominándose, respectivamente, zooxantelas y zooclorelas.

zopenco -ca adj (col) [Pers.] bruta o de pocos alcances. Frec n. | M. Ors Pue 8.3.74, 19: Los hijos estudiosos dan alegrías a sus padres, pero que no hablen de esos hijos lumbreras a padres con hijos zopencos. DCañabate Paseíllo 135: Se quejan ustedes de vicio, porque estaban acostumbradas a las zopencas que no hacían más que arrimar el hombro por treinta reales al mes, pero de esas ya no nacen.

zopetero m (reg) Porción de tierra en declive. | NAl 5.6.82, 20: Me mató una cosechadora a un hijo de veinticinco años, y otro se cayó por un zopetero con el tractor, le hizo un agujero en la sien, y ha perdido la vista.

zopilote m Aura (ave). | Muñiz Inf 19.3.75, 17: Por Taxco pasan los turistas como a desbandadas, zopilotes que llegan sobre ruedas.

zopo -pa *adj* (*raro*) **1** [Pie o mano] torcidos o contrahechos. | GPavón *Rapto* 15: Quedó parado [el gorrión] sobre las patillas zopas.
2 Que tiene los pies o las manos torcidos. | Espinosa *Escuela* 264: Gritó mientras le arrastraban: –¡Vientre blando!, ¡panza gris!, ¡miserable zopo!, ¡ahórcame!, pues no quiero dejar esta puerca Gobernación.

zoque *m* (*reg*) Variedad de gazpacho. | J. C. Luna *Abc* 26.6.58, 8: El gazpacho del Diccionario .. es el ínfimo .. De esta enaguachada ensaladilla, al zoque, pimentón, salmorejo, ajoblanco, etc. –gazpachos todos–, hay la misma diferencia que de un párvulo que sabe sumar a un Capítulo de Doctores en Teología y Cánones. Delgado *SPaís* 26.7.87, 43: El descubrimiento de América aportó al gazpacho dos ingredientes básicos: el tomate y el pimiento. Nacen la porra fría antequerana; el zoque malagueño.

zoqueta *f* Pieza de madera, a modo de guante, con que el segador resguarda del corte de la hoz los dedos de la mano izquierda. | S. Araúz *Inf* 16.11.74, 17: Llegada la época de la recolección, segaba a mano, espiga por espiga, abrazando la mies entre la hoz y la zoqueta.

zoquete *m* **1** Pedazo grueso [de pan]. | Lera *Boda* 670: Se veían chicos comiendo zoquetes de pan, pringados de aceite.
2 (*col*) Pers. bruta o de pocos alcances. Tb *adj*. | Laforet *Mujer* 185: El niño de Amalia, el tal Juliancín, era un zoquete. Goytisolo *Recuento* 261: No seas zoquete, es una locura, una verdadera locura.
3 (*reg*) Pieza de madera que sirve de freno en el carro. | Gerardo *NAl* 6.10.89, 15: Y el acarreo y el carro y el varal y el cuvo, el sebo, la vara, la lanza, la tralla, el zoquete y el cabezal.

zoquetero -ra *adj* (*raro*) Que anda recogiendo zoquetes o mendrugos de pan. Tb *n*. | Cela *Viaje andaluz* 33: Un fraile choricero, viejo ya en las suertes del vagabundaje, andarríos barbudo y como Dios manda, zoquetero de zurrón de cabrito y pata de palo de enebro, se comía un tomate.

zoquetudo -da *adj* (*raro*) Basto y mal hecho. *Usado a veces como insulto*. | Gala *Cítaras* 507: –Anoche fui... –Que la dejes y cantes, ¡zoquetudo!

zorcico (tb con la grafía **zortzico**) *m* Composición musical popular del País Vasco, en compás de cinco por ocho. Tb la letra y el baile que la acompañan. | DPlaja *El español* 67: Los españoles cantan normalmente a coro y bailan en grupos la muñeira gallega, la sardana catalana, el zorcico vasco. Zubía *España* 225: Cantos y Danzas. Cada región tiene los suyos. Cataluña, la sardana. Vasconia, el zortzico y el aurrezku [sic].

zoritano -na *adj* De Zorita de los Canes (Guadalajara). Tb *n* referido a pers. | J. Serrano *NAl* 4.9.82, 16: La colosal pilastra de sillería .. que los zoritanos conocen por "el poste".

zoriteño -ña *adj* De Zorita (Cáceres). Tb *n*, referido a pers. | *Hoy* 13.3.75, 17: Gran animación por las calles zoriteñas el pasado domingo con motivo del talleo de los quintos pertenecientes al reemplazo de 1975.

zoroastra *adj* (*Rel*) Zoroástrico. | Angulo *Arte* 1, 454: Sus proporciones cuadradas [del salón de la mezquita persa] y sus tres vanos reales o ciegos de cada frente .. lo relacionan con el templo zoroastra del fuego y con los signos zodiacales.

zoroastriano -na *adj* (*Rel*) Zoroástrico. Tb *n*, referido a pers. | L. Rojas *Abc* 19.11.64, sn: Con sus trescientos diez millones de hinduistas y el resto de su población repartida entre budistas .., zoroastrianos y otras sectas.

zoroástrico -ca *adj* (*Rel*) Del zoroastrismo. | * La religión zoroástrica es poco conocida entre nosotros. **b)** Adepto al zoroastrismo. Tb *n*. | *Abc* 27.2.75, 29: Si don José Luis Cebrián fuese un zoroástrico o un mormón, ¿habría por ese mero hecho dejado de alcanzar en la profesión periodística el puesto que hoy tiene?

zoroastrismo *m* (*Rel*) Religión fundada por Zoroastro o Zaratustra, que afirma la existencia de dos principios divinos, uno bueno y otro malo. | Anson *Oriente* 35: El zoroastrismo y el judaísmo no se contradicen.

zorongo *m* Se da este *n* a cierto baile andaluz y canario. Tb la música y la letra que lo acompañan. | Torrente *SInf* 16.12.76, 12: Escuchamos el piano flamenco de Pepe Romero, de cuyas adaptaciones me gusta sobremanera el zorongo gitano. Casares *Música* 181: Otros cantos populares [de Canarias] son ya de origen peninsular, como las seguidillas, folías y zorongo. J. Carabias *Ya* 8.4.75, 8: Tras la "Seguidilla" de Lope de Vega cantó –esta vez en francés– un antiquísimo poema persa descubierto por ella en Teherán. Después, el zorongo gitano de García Lorca, del que solo tomó la letra. La música la cambió por la que ella misma compone.

zorra¹ → ZORRO.

zorra² *f* (*reg*) **1** Carro bajo de dos ruedas capaz de transportar pesos grandes. | Lorenzo *SAbc* 22.9.74, 11: Ha ido cargando las carretas de yunta de paso lento y tiro poderoso; las zorras, de solo dos ruedas, caja rasa y alargada, basculante, sin varal, para el árbol a descuajo.
2 Grúa de automóviles. | *Ale* 19.8.82, 2: Francisco Pérez Muñoz denunció a la zorra municipal por llevarse indebidamente su vehículo, aparcado frente a la estación de Renfe.

zorrastrón *m* (*col, desp*) Zorra¹ (→ ZORRO [2 y 5]). | Cela *SCamilo* 365: –¿A cuántos te has tirado en la plaza, zorrastrón? – Bella Turquesa no se tiró a nadie en la plaza pero ni rechista.

zorrazo *m* Golpe dado con los zorros (instrumento para sacudir el polvo). | Mihura *Modas* 46: Entre los zorrazos que da su mujer para hacer lo que ella dice la limpieza, y los ronquidos que da usted, en esta casa no hay quien duerma.

zorrear A *intr* **1** Cazar zorras¹ (→ ZORRO [4]). | Delibes *Castilla* 37: Es hombre .. que, como suele decirse, hace a pelo y a pluma. En los asuetos, pesca las cuatro truchas que cada año se despistan, sorprende al azulón en los restañas, al amparo de los negrillos, zorrea en la maleza del soto o busca la liebre en su encame.
B *tr* **2** (*col, raro*) Tener trato carnal [con una zorra¹ (→ ZORRO [2 y 5])]. | Aldecoa *Gran Sol* 137: En el rancho de proa de los dos Quiroga –el de la hembra que salió un zorrón, el que la zorreó de cuñado– envidaban a las mujeres, chica el habla, largo el gesto, pronto el farol.

zorrería *f* (*col*) **1** Cualidad de zorro [1]. | Berlanga *Acá* 72: Había heredado Anastasio de su padre la labia, la zorrería, el don para el negocio.
2 Acción propia de una pers. zorra¹ (→ ZORRO [1]). | CPuche *Paralelo* 372: Seguro que había sido una zorrería suya para defenderle a él, pero para asegurarse para más tarde una revancha digna.

zorrero -ra I *adj* **1** De (la) zorra¹ (→ ZORRO [4]). | Berenguer *Mundo* 62: Puso cepos zorreros con un arenque de carnada. **b)** [Perro] utilizado en la caza de zorras¹ (→ ZORRO [4]). Tb *n m*. | Delibes *Santos* 11: El Azarías se cuidaba de los perros, del perdiguero y del setter, y de los tres zorreros.
2 De zorro [1]. | Peraile *Cuentos* 47: Me miran furtivos. La partida gitanea los envites, frasea, huele los vientos contrarios, calcula con intuitivas matemáticas zorreras.
II *n* **A** *m* **3** Cazador de zorras¹ (→ ZORRO [4]). | Moreno *Galería* 222: El producto limosnero constituía el premio para el pastor cazador, el improvisado zorrero.
B *f* **4** Madriguera de zorra¹ (→ ZORRO [4]). | Berenguer *Mundo* 62: Por la noche me fui para la casa y estuve acechando las higueras, y por allí no aportó gandano alguno. Yo me preguntaba ¿dónde tendrá la zorrera?
5 (*reg*) Cartucho cargado de postas para la caza de la zorra¹ (→ ZORRO [4]). | CBonald *Noche* 252: Se escucharon lo que debían ser dos disparos de zorrera por la parte de las lomas.
6 (*reg*) Humareda. | GPavón *Rapto* 228: Pues claro que hay humo. Menuda zorrera.

zorrino *m* Piel de pelo largo y sedoso, negro con franjas y manchas blancas, perteneciente a un mamífero carnívoro africano semejante a la mofeta (gén. *Zorrilla*). | ZVicente *Mesa* 208: Ya tengo rozadas las carteras, y el cuello no te digo nada, pelechones, me dijeron que era zorrino, pero sí, sí, conejo y va que chuta.

zorro -rra I *adj* (*col*) **1** Astuto o taimado. Tb *n*. | Delibes *Emigrante* 13: Sin necesidad de ir a lo zorro, uno nunca se confía del todo a los demás. Medio *Bibiana* 259: De modo que este zorro lo sabía, y ¡tan tranquilo! J. M. HPerpiñá *Zar* 27.1.69, 17: Un preparador, viejo zorro, le rompió la nariz de un puñetazo.

2 (*desp*) [Mujer] deshonesta en lo relativo a la moral sexual. *Tb n. Más o menos vacío de significado, se usa frec como insulto*. | Cela *SCamilo* 136: Le suelen durar poco los queridos, es guapa sí, y más zorra que nadie. MSantos *Tiempo* 45: Ella, la muy zorra, poniendo cara de susto y mirando para mí. Olmo *Ayer* 255: –¿Te has enterado? –Sí, hombre. ¡Pobre chica! ¡La madre es una zorra!

3 *Se usa con intención enfática para reforzar una negación en la constr* (NI) ZORRA IDEA. | * No tengo zorra idea de lo que dices.

II *n* **A** *f* **4** Mamífero carnicero de mediano tamaño, hocico y orejas puntiagudos, ojos oblicuos y pelaje pardo rojizo, que suele atacar a las aves de corral (*Vulpes vulpes*). *También designa solamente la hembra de esta especie*. | Olmo *Golfos* 177: Montes, tan grandes, que tienen lobos y zorras. Moreno *Galería* 221: Urraca o picaraza: un real; .. garduña: seis reales; zorro: cuatro pesetas; zorra: cinco pesetas; águila: siete pesetas.

5 (*col, desp*) Ramera. | Cela *Izas* 63: Una habitación vacía es difícil que la llenen la zorra flaca y el cabrito de turno.

6 (*col, raro*) Borrachera. | * ¡Vaya zorra que has cogido!

B *m* **7** *Se da este n al animal de la especie Vulpes vulpes y a otras semejantes. Frec con un adj o compl especificador:* AZUL, ÁRTICO, PLATEADO, DE LAS PAMPAS. *Tb designa solo el macho de estas especies*. | Noval *Fauna* 39: De todos los depredadores, el más popular es, sin duda, en estos momentos, el Zorro (*Vulpes vulpes*). Moreno *Galería* 221: Urraca o picaraza: un real; .. garduña: seis reales; zorro: cuatro pesetas; zorra: cinco pesetas; águila: siete pesetas. **b)** Piel de zorro. | *Prospecto* 12.85, 30: El Corte Inglés .. Chaquetón de zorro blue, espiga. P.V.P. 175.000 pts. .. Chaquetón de zorro rojo irlandés. P.V.P. 217.000 pts.

zorromoco *m* (*reg*) Hombre que en el baile va disfrazado y actúa ridículamente. | *Santander* 81: Es graciosa y singular la intervención del elemento buf[o]nesco o zorromoco, con sus grotescos adornos.

zorrón -na I *adj* **1** (*col*) Zorro [1]. *Tb n*. | Moreno *Galería* 223: Cuando tú vayas, ya estará de vuelta el zorrón del Santiago.

II *m* **2** (*col, desp*) Zorra¹ (→ ZORRO [2 y 5]). | Montero *Reina* 48: Gorjeaba y se removía en su banqueta .. con los ojos encendidos por la lumbre aguada de la ginebra, vestida y maquillada como si fuera un zorrón.

zorros *m pl* Instrumento formado por una serie de tiras de tejido o piel unidas a un mango y que sirve para sacudir el polvo. | *Economía* 22: Se limpiará el polvo de los muebles con paños de gamuza .., y se prescindirá, en lo posible, de zorros o plumeros, que no hacen sino que levantarlo de un sitio y llevarlo a otro. **b)** *Se usa frec en constrs de sent comparativo para referirse a una prenda desgarrada o con jirones.* | *Abc* 25.2.58, 56: Se levantó con el vestido hecho unos zorros, se fue hacia el enemigo, le pegó un estoconazo entero, de través, y descabelló certeramente. **c)** *Se usa frec en constrs de sent comparativo para referirse a una pers desmadejada o destrozada físicamente o fig, más raro, moralmente.* | Delibes *Hoja* 22: La Marce trabajaba como una burra y entre esto y los pies planos terminaba la jornada como unos zorros. Torrente *Pascua* 420: El dolor del labio le resultaba especialmente agudo, y sentía hincharse la carne. Escupió sangre y comprobó con la lengua que un diente se movía. "Pues me ha dejado hecho unos zorros."

zorruno -na *adj* (*col*) Astuto. | Berlanga *Gaznápira* 98: Al final, y tras tu tira y afloja de rigor, zorrunos y parsimoniosos, convinieron en mantener las limosnas. Goytisolo *Recuento* 453: Ese adolescente cuyo estático narcisismo, sabiamente trabajado por la zorruna experiencia de un pederasta, se ve abocado irremediablemente .. a los hechos.

zorrupia *f* (*col, humoríst*) Zorra¹ (→ ZORRO [2 y 5]). | Montero *HLM* 4.12.78, 3: El aborto era ya difícil desde antes, ha sido penoso desde siempre, aunque los sobrios defensores de maternidades ajenas tengan la peregrina idea de que las mujeres que desean la legalización son algo zorrupias e inconscientes. Torrente *Pascua* 437: La cosa fue bien pensada por esa zorrupia de Clara con la complicidad de Cayetano, que andaba muy mosca porque la gente hablaba de ella.

zortzico → ZORCICO.

zorza *f* (*reg*) Carne picada y adobada para hacer chorizo. | Cunqueiro *Sáb* 1.10.77, 31: El gallego .., a la hora de un lacón con grelos, de una empanada, de un buen cocido, de la zorza y de la lamprea, se tira al tinto.

zorzal *m Se da este n a varios pájaros del gén Turdus, esp T. philomelos, de cuerpo robusto, pico recto y plumaje pardo. También se da este n a otras especies de los géns Catharus y Zoothera. Frec con un adj especificador:* ALIRROJO, CHARLO, REAL, *etc.* | Hoyo *Caza* 37: Vamos espantando pájaros: algún zorzal, de pico largo y curioso, y multitud de avecillas del monte. Noval *Fauna* 308: A partir de octubre compite en campos y zonas cultivadas con el Zorzal alirrojo (*Turdus iliacus*) .. También a partir de noviembre se ve abundante por las pumaradas y en los campos la *Paniega* o Zorzal real (*Turdus pilaris*). Noval *Fauna* 227: Casi se puede asegurar que el Zorzal charlo (*Turdus viscivorus*) sustituye en los bosques de la montaña asturiana al *Malvís* o Zorzal común.

zorzaleño -ña *adj* [Variedad de aceituna] pequeña y redonda. | *Ya* 27.11.74, 43: La técnica de reconversión varietal por injerto se utiliza fundamentalmente en las zonas olivareras de Andalucía y Extremadura, .. utilizándose como patrón las variedades más idóneas existentes en cada comarca, tales como la zorzaleña para gordal, la verdial para la manzanilla.

zosquín *m* (*raro*) Golpe dado de soslayo. | Buero *Irene* 58: ¡Víbora! (Le da a Aurelia un zosquín en la cabeza.)

zóster. herpes ~ → HERPES.

zotal (*n comercial registrado*) *m* Producto usado esp. para desinfectar determinados lugares muy frecuentados por perss. o por ganado. | Cela *SCamilo* 422: En el retrete de caballeros del bar Zaragoza huele a zotal.

zote *adj* Torpe o ignorante. *Tb n*. | Laiglesia *Ombligos* 63: El último en elegir fue el más zote de la clase. ZVicente *Traque* 197: Quizá aquí haya algún decorador que no sea un patán del todo. ¿No se casó tu amiga, la zote esa de Logroño, con uno?

zozobra *f* **1** Inquietud del ánimo. | MGaite *Fragmentos* 37: Jaime se miraba las rodillas cruzadas. Cada exabrupto de su amigo le hundía progresivamente en un pozo de solitaria zozobra.

2 Acción de zozobrar. | *Sur* 7.2.88, 27: Un fallo en la oper[a]ción originó la zozobra del barco a unas seis millas de Melilla.

zozobrante *adj* Que zozobra. | Sánchez *Pról. Quijote* 14: Sus validos o privados [de Felipe III], que buscan arbitrios o soluciones más o menos estrafalarias para sanear el empobrecido erario público y llevar a buen puerto la zozobrante nave del Estado.

zozobrar *intr* **1** Hundirse [una embarcación]. | *Abc* 16.12.75, 65: Una fuerte galerna desatada en el Cantábrico y en el Atlántico .. ha motivado que numerosas embarcaciones se hundiesen, entre ellas, la del carguero español "Cala Gran" que, con una dotación de ocho hombres, zozobró frente a Estaca de Vares, pereciendo, al parecer, todos sus tripulantes.

2 Fracasar o frustrarse [algo]. | *Sáb* 10.9.66, 39: Dicen que por su culpa zozobró el idilio enhebrado entre James Dean y Natalie a raíz de la filmación en 1955 de "Rebelde sin causa".

zuavo I *m* **1** (*hist*) Soldado argelino de infantería, al servicio de Francia. | * Los zuavos fueron creados en 1830.

II *adj* **2** [Pantalón] corto, ancho y ajustado debajo de la rodilla, propio de los zuavos [1]. | M. R. GVegas *Abc* 24.10.70, 63: El pantalón clásico .. sigue de actualidad; eso sí, proliferan los de tipo gaucho, eslavo, campero y zuavo.

zubia *f* (*reg*) Lugar por donde corre mucha agua. | J. Cienfuegos *Hoy Extra* 12.69, 3: Represar las aguas que arrastran las margas y encauzarlas por las zubias para que fecunden las tierras.

zueca *f* (*reg*) **1** Zueco [1]. | Torrente *Señor* 121: El mantón negro, mojado de la lluvia, le cubría la cabeza, los

zueco – zumbonamente

hombros y la espalda. De un brazo, colgado, traía un canastillo de mimbre .. Desapareció rápidamente; sus zuecas resonaron sobre el linóleum del pasillo.
2 Tocón (parte del tronco de un árbol que queda unida a la raíz al cortar este). | *Ya* 8.9.86, 15: La Consejería de Agricultura y Ganadería recomienda a los agricultores afectados la eliminación de las partes secas, con destrucción de la madera por el fuego, aunque en muchos casos haya también que eliminar el tronco principal para conducir los nuevos brotes que salen de las zuecas del árbol.

zueco *m* **1** Zapato rústico de madera de una pieza. | Laiglesia *Tachado* 29: ¡Cuántos fuegos se han prendido con unos pesados zuecos holandeses procedentes de un viajecito de estudios!
2 Zapato cerrado hasta el empeine y sin talón. | *Ale* 10.8.78, 8: Sandalias, zuecos, zapatos... desde 495 pesetas. Calzados Gaspar.

zuela *f (reg)* Azuela. | MCalero *Usos* 40: Le daban más labor variando la asentadera con un ajuste de vilorta y cuñas, por medio de zuelas.

zufra *f (reg)* Correa que, apoyada en el sillín de la caballería, sostiene las varas del carro. | MCalero *Usos* 18: Tenían cabezadas y bridones. Collerones y colleras. Sillines, zufras y barrigueras.

zulaque *m* Masa de estopa, cal y aceite, usada esp. para tapar juntas de cañerías. | *Hacerlo* 61: Son precisos: un martillo pequeño, clavos sin cabeza, una rasqueta pequeña, masilla (zulaque de vidriero) y un diamante.

zulla *f* Planta herbácea leguminosa de flores purpúreas, muy cultivada para forraje y abono (*Hedysarum coronarium*). | Bustinza-Mascaró *Ciencias* 220: Entre las muchas plantas forrajeras pueden citarse: las papilionáceas (alfalfa, trébol, esparceta, zulla, veza), las gramíneas (centeno, avena). Cuevas *Finca* 15: La yeguada del Mayorazgo .. pace, muy cerca del carril, la zulla y las lenguas de oveja de la ería.

zullenco -ca *adj (col, raro)* Que ventosea o defeca con frecuencia e incontinencia. | Cela *Mazurca* 177: Don Mariano Vilobal, el cura zullenco, se cayó del campanario y se desnucó .., don Mariano, cuando iba por el aire, se tiró el último pedo de su vida.

zullirse *(conjug 53) intr pr (reg)* Hacerse [alguien] sus necesidades. | Campmany *Abc* 26.2.93, 25: Es lógico que don Felipe González se zulla de miedo a medida que se le eche encima la fecha del debate para el estado de la nación.

zullón -na *(col, raro)* **I** *adj* **1** Que ventosea con frecuencia. | Espinosa *Escuela* 103: –No me preocupan tus costumbres. –Y bien que haces, zullón.
II *m* **2** V̇entosidad sin ruido. | Cela *Inf* 3.9.76, 14: La leve pluma o el follón o el zullón del silencio, al igual que el cuesco ruidoso del señor de la Torre de Juan Abad, son un derecho inalienable de la persona.

zulo *m* Agujero excavado en tierra para esconder algo que se oculta a la policía. | A. Lumbreras *Abc* 5.4.86, 23: María Jesús Muro Aguirre, detenida en la localidad de Villar de Álava, a unos diez kilómetros de Logroño, donde también se ha descubierto un "zulo", se encuentra en la actualidad en la Comandancia de la Guardia Civil de Pamplona y se le ha aplicado la legislación vigente en materia de bandas armadas. *Ya* 15.2.86, 43: El botín del robo al Hispano está enterrado en un "zulo" de Italia. *Ya* 13.12.86, 46: "Zulo" de heroína en el camposanto.

zulú *adj* **1** [Individuo] de un pueblo de raza negra que habita en el sudeste de África. *Tb n.* | *CoE* 26.8.76, 1: Miembros de la comunidad de los zulús tuvieron un feroz enfrentamiento con otros grupos de la comunidad negra [en Soweto, Sudáfrica]. I. Montejano *SArr* 27.9.70, 27: Entre sus instalaciones podemos citar la imprenta, donde se hace el periódico de los zulúes.
2 *(col)* Bárbaro o salvaje. *Tb n, referido a pers. Frec como insulto.* | * No seas zulú.

zumaque *m* **1** Arbusto propio de la región mediterránea, cuyas hojas, ricas en tanino, se usan como curtiente (gén. *Rhus*, esp. *R. coriaria*). | *BOE* 2.6.69, 8583: Se sacan a la venta en pública subasta y por segunda vez las siguientes fincas: A) Pieza de tierra sita en término de Castellvell, partida de Puig del Águila; viña, avellanos, olivos, algarrobos, zumaque y regadío.
2 *(raro)* Vino. | Faner *Flor* 109: Anochecía cuando se encontró con un caballero franco, el conde de Laclermeille, que había abandonado la fortificación. Le convidó a zumaque en la taberna de Diodor.

zumba *f* **1** *(col)* Actitud burlona. | Delibes *Año* 95: Eva Jardiel .. conserva la zumba de su padre.
2 *(reg)* Cencerro, esp. el grande que lleva la caballería delantera de una recua, o el buey que hace de cabestro. | Gerardo *NAl* 6.10.89, 15: Y el avío: los arreos, campanillas o zumbas, a dar agua al pilón –pilarejo– pilar y una hora de camino y a apencar "pa to el día".

zumbador -ra I *adj* **1** Que zumba [1]. | Chamorro *Sin raíces* 44: Agustín se bronceaba con la cercana compañía de aceiteros azules de alas transparentes, mosquitos zumbadores.
II *m* **2** Aparato eléctrico de aviso o de llamada, que produce un zumbido. | Torrente *Off-side* 37: Se oye el zumbador. María Dolores .. sale al vestíbulo y abre. Torrente *Off-side* 75: Suena el zumbador del dictáfono.

zumbante *adj (lit)* Que zumba [1]. | Matute *Memoria* 85: La alcaldesa bullía igual que un moscardón zumbante.

zumbar A *intr* ➤ **a** *normal* **1** Producir zumbido. | Arce *Testamento* 16: Zumbaban por allí dos moscardones metálicos.
2 Sentir [alguien (*ci*)] zumbido [en los oídos (*suj*)]. | Laforet *Mujer* 88: Los oídos empezaron a zumbarle.
3 *(col)* Darse mucha prisa. *Frec en la constr* SALIR ZUMBANDO. | Olmo *Golfos* 111: Un poco más y habría que levantarse y salir zumbando.
4 *(col)* Estar sumamente cerca [de alguien o algo (*ci*)]. *En la constr* PASAR ZUMBANDO. | * La piedra le pasó zumbando.
➤ **b** *pr* **5** *(col)* Volverse loco. *Frec en part.* | Tomás *Orilla* 108: –¿Y por qué lía esa porcata por teléfono? –Está zumbao. –Yo creo que no hay que hacerle mucho caso .. –Ya te lo he dicho: está majarín perdido.
B *tr* ➤ **a** *normal* **6** *(col)* Golpear [a alguien]. *Tb fig.* | Romero *Ya* 15.10.67, 4: Guarner, si no nos damos prisa, en menos de media hora los tenemos a la puerta. Y los demás cuarteles también nos mandarán a su gente para zumbarnos. **b)** ~ **la badana,** ~ **la pandereta** → BADANA, PANDERETA.
➤ **b** *pr* **7** *(vulg)* Poseer sexualmente. | Goytisolo *Recuento* 340: Empezó ya, con ascuas en los ojos, como suele decirse, y las nerviosas manos en los bolsillos, a repasar el resto de las presentes .. Sin renunciar a follarse a una, a jodérsela, picársela, zumbársela, tirársela, calzársela, c[e]pillársela, apalancársela. Sampedro *Sonrisa* 272: Yo me zumbé mi primera cabra a los doce años.
8 ~**sela.** *(vulg)* Masturbarse [el hombre]. | * Le pillaron zumbándosela.

zumbido *m* Ruido continuado y bronco. | Laforet *Mujer* 80: Entraba el zumbido de los moscardones. *Tri* 5.12.70, 3: Cuando sienta el zumbido de sus 110 caballos [del coche], sabrá por qué se lo decimos.

zumbir *intr (raro)* Zumbar [1]. | Espinosa *Escuela* 477: Comenzó a decir espontáneo: Azenaia, instante originario, .. planicies y bosques, zumbir de los insectos.

zumbo *m (raro)* Zumbido. | Cela *Viaje andaluz* 170: Se escucha, en medio del silencio, la canción –casi de hombre– de la rana, el brinco –más que de mozo– del pez que adivinó al mosquito de los agudos zumbos.

zumbón -na *adj* **1** *(col)* Burlón. | SFerlosio *Jarama* 186: –¿Para siempre ya? .. –Para toda la vida –dijo en tono zumbón.
2 [Cencerro] grande al que gralm. se pone un aditamento en la boca para que suene más. *Tb n.* | Arce *Testamento* 27: Nuestras vacas tenían un gran cencerro zumbón al cuello. MCalero *Usos* 66: Seis cabestros iguales de capa. Berrendos en colorao, con grandes cencerros y zumbones.

zumbonamente *adv* De manera zumbona [1]. | A. Villanueva *Abc* 8.6.71, 19: Le preguntó qué pasaba, a lo que contestó, amable y casi zumbonamente, "que la costumbre en Irlanda era no salir de pesca hasta las once de la mañana".

zumo *m* **1** Jugo [de frutas o vegetales]. | Medio *Bibiana* 228: Sopesándolas con la mano [las naranjas], a ver si tienen zumo o si están secas, va echándolas en el cestillo. CBonald *Ágata* 227: Juansegundo llevaba uncido a un horcón el capacho .. con el frasco para verter el zumo de la flor.
2 (*col*) Bebida alcohólica. | Oliver *Relatos* 71: Mi amigo, algo colocado con tanto zumo.

zumoso -sa *adj* Que tiene zumo [1]. *Frec* (*lit*) *fig*. | GPavón *Rapto* 28: Aquella carne tan morena y tan prieta, tan zumosa, a la hora de dar de sí, sería como una montaña después de la tormenta.

zuncho *m* Abrazadera que sirve para unir sólidamente dos piezas. | J. A. Padrón *Día* 23.9.75, 12: A excepción de la nueva contraseña y colores de la chimenea –amarilla y con zuncho negro en el coronamiento– nada cambió en la rutinaria vida marinera del petrolero. *BOE* 29.7.77, 16953: La cimentación [de la nave] está realizada con zapatas de hormigón de trescientos kilogramos, cuyas medidas son .. tres y medio metros por cuatro y medio metros por dos metros, para los pilares centrales, unidos entre sí por un zuncho de hormigón armado de doscientos cincuenta kilogramos.

zuñi *adj* [Individuo] de un pueblo indígena americano del oeste de Nuevo Méjico. *Tb n*. | A. Escohotado *País* 30.5.85, 12: Comentado el (por contrapartida) muy benigno proceso de brujería a un adolescente zuñi, ya Lévi-Strauss vio perfectamente que este tipo de acusaciones tiende siempre a promover un consenso simbólico entre los miembros de cierto grupo.

zurano -na *adj* [Paloma] zurita. *Tb n m o, más frec, f*. | Cela *Judíos* 28: Se queda mirando cómo se persiguen dos palomas zuranas. Cela *Pirineo* 115: El viajero, aquella noche, durmió en Espot, .. y el día siguiente le amaneció, igual que a una zurana vagabunda, otra vez a orillas del Noguera Pallaresa.

zurcido *m* Acción de zurcir [1]. *Tb su efecto*. | DPlaja *El español* 91: ¿Quién sabe lo que hay debajo [de la capa], qué zurcidos, coderas gastadas, camisas rozadas? SRobles *Pról. Teatro 1964* 13: Alejandro Casona .. ha tenido dos aciertos en esta obra: no apartar la comedia de la auténtica realidad de Quevedo y entreverar su prosa con la magnífica del autor genial de El Buscón..., sin que ni los oídos más alertas de los más eruditos espectadores acierten a descubrir el soberano zurcido.

zurcidor -ra *m y f* Pers. que zurce [1]. | ZVicente *Traque* 85: Y encima el perrito .. Pero me ha roto la pernera. Ya veremos qué dicen en casa, que por Santa Catalina se murió la última zurcidora que quedaba en el pueblo.

zurcimiento *m* (*raro*) Zurcido. | Aldecoa *Cuentos* 1, 147: Desde el omoplato derecho hasta la cintura le culebreaba una cicatriz blancuzca, con relieves de zurcimiento malo.

zurcir *tr* **1** Coser [un roto o la prenda en que está] pasando alternativamente el hilo en ambos sentidos a fin de imitar el tejido. *Tb fig*. | Laforet *Mujer* 64: No le gustaba .. pasarse el día .. pensando en el precio de lentejas y judías al por mayor. Zurcir .. enormes pilas de ropa vieja. L. Calvo *SAbc* 26.4.70, 21: Las imprentas desembuchan libros de historia y de ficción. Las productoras cinematográficas zurcen películas kilométricas.
2 (*col*) Someter [a alguien] a un castigo o daño. | Aldecoa *Cuentos* 1, 142: –De aquí en adelante habrá que proveer un sistema de multas más duras para los que se hagan aguas en las rinconadas. –Sí, señor alcalde. –Al primero que le pesques al arrimo de una tapia, no lo zurces. Lázaro *JZorra* 55: Los de Arévalo .. están perdiendo la partida .. –No tienen nada que hacer. –El juicio de Juan .. se confirma en pocos minutos .. Los Coloraos .. se pavonean .. –¿Alguien más quie que le zurzan?
3 que te (**le**, *etc*) **zurzan.** (*col*) *Fórmula con que se manifiesta indiferencia o desdén hacia la pers designada por el pron*. | Buero *Hoy* 79: –¡Aquí deberían estar, defendiendo la azotea, y no abajo! –Diga usted que sí .. –¡Que las zurzan!

zurdal *m* (*reg*) Azor (ave). | Cela *Judíos* 250: Por la casa de Sanchiviesco vuela el zurdal.

zurdamente *adv* (*raro*) De manera zurda [4]. | L. Calvo *Abc* 21.11.70, 35: Damas y caballeros bajaban el puño y se miraban como zurdamente y sin saber qué decir.

zurdazo *m* (*Dep*) Golpe dado con la mano o el pie izquierdos. | *Cam* 26.4.76, 15: "Ha sido un gol estúpido", dijo don Juan, sentado en uno de los sillones, tras el zurdazo de Muller que produjo el primer tanto para los alemanes.

zurdera *f* Cualidad de zurdo [1]. | C. Dávila *Abc* 26.9.76, 37: Durante mucho tiempo se ha discutido si el predominio de una mano es un rasgo hereditario o el resultado del adiestramiento y del acondicionamiento social. Según la creencia popular, la zurdera es hereditaria.

zurdería *f* Cualidad de zurdo [1]. | F. J. FTascón *SYa* 13.1.80, 11: La zurdería podría ser espontánea, hereditaria, congénita.

zurdez *f* Cualidad de zurdo [1 y 4]. | *Gac* 21.9.75, 51: Hasta breves períodos sin oxígeno [en el feto] pueden ocasionar alteraciones de lenguaje, tales como la dislexia o el tartamudeo, o .. la zurdez. Zunzunegui *Camino* 452: Se reía la hembra al observar su torpeza y su zurdez. –Pero es que...– Miró la puerta. –Cierra ahí... si no hay nadie, no te apures.

zurdo -da *adj* **1** [Pers.] que suele usar de la mano izquierda con preferencia a la derecha. *Tb n*. | L. LHaro *Pue* 17.10.70, 2: Los zurdos son revolucionarios en potencia.
2 Izquierdo. *Frec n f, referido a mano*. | *SPaís* 19.12.76, 3: Tanto Radiotelevisión Española como las agencias de noticias divulgaron ampliamente las imágenes de su votación, mientras .. revelaban la oquedad costurera de su manga zurda. Ero *Van* 18.4.74, 30: El Júcar deja a la zurda el naranjal y el mar azul se vislumbra en el linde de la llanada.
3 (*raro, desp*) Izquierdista. *Tb n*. | *Tri* 24.6.72, 41: Sabido es que los zurdos y comunistoides que poco a poco se van destapando aplican a sus enemigos políticos los más absurdos calificativos sin saber si matan o salvan.
4 (*raro*) Torpe o desmañado. | ZVicente *Corbata* 216: Pocos hombres a mi edad pueden recordar una persona bondadosa, desprendida, que .. te ha dicho fachendoso y potentado cuando necesitabas creértelo... Creértelo, sí, creértelo aunque fuese una zurda mentira. * Este no es zurdo, sabe hacer las cosas.

zurdoso -sa *adj* (*raro*) Que tira a zurdo [3]. | ZVicente *Traque* 199: Será bueno poner alguna cita de Azaña, ahora se valora, o de Ortega .., a estos tontos del culo les encanta la erudición de cierto color zurdoso.

zureador -ra *adj* Que zurea. | *SAbc* 15.5.58, 11: Los novios marchan como palomas zureadoras.

zurear *intr* Hacer arrullos [la paloma]. *Tb fig, referido a pers*. | CPuche *Sabor* 164: Yo me quedaba embobado viendo las palomas metidas en jaulas y zureando. Lera *Bochorno* 88: El taburete a su derecha estaba vacío. Más allá, bebían y zureaban unas parejas.

zureo *m* Acción de zurear. | Matute *Memoria* 212: Las palomas huían sobre los almendros .. A veces me despertaba su zureo, bajo la ventana.

zuri. darse el ~. *loc v* (*jerg*) Irse o marcharse. | Sastre *Taberna* 56: Date el zuri, Badila.

zuriqués -sa *adj* De Zúrich (Suiza). *Tb n, referido a pers*. | G. L. DPlaja *Tri* 5.8.72, 27: Surgido hacia 1968, el movimiento del Bunker agrupaba a juventudes zuriquesas con una ideología de izquierdas. Rof *Abc* 10.2.74, 3: Comenté, hace algún tiempo, en estas mismas columnas, la obra del famoso zuriqués Szondi "Caín o la figura de lo malo".

zurito -ta *adj* [Paloma] de plumaje gris azulado con una mancha verde a ambos lados del cuello (→ PALOMA). *Tb n m o, más frec, f*. | Ybarra-Cabetas *Ciencias* 380: La paloma zurita es muy común en España y se la distingue bien por los reflejos metálicos de su cuello. Delibes *Ratas* 26: Así aprendió el niño a acechar a los erizos y a los lagartos, a distinguir un rabilargo de un azulejo, y una zurita de una torcaz. Torbado *En el día* 315: A unos metros .. se iba desarrollando la matanza de palomas con la mayor naturalidad .. Los tiradores eran muy hábiles y los cenicientos zuritos, poderosos y fuertes, apenas conseguían remontarse en el aire.

zuro – zutano

zuro *m* Corazón de la mazorca del maíz después de desgranada. | *Prospecto* 12.74: Después de plantar el árbol se puede acolchar el terreno alrededor de la base del árbol .. Este acolchado puede hacerse con paja, serrín, zuros de maíz cortado, o materiales similares.

zurra[1] *f* (*col*) Paliza. *Tb fig.* | RMéndez *Flor* 176: –Se trata .. de dar una paliza a un gachó .. –Una güena soba... –Soba, tunda, zurra. J. Montini *VozC* 31.12.70, 5: Mara Lasso, que ahora descansa tras la zurra que supone el teatro, me decía. **b)** Chaparrón fuerte. *Tb* ~ DE AGUA. | * Ayer a mediodía cayó una buena zurra.

zurra[2] *m* o *f* (*reg*) Zurracapote. | Lera *Clarines* 507: Permanecían sentados a las puertas de las casas, alrededor de los lebrillos de zurracapote. Mientras ellos bebían zurra, ellas mascaban confituras. Vizcaíno *Mancha* 268: Ahora bien, lo que de verdad le entusiasma a Julio Blanco es eso de tomarse un zurra entre gentes de su agrado. GPavón *Rapto* 56: Con paso lento, seguida de sus invitados, volvió a la silla que ocupara junto al lebrillo de la zurra.

zurracapote *m* (*reg*) Refresco de vino con azúcar, limón y otros ingredientes. | Lera *Clarines* 376: Los hombres, en mangas de camisa, esperaban el momento de empezar a comer dando tientos al zurracapote.

zurrador -ra *adj* Que zurra, *esp* [1]. *Frec n m, referido a pers*. | Céspedes *HEspaña* 3, 494: Hubo gremios muy ricos, como el del noble arte de la platería y el de sastres, pero asimismo otros tan pobres como los de zurradores y toneleros. Cela *Cam* 19.7.76, 27: No es lo mismo morir de cáncer que corroe, que del zurrador accidente que –sin previo aviso– puede dejarnos secos y tendidos sobre el adoquinado. J. B. Filgueira *SYa* 20.6.74, 5: Ya ha salido lo de "aprendiz de río", la chinita jocosa que un día le lanzó por primera vez y en no muy buena hora el satírico y zurrador Quevedo.

zurrapa *f* **1** Sedimento [de un líquido]. *Gralm en pl*. | Berenguer *Mundo* 398: Allí había mucho papelote, unos libros muy feísimos, gordos, y un cazo con zurrapa de café. S. Bernal *DLe* 11.12.74, 19: Hay quien lucha contra corriente por puro hastío ante la hojarasca y las zurrapas superficiales de las aguas revueltas.
2 (*reg*) *En pl*: Caldo de morcillas. | Escobar *Itinerarios* 45: Una vez embutidas y atadas las morcillas en las tripas correspondientes, van a parar a la caldera .. El agua del recipiente, a medida que van cociéndose las morcillas, adquiere una coloración carmesí y un aspecto grasiento, haciéndose las zurrapas o zurraspas, con caldo que sirve para las sopas de pan.
3 (*reg*) *En pl:* Requesón. | Romano-Sanz *Alcudia* 128: El suero se cuece para sacar requesón .. Aquí se le llama zurrapas, nazurón y názuras... De las tres maneras.

zurrar *tr* **1** Ablandar y suavizar [pieles ya curtidas]. | * Existen varios tipos de máquinas de zurrar pieles. **b)** ~ [la badana] → BADANA.
2 (*col*) Dar golpes [a alguien (*cd*)]. *Tb fig.* | Arce *Testamento* 49: El Bayona te zurrará de lo lindo si pretendes hacerle cualquier jugarreta. Anson *SAbc* 25.1.70, 6: La vida había zurrado fuerte al poeta delicado y humanísimo. **b)** (*col*) Dar azotes [a alguien (*cd*)]. | Goytisolo *Recuento* 256: Jugando con ella, se ve que forcejeaban, que le levantaba las faldas, que hacía como que la zurraba.
3 Gastar [algo] por el uso. | Halcón *Ir* 79: Era un Dodge de los años cuarenta, zurrado, pero terne.

zurrarse *intr pr* (*col*) Evacuar el vientre involuntariamente. *Frec fig, ponderando miedo*. | Romano-Sanz *Alcudia* 215: No me gusta vivir en un chozo. Me zurro de miedo por mí y por mis hijos. Cuando salgo .. y dejo a los niños dentro, no se me va de la imaginación el fuego.

zurraspa *f* Zurrapa. | Escobar *Itinerarios* 45: El agua del recipiente, a medida que van cociéndose las morcillas, adquiere una coloración carmesí y un aspecto grasiento, haciéndose las zurrapas o zurraspas.

zurriaga *f* **1** Zurriago. | Berlanga *Gaznápira* 66: Con aquellas manos cimbreantes, acariciantes, ceñidoras como una zurriaga.
2 (*reg*) Alondra. | Cela *Judíos* 217: El vagabundo .. también aprendió, del gorrión, a poner buena cara al mal tiempo; de la zurriaga, a dormir en el suelo; de la nevatilla, a vivir del aire, entre sorbo y sorbo de agua.

zurriagazo *m* Golpe dado con un zurriago. *Tb fig.* | CBonald *Ágata* 243: Abatió el rebenque sobre el lugar donde imaginó que seguía la sombra. El ímpetu del zurriagazo le hizo perder el equilibrio. Cela *SCamilo* 342: Lo dejaba sangrando a fuerza de sacudirle zurriagazos con el cinturón. * Me tratas a zurriagazos.

zurriago *m* Látigo u otro objeto semejante para azotar. | CBonald *Ágata* 242: Sin saber concretamente por qué, como si se lo hubiese transmitido Manuela .., descolgó de un pescante el mismo zurriago que había usado ella para per[etr]lar otra venganza. Cossío *Confesiones* 43: Nos vendían allí unos zurriagos de lona, rellenos de pelote, y cuando el padre tocaba una campanilla .., nos lanzábamos unos contra otros con aquellos zurriagos, a golpe limpio.

zurriburri *m* (*col*) Barullo o confusión. | Cela *España* 295: El escritor, de nuevo ante su mesa de escribir –¡qué zurriburri!– piensa que la vida .. es naipe que conviene jugar con alegría y con sosiego.

zurrido *m* Sonido bronco y confuso. | Delibes *Parábola* 12: Sus largas orejas de trapo batían sus mejillas con un estrépito como .. de zurridos de ropa zarandeada por el viento.

zurrir *intr* Sonar [algo] de manera bronca y confusa. | GPavón *Hermanas* 20: Hasta las lumbreras llegaba el zurrir de tripas de las tinajas coliqueras. CPuche *Sabor* 115: La tormenta parecía recomenzar de nuevo a cada minuto que pasaba ..; el techo de la casa zurría como un tambor siniestro y todo el edificio era como una olla hirviente y trepidante.

zurrón *m* **1** Bolsa grande de cuero, *esp.* la usada por los pastores. | Marín *Enseñanza* 218: ¿Cómo viste el pastor?: zurrón, pelliza, capa, albarcas, cayado. Laiglesia *Ombligos* 225: Para un capitán de la marina mercante, navegar en lastre es tan vergonzoso como para un cazador regresar del campo con el zurrón vacío.
2 Bolsa de pastor (planta). | Remón *Maleza* 31: Especie: *Capsella bursa-pastoris* (L.) Medik. Nombre común: Zurrón, Bolsa de pastor, Paniquesillo .. Familia: Crucíferas. Es una de las plantas más extendidas en toda la península .. Según algunos autores contiene un alcaloide llamado bursina.
3 Anserina (planta). | Mayor-Díaz *Flora* 426: *Chenopodium bonus-henricus* L. "Zurrón", "Ansarina", "Pie de ganso".

zurrona *f* (*col, raro*) Prostituta. | Campmany *Abc* 1.2.86, 13: Al mejor escribano se le escapa un borrón y a la mejor zurrona se le escapa un traque.

zurrupia *f* (*reg*) Zorra o zorrupia. | Aldecoa *Cuentos* 2, 311: A veces salto los escalones de seis en seis... El ruido molesta a los vecinos y se quejan a la portera... Hay una histérica que sale al descansillo a insultarme y a llamarme salvaje; cuando llego abajo le hago la trompetilla... La irrita hasta el ataque y dice cosas de mi madre... Yo le llamo zurrupia y le pido perdón.

zurullo *m* (*col*) Porción de excremento sólido. | Cela *Pirineo* 48: El calzón, con el cinto al cuello .. y el calzón en la mano, descabalgó el xolís sobre el paisaje y en un lustroso zurullo en forma de trenza, que daba gozo verlo.

zurupeto *m* (*desp, raro*) Intruso en la profesión notarial. | MMariño *Abc* 22.5.86, 26: Recuerdo, por ejemplo, que, recién estrenado de notario –con la mollera borbollante de citas y textos legales–, un zurupeto aldeano me salió al retracto en una venta y me ganó el pleito. Cela *D16* 30.3.93, 4: Don Tranquilino .., de profesión .. zurupeto (notario por libre).

zutano -na (*gralm con mayúscula*) *m* y *f* Se usa, sin art y solo en sg, para sustituir al n propio de una pers que no se quiere o no se puede precisar. En contextos en que ha aparecido el n FULANO y casi siempre tb MENGANO. *Frec en la forma dim* ZUTANITO, *con valor expresivo*. | DPlaja *El español* 148: –¡Figúrate! .. yo sé que ha sido la amante de Fulano .. –Y de Mengano... y de Zutano. SSolís *Blanca* 9: Si invitas a fulanita, tienes que invitar también a menganita, y si viene menganita, se enfadará perenganita, porque la haces de menos, y perenganita no va a ir sin zutanita.

APÉNDICES

I. CONJUGACIÓN DE LOS VERBOS

1. Verbos regulares

Se incluyen en esta sección los modelos de verbos regulares terminados en *-iar*, *-uar*, que llevan acentuada o no acentuada la /i/ y la /u/ [1 a, 1 b, 1 c, 1 d], así como los verbos con grupo /ai/ o /au/ en la base, que llevan articulado ese grupo en unos casos como diptongo y en otros como hiato [1 e, 1 f].

1 a. CAMBIAR. *La* i *final de la base* cambi- *es átona en todas las formas de este verbo. Esa* i *siempre se combina formando diptongo con la vocal que la sigue, es decir, articulándose ambas dentro de una sola sílaba. Por ej: Pres de ind* cambio, cambias, cambia, cambiamos, cambiáis, cambian. (*Pronunc:* /kám.bio, kám.bias, kám.bia, kam.biá.mos, kam.biáis, kám.bian/.) *Pres de subj* cambie, cambies, cambie, cambiemos, cambiéis, cambien. (*Pronunc:* /kám.bie, kám.bies, kám.bie, kam.bié.mos, kam.biéis, kám.bien/). *Imperat* cambia, cambie, cambiad, cambien. (*Pronunc:* /kám.bia, kám.bie, kam.biád, kám.bien/.)

1 b. AVERIGUAR. *La* u *final de la base* averigu- *es átona en todas las formas de este verbo. Esa* u *siempre se combina formando diptongo con la vocal que la sigue, es decir, articulándose ambas dentro de una sola sílaba. Por ej: Pres de ind* averiguo, averiguas, averigua, averiguamos, averiguáis, averiguan. (*Pronunc:* /a.be.rí.guo, a.be.rí.guas, a.be.rí.gua, a.be.ri.guá.mos, a.be.ri.guáis, a.be.rí.guan/.) *Pres de subj* averigüe, averigües, averigüe, averigüemos, averigüéis, averigüen. (*Pronunc:* /a.be.rí.gue, a.be.rí.gues, a.be.rí.gue, a.be.ri.gué.mos, a.be.ri.guéis, a.be.rí.guen/.) *Imperat* averigua, averigüe, averiguad, averigüen. (*Pronunc:* /a.be.rí.gua, a.be.rí.gue, a.be.ri.guád, a.be.rí.guen/.)

1 c. DESVIAR. *La* i *final de la base* desvi- *es tónica en las personas* yo, tú, él *o* usted *y* ellos *o* ustedes *de los presentes de indicativo y subjuntivo y del imperativo. En todas las demás formas del verbo esa* i *es átona, a pesar de lo cual nunca se une formando diptongo con la vocal que la sigue; es decir, ambas vocales se articulan en sílabas diferentes. Por ej: Pres de ind* desvío, desvías, desvía, desviamos, desviáis, desvían. (*Pronunc:* /des.bí.o, des.bí.as, des.bí.a, des.bi.á.mos, des.bi.áis, des.bí.an/.) *Pres de subj* desvíe, desvíes, desvíe, desviemos, desviéis, desvíen. (*Pronunc:* /des.bí.e, des.bí.es, des.bí.e, des.bi.é.mos, des.bi.éis, des.bí.en/.) *Imperat* desvía, desvíe, desviad, desvíen. (*Pronunc:* /des.bí.a, des.bí.e, des.bi.ád, des.bí.en/.)

1 d. ACTUAR. *La* u *final de la base* actu- *es tónica en las personas* yo, tú, él *o* usted *y* ellos *o* ustedes *de los presentes de indicativo y subjuntivo y del imperativo. En todas las demás formas del verbo esa* u *es átona, a pesar de lo cual nunca se une formando diptongo con la vocal que la sigue; es decir, ambas vocales se articulan en sílabas diferentes. Por ej: Pres de ind* actúo, actúas, actúa, actuamos, actuáis, actúan. (*Pronunc:* /ak.tú.o, ak.tú.as, ak.tú.a, ak.tu.á.mos, ak.tu.áis, ak.tú.an/.) *Pres de subj* actúe, actúes, actúe, actuemos, actuéis, actúen. (*Pronunc:* /ak.tú.e, ak.tú.es, ak.tú.e, ak.tu.é.mos, ak.tu.éis, ak.tú.en/.) *Imperat* actúa, actúe, actuad, actúen. (*Pronunc:* /ak.tú.a, ak.tú.e, ak.tu.ád, ak.tú.en/.)

1 e. BAILAR, CAUSAR. *La segunda vocal del grupo* ai, au *siempre se combina formando diptongo con la vocal precedente, es decir, articulándose ambas dentro de una sola sílaba. Por ej: Pres de ind* bailo, bailas, baila, bailamos, bailáis, bailan; causo, causas, causa, causamos, causáis, causan. (*Pronunc:* /bái.lo, bái.las, bái.la, bai.lá.mos, bai.láis, bái.lan; káu.so, káu.sas, káu.sa, kau.sá.mos, kau.sáis, káu.san/.) *Pres de subj* baile, bailes, baile, bailemos, bailéis, bailen; cause, causes, cause, causemos, causéis, causen. (*Pronunc:* /bái.le, bái.les, bái.le, bai.lé.mos, bai.léis, bái.len; káu.se, káu.ses, káu.se.../.)

1 f. ENRAIZAR, AULLAR. *La segunda vocal del grupo* ai, au *es tónica en las personas* yo, tú, él *o* usted, *y* ellos *o* ustedes, *de los presentes de indicativo y subjuntivo y del imperativo. En todas las demás formas del verbo, esa segunda vocal* i, u *es átona y constituye normalmente diptongo con la vocal precedente. Por ej: Pres de ind* enraízo, enraízas, enraíza, enraizamos, enraizáis, enraízan; aúllo, aúllas, aúlla, aullamos, aulláis, aúllan. (*Pronunc:* /en.r̄a.í.θo, en.r̄a.í.θas, en.r̄a.í.θa, en.r̄ai.θá.mos, enr̄ai.θáis, en.r̄a.í.θan; a.ú.l̬o, a.ú.l̬as, a.ú.l̬a, au.l̬á.mos, au.l̬áis, a.ú.l̬an/.) *Pres de subj* enraíce, enraíces, enraíce, enraicemos, enraicéis, enraícen; aúlle, aúlles, aúlle, aullemos, aulléis, aúllen. (*Pronunc:* /en.r̄a.í.θe, en.r̄a.í.θes, en.r̄a.í.θe, en.r̄ai.θé.mos, en.r̄ai.θéis, en.r̄a.í.θen; a.ú.l̬e, a.ú.l̬es, a.ú.l̬e, au.l̬é.mos, au.l̬éis, a.ú.l̬en/.)

2. Verbos irregulares

Figuran aquí todos los verbos con irregularidad propia (como *ir*) y los que (como *acordar, agradecer*) sirven de modelo para otros irregulares.

Solo se enuncian los tiempos simples y formas no personales que presentan alguna irregularidad. Los tiempos verbales que no aparecen enunciados en los cuadros que siguen ha de entenderse que son regulares.

A. VERBOS EN -AR

4. ACORDAR. *Pres de ind* acuerdo, acuerdas, acuerda, acordamos, acordáis, acuerdan. *Pres de subj* acuerde, acuerdes, acuerde, acordemos, acordéis, acuerden. *Imperat* acuerda, acuerde, acordad, acuerden.

5. ANDAR. *Pret de ind* anduve, anduviste, anduvo, anduvimos, anduvisteis, anduvieron. *Pret de subj* anduviera, anduvieras, anduviera, anduviéramos, anduvierais, anduvieran (*o* anduviese, anduvieses, anduviese, *etc*). *Fut de subj* anduviere, anduvieres, anduviere, anduviéremos, anduviereis, anduvieren.

6. CERRAR. *Pres de ind* cierro, cierras, cierra, cerramos, cerráis, cierran. *Pres de subj* cierre, cierres, cierre, cerremos, cerréis, cierren. *Imperat* cierra, cierre, cerrad, cierren.

7. DAR. *Pres de ind* doy, das, da, damos, dais, dan. *Pres de subj* dé, des, dé, demos, deis, den. *Imperat* da, dé, dad, den. *Pret de ind* di, diste, dio, dimos, disteis, dieron. *Pret de subj* diera, dieras, diera, diéramos, dierais, dieran (*o* diese, dieses, diese, *etc*). *Fut de subj* diere, dieres, diere, diéremos, diereis, dieren.

8. ERRAR. *Pres de ind* yerro, yerras, yerra, erramos, erráis, yerran. *Pres de subj* yerre, yerres, yerre, erremos, erréis, yerren. *Imperat* yerra, yerre, errad, yerren.

9. ESTAR. *Pres de ind* estoy, estás, está, estamos, estáis, están. *Pres de subj* esté, estés, esté, estemos, estéis, estén. *Imperat* está, esté, estad, estén. *Pret de ind* estuve, estuviste, estuvo, estuvimos, estuvisteis, estuvieron. *Pret de subj* estuviera, estuvieras, estuviera, estuviéramos, estuvierais, estuvieran (*o* estuviese, estuvieses, estuviese, *etc*). *Fut de subj* estuviere, estuvieres, estuviere, estuviéremos, estuviereis, estuvieren.

10. JUGAR. *Pres de ind* juego, juegas, juega, jugamos, jugáis, juegan. *Pres de subj* juegue, juegues, juegue, juguemos, juguéis, jueguen. *Imperat* juega, juegue, jugad, jueguen.

B. VERBOS EN -ER

11. AGRADECER. *Pres de ind* agradezco, agradeces, agradece, agradecemos, agradecéis, agradecen. *Pres de subj* agradezca, agradezcas, agradezca, agradezcamos, agradezcáis, agradezcan. *Imperat* agradece, agradezca, agradeced, agradezcan.

12. CABER. *Pres de ind* quepo, cabes, cabe, cabemos, cabéis, caben. *Pres de subj* quepa, quepas, quepa, quepamos, quepáis, quepan. *Imperat* cabe, quepa, cabed, quepan. *Pret de ind* cupe, cupiste, cupo, cupimos, cupisteis, cupieron. *Pret de subj* cupiera, cupieras, cupiera, cupiéramos, cupierais, cupieran (*o* cupiese, cupieses, cupiese, *etc*). *Fut de subj* cupiere, cupieres, cupiere, cupiéremos, cupiereis, cupieren. *Fut de ind* cabré, cabrás, cabrá, cabremos, cabréis, cabrán. *Potencial* cabría, cabrías, cabríamos, cabríais, cabrían.

13. CAER. *Pres de ind* caigo, caes, cae, caemos, caéis, caen. *Pres de subj* caiga, caigas, caiga, caigamos, caigáis, caigan. *Imperat* cae, caiga, caed, caigan. *Pret de ind* caí, caíste, cayó, caímos, caísteis, cayeron. *Pret de subj* cayera, cayeras, cayera, cayéramos, cayerais, cayeran (*o* cayese, cayeses, cayese, *etc*). *Fut de subj* cayere, cayeres, cayere, cayéremos, cayereis, cayeren. *Ger* cayendo.

14. ENTENDER. *Pres de ind* entiendo, entiendes, entiende, entendemos, entendéis, entienden. *Pres de subj* entienda, entiendas, entienda, entendamos, entendáis, entiendan. *Imperat* entiende, entienda, entended, entiendan.

15. HABER. *Pres de ind* he, has, ha, hemos, habéis, han (*3ª pers impers:* hay). *Pres de subj* haya, hayas, haya, hayamos, hayáis, hayan. *Pret de ind* hube, hubiste, hubo, hubimos, hubisteis, hubieron. *Pret de subj* hubiera, hubieras, hubiera, hubiéramos, hubierais, hubieran (*o* hubiese, hubieses, hubiese, *etc*). *Fut de subj* hubiere, hubieres, hubiere, hubiéremos, hubiereis, hubieren. *Fut de ind* habré, habrás, habrá, habremos, habréis, habrán. *Potencial* habría, habrías, habría, habríamos, habríais, habrían.

16. HACER. *Pres de ind* hago, haces, hace, hacemos, hacéis, hacen. *Pres de subj* haga, hagas, haga, hagamos, hagáis, hagan. *Imperat* haz, haga, haced, hagan. *Pret de ind* hice, hiciste, hizo, hicimos, hicisteis, hicieron. *Pret de subj* hiciera, hicieras, hiciera, hiciéramos, hicierais, hicieran (*o* hiciese, hicieses, hiciese, *etc*). *Fut de subj* hiciere, hicieres, hiciere, hiciéremos, hiciereis, hicieren. *Fut de ind* haré, harás, hará, haremos, haréis, harán. *Potencial* haría, harías, haría, haríamos, haríais, harían. *Part* hecho.

17. LEER. *Pret de ind* leí, leíste, leyó, leímos, leísteis, leyeron. *Pret de subj* leyera, leyeras, leyera, leyéramos, leyerais, leyeran (*o* leyese, leyeses, leyese, *etc*). *Fut de subj* leyere, leyeres, leyere, leyéremos, leyereis, leyeren. *Ger* leyendo.

18. MOVER. *Pres de ind* muevo, mueves, mueve, movemos, movéis, mueven. *Pres de subj* mueva, muevas, mueva, movamos, mováis, muevan. *Imperat* mueve, mueva, moved, muevan.

19. OLER. *Pres de ind* huelo, hueles, huele, olemos, oléis, huelen. *Pres de subj* huela, huelas, huela, olamos, oláis, huelan. *Imperat* huele, huela, oled, huelan.

20. PODER. *Pres de ind* puedo, puedes, puede, podemos, podéis, pueden. *Pres de subj* pueda, puedas, pueda, podamos, podáis, puedan. *Pret de ind* pude, pudiste, pudo, pudimos, pudisteis, pudieron. *Pret de subj* pudiera, pudieras, pudiera, pudiéramos, pudierais, pudieran (*o* pudiese, pudieses, pudiese, *etc*). *Fut de subj* pudiere, pudieres, pudiere, pudiéremos, pudiereis, pudieren. *Fut de ind* podré, podrás, podrá, podremos, podréis, podrán. *Potencial* podría, podrías, podría, podríamos, podríais, podrían. *Ger* pudiendo.

21. PONER. *Pres de ind* pongo, pones, pone, ponemos, ponéis, ponen. *Pres de subj* ponga, pongas, ponga, pongamos, pongáis, pongan. *Imperat* pon, ponga, poned, pongan. *Pret de ind* puse, pusiste, puso, pusimos, pusisteis, pusieron. *Pret de subj* pusiera, pusieras, pusiera, pusiéramos, pusierais, pusieran (*o* pusiese, pusieses, pusiese, *etc*). *Fut de subj* pusiere, pusieres, pusiere, pusiéremos, pusiereis, pusieren. *Fut de ind* pondré, pondrás, pondrá, pondremos, pondréis, pondrán. *Potencial* pondría, pondrías, pondría, pondríamos, pondríais, pondrían. *Part* puesto.

22. PROVEER. Igual que LEER [17], *excepto en participio*. *Part* provisto (*o* proveído).

23. QUERER. *Pres de ind* quiero, quieres, quiere, queremos, queréis, quieren. *Pres de subj* quiera, quieras, quiera, queramos, queráis, quieran. *Imperat* quiere, quiera, quered, quieran. *Pret de ind* quise, quisiste, quiso, quisimos, quisisteis, quisieron. *Pret de subj* quisiera, quisieras, quisiera, quisiéramos, quisierais, quisieran (*o* quisiese, quisieses, quisiese, *etc*). *Fut de subj* quisiere, quisieres, quisiere, quisiéremos, quisiereis, quisieren. *Fut de ind* querré, querrás, querrá, querremos, querréis, querrán. *Potencial* querría, querrías, querría, querríamos, querríais, querrían.

24. RAER. *Pres de ind* raigo (*o* rayo), raes, rae, raemos, raéis, raen. *Pres de subj* raiga, raigas, raiga, raigamos, raigáis, raigan (*o* raya, rayas, raya, rayamos, rayáis, rayan). *Imperat* rae, raiga (*o* raya), raed, raigan (*o* rayan). *Pret de ind* raí, raíste, rayó, raímos, raísteis, rayeron. *Pret de subj* rayera, rayeras, rayera, rayéramos, rayerais, rayeran (*o* rayese, rayeses, rayese, *etc*). *Fut de subj* rayere, rayeres, rayere, rayéremos, rayereis, rayeren. *Ger* rayendo.

25. ROER. *Pres de ind* roo (*o* roigo, *o* royo), roes, roe, roemos, roéis, roen. *Pres de subj* roa, roas, roa, roamos, roáis, roan (*o* roiga, roigas, roiga, *etc*, *o* roya, royas, roya, *etc*). *Imperat* roe, roa (*o* roiga, *o* roya), roed, roan (*o* roigan, *o* royan). *Pret de ind* roí, roíste, royó, roímos, roísteis, royeron. *Pret de subj* royera, royeras, royera, royéramos, royerais, royeran (*o* royese, royeses, royese, *etc*).

Fut de subj royere, royeres, royere, royéremos, royereis, royeren. *Ger* royendo.

26. ROMPER. *Part* roto.

27. SABER. *Pres de ind* sé, sabes, sabe, sabemos, sabéis, saben. *Pres de subj* sepa, sepas, sepa, sepamos, sepáis, sepan. *Imperat* sabe, sepa, sabed, sepan. *Pret de ind* supe, supiste, supo, supimos, supisteis, supieron. *Pret de subj* supiera, supieras, supiera, supiéramos, supierais, supieran (*o* supiese, supieses, supiese, *etc*). *Fut de subj* supiere, supieres, supiere, supiéremos, supiereis, supieren. *Fut de ind* sabré, sabrás, sabrá, sabremos, sabréis, sabrán. *Potencial* sabría, sabrías, sabría, sabríamos, sabríais, sabrían.

28. SATISFACER. *Igual que* HACER [16], *excepto en imperativo*. *Imperat* satisface (*o* satisfaz), satisfaga, satisfaced, satisfagan.

29. SER. *Pres de ind* soy, eres, es, somos, sois, son. *Pres de subj* sea, seas, sea, seamos, seáis, sean. *Imperat* sé, sea, sed, sean. *Impf de ind* era, eras, era, éramos, erais, eran. *Pret de ind* fui, fuiste, fue, fuimos, fuisteis, fueron. *Pret de subj* fuera, fueras, fuera, fuéramos, fuerais, fueran (*o* fuese, fueses, fuese, *etc*). *Fut de subj* fuere, fueres, fuere, fuéremos, fuereis, fueren.

30. TAÑER. *Pret de ind* tañí, tañiste, tañó, tañimos, tañisteis, tañeron. *Pret de subj* tañera, tañeras, tañera, tañéramos, tañerais, tañeran (*o* tañese, tañeses, tañese, *etc*). *Fut de subj* tañere, tañeres, tañere, tañéremos, tañereis, tañeren. *Ger* tañendo.

31. TENER. *Pres de ind* tengo, tienes, tiene, tenemos, tenéis, tienen. *Pres de subj* tenga, tengas, tenga, tengamos, tengáis, tengan. *Imperat* ten, tenga, tened, tengan. *Pret de ind* tuve, tuviste, tuvo, tuvimos, tuvisteis, tuvieron. *Pret de subj* tuviera, tuvieras, tuviera, tuviéramos, tuvierais, tuvieran (*o* tuviese, tuvieses, tuviese, *etc*). *Fut de subj* tuviere, tuvieres, tuviere, tuviéremos, tuviereis, tuvieren. *Fut de ind* tendré, tendrás, tendrá, tendremos, tendréis, tendrán. *Potencial* tendría, tendrías, tendría, tendríamos, tendríais, tendrían.

32. TRAER. *Pres de ind* traigo, traes, trae, traemos, traéis, traen. *Pres de subj* traiga, traigas, traiga, traigamos, traigáis, traigan. *Imperat* trae, traiga, traed, traigan. *Pret de ind* traje, trajiste, trajo, trajimos, trajisteis, trajeron. *Pret de subj* trajera, trajeras, trajera, trajéramos, trajerais, trajeran (*o* trajese, trajeses, trajese, *etc*). *Fut de subj* trajere, trajeres, trajere, trajéremos, trajereis, trajeren. *Ger* trayendo.

33. VALER. *Pres de ind* valgo, vales, vale, valemos, valéis, valen. *Pres de subj* valga, valgas, valga, valgamos, valgáis, valgan. *Imperat* vale, valga, valed, valgan. *Fut de ind* valdré, valdrás, valdrá, valdremos, valdréis, valdrán. *Potencial* valdría, valdrías, valdría, valdríamos, valdríais, valdrían.

34. VER. *Pres de ind* veo, ves, ve, vemos, veis, ven. *Pres de subj* vea, veas, vea, veamos, veáis, vean. *Imperat* ve, vea, ved, vean. *Impf de ind* veía, veías, veía, veíamos, veíais, veían. *Part* visto.

35. VOLVER. *Igual que* MOVER [18], *excepto en participio*. *Part* vuelto.

36. YACER. *Pres de ind* yazco (*o* yazgo), yaces, yace, yacemos, yacéis, yacen. *Pres de subj* yazca, yazcas, yazca, yazcamos, yazcáis, yazcan (*o* yazga, yazgas, yazga, yazgamos, yazgáis, yazgan). *Imperat* yace, yazca (*o* yazga), yaced, yazcan (*o* yazgan).

C. VERBOS EN -IR

37. ABRIR. *Part* abierto.

38. ADQUIRIR. *Pres de ind* adquiero, adquieres, adquiere, adquirimos, adquirís, adquieren. *Pres de subj* adquiera, adquieras, adquiera, adquiramos, adquiráis, adquieran. *Imperat* adquiere, adquiera, adquirid, adquieran.

39. ASIR. *Pres de ind* asgo, ases, ase, asimos, asís, asen. *Pres de subj* asga, asgas, asga, asgamos, asgáis, asgan. *Imperat* ase, asga, asid, asgan.

40. BENDECIR. *Igual que* DECIR [42], *excepto en los tiempos que siguen*. *Imperat* bendice, bendiga, bendecid, bendigan. *Fut de ind* bendeciré, bendecirás, bendecirá, bendeciremos, bendeciréis, bendecirán. *Potencial* bendeciría, bendecirías, bendeciría, bendeciríamos, bendeciríais, bendecirían. *Part* bendecido.

41. CONDUCIR. *Pres de ind* conduzco, conduces, conduce, conducimos, conducís, conducen. *Pres de subj* conduzca, conduzcas, conduzca, conduzcamos conduzcáis, conduzcan. *Imperat* conduce, conduzca, conducid, conduzcan. *Pret de ind* conduje, condujiste, condujo, condujimos, condujisteis, condujeron. *Pret de subj* condujera, condujeras, condujera, condujéramos, condujerais, condujeran (*o* condujese, condujeses, condujese, *etc*). *Fut de subj* condujere, condujeres, condujere, condujéremos, condujereis, condujeren.

42. DECIR. *Pres de ind* digo, dices, dice, decimos, decís, dicen. *Pres de subj* diga, digas, diga, digamos, digáis, digan. *Imperat* di, diga, decid, digan. *Pret de ind* dije, dijiste, dijo, dijimos, dijisteis, dijeron. *Pret de subj* dijera, dijeras, dijera, dijéramos, dijerais, dijeran (*o* dijese, dijeses, dijese, *etc*). *Fut de subj* dijere, dijeres, dijere, dijéremos, dijereis, dijeren. *Fut de ind* diré, dirás, dirá, diremos, diréis, dirán. *Potencial* diría, dirías, diría, diríamos, diríais, dirían. *Ger* diciendo. *Part* dicho.

43. DISCERNIR. *Pres de ind* discierno, disciernes, discierne, discernimos, discernís, disciernen. *Pres de subj* discierna, disciernas, discierna, discernamos, discernáis, disciernan. *Imperat* discierne, discierna, discernid, disciernan.

44. DORMIR. *Pres de ind* duermo, duermes, duerme, dormimos, dormís, duermen. *Pres de subj* duerma, duermas, duermas, durmamos, durmáis, duerman. *Imperat* duerme, duerma, dormid, duerman. *Pret de ind* dormí, dormiste, durmió, dormimos, dormisteis, durmieron. *Pret de subj* durmiera, durmieras, durmiera, durmiéramos, durmierais, durmiera (*o* durmiese, durmieses, durmiese, *etc*). *Fut de subj* durmiere, durmieres, durmiere, durmiéremos, durmiereis, durmieren. *Ger* durmiendo.

45. ERGUIR. *Pres de ind* yergo, yergues, yergue, erguimos, erguís, yerguen. *Pres de subj* yerga, yergas, yerga, irgamos, irgáis, yergan. *Imperat* yergue, yerga, erguid, yergan. *Pret de ind* erguí, erguiste, irguió, erguimos, erguisteis, irguieron. *Pret de subj* irguiera, irguieras, irguiera, irguiéramos, irguierais, irguieran (*o* irguiese, irguieses, irguiese, *etc*). *Fut de subj* irguiere, irguieres, irguiere, irguiéremos, irguiereis, irguieren. *Ger* irguiendo.

46. ESCRIBIR. *Part* escrito.

47. FREÍR. *Igual que* REÍR [57], *excepto en participio*. *Part* frito (*o, mas raro,* freído).

48. HUIR. *Pres de ind* huyo, huyes, huye, huimos, huís, huyen. *Pres de subj* huya, huyas, huya, huyamos, huyáis, huyan. *Imperat* huye, huya, huid, huyan. *Pret de ind* huí, huiste, huyó, huimos, huisteis, huyeron. *Pret de subj* huyera, huyeras, huyera, huyéramos, huyerais, huyeran (*o* huyese, huyeses, huyese, etc). *Fut de subj* huyere, huyeres, huyere, huyéremos, huyereis, huyeren. *Ger* huyendo.

49. IMPRIMIR. *Part* impreso (*o, más raro,* imprimido).

50. IR. *Pres de ind* voy, vas, va, vamos, vais, van. *Pres de subj* vaya, vayas, vaya, vayamos, vayáis, vayan (*en uso exhortativo se dice frec* vamos *por* vayamos). *Imperat* ve, vaya, id, vayan. *Impf de ind* iba, ibas, iba, íbamos, ibais, iban. *Pret de ind* fui, fuiste, fue, fuimos, fuisteis, fueron. *Pret de subj* fuera, fueras, fuera, fuéramos, fuerais, fueran (o fuese, fueses, fuese, etc). *Fut de subj* fuere, fueres, fuere, fuéremos, fuereis, fueren. *Ger* yendo.

51. LUCIR. *Pres de ind* luzco, luces, luce, lucimos, lucís, lucen. *Pres de subj* luzca, luzcas, luzca, luzcamos, luzcáis, luzcan. *Imperat* luce, luzca, lucid, luzcan.

52. MORIR. Igual que DORMIR [44], excepto en participio. *Part* muerto.

53. MULLIR. *Pret de ind* mullí, mulliste, mulló, mullimos, mullisteis, mulleron. *Pret de subj* mullera, mulleras, mullera, mulléramos, mullerais, mulleran (o mullese, mulleses, mullese, etc). *Fut de subj* mullere, mulleres, mullere, mulléremos, mullereis, mulleren. *Ger* mullendo.

54. OÍR. *Pres de ind* oigo, oyes, oye, oímos, oís, oyen. *Pres de subj* oiga, oigas, oiga, oigamos, oigáis, oigan. *Imperat* oye, oiga, oíd, oigan. *Pret de ind* oí, oíste, oyó, oímos, oísteis, oyeron. *Pret de subj* oyera, oyeras, oyera, oyéramos, oyerais, oyeran (u oyese, oyeses, oyese, etc). *Fut de subj* oyere, oyeres, oyere, oyéremos, oyereis, oyeren. *Ger* oyendo.

55. PREDECIR. Igual que DECIR [42], excepto en los tiempos que siguen. *Imperat* predice, prediga, predecid, predigan. *Fut de ind* prediciré, predicirás, predicirá, prediciremos, predeciréis, predecirán (o, *raramente*, prediré, predirás, predirá, prediremos, prediréis, predirán). *Potencial* predeciría, predecirías, predeciría, predeciríamos, predeciríais, predecirían (o, *raramente*, prediría, predirías, prediría, etc).

56. PUDRIR. *Infin*. pudrir o podrir. *Part* podrido. Todas las restantes formas del verbo tienen u *en la base*: pudre, pudría, pudra, pudrió, pudriendo, etc.

57. REÍR. *Pres de ind* río, ríes, ríe, reímos, reís, ríen. *Pres de subj* ría, rías, ría, riamos, riáis, rían. *Imperat* ríe, ría, reíd, rían. *Pret de ind* reí, reíste, rió, reímos, reísteis, rieron. *Pret de subj* riera, rieras, riera, riéramos, rierais, rieran (o riese, rieses, riese, etc). *Fut de subj* riere, rieres, riere, riéremos, riereis, rieren. *Ger* riendo.

58. REÑIR. *Pres de ind* riño, riñes, riñe, reñimos, reñís, riñen. *Pres de subj* riña, riñas, riña, riñamos, riñáis, riñan. *Imperat* riñe, riña, reñid, riñan. *Pret de ind* reñí, reñiste, riñó, reñimos, reñisteis, riñeron. *Pret de subj* riñera, riñeras, riñera, riñéramos, riñerais, riñeran (o riñese, riñeses, riñese, etc.). *Fut de subj* riñere, riñeres, riñere, riñéremos, riñereis, riñeren. *Ger* riñendo.

59. SALIR. *Pres de ind* salgo, sales, sale, salimos, salís, salen. *Pres de subj* salga, salgas, salga, salgamos, salgáis, salgan. *Imperat* sal, salga, salid, salgan. *Fut de ind* saldré, saldrás, saldrá, saldremos, saldréis, saldrán. *Potencial* saldría, saldrías, saldría, saldríamos, saldríais, saldrían.

60. SENTIR. *Pres de ind* siento, sientes, siente, sentimos, sentís, sienten. *Pres de subj* sienta, sientas, sienta, sintamos, sintáis, sientan. *Imperat* siente, sienta, sentid, sientan. *Pret de ind* sentí, sentiste, sintió, sentimos, sentisteis, sintieron. *Pret de subj* sintiera, sintieras, sintiera, sintiéramos, sintierais, sintieran (o sintiese, sintieses, sintiese etc). *Fut de subj* sintiere, sintieres, sintiere, sintiéremos, sintiereis, sintieren. *Ger* sintiendo.

61. VENIR. *Pres de ind* vengo, vienes, viene, venimos, venís, vienen. *Pres de subj* venga, vengas, venga, vengamos, vengáis, vengan. *Imperat* ven, venga, venid, vengan. *Pret de ind* vine, viniste, vino, vinimos, vinisteis, vinieron. *Pret de subj* viniera, vinieras, viniera, viniéramos, vinierais, vinieran (o viniese, vinieses, viniese, etc). *Fut de subj* viniere, vinieres, viniere, viniéremos, viniereis, vinieren. *Fut de ind* vendré, vendrás, vendrá, vendremos, vendréis, vendrán. *Potencial* vendría, vendrías, vendría, vendríamos, vendríais, vendrían. *Ger* viniendo.

62. VESTIR. *Pres de ind* visto, vistes, viste, vestimos, vestís, visten. *Pres de subj* vista, vistas, vista, vistamos, vistáis, vistan. *Imperat* viste, vista, vestid, vistan. *Pret de ind* vestí, vestiste, vistió, vestimos, vestisteis, vistieron. *Pret de subj* vistiera, vistieras, vistiera, vistiéramos, vistierais, vistieran (o vistiese, vistieses, vistiese, etc). *Fut de subj* vistiere, vistieres, vistiere, vistiéremos, vistiereis, vistieren. *Ger* vistiendo.

II. TEXTOS CITADOS

AUTORES Y OBRAS

1. La fecha última que se cita en cada obra es la de la edición utilizada. Cuando esta no es la 1ª, se hace constar así, o bien se da entre corchetes, inmediatamente después del título, la fecha de la 1ª edición. En obras de teatro, la fecha entre corchetes es la del estreno. En el caso excepcional de obras no editadas anteriormente en libro (por ej., Aldecoa *Cuentos*), la fecha que va entre corchetes es la de redacción.

2. Sobre la letra entre paréntesis que sigue a algunos títulos (por ej., Delibes *Aventuras*), véase en los Preliminares ABREVIATURAS USADAS EN EL DICCIONARIO: OTRAS MARCAS.

A

AAlcalde = Alonso Alcalde, Manuel: ***Unos*** (G) = *Unos de por ahí*. 1966.

Abad = Abad, Francisco: ***Lingüística*** = v. Abad-GBerrio *Lingüística*.

Abad-GBerrio = Abad, Francisco; García Berrio, Antonio (coord.): ***Lingüística*** = *Introducción a la lingüística*. 1983.

Abella = Abella, Rafael: ***Franco*** = *La vida cotidiana en España bajo el régimen de Franco*. 1985. ♦ ***Imperio*** = *Por el Imperio hacia Dios. Crónica de una posguerra (1939-1955)*. 1978. ♦ ***Vida*** 1 = *La vida cotidiana durante la Guerra Civil. La España nacional*. 1973. ♦ ***Vida*** 2 = *La vida cotidiana durante la Guerra Civil. La España republicana*. 1975.

ÁCaballero = Álvarez Caballero, Ángel: ***Cante*** = *Historia del cante flamenco*. [1981]. 1986.

Academia = Real Academia Española: ***Advertencias*** = *Advertencias para el uso de este Diccionario*. En *Diccionario de la Lengua Española*. 1992. ♦ ***Anuario 1973*** = [Anuario.] 1973. ♦ ***Anuario 1992*** = [Anuario.] 1992. ♦ ***Esbozo*** = *Esbozo de una nueva gramática de la lengua española*. 1973.

Acevedo = Acevedo, Evaristo: ***Cartas*** = *Cartas a los celtíberos esposados*. [1970]. 1972.

Acquaroni = Acquaroni, José Luis: ***Hucha*** 1 = v. *Hucha* 1.

AEzquerra = Alvar Ezquerra, Manuel: ***Lexicografía*** = *Proyecto de lexicografía española*. 1976. ♦ ***Lexicogr. descriptiva*** = *Lexicografía descriptiva*. 1993. ♦ ***Universidad*** = *La universidad y el diccionario*. 1982. ♦ ***Vox*** = Pról. a *Vox, diccionario general ilustrado de la lengua española*. 1987.

AGamo = Alonso Gamo, José María: ***GMontalvo*** = *Luis Gálvez de Montalvo*. 1987.

Agenda CM = *Agenda Familiar 1990*. Caja de Madrid. 1989.

Agenda Practik 1990 = *Agenda Practik 1990*. 1989.

AGómez = Alonso Gómez, Miguel: ***Música*** = v. *Música*.

Agromán = *Almanaque para 1970*. Agromán. 1969.

Aguiar = Aguiar, José: ***Angustia*** (DH) = *Breve análisis de la angustia en el arte contemporáneo*. 1961.

Aguilar = Aguilar Muñoz, Manuel: ***Experiencia*** = *Una experiencia editorial*. [1963]. 1972.

Aguilera = Aguilera Cerni, Vicente: ***Arte*** = *Iniciación al arte español de la postguerra*. 1970.

Aguiló = Aguiló Sanmartín, María Teresa: ***Guadalajara*** = v. *Guadalajara*.

Aguirre = Aguirre, Jesús: ***Aranda*** = *El Conde de Aranda y la reforma de espectáculos en el siglo XVIII*. 1986.

Aguirre = Aguirre Prado, Luis: ***Galdós*** = *Galdós*. 1969.

AHernández = Alonso Hernández, José Luis: ***Maleantes*** = *El lenguaje de los maleantes españoles de los siglos XVI y XVII: la germanía*. 1979.

Ahumada = Ahumada Lara, Ignacio: ***Lexicografía*** = *Aspectos de lexicografía teórica*. 1989.

Ainaud = Ainaud, Juan: ***Encuadernación*** = *Encuadernación*. En J. Domínguez Bordona y J. Ainaud: *Miniatura. Grabado. Encuadernación*. 1962. ♦ ***Grabado*** = *Grabado*. En J. Domínguez Bordona y J. Ainaud: *Miniatura. Grabado. Encuadernación*. 1962.

Alarcos = Alarcos Llorach, Emilio: ***Cajón*** = *Cajón de sastre asturiano*. 2 t. 1980. ♦ ***Comunicación*** = v. *Comunicación*. ♦ ***Estructuralismo*** = v. *Estructuralismo*. ♦ ***Estudios*** = *Estudios de gramática funcional del español*. 1970. ♦ ***Fonología*** = *Fonología española*. 4ª ed. 1965. ♦ ***Grupos*** = *Grupos nominales con /de/ en español*. En *Studia hispanica in honorem R. Lapesa*, I. 1972.

Albalá = Albalá, Alfonso: ***Periodismo*** = *Introducción al periodismo*. 1970.

Alcalde = Alcalde González, Ramón P.: ***Salud*** = v. *Salud*.

Alcántara = Alcántara, Manuel: ***Vuelta*** = *Vuelta de hoja*. [1989-1993]. 1998.

Alcina = Alcina, Juan Francisco: ***Ovidio*** = Introd. a *Ovidio: Las metamorfosis*. 1990.

Alcina-Blecua = Alcina Franch, Juan; Blecua, José Manuel: ***Gramática*** = *Gramática española*. 1975.

Alcolea = Alcolea, Santiago: ***Artes decorat.*** = *Artes decorativas en la España cristiana (siglos XI-XIX)*. 1975. ♦ ***Segovia*** = *Segovia y su provincia*. 1958.

Alcoy = *Alcoy*. Revista anual de la fiesta de Moros y Cristianos. 1966.

Aldecoa = Aldecoa, Ignacio: ***Cuentos*** = *Cuentos completos*. [1955-69]. 2 t. 1973. ♦ ***Gran Sol*** = *Gran Sol*. [1957]. 1969. ♦ ***Historia*** = *Parte de una historia*. [1967]. 1981.

Aleixandre = Aleixandre, José Javier: ***Hucha*** 1 = v. *Hucha* 1.

Aleixandre = Aleixandre, Vicente: ***Encuentros*** = *Los encuentros*. [1958]. En *Obras completas*. 1968.

Aleixandre = Aleixandre [Ferrandis], Vicente: ***Química*** = *Química*. 5º curso del Bachillerato. 1972.

Alfageme = Alfageme, Ignacio R.: ***Gram. griega*** = *Nueva gramática griega*. 1988.

Alfonso = Alfonso, Carlos: ***España*** = *La España cotidiana*. 1970.

Alfonso = Alfonso, Javier: ***Música*** = v. *Música*.

Almería = *Almería. España en paz*. 1964.

Alonso = Alonso, Dámaso: ***Comentarios*** = *Comentarios*. En *Poemas escogidos*. 1969. ♦ ***Diversificación*** = *Para evitar la diversificación de nuestra lengua*. En *PFLE* 2. ♦ ***Epístola*** = La "*Epístola moral a Fabio*", de Andrés Fernández de Andrada. 1978. ♦ ***Góngora*** = *Góngora y el "Polifemo"*. 2ª ed. 1960. ♦ ***Lapesa*** = *Palabras [...] en el* *acto de entrega a Rafael Lapesa del primer volumen de este Homenaje.* En *Studia hispanica in honorem R. Lapesa,* III. 1975. ♦ **Primavera** = *Primavera temprana de la literatura europea: lírica, épica, novela.* 1961. ♦ **Pról. Lorenzo** = Pról. a E. Lorenzo: *El español de hoy, lengua en ebullición.* [1966]. 1971. ♦ **Siglos oscuros** = *De los siglos oscuros al de Oro.* 1958.

Alonso = Alonso, Martín: **Lengua** = *Curso elemental de lengua española.* 1er. año de Bachillerato. 1958.

Alós = Alós, Concha: **Enanos** = *Los enanos.* [1962]. 1967. ♦ **Hogueras** = *Las hogueras.* 1964.

Alsina = Alsina, José: **Esquilo** = Introd. a Esquilo: *La Orestía.* 1979. ♦ **Homero** = Introd. [1968] a Homero: *Obras: Ilíada. Odisea.* 1973. ♦ **Píndaro** = Introd. a Píndaro: *Odas triunfales.* 1990. ♦ **Plutarco** = Introd. a Plutarco: *Vidas paralelas,* [I]. 1990.

Altabella = Altabella, José: *Ateneo* = v. Ateneo.

Alvar = Alvar, Carlos: **Lancelot** = *El Lancelot en prosa: reflexiones sobre el éxito y la difusión de un tema literario.* En *Serta philologica F. Lázaro Carreter,* II. 1983.

Alvar = Alvar, Manuel: **Envés** = *El envés de la hoja.* 1982. ♦ **España** = *España, las tierras, la lengua.* 1991. ♦ **Español** = *Variedad y unidad del español.* 1968. ♦ **Estructuralismo** = *Estructuralismo, geografía lingüística y dialectología actual.* 1969. ♦ **Estudios léx.** = *Estudios léxicos.* 1ª serie. 1984. ♦ **Islas** = *Islas afortunadas.* 1975. ♦ **Libertad** = *La lengua como libertad y otros estudios.* 1982. ♦ **Lit. española** 1 = v. Lit. española. ♦ **Mis islas** = *Mis islas.* 1990. ♦ **Modalidades arag.** = *Modalidades lingüísticas aragonesas.* En M. Alvar (coord.): *Lenguas peninsulares y proyección hispánica.* 1986. ♦ **Regiones** = *Teoría lingüística de las regiones.* 1975. ♦ **Salvador** = Contestación a G. Salvador: *Sobre la letra "q".* 1987. ♦ **Silva** = *Silva de varia lección.* 1992. ♦ **Sociedad** = *Lengua y sociedad.* 1976.

Alvar-Mariner = Alvar, Manuel; Mariner, Sebastián: **Latinismos** = *Latinismos.* En *Enciclopedia Lingüística Hispánica,* II. 1967.

Alvarado = Alvarado, Salustio: **Anatomía** = *Anatomía y fisiología humanas, con nociones de higiene.* (Para la Enseñanza Media.) 1958. ♦ **Botánica** = *Botánica.* En *Ciencias naturales.* 5º Curso del Bachillerato. [1958]. 1970. ♦ **Geología** = *Geología.* En *Ciencias naturales.* 5º Curso del Bachillerato. [1958]. 1970. ♦ **Zoología** = *Zoología.* En *Ciencias naturales.* 5º Curso del Bachillerato. [1958]. 1970.

Alvarado = Alvarado, Salustio [Jr.]: **Eslavismos** = *Eslavismos en el léxico español.* En BRAE, 69 (1989).

Álvarez = Álvarez, Pedro: **Alguien** (DH) = *Alguien pasa de puntillas.* 1956.

Alvira = Alvira Alvira, Tomás: **Ciencias** = *Ciencias naturales.* Curso 1º [de Bachillerato]. 1968.

Ama casa 1972 = *El libro del ama de casa 1972.* Aguilar. 1971.

AMarcelo = Armas Marcelo, Juan José: **Dioses** = *Los dioses de sí mismos.* [1989]. 1996.

AMillán = Alonso Millán, Juan José: **Cuéntalo** = *Cuéntalo tú que tienes más gracia.* 1990. ♦ **Damas** = *Damas, señoras, mujeres.* [1987]. 1988. ♦ **Día** = *El Día de la Madre.* [1969]. En *Teatro 1969.* ♦ **Juegos** = *Juegos de sociedad.* [1970]. En *Teatro 1970.* ♦ **Marta** = *Estado civil: Marta.* [1969]. En *Teatro 1968.* ♦ **Mayores** = *Mayores con reparos.* [1965]. En *Teatro 1964.* ♦ **Oportunidad** = *Oportunidad: bonito chalet familiar.* [1991]. 1992. ♦ **Revistas** = *Revistas del corazón.* [1985]. 1986.

Amorós = Amorós, Andrés: **Introducción** = *Introducción a la literatura.* 1979. ♦ **Letras 1976** = *El teatro.* En *Letras españolas 1976-1986.* 1987. ♦ **Subliteraturas** = *Subliteraturas.* 1974.

Amorós-Mayoral = Amorós, Andrés; Mayoral, Marina: **Lengua** = *Lengua y literatura españolas,* 2º. 1968. ♦ **Lengua 3º** = *Lengua y literatura españolas,* 3º. 1969. ♦ **Lengua 4º** = *Lengua y literatura españolas,* 4º. 1970.

Ancochea = Ancochea Quevedo, Germán: **Estructuras** (DH) = *Estructuras algebraicas.* 1966.

Andrés = Andrés, Enriqueta de: **Helenistas** = *Helenistas españoles del siglo* XVII. 1988.

Andrés = Andrés, Ramón: **Hartzenbusch** = Introd. a J. E. Hartzenbusch: *Los amantes de Teruel.* 1989.

Angulo = Angulo Íñiguez, Diego: **Arte** = *Historia del arte.* 2 t. 2ª ed. 1957.

Animales marinos = *Animales marinos.* Subsecretaría de la Marina Mercante. Dirección General de Pesca Marítima. *Nomenclatura oficial española de los animales marinos de interés pesquero.* 2ª ed. 1972.

Anson = Anson, Luis María: **Oriente** = *El grito de Oriente.* 1965.

Antibióticos = *Antibióticos, S.A. XXV Aniversario.* [1974]. 1975.

Anticonceptivo = *Elige tu anticonceptivo.* 1987.

Antolín = Antolín, Enriqueta: **Gata** = *La gata con alas.* 1992.

Anuario Observatorio 1966 = *Anuario del Observatorio Astronómico de Madrid para 1966.* 1965.

Anuario Observatorio 1967 = *Anuario del Observatorio Astronómico de Madrid para 1967.* 1966.

Aparicio = Aparicio, Juan Pedro: **Año** = *El año del francés.* [1986]. 1989. ♦ **César** = *Lo que es del César.* 1981. ♦ **Mono** = *Cuentos del origen del mono.* [1975-1989]. 1989. ♦ **Relato** = v. Relato. ♦ **Retratos** = *Retratos de ambigú.* 1989.

APaz = Arias-Paz, M.: **Circulación** = *Cartilla de circulación automóvil.* 15ª ed. 1960.

Ara = Ara, Pedro: **Anatomía** (DH) = *El drama de la anatomía. ¿Se repetirá la historia?* En *Archivos de la Facultad de Medicina de Madrid,* 8 (1965).

Aranguren = L[ópez] Aranguren, José Luis: **Comunicación** = *La comunicación humana.* 1967. ♦ **Crítica** = *Crítica y meditación.* 1957. ♦ **Erotismo** = *Erotismo y moral de la juventud.* En [Varios autores]: *El amor y el erotismo.* 1965. ♦ **Ética y polít.** = *Ética y política.* 1963. ♦ **Juventud** = *La juventud europea y otros ensayos.* [1957-61]. 1962. ♦ **Marxismo** = *El marxismo como moral.* [1967]. 1968. ♦ **Moral** = *Moral y sociedad. Introducción a la moral social española del siglo* XIX. [1966]. 1970.

Arazo = Arazo, María Ángeles: **Maestrazgo** (G) = *Gente del Maestrazgo.* 1969. ♦ **Rincón** = *Gente del Rincón.* [1966]. 1974.

Arbelo = Arbelo Curbelo, A.; Beláustegui Cueto, A.; Arbelo López de Letona, A.: **Hijo** = *Vuestro hijo. Ciencia y arte de su crianza.* 1980.

Arce = Arce, Joaquín: **Lit. española** 3 = v. Lit. española.

Arce = Arce, Manuel: **Anzuelos** = *Anzuelos para la lubina.* [1962]. 1966. ♦ **Precio** = *El precio de la derrota.* 1970. ♦ **Testamento** = *Testamento en la montaña.* 1956.

Areilza = Areilza, José María de: **Artículos** = *Cien artículos.* 1971. ♦ **Memorias** = *Memorias exteriores 1947-1964.* 1984. ♦ **Pról. Gala** = Pról. a A. Gala: *Séneca o el beneficio de la duda.* 1987. ♦ **Pról. Iparaguirre-Dávila** = Pról. a E. Iparaguirre y C. Dávila: *Real Fábrica de Tapices 1721-1971.* 1971.

Arenaza-Gastaminza = Arenaza Lasagabaster, J. J.; Gastaminza Ibarburu, F.: **Historia** = *Historia universal y de España.* Bachillerato. 4º curso. 1960.

Arias = Arias, Ricardo: **Morfosintaxis** = *Curso de morfosintaxis.* 1983.

ARíos = Alonso de los Ríos, César: **Delibes** = *Conversaciones con Miguel Delibes.* 1971.

Armenteras = Armenteras, Antonio de: **Epistolario** = *Epistolario y redacción del documento.* [1958]. 1970.

Armiñán = Armiñán, Jaime de: **Juncal** = *Juncal.* 1989.

Arozarena = Arozarena, Rafael: **Lit. Canarias** 1 = v. Lit. Canarias.

Artero = Artero García, José María: **Hombre** = *Introducción al estudio del hombre.* 1974. ◆ **Inerte** = *Introducción al mundo de lo inerte.* 1975. ◆ **Invertebrados** = *Introducción al mundo de los invertebrados.* 1971. ◆ **Plantas** = *Introducción al mundo de las plantas.* 1974.

ARuiz = Arias Ruiz, Aníbal: **Radiofonismo** (DH) = *Radiofonismo.* 1955.

ASantos = Alonso de Santos, José Luis: **Bajarse** = *Bajarse al moro.* 1985. ◆ **Estanquera** = *La estanquera de Vallecas.* [1981]. 1982. ◆ **Pares** = *Pares y Nines.* [1988]. 1990. ◆ **Pirueta** = *La última pirueta.* [1986]. 1987.

Asián = Asián Peña, José L.: **Historia** = *Historia general del arte y de la cultura.* 3ª ed. 1963.

Asturias = *Asturias. España en paz.* 1964.

Ateneo = *Ateneo de Madrid. Memoria 1962-1967.* 1968.

Atienza = Atienza, Javier: **Aresti** = Introd. a G. Aresti: *Maldan behera; Harri eta herri.* 1979.

Atlas mundo Aguilar = *Atlas del mundo Aguilar.* 1988.

Atxaga = Atxaga, Bernardo: **Obabakoak** = *Obabakoak.* [1993]. 1995.

Ayala = Ayala, Francisco: **Periodismo** = *La retórica del periodismo.* 1984. ◆ **Recuerdos** = *Recuerdos y olvidos.* 1988.

Ayerra = Ayerra, Ramón: **Veladas** = *Las amables veladas con Cecilia.* 1978.

Azáceta = Azáceta, José María: **Poes. cancioneril** = Introd. a J. M. Azáceta (ed.): *Poesía cancioneril.* 1984.

Azcárate = Azcárate, José María de: **Arte** = *Primera parte.* En J. M. de Azcárate, A. E. Pérez Sánchez y J. A. Ramírez Domínguez: *Historia del arte.* 1979. ◆ **HArte** = *Historia del arte en cuadros esquemáticos.* 11ª ed. 1974.

Azorín = Azorín [Martínez Ruiz, José]: **Agenda** = *Agenda.* [1959]. En *Obras selectas.* 5ª ed. 1982. ◆ **Ejercicios** = *Ejercicios de castellano.* [1960]. En *Obras selectas.* 5ª ed. 1982. ◆ **Posdata** = *Posdata.* [1959]. En *Obras selectas.* 5ª ed. 1982. ◆ **Recuadros** = *Recuadros.* [1960-61]. En *Obras selectas.* 5ª ed. 1982.

Azúa = Azúa, Félix de: **Cambio** = *Cambio de bandera.* [1991]. 1994. ◆ **Diario** = *Diario de un hombre humillado.* [1987]. 1991. ◆ **Idiota** = *Historia de un idiota contada por él mismo, o el contenido de la felicidad.* [1986]. 1993.

B

Bachillerato 1967 = Ministerio de Educación y Ciencia: *Plan de Bachillerato Elemental Unificado. Cuestionarios y programas.* [1967]. 1968.

Badosa = Badosa, Enrique: **Razones** = *Razones para el lector.* 1964.

Bagué = Bagué, Enrique: **HEspaña** 1 = v. HEspaña.

Bagué = Bagué, Esteban: **Lingua** = *Lingua. Manual de redacción castellana.* [1957]. 1967.

Balasch-Roquet = Balasch, Manuel; Roquet, Enrique: **Acrópolis** = *Griego. Acrópolis.* 3er. curso. [1978]. 1981.

Ballester = Ballester del Cortijo, Rosario: **Guadalajara** = v. Guadalajara.

Ballesteros = Ballesteros, Mercedes: **Hermano** = *Mi hermano y yo por esos mundos.* 1962. ◆ **Señas** = v. Señas.

Ballesteros = Ballesteros Gaibrois, Manuel: **HEspaña** 1 = v. HEspaña.

Baquero = Baquero Goyanes, Mariano: **Novela** = *Proceso de la novela actual.* 1963.

Baquero-Polo-DRevenga = Baquero [Goyanes], Mariano; Polo, Victorino; Díez [de Revenga], Francisco Javier: **Lit. española** = *Literatura española.* [2º Bachillerato.] 1976. ◆ **Literatura** = *Literatura española.* [3º Bachillerato.] 1977.

Barcelona = *Barcelona. España en paz.* 1964.

Barral = Barral, Carlos: **Memorias** 1 = *Años de penitencia.* [Memorias, I.] 1975. ◆ **Memorias** 2 = *Los años sin excusa.* [Memorias, II.] 1978. ◆ **Memorias** 3 = *Cuando las horas veloces.* [Memorias, III.] [1988]. 1994.

Barrena = Barrena, Natalio: **Gram. annobonesa** (DH) = *Gramática annobonesa.* 1957.

Barrero = Barrero Pérez, Óscar: **Cuento** = Introd. a Ó. Barrero Pérez (ed.): *El cuento español, 1940-1980* (selección). 1989. ◆ **Lit. contemporánea** = *Historia de la literatura española contemporánea (1939-1990).* 1992.

Bassols = Bassols de Climent, Mariano: **Sintaxis** = *Sintaxis latina.* [1956]. 2 t. 1973.

Baz = Baz, Manuel: **Lío** = *El lío nuestro de cada día.* [1978]. 1986.

Beltrán = Beltrán Llavador, Rafael: **HCLE** 1/1 = v. HCLE.

Benavente = Benavente, José María: **Evolución** = *¿Qué es la evolución?* [1972]. 1978.

Benejam = Benejam, Pilar [y otros]: **Intercambio** = *Intercambio. Geografía humana y económica del mundo actual.* 2º curso [de Bachillerato]. [1976]. 1980.

Benet = Benet, Juan: **Aire** = *El aire de un crimen.* [1980]. 1984. ◆ **Caballero** (G) = *El caballero de Sajonia.* 1991. ◆ **Cuentos** = *Cuentos completos.* 2 t. [1977]. 1994-1995. ◆ **Lanzas** (G) = *Herrumbrosas lanzas.* 1983. ◆ **Nunca** = *Nunca llegarás a nada.* [1961]. 1969. ◆ **Otoño** = *Otoño en Madrid hacia 1950.* 1987. ◆ **Penumbra** = *En la penumbra.* 1989. ◆ **Reichenau** = *Reichenau.* [1972]. En Ó. Barrero Pérez (ed.): *El cuento español, 1940-1980* (selección). 1989. ◆ **Sub rosa** = *Sub rosa.* [1973]. En *Una tumba y otros relatos.* 1981. ◆ **Viaje** = *Un viaje de invierno.* [1972]. 1980. ◆ **Volverás** = *Volverás a Región.* [1967]. 1974.

Benito = Benito Ruano, Eloy: **Alteridad** = *De la alteridad en la historia.* 1988.

Benlloch-Tejedor = Benlloch Ibarra, Eduardo; Tejedor Campomanes, César: **Camino** = *Camino, verdad y vida. La moral católica.* 5º Curso de Bachillerato. 1969.

Berenguer = Berenguer, Luis: **Leña** = *Leña verde.* 1972. ◆ **Mundo** = *El mundo de Juan Lobón.* 1967.

Berenguer-GMorell = Berenguer, Ángel; Gallego Morell, Antonio: **Ganivet** = Introd. a Á. Ganivet: *La conquista del reino de Maya; Los trabajos del infatigable creador Pío Cid.* 1988.

Berlanga = Berlanga, Andrés: **Acá** = *Del más acá.* 1987. ◆ **Barrunto** = *Barrunto.* 1967. ◆ **Gaznápira** = *La Gaznápira.* 1984. ◆ **Pólvora** = *Pólvora mojada.* 1972. ◆ **Recuentos** = *Recuentos.* 1991.

Bermejo = Bermejo Cabrero, José Luis: **Derecho** = *Derecho y pensamiento político en la literatura española.* 1980. ◆ **Estudios** = *Estudios de historia del derecho y de las instituciones.* 1989.

Bermello = Bermello Martínez, Julián: **Salud** = v. Salud.

Bernard = Bernard de Ferrer, G[enoveva]: **Combinados** = *Los combinados. Las mejores recetas para prepararlos.* 1958. ◆ **Pescados** = *Nuevas recetas de pescados y mariscos.* 1962. ◆ **Salsas** = *Salsas y sopas.* 1968. ◆ **Verduras** = *Verduras, legumbres y patatas.* 1968.

Blecua = Blecua, Alberto: **Crítica** = *Manual de crítica textual.* 1983.

Blecua = Blecua, José Manuel: **Edad Oro** 1 = Introd. a J. M. Blecua (ed.): *Poesía de la Edad de Oro.* I. *Renacimiento.* 1982. ◆ **Edad Oro** 2 = Introd. a J. M. Blecua (ed.): *Poesía de la Edad de Oro.* II. *Barroco.* 2ª ed. 1987. ◆ **Géneros** = *Los géneros literarios y su historia.* 4º curso 1960. ◆ **Literatura** 1 = *Historia de la literatura.* [I]. 5º curso. 1956. ◆ **Literatura** 2 = *Historia de la literatura.* [II]. 6º curso. 1957.

Blecua = Blecua [Perdices], José Manuel: **Hablar** = *Qué es hablar.* 1982.

Blecua = Blecua, José Manuel; Blecua, Luis Alberto: **Lengua** = *Lengua española.* 1er. curso. 1968. ◆ **Lengua** 2º = *Lengua española.* 2º curso. 1970.

Bonet = Bonet, Juan: **Terraza** (G) = *La terraza*. 1965.

Bonnín = Bonnín, Pere: **Nazis** = *Así hablan los nazis*. 1973.

Borrajo = Borrajo Dacruz, Efrén: **Política** = *Política social*. [1965]. 1974.

Borrás = Borrás, Tomás: **Madrid** = *Madrid gentil, torres mil*. 1958.

Bosque = Bosque, Joaquín: **Geog. regional** = v. *Geog. regional*. ◆ **Universo** = *Geografía económica*. En J. Wagner, J. Bosque y J. Vicens Vives: *Universo. Geografía general*. [1956]. 1965.

Bousoño = Bousoño, Carlos: **Nieva** = *Contestación a F. Nieva: Esencia y paradigma del "género chico"*. 1990. ◆ **Teoría** = *Teoría de la expresión poética*. 7ª ed. 2 t. 1985.

Buero = Buero Vallejo, Antonio: **Diálogo** = *Diálogo secreto* [1984]. 1985. ◆ **Fundación** = *La fundación*. [1974]. 1991. ◆ **Hoy** = *Hoy es fiesta*. [1956]. En *Teatro 1956*. ◆ **Irene** = *Irene o el tesoro*. 1955. ◆ **Lázaro** = *Lázaro en el laberinto*. [1986]. 1987. ◆ **Música** = *Música cercana*. [1989]. 1990. ◆ **Soñador** = *Un soñador para un pueblo*. [1958]. En *Teatro 1958*. ◆ **Sueño** = *El sueño de la razón*. [1970]. En *Teatro 1969*. ◆ **Teatro 1958** = [Críticas.] En *Teatro 1958*. ◆ **Tragaluz** = *El tragaluz*. [1967]. 1985. ◆ **Tres maestros** = *Tres maestros ante el público (Valle-Inclán, Velázquez, Lorca)*. 1973.

Buesa = Buesa [Oliver], Tomás: **Americanismos** = *Americanismos*. En *Enciclopedia Lingüística Hispánica*, II. 1967.

Buesa-Enguita = Buesa Oliver, Tomás; Enguita Utrilla, José María: **Léx. América** = *Léxico del español de América. Su elemento patrimonial e indígena*. 1992.

Burgos = Burgos, Antonio: **Andalucía** = *Andalucía, ¿tercer mundo?* [1971]. 1974.

Burgos = Burgos, José María [y otros]: **Iglesia 4º** = *La Iglesia, pueblo de Dios*. 4º curso. 1970.

Bustinza-Mascaró = Bustinza Lachiondo, Florencio; Mascaró Carrillo, Fernando: **Ciencias** = *Ciencias naturales*. 3er. curso Bachillerato. 1959.

Bustos = Bustos, Eugenio de; Bustos, José Jesús de: **Lengua** = *Lengua española*. 1976.

BVillasante = Bravo-Villasante, Carmen: **Lit. infantil** = *Historia de la literatura infantil española*. [1957]. 1972. ◆ **PBazán** = *Vida y obra de Emilia Pardo Bazán*. 1973.

C

Caba = Caba, Rubén: **Ruta** = *Por la ruta serrana del Arcipreste*. 1977.

Caballero = Caballero, Félix: **Björnson** = *Pról. a B. Björnson: Obras escogidas*. 1967.

Cabezas = Cabezas, Juan Antonio: **Madrid** = *Diccionario de Madrid. Las calles, sus nombres, su historia, su ambiente*. [1968]. 1972.

Cabezas = Cabezas González, Héctor: **Música** = *Música. Libro guía para el alumno. Segunda etapa*. 1974.

Cabo-DOrtiz = Cabo Alonso, Ángel; Domínguez Ortiz, Antonio: **Geografía** = *Geografía*. 2º curso. 1969.

Cacho = Cacho, Jesús: **Asalto** = *Asalto al poder*. 4ª ed. 1988.

Cacho = Cacho Blecua, Juan Manuel: **Amadís** = Introd. y notas a Garci Rodríguez de Montalvo: *Amadís de Gaula*. 2 t. 1987.

Cádiz = *Cádiz. España en paz*. 1964.

Calera = Calera, Ana María: **Enfermera** = *Atlas de la enfermera*. 5ª ed. 1971. ◆ **Postres** = *Los postres sin horno*. 1964. ◆ **Potajes** = *Los potajes*. 1965.

Calonge = Calonge, Julio: **Texto** = *La relación entre el texto y su intérprete*. En *Actas del Congreso de la Sociedad Española de Lingüística (Tenerife, 1990)*. 1991. ◆ **Tucídides** = Introd. a Tucídides: *Historia de la guerra del Peloponeso*. Libros I-II. 1990.

Calvo = Calvo Sanz, Roberto: **Lit. española** 3 = v. *Lit. española*.

Camarero = Camarero, Manuel: **Cadalso** = Introd. a J. Cadalso: *Cartas marruecas*. 1984.

Camón = Camón Aznar, José: **LGaldiano** = *Guía abreviada del Museo Lázaro Galdiano*. 6ª ed. 1967.

Campmajó = Campmajó Tornabell, Antonio: **Salud** = v. *Salud*.

Campmany = Campmany, Jaime: **Cartas** = *Cartas batuecas*. [1985-1992]. 1995.

Cancio = Cancio, Jesús: **Bronces** = *Bronces de mi costa (prosa y verso)*. [Facsímil de la ed. 1956.] 1985.

Candel = Candel, Francisco: **Catalanes** = *Los otros catalanes*. [1964]. 1972.

Canellada = Canellada, María Josefa: **LFernández** = Introd. a Lucas Fernández: *Farsas y églogas*. 1976. ◆ **Penal** = *Penal de Ocaña*. [1954-63]. 1985.

Canilleros = Muñoz de San Pedro, Miguel, Conde de Canilleros: **Cáceres** = *Cáceres*. [1970]. 1973.

Cano = Cano, José Luis: **Lírica** = Introd. a J. L. Cano (ed.): *Lírica española de hoy. Antología*. 6ª ed. 1981.

Cano = Cano Aguilar, Rafael: **Español** = *El español a través de los tiempos*. 1988.

Cantera = Cantera Ortiz de Urbina, Jesús: **Enseñanza** = *La enseñanza del francés a hispanohablantes*. 1971.

Cañadell = Cañadell Vidal, José María: **Salud** = v. *Salud*.

Cañigral = Cañigral, Luis de: **Entrambasaguas** = *Laudatorio de D. Joaquín de Entrambasaguas*. En *Cervantistas en la Mancha. Investidura como Doctores "Honoris Causa" de D. Joaquín de Entrambasaguas y D. Juan Bautista de Avalle-Arce*. 1993.

Carande = Carande, Ramón: **Pról. Valdeavellano** = Pról. a L. G. de Valdeavellano: *Orígenes de la burguesía en la España medieval*. 1969.

Carandell = Carandell, Luis: **Celtiberia** = *Celtiberia Show*. 1970. ◆ **Escrivá** = *Vida y milagros de monseñor Escrivá de Balaguer, fundador del Opus Dei*. 1975. ◆ **Madrid** = *Vivir en Madrid*. 1967.

Carballo = Carballo Calero, Ricardo: **Cunqueiro** = Pról. a Á. Cunqueiro: *La otra gente*. [1975]. 1988.

Carlavilla = Carlavilla Delgado, Luisa [y otros]: **Ciencias 1º** = *Ciencias naturales*. 1º BUP. 1975.

Carnicer = Carnicer, Ramón: **Cabrera** = *Donde las Hurdes se llaman Cabrera*. [1964]. 1985. ◆ **Castilla** = *Gracia y desgracias de Castilla la Vieja*. 1976. ◆ **Tradición** = *Tradición y evolución en el lenguaje actual*. 1977.

Carra = Carra, Manuel: **Música** = v. *Música*.

Carreras = Carreras Artau, Joaquín: **Filosofía** = *Curso de filosofía. Para 6º curso de Bachillerato*. 1961.

Casado = Casado Velarde, Manuel: **Lengua** = *Lengua e ideología. Estudio de "Diario Libre"*. 1978. ◆ **Lenguaje** = *Lenguaje y cultura*. 1988.

Casals = Casals Colldecarrera, M.: **Op. cambiaria** (DH) = *Estudios de oposición cambiaria*. 1957.

Casamayor = Casamayor Casales, Fernando: **Zaragoza** = *Zaragoza*. 2ª ed. 1973.

Casanova = Casanova de Ayala, Félix: **Lit. Canarias** 1 = v. *Lit. Canarias*.

Casares = Casares Rodicio, Emilio: **Música** = *Música y actividades artístico-culturales*. BUP 1. [1976]. 1979.

Casas = Casas Torres, José Manuel: **Población** = *Población, desarrollo y calidad de vida*. 1982.

Casilda = Casilda Béjar, Ramón: **Banca** = *Guía de la banca y el consumidor*. 1989.

Caso = Caso González, José Miguel: **Lit. española** 3 = v. *Lit. española*.

CAssens = Cansinos-Assens, Rafael: **Novela** 1 = *La novela de un literato. (Hombres, ideas, efemérides, anécdotas...) 1: 1882-1914*. [a1964]. 1995. ◆ **Novela** 2 = *La novela de* *un literato. (Hombres, ideas, efemérides, anécdotas...) 2: 1914-1923.* [a1964]. 1985.

Castalla = Castalla. *Fiestas de Moros y Cristianos*. 1969.

Castán = Castán Palomar, Fernando: **Teatro 1959** = [Críticas.] En *Teatro 1959*.

Castañeda = Castañeda, Juan Pedro: **Lit. Canarias** 1 = v. *Lit. Canarias*.

Castañeda = Castañeda Rubio, María del Carmen: **Grafopsicología** = *Iniciación a la grafopsicología infantil*. 1985.

Castejón = Castejón, Rafael: **Pról. Salcedo** = Pról. a M. Salcedo Hierro: *Córdoba*. [1974]. 1975.

Castellanos = Castellanos, Mercedes: **Animales** = *Animales domésticos*. 1976.

Castellet = Castellet, José María: **Marcuse** = *Lectura de Marcuse*. 1969.

Castilla = Castilla del Pino, Carlos: **Alienación** = *La alienación de la mujer*. 1968. ◆ **Humanismo** = *El humanismo "imposible". Estructura social y frustración.* [1968]. 1969. ◆ **Natur. saber** = *Naturaleza del saber*. 1970.

Castillo = Castillo, Alberto del: **Polis** = *Medioevo*. En L. Pericot, A. del Castillo y J. Vicens Vives: *Polis. Historia Universal*. 8ª ed. 1964.

Castillo = Castillo Peña, Carmen: **Definición** 1 y 2 = *La definición sinonímica y los círculos viciosos*. En BRAE, 72 (1992) y 73 (1993).

Castronuño = *Fiestas de San Miguel.* [...] *Castronuño*. 1987.

Castroviejo = Castroviejo, José María: **Burla** = *La burla negra*. [1955]. 1973. ◆ **Caza** = *La alegre caza*. En J. M. Castroviejo y Á. Cunqueiro: *Viaje por los montes y chimeneas de Galicia. Caza y cocina gallegas*. 1962. ◆ **Cura** = *Las tribulaciones del cura de Noceda*. 1970. ◆ **Paisajes** = *Los paisajes iluminados*. [2ª ed.] 1963.

Catalá = Catalá de Alemany, Joaquín: **Física** = *Física general*. Con la colaboración de J. Aguilar Peris, J. Casanova Colás y F. Senent Pérez. 6ª ed. 1975.

Catál. Aguilar 1975 = *Aguilar. Catálogo 1975*. 1975.

Catál. Aguilar 1979 = *Aguilar. Catálogo 1979*. 1979.

Catál. Anaya 1982 = *Anaya. Catálogo General Resumido 1982/83*. 1982.

Catál. Edit. Nacional 1982 = *Catálogo 1982. Editora Nacional*. 1982.

Catál. Espasa-Calpe 1983 = *Catálogo. Espasa-Calpe 1983*. 1983.

Catál. Prado = *Museo del Prado. Catálogo de las pinturas*. [1963]. 1972.

Catálogo Publ. MEducación = *Catálogo General del Servicio de Publicaciones. Ministerio de Educación y Ciencia*. 1976.

Catecismo catól. = *Catecismo de la Iglesia católica*. Versión oficial en español, preparada por un grupo de teólogos y catequetas presidido por J. M. Estepa Llaurens. 1992.

Catecismo 4 = *Catecismo. 4*. [4º curso de Educación General Básica.] 1973.

Catecismo Nacional 1 = *Catecismo de la Doctrina Cristiana*. 1er. grado. Texto nacional. 1958.

Catecismo Nacional 2 = *Catecismo de la Doctrina Cristiana*. 2º grado. Texto nacional. 1958.

Catecismo Nacional 3 = *Catecismo de la Doctrina Cristiana*. 3er grado. Texto nacional. 3ª ed. 1966.

Cátedra = Cátedra, Pedro M.: **PCid** = Introd. a Anónimo: *Poema de Mio Cid*. 1985.

Caudete = *Caudete. Fiestas de Moros y Cristianos*. 1969.

CBaroja = Caro Baroja, Julio: **Anticlericalismo** (G) = *Introducción a una historia contemporánea del anticlericalismo español*. 1980. ◆ **Baroja** = *Los Baroja (memorias familiares)*. [1972]. 1978. ◆ **Brujas** = *Las brujas y su mundo*. [1961]. 1966. ◆ **Cara** (G) = *La cara, espejo del alma. Historia de la fisiognómica*. 1987. ◆ **Gén. biográfico** = *Género biográfico y conocimiento antropológico*. 1986. ◆ **Inquisición** = *Inquisición, brujería y criptojudaísmo*. 1970. ◆ **Inquisidor** = *El Señor Inquisidor y otras vidas por oficio*. 1968. ◆ **Judíos** = *Los judíos en la España moderna y contemporánea*. 3 vol. [1962]. 1986. ◆ **Laberinto** = *El laberinto vasco*. [1984]. 1986. ◆ **Temas** = *Temas castizos*. 1980.

CBlecua-Lacarra = Cacho Blecua, Juan Manuel; Lacarra, María Jesús: **Calila** = Introd. a *Calila e Dimna*. 1984.

CBonald = Caballero Bonald, José Manuel: **Ágata** = *Ágata ojo de gato*. 1974. ◆ **Casa** = *En la casa del padre*. 1988. ◆ **Dos días** = *Dos días de setiembre*. [1962]. 1967. ◆ **Noche** = *Toda la noche oyeron pasar pájaros*. 1981.

Cea = Cea Gutiérrez, Antonio: **Religiosidad** = *Religiosidad popular: imágenes vestideras*. 1992.

Ceballos = Ceballos Fernández de Córdoba, Luis: **Flora** = *Flora del "Quijote"*. 1965.

Cebrián = Cebrián Herreros, Mariano: **Reunión** = v. *Reunión*.

Cela = Cela, Camilo José: **Alcarria** = *Nuevo viaje a la Alcarria*. [1986]. 1994. ◆ **Compañías** = *Las compañías convenientes y otros fingimientos y cegueras*. [1963]. 1969. ◆ **Cristo** = *Cristo versus Arizona*. 1988. ◆ **Escenas** = *Nuevas escenas matritenses*. [1966]. En *Obras completas*, 22. 1990. ◆ **España** = *A vueltas con España*. 1973. ◆ **Gavilla** = *Gavilla de fábulas sin amor*. [1962]. 1983. ◆ **Izas** = *Izas, rabizas y colipoterras*. [1964]. 1971. ◆ **Judíos** = *Judíos, moros y cristianos. Notas de un vagabundaje por Ávila, Segovia y sus tierras*. [1956]. 1957. ◆ **Mazurca** = *Mazurca para dos muertos*. 1983. ◆ **Memorias** = *Memorias, entendimientos y voluntades*. 1993. ◆ **Molino** = *El molino de viento y otras novelas cortas*. [1956]. En *Obras completas*, 7. 1990. ◆ **Oficio** = *Oficio de tinieblas 5*. [1973]. 1979. ◆ **Pirineo** = *Viaje al Pirineo de Lérida. Notas de un paseo a pie por el Pallars Sobirà, el Valle de Arán y el condado de Ribagorza*. 1965. ◆ **RMoñino** = *Contestación a A. Rodríguez-Moñino: Poesía y cancioneros (siglo XVI)*. 1968. ◆ **Rosa** = *La cucaña. Memorias. Tranco primero: Infancia dorada, pubertad siniestra, primera juventud. Libro primero: La rosa*. [1959]. 1968. ◆ **SCamilo** = *Vísperas, festividad y octava de San Camilo del año 1936 en Madrid*. 1969. ◆ **Secreto** 1 = *Diccionario secreto. I: Series coleo y afines*. 1968. ◆ **Solana** = *La obra literaria del pintor Solana*. 1957. ◆ **Sueños** = *Los sueños vanos, los ángeles curiosos*. 1979. ◆ **Toreo** = *Toreo de salón*. 1963. ◆ **Torrente** = Contestación a G. Torrente Ballester: *Acerca del novelista y de su arte*. 1977. ◆ **Viaje andaluz** = *Primer viaje andaluz. Notas de un vagabundaje por Jaén, Córdoba, Sevilla, Huelva y sus tierras*. [1959]. 1971.

Cendrero = Cendrero Uceda, Antonio [y otros]: **Cantabria** = *Guía de la naturaleza de Cantabria*. [1986]. 1987.

Céspedes = Céspedes del Castillo, Guillermo: **HEspaña** 2 y 3 = v. *HEspaña*.

Chamorro = Chamorro, Víctor: **Sin raíces** = *Sin raíces*. 1970.

Chueca = Chueca Goitia, Fernando: **Arquitectura** (DH) = *Historia de la arquitectura española. Edad Antigua y Edad Media*. 1965.

Cierva = Cierva, Ricardo de la: **Derechas** = *Qué son las derechas*. 1976. ◆ **Triángulo** = *El triángulo. Alumna de la libertad. Adolescencia y perversidad de Isabel II: los cuatro primeros amantes*. 1988.

Cisneros = Cisneros Fraile, Francisco [y otros]: **Geografía** = *Geografía humana y económica*. 2º Bachillerato Unificado Polivalente. 1991.

Clavería = Clavería, Carlos: **Argot** = *Argot*. En *Enciclopedia Lingüística Hispánica*, II. 1967.

CNavarro = Castillo-Navarro, José María: **Perros** = *Los perros mueren en la calle*. 1961.

Cobos = Cobos, Pablo de A.: **Machado** = *Antonio Machado en Segovia. Vida y obra*. 1973.

Cocina = *Manual de cocina. Recetario*. 20ª ed. 1969.

Código Circulación = Código de la Circulación. 1965.

Código Penal = Código Penal. Texto revisado de 1963 modificado por Leyes de 1967 y 1971. 1973.

Colino = Colino López, Antonio: *Ciencia* = Ciencia y lenguaje. 1972.

Collantes = Collantes, J.: *Colosenses* = Introd. a Colosenses. En F. Cantera y M. Iglesias: Sagrada Biblia. 1979.

Comentario = A. Amorós (ed.): El comentario de textos [I]. 1973.

Comín = Comín Colomer, Eduardo: *PRepública* = Historia de la Primera República. 1956. ♦ *SRepública* = Historia secreta de la Segunda República. 1959.

Compil. Baleares = Compilación del Derecho Civil especial de Baleares. Aprobada por Ley de 1961. En Código Civil Español. 1972.

Compil. Cataluña = Compilación del Derecho Civil especial de Cataluña. Aprobada por Ley de 1960. En Código Civil Español. 1972.

Compil. Galicia = Compilación del Derecho Civil especial de Galicia. Aprobada por Ley de 1963. En Código Civil Español. 1972.

Compil. Navarra = Compilación del Derecho Civil Foral de Navarra. Reconocida y aprobada por Ley de 1973. 1973.

Compil. Vizcaya = Compilación del Derecho Civil Foral de Vizcaya y Álava. Aprobada por Ley de 1959. En Código Civil Español. 1972.

Comunicación = Lapesa, Rafael (coord.): Comunicación y lenguaje. 1977.

Conde = Conde, Alfredo: *Griffon* = El Griffon. [1985]. 1989.

Conde = Conde, Carmen: *Hucha* 1 = v. Hucha 1.

Conde = Conde Díez-Quijada, Francisco: *Tecnología* (DH) = Tecnología mecánica práctica. 4ª ed. 1959.

Constitución = Constitución Española, aprobada por las Cortes el 31 de Octubre de 1978. [1978].

Convenio Cetme = Convenio colectivo de la Compañía de Estudios Técnicos de Materiales Especiales, S.A. (CETME). 1983.

Corbella = Corbella Corbella, Jacinto: *Salud* = v. Salud.

Córdoba = Córdoba. España en paz. 1964.

Córdoba = Córdoba, José M. de: *Cultura* = Cultura popular y cristianismo. 1970.

Corral = Corral, Leonor del: *Cartas* = Juegos de cartas españoles. [1955?].

Correa = Correa Calderón, Evaristo: *Costumbrismo* = Introducción al estudio del costumbrismo español. En Costumbristas españoles. Selección de textos por ——. 2ª ed. I. 1964. ♦ *Introd. Gracián* = Introd. a B. Gracián: El Criticón. I. 1971.

Correa-Lázaro = Correa Calderón, Evaristo; Lázaro Carreter, Fernando: *Lengua* = Lengua española. 1er. curso. [1964]. 1967. ♦ *Lengua 2º* = Lengua española. 2º curso. 1968. ♦ *Lengua 3º* = Lengua y literatura españolas. 3er. curso. 1969. ♦ *Lengua 4º* = Lengua española y literatura. 4º curso. 1960. ♦ *Lengua y lit. 4º* = Lengua y literatura españolas. 4º curso. 1970. ♦ *Literatura* = Curso de literatura (española y universal). 6º curso. 1960.

Corrochano = Corrochano, Gregorio: *Clarín* = Cuando suena el clarín. [1961]. 1966.

Coruña = La Coruña. España en paz. 1964.

Cossío = Cossío, Francisco de: *Confesiones* = Confesiones. Mi familia, mis amigos y mi época. 1959.

Cossío = Cossío, José María de: *Montaña* = Rutas literarias de la Montaña. [1960]. [Facsímil.] 1989.

CPuche = Castillo-Puche, José Luis: *Conocerás* = Conocerás el poso de la nada. 1982. ♦ *Jeremías* (DH) = Jeremías el anarquista. 1975. ♦ *Oro* = Oro blanco. 1963. ♦ *Ovejas* = Como ovejas al matadero. 1971. ♦ *Paralelo* = Paralelo 40. [1963]. 1964. ♦ *Partes* = Hicieron partes. [1957]. 1967. ♦ *Perro* (G) = El perro loco. 1965. ♦ *Sabor* = El amargo sabor de la retama. 1979.

Criado = Criado de Val, Manuel: *Hablamos* = Así hablamos. El espectador y el lenguaje. 1974.

Cruz = Cruz, Fray Valentín de la: *Burgos* = Burgos y sus doce Partidos. 1977. ♦ *NBurgalés* = Norte turístico burgalés. 1977. ♦ *Torres* = Burgos, torres y castillos. 1978.

CSotelo = Calvo-Sotelo, Joaquín: *Areilza* = Contestación a J. M. de Areilza: Una reflexión sobre el porvenir de nuestra lengua. 1987. ♦ *Herencia* = La herencia. [1957]. En Teatro. 1974. ♦ *Inocente* = El inocente. [1968]. En Teatro 1968. ♦ *Muchachita* = Una muchachita de Valladolid. [1957]. En Teatro 1956. ♦ *Poder* = El poder. [1965]. En Teatro 1965. ♦ *Proceso* = El proceso del arzobispo Carranza. [1964]. En Teatro. 1974. ♦ *Pról. Epist. Armenteras* = Pról. a A. de Armenteras: Epistolario y redacción de documentos. [1958]. 1970. ♦ *Resentido* = Historia de un resentido. [1956]. En Teatro. 1974. ♦ *SRodríguez* = Pedro Sainz Rodríguez. [Necrología.] En BRAE, 66 (1986).

CSotelo = Calvo-Sotelo, Leopoldo: *Transición* (G) = Memoria viva de la transición. 1990.

CTrulock = Cela Trulock, Jorge: *Compota* = Compota de adelfas. 1968.

Cuatrecasas = Cuatrecasas, Alfonso: *Virgilio* = Introd. a Virgilio: Bucólicas; Geórgicas. 1988.

Cuesta-Vega = Cuesta Martínez, Paloma; Vega Martínez, Pilar de: *Observ. lexicogr.* = Observaciones sobre las características lexicográficas del Vocabulario científico y técnico. En BRAE, 72 (1992).

Cuevas = Cuevas, Cristóbal: *Lit. española* 2 = v. Lit. española.

Cuevas = Cuevas, José y Jesús de las: *Finca* = Historia de una finca. 1958.

Cunqueiro = Cunqueiro, Álvaro: *Boticas* (DH) = Tertulia de boticas prodigiosas y escuela de curanderos. 1976. ♦ *Cocina* = La buena cocina. En J. M. Castroviejo y Á. Cunqueiro: Viaje por los montes y chimeneas de Galicia. Caza y cocina gallegas. 1962. ♦ *Crónicas* = Las crónicas del Sochantre. [1959]. 1982. ♦ *Envés* = El envés. 1969. ♦ *Fantini* = Vida y fugas de Fanto Fantini. [1972]. 1984. ♦ *Flores* = Flores del año mil y pico de ave. 1968. ♦ *Gente* = La otra gente. 1975. ♦ *Laberinto* = Laberinto y Cía. 1970. ♦ *Merlín* = Merlín y familia. [1957]. 1982. ♦ *Mocedades* = Las mocedades de Ulises. [1960]. 1985. ♦ *Pontevedra* = Pontevedra. Rías Bajas. [1969]. 1973. ♦ *Un hombre* = Un hombre que se parecía a Orestes. 1969.

D

DAlegría = Díez-Alegría, Manuel: *Defensa* = La defensa nacional: un remanso y sus avenamientos. En Anales de la Real Academia de Ciencias Morales y Políticas, núm. 60 (1983). ♦ *Ejército* = Ejército y sociedad. 1972. ♦ *Esplendor* = Efímero esplendor: la escuela literaria militar de la Gloriosa y la Restauración. 1980. ♦ *Guerra* (DH) = Guerra, derecho y moral. 1981. ♦ *Héroe* = Un héroe entre la gloria y el dolor. Pról. a R. P. Graves: Lawrence de Arabia. 1984. ♦ *Proceso* (DH) = La defensa en el proceso constitucional. En Anales de la Academia de Ciencias Morales y Políticas, núm. 56 (1979).

DBorque = Díez Borque, José María: *Lit. española* 2 = v. Lit. española.

DBorque-Ena = Díez Borque, José María; Ena Bordonado, Ángela: *Lit. española* 1 = v. Lit. española.

DCañabate = Díaz-Cañabate, Antonio: *Andanzas* = Andanzas callejeras. 1977. ♦ *Paseíllo* = Paseíllo por el planeta de los toros. 1970. ♦ *Teatro 1959* = [Críticas.] En Teatro 1959.

DCaparrós = Domínguez Caparrós, José: *Métrica* = Métrica española. 1993.

Delgado = Delgado, Carlos: *Vino* = El libro del vino. [1985]. 1986.

Delgado = Delgado, Eduardo: ***Hucha*** 1 = v. *Hucha* 1.

Delibes = Delibes, Miguel: ***Año*** = *Un año de mi vida*. 1972.
♦ ***Aventuras*** (DH) = *Aventuras y desventuras de un cazador a rabo*. 1977. ♦ ***Cartas*** = *Cartas de amor de un sexagenario voluptuoso*. 1983. ♦ ***Castilla*** = *Castilla habla*. 1986. ♦ ***Caza*** = *La caza en España*. 1972. ♦ ***Cazador*** = *Diario de un cazador*. [1955]. 1977. ♦ ***Cinco horas*** = *Cinco horas con Mario*. 1966. ♦ ***Conversaciones*** = [Respuestas.] En C. Alonso de los Ríos: *Conversaciones con Miguel Delibes*. 1971. ♦ ***Coto*** = *El último coto*. 1992. ♦ ***Emigrante*** = *Diario de un emigrante*. 1958. ♦ ***Europa*** = *Europa: parada y fonda*. [1963]. 1981. ♦ ***Guerras*** = *Las guerras de nuestros antepasados*. 1975. ♦ ***Historias*** = *Viejas historias de Castilla la Vieja*. [1964]. 1969. ♦ ***Hoja*** = *La hoja roja*. [1969]. 1971. ♦ ***Madera*** = *377A, madera de héroe*. 1987. ♦ ***Mortaja*** = *La mortaja*. 1970. ♦ ***Mundos*** = *Por esos mundos. Sudamérica con escala en las Canarias*. 1961. ♦ ***Parábola*** = *Parábola del náufrago*. 1969. ♦ ***Pegar*** = *Pegar la hebra*. 1990. ♦ ***Perdices*** = *Las perdices del domingo*. 1981. ♦ ***Perdiz*** = *La caza de la perdiz roja*. [1963]. En *Viejas historias de Castilla la Vieja*. 1969. ♦ ***Primavera*** = *La Primavera de Praga*. 1968. ♦ ***Príncipe*** = *El príncipe destronado*. 1973. ♦ ***Ratas*** = *Las ratas*. 1962. ♦ ***Santos*** = *Los santos inocentes*. 1981. ♦ ***Señora*** = *Señora de rojo sobre fondo gris*. 1991. ♦ ***Siestas*** = *Siestas con viento sur*. [1957]. 1967. ♦ ***Tesoro*** = *El tesoro*. 1985. ♦ ***Truchas*** (DH) = *Mis amigas las truchas*. 1977. ♦ ***Vida*** = *Mi vida al aire libre. Memorias deportivas de un hombre sedentario*. 1989. ♦ ***Voto*** = *El disputado voto del señor Cayo*. 1978.

Díaz = Díaz, Elías: ***Pensamiento*** = *Notas para una historia del pensamiento español actual (1939-1973)*. 1974.

Díaz = Díaz y Díaz, Manuel C.: ***Isidoro*** = Introd. general a *San Isidoro de Sevilla: Etimologías*. Edición bilingüe. I. 1982.

Diego = Diego, Gerardo: ***GDiego*** = *En los noventa años de don Vicente García de Diego*. En BRAE, 48 (1968). ♦ ***Pról. Poesía*** = Pról. [1983] a *Obras completas*, I. *Poesía*. 1989.

Diosdado = Diosdado, Ana: ***Anillos*** = *Anillos de oro*. 2 t. 1985. ♦ ***Camino*** = *Camino de plata*. 1990. ♦ ***Cuplé*** = *Cuplé*. 1988. ♦ ***Ochenta*** = *Los ochenta son nuestros*. [1988]. 1990. ♦ ***Olvida*** = *Olvida los tambores*. [1970]. 1972. ♦ ***Usted*** = *Usted también podrá disfrutar de ella*. [1973]. 1975.

DLarios = Díaz Larios, Luis F.: ***GGutiérrez*** = Introd. a A. García Gutiérrez: *El trovador; Simón Bocanegra*. 1989.

DMas = Díaz-Mas, Paloma: ***Sefardíes*** = *Los sefardíes: historia, lengua y cultura*. 1986.

Dolç = Dolç, Miguel: ***Antroponimia*** = *Antroponimia latina*. En *Enciclopedia Lingüística Hispánica*, I. 1960.

Dolcet = Dolcet Buxeres, Luis: ***Salud*** = v. *Salud*.

Doménech = Doménech, Ricardo: ***Lit. española*** 4 = v. *Lit. española*.

Domínguez = Domínguez Rodríguez, José M.: ***Pról. Donado-Peña*** = Pról. a M. Donado López y M. de la Peña Rodríguez-Martín: *Getafe. Nuestra Señora de los Ángeles: Leyenda, Historia, Vida*. 1983.

DPlaja = Díaz-Plaja, Fernando: ***El español*** = *El español y los siete pecados capitales*. [1966]. 1969. ♦ ***Sociedad*** = *La sociedad española (desde 1500 hasta nuestros días)*. [1968]. 1970.

DPlaja = Díaz-Plaja, Guillermo: ***Literatura*** = *Historia de la literatura española encuadrada en la universal*. 6º curso de Enseñanza Media. 24ª ed. 1962. ♦ ***Poesía*** = *La dimensión culturalista en la poesía castellana del siglo XX*. 1967. ♦ ***Soliloquio*** = *Soliloquio y coloquio. Notas sobre lírica y teatro*. 1968.

Dueñas = Dueñas, María: ***Psicología*** = v. *Psicología*.

Duque = Duque, Aquilino: ***Dostoievski*** = Introd. a F. M. Dostoievski: *Los hermanos Karamázov*. 1988.

Duque = Duque, Daniel: ***Lit. Canarias*** 1 = v. *Lit. Canarias*.

E

Echenique = Echenique, María Teresa: ***HVasco-románica*** = *Historia lingüística vasco-románica*. 2ª ed. 1987.

Economía = *Economía doméstica*. 5º curso y 6º curso. 1961.

Edelvives = Edelvives: ***Física*** = *Física y química*. Bachillerato Elemental. 3. 1969.

Entrambasaguas-FNieto = Entrambasaguas, Joaquín de; Fernández Nieto, Manuel: ***Lit. española*** 2 = v. *Lit. española*.

Escandell = Escandell Vidal, M. Victoria: ***Pragmática*** = *Introducción a la pragmática*. 1993.

Escobar = Escobar, Julio: ***Itinerarios*** = *Itinerarios por las cocinas y las bodegas de Castilla*. 7ª ed. 1975.

Escobar = Escobar, Luis: ***Amor*** = *El amor es un potro desbocado*. [1959]. En *Teatro 1958*.

Escolar = Escolar, Hipólito: ***Libro*** = *Historia del libro*. 1984.

Escrivá = Escrivá de Balaguer, Josemaría: ***Conversaciones*** = [Respuestas y textos.] [1966-68]. En [Varios autores]: *Conversaciones con Mons. Escrivá de Balaguer*. 3ª ed. 1969.

Escudero = Escudero, Gerardo, C.M.F.: ***Capítulo*** = *Capítulo especial. Guión para un directorio*. 1968. ♦ ***Juniorado*** = *Apuntes para la organización del juniorado*. 1966.

Eslava = Eslava Galán, Juan: ***Unicornio*** = *En busca del unicornio*. [1987]. 1988.

Espinosa = Espinosa, Miguel: ***Escuela*** = *Escuela de mandarines*. 1974.

Estébanez = Estébanez García, Fernando [y otros]: ***Pragma*** = *Pragma. Cuaderno de trabajo. Griego*. 3º de BUP. 1993.

Estructuralismo = [Varios autores]: *Problemas y principios del estructuralismo lingüístico*. 1967.

Estudios = Comisión de Estudios de la Asociación Nacional de Catedráticos de Instituto: *Un plan de estudios para Bachillerato y C.O.U.* 1974.

F

Facio = Facio, Ángel: ***Teatro act.*** = v. *Teatro act.*

FAlmagro = Fernández Almagro, Melchor: ***Historia*** = *Historia política de la España contemporánea*. [1956]. 3 t. 1968.

FÁlvarez = Fernández Álvarez, Justo, O.P.: ***Sueño*** = *El sueño de Juana de Aza*. 1965.

Faner = Faner, Pau: ***Flor*** = *Flor de sal*. 1986.

Farias = Farias, Juan: ***Lit. Canarias*** 1 = v. *Lit. Canarias*.

FAsís = Fernández Asís, Victoriano: ***Teatro 1964*** = v. *Teatro 1964*.

FBraso = Fernández Braso, Miguel: ***GMárquez*** (DH) = *La soledad de Gabriel García Márquez*. 1972.

FCid = Fernández-Cid, Antonio: ***Música*** = v. *Música*. ♦ ***Ópera*** = *La ópera*. 1975. ♦ ***Piano Brahms*** = Introd. a *Ciclo integral de la obra de cámara con piano: Brahms*. 1983.

FCruz = Fernández-Cruz, Arturo: ***Salud*** = v. *Salud*.

FCubas = Fernández Cubas, Cristina: ***Relatos*** = v. *Navajo Relatos*.

Feria Zaragoza (DH) = *Catálogo XXII Feria Oficial y Nacional de Muestras*. 1962.

Fernández = Fernández [García], Antonio: ***Historia*** = *Historia del mundo contemporáneo*. 4ª ed. 1982.

Fernández-Llorens = Fernández [García], Antonio; Llorens, Montserrat [y otros]: ***Occidente*** = *Occidente. Historia de las civilizaciones*. 1er. curso de Bachillerato Unificado Polivalente. [1976]. 1979. ♦ ***Orbe*** = *Historia contemporánea. Orbe*. 8º curso de E.G.B. 1974.

Ferrer = Ferrer, Alfonso: **Estructura** = *Estructura social y política*. 3ª ed. 1973.

Ferrer = Ferrer, M. [y otros]: **Colasín** = *Colasín maternal. Primer trimestre. Material de trabajo para educación maternal (3 a 4 años)*. 5ª ed. 1980.

Ferreras = Ferreras, Juan Ignacio: **Lit. española** 3 = v. *Lit. española*. ◆ **Nov. desde 1868** = *La novela en el siglo XIX (desde 1868)*. 1988.

Ferreres = Ferreres, Rafael: **Lengua** = *Lengua española*. 1er. curso. [1964]. 1965.

Ferres = Ferres, Antonio: **Tierra** = *Tierra de olivos*. 1961.

Ferres-LSalinas = Ferres, Antonio; López Salinas, Armando: **Hurdes** = *Caminando por las Hurdes*. [1960]. 1974.

FFlórez = Fernández-Flórez, Darío: **Hucha** 2 = v. *Hucha* 2.

FFlórez = Fernández Flórez, Wenceslao: **Año** = *Año nuevo*. [1959?]. En *Obras completas*, VI. 2ª ed. 1964. ◆ **Florestán** = *Aventuras del caballero Florestán del Palier*. [1959]. En *Obras completas*, VI. 2ª ed. 1964.

FGaliano = Fernández Galiano, Dimas: **Biología** = *Biología*. 2 t. 1972-75.

FGarcía = Fernández García, Antonio: **Anglicismos** = *Anglicismos del deporte en Colombia: el béisbol*. En *Español Actual*, nº 19, octubre 1971.

FGómez = Fernán-Gómez, Fernando: **Bicicletas** = *Las bicicletas son para el verano*. [1982]. 1989.

FGonzález = Fernández González, José Ramón: **Ancares** = *El habla de Ancares (León)*. 1981.

Filgueira = Filgueira Valverde, José: **Camoens** = *Camoens*. 1958.

FMartín = Fernández Martín, Luis: **Isla** = Introd. a P. Isla: *Historia del famoso predicador Fray Gerundio de Campazas*. I. 1978.

FMora = Fernández de la Mora, Gonzalo: **Pensamiento 1963** = *Pensamiento español, 1963. De Azorín a Zubiri*. 1964. ◆ **Pensamiento 1964** = *Pensamiento español, 1964. De Unamuno a D'Ors*. 1965.

Folch = Folch y Camarasa, Luis; Folch Soler, Luis: **Salud** = v. *Salud*.

Forges = Forges [Fraguas, Antonio]: **Caperucita** = *Caperucita Roja (con perdón)*. 1ª parte: *Caperucita propiamente dicha*. (Comiciclo, nº 1.) [1974]. ◆ **Forges** = *El libro del Forges*. 1972. ◆ **Forges nº 2** = *Forges nº 2*. [1974]. 1975. ◆ **Forges nº 4** = *Forges 4*. [1976]. 1977. ◆ **Historiciclos** = *Los historiciclos de ——. Los forrenta años*. 1977.

Foxá-Huerta = Foxá Torroba, Jaime de; Huerta Ramírez, Fernando: **Caza** = *La caza en España*. 1973.

FQuer = Font Quer, Pío: **Plantas med.** = *Plantas medicinales. El Dioscórides renovado*. [1962-92]. 1992.

FQuintana-Velarde = Fuentes Quintana, Enrique; Velarde Fuertes, Juan: **Política** = *Política económica*. [1964]. 1972.

Fraga = Fraga Iribarne, Manuel: **Donoso** = Introd. a J. Donoso Cortés: *Ensayo sobre el catolicismo, el liberalismo y el socialismo; Otros escritos*. 1985.

Fraile = Fraile, Medardo: **A la luz** = *A la luz cambian las cosas*. [1959]. En *Cuentos completos*. 1991. ◆ **Cuentos** = *Cuentos de verdad*. 1964. ◆ **Cuentos compl.** = *Cuentos completos*. 1991. ◆ **Descubridor** = *Descubridor de nada y otros cuentos*. [1970]. En *Cuentos completos*. 1991. ◆ **Ejemplario** = *Ejemplario*. [1959-1979]. 1979. ◆ **Pról. Vida Lagos** = Pról. a C. Lagos: *La vida y otros sueños*. 1969.

FRamírez = Fernández Ramírez, Salvador: **Derivación** = *La derivación nominal*. [1983]. 1986. ◆ **Lengua** = *Lengua literaria y norma lingüística*. 1960.

Franco = Franco, Francisco: **Discurso** = *Discurso de S.E. el Jefe del Estado en la sesión extraordinaria de las Cortes Españolas del día 22 de noviembre de 1966*. En *Referéndum 1966. Nueva Constitución*. 1966.

Franco = Franco Gil, José María: **Música** = v. *Música*.

FReguera = Fernández de la Reguera, Ricardo: **Bienaventurados** = *Bienaventurados los que aman*. 1956.

FReguera-March = Fernández de la Reguera, Ricardo; March, Susana: **Boda** = *La boda de Alfonso XIII*. [1965]. 1966. ◆ **Caída** = *La caída de un rey*. 1972. ◆ **Cuba** = *Héroes de Cuba*. [1963]. 1968. ◆ **Dictadura** 1 = *La Dictadura*. I: *El Directorio militar: 1923-1925*. 1969. ◆ **Dictadura** 2 = *La Dictadura*. II: *El régimen civil: 1926-1930*. 1970. ◆ **España** = *España neutral (1914-1918)*. 1967. ◆ **Filipinas** = *Héroes de Filipinas*. 1963. ◆ **Fin** = *Fin de una regencia*. [1964]. 1967. ◆ **Semana** = *La Semana Trágica*. 1966.

FRius = Font Rius, José María: **HEspaña** 1 = v. *HEspaña*.

FRoces = Fernández Roces, Luis: **Hucha** 1 = v. *Hucha* 1.

Frunces = *Frunces "Smock". Nido de abeja*. 1961.

FSalgado = Franco Salgado-Araújo, Francisco: **Conversaciones** = *Mis conversaciones privadas con Franco*. 1976.

FSantos = Fernández Santos, Jesús: **Cabeza** = *Cabeza rapada*. [1958]. 1965. ◆ **Cabrera** = *Cabrera*. 1981. ◆ **Catedrales** = *Las catedrales*. 1970. ◆ **Cuentos** = *Cuentos completos*. 1978. ◆ **Hombre** = *El hombre de los santos*. 1969.

Funcionarios Civiles = *Funcionarios Civiles del Estado*. [Compilación de disposiciones.] [1965]. 1974.

Fusi = Fusi, Juan Pablo: **Franco** = *Franco: autoritarismo y poder personal*. [1985]. 1995.

Fuster = Fuster, Joan: **País Valenc.** = *El País Valenciano*. 1962.

FVidal = Ferrer-Vidal, Jorge: **Ayllón** = *Viaje por la Sierra de Ayllón*. 1970. ◆ **Duero** = *Viaje por la frontera del Duero*. 1980. ◆ **Hucha** 2 = v. *Hucha* 2. ◆ **Mozart** = *Mozart, K. 124, para flauta y orquesta*. [1978]. En Ó. Barrero Pérez (ed.): *El cuento español, 1940-1980 (selección)*. 1989. ◆ **Señas** = v. *Señas*.

G

Gafo = Gafo, Javier: **Amar** = *En todo amar y servir. Comentarios a los textos litúrgicos del Ciclo B*. 1993.

Gala = Gala, Antonio: **Anillos** = *Anillos para una dama*. [1973]. En *Obras escogidas*. 1981. ◆ **Campos** = *Los verdes campos del Edén*. [1963]. En *Obras escogidas*. 1981. ◆ **Caracol** = *El caracol en el espejo*. [1963-70?]. En *El caracol en el espejo; El sol en el hormiguero; Noviembre y un poco de yerba*. 1970. ◆ **Cementerio** = *El cementerio de los pájaros*. 1982. ◆ **Cítaras** = *Las cítaras colgadas de los árboles*. [1974]. En *Obras escogidas*. 1981. ◆ **Días** = *Los buenos días perdidos*. [1972]. En *Obras escogidas*. 1981. ◆ **Hotelito** = *El hotelito*. [1985]. 1988. ◆ **Noviembre** = *Noviembre y un poco de yerba*. [1963-70]. En *El caracol en el espejo; El sol en el hormiguero; Noviembre y un poco de yerba*. 1970. ◆ **Petra** = *Petra Regalada*. [1980]. En *Obras escogidas*. 1981. ◆ **Samarkanda** = *Samarkanda*. [1985]. En *Samarkanda; El hotelito*. 1993. ◆ **Séneca** = *Séneca o el beneficio de la duda*. 1987. ◆ **Señorita** = *La vieja señorita del Paraíso*. [1980]. En *Obras escogidas*. 1981. ◆ **Sol** = *El sol en el hormiguero*. [1963-70]. En *El caracol en el espejo; El sol en el hormiguero; Noviembre y un poco de yerba*. 1970. ◆ **Strip-tease** = *Spain's strip-tease*. [1970-72?]. En *Obras escogidas*. 1981. ◆ **Suerte** = *¡Suerte, campeón!* [1974/75?]. En *Obras escogidas*. 1981. ◆ **Ulises** = *¿Por qué corres, Ulises?* [1975]. En *Obras escogidas*. 1981.

Galache = Galache Álvarez, José: **Biografía** = *Biografía de una ciudad. Itinerario por la historia y las leyendas de Segovia*. 1989.

Galmés = Galmés de Fuentes, Álvaro: **Dialectalismos** = *Dialectalismos*. En *Enciclopedia Lingüística Hispánica*, II. 1967.

GÁlvarez = González Álvarez, Ángel: **Filosofía** = *Manual de historia de la filosofía*. 2 t. 1957.

GAmat = Gómez Amat, Carlos: **Conciertos** = *Notas para conciertos imaginarios*. 1987.

Gambra = Gambra, Rafael: ***Filosofía*** = *Curso elemental de filosofía*. 6º curso. 1963.

Gaos = Gaos, Vicente: ***Antología*** = Introd. a V. Gaos (ed.): *Antología del grupo poético de 1927.* 1969. ♦ ***Coment. Quijote*** = *Comentario.* En M. de Cervantes: *El ingenioso hidalgo don Quijote de la Mancha.* Ed. crítica y comentario de ———. 3 t. 1987. ♦ ***Poesía*** = *Poesía y técnica poética.* 1955.

García = García, Félix: ***Flórez*** = *El Padre Enrique Flórez: perfil de su figura.* En F. García, L. Morales Oliver y P. Sainz Rodríguez: *El Padre Flórez.* 1975.

Garciasol = Garciasol, Ramón de: ***Cuadernos*** = *Cuadernos de Miguel Alonso.* 2 t. 1991.

GArias = García Arias, Xosé Lluis: ***Nombres*** = *Pueblos asturianos: el porqué de sus nombres.* 1977.

Garrigó = Garrigó, Andrés: ***Escrivá*** = [Preguntas]. En [Varios autores]: *Conversaciones con Mons. Escrivá de Balaguer.* 3ª ed. 1969.

Gascó = Gascó Contell, Emilio: ***Mitología*** = *La mitología contada con sencillez.* 2ª ed. 1965.

GBarrientos = García Barrientos, José Luis: ***Pról. Buero*** = Introd. a A. Buero Vallejo: *El tragaluz.* 1985.

GBiedma = Gil de Biedma, Jaime: ***Retrato*** = *Retrato del artista en 1956.* [1956-90]. 1993.

GCaballero = Giménez Caballero, Ernesto: ***Cabra*** = *Cabra, la cordobesa, balcón poético de España.* 1973. ♦ ***Genio*** = *Genio hispánico y mestizaje.* 1965.

GCabezón = García Cabezón, Andrés: ***Orotava*** = *Jardín Botánico de La Orotava. Guía descriptiva.* [1961]. 1973.

GCampos-Barella = G[arcía] Campos, Juana; Barella, Ana: ***Refranes*** = *Diccionario de refranes.* 1975.

GCotorruelo = García Cotorruelo, Emilia: ***Cartagena*** = *Estudio sobre el habla de Cartagena y su comarca.* 1959.

GDiego = García de Diego, Vicente: ***Dialectología*** = *Manual de dialectología española.* 2ª ed. 1959.

GEnterría = García de Enterría, María Cruz: ***Romancero*** = Introd. a M. C. García de Enterría (ed.): *Romancero viejo (Antología).* 1987.

Geog. regional = Manuel de Terán, L.; Solé Sabarís; J. Vilà Valentí (dirs.): *Geografía regional de España.* 5ª ed. 1987.

Gerona = *Gerona. España en paz.* 1964.

GGarcía = García García, Rafael: ***Salud*** = v. *Salud.*

GGarrido = Guerra Garrido, Raúl: ***Año*** = *El año del wólfram.* 1984.

GGómez = García Gómez, Emilio: ***Vallvé*** = Contestación a Joaquín Vallvé: *Nuevas ideas sobre la conquista árabe de España.* 1989.

GGual = García Gual, Carlos: ***Mitología*** = *Introducción a la mitología griega.* 1992. ♦ ***Novela*** = *Los orígenes de la novela.* 1972.

GHerrero = González Herrero, Manuel: ***Segovia*** = *La antigua provincia de Segovia (notas de geografía histórica segoviana).* En *Estudios Segovianos*, 21 (1969).

GHortelano = García Hortelano, Juan: ***Amistades*** = *Nuevas amistades.* [1961]. 1973. ♦ ***Apólogos*** = *Apólogos y milesios.* [1975]. En *Cuentos completos.* 1979. ♦ ***Cuentos*** = *Cuentos contados.* [1958-78]. En *Cuentos completos.* 1979. ♦ ***Gente*** = *Gente de Madrid.* [1967]. En *Cuentos completos.* 1979. ♦ ***Gramática*** = *Gramática parda.* 1982. ♦ ***Momento*** = *El gran momento de Mary Tribune.* [1972]. 1979. ♦ ***Mucho cuento*** = *Mucho cuento.* En *Cuentos completos* [nueva ed.], II. 1992. ♦ ***Tormenta*** = *Tormenta de verano.* [1962]. 1985.

Gil = Gil Fernández, Juana: ***Creación*** = *La creación léxica en la prensa marginal.* 1986.

Gili = Gili Gaya, Samuel: ***Habla infantil*** = *Imitación y creación en el habla infantil.* 1961. ♦ ***Ritmo*** (DH) = *El ritmo en la poesía contemporánea.* 1956.

Gimferrer = Gimferrer, Pere: ***Aleixandre*** = *Perfil de Vicente Aleixandre.* 1985. ♦ ***Raros*** = *Los raros.* 1985.

Girón = Girón Alconchel, José Luis: ***JRuiz*** = Introd. y notas a Juan Ruiz, Arcipreste de Hita: *Libro de buen amor.* 1985. ♦ ***MCid*** = *Las formas del discurso referido en el "Cantar de Mio Cid".* 1989.

Gironella = Gironella, José María: ***Asia*** = *En Asia se muere bajo las estrellas.* [1968]. 1971. ♦ ***Gritos*** (DH) = *Gritos de la tierra.* 1970. ♦ ***Japón*** = *El Japón y su duende.* 1964. ♦ ***Millón*** = *Un millón de muertos.* [1961]. 1971. ♦ ***Mujer*** (DH) = *Mujer, levántate y anda.* 1962.

Gironza = Gironza, Alfonso: ***Matemáticas*** = *Matemáticas.* 2º curso. 3ª ed. 1963.

GLara-Vicente = García-Lara Serra, Elvira; Vicente Cernuda, Isabel: ***Espír. nacional 2º*** = *Guiones didácticos de Formación del espíritu nacional (alumnas), complementarios de las emisiones radiofónicas.* 2º curso. 1968.

GLarrañeta = Gómez Larrañeta, Manuel: ***Flora*** = *Observaciones sobre nombres de flora y fauna marinas, incluidos en el Dicc. usual (edic. XIX).* En BRAE, 57 (1977).

GLedesma = González Ledesma, Francisco: ***Crónica*** = *Crónica sentimental en rojo.* 1984.

GLópez = García López, José: ***Lit. española*** = *Historia de la literatura española.* 11ª ed. 1967. ♦ ***Literatura*** = *Historia de la literatura.* 6º curso. 2ª ed. 1959.

GLópez-Pleyán = García López, José; Pleyán, Carmen: ***Teoría*** = *Teoría literaria e historia de los géneros literarios.* [4º curso de Bachillerato.] 1960.

GLuengo = García Luengo, Eusebio: ***Extremadura*** = *Extremadura.* 1986.

GMacías = Gutiérrez Macías, Valeriano: ***Relatos*** = *Relatos de la tierra parda.* 1983.

GManzano-Soriano-Maicas = Gómez del Manzano, Mercedes; Soriano, María Enriqueta; Maicas, Pilar: ***Europa*** = *España escribe sobre Europa.* 1991.

GMorell = Gallego Morell, Antonio: ***Lit. española*** 2 = v. *Lit. española.*

GMundo = *Anuario Español y Americano del Gran Mundo.* 1964.

GNieto = García Nieto, José: ***Cuaderno*** = *El cuaderno roto.* [1971-73]. 1989.

GNuño = Gaya Nuño, Juan Antonio: ***Arte*** = *Historia del arte español.* 4ª ed. 1968. ♦ ***Arte s. XIX*** = *Arte del siglo XIX.* 1966. ♦ ***Arte s. XX*** = *Arte del siglo XX.* 1977. ♦ ***Conflicto*** = *Un conflicto: literatura y arte.* 1960. ♦ ***Escultura*** = *Escultura ibérica.* 1964. ♦ ***Madrid*** = *Madrid.* 1966.

GNuño-Marco = Gaya Nuño, Juan Antonio; Marco, Concha de: ***Soria*** = *Soria.* [1971]. 1973.

Goldáraz = G[arcía] Goldáraz, Carlos: ***Misal*** = *Misal latino-castellano y devocionario.* Nueva ed. 1956.

GOña = Gómez Oña, Francisco Javier: ***Covarrubias*** = *Covarrubias, cuna de Castilla.* 3ª ed. 1983.

Goytisolo = Goytisolo, Luis: ***Afueras*** = *Las afueras.* 1958. ♦ ***Recuento.*** [1973]. 1976. ♦ ***Verdes*** = *Los verdes de mayo hasta el mar. Antagonía II.* [1976]. 1987.

GPavón = García Pavón, Francisco: ***Carros*** (G) = *Los carros vacíos.* 1965. ♦ ***Cuentos rep.*** = *Cuentos republicanos.* 1961. ♦ ***Hermanas*** = *Las hermanas coloradas. Plinio en Madrid.* 1970. ♦ ***HPlinio*** = *Historias de Plinio.* [1968]. 1970. ♦ ***Liberales*** = *Los liberales.* [1965]. En *Cuentos*, II. 1981. ♦ ***Nacionales*** = *Los nacionales.* [1977]. En *Cuentos*, II. 1981. ♦ ***NHPlinio*** = *Nuevas historias de Plinio.* [1970]. 1971. ♦ ***Rapto*** = *El rapto de las Sabinas.* [1969]. 1971. ♦ ***Reinado*** = *El reinado de Witiza.* 1968. ♦ ***Teatro*** = *Teatro social en España (1895-1962).* 1962. ♦ ***Teatro 1963*** = [Críticas.] En *Teatro 1963.*

GPicazo = Gómez Picazo, Elías: ***Teatro 1963*** = [Críticas.] En *Teatro 1963.*

Gracia = Gracia, Diego: ***Laín*** = Pról. a P. Laín Entralgo: *Sobre la amistad.* 1985.

GRamales = Gil de Ramales, Isabel: ***Pasitos*** = *Pasitos, ven.* 1967.

GRamos = García-Ramos, Alfonso: ***Lit. Canarias*** 1 = v. *Lit. Canarias.*

Grandes = Grandes, Almudena: *Lulú* = *Las edades de Lulú*. [1989]. 1992.

Grau = Grau, Mariano: *Lecturas* = v. *Lecturas segovianas*.

Grosso = Grosso, Alfonso: *Capirote* = *El capirote*. [1964]. 1974. ♦ *Germinal* = *Germinal y otros relatos*. [1962]. 1971. ♦ *Invitados* = *Los invitados*. 1978. ♦ *Zanja* = *La zanja*. [1961]. 1984.

Grosso-LSalinas = Grosso, Alfonso; López Salinas, Armando: *Río* = *Por el río abajo*. [1966]. 1977.

GRuiz = González Ruiz, José María: *Cristianismo* = *El cristianismo no es un humanismo*. 1966. ♦ *Religión* = *La religión*. En C. Castilla del Pino y otros: *La cultura bajo el franquismo*. 1977.

GRuiz = González Ruiz, Nicolás: *Teatro 1959* = v. *Teatro 1959*.

GSalve = García-Salve, Francisco, S.J.: *Yoga* = *Yoga: para vivir en plenitud*. 1967.

GSerna = Gómez de la Serna, Gaspar: *Viajeros* = *Los viajeros de la Ilustración*. 1974.

GSerrano = García Serrano, Rafael: *Cantatas* (G) = *Cantatas de mi mochila*. 1992. ♦ *Gloria* = *Vieja gloria*. [1962]. En M. Fraile (ed.): *Cuento español de Posguerra. Antología*. 1986. ♦ *Macuto* = *Diccionario para un macuto*. [1964]. 1966. ♦ *Madrid* = *Madrid, noche y día*. [1955]. 1956.

GSosa = González Sosa, Manuel: *GCanaria* = *Gran Canaria, Lanzarote, Fuerteventura*. 4ª ed. 1974.

GTelefónica = *Guía Telefónica 1-C*. Madrid. Tomo III. Sección profesional, mercantil e industrial. [1] Abonados profesionales. 1970.

GTelefónica N. = *Guía Telefónica 1-C*. Madrid. Tomo III. Sección profesional, mercantil e industrial. [2] Abonados negociantes. 1970.

GTelefónica 83 = *Guía Telefónica. Madrid capital y Pozuelo de Alarcón. 1983-84*. Tomo 3. Sección profesional, mercantil e industrial. 2 vols. 1983.

GTelefónica 91 = [Guía Telefónica.] *Páginas amarillas. Madrid capital/Pozuelo de Alarcón. 1991-92.* 1991.

GTelefónica 93 = [Guía Telefónica.] *Páginas amarillas. Madrid capital y Pozuelo de Alarcón. 1993-94.* 1993.

GTemplado = García Templado, José: *Buero* = Introd. a A. Buero Vallejo: *El sueño de la razón*. 1987.

GTolsá = García Tolsá, Jesús: *HEspaña* 1 = v. *HEspaña*.

Guadalajara = Domínguez Millán, Enrique (coord.): *Guadalajara, el último paraíso. Vista por 24 escritores de turismo.* 1986.

Guarner = Guarner, Luis: *Pról. Trobes* = Pról. a *Les trobes en lahors de la Verge Maria. Mil.cccc.Lxxiiii.* 1974.

Guasp = Guasp, Jaime: *Derecho* (DH) = *Derecho procesal civil*. 1956.

Gubern = Gubern, Román: *Cómics* = *El lenguaje de los cómics*. 1972.

Guelbenzu = Guelbenzu, José María: *Río* = *El río de la Luna*. 1981.

Guía hoteles (DH) = *Guía de hoteles de España*. 1970.

Guía Madrid 91 = *Guía urbana de Madrid. 1991-92*. 29ª ed. 1991.

Guillén = Guillén, Julio F.: *Lenguaje* = *El lenguaje marinero*. 1963.

Guillén = Guillén Salaya, Francisco: *Ateneo* = v. *Ateneo*.

Gullón = Gullón, Ricardo: *Galdós* = *Galdós, novelista moderno*. 1960. ♦ *Pereira* = Introd. a A. Pereira: *Cuentos para lectores cómplices*. 1989.♦ *Simbolismo* = *Simbolismo y modernismo*. En *Estudios ofrecidos a Emilio Alarcos Llorach*, V. 1983.

Gurméndez = Gurméndez, Carlos: *Serenidad* (DH) = *Serenidad*. 1957.

GValdecasas = García Valdecasas, Alfonso: *Pregunta* = *Pregunta y verdad*. 1965.

GYebra = García Yebra, Valentín: *En torno* = *En torno a la traducción: Teoría, crítica, historia*. 1983. ♦ *Preposiciones* = *Claudicación en el uso de preposiciones*. 1988. ♦ *Traducción* = *Traducción y enriquecimiento de la lengua del traductor*. 1985.

GZamora = Guerrero Zamora, Juan: *Teatro 1956* = [Críticas.] En *Teatro 1956*.

H

Hacerlo = *También usted puede hacerlo. Manual práctico del hogar*. 1970.

Halcón = Halcón, Manuel: *Campo* = *Sobre el prestigio del campo andaluz*. 1962. ♦ *Cuentos* = *Cuentos del buen ánimo*. 1979. ♦ *Ir* = *Ir a más*. 1967. ♦ *Manuela* = *Manuela*. 1970. ♦ *Monólogo* = *Monólogo de una mujer fría*. [1960]. 1972. ♦ *Pudor* (DH) = *Desnudo pudor*. 1964.

HAlonso = Hernández Alonso, César: *Gramática* = *Gramática funcional del español*. 1984.

HCLE = Rico, Francisco (dir.): *Historia y crítica de la literatura española*. I (1980); II (1980); III (1983); IV (1983); V (1982); VI (1980); VII (1984); VIII (1981); Suplemento 1/1 (1991); Suplemento 2/1 (1991); Suplemento 3/1 (1992); Suplemento 4/1 (1992). 1980-92.

HDA = *Studia Philologica. Homenaje ofrecido a Dámaso Alonso*. I (1960); II (1961); III (1963). 1960-1963.

Heras = Heras, Javier de las: *Psicología* = v. *Psicología*.

Hernández = Hernández, Humberto: *Diccionarios* = *Los diccionarios de orientación escolar. Contribución al estudio de la lexicografía monolingüe española*. 1989. ♦ *Lit. Canarias* = v. *Lit. Canarias*.

Hernández = Hernández, Mario: *HCLE* 7 = v. *HCLE*.

Herrero = Herrero, Pedro Mario: *Balada* = *La balada de los tres inocentes*. [1973]. 1985.

Herrero = Herrero Llorente, Víctor-José: *Expresiones* = [Preliminares] a *Diccionario de expresiones y frases latinas*. [1980]. 1985. ♦ *Filología* = *Introducción al estudio de la filología latina*. [1965]. 1976.

Hervás = Hervás, Stella Maris: *Cocina* = *Mi primer libro de cocina*. 1978.

HEspaña = Vicens Vives, J. (dir.): *Historia social y económica de España y América*. 5 t. 1972.

Hoja Deleg. Educ. M. = *Hoja informativa sobre becas*. Delegación Provincial de Educación y Ciencia, Madrid. 1975.

Holgado-Morcillo = Holgado Redondo, Antonio; Morcillo Sánchez, Consuelo: *Leng. latina* = *Lengua latina y civilización romana*. 2º Bachillerato. 1976.

Homenaje Gili Gaya = Suárez Blanco, Germán (coord.): *Homenaje a Samuel Gili Gaya (in memoriam)*. 1979.

Hontañón = Hontañón, Leopoldo: *Música* = v. *Música*.

Hornedo = Hornedo, Rafael María de, S.I.: *Coloma* = *El Padre Luis Coloma, S.I.* En P. Luis Coloma, S.I.: *Obras completas*. 4ª ed. 1960.

Hoyo = Hoyo, Arturo del: *Bigotillo* = *Historias de Bigotillo, ratón de campo*. 1987. ♦ *Caza* = *Primera caza y otros cuentos*. 1965. ♦ *Glorieta* = *En la glorieta y en otros sitios*. 1972. ♦ *Gracián* = *Vida y obra de Gracián*. En B. Gracián: *Obras completas*. 3ª ed. 1967. ♦ *Lobo* = *El lobo y otros cuentos*. 1981. ♦ *Pequeñuelo* = *El pequeñuelo y otros cuentos*. 1967. ♦ *Pról. Alberti* = Pról. a R. Alberti: *La amante*. 1977. ♦ *Señas* = v. *Señas*.

Hoyos = Hoyos Sancho, Nieves de: *Traje* = *El traje regional*. 2ª ed. 1959.

HPacheco = Hernández Pacheco, Eduardo: *Prehistoria* = *Prehistoria del solar hispano. Orígenes del arte pictórico*. 1959.

HSBarba = Hernández Sánchez-Barba, Mario: *HEspaña* 4 y 5 = v. *HEspaña*.

TEXTOS CITADOS

Huarte = Huarte Morton, Fernando: **Biblioteca** = *Los libros de casa: formación y cuidado de una biblioteca.* 1984. ◆ **Diccionarios** = *Uso y disfrute de diccionarios y enciclopedias.* 1992. ◆ **Exlibris** = *El exlibris.* 1987. ◆ **Tipografía** = *Cartilla de tipografía para autores. Preparación de originales y corrección de pruebas.* 1955.

Hucha 1 = *Antología de Premios "Hucha de Oro". Los mejores cuentos.* I. [1969]. 1972.

Hucha 2 = *Antología del Premio "Hucha de Oro". Los mejores cuentos.* II. 1973.

Huelva = *Huelva. España en paz.* 1964.

Huerta = Huerta Ramírez, Fernando: **Pesca** = *La pesca en España.* 1973.

Huertas = Huertas López, José: **Composición** = *Normas de composición de artes gráficas.* 1987.

HVista = Hernández Vista, V. E.: **Estructuralismo** = v. *Estructuralismo.*

I

ILaguna = Iglesias Laguna, Antonio: **Ateneo** = v. *Ateneo.*

Imagen Mundo = Luisa Martín-Meras y otros: *La imagen del Mundo. 500 años de cartografía.* 1992.

Impuesto Renta = *Cuaderno de instrucciones para la declaración del Impuesto sobre la Renta de las Personas Físicas. Declaración por el ejercicio de 1979.* 1980.

Impuesto Renta 90 = *Hacienda Pública. Renta 90. Simplificada. Guía práctica para la declaración de la Renta.* [1991].

Inbad Doc. 24/1 = *BUP 2º Curso. Lengua extranjera: Inglés. Documento 24/1.* [1977].

Iparaguirre-Dávila = Iparaguirre, Enrique; Dávila, Carlos: **Tapices** = *Real Fábrica de Tapices 1721-1971.* 1971.

Izquierdo = Izquierdo, Francisco: **Alpujarra** (G) = *El apócrifo de la Alpujarra Alta.* 1969.

J

Jaén = *Jaén. España en paz.* 1964.

Janés = Janés, Clara: **Relatos** = v. *Navajo Relatos.*

Jardón = Jardón, Manuel: **Normalización** = *La "normalización lingüística", una anormalidad democrática. El caso gallego.* 1993.

Jarnés = Jarnés, Benjamín: **Señas** = v. *Señas.*

JGregorio = Jiménez de Gregorio, Fernando: **Jara** = *Comarca de la Jara Toledana.* 1982.

JLosantos = Jiménez Losantos, Federico: **Azaña** 1 = *Pról. y notas a Manuel Azaña. Antología.* 1: *Ensayos.* 1982. ◆ **Azaña** 2 = Pról. y notas a Manuel Azaña: *Antología.* 2: *Discursos.* 1983.

JLozano = Jiménez Lozano, José: **Abecedario** = *Segundo abecedario.* 1992. ◆ **Mudejarillo** = *El Mudejarillo.* 1992. ◆ **Otoño** = *Historia de un otoño.* [1971]. 1992.

JMartos = Jiménez Martos, L.: **Toros** = *Tientos de los toros y su gente.* 1981.

José = José Prades, Juana de: **Personajes** = *Teoría sobre los personajes de la Comedia Nueva, en cinco dramaturgos.* 1963.

José-Carballo = José Prades, Juana de; Carballo Picazo, Alfredo: **Lengua** = *Guiones didácticos de lengua española.* 2º curso. 1968.

Jover = Jover Zamora, José María: **Historia** = *Edad Contemporánea.* En A. Ubieto, J. Reglá, J. M. Jover y C. Seco: *Introducción a la historia de España.* 7ª ed. 1970. ◆ **Literatura** = *De la literatura como fuente histórica.* En BRAH, 189 (1992).

K

Kucharski = Kucharski, Rosa María: **Música** = v. *Música.*

Kurtz = Kurtz, Carmen: **Lado** = *Al otro lado del mar.* (Sic transit.) 1973.

L

Laforet = Laforet, Carmen: **Mujer** = *La mujer nueva.* 1955.

Lafuente = Lafuente Ferrari, Enrique: **Pról. Iparaguirre-Dávila** = Pról. a E. Iparaguirre y C. Dávila: *Real Fábrica de Tapices 1721-1971.* 1971.

Lagos = Lagos, Concha: **Vida** = *La vida y otros sueños.* 1969.

Laiglesia = Laiglesia, Álvaro de: **Fulana** = *Yo soy Fulana de Tal.* 1963. ◆ **Ombligos** = *Todos los ombligos son redondos.* 1956. ◆ **Tachado** = *Tachado por la censura.* [1962]. 1967.

Laín = Laín Entralgo, Pedro: **Alvarado** = Contestación a R. Alvarado Ballester: *De nomenclatura juxta praeceptum aut consensu biologorum.* 1982. ◆ **Ciencia** = *Ciencia y vida.* 1970. ◆ **Descargo** = *Descargo de conciencia (1930-1960).* 1976. ◆ **España** = *A qué llamamos España.* 1971. ◆ **Espera** = *La espera y la esperanza. Historia y teoría del esperar humano.* 1957. ◆ **Marañón** = *Gregorio Marañón: vida, obra y persona.* [1966]. 1969. ◆ **Normalización** = *Lo que yo haría. Lo que yo hago.* En J. L. L. Aranguren y otros: *Por la normalización lingüística de Cataluña.* 1981. ◆ **Ocio** (DH) = *Ocio y trabajo.* 1960. ◆ **Recta** = *Hacia la recta final. Revisión de una vida intelectual.* 1990. ◆ **Reunión** = v. *Reunión.* ◆ **Tovar** = Contestación a A. Tovar: *Latín de Hispania: aspectos léxicos de la romanización.* 1968. ◆ **Universidad** = *El problema de la Universidad. Reflexiones de urgencia.* 1968.

Lama = Lama Ruiz-Escajadillo, Luis de la: **Aves** = *Aves canoras de Cantabria.* 1981.

Landero = Landero, Luis: **Juegos** = *Juegos de la edad tardía.* [1989]. 1990.

Lapesa = Lapesa, Rafael: **Andaluz** = *El andaluz y el español de América.* En PFLE 2. ◆ **Ayala** = Contestación a F. Ayala: *La retórica del periodismo.* 1984. ◆ **Casares** = *Don Julio Casares (1877-1964).* En BRAE, 44 (1964). ◆ **Comentario** = v. *Comentario.* ◆ **Comunicación** = *Tendencias y problemas actuales de la lengua española.* En *Comunicación.* ◆ **Diccionarios** = *Léxico e historia.* II: *Diccionarios.* [1964-1981]. 1992. ◆ **Español** = *Sobre el origen de la palabra "español".* [1971-1985]. Pról. a A. Castro: *Sobre el nombre y el quién de los españoles.* 1985. ◆ **Estudios** = *Estudios de historia lingüística española.* 1985. ◆ **Gili Gaya** = Contestación a S. Gili Gaya: *Imitación y creación en el habla infantil.* 1961. ◆ **Historia** = *Historia de una "Historia de la lengua española". Separata de Actas del I Congreso Internacional de Historia de la Lengua Española.* [1987]. 1988. ◆ **HLengua** = *Historia de la lengua española.* 6ª ed. 1965. ◆ **Lorenzo** = Contestación a Emilio Lorenzo: *Utrum lingua an loquentes?* 1981. ◆ **Marías** = Contestación a J. Marías: *La realidad histórica y social del uso lingüístico.* 1965. ◆ **Necrol. Gili Gaya** = *Samuel Gili Gaya (1892-1976).* En BRAE, 56 (1976). ◆ **NHLengua** = *Historia de la lengua española.* 8ª ed. 1980. ◆ **Palabras** = *Léxico e historia.* I: *Palabras.* 1992. ◆ **Poetas** = *Poetas y prosistas de ayer y de hoy. Veinte estudios de historia y crítica literarias.* 1977. ◆ **Problemas** = *Sobre problemas y métodos de una sintaxis histórica.* En *Homenaje a Xavier Zubiri.* 1970. ◆ **Reunión** = v. *Reunión.* ◆ **Santillana** = *La obra literaria del Marqués de Santillana.* 1957. ◆ **Tarancón** = Contestación a V. Enrique y Tarancón: *Liturgia y lengua viva del pueblo.* 1970.

Largo = Largo Martín, Mercedes: **Zarzuela** = *"Agua, azucarillos y aguardiente".* En A. Amorós : *La zarzuela de cerca.* 1987.

Lázaro = Lázaro, Juan Antonio: **JZorra** = *Juan Zorra y otros cuentos.* 1986.

Lázaro = Lázaro Carreter, Fernando: *Aguirre* = Contestación a J. Aguirre: *El Conde de Aranda y la reforma de espectáculos en el siglo XVIII*. 1986. ♦ *Barroco* = *Estilo barroco y personalidad creadora*. 1966. ♦ *Crónica* = *Crónica del Diccionario de Autoridades (1713-1740)*. 1972. ♦ *Curso* = *Curso de lengua española*. 1978. ♦ *Lengua* = *Lengua española: historia, teoría y práctica*. 2 t. 1971-72. ♦ *Lenguaje* = *Consideraciones sobre la lengua literaria*. En [Varios autores]: *Doce ensayos sobre el lenguaje*. 1974. ♦ *Mingote* = Contestación a A. Mingote: *Dos momentos del humor español*. 1988. ♦ *Poética* = *Estudios de poética (la obra en sí)*. [1969-75]. 1976. ♦ *Reunión* = v. *Reunión*.

Lázaro-Tusón = Lázaro [Carreter], Fernando; Tusón, Vicente: *Lengua* = *Lengua española, 1º*. [Bachillerato Unificado Polivalente]. 1975. ♦ *Literatura* = *Literatura española, 2º*. 1976.

LBarreto = León Barreto, Luis: *Lit. Canarias* 1 = v. *Lit. Canarias*.

Lecturas segovianas = [Varios autores]: *Lecturas segovianas*. 1958.

Leg. contencioso-adm. = Aragoneses Alonso, Pedro: *Legislación procesal contencioso-administrativa*. 1962.

Legorburu = Legorburu Igartua, P. [y otros]: *Naturaleza 5º* = *Naturaleza y sociedad*. Área natural. 5º Educación General Básica. 1974.

Legorburu-Barrutia = Legorburu Igartua, Pedro; Barrutia Larrañaga, Gabino: *Ciencias* = *Ciencias naturales*. Bachillerato Elemental, 3er. año. 1959.

Lera = Lera, Ángel María de: *Banderas* = *Las últimas banderas*. [1967]. 1968. ♦ *Bochorno* = *Bochorno*. [1960]. 1969. ♦ *Boda* = *La boda*. [1959]. En *Novelas*. 1966. ♦ *Clarines* = *Los clarines del miedo*. [1958]. En *Novelas*. 1966. ♦ *Hombre* = *Se vende un hombre*. [1973]. 1986. ♦ *Olvidados* = *Los olvidados*. [1957]. En *Novelas*. 1966. ♦ *Perdimos* = *Los que perdimos*. [1974]. 1976. ♦ *Pestaña* = *Ángel Pestaña: retrato de un anarquista*. 1978. ♦ *Tierra* (DH) = *Tierra para morir*. 1964. ♦ *Trampa* = *Trampa*. [1962]. En *Novelas*. 1966.

LEstrada = López Estrada, Francisco: *Lit. medieval* = *Introducción a la literatura medieval española*. 4ª ed. 1979.

Ley Orgánica = *Texto íntegro de la Ley Orgánica del Estado, con notas aclaratorias*. En *Referéndum 1966. Nueva Constitución*. 1966.

Ley P. Administrativo = *Ley sobre Procedimiento Administrativo* de 1958. 3ª ed. anotada por J. M. Sanz de Bremond. 1972.

Ley Prop. Intelectual = Colección Textos Legales. *Propiedad Intelectual*. [1987]. [Apéndices: 1955-1988.] 1988.

LFanego = López Fanego, Otilia: *Francés* = *El francés de la Reválida de Grado Elemental*. 1969.

LGarcía = López García, Ángel: *Desarraigados* = *El rumor de los desarraigados: conflicto de lenguas en la Península Ibérica*. 1985. ♦ *Psicolingüística* = *La psicolingüística*. 1988.

LIbor = López Ibor, Juan José: *Lenguaje* (DH) = *El lenguaje subterráneo*. 1962. ♦ *Neurosis* (DH) = *Las neurosis como enfermedades del ánimo*. 1966. ♦ *Pról. Antología* = Pról. a *Antología de cuentos de misterio y de terror*. I. 1958. ♦ *Rasgos* (DH) = *Rasgos neuróticos del mundo contemporáneo*. 1964. ♦ *Rebeldes* (G) = *Rebeldes*. 1965. ♦ *Vida sex.* = v. *Vida sex*.

Libro = *El libro en España*. Documentación Española, 41. 1972.

Libro agrario = *Catálogo del libro agrario, pesquero y alimentario*. 1987.

Libro País = *Libro de estilo. El País*. 2ª ed. 1980.

Lit. Canarias = Hernández, Humberto (coord.): *Literatura de Canarias. (Siglo XX.) Antología de textos para la enseñanza de la Lengua y la Literatura*. 2 t. 1987.

Lit. española = Díez Borque, José María (coord.): *Historia de la literatura española*. 4 t. 1980.

Llamazares = Llamazares, Julio: *Lluvia* = *La lluvia amarilla*. 1988. ♦ *Río* = *El río del olvido. Viaje*. 1990.

Llopis = Llopis, Carlos: *Amor* = *El amor tiene su aquel*. [1955]. En *Teatro selecto*. 1968. ♦ *Hijos* = *¿Qué hacemos con los hijos?* [1960]. En *Teatro selecto*. 1968.

Llorca = Llorca, Carmen: *Ateneo* = v. *Ateneo*.

Llordés = Llordés Badía, José: *Fusil* = *Al dejar el fusil. Memorias de un soldado raso en la guerra de España*. 1968.

Llorens-Roig = Llorens, Montserrat; Roig, Juan: *Tierra* = *Tierra. Segundo curso. Geografía universal*. [1968]. 1970.

Llovet = Llovet, Enrique: *Tartufo II* = *El Tartufo II [de Molière]*. Retrasladado por ——. [1979]. 1983. ♦ *Teatro 1964* = [Críticas.] En *Teatro 1964*.

LMartínez = López Martínez, Nicolás: *Apénd. PCarmona* = Apéndice a J. Pérez Carmona: *Arquitectura y escultura románicas en la provincia de Burgos*. 1974.

LMiranda = Ledesma Miranda, Ramón: *Andalucía* (G) = *Páginas de Andalucía*. 1964. ♦ *Ateneo* = v. *Ateneo*.

Longares = Longares, Manuel: *Corsé* (G) = *La novela del corsé*. 1988. ♦ *Relato* = v. *Relato*.

López-Pedrosa = López de Larrinzar, Emilio; Pedrosa Izarra, Ciriaco: *Lengua* = *Lengua española y literatura*. 4º curso. 1961.

Lorén = Lorén, Santiago: *Aragón* = *Aragón*. [1977]. 1978. ♦ *Salud* = v. *Salud*.

Lorenzo = Lorenzo, Emilio: *Esp. y lenguas* = *El español y otras lenguas*. [1957-79]. 1980. ♦ *Español* = *El español de hoy, lengua en ebullición*. 2ª ed. 1971. ♦ *FGaliano* = *Manuel Fernández-Galiano (1918-1988)*. En BRAE, 69 (1989). ♦ *Lingua* = *Utrum lingua an loquentes? (Sobre las presuntas dolencias y carencias de nuestro idioma.)* 1981.

Lorenzo = Lorenzo, Pedro de: *Extremadura* = *Extremadura, la fantasía heroica*. Versión definitiva. 1971.

Loriente = Loriente Escallada, Enrique: *Plantas* = *Catálogo de las plantas cultivadas en Cantabria*. 1986.

Losada = Losada, Elena: *CBranco* = Introd. a C. Castelo Branco: *Amor de perdición*. 1990.

Lotina = Lotina Benguria, Roberto: *Setas* = *Setas comestibles de Europa*. 1972.

Lozoya = Marqués de Lozoya: *Lecturas* = v. *Lecturas segovianas*.

LPacheco = López-Pacheco, Jesús: *Central* = *Central eléctrica*. [1958]. 1984.

LPiñero = López Piñero, José María: *Ciencia* = *La ciencia en la historia hispánica*. 1982.

LRubio = López Rubio, José: *Diana* = *Diana está comunicando*. [1960]. En *Teatro 1959*. ♦ *Manos* = *Las manos son inocentes*. [1958]. En *Teatro 1958*. ♦ *Noche* = *Esta noche, tampoco*. [1961]. En *Teatro 1961*. ♦ *Nunca* = *Nunca es tarde*. [1964]. En *Teatro 1964*.

LSalinas-Alfaya = López Salinas, Armando; Alfaya, Javier: *País Gall.* = *Viaje al País Gallego*. 1967.

LTena = Luca de Tena, Juan Ignacio: *Alfonso XII* = *¿Dónde vas, Alfonso XII?* [1957]. En *Teatro 1956*. ♦ *Amigos* = *Mis amigos muertos*. 1971. ♦ *Teatro 1959* = [Críticas.] En *Teatro 1959*. ♦ *Triste* = *¿Dónde vas, triste de ti?* [1959]. En *Teatro 1959*.

LTena = Luca de Tena, Torcuato: *Brújula* = *La brújula loca*. [1964]. 1973. ♦ *Luz* = *Hay una luz sobre la cama*. [1969]. En *Teatro 1969*. ♦ *Mujer* (DH) = *La mujer de otro*. 3ª ed. 1961.

Lueje = Lueje, José Ramón: *Picos* = *Los Picos de Europa*. 3ª ed. 1977.

Lugo = *Lugo. España en paz*. 1964.

M

Madrid = Madrid, Juan: *Nada* (G) = *Nada que hacer*. 1984.

Madrid en la mano = *Madrid en la mano o el amigo del forastero en Madrid y sus cercanías.* Por D. P[edro] F[elipe] M[onlau]. [Nota de la ed. facsímil.] 1985.

Mainer = Mainer, José-Carlos: **Falange** = Pról. y notas a *Falange y literatura.* Ed. y selección de ——. 1971.

MAlonso = Martín Alonso, Antonio: **Música** = v. *Música.*

MAlonso = Montero Alonso, José: **Marquina** = *Vida de Eduardo Marquina.* 1965. ◆ **Teatro 1964** = [Críticas.] En *Teatro 1964.*

Manfredi = Manfredi Cano, Domingo: **Cante** = *Cante y baile flamencos.* 1973. ◆ **Tenerife** = *Tenerife.* [1972]. 1973.

Mañas = Mañas, Alfredo: **Tarantos** = *La historia de los Tarantos.* [1962]. En *Teatro 1961.*

Máquina Wertheim = *Wertheim EZ* [máquina de coser]. *Libro de instrucciones para su uso.* 1969.

Maravall = Maravall Herrero, José María: **Pról. Reforma** = Pról. a *Proyecto para la reforma de la enseñanza. Educación infantil, primaria, secundaria y profesional. Propuesta para debate.* 1987.

Marco = Marco, Joaquín: **Lit. española** 4 = v. *Lit. española.*

Marco = Marco, Tomás: **HMúsica** = *Historia general de la música: El siglo XX.* 1978. ◆ **Música** = v. *Música.*

Marcos = Marcos Marín, Francisco: **Aproximación** = *Aproximación a la gramática española.* 2ª ed. 1974. ◆ **Comentario** 4 = *La confusión de las lenguas.* En A. Amorós (ed.): *El comentario de textos,* 4. 1983. ◆ **Gramática** = *Curso de gramática española.* 1980.

Marcos-Martínez = Marcos, Constantino; Martínez, Jacinto: **Álgebra** = *Álgebra y geometría.* 3er. curso. 1964. ◆ **Aritmética** = *Aritmética y geometría.* 1er. curso. 1958. ◆ **Aritmética 2º** = *Aritmética y geometría.* 2º curso. 1959. ◆ **Física** = *Física y química.* 4º curso. 1961. ◆ **Matemáticas** = *Matemáticas.* 4º curso. 1961.

Marcos-SLobato = Marcos Marín, Francisco; Sánchez Lobato, Jesús: **Lingüística** = *Lingüística aplicada.* 1988.

Marías = Marías, Javier: **Almas** = *Todas las almas.* [1989]. 1992. ◆ **Corazón** = *Corazón tan blanco.* [1992]. 1993.

Marías = Marías, Julián: **Cataluña** = *Consideración de Cataluña.* [1966]. En *Nuestra Andalucía, y Consideración de Cataluña.* 1972. ◆ **Delibes** = Contestación a M. Delibes: *El sentido del progreso desde mi obra.* 1975. ◆ **Españoles** = *Los españoles.* 1963. ◆ **Estructura** = *La estructura social.* [1955]. 1972. ◆ **Felicidad** = *La felicidad humana.* 1987. ◆ **Filosofía** = *Historia de la filosofía.* 16ª ed. 1963. ◆ **India** = *Imagen de la India.* [1959]. En *Imagen de la India, e Israel: una resurrección.* 1973. ◆ **Literatura** = *Literatura y generaciones.* 1975. ◆ **Madariaga** = Contestación a S. de Madariaga: *De la belleza en la ciencia.* 1976. ◆ **Sociedad** = *Meditaciones sobre la sociedad española.* 1966. ◆ **Uso** = *La realidad histórica y social del uso lingüístico.* 1965. ◆ **Vida** 1 = *Una vida presente. Memorias 1 (1914-1951).* 1988.

Marín = Marín, Rosa: **Enseñanza** = *Prácticas de enseñanza.* 1er. curso. 1969.

Mariner = Mariner Bigorra, Sebastián: **Estructuralismo** = v. *Estructuralismo.*

Marqueríe = Marqueríe, Alfredo: **Teatro 1959** = [Críticas.] En *Teatro 1959.* ◆ **Teatro 1963** = [Críticas.] En *Teatro 1963.*

Marsé = Marsé, Juan: **Amante** = *El amante bilingüe.* [1990]. 1993. ◆ **Dicen** = *Si te dicen que caí.* [1973-76]. 1985. ◆ **Embrujo** = *El embrujo de Shanghai.* 1993. ◆ **Montse** = *La oscura historia de la prima Montse.* [1970]. 1978. ◆ **Muchacha** = *La muchacha de las bragas de oro.* 1978. ◆ **Tardes** = *Últimas tardes con Teresa.* [1966]. 1975.

Martín-Escribano **Decl. Renta** = Martín de Santa Olalla Mañas, Jaime; Escribano Villanueva, Alberto: *Manual para la declaración de la Renta.* 1982.

Martínez = Martínez, José Enrique: **Poesía** = Introd. a J. E. Martínez (ed.): *Antología de la poesía española (1939-1975).* 1989.

Martínez = Martínez García, Hortensia: **Suplemento** = *El suplemento en español.* 1986.

Mas-Mateu = Mas, José; Mateu, María Teresa: **Literatura** = *Literatura,* II. *Literaturas hispánicas.* 1976.

Mascaró = Mascaró Porcar, José María: **Médico** = *El médico aconseja.* 1969.

Mateo = Díez, Luis Mateo: **Babia** = *Relato de Babia.* 1991. ◆ **Fuente** = *La fuente de la edad.* [1986]. 1994.

Mateo = Mateo, Josevicente: **Murcia** = *Murcia.* 1971.

Matute = Matute, Ana María: **Artámila** = *Historias de la Artámila.* 1961. ◆ **Memoria** = *Los mercaderes. Primera memoria.* 1960. ◆ **Niños** = *Los niños tontos.* [1956]. 1992. ◆ **Tiempo** = *El tiempo.* [1957]. 1963.

Mayor-Díaz = Mayor, Matías; Díaz, Tomás E.: **Flora** = *La flora asturiana.* 1977.

Mayoral = Mayoral, Marina: **Muerte** = *Contra muerte y amor.* 1985.

Mayte = Mayte [Aguado del Castillo, María Teresa]: **Cocina** = *La cocina práctica de Mayte.* 1973.

MCachero = Martínez Cachero, José María: **AGBlanco** = *Andrés González-Blanco: una vida para la literatura.* 1963. ◆ **Novela** = *La novela española entre 1939 y 1969. Historia de una aventura.* 1973.

MCalero = Martín Calero, Emilio: **Usos** = *Usos y decires de la Castilla tradicional.* 1984.

MCampos = Martínez de Campos, Carlos: **España** (DH) = *España bélica.* 1961.

McMacarra = **Cassettes** = *Las cassettes McMacarra.* 1973.

MCortés = Muñoz Cortés, Manuel: **Español** = *El español vulgar. Descripción de sus fenómenos y métodos de corrección.* 1958.

Medina = Medina, Mariano: **Meteorología** = *Iniciación a la meteorología.* 1986.

Medio = Medio, Dolores: **Andrés** = *Andrés.* 1967. ◆ **Bibiana** = *Bibiana.* [1963]. 1967. ◆ **Maestra** = *Diario de una maestra.* [1961]. 1984.

Melià = Melià, Josep: **Informe** = *Informe sobre la lengua catalana.* 1970.

Mellizo = Mellizo, Carlos: **Señas** = v. *Señas.*

Memoria Telefónica 1974 = *Compañía Telefónica Nacional de España. Memoria del ejercicio social de 1974.* 1975.

Mendicutti = Mendicutti, Eduardo: **Palomo** = *El palomo cojo.* 1991. ◆ **Señas** = v. *Señas.*

Mendoza = Mendoza, Eduardo: **Año** = *El año del diluvio.* [1992]. 1994. ◆ **Ciudad** = *La ciudad de los prodigios.* 1986. ◆ **Gurb** = *Sin noticias de Gurb.* 1991. ◆ **Isla** = *La isla inaudita.* [1989]. 1994. ◆ **Laberinto** = *El laberinto de las aceitunas.* [1982]. 1988. ◆ **Misterio** = *El misterio de la cripta embrujada.* [1979]. 1992. ◆ **Savolta** = *La verdad sobre el caso Savolta.* [1975]. 1981.

Mercader-DOrtiz = Mercader Riba, Juan; Domínguez Ortiz, Antonio: **HEspaña** 4 = v. *HEspaña.*

Merino = Merino, Joaquín: **Londres** = *Londres para turistas pobres.* [1959]. 1973.

Merino = Merino, José María: **Crónicas** = *Las crónicas mestizas.* [1992]. 1997. ◆ **Relato** = v. *Relato.*

MFVelasco = Martín Fernández de Velasco, Miguel: **Peña** = *Peña Grande.* 1977.

MGaite = Martín Gaite, Carmen: **Ataduras** = *Las ataduras.* [1960]. 1984. ◆ **Búsqueda** = *La búsqueda de interlocutor y otras búsquedas.* 1973. ◆ **El cuarto de atrás.** 1978. ◆ **Cuento** = *El cuento de nunca acabar. Apuntes sobre la narración, el amor y la mentira.* 1983. ◆ **Cuentos compl.** = *Cuentos completos.* 1978. ◆ **Dieciocho** = *Usos amorosos del dieciocho en España.* [1972]. 1987. ◆ **Fragmentos** = *Fragmentos de interior.* 1976. ◆ **Nubosidad** = *Nubosidad variable.* 1992. ◆ **Retahílas** = *Retahílas.* 1974. ◆ **Ritmo** = *Ritmo lento.* 1963. ◆ **Usos** = *Usos amorosos de la postguerra española.* 1987. ◆ **Visillos** = *Entre visillos.* [1958]. 1967.

MGalván = Moreno Galván, José María: *Autocrítica* (DH) = *Autocrítica del arte.* 1965.

Michelena = Michelena, Luis: *Lengua* = *Lengua e historia.* 1985.

Miguel = Miguel, Amando de: *España* = *España, marca registrada.* 1972. ♦ *Intelectuales* (G) = *Los intelectuales bonitos.* 1980. ♦ *Madrid* = *Escritos.* En A. Fontán, F. Burguera y A. de Miguel: *"Madrid", página 3.* 1972. ♦ *Perversión* = *La perversión del lenguaje.* 1985.

Mihura = Mihura, Miguel: *Amor* (DH) = *Solo el amor y la luna traen fortuna.* [1968]. 1969. ♦ *Carlota* = *Carlota.* [1957]. En *Teatro 1956.* ♦ *Decente* = *La decente.* [1967]. 1969. ♦ *Dorotea* = *La Bella Dorotea.* [1963]. En *Teatro 1963.* ♦ *Maribel* = *Maribel y la extraña familia.* [1959]. 1965. ♦ *Modas* = *Ninette (Modas de París).* [1966]. En *Teatro 1966.* ♦ *Ninette* = *Ninette y un señor de Murcia.* [1964]. En *Teatro 1964.*

Millán = Millán, José Antonio: *Fresa* = *Fresa rústica y otros relatos.* 1991. ♦ *Libro* = *C, el pequeño libro que aún no tenía nombre.* 1993. ♦ *Relato* = v. *Relato.*

Millás = Millás, Juan José: *Visión* = *Visión del ahogado.* [1977]. 1990.

Millás = Millás Vallicrosa, J. M.: *Lit. hebraicoesp.* = *Literatura hebraicoespañola.* 1967.

Mingarro = Mingarro, Antonio: *Física* = *Física. 6º curso del Bachillerato.* 1972.

Mingarro-Aleixandre = Mingarro, A.; Aleixandre, V.: *Física* = *Física y química. 4º curso del Bachillerato.* 1970.

Mingote = Mingote, Antonio: *Humor* = *Dos momentos del humor español: Madrid Cómico, La Codorniz.* 1988.

Miró = Miró, Emilio: *Lit. española* 4 = v. *Lit. española.*

MKleiser = Martínez Kleiser, Luis: *EGaray* = *A la memoria del Excmo. y Rvdmo. Sr. Patriarca de las Indias Occidentales y Obispo de Madrid-Alcalá, D. Leopoldo Eijo y Garay.* En BRAE, 43 (1963).

MLlopis = Martínez Llopis, Manuel: *Mesa* = *El arte de la mesa.* 1990.

MMarcos = Martín G. Marcos, Luis: *Lecturas* = v. *Lecturas segovianas.*

MMena = Martínez-Mena, Alfonso: *Hucha* 2 = v. *Hucha 2.*

MMolina = Muñoz Molina, Antonio: *Beltenebros* = *Beltenebros.* [1983]. 1993. ♦ *Invierno* = *El invierno en Lisboa.* [1987]. 1990. ♦ *Jinete* = *El jinete polaco.* 1991.

MMunicio = Martín Municio, Ángel: *Biología* = *Biología del habla y del lenguaje.* 1984.

MNiclos = Martín Niclos, J.: *Toxicología* = *Manual de toxicología.* Editado bajo la orientación científica del Dr. ——. 1967.

Moix = Moix, Ana María: *Relatos* = v. *Navajo Relatos.*

Moix = Moix, Terenci: *Peso* = *El Peso de la Paja. Memorias I. El cine de los sábados.* [1990]. 1993. ♦ *Viajes* = *Tres viajes románticos (Grecia, Túnez, México).* [1987]. 1993.

Moliner = Moliner, María: *Present. Dicc.* = *Presentación.* En M. Moliner: *Diccionario de uso del español,* I. 1966.

Molinero = Molinero Pérez, Antonio: *Lecturas* = v. *Lecturas segovianas.*

Moncada = Moncada, Santiago: *Juegos* = *Juegos de medianoche.* [1971]. En *Teatro 1970.* ♦ *Teatro 1970* = [Críticas.] En *Teatro 1970.*

Monera = Monera Olmos, María Luisa: *Animación* (DH) = *La animación sociocultural como un nuevo tipo de educación.* En J. M. Quintana (coord.): *Fundamentos de animación sociocultural.* 1985.

Montero = Montero, Lázaro: *Hucha* 2 = v. *Hucha 2.*

Montero = Montero, Rosa: *Reina* = *Te trataré como a una reina.* [1983]. 1984. ♦ *Relatos* = v. *Navajo Relatos.*

Morales = Morales y Marín, José Luis: *Artífices* = *Documentos de los artífices de artes industriales de los Reyes de España.* I. En *Colección de Documentos para la Historia del Arte en España,* III. 1982.

Morales = Morales Oliver, Luis: *Isabel* = *El lenguaje del alma en la reina Isabel de Castilla.* 1975.

Moreno = Moreno Cabrera, Juan Carlos: *Lenguas* = *Lenguas del mundo.* 1990.

Moreno = Moreno y Moreno, Miguel: *Galería* = *Por los pueblos sorianos.* [III]. *Galería de estampas y costumbres.* Soria, 1975.

MPérez = Muñoz Pérez, José: *Comunidad* = *Discurso y reflexiones en torno a la Comunidad Hispánica de Naciones.* [1979]. 1982.

MPidal = Menéndez Pidal, Ramón: *Las Casas* = *El P. Las Casas y Vitoria, con otros temas de los siglos* XVI *y* XVII. 1958. ♦ *Las Casas, personalidad* (DH) = *El Padre Las Casas. Su doble personalidad.* 1963. ♦ *Problemas* = *Dos problemas iniciales relativos a los romances hispánicos.* En *Enciclopedia Lingüística Hispánica,* I. 1960. ♦ *RCatólicos* = *Los Reyes Católicos y otros estudios.* 1962. ♦ *Roland* (DH) = *La Chanson de Roland y el neotradicionalismo (orígenes de la épica románica).* 1959.

MPuelles = Millán Puelles, Antonio: *Filosofía* = *Fundamentos de filosofía.* I y II. 1955-1956. ♦ *Hombre* = *Sobre el hombre y la sociedad.* 1976. ♦ *Persona* = *Persona humana y justicia social.* 3ª ed. 1976.

MRecuerda = Martín Recuerda, José María: *Cristo* = *El Cristo.* [1969]. En *El teatrito de don Ramón, Las salvajes en Puente San Gil y El Cristo.* 1969. ♦ *Salvajes* = *Las salvajes en Puente San Gil.* En *Primer Acto,* 48, diciembre 1963. ♦ *Teatrito* = *El teatrito de don Ramón.* [1959]. En *El teatrito de don Ramón, Las salvajes en Puente San Gil y El Cristo.* 1969.

MReverte = Martínez Reverte, Jorge: *Demasiado* = *Demasiado para Gálvez.* [1979]. 1986.

MSantos = Martín-Santos, Luis: *Amor* = *El plus sexual del hombre, el amor y el erotismo.* En [Varios autores]: *El amor y el erotismo.* 1965. ♦ *Tiempo* = *Tiempo de silencio.* [1962]. 1965.

MSousa = Martínez de Sousa, José: *Libro* = *Pequeña historia del libro.* 1987.

MTriana = Martín Triana, José María: *Ópera* = *El libro de la ópera.* 1987.

MUgartemendía = Martínez Ugartemendía, Joaquín: *Cálculo* = *Cálculo 7 EGB.* 1993.

Muñiz = Muñiz, Carlos: *Tintero* = *El tintero.* [1961]. En *El tintero; Un solo de saxofón; Las viejas difíciles.* 1963. ♦ *Viejas* = *Las viejas difíciles.* [1961]. En *El tintero; Un solo de saxofón; Las viejas difíciles.* 1963.

Muñiz = Muñiz, Mauro: *Señas* = v. *Señas.*

Murciano = Murciano, Carlos: *Hucha* 2 = v. *Hucha 2.*

Murillo = Murillo, Enrique: *Relato* = v. *Relato.*

Música = Gómez Amat, Carlos (dir.): *Iniciación a la música.* 1975.

Música Toledo = *I Decena de Música en Toledo.* Toledo 15-24 mayo 1970. 1970.

MVigil = Martín Vigil, José Luis: *Sociedad* (DH) = *La sociedad contra Miguel Jalón.* 1966.

N

Nácher = Nácher, Enrique: *Guanche* = *Guanche.* 1957.

Naipes españoles = *Juegos de naipes españoles.* 14ª ed. 1975.

Naipes extranjeros = *Juegos de naipes extranjeros.* 6ª ed. 1966.

Náñez = Náñez Fernández, Emilio: *Coloquio* = *La lengua del coloquio. Procedimientos expresivos: el diminutivo en "Mesa, sobremesa" de Alonso Zamora Vicente.* 1982. ♦ *Lengua* = *La lengua que hablamos: creación y sistema.* 1973.

Navajo = Navajo, Ymelda (ed.): *Relatos* = *Doce relatos de mujeres.* Pról. y compilación de ——. [1982]. 1983.

TEXTOS CITADOS

Navarra = Navarra. España en paz. 1964.

Navarro = Navarro Cándido, Alejandro: *Biología* = Curso preuniversitario. Biología. 1963.

Nebot = Nebot, Mary G.: *Golosinas* = Golosinas típicas de España. 1963.

Neira = Neira, Jesús: *Bables* = Bables y castellano en Asturias. 1982.

Nerva = Nerva, Sergio: *Teatro 1958* = [Críticas.] En Teatro 1958. ◆ *Teatro 1959* = [Críticas.] En Teatro 1959.

Neville = Neville, Edgar: *Fidelidad* = Alta fidelidad. [1957]. En Teatro 1957. ◆ *Mañana* = Aquella mañana. En E. Neville: Teatro, 3. 1963. ◆ *Noche* = La extraña noche de bodas. En E. Neville: Teatro, 3. 1963. ◆ *Tiempos* = Tiempos mejores. En E. Neville: Teatro, 3. 1963. ◆ *Vida* = La vida en un hilo. [1959]. En Teatro 1958.

Nicolau = Nicolau Pérez, Juan: *Salud* = v. Salud.

Nieva = Nieva, Francisco: *Coronada* = Coronada y el toro. (Rapsodia española.) [1973]. En Teatro furioso. 1975. ◆ *GChico* = Esencia y paradigma del "género chico". 1990. ◆ *Señora* = La señora tártara. 1980.

Nolla = Nolla Panadés, Juan: *Salud* = v. Salud.

Nolla = Nolla Panadés, Roberto: *Salud* = v. Salud.

Noval = Noval, Alfredo: *Fauna* = Fauna salvaje asturiana. [1976]. 1980.

Nutrición = Grande Covián, Francisco; Varela Mosquera, Gregorio (dir.): Aspectos de la nutrición del hombre. 1993.

O

Olaizola = Olaizola, José Luis: *Escobar* = La guerra del general Escobar. [1983]. 1995.

Oliver = Oliver, Juan Manuel: *Relatos* = Relatos marginales. 1982.

Oliver = Oliver Asín, Jaime: *Madrid* = Historia del nombre "Madrid". 1959.

Olmo = Olmo, Lauro: *Ayer* = Ayer, 27 de octubre. 1958. ◆ *Camisa* = La camisa. [1962]. 1963. ◆ *Cuerpo* = El cuerpo. 1966. ◆ *English* = English spoken. [1968]. En Teatro 1968. ◆ *Golfos* = Golfos de bien. 1968. ◆ *Teatro 1968* = Autocrítica. En Teatro 1968.

Omar = Omar, Alberto: *Lit. Canarias* 1 = v. Lit. Canarias.

Onieva = Onieva, Antonio J.: *Prado* = Nueva guía completa del Museo del Prado. 1965. ◆ *Pról. Dante* = Pról. a Dante Alighieri: Divina Comedia. I. 1965.

Onil = Onil. Moros y cristianos. 1969.

Ordóñez = Ordóñez Gallego, A.: *Leng. médico* = Lenguaje médico. Estudio sincrónico de una jerga. 1992.

Ordovás = Ordovás, Jesús: *Pop* = Historia de la música pop española. 1987.

Ortega = Ortega, Juan Pablo: *Americanos* = Los americanos en América. 1970.

Ortega-Roig = Ortega, Rosa; Roig, Juan: *País* = País. Geografía de España. 1er. curso [de Bachillerato]. 2ª ed. 1969.

Ortiz = Ortiz, Lourdes: *Relatos* = v. Navajo Relatos.

Osorio = Osorio, Marta: *Hucha* 1 = v. Hucha 1.

P

Pactos Moncloa = Los Pactos de la Moncloa. Texto completo del acuerdo económico y del acuerdo político. Madrid, 8-27 octubre 1977. 1977.

PAdam = Discursos pronunciados en la sesión necrológica en memoria del Excmo. Sr. D. Pedro Puig Adam. Real Academia de Ciencias. 1985.

Palacios = Palacios, Leopoldo-Eulogio: *Juicio* = El juicio y el ingenio y otros ensayos. 1967.

Palomar = Palomar Lapesa, Manuel: *Antroponimia* = Antroponimia prerromana. En Enciclopedia Lingüística Hispánica, I. 1960.

Palomino = Palomino, Ángel: *Hucha* 2 = v. Hucha 2. ◆ *Torremolinos* = Torremolinos Gran Hotel. [1971]. 1976.

Palomo = Palomo, María del Pilar: *Lit. española* 2 = v. Lit. española. ◆ *Valera* = Introd. a J. Valera: Pepita Jiménez. 1987.

Pániker = Pániker, Salvador: *Conversaciones* = Conversaciones en Madrid. 1969. ◆ *Memoria* = Segunda memoria. 1988. ◆ *Testamento* = Primer testamento. [1985]. 1990.

Paso = Paso, Alfonso: *Corbata* = La corbata. [1963]. En Teatro 1962. ◆ *Cosas* = Cosas de papá y mamá. [1960]. En Teatro 1959. ◆ *Isabel* = Desde Isabel, con amor. [1967]. En Teatro 1966. ◆ *Pobrecitos* = Los pobrecitos. [1957]. En Teatro 1956. ◆ *Rebelde* = Rebelde. [1962]. En Teatro 1961. ◆ *Sirvientes* = Los sirvientes. [1976]. 1983. ◆ *Usted* = Usted puede ser un asesino. [1958]. En Teatro 1957.

Pau = Pau Roca, Leopoldo: *Salud* = v. Salud.

PAvelló = Pérez-Avelló, Carmen: *Hucha* = v. Hucha 1 y 2.

PAyala = Pérez Ayala, Pablo: *Macintosh* = Bienvenido a Macintosh. 1992.

PAyala = Pérez de Ayala, Ramón: *Amistades* (G) = Amistades y recuerdos. 1961.

Payno = Payno, Juan Antonio: *Curso* = El curso. [1962]. 1965.

Pazos = Pazos, Xan Aser N.: *Señas* = v. Señas.

PCarmona = Pérez Carmona, José: *Burgos* = Arquitectura y escultura románicas en la provincia de Burgos. 2ª ed. 1974.

PCastro = Pérez Castro, Federico: *Ant. Testamento* = La transmisión del texto del Antiguo Testamento hebreo. En F. Cantera Burgos y M. Iglesias González: Sagrada Biblia. 2ª ed. 1979.

Pedraza-Rodríguez = Pedraza, Felipe B.; Rodríguez, Milagros: *Literatura* = Manual de literatura española. I (1984); II (1980); III (1981); IV (1981); V (1981); VI (1982); VII (1983); VIII (1986); IX (1987). 1980-1987.

Pemán = Pemán, José María: *Almuerzos* = Mis almuerzos con gente importante. 1970. ◆ *Andalucía* = Andalucía. 1958. ◆ *Cádiz* = v. Cádiz. ◆ *Encuentros* (G) = Mis encuentros con Franco. 1976. ◆ *Ensayos* = Ensayos andaluces. 1972. ◆ *Halcón* = Contestación a M. Halcón: Sobre el prestigio del campo andaluz. 1962. ◆ *Testigos* = Tres testigos. [1970]. En Teatro 1969.

Peña = Peña, Remedios de la: *Música* = v. Música.

Peña-Useros = Peña Rica, Eutiquio; Useros Carretero, Manuel: *Mesías* = El Mesías prometido. Historia Sagrada del Antiguo Testamento. 1er. curso [de Bachillerato]. 1967.

Peraile = Peraile, Meliano: *Cuentos* = Cuentos clandestinos. 1970. ◆ *Ínsula* = Ínsula ibérica. 1972. ◆ *Señas* = v. Señas.

Perala = Perala Santolaria, José Luis: *Setas* = Setas. 1964.

Perales = Perales de la Cal, Ramón: *Música* = v. Música. ◆ *Música 1º* = Música y actividades artístico-culturales. 1º BUP. 1975.

Pereda = Pereda, Rosa María: *Poesía* = Introd. a Concepción G. Moral (ed.): Joven poesía española: antología. 3ª ed. 1982. ◆ *Relatos* = v. Navajo Relatos.

Pereira = Pereira, Antonio: *Hucha* 1 = v. Hucha 1.

Perich = Perich, Jaume: *Autopista* = Autopista. [1970]. 2ª ed. 1971.

Pericot = Pericot García, Luis: *HEspaña* 1 = v. HEspaña. ◆ *Polis* = Antigüedad. En L. Pericot, A. del Castillo y J. Vicens Vives: Polis. Historia universal. 8ª ed. 1964.

Pericot-Maluquer = Pericot, Luis; Maluquer de Motes, Juan: *Humanidad* = La humanidad prehistórica. 1970.

Perucho = Perucho, Juan: **Balnearios** = Historias secretas de balnearios. 1972. ◆ **Botánica** = Botánica oculta. [1969]. En Fabulaciones. 1996. ◆ **Cuentos** = Cuentos. [1986]. En Fabulaciones. 1996.

PFLE = Presente y futuro de la lengua española. Actas de la Asamblea de Filología del I Congreso de Instituciones Hispánicas. 2 t. 1964.

Pinell = Pinell, Jordi M.: **Horas** = Las horas vigiliares del oficio monacal hispánico. En Liturgica, 3 (1966).

Pinilla = Pinilla, Ramiro: **Hormigas** = Las ciegas hormigas. 2ª ed. 1961.

Pinillos = Pinillos, José Luis: **Mente** = La mente humana. 1970.

Piñero = Piñero, Pedro M.: **Lazarillo** = Introd. a Anónimo y Juan de Luna: Segunda parte del Lazarillo. 1988.

Piqué = Piqué Vidal, Juan: **Abogado** = El abogado en casa. El consejero legal para todos. 6ª ed. 1973.

Pla = Pla, José: **América** = Viaje a América. 1960. ◆ **Cataluña** = Cataluña. [1961]. 1963.

Plans = Plans, Juan José: **Hucha** 2 = v. Hucha 2.

Plans = Plans, Pedro: **España** = Geografía de España. 5ª ed. 1969. ◆ **Geog. universal** = Geografía universal. 3ª ed. 1969.

Pleyán-GLópez = Pleyán, Carmen; García López, José: **Paradigma** = Paradigma. Lengua y literatura españolas. 3er. curso de Bachillerato. 1969.

Población = Población, Pablo: **Sesión** = La sesión. [1970]. En Teatro 1969.

Política educativa = Reflexiones sobre la actual política educativa. Asociación Nacional de Catedráticos de Instituto. 1975.

Polo = Polo, José: **Manifiesto** = Manifiesto ortográfico de la lengua española. 1990.

Pombo = Pombo, Álvaro: **Héroe** = El héroe de las mansardas de Mansard. 1983.

Porcel = Porcel, Baltasar: **Catalanes** (G) = Los catalanes de hoy. 1971.

Pou = Pou Serradell, Adolfo: **Neurología** = Neurología. En P. Farreras Valentí y Ciril Rozman: Medicina interna. II. 9ª ed. 1979.

PPriego = Pérez Priego, Miguel Ángel: **Mena** = Introd. a Juan de Mena: Obras completas. 1989.

Prada-Cela = Prada, Dolores de; Cela, Pilar: **Matemáticas** = Matemáticas. 6º curso E.G.B. 1972.

Prados = Prados Arrarte, Jesús: **Sistema** = El sistema bancario español. Con especial consideración del ingreso de España en la Cooperación Económica Europea. 1958.

Prandi = Prandi, Francisco: **Salud** = v. Salud.

Prego = Prego, Adolfo: **Teatro 1959** = [Críticas.] En Teatro 1959.

PReverte = Pérez-Reverte, Arturo: **Maestro** = El maestro de esgrima. [1988]. 1993.

Prieto = Prieto, Antonio: **Lit. española** 2 = v. Lit. española.

PRivera = Primo de Rivera, Pilar: **Discursos** = Discursos pronunciados por —— en el XXV Consejo Nacional de la Sección Femenina. 1970.

PSánchez = Pérez Sánchez, Alfonso Emilio: **Arte** = Segunda parte. En J. M. de Azcárate, A. E. Pérez Sánchez y J. A. Ramírez Domínguez: Historia del arte. 1979.

Psicología = Vallejo-Nágera, J. A. (dir.): Guía práctica de psicología. [1988]. 1996.

Puente = Puente, Juan Manuel: **Música** = v. Música.

Puericultura = Nociones de puericultura postnatal. 9ª ed. 1962.

Puértolas = Puértolas, Soledad: **Noche** = Queda la noche. 1989. ◆ **Relatos** = v. Navajo Relatos.

Pujol = Pujol, Carlos: **Rousseau** = Introd. a J.-J. Rousseau: Confesiones. 1993.

PValle = Pérez del Valle, J. A.: **Hucha** 1 = v. Hucha 1.

Q

Quilis = Quilis, Antonio: **Fonética** = Fonética acústica de la lengua española. 1981. ◆ **Métrica** = Métrica española. 1969. ◆ **Mundos** = La lengua española en cuatro mundos. 1992.

Quilis-Fernández = Quilis, Antonio; Fernández, Joseph A.: **Fonética** = Curso de fonética y fonología españolas para estudiantes angloamericanos. 4ª ed. 1969.

Quilis-Hernández = Quilis, Antonio; Hernández, César: **Lengua** = Curso de lengua española. Valladolid, 1978.

Quintanilla = Quintanilla, Mariano: **Lecturas** = v. Lecturas segovianas. ◆ **Pról. Colmenares** = Pról. a D. de Colmenares: Historia de la insigne ciudad de Segovia y Compendio de las historias de Castilla. I. 1969.

Quintanilla = Quintanilla García, Rosa: **Pintor** = El pintor Mariano Quintanilla. En Estudios Segovianos, XXI (1969) núm. 62-63.

Quiñones = Quiñones, Fernando: **Cádiz** = De Cádiz y sus cantes. 1964. ◆ **Sexteto** = Sexteto de amor ibérico y Dos amores argentinos. 1972. ◆ **Viento** = Viento sur. 1987.

Quiroga = Quiroga, Elena: **Careta** (DH) = La careta. 1955. ◆ **Enferma** (DH) = La enferma. 1955.

Quirós-Ortega = Quirós, Francisco; Ortega Valcárcel, J.: **Geog. regional** = v. Geog. regional.

R

Rábade-Benavente = Rábade, Sergio; Benavente, José María: **Filosofía** = Filosofía. 1977.

Rabanal = Rabanal Álvarez, Manuel: **Grecia** = Grecia viva. (Estudios sobre cómo "los griegos somos nosotros".) 1972. ◆ **Hablas** = Hablas hispánicas. Temas gallegos y leoneses. 1967. ◆ **Lenguaje** = El lenguaje y su duende. (Historias mágicas y lógicas de las palabras.) 2ª ed. 1969.

Racionero = Racionero, Lluís: **Arte** = Arte y ciencia. La dialéctica de la creatividad. 1986.

RAdrados = Rodríguez Adrados, Francisco: **Fiesta** = Fiesta, comedia y tragedia. Sobre los orígenes griegos del teatro. 1972. ◆ **Lexicogr. griega** = Introducción a la lexicografía griega. Por —— [y otros]. 1977. ◆ **Lingüística** = Lingüística estructural. 1969. ◆ **Semántica** = Estudios de semántica y sintaxis. 1975.

Rafel = Rafel, Joaquim: **Leng. catalana** = Introducción a la lengua catalana. En A. Terry y J. Rafel: Introducción a la lengua y la literatura catalanas. [1977]. 2ª ed. 1983.

Ramírez = Ramírez, José A.: **Derecho** = El Derecho llama a tu puerta. 1970.

Ramírez = Ramírez, Víctor: **Lit. Canarias** 1 = v. Lit. Canarias.

Ramos = Ramos, Vicente: **Arniches** = Vida y teatro de Carlos Arniches. 1966.

Ramos-LSerrano = Ramos Carpio, Eduardo; López Serrano, José: **Circulación** = Normas de circulación y mecánica del automóvil. Práctica y teoría de conducción de vehículos a motor. [1957]. 1963.

RÁngel = Ramírez-Ángel, Antonio: **Música** = v. Música.

Rastrilla = Rastrilla Pérez, Juan [y otros]: **Geografía** = Geografía universal. 2º curso de Bachillerato. 1969.

RBuded = Rodríguez Buded, Ricardo: **Charlatán** = El charlatán. [1962]. En Teatro 1961.

RCopete = Ruiz-Copete, Juan de Dios: **Narrat. andaluza** (DH) = Introducción y proceso a la nueva narrativa andaluza. 1976.

RDomínguez = Ramírez Domínguez, Juan Antonio: **Arte** = Tercera parte. En J. M. de Azcárate, A. E. Pérez Sánchez y J. A. Ramírez Domínguez: Historia del arte. 1979.

Reforma = Proyecto para la reforma de la enseñanza. Educación infantil, primaria, secundaria y profesional. Propuesta para debate. 1987.

TEXTOS CITADOS

Registro Mercantil = *Reglamento del Registro Mercantil.* [1956]. En *Código de Comercio Español.* 6ª ed. 1972.

Reglá = Reglá, Juan: ***HEspaña*** 3 = v. *HEspaña.* ◆ ***Historia*** = *Edad Moderna.* En A. Ubieto, J. Reglá, J. M. Jover y C. Seco: *Introducción a la historia de España.* 7ª ed. 1970.

Relato = Valls, Fernando (ed.): *Son cuentos. Antología del relato breve español, 1975-1993.* 1993.

RElvira = Ruiz de Elvira, Antonio: ***Mitología*** = *Mitología clásica.* 2ª ed. Reimpr. 1988.

Remón = Remón Eraso, Juan: ***Maleza*** = *Diccionario de la maleza. Malherbología y otras plagas de los prados de Cantabria.* 1983.

Repollés = Repollés, José: ***Deportes*** = *Los deportes.* 1972.

REscorial = Rodríguez Escorial, José Luis: ***Lecturas*** = v. *Lecturas segovianas.*

Reunión = *Primera Reunión de Academias de la Lengua Española sobre el Lenguaje y los Medios de Comunicación (octubre de 1985).* 1987.

Revilla = Revilla, Ángel: ***Lecturas*** = v. *Lecturas segovianas.*

Rey = Rey, Juan José: ***Guitarra*** = Introd. general a *Ciclo guitarra española del siglo XIX* [Albacete]. 1985.

Rey = Rey Hazas, Antonio: ***Lazarillo*** = Introd. a Anónimo: *La vida de Lazarillo de Tormes y de sus fortunas y adversidades.* 1984.

RGómez = Rodríguez Gómez, Jesús: ***Física*** = *Física y química.* Bachillerato Elemental, 4º. 1970.

RGualda = Romero Gualda, María Victoria: ***Cine*** = *Vocabulario de cine y televisión.* 1977.

Ribera = Ribera, Luis: ***Misal*** = *Misal diario latino-español y devocionario.* 9ª ed. 1957. ◆ ***SSanta*** = *Semana Santa (según el nuevo rito instaurado).* (Opúsculo adicional al Misal Romano diario, latín y castellano.) [1955].

Rico = Rico, Francisco: ***Guzmán*** = Introd. y notas a Mateo Alemán: *Guzmán de Alfarache.* 1983.

Ridruejo = Ridruejo, Dionisio: ***Castilla*** 1 = *Castilla la Vieja, 1. Santander, Burgos, Logroño.* 1973. ◆ ***Castilla*** 2 = *Castilla la Vieja, 2. Soria, Segovia, Ávila.* 1974. ◆ ***Marsé*** = Pról. [1974] a J. Marsé: *Si te dicen que caí.* 1985. ◆ ***Memorias*** = *Con fuego y con raíces. Casi unas memorias.* 1976. ◆ ***Pról. Cela*** = Pról. a C. J. Cela: *A vueltas con España.* 1973.

Riera = Riera, Carmen: ***Relatos*** = v. Navajo *Relatos.*

Ríos = Ríos, Sixto: ***PAdam*** = v. *PAdam.* ◆ ***Terradas*** = v. *Terradas.*

Ríos-RSanjuán = Ríos, Sixto; Rodríguez Sanjuán, A.: ***Matemáticas*** = *Matemáticas. Quinto curso de Bachillerato. Análisis, geometría, trigonometría y estadística.* 1968. ◆ ***Matemáticas*** 6º = *Matemáticas. Sexto curso de Bachillerato. Nociones de cálculo infinitesimal y geometría analítica.* 1968.

Riquer = Riquer, Martín de: ***Amadís*** = *Estudios sobre el Amadís de Gaula.* [1980-87]. 1987. ◆ ***Caballeros*** = *Caballeros andantes españoles.* 1967. ◆ ***Cervantes*** = *Cervantes y el Quijote.* 1960. ◆ ***DPlaja*** = Contestación a G. Díaz-Plaja: *La dimensión culturalista en la poesía castellana del siglo XX.* 1967. ◆ ***Heráldica*** = *Heráldica castellana en tiempos de los Reyes Católicos.* 1986. ◆ ***Nota prel. Norte príncipes*** = *Nota preliminar* a A. Pérez: *Norte de príncipes.* 1969. ◆ ***Notas Quijote*** = *Notas* a M. de Cervantes: *Don Quijote de la Mancha.* 2ª ed. 1977. ◆ ***Pról. Quijote*** = Pról. a M. de Cervantes: *Don Quijote de la Mancha.* 2ª ed. 1977. ◆ ***Vida caball.*** = *Vida caballeresca en la España del siglo XV.* 1965.

RIriarte = Ruiz Iriarte, Víctor: ***Adulterio*** = *Historia de un adulterio.* [1969]. En *Teatro 1968.* ◆ ***Carrusell*** = *El carrusell.* [1964]. En *Teatro 1964.* ◆ ***Muchacha*** = *La muchacha del sombrerito rosa.* [1967]. En *Teatro 1966.* ◆ ***Noche*** = *Esta noche es la víspera.* [1958]. En *Teatro 1958.* ◆ ***Paraguas*** = *Un paraguas bajo la lluvia.* [1965]. En *Teatro 1965.*

Rivas = Rivas Gómez, Fernando: ***Hucha*** 1 = v. *Hucha* 1.

RJiménez = Rodríguez Jiménez, Manuel: ***Tecnologías*** = *Nuevas tecnologías de la información.* 1988.

RLoizaga-Herrero = Ruiz de Loizaga, Mariluz; Herrero, Víctor José: ***Virgilio*** = Introd. a Virgilio: *Bucólicas.* [1968]. 1976.

RMéndez = Rodríguez Méndez, José María: ***Bodas*** = *Bodas que fueron famosas del Pingajo y la Fandanga.* [1973-79]. En *Bodas que fueron famosas del Pingajo y la Fandanga, y Flor de Otoño.* 1979. ◆ ***Flor*** = *Flor de Otoño.* [1974]. En *Bodas que fueron famosas del Pingajo y la Fandanga, y Flor de Otoño.* 1979. ◆ ***Flor*** (G) = *Flor de Otoño.* [1974-78]. 1978. ◆ ***Inocentes*** = *Los inocentes de la Moncloa.* [1960]. En *La tabernera y las tinajas o Auto de la donosa tabernera; Los inocentes de la Moncloa.* 1968.

RMolero = Rodríguez Molero, F. X.: ***Apocalipsis*** = *Introducción al Apocalipsis.* En F. Cantera y M. Iglesias González: *Sagrada Biblia.* 2ª ed. 1979.

RMoñino = Rodríguez-Moñino, Antonio: ***Poesía*** = *Poesía y cancioneros (siglo XVI).* 1968. ◆ ***Rom. historiado*** = Introd. a Lucas Rodríguez: *Romancero historiado (Alcalá 1582).* 1967.

RMorales = Ruiz Morales, José Miguel: ***Present. Santiago VParga*** = *Presentación.* En L. Vázquez de Parga: *El camino de Santiago.* 1965.

Roca = Roca Pons, José: ***Gramática*** = *Introducción a la gramática.* 2 t. 1960.

Rodríguez = Rodríguez, José Luis: ***Monfragüe*** = *Guía del Parque Natural de Monfragüe.* 1985.

Rof = Rof Carballo, Juan: ***Amor*** = *Amor y agresividad en el erotismo contemporáneo.* En [Varios autores]: *El amor y el erotismo.* 1965. ◆ ***Médico*** = *Un médico ante el lenguaje.* 1984.

Rojas = Rojas, Carlos: ***Guerra*** (G) = *Por qué perdimos la guerra.* 1971.

Romano-Sanz = Romano, Vicente; Sanz, Fernando: ***Alcudia*** = *Valle de Alcudia.* 1967.

Romero = Romero, Luis: ***Corriente*** = *La corriente.* 1962. ◆ ***Otros*** (DH) = *Los otros.* 1955. ◆ ***Tres días*** = *Tres días de julio (18, 19 y 20 de 1936).* [1967]. 1972.

Rosales = Rosales, Luis: ***Cervantes*** (DH) = *Cervantes y la libertad.* 2 t. 1960. ◆ ***Villamediana*** = *Pasión y muerte del Conde de Villamediana.* 1964.

RPanisse = Ríos Panisse, María del Carmen: ***Peces*** = *Nomenclatura de la flora y fauna marítimas de Galicia.* I: *Invertebrados y peces.* 1977.

RPeña = Rodríguez Peña, José Luis: ***Hospitales*** = *Los hospitales de Plasencia.* 1972.

RPeña = Ruiz Peña, Juan: ***Literatura*** = *Literatura española y universal.* 6º curso de Bachillerato. 1960.

RPiquer = Robles Piquer, Carlos: ***Ateneo*** = v. *Ateneo.*

RTobar = Romero Tobar, Leonardo: ***Novela*** = *La novela popular española del siglo XIX.* 1976.

RToledo = Rodríguez de Toledo, Marisol: ***Guadalajara*** = v. *Guadalajara.*

Rubio = Rubio, Fanny: ***Revistas*** (G) = *Las revistas poéticas españolas (1939-1975).* 1976.

Ruibal = Ruibal, Álvaro: ***León*** = *León: Palencia, León, Zamora, Salamanca, Valladolid.* 1982.

RVentós = Rubert de Ventós, Xavier: ***Laberinto*** = *El laberinto de la hispanidad.* 1987.

S

Sádaba = Sádaba, Javier: ***Pról. Gala*** = Pról. a A. Gala: *Séneca o el beneficio de la duda.* 1987.

Sainz = Sainz, Hermógenes: ***Hucha*** 1 = v. *Hucha* 1.

Salcedo = Salcedo, Millán: ***Sufro*** = *Sufro "bucho".* 1991.

Salcedo = Salcedo Hierro, Miguel: ***Córdoba*** = *Córdoba.* [1974]. 1975.

Sales = Sales Vázquez, Ramón: **Salud** = v. *Salud*.

Salisachs = Salisachs, Mercedes: **Gangrena** = *La gangrena*. [1975]. 1996.

Salom = Salom, Jaime: **Baúl** = *El baúl de los disfraces*. [1964]. En *Teatro*. 1974. ♦ **Casa** = *La casa de las Chivas*. [1968]. En *Teatro*. 1974. ♦ **Cita** = *Cita los sábados*. [1967]. En *Teatro*. 1974. ♦ **Culpables** = *Culpables*. [1961]. En *Teatro*. 1974. ♦ **Delfines** = *Los delfines*. [1969]. En *Teatro*. 1974. ♦ **Espejo** = *Espejo para dos mujeres*. [1965]. En *Teatro*. 1974. ♦ **Noche** = *La noche de los cien pájaros*. [1972]. En *Teatro*. 1974. ♦ **Playa** = *La playa vacía*. [1970]. En *Teatro*. 1974. ♦ **Tiempo** = *Tiempo de espadas*. [1972]. En *Teatro*. 1974. ♦ **Viaje** = *Viaje en un trapecio*. [1970]. En *Teatro*. 1974.

Salud = Fernández-Cruz, Arturo (dir.): *El libro de la salud*. 8ª ed. 1974.

Salvador = Salvador, Gregorio: **Administración** = *Observaciones sobre el lenguaje de la Administración pública*. En *Epos, revista de filología*, 6 (1990). ♦ **Comentario** = v. *Comentario*. ♦ **Deslealtad** = *Sobre la deslealtad lingüística*. En *Lingüística Española Actual*, 5 (1983). ♦ **Lengua** = *Lengua española y lenguas de España*. 1987. ♦ **Letra Q** = *Sobre la letra "q"*. 1987. ♦ **LFelipe** = *León Felipe, "Romero solo"*. En *León Felipe, poeta de la llama. Actas del Simposio "León Felipe", enero 1984*. 1987. ♦ **Lusismos** = *Lusismos*. En *Enciclopedia Lingüística Hispánica*, II. 1967. ♦ **Semántica** = *Semántica y lexicología del español*. 1985.

Salvador = Salvador, Tomás: **Agitador** = *El agitador*. 1960. ♦ **Atracadores** = *Los atracadores*. 1955. ♦ **Haragán** = *El haragán*. [1956]. 1963.

Sam = Sam: *Teatro 1958* = [Críticas.] En *Teatro 1958*.

Sampedro = Sampedro, José Luis: **Caballo** = *El caballo desnudo*. [1970]. 1992. ♦ **Octubre** = *Octubre, octubre*. 1981. ♦ **Río** = *El río que nos lleva*. [1961]. 1967. ♦ **Sirena** = *La vieja sirena*. 1990. ♦ **Sonrisa** = *La sonrisa etrusca*. [1985]. 1988.

Sánchez = Sánchez, Alberto: **MPelayo** = *Menéndez Pelayo, historiador de heterodoxos*. 1978. ♦ **Notas Quijote** = *Notas a M. de Cervantes: El ingenioso hidalgo don Quijote de la Mancha*. 1976. ♦ **Pról. Quijote** = Pról. a M. de Cervantes: *El ingenioso hidalgo don Quijote de la Mancha*. 1976. ♦ **Toros** = *Toros y Calpena*. En *Cheste, Fiestas de la Vendimia '91*. 1991. ♦ **Vejamen** = *Vejamen humorístico del Manzanares en el "Parnaso" de Quevedo*. En *Manojuelo de estudios literarios ofrecidos a J. M. Blecua Teijeiro*. 1983.

Sánchez = Sánchez, Alfonso: **Cine** = *Iniciación al cine moderno*. 2 t. 1972.

Sans = Sans, Carmen S. de: **Cocina** = *La cocina típica española*. 2ª ed. 1969.

Santamaría = Santamaría, Juan Manuel: **Paisajes** = *Paisajes forestales de la provincia de Segovia*. 1979.

Santander = Santander. *España en paz*. 1964.

Santiago = Santiago, María Antonia: **Señas** = v. *Señas*.

Sanz = Sanz, Carlos: **Consecuencias** = *Consecuencias históricas del descubrimiento de América*. 1962.

Sanz = Sanz y Sanz, Hilario: **Custodia** = *La custodia de la catedral de Segovia*. En *Estudios Segovianos*, XXI (1969), núm. 62-63.

Sastre = Sastre, Alfonso: **AKleiber** = *Ana Kleiber*. [1960]. En *Obras completas*, I. 1967. ♦ **Celestina** = *Tragedia fantástica de la gitana Celestina*. [1985]. En *La taberna fantástica; Tragedia fantástica de la gitana Celestina*. 1992. ♦ **Cornada** = *La cornada*. 1960. ♦ **GTell** = *Guillermo Tell tiene los ojos tristes*. [1960]. En *Guillermo Tell tiene los ojos tristes; Muerte en el barrio; Asalto nocturno*. 1967. ♦ **Lumpen** = *Lumpen, marginación y jerigonça*. 1980. ♦ **Muerte** = *Muerte en el barrio*. [1959]. En *Guillermo Tell tiene los ojos tristes; Muerte en el barrio; Asalto nocturno*. 1967. ♦ **Oficio** = *Oficio de tinieblas*. [1967]. En *Teatro 1966*. ♦ **Taberna** = *La taberna fantástica*. [1966]. 1983.

Satué = Satué, Francisco J.: **Carne** = *La carne*. 1991.

Savater = Savater, Fernando: **Infancia** = *La infancia recuperada*. [1976]. 1982.

SCantón = Sánchez Cantón, Francisco Javier: **Ceballos** = Contestación a L. Ceballos Fernández de Córdoba: *Flora del "Quijote"*. 1965. ♦ **Escultura s. XVIII** = *Escultura y pintura del siglo XVIII. Francisco Goya*. 1965. ♦ **Guillén** = Contestación a J. F. Guillén: *El lenguaje marinero*. 1963.

SDragó = Sánchez Dragó, Fernando: **Discurso** = *Discurso numantino*. [1983]. En *La España mágica. Epítome de Gárgoris y Habidis*. 1983. ♦ **España** = *La España mágica. Epítome de Gárgoris y Habidis*. [1978]. 1983.

Seco = Seco Serrano, Carlos: **Historia** = *Nuestro tiempo*. En A. Ubieto, J. Reglá, J. M. Jover y C. Seco: *Introducción a la historia de España*. 7ª ed. 1970. ♦ **Mesonero** = *Mesonero Romanos: el escritor y su medio social. Estudio preliminar a Obras de D. Ramón de Mesoneros Romanos*. I. 1967. ♦ **Militarismo** = *Militarismo y civilismo en la España contemporánea*. 1984.

Selectividad = *Selectividad o Colegios Universitarios. Dos soluciones al problema de la masificación*. Asociación Nacional de Catedráticos de Instituto. 1974.

Señas = *Las señas y 10 cuentos más. XII Concurso de Cuentos Hucha de Oro*. 1978.

Seseña = Seseña, Natacha: **Barros** = *Barros y lozas de España*. 1976.

SFerlosio = Sánchez Ferlosio, Rafael: **Ensayos** = *Ensayos y artículos*. [1962-1991]. 2 t. 1992. ♦ **Jarama** = *El Jarama*. 1956.

Simón = Simón Díaz, José: **Lit. española** 1 = v. *Lit. española*.

SLuis = Sánchez Luis, Vicente: **Doctrina** = *La doctrina de Jesucristo*. 4º curso de Bachillerato. 1961. ♦ **Liturgia** = *Apéndice: Liturgia*. En *La doctrina de Jesucristo*. 4º curso de Bachillerato. 1961.

SMariño = Sánchez Mariño, Rafael: **Anticipación** = *Literatura de anticipación*. 1972.

SMedrano = Sainz de Medrano, Luis: **Lit. hispanoam.** = *Historia de la literatura hispanoamericana desde el modernismo*. 1989. ♦ **Sor Juana** = Introd. a Sor Juana Inés de la Cruz: *Obra selecta*. 1987.

Sobejano = Sobejano, Gonzalo: **Epíteto** = *El epíteto en la lírica española*. 1956.

Sobrequés = Sobrequés Vidal, Santiago: **HEspaña** 2 = v. *HEspaña*.

Soler = Soler, Bartolomé: **Caminos** = *Mis primeros caminos*. 1962. ♦ **Muertos** = *Los muertos no se cuentan*. 1960.

Solís = Solís, Ramón: **Ateneo** = v. *Ateneo*. ♦ **Siglo** = *Un siglo llama a la puerta*. 1963.

Sopeña = Sopeña, Federico: **Defensa** = *Defensa de una generación*. 1970. ♦ **Música y lit.** = *Música y literatura. Estudios*. 1974.

Sotelo = Sotelo Vázquez, Adolfo: **Galdós** = Introd. a B. Pérez Galdós: *Fortunata y Jacinta*. 1993.

SRobles = Sainz de Robles, Federico Carlos: **Cuento** = *La promoción de "El Cuento Semanal", 1907-1925*. 1975. ♦ **Pról. Teatro 1956** = Pról. a *Teatro 1956*. ♦ **Pról. Teatro 1958** = Pról. a *Teatro 1958*. ♦ **Pról. Teatro 1959** = Pról. a *Teatro 1959*. ♦ **Pról. Teatro 1963** = Pról. a *Teatro 1963*. ♦ **Pról. Teatro 1964** = Pról. a *Teatro 1964*. ♦ **Pról. Teatro 1969** = Pról. a *Teatro 1969*.

SRodríguez = Sainz Rodríguez, Pedro: **Cisneros** = *La siembra mística del Cardenal Cisneros y las reformas en la Iglesia*. 1979.

SSinisterra = Sanchis Sinisterra, José: **Carmela** = *¡Ay, Carmela!* [1987]. En *Ñaque o de piojos y actores; ¡Ay, Carmela!* 4ª ed. 1995. ♦ **Ñaque** = *Ñaque o de piojos y de actores*. [1980]. En *Ñaque o de piojos y actores; ¡Ay, Carmela!* 4ª ed. 1995.

SSolís = Suárez Solís, Sara: **Blanca** = *Blanca y radiante*. 1988. ♦ **Camino** = *Camino con retorno*. 1980. ♦ **Cela** = *El léxico de Camilo José Cela*. 1969. ♦ **Jardín** = *Un jar-*

TEXTOS CITADOS

dín y silencio. 1985. ◆ ***Juegos*** = *Juegos de verano.* 1982.
◆ ***Luanco*** = *Aportación al léxico de Luanco.* 1983.

Suárez = Suárez, Ana: ***Rojas*** = Introd. a F. de Rojas: *Del Rey abajo, ninguno; Entre bobos anda el juego.* 1990.

Suárez = Suárez, Marcial: ***Monedas*** = *Las monedas de Heliogábalo.* [1965]. En *Teatro 1965.*

Suárez-Vidal = Suárez, Alicia; Vidal, Mercè: ***Arte s. xx*** = *El siglo xx.* En J. Milicua (dir.): *Historia universal del arte,* IX. 1990.

Subirá-Casanovas = Subirá, J.; Casanovas, J.: ***Música*** = *Breve historia de la música.* 1956.

Sueiro = Sueiro, Daniel: ***Hucha*** 1 = v. *Hucha* 1. ◆ ***Verdugos*** = *Los verdugos españoles. Historia y actualidad del garrote vil.* 1971.

Suñén = Suñén, Luis: ***Manrique*** = *Jorge Manrique.* 1980.

SVigil-Durán = Sánchez Vigil, Juan Miguel; Durán Blázquez, Manuel: ***Madrid*** = *Madrid en blanco y negro (1875-1931). De la Restauración a la Segunda República.* 1992.

SVillanueva = Sanz Villanueva, Santos: ***Lit. actual*** = *Historia de la literatura española. El siglo xx. Literatura actual.* 1984. ◆ ***Novela*** = *Historia de la novela social española (1942-1975).* 1980.

T

Tamames = Tamames, Ramón: ***Economía*** = *Introducción a la economía española.* 1967.

Tarancón = Enrique y Tarancón, Vicente: ***Liturgia*** = *Liturgia y lengua viva del pueblo.* 1970. ◆ ***Unidad*** (DH) = *Unidad y pluralismo en la Iglesia.* 1970.

Tarradell = Tarradell Mateu, Miguel: ***HEspaña*** 1 = v. *HEspaña.*

Teatro act. = Antonio Buero Vallejo [y otros]: *Teatro español actual.* 1977.

Teatro 1956 = *Teatro español 1956-1957.* Pról., notas y apénd. por F. C. Sainz de Robles. 1958.

Teatro 1958 = *Teatro español 1958-1959.* Pról., notas y apénd. por F. C. Sainz de Robles. 1960.

Teatro 1959 = *Teatro español 1959-1960.* Pról., notas y apénd. por F. C. Sainz de Robles. 1961.

Teatro 1961 = *Teatro español 1961-1962.* Pról., notas y apénd. por F. C. Sainz de Robles. 1963.

Teatro 1962 = *Teatro español 1962-1963.* Pról., notas y apénd. por F. C. Sainz de Robles. 1964.

Teatro 1963 = *Teatro español 1963-1964.* Pról., notas y apénd. por F. C. Sainz de Robles. 1965.

Teatro 1964 = *Teatro español 1964-1965.* Pról., notas y apénd. por F. C. Sainz de Robles. 1966.

Teatro 1965 = *Teatro español 1965-1966.* Pról., notas y apénd. por F. C. Sainz de Robles. 1967.

Teatro 1966 = *Teatro español 1966-1967.* Pról., notas y apénd. por F. C. Sainz de Robles. 1968.

Teatro 1968 = *Teatro español 1968-1969.* Pról., notas y apénd. por F. C. Sainz de Robles. 1970.

Teatro 1969 = *Teatro español 1969-1970.* Pról., notas y apénd. por F. C. Sainz de Robles. 1971.

Teatro 1970 = *Teatro español 1970-1971.* Pról., notas y apénd. por F. C. Sainz de Robles. 1972.

Tejedor = Tejedor Sanz, José Inocencio: ***Arte*** = *Historia del arte y de la cultura. Bachillerato, 6º curso.* 1961. ◆ ***Historia*** 4º = *Historia moderna y contemporánea, universal y de España.* 4º [de Bachillerato]. 1970.

Téllez = Téllez Moreno, José: ***Teatro 1958*** = [Críticas.] En *Teatro 1958.* ◆ ***Teatro 1962*** = [Críticas.] En *Teatro 1962.*

Terán = Terán, Fernando de: ***Madrid*** = *Madrid.* 1992.

Terán = Terán, Manuel de: ***Imago*** = *Imago Mundi. Geografía universal.* 2 t. 6ª ed. 1977. ◆ ***Relieve*** = *Las formas del relieve terrestre y su lenguaje.* 1977.

Terradas = *Discursos pronunciados en la sesión necrológica en memoria del Excmo. Sr. D. Esteban Terradas e Illa.* Real Academia de Ciencias. 1983.

Tierno = Tierno Galván, Enrique: ***Cabos*** = *Cabos sueltos.* 1981. ◆ ***Humanismo*** = *Humanismo y sociedad.* 1964.

Tomás = Tomás García, José Luis de: ***Orilla*** = *La otra orilla de la droga.* 1985.

Tomeo = Tomeo, Javier: ***Mayordomo*** (G) = *El mayordomo miope.* [1989]. 1991.

Torbado = Torbado, Jesús: ***Corrupciones*** = *Las corrupciones.* [1966]. 1982. ◆ ***En el día*** = *En el día de hoy.* 4ª ed. 1976. ◆ ***Hucha*** 1 = v. *Hucha* 1. ◆ ***Peregrino*** = *El peregrino.* 1993. ◆ ***Tierra*** = *Tierra mal bautizada. Un viaje por Tierra de Campos.* [1969]. 1990.

Torre = Torre, Claudio de la: ***Caña*** = *La caña de pescar.* [1958]. En *Teatro 1958.*

Torrent = Torrent, Francisco: ***Latín 3º*** = *Latín, 3er curso de Bachillerato.* 2ª ed. 1980.

Torrente = Torrente Ballester, Gonzalo: ***Cuadernos*** = *Cuadernos de La Romana.* 1975. ◆ ***Dafne*** = *Dafne y ensueños.* [1982]. 1994. ◆ ***Decano*** = *La muerte del decano.* [1992]. 1994. ◆ ***DJuan*** = *Don Juan.* [1963]. 1972. ◆ ***Filomeno*** = *Filomeno, a mi pesar. Memorias de un señorito descolocado.* [1988]. 1989. ◆ ***Fragmentos*** = *Fragmentos de Apocalipsis.* 1977. ◆ ***Isla*** = *La Isla de los Jacintos Cortados. Carta de amor con interpolaciones mágicas.* [1980]. 1984. ◆ ***Nuevos cuad.*** = *Nuevos cuadernos de La Romana.* 1976. ◆ ***Off-side*** = *Off-side.* 1969. ◆ ***Panorama*** = *Panorama de la literatura española contemporánea.* I. 2ª ed. 1961. ◆ ***Pascua*** = *Los gozos y las sombras.* III: *La Pascua triste.* [1962]. 1972. ◆ ***Saga*** = *La saga/fuga de J. B.* [1972]. 1973. ◆ ***Señor*** = *Los gozos y las sombras.* I: *El señor llega.* [1956]. 1971. ◆ ***Sombras*** = *Las sombras recobradas.* [1979]. 1984. ◆ ***Teatro*** = *Teatro español contemporáneo.* 1957. ◆ ***Vuelta*** = *Los gozos y las sombras.* II: *Donde da la vuelta el aire.* [1960]. 1972. ◆ ***Yo*** = *Yo no soy yo, evidentemente.* [1987]. 1989.

Torrents = Torrents dels Prats, Alfonso: ***Modismos*** = *Diccionario de modismos ingleses y norteamericanos.* Nueva ed. [4ª] ampliada. 1985.

Torres = Torres, Maruja: ***Ceguera*** = *Ceguera de amor. Culebrón del V Centenario.* 1991. ◆ ***Él*** = *¡Oh, es Él! Viaje fantástico hacia Julio Iglesias.* 3ª ed. 1986.

Torres = Torres, Raúl: ***Hucha*** 1 = v. *Hucha* 1.

Tovar = Tovar, Antonio: ***Español*** = *Español, lenguas generales, lenguas tribales en América del Sur.* En *HDA,* III. ◆ ***Latín*** = *Latín de Hispania: aspectos léxicos de la romanización.* 1968. ◆ ***Lucha*** = *Lo que sabemos de la lucha de lenguas en la Península Ibérica.* 1968. ◆ ***Mataco*** = *Los préstamos en mataco: contactos de español y lenguas indígenas.* Separata de *Strenae, Estudios de Filología e Historia dedicados al Profesor Manuel García Blanco.* 1962. ◆ ***Testimonios*** = *Testimonios antiguos* [de lenguas no indoeuropeas y de lenguas indoeuropeas]. En *Enciclopedia Lingüística Hispánica,* I. 1960.

Tovar-Blázquez = Tovar, Antonio; Blázquez, José María: ***Hispania*** = *Historia de la Hispania Romana. La Península Ibérica desde 218 a.C. hasta el siglo v.* 1975.

Tovar-Larrucea = Tovar, Antonio; Larrucea de Tovar, Consuelo: ***Catálogo*** = *Catálogo de las lenguas de América del Sur.* Nueva ed. refundida. 1984.

Trabajos 4 = *Trabajos manuales,* 4. [1969].

Trévis = Trévis, Isabel de: ***Extremeña*** = *La cocina regional extremeña y canaria.* 1959. ◆ ***Gallega*** = *Cocina regional gallega y asturiana.* 1959. ◆ ***Levantina*** = *La cocina regional levantina y balear.* [1959]. 1963. ◆ ***Navarra*** = *La cocina regional navarra, vasca y santanderina.* [1959]. 1965.

Trobes = [Nota editorial a] *Les trobes en lahors de la Verge Maria. Mil.cccc.Lxxiiii.* 1974.

Trujillo = Trujillo, Ramón: ***Canario*** = *Hablar canario.* En M. Alvar (ed.): *Lenguas peninsulares y proyección hispánica.* 1986.

Tusquets = Tusquets, Esther: ***Relatos*** = v. Navajo *Relatos.*

U

Ubieto = Ubieto Arteta, Antonio: ***Andolz*** = Pról. [1977] a R. Andolz: *Diccionario aragonés.* 4ª ed. 1992. ◆ ***Historia*** = *Antigüedad y Edad Media.* En A. Ubieto, J. Reglá, J. M. Jover y C. Seco: *Introducción a la historia de España.* 7ª ed. 1970.

Umbral = Umbral, Francisco: ***César*** = *Leyenda del César Visionario.* [1991]. 1995. ◆ ***España*** = *España cañí.* 1975. ◆ ***Españolas*** = *Las españolas.* 1974. ◆ ***Gente*** = *Crónica de esa guapa gente. Memorias de la jet.* 1991. ◆ ***Hijo*** = *Memorias de un hijo del siglo.* 1987. ◆ ***Memorias*** = *Memorias de un niño de derechas.* 1972. ◆ ***Mortal*** = *Mortal y rosa.* [1975]. 1979. ◆ ***Ninfas*** = *Las ninfas.* 1976. ◆ ***Noche*** = *La noche que llegué al Café Gijón.* 1977. ◆ ***Pról. Delibes*** = Pról. a M. Delibes: *La hoja roja.* 1971. ◆ ***Ramón*** = *Ramón y las vanguardias.* [1978]. 1996. ◆ ***Snob*** = *Diario de un snob.* 1973. ◆ ***Tierno*** = *Y Tierno Galván ascendió a los cielos.* 1990. ◆ ***Trilogía*** = *Trilogía de Madrid.* [1984]. 1985.

Urbina = Urbina, Pedro Antonio: ***Carromato*** = *El carromato del circo.* 1968.

V

Valbuena = Valbuena Briones, Ángel: ***Calderón*** 1 = Pról. a P. Calderón de la Barca: *Obras completas.* I: *Comedias.* [1956]. 1987. ◆ ***Calderón*** 2 = Pról. a P. Calderón de la Barca: *Obras completas.* II: *Dramas.* [1959]. 1987.

Valbuena = Valbuena Prat, Ángel: ***Teatro*** = *Historia del teatro español.* 1956.

Valcarce = Valcarce Alfayate, Enrique: ***Moral*** = *La moral católica.* 5º curso de Bachillerato. 1956.

Valdeavellano = García de Valdeavellano, Luis: ***Burguesía*** = *Orígenes de la burguesía en la España medieval.* 1969. ◆ ***Instituciones*** (DH) = *Curso de historia de las instituciones españolas. De los orígenes al final de la Edad Media.* 1968.

Valdeón = Valdeón, Julio [y otros]: ***Civilizaciones*** = *Historia de las civilizaciones.* 1975.

Valdés-Santos = Valdés Suárez, José; Santos, Juan J.: ***Matemáticas*** = *Matemáticas especiales.* C.O.U. 1975.

Valencia = Valencia, Antonio: ***Teatro 1963*** = [Críticas.] En *Teatro 1963.*

Valentí = Valentí Fiol, Eduardo: ***Gramática*** = *Gramática de la lengua latina. Morfología y nociones de sintaxis.* 2ª ed. 1969.

Vallina = Vallina Alonso, Celestina: ***Luanco*** = *Léxico marinero y folklore de Luanco.* 1983.

Valls = Valls Gorina, Manuel: ***Música*** = *Aproximación a la música. Reflexiones en torno al hecho musical.* 1970.

Valmaseda = Valmaseda Santillana, Martín: ***Español*** = *Español.* 2º curso de Bachillerato. 1958.

Valverde = Valverde, José María: ***Literatura*** = *Breve historia de la literatura española.* 1969. ◆ ***Mairena*** = Introd. y notas a Antonio Machado: *Juan de Mairena.* 1972. ◆ ***Schiller*** = Introd. a F. von Schiller: *Don Carlos; Guillermo Tell.* 1990. ◆ ***Shakespeare*** = Introd. a W. Shakespeare: *Teatro completo,* I. 1967.

VAzpiri = Vázquez Azpiri, Héctor: ***Fauna*** = *Fauna.* 1968.

VBeneyto = Vidal Beneyto, José: ***Industrias*** = Introd. a J. Vidal Beneyto (dir.): *Las industrias de la lengua.* 1991.

Vega = Vega, Luis Antonio de: ***Cocina*** = *Viaje por la cocina española.* 1969.

Vega = Vega Alonso, Rafael: ***Filosofía*** = *Filosofía* 6º. 1960.

Vega = Vega Sala, Antonio: ***Salud*** = v. *Salud.*

Veny = Veny, Joan: ***Leng. catalana*** = *Aproximación a la lengua catalana.* En M. Alvar (coord.): *Lenguas peninsulares y proyección hispánica.* 1986.

Vera = Vera, Juan de: ***Lecturas*** = v. *Lecturas segovianas.*

Veres = Veres d'Ocón, Ernesto: ***Lengua 2º*** = *Lengua española. 2º curso Bachillerato.* 1958.

Vernet = Vernet, Juan: ***Mahoma*** = *Mahoma (Muhammad).* 1987. ◆ ***Noches*** = Introd. a *Las mil y una noches.* 1990. ◆ ***Toponimia*** = *Toponimia arábiga.* En *Enciclopedia Lingüística Hispánica,* I. 1960.

Vesga-Fernández = Vesga, Juan; Fernández, Félix: ***Jesucristo*** = *Jesucristo según los Evangelios.* [Bachillerato Elemental. 2º curso.] 1959.

Vicens = Vicens Vives, Jaime: ***Aproximación*** = *Aproximación a la historia de España.* 3ª ed. 1962. ◆ ***Coyuntura*** = *Coyuntura económica y reformismo burgués, y otros estudios de historia de España.* 1968. ◆ ***HEspaña*** 1 = v. HEspaña. ◆ ***HModerna*** = *Historia general moderna. Del Renacimiento a la crisis del siglo XX.* 2 t. 10ª ed. 1976. ◆ ***Polis*** = *Edad Moderna.* En L. Pericot, A. del Castillo y J. Vicens Vives: *Polis. Historia universal.* 8ª ed. 1964.

Vicens-Nadal-Ortega = Vicens Vives, Jaime; Nadal, Jorge; Ortega, Rosa: ***HEspaña*** 5 = v. HEspaña.

Vicent = Vicent, Manuel: ***Ángeles*** = *Ángeles o neófitos.* 1980. ◆ ***Caperucita*** (G) = *Caperucita Roja (con perdón).* 1976.

Vicenti = Vicenti, José A.: ***Peseta*** = *Catálogo especializado monedas españolas. La peseta. Unidad monetaria nacional.* Tomo III. 1974.

Vida sex. = López Ibor, Juan José (dir.): *El libro de la vida sexual.* 1968.

Vigara = Vigara Tauste, Ana María: ***Esp. coloquial*** = *Morfosintaxis del español coloquial. Esbozo estilístico.* 1992.

Vilá-Capel = Vilá Valentí, J.; Capel, Horacio: ***Campo*** = *Campo y ciudad en la geografía española.* 1970.

Vilaltella = Vilaltella Gran, Juan: ***Salud*** = v. *Salud.*

Villalpando = Villalpando, Manuela: ***Lecturas*** = v. *Lecturas segovianas.*

Villapún = Villapún Sancha, Mariano: ***Dogma*** = *El dogma católico.* 6º curso de Bachillerato. 1958. ◆ ***Iglesia*** = *Historia de la Iglesia.* 3er. curso de Bachillerato. 1958. ◆ ***Moral*** = *La moral católica.* [5º de Bachillerato.] 1957.

Villar = Villar, Francisco: ***Lenguas*** = *Lenguas y pueblos indoeuropeos.* 1971.

Villarta = Villarta, Ángeles: ***Rutas*** = *Rutas de España. Ruta nº 6. Madrid. Ávila. Segovia. Guadalajara.* 1966.

Villegas = Villegas López, Manuel: ***Arte*** = *Arte, cine y sociedad.* 1959.

Villena = *Villena.* [Fiestas de Moros y Cristianos.] 1965.

Viñayo = Viñayo, Antonio: ***Asturias*** = *Asturias.* 5ª ed. 1978.

Vizcaíno = Vizcaíno, José Antonio: ***Mancha*** = *Caminos de la Mancha.* 1966.

Vizcaíno = Vizcaíno Casas, Fernando: ***Contando*** = *Contando los cuarenta.* [1971]. 1972. ◆ ***Hijos*** = *Hijos de papá.* 1979. ◆ ***Posguerra*** = *La España de la Posguerra. 1939-1953.* 1975. ◆ ***Zona*** (G) = *Zona roja.* 1976.

VMatas = Vila-Matas, Enrique: ***Relato*** = v. *Relato.*

VMontalbán = Vázquez Montalbán, Manuel: ***Almuerzos*** = *Mis almuerzos con gente inquietante.* [1984]. 1985. ◆ ***Balneario*** = *El Balneario.* [1986]. 1992. ◆ ***Comité*** = *Asesinato en el Comité Central.* [1981]. 1989. ◆ ***Dardé*** = *Recordando a Dardé.* [1969]. En *Tres novelas ejemplares.* 1988. ◆ ***Delantero*** = *El delantero centro fue asesinado al atardecer.* [1988]. 1991. ◆ ***España*** = *Crónica sentimental de España.* [1971]. 1986. ◆ ***Galíndez*** = *Galíndez.* [1990]. 1993. ◆ ***Happy end*** = *Happy end.* [1974]. En

Tres novelas ejemplares. 1988. ♦ **Kennedy** = *Yo maté a Kennedy. Impresiones, observaciones y memorias de un guardaespaldas.* [1972]. 1987. ♦ **Laberinto** = *El laberinto griego.* 1991. ♦ **Mares** = *Los mares del Sur.* [1979]. 1992. ♦ **Pájaros** = *Los pájaros de Bangkok.* [1983]. 1985. ♦ **Pianista** = *El pianista.* [1985]. 1993. ♦ **Pigmalión** = *Pigmalión y otros relatos.* [1965-86]. 1991. ♦ **Política ficción** = *Historias de política ficción.* [1987]. 1992. ♦ **Prado** = *Asesinato en Prado del Rey y otras historias sórdidas.* [1987]. 1991. ♦ **Recetas** = *Las recetas de Carvalho.* 1989. ♦ **Rosa** = *La Rosa de Alejandría.* 1984. ♦ **Soledad** = *La soledad del mánager.* [1977]. 1990. ♦ **Tatuaje** = *Tatuaje.* [1976]. 1991. ♦ **Transición** = *Crónica sentimental de la transición.* 1985.

VNágera = Vallejo-Nágera, Juan Antonio: **Psicología** = v. *Psicología*. ♦ **Vallejo** = *Vallejo y yo.* [1989]. 1994.

VParga = Vázquez de Parga, Luis: **Santiago** = *El camino de Santiago.* 1965.

VVigo = Vázquez-Vigo, Carmen: **Hucha** 2 = v. *Hucha* 2.

Y

Ybarra-Cabetas = Ybarra Méndez, Rafael; Cabetas Loshuertos, Ángel: **Ciencias** = *Ciencias naturales.* 5º curso. 1958.

Ynduráin = Ynduráin, Domingo: **Lit. española** 1 = v. *Lit. española*.

Z

Zubía = Zubía, Antonio María: **España** = *Geografía de España.* 1er. curso. 1958. ♦ **Geografía** = *Geografía universal.* 2º año. 1958.

Zulueta = Zulueta, Javier de: **Latín 3** = *Latín. BUP 3.* 1992.

Zunzunegui = Zunzunegui, Juan Antonio de: **Baroja** = *En torno a D. Pío Baroja y su obra.* 1960. ♦ **Camino** = *El camino alegre.* 1962. ♦ **Hijo** = *El hijo hecho a contrata.* 1956. ♦ **Hucha** 1 = v. *Hucha* 1.

ZVicente = Zamora Vicente, Alonso: **Asedio** = *Asedio a "Luces de Bohemia", primer esperpento de Ramón del Valle Inclán.* 1967. ♦ **Balcón** = *Un balcón a la plaza.* 1965. ♦ **Corbata** = *Se llevaba corbata.* En V. Aleixandre y otros: *Poemas y ensayos para un homenaje.* [Homenaje a Phyllis B. Turnbull.] 1976. ♦ **Desorganización** = *Desorganización.* 1975. ♦ **Dialectología** = *Dialectología española.* 2ª ed. 1967. ♦ **Estampas** = *Estampas de la calle.* 1983. ♦ **Examen** = *Examen de ingreso. Madrid, años veinte.* 1991. ♦ **Hojas** = *Primeras hojas.* 1955. ♦ **Mesa** = *Mesa, sobremesa.* 1980. ♦ **Mundo** = *El mundo puede ser nuestro...* 1976. ♦ **Navarro** = *Tomás Navarro Tomás (1884-1979).* En BRAE, 59 (1979). ♦ **Realidad** = *La realidad esperpéntica (aproximación a "Luces de bohemia").* 1969. ♦ **Traque** = *A traque barraque.* 1972. ♦ **Trasluz** = *Al trasluz de la lengua actual.* 1988. ♦ **Valle-Inclán** = *Valle-Inclán, novelista por entregas.* 1973. ♦ **Vegas** = *Vegas Bajas.* 1987. ♦ **Voz** = *Voz de la letra.* 1958.

PUBLICACIONES PERIÓDICAS

1. La letra *S*, precediendo en la cita al nombre de un periódico (por ej., S*País*), significa *Suplemento* del mismo.
2. Sobre la letra entre paréntesis que en la cita sigue al título de un periódico, véase en los Preliminares ABREVIATURAS Y SIGNOS USADOS EN EL DICCIONARIO: OTRAS MARCAS.

A

Abc = *ABC*. Madrid.
AbcS = *ABC*. Sevilla.
Act = *La Actualidad Española*. Madrid.
Ade = *El Adelanto*. Salamanca.
AEx = *Aragón Exprés*. Zaragoza.
Al-An (DH) = *Al-Andalus*. Madrid.
Alba = *Albayada*. Majadahonda (Madrid).
Alc = *El Alcázar*. Madrid.
Ale = *Alerta*. Santander.
AleV = *Alerta*. Valladolid.
Algo = *Algo*. Barcelona.
Ama = *Ama*. Madrid.
Amé = *América 92*. Madrid.
And = *Andalán*. Zaragoza.
Ant = *Antena Semanal*. Madrid.
APAMaj = *Boletín de Información. Asociación de Padres de Alumnos.* Instituto de Bachillerato. Majadahonda (Madrid).
Arb = *Arbor*. Madrid.
Área = *Área*. La Línea/Algeciras (Cádiz).
Arr = *Arriba*. Madrid.
Arte = *Arte-Hogar*. Madrid.
As = *As*. Madrid.
ASeg = *El Adelantado de Segovia*. Segovia.
ASM = *Anuario de la Salud de Madrid y Zona de Influencia*. Barcelona.
Ast = *Asturias Semanal*. Oviedo.
Atl = *Atlántida*. Madrid.
Aut (DH) = *Autopista*. Madrid.
Ava = *Avanzada*. Madrid.

B

Bal = *Baleares*. Palma de Mallorca.
Baz = *Bazaar*. Barcelona.
Béj = *Béjar en Madrid*. Béjar.
BES = *Boletín Epidemiológico Semanal*. Madrid.
BFM = *Boletín Informativo. Fundación Juan March*. Madrid.
BLM = *Boletín del Ilustre Colegio Oficial de Doctores y Licenciados en Filosofía y Letras y en Ciencias*. Madrid.
BOCM = *Boletín Oficial de la Comunidad de Madrid*. Madrid.
BOE = *Boletín Oficial del Estado*. Madrid.
BOM = *Boletín Oficial de la Provincia de Madrid*. Madrid.
BOME = *Boletín Oficial del Ministerio de Educación y Ciencia*. Madrid.
BRAE = *Boletín de la Real Academia Española*. Madrid.
ByN = *Blanco y Negro*. Madrid.

C

Các = *Cáceres*. Cáceres.
Cal = *La Calle*. Madrid.
CAlb = *Cultural Albacete*. Albacete.
Cam = *Cambio 16*. Madrid.

Can = *Canarias 7*. Las Palmas de Gran Canaria.
Canf = *Canfalí*. Alcázar de San Juan (Ciudad Real).
Caso = *El Caso*. Madrid.
CCa = *El Correo Catalán*. Barcelona.
CdV = *Calidad de Vida*. Madrid.
CEs = *Comunidad Escolar*. Madrid.
CHi = *Cuadernos Hispanoamericanos*. Madrid.
Chiss = *¡Chiss!* Madrid/Barcelona.
CId = *Cuadernos del Idioma*. Buenos Aires.
Cin = *Cinco Días*. Madrid.
Ciu = *Ciudadano*. Madrid.
CoA = *El Correo de Andalucía*. Sevilla.
Coc = *Cocina y Hogar*. Barcelona.
Coco = *El Cocodrilo*. Madrid.
Cod = *La Codorniz*. Madrid/Barcelona.
CoE = *El Correo Español-El Pueblo Vasco*. Bilbao.
CoG = *El Correo Gallego*. Santiago de Compostela.
Coi (T) = *Cointra Press*. Madrid.
Com = *El Comercio*. Gijón.
Con = *Guía. Contacto de la Sierra*. Madrid/Las Rozas.
Cono (A) = *Conocer*. Madrid.
Cór = *Córdoba*. Córdoba.
CoZ = *El Correo de Zamora*. Zamora.
Crí = *Crítica*. Madrid.
CSo = *Campo Soriano*. Soria.
Cua = *Cuadernos para el Diálogo*. Madrid.

D

D16 = *Diario 16*. Madrid.
D16A = *Diario 16 Andalucía*. Sevilla.
D16Bu = *Diario 16 de Burgos*. Burgos.
D16G = *Diario 16 Galicia*. Vigo.
DÁv = *Diario de Ávila*. Ávila.
DAvi = *Diario de Avisos*. Santa Cruz de Tenerife.
DBa = *Diario de Barcelona*. Barcelona.
DBu = *Diario de Burgos*. Burgos.
DCá = *Diario de Cádiz*. Cádiz.
DCas = *Diario de Castilla*. Segovia.
DCu = *Diario de Cuenca*. Cuenca.
DEc = *Diario Económico*. Madrid.
DEs = *Diario Español*. Tarragona.
Des = *Destino*. Barcelona.
DExt = *Diario Extremeño*. Madrid.
DGa = *Diario de Galicia*. Vigo.
Día = *El Día*. Santa Cruz de Tenerife.
DíaCu = *El Día de Cuenca*. Cuenca.
DíaTo = *El Día de Toledo*. Toledo.
DíaZ = *El Día*. Zaragoza.
Diez = *Diez Minutos*. Madrid.
Dis = *Discusión y Convivencia*. Madrid.
DLe = *Diario de León*. León.
DLér = *Diario de Lérida*. Lérida.
DLi = *Diario Libre*. Madrid.
DLP = *Diario de Las Palmas*. Las Palmas de Gran Canaria.
DMa = *Diario de Mallorca*. Palma de Mallorca.
DMé = *Correo Diario Médico*. Madrid.
DMo = *El Diario Montañés*. Santander.
DNa = *Diario de Navarra*. Pamplona.
DPa = *El Diario Palentino-El Día de Palencia*. Palencia.
DPo = *Diario de Pontevedra*. Pontevedra.
DRe = *Diario Regional*. Valladolid.
DSo = *Diario de Soria*. Soria.
DVa = *El Diario Vasco*. San Sebastián.

E

Ecc = *Ecclesia*. Madrid.
EE = *Estudios Escénicos*. Barcelona.
Egin = *Egin*. Hernani (Guipúzcoa).
Ejército (DH) = *Ejército*. Madrid.
ElM = *El Mundo del Siglo XXI*. Madrid.
EOn = *Economía Onubense*. Huelva.
Épo = *Época*. Madrid.
Est = *La Estafeta Literaria*. Madrid.
Exp = *Expansión de la Actualidad Económica Diaria*. Madrid.
Ext = *Extremadura*. Cáceres.

F

FaC = *El Faro de Ceuta*. Ceuta.
Fam = *Familia Cristiana*. Madrid.
Far = *Farmacia al Día*. Madrid.
Faro = *Faro de Vigo*. Vigo.
Fil = *Filología Moderna*. Madrid.
Fut = *Futuro Empresarial*. Madrid.

G

Gac = *Gaceta Ilustrada*. Madrid/Barcelona.
GacCo = *Gaceta del Coliseo*. San Lorenzo de El Escorial (Madrid).
GacE = *Gaceta Editorial*. Madrid.
GacN = *La Gaceta del Norte*. Bilbao.
GacNS = *La Gaceta del Norte*. Edición Santander. Bilbao.
GacR = *La Gaceta Regional*. Salamanca.
Gal = *Galería. Arte, Coleccionismo, Inversión*. Madrid.
Gar = *Garbo*. Barcelona/Madrid.
Ger = *Geriátrika*. Madrid/Barcelona.
Glo = *El Globo*. Madrid.
GMu = *El Gran Musical*. Madrid.
GOc = *Guía del Ocio*. Madrid.
Gra = *Granada 2000*. Granada.
Gre = *Greca*. Madrid.
Grem = *Grem*. Madrid.

H

HDo = *Hoja Dominical*. Madrid.
Her = *Heraldo de Aragón*. Zaragoza.
Hie = *Hierro*. Bilbao.
His = *Historia 16*. Madrid.
HLA = *Hoja del Lunes*. Alicante.
HLB = *Hoja del Lunes*. Bilbao.
HLBa = *Hoja del Lunes*. Barcelona.
HLBad = *Hoja del Lunes*. Badajoz.
HLBR = *Hoja del Lunes*. Edición Rioja-Álava. Bilbao.
HLBu = *Hoja del Lunes*. Burgos.
HLC = *Hoja del Lunes*. La Coruña.
HLG = *Hoja del Lunes*. Granada.
HLGi = *Hoja del Lunes*. Gijón.
HLM = *Hoja del Lunes*. Madrid.
HLMu = *Hoja del Lunes*. Murcia.
HLO = *Hoja del Lunes*. Oviedo.
HLo = *Hermano Lobo*. Madrid.
HLP = *Hoja del Lunes*. Las Palmas.
HLS = *Hoja del Lunes*. Santander.
HLSa = *Hoja del Lunes*. Salamanca.
HLSe = *Hoja del Lunes*. Sevilla.
HLT = *Hoja del Lunes*. Santa Cruz de Tenerife.
HLV = *Hoja del Lunes*. Valencia.
HLVa = *Hoja del Lunes*. Valladolid.
HLVi = *Hoja del Lunes*. Vigo.
Hola = *¡Hola!* Barcelona/Madrid.
Hora = *La Hora Leonesa*. León.
Hoy = *Hoy*. Badajoz.
HyV = *Historia y Vida*. Barcelona/Madrid.

I

Ide = *Ideal*. Granada.
IdeAl = *Ideal*. Edición Almería. Granada.
IdeJ = *Ideal*. Edición Jaén. Granada.
IdG = *El Ideal Gallego*. La Coruña.
Igl = *Iglesia en Madrid*. Madrid.
Imp = *El Imparcial*. Madrid.
InA = *Información*. Alicante.
Índ = *Índice*. Madrid.
Inde = *El Independiente*. Madrid.
Inf = *Informaciones*. Madrid.
Íns = *Ínsula*. Madrid.
Int = *Interviú*. Barcelona/Madrid.

J

Jaén = *Jaén*. Jaén.

L

Lab = *Labores del Hogar.* Barcelona.
Lan = *Lanza.* Ciudad Real.
Lec = *Lecturas.* Barcelona.
Lev = *Levante.* Valencia.
LevS = *Levante.* Edición La Safor, Gandía. Valencia.
Lib = *Libertad.* Valladolid.
LibBa = *Lib.* Barcelona.
Lín = *Línea.* Murcia.
Luc = *Lucha.* Teruel.
Lucha = *En Lucha.* Madrid.
LyF = *Hoja Informativa de Literatura y Filología.* Fundación Juan March. Madrid.

M

M16 = *Motor 16.* Madrid.
Mad = *Madrid.* Madrid.
MadO = *Madrid Oeste.* Pozuelo de Alarcón (Madrid).
Maj = *Majadahonda.* Majadahonda (Madrid).
Mañ = *La Mañana.* Lérida.
Mar = *Marca.* Madrid.
MCr = *Mundo Cristiano.* Madrid.
MDe = *El Mundo Deportivo.* Barcelona.
MDi = *Mundo Diario.* Barcelona.
Med = *Mediterráneo.* Castellón de La Plana.
Méd = *El Médico. Profesión y Humanidades.* Madrid.
MedC = *Medicina Clínica.* Barcelona.
Mes = *Mesoterapia.* Valencia.
MHi = *Mundo Hispánico.* Madrid.
Min = *Minutos Menarini.* Barcelona.
Miss = *Miss.* Madrid.
MMé = *Madrid Médico.* Madrid.
MOPU = *Revista del Ministerio de Obras Públicas y Urbanismo.* Madrid.
Mor = *Mortadelo.* Barcelona.
Mue = *El Mueble.* Barcelona.
Muf = *Revista Muface.* Madrid.
Mun = *Mundo.* Barcelona.
MunO = *Mundo Obrero.* Madrid.
Muy (A) = *Muy Interesante.* Madrid.

N

NAl = *Nueva Alcarria.* Guadalajara.
Nar = *Narria.* Madrid.
Nat = *Natura.* Madrid.
Nav = *Navarra Hoy.* Pamplona.
NEs = *La Nueva España.* Oviedo.
NEsH = *Nueva España.* Huesca.
NHi = *Nueva Historia.* Madrid/Barcelona.
NLu = *El Nuevo Lunes.* Madrid.
NoE = *Noticias Extra.* Barcelona.
Nor = *El Norte de Castilla.* Valladolid.
Noro = *El Noroeste.* Gijón.
Not = *El Noticiero.* Zaragoza.
NotB = *El Noticiero Universal.* Barcelona.
NotC = *El Noticiero de Cartagena.* Cartagena.
NotM = *Noticias Médicas.* Madrid/Barcelona.
Nov = *Novedades.* Madrid.
NREM = *Nueva Revista de Enseñanzas Medias.* Madrid.
NRev = *Nueva Revista de Política, Cultura y Arte.* Madrid.
NRi = *Nueva Rioja.* Logroño.
NSa = *Nuestra Salud.* Madrid.
Nue = *Nuevo Diario.* Madrid.

O

Obs = *El Observador de la Actualidad.* Barcelona.
OCNE = *Orquesta y Coro Nacionales de España.* [Programas de conciertos.] Madrid.
Odi = *Odiel.* Huelva.
ONE = *Orquesta Nacional de España.* [Programas de conciertos.] Madrid.
Opi = *Opinión.* Madrid/Barcelona.
OrA = *El Oriente de Asturias.* Llanes (Asturias).

P

Pad = *Ser Padres.* Madrid.
País = *El País.* Madrid.
PaísA = *El País.* Edición de Andalucía. Sevilla.
PaísBa = *El País.* Edición de Barcelona.
PaísE = *Estilo. El País.* Madrid.
Pan = *Panorama Internacional.* Madrid.
Pap = *Papeles de Son Armadans.* Madrid/Palma de Mallorca.
PapD = *Papeles para el Debate.* Ministerio de Educación y Ciencia. Madrid.
PCA = *PC Actual.* Madrid.
PCi = *Política Científica.* Madrid.
PCM = *PC Magazine.* Madrid.
PCS = *PC Soft.* Madrid.
Pen = *El Pensamiento Navarro.* Pamplona.
PenA = *Pensamiento Alavés.* Vitoria.
PerC = *El Periódico de Catalunya.* Barcelona.
PerM = *El Periódico de Madrid.* Madrid.
PFa = *Por Favor.* Madrid.
Pin = *El Pinar de Majadahonda.* Las Rozas (Madrid).
PinR = *El Pinar de Las Rozas.* Las Rozas (Madrid).
PMé = *Profesión Médica.* Madrid.
Pos = *Posible.* Madrid.
Pre = *Pregón Literario de Editorial Aguilar.* Madrid.
Pri = *Primer Acto.* Madrid.
Pro = *Las Provincias.* Valencia.
Prog = *El Progreso.* Lugo.
Pron = *Pronto.* Barcelona.
ProP = *La Provincia.* Las Palmas de Gran Canaria.
PrP = *Primera Plana.* Barcelona/Madrid.
PSN = *Previsión Sanitaria Nacional.* Madrid.
Pue = *Pueblo.* Madrid.
PueG = *El Pueblo Gallego.* Vigo.
Pul = *Pulgarcito.* Barcelona.

R

Raz = *Razón Española.* Madrid.
RdB = *Revista de Bachillerato.* Madrid.
Reg = *El Regional de Plasencia y su Comarca.* Plasencia.
RegA = *Región.* Diario de Asturias. Oviedo.
RegO = *La Región.* Orense.
REL = *Revista Española de Lingüística.* Madrid.
Res = *Reseña.* Madrid.
Rev = *Revista. Ensayo, crítica, actualidad.* Madrid.
Rio = *La Rioja.* Logroño.
RioL = *La Rioja del Lunes.* Logroño.
ROc = *Revista de Occidente.* Madrid.
Rue = *El Ruedo.* Madrid.
RUM = *Revista de la Universidad de Madrid.* Madrid.

S

Sáb = *Sábado Gráfico.* Madrid/Barcelona.
San = *Boletín Informativo Sanitas.* Madrid.
Seg = *Segundamano. Mercado entre particulares.* Madrid.
Sem = *Semana.* Madrid.
SerP = *Ser Padres.* Madrid.
Sev = *Sevilla.* Sevilla.
Sie = *El Informativo de la Sierra de Madrid.* Madrid.
Siete = *Siete Fechas.* Madrid.
Sig = *El Siglo de Europa.* Madrid.
Sit = *Los Sitios.* Gerona.
SLe = *Saber/Leer.* Madrid.
Sol = *Sol de España.* Málaga.
SolM = *El Sol.* Madrid.
SolMed = *El Sol del Mediterráneo.* Málaga.
Sor = *Soria, Hogar y Pueblo.* Soria.
SorS = *Soria Semanal.* Soria.
Sp = *Revista SP.* Madrid.
SPaís 2 = *El País Semanal/2.* Madrid.
SSe = *Suplemento Semanal.* Madrid.
Sur = *Sur.* Málaga.
SurO = *Sur/Oeste.* Sevilla.

T

Tap = *Tapia.* Madrid.

Tar = *La Tarde*. Santa Cruz de Tenerife.
TCR = *La Tribuna de Ciudad Real*. Ciudad Real.
Tel = *Telva*. Madrid.
Télex = *Télex Universitario*. Madrid.
TeR = *Tele-Radio*. Madrid.
TEx = *Tele-Exprés*. Barcelona.
THi = *Tiempo de Historia*. Madrid.
Tie = *Tierras del Sur. Voz de Andalucía*. Sevilla.
Tiem = *Tiempo de Hoy*. Madrid.
TMa = *La Tribuna de Majadahonda*. Majadahonda (Madrid).
TMé = *Tribuna Médica*. Madrid.
Todo = *Todo*. Madrid.
Topo = *El Viejo Topo*. Barcelona.
Tp = *TP Teleprograma*. Edición Madrid.
Tri = *Triunfo*. Madrid.
Trib = *Tribuna de Actualidad*. Madrid.
TribAl = *La Tribuna de Albacete*. Albacete.
Tro = *Trofeo*. Madrid.
TroP = *Trofeo Pesca*. Madrid.
TSa = *Tribuna Sanitaria*. Madrid.
TSeg = *Tierra*. Segovia.

U

Últ = *La Última Hora*. Palma de Mallorca.

V

VAl = *La Voz de Almería*. Almería.

Van = *La Vanguardia*. Barcelona.
VéN = *Vértice Noroeste*. Pozuelo, Majadahonda, Las Rozas (Madrid).
Ver = *La Verdad*. Murcia.
VerA = *La Verdad. Edición de Alicante*. Murcia.
VerAl = *La Verdad. Edición de Albacete*. Murcia.
ViM = *Villa de Madrid*. Madrid.
VNu = *Vida Nueva*. Madrid.
Voz = *La Voz de Galicia*. La Coruña.
VozA = *La Voz de Asturias*. Oviedo.
VozAl = *La Voz de Albacete*. Albacete.
VozC = *La Voz de Castilla*. Burgos.
VozCh = *La Voz de Chamberí*. Madrid.
VozE = *La Voz de España*. San Sebastián.
VozR = *La Voz de la Ribera*. Tudela (Navarra).
VozT = *La Voz de Talavera*. Talavera (Toledo).
VSi = *Vida Silvestre*. Madrid.

Y

Ya = *Ya*. Madrid.
YaTo = *Ya. Edición Toledo*.

Z

Zar = *Zaragoza Deportiva*. Zaragoza.
Zoco = *Zoco Pozuelo*. Pozuelo (Madrid).